U1000475

中華人民共和國國務院批准的重大文化出版工程

國家文化發展規劃綱要的重點出版工程項目

新聞出版總署列爲「十一五」國家重大工程出版規劃之首

國家出版基金重點支持項目

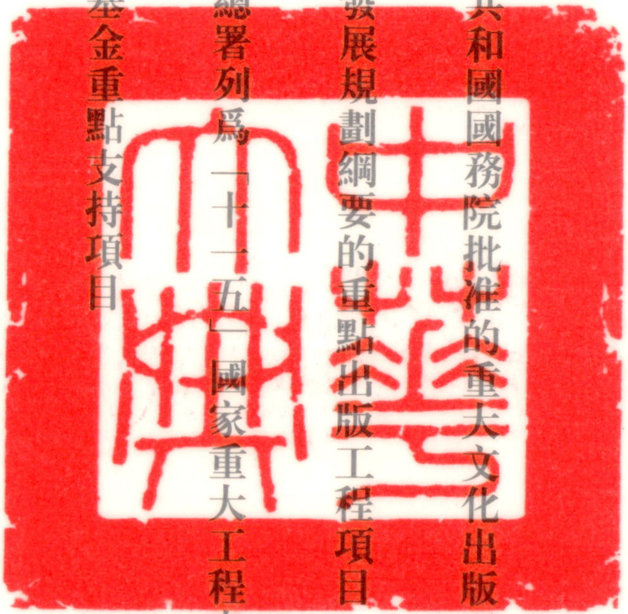

中華大典

林業典

鳳凰出版社

《中華大典》工作委員會

主　任：柳斌傑　金人慶

副主任：李　彦　李東生　于永湛　鄔書林　張少春　李衛紅　周和平　陳金泉　李静海

委　員：張小影　伍　傑　朱新均　吴尚之　孫　明　王家新　徐維凡　劉小琴　毛群安　遲　計　曹清堯　彭常新　王志勇　潘教峰　姜文明　王　正　石立英　安平秋　陳祖武　詹福瑞　戴龍基　宋焕起　孫　顒　陳　昕　魏同賢　王建輝　朱建綱　高紀言　莫世行　段志洪　湯漢清　何學惠　甄樹聲　馮俊科　譚　躍　羅小衛　王兆成

《中華大典》編纂委員會

總主編：任繼愈

副主編：席澤宗　程千帆　戴　逸　吳文俊　柯　俊
傅熹年

編　委：
卞孝萱　任繼愈　李明富　余瀛鰲　林仲湘
郁賢皓　馬繼興　袁世碩　席澤宗　陳美東
黃永年　章培恒　張永言　張晉藩　葛劍雄
董治安　程千帆　傅世垣　曾棗莊　龐　樸
趙振鐸　劉家和　潘吉星　錢伯城　戴　逸
楊寄林　穆祥桐　吳文俊　金正耀　戴念祖
柯　俊　金維諾　白化文　汪子春　周少川
孫培青　朱祖延　傅熹年　李　申　郭書春
熊月之　柴劍虹　吳子勇　寧　可　江曉原
鄭國光　吳征鎰　尹偉倫　魏明孔

《中華大典》前言

《中華大典》是運用我國歷代漢文古籍編纂的一部大型工具書。其目的是爲學術界及願意瞭解中國古代珍貴文化典籍的人士提供準確詳實、便於檢索的漢文古籍分類資料。

中國是世界文明古國之一，幾千年來纂寫和聚集的文化典籍浩如烟海。我國歷代都有編纂類書的優良傳統，具有代表性的《永樂大典》等大多已佚失，現存《古今圖書集成》編就距今也已數百年。爲了適應今天和以後研究和檢索的需要，一九八八年海内外三百多位專家學者和各古籍出版社同仁倡議，在已有類書的基礎上，用現代科學方法編纂一部新的類書《中華大典》。

國務院在關於編纂《中華大典》問題的批覆中指出，編纂《中華大典》「是我國建國以來最大的一項文化出版工程」。本書所收漢文古籍上起先秦，下迄清末，約三萬種，達七億多字，分爲二十四個典，近百個分典，内容廣博，規模宏大，前所未有。

《中華大典》的編纂工作堅持科學態度和百花齊放、百家争鳴方針。儘量採用古精校精刻本，優先採用我國建國後文獻學和考古學的優秀成果。對傳統文化中重要的不同學派的資料，兼收並蓄。運用現代圖書分類的方法，對收集到的資料，精選、精編，力求便於檢索、準確可信。

這項工作從開始起就受到中共中央、國務院和有關部門的重視和支持。國家主席江澤民、國務院總理李鵬分别爲《中華大典》題詞。江澤民的題詞是：「同心同德群策群力認真編好中華大典爲建設有中國特色的社會主義服務」。李鵬的題詞是：「繼承和弘揚民族優秀傳統文化」。全國政協主席李瑞環、國務委員李鐵映也作了重要指示，要求抓緊辦理。一九九零年五月，國務院批准《中中華大典》爲國家重點古籍整理項目。一九九二年九月，正式成立了《中華大典》工作委員會和《中華大典》編纂委員會，召開了《中華大典》工作、編纂會議。自此，《中華大典》的編纂工作由試點轉入正式啓動，逐步鋪開。

編纂《中華大典》，學術性很强，工作量很大，工程十分艱巨，全賴廣大專家學者和全國各有關高等院校、科研院所、圖書館、出版單位的鼎力支持與積極參與。大家本着弘揚中華民族優秀文化的心願，發揚奉獻精神，克服各種困難，團結協作，給這部巨大類書的出版提供了根本保證。在此謹表示誠摯的謝意。

對本書的批評與建議，我們將十分歡迎。

《中華大典》編纂委員會

一九九七年四月

二〇〇六年十一月修訂

《中華大典》編纂通則

一、性質：《中華大典》（以下簡稱《大典》）是對漢文古籍（含已翻譯成漢文的少數民族古籍）進行全面的、系統的、科學的分類整理和彙編總結的新型類書，是在繼承歷代類書優良傳統、考慮漢文古籍固有特點的基礎上，借鑒和參照近代編纂百科全書的經驗和方法編纂而成。編纂《大典》的目的，是爲學術界及願意瞭解中國古代珍貴文化典籍的人士提供各種分門別類的、準確詳細的古代漢文專題資料。

二、規模和體例：《大典》所收古籍的時限，上自先秦，下迄辛亥革命。全書共收各類漢文古籍三萬餘種，七億多字。全書體例，着重汲取清代《古今圖書集成》所採用的經目和緯目相交織這一統一框架結構的模式，同時參照現代科學的學科、目録分類方法，並根據各類學科內容的實際情況，一般將每一大類學科輯爲一典，也有將幾個相關學科共輯爲一典的。對各典名稱，均以現代學科命名，對於所收入的各種古籍資料，亦儘可能納入現代科學分類體系之中。

三、經目：大典共分二十四個典，即哲學典、宗教典、政治典、軍事典、經濟典、法律典、教育典、語言文字典、文學典、藝術典、歷史典、歷史地理典、民俗典、數學典、物理化學典、天文典、地學典、生物學典、醫藥衛生典、農業典、林業典、工業典、交通運輸典、文獻目録典。典以下以分典、總部、部、分部分級，分部之下的標目根據各學科特點由各典自行擬定。

四、緯目：共設置九項緯目，用以包容各級經目的具體內容：

① 題解：對有關學科的名稱、概念、涵義、特點等作總體介紹的資料。

② 論說：有關理論部份的資料。

③ 綜述：有關學科或事物的系統性資料，凡有關學科或事物的性狀、制度、範疇、特點及學科地位、發展情況等具體內容均編入此緯目中。

④傳記：有關人物的傳記資料。

⑤紀事：有關學科或事物的具體活動或事例的資料。

⑥著録：重要人物或文獻的有關著作資料，如專集介紹、序跋、藏書題記，以及有關著作的成書經過、版本源流等。

⑦藝文：有關屬於文學欣賞性的散文或韻文。

⑧雜録：凡未收入以上各緯目，而又有較高參考價值的資料，均入雜録。

⑨圖表：根據有關經目的内容需要，圖與表附於相關專題之下，或集中彙總於某級經目之後。

《大典》以内容分類安排各級緯目，各級緯目的正文，一般以原書爲單位，按時代順序排列。每一條資料前標明出處，包括書名或作者名、篇名或卷次，以利讀者核對原書。

五、書目：每分典後附有該分典所收書之書目，書目包括書名、作者、時（年）代、版本等内容。時代以成書時代爲準，成書時代不詳者，以作者主要活動時代爲準，并遵從歷史習慣。

六、版本：《大典》在選用版本時儘量採用古人的精校精刻本，亦採用學術界通用的近、現代整理圈點本及現代學者校點整理本。

七、校點：爲儘可能保存古籍原貌，《大典》衹對底本中明顯的脱、訛、衍、倒進行勘正。古本中的避諱字一般不作改動，衹對缺筆字補足筆劃。後人刻書時避當朝人諱而改動的字，據古本改回。《大典》採用新式標點法。

一九九六年八月

二〇〇六年十一月修訂

《中華大典·林業典》工作委員會

主　　任：賈治邦

執行副主任：楊繼平

副　主　任：李育材　趙學敏　江澤慧　雷加富　祝列克
張建龍　印　紅　孫扎根　陳述賢　卓榕生
姚昌恬

委　　員：彭有冬　劉永範　王祝雄　曹清堯　汪　絢
張希武　張　蕾　杜永勝　封加平　魏殿生
曲桂林　張永利　譚光明　楊建新　樊德新
孫傳玉　王永海　程　紅　柳維河　吴　斌
陳景歡　姜小青

辦公室主任：曹清堯　程　紅

辦公室副主任：柳維河　厲建祝　葉　智

成　　員：曹　靖　梁成喜　楊玉芳　劉春華　熊鷟峰
鄒國輝　曾正德　沈和定

《中華大典·林業典》編纂委員會

主　　編：尹偉倫

副 主 編：嚴　耕　熊大桐　羅炳良

委　　員：李　莉　閻景娟　林　震　張連偉

學術顧問：沈國舫　施　丁　瞿林東　曹紅軍

《中華大典·林業典》序

森林是人類文明的摇籃。上古之世，先民構木爲巢以避群害，鑽燧取火以化腥臊，從而擺脱野性，走出荒蠻，踏上文明之途。森林是一座資源寶庫，爲人類提供了生活必需的物質資料，林木可以資材、取蔭，爲宫室，爲器用，林中的動植物可以爲衣食供養。森林還是神話的故鄉，原始自然宗教的温床。它引導人類敬畏自然，尊重自然；它滋養了人類質朴的心靈，激發了人的想像力和創造力，使人類健全心智，升華情感，精神世界日臻豐富。

林業是百業之母。人類的原初活動都是在森林中進行的，並逐漸從男人狩獵、女人採摘的自發模式，演進爲自覺的生産行爲（産業）。作爲最早形成和發展的産業之一，中國古代林業發端於新石器時代，與農業的發端幾乎同時。傳説中的神農氏「斲木爲耜，揉木爲耒，耒耨之利，以教天下」，既開創了農業，又引導了森林開發利用之先。之後的黄帝堯舜，刳木爲舟，剡木爲楫，斷木爲杵，弦木爲弧，剡木爲矢，可見先民對森林利用是多方面的。五帝時期，林業發展已見端倪，諸如農具、舟楫等木器製造，木構建築，以及林中狩獵、植物採集、蠶桑技術、紡織與編織、漆的利用等。河姆渡遺址中還發現了珠蘭、夜合花、旱蓮木、九里香、荷花、杜鵑等植物或孢粉，陶片上繪製有種在陶盆中的三葉和五葉植物圖案，説明此時的先民已經從事觀賞植物的栽培及盆栽藝術。對森林動植物的崇拜，形成圖騰，萌生了先民的原始宗教。以龍鳳爲代表的圖騰崇拜，在本族祖先及本族保護神之間確立了想象性關系，通過頂禮膜拜和禁忌約束，對某些類動植物施以保護，在一定程度上扼制了濫砍濫獵行爲。

關於森林資源的利用和保護問題，早在夏商周時期就已有較深刻的認識。王朝的建立，城邑的建設，都在很大程度上構成對森林資源的損害。《禹貢》中的「九州」劃定了中華民族的活動範圍，規定了九州的貢品，其中相當一部分是木材、林產品及林副產品，由此可推知古代森林及動植物資源分布、利用及產出情況。自漢代開始的屯田制對森林資源的損害是毀滅性的，其他毀林因素還包括戰争、洪水、病蟲害、惡劣氣候等等。而另一方面，生態保護、生態倫理思想在春秋時就已成形，數罟不入洿池，斧斤以時入山林，不麛，不卵，不殺胎，不殀夭，不覆巢，體現著鮮明的保護森林動植物及生態資源的可持續利用意識。森林培育技術、林業生産觀念也同時發展，《孟子》的「五畝之宅，樹之以桑，五十者可以衣帛矣」，《管子》的「十年之計樹木」等等，成爲後世動員民衆種樹、改善國計民生的勸世良言。中國園林也起源於殷商末修建台囿之期。後世，無論是帝王宫苑還是私家宅園，疊山理水、植物配置等等都是造園的重要因素，實踐著與山水自然不離不棄的詩意般的棲居旨趣。

一部林業史，是見證中華文明崛起和發展的進程史。森林是陸地生態系統的主體，具有製氧固碳、涵養水源、防風固土、改善氣候、維持生物多樣性等十分重要的生態功能，被譽爲地球之「肺」、大地之衣，承擔著維護地球生態平衡和促進碳、水循環的特殊使命。在自然資源消耗超速、生態面臨危機的今天，森林所擔當的生態調節功能日益爲人們所認知、所重用。新世紀以來，隨著經濟社會發展和人類文明的進步，林業的地位越來越重要，林業發展迎來千載難逢的歷史機遇期。黨中央、國務院高瞻遠矚、科學謀劃，作出了一系列加快林業發展的重大戰略決策，特别是召開了新中國成立以來首次中央林業工作會議，確立了新時期林業的「四個地位」和「四大使命」，明確指出，林業在可持續發展戰略中具有重要地位，在生態建設中具有首要地位，在西部大開發中具有基礎地位，在應對氣候變化中具有特殊地位，並明確要求，實現科學發展必須把發展林業作爲重大舉措，建設生態文明必須把發展林業作爲首要任務，應對氣候變化必須把發展林業作出戰略選擇，解決「三農」問題必須把發展林業作爲重要途徑。國家林業局根據中央的要求，提出發展現代林業、建設生態文明、推動科學發展的指導思想，努力構建完善的林業生態體系、發達的林業産業體系和繁榮的生態文化體系，充分發揮林業的多種功能，滿足社會對林業的多種需求。

在發展現代林業的時代背景下，編纂《中華大典·林業典》，意義尤爲顯著而深遠，主要有四：一是有利於總結林業的歷史經驗和教訓，推動林業科學發展；二是有利於深化全社會對森林的科學認知，提高林業的社會影響力和戰略地位；三是有利於弘揚生態文明，積極促進人與自然和諧；四是有利於學者和有識之士開展學術研究，傳承和弘揚祖國極其珍貴的森林文化遺産。

《中華大典·林業典》下設五個分典：《林業思想與文化分典》、《森林生態與資源分典》、《森林培育與管理分典》、《森林利用分典》和《園林與風景名勝分典》。五個分典互爲彼此、相互支撑，囊括了中國古代森林資源及林業科技與文化的全部重要資料。按照現代學科體系對資料内容進行分類，設分典、總部、部、分部四級經目。經目之内，按資料性質，設三至九個緯目不等。全典約一千伍佰萬字，是歷史上第一部集古代林業經典之大成的類書。

以史爲鑒，可知未來。願讀者開卷，切實受益。

是爲序。

賈治邦

二〇一〇年五月八日

《中華大典·林業典》編纂説明

編纂《中華大典·林業典》是新中國成立以來林業領域最重大的一項文化工程。在《中華大典》工作委員會和國家林業局的高度重視和支持下，《中華大典·林業典》曾於一九九八年立項，成爲《中華大典》計劃編纂的二十四個典之一。工作基地設於北京林業大學林業史研究室，來自國内多所林業院校專家組成的編輯組經多次討論，草擬了《中華大典·林業典》編纂大綱，爲後來者提供了重要參考，但此番編纂工作由於種種原因而擱置下來，成爲《林業典》編纂的一個序曲。

二〇〇六年八月，《中華大典·林業典》重新啓動，由北京林業大學校長、中國工程院院士尹偉倫教授出任主編，編纂機構設於北京林業大學人文社會科學學院，由院長嚴耕教授協助主編負責具體組織和編纂工作。我們堅持《中華大典·林業典》的編纂要與林業史的學科建設結合起來，並將它與林業史學科的人才培養融爲一體，使之成爲一項富有挑戰性的科研工作，一個創新性學科的奠基工程和推進學科可持續發展的工作平臺。這種將學術創新與人才培養有機結合的做法，給予參編者極大的工作動力。

回顧《林業典》編纂的歷程，可用四個特點概括之。一是編纂難度高，首次系統地研究、整理和收録古代林業文獻，其開創性和付出之艱辛可想而知。不同於農業史有歷代大型《農書》、醫學史有歷代《本草》，雖然中國古代林學專著可舉出《南方草木狀》、《植物名實圖考》等等及一些植物譜録類書籍，園林專著首舉《園冶》爲巨，但更多的林業資料則散見於浩如煙海的古籍之中，深藏於各類古籍的縫隙、褶皺裏，需要廣泛、深入地查找發掘，摘録專輯。這一初辟草萊、砂裏淘金的編輯工作，因其開創意義而頗具挑戰性，因其浩繁瑣細而要求極高。唯有效組織，通力合作，才能共舉大業。

二是涉及學科衆多，内容豐富，規模宏大。《中華大典·林業典》資料收集採取拉網式普查和有針對性地倒查相結合的方法，盡可能保證資料來源既準確權威，又廣泛豐富，重要資料不被遺漏。普查古籍上萬種，引用典籍幾千種，獲得可用資源近三千萬字。《中華大典·林業典》由《林業思想與文化分典》、《森林生態與資源分典》、《森林培育與管理分典》、《森林利用分典》和《園林與風景名勝分典》共五個分典構成，涉及林業、園林、生態、林産加工、森林文化等等，成稿總字數達一千五百多萬字，堪稱巨著。

三是科學分類，融古貫今。在編纂方面，用心最苦、用力最多的是對大綱的調整修訂。主編們一面檢閲收集上來的古籍資料，一面研讀現代學者的著作或論文，根據材料收集情況和不斷的研究思考，對原始大綱進行了較大幅度的增、删、併、轉，不僅重新確定了現在各分典的名稱，還調整了各分典中的總部、部和分部的設置，使經目名稱更爲準確，更便於資料的分類，更具科學性，並適度體現當今的生態理念。大綱修訂幾經編輯工作會議討論，並呈請中華大典辦公室和數位院士、學科專家審核，得到充分肯定。《中華大典·林業典》的框架、體例均按《中華大典》編輯條例要求執行，編纂工作一直得到中華大典辦公室德高望重的諸位先生的指導和鼓勵。

四是工作量巨大，參與人數多。以北京林業大學爲基地，在山西平定師範學校、揚州大學、華中科技大學、南昌大學、華南農業大學、安慶師範學院組建了六個資料普查點，分别普查不同的古籍。除書中列出的一百多位編纂人員、工作人員外，前後曾參與領導和組織這項工作的人員也有幾十名，他們是王志寶、李昌鑒、董啓昌、黎祖交、封加平、莊義國、湯升亨等，在此一並致謝。

文章千古事，得失寸心知。親爲修典盛事，我們既倍感榮耀，又誠惶誠恐，戰戰兢兢。《林業典》重新啓動以來，歷時四年，我們時時以先賢皓首窮經的執著精神鞭策自己，自知功底淺薄而責任重大，未敢有絲毫怠慢。現在，雖然我們竭盡全力完成了《中華大典·林業典》的編纂工作，但由於編者水平有限，加之工作浩繁，參編人員眾多，資料重複、分類可榷、句讀可議的情況在所難免，敬請海内外方家雅正。

尹偉倫

二〇一〇年五月八日

中華大典・林業典

總目

中華大典·林業典

森林利用分典

主　編：李　莉
副主編：古開弼　李　飛

《中華大典·林業典·森林利用分典》說明

《森林利用分典》是《中華大典·林業典》的分典之一。其内容主要包括相當于今日所謂的森林工業，即從事木材生産和其他林産品加工利用，在林業生産過程中，是繼森林培育之后的收獲利用階段。

前三個總部，即木材采伐運輸總部、木材加工利用總部、林特産品加工利用總部，對應于今日的森林采伐運輸工業、木材加工工業和林産化學工業，一起稱為森林工業的三大組成部分。

木材采伐運輸，即收穫森林主産品—木（竹）材的生産過程。全過程分為森林采伐、木材運輸和貯木場作業三個主要生産階段。本總部下設四個部：一、總論部；二、采伐部；三、運輸部；四、貯存部。

木材加工利用，主要對應今日的木材加工工業，即以木材為原料，主要用機械或化學方法進行的加工，其産品仍然保持木材的基本特性。本總部下設六個部：一、總論部；二、木材竹材規範部；三、木竹器具製造部；四、木材竹材建築部；五、木材竹材車船部；六、薪炭部。

林特産品加工利用，在《林産化學工業全書》中的定義是：「林副特産品：除森林主産品—木材以外，具有一定經濟價值和特色的林産品總稱。如林木的根、葉、花、果、皮、樹液、樹脂和樹膠等，以及林木的寄生物蟲癭、菌類等。主要的種類有：食品類、纖維類、油脂和臘類、精油類、樹脂類、單寧類、樹膠類、藥材類。」本總部下設九個部：一、總論部；二、樹皮纖維樹葉樹花加工利用部；三、樹木種實加工利用部；四、樹脂樹液加工利用部；五、山蔬野菜加工利用部；六、昆蟲和昆蟲分泌物加工利用部；七、林產藥材加工利用部；八、林產動物加工利用部；九、其他部。

林產品貿易總部共包括三個部，分别為木材貿易部、林特產品貿易部和海内外交流部。

《林業典·森林利用分典》采用經緯目相交織的框架結構。其經目設四個總部，即木材采伐運輸總部、木材加工利用總部、林特產品加工利用總部、林產品貿易總部。總部下設部，有的部資料内容太多，則在部下按照專題分類輯録。其緯目設置九項，即題解、論説、綜述、傳記、紀事、著録、藝文、雜録、圖表，根據實際材料，有則設之，無則不設。

《林業典·森林利用分典》收録上起先秦、下迄辛亥革命期間中國古籍中有關森林利用的資料。收録資料注意首尾連貫，不割裂材料，不斷章取義，盡量成段選用。對于内容類似的材料，選用時間早或經典著作中的。

每條資料都標明出處，包括朝代、作者、書名、卷數，有篇名的加標篇名。所標内容依據原書。古籍版本盡量選用古代尤其是明、清的精校、精刻本，也選用近、現代學者整理圈點本及現代學者校點整理本，并盡量選用作者本人的第一手材料，不用或少用其他類書輯録的第二手材料。

目録

木材采伐運輸總部

木材采伐運輸總部提要

木材采伐運輸，即收穫森林主產品—木（竹）材的生産過程，是森林利用的第一步。全過程分爲木材采伐、木材運輸和貯木場作業三個主要生産階段，對應於今日的森林采伐運輸工業。本總部依照現代學科體系分類，下设四个部：總論部、采伐部、運輸部和貯存部。

《總論部》既是『木材采伐運輸總部』的總論，同時也是整個《森林利用分典》的總論，收録了中國歷代古籍中關於森林利用及木材采伐運輸的綜合性資料。

《采伐部》收録古籍中對木材的采伐，内容包括采伐年度、采伐季節以及采伐技術等方面的内容，因内容雜糅，故而部以下未再細分。

《運輸部》收録古籍中對木材的運輸，古代木材運輸以水運爲主，故而涉及木材水運的材料偏多，又因水運、陸運以及具體的運輸技術等内容在材料中同時呈現，故而本部以下亦未再細分。

《貯存部》主要收録古籍中關于『木材最終生産、貯存、保管和調撥供應原木商品的場所』的資料。明清時期，朝廷就設有『木廠』，即今日的貯木場，相當於木材倉庫。

在具體資料中，因竹木難以剥離，故而涉及竹材采伐、運輸及貯存的材料未單獨設部，而是和木材放在一起進行輯録。

總論部

論説

唐 柳宗元《柳河東集》卷一五《晉問》平陽，堯之所都，即晉州之地。唐《蟋蟀》詩曰：「此晉也，而謂之唐，本其風俗。憂深思遠，儉而用禮，乃有堯之遺風焉。」其風俗淳厚可知矣。公晉人，實以堯之故都爲重，故設武陵之問而悉以晉之名物對：一曰晉之山河表裏而險固，二曰晉之金鐵甲堅而刃利，三曰晉之名馬其強可恃，四曰晉之北山其材足取，五曰晉之河魚可爲偉觀，六曰晉之鹽寶可以利民，七又極言文公霸業之盛，猶未免乎假仁義以用天下。其末也，以堯之遺風而終焉。吴子離席拱手，非特無以難且敬拜以受賜。玩其意而觀其辭，其爲文可謂工矣。（略）先生曰：「晉之北山有異材，梓匠工師之爲宫室求大木者，天下皆歸焉。仲冬既至，寒氣凝成，外凋内貞，瀋液不行，瀋，昌枕切，汁也。液，音亦，津液。乃堅乃良。萬工舉斧以入，必求諸巖崖之欹傾，磵壑之紆縈，凌巑岏之杪顛，巑，祖元切。岏，吾官切。巑岏，山鋭貌。杪，音眇。《釋文》木標末也，即枝上端。漱泉源之淦濙，上古南切，沈也。下音營，水回貌。根絞怪石，不土而植，千尋百圍，與石同色。羅列而伐者，頭抗河漢，刃披虹霓，聲振連巒，㭊填層谿。㭊，音胏，削木札樸也。陳、楚謂櫝爲㭊。丁丁中莖切。《詩》：伐木丁丁。登登，硠硠稜稜，上吕唐切。《説文》石聲。一曰硠硠，堅也。下盧登切。《説文》四方木也。若兵車之乘凌。其響之所應，則潰潰淵淵，洶洶薨薨，上許拱切。《説文》湧也。一曰洶湧，水聲也。下呼肱切。若騫若崩，若螭龍之鬬，風霆相騰。其殊而下者，札巘捎殺，巘，音蘗。摧崒坱圠，崒，昨没切。又昨律切。山峻貌。坱，於浪倚黨二切，塵也。圠，音軋，山曲。霞披電裂，又似共工觸不周而天柱折。《列子湯問篇》：共工氏與顓頊爭爲帝，怒而觸不周之山，折天柱，絶地維。張湛注：不周山在西北之極。鶤鸛鶖鶬，鶤，音昆。《爾雅》：鷄三尺爲鶤。鸛，音灌。似鵲而巢樹者爲白鸛，曲頸爲黑鸛。鶖，音秋。《説文》：秃鶬也。鶬，音倉。《説文》：麋鴰也。關西呼爲鴰，山東通謂之鶬。號鳴飛翔，貙犴虎兕，貙，勅俱切。《釋文》：貙，劉也。似貍，能捕獸祭天。犴，音岸，胡地犬也。奔觸轟慄，伏無所入，遯無所脱。然後斷度收羅，捎危顛，芟繁柯，乘水潦之波，以入于河而流焉。盪突硉兀，上郎兀切。硉兀危石也。轉騰冒没，類秦神驅石以梁大海；抵曲鱗蹙，匯流雷解，匯，音潰，又户賄切。水合流。前者汩越，後者迫隘，乃下龍門之懸水。摺拉頹踏，摺，質涉切，敗也。拉，落合切，摧也。亦通作摺。捽首軒尾，捽，昨没切。《説文》：持頭髮也。漢《貢禹》：捽草把土。澒入重淵，澒，胡動切，水大瀁澒也。不知其幾百里也。濤波之旋，滔山觸天，既渟既平，彌望悠焉。良久，乃始昂屹涌溢，挺拔而出，林立峯峙，穿雲蔽日，涣然自撓，復就行列，渾渾而去，以至其所。唯良工之指顧，叢臺、阿房，張平子《東京賦》：楚建叢臺於後。注：趙武靈王起。阿房，秦宫名。房，音旁。長樂、未央，建章、昭陽並西漢宫殿名。之隆麗詭特，皆是之自出。若是何如？」吴子曰：「吾聞君子患無德，不患無土；患無土，不患無人；患無人，不患無宫室；患無宫室，不患材之不己有。先生之所陳，四累之下也。且虒祁既成，諸侯叛之。《左傳》：昭公八年，晉侯方築虒祁之宫，至昭十三年，晉成虒祁，諸侯朝而歸者皆有二心。杜預注：虒祁，地名，在絳西四十里，臨汾水。虒，音斯，又作「虒」。祁，巨之切。」

宋 文同《丹淵集》卷三四《奏爲乞免陵州井納柴狀》右，謹具如前。臣自至當州訪問，得所以爲其民之深害、久而不能去者。惟管内仁壽等四縣，百姓每歲輸陵井監煎鹽木柴，共計三十八萬四千二百餘束也。當時立法，但以五等人户，每税錢上以二文一分科，令納柴一束。故其等高者，不下千束，雖下户，亦三二十束矣。其柴若常時，私下貨賣，自可每束直三四十文足錢。官中鼏亦以其不易，每束更支鹽六兩。後來常見其虧損，百姓不復支鹽，却改每束與見錢七文五分。是官中大約破九文已來，貼折民下三四十文柴一束矣。其百姓所得者貼錢，悉爲出旁引攬之人，諸頭銷使，尋亦隨手散盡。又官中科配，盡須要納乾柴。其百姓自一夏已來，以蠶麥務忙，不暇更豫先營置，放令乾燥。皆於二税欲起之時，若本家田内所産之少，則須望林回買生濕雜木翦截，齎擎上州，赴塲送納。依自來體例，願以兩束折納一束。是三四十文一束之柴，又只止得四文有餘矣。加此倍之，則近納七八十萬束生濕柴也。偏州小縣，盡是山坡，田土瘠薄，別無他産。而每年於二税送納疋帛、斛斗，并科買紅花、紫草，出助役、還青苗之外，又復有此七八十萬束木柴之役。比之他州，此方之民，實被其苦。臣子細體問得二十三年已前，本州止有官井數處，所銷柴茆，若不甚費，其價亦不至高大。自許人開作卓筒之後，部下至今，已及數百井，故栽種林木，不能供得。公私採斫，以至山谷童禿，極望如赭。縱有餘蘖，纔及丈尺，已爲刀斧所環，爭相翦伐，去輸官矣。人既匱極，草木亦不得盡其生意。又緣當州，地皆險惡，徑路狹隘，磴道齟齬，不通輦運。臣嘗屢至納柴之處，見所輸之民，無老與幼，皆悉荷負。有縣界闊遠，奔走百里之外，陟歷深阻。忽值霜雪風雨，衝冒寒滑，加以期限相逼，勢不能止。攀緣隕越，飲食失所，以至肩踵皸裂，衣裳穿露，身體尫瘠，都無人色。吁嗟之聲，充溢遠近。自冬及春，正是他處百姓皆能有所休息之時，而斯民重困，狼狽如此。臣常惜太平之世，而尚有此無聊之人。其弊衆所共知，但謂官自前鬻已來，無術可以捄得此者，若非朝廷博究民間疾苦，欲盡釐改，使之蘇息，其患終無有日休已者矣。弊極必復，今正其會。臣伏覩詔勅，遣使專務，與民興除利害。諸色場務，並令人占買，以寬分外陪費。臣今管見，輒謂官中雖有陵井，止能供得成都府一路州軍公使軍食等鹽外，並無略有所獲。雖言招召客人，將絲絹展博，其本監日煎鹽色，皆是先已支過。諸州軍每年所定合銷綱數，更無贏餘見在，以備客人入中。臣愚欲乞朝廷特下指揮，令本路轉運提刑司一就用出賣酒坊體例，先爲相度擘劃。諸州軍公使并軍食等鹽，乞不於本監支給。召人買撲上件陵井監，官中自可端然收納羨利。臣當試約之，除餘利可以霑及買撲人外，依卓筒小井課利，用五分折納錢、絹，官中並無糜費，歲可獲一萬三千八百餘疋絹帛，并見大錢七千二百餘貫；及免得酬與監中主當公人等。一十一處場務，及監內諸般銷費，共一萬八百餘貫。其餘外州軍般鹽綱後，酬獎尚不在其數內。如此，則七八十萬束之柴，能害於民者盡去；而五六萬貫之錢，能利於國者盡得矣。豈不稱朝廷愛養元元之意哉？臣忝被國恩，來守茲土，斯民之病，職當救療；亦欲少以愚慮，上報朝廷遣臣爲此千里之民長吏之意爾。臣之所見，止爲四縣百姓有此積久輸柴之弊，未嘗有人爲之言者。臣今既知矣，豈敢緘嘿？實恐上負委寄，循滿而去，尸此祿食，非素心也。所有本監委曲事狀，如蒙朝廷允臣所奏，下本路相度，臣自一一纖悉，窮究利害，本末供報。今不敢以叢脞煩碎之事，晝一條陳，上瀆聖覽。臣無任誠懇迫切恐懼彷徨之至，謹具狀奏聞，伏候勅旨。

明 商輅《商文毅疏稿·公務疏》 題爲公務事。該工部揭帖開稱，起蓋乾清門等處，缺少松杉等木，奏差內外官員請勅前去浙江、湖廣等處起運抽分木植前來應用等情。臣等看得數內南方松木止可造船，并鋪墊倉廒等項，其餘俱不堪用。合無將抽分杉木板枋照數起運，其松木就彼變賣，輕齎送部收貯。本部照依內官監奏准事理，差人先行山西產有去處，僱人採取或兩平收買，順水撑放，實爲便利。本部又稱，除先奏准打造糧船一百隻木料及提舉司器皿廠枋木仍照原數起運外，其於在廠并以後新抽木植盡數起解。其荆州所抽，圍圓不及，就將選退之數變賣銀兩，并在官錢物責令三司委官兩平收買，其在廠木植必然數少，以後新抽須用等候。雖稱彼處產有木植，俱係苗洞地方，即今賊勢猖獗，客商阻滯，亦恐猝難收買。合無內外官員且不必差候各廠抽積數多，邊報稍寧，然後差人趲運。況宮門被火深加警省，無益之務一切罷去，內外人心不勝欣躍。則蓋造之事亦宜稍緩，臣等偶有所見，不敢緘默。謹具題知，伏乞聖裁。

明 徐珊《卯洞集》卷一《與劉前江書》 伏蒙宣示塘翁戒言，足感雅誼，惶懼無地，萬死萬死！竊惟人臣之忠，必先於急君父之眚，而有司之責，莫大於狥長上之勞，此天理之經，生民之義，其晝然較明者也。往歲九廟炎燬，祖宗在天之靈無所妥安，聖天子日夕孝思，不遑寧處。君父之眚，於斯爲大。故恭建之役，既總以部院，又申以臺省。百凡執事，分布綦列，上下綱維，統體周密。較之往年奉採，迥相懸別，亦以國家事體重大，期於速成，以急君父之眚耳。不意夷孽讎搆間阻時月，而又加之毀棄，藏剮巨材日損乃更厘，當道之憂也。珊雖傍視竊聽，亦所忿心。況今日驅使之下，身任其事，而敢於急緩哉？但天下之事其可爲在我者，事集。其不可爲在人者，事廢。事集則功立。事廢，則功隳。此固責任所係，又不在於區區毀譽、榮辱、禍福、得失之間而已也。今日之役，在貴府寔當其難，在敝府略當其易。在昔人略當其易，不肖寔當其難，何也？大木辰常俱非所產，而辰則逓年躧山取材，常則絕無，故曰：常難而辰易。昔人當材木充積之時，而又加以雨水時溢，駕運略當其易。若不肖之所難者，則有七矣：舊木之告報已竭，新木之躧採未聞。一難也；首歲商人意氣皷舞猶足使令，今則曠日持久財力俱竭矣。二難也；運常材於逓年採伐之後，譬猶振槁舉火無難爲者，求巨木於溪壑，告絕之時，則緣木求魚必不可得矣。三難也；當道者規畫指使，動有成筭，依擬奉行，唯慮不及，意見異同，或恐罪戾，莫敢申白。此其難者四也；見利則趨，人之情也。躧山之役必由家長，家長以山場爲業，舉家俯仰所係，報之於官，不唯失其所利，而且督責隨之，則其支吾閃脫更相逃避，亦勢之必至耳。此其難者五也；本府木户率多牽報，盡非素業，驅之入山，茫無所措。而況貧富之不一，奸僞之相錯，觀望阻群，莫爲任事。六難也；平原曠野，則周覽易知，崇灘、絶壑、深林、密箐，非老於山澗者，未易遍歷。七難也。夫以恭建之重處七難之勢，雖有知者亦難爲力，而况不肖之菲才薄識，又安免於罪戾哉？終夜以思，不遑寢食，良以執事，高才遠覽，必有定識。今日之事，其何以教之耶？《易》曰：「窮則變，變則通。」夫君子之通變也，非以紛更爲也，蓋以宜民耳。今躧山之役，亦已窮矣，變通之以宜民，不有望於執事者哉？民之趨利也，猶水之就下，獸之走壙也，今以豐價重賞驅民於利，而迫之不應者，豈有他哉？得無採運之艱，督責之迫，選取之嚴，減削之過，失其所欲而然耶？是故，商者，商也：商度其盈縮多寡而與時進退，以競刀錐之利者也。上既深以抑之，下必重以避焉。是故上下交征之過，又烏得以獨罪之商哉？不肖以爲，今日之事在損上不在損下，在益下不在益上。夫損上以益下者，非謂縱小人之奸以侵漁公家也，要在平之而已。今夫官山者，萃衆人之力而合之一，藉公家之勢以糾其成，此於木户大爲有益，而亦何至於不樂哉？蓋統於一，則事專。分於衆，則勢散。况隸人之督責不無科索之弊，委官之往來未免服使之勞。如洗車之役，其大小成材不過二十餘株而已，餘皆鋸板無用之物也，其所費一千六百有奇，如使做之私家，一家長足矣，今則十二甲十二家長也。一工頭足矣，今則十二工頭也。彼此觀望，莫相統一，費而不貲，如之何其樂耶？爲今之計，在私採以應官，不官採以病私。在行法以變通，不守法以執擬。使家長無失其利，木商不病於難，而官府亦得以坐享其成，此固上下皆得之道，而有司之責，臣子之忠，不少慰哉？竊意譾劣負此重任，如蚊負山，不遑寧處。執事宏才妙筭，動有成策，脱念同事，雅爲指教，凡百肯綮緩急，幸以見示。生死骨肉，不勝感荷之至。

又 卷二《論木政諸劄呈督木道》　伏聞使節按臨荆郡，卑職以遠離卯洞不及躬候，無任悚懼。竊念卑職本以庸才薄識當此重委，焦勞日夕待罪不遑，除將躧過山場緣由及另採獲大木貳拾壹根，俱已開報，想蒙鈞覽矣。近復備查舊運，見在未出之木，捌尺以下者，諒可足數。其玖尺壹丈者，根數雖有而空虚，不堪選運者不無叁肆，蓋當時一槩濫斧充報，而各商人亦遂希圖僥倖苟安目前耳。要之日後，亦多不足爲此。卑職除前斧報外，分頭立甲各另派數。壹丈者，原派陸拾肆根已未出，舊有柒拾壹根，今則再派叁拾根。玖尺者，原派柒拾陸根已未出，舊有玖拾零叁根，今則再派叁拾伍根。務令倍出常數之外，足備採擇，以聽鈞臺處分也。前項數目尋買採辦，已得多半，置立格眼文册，按五日一比督木道批：此法甚切要。報，有登記覆驗圍量方與銷筭前件，原派之數不敢少也。其頭號二號間有報者，隨即充賞砍伐驗實方敢作數，蓋恐喜功妄報，未免徒取罪戾。但頭號者，雖有壹貳見報，砍伐俱空。貳號又復僅得數根美材，畧可塞責。除前所報壹丈壹尺至壹丈叁尺者陸根之外，廿拾有壹根已令各商認採外，後有得者，則又量各商之力量大小分派，多寡固不敢拘泥成式也。貳號雖或不及派數，以其壹丈者加倍折筭，亦無不可。督木道批□□□□但頭號不得，無以應責，爲罪。連日訪採，賞諜間出，畧有應者。前此則俱逃避，緘口莫肯出聲，何也？蓋夥做官山勞費，較之家長相去數倍，則商人之所失，不足以償其所得，此其不樂也。况某地之山有木，某山之木可用，全在家長，商人不得而知也。向者躧報官山家長，俱各逃避遠去，盖其舉家俯仰業於山場，一報之官，不唯失其所利，而且委官之日夕督責，沉其隸名公家，則不得更顧私事，其逃避遠去，亦情也。督木道批：符世情。卑職揣知前故，乃以謀諂於常德劉同知，以爲今日之事在行法以變通，不必奉法以拘泥，亦以爲然。督木道批：極是極是。遂敢忘其罪戾，孚號於衆曰：「今日恭建廟材，朝廷重事。省部焦勞，日夜期於躧做，官山不過爲汝輩幹辦耳。汝輩私做山場，以其巨者應官，餘俱聽汝自做。官私兩便，亦無不可。」督木道批：取足於官，他又何計？但恐官數不足，被其□責別省勢難遥度，惟在本官訪察之爾。諸各家長聞之，稍稍間出。卑職又復報其頗有信實者陸人，誘訪至前，慰以誠信，賞以酒食，使知今日唯求得材以應官，不在費財以妨衆。遂令人各領銀拾兩，以其伍兩充賞，以其伍兩作價，分認貳號一根，限一月内回報。此固誘引而漸制之術也。俱已分投入山未報，聞之人云：「貳號六根，決或可得。但頭號不可得耳。」連日誘訪，全得指揮高節之助，如家長董昇之木，雖未經覆驗圍量，度丈圍以上，亦有十根，堅長可用，功過相當，似爲可原。其登山涉險，不避饑餓，辛苦直前，忠實可任，則巡檢范岳之功爲多，大抵今日之事，人不愛情同心幹濟，則地不愛寶，異材疊出。督木道批：人能竭力則滄海之珠才得，况在山之木無風波之險。卑職猥以庸瑣，濫蒙役使，非得鈞臺發縱指示之力，則奔走東西，茫昧遑惑，又曷免於罪戾哉？前項木植，俟採有的實數目，方敢呈報。其候水楸篺及在洞内未經放徙各木，已經分頭遣人造廂拽洞，候九月蓼水徙駕，以聽三運之數。督木道批：的望的望。洗車溪木，主簿徐振脇疽大發而回已，該指揮高節及卑職遣人督徙，捌月初伍陸期至水次，玖月水可并運也。黄和所報覃廷儀木，連日督運，俱至小溪，尚未出梭亞漫水欲併乾廂，或恐不及爲此。今將前項事宜略節具稟，伏乞矜宥，不勝萬罪之至。

督木道批據，呈足見本官智足以燭宿弊，力足以擔重托。應徙者的期應解三運，應採者多方務得異材，以需厚議繳。

又《報採木劄》爲恭議廟建事，案照節奉欽差督木右叅議蔣，及工部督木郎中王，并分巡湖北道僉事楊　劄案該奉欽差總督川、湖、貴州大木，右都御史潘劄，付前事行仰採砍紡車溪、竹園垻、瑪瑙湖、木果溪等處山場，遵依駐劄卯洞工所，會同常德府同知劉　督據委官縣丞等官黄輔、宋賓、范岳，并省祭胡鏞等，前去各山逐一躧看砍伐。隨據各官呈報，各山木俱空朽短小不堪等情。緣卑職自蒙委使節奉行，仰多方設法採買卷查先該所報木數，捌尺以下諒足原派，其玖尺壹丈等木根數，雖有而解赴辰河亦多選退至於丈圍以上，止蕭鶴、楊景共壹丈叄尺伍寸，陳奇、張廷鳳共壹丈貳尺壹根。楊景周槐貳根，俱壹丈壹尺。其頭貳等號，比之原派，拾無壹貳。況各山躧砍，又俱空朽。卑職惶恐，待罪寢食不寧，分頭召賞，皆無應者。密竊訪究，始知深林、密箐、重溪、絶壑，人跡罕到，比之平原、曠野、周覽易遍者，大爲不同。各該木户入山，止憑家長躧報，而家長亦未盡知，又必誘買土人指示。土人亦未親見，重復展轉捕户領引，矧先年採辦已竭，間産一二，鳥道窵遠星散，又兼糧運艱遠，工程浩大，價不及費。況已報在官，無水泛徙，則人力莫施。官司責併遂難辦理，且隸人之督責不無科索之弊，委官之往來，未免役使之勞，所以人不樂從，各皆緘默。卑職拘集各商家長，三復省論：如有大木，山場，任其自爲砍做，唯將合式大木申報上司後，不委官坐督，止遵部院榜條，置立格眼循環文簿，就令各商逐日填寫工程，一月一次，循去環來，聽職查較。如前木徙到大河，是實無水漂徙，姑免責。併若人力可施，在山違誤，從重治罪。今後如有堅實大木，微有撞毛小病不害於材者，俱不減價，照依定則筭給。又遍張告示曉諭諸夷商民：如報大木圍壹丈伍尺以上者，賞銀拾兩，定則外添助人夫二百名。壹丈叄肆尺者，賞銀伍兩，外添助人夫壹百或壹百伍拾名。續據土民向奇并砍山家長覃廷儀報，到在於地名桐溪汊躧砍堅實圍壹丈肆尺伍寸壹根，壹丈壹尺壹根，當即賞銀拾兩。及巡檢范岳木户楊景、李漢、蕭鶴、吴經，密訪家長宋英鑾採報壹丈伍尺壹根，當賞宋英鑾銀拾兩，并與酒食花紅。迎獎招誘以致夷漢人民次第來報，猶恐空朽虚費，俱令砍倒剷削成材，驗實方與迎賞。今採砍并先已報買過木貳拾壹根，共得圍圓壹丈伍尺壹根，壹丈肆尺零貳根，壹丈叄尺柒根，壹丈貳尺壹拾貳根，壹丈壹尺壹拾貳根，玖尺并壹丈共壹百貳拾叄根，捌尺肆根，及指揮高節因見前報大木空虚，惶恐無地，自行借辦銀伍拾兩，召給家長董昇四下採訪圍圓壹丈叄尺壹根，壹丈貳尺貳根，壹丈壹尺壹根，玖尺貳根，通共得買并採砍過大木壹百陸拾伍根，俱長肆丈至伍丈以上。其餘常材不敢開報，聽其自行砍做，并鋸完楠木連三板貳拾肆塊，連貳板貳拾肆塊，見在搭步橋揪筏前項木植，欲使備量稍圍丈尺數目開報，道里往返急難遍緣進山期迫，恐爲遲滯，待候完日逐一備造書册。另報其前所報大木，總計山場壹拾叄處，大約合用銀貳萬餘兩，雇夫盤贍一面分量木商多寡及其資力大小，或分頭獨攬，或兩三共採，俱出情愿。已經分認外，俱限明年三四等月盡徙大溪，聽候水泛漂洞。今各商正身盡在卯洞，而買辦魚塩什物，打造鐵器及雇覔剷手俱在辰州，欲候呈稟明示，放回商人措辦。前項不無期日，迫促爲此，除洗車溪并漫水木植及搭步橋板枋拖徙水次，俱付篺夫守候麥水駕辰交驗，復又先令暫雇人夫分頭入山興工外，卑職隨領各商楊景等先行回府。一面買辦什物魚塩，聽候毋致防誤。今將所議前項緣由同報到家長，并分派木户。姓名、木板數目具呈，伏乞照詳明示，以憑遵奉施行。

巡按批承：委採木而得大木若干，非有大力量者不能勞苦功高，惟乃職其近之其所條開數事，俱切時務中肯綮上下兩利之道，但文書到遲，本院即批行督木道查議，速與施行，未必無補於木道也。視彼各委官自恃身處荒服，消息難知，多自壞心術，動與夷商狗苟。本院雖遠，亦有耳目，仍説與知悉，勿終逐自貽後悔。此繳。

又《論木政劄子》爲陳愚見，以速廟工事，卑職自五月初十日，准本府關奉分巡湖北道僉事楊　案驗行令接替通判王　回任管理邊糧。就令親入卯洞，督併商人楊景徙運原報大木及躧勘各山採辦圍丈以上堅實美材，開報依奉於六月十二日前至卯洞，已經陸續徙運過。原報大木若干根，及新報採買過頭貳等號大木又若干根，已經分商入山與工外切惟興建之役。宗廟爲重，採辦之餘徙運爲難，盖廂架必假於人爲，而漂洞寔資乎雨澤，若束手以待天，必愆期而誤事。卑職本以庸才濫蒙役使，緣自接管以來，舊木之告報既竭，新山之躧砍未聞，日夜焦勞，幾廢寢食。蒙本道發縱之功，幸免鰥曠之罪，若不早爲立法，明歲或恐誤事。爲此，卑職除將徙運之法及委任之宜，或詢之家長、訪諸土人及系以木商、斷以己見，中間事體未敢自謂曲中機宜，庶或可少補裨一二。輒陳蠡測之見，開具欵條十事，上塵鈞覽採擇，伏乞照詳明示施行。

一助夫役以使拖運。照得節年奉採頭號大木止擄永順報運，而本府木商並無應者，蓋以頭號大木非千人之力不足轉移，而家長之所聚雇不過三四百人而止，況其暫時短覔又皆土人，臨期索價動難。號召出自土官，則片紙起倩千人立就，不藉粮資，期日可集，此家長商人之所以垂涎厚利而卒歸之永順也。今窮山深谷爲力既難，則商人所費已多。前項夫役相應量助短運。自丈三以上至丈五而止，或一百名二百以三百名爲率，每名約價六分，每處計工十日，多寡量木之大小，久暫隨地之遠近。於其正價之外，助以短徙之夫，庶人皆樂從，事亦易集。

一處夫價定雇覔，以便事功。切照前項夫役動支官銀，則銷筭爲難派之木户，則資力已竭。且恭建廟材比諸他事尤爲不同，况普天之下莫非王土，率土之濱莫非王臣，里甲之供應，夫船之派辦出諸沅陵縣者，已爲過甚，其他州縣槩無所與似非所以均勞逸平役使之道也。前事相應量州縣之大小，隨里分之多寡均派。夫價委官收給支散造册繳報，其或不動，州縣則於各該木商所報未盡大户隨資量派，或十名、七名、五名，庶力分於衆，舉事濟乎公家，是又一便也。其雇覔夫役，若家長力能自爲任，從領銀私雇，如其不然，給發官價坐委施州委官起倩各司土人給以夫直尅期可集。庶價不難於措辦，人無妨於雇覔，而事亦易成矣。

一處糧餉以防缺乏。夫採辦之法，聚衆爲先，聚衆之道，足食爲本。先年採辦，動資永順之米，今其各寨傷殘，已無可望。而大旺等司又皆蕞爾之地，今年入山人衆，米粮不無缺乏，運之本府灘河險遠急難應數。況保靖宣慰彭藎臣，世受國恩，罔思報效，既無採辦之勞，應爲協濟之舉。合支木價官銀肆百兩給發該司，令其買米一千石，遣人運至卯洞，聽本職驗無糠穀，方與收受。仍委官催督就於木價銷筭，庶事之出諸該司者，亦易爲力。而米之得於卯洞者，大爲有濟。此固勞而不怨，惠而不費之道也。

一置廂垻以速溪運。照得各該家長做山木至小溪，則束手聽水。間有徙垻，亦至大溪而止，一年大水不過三次，所以漂洞爲難，經年不出爲是故也。今議前項大木，俱令緣溪造廂拖運，無令候水一至大河。築垻壅水，以便徙運。築垻之法，舊皆舂木爲之，被以枝葉，罩薄陋水爲力甚難。今令倣傚北江滚牛之法，編成大簍，填以土石茆草，量其闊狹多寡用之。中留一路，如閘口之狀，相度高下、遠近亦如置閘之法。自大旺河起至漫水而止，仍令每纜每夫一名，編簍二箇，聽候合用。大約各山人夫不下二千餘名，每人二簍，可得四千也。但梭亞一洞内闊外狹，山壁峻削，溪潭深渺，人難措足。水流湍激，一木稍横，則諸木輳結，易於堆垜，爲力甚難。若其徙卯洞，則又酌量時日。如近時拖徙乾廂之法爲之，不專取必於天時也。

一慎委官以節冗任。照得今年因各司讐殺，每處設委守備坐鎮，其實虚勞員役無補實用。蓋黄家村有分木之擾，尤爲有用，而大剌保靖則不必矣。明歲，則黄家村亦皆可省，蓋新山之木永順不得而與也，況簰夫灣泊報數反爲停滯。若曰：「武職重臣，坐鎮該司，則正月、五月之讐殺亦何憚於各官哉?」唯息寧姑倒窨用荆州守備孫賢，卯洞漫水用西永守備陶戩，上下坐守以防土人滂接藏刷之弊，此固不可省也，其餘各該小委似亦可省，唯用巡檢范□陰陽官鄧惠二人專一往來催督各山工程，仍給以廩餼，使無係累，庶人皆效用，事可責成。

一定期限以督程工。各山家長地有遠近、難易之殊，木有大小、多寡之異，既不委官坐督，若不設法稽考，未免稽誤。合無置立文簿二扇，上寫木户家長姓名，備開地里遠近、難易，木植大小、多寡，如某地至某溪若干里，約計脩路若干工，搭廂若干工，拖運若干工，先行登記明白，逐日填寫。如雨雪，則書雨雪住工，某溪至某洞若干里，合用徙垻若干處，填寫工程亦如前法。循去環來，按月比較，如有稽誤，木户家長一體治罪。如能上緊完工者，一體重賞。如此則官府易於查考，商人得以催督，而勤惰之别，勸懲之典，兩得之矣。

一銷舊逋以贍新工。夫商之逐利，猶狸之嗜腥，根心生色不容僞爲。訪得前次採運木價一萬三千有奇，向因總督部院回任未經給領，後各官司憚於申請，展轉遲滯，各商有負少資本至傾身家者。復蒙總督部院按臨監採，各商又以入山期迫不暇訴鳴，況其解運省城停止金沙灘木植，今歲又經驗運俱未給領。且恭採廟建，雖經領銀八千有奇，而前後運至辰河木植除選退外，亦皆倍溢。原領官數官司以未經起運尚未發册，前後重復逋負情實可矜。此則商人隱惻之情欲言而未敢者也。近該工部王郎中申呈總督部院發銀一萬兩，聽本職握價申縮給領任其盤做。新山商人聞之，反皆疾首蹙額，不樂關領。蓋其得前日之舊，逋即皆已資如獲更賜領今口之新價未免官物寔增重憂。又以前次採辦亦當預發，後皆負欠籲訴無從。此固傷弓之鳥，不樂高飛也。合無備查前次未領官銀應否給發明與銷筭，及今恭建之役領過官銀若干，運過木植若干，有木多於所領之價者，則給價以補商。有價多於所驗之木者，則迸木以完官。

如此，則官府不失信於商人，而商人樂獲利於官府，爭先踴躍，督責不煩，唯恐其後矣。鼓舞作興，亦因勢而導之之術也。

一惜遺材以收短料。切惟木至丈圍以上，經歷歲年長養甚艱，不幸短折，遂至擯棄，深爲可惜。況恭建之材，未必儘其長丈而用之，爲榱爲櫏亦必丈丈尺尺，相度物宜而斷鋸之以爲材也。本職在京日久，曾見各處解到張家灣大木，工部遣官鋸成短料。斲削荒材以省旱運之費，則是短料之木未必無補公家也。近蒙總督部院嚴示，商人懼獲罪戾恐負資本，前項短小丈圍以上美材，俱各遺棄不敢徙運。夫短小之故，其説有三：蓋木至丈圍以上，則十無二三，結實或者去其空虚，所存止此，一也。砍伐之時，稍不經心，或至跌損，二也。漂洞之時，岩石墊折，三也。若是官司槩論圍圓不論長丈，領價商人前弊容或有之。今其木政條例較短量長開載甚明，則商人者亦何樂於此哉？且二號之木，長至五丈或四丈五尺，可領價銀五百有奇。今其長二丈者，以七八十兩或百兩給之。自二丈以上，則又逓加如前是。官府以五百之價，可得十丈二號之材，而商人者以二丈之木，又得官府七八十之價，上下兩利，大爲有益。況各山採取已竭，前項短料相應愛惜收用，以充欠數。唯復奏明本部另聽查筭，庶山林無遺材，官府無浪費，商人無遺利，一舉而三得矣。

一均懸價以伸下情。照得節年以來，做木定山倒米盡由永順，而出銀砍山必資辰商。前項木植俱至黄家村分撥，故辰商之木永順不得而與者容或有之，未有永順之木而或不與辰人者也。今酉陽逞忿，永順刷其大木，則是辰商者既遭池魚之殃，且爲鷸蚌之持。如其懸價俱歸永順，辰人不得而與焉？則是永順者雖有城門之火，得罔漁人之利矣。況其未刷之木，既已均分，則其既刷之價焉得獨歸之永哉？下情忿鬱，欲言不能。前項懸價，相應量爲均給，或恐冒濫致起爭端，則以一半留置在官，聽候顧夫解運等費，不必取派。州縣及所報大户，庶事體既公，彼此亦服，而官府又得其濟也。

一備醫藥以防疾疫。照得楚俗尚鬼，夷方爲甚。兄有疾病，不事醫藥。所以卯洞等處，絶無藥餌可恃。今歲夏秋以來，人多瘧痢，束手無策。明歲各山興工，不無聚集人衆相應預備以防不測。除本職選帶醫生二名聽用外，一應藥餌等料合無於本府無礙贓罰動支買辦，聽候各山取用，庶人無所恐，而惠亦遠施矣。

明　黄訓《名臣經濟録》卷四八《工部·龔煇·採運圖前説》　謹按：全蜀古梁益之地，險阨四塞，獨冠天下。唐杜李二子形諸咏歌，至稱天以擬之，固以見非人世所宜有也。乃若採取所由，特異内壤，人跡不到，魑魅魍魎之區。其山，則有若青岡黑蕩，古嘴磨角，偏脚坎頂，薄刀棺木，殺人剮腦，猿猴菩薩，峻虎陷鬼，蛇退馬鞍之類；其水，則有若龍吼魚罕，羊角雞肝，躁虎喂賊，落眉結髮，雷鳴混陣，甕柄，剪刀，閻王，老虎帚節，鬼門，以至眼號穿錢，路名鬼錯，灘成八害，崖目萬人之類。顧名思義，險實與俱。第不幸而不遇二子，寂寥無聞，其亦幸而未經品題，不拒人於千里，自分終棄之材，猶得以登廟堂之用也。作山川險惡，寒巖氷壑，崎嶇萬狀，攀木緣崖，索橋傴僂，升之則躋於九天之上，降之則入於九地之下，怵目駭心，神魂飛越，作跋涉艱危，嘗聞蚺蛇吞象，三年而出其骨，禽獸偪人，自古爲然，而況深山窮谷，老箐荒林，固其所窟穴哉！作蛇虎縱横道里之遠，程以千計，夫役之衆，日以百計，供頓之繁，歲以萬計，櫛風沐雨，水陸疲勞，雖雞犬亦有所不寧者。作採運困頓，斷岸千尺，下臨無際，結搆重疊，綿亘數里，作飛橋度險，梁棟美材，天地固秘藏之，重以頻年採取之故，所遺無幾。崇岡疊巘，限隔高下，其爲力且百倍於曩時。作懸木吊崕，人日食米一升，一夫負米五斗，往返之期有七日，自給之外僅足以給二人，萬一變生不測，趨赴少後，緩急何所濟？作飢餓流離輕生嗜利，夷虜之常，以逸待勞，以衆暴寡，昏夜乘間，將何所不至哉！作焚刼暴戾，天災流行，勢所必有，加以蠻烟瘴雨之所侵淫，飢渴勞瘁之所摇奪，鮮不及矣。作疫癘時行，至若灘高水落，爲力尤難。築堤壅泉，架木飛輓，若轆轤之汲井然。游移前却，日不能以一里，作天車越澗，波濤泛漲，衝激四出，挽留無計，仰天太息。要之水旱俱病，惟川蜀爲然。作巨浸飄流，上自藩臬，以至若府州縣，轉相督責，撫字之心誠勞，而職業固然，不敢怠廢，矧無知犯法，小民之恒性哉！作追呼逮治，山林材木，初不必其皆良。兼之天時人事，参錯不齊，外直而中空者，十之八；毁折而遺棄者，什之九；僥倖苟且，百纔一二。宿負未償，新逋是急，稱貸不足，繼以田宅，田宅不敷，繼以子女，子女不給，隨以妻妾。夫人孰不欲有宫室之奉，夫妻子母之屬哉？自全之道，固如是也。作鬻賣償官，驗收登記，比次成筏，連筋擯頂，雇募器用之類，種種各備。每筏爲木，凡六百有四，爲竹凡四千四百有五，爲銀以兩計者，凡百四十有八。公私耗斁，莫可勝記。作驗收找運，自蜀至京，不下萬里，每運爲筏以二十、三十爲率。每筏運夫四十，每夫日計直十分之五，大約三年，其爲直殆且六萬。要皆生民膏血，日朘月削，其存幾何？父往子來，曾無寧歲，出萬死於一生。作轉輸疲弊。噫，不身膏野草，則葬於江魚之腹，隨其所在，動若陷穽，彼青黃雕刻，木之災也。楩楠杞梓，獨非生民之災乎？夫楩楠杞梓，愛護而保全之，徒以應營建所需之故，而陛下赤子，曾楩楠杞梓之所不若，三復萇楚之詩爲之於邑。

又《採運圖後説》 蜀省採買，其爲府者凡六，其爲州者凡十，其爲縣者凡六十有四，其爲衛者凡七，其爲宣慰宣撫長官司者凡八。臣煇謹按：採運履歷，舉見凡例，繪爲一十五圖如右。其山川險惡，未暇覼縷，所謂存十一於千百焉耳。按圖索迹，觸類引伸，可想而見也。其跋涉艱危，採運困頓，飛橋吊崖，飢寒疫癘，蛇虎傷殘，焚劫暴戾，巨浸飄流，蹇泉越澗，皆出於人言之所稱述，畫工之所想像。使身親歷之，復身親圖之，則一時議擬形容臣不識又當何如？其追呼逮治，鬻妻賣子，以致騐收，找運轉輸，疲弊之狀，臣目可得而見，口可得而言，第恨手不可得，而圖耳要之。苦心惟良工也，彼繪畫者，流烏足以與此哉。雖然所可圖者，迹而已矣，抑末也。昔孔子繫易之辭，有：曰天地之大德，曰生聖人之大寶，曰位何以守位，曰人何以聚人，曰財是財者民之心，民者邦之本，非細故也。傷財病民，元氣陰耗，雖苦心良工，不能措手，可以意得，不可以迹求也。古今天下之瑞，無踰於人。今嘉祥殊祉，莫不畢集，所乏惟人瑞耳，凡以土木之役未息故也。此役誠息，則財裕民安，元氣充實，太平斯有象矣。臣當更上人瑞之圖，以足當今之所未備。仰惟皇上聖德，好生與天地相爲流通，顧臣奉使無狀，不能宣揚德意，無所逃罪，復以不識忌諱，致勤陛下宵旰之思。臣雖萬死，何以自贖？臣不勝戰慄，待罪之至，稽首頓首謹志。

明 萬曆《四川總志》卷二〇《木政》 有國者不能不事營建，則不得不資於材木矣。《易》言：「上棟下宇，取諸大壯。」《詩》言：「松栢丸丸，寢成孔安。」而豫樟、楩、楠，干青霄以直上，其長千尋，其大百圍，宜其棟明堂柱清廟，而爲世楨幹也。雖然，滋養之不豫，保護之不至，則何以儲材於有用？噫，司邦衡者，其慎培植之，勿摧折之哉！

山林川澤，古有厲禁，王政之始也。今四川建昌産杉木，馬湖永播而下專産楠木，爲國家梁棟之需。歷代南中不賓斧斤，無得而入焉。洪武初年，建置城郭都邑，後册封蜀王營建藩府，皆取蜀材。永樂四年，詔建北京行宮。勑工部尚書河南宋禮督木，前後凡五入蜀。監察御史顧佐亦以採木至，而少監謝安在蘭州石夾口採辦，親冒寒暑播種爲食，二十年乃還。正德六年乾清宮災，勑工部侍郎兼右僉都御史安福劉昺巡撫總督營建。正德十一年，又遣郎中李寅催督採木。嘉靖五年，勑工部右侍郎兼右僉都御史黄衷督木。九年，勑巡撫右僉都御史鉅野宋滄兼督木。十九年，議建獻廟，勑右副都御史戴金督木，憂去，婺源潘鑑來代。三十二年，採辦枋板以巡撫都御史進賢張臬兼督木。一十六年三殿災，勑工部右侍郎劉伯躍督木，躍憂去，而以徽州李憲卿代之。四十五年，修建承天等殿，巡撫都御史宜黄譚綸兼督木，後成都知府何寬紆□□運與有勞焉。

蜀不惟楠爲貴，然品不一也。真楠有四：香楠色如茶褐，細膩極香。杉楠其色微黄，條直無節，斯二者，棟梁之選也。鬬栢楠其色如褐，如滿架蒲萄，千百中僅一二也。鐵頭楠一名拐子楠，其色黄黑，極堅而沉水，難以達於廟材，大而難爲用者也。此外有雞屎楠、黄心楠、牛舌楠、潤楠，此四者皆非棟梁之具也。然美楠多空灌，諺曰：天灌到底，地灌灭□。天灌者末弱也，地灌者本弱也。謹按：蜀材之爲營建利也舊矣，然採運之役有未易言者，或謂有採辦之官則山無遺材，有督拖之官則工無惰役，有督餉之官則民不告匱，有積放之官則業不停積，有解運之官則廠不妨務，此採木之大計也。然每一採木，必報大户，而大户入山糜費百端，勞苦萬狀，折數百金僅得一木，因致傾家貽累子孫者，比比然也。噫，牧民者可不亟爲之處哉！

明 張萱《西園聞見録》卷九二《工部六・工作》 吕坤曰：洮蘭之間，氣塞土薄，小民無計爲生，則織造羢布，貨販以糊其口。自傳造以來，數有限追。官府急于星火，百姓苦于催逼，遂棄農桑，稔綿數十萬户，作者聚數百萬人，提花染色，日夜無休千手，經年不成一疋。且是物也，晒晾不早則白蛀即生，風日太頻則紅色易落，多積惋心，久積無益，如山西之紬蘇松之紗羅緞絹，歲額已自日盈，加造豈因缺乏。臣以爲一縷一絲，皆出民力，與其積于無用，勞費空財，孰若定以有常，隨取隨足。假如四季袍服，歲用千疋，一年預造一年，是宮中省收藏之累，歲歲見新，天下無多取之憂，人人樂辦。且花樣欲新，則隨時改造，此處增數，則彼處減機，那借工銀將除補乏，此無損于陛下，而有益于蒼生，何憚而不爲？至于饒州磁器，西域回青，總是有餘不急之物，徒累敲骨捶髓之民，望陛下一切停罷，而江南、陝西之人心收矣。內府宮庭自須大木，而採木之苦，陛下聞之乎？臣自一木言之，丈八之圍，豈止百年之物？或孤生仞崖，或叢長十里。蟒蛇雜居之處，毒霧常濃，岩谷寂寞之間，人烟絶少。寒暑饑渴、瘟疫瘴癘而死者無論矣。乃一本初臥，千夫難移，隔澗作橋，越山引繂，每日一祭神明，每行不過數步，倘遭艱難之處，跌傷壓死常至百人。蜀民語曰：「入山一千，出山五百」，苦可知也。至于磕撞之處或有傷痕，而官責民償，謂不合式。經年累月拽到河邊，待秋水以漂沖，多轉折而底滯，重去伐山。每木一根，官價雖云千兩，比來都下爲費不止萬金。臣見川、貴、湖廣之民，談及採木，莫不哽咽。所願寰居安若泰山，邦本固如磐石，即茅茨若神堯，卑宮如大禹，何損九重五位之尊，益昭二帝三王之治。且木能生火，積久易焚。前年山西廠之災，是見。今大工木料業已報完，採辦新枋止需後用，倘少糧一物十費，措辦既苦，轉運尤難，若于實用有裨，則積貯何嫌過多？今十庫諸貨、各廠物料，粗惡不堪者，固有朽腐無用者，亦多上納，歲歲陳陳，可惜萬姓膏血化爲一房塵土。倘每年一次查盤，每夏三番晒晾，不堪者嚴監收之，刑朽腐者重典守之。罪變惡爲美，出陳易新，但一年可備三年之資，則本色暫改折色之解，既不匱乏國用，亦未暴殘民財，陛下一留色則歲省不下百萬，而解納之人心收矣。

龔公輝曰：仁壽宮及先蠶壇殿，據敍州等府。木商周洪川等訴稱，先次採木唇齒之下，今次採木俱在深山曠野、懸崖絕澗、人跡罕到之處。洪川等各領官銀不一，僱募夫米不等，各于烏蒙、芒部、馬湖等處採運。每廠用夫不下三五百人，每月食米不下百十餘石，抓架天橋勞苦萬端，方得一本出水。先次，取木八千，因是接濟遷延故使累年未結。今次，取木尤多，二年不能一濟，何以得完？本省原議買木減用價銀共七十一萬六千七百三十八兩，今奉前因行據敍州等府，備將各商採木山場履歷事宜申送來府。委果山川險惡，蠻烟瘴雨之所毒害，虎狼蛇虺之所傷殘，所損民命數多，誠可流涕。但營建大木乃皇上仁孝至情，及修復古制以一新天下耳目，敢不竭力盡心？但四川僻處一隅，非若他省商販輳集。今名雖召商，實皆土民給領官銀入山拖運。正德以來，即奉採取，相近水次木植砍伐罄盡，今次採運俱在深山窮谷人跡不到之處，弔崖懸橋艱難萬倍。比至溪澗，必待夏秋洪水泛漲，方抵大江。使夏秋無水，雖竭力殫財窮年歷歲，必不可得。永樂初年，勅差尚書宋禮等到蜀採取大木，蹌尋丈許者，僅得數株，然猶以爲賴山川之靈，立祠歲祀，以彰殊異。嘉慶六年，工部奉勅四川督買楠杉栢木八千一百三十五根，板枋六千七百一塊，兩年以上，止得大木五百根，板枋五百塊起解。隨該廷臣建議，以爲勞民傷財，即行停止。今甫及二年，共解過木板五千九百九十一根塊，率梁棟美材蹌尋丈許者，不下五百根。數此豈人力所能？實由皇上聖德格天，雨澤時降，山川協靈、草木協用，故自昔所不可得之材，一時盡出。雖蜀中父老以爲目所未見，懽聲動地相慶更生。今若必欲務足二分之數，則更生之喜且復釁然喪其樂生之心矣。何者？雨澤由天僥倖，難再似此曠世奇絕之遇，似不可以復得。況該省連年兵荒相仍，民窮財盡，遠近傍徨，朝不謀夕，公私俱竭，將何取辦？徒坐困一方之民而已。且天下之事有緩有急，而民生休戚係國家安危理亂之機，竊計郊壇蠶室漸次落成，其仁壽一宮當亦無幾。解過木植，亦足應用，兵革之禍，止于一方。且或于不得已者，聖人猶慎用之，重民命也。土木興作，派及天下，使前項宮殿財用既敷，而徒以紛紛不急之故，上困公家，下敝萬民，是猶廢日用飲食之養以侈冠裳之飾，儀觀雖美，元氣恐竭，固不待有議者亦爲之寒心矣。漢文帝欲作露臺，其費百金，以爲中人十家之產，遂止不爲，古今以爲美談。講官吳惠進講即蒙聖諭輔臣李時等曰：省無益之費，停不已之役，今其將所指者開陳以救時急務，聖天子明見。萬里無益之費，無過磚木，可已之役，無過營造，我皇上聖學之功仁民之念，一至于此，真與唐堯夏禹儉德相同，而漢文又不足言矣，海隅蒼生亦復何幸。

王德完曰：採木初，檄有云：「招商採買，大木無與小民。」聖明愛養元元意誠篤至顧勢有不能者，蓋大木不產于中土，而產于夷巢猥窟巉巖復澗之區，仰若登天，俯如墮井，尋採則板濟險惡，拽運則履蹈艱難，固非一官一吏所能荷肩，亦非十人百人所能負戴者。客營無多，則以土商代僱大户，有禁則以義民殊稱，其實皆民也。夫民既同，不得不派以木夫，木價既少，不得不折以夫價，其實皆取之民也。督木之令，急如星火，民何敢慢？于上供柒指之條，畏如罟穽。官亦不敢擅于科歛，欲求遠嫌遠謗聽其私議。而木夫工食有派至八九金者，有多至十四五金者，吏胥因而漁獵奸猾，肆其誅求。時，蓋雞犬靡寧，追呼相望者，木夫就道，子婦啼號，畏死貪生，如赴湯火。黔寧二廠，尤屬濱夷，獨是黎㸐，全爲窄地，索橋競渡，節至淪亡，夷落勒錢，半爲焚劫，洗河既費，過渡更難。若非水漲瀧行，即是不幸難出。且風嵐烟瘴地面，人夫一觸輒僵，溝壑委填，道途暴露，尸流水塞，積骨成山。其偷生而回者，又皆黃膽臃腫之夫，略似人形，半登鬼錄矣。以一縣計，木夫死亡約近一千，則合省亡夫不下十萬。木夫工銀每縣約近二萬，則合省夫銀不下二百萬。既以剥民脂膏，又以戕民壽命。遐途痛哭，扼腕拊心，故曰採辦之苦，此一也。

王家植曰：近年以來，費司農水衡金錢當與幾萬萬兩，征甫輯旋起東師海外罷兵更誅貴行。加之河伯失職，漕艘陸沉。一埽之費，可破百家。一隄之資，可敵一縣。枵腹析骸，豈堪重困？又大工所需，即挽拽散材，非衝城蔽牛不勝其任。往見滇蜀採運之苦，出于深箐絶獸之間，奪之厓獠瘴癘之窟，率以丁壯喘息易此鄧林一枝。往往激發土夷，招寇啓釁，迨其至也。恆以萬金而致一金，此天下所共悉也。堯舜在宥，茅茨土堦。明主深宫，重情露處矧以宫室，不卑之由而令小民苦焦，聖天子其忍之乎？九門内外，流移滿道。天津飢餒，持梃而索半菽。淮陰惡少，鳴榍而狎潢池。今乃羣集四方流散莫可究詰之徒，往來禁篽，奮擲木石，恐天象之儆非常清道之傳，復□正不宜，若是之疎漏也。

明 陳子龍《明經世文編》卷一八〇《桂萼·桂文襄公奏議·修省十二事疏》 節奉 勅諭：比年災異屢見，欲求弭除之方，臣連日會議。皇上繼統中興，懇懇以愛民爲務，第恩詔每下，有司不肯將行。在内或壅蔽不以上聞，在外或廢格不以下布，是徒有堯舜之君在上，而百官不以堯舜之心爲心也。茲者天下州縣，逃亡載路，盜賊滿山，夷狄憑陵，儲蓄罄竭。臣等瘝曠，罪無所逃，此上天所以爲震怒，而災變所以屢作也。《書》曰：「天視自我民視，天聽自我民聽。」今天下之民，凡有赴訴於臣等，必曰何不體我皇上之心。是皇上之心，即上帝之心，無疑矣。然則今日欲修省以回天意，豈待外求？亦惟體皇上此心，施之政事而已。今將各衙門會議條件，開列事理是非，時勢緩急，明白上請，伏乞聖裁。計開一大工雜役。臣等會議得自昔中興之君，承天下疲敝之後必有大省興作，而後小民始安。茲繼修理乾清宫之後，又有仁壽宫之建，小民勞困甚矣。然業已舉行，但任事之人，會計無藝，不可不察聞。見今採木已到水次者，云已足用，合無聽派木商，沿途順帶免其抽税而盡放天下運木丁夫歸農。見今措辦夫價，即准轉作各該州縣里甲官銀，其又科辦大木價銀皆數倍之外，取於民者，即可特一勑免徵。已收到銀，亦要清查實數收部，以備買辦。凡百物顔料差官造辦者，俱各遣還，與民休息。待三號等項木植到齊，一切物料俱就京招商和買計料完足，而後爲之，所以大蘇民困，以爲昭聖皇太后祈天永命於萬萬年者也。至于顯陵之造，誠不可緩。其任事之臣，會計無藝亦不可不察。蓋木料已經題准截留，見採過上中二號等木，其餘應買不過磚石顔料等類，所用止須十餘萬足矣。而云六十萬兩，則所費不盡歸於修陵可知矣。武漢黄德荆岳等府、所轄州縣，不下五十餘處，每州派夫一千者有之，五六百者有之，合力并典，亦至三萬有餘矣。安陸一州，監修官之所居供億之所出，夫役之所聚，柴米騰貴，必不可言。而不見優恤，訪得亦派夫一千有零，可無念乎？且炎暑時月萬夫並集凉棲水飲亦合更休合無於別部選一善於會計主事齎勑前往會同督工官估計議處其舊奏帶陰陽家人有誆揑生事者，不得留用。則大工易集，而所以省費安民，有不可勝言者矣。其他如王府儀仗，原無修補之例。正德年間各府承奉等官撥置親王，非法奏准，以致科擾軍民，天下咸怨，相應禁止。又如江西修蓋真人府第，該差太監等官，合無行取回京。又如教坊司之樂器，承應之冠服或並爲停免，或差官一員立法清查，使不得浪費，則歲省料價亦不貲矣。及通行天下府州縣一切無用之費，痛行減免。不急之物，速爲停止。其供應必不可缺，量去其半。要見減除何物、停止何工、開報各撫按官查考，節流塞源，損上益下，此今日之急務也。

清 于成龍《于清端政書》卷一《查采楠木詳》 康熙七年十一月二十五日，奉巡撫四川都察院張憲牌案照查楠一事，屢奉嚴旨，隨即通行各屬遍查具報，去後事關欽工，本院不得不親往誌載。産楠之馬湖、永遵一帶，躬率彼地各官兵役，直抵深山遠箐，確查大材楠木，以資國用。除具疏題明擇吉起馬外，合先行委爲此。仰該州官吏查照牌内事理，即束裝星馳，前往彭水、武隆二縣，會同該縣文武各官，率領兵役鄉導確查摇櫓白馬江口及近西陽一帶山箐，併南川縣金佛山馬嘴等箐，堪充梁棟大材楠木逐一開列，圍圓丈尺，計其臨江道里遠近，馳赴遵桐回報本院以憑親臨彼地覆行查看，酌估需用錢糧，題報施行。該州查明一處，即詳悉具稟，封入檄筒，飛遞駐節處所投閲，仍減從兼程前去，不許多帶人役滋擾地方，若奉行不善，有悮欽工，法在必行，非比他事可恕。如著勤勞，本院定當特薦，仍先將起程日期報明等。因成龍捧讀憲諭，凜遵減從，止帶書吏二名、快皂二名、門子一名前往，合併報明。竊思楠木關係欽工憲臺，題明親勘。成龍仰承牌委，何敢不夙夜黽皇？惟是蜀川之産楠木，列朝雖有成案，而今日之蜀川，非昔時全盛可比。田地荒蕪，烟火絶滅，賦役户口載在由單歷歷可數。即有一二孑遺，驚魂未定，亟待撫綏設辦理，一有不善，誠恐遠近傳聞或滋擾累。蒙憲臺諭令輕騎減從，毋遲毋擾，此誠憲臺爲國爲民之盛心，而一介下吏亦竊願上不誤工、下不累民，以仰報於萬一邇者。凜承皇上嚴諭，跼蹐無地，星夜就道，躬入深箐，確查無遺，用以仰副憲命，然不覺有切身之慮焉。成龍由粵西來任，路經楚黔，目覩大箐之中雲樹參天，日光不到，即夏秋之交，尚有冷氣逼人。當此寒冬栗冽，竟成冰穴。大樹之中，林薄叢密，籐蘿纏結，虎豹成羣，人跡罕至。必需夫斬伐開徑，爲容身之路；火炮刀鎗，防猛獸之奔逸。且蜀中居民與他省不同，平日既乏皮襖，又無絮衣。驅此啼飢號寒之衆，修深山密箐之路，無衣無食，何以禦寒？必致冷凍顛仆，一慮也；倘有一二顛仆，四外居民聞風奔竄，是工尚未舉而地方已爲騷動，二慮也；隆冬天氣，民徙無依，相聚爲奸，是目前所必無之事，亦古來所恒見之事，意外可虞，三慮也。成龍身肩重委，不敢不過爲顧慮復思。成龍入箐，必與本地文武官員同行。文官有衙役，或可令備斧頭鈎鐮，凡密箐無路之所，指揮砍伐。武官有兵丁，或可令備火炮鎗刀，以防猛獸。且大箐所在，四圍併無村舍，若朝入山而暮就舍，則奔走於茂林蔓草之域，往返躭延，必遲時日，何以報命？必須武官帶一二帳房，借抵深箐，日暮攢宿於箐中，庶無出入往返之遲悞，而功可刻期告竣。但成龍位微兼屬同寅勢在難行，伏祈憲臺迅諭武隆、南川等處，文官衙役備修路之具，武官兵丁帶防獸之器，仍攜帳房爲露宿野處之備，是可不用民間一夫，而地方自安静無驚。至於國家安危、生民休戚，憲臺封疆大臣，自有灼見，非成龍所敢輕議也。

清　雍正《四川通志》卷一六上《木政》　惟山有木工則度之，所以備棟梁之用也。然斧斤以時，仲冬取陽木，仲夏取陰木，蓋鳩庀之中，仍存撙節之意焉。蜀産楠杉，多在深山叢箐，即有合抱良材，往往運送維艱。我聖祖軫念遐陬屢紓採辦，今我皇上體恤民瘼，營建概從節省。即有所需，必察地之遠近，而均其勞逸。要皆悉發帑金，不使閭閻有絲毫累。凡此休養生息之衆，孰不仰戴天心仁愛而優游於覆幬之中者耶？作木政志。

附《萬曆三十五年大木議》　四川等處，承宣布政使司爲傳奉事。萬曆三十五年七月二十六日，奉督撫喬案驗准工部咨稱，查得採辦楠杉等木，該部臣照依原題丈尺數目併節次舊例，坐派湖廣、貴州、四川三省採辦。況楠杉大木，採辦於林箐深麓之中，挽運於長江大河之内，萬里閒關，委難卒至。當兹民窮財盡之時，應得量減。每省查照三十三年題派數目，各減十分之三，以示朝廷撫恤遐方至意。其應採各數目如式，採取分爲三運：頭運限三十六年以內，二運限三十七年以內，三運限三十八年以內。各抵京應用銀兩，悉照兩宮事例。一面查其見貯大木等銀動支并本部料價事例銀兩，贓罰商税、契税、缺官俸薪、餘積等項，如或不敷，呈請撫按查照兩宮協濟事例，徑自具題，以便覆請分派。各處無所供辦者，照數協濟。又近查得四川巡按李題議大木以濟民窮一節，該臣等議覆，御史李目擊蜀中採木，獨累細民，比之從前，勞逸頓殊。議選廉明府佐數員，以爲總委；文武官十數員，以爲分委。招商採辦，而一應人夫、食米、錢糧，俱全省通融編派，不致偏累。且使州縣正官，亦不因採木遂妨正務，是上下公私俱爲便益。等因題奉欽依將坐派本省後開大木板枋，查照節年採木舊規，併近日按院李題議委官董理招商採辦之法，一面分派招商採買解運，一面備查應用錢糧，若干見貯，若干有無足用，倘或不足，作何通融？編派與夫一切未盡事宜，作速會同按察司逐一悉心酌議妥確，務期大工克濟，小民無擾。具由通詳以憑施行，該司仍先行嚴禁各州縣毋得踵習夙弊，乘此僉報股實科派小民騷擾地方，敢有違者，本院訪出或告發，定行從重參究。欵開四川坐派楠木、杉木、板枋若干，等因奉此。本年十月初九日，又奉本院憲牌，爲三門肇建急缺合式巨材，乞行差官催解，以濟大工事。近接邸報，工部覆題三門缺乏金柱明梁等料，專差郎中一員前來川省催解。應用梁柱巨材二十三根，虎尾杉三百根，限明春抵灣，需用甚急，若不預爲經理，誠恐臨期遲悞。牌仰該司官吏，即查前次合屬州縣所採三運楠杉大木，已抵水次及到大江者，共若干根。内某州某縣有圍長丈尺，合今次坐派二三四五號者，若干根。其餘堪充虎尾杉者，若干根。倘有圍長合式而未到水次及已到水次而未至大江者，今當作何派運，與前報木料中間有無合式巨材，一併速查明確，備將圍長丈尺造册具詳呈報。有木州縣，即爲算入今次坐派有無堪動官銀，及先年三運未完，有無存剩銀兩、遺留木植，通候報司完日造册呈報外，惟是分總任事以便責成量行加派以佐官帑二事，最爲喫緊，合先呈請伏候上裁詳示，以便遵行。其諸事欵容俟諏咨詳審，酌量緩急，次第詳行，庶臨時不至周章而大役乃可有濟也。爲照大工鉅典掄材重務，矧今次坐派數多，支費浩繁，幅員寥闊，倘非在事諸臣協力勞心，寧無悞事。卷查萬曆十二年間，奉文採木，奉督撫雒案開凡鴻材巨木之産，多在土夷深山之中，不先探踏，則去向靡定；不先給銀，則空令難行；不先派數，則採辦不力；不先委總，則調度不專。本院叅考舊規，酌量遠近，先將各司道坐派總管凡七總：川西道爲一總，上川東爲一總，下川東爲一總，上川南爲一總，下川南爲一總，川北爲一總，建昌爲一總。備將楠杉木枋分派多寡等，則案行本司遵行在卷。今次應照往規分爲七總，木枋數目亦照上年分派，惟添設之數，或不合式或不足前數，又當作何議處。召買採運，務在經理。得宜期，於明春起解，庶免遲悮之愆。其今次分派大木板枋數目及應用錢糧等項，與夫一切未盡事宜，速照往規及原行事理會議妥確，另詳，以憑具題施行奉此。又奉本院憲票，仰司即便查照原行並節年採買事規，將前派楠杉大木板枋，照各號圍長丈尺，每根塊約該價若干目今該司與合屬庫貯，堪充大木銀兩共有若干，與夫一切未盡事宜，作速從長酌議詳報。仍將嘉靖三十六年以來節次坐派木數及用過銀數并採運緣由，一並開呈，以憑覆查，具題施行。奉此隨經移會按察司及通行各道查議，去後屢催，尚未齊集，今照時日已迫，難再遲緩，該本司左布政使湯日昭、右布政使王應麟，會同署印按察司劉禹謨，看得今次採辦通共二萬四千六百一根塊，查得萬曆二十四年，估計規則共約用銀三百六十三萬餘兩。除虎尾、保水二色杉木緣上次未奉派採價值亦無則例先已揭報本院裁酌外，查得萬曆二十四年奉文採木，彼時本司庫貯尚有二百五十餘萬金，與征播之需相兼支發。而分派州縣自行採買者，又所費不貲，僅完二運。若今次所派木枋數倍往額，而司庫積貯罄竭無遺。且川省自先年兵火之後，疊罹災荒，閭閻愁苦，物力凋耗，累年正賦尚多積欠未完，今議額外加征，亦恐未易爲力。兹奉部議堪以留用者，四司料銀、贓罰、商税、税契、缺官俸薪數項而已。查得兩院贓罰鹽課及鹽税税契事例等銀，每年湊足十萬四百餘兩，解赴陝西濟邊。四司料價歲額一萬九千四百餘兩，三十五年分已解部訖。缺官俸薪原無常額，數亦不多，惟有每歲商税一半，該銀一萬五千兩。他如南京麈皮事例税契等項，俱堪留用。總之，每歲不過四五萬兩，曾不足當十分之一。此外，百計搜求，别難措處，誠莫知所爲計矣。除見行通查各府州縣見有庫貯外，遵義一道原係産木之區，但新疆甫定，物力空虚，似難獨任。應就近併附上川東道爲一總，而量加其派額，其虎尾保水二項杉木及門工亟用巨材，責成上東下南二總。在上東者，除遵義外，再加分派於下東；在下南者，量行分派於上南、建昌等處採辦，以充頭運之數，一應事宜除督木道專任通行督理外，仍行七總。各道將分派木數轉行所屬府州，若何而選委能官，若何而招商採辦，若何而驗木給銀，若何而到江發運，一聽從長計議，隨宜處分。要在無拂商民之心而共濟公家之事，此最今日第一議也。至若合用錢糧數累巨萬，俱毫不可缺，亦不容緩者，今求之帑藏。既積貯無多，欲俟之請撥。又緩急難濟，惟有先行加派，庶濟目前之急也。查得川省錢糧俱以丁糧起派，今計通省額糧，除浮糧番糧外，實徵税糧共九十七萬六千五百四十三石八斗二升零，人丁八十八萬一千七百四十六丁。若驟加徵派，恐民力不堪，合無先行量派每糧一石，每年除原額外，今加派銀五錢，人丁一丁。除原額外，加派銀五分。照征播事例，不許優免，仍聽該道查考，務責令州縣正官定限追比彙解。各該府州庫貯，聽候司道行文支放，不許拖欠，不許稽遲。自萬曆三十六年分起，至採運完日停止，凡招商採買僱募運夫等項，即以前項銀兩支給，并不許僉報殷實承買，亦不許編派運夫入山，是民間雖有一時加賦之苦，而較之先年官民俱擾貧富並累者，相去懸絶，或亦人情之所樂趨也。他如招商、驗木、給價、起運等項，尚有許多節次、許多區處，通候司道議妥至日另詳外，今將前議二欵先行呈請，伏候本院裁奪。再照今次派採大木數倍往額，且鴻巨異常，如一號楠杉連四板枋，此等巨木，世所罕有，即或閒有一二，亦在夷方瘴癘之鄉深山窮谷之内，尋求甚苦，伐運甚難。今者瘡痍未起，以煢煢孑遺之民任此艱難重大之役，其何以堪？查得嘉靖三十六年間，以三殿採木共木枋一萬五千七百一十二根塊。萬曆二十四年，以兩宫採木共五千六百根塊，以今日所派較之嘉靖年間幾於一倍，較之二十四年，多至四倍矣。多積於官，固可以待用。而併取諸民，實力所不堪。職等竊謂額派之數宜減。部文派採定爲三運，其頭運部文限三十六年以内到京，而門工巨材且限春運，計期已在眉睫間，而錢糧未措，商賈未集，合式之材不知其在山在水，非有神輸鬼運之術，何以卒辦？且川省去京極遠，奉文最遲，即水運之程越歷江湖，逶迤萬里，由蜀抵京，恒以歲計，矧加以採伐挽運之繁乎？查萬曆二十四年奉文採木至二十五年起解，頭運二十六年到京，二十七年起解，二運二十九年到京。今次木巨數多，尤爲不易，故職等竊謂運解之限，宜寬也。夫無米之粥，巧婦難炊，千鈞之任，衆擎易舉。今兹大役，約費四百餘萬金，而專責之一隅之物力，是即栝水車薪之喻耳。今查本省庫貯剩存及民間加派，爲數無多，不敷支用。此外惟有請發内帑，外省協濟而已。第今工役繁興，水衡告匱，封樁雖富，檢發未聞，似難輕率舉行。惟是題留解京錢糧，如四司料價、贓罰、商税、契税、缺官俸薪、鹽税、茶税事例等項，銀兩并量留歲解陝西濟邊銀十萬餘兩，此雖户部額餉，而以前數即令陝西措解，各邊准作協濟，本省之數亦無不可，其他省分非爲重大役工者，俱令量行協濟。

多者十萬兩，即請工部定派省分行令，各照數速解以濟燃眉。諒急公之義各有同心，或不至秦越相視也。至於雲南，先年用兵借過川省銀共四十萬兩，除上次採木取還並征播議解貴州助餉外，尚欠一十九萬六千餘兩。又三十二年借過司庫銀五萬兩，今止還一萬二千兩，尚欠三萬八千兩，俱未解還。今當此多事之秋，該省有唇齒之誼，前項借支急宜償還，得此資助亦猶之乎協濟矣。故職等又謂支費之資宜裕也，凡此皆目前急務，不容緩圖，而又不敢以擅專者，伏乞本院特疏題請部議俞允，所謂寬一分而民受一分之賜，庶幾物力稍充而大工易舉矣。除各土官進獻陞賞恩例及嚴禁有司科斂事宜通行各道轉行各有司土司奉行外，其上次採辦在廠與到水次木植，已經委官清查，至日另報。今將查議過前項緣由並分派各總木數，二司未敢專擅，合行開款呈請等因由詳呈奉督撫喬批分總加賦二事，誠爲急務，俱如議速行各遵照派採追徵，不許怠緩減額寬限與請留協濟各項錢糧，候會題行其虎尾保水二杉，照上次採木圍長則例計算定價，門木應用木料照原行上緊刻期採運，仍移督木道查照督理，未盡事宜，議妥通詳可也。

又《國朝四川木政奏疏條議題報遵義屬地方楠木疏畧》 巡撫四川都察院右副都御史張德地題爲請旨事。康熙六年九月初一日，據署四川布政司事按察使司李翀霄呈稱，奉本院案驗准工部咨前事內開該臣等查得會典開載，成造宮殿，遣大臣往四川、湖廣、江西、浙江採木。今造建太和殿，理應需用大楠木，應請敕下四川、湖廣、江西、浙江督撫稽查，見有採就木植或山中出產木植長徑尺寸根數需用錢糧，確估俱限以文，到兩月內報部酌議可也。等因康熙六年閏四月十二日題，本月十四日奉旨依議，欽此。欽遵抄出到部，移咨到院，准此案。仰該司即便會同按察司備移守巡，各道通行合屬府州縣欽遵施行，等因奉此。又奉總督四川部院苗憲牌，亦同前事奉此即移催守巡各道查訪舊例，採取大楠木去後，於康熙六年八月十四日准遵義道移據遵義府呈，據真安州申稱：遵郡原係播夷舊地，改土設流，山瘠土薄，從未產有長大楠木。即聞有產者，並不堪大工之用。且真安不通水路，由綏陽、桐梓、綦江、重慶入江，其陸路之險，奇峰深壑，斜阪側徑，空行之人攀躋維艱，若拽運重木動經多人，則寸步難移。倘遇直路，每日尚可那移一二里，一遇轉折曲斜不能掉轉。查平播在明萬曆年間，彼時地方蕃庶，人民稠密，從未運出一木，若不預陳，終難結局。除一面細查木植夫匠數目、道里遠近造冊申報，又據桐梓縣申稱：縣屬蘆溪里，地名，陳頭巖後水箐產有楠木大小共二十二株，除將長短、圍圓、路程、人夫、錢糧、鹽菜等項備造清册申齎。但桐梓不通水路，從未運出一木。況值此人力艱微之日，似有萬難者。今奉憲駁理合具結申報。又據綏陽縣申稱：查得綏陽縣產木處所，實不通水路，必由桐梓綦江至重慶入江。一路羊腸鳥道，峭壁懸崖，空行之人亦難若登天，如拽重木必須多人。一遇曲折狹徑并深澗斷壑，必架廂填砌方可，一日拽移二三里。遵奉造册，具結申報。又據仁懷縣申稱：縣屬雖有，所產楠木皆在深嶺人跡不到之處。至於砍伐，非比平地木植可以隨用斧斤。高箐之中，必須找廂搭架，多用人夫纜索方可。修巔去頂截根，此砍木之難，一也；若夫產木處所盡屬危巖峭壁，即空行尚須扳籐拊葛。楠木一株，動須人夫百千方能拽動。而山路險窄，亦難立足，山勢曲折，不能并走。勢必開山填砌，找廂搭架，所用人夫非比泛常，拽運工程，難以日計，此搬運之難，二也；至於上筏之處，必由溪河水道，而山谷一線涸水，皆係亂石填阻，若非天雨旬日，則水不盈尺，勢必從下流築隄截壅蓄水，丈餘方可順流拽運。然須逐路築隄蓄水，始能前進。若遇大石阻擋，又必多用石匠鑿去。相地形之高下，用轉移之權變，事難程限，此上筏之難，三也；憲行駁查不得不據實申報。又據遵義縣申報：縣屬原無產木，不致隱匿印結申報各等情到府，該卑府覆看得採取楠木，奉督撫兩院駁查。今據真安、桐梓、綏陽、仁懷四州縣回報，前因併遵義縣不致隱匿印結等因到道，該本道覆看得真綏桐仁四州縣造報楠木根株併陸續轉江以及需用人夫、錢糧等項，逐欵登答前來覆核，其木株之多寡，册內已各稱某地產幾株、長若干圍、圓若干矣。覆核其水陸運之所經，册內已各稱，從某至某矣。獨是每株大小、應用夫數並估計口糧、鹽菜，既無成例可以折衷，惟有伏候憲裁酌奪，等因到司，該本司查看得楠木乃欽工之必需也。蜀當繁庶之時，培植頗多，奈自蹂躪之後，濱水州郡及道路平坦之地，人跡所到無不焚燬殆盡。且二十年來荒草茂盛，以致佳木凋落，故梁棟之材絕爲稀少。本司自奉行後仰遵部限屢催查報，奈各屬具報十無一有，即再三嚴駁，不過願具甘結。今幸催到遵義道查報樹株長徑尺寸前來，竊幸可答部命，但慮深山大箐峭壁懸崖，人跡從來罕到，距水最爲隔遠，現在踏勘猶號艱難，則將來伐運之費誠不易爲力也。除各屬具結嚴駁，合將遵義道所報樹株册籍呈報憲裁具題等因到臣據此該臣看得部行需用楠木，事關欽工，何敢草率？溷覆業經臣咨部展限在案，實因蜀罹兵燹之後，即巨樹良材咸遭焚伐，且無培植，求其千百年長養拱抱堪爲朝廷梁棟者，誠不能如當年之可指畫而得也。臣查《蜀志》所載，馬湖、永播素産楠木，屢經嚴檄駁催。今據署布政司按察使司李翀霄造報遵義府屬查勘樹株尺寸、夫匠、錢糧數目前來，其樹株之果否合式堪充上用，臣等未敢懸定，應聽部議作何分別酌量示行，即此現在查報之木，亦俱産於林箐深麓之中，巖險迫窄，採運倍難，拽移至江，萬分艱遠，需用夫匠浩繁，所費錢糧不貲。既據該司呈報到臣自應先行據實題報，以聽部核。除將原册印結送部外，臣謹會同督臣苗澄合詞具題，伏乞皇上睿鑒，勅部議覆施行。

又《題報温犍義彭屏宜高興八縣楠木疏》 巡撫四川都察院右副都御史張德地題爲請旨事。康熙六年十一月初五日，據署四川布政司事按察使司李翀霄呈稱，奉本院案驗，康熙六年五月二十四日，准工部咨工科抄出，該本部題稱，該臣等查得會典開載，成造宫殿，遣大臣往四川、湖廣、江西、江南、浙江採木。今建造太和殿，理應需用大楠木，應請勅下四川、湖廣、江西、江南、浙江督撫，稽查現在採就木植或山中出産木植長徑尺寸、根數、需用錢糧，確估俱限以文，到兩月内報部酌議可也。等因康熙六年閏四月十二日題，本月十四日奉旨依議，欽此。欽遵抄出到部，相應咨會。等因移咨到臣，該臣看得楠木乃宫殿急需，臣嚴行遍查，屢經催駁，不啻三令五申。祇因蜀省幅員遼闊，山路崎嶇，往返動稽時日，兼值流寇之後，巨樹良材，焚劫無存。先據遵義府屬報到踏勘樹株、夫匠、錢糧數目，隨經臣會題在案。今據署布政司按察使司李翀霄續報，成都府屬温江，嘉定州屬犍爲，峩眉，重慶府屬彭水，馬湖府屬屏山，敘州府屬高縣，宜賓、興文等，通共八縣，樹株尺寸、人工、錢糧數目造册前來，其樹株果否合式堪充上用，臣等未敢懸定。應送部候議作何分別酌示遵行，至於嚴駁再三查明，咸稱地方不産楠木，各府屬所具不致隱匿，如虚甘罪印結，除彙送部外，臣謹會同督臣苗澄合詞具題，伏乞皇上睿鑒，勅部議覆施行。

又《題報采運楠木條議疏》 巡撫四川都察院右副都御史張德地題爲敬陳採辦楠木之法，上可無悮欽工，不致糜費錢糧，下可確實辦運，不致累及殘黎事。竊照採辦楠木關係建殿，急需臣冒險夷方，遍至産木處所，盡爲查勘。前至馬湖並遵義，查出楠木株數丈尺圍圓，另疏題報外。臣查各州縣所報之木，雖有大小長短之不同，臣親披荆負棘，直至各箐山頂踏勘，而棟梁巨材各箐之中大約皆可採辦，以資國用。但其箐之大者，周圍有五六百里；其小者，亦有一二百里，非一朝一夕可以盡悉，必須按日細查，方可採取。如離小溪五十里至百里者，猶可採運。若百里之外者，山勢愈峻，道路愈險，雖有大木，無可如何矣。臣隨傳綏陽縣查出舊時木廠附近居民吴之璽、梁維棟、任明選等三人，親問採木之法，據供：故明時綏陽設有一廠，地名南宫北掃。當日設有督木道一員，駐涪州有督木同知一員，專管錢糧，架長、斧手俱係湖廣辰州府人，奉上司文著落辰州府召募來川，人夫係本官召募，架長看路找廂，找廂者即墊低就高，用木搭架，將木置其上，以爲拽運之説也。斧手伐樹取材穿鼻，找筏人夫拽運到河。用石匠打當路石，篾匠做纜子，鐵匠打斧頭與一應使用器具。一廠用斧手一百名，石匠二十名，鐵匠二十名，篾匠五十名，找廂架長二十名。楠木一株長七丈圍圓一丈二三尺者，用拽運夫五百名，其餘按丈尺減用。沿路安塘，十里一塘，看路徑長短安設，一塘送一塘到大江，九月起工，二月止工，三月河水泛漲，難以找廂。施工先於七月内動人夫五十名，尋茹纜皮堆集放於廂上，取其滑以拽其木，每夫日支米一升，僱工銀六分。斧手架長日支米一升，僱工銀一錢。伐樹用三牲祭，初一、十五用猪羊祭，其肉分給匠役人夫。督木同知將放出木頭赴督木道交割八十株，找一大筏召募水手放筏，每筏用水手十名、夫四十名，差官押運到京等語。據此又據署遵義府事成都府通判馬御世會同各州縣列欵條議到臣，臣酌古準今，因革損益，恭列數欵，爲我皇上陳之。

一督木之官宜專也。臣查故明採辦，設有專官管理木廠，一應錢糧出入召募夫匠等事，此其專任。今以臣管見，於馬湖應設一廠，遵義應設一廠，每廠用督木同知一員，凡採辦事宜，專其責任，令其設法分頭覔採，以供欽工之用。果廉能辦事，急公奉法，則聽臣獎勵。若糜費錢糧，擾害地方，聽臣題条。一切錢糧出入木植已完未完，聽臣綜核報銷，庶賞罰明而彼知有懲勸，恪供乃職，錢糧不致糜費，地方不致擾害，而欽工方克有濟矣。

一夫役宜預爲召募也。産木之處人民無幾，即盡其州縣之老壯男婦，不過一二百人，即俱充木夫，不能運一木，況大工一舉，刻不容緩，四川有土無民，久在睿照，勢必於附近富庶省分召募人夫五千名，押送來川，分給兩廠拽運，庶人夫既足，方可按時採辦，計日運解，不致有悮限期矣。

一斧手架長宜提取也。查採木舊例，斧手架長俱出湖廣辰州府。其斧手砍伐穿鼻，架長尋路找廂，皆其慣習，各有定法。若不得其人，木料必致撲損，勢必於辰州府召募斧手二百名，架長四十名，押送來川，分給兩廠，庶安頓布置得宜，而巨材易於伐運矣。

一棟梁之材宜請定式也。若不先定丈尺、株樹，則錢糧夫匠之多寡，難以懸度。合無請明長若干丈、圍圓若干尺，定爲號數若干株，以便按式採取。若木數既定，則木植之大小、距江道里之遠近、用工之多寡，方可照數估計，錢糧確實有據，不致有浮冒之弊矣。

一錢糧宜預請撥也。四川遠在天末，若待起工方請部撥，而往返稽遲，動需半載，未免有悞欽工。合無俟內部議定合式楠木若干株，預行酌撥錢糧若干兩，先運來川，以資夫匠工銀米菜之需。如有餘，則存留別支，如不足，再請撥給總。於運木到京之後，總造清册報部銷算。庶錢糧既足，不致臨時掣肘，而採運無難矣。

一木商斷不宜用也。臣查故明初年，專官採辦事克有濟，及至末年，信用木商領銀採辦。一經入手，任意花銷，且於採木地方，動以皇商爲名索取人夫，種種擾害不一而足，以致里民驚逃而銀歸之烏有。究竟並無一木得濟實用，雖將奸商監禁，追比徒然，株連無辜，終無抵償。此輩原係亡命棍徒，又無功名可戀身家可惜，是以斷不宜用，恐至糜費錢糧，貽害地方耳。

一找筏完結入江起運，宜逐省撥夫遞送也。蜀省到京，水程最遠約有年餘，若不逐省遞送，誠恐沿路遲滯。查馬遵二府，小溪俱會合於重慶，大江由重慶而下夔關，徑通湖廣。若木植運抵楚界，必須逐省沿途州縣撥水手人夫遞送，前去仍各具不致躭延印結報部，庶各地方皆有專責，可無沿途遲滯之虞。

以上七欵，俱係採辦事宜，出臣管見，至於需用夫匠錢糧，必請自部撥。若責令僱募夫匠，到廠之日，照舊時採運之例，匠役、架長日支米一升、銀一錢，夫役日支米一升、工價銀六分，而犒賞之費，不與焉。若於外省提撥，但於日支米一升之外，量給鹽菜銀兩而已。應否採擇，統候內部從長議覆請自睿裁，非臣所敢擅專也。理合具題，伏乞皇上睿鑒，勑部議覆施行。

康熙八年二月初四日，題奉旨修造宮殿，所用楠木不敷，酌量以松木湊用，已經有旨令著停止採取，該撫速回省城料理地方事務，該部知道署分巡永寧道馬湖府知府何源濬爲請旨事。據馬湖府詳前事，康熙二十四年二月初四日，奉布政司信牌，轉奉巡撫四川都察院韓世琦憲牌，准工部咨營繕清吏司案呈，奉本部送工科抄出題前事內開，該臣等查得，四川巡撫韓世琦疏稱： 照部單所開之數逐一加算，共得合式楠木四千五百零三根，夫匠、運價共需銀十二萬五千三百六十兩九錢，合式杉木四千零五十六根，共需用價銀三千零三十八兩五錢，已足建造太和殿。等因具題前來查先經臣部覆，前任偏沅巡撫韓世琦疏內不合式楠木不議外，其合式楠木四百八十七根，杉木一千三百四十三根，應聽各官捐輸運至。等因具題奉旨。這合式不合式楠木，俱應捐助運送，著再議具奏，餘依議，欽此。隨將合式楠木四百八十七根，不合式楠木四千二百五十五根，俱應聽各官捐輸運送，其公署內合式楠木四十根，不合式楠木一千二百九十三根，俟各省查木細册到齊之日再議，題覆奉旨允行，欽遵在案。今江西、廣東、廣西，山産合式楠杉木植，相應行令該督撫俱照湖廣捐送之例設法捐輸，差賢能官員毋致累民，運送到京，除四川册報多餘楠木杉木不解外，其餘楠木杉木已足。建造太和殿，亦應照湖廣例，令其捐輸運送，但需用錢糧頗多，如全令捐輸，遲悞亦未可定。應行文該撫，將所需錢糧再行嚴加核減，設法酌量捐輸，差賢能官員毋致累民，速運至京。如捐輸錢糧不敷，該撫將不敷數目題明，聽户部撥給正項。其用過錢糧，俟該撫造具清册題到之日查核。其江南查得商人市賣杉木四千零十根，辦買價銀七千八百八十三兩零。又江南、江西、浙江、福建、湖廣公署合式楠木二百四十根，不合式楠木三千四百四十三根，楠木、杉木已足建造殿工。應將合式、不合式楠木並辦買杉木，俱停解送。其四川、酉陽、湖北、卯峝土司等所捐楠木行查至今未到，應俟該撫查明到日，再議可也。等因康熙二十三年十月初八日題，十一月初三日奉旨依議，欽此。欽遵。等因備案行司移道行府，該卑府看得採木以備欽工，乃最爲重大之事。凡爲臣子，自宜竭蹶圖維，以期良材克濟，尚敢置喙於其間耶？但細繹部文有「將需用錢糧再行嚴加核減」之語，因思所用錢糧之多寡，視乎大木採運之難易，若事實艱難而求減費，恐勢有未能。卑府在湖言湖，以馬湖之木計之，查楠木皆生於深山、窮谷、大箐、峻坂之間，因其險遠，人跡罕到，所以能存。此木於今日當砍伐之時，非若平地易施斧斤。必須找廂搭架，使木有所倚，且便削其枝葉，多用人夫纜索維繫，方無墜損之虞。故明時必召募架長斧手於湖廣、辰州府，始能找廂伐樹，此砍木之難也。拽運之路，俱極險窄，懸崖側足，空手尚苦難行，用力最未容易，必須墊低就高，用木搭架，非比平地可用車輛，上坡下坂，輾轉數十里或百里，始至小溪。又苦水淺，平時不能浮木，且溪中皆怪石林立，必待大水泛漲之時，漫石浮木，始得放出大江。然木至小溪，利於泛漲，木在山陸，又以泛漲爲病，故舊例九月起工，二月止工，以三月河水泛漲，難於找廂。是拽運於陸者，在冬春拽運於水者，在夏秋非可一直而行，計日而至，此拽運之難也。至若所用夫役動以數千計，蜀地民稀，即盡一郡一邑之老壯男婦，不足充木夫之用，況有耕耘之業乎？勢必出於傭募。而應募者多係外省游手之人，無家屬之相繫。伐木拽運乃艱辛之役，必用厚值相傭，稍經磨苦，即易逃竄。若必傭募本地有身家者，則寥寥户口，應募無人。查康熙八年，前院張德地條議於外省，召募夫役五千名以供采辦，蓋有見乎此？此夫役之難也。至若經費一項，康熙八年，前院張德地題敬陳採辦楠木之法等疏一事内議：每夫日支米一升，傭工銀六分，斧手架長日支米一升，傭工銀一錢，其合計錢糧之多寡，則視乎人夫匠役之多寡，與閱歷時日之遲速耳。但查《蜀志》内載：萬歷三十五年，採辦木枋通共二萬四千六百一根塊。彼時司議照萬歷二十四年估計規則，共約用銀三百六十三萬餘兩。彼當川省人民繁盛，夫匠易集之時，其費如此，今通省查報合式楠杉二木，共八千五百五十餘根，而估計夫匠運價只共銀十二萬八千三百餘兩，可稱萬分節減。所慮蜀省文武官員，遠宦天末，處境苦寒，非同腹裏富庶之地。盡捐俸薪之外，別無可措，即其所捐，恐未能克辦大役，此經費之難也。再查部文内有「運送到京」之語，但蜀中水手止諳川河水性，至於經歷之湖廣、江西、江南等處，均屬大江，風浪易作，水性各有不同。而山東北直閘河之行動則又有異，非各省應付水手人夫遞運，恐有漂没之虞。則經過地方作何接替，其法不可不預爲議定，非先期行知各省不可也。此運送到京之難也。以上數事，皆卑府管見，確知其然。一馬湖如此，全省可知。與其拮据於後，孰若詳審於前，擬合詳請憲臺預賜籌酌，將不敷之處早請撥給，庶欽工有賴，不致貽悮矣。等由呈詳到道，據此該本道看得楠杉二木乃欽工所需，業經查數，具報奉行，令各官捐助解運，本道遵即轉行所屬嚴催捐運矣。今據馬湖府詳稱，大木皆産於深山窮谷人跡不到之地，懸崖峭壁非比平地易施斧斤，可用車輛，必依古法。找廂搭架，多用人夫維繫，以免墜損，此砍木之難者一；拽運數十里或百里方至水次，路極險窄，上坡下坂難用車輛，必須墊低就高，搭架挽運。古法九月興工，二月止工，以三月河水泛漲，難於找廂耳。及至水次，溪淺石多，阻碍難運，必待泛漲之時，木纔得出，此拽運之難者二；所用夫役甚多，本地民少，不足充夫，勢必傭募外省游民，多索傭價，磨苦易逃，此夫役之難者三；查《蜀志》内載萬曆三十五年，采辦木枋共二萬四千有零根塊，彼時川省人民繁盛夫匠易集之時，約費帑金三百六十三萬有零。今通省所報楠杉二木共八千有零，亦當年三分之一矣，而計費僅十二萬有零，可爲萬分節省。況捐助有限，必致不敷，難議核減，此經費之難者四；至運送到京，所過之長江閘河，水性各異，非本地之水手人夫接替遞運，恐有疎忽之虞，必先立遞運之法，行知各省照界交代，庶臨時無悮，此運送到京之難者五。等情詳報前來，鑿鑿可據。且敘瀘二屬，如永寧瀘州兩番，遇賊殘破之後，敘郡被困，屯兵之餘，地方凋疲，元氣未復，舉事萬分艱難。查報之木距水次遠近，先經册報在案，其所難之處與馬湖府所詳大同小異者也。即據請詳前來擬合，詳請憲臺俯賜籌酌，如不敷之處作何請補，夫役工匠作何召募，畫一定規，庶臨事不致貽悮而大役乃可有濟也。除臨期或有繁難通變之處，另行詳明奏請外，爲此云云。

四川等處承宣布政使司布政使加四級劉顯第爲請旨事。該本司查看得四川省所産楠杉二木，前經欽差齊郎中率同川東建永等道親歷查勘，共獲合式楠木四千五百零三根，合式杉木四千零五十六根，統計夫匠運價共需銀一十二萬八千三百九十九兩四錢。業經本部院同欽差核確，具題蒙部議，查出合式木植照湖廣例捐輸運送，又因需用錢糧頗多，如全令捐輸，遲悮亦未可定。應將所需錢糧再行嚴加核減，設法酌量捐輸，差賢能官員，毋致累民，速運至京。其捐輸不敷錢糧，題請撥給正項。仰見皇上軫恤遐荒凋敝，睿計萬全及大部持籌鉅務節省錢糧，無不極詳且周。本司遵奉憲行，隨即備移會同松茂、川東、建昌、永寧四道，將所需錢糧嚴加核減，仍倡率所屬勉力捐輸，及疊次駁詰開諭，茲准各道陸續牒覆前來，查所屬錢糧，毫釐皆係公帑，凡爲臣子者，惟恐不能節省上報皇仁於萬一，豈敢輕爲多估，致干糜費之愆？覆查蜀省志書開載明朝採木事宜，計採辦木枋二萬四千六百一根塊，共估銀三百六十三萬餘兩，此時地方富饒，人民繁盛，其木不過平常之材，猶估計至如許之多。今計查獲合式楠杉二木共八千五百五十九根，木數較之前數有三分之一，更加楝梁之選，所需夫匠運價止估計一十二萬八千三百九十九兩四錢零，是所估較前數僅十分之一，況地方疊罹兵燹，人民稀少，物力凋耗，非昔殷實時之所可同日而語。即前估計之時，乃蒙本部院與欽差户部齊郎中率同司道等官悉心確核，惟恐少浮。業經一減再減，反覆酌計，委係至少之數，猶慮將來。夫匠以工費不敷，致滋紛擾，斷斷乎再不能稍減者也。至如設法酌量捐輸，四川荒殘之區，大小各官僅藉俸銀以餬口，再四勸諭，僉稱身荷朝廷豢養洪恩，值此舉行大工，敢不勉効犬馬微忱？且蒙本部院體國急公，首先倡捐銀三千兩，本司勉抒蟻忱，亦措捐銀千兩，至提督泉司各道府州縣所捐，雖五百三百以至數十兩不等，然涓滴纖埃，悉盡心竭力，罄厥忠悃。合計通省大小各官，共捐輸銀二萬一千九百三十五兩七錢三分一釐九毫九絲一忽。相應分晰職名銀數，造册齎呈，較以原估之一十二萬八千三百九十九兩四錢零計算，尚不敷銀一十萬六千四百六十三兩六錢六分零，應請具題候部撥給。竊惟所需錢糧，實不能再減，各官捐輸僅有微數，至於採伐運送之處，又不能不爲急酌焉。查前估計册内載：採伐楠杉二木，找架需用架匠，伐木穿鼻需用木匠，造運木車輪需用木鐵二匠，製拉木篾纜需用篾匠，搭運木天橋需用木石二匠，又大江紥筏須用木匠，統計分廠採伐每日所需，必得架匠四十名、木匠四百名、鐵匠一百五十名、石匠一百名、篾匠四十名，方可分撥聽用。查各項匠役，四川止可備木匠二百名、鐵匠一百五十名，其餘各匠，蜀民並無諳習之人。康熙六年，前院張德地奉文採木時，曾議將架長斧手取之辰州，今計此架匠、篾匠，必派取湖南，至不足之木匠二百名及石匠一百名，必分取秦楚兩省，其匠役雖取諸隣省，而匠役之工費，仍照估計之定數於四川給發。又採木夫役，查前估計。册内開造採伐楠杉二木、找架與夫，伐木穿鼻以及陸路拉木搭蓋運木天橋並小溪河需用撥運夫，江内找筏需用砍運雜木夫等項，統計每日所需，必得夫五千名方可分撥。若令在於四川備辦，蜀省人民無幾，朝野共知，至多者不過一二百名，少則僅數十名，萬不足三分之一。本司再四籌計，四川止可僱備夫三千名，其餘二千名，必於隣近秦楚二省幫協，而夫役工費仍按估計之定數在川給發。又皇木入於大江，查前估計册内開載：楠木需用頭舵工各六百五名，需用橈夫七千二百六十名，在川省即有一二頭舵，工止可驅策於川江，且頭舵工及橈夫所需如許，勢必於楚省請協一半，若湖廣、江南長江大河非川江可比，須得彼地之人熟諳水性者方可勝任。況皇木重大，萬不敢令未嫻篙櫓者冒昧操楫，是應於經過省分預備頭舵二工以及橈夫接替更換，運送赴京，其頭舵工橈夫日費，仍令川省解運之官按估計定數給發，但工匠夫役則謹請鈞裁矣。至木之下水與轉折於溪河，又不能無議焉。竊惟建造太和殿乃聖天子肇造萬年鞏固之基，山川草木罔不效靈，豈用下吏鰓鰓過計？奈四川産木地方，俱係崇山密箐絶巖危谿，上則險於登天，下則墜於深淵。陸路惟附葛攀藤，水路多綫流巨石。前此欽差齊郎中同各道單身查勘，尚需二年之久，始得報竣。況大木之出山，紆迴周折，固非月日可計，及至于小溪河水大猶易於撥運，倘水涸微細之時，縱有人力，莫可施爲。勢必延候水漲，此中經年累月難以預定，均所當仰請題明者也。緣係欽工大典採運事宜，本司不敢避其瑣屑，臚列敷陳，伏祈本部院鴻裁核題統，候部議示覆等因奉批蜀省查獲合式楠杉二木共八千五百五十九根，前經估計採運等費共銀一十二萬八千三百九十餘兩，既經復核，萬難再減。今將本部院倡先捐輸併通省文武各官共措捐銀二萬一千九百三十餘兩，彙册造報前來，尚不敷銀十萬六千四百六十三兩零，仰候具題，請撥正項。至於各項匠作夫役，除蜀省自行僱備之外，其架匠四十名、篾匠四十名，循例派取湖南。至不足之木匠二百名及石匠一百名與採木等項人夫二千名，請行秦楚二省，各相幫協。至於木入大江，需用頭舵橈夫共計七千九百六十九名，應於楚省請協一半，並木植經過地方行令預備頭舵橈夫更換運送赴京，以上各夫匠工費均於川省原數内給發，各緣由統候，一並題明，並聽部議遵行繳。

分巡川東道按察司僉事霍焜爲請旨事。康熙二十四年九月二十六日，奉署理四川巡撫印務布政使司劉顯第憲牌。康熙二十四年九月二十三日，准工部咨營繕清吏司案呈奉本部送工科抄出題前事内開該臣等查得四川巡撫韓世琦疏稱：蜀省應解合式楠杉二木共八千五百五十九根，估計需用銀十二萬八千三百九十餘兩。通省文武各官共計捐輸銀二萬一千九百三十五兩零，尚不敷銀十萬六千四百六十三兩零，乞照數撥給。查先經臣部覆四川巡撫韓世琦疏内，川省合式楠木杉木亦照湖廣例捐輸運送，錢糧不敷，該撫將不敷數目題明，聽户部撥給正項、錢糧。等因具題在案，今該撫既稱除捐輸銀外，尚不敷銀十萬六千四百六十三兩零，應行户部照數撥給正項錢糧。又疏稱採運楠杉二木，需用架匠四十名、篾匠四十名、木匠四百名、鐵匠一百五十名、石匠一百名，蜀省自兵燹之後，户口寥寥，止可備辦木匠二百名、鐵匠一百五十名，其餘各匠蜀無諳習之人。其架匠、篾匠，應於湖南派取，木匠、石匠於秦楚二省分行派取。又找架伐木及拉木搭橋撥運等項，統計每日需夫五千名，蜀省止可確辦三千名，其餘二千名，應於秦楚二省幫協。又運送楠木需用頭舵工各六百五名、橈夫七千二百六十名，杉木需用頭舵工八名、橈夫九十六名，川省止有一二頭舵，工所需如許，請於楚省派協一半，其各夫匠工費仍在川省估計錢糧内給發等語。查蜀路險民稀，木植又多，匠夫既不足用，應令陝西、湖廣、湖南督撫於所題之數會同確議，就近分派數目僱覓幫協，其需用僱價，俱於川省估計銀内照原估數目給發。又疏稱木植一至湖廣、江南，須得彼地熟識水性之人方可勝任，庶免疎悮之虞，乞於木植經過省分預備頭舵橈夫接替運送等語。查康熙六年四月内，原任偏沅巡撫題報起運建造太和殿楠木一疏，臣部題覆行直隸湖廣、江南、山東等各省巡撫，將前項木植解到各該地方水路，酌量不勞民力，設法運送在案。今川省路途遥遠，黎庶寥寥，與他省不同，且所需頭舵橈夫甚衆，如令直送進京，必致經年累月棄産拋家，有累於民，相應亦如該撫所題，行令經過之湖廣、江南、山東直隸各省僱覓頭舵橈夫，逐省更換運送至京，其僱價亦於川省原估銀内照數給發，仍行各該督撫嚴飭地方官於木植到日，照數僱覓更替，不得因預備擾累小民。運送時，應令川省遴選賢能官員運送木植進京，沿途給散夫價不得侵冒，如至更替夫役，省分亦令各該督撫選委賢能官員帶領夫役交替運送。如有借端科派累民者，該督撫即行指名題參可也。等因康熙二十四年七月初一日題，本月初一日奉旨，四川人民稀少，且屢經兵火，困苦已極。採辦楠杉等木，甚屬艱難。起運又派别省民夫絡繹解送，必致大累小民。今各省所報起解木植數目曾否足用，著察明確議具奏，欽此。欽遵。於本月十一日抄出到部，該臣等再議，得四川巡撫韓世琦具題解運四川楠木杉木一案，臣部題覆，奉旨。四川人民稀少，且屢經兵火，困苦已極。採辦楠杉等木，甚屬艱難，起運又派别省民夫絡繹解送，必致大累小民。今各省所報起解木植數目曾否足用，著察明確議具奏，欽此。查得四川所報建造太和殿需用楠木共四千五百零三根，於原估數目查對，多木四十三根，將此多餘楠木停其解運外，其福建、廣東、廣西、湖廣所報楠木並各土司捐助楠木内，酌量大小，折作明梁金柱、簷柱、墊板、枋子、刎木、斗科等項應用，其四川應解大木内應扣除一千七百九十七根，停其解運，各省所解杉木已經足用。四川省杉木四千零五十六根，亦應停解，所有不敷梁柱等項，應用大木二千六百六十三根，仍令四川運送。其應減楠木杉木、所需匠夫頭舵橈夫運價等項，該撫具題册内，並未分晰細數不便懸減，仍令行該撫將此項逐一核減，並將起解楠木所需匠夫、頭舵、橈夫、運價核定，議題，到日再議，候命下之日，將四川應解楠木丈尺數目開單移咨該撫可也。等因康熙二十四年八月初一日題，本月初五日奉旨依議，欽此。抄出到部送司奉此相應移咨案呈到部，移咨到院，准此擬合就行爲此仰道官吏查照部覆，奉旨及粘單内事理，即將四川所報建造太和殿需用楠木四千五百零三根，與原估數目查對，將多餘楠木四十三根停其解運外，其福建、廣東、廣西、湖廣所報楠木並各土司捐助楠木内，酌量大小折作明梁、金柱、簷柱、墊板、枋子、刎木、斗科等項應用，四川大木内應扣除一千七百九十七根，停其解運。其各省所解杉木已經足用，四川杉木四千零五十六根亦停解運，所有不敷梁柱等項，應用大木二千六百六十三根，仍令四川運送，其應減楠木、杉木所需匠夫、頭舵、橈夫運價等項，逐一分晰細數核減，並將起解楠木所需匠夫、頭舵、橈夫運價核定，星速造册確議詳報，以憑具題，聽候部議施行，毋得遲悮，慎速火速。等因奉此除應用大木逐一分别細數確定所需匠夫、頭舵、橈夫運價等項，會議核減造册另文詳報外，該本道查得前報闔省楠木，今奉部文應採辦大木二千六百六十三根運送進京，需用明梁、金柱等項大木産在東路遵義所屬者甚多，採辦維艱，扣算准咨日期部限四個月轉盼即届其採辦搭架找廂修理道路以何處所産楠木就近出水爲便，則不可不覆勘確實。俾易者，酌量修路設廠便於採運；其難者，亦不可不存留免採，節省工匠，所當亟爲斟酌辦理，以副嚴限。今本道會核計册事已告竣，應照部文前往遵義各屬産木處所覆勘採伐楠木設廠及修理道路，以便詳委遣官辦理，庶欽工尅日告竣，而部限不致遲悮矣。除詳督憲外，理合詳明，爲此具由同書册呈乞照詳施行須至呈者。

又《條陳采運楠木疏》 國朝户部尚書王騭山東人奏爲殿工之需材甚殷，採運之民力實寡，謹陳見聞，仰祈睿鑒，以免遺悮，以安殘蜀事。該臣案查康熙二十四年七月初一日，工部議覆四川巡撫韓世琦題報「採運楠杉捐輸銀兩數目，並稱全蜀户口寡少夫匠等項，請派附近之陜西、湖廣等省分協幫」一疏，奉旨。四川人民稀少，且屢經兵火，困苦已極。採辦楠杉等木，甚是艱難。起運若派别省民夫絡繹解送，必致大累小民。今各省所報起解木植數目，曾否足用，著查明確議具奏。見報之口，全蜀臣民莫不感泣嵩呼，咸頌我皇上明見。萬里之外，幸蜀省鋒鏑殘黎瘡痍未起，復慶更生有路也。後經部議，各省應解杉木足用，將四川應用杉木四千零五十五根免解，所有各省應解楠木不敷梁柱等項，於四川所報需用楠木四千五百零三根内扣除免運，共一千八百餘根，仍令運送二千六百六十三根。奉旨依議，欽遵在案，是四川楠杉二木邀恩已免十分之七矣。建造太和殿，近係萬國之觀瞻，遠係聖子神孫萬年之基業。採運木料，臣下職分子來共在民心艱難，豈忍置喙？但事遇艱難有勉强竭力而後可爲者，有勉强竭力而終不能爲者。臣一介書生，忝任分巡道員，在蜀五載，畧有見聞。今當代覲敢避斧鉞不以入告，上負皇上視民如傷之念，下負臣子事君盡忠之義。所有蜀土山川險易之勢，蜀民轉運艱苦之情，敢爲聖明陳之。蓋四川四面環山，巉巖虧蔽，惟成都府境左右稍稱平衍，所産並無大楠。臣曾出勘産木處所，如沙坪、灌口、賈家山、何家山等處，俱屬峻嶺懸岩。運路自山抵江，或百餘里，或七八十里。所經由者，俱屬深澗幽壑，一溪之行，紆折幾盤，必費多力，而始轉。一石之塞，横互長川，必待暴水而後過，較他山、窮谷、老箐、密林之中，非獨人跡不到，即鳥道亦稀。前撫臣杭愛登山督察時，遥望一木所在，必縴拽始至其地。足胝履穿，攀藤胃戰，側身亦苦難立，砍伐何以施工？臣嘗細訪輿論，皆謂今存大楠，因其斧斤難施，所以在山長年。至於運道崎嶇，罄竹莫盡。其尤甚者，如遵義府屬之落水孔、猪閬孔、細鱗洞、麈子峡，曲折之字拐彎。天生橋、三箇硐、葫蘆硐，水從硐中流出，又下魚硐，須搭天橋長三百六十餘丈等語。馬湖屬内則有高硐、赤岩、黑岩、偏橋、板鬼溪、猪閬岩、弔藤岩、九溪、三渡水等處，峭壁乾溝，亂石壅塞，山水旋長、旋涸，不能濟運等語。此臣之所聞也。即以參考古法採取，必須找廂搭架拽運，必須墊低就高輾轉上下。木在溪澗，利於泛漲。木在山陸，又以泛漲爲累。故陸運必於春冬，水運必於夏秋。忽水忽陸，非可一直而行，計日而至，其大概然也。臣伏讀採辦楠杉等木，甚屬艱難之旨，固已密悉聖聰矣。如使民力稍可足用，竭力所當勉圖。顧四川幅幀雖廣，滿目祗有荒烟，百里竟無半竈。當進兵運糧時，疲病死亡鄭圖難繪。臣伏讀四川人民稀少。且屢經兵火，困苦已極之旨，又已密悉聖聰矣。幸托天威蕩平，數年以來，老弱安生，瘡痍漸起，但以通省之户口總計之，仍不過一萬八千九十餘丁，是合全蜀數千里内之人民，不及他省一縣之衆。就中抽發五千入山採辦楠木，其供送衣糧器具者，勢不可少，又將動用千百遺發饋送。遠者千里，近者數百里，耕作必致全廢。國賦誰爲輸？將且度山度嶺，多恐失墜，風棲露處，恒懼虎狼，種種情狀，不能殫述。且蜀值風鶴之後，民情慣聽訛傳，前察木時工猶未動，聞風私逃，擕妻挈子，拋棄室家。若實在動工用夫之際，豈不遠則他徙，近則走險乎？其採運之艱難，人民之稀少，民情之摇惑如此！四川楠杉雖已解運十分之一，而所運用之大木二千二百六十三根，斷不能如他省之解運者，可以按數按期而至也。殿工不容少稽，川運誠恐致誤。臣請勅四川撫臣姚締虞親詣産楠處所察勘應運楠木，有設法竭力可以砍伐者，共若干株；有雖設法竭力而不能砍伐者，共若干株。其必不能砍運者，俟奉旨之日定奪。其可以砍運者，星速採取趲運，俾百姓曉然共知，惟視其力之所可爲，而不强其力之所必不能爲。各守本業，踴躍從事，不致狂惑竄匿，庶殘疆孑遺頂戴皇上如天好生之德，同覆載以無疆，而工料亦見實効矣。臣已蒙恩陞任口北道參議運楠事宜，固非職掌，但臣任蜀已久，熟悉情形，仰體皇上愛養小民軫念殘疆至意，敢就在蜀所見所聞披瀝實陳。事屬條陳運楠事宜，字多逾格，貼黄難盡。如果芻蕘可採，伏乞睿鑒全覽施行巡撫四川等處地方提督軍務都察院右僉都御史加一級憲德爲欽奉。上諭事雍正六年正月初七日，准工部咨辦理萬年吉地事務處案呈雍正五年十二月初五日，准工科抄出工部等議奏前事内開雍正五年十月初九日，内閣交出奉上諭昨蘇州巡撫陳時夏因金磚事具奏，前來已交該部議奏。萬年吉地所用楠杉木植，前已降旨交與該督撫等，動用正項採買不許尅漏，恐地方官員陽奉陰違仍有擾累民間之事，應再行申飭。凡需用各項物料，俱著該督撫。動用正項錢糧，照時價給與，不許分毫尅扣，務令小民均得利益，自然懽忻樂從。其如何辦理方爲妥協之處，著户工二部會議具奏。欽此。我皇上聖諭周詳，仁恩優渥，俯恤民隱，洞矚下情，惟恐地方官員不能實心奉行，屢頒聖訓申誡諄切命臣等將辦理妥協之處會議具奏。臣等伏查雍正四年九月二十五日，工部奏萬年吉地需用楠杉木植等項，請令各省備辦。等因奉旨工部查照舊例啟奏，朕亦不便改換舊例，但楠木難得，如果不得，即松木亦可以應用。其備辦此等木植，自京城差遣官員未免騷擾地方，即交與總督巡撫着動正項錢糧。地方官果係實心料理，如不尅漏錢糧，事情自然有濟。着怡親王大學士馬齊張廷玉會同爾等協辦，欽此。工部行文山東、江南、江西、湖廣、浙江、福建、四川、廣東、廣西等省，令其採辦在案。今奉諭旨，臣等謹議得楠杉等木各有出産之地，應令各該督撫於所屬内遴選賢能清操之道一員，總司其事。令其於該省内選委府佐二員，分任採辦之差。該道於司庫支動錢糧交與分委之員，敬謹照式採辦。將各省現今所報已得楠木件數併未得數目，開列粘單行文各省。或有未能盡得合式者，或有可以多得者，令其互相會同照數採買。此採買之楠杉木植，悉照時價給值。先於採辦地方恭録聖諭遍行出示曉諭，務使商民咸知聖恩浩蕩，恤商愛民之至意，所給價值銀兩務必足色足平，使販運楠杉之人得均霑實惠。其江南所造金磚、山東所造臨清磚，令該督撫即委該府縣官敬謹製造，務照其工料所需動支司庫銀兩給與價值。鐵梨木係廣東專辦，應令該督撫即令承辦楠木之員，領司庫錢糧照式採辦給與本地時價。凡此採辦人員，咸當仰體聖心，凜遵諭旨，敬謹奉行，將所辦木磚等項於雍正六年十月内運送抵通。倘該員内有不仰遵諭旨陽奉陰違者，該督撫即嚴查題參，恭候命下之日，户部動撥欵項行文各該省督撫欽奉遵行，爲此謹奏。等因於雍正五年十二月初二日奏，本月初四日奉旨，各省採辦木植等項，俱着該督撫遴選賢員辦理，照民間價值給發，不許絲毫尅扣，務令均霑實惠。仍着督撫等時時留心察訪，俾屬員敬謹遵奉，倘稍有不遵諭旨之處，朕必訪聞，將該督撫等一併從重治罪，欽此。欽遵相應行文各該省督撫可也，爲此合咨文前去查照施行，等因到本都院准此合就檄行巡撫四川都察院右僉都御史憲德題爲欽奉上諭事。該臣等看得辦理萬年吉地需用楠杉木植，先經前撫臣馬會伯准咨檄行布政司委員徧行覔採，及臣到任，復又嚴檄飭催在案嗣准部咨隨檄行布政司欽遵動支庫銀，遴選賢員，承領採辦續據該司詳請經臣檄委川東道叅議陸賜書總理辦運速赴司庫承領銀兩星速採辦並飭。先將採辦合式木植、運送工價銀兩數目詳報以憑具題，並咨會各省去後，兹據布政使管承澤詳稱，除移川東道通行所屬一體遵照採買購覔及續據不産楠木之各府廳州縣各出具不致容隱印結在案，惟據産楠木之馬湖府、屏山縣、巴縣、廣元、洪雅、犍爲、丹稜、宜賓、汶川、井研、納谿、遵義、真安州、綏陽、仁懷、桐梓、南川等府州縣，各詳稱所産楠木必得能通大江附近水次者，方能轉運。今所産合式楠木，俱在萬山之中，盡屬懸崖峭壁，既不能直達大江，又無附近水次，難以砍伐運送等情。除陸續駁飭再加確查果否難以轉運外，查有附近水次稍易運送之崇慶州、眉州、雅州、灌縣四處已得合式楠木一百四十四根、枋十一塊，應請先行採辦起運送京，所有已得楠木件數丈尺徑寸一併造册呈齎等情前來。臣查既有附近水次合式楠木一百四十四根、枋十一塊，應即先行運送以應欽工，隨即檄飭布政司動支庫銀分發崇慶等四州縣，照時價給發，不許分毫扣尅，作速採辦起運至重慶府，交總理川東道叅議陸賜書專員送京。除咨會採辦楠木各省撫臣並册分送部科外理合題報至出産楠木之馬湖等府州縣果否難以轉運，現在嚴檄確查其採辦運送合式楠木一百四十四根、枋十一塊，動用銀兩數目容臣檄令核實造册另疏題報合並聲明。臣謹具題伏祈皇上勅部查照施行，臣未敢擅便，爲此具本謹題請旨。

清 嚴如熤《三省山内風土雜識》 開屯田、設堡卒二議，往嘗陳之當事，顧治法非難，治人爲難。曉事任事之人，百難一二。事機各有其時，過時則無可籌辦，未敢仍持前論也。而於山内興利除害，尚有臆見。可備芻蕘者，國家承平。二百年於兹矣，各省生齒繁盛，浸有人滿之虞。無業窮民，勢難禁其入山開墾。守土者善爲撫馭，廣其資生之路，則彼方藉以仰事俯畜，詎至即爲亂階。昔文王治岐，木拔道通，而化行江漢，風雅所載，甯盡虚言？南山、大巴山、化龍山、城口、團城等處，募商開廠，斫伐老林，木料浮江漢而下，直達三江五湖，既可裕國課而濟民用。而老林既開，墾荒耕種，盡皆腴地，於此數十里中，添設州縣，可養活無數生靈。通計老林，非二十年不盡開墾，地則歲歲有收，此百年之大利也。至老林既開，各山之真面目皆出，無蔀蔽以增其險，奸徒不能藏匿，則又利興而害自除矣。

開林之難，地方官恐設廠之時，民客龐雜，難以盤查彈壓，固是一端。而又有苦其地勢之難行者，連抱之材，詎人力所能運，必藉水勢。而山中溝渠，往往有亂巖擁塞，步步阻滯，商民即願出貲開廠，不肯捐本疏川也。且林木斫下，往往候水經時，山漲暴發，木植隨湧而下，爲下流撈救，不肯收贖，則徒折貲本，故無肯爲開林之計者。然山既有脈，水即有路。沿途巖石，可設法以鎚鑿。山高者水自大，巨木亦可放下。如洵陽、鎮安、孝義各老林，十數年來，斫伐結牌，直下老河口者不少。即以巴山而言，東北二面近西鄉者，山水本歸漢江，則木亦可放之至漢。西南二面，山水本歸巴江，則木亦可放之至巴。巴山之木，爲廠客所伐者，均令刻字作號。漢則下至興安、鄖陽，江則下至夔府、宜昌，均准撈救收贖，而於夔、宜、興、鄖設關稽察，現孝義、鎮、鄖各木客遇水漂失者甚多。然於百株之中，能留二三十株，即爲獲利。以林木質大而價重，且多松柏花梨美材可作器具，不止房屋板片之用也。百姓可與樂成，難與慮始。得賢能地方官籌出數千金，試爲疏導山脈水道既開，募商開林。一處有利，則他處自皆倣行。南山、團城，分別由江由渭，各隨地宜，聽客商臨時斟酌，久之自有成效也。大利既興，民聚雖多，足以養活。官府留心稽查，可不至別生事端。

綜　述

元 脱脱《宋史》卷一六五《職官志》 竹木務，掌修諸路水運材植及抽算諸河商販竹木，以給內外營造之用。事材場，掌計度材物，前期樸斲，以給內外營造之用。麥䴸場，掌受京畿諸縣夏租䴸藭，以給圬墁之用。窰務，掌陶爲塼瓦，以給繕營及缾缶之器。丹粉所，掌燒變丹粉，以供繪飾。作坊物料庫第三界，掌儲積材物，以備給用。退材場，掌受京城內外退棄材木，掄其長短有差，其曲直中度者以給營造，餘備薪爨。簾箔場，掌抽算竹木、蒲葦，以供簾箔內外之用。

明 王士性《廣志繹》卷四《江南諸省》 楚中與川中均有採木之役，實非楚、蜀産也，皆産於貴竹深山大壠中耳。貴竹乏有司開採，故其役耑委楚、蜀兩省。木非難而採難，伐非難而出難，木值百金，採之亦費百金，值千金，採之亦費千金。上下山阪，大澗深阬，根株既長，轉動不易，遇阬坎處，必假他木抓搭鷹架，使與山平，然後可出。一木下山，常損數命，直至水濱，方了山中之事。而採取之官，風餐露宿，日夕山中，或至一歲半年。及其水行，大木有神，浮沉遲速，多有影響，非尋常所可測。

又 卷五《西南諸省》 蜀錦、蜀扇、蜀杉古今以爲奇産。錦一縑五十金，厚數分，織作工緻，然不可以衣服，僅充裀褥之用，只王宮可，非民間所宜也。故其製雖存，止蜀府中，而閭閻不傳。扇則爲朝廷、官府取用多，近皆濫惡不堪。板出建昌，其花紋多者名㩦山，謂可㩦而過山也，此分兩稍輕，尺寸較薄，然人以其多紋反愛之。有名雙連者，老節無文，似今土杉，然厚闊更優，多千百年古木。此非放水不可出，而水路反出雲南，即今麗江，亦即瀘水，亦即金沙江，道東川、烏蒙而下馬湖，其水磯洑礁滙，奔駛如飛，兩岸青山夾行，旁無村落。其下有所謂萬人嵌者，舟過之輒碎溺，商人攜板過此，則刻姓號木上，放于下流取之，若陷入嵌則不得出矣。嵌中材既滿，或十數年爲大水所衝激則盡起，下流者競取之以爲橫財，不入嵌者，亦多爲夾岸夷賊所句留，仍放姓號于下流，邀財帛入取之。深山大林，千百年斫伐不盡。商販入者每住十數星霜，雖僻遠萬里，然蘇、杭新織種種文綺，吴中貴介未披而彼處先得。妖童孌姬，比外更勝，山珍海錯，咸獲先嘗，則錢神所聚，無脛而至，窮荒成市，沙磧如春，大商緣以忘年，小販因之度日。至于建人補板，其技精絶，隨理接縫，瞠目爪之，莫辨形蹤。然余嘗分守右江，聞融、懷以北夷人有掘地得板厚止寸餘，堅重如鐵，勝建昌十倍者，一片易數金，數十家共得之，云是孔明征羌歸途過此，伐山通道入土年深者。余欲覓一蜕乘，恐差役緣此爲奸以挾夷人，乃寢。

清 嚴如熤《三省邊防備覽》卷九《山貨》 山內木、筍、紙、耳、香、蕈、鐵、沙金各廠，皆流寓客民所藉資生者，而木廠爲大。木廠，分圓木、枋板、猴柴，器具各項。而圓木爲大。圓木、枋板、猴柴必近水次爲便，器具則雖不近水次，美材所産，工匠可就造作販賣。圓木、枋板、猴柴三項相連，相其材質，長三五丈者，作圓木；長一丈內外者，鋸作枋板；雜腫不中繩尺者，劈作猴柴。一圓木大廠三項俱備，間有開廠只作枋板、猴柴，則客商貲本未裕也。盩厔之黄柏園、佛爺坪、太白河等處，大木廠所伐老林已深入二百餘里，必先作溜子，截小圓木長丈許，橫墊枕木，鋪成順勢，如鋪樓板狀，寬七八尺，圓木相接，後木之頭即接前木之尾。溝內地勢凹凸不齊，凸處砌石板，凹處下木樁，上承枕木，以平爲度，溝長數十里，均作溜子，直至水次。作法同棧閣，望之如橋梁。此木廠費工本之最鉅者。伐木作料之處，多在山溝，度山越嶺，人力難施，必用天車。挖山梁，豎木樁二根，中橫一木，安八角輪，繩擔輪上，輪隨繩轉，再離安樁處數步挖地稍平，另安轉車，豎大木樁一根，中安八角輪一架平轉，有柱八根裝於輪之八角。用大牛皮繩一條，一頭安輪上，將繩擔過天車；一頭扣住木料上所釘鐵圈，用牛二頭，或騾馬四五頭。倘無牛騾，用健夫二三十名，如推磨式，將轉車推挽，繩繞輪角柱上，則木隨繩上。轉輪徑七八尺，高六七尺，繩長不過三百丈。就山之高低，安車三四層，名曰天車。此木廠用人夫之最多者。溜子外高中窪，九十月後澆以冷水，結成滑冰，則巨木千斤可以一夫挽行。木至水次不能即行，積待漲發。又有水運包頭領夫承運。人攜長木、竹桿爲撓鉤，順流放下，非水大不能行。水過大則又防漂失，大約十停木料，漂失二三，得七八停，到市集即獲利不貲。開廠出貲本商人住西安、盩厔、漢中城，其總理、總管之人曰掌櫃，曰當家，掛記賬目、經管包攬、承賃字據，曰書辨。水次攬運頭人曰領岸。水陸領夫之人，曰包頭。計大圓木廠匠作、水陸挽運之人，不下三五千，其開伐以漸而進。平時進止皆有號令，號曰某營與行軍同。商人操奇贏厚貲，必山內豐登包穀值賤，則廠開愈大，人聚益衆。如值包穀清風，價值大貴，則歇廠停工。而既聚之衆，不能復散，紛紛多事，防範最難。

黑河山內木廠砍樹之法：樹木大小皆用斧伐，砍後用大斧劈去其節，鏟斧去其皮。審木之長短大小，作爲圓木、檄枋，與盩厔山內同。圓木長自二丈數尺至三丈外不等，無四五丈者。圍圓自三四尺至六七尺不等。如樹有五六尺至七八尺圍圓者，度其丈尺用鋸解作檄枋，長自八尺至丈三尺爲止。寬自一尺二寸至二尺三四寸爲止。如樹有六七尺至八九尺一丈外圍圓者，量其過心寬窄取料幾件後，用鋸解開；其外皮不方者，俱用斧鏟平。如料僅四五尺圍圓者，皆係獨料，四面俱鏟平，稜角方正，方合繩墨。作圓木之樹多用松木，如黃松、油松皆松木正名。稀葉松即鐵林木，野杉樹即樸木，此皆圓木之料。其圍圓過大可作檄枋之樹，多用雜木，如段木、化木、黃肝、桃紅、白桃、插柳木、艾葉杉、大葉炮紅、椿羅楬，皆係雜木正名。莎榆根謂之茨楸，野白菓謂之銀杏，又分紅、白名色，亦皆檄枋之材。其圍圓若小，亦可截作圓木。圓枋各料，就地作成，散列四山，用木杠鐵鈎鍬收至溝下，集齊鋪廂。廂用檄枋，以檄枋之長爲度，每一度用檄枋四件，中二件平正，兩旁二件微高數寸，每度下用横梁二根，梁下立有正柱，兩旁栽有斜桿幫頂。若地勢平坦，則就地鋪□，若絶巖高坎，則找架成樓，上樓然後鋪廂。巖坎有高低不一，而樓亦層次不等。每一里共鋪廂一百八十度，路成然後用人拉放。每人拉皮繩一根，鐵環釘於木上，或二三人，或三四人拉料一件。勢平則人在木前曳之而行，其行遲緩。勢斜則人騎木上，使之自動，走如快馬。拉至河邊，照件上磊，遇水另放。至水路平險不一，工程亦隨地酌用，並無定規。而黑河中山勢淺不□□□越梁作長溜天車，故其工本尚不甚鉅也。作廂度之□□□厔山內溜子相□板枋之在盩厔山內者，與圓木同，用天車溜子其他處枋□□□大者爲枋，小者爲板。枋有大檄、小檄之異，板有寸板分□□廠□□□就市集數十里，開之可背負售賣，而枋□□□□□林中枋木以油松爲上，山左地多白蠟，油松爲棺材上料，值價百金數十金，運戒由水，負必須夫。而此背負之人壯健異常，計枋一塊重二三百觔，上下峻坂之中，廠人號曰「某騾子」，實則騾亦不逮矣。但不能行遠，日不過三四十里，亦不趕歇店，自帶銅鍋、乾糧，結隊宿巖屋樹陰之中。□□猴柴廠砍伐之木不須美材，圓木、板枋所不用取作猴柴，長不過二三尺。將圓木四劈、兩劈，每塊重四五十觔，從山上推下，堆積廠之山溝，俟山水漲發放出。各小溪之內，雖冬春水涸，亦可運放。募水手攜撓鈎從溪澗漸次赶下，有洄流不走，用撓鈎撥動之，至大河口則不敢放鈎，至岸擇高廠地堆砌。作木城高一二丈廣數十丈，有門有房相連至十數城，用船用牛車裝運城市販賣，窮民用蜻蚨數百販買猴塊劈作梱把貿易，亦日得數十文，藉以餬口。枋板廠、猴柴廠匠作水陸挽運人夫，大者每廠數百人，小亦數十人。

傳記

南朝宋 范曄《後漢書》卷七九《王符傳》 王符字節信，安定臨涇人也。少好學，有志操，與馬融、竇章、張衡、崔瑗等友善。安定俗鄙庶孽，何休注《公羊傳》云：「孽，賤也。」而符無外家，爲鄉人所賤。自和、安之後，世務游宦，當塗者更相薦引，而符獨耿介不同於俗，以此遂不得升進。志意蘊憤，乃隱居著書三十餘篇，以譏當時失得，不欲章顯其名，故號曰《潛夫論》。其指訐時短，討謫物情，訐，攻也。謫，責也。足以觀見當時風政，著其五篇云爾。（略）

浮侈篇曰：（略）古之葬者，厚衣之以薪，葬之中野，不封不樹，喪期無數。後世聖人易之以棺椁，易繫辭之言也。桐木爲棺，葛采爲緘，尸子曰：「禹之喪法，死于陵者葬于陵，死于澤者葬于澤。桐棺三寸，制喪三日。」墨子曰：「舜西教乎七戎，道死，葬南巴之中，衣衾三領，欵木之棺，葛以緘之。」采猶蔓也。緘，束也。下不及泉，上不泄臭。中世以後，轉用楸梓槐柏杶樗之屬，各因方土，裁用膠漆，使其堅足恃，其用足任，如此而已。今者京師貴戚，必欲江南檽梓豫章之木。檽，音乃巨反。見埤蒼。《爾雅》曰：「栵檽。」音而。注云「檽似槲樕而痺小」，恐非棺椁之用。豫章即樟木也。邊遠下土，亦競相放效。夫檽梓豫章，所出殊遠，伐之高山，引之窮谷，入海乘淮，逆河泝洛，工匠雕刻，連累日月，會衆而後動，多牛而後致，重且千斤，功將萬夫，而東至樂浪，西達敦煌，費力傷農於萬里之地。

宋 歐陽修《新唐書》卷一〇三《張玄素傳》 張玄素，蒲州虞鄉人。仕隋，爲景城縣戶曹。竇建德陷景城，執將殺之，邑人千餘號泣請代，曰：「此清吏，殺之是無天也。大王即定天下，無使善人解體。」建德命釋縛，署治書侍御史，不拜。聞江都已弑，始爲建德黄門侍郎。賊平，授景州録事衆軍。太宗即位，問以政，對曰：「自古未有如隋亂者，得非君自專、法日亂乎？且萬乘之尊，身決庶務，日斷十事，五不中，中者信善，有如不中者何？一日萬機，積其失，不亡何待？若上賢右能，使百司善職，則高居深拱，疇敢犯之？隋末盜起，爭天下者不十數，餘皆保城邑以須有道聽命，是欲背上怙亂者果鮮，特人君不能安之而挺之亂也。以陛下聖神，跡所以危，鑒所以亡，日慎一日，雖堯舜何以加！」帝曰：「善。」拜侍御史，遷給事中。貞觀四年，詔發卒治洛陽宫乾陽殿，且東幸。玄素上書曰：「臣惟秦始皇帝藉周之餘，夷六國，統壹尊，將貽之萬世，及子而亡者，殫嗜奔欲，以逆天害人也。天下不可以力勝，唯當務儉約，薄賦斂，以身先之，乃能大安。今東都未有幸期，前事土木，戚王出藩，又當營構，科調繁仍，失疲人望，一不可也。陛下向平東都，會觀廣殿，皆撤毁之，天下翕然，一口頌歌。豈有初惡侈靡而後好雕麗哉？二不可也。陛下每言巡幸者不急之務，徒焉虚費。今國儲無兼年，又興别都之役，以産怨讟，三不可也。百姓承亂離之後，財賦殫空，雖蒙更生，意未完定，柰何營未幸之都，重耗其力，四不可也。漢祖將都洛陽，婁敬一言，即日西駕。非不知地土中，道里所均，但形勝不及關内，弗敢康也。伏惟陛下化凋弊之俗，爲日尚淺，詎可東巡以摇人心？五不可也。臣嘗見隋家造殿，伐木於豫章，二千人挽一材，以鐵爲轂，行不數里，轂輒壞，别數百人齎轂自隨，終日行不三十里。一材之費已數十萬工，揆其餘可知已。昔阿房成，秦人散；章華就，楚衆離；乾陽畢功，隋人解體。今民力未及隋日，而役殘創之人，襲亡國弊，臣恐陛下之過甚於煬帝。」帝曰：「卿謂我不如煬帝，何如桀、紂？」對曰：「若此殿卒興，同歸於亂。臣聞東都始平，太上皇詔宫室過度者焚之，陛下謂瓦木可用，請賜貧人，事雖不從，天下稱爲盛德。今復度而宫之，是隋役又興。不五六年間，一捨一取，天下謂何？」帝顧房玄齡曰：「洛陽朝貢天下中，朕營之，意欲便四方百姓。今玄素言如此，使後必往，雖露坐，庸何苦？」即詔罷役，賜綵二百匹。魏徵名梗挺，聞玄素言，歎曰：「張公論事，有回天之力，可謂仁人之言哉。」歷太子少詹事，遷右庶子。時太子承乾事游畋，不悦學。玄素上書曰：「天道無親，惟德是輔。苟違天道，人神棄之。古者田三驅，非以教殺，除民害也。今反以獵爲娱，行之無常，不損盛德哉？《傳》曰：『事不師古，匪説攸聞。』然則探道在學古，學古在師訓。孔穎達奉詔講勸，宜數逮問，裨萬分。博選賢傑，朝夕侍左右，與相規摩。日知所亡，月無忘所能，此則善美矣。夫在人上者常求爲善也，然性不勝情，耽惑成亂，下有諛言，君道乃虧。古人有云：『勿以惡小不去，善小不爲。』禍福之來，皆根於初，護終若始，猶懼其替，始不護焉，終將安歸？」太子不納。又上書曰：「周公資聖人，而握沐吐飧，下白屋，況下周公之人哉？殿下睿質天就，尚須學以表飾之。孔穎達、趙弘智皆宿德鉅髦，兼識政機，望數召見，述古今，增懿明德。雕蟲小技，正可間召，代博弈，不宜屢也。騎射畋游，褻戲酣歌，悦耳目，移情靈，不可以御。夫心爲萬事主，動而無節則亂，敗德之原，實在於此。」帝知數財正太子，頻擢至銀青光禄大夫，行左庶子。太子久不見賓友，玄素曰：「宫中所見止婦人，不知如樊姬等可與益聖德者幾何？若無之，即便詖豔嬖，何足顧哉！上惟東宫之重，高署賢才爲寮佐，今乃不得進見，將何以朝納誨、夕補遺哉？」太子諱其切，夜遣户奴以騎檛狙擊，危脱死。嘗聞宫中擊鼓，叩閣正言，太子出鼓，對玄素破之。既不悛，醜德日聞。玄素不能已，上書曰：「孔子曰：『能近取譬，可謂仁之方也。』書傳所載或遠，臣請以近事喻之。周武帝平山東，庫宫陋食以安海内，而太子贇有穢德，烏丸軌以聞，帝慈仁不忍廢。及踐祚，狂暴日熾，宗祀以亡，隋文帝所代是也。文帝因周衰，藉女資，雖無大功於人，然布德行惠，上下安賴。勇爲太子，驕肆敗度，今宫中山池，殿下所親見者也。當是時，自謂有太山之安，詎知壬臣敢進其説哉？向使動静有常，進止有度，親君子，疏小人，黜浮華，守恭儉，雖有離間，烏能致慈父之隙哉？蓋積德弗純，令問不著，一遭讒，遂成其禍。今上以殿下父子親，故所資用不爲限節，然詔未六旬，而用踰七萬，驕奢亡藝，孰有過此？龍樓、望苑，爲工匠之肆，既闕視膳問安之宜，又無悦學好道之實。上違君父慈訓之方，下有因緣戮辱之罪。所施與者，不游手雜色，則圖畫雕鏤之人。外所瞻仰，此失已暴，内隱密者，尚可勝計哉？右庶子趙弘智經明行修，臣謂宜數進召，以廣徽美；今反猜嫌，謂妄相推引。從善若流，尚恐不逮，飾非拒諫，禍可既乎？」書入，太子怒，遣刺客伺之。會宫廢，玄素坐除名爲民。頃之，召授潮州刺史，徙鄧州訖不復親近。高宗時，以老致仕。麟德初卒。

明　張萱《西園聞見録》卷九二《工部六·工作》　陳雍字希冉，號簡庵，成化甲辰進士。歷官南京工部尚書，弘治改元，授工部主事，轄修通州倉及磚廠。廠去河遠，納磚者不便，乃移置水次。又舊磚止隨到報數，駔會或私留營利莫之察也，以是歲用常缺。公乃立例，兩月一覈實，又移取儀真、臨清兩廠，報册與收簿對，缺者按原發數究主名責之償，仍募令，首納不一年，宿逋悉完。自是廠中政清，無負一磚者。正德末年，乾清坤寧宫災，詔湖廣、四川、貴州三省採大木，擢工部右侍郎兼左僉都御史領其事，復上疏乞休，并陳採木利害。大約謂木産于人跡所不至，故能□其大。土商採木皆積之谿谷間，俟大水浮出。然類皆中材，其巨材以民無所用之，亦未有採者，恐非水力所能致，故買木不費金，致木費金，苦侵漁，不苦願儎。今願以兩法行之，中材以故事募商自致，但微增其直。巨材官爲採之，以庸法徵金募願往者，謹給直寧富役夫，毋餉宿猾。詔勉留公，即下工部博議，皆如公策。公徧歷三省，鑿山通道，沐霧露披榛莽，至險絶處，或舍車援藤葛，行度高下遠近以程工力。見役者，必温語慰勞之，衆大悦，咸勸于事。三年，木數萬至京師。上嘉之，賜麒麟服。初，公議直稍寬，衆謂額大踰慮或不給于費，及竟役，顧更餘萬金。世宗即位，召公還部。有司以餘金請公覈其數，令各貯所庫，曰：「以待後役。」

龔輝字實卿，號笑齋□□人，嘉靖癸未進士，歷官工部左侍郎。初授工部主事，時營仁壽宫、先蠶壇殿，命公督大木于四川及貴州西路，貴西路山不産木，禄下、赤永二衛，以狀白公。公單車躬詣其地，果如狀，遂具疏請停免，得旨允其奏。于是，公往四川得大木五千餘根，板枋如之，而部劄欲再倍其數，公私俱困，民情洶洶。適彗星見，詔求直言，公遂上蘇民困以弭天變，疏其略謂：四川僻處一隅，而巨木多在深山窮谷，採取必幵崖懸橋而出。況連年兵荒相仍，民窮財盡，殊可憂也。竊計先蠶壇室漸次落成，仁壽一宫亦當無幾。解過木植似足用者，仍繪山川險惡轉運艱苦萬狀一十五圖，各爲貼説具奏。人爲公危，幸荷先帝聖明，即命停止。蜀民如脱焚溺，相攜持頂禮，號泣隨公車。

明 張大復《梅花草堂集·明昆山人物傳》卷八《李憲卿》 李憲卿，字廉甫，美姿容，雅自修飭，好交當世知名士，諸名士傾心下之。嘉靖甲午，鄉薦。戊戌，第進士，授南吏部驗封司主事，歷郎中，陞江西布政司左參議，均派額田，號稱簡易，爲巡撫御史所重，薦最陞山東按察司副使，兵備臨清。先是虜薄都城，聲言將從井陘口入掠臨清，臨清故綰漕道，商賈輻輳，人情叵懼，公處之晏然。或謂公計量移便，公曰：「詎至于此！」勒民兵數十萬屯境上，進可以戰，虜竟不至。久之，陞湖廣右政司右參政，督建景府，遂修承天祾恩殿。有功，詔陞河南按察司按察使。受命四月，尋擢巡撫湖廣右僉都御史。是時，奉天殿災，勅命大臣開府江陵捴督湖廣川貴採辦大木。工部劉侍郎方受命，以憂去，上特旨陞公左副都御史，代其任。公至，相度巴庸僰道，轉荆岳至東南川，往來督責，鈎之荒裔中。于是，萬山之木稍出，然帝室紫宫舊制瓌瑋于永樂金柱，圍長終不能合，乃上疏曰：「臣督率郎中張國珍、李佑，副使張正和、盧孝達，各該守巡參政游震得副使周鎬僉事于錦，先後深入永順、卯峒、梭梭江，參政徐霈僉事崔都入容美，副使黄宗器入施州、金峒，參政靳學顔入永寧迤東蘭州儒溪，副使劉斯潔入黎州天全，建昌董策入烏蒙，參政繆文龍入播州、貞州、酉陽，僉事吴仲禮入永寧迤西落洪班鳩井鎮雄，程嗣功入龍州，參政張定入銅仁省溪，參議王重光入赤水猴峒，僉事顧柄入思南潮底，汪集入永寧順崖，而湖廣巡撫右僉都御史趙炳然，巡按御史吴百朋，各先後親歷荆、岳、辰、常，四川巡撫右副都御史黄光昇，歷叙、馬、重、夔，巡按御史郭民敬歷卬、雅，貴州巡撫右副都御史高翀歷思、石、鎮、黎，巡按御史朱賢歷永寧、赤水。臣自趨涪州，六月上瀘、叙，至守督會處。巨材所生，必于深林窮壑崇岡絶箐人跡不到之地，經數百年而後至合抱，又鮮不空灌。昔尚書宋禮及近時尚書樊繼祖、侍郎潘鑑採得逾尋丈者，數株而已。今三省見採丈圍以上楠杉二千餘，丈四五以上亦一百一十七，視前已超絶矣。第所派長巨非常，故圍圓難合，臣奉命初恐搜索未徧，今則深入窮搜，知不可得。而先年營建，亦必有別處。伏望皇上勅下該部計議，量木取用，庶臣等得專心採辦，而大工早集矣。」上允其奏，命求其次者。其後山木益出，自江淮抵京師，簰筏相接，而建殿顧未有期，西工驟興，漕下之木取用畧盡，公又懇乞興工罷採，以休荆蜀之民，使者相望于道，詞旨甚哀，天子從之。于是節比漕數凡得木一萬一千二百一十章，曰四川守巡督儒溪之木、播州之木、建昌天全之木、鎮雄烏蒙之木、龍州藺州之木、湖廣督容美之木、施州之木、永順卯峒之木、靖州之木。及督行湖南，購木于九嶷。荆南，購木于陝西階州。武昌、漢陽、黄州，購木于施州、永順。貴州則于赤水、猴峒、思南、潮底、永寧、順崖，其南出雲南金沙江云。是歲冬，徵還内臺。明年，考察天下官，既畢，感疾乞歸，馳至東平安山驛而薨，得歲五十有七。

紀事

唐 魏徵《隋書》卷三《煬帝紀上》 ［大業元年春］三月丁未，詔尚書令楊素、納言楊達、將作大匠宇文愷營建東京。（略）辛亥，發河南諸郡男女百餘萬，開通濟渠，自西苑引穀、洛水達于河，自板渚引河通于淮。庚申，遣黄門侍郎王弘、上儀同於士澄往江南採木，造龍舟、鳳艒、黄龍、赤艦、樓船等數萬艘。

又 卷二四《食貨》 煬帝即位，（略）始建東都，以尚書令楊素爲營作大監，每月役丁二百萬人。徙洛州郭内人及天下諸州富商大賈數萬家，以實之。新置興洛及迴洛倉。又於皁澗營顯仁宮，苑囿連接，北至新安，南及飛山，西至澠池，周圍數百里。課天下諸州，各貢草木花果，奇禽異獸於其中。開渠，引穀、洛水，自苑西入，而東注于洛。又自板渚引河，達于淮海，謂之御河。河畔築御道，樹以柳。又命黄門侍郎王弘、上儀同于士澄，往江南諸州採大木，引至東都。所經州縣，遞送往返，首尾相屬，不絶者千里。

元 脱脱《宋史》卷二九九《李仕衡傳》 李仕衡字天均，秦州成紀人，後家京兆府。（略）遷尚書工部侍郎、權知天雄軍。民有盜瓜傷主者，法當死，仕衡以歲饑，奏貸之。盜起淄、青間，遷刑部侍郎、知青州。前守捕羣盜妻子寘棘圍中，仕衡至，悉縱罷之使去。未幾，其徒有梟賊首至者。入爲三司使，帝作寬財利論以賜之。乃更陝西入粟法，使民得受錢與茶。舊市羊及木，責吏送京師，而羊多道死，木至湍險處往往漂失，吏至破産不能償。仕衡乃許吏私附羊，免其算，使得補死者；聽民自採木輸官，用入粟法償其直。遷吏部侍郎。

明 宋濂《元史》卷一二《世祖紀》 ［至元二十年春正月］丁卯，伯要帶等伐船材于烈堝都山、乾山凡十四萬二千有奇，起諸軍貼户年及丁者五千人、民夫三千人運之。

［至元二十年春正月］丁卯，巴延岱等伐船材于拉鄂特山、乾山，凡十四萬二千有奇，起諸軍貼户年及丁者五千人、民夫三千人運之。己巳，太陰犯軒轅御女，賜諸王伊爾根、特訥克、諾木齊金各五十兩、金衣襖一。庚午，以平灤造船去運木所遠，民疲於役，徙於陽河造之。

《明實録·太宗實録》卷九九 ［永樂七年十二月甲寅］，左春坊左中允周幹等劾奏：「吏部右侍郎師逵承命往湖廣採木，不體朝廷愛民之心，務行刻薄。向者上念民勞，欲罷採運。逵言民樂於趨事，乞不罷，而嚴程督致激變，良民從李良法爲叛。今年奉勅停罷採木，命將已採之木隨處堆垛，散遣軍夫。逵又言岸高水急，難以停息，宜留軍夫順流起運。方命虐民斂怨於下，大臣如此，乞正其罪。」皇太子曰：「逵誠可罪然。皇上所遣，須其還曰奏請罪之。」

明 趙璜《歸閒述夢》 正德中，營建乾清、坤寧等宮，工部差郎中三員詣四川、湖廣、貴州三省分採大木。侍郎一員總督俱領勅行事。數歲，木無運至，至者又多空朽。時永順宣慰彭明輔進大木五百餘根，皆堅實美材，頭號圍一丈四尺、三尺，二號圍一丈二尺、一尺，俱長四丈、五丈不等，共百餘根。餘俱三號、四號以下，圍長丈尺不等。運至天津，河涸，水僅三四尺餘，楠木沉重，食水五六尺餘，至張家灣，十日之程，一夫價費一兩。近京地方，公私空匱，不堪起派，自灣至神木廠，陸路半日之程，大車二輛併作一輛，名雙脚車，止運木一根，索價七八千兩，甚至人騾被壓即死，車户往往逃避，雖有閘河，淤塞難運。工部差左侍郎劉永脩濬，費價千兩，迄無成功。在部及採木堂司等官，俱停俸。尚書李公鐩長太息，而已，予曰：「國初營建，大木俱取於三省，豈神運鬼輸乎？予敢任其事。」明日，李公對説：「抗言差趙亞卿，事無不濟。」衆曰：「諾。」乃會議請勅差予提督運大木。予乃議領天津三衛下班官軍運木，以蘇地方派夫之苦。疏濬閘河運木，以免雇車之費。餘皆賞罰事宜。議悉奉，欽依。比至天津河涸木鉅，有獻議者云：「取天剥船實土其中，壓之食水四尺餘，每船約二大木于兩幫横施於三楞木於上，用纜簌結去土船起木隨以浮，雖淺可行。」予從之。又有獻議者云：「土遲以運代之合散特一呼吸間。」予亦從之。凡百餘船一日而就，時順風驟作，湧浪高至數尺，船行甚速，凡十餘日抵灣，風止浪平，木不可動，人謀神力，實兩濟之。乃濬閘河，凡修六七閘，惟河口無閘，水易傾瀉，乃作一木閘，俱有起閉。木由閘入，凡數日，抵神木廠。拽入打截，運入臺基廠造作，於是工乃就緒。所省公私夫車雇價，不下數十萬兩，濬河造閘多出主事孔鳳之計，事賴以濟，予奏薦之。

宮殿棟梁俱用楠木，時三省近山屢經採伐，無大木矣。惟遠山有之，險阻不能出水，必須採伐在山，候霖雨降洪水漲衝出水次，方可運也。此木多歷年所諺云「十楠九空」。有地空，止下截空。有節空，止中截空。若天空，則上中下皆空矣。一木採運不下千兩，到京空朽不堪，何辭以解？以此在部及採木堂司等俱被参停俸，予乃寓書三省委官備悉大木事宜，自此木皆可用，官亦免罰。不數年，而宮殿落成，神木廠始有堆積大木。前此所未見也，惟司國計者，因事納忠，惜難得之材，罷不急之工，蘇困弊之民，宗社幸甚！蒼生幸甚！

明 項夢原《冬官紀事》 ［萬曆二十三年己亥］兩宮鼎建告成，勞臣功罪未著，謹據事直陳，以昭公道，以垂信史事。職聞非常之事，惟非常人爲之，常人之所駭而忌焉者也。職固非非常人也，而鼎建兩宮，不可不謂非常之事。夫非常之事，常人不能爲而爲之者，終不免。即如東事甫完，當事者無一人脱網矣。職爲皇上完北上門、完西華門，今完兩宮，自謂亦有微勞，且私心謂讞獄者，尚有議功之條，秉心者咸具是非之直。職以六年六月之俸，陞一參議，僅與循資挨俸者一例，自分可以免矣。不謂假借計典，讒搆横加。職不足惜，萬一有非常之事，鑒職之轍，誰敢再爲皇上鞠躬盡瘁而爲之？此職終不能無言也。謹據實略陳其槩，惟我皇上，憐而垂聽焉。二十五年内，該監工疏有云：「大工之費，可距百萬。而石價居其半。」夫鉅百萬，則一千萬也，居其半則五百萬矣。乃自萬曆二十四年七月初十日開工起，至二十六年七月十五日，兩宮宽瓦通完，金鏄顏料，買辦就緒止。職經手發過銀兩，除浙直徐州解銀六萬兩，神霄殿東裕庫芳玉軒板箱竪櫃約費銀四萬兩，曹天祐木價三萬兩，實計兩宮支費僅六十三萬有奇，不及鉅百萬十分之一。且鑄錢積出銀四萬有奇，尚在六十三萬數内。職完大工，裒多益寡，月費不過二萬五千兩耳。職又查嘉靖三十六年，修復殿堂例四川、湖貴採木，則侍郎劉伯躍、潘鑑，左副都御史李憲卿，郎中張國珍、李祐，副使張正和、盧孝達等。大石窩採石，則侍郎張舜臣，主事李鍵。浙直採木，則郎中李方至、吳道直因而參罷，知府宿應麟調御史金燕。蘇州燒磚，則郎中戴愬。天下催徵錢糧，則御史林騰蛟、唐自化等四員。槩省直丁地歲加派銀一百萬兩，則户科給事中劉贄題准車騾夫匠派提北直隸山東河南則歐陽必進題准即今監工。亦曾謂職調五城人夫拽石。職俱條陳一切罷免，一官不遣，一民不擾，自謂頗有培扶根本之圖。百户李綸奏差内官川湖採木，西河王奏五臺山採木，指揮林朝楝、張文學各奏改臨清窰於武清縣通州，差内官監燒。木商吳雲卿洛金源各瀆奏買鷹杉等木十六萬根，約該價銀三十萬兩。即科臣劉道亨疏云：「若非該司之固執，則十數萬帑金，歸之烏有矣。」職俱調停陳奏，仰荷皇上俯納，自謂頗有曲突徙薪之計。職萬曆二十一年，同少監僉書王國寧修景皇帝陵即如舖户耿應禎原估銀一萬二千餘兩部減銀四千餘兩，止留工銀七千九百餘兩。比工完，職省銀三千餘兩。灰户沈玉等，原估灰價七千餘兩，部減銀二千五百餘兩，留工銀四千五百餘兩。職省銀一千五百，并磚石等，通共省銀七千餘兩。該巡視廠庫給事中張問達薦職奉旨紀録。二十二年，職同太監何江修陵，原估銀八萬餘兩，部減銀四萬餘兩。該職復議，工科給事中黎復題給事中桂御史，時同職覆估，再減銀一萬兩有奇。比至工完，職仍省銀三千餘兩。大工所費七十餘萬，俱職親手開納，事例銀九十三萬兩内支給。其助工銀俱管庫科道固封候旨，不但一毫不取之民，抑且一毫不取之庫，自謂頗有生財節用之勞。此俱工科有本工部廠庫節慎庫有册昭彰萬人耳目者，舍此不諒，而信誣螫譚暮夜。即萬古無夷齊，何有於職也？況職七年郎官，故居不能蔽風雨，吏部主事吳兵部員外田丁酉陝西主試，回到職家，至京對職嘆息，目如參職用張經等爲心腹矣。不知所騙者何人之錢？所壞者何等之事？職不用自營利，而令其各專利，恐非人情，書辦王化等。委官胡覲坤係職二十一二兩年修理景泰皇帝陵獻陵屯田司印信乎本開送供事員役在景泰皇陵職節省七千餘金，獻陵職節省一萬三千餘金，可以徵各役之無能爲矣。夫頭張經灰户沈玉沈祥等十八户，自壽宫開工直至今日四司通用止此一夫頭十八灰户銀錢出入亦係各監工科道并本部册籍可問而查也。後因大工，職去任，堂官始題添灰户八名。二十五年，因内工給散見錢而後投充夫頭者日衆二役用之不自職始胡爲投賄計日計騾職用主事郭議至良法也今且罪職矣。此法若廢，三殿宫興，召募無人，勢必復提民車，使畿輔之民，囂然震動，然後知職之識遠，而所全者大也。實收對同數之多寡，俱由監督監工。誰人受賄，劉禄等見在，可問也。至於使功使過，不過借以對計日計騾耳。不然，職大工所用，委官不下三四十員，胡不指摘一人而揑去任四年餘，且屯田司開送之胡覲坤耶。吏部去官，有册可查也。鷹條杉木舊會估，不知造自何官。中間藏號過關，由來不知費帑藏幾千百萬兩。職因買曹天祐木，閲舊會估數過，始看出，不覺大駭，隨即改正呈堂批。會工科給事中徐楊郭御史蔣議，僉謂職議爲妥登簿印鈐將來不知省帑金幾千百萬兩。即如郎中彭中事曾照舊會估磨算曹天佑木價三萬五千餘兩内，照職改正，新估覆算，減冒濫銀四千餘兩，原册見在，工部廠庫可查，裁其冒濫四千兩，復索其例至三千兩，即三尺童子不信也。舖户方乾係工科給事中楊親手塗抹，職與三司郎中同在，曾開一言否楊素秉直道見在可問也。大工舖户李號因少席一領，監工責三十板，監督責二十板一椤。李號泣曰：「一席值價止三分五釐，又係自己賠買，已打五十板一椤，每户將來錢糧不下萬餘兩，全家虀粉矣。」因而棄家逃走。職懼各舖户生心解體，行兵馬指揮楊嘉慶嚴拏，二箇月方獲。其叔李禄，倚恃老病，通政司四遞通狀，職悉束之高閣。通政司有號簿，工部有原狀，李號見今係名在司，孰迫之逃？而謂職放之也。營繕司有册有官，并本人見在可查而問也。趙玄係虞衡司舖户，與職風馬牛之不相及，即，面貌職亦不識，有何事於職嫌而置之死？工部廠庫有册可查也。至於窰户孫世祥，職衙門并無姓名，且大工又不用窰户之磚，不知因何事捐其價四百兩也。不謂青天白日之下，而有此無踪無影之誣也。然參職一事，雖若甚微，實邪正消長之大機，括恩讎報復之大關鍵，所係計典甚重，伏乞勑下吏部都察院，將職參有半字之實，并查職自做主事郎中，曾壞朝廷一件事，要工部一文錢，即將職重治，以重臣不忠不廉欺君者之戒。如係借黜幽之大典，爲酬恨之奇策，乞勑吏部開送史館，俾秉董狐之筆者，直書曰：職賀盛瑞被參，某人陷之也，職死且不朽矣。

清　趙吉士《寄園寄所寄》卷一一《泛葉寄・故老雜紀》　〔康熙〕甲寅葬先父母，於瑯源臺上獅高原，此癸未年先宜人携余避亂處也。曾作詩紀此山之勝，今三十六年矣。徂歲，訪地師於白下。時伊大農，奉旨伐木江南造船。慕巡撫行咨，謂：「新安多巨木，須遣道員督伐。」伊公知予徽人，因以撫咨擲閱。予對曰：「大木儘有，但不適用。」伊公云：「既有大木，自合式，如何不適用？」予對曰：「徽處萬山中，每年木商於冬時砍倒，候至五六月，梅水泛漲，出浙江者，由嚴州。出江南者，由績溪。順流而下，爲力甚易。值此隆冬，即伐木，木不能出。徒利木商耳。」伊公首肯，遂寢其事。及予歸里，未旬日，周地師云：「地已得矣。風水合局，不必言。合抱大木，羅列於前，亦不知多少。」予心動，謂果如願。即舊冬陳説於大司農前，非爲桑梓，正以保吾父母塋木也。因不惜重價成事，問郡堪輿家二十餘人，紛紛點穴不定。予用稱土法，擇土之重者，用事。及開金井，土如紫粉，光潤異常，登山者咸賀得地。

清　周魯《類書纂要》卷二八　林竹裝船武帝臨雍州多伐林竹沈于檀溪，積茅蓋之若山阜，未用。及起兵之時，悉取竹裝爲船艦，葺之以茅，並立辦。

清　愛新覺羅・胤禛《世宗憲皇帝硃批諭旨》卷七之四　雍正七年六月二十一日，廣東總督今調江南河道總督，臣孔毓珣謹奏爲奏聞運送楠木及補辦情由事。竊查廣東應辦萬年吉地楠木，據布政司詳准，原任廣南韶道林兆惠三次移報，共得方圓楠木九百餘件。夫匠工價與修築水陸運費等項，先後領用司庫銀共一萬三千三百兩。緣林兆惠於山中採取，止去粗皮估視成料，急欲見功，即報合式，及運至三水與海幢寺兩處水次木廠。臣親往看視，亦覺外觀頗好，但楠木貴重質細，不同凡木。臣令敬謹細加修整，木内體質多有疵孔。趕運修改，僅選得合式方圓楠木二百八十根塊，并鐵梨木九件，於六月初七日委員先行運送起程，由廣西湖廣進京。其應補辦與原未報得之木，現委署廣南韶道李可淳等接辦。查林兆惠採運楠木千餘株出山，合式解京者，僅得三分之一，從前工費，多致虚糜，實難辭咎。即林兆惠亦自悚懼無地，情願認還帑銀，但一時不能還項，而現在補辦需銀支給，除林兆惠已還庫銀如此周全林兆惠，朕未解何故？一千九百兩，臣又於臣養廉銀内代林兆惠交還庫銀五千兩，俾其辦運，俟林兆惠還足帑銀之後，再還臣代交之項。合并奏聞，臣謹奏。此事委用辦理，始終俱不妥協，俟交部議，另有諭旨。

又　卷七三之一　〔雍正六年十一月十五日，署理廣東布政使王士俊謹〕奏爲奏聞事竊人臣辦理公務，自當盡心竭力，毫不存私，方稱厥職。今有廣南韶道林兆惠，貪婪性成，姦詐百出，如監修船隻，則冒開物料收受，養廉則勒索隨封，此皆臣未署布政司以前之事，未便咎其已往。又如萬年吉地需用楠木，自宜敬謹採辦。雍正四年十一月，内督撫檄委林兆惠採辦運送，查廣州府屬之從化縣楠木頗多，産在官山，不須價買，惟用人工採運遂可出河。又林兆惠支領藩庫正項錢糧一萬一千三百兩，先後報獲楠木九百八十五根。又遣順德縣馬甯司巡檢艾國煐，向藩庫支銀三千兩，指稱從化築壩蓄水運木等費。臣署理藩司印務錢糧出入責任攸關，林兆惠已領銀一萬四千三百兩，爲數未嘗不多，採辦已歷二年，為時未嘗不久，報獲楠木九百八十五根，到廠僅二百二十根，捏報情弊已露，從前領過銀兩，節經催取，所用數目並無隻字移覆。窺林兆惠之意，不過俟事竣之後一總開銷以便侵蝕，且巡道爲督緝盜賊之員，上年六月内，從化縣盜賊公然搶刦林兆惠之木廠，將搶去人役勒令備銀取贖。盜犯肆横，寧復有巡道在其目中？則林兆惠之居官庸懦，更屬顯然。查廣南韶道一缺，甚屬緊要，林兆惠人無才具，術善逢迎，使久任海疆，恐盜風日熾。臣受恩深重，何敢隱默瞻狥，理合據實奏聞，伏乞皇上睿鑒。施行謹奏。前諭甚明，林兆惠果有不法劣跡，竟行具揭詳參。倘或目下得人，朕即降旨更替，亦未可定。

《清實録・聖祖實録》卷一一〇　〔康熙二十二年〕閏六月，辛丑朔。奉天將軍伊巴漢等議覆：「臣等遵旨差官三路勘驗渾河、太子河根源，應砍木植之山，及所砍之木，離水路遠近情形。據稱：杉木廠木植，離太子河三十餘里。栗家口、哈爾山、索爾擴木植，離蘇子河六十餘里。自此運至界凡，方入渾河。又納魯窩濟內有小河五道。此河兩邊山上木植，離納魯河俱有二十餘里，自此運至杭家，方入渾河。此兩河根源，如運放木植，俱可入海，應遍行曉諭八旗並府州縣。有情願至天津貿易者，該部給發執照，准其貿易。有借此夾帶禁物，偷打貂鼠，私刨人參等物者，嚴行禁止。」從之。

又 卷一二四 〔康熙二十五年二月辛亥〕九卿等議覆，入覲四川松威道王騭條奏：「四川楠木，採運艱難，應行停減。」上曰：「蜀中屢遭兵燹，百姓窮苦已極，朕甚憫之。豈宜重困？今塞外松木，材大可用者甚多，若取充殿材，即數百年可支，何必楠木？」著停止川省採運。

又 卷一五五 〔康熙三十一年五月庚戌朔〕諭大學士等，遣往察看黄河之前鋒。統領碩鼐等差回奏稱：察看黄河，自寧夏至潼關皆可舟運。但龍王站一處，水勢陡絶，湍激不可行船。其間由陸路起剥十里過水陡之處，即由船運便可直至潼關西安矣。既如此，應差工部賢能司官一員會同巡撫葉穆濟於船窩裏地方，造可載百石之船二百艘，至龍王站下停泊，預爲備用。又聞歸化城北翁俄等山産有材木，令遣八旗鐵匠木匠，歸化城派出夫役伐木鋸板運至湖灘河朔津口，造裝載一百石之船二百艘。此造船所需鐵與油蔴等物，自該部發往。船工既畢之後，將大同米石出殺虎口轉運至湖灘河朔津渡泊船之處，俟彼時再議造船之暇。

《清實録·高宗實録》卷一一七 〔乾隆五年五月〕山西巡撫覺羅石麟奏：查建設綏遠營房等項，砍伐穆納山存留木植，原因歸公運賣，竟有民人私將此木運出拴簰，由黄河放下，隨即委員於保德州地方，攔住木簰三百四座，估計價值銀共該五萬二千七百九十兩有奇，俱應變價充公。嗣訊簰户陳養溥，係工商任士宏等處轉售，俱已照例懲治。其現在簰户水手人等，約有三四千人，血本全虧，均難回籍，情殊可憫。應酌給砍價、運費、水脚銀兩，需銀三萬六千九百十兩有奇。即在召商變價銀內，動撥散給。得旨，此皆汝平日無能之所致也。且聞此事官吏無不受賄，而汝不知。汝做巡撫，所司何事？此旨一到，即將始末徹底嚴察，一面叅革辦理，一面奏聞。

又 卷三四〇 〔乾隆十四年五月〕壬戌，欽差户部尚書舒赫德奏：臣由黄螂所沿金沙江而行，於黄草坪，見江灘北岸有木紮數筏。查北岸懸崖峭壁，一線可通，皆涼山生苗地界，毗連阿都沙瑪、陸格、陸耀，所轄諸夷，與中國隔絶，不應內地民人。在此牒筏，隨詢據稱係江西、湖廣人，領票入山伐木，於水口滚放紮筏出賣，有在內停住一二年者等語。此等商民，深入猓地，年久人多，難保無勾結煽誘情事。查此一帶苗界，係四川建昌所屬，前項停住商人，應作何著令速歸，并嗣後給票採木。查禁私越之處，請勅該總督查酌，具奏辦理。奏入，下策楞岳鍾琪議奏，尋奏：查建昌所屬之雷波衛，地方遼闊，其猓子村等三處，産木最多。乾隆四年，有商民在村貿易松杉，欲由金江運往重慶，必須於渝關上税。當向藩司衙門請照准砍，即由管理渝關之重慶府給照前往在案。惟該處距涼山生番四百餘里，向未設汛，稽察稍疎，不免滋事。應出示嚴禁，并通飭各該衙門，嗣後概不得給照，行令建昌道每年巡查一次。得旨，著照所議，實力行之。

《清實録·仁宗實録》卷一一六 〔嘉慶八年七月〕丙午，諭軍機大臣等：禄康奏據福建龍巖州人連任率首告興京高麗溝地方，有二萬餘人砍伐樹木售賣之事。並據供稱，伊於六月間到彼，見有二萬餘人支搭窩棚六百餘座，設有鐵匠爐座，打造大船運販木料，官兵不能查禁。並探聽得爲首係劉文喜、秦士雷、鮑有祥、張九、孫有交、顧學彦六人等語。興京一帶，爲陪都重地，若果有無賴匪徒在彼聚集多人，搭蓋窩棚爐座，打造船隻砍伐樹木售賣，殊干法紀，策拔克前經派令查辦山海關出口民人，業據奏報辦竣。

《清實録·宣宗實録》卷一〇九 道光六年丙戌十一月戊寅朔，又諭富俊奏：請移設卡倫、稽查偷砍木植、保護蔘山一摺，吉林黑龍江造船木植及八旗兵丁砍取房木燒柴，向係以色勒薩木溪河爲界，惟該處地方遼闊，山徑叢雜，並未明立界址。近來吉林八旗兵丁木票，間有與木商私雇代砍，以致遠赴蔘山大林，肆砍無忌，實於産蔘大有關礙。著照所請。即於通江之色勒薩木溪河沿江兩岸，展寬地址，派員乞立封堆，所有八旗砍取房木燒柴，即在封堆以內，不准出封堆以外。該兵丁所領木票，毋得與木商私雇代砍。其吉林黑龍江造船應用大木，查明根件，發給官票，派員按數出界往砍。如有攜帶私木，即照例治罪。至所砍木植，由上江順流而下，不能陸運，江沿必須設立卡倫，以防奸民私運之弊。著將三坌嶺一處卡倫裁撤，移設於色勒薩木溪河江沿東岸，其西岸即以原設輝法卡倫展立近江，互相稽察。官票木植，照驗放行，查有私運，即行拏獲治罪，木植入官，官兵記功奬賞。儻有賄放者，一經查出，即嚴叅治罪。該將軍務當督飭所屬，隨時認真稽查，毋得有名無實，日久生懈，視爲具文。

清 徐松《宋會要輯稿》卷一四二《食貨》 雍熙四年十一月詔曰：訪聞西路所發，係官竹木，栰拖緣路至京，多是押綱使臣、綱官、團頭、水手通同偷賣竹木，交納數少，即□稽遺失。自今應出竹木，州軍并緣河諸州及開封府，嚴行約束，每有栰拖至地分，晝時催督出界，違者準盜官物條科罪。

清 吴振棫《養吉齋餘録》卷五 蜀南江縣一百三十里，古柏如簀。中一直幹最高者名曰林王，土人禁盜伐，訟者靡歲不有。咸豐戊午，有縣民左堯臣等至京，請伐以助餉，云可得二千數百萬兩。上命委勘，共計柏樹一萬三千六百餘株，巨料僅一千九百餘株，估直不及十萬兩，而山中運木，出南江入大河，爲費不貲，事乃中輟。

清 光緒《故城縣志》卷一《紀事》 [咸豐]七年買蝻，胡令桂芬奉伐城鄉樹木，運防海口。

著　録

清 永瑢《四庫全書總目》卷六八《史部·地理類一》 《四川通志》四十七卷通行本，國朝總督四川兵部右侍郎兼都察院右副都御史黄廷桂等監修。《四川通志》在明代凡四修。惟藝文出楊慎手，最爲雅贍。而其他則未能悉中體要。國朝康熙十二年，總督蔡毓榮巡撫張德地又續事纂輯。以兵燹之後，文獻無徵，亦多所脱漏。是編乃雍正七年廷桂等奉敕重修。凡分四十九類。舊志之闕者補之，略者增之，較爲詳備。其中沿舊志之誤，未及盡汰者。如唐韋昭度征陳敬瑄，無功而還。宋岳雲爲忠州防禦使，乃遥授之官。俱不應入名宦。虞允文爲四川宣撫，乃總制全蜀，應入統部。不當僅入保寧府。唐之鮮于仲通依附楊國忠喪師南詔，新舊唐書所載甚明。乃反以爲忤國忠被貶，載入人物。此類尚不免地志附會緣飾之習。然其甄綜排比，較舊志則可據多矣。

又 卷八四《史部·政書類存目二》 《西槎彙草》一卷浙江范懋柱家天一閣藏本。明龔輝撰。輝有《全陝政要略》，已著録。嘉靖時營仁壽宫，輝以營繕司主事奉使督木四川。得大木五千餘株，版枋如之。部劄欲再倍其數，公私俱困，民情洶洶。輝乃繪山川險惡，轉運艱苦等狀，爲十五圖。前後各作圖説具奏，竟得旨停止。後列劄子三篇，又附載詩文數首。其曰《西槎彙草》者，輝嘗使浙東，故此名西槎以别之也。其圖説劄子皆剴切酸楚，使人感動。與張問之造甎圖説相等。自當以採木圖説爲名，不當更贅附詩文，名以彙草。其編次殊無體例。且詩文寥寥數首，又皆不工，益爲無謂矣。今仍著録政書中，從所重也。

又 卷一七八《集部·别集類存目五》 《卯洞集》四卷浙江汪汝瑮家藏本。明徐珊撰。珊號三溪，餘姚人。官辰州府同知。卯洞在盤順中里，介於楚蜀之交。嘉靖間，珊以廟工採木於是。積其二年中所作公牘雜文爲二卷，詩歌爲二卷，因以其地名集。中有讀高蘇門集詩，蓋宗法所在。大致不失風格，而深微則不及叔嗣也。

藝　文

明 顧璘《憑幾集續編》卷一《贈水部張誠之采木南楚有功擢山東憲副》

聖王御六合，孝敬百禮崇。祠壇及寢殿，如天開法宫。大木出南楚，肅詔騰雷風。層厓伐梓楠，斧聲震高穹。萬牛瘖肩領，巨筏亘長虹。山靈獻材異，波侯開道通。賢哉張使君，來秉玉節雄。豈不念王事，而哀切民窮。獻謀廣財用，厚直來商工。優優播慈令，蹇蹇竭匪躬。譬如求才俊，傑者必登庸。梁棟入内苑，巘嶫起天中。巍然覩巨麗，偉績歸司空。落成大慶賚，錫命先有功。曰君冰玉操，風紀責所隆。煌煌獬豸衣，執憲山之東。授官副雅望，萬口稱嘉同。青雲快翔翥，展翼隨鵷鴻。台斗豈足踐，令譽歌永終。

明 毛起《采木記略》 洪雅採木之難有七：往歲木材多近水次，今近者數十里，遠者百里。山多危峰窮谷，古所謂不毛之地，夫近則易爲力，遠則難爲功，此一難也；凡木之産，山必穹窿崔崒黎土深箐，方能干霄蔽日，備大棟之用。然性多香蠹腐貫，伐其十得一二焉，以爲幸。或有盡一山不成一鍾者，此二難也；凡木之道，越岡度嶺必有飛棧焉，巖砦嶔嶔必有偏棧焉，凡棧必以巨木爲之，下皆以樹實其空竅，兩旁拖服廂棧，或數十丈、百餘丈有遠數十里者，此皆浮功浪費，難以歲月計，此三難也；凡木之行，轟牲釃酒祈神籲天，而後繫纜以挽，挽盈數百千人，終日不移寸，如饑馬之齕草焉。或一行數十丈或百丈，挽不及趨，若有神以相之。凡木之登架，首有枕木撥木或中架落箐，雖盈丈之木，勢如拉朽，少有完者。幸完則施繳車絙而陟之，爲功萬倍。盡陸臨江謂之點水，千人呼唱以爲幸。然江多巨石，激浪漩伏盤渦勢不可磯度，此始爲成材，然爲水所衝折，十或減三四，此四難也；山在蜀西南徼外，故邛笮諸夷不格化，木商至多予金帛布繒謂之山本錢，需酒肉犒勞不時至，稍不如意則以革纏縛人於道，懸索償值，若販賈焉，官不爲取，其人非死轉鬻他夷，無可逃者。其夷道皆度索尋橦人跡不至，惟土夷慣習跳梁於上，甚捷便，利刃不釋身，與命俱，故不敢激，恐爲變，此五難也；山濃雲淋雨不時至，古謂之漏天者也。春夏之交，瘴癘中人轉相傳染，人不敢近，病無生理，枕藉莫收，腐穢之氣達數百里，夔魖蛇虺之怪往往而有，亦能殺人，此六難也；鳥道羊腸，挽運之夫不可擔簦負戴而行，十數錘致一石，以故人食不再飽，饑疲勞倦又無室以居，蓬木編葉故易蒸沴之疾，此七難也。斤斧器械，諸工匠之費不與焉。嗟乎，此特言採木之苦耳，及至請官視鳩衆僝工轉輸萬里江湖，河閘或流或連，夫動盈億計，爲費不貲，波濤風雨，諸苦倍出比歸考工之室，在廷臣工增秩賜金拱手以享其成，誰復言採木之苦者。

明　胡廣《神木山祠記》　皇帝統御天下，愛養黎元，恩惠優渥，首飭有司：毋擅用一夫取一材於是。生養休息，日庶日富。比年歲登，民和海宇，熙洽迺者。永樂四年秋，詢謀於羣臣，曰：「古者建都，必營宮殿。朕肇北京，恢弘舊規，以永貽謀。顧興作事重，惟恐煩民，然不可。」後羣臣僉曰：「陛下慎恤民力，視之如傷，而民皆樂於趨事。」皇帝曰：「爾往試哉。」乃用命，入山以伐材焉，用民力十取其一，給以廩食，歸其傭直，而民忻然鼓舞，不知其勞，故事不程督而集。工部尚書臣宋禮取材於蜀，得大木於馬湖府，圍以尋尺計者若干，踰尋丈者數株，計庸萬夫力乃可運，將謀刊除道路以出之。一夕，木忽自行達於坦途，有巨石巉然當其衝，夜聞吼聲如雷，石劃自開，木由中出，無所齟齬。夜越險巖，膚寸不損，所經之處，一草不掩。百工執事，顧視讙譁，踴躍交慶。事聞廷臣，稽首稱賀，謂聖德所致。皇上辭以弗逮，推德於山川草木，預有喜色，鮮澤榮華，蔚然穠麗。及祭之日，先降微雨，灑滌游坋，俎豆既陳，羶薌肸蠁，黯雲倏消，天宇澄湛，明星煌煌，月影交輝，祥飈徐來，神用俱歆。聞山呼聲者三，震動天地。神顯其靈，於昭有赫，遂封是山爲神木山，詔有司建祠，歲時祀享，以答神貺。命臣廣爲文以紀其事，刻之於石。臣廣頓首受命，仰惟皇帝功德高厚，比隆天地，妙運一心，斡旋萬化，陰陽鬼神，隨機應動，脗合無違，故凡有施爲，嘉禎沓至，是山川之神，協贊禎符，宣暢明靈，濯濯洋洋，休有烈光，超卓物表。有不可以知巧測量之者，然以理求之，具可知矣。夫充塞兩間者，鬼神之功用。若川泳雲游，日晅雨潤，風霆鼓動，寒暑更迭，歙陰忽陽，變化揮霍，其迹尤著。然三辰順軌，雨暘以時，景星慶雲，和氣充溢，斯皆一心之所感。召若夫木石，非由人力不可以運動而乃潛闢默愉，實由聖德感孚，神明協應之所致也，固非耳目聞見可知已。夫人之所不知不能者，鬼神之所能也，以人之所不知不能而測夫鬼神之能，宜其有弗知也。況凡天下名山大川奠於方域之中，出雲雨產材木以資於國家，其神固靈也。神木之山所產良材，自萌蘖而長，以至於拱把連抱，神之衛閟呵禁，以待於今日。然則神之效靈者，非一朝夕也。今茲之顯應所以兆皇帝萬世悠久之徵，則神之功其可少哉。稽之於傳，凡有功於國家者，必有祭神功彰著實爲偉茂，載之祀典於法允宜臣廣再拜，謹書其事爲記，并係之銘，以頌歌聖德，且以丕揚神休。銘曰：皇明受命，統馭萬方，六合泰寧，物乂民康。端拱垂衣，無爲而治，蠻貊荒服，蟻附而至。休徵之應，如川如林，至和感孚，百靈俱歆。壯哉北京，龍飛之所。帝用貽謀，大啟厥宇，慎恤黔首，咨詢在廷，庶民子來，於始經營。皇帝有詔，取材於蜀，神木之山，岷峩是屬。楩楠豫章，絜之百圍，神用呵閟，以需於茲。斧斤斯入，林披薄斂，凡厥所產，悉呈弗掩。良材芃芃，孔曼且碩，載而輪之，萬夫入駱。層巒峭壁，矗矗尊崇，深谷峆岈，飛流怒淙。有巖厥途，其石巑巢，徐步曳武，猶慮僨踣。方謀平險，憑虛架梁，人力未施，木忽宵行。越澗踰壑，砰磕如雷，巨石嘶礪，隨闢以開，維山有神，維神昭靈。默驅六丁，祐相聖明，神衷顯宜，嘉禎斯應，以兆皇基，萬世永盛。報神有典，祀事孔宜，爰作新廟，歲以饗之。醴清牲腯，籩豆靜潔，殽核維旅，羶薌有飶，春蘿蔚陰，秋菊垂芳，祼薦以時，禮儀有章。執事駿奔，秉虔以對。濟濟蹌蹌，罔敢或懈。神之來享，驅霆駕風，翳以鳳凰，驂以虬龍，靈旂揚揚。神既降止，鼓舞鏗鏘，神醉以喜，神來宅茲，時雨時暘。眷此邦氓，易沴作穰。皇德同天，幽明畢被。創制神祠，以毖神祀。礪石刻銘，茲山實侔，頌宣皇德，永著神休。

明 黃輝《采木記》 采木，國家鉅役也。費至重，力至勞矣。天下之所無，奈何而不可以已者也。詎宜以可奈何之心當之，而姑爲如得已之法存之哉？自明興迄今，不知爲役凡幾，慮無不督責有司而拮据民運者，於國得矣。如民何大中丞聚垣喬公，以丙午入蜀理木政者，六年於茲。痛鑒已事，九郡各簡一賢佐主之，而直隸州六，各主以刺史，召商採辦，民惟所號令焉。更念役重賦繁，公私困詘，會疏題請減派額寬解限議協濟，請內帑設專道皆報，可始於民間照丁糧量加賦一年，此外毫無干預焉。初，中丞鎮蜀日塗播，故無何復憤蜚蠙之恣虐赤我郊原，則多方勸分賑濟粥而藥之，民乃稍稍有起色，而上亦念夜郎兵燹，後方慝慝，歲大旱頻仍，復事采木，其母乃不堪命已。感中丞繪圖抗疏，備極忠懇，聖母聖上洎宮中咸爲憫惻，合賜金五萬，特遣使臣宣布詔，命萬里推輓，西入斜谷至蜀郡，徧賜煢獨羸閻蔀屋，咸舉手加額，乃知上及聖母后宮之仁。聖雖高居九重，乃心罔不在赤子，即胼胝竭蹷，其何以報萬分一？迺立章程告戒，凡我在事，如有踵襲故弊僉派滋擾偷安糜費者，以白簡從事有司受命凜凜。又下令曰：訪聞涪夔間，有附近亡賴假托上商，詭故影射，欺官商在遠，私移斧記，改飾僞號，而串同守户別立契券。瞷有各處漂流巨材，輒圖姦騙捏詞譁詠，官商多被挾誣，訟端閃爍，難可立斷，遷延時日。儌幸計得官商橫遭局騙因之誤事，貽害無窮，自今敢有舞智行私作姦犯科者，司道究遣法無貰申飭再四，而亡賴之徒奉法唯謹，於是上下一心，萬衆響應，邪許澒洞，聲震陵谷，無翼而飛，不脛而馳，右涪左夔，望質如歸，連艘率簰，蔽江東下，計八千餘株，糸天翳日，皆清廟明堂之選也。木政告成，里中縉紳士民動顔相慶，移書不佞，曰：自中丞視木政，凡六稔矣。博考前事，罔不以民采者，大户義民，隨意僉報，編夫派米，需索津貼，剝膚椎髓，民不聊生，白骨枕藉，自李直指方麓公首倡官采之議，僉曰：然中丞接部檄，毅然以官采從事，蓋二百四十餘年所未有也。而奉行自中丞始。是役也，派木至二萬四千六百有奇，價至四百萬，而僅加一歲賦，仗國家威德，幸告竣事，皆中丞之大有造於三巴也。太史盍記之以垂永永史。輝氏曰：「吾生又二歲一甲子耳，而采運凡四瞽，時聞長老傳述，猶髣髴記之。逮丙申采運，則典在太史矣。大都肅皇末政，權焰四爍，訶讓聲嘗自二千石以下，義民大户惴惴股栗，僅僅成事。丙申之役，民夫餒死相望，數郡怨苦之，蓋吾生與木政俱今而後知木之有政也。先是嘉州守徐學周目擊采運之苦，著采木哀鳴録，欵列凡六難。」中丞公讀而傷之，曰：「險阻艱難，誰親於其身嘗之者，誠嘗之，雖曰百難可也。故木政雖督厲勤至而撫綏愛養殆不遺力云。」往中丞貴邑，少司空楊公和洪熙元年，奉命采木於蜀，至今二百餘年。而中丞再領茲役，焦脣乾肺以爲民求萬有一分之便，因以想見楊公之苦心焉。以不恒有之役不忍見之苦，而一邑之中中丞與司空兩肩其事，豈不異哉！夫人臣之誼，不過捐軀爲國耳。然用之伐叛勦逆，則功高而名顯，用之采木，則竹帛不書。人固有幸有不幸耳，雖然漢柏流香，涖秦彌甚，海濱騰葉，望雒長飛，弱植表異，於一時而光物，必傳於後世。王彌胡覽名且不泯，安在其竹帛不書耶。今中丞洞曉物情，妙施調劑，算無再計，舉即萬全，掃民運而爲官導，經營之大窾若喬中丞者，可謂高出千古矣！中丞名壁星，字文見，直隸真定府臨城縣人。

雜録

明 蔣以化《西臺漫記》卷六《紀怪木》 今上乙酉丙戌等歲，宮殿門宇一燬如洗，勑川、貴督採大木充用。與採者，勞苦萬狀。貴陽別駕王君，諱某，余戚也。當事者，委解諸所採木。王蒿，行君子，兢兢以未稱厥職爲懼。得木驗後，有二木圍可廿尺，長五丈許。同驗徐揮使善識木性，呼此木爲鐵脚楠，極難解。王初疑之，果行四十里外，二木水中唧唧有聲。王親聞之，知其神也。亟令人防護束縛，惟謹行至黃河。忽於幫中瀉出飛走三百里，沉於海角泥沙中，不起。王急索之，乃爲文遣祭云：「汝供上用，可梁、可楝，否者爲爨、爲薪，不貸汝。」一夜夢二木來訴：「某不隨衆木行，可駕舟相送。」王不得已，覓四舟往載，而二木起矣，後竟安流入灣。異哉、奇哉？神乎、怪乎？此木不過世間一材，必爲隋梁魏晉間物無疑。傲霜霰，停雨露，風雷所侵蝕，日月星辰所臨照，寒暑經歷，不知幾歲月。而人跡所罕到之處，虎豹爲侶，熊羆爲隣，魑魅魍魎所狎聚而羣嬉於其下者，又不知幾歲月。而木所繇神矣，向非王命赫奕，官威隆重，操斧柯者不能入其尺寸，夫安得不爲怪、爲祟，如王所云哉！第不知此木入工師手爲柱、爲梁、爲榱、爲桷，若何而木果有神，幸善護之無爲祝融氏所燼，而勞苦遠方官民爲平谷西門外飯肆，各食素饅頭，告主人以取木歸，與前辛酉過其店者，形狀相類，衆皆惶懼，恐復被浸。至是，果然。然則龍宮伐木事有明徵，佛殿運木理亦可信矣。

也。余於神木有望云。

清 魏裔介《兼濟堂文集》卷一五《龍宮取木記》 上棟下宇，以待風雨，取諸大壯，此人生之制也。龍居於海，羣水滙瀦，宜無事此者。以余所聞，則有異。蓋龍雖以海爲窟宅，長子孫於其中，而所寢處之宮室，則以人間之木爲之。每至夏小滿後，雨水連綿，正其鳩工庀材時也。天津之北，古曰北海之濱，與永平遵化諸邊口接壤，中有灤河，元人運糧以達上都。應昌者，是爲龍宮運木之通渠矣。每三年一伐木口外。其伐木者，水族人貌，形如老叟，布衣龕帽，幽谷之中，丁丁不絶，羣山響應。倏忽之間，雷轟電掣，風雨晦冥，岫峪湧溢，木皆矗起，直抵關隘。守關者稔識其汛也，開關而放之入水中，木乃魚貫而進，由灤河東南行達于海，無一仆而浮者。河上居人皆耳而目之，又有移人之樓以去者。午夜望之，燈火熒熒，至曉則滅。海濱之薪，每三年一次，龍宮焚震，方習習颷起。候之海壖，木之榱者、桷者、楝者、楹者，皆半赭黝而焦朽，擁湊海岸。岸人拾以給爨，供數月。説者曰：「龍火自燒也。」余數詢之，博物者非誣。

清 梁章鉅《歸田瑣記》卷七《神木》 歸途過杭州，由城外西湖取道小憩淨慈寺中，兒輩以運木井爲疑。寺僧云：「故相傳爲宋嘉定時，道濟大師因起淨慈殿需大梁棟，悉由此運出。適殿材已具，「後到之一木，即仍存井中。」言之鑿鑿，語似不經，然佛力無邊，有不可以常理測者。何燕泉《餘東序録》載：「永樂四年，肇造帝京宮殿，工部尚書宋禮承命取材於蜀，得大木若干於馬湖。一日木忽自行，所過聲吼如雷，巨石爲開，膚寸不捐。事聞，詔封其山爲神木山。建祠祭享，此事史雖不載，而時代甚近，諒非子虛。則淨慈之事，何足爲怪？記嘉慶辛酉，余在京過夏，是年，京畿大水，順天府屬三河等縣，水高數丈，有木直立水中而行，端與水平，端上恒有光，夜望若燈，或有龜魚蹲其上，相傳爲龍造宮取木也。邑父老有知其事者，謂木取於平谷縣深山中，或十餘年或二十餘年，輒一取，其歲必大水。又有老嫗言：幼時其戚某家北山下，一日有六七人如木工狀，暮投村中，皆不肯留。因詣戚某家，憐而止之宿。天明客尚未起，穴窗以窺，但見魚鼈縱横於地，驚而退，乃遥呼曰：「日高矣。」頃之，客出，故如昨也。臨行留一物置檐間爲謝，囑勿移動，及水發，村廬盡淹，此家獨無恙。云道光癸未夏，陰雨爲災，直隸百餘州縣皆成巨浸。先是三月間，有十三人衣青，輮襪褌袴皆一色，腰斧鋸過

采伐部

論説

《春秋穀梁传》卷二（范寧集解）　苞人民，毆牛馬，曰侵。斬樹木，壞宮室，曰伐。注：制其人民，毆其牛馬，賊去之後則可還反。樹木斬不復生，宮室壞不自成，故其爲害重也。疏釋曰：案《左傳》有鐘鼓曰伐，無曰侵。《公羊傳》觕者，曰侵。精者，曰伐。又何休廢疾云厭焚。孔子曰傷人乎不問馬，今穀梁以苞人民爲輕，斬樹木壞宮室爲重，是理道之不通也。所以穀梁不從二傳者。鄭玄云：「苞人民，毆牛馬，兵去則可以歸還。其爲壞宮室，斬樹木，則樹木斷不復生，宮室壞不自成，爲毒害更重也。」是鄭意，亦以斬樹木壞宮室爲重。是亦一家之義，故與二傳不同。

《周禮》卷一六（鄭玄注　賈公彦疏）　仲冬斬陽木，仲夏斬陰木。注：鄭司農云：陽木，春夏生者。陰木，秋冬生者，若松栢之屬。玄謂：陽木生山南者，陰木生山北者，陰木生山北者，冬斬陽，夏斬陰，堅濡調。疏注釋曰：先鄭云陽木春夏生者，陰木秋冬生者，若松栢之屬。後鄭不從，以爲山南爲陽木，北爲陰木者。案《月令》十一月，日短至，伐木取竹箭。竹箭，秋冬生，不用仲夏斬之，故知先鄭之義非也。凡服耜，斬季材以時入之。注：季猶穉也，服與耜宜用穉材，尚柔忍也。服牝服車之材。疏釋曰：服謂牝服，即車平較皆有鑿孔以軨子貫之，故謂之牝服也。耜謂耒耜，隨曲長六尺六寸，車人所造者。二木皆須堅刃，故斬季材，少木爲之。云時入者，以其須堅，故須依上文仲冬仲夏之時也。令萬民時斬材有期日。注：時斬材，斬材之時也。有期日，入出有日數，爲久盡物。疏釋曰案《禮記・王制》云：「草木零落，然後入山林。」彼據萬民伐木之時，謂十月之中。此云萬民時斬材，亦謂十月時。注釋曰鄭云：時斬材，斬材之時也者，正在十月也。云有期日，入出有日數，爲久盡物者。經直云有期日，鄭云有日數，蓋當有日數，多少但無文，不知幾日爲限也。凡邦工入山林而掄材不禁。注掄，猶擇也，不禁者，山林國之有，不拘日也。疏釋曰：上文云仲冬斬陽木，仲夏斬陰木，彼據堅刃之極時，但國家須材不定在仲冬仲夏，故此邦工入山林不禁，又不言時節，須即取之故也。注釋曰此對萬民不得非時入，入又有日數。春秋之斬木，不入禁。注：非冬夏之時，不得入所禁之中斬木也，斬四野之木可。疏注釋曰：上經云：「邦工入山林不禁」，此又云：「春秋之斬木不入禁」，與上違者。上文據國家使工取擇木，故非冬夏亦得入山林，此據萬民取木，故十月入山。春秋之斬木不入禁，故鄭云斬四野之木可，雖斬四野，未至於三月不得伐桑柘，故《月令・季春》云：「無伐桑柘」，彼注：愛蠶食也。

又　卷三六　夏日至，令刊陽木而火之。冬日至，令剥陰木而水之。注：刊，剥互言耳，皆謂斫去次地之皮。生山南爲陽木，生山北爲陰木。火之、水之，則使其肄不生。疏釋曰：夏日至，謂五月夏至之日爲之也，令刊陽木而火之。謂先刊削以去其皮，乃燒之。冬日至，謂十一月冬至之日爲之。剥陰木而水之，亦謂剥去其皮乃水之，此與下文相兼乃足也。必以夏刊陽木冬剥陰木者，夏至之日則陰生，冬至陽生。陽木得陰而鼓，陰木得陽而發，故須其時而刊剥之也。山虞取其堅刃，冬斬陽夏斬陰，此欲死之，故夏陽木冬陰木。注釋曰：云刊剥互言耳者，謂削之亦剥之。剥謂剥去其皮，亦削之，故云互也。云生山南爲陽木，生山北爲陰木者，《爾雅》云：山南曰陽，山北曰陰。云火之、水之，則使其肄不生者。斬而復生曰肄，若以水火斬而不復重生，故云使其肄不生也。

漢　劉安《淮南子》卷一四　天有明，不憂民之晦也。百姓穿户鑿牖，自取照焉。地有財，不憂民之貧也。百姓伐木芟草，自取富焉。

北魏　賈思勰《齊民要術》卷五《伐木》　凡伐木，四月、七月則不蟲而堅肕。榆莢下、桑椹落，亦其時也。然則凡木有子實者，候其子實將熟，皆其時也。非時者，蟲，具且脆也。凡非時之木，水漚一月，或火煏取乾，蟲則不生。水浸之木，皆亦柔肕。

周官曰：「仲冬斬陽木，仲夏斬陰木。」鄭司農云：「陽木，春夏生者。陰木，秋冬生者，松柏之屬。」鄭玄曰：「陽木生山南者，陰木生山北者。冬則斬陽，夏則斬陰。調堅軟也。案，柏之性不生蟲蠹，四則皆得，無所選焉。山中雜木，自非七月、四月兩時殺者，率多生蟲，無山南山北之異。」鄭君之説又無取，則周官伐木，蓋以順天道、調陰陽，未必爲堅肕之與蟲蠹者也。

《禮記・月令》：孟春之月，禁止伐木。鄭元注云：爲盛德所在也。孟夏之月，無伐大樹。逆時氣也。季夏之月，樹木方盛，乃命虞人入山行木毋有斬伐。爲其未堅肕也。季秋之月，草木黄落，乃伐薪爲炭。仲冬之月，日短至則伐木取竹箭。比其堅肕之極時也。

孟子曰：「斧斤以時入山林，材木不可勝用也。」趙岐注曰：「時謂草木零落之時，使材木得暢茂，故有餘也。」

《淮南子》曰：「草木未落，斧斤不入山林。」九月，草木解也。

崔寔曰：自正月以終季夏，不可伐木，必生蠹蟲。或曰其月無壬子日，以上旬伐之，雖春夏不蠹，猶有剖析間解之害，又犯時令，非急無伐。十一月，伐竹木。

宋 歐陽修《文忠集》卷一一八《河北奉使奏草乞免差人往岢嵐軍築城》

臣近準朝旨，令於河北差兵士二千人往岢嵐軍修城。本司尋曾奏乞於閒慢路分抽差。今奉樞密院劄子：「奉聖旨，如委實人數不足，即仰抽差一千人者。」雖蒙朝廷許減一千人，伏緣本路除祁、瀛、定、雄、霸等州見闕修城兵士外，近又節次據滄、博州狀申，爲河水汎漲，向著緊急，乞差人夫兵士應付工役。本司爲轄下例各闕人，已牒滄州，如河水大段汎漲，令應急量差人夫工役；博州即見於諸州軍劾刷，例各無可抽差，方欲奏聞，乞朝廷於隣路抽差應付次。今準朝旨，令依前降指揮，於近便州軍應急抽那。臣非不知河東、河北俱繫邊防路分，若本路實有兵數不少，臣亦豈敢自私一路，妄有占留？只緣本路實爲闕人處多，今若朝廷須令差撥，即將轄下見役處罷役那往岢嵐，縱河北事有闕悮，緣臣已有奏請，朝廷必未深罪。其如於事有闕，在臣之職不敢不言。況今年黄河水勢不類常年，即今五月，已汎漲如此，將來夏末秋初，必大段漲溢。本司方別具奏，乞於京東、西路差人次。兼本路役兵多，惟河上及修城、西山採木等處各有人數。河上既不可抽那，若抽河北修城兵士與河東修城，又兩地事體不異。而西山採木，蓋爲即今諸處分擘七百已上人，禁軍別立指揮，各要營房，及敵棚樓子防城器用，並是緊切不可闕用之物。若不於逐處工役内抽人，即轄下例各別無閒占之人可差。伏乞朝廷更賜體卹，且乞令河東路一面應付岢嵐工役。謹具再奏聞。

再奏，臣近準朝旨，令本路差兵士二千人往岢嵐軍修城。臣已再具劄子，奏乞占留。其本路黄河及修城、採木緊切工役浩大，及闕人次第，已具前奏劄子。臣伏詳朝廷指揮，令於近便州軍應付劾刷。勘會本路與河東近便，惟有成德軍最近。其路出土門，經天威軍、平定軍至并州，又出天門關，經憲州、飛鳶軍入洪谷，方至岢嵐，約一千五百餘里。據明鎬元奏稱，向去二十二箇月方了。今縱河北差一千人往彼，遠涉一千五百里山險到彼，卒未了當，將來冬月，岢嵐苦寒，役兵各須歸營歇泊，令一千人往來三千里苦寒山路，必致大段逃亡作賊。況北敵縱有事宜，必先河北。河北重地，莫如定州。今定州所修城池，將元計工料及見役人數，亦須五六年方了。今若更抽減人往河東，即河北完緝禦備，全然弛廢。況除定州外，瀛、雄、祁、霸等州修城處，亦須向秋，兼用强壯，一二年内期可了。當本司非不能張皇事體煩瀆朝廷乞人，蓋以契丹即今別無事宜，一二年間，幸可漸次了當。今岢嵐修城工限比定州全小，路分事宜緊慢又與河北不同，亦未消得遠涉三千里於緊切處抽人。所有德、博黄河，今年水勢甚大於去年，今春朝廷差到河上兵士，全少如去歲。若旦夕逐州更有申報，須至煩朝廷乞人外，所有諸處修城工役雖見闕人，本司亦當斟量事體緊慢，只於本路漸次修葺。惟乞朝廷體卹，更不抽撥往別路，庶免本路闕悮。其抽差一千人劄子，臣亦未敢施行。取進止。

宋 歐陽修《詩本義》卷六《伐木》 論曰：《伐木》，文王之雅也。其詩曰：「以速諸父。」毛謂：天子謂同姓諸侯曰父。陳饋八簋又以爲天子之簋，則此詩文王之詩也。伐木，庶人之賤事，不宜爲文王之詩。作序者自覺其非，故曰：「自天子至于庶人，未有不須友以成者。」且文王之詩，雖欲汎言凡人須友以成，猶當以天子諸侯之事爲主，因而及於庶人賤事可矣。今詩每以伐木爲言，是以庶人賤事爲主，豈得爲文王之詩？鄭氏云，昔日未居位在農時，與友生爲伐木，勤苦之事者亦非也。且文王未居位，未嘗在農也。古者四民異業，其他諸侯至於卿大夫，士未居位時，皆不爲農，亦不必自伐木。庶人當伐木者，又無位可居，以此知鄭説爲繆也。詩云：「伐木丁丁，鳥鳴嚶嚶。出自幽谷，遷于喬木。」又曰：「相彼鳥矣，猶求友聲。矧伊人矣，不求友生。」考詩之意，是爲鳥在木上，聞伐木之聲，則驚鳴而飛，遷于他木。方其驚飛倉卒之際，猶不忘其類相呼而去。其在人也，可不求其友乎。其義甚明矣。然果如此義，則是此詩主以鳥鳴求友爲喻爾，至其下章則了不及鳥鳴之意，但云「伐木許許，伐木于阪」，便述朋友之事，與首章意殊不類，蓋失其本義矣。故闕其所未詳。

宋 王昭禹《周禮詳解》卷一六 令萬民時斬材，有期日。凡邦工入山林而掄材，不禁春秋之斬木，不入禁。草木零落，然後入山林斬木之時也。使終是時而斬之，則將苟取以盡物矣。故令之以時，又期之以日。有期日，則節其時焉。「時斬材，有期日」，慮民以過取盡我材耳。邦工掄材爲邦用也，焉用禁哉？邦工掄材不必以時，然而春秋斬木非其時也，斬於禁外可也，不入禁中。

仲冬斬陽木，仲夏斬陰木。凡服耜斬季材，以時入之。斬陽木，必以仲冬，以水之盛氣養其堅，以濟諸其陰也。斬陰木，必以仲夏，以火之盛氣養其柔，以濟諸其陽也。如此而後用之，則陰陽之氣相濟，而堅者不失於倔强，柔者不失於軟弱矣。餘見新經斬以爲服粗。服，謂牝服，則車之平較也。粗，謂耒粗，即耕耨之器也。二者皆因其材而揉焉，故取季枝。季枝，摽枝也。夫材美工巧，然而不良，則不得地氣也。是故以仲冬斬陽木，以仲夏斬陰木，凡服粗斬季材。因天時以養材，因天材以制器，然後工之巧行焉。

宋 傅寅《禹貢説斷》卷一　山大川先定其所知以爲表，則其他皆可知。治水非土木爲用不可也。土則隨處以分布，木則隨山以刊伐。見禹之規模簡易，無生事擾民之患也。如治華陰之河，則先於華陰左右分布可取之土，於華陰之山刊用便近之木，此敷土隨山之義。若夫奠高山大川，則是定其方嚮、源委，以辨地域，以知遠近，以察衆流之所趨。會而馴以加功故也，此與孔子所謂别九州同。

宋 曾敏行《獨醒雜志》卷三　東坡《水龍吟》笛詞，高雲翔云：「後之箋釋者，獨謂楚山脩竹如雲，是蘄州出笛竹。至異材秀出於林表之語，不知是東坡叙取材法也。凡竹林生，後長者必過前竹，其不能過者，多死。一林内特一竹可材，遠而望之，或伐取數十百竿，錯亂終不可識。蔡邕仰視柯亭屋椽，得奇材，不待如此求之。而邕後無至鑒，獨有此法可求耳。」雲翔嘗赴禮部與仲兄及諸鄉人飲於酒肆，有數老樂工相近談論音律，雲翔微笑，其人乃前致敬曰：「某輩大晟府舊人，適有所談而諸學士發笑，必某言不協理。」雲翔時既酒酣，乃取其笛弄之，諸工駭聽失色，設拜而去。次日，詣雲翔之館求教，雲翔辭之。雲翔洞曉音律，能移宫轉羽，子弟朋友間無能授其法。再舉不第而死。雲翔名驤，吉水人。

宋 林希逸《考工記解》卷下　凡爲弓上既言六材，此下言治弓各以其時也。

冬析幹而春液角，夏治筋。冬時堅凝，方可取幹於山林。鋸析破削，以爲之也。春氣融和，則可漬液其角也。夏氣熱，則筋易柔，故以治之。冬析幹則易。此下又逐句發明也。易者，平易也。冬，植物性實，則易光滑也。

明 梁寅《詩演義》卷一二　君子信讒，如或醻之。君子不惠，不舒究之。伐木掎矣，析薪杝矣。舍彼有罪，予之佗矣。

賦而興也。王之信讒，如酒之醻爵，得即飲之。王不惠愛於我，惟加譴怒，不復舒徐以究察之。因以伐木析薪起興言。伐木者，見其難仆，則以他木倚其顛，然後仆之易。析薪者，見其錯節，則徐尋其木理，然後解之易。杝者，觀其木理，不妄施斧也。王今不能然，乃舍彼之有罪而以罪加之我乎？佗者加也。

明 單宇《菊坡叢話》卷二五《四六類》　四六有伐山語，有伐材語。伐材語者，如已成之柱桷略加繩削而已。伐山語者，如披山開荒自我取之。伐材，謂熟事也，伐山，謂生事也。兩聯皆生事，則傷於奧澁。兩聯皆熟事，則無工。蓋生事必用熟事對也。如夏英公辭奉使表略云：「頃歲先人没于行陣，春初母氏始棄遺孤，義不戴天，難下單于之拜，哀深陟岵，忍聞禁休之音。」此不拜單于，用鄭衆事，而公羊謂夷樂曰：「禁休，此生事對熟事搭也。」後永叔作《歸田録》改云：「義不戴天，難下穹廬之拜。情深陟岵，忍聞夷樂之聲」。夏英公免起復奉使表出以爲工，然其間一聯云：「王姬築館，接仇之禮既嫌，曾子回車，勝母之遊遂輟」。此一聯，亦不減前一聯也。

明 貢汝成《三禮纂註》卷六　山虞掌山林之政令，物爲之厲，而爲之守禁。仲冬斬陽木，仲夏斬陰木。凡服粗斬季材以時入之，令萬民時斬材有期日。「物爲之厲」每物有蕃界也。「爲之守禁」爲守者，設禁令也。守者，謂其地之民占伐林木者也。陽木生于山南者，陰木生于山北者。冬斬陽欲其濡，夏斬陰欲其堅也。服粗宜用稚材，尚桑韌也。「時斬材」斬材之時也。「有期日」出入有日數，久則盡物也。賈氏曰林自有衡，今山虞兼云林者，彼林是竹木生平地者，此是山内之林，即山虞兼掌之山内林木。金玉錫石禽獸所有不同，每物各有蕃界，設禁亦不同也。云時入者，以其須堅韌，故依仲冬仲夏之時也。王制曰「草木零落，然后入山林」。此萬民斬材之時也。

凡邦工入山林而掄材不禁，春秋之斬木，不入禁，凡竊木者有刑罰。按上文「仲冬斬陽木，仲夏斬陰木」彼據堅韌之時，但國家時所需有掄材之舉，不得而禁之。然此亦是四野之木，故春秋斬取不在所禁之中。若是山林之木，仍依仲冬、仲夏方可伐也。不禁者，權也。必禁者，常也。至于竊木有刑，又國家之常法，不可廢也。

明 瞿汝稷《瞿冏卿集》卷一二《與文侍御論五臺伐木書》　謹啓：中區聖地，以五臺爲第一，而接壤北虜。今龍泉關爲國家西塞，别無它險可恃，惟恃此山。山之所恃以爲險者，惟林木茂密積於累代，谿谷崕嶂羅生疊布，胡馬不得長驅直突，且森沉隱稪望之不測，我軍設伏則一可當百耳。是以我朝禁僧民樵採之令甚嚴，稍有犯之，輒加重罰，至有充軍者，且頒賜州邑租糧資僧焚修，詔免本山征賦，聽僧自食其地利。列聖相承優䘏如一，蓋不直爲靈真所棲，寔以僧之衣食苟足，則可無事樵採，庶幾法令得以久行，林木日益豐長，所以爲屏蔽愈固耳。乃聞近者法禁稍弛，奸商則假抽印造辦之名而戕伐之，猾民則以承佃開墾爲説而戕伐之，僧則又苦於有司之誅求天花、香蕈，與夫馬匹之累，貧無以給，因貿易以充誅求之費而戕伐之。三戕者不除，則五臺之林無幾何而且盡矣。林木既盡，則此山固與塞外諸山等耳。何能限胡馬之長驅哉？夫供造辦之與固邊疆孰輕孰重？奉詔旨之與狥私請孰得孰失？循賀按院高撫臺之禁，而奸商之戕伐息矣。山盡崇巒陟磵，且盛夏氷雪不解，非可播種八穀之地，僧徒力耕尺寸，惟産苦蕎、燕麥，數歲間得一獲，而猾民乃肯承糧佃種者，非不知其所産之不足以供賦税，蓋以承佃爲名則可占有其地，得以肆然伐木，其所利在伐木，不在墾田。林木既盡，則星散鬼匿矣，此輩豈能辦不毛之賦□？循成祖免糧之詔及近歲雁門張兵道之申約，而猾民之戕伐息矣，馬匹之供固有。郭中丞之明文嚴禁天花、香蕈之征，固有某中丞之明文嚴禁，若能循之，則僧徒可以苟活，亦必不至冒禁而私戕伐矣。三戕既除，則林木益茂，而邊隅日固矣。策龍泉關與虜境籓屏者，惟隔此山。山之林木豐凋，乃國家捍禦强弱所係，即有他急，孰急於此？即有他利，孰利於此？奈何自徹籓籬供胡馬之長驅也。近之籌邊者，欲於近塞諸山悉樹榆棗以拒衝突，惜費鉅而功難成，乃中止耳。今此山幸有已成之林木爲可恃之形勢，列聖垂獲甚密，諸名公申禁甚嚴，而法久淩夷奸詭惟利是圖，不念國家利害，日加戕伐，失計甚矣。伏望明公力爲申明舊禁，無問僧俗敢有冒禁戕伐者，准例巖究。如上有云三戕悉行罷革，仍立石以示久遠，真邊隅大計也。僕夙仰明德，知體國之忠，必不嫌于陳此，故敢貢其愚，惟垂督萬荷。

清　孫承澤《春明夢餘録》卷四六　《蜀中采木記》：國家以殿闕頻災，興採木之役，則拮据無已。時夫木非蜀産也，産於邊蜀之夷也。幽險僻絶，人迹不到之地，峥山淵谷之所隔閡也。炎霜古雪之所棲集也，虎豹之所不居也，蛇虺之所窟穴也，飛猱之所望而駭也，山精木魅之所憑依也，毒烟苦霧之所霾也，如此者不知幾千百年而後成大木。其上干霄，其圍横畝，雖驅鬼中而發殤宫亦不能以取之，而以本朝之威命，使脆弱之小民必欲其得之。前者僵而後屬寡者，熸而衆至，督者設機械，役者忘性命，弗得弗已，以此思之，不必身履其地，而小民艱難愁苦萬死一生之情狀可知矣。蓋嘉定州守徐學周所著有《哀鳴録》焉。徐守嘗躬履其地，仰無極之高，臨不測之深，以藟布爲梯，仍以縻其身而縋之以上下，虞兩崖之觸，則求夷人執之，此亦危苦恐懼之極矣。而兼之瘴癘爲殃，往往隕命，官且若此，而况小民躬斫伐曳運之勞者乎？徐守所稱六難，殆未足以盡之也，而讀之亦可以斷腸折心矣。嗟乎，均之民也，而蜀之民獨當此至危至苦之役；均之官也，而蜀之官獨以此至危至苦之役；毒其民又必不可以已天地之有憾，則此其爲甚哉！惟日叮嚀告戒我有官君子與於斯役者，千方萬計。凡可以體吾民之情而恤其辛楚救其阽危者，畢智殫力以圖之耳。先是余邑少司空楊公和，洪熙元年奉命採木於蜀，迄今二百餘年，而余再領兹役採木，非國家所得已也。回禄爲虐實使吾民戮力委命於夷落之鄉，而余親見之焦唇乾肺以爲民求萬有一分之便，因以想見楊公之苦心焉，以不恒有之役，不忍見之苦。而一邑之中，余與楊公再領其事，豈不異哉。夫人臣之誼，不過捐軀爲國耳，然用之伐叛剿逆，則功高而名顯，用之採木，則竹帛不書。人固有幸、不幸，楊公賢者也，採木之事久遠，蜀人無知之者，余因爲記勒石芙蓉閣中，以見余景仰感慨之私，備蜀志焉。

清　張廷玉《明史》卷八二《食貨》　採木之役，自成祖繕治北京宫殿始。永樂四年遣尚書宋禮如四川，侍郎古朴如江西，師逵、金純如湖廣，副都御史劉觀如浙江，僉都御史史仲誠如山西。禮言有數大木，一夕自浮大谷達於江。天子以爲神，名其山曰神木山，遣官祠祭。十年復命禮採木四川。仁宗立，已其役。宣宗元年，復南京天地山川壇殿宇，復命侍郎黄宗載、吴廷用採木湖廣。未幾，因旱災已之。尋復採大木湖廣，而論工部酌省，未幾復罷。其他處亦時採時罷。弘治間，發内帑修清寧宫，停四川採木。正德時，採木湖廣、川、貴，命侍郎劉丙督運。太監劉養劾其不中梁棟，責丙陳狀，工部尚書李鐩奪俸。嘉靖元年，革神木千户所及衛卒。二十年，宗廟災，遣工部侍郎潘鑑、副都御史戴金於湖廣、四川採辦大木。二十六年，復遣工部侍郎劉伯躍採於川、湖、貴州，湖廣一省費至三百三十九萬餘兩。又遣官覈諸處遺留大木。郡縣有司，以遲悮大工逮治褫黜非一，並河州縣尤苦之。萬曆中，三殿工興，採楠杉諸木於湖廣、四川、貴州，費銀九百三十餘萬兩，徵諸民間，較嘉靖年費更倍。而採鷹平條橋諸木於南直、浙江者，商人逋直至二十五萬。科臣劾督運臣遲延侵冒。不報。虚糜乾没，公私交困焉。

清　黄叔琳《周禮節訓》卷二《地官司徒》　山虞，掌山林之政令。物爲之厲，而爲之守禁。仲冬斬陽木，仲夏斬陰木，令萬民時斬材，有期日。厲，遮列也，謂每物有藩界也。別其地以限之，然後命其人以守之，設其法以禁之也。陽木生山南，陰木生山北。冬斬陽，夏斬陰，則堅濡調矣。斬木以時，必限以日數，恐過取而童其山也。林衡若斬木材，則受法於山虞。法即山虞，斬材以時之類。

綜述

漢 鄭玄《周禮注》卷四《地官司徒》 山虞掌山林之政令，物爲之厲而爲之守禁。物爲之厲，每物有蕃界也。爲之守禁，爲守者，設禁令也。守者，謂其地之民占伐林木者也。鄭司農云：厲遮列守之。仲冬斬陽木，仲夏斬陰木。鄭司農云：陽木春夏生者，陰木秋冬生者，若松柏之屬。玄謂：陽木生山南者，陰木生山北者。冬斬陽，夏斬陰，堅濡調。凡服耜斬季材，以時入之。季猶穉也，服與耜宜用穉材，尚柔刃也。服牝服車之材。令萬民時斬材，有期日。時斬材，斬材之時也。有期日，入有日數爲久尽物。凡邦工入山林而掄材不禁。掄猶擇也。不禁者，山林國之有，不拘日也。春秋之斬木不入禁。非冬夏之時，不得入所禁之中斬木也，斬四野之木可。凡竊木者，有刑罰。竊，盗也。若祭山林，則爲主而脩除且蹕。爲主，主辨護之也。脩除，治道路場壇。若大田獵，則萊山田之野，及弊田植虞旗于中，致禽而珥焉。萊，除其草萊也。弊田，田者止也。植猶樹也。田止樹旗令獲者，皆致其禽而校其耳以知獲數也。山虞有旗以其主山得畫熊虎其仞數則短也。鄭司農云：珥者，取禽左耳以效功也。大司馬職曰：獲者，取左耳。林衡掌巡林麓之禁令而平其守，平其守者，平其地之民守林麓之部分。以時計林麓而賞罰之。計林麓者，計其守之功也。林麓蕃茂，民不盗竊則有賞，不則罰之。若斬木材，則受法于山虞而掌其政令。法萬民入出時日之期。

漢 鄭玄《禮記注》卷四《王制》 獺祭魚，然後虞人入澤梁。豺祭獸，然後田獵。鳩化爲鷹，然後設尉羅。草木零落，然後入山林。昆蟲未蟄，不以火田。取物必順時候也，梁絶水取魚者，罻，小網也，昆，明也，明蟲者，得陽而生，得陰而藏。木不中伐，不粥於市。伐之非時，不中用。《周禮》：仲冬斬陽木，仲夏斬陰木。

又 卷五《月令》 [孟春之月] 禁止伐木。盛德所在。[季春之月] 是月也，命野虞無伐桑柘。愛蠶食也，野虞謂主田及山林之官。[孟夏之月] 毋伐大樹。亦爲逆時氣。[季夏之月] 是月也，樹木方盛，乃命虞人入山行木，毋有斬伐。爲其未堅刃也。[季秋之月] 是月也，草木黄落乃伐薪爲炭。伐木必因殺氣。（仲冬之月）日短至，則伐木取竹箭。此其之極堅成時。[季冬之月] 乃命四監收秩薪柴，以共郊廟及百祀之薪燎。四監主山林川澤之官也，大者可析謂之薪，小者合束謂之柴。薪施炊爨柴以給燎，春秋傳曰：其父析薪。今月令無及百祀之薪燎。

北魏 賈思勰《齊民要術》卷五 [柘] 三年間斸去，堪爲渾心扶老杖。一根三文。十年中四破爲丈，一根直二十文。任爲馬鞭胡牀。馬鞭一枝直十文，胡牀一具直百文。十五年任爲弓材，一張二百。亦堪作履，一兩六十。裁截碎木中作錐刀靶。一箇直三文。二十年好作犢車材。一乘直萬錢。[榆] 又至明年正月，斸去惡者，其一株止有七八根生者，悉皆砍去，唯留一根麤直好者。三年春，可將莢葉賣之。五年之後，便堪作椽。不挾者，即可砍賣。一根十文挾者，鏇作獨樂及盞。一箇三文。十年之後，魁椀瓶榼器皿無所不任。一椀七文，一魁二十。瓶榼器皿，一百文也。十五年後，中爲車轂及蒲桃瓫。瓫一口值二百，車轂一具值絹三疋。[白楊] 明年正月中，剥去惡枝，一畝三壟，一壟七百二十株，一株兩根，一畝四千三百二十株。三年中爲蠶樀都格反，五年任爲屋椽，十年堪爲棟梁。[穀楮] 三年便中斫。未滿三年者，皮薄不任用。斫法十二月爲上，四月次之。非此兩月而斫者，則多枯死也。每歲正月常放火燒，自有乾在地，足得火然不燒則不滋茂也。二月中間斫去惡根，斸者，地熟，楮科亦以留潤澤也。移栽者，二月蒔之，亦三年一斫。三年不斫者，徒失錢無益也。指地賣者，省功而利少，煑剥賣皮者，雖勞而利大，柴足供然。自能造紙，其利又多。種三十畝者，歲斫十畝，三年一徧，歲收絹百疋。[梧桐] 十年中椽，可雜用。一根值十文。二十歲中屋樣，一根值百錢柴在外斫去，尋生料理還復，凡爲家具者，前件木皆所宜種。十歲之後，無求不給。

唐 郭橐駝《種樹書》卷上 正月辰日，將斧斑駁斫樹，則結子不落。種蕈。取爛穀木截斷埋於陰地，用草蓋，常以米泔沃之，則生。宜用丁開日采木。四月此月伐木，不蛀。十一月伐竹木。

又 卷中 竹以三伏内及臘月斫者，不蛀。竹留三去四，蓋三年者留，四年者伐去。竹之滋澤，春發於枝葉，夏藏於榦，冬歸於根。如冬伐竹，經日一裂，自首至尾不得全。盛夏伐之最佳，但於林有損。未盛夏伐竹，則根色皆紅，而鞭皆爛。然要好竹，非盛夏伐之不可。七八月亦尚可，自此滋澤而不中用矣。如要竹不蛀，取五月以前，仍用血忌日，但此月和前，竹不生皆根爛。凡斫松木，五更初斫倒，便削去皮，則無白蟻。又須擇血忌日斫，則白蟻不食。七月辰日最良，若已爲白蟻所食，於血忌日以斧敲之，云：「今日血忌」，則白蟻自出。黄梔子候其大時摘青者，晒收至黄熟，則消化爲水。

宋 陳翥《桐譜・采斫》 桐材成，可爲器。其伐之，也勿高留焉，齊土而伐之。若在山巖險絶之地，邃隝阬崖之處，其倒之，則必拗，驚折裂，撲傷體理，以其勢不可以禦故也。如伐之法宜當：所伐之下斧破之，上用巨繩纏縛一尺有餘，則免折裂之虞矣。復用繩牽之，俾面向上山而從，仍先去臨險之枝，則亡撲損之害矣。不然，則周鉏其下，以斧悉斷其根，則其倒也無二者之患。然臨事籌計，智出於匠氏，但貴其勿傷爲善者也。凡諸材之用，其伐必當，八、九月伐之爲良，不爾必多蛀蝕，惟桐木而無時焉。

宋 温革《分門瑣碎録・竹雜説》 竹之滋澤，春發於枝葉，夏藏於幹，冬歸於根。如冬伐竹，經日一裂，自首至尾，不得全。盛夏伐之最佳，但於林有損爾。盛夏伐竹，則根色皆紅而鞭皆爛。好竹非盛夏伐之不可，七八月亦可。自此滋澤日退，不中用矣。如竹要不蛀，取五月前以仍用血忌日，但此月斫前竹不生，皆根爛。竹以三伏内及臘月中斫者，不蛀。

又《木雜法》 凡所松木，五更初所斫倒，便削去皮，則無白蟻。又須擇血忌日斫，則白蟻不食。七月辰日最良，若已爲白蟻所食，於血忌日以斧敲之，云：「今日血忌」，則白蟻自出。

元 司農司《農桑輯要》卷六《伐木》 《齊民要術》：凡伐木四月七月，則不蟲而堅肕。凡木有子實者，候其子實將熟，皆其時也。非其時者，蟲而且脆也。凡非時之木，水漚一月或火煏皮逼反取乾，蟲皆不生。水浸之木，更益柔肕。周官曰：仲冬斬陽木，仲夏斬陰木。鄭司農云：「陽木春夏生者，陰木秋冬生者，松柏之屬。」鄭玄曰：「陽木生山南者，陰木生山北者。冬則斬陽，夏則斬陰，調堅輭也。」按松柏之性，不生蟲蠹，四時皆得，無所選也。山中雜木，非七月四月兩時殺者，率多生蟲，無山南山北之異。鄭君之説又無取，則周官伐木蓋以順天道調陰陽，未必爲堅肕之與蟲蠹也。《禮記月令》孟春之月，禁止伐木。鄭玄注云：「爲盛德所在也。」孟夏之月，無伐大樹。逆時氣也。季夏之月，樹木方盛，乃命虞人入山行木，無有斬伐。爲其未堅肕也。季秋之月，草木黄落，乃伐薪爲炭。仲冬之月，日短至則伐木取竹箭。此其堅成之極時也。孟子曰：斧斤以時入山林，材木不可勝用也。趙岐注曰：時爲草木零落之時。《淮南子》：曰草木未落時，斧斤不入山林。崔寔曰：自正月以終季夏，不可伐木，必生蠹蟲，十一月伐竹木。《四時類要》：十二月斬伐竹木，不蛀。

又 卷七《歲用雜事》 四月此月伐木不蛀。六月斫竹此月及八月，不蛀。

元 王禎《農書》卷一〇 《事類全書》云：栽松，春社前帶土栽培，百株百活，舍此時，決無生理也。斫松木，須五更初，便削去皮，則無白蟻，血忌日尤好。山人斫老松根，取松明燃之，以代油燭，亦貧家之利。

元 魯明善《農桑衣食撮要》卷上 [五月]斫桑，斫桑不可留觜角，比及夏至，開幄根下可用糞或蠶沙培壅，此時不斫，則枝條來春不旺。

又 卷下 伐竹木[十二月] 此月伐竹木，則不蛀而堅，與七月間斫者同。

元 佚名《居家必用事類全集》戊集 伐竹木黑白星 甲子●乙丑◑丙寅◐丁卯◐戊辰○己巳●庚午○辛未○壬申○癸酉○甲戌●乙亥◐丙子◐丁丑●戊寅●己卯●庚辰◐辛巳●壬午●癸未●甲申◑乙酉●丙戌●丁亥○戊子○己丑◐庚寅○辛卯●壬辰○癸巳◐甲午●乙未○丙申●丁酉○戊戌○己亥○庚子●辛丑◐壬寅○癸卯○甲辰◐乙巳○丙午●丁未○戊申●己酉◐庚戌○辛亥◐壬子○癸丑○甲寅◐乙卯○丙辰○丁巳●戊午●己未●庚申◐辛酉○壬戌○癸亥○

右星，右邊黑蛀木，左邊黑蛀竹，全黑竹木皆蛀，全白不蛀。

伐竹不蛀日，每月初五日以前，遇血忌日伐之，吉。又三伏内及臘月中斫者，不蛀。

伐松不蠹日，每七月甲辰、丙辰、壬辰三日，有血忌飛廉伐。

元 俞宗本《種樹書》 斫松樹。五更初斫倒，便削去皮，則無白螘。猶須擇血忌日，以斧敲之，云：「今日血忌」，則白螘自出。竹以三伏内及臘月砍者，不蛀。竹留三去四，蓋三年留，四年者伐去。

明 朱權《神隱》下卷 [十一月]是月也，日短至，伐竹木，收蔬食，獵野獸爲淹臘，以供一年之用。伐竹木 此月[十二月]伐竹木則不蛀，與七月斫者同。

明 弘治《徽州府志》卷二 [竹木]梓、櫬、栢、檮、榆、槐、檀、松、赤檆檆與杉同，白檆大抵新安之木，松檆爲多，必栽植始成材。而婺源祁門之民，尤勤於栽植。凡栽檆以三十年爲期，乃可伐。

明 杜思《考信編》卷三 【潛皇】丁卯元歲春正月，皇即位。是時，草木盛茂，鳥獸鷙猛，潛皇修赫蘇之政，伐木殺獸，天下之民得安居而鮮食。

明 李詡《戒庵老人漫筆》卷五 今筆標多作堅字者非筆幹竹，冬管不蛀，交春砟者則蛀。

明 王士性《廣志繹》卷五《西南諸省》 四川官民之役，惟用兵採木最爲累人。西北、西南州縣多用兵，東南多採木，惟川北、保順二郡兩役不及，頗號樂土，即協濟不無然身不俱往，縱罹殘僨，亦免死亡。廣右山俱無人管轄，臨江山官府召商伐之，村内山商旅募人伐之，皆任其自取。至于平原曠野一望數十里，不種顆粒。獞人所種，止山衡水田十之一二耳。又多不知種麥粟，地之遺利可惜也。府江兩岸六百里，湍流悍激，林木翳暗，猺獞執戈戟竄伏，鈎引商船，刧奪鹽米，甚至殺官傷吏，屢勦不止。只爲深林密箐，彼得伏而下，我不得尋而上也。萬曆戊子，韓少条紹議召商伐去沿江林木，開一官路，令輿馬通行。

明　王象晉《群芳譜·竹譜》　伐竹月令曰短至則伐木取竹箭。臘月砍竹做器則不蛀，一云六月。竹要留三去四，諺云：「公孫不相見，母子不相離」，謂隔年竹可伐也。凡竹未經年，不堪作器。若老竹不去，竹亦不茂，但伐之有時。竹之滋澤，春發于枝葉，夏藏于幹，冬歸于根。冬月伐竹，經日一裂，自首至尾。五月以前發竹，則根紅而鞭爛。盛夏伐，不蛀，但于林有損。七八月猶可，過此不堪用矣。如要竹堅而不蛀，須盛夏辰日庚午癸卯日血忌日。陰氣盛，故伐而取之，大曰竹，小曰箭。

明　戴羲《養餘月令》卷二《避忌》　春三月，六炁十八候，皆正發生之令，毋覆巢殺母破卵，毋伐林木。

又　卷八《四月下》　是月伐樹不蛀。夏三月，六炁一十八候，皆正長養之令，勿起土伐大樹。

又　卷二三《竹》　竹留三去四，謂三年留，四年者伐去也。竹以五月前血忌日及三伏内斫者，不蛀。蓋竹之滋澤，春發於枝葉，夏藏於幹，冬歸於根。如冬伐竹，經日即裂，自首至尾，不得全完。夏伐之最佳，但鞭皆爛。然要好竹，非盛夏伐之不可，七八月猶可。自此滋澤歸根，而不中用矣。斫竹宜七月，蓋秋初氣全，則堅韌。宜辰日、庚午、癸卯日伐之。諺云：「公孫不相見，子母不相離。」謂隔年方可伐也。《居家必用》　柯亭竹，生雲夢南，以七月望前生，明年七月望前伐。未期伐則音浮，過期伐則音滯。

清　李光地《月令輯要》卷一〇《五月令·政典》　斬陰木原《周禮·地官》：山虞仲夏斬陰木。注鄭司農云：陰木，秋冬生者。後鄭謂：陰木，生山北者。

又　卷一九《十一月令·民用》　伐木取竹箭原《禮》曰短至則伐木取竹箭。集說：陰盛則材成，故伐而取之，大曰竹，小曰箭。

清　雍正《陝西通志》卷四五　晦日各以斧斤砍梨棗，糞其實繁，曰撻棗。以火照桑樹，謂其無蟲，曰燎桑。《富平縣志》

清　張宗法《三農紀》卷二　［孟秋］　農時伐竹木。

又　卷七　（伐竹）　伐竹有二要：一要留三去四，二要公孫不相見，子母不相離，隔年竹可伐也。伐須知時，竹之滋澤，春發于葉，夏藏于幹，秋寄于笋，冬歸于根，故冬日伐竹，經日一裂。五月以前伐竹，則根紅而鞭爛。盛夏伐竹不蛀，于林有傷。七八月伐亦可。又云：伐竹忌血刃日，損林。又云血刃日伐竹，不蛀。（月令云）：短至伐竹取竹箭，臘月伐竹做器免蠹。凡辰日、癸卯庚午伐竹林，不蛀，損林。

清　乾隆《中衛縣志》卷一《水利》　每歲立春，令委管渠長郎督堡民採柴茨、石塊於近山，伐柳椿樹枝於田畔。

清　嘉慶《徽縣志》卷一《山水》　思義川，東南六十里嘉陵江南，即古泉街水。其流甚微，路由山石關峽達黑河。漢《地理志》：「泉街水南流至沮入漢沮，今黑河也。」虞詡按：行山谷，由沮至下辨數十里，燒石剪木以開運道，即此。

清　嚴如熤《三省山内風土雜識》　開山之法：數十人通力合作，樹巔縛長絙，下縋千鈞巨石，就根斧鋸並施。樹既放倒，本幹聽其霉壞，砍旁幹作薪，葉枝曬乾，縱火焚之成灰，故其地肥美，不須加糞，往往種一收百。

清　劉玉麐《爾雅校議》卷下　髡梱。玉案髡，釋文作髠。《齊民要術》有髡柳，謂刊落樹枝也。《說文》云：「梱，梡木未折也。」梱當作梱，是髡與梱并爲刊木之名。

清　徐宗亮《龍江述略》卷四《貢賦》　聞呼蘭、黑龍江兩城木植極富，其圍徑五六尺者，皆屬習見。歷古封禁之山，未經開采，頗有盜伐漁利者，遇官兵查巡，薄致賂遺而去。若倣照奉天東邊道章程弛禁徵課，亦裕財之一端也。

傳記

宋　歐陽修《新唐書》卷一六七《裴延齡傳》　裴延齡，河中河東人。乾元末，爲汜水尉，賊陷東都，去客江夏。華州刺史董晉表署判官，稍遷太常博士。盧杞秉政，引爲膳部員外郎、集賢院直學士。崔造表知東都度支院。召爲祠部郎中，不待命，輒還集賢院，宰相張延賞疾其易，出爲昭應令。與尉交訴所賕，京兆尹鄭叔則佑尉，而御史中丞竇參善延齡，卒逐尹。德宗用參輔政，即擢延齡司農少卿。會班宏卒，假領度支。延齡素不善財計，乃廣鉤距，取宿姦老吏與謀，以固帝幸。因建言：「左藏，天下歲入不貲，耗登不可校，請列別舍，以檢盈虛。」於是以天下宿負八百萬緡析爲負庫，抽貫三百萬緡爲賸庫，樣物三十萬緡爲季庫，帛以素出、以色入者爲月庫。帝皆可之。然天下負皆窮人，償入無期，抽貫與給皆盡；樣物與帛固有籍，延齡但多其簿最吏員以詭帝，於財用無所加也。俄以户部侍郎爲真。又請以京兆苗錢市草千萬，俾民輸諸苑。宰相陸贄等以爲非是，不從。京右偏故有雚葦地數頃，延齡妄言：「長安、咸陽間，得陂芿數百頃，願以爲内廐牧地，水甘草薦與苑廐等。」帝信之，以問宰相，皆曰：「當無有。」帝遣使按覆，果詐，延齡大慙，帝不責也。京兆積歲和市不得直，尹李充請之官，延齡誣其妄，反令還輸，號曰「底折錢」。嘗請斂財以實府，帝曰：「安得而實之？」延齡曰：「開元、天寶間，户口繁息，百司務殷，官且有缺者，比兵興，户不半在，今一官治數司足矣。請後官闕不即補，收其禀以實帑簿。」它日，帝謂延齡曰：「朕所居浴堂殿，一棟將壓，念易之，未能也。」延齡曰：「宗廟至重，殿棟微矣。且陛下本分錢，用之亡窮，何所難哉？」帝驚曰：「本分錢奈何？」對曰：「此在經誼，愚儒不能知，臣能言之。按禮，天下賦三之：一以充乾豆，一以事賓客，一君之庖厨。陛下奉宗廟，能竭天下賦三之一乎？鴻臚禮賓，勞予四夷，用十一爲有贏。陛下所御饔餼簡儉，以所餘爲百官稟料殆錢，未盡也，則所不盡者爲本分錢。以治殿數十尚不乏，況一棟哉！」帝頷曰：「人未嘗爲朕言之。」又造神龍佛祠，須材五十尺者。延齡妄奏：「同州得大谷，木數千章，度皆八十尺。」帝曰：「吾聞開元時，近山無巨木，求之嵐、勝間。今何地之近，材之良邪？」延齡曰：「異材瑰産，處處有之，待聖主乃出。今生近輔，豈開元所當得也！」帝悦。是時，陸贄爲宰相，帝素所信重，極論其譎妄不可任，帝以爲排媢，愈益厚延齡。贄上疏列其狀，具言：「延齡嘗奏句獲乾隱二千萬緡，請舍別庫爲羨餘，供天子私費，故上之興作廣，宣索多矣。延齡欲實其言，乃大搜市廛，奪所入獻，逮捕匠徒，迫脅就功，號曰『敕索』，弗讎其直，名曰『和雇』，弗與之庸。又度支出納，與太府交相關制，出物旬計，見物月計，符按覆覈，有御史以監董之，則財用不得回隱。延齡乃言掊糞土得銀十三萬兩，它貨且百萬，已棄而獲，皆羨餘也，悉移舍以供別敕。太府鄉韋少華劾其妄，陛下縱之不爲治，此乃侵削兆民，爲天子取怨於下。」又引建中橫斂多積致播遷者，其言甚深切。帝得奏不悦。會鹽鐵使張滂、京兆尹李充、司農卿李銛皆指延齡專以憸僞罔上，帝怒，乃罷贄宰相，左除滂等官。時大旱，人情愁惴。延齡言：贄等失權怨望，顯言歲饑民流、度支糧芻乏以激怒衆士。它日，帝畋苑中，而神策軍訴度支不賦廐芻者，天子惑延齡言，乃下詔斥逐贄等，朝廷震怒。延齡又捕充所善吏張忠搒掠之，誣充「没官錢五十萬緡，以餌結權幸，令妻以犢車載金餉贄」。忠具獄，其母投訴光順門匭，有詔御史審劾，一夕得狀，乃釋忠。延齡不得逞，復奏充妄用京兆錢穀，願下有司比句，以比部郎中崔元翰欲釋憾於贄也。賴刑部侍郎奚陟辨治，充等得不寃。延齡資苛刻，又劫於利，專剥下附上，肆騁譎怪。其進對，皆他人莫敢言，而延齡言之不疑，亦人之所未聞者。帝頗知其詐，但以其不隱，欲聞外事，故斷用不疑。延齡恃得君，謂必輔政，少所降下，至嫚駡邇臣，時人側目。屬疾卧第，載度支官物輸之家，無敢言。帝念之，使者日三輩往。死，年六十九。人語以相安，唯帝悼不已。册贈太子太傅、上柱國。永貞初，度支建言：「延齡曩列別庫分藏正物，無實益而有吏文之煩。」乃詔復以還左藏。元和中，有司謚曰繆。

明　胡讚宗《秦安志》卷四《職官》　李杲，瀘人，成化間以國子生授任。杲，剛正人也。謂：「教導後學，分也。」身任之。自初任至解任，懃懃懇懇，不問寒暑。諸生不問少長，無不宿齋舍者，亦無不服其約束者。齋前一槐，枝葉槎牙，齋爲所蔽。杲欲伐之，或曰：「樹有神，不可伐。」杲竟伐之，人許其不惑。父老云：「教人克盡其職者，前有李先生，後有胡先生。」云。

明　焦竑《焦太史編輯國朝獻徵録》卷五九《工部右侍郎劉丙傳》　丙字文涣，江西安福縣人。成化丁未進士，改翰林院庶吉士，授監察御史，遷福建按察司提學副使，以憂去服闋調四川，陞貴州按察使、福建右布政使、四川左布政使，進右副都御史，督採大木。擢工部右侍郎兼右僉都御史，巡撫湖廣。丙操履清介，喜於有爲，政尚嚴厲，無所縱貸，雖頗取怨，而法令修舉，士民畏之。及膺採木之任，親入山谷，冒嵐瘴，遂致疾卒。訃聞贈工部尚書謚恭襄賜祭葬如例。

又《右僉都御史史仲成傳》　都察院右僉都御史史仲成，慶陽府安化縣人。洪武中，以國子生擢監察御史，奏請封禪，不報。後陞山東按察司僉事，尋改桂林府同知。永樂元年，陞僉都御史，力言「黥刺之人，雖材且賢，不可復用」。上是之。四年，命率山西軍民採木於五臺山。仲成不飭履行不恤人勞，督責箠楚，軍民苦之。時有管軍百户，亦被箠楚。上聞之，曰：「舊制軍官有罪，非奏不得擅問。仲成不知恤此，豈知恤軍民哉？」召還，將正其罪。比至中風暴卒，時永樂十一年三月。

明 何喬遠《閩書》卷九一　蔡用明，字晦仲，性篤孝。母蚤卒，事父甚謹，兄弟五人，推衣食無間。乞恩大田教諭。丁父艱，服除，得長泰。歛士人豪舉之氣，範諸禮法，陞樂至知縣。縣有採木之役，大木所産，皆邊夷、僰道、岡壑、箐崖，絶人跡，去治所數千里，故事給官鏹募民役，先是多相冒規免展轉株累，又民苦先出募錢，事竣竟不得宫給，往往破家。用明下車，見耆老，人給小方，令疏注鄉之巨户，各以所臆疾書，毋得交語。既上，爲叅稽糧册，閱其丁賦之上下，比證甲牌，覆其廛居之多寡，然後榜示占役者姓名於縣門。丁弱賦强，則賦其金募人，不任者許自訴而蠲，其實者而抶，其誣服與妄求免者，乃更爲立補助之。條定番休之規，信給領之令，往役者官護其家，禁奸民毋乘出造獄擾之。木分三運，以十之六爲及格。用明最後乃蒲十採木已。邑中旱疫相繼，用明籍其勤撫紓歲之虐，遷淮府審理，未行文有征播之役，大發民夫餽餉，用明猶精心爲之。部署行伍相補助，戒以緩急相扞，如其初至。調度採木時，督木使者過縣，民言令治狀，涕泣祈留，輒不得發。子復一。

明 談遷《國榷》卷一七　成祖永樂二十一年十二月戊申朔己酉，浙江按察僉事蔡楫卒。楫沛人，舉孝廉，令嘉興，即出滯囚二百餘人。勸富民完積負四十八萬石有奇，廳設善惡二牌紀民行，亡賴愧悔，擢御史。採木江西，屢奏民瘼，遷浙臬，寬猛適劑，人多思之。

又 卷二六　英宗正統十二年［正月］，南京兵部右侍郎李郁卒。郁字文煒，洛陽人，洪武丙□貢士。授邛縣訓導，擢工科給事中。敢直言，坐事戍五載。薦採木四川。洪熙初，轉禮科，尋遷光禄寺丞，出守長沙。宣德八年，進行在兵部右侍郎，已鎮山東，又使交趾。正統丁巳，艱去，後補南京。郁有才智，臨事明練，鄉貴自謂不如也。賜祭葬。

又 卷五八　世宗嘉靖二十三年［九月］提督兩廣軍務兵部尚書兼右副都御史潘鑑卒。鑑婺源人，□□□□進士。有節操，精勤職業，撫蜀，平番寇。採木，再起家。盡瘁，士論稱之。贈太子太保，謚襄敏。王毅謚紀作襄毅。

又 卷七三　神宗萬曆十四年［十二月］丁卯，予故南京户部尚書黄光昇祭葬。光昇字□□，晉江人。嘉靖己丑進士，知縣，擢給事中。歷廣東按察使布政使，以定安南平猺黎新會賊之功，進右副都御史巡撫四川。又採木，進兵部右侍郎總制川廣貴州。勦叛苗，賜金綺召入工部。尋拜南京工部尚書，已入刑部，告老四年，復起南户部。在道以稽命罷，贈太子少保，謚恭肅。

清 周亮工《閩小紀》卷五　鄭伐妖木，王去淫祠。鄭濟，字輿梁，擢元豐第，爲端溪令。先是縣官踵死，濟至，或曰：「縣廨古木爲妖，當具牲牢禱之。」濟曰：「木詎能爲妖耶？非在祠典祭之，淫也。」戒工伐木，迄無他異。方耒，字耕道，擢乾道第尉。善化邑多淫祠，有茅將軍廟，枯木仆而復立，民施財旁午，耒伐木爲薪，聚菅焚廟，民惑乃定。《南雲見録》

清 張廷玉《明史》卷一五〇《師逵傳》　師逵，字九達，東阿人。少孤，事母至孝。年十三，母疾，思藤花菜。逵出城南二十餘里求得之。及歸，夜二鼓，遇虎。逵驚呼天，虎舍之去。母疾尋愈。洪武中，以國子生從御史出按事，爲御史所劾，逮至。帝偉其貌，釋之，譎御史臺書案牘。久之，擢御史，遷陝西按察使。獄囚淹繫千人，浹旬盡決遣，悉當其罪。母憂去官，廬墓側，不飲酒食肉者三年。成祖即位，召爲兵部侍郎，改吏部。永樂四年建北京宫殿，分遣大臣出採木。逵往湖、湘，以十萬衆入山闢道路，召商賈，軍役得貿易，事以辦。然頗嚴刻，民不堪，多從李法良爲亂。左中允周幹劾之。時仁宗監國，以帝所特遣，置不問。八年，帝北征，命總督餽餉，逵請量程置頓堡，更遞轉輸。從之。逵佐蹇義在吏部二十年，人不敢干以私。仁宗嗣位，與趙羾、古朴皆改官南京，而逵進户部尚書，兼掌吏部。宣德二年正月卒官，年六十二。逵廉，不殖生産，禄賜皆分宗黨。有子八人，至無以自贍。成祖在北京嘗語左右曰：「六部扈從臣，不貪者惟逵而已。」

又《古朴傳》　古朴，字文質，陳州人。洪武中以太學生清理郡縣田賦圖籍。還隸五軍斷事理刑。自陳家貧，願得禄養母。帝嘉之，除工部主事。母歿，官給舟歸葬。服闋，改兵部，累遷郎中。建文三年擢兵部侍郎。成祖即位，改户部。永樂二年，朴奏：「先奉詔命江西、湖廣及蘇、松諸府輸糧北京，今聞泣患水潦，轉運艱難，而北京諸郡歲幸豐。宜發鈔命有司增價收糴，減南方運。」從之。營建北京，命採木江西，以恤民見褒。七年，帝北巡，皇太子監國，召還，佐夏原吉理户部。仁宗即位，改南京通政使。明年就拜户部尚書，出督畿内田賦。師逵病，命朴代之。宣德三年二月卒於官。初，户部主事劉良不檢，乞中貴人求上考。朴不可。良遂誣奏朴罪，朴就逮。成祖察其誣，得釋。他日，吏部奏予良誥。仁宗曰：「此人素無行，且嘗誣大臣，不可與。」良後果以贓敗。朴在朝三十餘年，自郎署至尚書，確然有守，不通干請，與右都御史向瑶，俱以清介稱。

又 卷一五一《劉觀傳》 劉觀，雄縣人。洪武十八年進士。授太谷縣丞，以薦擢監察御史。三十年遷署左僉都御史。坐事下獄，尋釋。出爲嘉興知府，丁父憂去。永樂元年擢雲南按察使，未行，拜户部右侍郎。二年調左副都御史。時左都御史陳瑛殘刻，右都御史吴中寬和，觀委蛇二人間，務爲容悦。四年，北京營造宫室，觀奉命採木浙江，未幾還。明年冬，帝以山西旱，命觀馳傳往，散遣採木軍民。六年，鄭賜卒，擢禮部尚書。十二月與刑部尚書呂震易官。坐事爲皇太子譴責。帝在北京聞之，以大臣有小過，不宜折辱，賜書諭太子。八年，都督僉事費瓛討涼州永昌叛羌，命觀贊軍事。還，坐事，謫本部吏。十三年還職，改左都御史。十五年督浚河漕。十九年命巡撫陝西，考察官吏。仁宗嗣位，兼太子賓客，旋加太子少保，給二俸。時大理少卿弋謙數言事，帝厭其繁瑣。尚書呂震、大理卿虞謙希旨劾奏，觀復令十四道御史論其誣妄，以是爲輿論所鄙。時未有官妓之禁。宣德初，臣僚宴樂，以奢相尚，歌妓滿前。觀私納賄賂，而諸御史亦貪縱無忌。三年六月朝罷，帝召大學士楊士奇、楊榮至文華門，諭曰：「祖宗時，朝臣謹飭。年來貪濁成風，何也？」士奇對曰：「永樂末已有之，今爲甚耳。」榮曰：「永樂時，無踰方賓。」帝問：「今日誰最甚者？」榮對曰：「劉觀。」又問：「誰可代者？」士奇、榮薦通政使顧佐。帝乃出觀視河道，以佐爲右都御史。於是御史張循理等交章劾觀，竝其子輻諸贓污不法事。帝怒，逮觀父子，以彈章示之。觀疏辯。帝益怒，出廷臣先後密奏，中有枉法受賕至千金者。觀引伏，遂下錦衣衛獄。明年將置重典。士奇、榮乞貸其死。乃謫輻戍遼東，而命觀隨往，觀竟客死。七年，士奇請命風憲官考察奏罷有司之貪污者。帝曰：「然向使不罷劉觀，風憲安得肅。」

又 卷一五三《宋禮傳》 宋禮，字大本，河南永寧人。洪武中，以國子生擢山西按察司僉事，左遷户部主事。建文初，薦授陝西按察僉事，復坐事左遷刑部員外郎。成祖即位，命署禮部事，以敏練擢禮部郎。永樂二年，拜工部尚書。（略）初，帝將營北京，命禮取材川蜀。禮伐山通道，奏言：「得大木數株，皆尋丈。一夕，自出谷中抵江上，聲如雷，不偃一草。」朝廷以爲瑞。及河工成，復以採木入蜀。十六年命治獄江西。明年造番舟，自蜀召還。以老疾免朝參，有奏事令侍郎代。二十年七月卒于官。

又 卷一五七《金純傳》 金純，字德修，泗州人。洪武中國子監生。以吏部尚書杜澤薦，授吏部文選司郎中。三十一年出爲江西布政司右參政。成祖即位，以蹇義薦，召爲刑部右侍郎。時將營北京，命採木湖廣。永樂七年，從巡北京。八年，從北征，遷左侍郎。九年，命與宋禮同治會通河，又同徐亨、蔣廷瓚濬魚王口黄河故道。（略）正統五年卒，贈山陽伯。

又《柴車傳》 柴車，字叔輿，錢塘人。永樂二年，以舉人授兵部武選司主事，歷員外郎。八年，帝北征，從尚書方賓扈行。還遷江西右參議。坐事，左遷兵部郎中，出知岳州府。復入爲郎中。宣德五年擢兵部侍郎。（略）[正統]六年六月卒。車在江西時，以採木入閩，經廣信。廣信守，故人也，餽密一罌。發視之，乃白金。笑曰：「公不知故人矣。」却不受。同事邊塞者多以宴樂爲豪舉，車惡之，遂斷酒肉。其介特多此類。

又 卷一五八《黄宗載傳》 黄宗載，一名厔，字厚夫，豐城人。洪武三十年進士。授行人。奉使四方，未嘗受餽遺，累遷司正。永樂初，以薦爲湖廣按察司僉事。巨奸宿猾，多謫戍銅鼓、五開間，陰持官吏短長。宗載榜數其罪，曰：「不改，必置之法。」衆莫敢犯。武陵多戎籍，民家慮與爲婚姻，徭賦將累己，男女至年四十尚不婚。宗載以理諭之，皆解悟，一時婚者三百餘家。鄰邑效之，其俗遂變。徵詣文淵閣修《永樂大典》。書成，受賜還任。董造海運巨艦數十艘，事辦而民不擾。車駕北征，徵兵湖廣，使者貪暴失期。宗載坐不舉劾，謫楊青驛驛夫。尋起御史，出按交阯。時交阯新定，州縣官多用兩廣、雲南舉人及歲貢生員之願仕遠方者，皆不善撫字。宗載因言：「有司率不稱職。若俟九年黜陟，恐益廢弛。請任二年以上者，巡按御史及兩司覈實舉按以聞。」帝是之。及歸，行李蕭然，不攜交阯一物。尚書黄福語人曰：「吾居此久，所接御史多矣，惟宗載知大體。」丁祖母憂，起復，改詹事府丞。洪熙元年擢行在吏部侍郎。少師蹇義領部事，宗載一輔以正。宣德元年奉命清軍浙江。三年督採木湖、湘。英宗初，以侍郎羅汝敬巡撫陝西，坐事戴罪辦事。汝敬妄引詔書復職，而吏部不言，爲御史所劾。宗載及尚書郭璡俱下獄。未幾，得釋，遷南京吏部尚書。居九年，乞休。章四上，乃許。九年七月卒於家，年七十九。宗載持廉守正，不矯不隨，學問文章俱負時望。公卿大夫齒德之盛，推宗載云。

又　卷一六〇《魏源傳》魏源，字文淵，建昌縣人。永樂四年進士。除監察御史。辨松江知府黄子威誣，奏減浙東瀕海漁課。巡按陝西。西安大疫，療活甚衆。奏言：「諸府倉粟積一千九十餘萬石，足支十年。今民疫妨農，請輸鈔代兩稅之半。」從之。涼州土寇將爲變。亟請剿，亂遂息。兩遭喪，俱起復。洪熙元年出爲浙江按察副使。宣德三年召署刑部右侍郎。五年，河南旱荒，民多轉徙。帝以源廉正有爲，命爲左布政使，俾馳驛之任。時侍郎許廓往撫輯，廷議又起丁憂布政使李昌祺原官。源與廓、昌祺發倉廩，免逋賦雜役，流民漸歸。雨亦旋降，歲大豐。居三年，召還，授刑部左侍郎。明年，永豐民夏九旭等據大盤山爲亂。帝以源江西人，命撫之，都督任禮帥兵隨其後。未至，官軍擒九旭，因命二人採木四川，兼飭邊務。英宗即位，進尚書。正統二年五月命整飭大同、宣府諸邊，許便宜行事。源遣都督僉事李謙守獨石，楊洪副之，劾萬全衛指揮杜衡戍廣西。明年奏大同總兵官譚廣老，帝命黄真、楊洪充左右參將協鎮，諸將肅然。按行天城、朔州諸險要，令將吏分守。設威遠衛，增修開平、龍門城，自獨石抵宣府，增置墩堠。免屯軍租一年，儲火器爲邊備，諸依權貴避役者悉括歸伍。尋以宣、大軍務久弛，請召還巡撫僉都御史盧睿，而薦兵部侍郎于謙爲鎮守參贊。朝廷以謙方撫山西、河南，不聽。于是言官以臨邊擅易置大臣爲源罪，合疏劾之。且言源爲御史嘗犯贓，乃冒領誥命。帝以源有勞，置不問。事竣還朝，與都御史陳智相詈於直廬。智以聞，詔兩責之。歲旱，録上疑獄，且請推行於天下，報可。旋坐決獄不當，與侍郎何文淵俱下獄。得宥，復以上遼王貴烚罪狀，不言其内亂事，與三司官皆繫詔獄。累月，釋還職。源在刑部久，議獄多平恕。陝西僉事計資言，武臣雜犯等罪，予半俸，謫極邊。源以所言深刻，奏寢之。郎中林厚言禁刁訟、告訐及擇理刑官、勘重囚務憑贓具四事，皆以源議得施行。六年以足疾命朝朔望。八年致仕，卒。

又　卷二〇七《郭弘化傳》郭弘化，字子弼，安福人。嘉靖二年進士。累除江陵知縣，徵授御史。十一年冬，彗星見。弘化言：「按《天文志》井居東方，其宿爲木。今者彗出於井，則土木繁興所致也。臣聞四川、湖廣、貴州、江西、浙江、山西及真定諸府之採木者，勞苦萬狀。應天、蘇、松、常、鎮五府，方有造甎之役，民間耗費不貲，窰户逃亡過半。而廣東以採珠之故，激民爲盜，至攻劫會城。皆足戾天和，干星變。請悉停罷，則彗滅而前星耀矣。」户部尚書許讚等請聽弘化言。帝怒曰：「採珠，故事也。朕未有嗣，以是故耶？」責讚等附和，黜弘化爲民。久之，言官會薦，報寢。卒於家。穆宗立，贈光禄少卿。

又　卷二二六《吕坤傳》吕坤，字叔簡，寧陵人。萬曆二年進士。爲襄垣知縣，有異政。調大同，徵授户部主事，歷郎中。遷山東參政、山西按察使、陝西右布政使。擢右僉都御史，巡撫山西。居三年，召爲左僉都御史。歷刑部左、右侍郎。二十五年五月疏陳天下安危。其略曰：「竊見元旦以來，天氣昏黄，日光黯淡，占者以爲亂徵。今天下之勢，亂象已形，而亂勢未動。天下之人，亂心已萌，而亂人未倡。今日之政，皆播亂機使之動，助亂人使之倡者也。臣敢以救時要務，爲陛下陳之。自古幸亂之民有四。一曰無聊之民。飽温無由，身家俱困，因懷逞亂之心，冀緩須臾之死。二曰無行之民。氣高性悍，玩法輕生，居常愛玉帛子女而不得，及有變則淫掠是圖。三曰邪説之民。白蓮結社，徧及四方，教主傳頭，所在成聚。倘有招呼之首，此其歸附之人。四曰不軌之民。乘釁蹈機，妄思雄長。惟冀目前有變，不樂天下太平。陛下約己愛人，損上益下，則四民皆赤子，否則悉爲寇讎。今天下之蒼生，貧困可知矣。自萬曆十年以來，無歲不災，催科如故。臣久爲外吏，見陛下赤子凍骨無兼衣，饑腸不再食，垣舍弗蔽，苫藁未完；流移日衆，棄地猥多；留者輸去者之糧，生者承死者之役。君門萬里，孰能仰訴？今國家之財用耗竭可知矣。數年以來壽宫之費幾百萬，織造之費幾百萬，寧夏之變幾百萬，黄河之潰幾百萬，今大工、採木費，又各幾百萬矣。土不加廣，民不加多，非有雨菽湧金，安能爲計。今國家之防禦疎略可知矣。三大營之兵以衛京師也，乃馬半羸敝，人半老弱。九邊之兵以禦外寇也，皆勇於挾上，怯於臨戎。外衛之兵以備征調資守禦也，伍缺於役占，家累於需求，皮骨僅存，折衝奚賴。設有千騎横行，兵不足用，必選民丁。以怨民鬬怨民，誰與合戰。人心者，國家之命脈也。今日之人心，惟望陛下收之而已。關、隴氣寒土薄，民生實艱。自造花絨，比户困趣逼。提花染色，日夜無休，千手經年，不成一匹。他若山西之紬，蘇、松之錦綺，歲額既盈，加造不已。至饒州磁器，西域回青，不急之須，徒累小民敲骨。陛下誠一切停罷，而江南、陝西之人心收矣。以採木言之。丈八之圍，非百年之物。深山窮谷，蛇虎雜居，毒霧常多，人烟絶少，寒暑飢渴瘴厲死者無論矣。乃一木初卧，千夫難移，倘遇阻艱，必成傷殞。蜀民語曰『入山一千，出山五百』，哀可知也。至若海木，官價雖一株千兩，比來都下，爲費何止萬金。臣見楚、蜀之人，談及採木，莫不哽咽。苟損其數，增其直，多其歲月，減其尺寸，而川、貴、湖廣之人心收矣。

清 乾隆《長沙府志》卷二〇《名宦志·明》 宋綸，陽信人，宣德初湘陰知縣。公廉自持，不渝終始。時苦採木之役，處之有方，事濟不擾。歲歉賑救，備至活者甚衆。後僑寓於縣，子孫以科第顯祀名宦。

清 乾隆《古田縣志》卷七《人物》 鄭文昂字季卿，太學生，爲瀘州判，能詩善書畫。時三殿大工委昂採木於蜀中，著《採木行》爲時所稱。移家秣陵，客死。詩稿散逸，年四十餘。

清 乾隆《東明縣志》卷七《逸事》 晉范喬，字伯孫，外黄人。臘夕，盜斫其樹，有告者，喬佯不聞，邑人愧而歸之。喬曰：「取柴欲與父母相懽耳，何以愧爲？」

清 乾隆《福寧府志》卷一七《循吏》 ［明］趙廷松，字子後，號鶴山，欒清人，進士，授刑部主事。嘉靖六年，以議大禮謫州同。聽斷如神，修道路，興學校，革奸弊，均徭役，凡民有訟者，爲詩以勸之。州萬里林，故盜藪。公伐木，建康夷樓撥民丁壯以守，自是行旅無虞。

清 道光《蒲圻縣志》卷九《人物志五·卓行》 但存學，字宗儒，成化丙午鄉舉第二，授敘州推官。禮士愛民，至舞文猾吏，則痛斥法繩之。屢辨疑獄，遷判重慶府值採木之役，委令取辨。存學恐近地擾民，親歷嶮阻，深入松橎巒落，抽簡調度有方，材不竭而役不煩民，咸德之。府志

清 同治《欒城縣志》卷一一《宦績》 ［明］牛希儒，字中溪，隆慶丁卯舉人，性剛介，選山東新城令。青沙泊水歲爲患，濬而導之。取河柳下樁，築岸甚固，歲省工費萬金。

清 同治《祁陽縣志》卷一四《人物志·行誼》 何水濟，字開易。父拱極，字牝辰，有善行。水濟，其長子也。好學能文，有聲黌序。居家孝友，爲善於鄉間。邑有白泥塘，在白水山，相傳爲何仙姑洗粉處。麓林幽異，水濟築草堂讀書其中，凡九載。以其地於梵刹爲宜，改爲菴。顏曰「白泥」。曾有捐出之志，以産屬公業，不果。捐館時出二百金，屬其子正濂、正淹，歲收薄息，供香火贍僧及諸窮無告者。乾隆戊辰，大疫，水濟伐東富舖大杉千株爲棺木，掩貍骼骴無算。

清 光緒《靖州鄉土志》卷一《政績》 藍淦，閩縣舉人。嘉靖中，知靖州。書之所爲，夜必焚香告天。時采大木，淦善經紀，毫不累民。《湖廣通志》

紀事

漢 司馬遷《史記》卷六《秦始皇本紀》 始皇還，過彭城，齋戒禱祠，欲出周鼎泗水。使千人没水求之，弗得。乃西南渡淮水，之衡山、南郡。浮江，至湘山祠。逢大風，幾不得渡。上問博士曰：「湘君何神？」博士對曰：「聞之，堯女，舜之妻，而葬此。」於是始皇大怒，使刑徒三千人皆伐湘山樹，赭其山上自南郡由武關歸。

漢 袁康《越絶書》卷八 木客大冢者，句踐父允常冢也。初徙瑯琊，使樓船卒二千八百人，伐松柏以爲桴，故曰木客。去縣十五里，一曰句踐伐善林文刻，獻於吴，故曰木客。

漢 趙曄《吴越春秋》卷五 吴王好起宫室，用工不輟，王選名山神材奉而獻之。越王乃使木工千餘人入山伐木，一年師無所幸。作士工作之士思歸，皆有怨望之心，而歌《木客之吟》。水經註：勾踐使工人伐榮楯，欲以獻吴，久不得歸，工人憂思作《木客吟》。一夜天生神木一雙，大二十圍，長五十尋。陽爲文梓，陰爲楩柟。巧工施校，制以規繩，雕治圓轉，刻削磨礱，分以丹青，錯畫文章，嬰以白璧，鏤以黄金，狀類龍蛇，文彩生光。乃使大夫種獻之於吴王，曰：「東海役臣，臣孤勾踐使臣種，敢因下吏聞於左右，賴大王之力，竊爲小殿，有餘材，謹再拜獻之。」吴王大悦。徐天祐曰：天生神木，不假日夜之所息。一夕而大二十圍，長五十尋，有是哉？使茲事而信。越嘗以其木致於吴，而行人之辭乃曰：東海役臣，獻爲殿之餘材，甚非所以禮吴而示有先也。曰：越有五臺，未嘗敢上，吴王以爲畏法服威。夫既天之産材，若是其異人之致飾，若是其都而名之曰餘材，則越之爲殿亦已侈矣，而特以其遺餘奉吴，何越之失言而吴之易悦耶？

北魏 崔鴻《十六國春秋》卷六七 承光三年春正月乙酉，世祖還平城。統萬徒民在道傷死，能至平城者十纔六七。己亥，世祖如幽州，昌弟平原公定帥衆二萬向長安。世祖聞之，伐木陰山，大造攻具，再謀伐昌。二月，世祖還平城。三月丙子，世祖遣高涼王禮鎮長安。又詔執金吾桓貸，造浮橋於君子

津。

北魏 酈道元《水經注》卷四〇 浙江又逕越王允常冢北。冢在木客村。耆彥云：句踐使工人伐榮楯，欲以獻吳，久不得歸，工人憂思作《木客吟》。後人因以名地。句踐都琅邪，欲移允常冢，冢中生分風，飛沙射人，人不得近。句踐謂：「不欲。」遂止。

唐 魏徵《隋書》卷六《禮儀志一》 高祖平陳，收羅杞梓，郊丘宗社，典禮粗備，唯明堂未立。開皇十三年，詔命議之。禮部尚書牛弘、國子祭酒辛彥之等定議，事在弘傳。後檢校將作大匠事宇文愷，依月令文，造明堂木樣，重檐複廟，五房四達，丈尺規矩，皆有準憑，以獻。高祖異之，命有司於郭內安業里爲規。兆方欲崇建，又命詳定，諸儒爭論，莫之能決。弘等又條經史正文重奏。時非議既多，久而不定，又議罷之。及大業中，愷又造明堂議及樣奏之。煬帝下其議，但令於霍山採木，而建都興役，其制遂寢終。

宋 范仲淹《范文正集》卷一一《宋故太子賓客分司西京謝公神道碑銘》 淳化三年春，擢進士第，除梓州榷鹽院判官。會盜據成都，發其徒攻郡縣，公白二千石曰：「梓大而近，彼畏我梗，必先圖得我，則小於梓者可傳呼而下，願急爲之防。近郊多林木，可先伐之，以置樓櫓，且備樵爨，爲久守之具。」二千石從之。寇果圍我，我備既堅，十旬弗破。賊沮而留，勢未大克，以及王師之來，遂用撲滅。

宋 李攸《宋朝事實》卷七 大中祥符元年，增宮名曰「玉清昭應」，凡役工日三四萬，發京東西、河北、淮南州軍禁軍，調諸州工匠，每季代之，兵卒歲一代，並優其口糧資值。選四廂都指揮使忠佐二員董役，案：宋初有軍頭司，引見司，端拱元年，並冠稱御前忠佐，詳見《文獻通考》。此云忠佐，從省文。立賞格以勸。其所用木石，則有秦隴、岐同之松，嵐州、汾陰之栢，潭、衡、道、永、鼎、吉之杉、松、桐、楮，温、台、衢、婺之豫章，明、越之松、杉。其石則淄、鄭之青石，衛州之碧石，萊州之白石，絳州之斑石，吳越之奇石，洛水之玉石，其采色則宜聖庫之銀硃，桂州之丹砂，河南之赭土，衢州之朱土，梓州之石青、石緑，磁、相之黛，秦、階之雌黄，廣州之藤黄，孟、澤之槐花，虢州之鉛丹，信州之黄土，河南之胡粉，衛州之白堊，鄆州之螺粉，兖、澤之墨，宣、歙之漆，賈谷之望石，萊蕪興之鐵。其木石皆遣所在官部押兵民入山谷伐取。

宋 袁樞《通鑑紀事本末》卷四上《趙充國破羌》 ［趙充國］遂上屯田奏曰：「臣所將吏士、馬牛食所用糧穀茭藁，調度甚廣。難久不解，徭役不息，恐生他變。爲明主憂，誠非素定廟勝之册。且羌易以計破，難用兵碎也。故臣愚心以爲擊之不便，計度臨羌東至浩亹。羌虜故田及公田，民所未墾，可二千頃以上。其間郵亭，多壞敗者。臣前部士入山伐材木六萬餘枚，在水次。臣願罷騎兵留步兵萬二百八十一人，分屯要害。」

又 卷三二下《吐蕃叛盟》 大安園多竹，復有爲飛語者云：（李）晟伏兵大安亭謀。因倉猝爲變。晟遂伐其竹。

宋 李燾《續資治通鑑長編》卷六五 ［景德四年五月］庚子，以盛暑賜河北冀城川採木軍士錢。自是歲，以爲例。

又 卷九〇 ［天禧元年九月癸卯］黄震言：「伏覩在京土木之工悉停罷，其諸州采木，望住上供。」從之。

又 卷一二七 ［康定元年六月辛亥］，置嵐石州沿河都巡檢使，以侍御史知雜事張奎言：「元昊於河東路伐林木，將乘栰奔衝邊郡也。」

又 卷一九六 ［嘉祐七年］六月癸未，單州團練使劉永年爲汝州團練使，知代州。契丹取山木，積十餘里，輦載相屬於路。前守懼生事，不敢遏。永年曰：「契丹伐木境中而不治，他日將不可復制。」遣人縱火，一夕盡焚之。上其事，帝稱善。契丹移文代州，捕縱火盜。永年報曰：「盜固有罪，然在我境，何預汝事？」契丹不敢復言。

元 吳澄《吳文正集》卷六七《有元翰林學士承旨資德大夫知制誥兼修國史加贈宣猷佐理功臣銀青榮祿大夫少保趙國董忠穆公墓表》 公諱文用，字彥材，真定藁城人。贈光祿大夫、司徒趙國宣懿公諱昕之孫。（略）公辭江淮參政之命曰：「錢穀事繁，臣不任治劇。」上曰：「江浙重地，煩卿鎮之。」乃奉詔。時行省之長矜傲，同列畏懾，公與論事無所屈。一日，選嚴酷吏百輩，將括民田，民大駭，公力止之。浮屠人得旨，於亡宋故宮造塔，有司役民入山伐木，大雨雪，多凍死，公命緩其事，省長揚言參政格詔旨，公曰：「隆冬興役，民不能堪。將失浙人心，非詔旨也。」長有愧色，事亦紓。日本之役，倚辦兩入奏有詔罷兵。

元 脱脱《宋史》卷三三八《薛向傳》 薛向，字師正。以祖顔任太廟齋郎，爲永壽主簿，權京兆户曹。有商胡齎銀二篋，出樞密使王德用書，云以與其弟。向適監税，疑之曰：「烏有大臣寄家問而諉胡人者？」鞫之，果妄。

爲邠州司法參軍。夏人叛，秦中治城，侍御史陳洎行邊，向詣洎陳三敝，言：「今板築暴興，吏持斧四出伐木，無問井閭丘隴，民不敢訴。必不得已，宜且葺邊城。函關，秦東塞，今西鄉設守，是爲棄關内乎？三司貸龍門富人錢，以百年全盛之天下，一方有警，即稱貸於民，非義也。」洎上其説，悉從之。邠守貪沓，欲因事爲邪，并治于城，立表於市以撤屋，冀得賂免，向力爭罷之。

元 脱脱《**遼史**》**卷一六**《**聖宗紀**》［開泰八年六月］癸卯，弛大擺山、猿嶺採木之禁。

元 脱脱《**金史**》**卷五**《**海陵紀**》 至營南京宫殿，運一木之費至二千萬，牽一車之力至五百人。

又 **卷一二九**《**張仲軻傳**》 張仲軻幼名牛兒，市井無賴，説傳奇小説，雜以俳優詼諧語爲業。海陵引之左右，以資戲笑。（略）是時，營建燕京宫室，有司取真定府潭園材木，仲軻乘間言其中材木不可用，海陵意仲軻受請託，免仲軻官。未幾，復用爲少監。

明 宋濂《**元史**》**卷七**《**世祖紀四**》［至元八年九月］統軍使哈喇等兵掠合州及渠江口，獲戰船五十艘，賞銀幣有差。丙子，發民夫三千人，伐巨木遼東，免其家徭賦。

又 **卷一二**《**世祖紀九**》［至元十九年夏五月］壬申，鎖繫耿仁至大都，命中書省鞫之。庚辰，議於平灤州造船，發軍民合九千人，令特默齊巴延岱領之，伐木於山，及取於寺觀墳墓，官酬其直，仍命僧格遣人督之。［至元二十年春三月］己未，歲星犯鍵閉。罷京兆行省，立行工部。御史臺臣言：「平灤造船，五臺山造寺伐木，及南城建新寺，凡役四萬人，乞罷之。」詔：「伐水建寺即罷之，造船一事，其與省臣議。」

又 **卷一三**《**世祖紀十**》［至元二十二年十二月］戊午，以中衛軍四千人，伐木五萬八千六百，給萬安寺修造。

又 **卷一六**《**世祖紀十三**》［至元二十七年夏四月］，諸王錫錫部曲萬二千六十一户饑，給六十日糧。發六衛漢軍萬人伐木，爲修城具。

《**明實録·太宗實録**》**卷七**［永樂］二年九月丙辰，移師還通州，循河而南，衆咸疑曰：「今征遼東而南行，何也？」上紿之曰：「夜來有白氣二道，自東北指西南。占書云『執本者勝』。今行師利南不利于東，天象顯示不可違也。」旹徐凱等諜知我師征遼東，果緩守備，而發軍四出伐木修城。

又 **卷三三**［永樂二年秋七月］丙申，勑宣府副總兵武城侯王聰、同安侯火真及寧夏總兵官左都督何福等曰：「使臣自哈密還，言鬼力赤率衆各賫三月糧，擠乳馬二匹，騸馬二匹，持斧鋸爲開山伐木之用，言與瓦剌戰。罷，即旋兵南來。朕意斧鋸或爲破寨之用，又賫糧頗多，南來之言或然。」

又 **卷五七**［永樂四年閏七月］壬戌，文武群臣淇國公丘福等請建北京宫殿，以備巡幸。遂遣工部尚書宋禮詣四川，吏部右侍郎師逵詣湖廣，户部左侍郎古朴詣江西，右副都御史劉觀詣浙江，右僉都御史仲成詣山西，督軍民採木。

又 **卷六三**［永樂五年春正月］壬午，上以方春軍民伐木未息，有妨農務，命工部覈實凡户内丁少及屯田軍士，悉罷歸。

又 **卷七二**［永樂五年冬十月］丁未，上以山西旱寒，採木軍夫勞勤，命副都御史劉觀馳溥散遣還家，令明年春赴工。

又 **卷九二**［永樂七年五月］己丑，罷四川採木軍夫，悉遣還家。

又 **卷一三二**［永樂十年九月丙申］，工部主事蘭芳言：「天下之水，惟河爲大，故水患惟河爲甚。今於中灤分導河流，使由故道北入于海。河南之民免於昏墊，誠萬世之利。然緣河新築護岸埽座，止用蒲繩泥草不能經久。臣愚以爲，若用木編成大囤若欄圈，然置之水中，以椿木釘之，中實以石，郤以横木貫於椿表，牽築隄上，則水可以殺，隄可以固，而河患可息。如允臣所言，乞令河南近河府衛徵軍民於農隙採木，春和修砌。」從之。

又 **卷一五二**［永樂十二年六月］辛酉，户部言：「四川蠻夷、平夷二處採木軍夫缺糧，乞於今年夏税内撥運給之。」皇太子從之。

明 費信《**星槎胜覽**》**卷二**《**九州山**》 其山與滿剌加近産沉香、黄熟香，林木叢生，枝葉茂翠。永樂七年，鄭和等差官兵入山採香，得徑有八九尺、長六七丈者，六株。香味清遠，黑花細紋。山人張目吐舌，言：「我天朝之兵，威力若神。」

明 崔銑《**洹詞**》**卷二**《**館集·霸州修城記**》 既知州［王汝翼］遷河間府同知。御史檄霸州同知李曰雍領之。御史曰：「往見道上多兀樹，伐之給陶者，可裕民也。」御史曰：「知州創謀且材，宜使終之。」檄下河間，令來督工。

明 項夢原《冬官紀事》 萬曆二十四年，鼎建乾清、坤寧兩宮。公以繕司郎中身當其任，事體重大，工費浩繁。創建之始，千條萬緒，措手爲難。乃將本部堂司儲貯歷年大小工程題議疏稿，盡數檢閱。時當五月末旬，炎蒸如火，舊卷爲塵□漸漬，土灰盈頭眯目，殊所不堪。然不得其詳，不敢止也。然卷多殘缺，心如火熾，復向工科署科事給事中楊公應文，將本科貯本部一應疏稿，自嘉靖三十六年修三殿起，至本年春季止，日給五册，閱訖再换。就中凡係建修，盡數手録五百餘紙，令書辦抄真，共六册四百餘葉，除小小關係，并可裁酌者不開外。一查得三殿川湖貴採木事例。總理則欽差侍郎劉公伯躍、副都御史李公憲卿，分理則添註郎中盧公孝達等二員、副使張公佔等二員，鼎建兩宫。公題採楠杉等木，止責成撫按，一官不遣。一三殿採浙直鷹架平頭等木。欽差郎中吴道直、李方，至蘇州燒金磚。欽差郎中戴愬，鼎建兩宮。公具題以銀二萬兩發江南，而鷹平至。以銀二萬兩發蘇州，而金磚至。以銀二萬兩發徐州，而花班石至。未嘗添註一官。一議砍柴。照得兩窑用柴九千七百餘萬斤，約銀一十四萬六千餘兩。乃今財用匱乏，區畫最難。查得先年修復殿堂，題准砍伐南海子樹株抵用。合無仍照前議咨行兵部，即將題准官軍一萬名内，除量撥大石窩二千名，該部差委都把等官，督押八千名赴海子。聽該管内監先將不材稠密枯倒等樹，刮皮號記，照號砍伐，遠近酌量，每軍日限三十斤至廠。每一月管廠主事，會同科道驗收，計至明年二月終，木將發生之時停止，候秋再伐。其軍如有别項急用，不妨臨期酌撥，則所省柴銀，不知幾萬兩矣。一議稽造楠木。照得楠木巨材，稍一失用，不可復得。合無置簿二本，用印鈐記。一發神木廠，逐日開註某日某車户裝過某號大楠木長圍根數各若干。一本發山臺兩廠監督官，開註某日收過車户某等，運到某號大楠木長圍根數各若干，下註某日用匠若干，截做某料，長圍若干。其有木大過式一寸以上者，俱令鋸解下聽用，不許斲砍。即半段頑頭，亦記數收貯備用，仍開款註銷，俱年月一次報部，小委官五日一次報司。覆川湖貴減楠木尺寸疏：照得楠木，宫殿所需，每根動費千萬兩，不中繩墨，採將安用？即頭號不可必得，亦不得遠下二三號云云。詞若嚴而寬之之意多矣，撫按不悟，猶曉曉也。西河王疏開鑛與採木并奏抄發户部者，月餘未覆。忽一日申時，文書房口傳：「西河王疏工部，如何久不覆？」立等着回將話來。堂官狼狽，到部切責公，公曰：「堂上不發抄，何據而覆？」一查工科無此疏踪跡。久之，方得之户部户堂出部，幸余公在署，索其手具，咨稿部堂，因言户部悮事。疏上必罪本部，公曰：「易耳，首敍某月日，准户部咨云。咨到日即具覆日。」復疏曰：「照得兩宮鼎建，事關宸居，即一榱一角，純用香楠杉木，尤不足以盡臣等崇奉之意。沿邊不過油松雜木，工無所用，相應停採。」此事關邊防西河，特借大工爲名耳。爾時事在必行，公恐激而成之，故從容具覆。但言其無所用而不與之爭，事遂獲寢。未幾晉撫魏見泉公，參疏亦至，語甚厲，先是百户仲春，首倡開鑛之事，亦借大工爲名。疏未上，先投揭於公，公厲叱之。春懼，遂不敢求下工部，自是言開鑛者，紛紛無敢一字求下本部者。

明 李詡《戒庵老人漫筆》卷二 〔仁宗〕上命尚書宋公禮伐木于西蜀，與輔行選。既至，保恤軍民事獨先。集烏蒙蠻號羿子，强獷難化，一夕驚疑，被甲負弩群至，衆皆懾懼。獨挺身諭以朝廷威德，蠻遂帖服，自宋公而下，悉以爲弗及。

明 謝陛《季漢書》卷二八《外傳》 〔正始十年，曹〕爽得懿奏事不通，迫窘不知所爲，因脅留芳宿伊水南，伐木爲鹿角，發屯甲兵數千人以爲衛。懿乃語弟孚主上在外，不可露宿。促送帳幔大官食具，詣其所。

明 毛一公《歷代内侍考》卷一〇《李神祐》 太平興國六年，滑州治河防，材葦未具。命神祐馳往垣曲伐薪蒸四百萬，以齊其用。

明 黄光昇《昭代典則》卷二五 〔正德丙子十一年〕冬十月，兵科給事中毛憲疏留内閣楊一清，不報。先是一清在内閣，以時事多乖言不盡用。嘗因災異，自劾，且言「用舍違宜，宫府異體，賞功太濫，刑罰失中，弊政日滋」。疏入，朱寧等銜之。一清乃謝病乞致仕歸，兵科給事中毛憲上疏留之，謂：「今天下多事，百姓困乏，四夷交侵，正宜上下一德，圖謀治理。在一清當審人臣大義，不宜托疾而求去。在朝廷當惜老成難得，不宜因請而遽允。」詔吏部知之。是月，毛憲差往湖廣册封，及還京，復上疏曰：「臣奉命往湖廣遼府册封，見沿途老幼男婦，掘食野草，僵卧呻吟，臥者枕藉，蓋連遭洪水，田地抛荒。而催徵部使，方且絡繹而至，日加鞭撻，重以採木煩難，遺害非細。伏望垂憫。勑下該部，速行議處賑濟，督徵使臣，暫取回京。採木等項，稍從寬減，更乞罷工作以息勞費。節嘗賚以惠困窮。」不報。

明 江盈科《明十六种小傳》卷一〇《于謙》 上〔明景帝〕命廪庖每日給謙資用，輟尚膳醬醯蔬米爲賜，親幸萬歲山，伐竹取瀝和藥餌。

明 雷禮《明大政紀》卷一〇 〔宣德四年四月戊子，〕命吏部左侍郎黄宗載往湖湘採宮殿大材。

明 **王世貞《弇州史料前集》卷二二《定興王世家》** 上察知［張］輔沈雄有膽力，諸老將皆不如，遂拔爲右副將軍，與左副將軍西平侯晟佐成公而率豐城侯李彬等十八將軍。兵部尚書劉儁贊、軍事刑部尚書黃福、大理卿陳洽等給餽餉，凡兩月而次龍州。成國公病，輔代總其師。亡何，成國公薨，輔遂進師，發憑祥度坡壘關，禡纛前驅至隘留關，走其衆三萬遂度關。檄季犛父子二十罪，深入抵鷄翎關，諜傍有伏卒，發兵搜之，悉遁。進次富良江北嘉林縣，別將由芹站西道至北江府新福縣，諜知左副將軍以雲南兵至白鶴，遂遣驃騎將軍朱榮往會之。輔用法嚴，所至皆整謐，秋毫無犯，交人感悦。其三帶州守帥鄧原等來降，以賊情實告，謂：「賊有東西都及三輔郡，皆籍富良江而固，其北岸爲上城□與柵連，凡數十餘所，南岸悉國中舟艦列於江外，設捍木護之。其僞東都守備頗嚴密，列象陣柵內，兩江士民悉發，號七百萬，勝兵者不能什一，欲以老我師。」輔遂移軍三帶州招市江口，伐木造舟以進師。

明 **魏顯國《歷代守令傳》卷一七《宋守令傳・李允則》** 城北舊有甕城，允則欲合大城爲一。先建東嶽祠，出黃金百兩爲供器，道以鼓吹，居人爭獻金銀。久之，密自徹去，聲言盜自北至，遂下令捕盜。三移文北界，乃興版築，揚言以護祠，而卒就關城，浚壕起月隄，自此甕城之人悉内城中。始州民多以草覆屋，允則取材於西山，大爲倉廩營舍。始教民陶瓦甓，標里閈，置廊市、邸舍、水磑。城上悉累甓，下環以溝塹，蒔麻植榆柳，廣閻承翰所，脩屯田，架石橋，搆亭榭，列隄道以通安肅、廣信、順安軍，歲脩禊事。召界河戰棹爲競渡，縱北人遊觀，潛寓水戰。州北舊多設陷馬阬，城上起樓爲斥堠，望十里，自罷兵人莫敢登。允則曰：「南北既講和矣，安用此爲？」命徹樓夷阬，爲諸軍蔬圃，浚井，疏洫，列畦隴，築短垣，縱横其中，植以荆棘，而其地益阻隘。

明 **朱國禎《湧幢小品》卷五《伐墓柏》** 唐肅宗時，韋陟爲吏部尚書。宗人伐墓栢，坐不教，下遷。不知借事去之乎？抑唐有此律令也？今大族墓木，每被不肖子孫砍伐販賣，族中顯貴者不敢呵止，則添設此例，未爲不可。

明 **談遷《國榷》卷一三** ［成祖永樂二年四月］□有官軍採木安慶。凌脅民貲，誣其誹謗，縛送刑部，獄上。上曰：「諺恆言軍强民弱，必軍誣民。」下府部訊實，遂釋民，抵官軍罪，并罪刑部官之枉民者。

又 **卷一四** ［成祖永樂四年閏七月］壬戌，作北京宫殿，備巡幸。遣官分道採木：四川工部尚書宋禮，湖廣吏部右侍郎師逵，江西户部左侍郎古朴，浙江右副都御史劉觀，山西右僉都御史史仲成，泰寧侯陳珪，北京行部左侍郎張思恭督陶。改建皇城於東，去舊宫可一里，制如南，弘敞過之。［成祖永樂五年正月］壬午，罷軍民伐木。［十月］丁未，命右副都御史劉觀遣還山西採木之卒，俟明春至。［成祖永樂七年五月］己丑，罷四川採木軍各還家。［十二月］左春坊左中允周幹等劾吏部右侍郎師逵：「採木湖廣嚴急，激李法良之叛。今停採木，擅留軍起運，宜罪。」皇太子俟駕旋議之。

又 **卷一五** ［成祖永樂十年］十二月壬子朔，工部尚書宋禮復採木四川。

又 **卷一七** ［成祖永樂十七年九月］辛酉，召四川採木工部尚書宋禮回京。

又 **卷一八** ［仁宗洪熙元年四月］上聞中官採木四川之横，諭行在大理寺右少卿弋謙曰：「爾爲朕治，朕自知爾。毋畏。」陞行在右副都御史，賜鈔千貫以行。

又 **卷一九** ［宣宗宣德元年七月］湖廣旱，罷採松杉大木七萬株。

又 **卷二〇** ［宣宗宣德二年三月］丁酉，以湖廣旱災，免採辦竹木。［宣宗宣德三年閏四月］丙寅，行在工部尚書李友直、刑部右侍郎樊敬、右副都御史胡廙往四川，吏部右侍郎黃宗載、刑部右侍郎吴廷用，往湖廣，各採大木。

又 **卷二一** ［宣宗宣德五年二月］戊子，罷採木軍人，遣歸農。［宣宗宣德六年］正月丙寅朔丁卯，罷湖廣採木。［五月］甲申，右副都御史胡廙，先採蜀木，私役官軍造什器，乾没白金白蠟。巴縣知縣雷升發之，下刑部論死。上宥之，安置遼東。［七月］己巳，監察御史周安採木浙直，金華同知吴洙誣其科斂，受白金六鎰，安下臺獄。而安未嘗至金華，訊實，釋之。上閱獄狀，遣輕罪八百餘人。

又 **卷二二** ［宣宗宣德七年十二月］丁未，議伐木蔚州，以嚴寒，止之。

又 **卷三七** ［憲宗成化十三年閏二月］戊申，秦王公錫奏邸殿門廡火，命護軍採木漸爲之。

又 **卷四三** ［孝宗弘治十一年三月］庚戌，守備鮎魚石等關營都知監奉御羅綱，縱卒採塞外木被殺。下綱御史，擬戍，上不問。徵還。

又 **卷四九** ［武宗正德九年十月］己酉，修乾清坤寧宫，尚書李鐩提督營建。湖廣巡撫右副都御史劉丙爲工部右侍郎兼右僉都御史，總督四川湖廣貴州採木。已，敕御馬太監谷大用司禮太監張雄總理，內官太監張䋫及都督同知朱寧提督。［武宗正德十年九月］壬辰，設工部署郎中二人，催採木料。

又 卷五一 ［武宗正德十四年正月］辛丑，罷四川清軍御史任漢，以其地採木用兵也。

又 卷五三 ［世宗嘉靖四年］八月戊子朔，巡撫四川右副都御史王軏爲工部右侍郎兼右僉都御史，採大木，時修太廟仁壽宮。營繕郎中范鏓往湖廣常德，李煌往四川馬湖敘州，牟泰往貴州石阡鎮遠，各採木。［世宗嘉靖六年四月］己未，巡撫湖廣右副都御史黃衷爲工部右侍郎兼右僉都御史，督採大木。南京右副都御史周倫爲南京工部右侍郎。［十二月］丁亥，撫治鄖陽右副都御史蔣曙爲工部右侍郎兼右僉都御史，督採大木。

又 卷五五 ［世宗嘉靖十一年九月］丁巳，講官侍讀學士吳惠郭維藩退。上諭李時等曰：「吳惠言省妄費，停穴役。維藩言戒操切更張，務敦厚博大。其意云何？卿其問之，令具對。」于是惠奏：「民窮財竭，而宮殿頻興，採木陶甎，大爲川廣蘇松之患。此謂停役。」［十二月］始遣內臣榷木真定，從內官監太監高忠之請。

又 卷五六 ［世宗嘉靖十五年四月］庚子，巡撫四川右副都御史潘鑑應天府尹江曉俱爲工部右侍郎，曉佐部督工，鑑採木川廣。［世宗嘉靖十七年十二月］己酉，太僕寺少卿蔣應奎往儀真督木。

又 卷五七 ［世宗嘉靖二十年五月］戊子，議廟工。起潘鑑工部右侍郎兼左副都御史，往湖廣。應天府尹戴金爲左副都御史，往四川。工部郎中應鳴鳳方民悅分佐之，督採大木。［世宗嘉靖二十一年閏五月］，督木侍郎潘鑑爲右都御史，督採大木。

又 卷五八 ［世宗嘉靖二十二年三月］庚戌，起樊繼祖工部尚書兼右副都御史，採木湖廣，其四川專于潘鑑。

又 卷六二 ［世宗嘉靖三十六年五月］工部右侍郎劉伯躍爲右僉都御史，總督湖廣四川，採辦大木。户部右侍郎張舜臣改工部，採石大石窩。

又 卷六三 ［世宗嘉靖四十年九月］採木事竣。詔總督湖廣川貴右副都御史李憲卿、工部郎中李祐、張國珍並還朝。憲卿初言：「臣督郎中張國珍、李祐，副使張正和、盧孝達，所部參政游震得，副使周鎬，僉事于錦，先後深入永順卯桐梭江，參政徐霈僉事崔都入容美，副使黃宗器入施州金峒，參政靳學顔入永寧奄東藺州儒溪，副使劉斯潔入黎州天全建昌，董策入烏蒙，參議繆文龍入播州貞州酉陽，僉事吳仲禮入永寧奄西，落洪班鳩井鎮雄，程嗣功入龍州，參政張定入銅仁省溪，參議王重光入赤水猴峒，僉事顧炳入思南潮底，汪集入永寧順崖，而湖廣巡撫都御史趙炳然，御史吳百朋各先後親歷荆岳辰常，四川巡撫都御史黃光昇歷敘馬重夔，御史郭民敬歷卭雅貴州，巡撫都御史高翀歷思石鎮黎，御史朱賢歷永寧赤水。臣自趨涪州，六月上瀘敘。巨材所生，必于深林窮壑，崇崗絶箐，人跡不到之地，經數百年而後至合抱。昔尚書宋禮，及近時尚書樊繼祖，侍郎潘鑑採得逾尋丈者數株。今三省所採，視前亦已超絶，第所派長巨非常，圓圍難合。望敕部量材酌用。凡得木萬一千二百八十，大匠徐杲善規合法。始勝任。」

歸有光曰：「大抵荆楚雖廣，山木少採，且險遠必俟雨水而出。而施州石坡亂灘，迂回千里。貴陽窮險，山嶺深峭，由川辰大河以達城陵磯。蜀山懸隔千里，排岩批谷，灘急漩險，經時歷月，始達會河。而吏民冒犯瘴毒，林木蒙蘢，與虺蛇虎豹錯行。萬人邪許，摧軋崩峰，鳥獸哀鳴，震天吸地，蓋出入百蠻之中。窮南紀之地，其艱如此。昔稱雍州南山檀柘，而天水隴西多材木，故叢臺阿房建章朝陽之作，皆因其所有。金元氏營汴新宮，採青峯山巨木，猶以爲漢唐之所不能致。憲卿乃獲之山童木遁之時，發天地之藏，助成國家億萬年之丕圖，其勤至矣。」

又 卷六四 ［世宗嘉靖四十五年九月］丙申，遣工部左侍郎張守直修顯陵，更作龍飛殿，採川廣大木。

又 卷六七 ［穆宗隆慶六年五月］甲辰，減湖廣祿糧九萬九千九百餘石，馬價九萬八千八百餘金，蓋景遼國除及罷採木。

又 卷七二 ［神宗萬曆十二年六月］，四川巡撫右僉都御史雒遵奏採木之苦，章下所司。乙卯，吏科給事中楊文舉言四川採木之苦，因陳四利：「無累商民一也，體恤夫匠二也，鼓舞土司三也，優異委官四也。」上深然之，下工部。［十一月］，逮崇慶知州陳邦謨下獄，以採木科罰也。

又 卷七三 ［神宗萬曆十三年四月］，發南京户部二十萬金，于四川採木。［十月］先是巡撫四川雒遵言：「松潘等處大小栗谷諸砦番殺掠當討。」始用兵，遵去寂然。兵科給事中王致祥奏：「番人亂者止一砦，既用大師，未免張皇。總兵李應祥以新將御悍卒，所徵播州天全諸土司兵未易集，集亦調度需人。兵部覆以爲失算。于是申時行等言，松潘疊茂，即古維州吐蕃地。本朝列戍，略示羈縻。然山谷險遠，糧運艱難，醜夷聚如蜂蟻，散如鳥獸。在勦爲聲，撫爲權，如一種作惡，出其不意，殲厥巨魁。或毀其碉房，或燒其青稞，名曰鵰勦。其餘各種，並不搜求。故番人懷德畏威，雖小有草竊，旋即底定。此制馭諸番之要術也。今該省官輕率寡謀，一聞有警，輒徵大兵。番人聞知，得以爲備。且四川採木，民間騷動，軍餉空虛。若兵連禍結，爲患非小。」明日，上諭兵部，下撫鎮相機制置，毋貪功，毋釀亂。[十二月] 減四川採木三之一。

又 卷七五 [神宗萬曆十九年二月] 己巳，湖廣四川貴州採木畢，勞賜各官有差。

又 卷七六 [神宗萬曆二十年三月] 遼東錦州游擊桓朝翠出塞採木值虜，中伏，死之，失亡三百餘人。

又 卷七七 [神宗萬曆二十四年] 四月丁酉朔，工部議大工，曰徵逋負、曰協濟、曰開事例、曰鑄錢、曰查庫料、曰分工、曰採木川貴湖廣、曰木石、曰車户、曰燒磚、曰發見錢、曰夫匠、曰明職掌、曰鋪户、曰會估，各從之。[神宗萬曆二十五年正月] 辛丑，工科給事中楊應文請治錦衣衛百户季綸求内臣總理採木。不報。戊申，户科給事中程紹請罷河南開採。不報。[三月] 戊戌，四川按察使川西道分守副使劉卿加布政司右參政兼按察僉事，採木。

又 卷七八 [神宗萬曆二十七年十一月] 乙亥，暫停四川採木。[神宗萬曆二十八年正月] 辛亥，巡按貴州御史宋興祖請停採大木，專力討播。

又 卷八〇 [神宗萬曆三十五年七月] 採木，限四川二萬四千六百一，直四百萬餘金。限貴州萬二千二百九十八，直一百九萬七千餘金。[七月] 己亥，時傳採川貴湖廣大木，撫治鄖陽右僉都御史黄紀賢言採木之累，不報。

又 卷八二 [神宗萬曆四十四年十二月] 遼東清河游擊馮有功下巡按御史王雅量訊之。清河偪建州衛，以金石臺爲界，漢人例不出境。有功採孤山堡之木，縱居民出界，奴兒哈赤邀殺四十餘人，督撫檄讓之，佯悔罪受罰，誅奸黨十人于界上。有功臺訊，戴罪俟贖。

又 卷八七 [熹宗天啓五年九月] 丁卯，刑科給事中霍維華請採木開化縣之雲霧山。[熹宗天啓六年閏六月] 壬寅，浙江巡撫右僉都御史潘汝楨請立魏忠賢生祠，許之。初，杭州通判唐登儁專織幣，先祠之清波門外，太監李實隘之。更創于北山，規制閎敞，囑汝楨祠額。時織幣缺額，且議採雲霧山木。汝楨意甦民困，遂疏聞，賜額曰普德。官守祠，沈堂錦衣衛百户。

又 卷九三 [思宗崇禎七年五月] 庚寅，建昌路參將劉芳聲等私役部卒採木，戍邊。

明 賀自鏡《重修國清寺記》 吾鎮久有國清寺，創始不知何代，重脩則在皇明成化間。蓋未有邑先有寺，其來舊矣。虎踞於鎮之北方，西通伏牛諸叢林，居然一形勝地也。年遠不無傾圮，寺僧漸凋零。無多丹墀，有古栢肆株，連雲合抱，培植不知幾百年矣。賈人艷其美材，以爲奇貨可居也，賄誘無知之徒，私貿而伐之。邑庠崔生應斗、王生來聘等，白其事於官，維時欽差分□汝南道李公祖，暨嗣之者邯鄲張公祖，咸重其事，以爲神物不可毁，然已伐不可復續也。杖賈人而增其價，共柒拾餘金，委重於邑侯蘇令君，重脩其寺。

《清實録·太祖實録》卷七 [天命五年] 上乃御殿集貝勒諸臣曰：「朕以人君無野處之理，故築城以居。夫君賢而後有國，國治而後有君。貝勒良而後有民，民安而後有貝勒。故天作之君，恩養其下，而下敬其上，禮也。至於諸貝勒，宜愛其民，民宜尊其貝勒。即一家之中，爲主者宜恤其僕，爲僕者宜敬其主。如其僕以力耕所穫供其主而不敢私，其主積有財物亦贍其僕而無所吝。如此，則上下相親，天心悦，人情和，無往不善矣。夫築城所用木石，豈出於築城之地耶？鑿石於山，採木於林，長路轉運，既已疲矣。況又版築興作，其勞益甚。今爾等吝惜己財，乃爲此言，不知征明原以伸大義，奉天而行。若爲築城槁夫之故，而畧取其牛，甚不可也。」言方竟，適有梅勒額真副將博爾晉，後至。

《清實録·太宗實録》卷一四 [天聰七年六月] 葉臣奏言：「我國兵力聚集，今年宜即出師。不然，我國自此而貧。馬亦難得，兵不加增。如謂馬不足以運糗糧，負甲胄亦可載之以牛車。臣愚以爲先抵大同宣府秣馬休兵，即在彼處偵探察哈爾踪跡。近則我兵往征，若彼聞風遠遁，則我國安寧，可無内顧之虞矣。於是入攻明邊，蹂躪其土地，焚毁其廬舍，彼國有不疲敝者乎？進逼燕京，晝夜攻圍，名爲帝都，其實易攻。彼城上雖多積火藥，我兵晝夜攻之。火藥多，必自焚，不然，即就彼近城一帶，伐木製造梯牌，多方攻取。城雖不克，亦足耀我軍威。」

《清實録·世祖實録》卷七二 [順治十年二月壬戌] 先是阿達哈哈番

張國材奏言大工肇舉，材木不敷，請開採雲霧等山。奉旨採木修造，係工部職掌，張國材生事圖利，屢行妄奏，奉有嚴旨，何得又差家奴假充官員從人，直入太和門內瀆擾，甚屬可惡！張國材並代奏家人著刑部嚴審，定擬具奏。至是，部議張國材及代奏人張貴，俱應擬絞。得旨，張國材免死革職，張貴亦免死，鞭一百，俱流徙盛京。

又　卷一〇八　［順治十四年三月丙寅］海澄公黄梧奏言：「鄭成功未即勦滅者，以有福興等郡爲伊接濟淵藪也。南取米於惠潮，賊糧不可勝食矣；中取貨於興泉漳，賊餉不可勝用矣；北取材木於福温，賊舟不可勝載矣。今雖禁止沿海接濟，而不得其要領，猶弗禁也。夫賊舟飄忽不常，自福興距惠潮，乘風破浪，不過兩日。而閩粤有分疆之隔，水陸無統一之權，此成功所以逋誅也。祈敕沿海督撫鎮臣與臣商度防海事務，平時共嚴接濟之禁，遇賊備加堵截之防，臣專一整飭馬步舟師。視賊所向，到處撲勦，至羣賊伎倆，臣所熟悉，破賊機宜，臣籌之素矣。抑更有請者，成功之所以稔惡，倚其父芝龍陰通家信，摇惑民心，故逆黨堅未悔禍。誠嚴禁芝龍父子，不許音信往來，成功將立見敗亡也。」章入，下兵部密議。

又　卷一三七　［順治十七年六月壬子］內大臣伯索尼遵諭上言十一事：（略）采木陋弊宜禁也。邊外之木，皆係商人僱民採伐水運，解部除照額抽税外，其餘悉令發賣，實欲利及商人也。今聞諸大臣將採木地方私行霸占，以致商不聊生。請嚴行禁止，則商人不至重困，而木亦不可勝用矣。

《清實録·高宗實録》卷六七八　［乾隆二十八年］，諭軍機大臣等：「新疆平定有年，伊犂應多駐官兵以籌久遠。昨諭將涼州莊浪等處官兵，攜眷遷移，交軍機大臣詳悉妥議。因念官兵三四千名，合之家口，不下萬人，所有營房糧餉，俱當豫爲備辦。著傳諭明瑞等，將此項移駐官兵，作何建造城垣廬舍及給與糧餉之處，先行籌畫，一面辦理，即行具奏。尋奏：察哈爾厄魯特兵，游牧爲生，應仍其舊，索倫亦然。過冬自備棚房，産業再行議給。惟涼州莊浪官兵，房屋需七千餘間。烏哈爾里克新城，僅敷現在官兵駐劄。查伊犂河岸高阜，地土堅凝，可築大城。在新城及固勒扎回城之間，糧運亦便，所産煤薪皆足用。計明春調兵起造，至乙酉年，城屋均可竣。現派伊犂兵、游牧至阿布喇勒山伐木。咨遣內地工匠，製器應用。至糧餉，以伊犂收穫，及回人所交糧計之。至丁亥年麥收，可支新舊兵三年食。更請以來年爲始，陸續增屯田兵一千五百名，耕穫自有盈餘，孳生牛羊在外，將來塔爾巴哈台駐兵，亦可源源接濟」。從之。

《清實録·仁宗實録》卷一一八　［嘉慶八年八月癸亥］諭軍機大臣等策拔克等奏：前赴盛京查辦劉文喜等砍伐木植一案。盛京爲陪都重地，既有無賴匪徒在高麗溝一帶聚集搭蓋窩棚私砍樹木等事，自應嚴飭各卡倫留心查禁，使奸民知所斂。戢巴寧阿到任未久，且非伊專管，自難加之責備。若晉昌則在彼有年，且係盛京將軍，稽查地方及各處卡倫，皆其專責。今接奉前旨，僅稱悚惶駭異，可見伊於高麗溝地方偷伐木植一案，竟全未聞知所司何事。現據德瑛奏，除高麗溝之外，尚有韭菜園、三道浪頭兩處晉昌均未查及，太覺不成事體。晉昌著先傳旨申飭至策拔克等選派協領珠琫額恒福改裝易服，潛率番役星赴該處，設法偵緝，並恐奸民等將木植運赴天津等處海口販賣，飭令沿海一帶旗民地方官嚴密訪拏所辦，俱是該處藏匿奸民甚至有打造大船運販木植之事，策拔克等此次必應徹底查辦，將首犯逐名拏獲，按律定擬，其餘爲從各犯，分別懲治。此番查辦之後，該處斷不容再有奸民藏匿滋弊。其天津登萊青各海口諭令直隸山東各督撫飭屬嚴查，如有奸民運木到彼，即令盤拏，其中儻有劉文喜等六人，並令解赴盛京歸案審辦。將此諭令知之。［丙子］諭軍機大臣等策拔克等奏查辦偷砍木植情形一摺，據稱在遼陽州所屬地方，搜獲私伐黄松木植二千四百餘件，又興京城廠邊內查出木植甚多，不可勝數等語。現在策拔克等尚未至高麗溝一帶，而遼陽興京等處，據該佐領等呈報查獲私砍木植已有如許之多，可見此等藏奸處所正不一而足。從前琳寧在將軍任內，曾查出高麗溝地方有偷砍木植之事。僅將窩棚燒燬，驅逐奸民，並未將該管官員參奏辦理，已屬過於疏縱。迨晉昌到任後，亦曾分路查拏，辦過數次，但總未嚴參究辦，更覺疲軟無能，以致該管各員日漸怠玩。而奸匪等毫無畏懼，日聚日多，竟敢肆意偷竊，顯干例禁。晉昌係盛京將軍，稽察地方及各處卡倫，皆其專責。今卡內、卡外，均有偷砍木植之案，實難辭咎。著與該管之副都統，一併交部嚴加議處。至興京城守尉慶祥、通判景會、鳳凰城城守尉賡寧、岫巖通判崇福，有守關之責，乃該管地方偷砍木植至數千餘株之多，其咎甚重，均著解任，交與策拔克等嚴加訊鞫。該管兵役及該員等，有無受賄故縱情事，仍一面將案犯劉文喜等上緊嚴拏務獲，到案後向該犯等嚴切根究，是否該處兵役得錢賣放，抑竟係該管官員通同舞弊？令其據實供吐。如祇係兵役賣放，則該員等尚不過失察，儻竟係該員等得賄故縱，必當按名嚴糸治罪。將此諭令知之。

又　卷一二一［嘉慶八年九月己未］諭軍機大臣等富俊奏查勘飛牛嶺等處偷砍木植情形一摺，内稱青椿以内，並無砍伐木植之處。行至草倉溝山坡上，開種熟地閒有伐樹椿楂，並飛牛嶺地方，砍棄木植約有千餘根。統計各處所砍木植，共有四千餘件，椿楂共二萬有餘，舊多新少，甚有至黴朽等語。該處砍棄木料，既有黴朽，則偷竊之事其來已久，並非始自近日可知。事屬既往姑免深究從前欽奉。皇考高宗純皇帝諭旨，以附近陵寢迴圍山頂，除現有熟地毋庸禁止外，不可再行開展。彼時該將軍等自必恪遵查辦，迨久而懈生，即任聽無業貧民私於附近山坡，砍去樹木，開墾耕種，甚至不肖官員希圖得賄，並縱令匪徒偷伐木植，以致釀成巨案，自當嚴行查禁。青椿以外，雖距風水禁地稍遠，亦係例應封禁處所。若聽民人私相開墾，日久必致更有侵越，此時亦不必另立界限，即於原定舊址，嚴申厲禁，以垂永久。著富俊傳諭福長安等，隨時稽查，如有仍前私墾偷砍及官員等得賄故縱情弊，即查拏治罪，以示懲儆。

又　卷一二二［嘉慶八年十月丁丑］又諭策拔克巴寧阿奏：審明偷砍木植案内受賄故縱，及透漏消息得贓賣放。各官兵先行定擬一摺，據稱高麗溝地方係邊外濱海之區，奸民等偷砍木植，潛往積聚，分運販賣，由來已久。乾隆五十六年，前任將軍琳寧派員嚴拏，焚燬窩棚木植等語。是該處奸民聚集偷砍木植，轉運販賣，已非一日。琳寧在將軍任時，既經查出，即應將拏獲之犯，根究首夥，審明治罪，並嚴查該管官兵等。有無得賄賣放情弊，據實糸奏辦理，則奸民等及不肖弁兵，知所儆畏，自不敢復蹈法網。且彼時就案懲辦，或尚不至牽涉多人，盡罹重罪乃琳寧並不奏辦，祇將窩棚木植焚燬，以致奸民等竄跡日久，匪黨漸多，竟敢搭蓋窩棚設爐造船，偷運私砍木植，毫無忌憚。而卡倫官兵亦遂玩法營私，得受銀布肆意放行，年復一年，釀成巨案，皆由琳寧辦理不善，而接任將軍晉昌及副都統成林又未嚴查整頓所致。

又　卷一三二［嘉慶九年七月］，隆恩殿工成。初四日，駐蹕南苑。初八日，迴至圓明園。又諭據拉旺多爾濟奏，遵旨赴木蘭查勘本年所定十三圍地方内巴顔布爾噶蘇台、巴雅爾額爾袞、郭威遜格爾、巴顔喀拉四圍，並未見有鹿隻。並詳看各圍場鹿隻甚少者，四十餘處。又稱該處砍剩木墩餘木甚多，兼有焚燬，枯株猶在。往來車跡，如同大路運木多人各立寮鋪，以致鹿隻驚逸傷損。並查有奸徒乘間逸入偷打鹿隻，是以較前更爲短少等語。圍場爲肄武重地，自應嚴密稽查，毋令有私砍木植、偷打鹿隻等事。今因節年有大工，是以砍伐官木司其事者辦理不善，任令匪徒逸入私立寮鋪影射偷砍運載出境牟利，其未運之木尚堆積路隅，不可勝數。及聞知朕行圍伊邇，復將餘木焚燒滅跡。竟係烈山澤而焚之，禽獸逃匿。可見熱河副都統總管等竟藉工程木植爲名，任令通同舞弊，情事顯然。況伊等從前原奏，祇於十四圍無礙圍場處所砍伐木植，今砍伐至四十餘處之多，且於現定行圍處所肆意偷砍，致令鹿蹤遠逸。並有攜帶鳥鎗偷打鹿隻，售賣鹿茸之事。是以國家百餘年秋獮圍場，竟與盛京高麗溝私置木廠無異。而習勞講武之典連歲闕如，成何事體，不可不嚴行懲究。此項工程需用木植，係嘉慶四年閒，前任熱河副都統德勒克扎布、總管姚良奏請辦理，接辦者係慶傑董椿穆騰額伊等，不但辦理不善，且恐有別項情弊。德勒克扎布、姚良，均著來京候旨。慶傑、董椿、穆騰額、熱河佐領德新泰，均著解任。交總理行營王大臣、軍機大臣、行在刑部，詳悉審訊具奏。至韋陀保調任未久，亦尚能留心查察，但在任已閱一年，而鹿隻仍前稀少，亦難辭咎。韋陀保著革去副都統，作爲圍場總管。

《清實録·宣宗實録》卷二七六［道光十五年十二月］壬申，諭軍機大臣等興京鳳凰城所屬邊門以外，每年拏獲奸匪偷砍偷運官山樹木。前經降旨，不准擅行變賣，嗣因奸商影射圖利。於道光七年閒，復經降旨嚴禁，並著嗣後仍遵前旨，不准招商變價，任其在山存放。每年年終，將拏獲私砍木植起數，並審辦偷木案内，報獲若干，彙奏一次。此項偷砍私木賊匪，疊經降旨嚴緝，即應查拏淨盡，以期官山肅清。昨據奕經等奏，本年拏獲私木賊匪四十八起，查獲私木二千二百五十餘件，是奸匪偷砍，並未查拏淨盡。且歷年拏獲私木，在山存放，日久若何稽查？其私木作何辦理？儻竟任其黴爛黴朽，貨棄於地，豈不可惜？其影射夾帶等弊，應如何禁絶覈實辦理之處，著該將軍妥議章程具奏，將此諭令知之。

清　顧炎武《肇域志·山西三》　筆塵五臺山寺，元太后弘吉剌氏所立也。刱寺之役大，集民夫冒險入谷伐木運石，死者萬人，蓋令寶地珠林留爲勝賞，而工費之艱，傷殘民命乃如此，是以有漏之緣斃無辜之命也。如來大悲，其謂之何？

清　楊賓《柳邊紀略》卷一　沙闌城内，存石塔一、石觀音一。康熙初，觀音首脱，鼻端微損。新鄉張司空坦公名縉彦琢而小之，今高九尺，而石座又口尺餘。己巳六月，寧古塔藍旗固山大巴黑塔阿媽病且死，夢石觀音至其家，遺命長子吴達哈爲屋以蓋之。吴達哈出五十金，屬西關吉林下觀音廟僧浄金董其事，浄金又募得數十金。冬十二月，入窩稽伐木。庚午二月初六日，破土，此余所目擊者也。

清 姚之駰《元明事類鈔》卷三六《材木門》《歸有光集》：奉天殿灾，命大臣開府江陵採辦大木，時近水無復峻幹，乃行巴庸僰道，轉荆岳，至東南川，往來督責，鈎之荒裔中，于是萬山之木稍出。

清 雍正《四川通志》卷一六上《木政》 明永樂四年，詔建北京行宫，勅工部尚書河南宋禮督木，前後凡五入蜀。監察御史顧佐亦以採木至。而少監謝安在藺州石夾口採辦，親冒寒暑，播種爲食，二十年乃還。正德六年建乾清宫，勅工部侍郎兼右僉都御史劉昺巡撫總督督木營建。正德十一年，又遣郎中李寅催督採木。嘉靖五年，勅工部右侍郎兼右僉都御史黄衷督木。九年，勅巡撫右僉都御史宋滄兼督木。十九年，議建獻廟，勅右副都御史戴金督木，以憂去，潘鑑來代。三十二年，採辦枋板以巡撫都御史張某兼督木。三十六年，建三殿，勅工部右侍郎劉伯躍督木，躍憂去，李憲卿代之。四十五年，修建承天等殿，巡撫都御史譚綸兼督木。萬曆十一年，建慈寧、慈慶宫，巡撫都御史雒遵兼督木。二十四年，建三殿，巡撫都御史兼督木。三十五年，再建，巡撫都御史喬壁星兼督木。本朝康熙六年，建造太和殿，巡撫都御史張德地督木，至八年奉旨停止採取。二十四年，建造太和殿，工部郎中齊穡入蜀採木，時蜀自兵燹後人民稀少，聖祖深爲憫恤。至二十五年，松茂道王騭調任口北道，由蜀入覲，備陳採木艱難情狀，奉旨停其採運。雍正四年，建造萬年吉地，著督撫遴選賢員辦理，動支正項錢糧照民間價值給發，巡撫都察院憲德遴委川東道糸議陸賜書督木。

清 張廷玉《明史》卷六《成祖紀二》［永樂四年秋七月］閏月壬戌，詔以明年五月建北京宫殿，分遣大臣採木於四川、湖廣、江西、浙江、山西。

又 卷一六《武宗紀》［正德九年］冬十月己酉，遣使採木於川、湖。

又 卷一七《世宗紀一》［嘉靖二十年四月］辛酉，九廟災，燬成祖、仁宗主。丙子，詔行寬恤之政。五月戊子，採木於湖廣、四川。

又 卷一八《世宗紀二》［嘉靖］二十二年春正月丙午朔日有食之。三月庚戌，復遣使採木湖廣。［嘉靖三十六年］五月癸丑，倭犯揚、徐，入山東界。癸亥，採木於四川、湖廣。

清 張廷玉《資治通鑑綱目三編》卷八［明宣宗宣德元年七月］罷湖廣採木。時湖廣發民運糧，調軍征討，遇旱災，人皆艱食。工部勘合採杉松大材七萬株，巡按御史劉鼎貫奏請罷役，從之。尚書吴中請罷其半，帝命悉罷之。［明宣宗宣德五年］二月，罷工部採木。帝諭侍臣曰：「爲國之道，農事最急。今國家無大營繕，當東作時而工部採運木植未已，豈不妨農事？凡已採之木，隨處堆積，軍夫悉罷遣歸農。」［明宣宗宣德］辛亥六年春正月，罷湖廣採木。先是，工部奏往湖廣採辦材木，并發民運。舊所採木赴南京，至是帝聞湖廣旱災，軍民艱苦，遂罷其役。

清 戴炯《鋪石潭刊木記》（《長沙府志》卷四三引） 洞庭而南，衡、湘、全、道之間，多懸灘石，舟行必量木曲避，然後得脱於險。若善化鋪石灘，上流有木妖者，不知起自何年。樹木五出，去岸十餘丈，盤踞河泓，寬不丈許，欹側附灘，幹尾枝根，森若虎牙□鋸。秋冬水涸，雖熟由此河者，舟被穿覆，歲數見焉。於是呼號求拯，而利其災者，直半其貨以爲償，非是則袖手觀望，不少進。康熙五十年間，糧艘爲破，長善二邑侯往劫，欲抉去之。詢諸釣舫，皆云千百年，丰不可去。遂中化□溪有僧曰應適者，雅修善而有膽智。乾隆十年冬，熊君幼蘇偕余與寺僧遊，話及此。時有爲弔詭者，謂此木根固而深大，四圍長五六丈，黿鼉隱現出没，漁人敬祀之，意有神憑，犯之恐速禍。予曰：不然，古有功德於民者，則祀之。今爲民害且百千年，胡神之云？且妖不勝正，宜善其策以除之。僧乃乘木涸，伐竹數十莖，作巨纜百尺，夫若干，飯數石，酒數甕入水，而繫者倍償。於是人争奏功，於上流則牽挽，數日不少動，衆怠且止，憎苦勸，持酒勞之。移而就中，不一日竟拔。其一長五丈，大四圍，堅至不可斧斤。閲二日，持糧催夫向下流，又拔其二三。轉向上流，決其泥沙，斧鋸斷鑿，無不拔者，如是者三旬。熊君又走函趣余，同覓舟過覽是溪，連檣而下，放乎中流，若平地然，莫不拍掌稱快。來自遠方者相告問，莫知爲誰何之力。僧復不自多其功，不以示人。嗚呼，彼向舟人托缽，與沿河擊磬以求一錢之惠，而毫無利便者，去此何翅萬萬也。古之强有力者，興利除害，建無前之烈，大不世之勳，彪炳史册。積之既久，人往往享其利，莫知其初。矧此僧去積害，建成勞，刊與名不設於心，苟不銘於册而勒之石，不將積久而忘其募衆刊木，一勞永逸之功耶！古語云：天下事有可忘，有不可忘。僧自志其功可也，安闌而過者，其可忘耶？予深嘉僧力之强，而不自多其功也，故記之。

清 允祹《大清會典則例》卷一二八《工部》［康熙六年修造］太和殿，令江西、浙江、湖廣、四川督撫訪有採就大枏木，或山中見産大枏木，將長徑尺寸根數並所需錢糧確估報部。凡産於民間住屋内及墳塋内之木，不得採。非枏木及枏木長徑尺寸不中度者，不得採。七年題準。

清 張慶長《黎岐紀聞》 香之出也，有神黎中人往往於山内偶遇，用草縛其樹以爲記，急取斧斤砍之。及回至其處，則草移别樹，而原香不可復得矣。故余作沈香詩有：「往往已得而失之」之句云。能採香者，謂之香仔。外客以銀米安其家，僱入山中，犯霧露、觸惡獸，輒經旬累月於其中，而偶一得之。不幸者雖歷久無獲也。

清 傅恒《御批歷代通鑑輯覽》 元世祖皇帝至元二十五年春二月，毁宋故宫爲佛寺。從僧格及嘉木楊喇勒智言：「凡宋宫殿郊廟悉毁，爲寺復欲取宋高宗所書九經石刻爲浮屠基。」杭州府推官申屠致遠力拒，止之。天大雨雪，有司督民入山伐木，死者四百人。行省参政董文用曰：「非時役民，民不堪矣，宜少徐之。」不從。

清 乾隆《寧夏府志》卷八 督工者，即令桃渠之夫役探取顔料，兩岸園林庄柳任其砍伐。

清 徐松《宋會要輯稿》卷一九二《方域一四》 至道元年十二月，京兆府通判楊覃言：官買修河竹六十餘萬。帝曰：「渭川千畝竹與千户侯等。聞關右百姓竹園，官中斫伐殆盡，不及往日蕃盛，此盖三司失計度所致。自今官所須竹量多少採取，厚償其直，存其竹根，則新竹可望矣。」吕端曰：「芟葦亦可以爲索，甚堅韌。後唐莊宗自楊留口渡河造舟，爲梁只用葦索。」因命樞密院分遣使臣詣河上刈葦爲索，然以脆不用，遂寢。

［大中祥符］九年正月，三門白波發運使言：沿河山林約採得梢九十萬，計役八千夫。一月，命發運使陳麗夫躬自臨視，仍官給糧食，畢日即散。

［天禧］四年正月，命翰林學士盛度言白馬軍將塞河，又命右諫議大夫張士遜往祭，仍詔馮守信俟河平留兵夫萬人護之。是役凡賦諸州薪石楗芟竹千六百萬，發兵夫九萬人治之。

［仁宗天聖七年］七月，滑州言：諸埽捉到河清軍士盗斫沿隄林木者，按天聖四年宣贓錢不滿千錢，從違制失定斷軍人刺面配西京開山指揮；千錢已上，奏裁切緣軍兵多西京隣兵人規避重役，故意盗林木以就決配依舊收管，若三犯，即決配廣南遠惡州牢城。從之。十月，三門白波發運使文洎言：沿河諸埽岸物料内山梢，每年調河南、陝府、虢、解、絳、澤州人夫，正月下旬，入山採斫，寒節前畢。雖官給口食，緣遞年採斫，山林漸稀，亦有一夫出錢三五千已上，雇人採斫。今年所差三萬五千人，内有三二家共著一丁，應役之人，計及十萬，往復千里已上，苦辛可憫。所有椿橛竹索，出自向南北山梢又更北遠，雖芟榆所出地近，勞役亦重。近年計度迭增，新舊折腐實多。山梢，舊每年止一二百萬束，去年所及三百七十六萬束，今年七百八千餘萬束，以至竹索、椿、橛比舊數倍多，盖是計料之時，不以埽岸緊慢，廣作約束，度多不使用積留枉耗。今計沿河諸埽使外物料，尚有二千五百萬有餘，稱是深損爛煤末，不甚，約直三二千貫。諸埽使臣懼見負罪，培填上下盖庇，專望水逼隄岸，便作危急夾捲埽中虚行除破，其外二千二百一十萬，稱堪好，亦有不言堪與不堪。使用此項物料，有祥符年納下梢芟比前項年歲益遠，必慮損爛，懼罪培填，未肯實報。欲乞差官點檢，依年分如法排垜，準備支用，諸處係官物，轉運使巡歷並皆點檢。修河物料，望令轉運發運，使依例點檢，相度埽岸急慢、物料多少，逐旋移那，則經久别無朽損。又不敢過外約度，只如天聖三年據諸州約度修河梢，準敕十分中减三五分已上，亦無闕悮，此明見元約數大。又鄆州去年要梢九十九萬，只般三十萬，應副亦無闕悮。又今三月準三司牒，據巡河魏昭素狀，新置榮澤酸棗縣河岸，水勢向著乞般山梢，一月之内八次承牒，莫非緊急，遂併般三十一萬往彼。訪聞逐埽去舊隄三四里，般去梢並未曾使，似此虚垜，年深枉有損爛，欲乞候差官點檢，見數下提舉修河官將河退水慢埽見在物料，相度撥與緊着埽分。今後每秋約度來年物料，乞令提舉官與知州軍縣令，佐埽岸使臣相度，先將河背慢埽物料就支，及採榆柳使外據實，少數中奏採買。如埽慢河退物料數多，提點司相度移用，若致損爛不堪，即申與本轄根勘候繼遣乞即放離任。若新監官不切點檢，被提舉官或後界使臣點檢，並乞嚴斷，令逐埽置版，榜備録交割，遵守施行。又沿河隄上甚有雜木，並可採斫充梢橛，竊聞諸處避見役使人工意要綱運般載，利於掌納辦濟，不肯盡公約度。況河清兵士轉添數目，欲乞委提舉官自今仔細約度雜木斫梢橛數，牒本州抽郝人工兵士採斫漸减斫梢人夫勞役亦有般運如依擘畫，其利有五點：檢物料見得好恶，依條結絶免致失陷，一也；移那物料逐旋支使，不致積壓枉致朽腐，二也；鈐轄交割必得近新物

料，修河久固，三也；依實計度添斫榆柳，減省遠地採買般運勞費，四也；廢却閑埽，不至枉差監專虛積物料，五也。詔三司相度請悉如洎奏。從之。

清 興肇《塔爾巴哈台事宜》卷四《軍台》 又思此處天寒落雪最早，應需木料若俟開春興工採伐，恐致有悮。於拜發奏摺後，即派委緑營都司王勤民，先行帶領差拺兵四十五名，赴山採辦。

清 道光《西寧縣志》卷一二《事紀》 ［嘉靖］四十四年春二月，德慶、羅旁、下江猺亂，都御史吴桂芳議立營鎮之。《郭通志》德慶、羅旁、上下江道，爲兩省咽喉，猺人沿江刦掠，而下江爲甚，行旅阻塞，咸請大征。吴桂芳建議以爲：猺所恃者，兩江茂林，潛伏伺刦。今爲督兵沿岸開山伐木，且耕且守，制其出没，此不治之治也。疏上，朝廷韙其議，從之。自南江口下至瀧水一百二十里間，各闢地深八十里，立營十，營兵各百或二百戍之，稍靖數年。未幾，流賊蟠據其中，大恣刦掠，營兵不能支，而大征之議起矣。同上羅旁地扼江道之咽，數千年大木叢翳，蠻隱以行刦。監司將吏過端溪者，必鈎船掠殺。桂芳聚兵伐木而焚之，蠻不敢出，迄今爲坦途。《獻徵録》

清 同治《茶陵州志》卷二四《雜志》 明永樂七年，起民夫伐木，萬陽山户之死而逃者及半。

清 夏燮《明通鑑》卷一五 ［永樂四年秋七月辛卯］，初，上以北平爲北京，尚書李至剛以爲興王之地，宜爲首善之區，上是其言。與近侍大臣密計數月，先以爲行在。閏月壬戌，始下詔以明年五月建北京宫殿，分遣大臣宋禮等采木于四川、湖廣、江西、浙江、山西等處，命泰甯侯陳珪董治其事。

又 卷一六 ［永樂十年］十二月，宋禮治河還。初，上將營北京，命禮取材川、蜀。禮伐山通道，得神木數株，不勞人力。朝廷以爲瑞。至是河工成，復使禮採木入蜀。

又 卷二〇 ［宣宗宣德三年］八月辛卯，罷北京行後軍都督府及行部。初，仁宗將還都南京，因設行府、行部，凡五府、六部，文移申達，必經行府、行部，往往重複稽誤。至是，命公、侯、伯、尚書、都御史、翰林、學士議。于是，張輔、蹇義等言：「北京既有府、部，行府、行部宜罷。」從之。會李友直自四川采木還，改授工部尚書。然諸司尚沿行在稱也。

［宣宗宣德五年］二月壬辰，罷工部採木之役。諭曰：「爲國之道，農事爲急。今國家無大營繕，當東作時而採運木植不已，豈不有妨農事？凡已採之木，隨處堆積。軍夫悉罷歸農。」

又 卷三三 ［憲宗成化十一年四月］壬辰，乾清宫門災。乙未，以灾告于奉先殿，譴躬自責。時工部以重建，請採木川、湖。學士商輅言：「宜少緩，以存警畏。」從之。

又 卷五二 ［世宗嘉靖四年］八月戊子，工部會廷臣議修仁壽宫，會世廟大工方興，四川、湖廣、貴州山林空竭，所在災傷，「請發内帑銀兩及户部鈔關，兵部馬價，工部料價各銀兩以佐工費。」上不許。先是御史葉忠以災變陳十事，其一言「修造仁壽宫，宜稍損舊制，以紓財力」。上頗然之。仍敕四川巡撫王軏爲工部侍郎兼僉都御史，督採大木。

又 卷五三 ［世宗嘉靖六年四月］己未，遣工部侍郎黄衷督採大木。

又 卷五七 ［世宗嘉靖二十年五月］戊子，以修建九廟。遣工部侍郎潘鑑、左副都御史戴金等採木于湖廣、四川。

又 卷五八 ［世宗嘉靖二十二年十二月］，上以採木工完，加湖廣採木工部尚書樊繼祖太子少保，川貴採木右都御史潘鑑爲工部尚書。召鑑還，解任院事。

清 光緒《蔚州志》卷五《地理志下》 案：金天會中，採木於交牙山，與元之山場，皆在南山。

清 光緒《蘇州府志》卷一四九《雜記》 支硎山古松三十六章，晉支公手植，一一入畫。萬曆甲辰，土人伐以充賦，趙凡夫爲愬於榷關使者，乃禁止之，償其直，獲存十八株。葛震甫贈趙詩云：「輪鍰能存十八公，清風無恙滿山中。山靈報爾千年物，琥珀纍纍照地紅。」葛實甫和寒山詩：有道林古松十八，各賦一絶，則十八松各有其名，今人無知之者矣。《乾隆志》

清 光緒《寧明州志》卷上《山嶺》 龍騰山俗名峄層在城西北二十五里，州人以新年上元節前後入此山伐木。

清 吴振棫《黔語》卷上《九千里》 下江廳設通判一地在黎平府南一百八十里，下江西南又一百六十里，地名九千里者，其廣袤無圖牒可攷。或云西接古州之碎拉寨，南接粤西思恩屬之大棚，西南接荔波之拉義寨。計其地不過數百里耳。山箐阻深，生苗據爲巢，窟華人無有涉其地者。乾隆五十年後，始有人梯山伐木，然亦與内地毘連處不敢深入也。往時負販者流貪利貿易至，輒被留不能復出，然則其地之縱横廣狹，孰得而窮究耶。

清 光緒《故城縣志》卷二《城池》 前志稱：城濠四面柳色，圍環相映，實爲壯觀，故「烟籠池柳」爲八景之一。道光末年，陳令述之補種。咸豐初，大沽之役，胡令桂芬奉檄採木伐之，以應要需，官柳蕩然，過邑者不無今昔之慨云。

清 光緒《德安府志》卷三《地理下·物産》 郡西北多山，相傳金元之際，楫木成林，明代建藩，伐而用之，後民苦徵貢，遂赭其山，鋤其種。

清 光緒《臨高縣志》卷一五《黎歧》 光緒年撫黎開山事宜黎峝之爲患久矣，其地萬山崱屴，大木參天，四時多嵐瘴之氣，染之者不死輒病。黎生其間，安之若素，若外人染瘴則骨節酸輭，遂發瘴瘧，經年不瘳，甚則病死。以故，官兵臨剿，未至其地，氣早爲奪，固不戰而自屈矣。光緒十二年，總督張公之洞奏請開通山内林木，以洩嵐瘴。大可合抱者，溪止數萬株，悉伐去。平治道塗開通溝洫，使水有所蓄，按地掘井，便民汲飲。由是，大開阡陌，設立官市，以廣招徠，聽民擇地開墾播種五穀。其已開墾處，給予官照三年免其升科。三年以後，量地按畝遞行賦税，所費帑金數十萬。

清 薩英額《吉林外記》卷五 一吉林各處渡船並運糧捕珠等項船隻，如届應修年分，分别小修粘補，拆造限期，應需油蔴釘鐵等物，恭摺奏聞，派員赴部請領所用木植，係水手丁等砍運，以備興修。

又 卷一〇 允准即咨行阿勒楚喀副都統衙門，並劄飭雙城堡委協領遵照領取蓋房銀兩，派員帶同屯丁赴拉林東山砍伐木植，春融搭蓋窩棚，屯丁各便於棲止。並令於耕作之前，赴阿勒楚喀拉取接濟口糧籽種。將軍富俊於二十二年二月奉旨調任盛京。

奏准添補中屯農器，動用參餘銀二萬兩，加展生息三年所得利銀内歸款不動帑項，並援照移駐阿勒楚喀拉林蘇拉滿州成案，每年應派砍伐蓋房木料兵二百名。按各城差務繁簡，兵數多寡核計，每年阿勒楚喀拉林派兵二百名，輪派吉林兵四十名，伯都訥兵四十名，烏拉兵二十名，以足二百名之數。至道光二年冬季，派寧古塔兵五十名，三姓兵五十名，均與阿勒楚喀拉林二處官兵會同核計木數。砍伐運交，按年以次輪派，照數發給鹽菜銀兩。各城出派砍木官四員，每年每員請賞給鹽菜銀十二兩。

道光二年八月十五日，奉旨松箖奏：（略）所有設立雙城堡三屯，屯立其三千名，所給窩棚、牛條、器具，及修蓋公所倉廒，倒斃牛價，並修京旗住房，置買器具等項，原奏内均係按照物價扣合銀數。嗣因市價長落不時，飭令承辦各員籌畫妥實，委員砍伐房木，尺寸不敷之小木，估變價值，前後節省銀錢，除陸續接濟中屯屯丁冬日入山砍伐房木，買給皮襖。三屯窮丁踰冬製給棉衣褲，墾地添給鐵耗齒，殘廢病故，各丁添給遷費器具。

原奏每兵賞給鹽菜銀八兩，砍辦一所房木柁檁椽柱二百一十三件，内有長二丈二尺五寸大柁，又有鉅板之櫬木，以及串排。挽運上岸，勢不能一人砍辦，必須雇募民人幫做，人兩鹽菜實不敷用。歷年均係各城津貼，名爲以兵幫兵，實扣兵餉，有干例禁籌議每兵再加賞鹽菜銀四兩，每年如砍二百所房木，加銀八百兩，不動正項，請於吉林義倉糶穀價銀内，動用銀一萬兩交商一分生息，每年可得利銀一二百兩。給加添破木鹽菜銀八百兩，仍剩銀四百兩，歸還原款。如此砍木即可從容辦理，無詞推卸，並不致再扣兵餉。應請立勸懲章程，砍木委員知懼可期不誤修蓋京旗房間。砍木委員果於年前照以尺丈數目砍伐齊全。次年八月内，交足咨部請給紀録二次，或雖運到而尺寸不敷，除將細小木植入官，罰其照數補砍，趕運交納，功過相抵。如當年不能交納，遲至次年方交者，罰俸一年。如次年仍不全交者，請降二級，留任，仍罰俸一年，以示懲儆。

道光五年二月，欽差黑龍江將軍禄成、寧古塔副都統和福，彈壓帶來京旗閑散七十四户，詢明有與上年移駐京旗係親誼者，使之共居一屯，歡聚照應。每户由阿勒楚喀拉林閑散内，先已雇給長工二名，預爲燒炕擔水，京旗一到如歸。將地畝、牛條、口糧、器具，俱照數按户交領，查每年砍運木植，按屯建蓋京旗房間，以及户婚、田土、詞訟案件，一切公事，較前倍增。文移絡譯，原設兵丁無多，步送公文，實形竭蹶。請添設一站第，應設馬牛、草豆、銀兩。

道光二年，砍木備料。三年，修蓋二百户，住房八百間。四年正月，移送閑散二百户，每户閑散應給房地、牛條、器具，及添設官兵建蓋公所，一切章程繕單具奏。奉旨，富俊奏：自道光四年爲始，每年移駐京旗二百户，分爲四起，送屯該處預。道光二年，伐木築室，按户給與房間、地畝、牛具、盤費等項，逮及纖悉，並移駐後，添設官兵，蓋房給地，及該官兵升調，挑補各事宜，其計畫甚爲周備。

清 光緒《光化縣志》卷八《雜識》 邑令廖希夔嘉靖戊午奉檄采皇木於鄖境慈孝溝，歸述其題壁詩三章云：「采采皇木，入此幽谷。求之未得，于焉躑躅。采采皇木，入此幽谷。求之既得，奉之如玉。木既得矣，树既美矣。皇堂成矣，皇圖鞏矣。」儒吏風雅，於茲可見。

藝文

《詩經・魏風・伐檀》（**鄭玄箋　孔穎達疏**）《序》伐檀，刺貪也。在位貪鄙，無功而受禄，君子不得進仕爾。

坎坎伐檀兮，寘之河之干兮。河水清且漣猗。傳：坎坎，伐檀聲。寘，置也。干，厓也。風行水成文曰漣，伐檀以俟世用，若俟河水清且漣。箋云：是謂君子之人，不得進仕也。不稼不穡，胡取禾三百廛兮。不守不獵，胡瞻爾庭有縣貆兮。傳：種之曰稼，斂之曰穡，一夫之居曰廛。貆，獸名。箋云：是謂在位貪鄙，無功而受禄也。冬獵曰狩，宵田曰獵。胡，何也。貉子，曰貆。彼君子兮，不素餐兮。傳：素，空也。箋云：彼君子者，斥伐檀之人，仕有功乃肯受禄。

坎坎伐輻兮，寘之河之側兮，河水清且直猗。傳：輻，檀輻也。側，猶厓也。直，直波也。不稼不穡，胡取禾三百億兮？不狩不獵，胡瞻爾庭有縣特兮。傳：萬萬曰億，獸三歲曰特。箋云：十萬曰億，三百億，禾秉之數。彼君子兮，不素食兮。

坎坎伐輪兮，寘之河之漘兮，河水清且淪猗。傳：檀可以爲輪。漘，厓也。小風水成文轉如輪也。不稼不穡，胡取禾三百囷兮。不狩不獵，胡瞻爾庭有縣鶉兮。傳：圓者爲囷，鶉鳥也。彼君子兮，不素飧兮。傳：熟食曰飧。箋云：飧，讀如魚飧之飧。

又《小雅・伐木》《序》伐木，燕朋友故舊也。自天子至于庶人，未有不須友以成者。親親以睦友賢，不棄不遺故舊，則民德歸厚矣。

伐木丁丁，鳥鳴嚶嚶。傳：興也。丁丁，伐木聲也。嚶嚶，驚懼也。箋云：丁丁嚶嚶相切直也，言昔日未居位，在農之時，與友生於山巖。伐木爲勤苦之事，猶以道德相切正也。嚶嚶，兩鳥聲也。其鳴之志似於有友道然，故連言之。出自幽谷，遷于喬木。傳：幽，深。喬，高也。箋云：遷，徙也。謂鄉時之鳥出從深谷，今移處高木。嚶其鳴矣，求其友聲。傳：君子雖遷於高位，不可以忘其朋友。箋云：嚶，其鳴矣。遷處高木者，求其友聲，求其尚在深谷者，其相得則復鳴嚶嚶然。相彼鳥矣，猶求友聲。矧伊人矣，不求友生。傳：矧，况也。箋云：相，視也。鳥尚知居高木呼其友，况是人乎？可不求之。神之聽之，終和且平。箋云：以可否相增減曰和平，齊等也，此言心誠求之，神若聽之，使得如志，則友終相與和而齊功也。

伐木許許，釃酒有藇。傳：許許，柹貌，以筐曰釃，以藪曰湑，藇美貌。箋云：此言前者伐木許許之人，今則有酒而釃之，本其故也。既有肥羜，以速諸父。傳：羜，未成羊也。天子謂同姓諸侯，諸侯謂同姓大夫，皆曰父。異姓則稱舅，國君友其賢臣、大夫，士友其宗族之仁者。箋云：速召也，有酒有羜，今以召族人飲酒。寧適不來，微我弗顧。傳：微，無也。箋云：寧召之適自不來，無使言我不顧念也。於粲洒埽，陳饋八簋。傳：粲，鮮明貌。圓曰簋，天子八簋。箋云：粲然已灑掃矣，陳其黍稷矣，謂爲食禮。既有肥牡，以速諸舅。寧適不來，微我有咎。傳：咎，過也。

伐木于阪，釃酒有衍。傳：衍，美貌。箋云：此言伐木于阪，亦本之也。籩豆有踐，兄弟無遠。箋云：踐，陳列貌。兄弟，父之黨母之黨。民之失德，乾餱以愆。傳：餱，食也。箋云：失德謂見謗訕也，民尚以乾餱之食，獲愆過於人，况天子之饌反可以恨兄弟乎？故不當遠之。有酒湑我，無酒酤我。傳：湑，茜之也。酤，一宿酒也。箋云：酤，買也，此族人陳王之恩也。王有酒則泲茜之，王無酒酤買之，要欲厚於族人。坎坎鼓我，蹲蹲舞我。傳：蹲蹲，舞貌。箋云：爲我擊鼓坎坎然，爲我興舞蹲蹲然，謂以樂樂已。迨我暇矣，飲此湑矣。箋云：迨，及也，此又述王意也。王曰及我今之閒暇，共飲此湑酒，欲其無不醉之意。

唐　孟浩然《孟浩然集》卷一《採樵作》　採樵入深山，山深水重疊。橋崩卧槎擁，路險垂藤接。日落伴將稀，山風拂薜衣。長歌負輕策，平野望烟歸。

唐　杜甫《九家集注杜詩》卷一一《課伐木并序**》**　課隸人伯夷、辛秀、信行等，入谷斬陰木，《冬官》：輪人爲輪，斬三材必以時。注：材在陽，仲冬斬之；在陰，仲夏斬之。人日四根止。維條伊枚，詩「終南何有，有條有枚」。正直侹然。晨征暮返，委積庭內。我有藩籬，是缺是補，載伐篠簜，《禹貢》「揚州篠簜既敷」。注：篠，竹箭；簜，大竹。伊仗枝持，旅次于小安。山有虎，知禁，若恃爪牙之利，必昏黑摚突。夔人屋壁，列一作洌樹白菊，鏝爲牆，實以竹，示式遏。爲與虎近，混淪乎無良。賓客憂一作齒。害馬之徒，《莊子》：黄帝于襄城下見牧馬童子，而問天下。童子曰：「爲天下何異乎牧馬去其害馬者？」苟活爲幸，可嘿息已。作詩付宗武誦。趙云舊本列樹白菊師民瞻本作白菊，是盖荻屬也。廬陵嘗謂杜甫無韻者不可讀，今此可見。

長夏無所爲，客居課奴僕。清晨飯其腹，持斧入白谷。師云《周禮》：白谷，地名。趙云：伐木爲枝持，今之籬槭也。苦竹爲籬叙所謂載伐篠簜也。跨小籬，跨越所居而遮護之。曹子建《贈白馬王彪》詩：「清晨發皇邑持斧」，借用《漢書》「繡衣持斧」。青冥曾顛後，十里斬陰木。杜云周禮山虞：仲冬斬陽木，仲夏斬陰木。鄭司農云：陽木，春夏生者。陰木，秋冬生者。鄭元云：陽木生南山，陰木生北山。趙云：《楚辭》「據青冥而攄虹」。張平子《南都賦》言：「木有攢立，叢駢青冥，盰瞑曾巓。」謝靈運詩「茸字臨回谿，築觀基曾巔。」人肩四根已，亭午下山麓。趙云：梁元帝纂要：日在午，曰亭午。尚聞丁丁聲，天台賦義和亭午詩「伐木丁丁」。功課日各足。蒼皮成積委，素節相照燭。藉汝跨小籬，當仗苦虛竹。空荒咆熊羆，乳獸待人肉。趙云叙止言防虎，詩又及熊羆。山居所防，豈獨虎耶？後言虎穴連里閭，以防虎爲多。不示知禁情，豈唯干戈哭。城中賢府主，處貴如白屋。蕭蕭理體情，蜂蠆不敢毒。左氏「蜂蠆有毒」。趙云「周公下白屋之士」。漢史謂：以白茅覆屋也。理體浄亦老子治道貴清浄之意，唐人避治字，諱多作理。虎穴連里閭，隄防舊風俗。泊舟蒼江岸，久客慎所觸。舍西崖嶠壯，雷雨蔚含蓄。牆宇資屢脩，衰年怯幽獨。爾曹輕執熱，爲我忍煩促。師云張華詩「煩促每有餘」。趙云詩「誰能執熱，逝不以濯」。秋光近青岑，季月當泛菊。報之以微寒，共給酒一斛。趙云以字做詩報之以瓊瑶瓊玖。

唐 陸龜蒙《甫里集》卷五《樵人十詠并序》 環中先生謂天隨子曰：「子與鹿門子應和爲漁具詩，信盡其道而美矣。世言樵漁者，必聯其命稱，且常爲隱君子事詩之言，錯薪禮之言，負薪傳之言，積薪史之言。束薪非樵者之實乎？可不足以寄興詠，獨缺其詞耶？」退作之樵以補其闕漏，寄鹿門子。

又《樵谿》 山高谿且深，蒼蒼但羣木。抽條欲千尺，衆亦疑樸樕。一朝蒙翦伐，萬古辭林麓。若遇燎玄穹，微烟出雲族。

又《樵家》 草木黄落時，比鄰見相喜。門當清澗盡，屋在寒雲裏。山棚日纔下，野竈烟初起。所謂順天民，唐堯亦如此。

又《樵叟》 自小即胼胝，至今凋鬢髮。所圖山褐厚，所愛山爐熱。不知冠蓋好，但信烟霞活。富貴如疾顛，吾從老岩穴。

又《樵子》 生自蒼崖邊，能諳白雲養。去聲，山家謂養柴地爲養。纔穿遠林去，已在孤峯上。薪和野花束，步帶山詞唱。日暮不歸來，柴扉有人望。

又《樵徑》 石脉青靄間，行行自幽絶。方愁山繞繚，更值雲遮截。争推好林浪，共約歸時節。不似名利途，相期覆車轍。

又《樵斧》 淬礪秋水清，攜持遠山曙。丁丁在前澗，杳杳無尋處。巢傾鳥猶在，樹盡猿方去。授鉞者何人，吾方易其慮。

又《樵擔》 輕無斗儲價，重則筋力絶。欲下半巖時，憂襟兩如結。風高執還却，雪厚疑中折。負荷誠獨難，移之贈來哲。

又《樵風》 朝隨早潮去，暮帶殘陽返。向背得清飇，相追無近遠。採山一何遲，服道常苦蹇。仙術信能爲，年華未將晚。

又《樵火》 積雪抱松塢，蠹根然草堂。深爐與遠燒，此夜仍交光。或似坐奇獸，或如焚異香。堪嗟宦遊子，凍死道路傍。

又《樵歌》 縱調爲野吟，徐徐下雲磴。因知負樵樂，不減援琴興。出林方自轉，隔水猶相應。但取天壤情，何求郢人稱。

唐 皮日休《松陵集》卷四《奉和樵人十詠》《樵谿》 何時有此谿，應便生幽木。橡實養山禽，藤花蒙澗鹿。不止産蒸薪，願當歌棫樸。君知天意無，以此安吾族。

又《樵家》 空山最深處，太古兩三家。雲蘿共夙世，猨鳥同生涯。衣服濯春泉，盤飱烹野花。居兹老復老，不解歎年華。

又《樵叟》 不曾照青鏡，豈解傷華髮。至老未息肩，至今無病骨。家風是林嶺，世禄爲薇蕨。所以兩大夫，大年爲自伐。

又《樵子》 相約晚樵去，跳踉上山路。將花餌鹿麛，以果投猿父。束薪白雲濕，負擔春日暮。何不壽童烏，果爲玄所誤。

又《樵徑》 蒙籠中一徑，繞在千峯裏。歇處遇松根，危中值石齒。花穿臬衣落，雲拂芒鞋起。自古行此途，不聞顛與墜。

又《樵斧》 腰間插大柯，直入深谿裏。空林伐一聲，幽鳥相呼起。倒樹去李父，傾巢啼木魅。不知仗鉞者，除害誰如此。

又《樵擔》 不敢量樵重，唯知益薪束。軋軋下山時，彎彎向身曲。清泉洗得潔，翠靄侵來緑。看取荷戈人，誰能似吾屬。

又《樵風》 野船渡樵客，來往平波中。縱横清飇吹，旦暮歸期同。蘋光惹衣白，蓮影涵薪紅。吾當請封爾，直作鏡湖公。

又《樵火》 山客地爐裏，然薪如陽輝。松膏作滫思有反瀡，杉子爲珠璣。響誤擊刺闘，焰疑孛彗飛。傍邊暖白酒，不覺瀑水垂。

又《樵歌》 此曲太古音，繇來無管奏。多云採樵樂，或説林泉候。一唱凝閒雲，再謡悲顧獸。若遇採詩人，無辭收鄙陋。

唐 張籍《張司業集》卷二《樵客吟》 山上採樵選枯樹，深處樵多出辛苦。秋來野火燒櫟林，枝柯已枯堪採取。斧聲坎坎在幽谷，採得齊稍青葛束。日西待伴同下山，竹擔彎彎向身曲。共知路傍多虎穴，未出深林不敢歇。村西地暗狐兔行，稚子叫時相應聲。採樵客莫樵松與栢，松栢生枝直且堅，與君作屋成家室。

唐 謝觀《執柯伐柯賦》（《文苑英華》卷一〇一引） 手運斧而方圓自縱，斧有柯而規模可觀。成疑作誠取則之非遠，曷持心以常難。是知選材於山，操刃于手。將散朴於大巧，是侔形於妙有。則可審分寸，定妍。不脱故而圖新，瞻前而顧後。然後擬議是啓，經營靡停。方坎坎以無撓，聿丁丁而未寧。觀所措而舉措，因其形而制形。且勿謂效之難，尚俟乎繩墨；勿謂象之遠，仍憂乎差忒。左手將舉其樸斲，右手足見其成式。不離指掌之傍，自有短長之域。龜鏡頗邇，儀容在側。見機而作，成於目擊之間；般鑒不遠，便契握中之則。何必公輸是集，梓匠具陳。雖欲遠徵其類，不如近取諸身。於造次顛沛之時，尚思行已；在一顧一盼之所，何必求人。庶得揣稱攸宜，諮謀可考。冀析薪之入用，知缺斨之足保。終懷繼踵之誠，未爽從繩之道。嗟乎，柯在手兮至近，不能觀者有諸。道于身而豈遠，不能行者信歟。故取則於人者失，聞道於人者疎。乃可端其末，慎其初。反視於周旋之内，收心於躁動之餘。因而利焉，是可宗也。譬以身者，方或同於。夫如是，正其規，從其本。揆度而枉柄無阻，睥睨而迷途自返。儻忠恕之内存，信率性之非遠。

宋 歐陽修《文忠集》卷六三《戕竹記》 洛最多竹，樊圃棊錯。包箨榯筍之嬴，歲尚十數萬緡。坐安侯一作厚利，寧肯爲渭川下。然其治水庸，任土物。簡歷芟養，率須謹嚴。家必有小齋閑館，在虧蔽間。賓欲賞，輒腰輿以入，不問辟疆，恬無怍讓也，以是名其俗爲好事。壬申之秋，人吏率持鎌斧，亡公私誰何。且戕且桴，不竭不止。守都出令，有敢隱一毫爲私，不與公。上急病服，王官爲慢。齒王民爲悖，如是累日。地榛園禿，下亡有嗇色少見於顔間者。由是知其民之急上。噫。古者伐山林，納材葦，惟是地物之美。必登王府，以經于用。不供，謂之畔廢。不時，謂之暴殄。今土宇廣斥，賦入委疊。上益篤儉，非有廣居盛囿之侈。縣官材用，顧不衍溢朽蠹。而一有非常，斂取無藝。意者營飾像廟過差乎。書不云，不作無益害有益。又曰，君子節用而愛人，天子有司所當朝夕謀慮。守官與道，不可以忽也。推類而廣之，則竹事猶末。

又《伐樹記》 署之東園，久茀不治。修至，始闢之。糞瘠溉枯，爲蔬圃十數畦。又植花果桐竹，凡百本。春陽既浮，萌者將動。園之守啓曰：「園有樗焉，其根壯而葉大。根壯則梗地脉，耗陽氣，而新植者不得滋。葉大則陰翳蒙礙，而新植者不得暢以茂。又其材拳曲臃腫，疎輕而不堅，不足養，是宜伐，因盡薪之。」明日，圃之守又曰：「圃之南有杏焉，凡其根庇之廣，可六七尺。其下之地最壤腴，以杏故。特不得蔬，是亦宜薪。」修曰：「噫。今杏方春且華，將待其實，若獨不能損數畦之廣爲杏地邪？因勿伐。」既而悟且歎曰：「吁。莊周之説曰：『樗櫟以不材終其天年，桂漆以有用而見傷夭。』今樗誠不材矣，然一旦悉翦棄。杏之體最堅密，美澤可用，反見存。豈才不才各遭其時之可否邪？」他日客有過修者，僕夫曳薪過堂下，因持而語客以所疑。客曰：「是何怪邪？夫以無用處無用，莊周之貴也。以無用而賊有用，烏能免哉？彼杏之有華實也，以有生之具而庇其根。幸矣。若桂漆之不能逃乎斤斧者，蓋有利之者在死。勢不得以生也。與乎杏實，異矣。今樗之臃腫不材而以壯大害物，其見伐，誠宜爾。與夫才者死不才者生之説，又異矣。凡物幸之與不幸，視其處之而已。」客既去，修然其言而記之。

宋 陳珌《洛水集》卷二三《伐千秋巨木竟梁梅堂》 二木盤根三千秋，萬斧過之無敢睞。今晨有梓號國工，朋曹十數來睥睨。爲言此木難斧斤，上有蟠龍下伏虎。莫教驚動萬年枝，掣電轟雷三日雨。直須作法起南風，號召百神同力扈。昂昂頭角向梅堂，五六鎮星來作輔。坐令國勢鞏蘿圖，萬歲千秋奉明主。

宋 陳起《江湖小集》卷三三《課伐木》 手揮樵斧氣如虹，幾樹寒煙一餉空。午夜無依烏鵲冷，數聲應恨月明中。

宋 田錫《咸平集》卷六《積薪賦》 翹翹錯薪，委積交陳。後來者漸次居上，先用者逐熱相親。仰之彌高，或連枝而帶葉；怨不在大，喻棄故而從新。其大也降鸞輅於東封，祀圜丘於南至；執玉帛者萬國，捧豆籩於羣吏。禮容具舉，樂章大備。《書》稱柴望，達上帝於外裡；《詩》曰薪蒸，本周人之貴氣。虞衡往來，析薪成堆；載來北闕之下，采自南山之隈。輦運錯雜，積疊崔嵬。但取禋宗之用，不論瑰異之材。譬如爲山，豈勉力於勤學；寧媚於竈，不旋踵於貽災。薪既不能自言，人或代之析理。繄吾儕小人，與彼其之子，憂負荷以弗勝，爲衆多之仰止。匪斧不克，因伐木以致身；受人之知，合不才而省已。始來采於山水之涯，丁丁合《風》《雅》之詩。積之累之，如京如坻。遠望比層巢之峻，仰瞻侔累卵之危。居中者謂不我遐棄，在下者謂人不我知。美古人善

宋　吕陶《浄德集》卷三八《伐樹》　此心非是好傷生，重倚西軒覺眼明。但得樗樠芽蘖盡，縣人何必笑丁丁。

宋　雷簡夫《大宋興州新開白水路記》　至和元年冬，利州路轉運使、主客郎中李虞卿，以蜀道青泥嶺舊路高峻，請開白水路，自鳳州河池驛至興州長舉驛五十一里有半，以便公私之行。具上未報，即預畫材費，以待其可。明年春，選興州巡轄馬遞鋪、殿直喬達，領橋閣并郵兵五百餘人，因山伐木，積於路處，遂籍其人，用訖是役。又請知興州軍州事、虞部員外郎劉拱總護督作，一切仰給，悉令爲具。命簽署興州判官廳公事、太子中舍李良祐，權知長舉縣事、順政縣令商應，程度遠近，按視險易，同督斯衆。知鳳州河池縣事、殿中丞王令圖首建路議，路占縣地且十五餘里，部屬陝西，即移文令圖，通幹其事。至秋七月始可其奏，然八月行者已走新路矣。十二月諸功告畢：作閣道二千三百九間，郵亭、營屋、綱院三百八十三間。減舊路三十三里，廢青泥一驛，除郵兵、驛馬一百五十六人騎，歲省驛廩鋪糧五千石、畜草一萬圍，放執事役夫三十餘人。路未成，會李遷東川路。今轉運使、工部郎中、集賢校理田諒至，審其績狀可成，故喜猶己出，事益不懈。於是斯役實肇於李，而遂成於田也。嘉祐二年三月，田以狀上，且曰：「虞卿以至和二年仲春興是役，仲夏移去。其經營建樹之狀，本與令圖同。臣雖承乏，在臣何力？願朝廷旌虞卿、令圖之勞，用勸來者。又拱之總役應用，良祐、應之按視修創，達之採造監領，皆有著効，亦乞陞擢。至於軍士什長而下，并望賜與，以慰遠心。」朝廷議依其請。初，景德元年嘗通此路，未幾而復廢者，蓋青泥土豪輩唧唧巧語，以疑行路。且驛廢，則客邸酒壚爲棄物矣，浮食游手，安所仰邪？小人居嘗争半分之利，或睚眦抵死，況坐要路無有在我，遲行人一切之急，射一日十倍之貴，顧肯默默邪？造作百端，理當然爾。嚮使愚者不怖其誕説，賢者不惑其風聞，則斯路初亦不廢也。大抵蜀道之難，自昔以青泥嶺稱首。一旦避險即安，寬民省費，斯利害斷然易曉，烏用聽其悠悠之談邪！而後之人見已成之易，不念始成之難。苟念其難，則斯路永期不廢矣。簡夫之文雖磨□□石，亦恐不足其傳。請附於尚書職方之籍之圖，則將久其傳也。嘉祐二年二月六日記。水陸計度轉運使兼本路勸農使、朝奉郎、守尚書主客郎中、上輕車都尉、賜紫金魚袋李虞卿。利州路諸州水陸計度轉運使兼本路勸農使、朝奉郎、守尚書工部郎中、

喻，下僚其咨。本入用之遲速，胡觖望於高卑。

宋　張耒《柯山集》卷四二《伐木記》　人與物各以其氣相勝而後能全，夫氣也者，假其所託而後有者也。夫長江、大河、積水之淵，俯視杳然，莫知其深。長波巨泒，出没奔突。近窺而神寒，遠視而目竦，此則蛟龍、虬蜃、魚黿之所託，以禦物之害己者而全其生者也。高山大麓，緜亘盤屈，翳以林薄，捍以木石，縈溪絡澗，懸壁千仞，使人望而不敢近，近則畏而走。此則虎豹熊羆之所託，以禦物之害己者而自全其生者也。使虎豹窺魚龍之淵，蛟鼉視熊羆之藪，則惶怖疾走而求去之矣。何則物各以其所託者見其氣，氣勝則非其類者，避之矣。今夫叢祠墟墓之間，入者慘然而心不寧，目不敢肆視，足不敢肆遊，其背肅肅如畏，是何也？叢祠墟墓，鬼神之所託，而人之氣不勝故也。夫惟氣勝者全，故氣不勝者受其病。故虎兕蛟鼉易其所處，則其心悲沮而無聊者，病之所從入也。予官福昌，福昌，古邑之廢者也。官舍依山爲地十餘畝，其竹與木居十六。地曠人寡，草木茂遂。其大者皆百餘年根幹，蔽覆若幄，若屋，交羅籠絡，縈以蔦蔓，凡日將旦夕、將晦，鳥鳴獸號，聲音百千，終日闃然不聞人聲。夫環爲城，通爲衢，限爲域，立爲屋室，闢爲場圃，夷易洞達，内外相應，面陽而背陰，附燥而瞰濕，間以草木，表以臺觀，人之所託也，惟其所託者。若是，故禽獸不敢藏，蛇蚖無所蟠。居之而安，遊之而樂，而人之氣乃能勝其異己者。是故，無疾患、無驚惕，壽考安樂，遠去疾癘。而今吾之所居，草木居大半矣。其堅頑碩老無以異於藪澤，此則鳥獸之所戀，而蛇虺狐狢之所樂。而人之所居，乃其棄餘。則凡使吾四鄰之外，晨夜而不敢出。其心矜矜，若畏敵國，一夕數興，寢而不夢，是豈非蛇虺狐狢之氣勝，而人之所託者弱耶？于是聚吏徒集斧斤，一日之役十夫，不三日而盡伐之。剖根窮本，芟伐翦剔。大者備梁柱，小者中椽杙。弱者補藩籬，惡者從薪蒸。洒掃墾除平地，乃見陰陽疏通，表裏洞然，屋室階闥，如湧而出於是，鳥獸之聲、狐狢之迹不復至矣。朝遊而足不忌，夜處而心不惕，吾知人之氣勝矣。夫氣也者，起乎其所類發乎？其所託莫知其然而然者也，何則物以類處者，未嘗自見其氣也。所託者無情，不能與物爲始也。至其相待而後成，相感而後發，自外而視之，隱然不可無也。大荒之瀕行者，返顧久廢之室，寢者數驚。推之而無故，窮之而無物。故物之未始有形，而不可慢者，其氣也歟？

充集賢校理、輕車都尉、賜緋魚袋、借紫田諒。

元 楊維楨《鐵崖古樂府》卷四《伐木篇》 伐木入空谷，有木大蔽牛。大廈孰傾棟，一日蒙見收。廼知匠石棄，故非文木儔。土腐不中槨，水沉不中舟。拳不受檃揉，樠不受丹髹。今茲忽邂逅，陶我山之湫。斧斤訪薪木，輿輓充吾檟。我聞漆園旨，壽或逃商丘。幸有大不幸，焉知桑柏楸。

元 涂幾《樵雲賦》 石田荒蕪，清溪罷漁。嗟吾行兮安之，乃於樵而是圖。執彼斧斤，往來崎嶇。苔磴霜寒，株林葉枯。爰採掇乎薪蒸，釋勤勞於僕夫。鬱鬱高岡，浮雲是紆。翳晴光於木末，散微潤於衣裾。冉冉人起，濛濛鳥呼。忽丁丁之可聞，辨崖嶺之模糊。歲既宴兮無與歸，唐虞世兮忽已徂。高車駟馬兮吁可哀，舍吾樵兮何所如。彼條彼枚，維棫維樗。既食力之無災，乃全生而有餘。重爲之歌曰：樵之人兮，返龐淳兮。我思其儔無慚，葛天氏之民兮。

元 王司《重建文宣廟學碑銘》 尹衆皆嘖嘖感歎，捧謝而去，因綴以辭而繼之銘，銘曰：

於維即墨，乃漢不其。邑負海曲，俗漸島夷。逢時兵燹，庠序無遺。皇元啓運，文化熙熙。矧是小邦，粤在東陲。孰其主張，孰其綱維。義民有吕，伯瓚仲珪。易壤割財，廟學式規。厥制湫隘，習陋安庳。歲月淹久，棟宇其頽。時維董侯，士林之魁。不吐不茹，有猷有爲。深入勞山，率彼工倕。伐木五千，航海以歸。乃夷故城，乃築其基。乃隆其棟，乃藻其榱。翬阿翼翼，如翬斯飛。丹壁霞絢，碧瓦煙輝。展禮有宇，敷教有區。聖容有儼，賢像有儀。羣儒正序，先賢設祠。輪奂一新，百倍往時。嗟嗟墨士，聽我訓辭。毋訹邪説，毋從詭隨。毋崇於酒，毋荒於嬉。惟哲是式，惟聖是師。

明 劉基《誠意伯文集》卷一《伐寄生賦》 余山居，樹羣木，嘉果駢植，人事錯迕，斤斧不修。野鳥棲息，糞其上，茁異類，日夕滋長，舊本就悴。余覩而悲之，乃募趫捷，腰斧鑿，升其巔，剜條剔根，聚其遺而燔之。於是老榦挺立，新荑濯如，若瘡瘍脱身，大姦去國，斧鉞之時用大矣哉！作《伐寄生賦》。

天生五材兮，資土而成。汝獨何爲兮，附麗以生。疣贅蛭㘓兮，枝牽蔓縈。瘠人以肥己兮，偷以長榮。狀似小人之竊據兮，謂城社之可憑。觀其陰不庇物，材匪中器，華不羞於几筵，實不諧於五味。來鳥烏之哤聒，集蟲豸以刺蚝。果被之而實萎，卉蒙之而本悴。壇杏無所容其芬芳，甘棠曷能成其蔽芾？亶無庸而有害，矧眶睫之可置。爾乃建修，竿升木末，運斤成風，以剪以伐。脱纏牽於喬竦，落纖蔹之騷屑，剜蘚膚以除根，敦去毒而刮骨。於是巨蠹既夷，新荑載蕃。迎春而碧葉雲滃，望秋而碩果星繁。信知斧鉞之神用，寧能裕蠹而生患也耶？嗟夫！農植嘉穀，惡草是芟，物猶如此，人何以堪！獨不聞夫三桓競爽，魯君如寄；田氏厚施，姜陳易位；大賈入秦，伯翳以亡；國謀既售，芊化爲黄。蠹憑木以槁木，姦憑國以盜國。鬼居盲而人殞，梟寄巢而母食。堅冰戒乎履霜，嬴豕防其蹢躅。諒前轍之昭昭，何人心之自惑？故曰：「非其種者，鋤而去之。」信斯言之可則。

明 徐渭《徐文長逸稿》卷七《伐木圖》 一斧劈殘深霧，萬牛輓動横沙。知費幾番造化，正宜今日皇家。

明 石存禮《海岱會集》卷五《七言古詩·醉樵歌》 有美人兮山之曲，衣食無營採薪足。得錢沽酒醉且歸，還向山中伐山木。許許一聲天地空，青山無人白雲宿。

明 劉崧《槎翁詩集》卷三《武溪獲大木歌》 大材用世不可測，每自淪落升高隆。君看武溪蟄古木，一朝遠致黄堂中。黄堂舊梁危嶷嶷，久待瑰奇更蠹蝕。武溪父老不自私，爲言水中有鉅植。根節槎枒良可識，太守遣吏往視之。陳牲釃酒先告祠，踏泥直恐龍奮躍。抉石猶疑天倒垂，伐之錚錚金鐵鳴。黑泖漬入霜皮赬，千夫挽綆土竅裂。迅雷走雨溪靈驚，歸來繩削騰高架。藻繪風生動清夏，何年汨没泥滓餘。一日州民拜其下，人生出處安可常。苦心未朽終騰驤，君不聞，豐城地底劍，萇弘土中血，千年化碧安可磨？亦有龍光斗牛掣。

清 汪琬《鈍翁續稿》卷一八《伐楊柳記》 楊柳易生，而宜於水涯。春夏之閒，往往多美蔭。吾吴故澤國也，人家瀕水率栽楊柳，以取蔭焉。然其木稍久，則空中而易朽，不足備梁棟器物之用。髡之惟可用以薪爾，此莊周氏所謂不材者也。而吾黨顧作詞以寵之，傳相放效多至數百首。儻亦楊柳之幸邪？刻詞甫竟，而官中造火藥，需其木爲炭，巡撫下令長洲吴兩縣，命伐城内外楊柳，民閒騷然。而無知者懼所由之攖，復私自伐之。公私所戕，殆不啻十之六七。或咎予詞，若爲之讖然。予曰：「非也。吾聞福不可妄邀，而名不可倖得。楊柳以不材之木而横被詩詞之寵，則其致此災也，宜矣。然櫟社以不材全，而楊柳獨以不材見伐，此其不幸而非莊氏之言之不驗也。」於是，復有客曰：「此二説皆過也。夫楊柳無知之物，寵之以詞，不知榮陀之以斧斤，不知辱者也。今使士大夫處榮辱之會，澹焉漠焉，能如此木之無知，則幾矣。曾是不能而顧譊譊焉於楊柳，不亦陋乎？」予異其言，故記之。

清 愛新覺羅·弘曆《御制詩集》卷三三《伐木》 塞山雨挾風，古木或摧折。園丁持斧尋，翦拂不可缺。丁丁隔院聞，其聲中音節。敗枝與芟夷，嘉榦益分別。行仁寓於義，凡事可矩絜。惜薪既供爨，求友亦興平聲悅。猶虞林漸稀，謂言護萌蘖。

清 沈季友《檇李詩系》卷二九《維風先生魏允枘·豫章行》 嘉樹挺奇植，托根于崇山。上葉蔭通衢，下枝俯流泉。蕃衍非一朝，賦質固已堅。霜霧萃其條，鳥鼠穴其巔。車徒憩道旁，行者爲美觀。匠石需良材，執柯過我前。根株被斧斤，顛仆大道邊。嗟彼山下樹，樛枝互糾纏。堅脆何可恃，寧爾能獨全。願爲朝華草，榮落任天年。

清 趙士麟《讀書堂綵衣全集》卷二〇《樹木説》 今夫樹木者，樹松柏也，其次桃李。松柏可材，桃李華悦，不任風雨。若夫梗楠，長于深山，處幽生邃，歷千歲而始材，廟堂之觀也。漢起建章之宫，建承明之殿，群材畢集，列若丘山。其時，欲轉干霄之木，爲盤之石於巖廊之間，非一手一足之力也。百夫駕車，千夫引繩，前呼輿謣，後皆應之，木翻然馳焉。當此，雖有絲桐之奏，霓裳之舞，鞉鼓之音，不相關也。何則物有鉅纖，聲有微昂，力有齊不齊，人有至不至故也。況舉重任致遠道乎？所宜深之以養，出之以識，洞之以微，而作之以氣也。幾有伏智者睹之，務有時謀者乘之，所貴於士者，秉道而植志，圖公而輟私。目周堂户之中，聰徹垣牆之外，博習厚蓄，明晰今昔之故。負不可涯之氣，而懷忠純之腹，斯則優矣。吾抽尋往蹟，歷觀群倫，則深歎名實之難焉。今有賣珠于市者，華其櫝而中亡珠，貿入以爲美，携歸而啟之，則喟然嗟焉。吾懼其或類之也。

清 陸繼輅《崇百藥齋文集》卷一《伐木詞》 五色山雞忽飛起，斧聲丁丁夕陽裏。野人山居不買薪，日向山頭伐荆杞。持錢贈汝勿更伐，山深樹古生連理。連理青青可憐色，上有好鳥名比翼。

清 何紹基《東洲草堂詩鈔》卷九《伐木》 山氣作雲雲化雨，雨過雲歸山是土。山中大樹幾千年，融洩乾坤雲所祖。蠢民伐木心不憐，山上種田秧到天。雲根將枯雨倏薄，漸恐人間多旱年。

清 光緒《長甯縣志》卷一五《沈濤·入山采木》 應知性癖愛深山，更遣迂生作魯班。足試險夷知老至，手持衡尺見材□。寒蛩得月傷心語，敗葉防霜盡力丹。不是醉翁行樂處，强採絶勝興方闌。

雜録

漢 東方朔《神異經》 東方荒外有豫章焉，此樹主九州。其高千丈，圍百尺，本上三百丈，本如有條枝敷張如帳，上有玄狐黑猿。枝主一州，南北竝列，面向西南。有九力士操斧伐之，以占九州吉凶，斫之復生，其州有福。創者州伯有病，積歲不復者，其州滅亡。亡者，州伯死。復者，木創復也。

晉 嵇含《南方草木狀》卷中 杉，一名披粘。合浦東二百里，有杉一樹。漢安帝永初五年春，葉落，隨風飄入洛陽城，其葉大常杉數十倍。術士廉盛曰：「合浦東杉葉也，此休徵當出王者。」帝遣使驗之，信然。乃以千人伐樹，役夫多死者。其後三百人坐斷株上食，過足相容，至今猶存。

南朝梁 蕭子顯《南齊書》卷一八《祥瑞志十》 [永明]九年，秣陵縣鬬場里安明寺有古樹，衆僧改架屋宇，伐以爲薪，剖樹木裏，自然有「法大德」三字。

唐 房玄齡《晉書》卷二八《五行志中》 漢獻帝建安二十五年春正月，魏武帝在洛陽起建始殿，伐濯龍樹而血出，又掘徙梨，根傷亦血出。帝惡之，遂寢疾，是月崩。蓋草妖，又赤祥，是歲，魏文帝黄初元年也。

唐 莫休符《桂林風土記》《古今事迹·如錦潭》 麋郡述昆州有如錦潭，水深無際。近歲有人伐潭邊巨木，樹倒入潭中，逡巡沈没，莫知所在。潭中時聞音樂，如大府廣筵，移時而止。

五代 孫光憲《北夢瑣言》卷一六《木中異文》 梁開平中潞州軍前李思安奏：壺關縣庶穰鄉人因伐樹倒分爲兩片，内有六字，皆如左書，曰：「天十四載石進。」乃圖其狀以獻，仍付史館爾。後唐莊宗皇帝自晉王登位以爲應之，中間石氏自并門受國稱首朝，湖南馬希範解釋此字表聞焉。

明 王圻《稗史彙編》卷一五〇《白朮苗》 淳熙中，台州天台縣樵夫入山，見小木堅直，伐以爲担，其芬香異常，樵不識也。負薪出市賣，有識者曰：「此白朮苗也。安得如許？大殆必神物，可更往取之。」樵夫復尋原處，茫不可識，信步入脚，墜一穴中，遥望竅隙，光如當三錢大。隨之以行，了無窒礙，約一日久，聞頭上有鳴櫓聲，又一日許，乃從黄岩縣委羽洞出焉。蓋冥行幾三晝夜，殊不覺飢渴，其爲神仙境界可知矣。

明 錢希言《獪園》卷七《影响・曹侍郎伐樹報》 侍郎曹公時聘治河濟上，以太夫人内艱還獲鹿。里中無水，居民出錢買大家井水，公遂鑿十四井于家，汲者絡繹不絶，而陽宅地形從此殘破。其宅傍有老栢樹一株，故老相傳爲千餘年物。公檢曆擇日，將伐取其材。是夜，公夢樹神託形爲緑衣老人，詣門告曰：「吾壽已千餘歲矣，明公無遽相害也。不聽，陰譴至矣。」公明日起而訝曰：「樹果有神乎？此必無之理也，吾志决矣。」其夜，老人復見夢如初，曰：「必伐我，將滅而家。先殛而子。」公大怒，睡中叱之去。明日早起，亟召匠工持斧執鋸，立時伐取，樹中血流，地爲之赤。未幾，長子孝廉死，公與夫人相次而亡。一門之内，無噍類矣。

明 余懋學《仁獄類編》卷二四《群鳥鳴伐樹》 汪明知湖口縣，一日見羣鳥哀鳴於庭，疑之。命人隨鳥往數里外，飛遶茂林，升木視之，見數十巢鳥卵未成雛。訊之，則明日伐是樹也。亟召其民而止之。

清 嵇璜《續文獻通考》卷二二八《物異考・木異》 宣宗興定四年，華州渭南縣民裴德寧家伐樹，破其中，有赤色大字，表裏脗合。

清 同治《新化縣志》卷一九《人物志・忠義》 [楊]明達糾衆禦之，殉難栗山，其子如孝，終身不經其地，每望而長號。服賈漢市遇一人，貌古神清，謂之曰：「汝家世節義，宜食報語汝，大腦砦琉璃坳，有桐數株，乃金窟也。」歸伐樹取之，家日裕。

圖表

宋 李孝美《墨譜法式》卷上《採松》 右採松之肥潤者，截作小枝，削去簽刺。懼其先成白灰，隨烟而入，則煤不醇美。

宋 周應合《景定建康志》卷六《建康表二吳》（吳後主孫皓寶鼎）

二年丁亥			夏六月，起新宮于太初之東，制度尤廣。二千石以下，皆自入山督伐木。又攘諸營地，大開苑囿，起土山，作樓觀，加飾珠玉，制以奇名。

運輸部

論説

宋 文彥博《文潞公文集》卷一七《奏陝西衙前押木栰綱至和二年**》** 陝西衙前勗苦者押木栰綱，無不被刑破產。臣在永興，令通判職官周詢其弊，皆言每歲春初，方自朝省分配到合要木植，比至收買繫栰，須及夏末以來，僅得辦集。正值黄河水泛漲之時，常有飄失，其勞苦費用，動逾數倍。遂擘畫於年前冬初，沿河出木處縣邑，官置買木塲，先勘會省轉向前分配文字，約度常年須合應用木植，預前收買，如法安置。比至春初，省司配木植文字到來，量事添備，便可繫栰。趁四月間水勢平緩之時，駕放赴下納州軍，極甚省切減費。此只是永興軍一處，通判職官等已如此擘畫，其餘沿河出木州軍未會行遣。欲乞下陝西轉運司更相度經久施行。

清 顧炎武《肇域志・山東》卷五《即墨縣》 本縣淮子口、董家灣諸海口，係淮舟必由之路。而陰島、會海等社，則海口切近之鄉。嘉靖十八年，本縣城陽社民牛稼告允行海舟，自淮安竟船，兩晝夜直抵城陽之西金家口，通貿易。是歲，大饑，沿海之民賴之以不死。行之數年，牛氏以富，附舟者咸利之。厥後倭夷稱亂，其利遂止。隆慶六年，議行海運，膠之民因以造舟達淮安。淮商之舟，亦因而入膠。膠西由此稍稱殷富。每船輸椿木銀三兩，於州以爲常。今雖有防海之禁，而船之往來固自若也。獨本縣則拘守厲禁，而無敢通商。然淮商之船，亦不能越縣之淮子口等處，而徑達州也。但本縣地方不得停泊，而本州地方則任其交易。何海境之寬嚴獨異耶？

清 計六奇《明季北略》卷五《張延登請申海禁》 四月十八日，浙江巡撫張延登奏曰：自去歲閩寇闖入浙中，臣督三區水陸官兵協勦，敗衂遠遁。近據偵探，自李芝奇叛鄭之龍而去其黨，若陳成宇、白毛老、赤紫哥、桂叔老竄入閩粤之界，約船六百餘號。釜游不定。彼荒歉無所得食，海洋寥廓，順風一葦可航。萬一復來，爲害更烈。臣思善後之策，獨海禁一節，爲目前最急之着。按海寇之始，出于閩民通番之弊。通番獲利十倍，人捨死趨之，其流禍遂至不可救藥。閩浙海運交界之處，名曰沙堤，以限南北。勒令閩船不許過浙，浙船亦不許過閩。天啟七年三月，撫臣潘汝禎奏浙閩俱瀕海鄰倭，慮奸民勾引，禁船隻不許往來。日久玩愒，出入毋禁，以致崇禎元年海寇大舉入犯。臣細訪閩船之爲害于浙者有二：一曰杉木船。福建延汀邵建四府出産杉木，其地木商將木沿溪放至洪塘南台甯波等處發賣。外載杉木，内裝絲綿，駕海出洋。每賃興化府大海船一隻，價至八十餘兩，其取利不貲。一曰釣帶魚船。台之大陳山、昌之韭山、甯之普陀山等處，出産帶魚。獨閩之蒲田福清縣人善釣，每至八九月，聯船入釣，動經數百，蟻結蜂聚，正月方歸，官軍不敢問。此二項船皆與賊通，賊先匿大陳山等處山中爲巢穴，僞立頭目，刊成印票，以船之大小爲輸銀之多寡。或五十兩，或三十、二十兩不等。貨未發，結票謂之報水。貨賣完，納銀謂之交票。毫厘不少，時日不爽。此二項船，貫盜賊勾引之囮媒也。至浙人之自爲害者，奸船爲最。前釣魚船搭廠于山，繫船于海。内地奸民，皆以大小划船假冒鄉紳旗號，裝載酒米，與漁船貿易，而藏違禁硝磺等物以資賊。每獲重利而歸，窮洋竟同鬧市。是划船者，又盜賊兵糧之齎送也。欲清海禁，非嚴禁三項船不可。或謂水行埠舊有船税，禁船則商賈不通，税何從出？不知舊規，兩處商人俱卸沙堤倒換貨自南來者，如糖靛椒藤諸物必易浙船以入。貨自北去者，如桃棗藥材諸物，必易閩船以出。杉木船獨不可責之易乎？明禁既行，但有由外洋竟至定海者，即以越禁重處，如此則稽查既易，而税亦不至乏絶矣。或又謂海上居民，以海爲業，剥船若禁，樵採何資？臣又訪大樣剥船隻，桅木槳便捷如飛，勾引最易。今須令近海縣分有司按船編號，止許兩划之小船，近老岸行使，朝出暮歸，不許窮洋極島。船小則不能重載，限日則不能遠去，官旗各色，盡行禁革，亦公私兩便之道也。

綜述

《尚書・高貢》（孔安國傳　孔穎達疏） 海岱惟青州，東北據海，西南距岱。

疏 青州，傳東北至距岱。正義曰：海非可越而言據者，東萊東境之縣，浮海入海曲之間，青州之境非至海畔而已，故言據也。漢末有公孫度者，竊據遼東，自號青州刺史。越海收東萊諸郡，堯時青州當越海而有遼東也，舜爲十二州，分青州爲營州，營州即遼東也。（略）厥貢鹽、絺、海物惟錯絺，細葛，錯雜非一種。岱畎絲、枲、鉛、松、怪石，畎，谷也。怪異好石似玉者，岱山之谷出。此五物皆貢之。疏傳畎谷至貢之。正義曰：釋水云水注川曰谿，注谿曰谷，谷是兩山之間流水之道。畎言畎去水故言谷也。怪石，奇怪之石，故云好石似玉也。枲，麻也。鉛，錫也。岱山之谷有此五物，美於他方所有，故貢之也。（略）浮于汶，達于濟。疏浮于汶。正義曰：地理志云：汶水出泰山萊蕪縣，原山西南，入濟水也。海岱及淮惟徐州，東至海，北至岱，南及淮。淮沂其乂蒙羽其藝。二水已治，二山已可種藝也。疏徐州，傳二水至種藝，正義曰：乂訓治也，故云二水已治。地理志云：沂水出泰山蓋縣臨樂子山南至下邳，入泗過郡五行六百里，淮出桐柏山，發源遠矣。於此州言之者，淮水至此而大爲害，尤甚，喜得其治，故於此記之。地理志云：蒙山在泰山蒙陰縣西南，羽山在東海祝其縣南。詩云：「蓺之荏菽」，故蓺爲種也。（略）羽畎夏翟，嶧陽孤桐夏翟，翟，雉名，羽中旌旄，羽山之谷有之。孤，特也，嶧山之陽特生桐，中琴瑟。疏傳夏翟至琴瑟。正義曰：釋鳥云：翟，山雉，此言夏翟，則夏翟共爲雉名。《周禮》立夏采之，官取此名也。《周禮·司常》云：全羽爲旞，析羽爲旌，用此羽爲之，故云羽中旌旄也。地理志云：東海下邳縣西有葛嶧山，即此山也，曰翟山。浮于淮泗，達于河。淮海惟揚州，北據淮南距海彭蠡既豬，陽鳥攸居彭蠡，澤名，隨陽之鳥，鴻鴈之屬，冬月所居於此澤。疏揚州，傳彭蠡至此澤。正義曰：彭蠡是江漢合處，下云導漾水，南入于江東，匯爲彭蠡是也。日之行也，夏至漸南，冬至漸北。鴻鴈之屬，九月而南，正月而北。左思《蜀都賦》所云：「木落南翔，氷泮北徂」是也。日，陽也，此鳥南北與日進退，隨陽之鳥，故稱陽鳥，冬月所居於此彭蠡之澤也。（略）厥貢惟金三品金、銀、銅也。疏傳金銀銅也。正義曰：金，既摠名，而云三品，黃金以下惟有白銀與銅耳，故爲金、銀、銅也。釋器云：黃金謂之璗，其美者謂之鏐。白金謂之銀，其美者謂之鐐。郭璞云：此皆道金銀之別名及其美者也。鏐，即紫磨金也。鄭玄以爲金三品者，銅三色也。瑤琨篠簜，瑤琨，皆美玉，又云皆美石。疏傳瑤琨皆美玉。正義曰：美石似玉者也，玉石其質相類，美惡別名也。王肅云：瑤琨，美石，次玉者也。齒革羽毛惟木，齒，象牙。革，犀皮。羽，鳥羽。毛，旄牛尾。木，楩、梓、豫章。疏傳齒象至豫章。正義曰：詩云「元龜象齒」，知齒是象牙也。說文云：齒，口斷骨也。牙，牡齒也。隱五年，《左傳》云：齒牙骨角牙齒小別統而名之齒，亦牙也。《考工記》：犀甲七屬，兕甲六屬。宣二年左傳云：犀兕尚多棄甲，則那是甲之所用犀革爲上革之所美莫過於犀，知革是犀皮也。說文云：獸皮治去其毛爲革，革與皮，去毛爲異耳。說文云：羽，鳥長毛也，知羽是鳥羽。南方之鳥孔雀，翡翠之屬，其羽可以爲旍，故貢之也。說文云：犛，西南夷長旄牛也，此犛牛之尾可爲旌旗之飾，經傳通謂之旄。牧誓云「右秉白旄」，詩云「建旐設旄」，皆謂此牛之尾，故知毛是旄牛尾也。直云惟木，不言木名，故言楩、梓、豫章此三者，是揚州美木，故傳舉以言之，所貢之木，不止於此。沿于江海，達于淮泗。順流而下曰沿，沿江入海，自海入淮，自淮入泗。沿，悅專反，鄭本作松。疏傳順流至入泗。正義曰文十年，左傳云沿漢泝江。泝是逆，沿是順，故順流而下曰沿，沿江入海順也，自海入淮，自淮入泗，逆也。荊及衡陽惟荊州，北據荊山南及衡山之陽。疏荊州，傳北據至之陽。正義曰：此州北界至荊山之北，故言據也，南及衡山之陽，其境過衡山也。以衡是大山其南，無復有名山大川可以爲記，故言陽見其南至于山南也。厥貢羽毛齒革，惟金三品，土所出與揚州同。疏傳土所至州同。正義曰：與揚州同，而揚州先齒革，此州先羽毛者，蓋以善者爲先，由此而言之。諸州貢物多種，其次第皆以當州貴者爲先也。杶、榦、栝、柏榦，柘也，柏葉松身曰栝。疏傳榦柘至曰栝。正義曰：榦爲弓榦，考工記云：弓人取榦之道也，以柘爲上，知此榦是柘也。釋木云：栝，柏葉松身。陸機毛詩義疏云：杶榑栲漆相似如一，則杶似榑漆也。杶、栝、柏，皆木名也。以其所施多矣，柘木惟用爲弓榦，弓榦莫若柘木，故舉其用也。杶，出倫反。礪砥砮丹砥細於礪，皆磨石也。砮石中矢鏃，丹朱類也。疏傳砥細至朱類。正義曰：砥以細密爲名，礪以粗糲爲稱，故砥細於礪，皆磨石也。鄭云：礪，磨刀刃石也，精者曰砥。魯語曰：肅慎氏貢楛矢、石砮，賈逵云：砮，矢鏃之石也，故曰砮。石中矢鏃丹者，乃丹砂也，故云朱類。王肅云：丹可以爲采。惟箘、簵、楛三邦底貢厥名箘、簵，美竹。楛，中矢榦。三物皆出雲夢之澤，近澤三國常致貢之，其名天下稱善。疏傳箘簵至稱善。正義曰：箘簵美竹，當時之名猶然。鄭云：箘簵簬風也，竹有二名，或大小異也。箘簵是兩種竹也，肅慎氏貢楛矢，知楛中矢榦，三物皆出雲夢之澤，當時驗之猶然。經言三邦底貢，知近澤三國致此貢也。文續厥名，則其物特有美名，故云其名天下稱善。鄭玄以厥名屬包匭菁茅。浮于江、沱、潛、漢，逾于洛，至于南河。逾，越也，河在冀州南東流，故越洛而至南河。疏浮于江沱潛漢。正義曰：浮此四水乃得至洛，本或潛下有于誤耳。

宋　單鍔《吴中水利書》　或又曰：由宜興而西，溧陽縣之上，有伍堰者，古所以節宣歙、金陵、九陽江之水。由分水銀林二堰，直趨大平州蕪湖。後之商人，由宣歙販運簰木，東入二浙。以伍堰爲艱阻，因相爲之謀，罔給官長以廢伍堰。伍堰既廢，則宣歙、金陵、九陽之水，或遇五六月山水暴漲，則皆入于宜興之荆溪。由荆溪而入震澤，蓋上三州之水，東灌蘇、常湖也。

元　沙克什《河防通議》卷下　陸運。凡般擔諸物，每擔重六十斤，往還六十里，爲一功。擡挵椿橛明昌七年，本監申刑部准擬定例。椿長三丈，六人一條。二丈五尺，五人一條。二丈，四人一條。拽後橛七尺五寸，一人一條。捯橛二丈五尺，二人一條。簽橛一丈二尺或一丈，一人一條。出漉竹柀解圻上岸，竹每人一百竿，不論大小。木一丈二尺至一丈四尺，每人四十條。一丈八尺至二丈，徑六寸每人二十五條。二丈二尺至二丈五尺，每人一十五條。積垛梢草，就近般使，以二百尺爲功。積垛結山苫蓋般運，用積尺見後。般至垛下，每功三百束。場外般至場裏，每功二百束。結山苫蓋，每功一百束。

明 范景文《南樞志》卷六一《車駕》 一起杉、楠、榆、檀木，猫竿竹，并杉、楠、板枋等雜木二萬七千八百八十根塊，其杉楠竹木找簰，照例支給工費銀兩。今撥板枋并水手宿食、繩纜、及運官乘座，共馬快平船二十一隻。（略）

一起杉條五千根。隆慶二年，本部奏改找簰，照例支給找簰銀兩，仍撥内官乘座并裝水手宿食、繩纜、馬快船四隻，今撥船四隻。（略）

一起杉楠板木八千五百九十四根塊，今撥船三十八隻。

一起栢木板枋杉條。嘉靖三十一年，題准每一百八十根用快船一隻，如用平船，可裝二百六十根。久未起運。

一起松木板枋二千六百塊。嘉靖三十一年，題准每二百六十塊用平船一隻起運，多寡不等，臨時照例驗裝。

欽取紫檀等木、觀音等竹，三千七百零六根段，裝盛廂架共七百四十七扛。萬曆十三年，議照番錫事例，每二十五扛裝船一隻，共撥馬快船三十隻。萬曆十五年，起運花梨等木，計六百六十一根段，共六千一百六十六扛，每十七根用船一隻，撥裝馬快船三十九隻。萬曆十七年起運一百三十二段，裝盛廂架扛索計一千五百九十六扛，每十六根用船一隻，撥裝馬快船八隻。

一大木每年三月十二日説堂，四月初六日撥船，仍以錢糧完驗爲主。（略）

一雜木每年二月二十八日説堂，四月初六日撥船，仍以錢糧驗完爲主。（略）

一司禮監杉條每年三月十六日説堂，四月初六日撥船，仍以錢糧驗完爲主。（略）

一御用監杉條，每年三月二十六日説堂，五月初六日撥船，仍以錢糧完驗爲主。

又 卷六二《竹木找簰》 一南京司禮御用二監，每年各起運杉條木赴京，各撥船隻裝載。隆慶二年，本部題准將杉條竹木找簰撑運，本部年例差銀改爲找簰工料，户部行月糧銀改爲水手工食，二監每年各起運杉條木五千根，各找爲一十七簰，各撥管運内臣乘座水手宿食等項，馬快船四隻，以上二項共計三十四簰，每簰合用找簰繩纜什物工料銀六兩三錢，看堆銀二兩，共給銀二百八十二兩二錢，于本司庫貯年例等銀内動支。每簰合用撑駕水手三名，每名工食銀七兩，共給銀七百一十四兩，於南京户部行月糧銀内咨取，過部通給各該管運内臣領回，給散應用仍取該監印信領結。附卷，每簰撑夫一十三名。

一内官監每年起運杉、楠、榆、檀木、猫竿竹并杉、楠板枋等雜木二萬七千八百八十根塊，赴京内取板枋八百八十塊，撥船裝載。外其杉、楠、竹木找爲六十五簰。萬曆三十五年，議減定五十八簰，每簰撑夫一十三名，其工費銀兩照竹木簰例支給。

清 光緒《寧洋縣志》卷一〇《藝文志・吴材〈建太平西洋諸橋碑記〉》 况千巖萬壑出入往來，全藉木橋可以相通，此數者所謂斯須不可或害者也。外屬之商多向永界售大杉木，經年累月拖運堆積於河邊，俟水勢漲，大杉順流滚下，其近澗之苗田變爲沙壩，墳塋蹂躪爲路，柩寮悉被推流，隔河興嘆，望水長號。

清 薩英額《吉林外記》卷八《木有軟硬》 每年官處給票砍運，修造船隻及八旗官兵蓋房、燒柴。承領票頭謂之「木頭」、「老鴉」，砍存過冬謂之「打凍」，乘冰雪拉運及開河至江口謂之「赶洋」。總由拉發河蛟河趕至拉發口，登廠穿排入松花江到城江邊。

傳　記

漢 司馬遷《史記》卷一一九《循吏列傳》 孫叔敖者，正義《説苑》云：「孫叔敖爲令尹，一國吏民皆來賀。有一老父衣麤衣，冠白冠，後來，弔曰：『有身貴而驕人者，民亡之；位已高而擅權者，君惡之；禄已厚而不知足者，患處之。』叔敖再拜，敬受命，願聞餘教。父曰：『位已高而意益下，官益大而心益小，禄已厚而慎不取。君謹守此三者，足以治楚。』」楚之處士也。虞丘相進之於楚莊王，以自代也。三月爲楚相，施教導民，上下和合，世俗盛美，政緩禁止，吏無姦邪，盜賊不起。秋冬則勸民山採，春夏以水，集解徐廣曰：「乘多水時而出材竹。」各得其所便，民皆樂其生。

宋　歐陽修《新唐書》卷一一八《韓朝宗傳》　朝宗初歷左拾遺。睿宗詔作乞寒胡戲，諫曰：「昔辛有過伊川，見被髮而祭，知其必戎。今乞寒胡非古不法，無乃爲狄？又道路籍籍，咸言皇太子微服觀之。且匈奴在邸，刺客卒發，大憂不測，白龍魚服，可深畏也。況天象變見，疫癘相仍，厭兵助陰，是謂無益。」帝稱善，特賜中上考。帝傳位太子，朝宗與將軍麗承宗諫曰：「太子雖睿聖，宜且養成盛德。」帝不聽。累遷荆州長史。開元二十二年，初置十道採訪使，朝宗以襄州刺史兼山南東道。襄州南楚故城有昭王井，傳言汲者死，行人雖暍困，不敢視，朝宗移書諭神，自是飲者亡恙，人更號韓公井。坐所任吏擅賦役，貶洪州刺史。天寶初，召爲京兆尹，分渭水入金光門，匯爲潭，以通西市材木。出爲高平太守。始，開元末，海内無事，訛言兵當興，衣冠潛爲避世計，朝宗廬終南山，爲長安尉霍仙奇所發，玄宗怒，使侍御史王鉷訊之，貶吴興別駕，卒。朝宗喜識拔後進，嘗薦崔宗之、嚴武於朝，當時士咸歸重之。

又　卷一三三《張守珪傳》　張守珪，陝州河北人。姿幹瓌壯，慷慨尚節義，善騎射。以平樂府別駕從郭虔瓘守北庭。突厥侵輪臺，遣守珪往援，中道逢賊，苦戰，斬首千餘級，禽頡斤一人。開元初，虜復攻北庭，守珪從儳道奏事京師，因上書言利害，請引兵出蒲昌、輪臺夾擊賊。再遷幽州良杜府果毅。時盧齊卿爲刺史，器之，引與共榻坐，謂曰：「不十年，子當節度是州，爲國重將，願以子孫託，可僚屬相期邪？」稍遷建康軍使。王君㚟死，河西震懼，詔以守珪爲瓜州刺史、墨離軍使，督餘衆完故城。版築方立，虜奄至，衆失色。守珪曰：「創痍之餘，詎可矢石相确，須權以勝之。」遂置酒城上，會諸將作樂。虜疑有備，不敢攻，引去，守珪縱兵擊敗之。於是脩復位署，招流亢使復業。有詔以瓜州爲都督府，即詔守珪爲都督。州地沙埆不可蓺，常瀦雪水溉田。是時，渠堨爲虜毁，材木無所出。守珪密禱于神，一昔水暴至，大木數千章塞流下，因取之，脩復堰坊，耕者如舊，州人神之，刻石紀事。遷鄯州刺史、隴右節度使。徙幽州長史、河北節度副大使。俄加採訪處置等使。契丹、奚連年梗邊，牙官可突于，胡有謀者，前長史趙含章、薛楚玉等不能制，守珪至，每戰輒勝，虜遂大敗。帝喜，詔有司告九廟。契丹酋屈刺及突于恐懼，乃遣使詐降。守珪得其情，遣右衛騎曹王悔詣部計事，屈刺無降意，徙帳稍西北，密引突厥衆將殺悔以叛。契丹別帥李過折與突于爭權不叶，悔因間誘之，夜斬屈刺及突于，盡滅其黨，以衆降。守珪次紫蒙州，大閱軍實，賞將士，傳屈刺、突于首於東都。二十三年，入見天子，會藉田畢，即酺燕爲守珪飲至，帝賦詩寵之。加拜輔國大將軍、右羽林大將軍，賜金綵，授二子官，詔立碑紀功。久之，復討契丹餘黨于捺禄山，鹵獲不訾。會裨將趙堪、白真陀羅等彊使平盧軍使烏知義度湟水邀叛奚，且蹂其稼，知義辭不往，真陀羅矯詔脅之。知義與虜鬭，不勝，還。守珪匿其敗，但上克獲狀。事頗泄，帝遣謁者牛仙童按實，守珪逼真陀羅自殺，厚賂使者，還奏如狀。後仙童以贓敗，事逮守珪，以功貶括州刺史，疽發背死。子獻誠。

元　脱脱《宋史》卷二七六《張平傳》　張平，青州臨朐人。弱冠寓單州，依刺史羅金山。金山移滁州，署平馬步都虞候。太宗尹京兆，置其邸。及秦王廷美領貴州，復署爲親吏。後數年，有訴平匿府中錢物，秦王白太宗鞫之，無狀，秦王益不喜，遂遣去。太宗憐其非罪，以屬徐帥高繼沖，繼沖署爲鎮將。平歎曰：「吾命雖蹇，後未必不爲福也。」太宗即位，召補右班殿直，監市木秦、隴，平悉更新制，建都務，計水陸之費，以春秋二時聯巨筏，自渭達河，歷砥柱以集於京。期歲之間，良材山積。太宗嘉其功，遷供奉官、監陽平都木務兼造船場。舊官造舟既成，以河流湍悍，備其漂失；凡一舟調三户守之，歲役户數千。平遂穿池引水，繫舟其中，不復調民。有寇陽拔華者，往來關輔間，爲患積年。朝廷命内侍督數州兵討之，不克。平以好辭遣人説之，遂來歸。改崇儀副使，仍領其務。凡九年，計省官錢八十萬緡。雍熙初，召還，同知三班事，遷如京使。三年，改西上閤門使。四年，代王明爲鹽鐵使。平掌陽平署積年，是秋，聞陝西轉運使李安發其舊爲陽平姦利，憂恚成疾而卒，年六十三。

元　脱脱《金史》卷七九《張中彦傳》　張中彦字才甫，中孚弟。少以父任仕宋，爲涇原副將，知德順軍事。睿宗經畧陝西，中彦降，除招撫使。從下熙、河、階、成州，授彰武軍承宣使，爲本路兵馬鈐轄，遷都總管。宋將關師古圍鞏州，與秦鳳李彦琦會兵攻之。王師下饒風關，得金、洋諸州，以中彦領興元尹，撫輯新附。師還，代彦琦爲秦鳳經畧使。秦州當要衝而城不可守，中彦徙治北山，因險爲壘，今秦州是也。築臘家諸城，以扼蜀道。帥秦凡十年，改涇原路經畧使知平凉府。朝廷以河南、陝西賜宋，中孚以官守隨例當留關中。熙河經畧使慕洧謀入夏，將闚關、陝，中彦與環慶趙彬會兩路兵討之，洧敗入于夏。中彥與凡中孚俱至臨安，被留，以爲龍神衛四廂都指揮使，清遠軍承宣使，提舉佑神觀，靖海軍節度使。皇統初，恢復河南，詔徵中彥兄弟北歸，爲靜難軍節度使，歷彰化軍、鳳翔尹，改尹慶陽，兼慶原路兵馬都總管，寧州刺史。宗室宗淵毆死僚佐梁郁。郁，遠人家貧無能赴告者。中彥力爲正其罪，竟寘于法。改彰德軍節度使，均賦調法，姦豪無所蔽匿，人服其明。正隆營汴京新宮，中彥採運關中材木。青峰山巨木最多，而高深阻絶，唐、宋以來不能致。中彥使構崖駕壑，起長橋十數里，以車運木，若行平地，開六盤山水洛之路，遂通汴梁。明年，作河上浮梁，復領其役。舟之始製，匠者未得其法，中彥手製小舟纔數寸許，不假膠漆而首尾自相鉤帶，謂之「鼓子卯」，諸匠無不駭服，其智巧如此。浮梁巨艦畢功，將發旁郡民曳之就水。中彥召役夫數十人，治地勢順下傾瀉于河，取新秫稭密布於地，復以大木限其旁，凌晨督衆乘霜滑曳之，殊不勞力而致諸水。俄遷平陽。海陵將伐宋，驛召赴闕，授西蜀道行營副都統制，賜細鎧，使先取散關俟後命。世宗即位，赦書至鳳翔，諸將惶惑不能決去就，中彥曉譬之，諸將感悟，受詔。上召中彥入朝，以軍付統軍喀齊喀。及見，賜以所御通犀帶，封宗國公。尋爲吏部尚書。上疏曰：「古者關市譏而不征，今使掌關市者征而不譏。苛留行旅，至披剔囊笥甚於剽掠，有傷國體，乞禁止。」從之。踰年，除南京留守。時淮楚用兵，士民與戍兵雜居，訟牒紛紜，所司皆依違不決。中彥得戍兵爲盜者，悉論如法，帥府怒其專決，劾奏之，朝廷置而不問。秩滿，轉真定尹兼河北西路兵馬都總管。未幾，致仕，西歸京兆。明年，起爲臨洮尹兼熙秦路兵馬都總管。華州劉海構亂，既敗，籍民從亂者數千人，中彥惟論爲首者戮之。西羌吹濟、雅密藏、隆普、彭布四族恃險不服，使侍御史沙醇之就中彥論方畧，中彥曰：「此羌服叛不常，若非中彥自行，勢必不可。」即至積石達南寺，酋長四人來，與之約降，事遂定，賞而遣之。還奏，上大悅，遣張汝玉馳驛勞之，賜以毬文金帶，用郊恩加儀同三司。以疾卒官，年七十五。百姓哀號輟市，立像祀之。

又 **卷八二《鄭建充傳》** 鄭建充字仲實，其先京兆人，占籍鄜州。仕宋，累官知延安府事。天會七年來降，仍知延安府，屯兵三千。宋劉光烈兵八萬來攻建充，相距四十餘日。攻益急，建充遣人會綏赫軍，夾擊破之，俘其裨將賀貴。遷節制司統制軍馬。改京兆府路兵馬都監。敗宋曲端於彭原。高昌宗據延安，爲宋守，建充擊之，盡復城邑。復知延安軍府事。齊國建，累遷博州團練使，知寧州。齊國廢，朝廷以地賜宋，爲宋環慶路經畧安撫副使，仍知寧州。天眷復取陝西，仍以爲經畧安撫使，知慶州。從破甘谷城，改平涼尹。是時營建南京宮室，大發河東、陝西材木，浮河而下，經砥柱之險，筏工多沉溺，有司不敢以聞，乃誣以逃亡，錮其家。建充白其事，請至砥柱解筏，順流散下，令善游者下流接出之，而錮者得釋。正隆軍興，括筋角造軍器，百姓往往椎牛取之，或生拔取其角，牛有泣下者。建充白其事於朝。建充性剛暴，常畜獮犬十數，奴僕有罪既笞，已復嗾犬囓之，骨肉都盡。雖謙遜下士，於敵已上一無所屈。省部文移有不應法度，輒置之坐下，或即毀裂，由是在位者銜之。軍胥李換竊用公帑，自度不得免，乃誣建充藏甲欲反，更再鞫，皆無狀。方奏上，攝事者素與建充有隙，恐其得釋，使吏持文書給建充曰：「朝省有命，奈何？」建充曰：「惟汝所爲。」是夜，死於獄中。長子恕亦死焉。

紀事

北魏 酈道元《水經注》卷一一《滱水》 秦氏建元中，唐水汎漲，高岸崩頽，城角之下有大積木交横如梁柱焉。後燕之初，此木尚在，未知所從。余考記稽疑，蓋城地當初山水渀盪，漂淪巨栰，阜積于斯，沙息壤加，漸以成地。案：近刻脱「漸」字，「成地」訛作「城池」。板築既興物，固能久耳。

南朝梁 孝元帝《金樓子》卷五 利水內有木材，元嘉中大水，有千餘段木流出，斧跡未滅。俗曰：漢將攻越，築城伐木於利水，未運之前，一夜忽失數千段，咸爲鬼所匿。今所流木，昔鬼匿之者。

唐 令狐德棻《周書》卷一八《王羆傳》 王羆字熊羆，京兆霸城人，漢河南尹王遵之後，世爲州郡著姓。羆剛直木彊，處物平當，州郡敬憚之。魏太和中，除殿中將軍。先是南岐、東益氏羌反叛，王師戰不利，乃令羆領羽林五千鎮梁州，討平諸賊。還，授右將軍、西河內史。辭不拜。時人謂之曰：「西河大邦，奉禄殷厚，何爲致辭？」羆曰：「京洛材木，盡出西河，朝貴營第宅者，皆有求假。如其私辦，即力所不堪，若科發民間，又違法憲。以此辭耳。」

唐 馮贄《雲仙雜記》卷九《龍巢翻》 夷陵江或浮大木，蔽塞水面，土人謂之「龍巢翻」。《北夢瑣言》

宋 袁樞《通鑑紀事本末》卷二九上《貞觀君臣論治》 [唐太宗貞觀四年]

夏六月乙卯，發卒修洛陽宮，以備巡幸。給事中張玄素上書諫，以爲：「洛陽未有巡幸之期，而預修宮室，非今日之急務。昔漢高祖納婁敬之説，自洛陽遷長安，豈非洛陽之地不及關中之形勝邪？景帝用晁錯之言，而七國構禍陛下，今處突厥於中國。突厥之親何如？七國豈得不先爲憂，而宮室可遽興，乘輿可輕動哉？臣見隋氏初營宮室，近山無大木，皆致之遠方。二千人曳一柱，以木爲輪，則戛摩火出。乃鑄鐵爲轂，行一二里，鐵轂輒破。別使數百人齎鐵轂，隨而易之。盡日不過行二三十里。計一柱之費，已用數十萬功，則其餘可知矣。」

明　宋濂《元史》卷六《世祖紀三》　建大安閣于上都。鑿金口，導盧溝水以漕西山木石。

《明實録·太宗實録》卷九下　［四年六月］辛酉，建文君聞緣江海舟兵皆降，又聞鎮江降，憂鬱不勝，徘徊殿庭之間。方孝孺稱疾不起，遣人强起之，問計。孝孺曰：「今城中尚有勁兵二十萬，城高池深，糧食充足，盡撤城外民舍，驅民入城，足以爲守城。外積木悉運入城，彼無所據，雖來能久駐乎？」建文君從其計。乃役軍民、商賈、工匠日夜拆屋運木，盛暑飢渴勞苦不勝，死者相枕藉，嗟怨盈路。城外積木既多，兵民疲於搬運，私縱火焚之，火連日不息。

又　卷六五　［永樂五年三月］甲子，工部尚書宋禮言：「有大木數株，不藉人力，一夕出天谷，達于江。蓋山川之靈。」相之，賜其山名「神木山」。遣禮部郎中王羽祭之，且建祠立碑，命翰林院侍讀胡廣製碑文。

又　卷八六　［永樂六年十二月］丁亥，通政司奏：北京種田民告運木軍民有怨謗語。上曰：「軍民出力運木，未免勞苦興歎，人情之常也。此人有罪謫彼屯田，必造誣以規，僥倖脱己罪，告訐之風不可長。」命法司治之。

又　卷八九　［永樂七年三月］甲寅，復陝西都指揮同知張麟官。麟先督運木衛河，坐事謫戍交阯。至是，復其職召還。

又　卷一三六　［永樂十一年春正月］己丑，命五軍及錦衣衛等十二衛，各選精鋭將士，扈從停運木徵吏部侍郎師逵等還。

又　卷一八四　［永樂十五年春正月］壬子，晉王濟熿來朝，命平江伯陳瑄充總兵官率領官軍攢運糧儲，并提督沿河運木，赴北京。

明　弘治《徽州府志》卷二《貨物》　松板，槲筏，松槲已見竹木下，大抵新安山多田少，故民勤於栽植。《方輿勝覽》云：山出美材，歲聯爲桴，下淛河者，往往多取富。又云：祁門水入于鄱，民以茗漆紙木行江西，仰其米自給是也。桐油各縣皆出，惟婺源祁門爲多。

明　程瞳《新安學繫録》卷一《伊川先生行狀》　有大木自中流而下，先生顧謂衆曰：「得彼巨木，横流入口，則吾事濟矣。」語纔已，木遂横，衆以爲至誠所致。其後，曹村之下復決，遂久不塞，數路困擾，大爲朝廷憂。人以爲使先生在職，安有是也。

明　項夢原《冬官紀事》　一三殿拽運木石車騾，盡派順天等八府，鼎建兩宮。公具題造官車一百輛，召募殷實户領車拽運計日，計騾給值。其官造車價，每輛原銀一百兩，題准每年扣其運價二十兩，以五年爲率，官銀固在，一民不擾。

一議車户。照得工程重大，合用木石，不知其幾。乃在官車户，僅僅九家，即竭産破家，置買車騾，亦不敷用，合無通行順天等府州縣，并在京富民，廣行召募。查照先年題准事例，官給車騾，其裝載木石工食銀兩，計工計日算給。如該管人役，侵漁致逃者，從重治罪。其八輪四輪車，應置幾十輛，騾約用若干頭，通行管車官呈堂處置。

一議車輛。照得拽運木石，新舊車户，除官車自車之外，仍令其多方僱募幫運，多而且急。乃奸猾經紀，遂通同有車之家。掯勒高擡價值，深爲可恨。及查舊時僱車，每車一輛，僱用一箇月止，價三十六兩。今工程重大，量爲加添，定以三十八兩爲准。一應附近僱車經紀，盡數籍名在官。遵照題准事理僱寫車輛經紀，不許仍前通同有車之家勒擡價值，車户亦不許因而短少，違者各治以罪。

明　張萱《西園聞見録》卷九二《工部六·鈔關》　工部分司在蕪湖縣者，實自成化七年始。當時建議者以漕運舟船之料供應什器之料，民不勝其科，率蓋取諸材木之榷焉。而蕪湖爲畿輔近地，當川湖一省下流商筏所聚，故分司于是乎建，大司空歲請于朝，簡妥員外郎若主事，一人主之，期年乃代。

明　朱國禎《湧幢小品》卷四《運木》　故事諸省運木，先於張家灣出水拽運，以次入神木廠。既完，始取批迴動經歲月間，有水溢漂失，坐累死亡者。工部主事王挺奏，即水次設廠，竹木至。驗入即與解官批迴，公私便之。挺，象山人，嘉靖壬辰進士，官至叅政。清約，工詩文，負氣，有宦聲，亦奇士也。

明　王世貞《弇州史料前集》卷二四《傳顈公傳》　漢水漲，乃伐山造百艦，而以木牌數千，書克階文綿州日月投漢水，順流而下，郡邑見之，皆解體成，遂渡。

明　劉振《識大録・章溢》　明日，上召問：「征閩諳將何如？」溢對曰：「御史大夫湯和由海道進，平章政事胡廷瑞自江西入，此固必勝。然閩中尤服浙江平章李文忠威信，若令文忠帥師從浦城取建寧，此萬全計也。」即日，詔文忠出師，如溢策。處州之糧其舊額一萬三千石有奇，後以軍興加征至十倍，民不堪命，溢言之亟相，亟相入奏。上曰：「吾勞處民久矣。」詔從其舊。溫州黄宗雲朱君達采附各授以元帥之職，還守其土，及我師征溫失利，輒叛去。溫既平，君達又請降。溢曰：「何物？小醜！叛而復降，納之是無法矣。」奏戮之。浙江行省承詔作大舟入海，徵輪巨材，檄處州與諸府同。溢曰：「處婺之交限以峻險，縱有水道，何從出？且凋敝之民曷以勝此力？」言於省臣，止之。

明　談遷《國榷》卷四　［太祖洪武四年五月］己卯，傅友德治舟訖，作木牌數千，大書某日克階，某日克文。投漢江，順流而下，以達湯和。夏人見之奪氣。

又　卷七　［太祖洪武十四年三月］己丑，蘇州人附私物運船。上以運木勞苦，赦之。

又　卷一四　［成祖永樂五年三月］甲子，四川大木一夕自山浮出於江，工部尚書宋禮以聞，賜名神木山，遣祭勒碑。

又　卷一六　［成祖永樂十二年正月］己亥，停運木營作。

又　卷二二　［宣宗宣德九年十一月］癸巳，上憫寒罷緣河軍民運木，俟來春就役。

［成祖永樂六年六月］丁亥，命户部尚書夏原吉自南京抵北京緣河巡視軍民運木造磚。

又　卷九〇　［思宗崇禎二年五月］己酉，巡視錢糧，南京兵科給事中錢允鯨上言七事：曰歲解宜折。福建、廣東、廣西歲解胖襖褲鞋等件，萬曆五年俱折色，公私便之。後改本色，福建止天啓四年。廣東自天啓四年至七年。廣西止天啓七年。解一費十，存貯朽爛。曰木運宜折。廣東茨榆木百段、花梨木一百九段、淡榆木百段、棗木八十二段、紫榆木三十段，于南京丁字庫交收。此不甚需用，枉費民力。曰布價宜停。織染局例外解官用布絹，歷欠絹至七千二百匹，布至四千二百八十匹，該局十一年開染，户部四千餘金，實稀鬆不堪。曰織造宜核。供應機房歲解袍服，先年由巡視科道驗閱，近來不經會估，奸僞百出。曰板枋宜減。三監起運板枋，額費一萬四百金，議酌減半。曰占役宜汰。御馬監額馬二十四馬，役卒三百零六人，今至千八百人，費餉二萬有奇，誠屬濫費。曰冗蠹宜裁。織染局春秋二運袍服，先年禮部侍郎□□□及禮科給事中朱維藩請裁鋪行，召商買辦。本局僉書監工掌司不過二十餘員，今增百二十餘員，致各商逃亡殆盡，請行汰革。

清　顧炎武《肇域志・江南》卷一一《淮安府》　正統五年二月初，淮安府知府彭遠言：永樂間，平江伯陳瑄總督漕運，於淮安西湖築堤十餘里，爲挽舟路。令淮口、滿浦、南鎖三壩夫巡視之。又令漕卒順載小木暨土，積之堤上。遇堤壞即修。今壩夫止役，故堤弗完，請仍行瑄故事。事下巡按御史，及總督漕運總兵官覈實。至是，御史李彬等奏：宜令淮安府邳州等州縣，發舟夫於旁近地採雜木運之河壖，候漕舟遠，令載以往。若土則令漕舟及商舟皆載以輸。從之。

清　徐乾學《資治通鑑後編》卷一一七《宋紀》　［宋高宗紹興二十一年三月］金主稍習經史，慕中國朝著之尊，有遷都意，遂下詔求直言而上書者多謂上京僻在一隅，不若徙燕以應天地之中，與金主意合。壬辰，遣左丞相張浩、右丞相張通古等調諸路夫匠，廣燕城建宫室，城周九里三步，其宫室一依汴京制度。運一木費二十萬，牽一車動五百人，宫殿之飾徧傅黄金而後間以五采，金屑飛空如落雪，一殿之費以億萬計，成而復毁，務極華麗。

清　康熙《太平府志》卷三《星野》　［南朝陳］後主叔寶至德二年采湘州木，擬造正寢。栰至牛渚，盡没水中，既而漁人見栰浮於海上。

《清實録・聖祖實録》卷一一〇　［康熙二十二年］閏六月辛丑朔，奉天將軍伊巴漢等議覆：「臣等遵旨差官三路勘驗渾河、太子河根源，應砍木植之山及所砍之木離水路遠近情形。據稱杉木廠木植離太子河三十餘里，栗家口、哈爾山、索爾擴木植離蘇子河六十餘里。自此運至界凡，方入渾河。又納魯窝濟内有小河五道，此河兩邊山上木植離納魯河俱有二十餘里，自此運至杭家，方入渾河。此兩河根源如運放木植，俱可入海。應遍行曉諭八旗並府州縣，有情願至天津貿易者，該部給發執照，准其貿易。有借此夾帶禁物、偷打貂鼠、私刨人參等物者，嚴行禁止。」從之。

清　倪蛻《滇雲歷年傳》　宣和元年，大理相高泰運貽木夾於邊將，求入貢。

清　乾隆《長沙府志》卷四二清陳雅琛《益陽縣重建學宮記》　斯□矣侯於筮仕之初，下車之始，他務未遑，汲汲於宮牆之建，可不謂知體要者歟？初禮殿需大木，將求諸他郡，工有難色。會洪水飄巨桴，商失措梗於灘，因獲售焉，既售水復逆漲，湧桴三十里許，届學岸而波平材，皆合抱。稽弘治癸丑亦然，時競異之。主方撤迅雷裂舊柱，落成之日天氣清朗，其夜星月皎潔，於戲在天之靈萬古爲昭也，疑亦侯之積誠所感歟。至若次第爲之而未竟者，則兩廡也、戟門也、泮也。木柵與櫺星門明倫堂文昌祠也，均宜修者也，敬一亭也，敬德修業二齋，聖域賢關二坊也，均宜建者也。侯以調尹安化志遂有所不逮，而不能不俟諸後來後之君子，其必同此作人之志，而樂終其事也夫。

清　愛新覺羅・弘曆《平定臺灣紀略》卷六五　［十二月初八日乙未徐嗣曾奎林同奏］同日，徐嗣曾奎林同奏，言據按察使兼臺灣道萬鍾傑詳稱：乾隆五十一二等年，應行造補綏字八號等三船，又届期應修平字六號等十八船，又收廠未修平字五號等十船，共船三十一隻。因值辦理軍務不能趕造，迨蕩平後經永福移交護道楊廷理，亦因乏料尚未興工，現在例限久逾，即當趕緊造竣以應營需。惟查修造戰船，應需臺地樟木、紅柴、椗舵等料，俱産南北兩路山場。召匠蓋寮均需時日，秋冬間在山採製各料，須俟明年夏間溪水漲發，始能順流運至海口。配船一時難于齊集。至應需内地，桅木、龍骨、油丁、棕鐵等項均由各處採買運廈，附搭商艘來臺。近因臺灣初定，商船到臺稀少，内地料件不能迅運。兼之現辦城垣營防各項工程需用匠夫既多，各路歸莊民人又須蓋屋以安棲止，再四籌維應修應造船三十一隻，勢難同時趕辦，請自明歲開工，分作兩年修造報竣等情。

清　李調元《南越筆記》卷一《坐簰》　粵中多産竹，可結爲筏。自那旦登陸至雷，沿海山溪迂遠，日多問渡，深闊處用船。遇淺窄溪流，土人多以竹筏撑渡往來行李，此製嶺北淺溪中亦有乘之者，名曰坐簰。六帖云：羅浮羅陽溪生龍葱竹，葉似芭蕉，闊二尺餘，長二丈。韶州志云：英德出鳳尾竹。

清　檀萃《滇海虞衡志》卷一一　杉蓋松之類，故二賦言松不言杉，良以杉統于松也，故滇人曰杉松，故其材中楎榜。南方諸省皆有杉，惟滇産爲上品。滇人鋸爲板而貨之，名洞板。以四大方二小方爲一具，板至江浙，值每具數百金。金沙司收其税，爲滇中大錢糧。古時由金沙江水行，直下瀘州敘府。前明遺牒，所謂安監生放板是也。數百年來，金江阻塞，舟楫不通，人負一板抵省，又自省抵各路，水次脚價之費何如，宜其貴也。

清　嘉慶《宜賓縣志》卷三一《木政志》　皇清康熙六年工部議造太和殿，需用大楠木。四川巡撫張德地備陳山川險阻，採運艱難。康熙二十二年，復奉部文採取楠杉二木，郎中齊穡會同四川巡撫杭愛親臨各地踏勘，時宜賓有木一株，圍徑甚小，亦以報部。議令各官捐俸採運勿致累民，會馬湖知府何源濬署下南道，條陳五事，部議杉木免運，楠木仍運一半適。

《清實録・仁宗實録》卷三六五　嘉慶二十四年己卯十二月庚寅，諭内閣廣惠奏糧船跨帶木植，請定限制一摺。江廣重運糧船，向例准帶天篷木植，不得高過二尺。自嘉慶十八年，經湖南巡撫奏准，船身兩旁均准跨帶木植。未經議有定額，以致各幫運丁，逐年增帶，較從前多至五六倍。統計江廣三省糧船跨木，不下六七十萬根之多。既滋夾帶漏税之弊，且於遄行有礙。該監督請明定章程，惟所稱每船不得過二百根，木植之大小鉅細，本屬不齊，仍易弊混。嗣後江廣出運糧船跨帶木植，著即照天篷竹木之例，寬不得過二尺，以示限制。各幫運弁於未開行之前，先行查禁，到關時，該監督隨時查驗，如有違例多帶者，分别參懲，以杜隱漏。

清　同治《宜昌府志》卷二《疆域志下・古蹟》　大枬木縣尹和剛中建文廟，將求大木不得。俄，大水浮巨木以百數止焉，木無雜色，盡香枬。有最大者，四長十五丈，圍丈餘。餘稍次之。實稱名材，莫不嘆異，一年落成。

清　同治《鄖陽縣志》卷八《祥異》　［乾隆］五十七年，竹山議修學宮，時無材，不克舉事。越二年，甲寅夏大雨，溪漲有巨木數百順流下，紳士等取之尋尺修廣悉符所需。

清　吴葆儀等修　王嚴恭等纂《鄖陽縣志》卷八《祥異》　嘉慶元年春二月，竹山竹谿地動。五月，保康疫，郡城議修城隍廟。適漢水漲，有巨木百餘漂下，郡人撈獲，足敷修造。

清　同治《茶陵州志》卷一六《循良志》　彭友方，熙甯間縣主簿。時茶民苦輸，潭州造船木以折歲租，江行險阻，耗費數倍。友方請即縣造船，因漕運而出之，公私兩便。

清　同治《祁陽縣志》卷二二《風俗志》　商祁人務木者多，逐末者少，從無富商大賈遠出懋遷者。惟杉竹之産饒於他郡，每年架簰載舟涉洞庭而抵鄂漢者，絡繹不絶。其次，則駕小船，如煙江之桐穀，白水，歸陽之鰍子、七板子，上下桂全湖湘間，轉運花糧糖鹽而已。

清 同治《施南府志》卷三《地輿志·山川》 皇木塆縣西百八十里，崇禎時工部差官何金枝采辦皇木，鑿山開道，水由此下河。

清 光緒《會同縣志》卷一《方輿志·山川》 小洪江不與渠江通，亦會於洪江，在縣東南。其源有二：一發於綏甯，爲蓋溪；一發於城步，爲黃石河，至蓋溪口合，北流至河口，入縣境，歷小洪江，會若水，歸雄溪。通撥船、薑、紙、鐵、炭、竹木、柴薪，於此運送。

清 光緒《道州志》卷一〇《風土志·土産》 木料山中多種松、杉，大小不一。客人斬伐之，移置溪岸作巨筏，俟春水漲時，順流而下。松木則鋸斷成板，多於秋初放之。二者獲利無算，然近今沿河多阻，亦不及前也。

清 西清《黑龍江外記》卷八 黑龍江漲，必有大木順流下，土人取以造屋宇，餘供炊爨，足支一年，此自然之利也。齊齊哈爾用木，皆楚勒罕時買之。布特哈人其木由嫩江運下，積城西北，兩人合抱之材，價銀數錢，此關內所不能。然較二十年前，貴已三倍。伐木日多，入山漸遠故也。

雜録

唐 段成式《酉陽雜俎續集》卷一〇 古文柱。齊建元二年夏，廬陵長溪水衝擊，山麓崩，長六七尺。下得柱千餘根，皆十圍。長者一丈，短者八九尺。頭題古文，字不可識。江淹以問王儉，儉云：「江東不閑隸書，秦漢時柱也。」

宋 李昉《太平廣記》卷四〇五《嘉陵江巨木》 閬州城臨嘉陵江。江之滸有烏陽巨木，長百餘尺，圍將半焉。漂泊搖撼於江波者久矣，而莫知奚自。閬之耆舊相傳云「堯時汎洪水而至」，亦靡據焉。襄漢節度使渤海高元裕，大和九年，自中書舍人牧閬中。下車未幾，亦嘗見之，固以爲異矣。忽一日，津吏啟事曰：「江中巨木，由來東首。去夜無端，飜然西顧。」高益奇之，即與賓寮逕往觀焉。因廣召舟子，洎軍吏羣民輩，則以大索羈而出之。初無艱阻，隨拖登岸。大半之後，屹而不前，雖千夫百牛，莫能引之。人力既竭，復如前時。自是日曝風吹，僵然沙上。或則寺僧欲以爲窣堵波之獨柱，或則州吏請支分剞劂以備衆材。高以奇偉異常，皆莫之許。每擬還之於江，但慮勞人，逡巡未果。開成三年上元日，高准式行香於開元觀，寮吏畢至。高欲因衆力，得共牽復其木焉。及至，則又廣備縻索，多聚勇力。將作氣引拽之際，而巨木因依假藉，若自轉移，輕然已復於江矣。拒江尚餘尺許，欻然驚迸，百丈巨索皆如斬截。其木則沿洄汩没，徑去絶江。上及中流，寂然遂隱。高遣善泅者數輩，遽往觀之。江水清澈，毫髮可見。善遊者熟視而迴，皆曰：「水中別有東西二木，巨細與斯木無異。適自岸而至者，則南北叢焉。」高顧坐客，靡不駭愕。自是則不復得而見矣。有頃，高除諫議大夫。制到，詳其授官之日，即高役功之辰也。向使斯旬朔未獲移徙，高之新命既至，則那復留意乎轉遷，俾之仍舊。

清 道光《寶慶府志》卷百四一三《列女傳三》 錢氏，武岡馬安龍妻。早寡，預製一棺待死。或勸改適，割髮刺而血流沾襟。隣有死而無棺者，氏以己棺與之，貧不能再具。忽暴雨水漲，有浮杉二株至宅前，因取製之。人以爲節德之報。撫姪爲子，乾隆二十二年旌。

清 光緒《零陵縣志》卷三《祠祀志壇廟》 梁木橋者各一，在黃溪者四。同治中，勅封護國真人。或傳某代時，黃溪水大漲，漂一古木，形質異常。土人取而斷之，製七神像。一夜，有兩像忽飛去，跡之，一至梁木橋，一至花山嶺。並即其處祠而祀之，今所稱四郎六郎是也。

圖表

宋 周應合《景定建康志》卷一一《建康表七·陳》 [陳武帝永定二年]

七月戊戌，上幸石頭送侯瑱等。 新作太極殿，欠一柱。忽有樟木大十八圍，長四丈五尺，自流泊陶家後渚。監軍鄒子度以聞，詔起部尚書蔡儔兼將作大匠，取木以搆之。

元 佚名《盧溝運筏圖》

明 永樂四年·四川省通江縣《伐楠木運京記》 釋文：永樂四年八月十三日，欽奉聖旨采辦木□。本縣原差總甲馬廷吏管領倉谷悍夫人等，前在白崖山場内采辦堪中楠木十筏，致十二月拖曳直（低）肖口河下運赴重慶府，接運赴京交割。太歲次丙戌年十二月二十一日記。

貯存部

綜述

清　孫承澤《春明夢餘録》卷四六《皇木》　京師神木廠所積大木，皆永樂時物。其中最巨者爲樟扁頭，圍二丈長，卧四丈餘，騎而過其下，高可隐身。風雨震淋，已稍朽矣。永樂四年，工部尚書宋禮取木於蜀，得大木於馬湖府。慮運木爲艱，一夕，木忽自行，聲吼如雷，巨石爲開。事聞，詔封其山爲神木山，事見胡文穆公《神木山碑》及曾西墅棨《宋公墓誌》。

清　周魯《類書纂要》卷二八　樟扁頭神木廠所苦大木，皆明永樂中肇建宫殿之賸物也。其最巨有樟扁頭者，圍二丈，長卧四丈餘。騎而過其下，高可以隱。近年覆庇不時，風雨朽腐，已浸半矣。當時殿閣之用如扁頭者，吾不知其幾也。

清　允祹《大清會典》卷七〇　木倉監督，滿漢各一人，司官簡委二年更代掌儲偫木材。〇皇木廠監督，滿一人，司官簡委歲一更代掌稽收運木。

清　愛新覺羅・弘歷《清通典》卷二五　木倉監督，滿洲、漢人各一人。木倉在天安門右千步廊外，凡各省歲輸木材，自張家灣運京者，謹其儲偫以待各工。順治初，專委漢人司官一人。康熙六十年，改定以滿洲漢人司官各一人管理，二年而代。

皇木廠監督滿洲一人。木廠初設于通州及張家灣，各遣筆帖式二人騐收運京木材。康熙二十六年停遣筆帖式，通州廠以通惠河分司主之，尋改歸通永道張家灣廠。本部遴滿洲司員一人管理，凡運木至水次，本部委官騐視如式，則令監督受之，核其數，以運入木倉，一年而代。

清　光緒《東安縣志》卷一《疆域志一》　五代置場，掌以巡官。有茶、鹽、竹木、阮冶諸場。東安無茶、鹽、五金大利，蓋資其材木以造舟筏，所謂東安場者，疑船場云。

傳記

元　脱脱《宋史》卷三〇八《張佶傳》　張佶字仲雅，本燕人，後徙華州渭南。初名志言，後改焉。（略）大中祥符四年，車駕祀汾陰，以爲西京舊城巡檢、鈐轄。禮成，加授北作坊使，充趙德明官告使。又爲鄜延鈐轄。會秦州李濬暴卒，上語近臣曰：「天水邊要，宜速得人。」馬知節稱佶可任，上然之，遂改騏驥使，就命知秦州。至州，置四門砦，開拓疆境，邊部頗怨。又臨渭置采木場，戎人不之争，移帳而去。

清　孫奇逢《中州人物考》卷二《許侍郎廓》　廓字文超，許州襄城人，洪武三十二年鄉舉。永樂五年，授錦衣衛，經歷未幾，遷工科給事中，復遷鴻臚寺丞。十年以薦拜工部右侍郎。十二年文皇北征，廓督餉。明年營建北京，廓提督神木廠，工竣，特賜宴勞。時交趾已入職方，户口、田賦未有定額，遣廓往理。及還，條奏數事，上皆嘉納。昭皇即位，進左侍郎。宣德五年，河南民饑，流徙者甚衆，命廓拊循，上親制詩送之，曰：「河南百州縣，七郡所分治。前歲農事缺，始旱澇復繼。衣食既無資，民生曷由遂？顧予位民上，日夕懷憂慮。爾有敦厚資，其往勤撫字。徙者必綏輯，饑者必賑濟。咨詢必周歷，毋憚躬勞勩。虚文徒碎瑣，所至見實惠。勉旃罄乃誠，庶用副予意。」廓至，旌廉黜貪，榜示有司，勿得復有科擾。凡夫匠雜役及諸采辦，積逋租物悉奏免。于是復業者數萬户。廓還，上褒賚備，至六年，行在兵部尚書張本卒，以廓代之。本嚴厲詳察，廓承其後，濟之以寬，人心大悦，年五十六卒。

紀事

《墨子・雜守》　寇近亟，收諸雜鄉金器，若銅、鐵及他可以佐守事者。先舉縣官室居官府不急者，材之大小長短及凡數，即急先發。寇薄，發屋伐木，雖有請謁，勿聽。入柴，勿積魚鱗簪，當隊，令易取也。材木不能盡入者，燔之，無令寇得用之。積木，各以長短、小大、惡美形相從，城四面外各積其內，諸木大者皆以爲闌鼻，乃積聚之。

《明實録・太宗實録》卷一〇三　［永樂八年夏四月］丙午，皇太子擢崑山縣儒訓導唐貞爲户科給事中，海門縣儒學訓導宋琮爲刑科給事中，實授署給事中監生史壽爲工科給事中，應天府江寧縣知縣王愷言：「工部近於龍山官民田地置廠，儲營造木，乞蠲除其税粮。」皇太子從之。

《明實録·武宗實録》卷三九 ［正德三年六月］壬午，開設神木千户所。先是朝陽、崇文門外大木二廠，調撥鎮朔、永平、遵化等三十四衛所軍士一千人，護視神木至是。陳志等奏其攜家在廠，朝夕直宿，散處各衛，往來勤苦，乞比蕃牧嘉蔬事例，改設一所，兵部覆奏，從之。設千户所鎮撫各一員、百户十員、吏目一員。

明 項夢原《冬官紀事》 一議楠木。照得楠杉大木，産在川貴湖廣等處，差官採辦，非四五年不得到京。工興在即，用木爲急，其南京等處，或有大木，咨行火急，查報見貯灣廠。神木廠者，勑内官監提督，會同部官，將見在木植，計算數目，先儘乾清宫、坤寧宫，次配殿宫門，均匀搭配，務俾足用。其斗稍裝修等項，只以頑頭標皮，并截下半段等木湊用，不許混開於大木之内，以圖侵冒。然各廠大木不多，一時取用殆盡，後且不繼。何以區處，合無查照先年土官進木加級事例，通行川貴湖廣等處。撫按諭令各宣慰等官，採木恭進，照例加級賞賚。其土夷巨商，力能採賣者，彼處撫按，即以本部料銀，并贓罰等銀，從厚給值，但不許輕擾邊民，以生事端。

一議木楂。查得嘉靖三十八年八月内題准木楂運琉璃黑窑兩廠，抵作木柴。今用木數多，木楂廣積，合無仍照前例。

一議栢木。查得内官監開註栢木一百二十根，各長五丈，至二丈，徑三尺，至二尺，已經具題召買。看得栢木長圍甚大，一時召買不敷，不無悮用。合無將神木廠見貯栢木行内監酌量做造，雖長圍不合原估，不妨折足尺寸抵用，一委曲之間，可省銀數千百兩矣。

明 吕震《宣德鼎彝譜》卷三 今撥鑄冶局大使臣許百禄賫移會到皇木廠，領取鐵力木十六根，大杉木一百七十根，大毛桱竹三百莖。

明 陳敬則《明興雜記》 神木廠所苦大木，皆永樂中肇建宫殿之賸物也。其最巨有樟扁頭者，圍二丈長，卧四丈餘，騎而過其下，高可以隱。近年覆芘不時，風雨震淋，朽腐已侵半矣。當時殿閣之用如扁頭類，吾不知其幾。注：樟木其頭扁者，蓋當時穿之，以施拖拽力也。廠中惟此木最鉅，守廠者特以樟扁頭呼之。故入者必觀焉。

明 王恕《王端毅奏議》卷四《南京長安右門外木廠内失火条工部官奏狀》 成化十四年二月初九日巳時分，忽見長安右門外榜房後，南京工部堆垛木料廠房失火。臣等親詣木廠，督令五城兵馬，帶領地方火甲人等救護。因風猛火熾，誠恐延及守衛直房，當將榜房八間拽倒，令人搬救各項木料，用水澆潑息滅。續據本部西安廠看守木料辦事官高儼呈報，本日巳時分，有班匠吴成等在於守宿蘆蓆房内煑飯食，後不覺竈内有火，一時失於仔細，被風吹起火星，燒燬各工拆卸還官并餘剩杉、松條木、竹片、麻索、松杉栢板、軟篾、水膠、姜黄、蘆蓆共三萬一千三百四十八根、條、段、塊、斤、片，及蘆蓆廠房二，連小瓦房六間，拽倒板榜房八間，及救出見在杉、松條木，猫竹竹片，共四千五十四根、段、片。行間又據南京東城兵馬指揮司亦呈前事，臣等會同南京守備太監安寧等議得，廠房係是堆積官物，以致看廠辦事官縱容班匠在内煑飯，因而失火燒毁官物，俱合查究，緣係燒毁廠房，查提京官事理，未敢擅便，具題。

明 劉振《識大録·馬文升》 皇太后清寧宫災，太皇太后、皇太后同居仁壽宫。上命文升與工部急議修建。文升上言：「團營軍劬於役甚矣，不可復相告。楚蜀災，亦不勝採伐。而三廠有儲木，尚有材。太僕馬惜薪，薪其價可以資干匠木□費也，不足則幸發内帑數萬金以繼之。」報可。迨落成，公私不困。

明 談遷《國榷》卷一八 成祖永樂二十二年（十一月）上曰：「朕聞南京抽分廠積薪，及龍江提舉司積竹木甚富。今京師得薪最難，與久貯任腐敗，何若散民？歲用外工部悉鬻之，明歲應天等府蘆柴，折鈔十之八。」

又 卷三二 英宗天順三年（十二月）丙子，增大木廠舍。

又 卷三三 英宗天順七年（正月）丁酉，南京西安門木廠火。

又 卷三八 憲宗成化十四年（三月）己卯，南京西華門廠竹木等料火。

又 卷五二 世宗嘉靖元年（二月）乙未，内官監少監侯俊料木真定，監察御史朱鉞言貽患地方。上以非権木也，許事畢即回。（十月）壬寅，神木所仍曰神木廠，并減其冗役。

又 卷六九 神宗萬曆二年（九月）搭蓋神木廠大木。

又 卷七九 神宗萬曆三十一年（十月）戊子，西山大木廠災。

又 卷八〇 神宗萬曆三十五年（七月）壬寅，皇木廠大木漂盡，通灣損漕船二十三，失糧八千三百餘石。

又　卷八二　神宗萬曆四十三年（正月）甲子，命兵科給事中吳亮嗣往勘李三才盜木占廠事。亮嗣報其實，下其舍人法司，時攻三才甚衆，而所居實常材云。

清　張廷玉《明史》卷二九《五行志二》　[正統]七年正月，廣昌木廠火，焚松木八千八百餘株。

清　愛新覺羅・胤禛《世宗憲皇帝上諭内閣》卷八三　徐永祐從前在吳江數載，每遇米貴，則將倉米盡行糶賣，賤時則又收買，任意出入，以圖肥已。又在閶門外開大醬園一座、大木廠一座，令胞弟等掌管生息，與民争利。

清　嘉慶《廣西通志》卷三五　康熙三十七年，知縣劉以貴改移縣署後，另造板木倉十三間。五十六年，知縣劉國臣添造板木倉十八間。

清　同治《歸州志》卷一《地輿志・土産》　歸州沙鎮溪深山大谷中多香樟、喬樾，土人云：宋元以來，在此作廠，採辦皇木。邱壑中大杉、大枏埋没沙内，甚夥。今猶時出，商賈得之，以爲奇貨。

清　同治《梧州府志》卷五《公署》　常平倉，舊在縣署南，被水淹没。康熙三十七年，知縣劉以貴改移縣署後，另造板木倉十三間。五十六年，知縣劉國臣添造板木倉十八間。

清　姚文棟《雲南勘界籌邊記》卷下《再復薛星使書》（野人山中）又有金礦二處、準木廠數處，皆可招商承辦，得其地足以固邊，因其利足以富國，此又一要也。

清　孔毓圻《幸魯盛典》卷一五　聖廟如有應用之處，令其應用。其長短架木八千一百八十七根，行令山東巡撫速行運至張家灣木廠，可也。康熙三十二年二月二十二日題，本月二十五日奉旨依議。

清　允祹《大清會典則例》卷一二八　[雍正]十一年題準，木倉滿漢監督一年差滿，如一同更代，恐新委之人一時未能諳練，嗣後一年期滿，新舊滿漢監督，互相更代。一木廠，順治初年定通州、張灣二處，各設木廠，每廠差筆帖式二人，驗收運京木植。

清　和珅《大清一統志》卷六　神木廠在廣渠門外二里許，有大木偃側於地，高可隱一人一騎，明初構宮殿遺材也。相傳其木有神，因名。皇上經臨其地，有御製《神木謡》。

又　卷一一　古木廠在唐縣西三十三里，唐河東岸。

又　卷二七二　大木廠在房縣西北一百四十里，舊有官亭。

又　卷四〇九　本朝置鑲黃等四旗木廠。

清　民国《甘肅通志》卷六　吴砦山，在州東八十里，宋吴璘復：秦隴嘗置砦於此山麓，有吴鎮爲入南山採木之路，有木廠，又有栢林，山多産栢。

藝　文

清　愛新覺羅・弘曆《御製詩二集》卷七七《神木謡》　都城東有巨木焉，其長六十餘尺，臥於地，騎者隔木立，弗相見也。相傳前明時所置，以應甲乙生氣云，作《神木謡》。

天三巽一含精腴，深山大澤連林扶。壽突靈椿忘榮枯，所樂不存屣棄渠。遠辭南海來燕都，甲乙青氣鎮權輿。是稱神木衆木殊，春明舊蹟久聞予。便中一覽城東隅，長六丈餘臥通衢。圍乃不可規矩模，翛然騎者能蔽諸。四百春秋一瞬夫，雨淋日炙風吹敷。枝幹剥落摧皮膚，隙孔瑱菌鬱繆紆。爲想懷材昔奥區，凌雲槩日垂扶疎。翩集不脛曰人乎，天也將以爲貞符。試看虚中巨查如，堯年貫月歷劫餘，生育盛德釐皇圖。

木材加工利用總部

木材加工利用總部提要

木材加工利用總部，主要對應今日的木材加工利用工業，主要收録用機械或化學的方法對木材、竹材進行加工利用的資料。收録的資料既包括加工利用竹木産品的具體論述或事件，也包括加工利用的具體森工技術。中國早在石器時代就有斫木为耜、揉木为耒、刳木爲舟，開始了木材加工的歷史。本總部主要分爲總論、木材竹材規範、木竹器具製造、木材竹材建筑、木材竹材車船和薪炭六個部。

《總論部》主要輯録涉及木材、竹材加工利用資料總的論述以及不能歸于下設其他各部的綜合性資料。

《木材竹材規範部》近似于今天的『木材標準』，主要收録古籍中對木材的規格、樹種的使用範圍、木材的瑕疵、木材材性、質量等級等方面内容的資料。

《木竹器具製造部》收録古籍中用木材、竹材制造各種器具的資料。這部分資料衆多、零碎，故又參照古代類書以及現代學科分類方法，分爲居處類、文具類、武備類、禮俗類、樂舞類、農桑類以及其他類等七個專題。

《木材竹材建筑部》主要收録古籍中關于木材、竹材建造工程、建筑的資料，如城池、宫殿、寺廟、樓臺、亭閣、門窗、屋舍、橋梁、河堤等等。我國木構建築傳統早在春秋戰國時期就已形成，如周靈王『聚天下異木神工』造昆昭台；秦孝公建新都，『取岐雍巨材，新作宫室』。其中相關的一些木構建筑經典，諸如《營造法式》、《工程做法》等，對于現代建筑工業至今仍具有指導意義。

《木材竹材車船部》主要收録用木材、竹材建造船隻、車輛的資料。其中也收録諸如木牛流馬等運輸工具以及轎子等乘具資料。

《薪炭部》主要收録以木材、竹材爲原料采薪燒炭以及薪炭具體用途的資料。先秦時《吕氏春秋》中就有伐薪爲炭的記載，《水經注》中更有以旃檀木爲薪的具體記載。

由于部分藤類也屬木本，所以本總部也收録了部分藤類的加工利用資料。

總論部

論説

《管子·立政》地之不可食者，山之無木者，百而當一。涸澤，百而當一。地之無草木者，百而當一。樊棘雜處，民不得入焉，百而當一。藪鎌纏得入焉，九而當一。蔓山，其木可以爲材，可以爲軸，斤斧得入焉，九而當一。汎山，其木可以爲棺，可以爲車，斤斧得入焉，十而當一。流水，網罟得入焉，五而當一。林，其木可以爲棺，可以爲車，斤斧得入焉，五而當一。澤，網罟得入焉，五而當一。

漢 劉安《淮南子》卷九《主術訓》 故賢主之用人也，猶巧工之制木也。大者以爲舟航柱梁，小者以爲楫楔，修者以爲櫚榱，短者以爲朱儒枅櫨。無小大修短，各得其所宜。規矩方圓，各有所施。天下之物，莫凶於雞毒，然而良醫橐而藏之，有所用也。是故林莽之材，猶無可棄者，而況人乎。

唐 丘光庭《兼明書》卷五《杞梓》 近代文人多以杞梓爲大材，可爲棟梁之用。明曰杞梓小材木，可爲器物之用耳。何以言之？《左傳》云：杞梓皮革，自楚往也。與皮革同文，故知非大材。孟子曰：「性猶杞柳也」，義猶桮棬也。以人性爲仁義，猶以杞柳爲桮棬。《釋木》云「杞枸檵」。郭璞曰：今枸杞也。《尚書·梓材》云：「既勤樸斵，惟其塗丹雘。」孔安國曰：梓，漆也。詩云「椅桐梓漆」，然則梓非漆之別名，可以爲漆器之材耳。是知杞之與梓，皆柔軟之木，杞則可爲桮棬，梓則可爲漆器，其非棟梁之材也。明矣。或曰：「昔秦人伐梓，其中一青牛梓，非大木耶？」答曰：「梓本大木，但其爲貨之時，析而斷之，爲小材耳。」

宋 陳翥《桐譜》卷下《雜説》 魏明帝《猛虎行》曰：雙桐生枯井，枝葉自相加。通泉溉其根，玄雨潤其柯。王逸子曰：木有枝，桑梧桐松柏皆受氣矣。異於羣類者也。《莊子》云：空門來風，桐乳致巢。注：門户空，風喜根之，桐子似乳，著葉而生，鳥喜巢之。《易緯》曰：桐枝濡毳而入空中，難成易傷，須成器。桓譚《新論》曰：神農黄帝削桐爲琴。《風俗通》曰：梧桐生於嶧陽山巖石之上，采東南孫枝爲琴，聲音清雅。《莊子》曰：外子之神，勞子之精，則倚樹而吟，據梧而瞑。注云：勞困故耳。《吕氏春秋》曰：成王與康叔虞燕居，削桐葉爲珪，曰：「以此封汝。」《淮南子》曰：智者有所不足，故桐不可以爲弩。《遁甲》曰：梧桐不生，則九州異。注云：梧桐已知日月正閏，生十二葉，一邊有六葉，從下數，一月有閏，則十三葉。視葉小者則知閏何月也。不生則九州異君。崔綺《七蠲》曰：爰有梧桐，生于玄谿。傳根朽壤，託險生危。《淮南子》曰：桐木成雲。注云：取十石甕滿以水，置桐其中，蓋之三四日，氣如雲作。《莊子》曰：鵷雛發海南而飛於北海，非梧桐不止，非竹實不食。《游名山志》曰：吹臺有高桐，皆百圍。嶧陽孤生，方此爲劣。《淮南子》曰：以巨斧擊桐薪，不待利日良時而後破之。加斧桐薪之上，而無人力之奉，雖順招搖刑德而不能破，無其勢也。《論衡》曰：李子長爲政，欲知囚情，刻梧桐象囚形，鑿地爲坎，臥木囚其中。囚若正，木囚不動；若有冤，木囚動出。人之精著木人也。古詩曰：井梧棲雲鳳。又曰：椅梧傾高鳳。《孟子》曰：拱把之桐梓，人苟欲生之，皆知所以養之者。至於身，而不知所以養之者，豈愛身不若桐梓哉？弗思甚也。今有場師舍其梧檟，養其樲棘，則謂賤場師矣。

《廣志》曰：驃國有白桐木，其葉有白毳，取其毳淹漬，緝織以爲布。《齊地記》曰：齊城有梧臺，即梧宫也。《齊書》曰：豫章王於郡起山，列種桐竹，號桐山。武帝幸之，置酒爲樂。《瑞應圖》曰：王者任用賢良，則梧桐生於東廂。《禮斗威儀》曰：君乘火而王其政平，梧桐長生。《述異記》曰：梧桐園在吴夫差舊國，一名琴川。梧園在句容縣。《傳》曰：吴王別館有楸梧成林，蓋古樂府云「梧宫秋，吴王愁」是也。《秦記》曰：初長安謡曰「鳳凰鳳凰，止阿房」。符堅遂於阿房城植桐數萬株以待之。其後慕容沖入阿房城，而止焉。沖小字鳳也。《晉書》曰：武帝時臨平岸崩一石鼓，打之無聲。張華曰：可以蜀中桐木刻魚形，扣之得鳴。如其言，果聲聞數十里。《後漢書》：蔡邕在吴，吴人有燒桐以爨者，邕聞火烈之聲，知其良木也。因諸裁爲琴，果有美音，故時人名之曰「焦尾琴」。《齊書》曰：王晏爲員外郎，父普曜齊時，松樹忽成梧桐，論者以爲梧桐雖有棲鳳之美，而失後彫之節。晏後果不終。

《高僧傳》曰：僧瑜幼入釋門，誓欲焚身以。宋孝建中，集薪爲龕，請僧設齋禮別，而入火中，經三日而瑜。房内忽生雙桐樹，根枝豐茂，鬱翠非常，道俗異之，號爲雙桐沙門。

宋　朱長文《琴史》卷六　昔司馬子微謂伏羲以諧八音，皆相假合思一器而備律吕者，徧斵衆木得之於梧桐，蓋聖人之於萬物也，亦各辨其材而爲之器也。既知其材矣，又常求其良者，以待於用養其小者以致於大，故禹作九州之貢，有嶧陽孤桐，而《詩》美周室之盛曰「梧桐生矣，于彼朝陽」。又衛文公之作宫室也，亦云「樹之榛栗，椅桐梓漆，爰伐琴瑟」，是所謂求其良者以待於用，養其小者以致於大也。古之聖賢留神於琴也。

宋　王觀國《學林》卷八《木蘭》　文士用木蘭舟、蘭掉、蘭橈，無所經見，唯小説《述異記》曰：「江州有木蘭洲，魯班嘗於洲用木蘭造船，因謂之木蘭舟。文士用木蘭舟自此始。」觀國案：《畫圖本草》木蘭注文亦引《述異記》木蘭舟事，當止見於《述異記》，他書所不載也。屈平《九歌》曰：「桂棟兮蘭橑，辛夷楣兮药房。」《五臣注文選》曰：蘭、辛夷，藥香草也。今案橑者，椽也。楣者，門楣也。蘭橑者，以木蘭爲橑也。辛夷楣者，以辛夷木爲楣也。桂棟者，以桂木爲棟。凡此皆謂以木之有香者爲屋室也。五臣乃以蘭辛夷爲香草，則誤矣。《九歌》又曰：「桂櫂兮蘭枻。」蓋枻者，船傍板也。以桂木爲櫂，以木蘭爲枻者也。《離騷》、《九歌》言蕙蘭、石蘭、椒蘭、幽蘭，皆蘭草也。唯蘭橑、蘭枻爲木蘭，而辛夷亦是木。《離騷》曰：「朝搴阰之木蘭兮」，又曰「朝飲木蘭之墜露兮」，此正言木蘭也。揚子雲《甘泉賦》曰：列辛夷于林薄。《五臣注文選》曰：辛夷，香草也，亦誤矣。杜子美《偪仄行》曰「辛夷始花亦已落」。韓退之《感春詩》曰「辛夷花高最先開」，又曰「辛夷花房忽全開」。王荆公詩曰「回首辛夷木下行」。古人用辛夷爲文著矣，非香草也。

宋　吴仁傑《離騷草木疏》卷三《桂》　雜申椒與菌桂兮，豈惟紉夫蕙茝。王逸注：「椒、桂皆香木，蕙、茝皆香草，以諭賢者。」洪慶善云：「言賢無大小，皆在所用。」又云：「箘字從竹。」仁傑按：《本草》有箘桂、牡桂、桂三種，箘桂條云「生交趾桂林山谷巖崖閒，無骨，正圓如竹」。陶隱居云：「仙經用箘桂三重者良。」《唐本注》云「箘者，竹名。古方用筒桂者是，葉中三道文，肌理緊薄如竹」。《蜀本圖經》云「葉似柿葉而尖狹光浄，花白蘂黄，四月開，五月結實，木皮青黄，薄卷若筒者，名筒桂。厚硬味薄者，名板桂」。又牡桂條，陶隱居云「今俗用牡桂，狀似桂而扁廣殊薄，皮色黄，脂肉甚少，氣如木蘭，味亦類桂，不知當是別木爲復猶是桂生有老宿者爾」。《唐本注》云：「古方用木桂，或云牡桂，即今木桂及單名桂者，是也。此桂花子與菌桂同，惟葉倍長。」《蜀本圖經》云「葉狹，長於箘桂一二倍，嫩枝謂之桂枝，又名肉桂。削去上皮，曰桂心。其厚皮者，名木桂」。又桂條，陶隱居云「湘州有小桂。《經》云『葉似柏葉，澤黑，皮黄心赤』。齊武帝時，湘州送此木植之芳林苑中。今東山有桂，皮氣麤相類，而葉乖異，亦能凌冬，恐或是牡桂。時人多呼丹桂，正謂皮赤爾」。《唐本注》云「箘桂表裏無毛而光澤，牡桂葉長尺許。陶云小桂，或言其葉小者，引經云似柏葉，驗之殊不相類。不知此言從何而出。掌禹錫云「按此有三種，箘桂似柿葉，牡桂似枇杷葉，此云如柏葉者，陶仕齊爲諸王侍讀，得見此木而言也。蘇恭但知有二種，不能細尋事跡，而云陶誤」。陳藏器云「箘桂、牡桂、桂心同是一物，皮厚者必嫩，薄者必老。嫩者辛香兼又筒卷，老必味淡，自然板薄。板薄者，即牡桂也。筒卷者，即箘桂也。古方有筒桂字似箘字，後人誤書之」。《嘉祐圖經》云「牡桂去皮，名桂心，今所謂官桂也。箘桂薄如竹，大枝小枝，皮俱是筒，人家園圃，亦有種者。移植於嶺北，則氣味殊少辛辣。三月四月生花，全類茱萸。九月結實，今人多以裝綴花果作筵具。其葉甚香，可用作飲中品。又有天竺桂，云生西胡國，今亦稀有。仁傑按：《爾雅》「梫，一名木桂」。郭璞注：「南方呼桂厚皮者爲木桂，桂葉似枇杷而大，白華，華而不著子，叢生巖嶺，冬夏常青，閒無雜木。」邢昺云：「牡桂是也。」按箘桂得名，正以其肌理緊薄如竹，故以箘簬之箘名之，以別木桂厚皮者耳。箘桂一名筒桂，而木桂一名板桂，筒不離竹，板不離木，大抵以竹言薄，木言厚也。雖箘、筒字近，傳寫易誤，只用箘字，其義亦明。陳藏器厚嫩老薄之説，正爾相反也。《小山招隱》曰：攀援桂枝兮聊淹留。白樂天去杭日，有《別萱桂詩》云「桂有留人名」謂此。又至蘇有《東城桂詩》云「子墮本從天竺寺，根盤今在闔閭城」。自注云：舊説杭天竺寺每歲中秋，有月桂子墮。樂天所云桂，意即今所謂木犀者，又謂之巖桂。故曾文清詩云：「團團巖下桂，表表木中犀。」是又桂之別種。然前輩多即以爲桂，蘇養直《巖桂詩》云「已喜小山來眼界」是也。唯簡齋不然，賞木犀花有「武林曾識最高枝」之句，又長短句云：「三間未識孤妍，離騷遺恨千年。」豈欲三間於桂之外，別稱巖桂，如蘭與石蘭之比乎。

又《松》 飲石泉兮蔭松柏。王逸注：言己雖在山中，猶飲石泉蔭松柏，飲食居處，動以香潔自脩飾也。五臣云：飲清潔之水，蔭堅實之木。仁傑按：《山海經》：錢來之山多松。《本草》：松節條。陶隱居云：比來苦腳弱人，釀松節酒，皆愈。松柏皆有脂潤，又凌冬不凋，理爲佳物，但人多輕忽近易之爾。《唐本注》云：木皮緑衣，名艾蒳。蕭炳云：有五葉者，一叢五葉，如釵，名五粒松。《嘉祐圖經》云：今松實作果品，其花上黄粉，名松黄。山人及時拂取作湯。甚佳，但不堪寄遠。五粒字，當讀爲鬣，音之誤也。言每五鬣爲一葉，或有兩鬣、三鬣者。松久則實繁，中原雖有，然不及塞上者佳。崔寔曰：正月自朔暨晦，可移植松柏雜木。《高麗圖經》云：廣、揚、永三州，多大松。惟五葉者，乃結實。羅州道亦有之，不若三州之富。始生謂之松房，狀如木瓜，青潤緻密，得霜乃坼，其實始成，而房乃作紫色。國俗雖果肴羹胾亦用之，不可多食，令人嘔不已。又取松之柔條，細削成縷，搥壓成綫，織而爲扇，上有花紋，不減穿藤之巧。又有杉扇，惟以白杉木劈削如紙，貫以采組，相比如羽，亦可招風。

又《木蘭》 朝搴阰之木蘭。王逸注：木蘭去皮不死，以喻讒人困己。己受天性，不可變易也。仁傑按：《本草》：木蘭，一名林蘭，一名杜蘭，皮似桂而香，生零陵山谷。陶隱居云：狀如楠，皮甚薄而味辛香，今益州有之，皮厚狀如厚朴而氣味爲勝。《唐本注》云：似箘桂葉，其葉氣味辛香不及桂也。《蜀本圖經》云：木高數仞，似箘桂，葉有三道縱文，皮如板桂，有縱横文。《嘉祐圖經》云：此與桂枝全别，而韶州所生，乃云與桂同是一種。取外皮爲木蘭，中肉爲桂心，蓋是桂中之一種耳。任昉《述異記》云：木蘭川在尋陽江中，多木蘭。又七里洲中，有魯班刻木蘭舟，至今在洲中。今詩家云木蘭舟，出於此。王彦賓云：《離騷》《九歌》，言蕙蘭、石蘭、椒蘭、幽蘭皆蘭草也。惟蘭橑，蘭枻爲木蘭，謂以此木爲榱及柂也。按騷人寓意香草，以爲屋室舟楫之飾耳。如蓀橈、药房、荷屋之類，皆用此意，不可拘。《酉陽雜俎》云：木中一歲再發華者，唯木蘭爲然。今按木蘭，四時著花，又有四月著花者，謂之夏木蘭。《雜俎》恐誤。

又 卷三《楸》 望長楸而太息。王逸注：「長楸大梓，言己顧望楚都大梓木而悲歎。」仁傑按：《山海經》：「虖勺之山，其上多梓。又堇理之山多美梓。」郭璞注云：「山楸也。」又「陽華之山，多苦莘，其狀如槠」。郭注：「槠即楸字也。」《爾雅》：「小葉曰榎，大而皵楸。」郭注：「楸，細葉者爲榎。」樊光云：「木老而皮麤皵者，爲楸。木小而皮麤皵者，爲榎。」又椅梓注云：「即楸也。」又椇鼠梓注云：楸屬也。陸璣云：「其枝葉木理如楸，山楸之異者，今謂之苦楸。」《本草》：梓白皮條。蕭炳云：「木似桐而葉小，花紫。」日華子云：梓皮有數種，惟楸梓佳。《圖經》云：鼠李一名鼠梓，然鼠李花實都不相類，恐别一物而名同也。梓之入藥，當用有子者。楸梓，官寺及人家園亭多植之。賈思勰云：楸梓二木相類，白色有角生子者，爲梓。或名子楸，或名角楸。黄色無子者，爲柳楸，亦呼荆黄楸也。楸既無子，可於大樹四面，掘坑取栽移之，兩步一根，兩畝一行也。《韻語陽秋》云：楸，色香韻勝，見於杜子美、梅聖俞詩，「要把楸花媚遠天」，言其色也。「楸木馨香倚釣磯」，言其香也。「圖出帝宮木，聳向白玉墀。高豔不近俗，直許天人窺」，言其韻也。又採其葉傅瘡立愈云。

又《黄棘》 借光景以往來兮，施黄棘之枉策。王逸注：「黄棘，棘刺也。言願借神光電景，飛注往來。施棘之刺以爲馬策，言其利用急疾也。」洪慶善曰：「言己之所以假延日月，往來天地之閒，無以自處者，以其君施黄棘之枉策故也。初懷王二十五年，與秦盟於黄棘，其後爲秦所欺，卒客死於秦。今頃襄任用姦回，將至亡國，是復施黄棘之枉策也。黄棘，地名。」仁傑按：「借光景以往來，猶《離騷》經聊假日以媮樂。」逸注云神光電景非是，又以黄棘爲棘刺，而不知所據。今按《山海經》：苦山有木焉，名曰黄棘。黄華而員葉，其實如蘭。離騷草木多用《山海經》《九章》蓋取諸此。地名之説誤也。《本草》木部有赤棘、白棘。《唐本注》引《切韻》曰：棘，小棗也。花葉莖實俱類棗。《嘉祐圖經》云：枸杞一名仙人杖，而枸杞有針者，一名枸棘，今此所云黄棘，以華黄得名。又其實如蘭，則用爲馬策者，特取其香耳。不以刺爲嫌也，唯椒亦然。

宋 俞德鄰《佩韋齋輯聞》卷一 燧人氏鑽火至周四時變國火，蓋春取榆柳之火，夏取棗杏之火，夏季取桑柘之火，秋取柞楢之火，冬取槐檀之火，一歲而易火者五，疑若多事。及觀《洪範五行傳》，乃知古人之意，蓋火關於時政，火性炎上者也。老則愈烈，于是遇物輒然，若新火性柔，青光炯炯，乃無忽勝速熾之患，縱使延燎，亦易撲滅。是則古人鑽燧改火之意也，唐人詩「日暮漢宮傳蠟燭，青煙散入五侯家」，不過爲節物之戲玩耳。

元　李衎《竹譜詳録》卷四　箣竹，江浙閩廣之間處處有之。凡二種，大槊與篌竹相類，差匀細，皮薄，深緑色，但可作篾，用甚堅靭，他無所宜。筍末與篌竹不同，安南呼爲小竹。生浙東山中者肉厚，竅中，可爲弩。《説文》云：「物之多筋者」也。婺州蘭溪山中有一種，長二三丈，身如笙竹，筍如猫頭竹，色不甚緑，斑花隱然不甚明，劈篾織篋筍皆可，亦名筋竹。竺法真《登羅山疏》云：嶺南道無筋竹，惟羅山有之，其大尺圍，細者色如黄金，堅貞疎節。或云筋竹長二丈許，圍數寸，至堅利，南土以爲矛，其筍未成竹時，可錘作弩絃，故名筋竹。又云夷人名爲史葉竹。戴凱之以爲即日南簞竹也。張得之云：賀州俚人削爲箭，以葉羽之，名曰筀黎，筍能止渴。僕謂此二説皆簞竹，非今之所謂筋竹者也。

元　蘇天爵《元文類》卷四二《木工》　木工之名則一，而其藝有大小。如營建宫室，則大木之職也。若舟車以濟不通，几案以適用，此皆小木之爲也。故鏇匠有局，繕工有司，民匠雜造之，有府歲爲定制，以備用焉。

明　周嘉胄《香乘》卷五　奇南香、降真香爲木黑潤，奇南香所出産，天下皆無，其價甚高，出占城國。奇藍香上古無聞，近入中國，故命字有作「奇南」「茄藍」「伽南」「奇南」「棋𥖄」等，不一而用，皆無的據。其香有緑結、糖結、蜜結、生結、金絲結、虎皮結，大畧以黑緑色用，指掐有油出、柔靭者爲最。佩之能提氣，令不思溺。真者價倍黄金，然絶不可得。倘佩少許，纔一登座，滿堂馥郁，佩者去後，香猶不散。今世所有，皆彼酋長禁山之外産者，如廣東端溪研，舉世給用，未嘗非端價等常石，然必宋坑下巖水底如蘇文忠所謂「千夫挽綆，百夫運斤」之所出者，乃爲真端溪，可寶也。奇南亦然。倘得真奇藍香者，必須慎護如作扇墜、念珠等用，遇燥風黴濕時，不可出。出數日便藏，防耗香氣。藏法用錫匣内實以本體香末，匣外再套一匣，置少蜜，以蜜滋末，以末養香。香匣方則蜜匣圓，蜜匣圓則香匣方，香匣不用蓋，蜜匣以蓋總之，斯得藏香三昧矣。奇南見水則香氣盡散，俗用熱水蒸香，大誤謬也。

明　梁寅《詩演義》卷四　將仲子兮，無踰我里，無折我樹杞。豈敢愛之，畏我父母，仲可懷也。父母之言，亦可畏也。三章皆賦也。將仲子，將者，請也。仲子，男子之字也。無踰我里，言莫過我之里也。里者，二十五家所居也。無折我樹杞，莫折我所樹之杞也。杞如柳，可爲車轂，又可鬱屈爲桮棬。其曰折杞者，恐男女相期，爲先至者折枝以爲信，如後世綰結菖蒲之意也。

明　傅文兆《羲經十一翼》卷一　木之用最廣，而木亦不同，爲多心之木乎，爲堅多節之木乎，爲上槁之木乎，耒耜、臼杵、舟楫、弧矢、棟宇、烹飪之具，其取足於此乎。工者繩而直乎，矯而輮乎，物之圜者、柄者，皆其工之所制乎。

明　沈萬鈳《詩經類考》卷二五《樞榆》　樞，其針刺如柘，其葉如榆，爲茹美滑。《爾雅》云：藲莖疏。郭云：今之刺榆有十種，葉皆相似，皮及木理異矣。《廣雅》云：柘榆，梗榆也。陸疏云：其針刺如柘，其葉如榆，瀹爲茹，美滑于白榆。陳藏器云：江南有刺榆，無大榆，刺榆秋實。榆，按陸氏云有十種，樞，今刺榆也。《本草》：零榆，味甘平，生潁川山谷，郎榆皮味甘寒，生山中，如榆皮，有滑汁，秋生莢，如北榆。《爾雅》「無姑其實夷」注：無姑，姑榆也。生山中，葉圓厚，剥取皮合漬之，味甘辛，所謂蕪夷是也。《本草》云：味甘辛，生晋山川谷。《説文》曰：榆，白粉也。榆有刺莢，爲蕪夷。范子計然曰：蕪夷出地，赤心者善。郭璞云：枌榆先生葉，却著莢，皮色白。《廣志》又曰：有姑榆，有郎榆。郎榆無莢，材任車用，善蚕者出渤海東，光以供官。又《齊民要術》云：梜榆，凡榆二種，色别，種之勿令雜梜。榆莢葉味苦，凡榆莢味甘。陸機又云：駮馬梓榆，似又一種。《淮南子》曰：五月其樹榆。《春秋元命苞》曰：三月榆莢落。《管子》曰：五沃之土，其榆條長。《禮記内則》曰：槿荁枌榆，兔薨滫髓以滑之。崔寔《四民月令》曰：二月榆莢成者，收乾以爲旨蓄，色變白將落收爲醬。隨節早晚，勿失其適。《雜五行書》曰：舍北種榆九株，蚕大得。《博物志》曰：食枌榆則眠不欲覺。嵇康《養生論》曰：豆令人重，榆令人眠。愚知所知也。《萬畢術》曰：八月榆檽，令人不飢。《鄒子》云：春取榆柳之火。陶隱居云：榆皮性至滑利，初生莢仁以作糜羹。《本草衍義》云：榆皮磑音魏爲粉，歉歲農以代食。葉青嫩時取貯，亦用爲羹茹。

明　徐爔學《説頤》卷四《无患忘憂》　無患木，燒之極香，一名噤婁，一名桓。昔有神號曰摇耗，能符劾百鬼，擒魑魅，以無患木擊殺之。世人競取此木爲器用却鬼，因曰無患木。萱草，一名忘憂。吴中書生謂之療愁。嵇康《養生論》云萱草忘憂。孟氏云如有一朝之患，則君子不患矣。其無患木之謂乎？孔子曰「樂以忘憂」；其忘憂草之謂乎。

明　謝肇淛《五雜俎》卷一〇《物部》　閩人作室必用杉木，器用必用榆木，棺槨必用楠木。北人不盡爾也。桑、柳、槐、松之類，南人無用之者，北人皆不擇而取之。故梁棟多曲而不直，什物多窳而不緻，坐是故耳。梗、楠、豫章，自古稱之。而柟木生楚蜀者，深山窮谷，不知年歲，百丈之榦，半埋沙土，故截以爲棺，謂之沙板。佳者解之，中有文理，堅如鐵石，試之者以暑月作合盛生肉，經數宿，啟之色不變也。然一棺之直，皆百金以上矣。夫葬欲其速朽也。今乃以不朽爲貴，使骨肉不得復歸於土，魂魄安乎？或以木之佳者，水不能腐，蟻不能穴，故爲貴耳。然終俗人之見也。

又　曲阜孔林有楷木，相傳子貢手植者，其樹十餘圍，今已枯死。其遺種延生甚蕃，其芽香苦，可烹以代茗，亦可乾而茹之。其木可爲笏枕及棋枰，云敲之聲甚響而不裂，故宜棋也。枕之無惡夢，故宜枕也。此木殊方不可知，以余所經他處，未有見之者，亦聖賢之遺跡也。而守土之官，日逐採伐製器，以充餽遺。今其所存寥寥，反不及商丘之木以不才終天年，不亦可恨之甚哉。

清　陳啓源《毛詩稽古編》卷一八　菑、翳、灌、栵、檉、椐、檿、柘八者，除菑、翳、灌非木名，餘五者皆嘉植也。芝栭蔆椇，人君燕食之庶羞，見《禮記內則》及鄭注。栭材可爲車輮，見陸疏。河柳入藥，一年三秀。寇氏《衍義》謂之三春柳，天將雨，先起氣以應之。《草木疏》謂之雨師，又大寒不凋，有松柏之性。靈壽木似竹有節，長八九尺，圍三四寸，自然合杖，不須削理，見《漢書》師古注。而《草木疏》亦言其節中腫似扶老，可爲馬鞭及杖。檿柘宜蠶，取其絲以絃琴瑟，清響異常；又中弓榦。五者皆有用於人，而與槁蔽叢生之木同在刊除之列者，詩特指此，以見民之樂就有德歸懷，日聚嚮時園圃林麓漸變爲民居耳。周之興也，轉榛棘爲室廬；其衰也，化宮廟爲禾黍。興衰氣象徵於草木，而可知詩人言在此意，在彼不可徒泥其詞也。若從伊川之解，則僅老圃之事耳。豈所以美文王哉。

清　郝懿行《爾雅義疏》下之二《釋木》　柀粘粘似松，生江南，可以爲船及棺材，作柱埋之不腐。

《宋本》及《釋文》俱作粘，不成字，蓋黏字之误。徐鉉作檆，亦非。段氏《说文注》依《爾雅》改作黏，是也。按《後漢書華陀傳》有漆葉青黏、散黏，亦不成字，注音女廉反，恐即黏字之誤也。《釋文》粘字或作杉，所咸反。郭音：芟，又音纖。據陸音郭注，此即今杉木也。但《爾雅》作黏，似當依《後漢書》注作女廉反矣。

檿桑山桑似桑，材中作弓及車轅。

《詩》：其檿其柘。《説文》：柘，桑也。檿，山桑也。按柘檿同類，故通名，其實，桑柘非一物也。今山桑葉小於桑，而多缺刻，性尤堅緊。《禹貢》：青州厥篚檿絲。蘇軾注：檿絲出東萊，以織繒，堅韌異常。東萊人謂之山繭，然則檿絲可供織作，即如今登州山繭織成者，非獨絲中琴瑟，取貴也。《書正義》引郭注有柘屬也。三字疑今本脱去之。郭云材中作弓者，《考工記》：弓人取榦，柘爲上，檿桑次之。《周語》所謂「檿弧」是矣。其木堅勁，故又可作車轅。

棧木干木橿木也。江東呼木觡。

《説文》：棧，棚也。蓋棚以棧木爲之，因名棧。棧，閣也。猶車以棧木爲之，因名棧車。道以棧木爲之，因名棧道矣。干者，叚借字。《釋文》：干樊本作杆。《廣雅》云：杆，柘也。杆與榦同。《禹貢》荆州厥貢杶榦。《考工記疏》引鄭注榦柘，榦也。蓋弓人取榦柘爲上，此柘所以名榦，杆木爲棚棧亦所以立榦也。《詩》之「干旄」，《左傳》引作「竿旄」，是竿杆干竝古字通。郭云橿木也者，《玉篇》：杆，橿木也。《釋文》引《字書》云死而不朽，本或作僵。郭云江東呼木觡者，觡之言，猶格也。格猶閣也。《説文》：格，木長貌。

綜述

三國吴　陸璣《毛詩草木鳥獸蟲魚疏》卷上《無浸獲薪》　穫，今椰榆也。其葉如榆，其皮堅韌，剥之長數尺，可爲絙索，又可爲甑帶，其材可爲杯器。

又《北山有枸》　枸樹，山木，其狀如櫨，一名枸骨。高大如白楊，所在山中皆有。理白可爲函板，枝柯不直，子著枝端，大如指，長數寸，噉之甘美如飴。八九月熟，江南特美。今官園種之，謂之木蜜。古語云「枳枸來巢」，言其味甘，故飛鳥慕而巢之。本從南方來，能令酒味薄，若以爲屋柱，則一屋之酒皆薄。

晉　嵇含《南方草木狀》卷中　蜜香，沉香，雞骨香，黄熟香，棧香，青桂香，馬蹄香，雞舌香。案：此八物，同出於一樹也。交趾有蜜香樹，榦似柜柳，其花白而繁，其葉如橘，欲取香，伐之經年，其根榦枝節，各有别色也。木心與節堅黑，沉水者爲沉香，與水面平者爲鷄骨香，其根爲黄熟香，其榦爲棧香，細枝緊實未爛者爲青桂香，其根節輕而大者爲馬蹄香，其花不香，成實乃香，爲鷄舌香。珍異之木也。

北魏 賈思勰《齊民要術》卷五 憑柳，可以爲楯、車輞、雜材及椀。

又 柞《爾雅》云：栩杼。注云：柞樹，今人呼杼爲橡子，以橡殼爲杼斗，以剜似斗故也。橡子儉歲可食，以爲飯，豐年收豬食之，可以致肥也。宜於山阜之曲，三徧熟耕，漫散橡子，即再勞之。生則薅治，常令淨潔。一定不移，十年中椽可雜用，一根值十文。二十歲中屋樽，一根值百錢。柴在外，斫去尋生，料理還復。凡爲家具者，前件木皆所宜種。十歲之後，無求不給。

五代 劉昫《舊唐書》卷一九七《南蠻傳》 林邑國，漢日南象林之地，在交州南千餘里。其國延袤數千里，北與驩州接。地氣冬温，不識冰雪，常多霧雨。其王所居城，立木爲柵。王著白氎古貝，斜絡膊，繞腰，上加真珠金鎖，以爲瓔珞，卷髮而戴花。夫人服朝霞古貝以爲短裙，首戴金花，身飾以金鎖真珠瓔珞。王之侍衛，有兵五千人，能用弩及矟，以藤爲甲，以竹爲弓，乘象而戰。

宋 歐陽修《新唐書》卷二一九《北狄傳》 室韋，契丹別種，東胡之北邊，蓋丁零苗裔也。地據黄龍北，傍猺越河，直京師東北七千里，東黑水靺鞨，西突厥，南契丹，北瀕海。其國無君長，惟大酋，皆號「莫賀咄」，攝筦其部而附于突厥。小或千户，大數千户，濱散川谷，逐水草而處，不税斂。每弋獵即相嘯聚，事畢去，不相臣制，故雖猛悍喜戰，而卒不能爲彊國。剡木爲犂，人挽以耕，田穫甚褊。其氣候多寒，夏霧雨，冬霜霰。其俗，富人以五色珠垂領，婚嫁則男先傭女家三歲，而後分以産，與婦共載，鼓舞而還。夫死，不再嫁。每部共構大棚，死者置尸其上，喪期三年。土少金鐵，率資於高麗。器有角弓、楛矢，人尤善射。每溽夏，西保貣勃、次對二山。山多草木鳥獸，然苦飛蚊，則巢居以避。酋帥死，以子弟繼，無則推豪桀立之。率乘牛車，蘧蒢爲室，度水則束薪爲桴，或以皮爲舟。馬皆草韉、繩羈靮。所居或皮蒙室，或屈木以蘧蒢覆，徙則載而行。其畜無羊少馬，有牛不用，有巨豕食之，韋其皮爲服若席。其語言，靺鞨也。

宋 陳師道《後山談叢》卷四 古者諸侯取財於國，不取於諸侯，豈特國民亦然也。維桑與梓，樹之榛栗椅桐梓漆，梓漆以爲棺，榛栗以爲贄，椅桐以爲器。

宋 鄭樵《爾雅注》卷下 梀赤梀白者梀俗呼斤木，叢生，可作藩籬，大者任車輞，梀，山厄反。

宋 李石《續博物志》卷一〇 《河圖》曰：少室山大竹堪爲甑器。《山海經》：舜林中大竹，一節可以爲船。漢竹大者一節受一斛，小者數升，爲椑榼。《廣志》曰：雲母竹，大竹也。擁竹，細而多刺也。篃竹堪作笛，篔竹宜爲屋椽，蔓竹皮青内白如雪，輭韌可爲索。

宋 范成大《桂海虞衡志》《志香》 沈水香，上品出海南黎峒，一名土沈香，少大塊，其次如繭栗角、如附子、如芝菌、如茅竹葉者佳，至輕薄如紙者，入水亦沈。香之節因久蟄土中，滋液下流，結而爲香。採時香而悉在下，其背帶木性者，乃出土上環島，四郡界皆有之，悉冠諸蕃所出。又以出萬安者爲最勝，說者謂萬安山在島正東，鍾朝陽之氣，香尤醖藉豐美。大抵海南香氣皆清淑，如蓮花、梅英、鵝梨、蜜脾之類，焚一博投許，氛翳彌室，翻之四面悉香。至煤燼，氣不焦，此海南香之辨也。北人多不甚識，蓋海上亦自難得。省民以牛博之於黎，一牛博香一擔，歸自差擇，得沈水十不一二。中州人士但用廣州舶上占城真臘等香，近年又貴丁流眉來者，余試之，乃不及海南中下品。舶香往往腥烈，不甚腥者，意味又短。帶木性，尾煙必焦。其出海北者，生交趾，及交人得之海外蕃舶，而聚於欽州，謂之欽香。質重實，多大塊，氣尤酷烈，不復風味，惟可入藥，南人賤之。

檳榔苔，出西南海島，生檳榔木上。如松身之艾蒳，單爇極臭。交趾人用以合泥香，則能成温馨之氣，功用如甲香。

宋 寇宗奭《本草衍義》卷一五 槲若亦有斗，但不及櫟木，雖堅而不堪充材。葉微炙炒，槐花減槲葉之半，同爲末，米飲調服，治初得腸風，及血痔熱多者尤佳。亦堪爲炭，但不及櫟木。

明 陶宗儀《輟耕録》卷五 杭人削松木爲小片，其薄如紙，鎔硫黄塗木片頂分許，名曰發燭，又曰焠兒。蓋以發火及代燈燭用也。史載周建德六年，齊后妃貧者以發燭爲業，豈即杭人之所製與？宋翰林學士陶公穀《清異録》云：夜有急苦於作燈之緩有知者，批杉條、染硫黄，置之待用，一與火遇，得燄穗然，既神之呼「引光奴」。今遂有貨者，易名火寸。按此則焠寸聲相近字之譌也。然引光奴之名爲新。

又 卷二一《宮闕制度》 至元四年正月城京師，以爲天下本。右擁太行，左注滄海，撫中原正南面，枕居庸奠朔方。峙萬歲山，浚太液池。派玉泉，通金水。縈畿帶甸，負山引河。壯哉帝居，擇此天府。城方六十里，里二百四十步，分十一門。正南曰麗正，南之右曰順承，南之左曰文明，北之東曰安貞，北之西曰健德，正東曰崇仁，東之右曰齊化，東之左曰光熙，正西曰和美，西之右曰肅清，西之左曰平則，大內南臨麗正門，正衙曰大明殿，曰延春閣。宮城周回九里三十步，東西四百八十步，南北六百十五步，高三十五尺，甎甃。至元八年八月十七日申時動土，明年三月十五日即工。分六門，正南曰崇天，十二間，五門。東西一百八十七尺，深五十五尺，高八十五尺，左右趓樓二，趓樓登門兩斜廡，十門，闕上兩觀皆三趓樓。連趓樓東西廡，各五間。西趓樓之西，有塗金銅幡竿，附宮城南面，有宿衛直廬。凡諸宮門，皆金鋪、朱戶、丹楹、藻繪、彤壁、琉璃瓦、飾簷脊，崇天之左曰星拱，三間，一門。東西五十五尺，深四十五尺，高五十尺。崇天之右曰雲從，制度如星拱。東曰東華，七間，三門，東西一百十尺，深四十五尺，高八十尺。西曰西華，制度如東華。北曰厚載，五間，一門，東西八十七尺，深高如西華。角樓四，據宮城之西隅，皆三趓樓，琉璃瓦，飾簷脊。直崇天門，有白玉石橋三虹，上分三道，中爲御道，鐫百花蟠龍。星拱南有御膳亭，亭東有拱辰堂，蓋百官會集之所。東南角樓東差北有生料庫。庫東爲柴場，夾垣東北隅有羊圈。西南角樓南紅門外，留守司在焉。西華南有儀鸞局，西有鷹房。厚載北爲御苑。外周垣紅門十有五，內苑紅門五，御苑紅門四。此兩垣之內也。大明門在崇天門內，大明殿之正門也。七間三門，東西一百二十尺，深四十四尺，重簷。日精門在大明門左，月華門在大明門右，皆三間一門。大明殿，乃登極正旦壽節會朝之正衙也。十一間，東西二百尺，深一百二十尺，高九十尺。柱廊七間，深二百四十尺，廣四十四尺，高五十尺。寢室五間，東西夾六間，後連香閣三間，東西一百四十尺，深五十尺，高七十尺，青石花礎，白玉石圓碣文石甃地。上藉重茵，丹楹，金飾龍繞其上，四面朱鎖窓，藻井間金繪飾燕石，重陛朱闌，塗金銅飛雕冒。中設七寶雲龍御榻，白蓋金縷褥，並設后位，諸王百寮集賽官侍宴坐牀，重列左右。前置燈漏，貯水運機，小偶人當時刻捧牌而出。木質銀裹漆甕一，金雲龍蜿繞之，高一丈七尺，貯酒可五十餘石。雕象酒卓一，長八尺，闊七尺二寸。玉甕一，玉編磬一，巨笙一，玉笙玉箜篌咸備于前。前懸繡緣朱簾。至冬月，大殿則黃猫皮壁幛，黑貂褥。香閣則銀鼠皮壁幛，黑貂煖帳。

凡諸宮殿乘輿所臨御者，皆丹楹朱鎖窓，間金藻繪。設御榻，裀褥咸備。屋之簷脊皆飾琉璃瓦。文思殿在大明寢殿東，三間，前後軒，東西三十五尺，深七十二尺。紫檀殿在大明寢殿西，制度如文思，皆以紫檀香木爲之，縷花龍涎香間白玉飾，壁草色髹，綠其皮爲地衣。寶雲殿在寢殿後，五間，東西五十六尺，深六十三尺，高三十尺。鳳儀門在東廡中，三間一門，東西一百尺，深六十尺，高如其深。門之外有庖人之室，稍南有酒人之室。麟瑞門在西廡中，制度如鳳儀。門之外有內藏庫二十所，所爲七間。鐘樓，又名文樓，在鳳儀南。鼓樓又名武樓，在麟瑞南。皆五間，高七十五尺。嘉慶門在後廡寶雲殿東，景福門在後廡寶雲殿西，皆三間一門，周廡一百二十間，高三十五尺。四隅角樓四間，重簷。凡諸宮周廡，並用丹楹、彤壁、藻繪、琉璃瓦飾簷脊。延春門在寶雲殿後，延春閣之正門也。五間三門，東西七十七尺，重簷。懿範門在延春左，嘉則門在延春右，皆三間一門。延春閣九間，東西一百五十尺，深九十尺，高一百尺，三簷重屋，柱廊七間，廣四十五尺，深一百四十尺，高五十尺。寢殿七間，東西夾四間，後香閣一間，東西一百四十尺，深七十五尺，高如其深。重簷。文石甃地，藉花毳裀，簷帷咸備。白玉石重陛，朱闌，銅冒楯，塗金雕翔其上。閣上御榻二，柱廊中設小山屏牀，皆楠木爲之，而飾以金。寢殿楠木御榻，東夾紫檀御榻，壁皆張素，畫飛龍舞鳳，西夾事佛像。香閣楠木寢床，金縷褥，黑貂壁幛。慈福殿又曰東煖殿，在寢殿東，三間，前後軒，東西三十五尺，深七十二尺。明仁殿又曰西煖殿，在寢殿西，制度如慈福。景耀門在左廡中，三間一門，高三十尺。清灝門在右廡中，制度如景耀。鐘樓在景耀南，鼓樓在清灝南，各高七十五尺，周廡一百七十二間，四隅角樓四間。玉德殿在清灝外，七間，東西一百尺，深四十九尺，高四十尺，飾以白玉，甃以文石，中設佛像。東香殿在玉德殿東，西香殿在玉德殿西，宸慶殿在玉德殿後，九間，東西一百三十尺，深四十尺，高如其深，中設御榻，簾帷裀褥咸備。前列朱闌，左右闢二紅門，後山字門三間。東更衣殿在宸慶殿東，五間，高三十尺。西更衣殿在宸慶殿西，制度如東殿。隆福殿在大內之西。興聖之前，南紅門三。東西紅門各一，繚以磚垣。南紅門一，東紅門一，後紅門一。光天門，光天殿正門也。五間三門，高三十二尺，重簷。崇華門在光天門左，膺福門在光天門右，各三間一門，光天殿七間，東西九十八尺，深五十五尺，高七十尺，柱廊七間，深九十八尺，高五十尺。寢殿五間，兩夾四間，東西一百三十尺，高五十八尺五寸，重簷，藻井瑣窗，文石甃地，藉花毳裀，懸朱簾，重陛朱闌，塗金雕冒楯，正殿縷金雲龍樟木御榻。從臣坐牀重列前兩傍。寢殿亦設御榻，裀褥咸備。青陽門在左廡中，明暉門在右廡中，各三間一門。翥鳳樓在青陽南，三間，高四十五尺。驂龍樓在明暉南，制度如翥鳳。後有牧人宿衛之室。壽昌殿又曰東煖殿，在寢殿東，三間，前後軒，重簷。嘉禧殿又曰西煖殿，在寢殿西，制度如壽昌，中位佛像，傍設御榻。針線殿在寢殿後，周廡一百七十二間，四隅角樓四間，侍女直廬五所。在針線殿後，又有侍女室七十二間，在直廬後，及左右浴室一區，在宮垣東北隅。文德殿在明暉外，又曰楠木殿，皆楠木爲之，三間，前後軒一間，盝頂殿五間，在光天殿西北角樓西，後有盝頂小殿。香殿在宮垣西北隅，三間，前軒一間，前寢殿三間，柱廊三間，後寢殿三間，東西夾各二間。文宸庫在宮垣西南隅，酒房在宮垣東南隅，内庖在酒房之北，興聖宮在大内之西北。萬壽山之正西，周以磚垣，南闢紅門三，東西紅門各一，北紅門一，南紅門外兩傍附垣有宿衛直廬，凡四十間。東西門外各三間，南門前夾垣内有省院臺百司官侍直板屋。北門外有窨花室五間。東夾垣外，有宦人之室十七間，凌室六間，酒房六間。南北西門外棊置衛士直宿之舍二十一所，所爲一間。外夾垣東紅門三，直儀天殿弔橋。西紅門一，達徽政院。門内差北有盝頂房二，各三間。又北有屋二所，各三間。差南有庫一所，及屋三間。北紅門外有臨街門一所，三間。此夾垣之北門也。興聖門，興聖殿之北門也。五間三門，重簷。東西七十四尺。明華門在興聖門左，肅章門在興聖門右，各三間一門，興聖殿七間，東西一百尺，深九十七尺，柱廊六間，深九十四尺。寢殿五間，兩夾各三間，後香閣三間，深七十七尺。正殿四面朱懸瑣窗，文石甃地，藉以毳裀，中設扆屏榻，張白盖簾帷，皆錦繡爲之。諸王百寮宿衛官侍宴坐牀，重列左右，其柱廊寢殿亦各設御榻，裀褥咸備。白玉石重陛，朱闌。塗金冒楯，覆以白磁瓦，碧琉璃飾其簷脊。宏慶門在東廡中，宣則門在西廡中，各三間一門。凝暉樓在宏慶南，五間，東西六十七尺。延顥樓在宣則南，制度如凝暉。嘉德殿在寢殿東，三間，前後軒各三間，重簷。寶慈殿在寢殿西，制度同嘉德。山字門在興聖宮後，延華閣之正門也。正一間，兩夾各一間，重簷，一門脊置金寶瓶。又獨脚門二，周閣以紅版垣。延華閣五間，方七十九尺二寸，重阿，十字脊，白琉璃瓦覆，青琉璃瓦飾其簷。脊立金寶瓶，單陛，御榻、從臣坐牀咸具。東西殿在延華閣西，左右各五間，前軒一間。圓亭在延華閣後，芳碧亭在延華閣後圓亭東，三間，重簷，十字脊，覆以青琉璃瓦，飾以綠琉璃瓦，脊置金寶瓶。徽青亭在圓亭西，制度同芳碧亭。浴室在延華閣東南隅東殿後，傍有盝頂井亭二間，又有盝頂房三間。輝和爾殿在延華閣右，六間，傍有窨花半屋八間。木香亭在輝和爾殿後，東盝頂殿在延華閣東版垣外，正殿五間，前軒三間，東西六十五尺，深三十九尺，柱廊二間，深二十六尺。寢殿三間，東西四十八尺。前宛轉置花朱闌八十五扇，殿之傍有盝頂房三間，庖室二間，面陽盝頂房三間，妃嬪庫房一間，縫紉女庫房三間，紅門一。盝頂之制，三椽，其頂若笥之平，故名。西盝頂殿在延華閣西版垣之外，制度同東殿。東殿之傍有庖室三間，好事房二，各三間，獨脚門二，紅門一，妃嬪院四，二在東盝頂殿後，二在西盝頂殿後，各正室三間，東西夾四間，前軒三間，後有三椽半屋二間，侍女室八十三間，半在東妃嬪院左，西向；半在西妃嬪院右，東向。室後各有三椽半屋二十五間，東盝頂殿紅門外，有屋三間，盝頂軒一間，後有盝頂房一間。庖室一區，在凝暉樓後，正屋五間，前軒一間，後披屋三間，又有盝正屋五間，前盝頂軒三間，南北房各三間，西北隅盝頂房三間，紅門一，土垣四周之。學士院在閣後四盝頂殿門外之西偏，三間。生料庫在學士院南，又南爲鞍轡庫，又南爲軍器庫，又南爲庖人牧人宿衛之室。藏珍庫在宮垣西南隅，制度並如酒室。惟多盝頂半屋三間，庖室三間。萬壽山在大内西北太液池之陽，金人名瓊花島，中統三年修繕之，至元八年賜今名。其山皆壘玲瓏石爲之，峰巒隱映，松檜隆鬱，秀若天成。引金水河至其後，轉機運㪺，汲水至山頂，出石龍口，注方池，伏流至仁智殿後。有石刻蟠龍，昂首噴水仰出，然後由東西流入於太液池。山前有白玉石橋，長二百餘尺，直儀天殿後橋之北有玲瓏石，擁木門五，門皆爲石色。内有隙地，對立日月石。西有石棋枰，又有石坐牀。左右皆有登山之徑，縈紆萬石中，洞府出入，宛轉相迷。至一殿一亭，各擅一景之妙。山之東有石橋，長七十六尺，濶四十一尺半。爲石渠以載金水，而流於山後以汲於山頂也。又東爲靈囿，奇獸珍禽在焉。廣寒殿在山頂，七間，東西一百二十尺，深六十二尺，高五十尺，重阿藻井，文石甃地，四面瑣窗，板密其裏，徧綴金紅雲，而蟠龍矯蹇於丹楹之上。中有小玉殿，内設金嵌玉龍御榻，左右列從臣坐牀。前架黑玉酒甕一，玉有白章，隨其形刻爲魚獸出没於波濤之狀。其大可貯酒三十餘石。又有玉假山一峰，玉響鐵一縣。

殿之後有小石笋二，内出石龍首，以噀所引金水。西北有厠堂一間，仁智殿在山之半，三間，高三十尺。金露亭在廣寒殿東，其制圓，九柱，高二十四尺，尖頂上置琉璃珠，亭後有銅幡竿。玉虹亭在廣寒殿西，制度同金露。方壺亭在荷葉殿後，高三十尺，重屋八面，重屋無梯，自金露亭前複道登焉，又曰線珠亭。瀛洲亭在温石浴室後，制度同方壺。玉虹亭前仍有登重屋複道，亦曰線珠亭。荷葉殿在方壺前，仁智西北，三間，高三十尺，方頂，中置琉璃珠。温石浴室在瀛洲前，仁智西北，三間，高二十三尺，方頂，中置塗金寶瓶。圜亭，又曰膲粉亭，在荷葉稍西，蓋后妃添妝之所也。八面介福殿在仁智東差北，三間，東西四十一尺，高二十五尺。延和殿在仁智西北，制度如介福。馬湩室在介福前，三間，牧人之室在延和前，三間，庖室在馬湩前。東浴室更衣殿在山東平地，三間，兩夾。太液池在大内西，周回若干里，植芙蓉。儀天殿在池中圜坻上，當萬壽山，十一楹，高三十五尺，圍七十尺，重簷，圓蓋頂，圓臺址，甃以文石，藉以花茵，中設御榻，周闢瑣窗。東西門各一間，西北厠堂一間，臺西向，列甃塼龕，以居宿衛之士。東爲木橋，長一百廿尺，濶廿二尺，通大内之夾垣。西爲木吊橋，長四百七十尺，濶如東橋。中闕之，立柱，架梁於二舟，以當其空。至車駕行幸上都，留守官則移舟斷橋，以禁往來。是橋通興聖宫前之夾垣。後有白玉石橋，乃萬壽山之道也。犀山臺在儀天殿前水中，上植木芍藥。隆福宫西御苑在隆福宫西，先后妃多居焉。香殿在石假山上，三間，兩夾二間，柱廊三間，龜頭屋三間，丹楹瑣窗，間金藻繪，玉石礎、琉璃瓦。殿後有石臺，山後闢紅門，門外有侍女之室二所，皆南向並列。又後直紅門，並立紅門三，三門之外，有太子鄂爾多荷葉殿二。在香殿左右，各三間，圓殿在山前。圓頂上置塗金寶珠，重簷。後有流杯池，池東西流水圓亭二。圓殿有廡以連之。歇山殿在圓殿前，五間，柱廊二，各三間，東西亭二，在歇山後，左右十字脊。東西水心亭在歇山殿池中，直東西亭之南，九柱，重簷。亭之後各有侍女房三所，所爲三間。東房西向，西房東向，前闢紅門三，門内立石以屏内外，外築四垣以周之。池引金水注焉。棕毛殿在假山東偏，三間，後盝頂殿三間，前啓紅門，立垣以區分之。儀鸞局在三紅門外西南隅，正屋三間，東西屋三間，前開一門。史官虞集曰：嘗觀紀籍所載，秦漢隋唐之宫闕，其宏麗可怖也。高者七八十丈，廣者二三十里，而離宫别館，綿延聯絡，彌山跨谷，多或至數百所。嘻，真木妖哉！由余有言，使鬼爲之，則勞神矣。使人爲之，則苦人矣。余由當秦穆公之時爲是，俾見後世之侈，何如也？雖然，紫宫著乎元象，得無棟宇有等差之辨。而茅茨之簡，又烏足以重威於四海乎？集佐修經世大典，將作所疏宫闕制度爲詳。於是知大有徑庭於古也。方今幅員之廣，户口之夥，貢税之富，當倍秦漢而參隋唐也。顧力有可爲而莫爲，則其所樂不在於斯也。孔子曰：「禹，吾無間然矣。卑宫室而盡力乎溝洫。」重於此則輕於彼，理固然矣。

明 王圻《稗史彙編》卷一三六《火寸》 夜宫中有急，苦於作燈之緩，有智者披杉木條染硫黄，置之待用。一與火遇，得燄燦然。既神之，呼引光。如今遂有貨者，易名火寸。

又 卷一五三《篃》 篃亦謂之簩竹，《山海經》云：其竹名篃，生非一處。江南山谷所饒也。故是箭竹類，一尺節，葉大如履，可以作蓬，亦中作矢，其笋冬生。《廣志》云：魏時漢中太守王圖每獻笋，俗謂之簩笋，苦怪反。

明 慎懋官《華夷花木鳥獸珍玩考》卷一《藿香》 藿香樹生千歲，根本甚大，伐之四五年木皆朽敗，唯中節堅固，芬香獨存，取以爲香。

又 《連暫香》 出真臘者爲上。伐樹去木而取香者，謂之生速。樹仆木腐而香存者，謂之熟速。其樹木之半存者，謂之暫香。黄而熟者爲黄熟，通黑者爲夾箋。葉廷珪《香譜》：「黄熟桶皮堅而中腐，形如桶，謂之黄熟桶香。」

又 卷三《大蒿》 容梧道中久無霜雪處，年深滋長，大者可作屋柱，小亦中肩輿之扛。

又 卷五《猫竹》 猫竹大者徑七八寸，高而堅實，笋生於冬者，曰冬笋。不出土，味佳。生於春者乃成竹，可破篾，爲筐筥及織壁用。笋長將開葉，砍浸作竹絲造紙，民利之。

明 王士性《廣志繹》卷四《江南諸省》 天生柟木，似尚供殿庭楹棟之用。凡木多囷輪盤屈，枝葉扶疏，非杉、柟不能樹樹皆直，雖美杉亦皆下豐上鋭，頂踵殊科，惟柟木十數丈餘既高且直。又其木下不生枝，止到木巔方散幹布葉，如撑傘然，根大二丈則頂亦二丈之亞，上下相齊，不甚大小，故生時軀貌雖惡，最中大厦尺度之用，非殿庭真不足以盡其材也。大者既備官家之採，其小者土商用以開板造船，載負至吴中則拆船板，吴中拆取以爲他物料。力堅理膩，質輕性爽，不澀斧斤，最宜磨琢，故近日吴中器具皆用之，此名香柟。又一種名鬭柏柟，亦名豆瓣柟，剖削而水磨之，片片花紋，美者如畫，其香特甚，爇之，亦沉速之次。又一種名瘦木，遍地皆花，如織錦然，多圓紋，濃淡可挹，香又過之。此皆聚于辰州。或云，此一柟也，樹高根深，入地丈餘，其老根旋花則爲瘦木，其入地一節則爲豆瓣柟，其在地上者則爲香柟。

明　焦周《焦氏説楛》卷三　扶竹即雙竹，又名相思竹，笋名合歡，伶倫取雄竹吹六律，陰竹吹六吕，出蜀中。筀竹名防露，傷人則死。庾開府詩「含風搖古度，防露動林於」。石介詩「斷霞半赭燕脂木，零露偏留筀竹叢」是也。亦出蜀中。澁勒竹，即箣竻，可礪指甲。崔鶠詩「時一出輕芒，皚皚落微雪」，李商隱詩「思竻弩箭磨青石，綉額蠻渠三虎力」，東坡詩「倦看澁勒暗蠻村」是也。今廣中新州有之，《異物志》云：「産思牢國，防露可對拒霜。」

明　馮復京《六家詩名物疏》卷四七《檿》　《爾雅》云：檿桑山桑。注云：似桑，材中作弓及車轅。《禹貢》青州厥篚檿絲。注云：檿桑蠶絲，中琴瑟弦。《考工記》云：弓人取材檿桑，次檍。《管子》：五粟之土，其檿其桑。師古云：山桑之有點文者。《花木考》云：繭生山桑，不浴不飼，居民取之，製爲紬，久而不敝。

明　周嘉胄《香乘》卷一《水盤香》　類黄熟而殊大，雕刻爲香山佛像，並出舶上。有云諸香同出一樹，有云諸木皆可爲香，有云土人取香樹作橋梁槽甑等用，大抵樹本無香，須枯株朽榦仆地襲脉，沁澤凝膏，蜕去木性，秀出香材，爲焚爇之珍。海外必登流眉爲極佳，海南必萬安東峒稱最勝。産因地分優劣，蓋以萬安鍾朝陽之氣故耳。或謂價與銀等，與一片萬錢者，則彼方亦自高值，且非大有力者，不可得。今所市者，不過占臘諸方平等香耳。

明　張萱《彙雅後編》卷二六《柟》　羅願曰：柟，大木也。可以爲舟，又可以爲棺，故古稱楩柟豫章，以爲良木之類。任昉《述異記》曰：黄金山有柟木，一年東邊榮西邊枯，一年西邊榮東邊枯。張華云交讓木，宋子京云讓木，即柟也。其木直上，柯葉不相妨。蜀人號讓木，《南史陸慧曉傳》亦云此木便是交讓。

明　謝肇淛《滇略》卷三《竹》　漢元狩間，張騫使大夏，見邛竹杖，問所從來，曰「邛西二千里身毒國所産」。遂遣使至滇，指求身毒。身毒，今天竺也。距麗江可二千里。又《廣志》云：永昌有濮竹，圍三尺餘，大者一節受一斛，可爲船。小者數升，可爲樏榼。杜詩「籠竹和烟滴露稍」，籠，吐蕃地名也。《舊唐書·吐蕃傳》有籠官、大籠官。又《韋皋傳》擒籠官四十五人，擒主籠官節度，則其地産竹，因以名之耳。張志《淳南園漫録》載之。

明　謝肇淛《五雜俎》卷一〇《物部》　廣南多巨竹，剖其半，一俯一仰，可以代瓦。《桂海虞衡志》載傜人以大竹爲釜，物熟而竹不灼。少室山竹堪爲甑，《山海經》舜林中竹一節可爲船，蓋不獨爲椽已也。

明　木增《雲薖淡墨》卷一《三荊樹》　寧浦三種荊樹，金荊可作枕，紫荊可作牀，白荊可作履，與他處牡荊、蔓荊全異。又有牡荊指病自愈，月暈刻如人身，齊置床下，雖危亦愈。

明　麻三衡《墨志》　《試墨書》曰：松之有利于世者甚博。松脂、茯苓服之皆長生。其節煮之以釀酒，愈風痺，强腰足。其根皮食之，膚革香，久則香聞下風數十步外。其實食之，滋血髓。其明爲燭，其煙爲墨，其種産西北者至良，名黄松，堅韌冠百木。

明　陳懋仁《庶物異名疏》卷二三《煔》　《爾雅注》：煔似松，生江南，可以爲船及棺，作柱埋之不腐。《疏》：一名被，一名煔，作杉。《草木狀》名披煔。合浦東有杉一樹。漢安帝永初五年春，葉落隨風飄入洛陽，大于常杉葉數十倍。術士廉盛曰：「合浦東杉葉也，此休徵當出王者。」驗之信然。

又　《掬》　《爾雅》：栢，掬也。疏：栢一名掬。《雜記》所謂「暢臼以掬者」是也。栢性堅緻，有脂而香。故古人破爲暢臼，用以擣鬱。

明　方以智《物理小識》卷五　龍腦。婆律木如杉，而葉圓背白，皮有甲錯。葉廷珪則謂千年杉鋸版取腦，則與取樟腦法同矣。唐天寶交趾貢龍腦如蠶蟬形。《宋史》熙寧九年英州雷震一山，樟樹盡枯，中皆龍腦。可信樹汁降香亦有取鍊者，不必執一也。今以梅花片食咽鎖喉者，真韶州升樟腦似之。切新樟片井水浸三日，鍋煎柳攪汁減半，柳有白霜即泌入瓦盂，經宿自成。再合二皿，濕紙封之，文武火燗之半時，取冷，如此三四次，即冰片也。或以杉木鋪之，合諸藥封二盌，入水半盞煨之，水乾取開，腦自升於上。贊寧曰：其赤色者曰父婆律。凡諸力厚有汁之老樹，遇大凍枯者，皆有香，皆可作片取腦升用。

又　卷八《器用類》　香類。沉香出海南諸國，木類椿櫸，凌冬不凋，橘葉菱花，實如檳桄。自腐結香，曰熟結，上也。斫鑿而結，曰生結。水朽曰脫落，因蠹隙結曰蟲漏，各有沉棧。黃熟，其剔取也；雞骨等名，其狀也。萬安黎母山東峒冠絶，警者雜黎中秋月夜探之，香透林起，以朝陽幽醞也。奇南同類，自分陰陽。盧頤曰：沉，牝也。味苦，性利其香含藏，燒更芳烈，陰體陽用也。奇南，牡也。味辣，沾舌麻木，其香忽發而性能閉二便，陽體陰用也。《金樓子》、俞益期「一木四香」訛也。陳懋仁曰：千年榕生伽南。劉薦叔曰：有力之木，皆降皆結，其枝皆青托香，其屑皆黃屑也。安息、金顔、篤耨、亞濕、唵叭皆木脂煉收者。龍腦出婆律、抹羅、短叱諸國，南海深山亦有之，因名波律。其木類杉，葉圓皮皵，仁粒如縮砂蜜者，肥而流膏。其無花實者瘦，有時噴香。人以帛敷地，驚墮如蝶，頃刻吸香入木，不易得也。斵之待乾，析理溢片，或鋸板劈取。有梅花腦、速腦、米腦，赤者曰父婆律。蘇合油能歛香，迷迭草燒之去鬼。龍涎則取諸海木上者，焚真龍涎，翠烟結空，坐可剪分香縷。《外紀》曰：龍涎是土中產，初流出如脂，至海凝塊，有千斤者。又云：有獸吐涎曰龍涎香，惟黑人國與伯西兒海最多。泉州市舶税課云占城賓達儂香多，三佛齊多黃檀欒沉，占城出麝香木，暹羅出羅斛香、梨香、降真香，渤泥有金脚腦、水札腦，登流眉有薔薇木。

又 卷九《草木類》 栢，《埤雅》曰：栢性指西，猶磁之指南也。擦栢葉小而岐，翁栢即側栢，瓔珞杉栢可寄枝，刺者，檜也。栢利於造舟，敝苓爲合香用，宜以子種。

又 楝樹。楝爲㗊不裂。聯子密種，則騈結如垣墻，然宜芒種時。有成紫花者，其子浸臘水貯甕中，至夏月滌㗊，蠅永不近。取其子曬乾，雜冬春米内，不生蛀蟲，居家必用。曰黃楝芽，可爲木蓼。

椿。樗櫟疎而臭，其葉脫處有臼，故樗蒲錦以此稱之。椿木實色赤，而葉香，芽可茹，亦可生食，根側分小木種之。其材爲船底，不利爲船臘則稱爲梁燕不來。虛舟子曰以柏作東户，而椿楣其上，則争位有聲。

紅豆樹。滇南紅豆鮮紅堅實，或嵌骰子，或留銀囊，俗以爲吉祥。嶺南樹似槐，材有細花雲，秋開花，二三月莢枯子老。《千金方》治猫鬼病吐之，《乘雅》以紅豆與高良薑紅豆蔻爲一物，則非矣。半截紅，半截黑，爲相思子。段公路云蔓生，其别見一種乎？嶺南北娑羅樹高大，皮青葉似大青，對生而厚。八月結角如刀豆，裂開有紅豆，永久不壞，非高座寺門之娑羅也。

清 釋同揆《洱海叢談》 騰越楊雍貢守戎，爲余言彝地無鐵，用大猫竹截斷，入米其中，熾火煨之，竹焦而飯已熟，甚香美。亦有巢居者，語言不通，其地多出琥珀碧玉珍寶。余又於路睒見彝婦紉樹葉爲衣，飄飄欲仙，其葉似野栗樹而甚大，不脆折，故耐縫紉。亦架樹爲屋以居，孰謂有巢燧人之風，不至今存耶。

清 屈大均《廣東新語》卷二五《瓊南花木》 瓊南氣候，大抵在新夏初秋之間，半涼半燠。諺云：「葉茂四時，花開八節。」扶桑自春，木芙蓉自夏，桃菊自秋，皆開至冬春而止。蓮亦有四季花者。木蘭花如粟，淡黃，芳似珠蘭而蘊藉過之。樹本大者圍數尺，真可以爲木蘭舟也。木槿花比廣州較大，名土牡丹，皆從夏至冬有花。有青茉莉，本如藤蘿，盤結成蓋，花時香甚酷烈，土人多結竹爲亭，坐卧其下，爲消暑之會。有仙人掌，自下而上，一枝一掌無花葉，可以辟火。有鐵樹，葉朱紺色，形如江南老少年，其本則棕也。有人面竹，可爲杖，瓊南竹此爲佳種，他竹率生荆棘。有藤竹，堅實耐久，長踰尋丈，皆與諸花雜植，以爲園林之玩者。

又 卷二七《竹》 竹曰華艸，言艸者，故當以竹爲首。東粵多竹，多異竹。有碧玉間者，其莖黃，有青絲間之，名碧玉間黃金。有黃金間者，其莖翠碧，有黃絲間之，名黃金間碧玉。有桃絲竹，黃黑絲間之，如棕竹而紋微粗。有青皮竹，大寸許，高二丈餘，皮冬夏長青，如初筍時去青作篋，與白藤同功。有黃皮竹，凡竹非青則緑，此獨黃。古詩云：「林中枝枝金瑯玕，一丈二尺拂雲端。」謂此。有人面竹，節小而中大，小處如人面，大處如腹，亦曰佛肚竹。有鶴膝竹。有馬蹄竹，竹幹如馬蹄。有馬鞭竹，節逆生而無枝。有牛角竹，本大末小。有象牙竹，色如白象牙。有石竹，大者徑三寸，質實微空最堅，老者斧斤不能入，倭刀觸之立斷。有筋竹，莖直節平，不蛀，宜爲矛。有竻竹，一名澀勒，勒，刺也。廣人以刺爲勒，故又曰勒竹，長芒密距，枝皆五出如鷄足，可蔽村砦。子瞻詩：「澀勒暗蠻村。」一名篃簩。新興向無城，環種是竹，號竻城。其材可桁桷，篾可織，皮可剉物，土人製爲琴樣，以礪指甲，置於雜佩之中。用久微滑，以酸漿漬之，復澀如初。有蒲竹，性堅而直，亦可作屋材。有大頭竹，葉如蘆，徑五六寸，長者三四丈，宜爲梘，通水，以作篋，風浪不驚，然須盡去青皮，否則坼裂。有單竹，節長二尺，有花穰、白穰之别。白穰篋脆可爲紙，花穰柔而韌，篋與白藤同功，練以爲麻，織之，是曰竹布。故曰：南方食竹而衣竹。有籬竹，大者徑寸，削之利如劍戟，小者鏃羽爲箭能及遠，其葉箬亦曰白葉。葉生甚密，狀如葦，可編籬落作罩及船篷。有水竹，水居者以爲障蔽，作撐篙非此莫勝，故種者雖多，而價常倍於他竹。有長節竹，節長至丈許。有筀竹，葉細節疎，宜作蜜絲。有扶竹，枝幹相扶而生。有苦竹，類茅而節高莖曲，宜編織，性寒宜作瀝青，其根穿行山谷，延蔓成林，又名過山苦。予詩：「筍愛穿山苦。」

羅浮有大竹。《六帖》云：羅浮第三峯有竹，大徑七尺圍，節長丈二，謂之龍公竹。嘗有鸞鳳棲宿。其東有溪曰羅陽。永泰中，暑雨溪漲，有竹葉若芭蕉葉大，隨水流出，須臾一竹澗二尺餘，長二丈，隨之。蓋龍公之竹也。按龍公一作篭篠。舊志：篭篠竹大可十圍，世但聞其名，不識其物。水簾洞有道人菴，忽一人自稱姓黃，來寄宿，及去，留青竹篾一條，長二丈餘，無節。又《北户録》云：貞元中，有人至羅浮第十三嶺，見巨竹百千萬竿，竹圍二十一尺，有三十九節，節長二丈，筍甚膴直。此必篭篠之竹也。羅浮故多異竹，千百其類，予嘗自分水嶼至瑶池，二十餘里，皆行竹林中。枝葉交加，以兩手分披而過，欲尋篭篠，視之無有也。客云：昔湛文簡入羅浮，輿竿將折，就道傍老父取篾縛之。至暮，輿人視篾，長二丈餘，無節。又崇禎間，一老父買篾環於廣州，一錢一環，環大八九寸，率無節無端，此皆異竹，必無意乃可遇之。其嘗可遇者，有箖箊竹，大如腳指，堅厚修直。竹成時，筍皮未落，輒有細蟲嚙之，其文赤白似繡畫。又雙髻峯下百十步劉仙壇側有符竹，竹不甚大，高止數尺，葉上有文如蝸涎，如古篆籀，其行或複或單，或疎或密，葉葉不同，若今巫覡所書符者。一竹中有一葉二葉，或數十竹中無一葉，葉雖枯而文色不改。文多白，與葉色不同。山人謂之竹葉符，每以餉客。又有沙筋竹，長尺許，其心如骨，白而勁，可以爲筋。采者須輕步從之，不爾，聞人行聲輒縮入沙中不可取，名越王餘算。此皆異竹也。大者篭篠，小者沙筋，蓋羅浮最知名者。其美者有桃枝，竹大至四寸，疎節蔥莖，上下如一，皮光滑而黃蘗，而不蕆，名真瑯玕。《南越志》云：博羅東洲足簟竹。或有贊者曰：簟竹既大，薄且空中，節長一丈，其直如枱。此言桃枝竹也，以爲簟，曰桃笙。又有桃竹，產青霞谷中，葉如椶，身如竹，密節而實中，犀紋瘦骨，高丈餘。猺人以爲弩弦。鐵橋、石樓諸峯多慈竹，有斑點者，有黃如金者，有緑色密節者，不畏水旱，隨處可植。亦有邛竹、方竹。有觀音竹，小如箸，高二三尺，葉細離披如艸然。大抵羅浮竹類甚衆，東北數十里皆產竹，居人每以春夏采筍脯之，秋冬破削爲篾，以售廣惠二州。

嶺南奇艸，大抵多蕉、竹類。葉多如芭蕉，幹多如竹，若檳榔、桄榔、椰、蒲葵皆木之竹也。木之竹以葉而失其木，竹之木以幹而失其竹者也。羅浮有芭蕉竹，有檳榔竹，信宜之東山有木竹，皆以葉而名之爲竹，故嶺南竹類絶繁。

嶺南筍不如江、浙，以其地火房少霜雪。火炎上，故筍味多苦。蓋竹冬生之艸，生於冬仲，得一陽初復之氣，其時火足於地中。雷以火足而動，故竹以火足而萌。萌得火氣之先，故味苦。其稍甜者惟油筒竹，筍名龍芽，及甜竹、筀竹、猫竹、筋竹、籬竹五種筍耳。凡竹有雌雄，第一節岐枝者雌，雌者多筍，是曰孕笋。有思摩竹，甚高大，筍生於節，筍成竹已及春。筍復生節，節之筍七，梘之筍三，節節有筍，期年遂成大叢。然其筍絶不可食。

筍者，竹之初氣，勃然始生，其性迅鋭而行，益人氣力，而其味以甘爲貴。而山中采筍者，輒鬻其甜而自食其苦，謂甜者脹人，苦者可久食耐饑云。然筍最難剋化，其味削，能瘦損人。惟韶陽冬筍，於雪中得一陽之先，未出土，其真氣全。未經雷雨甲拆，其神全。此籜龍之至精者，食最宜人，惜山中野人未之知。外從化有馬竹，筍大如盤，長至二尺。西寧有銀竹，筍長三四尺，雖至梢與其母齊，籜猶不隕，剥之肥白而脆。增城有聖筍，陽山有春不老。崖州有藤竹，其性堅實耐久，長踰尋丈，筍亦美。

清 汪森《粤西叢載》卷二一《筀竹》 筀竹，葉細叢疎節，遠可爲篾絲，以織器用。《齊民要術》：始興郡出筀竹，大者圍二尺，長四丈。交趾有粟竹，實中勁強，有毒，以刺虎，中之則死，似亦此類。

清 汪灝《佩文齋廣群芳譜》卷七二 梓木可雕刻，氣甚芬烈，大者數抱，西南處處山谷有之。可爲居室、器物，又可製船，易長根側，分小木種之。老則出火種，勿近人家。辛温無毒，霍亂及乾霍亂須吐者，樟木屑煎濃汁吐之，甚良。此物辛烈香竄，能去濕氣，辟邪惡，宿食不消，常吐酸臭水，酒煮服煎，湯浴脚疥癬瘋癢，作履除脚氣。

清 黃叔璥《臺海使槎録》卷三 藤最多，盤旋里餘，可爲碇索，可縛茅屋。嫩者合檳榔食之，海風藤治拘攣風濕極效，葵藤縛器用之。又茭藤生海濱水中，内山有此，大可合抱，不適於用。

清 金埴《巾箱説》 孔林草木，皆當年羣弟子各自其國徙植，種類繁多，其最著者楷木、蓍草二種。上幸孔林，顧衍聖公（孔毓）圻問楷木何所用之，奏曰：楷木可爲杖，又可爲棊。其萌可爲蔬，又可爲茶。其癭可爲瓢，其子榨油可爲膏燭。上稱善，曾親摘蓍草一莖，採于盈掬，辨其氣味，曰「細嗅之亦有異香」，後親採三株付近侍攜歸。蓋蓍草一叢五十莖者，謂之瑞草，以筮奇驗，其下必有神龜守焉，而不易産。今止叢生二三十莖者，筮亦驗。二物並爲四方所珍，守林林户多利之。

清 雍正《廣東通志》卷五二 沈香木，嶺南諸郡悉有之，瀕海諸州尤多。葉如冬青，大者合數人抱，木性虛韌，山民或以搆茅廬，或以爲橋梁，爲飯甑尤善。有香者百無一二，蓋香得水方結，多在折枝枯榦中，或爲沈，或爲煎，或爲黃熟，自枯死者謂之木槃香。今南恩高竇等州惟産生結香，蓋山民入山見香木之曲榦斜枝，必以刀砍之成坎，經年見雨水所漬結香，復以鋸取之，刮去白木，其香結爲斑點，亦名鷓鴣斑，燔之甚佳。沈之良者，惟在瓊崖等州，俗謂角沈，乃生木中取者，宜用薰爇。黃沈乃枯木中得之，宜入藥用。依木皮而結者，謂之青桂，氣尤清。在土中歲久不待刓剔而精者，謂之龍鱗，亦有削之自卷咀之柔韌者，謂之黃蠟沈，尤難得。

清 雍正《山西通志》卷四七《物産》 不灰木出澤潞山中，色青白，可作刀靶、火爐，以紙包裹，蘸延安石腦油中油浸一年，則照可一年。

清 雍正《浙江通志》卷一〇六 檡，《東陽縣志》大者宫室之材，未成榦者，嫩葉柔條，香氣酷烈。耕農於三月盡刈之，踏入水田中，謂之採青。乃土功所首藉者。又一種名活腦，入田力尤厚，其實謂之檡子，夏採作腐。

又 竹，《金華府志》筀竹質軟可作器，一種皮色純黃間以緑線，花圃種之，若紫竹、斑竹則二美兼之。至金竹、水竹利用尤多，雷竹入藥，其方竹、鳳尾竹、月月竹間有之。又別一種爲天竹，非竹類也。

又 桐，《萬曆常山縣志》：有數種，梧桐、油桐皆結子，惟白桐花不結子，其材最美，可作琴瑟。

槐，《萬曆常山縣志》：有數種，葉細而青者，土人謂之木槐，花可作染。

烏桕，《萬曆常山縣志》：土人取其子榨油。

栟櫚，《萬曆常山縣志》：邑中多産，其皮可月一取之，以爲簑衣，爲履套，爲牀薦，爲鞁鞋。

清 李調元《南越筆記》卷一三《椰》 椰生瓊州，栽時以鹽置根下則易發。樹高六七丈，直竦無枝，至木末乃有葉如束蒲，長二三尺，花如千葉芙蓉，白色，終歲不絶。葉間生實如瓠繫房，房連累，一累二十七八實，或三十實，大者如斗，有皮厚苞之，曰椰衣皮。中有核，甚堅，與膚肉皆緊著。皮厚可半寸，白如雪，味脆而甘。膚中空虛，又有清漿升許，味美於蠠，微有酒氣，曰椰酒。蘇軾詩「美酒生林不待儀」，言椰子中有自然之酒，不待儀狄而作也。瓊人每以檳榔代茶，椰代酒，以款賓客，謂椰酒久服可以烏鬚云。瓊州多椰子葉，昔趙飛燕立爲皇后，其女弟合德獻諸珍物，中有椰葉席焉，椰葉之見重也，自漢時始。瓊州人無分男女，首皆戴笠，以竹絲爲之，其用椰葉爲笠者，貴之也，以爲席，則賤之矣。

清 張慶長《黎岐紀聞》 花梨木，色紅紫而花細，較別地産者爲佳，然近日黎人狡獪，以年辦貢木恐致貽累，見花梨頗砍伐之，故老者漸少焉。

楠木有香楠、油楠、石梓、虎梓等類，或以作壽板，或作器具。石梓入土中，可百餘年不朽。海南人尤貴之，然他處頗不行。

萬年青堅重，青黑色，其成格可作壽板者，數百年不朽。然深山之中數十年或一遇，不易得也。

雞心、鳳眼等木出昌化黎峒，以作杯盤筆筒等物，頗有別致。雞心木或以作朝珠，亦可觀。乙亥冬有黎練自黎中出，帶有木一條，其紋生成似雲頭形，空心作筆筒，有天然之趣，出定安水滿峒，黎人名爲龍頭花木。近日紛紛爭購之矣。

桄榔作轎杠爲宜。紫色而花細者佳。或云老則色紫。余詢之黎人，不然。此木本有黃紫色兩種，非紫色者盡佳也。

清 傅恒《皇輿西域圖志》卷四三《土産》 有楊名烏里雅蘇，葉不甚垂，其榦可屈爲肉槽，刳爲舟楫。

又 有樹名胡遜，形如樺，其方苞可爲木椀，其油可以然燈。

清 乾隆《諸城縣志》卷一二 芬子草生黑龍溝側，爲簑，爲汗衫，可取厚值。木以柏爲貴，柏以老爲佳，用作棺槨，久而不朽。松有馬尾，山産，平原亦産；有刺松，刺緑如翠。有檜，土名麥粒松，皆偕柏不凋者。椿可牧野蠶成繭，織紬與氷紈、綺羅同值，《爾雅》所謂櫄繭也。詳王仲威鉞《暑窓臆説》。

益都孫文定廷銓《南行記》謂椿與槲爲一繭，未深考耳。楓紅葉可玩。楊柳、槐、榆則爲室製器之材也。南境河干多櫸柳，長城南多竹，雖不若江南産，大海濵亦宛然淇澳矣。

清 乾隆《甘州府志》卷六《市易》 其木多松，自祁連，其用溥，其值廉。

其車上榆，凡得榆木以爲車轂輻及軸，無者柳次之，楊又次之。木之美，沙棗以爲器，其次柳楊，其晞以髹。甘無漆飾器者以油。

其藝檜，檜曰栢。凡作香料，以檜爲質，俗皆稱栢者，謂檜爲胭脂柏也。

其芻藻楷山草湖草，其值平。

其筐筥畚帚以藉藉，其值廉。

清 檀萃《滇海虞衡志》卷一一 椶椰栟櫚桄榔，與檳榔皆同類，高五六丈，而椰實滴酒，桄榔屑麵，尤有資於人。江淮之間亦有椶，但剥皮爲繩索及笠單之用，亦利益矣。而緬甸樹頭酒，則滴自椶，已詳志酒下。桄榔屑麵出自興古，今曲靖諸處也。詳於漢註，賦於蜀都，豈其虚言。而近代以來，未有此麵，豈今昔之或殊哉。桄麵與橦布、邛杖、蒟醬四者，爲蜀都異物。予居滇數十年，絶不之聞，故妄擬以木棉爲橦，其布即橦布，桄榔材中輴扛，一具幾數十金，其爲利用亦有由也。《范志》云：桄榔，木身，直如杉，又如椶櫚，有節似大竹一幹，挺上高數丈，開花數十種，緑色，不言屑麵。予在博羅所見桄榔，亦如《范志》，而《吴都欀木註》云：欀木樹皮中有如白屑者，乾擣之，以水淋之，可作餅如麵。交趾盧亭有之，則屑麵者乃欀而非桄榔。或古人混二名而一之耳。又按李時珍《綱目》引諸説謂桄榔有姑榔麵、木董僾鐵木之異名，蘇恭謂人家亦植庭院間，斫其麵，大者至數石，食之不饑。劉恂謂樹皮中有屑如麵，可作餅食。陳藏器云：彼方少穀，常以桄榔麵和牛酪食之。其爲出麵，鑿鑿可據。予遊滇粤，詢之士人及諸生，皆不聞出麵，至言其材堅硬，皮至柔，可爲索，抽鬚如馬尾以織巾子，鹽水浸即粗張，以縛海舶，不用釘線。有文而堅，可製博局，剛利如鐵，可作鈔鋤。又可作槍，鋒鋭甚利，即不出麵，而利用已多矣。至如莎木麵者，莎木即上云欀木也。木似桄榔，葉有簑衣之狀，字應作欀，欀莎同音，故謂之莎木麵耳。《蜀記》云：生南中八郡，樹高十丈許，闊四五圍，宜其出麵歲得數石之多也。滇爲蜀之南中，不其然乎。

又 楠木從南，南方多有之，枏與梗爲類，幽藹於谷底，則生於谷壑也。各省皆有之，而滇出尤奇，蓋滇多地震，地裂盡開，兩旁之木，震而倒下，旋即復合如平地，林木人居皆不見，閲千年化爲煤。掘煤者得木板煤，往往有刀剪器物，或得此木，謂之陰沉木。以製什物，尤珍貴之。蜀賦梗枏，吴賦楠榴，楠榴者，枏木之瘤也。其瘤之盤結節尤好，以作器具最精，巨者以爲卓面尤佳，至陰沉木則不可多得矣。枏爲良材，棟梁舟船用甚大，而亦神木，故江湖多立廟祀之。

清 嘉慶《如皋縣志》卷七《鹽法》 潮汐上半月以十三日爲起，水至十八日止；下半月以二十七日爲起，水至初二日止。潮各以此六日大滿，場皆没；自初二日十八日以後潮勢日減，則場可以次而曬也。凡曬鹽俗曰曬灰，言土細如灰也。侵曉用削刀削灰使鬆，隨以碌扒碌碎，更用篠竿攪使極細極平，擔潭中海水以木瓢潑如雨，使之匀透。曬至晡時，仍以削刀收邊，用板堆夾灰成一長梗，以防夜雨。明早仍用翻扒堆埂使平，更用碌扒碎之，篠竿潑水，夾板堆聚如前。盛夏二日或三日，秋冬四日曬方足，冬則西北風尤勝日曬也。先此周築土圈如櫃，長八九尺，濶五六尺，高二尺，深三尺，名曰溜溜。旁即開一井，深八尺，溜底用短木數段平鋪，木上更鋪細竹數十根，復覆以柴，冒以草灰。然後挑取場灰填實，溜中用竹踏實，再以稻草覆灰，挑潭中海水多潑草上，使緩緩潛滲入井中，成鹹滷，可汲煎矣。大較鹽之盈縮，繫乎雨暘，貴賤視乎薪價。

清 道光《榮成縣志》卷九 檵樹材中來具及諸田器，生蠟蟲可煉白燭。柞槲樗椒皆可飼蠶，柞槲之蠶名蚖，成大繭，即禹貢之檿絲。樗蠶名讐由，成小繭，椒繭罕有，俗皆謂之山紬。

清 黄本驥《湖南方物志》卷一《總紀》 南中生子母竹，今之慈竹也。湖南人冬月掘大竹根下未出土者爲冬筍。《東觀漢記》謂之苞筍，竝可鮮食，爲珍品。徑尺竹可爲甑，出湖湘。昔人稱交廣曰竹鄉，衡湘壤接，殆未多遜。種類之繁，不止《竹譜》中各處所産已也。俗所通用者，自屋宇以至器具，無不取給，名曰南竹，大者圍徑四五寸，小徑二三寸，深山中有極大者，嘗見山家及寺觀内截之爲盥盤飯槖，用久光澤動目。

又 卷三《衡州府》 嶽産梧桐木，産香楠木、黄心木、血柏木、榧子木、銀木、梓木，可作琴材。山柘木、土重木宜充車用，黄楊木、天蓼木春首開花，鹽漬充果。

清　刁包《四書翊註》卷一七《論語陽貨》　燧，取火之木也。改火，春取榆柳之火，以其色青象木也。夏取棗店之火，以其色赤象火也。季夏取桑柘之火，以其色黄象土也。秋取柞楢之火，以其色白象金也。冬取槐檀之火，以其色黑象水也。亦一年而周也。古人件件順天時，因時改火。所以救旱暵疾疫之疾，亦賛化育之一端也。

清　光緒《日照縣志》卷三　木之屬桑種類極多，可種可接可插壓，除十一月外，栽無不活，非石田水澤植無不茂，飼蠶利大。與松照多山，中陵谷地不毛者，種松賴以供爨。平原沙磧速長，亦中屋材。宜廣種而柘俗呼柘棘，黑黄二種，黄心者可飼蠶。椒即川椒，子皮皆入藥。樗俗呼臭椿，有數種。柞葉大者曰槲，實曰橡，可爲粉，食飼豕尤良。殼可染皁。皆可蠶桐青白二種。楸古云無子者，柳楸別一種，皮生粗刺，則《爾雅》所謂櫝也。白色生子者爲梓。楝性最殺蟲，子曰金鈴，入藥。皆不蠹椿今呼香椿。榆大榆二月生莢，俗呼菜榆，八月生莢者，即古白枌也。可食柏有二種，莖密者呼千頭柏。檜俗呼刺松。檀木極堅。楓木亦堅，霜則葉丹。槐黄黑二種。欓與榭同，水欓樹也。可作筐筥。楊有青白二種，白楊葉大幹直。青楊葉小嫩可食。開春插條即活。柳檉河柳，今三春柳、虒澤柳、今垂絲柳，又蒲柳、杞柳數種，又枰柳多實，別一種。皆可成材竹常種者，即慈孝竹。又一種内實節疏，俗名石竹。爲用尤廣荆牡荆即蔓荆，詩言刈其楚是也。紫荆各一類。棘實曰枸橘。

清　光緒《靖江縣志》卷五《土産》　木以利器用，邑無大澤深山，匠石罕顧，然厥土宜楊，江皋堤畔所在有之。此外若檜若柏若石楠若冬青若白楊用表壚墓，椐榆槐楝藉蔭門廬，剔牙松、觀音柳、桐梓、黄楊可媚園亭，桑柘供蠶作棘，槿編籬落，其他若樟若椿初生葉，香可食。若柏若楓若梭櫚黄楝初生葉香嫩可點茶。夜合枸骨枳等，多生叢薄。其質堅可用者，曰檀與椐桑等，若樗若陰樸，恒以不材終天年矣。

清　俞樾《茶香室叢鈔》三鈔卷二八《樞極二木》　明李日華《紫桃軒襍綴》云：堪輿家用樞極二木作向盤，樞得天地之陽，晝用之；極得天地之陰，夜用之。然此二木實一種，以結子赤黑色別之。湖州閔尚書家採其葉配其他藥爲丸，服之人皆享上壽。按樞當即「山有樞」之樞，極不知何木，既云一種，則亦樞也。蓋皆榆類。

清　西清《黑龍江外記》卷八　山谷多樺木，土人以爲箭笴，爲鞍版，爲刀柄，皮以貼弓，爲車蓋，爲穹廬，爲扎哈，縫之如栲栳，大擔水，小盛米麪，謂之樺皮斗。俄羅斯亦有之，極小，雕鏤精巧，宜貯檳榔鼻煙，號老羌斗。《本草》樺生西北陰寒地，味苦氣平，無毒，乳癰腐爛韡内。年久樺皮燒灰酒，服一錢，日一服，此用土人不知。宋洪忠宣皓使金流冷陘，寫四書於樺葉，授弟子，此樺葉之見用於古人者，今不聞。冷陘雖在境内，亦無考。

又　柞木亦名鑿子木，取枯心以引石火，謂之木火茸，歲亦充貢。枯柞經雨生木耳，俗呼黑菜，亦曰耳子。採者春去秋還，山中爲棚寮以居，歲無慮，數千輩皆齊齊哈爾流人也。布特哈懼其聚眾滋事，驅逐之，然利之所在，終莫能禁。櫟亦柞類，結實名橡子，殼曰橡盌，内地以之染皁。既出色，乾復可燒。土人不解此用，俱伐之燒炭。冬日鬻之齊齊哈爾，車運距城遠，雪則價長；黑龍江扒犁運距城近，雪則價落。地勢使然也。大抵燒炭多用襍木，已成炭中尚有脂，人家每日爐底必剔去黑塊炭薰如血，餘者始無恙。薰音訓，見《韻補》，若觸其氣，輒頭涔涔致暈眩嘔逆，疾如中煤毒，然初入境者，不可不知。

清　何剛德《撫郡農産考略》卷下　物用　筆竹幹小穰薄，可織器，可爲簟。篛竹葉可造篷，可裹粽，幹可爲筆管、麪箸。淡竹可入藥。箭竹可作釣竿。實竹可作杖。觀音竹可供盆玩。桃竹可爲簟。篁竹可爲笛。白竹可爲紮篾，爲筐籃。茅竹幹最大，其用最廣，大者每株值二百餘錢，小者亦值錢數十。竹始生爲笋，冬月生者爲冬笋，立春後生者爲春笋，冬笋每斤值二三十錢，春笋半之。笋曬乾，上者爲玉蘭片，次合笋，再次明笋。竹與笋均可造紙，金邑斷笋杪造毛邊紙，中節造表心紙，挨根者最老，造粗紙。紙坊各村多以種竹造紙致富。宜邑亦以山糧户爲富户，樹竹多故也。樂邑毛邊紙分上次兩色，崇仁宜黄斗方紙，有廠紙、薄紙、户紙三種。凡紅竹參用禾稈者爲粗草紙，新竹未發枝葉者爲白玉泉紙，有枝葉而竹尚嫩者爲毛邊紙，新老竹四六參用者爲膏紙，老竹皮參用禾稈者爲爆竹紙，新老竹參用者爲小竹莊紙。毛邊紙每擔上者貴時值錢七千賤，亦六千。次者貴時值錢六千，賤則五千。草紙每綑值錢二百有餘，爆竹紙八九塊可售，英洋壹元。小竹莊紙五塊可售，英洋壹元。崇邑工造紙，宜邑供飯販運，宜黄紙蓋多購自崇邑。崇邑所産每歲約四十萬塊，值銀八萬餘兩。宜邑所産每歲十餘萬塊，值銀二萬兩。樂邑所産歲入約四千兩，臨東二邑不能造紙。造紙之法，取竹皮放泉水中，用石灰壓浸約五六個月，竹即成絲。仍放活水中挪净，在空山挖大窠用頂大土鍋，上放木桶，置竹絲桶中，火蒸半日。復放活水中挪淨，以水碓打之細爛成粉，傾放紙槽，内清水攪勻，用竹簾撈取。凡竹簾式紙之長短廣狹，即因之挨次撈放架上，積至尺許，壓乾而曬之。金邑截竹入土窖，不必取皮，石灰壓浸約二十天，融爛如泥，不用水洗，煮之鍋中，火烈水沸，竹如豆漿，鍋上有無底木桶，置木簾桶中，竹漿浮於簾上，即便提出攤貼牆上。冬則置火牆下，以烘之。紙之粗嫩不同，故其做法亦不一律。然非有山泉可用水碓之地，不能造也。

清 劉錦藻《清朝續文獻通考》卷三九六《實業九》 火柴業，以光緒二十年漢口開辦之聚昌、盛昌二廠爲最早，今則散布全國。有國人自營、日人經營、中日合營之分，以自營者占多數。日人經營多在東三省、山東等處，天津、重慶、廣州亦各有日人火柴廠一所。國産有名之火柴廠爲華昌、天津丹鳳、北京雙福、太原鴻昌、開封振業、濟南和豐、長沙燮昌、漢口及上海熒昌、上海光華、杭州新正大、甯波吉祥、廣東巧明、佛山隆起、九龍此等工場之出品數量多，銷路遠，營業頗佳。天津、青島、上海、重慶、廣州五埠爲國内火柴業之中心，原料多來自國外，製梗盒之木材，雖有國産，但有限，多仰給日本及西伯利亞。硫磷，國内雖亦有之，以製煉不精，質劣價昂，故亦取諸國外。硫多來自日本，磷來自日與英，氯酸鉀來自德，牛膠多爲美國産。

清 陳憲舜《課民植牧講義稿》 方竹。竹形四方，常高丈餘，其節或凸或凹，或密或疏，即四川之筇竹也。因形作器，其精妙者，極稱得價。

篔簹竹。此竹一節近丈，編蓆價昂，纜繩尤佳，一切竹器，均堪備用。

篿竹。此竹可爲竿筏籬落，及各種竹器之用。

簹竹。此竹大至數寸，長三四丈，可爲梁棟，各種竹器，無不皆宜。

由吾竹。由吾竹長三四丈，肉厚可作屋柱等用，凡世界竹器，用此極多，未能盡述。

棘竹。竹幹芒棘森然，大者數寸，一切竹器及椽棟等料，無不用之。但種後五六年即宜砍賣，否則必枯。

蔓竹。蔓即矛竹，可爲戈矛，及刺船搭棚等用，年中需此最多。

狗竹。狗竹毛生節間，堅勁可爲竹器，種入地後，生竄極易，祗三四年，即可成林。

百葉竹。此竹一枝百葉，與他不同，收竹製器，以葉化灰，爲製皮蛋之用。

龍公竹。此竹葉若芭蕉，長至丈餘，種此葉可爲篷，幹可作器。

鳳尾竹。鳳尾竹即紫竹，與觀音竹，稱名各別，葉細三分，幹亦矮小可爲帚用，又名吴竹。

箱根竹。此竹高丈餘，節低質柔，凡竹器之需拳曲造作者，以此爲之。

桂竹。此竹材幹伸直，爲造紙之材料，備竹器諸般之用。

苦竹。此竹乃竹中上品，肉厚葉長，質最堅韌，葉可包粽，幹爲屋椽，人世所需，皆能備用。

此外之甘竹堇竹等，但能種出，必有用處，無棄材也。竹之種類，已見《竹譜》，頗難悉數，凡眼所見，即可分種植之，雖少亦佳，多多益善。

清 光緒《邵陽縣鄉土志》卷四《地理志·物産》 以上物産各類，均係縣地常産。縣中天然之産，其非常産，及需人製造者，各物之下，或間坿及，或未之及，太抵縣俗質樸，製造祇求適於日用，鮮精良品。如動物牛馬羊豕之類，牛羊毛但爲粗重氊毯，諸骨角但爲尋常器物，植物如竹木之類，竹雖爲筐爲篚，木雖爲几案，爲宮室。鑛物如銅鐵之類，銅雖爲鎖鑰，爲盤盂，鐵雖爲鼎釜，爲刀斧，並屬淺拙，不尚巧好。近日竹有製爲反面，製爲方形，以售竹器名者。

又《商務》 習用各物，樹木如杉小者爲桁條，爲樓栿，稍大者爲屋柱，最大者取爲棺椁，爲船桅。器用所需杉木最夥，牀箱几桌，欲其經久堅實，始多用雜木。松在乾處易蟻，頗須擇地用之。邵陽從前山木繁盛，各鄉造宅，不俟遠求。近則非購自郡城木商，不能爲之矣。山林之禁宜修，誠未可緩。

又 竹造紙外，爲篩、爲籃、爲箱、爲籮、爲簍、爲箕，爲農家晒穀竹簟，爲漁人入水筏舟，縣内自木工外，習竹篾爲業者，頗亦不少。

清 董萬里《婺源地理教科書》第七十五課《本境之植物類》 婺源之木，昔頗有名。獎勵林業，原不可緩。樟能煉腦，竹與楮能造紙，槲能養山蠶，推而行之，莫大之利也。若江灣之雪梨，鳳山之金豆，朱坑等處之香菰，最爲佳品。棉麻米麥粟所出皆微，茶産雖爲大宗，今對洋商，屢遭虧折，亟宜變計爲是。

又 第七十八課《植物之製造》 竹木及有纖維之草類，皆足以製造。本境朱村、昆潭等處以稻草爲紙，源口玉坦以□樹之皮爲紙，嚴田爲油紙，洪源爲火紙，然不足以言紙業。中雲甲路制雨傘，亦取材於竹木。若柏子之油，製造燈燭，狃於舊法，未能盡物之性。至於焙茶之法，陳陳相因，無進步亦未改良，故屢年以來，茶户仍無起色。

清 徐珂《清稗類鈔》之《工藝類》 製火柴。火柴，以細木條蘸取燐硫等易燃之物，藉化學作用，摩擦而生火也。十九世紀之初，歐人製此者頗多，其通用之品二。一、奧人潑來歇耳所製。其法，以木條蘸已熔之硫磺，外覆以用燐質、緑酸鉀及膠水、紅料製成之糊，隨處摩擦，即能生火，如市肆所售之紅頭火柴是也。一、瑞典人倫特斯脱路姆所製。其法，以硫化銻易去糊内之燐質，加入重鉻酸鉀、鉛丹，必與匣面所塗之紅燐及硫化銻摩擦，始能發火，謂之安全火柴，如市上所售黑頭火柴是也。日本人稱之曰燐寸，輸入我國者甚多。宣統時，已有人於天津、上海、杭州、長沙設廠自製矣。

傳記

晉 傅玄《贈扶風馬鈞序》 馬先生，天下之名巧也。少而游豫，不自知其爲巧也。當此之時，言不及巧，焉可以言知乎？爲博士居貧，乃思綾機之變，不言而世人知其巧矣。舊綾機五十綜者五十躡，六十綜者六十躡，先生患其喪功費日，乃皆易以十二躡。其奇文異變，因感而作者，猶自然之成形，陰陽之無窮，此輪扁之對不可以言言者，又焉可以言校也。先生爲給事中，與常侍高堂隆、驍騎將軍秦朗爭論於朝，言及指南車，二子謂古無指南車，記言之虚也。先生曰：「古有之，未之思耳，夫何遠之有？」二子哂之曰：「先生名鈞，字德衡，鈞者器之模，而衡者所以定物之輕重，輕重無準，而莫不模哉。」先生曰：「虚争空言，不如試之易效也。」於是二子遂以白明帝，詔先生作之，而指南車成，此一異也，又不可以言者也，從是天下服其巧矣。居京都，城内有地，可以爲園，患無水以灌之。乃作翻車，令童兒轉之，而灌水自覆，更入更出，其巧百倍於常，此二異也。其後人有上百戲者，能設而不能動也。帝以問先生：「可動否？」對曰：「可動。」帝曰：「其巧可益否？」對曰：「可益。」受詔作之。以大木彫構，使其形若輪，平地施之，潛以水發焉。設爲女樂舞象，至令木人擊鼓吹簫；作山岳，使木人跳丸擲劍，緣絙倒立，出入自在；百官行署，舂磨鬬雞，變巧百端。此三異也。先生見諸葛亮連弩，曰：「巧則巧矣，未盡善也。」言作之可令加五倍。又患發石車，敵人之於樓邊縣濕牛皮，中之則墮，石不能連屬而至。欲作一輪，縣大石數十，以機鼓輪爲常，則以斷縣石飛擊敵城，使首尾電至。嘗試以車輪，懸瓴甓數十，飛之數百步矣。有裴子者，上國之士也。精通見理，聞而哂之。乃難先生，先生口屈不對。裴子自以爲難得其要，言之不已。傅子謂裴子曰：「子所長者言也，所短者巧也。馬氏所長者巧也，所短者言也。以子所長，擊彼所短，則不得不屈；以子所短，難彼所長，則必有所不解者。夫巧天下之微事也。有所不解而難之不已，其相擊刺，必已遠矣。心乖於内，口屈於外，此馬氏所以不對也。」傅子見安鄉侯，言及裴子之論，安鄉侯又與裴子同。傅子曰：「聖人具體備物，取人不以一揆也。有以神取之者，有以言取之者，有以事取之者。有以神取之者，不言而誠心先達，德行顔淵之倫是也。以言取之者，以變辯是非，言語宰我、子貢是也。以事取之者，若政事冉有、季路，文學子游、子夏。雖聖人之明盡物，如有所用，必有所試，然則試冉季以政，試游、夏以學矣。游、夏猶然，況自此而降者乎！何者？懸言物理，不可以言盡也，施之於事，言之難盡而試之易知也。今若馬氏所欲作者，國之精器，軍之要用也。費十尋之木，勞二人之力，不經時而是非定。難試易驗之事而輕以言，抑人異能，此猶以已智任天下之事，不易其道以御難盡之物，此所以多廢也。馬氏所作，因變而得是，則初所言者不皆是矣。其不皆是，因不用之，是不世之巧無由出也。夫同情者相妬，同事者相害，中人所不能免也。故君子不以人害人，必以考試爲衡石；廢衡石而不用，此美玉所以見誣爲石，荆和所以抱璞而哭之也。」於是安鄉侯悟，遂言之武安侯，武安侯忽之，不果試也。此既易試之事，又馬氏巧名已定，猶忽而不察，況幽深之才無名之璞乎？後之君子其鑒之哉！馬先生之巧，雖古公輸般、墨翟、王爾，近漢世張平子，不能過也。公輸般、墨翟皆見用於時，乃有益於世。平子雖爲侍中，馬先生雖給事省中，俱不典工官，巧無益於世。用人不當其才，聞賢不試以事，良可恨也。裴子者，裴秀；安鄉侯者，曹羲也；武安侯者，曹爽也。

明 謝肇淛《五雜俎》卷五 今人語工程之巧者，必曰魯班所造。然魯班之後世固未乏巧工，而班之製造傳於世者未數見也。漢之胡寬、丁緩、李菊，唐之毛順，俱載史册。宋時木工喻皓，以工巧蓋一時，爲都料匠，著有《木經》三卷，識者謂宋三百年一人而已。國朝徐杲以木匠起家，官至大司空，其巧侔前代而不動聲色。常爲内殿易一棟，審視良久，於外另作一棟，至日斷舊易新，分毫不差，都不聞斧鑿聲也。又魏國公大第傾斜，欲正之，計非數百金不可。徐令人囊沙千餘石，置兩旁，而自與主人對飲，酒闌而出，則第已正矣，亦近代之公輸也。以伎倆致位九列，固不偶然。

明 午榮《新鐫工師雕斫正式魯班木經匠家鏡》卷二《魯班仙師源流》 師諱班，姓公輸，字依智。魯之賢勝路東平村人也。其父諱賢，母吴氏。師生於魯定公三年甲戌五月初七日午時。是日，白鶴羣集，異香滿室，經月弗散，人咸奇之。甫七歲，嬉戲不學，父母深以爲憂。迨十五歲，忽幡然，從遊於子夏之門人端木起，不數月，遂妙理融通，度越時流。憤諸侯僭稱王號，因遊説列國，志在尊周。而計不行，迺歸而隱于泰山之南小和山焉，晦迹幾一十三年。偶出而遇鮑老輩，促膝讌譚，竟受業其門，注意雕鏤刻畫，欲令中華文物焕爾一新。故嘗語人曰：「不規而圓，不矩而方，此乾坤自然之象也。規以爲圓，矩以爲方，實人官兩象之能也。矧吾之明，雖足以盡制作之神，亦安得必天下萬世咸能，師心而如吾明耶。明不如吾，則吾之明窮，而吾之技亦窮矣。」爰是既竭目力，復繼之以規矩準繩。俾公私欲經營宫室，駕造舟車與置設器皿，以前民用者，要不超吾一成之法，已試之方矣，然則師之。緣物盡制，緣制盡神者，顧不良且鉅哉。而其淑配雲氏，又天授一段神巧，所制器物固難枚舉，第較之於師，殆有佳處，内外贊襄，用能享大名而垂不朽耳。裔是年躋四十，復隱于歷山，卒遘異人授秘訣，雲遊天下，白日飛昇，止留斧鋸在白鹿仙巖，迄今古迹昭然如睹，故戰國大義贈爲永成待詔義士。後三年，陳侯加贈智惠法師，歷漢、唐、宋，猶能顯蹤助國，屢膺封號。明朝永樂間，鼎剏北京龍聖殿，役使萬匠，莫不震悚。賴師降靈指示，方獲洛成。爰建廟祀之扁曰「魯班門」，封待詔輔國大師北成侯，春秋二祭，禮用太牢。今之工人凡有祈禱，靡不隨叩隨應，忱懸象著明而萬古仰照者。

清 戴榕《黄履莊小傳》 黄子履莊，予姑表行也。少聰頴，讀書不數，過即能背誦。尤喜出新意，作諸技巧。七八歲時，嘗背塾師暗竊匠氏刀錐鑿木人長寸許，置案上，能自行走，手足皆自動，觀者異以爲神。十歲外，先姑父棄世，來廣陵與予同居，因聞泰西幾何比例輪㯳機軸之學，而其巧因以益進。嘗作小物自怡，見者多競出重價求購。體素病不耐人事，惡劇嬲因竟不作。於是所製始不可多得，所製亦多，予不能悉記。猶記其作雙輪小車一輛，長三尺餘，約可坐一人，不煩推挽，能自行，行住，以手挽軸旁曲拐，則復行如初。隨住隨挽，日足行八十里。作木狗置門側，卷臥如常，惟人入户觸機，則立吠不止。吠之聲，與真無二。雖黠者不能辨其爲真與僞也。作木鳥置竹籠中，能自跳舞、飛鳴，鳴如畫眉淒越可聽。作水器，以水置器中，水從下上射如線，高五六尺，移時不斷。所作之奇，俱如此，不能悉載。有怪其奇者，疑必有異書，或有異傳。而予與處者最久且狎絶。不見其書，即其從來，亦竟無師傳。但曰：「予何足奇，天地人物皆奇器也。動者如天，静者如地，靈明者如人，賾者如萬物，何莫非奇？然皆不能自奇，必有一至奇而不自奇者以爲源，而且爲之主宰。如畫之有師，土木之有匠氏也。大是之爲至奇。」予驚其言之大，而因是亦具知黄子之奇，固自有其獨悟，非一物一事求而學之者所可及也。昔人云：天非自動，必有所以動者。地非自静，必有所以静者。黄子之奇，其得其奇之所以然乎？黄子性簡默喜思，與予處，予嘗紛然談説，而黄子則獨坐静思。觀其初思求入，亦戛戛似難，既而思得，則笑舞從之。如一思礙而不得，必擁衾達旦，務得而後已焉。黄子之奇，固亦由思而得之者也。而其喜思，則性出也。黄子生丙申，於今二十八歲，其年月日時，與予生期毫髮無異，亦奇也。因附書之。

紀事

《莊子·内篇·人間世》 南伯子綦遊乎商之丘，見大木焉有異。結駟千乘，隱將芘其所藾。子綦曰：「此何木也哉？此必有異材。夫仰而視其細枝，則拳曲而不可以爲棟梁。俯而視其大根，則軸解而不可以爲棺槨。咶其葉則口爛而爲傷，嗅之則使人狂酲三日而不已。」子綦曰：「此果不材之木也，以至於此其大也。」

南朝梁 任昉《述異記》卷下 木蘭川在潯陽江中，多木蘭樹。昔吴王闔閭植木蘭於此，用構宫殿也。七里洲中有魯班刻木蘭爲舟，舟至今在洲中。詩家云木蘭舟出於此。

宋 陶穀《清異録》卷上《淺色沉》 同光中，秦隴野人得柏樹，解截爲版，成器物，置密室中。時馨芳之氣，稍類沉水。初得而焚之，亦不香，蓋性不宜火，此淺色沉耳。

宋 釋贊寧《筍譜》 唐僖宗朝陸龜蒙處士隱蘇臺甫里村，亦號甫里先生，著《筍賦》云：洪殺靡定，方圓不均。自注曰：南方有方竹，今澧州游川鐵冶多方竹，竹内實，微通心，若釵股許。筍可食，亦實。湘川人取竹作床椅，有四稜，上穿孔入當耳。

宋 陳師道《後山談叢》卷四　嘉州舊産紫竹、楠、榴、櫻木等，仕于蜀者，競採之以爲器，人甚苦之。吳中復作《嘉陽四詠》詩以悼之。

宋 邵伯温《聞見録》卷一　太祖朝晉邸，內臣奏請木場大木一章造器用。帝怒批其奏曰：「破大爲小，何若斬汝之頭也。」其木至今在，半枯朽不動。嗚呼，太祖於一木不忍暴用以違其材，况大者乎。

宋 袁樞《通鑒紀事本末》卷二五下　先是，勇（楊勇）見老枯槐，問此堪何用。或對曰：「古槐尤宜取火。」時衛士皆佩火燧，勇命工造數千枝，欲以分賜左右。至是獲於庫。又藥藏局貯艾數斛，索得之，大以爲怪，以問姬威，威曰：「太子此意，別有所在。」

元 黎崱《安南志略》卷九　王式，宰相起子也。宣宗時爲安南都護，初田早作木柵，歲糜緡錢。既不時完而催督益急，式至，樹爲木柵，爲没濠，周植刺，行寇不敢犯。後蠻兵入署錦田步，式令譯者告之，蠻夜引去，謝曰：「自薄獠，非爲寇。」初都板羅竹久專府政，式杖黜之。

清 王棠《燕在閣知新録》卷七《楊柳園》　柳圈，唐高宗幸渭水祓除，賜羣臣細柳圈，辟厲。今世清明，孩童帶柳圈，是其遺風也。

清 李光地《月令輯要》卷二三　竹爲燈纘增《南史・齊武帝諸子傳》，南海王子罕頗有學，母樂容華嘗寢疾，子罕晝夜祈禱，於時以竹爲燈纘照夜。此纘宿昔枝葉大茂，母病亦愈，咸以爲孝感所致。

清 乾隆《永福縣志》卷一《輿地》　上元伐松枝帶葉爲松門，樹於宅前，上懸二燈，各境神廟鼓吹張燈，有喜之家出雙蠟炬，大者至三十觔，供於神前，燭光燦爛，徹夜如晝。

清 江昱《瀟湘聽雨録》卷八　昔人稱交廣曰竹鄉，衡湘壤接，殆未多遜。種類之繁，不止《竹譜》中各處所産已也。俗所通用者，自屋宇以至器具，無不取給，名曰南竹。大者圍徑四五寸，小徑二三寸，深山中有極大者，嘗見山家及寺觀內截之爲盥盤飯槃，用久光澤動目。余因取老根，就其天然形質，琢磨成印章，大小數百枚。

清 紀昀《閱微草堂筆記》卷一三《槐西雜志三》　田丈耕野官涼州鎮時，攜回萬年松一片，性温而活血，煎之色如琥珀，婦女血枯血閉諸證，服之多驗。親串家遞相乞取，久而遂盡。後余至西域，乃見其樹，直古松之皮，非別一種也。士人煮以代茶，亦微有香氣。其最大者，根在千仞深澗底，枝榦亭苕，直出山脊，尚高二三十丈，皮厚者二尺有餘。奴子吳玉保，嘗取其一片爲牀。余謂閩廣芭蕉葉可容一二人卧，再得一片作席，亦一奇觀。又嘗見一人家，即樹孔施門窗，以梯上下，入之儼然一屋。余與呼延化州同登視，化州曰：「此家以巢居兼穴處矣。」蓋天山以北，如烏孫、突厥，古多行國，不需梁柱之材，故斧斤不至。意其真盤古時物，萬年之名殆不虛矣。

清 樊綽《蠻書》　蠻王爲樓及諸城鎮林邑，但有空平處，即立木八十尺，刻其上爲㪷子，中間以墨三寸規之，名曰頗柱。所試人持竹劒去頗柱四十步外，走馬向前柱，中㪷子者上，中第二規次之，中第一規爲下。每農隙之時，邑中有馬者，皆騎馬於頗柱下試習。

清 道光《安陸縣志》卷三五　青浦王昶《大樹山房圖記》：大樹山房冊子，蓋余君元亭圖其故居也。君以名孝廉，宦遊雲南，馳驟功名者二十餘年。已而官蜀中，以憂回里。去年中丞譚公聘主五華書院。君著書窮經之外，未嘗一日忘故鄉，於大樹尤切。故爲圖以表其志，云：嗚乎，古以大樹稱者多矣。姑不具論。曩時緬甸跳梁，大兵進討，大學士傅公爲經略。公見騰越人家竹樹蒼翠叢密，因除地築室其下，名曰「大樹園」。余作詩紀之。蓋時君綜理軍務，所親覩者迄今十八年。傅公薨逝久矣。園亦化爲榛莽，蓋世事白衣蒼狗，不可把翫，如此孰與君之大樹吟風雨、傲霜雪。樹與室久而無恙乎？曲轅櫟社之木以爲器，則速毀，以爲門户，則液樠，以爲柱則蠹，無所可用。是以其大百圍而絜之，可以蔽牛。商邱之木拳曲不可爲棟梁，咶其葉，則爛嗅則使人狂酲。是以結駟千乘，隱將芘其所藾。

清 同治《恩施縣志》卷一《地理志・山川》　寨溝在城東四十八里，上有古洞，高數十丈，里人縛木爲架數層，猱攀而上，入見桑木桶四。

清 光緒《四會縣志》［嘉靖三十六年］秋九月，黑眚見。先是，民間競傳有妖自新會南海將至，治之法，用青竹枝或桃柳枝環擊可免。至是，果一時驚擾，有聲如風，始如螢火，擊之散爲數十，或變爲禽獸魚蟲灰燼之類。夜鳴金鼓，呼號逐之，婦女集堂中，男子執桃柳竹枝環伺達旦，踰月乃止。

著録

元 薛景石《梓人遺制》　《梓人遺制》，工師之用遠矣。唐虞以上，共工氏其職也。三代而後，屬之冬官。分命能者以掌其事，而世守之，以給有司之求。及是官廢，人各能其能，而以售於人，因之不變也。古攻木之工七，輪輿弓廬匠車梓，今合而爲二，而弓不與焉。匠爲大，梓爲小，輪與車廬，王氏玄爲之。大者以審曲面勢爲良，小者以雕文刻鏤爲工。去古益遠，古之制所存無幾。《考工》一篇，漢儒攟摭殘缺，僅記其梗槩。而其文佶屈，又非工人所能喻也。後雖繼有作者以示其法，或詳其大而畧其小，屬大變故，又復罕遺而業。是工者唯道謀是用，而莫知適從。日姜氏得梓人攻造法而刻之矣，亦復觕略未備。有是石者，夙習是業而有智思，其所制作不失古法，而間出新意。礱斷餘暇，求器圖之所自起，參以時制而爲之圖。取數凡一百一十條，疑者闕焉。每一器必離析其體而縷數之，分則各有其名，合則共成一器。規矩尺度，各疏其下。使攻木者攬焉，所得可十九矣。既成，來謁文以序其事。夫工人之爲器，以利言也。枝苟有以過人，唯恐人之我若而分其利，常人之情也。觀景石之法，分布曉析，不啻叵命提耳而誨之者，其用心焉何如？故予嘉其勞而樂爲道之。景石薛姓，字叔矩，河中萬泉人。中統癸亥十二月既望，稷亭段成已題其端云。

清 永瑢《四庫全書總目》卷一〇二 《農政全書》六十卷，兵部侍郎紀昀家藏本。明徐光啟撰。光啟有《詩經六帖》，已著録。是編總括農家諸書，裒爲一集。凡農本三卷，皆經史百家有關民事之言，而終以明代重農之典。次田制二卷，一爲井田，一爲歷代之制。次農事六卷，自營制開墾以及授時占候，無不具載。次水利九卷，備録南北形勢，兼及灌溉器用諸圖譜。後六卷則爲泰西水法。考《明史》光啟本傳，光啟從西洋人利瑪竇學天文曆算火器，盡其術。崇禎元年，又與西洋人龍華民、鄧玉函、羅雅谷等同修新法曆書，故能得其一切捷巧之術，筆之書也。次爲農器四卷，皆詳繪圖譜，與王禎之書相出入。次爲樹藝六卷，分穀、蓏、蔬、果四子目。次爲蠶桑四卷，又蠶桑廣類二卷，廣類者，木棉麻苧之屬也。次爲種植四卷，皆樹木之法。次爲牧養一卷，兼及養魚、養蜂諸細事。次爲製造一卷，皆常需之食品。次爲荒政十八卷，前三卷爲備荒，中十四卷爲救荒本草，末一卷爲野菜譜，亦類附焉。其書本末咸該，常變有備。蓋合時令農圃水利荒政數大端，條而貫之，匯歸於一。雖採自諸書，而較諸書各舉一偏者，特爲完備。《明史》稱光啟編修兵機屯田鹽筴水利諸書，又稱其負經濟才，有志用世，於此書亦略見一斑矣。

又 卷一一三 《洞天清録》一卷兩淮鹽政採進本。宋趙希鵠撰。希鵠本宗室子，《宋史世系表》列其名於燕王德昭房下，蓋太祖之後，始末則不可考。據書中有嘉熙庚子自嶺右回至宜春語，則家於袁州者也。是書所論皆鑒別古器之事。凡古琴辨三十二條，古硯辨十二條，古鐘鼎彝器辨二十條，怪石辨十一條，硯屏辨五條，筆格辨三條，水滴辨二條，古翰墨真蹟辨四條，古今石刻辨五條，古今紙花印色辨十五條，古畫辨二十九條。大抵洞悉源流，辨析精審。如謂刁斗乃行軍炊具，今世所見古刁斗乃王莽威斗之類，爲厭勝家所用。又謂今所見銅犀牛天禄蟾蜍之屬皆古人以貯油點燈，今人誤以爲水滴。其援引考證，類皆確鑿，固賞鑒家之指南也。明寧獻王權嘗爲刊版於江西，見寧藩書目。曹溶《續藝圃搜奇》所載，與此本同，蓋皆從寧王舊刻傳録，明錢塘鍾人傑輯《唐宋叢書》，別載一本，與此本迥異。考其中有楊慎之説，寧庶人宸濠之名，及永樂宣德成化年號，希鵠何自知之，其爲未見此本而剌取他書以贋其名，固不待辨矣。

藝　文

漢 中山王《文木賦》 魯恭王得文木一枚，伐以爲器，意甚玩之。中山王爲賦，恭王大悦，顧盼而笑，賜駿馬二匹。見葛洪《西京雜記》。按史魯恭王餘，漢景帝子，好治宮室，中山王勝乃其弟也。麗木離披，生彼高崖。拂天河而布葉，橫日路而擢枝。幼雛羸鷇，單雄寡雌。紛紜翔集，嘈嗷鳴啼。載重雪而梢勁風，將等歲於二儀。二儀，乾坤也。言木歷歲滋久，異於衆林。巧匠不識，王子見知。乃命班爾載斧伐斯，班輸、王爾，古之巧匠。斯，斫也。詩斧以斯之。隱若天開，豁如地裂。花葉分披，條枝摧折。既剥既刊，見其文章。或如龍盤虎踞，復似鸞集鳳翔。青緺紫綬，環璧珪璋。重山累嶂，連波疊浪。奔電屯雲，薄霧濃雰。麚宗驥旅，雞族雉羣。蠋繡鴦錦，蓮藻芰文。皆言木之文奇怪狀類。色比金而有裕，質參玉而無分。木材堅實。裁爲用器，曲直舒卷，脩竹映池，高松植巘。枝幹巨細長短曲直隨所用，各有所宜。制爲樂器，婉轉蟠紆，鳳將九子，龍導五駒。伶倫制十二筩以應鳳鳴，丘仲截竹吹之，象水中龍吟。將子導駒，言聲音煩雜，自然清亮。制爲屏風，鬱岪穹隆。制爲杖几，極麗窮美。制爲枕案，文章璀璨，彪炳渙汗。製爲盤盂，采玩蜩蟈。猗歟，君子其樂只且。

唐 吴筠《宗玄集》卷上《竹賦》 惟坤靈之播育，何備物之實繁。偉兹竹之標挺，得造化之清源。契道含靈，表貞示節。葉森散以翠錯，莖鮮脩而瓊潔。爾其和風流暢，萬彙昭陳，揚葩暐其密苑，黄柳藹於通津。不郁馥以啓曜，但葳蕤而有筠。亦未知爲異也。至如殺氣凌厲，凝霜蕭瑟。覽平楚之蒼茫，窺衆林其如失。冒冰霜之涸沍，逾青熒以鬱密。則殊可重焉。故《詩》曰「如苞」，《書》稱「厥貢」。猗兹淇園，美彼雲夢。昔在軒后，肇宜陰陽。俾伶倫於嶰谷，伐脩竹之珍篁。裁六律以協氣，調八風而順常。然後成竽籥以備樂，其聲灎而彌長。笙鏞以間，鳥獸蹌蹌。諒自然之純粹，曷羣材之可芳。若乃渭川千畝，山陽數林，會稽方潤於碧玉，羅浮比色於黄金。上點點以雲翳，下泠泠而鳳吟。祛赫曦之燠景，納淒涼之清陰。王子所以嘯詠，稽生爲之幽尋。召嘉賓及令友，暢緑醖與鳴琴。美遊盤之逸趣，清寂寞之遠心。若乃夾滄江，倚丹崿，蓄水霧之沈沈，摇巖煙之漠漠。湘妃有揮涕之感，楚謡興防露之作。或挺鼓吹之嶔崟，或垂天門之旁薄。皆鸞鳳之所翔集，孔翠之所棲託。豈獨嬋娟於廣漢之壤，亦有璀璨於蓬萊之峯。結實珠粒，敷花紫茸。拂皓絮以飛雪，摧紺莖以韻鐘。故列仙之攸翫，匪吾人之所從也。亦有化雉吴國，成龍葛陂，容人篔簹，育蟲桃枝。一笋明其胤嗣，三節獲乎嬰兒。榮燈纂以感孝，茂簵櫺以表奇。篳家壇以塵滅，環石牀以陰滋。皆靈變之譎怪，良難得而備知。爾其衆彙非一，則有篻簩筋簜，射筒箖箊。篃箬箛筆之肅矗，龍鍾雲母之扶疎。箬箭浮色以縹煥，篙簏綷文而繡攄。方志之所遺載，山經之所闕書。安可得而詳矣！靡不勁堅其性，葱蒨厥色，不規而圓，不操而直。故高皇製冠以守位，孝文剖符以表職。博望侯傳於大夏之外，穆天子樹於玄池之側。推此類以彌廣，匪斯文之可極也。

唐 白居易《白氏長慶集》卷三六《洗竹》 布裘寒擁頸，氈履温承足。獨立水池前，久看洗霜竹。先除老且病，次去纖而曲。剪棄猶可憐，琅玕十餘束。青青復籊籊，頗異凡草木。依然若有情，廻頭語僮僕。小者截魚竿，大者編茅屋。勿作篳與箕，而令糞土辱。

唐 王起《取榆火賦》 國家布和令，稽舊章。候葭灰之所應，取榆火之有常。鑽之彌堅，初若切磋之響；動而愈出，俄生煒煜之光。火則循利，人惟嚮方。豈徒宣明於四海，固將貽範於百王。時也遲遲日昇，習習風至。太簇中律，勾芒整轡。擇木之宜，順天之利。歷歷初種，常散萸而如錢；煌煌是求，必鑽木而成燧。曲直有倫，尋尺爲珍。啓炎上之氣，當發生之辰。佐暄妍於獻歲，助煦嫗於陽春。比皇明之燭幽，既自邇而及遠。叶時令而委照，是捨舊而謀新。始青林兮見採，終洪鑪兮有待。鬱攸之氣方騰，枯槁之容不改。其執熱也，殊金燧之感；其攻堅也，非水石之鑽。佩之或雜於刀礪，用之以代其槐檀。運手而緑煙乍起，屬目而朱燄可觀。餘燼收之而有耀，死灰燃之而孰難。束藴是繁，抱燋衆夥。何鎔鑄而不賴，何燔炙而不可。紅星忽迸，不異乎種天之星；朱火既非，疑詎同夫敲石之火。則知調其玉燭，取彼白榆。誠國之美利，亦君之遠圖。始韜光而無朕，卒既燥而有孚。所以微成於著，有生於無，豈徒嚴凝之鄉，樹於北塞；晼晚之景，失於東隅。宜乎大化不爽，餘光必共。莫不愛一人之大化，爲百姓之日用。

又《鑽燧改火賦》 乾坤設兮，其儀有二；寒暑運兮，其序有四。聖人則天而順氣，故改火而鑽燧。大矣其功，博哉其利。智以濟物，時以作事。萬人由是資生，六府以之咸遂。爾其始也，命工徒，案林麓。選槐檀之樹，榆柳之木。斬而取也，期克順於陰陽；鑽而改之，序不愆於寒燠。既類夫求美玉而琢山石，又似乎採明珠而剖蚌腹。爾其鑽也，勢若旋風，聲如驟雨，星彩晨出，螢光夜聚。赫戲鬱攸，赩熾振怒。青煙生而陽氣作，丹焰發而炎精吐。影旁射而曜威，氣上騰而作苦。冠五行以斯用，審四時而是取。司方守赤，以備乎南北東西；利物濟人，用配乎金木水土。則知火之爲德，候而爲期；火之爲用，無以尚兹。輝赫赫而不滅，性烈烈而自馳。其猛也，物則望而畏矣；其炎也，人則寒而附之。豈不以陽氣所稟，厚生所資。用於燧人之氏，熾於火正之司。及乎日月其逝，春秋相推。取捨有常，必假於人力；新舊迭用，無乖於天時。惟火之用，其則有順。其初也，鑽一木而挺英；其大也，燒萬物而爲燼。豈止夫田單克燕，孟明伐晉。或焚舟而濟河，或爇牛而破陣而已哉。今我國家七德聿修，九牧入貢。若以之爍金爲鼎，可以備物致用；若以之鑄金爲器，可以安人和衆。然則鑽燧之始，既已如彼；利一作和用之美，又亦如此。濟乎今古，達乎遐邇。猗歟！火之不可闕也如此。

唐 王起《木從繩賦》 惟山有木，惟木從繩。繩舒卷而克正，木堅貞而有憑。杞梓未分，規矩假之以冥立；斧斤斯運，曲直欺之而不能。古人以政有得失，俗有廢興。因納諫之善喻，爲箴闕之明徵。當其懿匠員來，瑰材旅進。既陳之以糾纆，將加之以霜刃。掌握初縈，綢繆忽振。尋尺曳而愈出，分銖算而底慎。則椓之橐橐，既砥平而履端；伐之丁丁，亦木開而委順。則明正不得不受，曲直不得不容。如獻替於百度，宜啓沃於九重。繩墨之間，既無違於目巧；君臣之際，固宜警其面從。然則上達四聰，下延五諫。比斯木之猶惑，待斯繩而作限。廣狹有準，短長無間。自然巨川舟檝，何虞沈潛之憂；大廈棟梁，不貽壓覆之患。有條不紊兮其功有餘，舉直錯枉兮可以行諸。既爰究而爰度，亦匪疾而匪徐。向若置而不用，藏而不舒。我有梓材，坎坎之聲奚自；我有剞劂，恢恢之刃焉如。裹裹緒抽，緜緜縕屬。比朱絲之在琴瑟，若飛流之界山谷。裁成廊廟之器，剖判陰陽之木。自同絃直，不爲絲棼。匪專美於成風之匠，亦垂訓於背誕之君。雖鱗皴異質，擁腫多紋。散作輪轅，小大之宜不忒；鑿爲户牖，毫釐之度斯分。所以喻謇諤於後學，昭輔弼於前文。方今補衮惟勤，和羹克正。契君臣以魚水，以繩墨爲龜鏡。則考殷宗，披《説命》，未若賡歌於元聖。

宋 丁謂《天香傳》 香之爲用，從上古矣。所以奉神明，可以達蠲潔。三代禋享，首惟馨之薦，而沉水、薰陸無聞焉。百家傳記萃衆芳之美，而蕭薌鬱鬯不尊焉。《禮》云：至敬不享味貴氣臭也。是知其用至重，採製粗略，其名實繁，而品類叢脞矣。觀乎上古帝王之書，釋道經典之説，則記録綿遠，贊頌嚴重，色目至衆，法度殊絶。西方聖人曰：「大小世界，上下内外，種種諸香。」又曰：「千萬種和香，若香、若丸、若末、若塗以香花、香果、香樹、天合和之香。」又曰：「天上諸天之香，又佛土國名衆香，其香比於十方人天之香，最爲第一。」《道書》曰：「上聖焚百寶香，天真皇人焚千和香，黄帝以沉榆、蓂莢爲香。」又曰：「真仙所焚之香，皆聞百里，有積烟成雲，積雲成雨，然則與人間共所貴者，沉香、薰陸也。」故經云：「沉香堅株。」又曰：「沉水香，堅降真之夕，傍尊位而捧爐香者，烟高丈餘，其色正紅，得非天上諸天之香耶？」《三皇寶齊》香珠法，其法雜而末之，色色至細，然後叢聚杵之三萬，緘以銀器，載蒸載和，豆分而丸之，珠貫而曝之，旦日，此香焚之，上徹諸天。蓋以沉香爲宗，薰陸副之也。是知古聖欽崇之至厚，所以備物實妙之無極，謂變世寅奉香火之薦，鮮有廢者，然蕭茅之類，隨其所備，不足觀也。祥符初，奉詔充天書狀持使，道場科醮無虚日，永晝達夕，寶香不絶，乘輿肅謁則五上爲禮。馥烈之異，非世所聞，大約以沉香、乳香爲本，龍腦和劑之，此法實稟之聖祖，中禁少知者，況外司耶？八年掌國計而鎮旄鉞，四領樞軸，俸給頒賚隨日而隆。故苾芬之羞，特與昔異。襲慶奉祀，日賜供内乳香一百二十觔。在宫觀密賜新香，動以百數，由是私門之内沉乳足用。有唐雜記言，明皇時異人云：「醮席中，每爇乳香，靈祇皆去。」人至於今傳之。夏宗時新稟聖訓：「沉、乳二香，所以奉高天上聖，百靈不敢當也，無他言。」上聖即政之六月，授詔罷相，分務西雒，尋遷海南。憂患之中，一無塵慮，越惟永晝晴天，長霄垂象，爐香之趣，益增其勤。素聞海南出香至多，始命市之於閭里間，十無一有假，板官裴鶚者，唐宰相晉公中令之裔孫也。土地所宜，悉究本末，且曰：「瓊管之地，黎母山奠之。四部境域，皆枕山麓，香多出此山，甲於天下。然取之有時，售之有主，蓋黎人皆力耕治業，不以採香專利。閩越海賈，惟以餘杭船即香市，每歲冬季，黎峒待此船至，方入山尋採，州人役而賈販，盡歸船商，故非時不有也。」香之類有四，曰沉、曰棧、曰生結、曰黄熟。其爲狀也，十有二，沉香得其八焉。曰烏文格，土人以木之格，其沉香如烏文木之色而澤，更取其堅格，是美之至也；曰黄蠟，其表如蠟，少刮削之，鑿紫相半，烏文格之次也；牛目與角及蹄，曰雉頭、泊髀、若骨，此沉香之狀，土人則曰：牛目、牛角、雞頭、雞腿、雞骨。曰崑崙梅格，棧香也。此梅樹也，黄黑相半而稍堅，土人以此比棧香也。曰蟲鏤，凡曰蟲鏤，其香尤佳，蓋香兼黄熟，蟲蛀及攻腐朽盡去，菁英獨存香也。曰傘竹格，黄熟香也。如竹色黄白而帶黑，有似棧也。曰茅葉，有似茅葉至輕，有入水而沉者，得沉香之餘氣也。然之至佳，土人以其非堅實，抑之爲黄熟也。曰鷓鴣斑，色駁雜如鷓鴣羽也，生結香者，棧香未成沉者有之，黄熟未成棧者有之。凡四名十二狀，皆出一本，樹體如白楊，葉如冬青而小膚表也。標末也，質輕而散，理疎以粗，曰黄熟。黄熟之中，黑色堅勁者，曰棧香，棧香之名相傳甚遠，即未知其旨，惟沉水爲狀也。骨肉穎脱，芒角鋭利，無大小、無厚薄，掌握之有金玉之重，切磋之有犀角之勁，縱分斷瑣碎而氣脉滋益。用之與臬塊者等。鶚云：香不欲大，圍尺以上慮有水病，若觔以上者，中含兩孔以下，浮水即不沉矣。又曰：或有附於柏枘，隱於曲枝，蟄藏深根，或抱真木，本或挺然結實，混然成形。嵌如穴谷，屹若歸雲，如矯首龍，如袞冠鳳，如麟植趾，如鴻鎩翮，如曲肱，如駢指。但文彩緻密，光彩射人，斤斧之跡，一無所及。置器以驗，如石投水，此寶香也。千百一而已矣。夫如是，自非一氣粹和之凝結，百神祥異之含育，則何以羣木之中，獨稟靈氣，首出庶物，得奉高天也？占城所産棧沉至多，彼方貿遷，或入方禺，或入大食。貴重沉棧香與黄金同價。鄉耆云：比歲有大食番舶，爲颶所逆，寓此屬邑，首領以富有，自大肆筵設席，極其誇詫。州人私相顧曰：以貲較勝，誠不敵矣。然視其爐烟蓊鬱不舉、乾而輕、瘠而焦，非妙也。遂以海北岸者，即席而焚之，其烟杳杳，若引東溟，濃腴湒湒，如練凝淹，芳馨之氣，特久益佳。大舶之徒，由是披靡生結香者，取不候其成，非自然者也。生結沉香，與棧香等，生結棧香，品與黄熟等。生結黄熟，品之下也。色澤浮虚，而肌質散緩，然之辛烈少和氣，久則潰敗，速用之即佳，若沉棧成香則永無朽腐矣。雷、化、高、竇亦中國出香之地，比海南者，優劣不侔甚矣。既所稟不同，而焦者多，故取者速也。是黄熟不待其成棧，棧不待其成沉，蓋取利者，戕賊之也。非如瓊管皆深峒，黎人非時不妄翦伐，故樹無夭折之患，得必皆異香。曰熟香，曰脱落香，皆是自然成者。餘杭市香之家，有萬觔黄熟者，得真棧百觔則爲稀矣；百觔真棧，得上等沉香數十觔，亦爲難矣。薰陸、乳香長大而明瑩者，出大食國。彼國香樹連山野路，如桃膠松脂委於石地，聚而斂之，若京坻香山，多石而少雨，載詢番舶則云：「昨過乳香山，彼人云此山不雨已三十年矣。」香中帶石末者，非濫僞也，地無土也。然則此樹若生於塗泥，則無香不得爲香矣。天地植物其有自乎？贊曰：百昌之首，備物之先，于以相禋，于以告虔，孰歆至薦，孰享芳焰，上聖之聖，高天之天。

金　張建《瑞香寶峰頌并序》　臣建謹按：《史記龜策傳》曰：有神龜在江南嘉林中，林中者，獸無狼虎，鳥無鴟鴞，草無螫毒，野火不及，斧斤不至，是謂嘉林。龜在其中，常巢於芳蓮之上，胸書文曰「甲子重光，得我爲帝王」。觀是書文，豈不偉哉。臣少時在書室中，雅好焚香。有海上道人白臣言曰：子之沉香所出乎？請爲子言。蓋江南有嘉林，嘉林者，美木也。木美則堅實，堅實則善沉。或秋水泛溢，美木漂流，沉於海底，蛟龍蟠伏於上。故木之香清烈而戀。水濤瀨淙激於下，故木形嵌空而類山。近得小山於海賈，巉岩可愛，名之瑞沉寶峰，不敢藏諸私室，謹齋莊潔誠跪進玉陛，以爲天壽聖節瑞物之獻。臣建謹拜手稽首而爲之頌曰：

大江之南，粵有嘉林。嘉林之木，入水而沉。蛟龍枕之，香冽自清。濤瀨漱之，峰岫乃成。海神愕視，不敢閟藏。因朝而出，瑞我明昌。明昌至治，如沉馨香。明昌睿算，如山久長。臣老且耄，聖恩曷報。歌此頌詩，以配天保。

之速遊兮，弗見凋於嚴霜。既經時而收採兮，配幽蘭以增芳。去枝葉而持御兮，入銷穀之霧裳。附玉體以行止兮，順微風而舒光。

明　程文《歲寒問答辭》　松栢杉，何槼槼。毫末小，排雲端。不作梁棟守歲寒。曾不如桃李，花朝榮暮謝，得實升金盤。昂藏千百年，一待鳳與鸞。松栢杉，古來材大用則難。

君勿言，時則然。受命既獨賦性偏，高枝中梁柱，小枝可以爲車船材。不見識，全吾天。鳳鸞不巢，且任百鳥喧。寧同歲寒老，不與春風妍。君勿言，時則然。大匠一過肯棄捐。

明　樊鵬《輕車强弩賦》　自古名將，至漢衛霍李耿尚矣，然皆以輕車彊弩立功絶域，可考而知也。時遠人亡缺于講究。司馬松石劉公至則仰承上意，宣布德威，勞心竭智，遠求往古，近咨羣議，手造輕車强弩二事，曲盡其妙，朝夕教演，士氣百倍，套賊聞之徒其營數百里，固匪直利戰守而已也。爲賦以識之：

其一《輕車》　惟物有輪，徑三尺一寸。厥輪惟隻，凡車皆雙輪，此惟一輪，輞濶四寸，厚二寸。輻貫于頭，輻如常車，頭木徑五寸，以家榆槐木爲之。串樞中結。樞即管軸，以铁爲之，重一觔五兩，徑一寸，串在軸外，以鐵爲之，重六兩。犬牙相制，周旋偲偲。戮力同心，歷骫蹈軏。居左有箱，箱可以掇。二塊，塊長二尺一寸五分，横一尺二寸三分，取下則爲二牌，持以蔽身。居前有牌，猛獸以趚。牌高下四尺五寸，横二尺八寸，畫猛獸形，如走狀。四目斯張，火兵之穴。上二眼發神鎗、佛郎機，有法三等，高一法遠一百步，中五尺打馬上人，以漸近下。下二眼發銃。前轅後軫，施以梁柱。前中轅二長四尺七寸，後轅長二尺九寸五分，肘轅二長五尺。中箱傍闌，中箱兩傍闌干高一尺四寸五分，立柱六。臥板堅巨。兩傍底板長二尺四寸五分，濶九寸，厚一寸八分。上有穩坑陷火銃，其中坑末加鐵排椿，以防銃後坐。前後雙足，前則二足，活止則下地，行則縣之。長二尺四寸五分，後二足，不動，長二尺。後傍匣堅。後匣高六寸，濶一尺四寸，深九寸五分。施軫上，有蓋，以盛火藥。左右兩箱各濶一尺五分，高四寸，深七寸，以盛鉛法子。利刃森列，開兩斧、二鎗、二鈎、一小旗二。龍筒欲吐。中上施箭筒，長二尺六寸，濶七寸五分，面如九龍筒，以放火箭。夾耳夾耳，以木爲之。苔背，以毛麻爲之。鐵鎖覼謱。左右铁鎖二條，長六尺，止則聯于鹿角環爲營。員者象天，方者象地。四象八卦，各有倚附。廣受重任，萬事咸聚。三人輓之，可以超堵。防守險要，遏絶奔旅。以壯國威，用揚我武。請問其名，夫是之謂輕車。

其二《彊弩》　惟物有肘，中下峯起。肘長二尺九寸，前高二寸七分，濶一寸一分，後高二寸，中肘下有眼高二寸三分。徑引繩壘，平如止水。其上維何，盖梁覆之。盖高七分，長二尺六寸，濶一寸一分。其下維何，虚中承舉。厥容有槽，所容惟一。槽深三分半，濶如之，長二尺三寸。厥發有機，聽命行止。機左右二，以牛角爲之，長四寸五分，濶一寸，厚二分五厘。鐵軸二，各長一寸八分，低昂以發矢。下鐙上絆，手持足履。皆以鐵爲之。鐙方員長一尺五寸半，二長七寸。鐵拴一，長一寸八分，鐵軸一，長一寸八分。鐵弩盖絆一，長四寸。鐵軸一，長一寸三分。盍軸一，長三寸。弩牙角一塊，長一寸，濶一寸，厚五分。鐙以脚踏之，上弓弦上手持。端横置弓，兩弦抱倚。弓長四尺六寸，濶一寸六分。弓稍桑木二，長一尺五寸，方二寸，弓胎桑木二，長二尺，濶三寸，厚二寸。弓把桑木一，長一尺，濶二寸，厚二寸。弓面牛角二，長二尺八寸，濶二寸。弓弦二条，每条用絲一兩五錢。箭長六寸五分，重四錢四分。箭頭長一寸，重二錢一分。共七寸五分，重六錢五分。前二分，後三分，有三等。厥色維黄，厥形維藍。虎兕其力，賁育莫比。攻彊存弱，適遠在邇。體巨用細，重本輕枝。誅戮兇醜，貫堅披靡。風疾刃利，動弗逾軌。百發百中，宣威萬里。廣敗成功，恭危不死。既破鋭師，亦攻固壘。請問其名，夫是之謂彊弩。

雜録

晉　王嘉《拾遺記》卷一《少昊》　少昊以金德王，母曰皇娥，處璇宫而夜織，或乘桴木而晝遊。經歷窮桑滄茫之浦，時有神童，容貌絶俗，稱爲白帝之子，即太白之精，降乎水際，與皇娥讌戲。奏便娟之樂，游漾忘歸。窮桑者，西海之濱，有孤桑之樹，直上千尋。葉紅椹紫，萬歲一實，食之後天而老。帝子與皇娥泛於海上，以桂枝爲表，結薰茅爲旌，刻玉爲鳩，置於表端，言鳩知四時之候。故春秋傳曰「司至是也」。今之相風，此之遺象也。

南朝梁　任昉撰《述異記》卷上　南方有炎火山，四月生火，十二月火滅。火滅之後，草木皆生枝條，至火生，草木葉落，如中國寒時也。取此木以爲薪，燃之不燼，以其皮績之爲火浣布。

五代　杜光庭《道教靈驗記》卷四《洪州信果觀木天尊驗》　洪州信果觀木像天尊，即古跡豫章木之所雕也。其觀亦在豫章舊跡，古老相傳，頗有靈應。洪州閭井沃壤，户口殷繁，多水，居户以竹木作筏，結竹舍於其上，至於陸居之家，亦以竹瓦蓋屋。每風浪鼓擊，竹木相摩，自然火出。火燭之患，無歲無之。信果觀在要鬧之所，每有失火，止於觀之四隅，尋即滅矣。或反風拒焰，或密雨交至，未嘗有焚灼之害。觀側之人，有火之時，常見黑氣從天尊殿上而起，立爲蒙霧，周蓋觀宇，由是火不能燒。一郡之人謂之火不燒觀，其像至今猶在。

宋　周密《癸辛雜識》續集卷上《黄蘆城幹》　長城之旁居人，以積雨後或有得堅木於城土中，識者謂名黄蘆木，乃當時用以爲城幹用者，性極堅勁，不畏水溼而耐久。至今一二千年，猶有如楹大者，以之爲鎗幹，最佳。蓋築城無以爲幹不可所謂不謹，而實薪焉者，又何邪。

元　丘葵《周禮補亡·秋官三十六》　椁木，名山榆也。象齒，象牙也。取山榆之牡者，十字交午，貫穿象牙，以沈乎水中，則可殺水蟲之神，且使水涸而淵塞，化爲丘陵。聖人達萬物之理，以爲除害之方。除蠹物，用莽草；除貍蟲，用炭灰；除鼃黽，用牡鞠；除水蟲，用牡椁。天地間物皆有用，非明哲孰能知之。

木材竹材規範部

論説

《爾雅·釋木》（郭璞注　邢昺疏）　梅，柟。注：似杏，實酢。音義梅，莫迴反。柟，而占反，又音南。杏，户猛反。酢，七故反。疏孫炎云：荆州曰梅，揚州曰柟。郭云：似杏，實酢。《詩·秦風·終南》云：有條有梅。陸璣云：梅樹皮葉似豫樟，葉大如牛耳，一頭尖，赤心，華赤黄，子青，不可食。柟葉大可三四葉一叢。木理細緻於豫樟，子赤者材堅，子白者材脆，是也。

又　杻，檍。注：似棣，細葉，葉新生可飼牛，材中車輞。關西呼杻子，一名土橿。音義杻，女九反。吕郭並汝九反。檍，於力反，字又作億。《説文》云：檍，梓屬也。棣，大細反，車，昌蛇反，輞音罔，下同。《字林》云鑢也。鑢音渠，橿，居良反。疏杻一名檍，郭云：似棣，細葉，葉新生可飼牛，材中車輞。關西呼杻子，一名土橿。《詩·唐風》云：隰有杻。陸璣疏云：葉似杏而尖，白色，皮正赤，爲木多曲少直，枝葉茂好。二月中葉疎華如練，而細蘂正白，蓋樹今宫園種之，正名曰萬歲。既取名於億萬，其葉又好故。種之共汲山下，人或謂之牛筋，或謂之檍，材可爲弓弩幹也。

又　椋，即來。注：今椋材中車輞。音義椋音良，來，力臺反。《埤蒼》、《字林》並作棶，云椋也。疏椋一名即來，郭云：今椋材中車輞。《本草唐本注》云：葉似柿，兩葉相當，子細圓如牛李子，生青熟黑。其木堅重，煑汁赤色。《爾雅》云：椋即來是也。

又　栵，栭。注：樹似檞樕而庳小，子如細栗可食。今江東亦呼爲栭栗。音義：栵，《字林》音例，《詩》音同，又音列。栭音而，《毛詩草木疏》文云葉如榆木，理堅韌而赤，今人謂之芝檽也。檞，胡木反。樕，桑木反。《詩》云：林有樸樕。《毛傳》云：小木也。或作樕同，庳音婢。疏栵一名栭，《詩·大雅·皇矣》云：其灌其栵。陸璣疏云：葉如榆也。木理堅韌而赤，可爲車轅。郭云：樹似檞樕而庳小，子如細栗可食。今江東亦呼爲栭栗。《禮記·内則》云：芝栭蔆椇是也。

又　樓，落。注：可以爲杯器、素。音義樓，户郭反。《詩》云：無浸樓薪。杯，必回反。疏樓，一名落。某氏曰：可作杯圈，皮韌，繞物不解。郭云：可以爲杯器、素，素，謂樸也。《小雅·大東》云：無浸樓薪。《鄭箋》云：樓落，木名。陸璣疏云：今椰榆也。其葉如榆，其皮堅韌，剥之長數尺，可爲絙索，又可爲甑帶，其材可爲杯器是也。

又　權，黄英。輔，小木。注：權、輔皆未詳，杜赤棠，白者棠。注：棠色異，異其名。音義權音拳。疏郭云：棠色異，異其名。樊光云：赤者爲杜，白者爲棠。陸璣疏云：赤棠與白棠同耳，但子有赤白美惡。子白色爲白棠，甘棠也。少酢滑美。赤棠子澀而酢無味，俗語云澀如杜是也。赤棠木理韌，亦可以作弓幹。

又　桋，赤楝。白者楝。注赤楝樹，葉細而岐，鋭皮理錯，戾好叢生山中，中爲車輞。白楝葉圓而岐，爲大木。音義桋音夷，楝又作槤同，山厄反。郭：霜狄反，下同。岐，巨伊反，下同。好，呼報反。輞音罔，本或作韌，音刃，又音如戰反，本今作輞。疏桋，赤者名桋，白者即名楝。某氏曰其色雖異，爲名即同。郭云：赤楝樹葉細而岐，鋭皮理錯，戾好叢生山中，中爲車輞。白楝葉圓而岐，爲大木也。《詩·小雅》云：隰有杞桋。陸璣疏云：楝葉如柞，皮薄而白，其木理赤者爲赤楝，一名桋。白者爲楝。其木皆堅韌，今人以爲車轂。

又　棫，白桵。注：桵，小木，叢生，有刺，實如耳璫，紫赤可啖。音義棫音域，《字林》：于具反。刺，七智反。疏棫一名白桵，郭云：桵小木，叢生，有刺，實如耳璫，紫赤，可啖。《詩·大雅》云：芃芃棫樸。陸璣云：王蒼説棫即柞也。其材理全白，無赤心者爲白桵，直理易破，可爲櫝車輻。又可爲矛戟，矜。今人謂之白梂，或曰白柘，此二説不同，未知孰是。

宋　戴侗《六書故》卷二一《植物一》　栭　栭如之而，究二切。記曰：芝栭蔆椇。《爾雅》曰：栵栭。陸璣曰：葉如榆木，理堅韌而赤，可爲車轅。郭景純曰：似檞樕而痺小，子如小栗，江東亦呼曰栭栗。伯曰：在地曰芝，在木曰栭，本作而。又作萸。《説文》曰：木耳也。又作檽。《類篇》曰：檽，木耳也。亦作檽。又曰：栭棗也。似柿而小。《説文》曰：屋枅上標也。《爾雅》曰：栭謂之楶。按記稱芝栭蔆椇，皆可食者，而芝與栭並稱，伯説爲當。《説文》、《類篇》木耳之説近之。

宋　李誡《營造法式》卷一二《鋸作制度·就餘材》　就餘材之制，凡用木植，内如有餘材，可以别用，或作版者，其外面多有璺裂，須審視名件之長廣，量度就璺解割。或可以帶璺用者，即那餘材於心内，就其厚别用，或作版勿令失料。

宋 陳翥《桐譜》卷下《器用》 古今匠氏爲小大之器，度而用之，其可貴者，則必云烏椑、白楊、梓檪、圭㭰、山桃、白石、檮栗、榧柟、松栢、椅棐之類。善則善矣，然而采伐不時，則有蛀虫之害焉；漬濕所加，則有腐敗之患焉；風吹日曝，則有拆裂之釁焉；雨濺泥淤，則有枯蘚之體焉。夫桐之材則異於是。采伐不時而不蛀，虫漬濕所加而不腐敗，風吹日曝而不拆裂，雨濺泥淤而不枯蘚，乾濡相兼而其質不變。楩柟雖類，而其永不敵，與夫上所貴者卓矣。故施之大廈，可以爲棟梁桁柱，莫比其固，但雄豪侈靡貴難得而尚華藻，故不見用者耳。今山家有以爲桁柱地伏者，諸木屢朽，其屋兩易，而桐木獨堅。然而不動，斯久効之驗矣。又世之爲棺槨，其取上者，則以紫沙檪爲貴，以堅而難朽，不爲乾濕所壞。而不知桐木爲之尤愈於沙木，沙木鬵釘，久而可脱，桐木則粘而不銹，久而益固。更加之以漆，措諸重壤之下，周之以石灰，與夫沙檪可數倍矣。但識者則然，亦弗爲豪右所尚也。凡用琴瑟之材，雖皆用桐，必須擇其可堪者。《周禮》取雲和、龍門空桑之桐爲琴瑟。陶隱居云：惟岡桐與白桐堪作琴瑟。《書》曰「嶧陽孤桐」。《風俗通》云：生岩石之上，采東南孫枝以爲琴。是擇其泉石向陽之材，自然其聲清雅而可聽。蔡伯喈聞爨下桐聲，取以爲琴，號曰焦尾。則知桐之材有賢不肖，皆混而無別，惟賞音者識之耳。凡白花桐之材，以爲器燥濕，破而用之，則不裂。今多以爲甑杓之類，其性理慢之故也。紫花桐之材，文理如梓而性緊，而不可爲甑，以其易拆故也。使尤良焉。餘桐之材，但有名耳，不入棟梁棺槨器具之用矣。今之僧舍，有刻以爲魚者，亦白花之材也。匠氏之用，尤喜紫花者，白花澁而難光净，紫花緊而易光滑故也。

宋 沈括《夢溪筆談》卷四 桂屑布甎縫中，宿草盡死，謂《吕氏春秋》云，桂枝之下無雜木，蓋桂枝味辛螫故也。《雷公炮炙論》云，以桂爲丁，以釘木中，其木即死。一丁至微，未必能螫大木，自其性相制耳。

明 季本撰《詩説解頤》卷六 桋，舊説以爲桋赤楝也。樹葉細而岐，鋭皮理錯，戾好叢生山中，中爲車輞，如此則不可以言於隰矣。

又 卷七 菑，木死者也。翳，自斃者也。死之木妨他木生長，爲木之害，故曰菑生。木自倒枝葉覆地爲陰翳，作之屏之者，作起屏除，皆去其根，使不至於妨物也。灌，叢生者也。栵，行生者也。脩之平之者，脩治平夷，皆理其亂，使不至於礙行也。檉，河柳似楊而小，赤色，生河邊。椐，樻也。腫節似扶老，可爲杖，皆屬美材也。啓之辟之者，啓拓辟開，皆以其爲無用之散木而去之也。檿山桑材中弓弩，其蠶之絲中琴瑟，柘亦桑屬。弓人取幹，枳爲上。木理有文，亦可旋爲器具，有用之美材也。攘之剔之者，攘抑剔解，雖美材亦必去其繁冗，使不爲礙也。此皆爲通道而發。

明 李時珍《本草綱目》卷三〇《橡》 集解頌曰：橡實，櫟木子也。所在山谷皆有，木高二三丈，三四月開花，黄色。八九月結實，其實爲皂斗。槲、櫟皆有斗，而以櫟爲勝。宗奭曰：櫟葉如栗葉，所在有之。木堅而不堪充材，亦木之性也。爲炭則他木皆不及。其殼雖可染皂，若曾經雨水者，其色淡。槲亦有殼，但小而不及櫟也。時珍曰：櫟有二種，一種不結實者，其名曰棫，其木心赤。《詩》云「瑟彼柞棫」是也。一種結實者，其名曰栩，其實爲橡。二者樹小則聳，枝大則偃蹇，其葉如櫧葉，而文理皆斜句。四五月開花如栗花，黄色，結實如荔枝核，而有尖。其蔕有斗包其半截，其仁如老蓮肉，山人儉歲采以爲飯，或擣浸取粉食，豐年可以肥猪。北人亦種之，其木高二三丈，堅實而重，有斑文點，點大者可作柱棟，小者可爲薪炭。《周禮》職方氏山林宜皂物柞栗之屬，即此也。其嫩葉可煎飲代茶。

又 卷三四《杉》 集解頌曰杉材舊不著所出州土。今南中深山多有之，木類松而徑直，葉附枝生，若刺針。郭璞註《爾雅》云：煔似松，生江南，可以爲船及棺材，作柱埋之不腐。又人家常用作桶板，甚耐水。宗奭曰：杉幹端直，大抵如松。冬不凋，但葉澗成枝也。今處處有之。入藥須用油杉及臭者良。時珍曰：杉木葉硬微扁，如刺，結實如楓實，江南人以驚蟄前後取枝插種，出倭國者謂之倭木，並不及。蜀、黔諸峒所産者尤良。其木有赤白二種，赤杉實而多油，白杉虚而乾燥，有斑紋如雉者，謂之野雞斑，作棺尤貴。其木不生白蟻，燒灰最發火藥。

又 卷三五下《烏木》 集解時珍曰：烏木生海南、雲南、南番，葉似椶櫚，其木漆黑，體重堅緻，可爲筯及器物。有間道者，嫩木也。南人多以槧木染色僞之。《南方草物狀》云：文木樹高七八尺，其色正黑，如水牛角，作馬鞭，日南有之。《古今注》云：烏文木出波斯舶上將來烏文闌，然温、括、婺等州亦出之，皆此物也。

又 卷三六《木部》 柞木宋嘉祐

釋名鑿子木時珍曰：此木堅忍可爲鑿柄。故俗名鑿子木。方書皆作柞木，蓋昧此義也。柞乃橡櫟之名，非此木也。

集解藏器曰：柞木生南方，細葉。今之作梳者是也。時珍曰：此木處處山中有之，高者丈餘，葉小而有細齒，光滑而韌，其木及葉丫皆有針刺。經冬不凋，五月開碎白花，不結子，其木心理皆白色。

又　卷三六《木部》　黄楊木綱目

集解時珍曰：黄楊生諸山野中，人家多栽插之，枝葉攢簇上聳，葉似初生槐芽而青厚。不花不實，四時不凋。其性難長，俗説歲長一寸，遇閏則退。今試之，但閏年不長耳。其木堅膩可作梳、剜印。段成式《酉陽雜俎》云：世重黄陽，以其無火也。用水試之，沉則無火。凡取此木，必以陰晦夜無一星伐之，則不裂。

明　沈萬鈳《詩經類考》卷二五《柘》　《埤雅》：柘宜山石，柞宜山阜，橀宜澗谷，柳宜下田，竹宜高平之地。《攷工記》曰：弓人取材，柘爲上，檍次之，檿桑次之，橘次之，木瓜次之，荆次之，竹爲下。蓋弓材莫良于檿。師古云：山桑之有黠文者。《花木攷》云：繭生山桑，不浴不飼，居民取之製爲衣，久而不敝。《月令》云：季春無伐桑柘。《投壺》云：矢以柘若棘。《考工記》：弓人取材，柘爲上。《周書》云：季夏取桑柘之火。《淮南子》云：八月其樹柘。《四民月令》云：柘染色黄赤，人君所尊。《蠶書》云：柘葉飼蚕，其絲作琴瑟絃，清鳴響亮。《埤雅》云：柘宜山谷。《古今注》：柘實曰隹，隹言隹鳥，性所食。《本草衍義》云：柘木理有文，亦可旋爲器。《名物疏》按《鄭箋》云：岐周之地，險隘多樹木，廼競刊除而自居處其刊除之次，陸農師論之詳矣。「作屏修平啓闢攘剔」八字，皆刊除之義也。蓋歸周者日衆，地無所容，故伐木以立田宅，無暇論其材之美不美以去留之也。自程子有脩治叢列及剔去繁冗之説，而朱子因之，故後人遂謂去惡木以存美材，不知檉可入藥爲器，椐中爲杖，亦何嘗不可用而併啓闢之乎。

明　王邦直《律吕正聲》卷三八　琴材所以必用桐木者，惟桐之材心虚而理疏，理疏則虚，輕鬆脆滑。於是乎出輕者舉而材輕，鬆者始而聲透，脆者聲清長，老桐之材也。滑者聲潤澤，近水之材也。輕鬆脆滑，謂之四善，四善之備，以虚而已。然亦不宜太鬆，太鬆而理疎，琴聲多泛而虚。宜擇緊實而紋縷條條如絲線、密達不邪曲者，此十分良材。亦以掐不入爲奇，其掐得入者而粗疎柔脆，多是花桐。乃今用作漆器胎素者，非梧桐也。人多誤用之。《詩義疏》曰：梓實桐皮曰椅。今人云梧桐也。桐木面日照者爲陽，背陽不面日者爲陰，謂如不信，不論新舊桐木置之水上，陽面浮而陰必沉，雖反覆之再三，不易也。

天下之材，柔良莫如桐，堅剛莫如梓。以桐之虚，合梓之實，剛柔相配，天地之道，陰陽之義也。造琴之法，木用陰陽，取其相配，以召和也。桐木屬陽，以爲琴面；梓木屬陰，以爲琴底。今人多擇面不擇底，縱依法制之琴，亦不清，蓋面以取聲，底以匱聲。底木不堅聲必散逸。法當取五七百年舊梓木，鋸開以指甲掐之，堅不可入者方是。有楸梓，鋸開色微紫黑，用以爲琴底者也。有黄心梓，其理正類楮木，而極細，黄白，若作器用難朽，不堪琴材。漆木亦類梓，蓋取其漆液堅凝，古人亦以爲琴底，須不經取漆而老大者方可用。故《詩》曰：「椅桐梓漆，爰伐琴瑟。」

古今稱琴材之良者，有嶧陽特生，蓋梧桐生於山石之間，在朝陽之地，而又孤生，故其材爲最良。稽叔夜所謂「椅桐之所生，托峻嶽之崇岡，含天地之醇和，吸日月之休光。鬱紛紜以獨茂，飛英蕤於旻蒼」。其山川形勢，則盤紆隱璘，確瑰岑喦。丹崖嶮巇，青壁萬尋者是也。有洞庭傍秀，盖洞庭之椅桐，依峻岸而傍生，劉義恭所謂「其根通徹於幽泉，密葉垂霧而增茂。甘露灑液於其莖，清風流薄乎其枝。丹霞赫奕於其上，白水浸潤於其陂」者是也。有龍門奇樹，蓋龍門奇樹上籠雲霧，根帶千仞之溪，葉滋半天之露，枚乘所謂「龍門之桐，百尺無枝。中盤結之輪菌，根扶疎以分離。其根半生半死，冬則烈風飄霰之所激」者是也。夫琴材有三等：生於高山者，屬陽。《禮》有「雲和之琴瑟」，雲和，高山陽地也。故以之祀天，其嶧陽特生之類乎？生於近水者，屬陰。《禮》有「空桑之琴瑟」，空桑，近水陰地也。故以之祀地，其洞庭傍秀之類乎？生於山水之際者，陰陽之會也。《禮》有「龍門之琴瑟」，龍門，陰陽之會也。故以之祀宗廟，其取義非無謂也。

陽材琴旦濁而暮清，晴濁而雨清。陰材琴旦清而暮濁，晴清而雨濁。此乃靈物與造化同機緘也。昔吴錢忠懿王能琴，遣使物色良琴。使者至天台宿山寺，夜聞瀑布聲止在簷外。晨起視之，瀑下淙石處正對簷柱，而且向日。私念曰：「若是桐木，則良琴在是矣。」以刀削之，果桐也。即賂寺僧易之，取陽面二琴材，馳驛以聞，乞伺一年斵獻忠懿王，一曰洗凡，一曰清絶，遂爲曠代之寶。大抵桐材既堅，而又歷千餘年，木液已盡，復多得風日吹曝之，金石水聲感入之，所處在空曠清幽瀟散之地，而不聞喧雜之聲，取以制琴，烏得不與造化同妙。

明　張大命《太古正音琴經》卷七《論桐木》　桐木大鬆而理踈，琴声多浮。宜擇緊實而紋理條條如絲線，細密條達不邪曲，此十分良材。亦以掐不入爲奇，其掐得入而麄疎柔脆者，多是花桐。乃今用作漆器胎素者，非梧桐，今多誤用。

桐木年久，木液去盡，紫色透裏，全無白色，更加細密，此萬金良材。

有梧桐生子如簸箕；有花桐春來開花如玉簪而微紅，號折桐花；有櫻桐其實堪以醡油；有刺桐其木遍身皆生刺如釘，堪作梁柱。四種之中，當用梧桐。《詩》曰：椅桐梓漆，爰伐琴瑟。註曰：椅木梓實而桐皮，即今花桐也。花桐之實，正類梓實，桐即今梧桐也。二者雖皆可以爲琴，而梧桐理踈而堅，花桐柔而不堅，則梧桐勝于花桐明矣。今取舊材，豈知輕者爲桐，而不知堅而輕者爲梧桐。毋怪乎，滿天下無良琹也。諺曰：新爲梧，舊爲桐。蓋言梧桐也。

明 郝敬《孟子説解》卷一一《告子章句上》 古場圃同地，納禾稼爲場，種果蔬爲圃。《詩》云：九月築場圃，十月納禾稼。春耕爲圃，秋築爲場，場圃種果蔬，山林蓄材木。故《周禮》有山虞、林衡掌山林之禁，又有場人掌國之場圃，供其果蓏珍異之物，與虞衡所掌不同。蓋果實不蓄于山，材木不蓄于場圃也。場師所以賤爲其取果實而不養材木。梧與樲皆有實可食，場師並蓄之，樲棘叢生不材而多實，梧檟材大而實少，但取多實，故爲口腹失大之喻。梧亦稱檟，《春秋傳》：樹六檟于蒲圃。檟亦作榎，古人笞學童用榎，取其質輕不傷人也。魯穆姜使擇美榎以自爲櫬。《爾雅》云：櫬，梧也。材宜爲棺。按榎从夏，大也。檟言假，亦大也。梧，魁梧，亦大也。或云檟，楸也。《爾雅》云：大而皵鵲曰楸，小而皵曰榎。凡樹皮粗曰皵大，而皮粗即今之梓也。小而皮粗爲榎，未似。《爾雅》又云：椅，梓也。《詩》云：其桐其椅，其實離離。若椅爲梓，不宜有實，不應《詩》反誤，《爾雅》難盡据也。大抵梧檟榎桐梓楸椅皆相似，古人往往隨宜通名，不似後人拘拘爾。

《爾雅》曰：榮，桐木此也。實小而可食者曰梧桐，實大而但可爲油者曰油桐。生山岡又曰岡桐，材大而易長者，惟華桐與梧桐。《詩》云：其桐其椅，其實離離。《疏》云：梓實桐皮曰椅，疑即梧桐也。或云椅即梓也。或云梓即楸也。按桐、梓、椅，三木皆相似，而梓材端直，理細膩，故木莫良于梓。俗云牡丹花王，梓木王，《書》以梓材名篇，《禮》以梓人名匠。世云越多豫章，或曰即梓也。或曰豫，榆木；章，樟木也。

明 謝肇淛《五雜俎》卷一〇 木之有瘿，乃木之病也。而後人乃取其瘿瘤砢礧者，截以爲器，蓋有瘿而後有旋文，磨而光之，亦自可觀。但有南瘿、北瘿之異。南瘿多楓，北瘿多榆；南瘿蟠屈秀特，北瘿則取其巨而多盛而已。余在燕市中見瘿杯有大如斗者，後在一宗室見以瘿木爲浴盆，此以大爲貴也。南方磊塊百狀，或有自然耳，可執小僅如雞子者，此以小爲貴也。政如北人賣大葫蘆種，謂可以爲舟，而南人乃取如栗大者爲扇墜，人之好尚不同如此。按劉子云：楩楠郁蹙以成縟錦之瘤，則瘿木之見重，自古然矣。

明 倪朱謨《本草彙言》卷九《木部·喬木類·青桐》 李氏曰：桐有青白二種，與罌子桐、梧桐各別。罌子桐子能作油，有毒。青桐、白桐同一種，無毒。梧桐子可作果食，亦無毒。三桐各自一種，實非同類。又一説云：白桐即泡桐也。葉大徑尺，最易生長。皮色粗白，其木輕虚，不生蟲，可作器物、屋柱。二月開花，如牽牛花而白色，結實如巨棗，長寸餘。殼内有子，輕虚如榆莢葵實之狀，老則殼裂，隨風飄揚。青桐即梧桐之無實者，又按陳翥《桐譜》分別白桐、岡桐甚明。白花桐文理粗而體性慢，喜生朝陽之地，因子而出者，一年可起二三尺；由根而出者，可四五尺。其葉圓大而尖長，有角，光滑而毳。先花後葉，花白色，心微紅，其實大二三寸，内爲兩房，房内有肉，肉上有薄片，即其子也。又紫花桐文理細而體性堅，亦生朝陽之地，不如白桐易長。其葉三角而□，大如白桐。色青，多毛而不光，且硬□赤。亦先花後葉，花色紫，其實亦如白桐而稍尖，狀如訶子。房中肉黄色。二桐，皮色皆一，但花葉小異，體性堅慢不同爾。亦有冬月復花者。寇氏曰：桐類有數種，農皇□不定□是何桐，是難執用，但數桐各有治療，應病不同耳。

又《白楊》 寇氏曰：白楊木肌似楊而微白，故曰白楊。處處有之，西北尤多。植墟墓間，其枝插土即長，易于繁茂。木甚高大，葉圓如梨，而肥厚有尖。面色青而光，背色白而邊有鋸齒，風微至葉如大雨聲。木肌細白，性堅直，用爲梁拱，終不斜曲。嫩葉味甘可救荒，老葉亦可作酒麴料。

又《梓》 蘇氏曰：按《埤雅》云：梓爲百木長，故呼梓爲木王，蓋木類莫良于梓，故《書》以梓材名篇，《禮》以梓人名匠，朝廷以梓宫名棺也。李氏曰：梓有三種，當用朴素不腐者。今處處皆有之。宫寺、人家園亭亦多植之。木似桐，而葉小，花紫，雖有三種之分，實非一類也，木理白者爲梓，赤者爲楸，梓之美文者爲椅。楸之小者爲榎。

又《灌木類・牡荆》 蘇氏曰：牡荆實生眉州、蜀州及汴京、南陽、冤句或平壽都鄉高岸上，及四野處處皆有，即黄荆也。古者刑杖用荆，故字從刑。荆楚之地獨多，因此地名荆也。山人多有樵采爲薪，年久未經樵采者，其樹大如盌，其木心方，其枝對生而不作蔓。一枝五葉，或七葉，葉如榆長而尖，有鋸齒。五月開花成穗，紅紫色，其子大如胡荽子，而有白膜裹之。李氏曰：荆有青赤二種，青者爲荆，赤者爲楛。嫩條皆可作莒筥。古者貧婦以荆爲釵，即此二木也。又按《廣州記》云：荆有三種，金荆可作枕，紫荆可作牀，白荆可作履。與他處牡荆、蔓荆異。又杜氏《拾遺録》云：南海山中多金荆，大者廣十圍，盤屈稜突，文如美錦，色如真金。工人采用，貴如沉檀，此又荆之别類也。

清 陸世儀《思辨録輯要》卷二七 問朱子云：寒灰腐木，有性如何？曰：如今人製銃藥必要用杉木、柳木灰，别木之灰便不可用。蓋杉木鬆易燃，柳木直去遠。性如此，理亦如此也。

清 胡渭《禹貢錐指》卷七《杶幹栝柏》 《傳》曰幹，柘也。柏葉松身曰栝。《正義》曰：幹爲弓幹。《考工記》云：弓人取幹之道七，以柘爲上。知此幹是柘也。《釋木》云：栝，柏葉松身。陸璣《毛詩義疏》云：杶榑栲漆，相似如一，則杶似榑漆也。杶、栝、柏，皆木名也。以其所施多矣。柘木惟用爲弓幹，弓幹莫若柘木，故舉其用也。顔氏曰：杶木似樗而實。曾氏曰：揚州貢木，不言名者，不可勝名也。此言杶幹栝柏，其所貢止此耳。金氏曰：幹材中弓弩之幹，《周官》所謂荆之幹是也。渭按：《考工記》：弓幹柘爲上，檍次之，檿桑次之，橘次之，木瓜次之，荆次之，竹爲下。林氏謂不必專指柘，凡木可以爲弓幹者，皆是，似勝舊説。蓋幹材頗多，不可偏舉，故括之曰幹。

《説文》云：杶木也。《夏書》曰：杶幹栝柏，或以熏作櫄，又云栒杶也。《左傳》：孟莊子斬其栒以爲公琴。杜注云：栒，木名，杶也，琴材。徐鍇曰：杶木似樗，中車輮，實不堪食。杶又作椿，蘇恭曰：椿樗二樹，形相似，但樗疎椿實，爲别也。蘇頌曰：椿木實而葉香，樗木疎而氣臭，樗最無用，莊子所謂「其木擁腫，不中繩墨。小枝曲拳，不中規矩」者。李時珍曰：椿樗栲一木而三種，樗栲皆不材之木，不似椿堅實可入棟梁也。渭按：杶、櫄、栒、椿，爲一木，字異而音義並同。杶與樗栲雖相似，而樗栲不材，貢之何爲？則杶與樗栲實異種也。杶一作櫄，蓋椿葉香，故從熏。杶之爲椿，明矣。其材大抵中琴，中車輮。蘇傳曰：杶，柘也。以爲弓幹，是以杶幹爲一木。考諸書無言杶即柘，中弓幹者恐非。

《爾雅》樅，松葉柏身。檜，柏葉松身。《説文》同，而栝作栝，解云隱也。一曰矢栝築弦處，檜亦音古活切。《集韻》云：檜古作栝，通作栝。《書》：杶幹栝柏。《爾雅翼》云：檜性耐寒，其材大可爲棺槨及舟。今人謂之圓柏，《韻會》引《字説》云：檜，柏葉松身，則葉與身皆曲。樅，松葉柏身，則葉與身皆直。樅以直從，檜以曲會。李時珍《本草》曰：檜葉尖硬，亦謂之栝。今人名圓柏，以别於側柏。茅氏《匯疏》云：《澠水燕談》載亳州法相禪院矮檜一郡珍玩，目其寺曰矮栝。似栝檜一也。渭按：《傳》訓栝與《爾雅》檜同，《説文》解檜如《爾雅》，而栝下不復出，則栝檜實一木。北音讀栝，爲古外切，故又有木旁从會之字。栝乃柏之類，葉扁而側生者爲柏，俗謂之側柏；葉尖硬而向上者爲栝，俗謂之圓柏。

《王氏日記》云：古荆楊之木貢，有則貢之；棟宇器用有所須，則用之，甚儉而易供也。後代有營繕則工師求大木，至於深山窮谷人跡不到之處，懸崖弔橋，艱難萬倍，比至深澗，必待夏秋洪水泛漲，方抵大江。嗚呼，林麓盡矣。帝省其山，則何辭以對。是故禹卑宫室而作訓，以峻宇彫牆爲戒。豈非人君之所當守哉？

《韓非子》稱堯舜茅茨不翦，采椽不斲，土階三尺。其言或太甚，當時未必若是之樸陋。然禹卑宫室，固堯舜家法。後世陵雲槩日之構，我知其無有也。荆揚貢木，或以爲其中有宫室之用。余按《魯頌》曰「徂來之松，新甫之柏」，《商頌》曰「陟彼景山，松柏丸丸」，皆言作寢廟事。可見古人之宫室，唯以松柏爲之，不須奇木。而《周禮》冀州之利曰松柏，則帝都附近之地供之而有餘，何必遠取諸他州？竊意岱畎之松，嶧陽之桐，及荆之杶幹栝柏，皆器用之材。而揚之貢木雖多，亦未必有楩楠豫章合抱之木，長至十餘丈者也。大禹作貢，必不貽害於民。後世採巨木者，輒求之楚蜀深山之中，林麓盡而民力與之俱盡，此義明庶乎？其知儆矣。

清 郝懿行《爾雅義疏》下之二《釋木》 槄山榎今之山楸。《釋文》榎，古雅反。舍人本又作櫝。《詩・終南》正義引李巡曰：山榎，一名槄。孫炎曰：《詩》云有條有梅，條，槄也。義本《毛傳》。條槄，雙聲疊韻，故古字通榎，通作夏。《學記》云：夏楚二物。鄭注：夏，榣也。《詩正義》引陸璣疏云：榣，今山楸也。亦如下田楸耳。皮葉白色，亦白材理好，宜爲車板，能溼。又可爲棺木。宜陽共北山多有之，餘見下文榎楸。

又　椴桅白椴也，樹似白楊。《釋文》引《字林》云：椴木似白楊，一名桅。《檀弓》云杝棺一，鄭注所謂「椑棺」也。引《爾雅》曰椴杝。按：椴與木菫同名，今椴木皮白者爲白椴，葉大如白楊；皮赤者爲赤椴，葉如水楊。其皮柔韌，宜以束物。白者材輕耐溼，故宜爲棺也。

又　柏椈　《說文》：柏，鞠也。《詩》言新甫之柏。《本草別録》云：生泰山山谷。然柏處處有之，三月華，九月實。《莊子》所謂秋柏之實也。郭引《禮雜記》云：鬯臼以椈，杵以梧。鄭注：所以擣鬱也。椈，柏也。孔疏：柏，香桐，潔白，於神爲宜。按：柏有脂而香，其性堅緻，材理最美。

又　梅枏　《說文》：枏，梅也。梅，枏也。可食。梅或作楳，《詩·墓門有梅》：有條有梅。《毛傳》俱本《爾雅》。陸璣疏云：梅樹皮葉似豫樟，豫樟葉大如牛耳，一頭尖，赤心，華赤黄，子青不可食。枏葉大可三四葉一藂，木理細緻於豫樟，子赤者材堅，子白者材脃，江南及新城上庸蜀皆多樟枏，終南山與上庸新城通，故亦有枏也。《詩正義》引孫炎曰：荆州曰梅，楊州曰枏。《一切經音義》廿一引樊光云：荆州曰梅，楊州曰枏，益州曰赤楩，葉似豫樟，無子也。是樊義與陸疏合，孫與樊同，蓋皆以梅枏爲大木，非酸果之梅。郭注：似杏實，酢，及。《說文》云：可食。俱誤矣。《南山經》云：虖勺之山，其上多梓枏。郭注：枏，大木，葉似桑。今作楠，音南。《爾雅》以爲枏。此注得之《文選·西京賦注》引《爾雅》注作枏木，似水楊，與今本異。

又　杻檍似棣，細葉，葉新生可飼牛，材中車輞，關西呼杻子，一名土橿。

檍，今字，《說文》作檍，云梓屬。大者可爲棺椁，小者可爲弓材。《考工記》：弓人取榦，檍次之。注引《爾雅》。按《說文》有檍無杻，其檍字，云杶也。又杶字古文似杻，段氏注依汗簡謂即屯字，側書似矣。但謂《說文》今無杻字，恐非也。詩中杻字，《毛傳》俱用《爾雅》陸璣疏云：杻，檍也。葉似杏而尖，白色，皮正赤，爲木多曲少直，枝葉茂好。二月中葉疏，華如練而細，蘂正白。蓋樹今官園種之，正名曰萬歲，既取名於億萬，其葉又好，故種之。共汲山下人或謂之牛筋，或謂之檍，材可爲弓弩榦也。郭注：《西山經》云杻似棣，而細葉。與此注同，即陸璣疏所謂檍也。《說文》檍云梓屬，蓋楸類，非此也。

又　楙木瓜實如小瓜，酢可食。

《詩木瓜傳》楙木也，可食之木。《齊民要術》引《詩義疏》曰：楙葉似柰葉，實如小瓜，上黄似著粉。香欲啖者，截著熱灰中，令萎蔫，浄洗以苦酒豉汁蜜度之，可案酒食蜜封藏百日食之，甚益人。《考工記》：弓人取榦，木瓜次之。是其木中弓材也。《本草》陶注：木瓜最療轉筋，如轉筋時，但呼其名及書土作木瓜字，皆愈。俗人拄木瓜杖，云利筋脈也。《要術》引《廣志》云：木瓜子可藏枝可爲杖，號一尺百二十節。《西山經》云：中曲之山有木焉，實大如木瓜。《水經》江水過魚復縣南，注云：故陵郚谿即永谷也。地多木瓜樹，有子大如甒，白黄，實甚芬香。《爾雅》之所謂楙也。

又　樓落可以爲杯器素。《說文》：樺木也。以其皮裹松脂，从𧆞聲，讀若華。或作樓。《繫傳》云：此即今人書樺字，今人以其皮卷之，然以爲燭裹松脂，亦所以爲燭也。按樺燭謂此其皮，即煖皮，緻密輭温，今人以裹鞍及弓靶者是也。《詩》：無浸樓薪。《鄭箋》：樓，落木名也。《正義》引某氏曰：可作杯圈，皮韌繞物不解。陸璣疏云：今椰榆也。其葉如榆，其皮堅韌，剥之長數尺，可爲絙索，又可爲甑帶。其材可爲杯器。《漢書司馬相如傳》云：留落胥邪。郭注：落，樓也。中作器素，與此注同，素謂樸也。

又　魄榽橀魄，大木細葉，似檀。今江東多有之，齊人諺曰：「上山斫檀，榽橀先殫。」

《釋文》：橀，本亦作醯。按榽音同傒。《方言》六云傒，醯危也。此皆疊韵之字，取聲不取義，竝無正文也。魄即今白木也。今京西諸山有之，其木皮白，材理細密，作炭甚堅，謂之白木。白魄，聲同也。陸璣《詩疏》云：檀木皮正青，滑澤與繫迷相似，又似駮馬。駮馬，梓榆。故里語曰：「斫檀不諦得繫迷，繫迷尚可得駮馬。」繫迷一名挈榼，故齊人諺曰「上山斫檀，挈榼先殫」，是挈榼即榽橀。又云駮馬，梓榆也。其樹皮青白，駮犖遥視似駮馬，故謂之駮馬。此即陸疏檀也，繫迷也，梓榆也。三木皆相似，故伐者疑焉。繫迷一作繫彌，《齊民要術》引《廣志》曰繫彌樹，子赤如楔棗，可食。又作莢迷，《唐本草注》莢迷子兩兩相對，色赤，味甘，是皆榽橀之異名也。榽橀、莢繫，挈槃、迷彌，竝雙聲及疊韵，假借字也。

又　櫬梧今梧桐。《說文》梧桐，桐木，一名櫬。然則此云櫬梧，下云榮桐，蓋二物通名。《爾雅》：或曰梧，或曰桐，互言之耳。今驗二樹葉形相類，但皮色異。一種皮青碧而滑澤，今人謂之青桐，即此櫬梧是也。一種皮白，材中樂器，即下榮桐是也。樹皆大葉濃陰，青桐尤爲妍美，人多種之以飾庭院。四月開小黄華，結莢亦黄，至秋莢裂，作橐鄂如小瓢，其子纍纍綴瓢閒，可烈食之。其味腴美，醫家作丸如桐子大，正謂此也。《文選·風賦注》引《莊子》曰：桐乳致巢。司馬彪注：桐子似乳是矣。梧桐亦單言梧，《孟子》云「舍其梧檟」；亦單言桐，《詩》云「其桐其椅」是也。棺謂之櫬，古者以桐爲棺，因而桐亦名櫬。《本草》陶注以白者爲梧桐，無子者爲青桐，失之。《齊民要術》説之極明。又引郭注今梧桐下有「皮青」者三字，今脱去之。

又　棫白桵　《說文》：棫，白桵也。《通志》引陸璣疏云：《三蒼》説棫即柞也。

其葉繁茂，其木堅韌，有刺。今人以爲梳，亦可以爲車軸，其材理全白，無赤心者爲白桵，直理易破可以爲犢車軸，又可爲矛戟矜。今人謂之白梂，或曰白柘。按《詩緜正義》引此疏無其葉以下二十一字，趙鹿泉師《草木疏校正》據《通志》所引補，今從之也。《詩》每柞棫竝稱，當爲二物。《漢郊祀志》有棫陽宫，而漢又別有五柞宫，柞又無刺，知與棫非一物。又郭云小木叢生則非可爲車軸及梳者，與陸説又異矣。棫通作蕤，薛綜《西京賦注》：棫，白蕤也。《本草》蕤核。陶注：形如烏豆大，圓而扁，有文理，狀似胡桃核。《蜀圖經》云：樹生葉細似枸杞而狹長，花白，子附莖生，紫赤色，大如五味子，莖多細刺。《圖經》所説與郭注合，然則此樹高不過數尺，故《詩》以柞棫斯拔爲言矣。

又 榮桐木即梧桐 《説文》：榮，桐木也。桐，榮也。是桐一名榮。《月令》季春桐始華。《夏小正》三月拂桐芭。蓋桐華尤繁茂，故獨擅榮名矣。《初學記》引《詩義疏》云有白桐，有青桐，有赤桐，雲南牂牁人績以爲布。《齊民要術》云：白桐無子，任爲樂器。於山石閒生者爲樂器則鳴。今按白桐亦名梧桐，華紫黄色，有華無實。其皮白色，故《顔氏家訓・風操篇》云：有諱桐者，呼梧桐樹爲白鐵樹，正謂此矣。《本草》陶注：白桐與岡桐無異，岡桐無子，是作琴瑟者。白桐一名椅桐，人家多種之。

綜　述

漢 王充《論衡》卷一四 楓桐之樹，生而速長，故其皮肌不能堅剛，樹檀以五月生葉，後彼春榮之木，其材强勁，車以爲軸。

漢 楊孚《異物志》 梓棪大十圍，材貞勁，非利剛截不能尅，堪作船。其實類棗，著枝葉重，曝挽垂刻鏤其皮，藏味美於諸樹。

又 有竹曰當，其大數圍，節間相去局促，中實滿，堅强以爲屋榱，斷截便以爲棟梁，不復加斤斧也。

又《梓椅梧桐》 梓者，楸之疏，理白色，而生子者爲梓，梓實桐皮曰椅。今人云梧桐也，則大類同，而小別也。桐有青桐、白桐、赤桐，白桐宜琴瑟，今雲南牂牁人績以爲布，似毛布。

三國吴 陸璣《毛詩草木鳥獸蟲魚疏》卷上《有條有梅》 條，槄也，今山楸也，亦如下田楸耳。皮葉白色，亦白材，理好，宜爲車板，能濕，又可爲棺木。宜陽共北山多有之。梅樹皮葉似豫章，葉大如牛耳，一頭尖，赤心，華赤黄，子青不可食。柟葉大，可三四葉一藂，木理細緻于豫章。子赤者材堅，子白者材脆。荆州人曰梅，終南及新城上庸皆多樟柟，終南與上庸新城通，故亦有柟也。

又《北山有楰》 楰，楸屬，其樹葉木理如楸，山楸之異者。今人謂之苦楸，溼時脆，燥時堅，今永昌又謂鼠梓，漢人謂之楰。

又《柞棫拔矣》 柞棫，《三蒼説》：棫，即柞也。其材理全白，無赤心者爲白桵，直理易破，可爲犢車軸，又可爲矛戟鎩。

又《隰有杞桋》 楝葉如柞，皮薄而白，其樹理赤者爲赤楝，一名桋，白者爲楝。其木皆堅韌，今人以爲車轂。

又《北山有杻》 杻，檍也。葉似杏而尖，白色，皮正赤，爲木多曲少直，枝葉茂好。二月中，葉疏，華如楝而細蕊正白。蓋此樹今官園種之，正名曰萬歲。既取名于億萬，其葉又好故種共汲山下人或謂之牛筋，或謂之檍材，可爲弓弩榦也。

又《其灌其栵》 栵栭，葉如榆也，木理堅韌而赤，可爲車轅。

又《其檉其椐》 檉，河柳，生水旁，皮正赤如絳，一名雨師。枝葉如松椐，節中腫以扶老，今靈壽是也。今人以爲馬鞭及杖，弘農共北山甚有之。

又《集于苞杞》 杞，柳屬也。生水傍，樹如柳，葉麄而白色，木理微赤。故今人以爲車轂。今共北淇水傍，魯國泰山汶水邊純杞也。

又《楊之水不流束蒲》 蒲柳有兩種，皮正青者曰小楊，其一種皮紅正白者曰大楊，其葉皆長廣似柳葉，皆可以爲箭幹。故《春秋傳》曰：董澤之蒲可勝既乎。今人又以爲箕鑵之楊也。

又《蔽芾甘棠》 甘棠，今棠棃，一名杜棃，赤棠也。與白棠同耳，但子有赤白美惡。子白色爲白棠，甘棠也，少酢滑美。赤棠子澁而酢無味，俗語云澀如杜是也。赤棠木理韌，亦可以作弓幹。

晉 嵇含《南方草木狀》卷中 榕樹，南海桂林多植之，葉如木麻，實如冬青，樹幹拳曲，是不可以爲器也。其本稜理而深，是不可以爲材也。燒之無焰，是不可以爲薪也。以其不材，故能久而無傷。其蔭十畝，故人以爲息焉。而其枝條既繁，葉又茂，細軟條如藤垂下，漸漸及地，藤梢入土，便生根節。或一大株有根四五處，而横枝及鄰樹，即連理。南人以爲常，不謂之瑞木。

又 桄榔樹似栟櫚，實其皮可作綆，得水則柔韌，胡人以此聯木爲舟。皮中有屑如麪，多者至數斛，食之與常麪無異。木性如竹，紫黑色，有文理，工人解之以製奕枰，出九真、交趾。

又 水松葉如檜而細長，出南海。土産衆香，而此木不大香，故彼人無佩服者。嶺北人極愛之，然其香殊勝，在南方時，植物無情者也。不香於彼而香於此，豈屈於不知己而伸於知己者歟？物理之難窮如此。

晉 戴凱之《竹譜》 篃尤勁薄，博矢之賢。篃，細竹也。出《蜀志》，薄肌而勁，中三續射博箭，篃音衞，見《三倉》。

又 篁任篙笛，體特堅圓。篁竹堅而促節，體圓而質堅，皮白如霜粉，大者宜行船，細者爲笛，篁音皇，見《三倉》。

又 弓竹如藤，其節郄曲。生多臥土，立則依木。長幾百尋，狀若相續。質雖含文，須膏乃綈。弓竹出東垂諸山中，長數十丈，每節輒曲，既長且軟，不能自立。若遇木乃倚。質有文章，然要須膏塗火灼，然後出之篾，臥竹上出也。

又 篔簹射筒，箖箊桃枝。長爽纖葉，清肌薄皮。千百相亂，洪細有差。數竹皮葉相似，篔簹最大，大者中甑，笋亦中射筒，薄肌而最長，節中貯箭，因以爲名。箖箊葉薄而廣，越女試劒竹是也。桃枝是其中最細者，並見方志賦。桃枝皮赤，編之滑勁，可以爲席。《顧命篇》所謂篾席者也。《爾雅・釋草》云：四寸一節，爲桃枝。郭注云：竹四寸一節爲桃枝。余之所見，桃枝竹節短者不兼寸，長者或踰尺，豫章偏有之，其驗不遠也。恐《爾雅》所載草族自別有桃枝，不必是竹。郭注加竹字，取之謬也。《山海經》云：其木有桃枝劒端。又《廣志・層木篇》云：桃枝出朱提郡，曹爽所用者也。詳察其形，寧近於木也，但未詳《爾雅》所云復是何桃枝耳。經雅所説二族，决非作席者矣。《廣志》以藻爲竹是誤，後生學者往往有爲所誤者爾。

又 筋竹爲矛，稱利海表。槿仍其榦，刃即其杪。生於日南，别名爲篥。筋竹長二尺許，圍數寸，至堅利，南土以爲矛。其筍未成竹時，堪爲弩絃。見徐忠《南中奏》。劉淵林云：土人以史葉竹爲矛。余之所聞，即是筋竹，豈非一物而二名者也？

又 會稽之箭，東南之美。古人嘉之，因以命矢。箭竹，高者不過一丈，節間三尺，堅勁中矢，江南諸山皆有之。會稽所生最精好，故《爾雅》云東南之美者，有會稽之竹箭焉。非總言矣。大抵中矢者雖多，此箭爲最，古人美之以首，其目見《方言》。是以楚俗鬬伯細箭五十，跪加莊王之背，明非矢也。

北魏 賈思勰《齊民要術》卷五《種榆白楊》 《爾雅》曰：榆，白粉。注曰：枌，榆。先生葉，却著莢，皮色白。《廣志》曰：有姑榆，有朗榆。案：今世有刺榆木，甚牢肕，可以爲犢車材。枌榆可以爲車轂及器物。山榆人可以爲蕪荑。凡種者宜種刺枌兩種，利者爲多，其餘軟弱，例非佳好之木也。

又 白楊性甚勁直，堪爲屋材，折則折矣，終不曲撓。

又《種棠》 《爾雅》曰：杜，甘棠。郭璞注曰：今之杜梨。《詩》曰：蔽芾甘棠。毛云：甘棠，杜也。《詩義疏》云：今甘棠梨一名杜梨，如梨而小，味酢可食也。唐詩曰「有杕之杜」，毛云：杜，赤棠也。與白棠同，但有赤白美惡。子赤白色者爲白棠，甘棠也。酢滑而美，赤棠子澁而酢無味，俗語云澁如杜。赤棠木理赤，可作弓幹。案：今棠葉有中染絳者，有淮中染上紫者，杜則全不用其實。三種則異。《爾雅》毛、郭以爲同，未詳也。

唐 樊綽《蠻書》卷七 野桑木，永昌、巴西諸山谷有之，生於石上。及時月擇可爲弓材者，先截其上，然後中割之，兩向屈令至地，候木性定，斷取爲弓，不施筋漆而勁利過於筋弓。蠻中謂之膜弓者，是也。

唐 劉恂《嶺表録異》卷中 篔簩竹皮薄而空多，大者徑不逾二寸，皮上麤澁，可爲鎖子錯甲，利勝於鐵。若鈍，以漿水洗之，還復快利。石林之竹勁而利削，爲刀割象皮如切。

又 桄榔樹，枝葉並蕃茂，與棗、檳榔等小異，然葉下有鬚如麄馬尾，廣人採之以織巾子。其鬚尤宜鹹水浸漬即麄脹而韌，故人以此縛舶，不用釘線。木性如竹，紫黑色，有文理而堅，工人解之以制博奕局。此樹皮中有屑如麵，可爲餅食之。

又 枹木産江溪中，葉細如檜，身堅類桐，惟根軟不勝刀鋸。今潮循多用其根刳而爲履，當未乾時，刻削易如割瓜，既乾之後，柔韌不可理也。或油畫，或漆，其輕如通草。暑月着之，隔卑濕地氣，如杉木。今廣州賓從諸郡牧守初到任，皆有油畫枹木履也。

唐 李匡乂《資暇集》卷下 （相思子）豆有圓而紅其首烏者，舉世呼爲相思子，即紅豆之異名也。其木斜斫之則有文，可爲彈博局及琵琶槽。其樹也，大株而白枝，葉似槐，其花與皂莢花無殊。其子若穩豆，處于甲中，通身皆紅。李善云：「其實赤如珊瑚是也。」

又 （抱木）南土有木，以抱爲名者，言其輕滿不能成斤，亦以造器，滿抱如無，因以懷抱名之也。南土多陂塘，多生水松，其抱木蹙水沫，依松而成，似松之疣贅，浮繞其株，悉去水面三寸，原其化徵，假松之氣爾，故其臭芳，其質輕，抱木突輕於赤脚，誠哉斯言。然余爲南漳守，命工爲函匣筒鞸，抑造清明毬卵，輕齎而歸，北人莫不稱便而異焉。

宋 陳翥《桐譜》之《叙源》 夫桐之爲木，其異於羣類卓矣。生則肌骨脆而嫩，死則材體堅而韌，燥之所加而不坼裂，溼之所漬而不腐敗。雖松、柏有淩霄冒雪之姿，苟就以燥溼，則與朽木無異耳。王氏謂受氣潭矣，真不虚也，於桐可獨見之矣。其體溼則愈重，乾則愈輕，生時以斧斫之甚易，乾乃輭而拒斧。故鄙諺云：「輕是桐，重是桐，難斫亦是桐。」此之謂也。

宋 蘇軾《東坡養生集》 松之有利於世者甚博，松花、脂、茯苓服之皆長生。其節煑之以釀酒，愈風痺、强腰足。其根皮食之，膚革香，久則香聞下風數十步外。其實食之，滋血髓。研爲膏，入漓酒中，則醇釅可飲。其明爲燭，其煙爲墨，其皮上蘚爲艾納，聚諸香煙。其材産西北者至良，名黄松，堅韌冠百木。略數其用於世，凡十有一，不是閒居不能究物理之精如此也。

宋 許觀《東齋記事》一卷《竹之異品》 竹之異品頗多，《成都古今記》云：對青竹，竹黄而溝青，故每節若間出云。此竹今浙中亦有之，唯會稽頗多，彼人呼黄金間碧玉。辰州有一種小竹，曰龍孫竹，生山谷間，高不盈尺，細僅如針，凡所以爲竹，無不具。前輩詩有「小竹如針能具體」即此也。武陵桃源山有方竹，四面平整如削，堅梗可以爲杖。予頃在湖、湘間，見有以竹爲桶者，其徑幾二尺。《羅浮山記》云：第三峯有竹，大徑七尺，圍節長丈，二葉若芭蕉，名龍公竹。《松牕雜録》：有異竹篦長二百餘尺。《玉篇》云：簩竹甚可爲舟，龍公竹，即簩竹。雖未親覩，以前所見推之，詎不可信哉。

宋 鄭樵《通志》卷七六《木類》 樗似椿，北人呼爲山椿，江東人呼爲虎目，葉脱處有痕，如樗蒲子，又如眼目，故有其名。其材易大而不中器用。又有一種山樗，極似此，《詩·唐風》所謂「山有栲」是也。故《爾雅》云：栲，山樗。注：謂栲似樗，色小白，生山中，亦類漆，俗云「櫄樗栲漆，相似如一」，櫄即椿也。

又 檉曰河柳，曰雨師，曰春柳，木中脂曰檉乳，《本草》謂之赤檉木，以其材赤故也。大槩杉松之類，而意態似柳，故謂之檉柳。《爾雅》曰：檉，河柳，其材可卷爲盤合，又曰樓落。郭云可以爲栝器素，此赤檉也。又有一種名赤楊，又名水松，與此相似，而植之水邊。其葉經秋盡紅，人多植於門巷，杜詩「禎檉曉夜希」，即此也。

又 柞木曰棫，曰栩，曰杼，《爾雅》云：栩，杼。《詩》：「析其柞薪。」又曰：「柞棫斯拔。」陸璣云：柞棫，櫟也。《三蒼》云：棫，即柞也。其葉繁茂，其木堅韌，有刺。今人以爲梳，亦可以爲車軸。

宋 周去非《嶺外代答》卷六《柂》 欽州海山有奇材二種，一曰紫荆木，堅類鐵石，色比燕脂，易直，合抱以爲棟梁，可數百年。一曰烏婪木，用以爲大船之柂，極天下之妙也。蕃舶大如廣廈，深涉南海徑數萬里，千百人之命直寄于一柂。他産之柂，長不過三丈，以之持萬斛之舟，猶可勝其任；以之持數萬斛之蕃舶，卒遇大雨于深海，未有不中折者。唯欽産縝理堅密，長幾五丈，雖有惡風怒濤，截然不動，如以一絲引千鈞於山嶽震頹之地，真凌波之至寶也。此柂一雙，在欽直錢數百緡，至番禺、温陵價十倍矣。然得至其地者，亦十之一二，以材長甚難海運故耳。

宋 寇宗奭《本草衍義》卷一五 楠材，今江南等路造船場皆此木也。緣木性堅而善，居水久則多中空，爲白蟻所穴。

又《桐木紫色》 桐木年久，木液去盡，紫色透裏，全無白色，更加細密，今人多誤用之。

宋 趙希鵠《洞天清録·桐木不宜太鬆》 桐木太鬆而理疎，琴聲多泛而虚。宜擇緊實而紋理條條如絲線，細密條達不邪曲者，此十分良材。亦以掐不入爲奇，其掐得入而麄疎柔脆者，多是花桐，乃今用作漆器胎素者，非梧桐也。

又《桐木多等》 有梧桐，生子如簸箕。有花桐，春來開花，如玉簪而微紅，號折桐花。青櫻桐，其實頗堪以醡油。有刺桐，其木身皆生刺，大如釘鍖。

又《梓木多等》 有楸梓，鋸開色微紫黑，用以爲琴底者也。有黄心梓，其理正類櫧木而極細，黄白不堪，若作器用難朽，非琴材也。漆木亦類梓，蓋取其漆液堅凝。古人亦以備材料，須不經取漆，而老大者，方可用。

宋 戴侗《六書故》卷二一《植物一》 杉。杉木直榦似松，葉芒鋭，實似松蓬而細，可爲棟梁、棺槨器用。才美爲諸木之最。多生江南，亦謂之沙木。沙杉之譌也。其一種葉細者，易大而疎理，温人謂之温杉。

又　橡樣栩櫟。橡、櫟，皆阜物也。橡實大於櫟，葉似栗而冬雕，其實有斗，故又謂橡斗。橡、樣一也。又謂之栩，栩，柔一也。櫟不冬雕，其實亦斗，木剛宜爲薪炭，而不堪器用。有黑心櫟、白櫟、綿櫟，白櫟子尤細，綿櫟以堅忍得名。今俗以器之，式範爲樣。

宋　朱輔《溪蠻叢笑》卷一《野鷄斑》　枋板，皆杉也。木身爲枋，枝梢爲板，又分等則曰出等。甲頭曰長行，曰刀斧，皆枋也。曰水路，曰笏削，曰中杠，皆板也。腦子香以文如雉者爲最佳，名野鷄斑。

元　李衎《竹譜詳録》卷三　笙竹，出江浙、河南北、湘漢、兩江之間俱有之。凡六種，有黄笙、綿笙、早笙、晚笙、石笙、操笙，節葉枝榦皆同，但筍出時無斑花者名黄笙，劈開柔韌者名綿笙，筍出早者名早笙，筍出晚者名晚笙，早筍出三月，晚筍出五月。都城、北堽城山中者筍出四五月，河南亦有筍出三月者。石笙竹筍出時斑花一同晚笙，但其節促密，竹性甚柔韌，雜用又勝於晚笙，以其有石地中偏宜栽植，故名。操笙筍出四月，其竹性燥烈不堪劈篾，全用甚堅。《山海經》云：丙山多笙竹，南陽人名爲李竹，取筎入藥，其皮曝乾可照夜。《新安志》云：笙有甜笙，有苦笙，凡竹之雄者，體質不堅，不堪爲篾。於笙爲尤多。《會稽續志》云：笙竹，越中、剡爲多，有早竹、晚竹、綿竹。

又　篁竹，處處有之。大似淡竹，堅而促節，體圓而質勁，節下粉白如霜。大者最宜爲船篙，細者亦中雜用。或云用作簟，不潮汗鹵。鄭樵《通志略》云：竹之良者，惟有篁竹。《新安志》云：篁竹，古之篛，爲用甚佳。其筍類紫筍，不可食。

又　硬殼竹，生浙東山間或村落處處有之。大槩如篁竹，但節稍密，堅硬不堪劈篾，惟大者宜爲屋椽。筍硬無味，不堪食。

又　白眼竹，出廣州山中。大槩類淡竹，大者徑三二寸，節密且高，幹圓而瘦。中作椽柱，性脆不可作篾。枝葉婆娑可愛。

又　筋竹，江浙、閩廣之間處處有之。凡二種，大槩與篌竹相類，差匀細，皮薄，深緑色，但可作篾用，甚堅韌，他無所宜。筍末與篌竹不同，安南呼爲小竹，生浙東山中者肉厚，竅中可爲弩。《説文》云物之多筋者也。婺州蘭谿山中有一種，長二三丈，身如笙竹，筍如猫頭竹，色不甚緑，斑花隱然，不甚明。劈篾織篋笥皆可，亦名筋竹。竺法真《登羅山疏》云：嶺南道無筋竹，惟羅山有之，其大尺圍，細者色如黄金，堅貞疏節。或云筋竹長二丈許，圍數寸，至堅利，南土以爲矛，其筍未成竹時，可鍾作弩弦，故名筋竹。又云夷人名爲史葉竹。戴凱之以爲即日南簞竹也。張得之云：賀州俚人削爲箭，以葉羽之名曰笙黎，筍能止渴。僕謂此二説皆簞竹，非今之所謂筋竹者也。

又　水竹，凡二種，一種出黔南管内，或生巖下潭水中，其筍隨水深淺以成節，若水深一丈，則筍出水面爲一節，蠻蜑採以爲食。一種江廣處處有之，多生水邊及道傍下溼處，形狀與筋竹相同，人取劈篾，雜用皆可。謝靈運《山居賦注》云：水竹依水而生，甚細密，吴中亦有。宅援《新安志》云：水竹柔韌可爲篾。

又　秋竹，生七閩山中。大者不過拇指許，枝榦柔弱，葉長細，大槩如四季竹。興化軍尤多，析爲篾，耐溼而遲腐。

又　篛音卯竹，生天台、鴈蕩、樂清諸山中。形狀類水竹，但葉稍尖，似桃李，作篾柔韌，雜用亦佳，俗名笆籬竹。

又　陀筲竹，生安南山中，春出筍，味苦，亦可煮食。節高而密，類淡竹，葉稍長，中屋椽，雜用亦可。

又　篁竹，又名麻竹，出兩廣、兩江。枝葉一如筭竹，節長，可作細篾織笠。筍甘可食。僧贊寧謂篁竹生浙東，節稀，八月生筍，待來年正月成竹。稍弱時便斷取，以火燎之，每重起之爲條而柔韌，謂之竹麻。泉州以往路旁多有之，每節可八九尺。堅捺之青皮纔爆内白肉便爲麻，即不見火，謂之麻竹。南中轉高長，節疎，其筍皮黑紫色，其心實。《文選注》向日竹叢生曰篁。

又　篛竹，亦名篩竹，出江廣、兩浙，齊魯之間亦有之。大者止如箭幹許，小者中描筆，高不過五七尺，葉長尺許，闊一二寸。促節體柔，筍無味，人亦不食。

又　篿竹，生衡陽山中，高有二三丈者，節平而又匀長，皮膚滑浄，劈篾爲椽，編箱織籠，無不宜。枝葉稀疎，筍味甘美。

又　油篿竹，出湘潭山中。高二三丈，葉與篿竹少異，節差高。堅厚端直，宜作弩箭，筍亦甘脆。

又　卷四　方竹，兩浙、江廣處處有之。枝葉與苦竹相同，但節莖方正如益母草狀。深秋出筍，經歲成竹。高者二丈許，無甚大者，爲拄杖最佳。《番禺志》云：竹方而實心，編織不及他竹，止以方爲異矣。《武陵圖經》云：方竹出桃源山，四方而不觚，其材中杖。《會稽續志》云：方竹中堅而外方，玉峯山所植。贊寧云：澧州辰山方竹，其方二寸，出天台玉霄峯者最妙。或云人家忌種，指爲不祥，筍亦不中食。常德節推廳植之，韓魏公作記。

又　台竹，一名剛竹，一名鬼角竹，生江南、蘇湖等處山中往往有之。大者至一尺圍，小者如拇指，色黲褐。其性至堅硬，俗呼鋼鐵頭竹。每節間生四五枝，圓直條暢，葉稀疎而薄小，形類苦竹。作棚棧最佳，若作篾條，則脆不堪用，可爲弓材。其筍中食，初出土時色紅紫而有斑花，如鬼角，故又名鬼角竹。

又　沙麻竹，又名蘇麻竹，又名䈥麻竹，又名沙摩竹，又名箟簾竹，桂、廣之間在在有之。大者圍六七寸，甚堅厚，可作屋梁柱，亦可爲弓材。種者釤其竿，每截二尺許，釘入土，不逾月即生根。明年長芽筍，不三五年即成林。或但斫節間茁筍植之，亦生。《南粤志》曰：沙麻竹可爲弓作弩，謂之溪子弩。戴凱之《竹譜》曰：厥族之中蘇麻特奇，脩榦平節，大葉繁枝。注云：蘇麻竹長數丈，大者尺餘，圍概節多，叢生，葉大。《嶺表録異》云：沙摩竹大如茶椀，厚而空，小一人擎，一莖可爲屋椽。正此竹也。土人又訛爲司馬竹。

又　韻竹一名絃竹，出湘全間。其大與浮竹等，節密而厚，堅壯可作屋椽柱。八月採者不蛀，亦微有斑花。張得之云：韻竹中有自然絲絃，扣之則應，促節聲短，闊節聲長，猶簧之韻。

又　**卷五**　沈竹，生延平山谷。質重易沈，削爲小弩箭，投水亦沈。遇風不爲欹側，射者取焉。

又　筰竹，出筰都，今黎州是也。其高參天，常起嵐霧。邛筰人穴山數十丈，用此竹去節，牝牡相銜爲井，謂之卓筒。牝者爲筧，牡者爲筴，以取鹹泉煮鹽。張得之譜別出筴竹者，恐非。

又　節竹，又名挾竹，又名扶老竹，又名慈悲竹，凡二種出西蜀。《廣志》云出廣南邛都縣。近地一兩節多屈折如狗脚狀，節極大而莖細瘦，高節實中，狀若人，剡俗謂之扶老竹。《山海經》「龜山多扶竹」。注云：邛竹也。高節實中，名扶老竹。南中僧人取作拄杖，甚佳。然不可擊，掊擊則隨節斷折，故此亦謂之慈悲竹。枝葉與常竹無異。昔張騫西至大夏所見者也。峨嵋山中一種，細如箭榦，人呼爲佛拄杖竹。游人攜歸，置于佛所。《蜀都賦》爲笭音邛竹，又作筡音乃叶反竹。《硯譜》云西域以此竹節爲硯。

又　簾竹，生廣西、安南、邕州，崑崙、關中尤多。張得之譜云簾竹黑皮有文，每節生三枝，枝葉秀媚，婆娑可愛，一如苦竹。大者可爲柱，小者亦堪雜用。

又　簟竹，生賔象山中及浙東諸郡。枝葉如常竹，每節長四五尺，或倍之，圍至一尺許。出博羅縣者節及二丈，作篾最韌，且色白，人取織笠。五月出筍，甘可食。未成竹時，亦可鎚作麻。《西京雜記》曰「會稽竹簟號曰流黄簟」，即此竹也。

又　莽竹，生浙右諸郡，嘉禾境内尤多。形葉與淡竹無異，但竿色稍白，近根一二節須有裂璺。土人云昔王莽死，魂魄無所歸，竄入此竹，撑裂其下，故名。《爾雅》云：「莽數節既疏。」云凡竹節間促數者，名莽。《爾雅》已有其名，知土人之説妄也。其筍味極珍美，竹雖硬，肉薄，作篾不成，屈折即斷。大者可作椽，小者可作藥欄、衣竿而已，亦呼哺雞竹。

又　婆娑羅竹，昔人自外國移植於廣州猊山。在增城東二十里，多有此竹。其大圍三四尺，至堅，里人取以爲弓。

又　篁竹，生温州、瑞安、平陽俱有之。或野生，或栽種，叢生。秋出筍，經年始成。竹大者徑二三寸，節長肉薄，劈篾良。土人細縷之，編織箱篋，柔韌尤宜作枕，一如番藤也。

又　木篁竹，温州諸縣俱有之。亦叢生，極高大，有徑三寸一尺圍者，肉厚。土人取爲彈弓材，最妙。五月出筍，味微苦，性涼，可食。煮熟時色淡黄，至秋筍絶。

又　**卷六**　冕竹，出冕國中。一節長二三尺，大者如雞鵝卵，黄白二色，天性圓直，不待矯揉。生枝處亦不凹窳，斑花紫褐色，疊暈重重，中又有白暈。彼人取爲標鎗，勁挺無比。小者中爲拄杖。梁貢甫尚書奉使回，嘗將出三五莖，予親見之。

又　斑竹，處處有之。其類最蕃，凡生斑花者皆是。然斑花或大或小，或匀或細，或不等，或重暈，或單暈，色或深淺，各隨出産風土變易。今越又以斑竹作牀椅及他器，用頗雅。士大夫多喜愛之。

又　大竹，生涪溪山中。形葉即與壽竹同，但成竹時竿變焦黄色，性剛利，可削作刀子用。《汲冢周書》曰：成王時路人獻大竹。《孝經河圖》曰：少室山大竹堪爲甑釜。此云大者，或以形質而言，非必涪溪所産同也。

明　曹昭《格古要論》卷下《鸂鶒木》　出西番，其木一半紫褐色，内有蟹爪紋，一半純黑色，如烏木。有距者價高。西蕃作駱駝鼻中絞捴，不染膩，但見有刀靶而已，不見大者。

又《不灰木》 出澤潞山中，青白色，堅重似石，或以紙裹蘸石腦油點火燒，不成灰。多作刀靶，滋補藥中用，見《大觀本草》。

又《韃靼樺皮》 出北地，色黃，其斑如米豆大，微紅色，能收肥膩，甚難得，裹刀鞘爲最。

又《紫檀木》 出海南、廣西、湖廣，性堅，新者色紅，舊者色紫，有蟹爪紋，新者以水揩之，色能染物。

又《虎斑木》 出海南，其紋理似虎斑，故謂之虎斑木。

又《烏木》 出南蕃，性最堅，老者純黑色且脆，間道者嫩。

又《骰栢楠》 出西蕃馬湖，紋理縱橫，不直，其中有山水人物等花者價高，四川亦難得。又謂之骰子香楠。

又《杉木》 俗謂之參木，出四川、廣西，色白，其紋理黃稍紅，有香清甚。或云南蕃腦子生此木，中花紋細者如雉雞斑，甚難得，花紋麄者亦可愛，直理，不花者多。

又《桬木》 出廣西、四川，色黃，紋理稍黑，花紋細者可愛，直理者多。性柔者可圈素，新者有香，濁甚。

又《欏木》 色白，紋理黃花紋，麄亦可愛。謂之倭欏，不花者多。有一等稍堅，理直而細，謂之革欏。

又《赤水木》 色赤，紋理細，性稍堅且脆，極滑浄。

又《金剛子》 出安南、海南，六楞遍身，花紋深細可愛，堅且實，故名金剛子。作數珠，冬月不冷。有龍眼大者，有榛子大者，有桐子大者，愈小愈精，大者不直錢，又要花紋深細。

明 王佐《新增格古要論》卷八《烏木》 烏木出海南、南蕃、雲南，性堅，老者純黑色，且脆，間道者嫩。今僞者多是繫木染成，作筯。

又《紫檀》 紫檀木出交趾、廣西、湖廣，性堅。新者色紅，舊者色紫，有蟹爪紋。新者以水湿浸之，色能染物。作冠子最妙。近以真者揩粉壁上，果紫，餘木不然。黃檀木最香，今人多以作帶。

又《瘿木》 瘿木出遼東、山西，樹之瘿有樺樹瘿，花細可愛，少有大者，栢樹瘿花大而粗，瘿，盖樹之生瘤者也。北有瘿子木，多是楊柳木，有紋而堅硬，好作馬鞍韉子。

又《花梨木》 花梨木出南蕃、廣東，紫紅色，與降真香相似，亦有香，其花有鬼面者可愛。花粗而色淡者低，廣人多以作茶酒盞。

又《金剛子木》 金剛子木出海南、安南，六楞，遍身花紋，深細可愛，堅且實，故名金剛子。作素珠，冬月不冷手，大者如榛子，小者如梧桐子，大亦有如員眼大者。

又《椰杯木》 椰杯出兩廣、安南，類瓢且厚，實黃黑色，肉白可食，鋸開中有酒微酸，謂之椰子酒。或漆或銀廂作酒杯，小者最貴而難得。大者作酒壺、勸盤、酒注、水杓之類。或云酒傾入有毒則爆，故出路人多帶之。椰子木出廣西梧州府欝林州，廣西《方輿》云：樹似檳榔，實大如瓜，堪爲飲器。《文選》曰：檳榔無枝，椰葉無陰。

又《韃靼樺皮木》 韃靼樺皮木出北地，色黃，其班如米大，微紅色，能收肥膩，甚難得。褁刀靶爲最，今人以樺皮飾弓，名樺皮弓，又以襯靴。

又《鐵力木》 鐵力木出廣東，色紫黑，性堅硬而沉重，東莞人多以作屋。

又《滕杖》 滕杖出兩廣，至粗大，節密者佳。可爲引道之用，至小者亦佳，可作馬鞭靶。

明 宋詡《竹嶼山房雜部》卷九《檜》 子種之，大材甚堅，宜爲舟。

又《楸》 臘月種，材可爲器物，理有雲朶紋。

又《櫧》 材最堅，白蟻不能齧，而房之利爲居室。實甘苦，皆可食，可種。

又《樟》 材可爲居室器物，易長，根側分小木種之，老則出火自焚，種不宜近家室。

又《柏》 材最利於造舟，歲久不能磷敝，苓堪爲合香者所需，宜以子種。

又《橑》 材善爲舟檝，根側取小木種之。

又《青楊白楊》 材善雕刻，伐其木則根能再發，條肄移而種之。

又《長葉黃楊短葉黃楊》 材理細緻，宜鏇器物。子可種，難長。

又《榆》 材堅可爲家具，子可種。

又《槐》 材堅，宜爲器，倒垂，宜接用植槐體。其芽可芼，其子可種。

其花蘸,和石灰蒸之可以供染。

又《**椐榆**》 材理甚細,可爲居室,爲家具,宜斬大榦插之。

又《**楝**》 材可爲器,不裂。取其子聯栵而密種之,長則駢結如垣墻然。其本芒種時始種,則每本有成紫花者爲佳種也。收子浸臘水貯甕中,至夏月滌器,蠅永不近。取其子晒乾,雜冬舂米内,不生蛀,能殺百蟲。

明 木增《**雲邁淡墨**》**卷四**《**椇**》 椇,枳椇也。其木徑尺,葉如桑柘,以爲屋材,則室中酒味皆敗。其子作房,似珊瑚核,在其端,其味甚甘,小兒食之,江東謂之木蜜。

又 卷八《**梓椅梧桐**》 梓者,楸之疏理白色而生子者爲梓,梓實桐皮曰椅,今人云梧桐也。則大類同而小别也。桐有青桐、白桐、赤桐,白桐宜琴瑟。今雲南牂牁人績以爲布,似毛布。

明 王圻《**稗史彙編**》**卷一五三**《**思勞竹**》 南番思勞國産竹,質澁甚,可以礪指甲。唐崔鶠詩云:「時時出輕芒,皚皚落微雪。」又李商隱《射魚曲》云:「思牢弩箭磨清石,綉額蠻渠三虎刀」,是知亦可作箭。今廣東新州有此種,製琴樣,爲礪甲之具,用之頗久,則微滑,當以酸漿漬之,過信則澁復初。《字書》六豪韵篣字下注意篣竹名。

又 卷一五三《**箭竹**》 箭竹高者不過一丈,節間有三尺,堅勁中矢。江南諸山皆有之,會稽所生最精好,故《爾雅》云:東南之美者,有會稽之竹箭焉。

明 慎懋官《**華夷花木鳥獸珍玩考**》**卷三** 蠻地多楠,有極大者,刳以爲舟。其地多山,産美材。銕栗木居多,有力者任意取之,故人家治屋咸以銕栗、臭楠等良材爲之,方堅且久。若用雜木多生蛀蟲,大如吴蠶。日夜囓梁柱中,磔磔有聲,不五年間,皆空中遂至傾倒。其銕栗有參天徑丈餘者,廣州人多來採製椅卓食隔等器,鬻於吴浙間,可得善價。吾吴浙最貴此木。

又 卷三《**樧柀**》 柀小而美者出於黟,古稱柀出玉山,世以爲上饒,而《漢志》歙有玉山,未知孰是。其木爲什器、几案則明潔而宜漆。《爾雅》曰:樧柀,按二物葉甚相類,但樧聳而柀垂,柀又有佳實,此爲不同耳。

又 卷五《**猫竹**》 猫竹,大者徑七八寸,高而堅實,笋生於冬者曰冬笋,不出土味佳。生於春者,乃成竹,可破篾爲筐筥及織壁用。笋長將開葉,砍浸作竹絲造紙,民利之。

又《**綿竹**》 綿竹,篾柔軟,可爲諸般器物。竹中之最美者。白竹頗類綿竹,笋堪食,篾薄脆不堪用。

明 郎瑛《**七修類稿**》**卷二〇**《**黄楊難長**》 諸木中黄楊爲難長,故諺有之曰「三年長一寸,閏年倒長一寸」,是但言俗説,亦不經見。然東坡詩云「園中草木應無數,只有黄楊厄閏年」,豈閏年之説,自有所據耶?

明 王兆雲《**白醉瑣**》**卷一**《**廣竹**》 廣東竹不等,大頭竹圍二尺,高可三四丈,山居之民以爲梁棟。桃竹如椶,心堅節密,可作杖。筋竹至韌,可爲弩弦。慈浮二竹一俯一仰,可以代瓦。劣竹有芒刺,可作藩籬。其雅者爲相思竹,兩兩生笋。觀音竹簫踈可愛,纓絡竹節踈而無毬,亦足供玩。若竹笋味甘而凉,境内四時皆有笋食。不比中州,僅於春夏之交見之也。

明 朱謀㙔《**詩故**》**卷四** 樞即刺榆,榆則白枌也。栲木皮厚數寸,可爲車輞。杻材可爲弓弩之榦。一名萬歲,即今冬青,與漆栗皆堅韌之木,積數十年乃成。

明 江之源《**百花藏譜·斑竹**》 班竹甚佳,即吴地稱湘妃竹者,其班如淚痕,杭産者不如。亦有二種,出古辣者佳,出陶虚山中者次之。土人取爲箸,甚玅。

又《**涕竹**》 南荒有涕竹,長數百丈,圍三丈六七尺,厚八九寸,可以爲船,其笋甚美,可療瘡癘。

明 沈萬鈳《**詩經類考**》**卷二五**《**苞栩**》 栩,朱註柞櫟。《爾雅》:栩杼。郭曰:柞樹。《本草註》:櫟木三四月開黄花,八九月結實,其實爲皂斗。槲櫟皆有斗,木高二三丈許。《爾雅》曰:櫟其實梂。釋曰:梂,盛實之房也。其實橡也,其梂彙自裹。柞,櫟也,杼也,栩也,皆櫟之通名。橡斗子煮食可止饑,微苦,殼堪染皂。《爾雅》云:栩,杼。疏:栩,一名杼。陸機疏云:今柞櫟也。徐州人謂櫟爲杼,其子殼爲汁,可染皂。今京洛及河内言杼斗。《秦風》「山有苞櫟」,秦人謂柞櫟爲櫟,河内人謂木蓼爲櫟,椒樧之屬也。其子房生爲梂,木蓼子亦房生,故説者或曰柞櫟,或曰木蓼。機以爲此秦詩宜從其方土之言,柞櫟是也。東海及徐州謂之木蓮,其葉始生,食之味辛,其梂子八月中成,搏以爲燭,明如胡麻燭;研以爲羹,肥如胡麻羹。《枕中記》云:橡子非果非穀,最益人服食,無氣而受氣,無味而受味,消食止痢,令人强健。《本草衍義》

云：櫟葉如栗葉，堅而不堪充材。《齊民要術》云：柞砍去還生，料理還復，宜種于山阜之曲，十年中椽，二十年中屋，薪樵不在此數。《淮南時則訓》云：十二月之木可以爲車轂，木不出火，惟櫟爲然，亦應。

又《楝》《爾雅》：楝，赤楝，白者楝。疏：楝赤者名楝，白者即白楝。郭璞曰：赤楝樹葉細而岐，鋭皮理錯，戾好叢生山中，中爲車輞。白者葉圓而岐，爲大木也。陸機云：楝葉如柞，皮薄而白，其木理赤者爲舜楝，一名楝；白者爲楝木，皆堅韌。今人以爲車轂。

又《椐》《爾雅》：椐，樻也。《爾雅疏》陸機云：節中腫似扶老，即今靈壽是也。今人以爲馬鞭及杖，弘農郡甚有之。《本草》云：靈壽木作杖，令人延年益壽。圓長皮紫。《漢書孔光傳》：賜靈壽杖。師古曰：木似竹，有枝節，長不過八九尺，圍三四寸，自然合杖制，不須削治也。《山海經》云：廣都之野，靈壽實華。王粲頌云：寄幹堅正，不待矯揉。

明 周文華《汝南圃史》卷一一《杉》 杉，幹直，葉細，易長，二十年後便可參天。其形古，其色翠，望之可愛。江浙間最盛，而徽州婺源者質最堅，紋理竪粗，又名徑木。自棟梁以至器用小物，無不畢需。他木久生蟲蛀，此則性乾燥，千年不朽，即水浸雨淋，亦比他木遲毁。

明 謝肇淛《滇略》卷三《和木》 龍尾關以西山中産和木，肌理膩白而甚鬆，如南方杉木，然取以爲器，絶佳。

明 谷應泰《博物要覽》卷一五 影子木，一名瘿木，乃樹之瘿瘤也。有紫檀影、花梨瘿、楠木影諸種，内中惟檀影爲貴，以其色紫赤，又紋理縝密故也。影紋亦有高下，以猫鼠脚跡、滿架葡萄、花爲上，胡桃紋者爲次，虎斑影爲下。影之奇者，内紋成山水、人物、禽鳥、花卉之象，多産雲貴交廣獠蠻峒中，價亦不廉，木中之冠也。

又 紫檀木，生廣東、廣西諸郡，木質堅重，色紫，燒之有香，磨水其汁可以染帛。有絶大長二三丈，大可二三圍者，堪爲天然几及床椅之用。新者色紅，用久色黑，内有麻櫟紋，亦有無紋者。

又 花梨木，生廣東、廣西諸處，色有紅、紫、黄三色，木理堅細，可亞紫檀，嗅之亦有微香。内中以紫色者爲上，紅次之，黄爲下。又有金絲梨者，乃在紫色之上。最多大樹有長至五六丈，大可三四圍者，廣人不甚重之，多用構屋爲椽柱之用。吴中多用爲臺、椅、几、榻之類，摩弄久之，光采可愛。

又 鐵梨木，一名鐵栗木，如紫檀堅寔沉重，色紫黑，内紺色，鷹爪紋，産雲貴、廣西爲多。有極大者長至十餘丈，大十餘圍者，最宜作大几、臺椅、几榻之類，以其性堅耐用故也。用之既久，光采紫黑，可比紫檀。

又 烏木，産嶺南諸郡，色黑如墨，木性極脆，磨汁可以書字、爲真。楚中多以烏楊木染黑假充者，但真質重，假者質輕，故尔木理細膩，堪爲匙筯之用，亦可爲臺几，惜無大料耳。

又 黄楊木，産交廣，木理細膩，色最黄，潤如黄檀香，取之者必須揀無星晦夜伐之，則不裂。木亦有長大者，可爲几面，能致五床琴者方可爲貴。土人多用製梳及雜物貨之類。又有一種名青檀者，色微青，木理粗不佳。

又 楠木，産豫章及湖廣、雲貴諸郡，至高大有長至數十丈，大至數十圍者。鋸開甚香，亦有數種，一曰閩楊楠；一曰含絲楠，木色黄燦如金絲，最佳；一曰水楠，色微緑，性柔，爲下。今内宫及殿宇多選楠材堅大者爲柱梁，亦可製各種器具，質理細膩可愛，爲群木之長。

又 桫木，産湖廣、長沙、武陵諸山谷，有長至數十丈，大至十圍者，木理有紋如野鷄毛者，名雉雞班，爲木有霜，鋸削之時，木氣酷烈，多致E03F E198。匠人每用絹帛室鼻，方敢治之。富貴家多用作棺，云雖戀年久，其屍不腐，以此爲貴。亦有假者，或用楠木以藥畫就雉班，愚人者須細辨之。

又 樟木，所産處甚廣，惟湖、四川爲多，木類楠而有赤白之色，赤者名血樟，白者名牙樟，以赤者爲最。木理堅緻，可爲器皿。

又 鸂鶒木，産西洋，木色紫白，有紋如鸂鶒毛，最爲奇特，無甚大者。番中頗貴重之，以作大酋刀靶及爲扇柄之用。

又 杉木，産江西及徽州婺源諸山，木理黄白，鋸開有一種清香，性柔軟，可以彫刻，堪爲果柱，歷久不朽蠹云。

明 方以智《物理小識》卷九《草木類》 杉。杉黏不宜水壤，種之亦發，然挺茂不久焦枯也。温杉葉細，刺杉葉粗，一種樫木似杉而硬，宜芒種時，遇雨斬肂插之。廬山大林寶樹，即杉松也。暄曰：閩有水杉，葉似垂栢，其材剥之，可卷作甑盤等器，名曰捲木，甚輕。

又 桐，剛桐，油桐也。櫬桐，青梧桐也。宋詡謂二者作琴，非也。琴用白桐，乃泡桐也。世傳桐斷地脈，乃油桐也。油能殺蟲枯木。有多年結子者，有三年結子者，南方有頳桐、刺桐，泉州號刺桐城。海桐，可爲籓障，可接楊梅，别一種也。

又 榆，榆長則皮脱，甚潔，其材綿而堅，其汁滑。有倒垂者，椐榆，則枌屬也。北方食其莢，有小樹似烏飯葉，而背白潤，其紋可照。啖之最滑，如犁頭草。嶺北號曰小榆。盧氏曰：南方無榆而有杉。愚按：無北方之大榆耳。椰榆、山榆皆有，山榆即梗，其實曰無荑。

又 梓楸，梓種於林，則令諸木内拱斷根，瘞之遂長條枚。取以分種。或曰檟即榎也。《爾雅》：大而皵，楸。小而皵，榎。臘月種之，材理有雲朵紋。物理所云梓木爲柱，在下則有聲，云木争位。又曰梓木爲舟起蜃，造舶不用。

又 枏，枏宜臘月種，子赤者材堅，子白者材脆。年深向陽，結成旋紋者，曰鬬柏楠。又一種曰石枏，可辟白蟻。

又 槐，材堅。其芽可毛，結子角如豆，可種。其花蕋和灰蒸之，供染。初生槐弱，以麻脅之，其倒垂槐曰龍爪槐，枝脆，靈谷寺門者是也。《爾雅注》：葉大而黑者曰櫰槐，葉晝聶合而夜炕布者曰守宫槐。《雜記》曰：老槐生火膠，撓水則清。

又 楊柳，喬者楊，弱者柳。楊有青白赤，赤近水生根須，可栵以護壖堤。柳有大葉長葉倒垂者，曰宫柳。臘月斬大榦燔下焦而深插之，稊則歲可髡而復條肄也。諺云根宜焦埋到腰，一株死，有百株。楊青白，髡頭赤須長膚，青白者材可雕刻，又名櫸杞。柳白皂葉，亦似楊材，供剞劂。（櫸葉染皂，材中切版。）

明 劉侗《名物通》卷八 臙脂木，融州出，堅緻可鏇作器。

明 盧之頤《本草乘雅半偈》卷四 增城縣倪山産娑羅竹，圍三四尺，性堅可爲弓。篷山有浮筇竹，葉青。梧竹可作屋柱。

清 朱虚《古今疏》卷一五《梓》 梓爲百木長，故古者名制器之工，爲梓人。商人尚梓，用此故也。室屋之間有此木，則餘材皆不復震。其葉可以飼豕，肥碩三倍。《詩》曰：維桑與梓，必恭敬止。桑，母之所事，以供蠶繅，梓者父之所植，以伐琴瑟。故見之而恭敬之心惕然生焉，不必待於口擇手澤之所漸也。《五行書》云：舍西種梓楸五，令子孫順孝。蓋亦此義。梓實曰豫章，桑實曰椹，柘實曰佳。

又 《楓》 木厚葉弱枝善淫，故字从風。作音从風也。葉作三脊，霜後色丹，所謂丹楓。其材可以爲式，兵法曰楓天棗地。植之槽則馬駭，置之輒則車覆是也。蓋其風雷之靈在焉，故能使馬駭車覆也。楓尊棗卑，故式覆以風楓，載以雷棗。古者王禁，被以楓槐，外朝之位樹九棘焉。楓脂入地，則爲虎珀，楓上有菌，食之令人笑不止。

清 閔麟嗣《黄山志定本》卷二《山産志》 香椰與香柏皆宜製器，光潔芳澤，足充雅玩。

清 高士奇《北墅抱甕録》卷一《榧》 榧木紋理細緻，製器極雅。其葉類杉，黄花紫實，逃禪閣檐廊之下，偶得一本，結子甚多，舊有玉山果之名，殆以堅潤之性，比德於玉耶。

清 孫之騄《枝語》卷上《柘》 《夏小正》：三月攝桑。鄭氏曰：桑攝而記之，急桑也。《月令》：命野虞無伐桑柘。柘與桑並重。《蠶書》：柘蠶絲作瑟絃，清響勝于凡絲。宗奭曰：柘木理有紋，可旋爲器。《考工記》：弓人爲弓，柘爲上。柘之爲用也，博矣。《埤雅》曰：柘宜山石，柘從石不終于石者也。故曰介于石，不終日。

清 汪森《粤西叢載》卷二〇《虎斑木》 虎斑木出海南，其紋理似虎斑，故名。今慶遠所屬多有之。

清 屈大均《廣東新語》卷二五《水松》 水松者，樅也。喜生水旁，其幹也得杉十之六，其枝葉得松十之四。故一名水杉，言其幹則曰水杉，言其枝葉則曰水松也。東粤之松以山松爲牡，水松爲牝。水松性宜水，蓋柗喜乾，故生於山。檜喜溼，故生於水。水松，檜之屬也，故宜水。廣中凡平堤曲岸，皆列植以爲觀美。歲久蒼皮玉骨，礧砢而多癭，節高者麀駢，低者蓋偃。其根浸漬水中，輒生鬚鬣，嫋娜下垂。葉清甜可食，子甚香。又嘗有木生其旁，崒起於地，與相抱若寄生然，名曰抱木，甚香，亦曰抱香。質柔弱不勝刀鋸，乘溼時刳而爲履，易如削瓜，既乾，則韌不可理矣。稽含言：土人不甚珍此，亦不大香。嶺北人愛之，香乃殊勝。予詩：「儂如抱香枝，不離水松樹。裁爲木屧輕，隨郎踏霜露。」

又 《海南文木》 海南文木，有曰花櫚者，色紫紅微香，其文有鬼面者可愛，以多如貍斑，又名花貍。老者文拳曲，嫩者文直，其節花圓暈如錢，大小相錯，堅理密緻，價尤重。往往寄生樹上，黎人方能識取。産文昌陵水者，與降真香相似。有曰烏木，一名角烏，色純黑，甚脆。其曰茶烏者，來自番舶，堅而不脆，置水中則沉。有曰鷄翅木，白質黑章如鷄翅，絶不生蟲，其結癭猶柑鬬斑，號癭子木。一名鷄刺，匠人車作素珠，澤以伽倆之液，以給買者。有曰虎翅木，文如虎斑，皆出文昌陵水。有曰蘇方木，汁紅可染，黎山野生者良，其花即金鳳。有曰鐵索木，質堅皮黃，剥落時如榆，可爲器，黎山爲多。有曰香桐，産崖州，童童若幢蓋，亭擢而上，枝枝相避，葉葉相讓，幹甚端偉。一名端正樹，膚有花紋，色黃緑而細膩，剖之香辣。有曰相思木，似槐似鐵棃，性甚耐土，大者斜鋸之，有細花雲，近皮數寸無之，有黃紫之分。亦曰鷄翅木，猶香椆之吁鷄鶒木，以文似也。花，秋開，白色，二三月莢枯子老如珊瑚珠，初黃，久則半紅半黑。每樹有子數斛，售秦晉間，婦女以爲首飾。馬食之肥澤，諺曰：「馬食相思，一夕膔肥。」馬食紅豆，騰驤在厩。」其樹多連理枝，故名相思。唐詩：「紅豆生南國」，又曰：「此物最相思。」酈露詩：「上林供御多紅豆，費盡相思不見君。」唐時常以進御，以藏龍腦，香不消滅。有曰鐵力木，理甚堅緻，質初黃，用之則黑。其性溼，赤手凭之令脈溼，黎山中人多以爲薪，廣人以作梁柱及屏幛。南風天出水，謂之潮木，亦曰石鹽。作成器時，以濃蘇木水或臙脂水三四染之，乃以浙中生漆精薄塗之，光瑩如玉，如紫檀，其潮亦止。紫檀一名紫榆，來自番舶，以輕重爲價，粵人以作小器具，售於天下。花櫚稍賤，凡床、凡屏案多用之。若香桐、虎子桐、鐵力，則凡爲棟梁、船碇皆是也。香桐有紫貝、金釵之名，金釵色黃赤，紫貝黃中帶緑，皆香辣細潤。黃桐木理粗疏。有水桫者，葉如羅漢松，膚理細潤，可方鐵棃，以作棺不朽。有飛雲木，文如波浪到心，可爲杯。有秋風木，類梓，生子數十成丸，味酸甜可食。有臙脂木，高三四丈，葉類波羅，色如臙脂紅艷，與秋風木、紫荆，性皆耐土不易朽。有梌，根葉俱類桃，而膚理輕細油膩，性耐水。有椽木，分青、黃、白三種，黃者最良，堅而膩，不招蟲蛀。有槌子木，一名員子，一名赤黎，椽之別種也。子如珠璣可食，亦曰珠子木，子多則歲歉，長樂人每以爲驗。有水椰，葉如魚子蘭稍尖，其質有文如牛角者良。有曰櫨，性堅而理疎。有金絲樏，可爲弩，其白樏如象牙者，可爲器皿，性最韌。有椅，一名雲楸，琵琶、棋、枰多用之。有吐珠木，堅如鐵力，色比紫荆較赤。此皆海南之文木也。海南五指之山，爲文木淵藪，衆香之大都。其地爲離，諸植物皆離之木，故多文。又離香而坎臭，故諸木多香。香結於下則枝葉枯於上，有科上槁之象，故欲求名材香塊者，必於海之南焉。自儋州至崖千里間，木多雜樹。又多樹上生樹，蓋鳥食樹子，糞於樹枝而生者，巨且合抱，或枝柯伏地下，連理而生。亦多鐵棃、石梓、香桐、水桫之屬，惟地暖少霜雪，松木不生，即生亦質性不堅，脂香液甘，易爲白蟻所食。故嶺南棟柱榱桷之具，無有以松爲用者，亦以多文木故也。

又《海棗》　海棗俗名紫京，堅重過鐵力木。鐵力木不甚宜水，此則入水及風雨不朽，以作屋嫌小。皺裂，故不貴。

清　汪灝《佩文齋廣群芳譜》卷七一　[落葉松]木性最堅，其刺有毒，入肉即爛，入水即沉，所以木商不取。其榦直挺參天，枝葉蔚然，恍若九簷羽蓋。以塞北高寒，經秋葉脱，至春復生。松上寄生白脂，厚五六寸，光潔似玉。微軟而堅，有用之爲靴底者。

清　王鉞《星餘筆記》卷一　桄榔，身直如杉，有節似大竹，一榦挺上高數丈，枝條團團懸掛若傘。蓋其皮釀之出麵，可食。其木最重，番舶用爲鎗，以代鐵。色類花梨而多綜紋，工人解以製奕枰，甚佳。又云其心可以爲炙。

清　李光地《月令輯要》卷一三　木蜜增陸璣《詩疏》：枸樹，山木，其狀如櫨，一名枸骨，高大如白楊，所在山中皆有。理白可爲函板，枝柯不直，子著枝端，大如指，長數寸，噉之甘美如飴。八九月熟，江南特美。今官園種之，謂之木蜜，本從南方來，能令酒味薄，若以爲屋柱，則一屋之酒皆薄。

清　周魯《類書纂要》卷二八　枳柜葉似蒲柳，子似珊瑚，其味如蜜，十月熟。樹乾者美，出南方邛㶊。又名木蜜，其木令酒薄，若以爲屋柱，則一屋酒皆薄，即接骨木也。

清　黃叔璥《臺海使槎録》卷三　薵朗木，大者數圍，性極堅重，入土千年不朽。然在深山中，野番盤踞，人不能取。洪水漂出，偽鄭取以爲棺，實美材也。

又　南路打狗山有香木，色類沉香，味較檀尤烈，不名何香，土人亦不知貴。傳説昔年有蘇州客商能辨之，載數十擔去。後有官某作爲香杖，今所存者零星碎木，見爲扇器者。

又　娑羅樹，中空，四圍摺疊成圓形，尤異。花紋糾結盤屈如古木狀，用貯管城，因其材也。

又　内山林木叢雜，多不可辨，樵子採伐鬻於市，每多堅質。紫色竃煙間有香氣，拂拂若爲器物，必係精良，徒供爨下之用，實可惜。倘得匠氏區別，則異材不致終老無聞，斯亦山木之幸也。

又　木有交標，可爲櫟柱。九荆小而不高茆，屋用以爲柱，入土不朽。又有白樹色白，可以爲器，此皆内地所無者。

清　雍正《浙江通志》卷一〇四　柘器，《寶慶會稽續志》：柘，越中多有之，非但葉可供蠶事，其木文理縝密，而黄色可愛，堪爲器具。

又　卷一〇五　烏江栗，《玉環志》：不凋，亦生栗房而無實。又有青栗、白栗、紅栗、青栗，心帶青色爲材最良。

又　卷一〇六　桐，《萬曆常山縣志》：有數種，梧桐、油桐皆結子，惟白桐花不結子，其材最美，可作琴瑟。

清　杭世駿《訂訛類編》續補卷下《植物訛·櫚木》　《本草》櫚木出安南，性堅，紫紅色，青花紋者謂之花櫚，可作牀、几、扇骨，爲枕令人頭痛，性熱故也。俗作花黎，誤矣。

清　鄂爾泰《授時通考》卷六七《柳》　柳，易生之木也。性柔脆，北土最多，枝條長軟，葉青而狹長。其長條數尺或丈餘，嫋嫋下垂者，名垂柳，木理最細膩。陳藏器曰：江東人通名楊柳，北人都不言楊。楊樹枝葉短，柳樹枝葉長。李時珍曰：楊枝硬而揚起，故謂之楊。柳枝弱而垂流，故謂之柳。蓋一物二種也。柳至春晚，葉長成花，花中結細子如粟米大，細扁而黑，上帶白絮如絨，名柳絮，又名柳絨。隨風飛舞，着毛衣即生蟲，入池沼，隔宿化爲浮萍。又憑柳可以爲楯車輞雜材及椀。

又　卷六八《楂》　楂木生閩廣、江右山谷間，橡栗之屬也。其樹易成材，亦堅韌勁挺者，中爲扛。實如橡斗，斗無刺爲異耳。斗中函子或一或二或三四，甚似栗。而殼甚薄，殼中仁皮色如榧，瓤肉亦如栗味，甚苦而多膏油。江右閩廣人多用此油燃燈，甚明，勝于諸油，亦可食。

清　張宗法《三農紀》卷七《梓》　梓，《圖經》云：木似桐而理白，葉小，花紫。《詩義》謂楸之疏，生子者爲梓。《齊民要術》云：生子有角者爲梓，一名梓角，細如箸，長近尺，臨霜葉落，獨角不落。梓爲木中之王，植林則衆木皆拱，造室則諸材不震，制琴瑟則聲韻堪佳。木莫良于梓，故《書》以梓名篇，《禮》以梓人爲匠，又刻書曰繡梓、鍥梓。古者五畝之生樹桑梓二木于墻，給蠶食器用，故《詩》云「維桑與梓」。其木質堅固，可以立成，得陰陽正氣，故字從之。是以喻爲子道者是也。

清　李調元《南越筆記》　烏木，瓊州諸島所産。土人折爲箸，行用甚廣。志稱出海南，一名角烏，色純黑，甚脆。有曰茶烏者，自番舶，質堅實，置水則沉。其他類烏木者甚多，皆可作几杖，置水不沉，則非也。

清　阿桂《盛京通志》卷一〇六　榆本地榆類甚多，皆美材。刺榆、花榆尤佳，刺榆大者中爲車軸，一名軸榆。《唐風》所謂「山有樞者」，此也。花榆理細，宜爲几案。凡榆臃腫處，花紋尤勝，可飾器用，人多珍之。

又　檀色紫赤，紋細潤，中車輮及箭笴。其交枝處花紋尤細，可爲小刀柄。

又　柞一名鑿子木，高大堅實，中爲車材。皮黄充貢，可染色。木心黄朽者可爲火絨，黑龍江貢木火絨，即此。

又　櫟亦柞類，一名栩，質堅。土人多以燒炭，實名橡子，蒂曰橡椀，可染皂。按櫟葉染皂佳，今尚無用之者。

清　博明《鳳城瑣録》　邊門止油松、沙松二種，皆無松子，果松則産靉陽邊外。按松之種類甚繁，五鬣、三鬣、松身、柏身，古人止約略其梗概。予宦遊多方，所見地各異種，且皆有土呼名目，即松、檜、栝之分類，亦不能確辨其是非。鳳凰山所産沙松，葉與枝猶是松狀，但其本少直，非若滇蜀之杉松，其葉扁如杉。即東北邊外之果松乃松之結子者，亦非都門所見皮青粉白之栝也。其木則果松堅而韌，油松堅而多脂，沙松則殊輕脆也。木之實曰橡，邊門樹之有橡者三種，一名堅柞，一名青剛柳，一名胡薄羅。按堅柞、青剛柳當是一種，巨細之分耳，即詩之柞也。其胡薄羅葉大，秋深極紅，木堅而脆，不可爲器，薪而爲炭佳。槲也，一名櫟，又名栩，亦有不結實者。《通志》謂不結實者爲棫。按《爾雅》：「棫曰桵」。郭註：「桵，小木叢生，有刺實如耳璫，紫赤，可食。」是志言亦未確。

清　嘉慶《廣西通志》卷九〇《輿地略十一·物産二》　山桃木，西林出，子小於桃，不堪食，而木質稱良。桄榔木，州縣俱出，似栟櫚，斫其内有粉如麪，大者可以數石。又《録異》云：如竹，紫黑色，有文理而堅，工人解之以製博奕局。

清　檀萃《滇海虞衡志》卷一一　烏木，與櫨木爲一類，吴都分櫨木與文木而二之，謂文木材蜜緻無理，色黑如水牛角。日南有之，即《王會篇》所謂夷用闖木也。統志所載，滇之北勝沅江俱出烏木，恐或是櫨，而真烏木當出於海南。今俗鑲煙管用烏木，或訾之曰：此櫨木管，櫨與烏皆黑色，名以堅脆分耳。

清　道光《遵義府志》卷一七　檬子樹，《玉篇》：檬，木名，似槐，葉黄。《戊巳編》：其樹刺如鐵釘，長大如指，傷人至死。以爲梃，可以禦侮。大葉黑皮，結子如豆，木理紅色，曰紅檬。白皮起殼，葉尖圓白理曰白檬，以供薪蒸，烈於青棡。按：此木四月開花攢簇，堅理異常，土人用爲春杵鋤柄之屬，樹之大有至數抱者。

清　黄本驥《湖南方物志》卷六《辰州府》　辰州出楠木，有大葉、細葉二種，細葉者佳，匠人取細葉楠之陳者，製爲器具，甚精雅。近亦難得，多折屋柱爲之。作藏具以辰杉爲上，稅務在辰，故以辰得名。其實沅州以上皆産杉木，不獨辰州也。其木以生巖石間，心有紅暈，而鋸屑甚香者，謂之油杉。最能經久不壞，産苗峝者謂之苗木，色白質鬆，斯爲下品。

清　陳鼎《竹譜》　展誥竹，閩粤俱有。此竹其形如展誥軸狀，又若手卷從兩頭卷合者。然背圓而面凹，大者可作筆桶，置之案頭極文雅。

又　實心竹，贛州、南安兩郡萬山中俱産。内堅實，不虚，可作戈戟桿，勁直有力，不撓不屈。

清　吴其濬《植物名實圖考》卷三三　雩婁農曰：豫章以木名郡，今江西寺觀叢祠及衙署婆娑垂蔭者，皆豫章也。《明興雜記》謂神木廠有樟，扁頭者圍二丈，長卧四丈餘，騎而過其下，高可以隱。雖不易覯，而合抱參天，萬牛迴首，則村墟道塗問皆遇之，不足異也。顧南至章貢北，抵彭蠡湯沐之邑，方千里，踰境則淮與濟汶矣。其質有赤白，不知何者爲豫？何者爲樟？師古謂豫即枕木，今亦無是名也。爲器，爲舟，爲鼓額，爲几面，煎汁爲腦，熬子爲油，江右賴之。祠其巨者爲神，無敢烹彭侯者。樟公之壽，幾閲大椿。社而稷之，洵其宜也。其寄生曰占斯，别入藥。顧桑柳諸蔦皆葉瘁而獨榮，豫章之木冬不改柯，鬱鬱蔥蔥，惟見骨碎補一物，長葉赭荾浸淫，其上不及尋，其皮如厚朴而色似桂者，良足惜已。

清　同治《施南府志》卷一一《食貨志・物産》　木品俱有，以楠木爲上，其木近槐處多山水紋、花草紋、葡萄紋者，皆呼爲影木，以作棹几、屏風、文櫃、拜匣諸器皿，其香不散，恩來咸利多出之。

陰沈木，此物須掘地得之，名陰沈木。質香而輕，體柔膩，以指甲掐之即有掐文，少頃復合，如伽楠然。土人云其木爲棺，入土則日重，重則沈。葬千年後，其棺陷入地數十丈，亦堅重如鐵，故寶貴之。

清　光緒《湖南通志》卷六一《食貨志五・物産二》　夜光木，生山巖陰溼處，其材拳曲不中繩墨，置黑暗之所，陰火熒然，毫髮悉照，宛如晶簾玉樹。削之則星星滿地。余於永綏見之，偶閲沈氏《别裁集》，見長洲鄭氏長歌一篇，刻畫甚肖。

又　吾州制字郴，以多木名。其木櫧爲貴，其爲樹四時無改柯易葉，質性堅於檜柏，伐而材之，雖百歲雨淋日炙，弗之能腐。作屋置以當風雨之衝；棺在土，與石槨敵。此櫧之所以爲貴也。櫧樹歲結子，其子小者小於橡，味如之；大者大於榛，而味苦。土人取爲果實，謂小實者爲圖珠櫧，大者苦珠櫧，以此分二種。其材固無異也。案《山海經》：前山其木多。韋注謂其樹作子可食，冬夏恒青，作柱難腐，韋豈即是櫧邪。

清　薩英額《吉林外記》卷八　木有軟硬（略），如栬木、柞木、紅紐、勁子、女兒木、青岡柳等，謂之硬木，煉火成炭。至沙松、黄果木、松、紫椴木、榆木、秋木、楊木皆謂之軟木，可作器具。蓋房之用，燒無火勁。各隨木性利用咸宜。

清　陳憲舜《課民植牧講義稿》　肥皂角樹久亦甚高大，葉如皂角，五六月開白花，結莢，長三四寸，肥厚多肉，内多黑子，如指頭大，色黑如漆，中有白仁如栗，煨熟可食。收子去其兩頭，取居中之肥壯者，留待春暖點之。歷三五年，即成大樹。每至十月，取莢煮熟搗爛，以香料粉合灰麵如脂，名香肥皂，澡身洗面皆宜，并無洋油氣味。價亦廉於番鹻也。查番鹻之紅黑光亮者，即以此物加香水，熬松香稀汁合入，故現光亮。其苗可以作菜，木材尤爲堅實，一切木器皆宜。

又　櫚，直幹矗立，至三四尺高，始由莖生葉。張如葵扇，木似紫檀而赤，性堅肉膩，花紋可觀，爲花櫚木，非花梨也。以作床椅檯機器具等用，銷售最多。此樹爲雌本，十一月結子，始青色，後變黑褐色，大如豌豆，一梗上結數百子。將子依點棕之法，移出植之，生長稍遲，十年祇高四五尺。每月生葉一張，年生十二葉，南洋各處皆有，專門種之，以成樹林，取木質堅而利益厚也。屬棕類之雌樹。

又　黄竹，竹色如金，黄而可愛，三數年後，竹質甚堅。近以斑紫緑竹織成墊蓆各種器具，美觀得利。

藝文

唐 郤昂《梓材賦》 匠人度有山之梓，相文木之理。既因性而是度，又從繩而可擬。故輪桷適任，棟梁資始。陰陽之體叶時，隳括之形中軌。飾其象乃圖之以鳥獸，諧其音必均之以宮徵。苟可擇於棫樸，亦何殫夫杞梓。徒觀其破擁腫，斲瑰材，攢節迸集，斜文洞開。蜀柿落而雨足交洒，郢斤運而風聲颷來。伐之丁丁，奐蹙貍之斑首；斲之橐橐，碎空穴之青苔。巧無匪制，庸無所施；因心則達，觸物能爲。初會方以成矩，乍投圓而得規。削斲同功，準量成類；方資剞劂之力，乃作馨香之器。厥若選德以序，辨官以位。誠當正直而無頗，亦何患乎綱紀之紊墜？小既以此，大無不如。文公立號以化俗，康叔省功以慎儲。仁義有常，剛柔貴識其虛實；寬猛相濟，勤苦務知其疾徐。教在洽人，毖於出令。亦猶代大匠斲，罕或不傷其性。俾夫來者，式遵前聖。且修短得喪，亦奚其爲政？森彼灌木，工則度之。有倫有要，念茲在茲。展矣君子，如何勿思？思不越，乃心逸。於人也，明其采章，於木也，須其丹漆。瞻濟濟之榛楛，懿彬彬之文質。雖非班扁之奇妙，敢獻斲輪之良術。

唐 魏績《梓材賦》 昔成王纂位，周公輔理，命爾康叔，尹茲殷士。既因命以申勸，欲善終而令始。述文武之所修，陳藝術之攸起。播英聲於典訓，揚芬烈於國史。則知上之化下，如梓之材。遵繩墨以運思，受鎔模於簡能。其度木也，佇林衡之畢選；其取制也，仰倕和之所開。於是既勤樸斲，惟所云爲，奚茲服用，靡尚精奇。信其有益，取於無私。工必止其淫巧，物欲稱其事宜。去雕鏤所以昭代俗之反素，塗丹雘所以知禮義之攸施。擬古呈功，勸象制器。或因事以立法，亦憑質而託類。臨時通軌，開物以利。乃作誥於聖人，俾流戒於在位。凡教在始而法，在初莫不念乎？梓匠慎爾攸居，苟方圓之失理，是風化之蔑如。故王者削殷跡，述周令，汲汲賢良，孜孜善政，招延俊造，以輔明盛。俾夫立德垂訓，名言在茲。凡百斧藻，各共乃司。勿謂幽昧，神其聽之。自然片善無遺，羣材靡失。輪桷兼採，棟梁並出。實有補於大厦，方見用於王室。擅高曾之規矩，騰雅頌之洋溢。闡無疆之淑懿，成不朽之政術。

唐 梁洽《梓材賦》 立政施教，能簡則理，爲器擇材，唯良是視。政有孚而可大，器自斲而稱美。學古入官，斯可已矣。故周公設誡，取鑒梓材；百工飾化以物作，萬勢曲成而象開。栢之可伐而取諸新甫，松之可斷而美於徂徠。何備用之徵要，信崇功而大哉。觀夫良匠掄木，知無不爲。盡力以獻藝，因材而合規。勤樸斲而去夫濫竄，尚儉素而昭於軌儀。智者相物，後人述器。得成風之妙，窮運斤之利。或經緯乎陰陽，亦法象乎天地。上棟下宇，資丹雘之餘飾；從有之無，通舟車乎遠致。嘉茲義之可分，而發昭乎在位。是尋是尺，其檉其椐。每從繩而則正，異投刃而皆虛。觀梓匠之斲矣，吾是知爲政之所如。材之既度，可施於政。若意匠以合則，必由庚而在詠。俟其偉而念茲在茲。政有善人則不欺，山有木工則度之。材有常質，政則匪一。每呈器而受用，亦相時而陳術。夫如是，諧利貞，保元吉，信前賢之濟代，豈小人之能悉？

唐 王澄《梓材賦》 猗嗟，掄材者梓，必將有以。掄者動不妄施，材者用之爲美。塗其丹雘之色，契乃斲雕之理。成乎器用，孰不勸止。則知能者軌物，其利博哉。達於道必獲乎象，酌於事實在乎材。材罔不奇，戒乎不知。應時可重，匪飾胡爲。須度長而絜大，諒方矩而圓規。役是司者，勉矣厥宜。亦猶德必輔人，材不假器。人失德而奚取，器非材而奚利。材濫則過於梓人，德乖則失乎爾位。其有取非輪桷，性實散樗。以不材而見棄，思入用其焉如。豈比山有之，亦修短惟準，工度也而削理有餘。既罕節而抱直，成大厦之厥居者哉。夫如是，則工以理材爲難，國以教人爲聖。聖體材而存道，材象道而成政。弘之在人，慎乃出令。藏器俟時，人罔越思。達乎至極，欽哉有司。惟試可矣，以材校之。守而勿失，其德秩秩。以人觀材，以材觀實。非獨陳伊周之弘義，將以翊我唐之政術。儻小材之不遺，願雕煥於茲日。

宋 李綱《梁谿集》卷三《榕木賦》 閩廣之間多榕木，其材大而無用，然枝葉扶疎，芘蔭數畝。清陰人實賴之，故得不爲斧斤之所翦伐，蓋所謂無用之用也。感而爲之賦，其辭曰：

南有巨木，其名曰榕。下蟠據於厚地，上盪摩於高穹。雨露之所霧潤，雷霆之所震聳，日月之所照燭，乾坤之所含容。與眾木均，夫何賦形稟氣之獨不同也？爾其擢榦敷條，輪囷離奇，結根植本，拳曲擁腫。口鼻百圍之竅穴，龍蛇千尺而飛動。仰視俯察，何規矩繩墨之不中也。高明之麗，非棟梁之資；斲削之工，非俎豆之奉。以爲舟檝則速沈，以爲棺槨則速腐，以爲門戶則液，以爲楹柱則蠹。薪之弗焰，無爨鼎之功；燎之弗明，無爝火之用。蓋榾然之散木，徒萬牛之嗟重。宜匠石之不顧，同櫟社而見夢。然而脩枝翼布，密葉雲濃。芘結駟之千乘，象青蓋之童童。夏日方永，畏景馳空。垂一方之美蔭，來萬里之清風。靚如帷幄，肅如房櫳。爲行人之所依歸，咸休影乎其中。故能不夭斧斤，棓擊是免。雖不材而無用，乃用大而效顯。異文木之必折，類甘棠之勿翦。立乎無何有之鄉，配靈椿而獨遠。不然，則鴈以不鳴而烹，漆以有用而割，犀象以齒角而斃，樗櫟以惡木而伐。處夫材與不材之間，殆未易議其優劣也。

宋 宗澤《宗忠簡集》卷五《古楠賦》 巴城之南山，有寺曰南龕。寺之外有大木曰楠，其生甚久。唐刺史嚴武、御史史俊，皆有詩謌刻於巖腹。嚴曰：「臨溪插石盤老根。」史曰：「結根幽壑不知歲。」自時迄今又數百年，邦人謂之古楠，宜矣。僕到官之三月，兩至巖下，讀史、嚴之清什，感是楠之老於巖谷而可憐也！因慨然操筆而賦之曰：

楠之生兮層崖之中巔，詢之人兮不知幾何年。包堅根而下蟠兮，貫頑石而澈沈淵。竦脩榦以上凌兮，並孤岑而參蒼天。大枝崛起兮，虎豹拏攫；小枝回屈兮，蛟螭蜿蜒。黃葉敷陰，白晝沈沈。輪廣十畝，蓋窮百尋。衆鳥托宿，鄧林非深。諸卉仰芘，荆雲非陰。雨濯瑩兮一塵不染，風振響兮海潮同音。露下兮鶴唳，月明兮猿吟。擅此清致，亘古迄今。有客戾止，惻然動中。吁嗟！斯木之異兮，有不遇之窮。爾胡不生於泰山之側，秦帝東封，會風雨之是避，豈以五大夫之號而封松？爾胡不生於周成之宮，禁林九重，顧親賢之是戲，豈以封國之瑞而翦桐？爾胡不生於分陝之域，舍彼召公，未必以甘棠之蔽芾，流詠於國風？抑亦豈無工師之良，識爾材之非常？用之爲棟梁，則足以建九重之明堂；用之爲舟楫，則足以濟巨川之汪洋；用爲宗廟社稷之器，則足以登鼎彝、交神明、薦至德之馨香。夫何默默而甘老於窮山寂寞之鄉？徘徊其下，恍若夢兮，心駭而目眙。蒼髯偉人，瞋目視曰：「噫！謂子知我，乃不吾知。吾生於斯，長於斯，始於毫末，至於十圍。雨露不吾遺，霜雪不吾欺。春兮秋兮，吾不知代謝之有期；漢兮唐兮，吾不知興亡之幾時。柯葉顏色，曾無改移。過者千百睥睨焉，不以吾爲樸樕輩待之。斧斤之害，亦幸不罹。吾受天地造化之恩，孰有等夷？子之不智，而乃我悲，使子處此，復將奚爲？吾非不知强自取，藏器以待時而動，老當益壯，自任以天下之重。儻匠人斲而小之，能不浼然而悔痛。乃所願比不材之樗，同乎無所用。若曰不遇，自有物主之，非吾所能爲，姑亦付之一夢。」客聞之釋然，悟曰：「達矣夫斯言，可書紳而詠誦。」

明 徐𤈾《卯洞集》卷一《文木賦》 維兹木之奇理，擅陰陽之冲和。既培質於大造，亦植根於層阿。中欝結之輪囷，傍紛披以婀娜。閲歲時而竦峙，矗雲霓以交摩。日月之所照臨，鬼神之所護呵。雨露潤其幹，霜雪被其柯。葆玄化以魁庬，豈不材之磊砢？尔其工師往視，匠氏見過。切以刀鋸，斲以斧戈。焕華采之溢發，燦脉絡之縈羅。迷穀迥四照之異，文玉眩五色之多。燁若春英之舒錦，蔓若秋葉之垂蘿，汩若巖谷之吐霧，沛若蒙汜之涌波。若玄雲冉冉以杳靄，若崇山兀兀而嵳峩。絕彫鎪之功，無刻削之訛。直而有理，正而不頗。徵大順以克應，協至德而靡他。賁敷文於佳木，與聖化而同科。

清 倪濤《擬白香山有木詩八首》 有木名香檀，喬柯振高風。守素著奇節，垂青表直躬。縝密質逾美，堅重氣自充。巖阿適清曠，何妨庭陛中。材大曷足貴，利用資良工。輪囷夙所望，車輻勞相攻。萊蕪歌閭里，避世同牆東。空山老閒散，滋培負蒼穹。

清 吳震方《嶺南雜記》卷下 嶺海饒怪木，榕類尤非常。高者參青天，其廣可蔽滿谷之牛羊。疎理難刳作舟楫，曲幹不中爲棟梁，析以爲薪不炎上，佐鼎不若茨與薌。托根多在官府署，龐然雖大材非良。鳳皇偶來翔，飛飛擇止息，既無桐花可以棲，又無竹實可以食。鵷鶵且厭鐘鼓饗，徘徊肯下千仞翼。蛟螭糾結枝猙獰，陰雨蔽虧葉鬅鬙。行者過之晝不見白日，夜不見月與星。其下雨露所不濡，禾黍所不植。奪民之利肥其根，使我一見爲心惻。共言大樹有靈神，勇士不敢操斧斤。嶺南霜雪總不到，使汝盤踞偃蹇無涯垠。唯有元戎園亭一樹最奇絕，上成連理下門闕，樹中腹石共嶙峋，樹石相連彌歲月。上古大椿八千秋，此樹應同兆牙蘖，牙旗不動軍門靜。鈴閣晝閒春日永，起居八座太夫人。百歲高堂作湯餅，七十萊衣舞壽筵。孫枝瓜瓞更綿綿，笙歌堂上會親戚。鼓角營門拜玉鞭，西越故人叨世綿。小詩作頌慙詞麗，元戎勳業震天南，大樹將軍即馮異。

清 鄂爾泰《授時通考》卷六七《楸》 楸，梓榎，《爾雅》曰：槐小葉曰榎，大而皵，楸，小而皵，榎。椅梓，鼠梓，又曰如木楸，曰喬。郭璞注曰：槐當爲楸，楸細葉者爲榎。老乃皮粗皵者爲楸，小而皮粗皵者爲榎。椅梓，即楸楰，楸屬。今人謂之苦楸，江東人謂之虎梓。《詩義疏》曰：楸梓之疏理色白而生子者爲梓。《説文》曰：檟，楸也。然則楸梓二木相類者也。白色有角者名爲梓，似楸有角者名爲角楸，或名子楸。黃色無子者爲柳楸，世人見其色黃呼爲荊黃楸也。然楸之與梓本同未異。梓名木王，植于林，諸木皆内拱，造屋有此木，則羣材皆不震。楸木濕時脆，燥則堅，良材也。榎，檟也，亦楸屬。葉大而早脱，故謂之楸葉，小而早秀，故謂之榎。

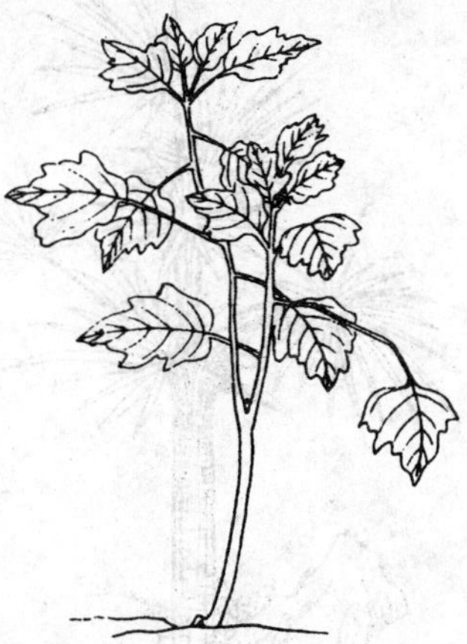
楸

又《柏》 柏一名椈，陰木也。凡木皆向陽，柏獨向陰指西，故字從白，西方正色也。樹聳直，皮薄肌膩，三月開細瑣花，結實成毬狀，如小鈴，多瓣，霜後瓣裂，中有子大如麥，芬香可愛，處處有之。古以生泰山者爲良，今陝州、宜州、密州皆佳，而乾陵尤異。木之文理多爲雲氣、人物、鳥獸，川柏亦細膩，以爲几案，光滑悦目。

柏

又《梧桐》 梧桐，《爾雅》曰：榮桐木。又曰：櫬梧。其木無節，直生，理細而性緊。四月開花，五六月結子。莢長三寸許，五片合成，老則開裂如箕，名曰橐鄂。子綴其上，大如黃豆。雲南者更大，可生噉，亦可炒食。《遁甲書》云：梧桐可知月正閏，歲生十二葉，一邊六葉，從下數一葉爲一月，有閏則十三葉。視葉小處則知閏何月。立秋之日，如某時立秋，至期一葉先墜。又有白桐，一名華桐，一名泡桐，華而不實。蔡邕《月令》曰：桐始華，桐木之後華者也。岡桐一名油桐，一名荏桐，一名罌子桐，一名虎子桐，實大而圓，取子作桐油，入漆及油器物艌船，爲時所須。人多僞爲之，惟以篾圈撣起如鼓面者爲真。海桐生南海及雷州，白而堅韌，可作繩，入水不爛。

梧桐

又《椶櫚》 椶櫚一名栟櫚，出嶺南西川，今江南亦有之。最難長，初生葉如白芨，高二三尺，則樹端數葉大如扇，上聳四散岐裂，大者高一二三尺。其莖三稜，四時不凋。其榦正直，無枝條。身赤黑，皆筋絡，宜爲鋰杵，亦可旋爲器物。其皮有絲毛，錯縱如織，每皮一匝爲一節。二旬一采皮，轉復生。上剥取縷解，可織衣帽褥椅之屬。每歲必兩三剥之，否則樹死，或不長也。剥之多亦傷樹。三月於木端莖中出數黄苞，苞中有細子成列，乃花之朶也。狀如魚腹孕子，謂之欆魚，亦曰欆筍。漸長出苞，則成化穗，黄白色，結實纍纍大如豆，生黄熟黑，甚堅實。

棕櫚

又《榆》　榆，《爾雅》曰：榆，白枌。又曰藲茎。註曰：枌榆先生葉，却著莢。皮色白，藲茎，今之刺榆也。《廣志》曰：有姑榆，有郎榆。案：今世有刺榆木，甚牢肕，可以爲犢車材。梜榆可以爲車轂及器物，山榆可以爲蕪荑。凡種者，宜種刺梜兩種，利者爲多。其餘軟弱，例非佳好之木也。

榆

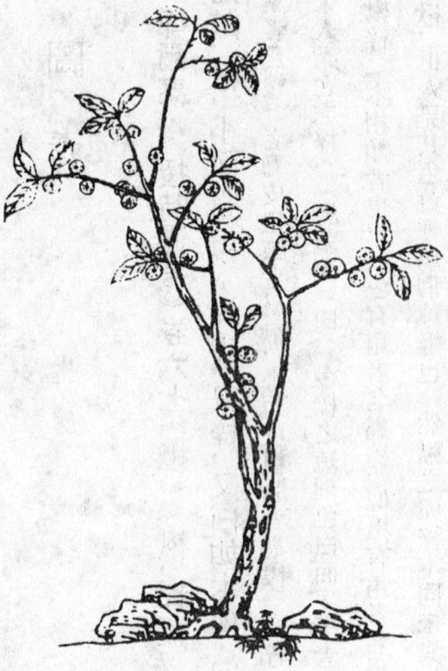

又《楊》　楊有二種，白楊、青楊。白楊一名高飛，一名獨摇，微帶白色，高者十餘丈，性勁直，堪爲屋材。青楊又有二種，一種梧桐青楊，身聳直高大，一種身矮多岐枝，不堪用。楊與柳自是二物，柳枝長脆，葉狹長；楊枝短硬，葉圓潤。北方材木全用楊、槐、榆、柳四種，是以人多種之。

楊

清　吳其濬《植物名實圖考》卷三三《蔓荊》　蔓荊，《本經》上品，又牡荆，《别録》上品，即黄荆也。子大者爲蔓荆，有青赤二種，青者爲荆，赤者爲楛，北方以製莒筐籬笆，用之甚廣。沙地亦種之，江南器多用竹，故荆條叢生，無復採織。

又《桑》 桑，本經中品，《爾雅》「女桑、桋桑」注：今俗呼桑樹小而條長者爲女桑樹。「檿桑山桑」注：似桑，材中作弓及車轅，今吴中桑矮而葉肥，蓋即女桑。江北桑皆自生，材中什器，蓋即檿桑。蠶絲勁黄，所謂檿絲矣。桑枝根白皮，皮中汁、霜後葉及葚耳、蘚花、柴灰、蠹蟲皆入藥。

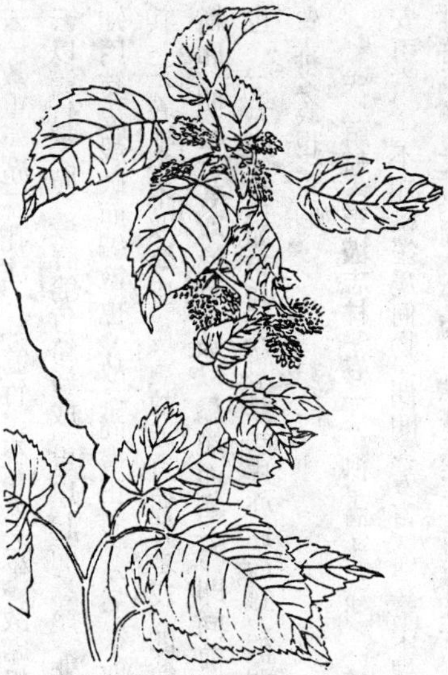

木竹器具製造部

居處類

論説

三國吴 陸璣《毛詩草木鳥獸蟲魚疏》卷上《榛楛濟濟》 楛，其形似荆而赤，莖似蓍。上黨人織以爲斗筥、箱器，又揉以爲釵。故上黨人調問婦人「欲買赭不」，曰：「竈下自有黄土」。問「買釵不」，曰：「山中自有楛。」

宋 釋贊寧撰《筍譜》 周成王將崩，命召畢率諸侯相康王，作《顧命》篇，云「敷重筍席」。孔注：「篛竹，云私宴之坐，故席机質飾也。説筍席者，多或云以篛竹爲席，今詳篛竹筍新成，豈堪起而爲篾，非篾安能織席。」此恐不然，知用筍皮殼破而編簟也。故《尚書正義》云：「取筍竹之皮以爲席」是也。其《正義》中不取筍皮，皮短故連言筍竹之皮，即筍成竹時，其皮長而勁可破織席，明矣。若取篛竹，破以爲篾而織者，即同前篾席也。今尚質取筍皮織也。一云如取長節筍新成竹者，起皮亦通而織，但弱脆耳。亦異前篾席，此合質素之義也。

宋 蘇軾《東坡志林》卷一 柳子厚詩云：「盛時一失貴反賤，桃笙葵扇安可常。」不知桃笙爲何物，偶閲《方言》：簟宋魏之間謂之笙。乃悟桃笙以桃竹爲簟也。梁簡文答南王獻書云：「五離九拆，出桃枝之翠笋。」乃謂桃枝竹簟也，桃竹出巴渝間，杜子美有《桃竹杖引》。

宋 程大昌《演繁露》卷二《几》 几與案自是兩物，几者，坐具也。曲木附身，以自捧抱，故《釋名》曰：几，庪也。所以庪物者也。其音軌，其義則閣也。《漢武内傳》：帝受王母真經，庪黄金之几。是以几而貯閣經文也。《鄴中記》曰：石虎所坐几，悉彫畫爲五色花。則几者所以坐也，非案類也。《語林》曰：孫馮翊往見任元褒，門吏憑几見之，孫請任推此吏。吏曰：得罰體痛，以横木扶持，非憑几也。孫曰：直木横施，植其兩足，便爲憑几。何必狐蹯鵠膝，曲木抱腰。用此推之，則几之形象可想，大率如今之胡床。頂施曲木，而俗以抱身交床名之，是其象矣。第古無繩床，既爲坐具，必是施板。《竹林七賢論》曰：阮籍在袁孝尼家，醉起，扶書几板爲文。《孟子》：隱几而卧。南郭子綦隱几而坐，嗒然似喪其耦。皆其事也，必以几閣其手。故得以寄其逸也。若《周禮》玉几、漆几，用材設飾則有别，若其形制無二也。

宋 趙希鵠《洞天清録·琴案》 琴案須作維摩樣。庶案脚不碍人膝，連面高二尺八寸，可入膝於案下而身向前。宜石面爲第一，次用堅木，厚者爲面，再三加灰漆亦令厚。四脚令壯更平，不假坫扱，則與石案無異。永州石案面固佳，然太薄，板須厚一寸半許乃佳。若用木面須二寸以上，若得大栢大棗木，不用膠合，以漆合之尤妙。又見今人作琴桌僅容一琴，須濶可容四琴，長過琴三之一，試以案較琴，聲便可見。琴案上切不可置香爐雜物於前，吴自強《雲山集》云於案面作小水槽，不必爾也。

宋 周密《癸辛雜識》後集《修史法》 余嘗問李雙溪獻可云，昔李仁甫爲長編，作木厨十枚。每厨作抽替匣二十枚，每替以甲子誌之。凡本年之事有所聞，必歸此匣。分月日先後，次第之。井然有條，真可爲法也。

宋 黄朝英《靖康緗素雜記》卷三《倚卓》 今人用倚卓，字多從木旁，殊無義理。字書從木從奇，乃椅字，於宜切。《詩》曰「其桐其椅」是也。從木從卓乃棹字，直教切。所謂「棹船爲郎」是也。倚卓之字，雖不經見，以鄙意測之，蓋人所倚者爲倚，卓之在前者爲卓，此言近之矣。何以明之？「淇奧曰猗，重較兮新」，義謂猗倚也。重較者所以爲慎固也。由是知人所倚者爲倚。《論語》曰：「如有所立，卓爾説者。」謂聖人之道，如有所立，卓然在前也。由是知卓之在前者爲卓。故楊文公《談苑》有云：「咸平景德中主家造檀香倚卓一副」，未嘗用椅棹字，始知前輩何嘗謬用一字也。

宋 趙彦衛《雲麓漫鈔》卷四 今人用摺疊扇，以蒸竹爲骨，夾以綾羅。

貴家或以象牙爲骨，飾以金銀，蓋出於高麗。《雞林志》云：高麗叠紙爲扇，銅獸靨環，加以銀飾，亦有畫人物者中國轉加華侈，云字有二義，二十冠而字禮，成人之道也。儀父子突是已五十，有伯仲之字。《檀弓》謂周道也，仲遂叔肸是已。今人不復到既冠，而便加伯仲，非禮也。

元 陳大震《南海志》卷七 桃竹，即坡詩云「已從子美識桃竹，更向安期覓棗瓜。」坡自註云：蒲澗山有桃竹，可作杖。而土人不識，予始録子美詩遺之。又《志林》云：桃竹葉如棕，身如竹，密節而實中，蓋天成柱杖也。

元 陸友《墨史》卷下 沈存中云：南方暑雨時，墨惡蒸溽，可置煖閣中。其法不宜垛砌，以梓木匣貯之。梅月微令近火，但要如人體温，不必太熱。歲久膠性乾透，漸自不蒸。善墨雖蒸不壞，不善者雖焙亦蒸，全在製作，不問蒸也。

明 高濂《遵生八牋》卷七 《雜志》曰：「居閒勝於居官，其事不一，其最便者，尤於暑月見之。」自早燒香食罷，便可脱衫巾，除帬靸從事。藤牀竹几，高枕北𥦗。清風徐來，不患太凉。挾策就枕，困來熟睡。晚凉夢醒浴罷，逍遥臨池觀月。乘高取風，採蓮剥芡。削瓜斷藕，白醪三杯。取醉而適，其爲樂殆不減羲皇上人也。

又 卷八《竹榻》 以斑竹爲之，三面有屏，無柱，置之高齋，可足午睡倦息。榻上宜置靠几，或布作扶手，協坐靠墩。夏月上鋪竹簟，冬用蒲席。榻前置一竹踏，以便上牀安履。或以花梨、花楠、柏木、大理石鑲，種種俱雅，在主人所好用之。

又 《欹牀》 高尺二寸，長六尺五寸，用藤竹編之，勿用板，輕則童子易擡。上置倚圈，靠背如鏡架，後有撑放活動以適高低，如醉卧偃仰觀書，并花下卧賞俱妙。

又 《墩》 藤蒲墩止宜於冬月三時，當置藤墩，如畫上者，甚有雅趣。否則近日吴興所製版面竹凳，堅實可坐。又如八角水磨小凳、三角凳，俱入清齋。吴中漆嵌花蚼圓凳，當置之金屋，爲阿嬌持觴介主之用。

又 《蒲墩》 以蒲草爲之，高一尺二寸，四面編束細密，且甚堅實。内用木車坐版以柱托頂，久坐不壞。蒲團大經三尺者，席地快甚。吴中置者，精妙可用。

又 《梅花紙帳》 即榻牀外立四柱，各柱掛以銅瓶，插梅數枝，後設木版約二尺，自地及頂欲靠以清坐，左右設横木，可以掛衣。角安斑竹書貯一，藏書三四。掛白塵拂一，上作一頂，用白楮作帳罩之，前安踏牀，左設小香几，置香鼎，燃紫藤香。榻用布衾、菊枕、蒲褥，乃相稱。「道人還了鴛鴦債，紙帳梅花醉夢間」之意。古云千朝服藥不如一夜獨宿，倘未能了雨雲，業能不愧此鐵石心，當亟移去寒枝，毋令冷眼偷笑。

又 《滚凳》 湧泉二穴，人之精氣所生之地，養生家時常欲令人摩擦。今置木凳，長二尺，濶六寸，高如常。四桯鑲成，中分一檔，内二空，中車圓木二根，兩頭留軸轉動，凳中鑿竅活裝。以脚踹軸，滚動往來脚底，令湧泉穴受擦，無煩童子，終日爲之便甚。

又 《隱几》 以怪樹天生屈曲若環帶之半者爲之，有横生三丫作足爲奇，否則裝足作几寘之榻上，倚手頓顙可卧書，云隱几而卧者，此也。余見友人吴破瓢一几，樹形皺皮花細，屈曲奇怪三足，天然摩弄，瑩滑宛若黄玉，此老攜以遨遊，珍惜若寶，此誠希有物也。今以美木取曲爲之，水磨光瑩亦可據隱，此式知者甚少。廟中三清聖像，環身有若圍帶，即此几也。似得古製，近日塑像去其半矣。

又 《如意》 古人以鐵爲之，防不測也。時或用以指畫向，往後有雕竹爲之。近得天生樹枝，摩作如意，精巧入神。復得竹鞭樹枝屈結如意，肖生而柄亦天成，不事琢磨，無一毫斧鑿痕，執之光瑩如玉，其堅比鐵，惜不多得。

又 《禪椅》 禪椅較之長椅高大過半，惟水摩者爲佳，斑竹亦可，其製惟背上枕首横木濶厚，始有受用。

又 《拂塵》 古有紅拂塵尾，紅拂乃富貴家用物，毋論塵尾，似不易得。近有以天生竹邊如靈芝如意形者，斲爲拂柄，甚雅。其拂惟以長棕爲之，不必求奇，以白尾爲妙。余有萬歲藤一小枝，瓌瓏透漏，儼肖龍形，製爲拂柄，可快披拂。

又 《道扇》 其扇有二，有紙糊者，有竹編者。近日新安置扇，其竹篾如紙，編織細密，製度精佳，但不宜漆。輕便可攜，何扇勝此。紙糊如此式樣亦佳，但得竹根、紫檀妙柄爲美。舊有鶩毛扇，即羽扇也。但無能者製度精緻。今製似不堪執。

又 《竹杖》 惟合竹爲佳。有以之字竹、方竹、老竹鞭爲之者，亦雅。近日以荆木如杖形者，原其上有雙枝厚根處雕爲雙芝，摩滑如玉，亦可人意。得有三代商嵌金銀碧瑱古銅鳩鳥杖頭，須用棕竹爲杖。余見有全身鏒金銀者，形亦古甚，下有銅管亦三代物也。製甚可愛，得此全副，老人受用無量。外此，用萬歲藤、藜藋爲杖，形雖奇恠，此爲老衲行具，恐非山人家扶老也。姑置不取。

又《**衣匣**》　以皮護杉木爲之，高五六寸，蓋底不用板，幔惟布裏皮面，軟而可舉。長濶如氈包，式少長一二寸。攜於春時，内裝綿夾便服，以備風寒驟變，夏月裝以夾衣，秋與春同冬則綿服、煖帽、圍項等件。匣巾更帶搔背、竹鈀并鐵如意，以便取用。

又《**疊桌**》　二張，一張高一尺六寸，長三尺二寸，濶二尺四寸，作兩面折脚活法。展則成桌，疊則成匣，以便攜帶。席地用此擡合，以供酬酢。其小几一張，同上疊式，高一尺四寸，長一尺二寸，濶八寸，以水磨楠木爲之，置之坐外，列爐焚香，置瓶插花，以供清賞。

又　卷一五《**文具匣**》　匣製三格，有四格者，用提架總藏器具，非爲觀美，不必鑲嵌雕刻求奇，花梨木爲之足矣。亦不用竹絲蟠口、鑲口，費工無益，反致壞速，如蔣製倭式，用鉛鈐口者，佳甚。

又《**研匣**》　用古研一方，以豆瓣楠、紫檀爲匣，或用花梨亦可，硯不在大，適中爲美，可入藏匣。再備朱硯一匣，故研譜有雙履製者，爲便二色用也。研以端、歙爲佳，或用白端石爲朱硯者，不耐久用，沾染不落，亦得舊石一方爲幅始佳。

又《**筆屏**》　宋人製有方玉、圓玉、花板，内中做法肖生、山樹、禽鳥、人物，種種精絶，此皆古人帶板、燈板，存無可用，以之鑲屏插筆，覺甚相宜。大者長可四寸，高三寸者，余齊一屏如之，製此似無棄物。有大理舊石，儼狀山高月小者，東山月上者，萬山春靄者，皆余目見。初非扭捏，俱方不盈尺，天生奇物，實爲此具，作毛中書屏翰，似亦得所。

又《**圖書匣**》　有宋剔紅三撞者，二撞者，有罩蓋者，新剔紅黑二種亦有二撞者，但方匣居多。有填漆者，有紫檀雕鏤鑲嵌玉石者，有古人玉帶板、燈板鑲匣面者。有倭匣四子、六子、九子，每子匣内藏以漢人玉童一方，或藏銀童，替下藏以寶石、琥珀、官窑青東磁、舊人圖書，爲傳玩佳品。若常用，以豆瓣楠爲佳，新安製有堆漆描花蜔嵌圖畫，精者可愛，近日市者惡甚，又如黑漆描花方匣，何文如之，亦堪日用。

又《**臂閣**》　臂閣有以長樣古玉璏爲之者甚多，而雕花紫檀者亦常有之。近有以玉爲臂閣，上碾螭文、卧蠶、梅花等樣，長六七寸者，有以竹雕花巧人物爲之者，亦佳。而倭人黑漆臂閣，如圭圓首方，下濶二寸餘，肚稍虛起，恐惹字墨，長七寸，上描金泥花樣，其質輕如紙，此爲臂閣上品。

又《**墨匣**》　以紫檀、烏木、豆瓣楠爲匣，多用古人玉帶花板鑲之，亦有舊做。長玉螭虎人物嵌者爲最，有雕紅黑漆匣，亦佳。

又《**香几**》　書室中香几之製有二，高者二尺八寸，几面或大理石、岐陽瑪瑙等石，或以豆瓣楠鑲心，或四八角，或方、或梅花、或葵花、或慈菰、或圓爲式，或漆、或水磨諸木成造者，用以閣蒲石，或單玩美石，或置香橼盤，或置花尊以插多花，或單置一爐焚香，此高几也。若書案頭所置小几，惟倭製佳絶，其式一板爲面，長二尺，濶一尺二寸，高三寸餘，上嵌金銀片子花鳥四簇樹石，几面兩横設小檔，二條用金泥塗之，下用四牙、四足，牙口鏒金銅滚陽線鑲鈐，持之甚輕，齋中用以陳香爐、匙、瓶、香合，或放一二卷册，或置清雅玩具，妙甚。今吴中製有朱色小几，去倭差小，式如香案，更有紫檀花嵌，有假模倭式，有以石鑲，或大如倭，或小盈尺，更有五六寸者，用以坐烏思藏鏒金佛像、佛龕之類，或陳精妙古銅、官哥絶小爐瓶、焚香插花，或寘三二寸高、天生秀巧山石小盆，以供清玩，甚快心目。

明　馮復京《**六家詩名物疏**》**卷二二**《**簟茀**》　《傳》云：「簟，方文蓆也。」《爾雅》云：「輿革前謂之䩕，後謂之茀。」李巡曰：「輿革前，謂輿前以革爲車飾，曰䩕茀。車後户名也。」郭璞曰：「䩕以韋靶車軾也。茀以韋靶後户也。」又云：「竹前謂之禦，後謂之蔽。」李巡曰：「竹前謂編竹當車前以擁蔽，名之曰禦，禦止也。」孫炎曰：「禦以竹簟爲車飾也。」郭璞曰：「蔽以簟衣後户也。」

明　田藝衡《**留青日札**》**卷二三**《**桃笙象簟**》　左思賦桃笙象簟，笙簟，皆竹席。桃笙者，桃竹簟，或以爲即今桃絲竹，非是。乃蘄州笛竹，一名薤葉簟，言簟紋如薤葉之細也。象簟，自《晉書》，車永刺廣州，子多作象牙細簟。劉楨《瓜賦》，更鋪象牙之席。

明　屠本畯《**山林經濟籍**》**卷一一**《**屏俗**》　室中天然几一，藤床一。宜濶厚，宜細滑。凡本地邊欄漆桌描金螺鈿床，及彩花瓶架之類，皆置不用。《索隱》曰：几榻之製，京師巨璫大賈，倣宫樣而爲之。富麗雖工，俗態横出，故南人宦邸搆齋製几必遵雅式矣。江南人家齋無不清雅。吾無論水磨退光也，但時時拂拭，勿使塵污，足稱精舍。若必求天然妙几充之，是山林隱逸之人，飊爲商賈經營之事，本欲屏俗，實乃累俗。贊曰：皇宮製器，富麗孰伍。覎之倣之，巨鐺大賈。几軒几軒，雅雅安安。離婁魯班，今也式燕。

明 谷應泰《博物要覽》卷六《論匙筯瓶》 匙筯瓶以紫檀者或犀角，彫花細孔重寔者佳，以其插筯不仆故也。象牙者，畏風日及鼠，性易裂，不佳。玉及磁防損破，不可作筯瓶。

又《論硯匣》 用古端歙硯一方，以豆瓣楠或紫檀、花梨爲匣，匣底鋪青黑色細氊，以藉硯。

又《論香几》 書室中，香几之製有二，高者二尺八寸，几面或大理石、岐陽瑪瑙石，或以閗栢楠鑲心，或四八角、委角，或方、或圓，及梅花、葵花、慈姑等，或漆、或（水）磨諸木成造者，以閣蒲石，或单玩美石及香圓盤，或獨置一爐焚香，此高几也。如置之案頭者，几宜小短爲佳。其長尺許，濶六七寸，高三寸許，以倭漆者佳。

又《論圖書匣》 有用豆瓣楠及紫檀、紫榆爲之者，或彫漆及反退光，黑漆。或閩中牙嵌人物，黑漆匣爲宜。

明 文震亨《長物志》卷六《禪椅》 以天台藤爲之，或得古樹根，如虬龍詰曲臃腫，槎牙四出，可挂瓢笠及數珠、瓶鉢等器，更須瑩滑如玉，不露斧斤者爲佳，近見有以五色芝粘其上者，頗爲添足。

又《榻》 坐高一尺二寸，屏高一尺三寸，長七尺有奇，横一尺五寸，周設木格，中實湘竹，下座不虛，三面靠背，後背與兩傍等，此榻之定式也。有古斷紋者，有元螺鈿者，其製自然古雅。忌有四足，或爲螳螂腿，下承以板，則可。近有大理石鑲者，有退光朱黑漆，中刻竹樹，以粉填者，有新螺鈿者，大非雅器。他如花楠、紫檀、烏木、花梨，照舊式制成，俱可用，一改長大諸式，雖曰美觀，俱落俗套。更見元製榻，有長丈五尺，濶二尺餘，上無屏者，蓋古人連牀夜臥，以足抵足，其製亦古，然今卻不適用。

又《几》 以怪樹天生屈曲若環若帶之半者爲之，横生三足，出自天然，摩弄滑澤，置之榻上或蒲團，可倚手頓顙，又見圖畫中有古人架足而臥者，製亦奇古。

又《几榻》 古人製几榻，雖長短廣狹不齊，置之齋室，必古雅可愛。又坐臥依憑，無不便適。燕衎之暇，以之展經史，閱書畫，陳鼎彝，羅肴核，施枕簟，何施不可。今人製作，徒取雕繪文飾，以悦俗眼，而古制蕩然，令人慨歎實深。

又《天然几》 以文木如花梨、鐵梨、香楠等木爲之，第以濶大爲貴，長不可過八尺，厚不可過五寸。飛角處不可太尖，須平圓，乃古式。照倭几下有拖尾者，更奇，不可用四足如書卓式，或以古樹根承之。不則用木，如臺面濶厚者，空其中，略彫雲頭、如意之類，不可雕龍鳳花草諸俗式，近時所製，狹而長者最可厭。

又《杌》 杌有二式，方者四面平等，長者亦可容二人並坐，圓杌須大，四足堿出，古亦有螺鈿朱黑漆者，竹杌及縚環諸俗式，不可用。

又《櫈》 櫈亦用狹邊廂者爲雅，以川柏爲心，以烏木廂之，最古。不則竟用雜木，黑漆者亦可用。

又《椅》 椅之製最多，曾見元螺鈿椅，大可容二人，其製最古；烏木鑲大理石者，最稱貴重，然亦須照古式爲之。總之，宜矮不宜高，宜濶不宜狹，其摺疊單靠、吴江竹椅、專諸禪椅諸俗式，斷不可用。踏足處，須以竹鑲之，庶歷久不壞。

又《櫥》 藏書櫥須可容萬卷，愈濶愈古，惟深僅可容一册，即濶至丈餘，門必用二扇，不可用四及六。小櫥以有座者爲雅，四足者差俗，即用足，亦必高尺餘，下用櫥殿，僅宜二尺，不則兩櫥疊置矣。櫥殿以空如一架者爲雅。小櫥有方二尺餘者，以置古銅玉小器爲宜，大者用杉木爲之，可辟蠹，小者以湘妃竹及豆瓣楠、赤水、欏古。黑漆斷紋者爲甲品，雜木亦俱可用，但式貴去俗耳。鉸釘忌用白銅，以紫銅照舊式，兩頭尖如梭子，不用釘釘者爲佳。竹櫥及小木直楞，一則市肆中物，一則藥室中物，俱不可用。小者有内府填漆；有日本所製，皆奇品也。經櫥用朱漆，式稍方，以經册多長耳。

又《交牀》 即古胡牀之式，兩都有嵌銀、銀鉸釘圓木者，携以山遊，或舟中用之，最便。金漆摺疊者，俗不堪用。

又《床》 以宋、元斷紋小漆牀爲第一，次則内府所製獨眠牀，又次則小木出高手匠作者，亦自可用。永嘉粵東有摺疊者，舟中携置亦便。若竹牀及飄簷、拔步、彩漆、卍字、回紋等式，俱俗。近有以栢木磜細如竹者，甚精，宜閨閣及小齋中。

又《架》 書架有大小二式，大者高七尺餘，濶倍之，上設十二格，每格僅可容書十册，以便檢取。下格不可置書，以近地卑濕故也。足亦當稍高，小者可置几上。二格平頭，方木、竹架及朱黑漆者，俱不堪用。

又《**脚凳**》 以木製滚凳，長二尺，濶六寸，高如常式，中分一鐺，内口空，中車圓木二根，兩頭留軸轉動，以脚踹軸，滚動往來，蓋涌泉穴精氣所生，以運動爲妙。竹踏凳方而大者，亦可用。古琴磚有狹小者，夏月用作踏凳，甚涼。

又 卷七《**坐墩**》 冬月用蒲草爲之，高一尺二寸，四面編束，細密堅實，内用木車坐板以柱托頂，外用錦飾，暑月可置藤墩，宫中有繡墩，形如小鼓，四角垂流蘇者，亦精雅可用。

又《**杖**》 鳩杖最古，蓋老人多咽，鳩能治咽故也。有三代立鳩飛鳩杖頭，周身金銀填嵌者飾，于方竹、筇竹、萬歲藤之上，最古。杖須長七尺餘，摩弄滑澤乃佳。天台藤更有自然屈曲者，一作龍頭諸式，斷不可用。

又《**扇扇墜**》 羽扇最古，然得古團扇雕漆柄爲之，乃佳。他如竹篋、紙糊、竹根、紫檀柄者俱俗。又今之摺疊扇，古稱聚頭扇，乃日本所進，彼中今尚有絶佳者，展之盈尺，合之僅兩指許，所畫多作仕女乘車跨馬踏青拾翠之狀。又以金銀屑飾地面及作星漢人物，粗有形似，其所染青緑奇甚，專以空青海緑爲之，真奇物也。川中蜀府製以進御有金鉸藤骨面薄如輕綃者，最爲貴重。内府别有彩畫五毒百鶴鹿百福壽等式，差俗然亦華絢可觀。徽杭亦有稍輕雅者，姑蘇最重書畫扇，其骨以白竹、棕竹、烏木、紫白檀、湘妃、眉緑等爲之，間有用牙及玳瑁者，有員頭直根縚環結子板，板花諸式素白金面，購求名筆圖寫佳者，價絶高。其匠作則有李昭、李贊、馬勲、蔣三、柳玉臺、沈少樓諸人，皆高手也。紙敝墨渝不堪懷袖，别裝卷册以供玩。相沿既久，習以成風。至稱爲姑蘇人事，然實俗製不如川扇適用耳。扇墜夏月用伽楠、沉香爲之，漢玉小玦及琥珀眼掠皆可，香串緬茄之屬，斷不可用。

又《**琴臺**》 以河南鄭州所造古郭公磚，上有方勝及象眼花者，以作琴臺，取其中空發響，然此實宜置盆景及古石；當更制一小几，長過琴一尺，高二尺八寸，濶容三琴者，爲雅。坐用胡牀，兩手更便運動，須比他坐稍高，則手不費力。更有紫檀爲邊，以錫爲池，水晶爲面者，於臺中置水蓄魚藻，實俗製也。

又《**文具**》 文具雖時尚，然出古名匠手，亦有絶佳者，以豆瓣楠、癭木及赤水、櫔爲雅，他如紫檀、花梨等木，皆俗。三格一替，替中置小端硯一，筆覘一，書册一，小硯山一，宣德墨一，倭漆墨匣一。首格置玉秘閣一，古玉或銅鎮紙一，賓鐵古刀大小各一，古玉柄棕帚一，筆船一，高麗筆二枝；次格：古銅水盂一，糊斗、蠟斗各一，古銅水杓一，青緑鎏金小洗一；下格稍高，置小宣銅彝鑪一，宋剔合一，倭漆小撞，白定或五色定小合各一，矮小花尊或小觶一，圖書匣一，中藏古玉印池、古玉印、鎏金印絶佳者數方，倭漆小梳匣一，中置玳瑁小梳及古玉盤匜等器，古犀玉小盃二；他如古玩中有精雅者，皆可入之，以供玩賞。

明 湖南漫士《**水邊林下五十九種**》**之**《**山齋志·書齋**》 書齋，宜明静，不可太廠，明浄可爽心神，宏廠則傷目力。窻外四壁薜蘿，滿墻中列松檜盆景或建蘭一二，遶砌種以翠芸草令遍，茂則青葱鬱然。傍置洗硯池一，更設盆池，近牕處蓄金鯽五七頭，以觀天機活潑。齋中長桌一，古硯一，舊古銅水注一，舊窑筆格一，班竹筆筒一，舊窑筆洗一，糊斗一，水中丞一，銅石鎮紙一，左置榻床一，榻下滚脚凳一，床頭小几一，上置古銅花尊或哥窑定瓶一，花時則插花，盈瓶以集香氣，閑時置蒲石于上，收朝露以清目。或置鼎鑪一，用燒印篆清香。冬置煖硯鑪一，壁間掛古琴一，中置几一，如吳中雲林。几式佳壁間懸畫一，書室中畫惟二，品山水爲上，花木次之，禽馬人物不與也。或奉名畫山水雲霞中，神佛像亦可。名賢字幅以詩句清雅者可共事，上奉烏思藏鏒金佛一，或倭漆龕或花梨木龕以居之。否用小石盆一或靈璧應石、將樂石、崑山石，大不過五六寸，而天然奇恠透漏瘦削，無斧鑿痕者爲佳，次則燕石、鍾乳石、白石、土瑪瑙石亦有可觀者。盆用白定官哥青東磁，均州窑爲上，而時窑次之。几外鑪一，花瓶一，匙筯瓶一，香盒一，四者等差遠，甚惟博雅者擇之。然而鑪製惟汝鑪、鼎鑪、戟耳彝鑪三者爲佳，大以腹横三寸極矣。瓶用膽瓶、花觚爲最，次用宋磁鵞頸瓶，餘不堪供。壁間當可處懸壁瓶一，四時插花，坐列吳興竹凳六，禪椅一，拂塵、搔背棕箒各一，竹鐵如意一，右列書架一，上置《周易》、《離騷》、《百家唐詩》、《草堂詩餘》、《花間集》、《歷代詞府》、《徇釋典導引》諸書，法帖則鍾元常、季直表、黄庭經、蘭亭記，隸則夏丞砂石本、隸韻，行則李北海、陰符經、雲麾將軍碑、聖教序，草則十七帖、草書要領、懷素絹書千文、孫過庭書譜，此皆山人適志備覽書室中所當置者。畫卷舊人山水人物、花鳥或名賢墨跡各若干軸，用以充架。齋中永日攄席，長夜篝燈，無事擾心。閱此自樂逍遥，餘歲以終天年。此真受用清福也。

清　陳淏子《秘傳花鏡》卷二《書齋椅榻》　書齋僅可置四椅、二橈、一床、一榻。夏月宜湘竹，冬月加以古錦製缛，或設臯比俱可。他如古須彌座、短榻矮几、壁几、禪椅之類，不妨高設，最忌靠壁平設數椅。屏風僅可置一座，書架、書櫃俱宜列於向明處，以貯圖史。然亦不可太雜，如書肆様，其中畧尺、裁紙刀、鐵錐各一。

又《堂堂坐几》　堂前設長大天然几一，或花梨，或楠木，上懸古畫一。几上置英石一座，東坡椅六，或水磨，或黑漆。室中設天然几一，宜左邊東向，不可迫近牕檻，以逼風日。几上置舊端研一，筆筒一，或紫檀，或花梨，或速香，筆規一，古窑水中丞一，或古銅研山一，或英石，或水晶，或香樹根。古人置研俱在左，以其墨光不閃眼，且於燈下更宜。清烟徽墨一，畫册鎮紙各一，好騰瓶一。又小香几一，上置古銅爐一座，香盒一，非雕漆即紫檀，白銅匙柱一副，匙柱瓶一，非出土古銅，即紫檀或老樹根。左壁懸古琴一，右壁拄劒一，拂塵帚一。園中切不可用金銀器具，愚下艷稱富尚，高士目爲俗陳。

又《敞室置具》　敞室宜近水，長夏所居。盡去牕檻，前梧後竹，荷池繞於外，水閣啓其旁，不漏日影，惟透香風。列木几極長丈者於正中，兩旁置長榻無屏者各一。不必挂佳畫，夏日易於燥裂，且後壁俱開，亦無處可懸挂也。北牕設竹床蕲簟於其中，以便辰日高臥。几上設大硯一，青緑水盆一，尊彝之屬，俱取陽大者。置建蘭、珍珠蘭、茉莉數盆於几案上風之所，兼之奇峯古樹、水閣蓮亭，不妨多列湘簾，四垂牕牖，人望之如入清涼福地。

又《臥室備物》　臥室之用，地屏、天花板雖俗，然臥處取乾燥，用亦無妨，第不可彩畫及油漆耳。面南設臥榻一，榻後别留半室，或耳房，人所不至處，以置薰籠、衣架、盥匜、廂奩、書燈、手巾、香皂罐之屬，榻前僅置一小几，不設一物，小方杌二，小橱一，以貯香藥玩器，則室中精潔雅素，一涉絢麗，便類閨閣氣，非林下幽人，眠雲夢月所宜矣。更須穴壁一貼爲壁床，以供契友高人，連牀夜話，下穴抽替，以藏履襪。庭中不可多植賤木，第取異種，當秘惜者，置數本於内，以文石伴之，如英石、崑山石之類，盆景則設倣雲林、或大癡畫意者二三盆，以補密室之不逮。

清　徐文靖《管城碩記》卷二六《詩賦二》　東坡云：「子厚詩『桃笙葵扇安可常』，偶閲《方言》，簟，謂之笙。乃悟桃笙以桃竹爲簟也。」按：《方言》簟，宋魏之間謂之笙。左思《吴都賦》：「桃笙象簟，韜於筒中。」子厚用桃笙，直用《吴都賦》耳。

清　秦蕙田《五禮通考》卷二二七《賓禮八》　觀承案，英蕩解未安蕩，宜從竹，大竹也。見《禹貢》，特出者爲英，蓋以竹之最大者，以函節適遠，故曰輔。姑存此説，以備考。

清　李漁《閒情偶寄》卷一〇《几案》　予初觀《燕几圖》，服其人之聰明，什伯于我。因自置無力，徧求置此者，訊其果能適用與否，卒之未得其人。夫我竭此大段心思，不可不謂經營慘澹，而人莫之則傚者，其故何居？以其太涉繁瑣，而且無此極大之屋，盡列其間，以觀全勢故也。凡人制物，務使人人可備，家家可用，始爲布帛菽粟之才。不則售冕旒而沽玉食，難乎其爲購者矣。故予所言，務舍高遠而求卑近，几案之設，予以庀材無資，尚未經營及此。但思欲置几案，其中有三小物，必不可少。一曰抽替，此世所原有者也；然多忽略其事，而有設有不設，不知此一物也。有之斯逸，無此則勞。且可藉爲容懶藏拙之地。文人所需如簡牘、刀錐、丹鉛、膠糊之屬，無一可少，雖曰司之有人，藏之别有其處，究竟不能隨取隨得，役之如左右手也。予性卞急，往往呼童不至，即自任其勞，書室之地，無論遠近迂捷，總以舉足爲煩。若抽替一設，則凡卒急所需之物，盡内其中，非特取之如寄，且若有神物俟乎其中，以聽主人之命者。至于廢藁殘牘，有如落葉飛塵，隨掃隨有，除之不盡，頗爲明牕净几之累。亦可暫時藏納，以俟視融，所謂容懶藏拙之地是也。知此則不獨書案爲然。即撫琴觀畫、供佛延賓之座，俱應有此。一事有一事之需，一物備一物之用。《詩》云：「童子佩觿。」《魯論》云：「去喪無所不佩。」人身且然，況爲器乎。一曰隔板，此予所獨置也。冬月圍爐，不能不設几席。火氣上炎，每致桌面檯心，爲之碎裂，不可不預爲計也。當于未寒之先，另設活板一塊，可用可去，襯于桌面之下，或以繩懸，或以鉤掛，或于造桌之時先作機彀以待之，使之待受火氣，焦則另换，爲費不多，此珍惜器具之婆心，慮其暴殄天物以惜福也。一曰桌撒，此物不用錢買，但于匠作揮斤之際，主人費啓口之勞，僮僕用舉手之力，即可取之無窮，用之不竭。從來几案與地，不能兩平，挪移之時，必相高低長短而爲桌撒，非特尋磚覓瓦時費辛勤，而且相稱爲難，非損高以就低，即截長而補短。此雖極微極瑣之事，然亦同于臨渴鑿井，天下古今之通病也。請爲世人藥之。凡人興造之際，竹頭、木屑，何地無之。但取其長不踰寸，寬不過指，而一頭極薄，一頭稍厚者，拾而存之。多多益善，以備挪檯撒脚之用。如檯脚所虚者少，則止入薄者而留其有餘者于脚外。不則盡數入之，是止一寸之木，而備高低長短數則之用。又未嘗費我一錢，豈非極便于人之事乎。但須加以油漆，勿露竹頭、木屑之本形，何也？一則使之與桌兩色，雖有若無。一則恐童子掃地之時，不能記憶，仍謬認爲竹頭木屑而去之，勢必朝朝更換，將亦不勝其煩。加以油漆，則知爲有用之器，而存之矣。只此极細一着，而有兩意存焉。況大者乎？勞一人以逸天下，予非無功于世者也。

又《椅杌》 器之坐者有三，曰椅、曰杌、曰櫈。三者之制，以時論之，今勝于古。以地論之，北不如南。維揚之木器，姑蘇之竹器，可謂甲于古今，冠乎天下矣。予何能贅一詞哉。但有二法未備，予特創而補之。一曰煖椅，一曰涼杌。予冬月著書，身則畏寒，硯則苦凍。欲多設盆炭，使滿室俱温，非止所費不貲，且几案易于生塵，不終日而成灰爐世界。若止設大小二爐以温手足，則厚于四肢而薄于諸體，是一身而自分冬夏，并耳目心思，亦可自號孤臣孽子矣。計萬全而籌盡適，此煖椅之制所由來也。製法列于圖後，一物而充數物之用，所利于人者，不止禦寒而已也。盛暑之月，流膠鑠金，以手按之，無物不同湯火，況木能生此者乎。涼杌亦同他杌，但杌面必空其中，有如方匣，四圍及底，俱以油灰嵌之。上覆方瓦一片，此瓦須向窑内定燒，江西福建爲最，宜興次之。各就地之遠近，約同志數人，斂出其資，倩人携帶，爲費亦無多也。先汲涼水貯杌内，以瓦蓋之，務使下面着水，其冷如冰，熱復换水，水止數瓢，爲力亦無多也。其不爲椅而爲杌者，夏月少近一物，少受一物之暑氣，四面無障，取其透風。爲椅則上段之料勢必用木，兩脇及背又有物以障之，是止顧一臀而周身皆不問矣。此制易曉，圖説皆可不備。

又《箱籠篋笥》 隨身貯物之器，大者名曰箱籠，小者稱爲篋笥。制之之料，不出革木竹三種。爲之關鍵者，又不出銅鐵二項。前人所制，亦云備矣。後之作者未嘗不竭盡心思，務爲奇巧，總不出前人之範圍，稍出範圍，即不適用，僅供把玩而已。予于諸物之體，未嘗稍更，獨怪其樞鈕太庸，物而不化，嘗爲小變其制，亦足改觀。法無他長，惟使有之若無，不見樞鈕之跡而已。止備二式者，腹藁雖多，未經嘗試，不敢以待驗之方悮人也。予遊東粤，見市廛所列之器，半屬花梨、紫檀。製法之佳，可謂窮工極巧。止怪其鑲銅裹錫，清濁不倫，無論四面包鑲，鋒稜埋没，即于加鎖置鍵之地，務設銅樞，雖云制法不同，究竟多此一物。譬如一箱也，磨礲極光照之如鏡，鏡中可使着屑乎？一笥也，攻治極精，撫之如玉，玉上可使生瑕乎？有人贈我一器，名七星箱，以中分七格，每格一替，有如星列故也。外係插蓋，從上而下者，喜其不釘銅樞，尚未生瑕着屑，因籌所以開閉之。遂付工人，命于中心置一暗閂，以銅爲之。藏于骨中而不覺，自後而前，抵于箱蓋，蓋上鑿一小孔，勿透于外，止受暗閂少許，使抽之不動而已。乃以寸金小鎖鎖于箱後，置之案上，有如渾金粹玉，全體昭然不爲一物所掩，覓關鍵而不得。似于無鎖，竊中藏而不能，始求用鑰，此其一也。復游三山，見所製器皿，無非雕漆，工則細巧絶倫，色則陸離可愛，亦病其設關置鍵之地，難免贅瘤。以語工師，令其稍加變易，工師曰：「吾地般倕頗多，如其可變，不自今日始矣。欲泯其跡，必使無關鍵而後可。」予曰：「其然。」豈其然乎？因置煖椅告成，欲增一匣置于其上，以代几案，遂使爲之。上下四旁，皆聽工人自爲雕漆，俟其成後，就所雕景物而區畫之。前面有替可抽者，所雕係博古圖，鐏罍鐘磬之屬是也。後面無替而平者，係折枝花卉，蘭菊竹石是也。皆備五彩，視之光怪陸離，但抽替太濶，開閉時多不合縫。非左進右出，即右進左出，予顧而籌之，謂必一法可當二用。既泯關鍵之跡，又免出入之疵，使適用美觀，均收其利而後可。乃命工人亦製銅閂一條，貫于抽替之正中，而以薄板掩之。此板即作分中之界限，夫一替分爲二格，乃物理之常，而烏知有一物焉。貫于其中，爲前後通身之把握哉。得此一物，貫于其中，則抽替之出入，皆直如矢，永無左出右入，右出左入之患矣。前面所雕博古圖，中係三足之鼎，列于兩旁者，一瓶一罏。予鼓掌大笑曰：「執柯伐柯，其則不遠。」即以其人之道，反治其身足矣。」遂付銅工，令依三物之成式各制其一，釘于本等物色之上，鼎與罏瓶皆銅器也。尚欲肖其形與色而爲之，況真者哉。不問而知其酷似矣。鼎之中心，穴一小孔，置二小鈕于旁，使抽替閉足之時，銅閂自内而出，與鈕相平，閂與鈕上俱有眼，加以寸金小鎖，似鼎上原有之物。雖增而實未嘗增也，鎖則鎖矣。抽開之時，手執何物，不幾便于入而窮于出乎？曰不然，瓶罏之上，原當有耳。加以銅圈二枚，執此爲柄，抽之不煩餘力矣。此區畫正面之法也。銅門既從內出，必在後面生根，未有不透出本匣之背者，是銅皮一塊，與聯絡補綴之痕，俱不能泯矣。烏知又有一法，爲天授而非人力者哉。所雕諸卉，菊在其中，菊色多黄，與銅相若，即以銅皮數層，剪千葉菊花一朵，以暗門之透出者，穿入其中，膠之甚固。若是則根深蒂固，誰得而動摇之。予于此一物也，純用天工，未施人巧，若有鬼物伺乎其中，乞靈于我，爲開生面者。制之既成，工師告予曰：「八閩之爲雕漆數百年于兹矣。四方之來購此者，亦百千萬億其人矣。從未見創法立規，有如今日之奇巧者，請衍此法，以廣其傳。」予曰：「姑遲之，俟新書告成，流布未晚。」竊恐世人先覩其物，而後見其書，不知創自何人，反謂勦襲成功以爲己有，詎非不白之寃哉。工師爲誰，魏姓字蘭如，王姓字孟明，閩省雕漆之佳，當推二人第一。自不操斤，但善于指使，輕財尚友，雅人也。

又《床帳》 人生百年，所歷之時，日居其半，夜居其半。日間所處之地，或堂或廡，或舟或車，總無一定之在。而夜間所處，則止有一床。是床也者，乃我半生相共之物，較之結髮糟糠，猶分先後者也。人之待物，其最厚者當莫過此。然怪當世之人，其于求田問舍，則性命以之。而寢處晏息之地，莫不務從苟簡，以其只有己見而無人見故也。若是則妻妾婢媵，是人中之榻也，亦因己見而人不見，悉聽其爲無鹽嫫姆，蓬頭垢面而莫之訊乎。予則不然。每遷一地，必先營卧榻而後及其他，以妻妾爲人中之榻，而床第乃榻中之人也。欲新其製，苦乏匠資，但于修飾床帳之具，經營寢處之方，則未嘗不竭盡綿力，猶之貧士得妻，不能變村粧爲國色，但令勤加盥櫛，多施膏沐而已。其法維何？一曰床令生花，二曰帳使有骨，三曰帳宜加鎖，四曰床要着裙。曷云床令生花？夫瓶花盆卉，文人案頭所時有也。日則相親，夜則相背，雖有天香撲鼻，國色昵人，一至昏黄就寢之時，即欲不爲紈扇之捐，不可得矣。殊不知白晝聞香，不若黄昏嗅味。白晝聞香，其香僅在口鼻；黄昏嗅味，其味直入夢魂。法于床帳之內，先設托板，以爲坐花之具，而托板又勿露板形，妙在鼻受花香，儼若身眠樹下，不知其爲粧造也者。先爲小柱二根，暗釘床後而以帳懸其外，托板不可太大，長止尺許，寬可數寸，其下又用小木數段，製爲三角架子。用極細之釘，隔帳釘于柱上，而後以板架之，務使極固。架定之後，用彩色紗羅，製成一物，或像怪石一卷，或作彩雲數朵，護于板外，以掩其形。中間高出數寸，三面使與帳平，而以線縫其上，竟以帳上綉出之物，似吴門堆花之式是也。若欲全體相稱，則或畫或綉，滿帳俱作梅花，而以托板爲虬枝老榦。或作懸崖突出之石，無一不可。帳中有此，凡得名花異卉，可作清供者，日則與之同堂，夜則携之共寢。即使羣芳偶缺，萬卉將窮，又有鑪內龍涎，盤中佛手，與木瓜香楠等物，可以相繼。若是則身非身也，蝶也。飛眠宿食，盡在花間。人非人也，仙也，行起坐卧，無非樂境。予嘗于夢酣睡足，將覺未覺之時，忽嗅臘梅之香，咽喉齒頰，盡帶幽芬。似從臟腑中出，不覺身輕欲舉，謂此身必不復在人間世矣。既醒，語妻孥曰：「我輩何人，遽有此樂，得無折盡平生之福乎。」妻孥曰：「久賤常貧，未必不由于此。」此實事，非欺人語也。曷云帳使有骨？床居外，帳居內，常也。亦有反此舊制而使帳出床外者，善則善矣，其如夏月驅蚊，匿于床欄曲折之處，有若負嵎，欲求美觀而以膏血殉之，非長策也。不若仍從舊制，其不從舊制而使帳出床外者，以床有端正之體，帳無方直之形，百計撑持，終難服貼。總以四角之近柱者，軟而無骨，不能肖柱以爲形，有犄角牴牾之勢也。故須別爲賦形而使之有骨。用不麤不細之竹，製爲一頂及四柱，俟帳已掛定而後撑之。是床內有床，舊制之便，與新製之精，二者兼而有之矣。床頂及柱，令置轎者爲之，其價頗廉，僅費中人一飯之資耳。曷云帳宜加鎖？設帳之故有二，蔽風隔蚊是也。蔽風之利十之三，隔蚊之功十之七。然隔蚊以此，閉蚊于中而使之不得出者亦以此。蚊之爲物也，體極柔而性極勇，形極微而機極詐。薄暮而驅，彼寧受奔馳之苦，撻代之危，守死而弗去者，十之八九。及其去也，又必擇地而攻，乘虚以入。昆蟲庶類之善用兵法者，莫過于蚊。其擇地也，每棄後而攻前；其乘虚也，必舍垣而窺户。帳前兩幅之交接處，皆其據險扼要，伏兵伺我之區也。或于風動帳開之際，或于取器入溺之時，一隙可乘，遂鼓噪而入。法于門户交關之地，上中下共設三鈕，若婦人之衣扣然。至取溺器時，先以一手綰帳，勿使大開，以一手提之使入，其出亦然。若是則堅壁固壘，彼雖有奇勇異詐，亦無所施其能矣。至于驅除之法，當使人在帳中，空洞其外，始能出而無阻，世人逐蚊，皆立帳簷之下，使所開之處，蔽其大半，是欲其出而閉之門也。犯此弊者十人而九。何其習而不察，亦至此乎。曷云床要着裙？愛精美者，一物不使稍污，常有綺羅作帳，精其始而不能善其終，美其上而不得不污其下者，以貼枕着頭之處，在婦人則有膏沐之痕，在男子亦多腦汗之跡。日積月纍，無瑕者玷，而可愛者憎矣。故着裙之法不可少。此法與增添頂柱之法，用爲表裏。欲令着裙，必先使之生骨，無力不能勝衣也。即于四竹柱之下，各穴一孔，以三横竹内之，去簟尺許，與枕相平。而後以布作裙，穿于其上，則裙污而帳不污。裙可勤滌而帳難頻洗故也。至于枕簟被褥之設，不過取其夏涼冬煖，請以二語概之，曰：求涼之法，澆水不如透風；致煖之方，增絀不如加布。是予貧士所知者。至于羊羔美酒，亦足禦寒，廣廈重冰，儘堪避暑。理則固然，未嘗親試，知之爲知之，不知爲不知，此聖賢無欺之學，不敢以細事而忽之也。

又《櫥櫃》　造櫥立櫃，無他智巧，總以多容善納爲貴。嘗有制體極大，而所容甚少，反不若渺小其形，而寬大其腹，有事半功倍之勢者，制有善不善也。善制無他，止在多設擱板。櫥之大者，不過兩層三層至四層而止矣。若一層止備一層之用，則物之高者大者，容此數件，而低者小者，亦止容此數件矣。實其下而虚其上，豈非以上段有用之隙，置之無用之地哉。當于每層之兩旁，别釘細木二條，以備架板之用。板勿太寬，或及進身之半，或三分之一，用則活置其上，不則撤而去之，如此層所貯之物，其形笵小，則上半截皆爲餘地，即以此板架之，是一層變爲二層。總而計之，則一櫥變爲兩櫥，兩櫃合成一櫃矣。所裨不亦多乎。或所貯之物，其形高大，則去而容之，未嘗爲板所困也。此是一法。至于抽替之設，非但必不可少，且自多多益善。而一替之内，又必分爲大小數格，以便分門别類，隨所有而藏之。譬如生藥舖中，有所謂百眼櫥者，此非取法于物，乃朝廷設官之遺制，所謂五府六部羣僚百執事，各有所居之地與所掌之簿書錢穀是也。醫者若無此櫥，藥石之名盈千纍百，用一物，尋一物，則盧醫、扁鵲無暇療病，止能爲刻舟求劍之人矣。此櫥不但宜于醫者，凡大家富室，皆當則而傚之。至學士文人，更宜取法。能以一層分作數層，一格畫爲數格，是省取物之勞，以備作文著書之用。則思之思之，鬼神通之。心無他役，而鬼神得效其靈矣。

清　鈕琇《觚賸》卷七《粵觚、荔根屏》　粵土疎而沃，名花珍果，是處繁膴。而老樹之産於幽厓邃谷者，歷年既久，蟠根屈曲變幻象形。好事之家摟剔遐險，置爲几案清玩。然工巧天成，無若高明謝氏之荔根屏者。色純紫，高五尺許，横斜二尺，鐵榦離奇，新枝挺出，宛如畫梅滿幅。其疎花散布枝間，含苞拆蕊，細大不一。復有寒雀三四，或翥或棲，各具生態。最上一枝倒垂，尤極夭矯。夫天之生物神矣，而以物肖物，天奪人工，抑又神也？楓叟梓牛，曷足異乎？

清　張宗法《三農紀》卷九《造床》　天以冬而育生化，人以夜而養精神。一日之間，足根無線如蓬轉，于夜纔息身，方寄床，必求安焉、利焉。而後可造者，擇青苹、不采、多果樹，取一材兩瓣、陰陽合向作枋，主子孫蕃盛。不宜自枯木、無果樹、兩色節痕蛀跡材，不宜樟楠楓桑氣馥木，忌破頭。楔半竅符墨線畫跡並主召咎。《養生篇》云：「卧床宜高，高則鬼氣不干，令人多壽。」《史記·龜策》云：「南方老人用龜楮床足，三十餘歲後移床，龜於故能行，氣清可可令人壽。」

清　趙翼《陔餘叢考》卷三三《竹夫人湯婆子》　編竹爲筒，空其中而竅其外。暑時置牀席間，可以憩手足，取其輕涼也。俗謂之竹夫人。按，陸龜蒙有《竹夾膝詩》、《天禄識餘》以爲即此器也。然曰「夾膝」，則尚未有夫人之稱，其名蓋起于宋時。東坡詩云：「留我同石木上座，贈君無語竹夫人。」又：「聞道牀頭惟竹几，夫人應不解卿卿。」自注云：「世以竹几爲竹夫人也。」又董湝翁云：「趙子充示竹夫人詩，蓋涼寢竹器，憩臂休膝似非夫人之職，予爲名曰『青奴』。」陸放翁亦有詩云：「空牀新聘竹夫人。」

清　郝懿行《爾雅義疏》下之二《釋木》　椅梓即楸。《説文》：「椅，梓也。」又云：賈侍中説櫥即椅木，可作琴，是櫥椅同。《詩》：「椅桐梓漆。」《傳》云：「椅，梓屬，似爲二物，實則楸也。檟也，椅也，梓也，皆同類而異名。」故《詩正義》引舍人曰：「梓一名椅。」郭云：即楸也。陸璣云楸之疏理，白色而生子者爲梓，梓實桐皮曰椅。則大類同而小别也。《齊民要術》云：「楸、梓二木相類，白色有角者名爲梓，似楸有角者名爲角楸，或名子楸，黄色無子者爲柳楸。世人見其色黄呼爲荆黄，楸也。」按：椅木有美文，故庾信賦云「青牛文梓」。尸子云「荆有長松文梓」，是椅梓同矣。

綜　述

南朝梁　沈約《宋書》卷一一《律志》　室中以木爲案，每律各一，内庳外高，從其方位，加律其上。以葭莩灰布其内端，案曆而候之。氣至者灰動。其爲氣動者其灰散，人及風所動者，其灰聚。殿中候，用玉律十二。唯二至乃候靈臺，用竹律六十。取弘農宜陽縣金門山竹爲管，河内葭莩爲灰。

南朝梁 任昉《述異記》卷下 顧渚山有槲子樹，其木如玉色，渚人採之以爲杖。

唐 段成式《酉陽雜俎續集》卷一〇 青楊木出峽中，爲床，卧之無蚤。

唐 段公路《北户録》卷三《紅藤簟》 瓊州出紅簟，一呼爲笙，或謂之藤蓧，亦謂之行唐。其色殷紅，瑩而不垢，或云染藤所製，編織精華。又不如溪鵠紅席，竿散卧簟、椰子坐席、蒲褥筍席、花紈卧簟、月支毛席、流黄簟、象牙席，以爲優劣歟。

又《方竹杖》 澄州産方竹，體如削成，勁健堪爲杖。亦不讓張騫笻竹杖也。其融州亦出，大者數丈。《正聲集》云：「南方有方竹杖，白蟬噪其上，陳貞節嘗詠之。」又海晏出蘆，堪爲拄杖。高潘州出千歲蕨拄杖，小類貝多。更有踈節竹，僧道多以爲杖，皆奇物。又按《會最》云：「溱川通竹，直上無節，空心也。」

宋 釋贊寧《筍譜》 桃枝竹筍。其竹勁直柔弱，可爲篾，爲席。《尚書顧命》竹席是也。

宋 鄭樵《爾雅注》卷下 椐樻音祛喟。郭云：「腫節可爲杖。」按此木似藤，節目相對，今人以爲杖甚奇。

又 旄澤柳杞柳也。生澤中，如蘆荻，可編爲捲箱。

宋 范成大《桂海虞衡志》 人面竹，節密而凸，宛如人面，人采以爲拄杖。

又 桃枝竹多生石上，葉如小棕櫚，以大者爲杖。

宋 王質《紹陶録》卷上 栗里杖，拄杖，麈拂子。宜用山茶木、櫻桃木，或紫竹，或斑竹，白花藤，以堅潤爲良。麈拂子柄用竹旄，用白馬尾，以輕柔爲良。溪昏霧多，潤即搓挪。路微石狠，弱即搶柯。在我窩兮不可捉，十二紅邊千百紅，入山轉深春轉濃。

又 栗里枕。枕宜用藤枕、竹枕、柏枕，如胡牀爲繩枕，如吸筒爲藥枕，純貯甘菊荆芥良佳，它方稍繁難集，以輕平爲良。塊不枕頭，防兒來偷。疾攑深投，安枕長流。在我窩兮不可忘，無煩酴酥入枕囊，但乞野菊花風香。

又 栗里牀。牀，席，薦。宜用竹牀、松牀。席宜用燈草心，莞草。薦宜用稻艸，或蒲艸。號蒲蓋以潔軟爲良。晝亦蝴蝶，夜亦蝴蝶。普天長春，芳草無歇。在我窩兮不可妨，瑇瑁珊瑚終剥牀，枕中江漢菰蒲香。

又 交牀，懶牀。宜用筋竹、水竹、麻條、交縶。懶牀用竹用條皆如之。或黄牛草代條，以牢穩爲良。礫礫其龕，姅姅其緊。夫惟無華，可與相永。在我窩兮不可嗤，徑微樹繁行稍遲，倦即倚牀鮈片時。

又 栗里案。机，椅。宜用紫竹、黄竹。椅宜用竹椅、竹机。蒲團竹懶椅可負。以輕便爲良。昔冰我眼，今雪我身。豈惟我身，又玉我心。在我窩兮不可鄙，班坐春莎總吾椅，嗒隱春山亦吾机。

宋 陸游《老學庵筆記》卷五 拄杖，斑竹爲上，竹欲老瘦而堅勁，斑欲微赤而點踈。

宋 周密《癸辛雜識》續集上《靈壽杖》 又云靈壽杖出西域，自黄河隨流而出，不知爲何木。其輕如竹，而性極堅韌。又有䞓柳，色如紅玉，亦可爲杖，能辟雷。每雷作時，杖頭皆有火光，殊不可曉。又有大桃核如升，可以破而爲碗，皆自黄河流下，不知何國物也。

宋 戴侗《六書故》卷二三《植物三》 篳，卑聿切。《傳》曰：「若敖蚡冒，篳路藍縷，以啟山林。」又曰篳門，圭竇之人。杜氏曰：柴門也。鄭康成曰荆竹織門也。《説文》曰：藩落也。按篳竹也。織爲車，爲門也。或曰篳，織竹也。故有籬落之説。

又 卷二一《植物一》 杠，古雙切。孟子曰：「歲十一月，徒杠成。」謂衡木以度也。牀之前後横木亦謂之杠。《説文》曰：「牀前横木也。」今人以扛重之木爲杠。古衖切。

元 李衎《竹譜詳録》卷三 桃枝竹，一名蒲葵竹，一名赤玉脂，出江浙兩淮，處處有之。叢生，形如慈竹，節長二尺許，差薄。《魏志》云：「倭國有桃枝竹。」《山海經》謂：「嶓嵱之山，嚚水之上，多桃枝。」今蘄人批取摽皮作簟，滑浄可人。《禮》所謂：「冬虎皮夏桃枝」者是也。《書顧命》：「篾席黼純。」孔安國云：「篾，桃枝竹。」《周禮春官》：「司九筵，盡純次席。」鄭氏云：「次席，桃枝席，有次列成文。」《爾雅》云：「桃枝四寸有節。」張得之云：「桃枝竹，葉如椶櫚，節四寸，皮黄滑，可爲簟，柳子厚謂之桃笙。」《唐志》合州土貢桃枝竹箸。石虎造桃枝竹扇。筍叢生，皮毛聚蟲蟻，不可食。或云桃枝竹出海南番中，如椶櫚，其皮作簟，如竹。又紅紫色如桃枝皮，故云。今作簟者，非也。兩浙謂之桃絲竹，衡湘閒謂之桃笙竹。《方言》曰：「簟謂之笙。」戴凱之云：桃枝竹，皮滑而黄，可以爲席，即今之蘄竹也。廣中一種好生石上，葉如椶櫚，膚色黄紫，大者可爲杖。留其根削作虬螭帶角之狀，小者可爲馬箠，損折處，其刺有毒，破人手則難療。東坡云：葉如椶，身如竹，密節而實中，犀理瘦骨，蓋天成拄杖也。嶺外人多種此，而不知其爲桃竹流。傳四方，視其端有眼者，蓋自東坡出也。今蜀中亦以此爲桃枝竹，北人謂之柴藤，併記於此，以待知者。

又 朱簾竹，生湖州山中。與常竹不異，但枝葉細長，垂下摇摇，如垂簾之狀。又節間頗長，條析之柔韌不折，尤宜織簾故名。

又 **卷四** 菩薩竹，生西蜀、峨嵋山中，結花於節外之枝，茸密如毬。周侍郎端朝《峨嵋山行記》云：「菩薩竹者，亦常竹以綴蘚，故節有一靨似佛面，取而炙熨之，以爲杖。」

又 方竹，兩浙江廣處處有之。枝葉與苦竹相同，但節莖方正，如益母草狀。深秋出筍，經歲成竹。高者二丈許，無甚大者。爲拄杖最佳。《番禺志》云：「竹方而實心，編織不及他竹，止以方爲異矣。」《武陵圖經》云：「方竹出桃源山，四方而不觚，其材中杖。」《會稽續志》云：「方竹中堅而外方，玉峯山所植。」贊寧云：「澧州辰山方竹，其方二寸，出天台玉霄峯者最妙。」或云人家忌種，指爲不祥。筍亦不中食，常德節推廳植之，韓魏公作記。

又 **卷五** 嫣竹，生賔州遷江縣山中，湖湘閒亦有之。大如筆管，高不過五七尺，節平色黄，如藤梢杪，枝葉叢生。葉短如桃，劈篾織簟極細滑，不減藤簟。士人亦甚貴重，細篾亦可織笠。

又 篔竹生温州，瑞安、平陽俱有之。或野生，或栽種，叢生，秋出筍，經年始成竹。大者徑二三寸，節長肉薄劈篾良，士人細縷之，編織箱篋。柔韌尤宜作枕，一如番藤也。

又 高節竹出瓊管黎母山，大而節闊丈餘節又高出。漢張騫傳注瓚曰：「邛，山名。此竹高節，可作杖。」《齊民要術》引《漢書》乃云：邛都高節，竹可爲杖。與此不同。

又 **卷六** 穿竹出七閩山中，漳州尤多。形如澹竹，正黑色，大者爲繖柄，爲杖，小者爲扇柄絶佳。其根能穿遠，故名。

又 斑竹，處處有之。其類最蕃，凡生斑花者皆是。然斑花或大或小，或匀或細，或不等，或重暈，或單暈，色或深淺，各隨出産風土變易。今越又以斑竹作牀椅及他器用，頗雅，士大夫多喜愛之。

又 毛斑竹出蘄州，初伐時無斑花，以灰汁漬之即見，土人織爲簟箔或笛管，筍不堪食。

又 **卷七** 箣藤，《異物志》曰：「箣藤，圍數寸，重於竹，可爲杖篾，以縛船及以爲席，勝竹也。」顧微《廣州記》曰：「箣如栟櫚，葉疎外，皮青，多棘刺，高五六丈者如五六丈竹，小者如筆管竹，破其外，青皮得白心即箣藤。」

又 靈壽木，漢孔光傳顔師古注：「靈壽曰木，似竹而有節。」晉安《海物記》曰：「靈壽木，其節竹，又曰木竹，中實。」注云漢賜三老靈壽杖，即此竹。靈壽即木竹異名耶。

又 木竹，生安南婆律山中，木身麄澀。成樹止生枝，有節。緑色如竹，葉如胡桃。《嶺外代答》云：「木竹子皮色形狀全似大枇杷，内甘微爛，核亦似枇杷。秋冬間實半青黄時採實收藏，至三四月不壞。江廣閒一種，竿如紫藤根，下擁腫榾突，亦名木竹，取爲杖，忌箠馬能，傷馬骨也。」

元 **脱脱《宋史》卷一四八《儀衛志》** 駕頭，一名寶牀，正衙法坐也。香木爲之，四足瑑山，以龍卷之。坐面用藤織雲龍，四圍錯采，繪走龍形，微曲。上加緋羅繡褥，裹以緋羅繡帕。每車駕出幸，則使老内臣馬上擁之，爲前驅焉。不設，則以朱匣韜之。

明 **朱權《神隱》卷上** 枴。莫若蒯條枝爲上，北方多使棗枝，亦可拄之，力甚於杖，貴乎牢壯。

又 香卓。用竹爲之最清。北方無竹，以木代之，脚用象鼻嵌石面者妙。若以木根爲之，古怪爲。

又 藥枕。五月五日或七月七日取山林栢木板以爲枕，長一尺二寸，高四寸，空中容一斗二升。以栢心赤者爲蓋，厚四分，善致之令密，又當使可開閉也。又鑽蓋上爲三行，行四十孔，凡一百二十孔，孔令容粟米也。其藥用川芎、當歸、白芷、辛夷、杜衡、白术、藁本、木蘭、蜀椒桂、乾薑、防風、人參、桔梗、白薇、荆實、肉蓯蓉、飛廉、相實、薏苡子、欵冬花、白衡、秦椒、蘼蕪凡二十四物，以應二十四氣，如毒者烏頭、附子、藜蘆、皂莢、莽草、凡石、半夏、細辛，已上各一兩，皆剉碎，以毒藥下安之满枕中。枕外又用布縵之。枕百日，面有光澤。一年，體中諸疾病皆愈，而身亦香。四年，白髮變黑，齒落更生，耳目聰明。

明 王佐《新增格古要論》卷一《琴卓》 琴卓須用維摩樣，高二尺八寸，可容三琴，長過琴一尺許。卓面用郭公磚最佳，瑪瑙石、南陽石、永石尤佳，如用木卓須用堅木，厚一寸許則好，再三加灰漆，以黑光爲妙。佐嘗見郭公磚，灰白色，中空，面上有象眼花紋，相傳云出河南鄭州泥水中者絶佳。多有僞作者，要當辯之。磚長僅五尺，闊一尺有餘，此磚駕琴撫之，有清聲，泠泠可愛。

明 王鏊《姑蘇志》卷一四 杞柳出城西、楓橋及横塘者佳，其條柔爲栲，栲細者爲箱篋。

又 卷八 花籐出廣西，身細而班黑，堪作柱杖，身粗者俗。

又 柳箱出吴縣横塘，髹漆爲粧奩之用。

又 藤枕治藤爲之，頗精，出齊門。

明 劉宇《安老懷幼書》卷二《欹床》 如今之倚床，但兩向施檔，齊高合曲尺上平。僧家亦有兩禪椅，亦有互擋，然高低不等，難爲互倚。若背倚左檔，則右檔可几臂。倚右檔，則左可几臂。左右几互倚，令人不倦。仍可左右蟠足，或枕檔角欹眼，無不便適。其度座方三尺，足高一尺八寸，檔高一尺五寸，從□至擋，共高三尺三寸。木製藤綳或竹爲之。尺寸隨木听便增損。「飽食緩行初睡覺，一甌新茗侍兒煎。脱巾斜倚繩床坐，風送水聲來耳邊。」裴晉公詩也。

明 項元汴《蕉窗九録》之《琴録》 琴臺以河南鄭州所造古。郭公磚長僅五尺，闊一尺有餘，上有方勝，或象眼花紋用鑲。琴臺長過琴一尺，高二尺八寸，闊容三琴，以堅漆塗之。或用維摩式，高一尺六寸，坐用胡牀，兩手更便運動，高或費力，不久而困也。嘗見一琴臺，用紫檀爲邊，以錫爲池，於臺中實水蓄魚，上以水晶板爲面，魚戲水藻，儼若出聽，爲世所稀。

明 王圻《稗史彙編》卷一三七《醉床之制》 床七尺，廣三尺，高一尺八寸，自半以上别爲子面，嵌大床。中間子面廣二尺五寸，長三尺，皆木製，韋綜之。韋下虚二寸，床底以板鋪之，勿令通風。子面嵌下與大床平，一頭施轉軸，子面底設一拐撑，分爲五刻，子面首挂一枕，若欲危坐即撑起。令子面直上，便可靠背，以枕承腦，欲稍偃則退一刻，即與大床平矣。凡飲酒飯後不宜便卧，當倚床而坐，稍倦則稍偃之，困即放平而卧，使一童移撑，高下如意，不須移身，可以盡四體之適。大床兩椽有二尺餘，前後鑿二竅孔，爲直几二，其下爲筍，欲倚手則嵌几于竅孔中。

又 卷一五三《方竹》 澄州産方竹，體如削成，勁健堪爲杖，亦不讓張騫邛竹杖也。其融州亦出，大者數丈。又海晏地名出蘆，堪拄杖。高潘州出千歲蕨拄杖，小類貝多。更有躁節竹，五六尺一節僧道多以爲杖。又按會最云：「溱州通竹，直上無節空心也。」

明 屠隆《游具雅編・備具匣》 近製以輕木爲之，外加皮包厚漆如拜匣。高七寸，闊八寸，長一尺四寸。中作一替，上淺下深，置小梳匣一、茶盞四、骰盆一、香爐一、香盒一、茶盒一、匙筯瓶一。上替内小硯一、墨一、筆一、小水注一、水洗一、圖書小匣一、骨牌匣一、骰子枚馬盒一、香炭餅盒一、途利文具匣一，内藏裁刀、錐子、穵耳、挑牙、消息、肉叉、修指甲刀、銼、髮刡等件，酒牌一、詩韻牌一、詩筒一，内藏紅葉各牋以録詩。下藏梳具匣者，以便山宿。外用關鎖以啓閉。攜之山遊，亦似甚备。

又《圖書匣》 有宋剔新剔者，有填漆者，有紫檀鑲嵌玉石者，有豆瓣楠者，近有退光素漆者，何文如之，亦堪日用。

又《墨匣》 以紫檀、烏木、豆瓣楠爲匣，多用古人玉帶花板鑲之，亦有舊作長玉螭虎人物嵌者，爲最。有雕紅黑退光漆，亦佳。

又《途利》 小文具匣一，以紫檀爲之，内藏小裁刀、錐子、穵耳、挑牙、消息、修指甲刀、剉指剔指刀、髮刡、鑷子等件，旅途利用，似不可少。

又《研匣》 不可用五金，蓋石迺金之所自出，若同處，則子盈母氣，反能燥石。以紫檀、烏木、豆瓣楠及雕紅退光漆者爲佳。

明 屠隆《陳眉公考槃餘事》卷三《坐墩》 冬月用蒲草爲之，高一尺二寸，四面編束細密，且甚堅實。内用木車坐板以柱托頂，久坐不壞。暑月可置藤墩，如画上者佳。

又《杖》 有方竹，上生九節，其崇不滿七尺。有棕竹、合竹、之字竹俱可作杖。有三代時立鳩飛鳩杖頭，周身金銀瑱嵌，用以餙杖，上懸二三寸長小葫蘆、小靈芝及五嶽圖卷，暮年携之探奇歷怪，多有相長之益。若萬歲藤、藜藿爲杖，形雖奇怪，此爲老衲行具，恐非山人家扶老也。姑置弗取。

又《如意》 古人用以指畫向往，或防不測，煉鐵爲之。長二尺有奇，上有銀錯或隱或現，真宣和舊物也。近有天生樹枝、竹鞭，磨弄如玉，不事斧鑿者，亦佳。

又《**隱几**》以怪樹天生屈曲若環帶之半者爲之，橫生三丫作足，出自天然，摩弄瑩滑，置之蒲團或榻上，倚手頓顙可卧，書云隱几而卧者，此也。

又《**滚凳**》以木爲之，長二尺，濶六寸，高如常。四桯鑲成，中分一鐺，内二空，中車圓木二根，兩頭留軸轉動，凳中鑿竅活裝。以脚踹軸，滚動往來。蓋湧泉穴精氣所生之地，故必以運動爲妙。

又《**榻**》高一尺二寸，長七尺有奇，橫如長之半，周設木格，中實湘竹，置之高齋，可足。午睡夢寐中，如在瀟湘洞庭之野。有大理石鑲者，或花楠者或退光黑漆中刻竹以粉填之，儼如石榻者佳。

又《**藏畫**》以杉桫木爲匣，匣内切勿油漆糊帋，恐惹黴濕。遇四五六月之，先將畫幅幅展玩，微見風日，收起入匣，用紙封口，勿令通氣，置透風空閣，或去地丈餘，又當常近人氣。過此二候方開，可免霉白。平時張掛名畫，須三五日一易，則不厭觀，不久惹塵濕。收起先拂去兩面塵垢，罨見風日，即珍藏之，久則恐爲風濕損其質地。

又《**禪椅**》嘗見吴破瓢所製，採天台藤爲之，靠背用大理石，坐身則百衲者，精巧瑩滑無比。

又《**麈**》古人以玉爲柄，用以對客清談者。近有天生竹，邊若靈芝如意形者，有小萬歲藤傍枝玲瓏透漏，儼肖龍形者，製爲麈柄，甚雅。其拂以白尾爲之妙。

又 卷四《**道扇**》有羽扇，有新安竹篋扇，輕便可携，但不宜漆。有紙糊者，如篋扇式，亦佳。但有竹根、紫檀妙柄爲美。

明 **謝肇淛**《**滇略**》**卷三**《**赤藤**》赤藤産緬甸，朱色，可爲杖。緬婦篋之以爲腰飾。唐元微之詩：「友親過滻别，車馬到江回。惟有紅藤杖，相隨萬里來。」韓愈《和虞部盧汀酬翰林錢徽赤藤杖歌》：赤藤爲杖世未窺，臺郎始擕自滇池。滇王掃宫避使者，跪進再拜語嗢咿。繩橋拄過免傾墮，性命造次蒙扶持。途經百國皆莫識，君臣聚觀逐旌麾。共傳滇神出水獻，赤龍拔鬚血淋漓。又云羲和操火鞭，暝到西極睡所遺。幾重包裹自題署，不以珍怪誇荒夷。歸來奉贈同舍子，浮光照手欲把疑。空堂晝眠倚牖户，飛電著壁搜蛟螭。南宫清深禁闈密，唱和有類吹塤篪。妍詞麗句不可繼，見寄聊且慰分司。」又裴夷直《南詔朱藤杖詩》：「六節南藤色似朱，拄行堦砌勝人扶。會須將入深山去，倚看雲泉作老夫。」

明 **李時珍**《**本草綱目**》**卷三六**《**木部**》靈壽木，釋名：扶老杖椐。集解《藏器》曰：「生劍南山谷，圓長皮紫。」《漢書》孔光年老，賜靈壽杖。顔師古注云：「木似竹有節，長不過八九尺，圍三四寸，自然有合杖制不須削理，作杖令人延年益壽。」時珍曰：「陸氏詩疏云：椐即樻也。節中腫似扶老，即今靈壽也。人以作杖及馬鞭，弘農郡北山有之。」

明 **徐炬**《**新鐫古今事物原始全書·器物**》**卷一九** 簾，今車上及轎上之竹簾，用以障面塵者，俗呼爲轎簾，始於周時。

明 **江之源**《**百花藏譜**》方竹。澄州産方竹，杭州亦有，體如削成，勁挺可堪爲杖，亦不讓張騫筇竹杖也。其隔州亦出，大者數丈。

明 **吴之俊**《**獅山掌録·小山館**》**卷一〇**《**竹夫人**》俗以竹几爲竹夫人，故東坡《寄柳子王》云：「聞道床頭惟竹几，夫人應不解卿卿。」又《與謝秀才》：「留我同行木上座，贈君無語竹夫人。」

又《**青奴**》山谷謂竹夫人乃凉寢竹器，止爲憩臂休膝之用，不足當夫人，因目之爲青奴。仍有詩曰：「穠李四絃風掃席，昭華三弄月侵床。我無紅袖堪娱夜，止要青奴一味凉。」

明 **朱國禎**《**涌幢小品**》**卷二七**《**竹**》崇陽縣有龜紋竹，惟寶陀巖産之竹，僅一本，製扇甚奇，聞今亦絶種矣。

明 **慎懋官**《**華夷花木鳥獸珍玩考**》**卷三**《**楷杖**》楷木出曲阜孔林，紋如貫錢，有直性，無横性。製爲杖，可以戒暴。子貢楷大倍他植，枯而不蝕，真古木也。

又 卷五《**桃枝竹**》桃枝竹多生石上，葉如小稷椆，人以大者爲杖。《竹譜》曰：「桃枝竹，皮滑而黄，可以爲席。」

又《**蘄竹**》蘄竹，黄州府蘄州出。以色瑩者爲簟，節疎者爲笛，帶鬚者爲杖。唐韓愈詩：「蘄州笛竹天下知，鄭君所寶尤瓌奇。携來當晝不得卧，一府爭看黄琉璃。」

明 **陳繼儒**《**書蕉**》**卷下** 筇竹杖。筇竹杖，蜀中無之，乃出徼外蠻峒。蠻人持至瀘叙間賣之，一枝纔四五錢，以堅潤細瘦九節而直者爲上品。

班竹杖。陸務觀云：「拄杖，班竹爲上。竹欲老瘦而堅勁，班欲微赤而縣疎。」賈長江詩云：「揀得林中最細枝，結根石上長身遲。莫嫌滴瀝經班少，恰是湘妃淚盡時。」善言拄杖者也。然非予有此癖，亦未易賞音。

明 張聯元《天台山全志》卷四 萬年藤，出華頂可爲杖。皮日休華頂杖詩：「金凌仙樹杖，道客自攜持。探洞求丹粟，挑雲覓白芝。量泉將濯足，闌鶴把支頤。以此將爲贈，惟君盡得知。」陸龜蒙詩：「萬古陰崖雪，靈根不爲枯。瘦于霜鶴脛，奇是墨龍鬚。拄訪元談客，持看潑畫圖。湖雲如有路，竝可到仙都。」王蔭東詩：「萬年之山隔煙層，山中仍長萬年藤。此藤砍來供倚杖，奇怪宛作龍蛇騰。尋常掛素壁，似有風雨生。興來曳階下，乍聞鏗然聲。前年山僧遠相寄，謂予足蹇仍防躓。嗟爾相從亦已久，如今病愈還輕棄。昨者因出天台山，無數苾蒭競爾芟。爲話出家須藉此，一條還帶兩經函。藤乎！藤乎！爾生只解掛獮猴，何得從人作遠遊。歸來兀坐對吾杖，拂拭塵埃轉惆悵。」

明 午榮《新鐫工師雕斫正式魯班木經匠家鏡》卷二《屏風式》 大者高五尺六寸，帶脚在内，濶六尺九寸。琴脚六寸六分大，長二尺。雕日月掩象鼻格奬腿，工尺四分高，四寸八分大，四框一寸六分大，厚一寸四分，外起改竹圓，内起棋盤線，平面六分，窄面三分。絛環上下俱六寸四分，要分成单。下勒水花分作兩孔，彫四寸四分，相屋闊窄，餘大小長短依，此長倣此。

又《圍屏式》 每做此行用八片，小者六片，高五尺四寸正。每片大一尺四寸三分零，四框八分大，六分原，做成五分厚，筭定共四寸厚，内較田字格，六分厚，四分大，做者切忌碎框。

又《牙轎式》 宦家明轎徛下一尺五寸高，屏一尺二寸高，深一尺四寸，濶一尺八寸，上圓手一寸三分，大斜七分纔圓。轎杠方圓一寸五分大，下踃帶轎二尺三寸五分深。

又《衣籠樣式》 一尺六寸五分高，二尺二寸長，一尺三寸大，上蓋役九分，一寸八分高，蓋上板片三分厚，籠板片四分厚，内子口八分大，三分厚。下車脚一寸六分大，或雕三彎，車脚上要下二根橫櫎仔，此籠尺寸無加。

又《大牀》 下脚帶求方共高式尺二寸二分正。床方七寸七分大，或五寸七分大。上屏四尺五寸二分高，後屏二片，兩頭二片，濶者四尺零二分，窄者三尺二寸三分，長六尺二寸。正領一寸四分厚，做大小片。下中間要做陰陽相合。前踏板五寸六分高，一尺八寸闊。前楣帶頂一尺零一分，下門四片，每片一尺四分大。上腦板八寸，下穿藤一尺八寸零四分，餘留下板片。門框一寸四分大，一寸二分厚，下門檻一寸四分，三接。東面轉芝門九寸二分，或九寸九分，切忌一尺大後學專用，記此。

又《涼床式》 此與藤床無二樣，但踏板上下欄杆要下長柱子四根，每根一寸四分大，上楣八寸大，下欄杆前一片。左右兩二萬字，或十字。掛前二片，止作一寸。四分大，高二尺二尺五分，橫頭隨踃，板大小而做無悞。

又《藤床式》 下帶床方一尺九寸五分高，長五尺七寸零八分。濶三尺一寸五分半，上柱子四尺一寸高，半屏一尺八寸四分高。床嶺三尺濶五尺六寸長。框一寸三分厚，床方五寸二分大，一寸二分厚，起一字線好穿籐。踏板一尺二寸大，四寸高。或上框做一寸二分厚。脚二寸六分大，一寸三分厚，半合角記。

又《禪椅式》 一尺六寸三分高，一尺八寸二分深，一尺九寸五分深，上屏二尺高，兩力手二尺二寸長，柱子方圓一寸三分大，屏上七寸下七寸五分，出筍三寸，閂枕頭下，盛脚盤子，四寸三分高，一尺六寸長，一尺三寸大，長短大小倣此。

又《鏡架勢及鏡箱式》 鏡架及鏡箱有大小者，大者一尺零五分深，濶九寸，高八寸零六分。上層下鏡架二寸深，中層下抽相一寸二分，下層抽相三尺，蓋一寸零五分，底四分厚。方圓雕車脚，内中下鏡架七寸大，九寸高。若雕花者，雕雙鳳朝陽，中雕古錢，兩邊睡草花，下佐連花托。此大小依此尺寸退墨無悞。

又《雕花面架式》 後兩脚五尺三寸高，前四脚二尺零八分高，每落墨三寸七分大，方能役轉。雕刻花草。此用樟木或南木，中心四脚摺進，用陰陽筍，共濶一尺五寸二分零。

又《棹》 高二尺五寸，長短濶狹看按面而做，中分兩孔，按面下抽箱，或六寸深，或五寸深，或分三孔，或兩孔，下踃脚方與脚一同大，一寸四分厚，高五寸。其脚方員一寸六分大，起麻櫎線。

又《八仙棹》 高二尺五寸，長三尺三寸，大二尺四寸，脚一寸五分大。若下爐盆，下層四寸七分高，中間方員九寸八分無悞。勒水三寸七分大，脚上方員二分線。棹框二寸四分大，一寸二分厚，時師依此式大小，必無一悞。

又《小琴棹式》 長二尺三寸，大一尺三寸，高二尺三寸，脚一寸八分大，下梢一寸二分大，厚一寸一分上下。琴脚勒水二寸大，斜閂六分。或大者放長尺寸，與一字桌同。

又《棋盤方桌式》　方圓二尺九寸三分，脚二尺五寸高，方員一寸五分大，桌框一寸二分厚，二寸四分大。四齒吞頭四箇，每箇七寸長，一寸九分大。中截下絛環脚或人物，起麻出色線。

又《圓桌式》　方三尺零八分，高二尺四寸五分，面厚一寸三分，串進兩半邊做，每邊桌脚四隻，二隻大，二隻半邊做，合進都一般大，每隻一寸八分大，一寸四分厚，四圍三灣勒水。餘做此。

又《一字桌式》　高二尺五寸，長二尺六寸四分，濶一尺六寸。下稍一寸五分，方好合進。做八仙桌勒水花牙，三寸五分大。桌頭三寸五分長，框一寸九分大，乙寸二分厚，框下關頭八分大，五分厚。

又《摺桌式》　框一寸三分厚，二寸二分大，除框脚高二尺三寸七分正。方圓一寸六分大，下要稍去些，豹脚五寸七分長，一寸一分厚，二寸三分大。雕雙線赶雙鈎。每脚上要二筍閂豹脚，上方穩不會動。

又《案桌式》　高二尺五寸，長短濶狹看按面而做，中分兩孔，按面下抽箱，或六寸深，或五寸深，或分三孔，或兩孔。下踏脚方與脚一同大，一寸四分厚，高五寸。其脚方圓一寸六分大，起麻櫎線。

又《搭脚仔櫈》　長二尺二寸，高五寸，大四寸五分大。脚一寸二分大，一寸一分厚。面起釖春線，脚上廳竹圓。

又《衣架雕花式》　雕花者五尺高，三尺七寸濶。上搭頭每邊長四寸四分，中絛環三片。獎腿二尺二寸五分大，下脚一尺五寸三分高，柱框一寸四分大，一寸二分厚。

又《素衣架式》　高四尺零二寸，大三尺，下脚一尺二寸長，四寸四分大，柱子一寸二分大，厚一寸。上搭腦出頭二寸七分，中下光框一根，下二根，窗齒每成雙做，一尺三分高。每眼齒仔八分厚，八分大。

又《面架式》　前兩柱一尺九寸高，外頭二寸三分。後二脚四尺八寸九分，方員一寸一分大。或三脚者，内要交象眼。笋，畫進一寸零四分，斜六分，無悮。

又《校椅式》　做椅先看好光梗木頭及節，次用解開，要乾枋纔下手做。其柱子一寸大，前脚二尺一寸高，後脚式尺九寸三分高，盤子深一尺二寸六分，濶一尺六寸七分，厚一寸一分。屏，上五寸大，下六寸大。前花牙一寸五分大，四分厚，大小長短依此格。

又《板櫈式》　每做一尺六寸高，一寸三分厚，長三尺八寸五分。櫈要三寸八分半長，脚一寸四分大，一寸二分厚，花牙勒水三寸七分大。或看櫈面長短及，粗櫈尺寸一同，餘做此。

又《琴櫈式》　大者看廳堂濶狹淺深而做。大者高一尺七寸，面三寸五分厚，或三寸厚，即歒坐，不得長一丈三尺三分。櫈面一尺三寸三分大，脚七寸分大，雕捲草雙鈎花牙，四寸五分半。櫈頭一尺三寸一分長，或脚下做貼仔，只可一寸三分厚。要除矮脚一寸三分纔相稱。或做靠背櫈，尺寸一同。但靠背只高一尺四寸則止，橫仔做一寸二分大，一尺五分厚。或起棋盤線，或起釖脊線，雕花亦如之。不下花者同樣。餘長短寬濶在此尺寸上分，準此。

又《杌子式》　面一尺二寸長，濶九寸或八寸，高一尺六寸。頭空一寸零六分畫眼，脚方圓一寸四分大，而上眼斜六分半。下櫎仔一寸一分厚，起釖脊線，花牙三寸五分。

又《大方扛箱樣式》　柱高二尺八寸。四層：下一層高八寸，二層高五寸，三層高三寸七分，四層高三寸三分。蓋高二寸，空一寸五分，樑一寸五分，上净瓶頭共五寸。方層板片四分半厚，内子口三分厚，八分大。兩根將軍柱一寸五分大，一寸二分厚，獎腿四隻，每隻一尺九寸五分高，四寸大。每層二尺六寸五分長，一尺六寸濶。下車脚二寸二分大，一寸二分厚，合角閂進，雕虎瓜雙的。

又《衣橱樣式》　高五尺零五分，深一尺六寸五分，濶四尺四寸，平分爲兩柱，每柱一寸六分大，一寸四分厚，下衣櫎一寸四分大，一寸三分厚，上嶺一寸四分大，一寸二分厚，門框每根一寸四分大，一寸一分厚，其厨上梢一寸二分。

又《食格樣式》　柱二根，高二尺二寸三分，帶净平頭在内。一寸一分大，八分厚，樑尺分厚，二寸九分大，長一尺六寸一分，濶九寸六分。下層五寸四分高，二層三寸五分高，三層三寸四分高，蓋三寸高。板片三分半厚，裏子口八分大，三分厚，車脚二寸大，八分厚。獎腿一尺五寸三分高，三寸二分大，餘大小依此，退墨做。

又《衣箱式》 長一尺九寸二分，大一尺六分，高一尺三寸，板片只用四分厚。上層蓋一寸九分高，子口出五分。或下車脚一寸三分大，五分厚，車脚只是三灣。

又《燭臺式》 高四尺，柱子方圓一寸三分大。分上盤仔八寸大，三分倒掛花牙。每一隻脚下交進三片，每片高五寸二分，雕轉鼻帶葉。交脚之時，可拿板片畫成，方員八寸四分，定三方長短，照墨方準。

又《香几式》 凡佐香九，要看人家屋大小若何而。大者上層三寸高，二層三寸五分高，三層脚一尺三寸長。先用六寸大，役做一寸四分大，下層五寸高。下車脚一寸五分厚，合角花牙五寸三分大。上層欄杆仔三寸二分高，方圓做五分大，餘看長短大小而行。

又《藥橱》 高五尺，大一尺七寸，長六尺，中分兩眼。每層五寸，分作七層。每層抽箱兩個，門共四片，每邊兩片，脚方圓一寸五分大。門框一寸六分大，一寸一分厚，抽相板四分厚。

又《藥箱》 二尺高，一尺七寸大，深九。中分三層，内下抽相只做二寸高。内中方圓交佐巳孔，如田字格樣，好下藥。此是杉木板片合進，切忌雜木。

又《櫃式》 大櫃上框者二尺五寸高，長六尺六寸四分，闊三尺三寸。下脚高七寸，或下轉輪閂在脚上，可以推動。四住每住三寸大，二寸厚，板片下叩框方密，小者板片合進，二尺四寸高，二尺八寸闊，長五尺零二寸，板片一寸厚，板此及量斗及星跡各項謹記。

又《禪床式》 此寺觀庵堂纔有這做，在後殿或禪堂兩邊，長依屋寬窄，但潤五尺，面前高一尺五十五分床矮一尺，前平面板八寸八分大，一寸二分厚，起六个柱，每柱三才方圓，上下一穿方，好掛禪衣及帳幃，前平面板，下要下水，椹板地上離二寸，下方仔盛板片，其板片要密。

又《駝峰正格》 駝峰之格，亦無正樣，或有彫雲樣，或有做氊笠樣，又有做虎爪如意樣，又有彫瑞草者，又有彫花頭者，有做毬捧格，又有三蚌，或今之人多只愛使斗立叉童，乃爲時格也。

又《鼓架式》 二尺二寸七分高，四脚方圓一寸二分大，上雕净瓶頭，三寸五分高。上層穿枋仔四捌根，下層八根。上層雕花板，下層下絲環，或做八方者柱子，橫橫仔尺寸一樣，但畫眼上每邊要斜三分半，笋是正的，此尺寸不可走分毫。謹此。

又《銅鼓架式》 高三尺七寸，上搭腦雕衣架頭花，方圓一寸五分大，兩邊柱子俱一般起棋盤線，中間穿枋仔，要三尺高。銅鼓掛起便手好打下脚，雕屏風脚樣式，獎腿一尺八寸高，三寸三分大。

又《風箱樣式》 長三尺高一尺一寸，潤八寸，板片八分厚，内開風板，六寸四分大，九寸四分長，抽風橫仔八分大，四分厚，扯手七寸四分長，抽風橫仔八分大，四分厚，扯手七寸長，方圓一寸大，出風眼要取方圓一寸八分大，平中爲主，兩頭吸風眼。每頭一箇，潤一寸八分長，二寸二分，四邊板片都用上行做準。

又《花架式》 大者六脚，或四脚，或二脚。六脚大者中下騎相一尺七寸高，兩邊四尺高，中高六尺。下枋二根，每根三寸大。直枋二根，三寸大，直枋二根三寸大，五尺闊，七尺長，上盛花盆，板一寸五分厚，八寸大，此亦看人家天井大小而做，只依此尺寸，退墨有準。

又《凉傘架式》 三尺三寸高，二尺四寸長，中間下傘柱仔，二尺三寸高，帶琴脚在内笋中柱仔二寸二分大，一寸六分厚。上除三寸三分，做净平頭，中心下傘樑一寸三分厚，二寸二分大，下托傘柄亦然。而是兩邊柱子方圓一寸四分大，嵬齒八分大六分厚，琴脚五寸大，一寸六分厚，一尺五寸長。

又《衣摺式》 大者三尺九寸長，一寸四分大，内柄五寸厚，六分小者二尺六寸長，一寸四分大，柄三寸八分，厚五分，此做如劒樣。

又《圓爐式》 方圓二尺一寸三分大，帶脚及車脚共上盤子，一應高六尺五分正。上面盤子一寸三分厚，加盛爐盆貼仔八分厚，做成二寸四分大。豹脚六隻，每隻二寸大，一寸三分厚，下貼梢一寸厚，中圓九寸五分正。

又《學士燈掛》 前柱一尺五寸五分高，後柱子式尺七寸高，方圓一寸大。盤子一尺三寸闊，一尺一寸深。框一寸一分厚，二寸二分大。切忌有節樹木無用。

又《看爐式》 九寸高，方圓式尺四分大。盤仔下絲環式寸，框一寸厚，一寸六分大，分佐亦方下豹脚。脚二寸二分大，一寸六分厚。其豹脚要雕吞頭，下貼梢一寸五分厚，一寸六分大，雕三灣勒水。其框合角笋眼，要斜八分半，方閂得起，中間孔方員一尺，無悮。

又《香爐樣式》 細樂者，長一尺四寸，闊八寸二分，四框，三分厚，高一寸四分，底三分厚，與上樣。樣闊大，框上斜三分，上加水邊三分厚，六分大，起厰竹線。下豹脚，下六隻方圓八分大，一寸二分大，貼梢三分厚，七分大，雕三灣車脚，或粗的不用豹脚，水邊寸尺一同。又大小做者，尺寸依此加減。

又《方爐式》 高五寸五分，圓尺內圓九寸三分，四脚二寸五分大。雕雙蓮挽雙鈎，下貼梢一寸厚，二寸大，盤仔一寸二分厚，絛環一寸四分大，雕螳螂肚接豹脚相稱。

清 屈大均《廣東新語》卷一六《蒲葵扇》 蒲葵，樹身幹似桄榔，花亦如之。一穗有數百千朵，下垂子如橄欖，肉雖薄可食。新會之西沙頭、西涌黎、樂新、開滘諸鄉多種之，名曰葵田。周廻二十餘里爲畝者，六千有餘。歲之租每畝十四五兩，中人之産得葵田十畝，亦可以足衣食矣。蒲葵最宜爲扇，扇大者三四尺，可以蔽日。其葉末作簑笠、簟、席、坐團，亦以編屋。凡新會若男與女所以資生者，半出於蒲葵焉。子初種時，沃以肥膩。俟苗生至尺，乃再蒔。五年始割下葉，八年乃割上葉。歲凡三割，既割已暴之，兼旬乃水濯之，火烘之，使皆玉瑩冰柔，而隨其葉之圓長，製而爲扇。緣之以天蠶之絲，嵌之以白鱗之片，柄之以青瑯玕之牌，纏之以龍鬚藤之綫。銅釘漆塗，繪畫爲絢。然後粗者以貨於近，精者以貨於遠。考此扇，興於晉時，自謝太傅執之，王丞相捉之，其價頓貴。其製雅而出風和好不致傷人，故大江以南尤尚。瓊州亦有蒲葵，男女以爲帽，竹胎而金銀紙襯之，雖士人亦戴，不以巾幘爲重也。或作麥艸帽，則以白綢機頭爲綏，又以艸之精粗分人貴賤，其風俗如此。蒲葵風最美，勝於他扇。患熱中暑者，以蒲葵扇燒灰調水飲之，立解。

清 来集之《倘湖樵書》初編卷五《草木能奪天工》 《宅書》云栗木爲關，可遠盜。青楊木爲床，可驅蚤。

清 雍正《江南通志》卷八六《食貨志》 扇出青陽。削竹爲骨，以柿汁塗紙糊之。以泥金畫山水人物於上，售之四方。

清 雍正《四川通志》卷四六 邛竹出邛州之邛崍山，即古臨邛地也。漢張騫奉使西域得高節竹，還而植此，今人取以爲杖。鶴膝者佳。又敘州亦出此竹，雅州復有一種名羅漢竹，皆爲杖之具。

清 文行遠《潯陽蹠醢》卷一 五老峰之下有石竹，中實如藤。方竹大可爲杖，今亾之。

清 吴震方《嶺南雜記》下卷 英枕，即藤枕。以光細堅厚三兩層者爲佳，定製乃可得。

又 棕竹，幹如竹而實心密節，皮青色，外有棕皮。節節包之，葉與竹無異，最難長，可爲杖。

清 汪灝《佩文齋廣群芳譜》卷七一《木譜·柏》 川柏亦細膩以爲几案，光滑悦目。

又 卷八二《竹譜·竹》 龜文竹崇陽縣寶陀巖産，僅一本，製扇甚奇，聞今亦絶種矣。

又 峩眉山志龍竹根有二角，高節實中，可爲杖，遊山者多採之。

清 陳祥裔《蜀都碎事》卷一 潼川州江心蟠石上生桃竹，可爲杖。《竹譜》云：「竹性中皆空，此竹獨實如木。」杜工部詩云：「江心蟠石生桃竹，蒼波噴浸尺度足，斬根削皮如紫玉。」即此。

又 卷三 筇竹杖，蜀中無之，乃出徼外蠻洞。蠻人持至瀘叙間賣之，一枝纔四五錢，以堅潤、細瘦、九節而直者爲上品。

清 王棠《燕在閣知新録》卷二六《簟》 會稽竹，供御，號爲流黄簟。《唐詩》：「珍簟冷流黄。」韓文公《蘄州簟》詩云：「蘄州笛簟天下知，一府傳看黄琉璃。」

清 雍正《浙江通志》卷一〇一 挂絲，《雲麓漫鈔》：「紹興中，以小竹編聯籠，以衣畫風雲鷺鷥作枕屏，一時無名，號曰畫絲。好事者大其制，施於酒席以障風野，次便於圍坐，人競爲之。」今名挂絲，蓋以絲挂於竹骨之上也。

又 竹簟，《仁和縣志》：桃枝、竹皮滑而黄，可爲席。

又 卷一〇四 竹火籠，《萬曆會稽縣志》：竹火籠，陶堰製者甚佳。

又 斑竹器，《述異記》：越中有「顧家斑竹」，用以作牀椅及他器具，甚清雅。

又 卷一〇五 華頂杖，《天台紀勝》：天台山出仙樹杖。皮日休《華頂杖》詩：金陵仙樹杖，過客自攜持。探洞求丹粟，挑雲覓白芝。量泉將濯足，闌鶴把支頤。以此將爲贈，唯君盡得知。陸龜蒙和《襲美華頂杖》詩：萬古陰崖雪，靈根不爲枯。瘦于霜鶴脛，奇是墨龍鬚。拄訪元談客，持看潑畫圖。披雲如有路，兼可到仙都。

又　蒲葵竹，《台州府志》：節相去逾尺，可爲笠笥，不假丹漆。

又　**卷一〇六**　花節竹，《金華府續志》：出東陽金蒙山，他處無有。其節線連環，異於常竹，神杖用之。

又　**卷一〇七**　方竹，《雁山志》：體小而方，可作杖用。山中人每取其枯瘦有稜節者，刻其根爲人物，以贈人。

又　**卷一〇七**　欏，《嘉靖浙江通志》：温州欏木置箱櫃器物，輕而利用。《温州府志》其木堅而香。

清　**雍正《廣東通志》卷五二**　零陵香，宜融等州多有之，土人編以爲席薦、坐褥，性暖宜人。

清　**张廷玉《明史》卷六五《輿服志》**　紅髹坐椅一，四周雕木沉香色，描金寶相花，靠背、褥、裙、帷幔與馬輦同。

清　**李調元《南越筆記》卷六《瓊州席》**　瓊有藤席、有定安席、有椰葉席、檳榔席，皆席之美者。檳榔，山檳榔也。葉如蘭，大三指許，長可數尺，淡白中微帶紅紫，績爲布，似葛而輕，亦可作席。人知粵多奇布，不知有檳榔布與檳榔席也。又澄邁染茜艸爲飭，久而愈滑，曰黄村席。又瓊有紅竹篷篨，潮有流黄席。

清　**師範《滇繫》第四册《賦産》**　赤藤産緬甸，朱色可爲杖。緬婦篾之，以爲腰餙。唐元微之詩：交親過滻别，車馬到江回。惟有紅藤杖，相隨萬里來。韓愈《赤藤杖歌》：赤藤爲杖世未窺，臺郎始携自滇池。滇王掃宫避使者，跪進再拜語嗢咿。繩橋拄過免傾墮，性命造次蒙扶持。途經百國皆莫識，君臣聚觀逐旌麾。其傳滇神出水獻，赤龍拔鬚血淋漓。又云羲和操火鞭，暝到西極睡所遺。幾重包裹自題署，不以珍怪誇荒夷。歸來奉贈同舍子，浮光照乎欲把疑。空堂晝眠倚牖户，飛電着壁搜蛟螭。南宫清深禁闈密，唱和有類吹塤篪。妍詞麗句不可繼，見寄聊且遣分司。又裴夷直《南詔朱藤杖》詩：六節南藤色似朱，拄行堦砌勝入扶。會須將入深山去，倚看雲泉作老夫。

清　**郝懿行《爾雅義疏》下之二《釋木》**　椐樻腫節可爲杖。椐樻，亦雙聲也。《説文》椐樻互訓，《釋文》引樊孫竝云：椐樻，腫節可作杖。《毛詩草木疏》云：「節中腫似扶老，即今靈壽是也。今人以爲馬鞭及杖，弘農共北山皆有之。」《漢書孔光傳》云：賜太師靈壽杖。孟康注：扶老杖也。顔師古注：木似竹有枝節，長不過八九尺，圍三四寸，自然有合杖制，不須削治也。陳藏器《本草》云：生劒南山谷，圓長皮紫。

清　**傅恒《皇輿西域圖志》卷四一《服物一》**　必爾海拉察克，以木爲之。其形長方，中有木楞界之。左盛烏珠克，右盛必爾，如內地之匣也。

又　**卷四二《服物二》**　喀里雅木當，藏筆之匣，其形長方，上有抽蓋，有木者、有竹者。

又　額格斯察爾帕雅，桌也，以木爲之。足中間及下跗四面皆施横木，中以繫物，下以承足。

又　庫爾斯葉，横木兩楞中，施皮毯之屬，四足互交，制如今之馬杌，其足可施、可去，以便提挈。

又　喀爾特，床也。以木爲之，中横直木爲楞，約五六行。下有四足，左右兩足間各施横木，上施塔克納瑪特，然後再加褥焉。

又　努爾古赤，圓木杖也，作餅時用之。

清　**允祹《大清會典則例》卷一六三**　几筵設花梨木寶榻黄糊龍段套，上設黄段繡龍褥，寶榻前設花梨木供案、白綾案，衣上設銀香鼎燭臺花缾，前設花梨木香几一、黄龍段几，衣設銀博山鑪香合匕箸缾，左右設花梨木几二，設銀燭檠羊角鐙，又左右設把蓮花缾几二，制如前設，簪金把蓮缾各一次設。

清　**黄本驥《湖南方物志》卷三《衡州府》**　萬歲藤，産嶽雲深處。藤多節有瘿瘤，取之作杖，曰靈壽。《南嶽志》

又　衡山有靈壽岡，多靈壽木。衡山記靈壽木，衡山巖壑中生，枝柯皆對節，或如品字者，人採之爲拄杖。《南嶽總勝集》

又　衡山舜洞下，有峭壁鐫舜樟二大字，傳此處舊有大樟。《南嶽志》漢王逸機賦《南嶽之洪樟》酃縣炎帝陵前有樟，半枯中空，若洞。《自志》

又　**卷五《岳州府》**　方竹，出君山，可爲杖。王會新編

又　**《常德府》**　武陵桃源山産方竹，四面平整如削，可爲杖。省志

又　**卷七《郴州》**　興寧出筑煙竹，又周源山産方竹，可作杖。《省志》

清　**張鳳台《長白彙徵録》卷四《風俗》**　額林，漢語欄板也。架木板於楣棟間，置瓶甕奩篋諸器具以作几案、櫃櫝之用。庋楣横板當中廚，家計精粗箇裏俱。鼠鬪欲投還忌器，爵飛同量不妨觚，竈間那識薪爲蠟，几上常看皮是

烏。淳樸遺規恭儉德，風聲擬使遍皇圖。

又 横施木板置楣桭，家計精粗畢具陳。菽粟爲文莫忘古，雕鎪作器漫求新。寒衣飢食勞中婦，耕九餘三廑主人。咨爾後生勤數典，更希寰宇普還淳。按東山于役，借宿田家窩舖，每見其楣棟之間，鍋碗瓶罐皆横置木板上，以代几案。家計畢陳，厨煙繚繞，耕男饁婦，鷄黍家風，較諸僕僕道塗者實別有一般意味也。

又 小兒臥具。按臥具，削木爲之，兩頭圓形，微窄而仰中，腰微寬，約長二尺許。

清 同治《咸豐縣志》卷八《食貨志·物産》 楠木有二種，曰花楠，曰香楠，俱可作桌及屏風、文櫃、拜匣，甚可玩。

清 汪日楨《湖雅》卷四 櫸。《本草綱目》：櫸木，今人呼爲櫸柳。嫩皮取以緣栲栳及箕，唇材紅紫作箱案之類，甚佳。按即柜柳，實如榆錢，故鄭樵《通志》以櫸爲榆類，或云即椐榆也。

又 桃枝竹，《勞志》：桃枝竹如蘄竹，其篾韌可代藤用。《竹譜詳録》：兩浙謂之桃絲竹。《本草綱目》：竹滑者可以爲席，謂之桃笙。《廣羣芳譜續竹譜》以爲即稜竹。按：稜竹紋細，桃竹紋粗，一類而二種也。按：蘄竹即蘄州笛竹。

又 珠簾竹，一作朱簾竹。《安吉伍志》：節疏幹直，亦竹中美品。《竹譜詳録》：朱簾竹，生湖州山中，尤宜織簾，故名。

又 方竹，《前溪逸志》：方竹，圍而棱也。《竹譜詳録》：兩浙江廣處處有之，爲拄杖最佳。

又 櫇子樹，《胡志》：櫇，汝耿切。《述異記》顧渚山有櫇子樹，其木如玉色，渚人采之以爲杖。按：櫇字不見字書，蓋穎之別體。《集韻》：穎，庾頃切。沐名，其字從木頃聲。而櫇從木頃聲，穎亦從禾頃聲，音相同也。又《説文》栟槌之横者也。直衽切，隸變作栚，方言作榺。横木似杖，故杖有榺條之名，則作栚榺，音義尤合也。《方言》榺字，郭注音朕，亦名校，音交。交，乃校字之音，非榺字之音。《集韻》有椕字，何交切。關中以杖爲椕條，此乃椕字而點畫譌缺，致不成字，又誤以校字之音，傅合之實，則榺字斷不得讀何交切。榺條之榺，亦當音朕也，《集韻》乃小學中差可依據之書，不意巨謬竟至于此。

又 斑竹，即箖竹。《談志》箖竹。舊圖經云，左太沖《吴都賦》曰：「其竹則篔簹箖箊。」統記云：今班竹呼璹瑁竹。《勞志》斑竹即湘竹也。武康劉志黑點大小如斑。《竹譜》詳録，今越人以斑竹作牀椅及他器用，頗雅。

清 光緒《湖南通志》卷六一《食貨志五·物産二》 郴縣萬歲山生靈壽木。《水經注》靈壽木可爲杖，漢平帝嘗以賜孔光。《明統志》

清 陳憲舜《課民植牧講義稿》 淡竹，此竹堅韌精密，勝於苦竹。其細者可爲笛、釣竿、籠、籃、簾、箔、杖及傘柄之用，大者用處尤夥，未能盡述。

又 《稜竹》 稜竹，其葉如棕，可爲扇骨、扇柄等，及珍貴器物之用。

又 《桃枝竹》 桃枝竹，犀紋瘦骨，皮滑而黄，節離四寸，可以爲薦，及簾箔器具之用。近日以紫竹、黄竹相間，織成花紋，雅觀價昂。

又 《篇竹》其竹有毛而質堅，以作行李箱笥，浸以鹽水，最能經久。

傳記

漢 郭憲《洞冥記》卷一 董謁，字仲玄，武都郁邑人也。少好學，嘗遊山澤，負挾圖書，患其繁重。家貧，拾樹葉以代書簡，言其易卷懷也。編荆爲床，聚鳥獸毛以寢其上。

晉 皇甫謐《高士傳》卷上《老萊子》 老萊子者，楚人也。當時世亂，逃世耕於蒙山之陽。莞葭爲牆，蓬蒿爲室，枝木爲牀，蓍艾爲席，飲水食菽，墾山播種。人或言於楚王，王於是駕至萊子之門。萊子方織畚，王曰：「守國之政，孤願煩先生。」老萊子曰：「諾。」王去，其妻樵還，曰：「子許之乎？」老萊曰：「然。」妻曰：「妾聞之，可食以酒肉者，可隨而鞭棰，可擬以官禄者，可隨而鈇鉞。妾不能爲人所制者。」妻投其畚而去。老萊子亦隨其妻至於江南而止曰：「鳥獸之毛可績而衣，其遺粒足食也。」仲尼嘗聞其論而蹙然改容焉。著書十五篇，言道家之用，人莫知其所終也。

又 卷下《管寧》 管寧，字幼安，北海朱虚人也。靈帝末，以中國方亂，乃與其友邴原涉海，依遼東，太守公孫度虚館禮之。其後中國少安，人多南歸，唯寧不還。黄初中，華歆薦寧，寧知公孫淵必亂，乃因徵辭還，以爲太中大夫，固辭不就。寧凡徵命十至，輿服四賜。常坐一木榻上，積五十五年未嘗箕踞。榻上當膝皆穿，常着布裙貉裘，唯祠先人。乃著舊布單衣，加首絮巾。遼東郡國，圖形於府殿，號爲賢者。

晋　葛洪《神仙傳》卷五《壺公》　壺公者，不知其姓名也。今世所有召軍符、召鬼神治病玉府符凡二十餘卷，皆出自公，故總名壺公符。時汝南有費長房者，爲市掾，忽見公從遠方來，入市賣藥，人莫識之。賣藥口不二價，治病皆愈。語買人曰：「服此藥必吐某物，某日當愈。」事無不効。其錢日收數萬，便施與市中貧乏饑凍者，唯留三五十。常懸一空壺於屋上，日入之後，公跳入壺中，人莫能見，唯長房樓上見之，知非常人也。長房乃日日自掃公座前地，及供饌物，公受而不辭。如此積久，長房尤不懈，亦不敢有所求。公知長房篤信，謂房曰：「至暮無人時更來。」長房如其言即往。公語房曰：「見我跳入壺中時，卿便可效我跳，自當得入。」長房依言，果不覺已入。入後，不復是壺，唯見仙宮世界，樓觀重門閣道宮，左右侍者數十人。公語房曰：「我仙人也，昔處天曹，以公事不勤見責，因謫人間耳。卿可教，故得見我。」長房下座頓首曰：「肉人無知，積罪却厚，幸謬見哀憫，猶人剖棺布氣，生枯起朽，但恐臭穢頑弊，不任驅使。若見哀憐，百生之厚幸也。」公曰：「審爾大佳，勿語人也。」公後詣長房於樓上曰：「我有少酒，相就飲之。」酒在樓下，長房使人取之，不能舉盎。至數十人，莫能得上。乃白公，公乃下，以一指提上，與房共飲之。酒器如拳許大，飲之至暮不竭，告長房曰：「我某日當去，卿能去乎？」房曰：「欲去之心，不可復言。欲使親眷不覺知去，當有何計？」公曰：「易耳。」乃取一青竹杖與房，戒之曰：「卿以竹歸家，便可稱病。以此竹杖置卿所臥處，默然便來。」房如公言，去後，家人見房已死，屍在牀，乃向竹杖耳。乃哭泣葬之，房詣公，恍惚不知何所，公乃留房於羣虎中。虎磨牙張口欲噬房，房不懼。明日又内於石室中，頭上有一方石，廣數丈，以茅綯懸之，又諸蛇來中嚙繩，繩即欲斷，而長房自若。公至，撫之曰：「子可教矣。」又令長房啗屎兼蛆長寸許，異常臭惡，房難之。公乃歎謝遣之曰：「子不能僊道也。賜子爲地上主者，可得壽數百歲。」爲傳封符一卷，付之曰：「帶此，可主諸鬼神。常稱使者，可以治病消災。」房憂不得到家，公以一竹杖與之，曰：「但騎此，得到家耳。」房騎竹杖辭去，忽如睡覺，已到家。家人謂是鬼，具述前事，乃發棺視之，唯一竹杖，方信之。房所騎竹杖棄葛陂中，視之，乃青龍耳。初去至歸謂一日，推問家人，已一年矣。房乃行符收鬼治病，無不愈者。每與人同坐共語，常呵責嗔怒，問其故，曰：「嗔鬼耳。」時汝南有鬼恠，歲輒數來郡中。來時，從騎如太守入府，打鼓周行内外，爾乃還去，甚以爲患。房因詣府廳事，正值此鬼來到府門前，府君馳入，獨留房。鬼知之，不敢前，房大叫呼曰：「便捉前鬼來。」乃下車伏庭前，叩頭乞曰：「改過。」房呵之曰：「汝死老鬼，不念温良。無故導從唐突官府，自知合死否，急復真形。」鬼須臾成大鼈如車輪，頭長丈餘，房又令復人形，房以一札符付之，令送與葛陂君。鬼叩頭流涕持札去，使人追視之，乃見符札立陂邊，鬼以頭繞樹而死。房後到東海，東海大旱三年，謂請雨者曰：「東海神君前來淫葛陂夫人，吾係之。辭狀不測，脱然忘之，遂致久旱。吾今當赦之，令其行雨。」即便有大雨，房有神術，能縮地脉千里，存在目前。宛然放之，復舒如舊也。

南朝梁　蕭子顯《南齊書》卷五四《明僧紹傳》　慶符罷任，僧紹隨歸，住江乘攝山。太祖謂慶符曰：「卿兄高尚其事，亦堯之外臣。朕雖不相接，有時通夢。」遺僧紹竹根如意，筍籜冠。僧紹聞沙門釋僧遠風德，往候定林寺，太祖欲出寺見之。僧遠問僧紹曰：「天子若來，居士若爲相對？」僧紹曰：「山藪之人，政當鑿坏以遁，(苦)(若)辭不獲命，便當依戴公故事耳。」永明元年，世祖敕召僧紹，稱疾不肯見。詔徵國子博士，不就，卒。子元琳，字仲璋，亦傳家業。

唐　令狐德棻《周書》卷二〇《賀蘭祥傳》　祥雖太祖密戚，性甚清素。州境南接襄陽，西通岷蜀，物産所出，多諸珍異。時既與梁通好，行李往來，公私贈遺，一無所受。梁雍州刺史、岳陽王蕭詧，欽其節儉，乃以竹屏風、絺綌之屬及以經史贈之。祥難違其意，取而付諸所司。太祖後聞之，並以賜祥。尋被徵還。

唐　姚思廉《梁書》卷二六《范岫傳》　岫身長七尺八寸，恭敬儼恪，進止以禮。自親喪之後，蔬食布衣以終身。每所居官，恒以廉潔著稱。爲長城令時，有梓材巾箱至數十年，經貴遂不改易。在晉陵，惟作牙管筆一雙，猶以爲費。所著文集、《禮論》、《雜儀》、《字訓》行於世。二子褒、偉。

又《蕭琛傳》　琛少而朗悟，有縱横才辯。起家齊太學博士。時王儉當朝，琛年少，未爲儉所識，負其才氣，欲候儉。時儉宴于樂遊苑，琛乃著虎皮靴，策桃枝杖，直造儉坐，儉與語，大悦。儉爲丹陽尹，辟爲主簿，舉爲南徐州秀才，累遷司徒記室。

唐　房玄齡《晉書》卷八〇《王羲之傳》　嘗詣門生家，見棐几滑浄，因書之，真草相半。後爲其父誤刮去之，門生驚懊者累日。又嘗在蕺山見一老姥，持六角竹扇賣之。羲之書其扇，各爲五字。姥初有愠色。因謂姥曰：「但言是王右軍書，以求百錢邪。」姥如其言，人競買之。他日，姥又持扇來，羲之笑而不答。其書爲世所重，皆此類也。

又　卷九〇《吴隱之傳》　及盧循寇南海，隱之率厲將士，固守彌時，長子曠之戰没。循攻擊百有餘日，踰城放火，焚燒三千餘家，死者萬餘人，城遂陷。隱之攜家累出，欲奔還都，爲循所得。循表朝廷，以隱之黨附桓玄，宜加裁戮，詔不許。劉裕與循書，令遣隱之還，久方得反。歸舟之日，裝無餘資。及至，數畝小宅，籬垣仄陋，内外茅屋六間，不容妻子。劉裕賜車牛，更爲起宅，固辭。尋拜度支尚書、太常，以竹篷爲屏風，坐無氈席。後遷中領軍，清儉不革，每月初得禄，裁留身糧，其餘悉分振親族，家人績紡以供朝夕。時有困絶，或并日而食，身恒布衣不完，妻子不霑寸禄。

唐　李延壽《南史》卷五五《夏侯祥傳附魚弘傳》　魚弘，襄陽人。身長八尺，白皙美姿容。累從征討，常爲軍鋒。歷南譙、盱眙、竟陵太守。嘗謂人曰：「我爲郡有四盡，水中魚鼈盡，山中麞鹿盡，田中米穀盡，村里人庶盡。丈夫生如輕塵棲弱草，白駒之過隙。人生但歡樂，富貴在何時。」於是恣意酣賞。侍妾百餘人，不勝金翠，服翫車馬，皆窮一時之驚絶。有眠牀一張，皆是蹙柏，四面周帀，無一有異，通用銀鏤金花壽福兩重爲脚。

又　卷五八《韋叡傳》　叡雅有曠世之度，涖人以愛惠爲本，所居必有政績。將兵仁愛，士卒營幕未立，終不肯舍，井竈未成，亦不先食。被服必於儒者，雖臨陣交鋒，常緩服乘輿，執竹如意以麾進止，與裴邃俱爲梁世名將，餘人莫及。

又　卷七〇《郭祖深傳》　［郭祖深］常服故布襦，素木案，食不過一肉。有姥餉一早青瓜，祖深報以疋帛。後有富人効之以貨，鞭而徇衆。朝野憚之，絶於干請。所領皆精兵，令行禁止。有所討逐，越境追禽。江中嘗有賊，祖深自率討之，列陣未敢進，仍令所親人先登，不時進，斬之。遂大破賊，威振遠近，長江肅清。

又《范述曾傳》　齊明帝即位，爲永嘉太守。爲政清平，不尚威猛，甿俗便之。所部横陽縣山谷嶮峻，爲逋逃所聚，前後二千石討捕莫能息。述曾下車，開示恩信，凡諸凶黨，襁負而出，編户屬籍者二百餘家。自是商旅流通，居人安業。勵志清白，不受饋遺。明帝下詔褒美，徵爲游擊將軍。郡送故舊錢二十餘萬，一無所受，唯得白桐木火籠朴十餘枚而已。

宋　徐鉉《稽神録》卷三《廣陵賈人》　廣陵有賈人，以柏木造牀凡什物百餘事，製作甚精，其費已二十萬。載之建康，賣以求利。晚至瓜步，微有風起，因泊山下。頃之有巨舟，其中空，惟篙師三人乘之，亦泊於其側。賈人疑之，相與議此必羣盗也，將伺夜而劫我。前浦既遠，風又益急，逃避無地，夜即相與登岸深避之。俄而風雨雷電，蒙覆舟所，岸上則星月皎然。食頃雨止雲散，見巨艘稍稍前去，乃敢歸。舟中所載柏牀什物都不復見，餘物皆在。巨舟猶在東岸，有人呼曰：「爾無恨，當還爾價直。」賈人既失，所載復歸廣陵。至家，已有人送錢三十萬，置之而去。問其故，即泊瓜步之明日也。

宋　鄭樵《通志》卷一七《文苑傳》　羅含字君章，桂陽耒陽人也。曾祖彦臨海太守，父綏滎陽太守。含幼孤，爲叔母朱氏所養，少有志尚。嘗晝卧夢一鳥文彩異常，飛入口中，因驚起説之。朱氏曰：「鳥有文彩，汝後必有文章。」自此後藻思日新，弱冠，州三辟不就。含父嘗宰新淦，新淦人楊羨後爲含州將，引含爲主簿，含傲然不顧。羨招致不已，辭不獲而就焉。及羨去職，含送之到縣。新淦人以爲舊宰之子，咸致賂遺，含難違而受之。及歸，悉封置而去。由是遠近推服焉。後爲郡功曹，庾亮以爲部江夏從事。太守謝尚與含爲方外之好，乃稱曰：「羅君章可謂湘中之琳琅。」尋轉州主簿。後桓温臨州，又補征西參軍。温嘗使含詣尚，有所檢劾。含至不問郡事，尚與累日酣飲而還。温問所劾事，含曰：「公謂尚何如人？」温曰：「勝我也。」含曰：「豈有勝公而行非邪？故一無所問。」温奇其意而不責焉。轉州别駕，以廨。含諠擾於城西池小洲上立茅屋，伐木爲牀，織葦爲席而居，布衣蔬食，晏如也。温嘗與僚屬讌會，舍後至。温問衆坐曰：「此何如人？」或曰：「可謂荆楚之材。」温曰：「此自江左之秀，豈惟荆楚而已。」徵爲尚書郎。温雅重其才，又表轉征西户曹參軍，俄遷宜都太守。及温封南郡公，引爲郎中令，尋徵正員郎，累遷散騎常侍、侍中，仍轉廷尉、長沙相。年老致仕，加中散大夫，門施行馬。初含在官舍，有一白雀棲集堂宇。及致仕還家，階庭忽蘭菊叢生，以爲德行之感焉。年七十七卒，所著文章行於世。

明 張岱《陶庵夢憶》卷二《沈梅岡》 沈梅岡先生忤相嵩，在獄十八年。讀書之暇，傍攻匠藝，無斧鋸，以片鐵日夕磨之，遂銛利。得香楠尺許，琢爲文具一，大匣三，小匣七，壁鎖二，棕竹數片，爲箑一，爲骨十八，以筍、以縫、以鍵，堅密肉好，巧匠謝不能事。夫人匄先文恭誌公墓，持以爲贄，文恭拜受之。銘其匣曰：「十九年，中郎節，十八年，給諫匣，節邪匣邪仝一轍。」銘其箑曰：「塞外氊，饑可飡，獄中箑，塵莫干，前蘇後沈名班班。」梅岡製、文恭銘、徐文長書、張應堯鐫，人稱四絶，余珍藏之。又聞其以粥鍊土，凡數年，範爲銅鼓者二，聲聞里許，勝暹羅銅。

又 卷六《仲叔古董》 葆生叔少從渭陽游，遂精賞鑒。得白定爐、哥窯瓶、官窯酒匜，項墨林以五百金售之，辭曰：「留以殉葬。」癸卯，道淮上，有鐵梨木天然几，長丈六，濶三尺，滑澤堅潤，非常理。淮撫李三才百五十金不能得，仲叔以二百金得之，解維遽去。淮撫大恚怒，差兵躡之，不及而返。庚戌，得石璞三十觔，取日下水滌之，石罅中光射如鸜哥祖母，知是水碧，仲叔大喜。募玉工倣朱氏龍尾觥一，合巹盃一，享價三千，其餘片屑寸皮，皆成異寶。仲叔贏資巨萬，收藏日富。戊辰後，倅姑熟。倅姑蘇，尋令盟津，河南爲銅藪，所得銅器盈數車，美人觚一種，大小十五六枝，青緑徹骨，如翡翠，如鬼眼青，有不可正視之者，歸之燕客。一日失之，或是龍藏收去。

紀 事

漢 司馬遷《史記》卷一一六《西南夷列傳》 及元狩元年，博望侯張騫使大夏來，言居大夏時見蜀布、邛竹、杖，使問所從來，曰「從東南身毒國，可數千里，得蜀賈人市。」或聞邛西可二千里有身毒國。

晉 葛洪《西京雜記》卷一 趙飛燕女弟，居昭陽殿。中庭彤朱，而殿上丹漆，砌皆銅沓，黄金塗，白玉階，壁帶往往爲黄金釭，含藍田璧，明珠翠羽飾之。上設九金龍，皆銜九子金鈴，五色流蘇。帶以緑文紫綬，金銀花鑷。每好風日，旛旄光影，照耀一殿，鈴鑷之聲，驚動左右。中設木畫屏風，文如蜘蛛絲縷。玉几玉床，白象牙簟，緑熊席。席毛長二尺餘，人眠而擁毛自蔽，望之不能見，坐則没膝，其中雜熏諸香，一坐此席，餘香百日不歇。有四玉鎮，皆達照無瑕缺。窗扉多是緑琉璃，亦皆達照，毛髮不得藏焉。椽桷皆刻作龍蛇，縈繞其間，鱗甲分明，見者莫不兢慄。匠人丁緩、李菊，巧爲天下第一。締構既成，向其姊子樊延年説之，而外人稀知，莫能傳者。

又 漢制，天子玉几，冬則加綈錦其上，謂之綈几。以象牙爲火籠，籠上皆散華文。後宮則五色綾文，以酒爲書滴，取其不凍。以玉爲硯，亦取其不凍。夏設羽扇，冬設繒扇。公侯皆以竹木爲几，冬則以細罽爲橐以憑之，不得加綈錦。

又 卷二 漢諸陵寢，皆以竹爲簾。簾皆爲水紋及龍鳳之像，昭陽殿織珠爲簾。風至則鳴，如珩珮之聲。

晉 陸翽《鄴中記》 石虎作雲母五明金箔莫難扇，此一扇之名也。薄打純金如蟬翼，二面彩漆畫列仙奇鳥異獸，其五明方中辟方三寸或五寸，隨扇大小，雲母帖其中，細縷縫其際。雖罨畫而彩色，明徹看之，如謂可取，故名莫難也。虎出時以此扇夾乘輿，亦用牙桃枝扇，其上竹或緑沈色、或木蘭色、或作紫紺色、或作鬱金色。

北魏 酈道元《水經注》卷二《河水》 百六十里，有市列，西當大月氏、大宛、康居道。釋氏《西域記》曰：「國有佛浴牀，赤真檀木作之，方四尺。王于宮中供養。」

南朝梁 蕭子顯《南齊書》卷一《高帝紀》 大明泰始以來，相承奢侈，百姓成俗。太祖輔政，罷御府，省二尚方諸飾玩。至是又上表禁民閒華僞雜物：不得以金銀爲箔，馬乘具不得金銀度，不得織成繡裙，道路不得著錦履，不得用紅色爲幡蓋衣服，不得翦綵帛爲雜花，不得以綾作雜服飾，不得作鹿行錦及局脚檉柏床、牙箱籠雜物、綵帛作屏鄣、錦緣薦席，不得私作器仗，不得以七寶飾樂器又諸雜漆物，不得以金銀爲花獸，不得輒鑄金銅爲像。皆須墨敕，凡十七條。其中宮及諸王服用，雖依舊例，亦請詳衷。

唐 李延壽《南史》卷一《宋紀》 宋臺建，有司奏東西堂施局脚牀，金塗釘，上不許。使用直脚牀，釘用鐵。廣州嘗獻入筒細布，一端八丈，帝惡其精麗勞人，即付有司彈太守，以布還之，并制嶺南禁作此布。帝素有熱病，并患金創，末年尤劇，坐臥常須冷物，後有人獻石牀，寢之，極以爲佳，乃歎曰：「木牀且費，而況石邪？」即令毁之。

唐　李肇《翰林志》　四品已上，加一人，每歲内賜春服物三十四，暑服三十四，綿七屯。寒食節料物三十四，酒餳、杏酪、粥屑、肉餤。清明火二社蒸餶。端午衣一副，金花銀器一事，百索一軸，青團鏤竹大扇一柄，角糭三服，粆蜜重陽酒、糖粉餻。冬至歲酒、兔、野雞，其餘時果、新茗瓜、新歷，是爲經制。直日就班授，下直就第賜之。

唐　白居易《白氏長慶集》卷三九《三謡序》　予廬山草堂中，有朱藤杖一，蟠木机一，素屏風二。時多杖藤而行，隱机而坐，掩屏而卧。宴息之暇，筆硯在前。偶爲《三謡》，各導其意，亦猶座右、陋室銘之類爾。

唐　蘇鶚《杜陽雜編》卷下　[唐宪宗]上敬天竺教。十二年冬，製二高座，賜新安國寺。一爲講座，一曰唱經座。各高二丈，斫沉檀爲骨，以漆塗之，鏤金銀爲龍鳳花木之形，徧覆其上。

宋　陶穀《清異録》卷下　握君，僧繼顒住五臺山，手執香如意，紫檀鏤成，芬馨滿室。繼元時在潛邸，以金易致，每接僧則頂帽具三，衣假比丘，秉此揮談，名爲握君。

宋　樂史《太平寰宇記》卷七五《劍南西道四》　邛竹，《蜀記》漢張騫奉使尋河源，得高節竹，植於邛山，今沿嶺皆是，堪爲杖，號曰邛竹杖。

宋　歐陽修《新五代史》卷一〇《漢紀》　[天福]四年，契丹犯京師，出帝北遷，王遣牙將王峻奉表契丹，耶律德光呼之爲兒，賜以木柺，虜法貴之如中國几杖，非優大臣不可得。峻持柺歸，虜人望之皆避道。峻還，爲王言契丹必不能有中國，乃議建國。

宋　范祖禹《范太史集》卷三六《司馬文公布衾銘記》　[司马光]又以圓木爲警枕，小睡則枕，轉而覺，乃起讀書。蓋恭儉勤禮出於天性，自以爲適不勉，而能與二范公爲心交，以直道相與，以忠告相益。凡皆如此，其誠心終始如一，將殁而猶不忘。

宋　葉夢得《避暑録話》卷上　晁任道自天台來，以石橋藤杖二爲贈，自言親取于懸崖間，柔韌而輕，堅如束筋。余往自許昌歸，得天壇藤杖數十，外圓實與此不類，而中相若。時余年四十三，足力尚强，闕以爲好而非所須，置之室中，不及用，悉爲好事者取去。今老矣，行十許步輒一歇，每念之不可復致，而得任道之惠，蓋喜不自勝也。門生邵大受復遺淳安木竹杖六節，密而内實，畧如天壇藤，間有突起如鶴膝者，非峭勁敵風霜不能爾也。此即贊寧《筍譜》本出錢塘靈隱山，今不知有否。當求其種植之，以爲後計。晉人謂許遠遊健于登陟，不特有勝情，亦有濟勝之具。今吾所以濟勝者，不求之足而求之杖，亦安知杖之非吾足乎？若遇遠遊，當不免一笑，使孔光見之，可免爲靈壽之辱也。

宋　葉庭珪《海録碎事》卷二《堂堂有此》　彗星見，齊景公坐柏床歎曰：「堂堂誰有此乎？」

宋　洪邁《夷堅志》卷四《琴臺棋桌》　乾道初，内侍陳源坐罪謫郴，詔籍其家貲出鬻。將作吕丞義卿得二物，其一琴臺，虢州月石所斲，色紫而理細，茂林脩竹江村小景，工妙不可名狀。四脚各以緑絲絛繫，降真香靸子一枚。其一象棋桌，高二尺五寸，闊二尺五寸，空中以貯棋，合四圍有闌，沈香爲局面，牙柵界之。其外用烏木、花黎，白檀數匝，緣飾以降真香，刻水浪，加金填，而浪頭填以銀，芬苾襲人，他物一切稱是。

宋　王明清《揮麈録》三録卷三　紹興初，梁仲謨汝嘉尹臨安，五鼓往待漏院，從官皆在焉。有據胡床而假寐者，旁觀笑之。又一人云：「近見一交椅，樣甚佳，頗便於此。」仲謨請之，其説云：「用木爲荷葉，且以一柄插於靠背之後，可以仰首而寢。」仲謨云：「當試爲諸公製之。」又明日入朝，則凡在坐客各一張，易其舊者矣。其上所合施之物，悉備焉，莫不歎伏而謝之。今達宦者皆用之，蓋始於此。

宋　李燾《續資治通鑑長編》卷三四　[淳化四年]夏四月，有司調退材給東窑務爲薪。上遣使閲視，擇其可爲什物者，作長床數百，分賜宰相、樞密三司。使因謂李昉曰：「此雖甚微碎，然山林之木，取之極勞民力，乃以供爨，亦可惜也。」昉曰：「古人以竹頭木屑皆可充用，正在於此。唯慚臣下不克盡副天心耳。」

宋　陸游《老學庵筆記》卷一　[宋]高宗在徽宗服中，用白木御椅子，錢大主入覲見之曰：「此檀香椅子耶？」張婕妤掩口笑曰：「禁中用胭脂皂莢多，相公已有語，更敢用檀香作椅子耶。」時趙鼎、張浚作相也。

宋　梅應發《四明續志》卷五　紅木犀出象山縣。初邑士史本得此種，獻闕下。高宗雅愛之，盡爲扇面，製詩以賜從臣。

元 王士點《秘書監志》卷六 大德四年九月二十四日，舒庫爾齊衆嘉努哈喇、薩哈勒圖欽奉聖旨：「秘書監裏有底書畫，揀好底，衆嘉努哈喇、薩哈勒圖您兩個管著者，省官人每根底與文書，依著張叅政説底，杭州鋪馬裏取好匠人，都裱褙得完備者。合用底紙綾子，教將作院官人每根底應付上綾用者。攛掠底完備時，教留守司官人每，上等不油底江南好木頭做匣子者，別個底做漆匣子收拾者。用著底玉圖書，教咱每年號依著在前樣子，教馬嘉努酌中底玉磨與者。太府監裏有底玉軸頭，少底添與者，教張叅政提調者。麽道聖旨了也。欽此。」至大德六年六月裱褙畢工，書畫手卷六百四十六軸。本監照得，欽奉聖旨，裱褙秘府書畫，今已完備。所有簽貼，合委請字畫精妙之人題寫。

元 楊維楨《東維子集》卷一六《野亭記序》 雲間沈鉉氏世家爲郊闕之外，其聚爲溪之上皆壙埌之野。於先廬東介，披蓁薉，蒔花竹，築亭。四楹中置大竹榻，白木几、筆床、茶竈、棋枰、書皮雜聚其次。

元 佚名《宋史全文》卷二〇上 ［紹兴七年］丙辰，工與大臣言嗣濮王仲湜酷好珊瑚。趙鼎因言：「頃到蔡行家，見其奢麗可駭。如卧榻，亦以滴粉銷金等爲飾。」上曰：「朕頃在藩邸，猶用黑漆床。渡江以來，止用白木，上施蒲薦，素黄羅爲褥，素黄羅被三條而已。睡後豈復知有華好也？」

明 朱權《神隐》卷上 竹枕，江南以竹爲之，多夾髮，不若蒲編者亦好。

明 王佐《新增格古要論》卷八《骰栢楠》 骰栢楠木，出西蜀馬湖府，紋理縱横不直，中有山水人物等花者，價高。四川亦難得，又謂之骰子栢楠。

近歲，户部員外敘州府何史訓送卓面，是滿面蒲萄，尤妙，其紋脉無間處，云是老樹千年根也。

明 王圻《稗史彙編》卷一三七《節目翁》 陸龜蒙談譴，有一竹禪牀，常用偃憩。時天已寒，童忘鋪毡褥，龜蒙已坐，凜然急起，呼曰：「此節目翁須是與它些衣服，不然［他］寒我也寒。」

又 卷一五一《荆根枕》 賈人張弘者，行至華岳廟前，忽昏憎不能前進。繫馬於一金荆樹而酣睡，馬驚拽出樹根而走，弘寤逐而及之。樹根形如獅子，毛爪眼耳足尾無不悉具。乃于華陰縣求木工修之，爲一枕，献於廟守。廟者常以匱鏁之，行人聞者，賂守廟者百錢，始獲一見。出聞奇録

明 王士性《廣志繹》卷二《兩都》 姑蘇人聰慧好古，亦善倣古法爲之，書畫之臨摹，鼎彝之冶淬，能令真贋不辨。又善操海内上下進退之權，蘇人以爲雅者，則四方隨而雅之，俗者，則隨而俗之，其賞識品第本精，故物莫能違。又如齋頭清玩、几案、牀榻，近皆以紫檀、花梨爲尚，尚古樸不尚雕鏤，即物有雕鏤，亦皆商、周、秦、漢之式，海内僻遠皆效尤之，此亦嘉、隆、萬三朝爲盛。至於寸竹片石摩弄成物，動輒千文百緡，如陸于匡之玉馬，小官之扇，趙良璧之鍛，得者競賽，咸不論錢，幾成物妖，亦爲俗蠹。

明 高濂《遵生八牋》卷一四 李衛公賓一方竹杖，來自大宛國。堅實而正方，節眼鬚牙，四面對出。因贈甘露寺僧，重其道行。一日再過浙右，問僧曰：「竹杖無恙否？」僧曰：「已規圓而漆之矣。」公嗟惋彌日。

明 陳耀文《天中記》卷四九 買櫝還珠。楚人賣其珠於鄭者，爲木蘭之櫝，薰以桂椒，綴以珠玉，飾以玫瑰，緝以翡翠。鄭人買櫝而還珠，未可謂善鬻珠也。韓子

明 劉若愚《酌中志》卷一六 御用監掌印太監一員，裏外監把總二員，猶總理也。有典簿掌司寫字監工，凡御前所用圍屏擺設器具，皆取辦焉。有佛作等事，凡御前安設硬木牀桌櫃，及象牙、花梨、白檀、紫檀、烏木、鸂鶒木、雙陸棋子、骨牌、梳櫳、螺甸填漆、雕漆盤匣、扇柄等件，皆造辦之。仁智殿有掌殿監工一員，掌管武英殿中書，承旨所寫書籍畫扇，奏進御前，亦猶中書之于文華殿中書也。

又 卷一九 櫈杌，凡司禮監掌印秉筆之年高最有寵眷者，方能得此。其製如靠背椅，而加兩桿於旁，用皮襻如轎，前後各用一横擯，然抬者不在轅内，只在桿外斜插擯檯，而正行之。所以曰杌者。禁地不敢乘轎之意也。板，其製如牀，面高五尺許，於偏後些安一椅圈。前後以粗絨繩拴，用擯二條，斜插抬走，離地尺許。凡司禮監掌印秉筆年老者，方私置坐之。不係欽賞，亦不係正經品級，自乾清門外至西華門東華門裏止。自逆賢擅政，乃徑自由門檯出，了無畏懼，又曾於寶月亭戴巾穿褻衣坐板檯走，殊可恨也。自古以來，禁地無戴巾之理，神廟時，司禮掌印田義老病，先監矩清弱，亦曾間於宫中坐板，然出於不得已，非驕矜賣貴也。邇來年少如李永貞、石元雅、涂文輔皆坐之，可不謂濫褻之極耶。

明 彭大翼《山堂肆考》卷一八一《太子納妃》 晉東宮舊事，太子納妃，素栢局脚牀。

又《沉香》 梁魚容性侈靡，以象齒沉香造牀，周匝用銀鏤金花寶。

又 卷一八二《王烈蒼藤》《列僊傳》王烈曾授赤城老人九節蒼藤杖，拄杖行地上，雖馬奔不能及也。杜詩曰：「安得僊人九節杖，拄到玉女洗頭盆。」又曰：「惟有紅藤杖，相隨錦里來。」韓愈有赤藤杖歌曰：「赤藤爲杖世未窺。」

又《武肅木枕》《吳越備史》武肅王錢鏐在軍中，未嘗安寢。用圓木作枕，睡熟則欹，由是得寤，名曰警枕。

明 周嘉胄《香乘》卷二《檀香牀》 安禄山有檀香牀，乃上賜者。

明 顧起元《客座贅語》卷三 隋煬帝爲晉王，嚫戒師衣物，有聖種納袈裟一緣，黄紋舍勒一腰，綿三十屯，鬱泥南布袈裟一緣，黄絲布襯一具，絹四十疋，鬱泥南絲布褊袒一領，黄紬臥褥一領，布三十禪，鬱泥絲布坐褥一具，烏紗蚊幮一張，紙一百張，鬱泥絲布方裙一腰，紫綖靴一量，錢五十貫，鬱泥雲龍綾被一緣，龍鬚席一領，蠟燭十挺，鬱泥羅頭帽一領，須彌氈一領，銅硯一面，高麗青坐布一具，烏皮履一量，墨二挺，黄絲布被襠一領，南榴枕一枚，和香一盒，鐵錫杖一柄，象牙管一管，麈尾一柄，烏油鐵鉢一口，并袋斑竹筆二管，銅七筯一具，犀角如意一柄，并匣白檀曲几一枚，銅重盌三口，石青爐奩一具，山水繩牀一張，銅搔勞一口，銅香火匕筯一具，白檀支頰一枚，銅澡罐一口，南榴夾膝桃一枚，竹蠅拂一柄，鐵剪刀一口，蒲移文木案一具，并褥犀莊瓜刀一口，鐵剃刀一口，黄絲布隱囊一枚，紫檀巾箱一具，鐵鑷子一具，白瓦睡壺一口，并籠巾栉心筆格一枚，銅燭擎一具，鍮石莊栉心經格一具，犀裝書刀一口，白團扇一柄，瓜篆、龍篆、縣針、垂露、飛白、倒薤、魚篆、科斗、小篆、大篆字穀皮屏風一具。淨人善心，年十一。右棵開皇十一年十一月二十三日。又施物至玉泉寺五彩四十九尺，旛二張，五色斑羅經巾二枚，絹五十疋，錦香罏襌十張，熏陸香二觔，剃刀十口，鵶納袈裟一領，油鐵鉢十口，雄黄七觔，須彌氈五領。又施天台山納袈裟十領，龍鬚席二領，鬚彌氈二領，猫牛酥三瓶，熏陸香一盒。及爲太子，仁壽元年十二月十七日，施天台山白石香爐一具，大銅鐘一口，鵶納袈裟一領，鵶納褊衫二領，四十九尺旛七口，黄綾裙一腰，氈二百領，絲布祇支二領，旛一百口，和香二盒，胡桃一籠，衣物三百段，麥麨一盒，石鹽一盒，酥六瓶。二年，又施天台山飛龍綾法衣一百六十領，旛一百五十張，光明鹽一石，酥五瓶。又别賜灌頂法師金縷成彌勒像，并夾侍菩薩、聖僧、周匝五十三佛，織成經禮七張，織成經袋二口，熏陸香一百觔，酥合和香一觔。陳、隋二主皈依智者，恣行五慾，自斷善根，所賜嚫施本無足紀，第以其中名相多六朝方物、方言，文人考據間有所遺，因附載之，爲淹通者資一二異聞奇字耳。又智者答上晉王萬春樹皮袈裟一緣，乃梁武帝時外國所獻者。晉王謝啟云：「菩薩戒稱所着袈裟，皆染使壞色，況復自然嘉樹，妙彩天成，相應之言，無勞外假。萬春表長生之稱，二翼合善譬之辭，永服周旋，恒充布薩。常事半月，豈惟六日，着如來衣，深荷慈獎。」謹和南。」衣名甚新奇，啟文亦妙。

又 卷一〇《王梅溪研》 盛仲交蒼潤軒中藏有王梅溪先生研，研體員，長可尺六七寸，廣三之二，色正紫，光膩而潤，蓋端石也。四邊刻蓬萊樓閣，雲氣海濤，近上作方池，以一木架嵌之。架高二尺餘，有足如几。仲交寫大字，作長幅畫，輒滿注水，濃磨隃麋，興到捉筆，揮洒淋漓，非此不稱其意氣。後其子伯年曾以見示，今不知寘誰氏矣。

明 朱國禎《湧幢小品》卷二七《木》 金荊榴樹，色如真金，密緻而文綵，盤蹙蹙有如美錦，細膩而香。隋煬帝時，朱寬征南得此木數十片，用以作枕及案面，沈檀所不及。

明 張聯元《天台山全志》卷四 方竹，以莖方故名。出天台玉霄峰，可爲杖。唐李德裕得一方竹杖，贈潤州甘露寺僧，後見僧，問曰：「方竹兄無恙否？」對曰：「已規而漆之矣。」公嗟惋良久，吟詩曰：「削圓方竹杖，漆却斷紋琴。」

明 范濂《雲間據目鈔》卷二 細木家伙，如書棹禪椅之類，余少年曾不一見。民間止用銀杏金漆方棹，自莫廷韓與顧宋兩公子，用細木數件，亦從吳門購之。隆萬以來，雖奴隸快甲之家，皆用細器。而徽之小木匠，爭列肆於郡治中。即嫁裝雜器，俱屬之矣。紈綺豪奢，又以椐木不足貴，凡床厨几棹，皆用花梨、癭木、烏木、相思木、與黄楊木。極其貴巧，動費萬錢，亦俗之一靡也。尤可怪者，如皂快偶得居止，即整一小憩，以木板裝鋪，庭畜盆魚雜卉，内列細棹拂塵，號稱書房。竟不知皂快所讀何書也。

明 徐宏祖《徐霞客游記》卷四下 板磴上磴爲墮葉覆積，幾不得級。磴旁壽枋大至三人抱者，甚衆。上一里得坪菴倚之。北向，竹床、木几洒埽具悉給，二桶向存斗米，而苔葑古竈，人去已久，菴側斷積薪竹炊具甚贍。

清 宋犖《筠廊偶筆》卷一 汴梁相國寺大雄殿，相傳建自北齊，明末没於河。順治中，撫軍賈公重建，見梁木精堅，色深緑，遂易以他木，而取爲長几，儼然青玉案也。

清 查慎行《人海記》卷下《蟠木》 山中有野杏樹，枝幹多被野燒所焚。其根堅韌入土不爛，有花紋而香，以爲筆架及小香几，玲瓏可愛，御前俱斲用之。余受賜者，用作小鏡架，名之爲蟠木。

清 倪蜕《滇小紀》一卷 黑舖元江有之俗，與窩泥同，而言語微異。性巧慧，善作宫室，編竹爲器，一切牀、几、棹、椅、欖備極精緻，漢人莫及。

清 張英《文端集》卷四二《思過軒記》 讀易樓之南，搆屋三楹，分南北户，别而爲六。其東北一隅，去門徑稍遠，尤爲静僻。室修廣不盈丈，置木几、竹榻于北牖下。當窗則梅桂參差，草花菁翠，丈室中邃遠，有幽人之致。予每于遊覽卉木、酬錯親故，讀書作字之暇，輒坐卧其中，捐思却慮，收視反聽，異得片晷之憩息，而游心于冲夷恬澹之境也。每思人生叢過積咎，擾擾紛紛相循而不已，如號長風、鼓巨浪，驚心駭目。試静而體之、揆之。詩書所紀載昔人之所言行，而是非得失自見矣。玉瑩潔則瑕纇出，潭澂澈則沙礫見，天清湛則雲翳顯，夫人亦猶是。當此静境，與爲守寂無寧思過，氣静心澄，平生所爲，萬端在目。此孔氏有内省之訓，曾子重其嚴之誡也，作《思過軒記》。

清 汪灝《佩文齋廣群芳譜》卷七九 宋顔峻《几贊序》：今上在彭城，賜金荆卧几。

清 姚之駰《元明事類鈔》卷一四 葛帷竹笥 明朱鶴齡集李遷梧令，吴江御史行部供億不堪，卧榻折足。御史怒，突入縣庭，欲覈庫。至後堂，見東壁一小床，葛帷已敝，旁置二竹笥，不設鎖鑰，問之，則令之卧具行篋也。乃深愧，嘆而去。

清 劉堅《修潔齋閑筆》卷五《麈尾》 陳張博士幾，議論詳雅。後主於東宫造玉柄麈尾，初成曰：「當今雖多士如林，堪捉此者，獨張幾耳。」便以授之，令講老莊。又於鍾山開善寺命講，索麈尾未至，勅取松枝代之。

清 張燕昌《金粟箋説》一卷 余曾見金粟藏經全卷，包首即用藏經一色紙，卷以細竹片，軸以圜木出其兩端，澤以丹漆，今裝潢家所謂出軸是也。又見金粟藏經木匣，甚古樸，式如今手卷匣。面深而平，四邊峻起，外以丹漆，内素質，其鬭筍處内外皆有痕跡可尋。又于海寧裝潢家見摺本藏經外函，亦用藏經紙糊十數層爲之。又崇明寺藏經摺本，上下皆版面，先書經名而澤以漆，質似東洋松（本）[木]。

清 常輝《蘭舫筆記》一卷 余補奉邑，住省候部覆，寓近申衙前。一日同友人入市肆，買一楠木香几。甫講價，其店主審視余，請曰：「公非常太爺乎？」友曰：「是也。」其人倉皇致敬，邀内奉茶。甫入，即跪而謝曰：「小人周德遠也。前蒙破恩斷歸妻子，終日焚香頂祝矣。」遂呼其妻出叩，余急止之。及細詢，已生子六月矣。臨行舉香几爲壽，余笑而却焉。

清 黄本驥《湖南方物志》卷二《長沙府》 湖南漆工以瀏陽爲佳，製爲人物屏障，甚工緻。三長物齋長説

清 光緒《零陵縣志》卷一《地輿志·山》 鳴水嶺，宗績《辰府志》云：縣西南百餘里，接道州及廣西全州界。嶺頭一水，歕薄萬丈，周流嶺之左右，望如積雪，鳴聲聞數里。産藤可作杖，紋成花鳥。

清 光緒《吉林通志》卷三四《器用》 樺木箱名亞拉柱。紫山多樺木，士人取爲笥，以盛衣物，如木如革，文理蔚然，不假緣采。

朱家溍《養心殿造辦處史料輯覽》第一輯·雍正朝 [雍正元年]二十四日府内取來雕刻紫檀木書格一對。怡親王諭：著配做飾件外套。遵此。於四月初五日配做得銅鍍金飾件，黄杭細面、紅杭細里外套，怡親王呈進訖。

又 [雍正元年]正月初九日怡親王諭：爾等照金星五彩玻璃鼻煙壺樣式燒琺瑯鼻煙壺幾件。遵此。正月十四日怡親王交來大小腰圓長方琺瑯片二十七片。王諭：或配做紫檀木方匣，或做大小盒子，上俱嵌琺瑯片，要做秀氣些。遵此。於九月初八日做得嵌琺瑯片紫檀木盒一件。

又 [雍正元年]正月廿三日做得套桌樣一件，怡親王呈覽。奉旨：照樣准做。欽此。於三月初八日照尺寸做得紫檀木邊豆瓣楠木心套桌一張，怡親王呈進訖。

二月廿日怡親王諭：做紫檀木膳桌八張、花梨木膳桌三張。遵此。於三

月十四日做得包鑲銀飾件紫檀木邊楠木心桌二張、赤金飾件紫檀木邊豆瓣楠木心桌一張、鋄銀飾件花梨木邊楠木心桌二張。三月廿三日做得包赤金飾件紫檀木邊豆瓣楠木心桌三張。包鋄金飾件紫檀木邊豆瓣楠木桌一張，四月十四做得。

四月初七日怡親王奉旨：著做矮欄杆床一張，長七尺、寬五尺二寸、高一尺二寸，右邊扶手上配做楠木夔龍式帽架一件。欽此。於七月二十二做得。十九日清茶房首領太監吕興朝傳旨：著做楠木春凳二個、杉木罩油春凳四個，俱長四尺三寸五分、寬一尺二寸、高一尺二寸五分。欽此。於四月二十一日做得。二十日畫得陳設玩器木格樣二件。怡親王呈覽。奉旨：照樣做楠木書格每樣一對，俱高四尺、面寬二尺五分、深一尺五寸，兩旁下邊俱安板。欽此。於八月十一日做得。四月二十三日怡親王交紫檀木座一件，諭：改做螭虎腿子。遵此。四月廿八日總管太監張起麟傳旨：著做衣服格子一件，共做三格，每格長六尺、寬三尺、高一尺二寸。每格子上安環四個，格蓋高五寸，俱要子口，格子座高八寸，周圍比格子大一寸。欽此。八月初八日做得。六月初十日太監焦忠傳做楠木桌一張，長五尺一寸、寬一尺六寸、高三尺一分。記此。八月十七日做得。

又　[雍正元年]二十四日張起麟交商金銀蟠螭圓鼎一件，隨紫檀木座一件。奉旨：將紫檀木座肚子去了，往秀氣里收拾。欽此。太監王安傳旨：做杉木杌子一張，高二尺、長一尺四寸、寬一尺二寸。二十三日郎中保德傳旨：著做杉木床一張，長七尺五寸、寬五尺五寸，連架子高六尺五寸，不要甚重，做輕著些，周圍安楠木欄杆架。欽此。二十四日首領太監鄭忠、盧玉堂傳：乾清宮弘德殿用楠木桌二張，長二尺七寸、寬二尺、高二尺，隨黄布面白布裏氈襯桌套一個，見方三尺，黄布包單一塊，四角釘布帶。記此。二十六日郎中保德傳做杉木矮床一張，長七尺五寸、寬五尺五寸、高四寸。床架子用楠木做。記此。九月初四日怡親王諭：著做書架一連，高六尺九寸、寬八尺八寸、入深一尺書架四個。各高六尺九寸、寬五尺二寸、入深一尺春凳二連。太監王安傳做楠木包鑲書格三架，高七尺、寬三尺、入深一尺二寸。記此。二十三日怡親王諭：照先做過楠木床樣再做一張，外口長七尺，裏口寬四尺五寸，三面安欄杆柱子，用搭鉤，兩邊配做衣架，前面安掛幔帳杆子，要用時安上，要不用時取下來方好。遵此。十月初十日郎中保德奉旨：做一封書楠木桌一張，高一尺八寸、長三尺六寸、寬一尺九寸，桌邊要出五寸。欽此。

又　[雍正元年]十月初一日郎中保德奉旨：做楠木床一張，上配做半截錦套，床上做錦坐褥，棉花要實著，不要泡了，錦選活軟些的方好。欽此。

又　[雍正二年]正月二十四日總管太監張起麟交漢玉磬一件。傳旨：著配架子，爾等先做樣呈覽，朕看準時再做。欽此。於二月十七日做夔龍式磬架木樣一件，怡親王呈覽。奉旨：照樣用紫檀木做。欽此。於四月初三做得。

又　[雍正二年]二月初五日總管太監張起麟交銅小鐘一件，隨木架木錘。傳旨：著另配做木架，添做琺瑯鉤，爾等先做樣呈覽，俟準樣時再做。欽此。於二月十七日做得夔龍式鐘架木樣，怡親王呈覽。奉旨：照樣準做，欽此。於三月廿四日做得紫檀木夔龍式架一件、琺瑯鉤一件、錘子一件。

又　[雍正二年]十月初一日奏事太監劉玉交紫檀木匣套六件，每件前面嵌玻璃一片。傳旨：交養心殿有用處。欽此。於十一月十四日總管太監張起麟啟知怡親王，奉王諭：玻璃片做窗户眼用，紫檀木匣收著。遵此。本年活計還有：做楠木龕、楠木盤、楠木劍架、紫檀木龕、青緑百乳鐘配做紫檀木夔龍式架。做上乘車二輛，一乘要在車傍開門。照紅氆氌褥子做杉木杌子四個，各高五寸五分、見方二尺四寸。做楠木色木貓。做楠木邊吊屏。做小轎十乘。收拾楠木心花梨木矮桌。做紫檀木盤子。收拾花梨木豎櫃。做車一輛與嵩祝寺喇嘛，用金黄色幃。做盛御筆竹筒。傳旨：著做抽信楠木杌子二件，上下見方一尺一寸，牙子上下俱要矮些合尺寸，信子本身高九寸，抽起要一尺八寸，放下只九寸。欽此。共做紫檀木器物座四十一件，匣二十件。

又　[雍正二年]二月初四怡親王交青花白地磁瓶一件，隨紫檀木架。奉旨：著認看。欽此。于二月初五日據南匠袁景劭認看系宣窯瓶。二月十一日做得，呈進。奉旨：將宋龍螭虎磨去，改做素的，其嘴上、腰上花紋留著。怡親王交九龍荊州石瓶一件，紫檀木座，王諭：改做收拾。於三年五月初五欽此。于本年八月十一日改做得呈進。十三日怡親王交瑪瑙壺一件。奉旨：將壺上的花紋磨去，壺嘴里膛做彎些，壺靶改做素的。欽此。據南匠鄒學文認看得瑪瑙壺上有柳，若磨做恐其磨壞。瑪瑙碗一件。奉旨：此碗太厚，隨形往薄里磨做。欽此。於四月十八日磨做完，呈進。藍色瑪瑙石一塊。王諭：著改做筆架，於三月二日做得。

又［雍正三年］正月二十九日怡親王諭：嗣后將小式活計做些。遵此。自五月至九月共做得下列各件：象牙雕花筆格一件，松鼠葡萄筆架一件，扇器二件，花囊八件。鑲嵌各式鼻煙壺、扇器十件。五月初二日做得通草鳳仙萬壽菊盆景一件，松樹靈芝盆景一件，俱隨醬色金錢如意錦罩。象牙雕雞式筆架一件，荷葉式臂格一件，荸薺菱角式盒一件，佛手橘子式鼻煙壺一件。嵌黄緑石夔龍紐紫檀木鎮紙一件。鑲嵌四時吉慶花一件。紫青玻璃瓶一件。五月十二日做得通草福壽萬年緑腰圓磁盆景一件，靈芝祝壽藍磁六角盆景一件。象牙福壽花盒二件。蚪角福壽簪一枝，蚪角松鶴簪一對。沉香佛手鼻煙壺一件。沉香事事如意一件。象牙芝仙祝壽花囊一件，福壽花囊扇器一件。核桃三多花籃一件。鑲嵌福壽長春玳瑁鼻煙壺一件，雙壽玻璃鼻煙壺一件。四時長如意花一瓶。琥珀玻璃黄楊福緣善慶盒一件，蓮艾盒一件，象牙彩畫福壽盒一對，彩畫長春花盒一對。通草福壽花十匣，八十枝。八月十五日做得象牙茜色雞冠花白端石盆景一件，茜色老來少白端石盆景一件，各隨錦罩。象牙茜色華封三祝圖松石盆景一件。八月十六日做得象牙茜色盒二對，香囊二件，蚪角蓮艾簪一對，芝仙祝壽簪一對，泡速香如意一件，鼻煙壺一件，紫緑石如意一件，象牙彩漆盒一對，福壽長春盆景一件，紫檀木百壽盒一對，玳瑁盒一對，鼻煙壺一件。九月初九日做得象牙茜色金菊秋香盆景一件，象牙五美重陽筆架一件，嵌金蓮寶相花盆景一件。

三年四月十四日總管太監張起麟交玳瑁九十六斤，共計五百八十四片。象牙四根，共重一百二十九斤。係年希堯進。傳旨：交造辦處。欽此。三年四至五月做雲龍池湖廣石硯一方，緑端石四方，雲龍池琴式硯一方，黄端石硯三方，各隨合牌錦匣。怡親王呈進。又做雲龍池紫端石葫蘆硯一方。七月十九日員外郎海望傳旨：做賞用黄楊木如意一件。欽此。於八月二十一日做得。又錦袱一個，買得哥窯瓶一件呈進。太監杜壽交老鸛眼木雙梗雙葉九如意一件。傳旨：此款式甚好，著海望看，留樣。欽此。八月二十一日海望傳旨：著做緑端石硯二方，長六七寸，要壽意款式，做紫檀木盒，蓋上鑲嵌。欽此。於九月二十八日做得鑲嵌玻璃面紫檀木盒緑端石福禄壽硯一方、夔龍桃硯一方。交做漆盒四件。傳旨：將盒内隔斷去了，照盒形式配做緑端石或烏拉石硯。欽此。九月十一日員外郎海望傳旨：著做鑲嵌插屏一件，高一尺三寸，寬一尺八寸，周圍邊框座子用紫檀木配做，做象牙雙鶴一莖二穗、一莖九穗谷子二棵，其地景花卉用象牙做，外面玻璃罩，背面糊金箋紙。欽此。於九月二十八日做得紫檀木鑲嵌歲歲雙安插屏一件。員外郎海望呈進訖。十一日傳旨：著做鑲嵌插屏一件，高二尺，寬一尺八寸，周圍邊框座子用紫檀木做，前面做雲母扁海螺一個，身嵌紅蝠五個，海螺内用壽山石做山子。欽此。於九月二十八日做得壽山福海插屏一件。同日傳旨：著做鑲嵌插屏二件，各高一尺八寸，寬一尺三四寸。一件堆節節雙喜，一件堆歲歲雙安，一件配做象牙，其款式爾等酌量配合。欽此。於十月二十一日畫得歲歲雙安、節節雙喜堆紗插屏二件呈覽。奉旨：不必做堆紗的，著張振畫畫。欽此。十八日奉上諭：圓明園后殿内仙樓下做小吊屏一件，做樣呈覽過再做。欽此。二十二日做得呈覽。奉旨：小吊屏上下做二扇，各寬一尺二寸，入深一尺，面上照樣畫通景梅花，下扇系銀鎖二條。欽此。十月十五日做得吊屏樣呈覽。奉旨：吊屏做長四尺，改寬二尺四寸，其厚薄爾等酌量配合，周圍安紫檀木邊，背后四角安掛丁，以備摘卸。此四層畫樣呈覽。十月二十一日畫得。奉旨：照樣畫，或米家，或用象牙，或用各樣顔色鑲嵌，爾等酌量配合著做。欽此。於四年正月二十一日做得鑲象牙紫檀木小吊屏一件。做黑牛角閑余帽架一件。黑牛角夔龍閑余帽架一件。

又［雍正三年］七月十六日員外郎海望傳旨：著做抽長花梨木床二張，各高一尺、長六尺、寬四尺五寸，中心安藤屜。用錦作床刷子，高九寸。欽此。於十九日做得抽長床小木樣一件。員外郎海望呈覽。奉旨：腿子上做頂頭螺螄。欽此。於八月初八日海望又奏：爲抽長床上刷子應用何樣做等語？奉旨：床刷子做錦的，床面做氈的好。其做床刷應用錦，爾將造辦處庫内錦拿幾樣來朕看，選過再做。欽此。於初九日送五匹呈覽。奉旨：深藍地小菱花錦做床套用。欽此。於八月二十四日做得二張送往圓明園安放。二十五日又做得二張無藤屜。本月海望奉旨：爾照先傳做的花梨木藤床尺寸一樣，做柏木床二張，其刷子、抽長腿子俱照樣做。再做花梨木格子一對，高二尺七寸，寬一尺三寸，長四尺，中層安小抽屜，下層要配安大抽屜，外面掛緞簾子，抽屜俱安西洋鎖，畫樣呈覽過再做。員外郎海望畫得花梨書格樣四張呈覽。奉旨：爾照此六個抽屜的畫樣做花梨木書格四個，其余三張每樣做一個，共做七個。欽此。於八月二十四日做得長四尺、寬一尺三寸、高二尺七寸，六個抽屜花梨木書格四架。九月初七做得長四尺、寬一尺三寸、高二尺七寸，六個抽屜花梨木書格一架。八個抽屜花梨木書格一架。五個抽屜花梨木書格一架。四年三月二十一日做得抽長柏木床二張、菱花錦套二件，隨紅白氈。九月十一日太監王進玉交楠木抽長杌一件。傳旨：照樣做一個。欽此。十二月十二日做得花梨木波浪有欄杆書格一件。

又［雍正三年］八月初十日員外郎海望奉旨：將盛東西的匣子或一尺上下，寬八寸、高六七寸，爾等配合做梗木的幾對。匣內安格斷屜子，匣上合扇或鍍金，或鋄銀，安西洋鎖。於八月二十四五、九月初四共做得花梨木匣三對。同日奉旨：將四方書格或見方一尺八寸以下，一尺九寸以上，爾將硬木做幾對，上安欄杆。欽此。於九月初九、十月十九共做得紫檀木安欄杆四方小書格二對。二十五日奉旨：著做花梨木雕壽字飯桌十八張。欽此。本月二十六日做得百壽桌樣一張呈覽。奉旨：照樣做。欽此。於九月二十八日做得花梨木百壽桌十八張。二十八日據圓明園來帖內稱，總管太監張起麟傳旨：著做寬四尺三寸、高六尺硬木靠牆半出腿玻璃鏡一面。再有架子玻璃鏡掛屏，或造辦處庫內，或廣儲司庫內多選幾份。欽此。二十九日郎中保德又傳旨：爾等靠牆陳設半出腿玻璃鏡，並牆上掛的玻璃鏡可選庫貯大些的玻璃多做幾面。欽此。九月十五日傳旨：再將所有的大小玻璃插屏俱查出來。欽此。九月十七日做得楠木半出腿玻璃插屏一座。又查得造辦處庫貯楠木邊橫玻璃鏡吊屏一件，高二尺九寸、寬三尺七寸。玻璃吊屏一件，高二尺八寸、寬一尺八寸。花梨木邊玻璃插屏一座，高二尺七分、寬一尺五寸五分。紫檀木邊玻璃插屏二座，各高一尺五寸、寬九寸五分。十月十五日交洋漆小櫃一件。奉旨：下邊配紫檀木托泥。四角紫檀木櫃壁上安頂板，嵌在吊屏傍板壁上，用原有飾件。合扇不好，另做。再做水牌一面，水牌的兩面周圍畫彩漆，中心油粉油，上安轉軸提環掛在板壁上，以備書格用，尺寸按書格橫頭做。欽此。十二月十九日做得。玻璃插屏一座，著粘補見新，玻璃有損破驚紋處俱做竹節式合牌遮擋。欽此。

又［雍正三年］九月初五日總管太監劉進忠等交官窯缸一口。傳旨：配架子，照先做過的養心殿綠龍缸架樣做，嗣後凡有交出來的缸，或做花梨木、紫檀木、楠木架，或漆架，著海望酌量配合做。欽此。十一日太監王進玉交汝窯宋磁洗三件，紫檀木座二件。傳旨：此座子二件款式俱蠢，往細處收拾，其一件無座的配紫檀木座。欽此。九月十八日員外郎海望奉旨：圓明園南所後殿門仙樓下做床一張、抽長套筒儀器一件、琴桌一張。欽此。於十月做得合牌小床樣一件，內藏套床二張、抽屜二個。抽長套筒儀器軸托板樣一件、合牌琴桌小樣一件呈覽。奉旨：合牌小樣放大樣，邊腿用花梨木做，牙子用紫檀木做，提角板用柏木做，琴桌用紫檀木做。抽長套筒儀器軸托板樣下座放小些，筒子座子俱燒琺瑯。抽長挺子並托板俱用紫檀木做。欽此。於十一月初七日做得合牌有靠背套床樣一件，高一尺四寸八分、長七尺、寬四尺五寸。呈覽。奉旨：照樣做一張床，邊上另安靠背。欽此。於四年二月初四日做得琺瑯儀器扶手一件，呈進。奉旨：照樣做二份，下座不必做琺瑯，做銅的，比琺瑯的略收小些，上面板子不必用紫檀木的，花草做漆的。於三月二十一日做得花梨包鑲有抽屜床一張、紫檀木琴桌一張，呈進。九月廿二日郎中趙元奉怡親王諭：托床做硬木的甚沉，今或做彩漆，或做油漆，照樣料估做法幾時可得？議妥回我知道。遵此。于廿六日郎中趙元回稱，南木匠汪國興等説：托床宜用榆木或杉木做法等因啟知怡親王。奉王諭：好！盡力將油漆的並彩漆各做二張。遵此。於十月二十日畫得油色托床樣三張，員外郎海望呈怡親王看，奉王諭：黄油地暗三色夔龍照樣做一件。其余二張不必做油的，爾用木包鑲的，做高麗木欄杆寶座。遵此。于十二月初六日員外郎海望奉旨：將未做完花梨木包鑲有推杆托床上疊落處照矮處取平，前幫上的面板做窄些，寶座耳幫安扶手，靠背不必做高了。欽此。於十二月十四日做得花梨木包鑲樟木高麗木寶座托床一張。員外郎海望呈進訖。於十二月十六日做得杉木油漆托床二張，柏唐阿六達子送至圓明園交郎中保德收訖。十一月二十二日員外郎海望奉旨：花梨木床夔龍欄杆上做圓盤帽架、抽筒痰盂托。欽此。十二月初六日奉旨：花梨木床夔龍欄杆上做銅掐銅挺紫檀木痰盂托二件，挺子再放長些。欽此。於十一月二十七日做得一件。十二月初五日做得一件。四年二月做得銅挺銅掐紫檀木痰盂托一件。十二月初六日員外郎海望傳旨：將紫檀木轉板矮書桌再做一張，轉板出長些。欽此。於四年三月初七日做得轉板桌一張。奉旨：著做小掛格櫃子一件，高一尺二寸、寬一尺、入深三寸，外安櫃門，內安抽屜，俱要西洋鎖。欽此。

又 木作：雍正四年正月初十日太監杜壽傳旨：圓明園安圍屏燈，平臺處東西長炕中間著做床一張，高九寸、長六尺，其寬的尺寸除炕沿九寸以里爲寬。欽此。於三月廿六日做得楠木床一張。二十六日傳旨：著做一封書楠木床十八張，各長三尺、寬二尺二寸、高九寸。欽此。於四月十一日做得。正月二十三日太監劉玉等交大小蛇木二十根，錫匣盛。傳旨：交造辦處收著。欽此。二月十五日傳旨：著做楠木桌一張，長二尺二寸一分、寬一尺四寸五分、高五寸。再比楠木桌放高六分，用紫檀木做一張。欽此。十七日傳旨：著做楠木一封書書桌一張，寬二尺二寸、高一尺四寸八分、長三尺六寸。再照此尺寸做花梨木桌一張。五月二十日做得。二十三日傳旨：著做楠木折疊小桌一張，長二尺、寬一尺三寸、高一尺。欽此。三月初一日太監杜壽傳旨：養心殿西圍房著做裝古董三層杉木格子十二個，隨布簾。欽此。於六月十三日做得。初七日海望持出紫檀木轉板桌一張。奉旨：轉板往長里改做，其裂縫處線補。欽此。二十二日海望奉旨：著做包鑲花梨木床一張，高一尺一寸、寬四尺五寸、長七尺。欽此。六月十八日做得合牌小床樣呈覽。奉旨：著照樣做，但兩横頭各安抽屜二個。欽此。於七月十四日做得。四月初四日太監程國用持來紅豆木十塊（蔡挺進）。傳旨：著交養心殿造辦處收著。欽此。圓明園來帖內稱，員外郎海望奉旨：著將蔡挺進的紅豆木做案二張，畫樣呈覽再做。欽此。於六月十六日做得長七尺五寸、寬一尺五寸六分、高二尺七寸三分紫檀木牙紅豆木案一張呈進。七月十四日做得長六尺、寬一尺五寸、高二尺八寸紅豆木案一張。五月初七日海望奉旨：四宜堂東次間著先做過靠床圍屏做四扇，二面俱糊紗，前面或玉色或月白色，后面或香色或淡紅色，此四扇圍屏系夏天用的。欽此。五月十二日太監王安傳旨：著做船上用的矮寶座一張。欽此。於本日做得合牌樣一件呈覽。奉旨：扶手不必做花的，做素圓撑，靠背做寬些，穿藤子。欽此。於六月初三日做得高麗木矮寶座一張，隨葛布坐褥一個、藤屉一個。海望呈進。六月初三日傳旨：著照船上高麗木寶座尺寸款式做花梨木的二張、紅豆木的二張。六月二十四日做得，又七月十四日做得。十一日紫檀木衣杆架一件做得呈進。奉旨：此衣杆架子太高，另添鼓墩做衣架用。再照此衣杆架上二層尺寸做紫檀木衣杆架。欽此。於六月十五日、七月二十八日做得二件。十一日船上首領太監容望傳旨：著做蚊帳架一件。欽此。於六月十三日做得合竹蚊帳架一件。十五日奉旨：照先做過轉板書桌樣，用紅豆木做一張。欽此。七月二十五日做得。十五日奉旨：比轉板書桌再長些，三刓桌面書桌做一張。再，疊落長條書桌做一張，先畫樣呈覽。七月二十五日做得有抽屜楠木條桌一張、無抽屜楠木條桌一張。海望奉旨：著做夔龍式彎腿二層面矮書桌一張，先做樣呈覽。於本月十八日畫得中層安屉板矮書桌樣一張。七月二十五日做得。六月二十日怡親王交香四塊，共重十九兩，王諭：著認看。遵此。據袁景邵認看得系花沉香。記此。漢銅瓶一件。傳旨：交給海望認看好了，座子著收拾。欽此。據南匠袁景邵認看得此銅瓶是好的。六月廿七日郎中海望傳旨：瀑布處正殿內著做筆管欄杆床一張，上安靠背、帽架、衣架、痰盂托、瓶托、書燈、閑余書架。再照此床尺寸，不必安欄杆，做小刓床一張，周圍牙板俱照大床一樣，或用紫檀木做，或紅豆木做，爾等酌量。於七月初二至八月初二陸續做得。七月初五日海望奉旨：著照書琴樣式做斜式小琴二張。十七日奉旨：著做徑圓九寸、入深五六寸紫檀木圓光壽字書格一件，后面安圓玻璃鏡一面，下座子照四季平安座子做。欽此。於九月二十八日做得紫檀木圓光象牙鑲玳瑁壽字安玻璃書格一件，呈進訖。七月十五日做得紫檀木掛筆筒。十六日海望持出杉木罩油圖塞爾根桌一張。奉旨：著照此款式，面用紫檀木，其邊與下身俱用杉木做紅漆彩金龍膳桌二張、酒膳桌二張。十二月十日做得。二十三日據圓明園來帖內稱，郎中海望奉旨：著照如意館內陳設的一封書炕桌樣式尺寸做高麗木邊紫檀木心炕桌幾張。紫檀木手巾杆、帽架再做二份，不用筆筒硯托。十月初二日太監魏國用面奉上諭：爾與海望商量著做圓形三足香几一件，隨套，比現用香几做秀氣矮些，以備出外用。又傳做楠木折疊腿桌一張，長三尺、寬一尺二寸、高二尺五寸。十一月初五日做得。十月三十日太監劉玉傳旨：照怡親王進的活腿四方香几做二件，或漆的或木，做秀氣著。欽此。於五年五月九日做紫檀香几二件。

又 [雍正四年]二月廿九日員外郎海望奉旨畫得高七尺大座燈樣一張呈覽。奉旨：燈架或用紫檀木做，或用黄楊木做，爾等酌量。款式做吊掛香袋，燈上畫片著畫畫蠻子畫。欽此。於十月二十九日做得紫檀木畫片六角大座燈一對，上隨香袋十二掛、琉璃珊瑚珠纓絡香袋六十個，呈進訖。

又　五月初一日海望持出雕竹香筒一件。奉旨：著將此香筒改做衣杆架上掛筆筒用。再將先做過牆硯托，著亦安在衣杆架上用。再著做琺瑯水丞一件，上安提繩，亦安在帽架上用。欽此。八月初七日海望奉旨：著做壽意宮燈一對，畫樣呈覽。於九月二十八日做福禄壽六方燈一對，夔龍式挑杆宮燈。於九月初七日做得紫檀木鏡支壽意玻璃鏡一面、紫檀木硯托筆筒手巾杆帽架一件、黑退光漆無硯托筆筒手巾杆帽架一件。五彩漆架上配毛撣、洋漆書格上安痰盂托。

又　［雍正四年］九月廿八日做紫檀木嵌金珀壽字夔龍書桌一張，上配壽字書燈一件、象牙茜緑秋葉福禄壽臂擱一件、花甲再周硯盒一方、花瑪瑙靈芝筆架一件、白玉雙桃式水盛一件、福禄壽墨床一件、碧玉天喜蟠桃筆洗一件、碧玉蟠桃筆筒一件。二十九日做花羊角靶嵌金珀壽字如意癢癢撓一件、福壽帽架一件。

又　郎中海望奉上諭：養心殿後殿東二間，屋内裝修俟朕往湯泉或往圓明園去後改做冬令裝修。北面窗户東面牆上俱安站板，其門頭匾或安在何處爾等酌量安，東間床照西間床式用楠木做。欽此。太監張玉柱傳旨：著矮些長條楠木杌子三張，俱配錦墊。再配合杌子做矮些楠木高桌三張，俱隨錦幃。欽此。六年正月十三日做得長三尺八寸、寬二尺一寸、高一尺九寸楠木杌子三張。長三尺四寸、寬一尺三寸五分楠木桌三張。十二月二十一日太監劉希文、王太平交來紫檀木邊黄楊木心雕刻萬壽山水人物花卉圍屏一副，計十六扇；紫檀木墩十五個；紫檀木邊黄楊木心有抽屜插屏式書格二架，系怡親王進。傳旨：著送往圓明園交與總管太監，將牡丹台屋内現陳設的圍屏收去，將此圍屏陳設上，其原陳設的寶座不必動。插屏式書格二架陳設在四宜堂至誠不息屋内，寶座兩邊要相對東西現陳設書格。欽此。交柏唐阿蘇爾邁安放訖。

又　［雍正五年］五月廿二日據圓明園來帖内稱，本月十九日太監張玉柱交來紫檀木邊鑲玻璃心櫃一對，玻璃心長一尺八寸六分、寬一尺五寸三分，共十六塊。紫檀木架玻璃鏡一件，玻璃心長二尺二寸八分、寬一尺五寸五分。傳旨：將櫃上玻璃拆下收在造辦處，不可零用，若有一處合用此玻璃處再用。其紫檀木邊亦不可拆動，將拆下玻璃空處或用板或用紗糊，仍然補上以備使用。

又　［雍正五年］五月廿四日領催潘義明持來萬事如意香几畫樣一張，説郎中海望傳做鑲嵌紫檀木萬事如意香几一件。記此。九月廿八日做得鑲嵌紫檀木萬事如意香几一件，上隨黄楊木筆筒一件、筆五枝、黄楊木如意一件、碧玉小磬一件、椶琴掃一件、壽山圖書一方、象牙茜色盒一件、白端石盆牙色祝壽長春盆景一件、琺瑯花插一件、通草苓芝一件、琺瑯水盛一件、銅鍍金匙一件、拱花皮面玻璃鏡一件。進呈訖。

又　［雍正五年］正月十五日散秩大臣佛倫傳旨：筵宴上用的圖塞爾根桌子兩頭太長些，擡桌子人難以行走，著交養心殿造辦處做一張，比舊桌做短些，外用黄套。欽此。於正月十八日做得花梨木圖塞爾根桌一張，長三尺六寸、寬二尺四寸三分、高一尺八寸、水線八分，催總馬爾汗交内管領海成持去訖。正月廿三日太監叶旺傳旨：著照呈進過的硬木托床樣再做二張，賜怡親王。不必用硬木做。欽此。於十一月二十六日做得杉木胎香色彩漆油面畫三色夔龍托床二張。奉怡親王諭：著送至交輝園去。遵此。本日柏唐阿蘇七格送至交輝園交烏和里達張保住收訖。廿九日六品官阿蘭泰爲畫親耕圖等畫傳做打木正子五十二幅、高凳十二條、手卷正子四個。

三月廿六日太監劉希文傳旨：著照九洲清晏后殿内洋漆别床樣收短一尺，放寬二寸，用楠木做一張。欽此。於本月廿七日做得長三尺九寸四分、寬二尺六分、高一尺五寸七分楠木床一張。閏三月十一日據總管太監劉進忠傳旨：著畫坤甯宫東暖殿内裝修樣。欽此。于本月十四日郎中海望畫得裝修樣三張，交副總管蘇培盛呈覽。奉旨：准用落地罩，將高炕拆去，滿打地炕，炕上安床。落地罩做二面，一面糊紙，一面糊紗。横楣窗做寬些，窗下著安石青刷子，或用緞或用官紗。欽此。於四月二十六日做得杉木柏木邊楠木心落地罩一座、杉木桌四張、杉木爐罩二件、杉木杌子一件。員外郎沈喻帶木匠盧玉等持赴東暖殿裝修完。所用紗緞俱是廣儲司庫上材料。

又　［雍正五年］二十九日首領太監程國用交來紫檀木半出腿玻璃插屏一件、錦簾一件，説太監劉希文傳旨：將此插屏交給海望，送得圓明園。再照此插屏做一件，若無此尺寸玻璃，做小些亦可。欽此。四月二十八日郎中海望、員外郎沈喻傳做盛賞西洋國王磁器緞子等件用杉木箱四十個、楠木箱一個。記此。六月初七日副總管蘇培盛傳旨：著照四宜堂内陳設填漆桌的尺寸樣式，各色做幾張。欽此。本日海望、沈喻傳做楠木桌一張。記此。十二月初五日序班沈祥送來桌樣一張，上開：長三尺三寸三分、寬二尺三寸七分、高二尺五寸七分。記此。九年正月二十八日做得。

又［雍正五年］七月初八日郎中海望傳做蓮花館内花梨木包鑲邊框吊屏窗一扇，通三尺一寸一分，寬一尺七寸，厚二寸三分，隨黃銅鍍金吊環二個，吊釘二個，托釘四個。記此。八月初一日做得。十二日清茶房總管李英傳旨：萬字房東暖閣内碧紗橱下著做長二尺八寸六分、寬一尺三寸、高一尺四寸三分，厚一寸四分，腿子一寸二分，一封書式小床一張。或用花梨做，或用紫檀木做。欽此。於八月初一日做得。

廿一日郎中海望奉旨：養心殿東暖閣陳設的鑲銀母花梨邊框插屏式鐘一件，上嵌銀母花紋甚好。爾照黑漆面抽長扶手香几的尺寸配合做花梨木桌一張，其面上安玻璃，著郎石寗畫一張襯在玻璃内，周圍邊上照插屏式鐘上花樣用銀母鑲嵌。欽此。於十月二十九日做得玻璃面内襯花籃花卉畫鑲嵌銀母紫檀木桌一張，怡親王帶領郎中海望呈進訖。

又［雍正五年］八月廿九日太監劉希文傳旨：萬字房西一路對戲臺屋内靠碧紗橱陳設的花梨木案面有不全處，著粘補收拾。兩頭擱案香几不好，著似碧紗橱群板牙子花紋爲高，畫樣呈覽，俟朕進園之后再做。欽此。郎中海望奉上諭：著擱爐小香几做幾件。其香几面子見方六七寸、高二三寸、下安四腿、腿心挖空。從香几面透眼，一邊插匙，一邊插箸，中間安爐。欽此。畫樣一件呈覽。奉旨：香几腿子再往里挪些，安抽屜不必長方，做見方的。欽此。郎中海望奉上諭：將烏拉石做香几一件，用硬木，做圓腿。做竹式杌子幾張，或漆、或楠木，長二尺九寸、寬二尺四寸，石面，安靠背，高九寸，其寬比杌子兩邊各窄二三寸。欽此。九月初二日太監劉希文傳旨：著照萬字房内用的楠木圖塞爾根桌樣再做一張，安在蓮花館。欽此。十三日郎中海望畫得八仙祝壽炕屏九扇紙樣一張呈覽。奉旨：准做。欽此。於九月二十八日做得，隨花梨大小案二張。廿六日郎中海望奉旨：爾照勤政殿西耳房内陳設雙層洋漆書格樣，上層入深做窄些，門子花樣照萬字房陳設的洋漆書格門子上的花樣做。中層平臺板再放深些，欄杆柱頭做象牙的，兩邊柱頭上安旗杆二根掛珠帆。下層腿子不好，照湯泉取來的香几腿子做。抽屜里做紅漆背板，里面或做金漆、或做紅漆，背板里上下二層，安臺子，做樣呈覽后先用紫檀木做一件。欽此。六年三月做得。郎中海望呈進。奉旨：送往萬字房陳設。欽此。十月初一日郎中海望奉旨：著照九洲清晏陳設的洋漆方香几大小高矮做圓腿香几，托板下安算盤珠式四足。或做硬木面，下面安小牙子；或做漆面，下邊用鐵拉扯，不必安牙子。欽此。於十二月卅日做得。

又［雍正六年］正月十三日太監王太平傳旨：照先做過的玻璃面鑲銀母花梨木桌再做二張，其高矮寬窄大小尺寸俱照舊桌一樣，做桌面，不必鑲嵌。做黑漆面的一張，紅漆面的一張。欽此。于本月員外郎唐英帶木匠盧玉量得桌長二尺三寸七分、寬一尺、通高一尺一寸，邊寬九分，厚九分，腿子卷頭一寸零半分、高八分、見方九分。記此。于八月初八日做得黑漆退光面鑲嵌銀母西番花邊花梨木桌一張。郎中海望呈進。奉旨：爾照此桌樣再做幾張。欽此。本日郎中海望，員外郎沈喻、唐英同定先做二張。記此。於八月十七日做得紅漆面的一張。十二月二十八日做得黑漆的一張。七年五月初四日又做得黑漆的一張。初七日郎中海望持出菜玉蓮花荷葉洗一件，馬齊進。奉旨：著配紫檀獨挺座。欽此。

二月十三日太監王太平交來圓腿長方楠木杌子一張。傳旨：著照樣用楠木做黑漆的幾張、紅漆的幾張，頂板、底板俱不用起線，俱要渾邊，其底板做重些。欽此。本日催總馬爾汗量得面寬一尺四分、進深九寸、厚四分，腿子徑圓五分半、通高一尺五寸八分，底足高三分、徑圓七分原樣楠木長方圓腿杌子一張。三月十六日郎中海望，員外郎沈喻、唐英傳做紫檀木集錦書格一件，面寬一尺八寸、入深九寸、高一尺四寸。記此。於七年五月做得。十七日郎中海望持出黑退光漆條桌一張、紅漆桌一張、紅油掛椅一張。奉旨：著照此紅漆桌尺寸、黑漆桌樣式做紫檀木桌一張、紅豆木桌一張、紅漆桌四張。照此紅椅樣式做紫檀木椅四張、紅漆椅八張，椅上的牙子、撑子有可更改處俱更改。欽此。五月十四日副總管太監蘇培盛傳旨：著照養心殿西暖閣陳設的彩漆桌樣式做花梨木硬楞桌幾張。欽此。五月廿九日做得長三尺三寸、寬一尺九寸、高一尺四寸八分，糊布裏紫檀木邊楠木心涂塞爾根桌一張。六月初一日小太監瑞格傳旨：照五月廿九日呈進過的紫檀木邊楠木心涂塞爾根桌再收窄一寸五分做一張。欽此。初一日太監陳福傳旨：太監們織藤子花籃等件所用料俱向造辦處取用。欽此。高其佩進牡丹畫片十二張，各高四尺四寸五分、寬二尺三寸。傳旨：著做炕屏，其做法俱要精細文雅。欽此。七月初五日副總管太監蘇培盛傳旨：乾清宫東暖閣樓上著做楠木邊書格六架，要安得五百二十套書，每架屜子上隨紗簾一件，其簾照西暖閣内書架上紗簾一樣做。欽此。員外郎唐英量得書格每架通高八尺四寸、寬五尺六寸五分、進深一尺六寸。每架書格附四屜，每屜高一尺七寸六分。

又　［雍正十年］六月廿七日内務府總管海望奉上諭：著傳與年希堯，將長一尺八寸、寬九寸至一尺、高一尺一寸至一尺三寸香几做些來，或彩漆，或鑲斑竹，或鑲棕竹，或做洋漆，但胎骨要輕妙，款式要文雅。再將長三尺至三尺四寸、寬九寸至一尺、高九寸至一尺小炕案亦做些，或彩漆，或鑲斑竹，或鑲棕竹，俱胎骨要淳厚，款式亦要文雅。欽此。本日交内務府年希堯家人鄭天錫持去訖。

又　［雍正十年］五月初十日柏唐阿班達里沙來説：油畫房原存盛畫大小木箱等件俱破壞不全，今欲將好材料改做盛畫箱，長五尺、寬一尺、高一尺。外再添做條桌一張，長六尺。十月廿六日司庫常保來説：内大臣海望傳做紫檀木書桌二張。於十月二十八日做得。十一月十五日司庫常保、首領薩木哈持出洋漆書桌一張。説太監滄州傳旨：此桌甚好，但桌腿不好，可將桌面取下，另做紫檀木桌腿。其原漆桌腿另配做紫檀桌面。再，漆桌面邊上回紋飾不用，著用紫檀木包鑲。欽此。於十一年四月初六日做得。十二月初八日收拾得紫檀木大座燈一對、紫檀木玻璃壽字燈五對，交木作柏唐阿蘇爾邁、匠役頭目鄧聯芳領去。

又　［雍正十年］本年活計尚有：小器作配器物的紫檀木架十件、紫檀木座二十二件、楠木缸架四件、楠木座二件。杉木矮桌高八寸、寬一尺七寸、長二尺二寸一件。朱油杉木方盤桌六張，各寬一尺、長一尺六寸、高八寸。配箱包裝活、棉花塞墊黑氈包裹二件。糊黄紙木盤。紫檀窩龕九座、佛龕一件。隔斷箱二件。江擦靠背六件。楠木匣二件。柳木牙杖二千支。爲怡賢親王祠、水東村用，光明殿監造園寢、祠各一牌位。御筆漢字：「忠敬誠直勤慎廉明和碩怡賢親王」絹一幅，隨漢字紙底文一張，清字紙底文一張，木箱一件。腰刀配木匣一件。四人亮轎一座。楠木供桌，長三尺四寸、寬一尺三寸。黑洋漆畫洋金花四足香几二件。楠木小匣一件。楠木供桌長五尺、高三尺二張。楠木香几徑一尺二寸、高二尺六寸五分，隨石座五件。黄油夾板二十對。楠木托床二張，各長三尺三寸二分、寬一尺五寸、高九寸。紫檀木嵌銅鍍金雙魚壓紙、紫檀木嵌玉雙雁壓紙各一件。楠木涂色爾根一張，長三尺二寸、寬二尺二寸、高一尺七寸，紫檀木香几。高麗木壓紙。

又　［雍正十一年］三月廿六日員外郎满毗、三音保，司庫常保傳：做紫檀木書桌一張，其腿内安進簧獨挺帽架一件。記此。於五月初七日做得進呈訖。二十九日司庫常保奉旨：照爾造辦處做過的紫檀木書桌尺寸，將一塊玉紫檀木桌、楠木胎洋漆桌，每樣各做幾張。漆面紫檀木邊腿亦做幾張。欽此。於四月十四日做得紫檀木圓腿圓撑書桌二張，各長二尺二寸、寬一尺二寸五分、高一尺三寸。於五月初一日又做得一張，横撑放長一寸六分，竪撑長二寸四分，呈進訖。隨奉旨：此桌再做時横撑放長二寸，竪撑放長五分。欽此。於八月十三日又做得一張，横撑長二寸六分，竪撑長二寸九分。本日又傳旨：里邊有陳設湘妃竹邊波羅漆面炕案一張，此案款式甚好，著照樣做幾張。但湘妃竹難得，可用棕竹做。欽此。於九月初七日做得。

又　［雍正十二年］十月廿三日司庫常保持來洋漆炕桌四張，系高其卓進；洋漆書桌二張，系准泰進。傳旨：洋漆桌六張，著接做紫檀木腿高桌，漆水不可傷損。欽此。於十一月初十日將洋漆書桌一張接配椵木雕如意雲腿高桌樣、洋漆炕桌一張接配得椵木雕卧蠶腿高桌樣呈覽。奉旨：准做。欽此。於十三年正月廿四日將洋漆桌六張配接做得紫檀木活腿高桌六張。十月廿八日宫殿監副侍李英傳旨：著照膳房桌樣做黑漆膳桌二張，其包角金葉做銅鍍金包角楠木涂思根二張。欽此。

著　録

清　余懷《閒情偶寄序》　《周禮》一書，本言王道，迺上自井田軍國之大，下至酒漿屝屨之細，無不纖悉具備。位置得宜，故曰王道本乎人情。然王莽一用之於漢而敗，王安石再用之於宋而又敗者，其故何哉？蓋以莽與安石，皆不近人情之人，用《周禮》固敗，不用《周禮》亦敗。《周禮》不幸爲兩人所用，用《周禮》之過，而非《周禮》之過也。蘇明允曰：「凡事之不近人情者，鮮不爲大奸慝。」古今來大勳業、真文章，總不出人情之外。其在人情之外者，非鬼神荒忽虚誕之事，則譸張爲幻獪獝之辭。其切於男女飲食日用平常者，蓋已希矣。余讀李子笠翁《閒情偶寄》而深有感也。昔陶元亮作《閒情賦》，其間爲領，爲帶，爲席，爲履，爲黛，爲澤，爲影，爲燭，爲扇，爲桐，纏綿婉孌。聊一寄其閒情。而萬慮之存，八表之憇，即於此可類推焉。今李子《偶寄》之書，事在耳目之内，思出風雲之表，前人所欲發而未竟發者，李子盡發之；今人所欲言而不能言者，李子盡言之。其言近，其旨遠，其取情多而用物閎，漻漻乎，纚纚乎，汶者讀之曠，僿者讀之通，悲者讀之愉，拙者讀之巧，愁者讀之忭且舞，病者讀之霍然興。此非李子《偶寄》之書，而天下雅人韻士，家弦户誦之書也。吾知此書出，將不脛而走，百濟之使，維舟而求。雞林之賈，輦金而購矣。而世之腐儒，猶謂李子不爲經國之大業，而爲破道之小言者，余應之曰：唯唯否否。昔謝文靖高臥東山，繫天下蒼生之望，而遊必携妓，墅則圍碁。謝玄破賊，桓冲初憂之，郗超曰：「玄必能破賊。吾嘗共事桓公府，履屐間皆得其用，是以知之。」白香山道風雅量，爲世所欽。而謝好陳結，紫綃菱角，驚破霓裳羽衣之曲，罷刑部侍郎時，得臧獲之習筦磬弦歌者，指百以歸。蘇文忠秉心剛正，不立異，不詭隨，而琴操朝雲，螭頭鵲尾。有每聞清歌，輒喚奈何之致。韓昌黎開雲驅鱷，師表朝廷。而每當賓客之會，輒出二侍女合彈琵琶箏。故古今來能建大勳業、作真文章者，必有超世絶俗之情，磊落嶔崎之韻，如文靖諸公是也。今李子以雅瀹之才，巧妙之思，經營慘淡，締造周詳，即經國之大業，何遽不在是，而豈破道之小言也哉。徃余年少馳騁，自命江左風流。選妓填詞，吹簫跕屣，曾以一曲之狂歌，迴兩行之紅粉。而今老矣，不復爲矣。獨是冥心高寄，千載相關；深惡王莽、王安石之不近人情，而獨愛陶元亮之閒情作賦。讀李子之書，又未免見獵心喜也。王右軍云：「年在桑榆，正賴絲竹陶寫。」余雖頹然自放，倘遇洞房綺疏，交鼓絙瑟，宫商迭奏，竹肉競陳，猶當支頤郤袖，傾耳而聽之。

清　永瑢《四庫全書總目》卷一二三　遵生八牋十九卷（通行本），明高濂撰。濂字深父，錢塘人。其書分爲八目，卷一、卷二曰《清修妙論牋》，皆養身格言，其宗旨多出於二氏。卷三至卷六曰《四時調攝牋》，皆按時修養之訣。卷七、卷八曰《起居安樂牋》，皆寶物器用可資頤養者。卷九、卷十曰《延年却病牋》，皆服氣導引諸術。卷十一至十三曰《飲饌服食牋》，皆食品名目，附以服餌諸物。卷十四至十六曰《燕閒清賞牋》，皆論賞鑒清玩之事，附以種花卉法。卷十七、十八曰《靈祕丹藥牋》，皆經驗方藥。卷十九曰《塵外遐舉牋》，則歷代隱逸一百人事蹟也。書中所載，專以供閒適消遣之用。標目編類，亦多涉纖仄，不出明季小品積習。遂爲陳繼儒、李漁等濫觴。又如張即之宋書家，而以爲元人。范式官廬江太守而以爲隱逸。其譌誤亦復不少。特鈔撮既富，亦時有助於檢核。其詳論古器，彙集單方，亦時有可採。以視勦襲清言，強作雅態者，固較勝焉。

又　《長物志》十二卷（浙江鮑士恭家藏本），明文震亨撰，震亨字啟美，長洲人，徵明之曾孫。崇禎中官武英殿中書舍人，以善琴供奉。明亡殉節死。是編分室廬、花木、水石、禽魚、書畫、几榻、器具、位置、衣飾、舟車、蔬果、香茗十二類。其曰長物，蓋取世説中王恭語也。凡閒適玩好之事，纖悉畢具。大致遠以趙希鵠《洞天清録》爲淵源，近以屠隆《考槃餘事》爲參佐。明季山人墨客，多以是相誇，所謂清供者是也。然矯言雅尚，反增俗態者有焉。惟震亨世以書畫擅名，耳濡目染，與衆本殊，故所言收藏賞鑒諸法，亦具有條理。所謂王謝家兒，雖復不端正者，亦奕奕有一種風氣歟。且震亨捐生殉國，節槩炳然，其所手編，當以人重，尤不可使之泯没。故特録存之，備雜家之一種焉。

藝文

漢　鄒陽《几賦》　高樹凌雲，蟠紆煩冤，旁生附枝。王爾公輸之徒，荷斧斤，援葛藟，攀喬枝。上不測之絶頂，伐之以歸。眇者督直，聾者磨礱。齊貢金斧，楚入名工，乃成斯几，離奇髣髴，似龍盤馬迴，鳳去鸞歸。君王憑之，聖德日躋。

漢　劉安《屏風賦》　維兹屏風，出自幽谷。根深枝茂，號爲喬木。孤生陋弱，畏金强族。移根易土，委伏溝瀆。飄飆殆危，靡安措足。思在蓬蒿，林有樸樕。然常無緣，悲愁酸毒。天啓我心，遭遇徵禄。中郎繕理，收拾捐朴。大匠攻之，刻雕削斲。表雖剥裂，心實貞愨。等化器類，庇蔭尊屋。列在左右，近君頭足。賴蒙成濟，其恩弘篤。何恩施遇，分好沾渥。不逢仁人，永爲枯木。

漢 班固《竹扇賦》 青青之竹形兆直，妙華長竿紛實翼。杳篠叢生於水澤。疾風時，紛紛蕭颯。削爲扇，翣成器，美託御君王。供時有度量，異好有圓方。來風辟暑致清涼，安體定神達消息。百王傳之賴功力，壽考康寧累萬億。

漢 張衡《扇賦》 寤兹竹以成扇，乃畫象而造儀。惟規上而矩下，播采爛以雜施。憺舟□以柔弱，隨俯仰以成形。

三國魏 曹植《曹子建集》卷三《九華扇賦》 昔吾先君常侍得幸，漢桓帝賜尚方扇。不方不圓，其中結成文，名曰九華，其辭曰：有神區之名竹，生不周之高岑。對渌水之素波，背玄澗之重深。體虛暢以立幹，播翠葉以成林。形五離而九華，篾氂解而縷分。效九龍之蜿蜒，法虹霓之氤氲。因形致好，不常厥儀。方不應矩，圓不中規。隨皓腕以徐轉，發惠風之微寒。時氣清以方厲，紛飄動兮綺紈。

三國吴 張紘《瓌材枕賦》 有卓爾之殊瓌，超詭異之逸絶。且其材色也，如芸之黄。其爲香也，如蘭之芳。其文彩也，如霜地而金莖，紫葉而紅榮。有若葡桃之蔓延，或如兔絲之煩縈。有若嘉禾之垂穎，又似靈芝之吐英。其似木者，有類桂枝之闌干，或象灌木之叢生。其似鳥者，或似驚鶴之径逝，或類鴻鵠之上征。有若孤雌之無味，或効鴛鴦之交頸。紛雲興而氣烝，般星羅而流精。何衆文之炯朗，灼儵爚而猋明。曲有所方，事有所成。每則異姿，動各殊名，衆夥不可彈形。制爲方枕，四角正端，會緻密固，絶際無間。形妍體法，既麗且閑。高卑得適，辟堅每安。不屑珠碧之飾助，不煩錐鋒之鐫鏤。無丹漆之彫朱，罔觵象之佐副。較程形而靈露，衆妙該而悉備。珪璋特達，璵璠富也。美梓逡巡，不敢與並。相思庶幾，晞風於未列。神龍之姿，衆鱗相絶，昔詩人稱角枕之粲，季世加以錦繡之飾，皆比集異物，費日勞力，傷財害民，有損於惪。豈如兹瓌，既剖既斲，斯須速成一材，而莫與混并。纖微無加，而美暐春榮。

南朝齊 謝朓《謝宣城集》卷五《烏皮隐几》 蟠木生附枝，刻削豈無施。取則龍文鼎，三趾獻光儀。勿言素韋潔，白沙尚推移。曲躬奉微用，聊承終宴疲。

南朝梁 沈約《詠竹火籠》 結根終南下，防露復披雲。雖爲九華扇，聊可滌炎氛。安能偶狐白，鶴卵織成文。覆持鴛鴦被，百和吐氛氲。忽爲纖手用，歲暮待羅裙。

南朝梁 徐悱妻劉氏《詠五彩竹火籠》 可憐潤霜質，纖剖復毫分。織作迴風苣，製爲縈綺文。含芳出珠被，耀綵接緗裙。徒嗟今麗飾，豈念昔凌雲。剖出楚山筠，織成湘水紋。寒銷九微火，香傳百和薰。氤氲擁翠被，出入隨緗裙。徒悲今麗質，豈念昔凌雲。右見《詩話補遺》與此小異，故併録之。

南朝梁 蕭正德《詠竹火籠》 楨幹屈曲盡，蘭麝氛氲消。欲知懷炭日，正是履霜朝。

南朝梁 蕭統《昭明太子集》卷一《扇賦》 匠人之巧製，女工之妙織。九折翠竹之枝，直截飛禽之翼。雖復草木燋枯，金沙銷鑠，火山熾，寒泉涸，能使凄兮，似秋隆暑斯却。

南朝梁 到溉《餉任新安斑竹杖》 邛竹藉舊聞，靈壽資前職。復有冐霜筠，寄生桂潭側。文彩既斑爛，質性甚綢直。所以天天真，爲有乘危力。未嘗以過投，屢經芸苗植。

南朝梁 任昉《答到建安餉杖》 故人有所贈，稱以冐霜筠。定是湘妃淚，潛灑遂璘彬。扶危復防咽，事歸薄暮人。勞君尚齒意，矜此杖鄉辰。復資後坐彦，候余方欠伸。獻君千里笑，紓我百憂嚬。坐適雖有器，卧遊苦無津。何由乘此竹，直見平生親。

北周 庾信《邛竹杖賦》 沈冥子遊巴山之岑，取竹于北陰，婕娟高節，寂歷無心。霜風色古，露染斑深。每與龍鍾之族，幽翳沈沈。文不自殊，質而見賞。藴諸鳴鳳之律，制以成龍之杖。枝條勁直，璘斌色滋。和輪人之不重，待羽客以相貽。青春欲暮，白雲來遲。謀于長者，操以從之。執末而獻，無因自持。諸蔗雖甘，不可以倚。彼藜雖實，不可以美。未若處不材之閒，當有用之始。魯分以爵，漢錫己年。昔尚爾齒，今優我賢。書横機，玉塵筵。則函之以後，拂之以前。爾其摘芳林沼，行樂軒除。閒尊卑之垂悦，隨上下之遊紆。夫寄根江南，淼淼幽潭，傳節大夏，悠悠廣野。豈比夫接君堂上之履，爲君座右之銘。而得與綺紳瑶珮，出芳房于蕙庭。

又《竹杖賦》 桓宣武平荆州，外白有稱楚丘先生來詣門下。桓公曰：

「名父之子，流離江漢，孤之責矣。」及令引進，乃曰：「噫，子老矣。鶴髮雞皮，蓬頭歷齒，迺是江漢英靈，荆衡杞梓。雖有聞于十室，幸無求于千里。寡人有銅環靈壽，銀角桃枝，開木瓜而未落，養蓮花而不萎。迎仙客于錦市，送遊龍于葛陂。先生將以養老，將以扶危。」先生笑而言曰：「中國明于禮義，闇于知人，心之憂矣。惟我生民，雖復疏條勁柘，促節貞筠。杖端刻鳥，角首圖麟。豈能相予此疾，將予此身。若乃世變市朝，年移陵谷。猿吟鷹厲，風霜慘黷。楚漢爭衡，袁曹競逐。獸食無草，禽巢無木。于時無懼而慄，不寒而戰。胡馬哀吟，羌笳悽囀。親友離絶，妻孥流轉。玉關寄書，章臺留釧。寒關悽愴，羈旅悲涼。疏毛抵于矰繳，脆骨被于風霜。髮種種而愈短，眉彰彰而兢長。是以憂幹扶疏，悲條鬱結。宿昔傲醜，俄然耆耋。變田鳳于承宫，改陽文于嚴蔑。潘岳秋興，嵇生倦遊。桓譚不樂，吴質長愁。竝皆年華未暮，容貌先秋。予此衰矣。雖然有以，非鬼非蜮，乃心憂矣。未見從心，先求順耳。伯玉何嗟，丘明惟恥。拉虎捭熊，余猶稚童。觀形察貌，子實悲翁。别有九棘龐眉，三槐暮齒。孔光謝病，袁逢致仕。吴濞不朝，楊彪喪子。明公此贈，或非乖理。」先生乃歌曰：「秋藜促節，白藋同心。終堪荷篠，自足驅禽。一傳大夏，空成鄧林。」

唐 楊炯《盈川集》卷一《臥讀書架賦》 儒有傳經在乎致遠，力學在乎請益。士安號於書淫，元凱稱於傳癖。高眠孰可，詎貽邊子之嘲；甘寢則那，寧恥宰子之責。伊國工而嘗巧，度山林以爲格。既有奉於詩書，固無違於枕席。朴斲初成，因夫美名。兩足山立，雙鉤月生。從繩運斤，義且得於方正；量枘製鑿，術仍取於縱横。功因期於學術，業可究於經明。不勞於手，無貴於目。開卷則氣雜香芸，挂編則色連翠竹。風清夜淺，每待蘧蘧之覺；日永春深，常偶便便之腹。股因茲而罷刺，膺由是而無伏。庶思覃於下帷，豈遽留而更讀。其利何如，其樂只且。巾遂挂於簾幌，履誰曳於階除。每偶草玄之字，不親非聖之書。比角枕而嗟若，匹瑶琴而病諸。爾其臨牕有風，閉户多雪。自得陶潛之興，仍秉袁安之節。既幽獨而多閑，遂憑茲而偏閲。讀《易》則期於素隱，習禮則防於志悦。倘叔夜之神交，固周公之夢絶。其始也，一木所爲；其周也，萬卷可披。墨浸之前，謂江帆之乍至；書林之下，若雲翼之新垂。動静隨於語默，出處任於輓推。必欲事於所事，實斯焉而取斯。因謂之曰：爾有卷兮爾有舒，爲道可以集虚。爾有方兮爾有直，爲行可以立德。濟筆海兮爾爲舟，航騁文囿兮爾爲羽翼。故吾不知夫不可，聊逍遥以宴息。

唐 杜甫《棕拂子》 棕拂且薄陋，豈知身效能。不堪代白羽，有足除蒼蠅。熒熒金錯刀，擢擢朱絲蠅。非獨顔色好，亦用顧盼稱。吾老抱疾病，家貧臥炎蒸。咂膚倦撲滅，賴爾甘服膺。物微世競棄，義在誰肯徵。三歲清秋至，未敢闕緘藤。

唐 白居易《白氏長慶集》卷一《文柏牀》 陵上有老柏，柯葉寒蒼蒼。朝爲風烟樹，暮爲宴寢牀。以其多奇文，宜升君子堂。刮削露節目，拂拭生輝光。元班狀貍首，素質如截肪。雖充悦目翫，終之周身防。華彩誠可愛，生理苦已傷。方知自殘者，爲有好文章。

又 卷一五《紅藤杖》 交親過滻别，車馬到江迴。唯有紅藤杖，相隨萬里來。

又《寄蘄州簟與元九因題六韻》 笛竹出蘄春，霜刀劈翠筠。織成雙鎖簟，寄與獨眠人。卷作筒中布，舒爲席上珍。滑如鋪薤葉，冷似卧龍鱗。清潤宜乘露，鮮華不受塵。通州炎瘴地，此物最關身。

又《紅藤杖》 南詔紅藤杖，西江白首人。時時攜步月，處處把尋春。勁健孤莖直，疎圓六節匀。火山生處遠，瀘水洗來新。粗細纔盈手，高低僅過身。天邊望鄉客，何日拄歸秦。

又 卷三〇《題文集櫃》 破柏作書櫃，櫃牢柏復堅。收貯誰家集，題云白樂天。我生業文字，自幼及老年。前後七十卷，小大三千篇。誠知終散失，未忍遽棄捐。自開自鏁閉，置在書帷前。身是鄧伯道，世無王仲宣。只應分付女，留與外孫傳。

唐 元稹《元氏長慶集》卷九《竹簟》 竹簟襯重茵，未忍都令卷。憶昨初來日，看君自施展。

唐 韓愈《題秀禪師房》 橋夾水松行百步，竹牀莞席到僧家。暫拳一手支頭卧，還把魚竿下釣沙。

又《鄭群贈簟》 蘄州笛竹天下知，鄭君所寳尤瓌奇。攜來當晝不得卧，一府傳看黄琉璃。體堅色净又藏節，盡眼凝滑無瑕疵。法曹貧賤衆所易，腰腹空大何能爲。自從五月困暑溼，如坐深甑遭蒸炊。手磨袖拂心語口，慢膚多汗真相宜。日暮歸來獨惆悵，有賣直欲傾家資。誰謂故人知我意，卷送八尺含風漪。呼奴掃地鋪未了，光彩照耀驚童兒。青蠅側翅蚤蝨避，肅肅疑有清飆吹。倒身甘寢百疾愈，卻願天日恒炎曦。明珠青玉不足報，贈子相好無時衰。

唐 許渾《丁卯詩集》卷下《病中二首》 三年嬰酒渴，高卧似袁安。秋色鬢應改，夜涼心已寬。風衣藤簟滑，露井竹床寒。卧憶郊扉月，恩深未挂冠。私歸人暫適，扶杖遶西林。風急柳溪響，露寒莎逕深。一身仍白髮，萬慮只丹心。此意無言處，高窗托素琴。

唐 釋齊己《白蓮集》卷三《謝人惠紫栗拄杖》 仙掌峰前得，何當此見遺。百年衰朽骨，六尺歲寒姿。雪外兼松凭，泉邊待月欹。他時出山去，猶謝見相隨。

又《謝人惠竹蠅拂》 妙刮筠篁製，纖柔玉柄同。拂蠅聲滿室，指月影摇空。敢捨經行外，常將宴坐中。揮談一無取，千萬媿生公。

唐 張籍《張司業集》卷三《答僧拄杖》 靈藤爲拄杖，白净色如銀。得自高僧手，將扶病客身。春遊不騎馬，夜會亦呈人。持此歸山去，深宜戴角巾。

又《和左司元郎中秋居十首》 醉倚班藤杖，閒眠癭木牀。案頭行氣訣，爐裏降真香。尚儉經營少，居閒意思長。秋茶莫夜飲，新自作松漿。

又《贈太常王建藤杖笋鞋》 蠻藤剪爲杖，楚笋結成鞋。稱與詩人用，堪隨禮寺齋。尋花入幽徑，步月下寒堦。以此持相贈，君應愜素懷。

又 卷七《酬藤杖》 病裹出門行步遲，喜君相贈古藤枝。倚來自覺身生力，每向旁人説得時。

唐 仲子陵《清簟賦》 創物者必正其名，以清命簟。惟簟斯清，雙入巧作，連心織成。始葱蘢而席卷，終絢練而砥平。本其初則王爾運心，班匠寓目。吴谿赤剛，楚澤寒竹。皓澣冰截，素膚縞裂。斷此枝間，畧其溝節。然後爾軼手，匠妙意。文理横生，波瀾洊至。雕龍綺錯，切玉鱗次。澹冰泮而泉開，分霜勁而雪墜。信通才之云欲，非吾人之所爲。於是時授炎暑，天旋太陽。山成爛石，泉若探湯。有美一人兮明時節，求暑備兮珍簟長。知薜荔之空靡，意荃蘭之虚芳。若乃買以兼金，緣以純錦。思因人之共敝，庶君子之安寢。出此入彼，俱處芳蘭之室；上據下承，必兼芬若之枕。况乃虚館方晝，華堂且空。高梧閟景，密篠生風。撤文茵與綺席，虚翠幕及朱櫳。惟珍簟之在御，望美人之來同。美人遲兮隔修路，對珍簟兮日已暮。矚筵幌之虚深，卧層雲之空度。帶餘霞而斂綺，映片月而舒素。昭列宿之清光，披青天之薄霧。於時輕筐屏用，微綃罷服。霜簡自凄，冰壺增肅。涼風忽至，獲五福之康寧；炎氣四除，忘庶徵之時燠。且物有小而喻大，事有淺而用深。道之將行，我則開而當暑；道之將廢，我則卷而在陰。是謂清簟之理，願爲君子之心。

唐 顧况《華陽集》卷中《露青竹杖歌》 鮮于仲通正當年，章仇兼瓊在蜀川。約束蜀兒採馬鞭，蜀兒採鞭不敢眠。横截斜飛飛鳥邊，繩橋夜上層崖巔。頭插白雲跨飛泉，採得馬鞭長且堅。浮漚丁子珠聯聯，灰煮蠟揩光爛然。章仇兼瓊持上天，上天雨露何其偏。飛龍閑廄馬數千，朝飲吴江夕秣燕。紅塵撲轡汗濕韉，獅子麒麟聊比肩。曲江昆明洗刷牽，四蹄踏浪頭枿天。蛟龍稽顙河伯虔，拓羯胡鶵脚手鮮。陳閎韓幹丹青妍，欲貌未貌眼欲穿。金鞍玉勒錦連乾，騎入桃花楊柳煙。十二樓中奏管絃，樓中美人奪神仙。争愛大家把此鞭，禄山入關關破年。忽見揚州北邸前，祗有人還千一錢。亭亭筆直無皴節，磨將形相一條鐵。市頭終是無人別，江海賤臣不拘紲。垂鞘挂影西窗缺，稚子覓衣挑仰穴。家童拾薪幾拗折，玉潤猶霑玉壘雪。碧鮮似染萇弘血，蜀帝祠邊子規咽。相如橋上文君絶，往年策馬降至尊。七盤九折横劍門，穆王八駿超崑崙。安用冉冉孤生根，聖人不貴難得貨，金玉珊瑚誰買恩。

唐 李德裕《竹如意賦》 博哉匠人之心，窮地之産。覽如意之形製，實用周而事簡。惟竹也何慕？實存乎貞素。伊篠蕩之既敷，持斧斤而方顧。擇其罕節，稽此有裕。燥之以火，首之曲也中鈎；裁之以金，本之長也合度。蒨練冰削，襹褷爪布。靡加雕飾之勞，卒獲提攜之遇。被以嘉名，允臻厥成。匪求榮觀，自愜幽情。彼用玉之爲寶，我則不謝其貞；彼用鐵以爲固，我則利在乎輕。指事明義此焉攸寄？執之者安，創之者智。巾几周用，丘園其賁。外青中素，合二妙於陰陽；尚質貴誠，符兩儀之簡易。爾乃林栖冲寂，室處虚白。羣義窟之黨，速道流之客。發奥滌玄，遐鈎獨索。必資振擊以聳聽，常假指麾而就適。則知好麈尾者，將害物以嬰咎；執象笏者，徒徇禄而何有？用惻於心，亦勞於手。既因時而能遷，在理順而體便。素質或輕於流俗，貞姿或重於高賢。故貞其形，則示屈而表伸；致其用，則物疎而道親。豈節歌於烈士，可投贈夫幽人？願如君意以靡極，與靈壽而爲隣。

又《斑竹筆管賦并序》 余寓居郊外精舍，有湘中守贈以斑竹筆管。奇彩爛然，愛玩不足，因爲小賦以報之。

山合沓兮瀟湘曲，水潺湲兮出幽谷。緣層嶺兮茂奇篠，夾澄瀾兮聳修竹。鷓鴣起兮鉤輈，白猿悲兮斷續。實璀璨兮來鳳，根連延兮倚鹿。往者二妃不從，獨處茲岑。望蒼梧以日遠，撫瑤琴兮怨深。灑思淚兮珠已盡，染翠莖兮苔更侵。何精誠之感物，遂散漫於幽林。爰有良牧，採之巖址。表貞節於苦寒，見虛心於君子。始裁一作操截以成管，因天資而具美。疑具錦之濯波，似餘霞之散綺。自我放逐，塊然巖中。泰初憂而絕筆，殷浩默而書空。忽有客以贈鯉，遂起予以雕蟲。念楚人之所賦，實周詩之變風。昔漢代之方侈，增其炳煥。綴明璣以爲柙，飾文犀以爲玩。原註傅子曰：漢末一筆之柙，雕以黄金，飾以和璧，綴以隨珠，裹以翡翠，此筆非文犀之飾，必象牙之管也。徒有貴於繁華，竟何資於藻翰。曾不知擇美於江潭，訪奇於湘岸。況乃彤管有煒，列於詩人。周得之以操牘，張得之以書紳。維茲物之日用，與造化之齊均。方資此以終老，永躬耕於典墳。

唐 李德裕《會昌一品集》别集卷一《書桐花鳳扇賦并序》 成都夾岷江，磯岸多植紫桐。每至暮春，有靈禽五色，小於元鳥，來集桐花，以飲朝露。及華落，則烟飛雨散，不知其所。往有名工，繪於素扇，以資稚子。余因作小賦，書於扇上。

桐始華兮綠江曙，粲鮮葩兮泫朝露。樹煜煜兮霞舒，鳥爛爛兮星布。彼嘉桐兮貞且猗，當暮春兮發英蕤。豈鵷雛之珍族，又棲託乎瓊枝。被零露兮甘且白，涵曉月兮灑鮮澤。豈青鳥之靈儔，常飲吮乎玉液。有嘉穀而不啄，有喬松而不適。獨美露而愛桐，非人間之羽翮。逮花落而春歸，忽雨散而川寂。悵丹穴之何遠，想瑤池而已隔。爰有妙工，圖其麗容。宛宛兮若餐珠於芳蘂，飄飄兮疑振羽於光風。感班姬之素扇，空皎潔兮如霰。亦有美人，增華點絢。雀伺蟬而輕鶱，原註南朝書扇尤重蟬雀女乘鸞而微眄。未若繪斯禽於珍箑，動凉風於羅薦。非欲發長袂之清香，掩高歌之孤囀。庶玉女之提攜，列崑墟之瑤宴。乃爲歌曰：青春晚兮芳節闌，敷紫華兮蔭碧湍。美斯鳥兮類鵷鸞，具體微兮容色丹。彼飛翔於霄漢，此藻繪於冰紈。雖清秋之已至，常

愛玩而忘餐。

宋 張詠《乖崖集》卷五《方竹杖寄蘇内翰》 一尋方直剪湘烟，欲寄先愁見賞難。指佞扶危兩堪試，惟憑不作瘦藤看。

宋 田錫《咸平集》卷七《斑竹簾賦》 湘水春深，修篁翠陰。因善巧之凝睇，可爲簾而運心。金刃光翻，拂霜筠而玄解；朱絲織就，鬭黛點以交侵。雖曰皇英帝子，揮灑珠淚，亦秋露之曉滋，復春霖之暮漬。故錦章異狀，由造化之自然；綺錯奇文，入良工之經緯。或疊若連錢，或濃如濕煙。或黯若陣雲之起，或纍如滴水之圓。疎密增華，漏月光而未卷；斕斑若畫，隔花影以初懸。尤宜寶軸分輝，玉鉤加飾。垂旌飜虹綴之彩，飛額動金鸞之翼。彼海蝦之鬚，誰能貴之；神麟之毫，安足多之？編明珠者奚羨，緝翠羽兮胡爲？未若我鬱金之堂，椒塗祕室，取守節以持操，貴以文而勝質。連垂香砌，透燭影於洞房；高掛曲瓊，延曙光於綺席。矧乎金犢將駕，雲軿欲升，鬭繁華於戚里，閱芳菲於五陵。若玳瑁以粧成，前瞻繡軛；想瀟湘而意遠，後從玉乘。美哉琅玕之用，貴豪所共。悅珍華之外飾，致貞芳之可重也。因而歌之曰：碧鮮有文，露點煙痕。簾者廉也，感人思重華之德，援毫頌南風之薰。

宋 梅堯臣《宛陵集》卷四五《依韻和揚州許待制竹拄杖》 楚竹翦霜叢，何慚漢使邛。鳩形殊用刻，馬箠不同功。挺特生難變，支離分已窮。輕肥思比鶴，短髮任如蓬。倚以爲高趣，持之見素風。步郊聊實下，行樂偶從東。屢刺莓苔破，深穿苑圃通。辯繁時畫地，默意或書空。古血有湘跡，舊林無阮蹤。將渠誰覺老，要此豈閑慵。莫駭傾巢鳥，須虞蠹穴蟲。誰能求道術，跨作上天龍。

宋 劉敞《公是集》卷九《竹牀》 櫛櫛裁脩竹，熒熒粲寒光。浮筠凝烟霧，疎節留雪霜。甘寢百疾解，側身夏日長。此時四海波，亦已如探湯。嗟我智慮短，苟爲安一牀。

宋 蘇軾《東坡全集》卷三《次韻柳子玉二首·地爐》 細聲蚯蚓發銀瓶，擁褐横眠天未明。衰鬢鑷殘欹雪領，壯心降盡倒風旌。自稱丹竈錙銖火，倦聽山城長短更。聞道牀頭惟竹几，夫人應不解卿卿。俗謂竹几爲竹夫人。

又 卷一五《送竹几與謝秀才》 平生長物擾天真，老去歸田只此身。留

我同行木上坐，贈君無語竹夫人。但隨秋扇年年在，莫鬬瓊枝夜夜新。堪笑荒唐玉川子，暮年家口若爲親。

宋 強至《祠部集》卷三《題惟晤師斑竹杖》 蜀江濯錦含文漪，竹生江岸初緑滋。錦波一浸入竹肌，萬洗不落斑在皮。又聞淚點灑舜妃，遺跡漸染傳今時。掐不受爪滑可持，隱起高節無屈欹。江神雖寶莫自私，煙根忽逐霜刀離。截而爲杖得者誰，龐眉大士今一枝。煸爛頗與壞衲宜，朝躋山巔暮江湄。山備兕虎江蛟螭，爾杖未折莫汝危。足力自健無險巇，安用童子兩肩爲。當年常竹紋無奇，猶託變化神葛陂。況此已是斑龍兒，長恐一旦風雲隨。復整頭角還天逵，未必久爲師有之。

宋 李之儀《姑溪居士後集》卷一一《首夏》 嬌紅掃盡緑陰成，便覺庭虚暑氣生。旋拂藤床方竹枕，不妨鼻息作雷鳴。

宋 黄庭堅《山谷集》卷二《次韻錢穆父贈松扇》 銀鉤玉唾明蠒紙，松箑輕涼并送似。可憐遠度慎溝溲，適堪今時褦襶子。文人玉立氣高寒，三韓持節見神山。應得安期不死草，使我蟬蛻塵埃間。

又《戲和文潛謝穆父松扇》 猩毛束筆魚網紙，松柎織扇清相似。動搖懷袖風雨來，想見僧前落松子。張侯哦詩松韻寒，六月火雲蒸肉山。持贈小君聊一笑，不須射雉彀黄間。

又 卷九《以天壇靈壽杖送莘老》 王屋千霜老紫藤，扶公休沐對親朋。異時驅馬安車去，拄到天壇願力能。

又《山谷别集》卷二《失紫竹柱杖頌》 某三月二十九日發袁州，見追送之客於西關門外。從者遺老夫紫竹杖，於使者廟門遂失之。宜春尉徐思齊路見不平，徧下諸山求索，乃得之於木平觀，云人力於萬載，廣惠得之山谷，拊掌云草賊大敗，因戲作頌，奉呈思齊尉公：

袁門西關，失郤柱杖。木平萬載，賒裏拾得。恰似鄭州，却出曹門。何處待此，左科禪客。

宋 張耒《柯山集》卷二六 東堂初寒，創意作竹屏障門。屏腳偶得朽梅枝，截用之，完固質野可喜。二首。

丈室新屏用此君，碧琅玕插古槎根。白雲一片當空下，護此寒堂宴坐人。

簡册林中老蠹魚，年來窮譎尚耽書。竹屏風下憑烏几，畫作柯山居士圖。

宋 唐庚《眉山詩集》卷三《午起行》 細藤簟展波紋緑，瓦枕竹床殊不俗。白日寥寥午眠熟，起來更覺精神足。萬緣寂静數甌茶，半偈消磨碁一局。此間真味有餘清，未羡紛紛厭粱肉。

宋 釋惠洪《石門文字禪》卷一〇《鄒必東竹枕》 黑甜誰欲嘗閒味，此枕令人穩稱心。風骨子猷居處竹，典刑元亮醉時琴。宜籠霧鬢清圓語，聽學朱絃發越音。不用製囊裁古錦，春寒長搭鬧花衾。

宋 趙鼎《忠正德文集》卷六《夢覺》 竹枕藤床一室虚，松風瑟瑟夢驚餘。破聰猶有流螢渡，老我疎慵不讀書。

宋 鄭剛中《北山集》卷二一《有客致木綿椅坐为山齋之用》 桃歇冬花蕉葉乾，寒到廣東真是寒。山齋竹椅冷如水，欲以薦坐無蒲團。鄰翁未必藉華斕，顧此流落心所憐。臨溪汲水下藍碧，爲染吉貝包木綿。長針引線作方衲，軟暖厚薄無一偏。雖是凝塵少來客，瘦骨整衣身獨便。領君此意覺温甚，我亦虚坐其敢安。家世窮愁豈今日，廣文之老先無氈。

又《客惠賓州竹簟甚佳取退之鄭羣贈簟詩讀之數過成古風云》 卷送風漪光八尺，竹新漸作琉璃色。世人貴耳便賤目，那知不抵蘄州笛。年來愧汗常浹膚，夏日自嫌汗枕席。有時追誦法曹句，悵恨宗人不多得。山齋置榻客一身，君惠清涼到心骨。門前客至莫見嗔，老子解衣喧鼻息。

宋 李彭《日涉園集》卷八《竹枕》 湘江翠竹斬雲根，偃月初無刻削痕。尚想繁柯俱笨蓴。曾經綵鳳屢飛翻。佳眠時有池塘夢，避暑不勞河朔樽。殷殷晴雷喧白晝，兒童走報雨翻盆。

宋 朱翌《灊山集》卷一《竹枕》 方牀洗湘斑，夏簟織蘄笛。誰與同卧起，青奴甚相得。嘉哉直節君，契分近愈密。深林捕貓頭，乃復枕上膝。直從無熱天，徑下清涼國。早晚報平安，一覺我自適。夢中從我遊，子猷推第一。

又 卷二《方竹杖》 此君骨相一成矩，氣稟坤爻六二全。運用四方隨手轉，操持一節比松堅。玉雕界尺疑同樣，金作觚稜笑削圓。見寄分司真得力，時將緩步與周旋。

宋 胡寅《斐然集》卷一《竹枕》 故鄉清渭濱，一節取君子。相從大江南，展轉秋風裏。清慵笑玉便，傲兀勝隱几。屏山煙景媚，醉倒日高起。此君通晝夜，俗士乃輕鄙。願言一莫枕，四海春睡美。硜硜孫子荆，未便洗吾耳。得意大槐宫，古今真夢爾。

宋 馮時行《縉云文集》卷一《竹枕》 無節青琅玕，葛陂化龍餘。可以奉君子，不憚捐其軀。幽人飽藜莧，總以飫膏腴。食罷掩關卧，鼻息豁雲敷。斗升乞西江，碌碌愧非夫。五友平生歡，相從歸故廬。

宋 吴則禮《北湖集》卷二《又次竹枕韻》 銜蟬慣惱平頭奴，遥取魚肉豐其膚。胡爲掉尾懶相乳，化作青士形已枯。試拈支頭當陶瓦，不許卞璞登氍毹。猶能攫挐翻冉無，踞視穿墉疑欲圖。涎流潑潑穿長蒲，夫人一笑呼與娱。摩挲初欲論夢事，有底眈眈而睢盱。偶從巒藤落吴會，鄉縣直過青草湖。老夫得此良自稱，熟睡不管癡兒呼。

宋 郭印《雲溪集》卷九《藤枕》 剡藤新織就，一榻共清涼。琥珀珍難得，龍頭貴莫當。不辭拳石冷，寧羡錦囊香。夢覺華胥樂，神怡四體康。《椶拂》 一色椶櫚造，收成掌握中。青蠅應退舍，白鳥敢争雄。便作龜毛用，寧殊麈尾功。世情分美醜，達者自圓通。《竹杖》 長短身爲度，洪纖節自明。時時勤執捉，處處伴經行。峻岅腰能直，危橋步亦輕。化龍他日事，靈壽若爲榮。

宋 王十朋《梅溪後集》卷七《藤杖》 頭角槎牙萬歲藤，徧身節目更稜稜。山僧贈我非無意，要我清閒亦似僧。

宋 姜特立《梅山續藁》卷一四《竹杖》 竹杖點湘斑，長隨掌握間。老來方得力，伴我一生閒。

宋 袁燮《絜齋集》卷二三《竹几》 深林碧琅玕，直節空其中。截爲小曲几，貫以青絲緫。自然光瑩質，不費髹漆工。偃仰凭日穩，提挈繞指從。兒曹莫輕毁，此物便老翁。

宋 姜夔《白石道人歌曲》卷三《謝人惠竹榻》 楚山修竹自娟娟，不受人間袢暑。我醉欲眠伊伴我，一枕凉生如許。象齒爲材，花藤作面。終是無真趣，梅風吹溽，此君真恁清苦。須信下榻殷勤，翛然成夢。夢與秋相遇，翠袖佳人來共看，漠漠風烟千畝。蕉葉窗紗，荷花池館，别有留人處。此時歸去，爲君聽盡秋雨。

宋 周南《山房後藁·笻竹杖》 四十龍鍾欠一年，不應鶴骨會乘軒。杖頭無用燃藜燭，倚向荒畦印屐痕。

又《答静翁并以笻竹杖一枝贈行頌》 一笻九節添行李，用得人間處處尊。只要上山行飽飯，莫將風雪打人門。

宋 喻良能《香山集》卷一六《送竹枕與勾希載太博》 誰人彩斵渭川村，有節輪囷秋竹根。割我便春晝睡，乞君栩栩夢中魂。

宋 李光《莊簡集》卷六《竹几》 虚滑輕凉任自然，水邊林下最相便。他年若遇青城叟，成壞方知盡屬天。

宋 劉過《龍洲集》卷七《方竹杖》 鶴骨風前瘦，龍姿雨後鮮。鋒稜四面峻，節摻一生堅。荷蓧行隨適，看山依最便。從教方有礙，終不効規圓。

宋 徐經孫《矩山存稿》卷五《斑竹杖銘》 斑竹之紋，孤竹之傑。滋以雨露，傲以霜雪。翛然相間，吟風弄月。取而爲杖，本末有截。十節以前，更高一節。

宋 釋文珦《潛山集》卷四《藤杖》 栁櫟古藤杖，偃蹇如虬龍。伊昔訪隱人，得之天柱峯。眡爾如良朋，出處常相從。渡水逾萬折，穿雲或千重。忽於風雨時，狡獪詩靈蹤。使我失憑倚，瓢落無所容。

宋 韓駒《陵陽集》卷一《湖南有大竹世號貓頭取以作枕仍爲賦詩》 湖南人家養貍奴，夜出相乳肥其膚。買魚穿柳不蒙聘，深蹲地底老欲枯。誰將作枕置榻上，擁腫似慣眠氍毹。慵便玉枕分已無，孫生洗耳非良圖。茆齋紙帳施團蒲，與我同歸夜相娱。更長月黑試附卧，鼠目尚爾驚睢盱。坐令先生春睡美，夢魂直繞赤沙湖。更煩黄妳好看取，走入旁舍無人呼。

元 郝經《陵川集》卷一〇《楷木杖笏行》 金源以來，進士登第，例授楷笏，無則以槐代之。今曲阜祖庭有孔道輔釋褐時擊蛇笏，殷血猶在，横絡一綫旁迸數砂粒，色若棗漆，以水濯洗，則其色鮮紅如新濺著者，今此笏乃其尺度故制也。孔氏族人又以長材爲杖，以贈好事者。乙卯秋九月，經拜謁墳林，家長翁以笏杖各十相貽，故爲賦此：兩楹夢斷壞梁木，天出斯文生宰木。翳雲擁霧二十里，虎踞龍蟠泰山足。道德仁義爲根株，禮樂枝葉光扶疎。芘蔭百代吾道尊，户有絃誦家詩書。中間楊墨常蠹食，重欲剪伐逢老釋。崔嵬柯幹尚生意，千古堂堂孟韓力。年來旦旦加斧斤，幹爲店楔枝爲薪。知音抱去甚泣玉，觀者掩面如悲麟。大横庚庚紫蛇腹，手版霑恩照緋緑。老儒扶藉見聖人，豈並枯藤與桃竹。斯文將墜吾道亡，不絶一綫甚濫觴。豈爲區區狗枯木，亦如告朔存餼羊。孔氏家庭手植檜，楷樹相望閱千世。亂來秦火幾番燒，土黑灰寒共憔悴。靈光殿基秋草深，牧童相喚穿墳林。青蛙亂聒顔氏井，饑烏落日啼白禽。佩玉長裾新進士，回視詩書等閒事。赭袍白馬飛將軍，潤劍長槍不識字。中原慘慘無神靈，白骨蔽野無蒼生。只知下石誰手援，老夫有淚洪河傾。皇極厄會數流血，誰與澄清倒溟渤。摩挲東家扣脛杖，拂拭囊中擊蛇笏。會當立聖躅袄昏，鞭擊魚龍起春窟。

元 謝宗可《咏物詩·梅杖》 紫玉槎牙蝕蘚痕，黄昏扶醉倍精神。一枝冷曳孤山雪，七尺横拖庾嶺春。江路策雲香在手，谿橋挑月影隨人。歸來却笑林和靖，還現堂中上座身。

元 劉因《静修集》卷四〇《梅杖枝字》 鐵石心腸氷玉姿，掌中潛得歲寒枝。天教一握藏春密，風覓餘香就手吹。雪月冷懷隨步履，溪山高興入支頤。玉堂若要扶持用，説與東君也不知。

元 侯克中《艮齋詩集》卷一〇《暑中有感二首之一》 竹床藤枕葛衣單，満扇清風汗不乾。誰念耘苗田父苦，日斜枵腹望晨飡。

元 姚燧《牧庵集》卷三二《烏木杖賦》 去年，史仲威得烏木杖，大徑尺，高可過顙，嘗析一杖遺余，許爲賦報之。其秋，仲威疾，歷三時未勿藥也。今年，余生朝使人肩木之半相壽，且促曰：「吾疾於以嬰綿者，豈思不償賦致耶？不佞誠得一誦其辭，或可釋杖而起矣。」余勤其言，而賦曰：

或曰：炎海之山，珍木産焉。金爲之聲，石與其堅。鮍結伐荷，投諸瀧淵。依居蛟蜃，漱沫濡坎。歲月俟之，化而爲元，要出人爲，非得自天。此島夷假以售利於中土之微權也。抑齋聞而笑之曰：昔賈鬻鞭，梔蠟其膚。市者一濯，已呈蒼枯。胥是黝材，裏表一如，從可占知，迺受形其本初者也。胡子以由彼而然乎？今夫中山之山，有衆其植，斧取觀之，内各異色，樟作稠文，杜棗栵赤，檀柏柘黄，蒲櫰棫白，與爾萬里，遐裔絶域，瀘嶲杉紫，儋黎沈褐，罽賓雞舌，相半白黑，一隅斯舉，三可反頤。茲度品之爛爛，果熟漚以何澤。況於兩間，滋雨噓風，敷土華耀，爲白爲紅，深淺濃淡，萬不齊同，令人感之，欣心悦瞳。問誰爲之能然，皆著妙於化工。夫其見諸柯葉之外者如此，又何惑理質於其中哉！且水火之赤黑不一其色者，雖童子猶能知之，至語其相賊而爲用，有戴白之老所未知。維男丁與婦壬，實雄黑而赤雌。始若離而難駁，終爲夫之所移。今其色之幽幽，乃昔赤之由基。是何資於遠譬，只煬竈亦可閾。彼炎艴而烈者焰也，其烟液爲煤必黔而緇。因以曉夫巧繪之棄鉛朱，亦懼夫既久漫漶而爲黟。又以信道書坎盛之侵離也。不然，南服之洲，祝融之宅也。歊金石而焦流，蓋火熾之已極，非盛其水以滅之，則物將不能以生活。故伊人之睟面不渥赭而深黑亦火色，索藏惟獨見夫水而已矣。其木理之如漆者，又何惑乎哉？史鰌之孫，其畏可象，析而杖之，奔走相餉。輟矛盧於猛士，配几屨於席上。試扶衰以起策，觸爪甲而鏗響。思卷鐵而含簧，陋柳侯之爲匠。必求同於所異，纔黑蛇之彿彷。噫，物之變化不可期兮，猶足以乘雷而騰往也。

明 藍仁《藍山集》卷五《賦梅杖》 剪得孤山最舊枝，老年筋力賴扶持。雪中拄去餘香在，月下携來瘦影隨。生長冰霜憐硬骨，摩挲苔蘚露蒼皮。仙人九節休相笑，也欲看山入武夷。

携得南枝拄白雲，天寒時復出柴門。交頭共倚春風力，到手還疑夜月痕。禹廟星霜空自化，葛陂雷雨未應存。老來只爲尋詩苦，踏雪明朝過遠邨。

緑竹新栽節節方，老年與爾共行藏。遊山鹿豕休相訝，倚壁蛟龍恐欲翔。不用虚心隨石轉，自來直幹拂雲長。扶持莫問顛崖遠，但愧微蹤久雪霜。

伐竹爲笻共我長，不煩繩削自然方。端形祇是生來少，直節誰憐老幹剛。拄過蒼苔窺鳥跡，踏殘黄葉出羊腸。此君盡力扶衰朽，一日平安不可忘。

明 李璋《嗜泉詩存》卷上《織簾》 雨簷溼綺琴，風窗淚樺燭。爲織三尺簾，聊斬數竿竹。庶免風雨時，牽蘿以補屋。肯學嚴君平，低垂坐賣卜。

明 李東陽《懷麓堂集》卷一一《齋宿和鳴治韻》 禁城鐘鼓報春遲，作宦頻驚節序移。藤几竹床三日臥，茗甌詩卷十年期。倉皇不負黄公意，淺薄終慚鮑叔知。共愛開軒坐明月，好雲多事莫相疑。

明 顧璘《顧華玉集·息園存稿詩》卷一四《苦熱絶句十首之一》 葵扇

桃笙湘竹床，捲簾高卧汗如漿。何如赤鯉澄波冷，不及玄蟬密樹涼。

明 喬世寧《竹杖歎》 我病常持一竹杖，出門入門全爾仗。病愈郄之曾幾時，不復念爾能扶持。我心視汝無好惡，祇緣衰健情亦移。何况世情雲雨變，妍媸翻覆須臾見。寶劍棄擲康瓠留，得時即貴失時賤。新人入門故人出，秋風那復悲紈扇。烏盡弓藏自古然，竹杖竹杖何足歎。

明 朱樸《西村詩集補遺·簫杖》 五音刳節過眉裁，七尺連枝九竅開。笻幹固非韶樂具，紫鸞聊假化龍材。停吹夜月歌桃竹，倦倚春風奏落梅。年少風情衰老伴，扶持還想鳳凰臺。

明 黎民表《瑶石山人稿》卷四《陳忠甫以卭竹杖遺予戲作短歌》 卭竹傳奇西夏日，腫節瘦莖如鶴膝。天竺高僧屢護持，尚方靈壽差其匹。陳君好事偶得之，入手鏗然知古物。指麾銅柱開烟霏，柱石羅浮看日出。揭來載笠訪安期，怪石欹厓恐顛躓。提攜似有蒼精翊，閃爍應愁山鬼泣。偷視刀環未敢言，笑爾青藜落吾室。感君把贈意已多，置之座右勤摩挲。只今滄海揚洪波，馮夷出没翻蛟鼉。微閭聚窟渺在望，金堂玉霤空嵯峨。杖乎杖乎奈爾何。

明 林廷玉《斑竹杖》 八尺笻身少帶根，常扶野老出山村。却憐楚玉新裁製，猶染湘姬舊淚痕。天禄藜然烟已息，葛陂龍化跡空存。楊羲夢斷無消息，九節人間恐漫論。

明 楊廉《竹枕》 剖篁編枕荷朋分，攜向南窻卧火雲。節上帶來風露氣，牀頭愛看水波紋。廣藤恨軟非能耐，布被還清合與羣。西華睡臣唯片石，可人爭似渭川君。

明 董斯張《静嘯齋存草》卷八《竹床》 巧斲淇園菉，曲肱正吾事。一枕無此君，猶非古人意。

清 朱彝尊《曝書亭集》卷一四《竹簾》 吴船初解縛，燕市喜重編。一綫條條直，雙釘户户懸。鈎時教燕去，疎處恐蠅穿。布幔旋催换，秋風又一年。

又 六尺蘄春簟，繩牀卧最便。紋同麴塵水，滑比研光箋。攤飯宜三伏，看棊判一年。物微休棄置，歸載潞沙船。

清 宋至《緯蕭草堂詩》卷二《方竹杖》 分寧方竹方如削，截爲拄杖堪倚託。平頭七尺總觚稜，其中扣之復寂若。世人愛圓不愛方，扶出只恐無地著。青鞋布襪正相宜，明日好試登山腳。

清 管棆《據梧詩集》卷三《柏軒草上·竹屏》 屏素又兼華，琅玕翠疊遮。渭濱千畝植，淇水一痕加。湘女曉凝淚，甄妃暮帶霞。玲瓏闌九曲，步障不須誇。

又 卷一三《寓檗稿·方竹杖餉曹之方》 分寧銅鼓竹最奇，方稜直節堪贈貽。虬鬚畫吐青蟠璵，鐵腳上琢黃琉璃。餉君以杖附短句，龍池南嶽攜雙屨。規圓君固自不肯，留此本質味彌永。

又《方竹杖贈序皇》 誰持玉斧斲青玉，產此方竹尺度足。截之爲杖堪贈君，體方質直無少曲。世人競貴能模稜，君獨倚杖時服膺。相隨頭白磻溪老，立腳雲山千萬層。

清 王心《竹杖》 靈壽何須賚，龍孫勝古藤。心虛卿可愛，節勁我堪憑。問酒分錢掛，尋山助屐登。輔人良不苟，君子老偏能。

清 查祥《雲在詩鈔》卷四《蒲扇》 一握霜蒲嶺外編，年年買用不多錢。渡頭遮日歸村路，門外摇風出浴天。絮語漸低茅屋下，醉鄉時墮枕函邊。棄捐有恨何須恨，留扇茶罏幾縷烟。

清 愛新覺羅·弘歷《御制詩集》三集卷三五《題馬麟花卉小幀·竹如意》 木根太樸玉金奢，樹酌穠纖伴淨嘉。貞素渾然存地幹，指揮那擬落天花。簪冠賜共齊梁代，麈尾製同王謝家。首曲中鉤身合度，求信尺蠖義何差。

又 三集卷三九《樹根榻歌》 蒼垠霄堮昔屈盤，建木大椿曾齊年。蔽虧魄淵凌旻煙，吳質試斧忽兀然。翻教閱世全其天，公輸不敢繩墨牽。其堅如石卷曲拳，玲瓏萬竅非斲鑽。坐之望古卧之安，宣尼因見公旦顏。小哉蕃爲孺子懸，膝誰敢容腹敢坦。叶琉璃翡翠七寶欄，自拜下風羞華妍。肅穆如見羲皇前，宵衣旰食吾勉旃。匡牀妥帖非所便，擬付莊生夢蝶眠。

又 五集卷七七《詠檀木如意》 舊玉新檀木，居然成一科。略資位與置，弗費琢和磨。左右無不有，指揮任若何。勝他常侍者，傳語或淆訛。

又 五集卷八五《詠竹如意》 勁節發貞根，繞身枝是孫。難尋出没跡，可代指揮言。愛此質簹質，無他刀斧痕。天花李頎詠，未足望斯藩。

清 僧湛性《雙樹堂詩鈔》之《五言律·竹簟》 鋪展匡床合，漪漪水一方。平生無長物，賴此得清涼。黃染琉璃色，寒凝翡翠香。有時當夢寐，彷彿卧瀟湘。

雜　録

唐 莫休符《桂林風土記·石氏射樟木燈檠祟》 開成中，桂林裨將石從武居在子城西壕側，從武早習弓矢。忽一年，家内染患疾，長幼罕有安者。每至深夜，常見一人從室出來，體有光燄，居常令疾者痛苦稍間，若此物至則呻吟聲加甚。毉巫醮謝，皆莫能效。從武心疑精邪爲祟，至夜操弓挾箭，隱户潛形候其來。俄聞精復至，稍近，遂彀弓引滿，一發中焉，見彼焰光星散而滅。遂命燭而看視之，乃是家中舊使樟木燈檠中箭而倒。乃擘爲蠻粉，焚爇爲灰，送長河，於是家人患者皆愈。大中年前政張侍郎名文規，三代台相之家，廉察桂林，從武時職司通引。偶聞此事，曾召問，具以實對，乃爲《石氏射燈檠傳》。從武子最在職，近方去世，湞諧嗣亦效卑職，得金貂傳聞。

宋 徐鉉《稽神録》卷五《桂從義》 池陽建德縣吏桂從義家人入山伐木，常於所行山路有一石崩倒，就視之，有一室，内有金漆柏牀六張，茭薦芒簟皆新金銀積疊。其人坐牀上，良久因揭簟，下見一角柄小刀，取内懷中而出。恐崩石，塞之，以物爲記。歸呼家人共取，及至則石壁如故，了無所覩。

元 李衎《竹譜詳録》卷六 化龍竹，後漢費長房隨壺公入山，以竹杖與騎至家，長房以杖投葛陂中，顧見化爲龍。

明 朱權《神隐》上卷 杖 道家有九節杖，一節名太陰星，二節名熒惑星，三節名角星，四節名衡星，五節名張星，六節名營室星，七節名鎮星，八節名東井星，九節名枸星。以爲降妖邪，而神靈聽其指揮也。武當山之靈壽杖，謂玄帝所執之杖，插而生之。持之萬靈震伏，只可閑行曳而已，不可用力，不敢以逐猫犬畜類。又恐怒氣，因之以打人，大槩莫若蜀中鶴膝竹甚佳。又輕挂之，可以扶老。楷木杖，孔子所植者至脆，持之可以戒性，不可以力拄。

明 王圻《稗史彙編》卷一五三《員通居士》 比丘海光住廬山石虎庵。夜夢一人，身長清瘦而斑衣，云：「舍身爲庵中供養具。」俄而窗外竹生一笋，白花紫籜，如夢中人之衣者。既成竹，約六尺餘，無節，黃緑瑩淨。江州太守聞之，意將奪取此竹。一夕自倒，太守尋罪去光，乃用作柱杖，目曰「直兄夢者」，自稱員通居士，遂篆此四字，于首漆之。

明 陸深《儼山外集》卷三一 余尚書靖慶曆中知桂州，境窮僻處，有林木延袤數十里。每至月盈之夕，輒有笛聲發于林中，甚清遠。土人云聞之已數十年，終不詳其何怪也。公遣人尋之，見其聲自一大栢木中出，乃伐取以爲枕，笛聲如期而發，公甚寶惜，凡數年。公之季弟欲窮其怪，命工解視之，但見木之文理正如人月下吹笛之像，雖善畫者不能及，重以膠合之，則不復有聲矣。

明 陳耀文《天中記》卷四八 白桐几，葛仙翁憑白桐几學數十年，白桐登仙，几化爲白虎，三脚兩頭，往往人見之。

明 周嘉胄《香乘》卷一《沈香板牀》 沙門支法存有八尺沈香板牀，刺史王淡息切求不與，遂殺而藉焉。後淡息疾，法存出爲祟。

清 董天工《武夷山志》卷一九《古蹟·遺骸》 諸志云大王峯之昇真洞有五堈，皆盛蜕骨。又有四船相覆，以盛仙函。函共二十有餘，空者數函。又張仕巖一函，白骨不全。换骨巖九函，仙钓臺、真武洞三函，白雲巖石洞數函。大藏峯石罅中十六函，小藏峯有黃心木棤藏十三仙蜕骨。紹聖端平間，迎魏王顱骨至太乙宫祈雨，不崇朝而沛降。又云迎魏王顱稍弗虔，輒飛去。又云禱雨畢，則仙蜕自返，故處後爲孕婦所厭。今雖靈，不復飛上矣。又萬曆間接笋峯道士程應元曾至金鷄洞中，云内藏楠木甚多，一長三丈，徑尺餘，上置仙蜕十三函，每函或顱骨數片，或脛骨一二莖，手骨一二節，皆裹以錦帕。一函乃鶴骨，惟頭及一足。又一舟，楠木刳成，長丈餘，濶三尺許，内盛香末而細羅，洞中香灰纍纍成堆。按諸峯雖有遺骨，何所據而爲仙？小藏金鷄皆有十三函，又何所據而指小藏爲十三仙之骨？子騫既更衣上升，安得復有頭顱傳世？謝在杭云神仙暫遊萬里，少别十年，世間一切事棄如敝屣。乃復爰護委蜕，不令朽腐，則其見解，反不若蛇蟬之屬脱然無累矣。余謂神仙不食人間煙火，未必尚愛遺骸。子騫顱骨，初之飛不知果否？而今之不飛，則真不飛也。然文公櫂歌武夷山上有仙靈，則仙骸又不容不備録也。

圖表

元 李衎《竹譜詳録》卷四 净瓶竹，江浙閩廣俱有之。枝葉與淡竹不異，但去地一二節便擁腫，有項有腹，宛如一瓶，以上榦節仍如常竹。其質極堅，人取爲拄杖。

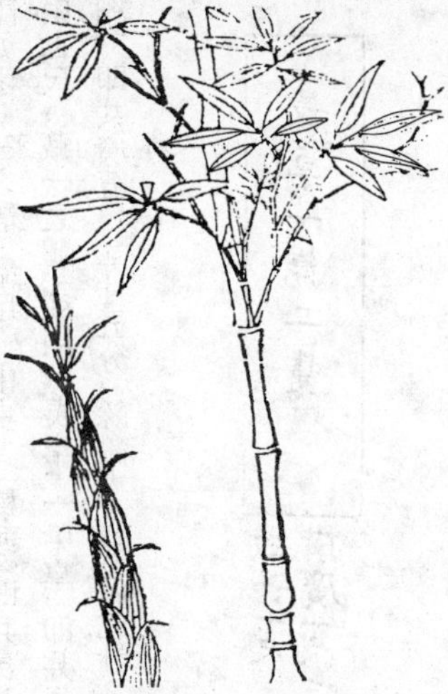

又 鶴膝竹，又名木槵竹，生杭州西湖靈隱山中。節密而内實，略如天壇藤，閒有突起如鶴膝。人亦取爲拄杖。生于閩嶠者俗名鼓槌竹，節簃擁腫而莖管削，宛如鶴膝，筍可食。葉世程《閩中記》云："鶴膝竹出古田縣，似靈壽杖，不須治削，人多取以扶老。"高續古似孫有《次韻陳校書送鶴竹筍詩》云："竹如鶴脚瘦交加，驚識英英玉露沙。一見已知仙骨健，高於越箭更無差。"

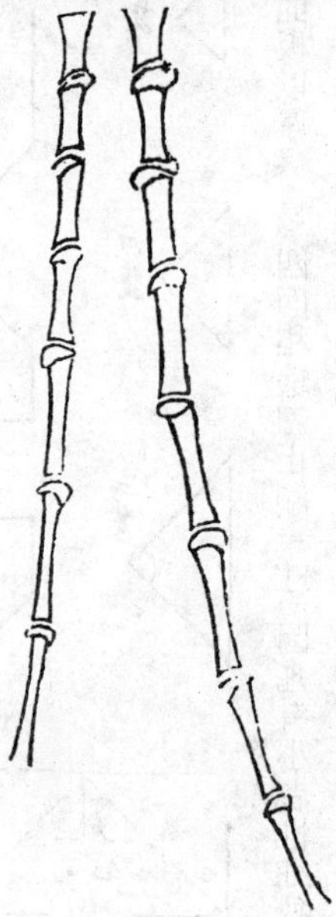

又 人面竹，又名鬼面竹，又名佛面竹，又名佛眼竹，兩浙江廣俱有之。去地上一二節，皆左右邪正，兩節相對，中間突起，長圓宛然如人面。或多至十數節之上，始平正如常竹。筍亦可食。人多採以爲拄杖，福建人呼爲佛眼竹。東坡送與羅浮長老者，即此竹也。或云天竺國所産者，形似，尤奇。

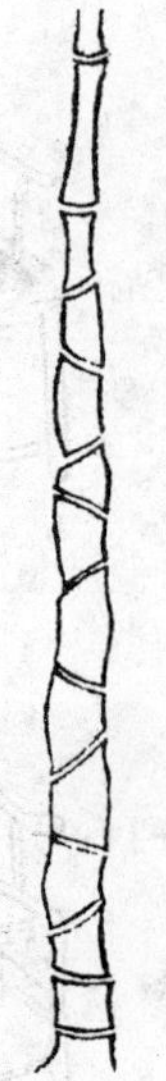

又 卷五 翁孫竹生江西。正紫色，一莖下節復生三五竿，芃芃而起，比中莖差細。士人取以爲扇柄，生浙閒者高不盈尺，爲几案之翫。張得之譜云："翁孫竹在處有之，初種時因地肥磽而長，以次生者不敢高過于祖。"

明 毛晋《山居小玩十种》之《蝶几譜》 几面用小木水磨，或用散木，或黑漆、或紫漆、朱紅俱妙。

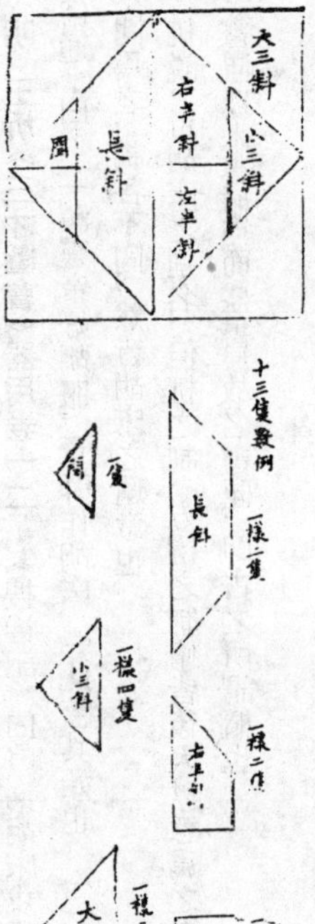

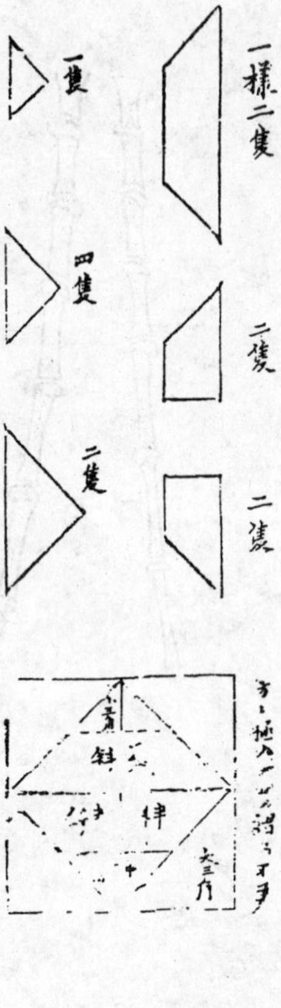

凡面板以厚爲貴，四面相邊□止濶一寸，因凡有小者惟細狹乃佳也。總之中間板心必等于相邊厚。如獨木面做法一般爲妙，脚高二尺八寸，裝糊孔須在几面心木上，欲其堅牢，裝脚勿斜出，恐碍輳縫開也。

明　沈津《欣賞編十种》之《燕几圖》　卓之横數不宜太廣，則倍數太長，欲狹，亦止於一尺七寸。其長准與倍之。卓脚以低小爲雅，其圖以五寸六七分爲准。俗工每泥已見，爲卓必放脚闊，兩卓相並，中即開縫，須當歛下，廣狹與上同，則縱横布置無不齊矣。布卓或七、或六，以至一二。今圖頗增多於舊，以其長廣同者，與其形佀者各爲體，尺二十有五，體合爲七十有六。名其長廣之數，謂如函。三之體，縱用一中卓、二横頭，即共長八尺七寸五分，横用一長卓，即廣七尺。藏一之體，縱用一長卓、一中卓，即共長一丈二尺二寸五分，横用三横頭，即共廣五尺二寸五分，餘體大小皆倣此計之。

長卓一樣二隻　縱長七尺　横廣一尺七寸五分脚高二尺八寸　可坐四人

中卓一樣二隻　縱長五尺二寸五分　横廣并脚同前　可坐三人

小卓一樣三隻　縱長三尺五寸　横廣并脚同前　可坐二人

明　王圻《三才圖會》器用卷一二　《搜神記》曰：「胡床，戎翟之器也。」《風俗通》曰：「漢靈帝好胡服，景師作胡床。」此蓋其始也。今之醉翁諸椅，竹木間爲之，制各不同，然皆胡床之遺意也。

机説，皆胡床之别名，但机之制、方櫈之制脩皆後人以意爲之者。

畫匣以木爲櫃，而盛書，故名書匣，即古之所謂櫃也。

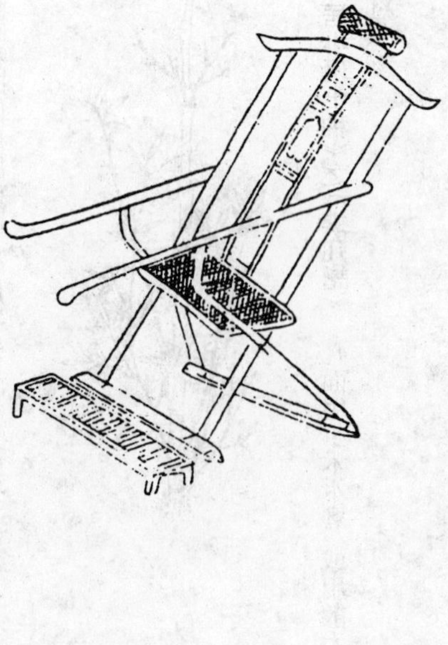

方椅

折叠椅

圓椅

竹椅

竹杌

木杌

棜

梡

畫

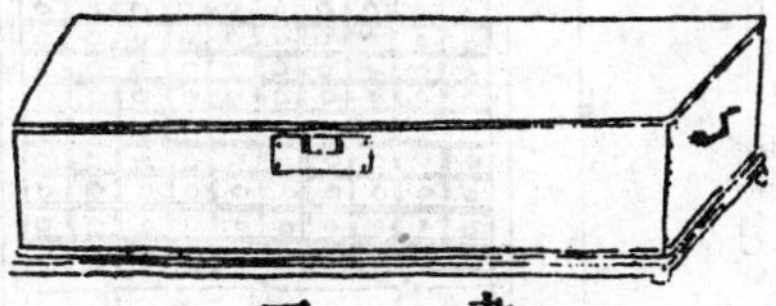
書匣

清　李漁《閑情偶寄》卷一〇《煖椅式》　如太師椅而稍寬，彼止取容臀，而此則周身全納故也。如睡翁椅而稍直，彼止利于睡，而此則坐卧咸宜，坐多而卧少也。前後置門，兩旁實鑲以板，臀下足下俱用柵。用柵者，透火氣也；用板者，使煖氣纖毫不洩也。前後置門者，前進人而後進火也。然欲省事，則後門可以不設，進人之處，亦可以進火。此椅之妙，全在安抽替于脚柵之下。只此一物，禦盡奇寒，使五官四肢均受其利而弗覺。另置扶手匣一具，其前後尺寸，倍于轎內所用者。入門坐定，置此匣于前，以代几案，倍于轎內所用者，欲置筆硯及書本故也。抽替以板爲之，底嵌薄磚，四圍鑲銅，所貯之灰，務求極細，如爐內燒香所用者。置炭其中，上以灰覆，則火氣不烈而滿座皆溫，是隆冬時別一世界。況又爲費極廉，自朝抵暮，止用小炭四塊，曉用二塊至午，午換二塊至晚。此四炭者，秤之不滿四兩，而一日之內，可享室煖無冬之福，此其利于身者也。若止利于身而無益于事，仍是宴安之具，此則不然。扶手用板，鏤去掌大一片，以極薄端硯補之，膠以生漆，不問而知火氣上蓋，硯石常煖，永無呵凍之勞，此又其利于事者也。不寧惟是，炭上加灰，灰上置香，坐斯椅也，撲鼻而來者，衹覺芬芳竟日，是椅也，而又可以代爐。爐之爲香也，散，此之爲香也聚，由是觀之，不止代爐而且差勝于爐矣。有人斯有體，有體斯有衣，焚此香也，自下而升者，能使氤氳透骨，是椅也，而又可代薰籠。薰籠之受衣也，止能數件，此物之受衣也，遂及通身。跡是論之，非止代一薰籠，且代數薰籠矣。倦而思眠，倚枕可以暫息，是一有座之床。飢而就食，憑几可以加食，是一無足之案。遊山訪友，何煩另覓肩輿，只須加以柱損，覆以衣頂，則衝寒冒雪，體有餘溫，子猷之舟可棄也，浩然之驢可廢也。又是一可坐可眠之轎，日將暮矣，盡納枕簟于其中，不須臾而被窩盡熱；曉欲起也，先置衣履于其內，未轉睫而襦袴皆溫。是身也，事也，床也，案也，轎也，爐也，薰籠也，定省晨昏之孝子也，送煖偎寒之賢婦也。總以一物焉代之。蒼頡造字而天雨粟，鬼夜哭，以造化靈秘之氣洩盡而無遺也。此制一出，得無重犯斯忌，而重杞人之憂乎。

煖椅式

清 金簡《武英殿聚珍版程式》 按照《康熙字典》分十二支名排列十二木櫃，高五尺七寸，寬五尺一寸，進深二尺二寸，足高一尺五寸。每櫃下用木櫈一條，高與櫃足相齊，以便登踏取字。每櫃做抽屜二百個，每屜分大小八格，每格貯大小字母各四，俱標寫某部、某字及畫數于各屜之面，取字時先按偏傍應在何部則知貯于何櫃，再查畫數則知在于何屜，如法熟習，舉手不爽。間有隱僻之字，所用不多而備數亦少，仍按集另立小櫃置于各櫃之上，自能一目了然。

字櫃式

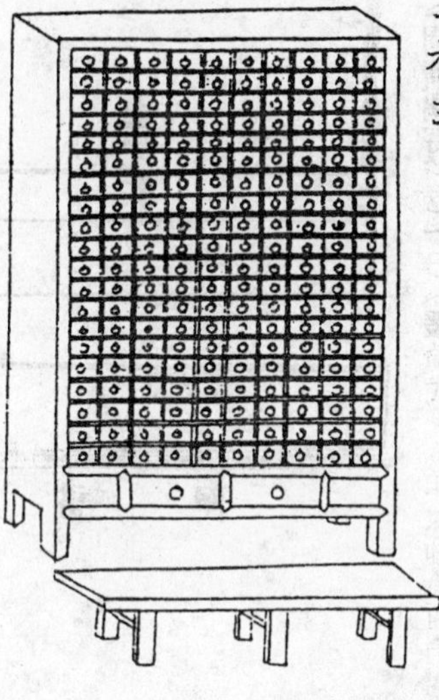

清 咸豐《固安縣志》卷四《學校》 均以木爲之，髹以朱。祝版案高二尺六寸，廣二尺二寸，長三尺三寸。饌桌之制如之，酒尊桌高二尺七寸，廣二尺二寸，長六尺二寸，面鑿孔以置尊，孔如尊數。

祝版案

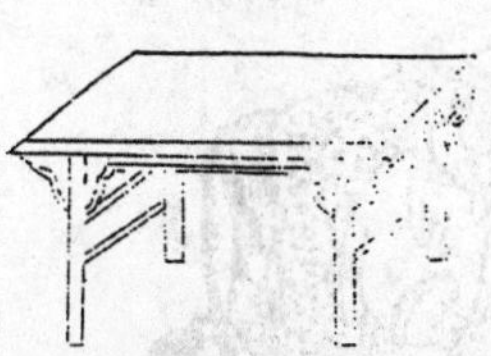

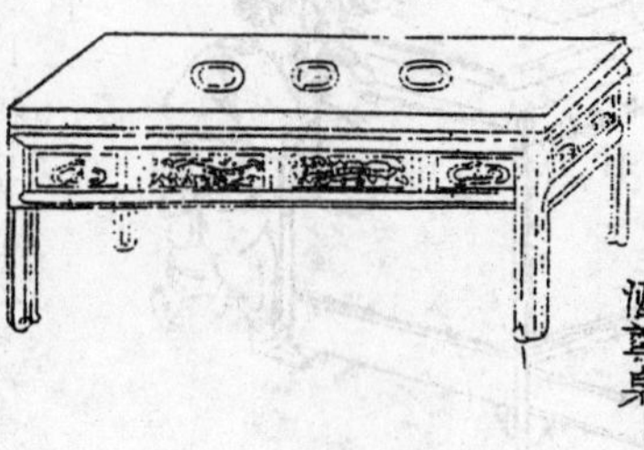

酒尊桌

文具類

題解

漢 史游《急就篇》卷一 急就奇觚與衆異。觚者，學書之牘或以記事，削木爲之，蓋簡屬也。孔子歎觚即此之謂。其形或六面，或八面，皆可書。觚者，棱也。以有棱角故謂之觚，言學僮急當就此奇好之觚，其中深博與衆書有異也。班固《兩都賦》曰：「上觚棱而棲金爵。」今俗猶呼小兒學書簡爲木觚章，蓋古之遺語也。

又 卷三 簡、札、檢、署、槧、牘、家。竹簡，以爲書牒也。札者，木牒，亦所以書之也。檢，之言禁也。削木施於物上，所以禁閉之，使不得輒開露也。署謂題書其檢上也。槧，版之長三尺者也，亦可以書。謂之槧者，言其脩長漸漸然也。牘，木簡也，既可以書，又執之以進見於尊者，形若今之木笏，但不挫其角耳。家，伏几也，今謂之夾膝。

唐 蘇鶚《蘇氏演義》卷下《急就篇》曰：以竹爲書牒，謂之簡。《釋名》云：簡者，編也。可編録記事而已。又曰：簡者，略也。言竹牒之單者，將以簡略其事，盖平板之類耳。

又 牘者，讀也。以尺二寸之木爲之。簡，又獨也。言單獨而用也。既可書而讀誦，又執以見於尊者，形類今之笏，但不剉其角。

論 説

晉 崔豹《古今注》卷下 牛亨問曰：「自古有書契以來，便應有筆。世稱蒙恬造筆，何也？」答曰：「蒙恬始造，即秦筆耳。以枯木爲管，鹿毛爲柱，羊毛爲被，所謂蒼毫，非兔毫竹管也。」又問：「彤管，何也？」答曰：「彤者，赤漆耳。史官載事，故以彤管，用赤心記事也。」

宋 朱長文《墨池編》卷六 世傳張芝、鍾繇皆用鼠鬚筆，鋒端勁强，有鋒芒。余未之信。夫秋兔爲用，從心任手，鼠鬚甚難得，且爲用未必能佳。蓋好事者之説耳。昔人或以琉璃、象牙爲筆管，麗飾則有用之。然筆須輕便，重則躓矣。近有人以緑沉漆竹管及鏤管見遺，録之多年，斯亦可愛。玩詎必金寶雕琢，然後爲貴乎。余嘗自爲筆，甚可用。謝安石、庾稚恭每就吾求之，靳而不與。

宋 王觀國《學林》卷四《方書》《前漢張蒼傳》曰：秦時爲御史，主柱下方書。如淳注曰：方，板也，或曰主四方文書也。顔師古注曰：蒼明習天下圖書計籍，則主四方文書是也。觀國案：古人以木爲方，用以寫書，有當書于方者，則謂之方書。張蒼爲御史，主柱下方書者，蓋張蒼爲柱下御史也。柱下御史所掌之事，當書於方者，故曰主柱下方書，非四方文書也。若主四方文書，而謂之方書，則言不成文。《周禮·内史》：王制禄，則賛爲之，以方出之。蓋王者制諸臣之禄，則内史賛爲之辭而書之于方，然後頒出。故曰以方出之。又有外史掌四方之志，達書名于四方，此即四方文書也。哲蔟氏掌覆夭鳥之巢，以方書十日十二辰十二月十二歲二十有八星之號懸其巢上，則去之。《史記·龜筴傳》：褚先生曰寫取龜策卜事，編于下方。又曰：謹連其事于左方。凡此言方，皆謂書其事於木方也。張蒼所主方書，是亦書其事于方耳。古人寫書者，有簡、有策、有觚、有方、有牘、有札、有槧、有版，盖簡、策、觚皆以竹爲之，方、牘、札、槧、版皆以木爲之。簡者，間也，以竹爲之，用以寫書。後漢吴祐父恢以火炙竹，令汗，取其青寫書，謂之殺青簡。晉武帝時，汲郡人掘塚，得竹簡古書十餘萬言，所謂竹簡書，此類是也。策象册，字形中有二編。孔子讀《易》韋編三絶者，以韋貫編作册也。《周禮·内史》：凡命諸侯及孤卿大夫則策命之。《春秋左氏傳》曰：王命内史策命晉侯爲侯伯。皆謂書其文於策也。觚以竹爲之，其形有方角，亦作柧，所謂操觚者可持以書也。方以木爲之，柱下方書，以方出之類是也。牘以木爲之，所謂尺牘者，盈尺之牘。《史記·周勃傳》曰：獄吏乃書牘，背示之。《前漢昌邑王賀傳》曰：簪筆持牘趨謁。此類是也。札以木爲之，而薄小者。《前漢司馬相如傳》曰：上令尚書給筆札。又曰：遺札書言封禪事。又《郊祀志》曰：卿有札書。顔師古注曰：札，木簡之簿小者。故朱博傳曰與筆札，使自記姦臧，投刀使削所記。然則札可以托書，而不可以垂久遠，非如簡策可以垂久遠也。槧以木爲之，可修削者。《玉篇》曰：槧，削版牘也。《論衡》曰：斷木爲槧。《釋名》曰：槧版長三尺。揚子《法言》：或問叔孫通曰：槧人也。注曰：簡牘之人也。《西京雜記》曰：子雲好事，常懷鉛提槧。盖言修削書也。版以木爲之。《周禮·小宰》：聽閭里以版圖，司書掌邦中之版，土地之圖，司會掌版圖之貳，内宰掌書版圖之法，而大胥掌學士之版。蓋版以記户籍，圖以記土地。《論語》曰「式負版者」，謂民數書於版者也。古未有紙，故簡牘以竹或木爲之，其謬誤則以刀削之，故刀筆吏者，持刀筆以自隨，乃俗吏之所爲也。至後世則或以縑帛寫書，故紙字從糸，帋字從巾，皆以縑帛爲之。至蔡倫乃用木膚、麻頭、敝巾、魚網以爲紙，自是天下從用焉。若夫以玉爲册，則謂之玉册，以金爲簡，則謂之金簡，以金爲版，則謂之金版。《五臣注文選》：册魏文九錫文曰：諸侯進爵，受於玉册。《吴越春秋》曰：禹東巡岱山，發金簡之書，得通天地之理。《周禮·職金》曰：旅于上帝，則共其金版。此盖各以金玉正名其物也。

宋 周密《癸辛雜識》前集《簡槧》 簡槧，古無有也。陸務觀謂始於王荆公，其後盛行。淳熙末始用竹紙，高數寸，濶尺餘者，簡版幾廢。自丞相史彌遠當國，臺諫皆其私人，每有所劾薦，必先呈副封，以越簿紙書，用簡版繳達。合則緘還，否則别以紙言某人有雅故。朝廷正賴其用，於是旋易之以應課，習以爲常。端平之初猶循故態。陳和仲因對首言之，有云稾會稽之竹囊、括蒼之簡，正謂此也。又其後括蒼爲軒樣紙，小而多，其層數至十餘疊者，凡所言要切則用之，貴其卷還，以泯其跡。然既入貴人達官家，則竟留不遺，或別以他槧答之。往者御批至政府，從官皆用蠲紙。自理宗朝亦用黄封簡版，或以象牙爲之。而近臣密奏，亦或用之謂之御槧，蓋亦古所無也。

明 楊慎《丹鉛總録》卷八《簡牘》 莊子曰：小夫知之，不離苞苴竿牘。注云：苞苴以遺，竿牘以問。竿音干，即簡牘也。以竹曰竿，又曰簡。以木曰牘，又曰札。《説文》：牘，書板也。古者與朋儕往來，以板代書帖，故從片，曰牋，曰牒，皆此意也。《説文》作箋，表識書也。後轉作牋，亦是。用竹爲箋，用木爲牋也。紙亦曰箋紙，不忘其本也。牒，《説文》曰：牒，札也。徐鉉曰：議政未定，短札諮謀，曰牒。《增韻官府移文》曰：牒，《説文》札牒也。《釋名》札櫛也。編之如櫛齒相比也。郭知玄《集韻・序》：銀鉤乍啓，亥豕成羣。簜櫛行披，魯魚盈隊。蓋以札爲櫛也。其云「簜櫛」，《周禮》所謂「英簜輔節」，亦竹簡之謂也。《司馬相如傳》：令尚書給筆札，注：木簡之薄小者，時未用紙，故給札以書。《中庸》曰：布在方策，方板也，以木爲之。策，簡也，以竹爲之。至秦漢以下，以絹素書字，《漢文帝集》「上書囊以爲帷」，書囊如今文書封套，一曰書帶。鄭玄庭下生草如書帶是也。又曰書袋。海中有魚形如書袋，相傳秦始皇吏遺書袋於海，所化是也。漢世書札相遺，或以絹素疊成雙魚之形，古詩云，「尺素如霜雪，疊成雙鯉魚。要知心裏事，看取腹中書」，是其明證也。故古詩有客從遠方來遺鯉魚之句，指此味者，不知即以爲水中鯉魚能寄書，可笑。《李太白集》有「桃竹書筒」。元微之「以竹爲詩筒寄白樂天」，亦莊子之所謂竿也。

明 高濂《遵生八牋》卷一五《論筆》 高子曰：蒙恬創筆，以枯木爲管，以鹿毛爲柱，以羊毛爲被。所謂毫者，非今之竹兔也。故製筆之法，桀者居前，毳者居後，强者爲刃，耎者爲輔。參之以檾，束之以管，固以漆液，澤以海藻。濡墨而試，直中繩，勾中鉤，方圓中規矩，終日握而不敗，故曰筆妙。柳帖云：「近蒙寄筆，出鋒太短，傷于勁硬。所要優柔，出鋒須長，擇毫須細，管不在大，副切須齊。齊則波切有憑，管小則運動有力，毛細則點畫無失，鋒長則洪潤自由。」筆之玄樞，當盡於是。故《筆偈》曰：「圓如錐，捺如鑿，只得入，不得却。」言縛筆須緊，不令一毛吐出，即不堪用。又曰：「心柱硬，覆毛薄，尖似錐，齊似鑿。」故伯英之筆，窮神盡意，子雲稱之。漢末一筆之匣，雕以黄金，飾以和玉，綴以隋珠，文以弱翠。非文犀之楨，必象之管，豐狐之柱，秋兔之毫，則古人重筆之意愨矣。南朝有姥，善作筆，用胎髮爲心。開元中，筆匠名鐵頭，能瑩管如玉。今俱失傳。右軍《筆經》曰：「諸郡毫，惟中山兔肥而毫長，可先用人髮杪數十莖，雜青羊毛并兔毳，裁令齊，以麻紙裹枝根，令治。次取上毫，薄布柱上，令柱不見。」此皆古人格論。若今之爲筆，所貴在毫，東郡以青羊毛爲之，雉尾爲蓋，五色可觀。有用豐狐毛、虎毛、鼠鬚、羊毛、麝毛、羊鬚、胎髮造者，皆不如兔毫爲佳。香狸毫次之。兔以崇山絶壑中者毫足。秋毫取健，冬毫取堅，春夏之毫貯不久矣。筆以尖齊圓健爲絶，毫堅則尖，毫多則色紫而齊。用檾貼襯得法，則毫束而圓。用以純毫，附以香狸，角水得法，則用久而健，此外無法。今人毫少而狸檾倍之，筆不耐寫。豈筆之咎哉？爲不用料耳。余取杭人舊製笋尖筆粧最佳，後因湖州紮縛筆頭爲細腰葫蘆樣製，杭亦效之，最爲可恨。初寫似細，宜作小書，用後腰散，便成水筆，即爲棄物。杭筆不如湖筆得法，湖筆又以張天錫爲最，惜乎近無傳其妙者。然畫筆向以杭之張文貴首稱，而張亦不妄傳人。今則分而爲三，美惡無准，世業不修，似亦可惜。揚州之中管鼠心畫筆，用以落墨白描，佳絶。水筆亦妙。古之王者，以金管、銀管、斑管爲筆紀功，其重筆如此。向有牙管、玳瑁管、玻璃管、鏤金管、緑沈漆管及棕竹、花梨、紫檀等管，此何意也？以其爲可貴耳。如持用何？惟取竹之薄標者爲管，筆之妙用盡矣，又何尚焉？冬月以紙帛衣管，以避寒者，似亦難用，悉不取也。收筆以十月、正二月收者爲佳妙。筆書后，即入筆洗中，滌去滯墨，則毫堅不脆，可奈久用。然須洗完，即加筆帽，免挫筆鋒。收筆以黄連，調輕粉蘸筆頭，候乾收之，則筆不蛀而毫純。又法：川椒、黄柏煎湯，磨松烟染筆藏之，亦可遠蛀。古人重筆，用敗則葬。故趙光逢濯足襄漢溪上，見一方磚，上題：「髡友退鋒郎，功成鬢髮霜。冢頭封馬鬣，不敢負恩光。」後顯獨孤貞節立，磚上積有苔痕。此蓋好事者葬筆所在。

明 項元汴《蕉窗九録》之《琴録・管》 古有金管、銀管、斑管、象管、玳瑁管、玻璃管、鏤金管、緑沈漆管、椶竹管、紫檀管、花梨管，然皆不若白竹之薄標者，爲管最便持用。筆之妙盡矣。他又何尚焉。冬月以紙帛衣管以避寒者，似亦難用，悉不取也。

明 游潛《博物志補》卷下 筆與紙，其來遠矣。馮鑑《事始》以爲蒙恬造筆，蔡倫造紙者，本梁周興嗣恬筆、倫紙之句也。嘗考蒙恬秦人耳，在周時，固有言龜負圖，周公援筆，以時文寫之，亦固有曰孔子作《春秋》，筆則筆削，則以是知筆已見於周矣。馬大年乃附會以爲此皆簡牘所用，竹筆非毫也，謂至蒙恬始用兔毫。殊不知莊子在戰國時，其書中已有「舐筆和墨」之言，以毫染墨也，豈竹筆亦可舐耶？況崔豹《古今注》云：蒙恬之筆以柘木爲管，鹿毛爲柱，羊毛爲被。特言其製之工焉。如此謂筆自蒙恬始，不可也。及按蔡倫爲後漢人，而前漢《外戚傳》有云：以赫蹏書。注言：赫蹏，小紙也。是紙字亦已見於前漢矣。將謂紙始於蔡倫，復奚可哉。

明 文震亨《長物志》卷五《褾軸》 古人有縷沉檀爲軸身，以果金、鎏金、白玉、水晶、琥珀、瑪瑙、雜寶爲飾，貴重可觀。蓋白檀香潔去蟲，取以爲身，最有深意。今既不能如舊製，只以杉木爲身，用犀象角三種雕如舊式，不可用紫檀、花梨法藍諸俗製。畫卷須出軸，形製既小，不妨以寶玉爲之，斷不可用平軸，籤以犀玉爲之。曾見宋玉籤半嵌錦帶内者，最奇。

又《藏畫》 以杉桫木爲匣，匣内切勿油漆糊紙，恐惹黴溼。四五月先將畫幅幅展看，微見日色，收起入匣，去地丈餘，庶免黴白。平時張挂，須三五日一易，則不厭觀，不惹塵溼。收起時，先拂去兩面塵垢，則質地不損。

又 卷七《筆格》 筆格雖爲古製，然既用研山，如靈壁、英石峰巒起伏，不露斧鑿者爲之，此式可廢。古玉有山形者，有舊玉子母猫長六七寸，白玉爲母，餘取玉玷或純黄、純黑玳瑁之類爲子者。古銅有鎏金雙螭挽格，有十二峯爲格，有單螭起伏爲格。窑器有白定三山、五山及卧花哇者，俱藏以供玩。不必置几研間。俗子有以老樹根枝蟠曲萬狀，或爲龍形，爪牙俱備者，此俱最忌，不可用。

又《筆筒》 湘竹、栟櫚者佳，毛竹以古銅鑲者爲雅，紫檀、烏木、花梨亦間可用。忌八稜菱花式。陶者有古白定竹節者，最貴，然艱得大者。冬青磁細花及宣窑者，俱可用。又有鼓樣中有孔插筆及墨者，雖舊物，亦不雅觀。

又《筆舩》 紫檀、烏木、細鑲竹篾者可用，惟不可以牙玉爲之。

又《壓尺》 以紫檀、烏木爲之，上用舊玉璏爲紐，俗所稱昭文帶是也。有倭人鏒金雙桃銀葉爲紐，雖極工緻，亦非雅物。又有中透一竅，内藏刀錐之屬者，尤爲俗製。

又《秘閣》 以長樣古玉璏爲之，最雅。不則倭人所造黑漆祕閣如古玉圭者，質輕如紙，最妙。紫檀雕花及竹雕花巧人物者，俱不可用。

又《裁刀》 有古刀筆，青緑裹身，上尖下圓，長僅尺許。古人殺青爲書，故用此物。今僅可供玩，非利用也。日本番夷有絶小者，鋒甚利，刀靶俱用鸂鶒木，取其不染肥膩，最佳。滇中鏒金銀者，亦可用。溧陽崑山二種，俱入惡道。而陸小拙爲尤甚矣。

又《筆》 尖、齊、圓、健，筆之四德。蓋毫堅則尖，毫多則齊，用檾貼襯得法，則毫束而圓，用純毫附以香狸角水得法，則用久而健，此製筆之訣也。古有金銀管、象管、玳瑁管、玻璃管、縷金緑沈管，近有紫檀雕花諸管，俱俗不可用。惟斑管最雅，不則竟用白竹，尋丈書筆，以木爲管亦俗。當以笻竹爲之，蓋竹細而節大，易於把握。筆頭式須如尖筍，細腰葫蘆諸樣，僅可作小書，然亦時製也。畫筆杭州者佳，古人用筆洗，蓋書後即滌去滯墨，毫堅不脱，可耐久，筆敗則瘞之。故云敗筆成塚，非虚語也。

又《印章》 以青田石瑩潔如玉照之燦若燈輝者爲雅，然古人實不重此。五金、牙玉、水晶、木石皆可爲之，惟陶印則斷不可用。即官哥冬青等窑，皆非雅器也。古鏒金、鍍金、細錯金銀、商金、青緑、金玉、瑪瑙等印，篆刻精古，鈕式奇巧者，皆當多蓄，以供賞鑒。印池以官哥窑方者爲貴，定窑及八角委角者次之，青花白地、有蓋長樣俱俗。近做周身連蓋滾螭白玉印池，雖工緻絶倫，然不入品。所見有三代玉方池，内外土銹血侵，不知何用。今以爲印池，甚古，然不宜日用，僅可備文具一種。圖書匣以豆瓣楠、赤水櫑爲之。方樣套蓋，不則退光素漆者亦可用。他如剔漆、填漆、紫檀鑲嵌古玉，及毛竹攢竹者，俱不雅觀。

又《文具》 文具雖時尚，然出古名匠手，亦有絶佳者。以豆瓣楠瘿木及赤水櫑爲雅。他如紫檀、花梨等木，皆俗。三格一替，替中置小端硯一、筆硯一、書册一、小硯山一、宣德墨一、倭漆墨匣一；首格置玉秘閣一、古玉或銅鎮紙一、賓鐵古刀大小各一、古玉柄棕帚一、筆船一、高麗筆二枝；次格古銅水盂一、糊斗、蠟斗各一、古銅水杓一、青緑鎏金小洗一；下格稍高，置小宣銅彝罏一、宋剔合一、倭漆小撞、白定或五色定小合各一、矮小花尊或小觶一、圖書匣一，中藏古玉印池、古玉印、鎏金印絶佳者數方，倭漆小梳匣一，中置玳瑁小梳及古玉盤匜等器。古犀玉小盃二，他如古玩中有精雅者，皆可入之，以供玩賞。

明 谷應泰《博物要覽》卷六《論各朝各紙》 上古無紙，用汗青者，以火炙竹，乍令汗出，取青易于書。至葉□蔡倫始製紙，爲萬世利也。

明 方以智《通雅》卷三一 古以木片爲札，削竹爲策，編策爲簡，成帙爲册，方版謂之方牘，樸謂之槧，插羽之牘謂之羽檄，書刀謂之削。《聘禮》曰：加書將命，百名以上書于策，不及百名書于方。《既夕禮》曰：書賵于方，若九、若七、若五，書遺于策，文多者書之策，少者書之方。木片曰札。《說文》曰「牒也」。《漢書》曰：谷子雲筆札，光武一札十行。漢人皆以此爲簡牘，削竹爲策，編策爲簡，與柬通，成帙爲册，册必有卷。《論衡》曰：斷木爲槧，版長三尺，削木也。木削爲𣏌。顏之推引《後漢書》楊由傳云：風吹削哺爲柹，此是削札牘之𣏌耳。蘇竟書云：摩研編削之才。子雲提鉛槧，吴恢欲殺青簡，皆刀策也。康成注《論語・序》：以鉤命決云：《春秋》二尺四寸書之，《孝經》一尺二寸書之。故知六經之策，皆長二尺四寸。伯皆言二尺者，天子策書所用與六經異也。簡容一行字，牘乃方版羽檄之書。《說文》曰二尺書也。顏子籀曰：以木簡爲書，長尺二寸。此近是。魏武奏事云：有急則插羽，曰羽檄。吐蕃用金箭，急則加銀鶻。升菴曰：雲南急遞插雞毛，乃羽書之遺也。築氏爲削，長尺博寸，合六而成規。鄭曰：今之書刀也。《東觀記》：以書刀賜馬嚴。朱博投刀削所記，用簡牒。吏皆以刀筆自隨。蒙氏已製筆，漢兼用書刀，曰刀筆。《博古圖》有漢刀筆。文翁吏詣京師，減省少府用度，買刀布蜀物，遺博士。如淳曰：金馬書刀，今賜計吏者，作馬形刀環，金鏤之。楊僕請官蜀刀，此刀也。唐禧宗乾符六年，徐雲虔使南詔，驃信待雲虔厚，授以木夾。《宣和書譜》章孝規爲路魯瞻書雲南木夾。彼方謂之木契，猶有古槧之遺，或以《茶經》竹夾相比，非矣。

綜述

漢 王充《論衡》卷一二《量知篇》 夫竹生於山，木長於林，未知所入。截竹爲筒，破以爲牒，加筆墨之跡，乃成文字。大者爲經，小者爲傳記。斷木爲槧，枅之爲板，力加刮削，乃成奏牘。夫竹木麤苴之物也，彫琢刻削，乃成爲器用。

唐 魏徵《隋書》卷一二《禮儀志》 又有督攝萬機印一鈕，以木爲之，長一尺二寸，廣二寸五分。背上爲鼻鈕，鈕長九寸，厚一寸，廣七分。腹下隱起篆書，爲「督攝萬機」凡四字。此印常在内，唯以印籍縫，用則左右郎中、度支尚書奏取，印訖輸内。

唐 張彦遠《歷代名畫記》卷三《論裝背褾軸》 然後乃以鏤沉檀爲軸首，或裹鼊束金爲飾，白檀身爲上，香潔去蟲。小軸白玉爲上，水精爲次，琥珀爲下。大軸杉木漆頭，輕圓最妙。前代多用雜寶爲飾，易爲剥壞。故貞觀、開元中，内府圖書一例用白檀身，紫檀首，紫羅褾織成帶，以爲官畫之褾。或者云：「書畫以褾軸買害，不宜盡飾。」余曰：「裝之珍華，裹以藻繡，緘縢蘊藉，方爲宜稱。必若大盜至焉，亦何計寶惜？梁朝大聚圖書，自古爲盛，湘東之敗，烟焰漲天，此其運也。況乎私室寶持，子孫不肖。大則胠篋以遺勢家，小則舉軸以易朝饌，此又時也，亦何嗟乎？」

五代 劉昫《舊唐書》卷四七《經籍志》 其集賢院御書：經庫皆鈿白牙軸，黄縹帶，紅牙籤；史書庫鈿青牙軸，縹帶，緑牙籤；子庫皆雕紫檀軸，紫帶，碧牙籤；集庫皆緑牙軸，朱帶，白牙籤，以分别之。

宋 蘇易簡《文房四譜》卷一 《釋名》曰：筆，述也。謂述事而言之。又成公綏曰：筆者，畢也。謂能畢舉萬物之形，而序自然之情也。又《墨藪》云：筆者，意也。意到即筆到焉。又吴謂之不律，燕謂之弗，秦謂之筆也。又許慎《說文》云：楚謂之聿，聿字從。聿一又聿，音支涉反，聿手，手之捷巧也。故從又，從巾。秦謂之筆，從聿竹。郭璞云：蜀人謂筆爲不律。雖曰蒙恬製筆，而周公作《爾雅》授成王而已。云簡謂之札，不律謂之筆，或謂之點。又《尚書・中候》云：玄龜負圖出，周公援筆以時文寫之。《曲禮云》：史載筆詩云「静女其變，貽我彤管。」又夫子絶筆於獲麟。莊子云：舐筆和墨。是知古筆其來久矣。又慮古之筆不論以竹、以毛、以木，但能染墨成字，即呼之爲筆也。昔蒙恬之作秦筆也，柘木爲管，以鹿毛爲柱，羊毛爲被，所以蒼毫非謂兔毫竹管也。見崔豹《古今注》。秦之時併吞六國，滅前代之美，故蒙恬獨稱於時。

宋 釋贊寧《東坡先生物類相感志》卷一三《必栗香》 樹形如椿，生商山，殺虫魚，葉擣碎置上流，魚息暴肥。以其木堪爲書軸，白魚不敢犯之。

宋 朱長文《墨池編》卷六《筆》 周公綏管，又夫子絶筆於獲麟。莊子云：舐筆和墨。是知古筆其來久矣。又慮古之筆不論以竹、以毛、以木，但能染墨成字，即呼之爲筆也。昔蒙恬之作秦筆也，以柘木爲管，以鹿毛爲柱，以羊毛爲被，所以蒼毫非爲兔毫竹管也。見崔豹《古今注》。秦之時併吞六國，滅前代之美，故蒙恬獨稱於時。《西京雜記》云：漢製天子筆以錯寶爲跗，毛皆以秋兔。《東宮舊事》曰：太子初拜，給漆筆四枝，銅博山筆牀副焉。又歐陽通詢之子善書瘦怯，於父常自矜能書，必以象角牙、犀角爲管，貍尾爲心，覆以秋毫，松煙爲墨，以麝香紙必須堅白緊滑者，乃書之，蓋自重也。

宋 晁說之《墨經・松》 古用松煙、石墨二種。石墨自晉魏以後無聞，松煙之製尚矣。漢貴扶風、隃麋、終南山之松。蔡質《漢官儀》曰：「尚書令僕丞郎月賜喻麋大墨一枚，小墨一枚。」晉貴九江、廬山之松。衛夫人《筆陣圖》曰：「墨取廬山松煙。」唐則易州、潞州之上黨松心尤先見貴，後唐則宣州、黄山、歙州、黟山、松羅山之松。李氏以宣歙之松類易水之松。今兗州泰山、徂徠山、嶧山、繹山，沂州龜山、蒙山，密州九仙山，登州牢山，鎮府五臺，邢州、潞州太行山，遼州遼陽山，汝州竈君山，隨州桐柏山，衛州共山，衢州柯山，池州九華山，及宣歙諸山皆産松之所，兗沂登密之間山總謂之東山，鎮府之山則曰西山，自昔東山之松色澤肥膩，性質沈重，品爲上。然今不復有。今其所有者纔十餘歲之松，不可比西山之大松。蓋西山之松與易水之松相近，乃古松之地，與黄山、黟山、松羅山之松品惟上上，遼陽山、竈君山、桐柏山可甲乙，九華山品中，共山、柯山品下。大概松根生茯苓，穿山石而出者，透脂松歲所得不過二三株，品惟上上。根幹肥大，脂出若珠者曰脂松，品惟上中。可揭而起視之而明者，曰揭明松，品惟上下。明不足而紫者，曰紫松，品惟中上。礦而挺直者，曰籤松，品惟中。明不足而黄者，曰黄明松，品惟中下。無膏油而漫若糖苴然者，曰糖松，品惟下上。無嘗油而類杏者，曰杏松，品惟下中。其出歷青之餘者，曰脂片松，品惟下下。其降此外，不足品第。

宋 馬永卿《嬾真子》卷一 史載筆詩云「貽我彤管」。夫子絶筆獲麟，莊子云「舐筆和墨」。是知其來遠矣。但古筆多以竹，如今木匠所用木斗、竹筆，故其字從竹。又或以毛，但能染墨成字，即謂之筆。至蒙恬乃以兔毛，故毛穎傳備載之。

宋 李石《續博物志》卷一〇 王叡云：有書契以來，便應有筆。世傳蒙恬制，非也。崔豹曰：蒙恬以枯木爲管，以鹿毛爲柱，羊毛爲被。所謂毫，非今之竹兔也。

宋 高似孫《緯略》卷九《竹簡》 《春秋序》曰：小事簡牘。《爾雅》曰：簡謂之畢。郭璞曰：今之簡，札也。《説文》曰：簡，牒也。《釋名》曰：簡，書編也。杜周傳曰：三尺安在哉。注曰：以三尺竹簡書法律也。劉向《列子·序》：皆殺青書。注曰：謂汗簡刮去青皮也。劉向《別録》曰：殺青書，治竹作簡。新竹有汗，善折蠹。凡作簡者，皆以火炙乾之，謂之汗。汗者，去其汗也。《吴越》曰：殺，亦治也。《風俗通》曰：劉向典校書籍二十餘年，皆先書竹，改易刊定，可繕寫者以上素。今東觀書，竹素也。張景陽詩「遊思竹素園，寄辭翰墨林」是也。張璠《漢記》曰：吴祐父恢爲南海太守，欲以殺青寫書。祐年十二，諫不可。海濱多珍玩，若成載書盈兩必思薏苡之謗。《文士傳》曰：人于嵩山下得竹簡一版，上有兩行科斗之書，張華以問束皙，皙曰：此明帝顯節陵中竹簡。蕭子顯《齊書》曰：襄陽有盗發古塚，相傳是楚王塚，獲竹簡書，青絲編簡，廣數分，長二尺，皮節如新。盗以把火照書，後人得十餘簡以示撫軍王僧虔，云是科斗書，《考工記·周官》所缺文也。《齊春秋》曰：襄陽人發古塚，有玉鏡及竹簡古書，字不可識，王僧虔善識字體，亦不能解，云是科斗。濟陽江淹博古好事，以科斗文字推之，則周宣之前也。簡殆如新。李嶠詩：「竹是蒸青外，池仍點墨餘。」楊炯詩：「道書編竹簡，靈藥灌梧桐。」武元衡詩：「署分刊竹簡，書囊護芸香。」陸龜蒙詩：「簡便書露竹，樽破待霜匏。」宋景文公詩：「此時刀筆手，慙愧殺青人。」又詩：「聞道蘭臺有圖籍，故留香粉照蒸青。」蘇欒城詩：「栽向鳳池吹律處，斵從芸閣殺青餘。」

宋 趙希鵠《洞天清録·筆格辯》 筆格惟黑白琅玕三種玉可用，須鐫刻象山峯聳秀而不俗方可，或碾作蛟螭尤佳。嘗見一士人家用玉作二小兒交臂作劇，面白頭黑而衣紅，腳復白，以之格筆，奇絶。或以小株珊瑚爲之，以其有枝可以爲格也。

銅筆格須奇古者爲上，然古人少曾用筆格，今所見銅鑄盤螭，形圓而中空者，乃古人鎮紙，非筆格也。

靈璧、英石自然成山形者可用，於石下作小漆木座，高寸半許，奇雅可愛。

象牙、烏木作小案，面上穴四竅，下如座子，洗筆訖，倒插案上，水流向下，不損爛筆心。

又《古書軸》 古人多作簪頂軸，小而重。今人所用如蔗段，大而輕。古人用棗木、降真或烏木、象牙，它木不用。

宋 朱輔《溪蠻叢笑·木契》 刻木爲符契，長短大小不等，冗其傍多至十數，各志其事，持以出驗，名木契。

宋 夏僎《尚書詳解·孔序》 更以竹簡寫之。顧氏謂策長二尺二寸，簡一尺二寸，竹簡者，蓋以竹長一尺二寸爲之也。

明 劉基《多能鄙事》卷五《粘書畫軸法》 軸桿當用杉、桐木，頭用花梨、蘇木、柘木，今人多用玉石、象牙、絹素，陳腐必不能勝而易壞。

明 沈繼孫《墨法集要·浸油》 古法惟用松燒烟，近代始用桐油、麻子油燒煙。衢人用皂青油燒煙，蘇人用菜子油、豆油燒煙。以上諸油俱可燒煙製墨，但桐油得煙最多，爲墨色黑而光，久則日黑一日。餘油得煙皆少，爲墨色淡而昏，久則日淡一日。每桐油十五斤、芝麻油五斤，先將蘇木二兩，黄連一兩半，海桐皮、杏仁、紫草、檀香各一兩，梔子、白芷各半兩，木鼈子仁六枚，右剉碎入麻油内浸半月，日餘常以杖攪動，臨燒煙時下鍋，令藥焦停，冷漉去楂，傾入桐油攪匀，燒之。今時少有用此浸油法者，姑存其古云。

明 項穆《書訣》 作小楷用蘭蕊全堅管，長一尺二寸。璹琩最良，冬温夏涼。次則彌勒竹、椶竹、桃枝竹。筆帽用伽南、紫檀、黄檀、沈香則辟蠹。篆分中楷行草用三妙筆，湘妃竹、雪竹、紫竹、豬腸竹、人面竹、鈸兒竹，長一尺四寸。書滑紙用剛毫，峭紙用柔毫，作題署大字用墨池，烏木管長二尺，其次一尺八寸，其次一尺六寸，執手處削細如三妙筆。筆帽可用骰柏、楠、鸂鶒木、癭木、斑行。

又 筆牀以白藤縛彌勒竹爲之，或作筆架，亦然加白檀底。

明 佚名《秘閣元龜政要》 臣聞牘以竹爲之，或七尺三尺，其端有兩孔，舂於地以作聲。客醉恐其有瀆於礼，故於客出則吹之，因以牘名。應亦以竹爲之，長六尺有五寸，中有推亦舂子地，賓歸恐其不應乎禮，故欲其行與樂相應，因以應名。

明 慎懋官《華夷花木鳥獸珍玩考》卷五《叢竹》 叢竹，夏月始笋，不可食。叢生茂密，鄉民多種之以代藩籬，亦可製筆。

明 高濂《遵生八牋》卷八《詩筒葵牋》 白樂天與微之嘗以竹筒貯詩，往來賡唱，故和靖詩云「帶斑猶恐俗，和節不妨山」之句。既有詩，可無吟牋？許判司遠以葵箋見惠，緑色而澤，入墨覺有精采。詢其法，乃采帶露蜀葵葉研汁，用布揩沫竹紙上，伺少乾，用石壓之。許嘗有詩云：「不采傾陽色，那知戀主心？」不獨便于山家，且知葵藿傾陽之意。

又 卷一五《筆格》 有玉爲山形者，爲卧仙者，有珊瑚者，有瑪瑙者，有水精者，有刻犀者，匪直新製，舊做亦多。有宣銅鋈金雙螭挽格，精甚。余見哥窑五山三山者，製古色潤。又見白定卧花哇哇，瑩白精巧。舊玉子母六猫，長七寸，以母横卧爲坐，以子猫起伏爲格，真奇物也，目中罕見。有古銅十二鋒頭爲格者，有銅螭起伏爲格者。余見友人有一老樹根，枝蟠曲萬狀，長止七寸，宛若行龍，鱗甲爪牙悉備，摩弄如玉，此誠天生筆格。余齋一石，蟠曲狀龍，不假斧鑿，亦奇物也。可架筆三矢。

又《筆牀》 筆牀之製，行世甚少。余得一古鎏金筆牀，長六寸，高寸二分，濶二寸餘，如一架然，上可卧筆四矢。以此爲式，用紫檀、烏木爲之亦佳。

又《壁尺》 有玉作尺，余見長二尺，厚六分，濶一寸五分者。人云「尺璧爲寶」，然玉有徑二三尺者，一時同見，有二尺長玉如意，三尺六寸長玉劍，皆奇貨也。有玉碾雙螭尺，有以紫檀、烏木爲之，上用古做蹲螭玉帶，抱月玉兔獸爲鈕者。又見倭人鋈金銀壓尺，古所未有。尺狀如常，上以金鋈雙桃銀葉爲鈕，面以金銀鋈花，皆絛環細嵌，工緻動色。更有一竅透開，内藏抽斗，中有刀錐、鑷刀、指銼、刮齒、消息、空耳、剪子，收則一條。撑開成剪。此製何起？豈人心思可到。謂之八面埋伏，盡於斗中收藏，非倭其孰能之？余以此式令潘銅倣造，亦妙，潘能得其真傳故耳。論尺無過此者。有金銀石嵌臂閣、界尺、圖匣、文具等物，終是不雅。有竹嵌尺傍四轉，内以黄楊、烏木、紫檀、象牙挽嵌如意，形製雖工，久則必敗。

明 屠隆《文具雅編·筆格》 玉筆格，有山形者，有舊仙者，有舊玉子母猫，長六七寸，白玉作母，横卧爲坐，身負六子，起伏爲格。有純黄純黑者，有黑白雜者，有黄黑爲玳瑁者，因玉玷污，取爲形體，扳附眠抱，諸態絶佳，真奇物也。銅者有鋈金雙螭挽格，精甚。有古銅十二峰頭爲格者，有單螭起伏爲格者。窑器有哥窑三山五山者，製古色潤，有白定卧花哇，瑩白精巧。木者有老樹根枝，蟠曲萬狀，長止五六七寸，宛若行龍，鱗角爪牙悉備，摩弄如玉，誠天生筆格。有棋楠沈速不俟人力者，尤爲難得。石者有峰嵐起伏者，有蟠屈如龍者，以不假斧鑿爲妙。

又《筆船》 有紫檀、烏木、細鑲竹篾者，精甚。有以牙玉爲之者，亦佳。此與直方並用，不可缺者。

又《筆牀》 筆牀之製，行世甚少。有古鎏金者，長六七寸，高寸二分，闊二寸餘，如一架然。上可卧筆四矢，以此爲式，用紫檀、烏木爲之，亦佳。

又《筆筒》 湘竹爲之，以紫檀、烏木稜口鑲坐爲雅，餘不入品。

又《壓尺》 有玉報雙螭尺，有以紫檀、烏木爲之，上用古作蹲螭玉帶抱月玉兔走獸爲紐者。有倭人鋈金銀壓尺，古所未有，尺狀如常，上以金鋈雙桃銀葉爲紐，面以金銀鋈花，皆絛環細嵌，工緻動色。更有一竅透開，内藏抽斗，中有刀、錐、鑷刀、指剉、刮齒、消息、空耳、剪子，收則一條，撑開成剪，謂之八面埋伏，盡于斗中收藏。近有潘鐵，幼爲浙人，被虜入倭，性最巧滑，習倭之技，在彼十年。其鑿嵌金銀倭花樣式，的傳倭製，後以倭敗還省，徙居雲間，所製甚精，而價亦甚高。

又《**裁刀**》 有古刀筆，青緑裹身，上尖下環，長僅尺許，古人用以殺青爲書。今人入文具，似雅。有姚刀，可入格。近有崇明刀，頗佳。刀靶惟西番鸂鶒木最爲難得，取其不染肥膩，其木一半紫褐色，内有蟹爪紋，一半純黑，色如烏木，有距者價高。山西澤潞有不灰木，作靶亦妙。

明 屠隆《**陳眉公考槃餘事**》**卷二**《**軸頭**》 用檀香爲之，可以除濕遠蠹，芸麝、樟腦亦辟蠹。

明 毛晉《**蘇米志林·軸**》 檀香辟濕氣，畫必用檀軸有益，開匣有香而無糊氣，又辟蠹也。若玉軸以古檀爲身，檀身重，今却取兩片刳中空，合柄軸鑿乃輕。輕不損畫，常卷必用桐、杉佳也。軸重損絹。軸不宜用金銀，既俗且招盜。若桓靈寶。不然，水晶作軸，掛幅必兩頭墜，性重。蜀青圓錢雙鸎錦最俗，不可背古畫。只背今人裝堂亦俗也。

又 蘇木爲軸，以石灰湯轉色，歲久愈佳，又性輕。角軸引蟲，又開軸多有濕臭氣。檀犀同匣，共發古香，紙素既古，自有古香也。

明 周嘉胄《**香乘**》**卷二二**《**百刻香印**》 百刻香印以堅木爲之，山梨爲上，楠樟次之。其厚一寸二分，外徑一尺一寸，中心徑一寸。無餘用文處分十二界，迂曲其文，横路二十一重，路皆潤一分半。鋭其上，深亦如之。每刻長二寸四分，凡一百刻通長二百四十分。每時率二尺，計二百四十寸，凡八刻三分刻之一。其近中狹處六暈相屬，亥子也，丑寅也，卯辰也，巳午也，未申也，酉戌也，陰盡以至陽也。陽時六皆順行，自小以入大，從微至著也。其向戌亥，陽終以入陰也。陰時六皆逆行，從大以入小，陰生滅也。並無斷際，猶環之無端也。每起火，各以其時，大抵起午正，或起日出，不定斷際起火處也。

明 周嘉胄《**裝潢志**》**卷一**《**上桿**》 軸桿檀香爲上，次用婺源老杉木舊料，採取木性定者，堪用。杉性燥，檀辟蠹，他木無取。須令木工製極圓整，兩頭一齊，分毫不逾矩度，捲則無出入之失。

又《**軸品**》 軸以玉，雖偉觀，不適用，犀爲妙。余以牙及紫檀，倩濮仲謙倣漢玉雕花，間用白竹雕者，及梅緑竹、斑竹爲之。又命漆工，倣金銀片倭漆，及諸品填漆等。製各種欵樣，殊絢爛可觀，皆余創製。

明 麻三衡《**墨志**》 潭州胡景純專取桐燒煙，名桐花煙。其製甚雅，不爲外飾以眩俗眼。大者不過數寸，小者僅如指大，每磨研間，其光如鑑，畫工寶之，以點目瞳子如點漆云。

明 方以智《**通雅**》**卷三二** 聿即筆，後人加竹。周公綏管，夫子絶筆，蒙恬始爲筆，兔毫筆也。有柱有被，有心有副。右軍《筆經》曰：中山兔肥毫長故可用。世傳張芝、鍾繇用鼠鬚筆，嘗謂東晉已失中原，右軍安能必得中山毫。蘭亭用繭紙、鼠鬚筆，書繭紙或泛溟來乎。《博物志》有虎僕毛筆。山嶺外少兔，以雞雉毛亦妙。子瞻所云「三錢雞毛筆」也，又云「蜀石鼠曰鼫，毛可爲筆」。眉公《妮古録》：宋時有雞毛筆、檀心筆、小兒胎髮筆、猩猩毛筆、鼠尾筆、狼毫筆。筆有四德，鋭齊健圓，今人毫少，而狸毳倍之，安見德乎。古有以金、以銀、斑象、玳瑁、玻瓈、鏤金爲管，或緑沉漆管，棕竹、紫檀、花梨管，然皆不若白竹之薄標者，最便持用。南朝有姥善作筆，開元中筆匠名鐵頭，宣州有諸葛高，常州許穎謂柳學士不如右軍，父子者，諸葛也。近時陸繼翁、王古用皆湖人住南京。吉水有鄭伯清。吴興有張天錫，今俱失傳其妙。

清 施閏章《**學餘堂文集·外集**》**卷一**《**一藏硯**》 貯硯宜退光漆木匣，不宜紙漆，潤紙燥也。紫檀、花梨之類，粤東人多尚之，亦香燥不養硯。

清 汪森《**粤西叢載**》**卷一七**《**木契**》 刻木爲符契，長短大小不等，穴其傍多至十數，各志其事，持以出驗，名木契。

清 周魯《**類書纂要**》**卷二八** 青簡殺青者，直用青簡書耳。《風俗通》云：新竹有汗，後皆蠹。故作簡者，于火上炙乾之。

清 林佶《**全遼備考**》**卷下**《**牌檔**》 邊外文字多書於木，往來傳遞者曰牌子，以削木片若牌故也。存貯年久者，曰檔案，曰檔子，以積累多貫皮條挂壁若檔故也。然今文字之書於紙者，亦呼爲牌子、檔子矣。猶之中土文字，漢以前載在竹簡，故曰簡。以韋編貫，故曰編。今之人既書於紙，爲卷、爲部，而猶呼之爲編，爲簡也。

清 傅恒《**皇輿西域圖志**》**卷四二** 摩伊喀里雅木，束毛以爲筆，或束人髮爲之，其管或以木，或以竹。喀里雅木，竹筆也。形如準噶爾之烏珠克。

又 喀里雅木達喇實 形如鬀髮之刀，其柄或以銅，或以木，或以竹，樞紐甚緊，用以裁紙。

清 江昱《**瀟湘聽雨録**》**卷八** 昔人稱交廣曰竹鄉，衡湘壤接殆未多遜。種類之繁，不止《竹譜》中各處所産已也。俗所通用者，自屋宇以至器具無不取給，名曰南竹。大者圓徑四五寸，小徑二三寸。深山中有極大者，嘗見山家及寺觀内截之爲盥盤飯暴，用久光澤動目。余因取老根，就其天然形質琢磨成印章大小數百枚，段芝園爲作記，余有詩。

清 阿桂《盛京通志》卷一〇六 東爪木似柜柳，皮色青，名水柜柳。質堅，中爲硯材。按本地石可爲硯者出平頂山及駱駝洞，然性滑。瓦可爲硯者出北鎮廟，然性堅、難磨，得遼陽東上石橋金星礪石方可成器。木可爲硯者，即遼陽東爪木也。質輕易攜，頗能下墨，雖非奇玩，亦自可珍。

清 程大中《四書逸箋》卷三《方策》 《春秋傳序》：大事書於策，小事簡牘而已。《正義》云：簡容一行字，數行書於方。方所不容，書於策。蓋古未有紙，削竹爲簡，長二尺，短者半之，字少者書於簡，稍多則書於木版。又多則以韋編聯諸簡，謂之策，而書之。今集註訓策爲簡，從古註也。

清 陳鼎《竹譜・展誥竹》 閩粵俱有此竹，其形如展誥軸狀，又若手卷從兩頭卷合者。然背圓而面凹，大者可作筆桶，置之案頭，極文雅。

清 陳憲舜《課民植牧講義稿・皺竹》 此竹幹之外面具有縱皺，爲花瓶、筆筒、文具等最雅致。

傳記

清 錢泳《履園叢話》卷一二 汪繡峯，歙之綿潭人。家本素，封以資爲户部員外郎。喜藏古今文籍字畫，尤酷嗜印章。搜羅漢、魏、晉、唐、宋、元、明人印極多。凡金銀、玉石、碼瑙、珊瑚、水晶、青金、蜜蠟、青田、昌化、壽山及銅磁、象牙、黄楊、檀香、竹根諸印，一見輒收。至數萬枚，集有《訒庵集古印存》二十四卷。又刻《飛鴻堂印譜》三集，皆延近時諸名家攢集而成。海内傳爲至寶。余在秋帆尚書家，與繡峯時相過從，見余案頭有一銅印，鼻鈕刻「楊惲」二字，的是漢人。繡峯欲豪奪，余不許，遂長跪不起，不得已笑而贈之。其風趣如此。惟少鑒別，不論精粗美惡，皆爲珍重。亦見其好之篤也。自稱印癖先生。

清 王士禛《香祖筆記》卷四 元時張進中者，字子正，都城耆老，善製筆，管用堅竹，毫用鼬鼠，精鋭宜書。吴興趙子昂、淇上王仲謀、上黨宋齊彦皆與之善，尚方時有所需，非進中製不用也。每自持筆以入，必蒙賜酒令，京師未聞，以善筆名者矣。

紀事

晉 王嘉《拾遺記》卷六 任末年十四時，學無常師，負笈不遠險阻，每言人而不學，則何以成。或依林木之下，編茅爲菴，削荆爲筆，尅樹汁爲墨。夜則映星望月，暗則縛蒻蒿以自照。觀書有合意者，題其衣裳以記其事。門徒悦其勤學，更以静衣易之。非聖人之言不視。臨終誡曰：「夫人好學，雖死若存。不學者雖存，謂之行屍走肉耳。」河洛祕奥，非正典籍所載，皆注記於柱壁、及園林樹木。慕好學者，來輒寫之，時人謂任氏爲經苑。

南朝宋 范曄《後漢書》卷三八《張宗傳》 及大司徒鄧禹西征，定河東，宗詣禹自歸。禹聞宗素多權謀，乃表爲偏將軍。禹軍到栒邑，赤眉大衆且至，禹以栒邑不足守，欲引師進就堅城，而衆人多畏賊追，憚爲後拒。禹乃書諸將名於竹簡，署其前後，亂著笥中，令各探之。

又 卷一〇八《蔡倫傳》 自古書契多編以竹簡，其用縑帛者，謂之爲紙。縑貴而簡重，並不便於人。倫乃造意，用樹膚、麻頭及敝布、魚網以爲紙。元興元年奏上之，帝善其能。自是莫不從用焉。故天下咸稱蔡侯紙。

南朝宋 劉敬叔《異苑》卷二 元康中有人入嵩高山下得竹簡一枚，上有兩行科斗書，臺中外傳以相示，莫有知者。司空張華以問博士束皙，皙曰：「此明帝顯節陵中策文也。」檢校果然。

南朝梁 蕭子顯《南齊書》卷二一《文惠太子傳》 ［建元元年］時襄陽有盜發古塚者，相傳云是楚王塚，大獲寶物玉屐、玉屏風、竹簡書、青絲編。簡廣數分，長二尺，皮節如新。盜以把火自照，後人有得十餘簡，以示撫軍王僧虔，僧虔云是科斗書《考工記》，《周官》所闕文也。是時州遣按驗，頗得遺物，故有同異之論。

唐 房玄齡《晉書》卷五一《束皙傳》 初，太康二年，汲郡人不準盜發魏襄王墓，或言安釐王冢，得竹書數十車。其《紀年》十三篇，記夏以來至周幽王爲犬戎所滅，以事接之，三家分，仍述魏事至安釐王之二十年。蓋魏國之史書，大略與《春秋》皆多相應。

唐 馮贄《雲仙雜記》卷一《幽人筆》 司空圖隱於中條山，芟松枝爲筆管，人問之曰：「幽人筆，正當如是。」

又《**玄山印記**》陳茂爲尚書郎，每書信印記曰「玄山典記」，又曰「玄山印」。擣朱礬澆麝酒，閑則匣以鎮犀，養以透雲香，印書達數十里，香不斷。印刻，胭脂木爲之。

又《**棠木印**》張寶凡衣服綵帛，皆以所任官印印之，白黄物以墨，紅黑物以粉。常曰：「此印賢於掌庫奴遠矣。文字亦然。」人收寶文，以有棠木印者爲真。

宋 陶穀《**清異録**》**卷下**《**還元竹**》自紙行於世，簡牘之制遂絶。予曾與所親言，當取江湖大竹火上出汗，候色變白，磨瑩破之，闊半寸，長七寸，厚三分，兩兩膠固，面目在外，細線爲繩，三道編聯，使卷舒快利。每片書字一行，密則倍，不欲人見者加囊封。宜號還元竹，終以身未至南，但成漫語。

又《**鷓鴣沉界尺**》沉水帶班點者，名鷓鴣。沉華山道士蘇志恬偶獲尺許，修爲界尺。

宋 蘇易簡《**文房四譜**》**卷一**《**筆譜上**》王羲之《筆經》云：有人以緑沉漆竹管及鏤管見遺，録之多年，斯亦可愛，玩詎必金寶雕琢，然後爲貴乎。

又 梁元帝爲湘東王時，好文學，著書常記録忠臣義士及文章之美者。筆有三品，或金銀雕飾，或用斑竹爲管，忠孝全者用金管書之，德行精粹者用銀管書之，文章贍逸者以斑竹管書之，故湘東之譽，播於江表。

又《淮南王萬畢術》曰：取桐燭與栢木及蠟俱内筩中，百日以爲筆，畫酒自分矣。

宋 釋贊寧《**東坡先生物類相感志**》**卷一三**《**棗心印**》中皇若制使虎豹法曰：道士當門刻棗心木作印，方四寸也。

宋 陸遊《**老學庵筆記**》**卷五** 紹興間，復古殿供御墨，蓋新安墨工戴彦衡所造。自禁中降出雙角龍文，或云米友仁侍郎所畫也。中官欲于苑中作墨竈，取四湖九里松作煤，彦衡力持不可，曰：「松當用黄山所産，此平地松，豈可用？」人重其有守。

元 脱脱《**宋史**》**卷一五四**《**輿服志**》大中祥符五年，詔諸寺觀及士庶之家所用私記，今後並方一寸，彫木爲文，不得私鑄。

明 吴之俊《**獅山掌録**》**卷一〇**《**胎發筆**》宋時有鷄毛筆、檀心筆、小兒胎髮筆、猩猩毛筆、鼠尾筆、狼毫筆。

明 程嘉燧《**耦耕堂集**》**文卷下**《**古松煤墨記**》長翰山故多喬木，古宅後巨松千尺冠林表，高見數里，崗阜之上，大且蔽牛，千餘年物也。前代不爲奚超父子所戕，邇年生意頓盡，殆山靈秘惜此材，以出神物。余博訪古燒松擣煤之法，得之周藩宗侯。歲辛巳，自吴裹糧歸，董治之墨成，命曰古松煤。是年春，海虞錢學士遊黄山，過山居，看松題詩而去。

清 汪灝《**佩文齋廣群芳譜**》**卷七八**《**木譜**》《楚國先賢傳》孫敬到洛，在太學左右一小屋安止母，然後入學。編柳爲簡以寫經，睡則懸頭於梁。

清 乾隆《**諸暨縣志**》**卷五**《**古蹟**》紫檀界方（宋牧仲鈞廊二筆）汪玉水有紫檀界方一對，首鎸行書云「兀坐草元，風后爲奸。爾住鎮之，世掌我編。」敬仲銘，紹美製。界圍雕花鳥極精工，信出自名手。上飾漢玉昭文帶，一粟米文，一卧蚕文，血蝕殊古而瑩潤。面刻「草元閣佳器」，故楊鐵崖物。

朱家溍《**養心殿造辦處史料輯覽**》**第一輯·雍正朝** ［雍正五年］二月廿一日海望持出紫檀木掛筆筒一件。奉旨：俟朕到圓明園時安在一室春和屋内。欽此。

三月初一日郎中海望傳旨：四宜堂屋内筆管欄桿床上着安有掐子筆筒二件，照手巾桿帽架上的掛筆筒樣，或用竹做或用木做俱可。欽此。于閏三月初三日做得雕刻竹掛筆筒二件，隨鍍銀掐子二個、鐵掐子二個。郎中海望持進四宜堂屋内，安在筆管欄桿床上。

藝文

漢 蔡邕《**蔡中郎集**》**卷四**《**筆賦**》惟其翰之所生，於季冬之狡兔，性精亟以慓悍，體遄迅以騁步。削文竹以爲管，加漆絲之纏束。形調搏以直端，染玄墨以定色。畫乾坤之陰陽，讚宓皇之洪勳。叙五常之休德，揚蕩蕩之明文。紀三王之功伐兮，表八百之肆覲。博六經而綴百氏兮，建皇極而序彝倫。綜人事於晻昧兮，贊幽冥於神明。象類多喻，靡施不協。上剛下柔，乾坤位也。新故代謝，四時次也。圓和正直，規矩極也。玄首黄管，天地色也。

南朝梁 吴均《**吴均集·筆格賦**》幽山之桂樹，恒縈風而抱霧。葉委鬱而陸離，根縱横而盤互。爾其負霜含液，枝翠心赤。翦其匡條，爲此筆格。趺闕則巖巖方爽，似華山之孤生，上管則員員峻逸，若九疑之争出。長對坐而銜烟，永臨牕而儲筆。

唐 李白《李太白文集》卷一五《訓宇文少府見贈桃竹筆筒》 桃竹書筒綺繡文，良工巧妙稱絶羣。靈心圓映三江月，彩質疊成五色雲。中藏寶訣峨眉去，千里提攜長憶君。

唐 韓愈《毛穎傳》 毛穎者，中山人也。其先明眎，佐禹治東方土，養萬物有功，因封於卯地，死爲十二神。嘗曰：「吾子孫神明之後，不可與物同，當吐而生。」已而果然。明眎八世孫䨲，世傳當殷時居中山，得神仙之術，能匿光使物，竊姮娥騎蟾蜍入月，其後代遂隱不仕云。居東郭者曰㕙，狡而善走，與韓盧爭能，盧不及。盧怒與宋鵲謀而殺之，醢其家。秦始皇時，蒙將軍恬南伐楚，次中山，將大獵以懼楚。召左右庶長與軍尉，以連山筮之。得天與人文之兆，筮者賀曰：「今日之獲，不角不牙，衣褐之徒，闕口而長鬚，八竅而趺居。獨取其髦，簡牘是資，天下其同書。秦其遂兼諸侯乎？」遂獵，圍毛氏之族，拔其豪，載穎而歸，獻俘於章臺宫。聚其族而加束縛焉。秦皇帝使恬賜之湯沐，而封諸管城，號曰管城子。日見親寵任事。穎爲人强記而便敏，自結繩之代，以及秦事，無不纂録。陰陽卜筮占相醫方族氏山經地志字書圖畫九流百家天人之書，及至浮圖老子外國之説，皆所詳悉。又通於當代之務，官府簿書，市井貨錢注記，惟上所使。自秦皇帝及太子扶蘇胡亥丞相斯中車府令高，下及國人，無不愛重。又善隨人意，正直邪曲巧拙，一隨其人。雖見廢棄，終默不洩。惟不喜武士，然見請亦時往，累拜中書令。與上益狎，上嘗呼爲中書君，上親決事，以衡石自程，雖宫人不得立左右，獨穎與執燭者常侍，上休方罷。穎與絳人陳元宏農陶泓及會稽褚先生友善相推致，其出處必偕。上召穎三人者，不待詔輒俱往，上未嘗怪焉。後因進見，上將有任使，拂拭之，因免冠謝。上見其禿髮，又所摹畫不能稱上意，上嘻笑曰：「中書君老而禿，不任吾用。吾嘗謂君中書，君今不中書耶。」對曰：「臣所謂盡心者也。」因不復召，歸封邑，終於管城。其子孫甚多，散處中國夷狄，皆冒管城。惟居中山者，能繼父祖業。

太史公曰：毛氏有兩族，其一姬姓，文王之子，封於毛，所謂魯衛毛聃者也。戰國時有毛公毛遂，獨中山之族，不知其本所出，子孫最爲蕃昌。春秋之成，見絶於孔子，而非其罪。及蒙將軍拔中山之豪，始皇封諸管城，世遂有名。而姬姓之毛無聞。穎始以俘見，卒見任使。秦之滅諸侯，穎與有功，賞不酬勞，以老見疏，秦真少恩哉。

唐 李德裕《李衛公别集》卷二《斑竹管賦并序》 余寓居郊外精舍，有湘中守贈以斑竹筆管，奇彩爛然，愛玩不足，因爲小賦以報之：山合沓兮瀟湘曲，水潺湲兮出幽谷。緣層嶺兮茂奇篠，夾澄瀾兮聳修竹。鷓鴣起兮鉤輈，白猿悲兮斷續。實璀璨兮來鳳，根連延兮倚鹿。往者二妃不從，獨處兹岑。望蒼梧兮日遠，撫瑤琴兮怨深。洒思淚兮珠已盡，染翠莖兮苔更侵。何精誠之感物，遂散漫于幽林。爰有良牧，採之岩址。表貞節于苦寒，見虚心于君子。始裁截以成管，因天姿而具美。疑貝錦之濯波，似餘霞之散綺。自我放逐，塊然岩中。泰初憂而絶筆，殷浩默而書空。忽有客以贈鯉，遂起予以雕虫。念楚人之所賦，實周詩之變風。昔漢代方侈，增其炳焕。綴明璣以爲柙，飾文犀以爲玩。徒有貴于繁華，竟何資于藻翰。曾不知擇美于江潭，訪奇于湘岸。况乃彤管有煒，列于詩人。周得之以操牘，張得之以書紳。惟兹物之日用，與造化之齊均。方資此以終老，永躬耕于典墳。

宋 石介《徂徠集》卷四《竹書筒二首》 截竹功何取，爲筒妙可談。長猶不盈尺，青若出於藍。浮薄瓤皆去，嵚崟節獨堪。誰言但空洞，自是貴包含。虚受殊招損，多藏不類貪。巾箱經漫五，謗牘篋空三。淚有湘妃洒，書疑禹穴探。質曾冒霜雪，價本擅東南。隕籜遺輕粉，移根破凍嵐。龍吟終不死，鳳實尚餘甘。朴陋我爲貴，雕鎪彼合慙。居常置几案，出或係騑驂。唱和友朋倦，提攜童僕諳。純姿斥丹漆，美幹敵梗楠。其直如周道，虚心學老聃。吾徒正得用，詩筆戰方酣。

又 達者創奇製，雙魚斷竹尋。蒼琅破雲色，蕭瑟移風音。徑寸不爲短，探幽乃覺深。中間自空洞，枝幹何嶔崟。投恐成龍去，吹還作鳳吟。稜稜人有節，竅竅物無心。儉朴功難比，提攜力易任。純姿古皇道，虚受聖人經。或貯諫官草，多收女史箴。筒兮用可貴，吾不换南金。

宋 林逋《林和靖集》卷一《詩筒》 唐賢存雅製，詩筆仰防閑。遞去權應緊，封迴債已還。帶斑猶恐俗，和節不妨山。酒篋將書篚，誰言季孟閒。

又 卷四《槐木紙椎》 入手輕乾是古槐，幾聲清響徹池臺。椎餘魚網如脂滑，時寫新詩肯寄來。

宋 劉宰《漫塘集》卷二五《文房五物銘》 得軒初成，張簿送筆、墨、硯、檀香壓尺、水晶筆架戲答：平而泓，盡墨之鋭而不與墨爭，吾是以知爲端溪之舊坑也。圓而勁，免冠而髮逾整，吾是以知爲中書之毛穎也。凝青煙，玄之又玄，吾又以知廷珪之不死，家法之有傳也。直而砥，黄中而通理，使吾雲煙落紙而邊隅帖然。若長城之衛者，非守西河之檀子歟。雪崖氷趾，離立而不倚，使吾中書君時與其膠漆之友，高枕其間而不躓問誰主者，則吸風飲露之仙子也。猗歟得軒蕞爾。何以有此？蓋梔室主人憐其文氣之衰，贈此五者，以扶持而振起之也。

明　吴寬《家藏集》卷四七《桃木壓尺有序》　桃竹杖見杜集，或製壓尺遺予，爲之銘曰：桃名而竹質，外直而中實，不以爲杖而以爲尺，尺則不枉以資吾佔畢。

清　汪价《竹筆斗賦》　聞夫竹之爲物，徵用實繁。爰伐材於渭畝，每采植於淇園。孝武置楗兮障河之勢。伶倫截筒兮吹律之元。至於後世爲簟，爲笥，爲筰，爲篗，魚笱，鳥箐，米笆，食簍，編箬，覆艇，織筐，樹垣，籧篨，笭箵，不可究殫。製爲筆斗，實瞟創聞。匠心綽思，鏤剔精匀。奏刀運腕，疑於鬼神。學士家供之以爲玩，好事者襲之而如珍。侍從文房兮，茶鐺酒勺。追部清几兮，香鼎花尊。龍劑之函兮作伴，鳳味之匣兮同羣。架珊瑚之牀兮近俗，飾青鏤之管兮奚文。獨取素節以精剸兮，宛若天生寶器，而無雕琢刻畫之痕。

清　蘇淵《題沈兩之刻竹筆筒》　絶藝從來出勝流，雖然寸竹並琳璆。人逢古貌餘高致，手運神工得冥搜。莫謂雕蟲娱世俗，須知鏤玉重虞周。典章長棄無人識，寒暑荒江一老裘。

清　吴綺《林蕙堂全集》卷二二《黄州竹筆筒》　毛穎空爲狡兔儔，此君坦腹坐相收。當年若使元之見，應入黄州古竹樓。

清　王時憲《性影集》卷二《桐溪藁十五・竹章歌》　殷子楊子何好奇，摹勒籀篆追李斯。爛銅破玉不足貴，竹根小印蟠蚊螭。形樸大有雅人致，質輕且便行囊攜。韭花薤菜字遒勁，墜地不憂損且虧。吾思竹根本微物，製杯曾見庾信詩。今鐫蟲文及鳥篆，頡頏峋嶁神禹碑。感君爲我奏絶枝，用作長句以報之。愛此空蒼滕金石，冷淡由他拙目嗤。

清　查慎行《敬業堂詩集》卷二一《詩筒爲損持賦》　誰將圍寸竹，截作徑尺筒。粉筠削盡肌理出，玉質外瑩其中空。爲君滿貯詩千首，投以琅玕報瓊玖。寄去寧煩六六鱗，捧來須得纖纖手。

清　金惟駿《峻瞻贈詩筒》　髯周歷落嶔嵚士，遺我詩筒歲壬子。爾來鼎鼎一十年，意謂束筍多吟篇。復作一筒以相贈，輕圓尺五琉璃瑩。疎棄紙筆時已多，此筩長日空摩挲。

清　朱厚章《題周晉瞻所製詩筒爲昂千賦》　虚中高節琅玕竹，收納乾坤清氣足。恰宜截取作吟筒，風月滿腔瑩冰玉。芝巖雅製仿唐賢，持贈野菴從所欲。野菴年少才識奇，詩格清癯語蒼樸。風流的是眼中人，餘子紛然空碌碌。吾聞詩者言之精，忠孝根心吐芬郁。千編萬軸爲我資，小物閑情隨所觸。妙詣原非雕飾成，良工只倚錘鑪熟。君緘此筒孰寄將，詎與時流貪角逐。但須全力掣鯨魚，不用多岐愛野鶩。指歸今古本同源，三百詩人相往復。

清　愛新覺羅・弘歷《御制詩初集》卷一三《木筆》　豔冶風光鬬綺寮，安排木筆詠和韶。描來春色三分易，掃出青山一帶遥。鼻觀静時檀馥郁，眼花迷處玉鏤雕。漫言閏月遲芳候，識得清明肯讓饒。

又　卷一五《詠塞上達蘭海蘭松木皮筆筒用舊題韻》　雁塞奇木無不有，海蘭亦得同名松。樵蘇不到歷賢刼，老龍鱗甲含烟濃。渺予無德御中外，所藉餘業致混同。守在四夷吾夙志，干戈絶域息戰攻。繕玆守禦備無患，薄遣戍卒更番重。戍迴或致是筆室，虬枝想像碧蔭崇。毛穎特立伴清詠，墨池霏潤雀臺銅。昔曾獲此木筆格，未知其膚知其中。是物云即削皮爲，文如碧水含微風。拘墟妄分體内外，辭林漫憶山葱瓏。由來朴物儘可玩，志求奇巧將焉窮。

又　卷二七《竹根筆筒銘》　懿此君，植本固。節已見，文不露。虚其中，葆乃素。封管城，以類聚。侍文房，四美具。

又　《黄楊木界尺銘》　大樸不雕，好是正直。温潤而澤，矢其文德。

又　《御製詩二集》卷二八《題竹根筆筒》　嶰谷靈根幾百年，自然成質謝雕鐫。近陳棐几平而妥，列貯霜毫静以便。豹變留文疑霧後，龍形寫葉憶風前。擣詞定有凌雲槩，元氣淋漓筒裏全。

又　卷三六《樹根筆筒》　卉木知何種，盤根見此餘。居然逭刧火，可以付中書。密理成文采，生機憶始初。翰筵佐清供，外樸内涵虚。

又　《御製詩四集》卷一《詠古竹根筆筒》　天地圃師嶰谷栽，伶倫氏與一時裁。管城肯受封嬴代，孤竹疑曾伴墨胎。在硯以南不以北，宜人其樸豈其才。裘鍾祇是兒孫輩，作友墨壺幾朶梅。

清　愛新覺羅・弘歷《御製樂善堂全集定本》卷二二《詠塞上達蘭海蘭松木筆格》　迢遥絶塞隔萬里，其間乃産海蘭松。虬枝勁直傲霜雪，盤盤偃蓋蒼翠濃。故人戍回言其畧，懸知風景邊壤同。開篋更贈我筆格，云即此木已所攻。視之脉理頗密緻，内黄外白如兩重。磨礲光澤全天巧，素莖幻出幽蘭崇，背上題字選名句，疑鏤玉葉鐫青銅。吁嗟沙漠所生物，何期得伴書齋中。韵助揮毫楊柳月，秀生覓句梧桐風。芸窻宛覺添芬馥，研山更似增玲瓏。感君雅意恣吟玩，良材樸斲思無窮。

武備類

題解

漢 史游《急就篇》卷三　弓弩箭矢鎧兜鉾。以角曰弓，以木曰弧，一曰有緣謂之弓，無緣謂之弭。古者揮作弓，弓之施臂，而機發者曰弩，以竹曰箭，以木曰矢，古者夷牟作矢。鎧，甲也，亦謂之介。兜鉾，首甲也，古謂之胄。

宋 戴侗《六書故》卷二九《工事五》　弧，户吴切。《易》曰：弦木爲弧。《考工記》曰：往體寡來體多謂之王弓，弧弓亦然。《説文》曰：木弓也。康成亦曰：弧木弓也。引之中參，謂倨句如三也。

論説

《子夏易傳》卷八《系辭下》　弦木爲弧，剡木爲矢，弧矢之利，以威天下，蓋取諸睽。睽，小事吉，象不合而爻用也。是其全用而外合以爲用，得其小用也。睽衆才以爲小器，睽之象也。利威遠而合諸睽者，睽之義也。是以取諸睽。

宋 王觀國《學林》卷三《弧弓》　《前漢韓安國傳》曰：匈奴畜牧爲業，弧弓射獵。顔師古注：以木曰弧，以角曰弓。觀國案：顔師古所訓出于《易》，曰：「弦木爲弧，剡木爲矢，弧矢之利，以威天下。」故云以木曰弧，以角曰弓。然《周禮·考工記》：弓人爲弓取六材，必以其時。榦也者，以爲遠也。角也者，以爲疾也。筋也者，以爲深也。膠也者，以爲和也。絲也者，以爲固也。漆也者，以爲受霜露也。凡取榦之道七，柘爲上，檍次之，檿桑次之，橘次之，木瓜次之，荆次之，竹爲下。然則爲弓者，以木爲榦，而加以角筋膠絲漆以爲之糾約耳。是弓未嘗不用木也。獨有角，豈能爲弓哉？特假角以副其木也。上古時質朴，故其始創弧矢，則弦木爲弧。至周時禮樂庶事備矣，故爲弓也，用角筋膠絲漆參合而爲之。《史記》云：宣王立女，童謡曰「檿弧箕服，實亡周國」。服虔注曰：檿，桑也。顔師古注曰：檿，山桑之有文者。《前漢五行志》曰：檿弧，桑弓也。《禮記》曰：桑弧蓬矢。凡此言弧，皆以木爲弧也。然《列子》曰：乃以燕角之弧、朔蓬之幹射之。此又以角爲弧，是或以木，或以角，無定制矣。《周禮》司弓矢掌六弓之法。王弓弧弓，以授射甲革椹質者。夾弓庾弓，以授射豻侯鳥獸者。唐弓大弓，以授學射者。蓋往體寡，來體多，謂之王弧。往體多，來體寡，謂之夾庾。往來體若一，謂之唐、大。射豻侯鳥獸與學射者，皆近射也。近射用弱弓，則射甲革椹質者，用强弓矣。王弓弧弓合九而成規，往體寡而來體多，强弓也。然則弧弓者，乃六弓之一弓，其名爲弧弓，惟强有力者能挽之，以其能射遠也。韓安國傳所謂「弧弓射獵」，豈以强弓射獵耶？不然，則必以木弧弓，又何意也。

又 卷五《矢》　矢以木爲之，亦以竹爲之，北方皆以木爲矢，南方皆以竹爲矢。蓋北方少竹，而南方竹多，各因其土俗所生之物而爲之也。《易》曰：弦木爲弧，剡木爲矢。此以木爲矢也。《禹貢》：荆州厥貢，惟箘簵楛。孔安國曰：楛中矢榦，武王克商，肅慎氏貢楛矢、石砮。此以楛木爲矢也。《爾雅》曰：楊蒲柳。郭璞註曰：可以爲箭。此以柳木爲矢也。《前漢匈奴傳》曰：匈奴生奇材木，箭竿就羽。北齊郎基爲海西鎮將，削木爲矢。《玉篇·木部》栒榗木、槅槦木、桭木、𣗳木。註曰：皆中箭笴。此皆以木爲矢也。《顧命》曰：和之弓，倕之竹矢。此以竹爲矢也。所謂箭者，竹箭也。竹箭，其材可以爲矢，故《周禮》職方氏揚州其利，金錫竹箭。《爾雅》曰「東南之美者，有會稽之竹箭」，言竹箭之材，可以爲矢。故《廣韻》曰：箭竹節間三尺，可以爲矢。《淮南子》曰：齊桓公欲征伐，甲兵不足，令訟而不中者，出一束箭，乃矯箭爲矢。此以竹箭爲矢也。故《周禮》「弓人爲弓」，「矢人爲矢」。自古唯言弓矢，而未嘗謂矢爲箭，至後世乃或謂之弓箭。夫呼矢爲箭，則不當其義矣。若《唐書》薛仁貴三箭定天山之類是也。矢刃又謂之鏃，又謂之砮。《周禮》：矢人曰刃長寸。《爾雅》曰：金鏃箭羽謂之鏃。《字書》曰：石爲矢、鏃曰石砮，所謂楛矢石砮也。《史記》李廣爲右北平太守，出獵見草中石，以爲虎而射之，中石没矢。劉向《新序》曰：楚熊渠夜行，見伏石當道，以爲虎而射之，應弦没羽。左太沖《吴都賦》曰：應弦而飲羽。或曰没矢，或曰没羽，或曰飲羽，其義則一也。

宋 林之奇《尚書全解》卷八 杶幹栝柏，礪砥砮丹。顔師古曰：杶木似樗而實。漢孔氏曰：柏葉松身曰栝，杶、栝、柏三木名也。幹可以爲弓幹，孔氏以爲柘亦不必如是之拘。要之，凡木可以爲弓幹者，皆是也。曾氏曰：揚州貢木，不言其名，所貢之木，不可勝名也。此州曰杶幹栝柏，其所貢者止於此而已。此説是也。礪砥砮丹，《山海經》云：荆山之首，自景山至於琴鼓之山，凡二十有三山，而護山多礪砥者，蓋荆州之所出也。礪、砥，皆磨石也。砥以細密爲名，礪以麤糲爲稱。砮者，中矢鏃之用。肅慎氏貢楛矢石砮，砮蓋石之可以爲矢鏃者也。丹唐孔氏以謂丹砂，王子雍以謂丹可以爲采，此二説皆通。

宋 李如圭《儀禮集釋》卷二四《既夕》 有柲。鄭注：柲，弓檠弛則縛之于弓裏，備損傷，以竹爲之。《詩》云「竹柲緄縢」，今文柲爲柴。釋曰：柲狀如弓，緄縢謂繩約之。

宋 張淏《雲谷雜記》卷四 《學林》云：矢以木爲之，亦以竹爲。北方以木，南方以竹，各因其土俗所生之物而爲之也。所謂箭者，竹箭也。竹箭其材可以爲矢。《周禮》：揚州其利，金錫竹箭。《爾雅》：東南之美者，有會稽之竹箭。自古惟弓矢，未嘗謂矢爲箭，後世乃或謂之弓箭。夫呼矢爲箭，則不當其義，若唐薛仁貴「三箭定天山」之類是也。予按：揚雄《方言》：自關而東謂之矢，關西曰箭。郭璞注云：箭者，竹名，因以爲號。《説文》曰：箭，矢也。《列子》曰：烏號之弓，綦衛之箭。《韓非子》曰：智伯將伐趙，趙襄子召張孟談而問之，曰：吾城郭已治甲兵有餘，奈無箭何？司馬相如云：左烏號之雕弓，右夏服之勁箭。則秦漢以前，箭矢已通稱，魏晉以下，見于傳記，不可具紀而謂呼矢曰箭爲非，斯言失之矣。

明 季本《詩説解頤》卷二 伯兮。殳，兵車之器，積竹爲之，主於擊。所操之圍當二尺四寸，細而可舉。毛氏曰：殳長丈二而無刃。鄭氏曰：有八觚。孔氏曰：戈殳戟矛，皆插車畸。

明 楊慎《丹鉛餘録》卷一五 《周禮》注殳，以積竹八觚，建于兵車。《説文》：柲，欑也。《毛詩》竹閉。《考工記》：秦無廬史。棘矜注皆以積竹釋之。徐鉉《説文注》曰：積竹謂削去白，取其青處合之，取其有功，即今之欑竹法也。

明 馮復京《六家詩名物疏》卷二五《閉》 《儀禮注》云：䩛，弓檠也。弛則縛之于弓裏，備損傷也，以竹爲之。《詩》云：「竹閉緄縢。」《考工記》云：凡爲弓寒奠體則張不流。注：至冬膠堅内之檠中，定往來體流猶移也。又云恒角而達，譬如終紲。注：紲謂弓䩛。《禮書》云：䩛以竹爲之，狀如弓，然約于弓裏，命之曰閉，所以備損傷也。䩛以閉之，故亦謂之閉。緄以繫之，故亦謂之紲。如此則納之韣中，足以定往來之體，袪翩反之病矣。

明 宋應星《天工開物》卷下《弧矢》 凡造弓，以竹與牛角爲正中幹質，東北夷無竹，以柔木爲之。桑枝木爲兩稍。弛則竹爲内體，角護其外；張則角向内而竹居外，竹一條而角兩接。桑稍則其末刻鍥以受弦彄，其本則貫插接筍千竹丫，而光削一面以貼角。凡造弓，先削竹一片，竹宜秋冬伐，春夏則朽蛀。中腰微亞小，兩頭差大，約長二尺許，一面粘膠靠角，一面鋪置牛筋與膠而固之；牛角當中牙接。北虜無修長牛角，則以羊角四接而束之；廣弓則黄牛明角亦用，不獨水牛也。固以筋膠，膠外固以樺皮，名曰煖靶。凡樺木，關外産遼陽，北土繁生遵化，西陲繁生臨洮郡，閩、廣、浙亦皆有之。其皮護物，手握如軟綿，故弓靶所必用。即刀柄與槍干亦需用之。其最薄者則爲刀劍鞘室也。凡牛脊梁每隻生筋一方條，約重三十兩。殺取晒乾，復浸水中，析破如苧麻絲。胡虜無蠶絲，弓弦處皆糾合此物爲之。中華則以之鋪護弓幹，與爲棉花彈弓弦也。凡膠，乃魚脬、雜腸所爲，煎治多屬寧國郡。其東海石首魚，浙中以造白鯗者，取其脬爲膠，堅固過于金鐵。北虜取海魚脬煎成，堅固與中華無異，種性則別也。天生數物，缺一而良弓不成，非偶然也。凡造弓，初成坯後，安置室中梁閣上，地面勿離火意。促者旬日，多者兩月，透乾其津液，然後取下磨光，重加筋膠與漆，則其弓良甚。貨弓之家，不能俟日足者，則他日解釋之患因之。凡弓弦，取食柘葉蠶繭，其絲更堅韌。每條用絲線二十餘根作骨，然後用線横纏緊約。纏絲分三停，隔七寸許則空一二分不纏，故弦不張弓時，可摺叠三曲而收之。往者北虜弓弦，盡以牛筋爲質，故夏月雨霧，妨其解脱，不相侵犯。今則絲弦亦廣有之。塗弦或用黄蠟，或不用亦無害也。凡弓兩消繫彄處，或切最厚牛皮，或削柔木如小棊子，釘粘角端，名曰墊弦，義同琹軫。放弦歸返時，雄力向内，得此而抗止，不然則受損也。凡造弓，視人力强弱爲輕重，上力挽一百二十斤，過此則爲虎力，亦不數出；中力減十之二、三；下力及其半。彀滿之時，皆能中的。但戰陣之上，洞胸徹札，功必歸于挽强者。而下力倘能穿楊貫虱，則以巧勝也。凡試弓力，以足踏弦就地，稱鈎搭掛弓腰，弦滿之時，推移稱錘所壓，則知多少。其初造料分兩，則上力挽强者，角與竹片削就時，約重七兩；筋與膠、漆與纏約絲繩，約重八錢。此其大畧。中力減十之一、二，下力減十之二、三也。凡成弓，藏時最嫌霉濕。霉氣先南後北，嶺南穀雨時，江南小滿，江北六月，燕齊七月，然淮揚霉氣獨盛。將士家或置烘廚烘箱，日以炭火置其下，春秋霧雨皆然，不但霉氣。小卒無烘廚，則安頓竈突之上。稍怠不勤，立受朽解之患也。近歲命南方諸省造弓解北，紛紛駁回，不知離火即壞之故。亦無人陳説本章者。凡箭笴，中國南方竹質，北方萑柳質，北虜樺質，隨方不一。竿長二尺，鏃長一寸，其大端也。凡竹箭，削竹四條或三條，以膠粘合，過刀光削而圓成之。漆絲纏約兩頭，名曰「三不齊」箭桿。淅與廣南有生成箭竹不破合者。柳與樺桿，則取彼圓直枝條而爲之，微費刮削而成也。凡竹箭其體自直，不用矯揉。木桿則燥時必曲，削造時以數寸之木，刻槽一條，名曰箭端，將木桿逐寸戛拖而過，其身乃直。即首尾輕重，亦由過端而均停也。凡箭，其本刻衘口以駕弦，其末受鏃。凡鏃，冶鐵爲之，《禹貢》砮石乃方物，不適用。北虜制如桃葉鎗尖，廣南黎人矢鏃如平面鐵鏟，中國則三稜錐象也。響箭則以寸木空中錐眼爲竅，矢過招風而飛鳴，即莊子所謂「嚆矢」也。凡箭行端斜與疾慢，竅眇皆係本端翎羽之上。箭本近衘處，剪翎直貼三條，其長三寸，鼎足安頓，粘以膠，名曰箭羽。此膠亦忌霉濕，故將卒勤者，箭亦時以火烘。羽以鵰膀爲上，鵰似鷹而大，尾長翅短。角鷹次之，鴟鷂又次之。南方造箭者，鵰無望焉，即鷹鷂亦難得之貨，急用塞數，即以雁翎，甚至鵝翎亦爲之矣。凡雕翎箭行疾過鷹、鷂翎十餘步而端正，能抗風吹。北虜羽箭多出此料。鷹、鷂翎作法精工，亦恍惚焉。若鵝雁之質，則釋放之時，手不應心，而遇風斜竄者多矣。南箭不及北，由此分也。

又 卷下《弩》 凡弩爲守營兵器，不利行陣。直者名身，衡者名翼，弩牙發弦者名機，斲木爲身，約長二尺許，身之首横拴度翼。其空缺度翼處，去面刻定一分，稍厚則弦發不應節。去背則不論分數。面上微刻直槽一條以盛箭。其翼以柔木一條爲者名扁擔弩，力最雄。或一木之下，加以竹片疊承，其竹一片短一片名三撑弩，或五撑、七撑而止。身下截刻鍥衘弦，其衘傍活釘牙機，上剔發弦。上弦之時，唯力是視。一人以脚踏强弩而弦者，《漢書》名曰蹶張材官。弦送矢行，其疾無與比數。凡弩弦以苧麻爲質，纏繞以鵝翎，塗以黄蠟。其弦上翼則謹，放下仍鬆，故鵝翎可扱首尾于繩内。弩箭羽以箬葉爲之，析破箭本，衘于其中而纏約之。其射猛獸藥箭，則用草烏一味，熬成濃膠，蘸染矢刃。見血一縷，則命即絶，人畜同之。凡弓箭强者，行二百餘步，弩箭最强者，五十步而止，即過咫尺，不能穿魯縞矣。然其行疾則十倍于弓，而入物之深亦倍之。國朝軍器造神臂弩、克敵弩，皆併發二矢、三矢者。又有諸葛弩，其上刻直槽，相承函十矢，其翼取最柔木爲之。另安機木，隨手板弦而上，發去一矢，槽中又落下一矢，則又扳木上弦而發，機巧雖工，然其力棉甚，所及二十餘步而已。此民家妨窃具，非軍國器。其山人射猛獸者，名曰窩弩，安頓交跡之衢，機傍引線，俟獸過帶發而射之，一發所獲，一獸而已。

清 孫承澤《尚書集解》卷之六 柏三木名，栝木，柏葉松身，栝柏所施多矣。杶木似樗而可爲弓幹，故舉其用，言砥細于礪，皆磨石也。砮中矢鏃，如孔子所引肅慎氏貢石砮是也。丹，朱砂也。箘簵，竹名，楛，木名，皆可以爲矢。三邦，地名，底，致也，致貢箘簵楛之有名者，匭，匣也。

清 徐文靖《管城碩記》卷二二 矜，注云音京，矛柄也，别作穫。按《詩》：「二矛重英」，陸氏曰：矛，莫侯反。《方言》：矛柄謂之矜。郭璞注曰：矜音巨中反，据此，則矜當讀爲銎音，京者非也。《考工記》曰：秦無廬。鄭注：秦多細木，善作矜柲。賈氏曰：矜柲者，竹攢柲也。攢謂柲之入銎處，柲即柄也。《方言》矛骹謂之銎，注曰：即矛刃下口是也。吳棫《韻補》曰：矛，冒也，刃下矜也。是矜當音銎矣。《正字通》於矛字注乃云吳氏説非，不知其本於《方言》也。

綜 述

《周禮·考工記》 弓人爲弓，取六材必以其時，六材既聚，巧者和之。幹也者，以爲遠也。角也者，以爲疾也。筋也者，以爲深也。膠也者，以爲和也。絲也者，以爲固也。漆也者，以爲受霜露也。凡取幹之道七：柘爲上，檍次之，檿桑次之，橘次之，木瓜次之，荆次之，竹爲下。凡相幹，欲赤黑而陽聲，赤黑則鄉心，陽聲則遠根。凡析幹，射遠者用埶，射深者用直。居幹之道，菑栗不迆，則弓不發。凡相角，秋閷者厚，春閷者薄，穉牛之角直而澤，老牛之角紾而昔。疢疾險中，瘠牛之角無澤。角欲青白而豐末，夫角之本，蹙於刲而休於氣，是故柔，柔故欲其埶也。白也者，埶之徵也。夫角之中，恒當弓之畏。畏也者必橈，橈，故欲其堅也。青也者，堅之徵也。夫角之末，遠於刲而不休於氣，是故脆，脆故欲其柔也。豐末也者，柔之徵也。角長二尺有五寸，三色不失理，謂之牛戴牛。凡相膠，欲朱色而昔，昔也者，深瑕而澤，紾而摶廉。鹿膠青白，馬膠赤白，牛膠火赤，鼠膠黑，魚膠餌，犀膠黄。凡昵之類不能方，凡相筋，欲小簡而長，大結而澤。小簡而長，大結而澤，則其爲獸必剽，以爲弓，則豈異於其獸，筋欲敝之敝，漆欲測，絲欲沈，得此六材之全，然後可以爲良。

凡爲弓，冬析幹而春液角，夏治筋，秋合三材，寒奠體，冰析灂。冬析幹則易，春液角則合，夏治筋則不煩，秋合三材則合，寒奠體則張不流，冰析灂則審環，春被弦則一年之事。析幹必倫，析角無邪，斵目必荼。斵目不荼，則及其大修也，筋代之受病。夫目也者必强，强者在内而摩其筋。夫筋之所由幨，恒由此作，故角三液而幹再液。厚其帤，則木堅；薄其帤，則需。是故厚其液而節其帤，約之。不皆約，疏數必侔，斵摯必中，膠之必均。斵摯不中，膠之不均，則及其大修也，角代之受病。夫懷膠於内而摩其角，夫角之所由挫，恒由此作。凡居角，長者以次需，恒角而短，是謂逆橈，引之則縱，釋之則不校。恒角而達，譬如終紲，非弓之利也。今夫茭解中有變焉，故校；於挺臂中有柎焉，故剽。恒角而達，引如終紲，非弓之利，撟幹欲孰於火而無贏，撟角欲孰於火而無燂，引筋欲盡而無傷其力，鬻膠欲孰而水火相得，然則居旱亦不動，居濕亦不動。苟有賤工，必因角幹之濕以爲之柔，善者在外，動者在内。雖善於外，必動於内，雖善亦弗可以爲良矣。

凡爲弓，方其峻而高其柎，長其畏而薄其敝，宛之無已。應下柎之弓，末應將興。爲柎而發，必動於閷，弓而羽閷，末應將發。弓有六材焉，維幹强之，張如流水，維體防之。引之中參，維角堂之。欲宛而無負弦，引之如環，釋之無失體。如環，材美，工巧，爲之時，謂之參均。角不勝幹，幹不勝筋，謂之參均。量其力，有三均，均者三，謂之九和。九和之弓，角與幹權，筋三侔，膠三鋝，絲三邸，漆三斞。上工以有餘，下工以不足。爲天子之弓，合九而成規。爲諸侯之弓，合七而成規。大夫之弓，合五而成規。士之弓，合三而成規。弓長六尺有六寸，謂之上制，上士服之；弓長六尺有三寸，謂之中制，中士服之；弓長六尺，謂之下制，下士服之。

凡爲弓，各因其君之躬，志慮血氣。豐肉而短，寬緩以荼。若是者爲之危弓，危弓爲之安矢，骨直以立，忿埶以奔。若是者爲之安弓，安弓爲之危矢。其人安，其弓安，其矢安，則莫能以速中，且不深。其人危，其弓危，其矢危，則莫能以愿中。往體多，來體寡，謂之夾臾之屬，利射侯與弋。往體寡，來體多，謂之王弓之屬，利射革與質。往體來體若一，謂之唐弓之屬，利射深。大和無灂，其次筋角皆有灂而深，其次有灂而疏，其次角無灂。合灂若背手文，角環灂，牛筋蕡灂，麋筋斥蠖灂。和弓轂摩，覆之而角至，謂之句弓。覆之而幹至，謂之侯弓。覆之而筋至，謂之深弓。

唐　佚名《唐寫本文選集注》卷九《左思·吴都賦序》　[劉逵曰]：桂竹生於始興小桂縣，大者圍二尺，節長四五尺。箭竹細小而勁實，可以爲箭，通竿無節，江東諸郡皆有之。射筩竹細小通中，長丈餘，亦無節，可以爲射。筩及由梧竹皆出交阯、九真，簟竹大如戟槿，實中勁强，交阯人鋭以爲矛，甚利。篣竹有毒，夷人以爲觚，刺獸中之則必死也。

唐　李筌《太白陰經》卷四　木弩，以黄楊柘桑爲弩，可長一丈二尺，徑七尺，兩梢三寸，以絞車張之，發如雷吼，以敗隊卒。

又　拒馬槍，以木徑二尺，長短隨事，十字作孔，縱横安括，長一丈，鋭其端，可塞城門要道，人馬不得奔前。

唐　樊綽《蠻書》卷七　槍箭多用斑竹，出蒙舍白崖詔南山谷，心實，圓緊柔細，極力屈之不折，諸所出皆不及之。

宋　陶穀《清異録》卷下《托地仙》　槍材難得十全，魏州石屋林多有之。楊師厚時賜鎗效節，軍皆采於此。團典所用，多是絶品聖龍筋。餘軍不過四五等：托地僊、長腰奴、范陽嬌、金梢裊兒是也。更有風火枝、聖蚰蜒，頗曲弱，軍中不取。

宋　徐兢《宣和奉使高麗圖經》卷一三《獸牌》　獸牌之制，木體革鞔，繪狻猊狀。上施五兩，而以雉尾蔽之，欲以自障，且能刺人，而不使之洞見其犀利也。然徒似百戲小兒所執，恐不足以禦矢石，今高麗兵仗中，二等皆有之，特小大之異耳。

又《弓矢》 弓箭之制，形狀簡略如彈弓，其身通長五尺，而矢不用竹，多以柳條，而復短小。發矢不候引滿，舉身送之，雖矢去甚遠，而無力。殿門守衛，仗内騎兵，及中檢郎將，皆以虎韔而挾之，備不虞也。

宋 毛晃《禹貢指南》卷二 三邦：（荆州之域有蠻、荆、楚三國，皆貢箘簵楛。顔師古曰：箘簵，竹名。楛，木名。皆可爲矢。言此州界本有三國，致貢斯物，其名稱美也。）案：《春秋》書荆人來聘，即楚人也。《詩》稱「因時百蠻」，蠻非一國之名，謂蠻、荆、楚爲三邦，恐非經意。《攷工記》云：才之美者，有妢胡之笴。鄭注：胡子之國在楚旁，豈三邦之類歟？

宋 羅願《爾雅翼》卷九《楛》 楛堪爲矢，其莖似荆而赤，其葉如蓍。古者楛矢則石爲之砮。仲尼在陳，有隼集於陳庭而死，楛矢貫之，石砮其長尺有咫，問諸仲尼。仲尼曰：隼來遠矣，此肅慎氏之矢也。昔武王伐商，封異姓以遠方之職貢使無忘服，故以楛矢封陳。使求諸故府，果得之。《夏書》「荆州之貢，礪砥砮丹，惟箘簵楛」，則夫楛矢石砮者，中州職貢之常也。今仲尼獨以遠方之貢爲驗，豈三代之際職貢不同，或者不妨中國自有之，特其長尺有咫者爲肅慎之物歟？是貢既分於陳，而隼又適集其庭以死，豈陳人竊以射隼耶？然仲尼言隼來之遠，則是自海外負矢而至也。先公之分器受之王室，子孫宜相與誦而寶之。魯之寶玉、大弓，出入必書，而晉文之受彤弓，范匄詑之於諸侯。陳之所受於周以鎮撫其社稷者，獨有此耳。今隼以矢來，君臣相顧乃無識，反質之於客，抑與數典忘祖者類矣。陸璣云：上黨人織以爲斗筥箱器，又屈以爲釵，故上黨人調問婦人：欲買赭否？曰：竈中自有黄土。買釵否？曰：山中自有楛。言其俗朴也。顔監曰：楛木堪爲箭笴。今豳以北皆用之，土俗呼其木爲楛子。又《禹貢》「惟箘簵楛」，顔監曰皆可爲矢。

宋 范成大《桂海虞衡志》 竹弓，以熏竹爲之，筋膠之。制一如角弓，惟揭箭不甚力。黎弓，海南黎人所用，長弰木弓也。以藤爲弦，箭長三尺，無羽，鏃長五寸，如茨菰葉。以無羽故射不遠，三四丈，然中者必死。

又 蠻弩，諸洞猺及西南諸蕃，其造作略同，以硬木爲弓，椿甚短，似中國獵人射生弩，但差大耳。

宋 周去非《嶺外代答》卷六《蠻弩》 凡蠻猺之弩，狀如中都之吃筻弩，蓋不能彎弓，而皆能踏弩也。以燕脂木爲之，長六尺餘，厚二寸，博四寸許。其長三尺餘，厚止半寸，不劃箭槽，編架其箭于栝，故名曰編架弩。其箭剡竹爲之，或用小圓竹，而皆有弩之箭户。鏃如鑿，或如鳧茨葉，以軟皮爲羽，利于射高而不可以俯，射則弓易軟，矢易鉤，非良材也。宜州、南丹等及邕州左、右江之諸峒西南蕃弩，其製作略同，其弓材則良矣。唯南丹弩，弓材爲絶佳，蓋南丹弩弓，其材有五：加木，上也；石木，次也；黄速、橍，又其次也；燕脂木爲下矣。加木，射愈近而激矢愈遠，無末約之弊，故名曰加。石木膚理沉黑，堅類鐵石。黄速、橍發矢聲鏗然也，視燕脂木，則力同而矢遠倍之矣。余嘗聞吃筻小弩之利，材之良，與夫抹弦、掇弦、撅矢、撅矢之技，頗臻乎巧。及聞静江猺人弩勁甚，矢無空發，古縣之民，一聞虚弦之聲，率皆奔潰，因見蠻弩即吃筻之大者耳。

又《黎弓》 諸猺皆以弩爲長技，唯南黎人以弓爲長技。黎弓以木，亦或以竹，而弦之以藤，類中州彈弓。其矢之大其鏃也，故雖無羽，亦可施之於射近。大抵黎弓正與倭弓相類，但倭弓長大，而黎弓短小耳。倭弓長丈許，據弓下梢於地，平身射之，手空矢長，能以無羽之矢命中於百步之外。黎人弓短矢重，往者黎人跳梁，官軍以竹弓禦之，矢不能斃人，大爲黎人所輕。彼特未遇吾勁弓耳。然南方卑濕，角弓易壞，惟竹弓可用，不勁也固宜。若蠻峒之速橍木、加木、石木，天下之良材也。誠得是木製以爲弓，雖角弓之勁，有不能當者，雖用以威天下可也。

又《器用門》 邕州溪峒以桄榔木爲箭鏃，桄榔遇血悉裂，故其矢亦能害人。

宋 陸遊《老學庵筆記》卷一 鼎澧羣盜如鍾相、楊么，戰舡有車船，有槳船，有海鰍頭；軍器有拏子，有魚叉，有木老鴉。拏子、魚叉以竹竿爲柄，長二三丈，短兵所不能敵。程昌寓部曲雖蔡州人，亦習用拏子等，遂屢捷。木老鴉一名不藉木，取堅重木爲之，長纔三尺許，鋭其兩端，戰船用之尤爲便捷。官軍乃更作灰礮，用極脆薄瓦罐，置毒藥、石灰、鐵蒺藜於其中，臨陣以擊賊船，灰飛如煙霧，賊兵不能開目。欲効官軍爲之，則賊地無窑户，不能造也。遂大敗。官軍戰船亦倣賊車船而增大，有長三十六丈，廣四丈一尺，高七丈二尺五寸，未及用而岳飛以步兵平賊。至完顔亮入寇，車船猶在，頗有功云。初，張公之行，趙元鎮丞相以詩送之云：「速宜浄埽妖氛了，來看錢塘八月潮。」

宋 戴侗《六書故》卷二三《植物三》 箭。子賤切，小竹，疏節而直者可爲矢，故矢亦謂之箭。

明 宋濂《元史》卷七九《輿服志》 刀盾之刀，制如長刀而柄短，木爲之，青質有環，紫絲帉錔。刀盾之盾，制以木，赤質，畫異獸，執人右刀左盾。朱縢絡盾，制同而朱其質。緑縢絡盾，制同而緑其質。戟，制以木，有枝，塗以黄金，竿以朱漆。（略）鈒戟，制如戟，無飛掌而有横木。稍，制以木，黑質，畫雲氣，上刻刃，塗以青，五色稍並同而質異。穳，制如戟，鋒兩旁微起，下有鐏鋭。叉，制如戟而短，青飾兩末，中白，畫雲氣，上綴紅絲拂。

又 卷一〇三《刑法志》 諸獄具，枷長五尺以上，六尺以下，闊一尺四寸以上，一尺六寸以下，死罪重二十五斤，徒流二十斤，杖罪一十五斤，皆以乾木爲之，長闊輕重各刻誌其上。杻長一尺六寸以上，二尺以下，横三寸，厚一寸。鎖長八尺以上，一丈二尺以下，鐐連（環）（鐶）重三斤。笞大頭徑二分七厘，小頭徑一分七厘，罪五十七以下用之。杖大頭徑三分二厘，小頭徑二分二厘，罪六十七以上用之。訊杖大頭徑四分五厘，小頭徑三分五厘，長三尺五寸，並刊削節目，無令筋膠諸物裝釘。應決者，並用小頭，其決笞及杖者，臀受；拷訊者，臀若股分受，務令均停。

明 徐溥《明會典》卷一四八 弓矢一百副。弓用竹爲體，木爲托靶并梢，置黑角于梢末，又用角爲面，牛筋鋪背，四節纏以絲，加黑漆，面硃漆，背用黄蠟，絞絲爲絃。矢用竹爲幹，木爲扣，加鐵箭頭，柳葉形，兩頭俱用牛筋絲纏之，加硃漆，近扣處加鴈羽。橐二用黑斜皮爲之。

明 王圻《稗史彙編》卷一五三《筋竹》 筋竹長三丈許，圍數寸，至堅利。南土以爲矛。其筍未成竹時，堪爲弩弓弦弝。見徐忠奏章云劉淵林夷人能以藥竹爲箭，亦可爲矛，萬夫不敢與鬪，豈非一物而二名乎？

明 王圻《三才圖會》器具卷五 弓用柔軟之木爲之，以絲纏之，以膠漆和之，其弦用絲絞線。

明 唐順之《武編前集》卷五《牌》 手牌亦名燕尾牌，宜用白楊木或輕松木爲之，取其輕而堅也。每面約長五尺七寸，闊一尺。上下兩頭比中間闊三四分，俱小尺。用手牌便於用刀，先以鏢鎗飛擊，先挫賊鋒，然後用刀，則前後左右隔賊技器，施我刀法，此手牌之利也。

又 挨牌，亦用白楊木爲之，每面約長五尺，闊一尺五寸，下頭比上畧小四五分，俱小尺。

明 王三聘《事物考》卷六 槍《實録》曰：黄帝與蚩尤戰，即有槍。漢諸葛亮始以木作之，長丈二，以鐵爲頭。《續事始》曰：亮置苦竹槍，長一丈五尺。

明 田藝衡《留青日札》卷三二《箕澤之蒲會稽之竹》 契丹上京曰西樓，有蒲瀕水叢生，一莖葉如柳，長不盈尋丈，用以作箭，不矯揉而堅。《左氏》所謂「董澤之蒲」是也。近渤海者爲女真，亦曰女直，宋之金國，慎肅氏遺種，渤海之别族，所云「慎肅氏之矢」，即此。《後漢書》挹婁，古慎肅之國，善射弓，長四尺，力如弩矢，用楛長一尺八寸，青石爲鏃，鏃皆施毒，中人即死。《通志》「蒲柳」，《爾雅》「楊蒲柳」，其條可爲箭幹。故《左傳》云「董澤之蒲」，崔豹云：「水楊即蒲楊，任矢用。」《本草》云：枝莖勁韌。《爾雅》：東南之美，有會稽之竹箭。郭璞曰：箭，竹名，因以爲號。今箭竹高一丈，節濶三尺，可作矢。《易》「刻木爲矢」，蒲竹皆木。

明 慎懋官《華夷花木鳥獸珍玩考》卷五《笏竹》 笏竹有毒，夷人以爲觚，刺獸中之則必死。

明 王在晋《海防纂要》卷六 俞旴江云長鎗後手要粗可盈把，庶有力。若細則掌把不壯。鎗腰要從根漸漸細至頭如止，如腰粗則硬强不可拏，腰細則軟而無力。雖手法之妙不能拏捉他鎗開去也。鎗稍不可輒細，要自後漸細，方有力。最忌太重，重則頭沉不可舉動。鎗頭重不可過兩。其桿稠木第，合木輕而稍軟，次之。要劈開者佳，鋸開者紋斜易折。攢竹腰軟，不可用。

又 筤筅用浙東毛竹，必獵户能使。製筅之法，用毛竹長而多篬者，末鋭包鐵如小鎗，兩傍多留長刺，其刺每雙用火熨之，一直一鈎。其直者如戟，鈎者如矛，然後以熟桐油灌之，敷以毒藥，鋒利難犯。

又 千古有圓長二色，其來尚矣，主衛而不主刺。國初木加以革，重而不利步。以藤爲牌，近出福建。銃子雖不能革而矢石鎗刀皆可蔽，所以代甲胄之用。在南方田塍泥雨中頗稱極便，其體須輕堅密，務使遮蔽一身，上下四旁，無所不備。用牌之間，復有所謂標者，所以奪人之目而爲我之疑兵所賴以勝人者也。牌無標能禦而不能殺，將欲進步，然後起標，勿輕發以敗其事。腰刀用於發標之後以殺敵，非長利，輕泛則不能接遠。其習牌之人，又須膽勇氣力輕足便捷少年，然後可授之。以此置於行伍之先，爲衆人之藩蔽，衛以長短之器，爲彼之應援。以之臨敵，其衆可合而不可離，可用而不可疲，進退左右，無所不利，此藤牌之功用也。

明 江之源《百花藏譜》 筋竹。南方以爲茅刃笋，未成竹，堪爲弩弦。

明 茅元儀《武備志》卷八五《造弩身用木色説》 弩身用棗木紅赤者爲上，棠梨木紅赤者次之。棗木生小棗味酸不堪食者，其質堅實，生大棗味甘者，其質次之，仍勝棠梨木也。且棗木内多有裂紋損壞者，必揀選全美無病者方用。弩力頗强，其制驍駿，如用損壞之材造成，必不堅久，臨敵悮事非小。選中心紅赤者用，標皮白者不堅，不可用。棠梨木生小梨如小指頂大者可用，生大梨者不堅實不可用，小梨亦取中心紅赤者佳。

又《造弩擔用竹説》 柘桑之木，做擔不能久上，故取竹爲之。其竹之質，各産不同。有反力者，有無反力者，有剛而不斷者，有脆而易斷者，有生蟲而不生蟲者。今取苗竹過三年者，皮上有白粉霜，如東瓜皮上粉色同，大一尺二寸。節要長而平正，如一字樣，毋得歪斜。細觀上下無蟲眼損傷，上下相稱，無頭大中小，劈開厚者佳。可除根頭三四密節不用，破成四塊，照弩身眼大小，再取闊狹量，計挂口寸數若干，擔長若干，爲一擔式。一二三擔一樣長，中取一節穿藏擔眼内，然兩頭仍各有一節，可將第一擔爲主，而第二擔亦取一節爲中，兩頭之節毋得與一擔之節相對重。三擔亦取中一節，兩頭之節，亦毋得與一二擔之節相對重。四擔五擔亦如是，各擔兩頭節，各要相離，皆毋得相重爲妙。如節節相對重，其擔易斷。一擔用竹之中稍薄者，二三擔調用，以根頭厚竹爲六擔，名爲打擔。如遇竹節相重，必要截除取用，勿得惜竹。裁取長短，答配成副，將竹青面根頭輕鋸痕跡爲記。臨做之時，認跡根梢，顛倒搭配，不致有邊軟邊砍之病。再用磚石閣起竹擔兩頭，中用稻草火燻燒竹青，去油色黄爲度，見兩頭微出竹瀝即止。如火大色黄焦，易斷無用。如不燻，用石灰水浸一七晒乾用，則蟲不食，此法亦好。然俗云：「苗竹去了油，力氣大似牛」，猶以燻者爲佳。其竹取生在朝陽地者用，生在背陰地者勿用。

又 卷一〇二《矢》 茅子曰：制箭之法難矣哉。弓之力欲與人協，矢之力欲與弓協。善哉鳴鶴之論，其法也，惟要頭桿相稱，中粗而兩頭少細，則肯行矣。頭要點鋼，方透得甲過。箭肩要蓋過箭桿，方可入堅。不然兩强相遇，則箭鏃易入箭腹矣。鐵信要長，入箭腹五寸方妙。其羽必用生漆，下絲纏方不畏雨濕。近日邊方柳桿箭易灣，費力端正，遇陰復舊又灣，惟樺木桿可用。而胡地驊柳桿，徑直堅梗，尤爲上等。夫箭之輕重，當以弓力爲準。若南方小弓而發北方大箭，則不能過三十步。用北方大弓而發南方竹箭，則摧折矣。而南方所用之箭不過五錢，夾衣五層則不能透，又安足以稱利器也？知吾友之意者，可以制箭矣。吾聞之志曰：夷牟作矢，古有往矢、絜矢、殺矢、鍭矢、矰矢、茀矢、恒矢、庳矢之異，又名金僕姑，其制今不可考。武經所載矢式七，今不啻數倍，爲並列之。其弩箭名目，見其弩下，兩用者存之。

又 卷一〇三 鎗桿，稠木第一，合木輕而稍軟次之，要劈開者佳，鋸開者紋斜易折。攢竹腰軟必不可用，北方乾燥竹不可用，木桿可用，東南竹木皆可通用。做鎗工匠，須知用鎗大意，方做如彀。教之十日，便悟肯綮。後手如細，則掌把不壯，後手要粗可盈把，從根起漸漸細，直至頭而止。如腰粗則硬强不可拏，鎗腰細則軟而無力，雖手法之妙，不能拏逼他鎗使開，最忌杪粗與腰硬，皆不可舉，是棄鎗也。

明 顧煜《射書》卷一《竹木矢》 九邊之射，皆用木矢，惟薊鎮竹木相兼，而南方則不知木矢爲何物。木矢有三，樺桿爲上，楸桿次之，柳桿又次之。邊塞用木，蓋以竹産南方，遠不易致，故就其土産而用之。非遂謂竹矢質輕，不若木矢之重而洞堅也。畢竟木矢亞于竹矢，至若射高遠，竹矢猶覺利捷，木矢便爲沉滯，但射近，則彼此不甚相下也。

明 范景文《師律》卷六《牌制》 夫平原廣野，結營禦衝，衛蔽矢石，此車之所宜也。若乃仰坂越險，卑下泥濘短兵相接，矢石交擊，非牌可以蔽翼，此亦陣中之要具，不可少也。其制度從來尚矣，而岳武侯用之以破拐子馬，水陸舟車，皆可爲用，以其能衛蔽也。國初之制，以木加革，重而不利於步，近福建以藤爲之，雖輕便而不能避矢石，或以生牛革三層縫成，内實以木棉桑皮紙，輕便堅利，能禦矢石火彈，可以代甲冑之用。然牌主衛而不主刺，故制飛鏢以便擊敵之逼，其制務使左右上下，遮護一身，此制牌之大法也。

又 《手牌》 亦名燕尾牌，用白楊木，或輕松木爲之，約長五尺七寸，濶一尺，上下兩頭比中間濶三四分。

又《挨牌》 亦用白楊木爲之，約長五尺，濶一尺五寸，下頭比上略小四五分。内用繩，可掛於項上，以左手中指縫夾牌下短繩，猶可用手執鎗。手牌用刀，一手持牌也。挨牌用鎗，兩手俱不持牌也。此手牌挨牌之不同。

又 卷一〇下《虎頭木牌》 牌高五尺，厚三分，濶二尺七寸，外有生牛皮包裹，頂上用銕條釘護，可禦鋒刃。皮畫獸形，挖二孔爲眼，横説銕皮，轉活開閉。木牌旁邊，上下鑿二方眼，長六寸，濶二寸，嵌以小匣，每匣藏神機箭二枝。一牌有匣，共箭八枝，牌後釘上木牙四條，將小匣捎住，木牙上使其活動，遇敵扯出上銷，匣向後落，箭鏃外向，發遠三百餘步，箭完亦可再裝。牌上鑿一圓孔，透出神鎗一根，虜若稍近，扯出神鎗打放，爲此器日可對敵，夜可安營，行可肩，止可豎。虜騎衝突最難攔當，先將此牌抵住，後將鳥銃三眼神鎗等器打放，既可阻伊衝突，復可逞吾奮擊，有不戰，戰必勝。

明 許胥臣《夏書禹貢廣覽》卷中《荆州》 杶、栝、柏，三木名。栝木，柏葉松身，今栝子松栝柏所施多矣。杶木，似樗，音樞而可爲弓幹，故舉其用言，《周官》所謂「荆之幹」是也。砥細于礪，皆磨石也，砮中矢鏃。

明 吴惟順《兵鏡》卷一〇《藤牌》 藤牌出於福建，有圓長二式，内用大藤爲骨，以藤篾纏聯而成，如今之式。

又《鞭箭》 鞭箭，用新青竹，長一丈，徑寸半爲竿，下施鐵索，梢繫絲繩六尺，别削勁竹爲鞭箭，長六尺。有鏃，度正中施一竹臬，亦謂之鞭子放時以繩鉤臬，繫箭於竿。一人摇竿爲勢，一人持箭末，激而發之，利在射高中人。如短兵放火藥箭，則如樺皮羽以火藥五兩貫鏃後，燔而發之。

又《翼虎》 用五寸圍竹一根，長一丈五尺，根上安鎗，如人手形，五股倒鬚，長四寸，稍上安翎三面，縛徑二寸，用竹一箭，長一尺，即裝火鎗藥離鐵一尺。縛住藥信，合總能上攻下，用大竹作發起勢，如奔馬透壁之力。

清 閔麟嗣《黄山志定本》卷二 實竹，竹不中空，堅實犀鋭，可以佐武備，利兵戎。

清 屈大均《廣東新語》卷一六《木槍》 龍門健兒多以棉木爲槍，長三丈餘，三人持之，一進一退，以四尺爲率，從地上挑起人馬，敵不能近，謂之八步長槍。予有《龍門健兒行》云：「龍門健兒身手强，棉木爲槍三丈長。三人持一棉木槍，風旋電轉誰能當。進四尺，退四尺，挑起人馬半空擲。朔騎千羣喪精魄，前鋒夾以竹篙錐。三丈不足二丈餘，藤牌絮被滾如珠。三眼鳥鎗洞鐵甲，繞指鬱刀隨卷舒。燋銅鋒鏑塗毒藥，猛虎中之僅三躍。用短尤能精用長，縱横擊刺千軍卻。」

清 楊賓《柳邊紀略》卷三 楛木，長三四寸，色黑，或黄，或微白，有文理，非鐵非石，可以削鐵，而每破於石。居人多得之虎兒哈河，相傳肅慎氏矢以此爲之。好事者藏之家，非斗粟疋布不可得。按楛矢自肅慎氏至今，凡五貢中國。而勿吉室韋之俗，皆以此爲兵器。或曰楛矢，或曰石鏃，或曰楛砮，歷代史傳言之娓娓。今余之所見，直楛耳，無有所爲鏃與砮也。不知鏃與砮又何以爲之也。

清 王棠《燕在閣知新録》卷一七《夾棍》 夾棍之説，唐世未聞，其制起于宋理宗之世。當時天下之獄，不勝其酷，以木索竝施夾兩股，名曰夾幫。又豎堅木，交辮兩股，令獄卒跳躍于上，謂之超棍。合二者思之，當即今之夾棍也。幫音邦。

又《板子》 板子古謂之箠，《舜典》曰：「鞭作官刑，朴作教刑」，後笞刑始于此。按朴用木爲之，若今之木棍，笞死者甚衆。漢景帝定箠，令以竹爲之。笞者，箠長五尺，其本大一寸，末薄半寸，皆平其節。當笞者笞臀，毋得易人，畢一罪乃易人，笞者獲全。棠按：古之一寸合今之六分六，末薄半寸，合今之三分餘，毋得易人，則無後世五板易人之例。今世箠法，未有明文。若依此行，亦仁政之一也。如淳曰「當笞者笞臀」，然則先時笞背也。

清 焦應旂《西藏志》 人上陣亦穿盔甲，其甲有柳葉，有連環，有鎖子。馬兵盔上插紅纓一大撮，孔雀尾一枝，帶腰刀，鞍袋，背鳥鎗，執長矛。步兵盔上插雄雞尾一束，帶腰刀，插順刀，帶弓箭、鞍袋，執籐牌，或木牌。其木牌寬約尺五六寸，長三尺一二寸，外用鐵皮包釘，繪虎獸形，以五色羽毛裝飾。帶弓箭、腰刀，已拿鳥鎗者，不執牌，亦有持長矛者，箭以竹爲之，鵰翎鐵鏃，鏃如錐，長三四寸。其弓木胎，角面身稍俱短小而勁，亦有用竹爲之者，以兩竹片合紮，無稍靶。旗幟分黄、紅、白、黑、藍五色，用紬緞布亦爲之。其制長有八九尺至一丈一二者，旗頂毛纓各按旗色。若對壘，馬前走後糗糧隨地派。本兵馱帶每年于正二三月亦頗操演，觀其打鎗、射箭、跑馬、跌撲，演畢以哈達銀錢酒食賞之，以奬其氣，至四月則派駐各隘口，既資防邊，且兼牧馬也。

清　黃叔璥《臺海使槎録》卷五《北路諸羅番二》　捕鹿弓箭及鏢，俱以竹爲之，弓無弰，背密纏以籐，苧繩爲弦，漬以鹿血，堅韌過絲革。射，搭箭於左。箭舌長二寸至四寸不等，傅翎略如漢製，而剪其梢。鏢桿長五尺許，鐵鏃鋒銛長二寸許，有雙鈎，長繩繫之，用時始置箭端。遇鹿麂，一發即及，雖奔逸而繩掛於樹，終就獲焉。亦用以防夜，於竹寮高望巡哨。持挨牌以蔽身，木皆斜紋，箭不能入。

清　徐本三《大清律例》卷四　一凡笞杖罪名，折責槩用竹板，長五尺五寸，小竹板大頭濶一寸五分，小頭濶一寸，重不過一斤，半大竹板大頭濶二寸，小頭濶一寸五分，重不過二斤。其强盜人命事件，酌用夾棍。

又　一夾棍中梃木長三尺四寸，兩旁木各長三尺，上圓下方，圓頭各濶一寸八分，方頭各濶二寸。從下量至六寸處，鑿成圓窩四箇，面方各一寸六分，深各七分，拶指以五根圓木爲之，各長七寸，徑圓各四分五釐。

清　藍鼎元《鹿洲初集》卷三　番箭鏃如利刃，鋒長五六寸，或蘸毒藥，百發無虚，宜用木盾禦之。盾式高與人齊，用兩板凑合如屋脊，然内結繩紐可攜可佩，中藏棍柱一條，釘以鈎連活鐵，使可撑持，植立左右。酌開銃眼，以便施發鎗砲。兩盾並行，見敵則合，一人執盾，止持短刀，兩砲手鈎鐮鎗隨之而行。若遇番多，則諸盾皆合，如木馬營壘之勢，左右藤牌輔翼，鎗砲連環，勢不可當。凡番箭皆著盾上，則彼技已窮，可一舉殲滅也。

清　愛新覺羅·胤禛《世宗憲皇帝硃批諭旨》卷一九下　鎗桿惟橄欖木最佳，現今演習無論別種木材俱可，若製爲鎗桿，應用非此木不可。軍器有關緊要，無容漫忽。倘前定尺寸不能如式，仍行咨商，該部酌議。丈尺圍圓，切毋令不肖。有司借此擾累百姓，及不盡心採辦，反倡言惑衆以致誤事，朕少有風聞。爾等難辭失察之咎，如一時難以驟辦，即於三五年内購得，亦不爲遲。但不知此木栽蓄幾年，方可長足合式尺寸。將來須陸續辦解，亦當留心詢明，預爲籌畫。

清　雍正《浙江通志》卷一〇七　苦竹，《隆慶樂清縣志》可爲槍，用以殺虎。

清　年羹堯《治平勝算全書》卷一四　右雲梯，以大木爲床，下施六輪，上立二梯，各長二丈餘。中施轉軸，車四面以生牛皮爲屏蔽，内以人推進，及城則起飛梯於雲梯之上，以窺城中故曰雲梯。

飛梯長二三丈，首貫雙輪，士卒欲蚁附，則以輪着城推進。

竹飛梯用独竿大竹，兩旁施脚澁以登。

踀頭飛梯，如飛梯之制，爲兩層，用独竿竹，中施轉軸以起梯，竿首貫雙輪，取其附城易起。

清　倪蜕《滇小紀》一卷《梭鏢》　雲南蠻人善飛鏢，取人於數十步外，發無不中。其狀如槍，而鏢頭尖如五寸匕首，但背差厚三四分耳。按鏢之爲言刀鋒也，飛而擲之曰梭。説者以篻竹勁實，交阯人以爲茅，故欲改鏢從篻，又俗每寫作標，皆非也。

清　張廷玉《清朝文獻通考》卷一九四《兵考》　弓制，胎用榆木或樞木，南方削巨竹爲之。取材視竹木之理平正端直無事矯揉者，則張而不跛。胎長三尺七寸，面傅牛角，背施筋膠，外飾樺皮。胎一而角兩，角之接用鹿角一塊，圍以筋膠，加煖木皮于外，曰弓靶，兩弰以桑木爲之，各長六寸三分。鑲以牛角，刻鍥其末，以受弦彄。弰與胎闘筍處光削其面，以鹿角爲方，釘于角端，曰墊弦。弦有二：一纏絲弦，教射用之。蠶絲二十餘莖爲骨，外用絲線横纏以束之，纏分三節，隔七寸許空一二分不纏，則不張弓時可摺疊而收之。一皮弦，剪鹿皮爲之，用于戰陣。弓力彊弱視胎面厚薄、筋膠輕重。一力至三力，用筋八兩，膠五兩。四力至六力，用筋十四兩，膠七兩。七力至九力，用筋十八兩，膠九兩。十力至十二力，用筋一斤十兩，膠十兩。十三力至十五力，用筋二斤，膠十二兩。十六力至十八力，用筋二斤六兩，膠十四兩。

箭制，笴以楊木、柳木、樺木爲質。取圓直之桿削成之，別用數寸之木刻槽一道，曰箭端。笴必範于端以均停其首尾，刻銜口以駕弦，曰括。其端受鏃，冶鐵爲之，曰透甲錐，曰柳葉，曰梅針，皆戰箭。曰鑿子頭，曰鈹子，曰菠菜，曰蔆菜，曰艾葉，曰月牙，曰兔叉，曰狼舌，曰燕尾，曰雞心，皆田獵箭。施于教閲者，曰骲箭，以寸木空中鏤竅，發則受風而鳴，又謂之響箭。

清　乾隆《合水縣志》卷下《風俗》　刑賞刑以威之，賞以勵之，此爲政之大要也。至於刑不知畏，或謂其輕；若賞不知勸，亦由不重耶？然必重賞而嚴刑，則吾知所處矣。賞者花紅之類，刑者杖笞之屬。此間刑杖以木爲之，即照例製造，亦輕于竹板，況不能耶！其鎖拿人，則僅掛繩於頸，而聽其行，其諸有刻木不對之風歟？至梜夾之刑，原不宜輕用，或不得已而用之，則先無能用刑之人，吾爲民懼焉。

清　傅恒《皇輿西域圖志》卷四一　蘇穆，即箭也，形同内地而稍短，箭桿之木，亦名蘇穆，質堅細而勁實。

又 **卷四二** 克凌齊，刀也，其質純鋼，其形彎，至頭則愈昂。柄用大魚骨及硬木爲之，刀鞘用魚皮，飾以象牙、玳瑁之屬，柄端有銅環，以繫草絲。

又 鼐咱，長鎗也，其柄丈許，以木爲之，其鐵刃七八寸，柄刃之間綴以銅環，截牛皮濶寸許以裹其柄，一柄之長，束皮九道。

又 雅，弓也，以柘木爲質，馬鬃爲弦，力甚勁。

清 **李調元《南越筆記》卷六《龍門木槍》** 龍門健兒多以棉木爲槍，長三丈餘，三人持之，一進一退，以四尺爲率，從地上挑起人馬，敵不能近，謂之八步長槍。

清 **鐵保《八旗通志》卷四〇《王命旗牌》** 旗牌之制，旗以藍繒爲之，方廣二尺六寸，兩面銷金清漢令字，每一令字上各鈐以兵部印。旗杆一長如旗，木頂垂朱髦牌，以椵木製，形圓，高一尺二分，濶九寸五分，厚一寸，朱髹。上刻荷葉形，緑髹。牌兩面鐫清漢令字各一，餙以金，懸於槍上。槍以榆木爲之，長八尺圍一寸，鐵頂槍冒髹以黄，繪龍垂朱髦。牌邊及槍杆均鐫清漢令字第幾號，填以金。

又 弓制，胎用榆木或檽木，南方削巨竹爲之，取材視竹木之理，平正端直，張而不跛。胎長三尺七寸，面傅牛角，背施筋膠，外飾樺皮。胎一而角兩，兩角之接處，用鹿角一塊，固以筋膠，加煖木皮於外，曰弓靶。兩稍以桑木爲之，各長六寸三分，鑲以牛角，刻鍥其末以受弦，彄弰與胎鬬筍兩接處，光削其面，以鹿角爲方釘于角端，曰墊弦。弦有二：一纏絲弦，教射用之，蠶絲二十餘莖爲骨，外用絲線横纏以束之，纏分三節，隔七寸許，空一二分，不纏則不張弓，時可摺疊而收之。一皮弦，剪鹿皮爲之，用於戰陣，弓力彊弱視胎面厚薄，筋膠輕重，一力至三力用筋八兩、膠五兩，四力至六力用筋十四兩、膠七兩，七力至九力用筋十八兩、膠九兩，十力至十二力用筋一觔十兩、膠十兩，十三力至十五力用筋二觔、膠十二兩，十六力至十八力用筋二觔六兩、膠十四兩。

又 箭制，笴以楊木、柳木、樺木爲質，取圓直之桿削成之，别用數寸之木刻槽一道，曰箭端。笴必取範於端，以均定其首尾，刻銜口以駕弦，曰括。其端受鏃，治鐵爲之，曰透甲錐，曰鈚箭，曰梅針箭，皆戰箭。施於教閲者，曰骲箭，以寸木空中鏤竅，發則受風而鳴，又謂之響箭。鏃上加骨角小哨者曰鳴鏑，剪雕鶴翎三，膠粘箭括之上曰箭羽。羽間親王至長子書爵，貝勒以下至官兵均書銜名。箭價等次，每箭以五枝爲率，首一二三等青鵰翎箭，次一二三等蟬鷲翎箭，次一二三等鶚鵗翎箭，次一二三等鸛翎箭，次一二三等鴇翎箭，次一二三等芝麻鵰戰箭，次一二三等雁翎箭。

清 **惠麓酒民《洴澼百金方》卷四《殳》** 考古之殳，長丈二而無刃，略如今俗所謂木棍者。古人用于車上，故宜長。今用于步軍，手執以擊馬足，宜與人相稱。俗所謂齊眉棍也。古作八稜，今宜于人手所執處爲圓形，而于其半至末爲八稜。備此一器，以繫敵馬之足，蓋亦不減宋人用麻札刀也。

又 **《長槍》** 槍桿桐木第一，劈開者佳，鋸開者紋斜易折，攢竹腰軟，必不可用。北方乾燥，用木桿，東南竹木皆可。須用細毛竹，長一丈七八尺，上用利刃，重不過四兩，或如鴨嘴，或如細刀，或尖分兩刃。造法亦自脊平剷至刃，乃利做槍。工匠須知用槍大意，方做如式教之，十日便悟。肯綮後手如細，則掌握不壯，要粗可盈把，從根起漸漸細至頭而止。如腰粗則硬不可拏，腰細則軟而無力。杪粗與腰硬皆不可舉，是弃槍也。或云長則易老，不可回轉，長則杪細，恐爲馬鬪折。不知有狼筅當鋒，籐牌在下前行，既有藩衛，去一丈餘矣。從筅空戳去，徑刺入馬喉面，彼既不可入我陣，我又能先及彼身，何憂細弱也。若前無筅牌，徑用槍以當之，必非全利。夫五兵之法，長以救短，短以救長，長既易邁而勢老，短又難及而勢危，故相資爲用，此自然之勢，必然之理也。

又 **《竹將軍》** 竹將軍即竹發熕，雖木亦可爲之，亦謂之木發熕，北方謂之千里勝。有七利焉：其器雖一發而壞，不似銅鐵崩毀能傷人，利一。敵人得去，不可再用，利二。每位通計工價不過七分，費廉工省，一刻可就，利三。無難取之物，隨地可造，利四。體輕可以遠負，利五。易于分佈，易于捨拚，其威猛如銅鐵相等，能滅敵心，能壯吾膽，利六。南北水陸無所不宜，匠不論工拙皆能造，利七。對壘立陣，防營守城，無不可者，但安藥信并製藥又與别器少異，不然則横出多而直出少矣。智者自能默會。用猫竹圓厚者，長四尺許，將圓鑿開，通其節，止留頭節作底，節後留一尺四五寸，用一木柄，柄頭照竹節凹凸之形直扻竹節處，周圍用四釘犬牙樣釘之，以苧麻打成辮，或三股繩自柄至口緊緊纏固。傍節底上先寘潤黄泥二寸，以一分厚轂筒口大鐵錢一箇蓋泥上，傍錢上開一藥線眼。先將雙藥線引入四五寸，直透上爲妙。方入藥一觔，看竹之大小增減。已入藥，用木桿輕輕築實，少用紙團或乾土實之。又將一分厚穀竹筒圓大鐵錢一箇，鑽眼如蓮房式寘藥上，方以穀筒口大圓石彈一箇寘鐵錢上，或再加碎生鐵小鉛彈于錢上更妙。若單用石彈，則蓮房式鐵錢不必用矣。以徑寸粗柴二根，長三尺許，縛成杈架之，取其便也。對敵舉放，若欲遠則稍昂其頭，如敵近在二三百步外，只消平架放去。柄尾須以大石塊拄住，防其後坐，人在側立，即不用亦可。惟麻繩、圓石子、鐵錢、鐵釘、火藥、竹火門、油灰及製造之器，斧鋸圓鑿等項，預備多帶軍中，即隨地立刻可造。其體甚輕，每兵可擔十數位，而威力則猶在佛狼機上，發時響聲震地，其力可及七八百步之遠，故以將軍名之，尊其威也。

又 卷一〇《铁掐板》 掐板用榆槐堅木爲骨，其濶兩邊各掩過城門一尺，幔以生牛皮，周圍用鐵葉裹釘完密，下用狼牙釘極其鋒利，兩旁施铁環，貫铁索。各立二柱，柱開池槽，亦用铁葉裹之。柱下各立撐柱，以防傾圮。柱上設一轆轤，爲絞索之用，兩柱間設一大横木，中空一竅，掐板中亦空一竅，絞至兩竅相對處，即以一巨铁釘拴入其中。如欲闌阻賊兵入城，但拔去銷釘，其掐立下勢重千鈞當之者，立爲齏粉。

掐板勢重，必以絞車升之。

又 《雲梯》 大木爲床，下施六輪，上立二梯，各長二丈餘，中施轉軸車，四面障以生牛皮，推進及城，則起飛梯于雲梯上，以窺城中。飛梯：長二三丈，首貫雙輪，欲蟻附，則以輪著城推進。竹飛梯：用獨竿大竹，兩旁施脚澁以登。

又 《篦籬笆》 荆柳編成，長五尺，濶四尺，縵生牛皮，背施横竿，長七尺，戰棚上木馬倚之，女墻外狗脚木挂之。皮竹笆：生牛皮條編江竹爲之，高八尺，濶六尺，施于白露屋兩邊，以木馬倚之，開箭牕可以射外。

又 《垂鐘版》 長六尺，濶一尺，厚三寸，用生牛皮裹，開箭牕施于戰棚前，後有伏鬼拐子木。

清 檀萃《滇海虞衡志》卷五 竹弓，《范志》云以篁竹爲之，筋膠一如角弓，而揭箭不力。蠻弩，《范志》云西南諸番造作，略同硬木爲弓，椿甚短，似中國射獵弩差大耳。按蒙細奴邏初居巃圩圖山，常執木弓藥矢，遇禽獸輒射之，鮮不獲者。今摩察猶然，蠻弩蓋其遺製也。《唐書》載瞑弓，謂永昌之西，野桑生石上，其材上屈兩向而下植，取以爲弓，不膠漆而自利，名曰瞑弓，皆此類也。

清 檀萃《禦賊議》 鄱饒之民，械鬬以長貓竹削其梢，入桐油鍋煮之，比鎗刀更利。鳳潁間械鬬用齊眉棍，先以炒石灰裝入鴨蛋殼，人懷一枚，就敵先拋蛋殼，烟霧迷空，然後用棍進擊，先據上風拋蛋，無不勝者。又用長竹竿，萦深刺把於竿頭，謂之狼牙筅，亦輕便可使。此皆不大費錢而易辦者也。

清 陳登龍《里塘志略》卷下《雜記》 蠻人所用弓，木胎角面，短小而勁，亦有竹弓，兩竹合片，紥以牛筋，勁過木胎，矢以亦竹爲之。

清 嚴如熤《三省山内風土雜識》 林中所産老毛竹，節密而堅，柔而勁，賊匪砍作矛桿，長一丈七八尺，拒抗時，千矛攢刺，短兵砍撥，軟不受刀。前矛甫開，後矛已至，賊勢不支，則拔出矛頭，棄桿翻山，形同猿猱，竄至他處，又砍竹作桿。前敵之兵，火鎗弓箭，林内不便施放，亦用長矛，彼此刺擊。馬服君曰：兩鼠鬬穴，將勇者勝。信哉！

清 黄本驥《湖南方物志》卷五《常德府》 武陵延溪有柘樹，枝條暢茂，嘗有烏集其上，枝下垂及地。烏去枝偶折，羣烏號嘯不已。土人取其枝爲弓，名曰烏號。

清 張鳳台《長白彙徵録》卷四《風俗》 楛矢石砮 按肅慎氏楛矢石砮之風，自周至魏晉時，猶馳名於史册。《説文》：楛木也。《禹貢》：惟箘簵楛，三邦底貢厥石。註：楛中弓幹，以楛爲矢，取其堅也。義無可疑，獨以石爲砮，石性雖堅而脆，何以砮爲？反覆求之，不得其解。偏查諸書，亦略而不詳。惟吴漢槎兆騫《甯古塔記》有云石砮出混同江，相傳松脂入水千年所化，厥色青紺，厥理如木，厥堅過鐵石，土人以之礪刃，知爲肅慎砮矢之遺。携歸京師，贈友人王士禎，載之《池北偶談》。由此觀之，格物之功，非親驗其物，終難深明其理也。天下間無物不有，如此類者甚多，百聞不如一見，其信然歟。

紀事

漢 班固《東觀漢記》卷九《寇恂傳》 上乃用之，以恂爲河內太守，行大將軍事。恂移書屬縣，講兵肄射，伐淇園之竹，治矢百餘萬，上傳聞朱鮪破河内，有頃，恂檄至。

南朝宋 范曄《後漢書》卷一五《來歙傳》 ［建武］八年春，歙與征虜將軍祭遵襲略陽，遵道病還，分遣精兵隨歙，合二千餘人，伐山開道，從番須、回中徑至略陽，斬囂守將金梁，因保其城。囂大驚曰：「何其神也！」乃悉兵數萬人圍略陽，斬山築堤，激水灌城。歙與將士固死堅守，矢盡，乃發屋斷木以爲兵。

又 卷一六《寇恂傳》 光武於是復北征燕、代。恂移書屬縣，講兵肄射，伐淇園之竹，爲矢百餘萬，養馬二千匹，收租四百萬斛，轉以給軍。

又 卷八六《南蠻西南夷傳》 板楯蠻夷者，秦昭襄王時有一白虎，常從羣虎數遊秦、蜀、巴、漢之境，傷害千餘人。昭王乃重募國中有能殺虎者，賞邑萬家，金百鎰。時有巴郡閬中夷人，能作白竹之弩，乃登樓射殺白虎。昭王嘉之，而以其夷人，不欲加封，乃刻石盟要，復夷人頃田不租，十妻不筭，傷人者論，殺人者得以倓錢贖死。盟曰：「秦犯夷，輸黄龍一雙；夷犯秦，輸清酒一鍾。」夷人安之。

又 卷八七《西羌傳》 先零别種滇零與鍾羌諸種大爲寇掠，斷隴道。時羌歸附既久，無復器甲，或持竹竿木枝以代戈矛，或負板案以爲楯，或執銅鏡以象兵，郡縣畏懦不能制。

北魏 酈道元《水經注》卷一九《渭水》 ［華陰］縣有華山，《山海經》曰：其高五千仞，削成而四方，遠而望之，又若華狀，西南有小華山也。韓子曰：秦昭王令工施鉤梯，上華山，以節柏之心爲博，箭長八尺，棊長八寸，而勒之曰「昭王嘗與天神博」。

北齊 魏收《魏書》卷四上《北魏武帝紀》 ［始光］四年春正月乙酉，車駕至自西伐，賜留臺文武生口、繒帛、馬牛各有差。從人在道多死，其能到都者纔十六七。己亥，行幸幽州。赫連昌遣其弟平原公定率衆二萬向長安。帝聞之，乃遣就陰山伐木，大造攻具。

又 卷七五《尒朱天光傳》 天光密使軍人多作木槍，各長七尺，至黄昏時，布立人馬爲防衛之勢，周匝立槍，要路加厚。又伏人槍中，備其衝突，兼令密縛長梯於城北。其夜，慶雲、道洛果便突出，馳馬先進，不覺至槍，馬各傷倒，伏兵便起，同時擒獲。餘衆皆出城南，遇槍而止。

宋 歐陽修《新唐書》卷三五《五行志》 貞觀十七年七月，民訛言官遣根根殺人，以祭天狗。云其來也，身衣狗皮，鐵爪，每於闇中取人心肝而去。於是更相震怖，每夜驚擾，皆引弓劍自防，無兵器者剡竹爲之，郊外不敢獨行。太宗惡之，令通夜開諸坊門，宣旨慰諭，月餘乃止。

又 卷二二二《南蠻傳》 祁鮮山之西多瘴歊，地平，草冬不枯。自曲靖州至滇池，人水耕，食蠶以柘，蠶生閲二旬而繭，織錦縑精緻。大和、祁鮮而西，人不蠶，剖波羅樹實，狀若絮，紐縷而幅之。覽瞼井産鹽最鮮白，惟王得食，取足輒滅竈。昆明城諸井皆産鹽，不征，羣蠻食之。永昌之西，野桑生石上，其林上屈兩向而下植，取以爲弓，不筋漆而利，名曰瞑弓。長川諸山，往往有金，或披沙得之。麗水多金麩。越睒之西，多薦草，産善馬，世稱越睒駿。始生若羔，歲中紐莎縻之，飲以米潘，七年可御，日馳數百里。

宋 陶穀《清異録》卷下《風流箭》 寶曆中，帝造紙箭竹皮弓，紙間密貯龍麝末香。每宮嬪羣聚，帝躬射之，中者濃香觸體，了無痛楚。宮中名「風流箭」，爲之語曰：「風流箭，中的人人願。」

元 馬端臨《文獻通考》卷一六一 ［宋太祖開寶］八年，將平江南，頗以簡稽軍實爲務，京師所造兵器，十日一進，謂之旬課。上親閲之，制作精絶，尤爲犀利。其國工之署有南北二作坊、弓弩院，諸州有作院，皆役工徒，限其常課。南北作坊，歲造塗金脊鐵甲、素甲、渾銅甲、墨漆皮甲、鐵身皮副甲、鎖襜兜鍪、金錢朱漆皮馬具裝、鐵鋼朱漆皮馬具裝、錢劍、大劍、手劍、金槍、根槍、檮木槍、掉刀鍋、銀花皮器械箭韇、弩箭、箭箙弓、箭袋、皮立弩、椿床子弩，凡三萬二千。弓弩院歲造角色弓、白樺弓、虎翼弩、馬黄弩、牀子弩、白皮器械、水獺皮器械、旗幟弩、椿鎧弓、弩箭、弦鏃等凡千六百五十餘萬。諸州歲造黄樺黑漆弓弩、麻背弓、素皮器械、環子背槍、素木槍、黑漆木槍、朱紅木槍、金漆竹槍、銀裝銅裝等劒、竹笴箭、木笴箭、皮甲、兜鍪、鐵甲葉、箭鏃等凡六百十餘萬。又南、北作坊及諸州别造兵幕、甲袋、欆衫、鉦鼓、炮砂、鍋鏁、行槽、鍬、钁、鎌、斧等，謂之什物，以備軍行之用。凡諸兵器置五庫以貯之。嘗令試牀子弩於近郊外，矢及七百步。又令别造千步弩試之，矢及三里，戎具精勁，近古未有。

又 神臂弓，弩類也。始民李宏獻之，以檿木爲身，檀爲弰，以鐵爲橙子槍頭，銅爲馬面牙發，麻繩札絲爲弦。弓之身三尺有二寸，弦長二尺五寸，箭木羽長數寸。帝閲試之，射三百四十餘步，入榆木半笴。帝甚善之，於是神臂弓始用，而他弓矢弗能及。

明 宋濂《元史》卷一九五《忠義傳》 魏中立字伯時，濟南人。由國子伴讀歷官至陝西行臺御史中丞，遷守饒州。賊既陷湖廣，分攻州郡，官軍多疲懦不能拒，所在無賴子多乘間竊發，不旬日，衆輒數萬，皆短衣草屨，齒木爲杷，削竹爲槍，截緋帛爲巾襦，彌野皆赤。中立聞警，即率丁壯，分塞險要，戒守備。俄而賊至，達魯花赤馬來出戰，不能發一矢，賊愈倡。中立以義兵擊卻之，已而賊復合，遂爲所執，以紅衣被其身，中立叱之，須髯盡張。賊執歸蕲水，欲屈其從己。中立大駡不已，遂被害。

明 夏元吉《明實録》之《太祖實録》卷二五 ［吴元年］辛巳，大將軍徐達克姑蘇，執張士誠。時城圍既久，熊天瑞教城中作飛礮，以擊我師，多所中傷。城中木石俱盡，至折祠廟民居爲礮具。達令軍中架木若屋狀，承以竹笆，軍伏其下，載以攻城，矢石不得傷。

明 何良俊《語林》卷二一 魏太祖征袁本初，有治餘數十斛竹片，咸長數寸，衆並謂不堪用，正合燒除。太祖意甚惜，思所以用之，謂可作竹甲而未顯其言。馳使以問楊德祖，德祖意懸同。

明 談遷《國榷》卷七一 ［神宗萬曆八年］作薊鎮衝鋒器械，總兵官戚繼光，匠意以木拒馬臨戰，先南兵，次騎，次輕車，四人運之如飛，追虜利器齊發。

清 愛新覺羅·胤禛《世宗憲皇帝硃批諭旨》卷一一九 雍正二年三月十四日，准户部咨行，令福建督撫辦解橄欖木鎗桿五千根，長一丈五尺，圍四寸五分，嗣後每年各解千餘根等因當准。督臣滿保會臣轉行出産地方採辦，去後隨據侯官等縣詳稱，橄欖木雖産福建地方，但查此木高大直幹者少，兼之氣味香甜，年久樹大中即生蟲，一經蟲蛀，便不適用。實難如數解辦等由，臣與督臣覆查無異，當經咨部請核減免，准到部覆以奉旨著取之項，不便減免，嗣督臣請照山東起解白蠟鎗桿之例，以圍圓四寸，長一丈二尺爲准，咨請部示准部允。（略）鎗桿惟橄欖木最佳，現今演習無論別種木材俱可，若製爲鎗桿，應用非此木不可，軍器有關緊要，無容漫忽。倘前定尺寸不能如式，仍行咨商該部酌議，丈尺圍圓，切毋令不肖。有司借此擾累百姓，及不盡心採辦，反倡言惑衆，以致誤事，朕少有風聞。爾等難辭失察之咎，如一時難以驟辦，即於三五年内購得，亦不爲遲，但不知此木栽蓄幾年，方可長足合式尺寸，將來須陸續辦解，亦當留心詢明，預爲籌畫。

清 李鍇《尚史》卷二二《秦世家》 ［秦］昭王令工施鉤梯上華山，以松柏之心爲博箭，長八尺，棊長八寸而勒之，曰昭王嘗與天神博于此。

清 鐵保《八旗通志》卷四〇 乾隆五年，議准雲南、貴州二省地多山箐，又陰雨不常，弓箭一遇潮濕之時，險仄之地，不能應手施展，惟弩弓以木爲質，其力最勁。令弓箭手各兼習弩弓。十五年議准湖廣武昌鎮水師二營地界川江水，操弓箭技有難施，惟鳥槍極爲利便，照沿海沿邊省分每兵千名，設鳥槍四百桿。

清 道光《南海縣志》卷二五《雜録》 舊制鳥鎗所用火繩率用麻縷，間有夾紙者，平藩始擣榕樹根鬚爲之，雖風雨不熄。乾隆乙未，粤兵調征臺逆大營，解到火繩，有以榕根柔脆爲疑者，督臣孫補山奏明榕繩經雨不熄之故，軍需遂以爲額例。

朱家溍《養心殿造辦處史料輯覽》第一輯·雍正朝 雍正二年正月二十五日怡親王選出白蠟木桿十一根，王諭：做上用虎槍用。又選出白蠟木桿六根、衣巴丹木桿七根，做賞用虎槍。二月初三日郎中保德查得造辦處舊收漆桿長槍十一根、竹桿長槍一桿、三楞辦子槍一桿、纏藤桿長槍一桿、螺螄鐵槍棒一桿、三楞辦子藤桿鈎子三根、木桿鈎三根。四執事交出康熙六十一年收橄欖木長槍三根、武備院甲庫送來橄欖木長槍一根。怡親王諭：此橄欖木好，暫收着。怡親王交槍鐵筒一件。傳旨：配達子鞘。欽此。怡親王交上用衣巴丹木虎槍四根、阿爾斑衣巴丹木虎槍四根、落葉松交槍鞘八件、綫槍鞘八件、柳木箭桿一百根、樺木箭桿一百根。王諭：將此箭桿交箭匠房。

又 雍正三年七月初二日員外郎海望奉怡親王諭：暢春園用，做白蠟桿槍五百桿，橄欖木長槍五百桿。遵此。于八月十一日做得。交教習云陞持去訖。二十五日員外郎海望奉王諭：現做的五百桿橄欖木長槍，着瞞撒林皮槍帽。遵此。于八月二十日做得。九月初四日員外郎海望傳旨：鉞斧多做幾把。欽此。于九月初十日畫得宋龍顔鉞斧樣一張、夔龍顔鉞斧樣一張，員外郎海望呈覽。奉旨：照樣每樣做幾把。欽此。于四年三月初七日做得兩頭有珐琅鉞斧二把呈進。三十一日又做得二把，收拾小刀一把。做柳木黄楊皮鞘刀子二把、剪子一把。

明 范景文《師律序》 嘗觀行師之要則，易之道備焉矣。易之言師而必繫之以貞明乎，不正之不可以言師也。後世韜鈐家言乃謂兵以正合，以奇勝。奇則胡可易言也？奇之生於正也，如環之無端，非能外正以爲奇也。師之爲象，以一陽統衆陰，用陰者奇也。然非在中之陽，莫能用也。故其初之繇曰：「師出以律否臧凶。」夫律者，正也，師之始事也。律既具矣，而後長子之能事出焉。故曰：有制之兵，無能之將，不可得而敗也。善師者，先爲不可勝，以待敵之可勝，夫不可敗，常勝在我矣。司馬宣王觀於武侯營壘，嘆以爲天下奇才。武侯未嘗有一勝之用，而街亭之師違其節制，則敗惟是。韓之破趙，會食白之，盡坑長平，名爲奇勝，然彼直欺敵耳。使左車見用，郭開不入，猝未可得志也。故夫師之律，猶醫之方，奕之譜也。庸醫有時以方殺人，而良醫終不能廢方而不用；賤奕有時以譜失着，而上奕終不能秘譜而不傳。余悲夫，何至學古兵法一語，遂啓後世浪戰之端也。今蹶張武夫語以投石超距則解，而韜鈐家所譚，又皆棘刺母猴，無當實用。余乃采輯羣賢之書，録其簡要，定義命名目曰《師律》。凡夫營陣之詳，戰守之法，簡練之精，儲精之備，以及據險定變、進退呼吸之間，莫不舉其大凡，列其原委。總之，不離乎節制者近是。若夫神而明之，則在乎其人而已。余因感近世自俞戚以降，其能與於節制者，戞戞乎難之矣。然古之善將將者，誠得其人，或數十年不易其任，故將士相識，喻於四體，律乃可言。若乃法令秋荼，苞苴多竇，朝置一軍，暮使統之，明日便驅以禦敵，雖韓白復生，何所措手，師中先無長子矣。奚律之能云，師出以律，師之始也。小人勿用，師之終也。是在將將者加之意耳。

清 年羹堯《治平勝算全書序》 孔子云：臨事而懼，好謀而成。行軍之道，旨哉斯言也。僕也不才，自幼束髮受塾讀書，至虞廷五禮不廢，行師周禮，六官亦列司馬，可見安邦定國、文教武功交相爲用也。僕於經濟諸書无所不讀，而於孫吴之法尤爲心誦而神維，故於探奇《太白》、《虎鈐》諸經，按時度勢，思古比今，運筹帷幄，折勝疆場，苟非損益得宜，誠非易易耳。爰不揣鄙陋，採輯古來帝師王佐營陣以及先民制器尚象陳式，彙爲一册，計二十八卷，久欲謀之利棗，以公同志。無柰南轅北轍，東討西馳，刻無寧晷，未能竣事。今公餘稍暇，漏尽烬殘，难遣長夜，檢点旧篋，復覩此書。因嘆数十年之精力，至今日乃湼没於殘笥敗簏之中，亟爲裝訂成帙。窃嘆藏之名山，傳之其人，以俟將來君子起而佐王輔帝，黼黻昇平，未始非斯書之力也夫。

清 惠麓酒民《洴澼百金方》 《洴澼百金方》者，惠麓酒民之所編也。天下古今之通病多矣，治之必有其方，方固多傳于古人，而用之貴得其當。或治未病，或治將病，或治已病，攻補兼施，鍼砭、膏丹並用，而病乃無不可治。其首預備，何也？絺綌忘裘，狐貉忘葛，抱薪厝火，不知其燃，比比也。世之病恒在玩，故以預備首之。石城十仞，湯池百步，帶甲百萬，無粟不守。世之病恒在貧，故積貯次之。卒不可用，以其將與敵也。驅市人而戰之，皆走矣。世之病恒在渙，故選練又次之。器械不利，以其卒與敵也。乃上以刻減爲心，下以苦窳爲應。世之病恒在慳，故制器又次之。語云兵可千日而不用，不可一日而不備。此四者，皆治于未病之方也。賫之粮，使敵因之以困我。授之林，使敵用之以攻我。智者不爲也。世之病恒在愚，故清野次之。以戰爲守，則守固。不知犄角，泥丸自封，敗道也。世之病恒在怯，故險要又次之。學醫費人，學將費兵，青山緑水，畫本分明。世之病恒在陋，故方略又次之。此三者，皆于警報既聞，而爲可戰可守之計，方之治于將病者也。令不行，禁不止，譬如驕子不可用矣。世之病恒在縱，故號令禁約次之。木先腐而後蟲生之，己先瑕而後敵入之。世之病恒在疎，故設防入次之。攻守相反，其道相師，因敵轉化，弄丸觧之。世之病恒在鈍，故拒禦又次之。蓋兵臨城下，威信不立，則無以靖内；智術不周，則無以禦外。三者皆治于已病之方也。善用兵者，不以短擊長，而以長擊短，此兵之要術也。世之病恒在廢法，故營陣車攻次之。長江天塹，以限南北，使船如馬，南人之長技也。世之病恒在晝，故水戰又次之。守城之道，無恃其不來恃，吾有以待之；無恃其不攻恃，吾有所不可攻。世之病恒在致于人而不能致人，故以制勝終焉。南北異宜，水陸異具，運用之妙，因形用權。故人無同病，病無同方，或攻焉，或補焉，或鍼砭焉，或膏丹焉，扁鵲復生，亦不外是，而病無不可治矣。從來膺民社者，紐金章，綰墨綬，幸當無事則循良報最，不數歲而致大官。不幸而小醜跳梁，内訌外亂，則倉皇急遽，束手而不知所爲。其平日忠義自許者，不過殉之以身，于國家之事，一無所補。其不才者，懷印微服，妻子不顧，涕泣而逃，泥首上官之庭，以求庇覆。苟不脱于憲網，則身膏斧鑕，爲人僇笑者往往而是。苟得是書而讀之，則設施有序，可以生智；捍禦有方，可以生勇。何至生爲僇臣，死爲愚鬼哉？酒民幼好兵家者言，以爲七書雖多，十三篇盡之矣。及讀諸家之説，大抵誇多鬭靡，而精藴或寡，非揣摩之書也。後于友人處借得鈔本城守書二種，至簡至明，而可施諸寔用者。乃略爲删節，合而編之，爲一十四卷，名曰《洴澼百金方》。蓋取莊子不龜手藥之意，用之而可封侯者也。或曰：「酒民有是方也，何不挾之以干卿相，而自安于洴澼爲？」曰：「酒民無食肉相也。山野之性，不受牢籠，且頻年病酒，自治且無其方，則是方亦俟善用之人爾。酒民，非所能也。」或曰：「是編雖兼言戰，而寔主乎守者居多，未可以爲成書也。子安閒多暇，曷不删輯古書之繁者，以編戰略？」曰：此固酒民之志，而未逮也。酒民貧病日甚，治生自急，何暇清談。或有能愛是方而以百金買之者，自當日浮大白以作後編。

清　永瑢《四庫全書總目》卷九九　《太白陰經》八卷　唐李筌撰。筌里籍未詳，惟《集仙傳》稱其仕至荆南節度副使、仙州刺史，著《太白陰經》。又《神仙感遇傳》曰：「筌有將略，作《太白陰符》十卷，入山訪道，不知所終。」《太白陰符》當即此書，傳寫譌一字也。考《唐書藝文志》、《宋史藝文志》皆云《太白陰經》十卷，而此本止八卷，疑非完帙。然核其篇目，始於天地陰陽險阻，終於雜占，首尾完具，又似無所闕佚，殆後人傳寫有所合併，故卷數不同歟。兵家者流，大抵以權謀相尚，儒家者流又往往持論迂闊，諱言軍旅，蓋兩失之。筌此書先言主有道德，後言國有富强，內外兼修，可謂持平之論。其人終於一郡，其術亦未有所試，不比孫吴、穰苴、李靖諸人，以將略表見於後世。然杜佑《通典》兵類取通論二家，一則李靖兵法，一即此經。其攻城具篇則取爲攻城具，守城具篇、築城篇、鑿濠篇、弩臺篇、烽燧臺篇、馬鋪土河篇、游奕地聽篇則取爲守拒法，水攻具篇則取爲水戰具，濟水具篇則取爲軍行渡水，火攻具篇、火戰具篇則取爲火兵，井泉篇則取爲識水泉，宴娱音樂篇則取爲聲感人，是佑之採用此書，與李靖之書無異，其必有以取之矣。靖之兵法，宋時已殘闕舛譌，阮逸所傳，又亂以僞本。筌此經至今猶存，惟篇首陰陽總序及天地無陰陽篇有録無書，不知佚於何時，今則無從校補矣。

又《武經總要》四十卷　宋曾公亮、丁度等奉敕撰。晁公武《讀書後志》稱「康定中，朝廷恐羣帥昧古今之學，命公亮等採古兵法及本朝計謀方略，凡五年奏御，仁宗御製序文」。其書分前後二集，前集制度十五卷，邊防五卷，而十六卷、十八卷各分上下；後集故事十五卷，占候五卷。仁宗爲守成令主，然武事非其所長。公亮等亦但襄贊太平，未嫻將略，所言陣法戰具，其制彌詳，其拘牽彌甚，大抵所謂檢譜角觝也。至於諸番形勢，皆出傳聞，所言道里山川，以今日考之，亦多剌謬。然前集備一朝之制度，後集具歷代之得失，亦有足資考證者。《讀書後志》别載王洙《武經聖略》十五卷，乃寶元中西邊用兵，詔洙編祖宗任將用兵邊防事迹爲十二門，今已佚。南渡以後，又有《御前軍器集模》一書，今惟造甲法二卷、造神臂弓法一卷，尚載《永樂大典》中，其餘亦佚。宋一代朝廷修講武備之書，存者惟此編而已，固宜存與史志相參也。

藝　文

宋　施宿《會稽志》卷一七《竹箭》　維苗山之竹箭兮，稟勁氣于乾坤。實東南之美材兮，聲價等乎瑶琨。良工相夫陰陽兮，加利鏃以爲矢。習國人于射瀆兮，震電激而星奔。挾之以六千之君子兮，從之以八千之子弟。可以償方張之闔閭兮，走善射之樓煩。彼羣仙之會聚兮，亦以射而爲樂。登石室之射堂兮，射東峯而的白。丁令威爲拾箭兮，山土下以求索。獲遺鏃于樵夫兮，償以樵風之南北。客曰：異哉斯事兮，誠振古之怪奇。然越人之彎弓兮，則談笑而道之。

清　阿桂《滿洲源流考》卷二〇　斐蘭，漢語榆柳小弓也。桑弧蓬矢舉惟男，示有事胥自幼諳。榆柳爲弓騂角末，荆蒿作箭雉翎堪。二三卿士節權暑，日夕兒童戲以耽。即此箕裘應共勗，進之觀德更名談。

圖　表

宋　曾公亮《武經總要前集》卷一二　右鈞橋，造以榆槐木，其制如橋，上施三鐵環，貫以二鐵索，副以麻繩繫屬於城樓上。橋後去城約三步，立二柱，各長二丈五尺，開上山口，置熟鐵轉輪爲槽，以架鐵索并繩，貴其易起。若城外有警，則樓上使人挽起，以斷其路，亦以護門。城上常以砲及弓弩禦敵，慮以火燔燒及被攻斫。

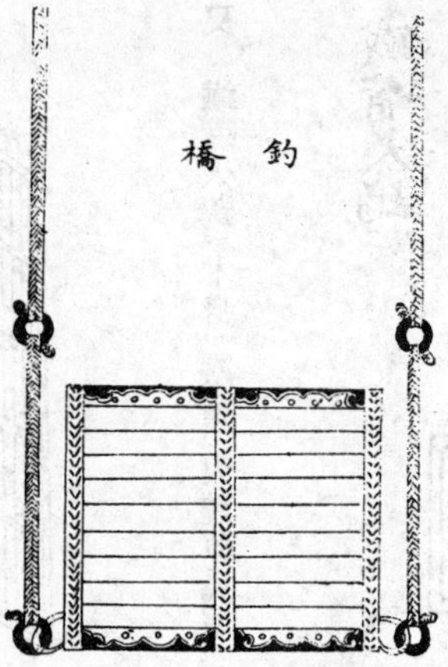
釣橋

又 右垂鐘版，長六尺，闊一尺，厚三寸，用生牛皮裹，開箭牕，施於戰棚，前後有伏兔拐子木。

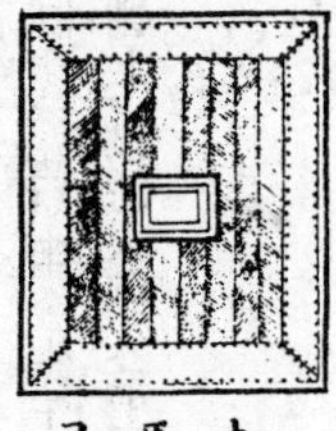
皮竹笆

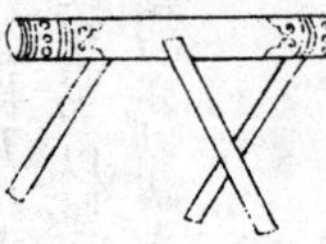
木馬子

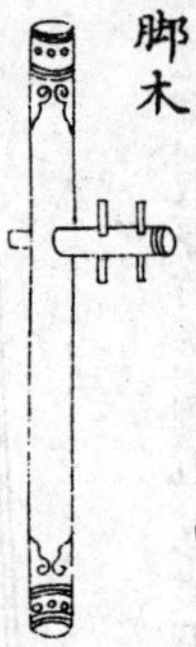
狗脚木

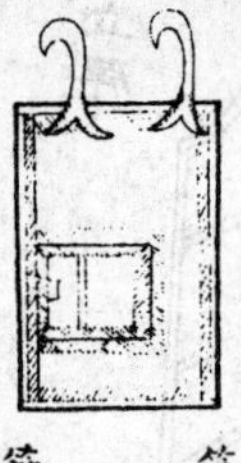
垂鐘板

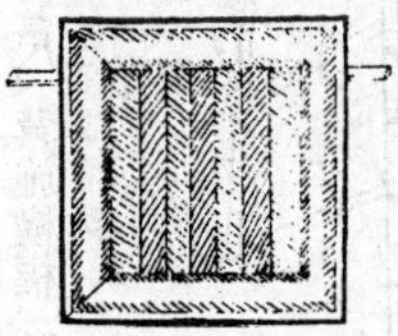
笓籬

籠籬笆，以荊柳編成，長五尺，闊四尺，漫以生牛皮。背施橫竿，長六七尺，用於戰棚上，則以木馬倚之在女牆外，以狗脚木掛之。

皮竹笆，以生牛皮條編江竹爲之，高八尺，闊六尺，施於白露屋兩邊，以木馬倚定，開箭窻，可以射外。

木馬子，一橫木，下置三足，高三尺，長六尺。

狗脚木，植二柱於女牆內，相去五尺，準牆爲高下，柱上施橫木鈎掛。

又 右狼牙拍，合榆木爲箄，長五尺，闊四尺五寸，厚三寸。以狼牙鐵釘二千二百箇，皆長五寸，重六兩，布釘于拍上，出木三寸。四面施一刃刀，入木寸半。前後各施二鐵環，貫以麻繩，鈎于城上。敵人蟻附登城，則使人掣起下而拍之。

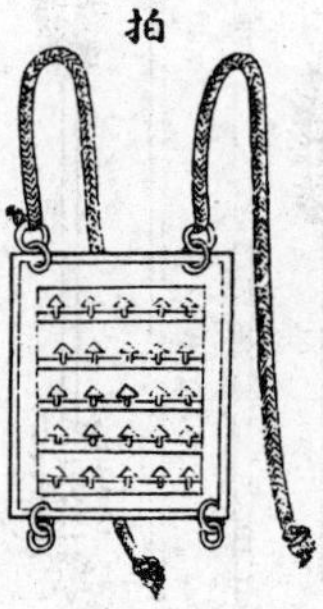
狼牙拍

飛鈎

又 鐵撞木，木身鐵首，其首六鐵鋒，鋒大三指，長尺餘，鋒尖爲逆鬚，其末貫鐵索。凡木驢逼城，即自城上以轆轤絞鐵撞下而斲之，皮革皆壞，乃下燕尾炬燒之。

鐵撞木

穿環

又　右木立牌，高五尺，闊三尺，背施横楅，連轉關拐子長三尺。

木立牌

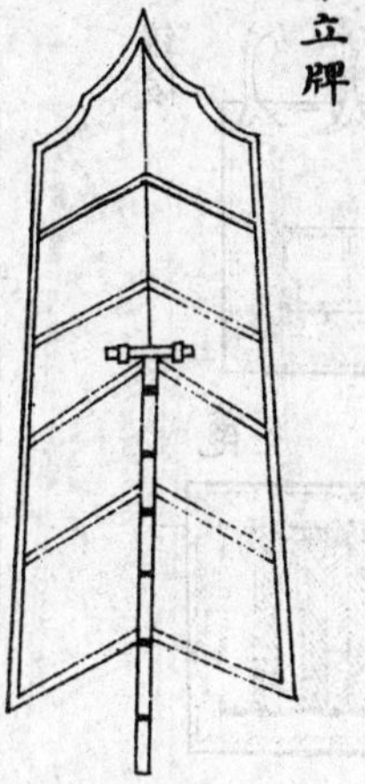

又　竹立牌，取厚竹條，闊五分，長五尺者，用生牛皮條編成，上鋭下方，餘如木牌之制。一法：用今生牛皮穿空，以厚竹編之，尤堅。皆楯之類也。可以巡城及敵棚上，以防火砲火箭之類，亦以蔽人射外。

竹立牌

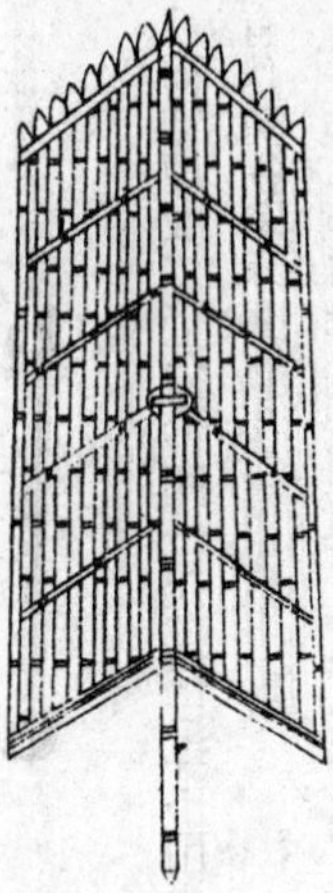

又　鐵嘴火鷂，木身，鐵觜，束稈草爲尾，入火藥於尾内。

鐵嘴火鷂

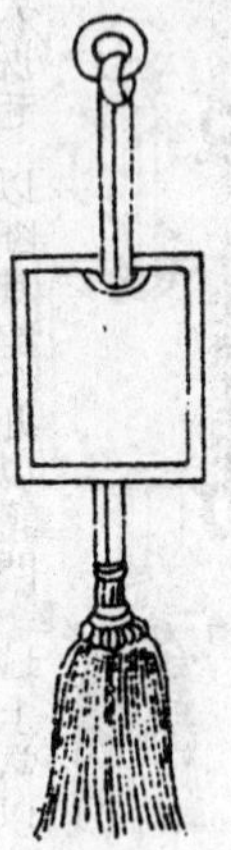

竹火鷂，編竹爲疎眼籠，腹大口狹，形微脩長。外糊紙數重，刷令黄色。入火藥一斤，在内加小卵石，使其勢重。束稈草三五斤爲尾，二物與毬同，若賊來攻城，皆以砲放之，燔賊積聚及驚隊兵。

竹火鷂

又　右取堅重木爲之，長四五尺，異名有四，曰棒，曰棆，曰杵，曰桿。有以鐵裹其上者，人謂訶藜棒。近邊臣於棒首鏇鋺刃不作倒雙鉤，謂之鉤棒。無刃而鉤者，亦曰鐵柧。植釘於上，如狼牙者，曰狼牙棒。本末均大者，爲杵長細而堅重者爲桿，亦有施兩鐏者，大抵皆棒之一種。

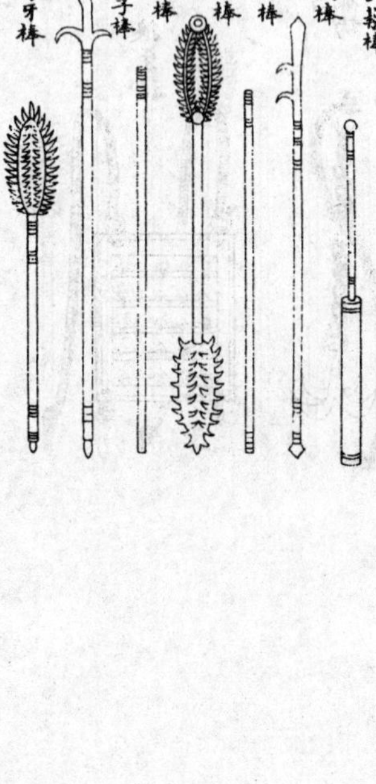

明　王圻《三才圖會》器具卷六　此手牌亦名燕尾牌，宜用白楊木或輕鬆木爲之，取其輕而堅也。每面約長五尺七寸，濶一尺，上下兩頭比中間畧濶三四分，俱小尺。

又 並以木爲質，以革束而堅之。步兵牌長可蔽身，内施槍木，倚立於地。騎牌正圓，施於馬射，左臂繫之，以捍飛矢。

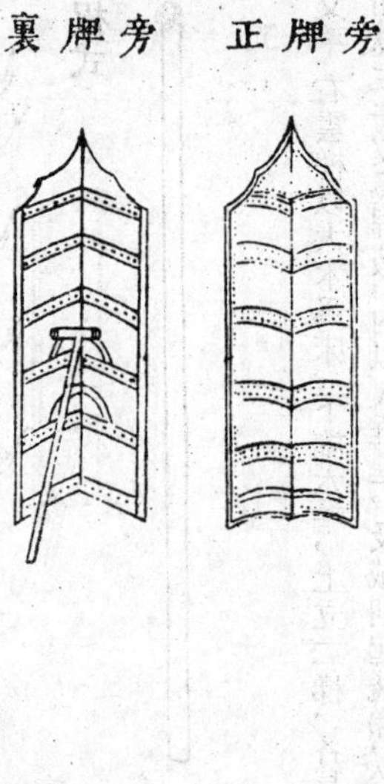

步兵旁牌 正牌旁 裏牌旁

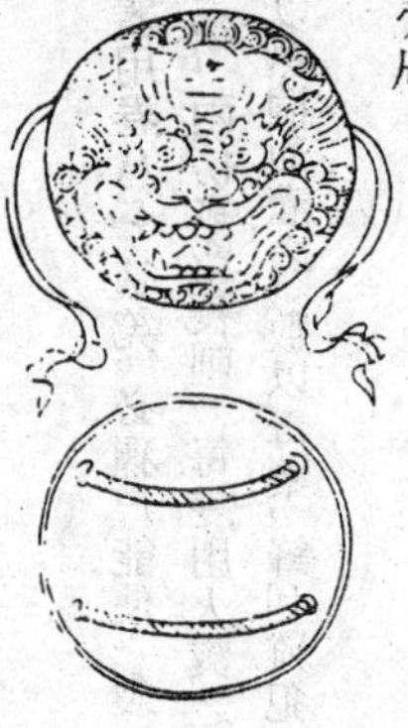

騎兵旁牌 正牌旁

又 標鎗，或用椆木、細竹皆可，但前重而後輕，前稍粗而後稍細爲得法。

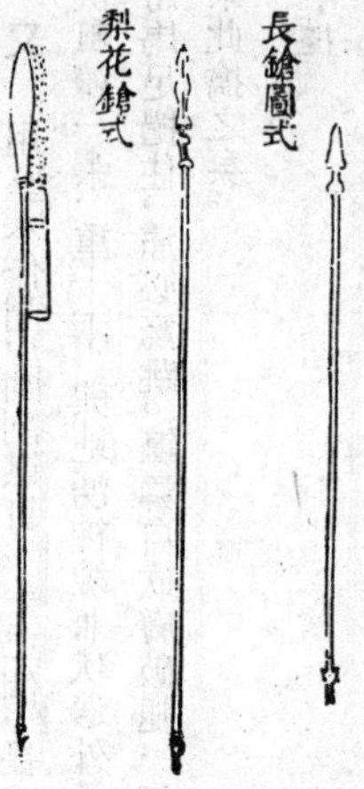

標鎗圖式 長鎗圖式 梨花鎗式

又云摽鎗非船相逼不可用，往下打更難准。長鎗後手要粗可盈把，庶有力。若細，則掌把不壯。鎗腰要從根漸漸至頭而止，如腰粗，則硬强不可拏；如腰細，則軟而無力。雖手法妙，不能拏打他鎗開去也。鎗梢不可輒細，要自後漸細，方有力。最忌太重，重則頭沉不可舉動，是自棄鎗也。鎗頭重不可過兩，其捍椆木第一，合木輕而稍軟，次之。要劈開者佳，鋸開者紋斜易折，攢竹腰軟不可用。

又 器具卷七 鞭箭，用新竹長一丈，徑寸半爲竿，下施鐵索，梢繫絲繩六尺，别削勁竹爲鞭。箭長六尺，有鏃，度正中施一竹臬。放時以繩鈎臬，繫箭於竿，一人摇竿爲勢，一人持箭末激而發之，利在射高中人。如短兵，放火藥箭，則如摔皮羽以火藥五兩貫鏃，燔而發之。

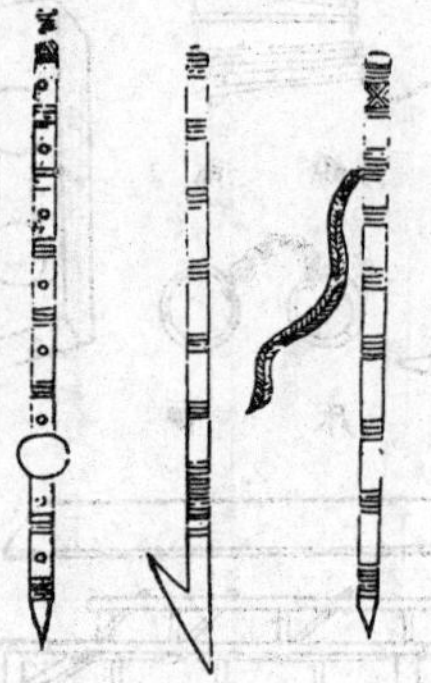

鞭箭 鞭箭 火藥鞭箭

又 製用堅木作框當，長四尺五寸，横二尺二寸四。當四孔，孔下旁釘鐵環。製小鋼鎗四根，鎗刃布孔中，不露鎗尾。繫繩貫環中，一端繫浮板，後於地穿穴深數尺，以當埋與地平，製浮板可框心大，當旁置巧機令板與當平。馬踏浮板，機發板下，鎗從孔起。預聞有警，先於賊來要路邊城營前俱可埋伏，費用不多，一件勝如十軍，若損一件，即令補造方見實用。

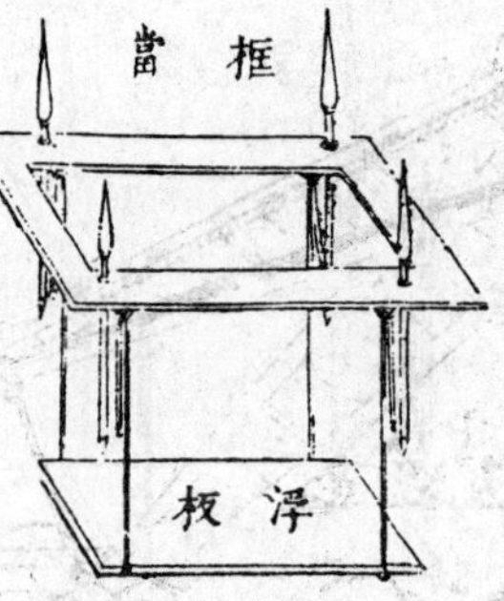

地湧神鎗

又　用堅木作圈，圍劄鐵釘一十二個，長三寸三分，竹釘亦可代之。上繫極快風鐮一張，重十兩，與地湧神鎗兼伏邊外營前，俱可用E20F虜恃驍侵犯。先將馬足搨住，痛必驚跳，鐮舞自砍膚破腿；折虜之所恃者馬，馬傷虜驚，我兵乘此擒之矣。

擱足殺馬風鑣

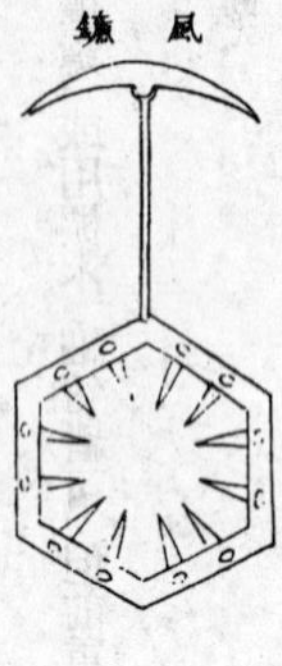

又　器用卷八　篠筅，必獵户能使。製筅之法，用毛竹長而多簪者，末鋭包鐵如小鎗，兩傍多留長刺。每隻用火熨之，一直一鈎，其直者如戟，鈎者如矛，然後以熟桐油灌之，敷以毒藥，鋒利難犯。

篠筅式

棍式

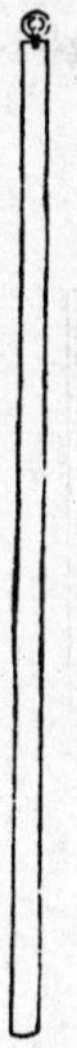

又　右雲梯以大木爲床，下施六輪，上立二梯，各長二丈餘。中施轉軸，車四面以生牛皮爲屏蔽，内以人推進。及城則起飛梯，於雲梯之上以窺城中，故曰雲梯。飛梯長二三丈，首貫雙輪，欲蟻附，則以輪著城推進。竹飛梯，用獨竿大竹，竹兩旁施脚澁以登。

雲梯

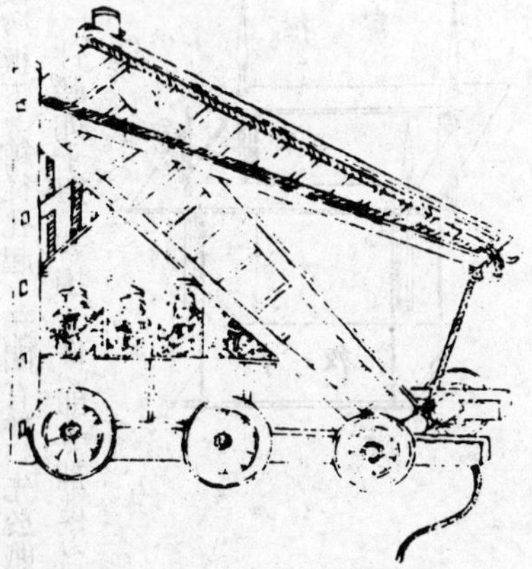

又　器具卷一二《刑具説》　杻制長一尺六寸，厚一寸，以乾木爲之，男子犯死罪者用杻。

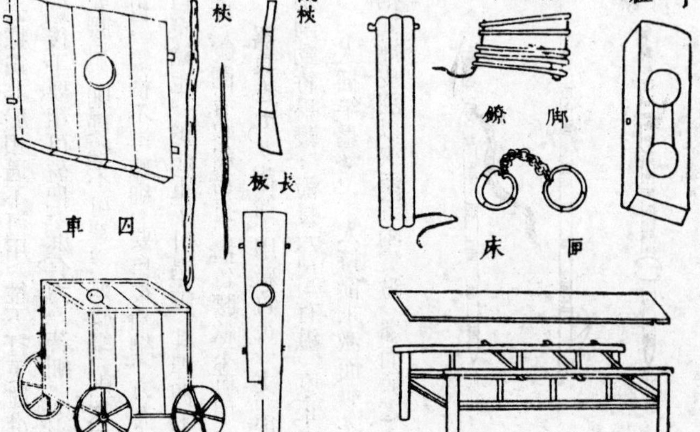

鐐制以鐵爲連環，共重三觔。犯徒罪者帶鐐工作。《山海經》曰：山有木名楓，蚩尤所棄桎梏也。桎，足械；梏，手械，蓋此械已出黃帝時矣。

枷制長五尺五寸，頭闊一尺五寸，以乾木爲之。死罪，重二十五觔；徒流，重二十觔；杖罪，重十五觔。蓋舊有長短而無輕重，其輕重自宋太宗始也，今從之。

夾棍之形，惟錦衣衛則有，亦設而不擅用此，惟可施之拷訊强賊，後來問理刑名，亦用之非法也。

笞，以小荆條爲之，須削去節目，用官降較板如法較勘，毋令觔膠諸物裝釘。應決者用小頭臀受。其制大頭徑二分七厘，小頭徑一分七厘，長三尺五寸。

杖以大荆條爲之，亦須削去節目，用官降較板如法較勘，毋令觔膠諸物裝釘。應決者用小頭臀受。其制大頭徑三分二厘，小頭徑二分二厘，長三尺五寸。

訊杖，以荆條爲之，其犯重罪，贓證明白，不服招承，明立文案，依法拷訊，臀腿受。今用竹篦重過二觔矣。其初制大頭徑四分五厘，小頭徑三分五厘，長三尺五寸。

桚子，舊無是制，想因夾棍而起長板。犯重罪者，招成之後，以其罪與名刻誌板上，而帶之頸，若匣床囚車即古之檻車，不知其所自始，疑即檻車之法，亦今之極刑也。

明　范涞《兩浙海防類考續編》卷一〇《兵器圖説》　此手牌亦名燕尾牌，宜用白楊木或輕鬆木爲之，取其輕而堅也。每面約長五尺七寸，濶一尺，上下兩頭比中間畧濶三四分，俱小尺。松江府同知羅拱辰云：牌有二式，有手牌，即燕尾牌也。有挨牌，用繩索，用木橄欖者，用手牌便於用力。先以標鎗飛擊，先挫賊鋒，然後用刀，則前後左右隔賊技器，施我刀法。此手牌之利也。用挨牌則以牌上長繩上木橄欖扣入繩圈中，掛於項上，以左手中指縫中夾牌下短繩上木橄欖，仍以五指挽鎗前半節，右手執鎗後半節，或伸或縮，或出長出短，或左或右，旋刺，非惟護自身，且護從牌之兵。

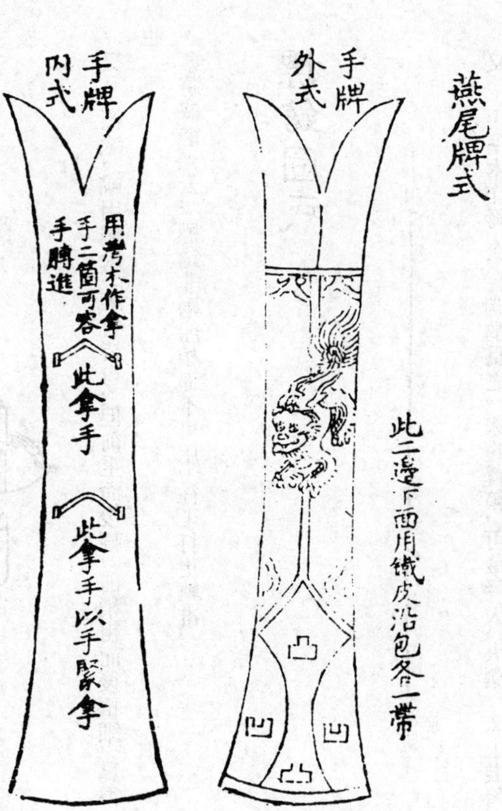

又云：各兵衝進必列牌於隊前，以蔽矢石。牌乃陣前第一器，所不可少者。所謂「公侯干城」，所謂「干戈戚揚」。當時子路初見孔子，亦執干以爲問，夫干者，質也，即今之牌也。所以捍外而衛內者也。有手牌，有挨牌，用各不同，其利一也。

副使茅坤云：海寇之兵特彊在舞刀，每輕我兵不能射。反其所輕，莫急於習弓弩；而破其所彊，莫急於倣狼兵燕尾牌之制。近日東南之牌，皆沉重而不利進退，獨粵中燕尾牌以桐木、柁木爲之，其長如人之身，其廣不滿尺，其背如鯽魚。然故側身前逼，雖當利刃而不能斷；其體輕，故運如鳥翼而一切矢石皆可蔽。廣中狼柳之兵，善舞牌者，其臨陣如鷙鳥，而進不必盔甲，而賊皆墻立不能敗，此廣中所最尚者。欲訪置在浙中，惟温州桐木、柁木爲多，可易辨也。

又　此挨牌亦用白楊木爲之，每面約長五尺，濶一尺五寸，下頭比上畧小四五分，俱小尺。

挨牌上鋭而長，步兵所用。朱漆金字，長可蔽身，内施鎗木，倚立於地。松江府同知羅拱辰云：用挨牌以牌上長繩上木橄欖扣入繩圈中，掛於項上，以左手中指縫中夾牌下短繩上木橄欖，仍以五指挽鎗前半節，右手執鎗後半節，或伸縮，或出長出短，或左或右，旋刺非惟護自身，且護從牌之兵。

挨牌

挨牌外式

挨牌内式

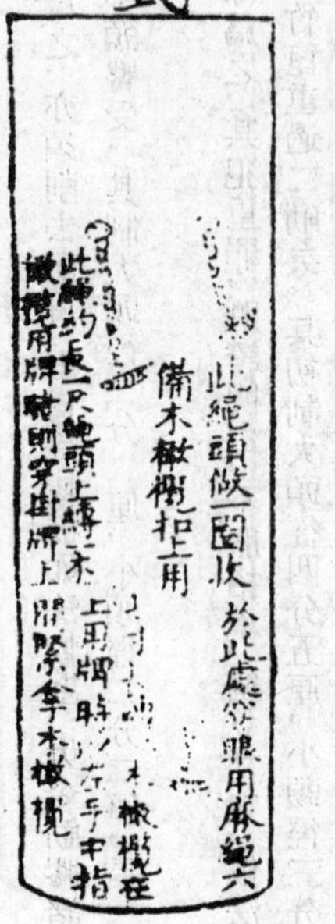

又　丹陽邵守德云：其工價甚簡，其功用甚大。其用有三：若伏於營寨要道，可以禦賊之偷營刼寨；若伏於山野僻路，可使寇不能逃；若伏於富家門户，可使賊不能入。造法以檀木、柘木爲身，猫竹爲担，弩後置一木人，上弦或連發二矢或三矢，量賊往來必由之路，設之以木架，架弩任意高下。或竹徑或稻麥叢茂翳密處，置設百餘把，止用一絲線作機關，不須人守。賊至不疑而動其機，百弩齊發，一人不能逃生也。倭奴善遁荒村窮谷，無處不至，用此器其妙已。

伏弩式

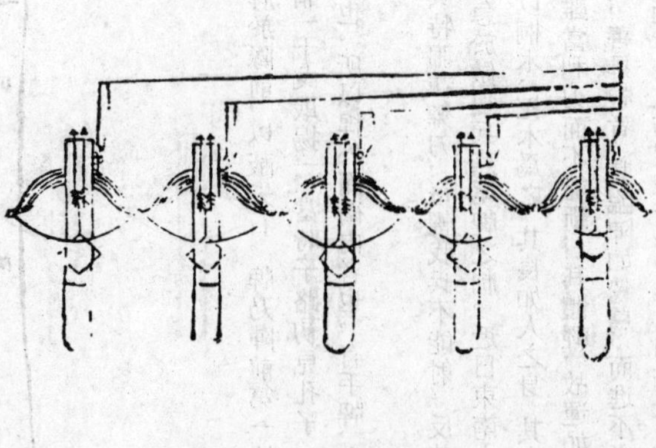

又　標鎗，或用椆木、細竹皆可，但前重而後輕，前稍粗而後稍細，爲得法也。

參將戚繼光云：標鎗非兩船相逼不可用，往下打更難准。

標鎗圖式

又　用堅木作弩床，長濶酌爲之。床腹置箱，可藏弩矢、火藥。床上裝弩身，於前後當内不使摇動。弩身中央有槽路，可布四矢，弦亦由槽路行，上不露，對準星門，機動弦發，箭鋒淬以見血封喉火藥，着則敵立斃。每床用三人，人仍各帶銃棍一根，時用則一人上弦，一人發機。在路，則以銃棍更番扛行。每營視兵多寡，置弩若干，住則周營密布，名爲弩城。賊近則又以銃棍相擊，前刺鎗鋒鐮守城無營兵者用之便，弩城則營大兵衆者可用。

神臂床子連城弩

又　竹籤四寸長，五分濶，上書隊甲兵，男親臨官押，油飾，掛頸，静砲響，各啣枚肅静，代圓枚而用，更可查考。

啞枚圖式

又　桑木爲上，河柳次之，南方多用紬木。

明　茅元儀《武備志》卷八五　刀鞘，用楊木造。兩頭併兩邊用鹿角，或牛角鑲，使木不損壞。背後做一扢搭，與倭刀鞘一樣，以便安帶懸挂。外用布漆，或紅或黑，如不做木鞘，以皮代之。

削弩箭刀鞘圖

又　箭筒以竹爲之，兩頭存節，取節比箭略長一寸。中間近上開一門，門之長短，以箭出入無碍爲率。竹見風多裂破，故毛葫蘆兵射鹿，取鹿陰囊皮，上下包裹，見風不裂，稱毛葫蘆兵者以此。

弩箭筒圖

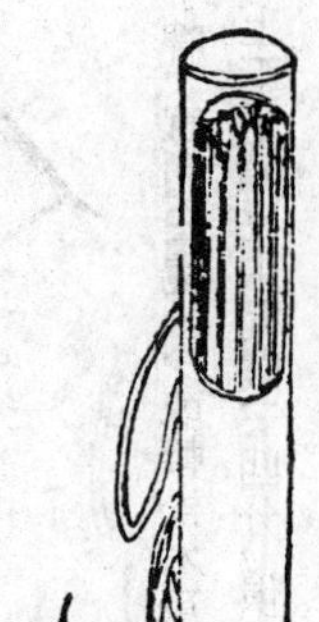

又　箭端以柭木爲之，上面斜開長短二槽，闊狹以容箭爲規。如箭彎，必不能致遠射親，將箭用火焙熱，入槽内調端使直，即箭去遠而親矣。

弩箭端圖

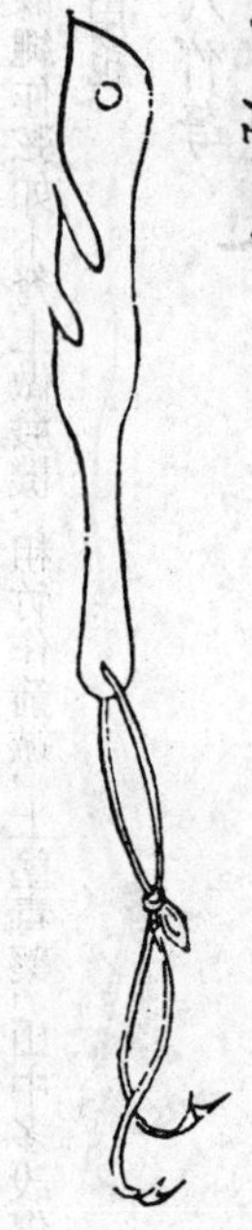

又 弩身用棗木，頭用鹿角鑲，或用銅鑲，長一尺七寸，或一尺六十。更便於上，內頭長三寸五分，內挂口一尺一寸，仍二寸五分作尾勾。每挂口一寸，擔長五寸，今挂口一尺一寸，則擔長計五尺五寸。外加扣，每頭三寸，共長六尺一寸，擔中厚一寸八分，中闊二寸七分，擔梢厚一寸，闊一寸五分。

腰開弩身圖

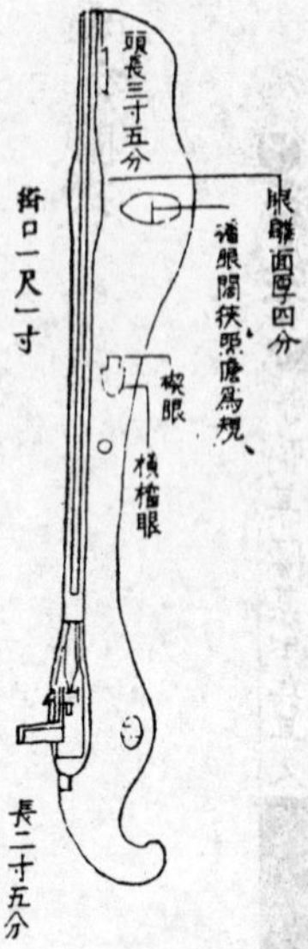

又 卷一〇三 用堅木造，用大力人執之，攀機對射。其鏃塗見血封喉諸毒藥。

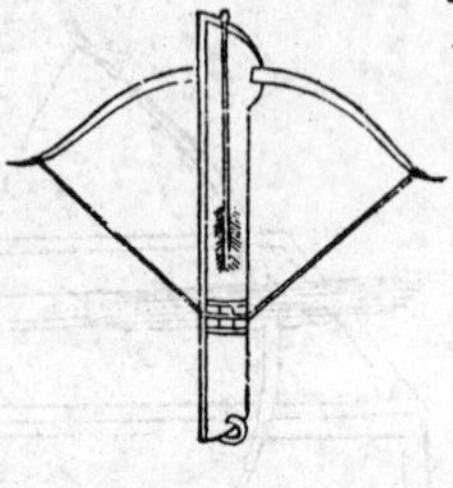
苗人木弓

又 以竹五層爲之，價輕易辦，但非藥則不能必殺人耳。

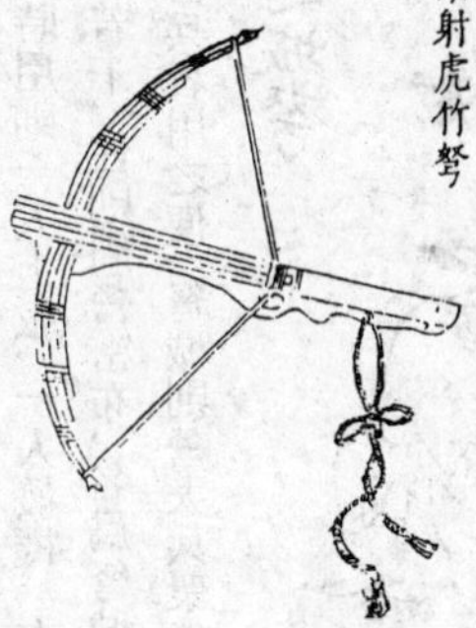
宣湖射虎竹弩

又 隨便用細竹二十根，上下將兩大頭交穿于木柄方眼內，用細蔴繩密紥至稍，蔴繩作弦如木弩上做發機，粗竹作箭鏃，上塗毒藥，山中多設傷惡獸，陣上便可用也。

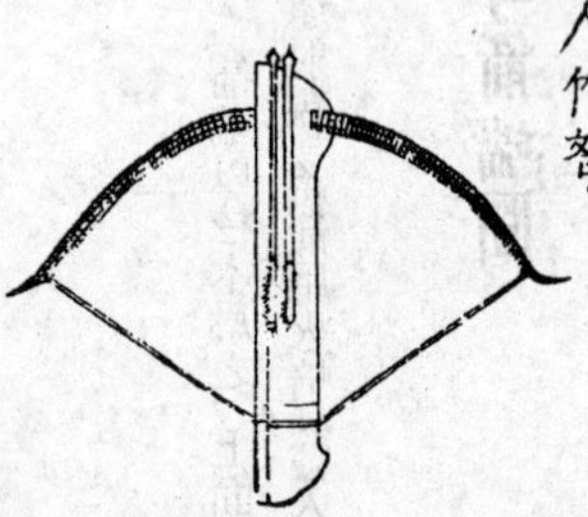
苗人竹弩

手牌

又 手牌，宜用白楊木，或輕松木爲之，取其輕而堅也。每面長五尺七寸，闊一尺，上下兩頭比中間闊三四分，俱小尺。

又 燕尾牌，廣中狼柳之兵用之。其長與手牌相似，但闊不滿尺，背如鯽魚，故側身前逼，雖當利刃而不能斷。其體輕，故運如鳥翼，而一切矢石皆可避，以柁木、桐木爲之。

燕尾牌

又　捱牌，亦用白楊木爲之。每面長五尺，闊一尺五寸，上頭比下略小四五分，俱小尺。用繩索及木橄欖挽之。

捱牌

又　老粗藤如指，用之爲骨，藤篾纏聯，中心E042向外，內空，庶箭入不及手腕也。週簷高出，雖矢至不能滑泄及人，內以藤爲上下二環，以容手肱執持。

藤牌

又　卷一三〇　用竹篾編筒圍一尺，長三尺，筒外用紙糊四五十層。一頭留口，裝毒火藥并生鐵小砲五箇，封口，中穿藥線安置停妥。如劫賊營，彼預爲准備，可將此滾四面點發飛去，糧草衣甲盡可焚滅。

風雷火滾

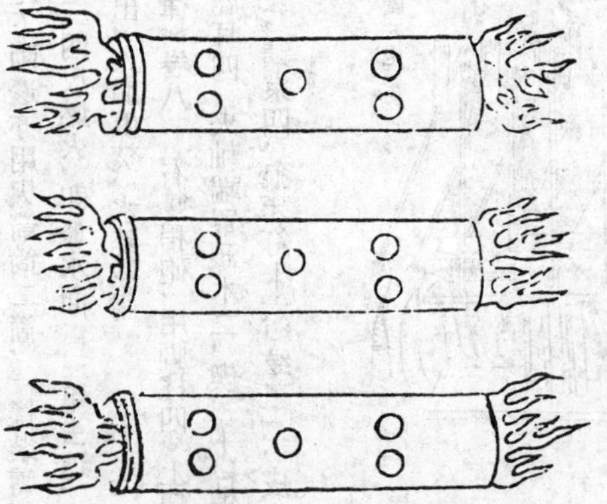

又　卷一三一　用細竹篾爲簍，細蘆亦可。身如斤餘雞大，宜長不宜圓，外用綿紙封固，內用明火炸藥裝滿。又將棉紙封好，前後裝頭尾，又將裱紙裁成二翅，釘牢兩旁，似鴉飛樣。身下用大起火四枝斜釘，每翅下二枝，鴉背上鑽眼一箇，放進藥線四根，長尺許。分開釘連四起火底內，起火藥線頭上另裝扭總一處，臨用先燃起火，飛遠百餘丈，將墜地，方着鴉身，火光遍野，對敵用之。在陸燒營，在水燒船，戰無不勝矣。

火獸

又　卷一三三　用猫竹五尺，去節，鐵刀刮薄，前用木雕成龍頭，後雕龍尾，口宜向上，其龍腹內裝神機火箭數枝，龍頭上留眼一箇，將火箭上藥線俱總一處，龍頭下兩邊用斤半重火箭筒二箇，其筒大門宜下垂，底宜上向。將麻皮魚膠縛定，龍腹內火箭藥線由龍頭引出，分開兩處，用油紙固好裝釘，通連

火龍出水

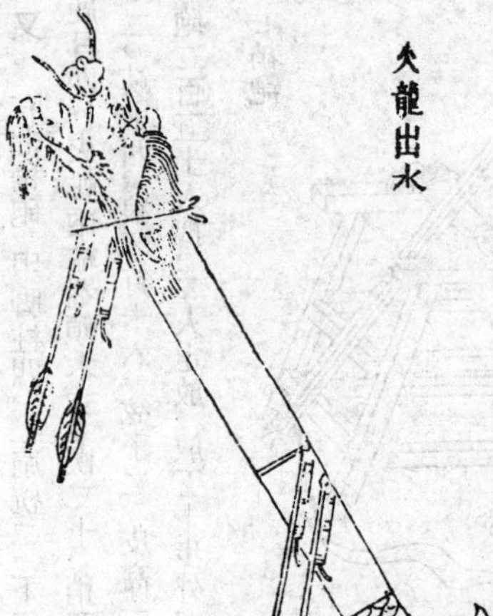

於火箭筒底上。龍尾下兩邊亦用火箭筒二箇，一樣裝縛，其四筒藥線總會一處捻繩，水戰可離水三四尺燃火，即飛水面二三里去遠，如火龍出於江面，筒藥將完，腹内火箭飛出，人船俱焚，水陸並用。

明 范景文《師律》卷八 右雙稍砲，用脚柱四，上扇桄二，下扇桄二，上會桄二，下會桄二，鹿耳四，夾軸端罨頭木二，偰二十，梢二，鴟頭木一，鵝項一，极竿一，銕蝎尾二，銕束四，狼牙釘十六，絃子二，皮窩一，紥索二十五，拽索五十。

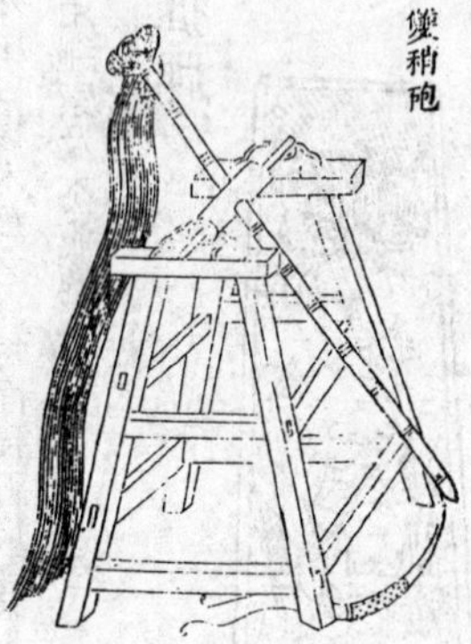

雙稍砲

合砲

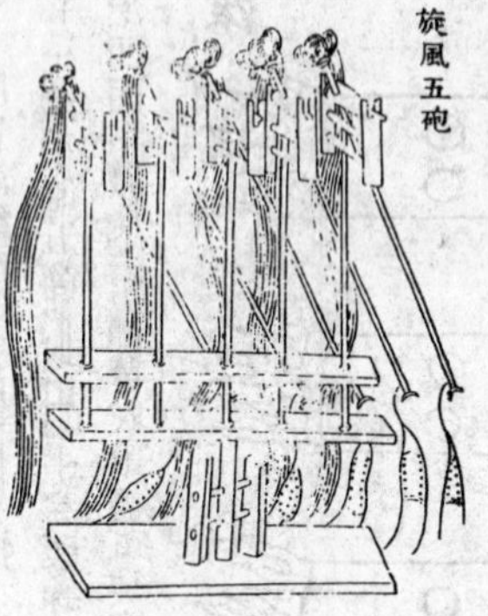

旋風五砲

又 右七稍砲，用脚柱四，上扇桄二，下扇桄二，上會桄二，下會桄二，軸一，鹿耳四。夾軸兩端罨頭木二，楔二十，稍四，鴟頭四，鵝項一，极竿三，銕蝎尾二，銕束四，狼牙釘十六，絃子二，皮窩一，紥索五十，拽索一百二十五。凡一砲二百五十人拽，二人定放，放五十步外，石重一百斤。

七稍砲

又 卷九 雲梯以大木爲牀，下施六輪，上立二梯，各長二丈餘，中施轉軸車，四面以生牛皮爲屏蔽，内以人推進，及城，則起飛梯于雲梯之上，以窺城中，故曰雲梯。

飛梯長二三丈，首貫雙輪，欲蟻附，則以輪着城推進。竹飛梯，用獨竿大竹，兩傍施脚澁以登。

躡頭飛梯之制，爲兩層，上層用獨竿木，中施轉軸，以起梯竿首貫雙輪，取其附城易起。

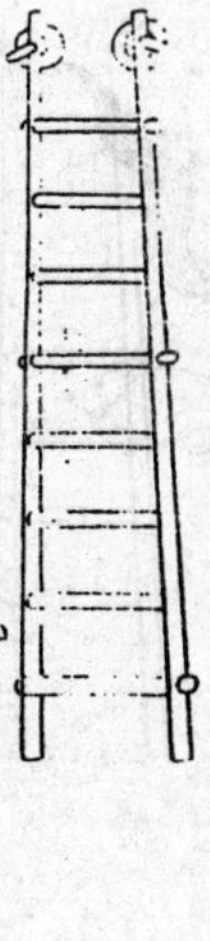

飛梯

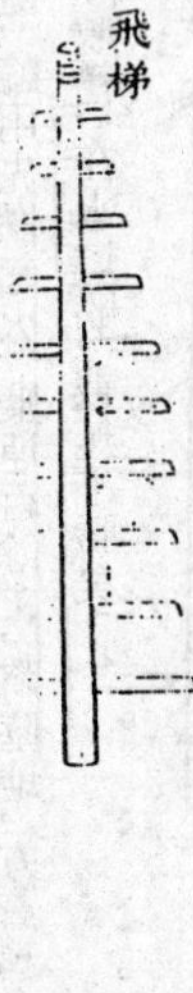

竹飛梯

躡頭雲梯

又 卷一〇下《竹發熕》 用茅竹，截筒長三尺，先用冷水之藥浸透，以易其性，使不染火爲度，外以銕線纏之，再用牛觔麻裹，瓦灰灰之，晒乾生漆漆之，內裝發藥五升，次裝石子廿四塊。每塊重半斤，磁鋒一升，俱用砒黄、巴豆、硇砂等藥炒製裝之。再用神砂三合毒火一合，裝畢，上用黄泥塞其口，口上用銕箍箍之，堅木爲柄，柄長二尺，裝實聽用。每士卒馬上携之四綑，甚爲輕便，行營出邊追襲與賊對敵取勝，無踰於此。

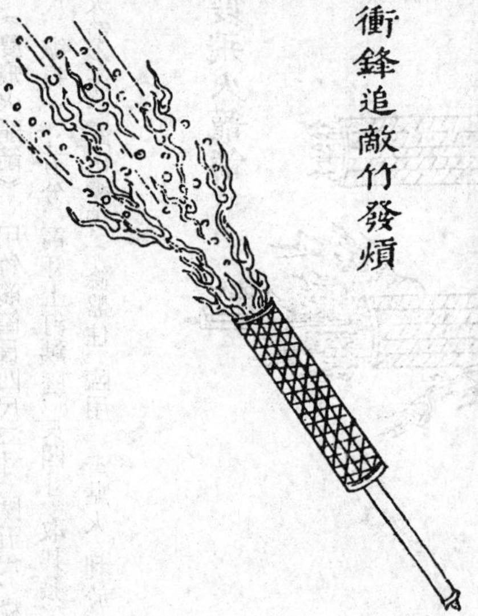
衝鋒追敵竹發熕

又《夜叉銃》 銃與常銃相同，不必另造。惟用堅木車爲法馬，馬上釘利鏃，上蘸虎藥布裹，神火銕線縛緊鏃上，遇人馬則釘入骨，遇輜重則焚糧艸，遇船則燒篷帆，鏃制三稜倒鉤，遇物釘入，則拔不出，器雖常制而利害百倍。

神威烈火夜叉銃

又《神仙自發排車銃》 用巨木鋸爲兩半，剜刻陷槽，以嵌火器。外釘銕環以安毒火藥，將銕索懸於城垛外，內用銕猫墜於城脚地下，其紗在藥信盤曲有方，護以礬紙，防風雨。神器與神火相間，如賊攻城，器擊火遶，亦量賊遠近緩急，次第發出，縱賊兵百萬圍遶，可談笑却之。或不時開城出奇兵以擊之。

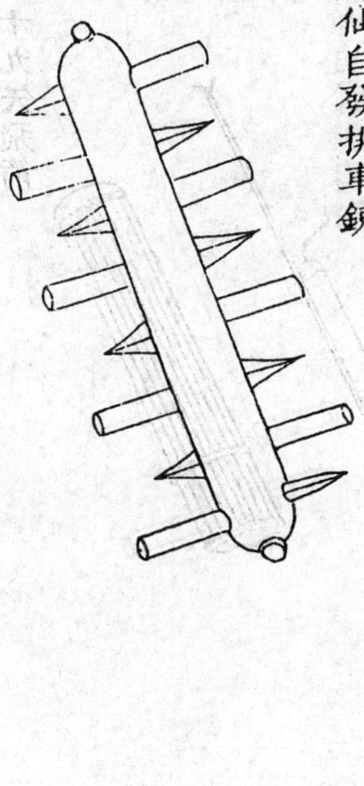
神仙自發排車銃

又《大篇火箭》 造法用徑六七分荆木爲柄，長五尺，後杪三稜火翎，如箭矢，頭用紙筒，貫以火藥，如火箭頭，長七寸，粗可二寸。其法金鋒長五寸，濶一尺，或如劍形，或如刀形，或三稜如火箭頭。若鎗形，光瑩芒利，通計連身重二斤有餘。燃火發之，可去三百步。大隊一齊衝之賊中者皆倒，而獨穿而已，凡有枝枒之物皆可架放而去矣。

大篇火箭

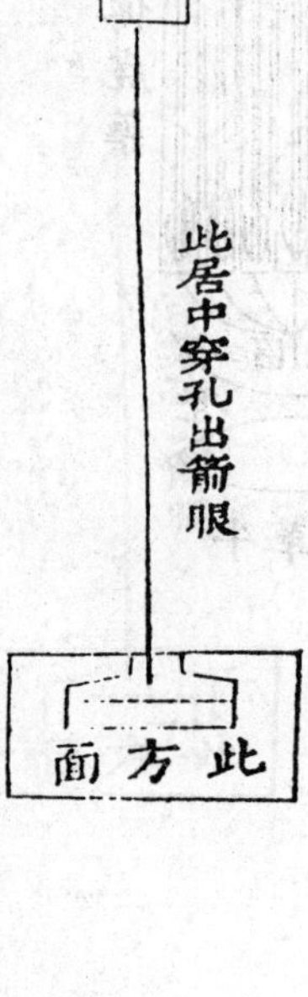

又《小五虎箭》 用小猫竹筒，上劈開六寸許，編成一籃，內外漆布堅密，以備雨濕。筒口用銕條，分爲井字形，藏箭五枝，神機藥筒長四寸，荆木二尺五寸長爲桿，翎後加以銕硾，離筒口六指，秤量相平爲準。竹小取其輕便，編籃方可容五藥筒。此箭可發五百步，塗以射虎毒藥，勢極猛烈，故以五虎名之。人負一筒，可兼十人之勇，邊塞馬上用之甚便。小筒者同一製法，惟欲輕便，故稍變其體，但須製法精妙亦能遠發。

小五虎箭

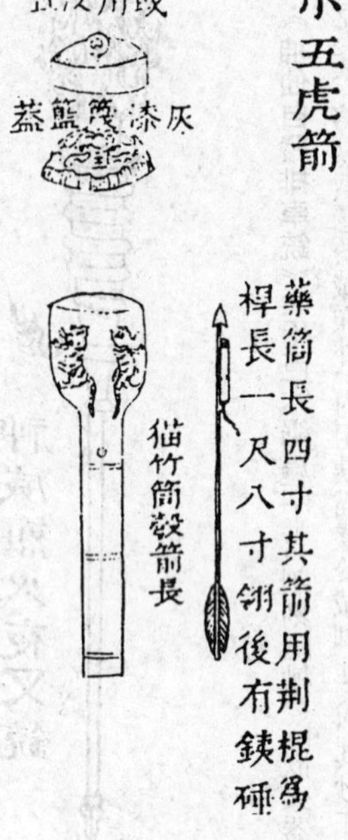

又《雙飛火龍箭》　用竹篾筐長四尺二寸，圍五尺，糊厚紙，油刷火箭。桿長四尺，鏃長一寸五分，箭翎上釘銕墜，長四寸，取其發矢遠穩。籠內兩頭安井字火箭火線，露出總線一條盤住，臨用一齊點火，利於山坡向下飛摧，其勢莫支。

雙飛火龍箭

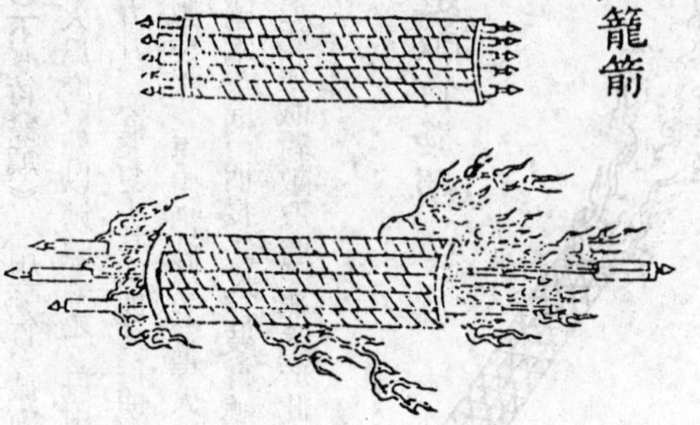

又《七箭箭》　用竹七根，長四尺，徑八分，打通節，內外光浄聽用。火箭桿長四尺五寸，翎長四寸，藥筒長四寸五分，徑一寸二分。黃土封，後一頭箭鏃，長二寸三分，四楞有槽，塗見血封喉藥。離口四指半稱平，恐尾輕，用銕釘作墜子，務要稱得勻平爲則。箭七矢，用前七箭綑爲一處，用牛皮作盤子護手，安箭七矢於內，信總頭護散騎摧鋒，挫銃之法，疾騎難逃，用百具火，破齊整之陣，有二百步之力，護手皮漆過下，用皮兜住，免磨藥信。

七箭箭

又《四十九矢飛廉箭》　編篾爲籠，中空圓眼，約長四尺，外糊紙帛，內裝四十九矢，以薄鐵爲鏃，捲紙爲筒，長二寸許。前裝燒火，用砒霜、巴豆合，後裝催火，發藥也。縛於鏃上，順風放去，勢如飛蝗，着賊則腐爛，掛篷則焚燒。賊心驚怖，且焚且溺，破之必矣。前裝爛火藥、神火藥各對分，後裝催火發藥，務首尾輕重相等，則去遠。或箭蘸虎藥，中賊則見血封喉，亦水戰之利器也。

四十九矢飛箭

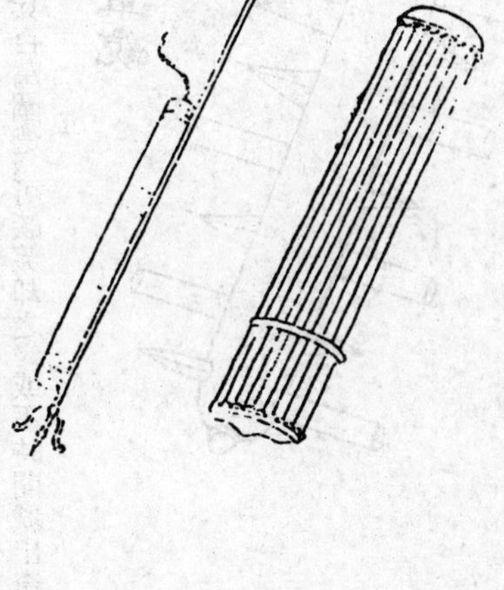

又《竹火鎗》 用猫竹，長三尺，鑚透如鋏鳥鋭樣，底用土築實二三寸，凑土處鑚眼以作火門，備裝藥線，外用鋏絲麻線紮緊，瓦灰漆固。內將盪藥盪過，用直性火藥一錢六分，放鉛子一枚，照準對打移動輕便，當者立斃，兩利之器。

竹火鎗

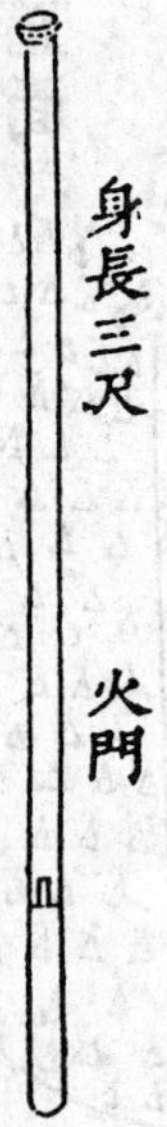

又《毒藥噴筒》 用圓細猫竹，徑粗二寸，深長二尺餘，以蔴繩纏密，下用竹木柄，長五尺。先下灰多硝少，慢藥一層，次下噴藥一層，次下餅一枚，餅照原製，務要合口，用力築之，築過力，餅碎無用也。要妙此處，如此五次完，送藥多，則爆其腹，送藥少，則送出餅子不遠，此有定法。以竹筒粗細，餅子大小爲送藥加減耳。餅發去可數十丈遠，徑粘帆上，其帆立燃，緩者爲噴藥，急者爲送藥。

毒藥噴筒

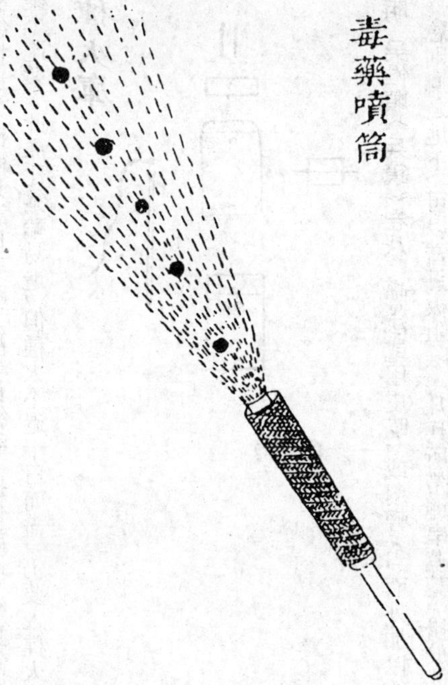

又《滿天噴筒》 截中樣竹二節，外用膠布重箍，藥用硝黄、砒霜、班毛、缸子、磠砂、膽礬、皂角、銅緑、川椒、半夏、燕糞、烟煤、石灰、斗蘭草、草烏、水膠、大蒜，各法分兩，製度磁砂、玉田砂，炒毒綁於長鎗頭上，燃火守城。

滿天噴筒

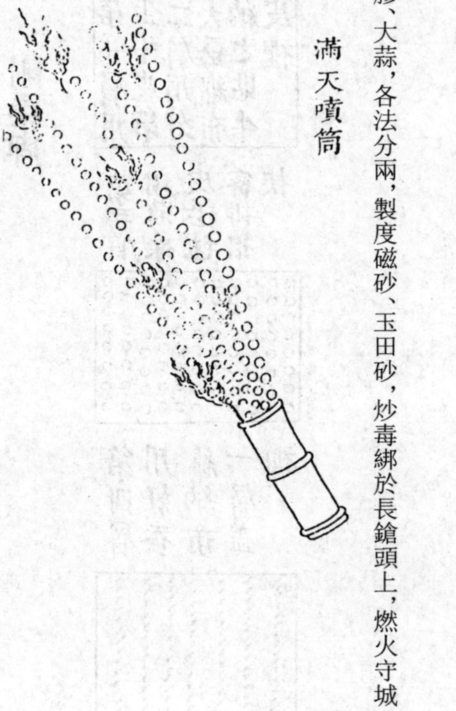

又《平曠步戰地滾》 用杉木爲身，長三尺，徑四寸，中留車空一寸厚，要滾圓爲妙。外釘利刃、尖釘、十字釘之，蘸虎藥，周圍安滾藥筒六十箇，腹裝發藥神砂。如平原步戰，列於陣前，約離賊營十餘丈，點信火發，木飛而去，則滾賊營，人足馬蹄，盡皆傷壞。況虎藥見血即斃，待外滾藥盡燃至腹，則發藥碎擊，沙飛烟迷賊竅嚏涕連聲，眼花屑噤，乘機昏迷，用大將軍神火奇兵攻之，必敗也。

平曠步戰隨地滾

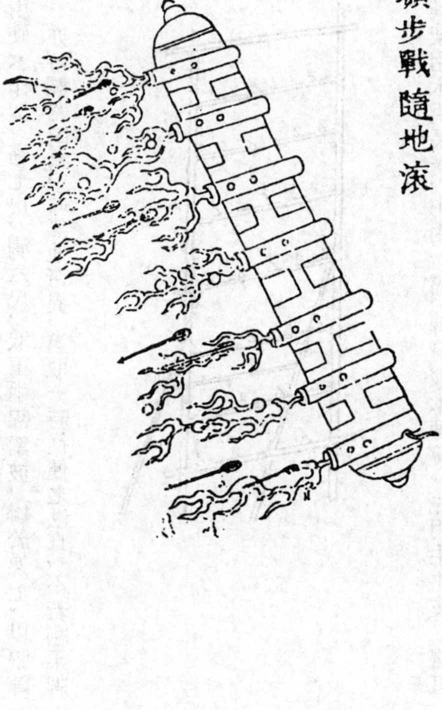

又《種火庫》　用堅木造樻，高一尺，徑方五寸，四面鑽藥線眼，内中照樻隔厚，銕葉一方一邊，轉軸下放火藥，穿藥線旁入銕針扶住銕橰。上放種爆，内藥線接通火槽砲具設伏要路，針穿長細繩，扯伏於地，繩動針脱，火落橰下，藥燃砲發。此庫比鋼輪易造，但種火不過十日而盡，仍要入種火物料。

種火庫

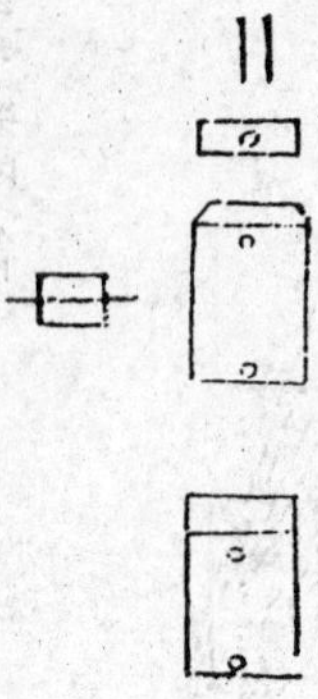

明　吳惟順《兵鏡》卷八　牌法或用皮瞞，或用輕木，而外加以竹，用釘者最利。急則擲之地下，可以當釘板阻險。凡兵所帶繩串蒺藜，掛於此牌向外釘上以行，用時取下鋪地。圓藤牌雖爲擊殺之器，而不能立束部伍。惟此牌可以整營陣，齊進止，遮人衆，壯士氣，進如堵墻，退如風雨，然只可以遮刀鎗，而不能革鉛子。尚有軟壁在焉，其法長五尺，横濶二尺。

釘牌式

正面　背面

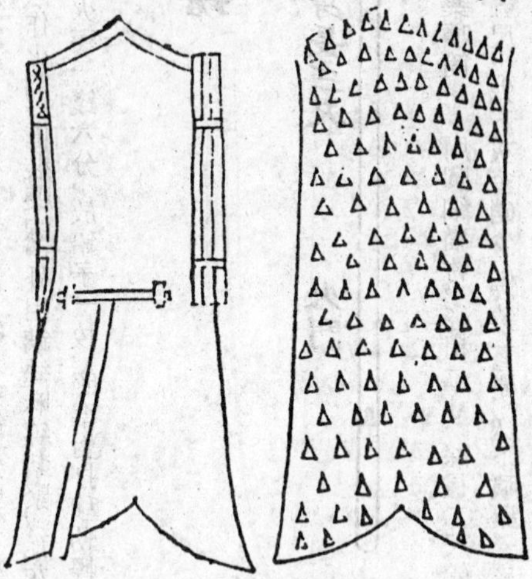

又　用硬木作架，高七尺，濶六尺，取軍中綿絮被，掛於架上，以張陣前，堵鉛彈。亦可攔路阻險，此無他奇異，第取一時從便之法耳，不若剛柔牌之妙也。

軟壁

又　其架用木爲長桄，中用一檔，牌身與木牌等。先用生牛皮二層釘之，皮裏用好蠶綿三斤，用布序爲一袋，貼牛皮之裡，用分水薄綿紙。每二張鬆鬆團爲一毬，疾行排之，又用蠶綿五斤，序布袋一幅蓋之，四邊竹釘釘固，通用灰漆四明，裏面布處用油厚塗，使不入水，重可十五斤，計費五兩，只苦於價重而官司不能辦耳。此外或用鐵爲鋒，或用鶩毛人髮，或用密紙，或用皮漆，或用竹木而尖其脊，其遮禦鉛子，俱未有勝此者也。最忌入水，坐臥結實。

剛柔牌

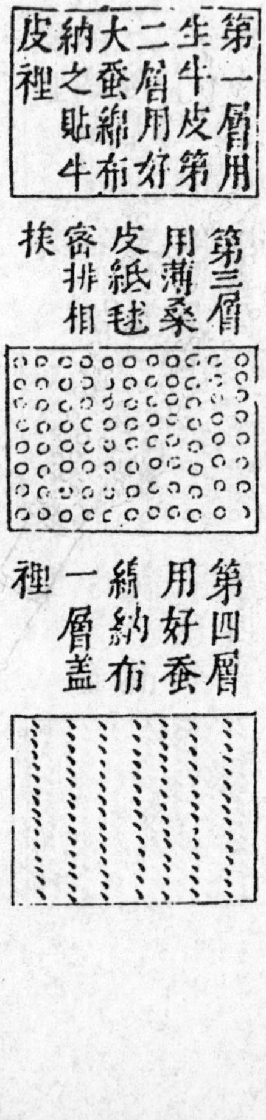

又　此筒用猫竹去皮，庶不裂。長一尺，上用木蓋，下用原節爲底，貯蒺蔾，懸之於腰。用時，手提撒之下地，均匀且速，鐵蒺蔾糞汁炒染毒藥，用以戳脚，名曰鬼箭。撒地以爲阻路守險之用。

鬼箭

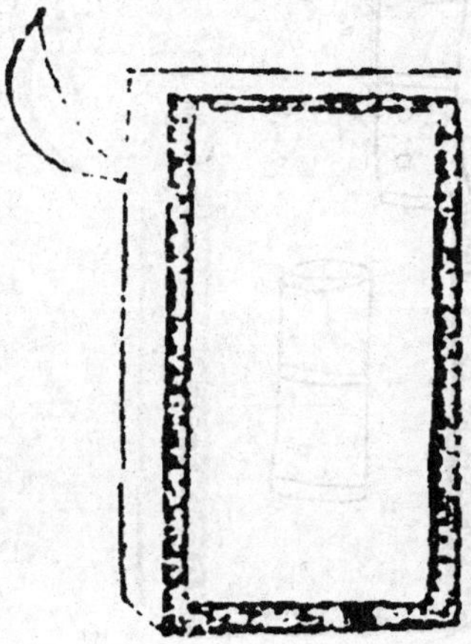

又　卷一〇《步兵騎兵牌》　其牌並以木質，以革皮束而堅之。步兵牌長可蔽身，内施槍木，倚立於地。騎牌正圓，施於馬射，左臂繫之，以捍飛矢。

步兵牌

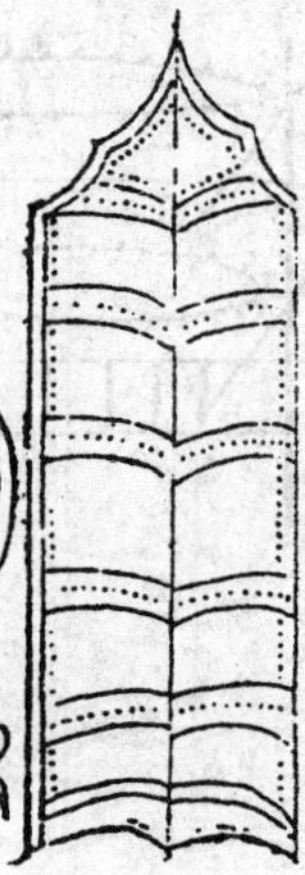

騎兵牌

又　卷一一　竹木皆可爲之，但要前重後輕，前粗後細，隨牌帶飛鏢三枝，腰刀一把。如賊逼近，則飛鏢而擊之，中與不中，賊必遮隔，即乘隙取刀砍進，此牌設鏢之意也。

飛鏢

又　卷一四　焰硝一斤，黄四兩，杉木灰四兩，瓦匠造土砲如荔枝形，碗大空腹，容二合藥，留荳大眼，厚四分，燒作瓦砲，將前藥爲細末，漫漫磨入砲内，約有九分。以竹一節釘入，竹中空處入藥信，外以紙糊之，如遇敵人，點火從上擲下，砲响瓦破，可擊賊也。

荔枝砲

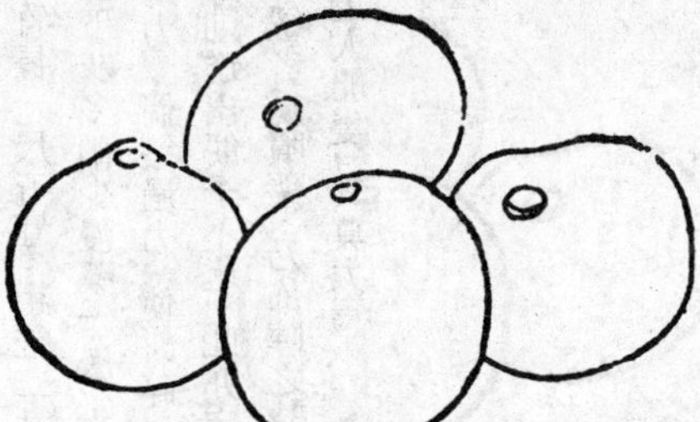

清　年羹堯《治平勝算全書》卷一三　每扇濶五尺，以高于蝶五尺，滾木二道，贅大竹釘浮于坾上，約可二人負之，輕重適均。在城上則立爲垛口，防夜袭登城；在軍中，可肩集而成列，立完壘壁，禦寇如弄丸也。

木城式

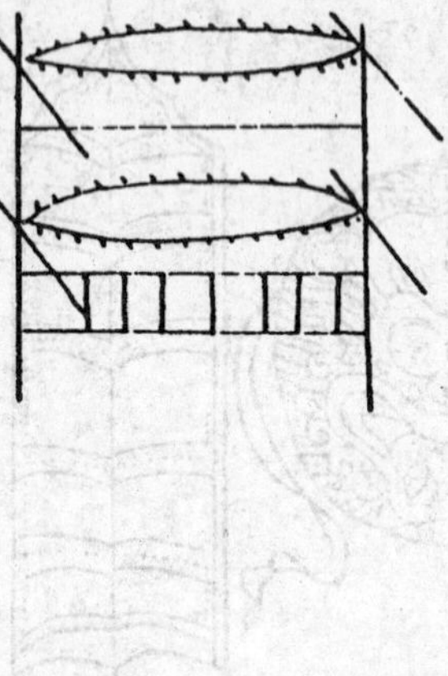

又　卷一四　用堅木造，式無論大小，渾鑿空腹，外鐵箍四道，下開綫眼，裝火藥杵实，口入黄土少許，次進石鐵子藥。綫穿聯機槽，火發砲碎飛傷，便於守城事，急爲易造耳。

木砲

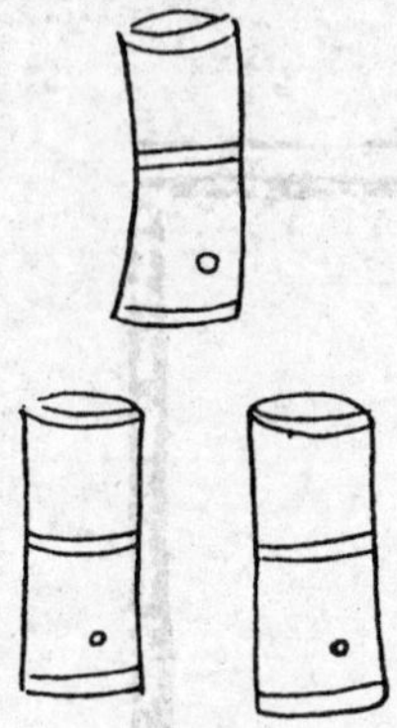

又　卷一八　竹長一尺五寸，粗徑二寸，用蔴繩密密細纏，下用竹木爲柄，長五尺。筒中先下灰多硝少漫藥一層，次下噴藥一層，次下珠一枚，珠照築圖製，務要合口用力。倘築過力，使餅碎，又无用也，如此五次完。然送藥多則暴其腹，送藥少則送出餅子不遠，此亦定法。惟以筒之粗細、餅之大小爲送藥之加減，餅發去緩者爲噴藥，乃佈陣之時用也；餅發去急者爲送藥，遠去數十丈，燔人積叙，燒人船隻，其莫大焉。

飛天噴筒秘法

又　用圓細猫竹，徑粗二寸，深長二尺餘，以麻繩纏密。下用竹木柄，長五尺。

噴筒分式

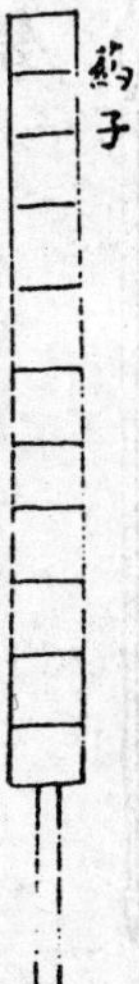

餅式

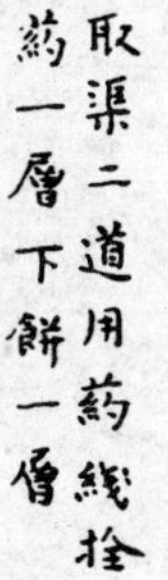

又 **卷一九** 用竹篾綸筒，長四尺，口大尾小，紙糊油刷，以防風雨。內綸橫順閣箭竹口三卜，旁留小眼，穿藥線，揔联內起火。箭上每筒裝十七八枝或二十枝，鋼箭頭塗毒藥，起火前捏明火一。凡焚粮艸、城樓、船隻俱妙，遇敵則前衝可也。

火籠箭

又 三種飛器，不過一法，即一大火箭也。造用徑六七分荆木爲之，長可五尺，後杪三稜，大翎如箭矢。頭用紙筒實以火藥，如火箭頭，長可七寸，粗可二寸。他人隨地不起，惟近日造鏇長五分，橫濶八分，或劍刀形，或三稜，如火箭頭連身重二斤餘。燃火發之，去三百步，中者人馬俱斃。凡有枚枒之物，皆可架放也。此三器俱長五尺五寸，重二斤。

飛鎗

飛刀

飛劍

清 **惠麓酒民《洴澼百金方》卷四《毒龍噴火神筒》** 截竹爲筒，約長三尺，以貯毒火、爛火藥，懸于高竿之首。令壯士持至城垛口中，乘風發火，烟熖撲人，掩賊面目，鑽賊孔竅，佇立不定，昏眩仆倒，蟻附而登，內外相應，隨將利器繼之，破之必矣。

毒龍噴火神筒式

又《衝鋒追敵發熕》 用茅竹截筒，長三尺。先用冷火之藥浸透，以易其性，使不染火爲度。外以鐵線纏之，再用半觔麻裹瓦灰，灰之晒乾，生漆漆之。內裝發藥五升，次裝磁鋒一觔，俱用砒黃、巴豆、硇砂等藥炒製，再用神砂三合，毒火一合。裝畢上用黃泥塞其口，口上用鐵箍箍之，堅木爲柄，柄長二尺，裝實聽用。

衝鋒追敵發熕式

又《飀石》　每用一握竹，長五尺，以長繩二股一頭繫竹上，一頭用一環繩中分用一皮兜，徑五寸，摇竿爲勢，一擲而發。

飄石式

又《連弩》　用木作床，埋九矢、七矢、五矢等弩于道旁，草茵浮蓋，撑滿搭箭，即以繩結其弦，穿度弩箭横行通節引至排弩末，釘兩樁道旁，闌繩當路。馬衝弦啟，連弩迸發。

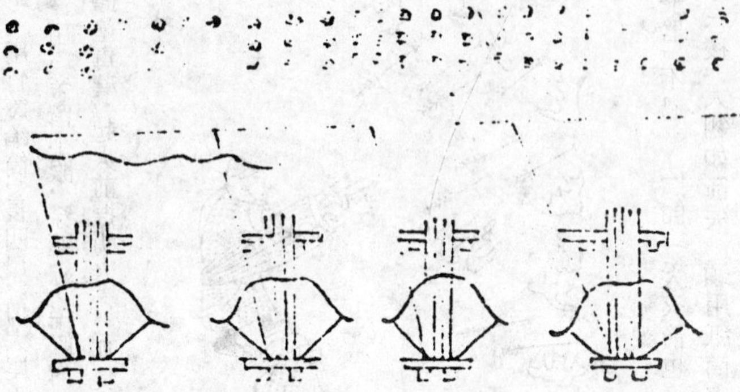

又《籐牌》　老粗籐如指用之爲骨，籐篾纏聯，中心突向外，内空，庶箭入不及手腕也。周簷高出，雖矢至不能滑泄，及入内以籐爲上、下二環，以容手肱執待。此主衛而不主刺，矢石槍刀皆可蔽，所以代甲胄之用。每兵執一牌，腰刀一把，閣刀手腕一手執鏢槍，將鏢擲去，急取刀在手，隨牌殺入，一入槍身内，則槍爲弃物，我必勝彼矣。牌無鏢能禦而不能殺，將欲進步，然後起鏢，勿輕發。岳武穆用旁牌麻扎刀，令軍士低頭只砍馬足，敗兀术拐子馬是也。寘于行伍之先，必在狼筅之下，蓋恃筅爲勢，架護于上，方能筅下突進，若無筅則牌刀皆短，不能獨出獨入，每爲長器所制。

籐牌式

又卷四《挨牌》　用白楊木，長五尺，濶三尺，下頭比上略小四五分，可以補陣，可以發矢。用繩索，用木橄欖，取其可挂項上，以左手中指縫中夾牌下短繩木橄欖，仍以五指挽槍前半節，右手執槍後半節，或伸或縮，左右旋刺，兩手俱不持牌。

挨牌

又《狼筅》 用大毛竹，上截連四旁枝節，枒杈長一丈五六尺，此器乃行伍之藩籬，一軍之門户，如人居室未有門户扃鍵，盜賊能入者，雖然得人用之則可制人，不得其人則制于人矣。當擇力大者，以牌盾佐某，下長槍夾其左右，钂鈀、大刀接翼于後，蓋筅能禦而不能殺，非有諸色利器相資，鮮克有濟。兵中用此者，臨敵白刃相交，心奪膽怯，惟筅枝繁盛遮蔽一身，足以壯膽，方敢站定。除近手二層外，餘俱用倒鈎冠。其杪根後要粗重，手乾于中要前後相稱，寧後重，毋前重，附枝軟則刀不能斷，層深則槍不能入。

又 卷一〇《楗牌》 楗牌量其城門高下濶窄，堅木造之，厚四五寸，外用鐵葉排釘錠，裏頂上照門窄一尺，濶長渠。將楗牌預爲懸穿城上，兩邊栽壯木二根，橫架圓木一根，中安二滑車。楗牌用粗繩繫住，若遇焚門，土壅不及，將楗放下隔阻。

楗牌式

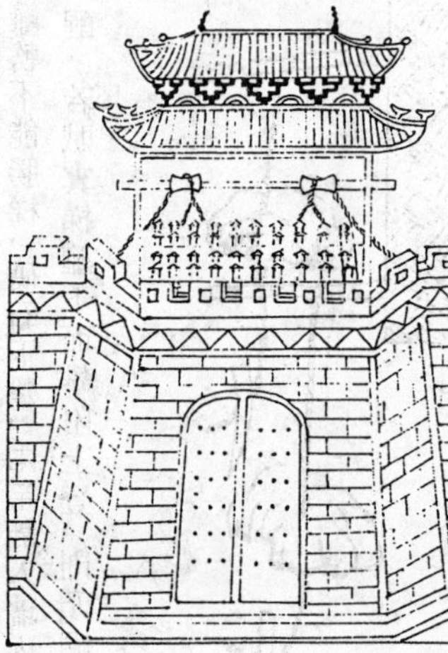

又《溜筒》 上用竹筒，下用鐵管，城上注水于木斗，内傾瀉。

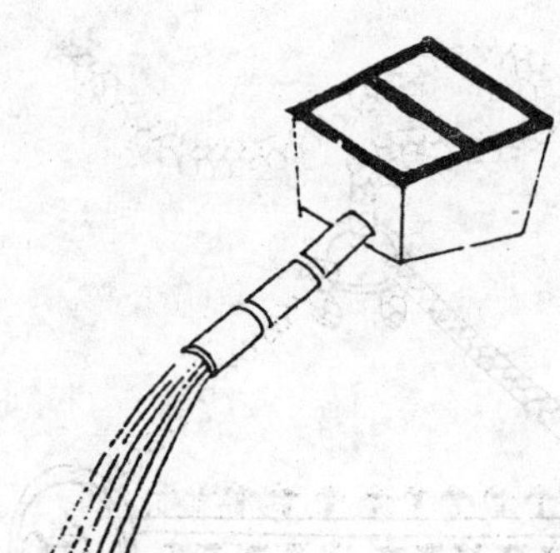

又《唧筒》 用長竹，下開竅，以絮裹木桿，自竅唧水。

唧筒式

又《浮籬》 奈何木下垛口之外，益以浮籬。每扇約濶三四尺，長六七尺，不拘環城接連駕設之法，或用小木，或竹二根，比籬濶三四尺，以一半伸出垛外，一半放入梁内。其外閣浮籬，籬上壓以磚石。天晴加寘石灰數包于上，其内用繩縛墜石虛懸，用木釘釘于地下，鬆緩其繩。

若賊加梯籬上，籬軟不能勝梯，磚石下擊，兩竿翻入墻内，守垛者且自驚覺，即倦睡亦醒。若賊寘梯籬下而攀附上登，則頭觸浮籬，亂石又墜矣。

兩竿架浮籬式

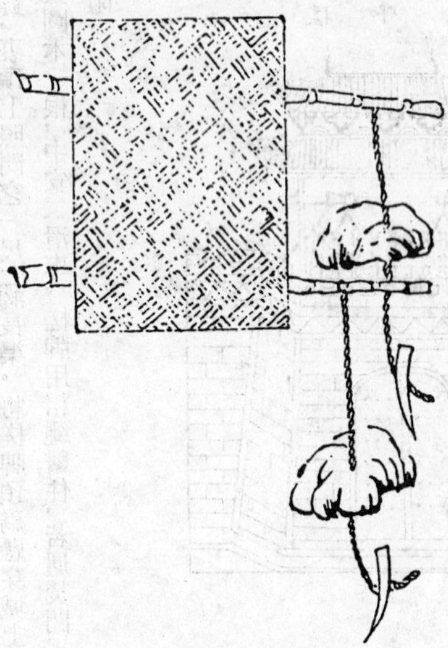

又 卷一〇《洞子》 用木製長一丈，濶三尺，外直裏邪，外密裏稀，密處以大麻繩編如竹笆樣，城樓闕即遮蔽之。

洞子

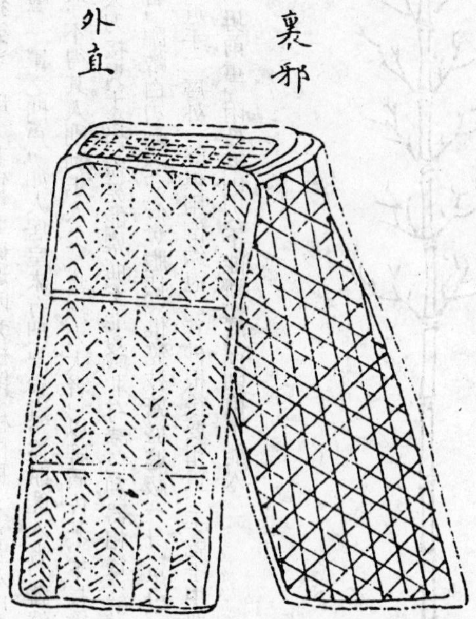

又 卷一一《吊擸》 狀類桔槔，用大杉木二條，一横一竪，繫以大索，前用鐵索貫石，或鐵猫兒出城二三丈，後用大繩丈餘，數人扛拒攻車。

又《夜叉擂》 一名留客住，用濕榆木，長一丈許，徑一尺，周回施逆鬚，出木五寸，兩端安輪脚輪，徑二尺，以鐵索絞車放下復收，擊攻城蟻附者。

夜叉擂

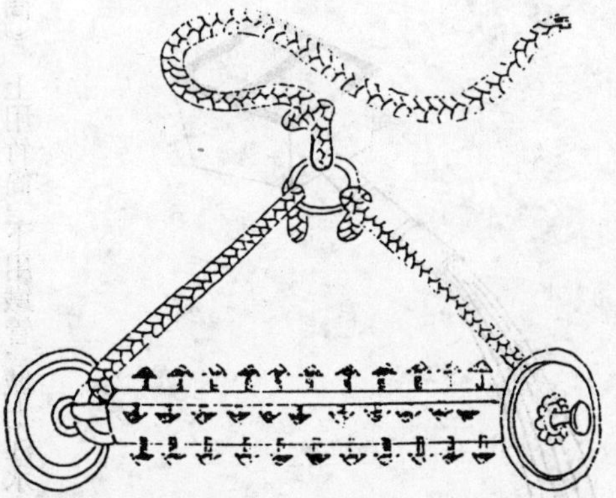

又《搊蹄》四木門方，徑七寸，横施鐵逆鬚釘闌路。

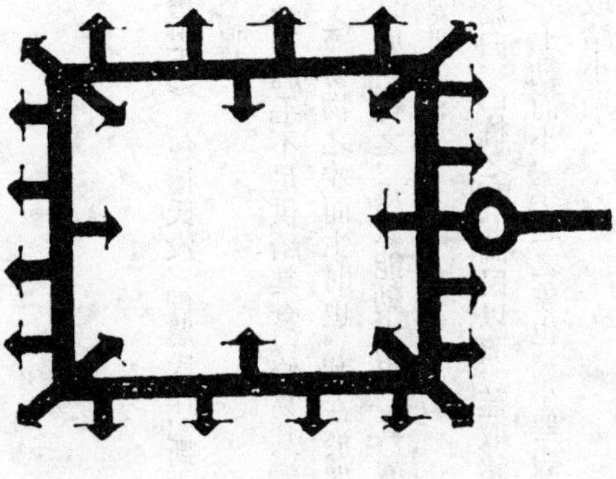

搊蹄

又《鐵鹿角》用木三條交叉撑架，兩頭木尖，貫鐵槍，可收可放。

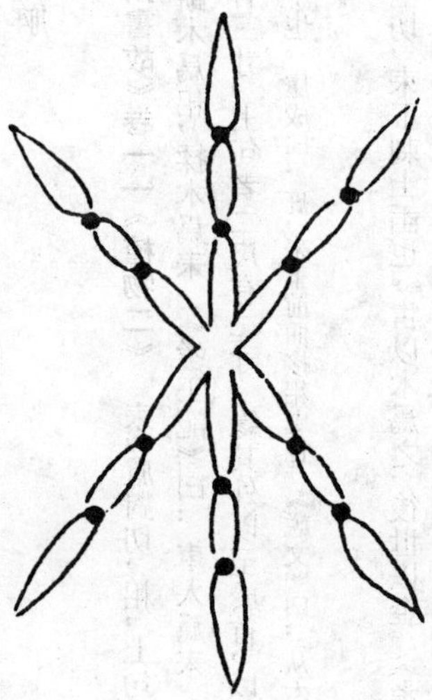

鉄鹿角

又《踢圈》以竹爲圈，插于馬道，以索結繫竹圈以釘。釘草蓋處，或浮土埋之，馬至套圈輒倒。

又有用活結繩圈再加竹圈上，馬至套圈縱出竹圈，而此活結繩圈一動輒緊馬足曳住。

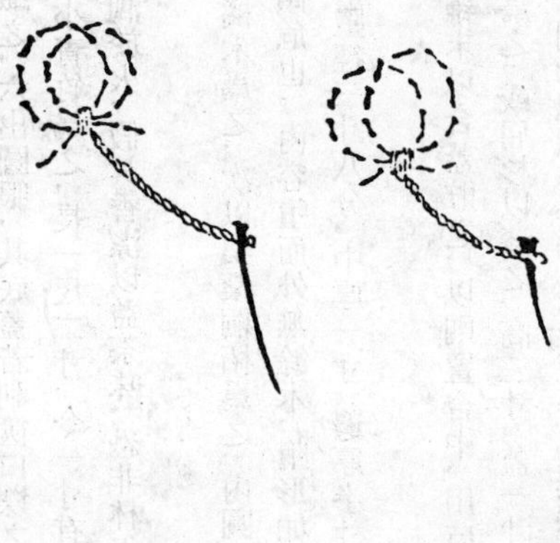

又《馬拖》用竹削成筋大，長數倍于筋，其錐頭鋭，用以鑽地，尾用熱湯煑過搥碎，和麻皮成索，索尾安扣頭，扣轉于竹片之上。仍將槍桿曳索于竹片首，若馬被套而走，則索尾之槍自戳馬腹。

農桑類

題解

宋 戴侗《六書故》卷一一《植物二》 耒，盧對切，耜，上句木也。《易》曰：神農氏作，斲木爲耜，揉木爲耒。《考工記》曰：車人爲耒，疵長尺有一寸，中直者三尺有三寸，上句者二尺有二寸。緣其外以至於首，以弦其内六尺有六寸，與步相中也。康成曰：疵，耒下前曲接耜處也。《説文》曰：从木推丰。按：耒無丰形者，丰乃聲也。

又 耜，詳里切，耒下刺土臿也。古以木爲之，後世以金。《考工記》曰：耜廣五寸。

又 槔，古牢切，桔槔也。莊周曰：有械于此，鑿木爲機，前重後輕，挈水若抽，其名爲槔。古亦單作挈皋。挈亦作桔，皋亦作格。

又 卷二三《植物三》 簁，所宜、所皆二切，竹器。所以治粒物，别粗細。又作篩簏箭。又所倚切。《説文》曰：簁箄，竹器也。簏可以取粗去細。

論説

《子夏易傳》卷八《繫辭下》 包犧氏没，神農氏作，斲木爲耜，揉木爲耒，耒耨之利，以教天下，蓋取諸益。

神農氏之時，人育而繁，腥毛不足供給其食，修易其變，觀天地之宜，相五穀之種可食者，收而藝之，易物之才而生財也。其在於器乎，故斲木爲耜，揉木爲耒，木可以揉，曲直於斯得之，爲象能動木也。其義，益之大也。神而化之，得農之道，是以取諸益。

又 斷木爲杵，掘地爲臼，臼杵之利，萬民以濟，蓋取諸小過。

杵動於上，臼止於下，上動而小，小過之象也。小器設而萬民獲濟，小能濟大，小過之義也。是以取諸小過。

唐 陸羽《茶經》卷上《二之具》 籯加追反一曰籃，一曰籠，一曰筥，以竹織之，受五升，或一㪷、二㪷、三㪷者，茶人負以採茶也。

又 甑，或木或瓦，匪腰而泥，籃以箄之，篾以系之。始其蒸也，入乎箄；既其熟也，出乎箄。釜涸注於甑中，又以穀木枝三亞者制之，散所蒸牙笋并葉，畏流其膏。

又 芘莉，音杷離一曰羸子，一曰筹筤，以二小竹，長三尺，軀二尺五寸，柄五寸，以篾織方眼，如圃人土羅，闊二尺，以列茶也。

又 棨，一曰錐刀，柄以堅木爲之，用穿茶也。

又 撲，一曰鞭，以竹爲之，穿茶以解茶也。

又 貫，削竹爲之，長二尺五寸，以貫茶焙之。

又 穿，江東、淮南剖竹爲之，巴川、峽山紉穀皮爲之。江東以一斤爲上穿，半斤爲中穿，四兩五兩爲小穿。峽中以一百二十斤爲上穿，八十斤爲中穿，五十斤爲小穿。字舊作釵釧之釧字，或作貫串，今則不然。如磨扇彈鑽縫五字，文以平聲書之，義以去聲呼之，其字以穿名之。

又 育，以木制之，以竹編之，以紙糊之。中有隔，上有覆，下有床，傍有門掩一扇。中置一器，貯煻煨火令煴煴然，江南梅雨時焚之以火。

又 卷中《四之器·筥》 筥，以竹織之，高一尺二寸，徑闊七寸，或用藤作木楦，如筥形織之，六出圓眼，其底蓋若利篋口鑠之。

又 夾，以小青竹爲之，長一尺二寸，令一寸有節，節已上剖之，以炙茶也。彼竹之篠津潤於火，假其香潔以益茶味，恐非林谷間莫之致。或用精鐵熟銅之類，取其久。

又 碾，以橘木爲之，次以梨桑桐柘爲之，内圓而外方。内圓，備於運行也。外方，制其傾危也。内容墮而外無餘木，墮形如車輪，不輻而軸焉，長九寸，闊一寸七分，墮徑三寸八分，中厚一寸，邊厚半寸，軸中方而執圓，其拂末以鳥羽製之。

又 羅合，羅末以合蓋貯之，以則置合中，用巨竹剖而屈之，以紗絹衣之。其合以竹節爲之，或屈杉以漆之，高三寸，蓋一寸，底二寸，口徑四寸。

又 水方，以椆木槐楸梓等合之，其裏并外縫漆之，受一斗。

又 漉水囊，若常用者，其格以生銅鑄之，以備水濕，無有苔穢腥澀，意以熟銅苔穢，鐵腥澀也。林栖谷隱者，或用之竹木，木與竹非持久涉遠之具，故用之生銅，其囊織青竹以捲之，裁碧縑以縫之，紐翠鈿以綴之。又作绿油囊以貯之，圓徑五寸，柄一寸五分。

又　瓢，一曰犧杓，剖瓠爲之，或刊木爲之。晉舍人杜毓《荈賦》云：「酌之以匏。」匏，瓢也。口闊，脛薄，柄短。永嘉中，餘姚人虞洪入瀑布山採茗，遇一道士云：「吾丹丘子，祈子他日甌犧之餘乞相遺也。」犧，木杓也。今常用以梨木爲之。

又　竹筴，或以桃柳蒲葵木爲之，或以柿心木爲之，長一尺，銀裹兩頭。

又　札，緝栟櫚皮以茱萸木夾而縛之，或截竹束而管之，若巨筆形。

又　滌方，以貯滌洗之餘，用楸木合之，制如水方，受八升。

又　具列，或作床，或作架，或純木純竹而製之，或木或竹黃黑可扃而漆者，長三尺，闊二尺，高六寸。具列者悉斂諸器物，悉以陳列也。

又　都籃，以悉設諸器而名之。以竹篾內作三角方眼，外以雙篾闊者經之，以單篾纖者縛之，遞壓雙經作方眼，使玲瓏。高一尺五寸，底闊一尺，高二寸，長二尺四寸，闊二尺。

宋　李衡《周易義海撮要》卷八　包羲氏没，神農氏作，斲木爲耜，揉木爲耒，耒耨之利，以教天下，蓋取諸益。制器致豐，以益萬物。注神農時，民厭鮮食而食草木之實，聖人因是以達其不忍之心，故教以耒耜之利，其益無方矣。耒耜者，耒首也，斲木之鋭而爲之。耒者，耜之柄也，屈木之直而爲之。益之成卦，上震下巽，爲木以動入爲用，益者，於佃漁爲益也。

明　徐炬《新鐫古今事物原始全書》器用卷一九《蓧》　《説文》云：耘田器也。以竹爲之，苗盛之時繫於頸，以壓苗尖，恐害眼也。今吴人呼爲苗。又《論語》云：遇丈人，以杖荷蓧。即此耰蓧，俱后稷之孫叔向所作。

又《耰》　《事始》曰：鋤田器也。以木爲之，木下用釘，磨田以去草。《論語》云：「耰而不輟」是也。

明　林希元《易經存疑》卷一一　包犧氏没，神農氏作，斲木爲耜，揉木爲耒，耒耨之利，以教天下，故取諸益。《孟子註》曰：耜，所以起土，耒，其柄也。今不知是何器，若謂今之鋤頭，及謝疊山謂之犂，則今犂鋤皆鐵，而耒耜皆斲木爲之。若謂古以木爲鋤頭，後世易之以鐵，則削木爲鋤，有難起土。自今觀之，謝疊山謂犂或然。蓋曲木在上，俗名犂衡，即是耒。今云犂壬，此合於揉木使曲之象。斲削二片，俗呼犂壁，則是耜必如是方能起土。或以斲木爲疑，愚意古人只是斲木益之爲卦，以象言二體皆木，耒耜皆木，所爲似之。以德言，上巽爲入，下震爲動，耒耜雖下，入畢竟是。耒上面用力，方得入於卦，德似之。又卦名爲益，天下之益，莫大於耒耨之利，故於卦名有取焉。

清　王夫之《詩經稗疏》卷二　杼柚，《方言》：杼柚，作也。東齊土作謂之杼，木作謂之柚。譚地正在東齊，云杼柚者，其方言也。序言困於役而傷於財，杼柚其空，言空國以從役也。《鄭箋》以杼柚爲持緯受經之具，則職貢有絲麻而無布帛，與後世庸調用絹者不同。覲問雖有幣，自有常制，不致遂空。機杼，《毛傳》云：空盡也。言人力盡於輸作是已。

清　陳玉璂《農具記》　農之爲具不一，而負牛之具曰犁，犁，利也。利發土，絶草根也。《山海經》曰：后稷之孫叔均，始教牛耕。陸龜蒙《耒耜經》云：耒耜通謂之犁。耒耜，即《易》所稱神農氏斲木爲耜，揉木爲耒也。其制有冶金而爲之者，曰犁鑱，曰犁壁；斲木而爲之者，曰底，曰壓鑱，曰策額，曰箭，曰轅，曰梢，曰犁評，曰建，曰槃。如是而犁之事畢。服牛之具曰軛，曲木竅其兩旁，通貫耕索，下繫以控牛項。潘岳《籍田賦》「葱犗服於縹軛」是也。驅牛之具曰鞭，紉麻合鞭，鞭有鳴鞘，人以聲相之，用警牛行也。衣牛之具曰衣，牛於牧養中，毛最疎，畏寒。每冬月編織冗麻，衣之，如袓褐，所云牛衣也。漢王章嘗卧牛衣中，晉劉實口誦手繩，賣牛衣自給。牛衣之制，最近古也。如是而牛之事畢。耕田之器則有若耙，以耘也。有若钁，主誅也。《爾雅》則謂之鐯也。有若乖，顔師古曰「鍬也」。有若鋒，《古農法》云：鋒地宜深，鋒苗宜淺，以其柄如耒，首如刃，故名也。有若搭，農家不能盡有牛耕，嘗數家爲朋，工力相易，日可劚地數畝，以其齒劚土如相答故名也。有若田盪，均泥器也。使和水土凹凸相平也。又鐵齒兩行列，盪去草根也。計挿秧之始，一月之內，凡三盪。越數日曰頭盪，越十日曰二盪，又越十餘日曰三盪也。有若長鑱，後偃而曲，上横木如拐，兩手按之，捩柄以起墢。杜少陵歌「長鑱長鑱白木柄」是也。有若錢，詩曰：「庤乃錢鎛」，錢與鏟同體而異名也。有若鎛，詩又曰：「其鎛斯趙，以薅荼蓼。」鎛，迫也，迫去地草也。《考工記》：凡器皆有國工。獨無鎛，非無鎛也，夫人而能爲鎛，不必國工也。有若耨，制與鎛略同，《易繫》曰「耒耨之利，以教天下」是也。有若櫌鉏，制又與耨略同，賈誼云「秦人借父櫌鉏」是也。如是而耕之事畢。灌田之器，則有若桶，箍木爲之，糞其田也。有若杓，亦箍木如盂，置之柄首，佐桶爲用也。有若瓦竇，置塘堰中，放水使入，亦使出也。有若筐，若籃，郭璞云：「一器也。」所以實灰土，使肥田也。如是而灌之事畢。藏種之器，則有若篠，若蕢，魯論「丈人以杖荷篠。」又「荷蕢而過孔氏之門」，器之從草者也。有若種簞，形如甓，用貯穀種，庋之風處，不致鬱浥，器之從竹者也。有若穀盅，編竹作圍，長短無定，入穀中以通氣，亦器之從竹者也。有若畚，晉王猛少貧賤，嘗鬻畚此也。南方以蒲竹爲之，北方以荆柳爲之也。有若稻包，種之將布，必先浸之水際三日，以俟其萌，而以草束爲裹，俗曰稻包，無定制也。如是而藏種之器畢。布種之器，則有若瓠種，竅瓠貯種，穿兩首，以木箄爲貫，瀉種於耕犁隨掩過，覆土深，則雖暴雨不至梋樾也。有若秧馬，榆棘爲腹，楸梧爲首，昂其首尾，以便兩髀較之傴僂而作者，勞佚殊也。有若藕馬，似籃而長，兩端攀以竹系，寘跨間，餘裳歛之於內，使不礙蹓行也。有若臂篝，狀同魚笱，穿臂於內拳衣袖，便捕苗也。有若簑，雨具也。有若笠，避雨亦蔽日也。二者自耕而穫皆相需，而布種尤急也。如是而布種之器畢。收穫之器，則有若推鎌，形如偃月，作兩股短叉，架以橫木，兩首穿小輪，中嵌鎌刃，前向以斷禾莖也。有若笐，構竹木如屋，禾悉倒控其穗，久雨之際，比積垛爲有功也。有若喬扦，竹長短相等，每三爲數，架田中，控禾把，以風沮濕也。有若杴，平木爲之，平土壤之聚穀便曝日也。有若竹杷，如童子聚薪之物，亦以攤穀也。有若曬槃，形廣而圓，邊緣微起，下繫竹二，兩端俱出，利扛移攤布也。有若摜簟，摜，抖擻也。簟，承所遺稻也。置木石之物於簟，舉稻把摜之，子粒隨落也。有若稻牀，制如鞍而大，足前昂後低，以竹爲界，而中空之，亦摜稻落子粒也。有若搭爪，如刀環，以環草禾之束，或積或擲，速於手挈也。有若杈，木幹鐵首，二其股利如戈戟，箝取禾穗也。有若箒，掃遺穗也。有若擔，負禾具也。有若鉤，禾既成稛，鉤而負之也。有若連耞，用木條四，以生革編之，又或獨梃，皆於柄首造擐軸，舉而轉之以撲禾也。有若風車，如馬牛蹲立，中使圓轉受風，以米穀漸加於背，而落於口，濕可使乾，雜可使浄也。有若銍若艾，《詩》曰：「奄觀銍艾」，釋云：穫禾短鎌也。有若斗若斛，以量穀知多寡也。有斛盪，制如尺，量穀使平也。如是而收穫之器畢。作場之器，則有若磟碡，或木或石，刊木括之，中受簨軸利旋轉，以碾捍場圃也。有若平板，長廣相稱，兩耳繫索摩土使平也。有若捶，沉重之木數尺，剜項爲鈕，以執手兩人共舉聲相呼答，用築田岸使堅，或用築場也。有若耰，《呂氏春秋》曰「椎」也，摩田亦擊壤也。如是而作場之器畢。戽水之器，則若有桔槔，長木爲箱，三面如墻堵，仰而缺。置小板數十，如斗，而以木貫之如索，水間以架相承，岸橫輥軸二寸木，制如椎者十七八。又立橫木衆人俯之，而以足踐椎，首尾旋轉如轆轤以引水上田也。有若水車桔槔，置之近水旁，用篾篷如風帆者，五六相爲牽絆，使乘風引水也。有若牛車，制如前，第以牛引之，省人力也。如是而戽水之器畢。治穀之器，則有若臼，杵臼也。有若碓，臼之變也。《廣雅》云：「臼磓」，下力切，碓也。有若碾，制如磟碡，碾穀出米也。有若篩篣，比籮疎而深，上有長係，可掛以篩穀也。有若磨，以竹爲齒，外實以土，下架木爲牀，以磨穀出米俗呼礱，或曰龍也。有若竹揚杴，剡木爲首，謂之木杴，可㨂穀物。又或以竹爲之，即云颺籃也。有若箕簸，揚米去糠也。《莊子》曰：「箕之簸物，去粗留精是也。如是而治穀之器畢。余廬墓旁課奴子耕田，見農具凡若干，詢之老農，又考之古昔所稱，圖畫所載，有合有不合，有名異而實同，有名實俱異而所用亦殊者，因爲文記之，使知所考云。

綜　述

宋 秦觀《蠶書·鎖星》 爲三蘆管，管長四寸，樞以圓木建，兩竹夾鼎耳。縛樞於竹中管之，轉以車下直錢眼，謂之鎖星。

宋 黄震《黄氏日抄》卷一六《讀禮記·月令第六》 耒以木爲之，長六尺六寸，底長一尺一寸，中央直者二尺三寸，句者三尺二寸。底謂耒下向前曲而接耜者。

元 薛景石《梓人遺制》 華機子。叙事：《淮南子》云：伯余之初作衣也，綫麻索縷，手經指掛，後世爲機杼勝復以便此伯余之始也。伯余黄帝臣，杼音紵。江文通《古別離》云：紈扇如明月，出自機中素。唐房玄齡授秦王府記室居十年，軍符府檄或駐郎辦文約理盡，初不著藁。高祖曰：若人機織，是宜委任。每爲吾兒陳事，千里猶對語。《拾遺記》吴王趙真人巧妙無比，人謂吴宮三絶，機絶、針絶、絲絶。其機非伯余作，止是手經指掛而已。後人因而廣之，以成機杼。《傳》云「麻冕」，禮也。今也純儉。麻冕，布冠純絲也。吾從衆，純布亦自古有。故知機杼亦起於上古，今人工巧，其機不等，自各有法式，今略叙機之總名耳。用材：造機子之制，長八尺至八尺六寸，上至龍脊杆子，下至機身，共高八尺至八尺六寸，横廣褾外三尺六寸。機身徑廣三寸，厚二寸六分。先從機身頭上向裏量八寸，畫前樓子眼，前樓子眼合心至中間樓子眼合心二尺二寸，中間樓子眼合心至兔耳眼合心四尺二寸，兔耳眼合心至後靠背樓子眼合心一尺二寸。内樓子眼各長一寸六分，隨材加減。兔而眼長四寸。機樓扇子立頰長五尺二寸，廣隨機身之厚，徑厚一寸六分。從下除機身内卯向上量一尺六寸，畫下檏棍眼，下棍眼上量七寸心棍眼，心棍上七寸是上棍眼。棍眼長一寸六分。上棍上一尺二寸是遏腦。遏腦木長四尺四寸，廣四寸，厚隨樓子立頰之厚。上順絞井口又謂之井口木。廣厚同遏腦。衝天立柱長三尺四寸，下卯在外。厚隨遏腦之厚，廣二寸，下卯栓透遏腦心下兩棍。遏腦向上隨立柱量四寸，安文軸子，軸子圓徑一寸至一寸二分，長隨樓子之廣。龍脊杆子長隨機身之長，厚隨衝天立柱之方廣。樓子合心向脊杆子上分心各離三寸，安牽拔二箇。機子心扇心棍合心每壁各量一尺二寸，安引手，引手各長一尺五寸，上是六箇眼子。遏腦上絞口向裏兩下各量七寸，是前後順檏棍。順棍栓透前後樓子，遏腦從心扇遏腦上向後，順根上量四寸，安立人子一箇。立人向後又量二尺，更安一箇，各長五寸。上是烏坐木，内穿特木兒。卷軸長隨兩機身横之外徑三寸四分，兔耳隨機身之厚徑，廣四寸，上訛角。卧牛子長三尺六寸，隨機身横之廣徑，廣六寸厚五寸。是立人子至卧牛底面褾上，通高三尺，徑廣三寸，厚二寸六分。立人子頭上向下量五寸開口子，二分中取一分立口。口子合心横鎖寨眼上安利杆，利杆長八尺。立人子開口與箴框鵝口廣同，卧牛上隨立人子向上量三寸。安檏棍一條，廣二寸。箴框用雜硬木植。長三尺六寸，廣二寸四分，厚一寸二分，内安斗子，其斗子内二尺八寸，明遼高五分，箴口上下離八分至一寸。斗子上是鵝材，長三寸六分，方廣二寸，開口深二寸四分，横鑽寨眼子。特木兒長三尺四寸，版廣二寸四分，厚八分。從頭上眼子至心翅眼子量九寸五分，是心内眼子。圓七分。心内眼子至後尾眼子二尺一寸，樓子合心。上釘環兒。弓棚架子版長一尺二寸，廣三寸，厚一寸，用拴三條，内安弓釘，釘上爲用。弓材長六尺二寸，廣一寸，厚六分。搊椿子用雜硬木植造。材長二尺五寸，小頭廣一寸，厚六分，大頭廣一寸二分至一寸四分，厚八分至一寸。從小頭上向下量三寸四分，盡檏子眼。長一寸有餘。檏子眼下一尺二寸明。外是下檏子眼。横檏子長二尺六寸四分，廣一寸，厚四分。椿子内二尺四寸明。計六扇一十二條。

蘸椿子長一尺八寸，小頭廣八分，厚六分；大頭廣一寸二分，厚八分。小頭向下量三寸二分，畫檏子眼向下一尺二寸，外下檏子眼廣與搊同。檏子各長二尺八寸，内二尺四寸。拔檏長隨兩引手之廣，長二尺八寸，徑方廣一寸，計六條，鑽眼子與引手同。白踏椿子長二尺六寸，上廣二寸，厚六分。下廣二寸二分，厚八分。從頭上向下量三寸二分，心内鑽圓眼子。再從頭上向下量四寸二分，邊上鑿檏子眼一箇。檏子眼各長一寸一分。上眼子下楞齊向下，更畫檏子眼一箇，下眼下量九寸四分，外下是雙檏子眼。從下倒向上量二寸八分合心，又鑽圓眼子一箇。檏子長二尺八寸，廣一寸一分，厚四分。滕子軸長三尺八寸，方廣二寸。兩耳内二尺四寸，明耳版厚一寸四分至一寸六分，方廣一尺至一尺二寸。凡機子制度内或織紗，則用白踏；或素物，只用搘子。如是織華子什物，全用其機子不等，隨此加減。功限：機身機樓子共各七功，卧牛子一箇，一功；箴框一副，全一功五分；特木兒六箇，八分功；棚弁弓一功二分，搊蘸各一副，一十二扇，全造三功二分；拔檏六條，四分功；滕子一箇，一功二分；利竿二條，三分五厘功。解割在外。

又　立機子。用材：造機子之制，機身長五尺五寸至八寸，徑廣二寸四分，厚二寸，横廣三尺二寸。褾外先從機身頭上向下量，攤卯眼上留二寸向下畫小五木眼，眼子方八分。小五木眼下空一寸六分横棍眼，眼長一寸八分。横棍眼下空一十六分大五木眼，眼方圓一寸。大五木眼下順身前面下量二寸外馬頭眼，眼長二寸。馬頭下二尺八寸機肐膝眼，眼長二寸五分。機肐膝上馬頭下身子合心横棍眼，或雙用單用眼一寸八分。肐膝眼下量六寸前後順栓眼，眼長二寸。順栓眼下前脚柱下留七寸後脚眼，下留四寸，前長後短。身子後下脚栓上離一寸，是脚踏五木棍眼。眼長二寸。心内上安兔耳各離六寸，前脚長二尺四寸，後脚減短二寸。馬頭長二尺二寸，廣六寸，厚一寸至一寸二分。機身前引出一尺七寸，斫盤在内。除機身内卯向前量二寸二分，鑿豁絲木眼。方圓八分。主豁絲木眼斜向上量八寸，鑿高檏木眼。前同。高檏木眼斜向下五寸二分，鵶兒木眼。都主眼子畫。大五木長隨兩機身外楞齊，徑方廣二寸二分。兩頭除機身内卯向裏量一寸，畫前掌手子眼。下是垂手子眼，相栓五木後除兩下卯量向裏合心，却向外各量三寸，外盡後頭引手子眼。眼子各長一寸八分。掌手子通長九寸，廣一寸八分，厚一寸二分。除卯量三寸四分，横鑽寨眼順鑿口子。口子各長二寸四分。垂手子長一尺二寸六分，廣厚前同。除卯七寸四分，鑽寨眼開口子，與掌手子同 。後引手子長廣厚開口子與前同，除卯量七寸六分。鑽眼子。小五木隨大五木之長，廣一寸六分至一寸八分，厚一寸二分。掌手眼與大五木同，長加六分。機肐膝長一尺五寸，厚一寸二分。機身向前量六寸，外畫捲軸眼。方圓一寸。後卯栓透機身兩脚。捲軸長隨機肐膝外之齊，徑方廣二寸，上開水槽。長二尺二寸。掌隨上下掌手子，取其方午。高樑木、豁絲木，約繒木三條，隨兩馬頭內之長，徑膝木長一尺六寸，廣二寸，厚八分。上開口子深一寸五分，下除一寸，鑽寨眼。廣一寸六分，各圓混。鵶兒木長九寸，方廣二寸三分。心兩兩壁各量三寸四分，鑽寨眼，各從心殺向兩頭梢得一寸六分。順開口長二十四分。曲肐肘子長二尺二寸，廣一寸六分，心內厚八分。從心分停除眼子外，眼子圓八分。前量七寸，後量八寸，鑽寨眼。前安鵶兒木上，後安垂手子上。懸魚兒長一尺，廣一寸八分，厚八分。下除圓眼子離六寸，鎖寨眼安於鵶兒木上。長脚踏長二尺四寸，廣二寸，厚一寸四分，從後頭向前量二寸二分，口子內合心橫鑽寨眼，寨眼口順長二寸四分，寨眼向前量六寸，轉軸眼圓八分。短脚踏長一尺八寸，廣厚長脚同。從轉眼向前量五寸，橫鑽寨眼。開口子與長脚同。兔耳長六寸，廣二寸四分，厚一寸。心內一箇厚二寸，下除卯向上量一寸六分，是轉軸眼。下脚長二尺二寸，至二尺四寸，栓上兩機身之上。滕子軸長三尺六寸，方廣二寸，或圓八楞。造滕耳，徑長一尺，廣三寸，厚一寸二分，滕耳內二尺二寸明。布絹筬框長二尺四寸，廣一寸四分至一寸六分，厚六分。內鑿池槽長二尺一寸四分明。寨笓眼在內，寨眼各長五分。梭子長一尺三寸至四寸，中心廣一寸五分，厚一寸二分。問口子長六寸五分，至七寸。心內廣鑿得一寸明。兩頭梢得五分，中心鑽蚍蜉眼兒。凡機子制度，內或就身做脚，或下栓短脚，或馬頭上安高樑豁絲木，或掌滕木下安羅牀棍曲木其豁絲木，所不以同，就此加減。功限：機身機棍各一功，大五木、小五木二功三分；脚踏五木並捲軸一功二分，馬頭曲肐肘子二項，八分功，懸魚鵶兒木，八分功，滕子筬框一功八分。解割在外。

又　羅機子。用材：造羅機子之制，機身長七尺至八尺，橫幔外廣二尺四寸，至二尺八寸。材廣三寸，厚二寸。先從機身後頭向前量四寸，畫後脚眼；眼長三寸。後脚眼盡前量五寸二分，畫兔耳眼；眼長三寸六分。兔耳眼畫前量二尺二寸，畫機樓子眼；眼長一寸六分。機樓子眼畫前量五寸，畫橫棍眼；眼長一寸六分。橫挽眼畫前量八寸六分，立人子眼；眼長一寸六分。立人子眼盡前量八寸，側面畫橫棍眼；眼長一寸六分。橫棍眼盡向前量五寸，畫高脚眼，眼長三寸。機樓子立頰長三尺六寸，廣二寸，厚一寸六分。下除機身外向上高三尺三寸，上除遏腦卯向下量七寸，是橫樑棍眼。眼長八分。樑棍眼合心上下，立串眼拴透遏腦。遏腦廣三寸，厚同兩立頰。遏腦心內左壁離六寸，是引手子眼。眼長一寸八分。引手子上是兩立人子，上是鳥坐木，上穿鵶兒引手長一尺二寸，立人子高七寸。前脚高三尺八寸，廣厚同。機身上引出卯七寸，卯上開口安滕子。卯下一尺五寸，雙樑棍後脚廣厚同前，高三尺。捲軸長隨機身之廣徑，廣三寸四分，圓混上開水槽。立人子高九寸徑，廣一寸五分，上是高樑木，下是豁絲木。長隨兩機身廣之長。特木兒長隨機子廣之心材子廣一寸八分，厚六分加減。大泛扇椿子長二尺四寸。小頭廣八分，厚六分。大頭廣一寸四分，厚八分。從頭上向下量三寸四分，畫眼子眼長八分。上樑子眼至下樑子眼幔外，通量一尺二寸。小扇椿子小頭廣六分，厚四分；大頭廣八分，厚六分。上下幔樑子眼外一尺二寸，橫廣二尺四寸，明前後同。斫刀長二尺八寸，廣三寸六分至四寸，厚一寸二分。背上三池槽，各長四寸，心內斜鑽蚍蜉眼兒。文杆隨刀之長，大頭圓徑一寸，小頭梢得八分。出尖滕子長隨機身廣之外軸材方廣二寸，耳長一尺至一尺二寸。凡機子制度，內或素不用泛扇子，如織華子隨華子，當少做泛扇子。功限：羅機斫刀並雜物完備一十七功，如素者一十功。

又　小布卧機子。用材：造卧機子之制，立身子高三尺六寸，卧身子與立身子同徑廣二寸，厚一寸四分。立身子前頭幔外橫廣二尺四寸，後頭闊一尺六寸。先後立身子上下量攤卯眼，上鵶兒口在內。立身子頭上向下量六寸，畫順身前馬頭眼。眼長二寸二分，前斜高向上五分，後低五分。馬頭下五寸四分，後是豁絲木眼。眼圓徑八分，安在機身之後。豁絲木眼下量三尺二分，後橫棍眼。眼長一寸四分。橫棍眼下離一寸六分，是卧機身眼。眼長一寸八分。機身下離二寸順身小樑棍眼，眼長八分。小樑棍眼下離二寸後橫樑眼，橫樑棍下離一寸二分脚踏関子眼。眼子圓徑一寸。卧身子除前卯向後量二尺五寸後脚眼，與前脚同。後脚眼上分心兩壁順身，各量二寸，畫橫樑棍眼。橫棍上嵌坐板。馬頭上一尺三寸，廣二寸，厚與機身同。除卯之外離九寸開滕子軸口，上更安主滕木厚一寸。脚踏子長隨機兩身之廣，幔外闊六寸，內短串二條徑各廣一寸二分，厚一寸。後短脚幔上一尺二寸，廣厚機身同。下安橫樑兩條。廣一寸厚八分。輥軸長隨機兩身之廣徑。方廣一寸六分，圓混。豁絲木長隨機身外楞齊，圓徑一寸四分，破混前同。鵶兒木長一尺四寸，廣二寸，厚八分。兩頭各留一寸，已裹釘鐶兒中心安鵶兒木。滕子軸長隨機子兩馬頭之外徑，方廣一寸六分。滕耳内一尺七寸明，耳子長一尺六寸，廣一寸二分，厚六分。筬框長二尺二寸，廣一寸四分，厚六分。攀腰鐶兒長三寸，廣二寸，厚一寸二分。又謂之耳。輥軸耳子長二寸四分，厚八分。又謂之懸魚兒。凡機子制度，内或三串栓馬頭造，或不三串。機身馬頭底用主角木，有數等不同，隨此加減。功限：卧機子一箇，滕子、筬框、輥軸共各皆完備，全五功七分；如嵌牙子内起心線壓邊線，更加一功五分。解割在外。

明 徐炬《新鐫古今事物原始全書》器用卷一九《耒耜》《易·係辭》云：庖犧氏没，神農氏作，斲木爲耜，揉木爲耒，耒耜之利，以教天下。《説文》云：耒耜，鋤田器也。今以竹木爲柄，以鉄爲臿。《白虎通》曰：古者食禽獸之肉，神農時人多，禽獸不足，神農乃因天時地利，制耒耜教人農作。

明 徐光啓《農政全書》卷二一《農器圖譜》【耜】臿也。《釋名》曰：耜，齒也。如齒之斷物也。《説文》云：耜，从木，㠯聲。徐鉉等曰：今作耜。《周官考工記》：「匠人爲溝洫，耜廣五寸。二耜爲耦。一耦之伐，廣尺深尺，謂之畎」。鄭云：「古者，耜一金，兩人併發之。其壟中曰畎，畎上曰伐。伐之言發也。今之耜，歧頭兩金，象古之耦也」。賈公彦疏云：古者耜一金者，對後代耜歧頭二金者也；云今之耜歧頭者，後用牛耕種，故有歧頭兩腳耜也。耒耜，二物而一事，猶杵臼也。

又【耕槃】駕犁具也。《耒耜經》云：横於犁轅之前末曰槃，言可轉也。左右繫以樫乎軛也。耕槃舊制稍短，駕一牛，或二牛，故與犁相連。今各處用犁不同，或三牛四牛。其槃以直木，長可五尺，中置鈎環。耕時，旋擐犁首，與軛相爲本末，不與犁爲一體，故復表出之。

又【麥籠】盛芟麥器也。判竹編之，底平口綽，廣可六尺，深可二尺。載以木座，座帶四碢，用轉而行。芟麥者腰繫鈎繩牽之，且行且曳。就借使刀前向綽麥，乃覆籠内。籠滿則舁之積處，往返不已。一籠日可收數畝，又或謂之腰籠。

又【麥綽】抄麥器也。篾竹編之，一如箕形，稍深且大。旁有木柄，長可三尺，上置鈔刃，下横短拐，以右手執之。復於鈔旁，以繩牽短軸，近刃處，以細竹代繩，防爲刃所割也。左手握而掣之。以兩手齊運，芟麥入綽，覆之籠也。嘗見北地芟取蕎麥，亦用此具，但中加密耳。夫籠、鈔、綽，三物而一事，繫於人之一身，而各周於用。信乎人爲物本，物因人而用也。

又【䇢】《集韻》云：「盛穀器。或作囤。又籧也。」北方以荆柳，或蒿卉，制爲圓樣。南方判竹編草，或用籧篨，空洞作圍，各用貯穀。南北通呼曰䇢，兼篅、䉛而言也。然䇢多露置，可用貯糧，篅䉛在室，可用盛種。皆農家收穀所先具者，故併次之。

又卷二四《農器圖譜》【筐】竹器之方者。《三禮圖》曰：大筐以竹，受五斛，以盛米，致饋於聘賓。小筐以竹，受五升，以盛米。又曰：「筐以盛熬穀。」

又【臂篝】狀如魚笱，篾竹編之。又呼爲臂籠。江淮之間，農夫耘苗，或刈禾，穿臂於内，以帣衣袖。猶北俗芟刈草禾，以皮爲袖套，皆農家所必用者。

又【種箪】盛種竹器也。其量可容數斗。形如圓甕，上有篭口。農家用貯穀種，庋之風處，不致鬱浥，勝窖藏也。古謂脩箪窖。《論語》「一箪食」之「箪」，食器，與此字雖同，然制度有大小之殊，作用有彼此之效。《齊民要術》云：「藏稻者必用箪。」蓋稻乃水穀，宜風燥之。種時就浸水内，又其便也。

又【曬槃】曝穀竹器。廣可五尺許，邊緣微起，深可二寸。其中平闊，似圓而長。下用溜竹二莖，兩端俱出一握許，以便扛移，趁日攤布穀實曝之。蠶時農家兼用爲筐，但底密而不通風，終非蠶具。圖如蠶槃式，已見，故不載。

清 屈大均《廣東新語》卷一六《木牛》木牛者，代耕之器也。以兩人字架施之，架各安轆轤一具，轆轤中繫以長繩六丈，以一鐵環安繩中，以貫犁之曳鈎。用時一人扶犁，二人對坐架上，此轉則犁來，彼轉則犁去，一手而有兩牛之力，耕具之最善者也。吾欲與鄉農爲之。

清 劉應棠《梭山農譜》耕譜《泥杷》横用木尺三寸，圓爲身，身下鑿七小孔安竹齒，身側鑿小圓孔竪木柄，柄長同鏟。種禾時，土爛如麪矣。稍有不平者，則用此平之，是鍤之餘也。最輕小快便。

又《鍤》用小木起一架如口字，上則農按之以行牛，下則安齒如泥杷，但彼小此較大如耜耳。齒有竹者，有鐵者，亦與耜同。惟耜齒倒用，鍤齒則順行。蓋耜繼耒後，塊尚頑大，齒用順則鑱入土中不出，故須用倒。安向牛後，人立耜上催牛，牛牽耜走，耜盛人走，人身重壓齒，齒鋒鋭戛土，往復數四，土無不徐徐解矣。至種禾時，土在水下，水在土上，水土漸和，無復頑塊作梗。乃用鍤順抄，土人曰打鍤，所以化土成泥，亦使泥皆爲水。先農整田之制，盡善若此，故詳譜焉。

又《蟲梳》 以竹爲之，鋸竹尺長，細破之成條，鋭其兩頭成齒，用麻縶而横編之，齒密比有如梳。然將長竹柄一根，上開竹口尺餘，夾梳於中。亦用麻維之，持向田間，兩邊俱利用，不似髪梳止得一半也。

又 穫卷《偃杷》 形如張弓，中有長柄，但弓口用弦，此則用木。木之兩端各穿小眼，柄身去弦二尺許，亦鑿一小眼，以小竹條貫柄身，曲而上插入兩端眼中。農夫荷以行，又宛如弓之架箭也。妙哉偃穗歒塗者，執此扶之。

又《籮》 平底圓口，容五六斗，破竹成篾爲之。細篾者土人曰瑣籮，粗者曰折籮。折則未解，瑣者意狀其篾之細，如諺所云爲人瑣碎耶？杜撰之語，不覺自笑。

又《穀箕》 踵狹舌長，似天箕星，故曰箕。破竹成細篾爲之，穀出入於籮，用以遞焉。土人曰撮箕。外有糞箕，形同；又有簸箕，形圓，專用以治穀米者。語曰：簸之揚之，糠粃在前。雖是古人謔語，然簸揚二字，却自《詩經》「維南有箕」句來也。

又《斛》 以木爲之，平底圓身，口與足同微小耳。受二十五升，四斛爲一石，山田石租雖有得穀三四石者，然地僻而工苦，諺云「一粒蓋三坵」是也。原田狹石租得穀二石，以上黑墳逢年也，赤則猶不及。《商君傳》曰：平斗桶音讀勇，正指斛也。若讀桶，則指凡木器矣。外有斗容十升，有小斗容五升。

又《穀簟》 納稼之粟，受曰於場，無暴於簟説也。暴於簟，亦山城俗。破竹成篾，縱横密織爲之，長丈餘，廣七尺。

又《籮格》 用竹削成兩片，長尺八，兩頭各穿小眼，紐之以繩，横看如楷書二字，直看則如草書行字。扇穀時，置籮車箱下，穀滿另以籮換，恐穀重損底，故爲此格以盛。籮竹光滑與籮性相宜，籮雖負重可幸無恙，亦古人慎小惜物意，譜附之。

又《戛子》 用小木板削成如上弦月，中鑿一孔受長柄，暴穀於簟，執此匀焉。又有小戛，形如古丁字，即概也。所以平桶面穀隆起者，俗曰盪子。

又《風車》 所以扇穀者，通用杉木薄板爲之。高五尺，横長亦如之。有車足，足計四；有車身，有車腹，有車舌，有車斗，有車升，有車軸，此其大概也。形如車，運以風，故曰風車。細計之匠至先以兩小木均齊並列爲衡，衡前後各豎一足，兩衡則四足，對峙矣。合看如口形，側視則如古丌器。然丌音其，器名，所以承物者。丌上前設車身，後設車腹，身法地方，腹法天圓，中空則同，而自身及腹兩邊皆用薄板横編，自衡累而上前裁爲身，用矩；後裁爲腹，用規。而對峙足之上各鑿小孔，横安小柱，前以承身，後以承腹。對峙之下，又鑿小孔，安小柱以健足焉。身之四圍，用小木釘成口字，以護身。身上用小木板數片，平鋪蓋之，以盛車斗以接腹。於接腹處板上開一小縫，縫下重用一小木板，如削刀獨長，圓其兩頭於外，是曰刀口，即所謂車舌是也。於身之接腹處護身横木角上對鑿一小孔，納刀口於其中，扇穀則側開刀口，令穀下受風扇止則推進刀口與木板比，去聲。從斗上望，即大車斗。竟不知刀口安在何處，異制也。其大車斗則設之平鋪板上，刀口在其下，形方而仰，所以受穀，併範穀毋旁落。其小車升則釘之平鋪板下，刀口在其上，形方而俯，所以下穀，併範穀毋旁溢。若其扇穀之妙，則全在車腹，所謂腹法天圓，宛如扁鼓。腹板之兩旁各剜空其中，如日初出，如月既望。於腹中空處對植小方木各一根，復用小方木一根横駕腹上，兩端鑿孔納對植木末於中以固腹。對植木之正中，各鑿一小眼以安軸，軸轉如環，即所謂車軸是也。軸有葉，或六片，或四片，交互如十字，釘軸上藏腹内。軸頭用鐵包之，近人身處併用鐵捶成曲柄如乙字，以其鋭攙入軸頭，引其乙字柄出植木孔外七寸，便手執之。以轉軸扇穀，則置籮小車升下。左手揿刀口，右手轉軸葉，葉動風颺，斗内粟從縫中湧出刀口，刀口下正當風處。秕者無力，因風遠竄；實者有力勝風，粒粒俱從車升口下，瑟瑟乎聲滿籮矣。古農制作之工且妙如此。先嚴君怡齋先生有辭一絶，意思深遠，不獨爲風車鈎鏤得妙而已。敬書譜末，以見余小子終畝之志云。

清 蔣溥《盤山志》卷一五《物産·果木》 荆。《爾雅翼》云：凡木心圓，荆心方。七月間山家伐輭條編器盛糧，曰荆囤。

清 傅恒《皇輿西域圖志》卷四二《服物二》 布古爾斯，犁之總名也。頭以鐵爲之，曰題實，長短參差，如指形。犂之梁曰克實勤，以木爲之，約長一丈，端有鐵環，可以穿鈎。牛背之横木曰布雲圖嚕克，其長亦如克實勤，可駕兩牛。横木中間繫以長繩，曰阿爾噶木濟，引屬於鈎，繫於犂梁之環，乃驅兩牛負犂以行。牛膊之上左右設兩板，謂之杭烏克，以木爲之，長各一尺五寸，用施牛背，横木於其上。

又 庫爾札克，犂耙也，其鐵頭向内，形似鐽，柄稍斜，以棗木爲之，播種之後，用以覆土。

又 恰特滿，形似鐵鐝，其頭甚圓，以棗木爲直柄，用以坌土開溝，並引溝水以灌田。

又 蘇堪，盛糞之筐，編柳爲之，糞之名曰克赫，以牛馬者爲良，糞田可倍收。

又 阿伊哩，以木爲叉，五齒或四齒、三齒，以匀穀麥，承曝令乾。

又 阿斯喀克，以木爲鈎，短者五尺，長有八九尺者，用以出穀。

又 鄂特恰爾瑪，屈柳木爲邊，以牛皮爲檔，結細草爲底，或用籐爲底，用以簸穀。

又 摩密，場上立木也。植木於地，繫牲於木，用踹穀麥，以代碌碡。

又 贊畢勒，運土架也。二木爲邊，中編柳條，四角繫繩，以運泥土。

清 李調元《南越筆記》卷六《水翻車》 水翻車一名大翢車，從化之北凡百餘里，兩岸巨石相拒，水湍怒流，居民多以樹木障水爲翻車，子瞻詩「水上有車車自翻」。其輪大三四丈，四周悉置竹筒，筒以吸水，水激輪轉，自注槽中，高田可以盡溉，西寧亦然。每水車一輛，可供水碓十三四。

清 褚華《木棉譜》 攪車，今謂之軋車，以木爲之，形如三足几，坐則高與胸齊。上有兩耳卓立，空耳之中，置木軸一，徑三寸，有柄，在車之左，以右手運。其機向外，復置鐵軸一，徑半寸，有輪在車之右，以左足運，其機向内，皆用木楔籠緊。中留尺許地，取花塞兩軸之隙，而手足胥運，則子自内落。無子之花自外出，若雲霎靆然，名花衣。

又 按軋車古制甚鉅而無足，止高二尺許，軸端俱有掉拐。即柄也，曲而便於推挽。其末皆不透，兩人對坐其旁，一人喂花軸隙，其用力勞而所得不多，故易以四足車。厥工祇一人兼之，然其坐也，一足偏左而用力不專，所得又不能多，故易以三足車，車制之大小相似，惟四足者，其輪如十字，三足者只一木段劇其中，隆其兩頭，以摇轉取勢耳。往見一説云，今之攪車，一人可當三人；句容式，一人可當四人，或即三足四足之分。又云：太倉式兩人可當六者。不知何似。

又 彈花弓，剡木所爲，長五尺許，上圓而鋭，下方而闊，弦粗如五股線，置弓花衣中，以槌擊弦作響，則驚而騰起，散若雪，輕如煙，名熟花衣。於是約熟花衣作帶形，削細竹一莖爲心，一手執其末，一手執木板，如緜矩者綿矩絶類方敦。蓋背有系可執。用張繭緜。覆之。一推一卻，花衣乃捲竹上，即抽出此竹，其狀外員而中空，名條子。

又 《方言》曰：趙魏間謂之歷鹿車，東齊海岱之間謂之道軌，或謂之維車，即今紡車也。制比紡苧麻者差大，以木爲之，有背有足，首置木鋌三，形鋭而長，刻木爲承。其末，以皮絃襻連一輪上，復以横木名踏條者，置輪之竅中，將兩足抑揚運之。取向所成之條子粘於舊縷，隨手牽引，如繅繭絲，皆繞鋌而積，是名棉紗。

清 嘉慶《松江府志》卷五《疆域》 灌田以水車即古桔槔之制，而巧過之。其制以板爲槽，長二尋有奇，廣尺三寸至五寸，深五寸許。旁夾以欄楯，中斲木爲鶴膝，施楗以聯之，屈伸迴旋用，持輻以運水。輻之度，取槽足以容諸楯之半，各施木以隔之。其下取輻可以運，曰戴輻，以竹破而兩之，施其上以行輻，無此，則輻陷而不行。槽前後各施軸，前長而後短，各施操以關輻。前軸之兩端爲撥人以足運之，軸運則輻轉而水升，前之安軸者曰眠牛，其後附於楯曰鹿耳、椓杙。于眠牛之兩旁，施横木以爲憑而運車，曰車桁。高鄉之車，深八寸，廣七寸，曰水龍。凡一車用三人至六人，日灌田二十畝。

清 祁寯藻《馬首農言》 钁，斸田器也。臿，鍬也，所以開渠者。長钁，踏田器也。鐵搭，其齒鋭而微，鈎似杷非杷，斸土如搭也。杴，臿屬，與鍬臿異。鐵杴惟宜土工，木杴可揚穀物。以竹爲之者謂之竹揚杴。鏤，犂之金也。鏵，鍤類，起土者也。鏤開生地，鏵耕熟地，北方多用鏵，南方皆用鏤。鐴，蒲狄切。犂耳也，剗平土器也。劐，耬足所耩金也。

清 同治《恩施縣志》卷七《風俗志·地情》 高低田地皆用牛犂，間有絶壑危坳，牛犂所不至者，則以人力爲刀耕。農器諸類悉具，而筒車轉水溉田尤爲事半功倍。其制於溪流近岸處豎木爲架，縛竹爲大輪，以竹筒周縛輪外，口皆向上，置流水中。水激輪行，筒載其水轉旋而上，注於木梘，由此遞引入田，大約一具可灌田數十畝，較桔槔之制，尤爲不勞人力。

清　徐加幹《苗疆聞見録》　苗有取水具，名曰連筒，以大竹爲之。按筍門合隨山勢爲上下，吸取澗水，可逆流至數十丈。

清　光緒《恭城縣志》卷一《陂塘》　縣分三鄉，縣前大河水源出於湖南永明縣之桃川。沿河居民用竹架車，引水灌田。

紀　事

《莊子・外篇・天地》　子貢南遊於楚，反於晉，過漢陰，見一丈人，方將爲圃畦，鑿隧而入井，抱甕而出灌，搰搰然用力甚多，而見功寡。子貢曰：「有械於此，一日浸百畦，用力甚寡，而見功多。夫子不欲乎？」爲圃者卬而視之曰：「奈何？」曰：「鑿木爲機，後重前輕，挈水若抽，數如泆湯，其名爲槔。」

唐　劉禹錫《劉賓客文集》卷九《機汲記》　瀕江之俗，不飲於鑿，而皆飲之流。予謫居之明年，主人授館于百雉之内。江水沄沄，周墉間之。一旦有工爰來，思以技自賈，且曰：觀今之室廬，及江之涯，間不容畝，顧積塊峙焉而前耳。請用機以汲，俾矗然之狀，莫我遏已。予方異其説，且命之飭力焉。工也儲思環視，相面勢而經營之。由是比竹以爲畚，寘于流中，中植數尺之臬，輦石以壯其趾，如建標焉。索綯以爲絙，縻于標垂，上屬數仞之端，亘空以峻其勢，如張弦焉。鍛鐵爲器，外廉如鼎耳，内鍵如樂鼓，牝牡相函，轉於兩端，走于索上，且受汲具。及泉而脩綆下縋，盈器而圓軸上引。其往有建瓴之駛，其來有推轂之易。瓶繘不羸，如搏而升。枝長瀾出高岸，拂林杪，踰峻防。剞蟠木以承澍，貫脩筠以達脈。走下潺潺，聲寒空中。通洞環折，唯用所在。周除而沃盥以蠲，入爨而錡釜以盈。飦餗之餘，移用于湯沐；涑澣之末，泄注于圃畦。雖瀵湧于庭，莫尚其霈洽也。昔予嘗登陴憫然，念懸流之莫可遽挹，方勉保庸，督臧獲，荷而挈之。至于裂肩龜手，然猶家人視水，如酒醪之貴。今也一任人之智又從而信之。機發于冥冥，而形於用物，浩湯東流，赴海爲期，斡而遷焉。逐我頤指，靡之所謂阻且艱者，莫能高其高而深其深也。觀夫流水之應物，植木之善建。繩以柔而有立，金以剛而無固。軸卷而能舒，竹圓而能通。合而同功，斯所以然也。今之工咸盜其古先工之遺法，故能成之，不能知所以爲我也。智盡于一端，功止于一名而已。噫！彼經始者，其取諸小過歟。

五代　劉昫《舊唐書》卷一九九《北狄傳》　室韋者，契丹之別類也。居猺越河北，其國在京師東北七千里。東至黑水靺鞨，西至突厥，南接契丹，北至于海。其國無君長，有大首領十七人，並號「莫賀弗」，世管攝之，而附于突厥。兵器有角弓楛矢，尤善射，時聚弋獵，事畢而散。其人土著，無賦斂。或爲小室，以皮覆上，相聚而居，至數十百家。刳木爲犁，不加金刃，人牽以種，不解用牛。夏多霧雨，冬多霜霰。

藝　文

唐　陳廷章《水輪賦》　水能利物，輪乃曲成。升降滿農夫之用，低徊隨匠氏之程。始崩騰以電散，俄宛轉以風生。雖破浪於川湄，善行無迹；既斡流於波面，終夜有聲。觀夫斲木而爲，憑河而引，箭馳可得而滴瀝。輻湊必循乎規準，何先何後；互興而自契心期，不疾不徐。迭用而寧因手敏，信勞機於出没。惟與日而推移，殊轆轤以致功。就其深矣，鄙桔槔之煩力；使自趨之。轉轂諒由乎順動，盈科每悦於柔隨。遠望蹄涔，詎有朱殷之色；挹兹鱗起，終無塗附之期。作霖或自於斯干，流溼更彰乎就燥。回環潤乎嘉轂，洊至踰於行潦。鈎深致遠，沿洄而可使在山；積少之多，灌輸而各由其道。爾其揚清激濁，吐故納新，輾桃花之活活，摇杏葉之鱗鱗。一勺每勞於濡軌，三材必賴於工人。浴海上之朝光，升如日御；泛江中之夜影，重似月輪。常虚受以載沈，表能圓於獨運。低徊而涯岸非阻，委曲而農桑是訓。惠可周於地利，空需負郭之田；材足任於天津，多寄臨川之郡。池陂無滯，畎澮既瀦。用能務實，勢欲凌虚。磬折而下隨毖彼，持盈而上善依於。當浸稻之時，寧非沃壤；映生蒲之處，相類安車。異矣哉！俯此溝塍，潤於原隰。成形必仰乎膏雨，屈己且安於卑溼。苟量遠大之功，庶無慙於甕汲。

唐　杜甫《九家集注杜詩》卷六《乾元中寓居同谷縣作七首》其一
長鑱長鑱白木柄，我生託子以爲命。黄精無苗山雪盛，短衣數挽不掩脛。此時與子空一作同歸來，男呻女吟四壁静。嗚呼二歌兮歌始放，里閭爲我色惆悵。

宋 蘇軾《東坡全集》卷二二《秧馬歌並引》 過廬陵，見宣德郎致仕曾君安止，出所作《禾譜》。文既温雅，事亦詳實，惜其有所缺，不譜農器也。予昔游武昌，見農夫皆騎秧馬。以榆棗爲腹欲其滑，以楸桐爲背欲其輕，腹如小舟，昂其首尾，背如覆瓦，以便兩髀，雀躍于泥中，繫束藁其首以縛秧。日行千畦，較之傴僂而作者，勞佚相絶矣。《史記》：「禹乘四載，泥行乘橇。」解者曰橇形如箕，擿行泥上，豈秧馬之類乎？作《秧馬歌》一首，附于《禾譜》之末云：春雲濛濛雨淒淒，春秧欲老翠剡齊。嗟我婦子行水泥，朝分一壠暮千畦。腰如箜篌首啄雞，筋煩骨殆聲酸嘶。我有桐馬手自提，頭尻軒昂腹脇低。背如覆瓦去角圭，以我兩足爲四蹄。聳踊滑汰如鳧鷖，纖纖束藁亦可齎。何用繁纓與月題，朅從畦東走畦西。山城欲閉聞鼓鼙，忽作的盧躍檀溪。歸來挂壁從高栖，了無芻秣饑不啼。少壯騎汝逮老黧，何曾蹶軼防顛擠。錦韉公子朝金閨，笑我一生蹋牛犂，不知自有木駃騠。

宋 王質《紹陶録》卷上《栗里鋤》 宜用鋼爲刀，黄檀木、白槠木爲柄，以堅利爲良。我藥務滋，我蔬務榮。閑卉閑花，任其死生。在我寓兮不可沉，鏟欲平平鋤欲深，櫟刀鈎林多錯薪。

清 王峻《王艮齋詩集》卷四《沅陵道中賦筒車並序》 筒車，桔槔類也。揉木爲輪，内外兩層，圓徑丈餘。兩面厚尺餘，中聯直木爲間架，編竹片三十餘，方釘四周，截竹爲筒，斜縛其間。前後植木以安軸，置輪水中，壅上流之水使急下，激輪旋轉，岸上架木溝受筒水，入大竹中，注於田，不勞人力，而晝夜不息。楚南人名爲筒車，於沅陵麻溪中見之，蓋急溜中用此，事逸而功倍也。

古來有水碓，江南惟水車。筒車之狀今始見，團團非鴉亦非蛇。風輪圓徑一丈外，編竹爲版筒交加。驚湍壅使怒奔赴，左旋右轉聲呷啞。銀河倒瀉飛瀑灑，坐使高亢成卑窪。木牛流馬制莫考，楚人小智亦可誇。漢陰丈人若見此，不知何限含悲嗟。

著 録

清 永瑢《四庫全書總目》卷一〇二 《齊民要術》十卷，後魏賈思勰撰。思勰始末未詳，惟知其官爲高平太守而已。自序稱，起自耕農，終於醯醢，資生之業，靡不畢書，凡九十二篇。今本乃終於五穀果蓏非中國物者。自序又稱，商賈之事，闕而不録。今本貨殖一篇，乃列於第六十二，莫知其義。中第三十篇爲雜説，而卷端又列雜説數條，不入篇數，一名再見，於例殊乖。其詞亦鄙俗不類，疑後人所竄入。然陳振孫《書録解題》稱其治生之道不仕則農爲名言，正見於卷端雜説中，則宋本已有之矣。思勰序不言作註，亦不云有音。今本句下之註，有似自作，然多引及顔師古者。考《文獻通考》載李燾孫氏《齊民要術音義解釋序》曰賈思勰著此書，專主民事，又旁摭異聞，多可觀。在農家最嶢然出其類。奇字錯見，往往艱讀。今運使祕丞孫公爲之音義，解釋略備。其正名小物，蓋與揚雄、郭璞相上下，不但借助於思勰也。則今本之註蓋孫氏之書，特《宋藝文志》不著録，其名不可考耳。董穀《碧里雜存》以註中一石當今二斗七升之文，疑其與魏時長安童謡百升飛上天句不合。案斛律光齊人，非魏人，此語殊誤。蓋未知註非思勰作也。錢曾《讀書敏求記》云：嘉靖甲申，刻《齊民要術》於湖湘，首卷簡端周書曰云云。原係細書夾註，今刊作大字。毛晉《津逮祕書》亦然。今以第二篇至六十篇之例推之，其説良是。蓋唐以前書文詞古奥，校勘者不盡能通，輾轉譌脱，因而譌異，固亦事所恒有矣。

又 農書三卷，附蠶書一卷，江蘇巡撫採進本。此書影宋鈔本，題曰陳旉撰，《宋史藝文志》亦同。陳振孫《書録解題》作西山隱居全真子陳旉撰，未詳何人。《永樂大典》所載則作陳敷。考漢郊祀歌朱明旉與，顔師古註曰：旉古敷字。《永樂大典》蓋改古文從今文。陳氏作旉，則字形相近而誤也。首有自序，佚其前二頁，末有洪興祖後序，及旉自跋。興祖序稱西山陳居士，於六經諸子百家之書釋老氏黄帝神農氏之學，貫穿出入，往往成誦。下至術數小道，亦精其能。平生讀書，不求仕進，所至即種藥治圃以自給。又稱其紹興己巳年七十四，則南北宋間處士也。自跋稱此書成於紹興十九年，真州雖曾刊行，而當時傳者失其真，首尾顛倒，意義不貫者甚多。又爲或人不曉旨趣，妄自删改，徒事絺章繪句，而理致乖越。故取家藏副本，繕寫成帙，以待當世之君子。採取以獻於上，則興祖所刊之本，有所點竄，旉蓋不以爲然。其自序又稱，此書非騰口空言，誇張盗名，如《齊民要術》、《四時纂要》，迂疏不適用之比，其自命殊高。今觀其書，上卷泛言農事，中卷論養牛，下卷論養蠶，大抵泛陳大要，引經史以證明之。虛論多而實事少，殊不及《齊民要術》之典核詳明。遽詆前人，殊不自量。然所言亦頗有入理者。宋人舊帙，久無刊本，姑存備一家可也。末有《蠶書》一卷，宋秦湛撰。湛字處度，高郵人，秦觀之子也。所言蠶事頗詳。宋志與旉書各著録，不知何人綴旉書後，合爲一編。其説與旉書下篇可以互相補苴，今亦仍並録之焉。

又　農書二十二卷，永樂大典本。元王楨撰。楨字伯善，東平人，官豐城縣尹。《文淵閣書目》曰：王楨農書一部，十册。《讀書敏求記》曰：農桑通訣六，穀譜四，農器圖譜十二，總名曰《農書》。《永樂大典》所載併爲八卷，割裂綴合，已非其舊。今依原序條目，以類區别，編爲二十二卷。其書典贍而有法，蓋賈思勰《齊民要術》之流。圖譜中所載水器，尤於實用有裨。又每圖之末必系以銘贊詩賦，亦風雅可誦。今外間所有王楨農務集，即從是書摘鈔者也。唐中和節所進農書，世無傳本。宋人農書惟陳旉所作存，元人農書存於今者三本，《農桑輯要》、《農桑衣食撮要》二書，一辨物産，一明時令，皆取其通俗易行。惟楨此書，引據賅洽，文章爾雅，繪畫亦皆工緻，可謂華實兼資。明人刊本，舛譌漏落，疑誤宏多，諸圖尤失其真。《永樂大典》所載，猶元時舊本。今據以繕寫校勘，以還其舊觀焉。

又　耒耜經一卷，內府藏本。唐陸龜蒙撰。龜蒙字魯望，吴江人。事蹟具《唐書隱逸傳》。是編記犁製特詳，犁與耒耜，今古異名也。次及鎄，因又及爬與礰礋，而以碌碡終焉。敘述古雅，其詞有足觀者。舊載《笠澤叢書》中，故唐宋藝文志皆不載。陳振孫《書録解題》始自出一條，意宋末乃别行也。

又　梭山農譜三卷，江西巡撫採進本。國朝劉應棠撰。應棠字又許，奉新人。梭山其所居地也。其書分耕、耘、穫三卷，詳其器與其事，而每條綴一贊詞，每卷又各有小序。詞多借題抒憤，不盡切於農事也。

又　豳風廣義三卷，江西巡撫採進本。國朝楊屾撰。屾字雙山，西安人。其書述樹桑養蠶織絍之法，備繪諸圖，詳説其制，而雞豚畜字之法亦附見焉。考蠶月條桑，豳風所述，則其地非不可蠶桑，而近代其法久廢，故貧民恒以無衣爲虞。屾之所述，蓋秦民之切務。近時頗解織紝，故所作之帛，世稱秦紗，俗曰繭子，四方往往有之，或亦講求之力歟。

圖表

元薛景石《梓人遺制》

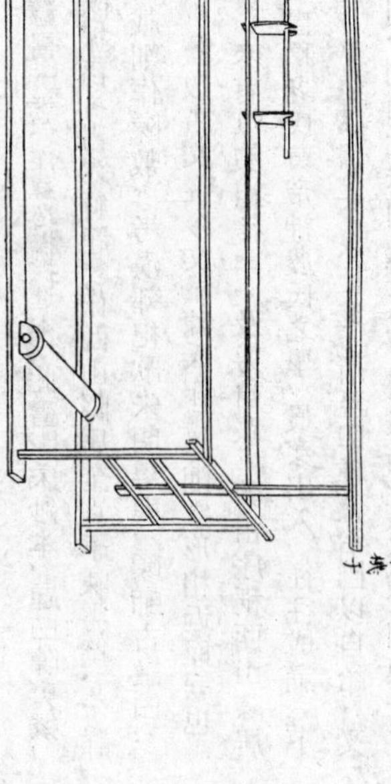

邊篗子

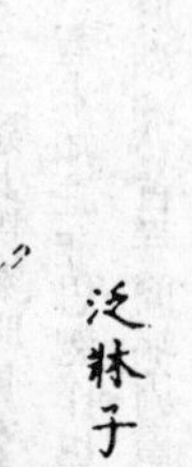

經牌子

泛牀子

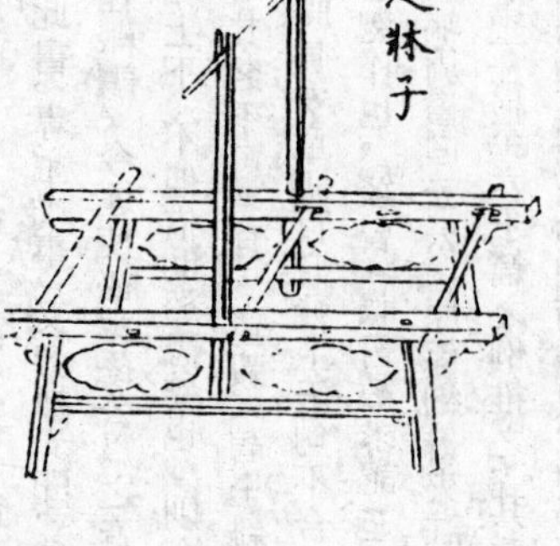

又　用材：造泛牀子之制，上至立人子頭下至泛牀子地，共高二尺一寸三分，兩邊長與高同。邊俗謂之桯。長二尺一寸三分，廣一寸六分，厚八分。先從邊頭上量一寸，邊上留三分，向裏畫第一箇槼子眼。槼子眼長二寸三分。第一箇槼子眼外空二寸二分，畫第二箇槼子眼，眼長一寸八分。第二箇槼子眼外空三寸，畫第三箇槼子眼。眼子長一寸。此眼外楞上側面鑿立人子眼，立人子眼長八分，廣五分，第三箇槼子眼外空三寸三分，畫第四箇槼子眼。眼長一寸八分。第四箇槼子眼外空一寸四分，畫第五箇樑子眼。眼長二寸三分。前後樑子眼長則不同，各廣三分。脚子禩上高九寸二分，廣一寸三分，厚同邊脚。除上卯向下量三寸，畫順樑棍眼。立人子邊向上高一尺二寸，廣與邊同，厚八分。上開口子深五分，下卯栓透樑棍。順樑棍隨脚順之長，廣隨脚之厚，厚一寸三分。樑子長二尺六寸，廣一寸，厚三分五厘。用三條雜硬木植。凡泛牀子是華機子，內白踏搊蘸捨子打繒線上使用隨此準用。功限：一箇全造光備，一功五分，如有牙口二功。

掉篗

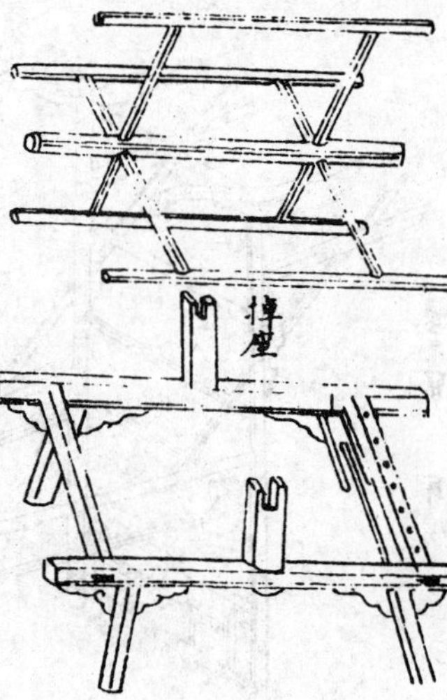

又 掉篗座 用材：造掉篗之制，長三尺，廣二尺一寸，上下高六寸，兩棍已裏一尺三寸明心內安立人子。邊長三尺，廣二寸，厚一寸五分。橫兩當長二尺一寸，廣一寸五分，厚一寸二分。脚禩上高六寸，廣厚與邊同，立耳子下除卯向上高七寸，上開口子深一寸。廣厚同邊。篗軸長隨兩耳之內徑，方廣二寸四分。從軸心每壁各量七寸，外安輻四枝，或六枝，減短。輻枝長一尺六寸，廣一寸二分，厚一寸。篗枝長一尺七寸，廣一寸二分，厚一寸。凡掉篗是打紵絲線經上使用，隨此制度加減。功限：掉篗一箇，全造完備一功一分；如是上有線子牙口造者，三功五分。

又

立機子

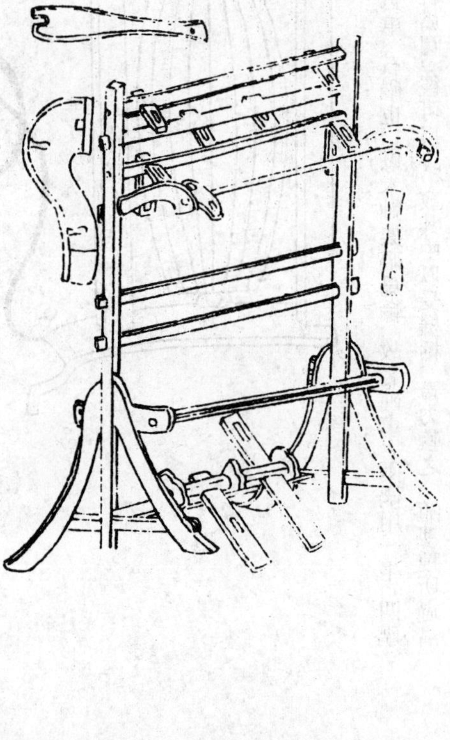

又 羅機

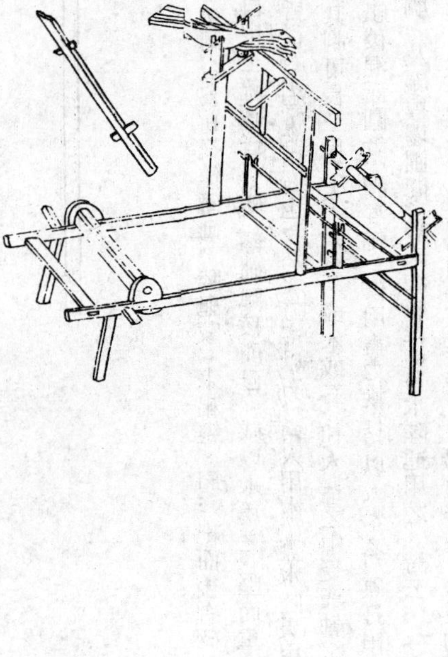

泛牀子

文杆 斫刀

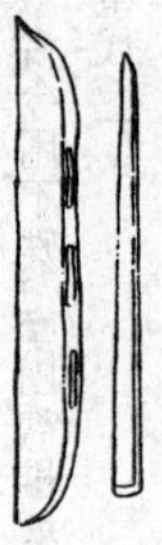

又

滕子

押尺

布队機子

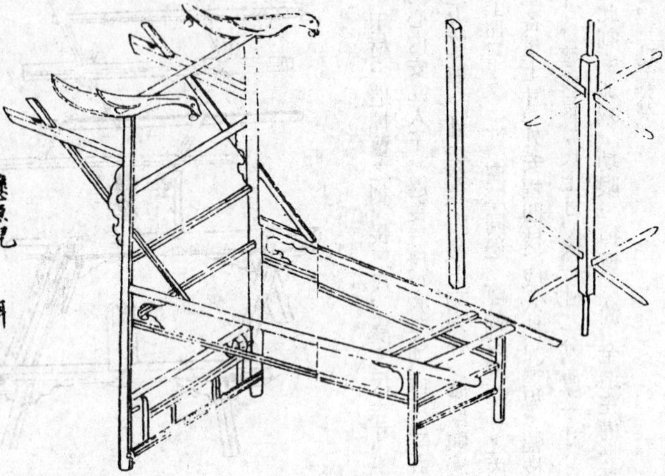

元 王禎《農書》卷一二 耰，於求切椎塊器。《説文》云：耰，摩田器。從木，憂聲。晉灼曰：耰椎，塊椎也。《吕氏春秋》曰：鋤耰白梃，耰，椎也。《管子》曰：一農之事，必有一銍一椎，然後成爲農。今田家所制無齒耙，首如木椎，柄長四尺，可以平田疇，擊塊壤，又謂木斫，即此耰也。詩云：「聲憂字從木，農器書所載。古今用不殊，摩田復椎塊。坐見鋒鏑銷，太平風物在。堯年擊壤民，今聞歌聖代。」

耰

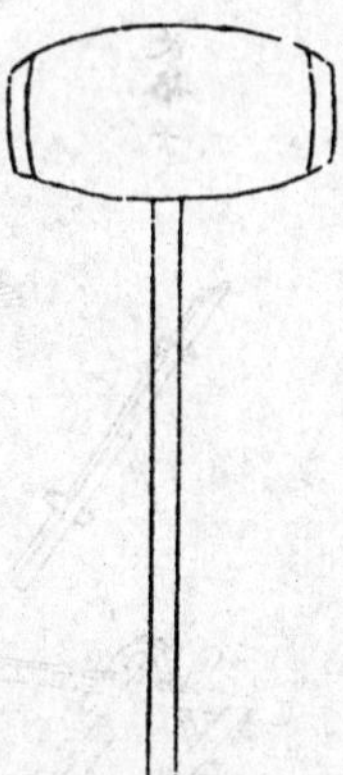

又 磟石竹切碡，徒篤切又作碌碡。陸龜蒙《耒耜經》曰：耙而後有磟碡焉，有礰礋焉。自耙至礰礋皆有齒，磟碡觚稜而已。咸以木爲之，堅而重者良。余謂磟碡字皆從石，恐本用石也。然北方多以石，南人用木，蓋水陸異用，亦各從其宜也。其制可長三尺，大小不等，或木或石，刊木括之中受簨軸，以利旋轉。又有不觚稜混而圓者，謂混軸。俱用畜力輓行，以人牽之，碾打田疇上，塊垡易爲破爛。及碾捍場圃間，麥禾即脱稃穗，水陸通用之。詩云：「木石非異名，大小惟一致。機栝内圓轉，觚稜外排峙。登場脱稃穗，入埂均塊滓。物用隨所宜，人兮胡不爾。」

磟碡

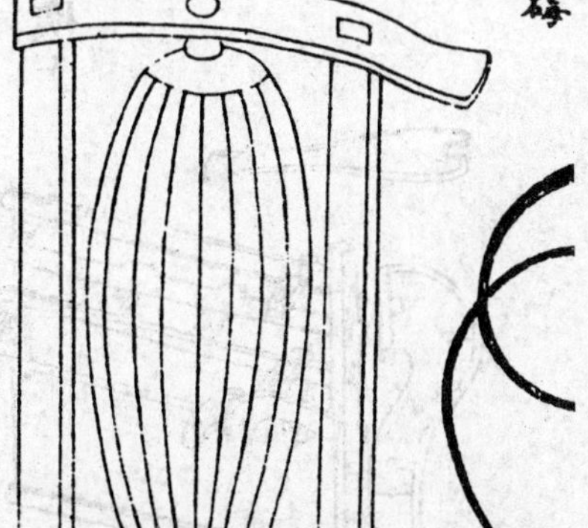

又 砘音鈍車，石碢也。以木軸架碢爲輪，故名砘車。兩碢用一牛，四碢兩牛力也。鑿石爲圓，徑可尺許，竅其中以受機栝，畜力輓之。隨耬種所過溝壠碾之，使種土相著，易爲生發。然亦看土脉乾濕何如，用有遲速也。古農法云：耬種後用撻則壠滿土實。又有種人足躡壠底，各是一法。今砘車轉碾溝壠特速，此後人所創，尤簡當也。詩云：以砘爲車古未聞，字因義取石從屯。斲成璧月雲根老，動殷春雷陸地喧。勢藉機衡圓轉力，轍循種土發生原。田頭已碾農夫說，溝壠苗深穀易蕃。」

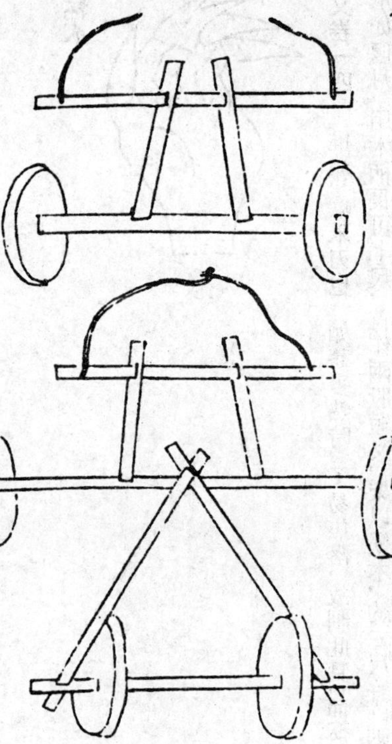

砘車

又　瓠種，竅瓠貯種，量可斗許。乃穿瓠兩頭，以木箄貫之，後用手執爲柄，前用作觜。瓠觜中草莛通之以播其種。

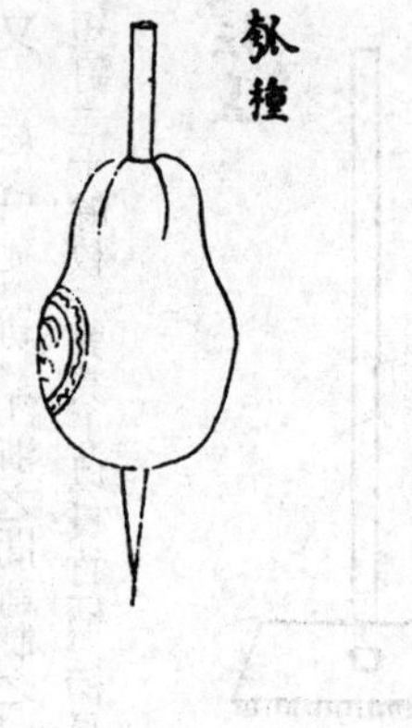

瓠種

又　卷一三　杴，虚嚴切銛屬，但其首方闊，柄無短枴，此與鍬銛異也。煆鐵爲首，謂之鐵杴，惟宜土工。剡木爲首，謂之木杴，可撡初責切穀物。又有鐵刃木杴，裁割田間塍埂，以竹爲之者，淮人謂之竹揚杴，與江浙颺去聲籃少異。今皆用之，因附於後。《鐵杴詩》云：「非鍪非銛別名杴，柄直銎圓首利銛。毋謂土工能事畢，剗除荒穢要渠兼。」《木杴詩》云：「柄頭掌木儘寬平，穀實抄來忌滿盈。苗夏耰鋤方用事，幾回高閣待秋成。」《鐵刃木杴詩》云：「杴頭利刃擬風斤，裁割畦田爾策勳。莫謂等閑農事了，人間經界要平分。」《竹揚杴詩》云：「竿頭擲穀一箕輕，忽作晴空驟雨聲。已向風前糠粃盡，不勞車扇太忙生。」

鐵杴　木杴

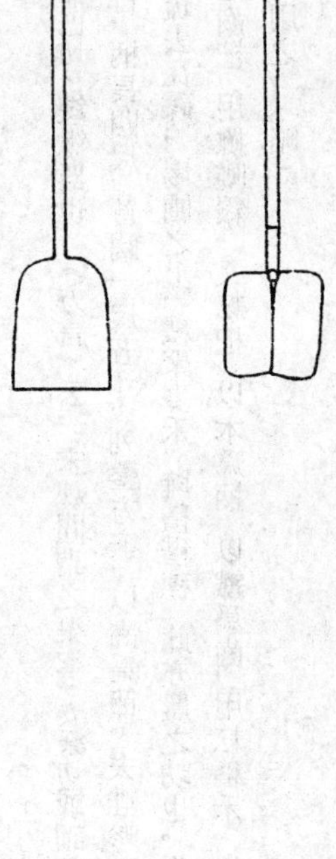

鐵刃杴　竹揚杴

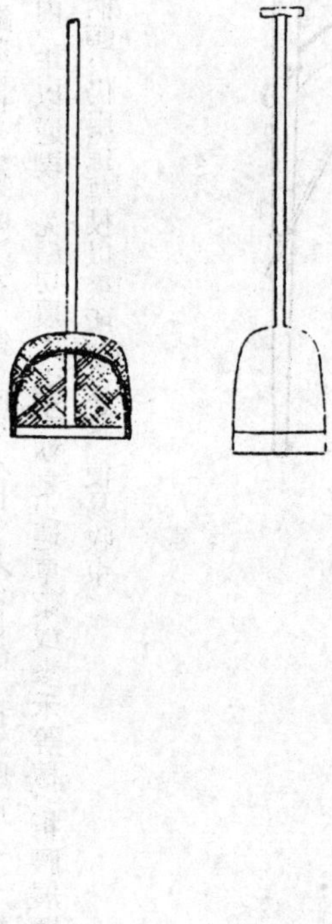

又　耘盪，徒浪切。江浙之間新制之，形如木屐而實，長尺餘，闊約三寸，底列短釘二十餘枚。簨其上以貫竹柄，柄長五尺。

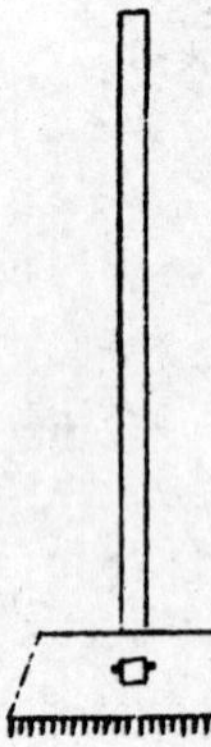

耘盪

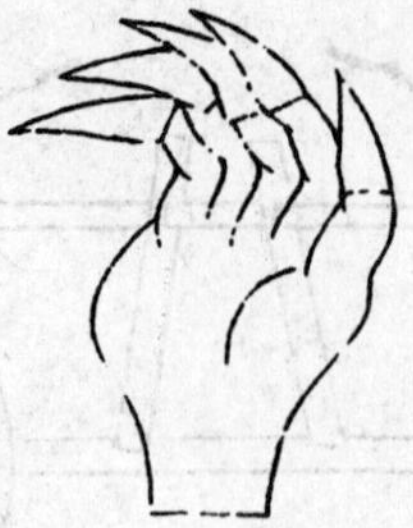

耘爪

又　耘爪，耘水田器也，即古所謂鳥耘者。其器用竹管，隨手指大小截之，長可逾寸，削去一邊，狀如爪甲，或好堅利者，以鐵爲之，穿於指上。乃用耘田，以代指甲，猶鳥之用爪也。

又卷一四　推鎌，斂禾刃也。如蕎麥熟時，子易焦落，故制此具，便於收斂。形如偃月，用木柄長可七尺，首作兩股短叉，架以横木，約二尺許。兩端各穿小輪圓轉，中嵌鎌刀前向，仍左右加以斜杖，謂之蛾眉杖，以聚所劖之物。

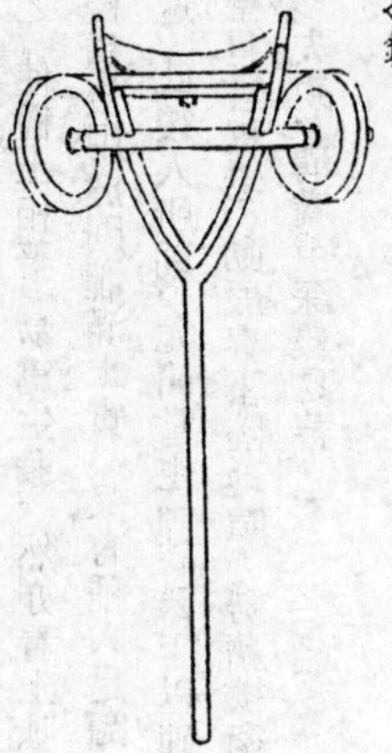

推鎌

又　鏺蒲末切。《集韻》云：鏺，兩刃刈也。其刃長餘二尺，闊可三寸，横插長木柄内，牢以逆楔。先結切農人兩手執之，遇草萊或麥禾等稼，折腰展臂匝地芟之柄頭，仍用掠草杖以聚所芟之物，使易收束。

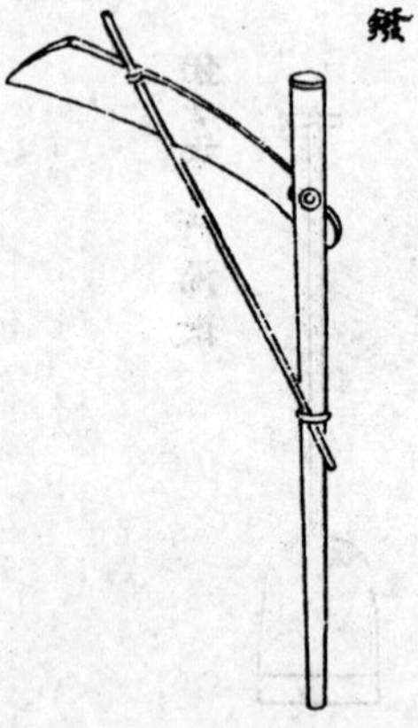

鏺

又　杷，蒲巴切。鏤鍬器也。《方言》云：宋魏間謂之渠挐，女余切或謂之渠疏。直柄横首，柄長四尺，首闊一尺五寸，列鑿方竅，以齒爲節。夫畦畛之間，鏤剔塊壤，疏去瓦礫；場圃之上，耬聚麥禾，擁積稭穗，此亦農之功也。復有穀杷，或謂透齒杷，用攤曬穀。又耘杷，以木爲柄，以鐵爲齒，用耘稻禾。竹杷，場圃樵野間用之。（略）

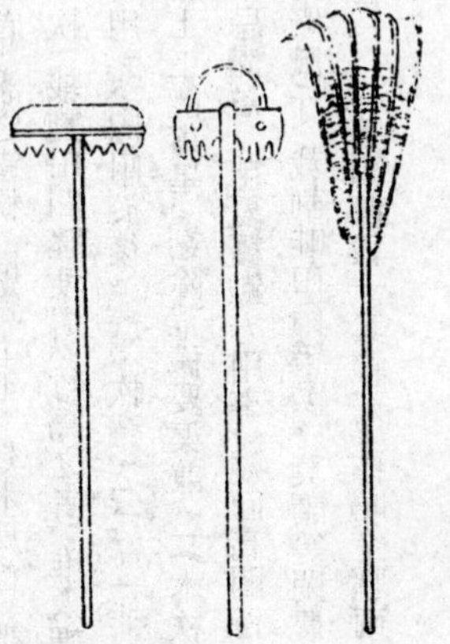

竹杷　耘杷　小杷

又　平板，平摩種秧泥田器也。用滑面木板，長廣相稱，上置兩耳，繫索連軛，駕牛或人拖之。

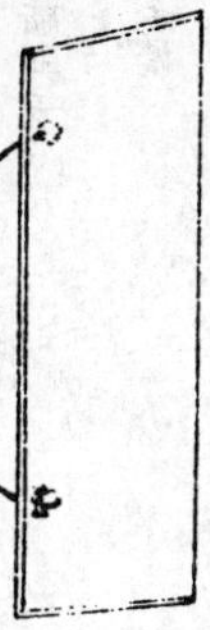
平板

又　田盪，他浪切。均泥田器也。用叉木作柄，長六尺，前貫横木五尺許。

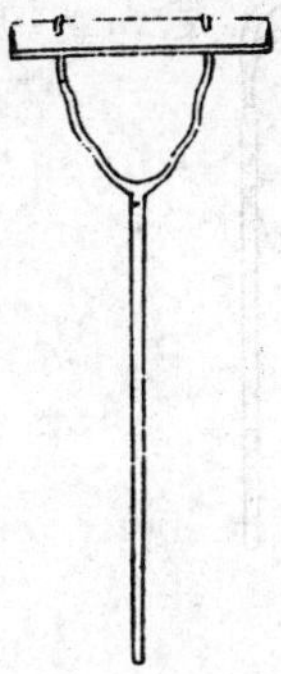
田盪

又　杈，初加切。簐禾具也。揉木爲之，通長五尺。上作三股，長可二尺，上一股微短，皆形如彎角，以簐取禾穗也。又有以木爲榦，以鐵爲首，二其股者，利如戈戟。唯用叉取禾束，謂之鐵禾杈。《集韻》云：杈杷，農器也。（略）

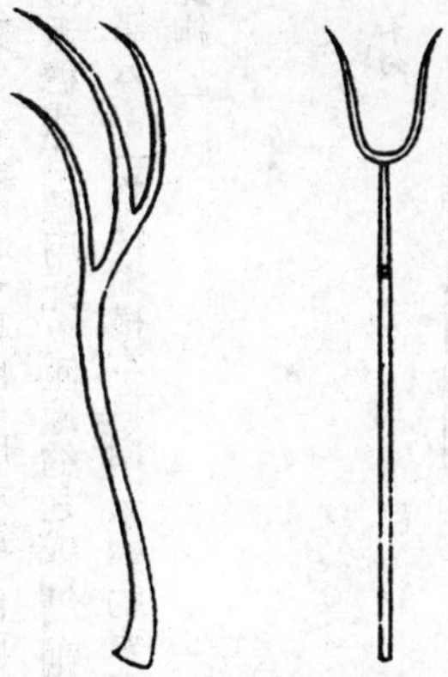
杈

又　笐，下浪切。架也。《集韻》作筅，竹竿也。或省作笐，今湖湘間收禾並用。笐架懸之，以竹木構如屋狀，若麥若稻等稼穫而䌸音繭之，悉倒其穗控於其上，久雨之際，比於積垛，不致鬱浥。

麥笐

又　卷一四　喬扦，音千。掛禾具也。凡稻皆下地沮濕，或遇雨潦，不無渰浸。其收穫之際，雖有禾穗，不能卧置。乃取細竹長短相等，量水淺深，每以三莖爲數，近上用篾縛之，叉於田中，上控禾把。又有用長竹横作連脊，挂禾尤多。凡禾多則用笐架，禾少則用喬扦，雖大小有差，然其用相類，故并次之。詩云：「江鄉新霽稻初收，縛竹爲扦可寄留。白水有時深鼎足，黄雲隨意挂叉頭。豐年有象居人喜，滯穗無遺寡婦愁。稼事畢時仍有用，不妨場圃作量籌。」

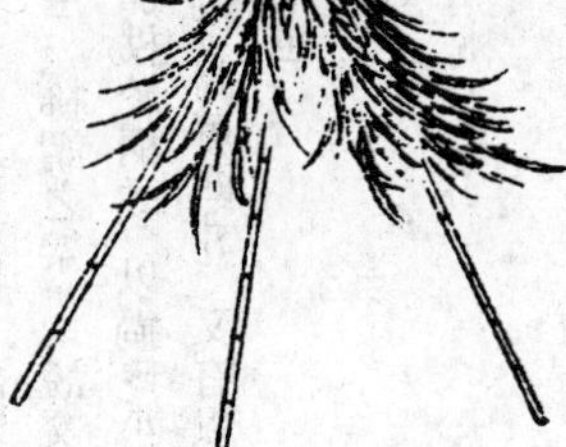
喬扦

又 禾鉤，斂禾具也。用木鉤，長可二尺，嘗見壠畆及荒蕪之地，農人將芟倒禾穗或草穗用此。匝地約之成稛，則易於就束，比之手捷，力展切甚速便也。詩云：「物性縱橫本自由，不經約束浩難收。荒原草木知多少，會見芟夷入此鉤。」

又 搭爪，上用鐵鉤帶袴，中受木柄，通長尺許，狀似彎爪，用如爪之搭物，故曰搭爪。以摞草禾之束，或積或擲，日以萬數，速於手挐，可謂智勝力也。詩云：「非鉤非刃亦非鉗，挐物風生利爪尖。草束禾頭千萬計，不煩手指一親拈。」

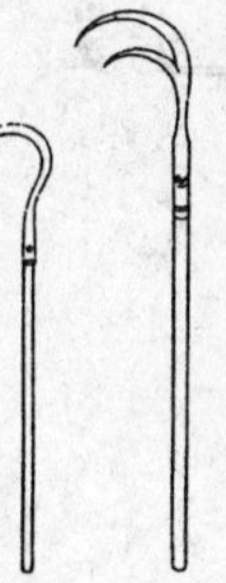

又 禾擔，都濫切負禾具也。其長五尺五寸，剡匾木爲之者，謂之輭擔。斫圓木爲之者，謂之檧擔。《集韻》云：檧音聰，尖頭擔也。匾者宜負器與物，圓者宜負薪與禾。

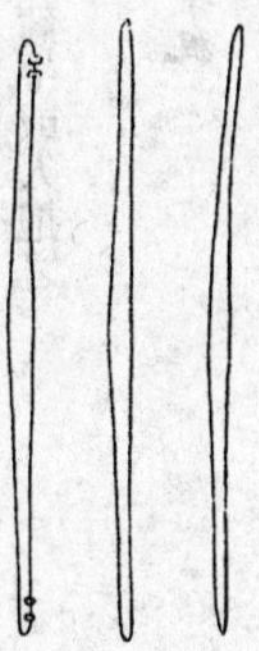

又 連耞，古牙切。擊禾器。《國語》曰：權節其用，耒耜耞殳。耞，拂也，以擊草。《廣雅》曰：拂謂之架。《說文》曰：拂，架也。拂擊禾連架。《釋名》曰：架，加也。加杖於柄頭，以撾陟爪切穗而出穀也。其制用木條四莖，以生草編之，長可三尺，闊可四寸。又有以獨梃爲之者，皆於長木柄頭造爲擐軸，舉而轉之，以撲禾也。

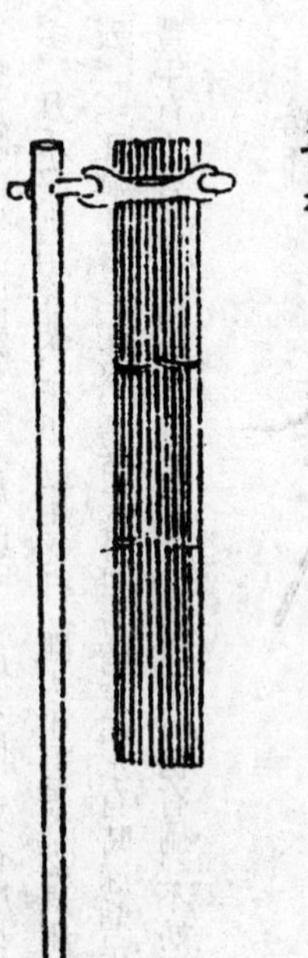

又 卷一四 刮板，剗土具也。用木板一葉，闊二尺許，長則倍之，或煅鐵爲舌，板後釘直木二莖，高出板上，繫以橫柄板之。兩傍係二鐵鐶，以鐶拽索，兩手推按，或人或畜，輓行以剗壅脚土。

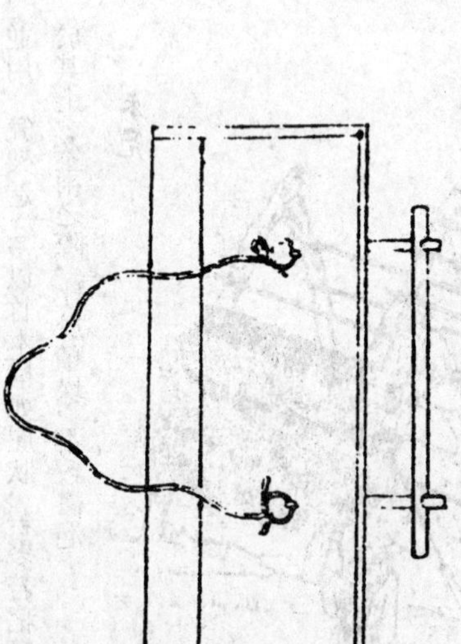

又 卷一五 臂篝，篝，古侯切。籠，答也。狀如魚笱，篾竹編之，又呼爲臂籠。江淮之間農夫耘苗或刈禾，穿臂於內，以䘖居願切衣袖，猶北俗芟刈草木以皮爲袖套，皆農家所必用者。詩云：「筠篝編織作中虛，穿臂農夫護若膚。不似舞姬華宴上，巧籠衣袖絡珍珠。」

臂篝

又 蓧，徒吊切字從草，從條，取其象也。即今之盛穀種器。《語》曰：遇丈人，以杖荷蓧。蓋蓧器之小者，可杖荷之。既農隱所用，必爲盛穀器也。包氏曰：蓧竹器，考其字體，非從竹，若謂竹器，非也。《說文》曰：耘器。稽之書傳，錢鎛鋤耨皆刃爲之，謂蓧爲耘器，亦非也。當與蕢同類，皆盛穀器，但有大小之差，故因辯之，以祛世惑。南方盛稻種用篿，以竹爲之。北方藏粟種用簍，多以草木之條編之，蓧蓋是此類。案蓧蕢皆盛穀器，故併作一詩，繫在蕢一條之下。

蓧

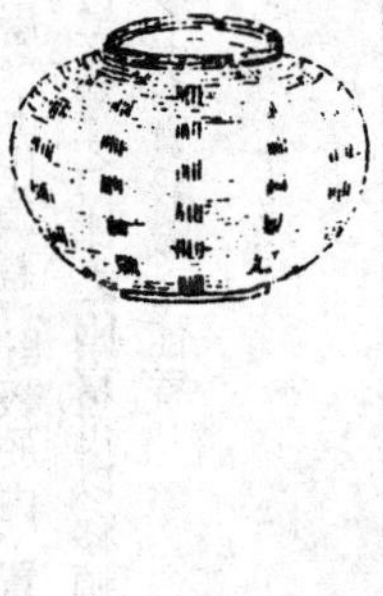

又 畚，音本土籠力董切也。《左傳》：樂喜陳畚梮。注云：畚，簣籠。《集韻》作畚。《晉書》王猛少貧賤，嘗鬻畚爲事。《說文》：畚，䣊音瓶屬，又蒲器也。所以盛種。杜林以爲竹筥，揚雄以爲蒲器，然南方以蒲竹，北方用荆柳，或負土或盛物，通用器也。詩云：「江南貴蒲竹，漢北取荆柳。致用與蕢均，聯名惟畚偶。不辭編織勞，常爲貧賤有。他日興土工，嗟哉須汝負。」

畚

又 笆，徒本切《集韻》云：盛穀器，或作囤，又𥴍也。北方以荆柳或蒿卉制成，圓樣；南方判竹編草或用籧篨空洞作圍，各用貯穀。南北通呼曰笆，兼篅𥫱而言也。然笆多露置，可用貯糧；篅𥫱在室，可用盛種，皆農家收穀所先具者。故併次之。篅，市專切《說文》云：判竹圓以盛穀，笆類也。篅或作圌，此𥫱與篅皆笆之別名，但大小有差，亦蓧蕢之舊制，不可遺也。𥫱，章恕切《集韻》云：𥫱筐，盛種器。蓋連底小笆，便於移用。𥫱作𥬻，又作䉢。詩云：「農家屯糧元有具，以笆爲名須用竹。體圓制密塗墍茨，正則能容傾則覆，南北由來無異名。」

笆

又 穀匣，盛穀方木層匣也。用板四葉相嵌而方，大小不等，高下隨宜，下作底足，疊累數層。上作頂蓋，貯穀於内，置穴於下，可以啟閉用之。多在屋室，亦可露置，以瓦覆之，比之囷京可以移頓，較之篅𥴧可以增減。既無雀鼠之耗，又無濕浥之虞，實穀藏之佳者。

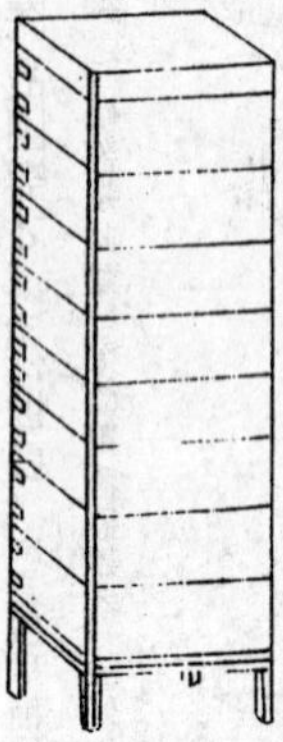

穀匣

又 籮，匠竹爲之，上圓下方，挈米穀器，量可一斛。《方言》：「籮所以注斛，陳魏宋楚之間謂之篙，自關而西謂之注箕，皆籮之別名也。」

籮

又 箕，簸箕也。《説文》云：簸，揚米去糠也。《莊子》曰：箕之簸物，雖去粗留精，然要其終，皆有所除是也。然北人用柳，南人用竹，其制不同，用則一也。

箕

又 卷一六 礱，力董切礱，穀器，所以去穀殼也。淮人謂之礱，力董切江浙之間謂之礱。盧東切編竹作圍，内貯泥土，狀如小磨，仍以竹木排爲密齒，破穀不致損米，就用拐木竅貫礱上，掉軸以繩懸檁上，衆力運肘轉上聲之，日可破穀四十餘斛。北方謂之木礱，石鑿者謂之石木礱。礱礱字從石，初本用石，今竹木代者亦便。又有礱磨，上級甚薄，可代穀礱，亦不損米。或人或畜轉之，謂之礱磨。復有畜力挽行大木輪軸，以皮弦或大繩繞輪兩周，復交於礱之上級，輪轉上聲則繩轉，繩轉則輪亦隨轉，計輪轉一周，則礱轉十五餘周，比用人功，既速且省。案此條闕詩疑軼去

礱

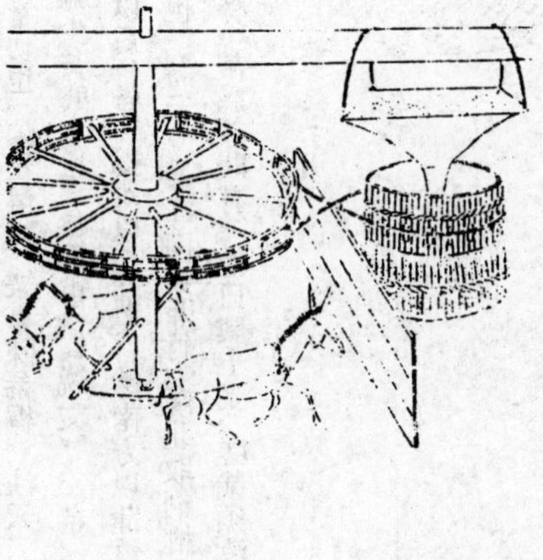

又　颺與章切扇，《集韻》云：颺風飛也。揚穀器，其制中置簨軸，列穿四扇或六扇，用薄板或糊竹爲之。復有立扇卧扇之别，各帶掉軸，或手轉足躡，扇即隨轉。凡舂輾之際，以糠米貯之高檻，檻底通作匾縫，下瀉均細如簾。即將機軸掉轉搧之，糠粞既去，乃得淨米。又有舁之場圃間用之者，謂之扇車。凡蹂打麥禾等稼，穰粃相雜，亦須用此。風搧比之杴擲箕簸，其功多倍。梅聖俞詩云：「颺扇非團扇，每來場圃見。因風吹糠粃，編竹破筠箭。任從高下手，不爲寒暄變。去粗而得精，持之莫言倦。」

颺扇

又　油榨，取油具也。用堅大四木各圍可五尺，長可丈餘，疊作卧枋於地。其上作槽，其下用厚板，嵌作底槃。槃上圓鑿小溝，下通槽口，以備注油於器。

油榨

又　穀盅，敕中切。《集韻》云虚器也。又謂之氣籠，編竹作圍，徑可一尺，高或二丈，底足稍大，易於竪立，内置木撐。

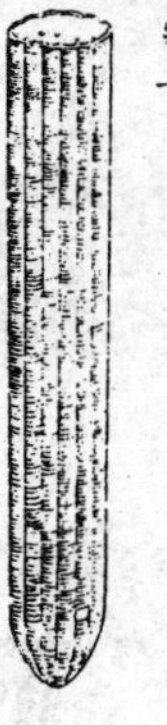
穀盅

又　卷一八　水柵，排木障水也。《集韻》云：柵，倉格切。《説文》云：竪木立柵也。若溪岸稍深，田在高處，水不能及，則於溪之上流作柵，遏水使之旁出，下溉以及田所。其制當流，列植樹椿，椿上枕以伏牛，擗騂役切以拉盧合切木。仍用塊石高壘，衆楗斜撐平聲以邀水勢，此柵之小者。如秦雍之地所拒川水，率用巨柵，其蒙利之家，歲例量力均辦所需工物，乃深植椿木，列置石囤，長或百步，高可尋丈，以横截中流，使傍入溝港。凡所溉田畝，計千萬，號爲陸海。此柵之大者。其餘各處境域，雖有此水而無此柵，非地利素不彼若，蓋工所未及也。

水柵

大水柵

又 翻車，甫煩切今人謂龍骨車也。《魏略》曰：馬鈞居京都城内，有地可爲園，無水以灌之。乃作翻車，令兒童轉上聲之而灌水自覆，漢靈帝使畢嵐作翻車，設機引水灑南北郊路，則翻車之制，又起於畢嵐矣。今農家用之溉田。其車之制，除壓欄木及列檻樁外，車身用板作槽，長可二丈，闊則不等，或四寸至七寸。案四寸七寸制太狹，疑有誤。高約一尺，槽中架行道板一條，隨槽闊狹，比槽板兩頭俱短一尺，用置大小輪軸，同行道板上下通週，以龍骨板葉其在上。大軸兩端各帶拐木四莖，置於岸上，木架之。間人憑架上踏動拐木，則龍骨板隨轉去聲循環，行道板刮水上岸。此翻車之制，關楗頗多，必用木匠可易成造。

翻車

又 筒車，流水筒輪。凡制此車，先視岸之高下，可用輪之大小，須要輪高於岸，筒貯於槽，乃爲得法。其車之所在，自上流排作石倉，斜擗水勢急湊筒輪，其輪就軸作轂，軸之兩傍閣於樁柱山口之内，輪輻之間除受水板外，又作木圈，縛繞輪上，就繫竹筒或木筒。謂小輪則用竹筒，大輪則用木筒。

筒車

又　連筒，以竹通水也。凡所居相離，水泉頗遠，不便汲用，乃取大竹，内通其節，令本末相續，連延不斷，閣之平地或架越澗谷，引水而至。又能激而高起數尺，注之池沼及庖湢之間，如藥畦蔬圃亦可供用。杜詩所謂「連筒灌小園」，詩云：「刳竹作連筒，流泉一脉通。勢雖由上下，用不限西東。遠借居人便，常資沛澤功。伊誰憑好手，扶赴卧龍公。」

連筒

又　架槽，木架水槽也。間有聚落去水既遠，各家共力造木爲槽，遞相嵌接，不限高下，引水而至。如泉源頗高，水性趨下則易引也。或在窪下，則當車水上槽，亦可遠達。若遇高阜，不免避礙，或穿鑿而通。若遇坳險，則置之又木駕空而過。若遇平地，則引渠相接，又左右可移隣近之家，足得借用。非惟灌溉多便，抑可瀦蓄爲用。詩云：「刳木作槽身，架水自泉口。遠引無崇卑，量移能左右。梯空越澗壑，穴高穿培塿。人能御天災，豈非霖雨手。」

架槽

又　刮車，上時掌切水輪也。其輪高可五尺，輻頭闊止六寸，如水陂下田，可用此具。先於岸側掘成峻槽，與車輻同闊，然後立架安輪，輪輻半在槽内，其輪軸一端擐以鐵鈎，木拐，一夫執而掉之，車輪隨轉則衆輻循槽，刮水上岸，溉田便於車。

刮車

又　桔槔，桔，古屑切。槔，古刀切。挈水械也。《通俗文》曰：桔槔，機汲水也。《説文》曰：桔，結也。所以固屬。槔，皐也，所以利轉。又曰：皐，緩也。一俯一仰，有數存焉，不可速也。然則桔其植者，而槔其俯仰者與？

桔槔

又　轆轤，轆，力木切。轤，力胡切。纏，綆械也。《唐韻》云：圓轉木也。《集韻》作欂轤，汲水木也。井上立架，置軸貫以長轂，其頂嵌以曲木，人乃用手掉轉。上聲纏綆於轂引取汲器，或用雙綆而逆順交轉。所懸之器，虛者下，盈者上，更相上下，次第不輟，見功甚速。凡汲於井上，取其俯仰，則桔槔取其圓轉，則轆轤皆挈水械也。然桔槔綆短而汲淺，獨轆轤深淺俱適其宜也。

轆轤

又　石籠力董切，又謂之卧牛，判竹、或用藤蘿或木條編作圈眼。大籠長可三二丈，高約四五尺，以籤樁止之。就置田頭，内貯塊石，用擗暴水，或相接連延遠至百步。若水勢稍高，則壘作重籠亦可遏止。

石籠

又　卷二一　桑梯，《説文》曰：梯，木階也。夫桑之稺者，用几採摘；其桑之高者，須梯剝。丑全切削去也斫。梯若不長，未免攀附旁條，不還則鳩脚多亂，樛居秋切枝折垂則乳液旁出。必欲趁於高下，隨意去留，須梯長可也。《齊民要術》云：採桑必須長梯，梯不長則高枝折。正謂此也。詩云：「貫木取諸漸，爲梯利用晉。附彼墻下桑，如躡平地迅。女枝既不攀，遠揚亦可刃。何當展所施，摘蓮華峯峻。」

桑梯

又　桑籠，《集韻》云：籠，大篝古侯切也。今謂有係筐也。桑者便於携挈，《古樂府》云：羅敷善採桑，案今本作羅敷善蠶桑採桑城南隅，方言叶韻青絲爲籠繩，案今本作青絲爲籠係桂枝爲籠鉤。今南方桑籠頗大，以擔負之，尤便於用。梅聖俞詩云：「采采向桑郊，盈盈自持筥。桂鉤帶月往，稺葉和煙貯。一心恐蠶饑，搔首促儔侶。到家傾嫩绿，刀几爲吹咀。」

桑籠

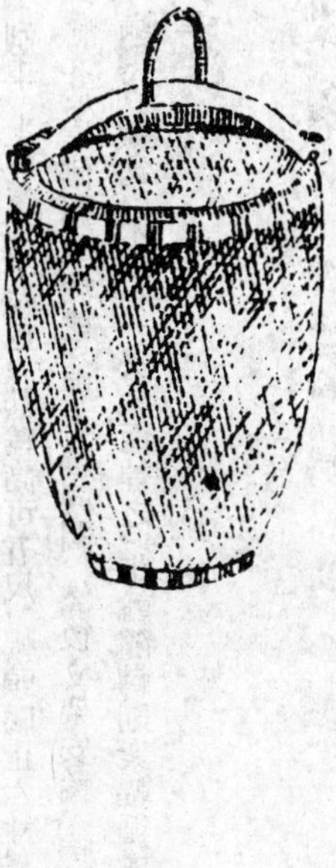

又　卷二一　桑碪，《爾雅》曰：碪，謂之榩。音虔郭璞曰：碪，木礩也。碪從石，榩從木，即木碪也。碪截木爲碢，圓形，竪理切物乃不拒刃。此北方蠶小，時用刀切葉碪上，或用几，或用夾。南方蠶無大小，切桑俱用碪也。詩云：「團團几上碪，尋常閑月魄。蠶月切柔桑，纖纖雲縷積。飼養槃筐多，收去淨無跡。不必在庖廚，鼓刀刃聲割。」

桑碪

又　桑夾，挾桑具也。用木礩，上仰置叉股，高可二三尺。於上順置鍘刃，左手茹葉，右手按刃切之。此夾之小者。若蠶多之家，乃用長椽二莖，駢竪壁前，中寬尺許，乃實納桑葉，高可及丈，人則躡梯上之，兩足後踏屋壁以胸前，向壓住兩手，緊按長刃，向下裁切，此桑夾之大者。

桑夾

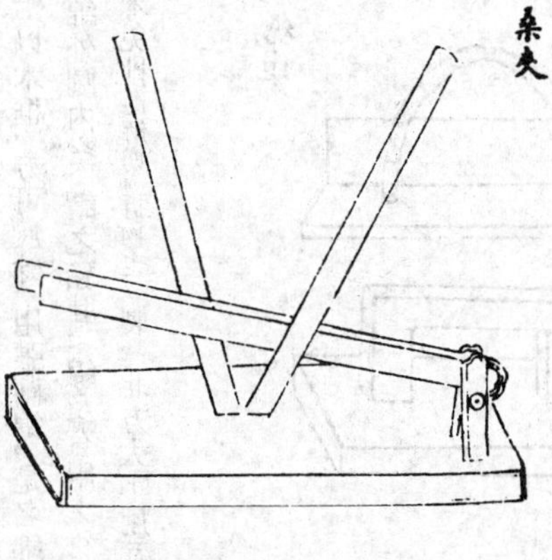

又　經架，牽絲具也。先排絲籰於下，上架橫竹列環以引衆緒，總於架前，經簲與牌同一人往來，挽而歸之紖軸，然後授之機杼。前人《織圖詩》云：「素絲頭緒多，羡君巧安排。青鞖胡衒切不動塵，緩步交去來。脉脉意欲亂，眷眷首重回。王言正如絲，亦付經綸才。」（略）

經架

又　絜車，構木作架，上控鈎繩滑車，下置煑繭湯甕。絜者掣繩上轉，滑車下徹甕內，鈎繭出沒，灰湯漸成絜段。

絜車

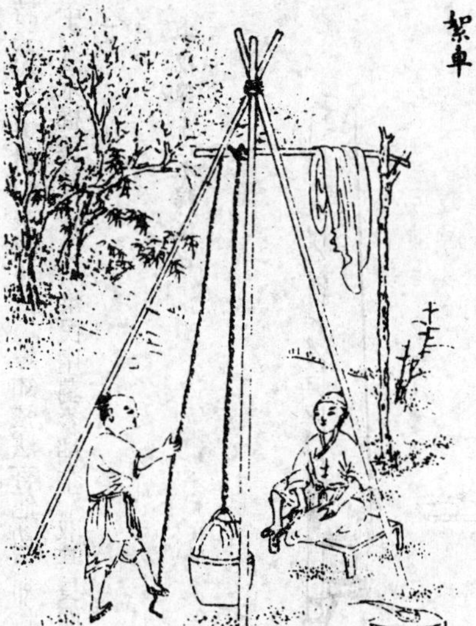

又　綿矩，以木框，方可尺餘，用張繭綿，是名綿矩。又有揉竹而彎者，南方多用之。其綿外圓内空，謂之豬肚。綿及有用大竹筒，謂之筒子綿。就可改作大綿，裝時未免拖池解切，折物也。製。北方大小用瓦蓋，各從其便，然用木矩者，最爲得法。

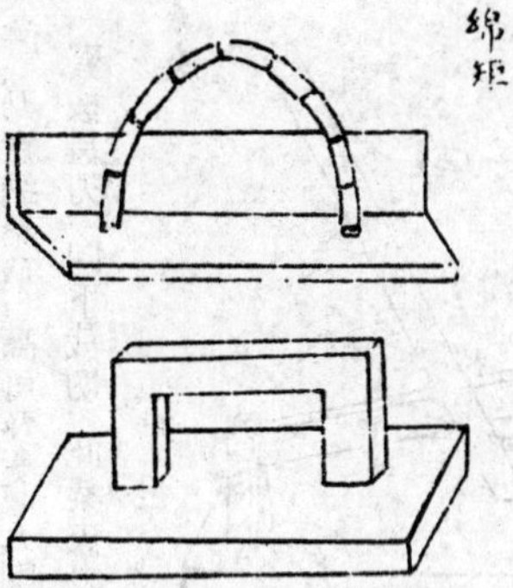

綿矩

又　木棉攪車，木棉初採，曝之陰，或焙乾。《南州異物志》班布吉貝木所生，埶時狀如鵞毳，細過絲綿，中有核如珠珣，公後切用之則治出其核。昔用輾軸，今用攪車尤便。夫攪車四木作框，上立二小柱，高約尺五。上以方木管之，立柱各通一軸，軸端俱作掉拐，軸末柱竅不透。二人掉軸，一人喂上棉英，二軸相軋則子落於内，棉出於外，比用輾軸工利數倍。今特圖譜，使民易倣。凡木棉雖多，今用此法即去子得棉，不致積滯。詩云：「二木相摩運兩端，宛如造物沒機關。霜棉山積珠論斗，只在思樞柄用間。」

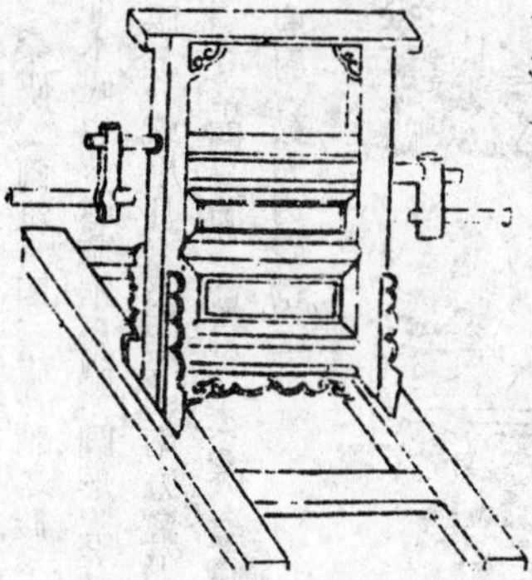

木棉攪車

又　木棉彈弓，以竹爲之，長可四尺許，上一截頗長而彎，下一截稍短而勁，控以繩絃。用彈棉英，如彈毡毛法，務使結者開實者虛假，其功用非弓不可。詩云：「主射由來彀此弓，豈知弦法有他功。却將一掬香棉朵，彈作晴雲滿座中。」木棉捲筳，徒丁切淮民用蜀黍梢莖，取其長而滑，今他處多用無節竹條代之。

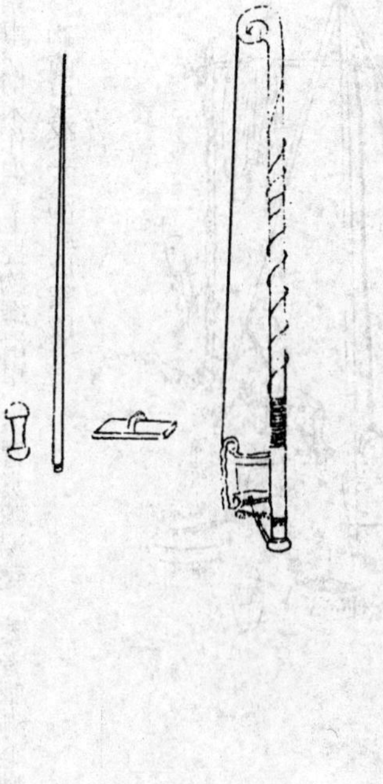

木棉彈弓　木棉捲筳

又　卷二二　木棉撥車，其制頗肖麻苧蟠車，但以竹爲之，方圓不等，特更輕便。按舊説先將紡訖棉維於稀糊盆内，度過稍乾，然後將棉維頭縷撥於車上，遂成棉絍。詩云：「造形隨意作方圓，終日悠悠聽撥旋。待爾絍成足經緯，却教機杼得功全。」

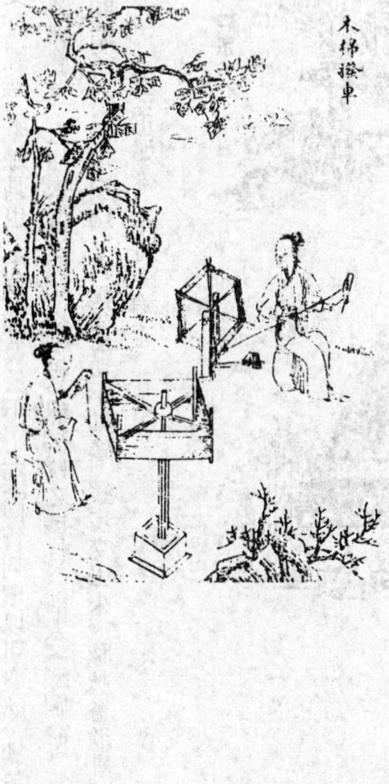

木棉撥車

又 木棉線架，以木爲之，下作方座，長闊尺餘。卧列四維，座上鑿置獨柱，高可二尺餘，柱下横木，長可二尺。用竹篾均列四彎，内引下座四維紡於車上，即成棉線。

木棉線架

又 卷二二 績簍，去中切盛麻績器也。績，《集韻》云：緝也。簍，《説文》曰：籠也，又姑簍也。字從竹，或以條莖編之，用則一也。大小深淺，隨其所宜制之。麻苧蕉葛等爲之絺綌，皆本于此。有日用生財之道也。詩云：「績麻如之何，以器爲縈蟠。初認飛霰落，次若層雲屯。功成在良筌，日新等銘槃。詩人有深刺，勿傚南方原。」

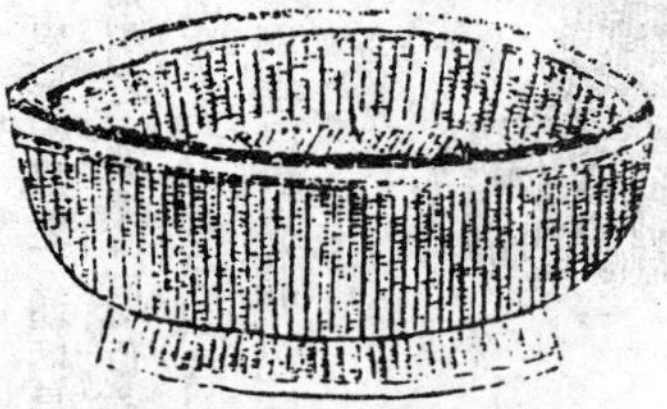
績簍

又 大紡車，其制長餘二丈，闊約五尺，先造地柎木框，四角立柱各高五尺，中穿横桄，上架枋木，其枋木兩頭山口卧受捲纑長軖鐵軸，次于前地柎上立長木座，座上列臼以承轆底鐵簨。

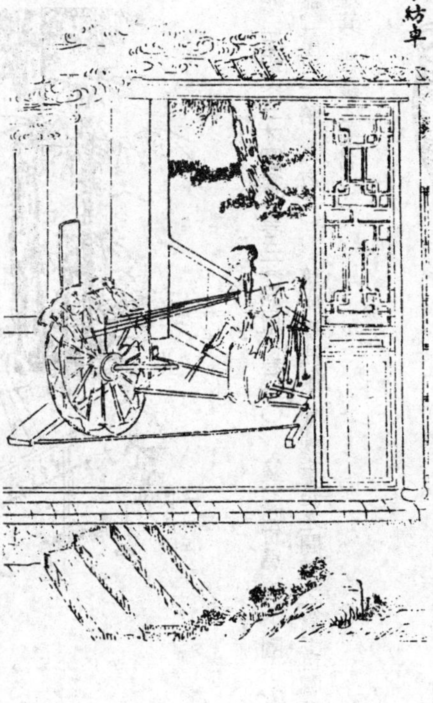
小紡車

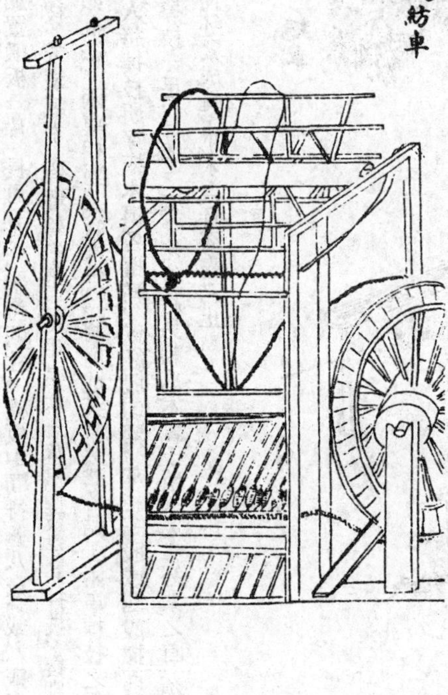
大紡車

又　纑刷，疏布縷器也。束草根爲之，通柄長可尺許，圍可尺餘。其纑縷杼軸既畢，架以叉木，下用重物掣之，纑縷已均布者，以手執此，就加漿糊，順下刷之，即增光澤。可授機織此造布之内，雖曰細具，然不可闕。詩云：「績麻經紡即爲纑，功用都歸一刷餘。纔與機頭借光潤，已聞催布有征胥。」

纑刷

又　紉車，紉，尼隣切。繟繩器也。《通俗文》曰：單繟曰紉，揉木作棬，中貫軸，柄長可尺餘，以棬之上角用單麻皮。右手執柄轉上聲之，左手績麻股，既成緊去聲則纏于棬上，或隨繩車用之，以助糾絞紝緊去聲。又農家用作經織麻屨牛衣簾箔等物，此紉車復有大小之分也。詩云：「身惟軸柄首惟捲，麻縷紉來儘自纏。簾箔纖餘仍有用，牛衣經緯輭于毯。」旋，平聲椎掉麻紱具也。截木長可六寸，頭徑三寸許，兩間斫細樣如腰鼓，中作小竅，插一鉤。簨長可四寸，用繫麻皮于下，以左手懸之，右手撥旋，麻既成緊，去聲就纏椎上，餘麻挽于鉤內，復續之如前。所成經緯，可作麤布，亦可織屨。

紉車　旋椎

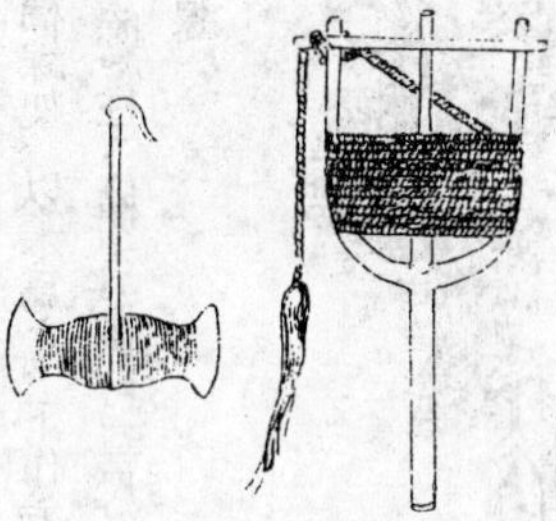

又　繩車，絞合古沓切紝緊作繩也。其車之制，先立簨虡一座，植木止之簨上，加置横板一片，長可五尺，闊可四寸。横板中間排鑿八竅，或六竅，各竅內置掉枝，或鐵或木，皆彎如牛角。又作横木一莖，列竅穿其掉枝，復别作一車，亦如上法。兩車相對，約量遠近，將所成紝緊去聲各結于兩車掉枝之足，車首各一人將掉枝所穿横木俱各攪轉，候紝股匀緊，却將三股或四股撮而爲一，各結于掉枝一足，計成一繩。然後將另制爪木置于所合入聲紝緊之首，復攪其掉枝，使紝緊成繩，爪木自行繩盡乃止。

繩車

明　王圻《三才圖會》卷三《器用》卷一〇　籮，匠竹爲之，上圓下方，挈米穀器，量可一斛。《方言》：籮所以注斛，陳魏宋楚之間謂之篅，自關而西謂之注箕，皆籮之别名也。

又 杵臼，舂也。《易・繫辭》曰：黄帝堯舜氏作，斷木爲杵，掘地爲臼，杵臼之利，萬民以濟。按古舂之制，秙常隻切百二十斤，稻重一秙，爲粟二十斗，爲米十斗，曰毇；許委切爲米六斗大半斗曰粲，又曰糲。洛帶切米一石，舂爲九斗，曰糳；則各切糳，米之精者。斯古舂之制，自杵臼始也。

杵臼

竹揚杴

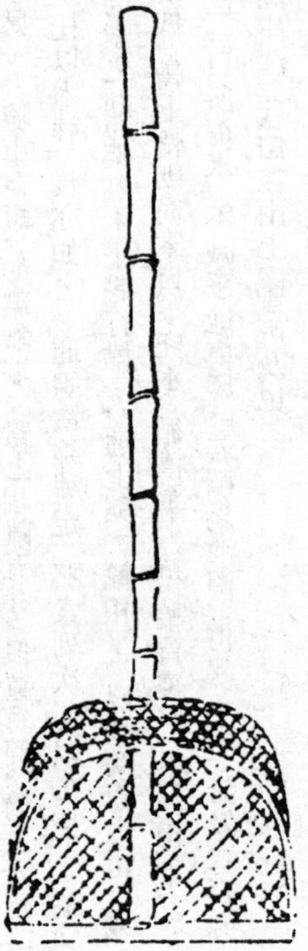

又 杴，虛嚴切臿屬，但其首方闊，柄無短拐，此與鍬臿異也。煅鐵爲首，謂之鐵杴，惟宜土工。剡木爲首，謂之木杴，可撩衫責切穀物。又有鐵刃木杴，裁割田間塍埂，以竹爲之者，淮人謂之竹揚杴，與江浙颺去聲籃少異，今皆用之。

明 徐光啓《農政全書》卷一七 水轉翻車，其制與人踏翻車俱同，但於流水岸邊，掘一狹塹，置車於内，車之踏軸外端，作一竪輪。竪輪之傍，架木立軸，置二卧輪。其上軸適與車頭竪輪輻支相間，乃擗水傍激，下輪既轉，則上輪隨撥車頭竪輪，而翻車隨轉，倒水上岸，此是卧輪之制。若作立軸，當别置水激立輪，其輪輻之末，復作小輪。輻頭稍闊，以撥車頭竪輪。此立輪之法也。然亦當視其水勢，隨宜用之，其日夜不止，絶勝踏車。

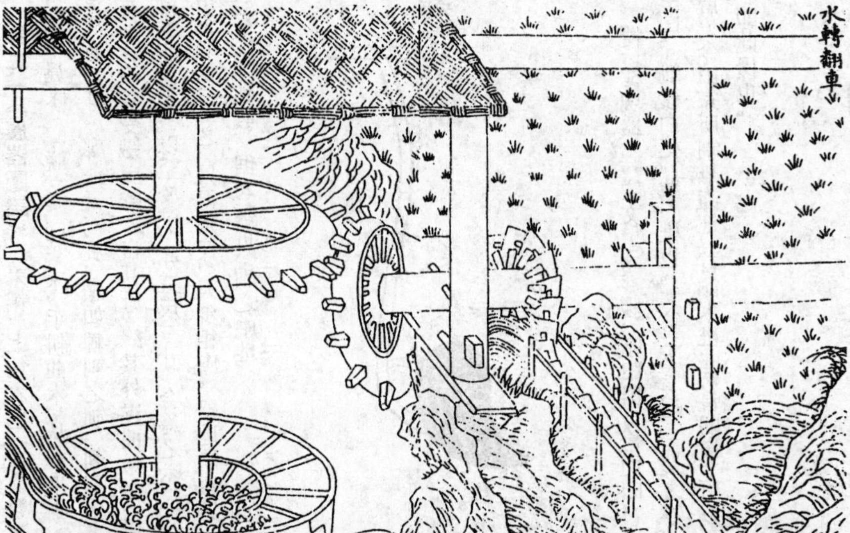

又 高轉筒車，其高以十丈爲準。上下架木，各竪一輪。下輪半在水内，各輪徑可四尺。輪之一周，兩傍高起，其中若槽，以受筒索。其索用竹，均排三股，通穿爲一。隨車長短，如環無端。索上相離五寸，俱置竹筒，筒長一尺。筒索之底，托以木牌，長亦如之。通線鐵線縛定，隨索列次，絡於上下二輪。復於二輪筒索之間，架刳木平底行槽一，連上與二輪相平，以承筒索之重。或人踏，或牛拽，轉上輪則筒索自下兜水，循槽至上輪，輪首覆水，空筒復下，如此循環不已。日所得水，不減平地車戽。若積爲池沼，再起一車，計及二百餘尺。如田高岸深，或田在山上，皆可及也。

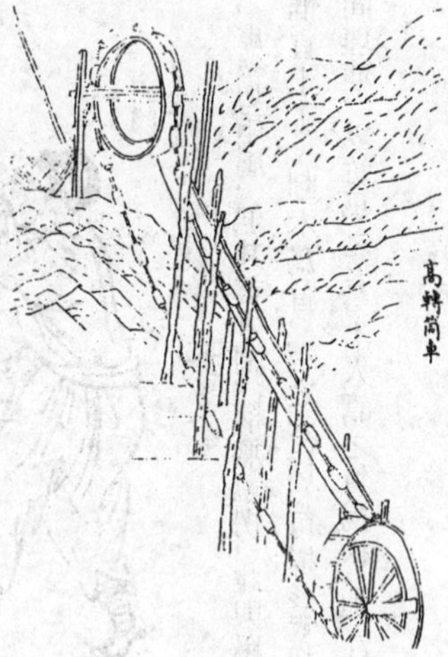

又 戽斗，挹水器也。《唐韻》云：戽，抒上與切也。抒，水器挹也。凡水岸梢下，不容置車，當旱之際，乃用戽斗。控以雙綆，兩人挈之，抒水上岸，以溉田稼。其斗或柳筲，或木罌，從所便也。

又 卷二一《農器圖譜》：耒耜，上句木也。《易繫》曰：神農氏作，斲木爲耜，揉木爲耒。《説文》曰：耒，手耕曲木，从木推手。《周官》：車人爲耒，庛長尺有一寸。鄭注云：庛，讀如棘刺之刺，刺，耒下。前曲接耜。則耒長六尺有六寸，其受鐵處歟？自其庛，緣其外遂曲量之，以至於首，得三尺三寸。自首遂曲量之，以至於庛，亦三尺三寸，合爲之六尺六寸。若從上下兩曲之内，相望如弦，量之，只得六尺，與步相應。堅地欲直庛，柔地欲句庛。直庛則利推，勾庛則利發。倨勾磬折，謂之中地。

耒　耜

又 櫌，槌塊器。《説文》云：櫌，摩田器。晉灼曰：櫌，椎塊椎也。《吕氏春秋》曰：鋤櫌白梃。櫌，椎也。《管子》云：一農之事，必有一銍一椎，然後成爲農。今田家所制無齒杷，首如木椎，柄長四尺，可以平田疇，擊塊壤，又謂木斫，即此櫌也。

櫌

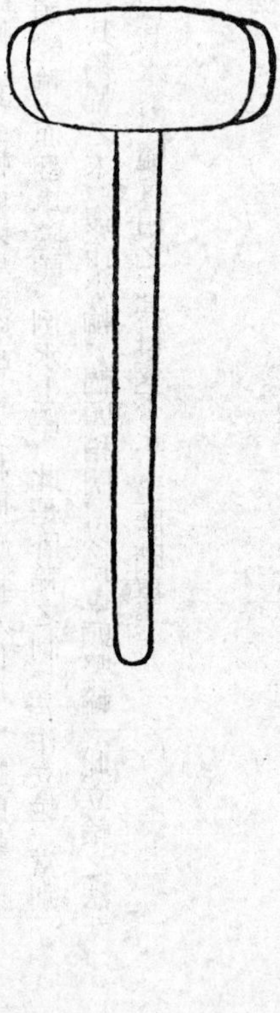

又　耙（作爬。今作䎱），宋魏之間，呼爲渠挐，又謂渠疏。陸龜蒙曰：凡耕而後有耙。今日只知犂深爲功，不知耙細爲全功。蓋耙偏數，惟多爲熟，熟則上有油土四指，可没雞卵爲得。耙桯長可五尺，闊約四寸，兩桯相離五寸許。其桯上相間，各鑿方竅，以納木齒。齒長六寸許。其桯兩端木栝，長可尺三。前梢微昂，穿兩木搹，以繫牛輓鈎索。此方耙也。又有人字耙，鑄鐵爲齒。《齊民要術》謂之鐵齒錋錄。凡耙田者，人立其上，入土則深。又當于地頭不時跋足，閃去所擁草木根茇。水陸俱必用之。

方耙

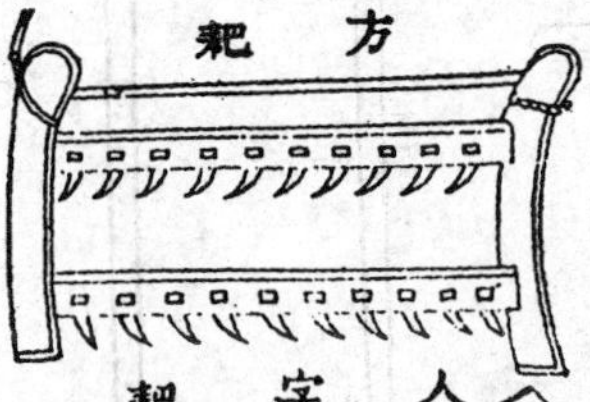

人字耙

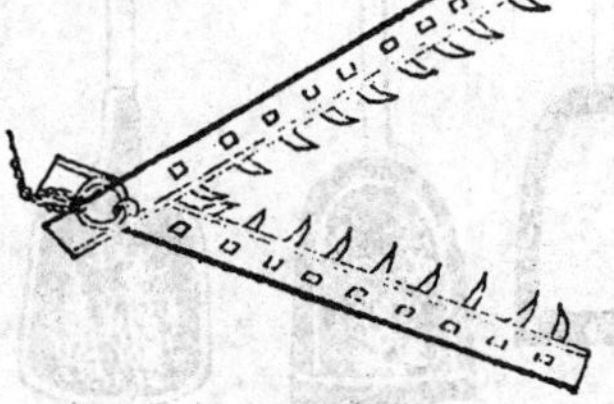

又　勞，無齒耙也。但耙梃之間，用條木編之，以摩田也。耕者隨耕隨勞，又看乾濕何如，但務使田平而土潤。與耙頗異，耙有渠疏之義，勞有蓋摩之功也。《齊民要術》曰：疏春耕，尋手勞。秋耕，待白背勞。注云：春多風，不即勞，則致地虛燥。秋田㙌濕，速勞則恐致地硬。又曰：耕欲廉，勞欲再。今亦名勞曰摩，又名蓋。凡已耕耙欲受種之地，非勞不可。

勞

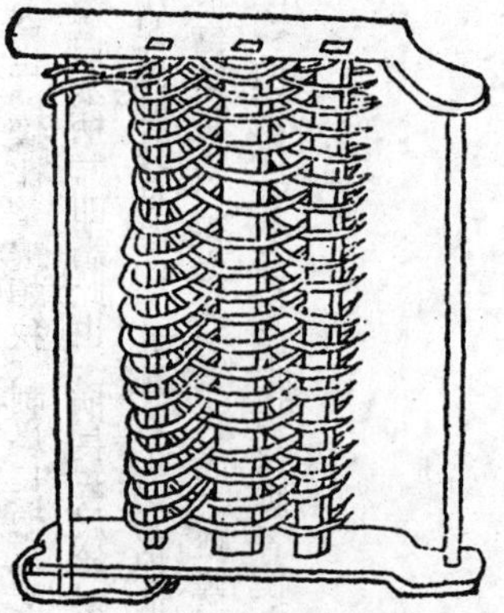

又　撻，打田篲也。用科木縛如掃篲，復加匾闊，上以土物厭之，亦要輕重隨宜，用以打地。長可三四尺，廣可二尺餘。古農法云：耬種既過，後用此撻，使壠滿土實，苗易生也。《齊民要術》曰：凡春種欲深，宜曳重撻；夏種欲淺，直置自生。注云：春氣冷生遲，不曳撻則根虛，雖生輒死。夏氣熱而生速，曳撻遇雨，必致堅垎。其春澤多者，或亦不須撻。必欲撻者，須待白背，濕撻則令地堅硬故也。又用曳打場面，極爲平實。今人耬種後，唯用砘車碾之。然執耬種者，亦須腰繫輕撻曳之，使壠土覆種稍深也。或耕過田畝，土性虛浮，亦宜撻之。

撻

又　牛軛，字亦作軶，服牛具也。隨牛大小制之，以曲木竅其兩旁，通貫耕索，仍下繫鞅板，用控牛項，軛乃穩順，了無軒側。《説文》曰：軛，轅前木也。

牛軛

又　長鑱，踏田器也。鑱比犁鑱頗狹，制爲長柄，謂之長鑱。杜工部《同谷歌》曰：「長鑱長鑱白木柄」，即謂此也。柄長三尺餘，後偃而曲，上有橫木如拐，以兩手按之，用足踏其鑱柄後跟，其鋒入土，乃捩柄以起墢也。在園圃區田，皆可代耕。比於钁斸省力，得土又多。古謂之蹠鏵，今謂之踏犁。亦耒耜之遺制也。《淮南子》曰：伊尹之興土工也，修脚者使之蹠音隻鏵。注：長脚者蹠鏵，得土多也。

長鑱

又　杴，臿屬。但其首方闊，柄無短拐，此與鍬臿異也。煅鐵爲首，謂之鐵杴，惟宜土工。剡木爲首，謂之木杴，可摝穀物。又有鐵刃木杴，裁割田間塍埂。以竹爲之者，淮人謂之竹揚杴。與江浙颺去聲籃少異，今皆用之。

鐵杴

木杴

鋨刃杴

竹揚杴

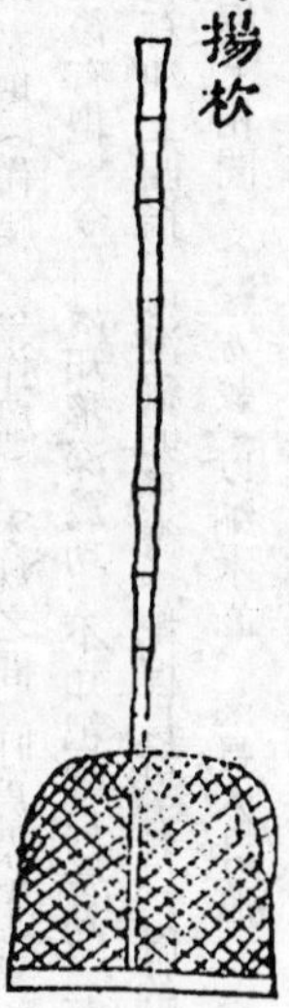

又　杌，無齒杷也。所以平土壤，聚穀實。《説文》云：無齒爲杌。《禾譜》字作戞。周生烈曰：夫忠蹇，朝之杷杌，正人國之掃篲。秉杷執篲，除凶掃穢，國之福，主之利也。杷杌之爲器也，見於書傳，至今不替其用，爲不負紀録矣。

杌

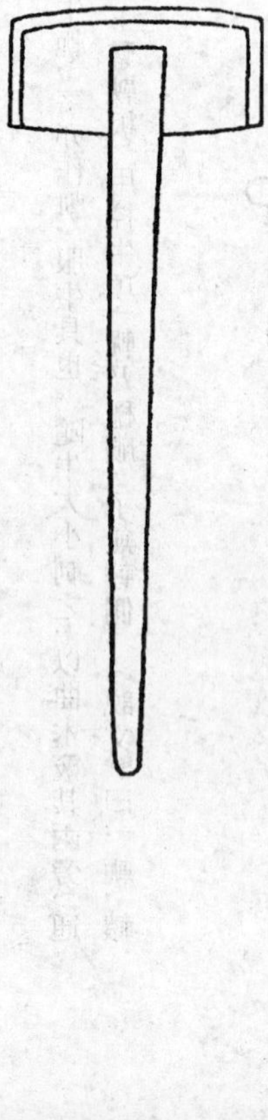

又　輥軸，輥碾，草木軸也。其軸木，徑可三四寸，長約四五尺。兩端俱可轉窶；挽索用牛拽之。夫江淮之間，凡漫種稻田，其草禾齊生並出，則用此輥碾，使草禾俱入泥内。再宿之後，禾乃復出，草則不起。又嘗見一方稻田，不解插秧，唯務撒種。卻於軸間，交穿板木，謂之雁翅，狀如礰礋而小，以輥打水土成泥，就碾草禾如前。江南地下，易於得泥，故用輥軸。北方塗田頗少，放水之後，欲得成泥，故用雁翅輥打。此各隨地之所宜用也。

輥軸

清 鄂爾泰《授時通考》卷三二 耕槃圖説 耕槃，駕犂具也。舊制稍短，駕一牛或二牛，故與犂相連。今各處用犂不同，或三牛、四牛，其槃以直木長可五尺，中置鉤環。耕時旋擐犂首，與軛相爲本末，不與犂爲一體，故復表出之。

耕槃

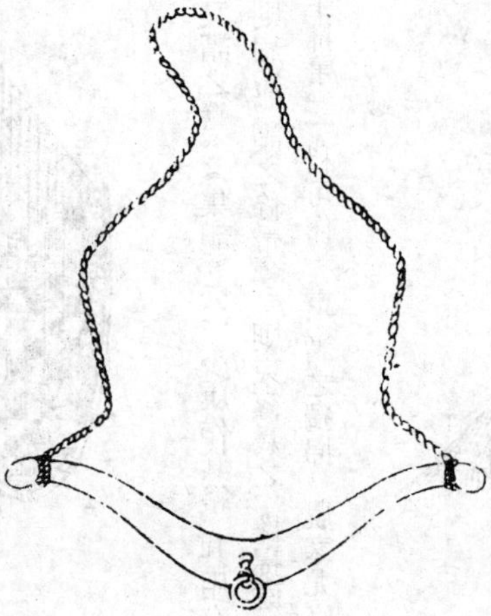

又 卷三三 勞圖説 勞，無齒耙也。耙梃之間用條木編之，以摩田也。

勞

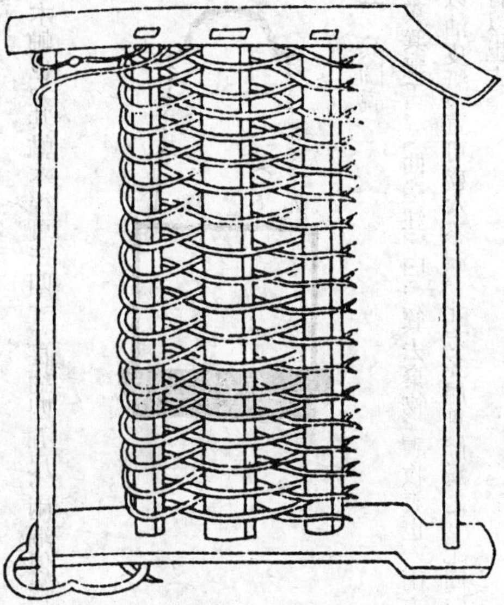

又 拖車圖説 拖車，即拖脚車也。以脚木二莖長可四尺，前頭微昂，上立四簨，以横木括之，闊約三尺，高及二尺。用載農具及芻種等物，以往耕所有。就上覆草爲舍，取蔽風雨，耕牛輓行，以代輪也。

拖車

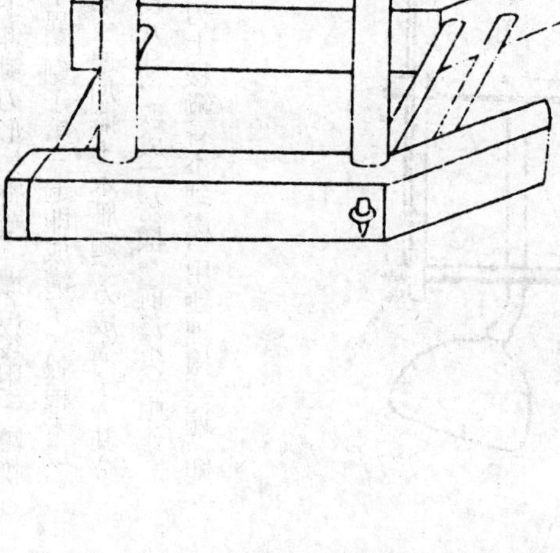

又 卷三四 種箪圖説 種箪，盛種竹器也。其量可容數斗，形如圓甕，上有篭口，農家用貯穀種，庋之風處，不致鬱浥。《齊民要術》云：藏稻必用箪，蓋稻乃水穀，宜風燥之。種時就浸水内，又其便也。徐光啟云：草篅，判竹圜以盛穀。

種箪

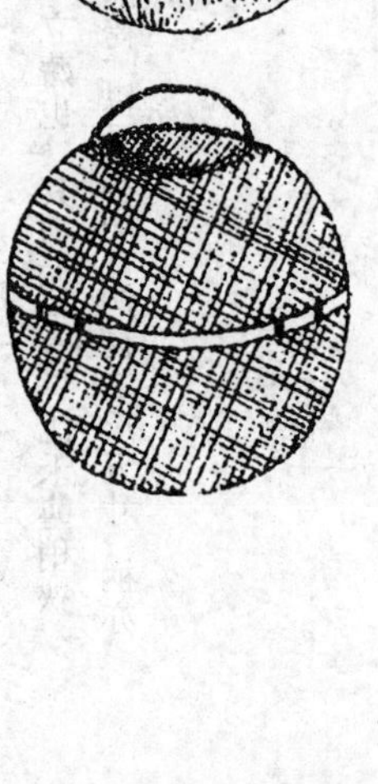

又　輥軸圖說

輥軸，碾草木軸也。其軸木徑可三四寸，長約四五尺，兩端俱作轉簨，挽索用牛拽之。

輥軸

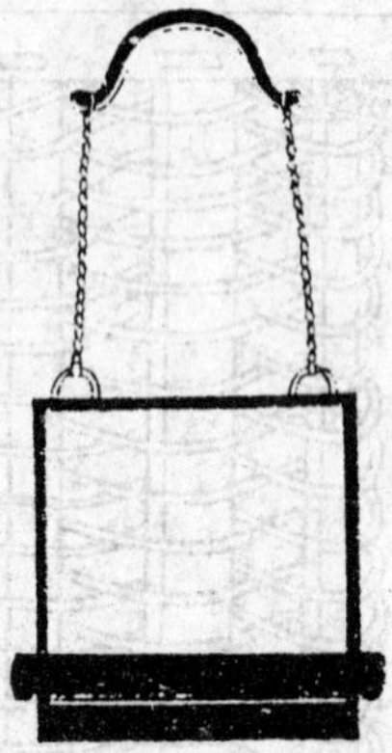

又　卷三五　箕圖說

簸箕有舌，糞箕無舌。《曲禮注》曰：箕去棄物，謂收糞也。南方以竹爲之，或以木，或以油皮紙，直可盛水不漏。北方多屈荆條爲之。記曰：良弓之子，必學爲箕，有以也夫。

箕

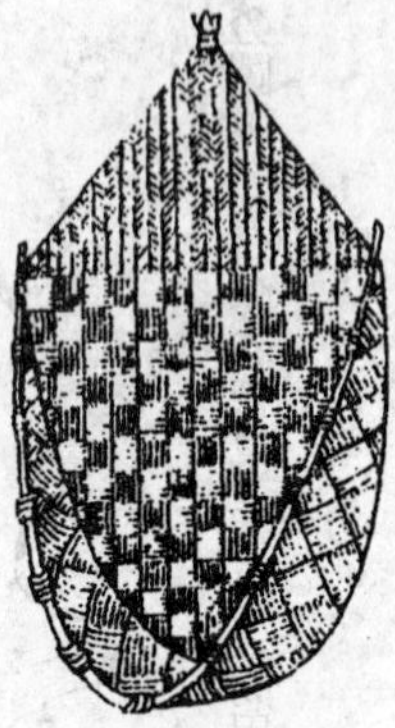

又　帚圖說

帚，今作箒，又謂之篲。《集韻》云：少康作箕箒，其用有二，一則編竹爲之，潔除室内，制則扁短，謂之條帚。一則束篠爲之，擁掃庭院，制則叢長，謂之掃帚。又有種生掃帚，一科可作一帚，謂之獨掃。農家尤宜種之，以備場圃間用也。

箒

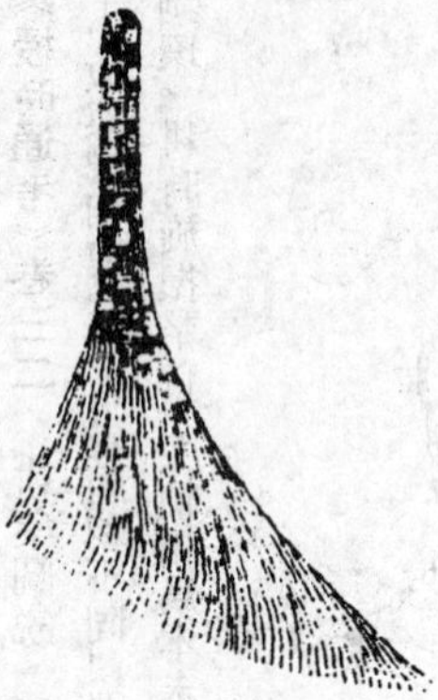

又　卷三六　櫌鉏圖說

櫌鉏，櫌爲鉏柄也。《説文》：鋤，立薅也。其刃如半月，比禾壟稍狹，上有短銎，以受鋤鉤。鉤如鵝項，下帶深袴，以受木柄。鉤長二尺五寸，柄亦如之。

櫌鉏

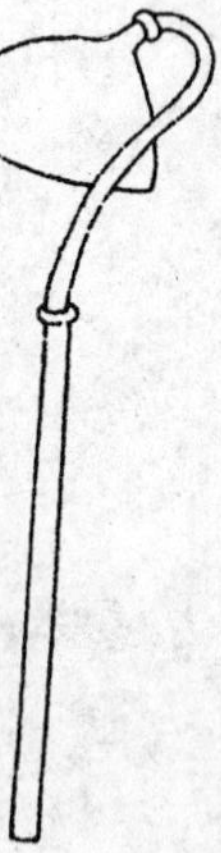

又　耬鋤，《種蒔直説》云：此器出自海壖，號曰耬鋤。耬制頗同，獨無耬斗，但用耬鋤鐵柄，中穿耬之横桄，下仰鋤刃形如杏葉。撮苗後用一驢輓之，過鋤力三倍。燕趙名曰劐子，制又小異，劐子第一遍即成溝子。穀根未成，不耐旱，耬鋤刃在土中，故不成溝子。第二遍加擗土木雁翅，方成溝子。其分土壅穀根擗土，用木厚三寸，闊三寸，長八寸，取成三角樣。前爲尖，中作一竅，長一寸，闊半寸，穿於鐵鋤柄。壓鋤刃上耬鋤有不到處，用鋤理撥一遍，即爲全功也。

耬鋤

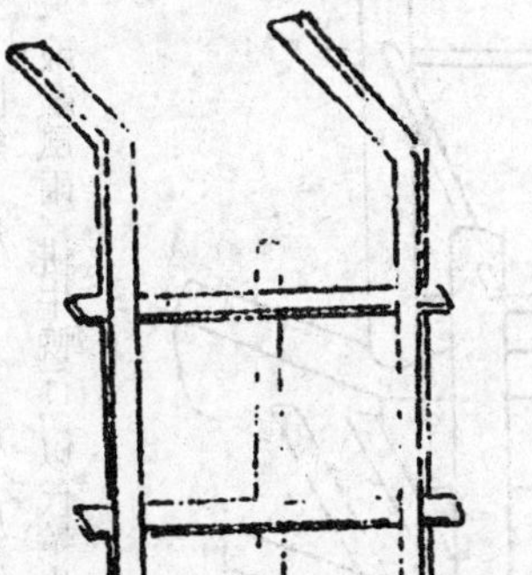

以竹。

又　蓐馬圖說　蓐馬，蓐禾所乘竹馬也。似籃而長，如鞍而狹，兩端拏

蓐馬

又　卷三七　水篣圖說　水篣，《集韻》云竹箕也，又籠也。夫山田利於水源在上，間有流泉飛下，多經嶝級，不無混濁泥沙淤灘畦埂。農人乃編竹爲籠，或木條爲捲笆，承水透溜，乃不壞田。

水篣

又　卷三八　鶴飲圖說　鶴飲者，爲長槽，或竹或木，其長無度，以水深淺爲度。尾殺於首三之一，首施戽樸屬爲良。戽之容則以觳。一寸二升戽嚳下面覆處施木刀如棹，末之制俾與水無忤。中其槽設兩耳函軸，迺於岸側葘樹立也兩楹，柱也高地僅尺，俾毋杌楹之顛。對設以軹，小穿也貫軸其中，惟治昂其尾入之戽也。水滿則首一昂，而流之奔於槽外也。其執御視桔槔之功，挈無虛而捷也。

鶴飲圖

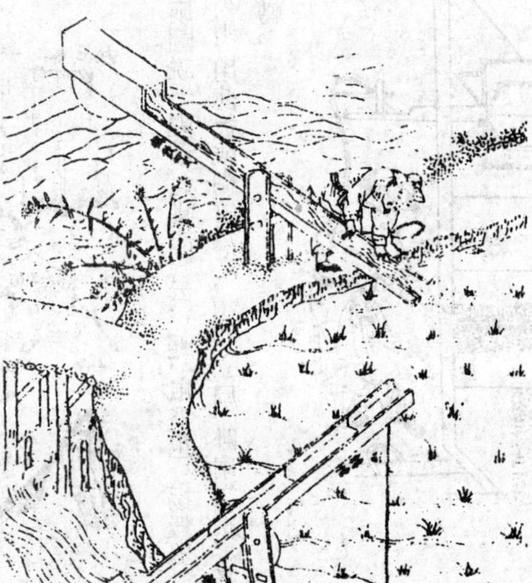

又　虹吸圖說　虹吸，刳木爲筒，筒之容或方或圜，圜徑寸，方徑不及寸者，分之二，毋薜毋暴毋齘。筒之長無定度，竑井及泉以爲度。筒之下端，横曲尺有二寸而爲之口，口迤而上高數寸。口之容弱於腹之容，惟阞口之内有舌開闔，戚速而無倚於圍。筒之上端出井及尋，横曲二尺有奇，迺垂垂四尺奇，迤而下長及常，而爲之管。管視筒之腹惟窻，筒之曲若審，惟樸屬爲良。筒之圍内，以寸緄縢之，斂以油灰之齊。腥塗其卻，毋俾針芒之或耗。筒兩端有檠，相以施約，無瓶無杌而止。管入以籥，惟嚴假韝鼓之，度水衝於管遄捎其籥，則霤吐爲趵突也以終古。

薜，破裂也。暴，墳起不堅緻也。齘，切齒怒，亦偪窄之意。竑，量也。阞，謂三分之一八尺曰尋，倍尋曰常，窻，小孔也。審，兩木交湊處。樸屬，附

著堅固也。緄，繩也。縢，約束也。敎，塞也。齊與劑同，腥，厚也。甈，壞杌動也。遄，速也。捎，除去也。泉水之上出者，曰趵突。

吸缸圖

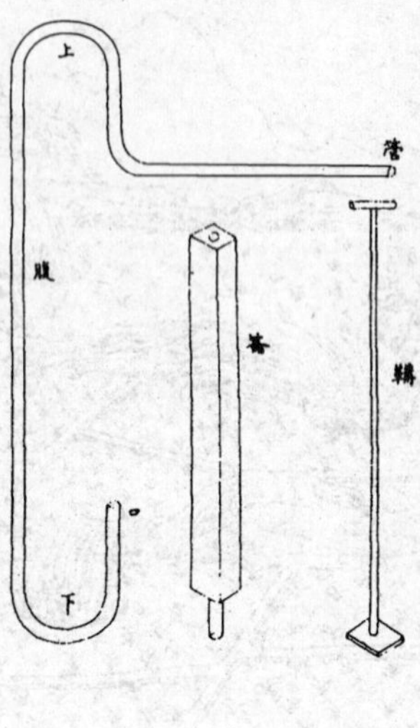

又　卷三九　抄竿圖説　抄竿，扶麥竹也。長可及丈。麥已熟時，忽爲風雨所倒，不能芟取，别用一人執竿抄起。卧穗竿舉則釤隨鏺之，殊無損失。必兩習熟者能用，不然則有矛盾之差矣。

抄竿

又　拖杷圖説　拖杷，耬麥長杷也。首列二十餘齒，短木柄以批契，維腰曳之。

拖杷

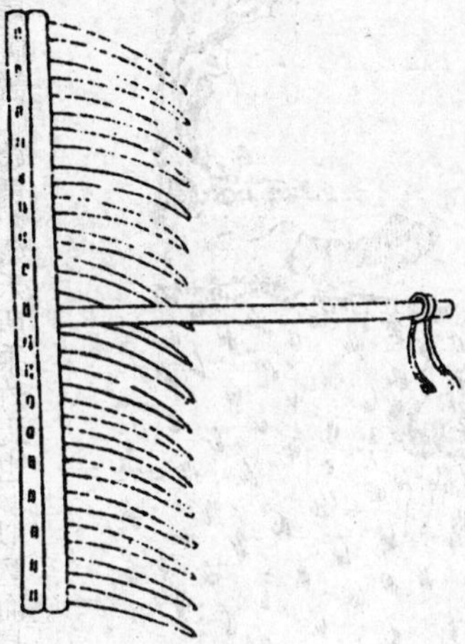

又　卷四〇　木礱圖説　木礱，多用松木爲之，形如大磨，兩扇皆鑿齒，下合植筍，穿貫上合。場中植架懸掉軸，以衆力曳轉，去穀出米，殷殷如雷聲。田家通力合作，雜以倡和之聲，慶成事也。

木礱

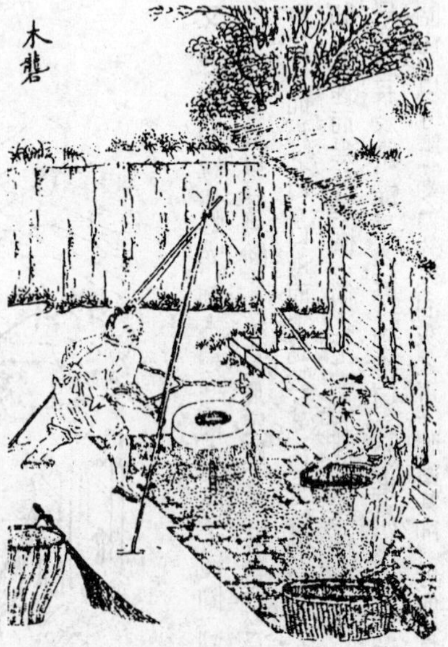

又　颺扇圖説　颺扇，《集韻》云：颺，風飛也。揚穀器。其制中置簨軸，列穿四扇或六扇，用薄板或糊竹爲之，復有立扇、卧扇之别，各帶掉軸。或手轉足躡，扇即隨轉。

颺扇

又 風扇車圖說 風扇車，與颺扇功用畧同，而制尤備。以木爲四柱，周以板穴，其尾以出糠。高可六尺，廣五尺餘。其腹左爲圜形，以内簨軸及扇，著其柄於外。右爲方斗，盛穀實。底作匾縫，承以小門。門之樞亦見於外，其下作斜木斗二，正側並列，形如箕，皆斜下。

風扇車

又 水碓圖說 機碓，水擣器也。《通俗文》云：水碓曰翻車碓。孔融論水碓之巧，勝於聖人斷木掘地，則翻車之類，愈出後世之機巧。今人造水輪，輪軸長尺，列貫横木相交如滚搶之制。水激輪轉，則軸間横木打所排碓梢，一起一落舂之，即連機碓也。

水碓

又 曬槃圖說 曬槃，曝穀竹器，廣可五尺許。邊緣微起，深可二寸。其中平闊，似圓而長，下用溜竹二莖，兩端俱出一握許，以便扛移。

曬槃

又 簏圖說 簏，竹器，用篩穀物。《説文》云：可以除麤取精。《集韻》作簛，又作簁，或作篩。其制有疎密大小之分。

簏

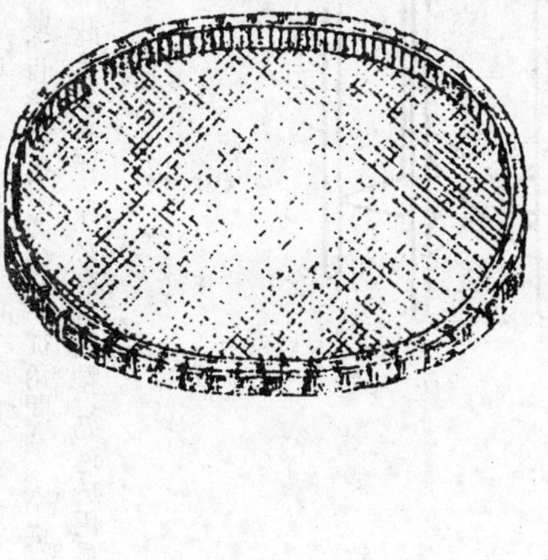

又　卷四一　鍘圖説　鍘，切草也，又作劕。凡造鍘先鍛鐵爲背，厚可指許，内嵌鍘刃如半月而長，下帶鐵袴以插木爲柄。截木作碪，長可三尺有餘，廣可四五寸，碪首置木簨，高可三五寸，穿其中以受鍘首，剉草飼牛用之。

鍘

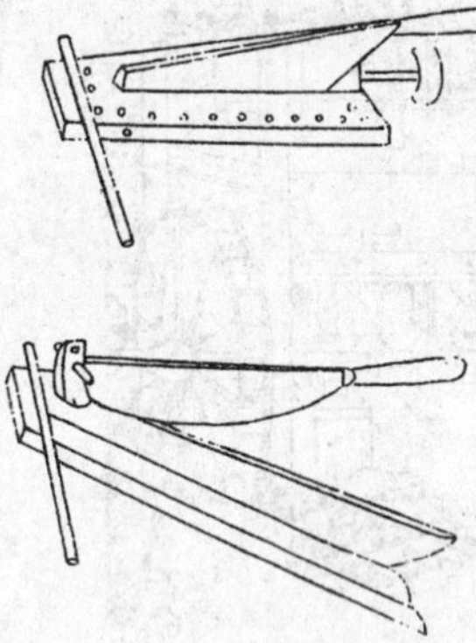

又　料桶圖説　料桶，以木爲之，用盛料以飼牛也。《説文》云：桶，木方器。《博雅》：方斛謂之桶。今桶之制，多圓，亦不觚之觚也歟。

料桶

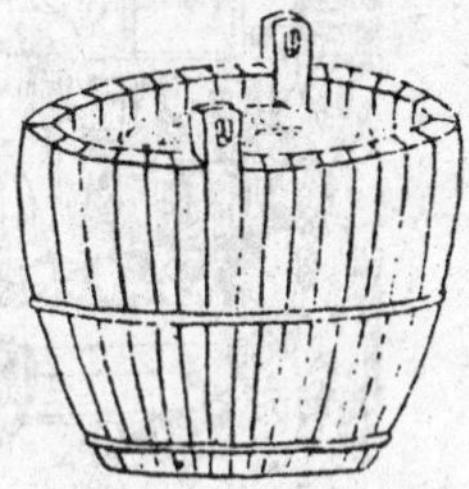

又　草籃圖説　草籃，以竹爲之，所以盛草也。或疏或密，制有不同，携之負之，惟其所便。

草籃

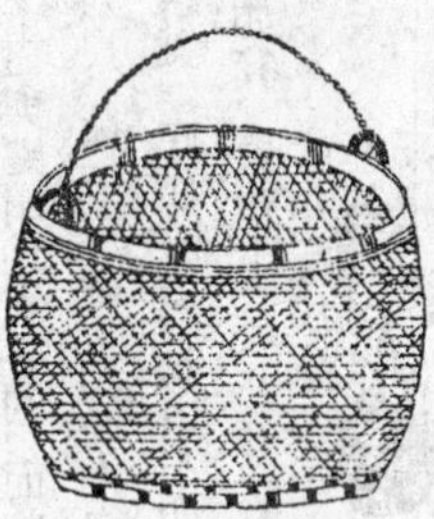

又　卷七五　絲籰圖説　絲籰，絡絲具也。《方言》曰：援，兖豫河濟之間人謂之轅。《説文》曰：籰，收絲者也。或作䈻，從角間。今字從竹，又從矍，竹器，從人持之矍矍然。此籰之義也。然必窾貫以軸，乃適於用爲理絲之先具也。

籰

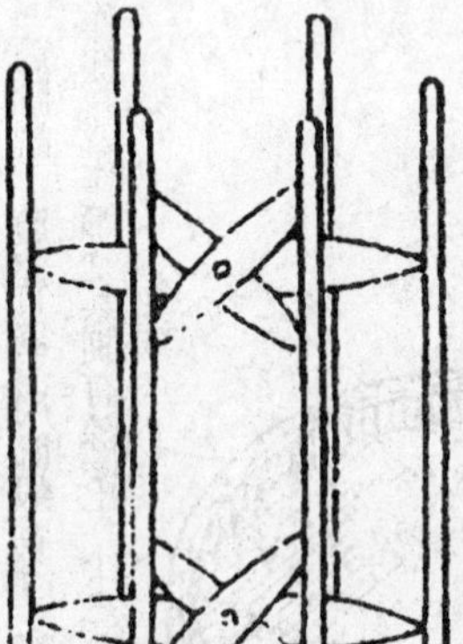

又　卷七七　擦條圖説　擦條，淮民用葛黍梢莖，取其長而滑，今他處多用無節竹條代之。

擦條

又　撥車圖說　撥車，其制頗肖麻苧幡車，但以竹爲之，方圓不等，特更輕便。

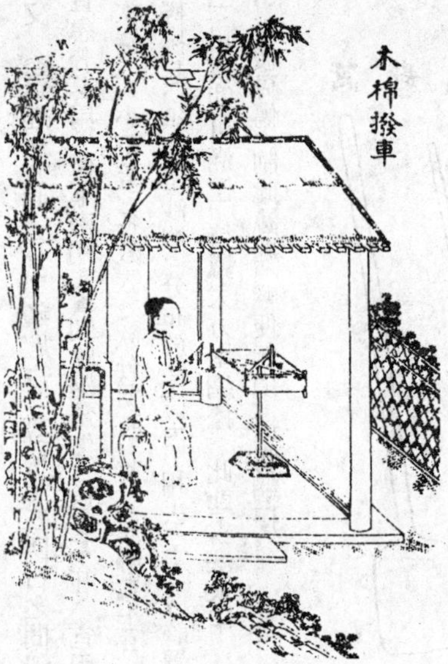

又　卷七八　小紡車圖說　此車之制，凡麻苧之鄉，在在有之。

大紡車圖說　其制長餘二丈，濶約五尺，先造地柎木框四角六柱，各高五尺。中穿橫桄，上架枋木，其枋木兩頭山口卧受捲纑，長軠鐵軸。次於前地柎上立長木座，座上列臼以承轆底鐵簨。夫轆用木車成筩子長一尺二寸，圍一尺二寸，計三十二枚内受績纏。轆上俱用杖頭鐵環以拘轆軸。又於額枋前排置小鐵叉分勒。

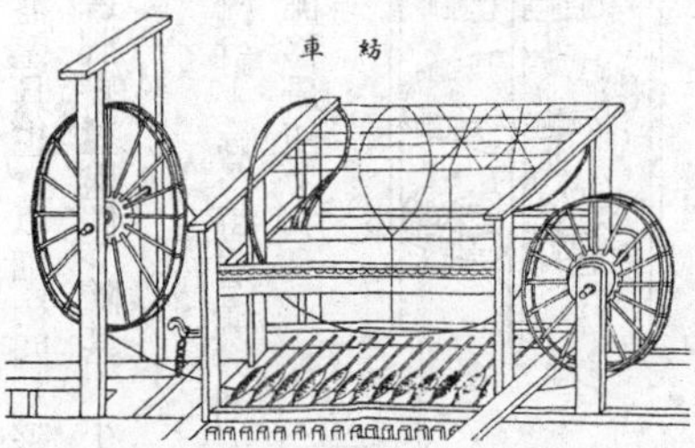

清　楊屾《豳風廣義》卷中《預編蠶筐》　筐者，古盛幣帛竹器也。今用育蠶，其名亦同，蓋形制相類。圓而稍長，淺而有緣，適可居蠶，闊三尺，長五尺。南筐皆縱八尺，闊六尺。以竹編之，余家每用鷄柳木作方筐，闊三尺，長五尺，亦輕便，但木性軟弱，經溼葉久，蓋則底捩音列碗音竅不平，不若用木作筐。架以葦蓆作底，周圍用竹篾子壓住，葦蓆四邊錠在框架上。蓆底用順木桄三道錠住，自然挺硬堅久，亦且輕便。蟻蠶及劈分時用之，擱於架上，易於擡飼。

蠶筐式

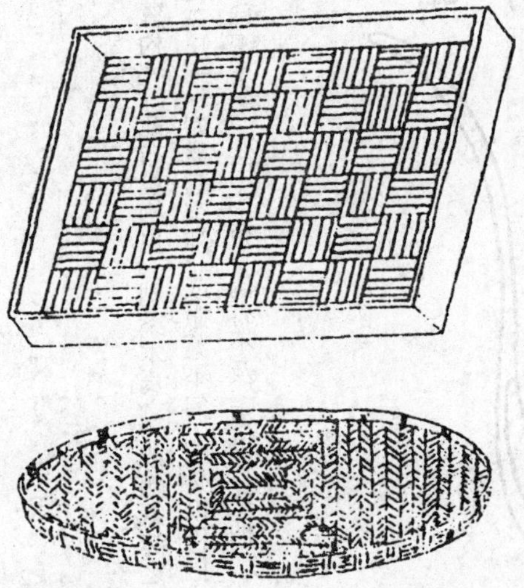

又《預編蠶盤》　蠶盤，盛蠶器也。移蠶上簇，皆可用之。或以竹編，或用木框，以疎簟爲底，長七尺，廣五尺，出入擡便用。

蠶盤式

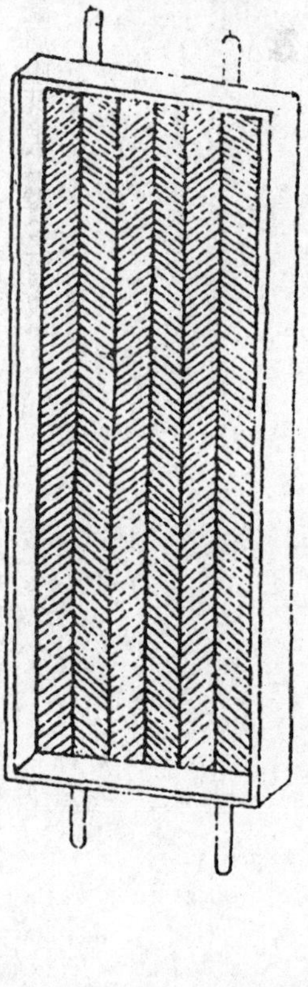

又《預造蠶架》 蠶架，擱蠶盤筐具也。以細枋四莖竪之，高可八九尺，上下以竹或以木棍作桄十層，每層皆擱養蠶盤筐，隨其大小，蓋筐用小架，筐用大架。

余製此蠶架，每柱裏邊各錠長鐵釘十層，每層横擔細木棍二根，竹竿更好，以擱蠶盤。飼時二人擡之，上下挪移最便。

小蠶架式

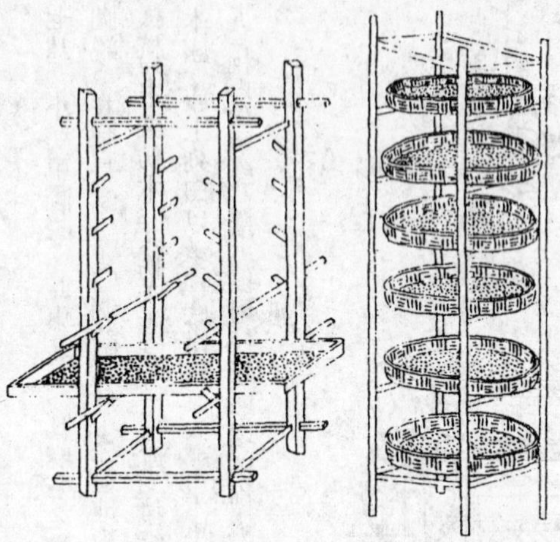

又《蠶匙》 此劈分黑蟻匙也。蠶初生三四日之間，沙厚恐溼熱薰蒸生病，宜急分劈用，織下密網，擡則跌落驚傷，後多不旺。宜用竹片或桑木，削爲方寸枕樣，大小不等，各數張。欲分劈時，將葉厚篩蠶上片，時待蠶已上葉，用匙輕輕挑起，須薄帶沙燠，分布於浄筐内，相去二三分許置一匙，筐滿篩葉飼之。一日夜即可滿筐，待蠶大方用網擡。此匙古法未用。余家於蠶小時亦嘗用網，其後見傷，制此蠶匙，輕便無損，遠勝網擡。

蠶匙式

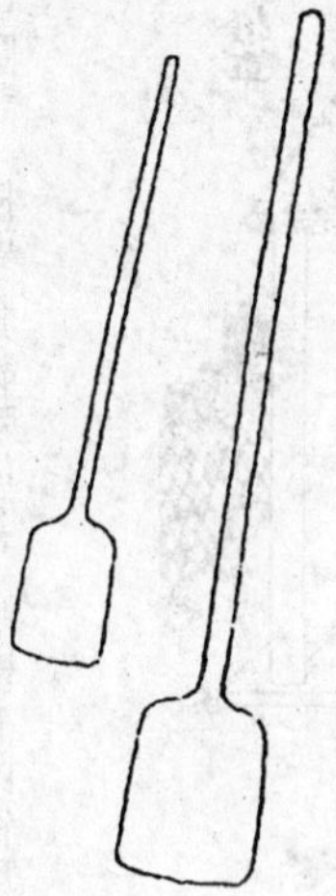

又《蠶椽》 蠶椽，架蠶木也。或用竹長一丈二尺，每層皆以二條和對，架於槌上，以擱蠶箔，須直而輕者爲上。今秦中細松椽便好，總不可用雜木，恐蠹蛀蟲屑墮葉上，蠶食之有傷。

蠶椽式

又《蠶杓》 此布蠶杓也。剜桑木爲之，或無氣味之木亦可。其首大如酒杯，柄長三尺許，如盤蠶空隙，或撒葉不匀，則必以杓挹盛以補其處。至蠶老歸簇，或稀密不匀，亦用均布。倘有不及，更以竹接柄。

蠶杓式

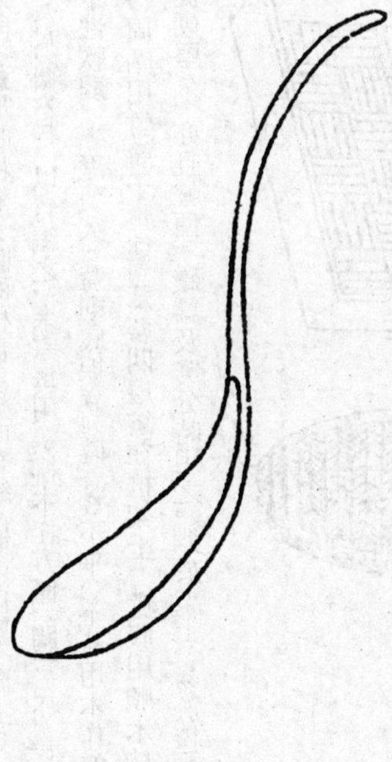

樂舞類

題解

漢 史游《急就篇》卷三　竽瑟空侯琴筑箏：竽，笙類也，列管瓠中，施簧管端，宮管在中央，三十六簧。瑟，庖犧氏所作也，長七尺二寸，二十七弦，今則二十四。大瑟謂之灑，山爾反長八尺一寸，廣尺八寸者也。空侯，馬上所彈也，一名坎侯。琴，神農所作也，長三尺六寸六分，五弦，曰宮商角徵羽，周文王增二弦，曰少宮、少商。大琴謂之離，二十七弦者也。筑形如小瑟而細頸，以竹擊之。箏亦瑟類也，本十二弦，今則十三。

宋 戴侗《六書故》卷二九《工事五》　簫𣶒先幺切，歙樂也。比竹參差，合而歙之，象比竹而約之。《書》云：「簫韶九成。」《詩》云：簫管具舉。康成曰：編小竹管，如今賣餳所歙者。郭氏曰：簫大者二十三管，長尺有四寸；小者十有六管，長尺有二寸。今文作簫。《説文》曰：參差管樂，象鳳之翼。從竹，肅聲。按肅歗皆以肅爲聲，肅之誤爲𣶒，許氏未睹𣶒之本文，故於肅曲爲之説，而𣶒反以肅爲聲也。又作箾。《傳》曰：見舞象箾南籥者，舞韶箾者。陸氏曰：音𣶒。徐氏曰：音朔。弓末亦謂之簫，《記》曰：凡遺人弓者，右手執簫，左手承弣。

論説

晉 葛洪《抱朴子外篇》卷三《博喻》　抱朴子曰：嶧陽孤桐，不能無柱而激哀響；大夏孤竹，不能莫吹而吐清聲。是以官卑者稷卨不能康庶績，權薄者伊周不能臻昇平。

宋 程大昌《演繁露》卷八《吹鞭》　馬融《笛賦》云：裁以當簻便易持。李善注曰：簻，馬策也。裁笛以當馬簻，故便易持。沈括辨之曰：潘岳《笙賦》修簻内辟，言此笛但裁一簻，五音皆具，故曰易持也。馬簻安可爲馬策也。予案：《急就章》曰：吹鞭箛篍課後先。《唐韻》曰：箛，竹也。《説文》曰：篍，吹笛也。《玉篇》亦曰：篍，吹箫也。以竹爲鞭，中空可吹，故曰吹鞭也。簻即馬策，可以策馬，又可爲笛，一物兩用，軍旅之便，故云易持也。今行陳間皆有笛，即古吹鞭之制也，括豈不見《急就章》書，而臆立此難也耶。

宋 曾敏行《獨醒雜志》卷三　斲琴貴孫枝，或謂桐本既伐，旁有蘖者爲孫枝；或謂自本而岐者爲子幹，自子幹而岐者爲孫枝。凡桐遇伐去，隨其萌蘖，不三年可材矣。而子自幹岐生者，雖大不能拱把。唐人有百衲琴，雖未詳其取材，然以百衲之意推之，似謂衆材皆小，綴葺乃成，故意其取自子幹而岐生者爲孫枝也。孫枝既難得，縱有，非久藏未可用。今人求之老屋間，得其材，當試於水中，没入數尺，徐觀其浮，取其浮者用之。此亦古人遺意。若僧寺木魚，歲年雖久，而扣擊之餘，聲散，質不足用也。

宋 林之奇《尚書全解》卷六　下管鼗鼓，合止柷敔。下管，以下此堂下之樂也。管猶《周禮·大司樂》曰「陰竹之管、孤竹之管、孫竹之管」是也。鼗鼓如鼓而小，持其柄而摇之，旁耳還自擊，所以出音。柷者，郭璞云：柷如漆桶，方二尺四寸，深一尺八寸，中有椎柄連底，撞之令左右擊止者，其椎名也。敔如伏虎，背上有二十七鉏鋙刻，以木長一尺而擽之，蓋樂之始作也。則擊柷以合之，及其將終也，則擽敔以止之，謂之合止。

宋 易祓《周官總義》卷一四　笙師掌教歙竽、笙、塤、籥、簫、篪、篴、管、舂牘、應、雅，以教祴樂。此亦教眂瞭也。衆樂並作，而以笙名官，笙在東方，有始事之意焉。竽，三十六簧，宮管在中，長四尺二寸，其管頦以竹，參差以象鳥翼。笙長四尺，十三管，宮管在左，以匏爲之，亦如鳥翼之形。塤與管見小師。籥如篴，三孔，主中聲而上下之。簫，編竹爲之，長一尺四寸大者，二十四管，小者十六管，其形象鳳翼，其聲象鳳鳴。篪長尺四寸，圍三寸，一孔，上出寸三分。篴，笛也，長三尺四寸，六孔。舂牘以大竹長七尺爲之，短者一二尺，其端有兩孔，髹畫，以兩手築地。應長六尺五寸，其中有椎。雅如漆桶，而弇口大二圍，長五尺六寸，以羊韋輓之，兩紐疏畫。以教祴樂，謂賓醉而出，爲之奏陔夏。以此三器，築地爲之，明不失禮也。

宋 夏僎《尚書詳解》卷五　彼非實有鳥獸蹌蹌在廷之事，蓋百獸有奇形怪狀，見者必畏，若一時奔走，豈不恐懼動人哉。若夫鳳凰來儀，是果有來儀于庭，此言來儀，其有物爲可知也。他但言率舞蹌蹌而已，不言來儀，則夔之意可知矣。大抵夔所言作樂之効，謂之果有物，亦不可當。是樂既和，自應動物悟人如此。下管猶大司樂所謂孤竹之管、陰竹之管、孫竹之管是也。謂之下管，所以別堂上之樂也。鼗鼓如鼓而小，持其柄而搖之耳。旁自擊，所以出音。柷，郭璞云：狀如漆桶，方二尺四寸，深一尺八寸，中有椎柄連底，撞之令左右擊。敔狀如伏虎，背上有二十七鉏鋙，刻以木，長一尺。櫟之蓋樂之始作，則擊柷以合樂，樂之將終，則櫟敔以止樂，故謂合止柷敔。笙，以瓠爲之，列管于匏中，又施簧于管端，三十六簧者謂之竽，十三簧者謂之笙。鏞，大鍾也。凡此皆堂下之樂也。堂上言以詠，堂下言以間者，蓋謂堂上之樂以鳴球琴瑟歌詠于上，堂下之樂以下管等器與詠歌迭奏于下，故言間。按《儀禮》云歌鹿鳴以笙，《南陔》歌魚麗以笙由庚，此間所以爲迭奏也。堂上之樂作，故鳥獸微物，亦感而蹌蹌以和也。堂上、堂下之樂，上既備言之，下又言「簫韶九成，鳳凰來儀」者，蓋舜之樂別而言之，則有堂上、堂下之異；合而言之，則總名簫韶夔之意，謂堂上堂下合奏九變而樂成，鳳凰乃感至和而來儀也。簫韶，孔氏謂言簫以見細器之備，其說不然。而說者又謂簫者不齊之管，其聲清而細，象鳳凰之聲，故奏之而鳳凰來。其說亦不然。按《古文尚書》簫字從竹從削，箾，舞者所執之物，簫與箾音同而形異。《說文》于「管簫」之簫注云：參差管。至于從竹從削之箾，注云：舜樂，名箾韶。又季札觀周樂，見舞韶箾者，其字從竹從削，足見箾韶是舜樂之總名也。但今文作管簫之簫，故諸儒以簫管解之，此皆曲說，非古書本意也。今當依古書以簫韶爲舜樂之總名，斯可矣。

元 馬端臨《文獻通考》卷一三八《樂考》 大篪、小篪，《世本》云「暴辛公所造」。舊《志》云「一曰管」，非也。雖不知暴辛公何代人，而非舜前人明矣。舜時西王母獻琯，則是已有此器，辛公安得造篪乎？《爾雅》曰：大篪謂之沂，音銀篪以竹爲之，長尺四寸，圍三寸，一孔，上出寸三分，名曰翹。橫吹之，小者尺二寸。《廣雅》云八孔。今有胡吹，非雅樂也。

又 簜，《書》於海岱惟揚，言篠簜既敷，繼之以瑤琨。篠簜，孔安國以竹箭爲篠，大竹爲簜，則簜之爲竹，特大於篠，其笙簫之類歟？《儀禮·大射儀》：簜在建鼓之間，此之謂也。

又 大橫吹、小橫吹，並以竹爲之，笛之類也。《律書·樂圖》云：橫吹，胡樂也。昔張博望入西域，傳其法於西京。得《摩訶兜勒》一曲。李延年因之，更造新聲二十八解，乘輿以爲武樂。漢時常給邊將，魏晉以後，二十八解又不復存。其所用者，唯《黃鵠》、《隴頭水》、《出關》、《入關》、《出塞》、《入塞》、《折楊柳》、《黃覃子》、《赤之楊》、《望行人》十四曲也。《唐樂》所載，大橫吹部有角鼓、角笛、簫、笳、觱篥七色，小橫吹部有角笛、簫、笳、觱篥、桃皮、觱篥六色，惟大橫吹三十四曲，內三曲馬上警嚴用之。

元 朱公遷《詩經疏義會通》卷三 君子陽陽，左執簧右，招我由房，其樂只且。賦也。陽陽，得志之貌。簧，笙竽管中金葉也。蓋笙竽皆以竹管植於匏中而竅，其管底之側以薄金葉障之，吹則鼓之而出聲，所謂簧也。故笙竽皆謂之簧。笙十三簧，或十九簧，竽三十六簧也。由，從也。房，東房也。

明 胡廣《詩傳大全》卷一二 伯氏吹壎，仲氏吹篪，及爾如貫，諒不我知。出此三物，以詛爾斯。賦也。伯仲，兄弟也。俱爲王臣，則有兄弟之義矣。樂器土曰壎，大如鵝子，鋭上平底，似稱錘，六孔。竹曰篪，長尺四寸，圍三寸，七孔一孔上出，徑三分，凡八孔，橫吹之，如貫，如繩之貫物也，言相連屬音燭也。諒，誠也。三物，犬、豕、鷄也。刺其血以詛盟也。

明 何景明《大復集》卷三三《說琴》 何子有琴，三年不張。從其游者戴仲鶡，取而繩以絃，進而求操焉。何子御之，三叩其絃，絃不服指，聲不成文。徐察其音，莫知病端。仲鶡曰：「是病于材也。予視其黟然黑，哀然腐也。其質不任絃，故鼓之弗揚。」何子曰：「噫！非材之罪也，吾將尤夫攻之者也。凡攻琴者，首選材，審制器。其器有四：絃、軫、徽、越。絃以被音，軫以機絃，徽以比度，越以亮節。被音則清濁見，機絃則高下張，比度則細大弗踰，亮節則聲應不伏。故絃取其韌密也，軫取其栝圓也，徽取其數次也，越取其中疏也。今是琴，絃之韌疎，軫之栝滯，徽之數失鈞，越之中淺以隘。疎，故清濁弗能具；滯，故高下弗能通；失鈞，故細大相踰；淺以隘，故聲應沉伏。是以宮商不識職，而律呂叛度。雖使伶倫鈞絃而柱指，伯牙按節而臨操，亦未知其所諧也。夫是琴之材，桐之爲也。始桐之生邃谷，據盤石，風雨之所化，雲烟之所蒸。蟠紆綸囷，璀璨弟鬱，文炳彪鳳，質參金玉，不爲不良也。使攻者制之中其制，修之畜其用，斲以成之，飾以出之。上而君得之，可以薦清廟，設大廷，合神納賓，贊實出伏，暢民潔物。下而士人得之，可以宣氣養德，道情和志。何至黟然哀然，爲腐材置物邪？吾觀天下之不罪材者，寡矣。如常以求固執，縛柱以求張弛，自混而欲別物，自褊而欲求多。直木輪，屈木輻，巨木節，細木欐，幾何不爲材之病也。是故君子慎焉。操之以勁，動之以時，明之以序，藏之以虛。勁則能弗撓也，時則能應變也，序則能辨方也，虛則能受益也。勁者信也，時者知也，序者義也，虛者謙也。信以居之，知以行之，義以制之，謙以保之。樸其中，文其外。見則用世，不見則用身。故曰：雖愚必明，雖柔必强。材何罪焉！仲鷗憮然離席曰：「信取於絃乎，知取于軫乎，義取于徽乎，謙取于越乎。一物而衆理備焉。予不敏，願改絃更張，敬服斯説。」

明 馮復京《六家詩名物疏》卷三九《篪》 《爾雅》云：大篪謂之沂。孫炎曰：沂，悲也。郭璞曰：篪以竹爲之，長尺四寸，圍三寸，一孔，上出寸三分，名翹，横吹之，小者尺二寸。《廣雅》云：八孔。邢昺曰：鄭司農注《周禮》云篪七孔，蓋不數其上出者，故七也。《廣雅》云：篪長尺四寸，有八孔，前有一孔，上有三孔，後有四孔，頭有一孔。《風俗通》云：篪管樂，十孔，長尺一寸。《釋名》云：篪，啼也。聲從孔出，如嬰兒啼聲也。《周禮》云：笙師掌教吹篪。《月令》云：仲夏之月，命樂師調篪。篪，《世本》云：蘇成公造篪，吹孔有觜，如酸棗。《竹譜》云：有竹象蘆，因以爲名，東甌諸郡，緣海所生。凡今之篪，匪兹不鳴。

明 朱載堉《樂律全書》卷八 竹音諸器凡例：《周禮》笙師掌教吹籥簫篪篴管。此皆竹音雅器，宜以佳竹爲之，不施漆飾，尚自然之質也。佳竹者，或金門山竹、斑竹、紫竹皆可，惟江南所产筆管竹最佳。多取佳竹，擇其合周徑度數者用之，如無，則用笛竹，須削治之，使合規度。既經削治，則不得已而後漆飾可也。凡以漆飾之者，但宜黑漆，《詩》云「椅桐梓漆，爰伐琴瑟。」今人琴皆黑漆，蓋古人遺制也。瑟及柷敔簨簴之類，亦宜黑漆，與琴一色，最清切，忌飾以朱紅彩色，則近俗矣。

明 瞿九思《樂經以俟録》卷一三《琴義》 南方火性上浮，故琴瑟之絃，皆浮於琴瑟面上，即火性上浮之象也。梧桐輕而易浮，故琴瑟皆以桐爲之。姜夔定琴制，乃以桐爲面，以梓爲腹，何也？其原誤於《鄘風》定之方中篇説「樹之榛栗，椅桐梓漆，爰伐琴瑟」，遂謂琴瑟可以用梓耳。不知孔潁達「湛露其桐其椅」註，説椅與桐大同小别，是説必椅桐然後可作琴瑟。郭璞《爾雅註》説櫬梧即梧桐，本一木，是説必梧桐然後可作琴瑟。今只因「樹之榛栗，椅桐梓漆」三句，便説作瑟可用梓木，然則鄭玄定之方中註説植此六木於宫者，待其長大，可伐以爲琴瑟，是榛栗亦可以爲琴瑟耶。郭璞曰：梓，即楸也。陸機曰：楸之疏理，白色而生子者爲梓，梓性堅重，非輕浮之物。與火性上浮者原不相似。今失聖人精意，却將梓來做腹，瑟之所以不能感召太和，感通天地，其或者職此之故與？抑琴所以象雄鳳，瑟所以象雌鳳，琴已純用桐從輕浮，象陽矣；而瑟之面爲陽，瑟之腹爲陰，陽輕浮，陰重墜，故用梧爲瑟面，以象陽，用梓爲瑟腹，以象陰，以微示瑟爲雌鳳之意，或亦無不可也，當更詳之。

明 葛寅亮《四書湖南講·孟子湖南講》卷三 孟子曰：人之於身也兼所愛，兼所愛則兼所養也。無尺寸之膚不愛焉，則無尺寸之膚不養也。所以考其善。不善者豈有他哉，於己取之而已矣。體有貴賤，有小大，無以小害大，無以賤害貴。養其小者爲小人，養其大者爲大人。今有場師舍其梧檟，養其樲棘，則爲賤場師焉。養其一指而失其肩背而不知也，則爲狼疾人也。飲食之人，則人賤之矣。爲其養小以失大也。飲食之人無有失也，則已腹豈適爲尺寸之膚哉。趙註曰：小，口腹也。大，心志也。場師，治場圃者。梧桐檟梓，可爲琴瑟，是良木。樲棘，小酸棗，無用，是賤木也。朱註曰：狼善顧，疾則不能，故以爲失肩背之喻。

明 王邦直《律吕正聲》卷二《律吕之制》 昔黄帝命伶倫取竹於嶰谿之谷，以其生而自然圓虛空竅厚薄均者，長三寸九分，而吹之以爲黄鍾之宫。次制十二管於崑崙之下，聽鳳凰之鳴，以别十二律。是律之始，制以竹也。但崑崙之竹，遠隔異域，不可必得，後世皆以宜陽金門山竹爲管。按《一統志》宜陽縣名屬河南府，金門，山名，一名律管山。又若《丹陽記》有慈姥山生簫管竹，亦可爲律。《丹陽記》曰：江寧縣慈母山臨江生簫管竹，其竹圓異衆處。自伶倫採竹嶰谷後，唯見此奇。故歷代常給樂府而呼鼓吹山。是金門慈姥之竹，皆可爲管。蓋律以竹爲管者，天生自然之器也。以黍爲實者，天生自然之物也。以天生自然之物，實天生自然之器，則分寸之長短，容受之多寡，聲音之清濁，權衡之輕重，一本之自然，而人爲不與焉。此中和之聲所以出，而大樂所以成也。古人嘗謂不出户庭知天下，不窺户牖見天道，聲律之謂也。《樂苑》曰：律之爲用，窮天地之聲，盡天地之數。播之於樂，動天地，感鬼神，和人心，變風俗，非至聖孰能與於此？後世有作易竹以銅，或以玉，是以人爲之器，實天生之黍，則分寸容受安得不差？聲音輕重安得不紊乎？蓋上古聖人，本陰陽，審清濁，不可以文，載口傳也。於是始鑄金作鍾，以主十二月之聲，然後以效陰陽之氣。鍾難分別，乃截竹爲管，謂之律，律者，清濁之率法也。審音之清濁，所以制長短律爲法也。律當用竹無疑，律之始造，以竹爲管，取其自然圓虛也。《史記·律書》註釋名云古律用竹，又用玉，漢末以銅爲之。律之所以用銅者，以銅爲物之至精，不爲燥濕寒暑變其節，不爲風雨暴露改其形，介然有常，有似於士君子之行。故凡律度量衡用銅者，所以同天下、齊風俗也。晉武帝時，荀勖校大樂，八音不和，乃作銅律呂以調聲韻，豈亦祖述漢人之遺制歟？其用玉者，以物之至精者莫如玉，以玉爲律，取其自然廉潤，所以宣六陽、六陰之氣也。黄帝作律以玉爲管，長尺，六孔，爲十二音。晉武帝時汲塚亦獲玉律，故古法物有七品，而姑洗仲吕、玉律居二焉。《尚書》中候氣用玉爲律以候之，東漢以玉律十二候氣於殿中。要之，不若用竹一本於自然也。

又《木音之制》 木者，所以合止樂之器。其卦則巽，其方東南之維，其時春夏之交，其風清明，其律姑洗、仲吕，其聲一，其音直，立夏之氣也。先王作樂，斲之以爲柷敔之屬焉。

柷敔 《周官》小師掌教播鼗鼓柷敔，《周頌》有瞽亦曰鼗磬。柷敔蓋堂下樂器，以竹爲本，以木爲末，則管籥本也，柷敔末也。柷之爲器，狀如漆桶，方二尺四寸，深一尺八寸，中有椎連底，挏之令左右擊以起樂者也。陰始於二四，終於八十，陰數四八，而以一陽主之，則於衆樂先之而已，非能成之也。有兄之道焉。此柷所以居宫縣之東，象春物之成始也。敔之爲器，狀類伏虎，西方之陰物也。背上有二十七鉏鋙刻，以木長尺擽之，以止樂者也。二十七鉏鋙，三九之數也。木之長尺，十之數也。陽成於三，變於九，而以陰十成之，所以止樂，則能以反爲文，非特不至流而失已，亦有足禁過者焉。此敔所以居宫縣之西，象秋物之成終也。《樂記圖》曰：乾主立冬，陰陽終始，故聖人象之以制柷敔。聲之所成，以虛爲本，故其作樂以虛椌，必欲空琴，必用桐拊，必用糠，皆以虛爲本也。及其止，則歸於實焉。此敔所以爲伏虎之形歟？《樂記》曰：聖人作爲，椌楬，柷敔、椌楬皆一物而異名，不言柷敔，而言椌楬者，柷以中虛爲用，而聲出焉。故又謂之椌敔，以伏虎爲形，而聲伏焉，故又謂之楬。蓋聲之出也，樂由之合，聲之伏也，樂由之止焉，亦陰陽之義也。《書》不云乎「合止柷敔」？

明 孫丕顯《燕閑四適》卷一《琴案》 琴案須作維摩樣，高二尺八寸，可入膝於案下。闊可容三琴，長過琴一尺許。案面郭公磚最佳，瑪瑙石、南陽石、永石尤佳。如用木者，須用堅木，厚一寸餘，再三加灰，漆以黑光爲妙。四脚令平壯，不假拈扱，則與石案無異。然案上切不可置香爐雜物於前。吴自强《雲山集》云於案面作小水槽，不必爾也。

又《琴足》 琴足宜用棗心、黄楊或烏木，蓋取其堅實。足下須令平，切忌尖與凹。足之柄與琴之鑿必小相當，毋差毫氂。若柄小以紙副之，聲必泛。岳軫、焦尾亦宜用此三等木，切不可以金、玉、犀、象爲，多晦盜併爲琴害矣。

明 袁應兆《大樂嘉成》一卷《竹部》 學樂先絲，造樂先竹。古人非弦不歌，非歌不弦，學歌必先琴瑟，故曰：「不學操縵，不能安弦。不學博依，不能安詩。」弦在詩前，相須爲用，故學樂先絲音也。然弦有緩急，非管莫定，管之長短大小，而十二律吕賴焉。黄帝使伶倫取竹嶰谷，以生而空竅厚薄均者，斷兩節間而吹之，制十二箭以聽鳳鳴，其雄鳴六，雌鳴亦六，以比黄鍾之宫。五音正變，由此而生，是謂律本。故知造樂之先，竹也。編竹而比之，律長者聲濁，短者聲清，其狀鳳翼，其音鳳聲，名曰鳳簫，即律管也。吹之以候氣，奏之以和聲，《舜典》所謂「律和聲」，《月令》所謂「律中某」，皆指律管而言。度量權衡，由此乎生而可忽乎哉！《周禮》笙師掌教吹籥簫篪篴管，皆竹音也。要於審音正律，必以簫管爲本。

明 曹學佺《西峰字説》卷二 竹，《説文》：林冬生艸也。象形，下垂者，箁箬也。竹内有節，故製爲樂器，以節聲音。然以竹而爲筑，而直名竹，猶以絲而爲弦，而直名絲也。筑形如箏，刻其頸而握，故下从巩，巩者，持之也。

清 倪濤《六藝之一録》卷八二《石刻文字》 李陽冰琴銘 唐李祕監琴銘十字特奇古，陽冰小篆惟見於此，琴在太常。昔陳儀爲協律郎，嘗出以示客，余因摹其書。今琴入禁中，故世以其書貴也。沈存中書曰：「南溟島上得一木，名伽佗羅，紋如銀屑，其堅如石。命工斲此琴，且謂琴材欲輕鬆脆滑，木堅如石，可以製琴，所未諭也。」觀此，是括未嘗見琴，其銘亦不盡見也。今銘曰「以爲臨岳」等，此豈爲琴材者耶？或曰琴之臨岳何據？曰昔孫綽云「迴風臨岳，刈飾流離」，成公綏亦曰：「臨岳則濟州之丹林。」顏黄門曰：琴首更絃者名臨岳，琴必以堅木藉絃，欲其不刻入也。世人既不見琴，而銘又少得傳，括以其書行於世，則余不得不辨。廣川書跋

綜述

漢 應劭《風俗通義》卷下《管》 謹按：《詩》云：「嘒嘒管聲」，「簫管備舉」。《禮樂記》：管，漆竹長一尺，六孔，十二月之音也。物貫地而牙，故謂之管。《尚書大傳》：「舜之時，西王母來獻其白玉琯。」昔章帝時，零陵文學奚景於冷道舜祠下得生白玉管，知古以玉爲管，後乃易之以竹耳。夫以玉作音，故神人和鳳皇儀也。

又《笛》 謹按《樂記》：武帝時丘仲之所作也。笛者，滌也，所以蕩滌邪穢，納之於雅正也。長二尺四寸，七孔。其後又有羌笛，馬融《笛賦》曰：「近世雙笛從羌起。羌人伐竹未及已，龍鳴水中不見後，截竹吹之音相似。剡其上孔通洞之，材以當榻便易持，京君明賢識音律，故本四孔加以一，君明所加孔後出，是謂商聲五音。

晉 王嘉《拾遺記》卷三 岑華，山名也，在西海上。有象竹，截爲管吹之爲羣鳳之鳴。昲澤出精銅，可爲鍾鐸。員山，其形員也。有大林，雖疾風震地而林木不動，以其木爲琴瑟，故曰静瑟。

南朝梁 任昉《述異記》卷上 空桑生大野山中，爲琴瑟之最者，空桑也。

又 岑華山在西海之西，有蔓竹，爲簫管吹之，若羣鳳之鳴。魏興錫義山多生微蘅草，有風不偃，無風獨摇。

唐 魏徵《隋書》卷一五《音樂志》 竹之屬三：一曰簫，十六管，長二尺，舜所造者也。二曰篪，長尺四寸，八孔，蘇公所作者也。三曰笛，凡十二孔，漢武帝時丘仲所作者也。京房備五音，有七孔，以應七聲。黄鍾之笛，長二尺八寸四分四釐有奇，其餘亦上下相次，以爲長短。

又 木之屬二：一曰柷，如桶，方二尺八寸，中有椎柄，連底動之，令左右擊，以節樂。二曰敔，如伏獸，背有二十七鉏鋙，以竹長尺，横櫟之，以止樂焉。

簨虡，所以懸鍾磬，横曰簨，飾以鱗屬，植曰虡，飾以贏及羽屬。簨加木板於上，謂之業。殷人刻其上爲崇牙，以挂懸。周人畫繒爲翣，戴之以璧，垂五采羽於其下，樹於簨虡之角。近代又加金博山於簨上，垂流蘇，以合采羽。五代相因，同用之。

唐 李延壽《北史》卷九五《蠻獠傳》 唯執楯持矛，不識弓矢。用竹爲簧，羣聚鼓之，以爲音節。

唐 李匡乂《資暇集》卷下 《琴甲》今彈琴，或削竹爲甲，以助食指之聲者，亦因汧公也。嘗患代指，而舊甲方墮，新甲未完，風景廓澄，援琴思泛，假甲於竹，聊爲權用，名德既崇，人争傚効，好事者且曰司徒甲。夫琴韻在乎輕清，且竹於自然之甲，厚薄剛柔殊矣。況棄真用假，捨清從濁乎？蓋靡知其由也。至如箜篌之與秦箏，若能去假還真，其聲宛美矣。

五代 劉昫《舊唐書》卷二九《音樂志》 箏本秦聲也，相傳云蒙恬所造，非也。制與瑟同，而絃少。案：京房造五音準，如瑟十三絃，此乃箏也。雜樂箏並十有二絃，他樂皆十有三絃。軋箏，以片竹潤其端而軋之。

又 八音之屬，協於八節。匏，瓠也，女媧氏造。列管於匏上，内簧其中，《爾雅》謂之巢。大者曰竽，小者曰和。竽，煦也，立春之音，煦生萬物也。竽管三十六，宫管在左。和管十三，宫管居中。今之竽、笙，並以木代匏而漆之，無復音矣。荆、梁之南，尚存古制云。

簫，舜所造也。《爾雅》謂之茭。音交大曰管，二十三管，修尺四寸。

管三孔曰籥，春分之音，萬物振躍而動也。

長笛、短笛之間，謂之篪，吹孔有觜如酸棗。横笛，小篪也。漢靈帝好胡笛，五胡亂華，石遵玩之不絶音。《宋書》云有胡篪出於胡吹，則謂此。梁胡吹歌云：「快馬不須鞭，反插楊柳枝。下馬吹横笛，愁殺路傍兒。」此歌辭元出北國之。横笛皆去觜，其加觜者謂之義觜笛。

箄篥，本名悲篥，出於胡中，其聲悲。亦云胡人吹之以驚中國馬云。

柷，衆也。立夏之音，萬物衆皆成也。方面各二尺餘，傍開員孔，内手於中，擊之以舉樂。

敔，如伏虎，背皆有鬣二十七，碎竹以擊其首而逆刮之，以止樂也。

春牘，虚中如筩，無底，舉以頓地如春杵，亦謂之頓相。相，助也，以節樂也。或謂梁孝王築睢陽城，擊鼓爲下杵之節。《睢陽操》用春牘，後世因之。

拍板，長闊如手，厚寸餘，以韋連之，擊以代抃。

琴，伏羲所造。琴，禁也，夏至之音，陰氣初動，禁物之淫心。五絃以備五聲，武王加之爲七絃。琴十有二柱，如琵琶。擊琴，柳惲所造。惲嘗爲文詠，思有所屬，摇筆誤中琴絃，因爲此樂。以管承絃，又以片竹約而束之，使絃急而聲亮，舉竹擊之，以爲節曲。

瑟，昔者大帝使素女鼓五十絃瑟，悲不能自止，破之爲二十五絃。大帝，太昊也。

箏，本秦聲也。相傳云蒙恬所造，非也。制與瑟同而絃少。案京房造五音準，如瑟，十三絃，此乃箏也。雜樂箏並十有二絃，他樂皆十有三絃。軋箏，以片竹潤其端而軋之。

筑，如箏，細頸，以竹擊之，如擊琴。《清樂》箏，用骨爪長寸餘以代指。

琵琶，四絃，漢樂也。初，秦長城之役，有弦鼗而鼓之者。及漢武帝嫁宗女於烏孫，乃裁箏、筑爲馬上樂，以慰其鄉國之思。推而遠之曰琵，引而近之曰琶，言其便於事也。今《清樂》奏琵琶，俗謂之「秦漢子」，圓體修頸而小，疑是弦鼗之遺制。其他皆充上鋭下，曲項，形制稍大，疑此是漢制。兼似兩制者，謂之「秦漢」，蓋謂通用秦、漢之法。《梁史》稱侯景之將害簡文也，使太樂令彭雋齎曲項琵琶就帝飲，則南朝似無。曲項者，亦本出胡中。五絃琵琶，稍小，蓋北國所出。《風俗通》云：以手琵琶之，因爲名。案舊琵琶皆以木撥彈之，太宗貞觀中始有手彈之法，今所謂搊琵琶者是也。

宋　樂史《太平寰宇記》卷六《河南道六·陝州》　金門有竹，可以爲律管。

宋　陳翥《桐譜》之《器用第七》　凡用琴、瑟之材，雖皆用桐，必須擇其可堪者。《周禮》：蓋取雲和、龍門、空桑之桐，爲琴、瑟。陶隱居云：惟岡桐與白桐，堪作琴、瑟。《書》云：「嶧陽孤桐。」《風俗通》云：生巖石之上，采東南孫枝以爲琴，是擇其泉、石、向陽之材，自然其聲清雅而可聽。蔡伯喈聞爨下桐聲，取以爲琴，號曰「焦尾」。則知桐之材有賢、不肖，皆混而無別，惟賞音者識之耳。

宋　歐陽修《新唐書》卷二二二《南蠻傳》　有鳳首箜篌二：其一長二尺，腹廣七寸，鳳首及項長二尺五寸，面飾虺皮，絃一十有四，項有軫，鳳首外向；其一頂有條，軫有鼉首。箏二：其一形如鼉，長四尺，有四足，虛腹，以鼉皮飾背，面及仰肩如琴，廣七寸，腹闊八寸，尾長尺餘，卷上虛中，施關以張九絃，左右一十八柱；其二面飾彩花，傅以虺皮爲別。有龍首琵琶一，如龜茲製，而項長二尺六寸餘，腹廣六寸，二龍相向爲首；有軫柱各三，絃隨其數，兩軫在項，一在頸，其覆形如師子。有雲頭琵琶一，形如前，面飾虺皮，四面有牙釘，以雲爲首，軫上有花象品字，三絃，覆手皆飾虺皮，刻捍撥爲舞崑崙狀而彩飾之。有大匏琴二，覆以半匏，皆彩畫之，上加銅甌。以竹爲琴，作虺文橫其上，長三尺餘，頭曲如拱，長二寸，以絛繫腹，穿甌及匏本，可受二升。大絃應太蔟，次絃應姑洗。有獨絃匏琴，以班竹爲之，不加飾，刻木爲虺首；張絃無軫，以絃繫頂，有四柱如龜茲琵琶，絃應太蔟。有小匏琴二，形如大匏琴，長二尺；大絃應南呂，次應應鍾。有橫笛二：一長尺餘，取其合律，去節無爪，以蠟實首，上加師子頭，以牙爲之，穴六以應黃鍾商，備五音七聲；又一，管唯加象首，律度與荀勗《笛譜》同，又與清商部鍾聲合。有兩頭笛二，長二尺八寸，中隔一節，節左右開衝氣穴，兩端皆分洞體爲笛量。左端應太蔟，管末三穴：一姑洗，二蕤賓，三夷則。右端應林鍾，管末三穴：一南呂，二應鍾，三大呂。下托指一穴，應清太蔟。兩洞體七穴，共備黃鍾、林鍾兩均。有大匏笙二，皆十六管，左右各八，形如鳳翼，大管長四尺八寸五分，餘管參差相次，製如笙管，形亦類鳳翼，竹爲簧，穿匏達本。上古八音，皆以木漆代之，用金爲簧，無匏音，唯驃國得古製。又有小匏笙二，製如大笙，律應林鍾商。有三面鼓二，形如酒缸，高二尺，首廣下鋭，上博七寸，底博四寸，腹廣不過首，冒以虺皮，束三爲一，碧絛約之，下當地則不冒，四面畫驃國工伎執笙鼓以爲飾。有小鼓四，製如腰鼓，長五寸，首廣三寸五分，冒以虺皮，牙釘彩飾，無柄，摇之爲樂節，引贊者皆執之。有牙笙，穿匏達本，漆之，上植二象牙代管，雙簧皆應姑洗。有三角笙，亦穿匏達本，漆之，上植三牛角，一簧應姑洗，餘應南呂，角鋭在下，穿匏達本，柄觜皆直。有兩角笙，亦穿匏達本，上植二牛角，簧應姑洗，匏以彩飾。

宋　沈括《夢溪筆談》卷五　笛有雅笛，有羌笛，其形製、所始，舊説皆不同。《周禮》：「笙師掌教羌篴。」或云：「漢武帝時丘仲始作笛。」又云：「起於羌人。」後漢馬融所賦長笛，空洞無底，剡其上孔五孔，一出其背，正似今之「尺八」。李善爲之注云：「七孔，長一尺四寸。」此乃今之橫笛耳，太常鼓吹部中謂之「橫吹」，非融之所賦者。融《賦》云：「易京君明識音律，故本四孔加以一。君明所加孔後出，是謂商聲五音畢。」沈約《宋書》亦云：「京房備其五音。」《周禮·笙師》注：杜子春云：篴乃今時所吹五空竹篴。以融約所記論之，則古篴不應有五孔，則子春之説，亦未爲然。今《三禮圖》畫篴，亦横設而有五孔，又不知出何典據。

又　琴雖用桐，然須多年木性都盡，聲始發越。予曾見唐初路氏琴木皆枯朽，殆不勝指，而其聲愈清。又嘗見越人陶道真畜一張越琴，傳云古冢中敗棺杉木也，聲極勁挺。吴僧智和有一琴，瑟瑟微碧，紋石爲軫，制度音韻皆臻妙，腹有陽冰篆數十字，其略云「南溟島上得一木，名伽陀羅，紋如銀屑，其堅如石，命工斲爲此琴」，篆文甚古勁。琴材欲輕鬆脆滑謂之四善，木堅如石，可以制琴，亦所未諭也。《投荒録》云「瓊管多烏樠，呿陀皆奇木」，疑伽陀羅即呿陀也。

宋　葉夢得《避暑録話》卷下　大樂舊無匏、土二音，笙竽但如今世俗所用，笙以木刻其本而不用，匏塤亦木爲之，是八音而爲木者三也。元豐末，范蜀公獻樂書，以爲言，而未及行。至崇寧更定大樂，始具之。舊又無篪，至是亦備，雖燕樂皆行用。

宋　趙希鵠《洞天清録·古琴樣制》　古琴惟夫子、列子二樣，若太古琴，或以一段木爲之。並無脅腰。惟加岳，亦無焦尾，安焦尾處則横嵌堅木以承絃。而夫子列子樣亦皆肩垂而闊，非若今聳而狹也。惟此二樣，乃合古制。近世雲和樣，於岳之外刻作雲頭捲，而下通身如壺瓶。此或以夫子樣周徧皆作竹節形，名竹節樣。其異樣不一，皆非古制。又於第四絃下安徽以求異曰「此外國琴」，尤可笑也。

又《古琴陰陽材》　古琴陰陽材者，蓋桐木面陽，日照者爲陽，不面日者爲陰。如不信，但取新舊桐木置之水上，陽面浮之，陰必沈。雖反復之再三，不易也。更有一驗，古今琴士所未嘗言，陽材琴旦濁而暮清，晴濁而雨清；陰材琴旦清而暮濁，晴清而雨濁。此乃靈物與造化同機緘，非他物比也。

又《取古材造琴》　古琴最難得於精金美玉。得古材者，命良工旋製之斯可矣。自昔論擇材者曰：「紙甑、水槽、木魚、鼓腔、敗棺、古梁柱、榱桷。」然梁柱恐爲重物壓損紋理，敗棺少用桐木，紙甑、水槽患其薄而受濕氣太多，惟木魚鼓腔晨夕近鐘鼓，爲金聲所入，最爲良材，然亦有敲損之患。別有《擇材往監》，今陳述之云：「昔吴錢忠懿王能琴，遣使以廉訪爲名而實物色良琴。使者至天台宿山寺，夜聞瀑布聲正在簷外。晨起視之，瀑下淙石處正對一屋柱，而柱且向日，私念曰：若是桐木，則良琴處在是矣。以刀削之果桐也。即賂寺僧易之，取陽面一琴材馳驛以聞，乞俟一年斲成，獻忠懿，一曰洗凡，二曰清絶，遂爲曠代之寶。後錢氏納土太宗朝，二琴歸御府。南渡，初流轉至霅州葉夢得上之。」此乃擇材之良法，大抵桐材既堅而又歷千餘年，木液已盡，復多風日吹曝之，金石水聲感入之，所處在空曠清幽蕭散之地，而不聞塵凡喧雜之聲，取以制琴，烏得不與造化爲妙，以此觀之，安琴之室亦當如是，不宜近塵穢婦女喧雜之地也。

又《純陽琴》　底面俱用桐，謂之純陽琴。古無此製，近世爲之。取其暮夜陰雨之際，聲不沈默必不能達，遠蓋聲不實也。

又《擇琴底》　今人多擇面不擇底。縱依法製之，琴亦不清。蓋面以取聲，底以匱聲。底木不堅，聲必散逸。法當取五七百年舊梓木，鋸開以指甲掐之，堅不可入者方是。

又《熯爆琴材》　古人以桐梓久浸水中，又取以懸竈上，或吹曝以風日。百種用意，終不如自然者。蓋萬物在天地間必歷年多，然後受陰陽氣足而成材。自壯而衰，衰而老，老而死。陰陽之氣去盡，然後反本還元，復與太虚同體，其奇好處，乃與造化同功。此豈人力所能致哉？豈吹曝所能成哉？

元　馬端臨《文獻通考》卷一三七　荔枝。荔枝性堅文直，色正而音切。生於南閩，以芳實美味聞。裁之爲琴，非古也。侍御史尉遲君與長樂馮端始爲之，馮宿述之。

元　脱脱《遼史》卷五四《樂志》　散樂，以三音該三才之義，四聲調四時之氣，應十二管之數。截竹爲四竅之笛，以叶音聲，而被之絃歌。三音：天音揚，地音抑，人音中，皆有聲無文。四時：春聲曰平，夏聲曰上，秋聲曰去，冬聲曰入。

元　李衎《竹譜詳録》卷三　瀟湘竹凡二種，出七閩山中，一種圓而長，節大者可爲繖柄，小者爲簫笛之材。一種細小高不過數尺，人家移植盆檻中，芃芃可愛。

又　陀嬰竹生安南乍音只陵山中，比苦竹差薄，可開作簫笛。

又　篔竹出江淮間，叢生，與慈竹大同，但比慈竹差稀疏。節頗長，枝葉少，可作笙簧，故名。大者亦可間作長笛。《廣志》云任作笛。

又 笙竹出會稽臥龍山云樂部中，取此竹作笙爲最貴，今無之。

又 **卷五** 胡孫竹，生江西、吉贛間，在處有之。與常竹同，但節稍平，中無隔礙。兒童戲取作角吹之，嗚嗚有聲，空通故也。

又 簫管竹，《丹陽記》曰：江寧縣慈母山生簫管竹，王褒賦云「于江南之丘墟」，即此處也。自伶倫採竹嶰谷，後見此奇，故歷代常給樂府，而呼鼓吹山。按慈姥山在今太平府當塗縣。

又 **卷六** 舍利王斑竹，幹有虺文。《六帖》云：昔西域舍利王獻樂，有大小匏琴，皆以虺文斑竹爲之，而取聲於匏以合律。

又 笛竹，《蘄春地志》云：笛竹生羅田縣山中，蘄竹亦生于此，用以爲簟。按謝靈運《山居賦》注云崑山之竹任爲笛，黄帝時伶倫斬其厚均者，吹之爲黄鐘之宮。今蘄春所産固後出也。

又 蔓竹，生江廣間。皮青，肉白如雪，軟韌可爲索。筍赤，皮青肉白，嘉禾人呼爲蔓芽竹。王子年《拾遺記》云：岑華山在西海之西，有蔓竹可爲簫管，吹若鳳鳴。《禮斗威儀》曰：君乘水而王，其政太平，蔓紫脱爲長生。紫脱，筍名也。

明 宋濂《元史》卷六八《禮樂志》 擊鐘者，以茱萸木爲之，合竹爲柄。凡鐘未奏，覆以黄羅。雨，覆以油絹。磬亦然。元初，鐘用宋、金舊器，其識曰「大晟」、「大和」、「景定」者是也。後增製兼用之。

又 瑟四，其制底面皆用梓木，面施采色，兩端繪錦，長七尺，首闊尺有一寸九分，通足中高四寸，旁各高三寸，尾闊尺有一寸二分；通足中高五寸，旁各高三寸五分。朱絲爲絃，凡二十有五，各設柱，兩頭有孔，疏通相連，以黄綺夾囊貯之。架四，髹以絲，金飾鳳首八。

又 竹部

簫二，編竹爲之，每架十有六管，闊尺有六分。黑槍金鸞鳳爲飾，鍮石釘鉸。以黄絨紃維於人項，左右復垂紅絨條結。架以木爲之，高尺有二寸，亦號排簫，韜以黄囊。笛二，斷竹爲之，長尺有四寸，七孔，亦號長笛。纏以朱絲，垂以紅絨條結，韜以黄囊。

籥二，制如笛，三孔，纏以朱絲，垂以紅絨條結，韜以黄囊。篪二，髹色如桐葉，七孔，纏以朱絲，垂以紅絨條結，韜以黄囊。

匏部

巢笙四，和笙四，七星匏一，九曜匏一，潤餘匏一，皆以斑竹爲之。玄髹底，置管匏中，施簧管端，參差如鳥翼。大者曰巢笙，次曰和笙，管皆十九，簧如之。十三簧者曰閏餘匏，九簧者曰九曜匏，七簧者曰七星匏，皆韜以黄囊。

又 柷一，以桐木爲之，狀如方桶，繪山于上，髹以粉，旁爲圓孔，納于椎中。椎以杞木爲之，撞之以作樂。

敔一，製以桐木，狀如伏虎，彩繪爲飾，背有二十七鉏鋙刻，下承以槃，用竹長二尺四寸，破爲十莖，其名曰籈，櫟其背以止樂。

又 文舞器

纛二，制若旌幢，高七尺，杠首刻象牛首，下施朱繒蓋爲三重，以導文（舞）。

籥六十有四，木爲之。象籥之制，舞人所執。

翟六十有四，木柄，端刻龍首，飾以雉羽，綴以流蘇。舞人所執。

武舞器

旌二，制如纛，杠首栖以鳳，以導武舞。

干六十有四，木爲之，加以彩繪。舞人所執。

戚六十有四，制若劍然。舞人所執。

金錞二，範銅爲之，中虛，鼻象狻猊，木方趺。二人舉錞，築於趺上。

又 **卷七一《禮樂志》** 興隆笙，制以楠木，形如夾屏，上鋭而面平，縷金雕鏤枇杷、寶相、孔雀、竹木、雲氣，兩旁側立花板，居背三之一。中爲虛櫃，如笙之匏。上豎紫竹管九十，管端實以木蓮苞。櫃外出小橛十五，上豎小管，管端實以銅杏葉。下有座，獅象遶之，座上櫃前立花板一，雕鏤如背，板間出二皮風口，用則設朱漆小架于座前，繫風囊於風口，囊面如琵琶，朱漆雜花，有柄，一人按小管，一人鼓風囊，則簧自隨調而鳴。中統間，回回國所進，以竹爲簧，有聲而無律。玉宸樂院判官鄭秀乃考音律，分定清濁，增改如今制。其在殿上者，盾頭兩旁立刻木孔雀二，飾以真孔雀羽，中設機。每奏，工三人，一人鼓風囊，一人按律，一人運動其機，則孔雀飛舞應節。殿庭笙十，延祐間增製，不用孔雀。

琵琶，制以木，曲首，長頸，四軫，頸有品，闊面，四絃，面飾雜花。

箏，如瑟，兩頭微垂，有柱，十三絃。

和必斯，制如琵琶，直頸，無品，有小槽，圓腹如半瓶榼，以皮爲面，四絃，皮絣同一孤柱。

胡琴，制如和必斯，卷頸，龍首，二絃，用弓捩之，弓之絃以馬尾。

方響，制以鐵，十六枚，懸于磬簴，小角槌二。廷中設，下施小交足几，黄羅銷金衣。

龍笛，制如笛，七孔，横吹之，管首制龍頭，銜同心結帶。

頭管，制以竹爲管，卷蘆葉爲首，竅七。

笙，制以匏爲底，列管于上，管十三，簧如之。

箜篌，制以木，闊腹，腹下施横木，而加軫二十四，柱頭及首並加鳳喙。

雲璈，制以銅，爲小鑼十三，同一木架，下有長柄，左手持，而右手以小槌擊之。

簫，制如笛，五孔。

戲竹，制如簸，長二尺餘，上繫流蘇香囊，執而偃之，以止樂。

鼓，制以木爲匡，冒以革，朱漆雜花，面繪復身龍，長竿二。廷中設，則有大木架，又有擊撾高座。

杖鼓，制以木爲匡，細腰，以皮冒之，上施五綵繡帶，右擊以杖，左拍以手。

札鼓，制如杖鼓而小，左持而右擊之。

和鼓，制如大鼓而小，左持而右擊之。

箏，制如箏而七絃，有柱，用竹軋之。

羌笛，制如笛而長，三孔。

拍板，制以木爲板，以繩聯之。

明 徐溥《明會典》卷一四八　戲竹一對，紅漆，竹長六尺，貼金木龍頭，長七寸，口御紅竹絲二十四莖，各長四尺五寸，上有綵線帉鍩。

又　簫十二管，每管以紫竹爲之，長一尺九寸，六孔，間纏以絲線，裹以錫箔。

又　笙十二，攢用紫竹十七管，下施銅簧，參差攢于黑漆木匏中，有觜項亦黑漆，上垂綵線帉鍩。

又　龍笛十二管，每管以竹爲之，兩末牙管束長一尺七寸五分，一孔在前，其後七孔，貼金木龍頭，垂綵線帉鍩。

又　頭管十二管，每管以烏木爲之，長六寸八分，九孔，前七後二，兩末以牙管束以蘆爲梢。

又　纂八架，每架用楸木爲質，長三尺九寸，中虚。四周烏木邊上施九絃并柱子九，面繪金龍并綵雲文纂尾，垂綵線帉鍩二。承以硃紅漆架，四角貼金綵色龍頭四，各垂綵線帉鍩。

又　琵琶八把，每把用鐵力木爲質，梓木面板。鳳眼二，匙頭并項通長三尺五分，闊一尺二寸五分，匙頭并項一，軸子四，扶手山口各一，皆用烏木。四絃。背有烏木樁楸二，上施抹金銅環并鈎搭，負以緑絨匾條。匙頭上施綵線帉鍩一。大小斑竹品十二，烏木撥一，用牙嵌迎引，面板施描金盤龍文，朝賀用素。

又　箜篌八把，每把用梓木爲身，闊五寸，厚六寸，直長四尺八寸。并柄上雕龍頭，中嵌花板雕盤龍一，俱沉香色描金。附以烏木引條，繫二十絃，下横施引手并描金沉香色龍頭，通長二尺二寸五分。上施烏木軸子二十，中有柱手。用烏木製成竹節，兩末雕龍頭描金，長一尺二寸五分，兩龍頭下各垂綵線帉鍩。

又　板四串，用鐵力木六片，長一尺一寸，上闊一寸九分，下闊二寸五分，聯以青絲條，垂綵線帉鍩。

又　大鼓二面，以木爲匡，高三尺，冒以革，面徑四尺，周圍抹金銅釘，面施粉繪荷葉四，中蓮花一。匡加紅油，繪寶相花。貼金銅環鈹四，迎引紅漆木杠黄絨緶舉之。朝會用硃紅漆木架，上施獅子四。

又　柷，一以木爲之，狀如斛，面方二尺，深一尺七寸，有足四，面繪山水樹木，後面有孔一，椎柄曰止。

又　敔一，以木爲之，敔，狀如伏虎，背刻二十七鉏鋙，長二尺五寸，有座，以紅漆竹擽之。其半析爲二十四莖，名爲籈。

又　琴十張，每張用桐木面，梓木底，長三尺六寸六分，黑漆身。臨嶽、焦尾，以鐵力木爲之。肩闊六寸，尾闊四寸。七絃，俱帶軫。其面有徽十三，底有鴈足、護軫各二，用硃紅漆几承之。

又　瑟四張，每張用梓木爲質，長七尺，首廣一尺三寸五分，尾廣一尺一寸。黑漆邊，體以粉爲質，繪雲文。首尾繪以錦文。二十五絃，各有柱，皆朱絃，内一絃黄。寘於紅漆架。

又 簫十二管，每管以竹爲之，長一尺八寸，間纏以絃線，有六孔，前五後一。

又 笙十二攢，每攢用紫竹十七管，下施銅簧，參差攢于黑漆木匏中，有觜項，亦黑漆。

又 箎四管，每管用大竹爲之，長尺有五寸，間纏銅絲三道。紅漆面，吹竅一。六孔，前一後四頭一，近頭又二小孔。

又 排簫四架，每架高一尺五分，廣一尺一寸五分，用竹十六管，其下參差列于硃紅漆木匾架二面，俱戧金鳳丈。

又 應鼓二，以木爲匡，冒以革，鍍金銅釘環横寘于青緑重斗上，貫以硃紅漆柱，下四足飾以贏屬，刻獅子四於其趺。上施四角，黄綿布蒙蓋，周圍垂瀝水。抹金銅蓮花座，其上施彩鳳一，四角貼金木龍頭，下垂綵線流蘇五，各垂紅線帉錔，擊以紅漆搥。

明 王佐《新增格古要論》卷一《製琴法》 造琴之法，木用陰陽，取其相配以召和也。桐木屬陽，以爲琴面；梓木屬陰，以爲琴底。面圓象天，底方象地，長三尺六寸象三百六十日，合十三徽以應律呂，象十二月。中徽爲君，以象閏也。

《帝王世紀》曰：炎帝作五絃之琴以應五音。《記》曰：舜作五絃琴，歌南風。桓譚《新論》曰：神農氏始削桐爲琴，繩絲爲絃。又曰：周文王、武王各加一絃，乃爲七絃，謂之文絃、武絃。

明 季本《詩説解頤》卷八 柷狀如漆桶，以木爲之，中有椎連底，挏之，令左右擊，以起樂者也。圉亦作敔，狀如伏虎，背上有二十七鉏鋙刻，以木長尺櫟之，以止樂者也。簫，編小竹管爲之，管如篴併兩而吹之者也。

明 王圻《稗史彙編》卷一五一《桐出》 夫桐之所出堪美材者，嶧山之桐。《書》曰：嶧陽孤桐。注云：嶧山之陽特生桐，中琴瑟。龍門山，《周禮·春官·大司樂》云：龍門之琴瑟。注云：龍門，山名也。《七發》云：龍門之桐，可高百尺而無枝。中鬱結之輪菌，扶蘇以分梗。上有千仞之峰，下臨百尺之溪，湍流素波又澹淡之。其根半死半生，冬則烈風飛霰之所激也，夏則雷霆霹靂之所撼也。朝則黄鸝鴠鳴，暮則羇雌迷鳥宿焉。獨鵠晨號乎其中，鵾鷄哀鳴翔乎其下。是言龍門所生之桐也。雲和山，《周禮·大司樂》云：雲和之琴瑟，以禮天神。注云：雲和，山名也，空□山。又《大司樂》云：空桑之琴瑟，以禮天地神祇也。張協《七命》云：寒山之桐，出自大冥。含黄鍾以吐榦，據蒼岑而孤生。又云：晞三春之溢露，遡九秋之鳴飈。零雪寫其根，霏霜封其條。木既繁而後緑，艸未緑而先凋。剪蕤賓之陽柯，割大呂之陰莖。注云：大冥，北方也。

又 卷一五三《扶竹》 武林山西舊有雙竹，院中所産新篁嫩篠皆對抽並支。王子敬《竹譜》所謂「扶竹譬猶海上之桑，兩兩相比，謂之扶桑」也。扶竹之笋，名曰合歡。按《律書》注伶倫取嶰谷之竹，陽律六，取雄竹吹之；陰吕六，取雌竹吹之。

明 王圻《續文獻通考》卷一五四 杖鼓。制以木爲匡，細腰，以皮冒之，上施五采繡帶，右擊以杖，左拍以手。

又 鼓。其制以木爲匡，冒以革，朱漆，雜花，面繪復身龍，長竿二，中設則有大木架，又有擊撾高座。

又 竽。竹爲之，與巢笙皆十九簧，惟指法各異。

又 箜篌。其制以木，闊腹，腹下施横木，而加軫二十四，柱頭及首並加鳳喙。

又 羌笛。制如笛而長，三孔。

頭管。以竹爲管，卷蘆葉爲首，竅七。

龍笛。制如笛，七孔，横吹之，管首制龍頭，御同心結帶。戲竹，制如籈，長二尺餘，上係流蘇香囊，執而偃之以止。

又 柷。以桐爲之，狀如方桶，繪山于上，髹以粉。旁爲圓孔，納椎其中，椎以杞木爲之，撞之以作樂。

又 籈。下承以盤，用竹長二尺四寸，破爲十莖，其名曰籈，擽其背以止樂。

又 籥。六十有四，木爲之，象籥之制，舞人所執。

拍板。以木爲板，以繩聯之。

明 陸樹聲《清暑筆談》 琴材以輕鬆脆滑謂之四善，取桐木多年者，木性都盡，液理枯勁，則聲易發而清越。凡木皆本實而枝幹虛，惟桐木枝幹堅實，用以製琴，或謂琴木取枯朽不勝指者，此不可不曉。

明 楊掄《琴譜合璧》卷二 今之木軫有數等，有上等紫檀雕梔子瓣者，有中等花梨木雕梔子瓣者，又有下等糖梨木者，鷹足定要整塊木頭。

明 慎懋官《華夷花木鳥獸珍玩考》卷五《蔓竹》 岑華山在西海之西，有蔓竹，爲簫管，吹之若羣鳳之鳴。

明 項元汴《蕉窗九録》之《琴録·古琴材》 琴材以桐而梓底者爲上，純桐以一木置之水上，取上半浮者爲面，下半沈者爲底，亦陰陽材也。若底面皆用浮者，謂之純陽琴。古無此製，近世爲之，取其暮夜陰雨彈之，聲不沈也。然必不能達遠，聲亦不實。桐面杉底者，無足取也。桐木近寺觀聞鐘鼓聲者，最佳。吴中懿王得天台寺中對瀑布泉屋柱，斲二琴，一號洗凡，一號清絶，爲曠代之寶，過於精金美玉也。

又《琴録·百納琴》 偶得美材，短不堪用，因而裁成片段，膠漆最長，非好奇也。今倣製者，以龜紋錦片，錯以玳瑁、象牙、香料、雜木，嵌骨爲紋，鋪滿琴體，名曰寶琴，與廣中滇南鈿嵌琵琶何異？更可笑也。近有銅琴、石琴、紫檀、烏木者，皆失琴音，雖美何取。

明 屠隆《陳眉公考槃餘事》卷三《簫》 鶴脚、銅鐵、玉簫、杖簫，總不若紫竹九節而吹有奇聲者佳。湘竹眉緑九節者，尤更難得。今會稽胡了凡、雲間戈蓼汀所製，可稱江南二絶。

明 于慎行《穀山筆麈》卷一四《雜解》 觱篥，葭管也。卷蘆爲頭，截竹爲管，出於胡中，唐時編入鹵簿，名爲笳管，即胡笳也。

明 張大命《太古正音琴經》卷七《梓木多等》 有楸梓，鋸開色微紫黑，用以爲琴底者也。有黄心梓，其理正類檔木，而極細黄，非棊材。漆木亦類梓，蓋取其漆液堅凝，古人亦以爲琴底，須不經取漆而老者方可用。

明 孫丕顯《燕閑四適》卷一《古琴九德》 一曰奇，輕鬆脆滑是也。輕謂材輕；鬆謂聲透；脆謂聲之清美，老桐木也；滑謂聲之澤潤，近水材也。二曰古，淳淡中有金石韵也。三曰透，年雖久遠，膠漆不敗，清亮而不咽塞。四曰静，謂無牧颯以亂正聲。五曰潤，謂發聲不燥，韵長不絶。六曰圓，謂聲韵渾然而不破散。七曰清，謂聲如風中鐸也。八曰匀，謂七絃無三實四虚之病。九曰芳，謂愈彈愈發，久無乏聲。此九德也。

明 曹學佺《書傳會衷》卷二 管，即今樂器所用之管，以竹爲之。鼗鼓，似鼓而小，有柄持而摇之，則旁耳自擊。柷，如漆桶，方二尺四寸，深一尺八寸，中有椎柄連底，撞之令左右擊。敔，狀如伏虎，背上有二十七鉏鋙，以木爲之。

明 曹學佺《西峰字説》卷二 （木）柷敔之屬，以木爲之。《書》註柷以木樂是也。敔，《漢志》：木曰柷，狀如漆桶，方二尺四寸，深一尺八寸，中有椎柄連底，撞之令左右擊。愚按：《字書》柷之言始也，木首四時，故取義於柷。而敔形如木虎，背有鉏鋙，方戛之以止樂。《釋名》衙也，衙止也，所以止樂。居懸之西，象秋物之成終也。木春榮而秋實，其義始備。

明 魯論《仕學全書》卷一二《禮部大政·樂律》 一曰竹，竹之屬，截竹爲管，有并管而吹之箎，有編管而吹之簫，又有十三管之和，有十九管之巢。一曰匏，匏之屬，以匏爲趺，植管其上，置簧于中，吹而鼓之謂之笙，其三十六簧之笙謂之竽。一曰革，以革冐甬曰鼓，有田鼓，有小鞞之應鼓，有兩耳自擊之鞉鼓。一曰木，木之屬，有柷狀如漆甬，中有木椎連底，挏之則左右擊以起樂。

明 董斯張《廣博物志》卷三四 人君冬至日使八能鼓瑟，瑟用槐木，長八尺一寸；夏至日鼓琴，琴用桑木，長五尺七寸。槐取氣上，桑取氣下。

清 黄叔璥《臺海使槎録》卷五《北路諸羅番三》 鼻簫，長可二尺，亦有長三尺者，截竹，竅四孔，通小孔於竹節之首，用鼻横吹之。或如簫直吹，名獨薩里。又打布魯，以木爲之，如噴吶狀，聲亦相似，皆麻達游戲之具。

清 雍正《福建通志》卷一四《典禮·樂器》 敔以梓木爲之，狀如伏虎，身長三尺，首高一尺二寸五分，尾長一尺一寸，背刻二十七齟齬，繪黄色黑紋，載以方趺，朱髹。籈，以竹爲之，長二尺四寸，中破一尺二寸，爲十二莖，用筏箍之。

又 柷以桑木爲之，狀如漆桶，上方二尺四寸，下闊一尺九寸，深一尺八寸，中虚有底。柷之中東方圖以青，隱而爲青龍；南方圖以赤，隱而爲丹鳳；西方圖以白，隱而爲騶虞；北方圖以黑，隱而爲靈龜；中央圖以黄，隱而爲神螾。外三面繪山，東一面繪水，水上穿一大圓竅，徑四寸五分，象日之浮於海。止如椎，以梓木爲之，柄長二尺四寸。

清 雍正《浙江通志》卷一〇七 椅桐《永嘉縣志》吹臺山産椅桐，梁太守丘遲嘗採以製琴。

清 雍正《山東通志》卷一一之五 八音四曰竹，竹，鳳簫也，簫也，篴也，箎也。《世本》曰鳳簫舜造，編竹爲之，黄鍾之管，長九寸，其音宫；大吕八寸三分七釐六毫，太蔟八寸，其音商；夾鍾七寸四分三釐七毫三絲，姑洗七寸一分，其音角；仲吕六寸五分八釐三毫四絲六忽，蕤賓六寸二分八釐，其音變徵；林鍾六寸，其音徵；夷則五寸五分五釐一毫，南吕五寸三分，其音羽；無射四寸八分八釐四毫八絲，應鍾四寸六分六釐，其音變宮。此五音六律十二管，還相爲宮之義也。加黄大太夾四清聲，凡十六管。其制以木爲櫝，納管其中，齊其上出一寸五分，下則自右而左，以次而短，其聲長者濁，短者以漸而清。管中各開半竅，自右吹之，第一管爲黄鍾，第三太蔟，第五姑洗，第六仲吕，第八林鍾，第十南吕，第十二應鍾，第十三清黄鍾，第十四、十五清大吕、清太蔟。其形參差，象鳳之翼；其音六律六吕，象鳳雌雄之聲，故以鳳簫名也。簫亦舜所造，其制截紫竹爲之，長一尺九寸五分，前五孔，後一孔，直而吹之，下一孔直貫，乃黄鍾律也。凡吹黄鍾，六孔皆閉，調氣輕吹則是。尾上第一孔輕吹爲太蔟，重吹爲清太蔟。凡吹太蔟、清太蔟，唯開此孔。第二孔爲姑洗，凡吹姑洗，開此孔竝下一孔。第三孔爲仲吕，凡吹仲吕，開此孔竝下一孔。第四孔爲林鍾，凡吹林鍾，開此孔竝下二孔。第五孔爲南吕，凡吹南吕，開此孔竝下三孔。後一孔爲應鍾，若重吹則爲清黄鍾，如吹應鍾，開此孔並尾上第二、第三孔。若吹清黄鍾，唯開此一孔。凡吹宜平其氣緩，取其音斯悠揚不迫矣。篴，《風俗通》云邱仲所造，然《周禮》笙師所掌已有之，不起於仲也。其制截紫竹爲之，長尺有八寸，凡六孔，竝吹竅爲柒，舊長尺有四寸，本四孔，京房加一孔。唐制也。横而右吹，輕吹之六孔皆閉，乃黄鍾。尾上第一孔輕吹爲太蔟，重吹爲清太蔟。第二孔爲姑洗，第三仲吕，第四林鍾，第五南吕，第六應鍾，若重吹則爲清黄鍾。吹法竝如簫。箎，《世本》云暴新公所造，沈約謂西王母時已有其器，新公安得造乎？《爾雅》曰：太蔟謂之沂，音銀一名翹，長一尺四寸，圍五寸三分，横而左吹。前四孔，後一孔，底一孔，凡六孔。六孔俱閉，輕吹則爲黄鍾，底一孔爲太蔟，底上第一孔爲姑洗，第二孔爲仲吕，第三孔爲林鍾，第四孔爲南吕。凡吹太蔟以下諸律，唯開本孔，餘俱閉。後一孔爲應鍾，凡吹應鍾，開此孔竝底上第一孔與第四孔。凡吹清黄鍾，六孔皆開。吹清太蔟，六孔皆閉，但重吹之即是與塤同聲，故詩以比兄弟。又按管截竹爲之爲十二孔，以應十二月之音。

匏（笙）八音五曰匏，匏，笙也。笙，隨所造；其簧，女媧所造也。列管匏内，施簧管端，今皆以木爲之，無復匏音矣。凡十七管，如吹某字，則按某孔，然後用氣呼吸，簧動聲發。如吹黄鍾，用右手中指按第十四管，餘皆開。吹太蔟，用右手食指按第四管内孔。吹姑洗，用右手食指按第三管内孔。吹仲吕，用右手大指按第二管。吹林鍾，用右手中指按第十五管。吹南吕，用左手大指按第七管。吹應鍾，用左手大指按第五管。吹清黄鍾，用左手食指按第十三管，又用左手中指按第十四管。吹清太蔟，用右手食指按第四管太蔟内孔，又用左手大指按第八管，清太蔟外孔。此雅樂所用聲，最簡，非若世俗之繁音也。

又　八音八曰木，木，柷也，敔也，竝不知誰所造。柷以桑木爲之，上方二尺四寸，下半之，深一尺八寸，中虚有底，以止擊之，止俗呼爲椎。止柄長一尺有四寸，以梓木爲之。凡奏樂，先以止撞底，復擊左右，共三聲，乃舉。《樂書》曰「戛擊」，《禮》曰「楷擊」，《樂記》曰：聖人作爲椌楬，所起亦遠矣。敔狀如伏虎，背上有二十七鉏鋙，以竹，長二尺，曰籈。析莖十二，每樂闋先擊其首三，繼逆櫟鉏鋙亦三，而樂止。《爾雅》曰：所以鼓柷謂之止，所以鼓敔謂之籈。止者，欲戒止於其早也。籈者，欲修潔於其後也。

又　翟以木爲之，柄長壹尺肆寸，朱髹，柄端刻龍首，長伍寸，塗以金彩。每翟用雉尾三根，插於口中，舞生右手執之以舞。

籥以竹爲之，長壹尺肆寸，叁竅，朱飾。舞生左手執之以舞。

清　顧棟高《毛詩類釋》卷九《簫》　《樂書》：簫，編竹而成，長尺有四寸，其狀鳳翼，其音鳳聲，中吕之氣，夏至之音也。《爾雅》：大簫謂之管，音言小者謂之筊。音交大者長尺四寸，二十四管，無底而善應，故謂之管。小者長尺二寸，十二管，有底而交鳴，故謂之筊。蓋應十二律正倍之聲也。

清　傅恒《皇輿西域圖志》卷四〇《音樂·準噶爾部·樂器》　雅托噶即箏也。通體以桐木爲之，長四尺七寸三分八釐五毫，額廣七寸二分九釐，尾廣六寸四分八釐。前梁内際至額三寸六分四釐五毫，後梁内際至尾七寸二分九釐。前後梁之高廣俱四分三釐七毫，梁内絃長三尺六寸四分五釐，前額中高三寸七分八釐九毫，中厚二寸九分八釐八毫，足高八分，邊高二寸六分二釐四毫，邊厚一寸八分二釐二毫。後尾中高三寸五分七釐二毫，中厚二寸五分五釐一毫，足高一寸零二釐六毫，邊高二寸六分九釐七毫，邊厚一寸六分七釐六毫。前梁内際邊高二寸八分四釐三毫，後梁内際邊高四寸五分一釐九毫，邊厚俱一寸六分七釐六毫，與尾邊同。額邊雲牙長四寸三分七釐四毫，尾邊雲牙長倍之，首尾兩端雲牙與闊等。底二孔，前孔四瓣，徑二寸九分一釐六毫。後孔上圓下平，長三寸六分四釐五毫，徑二寸一分八釐七毫，下闊與前孔徑等。前孔上周距首牙內際五寸一分零三毫，後孔下周距尾牙內際一寸四分五釐八毫。施絃十四，馬亦十四或六絃，皆以絲爲之。

又 伊奇里呼爾 即胡琴也。以木爲槽，面冒以革，槽徑三寸八分四釐，厚二寸一分六釐。柄亦以木爲之，通長二尺七寸八分四釐，曲首長五寸五分六釐八毫，柄端木本長二寸八分八釐，穿直孔以施絃扣槽。面正中設柱以承絃，曲首下際安山口，開孔通後槽以設絃。軸槽長二寸零三釐，闊得長十之一，軸長三寸零三釐。施絃二，自山口至絃柱長二尺零三分五釐二毫，以馬尾爲之，別以木爲弓，以馬尾爲弓絃，以弓絃軋雙絃以取聲。

又 圖布舒爾 即二絃也，以木爲槽，形方，底有孔。面長六寸八分二釐六毫，闊五寸三分九釐三毫，邊長七寸八分八釐五毫，闊六寸四分八釐。以木爲柄，自山口至槽邊內際長一尺七寸二分八釐，上闊九分一釐，下闊一寸零七釐八毫，曲首長與槽面闊等。後開槽以設絃軸，槽長二寸零四釐，闊三分，軸長四寸零四釐。絃自山口至覆手內際長二尺三寸零四釐。通體用樟木，槽面用桐木，施絃二，以羊腸爲之，繫於左右兩小軸，以手冒撥指彈之取聲。

又 披帕呼爾 即提琴也，圓木爲槽，冒以蟒皮，而空其下，竹柄貫槽中，柄末槽外。覆之以木，穿直孔以施絃扣，柄上穿四直孔以設絃軸，四絃共貫，以小環束之於柄。槽面正中設柱，以承絃。竹片爲弓，馬尾雙絃夾四絃間而軋之。槽徑二寸三分，長三寸二分四釐，柄長二尺一寸一分七釐，環距絃柱一尺一寸一分五釐，第一軸距環四寸五分五釐，第四軸距一一軸五寸三分九釐，第四軸距柄端一寸二分三釐，軸長四寸五分五釐，竹弓長八寸六分四釐。

又 綽爾 形如內地之簫，以竹爲之，通體長二尺三寸九分六釐。凡四孔，最下一孔距管端二尺一寸三分，次上一孔距管端一尺九寸三分三釐，次上一孔距管端一尺七寸二分，最上一孔距管端一尺五寸二分三釐。上口徑九分六釐四毫，管末口徑六分三釐，以舌側抵管之上口，吹以成音。

又 鏗格爾格 即鼓也，以木爲腔，皮冒兩面，面徑三尺，以二小木杖裹氊擊之。

又 哈爾扎克 狀類胡琴，以椰爲槽，面徑二寸五分六釐，冒以馬首之革，碧色。槽底中開一孔，徑六分八釐二毫有奇；側開三小孔，徑二分五釐六毫。槽上木柄通長一尺八寸二分有奇，圓徑七分二釐九毫，柄上一段微巨，長三寸四分一釐有奇，圓徑一寸一分三釐有奇。柄上段設二軸，前面爲山口，上開圓孔徑四分有奇；後面有空隙，長一寸八分二釐有奇，闊二分六釐九毫有奇。槽下鐵柄長五寸一分二釐，方二分四釐三毫。其末圓頂着槽之處有兩環，其絃以馬尾爲之，有二縷，每縷約用馬尾八十餘莖。上自山口穿於後繫於柄上端之二軸，下則繫於槽末鐵柄之二鐶。槽面施柱，以承絃，柱有小孔，距山口一尺四寸五分八釐。又馬尾絃下有鋼絲絃十，下則繫於鐵柄，自柱間小孔穿入，上則繫於木柄。左右各設五軸，自柱間距軸左第一絃五寸七分六釐，第二絃六寸八分二釐六毫，第三絃七寸八分七釐有奇，第四絃八寸八分五釐九毫有奇，第五絃九寸七分六釐有奇；右第一絃六寸零二釐六毫有奇，第二絃六寸九分八釐八毫有奇，第三絃七寸九分八釐七毫有奇，第四絃九寸零一釐有奇，第五絃一尺零一釐有奇。另以圓木桿爲弓，長二尺一寸零六釐有奇，桿本以皮條繫銅鐶，長二寸八分八釐，以馬尾八十餘莖爲絃，長一尺七寸七分有奇。上繫於銅鐶，下繫於桿末，以弓絃軋馬尾絃應鋼絃以取聲。

又 巴拉滿 狀類管，以木爲之，本小末大，餙以金。木管通長九寸四分，上口內徑四分，外徑八分，下口內徑六分，外徑一寸三分。木管上口安蘆哨長二寸七分三釐，哨入木管五分九釐，上口寬二分九釐。正面七孔，最下第一孔距上口七寸七分，得凡字；次上第二孔距上口六寸九分，得合字；次上第三孔距上口六寸五分五釐，得四字；次上第四孔距上口五寸四分，得乙字；次上第五孔距上口四寸五分一釐，得上字；次上第六孔距上口三寸七分五釐，得尺字；次上第七孔距上口二寸九分三釐，得工字；最上後出一孔距上口一寸六分八釐，得凡字，皆應笛聲。

又 達卜 即鼓也，以木爲腔，冒以革，面徑一尺三寸六分五釐二毫，高二寸二分七釐五毫。其小者面徑一尺二寸二分四釐，高一寸六分二釐，以手指擊之。

又 蘇爾奈 狀類小銅角，木管，本小末大，上下飾以金。木管通長一尺四寸一分四釐，上口內徑三分零一毫有奇，外徑八分零一毫九絲；下口内徑二寸五分五釐一毫五絲，外徑三寸零一釐。木管上口安銅管，長三寸一分零五毫有奇，銅管入木管内一寸三分三釐，出木管外一寸七分七釐。銅管上口安蘆哨長三分五釐，冒於銅管二分。哨上口寬二分四釐，木管正面七孔，後出一孔，左側面一孔，距木管九寸一分二釐。無聲字，正面最下第一孔距上口八寸三分，得凡字；次上第二孔距上口七寸三分三釐，得合字；次上第三孔距上口六寸三分，得四字；次上第四孔距上口五寸三分，得乙字；次上第五孔距上口四寸二分，得上字；次上第六孔距上口三寸一分九釐，得尺字；次上後出一孔距上口二寸七分，得工字；最上第七孔距上口二寸一分，得凡字。

清 乾隆《樂陵縣志》卷三 琴四張長三尺六寸六分，象朞之日；廣六寸，象六合。初用五絃，象五行，周加三絃，名文絃、武絃。瑟二件雅瑟長八尺一寸，廣一尺八寸，二十五絃，其常用者十九絃。頌瑟長七尺二寸，廣同，二十五絃，胥用。

又 篪二管，以竹爲之，長尺有四寸，圍五寸三分。横而左吹，前四孔，後一孔，底一孔。《樂書》云：塤篪皆六孔，以五取聲聲相應。

清 乾隆《回疆志》卷二《風俗·樂器》 大鼓徑二尺餘，高尺餘，小鼓徑尺餘，高三寸餘。鼓圈以生鐵鑄就，羊皮鞔之。嗩吶、喇叭均與内地者無異。每日未申間，登高台作樂，以送日。行陣間亦用爲號令。其宴會之樂器有鼓，徑尺六七寸，高一寸，以羊皮鞔之，或染緑，或染紅。鼓圈裏面密釘小鐵環，不用鎚，以手拍之。胡琴用鋼絃十根，馬尾絃二股，用弓磨拉。絃子用桑木爲之。三尺餘，有二皮絃、五鋼絃，又有名爲胡撥類琵琶者，用皮絃四根，鋼絃三根。

清 乾隆《潮州府志》卷二四《學校》 今用篪二把，以竹爲之，前四孔，後一孔，底一孔，面一吹孔。鄭司農云七孔是也。吹法六孔皆閉，爲合字；開底一孔，爲四字；開下一孔，爲一字；開下二孔，爲上字；開下三孔，爲尺字；開下四孔，爲工字；開後五孔，爲六字。刻本多以合六同孔，六孔俱開，爲凡字，音律亦合。

匏部，匏之爲物，其性輕而浮，其中虚而通。笙以匏爲母，象植物之生焉。《國語》曰：匏竹利制，匏竹相合而成，聲得清濁之適，故也。古人以匏爲笙者，非取其華美，所以備八風之氣而周八卦之用也。

清 檀萃《滇海虞衡志》卷五 口琴，剖竹成篾，取近青長三寸三分，寬五分，厚一分，中開，如笙之管。中簧約二分，簧之前，筍相錯處，狀三尖大牙，刮尖極薄。近尖處厚如紙，約後三分，漸凹薄，至離相連處，三四分復厚，兩頭各鑿一孔，前孔穿麻線如繯，以左手無名指、小指挽之，大食二指捏穿處，如執柄，横側貼腮近唇，以氣鼓簧牙。其後孔用線長七八寸，尾作結，穿之線過結，阻以右手之食、中二指，挽線頭徐牽動之，鼓頓有度，其簧閃顫成聲。民家及夷婦女多習之，且和以歌。又一種，寬僅半，兩端瘦削作一牙簧，無孔線，三片并用而音各異，以左手前三指平執而吹，以右手前三指參差搔其末，亦咿唔可聽。似有宫商，此惟二别暹及蘭州之女盛吹之。

清 嘉慶《長沙縣志》卷一二《秩祀志·舞器》 籥古用葦籥，今制以竹爲之，長一尺二寸，二竅，朱餙。《爾雅》云：大樂謂之産，其中謂之仲，其小謂之箹。《廣雅》云：籥七孔。毛氏曰：籥六孔。鄭康成曰：籥如笛，三孔。郭璞曰：籥三孔而短。《明堂位》曰：土鼓葦籥。《周禮》笙師掌教籥，籥師掌教國子舞羽吹籥，籥章掌擊土鼓吹豳籥。蓋籥三孔，舉中聲而上下之律吕於是乎生，命之曰籥，以黍籥之法在是故也。羽舞皆執籥，以聲音之本在是故也。

翟以木爲之，柄長一尺四寸，其巨細度籥孔足，容朱髹之柄端刻龍首長五寸餙以金彩每翟用雉尾三根，插龍口中。按翟亦曰羽籥，即掌教國子舞羽吹籥，祭祀則鼓羽籥之舞。《通義》曰：以文德之先，文樂持羽毛而舞。文王世子秋冬學羽籥。《詩》云：「左手執籥，右手秉翟。」《通典》曰：樂之在目曰容，容藏於心，難以貌觀。故聖人假干戚羽旄以表其容，發揚蹈厲以見其意。人之動而有節者，莫若舞，肆舞所以動陽氣而導物也。故聲選和，則大樂備矣。

清 嘉慶《廣東通志》卷一〇二 紫簫洞在縣北十五里，深闊二丈，舊産紫竹，可爲簫管，故名。廣東輿圖

清 阮元《揅經室集》續集卷五《藤鼓》 藤爲。明韓襄毅平大藤峽賊時所斷，截中空冒爲鼓，在肇慶府鼓樓，至今以爲更漏之鼓。鼓長五尺，圍丈五尺，或當時不止一鼓，今惟此存耳。

清 道光《東阿縣志》卷七 排簫二件：按排簫，鳳簫也。《世本》曰舜所造。其制十六管，以木爲櫝，納管其中，齊其上出一寸五分，下則自右而左，以次而短。其聲長者濁，短者以次而清。中各開半竅，曰右吹之。第一

管爲黄鐘，第三太簇，第五姑洗，第六仲吕，第八林鐘，第十南吕，第十二應鐘，第十三清黄鐘，第十四、十五清大吕，清太簇。其形參差，象鳳之翼；其音六律六吕，象鳳雌雄之聲。故以鳳簫名。

又 **卷一〇** 黄鐘簫一管，大吕簫一管，按簫亦舜所造，其制截紫竹爲之，長一尺五寸九分，前五孔，後一孔，直而吹之。凡吹宜平其氣緩，取其音斯悠揚不迫矣。

姑洗笛一管，仲吕笛一管，按《風俗通》云邱仲所造，其制截紫竹爲之，長尺有八寸，凡六孔，並吹竅爲七，横而右吹，法並如簫。

姑洗篪一管，仲吕篪一管，按《爾雅》云太篪謂之沂，音銀一名翹，長一尺四寸，圍五寸三分，前四孔，後一孔，底一孔，凡六孔。横而左吹，吹宜輕，但重吹之即是與塤同聲。故詩以比兄弟。

清 黄本驥《湖南方物志》卷五《岳州府》 岳州有椅桐，可爲琴瑟。

清 同治《泰和縣志》卷一《禮書·吉禮》 仲吕笛六笛六，用斷紫竹爲之，長尺四寸，七孔，其第一孔黄鐘清律，以六字應，凡吹六字，下五孔皆閉。第二孔南吕，以工字應，凡吹工字，此孔以下四孔皆開，餘皆閉。第四孔仲吕，以上字應，凡吹上字，下二孔皆開，餘皆閉。第五孔太簇，以四字應，凡吹四字，下一孔開，餘皆閉。第六孔黄鐘，以合字應，凡吹合字，六孔皆閉，末一孔相應。

又 仲吕篪四以竹爲之，長尺四寸，闊三寸三分，一孔上出，五孔向外，一孔向内，一孔在末節，共八孔。後二孔黄鐘、清律以六字應。凡吹六字，止開此孔，餘皆閉第二孔南吕，以工字應，凡吹王字，此孔與下第三孔、底一孔皆開，餘俱閉。第三孔林鐘，以尺字應，凡吹尺字，此孔與下第二孔、底一孔皆開，餘皆閉。第四孔仲吕，以上字應，凡吹上字，此孔餘下一孔、底一孔俱開，餘皆閉。第六底孔太簇，以四字應，凡吹四字，止開此孔，餘皆閉。惟黄鐘律以合字應，六孔皆閉。此樂音比笙大，宜輕氣吹之，其聲乃和。

又 笙六匏之屬，用紫竹爲之，十有七管，而列於匏中。管中各施以簧，管端參差如鳥翼，吹匏之端，則鼓舞其簧而發聲。按第一、第三、第七、第十一管皆南吕，以工字應，凡工字，以此四管用右手大指及食指按，餘孔皆開。十二、十五管林鐘，以尺字應，凡尺字，以左手食指按，其餘孔皆開。其第二、第十管仲吕，以上字應，第四、第八、第十一管太簇，以四字應，第十二、第十四管黄鐘清律，以合字、六字應。凡吹合字，必吹六字，凡吹六字，必吹合字，清濁取其相合也。

清 光緒《興寧縣志》卷七《學校志上·文廟》 簫，截竹爲之，以紅絨絲繫之，吹者宜緩，取其音斯悠揚不迫。

鳳簫，亦名排簫。《世本》云舜造，編竹爲之。黄鐘之管長九寸，其音宫。大吕八寸三分七釐六毫，太簇八寸，其音商。夾鐘七寸四分三釐七毫三絲，姑洗七寸一分，其音角。仲吕六寸五分八釐三毫四絲六忽，蕤賓六寸三分八釐，其音變徵。林鐘六寸，其音徵。夷則五寸五分五釐一毫，南吕五寸三分，其音羽。無射四寸九分八釐四毫八絲，應鐘四寸六分六釐，其音變宫。此五音六律，管旋相爲宫之義也。加黄大太夾四清聲，凡十六管。其制以木爲櫝，納管其中，齊其上出一寸五分，下則自右而左，以次而短。其聲長者濁，短者以漸而清。管中各開半竅。

清 光緒《會同縣志》卷六《秩祀志·樂器考》 琴面用桐，底用梓，髹以漆，七絃，皆朱，長三尺六寸六分。

瑟斲桐爲，髹以漆，二十五絃，一絃黄，餘皆朱。長七尺二寸，廣一尺八寸。

排簫編竹爲管，髹以朱，大者編二十三管，長一尺四寸，小者十六管，尺二寸。

簫截竹爲之，上開山口，徑五分。五孔前出，一孔後出，二孔二旁，出均相對。

笙以木代匏，簧管十七，皆有簧。

篴即笛，用竹長一尺四寸，七孔。

清 光緒《咸寧縣志》卷五《學校》 簫截竹爲之，以紅絨絲繫之，吹者宜緩，取其音斯悠揚不迫。

鳳簫《世本》曰：舜造，編竹爲之。黄鍾之管長九寸，其音宫；大吕八寸三分七釐六毫；太簇八寸，其音商；夾鍾七寸四分三釐七毫三絲，姑洗七寸一分，其音角；仲吕六寸五分八釐三毫四絲六忽，蕤賓六寸三分八釐，其音變徵；林鍾六寸，其音變宫；夷則五寸五分五釐一毫，南吕五寸三分，其音羽；無射四寸九分八釐四毫八絲，應鍾四寸六分六釐，其音變宫。此五音六律十二管，還相爲宫之義也。加黄太大夾四清聲，凡十六管。其制以木爲櫝，納管其中，齊其上出一寸五分，下則自右而左，以次而短。其聲長者濁，短者以漸而清。管中各開半竅，自右吹之，第一管爲黄鍾，第三太簇，第五姑洗，第六仲吕，第八林鍾，第十南吕，第十二應鍾，第十三清黄鍾，第十四、十五俱清太簇。其形參差，象鳳之翼，其音六律六吕，象雄鳳雌凰之聲。故以鳳簫名也。

篪篪二，以竹爲之，長尺四寸，圍五寸三分，一孔上出，五孔向外，一孔向内，一孔在末節，共八孔。後一孔黄鍾清律，以六字應，凡吹六字，止開此孔，餘皆閉閉。第二孔南吕，以工字應，凡吹工字，此孔與下第三孔、底一孔皆開，餘皆閉。第三孔林鍾，以尺字應，凡吹尺字，此孔與下第二孔、底一孔皆開，餘皆閉。第四孔仲吕，以上字應，凡吹上字，此孔與下一孔、底一孔俱開，餘皆閉。第六孔底太簇，以四字應，凡吹四字，止開此孔，餘皆閉。惟黄鍾律以合字應，六孔皆閉。此樂吹聲大，宜用輕氣吹之，其聲乃和。

笛笛六，用斵紫竹爲之。長尺四寸，七孔。其第一孔黄鍾清律，以六字應，凡吹六字，下五孔皆閉。第二孔南吕，以工字應，凡吹工字，此孔與下四孔皆開，餘俱閉。第四孔仲吕，以上字應，凡吹上字，下二孔皆開，餘俱閉。第五孔太簇，以四字應，凡吹四字，下一孔開，餘皆閉。第六孔黄鍾，以合字應，凡吹合字，六孔皆閉，末一孔相應。

管截竹爲之，爲十二孔，以應十二月之音。

匏部

笙用紫竹爲之，十有七管，而列於匏中，管中各施以簧，管端參差如鳥翼。吹匏之端，則鼓舞其簧而發聲。按第一、第二、第七、第十一管皆南吕，以工字應，凡工字，以此四管，用右手大指及食指按，餘孔皆開。十二、十五管林鍾，以尺字應，凡尺字以左手食指按，其餘孔皆開。其第二、第十管仲吕，以上字應；第四、第八、第十一管太簇，以四字應；第十二、第十四管黄鍾清律，以合字、六字應。凡吹合字，必吹六字，凡吹六字，必吹合字。清濁取其開合也。

又 柷一以桑木爲之，上二尺四寸，下半之，深一尺八寸。中虚有底，以止擊之，柄長一尺有四，以梓爲之，止俗呼爲椎。凡奏樂，先以止撞底，復擊左右共三聲以起樂。

又 敔一狀如伏虎，背上有二十七鉏鋙刻，用竹，長二尺四寸，破爲十莖。其名曰籈。櫟其背以止樂，八音之外別有麾幡。以絳繒爲之，長七尺，闊一尺一寸，上板繪雲，下板繪山，以相連首尾。前面繪升龍，後面繪降龍，各塗以金及五色彩雲。朱竿長八尺五寸，末施銅龍，首塗金，啣其麾下垂樂中麾生執之，升龍向外，降龍向内，舉之則升龍見樂作，偃之則降龍見樂止，以木爲架，朱髹，閑則植其上。

清 劉錦藻《清朝續文獻通考》卷一九三《樂六·琴考》 琴面用桐，底用梓，髹以漆，七絃，皆朱。前廣後狹，上圓下方，中虚。中琴通長三尺一寸五分九釐，額闊五寸一分三毫，肩闊五寸八分三釐二毫，腰尾皆闊四寸三分七釐四毫。岳山高四分八釐六毫，厚二分四釐三毫，龍口闊厚皆一寸二分一釐五毫，龍池長六寸二分二釐七毫，鳳池長二寸五分一釐一毫，闊皆六分四釐八毫。鳬掌二高一寸一分三釐四毫，雁足二高八分九釐一毫。軫七，長一寸五分三釐九毫，軫池長三寸七分二釐六毫，闊五分六釐七毫。穿孔受軫，軫末結黄絨紃，上出綰絃，絃繞龍口，下繫雁足，左四右三。第一絃一百八綸，第二絃九十六綸，第三絃八十一綸，第四絃七十二綸，第五絃六十四綸，第六絃五十四綸，第七絃四十八綸，綸十二絲。自岳山至龍口，絃長二尺九寸一分六釐，一徽當全絃八分之一，二徽當六分之一，三徽當五分之一，四徽當四分之一，五徽當三分之一，六徽當五分之二，七徽當二分之一，八徽當五分之三，九徽當三分之二，十徽當四分之三，十一徽當五分之四，十二徽當六分之五，十三徽當八分之七。飾以蚌，岳山、焦尾，皆以檀。承之以几，髹金黄緞罩。

紀事

《春秋左傳·襄公十八年》 十二月戊戌，及秦周伐雍門之萩，音秋范鞅門于雍門。其御追喜，以戈殺犬于門中，孟莊子斬其棆，以爲公琴。己亥，焚雍門及西郭、南郭。劉難士弱率諸侯之師焚申池之竹木。

秦 吕不韋《吕氏春秋》卷五 昔黄帝令伶倫作爲律，伶倫黄帝臣。伶倫自大夏之西，乃之阮隃之陰，取竹於嶰谿之谷，以生空竅厚鈞者，斷兩節間，其長三寸九分，而吹之以爲黄鍾之宫，吹曰舍少。次制十二筒，以之阮隃之下，聽鳳皇之鳴，以别十二律。其雄鳴爲六，雌鳴亦六，以比黄鍾之宫，適合。合，和諧。黄鍾之宫皆可以生之。故曰：黄鍾之宫，律吕之本。

晉 干寶《搜神記》卷一三 漢靈帝時，陳留蔡邕以數上書陳奏，忤上旨意，又内寵惡之，慮不免，乃亡命江海，遠迹吴會。至吴，吴人有燒桐以爨者，邕聞火烈聲，曰：「此良材也。」因請之，削以爲琴，果有美音，而其尾焦，因名「焦尾琴」。

又 蔡邕嘗至柯亭，以竹爲椽。邕仰盼之曰：「良竹也。」取以爲笛，發聲遼亮。一云邕告吴人曰：「吾昔嘗經會稽高遷亭，見屋東間第十六竹椽可爲笛。」取用，果有異聲。

南朝梁 任昉《述異記》卷上 昔禹會塗山，執玉帛者萬國，防風氏後至，禹誅之。其長三丈，其骨頭專車。今南中民有姓防風氏，即其後也。皆長大，越俗祭防風神，奏防風古樂，截竹長三尺，吹之如嘷，三人披髮而舞。

北齊 魏收《魏書》卷七九《鹿悆傳》 「鹿悆」嘗賦五言詩曰：「嶧山萬丈樹，雕鏤作琵琶。由此材高遠，弦響藹中華。」又曰：援琴起何調，幽蘭與白雪。絲管韻未成，莫使弦響絶。」

唐 李肇《唐國史補》卷下 李汧公雅好琴，常斵桐，又取漆桶爲之，多至數百張，求者與之。有絶代者，一名響泉，一名韻磬，自寶於家。

又 李舟好事，嘗得村舍煙竹截以爲笛，堅如鐵石，以遺李牟，牟吹笛天下第一。月夜泛江維舟吹之，寥亮逸發，上徹雲表。俄有客獨立於岸，呼船請載。既至，請笛而吹，甚爲精壯，山河可裂。牟平生未嘗見。及入破，呼吸盤擗，其笛應聲粉碎，客散不知所之。舟著記，疑其蛟龍也。

唐 趙璘《因話録》卷二 李司徒汧公鎮宣武，戎事之隙，以琴書爲娱。自造琴，聚新舊桐材扣之合律，則裁而膠綴，不中者棄之。故所蓄二琴殊絶，所謂「響泉、韻磬」者也。

宋 樂史《太平寰宇記》卷一五七《嶺南道·廣州》 鼓門，《廣州記》：周厰爲交州刺史，採龍山之木以爲州門鼓，上分一鼓給桂林郡，下分一鼓給交州。雖根榦異器，而杪末同歸，故擊一鼓，二鼓相應。

宋 錢易《南部新書》卷九 韓晉公在朝，奉使入蜀，至駱谷，山椒巨樹，聳茂可愛，烏鳥之聲皆異。下馬以柘弓射其巔，杪柯墜於下，響震山谷，有金石之韻。使還，戒縣尹募樵夫伐之，取其幹載以歸。召良匠斲之，亦不知其名，堅緻如紫石，有金色綫交結其間。匠曰：「爲胡琴槽，他木不可。」並遂爲二琴，名大者曰大忽雷，小者曰小忽雷。因便殿德皇言樂，遂獻。大忽雷爲禁中所有，小忽雷在親仁里。

宋 朱勝非《紺珠集》卷一一《沈翹翹》 文宗時宫人，有白玉方響，以犀爲椎，以紫檀爲架。後出宫歸秦氏，秦出翹製曲以寄之，名曰憶秦郎。

宋 葉庭珪《海録碎事》卷一六《邏逤檀槽》 開元中有中人自蜀回，得琵琶，其槽以邏逤檀爲之，温潤如玉，妃子嘗奏之。

宋 張表臣《珊瑚鉤詩話》卷三 客有獻李衛公以古木者，云有異。公命剖之作琵琶槽，自然其文成白鴿。予嘗語晁次膺曰：「公《緑頭鴨琵琶詞》誠妙絶，盖自曉風殘月之後，始有移船出塞之曲。然某亦曾有一詩。」公曰：「云何？」曰：「白鴿潜來入紫槽，朱鸞飛去唳青霄。江邊塞上情何限，瀛府霓裳曲再調。漫道靈妃鼓瑶瑟，虚傳偃子弄雲璈。小憐破得春風恨，何似今宵月正高。」曰：「詩亦不惡。」

宋 姚寬《西溪叢語》卷上 構李僧智和蓄一琴，雲和樣，天池上題云：「南溟夷島，産木有堅如石，文横銀屑者，夷名曰伽陀羅。余愛其堅，又貴其異，遂用作此。臨岳製。」五行，行七字，下横四字，李陽冰書。後智和云没，官迺入樂府，遂入禁中。或云：蔡叔羽以錢五萬得之，妄矣。

明 王圻《稗史彙編》卷一三六《竹鼓戲》 靖康初，民間以竹徑二寸，長五尺許，冒皮於首，鼓成節奏，取其聲似，曰「通同詐」。又其製作之法曰「瞞上不瞞下」，通衢用以爲戲云。

明 高濂《遵生八牋》卷一四 《澄懷集》云：江南李建勳當蓄一玉磬，尺餘，以沉香節按柄扣之，聲極清越。客有談及猥俗之語者，則起擊玉磬數聲，曰「聊代清耳」。一竹軒，榜曰「四友」，以琴爲嶧陽友，磬爲泗濱友，南華經爲心友，湘竹爲夢友。

又 唐李德裕時，有一老叟引五六輩舁巨桑請謁出見，叟曰：「此木某寶之三世矣。某年老，感公之德，聞公好奇異，是以獻耳。」木生有奇寶，須得洛匠斷之，後解爲二琵琶，槽內生白鴿二，羽翼嘴足巨細畢備，解失厚薄不中，一面鴿失一翼，全者已進，其一今在民間。

明 曹學佺《大明一統名勝志·浙江分布·温州府志勝》卷七 吹臺山在城南二十里，上有王子晉吹笙臺，下有飲霍泉，石池生椅桐及笙簫竹，梁丘遲爲守，嘗採琴料。

明 王世貞《異物彙苑》卷三《邏逤檀》 寺人白季貞使蜀還，獻邏逤檀木，温潤如玉，光耀可鑑。有金鏤紅紋，蹙成雙鳳。後製琵琶，極精妙，以賜貴妃。出《楊妃外傳》

明 何宇度《益部談資》卷上 傳稱雷威作琴，不必皆桐，遇大風雪之日，酣飲着蓑笠，獨往峨嵋山深松中聽其聲，連延悠揚者伐之，斵以爲琴。有最愛重者，以松雪名之，故世稱雷威琴。

明 董斯張《廣博物志》卷三四 祝牧入山樵採，得異木，其狀類禽，因斵成之，名曰太古。與妻偕隱，嘗作歌鼓之曰：「天下有道，我黻子佩。天下無道，我負子戴。優哉游哉，聊以卒歲。」

又 司馬相如作《玉如意賦》，梁王悦之，賜以緑綺之琴，文木之几，夫餘之珠，琴銘曰「桐梓合精」。《古琴疏》

又 横陽令賀韜得吹臺之桐爲琴，一曰嘯魚，一曰恒壽。

清 屈大均《廣東新語》卷一六《鼓》 漢順帝時，周敞爲交趾刺史。嘗至龍川，聞山木響異，因伐取爲鼓，以下分鼓給桂林郡，上分鼓給交趾郡。每擊一鼓，則二鼓皆鳴。俚獠警動，謂有龍潛而相應，莫不畏之，因名其山曰龍山。萬曆間剿滅大藤峽賊，以大藤爲三鼓樑，樑圍一丈，長三四尺，黑潤若匋沉然。一置廣州都司堂，一置肇慶府門上，一置梧州總兵府。其聲逢逢數百里亦時相應，皆靈器也。二者相類，皆木與藤之爲怪。

清 秦蕙田《五禮通考》卷七七 《陳氏樂書》：昔女媧氏使隨裁匏竹以爲竽，其形參差以象鳥翼，火類也。

清 李斗《揚州畫舫録》卷二《草河録下》 見悟堂後樓，額曰「蓮香閣」，石莊自署名也。閣爲石莊所居，所蓄玩好有三。一太筆筒倒署摺叠扇數百柄，皆故人贈答，積自六七十年；一紫竹簫，長二尺一寸，九節，五孔，周櫟園亮工題曰「虞帝製音，王褒作賦，仲謙取材，乃爲獨步」；一瘿瓢細毛如拳髮，滑澤如秋水，色如紫糖，圓如明月，不在蔣若柳《柳經》諸品之下。

清 金埴《巾箱説》 太守公近得嶧桐一段，長八尺，乃鄒令婁君一均所餉琴材之最難致者也。付之名匠，斲爲琴二張，而空其腹于後，名無底琴。或曰：琴者，禁也。禁制淫邪，正人心也。今名無底，義何取？予曰：空其腹則無量，無底者言無量也。無量琴之製，自斯始。

藝 文

《詩經·鄘風·定之方中》 定之方中，作于楚宮。揆之以日，作于楚室。樹之榛栗，椅桐梓漆，爰伐琴瑟。升彼虛矣，以望楚矣。望楚與堂，景山與京。降觀于桑，卜云其吉，終焉允臧。靈雨既零，命彼倌人，星言夙駕，説于桑田。匪直也人，秉心塞淵，騋牝三千。

漢 枚乘《七發》 客曰：龍門之桐，高百尺而無枝。中鬱結之輪菌，根扶疏以分離。上有千仞之峰，下臨百丈之谿。湍流遡波，又澹淡之。其根半死半生。冬則烈風漂霰，飛雪之所激也；夏則雷霆，霹靂之所感也。朝則鸝黄、鳱鴠鳴焉，暮則羈雌、迷鳥宿焉。獨鵠晨號乎其上，鵾鷄哀鳴翔乎其下。於是背秋涉冬，使琴摯斫斬以爲琴，野繭之絲以爲絃，孤子之鉤以爲隱，九寡之珥以爲約。使師堂操暢，伯子牙爲之歌。

漢 傅毅《琴賦》 歷嵩岑而將降，睹鴻梧於幽阻。高百仞而不枉，對脩條以持處。蹈通涯而將圖，遊茲梧之所宜。蓋雅琴之麗樸，乃升伐其孫枝。命離婁使布繩，施公輸之剞劂。遂彫琢而成器，揆神農之初制。盡聲變之奧妙，抒心志之鬱滯。

漢 馬融《琴賦》 惟梧桐之所生，在衡山之峻陂。於是遨閒公子，中道失志。居無室廬，罔所自置。孤煢特行，懷閔抱思。昔師曠三奏，而神物下降，玄鶴二八，軒舞于庭，何琴德之深哉！

又《長笛賦》 融既博覽典雅，精核數術，又性好音，能鼓琴吹笛，而爲督郵。無留事，獨卧郿平陽鄔中。有雒客舍逆旅，吹笛，爲氣出，精列相和。融去京師逾年，蹔聞，甚悲而樂之。追慕王子淵、枚乘、劉伯康、傅武仲等，蕭、琴、笙頌，唯笛獨無，故聊復備數，作《長笛賦》。其辭曰：惟籦籠之奇生兮，于終南之陰崖。託九成之孤岑兮，臨萬仞之石磎。特箭槁而莖立兮，獨聆風於極危。秋潦漱其下趾兮，冬雪揣封乎其枝。巔根跱之槷刖兮，感迴飆而將穨。夫其面旁則重巘增石，簡積頵砡，兀嵔狋觺，傾昊倚伏。庨窌巧老，港洞坑谷；嶰壑澮峾，峆窞巖寝，運裛穻洿，罔連嶺屬。林簫蔓荆，森槮柞樸。於是山水猥至，渟洿障潰，顛淡滂流。碓投瀺穴，争湍苹縈，汩活澎濞，波瀾鱗淪。窊隆詭戾，瀄瀑噴沫，犇遯碭突，摇演其山。動杌其根者，歲五六而至焉。是以閒介無蹊，人迹罕到。猨蜼晝吟，鼯鼠夜叫，寒熊振頷，特麚昏髟；山鷄晨群，壄雉晁雊；求偶鳴子，悲號長嘯；由衍識道，噍噍讙噪。經涉其左右，唯聒其前後者，無晝夜而息焉。夫固危殆險巇之所迫也，衆哀集悲之所積也，故其應清風也。纖末奮蘱，錚鐄謍嗃，若絙瑟促柱，號鍾高調。於是放臣逐子，棄妻離友，彭胥伯奇，哀姜孝己。攢乎下風，收精注耳，靁歎頹息，掐膺擗摽，泣血泫流，交横而下，通旦忘寐，不能自禦。於是乃使魯般、宋翟，構雲梯，抗浮柱，蹉纖根，跋篾縷，膺陗阤，腹陘阻。逮乎其上，匍匐伐取，挑截本末，規摹彠矩。夔襄比律，子壄協呂，十二畢具，黄鍾爲主。揺揉斤械，剸掞度擬，鏓硐隤墜，程表朱裏，定名曰笛。以觀賢士，陳於東階，八音俱起，食舉雍徹，勸侑君子。然後退理乎黄門之高廊，重丘宋灌，名師郭張，工人巧士，肄業修聲。於是遊閒公子，暇豫王孫，心樂五聲之和，耳比八音之調。乃相與集乎其庭，詳觀夫曲胤之繁會叢雜，何其富也。紛葩爛漫，誠可喜也。波散廣衍，實可異也。掌距劫遌，又足怪也。啾咋嘈啐，似華羽兮，絞灼激以轉切。震鬱佛以憑怒兮，耾碭駭以奮肆。氣噴勃以布覆兮，乍跱蹠以狼戾。靁叩鍛之岌峇兮，正瀏溧以風洌。薄湊會而凌節兮，馳趣期而赴躓。爾乃聽聲類形，狀似流水，又象飛鴻，氾濫溥漠，浩浩洋洋，長矕遠引，旋復迴皇。充屈鬱律，瞋菌碨抰。酆琅磊落，駢田磅唐。取予時適，去就有方。洪殺衰序，希數必當。微風纖妙，若存若亡。蓋滯抗絶，中息更裝。奄忽滅没，曄然復揚。或乃聊慮固護，專美擅工。漂淩絲簧，覆冒鼓鍾。或乃植持縼纆，佁儗寬容。簫管備舉，金石並降。無相奪倫，以宣八風。律吕既和，哀聲五降。曲終闋盡，餘絃更興。繁手累發，密櫛疊重。踾踧攢仄，蜂聚蟻同。衆音猥積，以送厥終。然後少息蹔怠，雜弄間奏。易聽駭耳，有所摇演。安翔駘蕩，從容闡緩；惆悵怨懟，窳圔窴赦。聿皇求索，乍近乍遠。臨危自放，若頹復反。蚡緼蟠紆，緸冤蜿蟺。笢笏抑隱，行入諸變。絞槩汩湟，五音代轉。挼拏捘臧，遞相乘邅。反商下徵，每各異善。故聆曲引者，觀法於節奏，察變於句投，以知禮制之不可逾越焉。聽簉弄者，遥思於古昔，虞志於怛惕，以知長戚之不能閒居焉。故論記其義，協比其象，徬徨縱肆，曠瀁敞罔，老莊之概也。温直擾毅，孔孟之方也。激朗清厲，隨光之介也。牢剌拂戾，諸賁之氣也。節解句斷，管商之制也。條決繽紛，申韓之察也。繁縟駱驛，范、蔡之説也。剺櫟銚𢙬，晳、龍之惠也。上擬法於韶箾南籥，中取度於白雪渌水，下采制於《延露》、《巴人》。是以尊卑都鄙，賢愚勇懼。魚鼈禽獸聞之者，莫不張耳鹿駭，熊經鳥申，鴟眎狼顧，拊譟踴躍。各得其齊，人盈所欲，皆反中和，以美風俗。屈平適樂國，介推還受禄。澹臺載尸歸，皋魚節其哭。長萬輟逆謀，渠彌不復惡。蒯聵能退敵，不占成節鄂。王公保其位，隱處安林薄。宦夫樂其業，士子世其宅。鱏魚喁於水裔，仰駟馬而舞玄鶴。于時也，綿駒吞聲，伯牙毁絃。瓠巴聑柱，磬襄弛懸。留眎瞸眙，累稱屢讚，失容墜席，搏拊雷抃，僬眇睢維，涕洟流漫。是故可以通靈感物，寫神喻意。致誠效志，率作興事，溉盥汙濊，澡雪垢滓矣。昔庖羲作琴，神農造瑟，女媧制簧，暴辛爲塤。倕之和鐘，叔之離磬。或鑠金礱石，華睆切錯，丸梃彫琢，刻鏤鑽笮，窮妙極巧，曠以日月。然後成器，其音如彼。唯笛因其天姿，不變其材，伐而吹之，其聲如此。蓋亦簡易之義，賢人之業也。若然，六器者，猶以二皇聖哲䵻益。況笛生乎大漢，而學者不識，其可以裨助盛美，忽而不讚。悲夫！有庶士丘仲，言其所由出，而不知其弘妙。其辭曰：近世雙笛從羌起，羌人伐竹未及已。龍鳴水中不見己，截竹吹之聲相似。剡其上孔通洞之，裁以當簻便易持。易京君明識音律，故本四孔加以一。君明所加孔後出，是謂商聲五音畢。

漢 蔡邕《蔡中郎集》卷四《琴賦》 歷松岑而將降，睹鴻梧於幽阻。高百仞而不枉，對修條而特處。蹈通崖而往遊，圖兹梧之所宜。信雅琴之麗樸，乃弁伐其孫枝。命離婁使布繩，施公輸之剞劂。遂雕琢而成器，揆神農之初制。盡聲變之奥妙，抒心志之鬱滯。

又《彈琴賦》 爾乃言求茂木，周流四垂。觀彼椅桐，層山之陂。丹華煒煒，緑葉參差。甘露潤其末，凉風扇其枝。鸞鳳翔其顛，玄鶴巢其岐。考之詩人，琴瑟是宜。爰制雅器，協之鍾律。通理治性，恬淡清溢。爾乃清聲發兮五音舉，韻宫商兮動徵羽，曲引興兮繁絲撫。然後哀聲既發，祕弄乃開。左手抑揚，右手徘徊。抵掌反覆，抑案藏摧。於是繁弦既抑，雅韻乃揚。仲尼思歸，《鹿鳴》三章。《梁甫》悲吟，周公《越裳》。青雀西飛，別鶴東翔。飲馬長城，楚曲明光。楚姬遺歎，鷄鳴高桑。走獸率舞，飛鳥下翔。感激兹歌，一低一昂。

三國魏 阮瑀《箏賦》 惟夫箏之奇妙，極五音之幽微，苞羣聲以作主，冠衆樂而爲師。稟清和於律吕，籠絲木以成資。身長六尺，應律數也。故能清者感天，濁者合地。五聲並用，動静簡易。大興小附，重發輕隨。折而復扶，循覆逆開。浮沉抑揚，升降綺靡。殊聲妙巧，不識其爲。平調定均，不疾不徐，遲速合度，君子之行也。慷慨磊落，卓礫盤紆，壯士之節也。曲高和寡，妙伎難工，伯牙能琴，於兹爲朦。曒繹翕純，庶配其蹤。延年新聲，豈此能同。陳惠李文，曷能是逢。

三國魏 嵇康《嵇中散集》卷二《琴賦一首并序》 余少好音聲，長而翫之，以爲物有盛衰，而此無變；滋味有厭，而此不勌。可以導養神氣、宣和情志、處窮獨而不悶者，莫近於音聲也。是故復之而不足，則吟詠以肆志，吟詠之不足，則寄言以廣意。然八音之器、歌舞之象，歷世才士並爲之賦頌，其體制風流，莫不相襲。稱其材幹，則以危苦爲上；賦其聲音，則以悲哀爲主；美其感化，則以垂涕爲貴。麗則麗矣，然未盡其理也。推其所由，似元不解音聲；覽其旨趣，亦未達禮樂之情也。衆器之中，琴德最優，故綴叙所懷，以爲之賦，其辭曰：惟椅梧之所生兮，託峻嶽之崇岡。披重壤以誕載兮，參辰極而高驤。含天地之醇和兮，吸日月之休光。鬱紛紜以獨茂兮，飛英蕤於昊蒼。夕納景于虞淵兮，旦晞幹於九陽。經千載以待價兮，寂神跱而永康。且其山川形勢，則盤紆隱深，確嵬岧岑，亙嶺巉巖，岞崿嶇崯，丹崖嶮巇，青壁萬尋。若乃重巘增起，偃蹇雲覆。邈隆崇以極壯，崛巍巍而特秀；蒸靈液以播雲，據神淵而吐溜。爾乃顛波奔突，狂赴爭流。觸巖觝隈，鬱怒彪休，洶涌騰薄，奮沫揚濤，瀄汩澎湃，蛩蟺相糾。放肆大川，濟乎中州，安回徐邁，寂爾長浮。澹乎洋洋，縈抱山丘。詳觀其區土之所産毓，奥宇之所寶殖，珍怪琅玕，瑶瑾翕赩，叢集累積，奂衍於其側。若乃春蘭被其東，沙棠殖其西，涓子宅其陽，玉醴涌其前，玄雲蔭其上，翔鸞集其巔，清露潤其膚，惠風流其間。竦肅肅以静謐，密微微其清閑。夫所以經營其左右者，固以自然神麗而足，思願愛樂矣。於是遯世之士，榮期綺季之儔，乃相與登飛梁、越幽壑，援瓊枝，陟峻崿，以遊乎其下。周旋永望，邈若凌飛，邪睨崑崙，俯闞海湄。指蒼梧之迢遞，臨迴江之威夷，悟時俗之多累，仰箕山之餘輝。羨斯嶽之弘敞，心慷慨以忘歸。情舒放而遠覽，接軒轅之遺音，慕老童於騩隅，欽泰容之高吟。顧兹梧而興慮，思假物以託心。乃斲孫枝，準量所任，至人攄思，制爲雅琴。乃使離子督墨，匠石奮斤，夔襄薦法，般倕騁神，鎪會裛厠，朗密調均，華繪彫琢，布藻垂文。錯以犀象，籍以翠緑，絃以園客之絲，徽以鍾山之玉。爰有龍鳳之象，古人之形。伯牙揮手，鍾期聽聲。華容灼爍，發采揚明，何其麗也；伶倫比律，田連操張，進御君子，新聲憀亮，何其偉也。及其初調，則角羽俱起，宫徵相證，參發並趣，上下累應，踸踔磥硌。美聲將興，固以和昶，而足躭矣。爾乃理正聲，奏妙曲，揚《白雪》，發清角。紛淋浪以流離，奂淫衍而優渥。粲奕奕而高逝，馳岌岌以相屬。沛騰遌而競趣，翕韡曄而繁縟。狀若崇山，又象流波，浩兮湯湯，鬱兮峩峩。怫愲煩冤，紆餘婆娑。陵縱播逸，霍濩紛葩。檢容授節，應變合度。競名擅業，安軌徐步。洋洋習習，聲烈遐布。含顯媚以送終，飄餘響乎泰素。若乃高軒飛觀，廣廈閒房，冬夜肅清，朗月垂光，新衣翠粲，纓徽流芳。於是器冷絃調，心閑手敏，觸批如志，唯意所擬。初涉《渌水》，中奏《清徵》，雅昶《唐堯》，終詠《微子》，寬明弘潤，優遊躇跱，拊絃安歌，新聲代起。歌曰：凌扶摇兮憩瀛洲，要列子兮爲好仇。餐沆瀣兮帶朝霞，眇翩翩兮薄天遊。齊萬物兮超自得，委性命兮任去留。激清響以赴會，何絃歌之綢繆。於是曲引向闌，衆音將歇，改韻易調，奇弄乃發。揚和顔，攘皓腕，飛纖指以馳騖，紛𦒀譶以流漫。或徘徊顧慕，擁鬱抑按，盤桓毓養，從容秘翫。闥爾奮逸，風駭雲亂，牢落凌厲，布濩半散，豐融披離，斐韡奂爛，英聲發越，采采粲粲。或間聲錯糅，狀若詭赴，雙美並進，駢馳翼驅。初若將乖，後卒同趣。或曲而不屈，直而不倨。或相凌而不亂，或相離而不殊。時劫掎以慷慨，或怨嫭而躊躇。忽飄颻以輕邁，乍留聯而扶疏。或參譚繁促，複疊攢仄，從横駱驛，奔遯相逼，拊嗟累讚，間不容息，瓌豔奇偉，殫不可識。若乃閒舒都雅，洪纖有宜，清和條昶，案衍陸離。穆温柔以怡懌，婉順叙而委蛇。或乘險投會，邀隙趨危。嚶若離鵾鳴清池，翼若浮鴻翔曾崖。紛文斐尾，綝縿離纚，微風餘音，靡靡猗猗。或摟批擽捋，縹繚潎洌，輕行浮彈，明嫿瞭慧。疾而不速，留而不滯，翩緜飄邈，微音迅逝。遠而聽之，若鸞鳳和鳴戲雲中；迫而察之，若衆葩敷榮曜春風。既豐贍以多姿，又善始而令終。嗟姣妙以弘麗，何變態之無窮。若夫三春之初，麗服以時，乃攜友生，以遨以嬉。涉蘭圃，登重基，背長林，翳華芝，臨清流，賦新詩。嘉魚龍之逸豫，樂百卉之榮滋，理重華之遺操，慨遠慕而長思。若乃華堂曲宴，密友近賓，蘭肴兼御，旨酒清醇。進南荆，發西秦，紹《陵陽》，度《巴人》。變用雜而並起，竦衆聽而駭神。料殊功而比操，豈笙籥之能倫。若次其曲引所宜，則《廣陵》、《止息》、《東武》、《太山》、《飛龍》、《鹿鳴》、《鵾雞》、《遊絃》。更唱迭奏，聲若自然，流楚窈窕，懲躁雪煩。下逮謡俗，蔡氏五曲，《王昭》《楚妃》，《千里》、《别鶴》。猶有一切，承間簉乏，亦有可觀者焉。然非夫曠遠者不能與之嬉遊，非夫淵静者不能與之閑止，非夫放達者不能與之無吝，非夫至精者不能與之析理也。若論其體勢，詳其風聲。器和故響逸，張急故聲清。間遼故音痺，絃長故徽鳴。性絜静以端理，含至德之和平，誠可以感盪心志而發洩幽情矣。是故懷戚者聞之，莫不憯懍慘悽，愀愴傷心，含哀懊咿，不能自禁；其康樂者聞之，則欨愉懽釋，抃舞踊溢，留連瀾漫，嗢噱終日；若和平者聽之，則怡養悦愉，淑穆玄真，恬虚樂古，棄事遺身。是以伯夷以之廉，顔回以之仁，比干以之忠，尾生以之信，惠施以之辯給，萬石以之訥慎。其餘觸類而長，所致非一，同歸殊途，或文或質。總中和以統物，咸日用而不失。其感人動物，蓋亦弘矣。于時也，金石寢聲，匏竹屏氣，王豹輟謳，狄牙喪味。天吴踊躍於重淵，王喬披雲而下墜。舞鸑鷟於庭階，游女飄焉而來萃。感天地以致和，况蚑行之衆類。嘉斯器之懿茂，詠兹文以自慰。永服御而不厭，信古今之所貴。亂曰：愔愔琴德。不可測兮，體清心遠，邈難極兮。良質美手，遇今世兮。紛綸翕響，冠衆藝兮。識音者希，孰能珍兮；能盡雅善，唯至人兮。

晉 夏侯惇《笙賦》 嗟萬物之殊觀，莫比美乎音聲。總衆異以合體，匪求一以取成。雖琴瑟之既麗，猶靡尚於清笙。爾乃採桐竹，翦朱密，摘長松之流肥，咸崑崙之所出。抑揚噓吸，或吻或吹。擫捻挹按，同覆互移。初進飛龍，重繼鵾雞。振引合和，如會如離。若夫纏緜約殺，足使放達者循察；通豫平曠，足使廉規者棄節；沖靈泠澹，足使貪榮者退讓；開明爽亮，足使慢惰者進竭。豈衆樂之能倫，邈奇特而殊絶。

晉 王廙《笙賦》 其制器也，則取不周之竹，層城之匏，生懸崖之絶嶺。邈隆峰以崇高，延修頸以亢首。厭瑶口之陸離，舞靈蛟之素鱗，銜明珠於帶垂。弱舌紙薄，鉛錘内藏。合松蠟以密際，糅彤丹以發光。

晉 曹毗《箜篌賦》 嶧陽之桐，植穎巖標。清泉潤根，女蘿被條。爾乃楚班制器，窮妙極巧。龍身鳳形，連翩窈窕。纓以金彩，絡以翠藻。其絃則烏號之絲，用應所任，體勁質朗，虚置自吟。於是召倡人，命妙姿，御新肴，酌金罍，發愁吟。引吴妃，湖上颺沓以平雅，前溪藏摧而懷歸。

晉 孫該《琵琶賦》 惟嘉桐之奇生，於丹澤之北垠。下修條而迴迴，上糾紛而干雲。開黄鍾以挺榦，表素質於蒼春。然後託乎公班，妙意横施。四分六合，廣袤應規。迴風臨樂，刻飾流離。絃則岱谷檿絲，篚貢天府。伯奇執軛，杞妻抽緒。大不過宮，細不過羽。清朗緊勁，絶而不茹。伶人鼓焉，景響豐硠。操暢絡繹，遊手風颺。抑揚按捻，扺搦摧藏。爾乃叩少宮，騁明光。發下柱，展上腔。儀蔡氏之繁絃，倣莊公之倍簧。於是酒酣日晚，故爲秦聲。壯諒慷慨，土風所生。延年度曲，六彈俱成。絀邪存正，疏密有程。離而不散，滿而不盈。沉而不重，浮而不輕。緜駒遺謳，岱宗梁甫。淮南廣陵，郢都激楚。每至曲終歌闋，亂以衆契。上下奔騖，鹿奮猛厲。波騰雨注，飈飛電逝。

南朝宋 謝惠連《謝惠連集·琴贊》 嶧陽孤桐，裁爲鳴琴。體兼九絲，聲備五音。重華載揮，以養民心。孫登是玩，取樂山林。

南朝梁 簡文帝《箏賦》 江南之竹，弄玉有鳴鳳之簫焉；洞陰之石，范女有遊仙之磬焉。若夫排雲入漢之美，含商觸徵之奇。罷雍祠之麗響，絶漢殿之容儀。別有泗濱之梓，聳幹孤峙，負陰拂日，停雪棲霜。嶔崟岩崿，玄嶺相望。寄丹崖而茂采，依青壁而懷芳。奔電碭突而彌固，嚴風擒拔而無傷。途畏峰澀，人羣罕至。乃命夔班，翦而成器。隆殺得宜，修短合思。矩制端平，雕鏤綺媚。既而春桑已舒，暄風晻曖。丹荑成葉，翠陰如黛。佳人採掇，動容生態。值使君而有辭，逢秋胡而不對。里閭既返，伏食蠶飢。五色之縿雖亂，八熟之緒方治。異東垂之野繭，非山經之漚絲。於是制絃擬月，設柱方時。若夫鏗鏘奏曲，温潤初鳴。或徘徊而蘊藉，或慷慨而逢迎。若將連而類絶，乍欲緩而頻驚。陸離抑按，磊落縱横。奇調間發，美態孤生。若將往而自返，似欲息而復征。聲習習而流韻，時怦怦而不竑。如浮波之遠鶩，若麗樹之争榮。譬雲龍之無蒂，如笙鳳之有情。學離鵾之弄響，擬翔鴛之妙聲。朱絃在手，擊重還輕。爾其曲也，雅俗兼施，諧雲門與四變，雜六列與咸池。王讚既工，阮賦亦奇。曹后聽之而歡讌，謝相聞之而涕垂。至若登山望別之心，臨流送歸之目。隴葉夜黄，關雲曉伏。覩獨鴈之寒飛，望交河之水縮。聽鳴箏之弄響，聞茲絃之一彈。足使遊客戀國，壯士衝冠。若夫楚王怡蕩，楊生娱志。小國寡民，督郵無事。乃有燕餘麗妾，方桃譬李。本住南城，經移東里。納千金之重聘，擅專房之宴私。方美珥而不滅，擬甘橘而無嗤。聞削成於斜領，照玉緻於鉛脂。度玲瓏之曲閣，出翡翠之香帷。腕凝紗薄，珮重行遲。爾乃促筵命妓，銜觴置酒。耳熱眼花之娱，千金萬年之壽。白日蹉跎，時淹樂久。翫飛花之度窻，看春風之入柳。命麗人於玉席，陳寶器於紈羅。撫鳴箏而動曲，譬輕薄之經過。黛眉如埽，曼睇成波。情長響怨，意滿聲多。奏相思而不見，吟夜月而怨歌。笑素彈之未工，疑秦宮之詎和。若夫鈞竿復發，蛺蝶初揮。動玉匣之餘怨，鳴陽烏之始飛。逐東趨於鄭女，和西舞於荆妃。足使長廊之瓦虚墜，梁上之塵染衣。鱏魚遊而不没，白鶴至而忘歸。於是乎餘音未盡，新弄縈纏。參差容與，顧慕流連。落横釵於袖下，斂垂衫於膝前。乍含猜而移柱，或斜倚而續絃。照瓊環而俯捻，度玉爪而徐牽。見微嚬之有趣，看巧笑之多妍。抗長吟之靡曼，雜新歌之可憐。歌曰：年年花色好，足侍愛君傍。影入著衣鏡，裙含辟惡香。鴛鴦七十二，亂舞未成行。故迺宋偉緑珠之好聲，文君慎女之清角。上掩面而不前，言韜輝而恥學。實獨立之麗人，乃入神之佳樂。

南朝陳 徐陵《玉臺新詠》卷一〇《梁武帝詩二十四首》《詠箏》：柯亭有奇竹，含情復抑揚。妙聲發玉指，龍音響鳳皇。

南朝陳 江總《江總集·賦詠得琴》 可憐嶧陽木，雕爲緑綺琴。田文垂

睫淚，卓女弄絃心。戲鶴聞應舞，游魚聽不沉。楚妃幸勿歎，此異丘中吟。一作音

唐 **虞世南《琵琶賦》** 若夫巢木爲金門之始，轉蓬乃玉輅之先。斯蓋前古之樸畧，而後代之精研。是以鼉鼓質而罕聽，葦籥輕而莫傳。笛不爲於商律，瑟見毁於繁絃。此皆白圭，玷以成疾。嗟近者之莫言，歎知音之不述。惟皇御極，書軌大同。鑠矣文教，康哉武功。既象舞之載設，亦夷歌之遠通。乃定八音，諭六樂。成均弦誦之藝，制氏鏗鏘之學。辨新聲於變徵，研奇操於清角。鏞管咸奏，絲桐畢陳。有琵琶之妙曲，乃越衆而超倫。器便時而適用，節每段而逾新。謐四座以傾耳，歎和聲之入神。爰詔百辟，備序厥因。於是大司樂進而稱曰：臣以末學，聞諸前志。尋斯樂之所始，乃絃鼗之遺事。强秦創其濫觴，盛漢盡其深致。爰有達人，演兹奇器。參古今而定質，擬神明而摅思。慰遠嫁之羈情，寬絶域之歸志。既而班爾運能，鈞繩將設。求嘉木於五嶺，取殊材於九折。剖文梓而縱分，割香檀而横裂。木爪貞柘，盤根錯節。或錦散而花開，或絲縈而緒結。徒觀其爲狀也，則象形斗極，殊姿巧製。隨良樸之修短，任規模之巨細。既異才而合體，亦刻方而爲鋭。惟適道以從宜，故無取乎凝滯。若乃琢玉範金之巧，雕文鏤采之奇。上覆手以懸映，下承絃而仰施。帖則西域神獸，南山瑞枝。屈盤犀嶺，迴旋鳳池。開寶撥以更運，帶文綬而旁垂。聲備商角，韻包宫羽。横却月於天漢，寫迴風於洛浦。始聞絃之既調，乃長弄之徐撫。應緩韻之疎節，隨輕身之妙舞。悲紫塞之昭君，泣烏孫之公主。季倫歡金谷之宴，仲容暢竹林之聚。至如七德昭備，六軍凱旋。譜戎麾而威遠，合金奏而功宣。詠燕山之已勒，美瀚海之方鐫。亦有飛梁邸，遊楚館。聞促柱之再調，聽鳴絃之疎彈。叶高文而自達，飛羽觴之無算。又如長河草緑，高樓月下，入小苑而看花，遊上蘭而藉野。泛澄波而轉鷁，息長松而繫馬。臨清流而揮弦，與殊方而俱寫。其奇趣則抑揚嘈囋，聯緜斷續。紆餘雙鶴之吟，清壯三秦之曲。望南山之遥翠，見西江之始緑。少年有長命之詞，倡女有可憐之調。願百齡兮眉壽，重千金之巧笑。逮乎嘉客既醉，高宴將闌。浮觴劇飲，披襟極歡。乃催絃而急調，交酬獻之無端。若以河而注海，亦杯來而始彈。蓋感物動神，和心悦耳。豈振木之爲輩？奚繞梁之足擬？夫道以簡易爲尊，物以精微爲貴。嗟四絃之已約，乃包含於元氣。叶笙鏞之律吕，參鍾石之經緯。於是鳳簫輟吹，龍笛韜吟。玄雲掩影，白雪藏音。故以暢皇風之威武，悦大雅之神心者也。

唐 **孟浩然《孟浩然集》卷四《凉州詞二首》** 渾成紫檀金屑文，作得琵琶聲入雲。胡地迢迢三萬里，那堪馬上送明君。

唐 **李白《李太白文集》卷二七《琴讚》** 嶧陽孤桐，石聳天骨。根老冰泉，葉苦霜月。斵爲緑綺，徽聲粲發。秋風入松，萬古奇絶。

唐 **柳宗元《柳河東集》卷一九《霹靂琴贊引》** 霹靂琴，零陵湘水西震餘枯桐之爲也。始枯桐生石上，説者言有蛟龍伏其竅，一夕暴震，爲火之焚至旦乃已，其餘硿然，倒卧道上。震旁之民，稍柴薪之。超道人聞，取以爲三琴。琴莫良於桐，桐之良，莫良於生石上，石上之枯，又加良焉，火之餘又加良焉，震之於火爲異。是琴也，既良且異，合而爲美，天下將不可載焉。微道人，天下之美幾喪。余作贊辭，識其越之左與右，以著其事，又益以序，以爲他傳。辭曰：惟湘之涯，惟石之危，龍伏之靈，震焚之奇。既良而異，爰合其美。越實爲之，贊者柳子。

唐 **舒元輿《斵琴志》** 寂寞間有至音注梧桐中。越客沈虬子，耳長木音，常斧樹之良孫，斵而琴之。予客越，見其方風釿取朴成，輒叫索清濁，應刃濁授，授成輪圓，濁沛雪落，清聲酬荅。若寒玉透木，噴出瓏瓏。及察投意之始，放心虚無間，猶掌握無毛倫也。人見朴在刃下，而沈氏成琴入眼中。不知釿之數到邪，琴之形化邪。兩肩聳張，若對古人，雙池呀開，若挹澄渟，絶刃四顧，得色上面，旁睬或懵其所以爲。沈生乃絃素絲七條其上，備指一弄，五聲叢鳴。鳴中有靈峯横空，鳴泉出雲，鳳龍騰凌，鶴哀鳥啼，松吟風悲。予聆之，初聞聲入身，覺毛骨聳擢；中見境在眼，覺精爽沖動；終然睹化源寥寥，貫到心靈。則百骸七竅，仙仙而忘，覺神立寥廓上，洞見天地初氣，駕肩太古闊視區外。乃知不知音聲者，終身爲朧朦。嘻！木塊滿數尺，絲不盈十條，古聖人欲其中含天音，天之如此，直乃叩之以觀化木。且絲木俱無情物也，固不能自鳴。是使歷代知其必鳴之稀，以至爨入鼎下，枯折空山，而不聞者非一也。今人明明以聲耳，耳且惑，況槁木無朕，而責其必無惑邪。予於此見沈氏子之審音也，之運釿也，俱與神遇。懼異日斯琴流于人間，爲他者亂類，則沈氏之道爲委土矣。故志之。

唐 **司馬逸客《雅琴篇》** 亭亭嶧陽樹，落落千萬尋。獨抱出雲節，孤生不作林。影摇緑波水，彩絢丹霞岑。直幹思有託，雅志期所任。匠者果留盼，

雕斲爲雅琴。文以楚山玉，錯以昆吾金。虬鳳吐奇狀，商徵含清音。雅調感君子，一撫一弄懷知己。不見鍾期百年餘，還憶朝朝幾千里。馬卿臺上應蕪没，阮籍帷前空已矣。山情水意君不知，拂匣調絃爲誰理。調絃拂匣倍含情，況復空山秋月明。隴水悲風已嗚咽，離鵾别鶴更淒清。將軍塞外多奇操，中散林間有正聲。正聲諧風雅，欲竟此曲誰知者。自言幽隱乏仙容，不道人世知音寡。誰能一奏和天地，誰能再撫歡朝野。朝野歡娱樂未央，車馬駢闐盛綵章。歲歲汾川事簫鼓，朝朝伊水聽笙簧。窈窕樓臺臨上路，妖嬈歌舞出平陽。彈絃本自稱仁祖，吹管由來許季長。猶憐雅歌淡無味，緑水白雲誰相貴。還將逸調賞幽心，不覺繁聲論遠意。傳聞帝樂奏鈞天，儻冀微身備五絃。願持東武宮商韻，長奏南薰億萬年。

唐 謝邈《謝人惠琴材》 風撼桐絲帶月明，羽人乘醉截秋聲。七弦妙制饒仙品，三尺良材稱道情。池小未開春浪泛，岳低猶欠暮雲生。何因乞與元中術，臨化無妨膝上横。

唐 朱灣《詠柏板》 赴節心長在，從繩道可一作自觀。須知片木用，莫向一作作散材看。空爲歌偏苦，仍愁和即難。既能親掌握，願得接同歡。

又《箏柱子》 散木今何幸，良工不棄捐。力微慚一柱，材薄仰一作命羣弦。且喜聲相應，寧辭跡屢遷。知音如見賞，雅調爲君傳。

宋 歐陽修《六一詞》《玉樓春》其一： 春蔥指甲輕攏撚，五彩垂條雙袖卷。雪香濃透紫檀槽，胡語急隨紅玉腕。當頭一曲情何限，入破錚鏦金鳳戰，百分芳酒祝長春，再拜歛容擡粉面。

宋 陶弼《邕州小集·桐》 老桐休斲爲琴瑟，胡部新翻格調清。試聽琵琶采蓮曲，一般弦上數般聲。

宋 田錫《咸平集》卷一七《擬古十六首》其一： 嶧陽生孤桐，擢幹百尺高。風雨萌枝葉，鸞皇棲羽毛。天質自含響，衆木非其曹。斲爲緑綺琴，古尺貞金刀。所製有法象，不敢差釐毫。重詳舊譜録，試撫觀均調。其聲清以廉，聞者不貪叨。其音安以樂，令人消鬱陶。彈宮聽於君，君德如軒堯。彈商聽於臣，臣道如夔臯。不覺起蹈舞，形逸同翔翺。願以七寶粧，薦之於天朝。玉軫朱絲絃，輝華近赬袍。一彈南薰曲，解愠成歌謡。

宋 蘇軾《東坡詞·水龍吟》其一 楚山脩竹如雲，異材秀出千林表。龍鬚半剪，鳳膺微漲，玉肌勻繞。木落淮南，雨晴雲夢，月明風裊。自中郎不見，桓伊去後，知辜負，秋多少。聞道嶺南太守，後堂深、緑珠嬌小。綺窗學弄，梁州初遍，霓裳未了。嚼徵含宮，泛商流羽，一聲雲杪。爲使君洗盡，蠻風瘴雨，作霜天曉。

宋 楊傑《無爲集》卷一《琴材賦》 世有嘉木，天鍾至音。抱良材而麗地，俟哲匠以爲琴。中藏山水之聲，能參大樂；未偶斧斤之手，獨秀喬林。嶧陽高峯，龍門淵壑，純氣所萃，奇材以託。宣情之具，可以制閑邪之操。因而作，時未我與，工未我度，固全天質，自爲物以混成，安得梓人爲發音於寂寞。百尺之木，特生之桐，落落聳幹，亭亭倚空。無繁枝以示外，蓄太和而在中。時或裁成，宜取羲黄之法；人能抑按，當移鄭衛之風。正聲未揚，識之蓋寡；庸目雖衆，視之或捨。猶藏器之哲士，俟掄才之賢者。雖云陶令非取意於絃間，又恐吴民欲爲薪於爨下。俄有智者，過而器之，且曰堪輿之秀，巖谷之奇，激風霰於冬序，感雷霆於夏時。足以道舜民之樂，足以伸楚客之悲。如玉在山，祕珪璋之重器；猶金藏鑛，屈劍戟之雄姿。毓質若然，成功非我。非鍾山之玉兮，其徽曷稱；非園客之絲兮，其絃安可？將致於用，必陳於左，然後欲天下之治者，調其音，而爲表儀，有君子之聽焉。平其心，而無懈惰。是材之所稟用難自彰，巧之所述器無不良。儻工匠見遺，不之翦而不之斲，枝柯雖茂，胡爲宮而胡爲商？别有藝藪，俊髦儒林，綱紀明堂之柱，此其選；巨川之舟，此其擬。材乎材乎，豈獨琴而已哉！冀匠師之明所以。

宋 計有功《唐詩紀事》卷四四 移來女樂部頭邊，新賜花檀大五絃。縱得紅羅手帕子，當心香畫一雙蟬。

宋 劉才邵《檆溪居士集》卷三《梧桐》 琴材豈必百年期，翠葉萋萋已滿枝。況是常生易封殖，政平喜見中興時。

元 楊維楨《麗則遺音》卷四《琴賦》 天台蔡仲玉以琴訪予水南山北樓，希音跫然而無近世新聲之變，蓋蔡君力執古道，而深造樂情者也。於其别也，作琴賦以贈：伐孤桐兮龍門，斬靈梓兮泗濱。配美木兮陰陽，繩朱絲兮君臣。准遺則兮泰皥，比正律兮伶倫。成緑綺之雅製，于以御夫至人。蓋其理中和，復精真，宣八風，明彝倫，感天地，動鬼神，桑濮不能間其邪，而鄭衛不能入其淫者也。夫自虞歌既杳，襄教不宣，東市絶調，高山毁絃，黄鍾擯棄，正始沈焉。鼃咬遷變，下俚嗑焉。歎人器兮俱喪，孰能傳其不可傳？吾子佩焦尾，象前賢，蹴子野，排田連。起千載而非後，追太古而無前。得非瘖萬雌而雄鳴，藹凡翅而孤騫者耶？爾其觚酒登，爐薰爇，偎清風，介朗月，拂素雲，揮白雪。朱絃既絲，玉指作批，宫羽相宣，角徵參發，雅韻依永，長歌赴節。愉焉欵欵，悽焉屑屑，蕩焉裔裔，苑焉咽咽。繹焉如縈，擸焉如折，汜焉如沸，掣焉如竭。焕若春温，雱若甘霖，粲若榮葩，蕭若枯林。高者拔焉而峻，下者濁焉而沉，急者矢焉而激，緩者紆焉而深。央央坎坎，噦噦愔愔，鏗鏗磕磕，栗栗淋淋。如冷泉漱澗，籟動谷鳴；如巫山夜雨，隴水秦聲。如村翁野老之嬉笑，如鶯喉鴿語之㖫嚶。如大風飄瓦而軒磕，如胥濤鼓譟而澥洶。至若詳其曲引，則優柔温淳，長養恢渾，郁乎南風之薰也；融怡和順，溥博沉濬，洋乎流水之潤也；愴怳坎壈，怵惻怛憯，慼乎履霜之慘也；憔悴虺隤，傍徨低徊，摧乎别鶴之哀也。其憂也深，其思也長，其樂不淫，其哀不傷。滌煩决塞，導和養康，懲躁寬鄙，立懦摧剛。可謂至德之精音，而三歎於一唱者矣。已而中聲五降，均曲成闋，箑弄向闌，斂手暫輟，銀蟾在天，星漢明滅。主賓頹然仰視空闊，於是命酒起舞而爲之歌曰：搴芳洲兮芙蓉，拏扁舟兮葦蘀。渺極浦兮千里，望遠岫兮横空。吾將與子泝洞庭，歷九峰，登玉霄，攀閬風。招漁父之往棹兮，探湘靈之遺踪。訪遐奏於渭子兮，引高吟於泰容。窺人寰而曾舉兮，託遺響兮無窮。舉天籟以成吾音兮，寫余心之太沖。又何有乎虧成兮三尺之桐。

明　汪廣陽《鳳池吟稿》卷四《月夜同諸友酌》　休撥紫檀槽，且傾黄濁醪。涼天兼得月，我輩復持螯。彭蠡一杯大，匡廬半壁高。竹林瀟灑地，應有醉山濤。

明　劉昌《中州名賢文表》卷一六《前宛轉曲》　紫檀出海南，削成琵琶槽。上有鴛鴦絃，彈曲聲嘈嘈。客問此何聲，新聲名絳桃。一奏桃始華，再奏花枝斜。笑靨頰暈粉，仙源飯蒸霞。度作新聲曲，春樹雙鶯逐。雙鶯逐，擲金梭，魚藻蕩圓波。陌上行車帶結羅，絳桃年少光陰多。

明　桑悦《感懷詩》其一　嶰谷有奇竹，能中虞廷管。九奏鬼神格，陽舒寒谷暖。新裁作長笛，杳渺傳新聲。曲終風不吹，秋色滿空庭。

清　愛新覺羅·弘歷《御製詩集》初集卷二〇《題梅花琴》　梅花爲文桐爲身，梅桐琴耶誰主賓。何人斲此甘蕉形，大珠小珠丁晨星。空山一鼓風泠泠，洞庭始波歸仙軿。無聲鳳噦琴有靈，筝琶之耳浄者聽。

又　三集卷一《竹琴》　庸詎中郎爨下來，應緣從事宅邊材。虛心雅似大絃義，勁節全將次柱該。鳴鳳棲鸞誠不忝，秋風涼月也堪陪。漆膠布藻渾無藉，便是詩中有别裁。

清　愛新覺羅·弘歷《御製樂善堂全集定本》卷一九《冬夜聞空鐘》

空鐘者，以竹木爲之，繫於鴿尾，鴿飛空中則衝風而鳴，泠泠然如清夜霜鐘，信可聽也。屋門下重簾，歸鴉寒不起。朔風户外飄，霜天浄如洗。我時聊復閒，吟弄虛齋裏。何來空鐘音，唤醒敲詩耳。徘徊雲霄中，清越難爲比。乍如焦尾琴，調自伯牙指。又如寒蟬聲，咽露噭且美。春容招提煙，清泠三峽水。耐冷不能翔，飛鳴殊未已。鵓鴿爾何勞，歸鴉已安只。一勞而一逸，爲君評其旨。野鴉不受羈，動息由於己。鵓鴿戀豢養，由人而已矣。束縛其羽毛，玩弄憑童子。傍晚放之飛，達旦可能止。嗟哉天地間，何事不如此。

清　僧湛性《雙樹堂詩鈔·五言律·竹琴》　截取凌雲幹，依桐製作琴。静操君子節，閒寫美人心。一曲鳳凰舞，七絃煙雨深。就中如解聽，何異嶧山音。

清　俞蛟《夢廠雜著》卷四《鄉曲枝辭·蘆笙》　苗寨多在窮巖絶壑間，其地生蘆，大逾中指，似竹而無節。截短長共六管，束列匏中爲笙。大者長丈餘，小者亦五六尺。每管各一孔，吹時手指互相啟按，亦成聲調。每於農隙或黍稷登場後，合寨中老幼數百人吹之，且吹且舞，爲賽神之樂，聲振陵谷。物果見所未見，音亦聞所未聞，余爲長歌記之：西風瑟瑟蘆花老，蘆葉離披見孤篠。截來六管短間長，攢束如笙製亦巧。短者纔盈三五尺，長者丈餘真絶倒。相傳此物制自漢武侯，會與征蠻銅鼓同時造。牂牁郡僻山之陬，彝人雜處爲明儔。服食迥與世俗殊，語言莫辨惟啁啾。蠻烟瘴雨無音樂，不解絲管與箜篌。我來正值秋風裡，無限羈愁胸臆起。忽聞邨落烏烏鳴，云是蘆笙心轉喜。環列羅漢幾百人，魋顔蹙齃真壯士。齊聲吹徹凌雲霄，響震危崖勢欲圮。初疑邊笳鳴，晉陽鐵騎來縱横；又疑吹觱篥，龜兹舊樂多悽惻。倏爾斷復連，轉瞬徐還捷。所貴群吹無錯雜，何必商徵與吕律。小笙音節殊悠揚，偪僂舞蹈兼趨蹌。大笙窾坎復鞺鞳，特立不倚排風檣。當前聆近股戰慄，臨風迺遠心悲涼。最是荒邨日欲暮，野烟鎖斷樵人路。嘹嚦哀鴻叫不休，嗚咽寒螿泣玉露。離情别緒雜沓來，蘆笙餘響偏難住。頻寄語，遄歸去，賞音此地終難遇。任君能作鳳凰鳴，未必浮邱真一顧。笙兮笙兮喚奈何，爲君翻作蘆笙歌。

清 **譚宗浚《荔村草堂詩鈔》卷七《使蜀集上・詠園中草木》** 種梓望作瑟，種桐望作琴。如何方寸内，却抱千古心。微生性猥下，遠慮非所任。愛茲畫簾外，濃緑摇清陰。公餘獲暇晷，散髮依空林。何須逐熱客，刺促勞冠簪。梧桐

雜録

晉 **葛洪《神仙傳》卷三《王遥》** 王遥者，字伯遼，鄱陽人也。有妻無子，頗能治病，病無不愈者。亦不祭祀，不用符水針藥，其行治病，但以八尺布帊敷坐於地，不飲不食，須臾病愈，便起去。其有邪魅作禍者，遥畫地作獄，因召呼之，皆見其形，入在獄中，或狐狸黿蛇之類，乃斬而燔燒之，病者即愈。遥有竹篋長數寸，有一弟子姓錢，隨遥數十年，未嘗見遥開之。一夜大雨晦暝，遥使錢以九節杖擔此篋，將錢出，冒雨而行。遥及弟子衣皆不濕，所行道非所曾經。又常有兩炬火導前，約行三十里許，登小山，入石室，室中有二人，遥既至取弟子所擔篋發之，中有五舌竹簧三枚，遥自鼓一枚，以二枚與室中二人，並坐鼓之，良久，遥辭去，收三簧皆納篋中，使錢擔之，室中二人出送，語遥曰：「卿當早來，何爲久在俗間？」遥答曰：「我如是當來也。」遥還家百日，天復雨，遥夜忽大治裝，遥先有葛單衣及葛布巾，已五十餘年未嘗看，此夜皆取着之，其妻即問曰：「欲捨我去乎？」遥曰：「暫行耳。」妻曰：「當將錢去不？」遥曰：「獨去耳。」妻乃泣涕曰：「爲且復少留。」遥曰：「如是還耳。」因自擔篋而去之，遂不復還。後三十餘年，弟子見遥在馬蹄山中，顔色更少，蓋地仙也。

明 **陳耀文《天中記》卷四三** 聖鼓，始與郡山陽縣有豫章木，本徑可二丈，名爲聖木，秦時伐此木爲鼓，穎穎成，忽自奔逸北至桂陽。盛宏之荆州記

明 **董斯張《廣博物志》卷三四** 祝融取榣山之櫬作琴，彈之有異聲，能致五色鳥舞于庭中，琴之至寶者，一曰凰來，二曰鸞來，三曰鳳來。古琴録

又 吴叔治修夏月納涼門外，時聞桐樹下有琴聲。後一胡請以五百金買此樹，叔治曰：「金欲得耳？第吾自以口就食即見此樹，今何忍伐之？」後叔治出爲北海主簿，歸已爲族人賣去。久之，胡以二琴至示叔治，一曰陰姬，一曰陽娃，不加少漆，斵磨光毫，其文宛然。各有仙女弄琴之狀，云：「涼天月下，不鼓而自鳴。」請留其一，以一相報，叔治拒而不受。古琴疏

圖表

宋 **聶崇義《三禮圖集註》卷五** 《周禮》：笙師掌教龡。音吹竽笙，先鄭云竽三十六簧。賈疏引《通卦驗》云：竽長四尺二寸。註云：竽，管類，用竹爲之，形參差，象鳥翼，鳥，火禽。火數七，冬至之時吹之。冬水用事，水數六。六七四十二，竽之長，取數於此也。竽象笙三十六管，宫管在中央。

竽

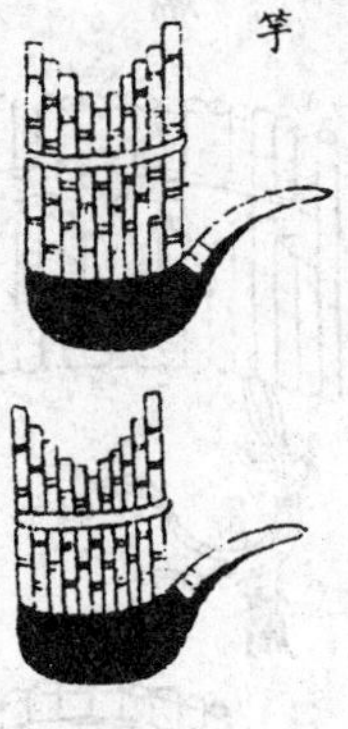

又 舊圖云雅篪長尺四寸，圍三寸，翹長一寸三分，圍自稱九孔，頌篪尺二寸。郭璞《爾雅註》云：篪以竹爲之，長尺四寸，圍三寸，一孔上出，寸三分，名翹，橫吹之。小者尺二寸。《廣雅》云：八孔。先鄭云：七孔。賈疏云：九七皆誤，當云八孔。

篪

又 舊圖云：雅簫長尺四寸，二十四管。郭璞《爾雅註》：二十三管。頌簫尺二寸，十六管。《賈疏》引《通卦驗》云：簫長尺四寸。註云：簫管形象鳥翼，鳥爲火，火成數七，生數二，二七一十四，簫之長由此也。又《風俗通》云：舜作竹簫，以象鳳翼。漢時賣飴餳者亦吹之。

簫

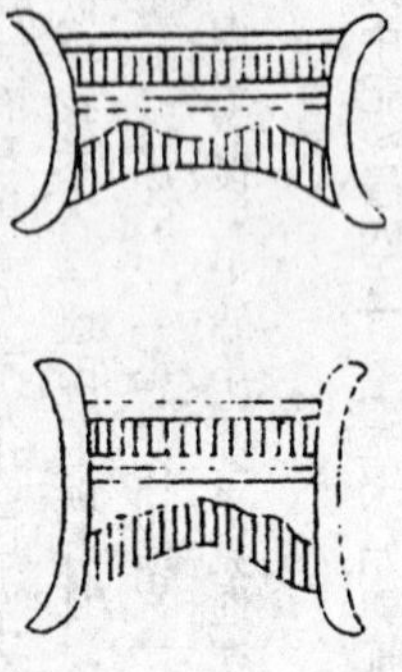

又 《爾雅》云：鼓敔謂之籈。郭註云：敔如伏虎，背上有二十七鉏鋙，刻以木，長尺，櫟之籈者，其名也。今唐禮用竹長二尺四寸，破爲十莖，於敔背横櫟之。又鄭註云：敔，木虎也。背有刻，所以鼓之以止樂。

敔

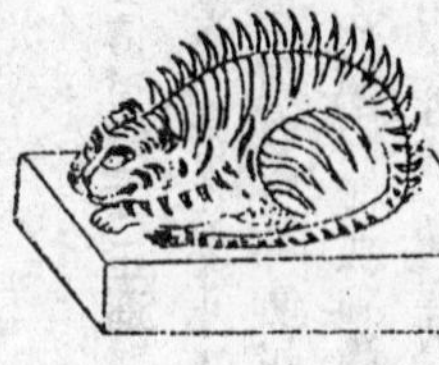

明 劉濂《樂經元義》卷二 瑟制，桐爲背，梓爲腹，倍黄鍾九数，長八尺一寸，廣一尺八寸。

瑟圖

明 王圻《三才圖會》器用卷三 管簫：《世本》曰：舜所造。其形參差似鳳翼，長二尺。《爾雅》編二十二管，長一尺四寸曰管，長尺二寸曰巢。韶簫：舜作十管，韶簫長有二寸。管：《爾雅》曰：長尺圍寸，併漆之，有底。《説文》曰：管如篪，六孔。《周禮》「孤竹之管」是也。篴：《周官》笙師掌教吹籥簫篪篴管。五者皆出於笙師所教，無非竹音之雅樂也。大篪小篪：《世本》云：暴辛公造。《爾雅》曰：大篪謂之沂篪，以竹爲之，長尺四寸，圍三寸，一孔，上出寸二分，名曰翹，横吹之。小者尺二寸。

竹之屬

管簫

部簫

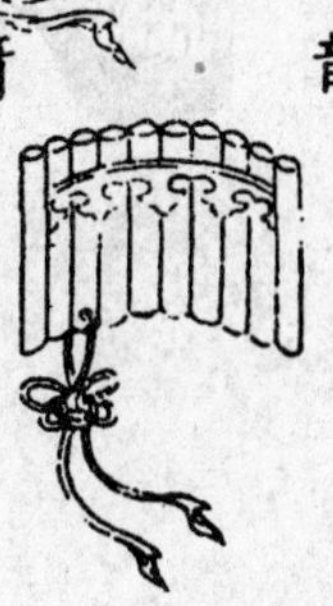

管圖

笛圖

大篪

小篪

又　阮咸：武后時蜀人蒯朗於古墓中得銅器，似琵琶而員，時人莫識之。元行沖曰：此阮咸所造。命匠人以木爲之，以其形似月聲似琴，名曰月琴。杜祐以晉竹林七賢啚阮咸所弹與此同，謂之阮咸。或謂咸豐肥創此器，以移琴聲，四絃十三柱，倚膝擬之，謂之擘，以代撫琴之艱。今人但呼曰阮。

阮咸

又　竹銅鼓，截大竹爲之，長可三四尺，即刳其體爲兩弦。欲鼓之，則以柱支其絃，叩作銅鼓之聲，疑即筑之遺制也。

木魚，刻木爲魚形，空其中，敲之有聲。釋氏謂閻浮提乃巨鰲所戴，身常作癢，則鼓其鬐，川山爲之震動。故象其形擊之。此荒唐之説，然今釋氏之贊梵唄皆用之。

竹銅鼓

木魚

又　魚鼓簡子：截竹爲笛，長三四尺，以皮冒其首，皮用猪膋上之最薄者。用兩指擊之。又有簡子，以竹爲之，長二尺許，闊四五分，厚半之，其末俱畧反外。歌時用二片合擊之，以和者也。其制始於胡元。

魚鼓簡子

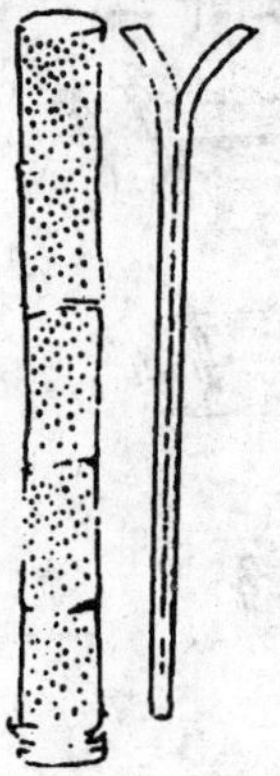

又　嗩吶：其制如喇叭，七孔，首尾以銅爲之，管則用木，不知起於何代，當是軍中之樂也。今民間多用之。

嗩吶

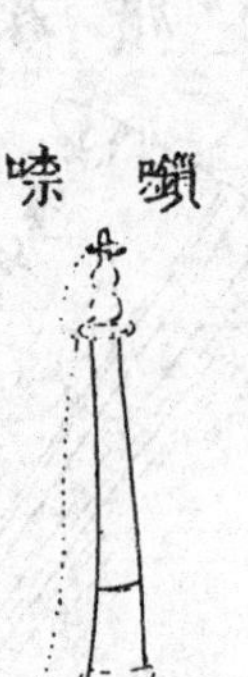

明　孫丕顯《燕閑四適》卷四　柳子厚記霹靂琴乃零陵湘水之西震餘枯桐也。始枯桐生於石上，説者言有蛟龍伏其竅，一夕暴震火焚，卧於道旁，超道人取作三琴。琴莫良於桐，桐莫良於石上之枯，火之餘又加良焉。因作贊辭曰：「惟湘之涯，惟石之危。龍伏之靈，震焚之奇。既良且異，爰合其美。超實爲之，贊者柳子。」

霹靂

明　朱載堉《樂律全書》卷九　琴瑟各分三等，皆以桐木爲之，髹以黑漆。琴身通長五尺五寸，首廣九寸，尾廣六寸，肩廣一尺，齦岳中間五尺，様制與常

七弦琴小様

琴同。瑟身通長九尺，首長九寸，廣二尺，尾長一尺八寸，廣一尺六寸。兩岳中間六尺三寸，尾下兩旁垂雲各六樣，制大率與今箏同。

二十五弦瑟小樣

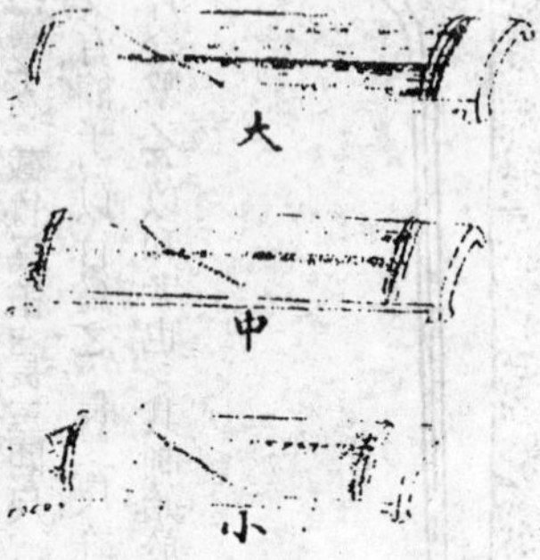

又　此器四名，一曰應鞞，二曰應鼓，三直曰應，四直曰鞞。以木爲腔，長一尺四寸，大面徑一尺，小面徑五寸。聲焦而急，類杖鼓之聲。雅，形類鼓，木爲腔，長一尺四寸，面徑七寸，熟皮縵之，而實以糠。聲類搏拊。拊在堂上，坐奏節歌；雅在堂下，立奏節舞。其用不同。大鞉長一尺，面徑一尺，通柄長四尺五寸，聲洪而徐，篇首播之。小鞉長七寸，面徑七寸，通柄長三尺二寸，聲焦而急，章首播之。此器四名，一曰朔鞞，二曰𩍚鼓，三曰縣鼓，四曰相鼓。以木爲腔，長二尺，大面徑一尺四寸，小面徑七寸，聲洪而徐，類鞭鼓之聲。

應鞞小樣　雅鼓小樣

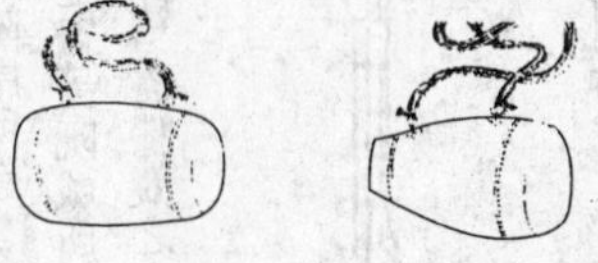

鞉鼓小樣　朔鞞小樣

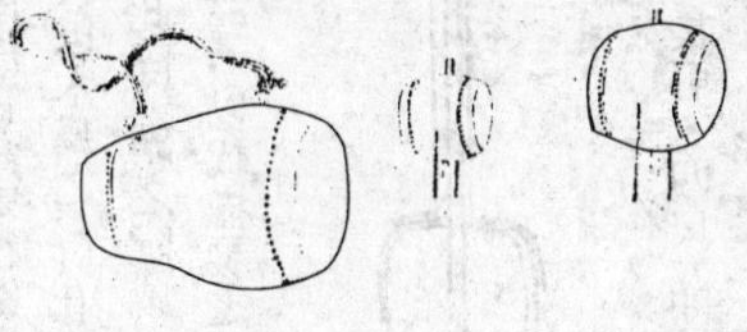

又　春牘之爲器，猶今拍板也。以竹爲之，形如竹簡，凡十二枚，廣一寸，長一尺二寸，上端二寸之下兩旁各有一孔，上長二分，聯以皮條。右手總握上端，而以下端撻於左手掌中。是故不曰擊，而曰春。非春築於地也，猶今搥衣服。古謂之擣衣，非謂臼中擣也。

展開春牘小樣

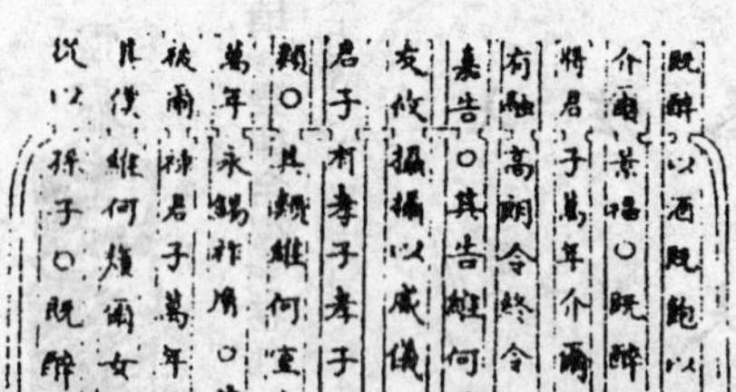

收合春牘小樣

明 瞿九思《樂經以俟録》卷一四 以木爲櫝，通高九寸，廣八寸，中空五寸六分，厚一寸二分。用管十有二，長短如律。管端各開半竅，爲吹口，管底留節，列於櫝中。

鳳簫制圖

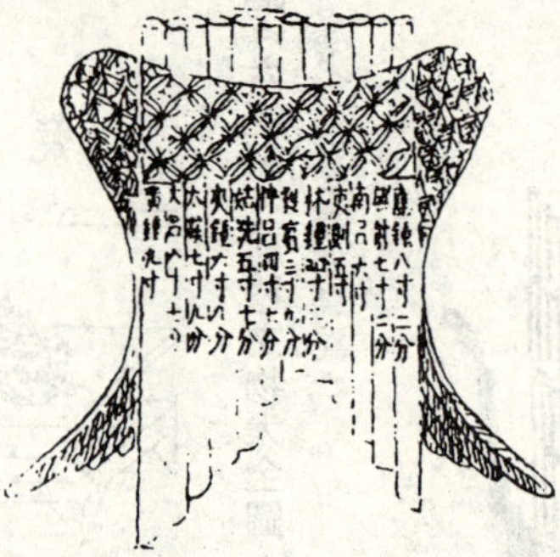

明 王邦直《律吕正聲》卷四六 四律之半，其於古制，蓋有合也。宋太常笙濁聲十二，中聲十二，清聲十二，俗呼爲鳳笙。孟蜀主所進樂工不能吹，雖存而無用。後按習清濁正三倍聲，皆得相應，古樂豈不可復哉？其制，管以紫竹爲之，黄鍾管起於近觜，向裏以左旋律吕相間，終於近觜，以接黄鍾之宫。列管匏中，上用竹篾作箍箍之，令管不散。吹管以指起按管口，按律取之，以調引其聲，餘管皆閉，謂之助聲，則簧動而聲發也。其匏制，有底有盖，下穹上平，中空。匏盖隨管開竅，管通植匏中，匏用黑漆，以桐木爲項。如壺觜，亦以黑漆。匏端邊有短觜，以項插其中。其簧以薄銅葉爲之，管底各開一竅，衡闊九釐，從得本律十分之一簧，長短如竅，施於其上，匏之上管裏外各有小孔，爲氣口，以黄布袋盛之，不可使灰蟲入管，則蔽塞其簧，吸而不應聲也。

和笙

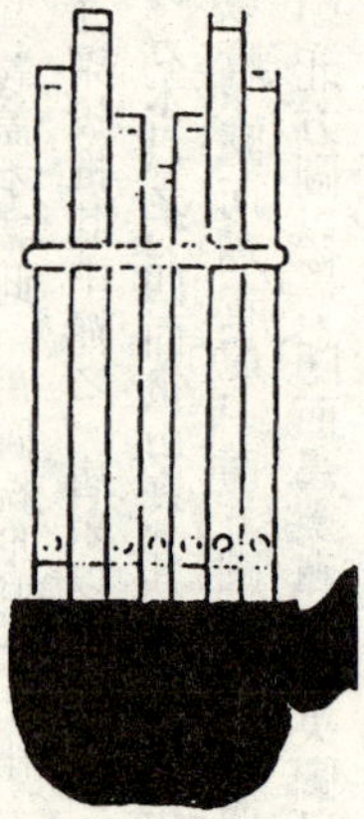

小笙也，一名和，十三簧，前七後六，宫管在傍。

十七簧，前九後八。十九簧，前十後九。

巢笙

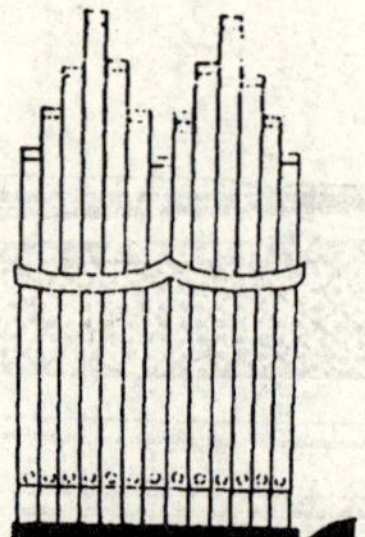

二十四簧，前十三後十一，宫管在左傍。

三十六簧，宫管在中。

竽笙

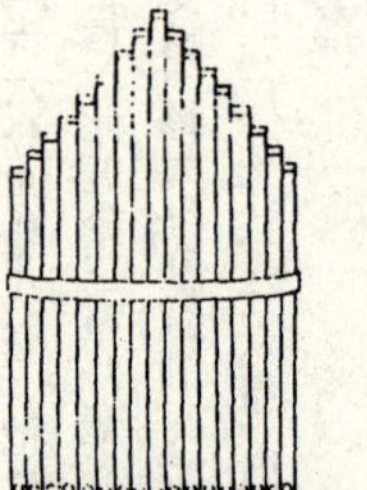

又 卷四八 止籈：《爾雅》曰：所以鼓柷謂之止，所以鼓敔謂之籈。則柷以合樂而作之，必作之欲其止者，戒之於蚤也。敔以節樂而止之，必鼓之欲其籈者，潔之於後也。《書》謂之戛擊，《禮》謂之揩擊，其爲器一也。然樂之張陳戛擊必於堂上，柷敔必於堂下，何邪？盖柷敔器也，戛擊所以作器也。器則卑而在下，作之者尊而在上。在上者，命物者也；在下者，受命者也。豈非貴賤之等然耶？堂上之樂，象廟堂之治；堂下之樂，象

柷

止

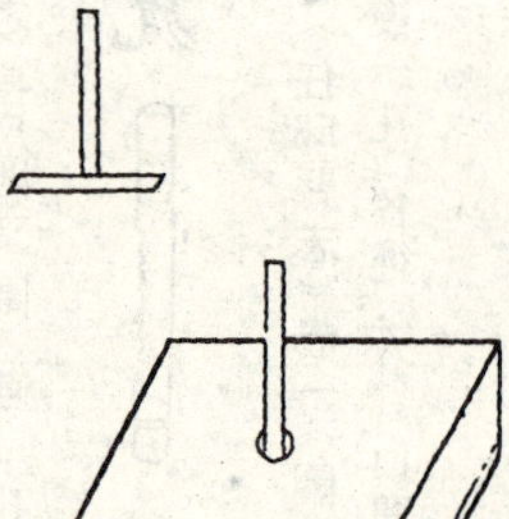

萬物之治。其義盖本諸此。舊圖柷形其止上出，先儒之説曰有柄連底挏之。鄭康成亦謂投椎其中撞之。唐宋以來則旁開孔，内手於中擊之，以舉樂。柷，舊以方木爲之，四面畫山卉，其色維一。宋太常柷爲方色，以圖瑞物，東方圖以青，隱而爲青龍；南方圖以赤，隱而爲丹鳳；西方圖以白，隱而爲騶虞；北方圖以黑，隱而爲靈龜；中央圖以黄，隱而爲神螭。非有意義，孰若復古制之爲愈哉？唐宋以竹爲籈，長二尺四寸，破一端爲十二莖，樂將止，先擊其首，三次而逆戛之，亦非古制。謹按：柷狀如漆桶，漆色黑，北方之色也。方二尺四寸，倍之則四十八，爲大吕之律，北方之律也。樂由陽來，陽氣起於北方，故柷爲北方之器樂之所由，以起也。敔狀類伏虎，西方之獸也，背上二十七鉏鋙，倍之五十四，爲無射之律，西方之律也。陽氣終於西方，故敔爲西方之器樂之所由，以止也。此古人所以制柷敔之意。

敔

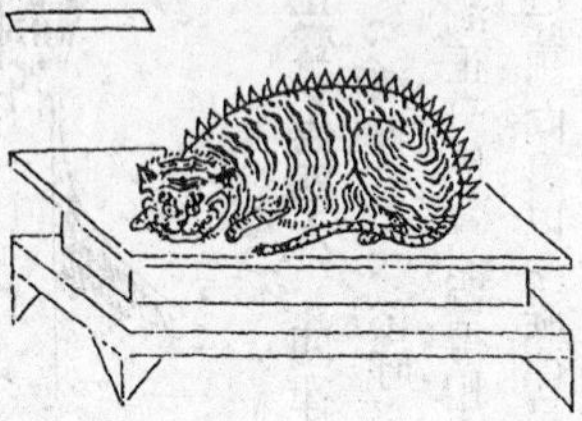

清 王皜《六經圖·周禮文物大全圖·樂器制圖》 竽，長四尺二寸，三十二簧，竹爲之，形参差如鳥翼。

竽

篪，竹爲之，長尺四寸，圍三寸，一孔，上出寸三分，横吹之，八孔，又曰七孔。

篪

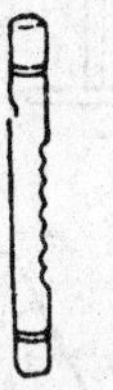

清 乾隆《任邱縣志》卷一《圖繪全覽》 紫竹爲之，長一尺九寸五分，前五孔，後一孔，各徑二分。口開半竅，各山口。直而吹之，垂以紅絨縧結。

洞簫

清 梁國治《國子監志》卷二二 琴六，合桐梓爲之，髹以漆，七絃，皆以朱。前廣後狹，上圓下方，中虚。通長三尺一寸五分九釐，額闊五寸一分三毫，肩闊五寸八分三釐二毫，尾闊四寸三分七釐四毫。岳山高四分八釐六毫，厚二分四釐三毫，龍口闊一寸二分，龍池長六寸二分三釐七毫，鳳池長二寸五分一釐一毫，闊皆六分四釐八毫。梟掌高一寸一分三釐四毫，雁足高八分九釐一毫。軫七，長一寸五分三釐九毫，軫池長三寸七分二釐六毫，闊五分六釐七毫。穿孔以受軫，軫末結紅絨紃，上出以綰絃繞龍口，下繫雁足，左四右三，絃自岳山至龍口二尺九寸一分六釐，徽凡十三，飾以蚌岳山、焦尾，皆以檀髹，金几承之，紅緞冪。

琴

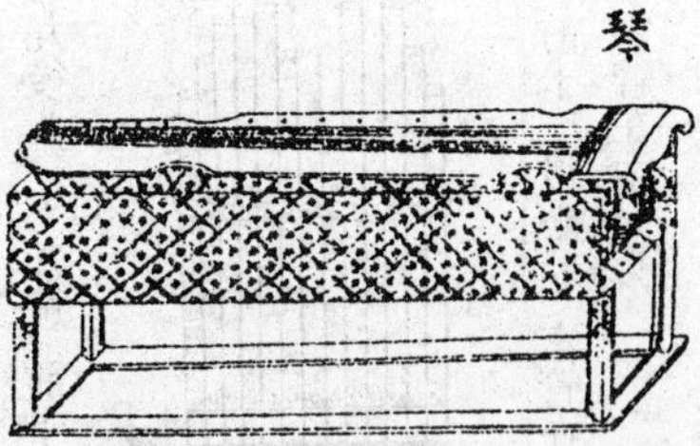

又 瑟四，斲桐爲之，髹以漆，二十五絃，前廣後狹，上圓下方，中虛而高，兩端俯。通長六尺五寸六分一釐，前闊一尺四寸五分八釐，足高二寸九分一釐六毫，後闊一尺二寸三分九釐三毫，足高二寸一分八釐七毫。前後梁高闊俱七分二釐九毫，越二前方徑四寸三分七釐四毫，後上圓下平徑如之，下闊五寸一分三毫。梁外各穿孔二十五，以受絃。絃首出前梁外，末入後梁外。孔從越迴至後梁上，各於本絃綰之梁內。絃長四尺三寸七分四釐，中一絃黃，外十二絃爲陽均，內十二絃爲陰均，皆朱。各設柱以和之，梁內繪雲龍，前後錦文，側爲流雲，後端承絃以紅緞繡龍。絃孔飾以蚌，梁以檀髹，金座二承之。

瑟

又 排簫二，比竹爲之，十六管，陰陽各八，自左而右，列二倍律六，正律以協陽均；自右而左，列二倍吕六，正吕以協陰均。其長與徑皆如本律管，面各鐫律名，以木爲櫝，中凹而虛，以受管。外出一寸九分，上齊下參差。櫝高九寸四分七釐七毫，厚一寸九釐三毫，口闊六寸九分九釐八毫，肩闊一尺一寸六分一釐，足相距一尺一寸三分三釐五毫。隨管之長短，左右漸張以掩之。通髹以朱，繪金龍，中以金書「康熙御製」，下施小鐶，垂五采流蘇。

排簫

又 簫六，斷竹爲之。陽月用姑洗簫，以四倍黃鐘宫爲體，長一尺七寸七分五毫，徑四分三釐五毫；陰月用仲吕簫，以三倍半黃鐘管爲體，長一尺六寸九分三釐四毫，徑四分一釐六毫。皆前五孔，後一孔，旁二孔，相並以出音。上開山口，徑二分，通髹以朱，繪雲龍，旁孔垂五采流蘇。

簫

又 篪四，斷竹爲之。陽月用姑洗篪，以三十二倍黃鐘管爲體，徑八分七釐，吹孔至末九寸九分五釐；陰月用仲吕篪，以二十八倍黃鐘管爲體，徑八分三釐二毫，吹孔至末九寸五分二釐五毫。皆通長一尺四寸，上爲吹孔，向外五孔，向內一孔，下二孔相並爲一以出音。管末有底，竅其中，吹孔上留竹節以閉音，間纏以絲，髹朱，繪雲龍，出音孔垂五采流蘇。

篪

又 笛六，斷竹爲之。陽月用姑洗笛，徑四分三釐五毫，吹孔至末一尺二寸五分一釐七毫；陰月用仲吕笛，徑四分一釐六毫，吹孔至末一尺一寸九分七釐二毫。通長俱一尺八寸二分八釐六毫，體長徑各與簫同。

笛

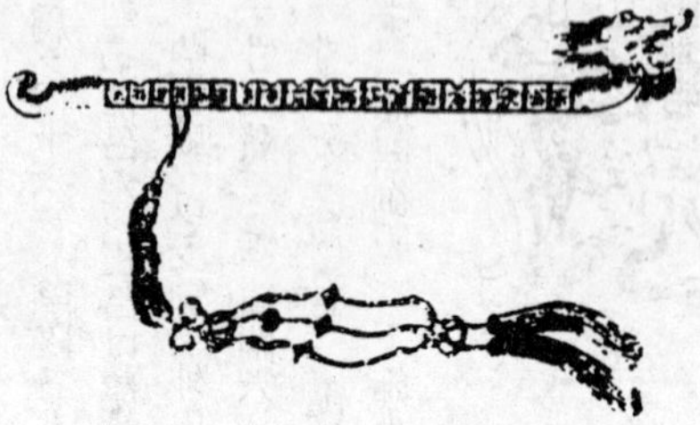

清 同治《桂東縣志》卷五《學校志·樂器圖》 應鼓以木爲身，高三尺五寸，面闊二尺二寸，兩旁四銅環，中以柱穿，頂方蓋繚以黄羅銷金雲花繪雙，簷四角爲龍首，恂九旒穫下綴縧結，刻狻猊四於趺，各向外。

應鼓

又 鼗鼓：面闊四寸四分，高一尺三寸，四繪雲彩，身繪花，上有一環繫以紅絨縧，以朱漆架架之。

鼗鼓

又 篪：紫竹爲之，長尺四寸，七孔，二一犬孔，徑三分，吹竅孔，横而吹之，下六孔各徑二分，以金飾龍首，末垂以紅絨縧結。

篪

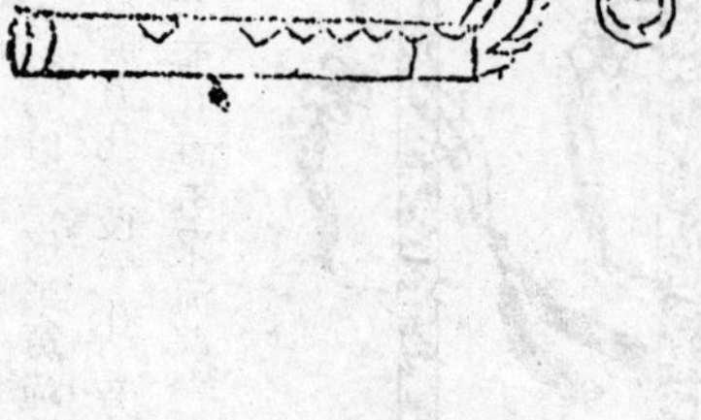

又 簫：紫竹爲之，長尺九寸九分，前五孔，後一孔，各徑二分，□開半竅，名山口。直面吹之，垂以紅絨絛結。

簫

又 篪：以竹爲之，長一尺四寸，圓五寸三分，上一大孔徑三分，横而左吹。

篪

又 管：截竹爲之，長尺有二寸，六孔，並兩面吹之。

管

清 光緒《吴橋縣志》卷三《學校》 籥三十六，截竹爲之，長一尺七寸五分一釐，徑四分六釐八毫，六孔，髹朱，執以左手。

籥

清 光緒《咸寧縣志》卷五《學校》 旌節簇紅纓爲之，加塗金銅雲寶蓋於其上。又用緑斜皮刻花爲蓋，覆纓上。其頂處用皮金緣爲七層，長七尺，貫以紅絨絛，下綴以結竿，長八尺五寸，朱髹，上安塗金銅龍首，口啣寶蓋，下垂紅纓。

旌

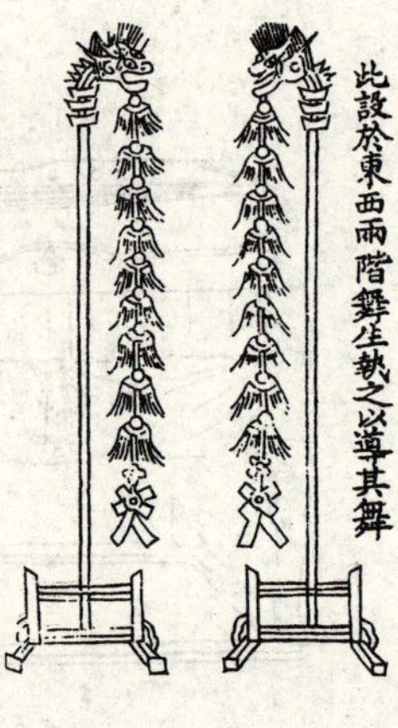

籥古用葦籥，今制以竹爲之，長一尺二寸，二竅，朱飾。《爾雅》云：大籥謂之產，其中謂之仲，其小謂之箹。《廣雅》云：籥，七孔。毛氏曰：籥，六孔。鄭康成曰：籥如笛，三孔。郭璞曰：籥，三孔，而短。《明堂位》曰：土鼓葦籥。《周禮》笙師掌教籥，籥師掌教國子舞羽吹籥，籥章掌擊土鼓吹豳籥。蓋籥三孔，舉中聲而上下之律呂於是乎生。命之曰籥，以黍籥之法在是故也。羽舞皆執籥，以聲音之本在是故也。

翟以木爲之，柄長一尺四寸，其巨細度籥孔足容，朱髹之，柄端刻龍首，長五寸，飾以金彩。每翟用雉尾三根，插龍口中。按翟亦曰羽籥，即掌教國子舞羽吹籥，祭祀則鼓羽籥之舞。《通義》曰：以文德之先，文樂持羽毛而舞，文王世子秋冬學羽籥。《詩》云「左手執籥，右手秉翼。」《通典》曰：樂之在目曰容，容藏於心，難以貌觀，故聖人假干戚羽旄以表其容，發揚蹈厲以見其意。人之動而有節者，莫若舞，肆舞所以動陽氣而導物也。故聲選和則大樂備矣。

此舞生所執者左手執籥右手秉翟

翟

籥

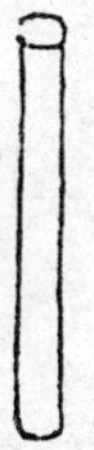

清　光緒《灤州志》卷一二《學校》　琴六，合桐梓爲之，髹以漆，七絃，皆以朱。前廣後狹，上圓下方，中虚。通長三尺一寸五分九釐，額闊五寸一分三毫，肩闊五寸八分三釐二毫。尾闊四寸三分七釐四毫，岳山高四分八釐六毫，厚二分四釐三毫，龍口闊一寸二分，龍池長六寸二分三釐七毫，鳳池長二寸五分一釐一毫，闊皆六分四釐八毫。鳧掌高一寸一分三釐四毫，雁足高八分九釐一毫，軫七，長一寸五分三釐九毫，軫池長三寸七分二釐六毫，闊五分六釐七毫。穿孔以受軫，軫末結紅絨紃，上出以綰絃，繞龍口下繫雁足，左四右三。絃自岳山至龍口二尺九寸一分六釐，徽凡十三飾，以蚌、岳山、焦尾，皆以檀髹，金几承之，紅緞幕。　附考：琴古製不一，少至一絃，多至二十七絃，宋用一絃、三絃、五絃、七絃、九絃，琴各一，金各二。明用六，亦間用十。今制用七絃六張。案舊時宮調，一絃爲合，二絃爲四，三絃爲上，四絃爲尺，五絃爲工，六絃爲六，七絃爲五。今以三絃立宮，四絃以下爲商徵角羽，一二絃爲倍徵倍羽。舊時指法上取泛聲，下取散聲，中取案聲，一至三絃用勾，四絃以下用挑。今取散彈，惟六七絃用挑，餘用勾。

琴

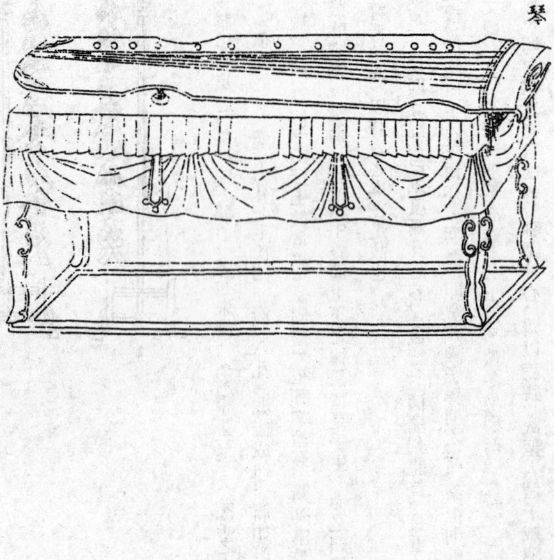

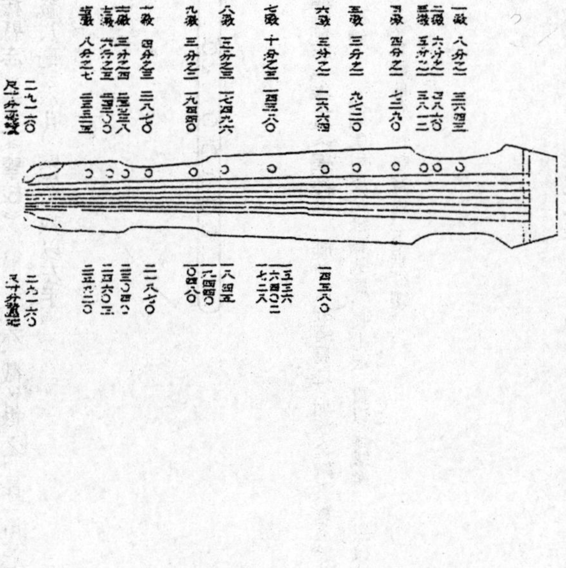

又　瑟四，斲桐爲之，髹以漆，二十五絃，前廣後狹，上圓下方，中虛而高，兩端俯。通長六尺五寸六分一釐，前闊一尺四寸五分八釐，足高二寸九分一釐六毫，後闊一尺二寸三分九釐三毫，足高二寸一分八釐七毫。前後梁高闊俱七分二釐九毫，越二前方徑四寸三分七釐四毫，後上圓下平，徑如之。下闊五寸一分三毫。梁外各穿孔二十五以受絃，絃首出前梁外，末入後梁外，孔從越迴至後梁上，各於本絃綰之。梁內絃長四尺三寸七分四釐，中一絃黃，外十二絃爲陽均，內十二絃爲陰均，皆朱。各設柱以和之。梁內繪雲龍，前後錦文，側爲流雲，後端承絃以紅緞繡龍，絃孔飾以蚌，梁以檀髹，金座二承之。　附考：瑟古製不一，今用二十五絃，蓋頌瑟也。一絃一柱，居中一絃爲君絃，不動，其餘柱馬游移不定。前其柱則清，後其柱則濁，外十二絃爲中聲，內十二絃爲清聲，或一手搯作，或兩手合作皆可。

瑟

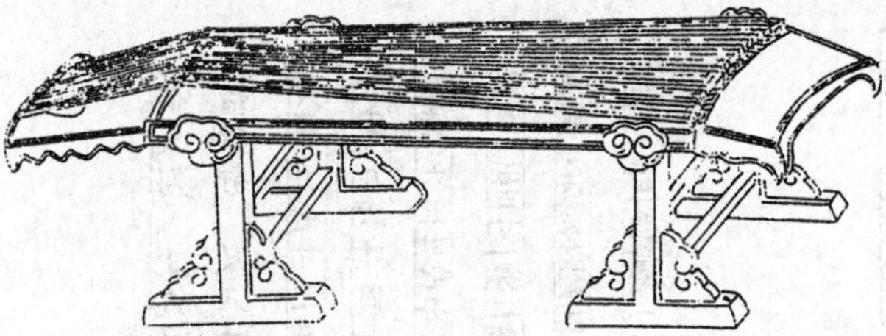

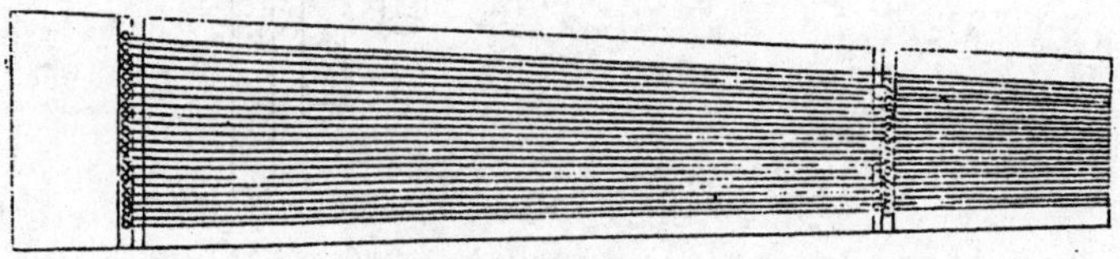

又　排簫二，比竹爲之，十六管，陰陽各八，自左而右，列二倍律六正律，以協陽均；自右而左，列二倍呂六正呂，以協陰均。其長與徑皆如本律管，面各鐫律名，以木爲櫝，中凹而虛，以受管。外出一寸九分六釐八毫，上齊下參差。櫝高九寸四分七釐七毫，厚一寸九釐三毫，口闊六寸九分九釐。入毫肩闊一尺一寸六分一釐，足相距一尺一寸三分三釐五毫，隨管之長短，左右漸張以掩之。通髹以朱，下施小鐶，垂五采流蘇。附考：排簫，古無洞簫，凡經書所謂簫皆排簫也。大而二十三管者爲言，小而十六管者爲筊，言無底，筊有底，載以木櫝，髹朱漆，描金鳳，形如鳳翼，聲如鳳鳴，故謂之鳳簫。左律右呂，十二正聲，四倍聲同。徑二分七釐四毫，上齊，其端露寸五分，長各依其本律，長則濁，短則清，皆無底。

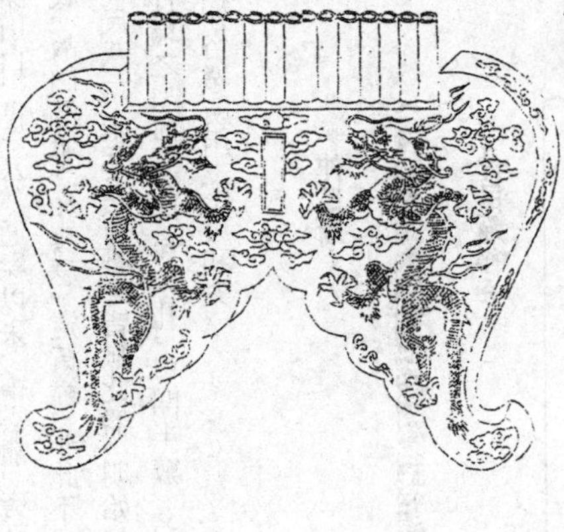
排簫正面式

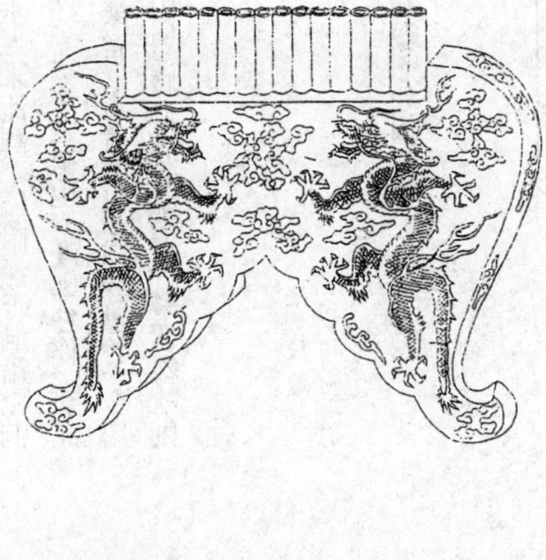
排簫後面式

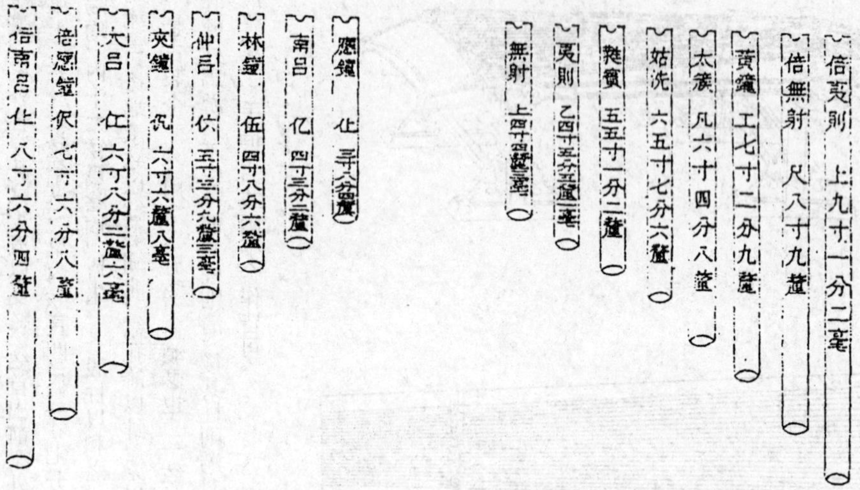

又 簫六，斷竹爲之，陽月用姑洗簫，以四倍黃鐘管爲體，長一尺七寸七分五毫，徑四分三釐五毫。陰月用仲呂簫，以三倍半黃鐘管爲體，長一尺六寸九分三釐四毫，徑四分一釐六毫。皆前五孔，後一孔，旁二孔，相並以出音。上開山口，徑二分，通髹以朱，繪雲龍，旁孔垂五采流蘇。附考：洞簫空洞無底，故曰洞簫。和琴瑟，定黃鐘，非此不爲功，衆樂之祖也。漢邱仲作，唐謂之「尺八」，宋元以前雅樂皆無此器，明始隸樂官。古者或以玉，或以竹，今用紫竹爲之。前五孔，後一孔，口開半竅，名山口，脣仰急吹則清，脣俯緩吹則濁，如俗樂所用，不可和樂。

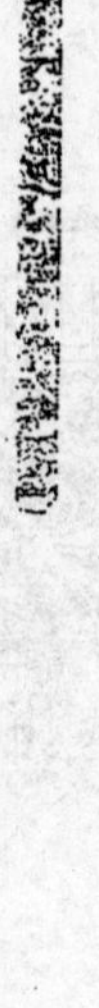

仲呂簫

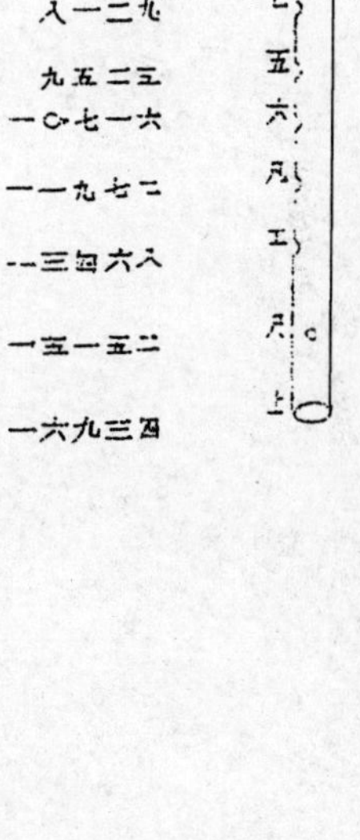

仲呂簫律分

又 笛六，斵竹爲之。陽月用姑洗笛，徑四分三釐五毫，吹孔至末一尺二寸五分一釐七毫。陰月用仲呂笛，徑四分一釐六毫，吹口至末一尺一寸九分七釐二毫。通長俱一尺八寸二分八釐六毫，體長徑各與簫同。左第一爲吹孔，次加竹膜焉。右六孔以協律，旁二孔相對以出音。末二孔向上間纏以絲，兩端如龍首龍尾，皆木質。首長二寸四分，尾減一分一釐，通髹以朱，繪花文，旁孔垂五采流蘇。附考：龍笛古曰篴，有羌笛、横笛、長笛、短笛諸名，加嘴曰義嘴笛。《周禮》笙師所教者七孔，謂之大樂。雅笛，今所用也，古本四孔，京房加一孔，以應商聲，皆以合聲爲角音。宋太常用六孔，連吹口七孔，文竹爲之，無底有穴，尾有穿繩二小眼，横而右偏吹，口在左。朱髹，金龍首尾垂紅絨綵。篪之變制，俗制不可用。

又　篪四，斷竹爲之。陽月用姑洗篪，以三十二倍黃鐘管爲體，徑八分七釐，吹孔至末九寸九分五釐九毫。陰月用仲呂篪，以二十八倍黃鐘管爲體，徑八分三釐二毫，吹孔至末九寸五分二釐五毫。皆通長一尺四寸，上爲吹孔，向外五孔，向内一孔，下二孔，相並爲一以出音。管末有底，竅其中，吹孔上留竹節以閉音。間纏以絲，髹朱，繪雲龍，出音孔垂五采流蘇。附考：篪庖犧氏竅竹爲之，聲如兒啼，與壎相應。長尺四寸，無底，孔有十九八七六不等。今制後一孔，前四孔，横底一孔，共六孔，連吹孔及底孔穿繩二小孔亦爲十孔，横而左偏吹，口在右，左手挽繩吹之。二小孔中聲所寓，大則濁，小則清，以容一米爲度。其竅厚薄不齊，大小有度，大則密取之，小則疎就之，而清濁高下得矣。筒大内闊，宜微氣輕取，舊譜多不同，但取　國朝二譜合參之。

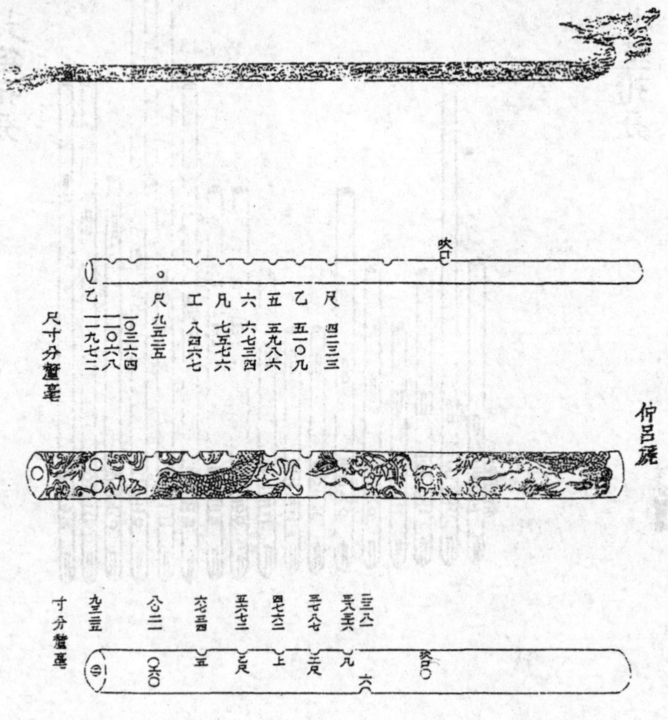
竹呂篪

又　笙六，竹管匏身，大笙十七管，皆有簧，以黃鐘三十二分積七之管爲體，徑一分六釐五毫。小笙才十七管，惟十三簧，以黃鐘八分積一之管爲體，徑一分三釐七毫。匏面穿孔環植之，左右分列，束以竹絲，中管最長，以次短，象鳳翼。本豐末斂，象鳳身。管本以檀，竅其中而有底，削半以薄銅葉障孔，開簧口，點以蠟珠。其上各案律分穿出音孔，管端穿氣孔。匏竹半接吹管端爲吹孔，匏身及吹管髹漆，鏤雲龍文，填以金。吹管外垂五采流蘇。附考：匏笙，匏性輕浮，中虛易碎，今易以堅木。和笙十三簧，巢笙十九簧，竽笙三十六簧，今巢笙損二簧爲十七簧，小紫竹爲之，列管匏内，施簧管端。凡吹竹音，案其孔則無聲，惟笙案其孔則有聲，故謂之鼓笙。一攢十七管，先安山口，每管内面方孔是也。開取有高低以定其音，律以配其清濁。

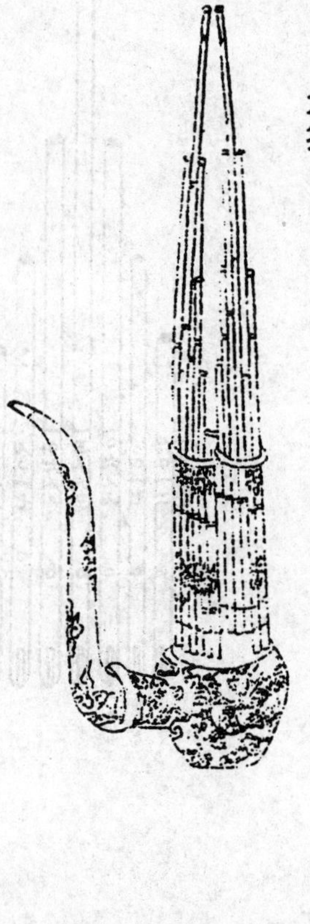
大笙

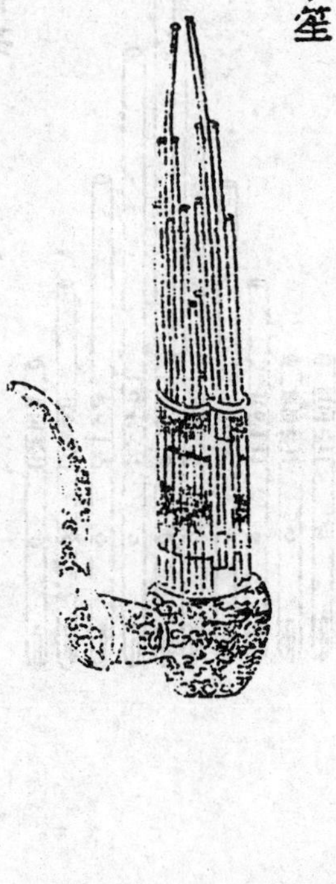
小笙

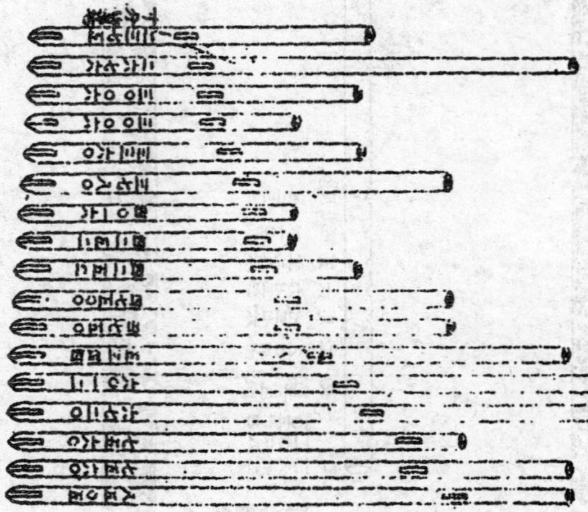

大笙孔分

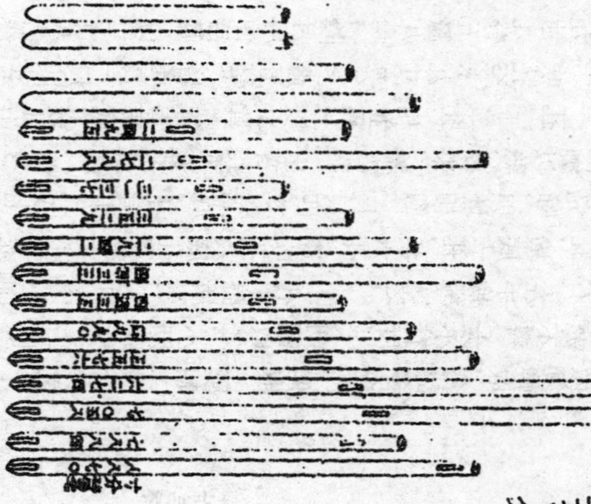

小笙孔分

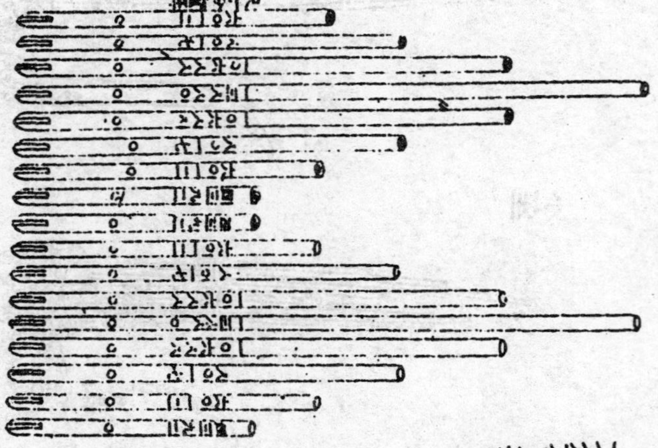

大笙管次

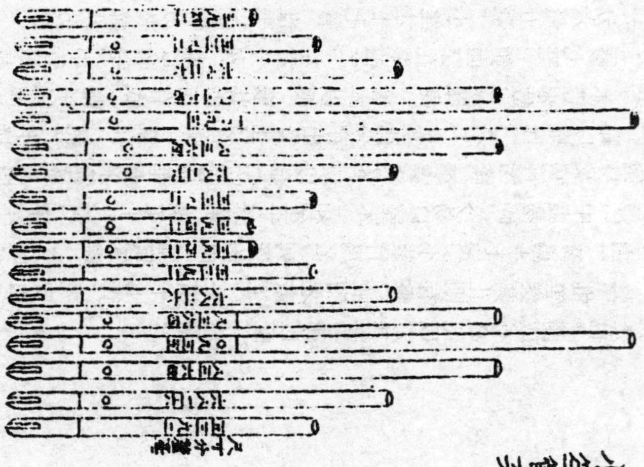

小笙管次

大笙管音

孔内爲列音之次，下爲出音孔之次，一管自爲一字者本管孔分之聲，兩管合爲一音者相和相應之聲

低尺十五和四或和十三
高尺十三和八
低工七和三
高工十一和三或十一獨用
低凡三和二
高凡三和二或十七和二
低六十四和十二
高六十三獨用
低五四和十一
高五八獨用
低乙三和五
高乙三和十
低上二和十四
高上二和十三或二獨用

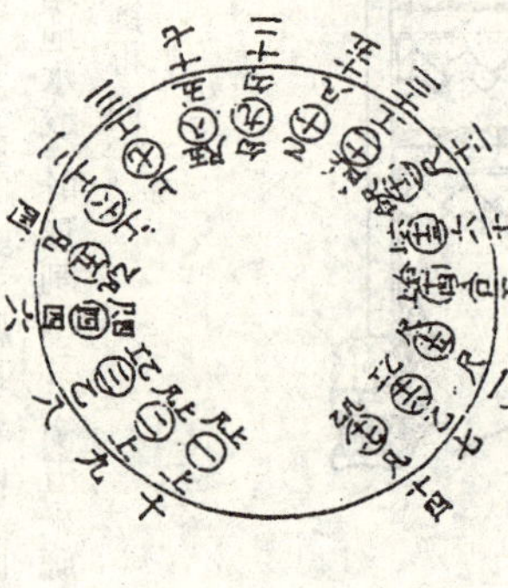

小笙管音

低尺十五和四或和十三
高尺十三和八
低工七和三
高工十一獨用或十七三兩用
低凡三和二
高凡十獨用或三和六
低六十四和十二
高六十三獨用
低五四和十一
高五八獨用或八和十一兩用
低乙三獨用
高乙三和十
低上二和十三
高上六和十三

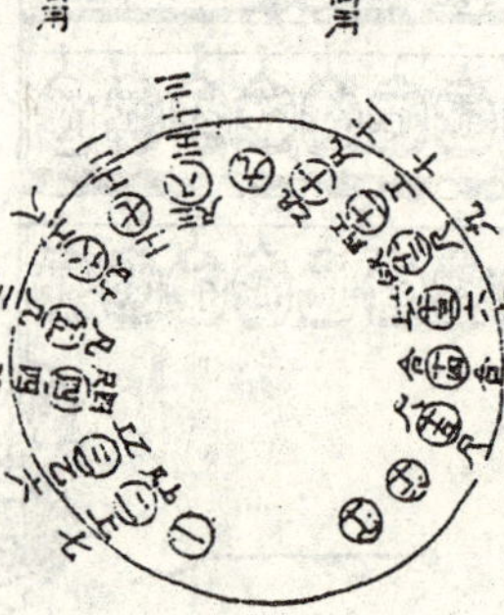

又　鼓一，木匡，冒革，面徑二尺三寸四釐，圍九尺六寸五分一釐，厚三尺四寸五分七釐。面繪雲龍，緑邊，繪花文，俱五采。兩端塗金釘二層，匡兩旁飾六角鏤金盤龍各二，銜金環。匡半穿方孔，貫以柱。上出擎蓋，下植至趺。蓋上穹下方，高一尺五寸三分六釐，徑四尺二寸三分四釐八毫，冪以紅緞，繡雲龍。曲梁四垂，加龍首，出檐一尺二寸九分六釐。重檐四周深一尺三寸一分，中繡正龍，旁行龍。蓋頂高九寸三分，塗金。上植金鸞承鼓，以曲木四歧抱匡，鏤金雲文。其下高二尺四寸三分，末爲圓座，高一尺九寸二分。趺四出有垣，各飾伏獅鐶及鸞珠龍口，並垂五采流蘇，擊以桴，髹朱，直柄圓首。附考：晉鼓即大成鼓，設大成門左，所謂鼉鼓、口鼓、鼖鼓皆是也。大而短平，懸架上俯而擊之，將祭擊三百六十，以警戒，迎神送神，與鏞鐘齊鳴，轉班擊十三節，以節其進退。

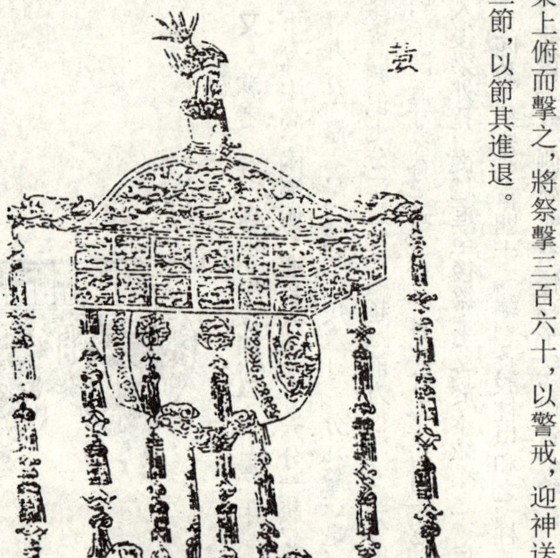

鼓

清　劉錦藻《清朝續文獻通考》卷一九三《樂六》　編鐘考：編鐘，十六枚共懸一虡，陽律上層，陰吕下層，虡凡三簨，通高九尺，飾以金。上簨兩頭雕龍，闊一丈。簨上飾金鸞五，中簨下簨俱闊六尺四寸，各懸鐘八枚。中簨上有業無齒，中闊八寸，兩旁闊六寸，繪五采雲龍。下簨上有業，業有牙，作水波狀，闊三寸，左右兩虡高六尺四寸，虡下有趺，長二尺四寸，闊一尺，高一尺。趺上周圍有垣，高三寸，垣内雕木爲獅，飾以青，獅首出垣七寸二分，兩虡貫獅背入趺，簨虡俱闊三寸六分，厚二寸七分，兩龍頭銜五采流蘇各五。叩鐘之

具，以檀木爲椎。

編鐘 雅樂器

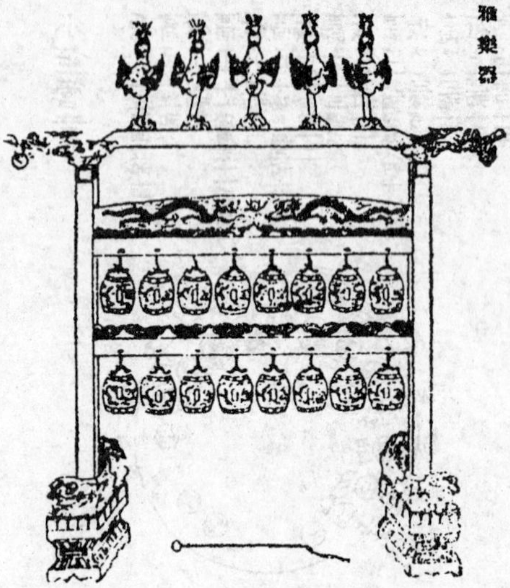

又 編磬考：兩面繪金雲龍，中穿小孔，以黄絨紃懸之，十六枚共懸一虡，上下各八，與懸編鐘律吕同。虡上簨兩頭刻鳳首，脊樹金鳳五。上業鏤鳳文，虡趺飾以卧鳧白羽朱喙，藉地水紋，餘形制尺寸、銜五采旒蘇均與編鐘虡同。拊磬之具，以檀木爲之，若鐘椎而小。

編磬

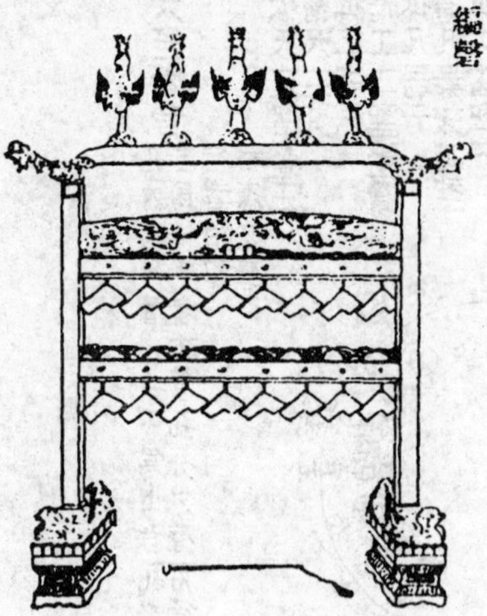

又 排簫考：管面各鐫律名，以木爲櫝，中凹而虚，以受管。外出一寸九分六釐八毫，上齊下參差。櫝高九寸四分七釐七毫，厚一寸九釐三毫，口闊六寸六分九釐八毫，肩闊一尺一寸六分一釐，足相距一尺一寸三分三釐五毫，通髤，朱繪金龍，下施小鐶，垂五采旒蘇。

排簫 雅樂器

又 瑟考：瑟，斲桐，髤以漆，二十五絃，中一絃黄，餘皆朱。前廣後狹，上圓下方，中高，兩端俯。通長六尺五寸六分一釐，前闊一尺四寸五分八釐，足高二寸九分一釐六毫，後闊一尺二寸三分九釐三毫，足高二寸一分八釐七毫。前後梁高闊俱七分二釐九毫，越二前方徑四寸三分七釐四毫。後上圓下平，徑如前，下闊五寸一分三毫。梁外各穿孔二十五以受絃，絃首結瑟體，中出前梁外孔，入後梁外孔，從越迴至後梁上，各於本絃綰之。自前梁至後梁，絃長四尺三寸七分四釐，絃皆二百四十三綸。各設柱以和之，柱無定位，各隨宫調。梁内繪雲龍，前後錦紋，側爲流雲，後端承絃，以黄緞繪龍。絃孔飾以蚌，梁以檀髤，金座二承之。

瑟 雅樂器

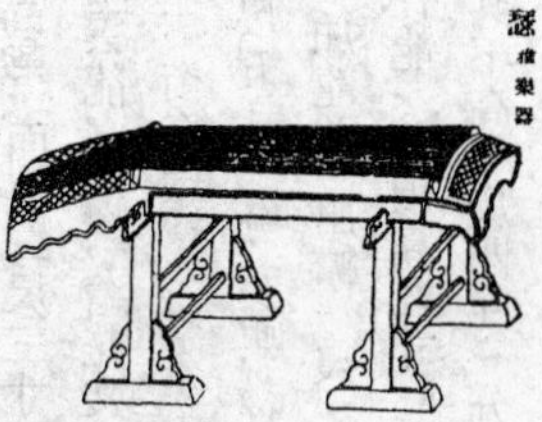

又　簫考：用竹製，亦分陰陽。上開山口，徑二分，五孔前出，一孔後出，出音孔二旁出相對。姑洗陽簫徑四分三釐五毫，長一尺七寸七分五毫，自吹口至出音孔一尺五寸八分四釐二毫，其上第一孔一尺四寸八釐一毫，第二孔一尺二寸五分一釐七毫，第三孔一尺一寸二分四毫，第四孔九寸九分五釐九毫，第五孔八寸五分，最上後一孔七寸四釐。仲呂陰簫徑四分一釐六毫，長一尺六寸九分三釐四毫，自吹孔至出音孔一尺五寸一分五釐二毫，其上第一孔一尺三寸四分六釐八毫，第二孔一尺一寸九分七釐二毫，第三孔一尺七分一釐六毫，第四孔九寸五分二釐五毫，第五孔八寸一分二釐九毫，最上後一孔六寸七分三釐四毫。通髹朱，繪雲龍，出音孔垂五采旒蘇。姑洗律簫、仲呂呂簫相差半音。

又　笛考：笛用竹，通長一尺八寸二分八釐六毫，分陰陽二制，左一孔爲吹口，次口加竹膜，右六孔。上出出音孔二，旁出相對，末二孔上出。姑洗爲陽笛，徑四分三釐五毫。自吹口起度右盡通長一尺二寸五分一釐七毫，至出音孔外右一孔一尺一寸五分七釐二毫，其左一孔一尺八分三釐六毫，出音孔九寸九分五釐九毫，其左第一孔八寸八分五釐二毫，第二孔七寸九分二釐一毫，第三孔七寸四釐，第四孔六寸二分五釐八毫，第五孔五寸三分四釐二毫，第六孔四寸四分三釐六毫。仲呂爲陰笛，徑四分一釐六毫，自吹口至通長一尺一寸九分七釐二毫，出音孔外右一孔一尺一寸六釐八毫，其左一孔一尺三分六釐四毫，出音孔九寸五分二釐五毫，其左第一孔八寸四分六釐七毫，第二孔七寸五分七釐六毫，第三孔六寸七分三釐四毫，第四孔五寸九分八釐六毫，第五孔五寸一分九毫，第六孔四寸二分三釐三毫。皆間束以絃，兩端加木質龍首尾，首長二寸四分，尾長二寸二分九釐。通髹朱，繪花紋，出音孔垂五采流蘇。姑洗律笛、仲呂呂笛相差半音。

笛 雅樂器

又　笙考：以木代匏，攢管十七，匏面穿孔，環植之左右分列，束以竹箍，本豐末歛，中管最長，以次漸短。有大小二制，大笙面徑二寸三分七釐五毫，底徑一寸一分八釐七毫，高二寸一分九釐六毫，十七管，皆有簧，徑皆一分六釐五毫，自右左旋第一管長四寸三分九釐二毫，第二管長六寸一釐二毫，第三管長八寸一釐七毫，第四管長一尺六分八釐八毫，第五管長一尺三寸八分八釐，第六管與第四管等，第七管與第三管等，第八管與第二管等，第九管與第一管等，第十管以後復如第一管，依次參差至十七管與第二管等。

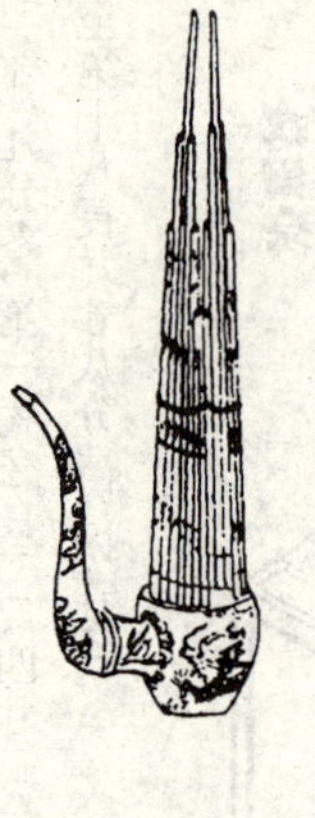

又　篪考：用竹製，亦分陰陽，通長一尺四寸，一孔上出爲吹口，五孔外出，一孔內出。又二孔並開，下出爲出音孔。管末有底，中開一孔。姑洗陽篪徑八分七釐，自吹孔起度至管末九寸九分五釐九毫，至出音孔八寸三分八釐六毫。嚮外第一孔七寸四釐，第二孔五寸九分三釐，第三孔四寸九分七釐九毫，第四孔三寸九分六釐，第五孔二寸九分六釐五毫，嚮內孔二寸四分八釐九毫。仲呂陰篪徑八分三釐二毫，自吹孔至管末九寸五分二釐五毫，至出音孔八寸二釐一毫，嚮外第一孔六寸七分三釐四毫，第二孔五寸六分七釐二毫，第三孔四寸七分六釐二毫，第四孔三寸七分八釐八毫，第五孔二寸八分三釐六毫，嚮內孔二寸三分八釐一毫，皆於吹孔之上塞之，令氣不上洩。通髹朱，繪雲龍，出音孔垂五采旒蘇。姑洗律篪、仲呂呂篪相差半音。

又 搏拊考：以木爲匡，冒以革皮之熟而柔者，如鼓而小，中實以糠。面徑七寸二分九釐，長一尺四寸五分八釐，腰徑九寸七分二釐，漆繪與應鼓同。匡之上面施金盤龍二，銜小金環以黄絨絛繫之，横置之趺。趺高一尺一寸五分二釐，長一尺三寸六分五釐二毫，闊九寸一分零二毫。凡合樂，工人掛於項，以左右手擊之，每應鼓一擊，則搏拊兩擊，以爲應和之節。

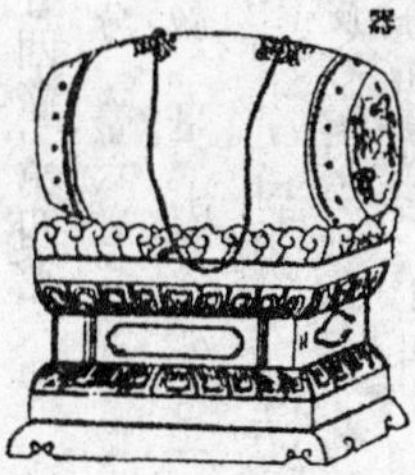
搏拊 雅樂器

又 干考：干，木質圭首，中高三尺六寸五分，兩邊高三尺二寸五分，上闊七寸三分，下闊六寸五分。背有曲木柄，武舞生左手執之。

干 雅樂用

又 戚考：戚，木質，斧形，背黑，刃白。背至刃五寸一分，刃闊四寸五分，背闊一寸八分，厚一寸二分，柄長一尺五寸八分。上圭首如刃色，尖長二寸九分，尖闊八分，末闊六分，武舞生右手執之。

戚 雅樂用

又 籥考：籥，竹管，六孔，徑五分，通長一尺七寸五分，文舞生左手執之。

羽考：羽，木柄，植雉羽，銜以龍首，柄長一尺九寸四分，文舞生右手執之。

羽 雅樂用

又 卷一九四《樂七》 喀爾奈，本回部樂，銅絃十八，木爲音箱，前闊二尺五寸一分零，後闊九寸零，縱一尺六寸三分零，厚三寸七分零。岳高六分零，闊一寸二分。繫絃於右端，立面用木軸綰之，承以木柱，高七分零。柱脊距右端三寸九分零，第一獨絃長二尺四寸三分，第二雙絃長二尺四寸零，以次遞減，至第十八長九寸八分，以撥彈之。

喀爾奈

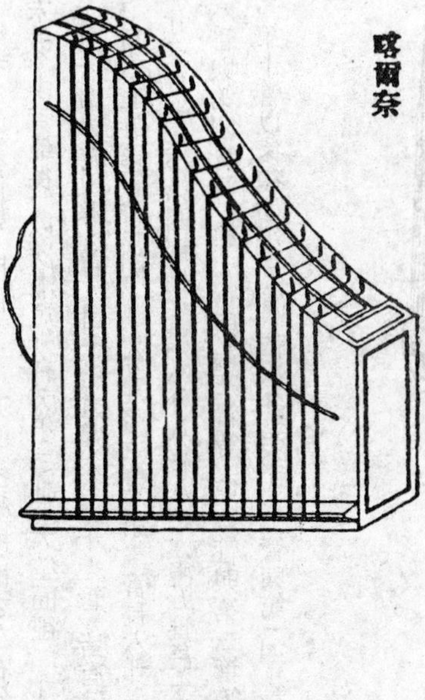

又　胡琴，刳木爲體，龍首方柄，槽橢而下鋭，冒以革，有脊稜。通長三尺零二分三釐，柄長一尺三寸六分五釐，上闊八分一釐，下闊二寸三分，厚九分七釐，槽長一尺二寸五分四釐，闊七寸二分九釐，脊厚三寸五分二釐，邊厚五分三釐。腹末槽外安木如簪頭，以扣絃。龍首長四寸零五釐，闊一寸六分一釐，厚三寸二分四釐。後鑿空長二寸零二釐，闊三分。納絃二軸長三寸八分四釐，槽面闊處設柱，山口至柱二尺二寸三分，另以木幹長二尺六寸一分九釐，繫馬尾軋之。

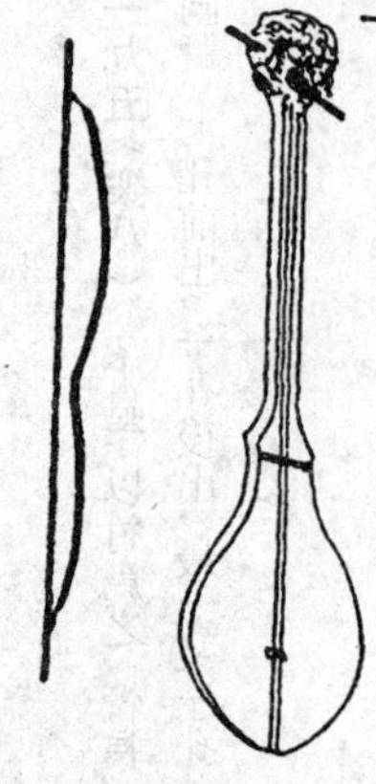

胡琴一

竹柄，椰槽，面桐，通長三尺零七分二釐，柄長二尺七寸八分四釐，槽八分四釐，高二寸一分六釐。木端二寸八分八釐，穿孔扣絃。曲首長五寸五分六釐八毫，下際安山口鑿孔通後兩軸，綰絃長三寸。槽面正中設柱，山口至柱二尺零三分五釐二毫。竹弓繫馬尾八十一莖，長八寸六分四釐，軋之。

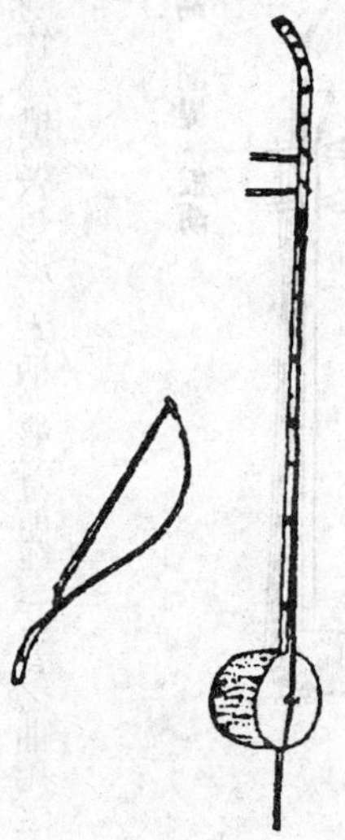

胡琴二

又　拉之，二絃，檀柄，竹鼓，鼓冒蟒皮。柄長二尺四寸三分，鼓徑三寸八分，鼓高二寸六分，絃長二尺三寸一分五釐，以馬鬃弓軋之。

又　六胡，檀柄，匏鼓，鼓冒蟒皮。柄長二尺四寸九分，鼓徑四寸八分，絃長二尺二寸六分，以馬鬃弓軋之。柱上有斜行孔，亦可以穿絃，使用時可單可複。

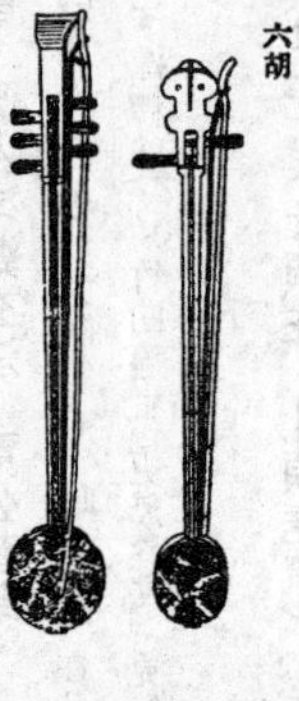

拉之　六胡

又　京胡，伴唱京戲之器，絃緊音急，其佳者音色甚優，價值亦昂。竹筒爲槽，虺皮爲面，皮鱗愈大愈佳。

板提，竹筒爲槽，桐板爲面，發音噍殺，與京胡相等。惟價值較低。

梆胡，小椰爲槽，桐板爲面，發音比京胡尤急，伴唱梆子調所用。

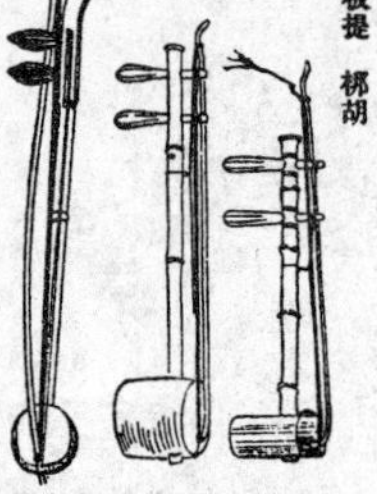

京胡　板提　梆胡

又　廣胡，以大毛竹爲槽，桐板爲面，硬弓，發音焦急，粵樂所重，高音部樂器也。長不滿一尺，弓大於身三分之一。

二胡，普通絲竹所用，長一尺四寸，蛇皮爲面，紅木槽，弓較輭，中音部之樂器也。

四胡，亦普通絲竹，出於番部，一名番胡，長與二胡等，四絃，雙音，伴奏之樂器。音量較大，巧妙遠不如二胡。

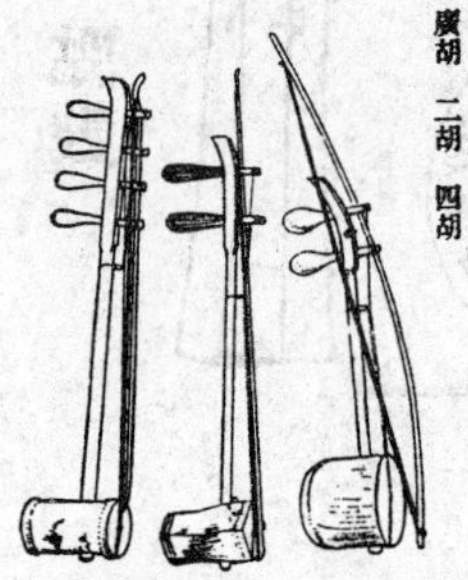

廣胡　二胡　四胡

又 潮胡，潮州樂器，空烏木爲槽，堅木爲柄，蟒皮爲面，槽面甚小，柄甚長，約二尺四寸，而千斤甚下，發音噍急，高音部樂器。

潮提，烏木柄，椰壳爲槽，蛤蝻壳爲柱，長與二胡等，發音甚静而平和，亦粤樂器。

板胡，削竹爲槽，六角形，木柄，發音清宛，活音之曲用之，亦粤樂器。

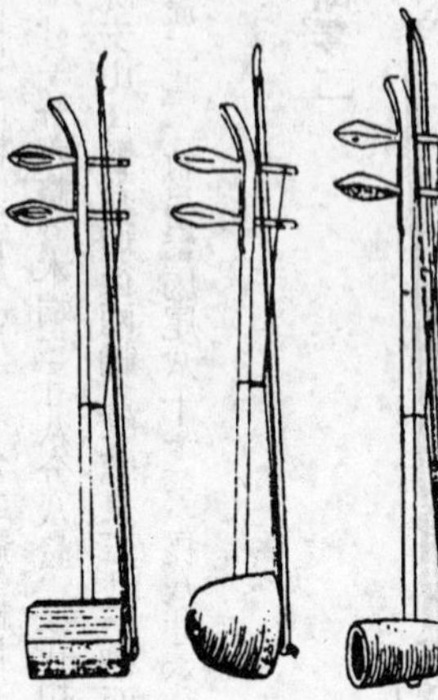

潮胡　潮提　板胡

又 **卷一九五**《樂八》 不疊，以竹爲之，管長一尺二寸六分，徑七分，管上端有木塞叵簧，七孔前出，一孔後出，最上又一孔前出，加蘆膜。

又 綽板，用紅木所製，共三塊，一塊有脊，左手執之，其二塊以細絲絃二道縛而爲一平面，懸於大指之背。皆有二孔，貫以絨繩，撞擊之大小演奏，通用之以節樂。

點鼓，節小唱，所用，絲竹亦用之。綽板用以擊節，點鼓用以點音，惟大演樂戲劇皆不用。

綽板　點鼓

禮俗類

論説

《儀禮·士喪禮》（**鄭玄註　賈公彦疏**） 竹笏，注：笏，所以書思對命者。《玉藻》曰：笏，天子以璆玉，諸侯以象，大夫以魚須、文竹，士以竹。本象可也。

又 鬠笄用桑，長四寸，緩中。注：桑之爲言喪也，用爲笄，取其名也。長四寸，不冠故也。緩笄之中央，以安髮。

《周禮·天官·籩人》（**鄭玄注　賈公彦疏**） 籩人，奄一人，女籩十人，奚二十人。注：竹曰籩，女籩，女奴之曉籩者。疏釋曰：在此者，案其職云掌四籩之實，亦是薦羞之事，故在此也。注釋曰：知竹曰籩者，更無異文。見竹下爲字，即知以竹爲之，故云竹曰籩也。

《左傳·哀公二年》（**杜預注　孔穎達疏**） 桐棺三寸，不設屬辟。注屬，辟棺之重數。王棺四重，君再重，大夫一重。音義桐棺三寸。《禮記》云：夫子制於中都，四寸之棺，五寸之椁，以斯知不欲速朽也。鄭康成注云：此庶人之制也。案《禮》上大夫棺八寸，屬六寸；下大夫棺六寸，屬四寸，無三寸棺制也。棺用難朽之木，桐木易壞，不堪爲棺，故以爲罰。《墨子·尚儉》有桐棺三寸，不設屬。音燭。注：同次大棺也。辟，步歷反。注：同親身棺也。《禮》：大夫無辟。重，直龍反。下同王棺，四重。《禮記》云：水兕革棺被之，其厚三寸，杝棺一，梓棺二。杝，棺辟也。梓棺二屬，與大棺也。被水牛及兕之革爲一重，辟爲二重，屬爲三重，大棺爲四重，君再重。君謂侯伯子男，侯伯以下無革棺。屬與辟爲一重，大棺爲再重。上公則唯無水革耳，兕革與辟爲一重，屬爲再重，大棺爲三重。大夫一重，大夫唯屬與大棺爲一重。今云不設辟者，時僭耳，非正禮也。疏注：《正義》曰：《禮喪大記》云：君大棺八寸，屬六寸，椑四寸，上大夫大棺八寸，屬六寸，下大夫大棺六寸，屬四寸，是屬辟爲棺之重數也。大記之文從外向内，大棺之内有屬，屬之内有椑，椑親身之棺。鄭玄云：椑，堅著之意也。如記文大夫無椑，今簡子自言有罪，始不設辟者。鄭玄云：趙簡子云不設屬椑，時僭也。爲時僭日久，自言無罪，則僭設有罪，乃不設耳。《記》言士棺六寸，《檀弓》又云夫子爲中都宰，制四寸之棺，五寸之椁。鄭玄云爲民作制，民猶四寸，簡子言三寸者，亦示其罰之重，令制度卑於民也。《記》有杝棺、梓棺，杝，謂椵也。不以桐爲棺，簡子言桐棺者，鄭玄云凡棺用能溼之物，梓椵能溼，故禮法尚之。桐易腐壞，亦以桐爲罰也。《檀弓》又云：天子之棺四重。鄭玄云：尚深遂也。諸公三重，諸侯再重，大夫一重，士不重。又云：水兕革棺被之，其厚三寸，杝棺一，梓棺二，四者皆周。鄭玄云：以水牛兕牛之革以爲棺被，革各厚三寸，合六寸也。此爲一重。杝棺一，所謂椑棺也。梓棺二，所謂屬與大棺也。《檀弓》之文自内向外，水牛之革一也，兕牛之革二也。二者相襲，乃得爲重，故以此二者爲一重也。又有椑也，屬也，大棺也。此是天子四重爲數，五棺爲四重也。《喪大記》之文：君有大棺也，椑也，屬也；大夫有大棺也，屬也。鄭玄注《檀弓》：天子之棺四重，以是差之。上公革棺，不被，三重也；諸侯無革棺，再重也；大夫無椑，一重也；士無屬，不重也。是上公數四棺爲三重，諸侯數三棺爲再重，大夫數二棺爲一重，士以一棺爲不重也。杜之此注，惟無上公士耳。其言重數，與鄭同也。若然《禮器》云天子葬五重，諸侯葬三重，大夫葬再重，以多爲貴也。彼重亦當謂棺，而其數皆較一者，鄭玄云天子葬五重者，謂抗木與茵也。葬者，抗木在上，茵在下，然則茵以藉棺抗爲負土，天子及諸侯大夫皆數彼以增棺數，故皆多較一也。杜言此棺之重數者，以明不設屬辟爲罰也。

《禮記·喪大記》（**鄭玄注　孔穎達疏**）　君松椁，大夫柏椁，士雜木椁。注：椁謂周棺者也。天子柏椁，以端長六尺。夫子制於中都，使庶人之椁五寸五寸，謂端方也。此謂尊者用大材，卑者小材耳。自天子、諸侯、卿、大夫、士、庶人六等，其椁長自六尺而下，其方自五寸而上，未聞其差所定也。抗木之厚，蓋與椁方齊。天子五重，上公四重，諸侯三重，大夫再重，士一重。音義而上時掌反，抗苦浪反，徐户剛反，重直龍反，下同。疏《正義》曰：此一經明所用椁木不同。君松椁者，君諸侯也，諸侯用松爲椁材也。盧云以松黄腸爲椁，庾云黄腸松心也。大夫柏椁者，以柏爲椁，不用黄腸，下天子也。士雜木椁者，士卑不得同君，故用雜木也。注《正義》曰：天子柏椁，以端長六尺。夫子制於中都，使庶人之椁五寸五寸，謂端方也者。鄭以椁木長短及厚薄無文，故引柏椁以端長六尺，明椁材每段長六尺也。又庶人厚五寸者，欲明椁材每段厚薄廣狹五寸也。故云謂端方也。端，頭也，謂材頭之方。天子長六尺，謂尊者用大材；庶人方五寸，而卑者用小材。云六等，其椁長自六尺而下，其方自五寸而上。未聞其差所定也者，天子既六尺而下未知諸侯卿大夫士庶人節級之數，庶人自五寸而上未知士及大夫卿與諸侯天子差益之數，故云未聞其差所定。案：《檀弓》：柏椁以端長六尺。注云其方蓋一尺，以此差之，諸侯方九寸，卿方八寸，大夫七寸，士六寸，庶人五寸。雖有此約，又無正文可定。云抗木之厚蓋與椁方齊者，以椁繞四旁，抗木在上，俱在於外，故疑厚薄齊等。云天子五重以下者，據抗木之數言之，故禮器天子五重八翣是也。每一重縮二在下，衡三在上，故《既夕》注云象天一合地二也。

漢　桓寬《鹽鐵論》卷下《散不足》　古者瓦棺容尸，木板堲音即周，足以收形骸藏髮齒而已。及其後桐棺不衣，采棺不斲，音卓今富者繡墻題湊，音腠中者梓棺楩椁，貧者畫荒衣袍，繒囊緹橐，古者明器有形無實，示民不用也。

漢　王充《論衡》卷一六　禮宗廟之主，以木爲之，長尺二寸，以象先祖。孝子入廟，主心事之。雖知木主非親，亦當盡敬有所主事。土龍與木主同，雖知非真，示當感動，立意於象。

漢　王符《潛夫論》卷三《浮侈》　子曰：古之葬者，厚衣之以薪，葬之中野，不封不樹，喪期無時。後世聖人易之以棺槨，桐木爲棺，葛采爲緘，下不及泉，上不泄臭。後世以楸梓槐柏杶樗，各取方土所出，膠漆分致，釘細要削除鏟，靡不見際會，其堅足恃，其用足任，如此可矣。其後京師貴戚，必欲江南檽梓豫章楩柟，邊遠下士，亦競相倣傚。夫檽梓豫章，所出殊遠，又乃生於深山窮谷，經歷山岑，立千丈之高，百丈之谿，傾倚險阻，崎嶇不便。求之連日，然後見之，伐斫連月然後訖。會衆然後能動擔，牛烈然後能致水。油漬入海，連淮逆河，行數千里，然後到雒。工匠雕治，積累日月，計一棺之成功，將千萬夫。既其終用，重且萬斤，非大衆不能舉，非大車不能輓，東至樂浪，西至燉煌，萬里之中，相競用之。此之費功傷農，可爲痛心。

宋 沈括《夢溪筆談》卷一九《器用》 禮書所載黄彝，乃畫人目爲飾，謂之「黄目」。予遊關中，得古銅黄彝，殊不然。其刻畫甚繁，大體似繆篆，又如闌楯間所畫回波曲水之文。中間有二目，如大彈丸，突起。煌煌然，所謂黄目也。視其文，髣髴有牙角口吻之象。或説黄目乃自是一物。又予昔年在姑熟王敦城下土中得一銅鉦，刻其底曰「諸葛士全茖鳴鉦」。茖即古落字也，此部落之落。士全，部將名。其鉦中間鑄一物，有角，羊頭；其身亦如篆文，如今時術士所畫符。傍有兩字，乃大篆「飛廉」字，篆文亦古怪；則鉦間所圖，蓋飛廉也。飛廉，神獸之名。淮南轉運使韓持正亦有一鉦，所圖飛廉及篆字，與此亦同。以此驗之，則黄目疑亦是一物。飛廉之類，其形狀如字非字，如畫非畫，恐古人別有深理。大抵先王之器，皆不苟爲。昔夏后鑄鼎以知神姦，殆亦此類。恨未能深究其理，必有所謂。或曰：「《禮圖》罇彝，皆以木爲之，未聞用銅者。」此亦未可質，如今人得古銅罇者極多，安得言無？如《禮圖》「甒以瓦爲之」，《左傳》却有瑶甒；律以竹爲之，晉時舜祠下乃發得玉律。此亦無常法。如蒲穀璧，《禮圖》悉作草稼之象，今世人發古冢得蒲璧，乃刻文蓬蓬如蒲花敷時；穀璧如粟粒耳。則《禮圖》亦未可爲據。

宋 陳祥道《禮書》卷四九《喪禮·竹杖削杖》 《記》曰：斬衰貌若苴，齊貌若枲。喪服有苴絰，有牡麻絰。《傳》曰：苴絰，麻之有蕡者也。牡麻者，枲麻也。《爾雅》曰：蕡，枲實也。孫氏曰：蕡，麻子也。蓋枲之有蕡者，其色苴惡，故謂之苴。無實者，其色反，是故謂之牡麻。苴絰、苴帶，以苴麻名之也。苴衰、苴杖，因絰帶名之也。杖之制，下本其大如絰，其長齊心。苴杖，竹也；削杖，桐也。爲父竹杖，爲母桐杖。蓋竹之爲物，堅貞而不變，桐之爲物，柔脆而易彫，爲父斬，爲母齊。斬者常伸而三年齊者，或屈以期月，此竹杖、桐杖所以不同也。杖雖主於父母，凡斬衰皆杖，爲妻期亦杖，爲長子亦杖。期服必杖，而有所不杖，童子、婦人不杖。有所必杖，孔穎達曰婦人不杖，謂童女也。其授也有官，《周禮》肆師之類。其授之也有日，其執之、輯之、去之，使人執之也有時，其棄之也有所。虞杖不入室，祔杖不升堂。練則筮曰筮尸，視濯要絰杖而已。蓋杖所以輔病者也。喪久而平，則杖不用矣。鄭氏曰大祥除衰杖。

宋 李如圭《儀禮集釋》卷一一《聘禮第八》 夫人使下大夫勞以二竹簋方，玄被纁裏有蓋。鄭注：竹簋方者，器名也。以竹爲之，狀如簋而方，如今寒具筥筥者，圜此方耳。釋曰：大夫對卿爲下大夫，夫人使下大夫勞于君也。被，表也。玄被纁裏，竹簋方之衣也。簋或作簠。

又 卷一九《喪服》 《傳》曰：笄有首者，惡笄之有首也。惡笄者，櫛笄也。折笄首者，折吉笄之首也。吉笄者，象笄也。何以言子折笄首而不言婦終之也。鄭注：櫛笄者，以櫛之木爲笄，或曰榛。笄有首者，若今時刻鏤摘頭矣。卒哭而喪之，大事畢，女子子可以歸于夫家，而著吉笄。吉笄，尊變其尊者，婦人之義也。案此十二字今注疏本在「下爲其大飾也」之下。折其首者，爲其大飾也。據在夫家宜言婦終之者，終子道于父母之恩。釋曰：《玉藻》曰：沐櫛用樿櫛，此惡笄以樿木爲之。象笄者，象骨之笄也。婦人外成，卒哭歸夫家，可以加容婦于人之義。

又 卷二〇《士喪禮第十二》 竹笏。鄭注：笏，所以書思對命者。《玉藻》曰：笏天子以球玉，諸侯以象，大夫以魚須、文竹，士以竹，本象可也。又曰：笏度二尺有六寸，其中博三寸，其殺六分而去一。又曰：天子搢珽，方正于天下也。諸侯荼前詘後，直讓于天子也。大夫前詘後詘，無所不讓。今文笏作忽。

宋 趙彦衛《雲麓漫鈔》卷六 古人祭器以竹木爲之，《傳》曰：大夫祭器不假。《爾雅》曰：木豆謂之豆，瓦豆謂之登，旊人爲簋。《周禮》：四命受器。鄭司農云：受祭器爲上大夫，苟有功德，則又得銘其祖考之功烈，故銘款多云「敢對揚天子之丕顯休命」，所謂「銘施於鼎彝者」是也。三代鼎匜有存至今，皆大夫以上得受器者之所爲，《宣和博古圖》遂以聶崇義竹木之説爲非，抑不思耳。

宋 黄震《黄氏日抄》卷二七《讀禮記十四·問喪第三十五》 苴者，不加削也。父尊極，故用苴杖。母屈於父，故用削杖。苴用竹，削用桐。或云竹節在外，外陽之象，故爲父；桐節在内，内陰之類，故爲母。愚竊意竹虚桐輕，皆易於擕持，竹直不待削，故苴而用之父。其次用木，則木莫輕於桐，故削而用之母耳。父在不杖，謂母喪也。尊者，指父言也。趨者，疾行也。事莫遽於喪，而堂上不趨者，示父以閒暇，不欲以喪容戚之也。

宋 徐天麟《東漢會要》卷三〇《民政》 趙咨遺書勑其子曰：「古之葬者，衣以薪，藏之中野。後世聖人易之以棺槨，棺槨之造，自黄帝始，爰自陶唐，逮於虞夏，猶尚簡樸，或瓦或木。及至殷人而有加焉，周室因之，復重以牆翣之飾，表以旌銘之儀，招復含斂之禮，殯葬宅兆之期，棺槨周重之制，衣衾稱襲之數，其事煩而害實，品物碎而難備。然而秩爵異級，貴賤殊等，自成、康以下，其典稍乖。至於戰國，漸至穨陵，法度衰毀，上下僭雜。終使晉侯請隧，秦伯殉葬，陳大夫設參門之木，宋司馬造石椁之奢。爰暨暴秦，違道廢德，滅三代之制，興淫邪之法。國貲糜於三泉，人力單於驪墓。玩好窮於糞土，伎巧費於窀穸。華夏之士，争相陵尚，并棺合椁，以爲孝愷，豐貲重禭，以昭惻隱。吾所不取也。昔舜葬蒼梧，二妃不從；王孫裸葬，墨夷露骸，皆達於性理，遺於速變。況我鄙闇，不德不敏，薄意内昭，志有所慕，上同古人，下不爲咎。果必行之，勿生疑異。恐爾等目厭所見，耳諱所議，故遠采古聖，近揆行事，以悟爾心。但欲制坎，令容棺槨，棺歸即葬，平地無墳。勿卜時日，葬無設奠，勿留墓側，無起封樹。於戲小子，其勉之哉。」

宋 史繩祖《學齋佔畢》卷一《魚須笏辯》 《禮記·玉藻》云：笏，天子以球玉，諸侯以象，大夫以魚須文竹，士竹，本象可也。注：球，美玉也。文，飾也。大夫士飾竹以爲笏，不敢用純物也。須音班，謂以魚須文飾竹之邊也。而後之俗儒承訛襲誤，至馮鑑《事始》乃謂球玉爲珠玉，不知珠豈可以爲笏耶？又謂大夫用魚鬚文，士以竹，既誤以須爲鬚，於文字下又去竹字，殊失本義。而李賀詩云「往還誰是龍頭人，公王遣秉魚鬚笏」，以鬚對頭，失之甚矣。又漢制列侯夫人以魚須爲樀，長一尺，爲簪珥，則直以魚須爲象耳，尤可笑也。

明 季本《詩説解頤》卷四《伐柯》 籩豆，禮器，形制相類，其容皆四升，竹曰籩，以薦果脯及糗餌粉餈。木曰豆，以薦菹醢及酏食糝食。

明 馮復京《六家詩名物疏》卷一六《考槃篇》 朱子引陳氏云：考，扣也。槃，器名。蓋扣之以節歌，如鼓盆拊缶之爲樂也。《説文》云承槃也。《内則》云進盥少者，奉槃長者，奉水注槃，盛盥水者。《大學疏》云沐浴之盤。按槃字從木，《周禮疏》云以木爲之是也。陳氏云扣以節歌，則是盥槃非浴盤矣。盤有以銅爲者，《史記》「毛遂奉銅槃」是也；有飾以珠者，《玉府》「合諸侯共珠槃」是也，合諸侯之禮，蓋以槃盛血。

又 卷五二《柷》 《傳》云：柷，木椌也。《釋樂》云：所以鼓柷謂之止。注云：柷如漆桶，方二尺四寸，深一尺八寸，中有椎柄連底，挏之令左右擊，止者其椎名。《廣雅》云：柷舄桶，方三尺五寸，深尺八寸，四角有陞。

清 徐乾學《讀禮通考》卷九六《葬具·柏槨》 《檀弓》：柏椁以端長六尺。

注：端，題湊也。其方蓋一尺。疏：柏椁謂椁用柏也。天子柏，諸侯松，大夫柏，士雜木也。鄭注「方相職」云：天子椁柏，黄腸爲裏，而表以石焉。端猶頭也。積柏材作椁，並葺材頭，故云以端長六尺者。天子椁制，每段長六尺，而方一尺。天子以下，庶人以上，鄭注《喪大記》具之。以此木之端首題湊嚮内，知其方一尺者，以庶人四寸之棺，五寸之椁，椁厚於棺一寸。案：《喪大記》：君大棺八寸，君謂諸侯，則天子之大棺或當九寸。其椁厚一尺，故云其方蓋一尺，則椁之厚也如鄭此言。椁材並皆從下壘至上，始爲題湊，湊，嚮也，言木之頭相向而作四阿也。如此乃得椁之厚薄與棺相準，皇氏以爲壘椁材從下即題湊，椁六尺與棺全不相應，其義非也。張子曰：古之椁，言井椁以大木自下排上來，非如今日之籠棺也。故其四隅有隙，可以置物也。胡銓曰：以柏木黄心致累棺外，謂之黄腸。木頭皆内向，故云題湊。其方一尺，詳見《漢書霍光傳》及《漢儀注》所載者。

清 愛新覺羅·弘歷《禮記義疏》卷四二《玉藻第十三》 笏，天子以球玉，諸侯以象，大夫以魚鬚、文竹，士竹。本象可也。《正義》：鄭氏康成曰：球，美玉也。文，猶飾也。大夫、士飾竹以爲笏，不敢與君並用純物也。孔氏穎達曰：自此至「去一」一節，明天子以下笏所用之物，並明用笏之事及闊狹長短。魚鬚、文竹，庾氏云以鮫魚鬚飾竹，以成文士，以竹爲本質，以象牙飾其邊緣，言可者，通許之辭。陳氏祥道曰：玉德之美，象義之辨，竹禮之節。天子尚德，諸侯貴義，大夫士則循禮而已。此笏所以異也。大夫近尊而其勢屈，士遠尊而其禮伸，此飾所以異也。馬氏晞孟曰：象也者，馴物也。諸侯之在外，以順爲行，故其笏用象。大夫士皆事人者也，事人者以貞固爲節，故其笏用竹。存疑盧氏植曰：大夫以魚鬚及文竹爲笏。崔氏靈恩曰：用文竹及魚班。陸氏德明曰：以魚班飾文竹之邊。陸氏佃曰：竹有節而已，大夫則又有文焉，士以竹本爲正，若或用象亦許，故曰象可也。陳氏祥道曰：象諸侯所以爲笏者，士卑而伸，故飾笏用焉。先儒謂以象飾其本，誤矣。應氏鏞曰：《爾雅》魚曰鬐，蓋魚之所以鼓息者，在鬐故也。吴氏澄曰：文者其飾也，本者其質也，俱飾竹也，互言之爾。大夫竹質而魚須爲之飾，士象飾而竹爲之質也。陳氏澔曰：陸氏音鬐爲班，而疏引庾氏説與應氏説相近，宜讀如字。案：魚鬐文竹古制莫考，盧氏、崔氏以魚鬐文竹爲二物，陳氏、陸氏則以魚皮飾竹，應氏、吴氏則以魚鬐飾竹，或有謂笏首刻魚鬐形以爲飾，皆無徵，姑並存其説，士亦以竹爲笏，而以象飾其本可也。

見於天子與射無説笏，入大廟説笏，非古也。小功不説笏，當事免則説之，既搢必盥，雖有執於朝，弗有盥矣。凡有指畫於君前用笏，造受命於君前則書於笏，笏畢用也，因飾焉。

清　盛世佐《儀禮集編》卷二二　苴杖，竹也。削杖，桐也。杖各齊其心，皆下本。《疏》曰：經唯云苴杖，不出杖體所用，故言苴杖者，竹也。下章直云削杖，亦不辨木名，故因釋之云削杖者桐也。然爲父所以杖竹者，父者子之天，竹圓，亦象天。竹又外内有節，象子爲父亦有外内之痛。又竹能貫四時而不變，子之爲父哀痛亦經寒温而不改，故用竹也。爲母杖桐者，桐之言同，内心同之於父，外無節，象家無二尊，屈於父爲之齊衰，經時而有變，又案變除削之使方者，取母象於地故也。此雖不言杖之粗細，案《喪服小記》云絰殺五分而去一，杖大如絰。鄭註云如要絰也。如要絰者，以杖從心，己與要絰同處。云杖各齊其心者，杖所以扶病，病從心起，故杖之高下以心爲斷也。云皆下本者，本根也，案《士喪禮》「下本註」云順其性也。

清　冉覲祖《禮記詳説》卷二　柏椁以端長六尺。陳注：天子以柏木爲椁，端猶頭也，用柏木之頭爲之，其長六尺。鄭注：以端題湊也，其方蓋一尺。孔疏：柏椁者，謂爲椁用柏也。天子柏，諸侯松，大夫柏，士雜木也。鄭注「方相職」云：天子椁柏，黄腸爲裏而表以石焉。以端者，端猶頭也。積柏材作椁，並葺材頭也，故云以端。長六尺者，天子椁材每段長六尺，而方一尺，天子以下，庶人以上，鄭注《喪大記》具之。以此木之端首，題湊嚮内，知其方蓋一尺者，以庶人四寸之椁，五寸之椁，椁厚於棺一寸。案《喪大記》君大棺八寸，君謂諸侯，則天子之大棺或當九寸，其椁厚一尺，故云其方蓋一尺，則椁之厚也。如鄭此言椁材並皆從下壘至上，始爲題湊，湊，嚮也，言木之頭相嚮而作四阿也。如此乃得椁之厚薄，與棺相準。廬陵胡氏曰：以柏木黄心致累於棺外，謂之黄腸。木頭皆内向，故云題湊。其方一尺，詳見《漢書霍光傳》及《漢儀注》。郝解外以柏木爲椁，《木本》曰：端本豎而大，椁大，故積材頭爲之，其長六尺。

又　卷二八　天子之殯也，菆塗龍輴以椁，加斧於椁上，畢塗屋，天子之禮也。陳注疏曰：菆，叢也。菆塗，謂用木叢棺而四面塗之也。龍輴，殯時用輴車載柩，而畫轅爲龍也。以椁者，此叢木象椁之形也。繡覆棺之衣爲斧文，先菆四面爲椁，使上與棺齊，而上猶開，以此棺衣從椁上入覆於棺，故云加斧於棺上也。畢，盡也。斧覆既竟，又四注爲屋，以覆於上，而下四面盡塗之也。今按菆塗龍輴，是輴車亦在殯中，非□去輴車而殯棺也。鄭注：菆木以周龍輴，加椁而塗之，天子殯以輴車畫轅爲龍。斧謂之黼，白黑文也。以刺繡於縿幕，加椁以覆棺已，乃屋其上盡塗之。孔疏：此一節論菆塗爲古天子殯法也。菆，叢也。謂用木菆棺，而四面塗之，故云菆塗也。龍輴者，殯時輴車載柩而畫轅爲龍也。故云龍輴也。以椁者，亦題湊菆木，象椁之形，故云以椁。加斧於椁上者，斧謂繡，覆棺之衣爲斧文也。先菆四面爲椁，使上與棺齊，而上猶開也。以棺衣從椁上，入覆於棺，故云加斧於椁上也。畢，盡也。斧覆既竟，又四注爲屋覆上，而下四面盡塗之也。故云畢塗屋，鄭云菆木以周龍輴者，謂叢衆木直壘周龍輴，至上乃題湊，則諸侯至上不題湊也。廬陵胡氏曰：菆塗龍輴以椁，畫龍於輴車之轅以殯之。又菆聚椁材以周龍輴而塗之，先儒云以椁加椁也，恐非。按此節制度不甚明，臆爲通之。菆塗龍輴以椁，謂龍輴載柩，而菆木於龍輴之外掩蔽之，以此爲椁也。椁即謂菆木也。塗當是掩蔽之意，椁是菆木，四周而無上，繡斧之文，於縿幕加其上以覆棺。又四垂將菆木盡掩之，若屋然。一説塗泥也，則或别爲之屋方好塗。常人殯法，用甎泥爲之，此攢木爲之，故葬時爲之啓攢。殯不用椁，此攢法類椁，故云以椁。棺上只斧幕一層，不以木壓棺上。又有題湊之説，似是菆木四周，近上則漸收，使木頭湊合不留空處。孔疏云四注爲屋，謂四垂也，四垂當謂幕。

綜　述

《禮記·檀弓下》　虞人致百祀之木，可以爲棺椁者斬之。

晉　崔豹《古今注》卷上　車輻，棒也。漢朝執金吾，金吾亦棒也。以銅爲之，黄金塗兩末，謂爲金吾。御史大夫、司隸校尉亦得執焉。御史校尉、郡中都尉、縣長之類，皆以木爲吾焉。用以夾車，故謂之車輻，一曰形似輻，故謂之車輻也。

又　棨戟，殳之遺象也。《詩》所謂「伯也執殳，爲王前驅」。殳，前驅之器也。以木爲之，後世滋僞，無復典刑。以赤油韜之，亦謂之油戟，亦謂之棨戟，公王以下通用之以前驅。

唐 魏徵《隋書》卷一二《禮儀志》 笏，案《禮》：「諸侯以象，大夫魚鬚文竹，士以竹，本象可也。」凡有指畫於君前，受命書於笏，笏畢用也。《五經要義》曰：「所以記事，防忽忘。」《禮圖》云：「度二尺有六寸，中博三寸，其殺六分去一。」晉、宋以來，謂之手板，此乃不經，今還謂之笏，以法古名。自西魏以降，五品已上，通用象牙，六品已下，兼用竹木。

又 卷八五《棺槨制》 有虞氏瓦棺，始不用薪也，有虞氏尚陶。夏后氏堲周，火熟曰堲，燒土治以周於棺也，或謂之土周。殷人棺槨。槨大也，以木爲之。棺槨大於棺，殷人尚梓。周制天子之棺四重，水兕革棺被之，其厚三寸，柂棺一，梓棺二，四者皆周。國君大棺八寸，屬六寸，椑四寸。上大夫大棺八寸，屬六寸。下大夫大棺六寸，屬四寸。士棺六寸。大棺，棺之在表者也。四者皆周，此以内説而出。然則大棺及屬用梓，椑用柂也。以是差之，上公革棺不被三重也。諸侯無革棺，再重也；大夫無椑，一重也；士無屬，不重；庶人之棺四寸。夫子之宰於中都，制四寸之棺，五寸之槨，上大夫謂列國之卿也。屬音燭，椑音步歷反，柂棺之柂音移。君裏棺用朱緑用雜金鐕，大夫裏棺用玄緑用牛骨鐕，士不緑。用漆，三衽三束；大夫蓋用漆，二衽二束；士蓋不用漆，二衽二束。用漆者，塗合牝牡中也。衽，小要也。天子棺槨，長六尺；諸侯松槨，大夫栢槨，士雜木槨。槨，周棺者也。尊者用大材，卑者用小材。天子、諸侯、卿、大夫、士、庶人六等，其槨長自六尺而下，其方自五寸而上，未聞其差所定也。抗木之厚，蓋與槨方齊。天子五重，上公四重，諸侯三重，大夫再重，士一重。虞人致百祀之木可以爲棺槨者，斬之。虞人，掌山澤之官也。百祀，畿内百縣之祀也。大唐制諸葬不得以石爲棺槨及石室，其棺槨皆不得雕鏤彩畫、施户牖欄檻，棺内又不得有金寶珠玉。

唐 杜佑《通典》卷一三四《杖》 右苴竹杖，其大如腰，絰長齊其心，本在下。主婦亦杖，諸婦則不杖，童子不杖，其當室者則絻而杖。童子及婦人不杖者，以其不能病，然而童子當室杖者，尊爲喪主。

宋 陳翥《桐譜》之《器用第七》 又世之爲棺、槨，其最上者，則以紫沙、椋爲貴，以堅而難朽，不爲乾溼所壞，而不知桐木爲之，尤愈於是。夫沙木鬣釘，久而可脱，桐木則黏而不銹，久而益固，更加之以漆，措諸重壤之下，固之以石灰，與夫沙、椋可數倍矣。但識者則然，亦弗爲豪右所尚也。

宋 歐陽修《新唐書》卷二〇《禮樂志》 乃爲明旌，以絳廣充幅，一品至于三品，長九尺，韜杠，銘曰「某官封之柩」，置於西階上；四品至于五品，長八尺；六品至于九品，長六尺。鑿木爲重，一品至于三品，長八尺，横者半之，三分庭一在南；四品至于五品，長七尺；六品至于九品，長六尺。以沐之米爲粥，實於鬲，蓋以疏布，繫以竹密，縣於重木。覆用葦席，北面，屈兩端交後，西端在上，綴以竹密。祝取銘置於重，殯堂前楹下，夾以葦席。

宋 楊侃《兩漢博聞》卷一《梓宮》 服虔曰棺也。師古曰以梓木爲之，親身之棺也。葬霍光爲天子制，故亦稱梓宮。《後漢書》注云：梓宮，以梓木爲棺。《風俗通》曰：宫者，存時所居，緣生事死，因以爲名。

宋 鄭樵《爾雅註》卷下 櫬梧梧桐也，以其可爲棺櫬，故曰櫬。

宋 高承《事物紀原》卷三《班劍》 又曰，本漢朝服帶劍，取五色班闌之義。《開元禮義纂》曰：漢制朝服帶劍，晉代之以木，謂之班劍，宋齊謂之象劍。

又 《笏》 《唐會要》曰：笏，周制也。周禮諸侯象，大夫魚鬚，士以竹。晉宋以來，謂之手板。西魏以後，五品以上通用象牙。武德四年七月六日，詔五品以上象笏，六品以下竹木笏。舊制三品以上，前挫後直，五品以上，前挫後屈。武德以來，一例上圓下方也。《淮南子》曰：武王問太公曰：寡人伐紂，恐後世鬭爭不已。太公曰：王欲久持，則塞民於兑。於是解其劍而帶之笏。此蓋周人制笏之始也。《樂記》曰：武王克商，裨冕搢笏，而虎賁之士説劍也。

宋 王應麟《漢制考》卷三 豐碑注，斲大木爲之，形如石碑，於椁前後四角樹之，穿中於間爲鹿盧，下棺以緈繞，天子六緈四碑，前後各重鹿盧也。疏：案《春秋》天子有隧，以羨道下棺，所以下碑者，凡天子之葬，掘地以爲方壙，漢書謂之方中。

元 脱脱《宋史》卷一四九《儀衛志》 初，宋制旗物尤盛，中興後惟務簡約，雖參用舊制，然亦不無因革。其太常，青質夾羅，惟繡日、月、星而無龍，下有綢鬚謂之茀，而竿頭爲龍首，銜青結綬，垂青旒綏十二，謂之旒。蓋幅下無斿，而竿首垂旒，抑又取古者「注旄及羽於竿首」之遺制。竿用桐木，護以剖竹，膠以髹，飾以藻，玉輅建之。大旂，黄質九幅，每幅繡升龍一，側幅二，下垂黄絲網綫九，金輅建之。大赤，朱質七幅，每幅繡鳥隼二，側幅如之，下垂朱絲網綫七，象輅建之。大白，素質五幅，每幅繡熊一、虎一，側幅如之，下垂淺黄絲網綫五，革輅建之。大麾，皂質四幅，每幅繡五采龜蛇一，側幅繡龜二，下垂皂絲網綫四，木輅建之。

明　宋濂《元史》卷七七《祭祀志》　凡宫車晏駕，棺用香楠木，中分爲二，刳肖人形，其廣狹長短，僅足容身而已。殮用貂皮襖、皮帽，其靴韈、繫腰、盒鉢，俱用白粉皮爲之。殉以金壺瓶二，盞一，椀楪匙筯各一。殮訖，用黄金爲箍四條以束之。輿車用白氈青緣納失失爲簾，覆棺亦以納失失爲之。前行，用蒙古巫媪一人，衣新衣，騎馬，牽馬一匹，以黄金飾鞍轡，籠以納失失，謂之金靈馬。日三次，用羊奠祭。至所葬陵地，其開穴所起之土成塊，依次排列之。棺既下，復依次掩覆之。其有剩土，則遠置他所。送葬官三員，居五里外。日一次燒飯致祭，三年然後返。

明　徐一夔《明集禮》卷七《凶禮一·棺槨》　古者瓦棺，殷人棺椁，以木爲之，其材尚梓。周制上公三重，諸侯再重，大夫一重，士不重。諸侯松椁，大夫柏椁，士雜木椁，椁所以周乎棺也。上公四重，諸侯三重，大夫再重，士一重。唐制諸葬不得以石爲棺椁及石室，其棺椁皆不得雕鏤彩畫，施户牖欄檻，棺内又不得有金寶珠玉。宋制同。

又　卷一一《神位版》　唐神位版用松栢木爲之，長二尺五寸，闊一尺二寸，趺高五寸，朱漆金字。宋同其制。國朝以松栢爲之，長二尺五寸，闊五寸，趺高五寸，朱漆金字。

明　徐溥《明會典》卷一四八　班劍三對，刻木爲劍，其上有靶，靶下爲龍頭銜劍，皆貼金爲飾，垂紅絲帉錔。

又　梧杖三對，硃漆攢竹爲杖，長六尺九寸五分，兩頭貼金爲飾，杖或以木爲之。

又　立瓜三對，硃漆攢竹竿，通長六尺九寸，刻木爲瓜立置于上，承以龍頭，長一尺四寸，皆貼金爲飾。

又　鐙杖三對，硃漆攢竹竿，刻木爲馬鐙，承以龍頭，貼金爲飾，置于竿首。共長六尺九寸，内鐙頭長一尺六寸。

又　金鉞三對，硃漆攢竹竿，刻木爲斧形，承以龍頭，貼金爲飾。置于竿首，通長六尺九寸，内鉞頭長一尺六寸五分。

又　骨朵三對，硃漆攢竹竿，刻木爲骨朵，承以龍頭，貼金爲飾，置于竿首。共長六尺九寸，内骨朵頭長一尺六寸。羽葆幢五對，硃漆攢竹竿，帶貼金銅龍頭，共長一丈二尺五寸五分。内龍頭鈎一尺，銜抹金銅圈。加白羽、銅頂、緑羅寶蓋，下以紅絲圓條貫紅纓簇圓，凡五層。每層上施抹金銅頂、藍斜皮雲蓋，懸銅鈴。

明　錢穀《吴都文粹續集》卷三《學校·平江路儒學祭器記》　大成殿祭器者，教授李淦方文豹所造也。金屬大尊二，山尊二，著尊二，壺尊十有二，像尊如壺尊之數。罍四，洗四，勺二十，爵百七十有二，坫二百有二，豆三百四十有四，簠百二十有六，簋如簠之數。爐一，缶二，檠二十有四，竹屬篚十有一，籩三百二十有九，木屬俎五十有五。

明　王圻《續文獻通考》卷一五四　敔一　亦以桐爲之，狀如伏虎，綵繪爲飾，背有二十七鉏鋙刻。

明　王三聘《事物考》卷六　笏　《唐會要》曰：笏，周制也。《周禮》：諸侯象，大夫魚鬚，士以竹。晋宋以來謂之手板，西魏以後五品以上通用象。舊制三品以上前挫後直，五品以上前挫後屈。唐高祖詔五品以上象笏，六品以下竹木笏。國朝文武官笏，五品以上象牙，六品以下用槐木。

明　方以智《物理小識》卷八《器用類》　棺椑　老杉出油斑者，川爲上，閩次之，皆以土壅杉而成，柏楠等皆可用。然有旱椑、水椑，以油結爲主花香其驗也。以指甲劃之，起白霜者佳。《物理》所曰：棺有殃出，以多年歷日紙糊之。又曰：琢釘及漆棺止哭，哭便漆不光。又曰：古櫬板作琹底，合陰陽通神。其細腰木辟邪墐户。愚按：江淹曰：古棺用細腰，後用銅釘如今栢釘形。《儀禮註》：如今則子，猶言銀錠形也。

清　楊慶《大成通志》卷三《酒尊案考》　《禮樂全書》：以木爲之，高二尺七寸，廣一尺五寸，長五尺。文曰：面鑿三孔，横版承於其下，以代棜禁。

又　《禁考》　禁，與棜同，皆承酒尊之器。禁者，因之以爲酒戒，以木爲之，長四尺，廣二尺四寸，通足高三尺，髹以朱。中畫青雲氣，菱苕華爲飾，刻其足爲褰裳之形，用承廡尊。

又　《枓考》　枓，古以木爲之，今宜範金爲之，形如斗而橢，有柄，容水四升。設於堦東，以貯滌爵水。枓，腫與反。

又《棜考》 棜，一名斯禁，陳饌薦尊器也。以木爲之，如案式，長四尺，廣二尺四寸，深五寸，無足，髹以朱。中畫青雲氣，淩苕華爲飾，用承正位配哲尊。棜，於攄反。淩，離呈反。苕，田聊反。

清 康熙《**上蔡縣志**》**卷六**《**典禮**》 神牌二，以木爲之，硃漆，青字，身高二尺二寸，闊四寸五分，厚九分，座高四寸五分，闊八寸五分，厚四寸五分。

又 牲匣四，以木爲之，硃漆，底蓋各高六尺，長三尺三寸，闊二尺二寸，蓋兩頭用銅環二箇，底兩旁用銅環四箇。

清 王鉞《**星餘筆記**》**卷一** 神杉出懷鄉遠山中，土人云不由樹生，出自土際。每將出，必有光景隱現。入山樵采者，陰雨見之必殺火厭伏，不則兩三年間化蛟奮去，必有漂没衝溺之患。豈所謂「深山大澤實生龍蛇」者耶？既厭伏則塊然一木，紫質而杉紋，味辛而香烈，堅緻而不蠹重，以作壽板，每副值數百金。土人射利者，往往輕報藩下，鳩工采取，頗爲民累。予任内曾一見之提鎮交催，余悉未應。

清 朱軾《**儀禮節略**》**卷一四** 苴杖爲父苴杖，以竹爲之，大如腰絰，其長短以當每人之心爲節。

清 雍正《**山東通志**》**卷一一** 籩豆用以薦水土之品，竹爲籩，木爲豆。夏楬豆，殷玉豆，周獻豆。楬豆以木爲柄，玉豆於楬之上飾以玉，獻豆則疏刻之，籩豆俱有蓋。《郊特牲》曰：鼎俎奇，而籩豆偶，陰陽之義也。

清 乾隆《**樂陵縣志**》**卷三** 祝版 用以貼祝文，以木爲之，高九寸，闊一尺二寸。勺：用以挹酒注。爵口闊三寸一分，深二寸一分以，木爲柄，長一尺二寸九分。俎三十四件用以載牲，以木爲之，朱漆兩端，中以黑。長一尺八寸，高八寸五分，闊八寸。

清 嘉慶《**長沙縣志**》**卷一二**《**秩祀志・禮器**》 柷一以桑木爲之，上二尺四寸，下半之，深一尺八寸，中虚有底，以止擊之，柄長一尺有四，以梓爲之，止俗呼爲椎。凡奏樂，先以止撞底，復擊左右，共三聲，以起樂。

敔一狀如伏虎，背上有二十七鉏鋙刻，用竹長二尺四寸，破爲十莖，其名曰籈，櫟其背以止樂。八音之外別有麾幡，以絳繒爲之，長七尺，闊一尺一寸，上板繪雲，下板繪山，以相連首尾。前面繪升龍，後面繪降龍，各塗以金及五色綵雲。朱竿長八尺五寸，末施銅龍，首塗金啣其麾下垂樂中。麾生執之，升龍向外，降龍向内，舉之則升龍見樂作，偃之則降龍見樂止，以木爲架，朱髹，閑則植其上。

清 鐵保《**大清會典則例**》**卷一六三**《**内務府**》 貴妃金棺，以杉木爲之，漆十有五次。

又 常在采棺，以杉木爲之，髹以朱。

又 皇太子金棺，以柟木爲之，漆三十五次，髹以黄。

清 張慶長《**黎岐紀聞**》 父母喪用木鑿空中心以爲棺，埋地内，上不起墳，葬後亦不復誌其處，祭掃禮儀蔑如也。

清 張宗法《**三農紀**》**卷一〇**《**制棺**》 方治《説文》云：棺者，關也。所以掩屍也。自皇帝始造，虞以瓦，殷周以木，惟杉爲上，柏次之，松楊榆柳易朽，椿樗銀杏勿用。形宜首闊足狹，上大下小，四稜方正，以漆泥合窮，以布漆封縫，裹用松脂白蠟鎔遍，外用生漆厚塗，可耐水土，亦辟蟲蟻根抵之患。

清 秦蕙田《**五禮通考**》**卷四四**《**古禮四四**》 祝版四，以楸木爲之，各長二尺四寸，闊一尺二寸，厚一分文。

又 卷六二《**吉禮・宗廟制度**》《白虎通》：祭所尸主何神本無方，孝子以主係心。廟主以木爲之，木有終始，與人相似，題之欲令後可知。主用木方尺，或曰尺二寸。

又 卷六四《**宗廟制度**》《**爾雅・釋器**》：木豆謂之豆。注豆，禮器也。疏案《周禮》旅人爲豆實三而成觳崇尺。鄭注云：崇，高也。豆實四升。又《祭統》云：夫人薦豆，執校執醴，授之執鐙。鄭注云：校，豆中央直者也。鐙，豆下跗也。又《禮圖》云：口員徑尺，黑漆飾朱。中大夫以上畫以雲氣，諸侯以象，天子以玉，皆謂飾其豆口也。然則豆者，以木爲之，高一尺，口足徑二尺，其足名鐙，中央直竪者名校，校徑二寸。總而言之名豆，其實四升，用薦菹醢。《周禮》醢人掌四豆之實。朝事之豆，其實韭菹醓醢之類是也。其飾則三代不同。《明堂位》曰：夏后氏以楬豆，殷玉豆，周獻豆。注云：楬，無異物之飾也。獻，疏刻之是也，以供祭祀燕享，故云禮器也。

又《**吉禮・宗廟制度**》《虞禮》云：籩以竹爲之，口有藤緣形，制如豆，亦受四升，盛棗栗桃梅菱芡脯脩膴鮑糗餌之屬。《鄉射記》注云：豆宜濡物，籩宜乾物，雕篹明堂位，薦用雕篹。鄭注：籩屬也，以竹爲之，雕刻飾直者也。疏云形似筥。

清 道光《**東阿縣志**》**卷七** 竹籩一百七十八件，木豆一百七十八件。按籩豆用以薦水土之實，竹爲籩，木爲豆，夏楬豆，殷玉豆，周獻豆，俱有蓋。《郊特牲》云：鼎俎奇而籩豆偶，陰陽之數也。

又 卷一〇 祝版缺。按祝版之制，以木爲之，高九寸，闊一尺二寸，以素紙書祝文粘版上，祭畢揭而焚之。

清 道光《漳平縣志》卷二《規制》 [社稷壇]神牌二，以木爲之，高二尺二寸，闊四寸五分，厚九分，座高四寸五分，闊八寸五分，厚四寸五分，皆朱漆，青書，縣社之神，縣稷之神。

清 道光《膠州志》卷一三 本朝定制，社以石柱，稷仍用木。《山東通志》云：今以木爲二神牌。祭則設於壇上。雍正十年知州王維復建，乾隆五十年知州張玉樹重修。

又 西北陛三級，四面各十五丈，繚以周垣，出入以南門。神牌以木爲之，高二尺三寸，廣四寸，厚五分。雍正十年知州王維復建，乾隆五十年知州張玉樹重修。

又 卷一八 世祖章皇帝順治二年，加稱大成至聖文宣王先師。十七年，改稱至聖先師。按漢明帝崇祀，時周公南面，孔子東面，後雖分合不常，皆東面。唐開元二十七年，始正南面。孔子没，子貢用檀木雕像。漢蜀郡太守文翁又塑孔子於石室，皆用像。至明洪武十五年，太學始更木主，至嘉靖九年令天下皆立木主。國朝太學用木主，各府州縣或像或主，悉仍其舊。

清 同治《巴東縣志》卷五《學校志·祀典》 至聖先師孔子神位木主高二尺三寸七分，闊四寸厚七分，座高四寸，長七寸，厚三寸四分，朱地金書。

清 光緒《化州志》卷六《樂器》 敔一，古謂之楬，梓木爲之，狀如伏虎身。長三尺，首高一尺一寸，背列齟齬二十七刻，繪黃色，黑文，載以方座，朱髹。籈以竹爲之，長二尺四寸，破其半爲十二莖，用篾箍之。奏一曲之終聽，收鼓畢，兩手舉籈先擊首三次，迎櫟齟齬三以止樂。手版六，一名木笏，笏者，忽也，備忽忘也。古者臣執之以對揚，明制五品以下用木，至樂舞生之用，未詳所自。本朝太常儀制，凡歌生皆執之，闕里亦增用焉。其制槐木爲之，長尺三寸五分，下寬三寸五分，上殺三分，厚三分，粉飾，書樂章於上，兩手平執之。

清 光緒《興寧縣志》卷七《學校志上·文廟》 祝板以木爲之，高九寸，闊一尺二寸，用白紙寫祝文貼板上，祭畢揭而焚之。

清 光緒《泰和縣志》卷一《禮書·吉禮》 敔一亦木爲之，狀如伏虎，背上有二十七鉏鋙刻，用竹長二尺四寸，破爲十莖，其名曰籈，櫟其背以止樂。

又 柷一木之屬，以桐木爲之，狀如方桶，上爲圓孔納櫂，三面畫山，一面畫水。凡用，先以櫂撞底，復擊左右，其三聲，以起樂。

清 光緒《北流縣志》卷三四《備考》 明世宗嘉靖九年詔天下易像爲木主，並擬定木主大小尺寸。國學先聖木主高三尺三寸五分，連上雲下座共高五尺二寸，闊七寸，連左右雲共闊一尺一寸五分。四配高一尺九寸五分，連上雲下座共高三尺，闊五寸，連左右雲共闊一尺一寸。先哲高一尺九寸，連座共高二尺五寸，闊四寸。兩廡諸賢高一尺七寸，連座共高二尺一寸，闊三寸。郡縣學先聖木主高二尺三寸七分，闊四寸，厚七分。硃地金書座高四寸，長七寸，厚三寸四分。四配高一尺五寸，闊三寸二分，厚五分。赤地墨書座高四寸長六寸，厚二寸八分。十哲兩廡先賢高一尺四寸，闊二寸六分，厚五分。赤地墨書座高二寸六分，長四寸，厚二寸。先儒高一尺三寸四分，闊二寸三分，厚四分五釐。

清 光緒《福安縣志》卷一一《典禮》 迎春禮：每歲立春，有司先於冬至後辰日於歲德方取水土造芒神春牛，牛骨用桑柘木，身高四尺，頭至尾長八尺，尾長一尺二寸。頭色用年干，身色用年支，腹色用年納音，角耳尾色用立春日干，脛色用立春日支，蹄色用立春日納音，口開合、尾左右麾視年陰陽，陽開陰合，陽左陰右，籠頭色用立春日干。杓用桑柘木索，孟日用麻，仲日用苧，季日用絲，鞭用柳枝，長二尺四寸。芒神身高三尺六寸五分。

清 光緒《嘉應州志》卷八 治棺用油杉，無柏楠之木。王文禄葬度合棺油杉爲上，柏次之。陳氏龍正曰：木惟杉最善，不蛀不朽，又無燥性。有財則買沙板，乃千年老杉近根之幹壅頡沙中者，川陝山中所生。無財則買大杉木堅老者爲之，伊川先生獨尚柏心，柏過燥，恐於初死骸骨有所未便，又且易蛀。

清 光緒《鉅鹿縣志》卷三《學校》 禮器：祝版二，書祝文之版也，以素木爲之，有座，朱漆，金飾，大成殿正位一，崇聖祠正位一。祝案二，髹以朱漆，黃紵爲圍，大成、崇聖正位各一。篚十八，承帛之匣也。制方長，有座，編竹絲爲之，邊座皆朱漆。正位一，配位各一，哲位東西各一，兩廡東西各二，崇聖五，正位各一，配位東西各一，兩廡東西各一。

又 柷一形如桶，内有椎柄連底，揰之令左右擊，今改正方爲斗狀，上廣下狹，在搏拊北，用以舉樂。

敔一狀如伏虎，背有鉏鋙，以木尺櫟之，在搏拊北，用以止樂。

籥翟各十八籥以竹爲之，開三孔，朱漆，翟以木爲柄，朱漆金龍，首上植雉尾，文舞所執。

手版木質，粉飾，歌工所執。

清 光緒《新竹縣志》卷三《典禮志》 土牛芒神式：土牛胎骨用柘木，身高四尺（按配四時）、長三尺六寸（按配三百六十日），頭至尾長八尺（按配八節）、尾長一尺二寸（按配十二時）。鞭用柳枝，長二尺四寸（按配二十四氣）。牛色以本年爲法（如本年戊戌屬土，其色黄。餘倣此）；頭、角、耳用本年天干（如本年天干戊屬土，其色黄；則頭、角、耳皆黄之類），身年地支（如本年地支戌屬土，色黄；則身黄之類），蹄、尾、腹用納音（如本年戊戌納音屬木，其色青；則蹄、尾、腹皆青之類）（按：原書作「蹄腹青之類」）。籠頭、拘、索，以立春日日干爲籠頭色（如本年立春日干戊屬土，其色黄）、拘用桑柘木，索孟日用麻（謂寅申巳亥日）、仲日用苧（謂子午卯酉日）、季日用絲（謂辰戌丑未日）。造牛，以冬至節後辰日於歲德方取水（按：原書脱「水」字）土（甲年東方甲位、乙年西方庚位、丙年南方丙位、丁年北方壬位、戊年東南方戊位、己年東方甲位、庚年西方庚位、辛年南方丙位、壬年北方壬位、癸年東南方戊位）。芒神服色，用立春日支辰受剋爲衣色，剋衣爲繫腰色（如立春子日屬水，衣取土剋水，用黄色；繫腰取木剋土，用青色。餘日倣此）。頭髻（按：原書脱「髻」字）用立春日納音爲法（金日平梳兩髻在耳前；木日平梳兩髻在耳後；水日平梳兩髻，右髻在耳後、左髻在耳前；火日平梳兩髻，右髻在耳前、左髻在耳後；土日平梳兩髻，在頂直上）。罨耳用立春時爲法（從卯至戌八時，罨耳用手提，陽時左手揭、陰時右手揭；從亥至寅四時（按：原書作從亥至辰），罨耳或揭或罨，寅時揭從左邊、亥時揭從右邊，子丑二時全戴。蓋寅亥時爲通氣，故揭一邊；子丑爲嚴凝，故全戴）鞋、袴、行纏以立春納音爲法（逢金、木，繫（按：原書脱「繫」字）行纏、鞋、袴，金行纏左闕，懸在腰左；木行纏右闕，繫在腰右。水日俱全。火日俱無。土日着袴，無行纏、鞋子）。老、少，以立春年爲法（寅申巳亥，老；子午卯酉，壯；辰戌丑未，幼。身高三尺六寸，按配一年三百六十日）。

清 光緒《海城縣志》卷七《風俗》 喪葬不作佛事，富家用松柏木，貧家用楊柳板，有棺無槨。服梅之親族，送葬帶白孝布，子孫亦然。不用麻衣冠，不修墳墓，均用土壙山。向葬期山陰陽家擇定葬畢，守制三年，富者不立神主，家供神堂，逢節焚紙。

清 黄維翰《呼蘭府志》卷四《禮俗略》 回教喪事無服制，無供祭，無紮彩焚箔各儀式。初喪炷香，屍首覆面以布，喪主哭於禮拜寺，謂之報寺。領取清水一盂，並請經匣暨副木二具，副木不審本名，俗語別之曰水溜子、乾溜子。既至，置尸水溜子木上，倩清潔者二人浴尸，男尸男浴，女尸女浴。阿訇臨視，默誦經文。浴畢移於乾溜子木上，熏擦香料，繼團粳米飯塞鼻耳諸竅，殮以白布纏裹之，無衣衾，覆以經匣，經匣，上棺也，棺之蓋與牆也。乾溜子木者，經匣之底也。三日即殯，届期戚友咸弔，發靷六人舁經匣上罩棺籠。阿訇前導，壙以木板爲牆壁，亦有砌磚作甃圈式者。

紀事

《左傳·襄公二年》（杜預注 孔穎達疏） 夏齊姜薨，初穆姜使擇美檟。注：檟，梓之屬。音義檟，古雅反，木名。疏《正義》曰：《釋木》云：槐小葉曰檟。郭璞曰：槐當爲楸，楸細葉者爲檟。又云：大而皵楸，小而皵檟。樊光云：大，老也，皵棤皮也。皮老而麄棤者爲楸。小，少也，少而麄棤者爲檟。又云椅梓，郭璞曰即楸也。如彼所云，楸梓皆檟之小別，故云梓之屬也。以自爲櫬與頌琴。注櫬，棺也。頌琴，琴名，猶言雅琴，皆欲以送終。音義櫬，初覲反。疏《正義》曰：以論死者言櫬，知櫬是棺也。四年注云櫬，親身棺也。以親近其身，故以櫬爲名焉。《禮記·檀弓》曰：天子之棺四重，水兕革棺一，杝棺一，梓棺二。鄭玄云：杝，椴也，所謂椴棺也。梓棺二，所謂屬與大棺也。記文從内向外，水兕革棺，最近尸也。次椑，以椴爲之；次屬與大棺，乃以梓爲之。《檀弓》又云：君即位而爲椑。鄭玄云：椑謂杝棺，親尸者，椑堅著之言也。天子椑内又有水兕革棺，《喪大記》云：君大棺八寸，屬六寸，椑四寸，如彼記文。諸侯之棺三重，親身之棺，名之爲椑，椑即櫬是也。其椑用椴爲之，屬與大棺乃用梓耳。此以梓爲櫬者，名之曰櫬。

漢　司馬遷《史記》卷一二六《滑稽列傳》　優孟，故楚之樂人也。長八尺，多辯，常以談笑諷諫。楚莊王之時，有所愛馬，衣以文繡，置之華屋之下，席以露牀，啗以棗脯。馬病肥死，使羣臣喪之，欲以棺槨大夫禮葬之。左右爭之，以爲不可。王下令曰：「有敢以馬諫者，罪至死。」優孟聞之，入殿門，仰天大哭。王驚而問其故。優孟曰：「馬者王之所愛也，以楚國堂堂之大，何求不得，而以大夫禮葬之，薄，請以人君禮葬之。」王曰：「何如？」對曰：「臣請以彫玉爲棺，文梓爲椁，楩楓豫章爲題湊，發甲卒爲穿壙，老弱負土，齊趙陪位於前，韓魏翼衛其後，廟食太牢，奉以萬户之邑。諸侯聞之，皆知大王賤人而貴馬也。」王曰：「寡人之過一至此乎！爲之柰何？」優孟曰：「請爲大王六畜葬之。以壠竈爲椁，銅歷爲棺，齎以薑棗，薦以木蘭，祭以糧稻，衣以火光，葬之於人腹腸。」於是王乃使以馬屬太官，無令天下久聞也。

三國魏　王肅《孔子家語》卷一〇《終記解》　孔子之喪，公西赤掌殯葬焉。啥以蔬米三貝，襲衣十有一稱，加朝服一，冠章甫之冠，珮象環徑五寸，而綦組綬。桐棺四寸，柏椁五寸，飾廧置翣設披，周也。設崇，殷也。綢練設旐，夏也。兼用三王禮，所以尊師，且備古也。葬於魯城北泗水上，藏入地不及泉，而封爲偃斧之形，高四尺，樹松柏爲志焉。

南朝宋　范曄《後漢書》卷四二《光武十王傳》　立五十二年，永元二年薨。自中興至和帝時，皇子始封薨者，皆賻錢三千萬，布三萬匹；嗣王薨，賻錢千萬，布萬匹。是時竇太后臨朝，竇憲兄弟擅權，太后及憲等，東海出也，故睦於焉而重於禮，加賻錢一億。詔濟南、東海二王皆會。大爲修冢塋，開神道，平夷吏人冢墓以千數，作者萬餘人。發常山、鉅鹿、涿郡柏黄腸雜木，三郡不能備，復調餘州郡工徒及送致者數千人。凡徵發摇動六州十八郡，制度餘國莫及。

南朝梁　沈約《宋書》卷一五《禮志》　宋孝武大明五年閏月，皇太子妃薨。樟木爲櫬，號曰樟宫。載以龍輴。造陵於龍山，置大匠卿斷草，司空告后土。謂葬曰山塋。祔文元皇后廟之陰室，在正堂後壁之外，北向。御服大功九月，設位太極東宫堂殿。中監、黄門侍郎、僕射並從服。從服者，御服衰乃從服，他日則否。宫臣服齊衰三月，其居宫者處寧假。

北齊　魏收《魏書》卷八七《張安祖傳》　張安祖，河陽人也。襲世爵山北侯。時有元承貴，曾爲河陽令，家貧，且赴尚書求選，逢天寒甚，遂凍死路側。一子年幼，停屍門巷，棺斂無託。安祖悲哭盡禮，買木爲棺，手自營作，斂殯周給。朝野嘉歎。尚書聞奏，標其門閭。

北魏　楊衒之《洛陽伽藍記》卷三　洛陽太市北奉終里里内之人多賣送死人之具及諸棺槨，涵謂曰：「作柏木棺，勿以桑木爲欀。」人問其故，涵曰：「吾在地下見人發鬼兵，有一鬼訴稱是柏棺，應免。主兵吏曰：爾雖柏棺，桑木爲欀。遂不免。」京師聞此，柏木踊貴。人疑賣棺者貨涵發此等之言也。

唐　段成式《酉陽雜俎》卷一三　弔字，矢貫弓也。古者葬棄中野，《禮》：貫弓而弔，以助鳥獸之害。後魏俗竟厚葬，棺厚高大，多用柏木，兩邊作大銅鐶鈕，不問公私貴賤，悉白油絡幰轜車，迾素稍仗，打虜皷，哭聲欲似南朝。傳哭挽歌無破聲，亦小異於京師焉。

又　元魏時菩提寺增多，曰達多發冢取塼，得一人，自言姓崔名涵字子洪，在地下十二年如醉人。時復遊行，不甚辨了，畏日及水火兵刃，常走疲極則止。洛陽奉洛里多賣送死之具，涵言：「作柏棺，莫作桑欀。吾地見發鬼兵，一鬼稱是柏棺。主者曰：『雖是柏棺，乃桑欀也。』」

又　南陽縣民蘇調女死三年，自開棺還家，言冥將吏畏赤小豆、黄豆，死有持此二豆一石者，無復作苦。又言：可用梓木爲棺。

唐　鄭處誨《明皇雜録》卷上　開元中，房琯之宰盧氏也。邢真和璞自太山來，房琯虚心禮敬，因與攜手閑步，不覺行數十里。至夏谷村，遇一廢佛堂，松竹森映。和璞坐松下，以杖叩地，令侍者掘深數尺，得一缾，缾中皆是婁師得與永公書。和璞笑謂曰：「省此乎？」房遂灑然，方記其爲僧時，永公即房之前身也。和璞謂房曰：君殁之時，必因食魚鱠。既殁之後，當以梓木爲棺。然不得殁于君之私第，不處公館，不處玄壇、佛寺，不處親友之家。其後譴于閬州，寄居州之紫極宫，卧疾數日，使君忽具鱠邀房于郡齋。房亦欣然命駕，食竟而歸，暴卒。州主命攢櫝于宫中，棺得梓木爲之。

五代　劉昫《舊唐書》卷二六《禮儀志》　貞元十五年四月，膳部郎中歸崇敬上疏：東都太廟，不合置木主。謹按典禮，虞主用桑，練主用栗，重作栗主，則埋桑主。所以神無二主，猶天無二日，土無二王也。今東都太廟，是則天皇后所建，以置武氏木主。中宗去其主而存其廟，蓋將以備行幸遷都之所也。

宋 陶岳《五代史補》卷四《沈彬石槨》 沈彬，宜春人，能爲歌，詩格高逸，應進士不第，遂遊長沙。會武穆方霸，彬獻頌德詩云：「金翅動身摩日月，銀河轉浪洗乾坤。」武穆覽而壯之，欲辟之在幕府，以其有足疾，遂止。彬由是往來衡湘間，自稱進士。邊鎬之伐湖南也，後主聞其名，召歸金陵，令爲縣宰。彬辭不就。遂授金部郎中，致仕，年八十九。初彬既致仕，營別業於鍾山，庭有古栢，可百餘尺。一旦爲迅雷所擊，仆於地，自成四片。彬視之，欣然謂子庭瑞曰：「此天所以賜吾也。汝宜成之。」庭瑞曰：「雷擊之木，恐非祥，不宜爲棺。」彬怒曰：「吾命汝，安得違之耶？」庭瑞懼，遂如教。卒竟用此棺。及葬，掘地未及丈餘，又得石槨，上有篆文四字云「沈彬之槨」，其制度大小與棺正相稱，遂葬之。時人異焉。

宋 周應合《景定建康志》卷二八 大成殿在櫺星門北戟門内，從祀位在兩廊，舊禮器漆繪竹木爲之。寶祐二年，王公埜置新禮器，尊、罍、勺、爵、簠簋、坫、豆皆造以錫，定陳器實饌儀爲二圖，春秋上丁釋奠則舒于殿前，以示執事。

金 趙秉文《滏水集》卷二〇《題米元章脩静語録引後》 米元章知淮陽，預知死期，以香木爲棺，置黄堂上，飲食起居時在其間。及期，召吏民所親厚者與之別，索紙書云：「來從衆香國中來，去當衆香國中去。」擲筆而化。北山程俱致道所作墓誌銘及洪邁《夷堅志》所言如此。世皆知元章能書，書一藝耳，亦何足道。然非有仙骨，視聲色富貴不足以槩其心者，亦不能造徹入妙。

元 脱脱《宋史》卷六六《五行志》 慶元六年十月，瓊州訛言妖星流墮民郭七家，聲如雷。通判曾丰暨瓊山縣令移文驚擾，後皆坐絀。簽書樞密院事林存爲似道所擯，道死于漳。漳有富民蓄油結木甚佳，林氏子弟求之，價高不可得，因撫其木曰：「收取收取，待賈丞相用。」德祐元年，似道謫死，郡守與之經營，竟得此木以殮。

又 卷二五六《安易傳》 景德初，禮官詳定明德皇太后靈駕發引，於京師壬地權攢，依禮埋懸重，升祔神主。安易上言：《禮》云「既虞作主」，虞者，已葬設吉祭也。明未葬則未立虞主及神主。所以周制但鑿木爲懸重，以主神靈。王后七月而葬，則埋懸重，掩玄堂，凶仗、輼輬車、龍輴之屬焚於柏城訖，始可立虞主。吉仗還京，備九祭，復埋虞主，然後立神主，升廟室。自曠古至皇朝，上奉祖宗陵廟行此禮，何以今日乃違典章，苟且升祔，方權攢安立神主，未大葬輒埋懸重？且棺柩未歸園陵，則神靈豈入太廟？柰柏城未焚凶仗，則凶穢唐突祖宗。望約孝章近例，但於壬地權攢，未立神主升祔，凶儀一切祗奉。俟丙午年靈駕西去園陵，東回祔廟。如此則免於顛倒，不利國家。

明 宋濂《元史》卷七二《祭祀志》 [大德九年]夏四月壬辰，中書復集議。博士言：「舊制神位版用木。」中書議，改用蒼玉金字，白玉爲座。博士曰：「郊祀尚質，合依舊制。」遂用木主，長二尺五寸，闊一尺二寸，上圓下方，丹漆金字，木用松柏，貯以紅漆匣，黄羅帕覆之。造畢，有司議所以藏。議者復謂，神主廟則有之，今祀於壇，對越在上，非若他神無所見也。所製神主遂不用。

明 夏元吉《明實録》之《太祖實録》卷四四 [洪武二年]丁亥，禮部奏，按《禮記·郊特牲》曰郊之祭也，器用陶匏瓦器，尚質故也。《周禮·籩人》凡祭祀供簠簋之實。疏曰：外祀用瓦簋，今祭祀用磁，已合古意。惟盤盂之屬，與古之簠簋登豆制異。今擬凡祭器皆用磁，其式皆倣古之簠簋豆登，惟籩以竹。詔從之。

明 楊爵《楊忠介集》卷五《三十四則》 我前有書，令舜卿北山中買栢木與叔祖母作壽材，不要遲悮，重我不孝不德，以速上天之誅。

明 朱厚熜《諭對録》卷二四《諭少傅張元輔》 前所議於春吉恭製圜丘奉祀正配位，今尋買如昨暫製之香木，未得如其紙式大者，朕命如原式作一木様甚大，亦思恐難捧安。又作一式減之半正位之趺作圓配位，少規四角亦未得。如式之香木止有如昨用者，但原議用香木，取其貴於木耳。因香色玄潔，故不必漆耳。今既材狹，不知湊聯使得否？如不可用，次等以青飭之。又如用原大式，則以木爲之，但不及香好。或令户部差人於産香處急買一二來，俱不知何處善；卿其詳議來。又圜丘架罩宜如卿擬，不可太重了，亦止高闌干五寸足矣。凡月朔，太常官親領人役視潔，每歲視牲日即啓之，便轉示所司奉行。

明 耿定向《先進遺風》卷下 [董朴]宦十數年許，僅一青布袍，一革靴耳。赴任時，諸子請曰：「大人平生志節，兒輩能諒，一切生事，不敢少覬望大人矣。第念大人年高，蜀中多美材，後事可爲計也。」公曰唯唯。既致政歸，諸子迎之水次，間討於公曰：「往者兒請命爲後事計者如何？」公曰：「吾聞之人云，杉不如栢也。」子曰：「大人今所具者栢耶？」公莞爾曰：「吾茲載有栢子在，種之可也。」

明 謝肇淛《滇略》卷九 鎮康州蠻名石睒，在灣甸東南，黑僰所居。形惡體黑，以青白布爲衣，跣足荆棘中如飛。男子出，婦人閉户静坐以待。有事，籤鷄骨卜吉凶，病不服藥，專祭鬼。死則剜木爲棺，殯之墳上，植一樹爲識。土田瘠狹，有無量烏木，龍二山其産大。藥鮮子蟒膽。

明 施端教《讀史漢翹》下卷一 帝堯之葬也，窾木爲匱，窾空便房、黄腸題湊各一具。以柏木黄心致累棺外，故曰黄腸。木頭背内向，故曰題湊。

清 吳任臣《十國春秋》卷二九《沈彬》 元宗遷南都，彬年八十餘來見，曰：「臣久處山林，不預世事。臣妻曰：君主人郎君今爲天子，何不一往。臣遂忘衰老而來。」元宗命無拜，厚賜粟帛，以其子元爲秘書省正字。彬先歲常指鍾山雷擊栢木四片曰：「此天所以賜吾也。」亟命工治爲櫬，諸子不敢違己。

清 馬驌《繹史》卷九 墨子堯北教乎八狄，道死葬蛩山之陰，衣衾三領，穀木之棺，葛以緘之。既泌而後哭，滿埳無封。已葬而牛馬乘之。

清 徐乾學《讀禮通考》卷九五《槨棺》 盛弘之《荆州記》冠軍縣東一里有張詹墓，魏太和時人也。刻碑背曰「白楸之棺，易朽之裳，銅錢不入，瓦器不藏。嗟爾後人，幸不我傷。」

清 雍正《陝西通志》卷六六 岳氏户部主事王瑨妻商州人，少敏慧，通《孝經》、《列女傳》及唐宋諸詩。十七歸瑨，二十瑨亡，守節五十餘年。病革時猶能遠聽，知其所製棺爲樟木，蓋静極所致云。弘治中旌表。

清 乾隆《鄧州志》卷八《古蹟》 三國魏征南軍司張詹墓在冠軍城湍水西，酈道元謂其墓有碑，碑背刊云「白楸之棺，易朽之裳。銅鐵不入，凡器不藏。嗟矣後人，幸勿我傷。」自後古墳舊冢莫不夷毁，而是墓至元嘉初尚不見發。六年大水蠻饑，始被發掘。説者言初開金銀銅錫之器、朱漆雕刻之毹爛然，有二朱漆棺，棺前垂竹簾，隱以金釘墓，不甚高而内極寬大，虚設白楸之言，空負黄金之實，雖意□南山，甯同壽乎？

清 嘉慶《濬縣志》卷一六《人物》 柴象觀。《曾馬合志稿》：象觀，太學生，候選州同知，文昌書院膏火缺，捐田五十二畝。康熙壬辰，江南大饑，象觀客蕪湖，行篋中有白金三百兩，悉煮粥以食餓者。家有桑樹數百株，制爲棺，以施貧人。井固村有老河，行人往來不便，建石橋以濟之。修南門外石路，西河岸墊石路一百餘丈，廣仁育嬰堂皆有樂輸。

清 錢泳《履園叢話》卷二四《小棺材》 蘇州府城隍廟住持有袁守中者，所居月渚山房，因以自號。余嘗借寓其齋，見案頭有紫檀木小棺材一具，長三寸許，有一蓋可闔可開。笑曰：「君製此物何用耶？」袁曰：「人生必有死，死則便入此中。吾怪世之人，但知富貴功名利慾嗜好，忙碌一生，而不知有死者，比比是也。故吾每有不如意事，輒取視之，可使一心頓釋，萬事皆空，即以當嚴師之訓誡，座右之箴銘可耳。」余聞之悚然，守中其有道之士歟。

清 道光《廈門志》卷二《分域》 施棺義厰。嘉慶二十五年，因疫癘時行，巡道倪琇、水師中營叅將楊繼勳、廈防同知咸成勸捐洋銀四千一百七十五圓，隨時施棺瘗埋。道光九年，諭董事凌翰凌永屏於海岸街建蓋義厰，董事自行捐造歷任提督、道廳各有捐施。十二年春復大疫，紳士郭炯出其父郭權遺資八百圓，子宗濂捐銀二百金爲倡，共捐銀三千二百三十六圓，施捨棺木一千零五十六具。外十一年四月至十二年八月止，實存一千九百零七圓，内置店屋本銀一千七百四十一圓，每年息銀二百餘圓。董事凌翰凌、永屏楊上儀蘇學浩掌理。

清 道光《寶慶府志》卷一三八《國朝耆舊傳·善行下》 王舜臣，邵陽人，監生。性良善忼慨。道光乙未，飢村中貧者。舜臣日給一餐，計費米八十石。丙申大疫，多死者，製松木棺六十殮之。

清 道光《觀城縣志》卷四 明洪武初年，頒設壇制，令府州縣各設壇壝壇而不屋，風雲雷雨山川壇，高二尺五寸，方廣二丈五尺，四出各有陛，南陛五級，東西北皆三級，四面各十五丈，繚以周垣，出入以南門。有庫房、神廚宰牲房、齋宿所等制，神牌各一，以木爲之，高二尺三寸，廣四寸五分，厚九分，趺高四寸五分，朱漆，青字各書神號。臨祭設之。

清 光緒《南樂縣志》卷一〇《志餘》 棺異。光緒二十年十一月二十二日，谷念村郭氏以煙黔墨棺，棺四面忽成山水、人物、花卉、竹樹、鳥獸之形，纖毫畢見，鳥獸皆作飛舞狀，棺蓋上一大人錦袍玉帶，其長竟棺。此中有爲之者，與造物不如，是多事也。無爲之者，與何以形容畢具，如人之善於寫生耶？夫陰陽之感靈而善變，變則成形，形則必有所肖，所肖者必皆天地所有之物，常也，非異也。不然大理之石誰爲入而點綴者？或曰：異乎，其本無而忽有也。曰：天地之間，何者非本無而忽有者哉？

著録

清 永瑢《四庫全書總目》卷二二《三禮圖集注》二十卷内府藏本。宋聶崇義撰。崇義，洛陽人，周顯德中累官國子司業。世宗詔崇義參定郊廟祭玉，因取三禮舊圖，凡得六本，重加考訂。宋初上於朝，太祖覽而嘉之，詔頒行。考禮圖始於後漢侍中阮諶，其後有梁正者，題諶圖云。陳留阮士信受學於潁川綦母君，取其説爲圖三卷，多不案禮文，而引漢事與鄭君之文違錯。正稱《隋書經籍志》列鄭元及阮諶等《三禮圖》九卷，《唐書藝文志》有夏侯伏朗《三禮圖》十二卷、張鎰《三禮圖》九卷，《崇文總目》有梁正《三禮圖》九卷。宋史載吏部尚書張昭等奏云，《四部書目》内有《三禮圖》十二卷，是開皇中敕禮部修撰。其圖第一、第二題云梁氏，第十後題云鄭氏。今書府有《三禮圖》，亦題梁氏鄭氏，則所謂六本者。鄭元一、阮諶二、夏侯伏朗三、張鎰四、梁正五、開皇所撰六也。然勘驗鄭志，元實未嘗爲圖，殆習鄭氏學者作圖，歸之鄭氏歟？今考書中宫室車服等圖，與鄭注多相違異，即如少牢饋食敦皆南首，鄭注云「敦有首者，尊者器飾」也。飾蓋象龜。周之制，飾器必以其類，龜有上下甲，此言敦之上下象龜上下甲，蓋者意擬之辭。而是書敦與簠簋皆作小龜，以爲蓋頂，是一器之微，亦失鄭意。沈括《夢溪筆談》譏其犧象尊黄目尊之誤，歐陽修《集古録》譏其簋圖與劉原甫所得真古簋不同，趙彦衛《雲麓漫鈔》譏其爵爲雀背承一器，犧象尊作一器繪牛象，林光朝亦譏之曰：「聶氏《三禮圖》全無來歷，穀璧則畫穀，蒲璧則畫蒲，皆以意爲之，不知穀璧止如今腰帶銙上粟文耳。」是宋代諸儒亦不以所圖爲然。然其書鈔撮諸家，亦頗承舊式，不盡出於杜撰。淳熙中陳伯廣嘗爲重刻，題其後云：「其圖度未必盡如古昔，苟得而考之，不猶愈於求諸野乎？」斯言允矣。今姑仍其舊帙録之，以備一家之學。此書世所行者爲通志堂刊本，或一頁一圖，或一頁數圖，而以説附載圖四隙，行款參差，尋覽未便。惟内府所藏錢曾也是園影宋鈔本，每頁自爲一圖，而説附於後，較爲清整易觀，今依仿繕録焉。

又《三禮圖》四卷浙江吴玉墀家藏本。明劉績撰。績字用熙，號蘆泉，江夏人。宏治庚戌進士，官至鎮江府知府。是書所圖，一本陸佃《禮象》、陳祥道《禮書》、林希逸《考工記解》諸書，而取諸《博古圖》者爲尤多，與舊圖大異。考漢時去古未遠，車服禮器猶有存者。鄭康成圖雖非手撰，要爲傳鄭學者所爲。阮諶、夏侯、伏朗、張鎰、梁正亦皆五代前人，其時儒風淳實，尚不以鑿空臆斷相高。聶崇義參考六本，定爲一家之學。雖踵謬沿譌，在所不免，而遞相祖述，終有典型。至《宣和博古圖》所載，大半揣摩近似，强命以名，其間疎漏多端，洪邁諸人已屢攻其失，績以漢儒爲妄作，而依據是圖，殊爲顛倒。然所采陸陳諸家之説，如齊子尾送女器出於魏太和中，犧尊純爲牛形，王肅據以證鳳羽婆娑之誤；齊景公器出晉永康中，象尊純爲象形，劉杳據以證象骨飾尊之非；蒲璧刻文如蒲荏敷時，穀璧如粟粒，其器出於宋時，沈括據以證蒲形未形之謬。此書並採用其説，亦足以備一解。至於宫室制度、輿輪名物，凡房序堂夾之位，軌較賢藪之分，亦皆一一分析，不惟補崇義之闕，且以拾希逸之遺。其他斑荼曲植之屬，增舊圖所未備者又七十餘事，過而存之，未始非兼收並蓄之義也。

藝文

唐 王子先《笏賦》 昔者聖人之理天下也，辨方位，垂衣裳，制兹手板，整乎維綱。莫不明有德，著才良，法天地，體陰陽。欲其表行見能，則外文而内質；取其前讓後敬，則上圓而下方。笏之時義，遠矣大矣。蕭何列其深規，郭璞辨其微旨。請原爲用之本，特一作將申建造之始。採文竹，拔象齒，爰謀爰相，載考載擬。華晥功一作切錯，英明卓峙。焕飛霞，綴流晷。殊相逸發，奇文秀起。五嶽備焉，四瀆呈止。上及君帝，下及庶士。或魚須而表其章，或玉珽以申其美。故能朱紫不奪，尊卑咸理，懿夫植性端平，文理中正。間瓊弁而雪白，對華纓而氷浄。出入必書，俛仰惟敬。其在宗廟，即搢而請享；其在朝廷，即端而受命。豈不用捨隨時，物莫之令。雖冠冕之貴，黼黻之飾，徒有備於朝儀，孰與兹而同德。

宋 衛宗武《秋聲集》卷三《唐村買杉爲椁南潯買杉爲棺戲作》 一出四旬歸，身謀喜不遺。歌方想原壤，譏復合龜兹。厚薄惟求稱，死生難預知。桐棺三寸窆，亦足矯荼毗。

清　舒位《黔苗竹枝詞》一卷《紅犵狫》　三寸桐棺一栗牌，山圍皮骨水湔骸。淚珠若到家親殿，憑仗紅裙細細揩。男女桶裙，以紅布爲之。曰紅犵狫殮以棺而不葬，或置巖穴閒，或臨大河，不施蔽蓋，樹木主識其處曰「家親殿」，歲時展埽之。

又《平伐苗》　木槽埋趁一身寬，論定何須更蓋棺。略倣南朝通替式，不知曾許再開看。平伐人死盛于木槽而瘞之，有底無蓋，獨木所成，此與殷淑妃通替棺頗類。

圖表

笲

宋　聶崇義《三禮圖集注》卷二　《士昏禮》：質明贊見婦于舅姑，婦執笲棗栗自門入，升自西階，進拜奠于舅席。又降階受笲腶脩，升進北面，拜奠于姑席下。記云：笲，緇被纁裏。注云：被，表也。笲有表者，婦見舅姑，以飾爲敬。賈又釋上注云：笲，竹器而衣者，以字從竹，故知是竹器也。其形蓋如今之筥簝蘆矣。音墟盧漢時有筥笑蘆，故舉之以況笲也。但漢法去今遠，其狀無以知之，或見圖中如筥狀，其口微弇而稍淺，今取以爲法，笲音煩，又舊圖讀如皮弁之弁，以繒衣之容一斗。

又　《昏禮記》云：笲緇被纁裏加于橋。注云：橋所以庪笲，其制未聞。庪居委反舊圖云讀如橋，舉之橋，以木爲之，似今之步案。高五尺，下跗午貫舉笲處，亦午爲之。此則漢法也，既周制無聞，今亦依用。

橋

又　卷三《士冠禮》云：櫛實于簞。註云：簞，笥也。又《曲禮註》云：圓曰簞，方曰笥，笥與簞方圓有異。此云簞笥也，共爲一物者，鄭舉其類也。

簞

又　《士冠禮》云：爵弁、皮弁、緇布冠各一匴，執以待于西坫南。註云：匴，竹器名，今之冠箱也。舊圖畫而圓，梁正改而方。舊匴在爵弁之下，今依經次於簞後。

匴

又《後漢志》云：長冠，一曰齊冠，前高七寸，廣三寸，而後促漆纚爲之，制如版，以竹爲裏。初高帝微時，以竹皮爲之，謂之劉氏冠。楚冠制也。祀宗廟諸祀則冠之，皆袀玄。袀，居匀反，獨斷曰紺，繒也。《吴都賦》注云：袀，阜服也。

長冠

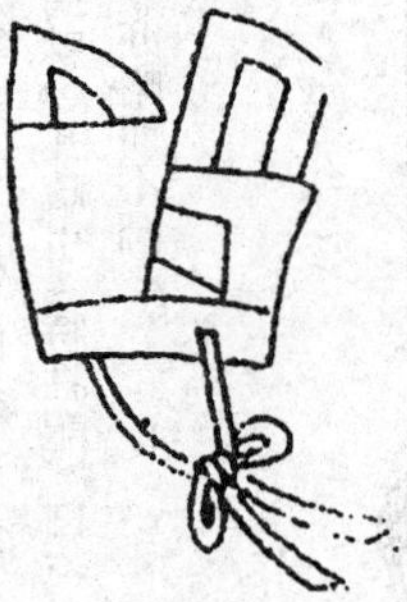

又 卷五 《周禮》笙師教其舂牘。先鄭云：牘以竹，大五六寸，長七尺，短者一二尺。其端有兩空髤，音休畫以兩手築地。

牘

又 卷七 《大射》云：建鼓在阼階西南鼓。註云：建猶樹也。以木貫而載之，樹之跗也。南鼓謂所伐面也。賈釋云：周人縣鼓，今言建鼓，用殷法也。主於射略於樂，故用先代鼓，此亦諸侯、卿大夫射之所用也。

建鼓

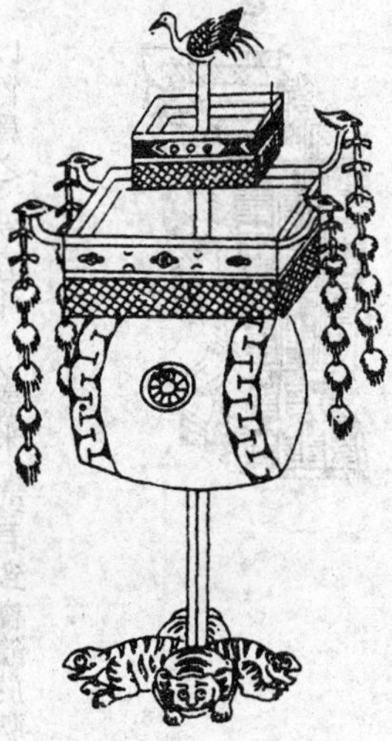

又 卷一二 刻木爲之，漆赤中爵，盡也足也。舊圖亦云：畫赤雲氣，餘同玉爵之制。

爵

又 舊圖云：觥大七升，以兕角爲之。先師説云刻木爲之，形似兕角，蓋無兕者，用木也。

觥

又 舊圖云：筐以竹爲之，長三尺，廣一尺，深六寸，足高三寸，如今小車笭。

筐有蓋

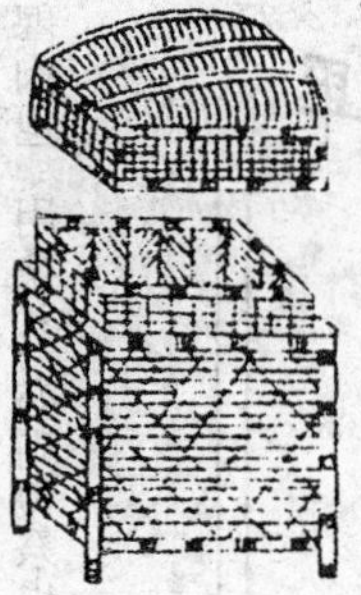

用之。

又 舊圖云：以竹爲之，受五斗，以盛米，或君致饔餼於聘賓，雜筥以

小筐

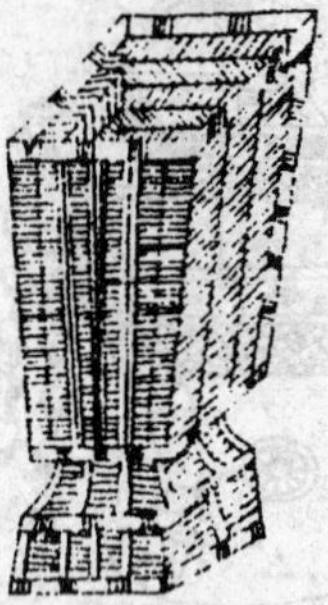

又 竹籚方，以盛棗栗。案《聘禮》云：夫人使下大夫以二竹籚方玄被纁裏有蓋。注云：竹籚方者，器名也。以竹爲之，狀如籚而方，如今寒具筥。賈疏云：凡籚皆用木而圓，受斗二升。此用竹而方，故云如籚而方，受亦斗二升。

竹籚方有蓋

又 卷一三《雜記》云：朼，以桑長三尺。注云：朼，所以載牲體者也。喪祭用桑，吉則用棘。孔疏引《特牲記》曰：匕也。舊圖下别有刻匕，是其重也。既非法制，今亦略而不圖。

朼

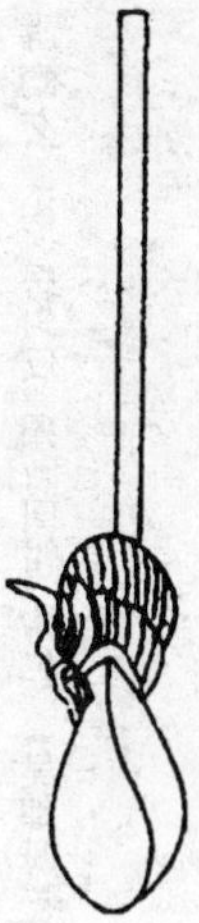

又 《雜記》云：畢用桑，長三尺，刊其柄與末。孔疏云：主人舉肉之時，以畢助主人舉肉也。用桑者，亦謂喪祭也。吉時亦用棘，末謂畢叉末，頭亦刊削之也。

畢

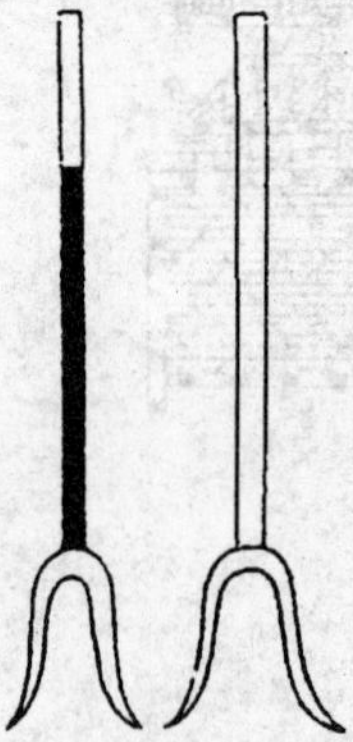

又 醴有柶，用角爲之。鍘有柶，用木爲之。舊圖云：柶長尺，櫑博三寸。櫑音葉，本又作二寸，其醴柶宜爲二寸。曲柄長六寸，漆赤，中及柄端。

鍘 柶

又 舊圖云：豆高尺二寸，漆赤中，大夫已上畫赤雲氣，諸侯飾以象，天子加玉飾，皆謂飾口足也。臣崇義案：《考工記》旊人爲豆，高一尺。又鄭注《周禮》及《禮記》云：豆以木爲之，受四升，口圓徑尺二寸，有蓋，盛昌本脾析豚拍之虀，醓羸兔鴈之醢，韭菁芹筍之菹，麋麕之屬。鄭注《鄉射記》云：豆宜濡物，籩宜乾物，故也。

豆

又　臣崇義案：鄭注：籩人及士虞。《禮》云：籩以竹爲之，口有縢緣，形制如豆，亦受四升。盛棗栗桃梅菱芡脯脩膴鮑糗餌之屬，有巾。案《儀禮・鄉射》脯長尺二寸，横於籩上。

籩

苴杖

又　卷一五　苴杖，竹也。爲父所以杖用竹者，父是子之天，竹圓亦象天，竹又外内有節，象子爲父亦有外内之痛。又能貫四時而不變，子之爲父哀痛亦經寒温而不改，故用竹也。

削杖

又　卷一六　削杖，桐也。爲母杖桐者，桐之言同也。欲取内心悲痛，同之於父也。以桐外無節，象家無二尊，故外屈於父，爲之齊衰，經時而有變也。

又　卷一七　鬠笄，用桑長四寸，纋中鬠結也。取會聚之義，謂先以組束髮，乃笄也。注云：桑之爲言喪也，爲喪所用，故以桑爲笄，取聲名之也。笄長四寸者，不冠故也。若冠，則笄長也。古之死者，但鬠笄而不冠，婦人但鬠而無笄。案：下篇記云：其母之喪鬠無笄。注云：無笄，猶丈夫之不冠也。

鬠笄

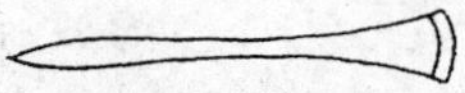

重

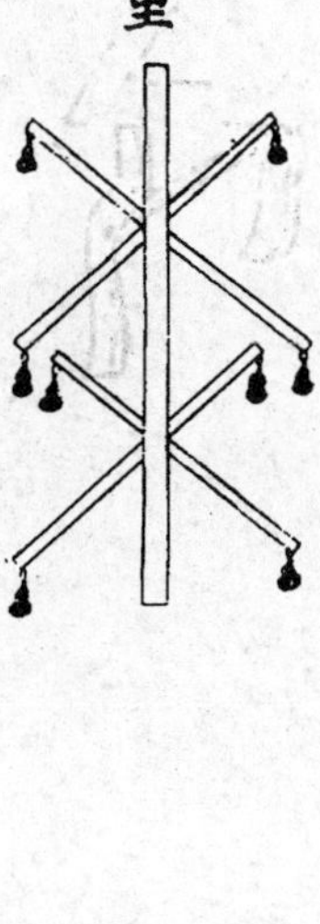

又　《士喪禮》云：重，木刊鑿之。甸人置重于中庭，三分庭，一在南。註云：木也。縣物焉曰重，刊斲治之也。鑿之爲縣簪孔士，長三尺。賈釋云：木也，縣物焉曰重者，解名木爲重之意，以其木有物縣於下，相重累故得名重云。簪孔者，下繫用軡音軡軡即篾音蔑也。篾者，竹之青皮，以篾貫二鬲内此孔中。言簪者，若冠之簪，使冠連屬於紒。音髻此用軡篾貫鬲連屬内於重木之孔，故云簪。

又　卷一八　折横覆之。註云：折猶庪也。方鑿連木爲之，蓋如牀而縮者三，横者五，無簀窆事畢加之壙上，以承抗席。賈釋云：横覆之者，加於壙，時南北長，東西短，是知狀如牀也。陳時長者東西，言覆者見其善面在上也。加在壙上時，則反善面向下，云折猶庪藏物。然知無簀者，以其縮三横五，以當簀處也。

折

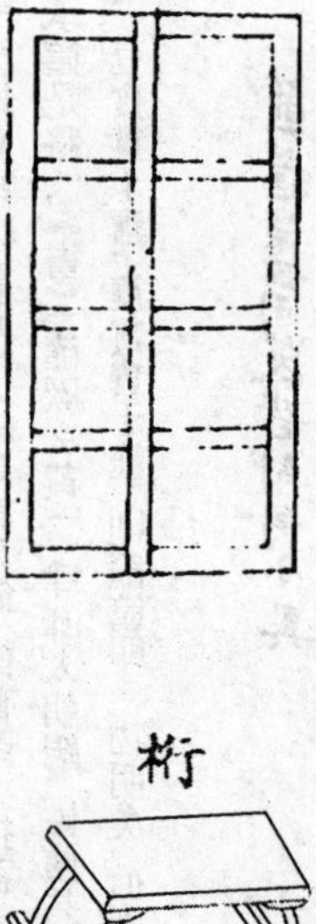

桁

又《既夕禮》云：皆木桁久之。註云：桁所以庋苞筲甕甒也。久當爲炙，炙謂蓋塞其口，每器異桁。賈釋云：皆木桁久之者，謂自苞筲以下皆炙塞之置於木桁也。然苞筲等燥物，直苞塞之無冪甕甒，濕物非直炙塞其口，又加冪覆之。又孔義云：桁以木爲之，置於地，所以庋甕甒也。又阮氏、梁正等圖云桁制若今之几，狹而長，以承藏具，實未見聞。

明 劉績《三禮圖》卷四　醴柶，用角爲之；鉶柶，用木爲之。《舊圖》云柶長尺，櫼傳三寸。櫼音葉，本又作二寸，其醴柶宜爲二寸，曲柄長六寸，漆赤中及柄端。聶氏曰：《聘禮》云以柶祭醴尚櫼。《少牢禮》云以柶祭羊鉶，遂以祭豕鉶。又《士冠禮》注柶狀如匕，以角爲之滑也。今祭鉶之柶既用木，亦宜如疏七淺深爲之，方得挹鉶芼之湇以祭之也。醴柶葉又短於鉶柶。今按梁阮二氏不辨醴鉶二柶，惟云柶圓爲勺形，無淺深之語，恐失之矣。又《公食大夫禮》云：設四鉶于豆西，又曰：扱上鉶以柶辨擩之上鉶之間祭。注云：扱，其鉶菜也。賈疏：此經有四鉶，而扱上鉶辨擩，則柶一優賓，故用一柶而已。少牢羞兩鉶皆有柶尸，扱以柶祭，羊鉶、豕鉶彼爲祭神，故宜各有柶也。

柶

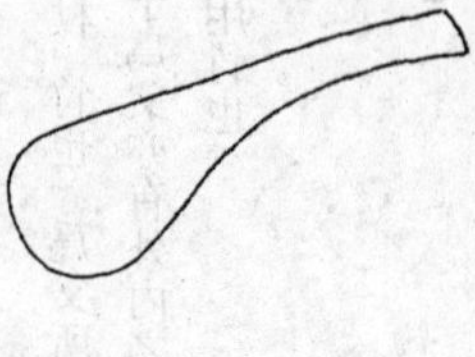

又《雜記》：挑以桑，長三尺或曰五尺；畢用桑，長三尺。刊其柄與末。舊説七形，如飯栗。音鍫，鄭氏作摻同。葉長八寸，博三寸，理或然也。挑七載牲體於俎者也，又可挹湇飯黍疏七疏通其葉祭清者也。

畢

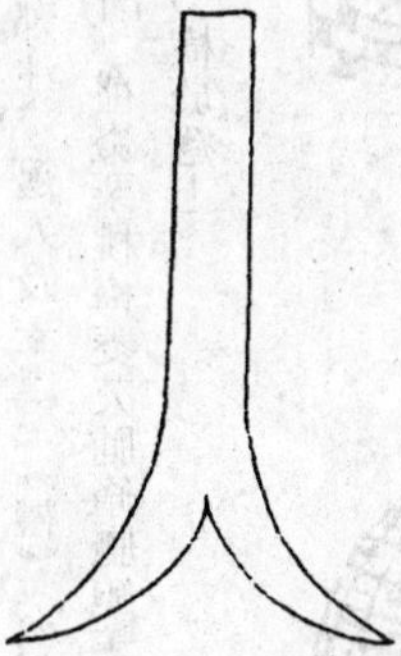

又 舊圖篚以竹爲之，長三尺，廣一尺，深六寸，足高三寸，如今小車。笭按：篚實五爵，勺柶又可以實五幣，觚高有尺餘，則舊圖大抵蓋言其小者耳。又名筐，《詩》「承筐是將」，《書》「篚厥玄黄」。肆師大朝覲，佐儐共設匪罋公食大夫。《禮》云：豆實實于罋，簋實實于篚，則篚筐即一物明矣，但有小大之分。

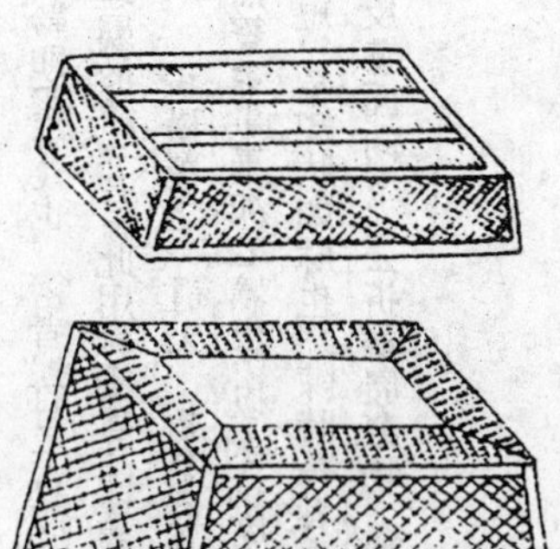

篚筐箧筍笈皆制同小異

明 王圻《三才圖會》器用卷二　《禮記·商俎》曰：椇讀曰矩，曲撓其足，枳椇之樹，其枝多曲，商俎足似之。

椇

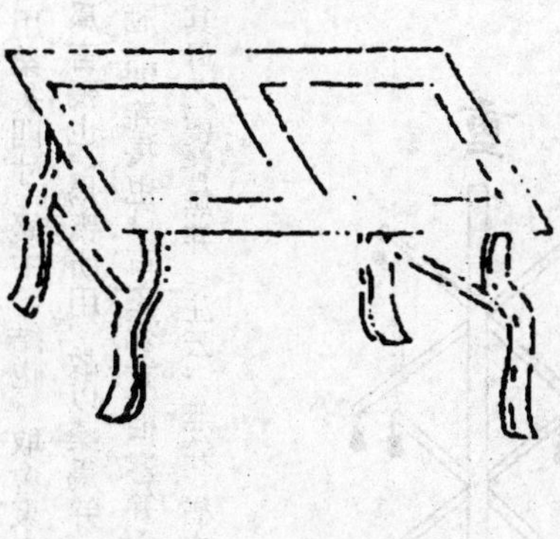

又《禮記·玉藻》云：大夫側尊用棜，長四尺，廣二尺四寸，深五寸，以埬饌。

棜

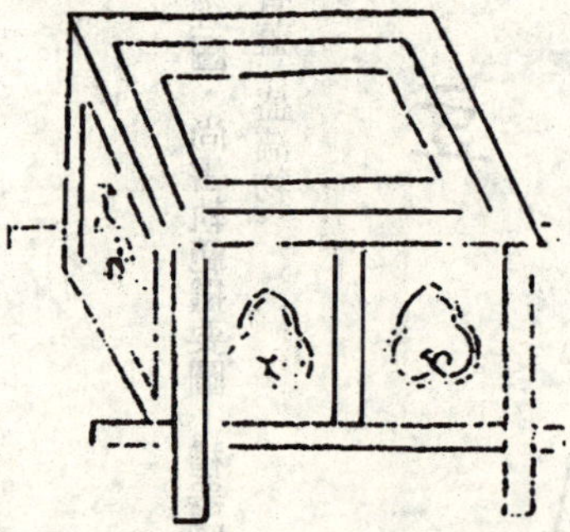

又《周禮》：籔十斗曰斛，十六斛曰籔，竹爲之。

籔

又《周禮》以竹爲節，公卿大夫、采地之吏用於都鄙。

管節

又《周禮》以竹爲節，用於門關，取符而合之意者，今竹使符也。

符節

又《周禮》以竹爲節，道路用之，取析而表之意。

旌節

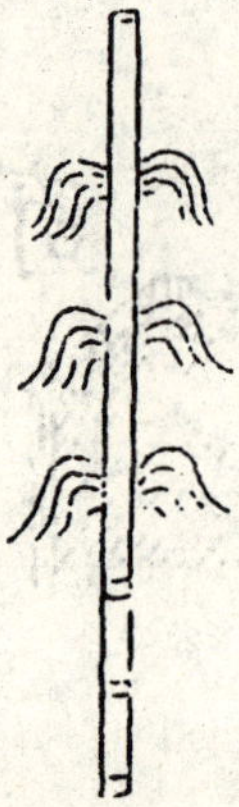

又《周禮·覲禮》曰：方明者，木也，高四尺，奠六器於上。

方明

明 朱載堉《樂律全書》卷九 干用桐木爲之，厚三分，長四尺五寸，上廣一尺二寸八分半，下廣七寸七分。圭首劍脊，頂高於肩三寸，脊高於肩一寸半。

干小樣

清 王皜《六經圖·尚書軌範撮要圖·禮器圖》 豆，以木爲之，受四升，口圓，徑尺一寸，有蓋，盛濡物。

豆

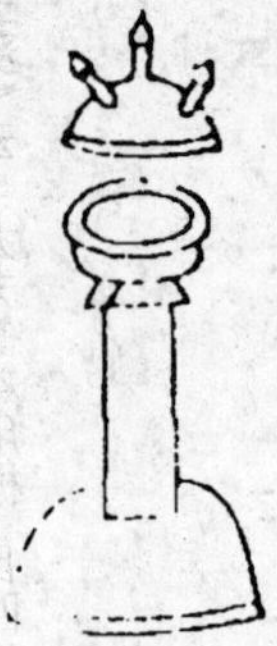

又 圓曰簞，方曰笥，飯器也。亦以盛衣。

笥

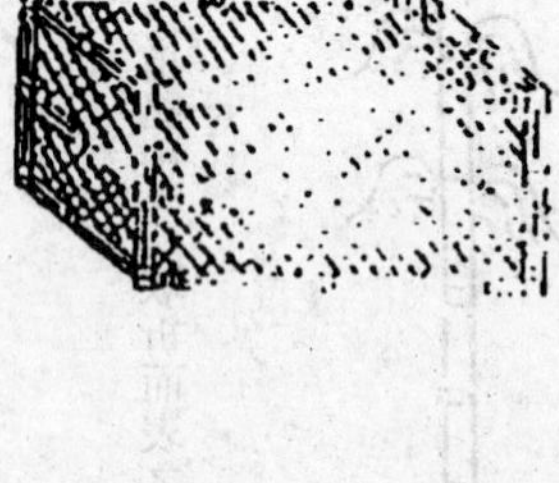

又 鐸是鈴，其體以金爲之，舌有金木之異，木鐸，木舌也。

木鐸

又 籩，以竹爲之，口有縢緣，形制如豆，亦受四升，盛乾物。

籩

又 篚，以竹爲之，長三尺，廣一尺，深六寸，足高三寸，如今小車笭。

篚

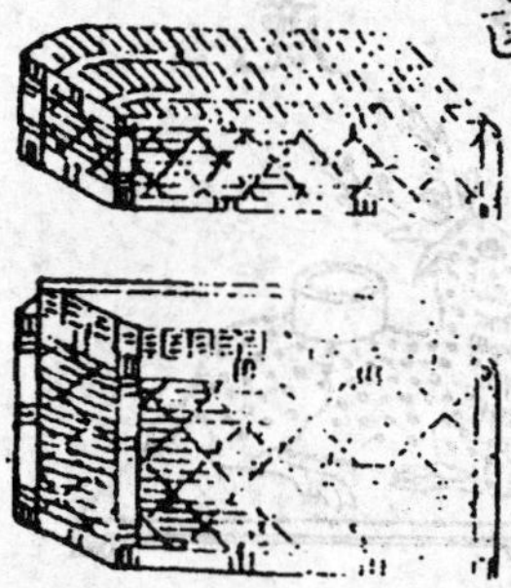

又 槃以木爲之，《玉府》云若合諸侯，則供珠槃玉敦，當用珠玉爲飾耳。

瓚槃

又 醴有柶，用角爲之。鉶有柶，用木爲之，柶長一尺，欘博三寸。

柶

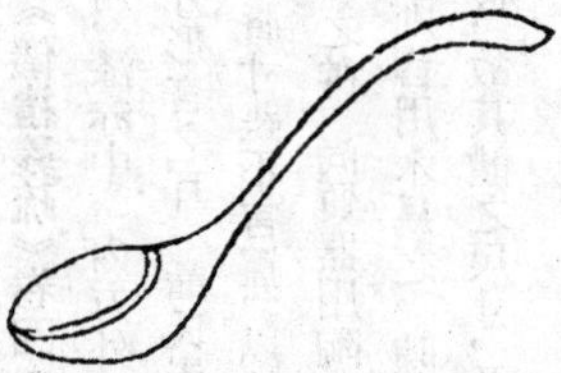

又 古者用木畫地記爻，今以錢。

畫爻木

又 形似壺，大者受一斛，刻木爲之，畫爲山雲之形。

罍

又 籩以竹爲之，口有縢缘形，制如豆，受四升。外方內圜曰簠，容一斗二升，稻粱器。旊人爲豆，高一尺，以木爲之，受四升，口圜徑尺二寸，有蓋。內方外圜曰簋，亦受斗二升，盛黍稷。

籩

豆

簠

簋

清 愛新覺羅・弘歷《儀禮義疏》卷四二《禮器圖》 案《舊圖》：外方內圓曰簠，足高四寸，挫其角，漆赤中。內方外圓曰簋，足高二寸，漆赤中。《正義》謂方曰簠，圓曰簋，皆據外形言之耳。聶氏崇義云：《考工記》旊人爲簋，受一斗二升，高一尺，厚半寸，脣寸雖不言簠，以簋是相將之器，則簠亦應制在旊人，亦有蓋。疏云：據祭天地之神，尚質器用陶匏。故《郊特牲》云器用陶匏，以象天地之性也。若祭宗廟，則皆用木爲之。陳氏祥道亦謂外神用瓦器，宗廟當用木，云簠盛稻粱，簋盛黍稷，故其體之尺寸，及其蓋之形制俱畧同也。

簠

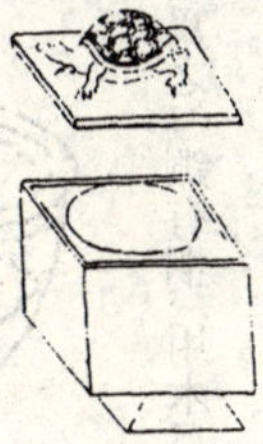

簋

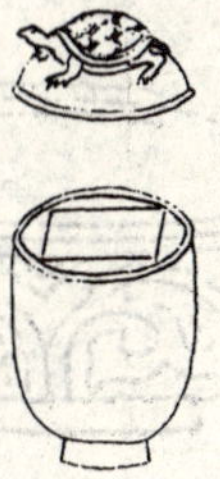

又 卷四三《禮器圖》 案《鄉射禮》：射於榭，用鹿中。《鄉射記》曰：鹿中髤，前足跪，鑿其背容八算。注云：前足跪者，象教擾之獸受負也。疏云：服不氏教擾猛獸，有堪受負，有不合受負者，若今駞受負則四足俱屈。又《投壺禮》孔疏云：中之形刻木爲之，狀如鹿兕而伏，鑿背盛算。舊圖云：士之中長尺二寸，首高七寸，背上四寸，穿之容算，深尺二寸。

鹿中

又 卷四四《禮器圖》 案《檀弓》：重，主道也。疏云：謂始死作重，猶若吉祭木主之道也。吉祭木主所以依神在喪作重，亦以依神故曰主道也。蓋孝子望親之精神有所憑依，故設重以依之，謂鬼神每依飲食，庶幾見親於所依也。重起於殷代，以含飯餘鬻以鬲盛之，名曰重。今之糧甖，即其遺制也。《士喪禮》云：重，木刊鑿之，甸人置重于中庭，三分庭一在南。注云：木也。縣物曰重，刊斲治之，鑿之爲孔，士重木長三尺。疏云：以其木有物縣於下相重累。

重鬲

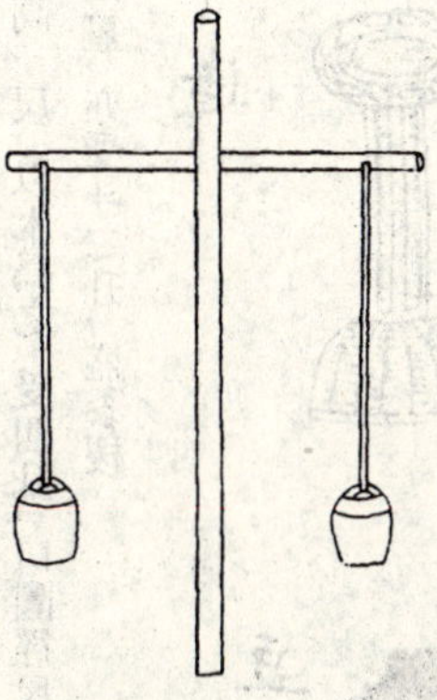

清 梁國治《國子監志》卷一九 正位俎，木爲之，髤以丹。中區爲三，錫裏，外銅環四，足八，有跗。縱六尺有奇，橫三尺二寸，通高二尺六寸有奇。配位俎，中區爲二，錫裏，加蓋，外左右各銅環二，六足，有跗。縱三尺九寸，橫二尺八寸，通高二尺七寸有奇，餘如正位制。哲位、從位、崇聖祠各俎並如配位制。

欽定俎

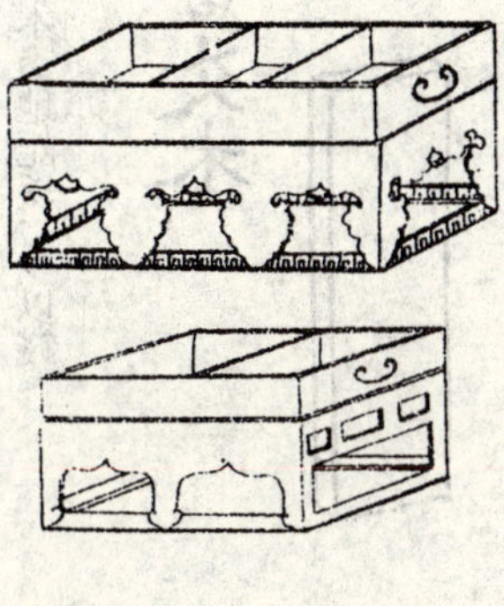

又　坫，斲木爲之，其形方，置三爵者，其形長。中鑿孔亦如爵之數，髹以漆，飾紋惟宜。

坫

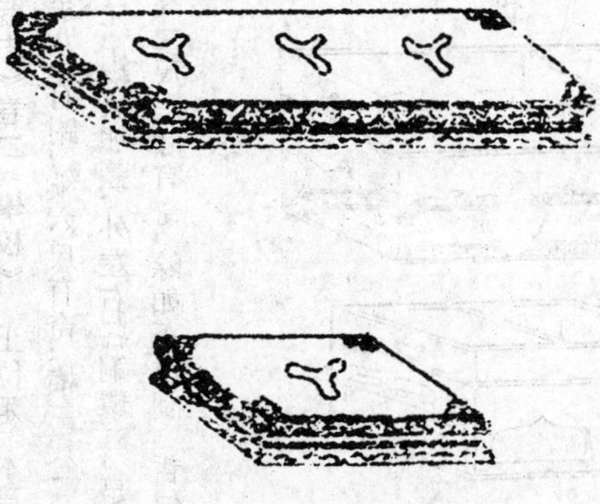

又　盥盤，笵銅爲之，體圓，素質無文，大小隨宜，下置頮，架木爲之，大小視盤，四足有跗，高下惟宜，髹以漆。

盥盤頮架

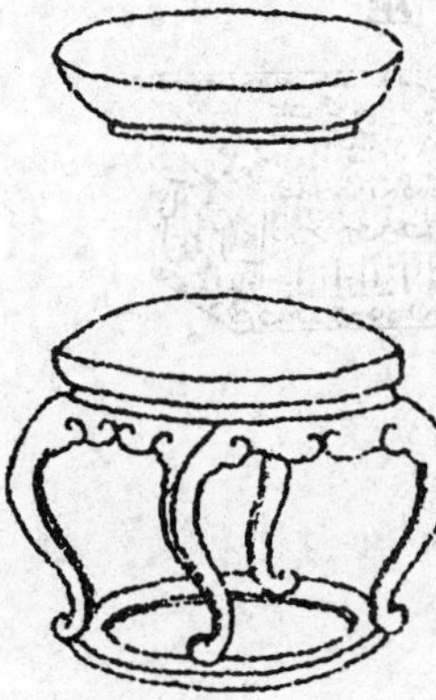

又　饌盤，木爲之，其形方，口侈，口徑大小隨宜，髹以丹。

饌盤

又　路鐙，木爲之，髹以朱。架高四尺五寸，燈高一尺五寸，方一尺五寸。正殿之鐙蒙以繒，餘用紙。上有方盤，中置以簽架，樹于地，足爲十字形，下置以版。

路鐙

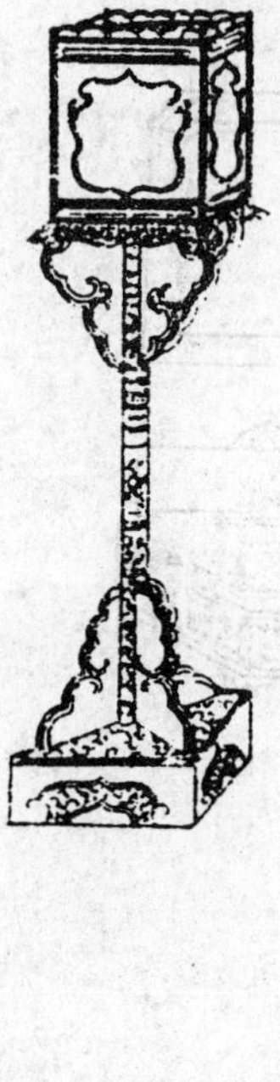

清 光緒《化州志》卷六《祭器圖》 篚，高五寸，長二尺八分，闊五寸二分，深四寸，蓋深二寸八分，髹以朱，四面中嵌竹絲，蓋面描金龍，用以盛帛。

篚圖

清 光緒《吳橋縣志》卷二《學校》 正位俎，木爲之，髹以丹，中區爲三，錫裏外銅，環四足八，有跗，縱六尺有奇，横三尺二寸，通高二尺六寸有奇。配位俎，中區爲二，錫裏加蓋，外左右各銅環二，足六，有跗。縱三尺九寸，横二尺八寸，通高二尺七寸有奇，餘如正位制。哲位、從位、崇聖祠各俎並如配位制。

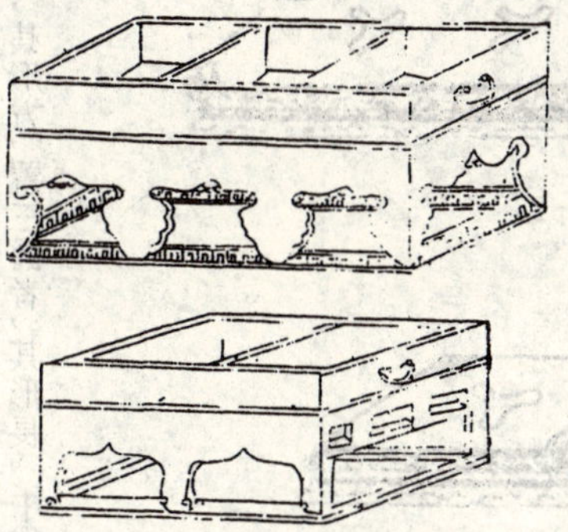

俎

又 祝版，木爲之，高九寸，廣一尺二寸，外黝中質，髹以朱漆。祝文墨書，白紙黄緣。别有小几，通高七寸五分，廣四寸五分，長九寸五分。均，以木爲之，髹以朱，祝版案高二尺六寸，廣二尺二寸，長三尺三寸。饌桌之制如之酒尊桌，高二尺七寸，廣二尺二寸，長六尺二寸，面鑿孔，以置尊，孔如尊數。

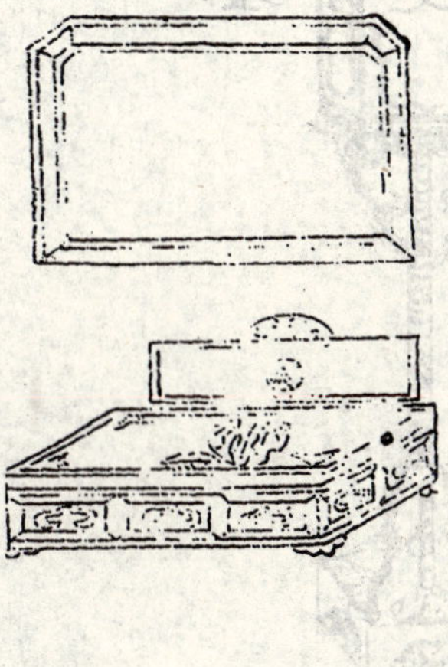

祝

清 光緒《興寧縣志》卷七《學校志上・文廟》 以木爲身，高三尺五寸，面闊二尺二寸，兩旁四銅環，中以柱穿頂，方蓋繚以黄羅銷金，雲花繒□簷。四角爲龍首，啣九旒蘇。下綴絲結，刻狻猊四於趺，各向外。

楹鼓

其他類

題解

漢 史游《急就篇》卷三　竹器簦笠簞籧篨。竹器，總言織竹爲器也。簦笠，皆所以禦雨也。大而有把，手執以行，謂之簦。小而無把，首戴以行，謂之笠。虞卿躡屩擔簦，即謂此也。織竹爲席，謂之簞。織葦而麤，文者籧篨也。

又　笔篅箯筥籅箅篝。笔篅，皆所以盛米穀也。以竹木簞席，若泥塗之，則爲笔，笔之言屯也。物所屯，聚也。織艸而爲之則曰篅，取其圓團團然也。竹器之盛飯者，大曰箯，小曰筥。筥一名箐，受五升；一曰箯者，織竹之輿也。籅，炊之漉米箕也。或謂之縮，或謂之箆，或謂之匧。箅，蔽甑底者也，其字從畀。篝，一名答，盛杯器也。亦以爲薰籠，楚人謂之牆居。

又　簁箄箕帚筐篋簍。簁，所以籮去麤細者也。今謂之篩。大者曰簁，小者曰箄。其字從卑。箕可以簸揚及去糞。帚，所以埽刷，古者杜康作箕帚。筐亦筥屬也。筥圓而筐方。篋，長笥也，言其狹長篋篋然也。簍者，疏目之籠，亦言其孔樓樓然也。

又　橢杅槃案桮閜盌。橢，小桶也，所以盛鹽豉杅盛飯之器也。一曰齊人謂盤爲杅，無足曰盤，有足曰案，所以陳舉食也。杯，飲器也，一名䃹，閜，大杯也。盌，似盂而深長，盌字或作椀，其音則同。

宋 戴侗《六書故》卷二一《植物一》　梜，古劦、古狎二切。記曰：羹之有菜者，用梜猶箸也。又作筴。少儀曰：筴籥，竹木皆可爲梜。

又　概。工代切，平斗斛之木也。引而申之，凡一槩者皆曰概。《方言》或爲古没、古轄二切，因别立杚文，實一字也。

又　槽，才勞切，鑿木爲槽，以食畜也。

又　梯，土雞切，以木爲階也。梯階聲相近，古謂梯曰階，記曰狄人設階。

又　符，防夫切，契竹剖之，各持其一，合之以爲信節也。《周官》掌節門關用符節。

又　籠，來充切，織竹器也。或以盛土石，或以畜魚鳥。大槳籠之爲器空疏，故因之爲靈籠、籠葱、籠鬆。日月之初，出童籠然。又上聲，今人不言篋笥，而言箱籠，淺者爲箱，深者爲籠也。

論說

《莊子·外篇·天地》　百年之木，破爲犧樽，青黄而文之，其斷在溝中，比犧樽於溝中之斷，則美惡有間矣。其於失性一也。

漢 劉安《淮南子》卷二《俶真訓》　百圍之木，斬而爲犧尊，鏤之以剞劂，雜之以青黄，華藻鎛鮮，龍蛇虎豹，曲成文章。然其斷在溝中，壹比犧尊，溝中之斷，則醜美有間矣。然而失木性鈞也。

漢 王充《論衡》卷一六　故今縣官斬桃爲人，立之户側，畫虎之形，著之門闌。夫桃人非荼鬱壘也，畫虎非食鬼之虎也。刻畫效象，冀以禦凶。今土龍亦非致雨之龍，獨信桃人畫虎，不知土龍九也。此尚因緣昔書，不見實驗。魯般墨子刻木爲鳶，蜚之三日而不集，爲之巧也。

宋 程大昌《演繁露》卷六《投五木瓊橩玖骰》　博之流爲摴蒱，爲握槊，即雙陸也。爲呼博，爲酒令，體製雖不全同，而行塞勝負，取決於投，則一理也。蔡澤《說范睢》曰：「博者或欲大投。」班固《奕指》曰：「博懸於投，不必在行，投者擲也。」桓元曰：「劉毅摴蒱，一擲百萬，皆以投擲爲名也。」古惟斲木爲子，一具凡五子，故名五木。後世轉而用石，用玉，用象，用骨，故列子之謂投瓊，律文之謂出玖。凡瓊與玖皆玉名也。蓋謂博者借美名以命之，未必真嘗用玉也。《御覽》載繁欽《威儀箴》曰：「其有退朝偃息閑居，操橩弄棊，文局摴蒱，言不及義，勝負是圖。」注云：橩，瞿營反，博子也。橩之讀與瓊同，其字仍自從木，知其初制，本以木爲質也。唐世則鏤骨爲竅，朱墨雜塗，數以爲采。亦有出意爲巧者，取相思紅子，納置竅中，使其色明現而易見，故温飛卿《豔詞》曰：「玲瓏骰子安紅豆，入骨相思知也無。」凡此二者，即今世通名骰子也。本書爲投，後轉呼爲頭。《北史》：周文命丞郎擲摴蒱頭。則昔云投者，遂轉爲頭矣。頭者，總首之義。自鏤骨爲骰，以爲不惟五木舊制，湮没不傳，而字直爲骰，不復爲投矣。若其體制，又全與用木時殊異矣。方其用木也，五子之形，兩頭尖鋭，中間平廣，狀似今之杏仁。惟其尖鋭，故可轉躍；惟其平廣，故可以鏤采也。凡一子悉爲兩面，其一面塗黑，黑之上，畫牛犢以爲之章，犢者，牛子也；一面塗白，白之上，即畫雉，雉者，野雞也。凡投子者，五皆現黑，則其名盧，盧者，黑也，言五子皆黑也。五黑皆現，則五犢隨現，從可知矣。此在摴蒱爲最高之采。挼木而擲，往往叱喝，使致其極，故亦名呼盧也。其次五子四黑而一白，則是四犢一雉，則其采名雉，用以比盧，降一等矣。自此而降，白黑相雜，每每不同，故或名爲梟，即鄧艾言云：「六博得梟者勝也。」或名爲犍，謂五木十擲輒犍，非其人不能是也。凡此采名，摴蒱經雖皆枚載，然反覆推較，率多駁而不通也。至於骰子之制，固知祖襲五木，然而詳略大率不同也。五木止有兩面，骰子則有六面，故骰子著齒，自一至六爲采，亦益多率其大而言之。則是裁去五木兩頭尖鋭，而蹙長爲方，既有六面，又著六數，不比五木但有白黑兩面矣。五木之制，至晉世猶復用木，然列子已言投瓊，則周末已嘗改玉骨也耶？或者形製仍同五木，而質已用玉石也。今世蜀地織綾，其文有兩尾尖削，而中間寬廣者，既不象花，亦非禽獸，乃遂名爲摴蒱，豈古制流於機織，至此尚存也耶？

宋 林之奇《尚書全解》卷八 篠竹之小者，可以爲箭簜。曾氏曰：案《儀禮》樂人宿縣簜在建鼓之間。説者以簜爲笙簫之屬。郭璞云；竹闊節曰簜，惟其闊節，則其材中至於笙簫矣。齒革羽毛，惟木者。《左氏傳》曰：鳥獸之肉，不登於俎；皮革齒牙、骨角毛羽，不登於器，則公不射。蓋齒革羽毛皆是鳥獸之肉，可以供器用之飾者。孔氏以齒爲象牙，革爲犀皮，以羽爲鳥羽，以毛爲旄牛尾，亦不必如此拘定也。木者，蓋木之可以爲器用者，亦不必指是梗柟豫樟。謂凡木之貢，皆出於此州也。要之梗柟豫樟，蓋木之最美者，故先儒從而以爲言也。

宋 趙彦衛《雲麓漫抄》卷一 今人折竹長寸餘者三，以手彈於几，以占吉凶，命曰五兆，大意髣髴灼龜。按《楚詞》：索瓊茅以筳篿，命靈氛爲余占之。注：瓊茅，靈草也。筳，竹算也。又云：小破竹也。楚人結草折竹卜曰篿，靈氛古之善卜者，則知今之五兆，蓋始於楚之筳篿，二字音廷專。

明 林希元《易經存疑》卷一一 斷木爲杵，掘地爲臼，臼杵之利，萬民以濟，蓋取諸小過。今人鑿石爲臼，或鑿木爲臼，此云鑿地者，意制器之初，本是鑿地，後人以非便，而易木石爾。

明 馮復京《六家詩名物疏》卷二《筐》 《方言》曰：簾，淇衛之間謂之牛筐。《儀禮·公食大夫》：「簋實，實于筐。」《聘禮》：夫人使大夫餼賓上介，米八筐，衆介米六筐。《禮記》云：具曲植籧筐。又曰：熬君八筐，大夫六筐，士四筐。《説文》：方曰筐，圜曰簾。《韓詩》曰：頃筐畚箱也。《三禮圖》云：大筐以竹受五斛，大夫以盛米，致餼于聘賓。小筐以竹受五升，以盛米。《禮書》云：有頃筐，有懿筐，有小筐，有大筐。頃筐，其淺者也。懿筐，其深者也。大筐實五斛，小筐實績熬簋實而已。筐者，正也。其深淺大小雖殊，而制皆方。

又 《説文》云：曲竹，捕魚笱也。从竹从句，句亦聲。《朱傳》云：以竹爲器，承梁之空，以取魚者也。《周禮疏》云：偃水兩畔，中央通水爲關孔，笱者，葦薄以薄承其關孔，魚過者以薄承取之。按：笱之爲字，从竹不从草，則許慎、朱子所釋是也。賈公彦以爲葦薄者，蓋以罶爲寡婦之笱，葦薄爲之，故也。不知所以名寡婦之笱，以其功易則笱爲功難，必是以竹爲之。

明 潘士藻《讀易述》卷一三 斷木爲杵，掘地爲臼，臼杵之利，萬民以濟。蓋取諸小過。述曰：杵以舂，臼以容，用之擣去粟殼而得米利。濟萬民亦猶渡水之得濟也。取小過者，朱子以爲下止上動也。象旨兑爲毀折斷，巽木爲杵也。巽木入坤土，掘地爲臼也。坎陷有臼象，而又下止上動也。

明 文震亨《長物志》卷九《冠》 鐵冠最古，犀玉、琥珀次之，沉香、葫蘆者又次之，竹籜瘿木者最下。製惟偃月、高士二式，餘非所宜。

明 陳懋仁《庶物異名疏》卷二三《牡樟》 《周禮》壺涿氏云若欲殺其神，則以牡樟午貫象齒而沈之。牡樟，榆木也。宋景濂謂許遜鑄鐵柱以鎮蛟穴，即牡樟象齒之遺意也。

明 方以智《通雅》卷三四 寠數，竹器也。李石言寠數，引王叡云東方朔以爲寄生，賣餅人結茅爲經，以戴頭上，狀如環。《楊惲傳》：鼠不容穴銜寠數。東方朔注亦云戴于頭者。《廣韻》：寠數，四足，凡蓋筥籠套籃之類，或有足，或方或員，皆是也。所謂不容穴者，言銜竹器則不能入筥篋之類，不論大小，只狀其瑯當樓楸耳。寄生附木，而枝葉扶疎。寠數口大而下小，今以賣餅經言之，亦指其瑯當樓楸耳，今語摟搜亦云。

清 金埴《巾箱説》 春秋時魯有兩巧人，魯班、魯鄙人是也。班能作木人，爲御機關，一發其車，遂行爲木鳶，令之自飛。嘗爲楚設機，將以攻宋。墨翟拒之。魯鄙人遺宋元王閉，元王號令于國，有巧者皆來解閉，人莫之能解。兒説音悦之弟子請往解之，乃能解。其一不能解，其一且曰：「非可解而我不能解也，固不可解也。」問之魯鄙人，鄙人曰：「然固不可解也，我爲之而知其不可解也，子不爲而知其不可解也，是巧于我，故如兒説之弟子者以不解解之也。」今世以人人習孟子書，故但知有巧人之班，不知有巧人之鄙人。且數千年以來僅傳班之規矩，而其能爲木人木鳶，與鄙人之能爲閉術並不傳。蓋規矩爲方圓之至，孟子以其術之至而稱之，迄今傳其規矩方圓者，亦以其術之至而傳之也。是以木人也，木鳶也，閉也，術並不傳也。

清　劉堅《修潔齋閑筆》卷四《竹根藍尾》　杜甫詩「共醉終同卧竹根」，白居易詩「三杯藍尾酒」，按竹根杯名，以竹根爲杯也。庾信「山杯捧竹根」可證。藍又作婪，宋景文詩「且盡燈前婪尾杯」，葉石林訓爲貪婪，非也。藍當作闌，即酒闌人散之時，淳于髡所謂主留髡而送客，當時能飲一石者也。

綜　述

三國吴　陸璣《毛詩草木鳥獸蟲魚疏》卷上《榛楛濟濟》　楛，其形似荆而赤，莖似蓍。上黨人織以爲斗筥箱器，又揉以爲釵。故上黨人調問婦人欲買赭否，曰：竈下自有黄土。問買釵否，曰：山中自有楛。

晉　嵇含《南方草木狀》卷中　抱香履，抱木生於水松之旁，若寄生，然極柔弱，不勝刀鋸，乘濕時刳而爲履，易如削瓜。既乾，則韌不可理也。履雖猥大，而輕者若通脱木，風至則隨飄而動。夏月納之，可禦蒸濕之氣。出扶南大秦諸國。泰康六年，扶南貢百雙，帝深歎異。然哂其制作之陋，但置諸外府，以備方物而已。按東方朔瑣語曰：「木履起於晉文公時，介之推逃禄自隱，抱樹而死。公撫木哀歎，遂以爲履。每懷從亡之功，輒俯視其履，曰：悲乎足下。」足下之稱，亦自此始也。

又　卷下　越王竹根生石上，若細荻，高尺餘。南海有之，南人愛其青色，用爲酒籌，云越王棄餘筭而生竹。

南朝梁　任昉《述異記》卷上　中山有楸户，掌楸木者，楸子爲竹器，《漢書貨殖志》：千年楸。

唐　魏徵《隋書》卷一一《禮儀志》　長冠，一名齋冠。高七寸，廣三寸，漆纚爲之。制如版，以竹爲裏。漢高祖微時，以竹皮爲此冠，所謂劉氏冠。後除竹，用漆纚焉。司馬彪曰：「長冠，楚制也。人間或謂之鵲尾冠，非也。」後代以爲祭服，尊敬之也。至天監三年，祠部郎沈宏議：「案竹葉冠，是高祖爲亭長時所服，安可緜代爲祭服哉？《禮》：『士弁祭於公。』請令太常丞、博士奉齋之服，宜改用爵弁。」明山賓同宏議。司馬褧云：「若必遵三王，則懼所改非一。長冠謂宜仍舊。案今之宗丞博士之服，未有可非。」帝竟不改。

又　卷一九《天文志》　渾天象者，其制有機而無衡，梁末祕府有，以木爲之。其圓如丸，其大數圍。南北兩頭有軸。徧體布二十八宿、三家星、黄赤二道及天漢等。別爲横規環，以匡其外。高下管之，以象地。南軸頭入地，注於南植，以象南極。北軸頭出於地上，注於北植，以象北極。正東西運轉。昏明中星，既其應度，分至氣節，亦驗，在不差而已。不如渾儀，別有衡管，測揆日月，分步星度者也。吴太史令陳苗云：「先賢制木爲儀，名曰渾天。」即此之謂耶？由斯而言，儀象二器，遠不相涉。則張衡所造，蓋亦止在渾象七曜，而何承天莫辨儀象之異，亦爲乖失。

唐　段公路《北户録》卷三《越王竹》　嚴州産越王竹，根於石上，狀若荻枝，高尺餘，土人加其色用代酒籌。次有沙筯，産於海島間，狀如蕁菜，春吐黄花，其心若骨，可爲籌筯。凡欲採者，須輕步拔之，不爾，聞人行聲則縮入沙中，了不可取。陳藏器云：越王餘筭味鹹，生南海，筭子長尺許。《異苑》云：晉安有越王餘筭菜，白者似骨，黑者似角，古云越王行海中作籌，有餘弃之於水，遂生焉。又遠飛云東海中筯洲洲上，故筯無極，連船取之不盡。世中好失筯，言天下筯悉歸於此，乃驚耳之説也。

唐　劉恂《嶺表録異》卷上　廣南有舂堂，以渾木刳爲槽，一槽兩邊，約十杵，男女間立以舂稻糧，敲磕槽舷，皆有遍拍槽聲，若鼓聞於數里。雖思婦之巧美秋碪，不能比其瀏亮也。

又　卷中　枹木産江溪中，葉細如檜，身堅類桐，惟根軟不勝刀鋸。今潮循多用其根，刳而爲履，當未乾時，刻削易如割瓜。既乾之後，柔韌不可理也。或油畫，或漆，其輕如通草。暑月着之，隔卑濕地氣如杉木。今廣州賓從諸郡牧守初到任，皆有油畫枹木履也。

宋 蘇軾《格物麤談》卷上 棗木作匙，不餿，不粘飯。

又 卷下 椒木作擂槌，用久不臭且香。

宋 釋贊寧《筍譜·筋竹筍》 《天台圖經》云：五縣皆有，言其竹韌也。日南、九真炙生，可作彈弓絃也。

又《筍譜·白竹筍》 連州抱腹山多生此竹，莖徑白節，心少許緑。彼土人出筍之後落籜撒梢時採此竹，以灰煮水浸作竹布鞋，或搥一節作箒，謂曰竹拂。若貢布，一疋只重數兩也。

又《筍譜·毛斑竹筍》 出蘄州，初伐竹即無斑，以灰汁洗之即斑。見彼人多作簾席或笛管，筍絶不堪食，與二妃祠者不同矣。

宋 沈括《夢溪筆談》卷一三 世人以竹木、牙骨之類爲叫子，置之喉中，吹之能作人言，謂之顙叫子。嘗有病瘖者，爲人所苦煩。冤無以自言，聽訟者試取叫子，令顙子作聲如傀儡子，粗能辨其一二，其冤獲申，此亦可記也。

宋 洪芻《香譜》卷上《香篆》 鏤木以爲之，以範香塵，爲篆文。然於飲席或佛像前，往往有至二三尺徑者。

宋 徐兢《宣和奉使高麗圖經》卷三三《饋食》 使者入境，而羣山島紫燕州鄭刻測。三州，皆遣人饋食。持書之吏，紫衣幞頭，又其次則烏帽，食味十餘品，而麪食爲先。海錯尤口器皿多用金銀，而雜以青陶，盤櫝皆木爲之，而黑漆神舟，泊不近島，必遣介乘舟，饋獻於使者。故事送三日，若過期風阻未行，則饋食不復至也。

宋 鄭樵《爾雅注》卷下 樓落樓音鏤，郭云：可以爲杯器。據此，則今樫杉也。

又 栩杼柞木今人以爲梳。

宋 李石《續博物志》卷九 脚弱病，用杉木爲桶濯足，排樟腦兩股間，以脚棚繫定，月餘即效。

宋 范成大《桂海虞衡志》志器 蠻鞍，西南諸蕃所作，不用韉，但空垂兩木鐙，鐙之狀刻如小龕，藏足指其中，恐入榛棘，傷足也。後鞦鏇木爲大錢纍纍貫數百狀，如中國騾驢鞦。

又 蠻鞭，刻木節如竹根，朱黑間漆之，長纔四五寸，小首有鐵環，貫二皮條，以策馬。

又 蠻椀，以木刻，朱黑間漆之，侈腹而有足，如敦甑之形。

又 竹釜，猺人所用，截大竹管以當鐺鼎，食物熟而竹不焦，蓋理自爾非異也。

又 戲面，桂林人以木刻人面，窮極工巧，一枚或直萬錢。

又 餘甘子多販入北州，人皆識之，其木可以制器。

宋 周去非《嶺外代答》卷六《蠻笠》 西南蠻笠以竹爲身，而冒以魚氈，其頂尖圓，高起尺餘，而四圍頗下垂，視他蕃笠其製似不佳，然最宜乘馬。蓋頂高則定而不傾，四垂則風不能颺，他蕃笠所不及也。交阯有笠如兜鍪，而頂偏似田螺之臀，謂之螺笠，以細竹縷織成，雖曰工巧，特賤夫之所戴爾。

宋 寇宗奭《本草衍義》卷一五 赤檉木又謂之三春柳，以其一年三秀也。花肉紅色，成細穗，河西者戎人取滑枝爲鞭，京師亦甚多。

宋 戴侗《六書故》卷二一《植物一》 柯，古俄切，枝之大者也。柯中斧柄，故斧柄亦謂柯。《考工記》曰：柯長三尺，博三寸，厚一寸，有半五分。其長以其一爲之，首柯之長博與厚皆紀度焉。不他待而度在手，故云「執柯伐柯，其則不遠」。

宋 高承《事物紀原》卷八《桃版》 《玉燭寶典》曰：元日施桃版著户上，謂之仙木，以鬱壘山桃，百鬼畏之故也。《山海經》曰：東海度朔山有大桃樹，蟠屈三千里，其卑枝門東北曰鬼門，萬鬼出入也。有二神，一曰神荼，一曰鬱壘，主閲領衆鬼之害人者，於是黄帝法而象之，敺除畢，因立桃版於門户上，畫鬱壘以禦凶鬼。此則桃版之制也。蓋其起自黄帝，故今世畫神像於版上，猶於其下書右鬱壘左神荼，元日以置門户間也。

又《桃符》 《淮南子詮言訓》曰：羿死於桃棓。許慎注云：棓，大杖，以桃爲之，以擊殺羿。由是以來，鬼畏桃。今人以桃梗作杙，歲旦植於門，以辟鬼，由此故也。《後漢禮儀志》曰：施門户代以所尚，周人木德，以桃爲梗，言氣相更也。梗，更也。或曰即黄帝立桃梗之事也。

元 李衎《竹譜詳録》卷三 甜竹，生河內、衛輝、孟津皆有之。葉類淡竹，亦繁密。大者徑三四寸，小者中筆管，尤細者可作掃箒。筍味極甘美，以司竹監禁制，故人罕得而食。又名管竹。戴凱之云：下節味甘，宜入湯劑。

又 瀟湘竹，凡二種，出七閩山中一種，圓而長，節大者可爲織柄，小者爲簫笛之材。一種細小，高不過數尺，人家移植盆檻中，芃芃可愛。

又 簩音禮竹，大概與簝竹相同，但節葉差密耳。戴凱之《竹譜》曰：簩篔二族，亦甚相似。肥象苦竹，促節薄齒，束物柔韌，殆同麻枲。《番禺志》：南海煎鹽以篔竹編爲鼎，韌而耐久，他竹莫敵。

又 桃枝竹，一名蒲葵竹，一名赤玉脂，出江浙、兩淮，處處有之。叢生，形如慈竹，節長二尺許，差薄。《魏志》云倭國有桃枝竹。《山海經》謂嶓冢之山、嚻水之上多桃枝。今蘄人批取摽皮作簟，滑浄可人，《禮》所謂「冬虎皮夏桃枝」者是也。《書・顧命》：「篾席黼純。」孔安國云：篾，桃枝竹。《周禮・春官》：司九筵畫純次席。鄭氏云：次席，桃枝席，有次列成文。《爾雅》云：桃枝四寸，有節。張得之云：桃枝竹葉如椶櫚，節四寸，皮黄滑，可爲簟。柳子厚謂之「桃笙」。《唐志》合州土貢桃枝竹箸。石虎造桃枝竹扇，筍叢生，皮毛聚蟲蟻，不可食。或云桃枝竹出海南番中，如椶櫚，其皮作簟。如竹，又紅紫色如桃枝皮，故云。今作簟者，非也。兩浙謂之桃絲竹，衡湘間謂之桃笙竹。《方言》曰：「簟謂之笙。」戴凱之云：桃枝竹皮滑而黄，可以爲席。即今之蘄竹也。廣中一種，好生石上，葉如椶櫚，膚色黄紫，大者可爲杖，留其根削作蚪螭帶角之狀。小者可爲馬箠。損折處其刺有毒，破人手則難療。東坡云：葉如椶，身如竹，密節而實中，犀理瘦骨，蓋天成拄杖也。嶺外人多種此，而不知其爲桃竹。流傳四方，視其端有眼者，蓋自東坡出也。今蜀中亦以此爲桃枝竹，北人謂之柴藤，併記於此，以待知者。

又 實竹枝，葉節莖出處一如浄瓶竹，但無腹項，心不空虚，枝葉差少。今人好斷取作馬箠，榦甚堅韌。

又 拂雲箒竹，出廬山。莖大如指竹，杪細葉翠密如箒，彼人採爲方物，以相遺贈。張得之云：名箒篠竹，根杪條等，特異他篠，中爲掃箒。

又 蘆竹，出閩越山中，沿海諸郡皆有之。形如蘆，故名。戴凱之《竹譜》云：有竹象蘆，因以爲名。東甌諸郡緣海所生，肌體匀浄，筠色潤貞。凡今之篪，匪兹不鳴。今作簫篪之類，聲最清亮。又堪爲矛戟之榦，又堪爲筆管，但葉闊而利，筍苦而可食。

又 匾竹，處處有之，廬山尤多。筍出土時即匾薄，及成竹匾而長。傳云釋惠遠住此，鬼神號，避辟蛇，行者捻此竹爲匾也。

又 **卷五** 寸金竹，生鬱林等處山中。枝葉一如淡竹，但節節匀密，相去二寸許，從根至梢，圓正衡直。作釣竿、黏竿最妙。

又 嫣竹，生賔州遷江縣山中，湖湘間亦有之。大如筆管，高不過五七尺，節平色黄，如藤梢杪。枝葉叢生，葉短如桃。劈篾織簟極細滑，不減藤簟。士人亦甚貴重，細篾亦可織笠。

又 翁孫竹，生江西。正紫色，一莖下節復生三五竿，芃芃而起，比中莖差細。士人取以爲扇柄，生浙間者高不盈尺，爲几案之翫。張得之譜云翁孫竹在處有之，初種時因地肥磽而長，以次生者，不敢高過于祖。

又 廣竹，又名利竹，生永州祁陽山中。莖類苦竹，葉類莖竹，梢細長，每節長二尺許，作笛材甚佳，亦可破篾織簟。篾尤快利，削成刀子，即可裂紙。《廣志》云利竹出西南者是春生，筍微苦，須用清灰水煮熟可食。僧贊寧《筍譜》謂利竹蔓生若藤，實中而堅韌。隨竹蔓而生，恐非此竹類也。張得之引《周禮》謂「揚州之利竹箭」者，亦恐誤。

又 漢竹，出交趾、九真，廣中亦有之。大者一節受一斛，小者受數斗，可爲尊榼。其筍一節亦可受二三升，味甘而澀。《廣志》云水昌有漢竹，圍三尺餘。

又 越王竹，出海南。《嶺表録異》曰：根生石上如細藤，高尺餘，南中愛其青色，用爲酒籌、菜筯，云是越王棄餘算生此竹。《番禺志》云越王筯竹細如箭榦，每一節可爲一筯，故呼越王筯竹。《藝苑》云越王行海作算，有餘，棄于水中而生。

又 少室竹，亦名爨器竹。《孝經河圖》曰：生少室山中，其大者堪爲釜甑，筍可食。

又 簵九竹，勁而薄，可以爲博矢，即今之投壺箭也。《蜀志》曰「簵細竹」。戴凱之《竹譜》曰：「簵九勁薄，博矢之賢。」《招魂》曰：箟蔽象棋有六博。朱文公注曰：箟，竹名也。蔽，行博箸也。投六箸，行六棊，故爲六博。象牙爲棊，箟簵爲箸，此楚人用之。如晉制，則以犀角爲棊，箸則用簵，不用箟也。或云堪爲博局，行棊之箸也。

元 脱脱《宋史》卷一五三《輿服志》 幞頭。一名折上巾，起自後周，然止以軟帛垂脚，隋始以桐木爲之，唐始以羅代繒。惟帝服則脚上曲，人臣下垂。五代漸變平直。國朝之制，君臣通服平脚，乘輿或服上曲焉。其初以藤織草巾子爲裏，紗爲表，而塗以漆。後惟以漆爲堅，去其藤裏，前爲一折，平施兩脚，以鐵爲之。

明 沈沈《酒概》卷一《榛柃盃》 其木出渤海國，文縷可愛，其癭可爲盂。田子詩：「全傾旋覆酒，滿注榡柃盂。」旋覆，花也。

又《盂圈》 父母没而杯圈不能飲焉，口澤之氣存焉爾。禮玉藻圈，棬同，屈木所爲；巵，匜之屬也。

又《竹根》 以竹根爲飲杯也，江淹集杜詩「醉倒終同卧竹根」。

又《癭木盂》 松陵唱和有《癭木杯詩》，蓋用木節爲之，即田子石雲瓢之類。

明 沈孫《墨法集要·杵擣》 用青石臼一枚，外不拘方圓，内深圓光滑如釜。檀木爲杵，長六尺餘。取蒸透毬子傾臼中，乘熱以手按平，徐徐杵打俱實，乃使二人互杵擣之，擣得成熟均匀，分一半蒸，留一半擣，候擣得熟，却换出甑中者擣之，如此互换，蒸擣得十分成熟方可住。擣貴在擣得四向捲起如椀楪，乃摺轉四角再擣，假如辰時，下臼擣起，擣到午時，方爲成熟。塊劑常要擣温，休得遲慢，凝併定了，若塊劑輥出難擣，再用一人，以木鍬捺住擣之，倘乾燥黏杵，洒藥水少許於劑上，不可多。約杵七八百杵或千杵，柔軟成熟爲度。

明 朱權《神隱》卷上 砧杵，於松根下安大光石一塊，以櫑棗木鏇爲棒槌，一付兩箇，以雙手搗之，非蠻夷作大杵立如搗米者，大可笑也。若月明夜涼之時，霜露之下，合家婦女都做洗漿生活，其搗衣之聲，淒然有感動秋意。予謂「砧聲搗碎茆簷月，惹得秋懷天地寬。快活，快活。」

明 曹昭《格古要論》卷下《椰杯》 椰子出安南、兩廣，類瓢且厚，實黄黑色，肉可食。鋸開或漆或銀，相作酒杯、酒壺、勸盤、酒注、水杓之類。

明 劉績《三禮圖》卷三 梓人爲飲器，勺一升。《三禮圖》：黍尺長二寸、四寸，口横徑四寸半，中央横徑四寸，兩頭横徑各二寸，深一寸，受一升，皆漆赤中丹柄端。按：勺有流刻龍首，曰龍勺；止疏通首，曰疏勺；爲梡頭形，其口微開，如蒲草本合而未開，曰蒲勺，皆挹酒於尊，注於爵者也。以欅木爲之，曰欅勺，一曰素勺。斗，以木爲之，故又作枓，猶登以金爲之作鐙。

明 田汝成《西湖游覽志餘》卷二五《委巷叢談》 石林葉少蘊言刻書以杭州爲上，蜀本次之，福建最下。汴京比歲印板不減，杭州但紙不佳，蜀建多以柔木刻之，取其易成而速售，故不能工。然則建本之濫惡，蓋自宋而已然矣。今杭刻全不佳。國初蜀尚有板差勝建刻，今建刻益下，去永樂宣德間又不逮矣。唯今日蘇刻稍工，然則技藝工拙，豈真爲地勢所分？不過習俗使然耳。杭人作事，苟簡重利而輕名，但顧眼底，百工皆然，而刻書尤甚。板之老嫩不均一也，燥濕異性二也，厚薄異體三也，板不宿漚而取辦新材易瓦易裂四也，刻手工拙淆雜都料藉拙者以多尅頭家錢五也。其他瑣碎，料理不周則奸僞百出，此杭刻所以不佳也。知其弊而經心焉，即宋刻亦可得而何分蘇杭哉。

明 楊慎《丹鉛總録》卷四《簜》 《禹貢》：瑶琨篠簜。《疏》曰：竹潤節曰簜。《周禮》：掌節，凡邦國之使節，山國用虎節，土國用人節，澤國用龍節，皆以英簜輔之。注云：簜當爲帑，謂之函器，盛此節。或曰英簜，畫函也。干寶曰：英，刻書也。簜，竹箭也。刻而書其所使之事，以助三節之信，則漢中之百使符者，亦取則於故事也。郭知玄《集韻·序》：「銀鉤乍閲，盪櫛行披。」又

明 王圻《稗史彙編》卷一三七《游山食具》 竹爲之，二槅，并底蓋爲四，食盤楪子三四。每盤果子楪十，矮酒樽一，可容數升，以備沽酒。匏一，杯三，漆合子貯脯脩乾果佳蔬各數品，餅餌少許，以備飲食不時猝應。惟三食盤相重爲一槅，其餘分任之。暑月亦可備冷肴鮮果熏魚臈肉不畏大暑之物。一肩竹槅二，下爲匱，上爲虚槅。左槅上層書厢一，卮，筆，墨，硯，剪刀，韻畧，襍書册。匱中食椀楪箸各六七，各脩生果數物，亦要削果小刀。右槅上層琴一，竹匱貯之。展摺棋局一，匱中棊子茶碾二品，臈茶即碾熟者，盞各托三四，及盂瓢等。及附帶雜物：小斧子、斫刀、劚藥鉬子、腊燭二、拄杖、釘鞋、靴、木屐、棕鞋、雨衣、油衫箬笠、棕帽、纖笠、油披肩、食銚、虎子、急須子、油筒。

又 卷一五三《越王竹》 嚴州産越王竹，根於石上，狀若荻，枝高尺餘，土人嘉其色，用代酒籌。

明 沈津《欣賞編》壬集《譜雙》卷五《盤馬》 北雙陸盤如棊盤之半而長，兩門二十四路皆刻出，用象牙實之，以渤海榛爲重，蓋不假施漆而塵垢不能侵。或以花石砌餙，以木承之。以白木爲白馬，烏木爲黑馬，富者以犀象爲之，馬底圓平而殺其上，長三寸二分，上徑四分，下徑寸一分，大抵如今人家所用擣衣椎狀。番禺人以板爲局，布黑道而漆之，或以紙，或畫地爲之。以黄楊木爲白子，桄榔木爲黑子，底平柄短如截柿如浮屠形。三佛齊、闍婆占城、真臘、南皮以花梨木爲板，刀劃成路，多席地置板其上。蕃王則板下以銅爲簧，

如響板然，拍子時鏘然有聲以爲樂，以象牙爲白子，烏梅木爲黑子，或以紅牙爲黑子。大食國以毯織成局，白黑子與諸國同。

明 慎懋官《華夷花木鳥獸珍玩考》卷一《楓生人》 江東、江西山中多有楓木人，於楓樹下生，似人形，長三四尺。夜雷雨即長，與樹齊，見人即縮依舊。曾有人合笠，於明日看笠子掛在樹頭上。旱時欲雨，以竹束其頭禊之，即雨。人取以爲式盤，極神驗。楓木，棗地是也。

又 卷五《紫竹》 紫竹小而色紫，宜傘柄、簫、笛用。

又 《越王竹》 嚴州産越王竹，根於石上，狀若荻枝，高尺餘，土人用代酒籌。次有沙筯，産於海島間，其心若骨，可籌筯。凡欲采者，須輕步從之，不爾，聞人行聲，則縮入沙中，不可取。陳藏器云：越王餘算味鹹，生南海，長尺許。《廣州記》曰：石麻之竹，勁而利削，以爲刀，切象皮如切芋。

又 《綿竹》 綿竹篾柔軟，可爲諸般器物，竹中之最美者。白竹頗類綿竹，笋堪食，篾薄脆不堪用。

又 《箭竹》 篠幹小節長，葉大，堪作箭，俗呼曰箭竹。

又 《澁竹》 澁竹膚麤澁，如木工所用砂紙，可以錯磨爪甲。

又 《簩竹》 簩竹有毒，夷人以爲觚，刺獸中之則必死。

又 卷九《慈竹》 秋笋高數丈，尾甚柔細，如釣絲。又名釣絲竹，歷冬及春始開葉，其葉左右並列如鳥翎狀，初歲極嫩，士人破爲篾，裂以成麻，可爲屨，號竹麻屨。出敘州府

明 江之源《百花藏譜・孝竹》 杭産，冬則笋生叢外，以衛母寒；夏則笋生叢內，以涼母熱。其竹幹可作釣竿，叢生可愛。

又 羅浮有巨竹，萬千竿連至岩谷，圍二丈有餘，有三十九節，節二丈許。南竹以竹爲甑類，見之矣。

明 李詡《戒菴老人漫筆》卷一 蘇州馬懷德捧星板一副十二片，烏木爲之。自小漸大，大者長七寸餘，標爲一指、二指以至十二指，俱有細刻若分寸。然又有象牙一塊，長二寸四角皆缺，上有半指、半角、一角、三角等字，顛倒相向，蓋周髀筭尺也。

又 卷三 今人眠小兒竹籃，名搖籃。郭晟《家塾事親》曰：古人製小兒睡車，曰搖車，以兒搖則睡故也。蓋搖車即搖籃。今別有綍車之制，綍一作紼音榜此字《玉篇》、《廣韻》俱無，乃出免疑韻中，蓋後人所造也。

明 陳繼儒《古今韻史》卷一二《蘄竹》 湖廣黄州出，以色瑩者爲簞，節疎者爲笛，帶鬚者爲杖。

明 張謙德《茶經・茶焙》 茶焙，編竹爲之，裹以蒻葉蓋其上，以收火也。隔其中以有容也。納火其下，去茶尺許，常溫溫然，所以養茶色香味也。

明 高濂《遵生八牋》卷八 竹鉢，鉢盂持以飲食，道家方物。舊有癭木爲瓢，內則灰漆。近製取深山巨竹，車旋爲鉢，光潔炤人。上刻銘字，填以大青，真物外高品。

又 竹冠，制維偃月、高士二式爲佳，他無取焉。間以紫檀、黄楊爲之亦可。近取癭木爲冠，以其形肖微似，以此束髮，終少風神。若帶唐巾漢巾，可以簪花。漢巾之製，去唐式不遠，前摺較後兩傍少窄三四分，頂角少方。二製之外，皆非山人家所取。但五岳真形圓，人當佩帶，入山可拒虎狼，尋壑可遠魑魅。今以唐巾玉圈取作方式篆圖琢成，帶之甚雅，且圈非徒設。五岳圖有二三篆法，惟《道藏經》所載似真，圖具後幅。

又 雲舄，以蓑草及棕爲之，雲頭如芒鞋。或以白布爲鞋，青布作高挽雲頭，鞋面以青布作條，左右分置，每邊橫過六條，以象十二月意。後用青雲，口以青緑，似非塵土中着脚行用，當爲山人濟勝之具。

又 癭杯，取木之癭肖杯者磨琢成杯，式惟三種爲最，桃杯、蓮杯、芝杯。余所藏三杯，克肖真形，其外種類甚夥且奇，要之適用無如三者。

又 斗笠，其製有二：一名雲笠，以細藤作笠，方廣二尺四寸，以皂絹蒙之，綴簷以遮風日。一名葉笠，以竹絲爲之，上以檞葉細密鋪蓋，甚有道氣。二物貴在輕便。

又 棋籃，圍棋礶子，近日永嘉以藤編爲礶，製巧用堅，雖墮地觸石，曾無損裂。外以藤編爲藍，攜此一礶，其輕便可愛，誠遊具中一妙品也。書室中不宜有此。

又 便轎，入山用之，如今市中俗云兠轎式也。但坐身涼簟兩傍，用銅或鐵打成橋梁，雙鉤下鑻涼簟兩頭，鉤上作眼待蓟；扛上用銅製二鑻下垂，作竅以受銅鉤，對眼用蓟釘住，如懸掛然。入坐其上，背靠扛上圈圍，不惟安適，且上山下山，如履平地，以其機關常平故耳。何有前撲後仰之患？扛子得有閩産紫荊木爲之，輕細而堅，愈重愈力，他木俱不勝也。

又　卷一四《叙古諸品寶玩》　新羅國獻萬佛山，雕沉檀珠玉以爲之，其大者盈寸，小者幾分。其佛首有如米如菽者，眉目口耳螺髻毫相悉具。辮金玉水精爲旛蓋流蘇，菴植薝蔔羅等樹，以百寶爲樓閣殿臺。其狀雖微，形勢飛動。前有行道僧數千，下有紫金鍾三寸，蒲牢御之。擊鍾則行道僧禮拜至地，其中隱隱有聲，蓋鐘響處是關捩也。雖以萬佛名山，其數不可勝計。

明　屠隆《文具雅編·數珠》　有以檀香車入菩提子，中孔著眼引繩，謂之灌香。世廟初，惟京師一人能之，果絶技也。價定一分一子爲格。有金剛子小而花細者，甚貴。有人頂骨，以傍宗眼血實色紅者爲佳，枯黑爲下。有龍鼻骨磨成者，謂之龍充，色黑，嗅之微有腥香。有玉、瑪瑙、琥珀、金珀、水晶、沈香、紫檀、烏木、樓竹、車磲者，亦雅。珊瑚俗甚。記念有宋作玉降魔杵、玉五供養，有定窯豆大葫蘆，有天生一寸小葫蘆，可作記總。

又《笠》　有細藤作笠，方廣二尺四寸，以皁絹蒙之，綴簷以遮風，曰名雲笠。有竹絲爲之，上以槲葉細密鋪蓋，名葉笠。又有竹絲爲之者，上綴鶴羽，名羽笠。三者最輕便，甚有道氣。

又《漁竿》　江上一簑，釣爲樂事。釣用綸竿，竿用紫竹。綸不欲大，竿不宜長，但絲長則可釣耳。豫章有叢竹，其節長而直，爲竿最佳。長七八尺，敲針作鈎，所謂「一鈎掣動滄浪月，釣出千秋萬古心」，是樂志也。意不在魚，或於紅蓼灘頭，或在青林古岸，或值西風撲面，或教飛雪打頭，于是披羽蓑，頂羽蓋，執竿煙水，儼在米芾《寒江獨釣圖》中，比之嚴陵渭水，不亦高哉？

又《瓢》　有瘦瓢，其形如芝如瓢者，山人攜以飲泉，大不過四五寸，而小者半之。惟以水磨其中，布擦其外，光彩如漆，明亮燭人，雖水淫不變，塵污不染，庶入精鑑，有小匾葫蘆，可作瓢，須摸弄瑩潔方好。

明　屠隆《陳眉公考槃餘事》卷四《鉢》　取深山巨竹，車旋爲鉢，光潔照人，上刻銘字，填以大青，誠道家方物，似不可缺。

又《冠》　有鐵者，玉者，竹籜者，犀者，琥珀者，沉香者，瓢者，白螺者，製惟偃月、高士二式爲佳，瘿木者終少風神。

又《笠》　有細藤作笠，方廣二尺四寸，以皂絹蒙之，綴簷，以遮風日，名「雲笠」。有竹絲爲之，上以槲葉細密鋪蓋，名「葉笠」。有竹絲爲之，上綴鶴羽，名「羽笠」。三者最輕便，甚有道氣。

明　馮復京《六家詩名物疏》卷四五《紼》　《釋水》云：紼纚維之，紼，繂也。縭，綏也。孫炎曰：繂，大索也。李巡曰：繂竹爲索，所以維持舟者。郭璞曰：綏，繫也。

明　午榮《新鐫工師雕斫正式魯班木經匠家鏡》卷二《諸樣垂魚正式》
凡作垂魚者，用按管造之正式。今人又歎作繁針，如用此，又用做遮風及偃桷者，方可使之。今之匠人又有不使垂魚者，只使直板作如意，只作彫雲樣者，亦好，皆在主人之所好也。

又《招牌式》　大者六尺五寸，高八寸三分，闊小者三尺二寸，高五寸五分大。

又《火斗式》　方圓式寸五分，高四寸七分，板片三分半厚。上柄柱子共高八寸五分，方圓六分大。下或刻車脚，上掩火窗，齒仔四分大，五分厚，横二根，直六根，或五根。

此行燈警高一尺二寸，下盛板三寸長，一封書做一寸五分厚，上留頭一寸三分，照得遠近無悮。

又《象棋盤式》　大者一尺四寸長，共大一尺二寸。內中間河路一寸二分大，框七分方圓。內起線三分方圓，横共十路，直共九路，何路笋要内做重貼方能堅固。

又《圍棋盤式》　方圓一尺四寸六分，框六分厚，七分大。内引六十四路，長通路七十二小斷路，板片只用三分厚。

又《算盤式》　一尺二寸長，四寸二分大，框六分厚，九分大。起碗底線上二子一寸一分下，下五子三寸一分長短，大小看子而做。

又《茶盤托盤樣式》　大者長一尺五寸五分，潤九寸五分。四框一寸九分高，起邊線三分半厚，底三分厚。或做斜托盤者，板片一盤子大，但斜二分八釐。底是鐵釘釘住，大小依此格加減無悮。有做八角盤者，每片三寸三分長，一寸六分大，三分厚，共八片，每片斜二分半，中笋一個，陰陽交進。

明　姚旅《露書》卷一〇　廣州龍竹大如桶，可爲甑，葉長七八尺，濶尺有半，朱圖南異之，云可題詩二三首。

明　程道生《遁甲演義》卷四　夫大暑，六戊隱形，并直事六戊符印，俱選六甲六丁吉日良時，以雷擊棗木或年久楓木或香檀木，雕刻成像，仍設壇祭拜，先祭戊辰，次及戊寅，順而祭之，然後行用，方有神驗。如欲試之，即牽帶犢母牛一頭于中，將小犢牛放於圈外，終不能入，必待去土一堆，其牛即從散土之處而入，則見神靈矣。

明 陸深《玉堂漫筆》 衡山後生竹最大，名曰南竹。土人截取其筒以爲甑，節處可置盥盆，然在深山中，人蹟不到之處。

明 吴之俊《獅山掌録》卷二三《實心竹》 雲南有實心竹，文采班駁，可爲器物，其土以爲槍幹、交床。

明 周嘉胄《香乘》卷一三《香範》 鏤木以爲之，以範香塵，爲篆文，燃於飲席或佛像前，往往有至二三尺者。

明 謝肇淛《五雜俎》卷一〇 洪武間出内府所藏桃核示詞臣，核長五寸，廣四寸七分，前刻漢西王母賜漢武桃及宣和殿十字，塗以金。宋學士有《蟠桃核賦》，宇宙之間固何所不有，但謂西王母賜漢武者，則誕妄無疑。此必宣和間黄冠僞爲之，以媚道君者耳。王黼盛時廣求異物，有以桃核半枚獻者，中容米三四斗，即此類耳。吾閩荔支木有人僞作桃核刻之者，歲久亂真，殆無以辨此，亦不可不知也。

又 木之有癭，乃木之病也。而後人乃取其癭瘤砢礧者，截以爲器，蓋有癭而後有旋文，磨而光之，亦自可觀。但有南癭、北癭之異，南癭多楓，北癭多榆。南癭蟠屈秀特，北癭則取其巨而多盛而已。余在燕市中見癭杯，有大如斗者，後在一宗室見以癭木爲浴盆，此以大爲貴也。南方磊塊百狀，或有自然耳，可執小僅如雞子者，此以小爲貴也。政如北人賣大葫蘆種，謂可以爲舟，而南人乃取如栗大者爲扇墜，人之好尚不同如此。按劉子云「梗楠鬱蹙以成縟錦之瘤」，則癭木之見重自古然矣。

又 楓棗二木皆能通神靈，卜卦者多取爲式盤、式局，以楓木爲上，棗心爲下，所謂楓天棗地是也。《靈棋經》法須用雷劈棗木爲之，則尤神驗。《兵法》曰：楓天棗地，置之槽則馬駭，置之轅則車覆。其異如此，蓋神之所棲，亦猶鬼之棲，樟柳根也。

又 卷一二 茶注，君謨欲以黄金爲之，此爲進御言耳。人間文房中即銀者亦覺俗，且誨盜矣。嶺南錫至佳，而製多不典。吴中造者，紫檀爲柄，圓玉爲紐，置几案間，足稱大雅。宜興時大彬所製瓦鉼，一時傳尚，價遂踴貴，吾亦不知其解也。

明 謝肇淛《滇略》卷三 楚雄山中産斑竹，不規而圓，節去逾尺，作筇殊佳，謂之天生筇。《記》云雲南有實心竹，文采斑駁，殊可爲器物。即此是耶？

明 朱國禎《湧幢小品》卷二七《木》 雲南太平諸郡有木，肌柔膩，面色白如銀，名曰銀木，用以製器絶佳。

明 木增《雲薖淡墨》卷三《百齒梳》 孫思邈以交加木造百齒梳，用之養生要法也。樵人直説

又 蜀成都府西郫縣出大竹，截以盛酒，閉以藕絲，包以蕉葉，信宿香達于外，曰郫筒酒。故子美詩「酒憶郫筒不用賒，郫蜀王杜宇所都」。

明 宋應星《天工開物》卷中《鉋》 凡鉋，磨礪嵌鋼寸鐵，露刃秒忽，斜出木口之面，所以平木，古名曰「準」。巨者卧準露刃，持木抽削，名曰「推鉋」，圓桶家使之。尋常用者，横木爲兩翅，手執前推。梓人爲細功者，有起線鉋刃潤二分許，又刮木使極光者，名「蜈蚣鉋」。一木之上，銜十餘小刀，如蜈蚣之足。

明 徐光啓《農政全書》卷二四 笠，戴具也。古以臺皮爲笠，《詩》所謂「臺笠緇撮」。今之爲笠，編竹作殼，裹以箨箬，或大或小，皆頂隆而口圓，可芘雨蔽日，以爲蓑之配也。圖不載

又 帚，今作箒，又謂之篲。《集韻》云：少康作箕箒。其用有二，一則編草爲之，潔除室内，制則匾短，謂之條亦作苕帚。一則束篠爲之，擁掃庭院，制則叢長，謂之掃帚。又有種生掃帚，一科可作一帚，謂之獨掃。農家尤宜種之，以備場圃間用也。

明 釋廣賓《杭州上天竺講寺志》卷九《規制品》 像設，廣大靈感觀世音菩薩尊像，按：李東瀛《誌準神異記》載：天福年間，道翊既得奇木，異香襲人，膚理神色，與凡木迥殊，翊就竹竿巷雕鑿，匠孔仁謙造觀音大士，孔剖之有大士像，宛然天成，不假刻削，冠服具美，慈顔婉好。孔欲易以他木所爲者。翊輒夢大士云：「吾像孔已匿之幗皮中背面者，是毋爲致欺。」翊往迎，果更別像。乃以夢語諭之，孔不能隱也。

明 王光魯《閲史約書》卷四《器》 琨蔽，玉箸也，六博者投之以行碁。琨作箟同。彈碁兩人黑白子各六，碁局中心凸，列碁相當，彈中者勝也。格五，簺也。簺有四采，至五即格不行，故謂之格，意錢一曰詭億，一曰射意，即攤錢

也。方罫，碁局間線目也。晉制犀比，比，集也，言晉工作博碁之箸，比集犀角以爲飾也。剛卯，漢人於正月卯日，刻金玉桃木爲佩，以當吉祥逐疫者也。赤仄錢，以赤銅爲其郭，錢紺色也。筴錢，如榆筴也。紫泥，天子六璽，皆以五都紫泥封之。牢盆，牢，價值也。盆，鬻鹽盆也。淳金釦器，金飾器口也。㻏耳，玉爵也。橐中裝珠玉之寶，物輕而價重，可入囊橐以齎行也。寓錢、象泉，皆紙錢也。倓賧同，蠻夷贖罪貨也。昭華之玉，堯贈舜者也。昆吾之鼎，太公所銘鼎也。藻率，韋爲之，以藉玉也。鐔潘衛，劍飾，鐔，劍口旁横出者也。衛，劍鼻也。羽葆，鳥羽蓋也。劍履，皆軍容，軍容不入國，劍履上殿殊禮也。履以皮爲之。盭戾綬，盭，草名，以草染綬也。鞞鞛，佩刀上下飾也。洪頤，旌名，虹霓爲繯，繯，旗上旛也。鮫韅，馬服革，以鮫皮爲之。星施，旌也。罜獨麗，小網也。罠蹄，連綱，罠麋，網；蹄，兔網也。羂，罥也。互，屠家掛肉物也。欙，匊登山履也，以鐵爲之，如錐頭施履下，不蹉跌也。別作樏。雷榻，義同橇，以木爲之如箕形，行泥上也。胡床，今交椅也。皐比，虎皮褥也。毾㲪，毛席也。書櫃，盛書夾也。六翮，竹織方扇也。便面，障面扇也。縢，縢有帶囊也。藥裹，藥囊也。箯輿，竹器除糞土者也。赫蹏，蹄薄小紙也。軍持，浄瓶也。甗，無底甑也。積竹杖，攢竹杖也。缿筩，缿，盛錢器，即撲滿，以竹爲筩，如缿狀，投密告之書，可入而不可出也。人持一半。判冰，半大片也。筳篿筳，小破竹也。折草卜曰篿，編曲就喪家織薄曲也。栫薦澱，笭箵，星皆漁具也。漢侍中掌虎子，虎子，便溺之器也。

明 湖南漫士《水邊林下五十九種》之《香篆》 香盤，紫檀、烏木爲盤，以玉爲心，用以插香。

又《記事珠》 貴家棋子 開成中，貴家以紫檀心、瑞龍腦爲棋子。

清 沈自南《藝林彙考》卷三《服飾篇》《中華古今注》：頭髻，自古有之。髻而吉者，繫也。女子十五而笄，許嫁於人，以繫他族，故曰髻而吉。榛木爲笄，笄以約髮也。居喪以桑木爲笄，表變孝也。皆長尺有二寸。

清 李漁《閑情偶寄》卷一〇《鑪瓶》 插花于瓶，必令中竅，其枝梗之有畫意者，隨手插入，自然合宜，不則挪移布置之力不可少矣。有一種掘彊花枝，不肯聽人指使，我欲置左，彼偏向右，我欲使仰，彼偏好垂，須用一物制之。所謂撒也，以堅木爲之，大小其形，勿拘一格，其中則或扁或方，或爲三角，但須圓其其外，以便令瓶。此物多備數十，以俟相機取用。總之不費一錢，與桌撒一同拾取，棄于彼者，復收于此。斯編一出，世間寧復有棄物乎。

清 高士奇《扈從東巡日録》附録 薩喇，木板鞋也。長尺許，以皮鞔之，歷雪、磧峻嶺，逐獸如馳。

摩母羅，木椀也。如盂，如鉢。斵痕矗，備薦食，陳嘗，無貴賤，咸需之。

差非，木匙也。長四寸，鋭上豐下，削木爲之，燎以火，使曲雜佩帶上以代箸。

服寺黑，木甑也。狀如盆，口廣二尺許，底差斂於口，稜其孔以引氣，置粟於中，蒸而始舂，非炊器也。

摩呼郎，煙囱也。相木之竅穴者，截如柱，樹土炕外，引爨煙出之。覆以筐，以避雨雪，若巨表然。

護主，木槽也。封木如舟，可受水石許，横置爨側，以代盆盎。

石杭，木桶也。截大木空其中，以釀酒，以腊虀。

呼扭，柳斗也。編柳條爲之，用以汲泉、量粟。

清 陳淏子《秘傳花鏡》卷四《藤蔓類考·酒杯藤》 酒杯藤出自西域，昔張騫得其種而歸，藤大如臂，其花堅硬，可以酌酒。文章映澈實大如指，味香如豆蔻，食之能消酒。

清 釋同揆《洱海叢談》 無爲寺在蘭峯之半巉巖峭壁，行茂林數里，兩山豁然中開，從絶磵左折入寺，有石樓寬廣，攝衣登之，洱海雪山近在几席，有香桫木五株，其大百圍，高八九十丈，每株可作廣柳八九十副或百副。

清 卞永譽《式古堂書畫彙考》卷一〇《茶焙》 茶焙，編竹爲之，裹以蒻葉，蓋其上以收火也。隔其中以有容也。納火其下，去葉尺許，常温温然，所以養茶色香味也。

又《砧椎》 砧椎，蓋以碎茶，砧以木爲之，椎或金或鐵，取於便用。

清 汪森《粵西叢載》卷一七《木刻》 夸人交易無文券，止用木刻，此意殊古，然夸人信誓信神，交易必就神誓，故無敢爽易者。又夸人有讎欲復及掠某村約某日集衆舉事，先期誓衆，刻木插於山之高處，謂之插牌，偵知者亦得豫爲之備。

又 卷一九《藤合》 藤合，屈藤盤繞成柈合狀，漆固護之，出藤梧等郡。

清 毛奇齡《辯定祭禮通俗譜》卷四 築鬱者，擣鬱也。其所擣之器，亦俱香木。故又曰暢。臼以栢，杵以梧，謂栢與梧，皆香器也。則擣薰蕭以和酒，最是易事。

清 屈大均《廣東新語》卷一六《癭冠》 廣多木癭，以荔支癭爲上，多作旋螺紋，大小數十，微細如絲。友人陳恫屺得其一以作偃月冠，大僅寸許，有九螺銘之，曰：「文全於曲，道成於木。」予亦得其一，以作瓢而有曲柄，字之曰「簞友」，爲詩云：「拳曲千年成一節，半生半死沉香結。」又云：「霜皮未盡尚磨礱，螬蠐半食心已空。螺紋如絲旋細細，左紐右纏文不同。」

又 卷二五《油葵》 油葵生陽江恩平大山中，樹如蒲葵，葉稍柔，亦曰柔葵。取以作簑、禦雨，耐久。諺曰：「蒲葵爲扇油葵簑，家種二葵得利多。」

清 郎廷極《勝飲編》卷一二 癭樽 太白有《咏柳少傅山木癭尊》詩，東坡賦酌以癭藤之樽，放翁詩「竹根斷作眠雲枕，木癭刳成貯酒樽」，癭楠杯見皮日休詩。

清 楊賓《柳邊紀略》卷四 自昔器皿如盆盎椀盞之類，皆刳木爲之，數年來多易以磁，惟水缸槽盆猶以木。

清 林佶《全遼備考》卷下 塞外煙囱多以完木之自然中虚者爲之，久之碎裂則護以泥，或藤縛之，土人呼爲摩呼郎。

清 李光地《月令輯要》卷二一《物侯》 樓櫚原石室奇方，樓櫚俗名棕披，其木最堪爲屐，其木應月生片，棕遇閏則生半片，歲長十二節，閏年增半節。

清 宋廣業《羅浮山志會編》卷七《品物志·木屬》 皁莢樹，羅浮極多，《神仙傳》云葛仙翁斬皁莢樹爲杯，以盛酒，酒味益妙。

清 金埴《巾箱説》 孔林楷木，文如貫錢，有縱無横。《闕里志》云：以之爲杖，可以戒暴。或賦《楷杖二截句》云：「縱理無横子貢栽，孔林原自不凡材。楷能戒暴爲人杖，草木都從養性來。須教左右鎮相隨，質本天然不屈爲。從此百年皆坦步，孔家一木永扶危。」

孔林楷樹多癭，刳其中以爲瓢，名曰楷瓢。予見林戶善製，各隨其形，或如一朵雲，或如一拳石，用以酌酒，何貴犀杯。或曰：能令飲不及亂，且有古人止貪之義，以是不復安足耳。

清 文行遠《潯陽蹠醢》卷一 赤白二竹，還取其色，白薄而曲，赤厚而直。沅澧所豊，餘邦頗直 頗少也。俗曰白鹿竹，亦可作簟。潯陽郡人呼爲白木竹，燥時皮肉皆赤。武陵溪中是所豊足也。

清 吴震方《嶺南雜記》下卷 綿木，産肇慶屬新興等處，其質柔韌，以爲肩擔，雖負重不折，用爲輿槓最佳，一對值銀二兩。

清 雍正《白鹽井志》卷五《什物》 竿袋，凡汲水於井者，多以繩繫桶，惟白井之汲滷也。先劃皮條接竹以爲竿，取其通長，竿頭鑿孔，穿之以袋，袋則半之鞾也。不以桶而以袋，蓋又取其輕便焉。每一架竿，用滷夫二人投竿袋於井中，汲滿滷水，互相交手，漸拽而上，較絞車、桔槔猶覺迅利。

火煽，以鐵爲之，如宫扇形，繫木棍以作柄，所以取灶火、燒團鹽也。

鹽碗，造鐵碗如圓月形，用竹爲柄，盛取鍋中之鹽。

火鈎，亦鐵器，長二尺，以棍爲柄，凡燒大塊柴，則用鈎以撥發灶中之火。

鹽挾，以竹片折其腰而齊其口，取火地鹽如弄丸。

筏子，以木爲之，平地以放鹽。

鹽桶子，以木板箍成，有三耳朝上，仰托鹽籮。

柴叉子，送松毛草葉入灶。

大瓢、中瓢、小瓢，皆彝猓用木刳成，取竹爲柄，大小隨用，乃盛滷必用之具也。

篾索，用以繫囊於鹽水槽中。

清 雍正《山西通志》卷四七《物産·代州》 樺木 出五臺，可作器皿。

清 雍正《廣東通志》卷五二 椅木，一名雲楸，琵琶、棋、枰多用之。

又 廣木多癭，以荔枝癭爲上，作旋螺文，微細如絲，以作星冠，頗有仙致，雕作小器亦佳。

又 皁莢樹羅浮極多，《神仙傳》云葛仙翁斬皁莢樹爲杯以盛酒，酒味益妙。羅浮志

又 蠻鞍，西南諸蕃所作，不用韉，但空垂兩木鐙，鐙之狀刻如小龕，藏足指其中，恐入榛棘傷足也。後鞦鏇木爲大錢纍纍貫數百狀，如中國騾驢鞦。同上

又 蠻鞭，刻木節節如竹根，朱墨間漆之，長纔四寸，其首有鐵環，貫二皮條以策馬。同上

清 雍正《浙江通志》卷一〇一 黄楊，《錢塘縣志》杭人取其木堅膩，作梳，刻印最佳。

又 卷一〇七 棕竹，《崇禎處州府志》：麗水縣産棕竹，製爲器最良。

清 雍正《山東通志》卷一一 筐用以承帛，筐，箱屬，竹爲之。鄭氏謂如車笭，蓋如竹篋。古用筐不一，以奠爵，以承食膳，以置玉幣，具載《禮記》。今釋奠專以承幣，蓋用《詩鹿鳴・序》「實幣帛筐篚」之意也。

清 雍正《江南通志》卷三四 楠樹在休寧縣西白嶽山，大數十圍，諸石如伏犀馴象。《山志》云：江左楠木，惟此一株。今枯雕爲神像。

清 倪蜺《滇小紀》一卷《鵲不停》 滇南有樹名鵲不停，枳棘槎枒，羣鳥皆避去不敢下。惟鴟之交也，則棲止而萃其上，精溢于樹，乃生瘤。土人斲瘤成丸如鳥卵，近人肌膚輒自跳躍，就私處益習習然。人或骨節間作酸楚失舒展，按其丸于骱穴，彈動少時即蘇快而愈然。極難得，故緬人以銅爲之，內藏小輪，循環不已，以氣温體暖相感而動，其功用悉如樹瘤，名曰緬鈴。然亦從西洋海船來，非緬製也。

清 儲大文《存研樓文集》卷一六《雜文・水平》 《總要》曰：「凡水，因地而成勢，謂源高於城，本高於末，則可以遏而止，可以決而流。或引而絶路，或堰以灌城，或注毒於上流，或決壅於半濟，其道非一。須先設水平，測度高下，始可用之。」《通典》嘗書水平之制曰木檯，長二尺四寸，兩頭中間鑿爲三池，池横濶一寸三分，縱濶一寸，深一寸三分。池間相去一尺五分，間有通水渠，濶二分，深一寸二分。三池各置浮木，木濶狹微小於池，筐厚三分，上建立齒，高八分，濶一寸七分，厚一分。槽下爲轉脚，下高與眼等。以水注之，三池浮木齊起，眇目視之，三齒齊平，則爲天下準。或十步，或一里，乃到數十里，目力所及，置照板、度竿，以勾繩計其尺寸，則高下、丈尺、分寸可知。照板形如方扇，長四尺，下二尺，上二尺，面濶三尺，柄長一尺，大可握。度竿長二丈，尅作二百寸二千分，每寸内小尅，隨所向遠近高下。置竿以照板應之，眇目視之。三浮木齒及照板，以度竿上尺寸爲高下，遞而往來，尺寸相乘。則山淵、水源高下淺深，可以分寸度矣。此亦勾股、海島之遺法，書之以備經世一則。

清 徐文靖《管城碩記》卷二六《詩賦二》 張衡賦「左青琱以揵芝」，注曰：揵，堅也。音巨偃反。按：《國語》秦后子對韓宣子曰：「夫絳之富商韋藩木揵以過於朝。《相如賦》：揵鬐擢尾。《正義》：揵音乾，舉也。揵鬐，舉鬐也。木揵，以木擔於肩而舉物也。《思玄賦》所謂「揵芝」，以芝爲芝，蓋故須舉也。訓堅者非堅，當是竪之譌也。

清 乾隆《烏程縣志》卷一二 斑竹即湘竹、笙竹，其篾軟可爲器用。桃枝竹如蘄竹，篾韌可代藤。慈竹冬月出笋在外，夏月出笋在内，有護根之意，俗名孝順竹。哺雞竹一名護基竹，植於牆後，篾脆不可用。崇正烏程縣志

清 張慶長《黎岐紀聞》 生黎地不屬官，亦各有主，間有典賣授受者，以竹片爲券，蓋黎内無文字，用竹批爲三計坵段價值，劃文其上，兩家及中人各執之以爲信，無敢欺者。近日狡黠輩頗紛紛以詐僞生爭矣。

又 「生黎」器用皆椰殼或刳木爲之，炊煮熟以木勺就釜取食，或以手捻成團而食之，無外間碗箸。

清 張宗法《三農紀》卷七《藤》 藤，蔓本也。性喜土而升，故云藤；非倚不能，故屬蔓。種類堪多，形色不一，皆倚木負樹而生蟠曲，而土質秉乎巽，性秉乎艮，故有連絡之形。堅者，根可製器，爲盆盂，爲柄持。柔者，莖可造用，爲枕席，爲冠蓋，爲履屣。其繫縛編織巧製，莫可枝舉。

清 乾隆《福寧府志》卷三六《古蹟》 榧子尖懸巖祀白鶴仙，鐵香爐在焉。用竹鑿梯，攀藤始能上，歲有水旱，禱之輒應。

又 卷三八《藝文》 每蠶初生，稱重二錢，長大可滿一箽，箽長丈二，寬五尺，編竹爲之。屋中立四柱，柱下有十齒作架盛箽者，上可容五箽。

清 乾隆《海澄縣志》卷一五《歲時》 元宵自一夜至五夜看鬪煙火，其鬪也，斷竹而實火曰響莢，噴可數丈；裹紙杖而實火，曰飛鼠，鼠飛無聲色，觸人衣始熾。

清 傅恒《皇輿西域圖志》卷四一 阿雅噶，屈柳木及樺木爲之，大小不等，制同栝棬。

塔巴克，形同内地之盤，盛食及羹，以紅銅爲之，亦有用木者，深淺大小不等，其貴重之盤，則以玉爲之。

特卜什，以木爲之，形如長方盤，大小不等。用以盛肉，即肉槽也。

烏珠克，削竹爲片，長四寸許，上濶二分，漸下漸鋭，至末而鋭甚，如刀之口，取墨於髮帚，以作字。

又 《服物二》 酬察克，刳木爲椀，其大小不等，以油塗之，以漆髹之，

盛茶及飯，其酋長及貴人或以玉爲之。

喀喇桑，屈木爲之，其形如桶，以盛牛羊乳。

察喇，小木桶也，以盛酸乳。

和恩，以木爲盤，而有足，高約二寸，圓經約六七寸，以盛餅餌之屬。

楚默楚，大木杓也，挹牛羊等肉食以實於烈干，挹肉汁以實於鄂喇札木。

塔克塔，以薄板爲之，其形長方如案，施於毯上。額格斯察爾帕雅以治事，塔克塔以飲食。

努爾古赤，圓木杖也，作餅時用之。

騰訥，以木爲槽形，盛水以和麵。

阿勒噶克，屈柔木爲邊，麤布爲底，其形正圓如內地之篩，用以除麤取細。

綽里，編細柳木爲之，其形如圓筐，用以漉米。

克淩齊，刀也，其質純銅，其形彎至頭則愈昂，柄用大魚骨及硬木爲之，刀鞘用魚皮飾以象牙、玳瑁之屬，柄端有銅環，以繫革絛。

赫實喀里畢，以木爲方模，入泥於中，用成土坯。

綽布噶資，木尺也，以量長短，長五尺者其形三稜，長二尺五寸者面平而背圓。

喇安達，或以鐵爲，或以木爲，其形長方，築牆成後，用以平之。

帕勒圖，短斧也，棗木爲柄。

清　乾隆《樂陵縣志》卷三　土牛，胎骨用桑柘木，身高四尺，長三尺六寸，頭至尾長八尺，尾長一尺二寸，鞭用柳枝，長二尺四寸，土牛色以本年爲法，頭角耳用天干，身用年地支，蹄尾肚用納音。

清　常輝《蘭舫筆記》　嘉定出竹器，皆專門名家。凡屏几文器，莫不精工。余嘗署縣丞印，多見之，但值甚昂不能得。又在邑侯李公席上，見一馬極舊，以竹根鏤之，高可三寸，置几上，神駿如生，鬃尾絲絲畢見，問價則五十金也。更有掛屏一具，寬二尺餘，高三尺五寸，內外兩層，皆竹爲之。外層薄如紙，鏤萬字錦，玲瓏透剔，毫無補接痕，內層離二三分，刻唐律一首，點畫刀法，秀勁無匹，真絕技也。

清　長白椿園氏《新疆輿圖風土考》卷二《外藩列傳》　薩穆，絶域一大國也。土地廣大，亞於控噶爾。居室修潔，織異鳥之羽爲衣，光彩奪目。阿拉克控噶爾，西北一大國也。與薩穆相類，人多巧思。冬能使之炎熱，夏能使之飛霜。以金木製爲人形，爲之服役。然非邪詭之術，皆人力爲之。

又　卷四《回疆風土記》　衣皆大領窄袖，男左衽，女廠前襟內襯衫襖及膝。女帽冬夏皆用皮，而插鳥翼於前，以爲觀美。男帽冬用皮，夏用綢綾，猩氈爲頂，倭緞爲翅，高五六寸，前後尖翅，亦各長五六寸。男翅兩平，女帽後翅少垂頂上，皆起金綫爲花，牛羊之革爲韡。爲履朱色，其履木根二寸，女履有前無後，夏日跣足趿之。益西有高五六寸者，阿渾帽箬白布爲之，中填棉絮，高厚各五六寸，有一種瓜名回帽，形頗似之。

清　郭倫《晉記》卷一一《輿服志》　司南車，一名指南，駕四，其下制如樓三級，四角金龍銜羽葆，刻木爲人衣羽衣，立車上，車雖回運而手常指南，大駕出，爲先啟之乘。

記里鼓車，駕四，形制如司南，其中有木人執槌向鼓，一里一槌。

清　乾隆《鄞縣志》卷二八　竹笠。按鄞製竹笠極工巧，他郡率來購，僧家尤重之。

清　乾隆《回疆志》卷二《風俗》　然十五歲以前小兒，若在學堂有犯應責之過，教者以紅柳木打其脚心，言紅柳乃聖人留下責人之木，能令人有記性，且脚心乃無妨碍處。

清　乾隆《廣西通志》卷九〇《輿地略十一物産二》［柳州府］黄楊，融縣出。按《酉陽雜俎》云：凡取此木，必以陰晦夜無一星伐之，則不裂。郡人取以爲梳。

清　李斗《揚州畫舫録》卷一一《虹橋録下》　大觀樓者，糖名也。以紫竹作擔，列糖于上，糖修三寸，周亦三寸，中裹鹽脂豆餡之類，貴至十數錢一枚。其僞者則價廉，不中食矣。又有提籃鳴鑼唱賣糖官人、糖寶塔、糖龜兒諸色者，味不甚佳，止供小兒之弄。或置竹釘數十于竹筒中，其端一赤而餘皆黑，以錢貫之。適中赤者則得糖，否則負。口中唤唱，音節入古。

清　陸烜撰《梅谷偶筆》　楓柳人，星卜家挾之有奇驗。嶺南楓木之老者，或生瘿瘤，遇雷雨暴長一枝，如人形，謂之楓人。越巫取以雕刻鬼神像，賂之四方者也。亦名樟柳人。或樟木亦有此異耶？

清　舒位《黔苗竹枝詞》一卷《克孟牯羊苗》　山房縹緲際青天，百尺梯頭踏臂眠。纔到三更春夢覺，淚花一斗聽啼鵑。

廣順州之金筑司有苗曰克孟牯羊，擇縣厓鑿竅而居，不設牀笫，構竹梯上下，高者或至百仞，親死不哭，笑舞浩歌，亦曰鬧屍。明年聞杜鵑聲則舉家號泣，悲不能勝，曰鳥猶歲至親不返矣。

清　嘉慶《延安府志》卷三四《户略二·物産》（延安延綏鎮）沙竹性柔堅，光細無節且長，屈之可以爲棬。

清　陳登龍《里塘志略》卷下《雜記》　甋器裡塘甚貴重，蠻人皆用木盌，木盌，以葡萄根爲上。土官頭人飾以金銀，常人則否。至西藏所出札木札呀及渾拉爾木盌，惟堪布土官有之，餘人不能得也。札木札呀木色微黄，堅潤，有細紋；渾拉爾木色亦微黄，花紋畧大，皆能避毒，價值昂貴，至有數十金一得胎未知驗否。

清　胡鳴玉《訂譌雜録》卷五《檃括》　檃栝，正木器。揉曲者曰檃，正方者曰栝。栝从木，本作桰，今作括，俗以此二字爲包括意用，非。《説苑》：東郭憲問於子貢曰：「夫子之門，何其雜也？子貢曰：檃栝之旁多枉木。」《家語》：「外寬而内正，自拯於檃栝之中，蘧伯玉之行也。」《荀子》：枸木必將待檃栝烝矯，然後直。」二字見處甚多。

清　道光《東阿縣志》卷七　帛篚三至四件，按篚用以承帛屬，竹爲之，鄭氏謂如車笭，如竹筐。古用篚不一，具載《禮記》。今專以承幣，蓋用《詩·鹿鳴序》「實幣帛筐篚」之意也。

清　陳文述《頤道堂詩外集》卷二《古今體詩·樺榇器》　樺榇器，以樺榇木爲之，自几案至盤匜，無不畢具。樺木兼榇木，良工制器精。文章鍾地氣，花樣出天成。几案羅杯斝，弓刀利甲兵。樺皮可飾弓刀　閒探五都市，觸目盡庚庚。

清　錢泳《履園叢話》卷一二《竹刻》　竹刻，嘉定人最精，其法始於朱鶴祖孫父子，與古銅玉、宋磁諸器並重，亦以入貢。内府近時工此技者雖多，較前人所製，有霄壤之分矣。

又　周製之法，惟揚州有之。明末，有周姓者始創此法，故名周製。其法以金、銀、寶石、真珠、珊瑚、碧玉、翡翠、水晶、瑪瑙、玳瑁、硨磲、青金、緑松、螺甸、象牙、密蠟、沉香爲之，雕成山水、人物、樹木、樓臺、花卉、翎毛，嵌于檀梨漆器之上。大而屏風、桌倚、窗槅、書架，小則筆牀、茶具、硯匣、書箱，五色陸離，難以形容。真古來未有之奇玩也。乾隆中有王國琛、盧映之輩，精于此技，今映之孫葵生亦能之。

清　李調元《南越筆記》卷六《粤中多尚屐》　粤中婢媵多著紅皮木屐，士大夫亦皆尚屐，沐浴乘涼時，散足著之，名之曰散屐。散屐以潮州所製拖皮爲雅，或以抱木爲之，抱木附水松根而生，香而柔韌，可作履，曰抱香履。潮人刳之爲屧，輕薄而爽，是曰潮屐。或以黄桑苦楝亦良。香山土地卑溼，尤宜屐，其良賤至異其製以别之，新會尚朱漆屐。東莞尚花繡屐，以輕者爲貴。廣州男子輕薄者多長裙散屐，人皆呼爲裙屐少年以賤之。

又《椰器》　凡椰出於瓊者，處處相似，獨文昌鋪前所産者大小形殊。小者至如拇指，作杯以此爲貴。椰殼有兩眼，謂之萼，有斑纈點文，甚堅，横破成椀，從破成杯以盛酒，遇毒輒沸起，或至爆裂，征蠻將士率持之。故唐李衛公有椰杯一，嘗佩於玉帶環中。椰杯以小爲貴。一種石椰，生子絶纖小，肉不可食，止宜作酒杯，其白色者尤貴，是曰白椰。粤人器用多以椰，其殼爲瓢以灌溉，皮爲帚以掃除。又爲盎以植掛蘭掛竹葉，爲席以坐卧，爲物甚賤，而用甚多如此。

又　卷一三《菩提樹》　菩提樹子可作念珠，《廣州志》云：訶林有菩提樹，梁智藥三藏攜種，樹大十餘圍，根株無數。《通志》謂葉似桑，寺僧採之，浸以寒泉，歷四旬，浣去渣滓，惟餘細筋如絲，可作燈帷笠帽。《瓊州志》又稱金剛子，産瓊山，圓如彈，堅實不朽，可爲數珠。按菩提子每顆面有大圈，文如月，周羅細點如星，謂之星月。菩提又有木槵子，色較黑，而質更堅結，亦可爲念珠。大姚諸處，俗亦呼爲菩提子。

又《綿木》　《肇慶志》：新興産綿木，其質柔韌，以爲負擔，雖負重不折，爲輿槓最佳。

又《桄榔》　桄榔木海南所産，《虞衡志》云：直如杉，又如椶櫚。有節如大竹，一幹挺上，高數丈，花數十穗，《草木狀》謂皮中有屑如麪，木性如竹，紫黑色，有文理。工人解以製奕枰。按桄榔性堅韌；可爲器，作轎幹尤佳，世爭購之。

清　同治《番禺縣志》卷六《輿地》　南海番禺婦人平居不笄，有事則笄，女子出閣前一日始笄，笄多用蓮花珠笄，乳媪笄殼尖笄。粤中婢媵多著紅皮木屐，士大夫亦皆尚屐，沐浴乘涼時散足著之，名之曰散屐。

清　同治《桑植縣志》卷二《風土志·風俗》　山路崎嶇，土人以物行遠者，不任肩而任背，編竹爲籠，上寬下窄，可容數斗，旁有兩耳，貫以臂負之而行，曰背籠，亦曰背簍，甚便捷。

清　吴德煦《章谷屯志略》　宴親友，以巨甕或銅鐵瓶置咂酒於内，沃以熱湯，瓶口插小竹杆，長尺許者數十枝，互相吸飲。

又　髮辮互盤頭際，旁以二木削如箸，其端繫蜜蠟如象棊子大者各一，珊瑚枝長二寸餘，大如巨指者各一，横揷髮後以爲飾。

又　寨中置巨甕或木桶，富者大銅瓶盛酒於内，植竹竿十餘枝，趺坐於地，互相吸飲，不杯杓勸酹。無肴核，惟各布豬膘、牛肉，得木鳥，醉飽而散。

清　道光《彰化縣誌》卷九《風俗》　器物。粟不粒積，翦穗而藏，帶穗而舂。無隔宿之米。以巨木爲臼，徑四尺、高二尺許，而凹如鍋，鑿空其底，覆之如桶。旁竅三、四孔，以便轉移。杵輙易手，左右前後，按節旋行，或歌以相之。將旦，邨舍絡繹丁東，遠颺若疎鐘清磬。客驟聽者，不辨爲何聲。陳小厓「外紀」：粤東西南海神祠，有大小銅鼓二，制如淮鼓，中有臍突起，擊之闐然。云傳自漢代古物，木虛應地，鏗若金奏。金虛應地，幻爲革音，清濁各異。番彝制器，埒諸古人矣。

杙三足於地，閣木扣於上以炊；或支以三石塊，若鼎峙然。木扣，陶土爲之，圓底縮口，微有唇起以承甑。甑以大木刳虛其中若桶，編篾爲臍。近有用小鐵鍋，兼築竈者。

規木虛其中，圍三尺許，函口如槽，横竹木桿於内，卷舒其經，綴線爲綜，擲緯而織達戈紋粗布。繫腰小帶，花紋歷録可愛，堅木削刀扣之，左右各置小壎，扣聲相應，清亮如磬。

室中壺盧，纍纍以百十計，多爲富。大者容二斗。嫩時味苦不可食。俟堅老，截上出瓢，選其小而底相配者，製爲蓋，澤以鹿脂，摩娑既久，瑩赤如漆。番人於役，用裝行李，雨行不濡。傳遞公文，遇大水，取置其中，戴於首而渡。漢人重價沽之，弗售也。

削竹爲嘴琴，其一制如小弓，長可尺餘，或八、九寸，以絲及木皮之有音者綸爲弦，扣於齒，爪其弦以成聲。其一制略似琴形，大如指拇，長可四寸，竅其中二寸許，釘以銅片，另繫一小柄，以手爲往復，唇鼓動之，聲出銅片間，如切切私語，不能遠聞，而纖滑沉蔓，自具一種幽響。夜月更闌，猫踏（見下雜俗）與番女潛相和，以通情好。

截竹竅四孔如簫，長者可二尺，通小孔於竹節之右按：原書作「有」乃誤，按於鼻横吹之，曰鼻簫。可配絃索，音節頗似而不揚，當爲簫之別調。

用蘆管長寸許，絲纏其半，又其半扁如鴨嘴。截竹長六、七寸，竅三，長函蘆於竹，駢而吹之，曰蘆笛。音如滇黔間苗狆之蘆笙，而悲壯過之。清秋夜月，令人起塞上之思。

鑄鐵長三寸許如竹管，斜削其半，空中而尖其尾，曰薩豉宜。又曰卓機輪。繫其尖於掌之背，番約鐵鐲兩手足，舉手動與鐲相撞擊，聲錚錚然。或另銜鐵舌凹中，繫之臍下，按步徐行，鏘若和鸞。騁足疾走，則周身上下，金鐵齊鳴，聽之神竦。

弓取材於竹，密纏以籐，染茜草，其色朱。内山番或以楘木爲之，不知柘與桑也。無弰，不需筋角膠漆，繩紵爲弦，漬以鹿血，堅韌過絲韋。露宿不櫜，亦無反弛之虞。底局不至於彀，而發射搭箭於左。

小竹堅直，美亞會稽用爲箭，傅以翎。翎如漢人之制，而翦其稍，或增爲五面，密纏以絲，鹿血添之如漆。鏃銛利貫骨，有長至四寸許如鎗舌者。

鏢鎗桿長五尺許，疎可及三、四十步，鋒銛利。或鎗舌爲鈎距，形如个字，括入桿中，用長繩並桿繫之，中物則鎗舌倒掛而不能出。鹿麑負痛奔逸，桿擺落與繩俱掛草木間，番從後尾追之，無得脱者。

男女出門，身不離鋏刀之制。或方頭，或尖葉，長不滿尺，銛於斧斤。木鞘韜之，横繫腰背。

刳木爲牌，高齊膺，闊二尺許，取木之最堅者爲之。内凹外凸，中畫日月，或黑白相間，制如舞干。

以籐爲籠，下底上蓋，方圓高低，大小不一。漢人購之，内外加以漆，飾銅以便鎖鑰，殊爲堅緻。

編竹篾爲籃，其制圓，曰霞籃。番無升斗，以此爲量，大者裝至三、四石。内山有籐簸籮，徑圍可三丈。

又　春初爲鞦韆，略如漢人之制，高可丈許，中以木爲舁，止容一人，繞梁旋轉如紡，上下可數十回，漢人效之，輒暈而嘔。

清　道光《遵義府志》卷一七　癭木。（桐梓草志）邑産，乃多年木根得水氣而成者，其文有人物、山水各形。製器美觀，以香桂子爲最，即老鷹茶根也。有黄白赤數種，白勝黄，黄勝赤，黑而多水縫瘢點者爲下。次櫻桃，次樟，次柟、黄楝，惟橡瘿無。近爲官吏爭購，因材殘木，山靈亦秘之，不易得矣。

清 黄本驥《湖南方物志》卷三《衡州府》 南竹，嶽山前後皆産，而山後爲多。大者截之可甑以炮，可盆以盥，中分解其節可梘以引流。若作室，可柱可瓦。

衡陽縣出紫竹，匠人制爲坐卧具，甚佳。府志

清 陳鼎《竹譜》 龍尾竹，産瓊州五指山中。高十餘丈，大如拱。土人鋸節，作水桶及盛酒之用。其梢枝葉不散，狀如龍尾，故邱瓊山有「兩餘倒拔蒼龍尾」之句。

又 桃絲竹，産兩廣、交趾地。其竹本大如斗，色如墨，葉亦然。與棕竹相類，但有大小之殊耳。可爲盤，爲軍持，爲筆筒，爲酒注，爲茶甌，爲刀劍握。

清 同治《歸州志》卷一《地輿志·險隘》 石門巖在州境，按《輿地紀勝》石門巖其奇險處，鄉人接以木梯，有警則斫斷，不通行人。

清 劉獻廷《廣陽雜記》卷一 楷木即今之黄連頭樹也，楷有瘿，可以爲器。

清 同治《巴東縣志》卷九《兵防志·守禦軍械》 縣治設卡三處，塘汛二十一所，向有大小木牌二面，木架一座，木棍五根，長茅二桿，鈎鐮鎗二桿，銅鑼一面，其各塘汛並設塘房旗一面，牛角一面，會哨旗一面，係道光八年修造，迄今均已朽壞，不堪應用。以上查卷

清 同治《南城縣誌》卷一《物産》 枯竹器取紫白斑竹成篾，錯綜相間，以漆膠之，極精緻。

清 光緒《興寧縣志》卷一五 興寧爲邑在嶺嶠之間，彌望皆山也。惟從高阜瞰之，始見山麓盡處微茫如線數道縈繞，拓其汙萊，頗用爲田。而山泉可灌輸者，即高下其田以承之。稍遠則刳竹爲筒，刳木爲梘，駕壑通流以注之。蓋無水不可以爲田，而有水亦不易引而歸之田。山縣之田，固若斯之難成也。

清 光緒《長汀縣志》卷三一《物産》 竹黄器 竹絲器以竹黄翻壓爲之，俗呼爲翻黄。各器俱備色如象牙，遠近爭購。又有以筀竹細破爲絲織作諸器，其最妙者造紙竹簾，遠望彷彿絲縷織成，幾莫知其爲竹者，池氏稱絶技云。

清 光緒《咸寧縣志》卷五《學校》 篚竹爲之，鄭氏謂：如車笭，如竹篋。古用篚不一，以奠爵，以承食膳，以置玉幣，具載《禮記》。今單以承幣，蓋《詩鹿鳴序》「實幣帛篚篚」之遺意也。

清 黎申産《寧明州志》卷上《山嶺》 牛角巖在攀龍村，距城三十里，望之如牛角形，故名。壁立數十丈，無路可上，巖中有鹹土，可煎作硝。粤東客民之勇健者，伐大竹，留其旁節三寸許以代梯，緣登采之，然所出亦無多也。

清 光緒《香山縣志》卷五 竹器竹盒、竹籃之類，大小不一，編竹絲爲之，細密精緻，邑城最良。

清 徐加幹《苗疆聞見録》 苗酋發令調隊，以刻木一段加鷄毛火炭，按寨遞送，此交彼接速于郵傳。

清 汪日楨《湖雅》卷四 白楊，安吉伍志其木可爲鏤刻花草板，亦光潔可愛。按與楓相似，故俗亦呼茄茄風。

又 紫竹，《談志》紫竹色紫。《勞志》：可爲杖。《竹譜詳録》：出江浙兩淮，用之纖柄，拄杖甚佳，亦有製簫笛者。按今多以斑竹、紫竹爲煙筩。

又 篾竹，即水竹。《談志》宜爲篾絲，《安吉劉志》：水竹榦細，竹篾鹽水煮之柔韌，如藤。出平地、順安、安福、定福諸鄉俱有之。又謂之篾竹，蓋最貴者。

清 光緒《周莊鎮志》卷一 竹器農器如泥箭、臂籠、秧箾、土簣之類，漁器如退籠、魚罩、鰻簖、蟹箾之類，餘如篩篇、棧條、雞籠等，俱細密光滑，各適於用。北柵港東、全功橋至永安橋，比户以此爲業，故名篾竹埭。

清 光緒《永昌府志》卷六二《軼事》 木刻夷俗凡借貸、賒傭、通財、期約諸事，不知文字，以木刻爲符，各執其半，如約酬償，毫髮無爽。按木刻相沿木夾之制，唐徐雲處使南詔，授木夾遺還。宋宣和間高泰運遺書於邊將，以求貢。其制用兩木板刻字於上，以爲信。今夷人交易用木刻，各執一半，符合爲信，亦即其遺意也。

清 光緒《桐鄉縣志》卷七《物産》 竹器産陳莊湖州上柏山中，貨竹於此，故居民就製竹器。出售一切傢具，皆以竹爲之；而蠶具所用蓬篇筐箾等物，銷路尤廣，近多移於青鎮南柵。新纂

清 光緒《五河縣志》卷三《疆域·風俗》 元宵各於門首張燈，用楮竹爲花鳥人物之象，士庶遊觀，至十六夜止，俗謂之走百病。

清 光緒《容縣志》卷二八《舊聞志·雜紀》 粉榨之設由來已久，其法以

上臼米搗爛澄濾，摶捏成團，而鑿木爲臼底，置銅鏡，鏡遍穿小孔。先實粉臼中，上用橫木壓杵一枚，以人力絞之，杵入於臼，粉從孔出，漉熟曝乾，細鬻於市中。

清 西清《**黑龍江外記**》**卷八** 《金史》以樺皮爲角，吹作呦呦之聲，呼鹿射之。今布特哈有哨鹿者，即呼鹿也。其哨以木爲之，長二尺餘，狀如牛角而中空，國語謂之穆喇庫。哨時，吹穆喇庫能肖游牝已僡之聲，則牡者甡甡來，然不能人人擅長，蓋亦有獨得之妙焉。

清 **光緒《承德府志》卷二九《物産》** 樺棕木器，以樺棕及雜樹根爲之，製作工巧，全以雜色參錯爲文，如縟繡然。自几案至盤匜，無所不有，熱河市中多鬻之。

清 **光緒《吉林通志》卷六《施函》** 斲木爲筒，因其自然虛中以受物，貯水釀酒皆用之，視束鐵編筏，攢木片爲器者，天質爲勝。

又 **卷三四《器用》** 木椀夫餘飲食類皆用俎豆，《後漢書》一百十五女真食器無瓠陶，皆以木爲盆。春夏之交止用木盆注粥，以長柄、小木杓數柄回環共食，以木楪盛飯，木盌盛羹。《北盟會編》三摩木羅，滿洲語，謂木椀，如盂如鉢，斲痕粗，備薦食。陳嘗無貴賤，咸需之。《扈從埘録》寧古塔無陶器，有一瓷椀，如重寶，然羣不貴，遂不足寶矣。凡器皆木爲之，出高麗者精，復難得。大率出土人手七，箸盆盂比比皆具，大至桶甕，亦自爲之。《絶域紀略》伐大樹作器用，其盞碟盆盎澡盤之屬，俱以獨木爲之。《寧古塔紀略》

清 **陳憲舜《課民植牧講義稿·篙竹》** 此竹一尺數節，面有斑紋，製爲煙桿，文具等器，世甚重之。

又 **《無節竹》** 此竹無節，空心直上，即通竹也。絲直肉厚，可爲燈籠香骨、索纜等物，旁枝亦可爲竹筯、筆管之用。

又 **《笛竹》** 此竹一節尺餘，可作笛籠、筐籃、竹纜等物，用處最多。粗大者尤爲得價。

又 **《實心竹》** 此竹自根以上三尺，心皆充實，乃竹鞭出土生成竹幹者，爲圖章及杖甚佳，或作擔竿尤輕。

又 **《斑竹》** 老大者高二丈，周數寸，可爲筆筒、扇骨、帽架，各省最重。近日製成茶機、茶臺、一切文具等，精美得價。

又 **《筋竹》** 筋竹絲細，可爲香骨燈籠萬絲胎帽等用。

又 **《笴竹》** 此竹細如筆管，高八九尺，枝肥葉巨，性易屈撓，可爲籠籃、編帽等用。

又 **《含竹》** 竹身常高三丈，周三寸而有黏力，世人多以爲團扇、籠籃等之用。

清 **張鳳臺《長白彙徵録》卷四《風俗》** 呼蘭，漢語竈突也，截中空之木豎於簷外，與竈爐通，以引煙外出，今長白居民比屋皆然。

中空外直求材易，暮爨晨炊利用均。曲突徙薪誠上策，焦頭爛額更何人。
疎煙土銼京蒸便，夜雨荆筐蓋覆頻。却有千年遼海鶴，蓦疑華表化前身。
豳岐家室屢爲遷，時處恆依舊俗然。水火每資叩昏戶，爨炊常看引朝煙。
疏風避雨安而穩，直外通中樸且堅。玉食寄言惟辟者，莫忘陶復九章綿。

按東山森林甲天下，可稱木界省分。凡物皆以木製，呼蘭木引火之具，而亦以空木爲之，其木材之盛，已可概見。炊爨得焦琴，巨室求大木，良材妙選，不擇地而生讀。

又 施函，漢語木筒也，斲木爲之，釀酒盛水皆宜。

誰云瓠落不中材，虛受天然器量恢。泉貯重漿消舊渴，春芻石凍釀新醅。
早嗤□釜催人去，何用修筒引水來。可供瓶罍謝梁棟，孰非造物善栽培。
枯木荒山那計年，虛中貯水借天然。弗愁缾罄爲罍恥，可佐樽盛用缶旋。
厨下風無慮落葉，林邊雨尚憶鳴泉。不材材際全其質，善注南華二十篇。

又 器用，編柳爲筐，鑿木爲筒，農具極粗拙，利於山田，不利平地。惟鎌鉤與銅斧最利，以備斬伐柴薪之用。至於銅盂、瓦缶，皆樸而堅，制頗古。運物則以牛以馬駕爬犁，否則男負以背，女頂於首，肩挑者少。

清 **李席《晉縣鄉土志》卷四《製造諸物》** 縣境所能製造者，植物中有香□、掛面、花盒、火柴、十香菜、麻割版、籃、筐、箬、籮、簸箕、柳罐等，動物中有皮鼓、翎扇、骨器、鬢刷秤、毫胰子等，礦物中有坯磚、硝磏炮、藥鋁粉等，然皆僅守舊法，再加杖致方有進步。

傳 記

晉 **葛洪《西京雜記》卷五** 許博昌，安陵人也。善陸博，竇嬰好之，常與居處。其術曰：「方畔揭道張，張畔揭道方。張究屈玄高，高玄屈究張。」又曰：「張道揭畔方，方畔揭道張。張究屈玄高，高玄屈究張。」三輔兒童皆誦之。法用六箸，或謂之究，以竹爲之，長六分，或用二箸。博昌又作大六經一篇，今世傳之。

唐 蘇鶚《杜陽雜編》卷中 飛龍衛士韓志和，本倭國人也。善彫木作鸞鶴鴉鵲之狀，飲啄動静，與真無異。以關戾置於腹内，發之則淩雲奮飛，可高三尺至一二百步外，方始却下。兼刻木作貓兒，以捕鼠雀。飛龍使異其機巧，遂以事奏。上覩而悦之。志和更彫踏牀，高數尺，其上飾之以金銀綵繪，謂之見龍牀。置之則不見龍形，踏之則鱗鬣爪牙俱出。及始進，上以足履之，而龍夭矯若得雲雨。上怖畏，遂令撤去。志和伏於上前曰：「臣愚昧，致有驚忤聖躬。臣願别進薄伎，稍娱至尊耳目，以贖死罪。」上笑曰：「所解伎何試爲我作之？」志和遂於懷中出一桐木合子，方數寸，中有物名蠅虎子，數不啻一二百焉。其形皆赤，云以丹砂啗之故也。乃分爲五隊，令舞涼州。上令召樂以舉其曲，而虎子盤迴宛轉，無不中節，每遇致詞處，則隱隱如蠅聲，及曲終，纍纍而退，若有尊卑等級。志和臂虎子，令於上前獵蠅於數百步之内，如鷂捕雀，罕有不獲者。上嘉其小有可觀，即賜以雜綵銀椀。志和出宫門，悉轉施於他人。不逾年，竟不知志和之所在。

明 陶宗儀《輟耕録》卷五《雕刻精絶》 詹成者，宋高宗朝匠人，雕刻精妙無比。嘗見所造鳥籠四面花版，皆於竹片上刻成宫室人物山水花木禽鳥，纖悉俱備。其細若縷而且玲瓏活動，求之二百餘年，無復此一人矣。

明 張岱《陶庵夢憶》卷一《濮仲謙雕刻》 南京濮仲謙古貌古心，粥粥若無能者，然其技藝之巧奪天工焉。其竹器一帚一刷，竹寸耳，勾勒數刀，價以兩計。然其所以自喜者，又必用竹之盤根錯節，以不事刀斧爲奇，則是經其手略刮磨之，而遂得重價，真不可解也。仲謙名噪，甚得其欵，物輒騰貴，三山街潤澤於仲謙之手者數十人焉，而仲謙赤貧自如也。於友人座間見有佳竹、佳犀，輒自爲之，意偶不屬，雖勢劫之利，啖之終不可得。純生氏曰：百里奚爵禄不入胷中，飯牛牛肥。仲謙身分，故臻於此。

清 乾隆《歙縣志》卷一五《方技》 製器之技，惟黄異人。異人窮規矩之用，極於神奇，可使木偶自行取攜，如所意指。嘗遊京師，供奉内殿。凡外夷貢奇器必與觀，觀竟即如樣製，與所進無毫髮爽，且或精巧過之。康熙間西洋人貢寶座一坐，定則八音自鳴，宫商鏗叶，節奏如出名伶。異人閱，竟奏曰：「許臣拆視，則亦能爲之。」不日製成，奏進。時洋使尚未旋國也。異人僮僕悉木人，門設木狗，偷兒至，則嚙不令脱。又嘗傳其製一小函，方四寸許，百貨具備，凡千數百種，檢出則可盈几案，納之仍一四寸小函也。異人居邑西之黄村，逸其名，中外人皆呼異人，遂以是名於世。

清 李斗《揚州畫舫録》卷一二《橋東録》 江增字兆年，號臞生，性好山水，于黄山下搆卧雲庵自居。製茶擔以濟勝，行列甚都，名曰「游山具」。刳柳木令扁，以繩繫兩頭擔之，謂之「扁擔」。蒙以填漆，上書庵名。擔分兩頭，每一頭分上中下三層：前一頭上層貯銅茶酒器各一，茶器圍以銅，中置筒，寔炭。下開風門，小頸環口修腹，俗名茶錐；酒器如其制，而上覆以銅，四旁開竇，寔以酒插，名曰「酒錐」，俗呼爲四眼井。旁置火箸二，小夾板二，中夾卧雲庵五色箋，小落手袖珍《詩韻》一，硯一，墨一，筆二。中層貯錫胎填漆黑光面盆，上刺庵名。濃金填掩雕漆茶盤一，手巾二，五色聚頭扇七。下層爲櫝，貯銅酒插四，瓷酒壺一，銅火函一，銅洋罐一，宜興砂壺一，煙合一，布袋一，捆炭作槖，置之袋中，此前一頭也。後一頭上層貯秘色瓷盤八。中層磁飲食臺盤三十，班竹箸一十有六，銅手爐一，填漆黑光茶匙八，果叉八，錫茶器一。取火刀石各一，截竹爲筒，以閉火。下層貯銅煖鍋煑骨董羹，傍列小盤四，此後一頭也。外具乾瓠盛酒爲瓢齎，截紫竹爲簫，以布捆老班竹煙袋，並掛蒲團大小無數于扁擔上。江鄭堂爲之作《游山具記》，每一出游，湖上人皆知爲臞生居士來也。

清 王鳴韶《嘉定三藝人傳》 施天章字焕文，以竹刻傳隆萬間。有朱松隣者，本文士，以其餘技雕刻竹筒，置案頭插筆，人多求之。子小松亦善刻竹，與李長蘅、程松圓諸先生游，得小樹剪紮供盆盎之玩，一樹之植，幾至十年。故嘉定之竹刻盆樹聞於天下，後多習之者。竹刻有二家，以竹筒刻山水、人物，若筆筒、酒杯、香筒諸器者，是就竹之圍圓而成，儼然名畫也。一以老竹根就其高卑曲折淺深之宜，刻爲人物、山水、果蓏、花卉，名爲陽文。天章自幼習爲之，最工竹根。人物手足之位置，衣服之瀟灑，面目之神理，皆極生動。老則雞皮鶴髮，脅肋之骨，結喉露齒，悉可指數。笑語喜愠，若有聲響。果實花卉，皆如新摘。善畫，得馬夏法。雍正間織造使者以其術進，命供奉養心殿，後官鴻臚寺序班。獲譴回籍，自放於山巔水涯，技益工而益不可得矣。乾隆三十九年卒於壻王謙家，年七十有三。

周顥字晉瞻，一字芝巖，工畫，山水人物華卉俱佳，而尤長於竹。風雨雪月，短長欹側，皆入逸品。識者謂畫竹一派，近在崑山夏太常，而顥之奇縱變化有前人所未及者。至於細竹中兼寫人物山水，更爲奇絶。山水於諸大家無所不有，臨橅可以亂真，而尤長於刻竹器，皴擦勾掉，悉能合度。無論竹筒、竹根深淺濃澹，勾勒烘染，神明於規矩之中，變化於規矩之外。有筆所不能到而刀刻能得之，筆之妙在神韻，其法度之變化尚在紙上。顥之所刻出於意想所不及。人無耳目，屋無窗櫺，樹有細點，橋多約彴，俱非他人所能及。於松隣父子、吴之璠、沈兩之之後，別樹一幟矣。顥長身多髯，丰度瀟灑，和靄可親，飲酒數石不亂，無子，卒年八十有九。

清 金元鈺**《竹人録》卷上《朱稚征》** 稚征，號三松，小松仲子，稚美之弟。祖父兄弟三世以高尚稱，松隣子又以刻竹名家，至三松而技臻極妙。三松性簡遠，善畫遠山、澹石、叢竹、枯木，尤長畫驢。其雕刻，刀不苟下，興至始爲之。見者情愜，則任其移去勿惜；意所不屬，遺以多金，弗顧也。所刻筆筒及人物祕閣，香筒或蟹或蟾蜍之類，當時即已寶貴。今日同瓊弁火齊名重五都矣。朱氏擅名竹刻，比之山陰父子雖義獻自有分別，然源流一也。大抵花鳥規橅徐熙，寫意人物山水在馬夏之間，畫道以南宗爲正法，刻竹則多崇尚北宗，蓋以刀代筆，惟簡老樸茂，逸趣横生一派，最易得神也。

又《顧珏》 珏字宗玉，居城南。朱沈相承平澹天真，純以韻勝；珏則刻露精深，細入毫髪，一器必經一二載而成，是又不襲前人窠臼，而能獨立門庭者。戲仿靈璧英州石，以沉檀香、黄楊木製爲奇峯，真有山高月小、水落石出之致。其遺蹟，槎里羅氏收蓄最富。余少時曾見縮臨李昭道棧道圖筆斗，老樹危橋，懸崖絶澗，作數十層，轉折望之，窈然而深，尤爲奇絶。後不戒於火，梁州之谷留侯一炬燼者半矣。維揚客猶以重直購歸，殆中郎之焦尾乎。按宗玉所製竹根秘戲圖，眉目形體如生，牀幃几席有刻竹鏤楮之巧。好事者什襲藏之，惜非雅製。

又《竹人録》卷下 周笠字牧山，顥之猶子也。畫山水師元四家，而得力在用乾筆皴。少師黄尊古鼎，謂之曰：「婁東虞山一派屬於子矣。」笠少於顥十餘歲，少同學畫，同刻竹，各得其意，不相襲也。生意遠出，神氣内涵，萬點當虛，千重疊起，渾厚中自露秀色，令人一見歎絶者，笠之所長也。各體俱備，蒼健雄深，微露亂頭，粗服之致，顥之所長也。刻竹作畫，兩者盡之矣。晚寓揚州馬氏小玲瓏山館幾十年，故手蹟流傳里中絶少。年纔六十，病噎卒。有子爲諸生，日躭於酒，將所遺畫具稿本盡入酒家，不久亦卒。孫一今爲道士。

清 嘉慶《宜興縣志》卷八《隱逸》 陳貞祥，字孝緒，諸生。明亡即棄舉子業，放情山水泉石以自娱。所居瀦池一灣，種竹千竿。名花野卉，四時俱備。兼喜竹根木樁，經其雕琢，即成異趣。有愛之者，輒與之。族黨得其佽助者，甚衆。亦有借端折辱之者，而貞祥絶不以爲意也。

清 同治《清泉縣志》卷九《人物志·方技傳》 譚學元字少微，幼有異稟，讀書目十行下，經史諸子百家咸涉獵。獨不喜舉子業，每曰：「人貴以德顯，否則以藝名，終不欲窮年佔畢，向高頭講章覓生活也。」善書畫，皆能以指頭爲之，尤工琴，不拘守舊譜，而指法獨絶。偶得諸葛武侯遺書，用木牛流馬法而變通之，所制渾天儀、窺遠鏡及木雞、木犬之類，見者詫爲天授。

清 光緒《湖南通志》卷二一一《人物志五十二·技術》 區純，衡陽人，甚有巧思。元帝太興中，造作木室，作一婦人居其中，人叩其户，婦人開户而去，當户再拜，還入户内閉户。又作鼠市，於中四方丈餘，有四門，門中有一木人，縱四五鼠欲出門，木人輒推掩之，門門如此，鼠不得出。又作指南車及木奴，令舂穀作米。元帝聞其巧，詔補尚方左校。

清 光緒《盧氏縣志》卷九《人物》 唐漆，萬歷年間東關人，心思工巧，製作精奇。能爲木驢轉磑竹龍吸水之術，若大用之輪扁疾，徐宋人懈緌必有可觀。

清 光緒《邵武府志》卷二四《人物》 陳嵐，字石村，號紫谷，有巧思。作木偶如垂髫好女，衣以繒帛含睇凝笑，行走如生。客至捧茶，次第無失儀。髣髴殷民亮飾木妓，以傳觴也。又工繪事花卉翎毛，皆栩栩欲活。嘗自寫《浮生若夢》長卷，對鏡圖形，自少而壯而老，無不逼肖。桑榆暮景，則置身雲中，悠然有遺世獨立之思。郡守石永福以「妙筆通神」表其廬云。

紀事

墨子·魯問 公輸子削竹木以爲鵲，成而飛之，三日不下。公輸子自以爲至巧。子墨子謂公輸子曰：「子之爲鵲也，不如翟之爲車轄。須臾劉三寸之木，而任五十石之重。故所爲巧，利於人謂之巧，不利於人謂之拙。」

《**莊子·外篇·達生**》梓慶削木爲鐻，鐻成，見者驚猶鬼神。魯侯見而問焉曰：「子何術以爲焉。」對曰：「臣工人，何術之有？雖然，有一焉。臣將有鐻，未嘗敢以耗氣也。必齊以静心，齊三日，而不敢懷慶賞爵禄。齊五日，不敢懷非譽巧拙。齊七日，輒然忘吾有四枝形體也。」

《**韓非子·十過**》堯禪天下，虞舜受之，作爲食器，斬山木而財之，削鋸修之迹，流漆墨其上。輸之於宫，以爲食器。諸侯以爲益侈，國之不服者十三。

《**韓非子·外儲説**》墨子爲木鳶，三年而成，蜚一日而敗。弟子曰：「先生之巧，至能使木鳶飛。」墨子曰：「不如爲車輗者巧也。用咫尺之木，不費一朝之事，而引三十石之任，致遠力多，久於歲數。今我爲鳶三年成，蜚一日而敗。」惠子聞之，曰墨：「子大巧，巧爲輗，拙爲鳶。」

漢 司馬遷《史記》卷八《高祖本紀》 高祖爲亭長，乃以竹皮爲冠，令求盗之薛治之，時時冠之，及貴常冠，所謂「劉氏冠」乃是也。

漢 劉歆《西京雜記》卷五 武帝時郭舍人善投壺，以竹爲矢，不用棘也。古之投壺，取中而不求還，故實小豆於中，惡其矢躍而出也。郭舍人則激矢令還，一矢百餘反，謂之爲驍。言如博之竪梟於掌中，爲驍傑也。每爲武帝投壺，輒賜金帛。

晋 陸翽《鄴中記》 右季龍與皇后在觀上爲詔書，五色紙著鳳口中，鳳既銜詔，侍人放數百丈緋繩，轆轤回轉，鳳凰飛下，謂之鳳詔。鳳凰以木作之，五色漆畫，脚皆用金。

南朝宋 范曄《後漢書》卷一一三《戴良傳》 初，良五女並賢，每有求姻，輒便許嫁，疎裳布被，竹笥木屐以遣之。五女能遵其訓，皆有隱者之風焉。

南朝宋 劉敬叔《異苑》卷一〇 介子推逃禄隱迹，抱樹燒死。文公拊木哀嗟，伐而製屐，每懷割股之功，俯視其屐曰：「悲乎足下。」足下之稱，將起於此。

南朝宋 劉義慶《世説新語》卷上之下《政事》 陶公（陶侃）性檢厲，勤於事。作荆州時，敕船官悉録鋸木屑，不限多少。咸不解此意。後正會，值積雪始晴，聽事前除雪後猶濕，於是悉用木屑覆之，都無所妨。官用竹，皆令録厚頭，積之如山。後桓宣武伐蜀，裝船悉以作釘。又云，嘗發所在竹篙，有一官長連根取之，仍當足。乃超兩階用之。

又 卷中之下《捷悟》 魏武征袁本初，治裝餘有數十斛竹片，咸長數寸，衆云並不堪用，正令燒除。太祖思所以用之，謂可爲竹椑楯。

北齊 魏收《魏書》卷九一《劉靈助傳》 靈助馴養大鳥，稱爲己瑞，妄説圖讖，言劉氏當王，又云「欲知避世入鳥村」。遂刻氈爲人象，畫桃木爲符書，作詭道厭祝之法。民多信之。

唐 房玄齡《晋書》卷一〇〇《張昌傳》 山都縣吏丘沈遇於江夏，昌名之爲聖人，盛車服出迎之，立爲天子，置百官。沈易姓名爲劉尼，稱漢後，以昌爲相國，昌兄味爲車騎將軍，弟放廣武將軍，各領兵。於石巖中作宫殿，又於巖上織竹爲鳥形，衣以五綵，聚肉於其傍，衆鳥羣集，詐云鳳皇降，又言珠袍、玉璽、鐵券、金鼓自然而至。

唐 崔令欽《教坊記》 大面出北齊。蘭陵王長恭性膽勇而貌婦人，自嫌不足以威敵，乃刻木爲假面，臨陣著之，因爲此戲，亦入歌曲。

唐 張鷟《朝野僉載》卷六 洛州殷文亮曾爲縣令，性巧，好酒，刻木爲人，衣以繒綵，酌酒行觴，皆有次第。又作妓女，唱歌吹笙，皆能應節。飲不盡，即木小兒不肯把飲，未竟，則木妓女歌管連理催，此亦莫測其神妙也。

又 郴州刺史王琚，刻木爲獺，沈於水中取魚，引首而出。蓋獺口中安餌爲轉關，以石縋之則沈，魚取其餌，關即發，口合則銜魚，石發則浮出矣。

又 將作大匠楊務廉甚有巧思。常於沁州市内刻木作僧，手執一椀，自能行乞。椀中錢滿，關鍵忽發，自然作聲云布施。市人競觀，欲其作聲。施者日盈數千矣。

唐 劉恂《嶺表録異》卷上 廣南有舂堂，以渾木刳爲槽，一槽兩邊，約十杵，男女間立，以舂稻糧，敲磕槽舷，皆有遍拍槽聲，若鼓聞於數里。雖思婦之巧美秋碪，不能比其瀏亮也。

唐 蘇鶚《杜陽雜編》卷上 輔國家藏珍玩皆非人世所識。夏則於堂中設迎涼之草，其色類碧，而榦似苦竹，葉細如杉，雖若乾枯，未嘗彫落。盛暑束之牕户間，而涼風自至。鳳首木高一尺，彫刻鸞鳳之狀，形似枯槁，毛羽脱落不甚盡。雖嚴凝之時，置諸高堂大厦之中，而和煦之氣如二三月，故列名爲常春穿池沼以自娱。晚節又好方士，以冀長生。有孫季長者，爲抱真鍊金丹，紿抱真曰：「服之當昇僊。」遂署爲賓僚。數謂參佐曰：「此丹秦皇、漢武皆不能得，唯我遇之，他年朝上清，不復偶公輩矣。」復夢駕鶴沖天，寤而刻木鶴、衣道士衣以習乘之。

又 卷一八七《忠義傳》 禄山之亂，南陽節度使魯炅奏用願爲潁川太守、本郡防禦使。時賊已陷陳留、滎陽、汝南等郡，方圍南陽。潁川當其來往之路，願與防禦副使龐堅同力固守，城中儲蓄無素，兵卒單寡。自至德元年正月至十一月，賊晝夜攻之不息，距城百里，廬舍墳墓林樹開發斬徹殆盡，而外救無至。賊將阿史那承慶悉以鋭卒併攻，爲木驢木鵝，雲梯衝棚，四面雲合，鼓譟如雷，矢石如雨，力攻十餘日，城中守備皆竭，賊夜半乘梯而入。

宋 陶穀《清異録》卷上《淺色沉》 同光中，秦隴野人得栢樹，解截爲版，成器物，置密室中。時馨芳之氛稍類沉水，初得而焚之，亦不香。蓋性不宜火，此淺色沉耳。

又《文章樹》 張曲江里第之側有古柘，嘗因狂風發其一根，解爲器具，花紋甚奇。人以公之手筆冠世，目之曰文章樹。

又 卷下《銀稜木瓜胡樣桶》 段文昌微時貧，幾不能自存。既貴，遂竭財奉身，晚年尤甚。以木瓜益脚膝，銀稜木瓜胡樣桶濯足，蓋用木瓜樹解合爲桶也。

又《龍腦著色小兒》 以龍腦爲佛像者有矣，未見著色者也。汴都龍興寺惠乘寶一龍腦小兒，雕製巧妙，彩繪可人。

又《靈芳國》 後唐龍輝殿安假山水一鋪，沉香爲山阜，薔薇水蘇合油爲江池，苓藿、丁香爲林樹，薰陸爲城郭，黄紫檀爲屋宇，白檀爲人物，方圍一丈三尺，城門小牌曰靈芳國，或云平蜀得之者。

又《沈香甑》 有賈至林邑，舍一翁姥家，日食其飯，濃香滿室。賈亦不喻，偶見甑，則沈香所剜也。

又《六尺雪檀》 南夷香槎到文登，盡以易疋物。同光中，有舶上檀香色正白，號雪檀，長六尺。地人買爲僧坊刹竿。

宋 薛居正《舊五代史》卷六一《劉訓傳》 荆渚地氣卑濕，漸及霖潦，糧運不繼，人多疾疫。訓本無將略，人咸苦之。及孔循至，得襄之小校木。縱烈火焚之，終不焦黑焉。

又 卷下（咸通）十四年春，詔大德僧數十輩於鳳翔法門寺迎佛骨。百官上疏諫，有言憲宗故事者，上曰：「但生得見，殁而無恨也。」遂以金銀爲寶刹，以珠玉爲寶帳香舁，仍用孔雀氄毛飾其寶刹，小者高一丈，大者二丈，刻香檀爲飛簾、花檻、瓦木、階砌之類。其上徧以金銀覆之。舁一刹則用夫數百。其寶帳香舁不可勝紀。工巧輝煥，與日争麗。又悉珊瑚、馬瑙、真珠、瑟瑟綴爲幡幢，計用珍寶不啻百斛。其剪綵爲幡，爲傘，約以萬隊。

唐 莫休符《桂林風土記·延齡寺聖像》 寺在府之西郭郊三里，附近隱山，舊號西慶林寺。武宗廢毁，宣宗再崇。峯巒牙張，雲木交映，爲一府勝游之所。寺有古像，徵於碑碣，蓋盧舍那佛之所報身也。此地元本荆榛，先無寺宇。因大水漂流巨材至，時有工人操斧斤斫伐，將欲下斫，忽見一梵僧立在木傍謂曰：「此木有靈，爾宜勿伐。」既而罷去。又有洗蔬者於其上則浮，濯葷辛於其上又沉，雅契梵僧之言。由是咸知有靈，遂刻削爲僧佛。當則天后臨朝之日，夢金人長一丈六尺，乞袈裟。及詔大臣問其事，皆莫能解。旋奏：「陛下既有此夢，乞依夢中造袈裟，懸於國門，以俟符驗。」明早，大臣奏：「懸袈裟忘收，已失。」遂詔天下求之，已在桂州盧舍那佛身。至今尊卑歸敬，遐邇欽崇。時旱，請雨，皆有響應如意。

唐 馮贄《雲仙雜記》卷一《地仙圓》 虢州别駕竇澠以當歸爲地仙圓，曰使血海增光。以棗木爲杵臼，號金剛骨。三堂往事

又《涼物》 房壽六月召客坐糠竹簟，凭狐文几，編香藤爲俎，刳椰子爲盃，擣蓮花製碧芳酒，調羊酪造含風鮓，皆涼物也。

又 卷四《貴家棋子》 開成中貴家，以紫檀心、瑞龍腦爲棊子。棋談

唐 佚名《大唐傳載》 曲阜縣先聖廟前有數株古栢，亦傳千餘歲，其大十圍。潘華爲兖州，軍食貧窮，無以結四方之信。華遂命伐之，裁爲簡册，刻爲器皿，以行餉之。

五代 王仁裕《開元天寶遺事》卷二《燭奴》 申王亦務奢侈，蓋時使之然。每夜宫中與諸王貴妃聚宴，以龍檀木雕成燭跋，童子衣以緑衣袍，繫之束帶，使執畫燭，列立於宴席之側，目爲燭奴。諸官貴戚之家皆效之。

五代 劉昫《舊唐書》卷一三二《李抱真傳》 時天下無事，乃大起臺榭，

獻竹龍之術，及造竹龍二道，傳於城下，竟無所濟，遂罷兵，令將士散略居民而迴。

宋 李昉《太平廣記》卷四〇六《天王槐》 長安持國寺寺門前有槐樹數株，金監買一株，令所使巧工解之。及入内迴，工言木無他異。金大嗟惋，令膠之曰：「此不堪矣，但使爾知予工也。」及別理解之，每片一天王塔戟成就焉。

宋 陳師道《後山集》卷二一《談叢》 嘉州舊産紫竹楠榴櫻木等，仕於蜀者，競採之以爲器，人甚苦之。吴中復作《嘉陽四詠詩》以悼之。

宋 李燾《續資治通鑑長編》卷三四六《神宗》 ［元豐七年六月］太中大夫、龍圖閣待制、知江寧府陳繹免除名勒停，追太中大夫，落龍圖閣待制，知建昌軍；子承務郎彦輔衝替。繹坐前知廣州作木觀音易公使庫檀像，私用市舶乳香三十斤買羊，虧價爲絹二十八匹，上言詐不實；彦輔坐役禁軍織木綿，非例受公使庫饋送及報上不實也。

宋 徐夢莘《三朝北盟會編》卷一八 後女真衆豪結盟推爲首領，生烏嚕，能繼其父業。烏嚕生雅哈，子綏赫自幼習射採生，長而善騎射獵，教人燒炭煉鐵，刳木爲器，制造舟車，種植五穀，建造屋宇，稍有上古之風。

宋 王明清《玉照新志》卷一 又云勅下江東轉運司斷：太中大夫、充龍圖閣待制、知江寧府陳繹，爲前知廣州日，將造到公使庫檀木觀音，將松木觀音換檀木觀音入己，并將公使錢糴糧，餵飼自己白鷴等，并役使土丁槍手，脩築廨宇内地基，及并將官乳香於神寺獨自焚燒，并申奏辨明，所犯虚詐，及取勘時逐次虚妄等罪，并男承務郎、新差汝州洛南稻田務陳彦輔役使廣州軍人織造木綿生活等罪，并取勘虚妄，併將仕郎、試國子監四門助教郭應之於廣州公使庫，受供給，與陳繹管句宅庫，買物虧價。陳繹合追見在太中大夫、舊官諫議大夫、龍圖閣待制或以職當徒一年勒停，緣前項輕罪内犯盜贓一疋，仍令準例追毁出身以來誥勑文字，除名勒停。放陳彦輔各從杖一百，私罪上定斷罰銅十斤。放郭應之該赦。奉勑并依斷，内陳繹特免除名勒停，落龍圖閣待制，仍追一官，差知建昌軍替鄭琰成資過滿闕，陳彦輔特衝替。

宋 陸游《南唐書》卷九《劉彦貞傳》 彦貞置陳横布拒馬，聯貫利刃以鐵繩維之。刻木爲猛獸攫拏狀，飾以丹碧，立陣前號捷馬牌。又以革囊貯鐵蒺藜布於地。周兵望而笑甚怯，鋭氣已增，一戰我師大敗，師朗等皆被擒，彦貞死於陣。南唐喪地千里，國幾亡。

宋 朱輔《溪蠻叢笑·筒環》 犵狫妻女年十五六，敲去右邊上一齒，以竹圍五寸，長三寸，裹錫穿之兩耳，名筒環。

宋 周密《癸辛雜識》續集卷下《倭人居處》 倭人所居，悉以其國所産新羅松爲之，即今之羅木也。色白而香，仰塵地板皆是也。復塗以香，入其室則芬郁異常。倭婦人體絶臭，乃以香膏之，每聚浴於水，下體無所避，止以草繫其勢，以爲禮。番船至四明，與娼婦合，凡終始能竟夕事。至具暢悦，則大呼如猖猍。或惡其然，則以木槌扣其脛乃止。然下體雖暑月亦服至數重，其衣大袖而短，不用帶。食則共置一器，聚則團食，以竹作折折取之。鞖則無跟，如羅漢所著者，或用木，或以細蒲爲之。所衣皆布，有極細者，得中國綾絹則珍之。其地乃絶無香，尤以爲貴。其聚扇用倭紙爲之，以雕木爲骨，作金銀花草爲飾，或作不肖之畫於其上。

又《沉香聖像》 杭西湖延祥觀四聖小像并從人共二十身，皆蠟沉香，凡數百兩，即韋太后北巡狩歸日所雕，皆飾之以大珠。及楊髡據觀爲寺，盡取之爲笠珠及香餅，可歎也。杜秋泉

金 元好問《續夷堅志》卷二《賈叟刻木》 平陽賈叟，無目而能刻神像，人以待詔目之。交城縣中寺一佛，是其所刻，儀相端嚴。僧説賈初立木胎，先摸索之，意有所會，運斤如風。予因記趙州没眼僧，能撰墨水畫上，布五彩亦撰之。毛提舉家一虎蹲大樹下，旁卧一青彪，虎目爍爍如金，望之毛髮森立，雖趙邈齪不是過。佛氏所謂六根互用者，殆從是而進耶。

元 黎崱《安南志略》卷一 古州佛春驟雨山之巨木流至州津，回旋不去，民異而觀之，内有石類佛。民禱神驗，即雕木爲佛，遇旱祈雨輒應，故曰法雲法雨。

元 楊瑀《山居新話》卷一 余家藏竹龜一，乃古人以老竹片所製，首尾四足皆他竹外來者，竅小，兩頭倍大，可轉動而不可出。故用縱横之竹，紋理顯然，背載三截碑牌一，兩側有轉軸十，亦外來之軸，首大腰細，不知何法得入。偏叩匠者，皆莫曉。所謂特以鬼工稱之。

明 宋濂《元史》卷一三《世祖紀》 ［至元二十二年正月］壬寅，造大樽於殿，樽以木爲質，銀内而金外，鏤爲雲龍，高一丈七寸。

明 夏元吉《明實録》之《太祖實餘》卷七（元至正十九年）乙巳，樞密院同僉常遇春率兵攻衢州，建奉天旗，樹栅圍其六門，造吕公車、仙人橋、長木梯、懶龍爪，擁至城下，高與城齊，欲階以登城。又於大西門、大南門城下穴地道攻之。元守臣廉訪使宋伯顔不花等悉力備禦，以束葦灌油燒吕公車，架千斤稱鈎懶龍爪，用長斧以斫木梯，築夾城防穴道。遇春攻之弗克，乃以奇兵出其不意突入南門甕城，毁其所架砲，督將士攻圍益急。

明 田汝成《西湖游覽志餘》卷九《賢達高風》 丁蘭故居在艮山門外三十六里，名丁橋。蘭事母至孝，母死刻木爲像，事之如生。有丁母塚，在桐扣山之東。

又 蔡汝揆居艮山門外太平鄉華林里，父霖爲朝奉大夫，通判瑞州。庶母沈氏卒，汝揆尚幼，父霖用浮屠法火之。汝揆以父廕入仕，每傷無松楸之地，言輒涕泣。乃刻木爲母像，具衣衾棺槨葬之。更置贍墳田創庵，命僧守之，鄉人呼爲木娘墓。

明 彭大翼《山堂肆考》卷一六九《五木》 古者烏曹氏作博，以五木爲子，有梟盧雉犢塞爲勝負之采，博頭有刻梟形者爲最勝，盧次之，雉犢又次之，塞爲最下。

明 王圻《稗史彙編》卷一二二《鼎州寺藏心木》 鼎州民葉氏祖墳在城東，其傍崇寧寺謀建大華嚴藏，工費鉅萬，既已辦集，惟患乏堅良之木，以爲藏心。而葉氏莊院之前大桐樹，其高七八丈，堪應其須。葉壻陳秀才因過沙頭市，寺長老求願得此木以濟用。陳以插苗之時斫伐挽曳必將大損，收獲畢功則聽命耳。長老即向空作禮祝曰：「大風吹一樹，萬木不同枝。」遂揖別而退。至夜半，顛風忽起，桐拔仆閑地，苗不少傷。於是斷中幹爲藏心，餘枝柯爲神像，木色正赤，有汁如血，其後亦罹，煨燼樹拔之，後彈桐偏滿山谷。

又 卷一五一《文章樹》 張曲江第之側有古柘，嘗因狂風發，其一根解爲器皿，其紋甚奇，人以公之手筆冠世，目曰文章樹。

又 卷一五四《沉香鉢》 後唐福慶公主下降孟知祥，明宗晏駕，唐亂，莊宗諸兒削髮爲苾蒭，間道走蜀。時知祥新稱帝，公主賜待猶子，勅器用，皆以沉香、降真爲鉢，木香爲匙筯，賜之。常食堂展鉢，衆僧私相謂曰：「我輩謂渠頂相衣服均是金輪王孫，但面前四奇傢俱有無不等耳。」

明 田藝衡《留青日札》卷二三《連齒木屐》 着屐登山乃謝康樂事，而謝安木屐，則登山去前齒，下嶺去後齒。宋高祖則好着連齒木屐，見《南史》，蓋即今之拖屐也，梁朝盛時，貴遊子弟駕長簷車，跟高齒屐，坐棊子方褥，憑斑絲隱囊。

明 朱孟震《汾上續談》卷一《擊壤》 余十四時在留都，每秋冬，見群兒取木三寸許，鋭其兩端，置於地，以木板擊之令躍起，仍以板擿中之，可三四十步，謂之打棒椿，此即古康衢擊壤之遺也。《風土記》云：擊壤以木爲之，長三四寸，其形如履。臘節僮少以爲戲，分步以擿摶也。將戲，先側一壤於地，遥於三四十步，以手中壤擿之，中者爲上。雖與余所見稍異，而形制頗同。當或因時而變遷，未可知也。

明 李詡《戒菴老人漫筆》卷一 蘇州馬懷德捧星板一副，十二片，烏木爲之，自小漸大，大者長七寸餘，標爲一指、二指以至十二指，俱有細刻，若分寸然。

明 陳繼儒《太平清話》卷一 陸五臺官南司寇時，有僧攜佛牙至，公命以金絲籠紫檀龕裝供天戒寺中。余曾見之，濶寸餘，長二寸許，僧見有光發瓦礫中，掘得之。昔秦太虚與李公擇同看佛牙，亦有詩。

明 陳繼儒《虎薈》卷六 義興王昌六絶有力，能拔樹。嘗之野見人持鎗逐虎，王取鎗屈折之，笑曰：「鎗柔若此，虎烏能死哉？」拔道傍巨竹刴其末。未竟，而虎來，張頤向王，王以竹貫其喉，更持兩足擲林中，則已僵矣。

明 張應文《清秘藏》卷上《論雕刻》 雕刻精妙者，宋高宗時有詹成，能於竹片上刻成宫室山水人物花鳥，纖毫俱備，細巧若縷，而且玲瓏活動。余見其所刻一鳥籠，四面花版上雕山水花鳥，及詹成製三字，精巧之極，見者擬之鬼工。又宣德間夏白眼能於烏欖核上刻十六哇，哇狀米半粒，眉目喜怒悉具，或刻子母九螭荷花九鷺，其蟠屈飛走綽約之態，成於方寸小核，求之四百餘年，僅二人耳。

明 周嘉胄《香乘》卷一《沈香爲龍》 馬希範搆九龍殿，以沈香爲八龍，各長百尺，抱柱相向作趨捧勢，希範坐其間，自謂一龍也。幞頭脚長丈餘，以象龍角。淩晨將坐，先使人焚香於龍腹中，煙氣鬱然而出若口吐。然近古以來諸侯王奢僭，未有如此之盛也。續世説

又 卷二《檀香板》 宣和間，徽宗賜大王御筆檀香板，應遊翫處所並許直入。

明 錢希言《獪園》卷一六《環聞・竹蟾蜍》 吴中有巧人朱雪松，善取老竹蟠曲根鞭雕琢爲蟾蜍，摩美如玉，與真者無二。

明 陳詩教《花裏活》卷一 山濤治郫時，刳大竹釀酴醾作酒，兼旬方開，香聞百步外。

明 谷應泰《明史紀事本末》卷一四《開國規模》 ［太祖洪武元年］冬十月甲午，司天監進元所置水晶刻漏，備極機巧，中設二木偶人，能按時自擊鉦鼓。上覽之，謂侍臣曰：「廢萬幾之務，用心於此，所謂作無益害有益也。」命左右碎之。

明 包汝楫《南中紀聞》 猺人雖有男女居室，然移徙不常，如鳥獸然。遇大山人跡罕到處，有可耕種者，遂結茅栖止，樹藝黍粟，伐大樹爲獨木盤、盎、罈、盒之類，甚巧，擕出市易米菜。能捕虎豹犀兕，善識草藥，取以療人疾，輒効。又解爲厭魅詛咒之術，書人年庚，埋置土窖中，用法詛咒，其人輒夢鬼物驅擊，往往驚怪嘔吐鮮血而死，謂之埋魂厭咒。猺人雖少，而羣苗避之不敢忤，畏其術也。

明 談遷《國榷》卷八〇 ［明神宗萬曆三十四年］己未，南京内官監丞徐壽僞造印牒，稱中旨，徵南工部杉枋三千件，下守備太監劉朝用訊之。

又 卷九九 ［思宗崇禎十六年］汝南道韓煜合鳳陽兵河南義兵克沈邱。初，僞令周維新力守，我作木牛藏壯士以洩濠水，坎其城。邑人懼，縛獻維新及典史司廣、學正胡澄壽、僞汝寧府學正胡朋德。

明 董斯張《廣博物志》卷三八 燧人始爲笄，女媧之女以荆杖及竹爲笄以貫髮。至堯以銅爲之，且横貫焉。舜雜以象牙、玳瑁。實録

又 成王將加元服，周公使人來零陵，取文竹爲冠。獨斷

清 趙吉士《寄園寄所寄》卷一一《泛葉寄・故老雜紀》 朱文公每經行處，聞有佳山水，雖遷途數十里，必往遊焉。擕樽酒一壺，銀杯大幾容半升，時飲一杯，登覽竟日，未嘗厭倦。又嘗欲以木作輿圖，刻山水凹凸之勢，合木八片，爲之雌雄，筍相人，可以折度。一人之力，足以負之。每出，則以自隨。山棲志

清 查慎行《人海記》卷下《松瘿》 千年老松瘿，剖之作瓢，可貯水一二升許。又落葉松根出菌芝，莖紫赤色，皆可充几案間物。避暑時，上嘗頒賜扈從文臣，余所得二芝二瓢，他日可爲初白庵中清供也。

清 錢泳《履園叢話》卷一二《雕工》 雕工隨處有之，寧國、徽州、蘇州最盛，亦最巧。乾隆中，高宗皇帝六次南巡，江、浙各處名勝俱造行宫，俱列陳設，所雕象牙、紫檀、花梨屏座，並銅磁玉器架，墊有龍鳳水雲漢紋雷紋洋花洋蓮之奇，至每件有費千百工者，自此雕工日益盛云。

乾隆初年，吴郡有杜士元號爲鬼工，能將橄欖核或桃核雕刻成舟，作東坡遊赤壁，一方篷快船，兩面窗槅梔干兩櫓頭稍篷及柁篙帆檣畢具，俱能移動。舟中坐三人，其巾袍而鬚者爲東坡先生，著禪衣冠坐而若對談者爲佛印，旁有手持洞簫啟窗外望者則相從之客也。船頭上有童子持扇烹茶，旁置一小盤，盤中安茶杯三盞。舟師三人，兩坐一卧，細逾毛髮。每成一舟，好事者争相購得，值白金五十兩。然士元好酒，終年遊宕，不肯輕易出手，惟貧困極時始能鏤刻，如暖衣飽食，雖以千金，不能致也。高宗聞其名，召至啟祥宫，賞賜金帛甚厚，輒以换酒。士元在禁垣中，終日悶悶，欲出不可。忽詐癡逸入圓明園，將園中紫竹伐一枝去頭尾而爲洞簫，吹于一大松頂上。守衛者大驚，具以狀奏。高宗曰：「想此人瘋矣。」命出之。自此回吴，好飲如故。余幼時識一段翁者，猶及見之，爲余詳述如此。余嘗見士元製一象牙臂擱，刻《十八羅漢渡海圖》，數寸間有山海、樹木、島嶼、波濤掀動翻天之勢，真鬼工也。

清 毛奇齡《西河集》卷一三《雜箋》 康熙庚戌，淮揚水災，高郵以下湖決二口，各百丈許。舊制修堤先椓杙水中，然後下竹篛横闌之，竹篛者，以竹器裹石者也。忽水底洊發若火之沸鼎者，所下杙與篛皆作灰燼，散浮水面，不得所解。

清 吴震方《嶺南雜記》卷上 高州除夕元旦，各公署俱有鼓吹，謂之鬧衙門，復有蠻人裝獅子跳擲爲戲。元宵，城南燈市甚盛，每隔五家縛一燈棚，以竹爲之，扁曰興賢，掛紅繒其下。多用雜色紙糊毬燈，剪紅白紙綴成玲瓏萬眼燈，光彩奪目，魚龍之類，皆不足觀。

清 雍正《廣西通志》卷九三《諸蠻》 陽朔縣東北曰崇富里，邃崖絶巘，人跡罕到之處，猺人居焉。偃樹爲杠，攀蘿結巢，種粳粟黍子，掘鼠獵獸而食。男子四時喜戴笠以蔽日雨，曰笠頭猺。婦人作竹簪貫髻，長二尺許，似箭，曰箭桿猺。老嫗髮上覆木版，膠以黄蠟，終歲乃一梳櫛。梳則以髮偎火，蠟融而版卸，窮一日之力，曰戴版猺。然實止一種，彼此易名相呼，以相矜勝，非別有語言衣服也。又有大源猺，以所居山寨爲號。

清 倪蜕《滇雲歷年傳》［文宗太和三年］是年於善闡建東寺塔高百十五尺，西寺塔高八十尺，又建妙應寺并塔。野史大匠尉遲恭造，次年番僧些島於永昌造臥佛，長丈六。先是僧贊陀建鶴慶元化寺，因地水淹，刺東隅泄之，水中得樟木，斵爲佛，咒之靈應，香火不絶。幾及千年，至明成化間，憲副林俊劈而火之，人號俊曰「林劈佛」，林，莆田人也，毁滇淫祠三百餘。

清 張廷玉《明史》卷六〇《禮志》 初，洪武二年敕葬開平王常遇春於鍾山之陰，給明器九十事，納之墓中。鉦二，鼓四，紅旗、拂子各二，紅蘿蓋、鞍、籠各一，弓二，箭三，竈、釜、火爐各一，俱以木爲之。

清 乾隆《汀州府志》卷三二《人物》 羅文綱《省志》作温泰期，上杭人，斵竹爲鎖，堅澤如銅，機發如之。景陵鍾惺有銘。

清 乾隆《福州府志》卷七一《釋老》 蔡道者，永福人，鄉人於水得樟木，欲雕長眉老佛，適道者至，自言精於雕刻，遂攜木登樓，去梯寂然無聲。鄉人登樓不見道者，惟木像在，遂送方廣巖中，至今猶存。永福縣誌

清 乾隆《濟源縣志》卷一一《人物》 田守忠，字如心，勳掌人。萬曆年間，棄妻子學道於金爐山輪師，師教以捨身磨性之術，乃鑿棗木毬二，圓如斗大，白晝自山下踢鞠於上，夜則擲下崩崖欹樹中，必摸索得毬乃已。

清 乾隆《福寧府志》卷四三《祥異》 ［順治五年劉中藻］中藻于龍首山截松木穿爲砲實，以火藥亂拋城内。至次年四月初六城陷。（寧德）

清 乾隆《海澄縣志》卷一九《方外》 靈濟巖，在山美社，古爲蓮堂，後僅餘舊址。嘉靖二十九年開池得樟木長五丈餘，謝觀察彬鏤爲佛像，建巖，更名靈濟。土人沿舊呼曰蓮堂。

清 乾隆《永春州志》卷一一《人物》 普明詹氏子童時牧牛金□山，每令同牧諸童瞑目，隨之入城觀劇，以竹梢畫界，牛不越逸。多累小石爲塔，風雨不仆，迄今礧磈。倒插竹梢輒成林，本小末大。嘗手刻小像納樟木蠹孔中，後荼毘於金雞巖鄉人取樟雕像，至腋下而小像露，今猶存。

清 周廣業《過夏雜録》卷六《楊木牙籤》 酒數行後，庖人進剔牙籤，人一根，以楊木爲之，云：「常用去風，不損齒。」案《法苑珠林》佛言嚼楊枝有五利益：一口不苦，二口不臭，三除風，四除熱病，五除痰癊。或云一除風，二除熱，三口知味，四能食，五眼明。不嚼者有五過失，一口氣臭，二不善別味，三熱癊病不消，四不引食，五眼不明。又《三千威儀》云：用柳枝有五事：一斷當如度，二破當如法，三嚼頭不得過三分，四梳齒當中三齒，五當汁澡自用刮舌。又有五事，一不得過三反，二舌上血出當止，三不得大振手汙僧伽梨若足，四棄柳枝莫當人道，五當著屏處。柳枝即楊枝也。

清 乾隆《杞縣志》卷一八《人物》 侯天銓，字鑑衡，于趙六世孫。沖齡失怙，母吴氏苦節撫育成立。賦性聰慧，多巧思奇技，所造銅漏名水運天成，其制木樓一座，内置銅壺貯水，以銅龍引水逆上，涓滴如珠。絶頂懸一鐘，旁立傀儡應候自擊。其下一門，每一時，一木偶持時牌立其中。後壁畫六十四刻，一金蝦蟆旋轉其上，最下一龍口突出，越三時一洩積水，龍口上一門自開，司水官自内出水，盡則退門一自閉。上下機關轉運，皆水之力也。略與元順帝宫漏相似，而西洋利瑪竇所製銅壺滴漏，亦槩相同。銓未經師授，而創獲焉。人多異之。

清 李斗《揚州畫舫録》卷九《小秦淮録》 翠花街，一名新盛街，在南柳巷口大儒坊東巷内。肆市韶秀，貨分隧別，皆珠翠首飾舖也。揚州鬏勒，異于他處，有蝴蝶、望月、花藍、折項、羅漢鬏、懶梳頭、雙飛燕、到枕鬆、八面觀音諸義髻，及貂覆額、漁婆勒子諸式。女鞋以香樟木爲高底，在外爲外高底，有杏葉、蓮子、荷花諸式，在裏者爲裏高底，謂之道士冠，平底謂之底兒香。女衫以二尺八寸爲長，袖廣尺二，外護袖以錦繡鑲之，冬則用貂狐之類。裙式以緞裁剪作條，每條繡花兩畔，鑲以金線，碎逗成裙，謂之鳳尾，近則以整假折以細縫，謂之百折，其二十四折者爲玉裙，恒服也。硝消皮襖者，謂之毛毛匠，亦聚居是街。

又 卷一一《虹橋録下》 謝身山寓文選樓，多奇技，每和泥貫以竹篾，置數十枚于袖中，行至堤上，啟袖放之，如燕雀騰飛，軋軋有聲。

清 劉鑾《五石瓠》卷三《濮仲謙刻竹江千里鈿漆》 蘇州濮仲謙水磨竹器如扇骨、酒杯、筆筒、臂閣之類，妙絶一時，亦磨紫檀、烏木、象牙，然不多。或見其爲柳夫人如是製弓鞋底板二雙，又或見其製牛乳湩酪筒一對，風斯下矣。江千里鈿漆酒器、方圓小合、筆筒、鞋杯花紋工鈿如髮，並督童年人學之，亦前古未有之精也。豈滇製所敢望。

清 嘉慶《雲霄廳志》卷一一《紀遺》 漳地負山阻海，田疇稀少。濱海以魚爲生，嘗於秋仲及春末乘小艇破巨浪至青水邊下網，引網而歸，所獲滿觿，名曰牽風。其絶流而漁者，編竹者曰截箔，竪木者曰掛桁，又有釣者、罟者、撤

網者、敲觚者、跳仔者。駕小舟敲木魚響徹波濤，魚即驚躍入舟中者，曰敲觚。以粉塗舟旁，于月下發櫂疾行，而魚驚跳入舟者，曰跳仔。

清 道光《山丹縣志》卷七《孝義》 元寧渚枸，里民也。母年七十餘，感風疾，醫藥不效。渚枸割肱啖之，遂愈。歲餘疾復作，足軟不能行，渚枸造板輿，夫婦共舁行田園以娛之。見元史。

清 道光《蘭州府志》卷九《人物》 山荆，字西泉，蘭州人。年十九登正德六年進士，官兵科給事中。京都歲歉，疏請發太倉粟五千石賑濟，出爲四川按察司僉事。以贖鍰，造木桶數萬，人笑爲迂。後遇水災，緣桶活者數萬人。以不附權貴，被誣罷歸。温恭剛正，後學咸師之。

清 道光《東阿縣志》 閻邦祚，字脉長，世居穀城北白塔村。六歲而孤，母督課甚嚴。邦祚能曲體其心，下帷攻苦。弱冠補諸生，事母至孝。母歿，朝夕悲慟，幾於滅性。自刻一木象，朝夕饋奠如生前。學使哈聞之，旌其閭曰「水錫爾類」。

清 道光《東安县志》卷七《列女傳》 周氏，陳正式妻，十九夫死，一子方踰月。舅姑老貧，以勤力操作供養。姑病宜食棃，當棃熟時，剖竹納棃埋穽中，經冬如新摘者，他人效之，不能及也。

清 吴騫《尖陽叢筆》卷八 鍾彝敘，名調，海寧諸生。初究天文象緯之學，嘗累几至十餘，獨坐其上，以觀天星，間道禨祥多驗。又按杜氏《通典》之法欲求諸葛木牛遺製，遂自運斤爲小木牛，高二尺餘，初未能行。殫思又二年，忽悟，其機在舌，更稍斵削果能動，且躍過檻，蓋亦一奇人也。見張承之《明經蟲獲軒筆記》。

清 鄭光祖《醒世一斑録·雜述》卷四《竹刻》 嘉定縣竹刻極雕鏤之巧，傳聞始其事者，爲前明朱鶴字松鄰，鶴子纓字小松，孫稚征字三松，三代皆讀書文雅士，而以雕刻爲餘技。至今擅其技者，不聞流傳他邑，而所刻一切，誠足供賞玩。五年前，偶至支硎山，吾與菴見有以大竹拼湊刻成如來佛一尊，跏趺石洞内，石洞亦竹刻，勢極玲瓏，石縫中又雕成竹枝層出竹葉，皆生動如真。共高約三尺，洞上又有藤蘿倒垂，洞前另有一松一楓兩樹，别倚一巨石挺生，比洞石稍高。又有藤蘿繞樹而上，幾處掛下，無不古致可嘉。純似天成，無一絲勉强，明知是大竹拼湊，却不能尋其聯屬之跡，可云極人工之能矣。想此非數千工不克成，云是前任藩臺慶公嘉雕工妙手。故令爲此而捨於廟者，外護紅木神櫥窗，用玻璃以隔塵穢，竹刻若此，亦觀止矣。

清 劉獻廷《劉繼莊先生廣陽雜記》卷一 有明時凡腰玉者，轎前必用一人，執朱拂以行，拂以竹爲之，如今京師響竹之制，而竹系極細，長四五尺，自上至下，皆以朱漆塗之，行風中摇颺有聲。

清 同治《欒城縣志》卷一《古蹟》 竹馬店在城北二十里，即治河舖。嘉慶中知縣朱承澧德教惠政，化及童孺。時自正郡歸，兒童數十，騎竹馬迎之，故名。

清 朱翊清《埋憂集》卷三《穀裏仙人》 鈕玉樵《觚賸》所記棗核船，于棗核上刻東坡游赤壁故事，歎爲神工。《坤輿外紀》言熱泉馬尼亞國其人工作精巧，能于戒指内納一自鳴鐘。近有于紐珠上作一時辰表者，其物蓋出鬼子，則亦巧奪化工矣。余昔于郡中見道場山費氏有一穀裏仙人，以楠木粒許琢成一黍，劈開兩瓣，于中鏤作一麻姑仙，頭腹手足悉皆嵌空玲瓏，而其眉目妍妙袴褶工細以及指爪之尖長，一一分明，栩栩欲活，雖芥舟老人士女不過也。或云此物能辟火災，其時郡尊某公以七百金購之，不可得。

清 光緒《興山縣志》卷二二《人物傳》 龔大惠母歿，刻木肖像，朝夕一豆一羹，肅容致敬，以蔬食終其身。念父獨居，事之尤曲至。見《一統志》

清 光緒《光化縣志》卷八 咸豐六年秋，襄匪會捻逆倡亂，號十萬衆，郡城戒嚴。余自鄂來援，依萬山布陣。賊敗走，城圍解。是役也，奪杪欏木雲梯三十架，蓋張瞎子取諸光化，妖言須此木乃能破城，將以是日合力進攻者。焚之香氣似柏而能久，余初不及知也。考杪欏木出崑崙、峨眉兩山，類枇杷，數葩合房。春開，葉在表，花在中，根不可移，人不得爲翫。又《格物要論》：欏木出湖廣，亦謂倭羅。近惟光化及京口有二本，而均毁於寇，是深可惜。其後，光化紳士獲雲梯餘木一段，贈余作書箱二什襲，珍之。唐義渠中丞從征記

清 劉崇本《雄縣鄉土志》卷一〇《地理》 又東北過蘆僧河，凡八里曰孤莊頭村，東界新城縣屬李林莊，村多古廟，半皆傾圮。有雨霖寺，明嘉靖年建，有佛及韋馱像，係木雕，八面玲瓏，羣疑鬼斧，在各寺中爲僅見。

又 東西里村分二町，村北有觀音寺，明成化元年建，崇禎十四年太監謝文舉重修，神像係堅木，雕刻精美。

朱家溍《養心殿造辦處史料輯覽》第一輯·雍正朝 南匠袁景劭篆刻「孝恭仁皇后大慈皇妣聖靈之寶位」木牌。奏事太監劉玉七月十五日傳旨：將高

一寸五分木牌做一件，上刻「總督年羹堯」字樣，或用紫檀木，或用黃楊木做俱可。欽此。本日做得。

又［雍正元年］十二月二十四日，總管太監張起麟交周青綠亞夫方鼎一座，嵌玉鳳頂紫檀木蓋座，嵌玉花頂紫檀木蓋一件。奉旨：將紫檀木蓋上玉花頂取下來換在方鼎蓋上，將方鼎蓋上玉鳳頂取下來安在紫檀蓋上，方鼎上的原木蓋不可換，將座子往秀氣里收拾，糊的錦去了。欽此。

又［雍正元年］正月二十三日，怡親王交六獸鈕黃壽山石「體元主人」圖書一方、雙龍白玉「萬幾餘暇」圖書一方、檀香木「敬天勤民」圖書一方。奉旨：白玉圖書上「萬幾餘暇」字磨去，將檀香木圖書上「敬天勤民」字砣在白玉圖書上，其檀香木圖書不必動。再將白玉圖書上「萬幾餘暇」字照「體元主人」圖書式樣，另尋壽山石補做一方。欽此。於十月初四日，刻得壽山石圖書。三月初一日，砣做得白玉圖書。二十三日，怡親王交白玉雙蟠龍紐寶一方，王諭：砣做「雍正御筆之寶」。遵此。於四月初八日砣做得。

又［雍正元年］十月初一日，郎中保德交朱筆壽山福海、葫蘆福桃、節節平安福壽圖盒、雙圓福壽萬福盒、百壽盒等字樣。奉旨：爾等照此字樣各色配合酌量多做些活計。欽此。於十月二十九日做得黃楊木彩漆萬字福壽盒一件、黃楊木節節平安花插一件、象牙雙圓福壽盒一件、黃楊木福壽長春桃盒一件、玳瑁六合同春盒一件、龍油珀面玳瑁福壽轉盒一件、洋漆萬福方盒一件、玳瑁福壽雙圓轉盒一件、黃楊木百壽香盒一件、黃楊木蓋八仙祝壽萬字方盒一件、繡火煙包二件、龍油珀火煙盒一件、白石雙蓮嵌紫端墨團紫石荷葉硯一方、嵌紫端墨團綠端石葫蘆硯一方、紫石壽山福海硯一方、嵌綠色象牙座海螺水盛一件，怡親王呈進訖。

又［雍正二年］八月十二日，郎中保德奉旨：做紫檀木異獸靶碗座子九對，異獸身上安並頭蓮，挖內開眼，安磁靶碗，其碗向總管太監處要有壽意宣磁靶碗用。欽此。

又［雍正二年］八月十四做得節節雙喜象牙盒一件、福壽長春象牙盒一件、鑲嵌紫檀木日月常明盒一件。鑲嵌玉兔秋香鼻煙壺一件、鑲嵌蟾宮折桂鼻煙壺一件。通草戴花二十匣、娃娃十匣。怡親王呈進訖。十月二十九日做得黃色石萬福來朝盒紫端硯一方、紫色石鸚鵡獻桃盒綠端石硯一方、象牙雕五鵪筆架一件、象牙雕九鶉團聚筆架一件、黃楊木如意一件、匙箸瓶一件、葡萄香碟一件、靈芝香盒一件。鑲嵌四季花紫檀木筆筒一件、玳瑁罩套火煙包二件。鑲嵌福如東海紫檀木圓盒一件。鑲嵌芝仙祝壽紫檀木圓盒一件。紅羊皮彩畫壽意火煙包二件。鑲嵌福壽三多盆景一件。眉壽青玉瓶一件。鑲嵌紫檀木方筆筒玻璃碟四件。鑲嵌紫檀木芝仙祝壽盒二件。玻璃杯八件、壽山福海水盛一件。象牙茜綠座鍍金福壽長春盆景一件，象牙茜綠座萬年如意盒一件。蟠桃九熟盆景一件、長方假松石盆萬國生春盆景一件、海棠式磁盆天祿萬年盆景一件、海棠式假壽山石盆福壽三多盆景一件。怡親王呈進訖。十二月二十三日，做得彩漆圓盒一件。霽青瓶上配靈芝花一束。彩漆描金盆景配琺瑯大蘿卜二件。虬角白菜匙箸瓶一份。白端石香盒。瑪瑙面紫檀木墨床。白玉梁紫檀鎮紙一件。蜜臘靈芝筆架隨筆二枝。都盛盤內滿朝如意黃石盒紫端硯一方、壽山石筆架、白端石鵝形水盛、象牙座象牙三羊開泰鎮紙。紫檀木葡萄葉盤內象牙果子式鼻煙壺四件。杏木根如意。四面平安燈格一架。

又［雍正四年］三月初一日，副總管太監蘇培盛傳：圓明園南所前殿着做紫檀木九龍邊銅鍍金字「圓明園」匾一面。記此。於六年二月二十七日做得紫檀木九龍邊鈎泥金雲銅鍍金匾一面。郎中海望奏稱：將此匾於本月十八日係上好之日掛在前殿上等語奏聞。奉旨：準掛。欽此。

又［雍正四年］十三日乾清宮大殿首領太監王輔臣送來六道木碗大小十七件、拉古里木蓋碗二件、拉古里木碗大小三十八件、拉古里木罐一件、杏木碗一件、花榆木碗二件、滿花小木碗三件、滿花大木碗一件、擦渊牙木碗一件。奉旨：交造辦處。十二日奉旨：着將圓明園、乾清宮各處所有木碗俱各送至造辦處，爾等各分等次呈進，內中或有五臺木根之類的木碗，挑出不必送進。再，怡親王早進過的小木碗二件，此木比查布查雅木還好，碗內若有此樣的碗，爾等若不能認得，可着怡親王認看，看出時另記。欽此。

又［雍正五年］初六日，首領太監李德忠交來御筆「枕流漱石」四字匾文一張。傳旨：着做匾一面，安在萬字房西暖閣處。欽此。於六年正月十一日配做得紫檀木邊匾一面。御筆「洞明堂」匾文一張。傳旨：着配做匾一面，安在勤政殿西五間檐。欽此。於六年七月十九日做得長五尺七寸、寬二尺三寸，花梨木邊黃柏木心煤碴子字，背面朱油「洞明堂」堂匾一面，安掛訖。

又　[雍正六年] 本年做年例大黃扇器三百六十個，白檀絳香香斗。年例手靶燈、壽意紫檀木花籃、黃楊木葫蘆式雙喜盒、紫檀木年年如意吊掛不灰木火盆、宮香餅等等。

又　[雍正八年] 三月十八日，郎中海望持出白磁羅漢一尊。奉旨：着好手匠役或用白檀、或用黃楊木仿做一尊，其形愈喜相愈好，左手持十八羅漢數珠，右手持芭蕉扇。如木不能甚大，即收小些亦可。欽此。於五月做得白檀香羅漢一尊，並原交磁胎的一尊催總胡常保送上京去訖。七月初七日，副領催趙老格持來秋香不老架屏式書格樣一張，説內務府總管海望傳：着照樣做一件。記此。於十二年十月廿八日做得呈進訖。

又　[雍正八年] 活計有：鑲嵌芝仙祝壽黃楊木盤一件。紫檀木鑲嵌五福捧壽盒一件。紫檀木鑲象牙福壽帽架一件。黑漆金花玻璃罩各式小盆景。夔龍式嵌蜜蠟鼻煙壺二件、象牙嵌玳瑁鼻煙壺二件。福來盆景一件、芝仙盆景一件。

又　四月十九日，太監趙朝鳳持來御筆「溪山」匾文一張，説宮殿監副侍李英傳旨：着做匾。欽此。於五月初十日做得紫檀木邊楠木心匾一面，上刻字填石青，隨紅油鐵挺鈎。柏唐阿六達子、富拉他持進圓明園頭所新街口兩間房懸掛。四月二十七日，太監王常貴來説太監毛團傳旨：常保將好柱杖做幾根。欽此。於五月廿日做得鸂鶒木柱杖一根、萬年藤式木柱杖一根。於八月十三日做得洋漆連枝柱杖四根。六月十七日，太監薩木哈持來白磁胎畫琺瑯飯碗、酒圓三對，烏拉石硯一方、銅琺瑯煙壺一件，鑲亮藍玻璃帶頭、銅流金佛九尊、雨過天晴玻璃瓶一件、呆黃玻璃乳爐一件。太監滄州傳旨：着配匾盛裝，賞河道總督稽曾筠。內金佛賞稽曾筠之母。欽此。御筆「心月齋」，做得花梨木邊，石青字，掛安寧居。十月二十八日，辦理軍需事務公豐盛額奉旨：着賞給達賴喇嘛琺瑯滿達一件、巴令十四件、輪杵一份。欽此。配杉木箱。十二月廿四日，太監王常貴交釋迦牟尼佛一尊。傳旨：此佛像開的光不好，着李正芳另開光，再配一紫檀龕，供在安寧居佛堂。欽此。本年活計尚有：斑竹折節烘籠四件。楠木折疊桌二件。暖轎一頂。紫檀木插蓋匣，蓋上刻聖祖御筆《心經》，填石青。杉木圍屏四扇，糊米色絹，石青綾邊，安圓明園浩月清風東北角屋內。汝窯花觚配紫檀木座。楠木缸架一件、楠木雕花缸蓋一件。洋漆雕填金邊玻璃穿衣鏡一件，大玻璃鏡二面，各長六尺一寸、寬四尺三寸。又二面，各長五尺七寸、寬三尺七寸，毛克明等進。奉旨：着配做半出腿插屏。欽此。

又　[雍正十三年] 二月二十日，首領太監謝成傳旨：賞人用紫檀木象牙獨挺帽架一件。欽此。二月廿三日，宮殿監副侍李英傳旨：着照紫檀木葫蘆龕內長壽佛尺寸造關夫子一份，下配流雲座，先撥蠟樣呈覽，准時再做。欽此。於三月廿四日撥得蠟樣流雲騎馬關夫子一尊，隨從神六位小樣一份，李英呈覽。奉旨：照樣準做，用汞金成造一份。欽此。十一月廿四日將造成流雲騎馬關夫子一份，隨紫檀木座，李英呈覽。奉旨：着供在雍和宮。欽此。本日將騎馬關夫子一份交柏唐阿六達子請去，供在雍和宮訖。二十四日傳做垂恩香料盤香二十盤、紫檀木獨挺象牙帽架四份。三月十八做洋漆小香几六張、紫檀木香几四張。

藝文

唐　李白《李太白文集》卷二二《詠山樽二首》　蟠木不彫飾，且將斤斧疎。樽成山嶽勢，材是棟樑餘。外與金罍並，中涵玉醴虛。慙君垂拂拭，遂忝玳筵居。此首題一作詠柳少府山癭木樽。擁腫寒山木，嵌空成酒樽。愧無江海量，偃蹇在君門。

唐　張籍《張司業集》卷三《贈太常王建藤杖笋鞋》　蠻藤剪爲杖，楚笋結成鞋。稱與詩人用，堪隨禮寺齋。尋花入幽徑，步月下寒堦。以此持相贈，君應愜素懷。

唐　高郢《律筒賦》　碧鮮之竹，採而爲筒，定名以律，一式疑厥功。厥功伊何？所指必捷，下彼高鳥，紛如墜葉。徒觀夫抱璞見素，旨遠謀深，不煩筋角，不飾碧金，直道而行，故外端其體；當無有用，故內空其心。於是步郊原，窺林樾。律凝其影，運一氣以潛通；箭戢其芒，出數尋而勁發。鏃如擊電，羽若奔月。我命處而精誠，彼不虞而殞越。亦如毛生耀穎，初晦跡以躊躇；周氏銜枚，竟收功於倏忽。煙栖霞宿，擇木排空。莫不洞胸裂眥，奪魄喪躬。朝在林泉之上，夕登柈俎之中。足使掇蟬失妙，彈雀非工。潘令塹黃間之弩，厥尹賤綠沉之弓。有士遇之，喟然歎曰：律者氣之管，法之名；竹者材之勁，性之貞。兼此而用之匪亨，向也杼已注在前人不録。虞氏不營，混樗散而長棄，何器用之能成？孔父云：「舍之則藏，用之則行。」信不虛矣。

唐 楊宏真《棘猴賦》 昔燕王好奇，術客嘗巧。刻棘刺之微物，成沐猴而不撓。毫末之細，雕籠疑既施；睢盱之狀，委曲無遺。嘗疑晏陰之靜景，辨騰捷之幽姿。其始未覿，如將受欺。虛無之中，既焦心於觀者；杪末之上，宛成形以究之。實兮若虛，的爾纔見。霏微而草上霑露，羃䍥而條端集霰。閃孤光而乍分，拂輕霭而將眩。觀夫至精惟一，至小無朋。豈側陋之干用，在良工之所能。不食而安，終有殊於狙怒；窮高是處，亦何異於猱升。原夫作者經之，其勤至矣。積沖妙於靈府，假鋒鋩於纖指。蓋以神遇，寧將目視。因乎有用之質，造彼無間之理。何剞劂之一變，若還跳之義疑止。伊竹間之猿父，大小相殊；相木杪之蜥蜴，依憑酷似。若乃徵物類，較能不。貫虱心者未喻其精微，巢蚊睫者自然之妙有。庸知造物之意，暫假斯人之手。披左生之賦，方此由心；驗韓子之書，誡其滕口。事遠前古，名聞至今。雖幽通之不測，終髣髴而難尋。然因棘爲猴，因成其麽質；乃觀猴在棘，無異於喬林。蓋同符於神化，而中出於人心。斯語可徵，妙能曲盡。倘雕蟲之不棄，希定價於平準。

唐 林滋《木人賦》 何伊人兮異常，爰委質以來王。想其體之初，既因於乃雕乃斲；及抱材而至，孰知其爲棟爲梁。原夫始自攻堅，終資假手。雖克己於小巧之下，乃成人於大樸之後。來同辟地，舉趾而根柢則無；動必從繩，結舌而語言何有。心遊刃兮在茲，鼻運斤兮罔遺。兀若得木君之狀，塊然非土偶之資。曲直不差，既無蠹於今日；短長合度，寧自伐於當時。莫不脱枯槁以前來，投膠漆而是進。低回而氣岸方肅，佇立而衣裾屢振。穠華不改，對桃李而自逞芳顔；朽質莫侵，指蒲柳而距驚衰鬢。既手舞而足蹈，必左旋而右抽。藏機關以中動，假丹粉而外周。生本林間，苟有參乎之美；立當君所，何慙柴也之儔。是則貫彼五行，超諸百戲。誤穿節以瞪目，疑聲幹於奮臂。如令居杞梓之上，則樹德非難；若使赴湯火之前，則焚軀孔易。進退合宜，依然在斯。既無喪無得，亦不識不知。跡異草萊，其言也無莠；情同木訥，其行也有枝。可謂暗合生成，潛因習熟。雖則剉身於斤斧，曷若守株於林麓。宜乎削爾肩，剞爾腹。既有亂於真宰，寧取笑於周穆。

唐 傅夢求《圍棊賦》 待隱之園，神仙所都。世隔兩塵，維以逍遥云爾；飲過三爵，不有博奕者乎。於是巍巍邃翁，黃扉鉅儒。召曲阿之仲子，延相水之堯夫。枰設文楸之木，子出滇南之爐。值天清而地僻，命對壘以爲娱。小子不敏，拜賜良圖。抽毫進牘，以博胡盧。夫其取法象於天地，分剛柔於陰陽。參駢羅於列宿，措經營於四方。衍圖書之定位，非巧歷之能詳。頗牧生乎尊俎，良平坐乎帷幄。轉盼變乎風雲，倏忽交乎電雹。乃局面之一新，豈依傍而保角。若夫揮戈退日，指掌回天。寶鑑造形而炳髮，鸞刀迎刃而割鮮。譬當路之不遐，何決機之復連蹕。至如中外戒嚴，連烽繹騷。蜀道之難若破竹，秦關之卒如燎毛。韜神機於密授，見一著之孤高。別有龍戰收功，虎穴得子，倒載干戈，勝心不起。享乾坤之清夷，悟盈虛之妙理。期大雅之明哲，誠國手之擅美。嗟夫，智者創法，萬變無形。達人大觀，一順無情。稽古今之因革，等陵谷之紛更。通無方之妙用，均多歧之錯行。於是翁也首肯，尊俎無聲，相與推枰而一笑，目送浮雲之遐征。

唐 佚名《石鼓賦》 物不可以智識。念斯石之何爲，匪茲梧而不克。況乎鼓與魚兮非類，吴與蜀兮異域。何合應於自然，杳勵響而不測。刃乃霜落，鱗非錦攢。擊蘊玉之形，鏘鏘屢出；裁嶧陽之幹，唯唯可觀。叩寂寞而大音斯發，中鏗訇而餘韻不殫。是知同聲者其和易，殊器者其應難。逢逢之韻且千，讙讙之音相萬。不擊不考，奚呈響亮之功；大鳴小鳴，豈抱沈潛之怨。運之靡終，應而不窮。覩之者謂聲存視聽之表，疑之者謂音在醫靉之中。練響而洪纖皆答，化氣而遠近必通。初密如於緜古，倏坎然於暗空。非誠貫可覽，將神交所感。孤生之質，徒効用於汕汕；可轉之姿，終奮響於坎坎。嗟乎，石之爲鼓也，發於異鄉；桐之爲魚也，來彼殊方。何終歲之寂寂，忽盈耳以洋洋。自得於愜心應手，豈待乎玉質金相。棲鳳之稱既罷，在藻之用何長。扣之不止，音亦無已。詎徵冥應之言，適諧響答之美。相須以成事，有類塤篪；相應以成聲，寧限道里。則知審音斯發者不可誣，懷聲思擊者不可孤。諧千古之善應，爲二物之合符。向不遇張司空也，知其蓄靈響而已夫。

宋 呂公著《分題得癭木壺》 天地産衆材，任材謂之智。榱桷與欂杙，小大無有棄。方者以矩度，圓者中規制。嗟爾木之癭，何異肉有贅。生成擁腫姿，賦象難取類。隱括所不施，鈎繩爲爾廢。大匠睨而往，惻然乃有意。孰非造化工，而終朽不器。刳剔虛其中，朱漆爲之賁。斟漿挹酒醴，施用惟其利。犧象非不珍，金罍豈不貴。設之于楹階，十目肯注視。幸因左右容，反見謂奇異。飾陋就其長，能通天下志。

宋 吳則禮《北湖集》卷二《七言詩·竹爐次韻》　薰爐好妙非吾欲，古銅惟憐鼎三足。手中一瓣非碌碌，傳語此君驚世俗。快燒篤耨置一牀，枕上鵓鴣氣味長。似是馬曹真未會，不喚此君聞妙香。

宋 韓駒《陵陽集》卷一《分寧大竹取爲酒罇，短脛寬大，腹可容二升，而漆其外，戲爲短歌》：

此君少日青而臞，爾來黑肥如瓠壺。縮肩短帽壓兩耳，無乃戲學騶侏儒。人言腹大中何有，不獨容君更容酒。未須常要託後車，滑稽且作先生友。少陵匏罇安在哉，次山石臼空飛埃。茆簷對客夜驚笑，麴生叩門何自來。老向人間不稱意，但覺淵明酒多味。乞取田家老瓦盆，伴我年年竹根醉。

宋 王質《紹陶録》卷上《山轎纖》　宜用紫竹、斑竹，以輕壯爲良。纖用竹，亦如花葉紙，梧桐油爲頂衣，以清滑爲良。　蹣跚以出，輒輒以趣。山擦淺草，溪滔深蒲。在我窩兮不可傷，竹竿渫渫桐油香，遮雨遮風遮夕陽。

又　栗里杯觴及壺罇見飲酒等詩　酒杯宜用貓頭竹根或松根、柏根堅老者亦佳，笙竹筒、柘木馬盂、馬瓢、長頸葫蘆、扁腹葫蘆以輕穩爲良。松陵木癭，草堂竹根。草堂不貧，仍有瓦盆。在我窩兮不可攙，自古英豪于此韜，或作陷不英不豪杯可銜。

宋 陸游《劍南詩稿》卷八二《夏日》　竹根斷作眠雲枕，木癭刳成貯酒尊。怪怪奇奇非著意，自無俗物到山村。

宋 袁燮《絜齋集》卷二四《桔槔》　誰作機關巧且便，十尋繞指汲清泉。往來濟物非無用，俯仰由人亦可憐。

明 劉基《誠意伯文集》卷一《釣竿》　斫竹作釣竿，抽繭作釣絲。滄洲日暖波漣漪，綠蒲茸茸柳葉垂。鈎纖餌香魚不知，石鱗激水溪毛動。玉燕迴翔竿尾重，大魚入餌腮頰紅。小魚却放淵泫中，更祝小魚知我意，長逝深潭莫貪餌。

明 于慎行《穀城山館詩集》卷二《感懷二十首》其一　三年雕一葉，爲日已蹉跎。木鳶徒跕跕，不能出網羅。天巧固已鑿，於世亦何加。大圓惟混混，萬木生條柯。工者力常少，拙者力常多。操斤代大匠，傷手將如何。

清 愛新覺羅·玄燁《聖祖仁皇帝御製文集》卷三三《用梌木杯器》　素輕珠玉器，專製及時杯。錯節分花影，盤根別利才。茂林成木癭，深谷染莓苔。澹泊明吾志，天然見體裁。

清 愛新覺羅·弘歷《御製詩集二集》卷七五《題伽楠木佛鉢》　古寺聞藏古鉢珍，舍離曾得奉金人。何來沙汭漁家器，又歷風旛海劫春。紀事五言猶憶昨，選材七佛重傳神。笑予何復拘名象，青石由來半假真。

清 阿桂《盛京通志》卷一三《呼蘭》　因木之中空者，刳使直達，截成孤柱，樹簷外，引炕煙出之，上覆荆筐，而虛其旁竅以出煙，雨雪不能入，比室皆然。　中通外直求材易，暮爨晨炊利用均。曲突徙薪誠上策，焦頭爛額更何人。踈煙土銼烹蒸便，夜雨荆筐蓋覆頻。却有千年遼海鶴，蕎疑華表話前身。

又　卷一三《施函》　斲木爲筩，因其自然虛中以受物，貯水釀酒皆用之，視束鐵編篚攢木片爲器者，天質爲勝。　誰云瓠落不中材，虛受天然器量恢。泉貯雲漿消舊渴，春篘石凍釀新醅。早嗤轆釜催人去，何用脩筒引水來。可供缾罍謝梁棟，孰非造物善栽培。

又　卷一五《額林》　漢語擱板也。　橫施木板置楣桭，家計精粗具畢陳。菽粟爲文莫忘古，雕鎪作器漫求新。寒衣饑食勞中婦，耕九餘三厘主人。咨爾後生勤數典，更希寰宇普還淳。

清 王有香《張宏裕爲余製竹刻肖像戲題》　泥塑如來隨處有，木雕迦葉亦尋常。阿誰似我誇新樣，賺得旁人喚竹王。老可能爲竹寫真，而今翻借竹傳神。個中心地玲瓏甚，休認儂家木偶人。　蕭蕭禿髮不勝簪，垂老還爲抱膝吟。漫道一身多傲骨，此君原是最虛心。窮經坐臥石牀溫，四體籠鍾目漸昏。莫怪容顏成老醜，眼看稚子又生孫。前歲已得一孫。破除葷酒絕貪瞋，寂滅還同清淨身。賸有癡情消未得，睡鄉穩伴竹夫人。平生癖性愛元談，擬向深秋借一龕。結個歲寒三友會，相邀梅圃共松菴。謂鳴初表弟鳴莊兄

清 查揆《篔谷詩鈔》卷一二《竹衫》　熱毒謝袛裯，裸醜避堂構。被炙炷瘢痏，遭蒸出饋餾。晷景曜離明，風占絕巽繇。褟襲諒負重，頂踵亦在疚。纔妄想蠶涼，綃虛丐鮫貿。初嫌巾帶重，亦覺麻苧陋。紉荷託牢騷，衣銖詎嬌幼。詞譎或難竟，匠巧乃在宥。淇材斫么麼，魯削砉迭奏。斷竹續竹然，一經

一緯就。排當絲縉穿，圓勻青碧鏤。連駢交網珊，詰屈書篆籀。居然謝機絞，竟爾割領袖。蛇蜕蘚皮斑，螺旋卍字湊。匝匝瓜蔓纏，乙乙筋絡瘦。袒肉露空嵌，虚襟掣罅漏。袂摇寒吹繁，汗潤疎雨逗。滑澾澣即乾，森挺摺不皺。適意肯迂今，猥心或拙舊。慨想生民初，草衣一頑秀。取足掩脛骭，自然躋仁壽。要其閟淳風，曾未洩靈竇。不然易地處，奇袤無不售。萬物被翦裁，翻足薄綺繡。蒙莊契鴻荒，眇論取馳驟。時哉聖人旨，質文有其候。

清　何紹基《東洲草堂詩鈔》卷三《虎爪筍》　竹根穿石石虎踞，竹學虎騰成虎怒。攫拏芒角亘横互，迸力摇山爪齊露。清晨鉤銛破樵屨，樵斧無聲剥爪去。堂前苛客把杯倨，見之皆裂涎争注，一握倍畝雙螯柱，虎兮虎兮，倒卧幾閲春山春，掌指雖出仍藏身。清剛之氣可以化俗腑，世間龍肉徒紛紛。待余食飽縱汝抉雲走，慎勿轉躍石底矻先求伸。

清　俞樾《春在堂詩編》卷一三《西湖雜詩》　布衣蔬食向來堪，隱士家風事事諳。麥秸粗疏編作扇，竹篘精巧結成籃。飽嘗蒓菜柔還滑，細嚼茅根澀亦甘。擕得曾孫隨杖履，不嫌嬌小髮鬖鬖。

雜　録

晉　崔豹《古今注》卷下《問答釋義》　程雅問拾櫨木，一名無患者，昔有神巫名曰寶一本作實眊，能符劾百鬼，得鬼則以此爲棒，殺之。世人相傳以此木爲衆鬼所畏，競取爲器用，以却厭邪鬼。故號曰無患也。

晉　張華《博物志》卷八《史補》　黄帝登仙，其臣左徹者，削木象黄帝，帥諸侯以朝之，七年不還，左徹乃立顓頊，左徹亦仙去也。

晉　干寶《搜神記》卷一　前周葛由，蜀羌人也。周成王時，好刻木作羊賣之。一旦乘木羊入蜀中，蜀中王侯貴人追之上綏山，綏山多桃，在峨眉山西南，高無極也。隨之者，不復還，皆得仙道。故里諺曰：「得綏山一桃，雖不能仙，亦足以豪。」山下立祠數十處。

晉　陶潛《搜神後記》卷二　太興中，衡陽區純作鼠市：四方大餘，開四門，門有一木人，縱四五鼠于中，欲出門，木人輒以手推之。

南朝宋　劉敬叔《異苑》卷二　蔣道支於水側見一浮楂，取爲研製，形像魚。有道家符讖及紙皆内魚研中，常以自隨。二十餘年，忽失之。夢人云：「吾暫遊湘水，過湘君廟爲二妃所留。今復還，可於水際見尋也。」道支詰，旦至水側，見罾者得一鯉魚，買剖之，得先時符讖及紙，方悟是所夢人棄之。俄而雷雨，屋上有五色氣，直上入雲。後人有過湘君廟，見此魚研在二妃側。

又　卷一〇　魏安釐王觀翔鵰而樂之曰：「寡人得如鵰之飛，視天下如芥也。」吴客有隱游者聞之，作木鵰而獻之王。王曰：「此有形無用者也。夫作無用之器，世之奸民也。」召隱游欲加刑焉。隱遊曰：「臣聞大王之好飛也。故敢獻鵰，安知大王之惡此也。可謂知有用之鵰鳥，未悟無用之鵰鳥也。今臣請爲大王翔之。」乃取而騎焉，遂翻然飛去，莫知所之。

南朝梁　孝元帝《金樓子》卷五　有人以優師獻周穆王，甚巧，能作木人，趍走俯仰如人，鎮其頤則可語，捧其手則可舞。王與盛姬共觀，木人瞚其目招王左右侍者，王大怒，欲誅優師。優師大怖，乃剖木以示王，皆附會革木所爲，五臟完具。王大悦，乃廢其肝，則目不能瞚；廢其心，則口不能語；廢其脾，則手不能運。王厚賜之。

南朝梁　任昉《述異記》卷下　天姥山南峯，昔魯班刻木爲鶴，一飛七百里，後放於北山西峯上。漢武帝使人往取之，遂飛上南峯，往往天將雨，則翼翅動摇，若將飛奮。

又　後漢季子長爲政，欲得囚情，以梧桐木爲囚像，穿地爲坎，卧木囚於其中。祝之：正罪者不動，冤者木囚動出。時以爲情誠所應，子長時爲大理卿。

宋　李昉《太平廣記》卷一一五《牙將子》　唐東蜀大聖院有木像，製度瓌異，耆老相傳云：頃自荆湘泝流而上，歷歸峽等郡，郡人具舟楫取之，千夫牽挽，不至岸。至渝州人焚香祈請，應聲而往。郡守及百姓，遂構大聖院安置之。東川有牙將者，其子常瘖，忽一日畫地告其父曰：「某宿障深重，被兹業病。聞大聖院神通，欲捨身出家，依止供養，冀消除罪根耳。」父許之，由是虔潔焚修，夙夜無怠，經數載，倏爾能言，抗音清辯，超於羣輩。復有跛童子者，覩兹奇異，發願於大聖院終身苦行，懺悔求福，未逾期歲，忽能起行，筋骨自伸，步驟無礙。事悉具本院碑，殿有東廡，見有瘖僧、跛童子二畫像並存焉。

宋　佚名《釣矶立談》　吴王稱號淮海，時廣陵殷盛，士庶駢闐。忽一日，有黄冠道人，狀如病狂，手持一竿，竿首掛一木，刻爲鯉魚形，自云鍾離人也。行歌於市曰：「盟津鯉魚肉爲角，濠梁鯉魚金刻鱗。盟津鯉魚死欲盡，濠梁鯉魚始驚人。」又云：「橫排三十六條鱗，箇箇圓如紫磨真。爲甚竿頭挑着走，世間難遇識魚人。」大率如此意者，凡數十篇。時人莫能曉。歲餘，忽不知所之。其後武義年中，江南謡言又有「東海鯉魚飛上天」之語。及烈祖受命，復姓李氏，立唐社稷，其言方驗。

明　潘塤《楮記室》卷一五《椰盃》　今之椰盃産於交廣，相傳林邑王與越王有怨，遣刺客得其首，因梟於樹，已而化爲椰子。林邑王憤之，乃命製爲飲器。越當剌時方大醉，故今椰漿味尚如酒，飲之可醉。然予嘗記烏孫國有青田，核如五六升瓠，空之盛水，俄而成酒。宋有劉章者，得二枚，集賓設之，一核才盡，一核又熟，可供二十客，豈亦椰之類耶？但椰漿素所醖，而核之酒則臨時所釀，此爲特異竟亦莫知爲何木也。

明　高濂《遵生八牋》卷三《桃符畫神》　黄帝時有神荼、鬱壘二神，于朔山東鬼門桃樹下執無道之鬼，縛以葦索，以飼虎。故肖其形于桃板上，置之門户間也。

明　周嘉胄《香乘》卷一《沈香觀音像》　西小湖天臺教寺舊名觀音教寺，相傳唐乾符中有沈香觀音像泛太湖而來，小湖寺僧迎得之，有草繞像足，以草投小湖，遂生千葉蓮花。蘇州舊志

又《沈香煙結七鷺鷥》　有浙人下番，以貨物不合時，疾狹遺失，盡傾其本，歎息欲死。海客同行慰勉再三，乃始登舟，見水瀕朽木一塊，大如鉢，取而嗅之，頗香。謂必香木也。漫取以枕首，抵家對妻子飲泣，遂再求物，力以爲明年圖。一日鄰家穢氣逆鼻，呼妻以朽木爇之，則煙中結作七鷺鷥飛，至數丈乃散，大以爲奇，而始珍之。未幾，憲宗皇帝命使求奇香，有不次之賞。其人以獻，授錦衣百户，賜金百兩。識者謂沈香頓水次，七鷺鷥日夕飲宿其上，積久精神，暈入因結成形云。廣豔異編

清　蒲松齡《聊齋誌異》卷五《木雕人》　商人白有功言，在濼口河上，見一人荷竹簏，牽巨犬二，於簏中出木雕美人，高尺餘，手自轉動，豔妝如生。又以小錦韉被犬身，便令跨坐，安置已，叱犬疾奔，美人自起，學解馬作諸劇，鐙而腹藏，腰而尾贅，跪拜起立，靈變不訛。又作昭君出塞，別取一木雕兒，插雉尾，披羊裘，跨犬從之，昭君頻頻回顧，羊裘兒揚鞭追逐，真如生者。

清　沈季友《檇李詩繫》卷三六《木人》　《紫桃軒雜綴》云：甘復生來往江湖，攜一木偶，長尺有咫，出入袖中，登几案，跳躍趨步，發聲與人談論，亦能詩。自云姓高名梅，金溪人，少有逸韻，二十餘而卒。爲煉鬼者刻樟木誦秘咒攝附靈魂，遂偕甘生以遊。向客友人屠用明所。一日，有以詩僧秋潭年臘爲問者，朗吟一詩贈之，句意清絶，非凡鬼也。高僧如瘦鶴，懶得著袈裟。雪案堆莊子，花函出内家。問方醫病竹，郵水泛新茶。一識沉香氣，青煙吐白紗。

清　乾隆《永福縣志》卷一〇《雜事》　宋寶慶二年，有大樟木長二丈許，浮於石壁溪口，經年不去。夜嘗有神光，人咸異之。乃舁置岸側，黄非熊取之，欲雕爲寶頭盧尊者像。適有遊僧自言精於雕刻，乃延至家，雕之十餘日，刻竟眉目神骨宛如天成，非人力可及。像成，僧已不見。乃送方廣巖供養。明正德間僧徒散逸。萬曆已丑，道人郭清薄暮登巖，見一老僧趺坐誦經，命童子進茶，味甚甘美。清告以饑，又進蒸胡蘆數枚，因語清曰：「貧道居此有年矣。近爲頑徒破壞，遂致狼藉。明年有檀樾至寺，當復興。」清參叩元機，僧揮麈高談如翻河水，久之天漸明，遂不復語。清諦視之，乃老佛木像，旁侍兩童子而已。清大驚，下巖，累月不饑，口中常有香氣。

清　乾隆《福州府志》卷一四《壇廟》　「靈溝廟」在下鄭洋。元至正間溪水泛溢，忽一木像乘浮槎往來洪溝者數日，乃登於巨石上。是夜，里中叟老咸夢一緋衣神曰：「吾素習岐黄，今當廟食兹土。」翊日，各言所夢皆同，因立廟祀之，凡病者禱之，盡愈。

清　道光《河内縣志》卷二七《孝義傳》　丁蘭者，河内人也。少喪考妣，不及供養，乃刻木爲人，髣髴親容，事之若生，朝夕定省。後鄰人張叔妻從蘭妻借看，蘭妻跪啟木人，木人不悦，不以借之。叔醉疾來酣罵木人，以杖敲其頭，蘭還見木人色不懌，以問其妻，具以告之，即奮劍殺張叔。吏捕蘭，蘭辭木人去，木人見蘭爲垂淚。郡縣嘉其至孝，通於神明，圖其形像於雲臺也。

清　道光《高要縣志》卷二二《雜録》　嘉靖間，先有爲妖怪之言者，曰：有黑眚自新會來，將及肇慶矣。又言所以治之之法，以白旗書張天師陰兵在此，可祛之。其被侵也，則以青竹杖或桃柳枝環擊之，可無害人。未有信之者。既而歲丁巳八月丁未夜，城内果有之。其來也，一時併至數十家，有聲如風成陣。始見之，形小如螢火，擊之或散爲數十，擊之甚，或散爲禽獸魚龜灰

燼之類，不可窮極。自後每入夜擊鑼鼓呼吽以逐之，羣婦女於堂上四隅環，男子執桃竹枝以待，至曉乃已。内外震驚，父老具其狀聞於府。知府盧璘曰：「此妖幻也。」若屬無恐，乃竭誠懇爲文，躬率僚屬詣城隍祠禱焉。越三日，癸丑遂熄。

清 道光《敦煌縣志》卷五《人物》（唐朝）魯般，敦煌人，巧侔造化，與春秋公輸子同名。嘗怨吴人殺其父，於肅州城南作一木僊人，舉手指吴地，大旱三年，卜曰般所爲也。齎物謝之，般爲斷其一手，其月吴中大雨。

圖表

元 王楨《農書》卷一四　擊壤，《釋名》曰：擊壤，野老之戲，蓋擊塊壤之具，因以爲戲也。《藝苑》曰：擊壤，古戲也。又曰：壤以木爲之，前廣後鋭，長尺四寸，濶三寸，其形如履。將戲，先側一壤於地，遥於三四十步以手中壤敲之，中去聲者爲上。《風土記》曰：擊壤以木爲之，其形如履，臘節，僮少以爲戲，分部如摘博也。

擊壤

又 卷一五　筐，竹器之方者。《詩》注云：筐，篚屬，可以行幣帛及盛物。《三禮圖》曰：大筐以竹，受五斛，以盛米，致饋於聘賓。小筐以竹受五升，以盛米。又曰：筐以盛熬穀。《詩》曰：「采采卷耳，不盈頃音傾筐。」又曰：「女執懿筐，爰求柔桑。」筐之制，其來已久，今用於農家者多矣。

筐

又　筥亦作簴，竹器之圓者。注曰：筥圓而長，但可實物而已。《三禮圖》曰：筥受五升，盛饔飱之米，致於賔館良糈。《詩》曰：載筐及筥。《左傳》：筐筥，錡釜之器。《字説》云：筐筥，一器也。特方圓之異云耳。江沔之間謂之箳，音餘趙岱之間謂之䈰，兮敃切淇衛之間謂之牛筐。小者，南楚謂之篗，音縷自關而西秦晉之間謂之箄，方氏切筥，其通語也。詩云：古今制器同，方圓曰筐筥。是用采蘋蘩，于以盛稷黍。修誠薦王公，居貧侑尊俎。物兮苟適用，雅素吾所與。

筥

又 篅，亦籠屬，比籠稍匾而小，用亦不同，篅則造酒造飯用之漉米，又可盛食物。蓋籠盛其粗者，而篅盛其精者，精粗各適所受，不可易也。詩云：匾小即云篅，圓大則爲籠。從竹皆盛器，協音豈異科。販夫挑自便，田舍用還多。今歲租糧畢，空虛奈爾何。

篅

又 籃，竹器，無係爲筐，有係爲籃。大如斗量，又謂之笭箵。農家用採桑柘，取蔬菓等物，易挈提者。《方言》：籠南、楚江沔之間謂之篣，或謂之筊。郭璞云：亦呼籃，蓋一器而異名也。詩云：「賣花擔上兩相宜，剗欒山前屢挈歸。何似採桑盛葉好，是中還有綺羅衣。」

籃

明 王圻《三才圖會・器用》卷二　符節：《周禮》以竹爲節，用於門關，取符而合之意者，今竹使符也。

符節

又 管節：《周禮》以竹爲節，公卿大夫采地之吏，用於都鄙。

管節

又 指南車：右車飾以黍尺度，高一尺四寸二分，下長七寸四分，轄木口圓徑三寸七分，管立木口圓徑三寸四分，琢玉爲人形，手常指南，足底通圓竅，作旋轉軸，踏於蚩尤之上。延祐中，獲觀於姚牧菴承吉處，玉色微黄赤紺古色，包轉間亦有土花虧蝕處。按崔豹《古今註》指南車，黄帝作。

指南車圖

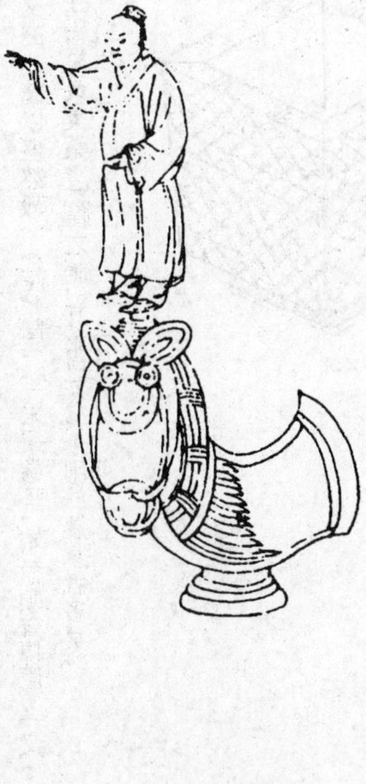

又 茶盤：以木爲盤，加以趺，而髹其内外，中有六孔，用以盛盞，即《周禮考工氏》舟之遺制也。

茶盤

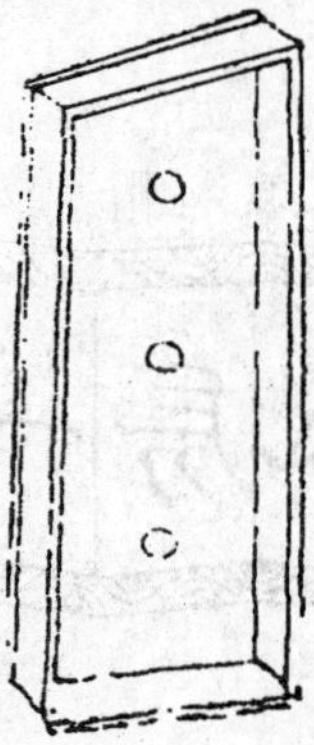

又 梳：《梳實録》曰赫胥氏造梳，以木爲之，二十四齒，取疏通之義。

明 茅元儀《武備志》卷一〇八《竹飛梯》 竹飛梯，用獨竿大竹，兩旁施脚澁以登。

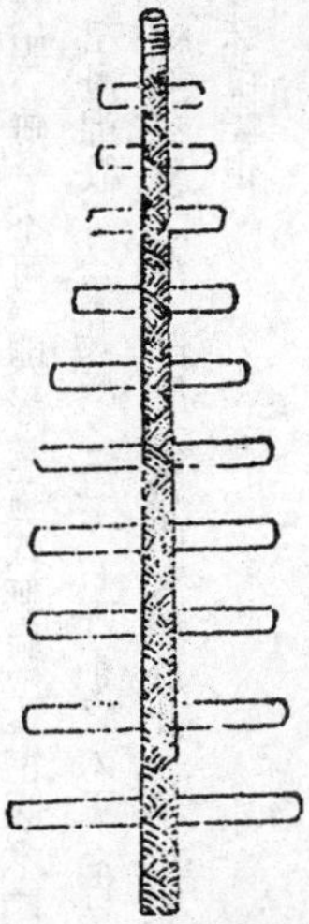

明 顧孟容《冠譜》 玄晏先生姓皇甫氏，諱謐，有隱道高尚之志，自冠，以梓木爲之，故名。

玄晏

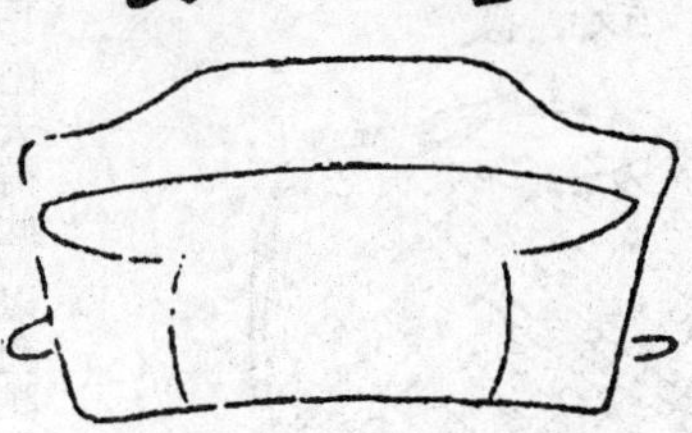

清 李漁《閑情偶寄》卷九 寧可食無肉，不可居無竹。竹可須臾離乎？竹之可爲器也，自樓閣几榻之大，以至笥奩杯箸之微，無一不經採取。獨至爲聯爲匾諸韻事，棄而弗録。豈此君之幸乎。用之請自予始，截竹一筒，剖而爲二，外去其青，内剷其節，磨之極光，務使如鏡。然後書以聯句，令名手鐫之，摻以石青或石緑，即墨字亦可，以云乎雅，則未有雅于此者。以云乎儉，亦未有儉于此者。不寧惟是，從來柱上加聯，非板不可，柱圓板方，柱窄板濶，彼此牴牾，勢難貼服。何如以圓合圓，纖毫不謬有天機。

此君聯

清 李漁《一家言居室器玩部》 額身用板，地用白粉，字用石青石緑，或用炭灰代墨，無一不可。與尋常匾式無異，止增圓木二條，綴於額之兩傍，若軸心然，左畫錦紋，以象裝潢之色；右則不宜太工，但象托畫之紙色而已。天然圖卷，絶無穿鑿之痕，制度之善庸有過於此者乎？眼前景，手頭物，千古無人計及，殊可怪也。

手卷額

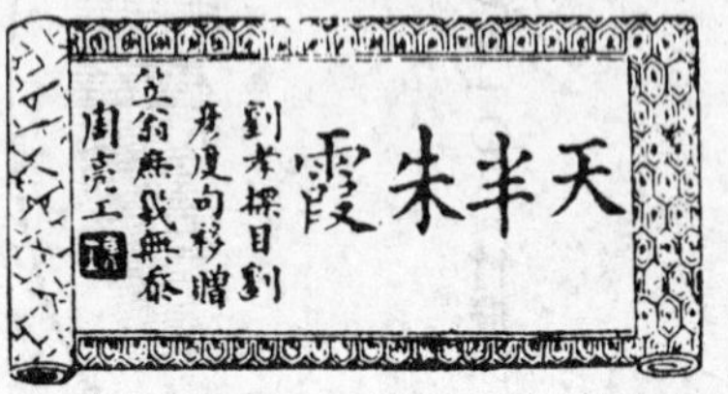

又 用方板四塊，尺寸相同，其後以木綰之，斷而使續，勢取乎曲，然勿太曲。邊畫錦紋，亦象裝潢之色。止用筆畫，勿用刀鐫，鐫者粗略，反不似筆墨精工。且和油入漆，着色爲難，不若畫色之可深可淺，隨取隨得也。字則必用剞劂。

册頁匾

清 鄂爾泰《授時通考》卷三六 蓑笠圖説。蓑，雨衣，《無羊》詩云：「何蓑何笠。」毛注曰：蓑所以備雨，笠所以禦暑。《唐韻》云：蓑，草名，可爲雨衣。又名襏襫。《説文》云：秦謂之萆。《爾雅》曰：薃侯莎蓑衣，以沙草爲之，故音同莎。又名薜。《六韜農器篇》曰：蓑薜簦笠，今總謂之蓑，雨具中最爲輕便。笠，戴具也。古以臺皮爲笠，《詩》所謂「臺笠緇撮。」今之爲笠，編竹作殼，裹以籜箬，或大或小，皆頂隆而口圓，可庇雨蔽日，以爲蓑之配也。

蓑笠

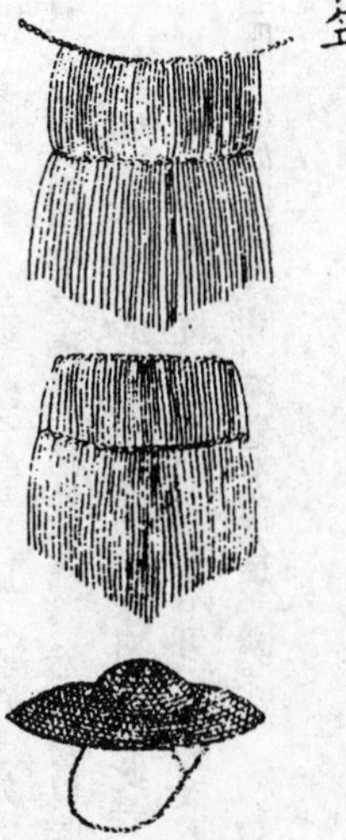

又 覆殼圖説。覆殼，一名鶴翅，一名背篷，篾竹編如龜殼，加以籜箬，覆於人背，繩繫肩下。耘耨之際以禦畏日，兼作雨具。下有卷口，可通風氣。又分雨溜。適當盛暑，田夫得此，以免曝烈之苦，亦一壺千金之比也。

覆殼

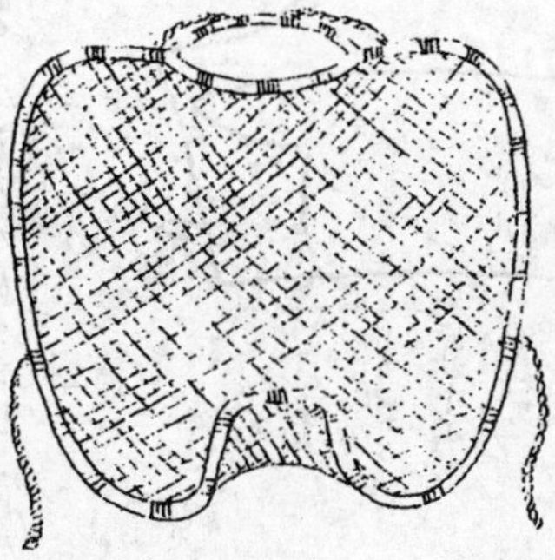

又 卷三七 轆轤圖說。轆轤，纏綆械也。《唐韻》云圓轉木也。《集韻》作犢轆，汲水木也。井上立架，置軸貫以長轂，其頂嵌以曲木，人乃用手掉轉纏綆於轂，引取汲器。或用雙綆而順逆交轉所懸之器，虛者下，盈者上，更相上下，次第不輟，見功甚速。凡汲於井上，取其俯仰，則桔槔取其圓轉，則轆轤皆挈水械也。然桔槔綆短而汲淺，獨轆轤深淺俱適，其宜也。

又 卷三九 禾擔圖說。禾擔，負禾具也。其長五尺五寸，剡匾木爲之者，謂之輭擔。斫圓木爲之者，謂之楤擔。

又 卷五七 籃圖說。籃，竹器，無繫爲筐，有繫爲籃，大如斗量。又謂之笭箵。

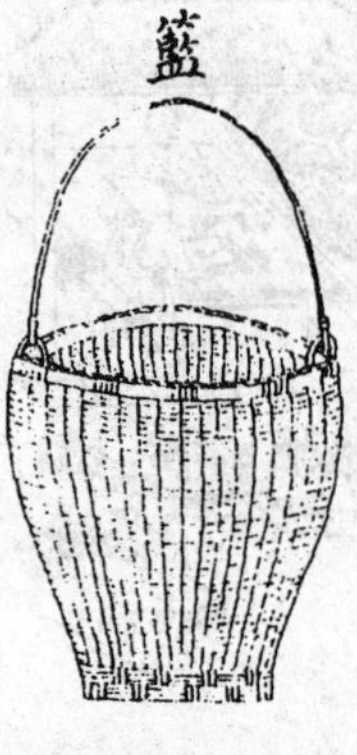

清 金簡《武英殿聚珍版程式·刻字》 應刊之字，照格寫準，宋字後逐字裁開，覆貼于木子之上。面用木牀一個，高一寸，長五寸，寬四寸；中挖槽五條，寬三分，深六分，每槽可容木子十個，上下用活門塞緊，即與鐫刻整版無異。

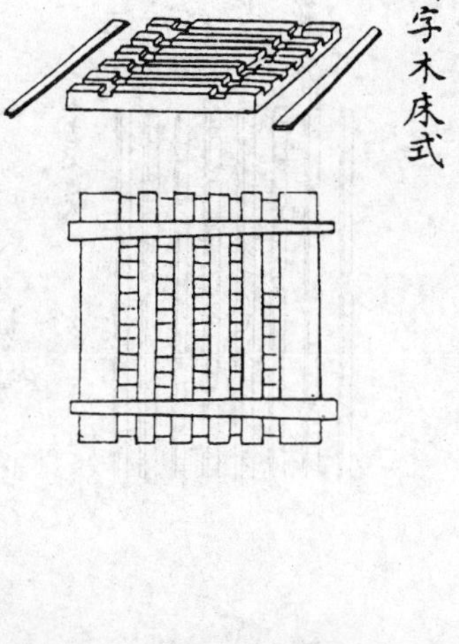

又《槽板》用陳楠木做方盤，外口面寬九寸五分，徑長七寸七分，高一寸六分，裏口面寬七寸六分，徑長五寸八分八釐，深五分。四圍用銅包角，以期堅固。

槽版圖

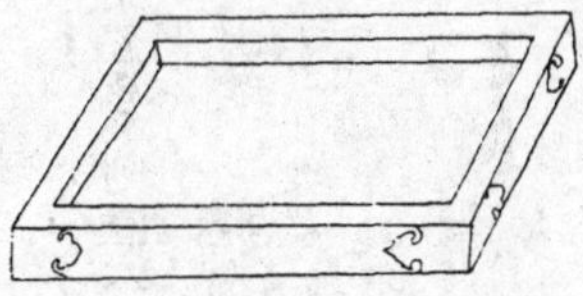
槽版式

又《夾條》一分通長夾條，用楠木或松木做成條片，寬五分，長五寸八分八釐，厚一分。凡書內整行大字靠整行大字，即用此夾擺按套格，每行額寬四分，而大字木子只寬三分，以之居中，則每行之兩傍各空半分，二行計之，則合空一分，故用一分夾條，方能恰合格線。

半分通長夾條，寬長如前，厚半分。凡整行小字靠整行大字者，用此。蓋小字木子每個寬二分，雙行排擺則寬四分，尺寸與套格相符。本行原無庸夾條，但傍邊若靠大字，則仍有半分之空處，故宜用半分夾條。

一分長短夾條，厚一分，長自一字起至二十字止。凡雙行小字，下遇大字，而傍行亦係大字者，視字之多寡、長短揀用。

半分長短夾條，厚五釐，亦自一字起至二十字止。凡大字下遇雙行小字，而傍行係大字者，用此。其長短亦隨字揀用，若傍邊均係小字，則全不用夾條，自然合格。

頂木，凡書有無字空行之處，必需嵌定方不移動，是謂頂木。用松木做成方條，高五分，用于大字者面寬三分，小字者面寬二分，俱自一字起至二十字止。量其空字處長短，揀合尺寸，嵌于無字空行處。

中心木，凡擺書至九行，即放中心木一條，亦用松木，高五分，長五寸八分八釐，寬四分。此即套格之版心處也。

夾條頂木中心木總圖

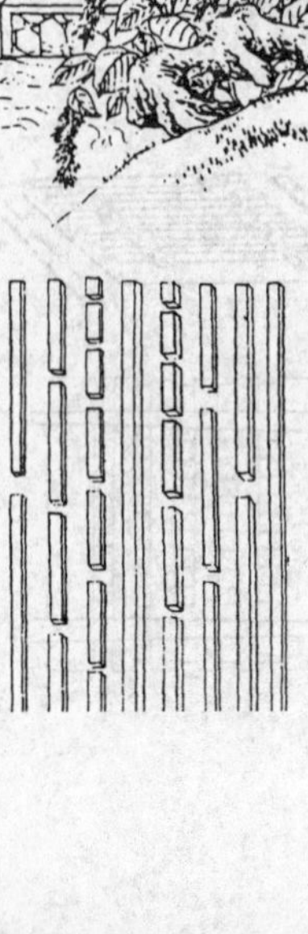
木中心木總式

又《類盤》用松木做托盤，寬一尺四寸，長八寸，深五分。內嵌木檔數十根，檔寬四分許。凡取字、歸字隨時安放，木子庶不致倒亂。

類盤圖

類盤式

又《**套格**》 用梨木版，每塊面寬七寸七分，長五寸九分八釐，與槽版裏口畫一，周圍放寬半分爲邊。按現行書籍式樣，每幅刻十八行，格線每行寬四分，版心亦寬四分，即將應擺之書名、卷數、頁數暨校對姓名，先另行刊就，臨時酌嵌版心。

套格圖

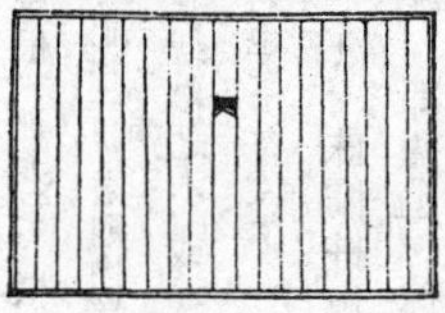
套格式

清 魏源《**海國圖志**》**卷九二** 櫃製八木合成，大小長短任便配造。木以樟榆之類爲佳，其過堅及脆而鬆者，均不合用。今製大號者長三尺六寸，高一尺五寸，寬一尺三寸五分，木厚一寸五分。内用隔板分作三隔，中隔安置水鼓、火床、各機括，首尾二隔可共受火藥一百八十觔。次者長二尺八寸五分，高一尺五寸，寬一尺三寸五分，木厚一寸五分。除安置機括外，可受藥百二十觔，若欲多用火藥三四百觔，以至千觔，則將櫃製拓大，自無不可。

櫃內位置圖

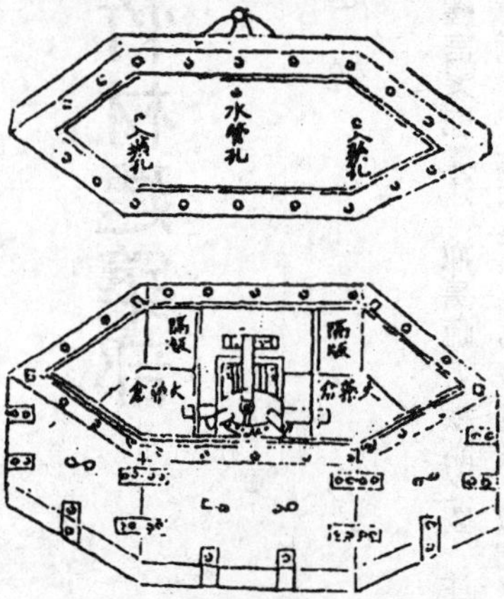

又 塞木不宜過堅，松杉之類爲佳。長二寸許，一頭削圓以納護蓋横竅，一頭削方以便用力揳緊，務使涓滴不能滲漏，方能將此雷櫃久藏水中，萬無一失。如要用時，即拔去塞木，水自灌入，約爲時五六分久。水漲鼓起彈落而火發矣。此塞木先編烙字號花押，水勇繳令即執以爲憑。

木塞圖

清 光緒《**吴橋縣志**》**卷二**《**學校**》 鐙，笵銅爲之，或以錫，或以木，重臺三足，高下視燭大小，凡五等，紋飾惟宜，或用素質。

鐙

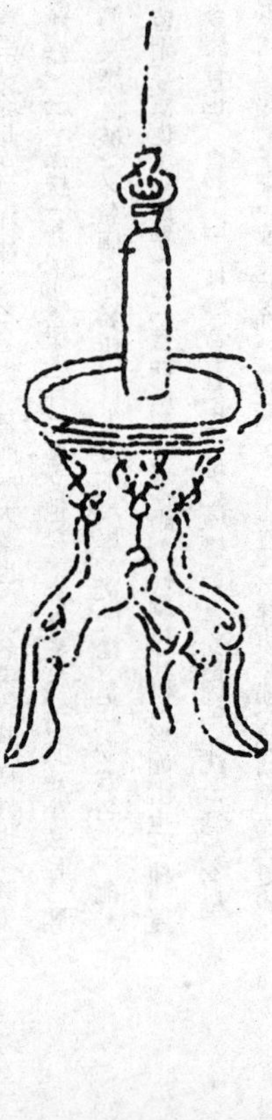

木材竹材建築部

題解

《爾雅·釋宮》（郭璞注　邢昺疏）　柣謂之閾。注：閾，門限。根謂之楔。注：門兩旁木。楣謂之梁。注：門户上横梁。樞謂之椳。注：門户扉樞。樞達北方謂之落時。注：門持樞者，或達北，檼以爲固也。落時謂之㕍。注：道二名也。音義柣，郭：于結反。顧：丈乙反。吕伯雍：大一反。《廣雅》云砌也。閾，域洫二音。根，直庚反。楔，古黠反。李謂闑上兩旁木。旁，步郎反。楣，忘悲反，或作楣，亡報反，《埤蒼》云梁也。吕伯雍云門樞之横梁。《説文》云秦名屋櫋聯也，齊謂之檐，楚謂之梠。樞，昌朱反。椳，烏回反。郭又吾回反。吕沈一罪反。達，火末反。檼，於靳反。《字林》云棼也。《廣雅》云棟也。下同。㕍本或作戹，同音佹。《廣雅》云兩砌也。本或作扈，同音户。疏此別門户上下及兩傍之木名也。柣者，孫炎云：門限也。經傳諸注皆以閾爲門限，謂門下横木爲内外之限也。俗謂之地柣，一名閾。《曲禮》云：「不履閾」是也。根者，門兩傍長木，一名楔。李巡曰：根謂梱上兩傍木。《禮記·玉藻》云：君入門上介拂根。鄭箋云：根門楔。楣，即梁也。吕伯雍云：門樞之横梁也。郭云：門户上横梁。《鄉射記》云：堂則物當楣是也。樞者，門扉開闔之所由也。一名椳。《易》曰：樞機之發是也。其持樞之木，或達北檼，以爲牢固者，名落時。檼即棟也。落時又名㕍，是持樞一木，有此二名也。

又　宋廇謂之梁。注：屋大梁也。其上楹謂之梲。注：侏儒柱也。閞謂之槉。注：柱上欂也。亦名枅，又名榙。栭謂之楶。注：郎櫨也。棟謂之桴。注：屋檼。桷謂之榱，注：屋椽。桷直而遂謂之閲，注：謂五架屋際椽正相當。直不受檐謂之交，注：謂五架屋際椽不直上檐，交於檼上。檐謂之樀。注：屋梠。音義宋音亡。廇，力又反。梲，之劣反。侏音朱，儒，日朱反。閞，皮彦反。本亦作弁，同。槉音疾。欂，皮麥反。《字林》云：櫨也。又平各反。枅音雞。《字林》音肩，云柱上方木也。榙，達合反。栭音而。楶，作截反，又音節，本或作楷，同。《字林》云：欂，櫨也。舊本及《論語》、《禮記》皆作節。櫨，力奴反，即欂也。《字林》云：柱上衬也。棟，多洞反。桴，郭音浮，又音孚。《字林》云：極也，棟也。檼，於靳反。桷音角。榱，疎追反。《説文》云：秦名屋椽也，周謂之榱，齊魯謂之桷。《字林》云：周人名椽曰榱，齊魯名椽曰桷。椽，直專反。閲音悦。檐，餘占反。下同。樀，丁狄反。字從木旁，作商，郭，又也赤反，字合手旁，作適梠，音吕。疏此別梁柱棟榱之名也。梁即屋大梁也，一名宋。廇，楹柱也。其梁上短柱名梲。《禮器》云「藻梲」者，謂畫梁上柱爲藻文也。一名侏儒柱，以其短小故也。閞者，柱上木名也。又謂之槉，又名欂，亦名枅，柱上方木是也。又曰榙，是一物五名也。栭一名楶，即櫨也。皆謂斗栱也。《禮器》云「管仲山節」者，謂刻柱頭爲斗栱，形如山也。棟，屋檼也，一名桴，今屋脊也。《易》曰「棟隆吉」是也。桷，屋椽也，一名榱梠。沈云齊魯名桷，周人名榱。《易》曰：鴻漸于木，或得其桷。《左傳》：子産曰「棟折榱崩，僑將壓焉」是也。屋椽長直而遂達五架屋際者，名閲。郭云：「謂五架屋際椽正相當。」若其椽直不上於檐者名交，言相交於檼上也。郭云：「謂五架屋際椽不直上檐，交於檼上。」屋檐，一名樀，一名屋梠，又名宇，皆屋之四垂也。故《士喪禮》曰：「爲銘置于宇西階上。」鄭注云：「宇，梠是也。」

漢　劉熙《釋名》卷五《釋宮室》　檼，隱也，所以隱桷也。或謂之望，言高可望也。或謂之棟，棟，中也，居屋之中也。桷，确也，其形細而踈确也。或謂之椽，椽，傳也，相傳次而布列也。或謂之榱，在檼旁下列，衰衰然垂也。梠，旅也，連旅旅也。或謂之槾，槾，緜也。緜連榱榱頭使齊平也。上入曰爵頭，形似爵頭也。楣，眉也，近前若面之有眉也。棳，儒也，梁上短柱也。棳儒猶侏儒，短，故以名之也。牾在梁上，兩頭相觸牾也。欒，攣也，其體上曲攣拳然也。盧在柱端，都盧負屋之重也。斗在欒兩頭，如斗也，斗負上負檼也。笮，迮也，編竹相連迫迮也。屋脊曰甍，甍，蒙也，在上覆蒙屋也。壁，辟也，辟禦風寒也。墻，障也，所以自障蔽也。垣，援也，人所依阻以爲援衛也。

宋　戴侗《六書故》卷二一《植物一》　楗，渠蹇切，又平去二聲，椿也。漢武帝塞河，下淇園之竹以爲楗。

又　棧，士限切，編柴木爲棧也。又作栟。《傳》曰：栫之以棘。又才甸切車以棧者，謂之棧車。《詩》云有棧之車，險道縣絶。棧木以通者謂之棧道，編木以養馬謂之棧櫪。莊周曰：編之以厚棧。徐氏曰：編木作槅似牀，以禦溼也。崔氏曰：木棚也。

又　柵，楚革切，植木編以爲藩也。

又　卷二三《植物三》籬，鄰支切，織竹爲藩也。別作篱，今人織竹如勺以漉米，謂之爪籬，俗有笊篱字。

清　段玉裁《説文解字·木部》　檼，棼也。林部曰：棼，複屋棟也。注詳彼矣。《釋名》及郭璞謂棟爲檼，非也。從木，㥯聲。於靳切，十三部。橑，椽也。《九歌》曰：桂棟兮蘭橑。王云：以木蘭爲榱也。按《西都賦》「列棼橑以布翼」，下又云「裁金壁以飾當」。《西京賦》「結棼橑以相接」，下又云「飾華榱與璧當」。《魏都賦》「棼橑複結」，下又云「朱桷森布而支離」。橑必與棼連言，而別於榱桷，則榱桷爲屋椽，橑爲複屋之椽可知。簷霤在複屋，故《廣韻》曰：屋橑，簷前木。此檼橑二篆相屬亦此意也。當是本作橑，檼椽也。謂屬於檼之椽。從木，尞聲。盧浩切，二部。桷，榱也。榱也者，渾言之。《釋宮》云桷謂之榱是也。下文椽方曰桷者，析言之。從木，角聲。形聲包會意也，古岳切，三部。椽方曰桷。桷之言棱角也，椽方曰桷，則知桷圜曰椽矣。《周易》：「或得其桷。」虞曰：桷，椽也。方者謂之桷。《春秋傳》曰：「刻桓宮之桷。」《左氏》莊二十四年經文。椽，榱也。《左傳》：以大宮之椽歸爲盧門之椽。《釋名》曰：椽，傳也。相傳次而布列也。從木，彖聲。直專切，十四部。榱，椽也。二字依《韻會》補。秦名屋椽也，周謂之榱，齊魯謂之桷。上二句各本作秦名爲屋椽，周謂之榱，大誤。今依《左傳》桓十四年音義、《周易》漸卦音義正，謂屋椽，秦名之曰榱，周曰椽，齊魯曰桷也。各本妄改，乃或疑釋文有誤矣。《釋宮》音義云：榱，秦名屋椽也。周謂之榱，齊魯謂之桷。此淺人改周椽爲周榱耳。其引《字林》云「周人名椽曰榱，齊魯名榱曰桷。」則《字林》始與《説文》乖異矣。榱之言差次也。自高而下，層次排列如有等衰也。從木，衰聲。所追切，古音在十七部。楣，秦名屋櫋聯也。齊謂之产，楚謂之梠。秦名屋櫋聯也者，秦人名屋櫋聯曰楣也。與秦名屋椽曰榱同解。李善注《文選》引《説文》曰：楣梠，秦名屋櫋聯。失其義矣。齊謂之产，各本产作檐，今依厂部产下正。产，屋梠也。秦謂之楣，齊謂之产。《禮經》正中曰棟，棟前曰楣。又《爾雅》楣謂之梁，皆非許所謂楣者。從木，眉聲。

又　牖，穿壁以木爲交窗也。交窗者，以木横直爲之，即今之窗也。在牆曰牖，在屋曰窗。此則互明之。必言以木者，字从片也。古者室必有户有牖，牖東户西，皆南鄉。

論説

漢　桓寬《鹽鐵論》卷下《散不足》　宮室奢侈，林木之蠹也。器械雕琢，財用之蠹也。衣服靡麗，布帛之蠹也。狗馬食人之食，五穀之蠹也。口腹縱恣，魚肉之蠹也。用費不節，府庫之蠹也。漏積不禁，田野之蠹也。喪祭無度，傷生之蠹也。墮成變故傷功，工商上通傷農，故一杯棬用百人之力，一屏風就萬人之功。其爲害亦多矣。

五代　劉昫《舊唐書》卷四八《食貨志》　夫煮海爲鹽，採山鑄錢，伐木爲室，農餘之輩。寒而無衣，飢而無食，傭賃自資者，窮苦之流也。若能以山海厚利，資農之餘人，厚斂重徭，免窮苦之子，所謂損有餘而益不足，帝王之道，可不謂然乎？臣願陛下詔鹽鐵木等官收興利，貿遷於人，則不及數年，府有餘儲矣。然後下寬貸之令，蠲窮獨之徭，可以惠羣生，可以柔荒服。雖戎狄猾夏，堯湯水旱，無足虞也。奉天適變，惟在陛下行之。

又　卷一〇一《張廷珪傳》　夫佛者，以覺知爲義，因心而成，不可以諸相見也。經云：「若以色見我，以音聲求我，是人行邪道，不能見如來。」此真如之果不外求也。陛下信心歸依，發宏誓願，壯其塔廟，廣其尊容，已徧於天下久矣。蓋有住於相而行布施，非最上第一希有之法。何以言之？經云：「若人滿三千大千世界七寶以用布施，及恆河沙等身命布施，其福甚多。若人於此經中受持及四句偈等爲人演説，其福勝彼。」一如佛所言，則陛下傾四海之財，殫萬人之力，窮山之木以爲塔，極冶之金以爲像，雖勞則甚矣，費則多矣，而所獲福不愈於一禪房之匹夫。

宋　歐陽修《文忠集》卷一〇九《論罷修奉先寺狀》（至和二年）右臣近曾上言，爲京師土木興作處多，乞行減罷。尋準勑差臣與三司同共相度減定，續具奏聞次。今又聞聖旨下三司，重修慶基殿及奉先寺屋宇。臣伏見近年政令乖錯，紀綱隳頹，上下因循，未能整緝。惟務崇修祠廟，廣興土木，百役俱作，無一日暫停。方今民力困貧，國用窘急，小人不識大計，不思愛君，但欲廣耗國財，務爲己利，恣侵欺於官物，圖酬奬之功勞，託名祖宗，張大事體。況諸處神御殿，當蓋造之初，務極崇奉，棟宇堅壯，莫不精嚴。雖數百年，未必損動。近年以來，不住修換，昨開先殿只因兩柱損，遂換一十三柱，前後差官檢計，朝廷並不取信，只憑最後之言，遂至廣張物料。蓋緣廣張得物料，即多圖酬奬恩澤。竊以崇奉祖宗，禮貴清浄，今乃頻有遷徙，輕黷威靈，要其所歸，止爲小人圖利。臣見自古人君好興土木者，自《春秋》、《史記》，歷代以來並皆書爲過失，以示萬世。今小人圖一旦之利，黷祖宗之威靈，置一作致人主於有過之地，誰忍爲之？臣實痛惜。臣因準勑減定，於三司署見大概：開先殿初因兩條柱損，今所用材植物料共一萬七千五百有零，睦親宅神御殿所用物料又八十四萬七千，又有醴泉、福勝等處物料，不可悉數。此外軍營庫務合行修造者，又有百餘處。使厚地不生他物，惟産木材。亦不能供此廣費。自古王者尊祖事神，各有典禮，不必廣興土木，然後爲能。臣竊見累年天災，自玉清、昭應、洞真、上清、鴻慶、壽寧、祥源、會靈七宫、開寶、興國兩寺塔殿，並是焚燒蕩盡，是以見天意厭土木之華侈，爲陛下惜國力民財，譴戒丁寧，前後非一。陛下與其廣興土木以事神，不若畏懼天戒而修省，其已興作者既不可及，其未修者宜速寢停。況睦親神御殿，於禮不宜作，其事甚明，别無禮典講求。乞更不下太常，便行寢罷。其慶基殿，如的有損漏，只令三司差官整補，不得理爲勞績。其奉先寺，乞勒寺家自修。今垂拱殿是陛下當坐之處，近聞爲無梁木，且止未修。諸皇親自火燒居宅後，至今寄寓他所。陛下尊爲天子，無梁木修一殿；富有四海，而皇族無屋可居。蓋爲將良材美木徇小人，並於不急處枉費，遂致合行修造處却至乏材。伏願陛下進思累次大火常發於土木最盛處，凡國家極力興修者，火必盡焚。且天厭土木而焚之，又欲興崇土木以奉之，此所以福應未臻而災譴屢降也。伏乞上思天戒，下察人言，人言雖狂而實忠，天戒甚明而不遠。伏惟陛下聖德恭儉，不樂遊畋，凡所興修，皆非嗜好，但以難違小人一時之請，自取青史萬世之譏，實爲陛下惜之。伏望聖慈，廣賜裁擇，謹具狀奏聞，伏候勑旨。

明 來知德《周易集注》卷六 大過：棟橈，利有攸往。亨。橈，乃教反。梁上屋脊之木曰棟，所以乘椽瓦者也。木曲曰橈，本末弱而棟不正，有如水之曲也。椽垂覆以漸而下曰宇。此卦大象坎，坎爲棟，坎主險陷，橈之象也。又爲矯輮，亦橈曲之象也。若以理論，本弱則無所承，末弱則無所寄，附此卦上缺下短，亦有橈之象。既棟橈矣，而又利有攸往，何也？蓋橈以成卦之象，言利有攸往亨則以卦體卦德之占言。

明 丘濬《大學衍義補》卷八六 《禮記》：昔者先王未有宫室，冬則居營窟，夏則居橧巢，後聖人有作，起也然後修火之利，范金合土以爲臺榭、宫室、牖户。（略）臣按：聖人有作，因民之營窟、橧巢之居而爲之臺榭，以登眺；爲之宫室，以居處；爲之户牖，以啟閉；是皆以木爲之者也。

清 毛奇齡《西河集》卷九《杭州治火議》 杭州多火災，歲必數發，發必延數里，且有蹈火以死者。予僦杭之前一年，相傳白鹽橋至羊市，縱横十餘里，其爲家約六萬有餘，死者若干人。予雖未親見，顧焦爛猶在目也。乃不數年，自孩兒巷至菜市東街，與前略相等，予所僦住房，已親見入煙燄中，其他則時發時熄，不可勝計。以詢居人，即中年者亦必答曰：「予生若干次矣。」其最僥幸可喜，亦必樹一指曰：「已一次矣。」從未有云無有者。頃者黄中堂門樓偶不戒，而五人齊死一樓不得下，踰日而藩署東街，又復延蔓里許，焚燒數百家，又踰日而太平門外，忽燻燄蔽天，不知所究竟，今則褚堂上下復炎炎矣。何以致此？或曰：「此天象也。」或曰：「此地理也。」或曰：「曩時每街必有火巷闌截之，今多爲民間侵佔，以致堙塞也。」或曰：「六井不開，無以厭火也。」數説予皆不然。夫火不自致，必有所以致之者。嘗疑失火塘報，各省無有，獨杭城則屢見報文，下此惟湖廣漢口，偶有報延燒至數千家者，則必杭之房，與漢口之屋，有異於他。而備查兩地，則漢口專用竹，而杭則兼用竹木。自基壂以至樑欐棟柱欂櫨，無非木也。而且以木爲牆障，以竹爲瓦薦壁夾，凡户牖之間，牖用櫺槅，而半牖承墉。又復以板與竹夾爲之，間或護牖以笆，護墉以籬，層層裹飾，非竹則木，然且卑房少而重屋多，兩重架格，猶復接木楹於軒宇之上，名曰曬樓。計一室所用，其爲摶埴之工者，衹瓦棱數片耳。又且市廛儥闤，皆接飛簷，橋梁巷門，每通複閣。鱗排櫛比，了無罅隙。夫以滿城燈燭，百萬家煙爨，原足比沃焦之山，象鬱攸之穴，而且上下四旁，無非竹木，既已埋身在烈坑中矣。加之儈販營業，多以炊煮蒸熬燻焙燒炙爲生計，而貧民書苦趁逐往多夜作，諸凡治機絲，煅金錫，皆通夕不寐，且風俗苟偷，大抵箕籠厝火，竹檠點燈，暑則燃蚊煙，寒則烘草薦，無非硝炭。而又俗尚釋老，合鄉禮斗，聯棚誦經，焚香燒燭，沿宵累旦，何一非致火者。夫木者火之所由生也，震木也，非火也。而一構乎離，則以震雷生離火，而離反足以滅震。以震本木質而具雷火之性，雖生火而反爲火滅，則木之必當召火禍也。是以治火之法，先計嚮邇，後計撲滅，否則近且不能，何有於撲？蓋諸火無威而木火有威，冶工聚火而鑄，用木骸即炭而不用木，則雖金錢銷鑠，而執工者得近之。何則以無威也？祝融焚明幣於庭，紙錢錫鏹，皆可指撥，及毁靈座，杭俗以木主藏木室，祀寢三年，謂之靈座，深合古禮，反主於寢之義。爲木無幾，然而尋丈之外，各環向而不得前，何則？以威著也。今以木火而及屋，則威著已極。近且不能，而欲施手足之烈，難矣。然且闤闠連綿，左房未爐，而右室已爇。木中之火，以外熱而炙於其裹，往往火所未及，而木先出煙，以外火與内火兩相熖也。若夫甎房則不然。古作室之工，多用陶埴甀甓以衔木。自棟樑榱桷以外，皆以瓴甋墁附之。《考工記》稱爲瓦屋，今稱爲甎房。凡宫室之牆壁屏蔽以及庭塗堂壂無用木者。以予郡言之，凡造屋者，以複甎爲垣，單甎爲壁，厚甎爲壂，薄甎爲薦，一室之中，惟棟樑椽柱是木耳，他皆甎也。脱或不戒，則棟間於牆，柱間於壁，樑與椽又間於瓦薦。凡木火所向，甀灰瓦确，皆足以抗之，而火不成勢；火不成勢，則救者可近；救者可近，則此屋之火，不能爇彼屋之木，即任其自焚，亦不過數間止耳。古有云雨衣易漏，易之以瓦則不漏。今木屋易火，易之以甎則不火。此非理之至明而事之易曉者乎。然而習俗相沿，庸人狃於故常，而憚於更革，即一二有識者，痛思改作，稍求一勞永逸之計，而寡不敵衆。一室之甎，不能抗萬間之木，是必藉當事大力留心民瘼，以一切之法，嚴行之。其已成者，勿論已，但新被災之地，則必大張示諭，并敕該圖里總勒買甎塊，且立唤紹興工匠使另爲製造，不得因仍舊習，私用竹木。違者以非法處，并拆其所造屋，則以漸移易，庶幾有濟。乃阻之者，有二説。一曰甎貴而竹木賤也。夫杭屋外垣，純用土築，而舂基埋石，畚土蓋瓦，材費不貲，所絶無者獨甎耳。然且日聚多人，一唱三歎，邪許聲連連，計物值工價，每縱横尋丈，約不下十金有餘。若丈牆之甎，則空斗複上，丈甎三百塊不彀一金，而且土工一工，可築數丈牆，其工價裁數分耳。以十金之牆，而以一金零數分當之，孰貴孰賤？若夫壁，則單甎側疊，尋丈之甎，必不敵尋丈之板之值。而苟舍板而用竹，則竹木土灰，四者齊用，杭州土皆貴賣，而削築圬墁諸工並進，恐物值工價，未必有歉於甎也。夫以一焚而家貲千百盡付爐炭，則雖十倍之費，猶當痛自祓濯，改柯易葉，爲百年不拔之良策，而況工值計較，爲牆固甚省，而爲壁亦不費，即曰創始實難，採辦未給，或不能頓集諸物，而商賈趨利如鶩，稍有微嬴，則其物無脛而至。況甎垣瓦片，多出之過江之湘湖，而嘉湖二府，亦有陶窯，苟能用之，則纍纍四來，將見草橋、螺螄、太平、良山四門外，堆垛如山邱，物盈則賤，豈止易辦而已乎。一曰闤闠稠密，竹木占地少而甎則占地多也。是又不然。土牆高大者，約址占三四尺，否亦一二尺，甎牆則高大者四五寸，否即三四寸也。板壁甎壁，各以寸爲度，相去不遠。竹壁則用木杆而編竹夾以墁之，合須一寸土灰，兩面合一寸，共二寸。甎則以寸厚之塊，側累而上，但得寸，而無加矣。然則不占地亦莫甎若也。是以被災之地，必易甎房，然後積漸次第，徐圖一轍，必使滿城皆甎而後已。此固救時良策，稍有識者，必不以其言爲河漢也。然而未災之屋，亦當商所以救之之法。大抵杭人多賃屋而居，屋非己有，即屋中什器，亦所值無幾。脱不幸即竄身以去，不關痛癢，而間有住己屋者，又往往以因循忽之。故救之者一曰徇火，令先立三十家牌，以牌中各户輪流爲首，每首值十日，每日早晚，則值者至各家呼曰「請查火侯」。其家查訖，然後至第二家亦如之。其法用牌一方，横列三十家，竪列三十日，縱横界之以作格，每查訖，則於某家格下，某日格中，覆以朱圈，以爲他日火罰之案焉。又杭城多游手人，噪聚乘間，名爲救火，實搶火也。今且軍旅甚夥，馬蹄一蹴踏，而其地已糜爛矣。故救之者，二曰斷火巷。每三十家中，合置兩大木，先截其街巷之兩頭，而入者即坐曰搶火，許守關者持大棍撲擊之，死傷此地者，竟置勿論。至於内出者，則各給籌一枝，驗其運帑，或有親黨請入運帑者，許持籌者引之驗入。若有救火輩來，則預作標識，如鹽橋仙林橋各坊義民，素有册籍，許標識其坊名，書於燈而稱竿以持之。并所攜鈎鐮繩索救火械仗，次第驗入，毋使溷亂此要領也。若其救法，則《春秋》原有備水器、蓄水潦諸事，而此地皆無用。惟有「撤小屋，塗大屋」六字，最爲切當。大抵木火難近，撲既不能，溝澮鮮少，澆又必不得。惟撤屋爲第一良法。量其火之大小，以定所撤之遠近。遠踰若干丈，近踰若干丈，須在官者預立程度，以一切行之。法在必撤，毋許阻擋者，阻擋者以違法論。至事畢則一里内保全之家，又量其遠近而合錢多寡以償其所，撤屋無偏戾焉。若夫大屋則以水泥塗之，以水衣布幔之。杭俗屋大，則牆壁高峻，可以堵禦，否則亦撤之以待，更爲無失。但大屋必屬大家，其合錢補償之事，可不必耳。則三曰撤火屋而救法已無他矣。至於其四，則曰嚴火罰。從來起火之家，名曰火頭。其罰甚重，今既設徇令，則必查其起火者爲何牌何户，誰徇誰答，未徇邪，則罪在徇。既答而不戒，則罪在答。雖罪不致死，然必重創之以懲其後來。考明季火頭之罰，以鋃鐺繫頸游於十門，然後從縣解府，解道解司，至撫院而止。每解衙門，必責二十箠以爲常，誠重之也。今罰宜仍舊與否，或不必然，然而嚴則必然耳。

清 王棠《燕在閣知新録》卷一九《浮橋》

《詩大明篇》曰：親迎於渭，

造舟爲梁。杜預謂爲河橋，此即後世之浮橋也。聯比其船，以板加於上也。春秋昭公元年秦公子鍼奔晉，造舟於河，今蒲坂夏陽浮橋是也。《爾雅》：天子造舟，諸侯維舟，大夫方舟，士特舟，庶人乘泭。郭璞曰：造舟，比船爲橋；維者，維連四船。方者，併兩船。特，單船也。泭，併木以度。棠攷後世簰筏即古人所謂泭，但用竹用木不同耳。晉杜預以孟津渡險有覆没之患，請建河橋於富津，議者以殷周所都歷聖賢而不作，必不可立。預曰：「造舟爲梁，則河橋之謂也。」唐開元九年，新作蒲津橋，鎔鐵爲牛，張説曰：河有三橋，蒲津居其一，舊制横絙百丈，連船千艘，辮修笮以維之，繫圍木以距之。開元十二年俾鐵代竹，取堅易脆，結爲連環，鎔以爲伏牛立於兩岸，禁連於河中，單鏁以特船，牛以繫纜，亦將厭水物奠浮梁。

清 李漁《一家言·居室器玩部》 牕櫺以明透爲先，欄杆以玲瓏爲主，然此皆屬第二義。其首重者，止在一字之堅，堅而後論工拙。嘗有窮工極巧以求盡善，乃不踰時而失頭墮趾，反類畫虎未成者，計其新而不計其舊也。總其大綱，則有二語：宜簡不宜繁，宜自然不宜雕斲。凡事物之理，簡斯可繼，繁則難久，順其性者必堅，戕其體者易壞。木之爲器，凡合筍使就者，皆順其性以爲之者也。雕刻使成者，皆戕其體而爲之者也。一涉雕鏤，則腐朽可立待矣。故窗櫺欄杆之制，務使頭頭有筍，眼眼着撒，然頭眼過密，筍撒太多，又與雕鏤無異，仍是戕其體也。故又宜簡不宜繁，根數愈少愈佳，少則可堅，眼數愈密愈貴，密則紙不易碎，然既少矣，又安能密，曰此在制度之善，非可以筆舌爭也。牖欄之體，不出縱横欹斜屈曲三項，請以蕭齋製就者，各圖一則以例之。

清 秦蕙田《五禮通考》卷六〇《吉禮·宗廟制度》 （秦）蕙田案：古人門制，兩旁有棖，中間有闑，棖闑之間爲中門。棖者，門之兩旁長木。闑則兩扉相合處有一木，常設而不動者。門以向堂爲正。

清 翟均廉《海塘録》卷一九 二曰聚財，蓋修築之用，木石爲先。泥土可隨地而給，木石必預購轉運不能猝備也。如慮海濤湍激，必須釁浪木樁以砥之。其樁宜松不宜杉，惟松入水經久也。故事採石一塊長五尺二寸，高濶各一尺八寸者，其工價水脚應照時估給發，使匠役樂趨石採於近山，木購於上江，他物料俱應時取齊，則興工無乏矣。三曰任人，此一大役，雖執事躬督其上，猶籍廉幹有司相與協理，并就佐貳，胥吏及邑之耆老解事者，選擇委之，俱以禮敦遣，厚畀廩餼，其夫匠使什伍相司，按籍有考，計工給值，勿容侵尅。總理者約塘若干里，每人各認丈尺，以難易爲多寡，查照字號，給銀董役，刻期齊作，以其勤怠堅瑕分别賞罰。庶事有責成，無築舍道旁之弊也。四曰鳩工，工有難易不等，如水勢方横，決口難塞，委以草土。辟諸精衛填東海，直無何有耳。舊用漢楗絙法不就，乃斷木爲大櫃，編竹爲長絡，中實以石，引而下之，汛濫有定築塘之法。外當先植木樁，其疊石，下則五縱六横，上則一縱二横，石齒鈎連若絙貫，然即百計撼之不摇也。又恐潮之直薄堤岸，則爲斜階以順其流，而於内復堅築土塘以爲護。如此則海波雖壯且惡，有汛濫而無衝決，比於金城之固矣。

又 卷二〇《海寧縣海潮議》 或曰築隄之法，向用木櫃，近用排樁，兼用艸壩。乃排樁時築時傾，而草壩經年不動。豈石之堅反不如草之柔與？曰治水之法，河不同於湖，海又不同於河。湖之水停蓄，無風時不動，有風時輭浪磅礴，勢緩而弱，故坦水石可禦。河之水湍急，挾沙而行，沙淤則流必遷，故時有潰決，然不過頂沖之處而已，餘皆平溜中行，故用柴即可無虞。若海則朝潮夕汐，呼吸排蕩，非僅湖之波瀾，河之湍流已也。古人以木櫃治之固不得已。蓋潮非隻木可枝，亦非拳石可抵。拳石之大不過萬斤，萬斤之重，百夫可舉。隻木之長，不過十丈，十丈之深，人力可摇。若潮之勢，人力可能舉者，潮無不舉。人力所能摇者，潮無不摇。唯以木櫃鈎連，使十里、二十里連而爲一，則雖潮亦有不能移者矣。今以十木置土中，一人拔之，以次可舉，若中有横鎖，使十木爲一，則非十人不能舉矣。水之性不唯海不同於河，抑且海不同於海。海鹽之塘，直當大海，故須鉅石爲塘，以塘身當大海之潮。海寧之潮，自東而西，潮初來時勢雖衝激，然沙低於塘，潮又低於沙，搜剔之患，在於沙底。及其既滿，雖至塘身，潮頭已去，水勢已平，自非春秋大汛終在塘根之下，塘身不過闌攔而已，非如海鹽之全恃塘身也。至於錢塘則其勢已殺，有潮頭而無急水，唯江海相遇時，有衝齧，故以石板側砌，亦可經久。石板之力，殺於木櫃，木櫃之力殺於海鹽。石塘然而足以抵禦者，以不恃一石一木之力也。今老鹽倉草壩雖虞朽爛，然糾結纏束合而爲一，鑲墊三層，厚有丈餘，大潮之來不能分拆，故經年不壞。排樁雖入海底，樁根一搜，則壘石疊壓，愈壓愈重，樁身先摧，樁不壞於潮而折於石，樁折而石亦隨之，然則石豈不能及草哉。孟子所謂一鈎金與一輿羽之謂也。曰：然則木櫃亦有倒卸者何？曰：木櫃倒卸，不過一櫃、兩櫃，孤而無輔，是以不能獨完。若五櫃一聯，大木亘之則合，五櫃爲一櫃矣。

又以十櫃一聯，大木亘之，則以十櫃爲一櫃矣。由此而一里、十里與夫數十里鈎連不斷，豈尚有潰摧之患哉。且木櫃禦潮，原非平列，自近而遠，自高而低，故曰陂陀塘即湖堤之大坦水石也。湖之水静，故坦水石順之，使平潮之水動，非木櫃層疊不能禦也。且木櫃漸收，下濶上狹，則以櫃壓櫃，勢如累碁，即架空尚不能墜，況又可横木爲之底哉。成法具在，事非刱設，擇其善者而從之可也。

清 **陳虬《治平通議》卷四《腹地廣置木路議》** 鐵路之費誠鉅矣，無已，則請先以木路進。攷木路之始，有新金山人馬斯孟，於其地初開行鐵路之時，勸用木路以引火輪車，作書一卷，極言木路之利便。普剌薩又試之於倫敦，嘗以杉木爲條，長約九尺，方六寸，其火輪車重十三噸，所牽五座客車各重二噸，每日行十點鐘平常之速，每點鍾行七十五里，可行八千次而並無損傷。至木路火輪車之價，與一切修費，約省鐵路一半有奇，且成路所費之時，又約爲鐵路三分之一。譯其舊説，參之時局，其利有十：能速成，利一；成費大省，利二；銷磨甚少，利三；能易行灣曲之路與斜路，利四；如正輪忽斷，則輔輪能受車體之重，行甚穩當，利五；車行時並不摇動，且不發響，利六；因各項之費用少，則運客之價可便而主人易於得利，利七；木條内地各足，無須洋鐵，財不外滲，利八；木作土工易做，民無失業，利九；木廠視鐵廠簡易，天淵便利速成，利十。有此十利，胡不倣而行之。

綜述

漢 **佚名《三輔黄圖》卷三** 竹宫，甘泉祠宫也。以竹爲宫，天子居中，《漢舊儀》云：竹宫，去壇三里。

北魏 **酈道元《水經注》卷一〇** 北逕偏橋東，即林慮之嶠嶺，抱犢固也。石隥西陛，陟踵脩上，五里餘，嶀路中斷，四五丈中，以木爲偏橋，劣得通行。亦言故有偏橋之名矣。

北魏 **楊衒之《洛陽伽藍記》卷一** 永寧寺，熙平元年靈太后胡氏所立也。在宫前閶闔門南一里御道西。其寺東有太尉府，西對永康里，南界昭玄曹，北鄰御史臺。閶闔門前御道東有左衛府，府南有司徒府，司徒府南有國子學，堂内有孔丘像，顔淵問仁、子路問政在側。國子南有宗正寺，寺南有太廟，廟南有護軍府，府南有衣冠里。御道西有右衛府，府南有太尉府，府南有將作曹，曹南有九級府，府南有太社，社南有淩陰里，即四朝時藏冰處也。中有九層浮圖一所，架木爲之，舉高九十丈。

唐 **李筌《太白陰經》卷四** 懸門，懸木板以爲重門，突門於城中對敵營，自鑿城内爲暗門，多少臨時，令厚五六寸，勿穿。或於中夜或於敵初來營列未定，精騎從突門躍出，擊其無備，襲其不意。塗門，扇厚五寸，備火。又云：塗棧以泥門上木棧，棚也。

又 木柵，爲敵所逼不及築城壘，或山河險勢多石少土，不任板築，且建木爲柵，方圓高下，隨事淺深。埋木根重複，彌縫其闕，内量長短爲閣道。外柱外重長出四出爲女墻，皆泥塗之。内七寸又立閣道，内柱上布板木爲棧，立竿爲柵上。懸門、擁牆、濠塹、拒馬一如城壘法。

唐 **陸羽《茶經》卷上** 棚一曰棧，以木構於焙上，編木兩層，高一尺，以焙茶也。茶之半乾，昇下棚；全乾，昇上棚。

宋 **陳翥《桐譜》之《器用第七》** 故施之大厦，可以爲棟梁、桁柱，木莫其固。但雄豪侈靡，貴難得，而尚華藻，故不見用者耳。今山家，有以爲桁柱地伏者，諸木屢朽，其屋兩易，而桐木獨堅然而不動。斯久效之驗矣。

宋 **單鍔《吴中水利書》** 又睹主簿張實進狀言，吴江岸爲阻水之患，涇函不通。其言然則然矣，惟言吴江岸而不言措置水之術，蓋古之所創涇函，在運河之下，用長梓木爲之，中用銅輪刀水衝之，則草可刈也。置在運河底下，暗走水入江。

宋 **沈括《夢溪筆談》卷一一** 邊城守其中有戰棚，以長木抗於女牆之上，大體類敵樓，可以離合設之，頃刻可就，以備倉卒。城樓摧壞，或無樓處受攻，則急張戰棚以臨之。梁侯景攻臺城，爲高樓以臨城，城上亦爲樓以拒之，使壯士交槊鬬於樓上，亦近此類。預備敵人，非倉卒可致。近歲邊臣有議以謂既有敵樓，則戰棚悉可廢省，恐講之未熟也。

又 **卷一三** 陵州鹽井深五百餘尺，皆石也。上下甚寬廣，獨中間稍狹，謂之杖鼓腰。舊自井底用柏木爲幹，上出井口，自木幹垂綆而下，方能至水井。側設大車絞之，歲久井幹摧敗，屢欲新之，而井中陰氣襲人，入者輒死，無緣措手。惟候有雨入井，則陰氣隨雨而下，稍可施工。雨晴復止。後有人以一木盤滿中貯水，盤底爲小竅，釃水一如雨點。設于井上，謂之雨盤，令水下終日不絶，如此數月，井幹爲之一新，而陵井之利復舊。

宋 王讜《唐語林》卷七 京師貴牡丹，佛宇、道觀多遊覽者。慈恩浴室院有花兩叢，每聞及五六百朵。僧恩振說：會昌中，朝士數人同遊僧舍，時東廊院有白花可愛，皆歎云：「世之所見者，但淺深紫而已，竟未見深紅者。」老僧笑曰：「安得無之？但諸賢未見爾。」衆於是訪之，經宿不去。僧方言曰：「諸君好尚如此，貧道安得藏之？但未知不漏於人否？」衆皆許之。僧乃自開一房，其間施設幡象，有板壁遮以幕。後於幕下啟關，至一院，小堂甚華潔，柏木爲軒廡欄檻。有殷紅牡丹一叢，婆娑數百朵。初日照輝，朝露半晞。衆共嗟賞。及暮而去。僧曰：「予栽培二十年，偶出語示人。自今未知能存否？」後有數少年詣僧，邀至曲江看花，藉草而坐。弟子奔走報：「有數十人入院掘花，不可禁。」坐中相視而笑。及歸至寺，見以大畚盛之而去。少年徐謂僧曰：「知有名花宅中，咸欲一看，不敢預請，蓋恐難捨。已留金三十兩，蜀茶三斤，以爲報矣。」

宋 李誡《營造法式》卷四 大木作制度一

材　栱

飛昂　爵頭

枓　總鋪作次序

平坐

材

凡構屋之制，皆以材爲祖，材有八等，度屋之大小，因而用之。

第一等：廣九寸，厚六寸。

右殿身九間至十一間則用之。

第二等：廣八寸二分五釐，厚五寸五分。

右殿身五間至七間則用之。

第三等：廣七寸五分，厚五寸。

右殿身三間至殿五間或堂七間則用之。

第四等：廣七寸二分，厚四寸八分。

右殿三間，廳堂五間則用之。

第五等：廣六寸六分，厚四寸四分。

右殿小三間，廳堂大三間則用之。

第六等：廣六寸，厚四寸。

右亭榭或小廳堂皆用之。

第七等：廣五寸二分五釐，厚三寸五分。

右小殿及亭榭等用之。

第八等：廣四寸五分，厚三寸。

右殿內藻井或小亭榭施鋪作多則用之。

栔廣六分，厚四分，材上加栔者，謂之足材。

各以其材之廣，分爲十五，分以十分爲其厚。凡屋宇之高深，名物之短長，曲直舉折之勢，規矩繩墨之宜，皆以所用材之分，以爲制度焉。

栱

造栱之制有五

一曰華栱，足材栱也。兩卷頭者，其長七十二分。每頭以四瓣卷殺，每瓣長四分，與泥道栱相交，安於櫨枓口內，若累鋪作數多，或內外俱匀，或裏跳減一鋪至兩鋪。其騎槽檐栱，皆隨所出之跳加之。每跳之長，心不過三十分，傳跳雖多，不過一百五十分。交角內外，皆隨鋪作之數，斜出跳一縫。其華栱則以斜長加之，若丁頭栱，其長三十三分，出卯長五分。

二曰泥道栱，其長六十二分。每頭以四瓣卷殺，每瓣長三分半，與華栱相交，安於櫨枓口內。

三曰爪子栱，施之於跳頭。若五鋪作以上重栱造，即於令栱內，泥道栱外用之。其長六十二分，每頭以四瓣卷殺，每瓣長四分。

四曰令栱，施之於裏外跳頭之上。與耍頭相交，及屋內槫縫之下。其長七十二分，每頭以五瓣卷殺，每瓣長四分。若裏跳騎栿，則用足材。

五曰慢栱，施之於泥道、爪子栱之上，其長九十二分，每頭以四瓣卷殺，每瓣長三分。騎栿及至角，則用足材。

凡栱之廣厚並如材。栱頭上留六分，下殺九分，其九分匀分爲四大分。又從栱頭順身量爲四瓣。各以逐分之首，與逐瓣之末，以直尺對斜畫定，然後斫造。栱兩頭及中心，各留坐枓處，餘並爲栱眼，深三分。如造足材栱，則更加一栔，隱出心枓及栱眼。

凡栱至角相交出跳，則謂之列栱。

泥道栱與華栱出跳相列。

爪子栱與小栱頭出跳相列。

慢栱與切几頭相列。如角内足材下昂造即與華頭子出跳相列。

令栱與爪子栱出跳相列。

凡開拱口之法：華栱於底面開口，深五分，角華栱深十分。廣二十分。口上當心兩面，各開子廕通栱身，各廣十分，深一分。餘栱上開口，深十分，廣八分。若角内足材列栱，則上下各開口，上開口深十分，下開口深五分。

凡栱至角相連長兩跳者，則當心施枓，枓底兩面相交，隱出栱頭，謂之鴛鴦交手栱。

飛昂

造昂之制有二：

一曰下昂：自上一材，垂尖向下，從枓底心下取直，其長二十三分。自枓外斜殺向下，留厚二分，昂面中顱二分，令顱勢圜和。

凡昂安枓處，高下及遠近皆準一跳。若從下第一昂，自上一材下出，斜垂向下，枓口内以華頭子承之。如至第二昂以上，只於枓口内出昂，其承昂枓口及昂身下，皆斜開鐙口，令上大下小，與昂身相銜。

凡昂上坐枓，四鋪作、五鋪作並歸平；六鋪作以上，自五鋪作外，昂上枓並再向下二分至五分。如逐跳計心造，即於昂身開方斜口，深二分，兩面各開子廕，深一分。

若角昂，以斜長加之。角昂之上，别施由昂。

若昂身於屋内上出，皆至下平槫。若四鋪作用插昂，即其長斜隨跳頭。

凡昂栓，廣四分至五分，厚二分，若四鋪作，即於第一跳上用之；五鋪作至八鋪作，並於第二跳上用之。並上徹昂背，下入栱身之半或三分之一。

若屋内徹上明造，即用挑斡，或只挑一枓，或挑一材兩栔。如用平棊，即自槫安蜀柱以叉昂尾，如當柱頭，即以草栿或丁栿壓之。

二曰上昂：頭向外留六分。其昂頭外出，昂身斜收向裏，並通過柱心。

如五鋪作單抄上用者，自櫨枓心出，第一跳華栱心長二十五分，第二跳上昂心長二十二分。其平棊方至櫨枓口内，共高五材四栔。

如六鋪作重抄上用者，自櫨枓心出，第一跳華栱心長二十七分，第二跳華栱心及上昂心共長二十八分。其平棊方至櫨枓口内，共高六材五栔，於兩跳之内當中施騎枓栱。

如七鋪作於重抄上用上昂兩重者，自櫨枓心出，第一跳華栱心長二十三分，第二跳華栱心長一十五分。第三跳上昂心長三十五分。其平棊方至櫨枓口内，共高七材六栔。

如八鋪作於三抄上用上昂兩重者，自櫨枓心出，第一跳華栱心長二十六分，第二跳、第三跳並華栱心各長一十六分，第四跳上昂心長二十六分。其平棊方至櫨枓口内，共高八材七栔。

凡昂之廣厚並如材。其下昂施之於外跳，或單栱或重栱，或偷心或計心。造上昂，施之裏跳之上及平坐鋪作之内，昂背斜尖，皆至下枓底外；昂底於跳頭枓口内出，其枓口外用韡楔。

凡騎枓栱，宜單用，其下跳並偷心造。

爵頭

造耍頭之制，用足材自枓心出，長二十五分。自上棱斜殺向下六分，自頭上量五分，斜殺向下二分，兩面留心，各斜抹五分，下隨尖各斜殺向上二分，長五分。下大棱上，兩面開龍牙口，廣半分，斜稍向尖。開口與華栱同，與令栱相交，安於齊心枓下。

若累鋪作數多，皆隨所出之跳加長，於裏外令栱兩出安之。如上下有礙昂處，即隨昂勢斜殺，放過昂身。或有不出耍頭者，皆於裏外令栱之内，安到心股卯。

枓

造枓之制有四：

一曰櫨枓，施之於柱頭，其長與廣皆三十二分。若施於角柱之上者，方三十六分，高二十分，上八分爲耳，中四分爲平，下八分爲欹。開口廣十分，深八分，底四面各殺四分，欹顱一分。

二曰交互枓，施之于華栱出跳之上，其長十八分，廣十六分。

三曰齊心枓，施之於栱心之上。其長與廣皆十六分。

四曰散枓，施之於栱兩頭，其長十六分，廣十四分。凡交互枓、齊心枓、散枓皆高十分，上四分爲耳，中二分爲平，下四分爲欹，開口皆廣十分，深四分，底四面各殺二分，欹顱半分。

凡四耳枓於順跳口内前後裏壁各留隔口包耳，高二分，厚一分半，櫨枓則倍之。

總鋪作次序

總鋪作次序之制，凡鋪作自柱頭上櫨科口內出一栱或一昂皆謂之一跳，傳至五跳止。

出一跳謂之四鋪作。

出兩跳謂之五鋪作。

出三跳謂之六鋪作。

出四跳謂之七鋪作。

出五跳謂之八鋪作。

自四鋪作至八鋪作皆於上跳之上橫施，令栱與耍頭相交，以承撩檐方至角各於角昂之上別施一昂，謂之由昂，以坐角神。

凡於闌額上坐櫨科安鋪作者，謂之補間鋪作。當心間須用補間鋪作兩朵，次間及梢間各用一朵，其鋪作分布令遠近皆匀。

凡鋪作逐跳上安栱，謂之計心，若逐跳上不安栱，而再出跳或出昂者，謂之偷心。

凡鋪作逐跳計心，每跳令栱上只用素方一重，謂之單栱，即每跳上安兩材一絜。

若每跳爪子栱上施慢栱，慢栱上用素方，謂之重栱，即每跳上安三材兩絜。

凡鋪作並外跳出昂，裏跳及平坐只用卷頭，若鋪作數多，裏跳恐太遠，即裏跳減一鋪或兩鋪，或平棊低，即於平棊方下更加慢栱。

凡轉角鋪作須與補間鋪作勿令相犯，或梢間近者，須連栱交隱，或於次角補間近角處從上減一跳。

凡鋪作當柱頭壁栱謂之影栱。

如鋪作重栱全計心造，則於泥道重栱上施素方。

五鋪作一抄一昂，若下一抄偷心，則泥道重栱上施素方，方上又施令栱，栱上施承椽方。

單栱七鋪作兩抄兩昂及六鋪作一抄兩昂或兩抄一昂，若下一抄偷心，則於櫨科之上施兩令栱兩素方，或只於泥道重栱上施素方。

單栱八鋪作兩抄三昂，若下兩抄偷心，則泥道栱上施素方，方上又施重栱素方。

凡樓閣上屋鋪作或減下屋一鋪，其副階纏腰鋪作不得過殿身，或減殿身一鋪。

平坐

造平坐之制，其鋪作減上屋一跳或兩跳，其鋪作宜用重栱及逐跳計心造作。

凡平坐鋪作若义柱造，即每角用櫨科一枚，其柱根义於櫨科之上，若纏柱造，即每角於柱外普拍方上安櫨科三枚。

凡平坐鋪作下用普拍，方厚隨材，廣或更加一絜，其廣盡所用方木。

凡平坐先自地立柱，謂之永定柱，柱上安搭頭木，木上安普拍方，方上坐科栱。

凡平坐四角生起比角柱減半。

平坐之内逐間下草栿，前後安地面方以拘前後鋪作。鋪作之上安鋪版方，用一材，四周安鴈翅版，廣加材一倍，厚四分至五分。

又 卷五 大木作制度二

梁　闌額

柱　陽馬

侏儒柱　棟

搏風版　柎

椽　檐

舉折

梁

造梁之制有五：

一曰檐栿：如四椽及五椽栿，若四鋪作以上至八鋪作，並廣兩材兩絜；草栿廣三材。如六椽至八椽以上栿，若四鋪作至八鋪作，廣四材，草栿同。

二曰乳栿：三椽栿，若四鋪作、五鋪作，廣兩材一絜，草栿廣兩材。六鋪作以上廣兩材兩絜，草栿同。

三曰劄牽：若四鋪作至八鋪作出跳，廣兩材；如不出跳，並不過一材一絜。

四曰平梁：若四鋪作、五鋪作廣加材一倍，六鋪作以上；廣兩材一絜。

五曰廳堂梁栿：五椽四椽廣不過兩材一絜，三椽廣兩材，餘屋量椽數，準此法加減。

凡梁之大小，各隨其廣分爲三分，以二分爲厚。

造月梁之制：明栿，其廣四十二分。梁首不以大小從，下高二十一分。其上餘材，自材裏平之上，隨其高勻分作六分，其上以六瓣卷殺，每瓣長十分。其梁下當中𩑶六分。自枓心下量三十八分爲斜項。斜項外，其下起𩑶，以六瓣卷殺，每瓣長十分。第六瓣盡處下𩑶五分，梁尾上背下𩑶，皆以五瓣卷殺。餘並同梁首之制。梁底面厚二十五分。其項厚十分，枓口外兩肩各以四瓣卷殺，每瓣長十分。

若平梁，四椽六椽上用者，其廣三十五分。如八椽至十椽上用者，其廣四十二分。不以大小從，下高二十五分，上背下𩑶皆以四瓣卷殺，其下第四瓣盡處𩑶四分，餘並同月梁之制。

若劄牽，其廣三十五分。不以大小，從下高一十五分，牽首上以六瓣卷殺，每瓣長八分，下同牽尾上以五瓣。其下𩑶前後各以三瓣。

凡屋内徹上明造者，梁頭相疊處須隨舉勢高下用駝峯。其駝峯長加高一倍，厚一材。枓下兩肩或作入瓣，或作出瓣，或圜訛兩肩，兩頭卷尖梁頭安替木處並作隱枓，兩頭造耍頭或切几頭，與令栱或襻間相交。

凡屋内若施平棊，在大梁之上，平棊之上，又施草栿。乳栿之上亦施草栿，並在壓槽方之上。其草栿長同下梁，直至撩檐方止。若在兩面，則安丁栿。丁栿之上，別安抹角栿，與草栿相交。

凡角梁下，又施穩襯角栿。在明梁之上，外至撩檐方，內至角後栿項，長以兩椽斜長加之。

凡襯方頭，施之於梁背耍頭之上，其廣厚同材。前至撩檐方，後至昂背或平棊方。若騎槽，即前後各隨跳，與方栱相交。開子廕以壓枓上。

凡平棊之上，須隨槫栿用方木及矮柱敦㭬，隨宜拄樘固濟，並在草栿之上。

凡平棊方在梁背上，其廣厚並如材，長隨間廣。每架下平棊方一道，絞井口並隨補間。

闌額

造闌額之制：廣加材一倍，厚減廣三分之一，長隨間廣，兩頭至柱心。入柱卯減厚之半，兩肩各以四瓣卷殺，每瓣長八分。如不用補間鋪作，即厚取廣之半。

凡撩額，兩頭並出柱口，其廣兩材一絜至三材，如殿閣即廣三材一絜或加至三材三絜。撩額下綽幕方，廣減撩額三分之一，出柱長至補間，相對作楮頭或三瓣頭。

凡由額，施之於闌額之下。廣減闌額二分至三分。如有副階，即於峻脚椽下安之。如無副階，即隨宜加減令高下得中。

凡屋内額，廣一材三分至一材一絜，厚取廣三分之一，長隨間廣，兩頭至柱心或駝峯心。

凡地栿，廣加材二分至三分，厚取廣三分之二，至角出柱一材。

柱

凡用柱之制：若殿閣，即徑兩材兩絜至三材，若廳堂柱即徑兩材一絜，餘屋即徑一材一絜兩材。若廳堂等屋內柱，皆隨舉勢定其短長，以下檐柱爲則。至角則隨間數生起角柱，若十三間殿堂，則角柱比平柱生高一尺二寸，十一間生高一尺，九間生高八寸，七間生高六寸，五間生高四寸，三間生高二寸。凡殺梭柱之法：隨柱之長，分爲三分，上一分又分爲三分，如栱卷殺，漸收至上徑比櫨枓底四周各出四分。又量柱頭四分，緊殺如覆盆樣，令柱項與櫨枓底相副。其柱身下一分，殺令徑圍與中一分同。

凡造柱下櫍，徑周各出柱三分，厚十分，下三分爲平，其上並爲敧。上徑四周各殺三分，令與柱身通上勻平。

凡立柱，並令柱首微收向内，柱脚微出向外，謂之側脚。每屋正面，隨柱之長，每一尺即側脚一分。若側面，每長一尺即側脚八釐，至角柱，其柱首相向，各依本法。

凡下側脚墨，於柱十字墨心裏再下直墨，然後截柱脚柱首，各令平正。

若樓閣柱側脚，秖以柱上爲則，側脚上更加側脚，逐層倣此。

陽馬

造角梁之制：大角梁，其廣二十八分，至加材一倍。厚十八分至二十分，頭下斜殺長三分之二。

子角梁廣十八分至二十分，厚減大角梁三分，頭殺四分，上折深七分。

隱角梁，上下廣十四分至十六分，厚同大角梁，或減二分。上兩面隱廣各三分，深各一椽分。凡角梁之長，大角梁自下平槫至下架檐頭，子角梁隨飛檐頭外至小連檐下，斜至柱心。隱角梁隨架之廣，自下平槫至子角梁尾，皆以斜長加之。

凡造四阿殿閣，若四椽、六椽五間及八椽七間，或十椽九間以上，其角梁相續，直至脊槫，各以逐架斜長加之。如八椽五間至十椽七間，並兩頭增出即槫各三尺。

凡堂廳若廈兩頭造，則兩梢間用角梁轉過兩椽。

侏儒柱

造蜀柱之制：於平梁上長隨舉勢，高下殿閣徑一材半，餘屋量栿厚加減，兩面各順平栿，隨舉勢斜安叉手。

造叉手之制：若殿閣廣一材一栔，餘屋廣隨材或加二分至三分，厚取廣三分之一。

凡中下平槫縫並於梁首向裏斜安托脚，其廣隨材厚三分之一，從上梁角過抱槫出卯以托向上槫縫。

凡屋如徹上明造，即於蜀柱之上安枓，枓上安隨間襻間，或一材或兩材，襻間廣厚並如材，長隨間廣出半栱在外，半栱連身，對隱若兩材造，即每間各用一材，隔間上下相閃，令慢栱在上，爪子栱在下。若一材造，只用令栱隔間一材，如屋內遍用襻間一材或兩材，並與梁頭相交。

凡襻間如在平棊上者，謂之草襻間，並用全條方。

凡蜀柱量所用，長短於中心安順脊串，廣厚如材，或加三分至四分，長隨間隔間用之。

凡順栿串並出柱作丁頭栱，其廣一足材或不及，即作楮頭厚如材，在牽梁或乳栿下。

棟

用槫之制：若殿閣槫，徑一材一栔，或加材一倍；廳堂槫，徑加材三分至一栔；餘屋槫，徑加材一分至二分，長隨間廣。

凡正屋用槫，若心間及西間者，皆頭東而尾西。如東間者，頭西而尾東。其廊屋面東西者皆頭南而尾北。

凡出際之制：槫至兩梢間，兩際各出柱頭。如兩椽屋，出二尺至二尺五寸；四椽屋，出三尺至三尺五寸；六椽屋，出三尺五寸至四尺；八椽至十椽屋，出四尺五寸至五尺。若殿閣轉角造，即出際長隨架。

凡撩檐方，當心間之廣加材一倍，厚十分，至角隨宜取圜，貼生頭木，令裏外齊平。

凡兩頭梢間，槫背上並安生頭木，廣厚並如材。長隨梢間。斜殺向裏，令生勢圜和，與前後撩檐方相應。其轉角者，高與角梁背平，或隨宜加高，令椽頭背低角梁頭背一椽分。

凡下昂作，第一跳心之上用槫承椽，謂之牛脊槫。安於草栿之上，至角即抱角梁。下用矮柱敦桼，如七鋪作以上，其牛脊槫於前跳內更加一縫。

搏風版

造搏風版之制：於屋兩際出槫頭之外安搏風版，廣兩材至三材，厚三分至四分，長隨架道。中、上架兩面各斜出搭掌，長二尺五寸至三尺。下架隨椽與瓦頭齊。

柎

造替木之制：其厚十分，高一十二分。

單枓上角者，其長九十六分。

令栱上用者，其長一百四分。

重栱上用者，其長一百二十六分。

凡替木兩頭，各下殺四分，上留八分，以三瓣卷殺，每瓣長四分。若至出際，長與槫齊。

椽

用椽之制：椽每架平不過六尺。若殿閣，或加五寸至一尺五寸，徑九分至十分。若廳堂椽徑七分至八分，餘屋徑六分至七分，長隨架斜，至下架，即加長出檐。每槫上爲縫，斜批相搭釘之。

凡布椽，令一間當間心，若有補間鋪作者，令一間當要頭心。若四裹回轉角者，並隨角梁分布，令椽頭疎密得所，過角歸間，並隨上中架取直。其稀密以兩椽心相去之廣爲法：殿閣廣九寸五分至九寸，副階廣九寸至八寸五分，廳堂廣八寸五分至八寸，廊庫屋廣八寸至七寸五分。

若屋內有平棊者，即隨椽長短，令一頭取齊，一頭放過上架，當槫釘之，不用裁截。

檐

造檐之制：皆從撩檐方心出，如椽徑三寸，即檐出三尺五寸；椽徑五寸，即檐出四尺至四尺五寸。檐外別加飛檐，每檐一尺，出飛子六寸。其檐自次角柱補間鋪作心，椽頭皆生出向外，漸至角梁。若一間生四寸，三間生五寸，五間生七寸。其角柱之内，檐身亦令微殺向裏。

凡飛子，如椽徑十分，則廣八分，厚七分。各以其廣厚分爲五分，兩邊各斜殺一分，底面上留三分，下殺二分，皆以三瓣卷殺，上一瓣長五分，次二瓣各長四分，尾長斜隨檐。

凡飛魁，廣厚並不越材，小連檐廣加栔二分至三分，厚不得越栔之厚。

舉折

舉折之制：先以尺爲丈，以寸爲尺，以分爲寸，以氂爲分，以毫爲氂，側畫所建之屋於平正壁上，定其舉之峻慢，折之圜和，然後可見屋内梁柱之高下，卯眼之遠近。

舉屋之法：如殿閣樓臺，先量前後撩檐方心相去遠近，分爲三分，從撩檐方背至脊槫背，舉起一分，如甋瓦廳堂，即四分中舉起一分。又通以四分所得丈尺，每一尺加八分。若甋瓦廊屋及瓪瓦廳堂，每一尺加五分，或瓪瓦廊屋之類，每一尺加三分。

折屋之法：以舉高尺丈，每尺折一寸，每架自上遞減半爲法。如舉高二丈，即先從脊槫背上取平下屋撩檐方背，其上第一縫折二尺，又從上第一縫槫背取平下至撩檐方背，於第二縫折一尺。若椽數多，即逐縫取平，皆下至撩檐方背，每縫並減上縫之半。如取平，皆從槫心抨繩令緊爲則。如架道不勻，即約度遠近隨宜加減。

若八角或四角鬬尖亭榭，自撩檐方背舉至角梁底，五分中舉一分，至上簇角梁，即兩分中舉一分。

簇角梁之法：用三折，先從大角背，自撩檐方心量，向上至棖桿卯心，取大角梁背一半，立上折簇梁，斜向棖桿舉分盡處。次從上折簇梁盡處量至撩檐方心，取大角梁背一半立中折簇梁，斜向上折簇梁當心之下。又次從撩檐方心立下折簇梁，斜向中折簇梁當心近下，其折分並同折屋之制。

又　卷六　小木作制度一

版門　烏頭門

軟門

破子櫺窗　睒電窗

版櫺窗　截間版帳

照壁屏風骨

隔截横鈐立旌　露籬

版引檐　水槽

井屋子　地棚

版門

造版門之制：高七尺至二丈四尺，廣與高方。如減廣者，不得過五分之一。其名件廣厚，皆取門每尺之高，積而爲法。

肘版：長視門高。每門高一尺，則廣一寸，厚三分。

副肘版：長廣同上，厚二分五氂。

身口版：長同上，廣隨材，通肘版與副肘版合縫計數，令足一扇之廣，厚二分。

楅：廣八分，厚五分。

額：長隨間之廣，其廣八分，厚三分。

雞栖木：長厚同額，廣六分。

門簪：長一寸八分，方四分，頭長四分半。頰内額上，兩壁各留半分，外均作三分，安簪四枚。

立頰：長同肘版，廣七分，厚同額。

地栿：長厚同額，廣同頰。

門砧：長二寸一分，廣九分，厚六分。

凡版門如高一丈，所用門關徑四寸。搕鏁拄長五尺，廣六寸四分，厚二寸六分。縫内透栓及劄，並間楅用。透栓廣二寸，厚七分。每門增高一尺，則關徑加一分五氂；搕鏁柱長加一寸，廣加四分，厚加一分，透栓廣加一分，厚加三氂。若門高七尺以上，則上用雞栖木，下用門砧。高一丈二尺以上者，或用鐵桶子鵝臺石砧。高二丈以上者，門上鑲安鐵鐧，雞栖木安鐵釧，下鑲安鐵鞾臼，用石地栿、門砧及鐵鵝臺。地栿版長隨立栿之廣，其廣同階之高，厚量長廣取宜；每長一尺五寸，用楅一枚。

烏頭門

造烏頭門之制：高八尺至二丈二尺，廣與高方。若高一丈五尺以上，如減廣者不過五分之一。用雙腰串。每扇各隨其長，於上腰串中心分作兩分，腰上安子桯、櫺子。腰華以下，並安障水版。或下安鋜脚，則於下桯上施串一條。其版内外並施牙頭護縫。門後用羅文楅。其名件廣厚，皆取門每尺之高，積而爲法。

肘：長視高。每門高一尺，廣五分，厚三分三釐。

桯：長同上，方三分三釐。

腰串：長隨扇之廣，其廣四分，厚同肘。

腰華版：長隨兩桯之内，廣六分，厚六釐。

鋜脚版：長厚同上，其廣四分。

子桯：廣二分二釐，厚三分。

承櫺串：穿櫺當中，廣厚同子桯。

櫺子：厚一分。

障水版：廣隨兩桯之内，厚七釐。

障水版及鋜脚、腰華内難子：長隨桯内四周，方七釐。

牙頭版：長同腰華版，廣六分，厚同障水版。

腰華版及鋜脚内牙頭版：長視廣，其廣亦如之，厚同上。

護縫：厚同上。

羅文楅：長對角，廣二分五釐，厚二分。

額：廣八分，厚三分。

立頰：長視門高，廣七分，厚同額。

挾門柱：方八分。

日月版：長四寸，廣一寸二分，厚一分五釐。

搶柱：方四分。

凡烏頭門所用雞栖木、門簪、門砧、門關、搕鏁柱、石砧、鐵鞾臼、鵝臺之類，並準版門之制。

軟門：

造軟門之制：廣與高方。若高一丈五尺以上，如減廣者不過五分之一。用雙腰串造。每扇各隨其長，除桯及腰串外，分作三分，腰上留二分，腰下留一分，上下並安版，内外皆施牙頭護縫。其名件廣厚，皆取門每尺之高，積而爲法。

攏桯内外用牙頭護縫軟門，高六尺至一丈六尺。

肘：長視門高，每門高一尺，則廣五分，厚二分八釐。

桯：長同上，方二分八釐。

腰串：長隨每扇之廣，其廣四分，厚二分八釐。

腰華版：長同上，廣五分。

合版軟門：高八尺至一丈三尺並用七楅，八尺以下用五楅。

肘版：長視高，廣一寸，厚二分五釐。

身口版：長同上，廣隨材。厚一分五釐。

楅：廣七分，厚四分。

凡軟門内或用手栓、伏兎，或用承柺楅，其額、立頰、地栿、雞栖木、門簪、門砧、石砧、鐵桶子、鵝臺之類，並準版門之制。

破子櫺窗

造破子窗之制：高四尺至八尺。如間廣一丈，用一十七櫺。若廣增一尺，即更加二櫺。相去空一寸。其名件廣厚，皆以窗每尺之高，積而爲法。

破子櫺：每窗高一尺，則長九寸八分，廣五分六釐，厚二分八釐。每間以五櫺出卯透子桯。

子桯：長隨櫺，空上下並合角斜叉立頰，廣五分，厚四分。

額及腰串：長隨間廣，廣一寸二分，厚隨子桯之廣。

立頰：長隨窗之高，廣厚同額。

地栿：長厚同額，廣一寸。

凡破子窗，於腰串下，地栿上，安心柱，搏頰。柱内或用障水版、牙脚牙頭填心難子造，或用心柱編竹造；或於腰串下用隔減窗坐造。

睒電窗

造睒電窗之制：高二尺至三尺，每間廣一丈，用二十一櫺。若廣增一尺，則更加二櫺，相去空一寸。其櫺實廣二寸，曲廣二寸七分，厚七分。其名件廣厚，皆取窗每尺之高，積而爲法。

櫺子：每窗高一尺，則長八寸七分。

上下串：長隨間廣，其廣一寸。

兩立頰：長視高，其廣厚同串。

凡睒電窗，刻作四曲或三曲，若水波文造，亦如之。施之於殿堂後壁之上，或山壁高處。如作看窗，則下用橫鈐、立旌，其廣厚並準版櫺窗所用制度。

版櫺窗

造版櫺窗之制：高二尺至六尺，如間廣一丈，用二十一櫺。若廣增一尺，即更加二櫺。其櫺相去空一寸，廣二寸，厚七分。其餘名件長及廣厚，皆以窗每尺之高積而爲法。

版櫺：每窗高一尺，則長八寸七分。

上下串：長隨間廣，其廣一寸。

立頰：長視窗之高，廣同串。

地栿：長同串。

立旌：長視高。

横鈐：長隨立旌内。

凡版窗，於串下地栿上安心柱編竹造，或用隔減窗坐造。若高三尺以下，只安於牆上。

截間版帳

造截間版帳之制：高六尺至一丈，廣隨間之廣。内外並施牙頭護縫。如高七尺以上者，用額、栿、槫柱，當中用腰串造。若間遠則立槏柱，其名件廣厚，皆取版帳每尺之廣，積而爲法。

槏柱：長視高，每間廣一尺，則方四分。

額：長隨間廣，其廣五分，厚二分五氂。

腰串、地栿：長及廣厚皆同額。

槫柱：長視額、栿内廣，其廣厚同額。

版：長同槫柱，其廣量宜分布。

牙頭：長隨槫柱内廣，其廣五分。

護縫：長視牙頭内高，其廣二分。

難子：長隨四周之廣，其廣一分。

凡截間版帳，如安於梁外乳栿、劄牽之下，與全間相對者，其名件廣厚，亦用全間之法。

照壁屏風骨

造照壁屏風骨之制：用四直大方格眼。若每間分作四扇者，高七尺至一丈二尺。如只作一段截間造者，高八尺至一丈二尺。其名件廣厚，皆取屏風每尺之高，積而爲法。

截間屏風骨

桯：長視高，其廣四分，厚一分六氂。

條桱：長隨桯内四周之廣，方一分六氂。

額：長隨間廣，其廣一寸，厚三分五氂。

槫柱：長同桯，其廣六分，厚同額。

地栿：長厚同額，其廣八分。

難子：廣一分二氂，厚八氂。

四扇屏風骨

桯：長視高，其廣二分五氂，厚一分二氂。

條桱：長同上法，方一分二氂。

額：長隨間之廣，其廣七分，厚二分五氂。

槫柱：長同桯，其廣五分，厚同額。

地栿：長厚同額，其廣六分。

難子：廣一分，厚八氂。

凡照壁屏風骨，如作四扇開閉者，其所用立標、搏肘，若屏風高一丈，則搏肘方一寸四分，立標廣二寸，厚一寸六分。如高增一尺，即方及廣厚各加一分，減亦如之。

隔截横鈐立旌

造隔截横鈐立旌之制：高四尺至八尺，廣一丈至一丈二尺。每間隨其廣，分作三小間，用立旌，上下視其高，量所宜分布，施横鈐。其名件廣厚，皆取每間一尺之廣，積而爲法。

額及地栿：長隨間廣，其廣五分，厚三分。

槫柱及立旌：長視高，其廣三分五氂，厚二分五氂。

横鈐：長同額，廣厚並同立旌。

凡隔截所用横鈐、立旌，施之於照壁、門窗或牆之上，及中縫截間者亦用之，或不用額栿槫柱。

露籬

造露籬之制：高六尺至一丈，廣八尺至一丈二尺。下用地栿、横鈐、立旌；上用榻頭木施版屋造。每一間分作三小間。立旌長視高，栽入地。每高一尺，則廣四分，厚二分五氂。曲棖長一寸五分，曲廣三分，厚一分。其餘名件廣厚，皆取每間一尺之廣，積而爲法。

地栿、横鈐：每間廣一尺，則長二寸八分，其廣厚並同立旌。

榻頭木：長隨間廣，其廣五分，厚三分。

山子版：長一寸六分，厚二分。

屋子版：長同榻頭木，廣一寸二分，厚一分。

瀝水版：長同上，廣二分五釐，厚六釐。

壓脊、垂脊木：長廣同上，厚二分。

凡露籬若相連造，則每間減立旌一條。其横鈐、地栿之長，各加一分三釐。版屋兩頭施搏風版及垂魚、惹草，並量宜造。

版引檐

造屋垂前版引檐之制：廣一丈至一丈四尺，長三尺至五尺。内外並施護縫。垂前用瀝水版，其名件廣厚，皆以每尺之廣積而爲法。

桯：長隨間廣，每間廣一尺，則廣三分，厚二分。

檐版：長隨引檐之長，其廣量宜分擘。

護縫：長同上，其廣二分。

瀝水版：長廣隨桯。

跳椽：廣厚隨桯，其長量宜用之。

凡版引檐施之於屋垂之外，跳椽上安闌頭木、挑斡，引檐與小連檐相續。

水槽

造水槽之制：直高一尺，口廣一尺四寸。其名件廣厚，皆以每尺之高積而爲法。

厢壁版：長隨間廣，其廣視高，每一尺加六分，厚一寸二分。

底版：長厚同上。

罨頭版：長隨厢壁版内，厚同上。

口襻：長隨口廣，其方一寸五分。

跳椽：長隨所用，廣二寸，厚一寸八分。

凡水槽施之於屋檐之下，以跳椽襻拽。若廳堂前後檐用者，每間相接，令中間者最高，兩次間以外，遠間各低一版。兩頭出水。如廊屋或挾屋偏用者，並一頭安罨頭版。其槽縫並包底廕牙縫造。

井屋子

造井屋子之制：自地至脊共高八尺，四柱，其柱外方五尺。柱頭高五尺八寸，下施井匱，高一尺二寸。上用厦瓦版，内外護縫；上安壓脊、垂脊，兩際施垂魚、惹草。其名件廣厚，皆以每尺之高，積而爲法。

柱：每高一尺，則長七寸五分，方五分。

額：長隨柱内，其廣五分，厚二分五釐。

栿：長隨方，其廣五分，厚四分。

蜀柱：長一寸三分，廣厚同上。

叉手：長三寸，廣四分，厚二分。

槫：長隨方，廣厚同蜀柱。

串：長同上，廣三分，厚二分。

厦瓦版：

上下護縫：長厚同上，廣二分五釐。

壓脊：長及廣厚並同槫。

垂脊：長三寸八分，廣四分，厚三分。

搏風版：長五寸五分，廣五分。

瀝水牙子：長同槫，廣四分。

垂魚：長二寸，廣一寸二分。

惹草：長一寸五分，廣一寸。

井口木：長同額，廣五分，厚三分。

地栿：長隨柱外，廣厚同上。

井匱版：長同井口木，其廣九分，厚一分二釐。

井匱内外難子：長同上。

凡井屋子，其井匱與柱下齊，安於井階之上，其舉分準大木作之制。

地棚

造地棚之制：長隨間之廣，其廣隨間之深。高一尺二寸至一尺五寸，下安敦桥。中施方子，上鋪地面版。其名件廣厚，皆以每尺之高，積而爲法。

敦桥：廣八寸，厚四寸七分。

方子：長隨間深，廣四寸，厚三寸四分。

地面版：長隨間廣，厚一寸三分。

遮羞版：長隨門道間廣，其廣五寸三分，厚一寸。

凡地棚施之於倉庫屋內，其遮羞版安於門道之外，或露地棚處皆用之。

又　卷七　小木作制度二

格子門

闌檻鈎窗　殿內截間格子

堂閤內截間格子　殿閣照壁版　障日版

廊屋照壁版　胡梯

垂魚惹草　栱眼壁版

裹栿版　擗簾竿

護殿閣檐竹網木貼

格子門

造格子門之制：有六等，一曰四混，中心出雙線，入混內出單線；二曰破瓣雙混，平地出雙線；三曰通混出雙線，四曰通混壓邊線；五曰素通混；六曰方直破瓣，高六尺至一丈二尺，每間分作四扇。如檐額及梁栿下用者，或分作六扇造，用雙腰串。每扇各隨其長，除桯及腰串外，分作三分；腰上留二分安格眼，腰下留一分安障水版。其名件廣厚皆取門桯每尺之高，積而為法。

四斜毬文格眼，其條桱厚一分二釐。

桯，長視高，廣三分五釐，厚二分七釐。

子桯：廣一分五釐，厚一分四釐。

腰華版：長隨扇內之廣，廣四分。

障水版：長廣各隨桯。

額：長隨間之廣，廣八分，厚三分。

摶柱、頰：長同桯，廣五分。厚同額。

地栿：長厚同額，廣七分。

四斜毬文上出條桱重格眼，其條桱之厚，每毬文圜徑二寸，則加毬文格眼之厚二分。每毬文圜徑加一寸，則厚又加一分。桯及子桯亦如之。其毬文上採出條桱，四擸尖，四混出雙線或單線造，如毬文圜徑二寸，則採出條桱方三分，若毬文圜徑加一寸，則條桱方又加一分。其對格眼子桯，則安擸尖，其尖外入子桯，內對格眼，合尖令線混轉過，其對毬文子桯，每毬文圜徑一寸，則子桯廣五釐，若毬文圜徑加一寸，則子桯之廣又加五釐，或以毬文隨四直格眼者，則子桯之下採出毬文，其廣與身內毬文相應。

四直方格眼：其制度有七等，一曰四混絞雙線，二曰通混壓邊線心內絞雙線，三曰麗口絞瓣雙混或，四曰麗口素絞瓣，五曰一混四擸尖，六曰平出線，七曰方絞眼。其條桱皆廣一分，厚八釐。

桯：長視高，廣三分，厚二分五釐。

子桯：廣一分二釐，厚一分。

腰華版及障水版：並準四斜毬文法。

額：長隨間之廣，廣七分，厚二分八釐。

摶柱、頰：長隨門高，廣四分。

地栿：長厚同額，廣六分。

版壁：名件並準前法，唯桯厚減一分。

兩明格子門：其腰華、障水版、格眼皆用兩重。桯厚更加二分一釐。子桯及條桱之厚各減二釐。額、頰、地栿之厚各加二分四釐。凡格子門所用摶肘、立㮇，如門高一丈，即摶肘方一寸四分，立㮇廣二寸，厚一寸六分，如高增一尺，即方及廣厚各加一分，減亦如之。

闌檻鈎窗

造鈎窗闌檻之制：共高七尺至一丈。每間分作三扇，用四直方格眼。檻面外施雲栱鵝項鉤闌，內用托柱，其名件廣厚，各取窗、檻每尺之高，積而為法。

鈎窗：高五尺至八尺。

子桯：長視窗高，廣隨逐扇之廣，每窗高一尺，則廣三分，厚一分四釐。

條桱：廣一分四釐，厚一分二釐。

心柱、摶柱：長視子桯，廣四分五釐，厚三分。

額：長隨間廣，其廣一寸一分，厚三分五釐。

檻：面高一尺八寸至二尺。

檻面版：長隨間心，每檻面高一尺，則廣七寸，厚一寸五分。

鵝項：長視高，其廣四寸二分，厚一寸五分。

雲栱：長六寸，廣三寸，厚一寸七分。

尋杖：長隨檻，面其方一寸七分。

心柱及摶柱：長自檻面版下至栿上，其廣二寸，厚一寸三分。

托柱：長自檻面下至地，其廣五寸，厚一寸五分。

地栿：長同窓額廣二寸五分，厚一寸三分。

障水版：廣六寸。

凡鈎窓所用搏肘，如高五尺，則方一寸。卧關如長一丈，即廣二寸，厚一寸六分。每高與長增一尺，則各加一分，減亦如之。

殿内截間格子

造殿堂内截間格子之制：高一丈四尺至一丈七尺。用單腰串，每間各視其長，除桯及腰串外，分作三分，腰上二分安格眼，用心柱、搏柱分作二間。腰下一分爲障水版，其版亦用心柱、搏柱分作三間。用牙脚、牙頭填心，内或合版攏桯。其名件廣厚皆取格子上下每尺之通高，積而爲法。

上子桯：長視格眼之高，廣三分五釐，厚一分六釐。

條桱：廣厚並準格子門法。

障水子桯：長隨心柱，搏柱内，其廣一分八釐，厚二分。

上下難子：長隨子桯，其廣一分二釐，厚一分。

搏肘：長視子桯及障水版，方八釐。

額及腰串：長隨間廣，其廣九分，厚三分二釐。

地栿：長厚同額，其廣七分。

上搏柱及心柱：長視搏肘，廣六分，厚同額。

下搏柱及心柱：長視障水版，其廣五分，厚同上。

凡截間格子，上二分子桯内所用四斜毬文格眼，圜徑七寸至九寸。其廣厚皆準格子門之制。

堂閣内截間格子

造堂閣内截間格子之制：皆高一丈，廣一丈一尺。其桯制度有三等：一曰面上出心線，兩邊壓線；二曰瓣内雙混；三曰方直破瓣攛尖。其名件廣厚皆取每尺之高，積而爲法。

截間格子：當心及四周皆用桯，其外上用額，下用地栿，兩邊安搏柱。雙腰串造。

桯：長視高，廣五分，厚三分七釐。上下者，每間廣一尺，即長九寸二分。

腰串：每間廣一尺，即長四寸六分。廣三分五釐，厚同上。

腰華版：長隨兩桯，内廣同上。以厚六分爲定法。

障水版：長視腰串及下桯，廣隨腰華版之長。厚同腰華版。

子桯：長隨格眼四周之廣，其廣一分六釐，厚一分四釐。

額：長隨間廣，其廣八分，厚三分五釐。

地栿：長厚同額，其廣七分。

搏柱：長同桯，其廣五分，厚同地栿。

難子：長隨桯四周，其廣一分，厚七釐。

截間開門格子：四周用額、栿、搏柱。其内四周用桯，桯内上用門額；額上作兩間，施毬文，其子桯高一尺六寸。兩邊留泥道施立頰，泥道施毬文，其子桯廣一尺二寸。中安毬文格子門兩扇，格眼毬文徑四寸。單腰串造。

桯：長及廣厚同前法。

門額：長隨桯内，其廣四分，厚二分七釐。

立頰：長視門額下桯内，廣厚同上。

門額上心柱：長一寸六分，廣厚同上。

泥道内腰串：長隨搏柱、立頰内，廣厚同上。

障水版：同前法。

門額上子桯：長隨額内四周之廣，其廣二分，厚一分二釐。

門肘：長視扇高，方二分五釐。

門桯：長同上，廣二分，厚二分五釐。

門障水版：長視腰串及下桯内，其廣隨扇之廣。

門桯内子桯：長隨四周之廣，其廣厚同額上子桯。

小難子：長隨子桯及障水版四周之廣。

額：長隨間廣，其廣八分，厚三分五釐。

地栿：長厚同上，其廣七分。

搏柱：長視高，其廣四分五釐，厚同上。

大難子：長隨桯四周，其廣一分，厚七釐。

上下伏兎：長一寸，廣四分，厚二分。

手栓伏兎：長同上，廣三分五釐，厚一分五釐。

手栓：長一寸五分，廣一分五釐，厚一分二釐。

凡堂閣内截間格子所用四斜毬文格眼及障水版等分數，其長徑並準格子門之制。

殿閣照壁版

造殿閣照壁版之制：廣一丈至一丈四尺，高五尺至一丈一尺。外面纏貼，内外皆施難子，合版造。其名件廣厚皆取每尺之高，積而爲法。

額：長隨間廣，每高一尺，則廣七分，厚四分。

搏柱：長視高，廣五分，厚同額。

版：長同搏柱，其廣隨搏柱之内，厚二分。

貼：長隨桯内四周之廣，其廣三分，厚一分。

難子：長厚同貼，其廣二分。

凡殿閣照壁版，施之於殿閣槽内，及照壁門窗之上者皆用之。

障日版

造障日版之制：廣一丈一尺，高三尺至五尺。用心柱、搏柱，内外皆施難子，合版或用牙頭護縫造，其名件廣厚，皆以每尺之廣，積而爲法。

額：長隨間之廣，其廣六分，厚三分。

心柱、搏柱：長視高，其廣四分，厚同額。

版：長視高，其廣隨心柱、搏柱之内。版及牙頭、護縫皆以厚六分爲定法。

牙頭版：長隨廣，其廣五分。

護縫：長視牙頭之内，其廣二分。

難子：長隨桯内四周之廣，其廣一分，厚八釐。

凡障日版，施之於格子門及門、窗之上，其上或更不用額。

廊屋照壁版

造廊屋照壁版之制：廣一丈至一丈一尺，高一尺五寸至二尺五寸。每間分作三段，於心柱、搏柱之内，内外皆施難子，合版造。其名件廣厚，皆以每尺之廣積而爲法。

心柱、搏柱：長視高，其廣四分，厚三分。

版：長隨心搏柱内之廣，其廣視高，厚一分。

難子：長隨桯内四周之廣，方一分。

凡廊屋照壁版，施之於殿廊由額之内。如安於半間之内與全間相對者，其名件廣厚亦用全間之法。

胡梯

造胡梯之制：高一丈，拽脚長隨高，廣三尺。分作十二級，攏頰榥施促踏版，側立者謂之促版，平者謂之踏版。上下並安望柱。兩頰隨身各用鉤闌，斜高三尺五寸，分作四間，每間内安卧櫺三條。其名件廣厚，皆以每尺之高，積而爲法。鉤闌名件廣厚，皆以鉤闌每尺之高，積而爲法。

兩頰：長視梯高，每高一尺則長加六寸，拽脚鐙口在内。廣一寸二分，厚二分一釐。

榥：長隨兩頰内，卯透外用抱寨。其方三分。每頰長五尺，用榥一條。

促踏版：長同上，廣七分四釐，厚一分。

鉤闌望柱：每鉤闌高一尺，則長加四寸五分，卯在内。方一寸五分。破瓣仰覆蓮華單，胡桃子造。

蜀柱：長隨鉤闌之高，卯在内。廣一寸二分，厚六分。

尋杖：長隨上下望柱内，徑七分。

盆脣：長同上，廣一寸五分，厚五分。

卧櫺：長隨兩蜀柱内，其方三分。

凡胡梯，施之於樓閣上下道内，其鉤闌安於兩頰之上，更不用地栿。如樓閣高遠者，作兩盤至三盤造。

垂魚惹草

造垂魚、惹草之制：或用華瓣，或用雲頭造，垂魚長三尺至一丈，惹草長三尺至七尺，其廣厚皆取每尺之長，積而爲法。

垂魚版：每長一尺，則廣六寸，厚二分五釐。

惹草版：每長一尺，則廣七寸，厚同垂魚。

凡垂魚施之於屋山搏風版合尖之下，惹草施之於搏風版之下、槫之外，每長二尺，則於後面施楅一枚。

栱眼壁版

造栱眼版之制：於材下額上兩栱頭相對處鑿池槽，隨其曲直，安版於池槽之内。其長廣皆以科栱材分爲法。科栱材分，在大木作制度内。

重栱眼壁版：長隨補間鋪作，其廣五十四分，厚一寸二分。

單栱眼壁版：長同上，其廣三十三分。厚同上。

凡栱眼壁版，施之於鋪作檐額之上。其版如隨材合縫，則縫内用劄造。

裹栿版

造裹栿版之制：於栿兩側各用廂壁版，栿下安底版，其廣厚皆以梁栿每尺之廣，積而爲法。

兩側厢壁版：長廣皆隨梁栿，每長一尺，則厚二分五釐。

底版：長厚同上，其廣隨梁栿之厚，每厚一尺，則廣加三寸。

凡裹栿版，施之於殿槽内梁栿，其下底版合縫，令承兩厢壁版其兩厢壁版，及底版皆造雕華。雕華等次序在雕作制度内。

擗簾竿

造擗簾竿之制：有三等，一曰八混，二曰破瓣，三曰方直，長一丈至一丈五尺。其廣厚皆以每尺之高，積而爲法。

擗簾竿：長視高，每高一尺，則方三分。

腰串：長隨間廣，其廣三分，厚二分。只方直造

凡擗簾竿，施之於殿堂等出跳栱之下，如無出跳者，則於椽頭下安之。

護殿閣檐竹網木貼

造安護殿閣檐枓栱竹雀眼網上下木貼之制：長隨所用逐間之廣，其廣二寸，厚六分，爲定法。皆方直造，地衣簟貼同。上於椽頭，下於檐額之上，壓雀眼網安釘。地衣簟貼，若至柱或碇之類，並隨四周，或圜或曲，壓簟安釘。

又　卷八　小木作制度三

平棊　鬭八藻井

小鬭八藻井　拒馬叉子

叉子　鉤闌

棵籠子　井亭子

牌

平棊

造殿内平棊之制：於背版之上，四邊用桯；桯内用貼，貼内留轉道，纏難子。分布隔截。或長或方，其中貼絡華文有十三品：一曰盤毬，二曰鬭八，三曰疊勝，四曰瑣子，五曰簇六毬文，六曰羅文，七曰柿蔕，八曰龜背，九曰鬭二十四，十曰簇三簇四毬文，十一曰六入圜華，十二曰簇六雪華，十三曰車釧毬文。其華文皆間雜互用。或於雲盤華盤内施明鏡，或施隱起龍鳳及雕華。每段以長一丈四尺，廣五尺五寸爲率。其名件廣厚，若間架雖長廣，更不加減。唯盝頂攲斜處，其桯量所宜減之。

背版：長隨間廣，其廣隨材合縫計數，令足一架之廣，厚六分。

桯：隨背版四周之廣，其廣四寸，厚二寸。

貼：長隨桯四周之内，其廣二寸，厚同背版。

難子并貼華：厚同貼。每方一尺，用華子十六枚。華子先用膠貼，候乾，劄削令平，乃用釘。

凡平棊，施之於殿内鋪作算桯方之上。其背版後皆施護縫及楅，護縫廣二寸，厚六分，楅廣三寸五分，厚二寸五分，長皆隨其所用。

鬭八藻井其名有三，一曰藻井，二曰圜泉，三曰方井，今謂之鬭八藻井。

造鬭八藻井之制：共高五尺三寸，其下曰方井，方八尺，高一尺六寸；其中曰八角井，徑六尺四寸，高二尺二寸；其上曰鬭八，徑四尺二寸，高一尺五寸。於頂心之下施垂蓮，或雕華雲棬，皆内安明鏡。其名件廣厚，皆以每尺之徑，積而爲法。

方井：於算桯方之上施六鋪作下昂重栱，材廣一寸八分，厚一寸二分。其枓栱等分數制度，並準大木作法。四入角。每面用補間鋪作五朶。凡所用枓栱並立施，枓槽版枓栱之上，用壓厦版，八角井同此。

枓槽版：長隨方面之廣，每面廣一尺，則廣一寸七分，厚二分五釐。壓厦版長厚同上，其廣一寸五分。

八角井：於方井鋪作之上施隨瓣方，抹角勒作八角。八角之外，四角謂之角蟬。於隨瓣方之上施七鋪作上昂重栱材分等並同方井法。八入角，每瓣用補間鋪作一朶。

隨瓣方：每直徑一尺，則長四寸，廣四分，厚三分。

枓槽版：長隨瓣，廣二寸，厚二分五釐。

壓厦版：長隨瓣，斜廣二寸五分，厚二分七釐。

鬭八：於八角井鋪作之上，用隨瓣方。方上施鬭八陽馬，陽馬之内施背版，貼絡華文。

陽馬：每鬭八徑一尺，則長七寸，曲廣一寸五分，厚五分。

隨瓣方：長隨每瓣之廣，其廣五分，厚二分五釐。

背版：長視瓣高，廣隨陽馬之内。其用貼并難子，並準平棊之法。華子每方一尺，用十六枚或二十五枚。

凡藻井，施之於殿内照壁屏風之前，或殿身内前門之前平棊之内。

小鬭八藻井

造小藻井之制：共高二尺二寸，其下曰八角井，徑四尺八寸，其上曰鬭八，高八寸。於頂心之下施垂蓮或雕華雲棬，皆內安明鏡，其名件廣厚，各以每尺之徑及高，積而爲法。

八角井：抹角勒算桯方作八瓣。於算桯方之上用普拍方，方上施五鋪作卷頭重栱。材廣六分，厚四分，其枓栱等分數制度，皆準大木作法。枓栱之內用枓槽版，上用壓厦版，上施版壁貼絡門窓，鉤闌，其上又用普拍方。方上施五鋪作一抄一昂重栱，上下並八入角，每瓣用補間鋪作兩朵。

枓槽版：每徑一尺，則長九寸，每高一尺，則廣六寸。以厚八分爲定法。

普拍方：長同上，每高一尺，則方三分。

隨瓣方：每徑一尺，則長四寸五分；每高一尺，則廣八分，厚五分。

陽馬：每徑一尺，則長五寸；每高一尺，則曲廣一寸五分，厚七分。

背版：長視瓣高，廣隨陽馬之內。以厚五分爲定法。其用貼并難子，並準殿內鬭八藻井之法。貼絡華數亦如之。

凡小藻井，施之於殿宇副階之內。其腰內所用貼絡門窓、鉤闌，鉤闌上施雁翅版。其大小廣厚，並隨高下量宜用之。

拒馬叉子其名有四，一曰梐枑，二曰梐拒，三曰行馬，四曰拒馬叉子。

造拒馬叉子之制：高四尺至六尺，如間廣一丈者，用二十一欞；每廣增一尺，則加二欞，減亦如之。兩邊用馬銜木，上用穿心串，下用攏桯連梯，廣三尺五寸，其卯廣減桯之半，厚三分，中留一分，其名件廣厚，皆以高五尺爲祖，隨其大小而加減之。

欞子：其首制度有二：一曰五瓣雲頭挑瓣，二曰素訛角，叉子首于上串上出者，每高一尺，出二寸四分，桃瓣處下留三分。斜長五尺五寸，廣二寸，厚一寸二分。每高增一尺，則長加一尺一寸，廣加二分，厚加一分。

馬銜木：其首破瓣同欞減四分。長視高，每叉子高五尺，則廣四寸半，厚二寸半。每高增一尺，則廣加四分，厚加二分，減亦如之。

上串：長隨間廣，其廣五寸五分，厚四寸。每高增一尺，則廣加三分，厚加二分。

連梯：長同上串，廣五寸，厚二寸五分。每高增一尺，則廣加一寸，厚加五分。兩頭者廣厚同長隨下廣。

凡拒馬叉子，其欞子自連梯上，皆左右隔間分布於上串內，出首交斜相向。

叉子

造叉子之制：高二尺至七尺，如廣一丈，用二十七欞。若廣增一尺，即更加二欞，減亦如之。兩壁用馬銜木，上下用串；或于下串之下用地栿、地霞造。其名件廣厚，皆以高五尺爲祖，隨其大小而加減之。

望柱：如叉子高五尺，即長五尺六寸，方四寸，每高增一尺，則加一尺一寸，方加四分，減亦如之。

欞子：其首制度有三：一曰海石榴頭，二曰桃瓣雲頭，三曰方直笏頭。叉子首于上串上出者，每高一尺，出一寸五分，內桃瓣處下留三分。其身制度有四：一曰一混心出單線壓邊線，二曰瓣內單混面上出心線，三曰方直出線壓邊線或壓白；四曰方直不出線，其長四尺四寸，透下串者長四尺五寸，每間三條。廣二寸，厚一寸二分。每高增一尺，則長加九寸，廣加二分，厚加一分，減亦如之。

上下串：其制度有三：一曰側面上出心線壓邊線或壓白；二曰瓣內單混出線，三曰破瓣不出線，長隨間廣，其廣三寸，厚二寸。如高增一尺，則廣加三分，厚加二分，減亦如之。

馬銜木：破瓣同欞長隨高，上隨欞齊，下至地栿上。制度隨欞。其廣三寸五分，厚二寸。每高增一尺，則廣加四分，厚加二分，減亦如之。

地霞：長一尺五寸，廣五寸，厚一寸二分。每高增一尺，則長加三寸，廣加一寸，厚加二分，減亦如之。

地栿：皆連梯混，或側面出線。長隨間廣，其廣六寸，厚四寸五分，每高增一尺，則廣加六分，厚加五分，減亦如之。

凡叉子若相連或轉角，皆施望柱，或栽入地，或安于地栿上，或下用衮砧托柱。如施于屋柱間之內，及壁帳之間者，皆不用望柱。

鉤闌

造樓閣殿亭鉤闌之制有二：一曰重臺鉤闌，高四尺至四尺五寸；二曰單鉤闌，高三尺至三尺六寸。若轉角則用望柱。或不用望柱，即以尋杖絞角。如單鉤闌枓子蜀柱者，尋杖或合角。其望柱頭破瓣仰覆蓮，當中用單胡桃子，或作海石榴頭。如有慢道，即計階之高下，隨其峻勢，令斜高與鉤闌身齊。不得令高，其地栿之類，廣厚準此。其名件廣厚，皆取鉤闌每尺之高，謂自尋杖上至地栿下。積而爲法。

重臺鉤闌

望柱：長視高，每高一尺，則加二寸，方一寸八分。

蜀柱：長同上，上下出卯在內。廣二寸，厚一寸，其上方一寸六分刻爲癭項，其項下細處比上減半，其下桃心尖，留十分之二。兩肩各留十分中四釐，其上出卯以穿雲栱，尋杖其下卯穿地栿。

雲栱：長二寸七分，廣減長之半，廕一分二釐，在尋杖下厚八分。

地霞：長六寸五分，廣一寸五分，廕一分五釐，厚一寸三分。

尋杖：長隨間，方八分。或圜混或四混、六混、八混造，下同。

盆脣木：長同上，廣一寸八分，厚六分。

束腰：長同上，方一寸。

上華版：長隨蜀柱內，其廣一寸九分，厚三分。四面各別出卯入池槽各一寸，下同。

下華版：長厚同上，廣一寸三分五釐。

地栿：長同尋杖，廣一寸八分，厚一寸六分。

單鉤闌

望柱：方二寸。長及加同上法。

蜀柱：制度同重臺鉤闌蜀柱法，自盆脣木之上，雲栱之下，或造胡桃子撮項，或作蜻蜓頭，或用枓子蜀柱。

雲栱：長三寸二分，廣一寸六分，厚一寸。

尋杖：長隨間之，廣其方一寸。

盆脣木：長同上，廣二寸，厚六分。

華版：長隨蜀柱內，其廣三寸四分，厚三分。若萬字或鉤片造者，每華版廣一尺，萬字條桱廣一寸五分，厚一寸。子桯廣一寸二分五釐，鉤片條桱廣二寸，厚一寸一分，子桯廣一寸五分，其間空相去皆比條桱減半，子桯之厚皆同條桱。

地栿：長同尋杖，其廣一寸七分，厚一寸。

華托柱：長隨盆脣木，下至地栿上，其廣一寸四分，厚七分。

凡鉤闌分間布柱，令與補間鋪作相應。角柱外一間與階齊，其鉤闌之外，階頭隨屋大小留三寸至五寸爲法。如補間鋪作太密，或無補間者，量其遠近，隨宜加減。如殿前中心作折檻者，每鉤闌高一尺，于盆脣內廣別加一寸。其蜀柱更不出項，內加華托柱。

棵籠子

造棵籠子之制：高五尺，上廣二尺，下廣三尺；或用四柱，或用六柱，或用八柱。柱子上下各用榥子、脚串、版櫺，或雙腰串，或下用雙榥子鋜脚版造。柱子每高一尺，即首長一寸，垂脚空五分。柱身四瓣方直，或安子桯，或採子桯，或破瓣造，柱首或作仰覆蓮，或單胡桃子，或枓柱桃瓣方直，或刻作海石榴。其名件廣厚，皆以每尺之高，積而爲法。

柱子：長視高，每高一尺，則方四分四釐。如六瓣或八瓣，即廣七分，厚五分。

上下榥并腰串：長隨兩柱內，其廣四分，厚三分。

鋜脚版：長同上，其廣五分。

櫺子：長六寸六分，廣二分四釐。

牙子：長同鋜脚版，廣四分。

凡棵籠子，其櫺子之首在上榥子內，其櫺相去準叉子制度。

井亭子

造井亭子之制：自下鋜脚至脊，共高一丈一尺，方七尺。四柱，四椽，五鋪作一抄一昂，材廣一寸二分，厚八分，重栱造。上用壓厦版，出飛檐，作九脊結瓦。其名件廣厚，皆取每尺之高積而爲法。

柱：長視高，每高一尺，則方四分。

鋜脚：長隨深廣，其廣七分，厚四分。

額：長隨柱內，其廣四分五釐，厚二分。

串：長與廣厚並同上。

普拍方：長廣同上，厚一分五釐。

枓槽版：長同上，減十二廣六分六釐，厚一分四釐。

平棊版：長隨枓槽版內，其廣合版令足。

平棊貼：長隨四周之廣，其廣二分。

楅：長隨版之廣，其廣同上，厚同普拍方。

平棊下難子：長同平棊版，方一分。

壓厦版：長同鋜脚，廣六分二釐，厚四釐。

栿：長隨深，廣三分五釐，厚二分五釐。

大角梁：長二寸四分，廣二分四釐，厚一分六釐。

子角梁：長九分，曲廣三分五釐，厚同楅。
貼生：長同壓厦版，廣同大角梁，厚同枓槽版。
脊槫蜀柱：長二寸二分，廣三分六釐，厚同栿。
平屋槫蜀柱：長八寸五分，廣厚同上。
脊槫及平屋槫：長隨廣，其廣三分，厚二分二釐。
脊串：長隨槫，其廣二分五釐，厚一分六釐。
叉手：長二寸六分，廣四分，厚二分。
山版：每深一尺，即長八寸，廣一寸五分，以厚六分爲定法。
上架椽：每深一尺，即長三寸七分。曲廣一寸六分，厚九釐。
下架椽：每深一尺，即長四寸五分。曲廣一寸七分，厚同上。
厦頭下架椽：每廣一尺，即長三寸。曲廣一分二釐，厚同上。
從角椽：長取宜均攤使用。
大連檐：長同壓厦版，每面加二尺四寸。廣二分，厚一分。
前後厦瓦版：長隨槫，其廣自脊至大連檐，合貼令數足，以厚五分爲定法，每至角，長加一尺五寸。
兩頭厦瓦版：其長自山版至大連檐。合版令數足，厚同上，至角加一尺一寸五分。
飛子：長九分，尾在内廣八釐，厚六釐，其飛子至角令隨勢上曲。
白版：長同大連檐，每壁長加三尺，廣一寸。以厚五分爲定法。
壓脊：長隨槫，廣四分六釐，厚三分。
垂脊：長自脊至壓厦外，曲廣五分，厚二分五釐。
角脊：長二寸，曲廣四分，厚二分五釐。
曲闌搏脊：每面長六尺四寸，廣四分，厚二分。
前後瓦隴條：每深一尺，即長八寸五分。方九釐，相去空九釐。
厦頭瓦隴條：每廣一尺，即長三寸三分。方同上。
搏風版：每深一尺，即長四寸三分，以厚七分爲定法。
瓦口子：長隨子角梁内，曲廣四分，厚亦如之。
垂魚：長一尺三寸，每長一尺，即廣六寸，厚同搏風版。
惹草：長一尺，每長一尺，即廣七寸，厚同上。
鴟尾：長一寸一分，身廣四分，厚同壓脊。

凡井亭子，鋜脚下齊，坐於井階之上。其枓栱分數及舉折等，並準大木作之制。

牌

造殿堂樓閣門亭等牌之制：長二尺至八尺。其牌首、牌上横出者。牌帶、牌兩旁下垂者。牌舌牌面下兩帶之内横施者。每廣一尺，即上邊綽四寸向外。牌面每長一尺，則首、帶隨其長，外各加長四寸二分，舌加長四分。謂牌長五尺，即首長六尺一寸，帶長七尺一寸，舌長四尺二寸之類，尺寸不等，依此加減下同。其廣厚皆取牌每尺之長，積而爲法。

牌面：每長一尺，則廣八寸。其下又加一分，令牌面下廣，謂牌長五尺，即上廣四尺，下廣四尺五分之類，尺寸不等，依此加減，下同。
首：廣三寸，厚四分。
帶：廣二寸八分，厚同上。
舌：廣二寸，厚同上。

凡牌面之後，四周皆用楅，其身内七尺以上者用三楅，四尺以上者用二楅，三尺以上者用一楅。其楅之廣厚，皆量其所宜而爲之。

又 卷九 小木作制度四

佛道帳

造佛道帳之制：自坐下龜脚至鴟尾，共高二丈九尺；内外攏深一丈二尺五寸。上層施天宫樓閣，次平坐，次腰檐。帳身下安芙蓉瓣、疊澀、門窗、龜脚坐。兩面與兩側制度並同，作五間造其名件廣厚，皆隨逐層每尺之高，積而爲法。後鉤闌兩等，皆以每寸之高，積而爲法。

帳坐：高四尺五寸，長隨殿身之廣，其廣隨殿身之深。下用龜脚，脚上施車槽，槽之上下各用澀一重。於上澀之上，又疊子澀三重；於上一重之下施坐腰。上澀之上，用坐面澀；面上安重臺鉤闌，高一尺。鉤闌之内，施寶柱兩重。内壁貼絡門窗，其上設五鋪作卷頭平坐。平坐上又安重臺鉤闌，自龜脚上，每澀至上鉤闌，逐層並作芙蓉瓣造。

龜脚：每坐高一尺，則長二寸，廣七分，厚五分。
車槽上下澀：長隨坐長及深，外每面加二寸廣二寸，厚六分五釐。
車槽：長同上，廣一寸，厚八分。
上子澀：兩重，各長同上，廣一寸六分，厚二分五釐。

下子澀：長同坐，廣厚並同上。
坐腰：長同上，方一寸。
坐面澀：長同上，廣二寸，厚六分五釐。
猴面版：長同上，廣四寸，厚六分七釐。
明金版：長同上，廣二寸五分，厚一分二釐。
料槽版：長同上，廣二寸五分，厚二分二釐。
壓厦版：長同上，廣二寸四分，厚二分二釐。
門窗背版：長隨料槽版，廣自普拍方下至明金版上。以厚六分爲定法。
車槽華版：長隨車槽，廣八分，厚三分。
坐腰華版：長隨坐腰，廣一寸，厚同上。
坐面版：長廣並隨猴面版內，其厚二分六釐。
猴面梘：每坐深一尺，則長九寸。方八分。每一瓣用一條。
猴面馬頭梘：每坐深一尺，則長一寸四分。方同上。每一瓣用一條。
連梯卧梘：每坐深一尺，則長九寸五分。方同上。每一瓣用一條。
連梯馬頭梘：每坐深一尺，則長一寸。方同上。
長短柱脚方：長同車槽澀，每一面減三尺二寸。方一寸。
長短榻頭木：長隨柱脚，方內方八分。
長立梘：長九寸二分，方同上。隨柱脚方、榻頭木逐瓣用之。
短立梘：長四寸，方六分。
拽後梘：長五寸，方同上。
穿串透栓：長隨榻頭木，廣五分，厚二分。
羅文梘：每坐高一尺，則加長四寸。方八分。

帳身：高一丈二尺五寸，長與廣皆隨帳坐，量瓣數隨宜取間。其內外皆攏帳柱。柱下用鋜脚隔科，柱上用內外側當隔科。四面外柱並安歡門、帳帶。每間用算桯方施平棊、鬬八藻井。前一面每間兩頰各用毬文格子門。格子桯四混出雙線，用雙腰串、腰華版造。門之制度，並準本法。兩側及後壁，並用難子安版。

帳內外槽柱：長視帳身之高。每高一尺，則方四分。
虛柱：長三寸二分，方三分四釐。
內外槽上隔科版：長隨間架，廣一寸二分，厚一分二釐。
上隔科仰托梘：長同上，廣二分八釐，厚二分。
上隔科內外上下貼：長同鋜脚貼，廣二分，厚八釐。
隔科內外上柱子：長四分四釐。下柱子：長三分六釐。其廣厚並同上。
裹槽下鋜脚版：長隨每間之深廣，其廣五分二釐，厚一分二釐。
鋜脚仰托梘：長同上，廣二分八釐，厚二分。
鋜脚內外貼：長同上，其廣二分，厚八釐。
鋜脚內外柱子：長三分二釐，廣厚同上。
內外歡門：長隨帳柱之內，其廣一寸二分，厚一分二釐。
內外帳帶：長二寸八分，廣二分六釐，厚亦如之。
兩側及後壁版：長視上下仰托梘內，廣隨帳柱，心柱內，其厚八釐。
心柱：長同上，其廣三分二釐，厚二分八釐。
頰子：長同上，廣三分，厚二分八釐。
腰串：長隨帳柱內，廣厚同上。
難子：長同後壁版，方八釐。
隨間栿：長隨帳身之深，其方三分六釐。
算桯方：長隨間之廣，其廣三分二釐，厚二分四釐。
四面搏難子：長隨間架，方一分二釐。
平棊：華文制度並準殿內平棊。
背版：長隨方子內，廣隨栿心。以厚五分爲定法。
桯：隨方子四周之內，其廣二分，厚一分六釐。
貼：長隨桯四周之內，其廣一分二釐。
難子并貼華：每方一尺，用貼華二十五枚或十六枚。

鬬八藻井：徑三尺二寸，共高一尺五寸。五鋪作重栱卷頭造。材廣六分，其名件並準本法，量宜減之。

腰檐：自櫨科至脊，共高三尺。六鋪作一抄兩昂，重栱造。柱上施料槽版與山版。版內又施夾槽版，逐縫夾安鑰匙頭版，其上順槽安鑰匙頭梘，及於鑰匙頭版上通用卧梘，梘上栽柱子。柱上又施卧梘，梘上安上層平坐。鋪作之上，平鋪壓厦版。四角用角梁、子角梁，鋪椽安飛子，依副階舉分結宬。

普拍方：長隨四周之廣，其廣一寸八分，厚六分。
角梁：每高一尺，加長四寸，廣一寸四分，厚八分。

丁角梁：長五寸，其曲廣二寸，厚七分。
抹角栿：長七寸，方一寸四分。
槫：長隨間廣，其廣一寸四分，厚一寸。
曲椽：長七寸六分，其曲廣一寸，厚四分。每補間鋪作一朵，用四條。
飛子：長四寸，方三分。角內隨宜刻曲。
大連檐：長同槫，梢間長至角梁，每壁加三尺八寸。廣五分，厚三分。
白版：長隨間之廣，每梢間加出角一尺五寸。其廣三寸五分。以厚五分爲定法。
夾枓槽版：長隨間之深廣，其廣四寸四分，厚七分。
山版：長同枓槽版，廣四寸二分，厚七分。
枓槽鑰匙頭版：每深一尺，則長四寸。廣厚同枓槽版，逐間段數亦同枓槽版。
枓槽壓厦版：長同枓槽版，每梢間長加一尺。其廣四寸，厚七分。
貼生：長隨間之深廣，其方七分。
枓槽卧棍：每深一尺，則長九寸六分五氂。方一寸。每鋪作一朵，用二條。
絞鑰匙頭上下順身棍：長隨間之廣，方一寸。
立棍：長七寸，方一寸。每鋪作一朵，用二條。
厦瓦版：長隨間之廣深。每梢間加出角一尺二寸五分。其廣九寸。以厚五分爲定法。
搏脊：長同上，廣一寸五分，厚七分。
角脊：長六寸，其曲廣一寸五分，厚七分。
瓦隴條：長九寸，方三分五氂。
瓦口子：長隨間廣，每梢間加出角二尺五寸。其廣三分。以厚五分爲定法。
平坐：高一尺八寸，長與廣皆隨帳身。六鋪作卷頭重栱造四出角，於壓厦版上施雁翅版。上施單鉤闌，高七寸。
普拍方：長隨間之廣，其廣一寸二分，厚一寸。
夾枓槽版：長隨間之深廣，其廣九寸，厚一寸一分。
枓槽鑰匙頭版：其廣厚同枓槽版。逐間段數亦同。
壓厦版：長同枓槽版，每梢間加長一尺五寸。廣九寸五分，厚一寸一分。
枓槽卧棍：每深一尺，則長九寸六分五氂。方一寸六分，每鋪作一朵，用二條。
立棍：長九寸，方一寸六分。每鋪作一朵，用四條。
雁翅版：長隨壓厦版，其廣二寸五分，厚五分。
坐面版：長隨枓槽內，其廣九寸，厚五分。
天宫樓閣：共高七尺二寸，深一尺一寸至一尺三寸。出跳及檐並在柱外，下層爲副階，中層爲平坐，上層爲腰檐。檐上爲九脊殿結瓦，其殿身、茶樓、角樓並六鋪作單抄重昂。角樓長一瓣半，殿身及茶樓各長三瓣。殿挾及龜頭並五鋪作單抄單昂。殿挾長一瓣，龜頭長二瓣，行廊四鋪作單抄，長二瓣、分心。材廣六分每瓣用補間鋪作兩朵，兩側龜頭等制度並準此。
中層平坐，用六鋪作卷頭造。平坐上用單鉤闌，高四寸。
上層殿樓、龜頭之內，唯殿身施重檐重檐謂殿身并副階，其高五尺者不用。外，其餘制度並準下層之法。其枓槽版及最上結瓦壓脊、瓦隴條之類，並量宜用之。
帳上所用鉤闌：應用小鉤闌者，並通用此制度。
重臺鉤闌：共高八寸至一尺二寸，其鉤闌並準樓閣殿亭鉤闌制度，下同。其名件等，以鉤闌每尺之高，積而爲法。
望柱：長視高，每高一尺，則方二寸。
蜀柱：長同上，廣二寸，厚一寸。其上方一寸六分，刻爲癭項。
雲栱：長三寸，廣一寸五分，厚九分。
地霞：長五寸，廣同上，厚一寸三分。
尋杖：長隨間廣，方九分。
盆脣木：長同上，廣一寸六分，厚六分。
束腰：長同上，廣一寸，厚八分。
上華版：長隨蜀柱內，其廣二寸，厚四分。四面各別出卯合入池槽，下同。
下華版：長厚同上，廣一寸五分。
地栿：長隨望柱內，廣一寸八分，厚一寸一分，上兩棱連梯混各四分。
單鉤闌：高五寸至一尺者，並用此法。其名件等，以鉤闌每寸之高，積而爲法。
望柱：長視高，方一分八氂。
蜀柱：長同上，自盆脣木上雲栱下作撮項胡桃子。
雲栱：長四分，廣二分，厚一分。
尋杖：長隨間之廣，方一分。

盆脣木：長同上，廣一分八釐，厚八釐。

華版：長隨蜀柱內，廣三分。以厚四分爲定法。

地栿：長隨望柱內，其廣一分五釐，厚一分二釐。

科子蜀柱鉤闌：高三寸至五寸者，並用此法。其名件等，以鉤闌每寸之高，積而爲法。

蜀柱：長視高，廣二分四釐，厚一分二釐。

尋杖：長隨間之廣，方一分三釐。

盆脣木：長同上，廣二分，厚一分二釐。

華版：長隨蜀柱內，其廣三分。以厚三分爲定法。

地栿：長隨間廣，其廣一分五釐，厚一分二釐。

踏道圜橋子：高四尺五寸，斜拽長三尺七寸至五尺五寸，面廣五尺。下用龜脚，上施連梯、立旌，四周纏難子合版，內用榥。兩頰之內，逐層安促踏版，上隨圜勢，施鉤闌、望柱。

龜脚：每橋子高一尺，則長二寸，廣六分，厚四分。

連梯程：其廣一寸，厚五分。

連梯榥：長隨廣，其方五分。

立柱：長視高，方七分。

攏立柱上榥：長與方並同連梯榥。

兩頰：每高一尺，則加六寸，曲廣四寸，厚五分。

促版踏版：每廣一尺，則長九寸六分。廣一寸三分，踏版又加三分。厚二分三釐。

踏版榥：每廣一尺，則長加八分。方六分。

背版：長隨柱子內，廣視連梯與上榥內。以厚六分爲定法。

月版：長視兩頰及柱子內，廣隨兩頰與連梯內。以厚六分爲定法。

上層如用山華蕉葉造者，帳身之上，更不用結瓦。其壓廈版，於撩檐方外出四十分，上施混肚方。方上用仰陽版，版上安山華蕉葉，共高二尺七寸七分。其名件廣厚，皆取自普拍方至山華每尺之高，積而爲法。

頂版：長隨間廣，其廣隨深。以厚七分爲定法。

混肚方：廣二寸，厚八分。

仰陽版：廣二寸八分，厚三分。

山華版：廣厚同上。

仰陽上下貼：長同仰陽版，其廣六分，厚二分四釐。

合角貼：長五寸六分，廣厚同上。

柱子：長一寸六分，廣厚同上。

楅：長三寸二分，廣同上，厚四分。

凡佛道帳芙蓉瓣，每瓣長一尺二寸，隨瓣用龜脚。結瓦瓦隴條，每條相去如隴條之廣。其屋蓋舉折及枓栱等分數，並準大木作制度隨材減之。殺菻瓣柱及飛子亦如之。

又卷一〇　小木作制度五

牙脚帳　九脊小帳

壁帳

牙脚帳

造牙脚帳之制：共高一丈五尺，廣三丈，內外攏共深八尺。以此爲率。下段用牙脚坐，坐下施龜脚。中段帳身上用隔科，下用鋜脚。上段山華仰陽版，六鋪作。每段各分作三段造，其名件廣厚，皆隨逐層每尺之高積而爲法。

牙脚坐：高二尺五寸，長三丈二尺，深一丈。下用連梯龜脚，中用束腰壓青牙子、牙頭、牙脚、背版填心。上用梯盤、面版，安重臺鉤闌，高一尺。

龜脚：每坐高一尺，則長三寸，廣一寸二分，厚一寸四分。

連梯：隨坐深，長其廣八分，厚一寸二分。

角柱：長六寸二分，方一寸六分。

束腰：長隨角柱內，其廣一寸，厚七分。

牙頭：長三寸二分，廣一寸四分，厚四分。

牙脚：長六寸二分，廣二寸四分，厚同上。

填心：長三寸六分，廣二寸八分，厚同上。

壓青牙子：長同束腰，廣一寸六分，厚二分六釐。

上梯盤：長同連梯，其廣二寸，厚一寸四分。

面版：長廣皆隨梯盤長深之內，厚同牙頭。

背版：長隨角柱內，其廣六寸二分，厚三分二釐。

束腰上貼絡柱子：長一尺，方七分。

束腰上襯版：長三分六釐，廣一寸，厚同牙頭。

連梯榥：每深一尺，則長八寸六分。方一寸。每面廣一尺用一條。
立榥：長九寸，方同上。隨連梯榥用五路。
梯盤榥：長同連梯，方同上。
帳身：高九尺，長三丈，深八尺。内外槽柱上用隔科，下用鋜脚。四面柱内安歡門、帳帶。兩側及後壁皆施心柱、腰串、難子安版。前面每間兩邊，並用立頰泥道版。
内外帳柱：長視帳身之高，每高一尺，則方四分五釐。
虚柱：長三寸，方四分五釐。
内外槽上隔科版：長隨每間之深廣，其廣一寸二分四釐，厚一分七釐。
上隔科仰托榥：長同上，廣四分，厚二分。
上隔科内外上下貼：長同上，廣二分，厚一分。
上隔科内外上柱子：長五分，下柱子長三分四釐，其廣厚並同上。
内外歡門：長同上，其廣二分，厚一分五釐。
内外帳帶：長三寸四分，方三分六釐。
裹槽下鋜脚版：長隨每間之深廣，其廣七分，厚一分七釐。
鋜脚仰托榥：長同上，廣四分，厚二分。
鋜脚内外貼：長同上，廣二分，厚一分。
鋜脚内外柱子：長五分，廣二分，厚同上。
兩側及後壁合版：長同立頰，廣隨帳柱心柱内，其厚一分。
心柱：長同上，方三分五釐。
腰串：長隨帳柱内，方同上。
立頰：長視上下仰托榥内，其廣三分六釐，厚三分。
泥道版：長同上，其廣一寸八分，厚一分。
難子：長同立頰，方一分。
平棊：華文等並準殿内平棊制度。
桯：長隨科槽四周之内，其廣二分三釐，厚一分六釐。
背版：長廣隨桯。以厚五分爲定法。
貼：長隨桯内，其廣一分六釐。
難子并貼華：厚同貼每方一尺，用華子二十五枚，或十六枚。
福：長同桯，其廣二分三釐，厚一分六釐。
護縫：長同背版，其廣二分。
帳頭：共高三尺五寸，科槽長二丈九尺七寸六分，深七尺七寸六分。六鋪作，單抄重昂重栱轉角造。其材廣一寸五分，柱上安科槽版。鋪作之上用壓厦版，版上施混肚方、仰陽山華版。每間用補間鋪作二十八朶。
普拍方：長隨間廣，其廣一寸二分，厚四分七釐。
内外槽並兩側夾科槽版：長隨帳之深廣，其廣三寸，厚五分七釐。
壓厦版：長同上，其廣三寸二分六釐，厚五分七釐。
混肚方：長同上，其廣二分，厚七分。
頂版：長隨混肚方内。以厚六分爲定法。
仰陽版：長同混肚方，其廣二寸五分，厚三分。
仰陽上下貼：下貼長同上，上貼隨合角貼内，廣五分，厚二分五釐。
仰陽合角貼：長隨仰陽版之廣，其廣厚同上。
山華版：長同仰陽版，其廣二寸九分，厚三分。
山華合角貼：廣五分，厚二分五釐。
卧榥：長隨混肚方内，其方七分。每長一尺用一條。
馬頭榥：長四寸，方七分。
福長：隨仰陽山華版之廣，其方四分。
凡牙脚帳坐，每一尺作一壼門，下施龜脚，合對鋪作。其所用科栱名件分數，並準大木制度隨材減之。

九脊小帳

造九脊小帳之制：自牙脚坐下龜脚至脊，共高一丈二尺，鴟尾在外。廣八尺，内外攏共深四尺。下段、中段與牙脚帳同，上段五鋪作、九脊殿結宼造。其名件廣厚，皆隨逐層每尺之高，積而爲法。
牙脚坐：高二尺五寸，長九尺六寸，深五尺。自下連梯、龜脚，上至面版安重臺鉤闌，並準牙脚帳坐制度。
龜脚：每坐高一尺，則長三寸，廣一寸二分，厚六分。
連梯：隨坐深長，其廣二寸，厚一寸二分。
角柱：長六寸二分，方一寸二分。
束腰：長隨角柱内，其廣一寸，厚六分。
牙頭：長二寸八分，廣一寸四分，厚三分二釐。

牙脚：長六寸二分，廣二寸，厚同上。
填心：長三寸六分，廣二寸二分，厚同上。
壓青牙子：長同束腰隨深廣。減一寸五分，其廣一寸六分，厚二分四釐。
上梯盤：長厚同連梯，廣一寸六分。
面版：長廣皆隨梯盤內，厚四分。
背版：長隨角柱內，其廣六寸二分，厚同壓青牙子。
束腰上貼絡柱子：長一寸，方六分。
束腰鋜脚內襯版：長二寸八分，廣一寸，厚同填心。
連梯棍：長隨連梯內，方一寸。每廣一尺，用一條。
立棍：長九寸，卯在內方同上。隨連梯棍用三路。
梯盤棍：長同連梯，方同上。用同連梯棍。

帳身：一間高六尺五寸，廣八尺，深四尺。其內外槽柱至泥道版，並準牙脚帳制度。唯後壁兩側並不用腰串。
內外帳柱：長視帳身之高，方五分。
虛柱：長三寸五分，方四分五釐。
內外槽上隔科版：長隨帳柱內，其廣一寸四分二釐，厚一分五釐。
上隔科仰托棍：長同上，廣四分三釐，厚二分八釐。
上隔科內外上下貼：長同上，廣二分八釐，厚一分四釐。
上隔科內外上柱子：長四分八釐，下柱子長三分八釐，廣厚同上。
內歡門長隨立頰內外歡門：長隨帳柱內，其廣一寸五分，厚一分五釐。
內外帳帶：長三寸二分，方三分四釐。
裹槽下鋜脚板：長同上隔科上下貼，其廣七分二釐，厚一分五釐。
鋜脚仰托棍：長同上，廣四分三釐，厚二分八釐。
鋜脚內外貼：長同上，廣二分八釐，厚一分四釐。
鋜脚內外柱子：長四分八釐，廣二分八釐，厚一分四釐。
兩側及後壁合版：長視上下仰托棍，廣隨帳柱心柱內，其厚一分。
心柱：長同上，方三分六釐。
立頰：長同上，廣三分六釐，厚三分。
泥道版：長同上，廣隨帳柱立頰內，厚同合版。
難子：長隨立頰及帳身版泥道版之長廣，其方一分。

平棊：華文等並準殿內平棊制度。作三段造。
桯：長隨科槽四周之內，其廣六分三釐，厚五分。
背版：長廣隨桯，以厚五分爲定法。
貼：長隨桯內，其廣五分。厚同上。
貼絡華文：厚同上每方一尺，用華子二十五枚，或十六枚。
楅：長同背版，其廣六分，厚五分。
護縫：長同上，其廣五分，厚同貼。
難子：長同上，方二分。

帳頭：自普拍方至脊共高三尺，廣八尺，深四尺。四柱，五鋪作，下出一抄，上施一昂，材廣一寸二分，厚八分，重栱造。上用壓厦版，出飛檐作九脊結瓦。
普拍方：長隨廣深，其廣一寸，厚三分。
科槽版：長厚同上，其廣二寸五分。
壓厦版：長厚同上，其廣二寸二分。
栿：長隨深，其廣一寸，厚八分。
大角梁：長七寸，廣八分，厚六分。
子角梁：長四寸，曲廣二寸，厚同上。
貼生：長同壓厦版，加七寸其廣六分，厚四分。
脊槫：長隨廣，其廣一寸，厚八分。
脊槫下蜀柱：長八寸，廣厚同上。
脊串：長隨槫，其廣六分，厚五分。
叉手：長六寸，廣厚皆同角梁。
山版：每深一尺，則長九寸，廣四寸五分。以厚六分爲定法。
曲椽：每深一尺，則長八寸。曲廣同脊串，厚三分。每補間鋪作一朵，用三條。
厦頭椽：每深一尺，則長五寸。廣四分，厚同上。角同上。
從角椽：長隨宜均攤使用。
大連檐：長隨深廣，每壁加一尺二寸。其廣同曲椽，厚同貼生。
前後厦瓦版：長隨槫。每至角加一尺五寸，其廣自脊至大連檐隨材合縫，以厚五分爲定法。
兩厦頭厦瓦版：長隨深，其廣自山版至大連檐。合縫同上，厚同上。

飛子：長二寸五分，廣二分五釐，厚二分三釐。角内隨宜取曲。

白版：長隨飛檐，其廣三寸。

壓脊：長隨厦瓦版，其廣一寸五分，厚一寸。

垂脊：長隨脊至壓厦版外，其曲廣及厚同上。

角脊：長六寸，廣厚同上。

曲闌搏脊：廣一寸，厚五分。

前後瓦隴條：每深一尺，則長八寸五分。厦頭者，長五寸五分，若至角並隨角斜長。方三分，相去空分同。

搏風版：每深一尺，則長四寸五分。曲廣一寸二分。以厚七分爲定法。

瓦口子：長隨子角梁内，其曲廣六分。

垂魚：共長一尺二寸，每長一尺，即廣六寸，厚同搏風版。

惹草：共長一尺，每長一尺，即廣七寸，厚同上。

鴟尾：共高一尺一寸，每高一尺，即廣六寸，厚同壓脊。

凡九脊小帳，施之於屋一間之内。其補間鋪作前後各八朵，兩側各四朵。坐内壼門等並準牙脚帳制度。

壁帳

造壁帳之制：高一丈三尺至一丈六尺。其帳柱之上安普拍方，方上施隔科及五鋪作下昂重栱，出角入角造。其材廣一寸二分，厚八分。每一間用補間鋪作一十三朵。鋪作上施壓厦版、混肚方，方上安仰陽版及山華，帳内上施平棊。兩柱之内並用叉子栿，其名件廣厚，皆取帳身間内每尺之廣，積而爲法。

帳柱：見視高，每間廣一尺，則方三分八釐。

仰托榥：長隨間廣，其廣三分，厚二分。

隔科版：長同上，其廣一寸一分，厚一分。

隔科貼：長隨兩柱之内，其廣二分，厚八釐。

隔科柱子：長隨貼内，廣厚同貼。

科槽版：長同仰托榥，其廣七分六釐，厚一分。

壓厦版：長同上，其廣八分，厚一分。

混肚方：長同上，其廣四分，厚二分。

仰陽版：長同上，其廣七分，厚一分。

仰陽貼：長同上，其廣二分，厚八釐。

合角貼：長視仰陽版之廣，其厚同仰陽貼。

山華版：長隨仰陽版廣，其厚同壓厦版。

平棊：長廣並隨間内。

背版：長隨平棊，其廣隨帳之深。以厚六分爲定法。

桯隨背版：四周之廣，其廣二分，厚一分六釐。

貼：長隨桯四周之内，其廣一分六釐。厚同上。

難子并貼華：每方一尺，用貼絡華二十五枚或十六枚。

護縫：長隨平棊，其廣同桯。厚同背版。

榥：廣三分，厚二分。

凡壁帳上山華仰陽版後，每華尖皆施榥一枚。所用飛子、馬銜，皆量宜造之。其科栱等分數，並準大木作制度。

又卷一一 小木作制度六

輪轉經藏

壁藏

轉輪經藏

造經藏之制：共高二丈，徑一丈六尺，八棱，每棱面廣六尺六寸六分。内外槽柱，外槽帳身柱上腰檐平坐，坐上施天宫樓閣。八面制度並同，其名件廣厚，皆隨逐層每尺之高，積而爲法。

外槽帳身：柱上用隔科、歡門、帳帶造，高一丈二尺。

帳身外槽柱：長視高，廣四分六釐，厚四分。歸瓣造。

隔科版：長隨帳柱内，其廣一寸六分，厚一分二釐。

仰托榥：長同上，廣三分，厚二分。

隔科内外貼：長同上，廣二分，厚九釐。

内外上下柱子：上柱長四分，下柱長三分，廣厚同上。

歡門長同隔科版：其廣一寸二分，厚一分二釐。

帳帶：長二寸五分，方二分六釐。

腰檐并結瓦：共高二尺，科槽徑一丈五尺八寸四分。内外並六鋪作重栱，用一寸材，每瓣補間鋪作五朵，外跳單抄重昂，裏跳並卷頭。其柱上先用普拍方施科栱，上用壓厦版，出椽并飛子、角梁、貼生。依副階舉折結瓦。

普拍方：長隨每瓣之廣，其廣二寸，厚七分五釐。

料槽版：長同上，廣三寸五分，厚一寸。
壓厦版：長同上，廣七寸五分，厚七分五釐。
山版：長同上，廣四寸五分，厚一寸。
貼生：長同山版，方一分。
角梁：長八寸，廣一寸五分，厚同上。
子角梁：長六寸，廣同上，厚八分。
搏脊槫：長同上，加長一寸廣一寸五分，厚一寸。
曲椽：長八寸，曲廣一寸，厚四分。每補間鋪作一朵，用三條與從椽取匀分擘。
飛子：長五寸，方三分五釐。
白版：長同山版，加長一尺廣三寸五分。以厚五分爲定法。
井口棍：長隨徑，方二寸。
立棍：長視高，方一寸五分。每瓣用三路。
馬頭棍：方同上。用數亦同上。
厦瓦版：長同山版，廣五寸。以厚五分爲定法。
瓦隴條：長九寸，方四分。瓦頭在内。
瓦口子：長厚同厦瓦版，曲廣三寸。
小山子版：長廣各四寸，厚一寸。
搏脊：長同山版，廣二寸五分，厚八分。
角脊：長五寸，廣二寸，厚一寸。

平坐：高一尺，料槽徑一丈五尺八寸四分。六鋪作，卷頭重栱，用一寸材。每瓣用補間鋪作九朵，上施單鉤闌，高六寸。

普拍方：長隨每瓣之廣，方一寸。
料槽版：長同上，其廣九寸，厚二寸。
壓厦版：長同上，廣九寸五分，厚二寸。
鴈翅版：長同上，廣二寸五分，厚八分。
井口棍：長同上，方三寸。
馬頭棍：每直徑一尺，則長一寸五分。方三分。每瓣用三條。
鈿面版：長同井口棍，減長四寸廣一尺二寸，厚七分。

天宫樓閣：三層，共高五尺，深一尺。下層副階内角樓子，長一瓣，六鋪作，單抄重昂。角樓挾屋長一瓣，茶樓子長二瓣，並五鋪作，單抄單昂。行廊長二瓣，四鋪作。材廣五分，厚三分三釐，每瓣用補間鋪作兩朵，其中層平坐上安單鉤闌，高四寸。鋪作並用卷頭，與上層樓閣所用鋪作之數，並準下層之制。其結瓦名件準腰檐制度，量所宜減之。

裹槽坐：高三尺五寸，并帳身及上層樓閣，共高一丈三尺，帳身直徑一丈。面徑一丈一尺四寸四分。料槽徑九尺八寸四分，下用龜脚，脚上施車槽、疊澀等。其制度並準佛道帳坐之法。内門窗上設平坐，坐上施重臺鉤闌，高九寸。雲栱瘦項造其鉤闌準佛道帳制度。用六鋪作卷頭，其材廣一寸，厚六分六釐，每瓣用補間鋪作五朵，並作芙蓉瓣造。

龜脚：長二寸，廣八分，厚四分。
車槽上下澀：長隨每瓣之廣，加長一寸其廣二寸六分，厚六分。
車槽：長同上，廣二寸厚七分。
上子澀：兩重，長同上，廣二寸厚三分。
下子澀：長厚同上，廣二寸三分。
坐腰：長同上，廣一寸三分，厚一寸。
坐面澀：長同上，廣二寸三分，厚六分。
猴面版：長同上，廣三寸，厚六分。
明金版：長同上，廣一寸八分，厚一分五釐。
普拍方：長同上，方三分。
料槽版：長同上，廣二寸，厚三分。
壓厦版：長同上，廣一寸五分，厚同上。
車槽華版：長隨車槽，廣七分，厚同上。
坐腰華版：長隨坐腰，廣一寸，厚同上。
坐面版：長廣並隨猴面版内，厚二分五釐。
坐内背版：每料槽徑一尺，則長二寸五分，廣隨坐高，以厚六分爲定法。
猴面梯盤棍：每料槽徑一尺，則長八寸，方一寸。
猴面鈿版棍：每料槽徑一尺，則長二寸，方八分，每瓣用三條。
榻頭木立棍：長九寸，方同上。隨瓣用。
坐下榻頭木并下卧棍：每料槽徑一尺，則長八寸，方同上，隨瓣用。
拽後棍：每料槫徑一尺，則長二寸五分，方同上。每瓣上下用六條。
柱脚方并下卧棍：每料槽徑一尺，則長五寸，方一寸。

柱脚立棍：長九寸，方同上。每瓣上下用六條。
帳身：高八尺五寸，徑一丈。帳柱下用鋜脚，上用隔科，四面並安歡門、帳帶，前後用門柱内，兩邊皆施立頰、泥道版造。
帳柱：長視高，其廣六分，厚五分。
下鋜脚上隔科版：各長隨帳柱内，廣八分，厚一分四釐。内上隔科版廣一寸七分。
下鋜脚上隔科仰托棍：各長同上，廣三分六釐，厚二分四釐。
下鋜脚上隔科内外貼：各長同上，廣二分四釐，厚一分一釐。
下鋜脚及上隔科上内外柱子：各長六分六釐，上隔科内外下柱子長五分六釐，各廣厚同上。
立頰：長視上下仰托棍内，廣厚同仰托棍。
泥道版：長同上，廣八分，厚一分。
難子：長同上，方一分。
歡門：長隨兩立頰内，廣一寸二分，厚一分。
帳帶：長三寸二分，方二分四釐。
門子：長視立頰，廣隨兩立頰内。合版令足兩扇之數，以厚八分爲定法。
帳身版：長同上，廣隨帳柱内，厚一分二釐。
帳身版：上下及兩側内外難子長同上，方一分二釐。
柱上帳頭：共高一尺，徑九尺八寸四分，六鋪作，卷頭重栱造。其材廣一寸，厚六分六釐，每瓣用補間鋪作五朵，上施平棊。
普拍方：長隨每瓣之廣，廣三寸，厚一寸二分。
枓槽版：長同上，廣七寸五分，厚二寸。
壓厦版：長同上，廣九寸，厚一寸五分。
角栿：每徑一尺，則長三寸。廣四寸，厚三寸。
算桯：方廣四寸，厚二寸五分。長用兩等，一每徑一尺，長六寸二分。一每徑一尺，長四寸八分。
平棊：貼絡華文等並準殿内平棊制度。
桯：長隨内外算桯方及算桯方心，廣二寸，厚一分五釐。
背版：長廣隨桯四周之内，以厚五分爲定法。
福：每徑一尺，則長五寸七分，方二寸。
護縫：長同背版，廣二寸，以厚五分爲定法。
貼：長隨桯内，廣一寸二分。厚同上。
難子并貼絡華：厚同貼每方一尺，用華子二十五枚或十六枚。
轉輪：高八尺，徑九尺。當心用立軸長一丈八尺，徑一尺五寸。上用鐵鐧釧，下用鐵鵝臺桶子。其輪七格，上下各劄輻掛輞，每格用八輞，安十六輻盛經匣十六枚。
輻：每徑一尺，則長四寸五分。方三分。
外輞：徑九尺，每徑一尺，則長四寸八分。曲廣七分，厚二分五釐。
内輞：徑五尺，每徑一尺，則長三寸八分。曲廣五分，厚四分。
外柱子：長視高，方二分五釐。
内柱子：長一寸五分，方同上。
立頰：長同外柱子，方一分五釐。
鈿面版：長二寸五分，外廣二寸二分，内廣一寸二分。以厚六分爲定法。
格版：長二寸五分，廣一寸二分。
後壁格版：長廣一寸二分。
難子：長隨格版，後壁版四周，方八釐。
托輻牙子：長二寸，廣一寸，厚三分。
托棖：每徑一尺，則長四寸。方四分。
立絞棍：長視高，方二分五釐。
十字套軸版：長隨外平坐上外徑，廣一寸五分，厚五分。
泥道版：長一寸一分，廣三分二釐。以厚六分爲定法。
泥道難子：長隨泥道版，四周方三釐。
經匣：長一尺五寸，廣六寸五分，高六寸。上用趄塵盝頂，陷頂開帶，四角打卯，下陷底。每高一寸，以二分爲盝頂斜高，以一分三釐爲開帶。四壁版長隨匣之長廣，每匣高一寸，則廣八分，厚八釐。頂版、底版，每匣長一尺，則長九寸五分。每匣廣一寸，則廣八分八釐。每匣高一寸，則厚八釐。子口版長隨匣四周之内，每高一寸，則廣二分厚五釐。
凡經藏坐芙蓉瓣，長六寸六分，下施龜脚。套軸版安於外槽平坐之上，其結瓦、瓦隴條之類，並準佛道帳制度，舉折等亦如之。
壁藏

造壁藏之制：共高一丈九尺，身廣三丈，兩擺手各廣六尺。內外槽共深四尺。前後與兩側制度並同，其名件廣厚，皆取逐層每尺之高，積而爲法。

坐：高三尺，深五尺二寸，長隨藏身之廣。下用龜脚，脚上施車槽、疊澀等。其制度並準佛道帳坐之法。唯坐腰之內，造神龕壺門，門外安重臺鉤闌，高八寸。上設平坐，坐上安重臺鉤闌。用五鋪作卷頭，其材廣一寸，厚六分六釐。每六寸六分施補間鋪作一朶，其坐並芙蓉瓣造。

龜脚：每坐高一尺，則長二寸，廣八分，厚五分。

車槽上下澀：後壁側當者，長隨坐之深加二寸，內上澀面前長減坐八尺。廣二寸五分，厚六分五釐。

車槽：長隨坐之深廣，廣二寸，厚七分。

上子澀：兩重，長同上，廣一寸七分，厚三分。

下子澀：長同上，廣二寸，厚同上。

坐腰：長同上，廣一寸二分，厚一寸。

坐面澀：長同上，廣二寸，厚六分五釐。

猴面版：長同上，廣三寸，厚七分。

明金版：長同上，廣二寸四分，厚二分。

枓槽版：長同車槽上下澀，側當減一尺二寸，面前減八尺擺手面前廣減六寸。廣二寸三分，厚三分四釐。

壓厦版：長同上，廣一寸六分，厚同上。

神龕壺門背版：長隨枓槽，廣一寸七分，厚一分四釐。

壺門牙頭：長同上，廣五分，厚三分。

柱子：長五分七釐，廣三分四釐，厚同上。

面版：長與廣皆隨猴面版內，以厚八分爲定法。

普拍方：長隨枓槽之深，廣方三分四釐。

下車槽卧榥：每深一尺，則長九寸卯在內。方一寸一分。

柱脚方：長隨枓槽內深廣，方一寸二分。

柱脚方立榥：長九寸，方一寸一分。

榻頭木：長隨柱脚方內，方同上。

榻頭木立榥：長九寸一分，方同上。

拽後榥：長五寸，方一寸。

羅文榥：長隨高之斜長，方同上。

猴面卧榥：方同榻頭木。

帳身：高八尺，深四尺。帳柱上施隔科，下用鋜脚。前面及兩側皆安歡門、帳帶，上下截作七格，屋內用平棊等造。

帳內外槽柱：長視帳身之高，方四分。

內外槽上隔科版：長隨帳柱內，廣一寸三分，厚一分八釐。

內外槽上隔科仰托榥：長同上，廣五分，厚二分二釐。

內外槽上隔科內外上下貼：長同上，廣二分二釐，厚一分二釐。

內外槽上隔科內外上柱子：長五分，廣厚同上。

內外槽上隔科內外下柱子：長三分六釐，廣厚同上。

內外歡門：長同仰托榥，廣一寸二分，厚一分八釐。

內外帳帶：長三寸，方四分。

裹槽下鋜脚版：長同上隔科版，廣七分二釐，厚一分八釐。

裹槽下鋜脚仰托榥：長同上，廣五分，厚二分二釐。

裹槽下鋜脚外柱子：長五分，廣二分二釐，厚一分二釐。

正後壁及兩側後壁心柱：長視上下仰托榥內，其腰串長隨心柱內，各方四分。

帳身版：長視仰托榥腰串內，廣隨帳柱心柱內。以厚八分爲定法。

帳身版內外難子：長隨版四周之廣，方一分。

逐格前後格榥：長隨間，廣方二分。

鈿版榥：每深一尺，則長五寸五分。廣一分八釐，厚一分五釐，每廣六寸用一條。

逐格鈿面版：長同前後兩側格榥，廣隨前後格榥內，以厚六分爲定法。

逐格前後柱子：長八寸，方二分。每匣小間，用二條。

格版：長二寸五分，廣八分五釐，厚同鈿面版。

破間心柱：長視上下仰托榥內，其廣五分，厚三分。

摺疊門子：長同上，廣隨心柱帳柱內，以厚一寸爲定法。

格版難子：長隨格版之廣，其方六釐。

裹槽普拍方：長隨間之深廣，其廣五分，厚二分。

平棊：華文等準佛道帳制度。

經匣：盝頂及大小等並準轉輪藏經匣制度。

腰檐：高二尺，枓槽共長二丈九尺八寸四分，深三尺八寸四分。枓栱用六鋪作，單抄雙昂，材廣一寸，厚六分六氂，上用壓厦版出檐結瓷。

普拍方：長隨深廣，廣二寸，厚八分。

枓槽版：長隨後壁及兩側擺手深廣，廣三寸五分，厚一寸。

壓厦版：長同枓槽版，廣四寸，厚一寸。

枓槽鑰匙頭：長隨深廣，厚同枓槽版。

山版：長同普拍方，廣四寸五分，厚一寸。

出入角角梁：長視斜高，廣一寸五分，厚同上。

出入角子角梁：長六寸，曲廣一寸五分，厚八分。

抹角方：長七寸，廣一寸五分，厚同角梁。

貼生：長隨角梁內，方一寸。

曲椽：長八寸，曲廣一寸，厚四分。每補間鋪作一朵，用三條從角均攤。

飛子：長五寸，方三分五氂。

白版：長隨後壁及兩側擺手，廣三寸五分。以厚五分爲定法。

厦瓦版：長同白版，廣九寸。

瓦隴條：長九寸，方四分。

搏脊：長同山版，其廣二寸五分，厚一寸。

角脊：長六寸，廣二寸，厚同上。

搏脊槫：長隨間之深廣，其廣一寸五分，厚同上。

小山子版：長與廣皆二寸五分，厚同上。

山版枓槽卧棍：長隨枓槽內，其方一寸五分。

山版枓槽立棍：長八寸，方同上。

平坐：高一尺，枓槽長隨間之廣，共長二丈九尺八寸四分，深三尺八寸四分。安單鉤闌高七寸，用六鋪作，卷頭，材之廣厚及用壓厦版並準腰檐之制。

普拍方：長隨間之深廣，方一寸。

枓槽版：長隨後壁及兩側擺手，廣九寸，厚二寸。

壓厦版：長同枓槽版，廣九寸五分，厚同上。

鴈翅版：長同枓槽版，廣二寸五分，厚八分。

枓槽內上下卧棍：長隨枓槽內，其方三寸。

枓槽內上下立棍：長隨坐高，其方二寸五分。

鈿面版：長同普拍方。

天宮樓閣：高五尺，深一尺，用殿身、茶樓、角樓、龜頭、殿挾屋、行廊等造。

下層副階：內殿身長三瓣，茶樓子長二瓣，角樓長一瓣，並六鋪作，單抄雙昂造。龜頭、殿挾各長一瓣，並五鋪作，單抄單昂造。行廊長二瓣，分心，四鋪作造。其材並廣五寸，厚三分三氂，出入轉角間內並用補間鋪作。

中層副階上平坐：安單鉤闌，高四寸。其平坐並用卷頭鋪作等，及上層平坐上天宮樓閣，並準副階法。

凡壁藏芙蓉瓣，每瓣長六寸六分，其用龜脚至舉折等，並準佛道帳之制。

又 卷二六《諸作料例》 大木作小木作附

用方木

大料模方長八十尺至六十尺，廣三尺五寸至二尺五寸，厚二尺五寸至二尺。充十二架椽至八架椽栿。

廣厚方長六十尺至五十尺，廣三尺至二尺，厚二尺至一尺八寸，充八架椽栿并檐栿、綽幕、大檐額長方，長四十尺至三十尺，廣二尺至一尺五寸，厚一尺五寸至一尺二寸，充出跳六架椽至四架椽栿。

松方長二丈八尺至二丈三尺，廣二尺至一尺四寸，厚一尺二寸至九寸，充四架椽至三架椽栿。大角梁、檐額、壓槽方，高一丈五尺以上版門及裹栿版、佛道帳所用枓槽、壓厦版。

朴柱長三十尺，徑三尺五寸至二尺五寸，充五間八架椽。以上殿柱。

松柱長二丈八尺至二丈三尺，徑二尺至一尺五寸，就料剪截，充七間八架椽。以上殿副階柱或五間、三間八架椽至六架椽殿身柱，或七間至三間八架椽至六架椽廳堂柱。

就全條料及剪截解割用下項：

小松方長二丈五尺至二丈二尺，廣一尺三寸至一尺二寸，厚九寸至八寸。

常使方長二丈七尺至一丈六尺，廣一尺二寸至八寸，厚七寸至四寸。

官樣方長二丈至一丈六尺，廣一尺二寸至九寸，厚七寸至四寸。

截頭方長二丈至一丈八尺，廣一尺三寸至一尺一寸，厚九寸至七寸五分。

材子方長一丈八尺至一丈六尺，廣一尺二寸至一尺，厚八寸至六寸。

方八方長一丈五尺至一丈三尺，廣一尺一寸至九寸，厚六寸至四寸。

常使方八方長一丈五尺至一丈三尺，廣八寸至六寸，厚五寸至四寸。

方八子方長一丈五尺至一丈二尺，廣七寸至五寸，厚五寸至四寸。

竹作

色額等第：

上等每徑一寸，分作四片。每片廣七分，每徑加一分至一寸以上，準此計之。中等同，其打笆用下等者，只椎竹造。

漏三，長二丈，徑二寸一分。係除梢實收數，下並同。

漏二，長一丈九尺，徑一寸九分。

漏一，長一丈八尺，徑一寸七分。

中等：

大竿條長一丈六尺，織簟減一尺，次竿頭竹同。徑一寸五分。

次竿條長一丈五尺，徑一寸三分。

頭竹長一丈二尺，徑一寸二分。

次頭竹長一丈一尺，徑一寸。

下等：

笪竹長一丈，徑八分。

大管長九尺，徑六分。

小管長八尺，徑四分。

織細棊文素簟，織華或龍鳳造同。每方一尺，徑一寸二分竹一條。襯簟在內。

織粗簟，假棊文簟同每方二尺，徑一寸二分，竹一條八分。

織雀眼網，每長一丈，廣五尺。以徑一寸二分竹渾青造，一十一條。內一條作貼，如用木貼，即不用下同。

青白造六條。

笍索每一束，長二百尺，廣一寸五分，厚四分。以徑一寸三分竹渾青疊四造，一十九條，

青白造一十三條。

障日篛每三片，各長一丈，廣二尺，徑一寸三分，竹二十一條。

蘆蓆八領，每方一丈。

打笆以徑一寸三分竹爲率，用竹三十條造。

編道，以徑一寸五分竹爲率，用二十三條造。

竹柵，以徑八分竹一百八十三條造。

夾截：

中箔，五領。

徑一寸二分竹，一十條。

搭蓋涼棚，每方一丈二尺，

中箔，三領半。

徑一寸三分竹，四十八條。

宋 孟元老《東京夢華録》卷一《河道》 穿城河道有四，南壁曰蔡河，自陳蔡由西南戴樓門入京城，遼繞自東南陳州門出，河上有橋十一，自陳州門裏曰觀橋，從北，次曰宣泰橋，次曰雲騎橋，次曰横橋子，次曰高橋，次曰西保康門橋，次曰龍津橋，次曰新橋，次曰太平橋，次曰粜麥橋，次曰第一座橋，次曰宜男橋，出戴樓門外曰四里橋。中曰汴河，自西京洛口分水入京城，東去至泗州，入淮，運東南之糧，凡東南方物，自此入京城，公私仰給焉。自東水門外七里至西水門外，河上有橋十三，從東水門外七里曰虹橋，其橋無柱，皆以巨木虚架，飾以丹雘，宛如飛虹。其上下土橋亦如之，次曰順成倉橋，入水門裏曰便橋，次曰下土橋，次曰上土橋，投西角子門曰相國寺橋，次曰州橋。

宋 周去非《嶺外代答》卷四《屋室》 廣西諸郡富家大室覆之以瓦，不施棧板，唯敷瓦于椽間，仰視見瓦，徒取其不藏鼠，日光穿漏不以爲厭也。小民壘土墼爲墻，而架宇其上，全不施柱，或以竹仰覆爲瓦，或但織竹笆兩重，任其漏滴。廣中居民四壁不加塗泥，夜間焚膏，其光四出于外，故有一家點火十家光之譏。原其所以然，蓋其地煖，利在通風，不利堙室也。未嘗見其茅屋，然則廣人雖于茅，亦以爲勞事。

又《巢居》 深廣之民，結柵以居，上設茅屋，下豢牛豕。柵上編竹爲棧，不施椅桌牀榻，唯有一牛皮爲裀席，寢食於斯。牛豕之穢，升聞于棧罅之間，不可向邇，彼皆習慣，莫之聞也。考其所以然，蓋地多虎狼，不如是，則人畜皆不得。無乃上古巢居之意歟。

宋 趙彦衛《雲麓漫鈔》卷一〇 唐房千里《竹室記》有云：環堵所棲，率用竹以結其四角。植者爲柱楣，撑者爲榱桷。王元之《竹樓記》蓋其餘意。予嘗至江上，見竹屋，截大竹長丈餘，平破開，去其節編之，又以破開竹覆其縫，脊簷則横竹夾定，下施窗户，與瓦屋無異。西人又有《板屋詩》云「在

其版屋，各從其土俗」云。近日優人作雜班，似雜劇而簡畧，金虜官制有文班、武班，若醫卜倡優謂之雜班。每宴集，伶人進曰：雜班上。故流傳及此。

宋 宇文懋昭撰《欽定重訂大金國志》卷三九《初興風土》 金國初興地在契丹東北隅，地饒山林，田宜麻穀。土産人參、蜜蠟、北珠、生金、細布、松實、白附子。禽有鷹鸇、海東青之類，獸多牛、馬、麋鹿、野狗、白彘、青鼠、貂鼠。其人勇悍，善騎射，喜耕種，好漁獵。每見野獸之蹤，躡而求之，能得其潛伏之所。又以樺皮爲角，吹作呦呦之聲，呼麋鹿而射之。其居多依山谷聯木爲柵，或覆以板與樺皮，如牆壁亦以木爲之。冬極寒，屋纔高數尺，獨開東南一扉，扉既掩復以草，綢繆塞之。穿土爲床，煴火其下，而寢食起居其上。厚毛爲衣，非入室不撤衣，履稍薄則墮指裂膚。

元 脱脱等撰《宋史》卷九一《河渠志》 舊制，歲虞河決，有司常以孟秋預調塞治之物，梢芟、薪柴、楗橛、竹石、茭索、竹索凡千餘萬，謂之「春料」。詔下瀕河諸州所産之地，仍遣使會河渠官吏，乘農隙率丁夫水工，收采備用。凡伐蘆荻謂之「芟」，伐山木榆柳枝葉謂之「梢」，辮竹糾芟爲索。以竹爲巨索，長十尺至百尺，有數等。先擇寬平之所爲埽場。埽之制，密布芟索，鋪梢，梢芟相重，壓之以土，雜以碎石，以巨竹索横貫其中，謂之「心索」。卷而束之，復以大芟索繫其兩端，别以竹索自内旁出，其高至數丈，其長倍之。凡用丁夫數百或千人，雜唱齊挽，積置於卑薄之處，謂之「埽岸」。既下，以橛臬閡之，復以長木貫之，其竹索皆埋巨木於岸以維之，遇河之横決，則復增之，以補其缺。凡埽下非積數疊，亦不能遏其迅湍，又有馬頭、鋸牙、木岸者，以蹙水勢護隄焉。

元 李衎撰《竹譜詳録》卷三 篠竹，出温處建寧諸郡。叢生，如苦竹，長節而薄，可作屋椽。春生筍，可食。《後漢哀牢夷傳》云其竹節相去一丈，名曰濮竹。見《華陽國志》。

又卷四 簹音雹，又音福。竹，與田徧一種，但實厚孔小，爲梁柱佳。筍味苦不可食。《異物志》云：簹其大數圍，節間相去局促，中實滿堅強，以爲柱榱。斷截以爲棟梁，不加斤斧也。

又 簝竹，出處形狀與澇竹同，但横枝差小，葉大陰密，略如萑葦。最堅大可爲屋柱，筍味甘可食。

又 烏計竹，生安南。形狀頗同箆竻竹，但不澀，節差短。質堅而脆，大者以充屋材，止可爲柱，老者亦生刺。

元 王禎撰《農書》卷二二 凡農家居屋、厨屋、蠶屋、倉屋、牛屋皆宜以法製泥土爲用。先宜選用壯大材木，締構既成，椽上鋪板，板上傅泥，泥上用法製油灰泥塗飾，待日曝乾，堅如瓷石，可以代瓦。凡屋中内外材木露者，與夫門窻壁堵，通用法制灰泥圬墁之，务要匀厚固密，勿有罅隙，可免焚焮之患。名曰法制長生屋。

元 鄒鉉續編《壽親養老新書》卷三《觀雪庵》 菴長九尺，濶八尺，高六尺，以輕木爲格，紙糊之三面，如枕屏風。上以一格覆之，面前施夾幔，中間可容小坐牀四具。不妨設火及飲具，隨處移行，背風展之，迫地即就雪中卓之，比之氊帳，輕而開濶，不礙瞻眺，施之别用皆可，不獨觀雪也。

元 沙克什撰《河防通議》卷上《脩砌石岸》 凡脩砌石岸，先開掘襤子嵌坑，若用濶二尺，深二丈，開與地平，順河先鋪線道板一片，次立簽樁八條，各長二丈，内打釘五尺入地，外有一丈五尺。於簽樁上安跨埽木板六片，每留三片，每片鑿孔兩箇，中間撒子木六條，於撒子木上用稈草一束匀鋪。先用整石脩砌，脩及一丈後，用荒石再砌一丈。一例高五尺，第二層除就舊簽樁外，依前鋪埽木板、撒子木、稈草，再用石段脩砌，高五尺。第三層，亦就舊分例於上脩砌，高一丈。功就，三層通高二丈。

又《脩砌石岸每步兩縫合用物料》 簽樁八條，各長二丈，徑三寸八分。撒子木一十八條，各長二丈，徑六寸。扎縫草三束，各一十五斤。線道板一片，長五寸，濶一尺，厚三寸。石段一千三百三十三塊三分，各長一尺五寸，厚濶各一尺，荒整各半。埽木板一十八片，各長一丈三尺，濶九寸，厚三寸。打攣樁一條，橛三條，竹索二條。

又《安置壩閘一座物料》 廂板八十片，擗土板八十片，底板四十片，四擺手板六十片，以上計二百六十片，各長一丈五尺，濶一尺，厚二寸。截河板六十片，長六尺，濶一尺，厚二寸。刺水板二十片，各長七尺，濶一尺，厚二寸。吐水板二十四片，各長一丈六尺，濶一尺，厚二寸。板橛四十八箇，各長六尺，方三寸。立貼木一十二條，各長一丈五尺，濶六寸，厚四寸。卧貼木三十條，各長六尺，濶六寸，厚四寸。金口立貼木四條，各長一丈五尺，濶七寸，厚五寸。壓板地栿九條，各長二丈四尺，濶五寸，厚二寸。轆頰木八條，各長一丈，濶一尺，厚五寸。順水地栿二條，各長三丈二尺，濶一尺，厚七寸。過水地栿二條，各長三丈，濶一尺，厚七寸。排搓木柱二十條，各長二丈一尺，濶一尺二寸，厚六寸。角柱四條，各長三丈一尺五寸，濶一尺五寸，厚一寸。金口柱二條，各長二丈一尺五寸，濶一尺五寸，厚一尺。襯板地栿一十二條，各長二丈四尺，濶一尺，厚八寸。吐水地栿五條各長三丈，濶一尺，厚六寸。刺水地栿二條，各長二丈五尺，濶一尺，厚六寸。涎衣梁四條，各長一丈六尺，濶一尺二寸，厚七寸。門渠栿一條，長三丈四尺，濶一尺，厚六寸。攀面拽後㯽八條，長一丈七尺，徑九寸。脚板二片，長一丈五尺，濶一尺四寸，厚六寸。閘板八片，長二丈三尺，濶一尺四寸，厚六寸。地丁五十八條，各長六尺，徑六寸。吐水樁三十條，各長七尺，徑七寸。鳳翅樁二十條，各長二丈，徑八寸。嘑口木四條，各長二丈五尺，徑九寸。永定柱五十二條，各長二丈，徑七寸。拽後木五十二條，各長一丈七尺，徑四寸。轉軸四條，各長七尺，徑八寸。上下水攔口樁一百六十條，各長七尺，徑七寸。丁鐵梁頭計三千八百七十八箇，平蓋五寸丁三千一百一十二箇，候頭一尺丁三百四箇，梁頭鉤五十二道，長一尺五寸，濶一寸，厚三分。釘梁頭三寸丁三百一十二箇，每首六箇。板釵股三十二箇，長二尺，徑四分。起板鉤索三十二條，各長四尺，每股徑六分。打板索上鉤鐶二副，鉤長五寸，鐶徑四分。掛板鉤搭三十二箇，鉤長八寸，脚四寸。雜用物料好麻索四條，二條長三十尺，徑三寸二條，長二丈五尺，徑二寸半。油八十斤，石灰二百四十斤，三斤和油一斤爲劑固縫使用。

又《竹葦諸索》　捲埽竹索長一百尺，用八破竹、陝西竹二十五竿，懷州竹三十一竿。小較索長四十尺，圍一寸半，用竹四竿。圍二寸半，用竹六竿。手索長七十五尺，用竹二十竿。定石索長二百尺，用竹二十五竿。綻索長七十五尺，圍四寸，用八破竹二十五竿。通河索長二百五十尺，圍一尺二寸，用八破竹四百五十竿。欄杆索長二百五十尺，圍二寸，用八破竹二十三竿。葦索每條長一百尺，合用葦數不等，圍一尺二寸，用一十二束，每束重十五斤。圍一尺，用八束三分三釐，圍九寸，用六束七分五釐，圍七寸，用四束八分。

又《明昌七年定到打造捲埽竹索法》　嵩州元納到八破竹，自後監造竹索官辨驗得竹細小各有長一二分，準充七破竹。每條用二十四竿懷州竹破不等，十破竹用一十六竿，九破竹用一十八竿，八破竹用二十竿，七破竹用二十八竿，梢尺短少。衛州竹數不等，二寸竹四十二竿，三寸半竹二十八竿，四寸竹二十一竿，元二十四竿梢尺短少。隨埽使用，竹索制不用白。小較索每條用八破竹二竿，不用白，止用青篾子兩股合成，長二丈，圍二寸半，秤制得剩下白重二斤四兩，梢根重六兩。手索每條用八破竹二十一竿，用篾子三股合成，長七十五尺，圍四寸，得竹白二十二斤。捲埽大索每條用八破竹二十一竿，用竹篾纏裹竹白三股合成，長一百尺，圍六寸，所剩竹根二十一箇，重六十三兩。

又《河橋司使用竹索》　拋定索每條用八破竹八十竿，不用白，止用青篾子三股合成，長二百尺，圍五寸，剥下竹白五十七斤一十三兩二分，竹根八十箇，重一十五斤三兩二分。綻索用八破竹二十五竿，用青篾子三股合成，長七十五尺，圍四寸，剥下竹白一十八斤五兩，竹根二十五箇，重四斤一十二兩。

元　佚名《東南紀聞》卷三　蜀之青城有繩橋，每橋長百二十丈，排連之上布竹笆，攢立大木數十于沙中，輦石固其根。每數木作一架，掛橋于平空。大風過之，掀舉幡幡然，大略如漁人曬網。

明　蕭洵《故宮遺録》　金露殿由東而上爲玉虹殿，殿前有石巖，如屋。每設宴，必温酒其中。更衣、玉虹、金露交馳而繞層闌，登廣寒殿，殿皆線金朱瑣窗，綴以金鋪，内外有一十二楹，皆繞刻龍雲，塗以黄金，左右後三面則用香木，鑿金爲祥雲數千萬片，擁結於頂。仍盤金龍殿有閒玉金花玲瓏屏臺，牀四，列金紅連椅，前置螺甸酒卓，高架金酒海，窗外出爲露臺，繞以白石花闌，旁有鐵竿數丈，上置金葫蘆三，引鐵練以繫之。

明　陶宗儀《輟耕録》卷一八　蓋以日本國松木爲翠寒堂，不施丹雘，白如象齒，環以古松。碧琳堂近之，一山崔嵬，作觀堂，爲上焚香祝天之所。

又　卷二一《宮闕制度》　紫檀殿在大明寢殿西，制度如文思，皆以紫檀香木爲之，縷花龍涎香間白玉飾，壁草色髹，緑其皮爲地衣。

又　文德殿在明暉外，又曰楠木殿，皆楠木爲之，三間，前後軒一間。盝頂殿五間，在光天殿西北角樓西。

明　宋濂《元史》卷六六《河渠志》　兩岸埽隄並行。作西埽者夏人水工，徵自靈武；作東埽者漢人水工，徵自近畿。其法以竹絡實以小石，每埽不等，以蒲葦綿腰索徑寸許者從鋪，廣可一二十步，長可二三十步。又以曳埽索綯徑三寸或四寸、長二百餘尺者衡鋪之。相間復以竹葦麻檾大繂，長三百尺者爲管心索，就繫綿腰索之端於其上，以草數千束，多至萬餘，匀布厚鋪於綿腰索之上，槖而納之，丁夫數千，以足踏實，推卷稍高，即以水工二人立其上，而號於衆，衆聲力舉，用小大推梯，推卷成埽，高下長短不等，大者高二丈，小者不下丈餘。又用大索或五爲腰索，轉致河濱，選健丁操管心索，順埽臺立踏，或掛之臺中鐵猫大橛之上，以漸縋之下水。埽後掘地爲渠，陷管心索渠中，以散草厚覆，築之以土，其上復以土牛、雜草、小埽梢土，多寡厚薄，先後隨宜。修疊爲埽臺，務使牽制上下，縝密堅壯，互爲掎角，埽不動搖。日力不足，火以繼之。積累既畢，復施前法，卷埽以壓先下之埽，量水淺深，制埽厚薄，疊之多至四埽而止。兩埽之間置竹絡，高二丈或三丈，圍四丈五尺，實以小石、土牛。既滿，繫以竹纜，其兩旁並埽，密下大樁，就以竹絡上大竹腰索繫於樁上。東西兩埽及其中竹絡之上，以草土等物築爲埽臺，約長五十步或百步，再下埽，即以竹索或麻索長八百尺或五百尺者一二，雜厠其餘管心索之間，俟埽入水之後，其餘管心索如前薶掛，隨以管心長索，遠置五七十步之外，或鐵猫，或大樁，曳而繫之，通管束累日所下之埽，再以草土等物通修成隄。又以龍尾大埽密掛於護隄大樁，分折水勢。其隄長二百七十步，北廣四十二步，中廣五十五步，南廣四十二步，自顛至趾，通高三丈八尺。

其截河大隄，高廣不等，長十有九里百七十七步。其在黄陵北岸者，長十里四十一步。築岸上土隄，西北起東西故隄，東南至河口，長七里九十七步，顛廣六步，趾倍之而強二步，高丈有五尺，接修入水。施土牛、小埽梢草雜土，多寡厚薄隨宜修疊，及下竹絡，安大樁，繫龍尾埽，如前兩隄法。唯修疊埽臺，增用白闌小石。并埽上及前(洊)(游)修埽隄一，長百餘步，直抵龍口。稍北，欄頭三埽並行，埽大隄廣與刺水二隄不同，通前列四埽，間以竹絡，成一大隄，長二百八十步，北廣百一十步，其顛至水面高丈有五尺，水面至澤腹高二丈五尺，通高三丈五尺；中流廣八十步，其顛至水面高丈有五尺，水面至澤腹高五丈五尺，通高七丈。並創築縷水橫隄一，東起北截河大隄，西抵西刺水大隄。又一隄東起中刺水大隄，西抵西刺水大隄，通長二里四十二步，亦顛廣四步，趾三之，高丈有二尺。修黄陵南岸，長九里百六十步，內創岸土隄，東北起新補白茅故隄，西南至舊河口，高廣不等，長八里二百五十步。

乃入水作石船大隄。蓋由是秋八月二十九日乙巳道故河流，先所修北岸西中刺水及截河三隄猶短，約水尚少，力未足恃。決河勢大，南北廣四百餘步，中流深三丈餘，益以秋漲，水多故河十之八。兩河争流，近故河口，水刷岸北行，洄漩湍激，難以下埽。且埽行或遲，恐水盡湧入決河，因淤故河，前功遂隳。魯乃精思障水入故河之方，以九月七日癸丑，逆流排大船二十七艘，前後連以大桅或長樁，用大麻索、竹絙絞縛，綴爲方舟。又用大麻索、竹絙(用)(周)船身繳繞上下，令牢不可破，乃以鐵猫於上流硾之水中。又以竹絙絶長七八百尺者，繫兩岸大橛上，每絙或硾二舟或三舟，使不得下，船腹略鋪散草，滿貯小石，以合子板釘合之，復以埽密布合子板上，或二重，或三重，以大麻索縛之急，復縛横木三道於頭桅，皆以索維之，用竹編笆，夾以草石，立之桅前，約長丈餘，名曰水簾桅。復以木楮拄，使簾不偃仆，然後選水工便捷者，每船各二人，執斧鑿，立船首尾，岸上搥鼓爲號，鼓鳴，一時齊鑿，須臾舟穴，水入，舟沉，遏決河。水怒溢，故河水暴增，即重樹水簾，令後復布小埽土牛白闌長梢，雜以草土等物，隨宜填垜以繼之。石船下詣實地，出水基趾漸高，復卷大埽以壓之。前船勢略定，尋用前法，沉餘船以竟後功。昏曉百刻，役夫分番甚勞，無少間斷。船隄之後，草埽三道並舉，中置竹絡盛石，並埽置樁，繫纜四埽及絡，一如修北截水隄之法。第以中流水深數丈，用物之多，施功之大，數倍他隄。船隄距北岸纔四五十步，勢迫東河，流峻若自天降，深淺叵測。於是先卷下大埽約高二丈者，或四或五，始出水面。修至河口一二十步，用工尤艱。薄龍口，喧豗猛疾，勢撼埽基，陷裂欹傾，俄遠故所，觀者股弁，衆議騰沸，以爲難合，然勢不容已。魯神色不動，機解捷出，進官吏工徒十餘萬人，日加獎諭，辭旨懇至，衆皆感激赴功。十一月十一日丁巳，龍口遂合，決河絶流，故道復通。又於隄前通卷欄頭埽各一道，多者或三或四，前埽出水，管心大索繫前埽，硾後闌頭埽之後，後埽管心大索亦繫小埽，硾前闌頭埽之前，後先羈縻，以錮其勢。又於所交索上及兩埽之間，壓以小石白闌土牛，草土相半，厚薄多寡，相勢措置。

埽隄之後，自南岸復修一隄，抵已閉之龍口，長二百七十步。船隄四道成隄，用農家場圃之具曰轆軸者，穴石立木如比櫛，薶前埽之旁，每步置一轆軸，以横木貫其後，又穴石，以徑二寸餘麻索貫之，繫横木上，密掛龍尾大埽，使夏秋潦水、冬春凌簰，不得肆力於岸。此隄接北岸截河大隄，長二百七十步，南廣百二十步，顛至水面高丈有七尺，水面至澤腹高四丈二尺；中流廣八十步，顛至水面高丈有五尺，水面至澤腹高五丈五尺；通高七丈。仍治南岸護隄埽一道，通長百三十步，南岸護岸馬頭埽三道，通長九十五步。修築北岸隄防，高廣不等，通長二百五十四里七十一步。白茅河口至板城，補築舊隄，長二十五里二百八十五步。曹州板城至英賢村等處，高廣不等，長一百三十三里二百步。稍岡至碭山縣，增培舊隄，長八十五里二十步。歸德府哈只口至徐州路三百餘里，修完缺口一百七處，高廣不等，積修計三里二百五十六步。亦思剌店縷水月隄，高廣不等，長六里三十步。

其用物之凡，樁木大者二萬七千，榆柳雜梢六十六萬六千，帶梢連根株者三千六百，藁秸蒲葦雜草以束計者七百三十三萬五千有奇，竹竿六十二萬五千，葦席十有七萬二千，小石二千艘，繩索小大不等五萬七千，所沉大船百有二十，鐵纜三十有二，鐵猫三百三十有四，竹篾以斤計者十有五萬，硾石三千塊，鐵鑽萬四千二百有奇，大釘三萬三千二百三十有二。其餘若木龍、蠶椽木、麥稭、扶樁、鐵叉、鐵吊、枝麻、搭火鈎、汲水、貯水等具皆有成數。官吏俸給，軍民衣糧工錢，醫藥、祭祀、賑恤、驛置馬乘及運竹木、沉船、渡船、下樁等工，鐵、石、竹、木、繩索等匠傭貲，兼以和買民地爲河，併應用雜物等價，通計中統鈔百八十四萬五千六百三十六錠有奇。

明 田汝成《炎徼紀聞》卷四 （猺人）採竹木爲屋，綢繆而不斷，繩樞篳竇，覆以菁茅，樹蓄粟豆羊牛，褋以爲餉，不足以山伐獵獸而續之。

明 王圻《稗史彙編》卷一五三《簹與田衙》 簹與田衙皆大竹也，土人用爲梁柱。簹竹安成以南有之，其味苦，俗號簹田衙竹。《交州慶志》云：生於永昌郡，爲物叢生。《吴都賦》所謂「篔」也。簹音雹，性柔弱，見《三蒼》。

明 潘季馴《宸斷大工録·修河事宜》（《明經世文編》卷三七八引） 一築順水壩：順水壩之設，專爲吃緊迎溜處所。如本隄水刷洶湧，雖有邊埽難以久恃，必須將本隄上首築順水壩一道，長十數丈，或五六丈。一丈之壩，可逼水遠去數丈。隄根自成淤灘，而下首之隄俱固矣。安埽之法，上水廂邊埽宜出，將裏頭埽藏入在内，下水埽宜退藏，入裏頭埽，庶水不得揭動埽也。如築長六丈，闊四丈，高一丈，用埽兩面廂邊，每邊用埽二行，裏頭二行，中間填土。每行用埽二層，共計用中埽十八箇，每箇長五丈，高三尺，用草四百束，柳稍八十束，草繩四十條，排樁簽樁共用樁木四根，人夫二十五工，共用捲埽隄夫四百五十工，運土隄夫二百工，俱不議工食。共用草七千二百束，該銀一十四兩四錢。柳稍或葦一千四百四十束，該銀一十四兩四錢。草繩七百二十套，該銀二十一兩六錢。樁木七十二根，該銀七兩二錢。竹繩十四條，每條重四十斤，共用檾四百八十斤，該銀二兩四錢。約共該銀六十兩，如無柳稍，以葦代之。

又 一下護根乾埽：凡隄係埽灣須預下乾埽，以衛隄根，此埽須土多料少，簽樁必用長壯，入地尺餘，庶不坍蟄。如下長三丈，高三尺，埽一箇，用草一百六十束，該銀三錢二分。柳稍四十束，該銀四錢。草繩二十套，該銀六錢。樁木三根，該銀三錢。量用檾作行繩，用隄夫二十工，不議工食，每埽一箇，約共該料價銀一兩六錢二分。

明 王士性《廣志繹》卷三 長安宫殿惟秦、漢最盛。想當時，秦隴大木，多取用不盡。若今嘉靖間午門、三殿災，萬曆間慈寧、乾清災，動費四五百萬金，府庫不足，取之事例，不足，又取之捐俸，不足，又取之開礦。一木之費，輒至千金。川貴山中存者，亦罕。千溪萬壑，出水爲難，即欲效秦漢，百一未能也。姑舉兩朝崖略：秦始皇所造宫室多在渭北，每破侯國，即放寫其宫室作之咸陽北坂上，以所得美人充之。起咸陽而西至雍規，恢三百里，離宫別舘，彌山跨谷，複道相屬，鐘鼓帷帳，不移而具。又三十五年，別度渭南立上林苑中，建阿房宫。東西五十步，南北五十丈，上可坐萬人，下建五丈旗，車行酒，騎行炙，記其縣亘，則閣道八十里，直抵驪山。表南山之闕以爲塞，絡樊川爲池，以木蘭爲梁，以磁石爲門。度渭，象太極，閣道抵營室也。其他萯陽、棫陽、平陽、橐泉、長楊、祈年諸宫，不暇殫舉。漢脩長樂，周二十里，又起未央宫，周二十八里。前殿東西五百尺，深百五十丈，高三百五十尺。至孝武以黄金爲壁帶，文杏爲橑柱，金鋪玉户，華榱璧璫，雕楹玉飾，青鎖丹墀。又作建章宫，周三十里，于宫西跨城作飛閣，搆輦道，以上下爲千門萬户。前殿下視未央，別作鳳闕對峙，井幹樓樓閣俱高五十丈，輦道相屬焉。而左鳳闕、北員闕則高皆半之。甘泉宫周十九里，去長安三百里望見長安。他如集靈、五柞、回中、北宫、長信，不暇殫舉。《皇圖》曰：秦北至九嵕，南至鄠杜，東至河西，西至汧渭之交，東西八百里，南北四百里，離宫三百，相望聯屬，木衣綈繡，土被朱紫，宫人不移，樂不改懸，窮年忘歸，猶不能徧。漢畿千里，内外宫館，一百四十五所。

明 高濂《遵生八牋》卷七 觀雪菴：長九尺，潤八尺，高七尺，以輕木爲格，紙布糊之，以障三面。上以一格覆頂面，前施幃幔，捲舒如帳。中可四坐，不妨設火食具，隨處移行，背風帳之，對雪瞻眺，比之氈帳，似更清逸。施之就花，就山水，雅勝之地，無不可也。謂之行窩。

又　茆亭　以白茆覆之，四搆爲亭，或以椶片覆者更久。其下四柱，得山中帶皮老椶本四條爲之，不惟淳朴雅觀，且亦耐久。外護闌竹一二條，結於蒼松翠蓋之下，修竹茂林之，中雅稱清賞。

又　檜柏亭　植四老柏以爲之，製用花匠竹索結束爲頂成亭，惟一簷者爲佳，圓製亦雅，若六角二簷者俗甚。桂樹可結，羅漢松亦可。若用薔薇結爲高塔，花時可觀，若以爲亭，除花開後，荆棘低垂，焦葉蟊蟲，撩衣刺面，殊厭經目，無論玩賞。

明　午榮**《新鐫工師雕斫魯班木經匠家鏡》卷一《三架屋後車三架法》**　造此小屋者，切不可高大。凡步柱只可高一丈零一寸，棟柱高一丈二尺一寸，段深五尺六寸，間濶一丈一尺一寸，次間一丈零一寸，此法則相稱也。評曰：凡人創造三架屋，般尺須尋吉上量。濶狹高低依此法，後來必出好兒郎。

又《五架房子格》　正五架三間拖後一，柱步用一丈零八寸，仲高一丈二尺八寸，棟高一丈五尺一寸，每段四尺六寸，中間一丈三尺六寸，次濶一丈二尺一寸，地基濶狹，則在人加減，此皆壓白之法也。詩曰：三間五架屋偏奇，按白量材實利宜。住坐安然多吉慶，横財入宅不拘時。

又《正七架三間格》　七架堂屋：大凡架造，合用前後柱高一丈二尺六寸，棟高一丈零六寸，中間用濶一丈四尺三寸，次濶一丈三尺六寸，段四尺八寸，地基濶窄、高低、深淺，隨人意加減則爲之。詩曰：經營此屋好華堂，並是工師巧主張。富貴本由繩尺得，也須合用按陰陽。

又《正九架五間堂屋格》　凡造此屋，步柱用高一丈三尺六寸，棟柱或地基廣濶宜一丈四尺八寸，段淺者四尺三寸，成十分深，高二丈二尺棟爲妙。詩曰：陰陽兩字最宜先，鼎創興工好向前。九架五間堂九天，萬年千載福綿綿。謹按先師真尺寸，管教富貴足庄田。時人若不依仙法，致使人家兩不然。

又《正七架格式》　正七架樑，指及七架屋、川牌枡，使斗㮰或柱義桁並，由人造作，有圖式可佳。

又《王府宮殿》　凡做此殿，皇帝殿九丈五尺高，王府七丈高，飛簷找角，不必再白。重拖五架，前拖三架，上截升拱天花板，及地量至天花板，有五丈零三尺高。殿上柱頭七七四十九根，餘外不必再記，臨在加減。中心兩柱八角爲之天梁，輔佐後無門，俱大厚板片。進金上前無門，俱掛硃簾，左邊立五官，右邊十二院，此與民間房屋同式。直出明律。門有七重，俱有殿名，不必載之。

又　粧修正廳：左右二邊四大孔水椹板。先量每孔多少高，帶磉至一穿枋下有多少尺寸，可分爲上下一半，下水椹帶腰枋，每矮九寸零三分，其腰枋只做九寸三分。大抱柱線，平面九分，窄上五分，上起荷葉線，下起棋盤線，腰枋上面亦然。九分下起一寸四分，窄面五分，下貼地栿，貼仔一寸三分厚，與地栿盤厚中間分三孔或四孔，橵枋仔方圓一寸六分，閂尖一寸四分長。前楣後楣比廳心每要高七寸三分，房間光顯冲欄二尺四寸五分，大廳心門框一寸四分厚，二寸二分大，底下四片，或下六片，八寸要有零，子舍箱間與廳心一同尺寸，切忌兩樣尺寸，人家不和。廳上前簷兩孔，做門上截亮格，下截上行板，門框起聰管線，一寸四分大，一寸八分厚。正堂粧修與正廳一同上框門尺寸無二，但腰枋帶下水椹，比廳上尺寸每矮一寸八分。若做一抹光水椹，如上框門，做上截起棋盤線或荷葉線，平七分，窄面五分，上合角貼仔一寸二分厚，其別雷同。

又《寺觀庵堂廟宇式》　架學造寺觀等，行人門身帶斧器，從後正龍而入，立在乾位，見本家人出方動手。左手執六尺，右手拿斧，先量正柱，次首左邊轉身柱，再量直出山門外止。叫夥同人，起手右邊上一抱柱，次後不論。大殿中間，無水椹或欄杆斜格，必用粗大，每算正數，不可有零。前欄杆三尺六寸高，以應天星。或門及抱柱，各樣要笲七十二地星。菴堂廟宇中間水椹板，此人家水椹每矮一寸八分，起線抱柱尺寸一同，已載在前，不白。或做門，或亮格，尺寸俱矮一寸八分。廳上寶棹三尺六寸高，每與轉身柱一般長，深四尺面，前疊方三層，每退黑一寸八分，荷葉線下兩層花板，每孔要分成雙下脚，或雕獅象挖脚，或做貼梢，用二寸半厚，記此。

又《粧修祠堂式》　凡做祠宇爲之家廟，前三門次東西走馬廊，又次之大廳，廳之後明樓、茶亭，亭之後即寢堂。若粧修自三門做起，至內堂止。中門開四尺六寸二分濶，一丈三尺三分高，濶合得長天尺方在義官位上。有等説官字上不好安門，此是祠堂，起不得官義二字，用此二字，子孫方有發達榮耀。兩邊耳門三尺六寸四分濶，九尺七寸高大，吉財二字上，此合天星吉地德星，況中門兩邊，俱后格式。家廟不比尋常人家，子弟賢否，都在此處種秀。又且寢堂及廳兩廊至三門，只可步步高，兒孫方有尊卑，母小期大之故，做者深詳記之。

粧修三門，水椹城板下量起，直至一穿上平分上下一半，兩邊演開八字，水椹亦然。如是大門二寸三分厚，每片用三箇暗串，其門笋要圓，門斗要扁，此開門方嘗爲吉。兩廊不用粧架，廳中心四大孔，水椹上下平分，下截每矮七寸，正抱柱三寸六分大，上截起荷葉線，下或一抹光，或鬥尖的，此尺寸在前可觀。廳心門不可做四片，要做六片吉。兩邊房間及耳房，可做大孔田字格或窗齒可合式，其門後楣要留，進退有式。明樓不須架修，其寢堂中心不用做門，下做水椹帶地栿，三尺五高，上分五孔，做田字格。此要做活的，内奉神主祖先，春秋祭祀，拿得下來。兩邊水湛，前有尺寸，不必再白。又前眉做亮格門，抱柱下馬蹄抱住，此亦用活的，後學觀此，謹宜詳察，不可有悮。

又《神厨搭式》 下層三尺三寸，高四尺，脚每一片三寸三分大，一寸四分厚，下鎖脚方一寸四分大，一寸三分厚，要留出笋。上盤仔二尺二寸深，三尺三寸闊，其框二寸五分大，一寸三分厚，中下兩串，兩頭合角與框一般大，吉。角止佐半合角，好開柱。脚相二個，五寸高，四分厚，中下士厨只做九寸，深一尺。窗齒欄杆，止好下五根步步高。上層柱四尺二寸高，帶嶺在内，柱子方圓一寸四分大，其下六根，中兩根，係交進的裏半做一尺二寸深，外空一尺，内中或做二層，或做三層，步步退墨。上層下散柱二個，分三孔，耳孔只做六寸五分濶，餘留中上。拱樑二寸大，拱樑上方樑一尺八大，下層下嚾眉勒水。前柱磉一寸四分高，二寸二分大，雕播荷葉。前楣帶嶺八寸九分大，切忌大了不威勢。上或下火焰屏，可分爲三截，中五寸高，兩邊三寸九分高，餘或主家用大用小，可依此尺寸退墨，無錯。

又《營寨格式》 立寨之日，先下纍杆，次看羅經，再看地勢山形生絶之處，方令木匠伐木，踏定裏外營壘。内營方用廳者，其木不俱大小，止前選定二根，下定前門，中五直木，九丈爲中央主旗杆，内分間架，裏外相串。次看外營週圍，疊分金木水火土，中立二十八宿，下「休生傷杜日景死驚開」此行文，外代木交架而下週建。禄角旗鎗之勢，並不用木作之工。但裏营要鉋砍找接下門之勢，其餘不必木匠。

又《凉亭水閣式》 粧修四圍欄杆，靠背下一尺五寸五分高，坐板一尺三寸大，二寸厚。坐板下或横下板片，或十字掛欄杆上。靠背一尺四寸高，此上靠背尺寸在前不白，斜四寸二分方好坐。上至一穿枋做遮陽，或做亮格門。若下遮陽，上油一穿下，離一尺六寸五分是遮陽。穿枋三寸大，一寸九分原，中下二根斜的，好開光窗。

又 卷二《倉敖式》 依祖格九尺六寸高，七尺七分濶，九尺六寸深，枋每下四片前立二柱，開門只一尺五寸七分濶，下做一尺六寸高，至一穿要留五尺二寸高，上楣枋槍門要成對，切忌成單，不吉。開之日不可内中飲食，又不可用墨斗曲尺，又不可柱枋上留字留墨，學者記之，切忌。

又《橋梁式》 凡橋梁無粧修，或有神厨做，或有欄杆者，若從雙日而起，自下而上。若單日而起，自西而東。看屋几高几濶，欄杆二尺五寸，高坐櫈一尺五寸高。

又《郡殿角式》 凡殿角之式，垂昂插序，則規横深奥，用升斗拱相稱。深淺濶狹，用合尺寸，或地基濶二丈，柱用高一丈，不可走祖，此爲大畧，言不盡意，宜細詳之。

又《建鐘樓格式》 凡起造鐘樓，用風字脚，四柱並用渾成梗木，宜高大相稱，散水不可大低，低則掩鐘聲，不嚮于四方。更不宜在右畔，合在左逐寺廊之下，或有就樓盤，下作佛堂，上作平基，盤頂結中開樓，盤心透上真見鐘。作六角欄杆，則風送鐘聲，遠出於百里之外，則爲也。

又《建造木倉格》 凡造倉敖，並要用名術之士，選擇吉日良時與工匠。人可先將一好木爲柱安向北方，其匠人却歸左邊，立就斧向内斫入則吉也。或大小長短高低濶狹皆用，按二黑須然，留下十寸八白，則各有用其它者合白，但與做倉廒不同。此用二黑，則鼠不侵，此爲正例也。

明 文震亨《長物志》卷一《門》 用木爲格，以湘妃竹横斜釘之。或四或二，不可用六。兩傍用板爲春帖，必隨意取唐聯佳者刻於上，若用石梱，必須板扉。石用方厚渾朴，庶不涉俗。門環得古青緑蝴蝶獸面，或天鷄饕餮之屬釘於上爲佳，不則用紫銅或精鐵如舊式鑄成亦可。黄白銅俱不可用也。漆惟朱紫黑三色，餘不可用。

又《牕》 用木爲粗格，中設細條三眼，眼方二寸，不可過大。牕下填板尺許，佛樓禪室，間用菱花及象眼者，牕忌用六，或二或三或四，隨宜用之。室高，上可用横牕一扇，下用低檻承之，俱釘明瓦，或以紙糊，不可用絳素紗及梅花簟。冬月欲承日，製大眼風牕，眼竟尺許，中以線經其上，庶紙不爲風雪所破，其制亦雅。然僅可用之小齋丈室，漆用金漆，或朱黑二色，雕花綵漆，俱不可用。

又《欄干》 石欄最古，第近於琳宫梵宇，及人家冢墓傍池或可用，然不如用石蓮柱二，木欄爲雅。柱不可過高，亦不可雕鳥獸形。亭榭廊廡可用朱欄及鵝頸承坐，堂中須以巨木雕如石欄，而空其中，頂用柿頂朱飾，中用荷葉寶瓶。緑飾卍字者，宜閨閣中，不甚古雅。取畫圖中有可用者，以意成之可也。三横木最便，第太朴，不可多用，更須每楹一扇，不可中竪一木，分爲二三，若齋中，則竟不必用矣。

又《照壁》 得文木如豆瓣楠之類爲之，華而複雅，不則竟用素染或金漆亦可，青紫及灑金描畫俱所最忌。亦不可用六。堂中可用一帶，齋中則止中楹用之。有以夾紗牕或細格代之者，俱稱俗品。

明 計成《園冶》卷一《臺》 《釋名》云：臺者，持也。言築土堅高，能自勝持也。園林之臺，或掇石而高上平者，或木架高而版平無屋者，或樓閣前出一步而敞者，俱爲臺。

明 陳懋仁《庶物異名疏》卷二三《心》 《爾雅》：樸樕，心。孫炎曰：樸樕，一名心。某氏：樸樕，斛樕也。有心能濕，江河間以作柱。

明 吴鳴球《兵鏡》卷八《木柵》 凡木柵，因敵所逼，不及築城壘，或因山河險勢，多石少土，不任板築，乃建木爲柵。方圓高下，隨事深埋木根，重復彌縫其闕，内重短爲閣道，外柱一重，長出四尺爲女牆，皆泥塗之。柵外掘壕一重，濶二丈，深一丈，木柵裏每百步造戰樓一具，中置望樓，以遠探望。

明 王光魯《閲史約書》卷四《宫室》 虎落，編竹爲藩，拒虎者也。譙樓，一爲巢樓，言高也。罘罳，浮思簷户間網也。突夏，複屋也。仙陀，佛寺也。虎門，周師氏居，漢祭酒第也。按堵，按其次第，墻壁不動也。柧稜，殿堂最高處也。鏁宫，湯所受命宫也。駘蕩，漢宫名，言春時景物滿也。馺娑，亦漢宫名，二字本狀馬行迅疾，言宫之深大，迅行乃遍也。杓意指，亦漢宫名，言美木盛也。杜治，奉道家浄室也。甌脱，土室，邊人候望伏宿之處也。垂堂，謂堂階垂盡處，坐之易隕墜也。顧成廟，身存而爲廟，若周之顧命也。甲第，甲於諸第也。嚴籞，天子射苑也。漢東宫，太后居也，漢後則謂太子。切皆銅沓，切，門限，以銅裹之也。壁帶爲黄金缸，工壁帶，壁中横木，露出如帶者也。壁帶中以金環飾之，如車缸也。篹撰食堂，篹，具也。厝廡，厝蘇平屋也。庌迸舍，野中迸候賓客之處也。屈戍，窗上銅鐵扣也。埂軟平聲垣，宫外垣也。門牡，門鍵也。以鐵爲之。馬弩關，禁馬弩二石，平弩十石以上，皆不得出關也。鴻寶秘苑，秘書之苑也。柍桭，屋中央也。窶數，梁上四柱，交疊如蟲狀也。㝔奥，東南隅奥，西南隅也。宖窨，屋深響也。游極，梁上浮柱也。陽馬，角梁也。雙枚，重梁也。欜津櫨，曲短梁也。雲楶，梁上柱也。禁㮰，駢短方床也。栢宋廇，芒溜大梁也。梡梠，連簷也。笐篖，椽上竹也。藁街，待蠻夷之館也。柘梐，行馬，今攔衆也。

明 湖南漫士《水邊林下五十九種》之《山齋志·熅閣》 熅閣，南方暑雨時，藥物、圖書、皮毛之物皆爲黴溽壞盡。今造閣去地一丈有多，閣中循壁爲厨二三層，壁間以板弭之，前後開牕，梁上懸長笐，物可懸者懸於笐中，餘置格上。天日晴明則大開牕户，令納風日；爽氣陰晦，則密閉以杜雨濕。中設小爐，長令火氣温鬱。又法閣中設床二三，床下收新出窑炭實之。乃置畫片床上，永不黴壞。不須設火，其炭至秋供燒，明年復换新炭。床上切不可卧，卧者病瘖，屢有驗也。蓋火氣所爍，故耳。

清 顧炎武《歷代帝王宅京記》卷一五 其水又南逕平城縣故城東，司州代尹治皇都洛陽，以爲恒州。水左有大道壇廟，始光二年，少室道士寇謙之所建也，兼諸嶽廟碑，亦多所署立。其廟階五成，宋本作三成四周欄檻，上階之上，以木爲員基，令于相枝梧，以板切。宋本作砌其上欄陛承阿上員，制如明堂，而專室四户。

清 田雯《黔書》卷二《鐵鎖橋》 唐明皇作橋於蒲坂夏陽津，鑄鐵牛八，植柱纜二十四，連鎖十二山，架八牧人入於中流，分立亭亭，如虹蜺之狀，稱奇絶焉。然此乃安流通津，作之者易，不若盤江鐵鎖橋之難且奇也。盤江之源，出自金沙，入烏撒繞曲靖西道畢節七星關而注於安南，入滇所必經也。兩山夾峙，一水中絶。斷岸千尺，湍激迅悍。類天設以界滇黔，不知莊蹻當日何以飛渡也。往以舟濟多墮溺。明天啟間監司朱家民擬建橋而不可以石，乃彷瀾滄之制，冶鐵爲絙三十有六，長數百丈，貫兩崖之石而懸之，覆以板，類於蜀之棧而道始通。其功偉矣。然絙長則力弱，人行其上，足左右下，絙輒因之升降，身亦爲之撼摇眩掉不自持。車馬必下，前者陟岸，後者始登，若相躡則愈震，其險也不可名狀。邇乃濟之以木，擇材之巨者數百排比之，卧於兩崖水次，鎮以巨石，拄以強榦，層壘而加，參差以出，鐍其本使固。及兩木之末，不屬者僅三十尺有四，則又選圍可丈之木交其上，而後行者可方軌聯鑣貫魚逐隊而不驚也。猶且施之以欄楯，幬之以版屋，塗之以丹雘，梵宇琳宮，鱗次於崖之左右，輝煌掩映，如小李將軍圖畫，遂爲西黔勝概焉。以視十二之連鎖，直緯索耳，況於沉江之陋耶。

清　靳輔《治河工程·附六柳説》　余行中州，歷觀隄岸，絶無極堅者。且附隄少盤結繁密之草，與南方大異，爲之憂虞。乃審思備詢，而得植六柳法。一曰卧柳，凡春初築隄，每月用土一層，即於隄内外邊箱，各橫鋪如錢如指柳枝一層，每枝距尺許，毋太稀疏。土内橫鋪二小尺餘，土面止留二小寸，毋過長，自隄根直栽至頂，不許間少。二曰低柳，凡舊隄及新隄，不係栽柳時月修築者，俱候春初，用小引橛，於隄内外，自根至頂，俱栽柳，如錢如指大者，縱橫各距一小尺許，亦入土二小尺許，土面亦祇留二小寸。三曰編柳，凡近河數里緊要去處，不分新舊隄岸，俱用柳樁，如雞子大四尺長者，用引橛。先從隄根密栽一層，六七寸一株，入土三小尺，土面留一尺許，却將小柳卧栽一層，亦内留二尺，外留二三寸，却用柳條，將柳樁編高五寸，如編籬法，内用土築實平滿。又卧栽小柳一層，又用柳條編高五寸，於内用土築實平滿。如此二次，即與先栽一尺柳樁平矣。却於上退回五寸，仍用引橛，密栽樁一層，亦栽卧柳、編柳各二次，亦用土築實平滿。如隄高一丈，則依此栽十層，即平矣。以上三法，皆專爲固護隄岸，蓋將來内則根株固結，外則枝葉綢繆，名爲活龍埽尾，雖風浪衝激，可保無虞，而枝梢之利，亦不可勝用矣。北方雨少草稀，歷閲舊隄，有築已數年，而草猶未茂者，切不可輕忽前法，運河、黄河通用可也。四曰深柳，前三法祇可護隄，以防漲溢之水，如倒岸衝隄之水亦難矣。凡近河及河勢將衝之處，隄岸雖遠，俱宜急栽深柳，將所造長四尺、長八尺、長一丈二尺數等鐵裹引橛，自短而長，以次釘穴俾深。然後將勁直帶稍柳枝，如根梢俱大者爲上，否則不拘大小，惟取長直，但下如雞子，上儘枝梢，長如式者皆可用。連皮栽入，即用稀泥灌滿穴道，毋令動摇，上儘枝梢，或數枝全留，切不可單少。其出土長短不拘，亦須二三尺以上，每縱橫五尺，即栽一株，仍視河勢緩急，多栽則十餘層，少則四五層，數年之後，下則根株固結，入土愈深，上則枝梢長茂，將來河水衝嚙，亦可障禦。或因之外編巨柳長樁，内實梢草埽土，不猶愈乎臨水下埽，以繩繫岸，以樁釘土，隨下隨沖，勞費無極者乎。五曰漫柳，凡坡水漫流之處，難以築隄，惟沿河兩岸，密栽低小檉柳數十層，俗名隨河柳，不畏淹没。每遇水漲既退，則泥沙委積，即可高尺餘，或數寸許，隨淤隨漲。每年數次，數年之後，不假人力，自成巨隄矣。如沿河居民，各分地界，築一二尺餘縷水小隄，上栽檉柳，尤易淤積成高，一二年間，隄内即可種麥，用功甚省，而爲效甚大，黄河用之。六曰高柳，照常於隄内外，用高大柳樁，成行栽植，不可稀少，黄河用之，運河則於隄面栽植，以便牽挽。

清　閔麟嗣《黄山定本志》卷二《山産志》　瓦竹，山中一種竹，葉長廣似箬葉，山僧厚紉覆屋，用以代瓦，蕭然精緻，遂覺陶冶無功。

清　高士奇《金鼇退食筆記》卷下　柏木殿在萬壽宫之南，全以柏木爲之，今圮。

清　俞森《荒政書》卷八《常平倉考》　一辦倉料：倉厫每邊七間，合用柱木每根徑六寸，矮柱每根徑六寸，桁條每根徑五寸五分，抽楣每根徑四寸，椽木每根徑三寸，穿柵木每根徑四寸，地板楞木每根徑五寸，地板壁板每塊厚八分。

正廳三間，合用中柱木每根徑一尺一寸，用實木邊柱每根徑九寸，大梁每根長二丈，徑一尺四寸二，梁每塊長一丈，徑一尺一寸，步梁每塊長八尺，徑一尺。抽楣木每根徑四寸五分，桁條每根徑六寸，椽木每根徑三寸。門房三間，合用柱木每根徑五寸，桁條每根徑四寸，抽楣木每根徑三寸。大門二扇，每扇闊三尺。後社學三間，合用柱木每根徑六寸，桁條每根徑五寸五分，抽楣木每根徑三寸五分，大梁每根徑九寸，長一丈八尺。二梁每塊徑八寸五分，長一丈。椽木每根徑二寸五分，頂上用墁板，鋪完蓋瓦。其餘幫機、連簷、門窗等項開載不盡者，俱要隨宜酌量採買製作，務使與各項材木大小規式相稱。凡磚瓦就于近倉之地立窑一二座，令窑户自燒造。石灰見買地，伏磚每塊長一尺二寸，闊七寸，厚三寸，秤重十八觔，上燒常平二字。開磚每塊長一尺一寸，闊五寸，厚一寸。方磚每塊長闊各一尺，便磚每塊長七寸，闊六寸三分。瓦每塊長九寸，闊七寸，重一觔半。凡採買木植，俱要選擇圓長首尾相應乾燥老黄色者，毋用背山白色嫩木。石板取青白堅細者，其黄色疎爛者不用。磚瓦擇青色者，黄色者不用。

清　沈曰霖《粵西瑣記》一卷《竹屋》　不瓦而蓋，蓋以竹，不磚而墻，墻以竹，不板而門，門以竹，其餘若椽、若楞、若窗牖、若承壁，莫非竹者。衙署上房亦竹屋。庚辰春聯云「筼簹剖作鴛鴦瓦，筬箹編成翡翠簾」，紀其實也。

清 **王鉞《星餘筆記》卷一** 筀摩竹，桂廣間皆植之，大若茶椀，竹厚而空小，一夫正擎，一竿堪爲茆居梁柱。種者截二尺許打入土，不踰月生根葉，明年長芽筍，數歲成林。

清 **劉應棠《梭山農譜》穫卷《倉廩》** 倉以木板爲之，其形也方。廩則以竹環塗之泥，其製也圓。二者雖非穫器，然一方一圓，有天地之象，天地所生之物，仍以象天地之器貯之，此稼穡所以維寶也。況斯倉斯箱，詩人既已詠歌之，梭山又何必異同，故作一譜以附：十目所視，十手所指，叶主莫謂無言，黄狼白虎。

清 **楊賓《柳邊紀略》卷一** 寧古塔四面皆山，虎兒哈河繞其前。木城周二里半，東西南各一門，外爲土城，土城本周十里，四面有門，今皆圮，惟臨河西南面壁立耳。公衙門及梅勒章京居在木城内，餘官兵及民皆散住東西南土城内，合計不過四三百家。屋皆東南向立，破木爲牆，《金志》以木爲牆壁。覆以莎草，厚二尺許，草根當簷際。若斬綯大索牽其上，更壓以木，蔽風雨。出瓦上開户多東南。《金志》獨開東南一扉。土炕高尺五寸，周南西北三面空，其東就南北炕頭作竈，上下男女各據炕一面。《金志》穿土爲床，煴火其下，而寢食起居其上。夜卧南爲尊，西次之，北爲卑。曉起則疊被褥置一隅，覆以氈或青布。客至共坐其中，不相避。西南窗皆如炕大，糊高麗紙，寒閉暑開。兩廂爲碾房，爲倉房，滿語曰哈勢。爲樓房，用貯食物。四面立木若城，名曰障子。而以柵爲門，《金志》聯木爲柵。或編樺枝，或以横木。廬舍規模無貴賤皆然，惟有力者大而整耳。

清 **屈大均《廣東新語》卷一《橋梁》** 閩中橋梁最爲巨麗，橋上架屋，翼翼楚楚，無處不堪圖畫，吴文中落筆，即倣而爲之。弟以閩地多雨，欲便于憩足者兩簷下類覆以木板，深輒數尺，俯欄有致。遊目無餘，似畏人見好山色，故障之者。予每度一橋，輒爲憾嘆。

清 **康熙《懷柔縣誌》卷一《山川》** 潮河在縣東十五里，亦名濡河。自塞外興州發源，入古北口西南，經密雲入懷柔界，至牛欄山與白河合，即《元史》所謂潮河川者也。其寬處可一二里，昔人斫大樹倒着川中狹處僅二三丈，以巨木爲柞，其外縱横布石，以限戎馬。然水性湍急，大雨則諸崖之水奔騰而下，當歲歲修治。今川流如故，而木柞之制無存矣。

清 **方式濟《龍沙紀略》** 土垣高不踰五尺，僅可闌牛馬，門亦如闌，穿横木以爲啟閉，中土人居之始設門。相傳未立城時，惟溝其宅之四面爲界。

又 拉核牆，核猶言骨也，木爲骨，而拉泥以成，故名。立木如柱，五尺爲間，層施横木，相去尺許，以䕸草絡泥掛而排之，歲加塗焉。厚尺許者堅甚于甓，一曰掛泥壁。

又 卜魁，柵木爲城，將軍公署私第皆在。夾植大木，中實以土，寬丈許，木末高低相間肖睥睨四門。外環土城，累垈爲之，周六里。西面二門，近南者臨水，寬廣可數百畝，江漲則通流墨爾根、艾渾重城，皆植木爲之。

清 **黄叔璥《臺海使槎録》卷五《北路諸羅番一·居處》** 作室名囤，先以竹木結成椽桷，編竹爲墻，蓋以茅草，爲兩大扇，中竪大樑，備酒家邀請番衆舉上兩扇，合爲屋狀，如覆舟，寬二丈餘，長數丈，前後門户踈通。夫妻子女同聚一室，門兩旁上下丹艧采色，燦然可觀。舍内地净無塵，前廊竹木鋪設如橋，俯欄頗亦有致。鑿木板爲階梯，木極堅韌，或以相思木爲之。又一種木文理樛結如檀黎狀，從内山採出，番亦不名何木，高可五六尺，入室者拾級而入。

又《北路諸羅番四·居處》 住室曰達勞，平地築土作基，大木爲樑，剉竹結椽桷爲蓋，衆擎而覆之，落成全室歡飲。

又《北路諸羅番六·居處》 屋曰夏堵混，以草爲蓋，或木或竹爲柱，厝蓋葺茅編成，邀衆番合於脊上。大小同居一室，惟未嫁者，另居一舍，曰貓鄰。

又 卷六《北路諸羅番七·居處》 築室曰濃密，架木爲樑，鑿鬆石片爲牆，鬆石内山所出，鑿之成片。上以石片代瓦，亦用以鋪地，遠望如生成石室。比屋相連，如同内地街衢，與外社迥殊。男女未婚嫁，另起小屋，曰籠仔，曰公廨，女住籠仔，男住公廨。

又《北路諸羅番八·居處》 大肚諸社屋以木爲樑，編竹爲墻，狀如覆舟，體制與各社相似。貓霧捒諸社鑿山爲壁，壁前用木爲屏，覆以茅草，零星錯落，高不盈丈，門户出入，俯首而行，屋式迥不同外社。

又《北路諸羅番九·居處》 營屋先竪木爲牆，用草結蓋，體制與別社同，稍卑隘。合家一室，惟娶婦贅壻則另室而居。

又《北路諸羅番十·居處》 淡水地潮濕，番人作室，結草搆成，爲梯以入，鋪木板於地，亦用木板爲屋，如覆舟，極狹隘，不似近府縣各社寬廣，前後門户式相類。

又 卷七《南路鳳山番一·居處》 屋名曰朗，築土爲基，架竹爲樑，葺茅爲蓋，編竹爲牆，織蓬爲門。每築一室，衆番鳩工協成，無工師匠氏之費，無斧斤鋸鑿之煩，用刀一柄可成。衆室正屋起脊圈竹裹草標，左右如獸吻狀，名曰律武洛，名曰打藍，示觀美也。社四圍植竹木貯米。另爲小室名曰圭茅，或方或圓，或三五間、十餘間毗連，亦以竹草成之，基高倍於常屋，下木上簟，積穀於上，每間可容三百餘石。正供收入，遞年輪換，夜則鳴鑼巡守，雖風雨無間也。

又《南路鳳山瑯嶠十八社三·居處》 築厝於巖洞，以石爲垣，以木爲樑，蓋薄石板於厝上，厝名打包。前後栽植檳榔、蔞藤。至種芋藝黍時，更於山下竪竹爲牆，取草遮蓋，以爲棲止，收穫畢仍歸山間。

清 雍正《江西通志》卷三九 廬陵竹室，房千里記，三年夏待罪於廬陵所棲，率用竹以結其四周，植者爲柱楣，撐者爲榱桷，破者爲霤，削者爲嶂，臼者爲樞，篾者爲繩，絡而籠土者爲級，横而格空者爲梁。

清 允禮《工程做法》卷一《玖檁單檐廡殿周圍廊單翹重昂斗科斗口貳寸伍分大木做法》 凡面濶、進深以斗科攢數而定，每攢以口數拾壹分定寬。每斗口壹寸，隨身加壹尺壹寸爲拾壹分。 如斗口貳寸伍分，以科中分算，得斗科每攢寬貳尺柒寸伍分。如面濶用平身斗科陸攢，加兩邊柱頭科各半攢，共斗科柒攢，得面濶壹丈玖尺貳寸伍分。如次間收分壹攢，得面濶壹丈陸尺伍寸。稍間同，或再收壹攢，臨期酌定。如廊内用平身斗科壹攢，兩邊柱頭科各半攢，共斗科貳攢，得廊子面濶伍尺伍寸。如進深每山分間，各用平身斗科叁攢，兩邊柱頭科各半攢，共斗科肆攢，明間、次間各得面濶壹丈壹尺。再加前後廊各深伍尺伍寸，得通進深肆丈肆尺。

凡簷柱以斗口柒拾分定高。每斗口壹寸，隨身加柒尺爲柒拾分。 如斗口貳寸五分，得簷柱連平板枋，斗科通高壹丈柒尺伍寸。内除平板枋、斗科之高，即得簷柱净高尺寸。 如平板枋高伍寸，斗科高貳尺捌寸，得簷柱浄高壹丈肆尺貳寸。每柱徑壹尺再加上、下榫各長叁寸。如柱徑壹尺伍寸，得榫長各肆寸伍分。以斗口陸分定徑寸。每斗口壹寸，隨身加陸寸爲陸分。 如斗口貳寸伍分得簷柱徑壹尺伍寸，兩山簷柱做法同。

凡金柱以出廊並正心桁中至挑簷桁中之拽架尺寸加舉定高。如廊深伍尺伍寸，正心桁中至挑簷桁中叁拽架，每斗口叁分爲壹拽架，得柒寸伍分。 叁拽架得貳尺貳寸伍分，連廊共深柒尺柒寸伍分。按伍舉加之，得高叁尺捌寸柒分，並簷柱連斗科之通高壹丈柒尺伍寸，得金柱高貳丈壹尺叁寸柒分。每柱徑壹尺，再加上、下榫各長叁寸。如柱徑壹尺柒寸，得上下榫各長伍寸壹分。兩山並肆角金柱，加平水壹分，高壹尺。再加桁條徑叁分之壹作桁椀，如桁條徑壹尺，得桁椀高叁寸叁分。以簷柱徑加貳寸定徑寸，如柱徑壹尺伍寸得金柱徑壹尺柒寸。

凡小額枋以面濶定長。如面濶壹丈玖尺貳寸伍分，兩頭共除柱徑壹分壹尺伍寸，得浄面濶壹丈柒尺柒寸伍分，即長壹丈柒尺柒寸伍分，外加兩頭八榫分位各按簷柱徑肆分之壹，如柱徑壹尺伍寸，得榫長各叁寸柒分伍釐。其廊子小額枋壹頭加柱徑半分，又照本身之高加半分得出榫分位，如本身高壹尺，得出榫長伍寸。壹頭除柱徑半分，外加入榫分位亦按柱徑肆分之壹，以斗口肆分定高。如斗口貳寸伍分，得小額枋高壹尺，以本身高收貳寸定厚，得厚捌寸，兩山小額枋做法同。

凡由額墊板以面濶定長。如面濶壹丈玖尺貳寸伍分，兩頭共除柱徑壹分壹尺伍寸，得浄面濶壹丈柒尺柒寸伍分。即長壹丈柒尺柒寸伍分，外加兩頭入榫分位各按柱徑拾分之貳，如柱徑壹尺伍寸，得榫長各叁寸。以斗口貳分定高，壹分定厚，如斗口貳寸伍分，得由額墊板高伍寸，厚貳寸伍分。兩山由額墊板做法同。

凡大額枋長與小額枋同。其廊子大額枋壹頭加柱徑壹分，得霸王拳分位，壹頭除柱徑半分，外加入榫分位，按柱徑肆分之壹。以斗口陸分定高。如斗口貳寸伍分，得大額枋高壹尺伍寸，以本身高收貳寸定厚，得厚壹尺叁寸，兩山大額枋做法同。

凡平板枋以面濶定長。如面濶壹丈玖尺貳寸伍分，即長壹丈玖尺貳寸伍分，每寬壹尺外加扣榫長叁寸，如平板枋寬柒寸伍分，得扣榫長貳寸貳分。其廊子平板枋，壹頭加柱徑壹分，得搭交出頭分位。如柱徑壹尺伍寸，得出頭長壹尺伍寸。以斗口叁分定寬，貳分定高。如斗口貳寸伍分，得平板枋寬柒寸伍分，高伍寸。兩山平板枋做法同。

凡桃尖樑以廊子進深並正心桁中至挑簷桁中定長。如廊深伍尺伍寸，正心桁中至挑簷桁中長貳尺貳寸伍分，共長柒尺柒寸伍分。又加貳拽架尺寸長壹尺伍寸，得桃尖樑通長玖尺貳寸伍分。外加金柱徑半分，又加出榫照隨樑枋之高半分，如隨樑枋高壹尺，得出榫長伍寸。以拽架加舉定高。如單翹重昂得叁拽架深貳尺貳寸伍分。按伍舉加之，得高壹尺壹寸貳分。又加螞蚱頭、撐頭木各高伍寸，得桃尖樑高貳尺壹寸貳分。螞蚱頭撐頭木詳載斗科做法以斗口陸分定厚。如斗口貳寸伍分，得桃尖樑厚壹尺伍寸，以斗口肆分定桃尖樑頭之厚，得厚壹尺。兩山桃尖樑做法同。

凡桃尖隨樑枋以出廊定長。如出廊深伍尺伍寸，即長伍尺伍寸。外壹頭加簷柱徑半分，壹頭加金柱徑半分。又兩頭出榫照本身之高加半分，如本身高壹尺，得出榫各長伍寸。高厚與小額枋同。兩山桃尖隨樑枋做法同。

凡挑簷桁以面濶定長。如面濶壹丈玖尺貳寸伍分，即長壹丈玖尺貳寸伍分。每徑壹尺外加扣榫長叁寸，如徑捌寸，得扣榫長貳寸肆分。其廊子挑簷桁壹頭加叁拽梁長貳尺貳寸伍分。又加搭交出頭分位，按本身之徑壹分半。如本身徑捌寸，得交角出頭壹尺貳寸。以正心桁之徑收貳寸定徑寸，如正心桁徑壹尺，得挑簷桁徑捌寸。兩山挑簷桁做法同。

凡挑簷枋以面濶定長。如面濶壹丈玖尺貳寸伍分，內除桃尖樑頭之厚壹尺，得淨面濶壹丈捌尺貳寸伍分。即挑簷枋長壹丈捌尺貳寸伍分，外加兩頭入榫分位，各按本身厚壹分。如本身厚貳寸伍分，得榫長各貳寸伍分。其廊子挑簷枋壹頭加叁拽架長貳尺貳寸伍分。又加搭交出頭分位，按挑簷桁之徑壹分半。如挑簷桁徑捌寸，得出頭長壹尺貳寸。壹頭除桃尖樑頭之厚半分，外加入榫分位，按本身厚壹分。如本身厚貳寸伍分，得榫長貳寸伍分，以斗口貳分定高，壹分定厚。如斗口貳寸伍分，得挑簷枋高伍寸，厚貳寸伍分。兩山挑簷枋做法同。

凡正心桁以面濶定長。如面濶壹丈玖尺貳寸伍分，即長壹丈玖尺貳寸伍分。每徑壹尺，外加搭交榫長叁寸。如徑壹尺，得榫長叁寸。其廊子正心桁，壹頭加搭交出頭分位，按本身之徑壹分。如本身徑壹尺，得出頭長壹尺。以斗口肆分定徑。如斗口貳寸伍分，得正心桁徑壹尺。兩山正心桁做法同。

凡正心枋計肆層以面濶定長。如面濶壹丈玖尺貳寸伍分，內除桃尖樑頭厚壹尺，得淨面濶壹丈捌尺貳寸伍分。外加兩頭入榫分位，各按本身之高半分。如本身高伍寸，得榫長各貳寸伍分。其廊子正心枋壹頭除桃尖樑頭之厚半分，外加入榫分位，按本身高半分，得榫長貳寸伍分。第壹層，壹頭帶正貳昂長叁尺柒分伍釐。第貳層，帶螞蚱頭長叁尺。第叁層，帶正撐頭木長貳尺貳寸伍分。第肆層，照面濶除桃尖樑頭之厚壹分，外加兩頭入榫分位，各按本身高半分，以斗口貳分定高。如斗口貳寸伍分，得正心枋高伍寸。以斗口壹分外加包掩定厚。如斗口貳寸伍分，加包掩陸分，得正心枋厚叁寸壹分。兩山正心枋做法同。

凡裏、外拽枋以面濶定長。如面濶壹丈玖尺貳寸伍分，裏拽枋除桃尖樑身厚壹尺伍寸，得長壹丈柒尺柒寸伍分，外拽枋除桃尖樑頭厚壹尺，得長壹丈捌尺貳寸伍分。裏、外拽枋各外加兩頭入榫分位，按本身厚壹分。如本身厚貳寸伍分，得榫長各貳寸伍分。其廊子拽枋，裏壹根壹頭除桃尖樑身厚半分，外壹根壹頭除桃尖樑頭厚半分。各加入榫分位，按本身厚壹分。如本身厚貳寸伍分，得榫長貳寸伍分。外壹根壹頭帶螞蚱頭長叁尺，裏壹根收壹拽架柒寸伍分。高厚與挑簷枋同。兩山拽枋做法同。

凡裏、外機枋長、高、厚俱與拽枋同。其廊子機枋，外壹根壹頭帶撐頭木長貳尺貳寸伍分，裏壹根收貳拽架壹尺伍寸。兩山機枋做法同。

凡井口枋之長與裏面拽枋同。外加兩頭入榫分位，各按本身厚壹分。如本身厚貳寸伍分，得榫長各貳寸伍分。其廊子進口枋，壹頭收叁拽架長貳尺貳寸伍分。壹頭除挑尖樑之厚半分，外加入榫按本身厚壹分。以挑簷桁之徑定高。如挑簷桁徑捌寸，井口枋即高捌寸，厚與拽枋同。兩山井口枋做法同。

凡老簷桁以面濶定長。如面濶壹丈玖尺貳寸伍分，老簷桁即長壹丈玖尺貳寸伍分。每徑壹尺，外加搭交榫長叁寸。稍間並山稍間老簷桁壹頭加交角出頭分位，按本身徑壹分，如本身徑壹尺，得出頭長壹尺。徑與正心桁同。

凡老簷墊板以面濶定長。如面濶壹丈玖尺貳寸伍分，內除柒架樑頭厚壹尺玖寸，得淨面濶壹丈柒尺叁寸伍分，即長壹丈柒尺叁寸伍分。外加兩頭入榫分位，照樑頭之厚每尺加入榫貳寸，如樑頭厚壹尺玖寸，得榫長各叁寸捌分。其稍間老簷墊板，壹頭除樑頭厚半分，壹頭除金柱徑半分。加榫仍照前法。兩山老簷墊板，隨山間面濶，除金柱徑壹分得長。外加兩頭入榫分位，各按柱徑拾分之貳。如金柱徑壹尺柒寸，得榫長各叁寸肆分。以斗口肆分定高，壹分定厚，如斗口貳寸伍分，得老簷墊板高壹尺厚貳寸伍分。

凡老簷枋以面濶定長。如面濶壹丈玖尺貳寸伍分，內除金柱徑壹分壹尺柒寸，得淨面濶壹丈柒尺伍寸伍分，即長壹丈柒尺伍寸伍分。外加兩頭入榫分位，各按柱徑肆分之壹。如柱徑壹尺柒寸，得榫長各肆寸貳分，高厚俱與小額枋同。兩山老簷枋做法同。

凡天花墊板以舉架定高。如舉架高叁尺捌寸柒分，內除老簷枋之高壹尺，桃尖樑高貳尺壹寸貳分，得天花墊板淨高柒寸伍分。長厚與老簷墊板同。

凡天花枋之長與老簷枋同。以小額枋之高加貳寸定高。如小額枋高壹尺，得天花枋高壹尺貳寸，以本身高收貳寸定厚，得天花枋厚壹尺。

凡柒架樑以步架陸分定長。如步架陸分共深叁丈叁尺，兩頭各加桁條徑壹分，得柁頭分位，如桁條徑壹尺，得柒架樑通長叁丈伍尺。以金柱徑加貳寸定厚。如金柱徑壹尺柒寸，得柒架樑厚壹尺玖寸。以本身厚每尺加貳寸定高，得高貳尺貳寸捌分。

凡柒架隨樑枋以步架陸分定長。如步架陸分深叁丈叁尺，內除金柱徑壹分壹尺柒寸，得柒架隨樑枋長叁丈壹尺叁寸。外加兩頭入榫分位，各按柱徑肆分之壹。如柱徑壹尺柒寸，得榫長各肆寸貳分。高厚與大額枋同。

凡天花樑以進深除廊定長。如進深叁丈叁尺，內除金柱徑壹分壹尺柒寸，得淨進深叁丈壹尺叁寸，即長叁丈壹尺叁寸。外加兩頭入榫分位，各按柱徑肆分之壹。得榫長各肆寸貳分。以金柱徑加貳寸定高，得天花樑高壹尺玖寸。以本身高收貳寸定厚，得厚壹尺柒寸。

凡柁墩以步架加舉定高。如步架深伍尺伍寸，按柒舉加之，得高叁尺捌寸伍分。內除柒架樑高貳尺貳寸捌分，得柁墩淨高壹尺伍寸柒分。以伍架樑之厚，每尺收滾楞貳寸定寬。如伍架樑厚壹尺柒寸，得柁墩寬壹尺叁寸陸分。以桁條徑貳分定長。如桁條徑壹尺，得柁墩長貳尺。

凡下金枋以面濶定長。如面濶壹丈玖尺貳寸伍分，內除柁墩寬壹分壹尺叁寸陸分，得淨面闊壹丈柒尺捌寸玖分，即長壹丈柒尺捌寸玖分。外加兩頭入榫分位，各按柁墩寬肆分之壹。如柁墩寬壹尺叁寸陸分，得榫長各叁寸肆分。其稍間下金枋之長，於淨面濶內收步架壹分得長。壹頭除柁墩寬半分，壹頭除交金墩寬半分，外加入榫分位，仍照前法。高、厚與小額枋同。

凡兩山下金枋以步架肆分定長。如步架肆分深貳丈貳尺，交金墩寬壹尺肆寸。除交金墩之寬壹分，得下金枋長貳丈陸寸。外加兩頭入榫分位，各按交金墩寬肆分之壹。如交金墩寬壹尺肆寸，得榫長各叁寸伍分。高、厚與小額枋同。

凡下金順扒樑以稍間面濶定長。如稍間面濶壹丈陸尺伍寸，壹頭加桁條脊面半分，如桁條徑壹尺，有面壹寸伍分，得順扒梁長壹丈陸尺陸寸伍分。高、厚與伍架樑同。

凡肆角交金墩以柁頭貳分定長。如柁頭長壹尺，得交金墩長貳尺。以平水之高定高。如平水高壹尺，交金墩即高壹尺，外加桁條徑叁分之壹作桁椀。如桁條徑壹尺，得桁椀高叁寸叁分。以順扒樑之厚定寬。如順扒樑厚壹尺柒寸，兩邊各收壹寸伍分，得交金墩寬壹尺肆寸。

凡下金墊板長與老簷墊板同。稍間收步架壹分得長，兩山之長隨兩山下金枋，其高、厚與老簷墊板同。

凡伍架樑以步架肆分定長。如步架肆分共深貳丈貳尺，兩頭各加桁條徑壹分，得柁頭分位，如桁條徑壹尺，得伍架樑通長貳丈肆尺。以柒架樑之高厚各收貳寸定高、厚。如柒架樑高貳尺貳寸捌分，厚壹尺玖寸，得伍架樑高貳尺捌分厚壹尺柒寸。

凡下金桁以面濶定長。如面濶壹丈玖尺貳寸伍分，下金桁即長壹丈玖尺貳寸伍分。稍間收壹步架尺寸，壹頭加搭交出頭分位。兩山以進深收貳步架尺寸。如進深叁丈叁尺，得長貳丈貳尺。外加兩頭搭交出頭分位，照桁條徑壹分。如桁條徑壹尺，得搭交出頭長壹尺。徑寸與老簷桁同。

凡上金瓜柱以步架壹分加舉定高。如步架壹分深伍尺伍寸，按捌舉加之，得高肆尺肆寸。內除伍架樑高貳尺捌分，得上金瓜柱淨高貳尺叁寸貳分。每寬壹尺外加上下榫各長叁寸。如本身寬壹尺肆寸，得上下榫各長肆寸貳分，以叁架樑之厚每尺收滾楞貳寸定厚。如叁架樑厚壹尺伍寸，得上金瓜柱厚壹尺貳寸，以本身厚加貳寸定寬，得寬壹尺肆寸。

凡角背以步架壹分定長。如步架壹分深伍尺伍寸，即長伍尺伍寸。以瓜柱之寬定高。如瓜柱寬壹尺肆寸，角背即高壹尺肆寸，以瓜柱厚叁分之壹定厚。如瓜柱厚壹尺貳寸，得角背厚肆寸。

凡上金交金瓜柱，其高隨本步枋、墊之高，再加桁條徑叁分之壹作桁椀。如上金枋墊各高壹尺，即瓜柱高貳尺。如桁條徑壹尺，得桁椀高叁寸叁分，每寬壹尺外加上下榫各長叁寸，寬、厚與上金瓜柱同。

凡上金枋之長、高、厚俱與老簷枋同。稍間上金枋收貳步架尺寸得長。

凡兩山上金枋以進深定長。如進深叁丈叁尺，收肆步架尺寸，得長壹丈壹尺。內除瓜柱厚壹尺貳寸，得兩山上金枋長玖尺捌寸，外加兩頭入榫分位，各按瓜柱厚肆分之壹，得榫長各叁寸。高、厚與上金枋同。

凡上金順扒樑以稍間面濶定長。如稍間面濶壹丈陸尺伍寸，收壹步架伍尺伍寸，得長壹丈壹尺，即長壹丈壹尺。外加桁條脊面半分壹寸伍分，高厚與叁架樑同。

凡上金墊板之長、高、厚俱與老簷墊板同。稍間收步架貳分得長。其兩山上金墊板之長，與兩山上金枋同。

凡叁架梁以步架貳分定長。如步架貳分深壹丈壹尺，即長壹丈壹尺，兩頭各加桁條徑壹分得柁頭分位，如桁條徑壹尺，得通長壹丈叁尺。以五架樑高厚各收貳寸定高。厚如伍架樑高貳尺捌分，厚壹尺柒寸，得叁架樑高壹尺捌寸捌分。厚壹尺伍寸。

凡上金桁以面濶定長。如面濶壹丈玖尺貳寸伍分，即長壹丈玖尺貳寸伍分。稍間收貳步架尺寸，外加壹頭搭交出頭分位，兩山以進深收肆步架尺寸得長。外加兩頭搭交出頭分位，俱照桁條徑加壹分。如桁條徑壹尺，得出頭長壹尺，徑寸與下金桁同。

凡脊瓜柱以步架加舉定高。如步架深伍尺伍寸，按玖舉加之，得高肆尺玖寸伍分。內除叁架樑高壹尺捌寸捌分，得脊瓜柱淨高叁尺柒分。外加平水高壹尺，又加桁條徑叁分之壹作桁椀，得叁寸叁分。又以本身每寬壹尺加下榫長叁寸，如本身寬壹尺肆寸，得下榫長肆寸叁分。寬、厚與上金瓜柱同。

凡脊角背以步架壹分定長。如步架壹分深伍尺伍寸，脊角背即長伍尺伍寸。以脊瓜柱之淨高厚叁分之壹定高厚。如脊瓜柱除桁椀淨高肆尺柒分，厚壹尺貳寸，得脊角背高壹尺叁寸伍分，厚肆寸。

凡脊枋長、高、厚俱與老簷枋同。

凡脊墊板長、高、厚俱與老簷墊板同。

凡脊桁以面濶定長。如面濶壹丈玖尺貳寸伍分，即長壹丈玖尺貳寸伍分。稍間壹頭外加出頭分位，照桁條徑加壹分。如桁條徑壹尺，得出頭壹尺，徑寸與上金桁同。

凡扶脊木長短徑寸俱與脊桁同。脊樁，照通脊之高，再加扶脊木徑壹分，桁條徑肆分之壹得長。寬照椽徑壹分，厚按本身之寬減半。

凡仔角樑以出廊並出簷各尺寸用方伍斜柒加舉定長。如出廊深伍尺伍寸，出檐柒尺伍寸出檐照斗口之數加算。如斗口單昂，每斗口壹寸，出簷貳尺肆寸。如斗口重昂並單翹單昂，每斗口壹寸，出簷貳尺柒寸。如單翹重昂，每斗口壹寸，出簷叁尺。如重翹重昂，每斗口壹寸，出簷叁尺叁寸。得長壹丈叁尺。用方伍斜柒之法加長，又按壹壹伍加舉，共長貳丈玖寸叁分，再加翼角斜出椽徑叁分。如椽徑叁寸伍分，並得長貳丈壹尺玖寸捌分，再加套獸榫照角樑本身厚壹分。如角樑厚柒寸，套獸榫即長柒寸，得仔角樑通長貳丈貳尺陸寸捌分。以椽徑叁分定高，貳分定厚，如椽徑叁寸伍分，得仔角樑高壹尺伍分，厚柒寸。

凡老角樑以仔角樑之長除飛簷頭並套獸榫定長。如仔角樑長貳丈貳尺陸寸捌分，內除飛簷頭長肆尺貳分，並套獸榫長柒寸，得長壹丈柒尺玖寸陸分。外加後尾叁岔頭照金柱徑壹分。如金柱徑壹尺柒寸，得老角樑通長壹丈玖尺陸寸陸分。高、厚與仔角樑同。

凡下花架由戧以步架壹分定長。如步架壹分深伍尺伍寸。即長伍尺伍寸，用方伍斜柒之法加斜長，又按壹貳伍加舉，得長玖尺陸寸貳分。再加搭交按柱徑半分。如下交金檄寬壹尺肆寸，得搭交長柒寸，得下花架由戧通長壹丈叁寸貳分。高、厚與仔角樑同。

凡上花架由戧以步架壹分定長。如步架壹分深伍尺伍寸，即長伍尺伍寸。用方伍斜柒之法加斜長，又按壹叁加舉，得長壹丈壹分，再加搭交按柱徑半分。如上交金檄厚壹尺貳寸，得搭交長陸寸，得上花架由戧通長壹丈陸寸壹分。高、厚與仔角樑同。

凡脊由戧以步架壹分定長。如步架壹分深伍尺伍寸，即長伍尺伍寸。用方伍斜柒之法加斜長，又按壹叁伍加舉，得脊由戧通長壹丈叁寸玖分，高厚與仔角樑同。以上由戧每根外加搭交榫，按本身厚壹分，如本身厚柒寸，得榫長柒寸。

凡枕頭木以出廊定長。如出廊深伍尺伍寸，即長伍尺伍寸。外加叁拽架尺寸，內除角樑厚半分，得枕頭木長柒尺肆寸。以挑簷桁徑拾分之叁定寬。如挑簷桁徑捌寸，得枕頭木寬貳寸肆分。正心桁上枕頭木以出廊定長。如出廊深伍尺伍寸，即長伍尺伍寸。內除角樑厚半分，得正心桁上枕頭木淨長伍尺壹寸伍分。以正心桁徑拾分之叁定寬。如正心桁徑壹尺，得枕頭木寬叁寸。

以椽徑貳分半定高。如椽徑叁寸伍分，得枕頭木壹頭高捌寸柒分。壹頭斜尖與桁條平。兩山枕頭木做法同。

凡椽椀、椽中板以面濶定長。如面濶壹丈玖尺貳寸伍分，即長壹丈玖尺貳寸伍分。以椽徑壹分再加椽徑叁分之壹定高。如椽徑叁寸伍分，得椽椀並椽中板高肆寸陸分。以椽徑叁分之壹定厚，得厚壹寸壹分。兩山椽椀、椽中板做法同。

凡簷椽以出廊並出簷加舉定長。如出廊深伍尺伍寸，又加出簷照單翹重昂斗科叁拾分，斗口貳寸伍分，得柒尺伍寸，共長壹丈叁尺。以按壹壹伍加舉，得通長壹丈肆尺玖寸伍分。內除飛簷頭長貳尺捌寸柒分，得簷椽淨長壹丈貳尺捌分。以桁條徑每尺用叁寸伍分定徑。如桁條徑壹尺，得椽徑叁寸伍分。兩山簷椽做法同。每椽空檔，隨椽徑壹分，每間椽數俱應成雙，檔之寬窄，隨數均勻。

凡下花架椽以步架加舉定長。如步架深伍尺伍寸，按壹貳伍加舉，得下花架椽長陸尺捌寸柒分。徑寸與簷椽同。稍間短椽壹步架，兩山短椽貳步架，折半核算。

凡上花架椽以步架加舉定長。如步架深伍尺伍寸，按壹叁加舉，得上花架椽長柒尺壹寸伍分。徑與簷椽同。稍間收壹步架，又短椽壹步架，兩山收貳步架，又短椽貳步架，俱折半核算。

凡腦椽以步架加舉定長。如步架深伍尺伍寸，按壹叁伍加舉，得腦椽長柒尺肆寸貳分，徑與簷椽同。稍間以壹步架定椽根數，兩山以貳步架定椽根數，俱係短椽。折半核算，以上簷腦椽，壹頭加搭交尺寸，花架椽兩頭各加搭交尺寸，俱照椽徑壹分。如椽徑叁寸伍分，得搭交長叁寸伍分。

凡飛簷椽以出簷定長。如出簷柒尺伍寸，按壹壹伍加舉，得長捌尺陸寸貳分。叁分分之，出頭壹分，得長貳尺捌寸柒分。後尾貳分半，得長柒尺壹寸柒分，加之，得飛簷椽通長壹丈肆分。見方與簷椽徑寸同。

凡翼角翹椽長、徑俱與平身簷椽同。其起翹之處，以挑簷桁中出簷尺寸，用方伍斜柒之法，再加廊深並正心桁中至挑簷桁中之拽架各尺寸定翹數。如挑簷桁中出簷長伍尺貳寸伍分，方伍斜柒加之，得長柒尺叁寸伍分。再加廊深伍尺伍寸，並叁拽架長貳寸貳寸伍分，共長壹丈伍尺壹寸。內除角樑厚半分，得淨長壹丈肆尺柒寸伍分，即係翼角椽檔分位。翼角翹椽以成單爲率，如逢雙數，應改成單。

凡翹飛椽以平分飛簷椽之長，用方伍斜柒之法定長。如飛簷椽長壹丈肆分，用方伍斜柒加之，第壹翹得長壹丈肆尺伍分，其餘以所定翹數每根遞減長伍分伍釐。其高比飛簷椽加高半分。如飛簷椽高叁寸伍分，得翹椽高伍寸貳分伍釐，厚仍叁寸伍分。

凡順望板以椽當定寬。如椽徑叁寸伍分，檔寬叁寸伍分，共寬柒寸，順望板每塊即寬柒寸。長隨各椽淨長尺寸，內除裏口分位，以椽徑叁分之壹定厚。如椽徑叁寸伍分，得順望板厚壹寸壹分。

凡裏口以面濶定長。如面濶壹丈玖尺貳寸伍分，即長壹丈玖尺貳寸伍分。以椽徑壹分，再加望板厚壹分半定高。如椽徑叁寸伍分，望板之厚壹分半，壹寸陸分，得裏口高伍寸壹分。厚與椽徑同。兩山裏口做法同。

凡閘檔板以翹檔分位定長。如椽檔寬叁寸伍分，即閘檔板寬叁寸伍分。外加入槽，每寸壹分。高隨椽徑尺寸，以椽徑拾分之貳定厚。如椽徑叁寸伍分，得閘檔板厚柒分。其小連簷自起翹處至老角樑得長。寬隨椽徑壹分。厚照望板之厚壹分半，得厚壹寸陸分。兩山閘檔板、小連簷做法同。

凡連簷以面濶定長。如面濶壹丈玖尺貳寸伍分，即長壹丈玖尺貳寸伍分。其廊子連簷以出廊伍尺伍寸，出簷柒尺伍寸，共長壹丈叁尺。除角樑之厚半分，淨長壹丈貳尺陸寸伍分，兩山同。以每尺加翹壹寸，共長壹丈叁尺玖寸壹分。高厚與簷椽徑寸同。

凡瓦口之長與連簷同。以椽徑半分定高，如椽徑叁寸伍分，得瓦口高壹寸柒分。以本身之高折半定厚，得厚捌分。

凡翹飛翼角橫望板以出廊並出簷加舉折見方丈定長、寬。飛簷壓尾橫望板俱以面濶飛簷尾之長折見方丈核算。以椽徑拾分之貳定厚。如椽徑叁寸伍分，得橫望板厚柒分。

以上俱係大木做法，其餘斗科及裝修等件並各項工料，逐欵分別，另册開載。

又 卷二《玖檩歇山轉角前後廊單翹單昂斗科斗口叁寸大木做法》 凡面濶、進深以斗科攢數定。每攢以口數拾壹分定寬。如斗口叁寸，以科中分算，得斗科每攢寬叁尺叁寸。如面濶用平身斗科肆攢，加兩邊柱頭科各半攢，共斗科伍攢，得面濶壹丈陸尺伍寸。如次間收分壹攢，得面濶壹丈叁尺貳寸。

稍間同，或再收壹攢，臨期酌定。如進深用平身斗科捌攢，加兩邊柱頭科各半攢，共斗科玖攢，並之，得進深貳丈玖尺柒寸。如廊內用平身斗科壹攢，加兩邊柱頭科各半攢，共斗科貳攢，並之，得前後廊各進深陸尺陸寸，加之，得通進深肆丈貳尺玖寸。

凡簷柱以斗口柒拾分除平板枋斗科高分位定高。如斗口叁寸，得簷柱連平板枋斗科通高貳丈壹尺。內除平板枋高陸寸，斗科高貳尺柒寸陸分，得簷柱淨高壹丈柒尺陸寸肆分。外每柱徑壹尺，加上、下榫各長叁寸。如柱徑壹尺捌寸，得榫長各伍寸肆分。以斗口陸分定徑寸。如斗口叁寸，得簷柱徑壹尺捌寸。兩山簷柱做法同。

凡金柱以出廊並正心桁中至挑簷桁中拽架尺寸用加舉定高。如廊深陸尺陸寸，正心桁中至挑簷桁中貳拽架壹尺捌寸，共深捌尺肆寸。按伍舉加之，得高肆尺貳寸。並簷柱、平板枋、斗科通高貳丈壹尺，得金柱高貳丈伍尺貳寸。外每柱徑壹尺，加上、下榫各長叁寸，如柱徑貳尺，得榫長各陸寸。以簷柱徑加貳寸定徑寸。如簷柱徑壹尺捌寸，得金柱徑貳尺。

凡小額枋以面濶定長。如面濶壹丈陸尺伍寸，兩頭共除柱徑壹分壹尺捌寸，得淨面濶壹丈肆尺柒寸，即長壹丈肆尺柒寸。外加兩頭入榫分值，各按柱徑肆分之壹。如柱徑壹尺捌寸，得榫長各肆寸伍分。廊子小額枋，一頭加柱徑半分。又照本身高加半分，得出榫分位，如本身高壹尺貳寸，得出榫長陸寸。壹頭除柱徑半分，外加入榫分位，亦按柱徑肆分之壹。以斗口肆分定高。如斗口叁寸，得小額枋高壹尺貳寸。以本身高收貳寸定厚，得厚壹尺。兩山小額枋做法同。

凡由額墊板以面濶定長。如面濶壹丈陸尺伍寸，兩頭共除柱徑壹分壹尺捌寸，得淨面濶壹丈肆尺柒寸，即長壹丈肆尺柒寸。外加兩頭入榫分位，各按柱徑拾分之貳。如柱徑壹尺捌寸，得榫長各叁寸陸分。以斗口貳分定高，壹分定厚，如斗口叁寸，得由額墊板高陸寸，厚叁寸。兩山由額墊板做法同。

凡大額枋之長俱與小額枋同。其廊子大額枋，壹頭加簷柱徑壹分，得霸王拳分位。壹頭除柱徑半分，外加入榫分位，按柱徑肆分之壹。以斗口陸分定高。如斗口叁寸，得大額枋高壹尺捌寸。以本身高收貳寸定厚，得大額枋厚壹尺陸寸。兩山大額枋做法同。

凡平板枋以面闊定長。如面濶壹丈陸尺伍寸，即長壹丈陸尺伍寸。外每寬壹尺，加扣榫長叁寸。如平板枋寬玖寸，得扣榫長貳寸柒分。其廊子平板枋，壹頭加柱徑壹分，得交角出頭分位。如柱徑壹尺捌寸，得出頭長壹尺捌寸。以斗口叁分定寬，貳分定高。如斗口叁寸，得平板枋寬玖寸，高陸寸。兩山平板枋做法同。

凡桃尖樑以廊子進深並正心桁中至挑簷桁中定長。如廊深陸尺陸寸，正心桁中至挑簷桁中長壹尺捌寸，共長捌尺肆寸。又加貳拽架尺寸長壹尺捌寸，得桃尖樑通長壹丈貳寸。外加金柱徑半分，又出榫照隨樑枋高半分。如隨樑枋高壹尺貳寸，得出榫長陸寸。以拽架加舉定高。如單翹單昂得貳拽架深壹尺捌寸，按伍舉加之，得高玖寸。又加螞蚱頭、撑頭木各高陸寸，得桃尖樑高貳尺壹寸。以斗口陸分定厚。如斗口叁寸，得桃尖樑厚壹尺捌寸，以斗口肆分定桃尖樑頭之厚，得厚壹尺貳寸。

凡桃尖隨樑枋以出廊定長。如出廊深陸尺陸寸，即長陸尺陸寸。外壹頭加簷柱徑半分，壹頭加金柱徑半分。又兩頭出榫照本身高加半分，如本身高壹尺貳寸，得出榫各長陸寸。高、厚與小額枋同。

凡順桃尖樑以稍間面濶並正心桁中至挑簷桁中定長。如稍間面濶壹丈叁尺貳寸，正心桁中至挑簷桁中長壹尺捌寸，共長壹丈伍尺，又加貳拽架尺寸，得順桃尖樑通長壹丈陸尺捌寸。外加金柱徑半分，又出榫照順隨樑枋高半分，如順隨樑枋高壹尺貳寸，得出榫長陸寸。高、厚與桃尖樑做法同。

凡順隨樑枋以稍間面濶定長。如稍間面濶壹丈叁尺貳寸，即長壹丈叁尺貳寸。外壹頭加簷柱徑半分，壹頭加金柱徑半分。又兩頭出榫照本身高加半分，如本身高壹尺貳寸，得出榫各長陸寸。高、厚與小額枋同。

凡挑簷桁以面濶定長。如面濶壹丈陸尺伍寸，即長壹丈陸尺伍寸。外每徑壹尺，加扣榫長叁寸。如徑壹尺，得扣榫長叁寸。其廊子挑簷桁，壹頭加貳拽架長壹尺捌寸，又加交角出頭分位，按本身徑壹分半。如本身徑壹尺，得交角出頭壹尺伍寸。以正心桁之徑收貳寸定徑寸，如正心桁徑壹尺貳寸，得挑簷桁徑壹尺。兩山挑簷桁做法同。

凡挑簷枋以面濶定長。如面濶壹丈陸尺伍寸，內除桃尖樑頭之厚壹尺貳寸，得淨面濶壹丈伍尺叁寸，即挑簷枋長壹丈伍尺叁寸。外加兩頭入榫分位，各按本身厚壹分。如本身厚叁寸，得榫長各叁寸。其廊子挑簷枋，壹頭加貳拽架長壹尺捌寸，又加交角出頭分位，按挑簷桁徑壹分半。如挑簷桁徑壹尺，得出頭長壹尺伍寸。壹頭除桃尖樑頭之厚半分，外加入榫分位，按本身厚壹分。如本身厚叁寸，得榫長叁寸。以斗口貳分定高，壹分定厚。如斗口叁寸，得挑簷枋高陸寸，厚叁寸。兩山挑簷枋做法同。

凡正心桁以面濶定長。如面濶壹丈陸尺伍寸，即長壹丈陸尺伍寸。外每徑壹尺，加搭交榫長叁寸，如徑壹尺貳寸，得榫長叁寸陸分。其廊子正心桁，壹頭加交角出頭分位，按本身徑壹分。如本身徑壹尺貳寸，得出頭長壹尺貳寸。以斗口肆分定徑，如斗口叁寸，得正心桁徑壹尺貳寸。兩山正心桁做法同。

凡正心枋計叁層，以面濶定長。如面濶壹丈陸尺伍寸，內除桃尖樑頭之厚壹尺貳寸，得淨面濶壹丈伍尺叁寸。外加兩頭入榫分位，各按本身之高半分。如本身高陸寸，得榫長各叁寸。其廊子正心枋，壹頭除桃尖樑頭之厚半分，外加入榫分位，按本身高半分，得榫長叁寸。第壹層壹頭帶螞蚱頭長貳尺柒寸，第貳層壹頭帶撐頭木長壹尺捌寸。以斗口貳分定高。如斗口叁寸，得正心枋高陸寸。以斗口壹分，外加包掩定厚。如斗口叁寸，加包掩陸分，得正心枋厚叁寸陸分。兩山正心枋做法同。

凡裏、外拽枋以面濶定長。如面濶壹丈陸尺伍寸，裏面除桃尖樑身厚壹丈捌寸，得長壹丈肆尺柒寸，外面除桃尖樑頭厚壹尺貳寸，得長壹丈伍尺叁寸。裏、外拽枋外加兩頭入榫分位，各按本身厚壹分。如本身厚叁寸，得榫長各叁寸。其廊子拽枋裏壹根，壹頭除桃尖樑身之厚半分，外壹根壹頭除桃尖樑頭之厚半分。各加入榫分位，按本身厚壹分。如本身厚叁寸，得榫長叁寸。外壹根壹頭帶撐頭木長壹尺捌寸，裏壹根收壹拽架長玖寸。高厚與挑簷枋同。兩山拽枋做法同。

凡井口枋之長，與裏面拽枋同。外加兩頭入榫分位，各按本身厚壹分。如本身厚叁寸，得榫長各叁寸。其廊子井口枋，壹頭收貳拽架長壹尺捌寸，壹頭除桃尖樑之厚半分，外加入榫按本身厚壹分。以挑簷桁之徑定高，如挑簷桁徑壹尺，井口枋即高壹尺。厚與拽枋同。兩山井口枋做法同。

凡老簷桁以面濶定長。如面濶壹丈陸尺伍寸，老簷桁即長壹丈陸尺伍寸。外每徑壹尺，加搭交榫長叁寸。其稍間老簷桁，按面濶內除安博脊分位得長。徑與正心桁同。

凡老簷墊板以面濶定長。如面濶壹丈陸尺伍寸，內除柒架樑頭厚貳尺貳寸，得淨面濶壹丈肆尺叁寸，老簷墊板即長壹丈肆尺叁寸。外加兩頭入榫分位，照樑頭之厚每尺加入榫貳寸，如樑頭厚貳尺貳寸，得榫長各肆寸肆分。其稍間墊板，壹頭除樑頭厚半分，壹頭除金柱徑半分。加榫仍照前法。以斗口肆分定高，壹分定厚。如斗口叁寸，得老簷墊板高壹尺貳寸，厚叁寸。

凡老簷枋以面濶定長。如面濶壹丈陸尺伍寸，內除柱徑壹分貳尺，得淨面濶壹丈肆尺伍寸，即長壹丈肆尺伍寸。外加兩頭入榫分位，各按柱徑肆分之壹。如柱徑貳尺，得榫長各伍寸。高、厚與小額枋同。

凡天花墊板以舉架定高。如舉架高肆尺貳寸，內除老簷枋之高壹尺貳寸，桃尖樑高貳尺壹寸，得天花墊板高玖寸。長、厚與老簷墊板同。

凡天花枋之長與老簷枋同，以小額枋之高加貳寸定高。如小額枋高壹尺貳寸，得天花枋高壹尺肆寸。以本身高收貳寸定厚，得天花枋厚壹尺貳寸。

凡採步金枋以進深定長。如進深貳丈玖尺柒寸，除金柱徑壹分貳尺，得淨進深貳丈柒尺柒寸，即長貳丈柒尺柒寸。外加兩頭入榫分位，各按柱徑肆分之壹。如柱徑貳尺，得榫長各伍寸。高、厚與小額枋同。

凡採步金以進深定長。如進深貳丈玖尺柒寸，兩頭加假桁條頭，各按桁條徑壹分半。如桁條徑壹尺貳寸，得假桁條頭各長壹尺捌寸，得採步金長叁丈叁尺叁寸。以金柱徑加貳寸定厚。如柱徑貳尺，得採步金厚貳尺貳寸。以本身厚每尺加貳寸定高，得採步金高貳尺陸寸肆分。

凡柒架樑以步架陸分定長。如步架陸分，共深貳丈玖尺柒寸，兩頭各加桁條徑壹分，得柁頭分位。如桁條徑壹尺貳寸，得柒架樑通長叁丈貳尺壹寸。高、厚與採步金同。

凡柒架隨樑枋以步架陸分定長。如步架陸分深貳丈玖尺柒寸，內除金柱徑壹分貳尺，得柒架隨樑枋長貳丈柒尺柒寸。外加兩頭入榫分位，各按柱徑肆分之壹，如柱徑貳尺，得榫長各伍寸。高、厚與大額枋同。

凡天花樑之長與柒架隨樑枋同，以金柱徑加貳寸定高。如金柱徑貳尺，得天花樑高貳尺貳寸。以本身高收貳寸定厚，得厚貳尺。

凡採步金下交金墩以出廊並正心桁中至挑簷桁中之拽架尺寸用加舉定高。如廊深陸尺陸寸，正心桁中至挑簷桁中貳拽架壹尺捌寸，共深捌尺肆寸。按伍舉加之，得高肆尺貳寸。內除順桃尖樑之高貳尺壹寸，得交金墩淨高貳尺壹寸。每寬壹尺加下榫長叁寸，如本身寬壹尺玖寸陸分，得榫長伍寸捌分。

以採步金之厚每尺收滚楞貳寸定厚，如採步金厚貳尺貳寸，得交金橔厚壹尺柒寸陸分。以本身厚加貳寸定寬，得寬壹尺玖寸陸分。

凡下金瓜柱以步架加舉定高。如步架深肆尺玖寸伍分，按柒舉加之，得高叁尺肆寸陸分，內除柒架樑之高貳尺陸寸肆分，得瓜柱淨高捌寸貳分。外每寬壹尺加上下桁各長叁寸，如本身寬壹尺捌寸，得榫長各伍寸肆分。以伍架樑之厚每尺收滚楞貳寸定厚。如伍架樑厚貳尺，得瓜柱厚壹尺陸寸。以本身厚加貳寸定寬，得寬壹尺捌寸。

凡伍架樑以步架肆分定長。如步架肆分深壹丈玖尺捌寸，兩頭各加桁條徑壹分得柁頭分位，如桁條徑壹尺貳寸，得伍架樑通長貳丈貳尺貳寸。以柒架樑之高厚各收貳寸定高厚，如柒架樑高貳尺陸寸肆分，厚貳尺貳寸，得伍架樑高貳尺肆寸肆分，厚貳尺。

凡上金瓜柱以步架加舉定高。如步架深肆尺玖寸伍分，按捌舉加之，得高叁尺玖寸陸分，內除伍架樑之高貳尺肆寸肆分，得上金瓜柱淨高壹尺伍寸貳分。外每寬壹尺，加上、下榫各長叁寸。如本身寬壹尺陸寸肆分，得上下榫各長肆寸玖分。以叁架樑之厚每尺收滚楞貳寸定厚。如叁架樑厚壹尺捌寸，得上金瓜柱厚壹尺肆寸肆分。以本身厚每尺加貳寸定寬，得寬壹尺陸寸肆分。

凡角背以步架定長。如步架深肆尺玖寸伍分，角背即長肆尺玖寸伍分。以瓜柱之淨高折半定高。如瓜柱高壹尺伍寸貳分，得角背高柒寸陸分，以瓜柱厚叁分之壹定厚。如瓜柱厚壹尺肆寸肆分，得角背厚肆寸捌分。

凡金、脊桁之長、徑做法，俱與老簷桁同。

凡金、脊枋之長、寬、厚做法，俱與老簷枋同。除瓜柱之徑壹分外，加入榫分位，各按柱徑肆分之壹。

凡金、脊墊板之長、寬、厚做法，俱與老簷墊板同。除樑頭或脊瓜柱外，加入槽尺寸。

凡叁架樑以步架貳分定長。如步架貳分深玖尺玖寸，兩頭各加桁條徑壹分，得柁頭分位。如桁條徑壹尺貳寸，得叁架樑通長壹丈貳尺叁寸。以伍架樑之高、厚各收貳寸定高、厚。如伍架樑高貳尺肆寸肆分，厚貳尺，得叁架樑高貳尺貳寸肆分，厚壹尺捌寸。

凡脊瓜柱以步架加舉定高。如步架深肆尺玖寸伍分，按玖舉加之，得高肆尺肆寸伍分，又加平水高壹尺貳寸，得共高伍尺陸寸伍分。內除叁架樑之高貳尺貳寸肆分，得脊瓜柱淨高叁尺肆寸壹分。外加桁條徑叁分之壹作上桁椀，如桁條徑壹尺貳寸，得桁椀肆寸。又每寬壹尺加下榫長叁寸，如本身寬壹尺陸寸肆分，得下榫長肆寸玖分，寬、厚與上金瓜柱同。

凡脊角背以步架定長。如步架深肆尺玖寸伍分，角背即長肆尺玖寸伍分。以脊瓜柱之高、厚叁分之壹定高、厚。如脊瓜柱除桁椀淨高叁尺肆寸壹分，厚壹尺肆寸肆分，得脊角背高壹尺壹寸叁分，厚肆寸捌分。

凡扶脊木長、徑做法，俱與脊桁同。脊樁照通脊之高，再加扶脊木之徑壹分，桁條徑肆分之壹得長。寬照椽徑壹分，厚按本身之寬折半。

凡仔角樑以出廊並出簷各尺寸，用方伍斜柒舉架定長。如出廊深陸尺陸寸，出簷捌尺壹寸，得長壹丈肆尺柒寸。用方伍斜柒之法加長，又按壹伍加舉，共長貳丈叁尺陸寸陸分。再加翼角斜出椽徑叁分，如椽徑肆寸貳分，得並長貳丈肆尺玖寸貳分。再加套獸榫照角樑本身之厚壹分，如角樑厚捌寸肆分，即套獸榫長捌寸肆分，得仔角樑通長貳丈伍尺柒寸陸分。以椽徑叁分定高，貳分定厚。如椽徑肆寸貳分，得仔角樑高壹尺貳寸陸分，厚捌寸肆分。

凡老角樑以仔角樑之長除飛簷頭並套獸榫定長。如仔角樑長貳丈伍尺柒寸陸分，內除飛簷頭長肆尺叁寸肆分，並套獸榫長捌寸肆分，得長貳丈伍寸捌分。外加後尾叁岔頭，照金柱徑壹分，如金柱徑貳尺，得老角樑通長貳丈貳尺伍寸捌分。高、厚與仔角樑同。

凡枕頭木以出廊定長。如出廊深陸尺陸寸，即長陸尺陸寸。外加貳拽架長壹尺捌寸，內除角梁之厚半分，得枕頭木長柒尺玖寸捌分。以挑簷桁徑拾分之叁定寬。如挑簷桁徑壹尺，得枕頭木寬叁寸。正心桁上枕頭木以出廊定長。如出廊深陸尺陸寸，即長陸尺陸寸。內除角樑之厚半分，得正心桁上枕頭木淨長陸尺壹寸捌分。以正心桁徑拾分之叁定寬。如正心桁徑壹尺貳寸，得枕頭木寬叁寸陸分。以椽徑貳分半定高。如椽徑肆寸貳分，得枕頭木壹頭高壹尺伍分，壹頭斜尖與桁條平。兩山枕頭木做法同。

凡椽椀、椽中板以面濶定長。如面濶壹丈陸尺伍寸，即長壹丈陸尺伍寸。以椽徑壹分，再加椽徑叁分之壹定高。如椽徑肆寸貳分，得椽椀、椽中板高伍寸陸分。以椽徑叁分之壹定厚，得厚壹寸肆分。兩山椽椀做法同。

凡簷椽以出廊並出簷加舉定長。如出廊深陸尺陸寸，又加出簷照單翹單昂斗科貳拾柒分斗口叁寸，得捌尺壹寸，共長壹丈肆尺柒寸。又按壹壹伍加舉，得通長壹丈陸尺玖寸。內除飛簷頭長叁尺壹寸，得簷椽淨長壹丈叁尺肆寸。以桁條徑每尺叁寸伍分定徑。如桁條徑壹尺貳寸，得椽徑肆寸貳分。兩山簷椽做法同。每椽空檔，隨椽徑壹分，每間椽數，俱應成雙。檔之寬窄，隨數均勻。

凡下花架椽以步架加舉定長。如步架深肆尺玖寸伍分，按壹貳伍加舉，得下花架椽長陸尺壹寸捌分，徑與簷椽同。

凡上花架椽以步架加舉定長。如步架深肆尺玖寸伍分，按壹叁加舉，得上花架椽長陸尺肆寸叁分，徑與簷椽同。

凡腦椽以步架加舉定長。如步架深肆尺玖寸伍分，按壹叁伍加舉，得腦椽長陸尺陸寸捌分。徑與簷椽同。以上簷、腦椽，壹頭加搭交尺寸，花架椽兩頭各加搭交尺寸。俱照椽徑加壹分，如椽徑肆寸貳分，得搭交長肆寸貳分。

凡兩山出稍啞叭花架、腦椽，俱與正花架、腦椽同。啞叭簷椽以挑山檁之長得長，係短椽折半核算。

凡飛簷椽以出簷定長。如出簷捌尺貳寸，按壹壹伍加舉，得長玖尺叁寸壹分，叁分分之。出頭壹分，得長叁尺壹寸。後尾貳分半得長柒尺柒寸伍分，得飛簷椽通長壹丈捌寸伍分。見方與簷椽徑寸同。

凡翼角翹椽長、徑俱與平身簷椽同。其起翹之處，以挑簷桁中出簷尺寸，用方伍斜柒之法，再加廊深並正心桁中至挑簷桁中拽架各尺寸定翹數。如挑簷桁中出簷陸尺叁寸，方伍斜柒加之，得長捌尺捌寸貳分。再加廊深陸尺陸寸，並貳拽架長壹尺捌寸，共長壹丈柒尺貳寸貳分。內除角樑之厚半分，得淨長壹丈陸尺捌寸，即係翼角椽檔分位。但翼角翹椽以成單爲率，如逢雙數，應改成單。

凡翹飛椽以平身飛簷椽之長，用方伍斜柒之法定長。如飛簷椽長壹丈捌寸伍分，用方伍斜柒加之，第壹翹得長壹丈伍尺貳寸，其餘以所定翹數。每根遞減長伍分伍釐。其高比飛簷椽加高半分，如飛簷椽高肆寸貳分，得翹椽高陸寸叁分，厚仍肆寸貳分。

凡裏口以面濶定長。如面濶壹丈陸尺伍寸，即長壹丈陸尺伍寸。以椽徑壹分再加望板之厚壹分半定高。如椽徑肆寸貳分，望板之厚壹分半貳寸壹分，得裏口高陸寸叁分。厚與椽徑同，兩山裏口做法同。

凡閘檔板以翹檔分位定長。如椽檔寬肆寸貳分，即閘檔板寬肆寸貳分。外加入槽每寸壹分，高隨椽徑尺寸。以椽徑拾分之貳定厚。如椽徑肆寸貳分，得閘檔板厚捌分肆釐。其小連簷自起翹處至老角樑得長，寬隨椽徑壹分。厚照望板之厚壹分半，得厚貳寸壹分。兩山閘檔板小連簷做法同。

凡順望板以椽檔定寬。如椽徑肆寸貳分，檔寬肆寸貳分，共寬捌寸肆分。順望板每塊即寬捌寸肆分。長隨各椽淨長尺寸。以椽徑叁分之壹定厚。如椽徑肆寸貳分，得順望板厚壹寸肆分。

凡翹飛翼角横望板以出廊並出簷加舉折見方丈定長、寬。飛簷壓尾横望板俱以面濶飛簷尾之長折見方丈核算。以椽徑拾分之貳定厚。如椽徑肆寸貳分，得横望板厚捌分肆釐。

凡連簷以面濶定長，如面濶壹丈陸尺伍寸，即長壹丈陸尺伍寸。其廊子連簷以出廊陸尺陸寸，出簷捌尺壹寸，共長壹丈肆尺柒寸。除角梁之厚半分，淨長壹丈肆尺貳寸捌分。兩山同。以每尺亦翹壹寸，共長壹丈伍尺柒寸。高、厚與檐椽徑寸同。

凡瓦口長與連簷同。以椽徑半分定高。如椽徑肆寸貳分，得瓦口高貳寸壹分。以本身高折半定厚，得厚壹寸伍釐。

凡榻脚木以步架陸分，外加桁條之徑貳分定長。如步架陸分長貳丈玖尺柒寸，外加兩頭桁條之徑各壹分。如桁條徑壹尺貳寸，得榻脚木通長叁丈貳尺壹寸。見方與桁條之徑同。

凡草架柱子以步架加舉定高。如步架深肆尺玖寸伍分，第壹步架按柒舉加之，得高叁尺肆寸陸分；第貳步架按捌舉加之，得高叁尺玖寸陸分，貳步架共高柒尺肆寸貳分，上金桁下草架柱子即高柒尺肆寸貳分；第叁步架按玖舉加之，得高肆尺肆寸伍分。叁步架共高壹丈壹尺捌寸柒分，脊桁下草架柱子即高壹丈壹尺捌寸柒分。外兩頭俱加入榫分位，按本身之寬、厚折半，如本身寬、厚陸寸，得榫長各叁寸。以榻脚木見方尺寸折半定寬、厚。如榻脚木見方壹尺貳寸，得草架柱子見方陸寸。其穿貳根。內下金壹根，以步架肆分定長。如步架肆分共長壹丈玖尺捌寸，即穿長壹丈玖尺捌寸。上金壹根以步架貳分定長。如步架貳分長玖尺玖寸，即穿長玖尺玖寸。寬、厚與草架柱子同。

凡山花以進深定寬。如進深肆丈貳尺玖寸，前後廊各收陸尺陸寸，得山花通寬貳丈玖尺柒寸。以脊中草架柱子之高加扶脊木並桁條之徑定高。如草架柱子高壹丈壹尺捌寸柒分，扶脊木脊桁各徑壹尺貳寸加之，得山花中高壹丈肆尺貳寸柒分。係尖高做法，均折核算。以桁條徑肆分之壹定厚。如桁條徑壹尺貳寸，得山花厚叁寸。

凡博縫板隨各椽之長得長。如下花架椽長陸尺壹寸捌分，即下花架博縫板長陸尺壹寸捌分。如上花架椽長陸尺肆寸叁分，即上花架博縫板長陸尺肆寸叁分。如腦椽長陸尺陸寸捌分，即腦博縫板長陸尺陸寸捌分。每博縫板外加搭岔分位照本身之寬加長。如本身寬貳尺伍寸貳分，每塊即加長貳尺伍寸貳分。以椽徑分定寬。如椽徑肆寸貳分，得博縫板寬貳尺伍寸貳分。厚與山花板之厚同。

又　卷三《柒檁歇山轉角周圍廊斗口重昂斗科斗口貳寸伍分大木做法》

凡面闊、進深以斗科攢數定，每攢以口數拾壹分定寬。如斗口貳寸伍分，以科中分算，得斗科每攢寬貳尺柒寸伍分。如面闊用平身斗科陸攢，再加兩邊柱頭科各半攢，共斗科柒攢，得面闊壹丈玖尺貳寸伍分。如次間收分壹攢，得面闊壹丈陸尺伍寸。稍間同。或再收壹攢，臨期酌定。如廊內用平身斗科壹攢，兩邊柱頭科各半攢，共貳攢，得廊子面濶伍尺伍寸。如進深用平身斗科捌攢，再加兩邊柱頭科各半攢，共斗科玖攢，得進深貳丈肆尺柒寸伍分。外加前後廊各深伍尺伍寸，得通進深叁丈伍尺柒寸伍分。

凡簷柱以斗口柒拾分除平板枋斗科高分位定高。如斗口貳寸伍分，得簷柱連平板枋斗科通高壹丈柒尺伍寸。內除平板枋高伍寸，斗科高貳尺叁寸，得簷柱淨高壹丈肆尺柒寸。外每柱徑壹尺加上下榫各長叁寸。如柱徑壹尺伍寸，得榫長各肆寸伍分。以斗口陸分定徑寸。如斗口貳寸伍分，得簷柱徑壹尺伍寸。兩山簷柱做法同。

凡金柱以出廊並正心桁中至挑簷桁中拽架尺寸用加舉定高。如廊深伍尺伍寸，正心桁中至挑簷桁中貳拽架壹尺伍寸，共深柒尺。按伍舉加之，得高叁尺伍寸。並簷柱平板枋斗科通高壹丈柒尺伍寸，得金柱高貳丈壹尺。外每柱徑壹尺，加上下榫各長叁寸。如柱徑壹尺柒寸，得榫長各伍寸壹分。其採步金柱加平水壹分之高，如平水高壹尺，即採步金柱加高壹尺。再加桁條徑叁分之壹作桁椀，如桁條徑壹尺，得桁椀高叁寸叁分。以簷柱徑加貳寸定徑寸。如簷柱徑壹尺伍寸，得金柱徑壹尺柒寸。

凡小額枋以面濶定長。如面濶壹丈玖尺貳寸伍分，兩頭共除柱徑壹分壹尺伍寸，得淨面闊壹丈柒尺柒寸伍分，即長壹丈柒尺柒寸伍分。外加兩頭入榫分位，各按柱徑肆分之壹。如柱徑壹尺伍寸，得榫長各叁寸柒分。其廊子小額枋壹頭加柱徑半分，又照本身高加半分得出榫分位。如本身高壹尺，得出榫長伍寸。壹頭除柱徑半分，外加入榫分位，亦按柱徑肆分之壹，以斗口肆分定高。如斗口貳寸伍分，得小額枋高壹尺。以本身高收貳寸定厚，得厚捌寸，兩山小額枋做法同。

凡由額墊板以面濶定長。如面濶壹丈玖尺貳寸伍分，兩頭共除柱徑壹分壹尺伍寸，得淨面闊壹丈柒尺柒寸伍分。即由額墊板長壹丈柒尺柒寸伍分，外加兩頭入榫分位，各按柱徑拾分之貳。如柱徑壹尺伍寸，得榫長各叁寸。以斗口貳分定高，壹分定厚。如斗口貳寸伍分，得由額墊板高伍寸，厚貳寸伍分。兩山由額墊板做法同。

凡大額枋之長俱與小額枋同。其廊子大額枋壹頭加簷柱徑壹分，得霸王拳分位。壹頭除柱徑半分，外加入榫分位，亦按柱徑肆分之壹。以斗口陸分定高。如斗口貳寸伍分，得大額枋高壹尺伍寸。以本身高收貳寸定厚。得大額枋厚壹尺叁寸，兩山大額枋做法同。

凡平板枋以面濶定長。如面濶壹丈玖尺貳寸伍分，即長壹丈玖尺貳寸伍分。外每寬壹尺加扣榫長叁寸。如平板枋寬柒寸伍分，得扣榫長貳寸貳分。其廊子平板枋壹頭加柱徑壹分得交角出頭分位，如柱徑壹尺伍寸，得出頭長壹尺伍寸。以斗口叁分定寬，貳分定高。如斗口貳寸伍分，得平板枋寬柒寸伍分，高伍寸。兩山平板枋做法同。

凡桃尖樑以廊子進深並正心桁中至挑簷桁中定長。如廊深伍尺伍寸，正心桁中至挑簷桁中長壹尺伍寸，共長柒尺。又加貳拽架尺寸長壹尺伍寸，得桃尖樑通長捌尺伍寸。外加金柱徑半分，又出榫照隨樑枋高半分。如隨樑枋高壹尺，得出榫長伍寸。以拽架加舉定高。如斗口重昂得貳拽架深壹尺伍寸，按伍舉加之，得高柒寸伍分。又加螞蚱頭、撐頭木各高伍寸，得桃尖樑高壹尺柒寸伍分。以斗口陸分定厚。如斗口貳寸伍分，得桃尖樑厚壹尺伍寸。以斗口肆分定桃尖樑頭之厚，得厚壹尺。兩山桃尖樑做法同。

凡桃尖隨樑枋以出廊定長。如出廊深伍尺伍寸，即長伍尺伍寸，外壹頭加簷柱徑半分，壹頭加金柱徑半分。又兩頭出榫照本身高加半分。如本身高壹尺，得出榫各長伍寸。高、厚與小額枋同。兩山隨樑枋做法同。

凡挑簷桁以面濶定長。如面濶壹丈玖尺貳寸伍分，即長壹丈玖尺貳寸伍分。外每徑壹尺加扣榫長叁寸。如徑捌寸，得扣榫長貳寸肆分。其廊子挑簷桁壹頭加貳拽架長壹尺伍寸，又加交角出頭分位按本身徑壹分半。如本身徑捌寸，得交角出頭壹尺貳寸。以正心桁之徑收貳寸定徑寸。如正心桁徑壹尺，得挑簷桁徑捌寸。兩山挑簷桁做法同。

凡挑簷枋以面濶定長。如面濶壹丈玖尺貳寸伍分，内除桃尖樑頭之厚壹尺，得淨面濶壹丈捌尺貳寸伍分。即挑簷枋長壹丈捌尺貳寸伍分，外加兩頭入榫分位，各按本身厚壹分。如本身厚貳寸伍分，得榫長各貳寸伍分。其廊子挑簷枋壹頭加貳拽架長壹尺伍寸，又加交角出頭分位按挑簷桁徑壹分半。如挑簷桁徑捌寸，得出頭長壹尺貳寸。壹頭除桃尖樑頭之厚半分，外加入榫分位按本身厚壹分。如本身厚貳寸伍分，得榫長貳寸伍分。以斗口貳分定高。壹分定厚。如斗口貳寸伍分，得挑簷枋高伍寸，厚貳寸伍分。兩山挑簷枋做法同。

凡正心桁以面濶定長。如面濶壹丈玖尺貳寸伍分，即長壹丈玖尺貳寸伍分。外每徑壹尺加搭交榫長叁寸。加徑壹尺，得榫長叁寸。其廊子正心桁壹頭加交角出頭分位，按本身徑壹分。如本身徑壹尺，得出頭長壹尺。以斗口肆分定徑。如斗口貳寸伍分，得正心桁徑壹尺。兩山正心桁做法同。

凡正心枋計叁層以面濶定長。如面濶壹丈玖尺貳寸伍分，内除桃尖樑頭之厚壹尺，得淨面濶壹丈捌尺貳寸伍分。外加兩頭入榫分位，各按本身之高半分。如本身高伍寸，得榫長各貳寸伍分。其廊子正心枋，壹頭除桃尖樑頭之厚半分，外加入榫分位，按本身高半分，得榫長貳寸伍分。第壹層，壹頭帶螞蚱頭長貳尺貳寸伍分。第貳層，壹頭帶撑頭木長壹尺伍寸。以斗口貳分定高。如斗口貳寸伍分，得正心枋高伍寸。以斗口壹分外加包掩定厚。如斗口貳寸伍分，加包掩陸分，得正心枋厚叁寸壹分。兩山正心枋做法同。

凡裏、外拽枋以面濶定長。如面濶壹丈玖尺貳寸伍分，裏面拽枋除桃尖樑身厚壹尺伍寸，得長壹丈柒尺柒寸伍分；外面拽枋除桃尖樑頭厚壹尺，得長壹丈捌尺貳寸伍分。裏、外拽枋外加兩頭入榫分位，各按本身厚壹分。如本身厚貳寸伍分，得榫長各貳寸伍分。其廊子拽枋，裏壹根，壹頭除桃尖樑身之厚半分；外壹根，壹頭除桃尖樑頭之厚半分，各加入榫分位，按本身厚壹分，如本身厚貳寸伍分，得榫長貳寸伍分。外壹根，壹頭帶撑頭木長壹尺伍寸；裏壹根，收壹拽架長柒寸伍分。高、厚與挑簷枋同。兩山拽枋做法同。

凡井口枋之長與裏面拽枋同。外加兩頭入榫方位，各按本身厚壹分。如本身厚壹寸伍分，得榫長各貳寸伍分。其廊子井口枋，壹頭收貳拽架長壹尺伍寸，壹頭除桃尖樑身之厚半分，外加入榫，按本身厚壹分。以挑簷桁之徑定高。如挑簷桁徑捌寸，井口枋即高捌寸。厚與拽枋同。兩山井口枋做法同。

凡老簷桁以面濶定長。如面濶壹丈玖尺貳寸伍分，老簷桁即長壹丈玖尺貳寸伍分。外每徑壹尺，加搭交榫長叁寸。其稍間老簷桁，按面濶内除安博脊分位，得長徑與正心桁同。

凡老簷墊板以面濶定長。如面濶壹丈玖尺貳寸伍分，内除伍架樑頭之厚壹尺玖寸，得淨面濶壹丈柒尺叁寸伍分。老簷墊板即長壹丈柒尺叁寸伍分，外加兩頭入榫分位，照樑頭之厚每尺加入榫貳寸。如樑頭厚壹尺玖寸，得榫長各叁寸捌分。其稍間墊板，壹頭除樑頭厚半分，壹頭除金柱徑半分，加榫仍照前法。兩山除金柱徑壹分，外加入榫分位，按柱徑拾分之貳。以斗口肆分定高，壹分定厚。如斗口貳寸伍分，得老簷墊板高壹尺，厚貳寸伍分。

凡老簷枋以面濶定長。如面濶壹丈玖尺貳寸伍分，内除柱徑壹分壹尺柒寸，得淨面濶壹丈柒尺伍寸伍分，即長壹丈柒尺伍寸伍分。外加兩頭入榫分位，各按柱徑肆分之壹。如柱徑壹尺柒寸，得榫徑各肆寸貳分。高、厚俱與小額枋同。

凡天花墊板以舉架定高。如舉架高叁尺伍寸，内除老簷枋之高壹尺，桃尖樑高壹尺柒寸伍分，得天花墊板高柒寸伍分。長、厚與老簷墊板同。

凡天花枋之長與老簷枋同。以小額枋之高加貳寸定高。如小額枋高壹尺，得天花枋高壹尺貳寸。以本身高收貳寸定厚，得天花枋厚壹尺。

凡採步金枋以進深定長。如進深貳丈肆尺柒寸伍分，除金柱徑壹分壹尺柒寸，得淨進深貳丈叁尺伍分，即長貳丈叁尺伍分。外加兩頭入榫分位，各按柱徑肆分之壹。如柱徑壹尺柒寸，得榫長各肆寸貳分。高厚與小額枋同。

凡採步金以進深定長。如進深貳丈肆尺柒寸伍分，兩頭加假桁條頭，各按桁條徑壹分半。如桁條徑壹尺，得假桁條頭各長壹尺伍寸，得採步金長貳丈柒尺柒寸伍分。以金柱徑加貳寸定厚。如柱徑壹尺柒寸，得採步金厚壹尺玖寸。以本身厚每尺加貳寸定高，得採步金高貳尺貳寸捌分。

凡伍架樑以步架肆分定長。如步架肆分深貳丈肆尺柒寸伍分，兩頭各加桁條徑壹分，得柁頭分位。如桁條徑壹尺，得伍架樑通長貳丈陸尺柒寸伍分。高、厚與採步金同。

凡伍架隨樑枋以步架肆分定長。如步架肆分深貳丈肆尺柒寸伍分，內除金柱徑壹分壹尺柒寸，得伍架隨樑枋長貳丈叁尺伍分。外加兩頭入榫分位，各按柱徑肆分之壹。如柱徑壹尺柒寸，得榫長各肆寸貳分。高、厚與大額枋同。

凡天花樑之長與伍架隨樑枋同。以金柱徑加貳寸定高。如金柱徑壹尺柒寸，得天花樑高壹尺玖寸。以本身之高收貳寸定厚，得厚壹尺柒寸。

凡金瓜柱以步架加舉定高。如步架深陸尺壹寸捌分，按柒舉加之，得高肆尺叁寸貳分。內除伍架樑之高貳尺貳寸捌分，得金瓜柱淨高貳尺肆分。外每寬壹尺加上、下榫各長叁寸，如本身寬壹尺伍寸陸分，得榫長各肆寸陸分。以叁架樑之厚每尺收滚楞貳寸定厚。如叁架樑厚壹尺柒寸，得金瓜柱厚壹尺叁寸陸分。以本身厚加貳寸定寬，得寬壹尺伍寸陸分。

凡採步金上柁墩以桁條徑尺寸加倍定寬。如桁採徑壹尺，得柁墩寬貳尺。高與金瓜柱同，得高肆尺叁寸貳分，內除採步金之高貳尺貳寸捌分，並採步金枋之高壹尺，得柁墩淨高壹尺肆分。厚與金瓜柱同。

凡角背以步架定長。如步架深陸尺壹寸捌分，角背即長陸尺壹寸捌分。以瓜柱之淨高折半定高。如瓜柱高貳尺肆分，得角背高壹尺貳分。以瓜柱厚叁分之壹定厚。如瓜柱厚壹尺叁寸陸分，得角背厚肆寸伍分。

凡金脊桁之長、徑做法，俱與老簷桁同。

凡金脊枋之長、寬、厚做法，俱與老簷枋同。除瓜柱之徑壹分，外加入榫分位，各按柱徑肆分之壹。

凡金脊墊板之長、寬、厚做法，俱與老簷墊板同。除樑頭或脊瓜柱外，加入榫尺寸。

凡叁架樑以步架貳分定長。如步架貳分深壹丈貳尺叁寸陸分，兩頭各加桁條徑壹分得柱頭分位。如桁條徑壹尺，得叁架樑通長壹丈肆尺叁寸陸分。以伍架樑之高、厚各收貳寸定高、厚。如伍架樑高貳尺貳寸捌分，厚壹尺玖寸，得叁架樑高貳尺捌分，厚壹尺柒寸。

凡脊瓜柱以步架加舉定高。如步架深陸尺壹寸捌分，按玖舉加之，得高伍尺伍寸陸分。又加平水高壹尺，得共高陸尺伍寸陸分。內除叁架樑之高貳尺捌分，得脊瓜柱淨高肆尺肆寸捌分。外加桁條徑叁分之壹作上桁椀。如桁條徑壹尺，得桁椀叁寸叁分。每寬壹尺，加下榫長叁寸。如本身寬壹尺伍寸陸分，得下榫長肆寸陸分。寬厚與金瓜柱同。

凡脊角背以步架定長。如步架深陸尺壹寸捌分，脊角背即長陸尺壹寸捌分。以脊瓜柱之高厚叁分之壹定高、厚。如脊爪柱淨高肆尺肆寸捌分，厚壹尺叁寸陸分，得脊角背高壹尺肆寸玖分，厚肆寸伍分。

凡扶脊木長、徑做法，俱與脊桁同。脊樁照通脊之高，再加扶脊木之徑壹分，桁條徑肆分之壹得長。寬照椽徑壹分，厚按本身之寬折半。

凡仔角樑以出廊並出簷各尺寸用方伍斜柒舉架定長。如出廊深伍尺伍寸，出簷陸尺柒寸伍分，得長壹丈貳尺貳寸伍分。用方伍斜柒之法加長，又按壹壹伍加舉，共長壹丈玖尺柒寸貳分。再加翼角斜出椽徑叁分。如椽徑叁寸伍分，得並長貳丈柒寸柒分。再加套獸榫照角樑本身之厚壹分，如角樑厚柒寸，即套獸榫長柒寸，得仔角樑通長貳丈壹尺肆寸柒分。以椽徑叁分定高，貳分定厚。如椽徑叁寸伍分，得仔角樑高壹尺伍分，厚柒寸。

凡老角樑以仔角樑之長，除飛簷頭並套獸榫定長。如仔角樑長貳丈壹尺肆寸柒分，內除飛簷頭長叁尺陸寸貳分，並套獸榫長柒寸，得長壹丈柒尺壹寸伍分。外加後尾叁岔頭照金柱徑壹分，如金柱徑壹尺柒寸，得老角樑通長壹丈捌尺捌寸伍分。高、厚與仔角樑同。

凡枕頭木以出廊定長。如出廊深伍尺伍寸，即長伍尺伍寸。外加貳拽架長壹尺伍寸，內除角樑之厚半分，得枕頭木長陸尺陸寸伍分。以挑簷桁徑拾分之叁定寬。如挑簷桁徑捌寸，得枕頭木寬貳寸肆分。正心桁上枕頭木以出廊定長。如出廊深伍尺伍寸，即長伍尺伍寸。內除角樑之厚半分，得正心桁上枕頭木淨長伍尺壹寸伍分。以正心桁徑拾分之叁定寬。如正心桁徑壹尺，得枕頭木寬叁寸。以椽徑貳分半定高。如椽徑叁寸伍分，得枕頭木壹頭高捌寸柒分。壹頭斜尖與桁條平。兩山枕頭木做法同。

凡椽椀、椽中板以面濶定長。如面濶壹丈玖尺貳寸伍分，即長壹丈玖尺貳寸伍分。以椽徑壹分再加椽徑叁分之壹定高。如椽徑叁寸伍分，得椽椀、椽中板高肆寸陸分。以椽徑叁分之壹定厚。得厚壹寸壹分。兩山椽中板、椽椀做法同。

凡簷椽以出廊並出簷加舉定長。如出廊深伍尺伍寸，又加出簷照斗口重昂斗科貳拾柒分。如斗口貳寸伍分，得陸尺柒寸伍分，共長壹丈貳尺貳寸伍分。又按壹伍加舉，得通長壹丈肆尺捌分。內除飛簷頭長貳尺伍寸捌分，得簷椽淨長壹丈壹尺伍寸。以桁條徑每尺叁寸伍分定徑寸。如桁條徑壹尺，得椽徑叁寸伍分。兩山簷椽做法同。每椽空檔隨椽徑壹分，每間椽數，俱應成雙。檔之寬窄，隨數均勻。

凡花架椽以步架加舉定長。如步架深陸尺壹寸捌分，按壹貳伍加舉，得花架椽長柒尺柒寸貳分。徑與簷椽同。

凡腦椽以步架加舉定長。如步架深陸尺壹寸捌分，按壹叁伍加舉，得腦椽長捌尺叁寸肆分。徑與簷椽同。以上簷腦椽壹頭加搭交尺寸，花架椽兩頭各加搭交尺寸，俱照椽徑加壹分。如椽徑叁寸伍分，得搭交長叁寸伍分。

凡兩山出稍啞叭腦椽花架椽俱與正腦椽花架椽同。啞叭簷椽以挑山檁之長得長，係短椽折半核算。

凡飛簷椽以出簷定長。如出簷陸尺柒寸伍分，按壹壹伍加舉，得長柒尺柒寸陸分。叁分分之，出頭壹分，得長貳尺伍寸捌分。後尾貳分半，得長陸尺肆寸伍分。得飛簷椽通長玖尺叁分。見方與簷椽徑寸同。

凡翼角翹椽長、徑俱與平身簷椽同。其起翹之處，以挑簷桁中之出簷尺寸用方伍斜柒之法，再加廊深並正心桁中至挑簷桁中拽架各尺寸定翹數。如挑簷桁中出簷長伍尺貳寸伍分，方伍斜柒加之，得長柒尺叁寸伍分，再加廊深伍尺伍寸，並貳拽架長壹尺伍寸，共長壹丈肆尺叁寸伍分，內除角樑之厚半分，得淨長壹丈肆尺，即係翼角椽檔分位。但翼角翹椽以成單爲率，如逢雙數，應改成單。

凡翹飛椽以平身飛簷椽之長，用方伍斜柒之法定長。如飛簷椽長玖尺叁分，用方伍斜柒加之，第壹翹得長壹丈貳尺陸寸肆分，其餘以所定翹數每根遞減長伍分伍釐。其高比飛簷椽加高半分，如飛簷椽高叁寸伍分，得翹飛椽高伍寸貳分，厚仍叁寸伍分。

凡裏口以面濶定長。如面濶壹丈玖尺貳寸伍分，即長壹丈玖尺貳寸伍分。以椽徑壹分，再加望板之厚壹分半定高。如椽徑叁寸伍分，望板之厚壹分半壹寸陸分，得裏口高伍寸壹分，厚與椽徑同。兩山裏口做法同。

凡閘檔板以翹檔分位定長。如椽檔寬叁寸伍分，即閘檔板寬叁寸伍分。外加入槽每寸壹分。高隨椽徑尺寸，以椽徑拾分之貳定厚。如椽徑叁寸伍分，得閘檔板厚柒分。其小連簷自起翹處至老角樑得長。寬隨椽徑壹分，厚照望板之厚壹分半，得厚壹寸陸分。兩山閘檔板小連簷做法同。

凡順望板以椽檔定寬。如椽徑叁寸伍分，檔寬叁寸伍分，共寬柒寸，即順望板每塊寬柒寸。長隨各椽淨長尺寸，內除裏口分位。以椽徑叁分之壹定厚。如椽徑叁寸伍分，得順望板厚壹寸壹分。

凡翹飛翼角橫望板以出廊並出簷加舉折見方丈定長、寬。飛簷壓尾橫望板俱以面濶飛簷尾之長折見方丈核算。以椽徑拾分之貳定厚。如椽徑叁寸伍分，得橫望板厚柒分。

凡連簷以面濶定長。如面濶壹丈玖尺貳寸伍分，即長壹丈玖尺貳寸伍分。其廊子連簷，以出廊伍尺伍寸，出簷陸尺柒寸伍分，共長壹丈貳尺貳寸伍分，除角樑之厚半分，淨長壹丈壹尺玖寸。兩山同。以每尺加翹壹寸，共長壹丈叁尺玖分。高、厚與簷椽徑寸同。

凡瓦口之長與連簷同。以椽徑半分定高。如椽徑叁寸伍分，得瓦口高壹寸柒分。以本身之高折半定厚，得厚捌分。

凡榻脚木以步架肆分，外加桁條之徑貳分定長。如步架肆分長貳丈肆尺柒寸伍分，外加兩頭桁條之徑各壹分。如桁條徑壹尺，得榻脚木通長貳丈陸尺柒寸伍分。見方與桁條之徑同。

凡草架柱子以步架加舉定高。如步架深陸尺壹寸捌分，第壹步架按柒舉加之，得高肆尺叁寸貳分，第貳步架按玖舉加之，得高伍尺伍寸陸分，貳步架共高玖尺捌寸捌分。得脊桁下草架柱子，即高玖尺捌寸捌分。外兩頭俱加入榫分位，按本身之寬厚折半。如本身寬厚伍寸，得榫長各貳寸伍分。以榻脚木見方尺寸折半定寬、厚。如榻脚木見方壹尺，得草架柱子見方伍寸。其穿以步架定長。如步架貳分長壹丈貳尺叁寸柒分，即長壹丈貳尺叁寸柒分。寬、厚與草架柱子同。

凡山花以進深定寬。如進深叁丈伍尺柒寸伍分，前後各收壹廊深伍尺伍寸，得山花通寬貳丈肆尺柒寸伍分。以脊中草架柱子之高，加扶脊木，並桁條之徑定高。如草架柱子高玖尺捌寸捌分，扶脊木、脊桁各徑壹尺，加之，得山花中高壹丈壹尺捌寸捌分。係尖高做法，均折核算。以桁條之徑肆分之壹定厚，如桁條徑壹尺，得山花厚貳寸伍分。

凡博縫板隨各椽之長得長。如花架板長柒尺柒寸貳分，即花架博縫板長柒尺柒寸貳分。如腦椽長捌尺叁寸肆分，即腦博縫板長捌尺叁寸肆分。每博縫板外加搭岔分位，照本身之寬加長。如本身寬貳尺壹寸，每塊即加長貳尺壹寸。以椽徑陸分定寬。如椽徑叁寸伍分，得博縫板寬貳尺壹寸。厚與山花板厚同。

又卷四《玖檁樓房大木做法》 凡下簷柱以面濶拾分之捌定高低，拾分之柒定徑寸。如面濶壹丈叁尺，得柱高壹丈肆寸，徑玖寸壹分。如次間、稍間面濶比明間窄小者，其柱、檁、柁、枋等木徑寸仍照明間，其面濶臨期酌奪地勢定尺寸。

凡通柱以上簷面濶拾分之柒定高低。如面濶壹丈叁尺，上簷柱高玖尺壹寸，並下簷柱高壹丈肆寸，得通長壹丈玖尺伍寸。以簷柱徑加貳寸定徑寸。如柱徑玖寸壹分，得徑壹尺壹寸壹分。以上柱子，每徑壹尺，外加榫長叁寸。

凡抱頭樑以出廊定長短，如出廊深肆尺，壹頭加檁徑壹分，得柁頭分位。如檁徑玖寸壹分，得通長肆尺玖寸壹分。以簷柱徑加貳寸定厚。如柱徑玖寸壹分，得厚壹尺壹寸壹分。高按本身之厚，每尺加叁寸，得高壹尺肆寸肆分。

凡穿插枋以出廊定長短。如出廊深肆尺，壹頭加簷柱徑半分，壹頭加金柱徑半分，又兩頭出榫，照簷柱徑壹分，得通長伍尺玖寸壹分。高、厚與簷枋同。

凡下簷枋以面濶定長短。如面濶壹丈叁尺，內除柱徑壹分，外加兩頭入榫分位，各按柱徑肆分之壹，得長壹丈貳尺伍寸肆分。以簷柱徑寸定高。如柱徑玖寸壹分，即高玖寸壹分。厚按本身之高收貳寸，得厚柒寸壹分。

凡簷墊板以面濶定長短。如面濶壹丈叁尺，內除柁頭分位壹分，外加兩頭入榫尺寸，照柁頭之厚每尺加滾楞貳寸，得長壹丈貳尺壹寸壹分。以簷枋之高收壹寸定高。如簷枋高玖寸壹分，得高捌寸壹分。以檁徑拾分之叁定厚。如檁徑玖寸壹分，得厚貳寸柒分。高陸寸以上者，照簷枋之高收分壹寸，陸寸以下者不收分。

凡承重以進深定長短。如進深貳丈肆尺，即長貳丈肆尺。以通柱徑加貳寸定高。如柱徑壹尺壹寸壹分，得高壹尺叁寸壹分。厚按本身之高收貳寸，得厚壹尺壹寸壹分。

凡間枋以面濶定長短。如面濶壹丈叁尺，內除柱徑壹分，外加兩頭入榫分位，各按柱徑肆分之壹，得長壹丈貳尺肆寸肆分。高、厚與簷枋同。

凡承椽枋以面濶定長短。如面濶壹丈叁尺，即長壹丈叁尺。以通柱徑寸定高。如柱徑壹尺壹寸壹分，即高壹尺壹寸壹分。厚按本身之高收貳寸，得厚玖寸壹分。

凡棋枋板以間枋之厚拾分之貳定厚。如間枋厚柒寸壹分，得厚壹寸肆分。寬按面濶，內除柱徑壹分。以出廊加舉定高低。如出廊肆尺，按伍舉加之，得高貳尺，內除承椽枋之高壹尺壹寸壹分，得高捌寸玖分。

凡博脊枋以面濶定長短。如面濶壹丈叁尺，內除柱徑壹分，外加兩頭入榫分位，各按柱徑肆分之壹，得長壹丈貳尺肆寸肆分。以通柱徑減半定高。如柱徑壹尺壹寸壹分，得高伍寸伍分。厚按本身之高收貳寸，得厚叁寸伍分。如博脊高大，再加棋枋板，以承椽枋之厚拾分之貳定厚。如承椽枋厚玖寸壹分，得厚壹寸捌分。寬按面濶，內除柱徑壹分。

凡楞木以面濶定長短。如面濶壹丈叁尺，即長壹丈叁尺。以承重之厚拾分之陸定高。如承重厚壹尺壹寸壹分，得高陸寸陸分。厚按本身之高每寸收貳分，得厚伍寸叁分。

凡樓板以進深、面濶定長短塊數。內除樓梯分位，按門口尺寸，臨期擬定。厚按楞木之厚叁分之壹定厚。如楞木厚伍寸叁分，得厚壹寸柒分。如墁磚，以楞木之厚減半得厚。

凡簷椽以出廊並出簷加舉定長短。如出廊深肆尺，又加出簷尺寸，照簷柱高拾分之叁，得叁尺壹寸貳分，共長柒尺壹寸貳分。又按壹壹伍加舉，得通長捌尺壹寸捌分。如用飛簷椽，以出簷尺寸分叁分，去長壹分作飛簷頭。以檁徑拾分之叁定徑寸。如檁徑玖寸壹分，得徑貳寸柒分。每椽空檔，隨椽徑壹分。每間椽數，俱應成雙，檔之寬窄，隨數均勻。

凡上簷金柱以步架加舉定高低。如步架深四尺，按肆舉加之，得高壹尺陸寸，並上檐柱高玖尺壹寸，得通長壹丈柒寸。徑寸與通柱同。每徑壹尺，外加榫長叁寸。

凡上簷抱頭樑以出廊定長短。如出廊深肆尺，壹頭加檁徑壹分，得柁頭分位。壹頭加金柱徑半分，又出榫照通柱徑加半分，得通長陸尺壹分。以通柱徑加貳寸定厚。如柱徑壹尺壹寸壹分，得厚壹尺叁寸壹分。高按本身之厚每尺加叁寸，得高壹尺柒寸。

凡上簷合頭穿插枋以出廊定長短。如出廊深肆尺，內除柱徑各半分，外加兩頭入榫分位，各按柱徑肆分之壹，得長叁尺肆寸肆分。高、厚與承椽枋同。

凡伍架樑以進深定長短。如通進深貳丈肆尺，内除前後廊捌尺，進深得壹丈陸尺。兩頭各加檁徑壹分，得柁頭分位。如檁徑玖寸壹分，得通長壹丈柒尺捌寸貳分。高、厚與抱頭梁同。

凡隨樑枋以進深定長短。如進深壹丈陸尺，内除柱徑壹分，外加兩頭入榫分位，各接柱徑肆分之壹，得長壹丈伍尺肆寸肆分。其高、厚比簷柱各加貳寸。

凡金瓜柱以步架加舉定高低。如步架深肆尺，按陸舉加之，得高貳尺肆寸，内除伍架樑高壹尺柒寸，得净高柒寸。以叁架樑之厚收貳寸定厚。如叁架樑厚壹尺壹寸壹分，得厚玖寸壹分。寬按本身之厚加貳寸，得寬壹尺壹寸壹分。每寬壹尺外，加上下榫各長叁寸。

凡叁架樑以步架貳分定長短。如步架貳分深捌尺，兩頭各加檁徑壹分，得柁頭分位。如檁徑玖寸壹分，得通長玖尺捌寸貳分。以伍架樑高、厚各收貳寸定高、厚。如伍架樑高壹尺柒寸，厚壹尺叁寸壹分，得高壹尺伍寸，厚壹尺壹寸壹分。

凡脊瓜柱以步架加舉定高低。如步架深肆尺，按捌舉加之，得高叁尺貳寸。又加平水高捌寸壹分，再加檁徑叁分之壹作桁椀，得長叁寸，共高肆尺叁寸壹分。内除叁架樑高壹尺伍寸，得净高貳尺捌寸壹分。寬、厚同金瓜柱。每徑壹尺外，加下榫長叁寸。

凡上簷枋墊俱與下簷同。如金脊枋不用墊板，照簷枋高厚，各收貳寸。

凡檁木以面濶定長短。如面濶壹丈叁尺，即長壹丈叁尺。每徑壹尺外加搭交榫長叁寸，如硬山做法。獨間成造者，應兩頭照柱徑各加半分。如有稍間者，應壹頭照柱徑加半分，徑寸俱與下簷柱同。

凡上簷簷椽以出廊並出簷加舉定長短。如出廊深肆尺，又加出簷尺寸照簷柱高拾分之叁，得貳尺柒寸叁分，共長陸尺柒寸叁分。又按壹壹加舉，得通長柒尺肆寸。如用飛簷椽以出簷尺寸分叁分，去長壹分作飛簷頭，以檁徑拾分之叁定徑寸。如檁徑玖寸壹分，得徑貳寸柒分。每椽空檔，隨椽徑壹分。每間椽數，俱應成雙。檔之寬窄，隨數均匀。

凡花架椽以步架加舉定長短。如步架深肆尺，又按壹貳加舉，得通長肆尺捌寸。徑寸與簷椽同。

凡腦椽以步架加舉定長短。如步架深肆尺，又按壹叁加舉，得通長伍尺貳寸。徑寸與簷椽同。以上簷腦椽壹頭加搭交尺寸，花架椽兩頭各加搭交尺寸，俱照椽徑加壹分。

凡飛簷椽以出簷定長短。如出簷貳尺柒寸叁分，叁分分之，出頭壹分得長玖寸壹分，後尾貳分，得長壹尺捌寸貳分，共長貳尺柒寸叁分。又按壹壹加舉，得通長叁尺。見方與簷椽徑寸同。

凡連簷以面濶定長短。如面濶壹丈叁尺，即長壹丈叁尺。稍間應加墀頭分位，寬、厚同簷椽。

凡瓦口長短隨連簷，以所用瓦料定高、厚。如頭號板瓦中高貳寸，叁分均開，貳分作底臺，臺分作山子。又加板瓦本身高貳寸，得頭號瓦口净高肆寸。如貳號板瓦中高壹寸柒分，叁分均開，貳分作底臺，壹分作山子，又加板瓦本身之高壹寸柒分，得貳號瓦口净高叁寸肆分。如叁號板瓦中高壹寸伍分，叁分均開，貳分作底臺，壹分作山子，又加板瓦本身高壹寸伍分，得叁號瓦口净高叁寸。其厚，俱按瓦口净高尺寸肆分之壹，得頭號瓦口厚壹寸，貳號瓦口厚捌分，叁號瓦口厚柒分。如用筒瓦，即隨頭、貳、叁號板瓦之瓦口，應除山子壹分之高。厚與板瓦瓦口同。

凡裏口以面濶定長短。如面濶壹丈叁尺，即長壹丈叁尺。高、厚與飛簷椽同。再加望板之厚壹分半，得裏口之加高數目。

凡椽椀長短隨裏口，以椽徑定高厚。如椽徑貳寸柒分，再加椽徑叁分之壹，共得高叁寸陸分。以椽徑叁分之壹定厚，得厚玖分。

凡扶脊木長短徑寸俱同脊檁。脊樁照斗板之高再加扶脊木壹分，檁徑肆分之壹得高，寬照椽徑壹分。厚按本身之寬減半。清水脊不用此欵。

凡横望板、壓飛簷尾横望板，以面濶、進深加舉折見方丈定長、寬。以椽徑拾分之貳定厚。如椽徑貳寸柒分，得厚伍分。

凡雀替，以面濶定長短。如面濶壹丈叁尺，除簷柱徑壹分，净面濶壹丈貳尺玖分，分爲肆分，雀替兩邊各得壹分，長叁尺貳分，壹頭加入榫分位，按柱徑半分，共得長叁尺肆寸柒分。以簷枋之高定高。如簷枋高玖寸壹分，即高玖寸壹分。以柱徑拾分之叁定厚。如柱徑玖寸壹分，得厚貳寸柒分。

凡叁伏雲子以簷枋之厚叁分得長。如簷枋厚柒寸壹分，得長貳尺壹寸叁分。高同雀替。厚按雀替之厚去包掩陸分，得厚貳寸壹分。

凡拱子以口數陸寸貳分定長短。如口數貳寸壹分，陸貳加之，得長壹尺叁寸，減半得長陸寸伍分，外加入榫分位，按柱徑半分，共得長壹尺壹寸。高以斗口貳分，得高肆寸貳分。厚與雀替同。

凡拾捌斗以雀替之厚壹捌定長短。如雀替厚貳寸柒分，壹捌加之，得長肆寸捌分。以叁伏雲之厚得寬。如叁伏雲厚貳寸壹分，外加包掩陸分，得寬貳寸柒分。高與叁伏雲之厚同。

凡樓梯兩幫以踹板之寬定寬。如踹板寬捌寸，外加金邊貳寸，得寬壹尺。

凡樓梯以柱高定長短。如下簷柱高壹丈肆寸，外加承重壹分，楞木半分，樓板壹分，共高壹丈貳尺貳寸壹分。按加舉之法定長，臨期擬定。寬按門口尺寸。

凡樓梯兩幫以踹板之寬定寬。如踹板寬捌寸，外加金邊貳寸，得寬壹尺。厚按本身之寬拾分之叁，得厚叁寸。踹板按兩幫之厚拾分之肆定厚。踢板拾分之叁定厚，得踹板厚壹寸貳分，踢板厚玖分。

又卷五《柒檁轉角大木做法》 凡轉角房俱係見方，以兩邊房之進深，即得轉角之面濶、進深。其柱高、徑寸，俱與兩邊房屋相同。

凡簷柱以面濶拾分之捌定高低，拾分之柒定徑寸。如面濶壹丈壹尺，得柱高捌尺捌寸，徑柒寸柒分。

凡假簷柱照簷柱定高低。如簷柱高捌尺捌寸，外加干水高陸寸柒分。又加檁徑叁分之壹作桁椀，共長玖尺柒寸貳分。徑寸與簷柱同，分間用此。如用代樑頭，高、徑俱與簷柱同。

凡裏金柱以進深加舉定高低。如進深貳丈壹尺分爲陸步架，每坡得叁步架，每步架深叁尺伍寸，以貳步架加舉，第壹步架按伍舉加之，得高壹尺柒寸伍分；第貳步架按柒舉加之，得高貳尺肆寸伍分，並簷柱之高捌尺捌寸，得通長壹丈叁尺。以簷柱徑加貳寸定徑寸。如柱徑柒寸柒分，得徑玖寸柒分。以上柱子，每徑壹尺，外加榫長叁寸。

凡斜雙步樑以步架貳分定長短。如步架貳分深柒尺，用方伍斜柒之法加斜長，壹頭加檁徑壹分，得柁頭分位，壹頭加裏金柱徑半分，又出榫照簷柱徑半分，得通長壹丈壹尺肆寸叁分。以簷柱徑加貳寸定厚。如柱徑柒寸柒分，得厚玖寸柒分。高按本身之厚，每尺加叁寸，得高壹尺貳寸陸分。

凡斜合頭枋以步架貳分定長短。如步架貳分深柒尺，用方伍斜柒之法加斜長，得玖尺捌寸。內除柱徑各半分，外加兩頭入榫分位，各按柱徑肆分之壹，共長玖尺叁寸陸分。其高、厚比簷枋各加貳寸。

凡金瓜柱以步架加舉定高低。如步架深叁尺伍寸，按伍舉加之，得高壹尺柒寸伍分。內除雙步樑之高壹尺貳寸陸分，得淨高肆寸玖分。以雙步樑之厚收貳寸定厚。如雙步樑厚玖寸柒分，得厚柒寸柒分。寬按本身之厚加貳寸，得寬玖寸柒分。

凡斜單步樑以步架壹分定長短。如步架壹分深叁尺伍寸，即長叁尺伍寸，用方伍斜柒之法加斜長，壹頭加檁徑壹分，得柁頭分值，如檁徑柒寸柒分，得通長伍尺陸寸柒分。以雙步樑高、厚各收貳寸定高、厚。如雙步樑高壹尺貳寸陸分，厚玖寸柒分，得高壹尺陸分，厚柒寸柒分。

凡斜叁架樑以步架貳分定長短。如步架貳分深柒尺，用方伍斜柒之法加斜長，兩頭各加檁徑壹分，得柁頭分位，如檁徑柒寸柒分，得通長壹丈壹尺叁寸肆分。以裏金柱徑加貳寸定厚。如柱徑玖寸柒分，得厚壹尺壹寸柒分。高按本身之厚，每尺加叁寸，得高壹尺伍寸貳分。

凡脊瓜柱以步架加舉定高低。如步架深叁尺伍寸，按玖舉加之，得高叁尺壹寸伍分，又加平水高陸寸柒分，共高叁尺捌寸貳分，再加檁徑叁分之壹作桁椀，得長貳寸伍分，內除叁架樑之高壹尺伍寸貳分，得淨高貳尺伍寸伍分。以叁架樑之厚收貳寸定厚。如叁架樑厚壹尺壹寸柒分，得厚玖寸柒分。寬按本身之厚加貳寸，得寬壹尺壹寸柒分。每寬壹尺，外加下榫長叁寸。

凡脊角背以步架壹分定長短。如步架深叁尺伍寸，即長叁尺伍寸。以瓜柱之高、厚叁分之壹定寬、厚。如瓜柱淨高貳尺伍寸伍分，厚玖寸柒分，得寬捌寸伍分，厚叁寸貳分。

凡簷枋以兩邊房之進深即轉角之面濶。如進深貳丈壹尺，分間做法，各長壹丈伍寸。內除柱徑壹分，外加兩頭入榫分位，各按柱徑肆分之壹，得長壹丈壹寸壹分。內壹根壹頭照柱徑尺寸加壹分，得箍頭分位。以簷柱徑寸定高，如柱徑柒寸柒分，即高柒寸柒分。厚按本身之高收貳寸，得厚伍寸柒分。金脊枋各遞收壹步架，亦除柱徑，外加入榫分位得長。寬、厚與簷枋同。如不用墊板，照簷枋之寬、厚，各收貳寸。

凡簷墊板長短隨面濶，分間做法，各長壹丈伍寸，內除柁頭分值壹分，外加兩頭入榫尺寸，照柁頭之厚每尺加滾楞貳寸，得長玖尺柒寸貳分。以簷枋之高收壹寸定寬。如簷枋高柒寸柒分，得寬陸寸柒分。以檁徑拾分之叁定厚。如檁徑柒寸柒分，得厚貳寸叁分。金脊墊板各遞收壹步架，亦除柱徑，外加入榫分位得長。寬、厚與簷墊板同。寬陸寸以上，照簷枋之高收分壹寸，陸寸以下不收分。其脊墊板照面濶除脊瓜柱徑壹分，外加兩頭入榫尺寸，各按瓜柱徑肆分之壹。

凡簷檁以面濶定長短。如面濶貳丈壹尺，即長貳丈壹尺。分間做法，各長壹丈伍寸。內壹根外加壹頭交角出頭分位，按本身之徑壹分，又加柱徑半分，得通長壹丈壹尺陸寸伍分。徑寸俱與簷柱同。

凡金檁以步架伍分定長短。如步架伍分深壹丈柒尺伍寸，即長壹丈柒尺伍寸。外加壹頭交角出頭分位，按本身之徑壹分，又加柱徑半分，得通長壹丈捌尺陸寸伍分。裏掖角金檁步架壹分得長。如步架壹分深叁尺伍寸，即長叁尺伍寸。外加斜交尺寸，按本身之徑半分，得通長叁尺捌寸捌分。徑寸俱與簷檁同。

凡裏金檁以步架肆分定長短。如步架肆分深壹丈肆尺，即長壹丈肆尺。外加壹頭交角出頭分位，按本身之徑壹分。又加柱徑半分，得通長壹丈伍尺壹寸伍分。裏掖角裏金檁步架貳分得長，如步架貳分深柒尺，即長柒尺。外加斜交尺寸，按本身之徑半分，得通長柒尺叁寸捌分。徑寸俱與簷檁同。

凡脊檁以步架叁分定長短。如步架叁分深壹丈伍寸，即長壹丈伍寸。外加壹頭交角出頭分位，按本身之徑壹分，又加柱徑半分，得通長壹丈壹尺陸寸伍分。徑寸俱與簷檁同。以上檁木每徑壹尺外加搭交榫長叁寸。

凡仔角樑以步架并出簷加舉定長短。如步架深叁尺伍寸，出簷照柱高拾分之叁，得貳尺陸寸肆分，共長陸尺壹寸肆分。用方伍斜柒之法加斜長，又按壹壹伍加舉，得通長玖尺捌寸捌分。外加翼角斜出叁椽尺寸，共得長壹丈伍寸柒分。再加套獸榫，照本身之厚加壹分，得通長壹丈壹尺叁分。以椽徑叁分定高，貳分定厚。如椽徑貳寸叁分，得高陸寸玖分，厚肆寸陸分。

凡老角樑長短隨仔角樑，內除飛簷椽頭露明尺寸，用方伍斜柒之法加斜長，又按壹伍加舉，得壹尺肆寸壹分，並套獸榫肆寸陸分，共長壹尺捌寸柒分，扣除外淨長玖尺壹寸陸分。外加後尾叁岔頭，照金爪柱寬壹分，共得長壹丈壹寸叁分。高、厚與仔角樑同。如無飛簷椽，不用此欵。

凡花架由戧以步架壹分定長短。如步架壹分深叁尺伍寸，用方伍斜柒之法加斜長，又按壹貳伍加舉，得通長陸尺壹寸貳分，再加搭交按柱徑半分。高、厚與仔角樑同。

凡脊由戧以步架壹分定長短。如步架壹分深叁尺伍寸，用方伍斜柒之法加斜長，又按壹叁伍加舉，得通長陸尺陸寸壹分。再加搭交按柱徑半分。高、厚與仔角樑同。

凡裏掖角花架、脊由戧同前。

凡裏掖角角樑以步架並出簷加舉定長短。如步架深叁尺伍寸，出簷照簷柱高拾分之叁，得貳尺陸寸肆分，共長陸尺壹寸肆分。用方伍斜柒之法加斜長，又按壹壹伍加舉，得通長玖尺捌寸捌分。外加搭交按柱徑半分。高、厚與仔角樑同。

凡裏掖角仔角樑以出簷定長短。如出簷貳尺陸寸肆分，用方伍斜柒之法加斜長，又按壹壹伍加舉，得通長肆尺貳寸伍分。外加套獸榫照本身之厚壹分。以椽徑貳分定高、厚。如椽徑貳寸叁分，得高、厚肆寸陸分。如無飛簷椽，不用此欵。

凡枕頭木以步架定長短。如步架深叁尺伍寸，即長叁尺伍寸。內除角樑之厚半分，得淨長叁尺貳寸柒分。以椽徑定高。如椽徑貳寸叁分，壹頭高椽子貳分半，得高伍寸柒分，壹頭斜尖與檁木平。以檁徑拾分之叁定寬，如檁徑柒寸柒分，得寬貳寸叁分。不起翹，不用此欵。

凡簷椽以步架並出簷加舉定長短。如步架深叁尺伍寸，又加出簷尺寸，照簷柱高拾分之叁，得貳尺陸寸肆分，共長陸尺壹寸肆分。又按壹壹伍加舉，得通長柒尺陸分。如用飛簷椽，以出簷尺寸分叁分，去長壹分作飛簷頭。以檁徑拾分之叁定徑寸。如檁徑柒寸柒分，得徑貳寸叁分。以面濶貳丈壹尺，收壹步架尺寸深叁尺伍寸爲起翹之數，餘壹丈柒尺伍寸，得平身椽。每椽空檔隨椽徑壹分，每間椽數，俱應成雙，檔之寬窄，隨數均匀。至掖角兩邊房簷椽，照出簷尺寸分短椽根數，折半核算。

凡花架椽以步架加舉定長短。如步架深叁尺伍寸，按壹貳伍加舉，得通長肆尺叁寸柒分。徑寸與簷椽同。以面濶貳丈壹尺，收貳步架尺寸深柒尺，餘壹丈肆尺，得平身椽數。內有短椽壹步架，照長椽均半核算。

凡腦椽以步架加舉定長短。如步架深叁尺伍寸，按壹叁伍加舉，得通長肆尺柒寸貳分。徑寸與簷椽同。以面濶貳丈壹尺，收叁步架尺寸深壹丈伍寸，餘壹丈伍寸得平身椽數。內有短椽壹步架，照前折算。

凡裏掖角簷椽以步架加舉定長短。如步架深叁尺伍寸，加檁徑半分，共長叁尺捌寸捌分。又按壹伍加舉，得通長肆尺肆寸陸分。徑寸與前簷椽同。以壹步架定椽根數，俱係短椽，折半核算。

凡裏掖角花架椽腦椽長短徑寸俱與前簷花架腦椽同。花架椽以貳步架定椽根數，內有短椽壹步架，折半核算。腦椽以叁步架定椽根數，內有短椽壹步架，折半核算。以上簷腦椽壹頭加搭交尺寸，花架椽兩頭各加搭交尺寸，俱照椽徑加壹分。

凡飛簷椽以出簷定長短。如出簷貳尺陸寸肆分，叁分分之，出頭壹分得長捌寸捌分，後尾貳分得長壹尺柒寸陸分，共長貳尺陸寸肆分，又按壹伍加舉，得通長叁尺叁分。見方與簷椽徑寸同。

凡翼角椽以步架出簷定翹數。如步架深叁尺伍寸，出簷貳尺陸寸肆分，共長陸尺壹寸肆分，內除角樑之厚半分，淨長伍尺玖寸壹分。以每尺加翹壹寸，共長陸尺伍寸。椽數俱係成單。長徑俱與簷椽同。

凡翹飛椽長短、徑寸俱與飛簷椽同。外加斜長叁椽尺寸。

凡連簷以面濶定長短。如面濶貳丈壹尺，內除壹步架深叁尺伍寸，得長壹丈柒尺伍寸。壹步架深叁尺伍寸，並出簷貳尺陸寸肆分，共長陸尺壹寸肆分，除角樑之厚半分，淨長伍尺玖寸壹分，以每尺加翹壹寸，共長陸尺伍寸。再將壹丈柒尺伍寸並之，壹面得通長貳丈肆尺。寬、厚同簷椽。

凡瓦口長短隨連簷，以所用瓦料定高、厚。如頭號板瓦中高貳寸，叁分均開，貳分作底臺，壹分作山子，又加板瓦本身高貳寸，得頭號瓦口淨高肆寸。如貳號板瓦中高壹寸柒分，叁分均開，貳分作底臺，壹分作山子，又加板瓦本身高壹寸柒分，得貳號瓦口淨高叁寸肆分。如叁號板瓦中高壹寸伍分，叁分均開，貳分作底臺，壹分作山子，又加板瓦本身高壹寸伍分，得叁號瓦口淨高叁寸。其厚俱按瓦口淨高尺寸肆分之壹，得頭號瓦口厚壹寸，貳號瓦口厚捌分，叁號瓦口厚柒分。如用筒瓦，即隨頭貳叁號板瓦之瓦口，應除山子壹分之高。厚與板瓦瓦口同。

凡裏口以面濶定長短。如面濶貳丈壹尺，內除壹步架深叁尺伍寸作起翹之處，得淨長壹丈柒尺伍寸。高、厚與飛簷椽同。再加望板之厚壹分半，得裏口之加高尺寸。

凡閘檔板以翹檔分位定長短。如壹椽壹檔得長貳寸叁分，外加入槽每寸壹分。高隨簷椽徑寸。以椽徑拾分之貳定厚。如椽徑貳寸叁分，得厚肆分。其小連簷之長，自起翹處至老角樑得長。其寬隨椽徑壹分，厚照望板之厚尺寸壹分半，得厚陸分。

凡椽椀以面濶定長短。如面濶貳丈壹尺，內除壹步架深叁尺伍寸作起翹之處，得淨長壹丈柒尺伍寸。以椽徑定高、厚。如椽徑貳寸叁分，再加椽徑叁分之壹，共高叁寸。以椽徑叁分之壹定厚，得厚柒分。

凡橫望板、壓飛簷瓦橫望板，以面濶、進深加舉折見方丈定長、寬。以椽徑拾分之貳定厚。如椽徑貳寸叁分，得厚肆分。

又　卷六《陸檁前出廊轉角大木做法》　凡轉角房俱係見方，以兩邊房之進深即得轉角之面濶、進深，其柱高、徑寸，俱與兩邊房屋相同。

凡簷柱以面濶拾分之捌定高低，拾分之柒定徑寸。如面濶玖尺，得柱高柒尺貳寸，徑陸寸叁分。

凡金柱以出廊加舉定高低。如出廊深叁尺陸寸，按伍舉加之，得高壹尺捌寸。並簷柱高柒尺貳寸，得通長玖尺。以簷柱徑加貳寸定徑寸。如簷柱徑陸寸叁分，得金柱徑捌寸叁分。以上柱子，每徑壹尺外加榫長叁寸。後簷柱與金柱同長。

凡斜抱頭樑以出廊定長短。如出廊深叁尺陸寸，用方伍斜柒之法加斜長。壹頭加檁徑壹分，得柁頭分位，壹頭加金柱徑半分，又出榫照簷柱徑半分，得通長陸尺肆寸。以簷柱徑加貳寸定厚。如柱徑陸寸叁分，得厚捌寸叁分。高按本身之厚，每尺加叁寸，得高壹尺柒分。

凡斜穿插枋以出廊定長短。如出廊深叁尺陸寸，用方伍斜柒之法加斜長，壹頭加簷柱徑半分壹頭加金柱徑半分，又兩頭出榫照簷柱徑壹分，得通長陸尺肆寸。高、厚與簷枋同。

凡遞角樑以進深定長短。如通進深壹丈捌尺，內除前廊叁尺陸寸，進深得壹丈肆尺肆寸。用方伍斜柒之法加斜長，兩頭各加檁徑壹分，得柁頭分位。如檁徑陸寸叁分，得通長貳丈壹尺肆寸貳分。以金柱徑加貳寸定厚。如金柱徑捌寸叁分，得厚壹尺叁分。高按本身之厚，每尺加叁寸，得高壹尺叁寸叁分。

凡遞角隨樑枋以進深定長短。如進深壹丈肆尺肆寸，用方伍斜柒之法加斜長，得貳丈壹寸陸分。內除柱徑壹分，外加兩頭入榫分位，各按柱徑肆分之壹，浄長壹丈玖尺柒寸肆分。其高、厚比簷枋各加貳寸。

凡裏金瓜柱以步架加舉定高低。如步架深叁尺陸寸，按柒舉加之，得高貳尺伍寸貳分。內除遞角樑高壹尺叁寸叁分，得浄高壹尺壹寸玖分。以叁架樑之厚收貳寸定厚。如叁架樑厚捌寸叁分，得厚陸寸叁分。寬按本身之厚加貳寸，得寬捌寸叁分。每寬壹尺，外加上、下榫各長叁寸。

凡斜叁架樑以步架貳分定長短。如步架貳分深柒尺貳寸，用方伍斜柒之法加斜長，兩頭各加檩徑壹分得柁頭分位。如檩徑陸寸叁分，得通長壹丈壹尺叁寸肆分。以遞角樑高、厚各收貳寸定高、厚。如遞角樑高壹尺叁寸叁分，厚壹尺叁分，得高壹尺壹寸叁分，厚捌寸叁分。

凡脊瓜柱以步架加舉定高低。如步架深叁尺陸寸，按玖舉加之，得高叁尺貳寸肆分。又加平水高伍寸叁分，再加檩徑叁分之壹作桁椀，得長貳寸壹分，共高叁尺玖寸捌分。內除叁架樑高壹尺壹寸叁分，得浄高貳尺捌寸伍分。寬、厚同裏金瓜柱。每寬壹尺，外加下榫長叁寸。

凡簷枋以兩邊房之進深，即轉角之面濶。如進深連廊壹丈捌尺，內除前廊叁尺陸寸，進深得長壹丈肆尺壹寸。內除柱徑壹份，外加兩頭入榫分位，各按柱徑肆分之壹，得長壹丈肆尺捌分。以簷柱徑寸定高。如柱徑陸寸叁分，即高陸寸叁分。厚按本身之高收貳寸，得厚肆寸叁分。金、脊枋各遞收壹步架，亦除柱徑，外加入榫分位得長。高、厚與簷枋同。如不用墊板，照簷枋高、厚各收貳寸。

凡簷墊板長短隨面濶，內除柁頭分位壹分，外加兩頭入榫尺寸，照柁頭之厚每尺加滚楞貳寸，得長壹丈叁尺柒寸叁分。以簷枋之高收壹寸定高。如簷枋高陸寸叁分，得高伍寸叁分。以檩徑拾分之叁定厚，如檩徑陸寸叁分，得厚壹寸捌分。金、脊墊板各遞收壹步架，亦除柱徑，外加入榫分位得長。高、厚與簷墊板同。高陸寸以上者，照簷枋之高收分壹寸，陸寸以下不收分。其脊墊板，照面濶除脊瓜柱徑壹分，外加兩頭入榫尺寸，各按瓜柱徑肆分之壹。

凡簷檩以面濶定長短。如面濶連廊壹丈捌尺，即長壹丈捌尺，如出廊深叁尺陸寸，得長壹丈肆尺肆寸，即長壹丈肆尺肆寸。出廊檩子長叁尺陸寸，即長叁尺陸寸。外加壹頭交角出頭分位，按本身徑壹分，又加柱徑半分，得通長肆尺伍寸肆分。徑寸俱與簷柱同。

凡金檩以步架肆分定長短。如步架肆分深壹丈肆尺肆寸，即長壹丈肆尺肆寸。外加壹頭交角出頭分位，按本身徑壹分，又加金柱徑半分，得通長壹丈伍尺肆寸肆分。徑寸俱與簷檩同。

凡裏金檩以步架叁分定長短。如步架叁分深壹丈捌寸，即長壹丈捌寸。外加壹頭交角出頭分位，按本身徑壹分。又加柱徑半分，得通長壹丈壹尺柒寸肆分。裏掖角金檩以步架壹分得長，如步架壹分深叁尺陸寸，即長叁尺陸寸。外加斜交尺寸，按本身徑半分，得通長叁尺玖寸壹分。徑寸俱與簷檩同。

凡脊檩以步架貳分定長短。如步梁貳分深柒尺貳寸，即長柒尺貳寸。外加壹頭交角出頭分位，按本身徑壹分，又加柱徑半分，得通長捌尺壹寸肆分。徑寸俱與檐檩同。以上檩木每徑壹尺，外加搭交榫長叁寸。

凡仔角樑以步架並出簷加舉定長短。如步架深叁尺陸寸，出簷照前簷柱高拾分之叁，得貳尺壹寸陸分，共長伍尺柒寸陸分。用方伍斜柒之法加斜長，又按壹伍加舉，共長玖尺貳寸柒分。外加翼角斜出叁椽尺寸，再加套獸榫照本身之厚加壹分，得通長壹丈壹寸柒分。以椽徑叁分定高，貳分定厚。如椽徑壹寸捌分，得高伍寸肆分，厚叁寸陸分。

凡老角樑長短隨仔角樑。內除飛簷椽頭露明尺寸，用方伍斜柒之法加斜長，又按壹伍加舉，得壹尺壹寸伍分，並套獸榫叁寸陸分，共長壹尺伍寸壹分，扣除外浄長捌尺陸寸陸分。外加後尾叁岔頭，照金柱徑壹分，共得長玖尺肆寸玖分。高、厚與仔角樑同。如無飛簷椽，不用此欵。

凡花架山戧以步架壹分定長短。如步架壹分深叁尺陸寸，用方伍斜柒之法加斜長，又按壹貳伍加舉，得通長陸尺叁寸，再加搭交按柱徑半分。高、厚與仔角樑同。

凡脊由戧以步架壹分定長短。如步架壹分深叁尺陸寸，用方伍斜柒之法加斜長，又按壹叁伍加舉，得通長陸尺捌寸。再加搭交按柱徑半分，高、厚與仔角樑同。

凡裏掖角脊由戧同前。

凡裏掖角角樑以步架並出簷加舉定長短。如步架深叁尺陸寸，出簷照後簷柱高拾分之叁得貳尺柒寸，共長陸尺叁寸。用方伍斜柒之法加斜長，又按壹貳伍加舉，得通長壹丈壹尺貳分。再加搭交按柱徑半分。高、厚與仔角樑同。

凡裏掖角仔角樑以出簷定長短。如出簷貳尺柒寸，用方伍斜柒之法加斜長，又按壹貳伍加舉，得通長肆尺柒寸貳分。外加套獸榫照本身之厚壹分。以椽徑貳分定高、厚。如椽徑壹寸捌分，得高厚叁寸陸分。如無飛簷椽，不用此欵。

凡枕頭木以步架定長短。如步架深叁尺陸寸，内除角樑之厚半分，得淨長叁尺肆寸貳分。以椽徑定高。如椽徑壹寸捌分，壹頭高椽子貳分半，得高肆寸伍分。壹頭斜尖與檁木平，以檁徑拾分之叁定寬。如檁徑陸寸叁分，得寬壹寸捌分。不起翹，不用此欵。

凡前簷椽以出廊並出簷加舉定長短。如出廊深叁尺陸寸，又加出簷尺寸照前簷柱高拾分之叁，得貳尺壹寸陸分，共長伍尺柒寸陸分。又按壹壹伍加舉，得通長陸尺陸寸貳分。如用飛簷椽，以出簷尺寸分叁分，去長壹分作飛簷頭。如後簷椽步架深叁尺陸寸，再加檁徑半分，共長叁尺玖寸壹分。又按壹貳伍加舉，得通長肆尺捌寸捌分。以檁徑拾分之叁定徑寸。如檁徑陸寸叁分，得徑壹寸捌分。以面濶壹丈捌尺，收出廊叁尺陸寸爲起翹之數，餘壹丈肆尺肆寸得平身椽。每椽空檔，隨椽徑壹分。每間椽數，俱應成雙，檔之寬窄，隨數均匀。至掖角兩邊房簷椽，照出簷尺寸分短椽根數，折半核算。

凡花架椽以步架加舉定長短。如步架深叁尺陸寸，按壹貳伍加舉，得通長肆尺伍寸。徑寸與簷椽同。以面濶壹丈捌尺收壹步架尺寸深叁尺陸寸，餘壹丈肆尺肆寸，得平身椽數。内有短椽壹步架，照長椽均半核算。

凡腦椽以步架加舉定長短。如步架深叁尺陸寸，按壹叁伍加舉，得通長肆尺捌寸陸分。徑寸與簷椽同。以面濶壹丈捌尺，收貳步架尺寸深柒尺貳寸，餘壹丈捌寸，得平身椽數，内有短椽壹步架，照前折算。

凡裏掖角簷椽以步架加舉定長短。如步架深叁尺陸寸，按壹貳伍加舉，得通長肆尺伍寸。徑寸與前簷椽同。以壹步架定椽根數，俱係短椽折半核算。

凡裏腦椽長短、徑寸俱與前腦椽同。以貳步架定椽根數，内有短椽壹步架，折半核算。以上簷、腦椽，壹頭加搭交尺寸，花架椽兩頭各加搭交尺寸，俱照椽徑加一分。

凡飛簷椽以出簷定長短。如前出簷貳尺壹寸陸分，叁分分之，出頭壹分得長柒寸貳分，後尾貳分得長壹尺肆寸肆分，共長貳尺壹寸陸分。又按壹壹伍加舉，得通長貳尺肆寸捌分。如後出簷貳尺柒寸，叁分分之，出頭壹分得長玖寸，後尾貳分得長壹尺捌寸，共長貳尺柒寸，又按壹貳伍加舉，得通長叁尺叁寸柒分。見方與簷椽徑寸同。

凡翼角椽以步架出簷定翹數。如步架深叁尺陸寸，出簷貳尺壹寸陸分，共長伍尺柒寸陸分，内除角樑之厚半分，淨長伍尺伍寸捌分，以每尺加翹壹寸，共長陸尺壹寸叁分。椽數俱係成單，長、徑俱與簷椽同。

凡翹飛椽長短、徑寸俱與飛簷椽同。外加斜長貳椽尺寸。

凡連簷以面濶定長短。如面濶連廊長壹丈捌尺，内除出廊深叁尺陸寸，得長壹丈肆尺肆寸，即長壹丈肆尺肆寸，出廊深叁尺陸寸，並出簷貳尺壹寸陸分，共長伍尺柒寸陸分，内除角樑之厚半分，淨長伍尺伍寸捌分。以每尺加翹壹寸，共長陸尺壹寸叁分。再將壹丈肆尺肆寸並之，壹面得通長貳丈伍寸叁分。寬、厚同簷椽。

凡瓦口長短隨連簷，以所用瓦料定高、厚。如頭號板瓦中高貳寸，叁分均開，貳分作底臺，壹分作山子，又加板瓦本身高貳寸，得頭號瓦口淨高肆寸。如貳號板瓦中高壹寸柒分，叁分均開，貳分作底臺，壹分作山子，又加板瓦本身高壹寸柒分，得貳號瓦口淨高叁寸肆分。如叁號板瓦中高壹寸伍分，叁分均開，貳分作底臺，壹分作山子，又加板瓦本身高壹寸伍分，得叁號瓦口淨高叁寸。其厚俱按瓦口淨高尺寸肆分之壹，得頭號瓦口厚壹寸，貳號瓦口厚捌分，叁號瓦口厚柒分。如用筒瓦，即隨頭貳叁號板瓦之瓦口，應除山子壹分之高。厚與板瓦瓦口同。

凡裏口以面濶定長短。如面濶壹丈捌尺，内除出廊深叁尺陸寸作起翹之處，得淨長壹丈肆尺肆寸。高、厚與飛簷椽同。再加望板之厚壹分半，得裏口之加高數目。

凡閘檔板以翹檔分位定長短。如壹椽壹檔得長壹寸捌分，外加入槽每寸壹分。高隨簷椽徑寸，以椽徑拾分之貳定厚。如椽徑壹寸捌分，得厚叁分。其小連簷之長，自起翹處至老角樑得長。其寬隨椽徑壹分，厚照望板之厚尺寸壹分半，得厚肆分。

凡椽椀以面濶定長短。如面濶連廊長壹丈捌尺，內除出廊深叁尺陸寸作起翹，得淨長壹丈肆尺肆寸。以椽徑定高。如椽徑壹寸捌分，再加椽徑叁分之壹，共高貳寸肆分。以椽徑叁分之壹定厚，得厚陸分。

凡橫望板、壓飛簷尾橫望板以面濶、進深加舉折見方丈定長、寬。以椽徑拾分之貳定厚。如椽徑壹寸捌分，得厚叁分。

又　卷七《玖檁大木做法》　一凡簷柱以面濶拾分之捌定高低，拾分之柒定徑寸。如面濶壹丈叁尺，得柱高壹丈肆寸，徑玖寸壹分。如次間稍間面濶，比明間窄小者，其柱檁柁枋等木徑寸，仍照明間，至次間稍間面濶，臨期酌奪地勢定尺寸。

凡金柱以出廊加舉定高低。如出廊深肆尺，按伍舉加之，得高貳尺。並簷柱之高壹丈肆寸，得通長壹丈貳尺肆寸。以簷柱徑加貳寸定徑寸。如簷柱徑玖寸壹分，得金柱徑壹尺壹寸壹分。以上柱子，每徑壹尺外，加榫長叁寸。

凡抱頭樑以出廊定長短。如出廊深肆尺，壹頭加檁徑壹分得柁頭分位，壹頭加金柱徑半分。又出榫照簷柱徑半分，得通長伍尺玖寸貳分。如用天花樑壹頭加柁頭分位，不出榫，以簷柱徑加貳寸定厚。如簷柱徑玖寸壹分，得厚壹尺壹寸壹分。高按本身之厚每尺加叁寸，得高壹尺肆寸肆分。

凡穿插枋以出廊定長短。如出廊深肆尺，壹頭加簷柱徑半分，壹頭加金柱徑半分，又兩頭出榫，照簷柱徑壹分，得通長伍尺玖寸貳分。高、厚與簷枋同。

凡柒架樑以進深除廊定長短。如通進深貳丈玖尺，內除前後廊捌尺得貳丈壹尺，兩頭各加檁徑壹分得柁頭分位。如檁徑玖寸壹分，得通長貳丈貳尺捌寸貳分。以金柱徑加貳寸定厚。如金柱徑壹尺壹寸壹分，得厚壹尺叁寸壹分。高按本身厚每尺加叁寸，得高壹尺柒寸。

凡隨樑枋以進深定長短。如進深貳丈壹尺，內除金柱徑壹分。外兩頭加入榫分位，各按金柱徑肆分之壹，得長貳丈肆寸肆分。其高、厚俱按簷枋各加貳寸。

凡柁墩以步架加舉定高低，如步架深叁尺伍寸，按陸舉加之，得高貳尺壹寸。內除柒架樑高壹尺柒寸，得淨高肆寸。以伍架樑之厚收貳寸定寬，如伍架樑厚壹尺壹寸壹分，得寬玖寸壹分。以柁頭貳分定長。如柁頭貳分長壹尺捌寸貳分，即長壹尺捌寸貳分。

凡伍架樑以步架肆分定長短。如步架肆分深壹丈肆尺，兩頭各加檁徑壹分得柁頭分位，如檁徑玖寸壹分，得通長壹丈伍尺捌寸貳分。以柒架樑高厚各收貳寸定高、厚。如柒架樑高壹尺柒寸，厚壹尺叁寸壹分，得高壹尺伍寸，厚壹尺壹寸壹分。

凡上金瓜柱以步架加舉定高低。如步架深叁尺伍寸，按柒舉加之，得高貳尺肆寸伍分。內除伍架樑高壹尺伍寸，得淨高玖寸伍分。以伍架樑之厚收貳寸定寬。如伍架樑厚壹尺壹寸壹分，得厚玖寸壹分。寬按本身厚加貳寸，得寬壹尺壹寸壹分。每寬壹尺外，加上下榫各長叁寸。

凡叁架樑以步架貳分定長短。如步架貳分深柒尺，兩頭各加檁徑壹分，得柁頭分位。如檁徑玖寸壹分，得通長捌尺捌寸貳分。以伍架樑高厚各收貳寸定高、厚。如伍架樑高壹尺伍寸，厚壹尺壹寸壹分，得高壹尺叁寸，厚玖寸壹分。

凡脊瓜柱以步架加舉定高低。如步架深叁尺伍寸，按玖舉加之，得高叁尺壹寸伍分。又加平水高捌寸壹分，再加檁徑叁分之壹作桁椀，得長叁寸，得通高肆尺貳寸陸分。內除叁架樑高壹尺叁寸，得淨高貳尺玖寸陸分。寬、厚同上金瓜柱。每寬壹尺，外加下榫長叁寸。

凡角背以步架壹分定長短。如步架深叁尺伍寸，即長叁尺伍寸。以瓜柱高、厚叁分之壹定寬、厚。如爪柱淨高貳尺玖寸陸分，厚玖寸壹分，得寬玖寸捌分，厚叁寸。

凡簷枋、老簷枋、金脊枋以面濶定長短。如面濶壹丈叁尺，內除柱徑壹分，外加兩頭入榫分位，各按柱徑肆分之壹，得長壹丈貳尺伍寸肆分。以簷柱徑寸定高。如柱徑玖寸壹分，即高玖寸壹分。厚按本身高收貳寸，得厚柒寸壹分。其懸山做法，梢間檐枋應照柱徑尺寸加壹分，得箍頭分位，寬、厚與簷枋同。如金、脊枋不用墊板，照簷枋寬厚各收貳寸。

凡金脊、簷墊板以面濶定長短。如面濶壹丈叁尺，內除柁頭分位壹分，外加兩頭入榫尺寸照柁頭之厚每尺加滾楞貳寸，得長壹丈貳尺壹寸壹分。以簷枋之高收壹寸定寬。如簷枋高玖寸壹分，得寬捌寸壹分。以檁徑拾分之叁定厚。如檁徑玖寸壹分，得厚貳寸柒分。寬陸寸以上者，照簷枋之高收分壹寸。

陸寸以下者不收分。其脊墊板照面濶除脊瓜柱徑壹分，外加兩頭入榫尺寸，各按柱徑肆分之壹。

凡檁木以面濶定長短。如面濶壹丈叁尺，即長壹丈叁尺。每徑壹尺外加搭交榫長叁寸。如硬山做法獨間成造者，應兩頭照山柱徑各加半分。如有次間稍間者，應壹頭照山柱徑加半分。其懸山做法，應照出簷之法加長，徑寸俱與簷柱同。

凡懸山桁條下皮用燕尾枋，以出簷之法得長。如出簷叁尺壹寸貳分，即長叁尺壹寸貳分。以檁徑拾分之叁定厚。如檁徑玖寸壹分，得厚貳寸柒分。寬按本身厚加貳寸，得寬肆寸柒分。

凡簷椽以出廊並出簷加舉定長短。如出廊深肆尺，又加出簷尺寸，照簷柱高拾分之叁，得叁尺壹寸貳分，共長柒尺壹寸貳分。又按壹伍加舉，得通長捌尺壹寸捌分。如用飛簷椽，以出簷尺寸分叁分，去長壹分作飛簷頭。以檁徑拾分之叁定徑寸。如檁徑玖寸壹分，得徑貳寸柒分。每椽空檔，隨椽徑壹分。每間椽數，俱應成雙。檔之寬窄，隨數均勻。

凡下花架椽以步架加舉定長短。如步架深叁尺伍寸，按壹貳加舉，得通長肆尺貳寸。徑寸與簷椽同。

凡上花架椽以步架加舉定長短。如步架深叁尺伍寸，按壹貳伍加舉，得通長肆尺叁寸柒分。徑寸與簷椽同。

凡腦椽以步架加舉定長短。如步架深叁尺伍寸，按壹叁伍加舉，得通長肆尺柒寸貳分，徑寸與簷椽同。以上簷、腦椽，壹頭加搭交尺寸，花架椽兩頭各加搭交尺寸，俱照椽徑壹分。

凡飛簷椽以出簷定長短。如出簷叁尺壹寸貳分，叁分分之，出頭壹分得長壹尺肆分。後尾貳分得長貳尺零捌分，共長叁尺壹寸貳分。又按壹壹伍加舉，得通長叁尺伍寸捌分。見方與簷椽徑同。

凡連簷以面濶定長短。如面濶壹丈叁尺，即長壹丈叁尺。稍間應加墀頭分位，如懸山做法，隨挑山之長，寬、厚同簷椽。

凡瓦口長短隨連簷，以所用瓦料定高、厚。如頭號板瓦中高貳寸，叁分均開，貳分作底臺，壹分作山子，又加板瓦本身高貳寸，得頭號瓦口淨高肆寸。如貳號板瓦中高壹寸柒分，叁分均開，貳分作底臺，壹分作山子，又加板瓦本身高壹寸柒分，得貳號瓦口淨高叁寸肆分。如叁號板瓦中高壹寸伍分，叁分均開，貳分作底臺，壹分作山子，又加板瓦本身高壹寸伍分，得叁號瓦口淨高叁寸。其厚俱按瓦口淨高尺寸肆分之壹，得頭號瓦口厚壹寸，貳號瓦口厚捌分，叁號瓦口厚柒分。如用筒瓦，即隨頭、貳、叁號板瓦瓦口，應除山子壹分之高。厚與板瓦瓦口同。

凡裏口以面濶定長短。如面濶壹丈叁尺，即長壹丈叁尺。如懸山做法，隨挑山之長。高、厚與飛簷椽同。再加望板厚壹分半，得裏口加高尺寸。

凡椽椀長短隨裏口。以椽徑定高、厚。如椽徑貳寸柒分，再加椽徑叁分之壹，共得高叁寸陸分。以椽徑叁分之壹定厚，得厚玖分。

凡博縫板照椽子淨長尺寸，外加斜搭交之長，按本身寬尺寸，以椽徑柒根定寬。如椽徑貳寸柒分，得寬壹尺捌寸玖分。以椽徑拾分之柒定厚。如椽徑貳寸柒分，得厚壹寸捌分。

凡扶脊木長短徑寸，俱同脊檁。

凡用橫望板壓飛簷尾橫望板以面濶進深加舉折見方丈定長、寬，以椽徑拾分之貳定厚。如椽徑貳寸柒分，得厚伍分。

凡天花樑以進深定長短。如進深貳丈壹尺，內除金柱徑壹分，外加兩頭入榫分位，各按金柱徑肆分之壹，得通長貳丈肆寸肆分。以柱徑加貳寸定高。如柱徑壹尺壹寸壹分，得高壹尺叁寸壹分。厚按本身高收貳寸，得厚壹尺壹寸壹分。

凡天花枋以面濶定長短。如面濶壹丈叁尺，內除金柱徑壹分，外加兩頭入榫分位，各按金柱徑肆分之壹，得通長壹丈貳尺肆寸肆分。其高、厚俱按簷枋，各加貳寸。

凡帽兒樑以面濶定長短。如面濶壹丈叁尺，內除柱厚壹分，得長壹丈壹尺陸寸玖分。以枝條叁分定徑寸。如枝條寬、厚貳寸貳分，得徑陸寸陸分。

凡貼樑長隨面濶、進深，內除枋樑之厚各壹分。以簷枋高肆分之壹定寬、厚。如簷枋高玖寸壹分，得寬、厚各貳寸貳分。

凡連貳枝條以天花板尺寸定長短。如天花見方壹尺捌寸，得長叁尺陸寸。再每井加安天花板分位柒分，得連貳枝條通長叁尺柒寸肆分。寬、厚與貼樑同。

凡單枝條以天花板尺寸定長短。如天花見方壹尺捌寸，再每井加安天花板分位柒分，得長壹尺捌寸柒分。寬、厚與連貳枝條同。

凡天花板按面濶、進深，除枋樑分位得井數之尺寸。以枝條叁分之壹定厚。如枝條厚貳寸貳分，得厚柒分。

又　卷八《捌檁捲棚大木做法》　凡簷柱以面濶拾分之捌定高低，拾分之柒定徑寸。如面濶壹丈貳尺，得柱高玖尺陸寸，徑捌寸肆分。如次間、稍間面濶比明間窄小者，其柱、檁、柁、枋等木徑寸，仍照明間。至次間、稍間面濶，臨期酌奪地勢定尺寸。

凡金柱以出廊加舉定高低。如出廊深肆尺伍寸，按伍舉加之，得高貳尺貳寸伍分，並簷柱之高玖尺陸寸，得通長壹丈壹尺捌寸伍分。以簷柱徑加貳寸定徑寸。如簷柱徑捌寸肆分，得金柱徑壹尺肆分。以上柱子每徑壹尺，外加榫長叁寸。

凡抱頭樑以出廊定長短。如出廊深肆尺伍寸，壹頭加檁徑壹分，得柁頭分位。壹頭加金柱徑半分，又出榫照簷柱徑半分，得通長陸尺貳寸捌分。以簷柱徑加貳寸定厚。如柱徑捌寸肆分，得厚壹尺肆分。高按本身之厚每尺加叁寸，得高壹尺叁寸伍分。

凡穿插枋以出廊定長短。如出廊深肆尺伍寸，壹頭加簷柱徑半分，壹頭加金柱徑半分，又兩頭出榫照簷柱徑壹分，得通長陸尺貳寸捌分。高、厚與簷枋同。

凡陸架樑以進深定長短。如通進深貳丈玖尺，內除前後廊玖尺，進深得貳丈。兩頭各加檁徑壹分得柁頭分位，如檁徑捌寸肆分，得通長貳丈壹尺陸寸捌分。以金柱徑加貳寸定厚。如柱徑壹尺肆分，得厚壹尺貳寸肆分。高按本身之厚每尺加叁寸，得高壹尺陸寸壹分。

凡隨樑枋以進深定長短。如進深貳丈，內除柱徑壹分，外加兩頭入榫分位，各按柱徑肆分之壹，得長壹丈玖尺肆寸捌分。其高、厚俱按簷枋各加貳寸。

凡柁橔以步架加舉定高低。如進深貳丈，除月樑貳尺伍寸貳分，其餘尺寸肆步架分之。每步架得長肆尺叁寸柒分，按陸舉加之，得高貳尺陸寸貳分。內除陸架樑之高壹尺陸寸壹分，得淨高壹尺壹分。以肆架樑之厚收貳寸定寬。如肆架樑厚壹尺肆分，得寬捌寸肆分。以柁頭貳分定長。如柁頭貳分長壹尺陸寸，即分即長壹尺陸寸捌分。

凡肆架樑以進深定長短。如進深貳丈，以貳步架得長捌尺柒寸肆分。再加月樑分位貳尺伍寸貳分。兩頭各加檁徑壹分，得柁頭分位。如檁徑捌寸肆分，得通長壹丈貳尺玖寸肆分。以陸架樑高、厚各收貳寸定高、厚。如陸架樑高壹尺肆寸壹分，厚壹尺貳寸肆分，得高壹尺肆寸壹分，厚壹尺肆分。

凡頂瓜柱以步架加舉定高低。如進深貳丈，除□樑貳尺伍寸貳分，其餘尺寸肆步架分之。每步架得長肆尺叁寸柒分。按柒舉加之，得高叁尺陸分。內除肆架樑高壹尺肆寸壹分，得淨高壹尺陸寸伍分。以肆梁梁厚收貳寸定厚。如四架樑厚壹尺肆分，得厚捌寸肆分。寬按本身厚加貳寸，得寬壹尺肆分。每寬壹尺，外加上、下榫各長叁寸。

凡月樑以檁徑叁分定長短。如檁徑捌寸肆分，叁分得長貳尺伍寸貳分。兩頭各加檁徑壹分得柁頭分位，如檁徑捌寸肆分，得通長肆尺貳寸。以肆架樑高、厚各收貳寸定高、厚。如肆架樑高壹尺肆寸壹分，厚壹尺肆分，得高壹尺貳寸壹分，厚捌寸肆分。

凡角背長按月樑尺寸，兩頭各加半步架，得通長陸尺捌寸玖分。以瓜柱之高、厚叁分之壹定寬厚。如瓜柱淨高壹尺陸寸伍分，厚捌寸肆分，得寬伍寸伍分，厚貳寸捌分。

凡簷枋、老簷枋、金脊枋以面濶定長短。如面濶壹丈貳尺，內除柱徑壹分，外加兩頭入榫分位，各按柱徑肆分之壹，得長壹丈壹尺伍寸捌分。以簷柱徑寸定高。如柱徑捌寸肆分，即高捌寸肆分。厚按本身高收貳寸，得厚陸寸肆分。其懸山做法，稍間簷枋應照柱徑尺寸加壹分，得箍頭分位。寬、厚與簷枋同。如金脊枋不用墊板，照簷枋寬、厚各收貳寸。

凡金脊、簷墊板以面濶定長短。如面濶壹丈貳尺，內除柁頭分位壹分，外加兩頭入榫尺寸，照柁頭之厚每尺加滾楞貳寸，得長壹丈壹尺壹寸陸分。以簷枋高收壹寸定高。如簷枋高捌寸肆分，得高柒寸肆分。以檁徑拾分之叁定厚。如檁徑捌寸肆分，得厚貳寸伍分。高陸寸以上者，照簷枋之高收分壹寸。陸寸以下者不收分。其脊墊板，照面濶除脊瓜柱徑壹分，外加兩頭入榫尺寸，各按瓜柱徑肆分之壹。

凡檁木以面濶定長短。如面濶壹丈貳尺，即長壹丈貳尺。每徑壹尺外加搭交榫長叁寸。如硬山做法，獨間成造者，應兩頭照柱徑各加半分。如有次間、稍間者，應壹頭照柱徑加半分。其懸山做法，應照出簷之法加長。徑寸俱與簷柱同。

凡機枋條子長隨檩木。以檩徑拾分之叁定寬。如檩徑捌寸肆分，得寬貳寸伍分，從椽徑叁分之壹定厚。如椽徑貳寸伍分，得厚捌分。

凡懸山桁條下皮用燕尾枋，以出簷之法得長。如出簷貳尺捌寸捌分，即長貳尺捌寸捌分。以檩徑拾分之叁定厚。如檩徑捌寸肆分，得厚貳寸伍分。寬按本身之厚加貳寸，得寬肆寸伍分。

凡簷椽以出廊並出簷加舉定長短。如出廊深肆尺伍寸，又加出簷尺寸，照簷柱高拾分之叁，得貳尺捌寸捌分，共長柒尺叁寸捌分。又按壹壹加舉，得通長捌尺壹寸壹分。如用飛簷椽，以出簷尺寸分叁分，去長壹分作飛簷頭。以檩徑拾分之叁定徑寸。如檩徑捌寸肆分，得徑貳寸伍分。每椽空檔，隨椽徑壹分，每間椽數，俱應成雙。檔之寬窄，隨數均匀。

凡下花架椽以步架加舉定長短。如步架深肆尺叁寸柒分，按壹貳加舉，得通長伍尺貳寸肆分，徑寸與簷椽同。

凡上花架椽以步架加舉定長短。如步架深肆尺叁寸柒分，按壹叁加舉，得通長伍尺陸寸捌分。徑寸與簷椽同。以上簷椽壹頭加搭交尺寸，花架椽兩頭各加搭交尺寸，俱照椽徑加壹分。

凡頂椽以月樑定長短。如月樑長壹尺伍寸貳分，兩頭各加檩徑半分，得通長叁尺叁寸陸分。徑寸與簷椽徑寸同。

凡飛簷椽以出簷定長短。如出簷貳尺捌寸捌分，叁分分之，出頭壹分得長玖寸陸分，後尾貳分得長壹尺玖寸貳分，共長貳尺捌寸捌分。又按壹壹加舉，得通長叁尺壹寸陸分。見方與簷椽徑同。

凡連簷以面濶定長短。如面濶壹丈貳尺，即長壹丈貳尺，稍間應加墀頭分位，如懸山做法，隨挑山之長，寬、厚同簷椽。

凡瓦口長短隨連簷，以所用瓦料定高、厚。如頭號板瓦中高貳寸，叁分均開，貳分作底臺，壹分作山子，又加板瓦本身高貳寸，得頭號瓦口浄高肆寸。如貳號板瓦中高壹寸柒分，叁分均開，貳分作底臺，壹分作山子，又加板瓦本身高壹寸柒分，得貳號瓦口浄高叁寸肆分。如叁號板瓦中高壹寸伍分，叁分均開，貳分作底臺，壹分作山子，又加板瓦本身高壹寸伍分，得叁號瓦口浄高叁寸。其厚俱按瓦口浄高尺寸肆分之壹，得頭號瓦口厚壹寸，貳號瓦口厚捌分，叁號瓦口厚柒分。如用筒瓦，即隨頭、貳、叁號板瓦之瓦口應除山子壹分之高，厚與板瓦瓦口同。

凡裏口以面濶定長短。如面濶壹丈貳尺，即長壹丈貳尺。如懸山做法，隨挑山之長，高、厚與飛簷椽同。再加望板之厚壹分半，得裏口之加高尺寸。

凡椽椀長短隨裏口，以椽徑定高、厚。如椽徑貳寸伍分，再加椽徑叁分之壹，共得高叁寸叁分。以椽徑叁分之壹定厚，得厚捌分。

凡博縫板照椽子浄長尺寸，外加斜搭交之長按本身寬尺寸，以椽徑柒根定寬。如椽徑貳寸伍分，得寬壹尺柒寸伍分。以椽徑拾分之柒定厚。如椽徑貳寸伍分，得厚壹寸柒分。

凡用横望板壓飛簷尾構望板以面濶、進深加舉折見方丈定長、寬，以椽徑拾分之貳定厚。如椽徑貳寸伍分，得厚伍分。

又 卷九《柒檩大木做法》 凡簷柱以面濶拾分之捌定高低，拾分之柒定徑寸，如面濶壹丈貳尺，得柱高玖尺陸寸，徑捌寸肆分。如次間、稍間面濶比明間窄小者，其柱、檩、柁、枋等木徑寸仍照明間。至次間、稍間面濶，臨期酌奪地勢定尺寸。

凡金柱以出廊加舉定高低。如出廊深叁尺，按伍舉加之，得高壹尺伍寸。並簷柱之高玖尺陸寸，得通長壹丈壹尺壹寸。以簷柱徑加貳寸定徑寸。如簷柱徑捌寸肆分，得金柱徑壹尺肆分，以上柱子每徑壹尺外加榫長叁寸。

凡山柱以進深加舉定高低。如通進深壹丈捌尺，内除前後廊陸尺，進深得壹丈貳尺，分爲肆步架，每坡得貳步架。每步架深叁尺，第壹步架按柒舉加之，得高貳尺壹寸。第貳步架按玖舉加之，得高貳尺柒寸，又加平水高柒寸肆分，再加檩徑叁分之壹作桁椀，得長貳寸捌分。並金柱高壹丈壹尺壹寸，得通長壹丈陸尺玖寸貳分。徑寸與金柱同。每徑壹尺外加榫長叁寸。

凡抱頭樑以出廊定長短。如出廊深叁尺，壹頭加檩徑壹分，得柁頭分位。壹頭加金柱徑半分，又出榫照簷柱徑半分，得通長肆尺柒寸捌分。以簷柱徑加貳寸定厚，如簷柱徑捌寸肆分，得厚壹尺肆分。高按本身之厚每尺加叁寸，得高壹尺叁寸伍分。

凡穿插枋以出廊定長短。如出廊深叁尺，壹頭加簷柱徑半分，壹頭加金柱徑半分，又兩頭出榫照簷柱徑壹分，得通長肆尺柒寸捌分。高、厚與簷枋同。

凡伍架樑以進深除廊定長短。如通進深壹丈捌尺，內除前後廊陸尺，進深得壹丈貳尺。兩頭各加檁徑壹分，得柁頭分位。如檁徑捌寸肆分，得通長壹丈叁尺陸寸捌分。以金柱徑加貳寸定厚。如柱徑壹尺肆分，得厚壹尺貳寸肆分。高按本身之厚每尺加叁寸，得高壹尺陸寸壹分。

凡隨樑枋以進深定長短。如進深壹丈貳尺，內除柱徑壹分，外加兩頭入榫分位，各按柱徑肆分之壹，得長壹丈壹尺肆寸捌分。其高、厚俱按簷枋各加貳寸。

凡柁墩以步架加舉定高低。如步架深叁尺，按柒舉加之，得高貳尺壹寸。內除伍架樑高壹尺陸寸壹分，得凈高肆寸玖分。以叁架樑之厚收貳寸定寬。如叁架樑厚壹尺肆分，得寬捌寸肆分。以柁頭貳分定長。如柁頭貳分長壹尺陸寸捌分，即長壹尺陸寸捌分。

凡叁架樑以步架貳分定長短。如步架貳分深陸尺，兩頭各加檁徑壹分，得柁頭分位。如檁徑捌寸肆分，得通長柒尺陸寸捌分。以伍架樑高厚各收貳寸定高、厚。如伍架樑高壹尺陸寸壹分，厚壹尺貳寸肆分，得高壹尺肆寸壹分，厚壹尺肆分。

凡雙步樑以步架貳分定長短。如步架貳分深陸尺，壹頭加檁徑壹分，得柁頭分位。如檁徑捌寸肆分，得通長陸尺捌寸肆分。高、厚與伍架樑同。

凡合頭枋以步架貳分定長短。如步架貳分深陸尺，內除柱徑各半分，外加兩頭入榫分位，各按簷柱徑肆分之壹，得長伍尺肆寸捌分。其高、厚俱按簷枋各加貳寸。

凡單步樑以步架壹分定長短。如步架壹分深叁尺，壹頭加檁徑壹分，得柁頭分位。如檁徑捌寸肆分，得通長叁尺捌寸肆分。高、厚與叁架樑同。

凡簷枋老簷枋金脊枋以面濶定長短。如面濶壹丈貳尺，內除柱徑壹分，外加兩頭入榫分位，各按簷柱徑肆分之壹，得長壹丈壹尺伍寸捌分。以簷柱徑寸定高。如柱徑捌寸肆分，即高捌寸肆分。厚按本身之高收貳寸，得厚陸寸肆分。其懸山做法，稍間簷枋應照柱徑尺寸加壹分，得箍頭分位，寬、厚與簷枋同。如金脊枋不用墊板，照簷枋之寬、厚各收貳寸。

凡金脊簷墊板以面濶定長短。如面濶壹丈貳尺，內除柁頭分位壹分，外加兩頭入榫尺寸，照柁頭之厚每尺加滾楞貳寸，得長壹丈壹尺壹寸陸分。以簷枋之高收壹寸定高。如簷枋高捌寸肆分，得高柒寸肆分。以檁徑拾分之叁定厚。如檁徑捌寸肆分，得厚貳寸伍分。寬陸寸以上者，照簷枋之高收分壹寸。陸寸以下者不收。分其脊墊板，照面濶除脊瓜柱徑壹分，外加兩頭入榫尺寸，各按瓜柱徑肆分之壹。

凡脊瓜柱以步架加舉定高低。如步架深叁尺，按玖舉加之，得高貳尺柒寸。又加平水高柒寸肆分，再加檁徑叁分之壹作桁椀，得長貳寸捌分，得通高叁尺柒寸貳分。內除叁架樑高壹尺肆寸壹分，得凈高貳尺叁寸壹分。以叁架樑之厚收貳寸定厚。如叁架樑厚壹尺肆分，得厚捌寸肆分。寬按本身之厚加貳寸，得寬壹尺肆分。每寬壹尺，外加下榫長叁寸。

凡檁木以面濶定長短。如面濶壹丈貳尺，即長壹丈貳尺。每徑壹尺，外加搭交榫長叁寸。如硬山做法，獨間成造，應兩頭照山柱徑各加半分。如有次間、稍間，應壹頭照山柱徑加半分。其懸山做法，應照出簷之法加長。徑寸俱與簷柱同。

凡懸山桁條下皮用燕尾枋，以出簷之法得長。如出簷貳尺捌寸捌分，即長貳尺捌寸捌分。以檁徑拾分之叁定厚，如檁徑捌寸肆分，得厚貳寸伍分。寬按本身之厚加貳寸，得寬肆寸伍分。

凡簷椽以出廊並出簷加舉定長短。如出廊深叁尺，又加出簷尺寸照簷柱高拾分之叁，得貳尺捌寸捌分，共長伍尺捌寸捌分。又按壹壹伍加舉，得通長陸尺柒寸陸分。如用飛簷椽，以出簷尺寸分叁分，去長壹分作飛簷頭，以檁徑拾分之叁定徑寸。如檁徑捌寸肆分，得徑貳寸伍分。每椽空檔，隨椽徑壹分，每間椽數，俱應成雙。檔之寬窄，隨數均勻。

凡花架椽以步架加舉定長短。如步架深叁尺，按壹貳伍加舉，得通長叁尺柒寸伍分，徑寸與簷椽同。

凡腦椽以步架加舉定長短。如步架深叁尺，按壹叁伍加舉，得通長肆尺伍分。徑寸與椽簷同。以上簷腦椽壹頭加搭交尺寸，花架椽兩頭各加搭交尺寸，俱照椽徑加壹分。

凡飛簷椽以出簷定長短。如出簷貳尺捌寸捌分，叁分分之，出頭壹分得長玖寸陸分，後尾貳分得長壹尺玖寸貳分，共長貳尺捌寸捌分。又按壹壹伍加舉，得通長叁尺叁寸壹分。見方與簷椽徑同。

凡連簷以面濶定長短。如面濶壹丈貳尺，即長壹丈貳尺。稍間應加墀頭分位，如懸山做法，隨挑山之長，寬、厚同簷椽。

凡瓦口長短隨連簷，以所用瓦料定高、厚。如頭號板瓦中高貳寸，叁分均開，貳分作底臺，壹分作山子，又加板瓦本身之高貳寸，得頭號瓦口淨高肆寸。如貳號板瓦中高壹寸柒分，叁分均開，貳分作底臺，壹分作山子，又加板瓦本身之高壹寸柒分，得貳號瓦口淨高叁寸肆分。如叁號板瓦中高壹寸伍分，叁分均開，貳分作底臺，壹分作山子，又加板瓦本身之高壹寸伍分，得叁號瓦口淨高叁寸。其厚俱按瓦口淨高尺寸肆分之壹，得頭號瓦口厚壹寸，貳號瓦口厚捌分，叁號瓦口厚柒分。如用筒瓦，即隨頭、貳、叁號板瓦之瓦口應除山子壹分之高，厚與板瓦瓦口同。

凡裏口以面闊定長短。如面闊壹丈貳尺，即長壹丈貳尺。如懸山做法，隨挑山之長，高、厚與飛簷椽同。再加望板之厚壹分半，得裏口之加高尺寸。

凡椽椀長短隨裏口，以椽徑定高、厚。如椽徑貳寸伍分，再加椽徑叁分之壹，共得高叁寸叁分。以椽徑叁分之壹定厚，得厚捌分。

凡扶脊木長短、徑寸俱同脊檁。

凡博縫板照椽子淨長尺寸，外加斜搭交之長，按本身寬尺寸，以椽徑柒根定寬。如椽徑貳寸伍分，得寬壹尺柒寸伍分。以椽徑拾分之柒定厚。如椽徑貳寸伍分，得厚壹寸柒分。

凡用橫望板、壓飛簷尾、橫望板，以面闊、進深加舉折見方丈定長、寬，以椽徑拾分之貳定厚。如椽徑貳寸伍分，得厚伍分。

又卷一〇《陸檁大木做法》 凡簷柱以面闊拾分之捌定高低，拾分之柒定徑寸。如面闊壹丈壹尺，得柱高捌尺捌寸，徑柒寸柒分。如次間、稍間面闊比明間窄小者，其柱、檁柁、枋等木徑寸，仿照明間。至次間、稍間面闊，臨期酌奪地勢定尺寸。

凡金柱以出廊加舉定高低。如出廊深叁尺貳寸，按伍舉加之，得高壹尺陸寸，並簷柱高捌尺捌寸，得通長壹丈肆寸。以簷柱徑加貳寸定徑寸，如簷柱徑柒寸柒分，得金柱徑玖寸柒分。以上柱子，每根徑壹尺，外加榫長叁寸。

凡山柱以進深加舉定高低。如通進深壹丈陸尺，內除前廊叁尺貳寸，進深得壹丈貳尺捌寸。分爲肆步架，每坡得貳步架，每步架深叁尺貳寸。第壹步架按柒舉加之，得高貳尺貳寸肆分。第貳步架按玖舉加之，得高貳尺捌寸捌分。又加平水高陸尺柒分，再加檁徑叁分之壹作桁椀，得長貳寸伍分。並金柱之高壹丈肆寸，得通長壹丈陸尺肆寸肆分。徑寸與金柱同。前落金做法，後簷柱高低、徑寸俱與前金柱同。每徑壹尺，加榫長叁寸。

凡抱頭樑以出廊定長短。如出廊深叁尺貳寸，壹頭加檁徑壹分，得柁頭分位，壹頭加金柱徑半分，又出榫照簷柱徑半分，得通長肆尺捌寸肆分。以簷柱徑加貳寸定厚。如柱徑柒寸柒分，得厚玖寸柒分。高按本身之厚每尺加叁寸，得高壹尺貳寸陸分。

凡穿插枋以出廊定長短。如出廊深叁尺貳寸，壹頭加簷柱徑半分，壹頭加金柱徑半分，又兩頭出榫照簷柱徑壹分，得通長肆尺捌寸肆分。高、厚與簷枋同。

凡伍架樑以進深除廊定長短。如通進深壹丈陸尺，內除前廊叁尺貳寸，進深得壹丈貳尺捌寸，兩頭各加檁徑壹分，得柁頭分位。如檁徑柒寸柒分，得通長壹丈肆尺叁寸肆分。以金柱徑加貳寸定厚。如柱徑玖寸柒分，得厚壹尺壹寸柒分。高按本身之厚每尺加叁寸，得高壹尺伍寸貳分。

凡隨樑枋以進深定長短。如進深壹丈貳尺捌寸，內除柱徑壹分，外加兩頭入榫分位。各按柱徑肆分之壹，得長壹丈貳尺叁寸壹分。其高、厚俱按簷枋，各加貳寸。

凡金瓜柱以步架加舉定高低。如步架深叁尺貳寸，按柒舉加之，得高貳尺貳寸肆分。內除伍架樑之高壹尺伍寸壹分，得淨高柒寸貳分。以叁架樑之厚收貳寸定厚。如叁架樑厚玖寸柒分，得厚柒寸柒分。寬按本身之厚加貳寸，得寬玖寸柒分。每寬壹尺，外加上下榫各長叁寸。

凡叁架樑以步架貳分定長短。如步架貳分深陸尺肆寸，兩頭各加檁徑壹分得柁頭分位。如檁徑柒寸柒分，得通長柒尺玖寸肆分。以伍架樑高、厚各收貳寸定高、厚。如伍架樑高壹尺伍寸貳分，厚壹尺壹寸柒分，得高壹尺叁寸貳分。厚玖寸柒分。

凡雙步樑以步架貳分定長短。如步架貳分深陸尺肆寸，壹頭加檁徑壹分得柁頭分位。如檁徑柒寸柒分，得通長柒尺壹寸柒分。高、厚與伍架樑同。

凡合頭枋以步架貳分定長短。如步架貳分深陸尺肆寸，內除柱徑各半分，外加兩頭入榫分位。各按柱徑肆分之壹，得長伍尺玖寸壹分。其高、厚俱按簷枋各加貳寸。

凡單步樑以步架壹分定長短。如步架壹分深叁尺貳寸，壹頭加檁徑壹分，得柁頭分位。如檁徑柒寸柒分，得通長叁尺玖寸柒分，高、厚與叁架樑同。

凡簷枋、老簷枋、金脊枋以面濶定長短。如面濶壹丈壹尺，内除柱徑壹分，外加兩頭入榫分位。各按柱徑肆分之壹，得長壹丈陸寸壹分。以簷柱徑寸定高。如柱徑柒寸柒分，即高柒寸柒分。厚按本身之高收貳寸，得厚伍寸柒分。如金脊枋不用墊板，照簷枋寬、厚各收貳寸。

凡金脊簷墊板以面濶定長短。如面濶壹丈壹尺，除柁頭分位壹分，外加兩頭入榫尺寸，照柁頭之厚每尺加滾楞貳寸，得長壹丈貳寸貳分。以簷枋之高收壹寸定高。如簷枋高柒寸柒分，得高陸寸柒分。以檁徑拾分之叁定厚。如檁徑柒寸柒分，得厚貳寸叁分。高陸寸以上者照簷枋之高收分壹寸，陸寸以下者不收分。其脊墊板，照面濶除脊瓜柱徑壹分，外加兩頭入榫尺寸，各按瓜柱徑肆分之壹。

凡脊瓜柱以步架加舉定高低。如步架深叁尺貳寸，按玖舉加之，得高貳尺捌寸捌分。又加平水高陸寸柒分，再加檁徑叁分之壹作桁椀，得長貳寸伍分。内除叁架樑高壹尺叁寸貳分，得淨高貳尺肆寸捌分。寬厚同金瓜柱。每寬壹尺，外加下榫長叁寸。

凡檁木以面濶定長短。如面濶壹丈壹尺，即長壹丈壹尺。每徑壹尺，外加搭交榫長叁寸。如硬山做法，獨間成造者，應兩頭照山柱徑各加半分，如有次間、稍間者，應壹頭照山柱徑加半分。徑寸俱與簷柱同。

凡前簷椽以出廊並出簷加舉定長短。如出廊深叁尺貳寸，又加出簷尺寸照前簷柱高拾分之叁，得貳尺陸寸肆分，共長伍尺捌寸肆分。又按壹壹伍加舉，得通長陸尺柒寸壹分。如後簷椽步架深叁尺貳寸，又加出簷尺寸照後簷柱高拾分之叁，得叁尺壹寸貳分，共長陸尺叁寸貳分。又按壹貳伍加舉，得通長柒尺玖寸。如用飛簷椽，以出簷尺寸分叁分，去長壹分作飛簷頭，以檁徑拾分之叁定徑寸。如檁徑柒寸柒分，得徑貳寸叁分。每椽空檔，隨椽徑壹分。每間椽數，俱應成雙。檔之寬窄，隨數均勻。

凡後簷封護簷椽以步架加舉定長短。如步架深叁尺貳寸，再加檁徑半分，共長叁尺伍寸捌分。又按壹貳伍加舉，得通長肆尺肆寸柒分。徑寸與前簷椽同。

凡前簷花架椽以步架加舉定長短。如步架深叁尺貳寸，按壹貳伍加舉，得通長肆尺。徑寸與檐椽同。

凡腦椽以步架加舉定長短。如步架深叁尺貳寸，按壹叁伍加舉，得通長肆尺叁寸貳分。徑寸與簷椽同。以上簷、腦椽壹頭加搭交尺寸，花架椽兩頭各加搭交尺寸，俱照椽徑加壹分。

凡飛簷椽以出簷定長短。如前出簷貳尺陸寸肆分，叁分分之，出頭壹分得長捌寸捌分，後尾貳分得長壹尺柒寸陸分，共長貳尺陸寸肆分。又按壹壹伍加舉，得通長叁尺叁分。如後出簷叁尺壹寸貳分，叁分分之，出頭壹分得長壹尺肆分，後尾貳分。得長貳尺捌分，共長叁尺壹寸貳分。又按壹貳伍加舉，得通長叁尺玖寸。見方與簷椽徑寸同。

凡連簷以面濶定長短。如面濶壹丈壹尺，即長壹丈壹尺，稍間應加墀頭分位。寬、厚同簷椽。

凡瓦口長短隨連簷，以所用瓦料定高厚。如頭號板瓦中高貳寸，叁分均開，貳分作底臺，壹分作山子，又加板瓦本身高貳寸，得頭號瓦口淨高肆寸。如貳號板瓦中高壹寸柒分，叁分均開，貳分作底臺，壹分作山子，又加板瓦本身高壹寸柒分，得貳號瓦口淨高叁寸肆分。如叁號板瓦中高壹寸伍分，叁分均開，貳分作底臺，壹分作山子，又加板瓦本身高壹寸伍分，得叁號瓦口淨高叁寸。其厚俱按瓦口淨高尺寸肆分之壹，得頭號瓦口厚壹寸，貳號瓦口厚捌分，叁號瓦口厚柒分。如用筒瓦，即隨頭貳叁號板瓦之瓦口，應除山子壹分之高。厚與板瓦瓦口同。

凡裏口以面濶定長短。如面濶壹丈壹尺，即長壹丈壹尺。高厚與飛簷椽同。再加望板之厚壹分半，得裏口之加高數目。

凡椽椀長短隨裏口，以椽徑定高厚。如椽徑貳寸叁分，再加椽徑叁分之壹，共得高叁寸。以椽徑叁分之壹定厚，得厚柒分。

凡扶脊木長短、徑寸俱同脊檁。

凡用橫望板、壓飛簷尾橫望板，以面濶、連深加舉折見方丈定長、寬。以椽徑拾分之貳定厚。如椽徑貳寸叁分，得厚肆分。

又　卷一一《伍檁大木做法》　凡簷柱以面濶拾分之捌定高低，拾分之柒定徑寸。如面濶壹丈，得柱高捌尺，徑柒寸。每徑壹尺，外加榫長叁寸。如次間、稍間面濶，比明間窄小者，其柱檁柁枋等木徑寸仍照明間，至次間、稍間面濶，臨期酌奪地勢定尺寸。

凡山柱以進深加舉定高低。如進深壹丈貳尺，分爲肆步架。每坡得貳步架，每步架深叁尺。第壹步架按伍舉加之，得高壹尺伍寸。第貳步架按柒舉加之，得高貳尺壹寸。又加平水高陸寸，再加檁徑叁分之壹作桁椀，長貳寸叁分，並簷柱之高捌尺，得通長壹丈貳尺肆寸叁分。以簷柱徑加貳寸定徑寸。如柱徑柒寸，得徑玖寸。每徑壹尺，外加榫長叁寸。

凡伍架樑以進深定長短。如進深壹丈貳尺，兩頭各加檁徑壹分，得柁頭分位。如檁徑柒寸，得通長壹丈叁尺肆寸。以簷柱徑加貳寸定厚，如柱徑柒寸，得厚玖寸。高按本身之厚每尺加叁寸，得高壹尺壹寸柒分。

凡隨樑枋以進深定長短。如進深壹丈貳尺，內除柱徑壹分，外加兩頭入榫分位，各按柱徑肆分之壹，得長壹丈壹尺陸寸伍分。其高、厚俱按簷枋各加貳寸。

凡柁墩以步架加舉定高低。如步架深叁尺，按伍舉加之，得高壹尺伍寸。內除伍架樑高壹尺壹寸柒分，得淨高叁寸叁分，以叁架樑之厚收貳寸定寬。如叁架樑厚柒寸，得寬伍寸。以柁頭貳分定長。如柁頭貳分長壹尺肆寸，即長壹尺肆寸。

凡叁架樑以步架貳分定長短。如步架貳分深陸尺，兩頭各加檁徑壹分，得柁頭分位。如檁徑柒寸，得通長柒尺肆寸。以伍架樑高、厚各收貳寸定高、厚。如伍架樑高壹尺壹寸柒分，厚玖寸，得高玖寸柒分，厚柒寸。

凡雙步樑以步架貳分定長短。如步架貳分深陸尺，壹頭加檁徑壹分得柁頭分位，如檁徑柒寸，得通長陸尺柒寸。高、厚與伍架樑同。

凡合頭枋以步架貳分定長短。如步架貳分深陸尺，內除柱徑各半分，外加兩頭入榫分位，各按簷柱徑肆分之壹，得長伍尺陸寸。其高、厚俱按簷枋各加貳寸。

凡單步樑以步架壹分定長短。如步架壹分深叁尺，壹頭加檁徑壹分，得柁頭分位。如檁徑柒寸，得通長叁尺柒寸。高、厚與叁架樑同。

凡金脊簷枋以面濶定長短。如面濶壹丈，內除柱徑壹分，外加兩頭入榫分位，各按柱徑肆分之壹，得長玖尺陸寸伍分。以簷柱徑寸定高。如柱徑柒寸，即高柒寸。厚按本身之高收貳寸得厚伍寸。其懸山做法，稍間簷枋應照柱徑尺寸加壹分，得箍頭分位，高、厚與簷枋同，如金脊枋不用墊板，照簷枋之高、厚各收貳寸。

凡金脊簷墊板以面濶定長短。如面濶壹丈，內除柁頭分位壹分，外加兩頭入榫尺寸，照柁頭之厚每尺加滚楞貳寸，得長玖尺貳寸捌分。以簷枋之高收壹寸定高。如簷枋高柒寸，得高陸寸。以檁徑拾分之叁定厚。如檁徑柒寸，得厚貳寸壹分。高陸寸以上者，照簷枋之高收分壹寸。陸寸以下者不收分。其脊墊板，除脊瓜柱徑壹分，外加兩頭入榫尺寸，俱按瓜柱徑肆分之壹。

凡脊瓜柱以步架加舉定高低。如步架深叁尺，按柒舉加之，得高貳尺壹寸。又加平水高陸寸，再加檁徑叁分之壹作桁椀，得長貳寸叁分。內除叁架樑高玖寸柒分，得淨高壹尺玖寸陸分。以叁架樑之厚收分貳寸定厚。如叁架樑厚柒寸，得厚伍寸。寬按本身之厚加貳寸，得寬柒寸。每寬壹尺，外加下榫長叁寸。

凡脊角背以步架壹分定長短。如步架深叁尺，即長叁尺。以瓜柱之高、厚叁分之壹定寬、厚。如瓜柱淨高壹尺玖寸陸分，厚伍寸，得寬陸寸伍分，厚壹寸陸分。

凡檁木以面濶定長短。如面濶壹丈，即長壹丈。每徑壹尺外加搭交榫長叁寸。如硬山做法，獨間成造者，應兩頭照山柱徑各加半分。如有次間、稍間者，應壹頭照山柱徑半分，其懸山做法，應照出簷之法加長，徑寸與簷柱同。

凡懸山桁條下皮用燕尾枋，以出簷之法得長。如出簷貳尺肆寸，即長貳尺肆寸。以檁徑拾分之叁定厚。如檁徑柒寸，得厚貳寸壹分，寬按本身之厚加貳寸，得寬肆寸壹分。

凡簷椽以步架並出簷加舉定長短。如步架深叁尺，又加出簷尺寸照簷柱高拾分之叁，得貳尺肆寸，共長伍尺肆寸。又按壹壹伍加舉，得通長陸尺貳寸壹分。如用飛簷椽，以出簷尺寸分叁分，去長壹分作飛簷頭。以檁徑拾分之叁定徑寸。如檁徑柒寸，得徑貳寸壹分。每椽空檔，隨椽徑壹分。每間椽數，俱應成雙。檔之寬窄，隨數均匀。

凡腦椽以步架加舉定長短。如步架深叁尺，按壹貳伍加舉，得通長叁尺柒寸伍分。徑寸與簷椽同。以上簷、腦椽壹頭加搭交尺寸，俱照椽徑如壹分。

凡飛簷椽以出簷定長短。如出簷貳尺肆寸，叁分分之。出頭壹分得長捌寸，厚尾貳分得長壹尺陸寸，共長貳尺肆寸。又按壹伍加舉，得通長貳尺柒寸陸分。見方與簷椽徑寸同。

凡連簷以面濶定長短。如面濶壹丈，即長壹丈。稍間應加墀頭分位。如懸山做法，隨挑山之長，寬、厚同簷椽。

凡瓦口長短隨連簷。以所用瓦料定高厚。如頭號板瓦中高貳寸，叁分均開，貳分作底臺，壹分作山子，又加板瓦本身高貳寸，得頭號瓦口淨高肆寸。如貳號板瓦中高壹寸柒分，叁分均開，貳分作底臺，壹分作山子，又加板瓦本身高壹寸柒分，得貳號瓦口淨高叁寸肆分。如叁號板瓦中高壹寸伍分，叁分均開，貳分作底臺，壹分作山子，又加板瓦本身高壹寸伍分，得叁號瓦口淨高叁寸。其厚俱按瓦口淨高尺寸肆分之壹，得頭號瓦口厚壹寸，貳號瓦口厚捌分，叁號瓦口厚柒分。如用筒瓦，即隨頭、貳、叁號板瓦之瓦口，應除山子壹分之高，厚與板瓦瓦口同。

凡裏口以面濶定長短。如面濶壹丈，即長壹丈，如懸山做法，隨挑山之長，高、厚與飛簷椽同。再加望板之厚壹分半，得裏口之加高數目。

凡椽椀長短隨裏口，以椽徑定高、厚。如椽徑貳寸壹分，再加椽徑叁分之壹，共得高貳寸捌分。以椽徑叁分之壹定厚，得厚柒分。

凡博縫板照椽子淨長尺寸，外加斜搭交之長，按本身寬尺寸，以椽徑柒根定寬。如椽徑貳寸壹分，得寬壹尺肆寸柒分。以椽徑拾分之柒定厚。如椽徑貳寸壹分，得厚壹寸肆分。

凡用橫望板、壓飛簷尾橫望板以面濶、進深加舉折見方丈定長、寬，以椽徑拾分之貳定厚。如椽徑貳寸壹分，得厚肆分。

又 卷一二《肆檁捲棚大木做法》 凡簷柱以面濶拾分之捌定高低，拾分之柒定徑寸。如面濶壹丈，得柱高捌尺徑柒寸。每徑壹尺，外加榫長叁寸。如次間、稍間面濶比明間窄小者，其柱、檁、柁、枋等木徑寸，仍照明間至次間、稍間面濶，臨期酌奪地勢定尺寸。

凡肆架樑以進深定長短。如進深壹丈貳尺，兩頭各加檁徑壹分，得柁頭分位。如檁徑柒寸，得通長壹丈叁尺肆寸。以簷柱徑加貳寸定厚。如柱徑柒寸，得厚玖寸。高按本身厚每尺加叁寸，得高壹尺壹寸柒分。

凡隨樑枋以進深定長短。如進深壹丈貳尺，內除柱徑壹分，外加兩頭入榫分位。各按柱徑肆分之壹，得長壹丈壹尺陸寸伍分。其高、厚俱按簷枋各加貳寸。

凡頂瓜柱以步架加舉定高低。如進深壹丈貳尺，除月樑貳尺肆寸，前後步架各得肆尺捌寸，按伍舉加之，得高貳尺肆寸。內除肆架樑高壹尺壹寸柒分，得淨高壹尺貳寸叁分。以月樑之厚收貳寸定厚。如月樑厚柒寸，得厚伍寸。寬按本身厚加貳寸，得寬柒寸。每寬壹尺，外加上下榫各長叁寸。

凡月樑以進深定長短。如進深壹丈貳尺，伍分分之，居中壹分深貳尺肆寸，兩頭各加檁徑壹分，得柁頭分位。如檁徑柒寸，得通長叁尺捌寸。以肆架樑高、厚各收貳寸定高、厚。如肆架樑高壹尺壹寸柒分，厚玖寸，得高玖寸柒分，厚柒寸。

凡角背長按月樑尺寸除柁頭，加倍定長短。如月樑除柁頭淨長貳尺肆寸，角背應長肆尺捌寸。以瓜柱高、厚叁分之壹定寬、厚。如瓜柱淨高壹尺貳寸叁分，厚伍寸，得寬肆寸壹分，厚壹寸陸分。

凡簷、脊枋以面濶定長短。如面濶壹丈，內除柱徑壹分，外加兩頭入榫分位。各按柱徑肆分之壹，得長玖尺陸寸伍分。以簷柱徑寸定高。如柱徑柒寸，即高柒寸。厚按本身高收貳寸，得厚伍寸。其懸山做法，稍間檐枋應照柱徑尺寸加壹分，得箍頭分位。高、厚與簷枋同。如脊枋不用墊板，照簷枋高、厚各收貳寸。

凡簷、脊墊板以面濶定長短。如面濶壹丈，內除柁頭分位壹分，外加兩頭入榫尺寸，照柁頭厚每尺加滾楞貳寸，得長玖尺貳寸捌分。以簷枋之高收壹寸定高。如簷枋高柒寸，得高陸寸。以檁徑拾分之叁定厚。如檁徑柒寸，得厚貳寸壹分。高陸寸以上者，照簷枋之高收分壹寸，陸寸以下者不收分。其脊墊板，照面濶除脊瓜柱徑壹分，外加兩頭入榫尺寸，各按瓜柱徑肆分之壹。

凡檁木以面濶定長短。如面濶壹丈，即長壹丈。每徑壹尺，外加搭交榫長叁寸。如硬山做法，獨間成造者，應兩頭照柱徑尺寸各加半分。若有次間、稍間者，應壹頭照柱徑尺寸加半分。其懸山做法，照出簷之法加長。徑寸俱與簷柱同。

凡機枋條子長隨檁木。以檁徑拾分之叁定高。如檁徑柒寸，得高貳寸壹分。以椽徑叁分之壹定厚。如椽徑貳寸壹分，得厚柒分。

凡懸山桁條下皮，用燕尾枋以出簷之法得長。如出簷貳尺肆寸，即長貳尺肆寸，以檁徑拾分之叁定厚。如檁徑柒寸，得厚貳寸壹分。高按本身之厚加貳寸，得高肆寸壹分。

凡簷椽以步架並出簷加舉定長短。如步架深肆尺捌寸，又加出簷尺寸照簷柱高拾分之叁，得貳尺肆寸，共長柒尺貳寸。又按壹壹伍加舉，得通長捌尺貳寸捌分。如用飛簷椽，以出簷尺寸分叁分，去長壹分作飛簷頭，以檩徑拾分之叁定徑寸。如檩徑柒寸，得徑貳寸壹分。壹頭加搭交尺寸，照椽徑壹分。每椽空檔，隨椽徑壹分。每間椽數，俱應成雙。檔之寬窄，隨數均匀。

凡頂椽以月樑定長短。如月樑長貳尺肆寸，兩頭各加檩徑半分，得通長叁尺壹寸。見方與簷椽同。

凡飛簷椽以出簷定長短。如出簷貳尺肆寸，叁分之，出頭壹分，得長捌寸，後尾貳分，得長壹尺陸寸，共長貳尺肆寸。又按壹壹伍加舉，得通長貳尺柒寸陸分。見方與簷椽同。

凡連簷以面濶定長短。如面濶壹丈，即長壹丈。稍間應加墀頭分位。如懸山做法，隨挑山之長，寬、厚同簷椽。

凡瓦口長短隨連簷以所用瓦料定高厚。如頭號板瓦中高貳寸，叁分均開，貳分作底臺，壹分作山子，又加板瓦本身高貳寸，得頭號瓦口淨高肆寸。如貳號板瓦中高壹寸柒分，叁分均開，貳分作底臺，壹分作山子，又加板瓦本身之高壹寸柒分，得貳號瓦口淨高叁寸肆分。如叁號板瓦中高壹寸伍分，叁分均開，貳分作底臺，壹分作山子，又加板瓦本身之高壹寸伍分，得叁號瓦口淨高叁寸。其厚俱按瓦口淨高尺寸肆分之壹，得頭號瓦口厚壹寸，貳號瓦口厚捌分，叁號瓦口厚柒分。如用筒瓦，即隨頭、貳、叁號板瓦，瓦口應除山子壹分之高，厚與板瓦瓦口同。

凡裏口以面濶定長短。如面濶壹丈，即長壹丈。如懸山做法，隨挑山之長。高、厚與飛簷椽同，再加望板之厚壹分半，得裏口加高尺寸。

凡椽椀長短隨裏口。以椽徑定高、厚。如椽徑貳寸壹分，再加椽徑叁分之壹，共得高貳寸捌分。以椽徑叁分之壹定厚，得厚柒分。

凡博縫板照椽子淨長尺寸，外加斜搭交之長，按本身寬尺寸。以椽徑柒根定寬。如椽徑貳寸壹分，得寬壹尺肆寸柒分。以椽徑拾分之柒定厚。如椽徑貳寸壹分，得厚壹寸肆分。

凡用橫望板、壓飛簷尾橫望板，以面濶、進深加舉折見方丈定長、寬。以椽徑拾分之貳定厚。如椽徑貳寸壹分，得厚肆分。

又 卷一三《伍檩川堂大木做法》 凡簷柱高低隨前後房之柱高。如前後房簷柱高壹丈，即長壹丈。以面濶拾分之柒定徑寸。如面濶壹丈，得徑柒寸。如次間、稍間面濶比明間窄小者，其柱、檩、柁、枋等木徑寸仍照明間面濶，臨期酌奪地勢定尺寸。

凡五架樑以前後房明間而濶定長短。如前後房面濶壹丈肆尺，兩頭各加檩徑壹分，得柁頭分位。如檩徑柒寸，得通長壹丈伍尺肆寸。以簷柱徑加貳寸定厚。如柱徑柒寸，得厚玖寸。高按本身厚每尺加叁寸，得高壹尺壹寸柒分。

凡隨樑枋以進深定長短。如進深壹丈肆尺，內除柱徑壹分，外加兩頭入榫分位，各按柱徑肆分之壹，得長壹丈叁尺陸寸伍分。其高、厚照簷枋各加貳寸。

凡金爪柱以步架壹分加舉定高低。如步架壹分深叁尺伍寸，按伍舉架之，得高壹尺柒寸伍分。內除伍架樑高壹尺壹寸柒分，得淨高伍寸捌分。以叁架樑厚收貳寸定厚。如叁架樑厚柒寸，得厚伍寸。寬按本身厚加貳寸，得寬柒寸。每寬壹尺，外加上下榫各長叁寸。

凡叁架樑以步架貳分定長短。如步架貳分深柒尺，兩頭各加檩徑壹分，得柁頭分位。如檩徑柒寸，得通長捌尺肆寸。以伍架樑高厚各收貳寸定高、厚。如伍架樑高壹尺壹寸柒分，厚玖寸，得高玖寸柒分，厚柒寸。

凡脊瓜柱以步架壹分加舉定高低。如步架壹分深叁尺伍寸，按柒舉加之，得高貳尺肆寸伍分。又加平水高陸寸，再加檩徑叁分之壹作桁椀，長貳寸叁分，得通長叁尺貳寸捌分。內除叁架樑高玖寸柒分，得淨高貳尺叁寸壹分。寬、厚同金瓜柱。每寬壹尺，外加下榫長叁寸。

凡兩山柁墩以步架壹分加舉定高低。如步架壹分深叁尺伍寸，按伍舉加之，得高壹尺柒寸伍分。內除伍架樑高壹尺壹寸柒分，又除前後房檐檩徑半分，得淨高貳寸叁分。以叁架樑厚收貳寸定寬。如叁架樑厚柒寸，得寬伍寸。以柁頭貳分定長。如柁頭兩分長壹尺肆寸，即長壹尺肆寸。

凡金脊簷枋以面濶定長短。如面濶壹丈，內除柱徑壹分，外加兩頭入榫分位，合按柱徑柒分之壹，得通長玖尺陸寸伍分。以簷柱徑寸定高，如柱徑柒寸，即高柒寸。厚按本身高收貳寸，得厚伍寸。如金、脊枋不用墊板，照簷枋高、厚各收貳寸。

凡金脊簷墊板以面濶定長短。如面濶壹丈，內除柁頭分位壹分，外加兩頭入榫尺寸，照柁頭厚，每尺加滚楞貳寸，得通長玖尺貳寸捌分。以簷枋之高收壹寸定高。如簷枋高柒寸，得高陸寸。以檩徑拾分之叁定厚。如檩徑柒寸，得厚貳寸壹分。寬陸寸以上者照簷枋之高收分壹寸，陸寸以下者不收分。其脊墊板，照面濶除脊瓜柱徑壹分，外加兩頭入榫尺寸，各按瓜柱徑肆分之壹。

凡檁木以面濶定長短。如面濶壹丈，即長壹丈。每徑壹尺，外加搭交榫長叁寸。稍間金檁壹頭加壹步架，脊檁加貳步架。徑寸俱與簷柱同。

凡角樑以步架並出簷加舉定長短。如步架深叁尺伍寸，出簷照簷柱高拾分之叁，得叁尺，共長陸尺伍寸。用方伍斜柒之法得斜長，又按壹壹伍加舉，得通長壹丈肆寸陸分。以椽徑叁分定高，貳分定厚。如椽徑貳寸壹分，得高陸寸叁分，厚肆寸貳分。

凡掖角仔角樑以出簷加舉定長短。如出簷叁尺，用方伍斜柒之法加斜長，又按壹壹伍加舉，共長肆尺捌寸叁分。外加套獸榫照本身厚壹分，得通長伍尺貳寸伍分。以椽徑貳分定高、厚。如椽徑貳寸壹分，得高、厚肆寸貳分。如無飛簷椽，不用此欵。

凡簷椽以步架並出簷加舉定長短。如步架深叁尺伍寸，又加出簷尺寸照簷柱高拾分之叁，得叁尺，共長陸尺伍寸。又按壹壹伍加舉，得通長柒尺肆寸柒分。如用飛簷椽，以出簷尺寸分叁分，去長壹分作飛簷頭。以檁徑拾分之叁定徑寸，如檁徑柒寸，得徑貳寸壹分。每椽空檔，隨椽徑壹分。每間椽數，俱應成雙。檔之寬窄，隨數均勻。稍間面濶之外加短椽壹步架，折半核算。

凡腦椽以步架加舉定長短。如步架深叁尺伍寸，按壹貳伍加舉，得通長肆尺叁寸柒分。徑寸與簷椽同。稍間面濶之外加椽貳步架，內有短椽壹步架，折半核算。

凡飛簷椽以出簷加舉定長短。如出簷叁尺，叁分分之，出頭壹分，得長壹尺。後尾貳分，得長貳尺，共長叁尺。又按壹壹伍加舉，得通長叁尺肆寸伍分。見方與簷椽徑同。

凡兩山山花板以步架貳分定寬。如步架貳分深柒尺，即寬柒尺。內除柁橔壹分，淨寬伍尺陸寸。高隨柁橔淨高尺寸，如柁橔高貳寸叁分，即高貳寸叁分，厚伍分。

凡象眼板以步架壹分定寬。如步架壹分深叁尺伍寸，即寬叁尺伍寸。內除柁橔半分，淨寬貳尺捌寸。以步架加舉定高低。如步架深叁尺伍寸，按伍舉加之，得高壹尺柒寸伍分。內除伍架樑高壹尺壹寸柒分，外加平水高陸寸，檁徑柒寸，淨得高壹尺捌寸捌分，厚伍分。

凡脊象眼板以步架貳分定寬。如步架貳分深柒尺，內除爪柱徑壹分，淨寬陸尺叁寸。以步架壹分加舉定高低。如步架壹分深叁尺伍寸，按柒舉加之，得高貳尺肆寸伍分。內除叁架樑高玖寸柒分，外加平水高陸寸，檁徑柒寸，得淨高貳尺柒寸捌分，厚伍分。以上貳項係象眼做法，折半核算。

凡連簷以面濶定長短。如面濶壹丈，即長壹丈。稍間應收出簷分位，寬、厚同簷椽。

凡瓦口長短隨連簷，以所用瓦料定高、厚。如頭號板瓦中高貳寸，叁分均開，貳分作底臺，壹分作山子，又加板瓦本身之高貳寸，得頭號瓦口淨高肆寸。如貳號板瓦中高壹寸柒分，叁分均開，貳分作底臺，壹分作山子，又加板瓦本身之高壹寸柒分，得貳號瓦口淨高叁寸肆分。如叁號板瓦中高壹寸伍分，叁分均開，貳分作底臺，壹分作山子，又加板瓦本身之高壹寸伍分，得叁號瓦口淨高叁寸。其厚俱按瓦口淨高尺寸肆分之壹，得頭號瓦口厚壹寸，貳號瓦口厚捌分，叁號瓦口厚柒分。如用筒瓦，即隨頭、貳、叁號板瓦。瓦口應除山子壹分之高，厚與板瓦瓦口同。

凡裏口以面濶定長短。如面濶壹丈，即長壹丈。稍間應收出簷分位，外加飛簷椽頭壹分，高厚與飛簷椽同。再加望板之厚壹分半，得裏口加高尺寸。

凡椽椀以面濶定長短。如面濶壹丈，即長壹丈。稍間應除檁徑壹分，以椽徑定高、厚。如椽徑貳寸壹分，再加椽徑叁分之壹，共得高貳寸捌分。以椽徑叁分之壹定厚，得厚柒分。

凡用橫望板、壓飛簷尾橫望板，以面濶、進深加舉折見方丈定長、寬。以椽徑拾分之貳定厚。如椽徑貳寸壹分，得厚肆分。

又　卷一四《上簷柒檁叁滴水歇山正樓壹座下簷斗口單昂斗科斗口肆寸大木做法》　凡明間以城門洞之寬定面濶。如門洞寬壹丈捌尺，每邊各加叁尺，得面濶貳丈肆尺。

凡次稍間以斗科攢數定面濶。如斗口肆寸，以科中分算，得斗科每攢寬肆尺捌寸。如面濶用平身斗科貳攢，加兩邊柱頭科各半攢，共斗科叁攢并之，得面濶壹丈肆尺肆寸。

凡進深以城墻頂之寬前後各收壹廊尺寸定進深。如墻頂寬陸丈肆尺，廊深捌尺，前後共收回水壹丈陸尺，得通進深肆丈捌尺。

凡下簷柱以斗口叁拾伍分定高。如斗口肆寸，得簷柱高壹丈肆尺。每徑壹尺外加上下榫各長叁寸。如柱徑壹尺陸寸，得榫長各肆寸捌分。以斗口肆分定徑。如斗口肆寸，得徑壹尺陸寸。兩山簷柱做法同。

凡外金柱以下簷柱之高定高。如下簷柱高壹丈肆尺，再加平板枋捌寸，斗口單昂斗科高貳尺捌寸捌分，桐柱高柒尺，平臺平板枋捌寸，品字科高貳尺捌寸捌分，間枋貳尺壹分，樓板貳寸，上簷露明高壹丈伍寸，得通高肆丈壹尺柒分。每徑壹尺外加上下榫各長叁寸。以簷柱徑定徑。如簷柱徑壹尺陸寸，加貳寸得徑壹尺捌寸，再以每長壹丈加徑壹寸，共徑貳尺貳寸壹分。凡裏金柱以外金柱之高定高。如外金柱高肆丈壹尺柒分，再加中簷平板枋捌寸，斗口重昂斗科高叁尺陸寸捌分，桐柱高柒尺，上簷平板枋玖寸，斗口重昂斗科高肆尺壹寸肆分，得通高伍丈柒尺伍寸玖分。每徑壹尺，外加上下榫各長叁寸。以外金柱徑定徑。如外金柱徑貳尺貳寸壹分，加貳寸，得徑貳尺肆寸壹分。再以外金柱加長尺寸，每長壹丈，加徑壹寸，共徑貳尺伍寸柒分。

凡下簷大額枋以面濶定長。如面濶貳丈肆尺，內除簷柱徑壹分壹尺陸寸，得淨長貳丈貳尺肆寸。外加兩頭入榫分位，各按柱徑肆分之壹。如簷柱徑壹尺陸寸，得榫長各肆寸。其廊子大額枋，壹頭加簷柱徑壹分，得霸王拳分位，壹頭除柱徑半分，外加入榫分位，亦按柱徑肆分之壹。以斗口肆分半定高。如斗口肆寸，得大額枋高壹尺捌寸。以本身之高每尺收叁寸定厚，得厚壹尺貳寸陸分。兩山大額枋做法同。

凡平板枋以面濶定長。如面濶貳丈肆尺，即長貳丈肆尺。每寬壹尺，外加扣榫長叁寸。如平板枋寬壹尺貳寸，得扣榫長叁寸陸分。其廊子平板枋，壹頭加簷柱徑壹分，得交角出頭分位。如簷柱徑壹尺陸寸，得出頭長壹尺陸寸。以斗口叁分定寬，貳分定高。如斗口肆寸，得平板枋寬壹尺貳寸，高捌寸。兩山平板枋做法同。

凡採步樑以廊子進深並正心桁中至挑簷桁中定長。如廊深捌尺，正心桁中至挑簷桁中長壹尺貳寸，又加壹拽架長壹尺貳寸，得出頭分位。再加升底半分貳寸陸分，得通長壹丈陸寸陸分。以簷柱徑定厚。如簷柱徑壹尺陸寸，即厚壹尺陸寸。以本身之厚每尺加叁寸定高。如本身厚壹尺陸寸，得高貳尺捌分。兩山採步樑做法同。

凡穿插枋以廊子定長。如廊子深捌尺，壹頭加簷柱徑半分。又出榫照簷柱徑加半分，共長玖尺陸寸。以斗口貳分半定高。如斗口肆寸，得高壹尺。以本身之高減貳寸定厚。如本身高壹尺，得厚捌寸。兩山穿插枋做法同。

凡斜採步樑以正採步樑之長，用方伍斜柒之法定長。如正採步樑淨長壹丈肆寸，得長壹丈肆尺伍寸陸分。寬、厚與正採步樑同。

凡隨樑以廊子定長。如廊子深捌尺，用方伍斜柒之法得長壹丈壹尺貳寸，外加貳拽架長貳尺肆寸，再加昂嘴壹寸貳分，共得長壹丈叁尺柒寸貳分。以斗口貳分定高。如斗口肆寸，得高捌寸。以本身之高收貳寸定厚，得厚陸寸。

凡承椽枋以面濶定長。如面濶貳丈肆尺，內除外金柱徑壹分貳尺貳寸壹分，得淨長貳丈壹尺柒寸玖分。外加兩頭入榫分位，各按柱徑肆分之壹。如柱徑貳尺貳寸壹分，得榫長各伍寸伍分。以椽徑肆分定高，叁分定厚，如椽徑肆寸陸分，得高壹尺捌寸肆分，厚壹尺叁寸捌分。兩山承椽枋做法同。

凡仔角樑以出廊并出簷加舉定長。如出廊深捌尺，出簷捌尺，共長壹丈陸尺。用方伍斜柒之法加長，又按壹壹伍加舉，得長貳丈伍尺柒寸陸分，再加翼角斜出椽徑叁分。如椽徑肆寸陸分，得并長貳丈柒尺壹寸肆分，再加套獸榫照角樑本身之厚壹分。如角樑厚玖寸貳分，即套獸榫長玖寸貳分，得仔角樑通長貳丈捌尺陸分。以椽徑叁分定高，貳分定厚，如椽徑肆寸陸分，得仔角樑高壹尺叁寸捌分，厚玖寸貳分。

凡老角樑以仔角樑之長除飛簷頭并套獸榫定長。如仔角樑長貳丈捌尺陸分，內除飛簷頭長肆尺貳寸捌分，并套獸榫長玖寸貳分，得淨長貳丈貳尺捌寸陸分。高、厚與仔角樑同。

凡正心桁以面濶定長。如面濶貳丈肆尺，即長貳丈肆尺。其廊子正心桁壹頭加交角出頭分位，按本身之徑壹分。如本身徑壹尺肆寸，得出頭長壹尺肆寸。以斗口叁分半定徑。如斗口肆寸，得正心桁徑壹尺肆寸。每徑壹尺，外加搭交榫長叁寸。如徑壹尺肆寸，得榫長肆寸貳分。兩山正心桁做法同。

凡正心枋以面濶定長。如面濶貳丈肆尺，內除採步樑厚壹尺陸寸，外加兩頭入榫分位，各按本身之高半分。如本身高捌寸，得榫長各肆寸，得通長貳丈叁尺貳寸。其廊子正心枋照面濶壹頭除採步樑之厚半分，外加入榫分位，仍照前法。以斗口貳分定高。如斗口肆寸，得正心枋高捌寸。以斗口壹分外加包掩定厚。如斗口肆寸，加包掩陸分，得正心枋厚肆寸陸分。兩山正心枋做法同。

凡挑簷桁以面濶定長。如面濶貳丈肆尺，即長貳丈肆尺。每徑壹尺，外加扣榫長叁寸。其廊子挑簷桁壹頭加壹拽架長壹尺貳寸，又加交角出頭分位，按本身之徑壹分半。如本身徑壹尺貳寸，得交角出頭壹尺捌寸。以正心桁之徑收貳寸定徑寸。如正心桁徑壹尺肆寸，得挑簷桁徑壹尺貳寸。兩山挑簷桁做法同。

凡挑簷枋以面濶定長。如面濶貳丈肆尺，內除採步樑厚壹尺陸寸，外加兩頭入榫分位，各按本身之厚壹分。如本身厚肆寸，得榫長各肆寸，得通長貳丈叁尺貳寸。其廊子挑簷枋照面濶壹頭加壹拽架長壹尺貳寸，又加交角出頭分位，按挑簷桁之徑壹分半。如挑簷桁徑壹尺貳寸，得出頭長壹尺捌寸。壹頭除採步樑之厚半分，外加入榫分位，仍照前法。以斗口貳分定高，壹分定厚。如斗口肆寸，得高捌寸厚肆寸。兩山挑簷枋做法同。

凡簷椽以出廊并出簷加舉定長。如出廊深捌尺，出簷捌尺，共長壹丈陸尺。內除飛簷椽頭長貳尺陸寸陸分，淨長壹丈叁尺叁寸肆分，按壹壹伍加舉，得通長壹丈伍尺叁寸肆分。以桁條之徑叁分之壹定徑。如桁條徑壹尺肆寸，得徑肆寸陸分。兩山簷椽做法同。每椽空檔，隨椽徑壹分，每間椽數，俱應成雙。檔之寬窄，隨數均勻。

凡飛簷椽以出簷定長。如出簷捌尺，叁分分之，出頭壹分得長貳尺陸寸陸分，後尾貳分半，得長陸尺陸寸伍分。又按壹壹伍加舉，得飛簷椽通長壹丈柒寸。見方與簷椽徑寸同。

凡翼角翹椽長、徑俱與平身簷椽同。其起翹處，以挑簷桁中至出簷尺寸，用方伍斜柒之法，再加廊深并正心桁中至挑簷桁中之拽架各尺寸定翹數。如挑簷桁中出簷陸尺捌寸，方伍斜柒加之，得長玖尺伍寸貳分，再加廊深捌尺，壹拽架長壹尺貳寸，共長壹丈捌尺柒寸貳分。內除角樑之厚半分，得淨長壹丈捌尺貳寸陸分，即係翼角椽檔分位。翼角翹椽以成單爲率，如逢雙數，應改成單。

凡翹飛椽以平身飛簷椽之長，用方伍斜柒之法定長。如飛簷椽長壹丈柒寸，用方伍斜柒加之，第壹翹得長壹丈肆尺玖寸捌分，其餘以所定翹數每根遞減長伍分伍釐。其高比飛簷椽加高半分，如飛簷椽高肆寸陸分，得翹飛椽高陸寸玖分。厚仍肆寸陸分。

凡順望板以椽檔定寬。如椽徑肆寸陸分，檔寬肆寸陸分，共寬玖寸貳分，即順望板每塊寬玖寸貳分。長隨各椽淨長尺寸。以椽徑叁分之壹定厚。如椽徑肆寸陸分，得順望板厚壹寸伍分。

凡翹飛翼角橫望板以起翹處并出簷加舉折見方丈。飛簷壓尾橫望板，俱以面濶并飛簷尾之長折見方丈核算。以椽徑拾分之貳定厚。如椽徑肆寸陸分，得橫望板厚玖分。

凡裏口以面濶定長。如面濶貳丈肆尺，即長貳丈肆尺。以椽徑壹分，再加望板之厚壹分半定高。如椽徑肆寸陸分，望板之厚壹分壹寸叁分，得裏口高伍寸玖分，厚與椽徑同。

凡閘檔板以翹檔分位定寬。如翹椽檔寬肆寸陸分，即閘檔板寬肆寸陸分。外加入槽每寸壹分。高隨椽徑尺寸，以椽徑拾分之貳定厚。如椽徑肆寸陸分，得閘檔板厚玖分。其小連簷自起翹處至老角樑得長。寬隨椽徑壹分，厚照望板之厚壹分半，得厚壹寸叁分。

凡連簷以面濶定長。如面濶貳丈肆尺，即長貳丈肆尺。其廊子連簷以出廊捌尺，出簷捌尺，共長壹丈陸尺，內除角樑之厚半分，淨長壹丈伍尺伍寸肆分。兩山同。以起翹處每尺加翹壹寸，共長壹丈柒尺玖分。高、厚與簷椽徑寸同。

凡瓦口之長與連簷同，以椽徑半分定高。如椽徑肆寸陸分，得瓦口高貳寸叁分。以本身之高折半定厚。如本身高貳寸叁分，得厚壹寸壹分。

凡椽椀椽中板以面濶定長。如面濶貳丈肆尺，即長貳丈肆尺。以椽徑壹分再加椽徑叁分之壹定高。如椽徑肆寸陸分，得椽椀并椽中板高陸寸壹分。以椽徑叁分之壹定厚，得厚壹寸伍分。兩山椽椀并椽中板做法同。

凡枕頭木以出廊定長。如出廊深捌尺，即長捌尺。外加壹拽架長壹尺貳寸，內除角樑之厚半分，得枕頭木長捌尺柒寸肆分。以挑簷桁之徑拾分之叁定寬。如挑簷桁徑壹尺貳寸，得枕頭木寬叁寸陸分。正心桁上枕頭木以出廊定長。如出廊深捌尺，內除角樑之厚半分，得正心桁上枕頭木淨長柒尺伍寸肆分。以正心桁之徑拾分之叁定寬。如正心桁徑壹尺肆寸，得枕頭木寬肆寸貳分。以椽徑貳分半定高。如椽徑肆寸陸分，得枕頭木壹頭高壹尺壹寸伍分，壹頭斜尖與桁條平。兩山枕頭木做法同。

平臺品字科斗口肆寸大木做法

凡平臺海墁下桐柱，以出廊半分并正心桁中至挑簷桁中壹拽架尺寸加舉定高。如出廊捌尺，得深肆尺，正心桁中至挑簷桁中壹拽架深壹尺貳寸，共深伍尺貳寸。按伍舉加之，得高貳尺陸寸。再加椽徑壹分肆寸陸分，順望板壹分壹寸伍分，上頭大額枋壹尺捌寸，博脊分位高壹尺玖寸玖分，共得通高柒尺。每柱徑壹尺，外加上下榫各長叁寸，以簷柱徑收叁寸定徑。如簷柱徑壹尺陸寸，得徑壹尺叁寸。

凡大額枋以面濶定長。如面濶貳丈肆尺，内除桐柱徑壹分壹尺叁寸，得淨長貳丈貳尺柒寸。外加兩頭入榫分位，各按柱徑肆分之壹。如柱徑壹尺叁寸，得榫長各叁寸貳分。其廊子大額枋照出廊尺寸，壹頭加桐柱徑壹分，得霸王拳分位。壹頭除桐柱徑半分，外加入榫分位，按柱徑肆分之壹。以斗口肆分半定高。如斗口肆寸，得大額枋高壹尺捌寸。以本身之高每尺收叁寸定厚，得厚壹尺貳寸陸分。兩山大額枋做法同。凡平板枋以面濶定長。如面濶貳丈肆尺，即長貳丈肆尺。每寬壹尺，外加扣榫長叁寸。其廊子平板枋壹頭加柱徑壹分得交角出頭分位。如桐柱徑壹尺叁寸，得出頭長壹尺叁寸。以斗口叁分定寬，貳分定高。如斗口肆寸，得平板枋寬壹尺貳寸，高捌寸。兩山平板枋做法同。

凡採步樑以廊子半分並正心桁中至挑簷桁中定長。如廊子半分深肆尺，外加貳拽架長貳尺肆寸，再加升底半分貳寸陸分，共得長陸尺陸寸陸分。以桐柱徑定厚。如柱徑壹尺叁寸，即厚壹尺叁寸。以本身之厚每尺加叁寸定高。如本身厚壹尺叁寸，得高壹尺陸寸玖分。兩山採步樑做法同。

凡斜採步樑以正採步樑之長用方伍斜柒之法定長。如正採步樑長陸尺陸寸陸分，得長玖尺叁寸貳分，寬、厚與正採步樑同。

凡隨樑以廊子半分得長。如廊子半分深肆尺，即得肆尺，外加貳拽架長貳尺肆寸，再加升底半分貳寸陸分，共得長陸尺陸寸陸分。肆角隨樑，以正隨樑之長用方伍斜柒之法，得長玖尺叁寸貳分。以斗口貳分定高、厚。如斗口肆寸，得高捌寸，厚捌寸。兩山隨樑做法同。

凡採樑枋以廊子半分定長。如廊子半分深肆尺，外加貳拽架長貳尺肆寸，再加升底半分貳寸陸分，共得長陸尺陸寸陸分。以斗口貳分定高，壹分定厚。如斗口肆寸，得高捌寸，厚肆寸。兩山採樑枋做法同。

凡正心枋以面濶定長。如面濶貳丈肆尺，内除採步樑之厚壹尺叁寸，外加兩頭入榫分位，各按本身之高半分。如本身高捌寸，得榫長各肆寸，得通長貳丈叁尺伍寸。其廊子正心枋照出廊尺寸，壹頭除採步樑之厚半分，外加入榫分位，按本身之高半分，得榫長肆寸。以斗口貳分定高。如斗口肆寸，得高捌寸。以斗口壹分，外加包掩定厚。如斗口肆寸，加包掩陸分，得正心枋厚肆寸陸分。兩山正心枋做法同。

凡機枋以面濶定長。如面濶貳丈肆尺，内除採步樑之厚壹尺叁寸，外加兩頭入榫分位，各按本身之厚壹分。如本身厚肆寸，得榫長各肆寸，通長貳丈叁尺伍寸。其廊子機枋，照出廊尺寸，壹頭除採步樑厚半分，外加入榫分位，仍照前法。壹頭加壹拽架長壹尺貳寸。以斗口貳分定高，壹分定厚。如斗口肆寸，得高捌寸，厚肆寸。兩山機枋做法同。

凡掛落枋以面濶定長。如面濶貳丈肆尺，即長貳丈肆尺，其廊子掛落枋照出廊尺寸，壹頭帶貳拽架長貳尺肆寸，再加本身之厚壹分，得通長陸尺捌寸。以斗口壹分定見方。如斗口肆寸，得見方肆寸，兩山掛落枋做法同。

凡沿邊木以面濶定長。如面濶貳丈肆尺，即長貳丈肆尺。其廊子沿邊木照出廊尺寸，壹頭加貳拽架貳尺肆寸，再加掛落枋之厚壹分肆寸，得長陸尺捌寸。以樓板之厚伍分定寬。如樓板厚貳寸，得寬壹尺。以本身之寬減貳寸定厚。如本身寬壹尺，得厚捌寸。兩山沿邊木做法同。

凡滴珠板以面濶定寬。如面濶貳丈肆尺，即寬貳丈肆尺。其廊子滴珠板，照出廊尺寸，壹頭加貳拽架長貳尺肆寸，再加掛落枋之厚壹分肆寸，又加本身之厚壹分，得寬柒尺陸分。以斗科之高定高。如品字科高貳尺肆寸，又加斗底肆寸捌分，共高貳尺捌寸捌分，即高貳尺捌寸捌分。以沿邊木之厚叁分之壹定厚。如沿邊木厚捌寸，得厚貳寸陸分。兩山滴珠板做法同。

凡間枋以面濶定長。如面濶貳丈肆尺，内除外金柱徑貳尺貳寸壹分，得長貳丈壹尺柒寸玖分。外加兩頭入榫分位，按柱徑肆分之壹。如柱徑貳尺貳寸壹分，得榫長各伍寸伍分。以金柱徑收貳寸定高。如柱徑貳尺貳寸壹分，得高貳尺壹分。以本身之高每尺收叁寸定厚。如本身高貳尺壹分，得厚壹尺肆寸壹分。

凡承重以進深定長。如山明間壹丈陸尺，即長壹丈陸尺，山稍間捌尺，即長捌尺。高、厚與間枋同。

凡楞木以面濶定長。如面濶貳丈肆尺，即長貳丈肆尺。以承重之高折半定高。如承重高貳尺壹分，得楞木高壹尺。以本身之高收貳寸定厚。如本身高壹尺，得厚捌寸。

凡樓板以進深面濶定長短塊數。內除樓梯分位，按門口尺寸，臨期擬定。以楞木之厚肆分之壹定厚。如楞木厚捌寸，得厚貳寸，如墁磚，以楞木之厚減半得厚。

中覆簷斗口重昂斗科斗口肆寸大木做法

凡擎簷柱以簷高除舉架定長。如簷柱露明壹丈伍寸，平板枋捌寸，斗科貳尺捌寸捌分，桁條壹尺肆寸，枕頭木壹尺壹寸伍分，望板玖分，通高壹丈陸尺捌寸貳分。以出簷捌尺，內除正心桁中至挑簷桁中貳拽架貳尺肆寸，得長伍尺陸寸。按伍舉核算，應除長貳尺捌寸，淨得擎簷柱長壹丈肆尺貳分。以角樑之厚拾分之捌定見方。如角樑厚玖寸貳分，得見方柒寸叁分。

凡中覆簷大額枋以面濶定長。如面濶貳丈肆尺，內除外金柱徑貳尺貳寸壹分，得長貳丈壹尺柒寸玖分。外加兩頭入榫分位，各按柱徑肆分之壹。如柱徑貳尺貳寸壹分，得榫長各伍寸伍分。其稍間大額枋壹頭加上簷柱徑壹分，得霸王拳分位。壹頭除柱徑半分，外加入榫分位，按柱徑肆分之壹。以斗口肆分半定高。如斗口肆寸，得大額枋高壹尺捌寸。以本身之高每尺收叁寸定厚，得厚壹尺貳寸陸分。兩山大額枋做法同。

凡平板枋以面濶定長。如面濶貳丈肆尺，即長貳丈肆尺。每寬壹尺，外加扣榫長叁寸。其稍間平板枋壹頭加柱徑壹分得交角出頭分位，如柱徑貳尺貳寸壹分，即出頭長貳尺貳寸壹分。以斗口叁分定寬，貳分定高。如斗口肆寸，得平板枋寬壹尺貳寸，高捌寸。兩山平板枋做法同。

凡採步樑以廊子進深並正心桁中至挑簷桁中定長。如廊深捌尺，正心桁中至挑簷桁中貳拽架長貳尺肆寸，又加壹拽架長壹尺貳寸，得出頭分位。再加升底半分貳寸陸分，得通長壹丈壹尺捌寸陸分。以簷柱徑拾分之捌定厚。如柱徑貳尺貳寸壹分，得厚壹尺柒寸陸分。以本身之厚每尺加肆寸定高。如本身厚壹尺柒寸陸分，得高貳尺肆寸陸分。

凡順樑以稍間面濶定長。如稍間面濶壹丈肆尺肆寸，外加正心桁中至挑簷桁中貳拽架長貳尺肆寸，又加壹拽架長壹尺貳寸，得出頭分位再加升底半分貳寸陸分，得通長壹丈捌尺貳寸陸分。高、厚與採步樑同。

凡仔角樑以出廊并出簷加舉定長。如出廊深捌尺，出簷捌尺，共長壹丈陸尺。用方伍斜柒之法加長，又按壹壹伍加舉，得長貳丈伍尺柒寸陸分。再加翼角斜出椽徑叁分，如椽徑肆寸陸分，共長貳丈柒尺壹寸肆分。再加套獸榫照角樑本身之厚壹分，如角樑厚玖寸貳分，即套獸榫長玖寸貳分，得仔角樑通長貳丈捌尺陸分。以椽徑叁分定高，貳分定厚。如椽徑肆寸陸分，得仔角樑高壹尺叁寸捌分，厚玖寸貳分。

凡老角樑以仔角樑之長除飛簷頭并套獸榫定長。如仔角樑長貳丈捌尺陸分，內除飛簷頭長肆尺貳寸捌分，并套獸榫長玖寸貳分，得淨長貳丈貳尺捌寸陸分。高、厚與仔角樑同。

凡正心桁以面濶定長。如面濶貳丈肆尺，即長貳丈肆尺。其稍間正心桁壹頭加交角出頭分位，按本身之徑壹分。如本身徑壹尺肆寸，得出頭長壹尺肆寸。以斗口叁分半定徑。如斗口肆寸，得正心桁徑壹尺肆寸。外每桁條徑壹尺加搭交榫長叁寸。如徑壹尺肆寸，得榫長肆寸貳分。兩山正心桁做法同。

凡正心枋計叁層，以面濶定長。如面濶貳丈肆尺，內除採步樑之厚壹尺柒寸陸分，得長貳丈貳尺貳寸肆分。外加兩頭入榫分位，各按本身之高半分。如本身高捌寸，得榫長各肆寸。其稍間正心枋壹頭除採步樑之厚半分，外加入榫分位，按本身之高半分，得榫長肆寸。第壹層壹頭帶螞蚱頭長叁尺陸寸，第貳層壹頭帶撐頭木長貳尺肆寸，第叁層照面濶之長。除樑頭之厚加入榫分位，按本身之高各半分。以斗口貳分定高。如斗口肆寸，得正心枋高捌寸。以斗口壹分外加包掩定厚。如斗口肆寸，加包掩陸分，得正心枋厚肆寸陸分。兩山正心枋做法同。

凡挑簷桁以面濶定長。如面濶貳丈肆尺，即長貳丈肆尺。每徑壹尺，外加扣榫長叁寸。其稍間挑簷桁，壹頭加貳拽架長貳尺肆寸，又加交角出頭分位，按本身之徑壹分半。如本身徑壹尺貳寸，得交角出頭壹尺捌寸。以正心桁之徑收貳寸定徑寸。如正心桁徑壹尺肆寸，得挑簷桁徑壹尺貳寸。兩山挑簷桁做法同。

凡挑簷枋以面濶定長。如面濶貳丈肆尺，內除採步樑之厚壹尺柒寸陸分，得長貳丈貳尺貳寸肆分。外加兩頭入榫分位，按本身之高各半分。如本身高捌寸，得榫長各肆寸。其稍間挑簷枋，壹頭加貳拽架長貳尺肆寸，又加交角出頭分位，按挑簷桁之徑壹分半。如挑簷桁徑壹尺貳寸，得出頭長壹尺捌寸。壹頭除採步樑頭之厚半分，外加入榫分位，仍照前法。以斗口貳分定高，壹分定厚。如斗口肆寸，得高捌寸，厚肆寸。兩山挑簷枋做法同。

凡拽枋以面濶定長。如面濶貳丈肆尺，內除採步樑之厚壹尺柒寸陸分，得長貳丈貳尺貳寸肆分，外加兩頭入榫分位，按本身之高各半分。如本身高捌寸，得榫長各肆寸。其稍間拽枋，壹頭除採步樑之厚半分，外加入榫分位，仍照前法。壹頭加貳拽架長貳尺肆寸。高、厚與挑簷枋同。兩山拽枋做法同。

凡簷椽以出廊并出簷加舉定長。如出廊深捌尺，出簷捌尺，共長壹丈陸尺。內除飛簷椽頭貳尺陸寸陸分，淨長壹丈叁尺叁寸肆分。按壹伍加舉，得通長壹丈伍尺叁寸肆分。徑與下簷簷椽同。兩山簷椽做法同。每椽空檔隨椽徑壹分，每間椽數，俱應成雙，檔之寬窄，隨數均勻。

凡飛簷椽以出簷定長。如出簷捌尺，叁分分之。出頭壹分得長貳尺陸寸陸分，後尾貳分半，得長陸尺陸寸伍分，又按壹壹伍加舉，得飛簷椽通長壹丈柒寸。見方與簷椽徑寸同。

凡翼角翹椽長徑與平身簷椽同。其起翹處，以挑簷桁中至出簷尺寸用方伍斜柒之法，再加廊深并正心桁中至挑簷桁中之拽架各尺寸定翹數。如挑簷桁中至出簷長伍尺陸寸，方伍斜柒加之，得柒尺捌寸肆分。再加廊深捌尺，又加貳拽架長貳尺肆寸，共長壹丈捌尺貳寸肆分。內除角樑之厚半分，得淨長壹丈柒尺柒寸捌分，即係翼角椽檔分位。翼角翹椽以成單爲率，如逢雙數，應改成單。

凡翹飛椽以平身飛簷椽之長用方伍斜柒之法定長。如飛簷椽長壹丈柒寸，用方伍斜柒加之。第壹翹得長壹丈肆尺玖寸捌分，其餘以所定翹數每根遞減長伍分伍釐。其高比飛簷椽加高半分，如飛簷椽高肆寸陸分，得翹飛椽高陸寸玖分，厚仍肆寸陸分。

凡橫望板壓飛簷尾橫望板以面濶進深并出簷加舉折見方丈定長寬。以椽徑拾分之貳定厚，如椽徑肆寸陸分，得橫望板厚玖分。

凡裏口以面濶定長。如面濶貳丈肆尺，即長貳丈肆尺。以椽徑壹分再加望板之厚壹分半定高。如椽徑肆寸陸分，望板厚壹分半壹寸叁分，得裏口高伍寸玖分。厚與椽徑同。兩山裏口做法同。

凡閘檔板以翹檔分位定寬。如翹椽檔寬肆寸陸分，即閘檔板寬肆寸陸分。外加入槽每寸壹分。高隨椽徑尺寸。以椽徑拾分之貳定厚。如椽徑肆寸陸分，得閘檔板厚玖分。其小連簷，自起翹處至老角樑得長。寬隨椽徑壹分，厚照望板之厚壹分半，得厚壹寸叁分。兩山閘檔板，小連簷做法同。

凡連簷以面濶定長。如面濶貳丈肆尺，即長貳丈肆尺。其廊子連簷以出廊捌尺，出簷捌尺，共長壹丈陸尺。除角樑厚半分，淨長壹丈伍尺伍寸肆分，以每尺加翹壹寸，得通長壹丈柒尺玖分。高、厚與簷椽徑寸同。兩山連簷做法同。

凡瓦口長與連簷同。以椽徑半分定高。如椽徑肆寸陸分，得瓦口高貳寸叁分。以本身之高折半定厚，得厚壹寸壹分。

凡椽椀、椽中板以面闊定長。如面濶貳丈肆尺，即長貳丈肆尺。以椽徑壹分，再加椽徑叁分之壹定高。如椽徑肆寸陸分，得椽椀并椽中板高陸寸壹分。以椽徑叁分之壹定厚，得厚壹寸伍分。兩山椽中板并椽椀做法同。

凡枕頭木以出廊定長。如出廊深捌尺，外加貳拽架長貳尺肆寸，內除角樑厚半分，得枕頭木通長玖尺玖寸肆分。以挑簷桁徑拾分之叁定寬。如挑簷桁徑壹尺貳寸，得枕頭木寬叁寸陸分。正心桁上枕頭木以出廊定長。如出廊深捌尺，內除角樑之厚半分，得正心桁上枕頭木淨長柒尺伍寸肆分。以正心桁徑拾分之叁定寬。如正心桁徑壹尺肆寸，得枕頭木寬肆寸貳分。以椽徑貳分半定高。如椽徑肆寸陸分，得枕頭木壹頭高壹尺壹寸伍分。壹頭斜尖與桁條平，兩山枕頭木做法同。

凡天花樑以進深定長。如進深壹丈陸尺，內除裏金柱徑貳尺伍寸柒分，得長壹丈叁尺肆寸叁分。外加兩頭入榫分位，各按柱徑肆分之壹。如柱徑貳尺伍寸柒分，得榫長陸寸肆分。以裏金柱徑拾分之陸定厚，拾分之捌定高。如裏金柱徑貳尺伍寸柒分，得厚壹尺伍寸肆分，高貳尺伍分。

凡天花枋以面濶定長。如面濶貳丈肆尺，內除柱徑貳尺伍寸柒分，得淨長貳丈壹尺肆寸叁分。外加兩頭入榫分位，各按柱徑肆分之壹。如柱徑貳尺伍寸柒分，得榫各長陸寸肆分，高、厚與天花樑同。

凡貼樑長隨面濶、進深，內除枋樑之厚各半分，以天花樑之高伍分之壹定寬。如天花樑高貳尺伍分，得寬肆寸壹分。以本身之寬收壹寸定厚，得厚叁寸壹分。

凡海墁天花每間按面濶、進深除枋樑各半分得長寬。如面濶貳丈肆尺，內除天花樑之厚壹尺伍寸肆分，得長貳丈貳尺肆寸陸分。如進深除廊壹丈陸尺，內除天花枋之厚壹尺伍寸肆分，得長壹丈肆尺肆寸陸分。以貼樑之厚叁分之壹定厚。如貼樑厚叁寸壹分，得厚壹寸。

凡肆角頂柱以桐柱之高定高。如桐柱高柒尺，再加上簷平板枋玖寸，斗科肆尺壹寸肆分，正心桁之徑壹尺伍寸柒分，得共高壹丈叁尺陸寸壹分。以上簷順樑之厚拾分之柒定寬。如順樑厚壹尺捌寸貳分，得寬壹尺貳寸柒分。以本身之寬拾分之柒定厚，如本身寬壹尺貳寸柒分，得厚捌寸捌分。

凡承椽枋以面濶定長。如面濶貳丈肆尺，即長貳丈肆尺。以椽徑肆分定高，叁分定厚，如椽徑肆寸陸分，得高壹尺捌寸肆分，厚壹尺叁寸捌分。

上覆簷斗口重昂斗科斗口肆寸伍分大木做法

凡桐柱以出廊半分并正心桁中至挑簷桁中貳拽架尺寸加舉定高。如出廊深捌尺，得深肆尺。正心桁中至挑簷桁中貳拽架深貳尺柒寸，共深陸尺柒寸。按伍舉加之，得高叁尺叁寸伍分。再加椽徑肆寸陸分，望板玖分，共高叁尺玖寸。上頭大額枋貳尺貳分，共得伍尺玖寸貳分。博脊分位高壹尺捌分，共得高柒尺。徑與平臺桐柱徑寸同。

凡大額枋以面濶定長。如面濶貳丈肆尺，兩頭共除柱徑壹分壹尺叁寸，得長貳丈貳尺柒寸。外加兩頭入榫分位，各按柱徑肆分之壹。如柱徑壹尺叁寸，得榫長各叁寸貳分。其稍間大額枋照面濶收壹步架深肆尺，得長壹丈肆寸。壹頭加桐柱徑壹分，得霸王拳分位。壹頭除柱徑半分，外加入榫分位，仍照前法。以斗口肆分半定高。如斗口肆寸伍分，得大額枋高貳尺貳分。以本身之高每尺收叁寸定厚，得厚壹尺肆寸□分。

凡平板枋以面濶定長。如面濶貳丈肆尺，即長貳丈肆尺。每寬壹尺，外加扣榫長叁寸。其稍間平板枋照面濶收壹步架深肆尺，得長壹丈肆寸。壹頭加柱徑壹分，得交角出頭分位。如桐柱徑壹尺叁寸，得出頭長壹尺叁寸。以斗口叁分定寬，貳分定高。如斗口肆寸伍分，得平板枋寬壹尺叁寸伍分，高玖寸。兩山平板枋做法同。

凡順樑以稍間面濶定長。如面濶壹丈肆尺肆寸，收壹步架深肆尺，得長壹丈肆寸。壹頭加叁拽架長肆尺伍分，又加升底半分貳寸玖分，共得長壹丈肆尺柒寸肆分。以斗口肆分半定高。如斗口肆寸伍分，得高貳尺貳分。以本身之高減貳寸定厚。如本身高貳尺貳分，得厚壹尺捌寸貳分。

凡柒架樑以進深定長。如進深貳丈肆尺，兩頭各加叁拽架肆尺伍分，再加升底半分貳寸玖分，共長叁丈貳尺陸寸捌分。以斗口伍分半定高，肆分定寬。如斗口肆寸伍分，得高貳尺肆寸柒分，得寬壹尺捌寸。

凡採步金以進深定長。如山明間進深壹丈陸尺，兩頭各加桁條之徑壹分半，得假桁條頭分位。如桁條徑壹尺伍寸柒分，各得長貳尺叁寸伍分，得通長貳丈柒寸。以柒架樑之高收叁寸定高。如柒架樑高貳尺肆寸柒分，得高貳尺壹寸柒分。以柒架樑之寬定寬。如柒架樑寬壹尺捌寸，即寬壹尺捌寸。

凡伍架樑以步架肆分定長。如步架肆分，深壹丈陸尺，兩頭各加桁條徑壹分，得柁頭分位。如桁條徑壹尺伍寸柒分，得通長壹丈玖尺壹寸肆分。高、厚與採步金同。

凡叁架樑以步架貳分定長。如步架貳分深捌尺，兩頭各加桁條徑壹分，得柁頭分位。如桁條徑壹尺伍寸柒分，得通長壹丈壹尺壹寸肆分。以伍架樑之高每尺收叁寸定高。如伍架樑高貳尺壹寸柒分，得高壹尺伍寸貳分。以伍架樑之寬收陸寸定寬。如伍架樑寬壹尺捌寸，得寬壹尺貳寸。

凡下金柁橔以步架加舉定高。如步架深肆尺，再加貳拽架貳尺柒寸，共深陸尺柒寸。按伍舉加之，得高叁尺叁寸伍分。內除柒架樑高貳尺肆寸柒分，得淨高捌寸捌分。以伍架樑之寬每尺收滾楞貳寸定寬。如伍架樑寬壹尺捌寸，得寬壹尺肆寸肆分。以柁頭貳分定長。如柁頭長壹尺伍寸柒分，得長叁尺壹寸肆分。

凡上金柁橔以步架加舉定高。如步架深肆尺，按柒舉加之，得高貳尺捌寸。內除伍架樑高貳尺壹寸柒分，得淨高陸寸叁分。以叁架樑之寬每尺收滾楞貳寸定厚。如叁架樑寬壹尺貳寸，得厚玖寸陸分。以本身之厚加貳寸定寬。如本身厚玖寸陸分，得寬壹尺壹寸陸分。以柁頭貳分定長。如柁頭長壹尺伍寸柒分，得長叁尺壹寸肆分。

凡脊瓜柱以步架加舉定高。如步架深肆尺，按玖舉加之，得高叁尺陸寸，又加平水壹尺叁寸伍分，得共高肆尺玖寸伍分。內除叁架樑高壹尺伍寸貳分，淨高叁尺肆寸叁分。外加桁條徑叁分之壹作上桁椀。如桁條徑壹尺伍寸柒分，得桁椀伍寸貳分。又以本身每寬壹尺加下榫長叁寸，如本身寬壹尺壹寸陸分，得下榫長叁寸肆分。以叁架樑之寬每尺收滾楞貳寸定厚。如叁架樑寬壹尺貳寸，得厚玖寸陸分。以本身之厚加貳寸定寬。如本身厚玖寸陸分，得寬壹尺壹寸陸分。

凡正心桁以面濶定長。如面濶貳丈肆尺，即長貳丈肆尺。其稍間桁條，壹頭收壹步架定長。如稍間面濶壹丈肆尺肆寸，收壹步架深肆尺，得長壹丈肆寸，外加壹頭交角出頭分位，按本身徑壹分。如本身徑壹尺伍寸柒分，得長壹丈壹尺玖寸柒分。以斗口叁分半定徑。如斗口肆寸伍分，得徑壹尺伍寸柒分。每徑壹尺外加搭交榫長叁寸，兩山正心桁做法同。

凡正心枋叁層，以面濶定長。如面濶貳丈肆尺，內除柒架樑頭厚壹尺捌寸，外加兩頭入榫分位，各按本身高半分。如本身高玖寸，得榫長各肆寸伍分，得通長貳丈叁尺壹寸。其稍間正心枋照面濶壹頭收壹步架，又除柒架樑頭厚半分，外加入榫分位，按本身高半分。如本身高玖寸，得榫長肆寸伍分，第壹層壹頭外帶螞蚱頭長肆尺伍分，第貳層壹頭外帶撐頭木長貳尺柒寸，第叁層照面濶之長。除樑頭之厚壹分，外加入榫分位，按本身之高各半分。以斗口貳分定高。如斗口肆寸伍分，得高玖寸。以斗口壹分外加包掩定厚。如斗口肆寸伍分，加包掩陸分，得正心枋厚伍寸壹分。兩山正心枋做法同。

凡挑簷桁以面濶定長。如面濶貳丈肆尺，即長貳丈肆尺。每徑壹尺外加扣榫長叁寸，其稍間挑簷桁照面濶壹頭收壹步架肆尺，壹頭加貳拽架長貳尺柒寸，又加交角出頭分位，按本身徑壹分半。如本身徑壹尺壹寸柒分，得交角出頭壹尺柒寸伍分。以正心桁之徑收肆寸定徑寸。如正心桁徑壹尺伍寸柒分，得挑簷桁徑壹尺壹寸柒分。兩山挑簷桁做法同。

凡挑簷枋以面濶定長。如面濶貳丈肆尺，內除柒架樑頭厚壹尺捌寸，得淨長貳丈貳尺貳寸。外加兩頭入榫分位，各按本身高半分。如本身高玖寸，得榫長各肆寸伍分。其稍間挑簷枋照面濶壹頭收壹步架，又除柒架樑頭厚半分，外加入榫分位，仍照前法。壹頭帶貳拽架長貳尺柒寸，又加交角出頭分位，按挑簷桁之徑壹分半。如挑簷桁徑壹尺壹寸柒分，得交角出頭壹尺柒寸伍分。以斗口貳分定高，壹分定厚。如斗口肆寸伍分，得高玖寸，厚肆寸伍分。

凡拽枋以面濶定長。如面濶貳丈肆尺，內除柒架樑頭厚壹尺捌寸，得淨長貳丈貳尺貳寸。外加兩頭入榫分位，各按本身高半分。如本身高玖寸伍分，得榫長各肆寸伍分。其稍間拽枋照面濶壹頭收壹步架，又除柒架樑頭厚半分，外加入榫分位，仍照前法。壹頭加貳拽架長貳尺柒寸，高、厚與挑簷枋同。兩山拽枋做法同。

凡金脊桁以面濶定長。如面濶貳丈肆尺，即長貳丈肆尺。每徑壹尺，外加扣榫長叁寸。其稍間桁條壹頭收正心桁之徑壹分定長。如稍間面濶壹丈肆尺肆寸，壹頭收正心桁徑壹尺伍寸柒分，得淨長壹丈貳尺捌寸叁分。徑寸與正心桁同。

凡金脊枋以面濶定長。如面濶貳丈肆尺，兩頭共除柁檄瓜柱之厚壹分，外加兩頭入榫分位，各按柁檄瓜柱之厚肆分之壹。其稍間壹頭收壹步架定長。如稍間面濶壹丈肆尺肆寸，收壹步架深肆尺，得長壹丈肆寸。除柁檄瓜柱半分，外加入榫仍照前法。以斗口叁分定高貳分定厚。如斗口肆寸伍分，得高壹尺叁寸伍分，厚玖寸。

凡後尾壓科枋以面濶定長。如面濶貳丈肆尺，內除柒架樑厚壹尺捌寸，外加兩頭入榫分位，各按本身厚半分。其稍間并兩山壓科枋，照面濶壹頭除柒架樑厚半分，壹頭收貳拽架長貳尺柒寸，外加斜交分位，按本身厚壹分。如本身厚玖寸，即長玖寸。以斗口貳分半定高，貳分定厚。如斗口肆寸伍分，得高壹尺壹寸貳分，厚玖寸。

凡金脊墊板以面濶定長。如面濶貳丈肆尺，內除柱徑壹分，外加兩頭入榫分位，各按柱徑拾分之貳。以斗口叁分定高，半分定厚。如斗口肆寸伍分，得厚貳寸貳分，高壹尺叁寸伍分。其脊墊板照面濶除脊瓜柱之厚壹分，外加兩頭入榫，各按脊瓜柱之厚肆分之壹。

凡仔角樑以步架并出簷加舉定長。如步架深肆尺，挑簷桁中至正心桁中貳拽架長貳尺柒寸，出簷肆尺，外加出水貳分得捌寸，共長壹丈壹尺伍寸。用方伍斜柒之法加長，又按壹壹伍加舉，得長壹丈捌尺伍寸壹分，再加翼角斜出椽徑叁分。如椽徑肆寸陸分，得并長壹丈玖尺捌寸玖分。再加套獸榫照角樑厚壹分，如角樑厚玖寸貳分，即套獸榫長玖寸貳分，得仔角樑通長貳丈捌寸壹分。以椽徑叁分定高，貳分定厚。如椽徑肆寸陸分，得高壹尺叁寸捌分，厚玖寸貳分。

凡老角樑以仔角樑之長，除飛簷頭并套獸榫定長。如仔角樑長貳丈捌寸壹分，內除飛簷頭長貳尺伍寸柒分，并套獸榫長玖寸貳分，得淨長壹丈柒尺叁寸貳分。外加後尾叁岔頭，照桁條之徑壹分，如桁條徑壹尺伍寸柒分，共得長壹丈捌尺捌寸玖分。高、厚與仔角樑同。

凡枕頭木以步架定長。如步架深肆尺，即長肆尺。外加貳拽架長貳尺柒寸，共長陸尺柒寸。內除角樑厚半分，得枕頭木長陸尺貳寸肆分。以挑簷桁徑拾分之叁定寬。如挑簷桁徑壹尺壹寸柒分，得寬叁寸伍分。正心桁上枕頭木以步架定長。如步架深肆尺，即長肆尺。內除角樑厚半分，得正心桁上枕頭木淨長叁尺伍寸肆分。以正心桁徑拾分之叁定寬。如正心桁徑壹尺伍寸柒分，得寬肆寸柒分。以椽徑貳分半定高。如椽徑肆寸陸分，得枕頭木壹頭高壹尺壹寸伍分，壹頭斜尖與桁條平。兩山枕頭木做法同。

凡椽椀椽中板以面濶定長。如面濶貳丈肆尺，即長貳丈肆尺。以椽徑壹分，再加椽徑叁分之壹定高。如椽徑肆寸陸分，得椽椀并椽中板高陸寸壹分。以椽徑叁分之壹定厚，得厚壹寸伍分。兩山椽椀并椽中板做法同。

凡簷椽以步架并出簷加舉定長。如步架深肆尺，正心桁中至挑簷桁中貳拽架貳尺柒寸，出簷肆尺，又加出水捌寸，共長壹丈壹尺伍寸。內除飛簷頭壹尺陸寸，淨長玖尺玖寸。按壹壹伍加舉，得通長壹丈壹尺叁寸捌分。外加壹頭搭交尺寸，按本身徑壹分。如本身徑肆寸陸分，即長肆寸陸分。徑與下簷簷椽徑寸同。兩山簷椽做法同。每椽空檔，隨椽徑壹分。每間椽數，俱應成雙。檔之寬窄，隨數均勻。

凡飛簷椽以出簷定長。如出簷肆尺捌寸，叁分分之，出頭壹分得長壹尺陸寸，後尾貳分半得長肆尺，又按壹壹伍加舉，得飛簷椽通長陸尺肆寸肆分。見方與簷椽徑寸同。

凡翼角翹椽長、徑俱與平身簷椽同。其起翹處以挑簷桁中至出簷尺寸，用方伍斜柒之法，再加步架并正心桁中至挑簷桁中之拽架各尺寸定翹數。如挑簷桁中出簷肆尺捌寸，方伍斜柒加之，得長陸尺柒寸貳分，再加步架深肆尺，貳拽架長貳尺柒寸，共長壹丈叁尺肆寸貳分。內除角樑厚半分肆寸陸分，得淨長壹丈貳尺玖寸陸分，即係翼角椽檔分位。翼角翹椽以成單爲率，如逢雙數，應改成單。

凡翹飛椽以平身飛簷椽之長，用方伍斜柒之法定長。如飛簷椽長陸尺肆寸肆分，用方伍斜柒加之，第壹翹得長玖尺壹分，其餘以所定翹數每根遞減長伍分伍釐。其高比飛簷椽加高半分。如飛簷椽高肆寸陸分，得翹飛椽高陸寸玖分，厚仍肆寸陸分。

凡花架椽以步架加舉定長。如步架深肆尺，按壹貳伍加舉，得長伍尺，兩頭各加搭交尺寸，按本身徑壹分。徑與簷椽同。

凡腦椽以步架加舉定長。如步架深肆尺，按壹叁伍加舉，得長伍尺肆寸。壹頭加搭交尺寸，按本身徑壹分。徑與簷椽同。

凡兩山出稍啞叭花架、腦椽俱與正花架、腦椽同。啞叭簷椽以挑山檁之長得長，係短椽折半核算。

凡橫望板、壓飛簷尾橫望板，俱以面濶、進深加舉折見方丈定長寬。以椽徑拾分之貳定厚。如椽徑肆寸陸分，得厚玖分。

凡裏口以面濶定長。如面濶貳丈肆尺，即長貳丈肆尺。以椽徑壹分再加望板厚壹分半定高。如椽徑肆寸陸分，望板厚壹分半壹寸叁分，得裏口高伍寸玖分。厚與椽徑同。兩山裏口做法同。

凡閘檔板以椽檔分位定寬。如椽檔寬肆寸陸分，即閘檔板寬肆寸陸分，外加入槽每寸壹分。高隨椽徑尺寸。以椽徑拾分之貳定厚。如椽徑肆寸陸分，得閘檔板厚玖分。其小連簷自起翹處至老角樑得長。寬隨椽徑壹分，厚照望板厚壹分半，得厚壹寸叁分。兩山閘檔板、小連簷做法同。

凡連簷以面濶定長。如面濶貳丈肆尺，即長貳丈肆尺。其稍間連簷照面濶壹頭收壹步架肆尺，淨長壹丈肆寸。外加出簷肆尺，并出水捌寸，又加正心桁中至挑簷桁中貳拽架貳尺柒寸，共長壹丈柒尺玖寸。除角樑厚半分，淨長壹丈柒尺肆寸肆分。其起翹處起至仔角樑每尺加翹壹寸。高、厚與簷椽徑寸同。兩山連簷做法同。

凡瓦口長與連簷同，以椽徑半分定高。如椽徑肆寸陸分，得瓦口高貳寸叁分。以本身之高折半定厚，得厚壹寸壹分。

凡扶脊木長、徑俱與脊桁同。脊樁，照通脊之高，再加扶脊木之徑壹分，桁條之徑肆分之壹得長。寬照椽徑壹分，厚按本身之寬折半。

凡榻腳木以步架肆分，外加桁條徑貳分定長。如步架肆分長壹丈陸尺，外加兩頭桁條之徑各壹分，如桁條徑壹尺伍寸柒分，得榻腳木通長壹丈玖尺壹寸肆分。見方與桁條徑寸同。

凡草架柱子以步架加舉定高。如步架深肆尺，第壹步架按柒舉加之，得高貳尺捌寸。第貳步架按玖舉加之，得高叁尺陸寸。貳步架共高陸尺肆寸，脊桁下柱子即高陸尺肆寸。外加兩頭入榫分位，按本身之寬厚折半。如本身寬厚柒寸捌分，得榫長各叁寸玖分。以榻腳木見方尺寸折半定寬、厚。如榻腳木見方壹尺伍寸柒分，得草架柱子見方柒寸捌分。其穿，以步架貳分定長。如步架貳分共長捌尺，即長捌尺。寬、厚與草架柱子同。

凡出花板以進深定寬。如進深貳丈肆尺，前後各收壹步架深肆尺，得山花板通寬壹丈陸尺。以脊中草架柱子之高，加扶脊木并桁條之徑定高。如草架柱子高陸尺肆寸，扶脊木、脊桁各徑壹尺伍寸柒分，得山花板定高玖尺伍寸肆分。係尖高做法，均折核算。以桁條之徑肆分之壹定厚。如桁條徑壹尺伍寸柒分，得山花板厚叁寸玖分。

凡博縫板隨各椽之長得長。如花架椽長伍尺，花架博縫板即長伍尺，如腦椽長伍尺肆寸，腦博縫板即長伍尺肆寸。每博縫板外加搭岔分位，照本身之寬加長。如本身寬貳尺柒寸陸分，即每塊加長貳尺柒寸陸分。以椽徑陸分定寬。如椽徑肆寸陸分，得博縫板寬貳尺柒寸陸分，厚與山花板之厚同。

又 卷一五《重檐七檁歇山轉角樓壹座計肆層下檐壹斗叁升斗口肆寸大木做法》 凡面濶、進深以斗科攢數而定，每攢以口數拾貳分定寬。如斗口肆寸，以科中分算，得斗科每攢寬肆尺捌寸。如面濶用平身科貳攢，加兩邊柱頭科各半攢，共斗科叁攢，得面濶壹丈肆尺肆寸。稍間如收半攢，即連瓣科，得面濶壹丈貳尺。如進深共用斗科伍攢，得進深貳丈肆尺。

凡下簷柱以樓叁層之高定高。如樓叁層每層捌尺，內上層加平板枋捌寸，壹斗叁升斗科貳尺捌分，共高壹丈捌寸捌分，得簷柱通高貳丈陸尺捌寸捌分。每徑壹尺，外加上、下榫各長叁寸。如柱徑壹尺陸寸，得榫長各肆寸捌分。以斗口肆分定徑。如斗口肆寸，得徑壹尺陸寸。

凡前簷金柱以下簷柱之高定高。如下簷柱通高貳丈陸尺捌寸捌分，再加承重壹尺陸寸。上簷露明柱高捌尺，大額枋壹尺捌寸，得通長叁丈捌尺貳寸捌分。每徑壹尺，外加上下榫各長叁寸。以簷柱徑定徑寸。如簷柱徑壹尺陸寸，加貳寸，得徑壹尺捌寸，再以每長壹丈加徑壹寸，共徑貳尺壹寸捌分。

凡山柱長與金柱同。以簷柱徑加貳寸定徑寸。如簷柱徑壹尺陸寸，得徑壹尺捌寸。每徑壹尺，外加上下榫各長叁寸。

凡轉角房山柱以兩山山柱之長定長。如山柱長叁丈捌尺貳寸捌分，再加平板枋捌寸，斗科貳尺捌寸捌分，得長肆丈壹尺玖寸陸分。每徑壹尺，外加上下榫各長叁寸。以金柱徑加貳寸定徑。如金柱徑貳尺壹寸捌分，得徑貳尺叁寸捌分。

凡下中貳層承重以進深定長。如進深貳丈肆尺，即長貳丈肆尺。兩山分間承重，得長壹丈貳尺。以簷柱徑定高。如簷柱徑壹尺陸寸，即高壹尺陸寸。以本身之高收貳寸定厚。如本身高壹尺陸寸，得厚壹尺肆寸。

凡轉角斜承重以進深定長。如轉角房見方貳丈肆尺，分間得長壹丈貳尺，用方伍斜柒之法，得斜承重長壹丈陸尺捌寸。高、厚與正承重同。

凡下層間枋以面濶定長。如面濶壹丈肆尺肆寸，前簷除前金柱徑貳尺壹寸捌分，後簷除簷柱徑壹尺陸寸，外加兩頭入榫分位，各按柱徑肆分之壹。如轉角分間得長壹丈貳尺，以簷柱徑收叁寸定高。如簷柱徑壹尺陸寸，得高壹尺叁寸。以本身之高每尺收叁寸定厚。如本身高壹尺叁寸，得厚玖寸壹分。

凡中上層間枋長與下層間枋同。以簷柱徑折半定見方，如簷柱徑壹尺陸寸，得見方捌寸。

凡上中下叁層楞木以面濶定長。如面濶壹丈肆尺肆寸，即長壹丈肆尺肆寸。以承重之高折半定高。如承重高壹尺陸寸，得高捌寸。以本身之高收貳寸定厚。如本身高捌寸，得厚陸寸。

凡上層挑簷承重樑以進深定長。如進深貳丈肆尺，即長貳丈肆尺。壹頭外加壹步架長肆尺，又加壹拽架長壹尺貳寸，再加出頭分位照挑簷桁之徑壹分。如挑簷桁徑壹尺貳寸，即出壹尺貳寸，共長叁丈肆寸。兩山分間承重，每根得壹丈貳尺。壹頭外加壹步架長肆尺，又加壹拽架長壹尺貳寸，再加出頭分位，照挑簷桁之徑壹分，共長壹丈捌尺肆寸。高、厚與下層承重同。

凡斜挑簷承重以正挑簷承重之長定長。如正挑簷承重長壹丈捌尺肆寸，用方伍斜柒加之，得長貳丈伍尺柒寸陸分。高、厚與正承重同。

凡間枋楞木長、寬、厚俱與下層間枋楞木同。

凡樓板叁層，俱以面濶進深定長短塊數。內除樓梯分位，按門口尺寸，臨期酌定。以楞木厚肆分之壹定厚。如楞木厚陸寸，得厚壹寸伍分。如墁磚，以楞木之厚折半得厚。

凡兩山挑簷採步樑以步架定長。如步架深肆尺，又加壹拽架長壹尺貳寸，再加出頭分位，照挑簷桁之徑壹分。如挑簷桁徑壹尺貳寸，即出壹尺貳寸，共長陸尺肆寸。以山柱徑定高。如山柱徑壹尺捌寸，即高壹尺捌寸。以本身之高每尺收叁寸定厚。如本身高壹尺捌寸，得厚壹尺貳寸陸分。

凡肆角斜挑簷採步樑以正挑簷採步樑之長定長。如正挑簷採步樑長陸尺肆寸，用方伍斜柒之法，得長捌尺玖寸陸分。高、厚與正挑簷採步樑同。

凡正心桁以面濶定長。如面濶壹丈肆尺肆寸，即長壹丈肆尺肆寸。其稍間及轉角正心桁照面濶，後簷壹頭加壹步架，又加交角出頭分位，按本身之徑壹分，共長壹丈柒尺肆寸。前簷照稍間面濶加兩頭交角出頭分位，俱按本身之徑壹分。如本身徑壹尺肆寸，即出頭長壹尺肆寸。兩山正心桁前後各加壹步架，又加交角出頭分位，按本身之徑壹分。以斗口叁分半定徑寸。如斗口肆寸，得徑壹尺肆寸。每徑壹尺，外加搭交榫長叁寸。如徑壹尺肆寸，得榫長肆寸貳分。

凡正心枋以面濶定長。如面濶壹丈肆尺肆寸，內除挑簷採步樑厚壹尺貳寸陸分，得淨長壹丈叁尺壹寸肆分。外加兩頭入榫分位，各按本身高半分。如本身高捌寸，得榫長各肆寸，通長壹丈叁尺玖寸肆分。其稍間及轉角，照面濶。兩山按進深各折半尺寸，壹頭加壹步架，壹頭除挑簷採步樑厚半分，外加入榫分位，仍照前法。以斗口貳分定高。如斗口肆寸，得正心枋高捌寸。以斗口壹分，外加包掩定厚。如斗口肆寸，加包掩陸分，得正心枋厚肆寸陸分。

凡挑簷桁以面濶定長。如面濶壹丈肆尺肆寸，即長壹丈肆尺肆寸。每徑壹尺，外加扣榫長叁寸。其稍間及轉角後簷挑簷桁，壹頭加壹步架，又加壹拽架，再加交角出頭分位，按本身之徑壹分半。如稍間及轉角分間做法，得長壹丈貳尺，壹步架深肆尺，壹拽架長壹尺貳寸，交角出頭壹尺捌寸，共長壹丈玖尺。前簷照稍間面濶，壹頭加交角分位，按壹拽架尺寸。壹頭加壹拽架，又加交角出頭分位，按本身之徑壹分半。兩山挑簷桁，前後各加壹步架并壹拽架及交角出頭分位，按本身之徑壹分半。以正心桁之徑收貳寸定徑。如正心桁徑壹尺肆寸，得挑簷桁徑壹尺貳寸。

凡挑簷枋以面濶定長。如面濶壹丈肆尺肆寸，內除挑簷採步樑厚壹尺貳寸陸分，得淨長壹丈叁尺壹寸肆分。外加兩頭入榫分位，各按本身高半分。如本身高捌寸，得榫長各肆寸，得通長壹丈叁尺玖寸肆分。其稍間及轉角後簷，壹頭加壹步架，又加壹拽架，再加交角出頭分位按挑簷桁之徑壹分半，如挑簷桁徑壹尺貳寸，得出頭長壹尺捌寸，壹頭除採步樑厚半分，外加入榫分位，仍照前法。轉角前簷照面濶尺寸。兩山挑簷枋與稍間後簷尺寸同。以斗口貳分定高，壹分定厚。如斗口肆寸，得高捌寸，厚肆寸。

凡坐斗枋以面濶定長。如面濶壹丈肆尺肆寸，即長壹丈肆尺肆寸。每寬壹尺，外加扣榫長叁寸。如坐斗枋寬壹尺貳寸，得扣榫長叁寸陸分。其稍間及轉角後簷并稍間前簷坐斗枋，壹頭俱加壹步架。兩山兩頭各加壹步架長肆尺，再加本身寬壹分得斜交分位，如本身寬壹尺貳寸，即加長壹尺貳寸，得通長叁丈肆尺肆寸。以斗口叁分定寬，貳分定高。如斗口肆寸，得寬壹尺貳寸，高捌寸。

凡採斗板以面濶定長。如面濶壹丈肆尺肆寸，即長壹丈肆尺肆寸。其稍間及轉角後簷并稍間前簷採斗板，壹頭俱加壹步架，兩山兩頭各加壹步架，再加本身厚壹分得搭交尺寸。以斗口貳分，再加斗底伍分之叁定高。如斗口肆寸，得高捌寸。斗底肆寸捌分，共高壹尺貳寸捌分。以斗口壹分定厚。如斗口肆寸，即厚肆寸。

凡仔角樑以步架并出簷加舉定長。如步架深肆尺，拽架長壹尺貳寸，出簷肆尺，共長玖尺貳寸，用方伍斜柒之法加長，又按壹伍加舉，得長壹丈肆尺捌寸壹分。再加翼角斜出椽徑叁分，如椽徑肆寸陸分，得并長壹丈陸尺壹寸玖分。再加套獸榫，照角樑本身之厚壹分，如角樑厚玖寸貳分，即套獸榫長玖寸貳分，得仔角樑通長壹丈柒尺壹寸壹分。以椽徑叁分定高，貳分定厚。如椽徑肆寸陸分，得仔角樑高壹尺叁寸捌分，厚玖寸貳分。轉角角樑同。

凡老角樑以仔角樑之長，除飛簷頭并套獸榫定長。如仔角樑長壹丈柒尺壹寸壹分，內除飛簷頭長貳尺壹寸肆分，并套獸榫長玖寸貳分，得淨長壹丈肆尺伍分。高、厚與仔角樑同。轉角角樑同。

凡枕頭木以步架定長。如步架深肆尺，即長肆尺。外加壹拽架長壹尺貳寸，內除角樑厚半分肆寸陸分，得枕頭木長肆尺柒寸肆分。以挑簷桁徑拾分之叁定寬。如挑簷桁徑壹尺貳寸，得枕頭木寬叁寸陸分。正心桁上枕頭木以步架定長。如步架深肆尺，內除角樑厚半分，得正心桁上枕頭木長叁尺伍寸肆分。以正心桁徑拾分之叁定寬。如正心桁壹尺肆寸，得枕頭木寬肆寸貳分。以椽徑貳分半定高。如椽徑肆寸陸分，得枕頭木壹頭高壹尺壹寸伍分。壹頭斜尖與桁條平。兩山枕頭木做法同。

凡承椽枋以面濶定長。如面濶壹丈肆尺肆寸，前簷除金柱徑壹分，後簷除簷柱徑壹分，兩山壹頭除山柱徑半分，壹頭除簷柱徑半分，外加兩頭入榫分位，各按柱徑肆分之壹。以簷柱徑收貳寸定高。如簷柱徑壹尺陸寸，得高壹尺肆寸。以本身之高每尺收叁寸定厚。如本身高壹尺肆寸，得厚玖寸捌分。

凡簷椽以步架并出簷加舉定長。如步架深肆尺，壹拽架長壹尺貳寸，出簷肆尺，共長玖尺貳寸。內除飛簷椽頭壹尺叁寸叁分，淨長柒尺捌寸柒分。按壹壹伍加舉，得通長玖尺伍分。以桁條徑叁分之壹定徑寸。如桁條徑壹尺肆寸，得徑肆寸陸分。兩山簷椽做法同。每椽空檔，隨椽徑壹分。每間椽數，俱應成雙。檔之寬窄，隨數均匀。

凡飛簷椽以出簷定長。如出簷肆尺，叁分分之，出頭壹分，得長壹尺叁寸叁分，後尾貳分半，得長叁尺叁寸貳分。又按壹伍加举，得飛簷椽通長伍尺叁寸肆分。見方與簷椽徑寸同。

凡翼角翹椽長、徑俱與平身簷椽同。其起翹處以挑簷桁中至出簷尺寸，用方伍斜柒之法，再加壹步架并正心桁中至挑簷桁中之拽架各尺寸定翹數。如挑簷桁中出簷肆尺，方伍斜柒加之，得長伍尺陸寸，再加壹步架深肆尺，壹拽架長壹尺貳寸，共長壹丈捌寸。內除角樑厚半分，得淨長壹丈叁寸肆分，即係翼角椽檔分位。翼角翹椽以成單爲率，如逢雙數，應改成單。

凡翹飛椽以平身飛簷椽之長，用方伍斜柒之法定長。如飛簷椽長伍尺叁寸肆分，用方伍斜柒加之，第壹翹得長柒尺肆寸柒分，其餘以所定翹數每根遞減長伍分伍釐。其高比飛簷椽加高半分。如飛簷椽高肆寸陸分，得翹飛椽高陸寸玖分，厚仍肆寸陸分。

凡横望板、壓飛簷尾横望板，以面濶、進深加舉折見方丈定長、寬。以椽徑拾分之貳定厚。如椽徑肆寸陸分，得厚玖分。

凡裏口以面濶定長。如面濶壹丈肆尺肆寸，即長壹丈肆尺肆寸。以椽徑壹分再加望板厚壹分半定高。如椽徑肆寸陸分，望板厚壹分半壹寸叁分，得裏口高伍寸玖分。厚與椽徑同。兩山裏口做法同。

凡閘檔板以翹椽檔分位定寬。如翹椽檔寬肆寸陸分，即閘檔板寬肆寸陸分。外加八槽每寸壹分，高隨椽徑尺寸。以椽徑拾分之貳定厚。如椽徑肆寸陸分，得閘檔板厚玖分。其小連簷自起翹處至老角樑得長。寬隨椽徑壹分，厚照望板之厚壹分半，得厚壹寸叁分。兩山閘檔板、小連簷做法同。

凡連簷以面濶定長。如面濶壹丈肆尺肆寸，即長壹丈肆尺肆寸。其稍間及轉角連簷，壹頭加壹步架并出簷尺寸，又加正心桁中至挑簷桁中壹拽架共長貳丈壹尺貳寸，內除角樑之厚半分，淨長貳丈柒寸肆分。其起翹處起至仔角樑每尺加翹壹寸。高、厚與簷椽徑寸同。兩山連簷做法同。

凡瓦口長與連簷同，以椽徑半分定高。如椽徑肆寸陸分，得瓦口高貳寸叁分。以本身之高折半定厚。如本身高貳寸叁分，得厚壹寸壹分。

凡椽椀椽中板以面濶定長。如面濶壹丈肆尺肆寸，即長壹丈肆尺肆寸。以椽徑壹分再加椽徑叁分之壹定高。如椽徑肆寸陸分，得椽椀并椽中板高陸寸壹分。以椽徑叁分之壹定厚，得厚壹寸伍分。兩山椽椀并椽中板做法同。

凡週圍榻脚木以面濶定長。如面濶壹丈肆尺肆寸，即長壹丈肆尺肆寸。以椽徑壹分半定寬，壹分定厚。如椽徑肆寸陸分，得寬陸寸玖分，厚肆寸陸分。

上簷單翹單昂斗科斗口肆寸大木做法

凡上覆簷桐柱之高，以步架徑寸加舉定高。如步架深肆尺，按伍舉加之得高貳尺，露明簷柱高捌尺，額枋壹尺捌寸，共高壹丈壹尺捌寸。每徑壹尺，外加上下榫各長叁寸。徑與簷柱徑寸同。

凡大額枋以面濶定長。如面濶壹丈肆尺肆寸，內除桐柱徑壹尺陸寸，得淨長壹丈貳尺捌寸。外加兩頭入榫分位，各按柱徑肆分之壹。如柱徑壹尺陸寸，得榫長各肆寸，共長壹丈叁尺陸寸。前簷除金柱徑壹分，外加入榫仍照前法。其稍間及轉角并兩山大額枋，壹頭加桐柱徑壹分得霸王拳分位。如柱徑壹尺陸寸，即出壹尺陸寸。壹頭除柱徑半分，外加入榫分位，仍照前法。以斗口肆分半定高。如斗口肆寸，得高壹尺捌寸。以本身之高每尺收叁寸定厚。如本身高壹尺捌寸，得厚壹尺貳寸陸分。

凡平板枋以面濶定長。如面濶壹丈肆尺肆寸，即長壹丈肆尺肆寸。每寬壹尺，外加扣榫長叁寸。其稍間及轉角，照面濶，壹頭加桐柱徑壹分。兩山按進深兩頭各加桐柱徑壹分，得交角出頭分位。如柱徑壹尺陸寸，得出頭長壹尺陸寸。以斗口叁分定寬，貳分定高。如斗口肆寸，得平板枋寬壹尺貳寸，高捌寸。

凡柒架樑以進深定長。如進深貳丈肆尺，兩頭各加叁拽架叁尺陸寸，再加升底半分貳寸陸分，共得長叁丈壹尺柒寸貳分。以斗口柒分定高，肆分半定厚。如斗口肆寸，得高貳尺捌寸，厚壹尺捌寸。以斗口肆分定樑頭之厚。如斗口肆寸，得樑頭厚壹尺陸寸。

凡隨樑枋以進深定長。如進深貳丈肆尺，內除前後柱徑各半分，外加入榫分位，各按柱徑肆分之壹，得通長貳丈叁尺伍分。以簷柱徑定高。如柱徑壹尺陸寸，即高壹尺陸寸。以本身之高每尺收貳寸定厚。如本身高壹尺陸寸，得厚壹尺貳寸捌分。

凡兩山代樑頭以拽架定長。如單翹單昂裏外各貳拽架長貳尺肆寸，再加螞蚱頭長壹尺貳寸，又加升底半分貳寸陸分，裏外共長柒尺柒寸貳分。高、厚與柒架樑同。

凡兩山由額枋以進深定長。如進深貳丈肆尺，分間得壹丈貳尺，內除柱徑各半分，外加入榫分位，各按柱徑肆分之壹，得通長壹丈壹尺壹寸伍分。以大額枋之高收貳寸定高。如大額枋高壹尺捌寸，得高壹尺陸寸。以大額枋之厚每尺收滚楞貳寸定厚。如大額枋厚壹尺貳寸陸分，得厚壹尺壹分。

凡扒樑以稍間面濶定長。如稍間面濶壹丈貳尺，即長壹丈貳尺。以柒架樑之高折半定高。如柒架樑高貳尺捌寸，得高壹尺肆寸。以本身之高收貳寸定厚。如本身高壹尺肆寸，得厚壹尺貳寸。

凡採步金以步架肆分定長。如步架肆分深壹丈陸尺，兩頭各加桁條徑壹分半，得假桁條頭分位。如桁條徑壹尺肆寸，各加長貳尺壹寸，得通長貳丈貳寸。高，厚與叁架樑同。

凡採步金枋以步架肆分定長。如步架肆分深壹丈陸尺，內除上金柁橔之厚壹分，外加入榫分位，按本身厚肆分之壹，得通長壹丈伍尺伍寸叁分。以柒架隨樑之厚定高。如柒架隨樑厚壹尺貳寸捌分，即高壹尺貳寸捌分。以採步金之厚每尺收滚楞貳寸定厚。如採步金厚壹尺壹寸陸分，得厚玖寸叁分。

凡遞角樑以進深并拽架定長。如進深貳丈肆尺，兩頭各加叁拽架長叁尺陸寸，共長叁丈壹尺貳寸，用方伍斜柒之法，得長肆丈叁尺陸寸捌分。以轉角山柱徑定厚。如山柱徑貳尺叁寸捌分，即厚貳尺叁寸捌分。以本身之厚每尺加貳寸定高。如本身厚貳尺叁寸捌分，得高貳尺捌寸伍分。

凡隨樑以進深定長。如進深貳丈肆尺，分間得壹丈貳尺，用方伍斜柒加之，得長壹丈陸尺捌寸。高，厚與柒架隨樑同。

凡伍架樑以步架肆分定長。如步架肆分深壹丈陸尺，兩頭各加桁條徑壹分得柁頭分位，如桁條徑壹尺肆寸，得通長壹丈捌尺捌寸。以柒架樑之厚定高。如柒架樑厚壹尺捌寸，即高壹尺捌寸。以本身之高每尺收貳寸定厚。如本身高壹尺捌寸，得厚壹尺肆寸肆分。

凡叁架樑以步架貳分定長。如步架貳分深捌尺，兩頭各加桁條徑壹分，得柁頭分位。如桁條徑壹尺肆寸，即各加長壹尺肆寸，得通長壹丈捌寸。以伍架樑之厚定高。如伍架樑厚壹尺肆寸肆分，即高壹尺肆寸肆分。以本身之高每尺收貳寸定厚。如本身高壹尺肆寸肆分，得厚壹尺壹寸陸分。

凡下金柁橔以步架加舉定高。如步架深肆尺，再加貳拽架貳尺肆寸，共深陸尺肆寸。按伍舉加之，得高叁尺貳寸。內除柒架樑之高貳尺捌寸，淨高肆寸。以柁頭貳分定長。如柁頭長壹尺肆寸，得長貳尺捌寸。以伍架樑之厚每尺收滚楞貳寸定寬。如伍架樑厚壹尺肆寸肆分，得寬壹尺壹寸陸分。

凡上金柁橔以步架加舉定高。如步架深肆尺，按柒舉加之，得高貳尺捌寸。內除伍架樑高壹尺捌寸，得淨高壹尺。以叁架樑之厚每尺收滚楞貳寸定厚。如叁架樑厚壹尺壹寸陸分，得厚玖寸叁分。以柁頭貳分定長。如柁頭長壹尺肆寸，得長貳尺捌寸。

凡肆角瓜柱以步架加舉定高。如步架深肆尺，再加貳拽架貳尺肆寸，共陸尺肆寸。按伍舉加之，得高叁尺貳寸。內除扒樑高半分柒寸，採步金壹尺肆寸肆分，淨長壹尺陸分。每寬壹尺，外加下榫長叁寸。以伍架樑之厚每尺收滚楞貳寸定厚。如伍架樑厚壹尺肆寸肆分，得厚壹尺壹寸陸分。以本身之厚加貳寸定寬。如身厚壹尺壹寸陸分，得寬壹尺叁寸陸分。

凡脊瓜柱以步架加舉定高。如步架深肆尺，按玖舉加之，得高叁尺陸寸。內除叁架樑高壹尺肆寸肆分，得淨高貳尺壹寸陸分。外加平水高捌寸，桁條徑叁分之壹作上桁椀，如桁條徑壹尺肆寸，得桁椀高肆寸陸分。又以本身每寬壹尺外加下榫長叁寸。如本身寬壹尺壹寸叁分，得下榫長叁寸叁分。以叁架樑之厚每尺收滚楞貳寸定厚。如叁架樑寬壹尺壹寸陸分，得厚玖寸叁分。以本身之厚加貳寸定寬。如本身厚玖寸叁分，得寬壹尺壹寸叁分。

凡正心桁以面濶定長。如面濶壹丈肆尺肆寸，即長壹丈肆尺肆寸。其稍間及轉角正心桁，外加壹頭交角出頭分位，按本身徑壹分。如本身徑壹尺肆寸，即加長壹尺肆寸。以斗口叁分半定徑寸。如斗口肆寸，得徑壹尺肆寸。每徑壹尺，外加搭交榫長叁寸。兩山正心桁做法同。

凡正心枋叁層，以面濶定長。如面濶壹丈肆尺肆寸，內除柒架樑頭厚壹尺陸寸，得淨長壹丈貳尺捌寸。外加兩頭入榫分位，各按本身高半分。如本身高捌寸，得榫長各肆寸。其稍間及轉角，照面濶。兩山按進深各折半尺寸，壹頭除柒架樑頭厚半分，外加入榫分位，按本身高半分，第壹层壹头帶螞蚱头長叁尺陸寸，第貳层壹頭帶撑頭木長貳尺肆寸，第叁層照面濶之長，除樑頭之厚，加入榫分位，仍照前法。以斗口貳分定高。如斗口肆寸得高捌寸，以斗口壹分外加包掩定厚。如斗口肆寸，加包掩陸分，得厚肆寸陸分。

凡挑簷桁以面濶定長。如面濶壹丈肆尺肆寸，即長壹丈肆尺肆寸。每徑壹尺，外加扣榫長叁寸。其稍間及轉角并兩山挑簷桁，壹頭加貳拽架長貳尺肆寸，又加交角出頭分位，按本身之徑壹分半。如本身徑壹尺貳寸，得交角出頭壹尺捌寸。以正心桁之徑收貳寸定徑。如正心桁徑壹尺肆寸，得挑簷桁徑壹尺貳寸。

凡挑簷枋以面濶定長。如面濶壹丈肆尺肆寸，內除柒架樑頭厚壹尺陸寸，得淨長壹丈貳尺捌寸。外加兩頭入榫分位，各按本身高半分。如本身高捌寸，得榫長各肆寸。其稍間及轉角并兩山挑簷枋，壹頭除柒架樑頭厚半分，外加入榫分位，按本身之厚壹分。壹頭外帶貳拽架長貳尺肆寸，又加交角出頭分位，按挑簷桁之徑壹分半。如挑簷桁徑壹尺貳分，得交角出頭壹尺捌寸。以斗口貳分定高，壹分定厚。如斗口肆寸，得高捌寸，厚肆寸。

凡拽枋以面濶定長。如面濶壹丈肆尺肆寸，內除柒架樑頭厚壹尺陸寸，得長壹丈貳尺捌寸。外加兩頭入榫分位，各按本身高半分。如本身高捌寸，得榫長各肆寸。其稍間及轉角并兩山拽枋，壹頭加貳拽架尺寸，壹頭除柒架樑頭厚半分。外加入榫，仍照前法，得通長壹丈肆尺。高、厚與挑簷枋同。

凡後尾壓科枋以面濶定長。如面濶壹丈肆尺肆寸，內除柒架樑之厚壹尺捌寸，外加兩頭入榫分位，各按本身厚半分。如本身厚捌寸，得榫長各肆寸。其稍間及轉角并兩山壓科枋，壹頭收貳拽架長貳尺肆寸，外加斜交分位，按本身之厚壹分。如本身厚捌寸，即長捌寸。壹頭除柒架樑厚壹分，外加入榫，仍照前法。以斗口貳分半定高，貳分定厚。如斗口肆寸，得高壹尺厚捌寸。

凡斜伍架樑以步架肆分定長。如步架肆分長壹丈陸尺，兩頭各加桁條之徑壹分，得柁頭分位。如桁條徑壹尺肆寸，得通長壹丈捌尺捌寸，用方伍斜柒之法，得長貳丈陸尺叁寸貳分。以遞角樑之厚定高。如遞角樑厚貳尺叁寸捌分，即高貳尺叁寸捌分。以本身之高每尺收貳寸定厚。如本身高貳尺叁寸捌分，得厚壹尺玖寸壹分。

凡轉角採步金以面濶定長。如通面濶貳丈肆尺，內收桁條之徑壹分。如桁條徑壹尺肆寸，得長貳丈貳尺陸寸。高、厚與伍架樑同。

凡下金柁檄以步架加舉定高。如步架肆尺，再加貳拽架貳尺肆寸，共深陸尺肆寸。按伍舉加之，得高叁尺貳寸。內除遞角樑之高貳尺捌寸伍分，得淨高叁寸伍分。以柁頭貳分定長。如柁頭長壹尺肆寸，得長貳尺捌寸。以斜伍架樑之厚每尺收滾楞貳寸定寬。如伍架樑厚壹尺玖寸壹分，得寬壹尺伍寸叁分。

凡斜叁架樑以步架貳分定長。如步架貳分深捌尺，兩頭各加桁條之徑壹分得柁頭分位。如桁條徑壹尺肆寸，得通長壹丈捌寸。用方伍斜柒之法，得長壹丈伍尺壹寸貳分。以斜伍架樑之厚定高。如伍架樑厚壹尺玖寸壹分，即高壹尺玖寸壹分。以本身之高每尺收貳寸定厚。如本身高壹尺玖寸壹分，得厚壹尺伍寸叁分。

凡上金柁檄以步架加舉定長。如步架深肆尺，按柒舉加之，得高貳尺捌寸。內除斜伍架樑之高貳尺叁寸捌分，得淨高肆寸貳分。以斜叁架樑之厚每尺收滾楞貳寸定寬。如叁架樑厚壹尺伍寸叁分，得寬壹尺貳寸叁分。以柁頭貳分定長。如柁頭長壹尺肆寸，得長貳尺捌寸。

凡脊瓜柱以步架加舉定高。如步架肆尺，按玖舉加之，得高叁尺陸寸。內除斜叁架樑之高壹尺玖寸壹分，得淨高壹尺陸寸玖分。外加平木高捌寸，桁條徑叁分之壹作上桁椀。如桁條徑壹尺肆寸，得桁椀高肆寸陸分。又以本身每徑壹尺加下榫長叁寸，如本身徑壹尺貳寸叁分，得下榫長叁寸陸分。以斜叁架樑之厚每尺收滾楞貳寸定徑。如叁架樑厚壹尺伍寸叁分，得徑壹尺貳寸叁分。

凡金脊枋以面濶定長。如面濶壹丈肆尺肆寸，內除柁檄或瓜柱之厚壹分，外加兩頭入榫分位，各按柁檄瓜柱厚肆分之壹。其稍間壹頭收壹步架定長。如稍間面濶壹丈貳尺，收壹步架深肆尺，得長捌尺。除柁檄瓜柱壹分，外加入榫，仍照前法。以斗口叁分定高，貳分定厚。如斗口肆寸，得高壹尺貳寸，厚捌寸。

凡金脊墊板以面濶定長。如面濶壹丈肆尺肆寸，內除柁頭或瓜柱之厚壹分，外加兩頭入榫分位，各按柁頭或瓜柱之厚每尺加入榫貳寸。其稍間墊板，壹頭收壹步架，再除柁頭或瓜柱之厚，外加入榫，仍照前法。以斗口貳分定高，半分定厚。如斗口肆寸，得高捌寸厚貳寸。

凡金脊桁以面濶定長。如面濶壹丈肆尺肆寸，即長壹丈肆尺肆寸。其稍間桁條，壹頭收正心桁之徑壹分，如稍間面濶壹丈貳尺，壹頭收正心桁徑壹尺肆寸，得淨長壹丈陸寸。徑寸與正心桁同。每徑壹尺，外加扣榫長叁寸。

凡轉角下金枋以面濶定長。如通面濶貳丈肆尺，內除壹步架深肆尺，得長貳丈。兩頭共除柁橔瓜柱之厚壹分，外加兩頭入榫分位，各按柁橔瓜柱厚肆分之壹。內有短枋壹步架長肆尺，兩頭共除柁橔瓜柱之厚壹分，外加兩頭入榫分位，仍照前法。高、厚與金脊枋同。

凡轉角上金枋以面濶定長。如通面濶貳丈肆尺，內除壹步架深肆尺，得長貳丈。兩頭共除柁橔瓜柱之厚壹分，外加兩頭入榫分位，各按柁橔瓜柱厚肆分之壹。內有短枋壹步架長肆尺，兩頭共除柁橔瓜柱之厚壹分，外加兩頭入榫分位，仍照前法。高、厚與下金枋同。

凡轉角脊枋以面濶定長。如面濶貳丈肆尺，內除壹步架深肆尺，得長貳丈。兩頭共除柁橔瓜柱之厚壹分，外加兩頭入榫分位，各按柁橔瓜柱厚肆分之壹。內有短枋貳步架長捌尺，兩頭共除柁橔瓜柱之厚壹分，外加兩頭入榫分位，仍照前法。高、厚與下金枋同。

凡轉角裏上金枋以貳步架得長，下金枋壹步架得長。兩頭共除柁橔瓜柱之厚壹分，外加兩頭入榫分位，仍照前法。高、厚與金脊枋同。

凡轉角外面上、下金、脊墊板長與金、脊枋之淨長同。裏面上、下金墊板與內裏上、下金枋之淨長同。外加兩頭入榫分位，各按柁頭之厚每尺加入榫貳寸。高、厚俱與金脊墊板同。

凡轉角外上金、脊桁以面濶定長。如通面濶貳丈肆尺，內壹頭收桁條徑壹分。如桁條徑壹尺肆寸，得長貳丈貳尺陸寸。裏下金桁壹步架得長肆尺，上金桁貳步架得長捌尺，壹頭外加本身之徑各壹分，得交角出頭分位之長。徑與正心一桁之徑同。

凡轉角外面假桁條頭以步架定長。如下金桁條頭壹步架長肆尺，內壹頭收桁條徑壹分壹尺肆寸，壹頭收桁條徑半分長柒寸，外加入榫按本身徑肆分之壹。上金桁條頭貳步架長捌尺，內壹頭收桁條徑壹分壹尺肆寸，得長陸尺陸寸。徑與金、脊桁之徑同。

凡仔角樑以步架并出簷加舉定長。如步架深肆尺，貳拽架長貳尺肆寸，出簷肆尺，外加出水貳分，得捌寸，共長壹丈壹尺貳寸。用方伍斜柒之法加長，又按壹壹伍加舉，共長壹丈捌尺叁分。再加翼角斜出椽徑叁分。如椽徑肆寸陸分得并長壹丈玖尺肆寸壹分，再加套獸榫照角樑本身之厚壹分，如角樑厚玖寸貳分，即套獸榫長玖寸貳分，得仔角樑通長貳丈叁寸叁分。以椽徑叁分定高，貳分定厚。如椽徑肆寸陸分，得仔角樑高壹尺叁寸捌分，厚玖寸貳分。

凡老角樑以仔角樑之長除飛簷頭并套獸榫定長。如仔角樑長貳丈叁寸叁分，內除飛簷頭長貳尺伍寸柒分，并套獸榫長玖寸貳分，得淨長壹丈陸尺捌寸肆分。外加後尾叁岔頭照桁條之徑壹分，如桁條徑壹尺肆寸，共得長壹丈捌尺貳寸肆分。高、厚與仔角樑同。

凡轉角裏掖角樑以步架定長。如步架深肆尺，用方伍斜柒之法，又按壹壹伍加舉，得通長陸尺肆寸肆分。高、厚與仔角樑同。

凡轉角肆面花架由戧以步架壹分定長。如步架壹分深肆尺，用方伍斜柒之法，又按壹貳伍加舉，得通長柒尺。高、厚與仔角樑同。貳面貳根，以椽徑貳分定高、厚。如椽徑肆寸陸分，得高、厚玖寸貳分。

凡轉角肆面脊由戧以步架壹分定長。如步架壹分深肆尺，用方伍斜柒之法，又按壹叁伍加舉，得通長柒尺伍寸陸分。高、厚與仔角樑同。貳面貳根，以椽徑貳分定高、厚。如椽徑肆寸陸分，得高、厚玖寸貳分。以上由戧，每根壹頭加斜搭交尺寸，按本身之厚壹分。

凡外面枕頭木以步架定長。如步架深肆尺，即長肆尺。外加貳拽架長貳尺肆寸，內除角樑之厚半分肆寸陸分，得枕頭木長伍尺玖寸肆分。以挑簷桁徑拾分之叁定寬。如挑簷桁徑壹尺貳寸，得寬叁寸陸分。正心桁上枕頭木以步架定長。如步架深肆尺，內除角樑厚半分肆寸陸分，得正心桁上枕頭木淨長叁尺伍寸肆分。以正心桁徑拾分之叁定寬。如正心桁徑壹尺肆寸，得寬肆寸貳分。以椽徑貳分半定高。如椽徑肆寸陸分，得枕頭木壹頭高壹尺壹寸伍分。壹頭斜尖與桁條平，兩山枕頭木做法同。

凡簷椽以步架并出簷加舉定長。如步架深肆尺，貳拽架長貳尺肆寸，出簷肆尺，又加出水捌寸，共長壹丈壹尺貳寸。內除飛簷頭長壹尺陸寸，淨長玖尺陸寸，按壹壹伍加舉，得通長壹丈壹尺肆分。再加壹頭搭交尺寸，按本身之徑壹分，如本身徑肆寸陸分，即長肆寸陸分。徑與下簷簷椽同。兩山簷椽做法同。每椽空檔，隨椽徑壹分。每間椽數，俱應成雙。檔之寬窄，隨數均勻。裏簷轉角之處，以出簷尺寸見方分短椽根數，折半核算。

凡飛簷椽以出簷定長。如出簷并出水共肆尺捌寸，叁分分之，出頭壹分，得長壹尺陸寸。後尾貳分半，得長肆尺。又按壹壹伍加舉，得飛簷椽通長陸尺肆寸肆分。見方與簷椽徑寸同。

凡翼角翹椽長徑俱與平身簷椽同。其起翹處，以挑簷桁中至出簷尺寸，用方伍斜柒之法，再加貳步架，并正心桁中至挑簷桁中之拽架各尺寸定翹數。如挑簷桁中出簷肆尺捌寸，方伍斜柒加之，得長陸尺柒寸貳分，再加步架深肆尺，貳拽架長貳尺肆寸，共長壹丈叁尺壹寸貳分。內除角樑厚半分肆寸陸分，得淨長壹丈貳尺陸寸陸分，即係翼角椽檔分位。翼角翹椽以成單爲率，如逢雙數，應改成單。

凡翹飛椽以平身飛簷椽之長，用方伍斜柒之法定長。如飛簷椽長陸尺肆寸肆分，用方伍斜柒加之，第壹翹得長玖尺壹分，其餘以所定翹數每根遞減長伍分伍釐。其高比飛簷椽加高半分。如飛簷椽高肆寸陸分，得翹飛椽高陸寸玖分。厚仍肆寸陸分。以上椽子轉角同。

凡花架椽以步架加舉定長。如步架深肆尺，按壹貳伍加舉，得長伍尺。兩頭各加搭交尺寸，按本身徑壹分。如本身徑肆寸陸分，即加長肆寸陸分。徑與簷椽徑寸同。

凡腦椽以步架加舉定長。如步架深肆尺，按壹叁伍加舉，得長伍尺肆寸，壹頭加搭交尺寸，按本身徑壹分。徑與簷椽徑寸同。

凡轉角裏簷椽以步架加舉定長。如步架深肆尺，按壹壹伍加舉，得長肆尺陸寸。徑與前簷椽同。壹步架得短椽根數，折半核算。

凡轉角裏花架椽以步架加舉定長。如步架深肆尺，按壹貳伍加舉，得長伍尺。徑與前簷花架椽同。貳步架得椽根數，內有短椽壹步架，折半核算。

凡转角里脑椽以步架加舉定長。如步架深肆尺，按壹叁伍加举，得長伍尺肆寸。徑与前簷脑椽同。叁步架得椽根數，內有短椽壹步架，折半核算。

凡轉角外陸面花架椽以步架加舉定長。如步架深肆尺，按壹貳伍加舉，得長伍尺。內貳面，每面貳步架有短椽壹步架；肆面，每面壹步架俱係短椽，折半核算，徑與簷椽徑寸同。

凡轉角外陸面腦椽以步架加舉定長。如步架深肆尺，按壹叁伍加舉，得長伍尺肆寸。內貳面每面叁步架，肆面每面貳步架，得平身椽數。俱有短椽壹步架，折半核算。徑與簷椽徑寸同。

凡兩山及轉角兩山啞叭花架腦椽俱與正花架腦椽同。以壹步架尺寸除桁條之徑壹分，得椽根數。如步架肆尺，除桁條徑壹尺肆寸，淨得貳尺陸寸分椽根數。花架有短椽，折半核算。

凡横望板、壓飛簷尾横望板，俱以面濶進深加舉折見方丈定長、寬，以椽徑拾分之貳定厚。如椽徑肆寸陸分，得厚玖分。

凡連簷以面濶定長。如面濶壹丈肆尺肆寸，即長壹丈肆尺肆寸。其稍間及轉角并兩山連簷，壹頭加出簷并出水尺寸，又加正心桁中至挑簷桁中貳拽架，共長壹丈玖尺貳寸。內除角樑之厚半分，淨長壹丈捌尺柒寸肆分。其起翹處起至仔角樑每尺加翹壹寸，高、厚與簷椽徑寸同。

凡瓦口長與連簷同，以椽徑半分定高。如椽徑肆寸陸分，得瓦口高貳寸叁分。以本身之高折半定厚。如本身高貳寸叁分，得厚壹寸壹分。

凡裏口以面濶定長。如面濶壹丈肆尺肆寸，即長壹丈肆尺肆寸。稍間及轉角照面濶壹頭收壹步架，兩山兩頭各收壹步架分位，以椽徑壹分再加望板厚壹分半定高。如椽徑肆寸陸分，望板之厚壹分半壹寸叁分，得裏口高伍寸玖分。厚與椽徑同。

凡閘檔板以翹椽檔分位定寬。如翹椽檔寬肆寸陸分，即閘檔板寬肆寸陸分。外加入槽每寸壹分。高隨椽徑尺寸，以椽徑拾分之貳定厚。如椽徑肆寸陸分，得閘檔板厚玖分。其小連簷，自起翹處至老角樑得長。寬隨椽徑壹分。厚照望板之厚壹分半，得厚壹寸叁分。兩山閘檔板小連簷做法同。

凡椽椀椽中板以面濶定長。如面濶壹丈肆尺肆寸，即長壹丈肆尺肆寸。稍間及轉角照面濶壹頭收壹步架，兩山兩頭各收壹步架分位。以椽徑壹分再加椽徑叁分之壹定高。如椽徑肆寸陸分，得椽椀并椽中板高陸寸壹分。以椽徑叁分之壹定厚，得厚壹寸伍分。

凡扶脊木長徑俱與脊桁同。脊樁照通脊之高再加扶脊木之徑壹分，桁條徑肆分之壹得長。寬照椽徑壹分，厚按本身之寬折半。

凡榻脚木以步架肆分外加桁條之徑貳分定長。如步架肆分長壹丈陸尺，外加兩頭桁條徑各壹分加桁條徑壹尺肆寸，得榻脚木通長壹丈捌尺捌寸。見方與桁條徑寸同。

凡草架子以步架加舉定高。如步架深肆尺，第壹步架按柒舉加之，得高貳尺捌寸，第貳步架按玖舉加之，得高叁尺陸寸。貳步架共高陸尺肆寸。脊桁下草架柱子，即高陸尺肆寸。外加兩頭入榫分位，按本身之寬厚折半。如本身寬厚柒寸，得榫長各叁寸伍分。以榻脚木見方尺寸折半定寬、厚。如榻脚木見方壹尺肆寸，得草架柱子見方柒寸。其穿，以步架貳分定長。如步架貳分共長捌尺，即長捌尺。寬、厚與草架柱子同。

凡山花板以進深定寬。如進深貳丈肆尺，前後各收壹步架深肆尺，得山花板通寬壹丈陸尺。以脊中草架柱子之高，加扶脊木并桁條之徑定高。如草架柱子高陸尺肆寸，扶脊木脊桁各徑壹尺肆寸，得山花板中高玖尺貳寸，係尖高做法，折半核算。以桁條徑肆分之壹定厚。如桁條徑壹尺肆寸，得山花板厚叁寸伍分。

凡博縫板隨各椽之長得長。如花架椽長伍尺，花架博縫板即長伍尺。如腦椽長伍尺肆寸，腦博縫板即長伍尺肆寸。每博縫板外加搭岔分位，照本身之寬加長。如本身寬貳尺柒寸陸分，每塊即加長貳尺柒寸陸分。以椽徑陸分定寬。如椽徑肆寸陸分，得博縫板寬貳尺柒寸陸分。厚與山花板之厚同。

凡轉角貳面榻脚木、山花、博縫、草架柱子、穿長高厚俱與兩山同。

前接簷壹檁轉角雨搭壹座大木做法

凡進深以正樓面濶定進深。如正樓面濶壹丈肆尺肆寸，雨搭連廡座即進深壹丈肆尺肆寸，內貳分均之，得雨搭進深柒尺貳寸。

凡桐柱以正樓前金柱之高定高。如前金柱上層露明柱高捌尺，大額枋壹尺捌寸，平板枋捌寸，斗科貳尺捌寸捌分，正心桁壹尺肆寸，共高壹丈肆尺捌寸捌分。內以壹步架柒尺貳寸，按伍舉核算，除叁尺陸寸。又除叁架樑高壹尺玖寸，淨得桐柱高玖尺叁寸捌分。再加桁條徑叁分之壹作桁椀。如桁條徑壹尺貳寸，得桁椀高肆寸，共長玖尺柒寸捌分。每徑壹尺，加下榫長叁寸。以叁架樑之厚收貳寸定徑。如叁架樑厚壹尺貳寸，得徑壹尺。

凡簷桁以面濶定長。如面濶壹丈肆尺肆寸，即長壹丈肆尺肆寸。每徑壹尺，外加搭交榫長叁寸。其稍間桁條，壹頭加壹步架長肆尺，內收本身徑壹分。如本身徑壹尺貳寸，即收壹尺貳寸，得長壹丈柒尺貳寸。轉角壹頭加交角出頭分位，按本身之徑壹分。以挑簷桁之徑定徑。如挑簷桁徑壹尺貳寸，即徑壹尺貳寸。

凡簷枋以面濶定長。如面濶壹丈肆尺肆寸，內除桐柱徑壹分，外加入榫分位，各按柱徑肆分之壹。以斗口貳分半定高。貳分定厚，如斗口肆寸，得高壹尺厚捌寸。

凡簷墊板以面濶定長。如面濶壹丈肆尺肆寸，內除桐柱徑壹分，外加入榫分位，各按柱徑拾分之貳。以簷枋之厚定高。如簷枋厚捌寸，得高捌寸。以本身高肆分之壹定厚。如本身高捌寸，得厚貳寸。

凡靠背走馬板以面濶定寬。如面濶壹丈肆尺肆寸，內除桐柱徑壹尺，淨寬壹丈叁尺肆寸。以桐柱淨高尺寸定高。如桐柱淨高玖尺叁寸捌分，折半得肆尺陸寸玖分，內除簷枋壹尺，墊板捌寸，得淨高貳尺捌寸玖分。其厚壹寸。

凡下檻并引條已於裝修冊內聲明。

凡穿插枋以步架定長。如步架深柒尺貳寸，即長柒尺貳寸，外加兩頭出頭尺寸，各按桐柱徑壹分。如柱徑壹尺，得通長玖尺貳寸。高、厚與簷枋同。

凡轉角斜穿插枋以正穿插枋之長定長。如正穿插枋長玖尺貳寸，用方伍斜柒之法，得長壹丈貳尺捌寸捌分。高、厚與正穿插枋同。

凡裏角樑以步架并出簷加舉定長。如步架深柒尺貳寸，出簷以步架折半得叁尺陸寸，出水貳分得柒寸貳分，共長壹丈壹尺伍寸貳分。又按壹伍加舉，得通長壹丈叁尺貳寸肆分，外加套獸榫照本身之厚壹分。如本身厚玖寸貳分，即出玖寸貳分。以椽徑伍分定高貳分定厚。如椽徑肆寸陸分，得高貳尺叁寸，厚玖寸貳分。

凡博縫板以步架并出簷定長。如步架深柒尺貳寸，內除貳拽架貳尺肆寸，外加博脊壹尺伍寸，又加出簷并出水尺寸，共長壹丈陸寸貳分。按壹伍加舉，得通長壹丈貳尺貳寸壹分。以椽徑肆分定寬。如椽徑肆寸陸分，得寬壹尺捌寸肆分。以桁條徑肆分之壹定厚。如桁條徑壹尺貳寸，得厚叁寸。

凡山花板以步架定寬。如步架柒尺貳寸，內除貳拽架貳尺肆寸，淨寬肆尺捌寸。外加挑簷桁徑半分陸寸，共寬伍尺肆寸。以金柱定高。如金柱上簷露明捌尺，大額枋壹尺捌寸，平板枋捌寸，斗科貳尺捌寸捌分，挑簷桁壹尺貳寸，椽徑肆寸陸分，共高壹丈伍尺壹寸肆分。內除博縫板壹尺捌寸肆分，淨高壹丈叁尺叁寸。外加椽徑壹分，得搭頭分位，係貳斜做法，叁分均之，得高肆尺肆寸叁分。以椽徑肆分之壹定厚。如椽徑肆寸陸分，得厚壹寸壹分。

凡簷椽以步架并出簷加舉定長。如步架深柒尺貳寸，博脊壹尺伍寸，再加出簷照步架半分叁尺陸寸，出水柒寸貳分，共長壹丈叁尺貳分。內除飛簷出頭壹尺陸寸，淨長壹丈壹尺肆寸貳分。按壹伍加舉，得通長壹丈叁尺壹寸叁分。壹頭外加搭交尺寸，按本身之徑壹分。徑與正樓簷椽徑寸同。

凡轉角簷椽以出簷尺寸定長。如出簷肆尺叁寸貳分，其簷椽根數，俱係短椽，折半核算。徑寸與簷椽同。

雨搭前接簷叁檁轉角廡座大木做法

凡面濶與正樓面濶同。

凡簷柱長徑俱與正樓簷柱同。

凡大額枋以面濶定長。如面濶壹丈肆尺肆寸，兩頭共除柱徑壹尺陸寸，得淨長壹丈貳尺捌寸。外加兩頭入榫分位，各按柱徑肆分之壹。如柱徑壹尺陸寸，得榫長各肆寸。其稍間及轉角併兩山大額枋，壹頭加柱徑壹分得箍頭分位。如柱徑壹尺陸寸，即出壹尺陸寸。壹頭除柱徑半分，外加入榫分位，按柱徑肆分之壹。以斗口肆分半定高。如斗口肆寸，得高壹尺捌寸。以本身之高每尺收叁寸定厚。如本身高壹尺捌寸，得厚壹尺貳寸陸分。

凡承重以進深定長。如廡座連雨搭通進深壹丈肆尺肆寸，外加壹頭出榫照簷柱徑加壹分。如簷柱徑壹尺陸寸，即長壹尺陸寸，通長壹丈陸尺。高、厚與正樓承重同。

凡斜承重以正承重之長定長。如正承重長壹丈陸尺，用方伍斜柒之法，得長貳丈貳尺肆寸。高、厚與正承重同。

凡伍架樑以進深定長。如通進深壹丈肆尺肆寸，壹頭加貳拽架長貳尺肆寸，通長壹丈陸尺捌寸。以斗口伍分定高。如斗口肆寸，得高貳尺。以本身之高每尺收叁寸定厚。如本身高貳尺，得厚壹尺肆寸。

凡伍架遞角樑以正伍架樑之長定長。如正伍架樑長壹丈陸尺捌寸，用方伍斜柒之法，得通長貳丈叁尺伍寸貳分。高、厚與正伍架樑同。

凡柁橔以步架加舉定高。如步架貳尺捌寸伍分，按伍舉加之，得壹尺肆寸貳分。應除伍架樑高貳尺，但伍架樑之高過於加舉，此欵不用。

凡叁架樑以步架定長。如步架貳尺捌寸伍分，雨搭壹步架長柒尺貳寸，又加博脊分位壹尺伍寸，再壹頭加桁條徑壹分，得柁頭分位。如桁條徑壹尺貳寸，即加長壹尺貳寸，得通長壹丈貳尺柒寸伍分。以伍架樑之高厚各收貳寸定高、厚。如伍架樑高貳尺，厚壹尺肆寸，得高壹尺捌寸，厚壹尺伍寸。

凡斜叁架樑以正叁架樑之長定長。如正叁架樑長壹丈貳尺柒寸伍分，用方伍斜柒之法，得通長壹丈柒尺捌寸伍分。高厚與正叁架樑同。

凡脊瓜柱以步架加舉定長。如步架貳尺捌寸伍分，按柒舉加之，得高壹尺玖寸玖分。內除叁架樑高壹尺捌寸，得淨高壹寸玖分。再加桁條徑叁分之壹作桁椀。如桁條徑壹尺貳寸，得高肆寸，共高伍寸玖分。每徑壹尺外加下榫長叁寸。以叁架樑之厚收貳寸定徑。如叁架樑厚壹尺貳寸，得徑壹尺。

凡金、脊枋以面濶定長。如面濶壹丈肆尺肆寸，內除柁橔、瓜柱各壹分，外加入榫分位，各按柁墩、瓜柱厚肆分之壹。以斗口貳分半定高，貳分定厚。如斗口肆寸，得高壹尺，厚捌寸。

凡金、脊墊板以面闊定長。如面闊壹丈肆尺肆寸，內除柁墩、瓜柱各壹分，外加入榫分位，各按柁橔、瓜柱厚每尺加入榫貳寸。以金枋之厚定高。如金枋厚捌寸，得高捌寸。以本身之高肆分之壹定厚。如本身高捌寸，得厚貳寸。

凡金脊桁以面濶定長。如面濶壹丈肆尺肆寸，即長壹丈肆尺肆寸。每徑壹尺，外加扣榫長叁寸。其稍間桁條，壹頭加壹步架長肆尺，內收本身徑壹分。如本身徑壹尺貳寸，得長壹丈柒尺貳寸。徑與正心桁同。

凡坐斗枋以面濶定長。如面濶壹丈肆尺肆寸，即長壹丈肆尺肆寸。其稍間坐斗枋壹頭加壹步架長肆尺，又加合角尺寸，按本身之寬壹分。兩山按進深收壹步架，兩頭各加搭角尺寸，按本身之寬壹分。轉角壹頭加搭交尺寸，亦按本身之寬壹分。以斗口叁分定寬，貳分定厚。如斗口肆寸，得寬壹尺貳寸，厚捌寸。

凡採斗板以面濶定長。如面濶壹丈肆尺肆寸，即長壹丈肆尺肆寸。其稍間採斗板壹頭加壹步架長肆尺，又加合角尺寸，按本身之厚壹分；兩山收壹步架，兩頭各加合角尺寸。轉角壹頭加合角尺寸，俱按本身之厚壹分。以斗口肆分定高。如斗口肆寸，得高壹尺陸寸。再加斗底伍分之叁，得肆寸捌分。共高貳尺捌分。以斗口壹分定厚。如斗口肆寸，即厚肆寸。

凡正心桁以面濶定長。如面濶壹丈肆尺肆寸，即長壹丈肆尺肆寸。其稍間正心桁壹頭加壹步架深肆尺，再加交角出頭分位，按本身之徑壹分。如本身徑壹尺貳寸，得出頭長壹尺貳寸，通長壹丈玖尺陸寸。兩山收壹步架，兩頭各加交角出頭分位，轉角壹頭加交角出頭分位，仍照前法。徑與雨搭簷桁之徑同。每桁條徑壹尺加搭交榫長叁寸，如桁條徑壹尺貳寸，得榫長叁寸陸分。

凡挑簷桁以面濶定長。如面濶壹丈肆尺肆寸，即長壹丈肆尺肆寸。每徑壹尺，外加扣榫長叁寸。其稍間挑簷桁，壹頭加壹步架，又加壹拽架，再加交角出頭分位，按本身之徑壹分半。如稍間面濶壹丈肆尺肆寸，壹步架深肆尺，壹拽架長壹尺貳寸，交角出頭壹尺捌寸，共長貳丈壹尺肆寸。兩山照進深裏壹頭收壹步架深肆尺，外加合角尺寸，按本身之徑半分。外壹頭加壹拽架長壹尺貳寸，又加交角出頭分位，按本身之徑壹分半。轉角壹頭加交角尺寸，按本身之徑壹分半。徑與正樓下簷挑簷桁徑寸同。

凡挑簷枋以面濶定長。如面濶壹丈肆尺肆寸，內除伍架樑厚壹尺肆寸，得淨長壹丈叁尺。外加兩頭入榫分位，各按本身高半分。如本身高捌寸，得榫長各肆寸。其稍間壹頭除伍架樑厚半分，外加入榫分位，仍照前法。壹頭加壹步架，又加壹拽架，再加交角出頭分位，按挑簷桁之徑壹分半。如挑簷桁徑壹尺貳寸，得出頭長壹尺捌寸。兩山壹頭收壹步架，壹頭加壹拽架，轉角壹頭加壹拽架得長。以斗口貳分定高，壹分定厚。如斗口肆寸，得高捌寸，厚肆寸。

凡仔角樑以步架并出簷加舉定長。如步架深貳尺捌寸伍分，出簷肆尺，拽架長壹尺貳寸，共長捌尺伍分。用方伍斜柒之法加長，又按壹伍加舉，得長壹丈貳尺玖寸陸分，再加翼角斜出椽徑叁分。如椽徑肆寸陸分，得并長壹丈肆尺叁寸肆分，再加套獸榫照角樑本身之厚壹分。如角樑厚玖寸貳分，即套獸榫長玖寸貳分，得仔角樑通長壹丈伍尺貳寸陸分。以椽徑叁分定高，貳分定厚。如椽徑肆寸陸分，得仔角樑高壹尺叁寸捌分，厚玖寸貳分。

凡老角樑以仔角樑之長除飛簷頭并套獸榫定長。如仔角樑長壹丈伍尺貳寸陸分，內除飛簷頭長貳尺壹寸肆分，并套獸榫長玖寸貳分，得淨長壹丈貳尺貳寸，外加後尾叁岔頭照桁條徑壹分。如桁條徑壹尺貳寸，即長壹尺貳寸。高、厚與仔角樑同。

凡裏角樑并轉角裏角樑之長與老角樑同。內除後尾叁岔頭尺寸。以椽徑肆分定高。如椽徑肆寸陸分，得高壹尺捌寸肆分。厚與老角樑厚同。

凡枕頭木以步架定長。如步架深肆尺，即長肆尺。外加壹拽架長壹尺貳寸，內除角樑之厚半分，得枕頭木長肆尺柒寸肆分。以挑簷桁徑拾分之叁定寬。如挑簷桁徑壹尺貳寸，得寬叁寸陸分。正心桁上枕頭木以步架定長。如步架深肆尺，內除角樑之厚半分，得正心桁上枕頭木淨長叁尺伍寸肆分。以正心桁徑拾分之叁定寬。如正心桁徑壹尺貳寸，得寬叁寸陸分。以椽徑貳分半定高。如椽徑肆寸陸分，得枕頭木壹頭高壹尺壹寸伍分。壹頭斜尖與桁條平。兩山枕頭木做法同。

凡簷椽以步架并出簷加舉定長。如步架深貳尺捌寸伍分，壹拽架長壹尺貳寸，出簷肆尺，共長捌尺伍分。內除飛簷頭壹尺叁寸叁分，淨長陸尺柒寸貳分。按壹伍加舉，得通長柒尺柒寸貳分。再加壹頭搭交尺寸，按本身徑壹分。如本身徑肆寸陸分，即長肆寸陸分。徑與上簷椽同。兩山簷椽做法同。每椽空檔，隨椽徑壹分。每間椽數，俱應成雙。檔之寬窄，隨數均勻。

凡飛簷椽以出簷定長。如出簷肆尺，叁分分之，出頭壹分，得長壹尺叁寸叁分。後尾貳分半得長叁尺叁寸貳分，又按壹伍加舉，得飛簷椽通長伍尺叁寸肆分。見方與簷椽徑寸同。

凡翼角翹椽長、徑俱與平身簷椽同。其起翹處，以挑簷桁中至出簷尺寸，用方伍斜柒之法，再加壹步架，并正心桁中至挑簷桁中之拽架各尺寸定翹數。如挑簷桁中出簷肆尺，方伍斜柒加之，得長伍尺陸寸。再加步架深肆尺，壹拽架壹尺貳寸，共長壹丈捌寸。內除角樑厚半分，得淨長壹丈叁寸肆分，即係翼角椽檔分位。翼角翹椽以成單爲率，如逢雙數，應改成單。

凡翹飛椽以平身飛簷椽之長，用方伍斜柒之法定長。如飛簷椽長伍尺叁寸肆分，用方伍斜柒加之，第壹翹得長柒尺肆寸柒分，其餘以所定翹數每根遞減長伍分伍釐。其高比飛簷椽加高半分。如飛簷椽高肆寸陸分，得翹飛椽高陸寸玖分。厚仍肆寸陸分。

凡腦椽以步架加舉定長。如步架深貳尺捌寸伍分，按壹貳伍加舉，得長叁尺伍寸陸分。壹頭加搭交尺寸，按本身徑壹分。如本身徑肆寸陸分，即加長肆寸陸分。徑與簷椽徑寸同。

凡橫望板、壓飛簷尾、橫望板俱以面濶、進深加舉折見方丈定長、寬。以椽徑拾分之貳定厚。如椽徑肆寸陸分，得厚玖分。

凡連簷以面濶定長。如面濶壹丈肆尺肆寸，即長壹丈肆尺肆寸。其稍間連簷壹頭加壹步架深肆尺，壹拽架壹尺貳寸，出簷肆尺，共長貳丈叁尺陸寸。內除角樑厚半分，淨長貳丈叁尺壹寸肆分。其起翹處，起至仔角樑，每尺加翹壹寸。高、厚與簷椽徑寸同。兩山連簷做法同。

凡瓦口長與連簷同。以椽徑半分定高。如椽徑肆寸陸分，得瓦口高貳寸叁分。以本身之高折半定厚。如本身高貳寸叁分，得厚壹寸壹分。

凡里口以面濶定長。如面濶壹丈肆尺肆寸，即長壹丈肆尺肆寸。兩山收壹步架尺寸。以椽徑壹分再加望板厚壹分半定高。如椽徑肆寸陸分，望板厚壹分半壹寸叁分，得裏口高伍寸玖分。厚與椽徑同。

凡閘檔板以翹椽檔分位定寬。如翹椽檔寬肆寸陸分，即閘檔板寬肆寸陸分，外加入槽每寸壹分。高隨椽徑尺寸。以椽徑拾分之貳定厚。如椽徑肆寸陸分，得閘檔板厚玖分。其小連簷，自起翹處至老角樑得長。寬隨椽徑壹分，厚照望板之厚壹分半，得厚壹寸叁分。兩山閘檔板小連簷做法同。

凡椽椀椽中板以面濶定長。如面濶壹丈肆尺肆寸，即長壹丈肆尺肆寸。兩山收壹步架尺寸。以椽徑壹分再加椽徑叁分之壹定高。如椽徑肆寸陸分，得椽椀并椽中板高陸寸壹分。以椽徑叁分之壹定厚，得厚壹寸伍分。

凡山花板以步架定寬。如前簷步架壹分貳尺捌寸伍分，後簷步架壹分柒尺貳寸，内除柱徑半分壹尺玖分，得陸尺壹寸壹分。再加博脊壹尺伍寸，共寬壹丈肆寸陸分。以步架加舉定高。如前簷步架深貳尺捌寸伍分，按柒舉加之，得高壹尺玖寸玖分。再加桁條之徑壹分壹尺貳寸，共高叁尺壹寸玖分，係斜尖做法。以桁條徑肆分之壹定厚。如桁條徑壹尺貳寸，得山花板厚叁寸。

凡博縫板以步架加舉定長。如前坡壹步架深貳尺捌寸伍分，博脊分位壹尺伍寸，按壹貳伍加舉，得通長伍尺肆寸叁分。後坡陸尺壹寸，按壹壹伍加舉，得通長柒尺壹分。以椽徑陸分定寬。如椽徑肆寸陸分，得博縫寬貳尺柒寸陸分。厚與山花板之厚同。

又 卷一六《重簷柒檁歇山箭樓壹座計肆层下簷壹斗叁升斗口肆寸大木做法》 凡面濶、進深以斗科攢數而定。每攢以口數拾貳分定寬。如斗口肆寸，以科中分算，得斗科每攢寬肆尺捌寸。如面濶用平身科貳攢，加兩邊柱頭科各半攢，共斗科叁攢，得面濶壹丈肆尺肆寸。稍間如收半攢，即連瓣科，得面濶壹丈貳尺。如進深共用斗科伍攢，得進深貳丈肆尺。

凡下簷柱以樓叁層之高定高。如樓叁層，每層捌尺，内上層加平板枋捌寸，壹斗叁升斗科貳尺捌分，共高壹丈捌寸捌分，得簷柱通高貳丈陸尺捌寸捌分。每徑壹尺，外加上下榫各長叁寸。如柱徑壹尺陸寸，得榫長各肆寸捌分。以斗口肆分定徑。如斗口肆寸，得徑壹尺陸寸。

凡前簷金柱以下簷柱之高定高。如下簷柱通高貳丈陸尺捌寸捌分，再以步架肆尺按伍舉加之，得承椽枋分位高貳尺，承重壹尺陸寸，上簷露明柱高捌尺，額枋壹尺捌寸，得金柱通長肆丈貳寸捌分。每徑壹尺，外加上下榫各長叁寸。以簷柱徑定徑寸。如簷柱徑壹尺陸寸，加貳寸得壹尺捌寸，再以每長壹丈加徑壹寸，共徑貳尺貳寸。

凡山柱長與金柱同。以簷柱徑加貳寸定徑。如簷柱徑壹尺陸寸，得徑壹尺捌寸。每徑壹尺，外加上下榫各長叁寸。

凡下中貳層承重以進深定長。如進深貳丈肆尺，即長貳丈肆尺。兩山分間承重得長壹丈貳尺。以簷柱徑定高。如簷柱徑壹尺陸寸，即高壹尺陸寸。以本身之高收貳寸定厚。如本身高壹尺陸寸，得厚壹尺肆寸。

凡下中貳層間枋以面濶定長。如面濶壹丈肆尺肆寸，前簷除前金柱徑貳尺貳寸，後簷除簷柱徑壹尺陸寸，外加兩頭入榫分位，各按柱徑肆分之壹。以簷柱徑收叁寸定高。如簷柱徑壹尺陸寸，得高壹尺叁寸。以本身之高每尺收叁寸定厚。如本身高壹尺叁寸，得厚玖寸壹分。

凡下中貳層楞木以面濶定長。如面濶壹丈肆尺肆寸，即長壹丈肆尺肆寸。以承重之高折半定高。如承重高壹尺陸寸，得高捌寸。以本身之高收貳寸定厚。如本身高捌寸，得厚陸寸。

凡上層挑簷承重樑以進深定長。如進深貳丈肆尺，即長貳丈肆尺。壹頭外加壹步架長肆尺，又加壹拽架長壹尺貳寸，再加出頭分位，照挑簷桁之徑壹分。如挑簷桁徑壹尺貳寸，即出壹尺貳寸，共長叁丈肆寸。兩山分間承重每根得壹丈貳尺，壹頭外加壹步架長肆尺，又加壹拽架長壹尺貳寸，再加出頭分位，照挑簷桁之徑壹分，共長壹丈捌尺肆寸。高、厚與下層承重同。

凡間枋、楞木長、寬、厚俱與下層間枋、楞木同。

凡樓板叁層俱以面濶、進深定長短塊數。内除樓梯分位，按門口尺寸，臨期酌定。以楞木厚肆分之壹定厚。如楞木厚陸寸，得厚壹寸伍分。如墁磚以楞木之厚折半得厚。

凡兩山挑簷採步樑以步架定長。如步架深肆尺，又加壹拽架長壹尺貳寸，再加出頭分位，照挑簷桁之徑壹分。如挑簷桁徑壹尺貳寸，即出壹尺貳寸，共長陸尺肆寸。以山柱徑定高。如山柱徑壹尺捌寸，即高壹尺捌寸。以本身之高每尺收叁寸定厚。如本身高壹尺捌寸，得厚壹尺貳寸陸分。

凡肆角斜挑簷採步樑以正挑簷採步樑之長定長。如正挑簷採步樑長陸尺肆寸，用方伍斜柒之法，得長捌尺玖寸陸分。高、厚與正挑簷採步樑同。

凡正心桁以面濶定長。如面濶壹丈肆尺肆寸，即長壹丈肆尺肆寸。其稍間正心桁照面濶。後簷壹頭加壹步架，又加交角出頭分位，按本身之徑壹分。共長壹丈柒尺肆寸。前簷照稍間面濶加兩頭交角出頭分位，俱按本身之徑壹分。如本身徑壹尺肆寸，即出頭長壹尺肆寸。兩山正心桁前後各加壹步架，又加交角出頭分位，按本身之徑壹分。以斗口叁分半定徑寸。如斗口肆寸，得徑壹尺肆寸。每徑壹尺，外加搭交榫長叁寸。如徑壹尺肆寸，得榫長肆寸貳分。

凡正心枋以面濶定長。如面濶壹丈肆尺肆寸，內除挑簷採步樑厚壹尺貳寸陸分，得淨長壹丈叁尺壹寸肆分。外加兩頭入榫分位，各按本身高半分。如本身高捌寸，得榫長各肆寸，通長壹丈叁尺玖寸肆分。其稍間照面濶。兩山按進深各折半尺寸，壹頭加壹步架，壹頭除挑簷採步樑厚半分，外加入榫分位，仍照前法。以斗口貳分定高。如斗口肆寸，得正心枋高捌寸。以斗口壹分外加包掩定厚。如斗口肆寸，加包掩陸分，得正心枋厚肆寸陸分。

凡挑簷桁以面濶定長。如面濶壹丈肆尺肆寸，即長壹丈肆尺肆寸。每徑壹尺，外加扣榫長叁寸。其稍間後簷挑簷桁壹頭加壹步架，又加壹拽架，再加交角出頭分位，按本身之徑壹分半。如稍間面濶壹丈貳尺，壹步架深肆尺，壹拽架長壹尺貳寸，交角出頭壹尺捌寸，共長壹丈玖尺。前簷照稍間面濶，壹頭加交角分位，按壹拽架尺寸，壹頭加壹拽架，又加交角出頭分位，按本身之徑壹分半。兩山挑簷桁前後各加壹步架，並壹拽架及交角出頭分位，按本身之徑壹分半。以正心桁之徑收貳寸定徑。如正心桁徑壹尺肆寸，得挑簷桁徑壹尺貳寸。

凡挑簷枋以面濶定長。如面濶壹丈肆尺肆寸，內除挑簷採步樑厚壹尺貳寸陸分，得淨長壹丈叁尺壹寸肆分。外加兩頭入榫分位，各按本身高半分。如本身高捌寸，得榫長各肆寸，得通長壹丈叁尺玖寸肆分。其稍間後簷壹頭加壹步架，又加壹拽架，再加交角出頭分位，按挑簷桁之徑壹分半。如挑簷桁徑壹尺貳寸，得出頭長壹尺捌寸。壹頭除採步樑厚半分，外加入榫分位，仍照前法。前簷加壹拽架，再加交角出頭分位，得長壹丈肆尺柒寸柒分。兩山挑簷枋與稍間後簷尺寸同。以斗口貳分定高，壹分定厚。如斗口肆寸，得高捌寸，厚肆寸。

凡坐斗枋以面濶定長。如面濶壹丈肆尺肆寸，即長壹丈肆尺肆寸。每寬壹尺，外加扣榫長叁寸。如座斗枋寬壹尺貳寸，得扣榫長叁寸陸分。其稍間後簷坐斗枋壹頭加壹步架。兩山兩頭各加壹步架長肆尺，再加本身寬壹分，得斜交分位。如本身寬壹尺貳寸，即加長壹尺貳寸，得通長叁丈肆尺肆寸。以斗口叁分定寬，貳分定高。如斗口肆寸，得寬壹尺貳寸，高捌寸。

凡採斗板以面濶定長。如面濶壹丈肆尺肆寸，即長壹丈肆尺肆寸。其稍間後簷採斗板壹頭加壹步架，兩山兩頭各加壹步架，再加本身厚壹分得搭交尺寸。以斗口貳分，再加斗底伍分之叁定高。如斗口肆寸，得高捌寸，斗底肆寸捌分，共高壹尺貳寸捌分。以斗口壹分定厚。如斗口肆寸，即厚肆寸。

凡仔角樑以步架并出簷加舉定長。如步架深肆尺，拽架長壹尺貳寸，出簷肆尺，共長玖尺貳寸。用方伍斜柒之法加長，又按壹壹伍加舉，得長壹丈肆尺捌寸壹分。再加翼角斜出椽徑叁分，如椽徑肆寸陸分，得并長壹丈陸尺壹寸玖分。再加套獸榫照角樑本身之厚壹分，如角樑厚玖寸貳分，即套獸榫長玖寸貳分，得仔角樑通長壹丈柒尺壹寸壹分。以椽徑叁分定高，貳分定厚。如椽徑肆寸陸分，得仔角樑高壹尺貳寸捌分，厚玖寸貳分。

凡老角樑以仔角樑之長除飛簷頭并套獸榫定長。如仔角樑長壹丈柒尺壹寸壹分，內除飛簷頭長貳尺壹寸肆分，并套獸榫玖寸貳分，得淨長壹丈肆尺伍分。高、厚與仔角樑同。

凡枕頭木以步架定長。如步架深肆尺即長肆尺，外加壹拽架長壹尺貳寸，內除角樑厚半分肆寸陸分，得枕頭木長肆尺柒寸肆分。以挑簷桁徑拾分之叁定寬。如挑簷桁徑壹尺貳寸，得枕頭木寬叁寸陸分。正心桁上枕頭木以步架定長。如步架深肆尺，內除角樑厚半分，得正心桁上枕頭木淨長叁尺伍寸肆分。以正心桁徑拾分之叁定寬。如正心桁徑壹尺肆寸，得枕頭木寬肆寸貳分。以椽徑貳分半定高。如椽徑肆寸陸分，得枕頭木壹頭高壹尺壹寸伍分。壹頭斜尖與桁條平，兩山枕頭木做法同。

凡承椽枋以面濶定長。如面濶壹丈肆尺肆寸，前簷除金柱徑壹分，後簷除簷柱徑壹分，兩山壹頭除山柱徑半分，壹頭除簷柱徑半分，外加兩頭入榫分位，各按柱徑肆分之壹。以簷柱徑收貳寸定高。如簷柱徑壹尺陸寸，得高壹尺肆寸。以本身之高每尺收叁寸定厚。如本身高壹尺肆寸，得厚玖寸捌分。

凡簷椽以步架并出簷加舉定長。如步架深肆尺，壹拽架長壹尺貳寸，出簷肆尺，共長玖尺貳寸。內除飛簷椽頭壹尺叁寸叁分，淨長柒尺捌寸柒分。按壹壹伍加舉，得通長玖尺伍分。以桁條徑叁分之壹定徑寸。如桁條徑壹尺肆寸，得徑肆寸陸分。兩山簷椽做法同。每椽空檔，隨椽徑壹分。每間椽數，俱應成雙。檔之寬窄，隨數均勻。

凡飛簷椽以出簷定長。如出簷肆尺，叁分分之，出頭壹分得長壹尺叁寸叁分，後尾貳分半得長叁尺叁寸貳分。又按壹壹伍加舉，得飛簷椽通長伍尺叁寸肆分。見方與簷椽徑寸同。

凡翼角翹椽長、徑俱與平身簷椽同。其起翹處，以挑簷桁中至出簷尺寸，用方伍斜柒之法，再加壹步架并正心桁中至挑簷桁中之拽架各尺寸定翹數。如挑簷桁中出簷肆尺，方伍斜柒加之，得長伍尺陸寸，再加壹步架深肆尺，壹拽架長壹尺貳寸，共長壹丈捌寸。內除角樑厚半分，得淨長壹丈叁寸肆分，即係翼角椽檔分位。翼角翹椽以成單爲率，如逢雙數，應改成單。

凡翹飛椽以平身飛簷椽之長，用方伍斜柒之法定長。如飛簷椽長伍尺叁寸肆分，用方伍斜柒加之，第壹翹得長柒尺肆寸柒分，其餘以所定翹數每根遞減長伍分伍釐。其高比飛簷椽加高半分。如飛簷椽高肆寸陸分，得翹飛椽高陸寸玖分。厚仍肆寸陸分。

凡横望板、壓飛簷尾横望板以面濶、進深加舉折見方丈定長寬。以椽徑拾分之貳定厚。如椽徑肆寸陸分，得厚玖分。

凡裏口以面濶定長。如面濶壹丈肆尺肆寸，即長壹丈肆尺肆寸。以椽徑壹分，再加望板厚壹分半定高。如椽徑肆寸陸分，望板厚壹分半壹寸叁分，得裏口高伍寸玖分。厚與椽徑同。兩山裏口做法同。

凡閘檔板以翹椽檔分位定寬。如翹椽檔寬肆寸陸分，即閘檔板寬肆寸陸分。外加入槽，每寸壹分。高隨椽徑尺寸。以椽徑拾分之貳定厚。如椽徑肆寸陸分，得閘檔板厚玖分。其小連簷自起翹處至老角樑得長。寬隨椽徑壹分，厚照望板之厚壹分半，得厚壹寸叁分。兩山閘檔板、小連簷做法同。

凡連簷以面濶定長。如面濶壹丈肆尺肆寸，即長壹丈肆尺肆寸。其稍間連簷，壹頭加壹步架并出簷尺寸，又加正心桁中至挑簷桁中壹拽架，共長貳丈壹尺貳寸。內除角樑厚半分，淨長貳丈柒寸肆分。其起翹處起至仔角樑，每尺加翹壹寸。高、厚與簷椽徑寸同。兩山連簷做法同。

凡瓦口長與連簷同。以椽徑半分定高。如椽徑肆寸陸分，得瓦口高貳寸叁分。以本身之高折半定厚。如本身高貳寸叁分，得厚壹寸壹分。

凡椽椀椽中板以面濶定長。如面濶壹丈肆尺肆寸，即長壹丈肆尺肆寸。以椽徑壹分再加椽徑叁分之壹定高。如椽徑肆寸陸分，得椽椀并椽中板高陸寸壹分。以椽徑叁分之壹定厚，得厚壹寸伍分。兩山椽椀并椽中板做法同。

凡週圍榻脚木以面濶定長。如面濶壹丈肆尺肆寸，即長壹丈肆尺肆寸。以椽徑壹分半定寬，壹分定厚。如椽徑肆寸陸分，得寬陸寸玖分，厚肆寸陸分。

上簷斗口單昂斗科斗口肆寸大木做法

凡上伏簷桐柱之高以步架尺寸加舉定高。如架深肆尺，按伍舉加之，得高貳尺。露明簷柱高捌尺，額枋壹尺捌寸，得共高壹丈壹尺捌寸。每徑壹尺，外加上下榫各長叁寸。徑與簷柱徑寸同。

凡大額枋以面濶定長。如面濶壹丈肆尺肆寸，內除桐柱徑壹尺陸寸，得淨長壹丈貳尺捌寸。外加兩頭入榫分位，各按柱徑肆分之壹。如柱徑壹尺陸寸，得榫長各肆寸，共長壹丈叁尺陸寸。前簷除金柱徑壹分，外加入榫仍照前法。其稍間并兩山大額枋壹頭加桐柱徑壹分，得霸王拳分位。如柱徑壹尺陸寸，即出壹尺陸寸。壹頭除柱徑半分，外加入榫分位，仍照前法。以斗口肆分半定高。如斗口肆寸，得高壹尺捌寸。以本身之高每尺收叁寸定厚。如本身高壹尺捌寸，得厚壹尺貳寸陸分。

凡平板枋以面濶定長。如面濶壹丈肆尺肆寸，即長壹丈肆尺肆寸。每寬壹尺，外加扣榫長叁寸。其稍間，照面濶壹頭加桐柱徑壹分。兩山按進深兩頭各加桐柱徑壹分，得交角出頭分位。如柱徑壹尺陸寸，得出頭長壹尺陸寸。以斗口叁分定寬，貳分定高。如斗口肆寸，得平板枋寬壹尺貳寸，高捌寸。

凡柒架樑以進深定長。如進深貳丈肆尺，兩頭各加貳拽架長貳尺肆寸，再加升底半分貳寸陸分，共得長貳丈玖尺叁寸貳分。以斗口柒分定高，肆分半定厚。如斗口肆寸，得高貳尺捌寸，厚壹尺捌寸。以斗口肆分定樑頭之厚。如斗口肆寸，得樑頭厚壹尺陸寸。

凡隨樑以進深定長。如進深貳丈肆尺，內除前後柱徑各半分，外加入榫分位，各按柱徑肆分之壹，得通長貳丈叁尺伍分。以簷柱徑定高。如柱徑壹尺陸寸，即高壹尺陸寸。以本身之高每尺收貳寸定厚。如本身高壹尺陸寸，得厚貳尺捌寸捌分。

凡兩山代梁頭以拽架定長。如斗口單昂，裏外各壹拽架長壹尺貳寸，再加螞蚱頭長壹尺貳寸，又加升底半分貳寸陸分，裏外共長伍尺叁寸貳分。高、厚與柒架樑同。

凡兩山由額枋以進深定長。如進深貳丈肆尺，分間得壹丈貳尺，內除柱徑各半分，外加入榫分位，各按柱徑肆分之壹，得通長壹丈壹尺壹寸伍分。以大額枋之高收貳寸定高。如大額枋高壹尺捌寸，得高壹尺陸寸。以大額枋之厚每尺收滾楞貳寸定厚。如大額枋厚壹尺貳寸陸分，得厚壹尺壹分。

凡扒樑以稍間面濶定長。如稍間面濶壹丈貳尺，即長壹丈貳尺。以柒架樑之高折半定高。如柒架樑高貳尺捌寸，得高壹尺肆寸。以本身之高收貳寸定厚。如本身高壹尺肆寸，得厚壹尺貳寸。

凡伍架樑以步架肆分定長。如步架肆分深壹丈陸尺，兩頭各加桁條徑壹分，得柁頭分位。如桁條徑壹尺肆寸，得通長壹丈捌尺捌寸。以柒架樑之厚定高。如柒架樑厚壹尺捌寸，即高壹尺捌寸。以本身之高每尺收貳寸定厚。如本身高壹尺捌寸，得厚壹尺肆寸肆分。

凡叁架樑以步架貳分定長。如步架貳分深捌尺，兩頭各加桁條徑壹分，得柁頭分位。如桁條徑壹尺肆寸，即各加長壹尺肆寸，得通長壹丈捌寸。以伍架樑之厚定高。如伍架樑厚壹尺肆寸肆分，即高壹尺肆寸肆分。以本身之高每尺收貳寸定厚。如本身高壹尺肆寸肆分，得厚壹尺壹寸陸分。

凡採步金以步架肆分定長。如步架肆分深壹丈陸尺，兩頭各加桁條徑壹分半，得假桁條頭分位。如桁條徑壹尺肆寸，各加長貳尺壹寸，得通長貳丈貳寸。高、厚與叁架樑同。

凡採步金枋以步架肆分定長。如步架肆分深壹丈陸尺，內除上金柱橔之厚壹分，外加入榫分位，按本身厚肆分之壹，得通長壹丈伍尺伍寸叁分。以柒架隨樑之厚定高。如柒架隨樑厚壹尺貳寸捌分，即高壹尺貳寸捌分。以採步金之厚每尺收滾楞貳寸定厚。如採步金厚壹尺壹寸陸分，得厚玖寸叁分。

凡下金柁橔以步架加舉定高。如步架深肆尺，再加壹拽架壹尺貳寸，共深伍尺貳寸。按伍舉加之，得高貳尺陸寸。應除柒架樑高貳尺捌寸，但柒架樑之高過於舉架尺寸，此欵不用。

凡上金柁橔以步架加舉定高。如步架深肆尺，按柒舉加之，得高貳尺捌寸。內除伍架樑高壹尺捌寸，得淨高壹尺。以叁架樑之厚每尺收滾楞貳寸定厚。如叁架樑厚壹尺壹寸陸分，得厚玖寸叁分。以柁頭貳分定長。如柁頭長壹尺肆寸，得長貳尺捌寸。

凡肆角瓜柱以步架加舉定高。如步架深肆尺，再加壹拽架壹尺貳寸，共伍尺貳寸。按伍舉加之，得高貳尺陸寸。內除扒樑高半分柒寸，採步金壹尺肆寸肆分，淨長肆寸陸分。每寬壹尺，外加下榫長叁寸。以伍架樑之厚每尺收滾楞貳寸定厚。如伍架樑厚壹尺肆寸肆分，得厚壹尺壹寸陸分。以本身之厚加貳寸定寬，如本身厚壹尺壹寸陸分，得寬壹尺叁寸陸分。

凡脊瓜柱以步架加舉定高。如步架深肆尺，按玖舉加之，得高叁尺陸寸。內除叁架樑高壹尺肆寸肆分，淨高貳尺壹寸陸分。外加平水高捌寸，桁條徑叁分之壹作上桁椀。如桁條徑壹尺肆寸，得桁椀高肆寸陸分。又以本身每寬壹尺外加下榫長叁寸。如本身寬壹尺壹寸叁分，得下榫長叁寸叁分。以叁架樑之厚每尺收滾楞貳寸定厚。如叁架樑寬壹尺壹寸陸分，得厚玖寸叁分。以本身之厚加貳寸定寬。如本身厚玖寸叁分，得寬壹尺壹寸叁分。

凡正心桁以面濶定長。如面濶壹丈肆尺肆寸，即長壹丈肆尺肆寸。其稍間正心桁外加壹頭交角出頭分位，按本身徑壹分。如本身徑壹尺肆寸，即加長壹尺肆寸。以斗口叁分半定徑寸。如斗口肆寸，得徑壹尺肆寸。每徑壹尺，外加搭交榫長叁寸。兩山正心桁做法同。

凡正心枋貳層，以面濶定長。如面濶壹丈肆尺肆寸，內除柒架樑頭厚壹尺陸寸，得淨長壹丈貳尺捌寸。外加兩頭入榫分位，各按本身高半分。如本身高捌寸，得榫長各肆寸。其稍間照面濶，兩山按進深各折半尺寸。壹頭除柒架樑頭厚半分，外加入榫分位，按本身高半分。第壹層壹頭帶撑頭木長壹尺貳寸，第貳層照面濶之長除樑頭之厚，加入榫分位，仍照前法。以斗口貳分定高。如斗口肆寸，得高捌寸。以斗口壹分外加包掩定厚。如斗口肆寸，加包掩陸分，得厚肆寸陸分。

凡挑簷桁以面濶定長。如面濶壹丈肆尺肆寸，即長壹丈肆尺肆寸。每徑壹尺，外加扣榫長叁寸。其稍間并兩山挑簷桁壹頭加壹拽架長壹尺貳寸，又加交角出頭分位，按本身之徑壹分半。如本身徑壹尺貳寸，得交角出頭壹尺捌寸。以正心桁之徑收貳寸定徑。如正心桁徑壹尺肆寸，得挑簷桁徑壹尺貳寸。

凡挑簷枋以面濶定長。如面濶壹丈肆尺肆寸，內除柒架樑頭厚壹尺陸寸，得淨長壹丈貳尺捌寸。外加兩頭入榫分位，各按本身高半分。如本身高捌寸，得榫長各肆寸。其稍間并兩山挑簷枋，壹頭除柒架樑頭厚半分，外加入榫分位，按本身之厚壹分，壹頭外帶壹拽架長壹尺貳寸。又加交角出頭分位，按挑簷桁之徑壹分半。如挑簷桁徑壹尺貳寸，得交角出頭壹尺捌寸。以斗口貳分定高，壹分定厚。如斗口肆寸，得高捌寸，厚肆寸。

凡後尾壓科枋以面濶定長。如面濶壹丈肆尺肆寸，內除柒架樑厚壹尺捌寸，外加兩頭入榫分位，各按本身厚半分。如本身厚捌寸，得榫長各肆寸。其稍間并兩山壓科枋，壹頭收壹拽架長壹尺貳寸，外加斜交分位，按本身之厚壹分。如本身厚捌寸，即長捌寸。壹頭除柒架樑厚半分，外加入榫，仍照前法。以斗口貳分定高，貳分定厚。如斗口肆寸，得高壹尺，厚捌寸。

凡金脊枋以面濶定長。如面濶壹丈肆尺肆寸，内除柁墩或瓜柱之厚壹分，外加兩頭入榫分位，各按柁墩、瓜柱厚肆分之壹。其稍間壹頭收壹步架定長。如稍間面濶壹丈貳尺，收壹步架深肆尺，得長捌尺。除柁墩、瓜柱壹分，外加入榫，仍照前法。以斗口叁分定高，貳分定厚。如斗口肆寸，得高壹尺貳寸，厚捌寸。

凡金、脊墊板以面濶定長。如面濶壹丈肆尺肆寸，内除柁頭或瓜柱之厚壹分，外加兩頭入榫分位，各按柁頭或瓜柱之厚每尺加入榫貳寸。其稍間墊板，壹頭收壹步架，再除柁頭或瓜柱之厚，外加入榫，仍照前法。以斗口貳分定高，半分定厚。如斗口肆寸，得高捌寸，厚貳寸。

凡金、脊桁以面濶定長。如面濶壹丈肆尺肆寸，即長壹丈肆尺肆寸。其稍間桁條壹頭收正心桁之徑壹分。如稍間面濶壹丈貳尺，壹頭收正心桁徑壹尺肆寸，得淨長壹丈陸寸。徑寸與正心桁同。每徑壹尺，外加扣榫長叁寸。

凡仔角樑以步架并出簷加舉定長。如步架深肆尺，挑簷桁中至正心桁中壹拽架長壹尺貳寸，出簷肆尺，外加出水貳分得捌寸，共長壹丈。用方伍斜柒之法加長，又按壹壹伍加舉，得長壹丈陸尺壹寸。再加翼角斜出椽徑叁分，如椽徑肆寸陸分，得并長壹丈柒尺肆寸捌分。再加套獸榫照角樑本身之厚壹分，如角樑厚玖寸貳分，即套獸榫長玖寸貳分，得仔角樑通長壹丈捌尺肆寸。以椽徑叁分定高，貳分定厚。如椽徑肆寸陸分，得高壹尺叁寸捌分，厚玖寸貳分。

凡老角樑以仔角樑之長除飛簷頭并套獸榫定長。如仔角樑長壹丈捌尺肆寸，内除飛簷頭長貳尺伍寸柒分，并套獸榫長玖寸貳分，得長壹丈肆尺玖寸壹分。外加後尾叁岔頭，照桁條徑壹分，如桁條徑壹尺肆寸，即長壹尺肆寸，得通長壹丈陸尺叁寸壹分。高、厚與仔角樑同。

凡枕頭木以步架定長。如步架深肆尺，外加壹拽架長壹尺貳寸，内除角樑厚半分肆寸陸分，得枕頭木長肆尺柒寸肆分。以挑簷桁徑拾分之叁定寬。如挑簷桁徑壹尺貳寸，得寬叁寸陸分。正心桁上枕頭木以步架定長。如步架深肆尺，内除角樑厚半分，得正心桁上枕頭木淨長叁尺伍寸肆分。以正心桁徑拾分之叁定寬。如正心桁徑壹尺肆寸，得寬肆寸貳分。以椽徑貳分半定高。如椽徑肆寸陸分，得枕頭木壹頭高壹尺壹寸伍分，壹頭斜尖與桁條平。兩山枕頭木做法同。

凡簷椽以步架并出簷加舉定長。如步架深肆尺，壹拽架長壹尺貳寸，出簷肆尺，又加出水捌寸，共長壹丈。内除飛簷頭壹尺陸寸，淨長捌尺肆寸。按壹壹伍加舉，得通長玖尺陸寸陸分。外加壹頭搭交尺寸，按本身徑壹分。如本身徑肆寸陸分，即長肆寸陸分。徑與下簷簷椽同。兩山簷椽做法同。每椽空檔，隨椽徑壹分。每間椽數，俱應成雙。檔之寬窄，隨數均勻。

凡飛簷椽以出簷定長。如出簷并出水共肆尺捌寸，叁分分之，出頭壹分得長壹尺陸寸，後尾貳分半得長肆尺，又按壹壹伍加舉，得飛簷椽通長陸尺肆寸肆分。見方與簷椽徑寸同。

凡翼角翹椽長、徑俱與平身簷椽同。其起翹處以挑簷桁中至出簷尺寸，用方伍斜柒之法，再加壹步架，并正心桁中至挑簷桁中之拽架各尺寸定翹數。如挑簷桁中出簷并出水共肆尺捌寸，方伍斜柒加之，得長陸尺柒寸貳分。再加步架深肆尺，壹拽架長壹尺貳寸，共長壹丈壹尺玖寸貳分。内除角樑厚半分，得淨長壹丈壹尺肆寸陸分，即係翼角椽檔分位。翼角翹椽以成單爲率，如逢雙數，應改成單。

凡翹飛椽以平身飛簷椽之長，用方伍斜柒之法定長。如飛簷椽長陸尺肆寸肆分，用方伍斜柒加之，第壹翹得長玖尺壹分，其餘以所定翹數每根遞減長伍分伍釐。其高比飛簷椽加高半分。如飛簷椽高肆寸陸分，得翹飛椽高陸寸玖分。厚仍肆寸陸分。

凡花架椽以步架加舉定長。如步架深肆尺，按壹貳伍加舉，得長伍尺。兩頭各加搭交尺寸，按本身徑壹分。如本身徑肆寸陸分，即加長肆寸陸分。徑與簷椽徑寸同。

凡前簷下花架椽以步架加舉定長。如步架深肆尺，按壹伍加舉，得長肆尺陸寸。兩頭各加搭交尺寸，按本身徑壹分。徑與簷椽徑寸同。

凡腦椽以步架加舉定長。如步架深肆尺，按壹叁伍加舉，得長伍尺肆寸。壹頭加搭交尺寸，按本身徑壹分。徑與簷椽徑寸同。

凡兩山出稍啞叭花架、腦椽俱與正腦椽、花架椽同。啞叭簷椽以挑山檩之長得長，係短椽折半核算。

凡橫望板、壓飛簷尾橫望板，俱以面濶、進深加舉折見方丈定長、寬。以椽徑拾分之貳定厚。如椽徑肆寸陸分，得厚玖分。

凡連簷以面濶定長。如面濶壹丈肆尺肆寸，即長壹丈肆尺肆寸。其稍間并兩山連簷，壹頭加出簷并出水尺寸，又加正心桁中至挑簷桁中壹拽架，共長壹丈捌尺，內除角樑厚半分，淨長壹丈柒尺伍寸肆分。其起翹處起至仔角樑，每尺加翹壹寸。高、厚與簷椽徑寸同。

凡瓦口長與連簷同。以椽徑半分定高。如椽徑肆寸陸分，得瓦口高貳寸叁分。以本身之高折半定厚。如本身高貳寸叁分，得厚壹寸壹分。

凡裏口以面濶定長。如面濶壹丈肆尺肆寸，即長壹丈肆尺肆寸。稍間照面濶壹頭收壹步架，兩山兩頭各收壹步架分位。以椽徑壹分，再加望板厚壹分半定高。如椽徑肆寸陸分，望板厚壹分半壹寸叁分，得裏口高伍寸玖分。厚與椽徑同。兩山裏口做法同。

凡閘擋板以翹椽擋分位定寬。如翹椽擋寬肆寸陸分，即閘擋板寬肆寸陸分。外加入槽，每寸壹分。高隨椽徑尺寸。以椽徑拾分之貳定厚。如椽徑肆寸陸分，得閘擋板厚玖分。其小連簷自起翹處至老角樑得長。寬隨椽徑壹分。厚照望板之厚壹分半，得厚壹寸叁分。兩山閘擋板、小連簷做法同。

凡椽椀、椽中板以面濶定長。如面濶壹丈肆尺肆寸，即長壹丈肆尺肆寸。稍間照面濶壹頭收壹步架，兩山兩頭各收壹步架分位。以椽徑壹分，再加椽徑叁分之壹定高。如椽徑肆寸陸分，得椽椀并椽中板高陸寸壹分。以椽徑叁分之壹定厚，得厚壹寸伍分。

凡扶脊木長、徑俱與脊桁同。脊樁照通脊之高再加扶脊木之徑壹分，桁條徑肆分之壹得長。寬照椽徑壹分，厚按本身之寬折半。

凡榻脚木以步架肆分外加桁條之徑貳分定長。如步架肆分長壹丈陸尺，外加兩頭桁條徑各壹分，如桁條徑壹尺肆寸，得榻脚木通長壹丈捌尺捌寸。見方與桁條徑寸同。

凡草架柱子以步架加舉定高。如步架深肆尺，第壹步架按柒舉加之，得高貳尺捌寸。第貳步架按玖舉加之，得高叁尺陸寸。貳步架共高陸尺肆寸，脊桁下草架柱子即高陸尺肆寸。外加兩頭入榫分位，按本身之寬、厚折半。如本身寬、厚柒寸，得榫長各叁寸伍分。以榻脚木見方尺寸折半定寬、厚。如榻脚木見方壹尺肆寸，得草架柱子見方柒寸。其穿以步架貳分定長。如步架貳分共長捌尺，即長捌尺。寬、厚與草架柱子同。

凡山花板以進深定寬。如進深貳丈肆尺，前後各收壹步架深肆尺，得山花板通寬壹丈陸尺。以脊中草架柱子之高，加扶脊木並桁條之徑定高。如草架柱子高陸尺肆寸，扶脊木、脊桁各徑壹尺肆寸，得山花板中高玖尺貳寸。係尖高做法，折半核算。以桁條徑肆分之壹定厚。如桁條徑壹尺肆寸，得山花板厚叁寸伍分。

凡博縫板隨各椽之長得長。如花架椽長伍尺，花架博縫板即長伍尺。如腦椽長伍尺肆寸，即腦博縫板即長伍尺肆寸。每博縫板外加搭岔分位，照本身之寬加長。如本身寬貳尺柒寸陸分，每塊即加長貳尺柒寸陸分。以椽徑陸分定寬。如椽徑肆寸陸分，得博縫板寬貳尺柒寸陸分。厚與山花板之厚同。

前接簷貳檁雨搭壹座大木做法

凡桐柱以正樓前金柱之高定高。如前金柱上層露明柱高捌尺，大額枋壹尺捌寸，平板枋捌寸，斗科貳尺捌寸捌分，正心桁壹尺肆寸，共高壹丈肆尺捌寸捌分。內以貳步架玖尺伍寸，按伍舉核算，除肆尺柒寸伍分，又除叁架樑壹分高壹尺柒寸，淨得桐柱高捌尺肆寸叁分。外加桁條徑叁分之壹作桁椀，如桁條徑壹尺貳寸，得桁椀高肆寸，共長捌尺捌寸叁分。每徑壹尺，加下榫長叁寸。以叁架樑之厚收貳寸定徑。如叁架樑厚壹尺叁寸，得徑壹尺壹寸。

凡金、簷桁以面濶定長。如面濶壹丈肆尺肆寸，即長壹丈肆尺肆寸。每徑壹尺，外加搭交榫長叁寸。其稍間桁條壹頭加壹步架長肆尺，內收本身徑壹分，如本身徑壹尺貳寸，即收壹尺貳寸，得長壹丈柒尺貳寸。以挑簷桁之徑定徑。如挑簷桁徑壹尺貳寸，即徑壹尺貳寸。

凡金、簷枋以面濶定長。如面濶壹丈肆尺肆寸，內除桐柱、瓜柱徑各壹分，外加入榫分位，各按柱徑肆分之壹。以斗口貳分半定高，貳分定厚。如斗口肆寸，得高壹尺，厚捌寸。

凡金、簷墊板以面濶定長。如面濶壹丈肆尺肆寸，內除桐柱、瓜柱徑各壹分，外加入榫分位，各按柱徑拾分之貳。以金簷枋之厚定高。如金簷枋厚捌寸，得高捌寸。以本身高肆分之壹定厚。如本身高捌寸，得厚貳寸。

凡瓜柱以桐柱之高折半定長。如桐柱高捌尺肆寸叁分，得金瓜柱長肆尺貳寸壹分。再加桁條徑叁分之壹作桁椀，如桁條徑壹尺貳寸，得桁椀高肆寸。

每寬壹尺，外加下榫長叁寸。以貳穿樑之厚每尺收滾楞貳寸定厚。如貳穿樑厚壹尺，得厚捌寸。以本身之厚加貳寸定寬，得寬壹尺。

凡角背以步架壹分定長。如步架壹分深肆尺柒寸伍分，即長肆尺柒寸伍分。以瓜柱之淨高，厚叁分之壹定高、厚。如瓜柱除桁椀淨高肆尺貳寸壹分，厚玖寸陸分，得角背高壹尺肆寸，厚叁寸貳分。

凡靠背走馬板以面濶定寬。如面濶壹丈肆尺肆寸，內除桐柱徑壹尺壹寸，淨寬壹丈叁尺叁寸。以桐柱之淨高尺寸定高。如桐柱淨高捌尺肆寸叁分，折半得肆尺貳寸壹分，內除簷枋壹尺，墊板捌寸，得淨高貳尺肆寸壹分，其厚壹寸。

凡下檻并引條已於裝修册內聲明。

凡博縫板以步架并出簷定長。如步架深玖尺伍寸，內除壹拽架長壹尺貳寸，外加博脊壹尺伍寸，又加出簷照半步架貳尺叁寸柒分，出水照正樓捌寸，共長壹丈貳尺玖寸柒分。按壹伍加舉，得通長壹丈肆尺玖寸壹分。以椽徑肆分定寬。如椽徑肆寸陸分，得寬壹尺捌寸肆分。以桁條徑肆分之壹定厚。如桁條徑壹尺貳寸，得厚叁寸。

凡山花板以步架定寬。如步架玖尺伍寸，內除壹拽架壹尺貳寸，淨寬捌尺叁寸。外加挑簷桁徑半分陸寸，共寬捌尺玖寸。以金柱定高。如金柱上簷露明捌尺，大額枋壹尺捌寸，平板枋捌寸，斗科貳尺捌寸捌分，挑簷桁壹尺貳寸，椽徑肆寸陸分，共高壹丈伍尺壹寸肆分。內除博縫板壹尺捌寸肆分，淨高壹丈叁尺叁寸。外加椽徑壹分得搭頭分位，係貳斜做法。叁分均之，得高肆尺肆寸叁分。以椽徑肆分之壹定厚。如椽徑肆寸陸分，得厚壹寸壹分。

凡簷椽以步架并出簷加舉定長。如步架深玖尺伍寸，博脊壹尺伍寸，再加出簷照步架半分貳尺叁寸柒分，出水捌寸，共長壹丈肆尺壹寸柒分。內除飛簷出頭壹尺陸寸，淨長壹丈貳尺伍寸柒分。按壹伍加舉，得通長壹丈肆尺肆寸伍分。壹頭外加搭交尺寸，按本身之徑壹分。徑與箭樓簷椽徑寸同。

雨搭前接簷肆檩廡座大木做法

凡面濶與箭樓面濶同。

凡簷柱長、徑俱與箭樓簷柱同。

凡承重枋以進深定長。如廡座連雨搭通進深貳丈伍寸，壹頭除柱徑半分，外加入榫分位按柱徑肆分之壹。壹頭外加出榫照簷柱徑加壹分，如簷柱徑壹尺陸寸，即長壹尺陸寸，通長貳丈壹尺柒寸。高、寬與箭樓承重同。

凡間枋以面濶定長。如面濶壹丈肆尺肆寸，內除柱徑壹分，外加入榫分位，按柱徑肆分之壹。如柱徑壹尺陸寸，得榫各長肆寸。高、寬與箭樓間枋同。

凡柒架樑以進深定長。如通進深貳丈伍寸，壹頭加壹步架長肆尺，又加貳拽架長貳尺肆寸，得通長貳丈陸尺玖寸。以斗口伍分定高。如斗口肆寸，得高貳尺。以本身之高每尺收叁寸定厚。如本身高貳尺，得厚壹尺肆寸。

凡伍架樑以步架并博脊分位定長。如步架肆分長壹丈玖尺，再加博脊壹尺伍寸，壹頭加桁條徑壹分得柁頭分位。如桁條徑壹尺貳寸，即加長壹尺貳寸，得通長貳丈壹尺柒寸。以柒架樑之高收貳寸定高。如柒架樑高貳尺，得高壹尺捌寸。厚與柒架樑厚同。

凡叁架樑以步架并博脊分位定長。如步架叁分長壹丈肆尺貳寸伍分，再加博脊壹尺伍寸，壹頭加桁條徑壹分，得柁頭分位。如桁條徑壹尺貳寸，即加長壹尺貳寸，得通長壹丈陸尺玖寸伍分。以伍架樑之高、厚各收壹寸定高、厚。如伍架樑高壹尺捌寸，厚壹尺肆寸，得高壹尺柒寸，厚壹尺叁寸。

凡貳穿樑以步架定長。如步架貳分深玖尺伍寸，壹頭加檩徑壹分，得出榫分位。如檩徑壹尺貳寸，即加長壹尺貳寸，得通長壹丈柒寸。以叁架樑之厚收壹寸定高。如叁架樑厚壹尺叁寸，得高壹尺貳寸，以本身之高收貳寸定厚，得厚壹尺。

凡兩山採步樑以步架定長。如步架深肆尺，壹頭加壹拽架長壹尺貳寸，再加出頭分位，照挑簷桁之徑壹尺貳寸，共長陸尺肆寸。高、厚與柒架樑同。

凡兩山斜採步樑以正採步樑之長定長。如正採步樑長陸尺肆寸，用方伍斜柒之法，得長捌尺玖寸陸分。高、厚與正採步樑同。

凡金、脊桁以面濶定長。如面濶壹丈肆尺肆寸，即長壹丈肆尺肆寸。每徑壹尺，外加搭交榫長叁寸、其稍間桁條，壹頭加壹步架長肆尺，內收本身徑壹分，如本身徑壹尺貳寸，得長壹丈柒尺貳寸。徑與正心桁同。

凡金、脊枋以面濶定長。如面濶壹丈肆尺肆寸，內除柁橔、瓜柱各壹分，外加入榫分位，各按柁橔瓜柱厚肆分之壹。以斗口貳分半定高，貳分定厚。如斗口肆寸，得高壹尺厚捌寸。

凡金、脊墊板以面濶定長。如面濶壹丈肆尺肆寸，內除柁頭、瓜柱各壹分，外加入榫分位，各按柁頭瓜柱厚每尺加入榫貳寸。以金枋之厚定高。如金枋厚捌寸，得高捌寸。以本身之高肆分之壹定厚。如本身高捌寸，得厚貳寸。

凡坐斗枋以面濶定長。如面濶壹丈肆尺肆寸，即長壹丈肆尺肆寸。其稍間坐斗枋，壹頭加壹步架長肆尺，再加本身之寬壹分，得斜交分位。如本身寬壹尺，即加長壹尺。兩山以進深得長。外加斜交分位，仍照前法。以斗口叁分定寬，貳分定高。如斗口肆寸，得寬壹尺貳寸，高捌寸。

凡正心桁以面濶定長。如面濶壹丈肆尺肆寸，即長壹丈肆尺肆寸。每徑壹尺，外加搭交榫長叁寸。其稍間正心桁，壹頭加壹步架深肆尺，再加交角出頭分位，按本身之徑壹分。如本身徑壹尺貳寸，得出頭長壹尺貳寸，通長壹丈玖尺陸寸。兩山以進深得長。外兩頭各加交角出頭分位，仍照前法。徑與兩搭簷桁之徑同。

凡正心枋以面濶定長。如面濶壹丈肆尺肆寸，內除柒架樑頭厚壹尺肆寸，得正心枋淨長壹丈叁尺。外加兩頭入榫分位，各按本身之高半分。如本身高捌寸，得榫長各肆寸。其稍間正心枋，壹頭加壹步架長肆尺，壹頭除柒架樑頭厚半分，外加入榫分位，仍照前法。以斗口貳分定高，壹分定厚。如斗口肆寸，得高捌寸，厚肆寸。兩山正心枋做法同。

凡挑簷桁以面濶定長。如面濶壹丈肆尺肆寸，即長壹丈肆尺肆寸。每徑壹尺，外加扣榫長叁寸。其稍間挑簷桁，壹頭加壹步架深肆尺，再加壹拽架長壹尺貳寸，又加交角出頭分位，按本身之徑壹分半。如本身徑壹尺貳寸，得交角出頭壹尺捌寸，通長貳丈壹尺肆寸。兩山照進深收壹步架深肆尺，壹頭加壹拽架長壹尺貳寸，又加交角尺寸按本身之徑壹分半。徑與正樓下簷挑簷桁徑寸同。

凡挑簷枋以面濶定長。如面濶壹丈肆尺肆寸，內除柒架樑厚壹尺肆寸，得淨長壹丈叁尺。外加兩頭入榫分位，各按本身高半分。如本身高捌寸，得榫長各肆寸。其稍間壹頭除柒架樑厚半分，外加入榫分位，仍照前法。壹頭加壹步架，又加壹拽架，又加交角出頭分位，按挑簷桁之徑壹分半，得通長貳丈壹尺壹寸。以斗口貳分定高，壹分定厚。如斗口肆寸，得高捌寸，厚肆寸。

凡採斗板以面濶定長。如面濶壹丈肆尺肆寸，即長壹丈肆尺肆寸。其稍間採斗板，壹頭加壹步架長肆尺，又加合角尺寸，按本身之厚壹分。以斗口貳分定高。如斗口肆寸，得高捌寸。又加斗底肆寸捌分，共得高壹尺貳寸捌分。以斗口壹分定厚。如斗口肆寸，即厚肆寸。兩山採斗板做法同。

凡仔角樑以步架并出簷加舉定長。如步架深肆尺，拽架長壹尺貳寸，出簷肆尺，共長玖尺貳寸，用方伍斜柒之法加長，又按壹壹伍加舉，得長壹丈肆尺捌寸壹分。再加翼角斜出椽徑叁分，如椽徑肆寸陸分，并長壹丈陸尺壹寸玖分。再加套獸榫照角樑本身之厚壹分，如角樑厚玖寸貳分，即套獸榫長玖寸貳分，得仔角樑通長壹丈柒尺壹寸壹分。以椽徑叁分定高，貳分定厚。如椽徑肆寸陸分，得仔角樑高壹尺叁寸捌分，厚玖寸貳分。

凡老角樑以仔角樑之長，除飛簷頭并套獸榫定長。如仔角樑長壹丈柒尺壹寸壹分，內除飛簷頭長貳尺壹寸肆分，并套獸榫玖寸貳分，得淨長壹丈肆尺伍分。外加後尾叁岔頭照桁條徑壹分，如桁條徑壹尺貳寸，即長壹尺貳寸。高、厚與仔角樑同。

凡裏角樑之長與老角樑同。內除後尾叁岔頭尺寸。以椽徑肆分定高。如椽徑肆寸陸分，得高壹尺捌寸肆分。厚與老角樑厚同。

凡柁檄以步架加舉定高。如步架深肆尺，壹拽架長壹尺貳寸，共長伍尺貳寸。按伍舉加之，得高貳尺陸寸。內除柒架樑高貳尺，得淨高陸寸。以伍架樑之厚每尺收滚楞貳寸定寬。如伍架樑厚壹尺肆寸，得寬壹尺壹寸貳分。以柁頭貳分定長。如柁頭長壹尺貳寸，得長貳尺肆寸。

凡上金瓜柱以步架加舉定高。如步架深肆尺柒寸伍分，按柒舉加之，得高叁尺叁寸貳分。內除伍架樑高壹尺捌寸，淨高壹尺伍寸貳分。以叁架樑之厚每尺收滚楞貳寸定厚。如叁架樑厚壹尺叁寸，得厚壹尺肆分。以本身之厚加貳寸定寬。如本身厚壹尺肆分，得寬壹尺貳寸肆分。每寬壹尺，加上下榫各長叁寸。

凡脊瓜柱以步架加舉定高。如步架深肆尺柒寸伍分，按玖舉加之，得高肆尺貳寸柒分。內除叁架樑高壹尺柒寸，淨高貳尺伍寸柒分。外加平水捌寸，桁條徑叁分之壹作上桁椀，如桁條徑壹尺貳寸，得桁椀高肆寸。每寬壹尺，加下榫長叁寸。以叁架樑之厚每尺收滚楞貳寸定厚。如叁架樑厚壹尺叁寸，得厚壹尺肆分。以本身之厚加貳寸定寬。如本身厚壹尺肆分，得寬壹尺貳寸肆分。

凡枕頭木以步架定長。如步架深肆尺，外加壹拽架長壹尺貳寸，內除角樑厚半分，得枕頭木長肆尺柒寸肆分。以挑簷桁徑拾分之叁定寬。如挑簷桁徑壹尺貳寸，得寬叁寸陸分。正心桁上枕頭木以步架定長。如步架深肆尺，内除角樑厚半分，得正心桁上枕頭木淨長叁尺伍寸肆分。以正心桁徑拾分之叁定寬。如正心桁徑壹尺貳寸，得寬叁寸陸分。以椽徑貳分半定高。如椽徑肆寸陸分，得枕頭木壹頭高壹尺壹寸伍分，壹頭斜尖與桁條平。兩山枕頭木做法同。

凡簷椽以步架并出簷加舉定長。如步架深肆尺，壹拽架長壹尺貳寸，出簷肆尺，共長玖尺貳寸。内除飛簷椽頭壹尺叁寸叁分，淨長柒尺捌寸柒分。按壹壹伍加舉，得通長玖尺伍分。再加壹頭搭交尺寸，按本身之徑壹分。如本身徑肆寸陸分，即長肆寸陸分。兩山簷椽不加搭交尺寸。徑與上簷簷椽同。每椽空檔，隨椽徑壹分。每間椽數，俱應成雙。檔之寬窄，隨數均勻。

凡飛簷椽以出簷定長。如出簷肆尺，叁分分之。出頭壹分得長壹尺叁寸叁分，後尾貳分半得長叁尺叁寸貳分。又按壹壹伍加舉，得飛簷椽通長伍尺叁寸肆分。見方與簷椽徑寸同。

凡翼角翹椽長、徑俱與平身簷椽同。其起翹處以挑簷桁中至出簷尺寸，用方伍斜柒之法，再加壹步架，并正心桁中至挑簷桁中之拽架各尺寸定翹數。如挑簷桁中出簷肆尺，方伍斜柒加之，得長伍尺陸寸，再加步架深肆尺，壹拽架長壹尺貳寸，共長壹丈捌寸。内除角樑厚半分，得淨長壹丈叁寸肆分，即係翼角椽檔分位。翼角翹椽以成單爲率，如逢雙數，應改成單。

凡翹飛椽以平身飛簷椽之長用方伍斜柒之法定長。如飛簷椽長伍尺叁寸肆分，用方伍斜柒加之，第壹翹得長柒尺肆寸柒分，其餘以所定翹數每根遞減長伍分伍釐。其高比飛簷椽加高半分。如飛簷椽高肆寸陸分，得翹飛椽高陸寸玖分。厚仍肆寸陸分。

凡花架椽以步架加舉定長。如步架深肆尺柒寸伍分，按壹貳伍加舉，得長伍尺玖寸叁分。兩頭各加搭交尺寸，按本身之徑壹分。如本身徑肆寸陸分，即長肆寸陸分。徑與簷椽徑寸同。

凡腦椽以步架加舉定長。如步架肆尺柒寸伍分，按壹叁伍加舉，得長陸尺肆寸壹分，壹頭加搭交尺寸，按本身之徑壹分。如本身徑肆寸陸分，即長肆寸陸分。徑與簷椽同。

凡橫望板、壓飛簷尾橫望板俱以面濶、進深加舉折見方丈定長寬。以椽徑拾分之貳定厚。如椽徑肆寸陸分，得橫望板厚玖分。

凡連簷以面濶定長。如面濶壹丈肆尺肆寸，即長壹丈肆尺肆寸。其稍間連簷，壹頭加壹步架深肆尺，壹拽架長壹尺貳寸，出簷肆尺，共長貳丈叁尺陸寸。内除角樑厚半分，淨長貳丈叁尺壹寸肆分。兩山以進深尺寸，壹頭加壹拽架并出簷，除角樑厚半分得長。其起翹處起至仔角樑，每尺加翹壹寸。高厚與簷椽徑寸同。

凡瓦口長與連簷同。以椽徑半分定高。如椽徑肆寸陸分，得瓦口高貳寸叁分。以本身之高折半定厚。如本身高貳寸叁分，得厚壹寸壹分。

凡裏口以面濶定長。如面濶壹丈肆尺肆寸，即長壹丈肆尺肆寸。兩山以進深收壹步架長肆尺。以椽徑壹分再加望板厚壹分半定高。如椽徑肆寸陸分，望板厚壹分半壹寸叁分。得裏口高伍寸玖分。厚與椽徑同。

凡閘檔板以翹椽檔分位定寬。如翹椽檔寬肆寸陸分，即閘檔板寬肆寸陸分。外加入槽每寸壹分。高隨椽徑尺寸。以椽徑拾分之貳定厚。如椽徑肆寸陸分，得閘檔板厚玖分。其小連簷自起翹處至老角樑得長。寬隨椽徑壹分。厚照望板之厚壹分半，得厚壹寸叁分。兩山閘檔板做法同。

凡椽椀、椽中板以面濶定長。如面濶壹丈肆尺肆寸，即長壹丈肆尺肆寸。以椽徑壹分，再加椽徑叁分之壹定高。如椽徑肆寸陸分，得椽椀并椽中板高陸寸壹分。以椽徑叁分之壹定厚，得厚壹寸伍分。兩山椽椀椽中板做法同。

凡山花板以步架定寬。如前坡步架貳分玖尺伍寸，後坡步架貳分玖尺伍寸。内除柱徑半分壹尺壹寸，得捌尺肆寸。再加博脊壹尺伍寸，共寬壹丈玖尺肆寸。以步架加舉定高。如前坡步架深肆尺柒寸伍分，第壹步架按柒舉加之，得高叁尺叁寸貳分。第貳步架按玖舉加之，得高肆尺貳寸柒分。貳步架共得尖高柒尺伍寸玖分。再加桁條徑壹尺貳寸，共高捌尺捌寸，係斜長做法。以桁條徑肆分之壹定厚。如桁條徑壹尺貳寸，得山花板厚叁寸。

凡博縫板以步架加舉定長。如步架深肆尺柒寸伍分，前坡第壹步架按壹貳伍加舉，得長伍尺玖寸叁分，即長伍尺玖寸叁分。第貳步架按壹叁伍加舉，得長陸尺肆寸壹分，即長陸尺肆寸壹分。後坡壹步架并博脊分位，按壹壹伍加舉，得通長柒尺壹寸捌分。以椽徑陸分定寬。如椽徑肆寸陸分，得博縫板寬貳尺柒寸陸分。厚與山花板之厚同。

又 卷一七**《伍檁歇山轉角閘樓大木做法》** 凡明間以門洞之寬定面濶。如外門洞寬壹丈叁尺肆寸，每邊各加壹尺捌寸，得面濶壹丈柒尺。

凡稍間以明間面闊拾分之柒定面濶。如明間面濶壹丈柒尺，得面濶壹丈壹尺玖寸。

凡進深以甃城墻之頂寬折半定進深。如墻頂除墻皮中寬叁丈肆尺，折半得進深壹丈柒尺。

凡下簷柱以城墻高拾分之貳定高。如城墻高叁丈伍尺，得高柒尺。內除柱頂石陸寸，得簷柱淨高陸尺肆寸。以稍間面濶拾分之柒定徑寸。如稍間面濶壹丈壹尺玖寸，得徑捌寸叁分。

凡上簷柱以下簷柱之高定高。如下簷柱高柒尺，再加簷枋之高壹分捌寸叁分，共高柒尺捌寸叁分。徑與下簷柱徑寸同。每徑壹尺，外加上下榫各長叁寸。

凡承重枋以進深定長。如進深壹丈柒尺，再加兩頭出頭照簷柱徑各壹分半，如柱徑捌寸叁分，得長貳尺肆寸玖分，共長壹丈玖尺肆寸玖分。以簷柱徑加貳寸定厚。如柱徑捌寸叁分，得厚壹尺叁分。以本身之厚每尺加肆寸定高。如本身厚壹尺叁分，得高壹尺肆寸肆分。

凡楞木以面濶定長。如面濶壹丈柒尺，即長壹丈柒尺。以承重枋之高折半定徑寸。如承重枋高壹尺肆寸肆分，得厚柒寸貳分。

凡樓板以進深面濶定長短塊數。內除樓梯分位，按門口尺寸，臨期酌定。以楞木之厚肆分之壹定厚。如楞木厚柒寸貳分，得厚壹寸捌分。如墁磚，以楞木之厚，折半得厚。

凡墜千金棧轉柱以下簷柱定高。如下簷柱高陸尺肆寸，又加柱頂陸寸，共高柒尺，即高柒尺。以簷柱之徑加貳寸定徑。如柱徑捌寸叁分，得徑壹尺叁分。

凡轉杆以進深壹分定長。如進深壹丈柒尺，叁分分之，得長伍尺陸寸陸分。以轉柱之徑叁分之壹定徑。如柱徑壹尺叁分，得徑叁寸肆分。

凡轉柱頂以轉柱徑加倍定見方。如柱徑壹尺叁分，得見方貳尺陸分。以本身之見方折半定高。如見方貳尺陸分，得高壹尺叁分。

凡千金棧兩傍承重柱以下簷柱之高定高。如下簷柱淨高陸尺肆寸，即高陸尺肆寸。徑與簷柱同。

凡上簷順扒樑以進深定長。如稍間進深壹丈柒尺，即長壹丈柒尺。外加桁條脊面半分，如桁條徑捌寸叁分，得脊面貳寸肆分，加長壹寸貳分。以簷柱徑加貳寸定厚。如柱徑捌寸叁分，得厚壹尺叁分。以本身之厚每尺加叁寸定高。如本身厚壹尺叁分，得高壹尺叁寸叁分。

凡採步金以步架定長。如步架貳分長捌尺伍寸，兩頭各加桁條之徑壹分半，得假桁條頭分位。如桁條徑捌寸叁分，各得長壹尺貳寸肆分，通長壹丈玖寸捌分。以扒樑之高、厚各收貳寸定高、厚。如扒樑高壹尺叁寸叁分，厚壹尺叁分，得採步金高壹尺壹寸叁分，厚捌寸叁分。

凡採步金枋以步架貳分定長。如步架貳分長捌尺伍寸，內除交金橔之寬壹分陸寸伍分，淨長柒尺捌寸伍分。外加兩頭入榫分位，各按交金橔寬肆分之壹。高與金枋同。厚與交金橔之寬同。

凡肆角交金橔以步架定高。如步架深肆尺貳寸伍分，按伍舉加之，得高貳尺壹寸貳分。內除扒樑之高半分陸寸陸分，淨高壹尺肆寸陸分。以採步金之厚定寬。如採步金厚捌寸叁分，每尺收滾楞貳寸，得寬陸寸陸分，以假桁條頭長貳分定長。如假桁條頭長壹尺貳寸肆分，得長貳尺肆寸捌分。

凡伍架樑以進深定長。如進深壹丈柒尺，即長壹丈柒尺。兩頭各加桁條之徑壹分，得柁頭分位。如桁條徑捌寸叁分，得伍架樑通長壹丈捌尺陸寸陸分。高、厚與順扒樑同。

凡隨樑以進深定長。如進深壹丈柒尺，內除柱徑壹分，外加兩頭入榫分位，各按柱徑肆分之壹。以簷柱之徑定厚。如柱徑捌寸叁分，即厚捌寸叁分。以本身之厚加貳寸定高。如本身厚捌寸叁分，得高壹尺叁分。

凡叁架樑以步架貳分定長。如步架貳分深捌尺伍寸，即長捌尺伍寸。兩頭各加桁條徑壹分得柁頭分位，如桁條徑捌寸叁分，得叁架樑通長壹丈壹寸陸分。高、厚與採步金同。

凡金瓜柱以步架加舉定高。如步架深肆尺貳寸伍分，按伍舉加之，得高貳尺壹寸貳分。內除伍架樑之高壹尺叁寸叁分，得淨高柒寸玖分。以叁架樑之厚每尺收滾楞貳寸定厚。如叁架樑厚捌寸叁分，得厚陸寸陸分。寬按本身之厚加貳寸，得寬捌寸陸分。每寬壹尺，外加上下榫各長叁寸。

凡脊瓜柱以步架加舉定高。如步架深肆尺貳寸伍分，按柒舉加之，得高貳尺玖寸柒分。又加平水高柒寸叁分，共高叁尺柒寸。再加桁條徑叁分之壹作桁椀，得貳寸柒分。內除叁架樑之高壹尺壹寸叁分，得淨高貳尺捌寸肆分。寬、厚同金瓜柱。每寬壹尺，外加下榫長叁寸。

凡簷枋以面濶定長。如面濶壹丈柒尺，內除柱徑壹分，外加入榫分位，各按柱徑肆分之壹。其稍間照面濶，壹頭加柱徑壹分，得箍頭分位，壹頭除柱徑半分，外加入榫分位，按柱徑肆分之壹。兩山兩頭各加柱徑壹分。以簷柱徑寸定高。如柱徑捌寸叁分，即高捌寸叁分。厚按本身之高收貳寸，得厚陸寸叁分。

凡金脊枋以面濶定長。如面濶壹丈柒尺，內除瓜柱、柁橔各壹分，外加入榫分位，各按瓜柱、柁橔寬、厚肆分之壹。其稍間金、脊枋照面濶，壹頭收壹步架深肆尺貳寸伍分，壹頭除柱徑半分，外加入榫分位，按柱徑肆分之壹。高、厚與簷枋同。如不用墊板，照簷枋高、厚各收貳寸。

凡簷墊板以面濶定長。如面濶壹丈柒尺，內除柁頭壹分，外加兩頭入榫分位，各按柁頭拾分之貳。兩山與進深同。以簷枋之高收壹寸定寬。如簷枋高捌寸叁分，得寬柒寸叁分。以桁條徑拾分之叁定厚。如桁條徑捌寸叁分，得厚貳寸肆分。寬陸寸以上收分壹寸，陸寸以下不收分。

凡金脊墊板以面濶定長。如面濶壹丈柒尺，內除瓜柱、柁橔之寬、厚各壹分，外加入榫分位，各按瓜柱、柁橔寬、厚拾分之貳。其稍間墊板照面濶，壹頭收壹步架尺寸深肆尺貳寸伍分，壹頭除柁頭半分，外加入榫，照柁頭之厚每尺加滾楞貳寸。寬、厚與簷墊板同。採步金墊板之寬照交金橔之高。內除採步金枋之高得寬。其脊墊板照面濶除脊瓜柱徑壹分，外加兩頭入榫尺寸，各按瓜柱徑肆分之壹。

凡簷桁以面濶定長。如面濶壹丈柒尺，即長壹丈柒尺。其稍間桁條照面濶，壹頭加交角出頭分位，按本身之徑壹分，如本身徑捌寸叁分，得出頭長捌寸叁分。兩山兩頭各加交角出頭分位，按本身之徑壹分得長。每徑壹尺，外加搭交榫長叁寸。徑寸與簷柱同。

凡金、脊桁以面闊定長。如面闊壹丈柒尺，即長壹丈柒尺。其稍間桁條照面濶，壹頭收桁條之徑壹分。如面濶壹丈壹尺玖寸，內除桁條之徑捌寸叁分，得淨長壹丈壹尺柒分。徑與簷桁同。每徑壹尺，外加搭交榫長叁寸。

凡兩山代樑頭以桁條之徑叁分定長。如桁條徑捌寸叁分，得長貳尺肆寸玖分。以平水壹分半定高。如平水高柒寸叁分，得高壹尺玖分。厚與伍架樑同。分間做法用此。

凡四角花樑頭以代樑頭之長定長。如代樑頭長貳尺肆寸玖分，用方伍斜柒之法，得通長叁尺肆寸捌分。高、厚與代樑頭同。

凡仔角樑以步架并出簷加舉定長。如步架深肆尺貳寸伍分，出簷照簷柱高拾分之叁，得貳尺叁寸肆分，得長陸尺伍寸玖分。用方伍斜柒之法加長，又按壹壹伍加舉，共長壹丈陸寸壹分。再加翼角斜出椽徑叁分，如椽徑貳寸肆分，得并長壹丈壹尺叁寸叁分。再加套獸榫照角樑本身之厚壹分，如角樑厚肆寸捌分，即套獸榫長肆寸捌分，得仔角樑通長壹丈壹尺捌寸壹分。以椽徑叁分定高，貳分定厚。如椽徑貳寸肆分，得仔角樑高柒寸貳分，厚肆寸捌分。

凡老角樑以仔角樑之長，除飛簷頭并套獸榫定長。如仔角樑長壹丈壹尺捌寸壹分，內除飛簷頭長壹尺貳寸伍分，并套獸榫長肆寸捌分，得長壹丈捌分。高、厚與仔角樑同。

凡枕頭木以步架定長。如步架深肆尺貳寸伍分，內除角樑之厚半分，得枕頭木長肆尺壹分。以桁條之徑拾分之叁定寬。如桁條徑捌寸叁分，得枕頭木寬貳寸肆分。以椽徑貳分半定高。如椽徑貳寸肆分，得枕頭木壹頭高陸寸，壹頭斜尖與桁條平。兩山枕頭木做法同。

凡簷椽以步架并出簷加舉定長。如步架深肆尺貳寸伍分，又加出簷尺寸照上簷柱高拾分之叁，得貳尺叁寸肆分，共長陸尺伍寸玖分。內除飛簷椽頭壹分柒寸捌分，淨長伍尺捌寸壹分。又按壹壹伍加舉，得通長陸尺陸寸捌分。以桁條之徑拾分之叁定徑寸。如桁條徑捌寸叁分，得徑貳寸肆分。兩山簷椽做法同。每椽空檔，隨椽徑壹分。每間椽數，俱應成雙。檔之寬窄，隨數均勻。

凡飛簷椽以出簷定長。如出簷貳尺叁寸肆分，叁分分之，出頭壹分，得長柒寸捌分。後尾貳分半得長壹尺玖寸伍分，又按壹壹伍加舉，得飛簷椽通長叁尺壹寸叁分。見方與簷椽徑寸同。

凡翼角翹椽長、徑俱與平身簷椽同。其起翹之處以出簷尺寸，用方伍斜柒之法，再加步架尺寸定翹數。如出簷貳尺叁寸肆分，方伍斜柒加之，得長叁尺貳寸柒分。再加步架肆尺貳寸伍分，共長柒尺伍寸貳分。內除角樑之厚半分，得淨長柒尺貳寸捌分，即係翼角椽檔分位。但翼角翹椽以成單爲率，如逢雙數，應改成單。

凡翹飛椽以平身飛簷椽之長，用方伍斜柒之法定長。如飛簷椽長叁尺壹寸叁分，用方伍斜柒加之，第壹翹得長肆尺叁寸捌分，其餘以所定翹數每根遞減長伍分伍釐。其高比飛簷椽加高半分。如飛簷椽高貳寸肆分，得翹飛椽高叁寸陸分，厚仍貳寸肆分。

凡腦椽以步架加舉定長。如步架深肆尺貳寸伍分，按壹貳伍加舉，得長伍尺叁寸壹分。徑與簷椽同。以上簷、腦椽外加壹頭搭交尺寸，按本身之徑壹分。如本身徑貳寸肆分，即加長貳寸肆分。

凡兩山出稍啞叭腦椽與正腦椽長、徑同。啞叭簷椽以挑山檁之長得長，係短椽折半核算。

凡橫望板、壓飛簷尾橫望板俱以面闊進深加舉折見方丈核算。以椽徑拾分之貳定厚。如椽徑貳寸肆分，得厚肆分。

凡連簷以面濶定長。如面濶壹丈柒尺，即長壹丈柒尺。其稍間連簷，面濶壹丈壹尺玖寸，出簷貳尺叁寸肆分，共長壹丈肆尺貳寸肆分。內除角樑之厚半分，淨長壹丈肆尺。以起翹處每尺加翹壹寸，共長壹丈伍尺肆寸，兩山同。高、厚與簷椽徑寸同。

凡瓦口之長與連簷同。以椽徑半分定高。如椽徑貳寸肆分，得瓦口高壹寸貳分。以本身之高折半定厚，得厚陸分。

凡裏口以面濶定長。如面濶壹丈柒尺，即長壹丈柒尺。其稍間照面濶，壹頭收壹步架深肆尺貳寸伍分。兩山兩頭各收壹步架尺寸得長。以椽徑壹分再加望板之厚壹分半定高。如椽徑貳寸肆分，望板之厚壹分半陸分，得裏口高叁寸。厚與椽徑同。

凡閘檔板以翹檔分位定寬。如翹椽檔寬貳寸肆分，即閘檔板寬貳寸肆分。外加入槽每寸壹分，高隨椽徑尺寸。以椽徑拾分之貳定厚。如椽徑貳寸肆分，得閘檔板厚肆分。其小連簷，自起翹處至老角樑得長。寬隨椽徑壹分。厚照望板之厚壹分半，得厚陸分。兩山閘檔板做法同。

凡椽椀長隨裏口。以椽徑壹分再加椽徑叁分之壹定高。如椽徑貳寸肆分，得椽椀高叁寸貳分。以椽徑叁分之壹定厚，得厚捌分。兩山椽椀做法同。

凡榻脚木以步架貳分，外加桁條之徑貳分定長。如步架貳分長捌尺伍寸，外加兩頭桁條之徑各壹分，如桁條徑捌寸叁分，得榻脚木通長壹丈壹寸陸分。見方與桁條之徑同。

凡草架柱子以步架加舉定高。如步架深肆尺貳寸伍分，按柒舉加之，得高貳尺玖寸柒分。脊桁下草架柱子即高貳尺玖寸柒分。外加兩頭入榫分位，按本身之寬厚折半。如本身寬、厚肆寸壹分，得榫長貳寸。以榻脚木見方尺寸折半定寬、厚。如榻脚木見方捌寸叁分，得草架柱子見方肆寸壹分。

凡山花板以步架定寬。如步架貳分深捌尺伍寸，即寬捌尺伍寸。以脊中草架柱子之高，加桁條之徑定高。如草架柱子高貳尺玖寸柒分，桁條徑捌寸叁分，得山花板中高叁尺捌寸，系尖高做法，均折核算。以桁條之徑肆分之壹定厚。如桁條徑捌寸叁分，得山花板厚貳寸。

凡博縫板隨各椽之長得長。如腦椽長伍尺叁寸壹分，即長伍尺叁寸壹分。外加斜尖分位照本身之寬加長，如本身寬壹尺肆寸肆分，每塊即加長壹尺肆寸肆分。以椽徑陸分定寬。如椽徑貳寸肆分，得博縫板寬壹尺肆寸肆分。厚與山花板之厚同。

又　卷一八《伍檩硬山閘樓大木做法》　凡明間以門洞之寬定面濶。如外門洞寬壹丈叁尺肆寸，每邊各加壹尺捌寸，得面濶壹丈柒尺。凡稍間以明間面濶拾分之柒定面濶。如明間壹丈柒尺，得面濶壹丈壹尺玖寸。

凡進深以城墻之頂寬折半定進深。如墻頂除墻皮中寬叁丈肆尺，折半得進深壹丈柒尺。

凡下簷柱以城墻高拾分之貳定高。如城墻高叁丈伍尺，得高柒尺。內除柱頂石陸寸，簷柱淨高陸尺肆寸。每徑壹尺，外加上下榫各長叁寸。以稍間面濶拾分之柒定徑寸。如稍間面濶壹丈壹尺玖寸，得徑捌寸叁分。

凡上簷柱以下簷柱之高定高。如下簷柱高柒尺，再加簷枋之高壹分捌寸叁分，共高柒尺捌寸叁分。每徑壹尺，外加上下榫各長叁寸。徑與下簷柱之徑同。

凡山柱以步架加舉定高。如進深壹丈柒尺，每步架得深肆尺貳寸伍分。第壹步架按伍舉加之，得高貳尺壹寸貳分。第貳步架按柒舉加之，得高貳尺玖寸柒分。再加簷柱高柒尺捌寸叁分，得通高壹丈貳尺玖寸貳分。再加平水壹分柒寸叁分，又加桁條徑叁分之壹作桁椀，如桁條徑捌寸叁分，得桁椀貳寸柒分，共高壹丈叁尺玖寸貳分。每徑壹尺，外加下榫長叁寸。以簷柱徑加貳寸定徑。如簷柱徑捌寸叁分，得徑壹尺叁分。

凡承重枋以進深定長。如進深壹丈柒尺，再加兩頭出頭照簷柱徑各壹分半，如柱徑捌寸叁分，得長貳尺肆寸玖分，共長壹丈玖尺肆寸玖分。以簷柱徑加貳寸定厚。如柱徑捌寸叁分，得厚壹尺叁分。以本身之厚每尺加肆寸定高。

如本身厚壹尺叁分，得高壹尺肆寸肆分。

凡楞木以面濶定長。如面濶壹丈柒尺，即長壹丈柒尺。以承重枋之高折半定徑寸。如承重枋高壹尺肆寸肆分，得徑柒寸貳分。

凡樓板以進深、面濶定長短、塊數。内除樓梯分位，按門口尺寸，臨期酌定。以楞木厚肆分之壹定厚。如楞木厚柒寸貳分，得厚壹寸捌分。如墁磚，以楞木之厚折半得厚。

凡墜千金棧轉柱以下簷柱定高。如下簷柱高陸尺肆寸，又加柱頂陸寸，共高柒尺，即高柒尺。以簷柱之徑加貳寸定徑。如柱徑捌寸叁分，得徑壹尺叁分。

凡轉杆以進深叁分之壹定長。如進深壹丈柒尺，叁分分之，得長伍尺陸寸陸分。以轉柱之徑叁分之壹定徑。如柱徑壹尺叁分，得徑叁寸肆分。

凡轉柱頂以轉柱徑加倍定見方。如柱徑壹尺叁分，得見方貳尺陸分。以本身之見方折半定高。如見方貳尺陸分，得高壹尺叁分。

凡千金棧兩傍承重柱以下簷柱之高定高。如下簷柱淨高陸尺肆寸，即高陸尺肆寸。徑與簷柱同。

凡伍架樑以進深定長。如進深壹丈柒尺，即長壹丈柒尺，外加兩頭桁條徑各壹分，得柁頭分位。如桁條徑捌寸叁分，共長壹丈捌尺陸寸陸分。以簷柱徑加貳寸定厚。如柱徑捌寸叁分，得厚壹尺叁分。以本身之厚每尺加叁寸定高。如本身厚壹尺叁分，得高壹尺叁寸叁分。

凡隨樑以進深定長。如進深壹丈柒尺，内除柱徑壹分，外加兩頭入榫分位，各按柱徑肆分之壹。以簷柱徑定厚。如柱徑捌寸叁分，即厚捌寸叁分。以本身之厚加貳寸定高。如本身厚捌寸叁分，得高壹尺叁分。

凡叁架樑以步架貳分定長。如步架貳分深捌尺伍寸，即長捌尺伍寸。兩頭各加桁條徑壹分得柁頭分位，如桁條徑捌寸叁分，共長壹丈壹寸陸分。以伍架樑之高、厚各收貳寸定高、厚。如伍架樑高壹尺叁寸叁分，厚壹尺叁分，得叁架樑高壹尺壹寸叁分，厚捌寸叁分。

凡雙步樑以步架貳分定長。如步架貳分長捌尺伍寸，即長捌尺伍寸。外加壹頭桁條之徑壹分，得柁頭分位。如桁條徑捌寸叁分，共長玖尺叁寸叁分。高、厚與伍架樑同。

凡單步樑以步架壹分定長。如步架壹分長肆尺貳寸伍分，即長肆尺貳寸伍分。壹頭加桁條徑壹分，得柁頭分位。如桁條徑捌寸叁分，共長伍尺捌分。高、厚與叁架樑同。

凡合頭枋以步架貳分定長。如步架貳分長捌尺伍寸，内除前後柱徑各半分，外加入榫分位，各按柱徑肆分之壹。高、厚與隨樑枋同。

凡金瓜柱以步架加舉定高。如步架深肆尺貳寸伍分，按伍舉加之，得高貳尺壹寸貳分。内除伍架樑之高壹尺叁寸叁分，得淨高柒寸玖分。以叁架樑之厚每尺收滚楞貳寸定厚。如叁架樑厚捌寸叁分，得厚陸寸陸分。寬按本身之厚加貳寸，得寬捌寸陸分。每寬壹尺，外加上下榫各長叁寸。

凡脊瓜柱以步架加舉定高。如步架深肆尺貳寸伍分，按柒舉加之，得高貳尺玖寸柒分。又加平水高柒寸叁分，共高叁尺柒寸。再加桁條徑叁分之壹作桁椀，得貳寸柒分。内除叁架樑之高壹尺壹寸叁分，得淨高貳尺捌寸肆分。寬厚同金瓜柱。每寬壹尺，外加下榫長叁寸。

凡金脊簷枋以面濶定長。如面濶壹丈柒尺，内除柱徑壹分，外加入榫分位，各按柱徑肆分之壹。以簷柱之徑定高。如柱徑捌寸叁分，即高捌寸叁分。厚按本身之高收貳寸，得厚陸寸叁分。如金脊枋不用墊板，照簷枋寬、厚各收貳寸。

凡金脊簷墊板以面濶定長。如面濶壹丈柒尺，内除柁頭之厚壹分，外加入榫，照柁頭之厚每尺加滚楞貳寸。以簷枋之高收壹寸定寬。如簷枋高捌寸叁分，得寬柒寸叁分。以桁條之徑拾分之叁定厚。如桁條徑捌寸叁分，得厚貳寸肆分。寬陸寸以上照簷枋之高收分壹寸，陸寸以下不收分。其脊墊板照面濶除脊瓜柱徑壹分，外加兩頭入榫尺寸，各按瓜柱徑肆分之壹。

凡桁條以面濶定長。如面濶壹丈柒尺，即長壹丈柒尺。其稍間桁條壹頭照山柱徑加半分。每徑壹尺外加搭交榫長叁寸。徑與簷柱同。

凡前簷椽以步架并出簷加舉定長。如步架深肆尺貳寸伍分，又加出簷尺寸，照上簷柱高拾分之叁，得貳尺叁寸肆分，共長陸尺伍寸玖分。又按壹壹伍加舉，得通長柒尺伍寸柒分。如用飛簷椽，以出簷尺寸分叁分，去長壹分作飛簷頭。以桁條徑拾分之叁定徑寸。如桁條徑捌寸叁分，得徑貳寸肆分。每椽空檔，隨椽徑壹分。每間椽數，俱應成雙。檔之寬窄，隨數均勻。

凡後簷椽以步架加舉定長。如步架深肆尺貳寸伍分，按壹壹伍加舉，得通長肆尺捌寸捌分。再加桁條之徑半分，得肆寸壹分，共長伍尺貳寸玖分。徑寸與前簷椽同。

凡飛簷椽以出簷定長。如出簷貳尺叁寸肆分，叁分分之，出頭壹分，得長柒寸捌分，後尾貳分得長壹尺伍寸陸分，共長貳尺叁寸肆分。又按壹伍加舉，得通長貳尺陸寸玖分。見方與簷椽之徑同。

凡腦椽以步架加舉定長。如步架深肆尺貳寸伍分，即長肆尺貳寸伍分。又按壹貳伍加舉，得通長伍尺叁寸壹分。徑寸與簷椽同。以上簷、腦椽壹頭加搭交尺寸，俱照椽徑加壹分。

凡連簷以面濶定長。如面濶壹丈柒尺，即長壹丈柒尺。稍間應加墀頭分位。寬、厚與簷椽徑寸同。

凡瓦口長隨連簷。以所用瓦料定高、厚。如頭號板瓦中高貳寸，叁分均開，貳分作底臺，壹分作山子，又加板瓦本身之高貳寸，得頭號瓦口淨高肆寸。如貳號板瓦中高壹寸柒分，叁分均開，貳分作底臺，壹分作山子，又加板瓦本身之高壹寸柒分，得貳號瓦口淨高叁寸肆分。如叁號板瓦中高壹寸伍分，叁分均開，貳分作底臺，壹分作山子，又加板瓦本身之高壹寸伍分，得叁號瓦口淨高叁寸。其厚俱按瓦口淨高尺寸肆分之壹，得頭號瓦口厚壹寸，貳號瓦口厚捌分，叁號瓦口厚柒分。如用筒瓦，即隨頭、貳、叁號板瓦瓦口應除山子壹分之高。厚與板瓦瓦口同。

凡裏口以面闊定長。如面濶壹丈柒尺，即長壹丈柒尺。高、厚與飛簷椽同。再加望板之厚壹分半，得裏口之加高尺寸。

凡椽椀長短隨裏口。以椽徑定高。如椽徑貳寸肆分，再加椽徑叁分之壹，共得高叁寸貳分。以椽徑叁分之壹定厚，得厚捌分。

凡橫望板、壓飛簷尾橫望板以面濶、進深加舉折見方丈核算。以椽徑拾分之貳定厚。如椽徑貳寸肆分，得厚肆分。

又　卷一九《拾壹檁挑山倉房面闊壹丈叁尺進深肆丈伍尺簷柱高壹丈貳尺伍寸徑壹尺所有大木做法》　凡裏金柱以進深加舉定高。低如進深肆丈伍尺，分爲叁分，每分得進深壹丈伍尺。內貳分各得叁步架，每步架深伍尺。第壹步架按肆舉加之，得高貳尺。第貳步架按伍舉加之，得高貳尺伍寸。第叁步架按陸舉加之，得高叁尺，共高柒尺伍寸。并簷柱高壹丈貳尺伍寸，得通長貳丈。以簷柱徑加肆寸定徑寸。如柱徑壹尺，得徑壹尺肆寸。以上柱子，每徑壹尺，外加榫長叁寸。

凡叁穿樑以通進深叁分之壹定長短。如通進深肆丈伍尺，壹分得長壹丈伍尺，即長壹丈伍尺。壹頭加檁徑壹分得柁頭分位，壹頭加裏金柱徑半分，又出榫照簷柱徑半分，得通長壹丈柒尺貳寸，徑壹尺伍寸。瓜柱以步架加舉定高低。如步架深伍尺，按肆舉加之，得高貳尺。內除叁穿樑頭下皮做平分位高壹尺叁寸伍分，得淨高陸寸伍分，徑壹尺。

凡雙步樑以步架貳分定長短。如步架貳分深壹丈，壹頭加檁徑壹分，得柁頭分位，壹頭加金柱徑半分，又出榫照簷柱徑半分，得通長壹丈貳尺貳寸，徑壹尺叁寸。瓜柱以步架加舉定高低。如步架深伍尺，按伍舉加之，得高貳尺伍寸。內除雙步樑頭下皮做平分位高壹尺壹寸伍分，得淨高壹尺叁寸伍分，徑壹尺。

凡單步樑以步架壹分定長短。如步架壹分深伍尺，壹頭加檁徑壹分得柁頭分位，壹頭加金柱徑半分，又出榫照簷柱徑半分，得通長柒尺貳寸，徑壹尺壹寸。

凡伍架樑以通進深叁分之壹定長短。如通進深肆丈伍尺壹分，得壹丈伍尺。兩頭各加檁徑壹分得柁頭分位。如檁徑壹尺，得通長壹丈柒尺，徑壹尺伍寸。瓜柱以步架加舉定高低。如步架深叁尺柒寸伍分，按柒舉加之，得高貳尺陸寸貳分。內除伍架樑頭下皮做平分位高壹尺叁寸伍分，得淨高壹尺貳寸柒分，徑壹尺。以上瓜柱每徑壹尺，外加上下榫各長叁寸。

凡叁架樑以步架貳分定長短。如步架貳分深柒尺伍寸，兩頭各加檁徑壹分得柁頭分位。如檁徑壹尺，得通長玖尺伍寸，徑壹尺叁寸。瓜柱以步架加舉定高低。如步架深叁尺柒寸伍分。按捌舉加之，得高叁尺。又加平水高捌寸，再加檁徑叁分之壹作桁椀，長叁寸叁分，得通高肆尺壹寸叁分。內除叁架樑頭下皮做平分位高壹尺壹寸伍分，得淨高貳尺玖寸捌分，徑壹尺。每徑壹尺，外加下榫長叁寸。

凡簷枋以面濶定長短。如面濶壹丈叁尺，內除柱徑壹分，外加兩頭入榫分位，各按柱徑肆分之壹，得長壹丈貳尺伍寸。以簷柱徑寸定高。如柱徑壹尺，即高壹尺。厚按本身高收叁寸，得厚柒寸。如金脊枋不用墊板，照簷枋寬、厚各收貳寸。

凡墊板以面濶定長短。如面濶壹丈叁尺，內除柁頭分位壹分，外加兩頭入榫尺寸，照柁頭之厚每尺加滾楞貳寸，得長壹丈貳尺肆分。以簷枋高收貳寸定寬。如簷枋高壹尺，得寬捌寸。以檁徑拾分之叁定厚。如檁徑壹尺，得厚叁寸。

凡檁木以面濶定長短。如面濶壹丈叁尺，即長壹丈叁尺。每徑壹尺，外加搭交榫長叁寸。懸山做法，稍間應照出簷之法加長，徑寸俱與簷柱同。

凡簷椽以步架并出簷加舉定長短。如步架深伍尺，又加出簷尺寸，照簷柱高拾分之叁，得叁尺柒寸伍分，共長捌尺柒寸伍分。又按壹壹加舉，得通長玖尺陸寸貳分。再加搭頭分位，照檁徑壹分，廒門口壹間，簷椽不加出簷尺寸。

凡下花架椽以步架加舉定長短。如步架深伍尺，按壹壹伍加舉，得通長伍尺柒寸伍分。

凡中花架椽以步架加舉定長短。如步架深伍尺，按壹貳加舉，得通長陸尺。

凡上花架椽以步架加舉定長短。如步架深叁尺柒寸伍分，按壹貳伍加舉，得通長肆尺陸寸捌分。

凡腦椽以步架加舉定長短。如步架深叁尺柒寸伍分，按壹叁加舉，得通長肆尺捌寸柒分。以上椽子俱見方叁寸，簷腦椽壹頭加搭頭尺寸，花架椽兩頭各加搭頭尺寸，俱照檁徑壹分。

凡連簷以面濶定長短。如面濶壹丈叁尺，即長壹丈叁尺。懸山做法隨挑山之長，寬、厚同簷椽。

凡瓦口長短隨連簷以所用瓦料定高厚。如頭號板瓦中高貳寸，叁分均開，貳分作底臺，壹分作山子，又加板瓦本身之高貳寸，得頭號瓦口淨高肆寸。如貳號板瓦中高壹寸柒分，叁分均開，貳分作底臺，壹分作山子，又加板瓦本身之高壹寸柒分，得貳號瓦口淨高叁寸肆分。俱厚壹寸。

凡博縫板照椽子淨長尺寸，外加斜搭交之長按本身寬尺寸。以椽徑柒根定寬。如椽徑叁寸，得寬貳尺壹寸。以椽徑拾分之柒定厚，得厚貳寸壹分。

凡山墻上象眼窻以脊瓜柱定高低。如脊瓜柱除桁椀高壹尺捌寸伍分，再加檁徑、平水各壹分，共得高叁尺陸寸伍分，折半核算。以步架壹分除瓜柱徑定長短。如步架壹分深叁尺柒寸伍分，內除瓜柱徑壹分，得淨長貳尺柒寸伍分。每扇直楞厚壹寸，寬壹寸伍分，每空貳寸得捌根伍分，橫穿伍根，寬與直楞之厚同。厚以直楞厚減半，得厚伍分。週圍邊檔抹頭寬、厚，俱與直楞同。

凡廒門下檻以面濶定長短。如面濶壹丈叁尺，內除柱徑壹分，外加兩頭榫木各貳寸，得長壹丈貳尺肆寸。以柱徑拾分之捌定寬。如柱徑壹尺，得下檻寬捌寸。以本身寬折半定厚，得厚肆寸。

凡間抱柱以簷柱定長短。如簷柱高壹丈貳尺伍寸，內除簷枋高壹尺，下檻寬捌寸，得間抱柱淨長壹丈柒寸。外加兩頭榫木各貳寸，寬、厚與下檻同。

凡閘板之高同抱柱淨長尺寸。長按淨面濶，內除間抱柱分位，兩頭各加入槽尺寸照本身厚各壹分，以抱柱肆分之壹定厚。如抱柱厚肆寸，得厚壹寸。

叁檁氣樓面濶玖尺。進深柒尺伍寸。柱高貳尺柒寸寬陸寸，厚伍寸。所有大木做法開後。

計　　開

凡榻角木以面濶定長短。如面濶玖尺，兩頭各加壹尺，得通長壹丈壹尺。寬、厚同簷枋。

凡叁架樑以進深定長短。如進深柒尺伍寸，兩頭各加檁徑壹分得柁頭分位，如檁徑陸寸，得通長捌尺柒寸。以簷柱徑加壹寸定厚。如柱寬陸寸，得厚柒寸。高按本身厚每尺加貳寸，得高捌寸肆分。

凡簷枋以面濶定長短。如面濶玖尺，即長玖尺。兩頭應照柱徑尺寸加壹分得箍頭分位。以簷柱徑寸定高。如柱寬陸寸，即高陸寸。厚按本身高收貳寸，得厚肆寸。

凡脊枋以面濶定長短。如面濶玖尺，內除柱徑壹分，外加兩頭入榫分位，各按柱徑肆分之壹，得長捌尺伍寸貳分。寬、厚照簷枋各收貳寸。

凡墊板以面濶定長短。如面濶玖尺，內除柁頭分位壹分。外加兩頭入榫尺寸，照柁頭之厚每尺加滾楞貳寸，得長捌尺肆寸肆分。以簷枋之高收壹寸定寬。如簷枋高陸寸，得寬伍寸。以檁徑拾分之叁定厚。如檁徑陸寸，得厚壹寸捌分。

凡脊瓜柱以步架加舉定高低。如步架深叁尺柒寸伍分，按伍舉加之，得高壹尺捌寸柒分。再加檁徑叁分之壹作桁椀，得長貳寸。內除叁架樑之高捌寸肆分，得淨高壹尺貳寸叁分。以叁架樑之厚收壹寸定徑寸。如叁架樑厚柒寸，得徑陸寸。每徑壹尺，外加下榫長叁寸。

凡檁木以面濶定長短。如面濶玖尺，兩頭各加挑山壹尺，共得長壹丈壹尺。徑寸同簷柱之寬。如簷柱寬陸寸，即徑陸寸。

凡簷椽以步架并出簷加舉定長短。如步架深叁尺柒寸伍分，又加出簷尺寸，以柱高并榻角木拾分之陸得壹尺捌寸陸分，共長伍尺陸寸壹分。又按壹壹伍加舉，得通長陸尺肆寸伍分。以檁徑拾分之叁定徑寸。如檁徑陸寸，得見方壹寸捌分。

凡連簷、瓦口做法同前。

凡博縫板照椽子淨長尺寸，外加斜搭交之長按本身寬尺寸。以椽徑伍根定寬。如椽徑壹寸捌分，得寬玖寸。以椽徑拾分之柒定厚，得厚壹寸貳分。

凡前、後風窻以面闊定長短。如面闊玖尺，內除柱寬壹分，得淨長捌尺肆寸。高按簷柱高尺寸，除簷枋分位，得淨高貳尺壹寸。做法與山墻象眼窻同。

凡兩山上、下象眼窻以進深定長短。如進深柒尺伍寸，內除柱厚壹分，得淨長柒尺。以脊瓜柱之高定高。如脊瓜柱高壹尺捌寸柒分，內除叁架樑高捌寸肆分，再加檁徑壹分得高，折半核算。其做法與廒房山墻象眼窻同。

抱廈面闊壹丈叁尺，進深柒尺伍寸，柱高玖尺伍寸，徑捌寸。所有大木做法開後。

計　開

凡抱頭樑以進深定長短。如進深柒尺伍寸，壹頭加檁徑壹分得柁頭分位，壹頭加簷柱徑半分，又出榫照抱廈簷柱徑半分，得通長玖尺貳寸，徑壹尺貳寸。

凡隨樑枋以進深定長短。如進深柒尺伍寸，內除柱徑各半分，外加兩頭入榫分位，各按柱徑肆分之壹，得長柒尺伍分。其高、厚比簷枋各收貳寸。

凡簷枋以面闊定長短。如面闊壹丈叁尺，兩頭應照柱徑各加壹分得箍頭分位，得通長壹丈肆尺陸寸。以簷柱徑寸定高。如柱徑捌寸，即高捌寸。厚按本身高收貳寸，得厚陸寸。

凡墊板以面闊定長短。如面闊壹丈叁尺，即長壹丈叁尺。內除柁頭分位壹分，外加兩頭入榫尺寸，照柁頭之厚每尺加滚楞貳寸。以簷枋之高收貳寸定寬。如簷枋高捌寸，得寬陸寸，以檁徑拾分之叁定厚。如檁徑捌寸，得厚貳寸肆分。

凡檁木以面闊定長短。如面闊壹丈叁尺，兩頭各加挑山壹尺，共得長壹丈伍尺。徑寸與簷柱同。

凡簷椽以步架定長短。如步架長柒尺伍寸，又加出簷尺寸照簷柱高拾分之叁，得貳尺捌寸伍分，共長壹丈叁寸伍分。又按壹壹加舉，得通長壹丈壹尺叁寸捌分。見方叁寸。

凡博縫板照椽子淨長尺寸。如椽子通長壹丈壹尺叁寸捌分，即長壹丈壹尺叁寸捌分。以椽徑伍根定寬。如椽徑叁寸，得寬壹尺伍寸。以椽徑拾分之柒定厚。如椽徑叁寸，得厚貳寸壹分。

又　卷二〇《柒檁硬山封护簷庫房大木做法》　凡簷柱以面闊拾分之捌定高低徑寸。如面闊壹丈肆尺，得柱高壹丈壹尺貳寸徑壹尺壹寸貳分。如次間、稍間面闊比明間窄小者，其柱檁柁枋等木徑寸，仍照明間，其面闊臨期酌奪地勢定尺寸。

凡金柱以出廊加舉定高低。如出廊深柒尺，按伍舉加之，得高叁尺伍寸，并簷柱高壹丈壹尺貳寸，得通長壹丈肆尺柒寸。以簷柱之徑加貳寸定徑寸。如簷柱徑壹尺壹寸貳分，得金柱徑壹尺叁寸貳分。以上柱子，每徑壹尺，外加榫長叁寸。

凡抱頭樑以出廊定長短。如出廊深柒尺，壹頭加檁徑壹分得柁頭分位，壹頭加金柱徑半分，又出榫照簷柱徑半分，得通長玖尺叁寸肆分。以簷柱徑加貳寸定厚。如柱徑壹尺壹寸貳分，得厚壹尺叁寸貳分。高按本身之厚每尺加叁寸，得高壹尺柒寸壹分。

凡穿插枋以出廊定長短。如出廊深柒尺，壹頭加簷柱徑半分，壹頭加金柱徑半分，又兩頭出榫照簷柱徑壹分，得通長玖尺叁寸肆分。高、厚與簷枋同。

凡伍架樑以進深定長短。如通進深叁丈肆尺，內除前後廊壹丈肆尺，進深得貳丈。兩頭各加檁徑壹分得柁頭分位。如檁徑壹尺壹寸貳分，得通長貳丈貳尺貳寸肆分。以金柱徑加貳寸定厚。如柱徑壹尺叁寸貳分，得厚壹尺伍寸貳分。高按本身之厚每尺加叁寸，得高壹尺玖寸柒分。

凡隨樑枋以進深定長短。如進深貳丈，內除柱徑壹分，外加兩頭入榫分位，各按柱徑肆分之壹，得長壹丈玖尺叁寸肆分。其高、厚比簷枋各加貳寸。

凡金瓜柱以步架加舉定高低。如步架深伍尺，按柒舉加之，得高叁尺伍寸，內除伍架樑高壹尺玖寸柒分，得淨高壹尺伍寸叁分。以叁架樑之厚收貳寸定徑寸。如叁架樑厚壹尺叁寸貳分，得金瓜柱徑壹尺壹寸貳分。每徑壹尺，外加上、下榫各長叁寸。

凡叁架樑以步架貳分定長短。如步架貳分深壹丈，兩頭各加檁徑壹分得柁頭分位。如檁徑壹尺壹寸貳分，得通長壹丈貳尺貳寸肆分。以伍架樑高、厚各收貳寸定高、厚。如伍架樑高壹尺玖寸柒分，厚壹尺伍寸貳分，得高壹尺柒寸柒分，厚壹尺叁寸貳分。

凡脊瓜柱以步架加舉定高低。如步架深伍尺，按玖舉加之，得高肆尺伍寸。又加平水高壹尺貳分，再加檁徑叁分之壹作桁椀，得長叁寸柒分，共高伍尺捌寸玖分。內除叁架樑高壹尺柒分，柒分淨高肆尺壹寸貳分。徑寸同金瓜柱。每徑壹尺，外加下榫長叁寸。

凡簷、金、脊枋以面濶定長短。如面濶壹丈肆尺，內除柱徑壹分，外加兩頭入榫分位，各按柱徑肆分之壹，得長壹丈叁尺肆寸肆分。以簷柱徑寸定高。如柱徑壹尺壹寸貳分，即高壹尺壹寸貳分。厚按本身之高收貳寸，得厚玖寸貳分。

凡金、脊、簷墊板以面濶定長短。如面濶壹丈肆尺，內除柁頭分位壹分，外加兩頭入榫尺寸，照柁頭之厚每尺加滾楞貳寸，得長壹丈貳尺玖寸肆分。以簷枋之高收壹寸定高。如簷枋高壹尺壹寸貳分，得高壹尺貳分。以檁徑拾分之叁定厚。如檁徑壹尺壹寸貳分，得厚叁寸叁分。高陸寸以上者，照簷枋之高收分壹寸，陸寸以下者不收分。其脊墊板，照面濶除脊瓜柱徑壹分，外加兩頭入榫尺寸，各按瓜柱徑肆分之壹。

凡檁木以面濶定長短。如面濶壹丈肆尺，即長壹丈肆尺。每徑壹尺，外加搭交榫長叁寸。稍間，應壹頭照柱徑加半分。徑寸俱與簷柱同。

凡板椽以面濶、進深加舉，前、後簷各加檁徑半分，折見方丈定長、寬。以檁徑拾分之叁定厚。如檁徑壹尺壹寸貳分，得厚叁寸叁分。

凡橫望板亦以面濶、進深加舉，前、後簷各加檁徑半分，折見方丈定長、寬。以檁徑拾分之壹定厚。如檁徑壹尺壹寸貳分，得厚壹寸壹分。

又 卷二一《叁檁垂花門大木做法》 凡中柱以面濶之外每丈加肆尺定長短。如面濶壹丈，得高壹丈肆尺。以面濶拾分之壹定見方。如面濶壹丈，得見方壹尺。如稍間面濶比明間窄小者，其柱檁柁枋等木徑寸，仍照明間。稍間面濶，臨期酌奪地勢定尺寸。

凡邊柱以中柱定長短。如中柱高壹丈肆尺，內除脊檁壹分，計陸寸，正心枋壹分，計叁寸，斗科肆寸捌分，坐斗枋壹分，計捌寸，共貳尺壹寸捌分，得淨長壹丈壹尺捌寸貳分。徑寸與中柱同。以上柱子，每見方壹尺，加榫長叁寸。

凡垂蓮柱以中柱高叁分之壹定長短。如中柱壹丈肆尺，得長肆尺陸寸陸分。邊間以中間垂蓮柱高尺寸內除檁枋、斗科、坐斗枋分位，得高貳尺肆寸捌分。以中柱見方尺寸拾分之陸定徑寸。如中柱見方壹尺，得徑陸寸。

凡脊額枋以面濶定長短。如面濶壹丈，即長壹丈。以中柱徑寸收貳寸定高。如中柱見方壹尺，得高捌寸。厚按本身高收貳寸，得厚陸寸。

凡棋枋板以面濶定寬。如面濶壹丈，內除柱徑壹分，得淨寬玖尺。以額枋厚拾分之貳定厚。如額枋厚陸寸，得厚壹寸貳分。高按中柱之高，內除檁枋、斗科、吉門口上、下檻各分位得高，臨期擬定。

凡坐斗枋長、寬、厚俱與脊額枋同。

凡正心、簷、脊枋以面濶定長短。如面濶壹丈，即長壹丈。以斗口貳分定高，壹分定厚。如斗口壹寸伍分，得高叁寸，厚壹寸伍分。

凡懸山桁條下皮用燕尾枋以挑山之長定長短。如挑山長壹尺，即長壹尺。外壹頭加柱徑半分。以檁徑拾分之叁定厚。如檁徑陸寸，得厚壹寸捌分。寬按本身厚加貳寸，得寬叁寸捌分。

凡簷、脊檁木以面濶定長短。如面濶壹丈，即長壹丈。外加兩頭柱徑各半分，再加挑山長各壹尺，得通長壹丈叁尺。稍間按面濶，壹頭加挑山之長。以斗口肆分定徑寸。如斗口壹寸伍分，得徑陸寸。

凡麻葉抱頭樑以進深定長短。如進深陸尺，兩頭各按本身高加壹分得麻葉頭分位。如本身高壹尺，得通長捌尺。以中柱見方尺寸定寬。如中柱見方壹尺，即高壹尺。以柱寬拾分之陸定厚。如柱寬壹尺，得厚陸寸。

凡麻葉抱頭樑以進深定長短。如進深陸尺，兩頭各按本身之高加壹分得麻葉頭分位。如本身高柒寸，得通長柒尺肆寸。以抱頭樑寬拾分之柒定寬。如抱頭樑寬壹尺，得寬柒寸。厚按本身寬收貳寸，得厚伍寸。

凡簷額枋以面濶定長短。如面濶壹丈，兩頭各加檁徑壹分得箍頭分位。如檁徑陸寸，得通長壹丈壹尺貳寸。稍間壹頭加檁徑壹分得箍頭分位。以垂柱徑寸定高。如柱徑陸寸，即高陸寸。厚按本身同收貳寸，得厚肆寸。

凡簷椽以步架壹分并出簷加舉定長短。如步架壹分深叁尺，出簷以中柱之高，內除舉架尺寸并麻葉抱頭樑之高壹分，淨高壹丈壹尺伍寸。出簷照柱高拾分之叁得叁尺肆寸伍分。簷不過步，如步架深叁尺，出簷不過叁尺，共長陸尺，又按壹壹伍加舉，得通長陸尺玖寸。如用飛簷椽，以出簷尺寸分叁分，去長壹分作飛簷頭，以檁徑拾分之叁定徑寸。如檁徑陸寸，得徑壹寸捌分。每椽空檔，隨椽徑壹分。每間椽數，俱應成雙。檔之寬窄，隨數均勻。

凡飛簷椽以出簷定長短。如出簷叁尺，叁分分之，出頭壹分得長壹尺，後尾貳分得長貳尺，共長叁尺。又按壹壹伍加舉，得通長叁尺肆寸伍分。見方與簷椽徑同。

凡連簷以面濶定長短。如面濶壹丈，即長壹丈。兩頭各加挑山之長，稍間壹頭加挑山之長，寬、厚同簷椽。

凡瓦口長短隨連簷，以所用瓦料定高厚。如貳號板瓦中高壹寸柒分，叁分均開，貳分作底臺，壹分作山子，又加板瓦本身高壹寸柒分，得貳號瓦口淨高叁寸肆分。如叁號板瓦中高壹寸伍分，叁分均開，貳分作底臺，壹分作山子，又加板瓦本身高壹寸伍分，得叁號瓦口淨高叁寸。如拾樣板瓦中高壹寸，叁分均開，貳分作底臺，壹分作山子，又加板瓦本身高壹寸，得拾樣瓦口淨高貳寸。其厚俱按瓦口淨高尺寸肆分之壹，得貳號瓦口厚捌分，叁號瓦口厚柒分，拾樣瓦口厚伍分。如用筒瓦，即隨貳叁號拾樣板瓦瓦口，應除山子壹分之高。厚與板瓦瓦口同。

凡裏口以面濶定長短。如面濶壹丈，兩頭各加挑山之長，得通長壹丈貳尺。稍間壹頭加挑山之長。高、厚與飛簷椽同。再加望板厚壹分半，得裏口加高尺寸。

凡椽椀長短隨裏口。以椽徑定高、厚。如椽徑壹寸捌分，再加椽徑叁分之壹，共得高貳寸肆分。以椽徑叁分之壹定厚，得厚陸分。

凡博縫板照椽子淨長尺寸，外加斜搭交之長按本身寬尺寸，以椽徑柒根定寬。如椽徑壹寸捌分，得寬壹尺貳寸陸分。以椽徑拾分之柒定厚。如椽徑壹寸捌分，得厚壹寸貳分。

凡稍間靠明間兩山博縫頭以出簷定長。如出簷叁尺，按壹壹伍加舉，得通長叁尺肆寸伍分。寬、厚與長博縫同。

凡用橫望板、壓飛簷尾橫望板以面濶、進深加舉折見方丈定長寬。以椽徑拾分之貳定厚。如椽徑壹寸捌分，得厚叁分。

凡抱鼓石上壺瓶牙子以抱鼓石高定高。如抱鼓石高叁尺叁分，即高叁尺叁分，以抱鼓石長減半定寬。如抱鼓石長貳尺伍寸，得寬壹尺貳寸伍分。以中柱徑拾分之叁定厚。如中柱徑壹尺得厚叁寸，其石鼓高寬尺寸。載於石作冊內。

凡兩山穿插枋下雲拱雀替，以進深定長短。如通進深陸尺，內除垂柱徑陸寸，中柱見方壹尺，外得長肆尺肆寸。每坡得貳尺貳寸，肆分之，雀替得叁分，長壹尺陸寸伍分，再加壹倍尺寸，并中柱徑壹分，得通長肆尺叁寸。以穿插枋之寬定高。如穿插枋寬柒寸，即高柒寸。以柱徑拾分之叁定厚。如柱徑壹尺，得厚叁寸。

凡叁伏雲子以穿插枋厚叁分定長。如穿插枋厚伍寸，得長壹尺伍寸。高同雀替，厚按雀替之厚去包掩陸分。如雀替厚叁寸，得厚貳寸肆分。

凡拱子以口數陸寸貳分定長短。如口數貳寸肆分，陸貳加之，得長壹尺肆寸捌分捌釐，外加入榫分位按中柱徑壹分，共得長貳尺肆寸捌分捌釐。以斗口貳分定高。如斗口貳寸肆分，得高肆寸捌分。厚與雀替同。

凡拾捌斗以雀替之厚壹捌定長短。如雀替厚叁寸，壹捌加之，得長伍寸肆分。以叁伏雲厚得寬。如叁伏雲厚貳寸肆分，外加包掩陸分，得寬叁寸。高與叁伏雲厚同。

凡廂穿插檔用假素雀替連墊拱板以進深定長短。如進深陸尺，內除兩頭垂柱徑各半分，得長伍尺肆寸。外加兩頭入榫尺寸照垂柱徑肆分之壹，得通長伍尺柒寸。以穿插檔之寬定寬。如穿插檔寬柒寸，即寬柒寸。以穿插枋厚叁分之壹定厚。如穿插枋厚陸寸，得厚貳寸。

凡廂象眼用角背或象眼板臨期擬定。如用角背，以步架壹分定長短。如步架壹分深叁尺，即長叁尺。以中柱舉架高叁分之壹定寬。如舉架高壹尺伍寸，得寬伍寸。以中柱見方叁分之壹定厚。如柱見方壹尺，得厚叁寸叁分。如用象眼板以步架貳分定寬。如步架貳分深陸尺，內除中柱徑壹分，淨寬伍尺。以步架壹分加舉定高低。如步架壹分深叁尺，按伍舉加之，得高壹尺伍寸。外加檁徑陸寸，共得高貳尺壹寸，厚伍分。係象眼做法，折半核算。

凡簷、脊檁安壹斗叁升斗科，以斗口捌分定攢數。如明間面濶壹丈，斗口壹寸伍分，得平身科捌攢。每攢大斗壹個，以斗口叁分定長、寬，貳分定高。如斗口壹寸伍分，得長、寬各肆寸伍分，高叁寸。正心瓜拱壹件，以口數陸寸貳分定長短。如斗口壹寸伍分，陸貳加之，得長玖寸叁分。以斗口每寸加貳分肆釐定厚，如斗口壹寸伍分，貳肆加之，得叁分陸釐。加斗口壹分，得厚壹寸捌分陸釐。明間斗科攢數，俱應成雙。檔之寬窄，隨數均勻。

凡柱頭科大斗以斗口肆分定長，叁分定寬，貳分定高。如斗口壹寸伍分，得長陸寸，寬肆寸伍分，高叁寸。正心瓜拱壹件，長、高、厚俱與平身科瓜拱同。

凡斗科每攢槽升叁件，每件以斗口之數外加拾分之叁定長短。如斗口壹寸伍分，壹叁加之，得長壹寸玖分伍釐。以斗口之數外加拾分之柒貳定寬，如斗口壹寸伍分，柒貳加之，得寬貳寸伍分捌釐。以斗口壹分定高。如斗口壹寸伍分，即高壹寸伍分。

又　卷二二《肆角攢尖方亭大木做法》　凡簷柱以面濶拾分之捌定高，拾分之柒定徑寸。如面濶壹丈，得柱高捌尺，徑柒寸。每柱徑壹尺，加榫長叁寸。

凡箍頭簷枋以面濶定長。如面濶壹丈，外加兩頭箍頭分位，各按簷柱徑壹分，如柱徑柒寸，得通長壹丈壹尺肆寸。以柱徑定高，即高柒寸。厚按本身之高收貳寸，得厚伍寸。

凡墊板以面濶定長。如面濶壹丈，內除花樑頭厚壹分，如花樑頭厚玖寸除之，得長玖尺壹寸。外加兩頭入榫分位，照花樑頭之厚每尺加入榫貳寸，得榫長壹寸捌分。以簷枋之高收壹寸定高。如簷枋高柒寸，得高陸寸。以桁條徑拾分之叁定厚。如桁條徑柒寸，得厚貳寸壹分。

凡肆角花樑頭以桁條之徑叁分定長。如桁條徑叁分，共長貳尺壹寸。用方伍斜柒加之，得通長貳尺玖寸肆分。以平水壹分半定高。如平水高陸寸得高玖寸，以簷柱徑加貳寸定厚，得厚玖寸。

凡桁條以面濶定長。如面濶壹丈，即長壹丈。外加兩頭搭交出頭，各按本身徑壹分半，如本身徑柒寸，得搭交出頭各長壹尺伍分。徑與簷柱同。

凡抹角樑以面濶半分，桁條脊面壹分，用方伍斜柒定長。如面濶半分寬伍尺，桁條脊面寬貳寸壹分，方伍斜柒加之，得通長柒尺貳寸玖分。以簷柱徑加貳寸定厚，得厚玖寸。以本身之厚每尺加貳寸定高，得高壹尺捌分。

凡肆角交金墩以步架加舉定高。如步架深貳尺伍寸，按伍舉加之，得高壹尺貳寸伍分。又加桁椀高貳寸叁分，共高壹尺肆寸捌分。內除抹角樑之高壹尺捌分，得交金墩淨高肆寸。以桁條徑叁分定長，得長貳尺壹寸。以抹角樑之厚收貳寸定厚，得厚柒寸。

凡金枋以面濶半分定長。如面濶半分寬伍尺，即長伍尺。不用墊板，照簷枋高、厚各收貳寸定高、厚，得高伍寸，厚叁寸。

凡金桁以面濶半分定長。如面濶半分寬伍尺，即長伍尺。外加兩頭搭交出頭各按本身徑壹分半，如本身徑柒寸，得搭交出頭各長壹尺伍分。徑與簷桁同。

凡雷公柱以簷柱徑壹分半定徑。如簷柱徑柒寸，得徑壹尺伍分。以本身之徑柒分定長，得長柒尺叁寸伍分。

凡仔角樑以步架壹分，并出簷各尺寸，用方伍斜柒舉架定長。如步架深貳尺伍寸，出簷貳尺肆寸，得長肆尺玖寸。用方伍斜柒之法加長，又按壹壹伍加舉，共長柒尺捌寸捌分。再加翼角斜出椽徑叁分，如椽徑貳寸壹分，并得長捌尺伍寸壹分，再加套獸榫照角樑本身厚壹分，如角樑厚肆寸貳分，即套獸榫長肆寸貳分，得仔角樑通長捌尺玖寸叁分。以椽徑叁分定高，貳分定厚，得高陸寸叁分，厚肆寸貳分。

凡老角樑以仔角樑之長，除飛簷頭并套獸榫定長。如仔角樑長捌尺玖寸叁分，內除飛簷頭長壹尺貳寸捌分，并套獸榫長肆寸貳分，得長柒尺貳寸叁分。外加後尾叁岔頭照交金墩厚壹分，如交金墩厚柒寸，得老角樑通長柒尺玖寸叁分。高、厚與仔角樑同。

凡由戧以步架壹分定長。如步架壹分深貳尺伍寸，用方伍斜柒之法加斜長，又按壹貳伍加舉，得長肆尺叁寸柒分。高、厚與仔角樑同。

凡枕頭木以步架壹分定長。如步架深貳尺伍寸，內除角樑厚半分，得枕頭木長貳尺貳寸玖分。以桁條徑拾分之叁定寬。如桁條徑柒寸，得寬貳寸壹分。以椽徑貳分半定高。如椽徑貳寸壹分，得高伍寸貳分。壹頭斜尖與桁條平。

凡簷椽以步架并出簷加舉定長。如步架深貳尺伍寸，又加出簷照柱高拾分之叁得貳尺肆寸，共長肆尺玖寸。又按壹壹伍加舉，得通長伍尺陸寸叁分。如用飛簷椽，內除飛簷頭長玖寸貳分，得簷椽淨長肆尺柒寸壹分。以桁條徑拾分之叁定徑寸，如桁條徑柒寸，得徑貳寸壹分。每椽空檔，隨椽徑壹分。但椽數應成雙，檔之寬窄，隨數均勻。

凡翼角翹椽長、徑俱與平身簷椽同。其起翹之處，以出簷尺寸用方伍斜柒之法，再加步架尺寸定翹數。如出簷貳尺肆寸，方伍斜柒加之，得長叁尺叁寸陸分。再加步架壹分，深貳尺伍寸，共長伍尺捌寸陸分，內除角樑之厚半分，得淨長伍尺陸寸伍分，即係翼角椽檔分位。翼角翹椽以成單爲率，如逢雙數，應改成單。

凡飛簷椽以出簷定長。如出簷貳尺肆寸，按壹壹伍加舉，得長貳尺柒寸陸分，叁分分之，出頭壹分得長玖寸貳分，後尾貳分半得長貳尺叁寸，加之，得飛簷椽通長叁尺貳寸貳分。見方與簷椽徑寸同。

凡翹飛椽以平身飛簷椽之長，用方伍斜柒之法定長。如飛簷椽長叁尺貳寸貳分，方伍斜柒加之，第壹翹得長肆尺伍寸，其餘以第壹翹之長逐根減短。其高比飛簷椽加高半分，如飛簷椽高貳寸壹分，得翹椽高叁寸壹分。厚與飛簷椽同。

凡腦椽以面濶半分定根數，以步架加舉定長。如步架深貳尺伍寸，按壹貳伍加舉，得居中腦椽貳根，長叁尺壹寸貳分，其餘長短椽折半核算。徑與簷椽同。

凡連簷以面濶定長。如面濶壹丈，即長壹丈。外加翼角之長得連簷通長之數。高、厚與飛簷椽見方同。

凡瓦口之長與連簷同。以椽徑半分定高。如椽徑貳寸壹分，得瓦口高壹寸。以本身之高折半定厚，得厚伍分。

凡閘檔板以椽檔分位定長。如椽檔寬貳寸壹分，即閘檔板長貳寸壹分，外加入槽每寸壹分。高隨椽徑尺寸。以椽徑拾分之貳定厚。如椽徑貳寸壹分，得閘檔板厚伍分。

凡小連簷以通面寬得長。其寬隨椽徑壹分，厚照望板之厚壹分半。

凡橫望板以面濶、進深、出簷并加舉折見方丈核算。以椽徑拾分之貳定厚。如椽徑貳寸壹分，得望板厚伍分。

又　卷二三《陸柱圓亭大木做法》　凡進深以面濶加倍定丈尺。如每面濶伍尺，得進深壹丈。

凡每面濶以進深減半定丈尺。如進深壹丈，得每面濶伍尺。

凡簷柱以進深拾分之捌定高，拾分之柒定徑寸。如進深壹丈，得簷柱高捌尺，徑柒寸。每柱徑壹尺加榫長叁寸。

凡圓簷枋以每面濶定長。如每面濶伍尺，內除簷柱徑柒寸，淨長肆尺叁寸。外加兩頭入榫分位，各按柱徑肆分之壹。以柱徑定高，即高柒寸。厚按本身之高收貳寸，得厚伍寸。

凡圓墊板以每面濶定長。如每面濶伍尺，內除花樑頭之厚壹分，如花樑頭厚玖寸除之，得長肆尺壹寸。外加兩頭入榫分位，照花樑頭之厚每尺加入榫貳寸，得榫長壹寸捌分。以簷枋之高收壹寸定高。如簷枋高柒寸，得高陸寸。以桁條徑拾分之叁定厚。如桁條徑柒寸，得厚貳寸壹分。

凡花樑頭以桁條之徑叁分定長。如桁條叁分其長貳尺壹寸，即花樑頭長貳尺壹寸。以平水壹分半定高。如平水高陸寸，得高玖寸。以簷柱徑如貳寸定厚，得厚玖寸。

凡圓桁條以每面濶定長。如每面濶伍尺，即長伍尺。每徑壹尺，外加搭交榫長叁寸。徑與簷柱徑同。

凡扒樑以進深捌伍定長。如進深壹丈，得扒樑長捌尺伍寸。外加桁條徑脊面壹分，如脊面寬貳寸壹分并之，得扒樑通長捌尺柒寸壹分。以簷柱徑加貳寸定厚，得厚玖寸。以本身之厚每尺加貳寸定高，得高壹尺捌分。

凡井口扒樑以每面濶定長。如每面濶伍尺，即長伍尺。高、厚與扒樑同。

凡交金墩以步架加舉定高。如步架深貳尺伍寸，按伍舉加之，得高壹尺貳寸伍分。又加桁椀高貳寸叁分，共高壹尺肆寸捌分。內除扒樑之高壹尺捌分，得交金墩淨高肆寸。以桁條徑叁分定長，得長貳尺壹寸。以扒樑之厚收貳寸定厚，得厚柒寸。

凡金枋以每面濶半分定長。如每面濶伍尺，即金枋長貳尺伍寸。不用墊板，照簷枋高厚各收貳寸定高、厚。

凡金桁以每面濶半分定長。如每面濶伍尺，即長貳尺伍寸。每徑壹尺外加搭交榫長叁寸，徑與簷桁同。

凡由戧以步架壹分定長。如步架壹分深貳尺伍寸，用方伍斜柒之法加斜長，又按壹貳伍加舉，得長肆尺叁寸柒分。以椽徑叁分定高，貳分定厚，得高陸寸叁分，厚肆寸貳分。

凡雷公柱以簷柱徑壹分半定徑。如簷柱徑柒寸，得徑壹尺伍分。以本身之徑柒分定長，得長柒尺叁寸伍分。

凡陸面簷椽以步架并出簷加舉定長。如步架深貳尺伍寸，又加出簷照柱高拾分之叁得貳尺肆寸，共長肆尺玖寸。又按壹壹伍加舉，得通長伍尺陸寸叁分。如用飛簷椽，內除飛簷頭長玖寸貳分，得簷椽子淨長肆尺柒寸壹分。以桁條徑拾分之叁定徑寸。如桁條徑柒寸，得徑貳寸壹分。每椽空檔，隨椽徑壹分，但椽數應成雙，檔之寬窄，隨數均勻。

凡陸面飛簷椽以出簷定長。如出簷貳尺肆寸，按壹壹伍加舉，得長貳尺柒寸陸分，叁分分之。出頭壹分，得長玖寸貳分，後尾貳分半得長貳尺叁寸，加之，得飛簷椽通長叁尺貳寸貳分。見方與簷椽徑寸同。

凡腦椽以面濶半分定根數，以步架加舉定長。如步架深貳尺伍寸，按壹貳伍加舉，得腦椽長叁尺壹寸貳分。每面長椽貳根，其餘長短椽折半核算。徑與簷椽同。

凡連簷以每面濶定長。如每面濶伍尺，即長伍尺。高、厚與飛簷椽見方同。

凡瓦口之長與連簷同。以椽徑半分定高。如椽徑貳寸壹分，得瓦口高壹寸。以本身之高折半定厚，得厚伍分。

凡閘檔板以椽檔分位定長。如椽檔寬貳寸壹分，即閘檔板長貳寸壹分。外加入槽每寸壹分。高隨椽徑尺寸。以椽徑拾分之貳定厚。如椽徑貳寸壹分，得閘檔板厚伍分。

凡小連簷以每面濶得長。其寬隨椽徑壹分，厚照望板之厚壹分半。

凡望板以面濶、進深、出簷并加舉折見方丈核算。以椽徑拾分之貳定厚。如椽徑貳寸壹分，得望板厚肆分。

凡圓枋、墊板、桁條木料，應加貳倍核算，每淨厚壹寸，得厚叁寸，其鋸下木料量材選用。

又　卷二四《柒檁小式大木做法》　凡簷柱以面濶拾分之捌定高低，拾分之柒定徑寸。如面濶壹丈伍寸，得柱高捌尺肆寸，徑柒寸叁分。如次間、稍間面濶比明間窄小者，其柱、檁、柁、枋等木徑寸，仍照明間。至次間、稍間面濶，臨期酌奪地勢定尺寸。

凡金柱以出廊加舉定高低。如出廊深叁尺，按伍舉加之，得高壹尺伍寸，并簷柱高捌尺肆寸，得通長玖尺玖寸。以簷柱徑加壹寸定徑寸。如簷柱徑柒寸叁分，得金柱徑捌寸叁分。以上柱子，每徑壹尺，外加榫長壹寸伍分。

凡山柱以進深加舉定高低。如通進深壹丈捌尺，內除前、後廊陸尺，得進深壹丈貳尺。分爲肆步架，每坡得貳步架，每步架深叁尺。第壹步架按柒舉加之，得高貳尺壹寸。第貳步架按玖舉加之，得高貳尺柒寸。又加平水高陸寸叁分，再加檁徑叁分之壹作桁椀，長貳寸肆分，共高伍尺陸寸柒分。并金柱之高玖尺玖寸，得通長壹丈伍尺伍寸柒分。徑寸與金柱同。每徑壹尺，外加榫長壹寸伍分。

凡抱頭樑以出廊定長短。如出廊深叁尺，壹頭加檁徑壹分得柁頭分位，壹頭加金柱徑半分，又出榫照簷柱徑半分，得通長肆尺伍寸壹分。以簷柱徑加壹寸定厚。如柱徑柒寸叁分，得厚捌寸叁分。高按本身厚每尺加貳寸，得高玖寸玖分。

凡穿插枋以出廊定長短。如出廊深叁尺，壹頭加簷柱徑半分，壹頭加金柱徑半分，又兩頭出榫照簷柱徑壹分，得通長肆尺伍寸壹分。高、厚與簷枋同。

凡伍架樑以進深定長短。如通進深壹丈捌尺，內除前、後廊陸尺，得進深壹丈貳尺。兩頭各加檁徑壹分，得柁頭分位，如檁徑柒寸叁分，得通長壹丈叁尺肆寸陸分。以金柱徑加壹寸定厚。如柱徑捌寸叁分，得厚玖寸叁分。高按本身厚加貳寸，得高壹尺壹寸叁分。

凡金瓜柱以步架壹分加舉定高低。如步架壹分深叁尺，按柒舉加之，得高貳尺壹寸，內除伍架樑高壹尺壹寸叁分，得淨高玖寸柒分。以叁架樑之厚收壹寸定徑寸。如叁架樑厚柒寸叁分，得徑陸寸叁分，外上、下加榫長叁寸。

凡叁架樑以步架貳分定長短。如步架貳分深陸尺，兩頭各加檁徑壹分得柁頭分位，如檁徑柒寸叁分，得通長柒尺肆寸陸分。以伍架樑高、厚各收貳寸定高、厚。如伍架樑高壹尺壹寸叁分，厚玖寸叁分，得高玖寸叁分，厚柒寸叁分。

凡脊瓜柱以步架壹分加舉定高低。如步架壹分深叁尺，按玖舉加之，得高貳尺柒寸。又加平水高陸寸叁分，再加檁徑叁分之壹作桁椀，長貳寸肆分，共高叁尺伍寸柒分。內除叁架樑之高玖寸叁分，得淨高貳尺陸寸肆分，徑寸與金瓜柱同。外加下榫長壹寸伍分。

凡雙步樑以步架貳分定長短。如步架貳分深陸尺，壹頭加檁徑壹分得柁頭分位，如檁徑柒寸叁分，得通長陸尺柒寸叁分。以金柱徑加壹寸定厚。如柱徑捌寸叁分，得厚玖寸叁分。高按本身厚每尺加貳寸，得高壹尺壹寸壹分。

凡單步樑以步架壹分定長短。如步架壹分深叁尺，壹頭加檁徑壹分，得柁頭分位。如檁徑柒寸叁分，得通長叁尺柒寸叁分。以雙步樑高、厚各收貳寸定高、厚。如雙步樑高壹尺壹寸壹分，厚玖寸叁分，得高玖寸壹分，厚柒寸叁分。

凡金、脊、簷枋以面濶定長短。如面濶壹丈伍寸，内除柱徑壹分，外加兩頭入榫分位，各按柱徑肆分之壹，得長壹丈壹寸叁分。以簷柱徑寸定高。如柱徑柒寸叁分，即高柒寸叁分。厚按本身高收貳寸，得厚伍寸叁分。如金、脊枋不用墊板，照簷枋寬、厚各收貳寸。

凡墊板以面濶定長短。如面濶壹丈伍寸，内除柁頭分位壹分，外加兩頭入榫尺寸，照柁頭之厚每尺加滚楞貳寸，得長玖尺捌寸叁分。以簷枋之高收壹寸定寬。如簷枋高柒寸叁分，得寬陸寸叁分。以檁徑拾分之叁定厚。如檁徑柒寸叁分，得厚貳寸壹分。寬陸寸以上者照簷枋高收分壹寸，陸寸以下者不收分。其脊墊板照面濶，除脊瓜柱徑壹分，外加兩頭入榫尺寸，各按瓜柱徑肆分之壹。

凡檁木以面濶定長短。如面濶壹丈伍寸，即長壹丈伍寸。如獨間成造者，應兩頭照柱徑各加半分。若有次間、稍間者，應壹頭加山柱徑半分。徑寸俱與簷柱同。

凡前、後簷椽以出廊并出簷加舉定長短。如出廊深叁尺，又加出簷尺寸，照簷柱高拾分之叁，得貳尺伍寸貳分，共長伍尺伍寸貳分。又按壹壹伍加舉，得通長陸尺叁寸肆分。以檁徑拾分之叁定見方。如檁徑柒寸叁分，得見方貳寸壹分。每丈用椽貳拾根，每間椽數，俱應成雙。

凡花架椽以步架壹分加舉定長短。如步架壹分深叁尺，按壹貳伍加舉，得通長叁尺柒寸伍分。見方與簷椽同。

凡腦椽以步架壹分加舉定長短。如步架壹分深叁尺，按壹叁伍加舉，得通長肆尺伍分。見方與簷椽同。以上簷、腦椽壹頭加搭交尺寸，花架椽兩頭各加搭交尺寸，俱照椽徑壹分。

凡連簷以面濶定長短。如面濶壹丈，即長壹丈。稍間應加墀頭分位。寬、厚同簷椽。

凡瓦口長短隨連簷。以所用瓦料定高、厚。如頭號板瓦中高貳寸，叁分均開，貳分作底臺，壹分作山子，又加板瓦本身高貳寸，得頭號瓦口淨高肆寸。如貳號板瓦中高壹寸柒分，叁分均開，貳分作底臺，壹分作山子，又加板瓦本身高壹寸柒分，得貳號瓦口淨高叁寸肆分。如叁號板瓦中高壹寸伍分，叁分均開，貳分作底臺，壹分作山子，又加板瓦本身高壹寸伍分，得叁號瓦口淨高叁寸。其厚，俱按瓦口淨高尺寸肆分之壹，得頭號瓦口厚壹寸，貳號瓦口厚捌分，叁號瓦口厚柒分。如用筒瓦，即隨頭、貳、叁號板瓦瓦口，應除山子壹分之高。厚與板瓦瓦口同。

又　卷二五《陸檁小式大木做法》　凡簷柱以面濶拾分之柒伍定高低，拾分之陸定徑寸。如面濶壹丈，得柱高柒尺伍寸，徑陸寸。如次間、稍間面濶比明間窄小者，其柱、檁、柁、枋等木徑寸，仍照明間。至次間、稍間面濶，臨期酌奪地勢定尺寸。

凡金柱以出廊加舉定高低。如出廊深叁尺，按伍舉加之，得高壹尺伍寸。并簷柱高柒尺伍寸，得通長玖尺。以簷柱徑加壹寸定徑寸。如柱徑陸寸，得徑柒寸，以上柱子，每徑壹尺，外加榫長壹寸伍分。

凡山柱以進深加舉除廊定高低。如通進深壹丈伍尺，内除前廊叁尺，進深得壹丈貳尺，分爲肆步架，每坡得貳步架，每步架深叁尺。第壹步架按柒舉加之，得高貳尺壹寸。第貳步架按玖舉加之，得高貳尺柒寸。又加平水高伍寸，再加檁徑叁分之壹作桁椀，得長貳寸，并金柱高玖尺，得通長壹丈肆尺伍寸。徑寸與金柱同。每徑壹尺，外加榫長壹寸伍分。

凡抱頭樑以出廊定長短。如出廊深叁尺，壹頭加檁徑壹分得柁頭分位，壹頭加金柱徑半分，又出榫照簷柱徑半分，得通長肆尺貳寸伍分。以簷柱徑加壹寸定厚。如柱徑陸寸，得厚柒寸。高按本身厚每尺加貳寸，得高捌寸肆分。

凡穿插枋以出廊定長短。如出廊深叁尺，壹頭加簷柱徑半分，壹頭加金柱徑半分，又兩頭出榫照簷柱徑壹分，得通長肆尺貳寸伍分。高、厚與簷枋同。

凡伍架樑以進深除廊定長短。如通進深壹丈伍尺，内除前廊叁尺，進深得壹丈貳尺，兩頭各加檁徑壹分得柁頭分位。如檁徑陸寸，得通長壹丈叁尺貳寸。以金柱徑加壹寸定厚。如柱徑柒寸，得厚捌寸。高按本身厚加貳寸，得高壹尺。

凡金瓜柱以步架壹分加舉定高低。如步架壹分深叁尺，按柒舉加之，得高貳尺壹寸。内除伍架樑高壹尺，得淨高壹尺壹寸。以叁架樑之厚收壹寸定徑寸。如叁架樑厚陸寸，得徑伍寸。每徑壹尺，外加上、下榫長叁寸。

凡叁架樑以步架貳分定長短。如步架貳分深陸尺，兩頭各加檁徑壹分得柁頭分位。如檁徑陸寸，得通長柒尺貳寸。以伍架樑高、厚各收貳寸定高、厚。如伍架樑高壹尺，厚捌寸，得高捌寸，厚陸寸。

凡脊瓜柱以步架壹分加舉定高低。如步架壹分深叁尺，按玖舉加之，得高貳尺柒寸。又加平水高伍寸，再加檁徑叁分之壹作桁椀，得長貳寸，通高叁尺肆寸。內除叁架樑高捌寸，得淨高貳尺陸寸。徑寸與金瓜柱同。每徑壹尺，外加下榫長壹寸伍分。

凡雙步樑以步架貳分定長短。如步架貳分深陸尺，壹頭加檁徑壹分得柁頭分位，如檁徑陸寸，得通長陸尺陸寸。以金柱徑加壹寸定厚。如柱徑柒寸，得厚捌寸。高按本身厚每尺加貳寸，得高玖寸陸分。

凡單步樑以步架壹分定長短。如步架壹分深叁尺，壹頭加檁徑壹分得柁頭分位。如檁徑陸寸，得通長叁尺陸寸。以雙步樑高、厚各收貳寸定高、厚。如雙步樑高玖寸陸分，厚捌寸，得高柒寸陸分，厚陸寸。

凡金、脊、簷枋以面濶定長短。如面濶壹丈，內除柱徑壹分，外加兩頭入榫分位，各按柱徑肆分之壹，得長玖尺柒寸。以簷柱徑寸定高。如簷柱徑陸寸，即高陸寸。厚按本身高收貳寸，得厚肆寸。如金脊枋不用墊板，照簷枋寬、厚各收貳寸。

凡墊板以面濶定長短。如面濶壹丈，內除柁頭分位壹分，外加兩頭入榫尺寸，照抱頭樑厚每尺加滾楞貳寸，得長玖尺肆寸肆分。以簷枋之高收壹寸定寬。如簷枋高陸寸，得寬伍寸。以檁徑拾分之叁定厚。如檁徑陸寸，得厚壹寸捌分。寬陸寸以上者，照簷枋高收分壹寸，陸寸以下者不收分。其脊墊板，照面濶除脊瓜柱徑壹分，外加兩頭入榫尺寸，各按瓜柱徑肆分之壹。

凡檁木以面濶定長短。如面濶壹丈，即長壹丈。如獨間成造者，應兩頭照柱徑各加半分，若有次間、稍間者，應壹頭加山柱徑半分。徑寸俱與簷柱同。

凡前簷椽以出廊并出簷加舉定長短。如出廊深叁尺，又加出簷尺寸，照前簷柱高拾分之叁，得貳尺貳寸伍分，共長伍尺貳寸伍分。又按壹壹伍加舉，得通長陸尺叁分。如後簷椽步架深叁尺，即長叁尺，又加出簷尺寸，照後簷柱高拾分之叁得貳尺柒寸，共長伍尺柒寸。又按壹貳伍加舉，得通長柒尺壹寸貳分。以檁徑拾分之叁定見方。如檁徑陸寸，得見方壹寸捌分。每丈用椽貳拾根，每間椽數，俱應成雙。

凡後簷封護簷椽以步架加舉定長短。如步架深叁尺，再加檁徑半分，共長叁尺叁寸，又按壹貳伍加舉，得通長肆尺壹寸貳分。見方與簷椽同。

凡前簷花架椽以步架加舉定長短。如步架深叁尺，按壹貳伍加舉，得通長叁尺柒寸伍分。見方與簷椽同。

凡腦椽以步架加舉定長短。如步架深叁尺，按壹叁伍加舉，得通長肆尺伍分。見方與簷椽同。以上簷、腦椽，壹頭加搭交尺寸，花架椽兩頭各加搭交尺寸，俱照椽徑壹分。

凡連簷以面濶定長短。如面濶壹丈，即長壹丈。稍間應加墀頭分位。寬、厚同簷椽。

凡瓦口長短隨連簷。以所用瓦料定高、厚。如貳號板瓦中高壹寸柒分，叁分均開，貳分作底臺，壹分作山子，又加板瓦本身高壹寸柒分，得貳號瓦口淨高叁寸肆分。如叁號板瓦中高壹寸伍分，得叁號瓦口淨高叁寸。其厚俱按瓦口淨高尺寸肆分之壹，得貳號瓦口厚捌分，叁號瓦口厚柒分。如用筒瓦，即隨貳、叁號板瓦瓦口，應除山子壹分之高。厚與板瓦瓦口同。

又 卷二六《伍檁小式大木》 凡簷柱以面濶拾分之柒定高低，拾分之伍定徑寸。如面濶壹丈，得柱高柒尺，徑伍寸。每徑壹尺，外加榫長壹寸伍分。如次間、稍間面濶比明間窄小者，其柱檁、柁、枋等木徑寸，仍照明間。至次間、稍間面濶，臨期酌奪地勢定尺寸。

凡山柱以進深加舉定高低。如進深壹丈貳尺，分爲肆步架，每坡得貳步架，每步架深叁尺。第壹步架按伍舉加之，得高壹尺伍寸。第貳步架按柒舉加之，得高貳尺壹寸。又加平水高伍寸，再加檁徑叁分之壹作桁椀，得長貳寸。并簷柱高柒尺，得通長壹丈壹尺叁寸。以簷柱徑加壹寸定徑寸。如柱徑伍寸，得徑陸寸。每徑壹尺，外加榫長壹寸伍分。

凡伍架樑以進深定長短。如進深壹丈貳尺，兩頭各加檁徑壹分得柁頭分位，如檁徑陸寸，得通長壹丈叁尺貳寸。以簷柱徑加貳寸定厚。如柱徑伍寸，得厚柒寸。高按本身厚加貳寸，得高玖寸。

凡金瓜柱以步架加舉定高低。如步架深叁尺，按伍舉加之，得高壹尺伍寸。內除伍架樑高玖寸，得淨高陸寸。以叁架樑厚收壹寸定徑寸，如叁架樑厚伍寸，得徑肆寸。每徑壹尺，外加上、下榫長叁寸。

凡叁架樑以步架貳分定長短。如步架貳分深陸尺，兩頭各加檁徑壹分得柁頭分位。如檁徑陸寸，得通長柒尺貳寸。以伍架樑高厚各收貳寸定高、厚。如伍架樑高玖寸，厚柒寸，得高柒寸，厚伍寸。

凡雙步樑以步架貳分定長短。如步架貳分深陸尺，壹頭加檁徑壹分得柁頭分位。如檁徑陸寸，得通長陸尺陸寸。以簷柱徑加壹寸定厚。如柱徑伍寸，得厚陸寸。高按本身厚每尺加貳寸，得高柒寸貳分。

凡單步樑以步架壹分定長短。如步架壹分深叁尺，壹頭加檁徑壹分，得柁頭分位。如檁徑陸寸，得通長叁尺陸寸。以雙步樑高厚各收壹寸定高、厚。如雙步樑高柒寸貳分，厚陸寸，得高陸寸貳分，厚伍寸。

凡脊瓜柱以步架加舉定高低。如步架深叁尺，按柒舉加之，得高貳尺壹寸。又加平水高伍寸，再加檁徑叁分之壹作桁椀，長貳寸，得通高貳尺捌寸。内除叁架樑高柒寸，得淨高貳尺壹寸。徑寸與金瓜柱同。每徑壹尺，外加下榫長壹寸伍分。

凡金脊簷枋以面濶定長短。如面濶壹丈，内除柱徑壹分，外加兩頭入榫分位，各按柱徑肆分之壹，得長玖尺柒寸伍分。以簷柱徑寸定高。如簷柱徑伍寸，即高伍寸。厚按本身高收貳寸，得厚叁寸。如金脊枋不用墊板，按檁徑拾分之叁定厚。如檁徑陸寸，得厚壹寸捌分。寬按本身厚加貳寸，得寬叁寸捌分。

凡墊板以面濶定長短。如面濶壹丈，内除柁頭分位壹分，外加兩頭入榫尺寸，照柁頭之厚每尺加滚楞貳寸，得長玖尺肆寸肆分。以簷枋高定寬。如簷枋高伍寸，即寬伍寸。以檁徑拾分之叁定厚。如檁徑陸寸，得厚壹寸捌分。其脊墊板，照面濶除脊瓜柱徑壹分，外加兩頭入榫尺寸，各按瓜柱徑肆分之壹。

凡檁木以面濶定長短。如面濶壹丈，即長壹丈。如獨間成造者，應兩頭照柱徑各加半分。若有次間、稍間者，應壹頭加山柱徑半分。徑按簷柱徑加壹寸，如柱徑伍寸，得檁徑陸寸。

凡前後簷椽以步架并出簷加舉定長短。如步架深叁尺，又加出簷尺寸，照簷柱高拾分之叁，得貳尺壹寸，共長伍尺壹寸。又按壹伍加舉，得通長伍尺捌寸陸分。以檁徑拾分之叁定見方。如檁徑陸寸，得見方壹寸捌分。每丈用椽貳拾根，每間椽數，俱應成雙。

凡腦椽以步架加舉定長短。如步架深叁尺，按壹貳伍加舉，得通長叁尺柒寸伍分。見方與簷椽同。以上簷、腦椽，壹頭加搭交尺寸，照椽徑壹分。

凡連簷以面濶定長短。如面濶壹丈，即長壹丈。稍間應加墀頭分位。寬、厚同簷椽。

凡瓦口長短隨連簷。以所用瓦料定高、厚。如貳號板瓦中高壹寸柒分，叁分均開，貳分作底臺，壹分作山子，又加板瓦本身高壹寸柒分，得貳號瓦口淨高叁寸肆分。如叁號板瓦中高壹寸伍分，叁分均開，貳分作底臺，壹分作山子，又加板瓦本身高壹寸伍分，得叁號瓦口淨高叁寸。其厚俱按瓦口淨高尺寸肆分之壹，得貳號瓦口厚捌分，叁號瓦口厚柒分。如用筒瓦，即隨貳、叁號板瓦瓦口，應除山子壹分之高。厚與板瓦瓦口同。

凡無金、脊枋、墊用替木，以柱徑定長。如柱徑伍寸，即長伍寸。以柱徑拾分之叁定寬、厚。如柱徑伍寸，得寬、厚各壹寸伍分。

又　卷二七《肆檁捲棚小式大木做法》　凡簷柱以面濶拾分之柒定高低，拾分之伍定徑寸。如面濶壹丈，得柱高柒尺，徑伍寸。如次間、稍間面濶比明間窄小者，其柱、檁、柁、枋等木徑寸仍照明間。至次間、稍間面濶，臨期酌奪地勢定尺寸。

凡肆架樑以進深定長短。如進深壹丈貳尺，兩頭各加檁徑壹分得柁頭分位。如檁徑陸寸，得通長壹丈叁尺貳寸。以簷柱徑加貳寸定厚。如簷柱徑伍寸，得厚柒寸。高按本身之厚加貳寸，得高玖寸。

凡頂瓜柱以舉架定高低。如進深壹丈貳尺，前後得步架各肆尺捌寸，按伍舉加之，得高貳尺肆寸。内除肆架樑高玖寸，得淨高壹尺伍寸。以月樑之厚收壹寸定徑寸。如月樑厚伍寸，得徑肆寸。外加上、下榫長叁寸。

凡月樑以進深定長短。如進深壹丈貳尺，伍分分之，居中壹分深貳尺肆寸，兩頭各加檁徑壹分得柁頭分位，如檁徑陸寸，得通長叁尺陸寸。以肆架樑之高、厚各收貳寸定高、厚。如肆架樑高玖寸，厚柒寸，得高柒寸，厚伍寸。

凡脊簷枋以面濶定長短。如面濶壹丈，内除柱徑壹分，外加兩頭入榫分位，各按柱徑肆分之壹，得長玖尺柒寸伍分。以簷柱徑寸定高。如柱徑伍寸，即高伍寸。厚按本身之高收貳寸，得厚叁寸。如脊枋不用墊板，按檁徑拾分之叁定厚。如檁徑陸寸，得厚壹寸捌分。寬按本身之厚加貳寸，得寬叁寸捌分。

凡墊板以面濶定長短。如面濶壹丈，內除柁頭分位壹分，外加兩頭入榫尺寸，照柁頭之厚每尺加滚楞貳寸，得長玖尺肆寸肆分。以簷枋之高定高。如簷枋高伍寸，即高伍寸。以檁徑拾分之叁定厚。如檁徑陸寸，得厚壹寸捌分。其脊墊板，照面濶除脊瓜柱徑壹分，外加兩頭入榫尺寸，各按瓜柱徑肆分之壹。

凡檁木以面濶定長短。如面濶壹丈，即長壹丈。如獨間成造，應兩頭照柱徑各加半分，如有次間、稍間，應壹頭加柱徑半分。徑按簷柱徑加壹寸。如柱徑伍寸，得檁徑陸寸。

凡機枋條子長隨檁木。以檁徑拾分之叁定寬。如檁徑陸寸，得寬壹寸捌分。以椽徑叁分之壹定厚。如椽方壹寸捌分，得厚陸分。

凡前、後簷椽以步架并出簷加舉定長短。如步架深肆尺捌寸，又加出簷尺寸，照簷柱高拾分之叁，得貳尺壹寸，共長陸尺玖寸。又按壹壹伍加舉，得通長柒尺玖寸叁分。以檁徑拾分之叁定見方。如檁徑陸寸，得見方壹寸捌分。壹頭加搭交尺寸，照椽方加壹分。每丈用椽貳拾根，每間椽數，俱應成雙。

凡頂椽以月樑定長短。如月樑長貳尺肆寸，兩頭各加檁徑半分，得通長叁尺。見方與簷椽徑寸同。

凡連簷以面濶定長短。如面濶壹丈，即長壹丈。稍間應加墀頭分位。寬、厚同簷椽。

凡瓦口長短隨連簷。以所用瓦料定高、厚。如貳號板瓦中高壹寸柒分，叁分均開，貳分作底臺，壹分作山子，又加板瓦本身之高壹寸柒分，得貳號瓦口淨高叁寸肆分。如叁號板瓦中高壹寸伍分，叁分均開，貳分作底臺，壹分作山子，又加板瓦本身之高壹寸伍分，得叁號瓦口淨高叁寸。其厚俱按瓦口淨高尺寸肆分之壹，得貳號瓦口厚捌分，叁號瓦口厚柒分。如用筒瓦，即隨貳、叁號板瓦之瓦口。應除山子壹分之高。厚與板瓦瓦口同。

凡無、脊、枋、墊用替木，以柱徑定長。如柱徑伍寸，即長伍寸。以柱徑拾分之叁定寬、厚。如柱徑伍寸，得寬厚壹寸伍分。

又 卷四八《木作用料做法》 凡各項柱子、戧木徑伍寸起至貳尺，以淨徑尺寸之外加荒徑壹寸，再長壹丈以外，每丈遞加小頭荒徑壹寸。徑貳尺至肆尺，如無合式圓木，取徑寸最大木植，做淨之外其不足之徑，另加木植，分瓣剏攢。俱照不足之徑定瓣數、寬、厚。其所分瓣料以淨寬、厚之外，仍行加荒。如八瓣剏攢，每瓣加寬荒壹寸伍分，如拾貳瓣以外剏攢，每瓣加寬荒壹寸，俱加厚荒壹寸。

凡各項柁、樑、採步金長壹丈以內，高、厚壹尺內外者用橔木，以淨高厚之外各加荒壹寸。長壹丈以外，高壹尺內外者用圓木。以本身高厚尺寸湊高，將湊高尺寸均分壹半，用柒伍歸除，即得用圓木徑寸之數。如大柁壹根高壹尺捌寸貳分，厚壹尺肆寸，得湊高叁尺貳寸。貳分均分之，得壹尺陸寸壹分，即以壹尺陸寸壹分，柒伍歸除，得用徑貳尺壹寸肆分圓木壹根。再長壹丈以外，每丈遞加小頭荒徑壹寸。至柁樑高厚甚大，如無合式圓木可取整料者，另加木植剏楞長蓋，或用貳木剏攢長蓋，以所配之圓木高、厚各取平正，其餘不足之數另給木植，其所加木植仍照法加荒。

凡大小額枋、金脊簷枋、天花隨樑、博脊、壓料等枋長壹丈以內用橔木，高、厚陸寸以內者，以淨高、厚之外各加荒肆分。高、厚陸寸以外至壹尺者，以淨高、厚之外各加荒壹寸。長壹丈以外，高壹尺內外者用圓木，以本身高、厚尺寸湊高，將湊高尺寸均分壹半，用柒歸歸之，即得用圓木徑寸之數。如枋子壹根高壹尺陸寸，厚壹尺肆寸，得湊高叁尺。均分之得壹尺伍寸，即以壹尺伍寸，柒歸之，得用徑貳尺壹寸肆分圓木壹根。再長壹丈以外，每丈遞加小頭荒徑壹寸。至額枋高、厚甚大，如無合式圓木可取整料者，照前法另加木植剏做，以下各項木料，凡遇應剏做者，俱行剏做。

凡角樑，由戧并平板枋、承重、間枋、承椽枋，用料俱與柁樑同。

凡瓜柱、柁橔、斗盤、代樑頭等件，寬、厚壹尺內外者用橔木。以淨寬、厚之外各加荒壹寸。寬、厚壹尺以外者，照柁樑之法用料。

凡掛落枋俱用橔木。以淨寬、厚之外各加荒肆分。

凡正心枋、機枋、挑簷枋、採樑枋、採斗板、由額墊板等件，長壹丈以內，高壹尺以內者用橔木，以淨高、厚之外各加荒肆分。長壹丈以外，高壹尺內外者用圓木，以所用正心等枋貳根之厚並壹根，得見方尺寸，用柒歸歸之，即得用圓木徑寸之數。如機枋壹根，高捌寸，厚肆寸，貳根之厚並壹根，得見方捌寸，即以見方捌寸柒歸之，得用徑壹尺壹寸肆分圓木壹根。再長壹丈以外，每丈遞加小頭荒徑壹寸。

凡金、脊、簷墊板長壹丈以內，高壹尺內外者用橔木。以淨、高厚之外各加荒肆分。長壹丈以外，高壹尺内外者用圓木，以墊板肆根之厚並壹根得見方若干，將見方尺寸用柒歸之，即得用圓木徑寸之數。如墊板肆塊，高壹尺，厚貳寸伍分，肆根之厚並壹根，得見方壹尺，即以見方壹尺柒歸之，得用徑壹尺肆寸貳分圓木壹根。再長壹丈以外，每丈遞加小頭荒徑壹寸。

凡天花墊板、井口枋用料俱同金、脊、簷墊板，以叁根之厚並壹根，照法核算。

凡桁條、帽兒樑俱以淨徑之外加荒徑壹寸，再長壹丈以外，每丈遞加小頭荒徑壹寸。

凡扶脊木、榻腳木長壹丈至壹丈伍尺不加荒。貳丈起，每丈遞加小頭荒徑壹寸。

凡襯頭木、角背、雀替、雲拱、替木等項，寬、厚壹尺以内者用椒木，以淨寬、厚之外各加荒肆分。寬壹尺以外者加荒壹寸，加厚荒肆分。

凡草架柱子穿長壹丈以内，寬、厚壹尺内外者用椒木，以淨寬、厚之外各加荒肆分。長壹丈以外，寬、厚壹尺内外者用圓木。以本身寬、厚尺寸用柒歸歸之，即得用圓木徑寸之數。如草架柱子穿見方陸寸，即以見方陸寸柒歸之，得用徑捌寸伍分圓木壹根。

凡圓椽長壹丈以内，徑捌寸以内者用椒木。以淨徑寸數作見方寸數之外，寬、厚各如荒肆分。長壹丈以外，徑肆寸以内者用圓木。以圓椽作見方，肆根並壹根，得見方若干，將見方尺寸用柒歸之，即得用圓木徑寸之數。如圓椽壹根徑肆寸，作見方肆寸，肆根並壹根，得見方捌寸，即以見方捌寸柒歸之，得用徑壹尺壹寸肆分圓木壹根。徑伍寸以外至捌寸者用圓木，每根以淨徑之外加荒徑壹寸。如長至貳丈者，再加木頭荒徑壹寸。

凡方椽長壹丈以内，見方捌寸以内，長壹丈以外，見方肆寸以内，用料之法，俱與圓椽同。見方伍寸者，亦用肆根並壹根得見方。以見方尺寸柒歸之，得用圓木之徑寸。至見方陸寸以外者，用圓木，以每根見方寸數用柒歸，得用圓木徑寸之數。長至貳丈者，加小頭荒徑壹寸。

凡飛簷椽見方用料並加荒，俱與方椽同。但得飛簷椽應長尺寸之外，再外加飛簷頭壹分之長，壹根鋸貳根。

凡羅鍋椽用椒木，以淨見方之外加高荒壹倍，加厚荒肆分。

凡連簷、瓦口、椽椀、椽中板、機枋條、燕尾枋、貼樑、支條、穿帶、沿邊木、脊椿等項用椒木，以淨寬厚寸數之外各加荒肆分。

凡順望板長壹丈以内者用椒木，以淨寬、厚之外加寬荒肆分，加厚荒叁分。長壹丈以外者用圓木，數塊並壹，得見方若干，將見方尺寸用捌歸歸之，即得用圓木徑寸之數。如望板每塊連荒厚壹寸，寬玖寸，玖塊並壹塊，得見方玖寸。即以見方玖寸捌歸之，得用徑壹尺壹寸貳分有零圓木壹根。

凡橫望板長壹丈以内用椒木，以淨寬、厚之外加寬荒肆分，厚荒叁分。

凡山花、博縫、過木、樓板、榻板、滴珠等板，長壹丈以内，寬壹尺以内者用椒木，以淨寬、厚之外加寬荒壹寸，加厚荒肆分。長壹丈以外，寬壹尺内外者用圓木數塊並壹，得見方若干，將見方尺寸用捌歸歸之，即得用圓木徑寸之數。如博縫板每塊寬壹尺伍分，連荒厚壹寸伍分，柒塊並壹塊得見方壹尺伍分，即以壹尺伍分捌歸之，得用徑壹尺叁寸壹分圓木壹根。再長壹丈以外，每丈遞加小頭荒徑壹寸。以上各項板片，如每塊厚至壹寸伍分以外者，數塊並壹得見方若干。將見方尺寸須用柒歸歸之，得用圓木徑寸之數。

凡下檻長壹丈以内，高壹尺以内者用椒木。以淨高、厚之外各加荒肆分。長壹丈以外，高壹尺内外者用圓木，貳根並壹根，得見方若干，將見方尺寸用柒歸歸之，即得用圓木徑寸之數。如下檻壹根高壹尺，厚伍寸，貳根並壹根得見方壹尺，柒歸之，得用徑壹尺肆寸貳分圓木壹根。再長壹丈以外，每丈遞加小頭荒徑壹寸。

凡上檻、連楹、托泥等件長壹丈以内，高壹尺以内者用椒木。以淨高、厚之外各加荒肆分。長壹丈以外，高壹尺内外者用圓木。以本身高厚尺寸湊高，將湊高尺寸均分壹半，用柒伍歸除，即得用圓木徑寸之數。如止檻壹根高捌寸，厚伍寸，得湊高壹尺叁寸，均分之得陸寸伍分，即以陸寸伍分柒伍歸除，得用徑捌寸陸分圓木壹根。再長壹丈以外，每丈遞加小頭荒徑壹寸。

凡替椿、抱框、風檻、摺柱、間柱長壹丈以内，高壹尺以内者用椒木。以淨高、厚之外各加荒肆分。長壹丈以外，高壹尺内外者用圓木。以本身寬、厚尺寸湊高，將湊高尺寸均分壹半，用柒貳歸除，即得用圓木徑寸之數。如抱框壹根寬柒寸，厚伍寸，得湊寬壹尺貳寸，均分之得陸寸，即以陸寸用柒貳歸除，得徑捌寸叁分圓木壹根。再長壹丈以外，每丈遞加小頭荒徑壹寸。

凡各項邊挺、抹頭、穿帶長壹丈以内，寬厚壹尺以内者用椒木，以淨寬、厚之外各加荒叁分。長壹丈以外，寬、厚壹尺以内者用圓木。以肆根並壹根之寬、厚尺寸又湊寬之，將湊寬尺寸均分壹半，用柒貳歸除，即得用圓木徑寸之數。如邊挺每根連荒寬肆寸伍分，厚叁寸捌分，肆根並壹根得寬玖寸，厚柒寸陸分，再將寬厚湊之，得湊寬壹尺陸寸陸分，均分之得捌寸叁分，即以捌寸叁分用柒貳歸除，得徑壹尺壹寸伍分圓木壹根。

凡轉軸、拴杖、巡杖等件長壹丈以內，寬、厚壹尺以內者用檄木。以淨寬、厚之外各加荒叁分，長壹丈以外者用圓木，以肆根並壹根之寬、厚尺寸又湊寬之，將湊寬尺寸均分壹半，用柒貳歸除，即得用圓木徑寸之數。如轉軸每根連荒寬貳寸肆分，厚貳寸，肆根並壹根得寬肆寸捌分，厚肆寸，再將寬、厚湊之，得湊寬捌寸捌分，均分之得肆寸肆分，即以肆寸肆分用柒貳歸除，得徑陸寸壹分圓木壹根。

凡羣板、縧環、簾瓏等板用檄木，以淨寬、厚之外各加荒叁分。

凡槅扇、檻窻、横披、簾架、支窻、頂槅并各項横直櫺子、穿條用檄木，以淨寬、厚之外逐根折算，每根寬、厚各加荒貳分。

凡琵琶柱、連貳楹、單楹、拴斗、荷葉檄、插關、門槅擡、銀錠扣等項用檄木，以淨高、寬、厚之外各加荒叁分。

凡横拴長壹丈以内者用檄木，以淨徑寸數作見方寸數，寬、厚各加荒肆分。長壹丈以外者用圓木，以淨徑寸數之外，加荒徑壹寸。

凡門簪用檄木，以淨徑尺寸作見方尺寸，寬、厚各加荒壹寸。

凡門枕、幞頭、鼓子用檄木，以淨寬、厚之外各加荒肆分。

凡門心板、餘塞板、走馬板、棋枋板、隔斷裝板、壁板、山花、象眼、閘板用料，俱與順望板同。

凡各項引條俱用檄木，以淨寬、厚之外各加荒貳分。

凡各項菱花槅心用椴木，叁交燈球嵌陸碗菱花做法、叁交陸碗嵌橄欖菱花、陸碗嵌艾葉菱花、叁交滿天星陸碗菱花、古老錢花心菱花做法，每實槅壹扇，以槅心之高、寬尺寸湊長核算。即得用淨長若干，長徑玖寸紫椴木壹根。如槅心高伍尺叁寸，寬貳尺貳寸，湊長核算，得長柒尺伍寸，即用淨長柒尺伍寸，徑玖寸紫椴木壹根。雙交正斜交肆碗菱花做法，即用淨長柒尺伍寸，徑捌寸紫椴木壹根。以上菱花俱高容拾貳眼，寬容陸眼做法。如菱花空眼再有寬大者，論空眼之多少，臨期酌減木料。

凡菱花眼錢徑伍分起至捌分，每陸百個用淨長壹尺、徑壹尺紫椴木壹根。徑捌分以外至壹寸伍分，照此遞增。

以上凡用圓徑木植，無論長短，俱加長荒伍寸。凡用檄木，長伍尺以內者，加長荒壹寸，長伍尺以外至壹丈者，加長荒貳寸。俱於加榫之外淨加長荒。其倉工、柱、檩、柁、樑圓徑、寬、厚俱不加荒。椽、望、枋墊等寬、厚鋸路加荒壹分，加長荒之法俱與前同。如工程內有應用楠、栢、椴、杉、榆、檀等類木植，臨期酌定。

凡壹丈以內應用檄木，如價值比圓木昂貴，應照圓木核給。

凡木作用魚膠，大門、棋盤門、屏門以高、寬折見方壹尺，用魚膠壹錢，槅扇、檻窻、横披、簾架、亮窻、摺疊、支窻連槅心帶算，以高、寬折見方尺，每尺用魚膠貳分。欄杆、横楣等件以長、寬折見方尺，每尺用魚膠貳分。菱花槅心以高、寬折見方尺，每面每尺用魚膠壹錢伍分。其羣板、縧環等件，另行折見方尺，每尺用魚膠伍分。

清　雍正《畿輔通志》卷四二《津梁》　鹿渠渡　在平谷縣西。夏秋之間，以舟通渡，冬則架木爲梁，無定所。又東河渡亦在縣界。

又　唐河渡　在定州北九里路，當南北要衝。至冬架木爲橋，夏秋水漲則以舟濟。

清　雍正《江南通志》卷二五　廣濟橋荊溪縣治東南，跨東水闕，舊以木爲之，明正統間易以石。

又　卷二六　龍津橋州東門外，一名龍王廟橋，正統間以木爲之，成化間易以石。

又　宣化橋如皋縣治南，舊名樋橋，以木爲之，令易以石。

又　卷二七　臨仙橋縣東門外，初以木爲之，明宣德中易以石。

清　乾隆《宣化府志》卷六《山川志》　盤崖洞（縣誌）在西城南四十里，洞口峭壁千仞，架獨木爲橋，經久不朽。遼人建崕木亭於其側。

清　張慶長《黎岐紀聞》一卷　居室形似覆舟，編茅爲之，或被以葵，或藤葉，隨所便也。門倚脊而開穴，其旁以爲牖屋，內架木爲欄，横鋪竹木。上居男婦，下畜雞豚。熟黎屋內通用，欄廚竈寢處並在其上。生黎欄在後，前留空地，地下挖窟，列三石置金，席地炊煮，惟於欄上寢處。黎內有高欄低欄之名，以去地高下而名，無甚異也。

清　李斗《揚州畫舫録》卷三《新城北録上》　廣儲倉在梅花嶺下，雍正間葛御史建。倉房制最宏敞，十一檁挑山，面闊一丈三尺，進深四丈五尺，簷柱高一丈二尺五寸，徑一尺大木。做法：用裏金柱、三穿、雙步、單步、五架、三架諸樑、簷枋、墊板、檁木、簷椽，下中上花架簷椽、腦椽、連簷、瓦口、博縫板、山墻上象眼窓、厫門下檻、間抱柱、閘板，均以見方折工料。三檁氣樓面闊九尺，進深七尺五寸；柱高二尺七寸，寬六寸，厚五寸。用榻角木、三架樑、簷枋、脊枋、墊板、脊瓜柱、檁木、簷椽、連簷、瓦口、博縫板、前後風窓、兩山上下象眼窓。抱厦面闊一丈三尺，進深七尺五寸，柱高九尺五寸，徑八寸。用抱頭樑、隨樑枋、簷枋、墊板、檁木、簷椽、連簷、博縫板，亦均以見方折算。

又 卷一三《橋西録》 嶺在水中，架木爲玉板橋，上搆方亭，柱欄簷瓦皆裹以竹，故又名竹橋。湖北人善製竹，棄青用黄，謂之反黄，與剔紅、珐瑯諸品同。其華麗郡中善反黄者，惟三賢祠僧竹堂一人而已。是橋則用反黄法爲之。

又 卷一七《工段營造録》 造屋者先平地盤，平地盤又先于畫屋樣，尺幅中畫出澗狹、淺深、高低尺寸，搭簽註明，謂之圖說。又以紙裱使厚，按式做紙屋樣，令工匠依格放線，謂之燙樣。工匠守成法，中立一方表，下作十字，拱頭蹄脚，上横過一方，分作三分，開水池。中表安二線垂下，將小石墜正中。心水池中立水鴨子三個，所以定木端正，壓尺十字，以平正四方也。

平基惟土作是任。土作有大小夯碣、灰土、黄土、素土之分，以虚土折寔土，夯築以把論。先用大碣排底，將灰土拌匀下槽，頭夯充開海窩。每窩打夯頭，築銀錠，餘隨充溝，充剁大小梗，取平。落水壓渣子，起平夯，打高夯，取平。旋滿築拐眼落水，起高夯、高碣，至頂步平串碣，此夯築法也。夯築填墊房屋地面，海墁素土，每槽用夯五把，雁别翅四夯頭，築打取平，落水撒渣子，復築打後，起高碣一遍，頂步平串碣一遍，此平基法也。平基之始，即今俗所謂動土日，陳希夷《玉鑰》中，最忌犯土皇、方。若刨槽壓槽，另法有差。其房身遊廊，諸柏木丁、橋樁、土樁，皆謂地丁。及刨夫壯夫，工用有制。若柵木牆，竹籬、柳葯欄，刨溝子，每四丈用壯夫一名。古者亭郵立木以文其端，名曰華表，即今牌樓也。大木做法，謂之「三檁垂花門」法：在中柱以面闊加四定長，面闊十之一見方。所用中柱、邊柱、垂蓮柱、脊額枋、棋枋、坐斗枋、正心簷脊枋、懸山桁條、簷脊檁木、蔴葉抱頭樑、穿插枋、簷額枋、簷椽、飛簷椽、連簷、瓦口、裏口、椽椀、博縫板；兩山博縫頭、抱鼓石上壺瓶牙子、兩山穿插枋下雲拱雀替、三伏雲子、拱子、十八斗。廂穿插擋用假雀替墊拱板，廂象眼用角背及象眼板，簷脊檁、柱頭科大斗及斗科諸件，見方折數。

碑亭方圓互用，大木有四角攢尖。方亭做法，用簷柱、箍頭簷枋、四角花樑頭、桁條、抹角樑、四角交金墩、金枋、金桁、雷公柱、仔角樑、老角樑、戧枕頭木、簷椽、翼角翹椽、飛簷椽、翹飛椽、腦椽、大小連簷、瓦口、閘檔横望諸板、六柱圓亭做法：進深以面闊加倍定，面闊以進深減半定，用簷柱、圓柱、花樑頭、圓桁條、扒梁、井口扒梁、交金墩、金枋、金桁、由戧、雷公柱、六面簷椽、飛簷椽、腦椽、大小連簷、瓦口、閘檔望墊諸板，四柱八柱同科。

大木做法：以面闊、進深、寛、厚、高、長見方，以斗口尺寸分數爲準。如九檁單簷廡殿圍廊翹昂做法，用簷柱、金柱、大小額枋、平板枋、挑尖樑、隨樑枋、挑簷桁枋、正心桁、裏外兩拽枋、兩機枋、井口枋、老簷桁、天花樑、枋板、七架梁、柁墩、上下金枋、順扒樑、四角交金墩、五架樑、士金瓜柱、角背、交金瓜柱、三架樑、脊瓜柱、脊角背、脊枋桁、扶脊木、仔角樑、老角樑、上下花架由戧、脊由戧、兩枕頭木、簷椽、上下花架椽、腦椽、飛簷椽、翼角翹椽、翹飛椽、椽仔、閘檔板、連簷、瓦口、裏口、翹飛翼角，並墊望諸板。九檁歇山轉角前後廊單翹單昂，做法與廡殿同。多採步金枋、交金墩、兩山出稍、啞叭花架、腦椽、榻脚木、單架柱子、山花博望板諸件。次之七檁有轉角、六檁有前出廊轉角兩做法：七檁轉角房，見方以兩邊房之進深，得轉角之面闊進深，柱高徑寸，與兩邊房屋同，如簷柱、假簷柱、裏金柱、斜雙步樑、斜合頭枋、金瓜柱、斜單步樑、斜三架樑、脊瓜柱、脊角背、簷枋、裏外金檁、脊檁、仔角樑、老角樑、花架由戧、脊由戧、裏掖角、花架由戧、角樑、腦椽、簷椽、仔角樑、枕頭木、簷椽、花架椽、腦飛簷椽、翼角椽、翹飛椽、連簷瓦口、裏口、閘檔板、椽椀，並望墊諸板，見方尺寸有差。六檁前出簷轉角，與七檁轉角同法。如斜抱樑、斜穿插枋、遞角樑、隨樑枋，另科見方。自此以下，硬山、懸山做法：按柱高加三，出簷一丈以外，如將面闊、進深、柱高改放寬敞高矮，均照法尺寸加算。其耳房、配房、羣廊諸房，照正房配合高寬。次之有九檁、八檁、七檁、六檁、五檁、四檁及五檁川堂之法。九檁做法，柱檁枋桁與六七檁轉角法同，多抱頭樑、懸山桁、帽兒樑、貼樑、單枝條、連二枝條諸件。八檁多頂瓜柱、月樑、機枋條子、頂椽諸件；七檁多山柱、單雙步樑諸件；六檁多合頭枋、後簷封護簷椽諸件；五檁同四檁，即爲四架樑；五檁川堂，即用三五架樑法，增象眼板并脊，餘同科。至于小式大木，則有七檁、六檁、五檁、四檁之分，與前法同，而無飛簷。

上簷七檁三滴水歇山正樓，下簷斗口單昂做法：明間例以城門洞寬定面闊，次稍間以斗科攢數定面闊，以城牆頂寬收一廊定進深，此樓制之例也。做法用下簷柱、裏外金柱、下簷大額枋、平板枋、正斜採步樑、穿插枋、隨樑承椽、仔角樑、老角樑、正心桁枋、挑簷桁枋、簷椽、飛簷椽、翼角翹椽、翹飛椽、翹飛翼角、裏口、連簷、瓦口、椽椀、枕頭木、順望閘檔板諸件。次之平臺品字斗科做法：平臺海墁下桐柱，即平臺簷柱，法與下簷同。多掛落枋、沿邊木、滴珠板門枋、承重、楞木、樓板諸件。次之中覆簷斗口重昂斗科做法，與下簷同。多擎簷柱、貼樑、海墁元花、四角頂柱。次之覆簷與中覆簷同。多桐柱、七五三架樑、上下金柁橔、脊瓜柱、金脊桁枋、後尾壓科枋、兩山出稍啞叭花架、腦椽、扶脊木、榻脚木、單架柱子、山花博縫板諸件。又重簷七檁歇山轉角樓臺四層做法：下簷面闊、進深以斗科攢數而定，用下簷柱、前簷金柱、山柱、轉角房山柱、下中二層承重、轉角斜承重、下層間枋、中上層間枋、上中下三層楞木、上層挑簷承重樑、斜挑簷承重、樓板三層、兩山四角挑簷、採步樑、正心桁枋、挑簷桁枋、坐斗枋、採斗枋、仔角樑、老角樑、枕頭木、承椽枋、簷椽、飛簷椽、翼角翹椽、翹飛椽、横望板、裏口、閘檔板、連簷、瓦口、椽椀、週圍榻脚木。其上簷單口單昂斗科做法，用桐柱、大額枋、平枋板、正斜三五七架、隨樑枋、兩山由額枋、扒樑、採步金枋、遞角樑、上下金柁橔、四角瓜柱、脊瓜柱、正心桁枋、挑簷桁枋、拽枋、後尾壓科枋、轉角諸桁枋、裏掖角、外面假桁條、枕頭木、四面脊由戧諸件。前接簷一檁轉角雨搭做法：以正樓面闊與廡坐平分定進深，用桐柱、簷桁枋、墊板、靠背走馬板、正斜穿插枋、裏角樑、簷椽、博縫山花板諸件。雨搭前接簷三檁轉角廡坐做法用簷柱、大額枋、正斜承重、正斜五三架遞角樑、柁橔、脊瓜柱、金脊桁枋、坐斗枋、採斗板、正心桁、挑簷桁枋、仔角、老角、裏角諸椽，飛簷同。七檁歇山箭樓四層做法：以斗科攢數，定面闊進深，所用與角樓同。五檁歇山轉角閘樓做法：明間以門洞之寬定面闊，稍間以明間面闊十之七定面闊，以甕城牆之頂寬折半定進深，用上下簷柱、承重枋、楞木、樓板、墜千金棧轉柱、轉杆、兩旁承重枋、上簷順扒樑、採步金枋、四角交金橔、三五架樑、金瓜、脊瓜諸柱，簷枋桁、墊板、金脊桁、兩山代樑頭、四角花樑頭、仔角老角諸樑，枕頭木及飛簷全。五檁硬山閘樓做法，與歇山閘樓同。

折料法則：柱以淨徑加荒，淨長加小頭荒，至不足之徑，分瓣刖攢，以瓣數加荒，十二瓣以外，加寬荒。一丈內以橔木加荒，一丈外用圓木。以本身高厚湊高，均分一半。用七五歸及七歸，得徑寸，刖楞長蓋，另法加荒如柁樑、採步金角樑、由戧、平板枋、承重間枋、承椽枋、瓜柱、柁橔、斗盤、代樑、大小額枋、金脊簷枋、天花隨樑、博脊壓科、正心枋、機枋、挑簷枋、採樑枋、採斗板、由額墊板、金脊簷墊板、天花墊板、井口板、桁條、帽兒樑、扶脊木、塌脚木、襯頭木、角背、雀替、雲拱、替木、草架柱子、圓方椽、飛羅鍋連簷、瓦口諸椽、椽椀、椽中板、機枋條、燕尾枋、貼樑支條、穿帶、沿邊木、脊樁、順望横望諸板、山花博縫、過木、樓板、榻板、滴珠諸板、上下檻、連楹、托泥、替樁、抱框、風檻、榴柱、間柱、各邊挺、抹頭、穿帶、轉軸、拴杖、巡杖、横拴之屬，皆是也。如綠環、簾瓏諸板、槅扇、檻窗、横披、簾架、支窗、頂格、横直櫺子、穿條、琵琶柱、連二楹、單楹、拴斗、荷葉橔、插關、門槅壺、銀錠扣、門簪、門枕、幞頭、皷子、引條之屬，均用橔木。其門心、餘塞、走馬、棋枋、隔斷、裝板、壁板、山花、象眼、間板諸件，與順望同科。若菱花槅心，用椵木。大抵圓徑木槩加長荒五寸，橔木五尺內加長荒一寸，一丈內加長荒二寸。其楠、柏、椵、杉、檜、檀諸木不與焉。魚膠見方，折料有差。

斗科做法，有平身科、柱頭科、角科，及內裏棋盤板上安裝品字科、隔架科之分。算斗科上升斗拱翹諸件長短高厚尺寸，以平身科迎面安翹昂斗口寬尺寸爲度，有頭等寸至十一等寸之別。頭等六寸，以下降一等減五分。凡桁椀及頭二昂、螞蚱頭、撐頭木、斗科分檔，各爲法乘之；所算名件如大斗，單重翹，正心瓜拱，萬拱，頭二昂，螞蚱頭，撐頭木，單材瓜拱，萬拱，廂拱，把臂廂拱，十八斗，三才，槽升，挑尖樑頭，斜頭二翹，搭角正頭二翹，搭角鬭頭二翹，斜角頭二昂，裏連頭，貼斜翹昂升斗，蓋斗板，斗槽板，斜蓋板，竇瓶挑金溜金平身斗科、蔴葉雲母、三福雲、秤桿、夔龍尾、伏□捎、菊花頭、荷葉，雀替之屬，安裝有法，以層數分件數；其斗口單昂，斗口重昂，單翹單昂，單翹重昂，重翹單昂，重翹重昂，裏挑金，一斗二升交蔴葉，三滴水品字，內裏品字科，隔架科，其法有差；至斗口單昂，平身科，柱頭科，角科，斗口，自一寸名件尺寸起，至六寸止。凡十有一條，升一等，增五分，用料則按斗口之數以丈橔。

自喻皓造《木經》，丁緩、李菊遂爲殿中無雙。後世得其法，揣長楔大，理木有僝，削木有斤，平木有鏟，析木有鋸，並膠有榜，釘木有檻，檃括蒸矯，以制其拘。凡不得入者利其拴，不得合者利其榫。造千廡萬廈于斗室之中，不溢禾芒蛛網於層樓之上。估計最尊，謂之料估先。次之大木匠，而鋸工、雕工、斗科工、安裝菱花匠隨之，皆工部住坐僱覓之輩。大木匠見方折工，舉榫眼、榫窌、椽椀、下槽頭、圓平面、開口、交口，舊料鏟砍、油皮、刐補，刮鏢諸活計以折算。鋸工二八加鋸，以面數加飛頭見方折算，及四號拉扯，有葫蘆、八字、丁字、十字、一字、拐字、平面、過河、三四五岔之制；并舊料鋸解，截鋸諸活計。雕工司山花、博縫、雀替、雲拱之屬。斗科匠以斗口尺寸折算，加草架、擺驗諸活計。安裝匠司斗科、裝修諸活計。歷代室宫各有其制，本朝工部釐定營建製造之法，刊定則例，供奉内廷，而圓明園工程又按現行則例，較之部司之例爲詳。至于朝廟、宫室、名物、典章，攷古則見之焦里堂循《羣經宫室圖》，證今則見之吴太初長元《宸垣識畧》，可坐而定也。

木植見方之法：每一尺在松椒三十觔，桅杉二十斤，紫檀七十觔，花梨五十九觔，楠二十八觔，黄楊五十六觔，槐三十六觔八兩，檀四十五觔，鉄梨七十觔，楠柏三十四觔，北柏三十六觔八兩，椴三十觔，楊柳二十五觔，桐皮槁以根計。入山伐木，忌犯穿山日，宣定成開明星黄道月德。入場忌堆黄殺方，起工、架馬，分新宅、舊宅，坐宫、移宫，日宜黄道天成，月空天月德。

搭材匠，木瓦、油漆、裱畫諸作之所必需者也。殿宇房座豎立大木架子，皆折方給工，所用架木、撬棍、紮縛繩、壯夫，以架見方有差。打戧，撥直桁條徑一尺外者，掛天秤，有坐簷、齊簷、跴盤、脚手、平臺諸架子。搭戧橋，凡重覆簷，上簷，折卸簷，步椽望，頭停錠，椽望，找補大木，拆宄頭停，找補連簷瓦口，舊琉璃，頭停錠，天花板，支條，貼樑，安裝斗科，堆雲步，高峯，高泊岸，舊布瓦，歇山，挑山，廡殿諸房，座下橋椿，房身椿，豎棋杆，皆用之。砌高式牆，以五尺至八尺爲一攤，八尺至一丈三尺爲二攤，以此遞增。牌樓、大門，琉璃大式門座，安上重大過木，調脊，宄瓦，石角樑，斗科，石料，井欄，衕衕，拴挂天秤，諸作搭架子，皆以見方折工料。一秤用秤頭繩一，秤紐繩一，秤尾繩一，溢索繩一。凡大料重至千觔用二秤，千五百觔用三秤。千五百觔以外，日上料四件，二千以外，日上料三件，三千以外，日上料二件，四千以外，日上料一件。拳桿以上，吻獸九樣，琉璃曲脊，及不拆頭停，搬罾，挑垈，撥正，歸安榫木、抽換柱木，打戧頂柱。其貫架，吻架，菱角，券洞，碼盤諸架子，各見方有差，隨油漆、裱畫作脚手架子亦同科。油畫、遮陽、縫蓆，用竹竿大蓆連二繩，折料以見方論。偏廈遮陽棚、牆脊、仰塵、吊箔、鋪地，皆用蓆棚，座頭停蓆牆，見方按層折料，以十五層爲率。凡此皆搭材匠之職，而折卸工用有差，如綁夾杆圈蓆、落井桶，掌罐掏泥水，則用杉槁、丈蓆、紮縛繩、井繩、榆木滑車，職在井工，拉罐用壯夫。（略）

牆脚根曰掐砌，攔上柱頂石下柱曰碼磉墩。牆有山牆、簷牆、檻牆、隔斷牆諸成砌之别。成砌有磚砌、石砌，上坯砌及羣城另砌上身之分。磚砌始于發券，發券以平水牆券口加折歸除，得頭券磚塊之數，五券五伏，次分純灰、插泥二種，及透骨灰抹飾，泥底灰面抹飾、插灰泥抹飾，抅抿諸類，碎磚碎石做法有差。歇山、硬山、山牆、碼單磉墩，碼連二磉墩，以柱頂石定長見方；攔上按進深面濶定長，地皮以下埋頭，以九標深一尺，按標遞減；臺以堦條石定長，硬山羣肩以進深定長，柱徑定厚；上身隨羣肩，山尖隨山柱，懸山山牆伍花成造，以布架定高，柱徑定厚；砌懸山山花象眼，以步架定寬，瓜柱定高；兩山折一山，前後簷牆，以面濶定長，簷柱定高，以柱徑厚出三之二，封護加平水檁徑椽徑各一分，望一寸。凡用磚，皆除柱徑、柁枋、門窓檻框，榻板木料，及角柱，壓磚板，挑簷石，各分位核之。以順水立牆肩分位，襯脚取平，隨牆長短而高隨墁地磚分位。其次扇面牆、檻牆、隔斷牆、廊牆各有差。如大中小三才墀頭，隨出簷收線磚，混磚，罾，盤頭戧簷，連簷，雀見臺層數尺寸定長，隨簷柱加平水檁徑一分。除停泥滾子磚，砍做線磚，乾擺混磚，罾磚，盤頭戧簷層數尺寸定高外，加連簷厚一分半，以做戧簷斜長入榫，分位有差。排山勾滴，以進深加舉定長，按瓦料之號，分隴得個數。抹飾以長高見方丈。白灰、青白灰、泥底灰、插灰泥，紅黄泥提漿躂舊，刐去抅抿灰，道灰梗描刷，折料工用又有差。

砍磚匠，瓦匠中之一類也。金磚以二尺、尺七爲度，方磚以二尺、尺七、尺四、尺二爲度，新舊樣诚磚長一尺三寸五分，寬六寸五分，厚三寸二分。臨清城磚同。停泥滾子磚，沙滾子磚，長八寸，寬四寸，厚二寸。停泥斧刃磚與停泥滾子同。沙斧刃磚與沙滾子同。砍磚工作，在砍磨城角轉頭，捎白，截頭，夾肋，剔漿，齊口，掛落，券臉及車網，立柱，畫柱，垂柱，圭角，角雲，獸座，照頭，捺花，龍頭，鼻盤，桁條，耳子，素竇頂，雲拱頭，花墊板，脊瓜柱，花垂柱，花氣眼、花雀替、博縫頭古老錢、馬蹄磉、三岔頭、花搯扒頭、花通脊板、牡丹花頭、額枋、四面披、小博縫、松竹梅、花草、須彌座花柱、圓椽達望板、窓户素線磚、垂花門立柆、箍頭枋、方椽、飛簷椽、連簷、裏口、線枋花心、轉頭花香草雲、垂脊板、如意頭、象鼻頭、天盤、西洋墻、寶塔、寶瓶諸活計。鑿花匠，又砍磚匠之一類也。鑿花工作在檻墻下花磚，花龍鳳、分心雲頭、岔角、梅花窓、海棠花窓、草花圓窓、線枋磚花窓、雲子草、八角雲各色，又三十三號物背獸、劍靶、吻座、垂獸、獸座、戧獸、仙人走獸。而斫磨、鏟磨、磨平、見方、計工，仍職在瓦匠。所謂水磨也，湖上水磨墻、地文磚，亞次規矩者，爲藻井紋，横斜者爲象眼紋，八方者爲八卦紋，半斧者爲魚鱗紋，參差者氷裂紋，一爲肺碎紋，上嵌梅花，謂之冰片梅。（略）

湖上地少屋多，遂有裹角之法。角，古之所謂榮也。東榮、西榮、北榮、南榮，皆見之《禮》及司馬相如《上林賦》。宇不反則簷不飛，反宇法于反唇，飛簷法于飛鳥，反宇難于楣，飛簷難于椽，楣若衫袖之卷者則反，椽若梳櫛之斜者則飛。其間增桴重棼，不一其法，皆見之斗科做法平身科、柱頭科、角科三等。屋多則角衆，地少則角犄，于是以法裹之；縱横廻旋，正當面，顧背面，度四面，邱中舉維精展；結隅利稜鋒，柧造計抄忽，至增一角多，減一角少，此裹角之法也。葉梦得判案有云：「東家屋被西家蓋，子細思量無利害。」此語可與裹角法參之。然薛野鶴嘗曰：「住屋須三分水，二分竹，一分屋。」顧東橋嘗曰：「多栽樹，少置屋。」二説又可爲裹角者一解也。（略）

裝修作司安裝門槅之事，槅以飛簷椽頭下皮，與槅扇掛空檻上皮齊，下安槅扇，下檻掛空檻分位，上安横披并替椿分位。掛空一名中檻，一名上檻，替椿一名上檻。安裝槅扇，以廊内穿插枋下皮，與掛空檻下皮齊，次稍間安裝檻窓，上替椿横披掛空檻，俱與明間齊。上抹頭與槅上抹頭齊，下抹頭與槅羣板上抹頭齊，餘係風檻榻板檻墻分位。所用名物，有上檻、抱框、腰枋、槢柱、邊挺、抹頭、轉軸、拴杆、支杆、槅心、平欞、欞子、方眼、支窓、推窓、方窓、圓光、十様、直欞、横穿、横披、替椿、簾架、荷葉、拴斗、銀錠、扣架心、螞蟻腰，及絛環、滴珠、簾籠、揭板、羣板諸件，單楹、連二楹有差。凡楠、柏木槅扇，以用碧紗廚單面大框爲上線，以捲珠爲上混面。凹面有門尖、花心、玲瓏之制，槅心有實替、夾紗之分，花頭有臥蚕、夔龍、流雲、壽字、萬字、工字、岔角、雲團、四合雲、漢連環、玉玦、如意、方勝、疊落、蝴蝶、梅花、水仙、海棠、牡丹、石榴、香草、巧葉、西番蓮、吉祥草諸式。工兼雕匠、水磨燙蠟匠、鑲嵌匠三作。至菱花槅心之法，三交燈球六椀菱花、三交六椀嵌橄欖菱花、丈葉菱花、又三交滿天星六碗菱花、古老錢菱花、又雙交四椀菱花諸式，則屬之菱花匠。實替一曰「糊透」，夾紗一曰「夾堂」。

古者在墻爲牖，在屋爲窓。《六書正義》云：「通竅爲冏，狀如方井倒垂，繪以花卉，根上葉下，反植倒披，穴中綴燈，如珠窋窕而出，謂之天窓。」《太山記》云：「從穴中置天窓是也。」今之蓬壺影、俯鑒室，均用其法。古者牖穿壁孔，兩旁植槺，以三寸爲度。今則有柱有枋，中起棋盤線、劍脊線、擴線、闌花牙、三灣勒氷、出色線、雙線、起雙鈎，極陰陽榫之變，有方圓圭角之式。中實槅扇，大曰蔬，小曰窓，相並曰方軒。槅心花様，如方眼、卍字、亞字、冰裂紋、金縷絲、金線釣蝦蟆之屬。一窓兩截，上繫梁棟間爲馬釣窓，疏欞爲太師窓。門制上楣下閾，左右爲棖，雙曰闔，單曰扇。有上、中、下三户門，及州縣、寺觀、庶人房門之别。開門自外正大門而入，次二重，宜屈曲，步數宜單。每步四尺五寸，自屋簷滴水處起，量至立門處止。門尺有曲尺，八字尺二法。單扇棋盤門，大邊以門訣之吉尺寸定長，抹頭、門心板、穿帶、插間梁、拴桿、檻框、餘塞板、腰枋、門枕、連楹、横拴、門簮、走馬板、引條諸件隨之。古者外門内户，《文選註》：「大門爲門，中門爲閶。」《説文》云：「半門曰户。」《玉篇》云：「一扉曰户。」諸説異解同趣。門有制，户無制。今之園亭，皆有大門，均仿古制。至園内房櫳、廂个、巷厩、藩溷，皆有耳門，不免間作奇巧。如圓圭、六角、八角、如意、方勝、一封書之類，是皆古之所謂户也。曲尺長一尺四寸四分，八字尺長八寸，每寸堆曲尺一寸八分，皆謂門尺，長亦維均。八字：財、病、離、義、官、刧、害、木也。曲尺十分爲寸：一白，二黑，三碧，四緑，五黄，六白，七赤，八白，九紫，十白也。又古裝門路用九天元女尺，其長九寸有奇。匠者繩墨，三白九紫，工作大用日時尺寸，上合天星，是爲壓白之法。

建造橋梁，有木橋做法：以寬長丈尺橋孔數目，折料計工。尺五椿木，連入土長二丈七尺，一木一椿；二尺管木長一丈二尺，一木二根；尺六橋面，楞木長一丈五尺；簽錠椿木，安裝管頭楞木，用八六寸扒頭釘，觔兩有差。鋪墁橋面磚，以寬長丈尺，除引條分位，横鋪立墁，鋪墁先用土墊平，折方有差。盤碪打瓣，搭脚手，用蔴觔兩，及木匠刯砍樁尖，做出鏨鑿管頭，鋪錠面木橋板，闞磚引條，安裝欄干，定間柱、戧柱，瓦匠鋪墁，日記夫、油漆匠油飾闞磚引條，露明欄干，間柱戧柱。桐油、它僧、定紅觔兩，熬油打雜各有差。石橋裹頭雁翅，亦以寬長折料計工；石碪、跳板借用不估。此木橋做法也。石橋做法：以金門山身、雁翅寬高折料計工。雁翅迎水，頂底牽長，下分木頂底，用石陡砌，每里計長九十六丈四尺。底石下鋪錠梅花樁，安頓底石，每丈用樁二十段。尺五木一木三樁，迎面排樁，尺四木一木二樁。砌面石每丈油灰二觔，裹石每丈灌漿石灰一百觔，汁米有差。扛抬上住，每丈壯夫二名，此石橋做法也。石岸做法，與雁翅同科。若堤填工程，築堤先牽頂寬、底寬、高、長丈尺用土見方，底寬以入水丈尺，除水深丈尺折方。寬有築寬、帮寬，高有築高、帮高。帮寬、帮高，謂之帮築；在旁帮築，謂之帮戧；平面加高，謂之普面；水深用柴鋪墊，謂之二面防風，以備積築。柴以束計，謂之正柴；用料以土方數目折束，搬柴廂柴，夫工有差。取土以道路遠近折料，謂之新土。隔河取土，及湖中撈挖，用船運送，均于土方加料築填，以面底寬、長丈尺，中心填土見方。填長于水面，每丈用排樁七、櫛木一、蘆芭二、繂纜一。工完銷土，屬之日記夫。

雕鑾匠之職，在角梁頭、博縫頭、順梁額、枋箍頭、挑尖梁頭、花梁頭、角雲、拱番草素線雀替、角背、絲環、拖泥、牙子、四季花門簪、荷葉枕墩、淨瓶頭、蓮瓣芙蓉垂頭、柱連楹、疙疸楹雕做、荷葉簾架墩、大小山花結帶、蔴葉梁頭、羣板滿雕夔龍鳳博古花卉、起如意線、三伏雲、素線响雲板、菱花梅花錢眼、起線護炕琴腿、圈臉番草雲、槅扇搘眼、象鼻拴、玲瓏雲板、連籠板、琵琶柱子、荷葉、壺瓶牙子、支杆荷葉、採斗板、伏口頭、燕尾、摺柱，並斗口各科，工用有差。水磨、燙蠟、乾磨諸匠，與雕鑾互用，皆屬之楠木作。凡楠木匠一百，加安裝匠十，鋸匠二十。做舊裝修，另折方以計工。燙蠟物料，用黄蠟、剉草、白布、黑炭、桃仁、松仁有差，此外包鑲匠，別楠、柏、紫檀、海梅、花梨、鐵梨、黄楊木植，以折見方計工。鏇匠職在鼓心、圓珠簾、滑子、淨瓶、大垂頭、仰覆蓮、西番蓮頭、束腰連珠、鏇牙、粗牙諸役。水磨茜色匠，職在象牙淨瓶、闌杆、柱子、凹面玲瓏夔龍書格、牙子、如意、畫別諸役。雕匠有假湘妃竹藥欄做法，楠柏木挖做竹子式，挂簷板上貼半圓竹式，竹式有如意雲、圓光、連環套、萬字團諸名。攢竹匠職在刮黄、刮節、去青、去網成開，做榫窌有十三合頭、九合頭、五合頭攢做之分，膠以縫計。錠鉸匠職在鐵箍拉扯、大鐵葉、角梁、由戧、寶瓶、樁釘、刅錠枋梁、鈎搭、雙瓜鈾鎖提捎、挺鈎、鑽三四寸釘椽眼連簷、博縫、山花、過木、沿邊木、諸鍋簽錠、斗科升耳包昂嘴、門葉錠、門泡釘、門鈸、門橋、鐵葉、雨點釘、梭葉、鏤鈒、雙卓拐角葉、雙人字葉、看葉、獸面帶仰月千年釣、壽山福海、釕釣、菱花釘、風鈴、吻鍋、簷網、剪葉、天花釘、大小黄木條、銅鐵絲網，掛網剪碗口，以尺寸折料，以料數折工。

琉璃轉盤鼓兒影壁，高六尺三寸五分，寬三尺六寸，用柱子二，問柱二，抹頭二，腰棖二，夾堂餘腮板、四面絲環群板二，裏口框一。四抹轉盤大框，高三尺五寸七分，寬二尺八寸。群板絲環，採間柱餘腮絲環、雕凹面香草夔龍，有鑲嵌、素鑲、並鑲、門桶之別。夾層落堂如意瓶式，高五尺二寸，寬二尺三寸，二面貼落金邊，中嵌夔龍團草。扇抹頭、推門、槅扇、拴杆、琵琶柱子、欄干、起線雕艾葉、淨瓶頭、連珠束腰、西番蓮柱頭四、托泥、地伏、琴頭、捎子、踢脚、隱板、欄干心，床上筆管欄干皆偹。飛罩有落地明、連三飛罩、連十五飛罩、單飛罩諸做法。碧紗廚柱子，與影壁同，槅心用夾紗做法，皆屬之楠木作。

覆橑，今之木頂格也。《梦溪筆談》云：古藻井即綺井，又曰覆海，今謂之門八，吴人謂罳頂，蓋後至坏，前至簷，左右至兩圬，上合羣板，下横經緯，中如方罫，所以使屋不呈材也。」木頂槅週圍有貼梁、邊抹、檽子、木釣掛，一檽六空，横直兩頭，進深面濶有常制。上畫水草，説者謂厭火祥，莖皆倒垂殖，其華下向反披，古謂井榦。《天台野人存論》云：「仰臥室中觀藻井，得古井田法」謂此。

清　乾隆《合水縣誌》卷上《橋道》　柳溝木橋縣西三十里，係城河及小川水相合之處，冬月架木爲橋。

又　版橋縣西四十里，其水自子午山發源，由縣會北川水而西至此，與府河水合。其橋用木，不入座，上架木版，平穩可行馱轎。冬月水涸則設，當春漲發而抽。

清　秦蕙田《五禮通考》卷六〇《吉禮·宗廟制度》　門限謂之閾。《釋宫》曰：「柣謂之閾。」郭氏曰：「閾，門限。」邢昺曰：謂門下横木爲内外之限也。其門之兩旁木，則謂之棖，棖闑之間則謂之中門。見《禮記》。

又　朱子釋宫堂之屋，南北五架，中脊之架曰棟，次棟之架曰楣。《鄉射禮記》曰：序則物當棟，堂則物當楣。注曰：是制五架之屋也。正中曰棟，次曰楣，前曰庪。賈氏曰：中脊爲棟，棟前一架爲楣，楣前接簷爲庪，今見于經者，惟棟與楣而已。棟一名阿，案《士昏禮》「賓升當阿致命」，注曰：阿，棟也。又曰：入堂深示親親。賈氏曰：凡賓升皆當楣，此深入當棟，故云入堂深也。又案《聘禮》「賓升亦當楣」，賈氏曰：凡堂皆五架，則五架之屋通乎上下，而其廣狹隆殺則異耳。

清 翟均廉《海塘録》卷一 海寧舊無土塘。雍正十一年，内大臣海望、總督李衛以魚鱗石塘難以速成，請於海寧龜山南至仁和李家村築土備塘一道，離外塘或一里半里購買民地，按畝豁糧。塘高一丈二尺，每丈需虚土五十五方，水三旱七，按方給工，頂寬二丈四尺，底寬五丈。又恐外有石塘，内有備塘，雨水無從瀉洩，因於最低之處築涵洞十七座，以洩水石閘四座，兼通舟楫。又於備塘河建木橋二十六座，以通行人。每石閘一座，金門濶八尺，高一丈四尺，兩邊金剛牆并前後雁翅各長四丈。上鋪石爲橋，砌墊瀉水石閘，下釘梅花樁一百十一根，背摺砌塊石寬四尺，條石二百三十五丈三尺五寸二分，塊石二十三方七分六釐，計工料銀四百四十兩有奇。每涵洞一座，長五丈，高三尺五寸，寬四尺六寸，條石六十一丈二尺五寸，釘梅花抱石二樁二百九十九根，前後雁翅洞身牆背共砌石七十塊，計工料銀七十一兩有奇。每木橋一座，高一丈二尺，濶四丈八尺，計五空用長三丈五六尺、徑六七寸大木十株，共計工料銀二十二兩有奇。

又 其築法，塘身高十八層者，每丈用厚一尺、寬一尺二寸條石一百一十八丈三尺三寸三分，石有厚薄不等，以丁順間砌參差壓縫，計高一丈八尺爲準，頂寬四尺五寸，底寬一丈二尺，内除收頂蓋面石以及鋪底蓋樁石各一層不留收分外，自底上第二層至十二層，每層外留收分四寸，内留收分一寸，又自十三層至十七層每層外留收分三寸，内留收分一寸，共留收分七尺五寸。底寬一丈二尺，外口釘馬牙樁二路，以禦潮刷。樁縫中心重石之下，擔負全力。釘馬牙樁一路及後一路共四路，每路用樁二十根，共樁八十根。尚餘底空釘梅花樁七路，每路用樁一十根，共樁七十根。二共樁一百五十根，俱一木一樁，馬牙樁用圍圓一尺五寸、長一丈九尺之木，梅花樁用圍圓一尺四寸、長一丈八尺之木，塘長九層以下外砌坦水保護不扣錠鋦外自第十層、十二層、十四層、十六層，每層每丈扣砌生鐵錠二個，熟鐵鋦二個，又收頂蓋面石一層，前後扣砌生鐵錠一十六個，每條石一丈，用砌灰五斗，每砌灰一石，用汁米五升。

又 木櫃之法，用徑大五六寸之圓木製成。櫃形高五六尺，長七八尺，寬四五尺不等。四面爲柵，其柱木上留七八寸，加砌蓋石。下留四五寸，插入沙土中。用塊石填塞緊密，加以整株長木，聯絡如一。遇頂沖險要之處，釘樁甃石不及，或用實塘底，或用爲坦水，隨宜安放，乃聚小石爲大石之法，潮落後即搶釘闗櫃，排樁加砌。蓋櫃條石其體既重，其坐自穩，潮頭洶湧，可免捲拔之患。迴溜汕刷，無外淌之虞矣。

又 卷二六 《錢塘縣誌》錢王命强弩五百人以射濤頭，潮乃退。東趨南陵，餘箭埋於候潮通江門浦濱，鎮以鐵幢，誓云：鐵壞此箭出。又以大竹破之爲籠，長數十丈，中實巨石，取羅山大木長數丈植之，横爲塘依。匠人爲防之制又以木立於水際，去岸二丈九尺，立九木，作六重，象《易》既濟未濟卦，由是潮不能攻，沙土漸積，岸益固也。

清 乾隆《西和縣誌》卷二《風俗·廬舍》 前代民居板屋用木片搭蓋，屋上以小石壓之。今太平日久，資生稍裕，小民之家亦多起瓦舍，穴處王窑並苫蓋茅舍者，僅百之一二。

清 長白椿園式《新疆輿圖風土考》卷四《回疆風土記》 回屋聚土爲牆，纍厚三四尺，以白楊、胡桐之木横布其上，施葦敷泥，遂成室宇。或爲樓厚七八尺。有奇穴牆爲竈，直達屋頂。寬尺餘，高二三尺，與地平，置木火其中以禦冬寒，謂之務恰克。穴牆爲洞，寬長不一，以藏物件，謂之務油克。屋頂開天窗一二處，以納陽光，謂之通溜克。屋頂正平，人可於其上往來，且爲晒曝糧果之地。其屋牆厚頂輕，不慮傾圮，雨少不畏滲漏。富者多於屋内雕泥爲花草字畫，飾以灰粉，細而堅，頗見工巧。亦有施金碧者，涉俗矣。屋傍例有園池，廣植花果，開伯斯塘以避夏暑。回人以樓高爲貴，有三四上者，樓亦有倣蒙古包形者，有方者。地基少寬，必作禮拜寺，以便納馬茲。墳地上亦多有納馬茲之所，言鬼亦納馬茲也。

清 乾隆《竹山縣誌》卷一〇《風俗》 山民多結草爲蓋，編竹爲牆，所托非高阜，即深谷，比屋稀疎，列若晨星，故守望在所必嚴。

清 乾隆《回疆志》卷二《風俗》 辟櫰椽皆用柳楊木爲之，因木性粗疎，十餘年後即須另築，不耐淋雨，值雨無不漏者。

清 舒位《黔苗竹枝詞》一卷《天苗》 華胄周南太覺遥，葛根難庇遠椒聊。山風夜夜吹枯骨，倒掛收香緑鳳么。

天苗，一名天家，多姬姓，自以爲周之後，在廣平州，人死不葬，以藤蔓束之樹間。

豆蔻稍頭月似鉤，山花開近女郎樓。不知誰擫青蘆管，一夜春情散不收。

其在天壩者，女子年近十三四即構竹樓，野外處之，聞歌而合，此較黑苗之馬郎房更奇。

又《花犵狫》 羊樓高接半天霞，杉葉陰陰犵狫家。減卻腰圍餘幾許，桶裙量就一身花。

犵狫，種不一，所在多有。男女以幅布圍腰，旁無襞績，謂之桶裙。花布爲花犵狫。屋宇去地數尺，架巨木，上覆杉葉，如羊柵，稱爲羊樓。

清 乾隆《寧夏府志》卷八 （百姓）納柳椿十五根，每根長三尺，此輸將定額也。其或需用紅柳、白茨、芀苦，則於草内折收。每草一分，折紅柳四十八束，又或折白茨或折芀苦各四十八束。每束重七斤，總名曰顔料。或石灰亦於草内折銀燒造，每草一束，折銀一分，其草曰壩草，以備於險要處和土築塀，及啓閉各閘堵疊渠口也。椿曰沙椿，或釘閘底，或釘塀岸，使土堅固也。渠内水冲之處，必用土草築一墩以逼水，而外用紅柳、白茨護之，更釘以沙椿，名曰馬頭。芀苦則繩纜之具也。或修理閘底，亦必用紅柳、白茨鋪墊，而以沙椿釘之，乃蓋以石條，使無冲動之患也。

清 檀萃《滇海虞衡志》卷一三 搊雞，蓬頭椎髻，標以雞羽，形貌醜惡，婦人尤甚。挽髻如角向前，衣文繡，短不過腹，垂纓絡，自項及胸。遷徙無常，居多竹屋，耕山食莜，暇則射獵，捕食猿狙。佩利刀，負强弩毒矢，伺隙剽竊，夷之狠惡者也。

清 師範《滇繫》第十一册《旅途》 （霑益）出山谷中，清而駛梁，以巨木横溪上，曰可度橋。

又 木鐵南歷那竜、那堵、者圖大者馬，有高山深林，四亭至廣南府，夷漢雜處，可千餘舍。居民皆棲岩以竹爲椽柱，覆以松皮，去地三四尺。人居其上，畜溷于下，中設地爐，懸稻穗其上，薰令極乾。每日春而食。編竹篭若魚罶，纍纍數十置西南隅，以祀鬼，甘犬鼠非上賓不設。萬歷末年，儂氏兄弟爭立糾，交阯入犯，兵燹之餘，民居皆草剏田埜蓁蕪未復業焉。有楊廣廟，昔狄青部將楊文廣追儂智高至此，土人立廟祀之。在治西三里許。

清 嘉慶《徽縣志》卷三《橋道》 棧橋羅漢洞左山臨大江，鑿石架木作棧道，二十丈。永寧渡官渡船一隻，冬則搭橋以濟。

清 嘉慶《松江府志》卷五《疆域》 元夕，采竹柏結棚於通衢，作燈市，觀者嬉遊或至達曙。□有滿園春、衆星捧月、鰲裝鼇山、走馬諸名色，皆刻飾楮帛或琉璃、魚枕、竹絲、麥秸、建珠、山東珠等爲之。四周縣帶翦簇綵繪，尤極精麗。一枚有直數十緡者。

清 嚴如熤《三省山内風土雜識》 由寶鷄縣渡渭河進山，經草涼驛、黄牛堡，過鳳縣、古陳倉、留垻廳，至褒城縣，山程五百里，爲北棧道。山峻水急，其中多巉巖壁立，難以鑿路。募匠鎚石成孔，横貫巨木，上覆木板，外作欄杆繞之，如橋梁狀，故名曰棧道。其中最險，曰煎茶坡、大散關、鳳嶺、柴關、馬道、二十四嶠、鷄頭關，均爲一夫當關，萬夫莫開。聞父老言數十年前古木叢篁，遮蔽天日，近爲川楚棚民開墾，路雖崎嶇，而樹木已稀，惟柴關一處，尚有古木數千章。

清 道光《廣東通志》卷九三 《萬安軍圖經》：此邦與黎□雜居，多茅竹，絶少瓦屋。

清 道光《蘭州府志》卷三《建置》 西津橋在縣西二里，當阿干河口，架木横空，長十餘丈，高三丈，下無柱，歲久傾圮。

清 道光《彰化縣誌》卷九《風俗・廬舍》 番舍形如小帳房，開門於横脊，鞠躬而入。夫妻子女，團聚一室，臭不可聞。東西螺數社，規模壯敞，封土墩爲址，作室於上，昂其前可五尺，門架木橋以入。大者廣五丈，深十丈許，如余皇。中柱以喬木，樑椽四壁悉材篔簹，左右前後門户疎通，覆以茅茨，翦洗絶塵，前施丹臒，竟可以畫舫額之。

屋室外結茅爲禾間。番喜禾，故名之也。竹木交加，疊空而起，離地數尺，如小樓，貯粟其上，以避蒸濕黴腐。視田畔高敞地，結數椽爲憩息之所，蔭以竹木護之。收穫時，寢食其中，曰田寮。

社中擇公所爲舍，環堵編竹，敞其前，曰公廨（或名社寮）。通事居之，以便差遣。

凡作室，合社之衆助之。先剉竹結椽桷爲蓋，各一大扇。竪柱上樑畢，衆共擎蓋而升，編茅以覆。另編茅爲頂，於横脊之兩端，如枕形。落成，出酒相餉，男婦畢集，酩酊歌舞，極歡而罷。爲末間則覆茅於蓋而擎之。

內山有鬆石，鑿之成片，下砌於牆上，以代陶瓦，方廣一丈，望之天然石室也。

各社熟番饒裕者，高堂大廈，四旁列種菓木，廩囷、圈圉，次第井井。環植莿竹，廣至數十畝。

清 張道超等修 馬九功等纂《伊陽縣誌》卷一《古蹟》 石柱廟在城西南七十里，小山突起，高四五丈，四壁如削，上有真武廟，架木倚岩石爲之，絶無塼瓦。

清 錢泳《履園叢話》卷一二《營造》 凡造屋，必先看方向之利不利，擇吉既定，然後運土平基。基既平，當酌量該造屋幾間，堂幾進，衖幾條，廊廡幾處，然後定石脚，以夯石深，石脚平爲主。基址既平，方知丈尺方圓，而始畫屋樣，要使尺幅中繪出潤狹淺深、高低尺寸，貼籤註明，謂之圖說。然圖說者僅居一面，難于領略，而又必以紙骨接畫，仿製屋幾間，堂幾進，衖幾條，廊廡幾處，謂之燙樣。蘇、杭、揚人皆能爲之，或燙樣不合意，再爲商改，然後令工依樣放線，該用若干丈尺，若干高低，一目了然，始能斷木料，動工作，則省許多經營，許多心力，許多錢財。余每見鄉村富户，胸無成竹，不知造屋次序，但擇日起工，一憑工匠隨意建造，非高即低，非潤即狹，或主人之意不適，而又重拆；或工匠之見不定，而又添改，爲主人者竟無一定主見。種種周章，比比皆是。至屋未成而囊錢已罄，或屋既造，而木料尚多，此皆不畫圖、不燙樣之過也。屋既成矣，必用裝修，而門窗槅扇最忌雕花。古者在墻爲牖，在屋爲窗，不過渾邊淨素而已，如此做法，最爲堅固。試看宋、元人圖畫宮室，並無有人物、龍鳳、花卉、翎毛諸花樣者。又吾鄉造屋，大廳前必有門樓，磚上雕刻人馬戲文，玲瓏剔透，尤爲可笑，此皆主人無成見，聽憑工匠所爲，而受其愚耳。

造屋之工，當以揚州爲第一，如作文之有變換，無雷同，雖數間小築，必使門窗軒豁，曲折得宜，此蘇、杭工匠斷斷不能也。蓋廳堂要整齊如臺閣氣象，書房密室要參錯如園亭布置，兼而有之，方稱妙手。今蘇、杭庸工皆不知此義，惟將磚瓦木料搭成空架子，千篇一律，既不明相題立局，亦不知隨方逐圓，但以塗汰作生涯，雕花爲能事，雖經主人指示，日日叫呼，而工匠自有一種老筆主意，總不能得心應手者也。

清 咸豐《鄧川州志》卷九《雜記第六》 各段浮橋木料不必專用枋，當兼用樓木，非但爲搭橋計也。七八月搶險，椿木猝難購，覓兼儲樓木，臨危可以借資。俟水平後，仍令堤主照數償還，有備無患，最爲要著。舊例六月後，該里滚頭就本堤搭棚，雇人日夜巡視，有警即鳴鑼集救，俱爲防護。伏秋起，見末可日久生怠也。

清 咸豐《瓊山縣誌》卷二《輿地》 民居一室兩房，棟柱四行，柱之大者，圓徑尺。中兩行嵌以板，旁兩行甃以石，俱係碎石用泥甃成。富者加以灰墁，其木以石梓、波羅密爲上，胭脂、海梅次之，若杉木則來自潮州，黄棱則來自外國，皆木之入格而可購採者。昌江筆畧增

清 同治《房縣誌》卷二《山川》 九峯山城西八十里，土人皆架板屋居。

清 同治《新化縣誌》卷七《輿地志七・風俗》 板屋，畬田宋章惇《開梅山詩》云：人家迤邐多板屋，火耕磽确石畬田。一統志

清 同治《玉山縣誌》卷一《地理・津梁》 濂溪長生橋在十二都下林溪，源發江山，流入氷溪，東南要津。乾隆乙亥衆建木橋，長六丈，廣四尺，置田五十餘畝，立局施茶。

清 光緒《寧洋縣誌》卷二《輿地志》 留田官陂高七尺，潤五丈餘，用木石砌築完固。

清 陳懋列《莆田水利志》卷二《陂塘》 陂舊三十二門，元減爲二十九門。舊門用木板爲閘，隨旱潦啓閉。通判董彬易以石，高下以水爲準，潦則水溢上過，旱則水瀦陂中。所設小工水手皆廢。陂舊就土立石，元人石下立松，每層五根，董判斲木爲板，厚四寸，入土中，加石其上，鈎結鎖砌，壓以巨石。縣丞葉叔丈謂以石傅板易壞，元人址薄亦易壞，乃築上下堰，盡板出之，椽杙入地九尺，廣視舊加丈有二尺，然後結砌如董法。節録宏治府志

又《隄防》 月峯隄在延興里蘆蒲海逼。大溝，此次松木排椿，深釘編竹，運所開瓦礫糸和泥土堅築，以障內水，惟海港內侵，宜堆石磯數道。

又 韓壩隄在孝義里陳橋海道內逼。乾隆四十八年秋，隄潰，知府柴楨捐築，用木爲匾櫃，中空藏土，鑿孔貫椿木深釘。始克成功，鄉人立石以頌。舊潰處，深不可測，運所開廢沙填滿，惟隄外爲潮所齧，應堆石磯。

清 光緒《零陵縣誌》卷五《學校志・風俗》 山猺穴居野處，雖有屋庇風雨，不過翦茅叉木而已，名打寮。

又《雜記》 東鄉神牛井甚廣濶，上架木板二，如橋然，以爲汲取之路。其二木板一設自國初，一後人所新增者。遇春夏久雨。水暴漲，波浪坌激高丈餘，新板輒漂去數十步外，獨舊板不移寸許。自國初至今，歲久形甚剝蝕，而履之則極堅穩。村童戲履其上，從無失墜者。又是井平時甚清淺，白沙貼底，可揭而渡也。及雨漲則深不可測，或以竹竿長數丈者試之，竿既没，猶未至其底云。

清 光緒《華容縣誌》卷二《隄工紀略》 一物材宜備：護隄曰埽，埽有魚鱗、龍尾、丁頭之別；護埽曰障，有六楞、三楞、排木之異。以當衝溜，則有木龍、大埽以濟，覆舟則有救生椿木。杵用木，楞用石，十埽以萑葦爲衣，以楊柳枝爲筋，以黄壤爲心，以穀草爲綍纚，長短大小相決口之淺深，水勢之緩急爲之。排椿須用大木，長丈餘者，聯以綍纚，以竹葦以備搶險之用。草論束，麻論斤，土論方，甎論塊，石料分雙單，椿木別杉楊，均宜如式置辦，限年保固。

清 光緒《光化縣誌》卷二《城池》 一築堡宜開挖濠溝，寬須二丈，深須一丈以外，時時引滿濠水。各門安活木橋一道，挖出之土，向裏面溝沿一丈内堆積，即爲堡墻之用。濠外再挑斜溝或品字坑，以拒賊馬更妙。

清 光緒《高州府志》卷六《輿地》 石城俗鮮奔競而寡交遊，敦本業而少經商，農務耕耘，女勤紡績，陶植梓匠，多尚質樸。而木工閒有巧者，屋宇多用土甎，亦有編竹葺茅而居者。參石城張志

清 光緒《容縣誌》卷四《古蹟》 駱駝橋在繡江上，當學宫之右，亦名龍驤橋，唐刺史韋丹築，久圮。乾隆間水蝕過南岸，故趾復現，周圍廣十餘丈，砌以頑石，狀如覆釜，與今奎樓相對，或探其下，多得古錢及紫荊木橋梁，淹漬沙中，堅黑如鐵。

清 西清《黑龍江外記》卷二 齊齊哈爾内城排木爲重垣，實以土，具雖堞之觀。四門皆有樓櫓，方一千三十步，崇丈八尺。外郭因沙阜高下，甃以土垈，方十里。東南北各一門，西二之，有大小西門之稱。康熙三十一年築墨爾根内城，四隅亦有樓櫓，餘與齊齊哈爾同。外郭築土爲之，方十里，五門而二居北，康熙二十五年築。

黑龍江内城與齊齊哈爾同，西南北三面排木爲外郭，方十里，南一門，西北各二，東臨江。康熙二十三年築。

又 卷六 屋脊置木架，壓草以防風攝，謂之馬鞍。亦有以甎代者，不多見。柱埋於地，露二尺許，造屋其上，貯不耐潮溼之物。望之如水榭者，曰樓房倉廪類，然人家亦有，然大風有傾欹之患，故亦不多。牆有土築者，垈甃者，泥堆者，垈甃最耐久。垈者，野甸泥塊土草結成，堅如磚，齊齊哈爾外城壘此。又有拉哈牆，縱横架木檻草束密掛横架上，表裏塗以泥，薄而占地不大，隔室宇宜之。

清 光緒《京口三山志·北固山志》卷二《建置》 大興國寺在夾道巷。至元十八年，本路副達魯花赤薛里吉思建，儒學教授梁相記，不久即廢。檢有梁相碑文遺缺，附録其略。薛迷思賢在中原西北十萬餘里，乃也里可溫行教之地，愚問其所謂教者云：天地有十字寺十二，内一寺佛殿，四柱高四十尺，皆巨木。

清 張鳳台《長白彙徵録》卷四《風俗》 廬舍 東山本部落故墟不宁不廬，漢唐各書稱其倚山開户，穿穴接梯，不無過甚之詞。顧地溼天寒，迄今如昔。荊榛彌望，矮屋蕭疏，砌石爲基，泥土爲牆，架以木，葺以草，名曰窩鋪，或曰窩棚。剝樺皮爲壁爲蓋者曰樺皮房。皆以土爲坑。穴其内，熅以火，以禦潮溼。刳中空之木豎簷外，通坑洞，引煙使出。木上覆荊筐，以避雪雨，名曰呼蘭，自遼金以迄。（略）

拉哈 漢語柱也。綴麻以圬牆也。扯哈牆壁之上，據中豎柱以承梁，左右留二孔出氣，謂之嘛木哈圖址圖。至今木把入山砍木如此式者甚多，土人稱之曰馬架，音同而字異。

又 卷四《風俗》 房舍 架木結茅，就地爲炕。牆壁皆木，門户不分。户外無院落，屋内無棹櫈。牛馬同居，臭穢逼人。華民特名之曰高麗窩鋪。

清 宣統《呼蘭府志》卷一〇《禮俗略》 圍墻或磚、或土、或木，木圍八尺，一柱横皮厚板，貧者則編柳，或用黍稭。

傳記

唐 姚思廉《梁書》卷五一《范元琰傳》 范元琰字伯珪，吴郡錢唐人也。祖悦之，太學博士徵，不至。父靈瑜，居父憂，以毁卒。元琰時童孺，哀慕盡禮，親黨異之。及長好學，博通經史，兼精佛義。然性謙敬，不以所長驕人。家貧，唯以園蔬爲業。嘗出行，見人盗其菜，元琰遽退走，母問其故，具以實答。

母問盜者爲誰，答曰：「向所以退，畏其愧恥，今啓其名，願不泄也。」於是母子祕之。或有涉溝盜其筍者，元琰因伐木爲橋以渡之。自是盜者大慚，一鄉無復草竊。居常不出城市，獨坐如對嚴賓，見之者莫不改容正色。沛國劉瓛深加器異，嘗表稱之。

元 脱脱《宋史》卷四六二《方技傳》 僧懷丙，真定人。巧思出天性，非學所能至也。真定構木爲浮圖十三級，勢尤孤絶。既久而中級大柱壞，欲西北傾，他匠莫能爲。懷丙度短長，別作柱，命衆工維而上。已而却衆工，以一介自從，閉户良久，易柱下，不聞斧鑿聲。

趙州洨河鑿石爲橋，鎔鐵貫其中。自唐以來相傳數百年，大水不能壞。歲久，鄉民多盜鑿鐵，橋遂欹倒，計千夫不能正。懷丙不役衆工，以術正之，使復故。

河中府浮梁用鐵牛八維之，一牛且數萬斤。後水暴漲絶梁，牽牛没于河，募能出之者。懷丙以二大舟實土，夾牛維之，用大木爲權衡狀鉤牛，徐去其土，舟浮牛出。轉運使張燾以聞，賜紫衣。尋卒。

明 謝肇淛《五雜俎》卷五 喻皓最工製塔。在汴起開寶寺塔，極高且精，而頗傾西北，人多惑之，不百年平正如一。蓋汴地平無山，西北風高，常吹之故也。其精如此。錢氏在杭州建一木塔，方兩三級，登之輒動，匠云：「未瓦，上輕，故然。」及瓦布，而動如故。匠不知所出，走汴賂皓之妻，使問之，皓笑曰：「此易耳。但逐層布板訖，便實釘之，必不動矣。」如其言乃定。皓無子，有女十餘歲，臥則交手於胸爲結搆狀。或云：「《木經》，女所著也。」

明 何喬遠《閩書》卷六四《羅拱辰》 拱辰，馬平人。時郡守羅青霄議建敵臺以備敵，即城垣創威鎮閣以興文事。知拱辰有精思，悉委成焉。閣踞城垣，因濠爲基至孤峻。拱辰取爐梗縛臺式，樓櫓雉堞儼然而具較量，木入地若干尺，四維支柱層纍若魏凌雲臺，銖兩悉稱也。其後郡屢遭颶風地震之患，所在傾圮，而臺閣巋然。漳人皆稱羅公非獨廉且能也。倕工般巧，若天授焉。

清 乾隆《滄州志》卷一〇《人物》 張深字瀛亮，歲貢生，爲人倜儻好義，重氣節。雍正五年，風化店減河決。深解貲數百金，備物料人工堵築。後竹木不敷，又折所住屋十餘間作堤根樁橛，復挑掘宅基取土以塞河口。堤外村莊俱獲保全，鄉鄰至今賴之。

清 乾隆《長沙府志》卷二九《人物志·明》 李正華，字函春，寧鄉庠生。有才氣，然嗜閑散，喜頽放，詩筒酒壚陶然也。每歲寄僧樓過半山居，畦徑手自剪裁。嘗就四古松接棱爲巢，絙板而上，吹簫鼓琴，獨酌其中。垂老自適，精巧絶人，絲竹之器，皆以意造作。詩歌琴曲，飄飄出塵，自號洊陽子。年七十餘卒。

清 乾隆《晉江縣誌》卷一三《人物志》 李廷碩給事中，焻長子，郡城溜石三陡門爲焻所築。康熙甲辰，洪水崩決。己酉，復大決。廷碩念先績傾頽，自砍祖山柏木二百株，仍捐貲鳩工，爲諸鄉倡衆，皆樂助。兩月竣工，斷橋既完，水流復滿。張潛夫爲文紀之。

清 道光《順昌縣誌》卷一〇《方外志》 [宋]如如居士姓顔，名丙，字守中，宋末舉鄉試。母死葬獅子峰，廬墓苦塊土室之類猶存峰前，後巨木皆其手植。後棄儒入釋，過將樂萬安都，見下洞建菴缺正樑，張氏墓側有合抱梓一，求之弗得。是夕風雨拔之，因鬻爲樑。居士題其上曰：「靈根不肯混凡柴，天意移將福地來。向日親逢霹靂手，今朝果作棟樑材。」後庵圮，正統間新之，於瓦礫中得舊樑，外朽内堅，所題字漬入木不没。後至邵武清涼寺坐逝。

清 同治《桂東縣誌》卷一五《人物志·方技》 黄攀龍，精於攻木。康熙初，武昌黄鶴樓逼臨江漢，勢傾倚。攀龍牮整如舊，減費萬計，人皆神之，名震漢湘。桂陽縣下濛有橋，地峻水急，植木爲基，成輒毁。延攀龍至橋，立就邑泉溪龍形，有田資灌上堰，屢修即壞。攀龍親鑿石架木，出人意表，至今永固。

清 光緒《高州府志》卷二五《職官》 何盛，大興人，由舉人爲六安州知州。景泰初陞高州知府，長才足智，廉勁不撓，爲政務，絶知交，孤行一意，剗奸洗枉，夙弊爲之一清。豪猾斂跡，孱懦蒙恩。創書舍於學旁，以課士郡。城外西北坊廂民多聚居，時蠻寇肆掠，高涼炭山賊乘隙劫擄。盛召集邑令譚天祥坊老莫暹等謀立柵開塹，密種刺竹以防禦之。衆以工浩力寡，恐弗克濟。盛曰：「是非爾所知也。」遂命民壯及居民採木爲柵，掘地爲塹，繚以竹刺。盛躬臨經畫，不憚勞瘁。兩月而完，計七百九十餘丈，建鼓樓鳴柝以防，晝夜設保民。阮通志

紀事

《韓非子·五蠹》 上古之世，人民少而禽獸衆，人民不勝禽獸蟲蛇，有聖人作，搆木爲巢，以避羣害，而民悦之，使王天下，號曰有巢氏。

漢 陸賈《新語》卷上《道基第一》 天下人民，野居穴處，未有室屋，則與禽獸同域。於是黄帝乃伐木搆材，築作宫室，上棟下宇，以避風雨。

漢 司馬遷《史記》卷六《秦始皇本紀》 [秦始皇]三十五年，除道，道九原抵雲陽，塹山堙谷，直通之。於是始皇以爲咸陽人多，先王之宫廷小，吾聞周文王都豐，武王都鎬，豐鎬之閒，帝王之都也。乃營作朝宫渭南上林苑中。先作前殿阿房，東西五百步，南北五十丈，上可以坐萬人，下可以建五丈旗。周馳爲閣道，自殿下直抵南山。表南山之顛以爲闕。爲復道，自阿房渡渭，屬之咸陽，以象天極閣道絶漢抵營室也。阿房宫未成；成，欲更擇令名名之。作宫阿房，故天下謂之阿房宫。隱宫徒刑者七十餘萬人，乃分作阿房宫，或作麗山。發北山石椁，乃寫蜀、荊地材皆至。關中計宫三百，關外四百餘。於是立石東海上朐界中，以爲秦東門。因徙三萬家麗邑，五萬家雲陽，皆復不事十歲。

又 卷一二《孝武本紀》 上還，以柏梁烖故，朝受計甘泉。公孫卿曰：「黄帝就青靈臺，十二日燒，黄帝乃治明庭。明庭，甘泉也。」方士多言古帝王有都甘泉者。其後天子又朝諸侯甘泉，甘泉作諸侯邸。勇之乃曰：「越俗有火烖，復起屋必以大，用勝服之。」於是作建章宫，度爲千門萬户。前殿度高未央。其東則鳳闕，高二十餘丈。其西則唐中，數十里虎圈。其北治大池，漸臺高二十餘丈，名曰泰液池，中有蓬萊、方丈、瀛洲、壺梁，象海中神山龜魚之屬。其南有玉堂、璧門、大鳥之屬。乃立神明臺、井幹樓，度五十餘丈，輦道相屬焉。

又 卷二九《河渠書》 自河決瓠子後二十餘歲，歲因以數不登，而梁楚之地尤甚。天子既封禪巡祭山川。其明年，旱，乾封少雨。天子乃使汲仁、郭昌發卒數萬人塞瓠子決。於是天子已用事萬里沙，則還自臨決河，沈白馬、玉璧于河，令羣臣從官自將軍已下皆負薪窴決河。是時東郡燒草，以故薪柴少，而下淇園之竹以爲楗。

又 卷四三《趙世家》 [趙敬侯]十七年，成侯與魏惠王遇葛孽。十九年，與齊、宋會平陸，與燕會阿。二十年，魏獻榮椽，因以爲檀臺。二十一年，魏圍我邯鄲。二十二年，魏惠王拔我邯鄲，齊亦敗魏於桂陵。二十四年，魏歸我邯鄲，與魏盟漳水上。秦攻我藺。二十五年，成侯卒。公子緤與太子肅侯爭立，緤敗，亡奔韓。

漢 袁康《越絶書》卷一一《外傳記寶劍》 楚王曰：夫劍鐵耳，固能有精神若此乎？風胡子對曰：「時各有使然。軒轅、神農、赫胥之時，以石爲兵，斷樹木爲宫室，死而龍臧。夫神聖主使然。至黄帝之時，以玉爲兵，以伐樹木爲宫室，鑿地。夫玉，亦神物也。又遇聖主使然，死而龍臧。禹穴之時，以銅爲兵，以鑿伊闕，通龍門，決江導河，東注於東海，天下通平，治爲宫室，豈非聖主之力哉？當此之時，作鐵兵，威服三軍，天下聞之，莫敢不服。此亦鐵兵之神，大王有聖德。」楚王曰：「寡人聞命矣。」

漢 班固《漢書》卷二八下《地理志》 天水、隴西，山多林木，民以板爲室屋。及安定、北地、上郡、西河，皆迫近戎狄，修習戰備，高上氣力，以射獵爲先。故《秦詩》曰「在其板屋」；又曰「王于興師，修我甲兵，與子偕行」。及《車轔》、《四戴》、《小戎》之篇，皆言車馬田狩之事。漢興，六郡良家子選給羽林、期門，以材力爲官，名將多出焉。孔子曰：「君子有勇而亡誼則爲亂，小人有勇而亡誼則爲盜。」故此數郡，民俗質木，不恥寇盜。

漢 佚名《三輔黄圖》卷一 阿房宫亦曰阿城，惠文王造，宫未成而亡。始皇廣其宫規，恢三百餘里，離宫別館，彌山跨谷，輦道相屬，閣道通驪山八十餘里。表南山之顛以爲闕，絡樊川以爲池，作阿房前殿，東西五十步，南北五十丈，上可坐萬人。下建五丈旗，以木蘭爲梁，以磁石爲門，周馳爲複道，度渭屬之咸陽，以象太極閣道抵營室也。阿房宫未成，欲更擇令名名之。作宫阿基旁，故天下謂之阿房宫。隱宫徒刑者，七十餘萬人，乃分作阿房宫。

又 卷二 未央宫，《漢書》曰：高祖七年，蕭何造未央宫，立東闕、北闕、前殿、武庫、太倉，上見其壯麗之甚，怒曰：「天下匈匈，勞苦數歲，成敗未可知，是何治宫室過度也？」何對曰：「以天下未定，故可因以就宫室。且天子以四海爲家，非令壯麗無以重威，無令後世有以加也。」上悦。自櫟陽徙居焉。未央宫周回二十八里，前殿東西五十丈，深十五丈，高三十五丈。營未央宫，因龍首山以制前殿，至孝武以木蘭爲棼橑，文杏爲梁柱，金鋪玉户，華欀壁璫，雕楹玉碣，重軒鏤檻，青鎖丹墀，左碱右平，黄金爲壁帶，間以和氏珍玉。風至其聲玲瓏然也。

又　卷三　温室殿，武帝建，冬處之温暖也。《西京雜記》曰：温室以椒塗壁，被之文繡，香桂爲柱，設火齊屏風，鴻羽帳，規地以罽賓氍毹。《漢書》曰：孔光爲尚書令，歸休，與兄弟妻子燕語，終不及朝省政事。或問温室省中樹何木，光不應。

又　卷四　漢昆明池，武帝元狩四年穿，在長安西南，周回十里。《西南夷傳》曰：天子遣使求身毒國市竹，而爲昆明所閉，天子欲伐之，越巂昆明國有滇池，方三百里，故作昆明池以象之。以習水戰，因名曰昆明池。《食貨志》曰：時粤欲與漢用船戰逐，乃大修昆明池也。《三輔舊事》曰：昆明池地三百三十二頃，中有戈舩各數十樓，舩百艘，舩上建戈矛，四角悉垂幡旄葆麾，蓋照燭涯涘。圖曰：上林苑有昆明池，周匝四十里。《廟記》曰：池中後作豫章大舩，可載萬人，上起宫室，因欲遊戲，養魚以給諸陵祭祀，餘付長安廚。《三輔故事》又曰：池中有豫章臺及石鯨，刻石爲鯨魚，長三丈，每至雷雨，常鳴吼，鬣尾皆動。一説甘泉宫南有昆明池，池中有靈波殿，皆以桂爲殿柱，風來自香。

又　卷五　栢梁臺，武帝元鼎二年春起此臺，在長安城中北闕内。《三輔舊事》云：以香栢爲梁也。帝嘗置酒其上，詔羣臣和詩，能七言諸者，乃得上。太初中臺灾。

南朝宋　劉義慶《世説新語》卷下之上《巧藝》　陵雲臺，樓觀精巧，先稱平衆木輕重，然後造構，乃無錙銖相負揭。臺雖高峻，常隨風摇動，而終無傾倒之理。魏明帝登臺，懼其勢危，别以大材扶持之，樓即頹壞。論者謂輕重力偏故也。《洛陽宫殿簿》曰：「陵雲臺上壁方十三丈，高九尺。樓方四丈，高五丈。棟去地十三丈五尺七寸五分也。」

南朝梁　任昉《述異記》卷上　吴王夫差築姑蘇之臺，三年乃成，周旋詰屈，横亘五里，崇飾土木，殫耗人力。宫妓數千人，上别立春宵宫，爲長夜之飲，造千石酒鍾。夫差作天池，池中造青龍舟，舟中盛陳妓樂，日與西施爲水嬉。吴王於宫中作海靈館、館娃閣，銅溝玉檻，宫之楹檻，珠玉飾之。

又　卷下　木蘭川在潯陽江中，多木蘭樹。昔吴王闔閭植木蘭於此，用構宫殿也。七里洲中，有魯班刻木蘭爲舟，舟至今在洲中。詩家云木蘭舟，出於此。

南朝梁　蕭子顯《南齊書》卷五八《蠻傳》　扶南人黠惠知巧，攻略傍邑不賓之民爲奴婢，貿易金銀綵帛。大家男子截錦爲横幅，女爲貫頭，貧者以布自蔽。鍛金鐶鏁銀食器。伐木起屋，國王居重閣，以木柵爲城。

北魏　酈道元《水經注》卷二《河水》　按段國《沙州記》：吐谷渾于河上作橋，謂之河厲。長百五十步，兩岸纍石作基陛，節節相次，大木從横，更鎮壓兩邊俱平。相去三丈並大材以板横次之，施鉤欄甚嚴飾。橋在清水川東也。

又　卷九　漢建安九年，魏武王于水口下大枋木以成堰，遏淇水東入白溝，以通漕運。故時人號其處爲枋頭。是以盧諶《征艱賦》曰「後背洪枋巨堰，深渠高堤」者也。自後遂廢。魏熙平中，復通之。故渠歷枋城北，東出今瀆破故堨其堰悉鐵柱木石參用。

又　卷三三　益州刺史鮑陋鎮此，爲譙道福所圍，城裏無泉，乃南開水門，鑿石爲函道，上施木天公，直下至江中。有似猨臂相牽引汲，然後得水。

北魏　楊衒之《洛陽伽蓝記》卷一　瑶光寺，世宗宣武皇帝所立，在閶闔城門禦道北。東去千秋門二里，千秋門内道北有西游園，園中有淩雲臺，即是魏文帝所築者。臺上有八角井，高祖於井北造涼風觀，登之遠望，目極洛川。臺下有碧海曲池，臺東有宣慈觀，去地十丈。觀東有靈芝釣臺，累木爲之，出於海中，去地二十丈。風生户牖，雲起梁棟，丹楹刻桷，圖寫列僊，刻石爲鯨魚，背負釣臺，既如從地踊出，又似空中飛下。

北齊　魏收《魏書》卷三七《司馬楚之傳》　車駕伐蠕蠕，詔楚之與濟陰公盧中山等督運以繼大軍。時鎮北將軍封沓亡入蠕蠕，説令擊楚之等以絶糧運。蠕蠕乃遣姦覘入楚之軍，截驢耳而去。有告失驢耳者，諸將莫能察。楚之曰：「必是覘賊截之以爲驗耳，賊將至矣。」即使軍人伐柳爲城，水灌之令凍，城立而賊至。冰峻城固，不可攻逼，賊乃走散。世祖聞而嘉之。

又　卷五八《楊椿傳》　椿在州，因治黑山道餘功，伐木私造佛寺，役使兵力，爲御史所劾，除名爲庶人。

唐　姚思廉《陳書》卷七《後主沈皇后傳》　史臣侍中鄭國公魏徵考覽記書，參詳故老，云後主初即位，以始興王叔陵之亂，被傷臥于承香閣下，時諸姬竝不得進，唯張貴妃侍焉。而柳太后猶居柏梁殿，即皇后之正殿也。後主沈皇后素無寵，不得侍疾，別居求賢殿。至德二年，乃於光照殿前起臨春、結綺、望仙三閣。閣高數丈，竝數十間，其窗牖、壁帶、懸楣、欄檻之類，竝以沈檀香木爲之，又飾以金玉，間以珠翠，外施珠簾，内有寶牀、寶帳，其服玩之屬，瑰奇珍麗，近古所未有。每微風暫至，香聞數里，朝日初照，光映後庭。

唐 令狐德棻《周書》卷一二《齊煬王憲傳》 ［建德五年］五年，大舉東討，憲率精騎二萬，復爲前鋒，守雀鼠谷。高祖親圍晉州。憲進兵克洪同、永安二城，更圖進取。齊人焚橋守險，軍不得進，遂屯於永安。齊主聞晉州見圍，乃將兵十萬，自來援之。時柱國、陳王純頓軍千里徑，大將軍、永昌公椿屯雞棲原，大將軍宇文盛守汾水關，並受憲節度。憲密謂椿曰：「兵者詭道，去留不定，見機而作，不得遵常。汝今爲營，不須張幕，可伐栢爲菴，示有形勢。令兵去之後，賊猶致疑也。

唐 房玄齡《晉書》卷九二《羅含傳》 後爲郡功曹，刺史庾亮以爲部江夏從事。太守謝尚與含爲方外之好，乃稱曰：「羅君章可謂湘中之琳琅。」尋轉州主簿。後桓温臨州，又補征西參軍。温嘗使含詣尚，有所檢劾。含至，不問郡事，與尚累日酣飲而還。温問所劾事，含曰：「公謂尚何如人？」温曰：「勝我也。」含曰：「豈有勝公而行非邪！故一無所問。」温奇其意而不責焉。轉州別駕。以廨舍諠擾，於城西池小洲上立茅屋，伐木爲材，織葦爲席而居，布衣蔬食，晏如也。

又 卷一〇五《石勒傳》 勒下令曰：「去年水出巨材，所在山積，將皇天欲孤繕修宮宇也！其擬洛陽之太極起建德殿。」遣從事中郎任汪帥使工匠五千採木以供之。黎陽人陳武妻一産三男一女，武攜其妻子詣襄國上書自陳。勒下書以爲二儀諧暢，和氣所致，賜其乳婢一口，穀一百石，雜綵四十匹。

又 起明堂、辟雍、靈臺于襄國城西。時大雨霖，中山西北暴水，流漂巨木百餘萬根，集于堂陽。勒大悦，謂公卿曰：「諸卿知不？此非爲災也，天意欲吾營鄴都耳。」於是令少府任汪、都水使者張漸等監營鄴宮，勒親授規模。

唐 李延壽《南史》卷九《陳紀》 ［永定二年］六月己巳，詔司空侯瑱、領軍將軍徐度討王琳。初，侯景之平也，太極殿被焚，承聖中議欲營之，獨闕一柱。秋七月，有樟木大十八圍，長四丈五尺，流泊陶家後渚，監軍鄒子度以聞。詔中書令沈衆兼起部尚書，構太極殿。

唐 張鷟《朝野僉載》卷三 宗楚客造一宅新成，皆是文栢爲梁，沉香和紅粉以泥壁，開門則香氣蓬勃，磨文石爲階砌及地，着告莫鞾者行則仰仆。楚客被建昌王推得贓萬餘貫，兄弟配流，太平公主就其宅看，嘆曰：「看他行坐處，我等虛生浪死。」一年追入爲鳳閣侍郎。景龍中爲中書令，韋氏之敗斬之。

唐 蘇鶚《杜陽雜編》卷上 上纂業之始，多以庶務託於鈞衡。而元載專政，益墮國典。若非良金重寶，趦趄左道，則不得出入於朝廷。及常袞爲相，雖賄賂不行，而介僻自專，少於分別，故升降多失其人。或同列進擬稍繁，則謂之沓伯。由是京師語曰：「常無分別元好錢，賢者愚而愚者賢。」時崔祐甫素公直，與衆言曰：「朝廷上下相蒙，善惡同致，清曹峻府，爲鼠輩養資，豈裨皇化耶。」由是益爲持權者所忌。至建中初，祐甫執政，人心方有所歸。元載末年造蕓輝堂於私第，蕓輝，香草名也。出于闐國，其香絜白如玉，入土不朽爛。舂之爲屑以塗其壁，故號蕓輝焉。而更構沉檀爲梁棟，飾金銀爲户牖，内設懸黎屏風、紫綃帳，其屏風本楊國忠之寶也。

唐 馮贄《雲仙雜記》卷六《鳳眼窗》 龍道千卜室于積玉坊，編藤作鳳眼窗，支床用薜荔千年根，炊飯洒沈水香，浸酒取山鳳髓。青州雜記

五代 劉昫《舊唐書》卷一七一《李漢傳》 漢，元和七年登進士第，累辟使府。長慶末，爲左拾遺。敬宗好治宮室，波斯賈人李蘇沙獻沈香亭子材，漢上疏論之曰：「若以沈香爲亭子，即與瑶臺瓊室事同。」寶曆中，王政日僻，漢與同列薛廷老因入閤廷奏曰：「近日除授，不由中書擬議，多是宣出施行。臣恐自此紀綱大壞，姦邪恣行。願陛下各敕有司，稍存典故。」坐言忤旨，出爲興元從事。

五代 王仁裕《開元天寶遺事》卷四《四香閣》 國忠又用沈香爲閣，檀香爲欄，以麝香、乳香篩土和爲泥飾壁。每於春時木芍藥盛開之際，聚賓客於此閣上，賞花焉。禁中沈香之亭，遠不侔此壯麗也。

宋 陶穀《清異録》卷三《會龍橋》 蜀相許寂，相王衍。衍終泰川，寂至洛，以尚書政致，葺園館，引水爲溪，架巨竹爲橋，號會龍橋，謂竹可以化龍耳。

又 《棧王家》 王驥家壽春，出郊隔山陂，以木棧通之，其門人遂目爲棧王家。

宋 王溥《唐會要》卷一一 垂拱三年，毀乾元殿，就其地創造明堂。四年正月五日畢功。凡高二百九十四尺，東西南北各廣三百尺。凡有三層，下象

四時，各隨方色。中層法十二辰，圓蓋，蓋上盤九龍捧。上層法二十四氣，亦圓蓋亭。亭中有巨木十圍，上下通貫，栭櫨樘棍，藉以爲本。亘之鐵索，蓋亦有鸑鷟，黄金飾之，勢若飛翥，刻木爲虬，架梁漆之。明堂之下，施鐵渠以爲辟雍之象，號萬象神宮。

宋 薛居正《舊五代史》卷七八《晉紀》［天福四年］閏七月庚午朔，百官不入閣，雨霑服故也。壬申，以中書侍郎平章事、集賢殿大學士桑維翰爲檢校司空、兼侍中、相州彰德軍節度使，以彰德軍節度使王庭胤爲義武軍節度使。尚書户部奏：「李自倫義居七世，準勅旌表門閭。先有鄧州義門王仲昭六代同居，其旌表有廳事步欄，前列屏樹烏頭，正門閥閱一丈二尺，二柱相去一丈，柱端安瓦桷墨染，號爲烏頭，築雙闕一丈，在烏頭之南三丈七尺，夾街十有五步，槐柳成列。今舉此爲例，則令式不該。」詔：「王仲昭正廳烏頭門等制，不載令文，又無勅命，既非故事，難黷大倫，宜從令式，祇表門閭。於李自倫所居之前，量地之宜，高其外門，門外綽楔，門外左右各建一臺，高一丈二尺，廣狹方正，稱臺之形，圬以白泥，四隅漆赤。其行列樹植，隨其事力，其同籍課役，一準令文。」壬午，濮州刺史武從諫勒歸私第，受贓十五萬故也。丁酉，故皇子河南尹重乂妻虢國夫人李氏落髮爲尼，賜名悟因，仍錫紫衣、法號及夏臘二十。

宋 樂史《太平寰宇記》卷三五 故杏城在縣［中部縣］西五里，漢將軍韓胡伐杏木爲柵，以抗北狄，因名。

宋 歐陽修《新五代史》卷二一《梁臣傳》 太祖攻趙匡凝於襄陽，遣師厚爲先鋒。師厚取穀城西童山木爲浮橋，渡漢水，擊匡凝，敗之，匡凝棄城走。

又 卷三六《義兒傳》 晉討張文禮於鎮州，久不克，而史建瑭、閻寶、李嗣昭相次戰歿，乃以存進代嗣昭爲招討使，軍于東垣渡。東垣土惡，築壘不能就，存進伐木爲柵。

宋 蘇軾《東坡全集》卷七七《與王敏仲八首》之三 羅浮山道士鄧守安，字道立。山野拙訥，然道行過人，廣、惠間敬愛之，好爲勤身濟物之事。嘗與某言，廣州一城人好飲鹹苦水，春夏疾疫時，所損多矣。惟官員及有力者得飲劉王山井水，貧下何由得惟。蒲㵎山有滴水岩，水所從來高，可引入城，蓋二十里以下耳。若於巖下作大石槽，以五管大竹續處，以蔴繩漆塗之，隨地高下，直入城中。又爲一大石槽以受之，又以五管分引，散流城中，爲小石槽以便汲者。不過用大竹萬餘竿，及二十里間，用葵茆苫蓋，大約不過費百千數可成。然須於循州置少良田。令歲可得租課五七千者，令歲買大筋竹萬竿，作竹栰下廣州，以備不住抽換。又須於廣州城中置得少房錢，可以日掠二百，以備抽换之費。專差兵匠數人，巡覷修葺，則一城貧富同飲甘涼，其利便不在言也。

宋 司馬光《資治通鑑》卷一〇七《晉紀二十九》［孝武帝太元十五年］萇命姚當成於所營之地，每柵孔中輒樹一木以旌戰功。掘地作孔，豎木以爲柵，故有柵孔。歲餘，問之，當成曰：「營地太小，已廣之矣。」萇曰：「吾自結髮以來，與人戰，未嘗如此之快，以千餘兵破三萬之衆，營地惟小爲奇，豈以大爲貴哉！」

宋 沈括《夢溪筆談》卷一八 錢氏據兩浙時，於杭州梵天寺建一木塔，方兩三級。錢帥登之，患其塔動。匠師云：「未瓦，上輕，故如此。」乃以瓦布之，而動如初。無可奈何，密使其妻見喻皓之妻，賂以金釵，問塔動之因。皓笑曰：「此易耳，但逐層布板訖，便實釘之，則定不動矣。」匠師如其言，塔遂定。蓋釘板上下彌束，六幕相聯如胠篋，人履其板，六幕相持，自不能動。人皆服其精練。

宋 王闢之《澠水燕談録》卷八 青州城西南皆山，中貫洋水，限爲二城。先時跨水植柱爲橋，每至六七月間，山水暴漲，水與柱鬬，率常壞橋，州以爲患。明道中，夏英公守青，思有以捍之。會得牢城廢卒有智思，疊巨石固其岸，取大木數十相貫，架爲飛橋，無柱。至今五十餘年橋不壞。慶歷中，陳希亮守宿，以汴橋壞，率嘗損官舟害人，乃命法青州所作飛橋，至今汾汴皆飛橋。爲往來之利，俗曰虹橋。

宋 朱勝非《紺珠集》卷二《木瓦》 楊妃妹虢國夫人恩傾一時，奪韋嗣立宅以廣其居。堂成，以金盆貯瑟瑟三斗，因以賞匠者，後復歸韋氏。因大風折木墜堂，上不損，視之，瓦皆堅木也。

宋 周密《齊東野語》卷一五《腹筍》 崑山白蓮花寺，乃陸魯望捨宅之所，後有祠堂像設，皆當時物。咸淳中，盛氏子醉遊寺中，因仆其像於水，則滿腹皆魯望平生詩文親藁也。寺僧訟於郡，時太守倪普亦怒之，遂從徒坐而更塑其像。雖可少雪天隨之辱，然無復當時之腹藁矣。譬川南景德寺，爲南渡宗子聚居之地。大殿皆欏木爲之，經數百年略不欹傾。俗傳以爲神匠所爲，佛像尤古。咸淳辛未三月，火忽起自佛腹，其中藏經數百卷，多五代及國初時手寫，皆砸碧紙金銀書。間有舍利珠玉金銀錢之類，多爲宗子所得。嘗見一僕得金銀書《心經》一囊，凡十卷，長僅二寸，卷首各繪佛像，亦頗極精妙。後經筍一旦遂空，亦竟莫知火起之由，豈釋氏所謂劫火者乎。

宋 張敦頤《六朝事迹編類》卷上《新宮》 晉謝安作新宮，造太極殿，欠一梁。忽有梅木流至石頭城下，因取爲梁。殿成乃畫梅花于其上，以表嘉瑞。楊修有詩云：「玉案金爐對御牀，巋然應是魯靈光。螭頭直上雙魚尾，不讓西京舊柏梁。」

宋 李心傳《建炎以來繫年要録》卷二一 ［建炎三年］迪功郎吴若言：「今渡江而東，敵勢方張，天未悔禍，借有韓白之勇決、蕭張之沉鷙，亦未可遽爲進據中原之語。惟當行阻江固守一策耳。阻江之術，莫如木柵，可以速就。侵水際一二丈，以大木爲柱而銃其上，小木支撑交格乎其間，銃上則敵不能踰，支撑交結則我於其內可以施弩，而敵不可入。侵水際一二丈植之，則渡水登舟者，無所措其手足。且木雖大小相格，而勢不相並，順風縱火者所不能焚。羣木植立相扶，砲車所不能壞，更使厚踰於丈，則敵之長槍俱廢矣。但須沿江可渡處一一爲之，只此一事，當用浙西民力十分之一。乞毋暴其説。先遣使泛諭民出財助國，財既入，則官自募工庀材而急成焉，詔沿江諸州相度，尋以若爲承奉郎。若初爲諸生，嘗勸張邦昌使諫上皇以花石之擾，邦昌不聽，乃言於邦昌之夫人鄧氏。鄧氏愕然曰：「吴郎風邪？何忽如此。」靖康初，除太學正，上疏論宰相吴敏、徐處仁之罪，坐斥去。」及是以與邦昌連姻，故召。

又 卷一八一 ［紹興二十九年五月］是月，歸朝官李宗閔上書言：「臣竊聞近者金人岐、雍間伐木以造浮梁，東京、長安修治宮室，遷諸路兵戍，聚於關陝。游騎千數，出近邊覘視虛實，姦謀詭計，未可窺測。臣以疏賤冗散，思效犬馬圖報萬分之一，區區管見，可以裨廟堂末議者。析爲三事：其一曰：嚴守禦。方今天下根本在吴蜀，輔車相依，其勢若手足之相應，荆州據其中心腹之地也。」

又 卷一八七 ［紹興三十年］島之中有黎母山，諸蠻環居四傍，號黎人。其去省地遠不供賦役者，名生黎；耕作省地者，名熟黎。皆椎髻跣足，男子常帶弓矢，喜讎殺。女工紡織，得中國綺綵，折取色絲，和木綿，挑織爲軍幕。又純織木綿吉貝爲布，與省民博易。其居處，架木爲兩重，上重以自居，下以畜牧。

又 卷一九七 ［紹興三十二年］金兵薄贏騎，徬徨旗動，伏兵大奮。大風起，人馬不辨，李進引兵駐傍山上，若聞空中聲云「蕃兵亂，蕃兵亂」。進令左右下山，用平射弩旁射，敵大亂。鈐轄滎某乘駿馬揮鐵鞭殺敵，所向風靡，衆從之。敵遂大敗潰去。追騎至托子橋，橋以截木爲之，久故將敗，有一酋自殿後，立橋右，瞪目直視追者曰：「會來此決死。」追騎乃不敢逼，敵餘衆渡已。

宋 袁樞《通鑑紀事本末》卷二二 ［梁武帝天監十四年］夏四月，浮山堰成而復潰，或言蛟龍能乘風雨破堰，其性惡鐵。乃運東西冶鐵器數千萬斤沈之，亦不能合。乃伐樹爲井幹，填以巨石，加土其上，緣淮百里內木石無巨細皆盡，負檐者肩上皆穿。夏日疾疫死者相枕，蠅蟲晝夜聲合。

又 ［梁武帝天監十五年］崔亮遣將軍博陵崔延伯守下蔡，延伯與別將伊甕生夾淮爲營。延伯取車輪去輞，削銳其輻，兩兩接對，揉竹爲絙，貫連相屬，並十餘道，橫木爲橋，兩頭施大鹿盧，出没隨意，不可燒斫。

又 卷四〇 ［梁末帝貞明五年］八月乙未朔，宣義節度使賀環卒。以開封尹王瓚爲北面行營招討使。瓚將兵五萬，自黎陽度河掩擊澶、魏，至頓丘，遇晉兵而旋。瓚爲治嚴，令行禁止，據晉人上游十八里楊村，夾河築壘，運洛陽竹木造浮橋，自魏州饋運相繼。晉蕃漢馬步副總管、振武節度使李存進亦造浮梁于德勝，或曰：「浮梁須竹笮、鐵牛、石囷，我皆無之，何以能成？」存進不聽，以葦笮維巨艦，繫于土山巨木，踰月而成，人服其智。

宋 李燾《續資治通鑑長編》卷一〇九 ［天聖八年八月］癸卯，以知滑州、太常少卿、集賢殿修撰李若谷爲右諫議大夫，知延州。州有東西二城，夾河，夏秋水漲，岸屢崩，費役不可勝。乃制石版爲岸，押以巨木，後雖暴水不壞。官倉據山而貯穀少，患瓦木乏，無以增廣。若谷令依山作土囤，囤可貯二萬斛，後他郡多倣之。

宋 岳珂《桯史》卷一一 有樓高百餘尺，下瞰通流，謁者登之，以中金爲版，施機蔽其下，奏則鏗然有聲。樓上雕鏤金碧，莫可名狀。有池亭，池方廣凡數丈，亦以中金通甃，制爲甲葉，而鱗次全類今州郡公宴燎箱之爲而大之。凡用鉦鋌數萬。中堂有四柱，皆沉水香，高貫于棟，曲房便榭不論也。

宋 陳耆卿《赤城志》卷三　桐山西橋在縣東北二十里，因山得名。嘉祐八年，縣人應宗貴累石而建，後壞。淳熙十二年，民張潭仍架木爲之。

宋 釋普濟《五燈會元》卷二《六祖大鑒禪師旁出法嗣第一世》　唐天寶三年，玄宗遣中使楊光庭入山採常春藤，因造丈室。

元 潛説友《咸淳臨安志》卷三九《長安三閘》　在縣西北二十五里，相傳始於唐紹聖間，鮑提刑累沙羅木爲之，重置斗門二，後壞於兵火。紹聖八年，吳運使請易以石埭。紹熙二年張提舉重修，歲久莫詳諸使者名。凡自下閘九十餘步至中閘，又八十餘步至上閘，蓋由杭而西，水益走下，故置閘以限之。閘兵舊額百二十人。崇寧二年有旨易閘旁民田以浚兩澳，環以隄。上澳九十八畝，下澳百三十二畝，水多則蓄於兩澳，旱則決以注閘。今閘之敝隨治而測岸頹毀，居民日侵，兵額未復。嘉定初，令潘景夔常請開兩澳之塞以濟饑民，不果行。

元 吳澄《吳文正集》卷四九《五峰庵記》　至元壬午，有樂貢士祈禳獲安，施杉木一千株構佛殿及藏殿，運轉法輪大德。庚子於東建觀音閣。至大己酉時西建華嚴閣，門廡庖厨一一周偏。

元 蘇天爵《元文類》卷四二《橋梁》　都城初建，庶事草創，其内外橋梁皆架木爲之，而覆以土，凡一百五十六。至大德間，年深木朽，有司以爲言改修用石。都水監計料，工部應付工物，委官督工修理。然後人無病涉之患。

元 脱脱《金史》卷五《海陵紀》　至營南京宮殿，運一木之費至二千萬，牽一車之力至五百人。宮殿之飾，徧傅黄金而後間以五采，金屑飛空如落雪。一殿之費以億萬計，成而復毀，務極華麗。其南征造戰艦江上，毀民廬舍以爲材，煮死人膏以爲油，殫民力如馬牛，費財用如土苴，空國以圖人國，遂至於敗。

又 卷九二《徒單克寧傳》　治兵伐宋，右丞相僕散忠義駐南京節制諸軍，左副元帥紇石烈志寧經略邊事，克寧改益都尹，兼山東路兵馬都總管、行軍都統。四年，元帥府欲遣左都監璋以兵四千由水路進，詔曰：「可付都統徒單習顯，仍益兵二千，擇良將副之。璋可經略山東。」於是，克寧出軍楚、泗之間，與宋將魏勝相拒于楚州之十八里口。魏勝取弊舟鑿其底，貫以大木，列植水中，別以船載巨石貫以鐵鏁，沉之水底，以塞十八里口及淮渡舟路。以步兵四萬人屯於淮渡南岸、運河之間。克寧使斜卯和尚選善游者没水，繫大繩植木上，數百人於岸上引繩曳一植木，皆拔出之，徹去沉船。進至淮口，宋兵來拒，隔水矢石俱發，斜卯和尚以竹編籬捍矢石，復拔去植木沉船，師遂入淮。

又 卷一一三《持嘉喀齊喀傳》　龍德宮造砲石，取宋太湖、靈壁假山爲之，小大各有斤重，其圓如燈毬之狀，有不如度者杖其工人。大兵用砲則不然，破大磑或碌碡爲二三，皆用之。攢竹砲有至十三稍者，餘砲稱是。每城一角置砲百餘枝，更遞下上，晝夜不息，不數日石幾與裏城平。而城上樓櫓皆故宮及芳華、玉谿所拆大木爲之，合抱之木，隨擊而碎，以馬糞麥秸布其上，網索旃褥固護之。其懸風板之外皆以牛皮爲障，遂謂不可近。大兵以火砲擊之，隨即延爇不可撲救。父老所傳周世宗築京城，取虎牢土爲之，堅密如鐵，受砲所擊唯凹而已。大兵壕外築城圍百五十里，城有乳口樓櫓，壕深丈許，闊亦如之，約三四十步置一鋪，鋪置百許人守之。

元 脱脱《宋史》卷六五《五行志》　政和三年七月，玉華殿萬年枝木連理。南雄州楓木連理。十月，武義縣木根有「萬宋年歲」四字。四年，建州木連理。六月，沅陵縣江漲，流出楠木二十七，可爲明堂梁柱，蔡京等拜表賀。

元 揭傒斯《文安集》卷一一《廬陵縣馮君修造記》　吉安於江西爲劇郡，廬陵於吉安爲劇縣。古號難治，急則怨，緩則怠，怨則身危，怠則政弛。日惴夕惕，僅免於戾。然亦未嘗無名守令也。延祐六年冬十月之望，監察御史部行至郡，視故醫學前直闤市，傍切獄垣，以爲非，宜喻郡亟遷之。十有二月郡曹上言故廬陵縣治夷衍爽塏可遷。初廢其地以爲文錦院機絡之局，而縣寄棲郡治之西五萬倉。至是，乃命增築紋錦院以處機絡，而以其地爲學，徙縣治舊學而復故倉。三役並興，悉以縣丞馮君克敏董之。君慨然受命，而不辭曰：吾弗爲，必有病吾民者至矣。會是歲君當督輸，即風輸者出力佐之，得楮幣數千緡，遣吏市木諸縣，皆與木返幣。木石既集，乃擇廉敏吏任其事。明年春正月，新紋錦院堂、廉坊局及諸傍舍餘八十楹。二月己未，局乃遷。是月建醫學，爲開天之殿以祠三皇，六楹，爲兩廡以列從祀，皆十有三楹，門十楹。外爲靈星之門，以備制度。殿之後爲講學堂六楹及庖庫之次，十有八楹，西爲教官之署，凡爲屋十有二楹。秋八月戊申，學乃遷。是月建廬陵縣爲聽事之堂四楹，有二榮左右有次，皆四楹，爲兩廡以居，六曹皆十楹，門八楹，其東爲都曹之署，凡爲屋二十楹。

元 佚名《宋史全文》卷二六 ［淳熙六年］癸酉，上宣諭曰：「近蒙太上皇帝賜到倭松，真如象齒，已於選德殿側蓋成一堂。」趙雄等奏：「陛下不因太上皇帝賜到良材，亦未必建此堂也。」上曰：「朕豈能辨此！木植乃太上之賜，近嘗謝太上皇帝，因奏來春和暖，欲邀請過此堂奉萬年之觴，太上皇帝已許臨幸。」雄等奏：「陛下平時一椽一瓦未嘗興作，可謂儉德矣。及蒙太上皇帝賜到木植，即建此堂，可謂孝德矣。孝儉之德，堯舜事也。」上曰：「此堂並無所費，不施丹雘，數日間當與卿等觀之。」

明 陶宗儀《輟耕録》卷一一《承天閣》 平江承天寺初畜大木，將造千佛閣。會浙省災，責有司籍所在木植，官酬以價。寺一黠僧於閣木上皆鑿「萬歲閣」三字，於是有司不敢取。及閣成，其字固在。諸寺觀凡起造，必作儷語題梁間，其餘則記住持檀越主名，此所必然。獨承天諸殿俱否。至正丙申春，今張太尉士誠未歸順時，僞稱誠王，國號大周，改元天佑。歷日明時由淮渡浙，攻破平江，即承天以居，盡撤去殿上像，設坐於其中，且以僧元鑒字名其閣。豈亦有定數乎。

明 宋濂《元史》卷二九《泰定帝紀》 ［泰定元年］秋七月丙戌，思州平茶楊大車、酉陽州冉世昌寇小石耶、凱江等寨，調兵捕之。諸王阿馬蔑，賻鈔五千錠。賜雲南王王禪鈔二千錠，諸王阿都赤鈔三千錠。作楠木殿。

又 卷三八《順帝紀》 ［元統二年］秋七月丁亥，戒陰陽人毋得於貴戚之家妄言禍福。辛卯，祭太祖、太宗、睿宗三朝御容。罷秋季時享。壬辰，帝幸大安閣。是日，宴侍臣於奎章閣。甲午，太白晝見。己亥，太白經天。壬寅，詔：「蒙古、色目人犯盜者免刺。」甲辰，太白經天。丙午，復如之。帝幸楠木亭。己酉，太白晝見。夜，有流星大如酒盃，色赤，長五尺餘，光明燭地，起自天津，没于離宮之南。庚戌，太白經天。壬子，復如之。夜，熒惑犯鬼宿。癸丑、甲寅，太白復經天。是月，池州青陽、銅陵饑，發米一千石及募富民出粟賑之。

又 卷一四九《郭侃傳》 又破其東城，東城殿宇，皆搆以沉檀木，舉火焚之，香聞百里，得七十二弦琵琶、五尺珊瑚燈檠。兩城間有大河，侃預造浮梁以防其遁。城破，合里法算灘登舟，覩河有浮梁扼之，乃自縛詣軍門降。

又 卷一七五《敬儼傳》 皇慶元年，除浙東道廉訪使。有錢塘退卒，詐服僧衣，稱太后旨，建婺州雙谿石橋，因大興工役以病民。儼命有司發其奸贓，杖遣之，仍請奏罷其役。郡大火，焚數千家，儼令發廪以賑貧餒。取憲司廢堂材木及諸路學廪之羨者，建孔子廟。

又 卷一九四《忠義傳》 時黄梅縣主簿也孫帖木兒，願出擊賊，黼大喜，向天瀝酒與之誓。言始脱口，賊游兵已至境，急檄諸鄉落聚木石於險塞處，遏賊歸路。倉卒無號，乃墨士卒面，統之出戰，黼身先士卒，大呼陷陣，也孫帖木兒繼進，賊大敗，逐北六十里。鄉丁依險阻，乘高下木石，横屍蔽路，殺獲二萬餘。黼還，謂左右曰：「賊不利於陸，必由水道以舟薄我，苟失備禦，吾屬無噍類矣。」乃以長木數千，冒鐵椎於杪，暗植沿岸水中，逆刺賊舟，謂之七星樁。會西南風急，賊舟數千，果揚帆順流鼓譟而至，舟遇樁不得動，進退無措，黼帥將士奮擊，發火翎箭射之，焚溺死者無算，餘舟散走。行省上黼功，請拜江西行省參政、行江州、南康等路軍民都總管，便宜行事。

明 胡粹中《元史續編》卷一 ［至元十五年］六月宋主遷舟于新會縣之崖山。張世傑以硇洲不可居，而崖山在海中，去湖廣各四百里，兩山相對，中有一港，可以藏舟，遂移駐焉。遣人入山伐木造軍屋千間，立行宮。正殿曰慈元，楊太后居之。升廣州爲翔龍府，時官民兵尚有二十餘萬，資糧取辦於廣右諸郡，復刷人匠造舟楫，製器仗，民不能堪，始有叛志。

明 楊榮《文敏集》卷一《賜遊東苑詩序》 於是中官引臣等先至一小殿，梁棟椽桷皆以山木爲之，而覆之以草，四面闌楯亦然。不加斲削，小大渾然，林木參差，蔚然可愛。

又 卷九《重修孟瀆河閘記》 君子之立政，有可以益國而利乎民者，知無不爲。爲之有方，雖疲民力而民忘其勞，耗其財而民不自恤。苟或役民於非所當務，則謗怨隨之，其能留聲當時爲利後世者幾希。孔子曰：「擇可勞而勞之，又誰怨。」孟子曰：「以佚道使民，雖勞不怨，其信然矣乎。」工部侍郎廬陵周君忱，奉命巡撫蘇常諸郡。常之武進，故有孟瀆河閘，以通東南漕運及商販之舟，且溉傍近田數千頃。歲久閘壞，公私病焉。常守莫君愚，圖改作之，以役費繁重，弗敢專，謀於周君。議以克合，遂發往歲節省税賦浮費，以市財僦工，礱石姑蘇洞庭山，而舟致之。郡民皆懽忻趨事，作於舊址之南丈餘。其下先錯列巨栈，貫以長松，而後寘石焉。東西石甃縱以丈計，爲十有六。崇以丈計，爲二百五。中廣視縱當八之一，南北爲雁翅狀以殺水勢，中夾木石鑿以納，懸板而上下之。經始於宣德八年九月，而畢工於是年之冬。用徒匠以日計，二萬三千七百六十；木以株計，八千九百；石以丈計，三千五百；灰以斤計，二十二萬；磚以片計，十有二萬。始終董其役者，知縣朱恕。効勞爲多者，耆民惲昶。閘成而獲利如故。莫君以爲苟無記述，則後世莫知所自，遂因通判張齡來京，請記於予。予述圖誌，兩浙運河貫郡城西行三十里，歷犇牛、呂城二壩以達京口。舟行既艱，而河小不足以通巨艦。唐元和中，刺史孟簡始令開北河，自奔牛非行七十里至河莊鎮，入楊子江。舟無巨細，皆得逕達于江，而免過埧之勞。第其水上引運河，源遠不能常續。下仰江潮，去來不能常存。簡于是置閘河庄，爲之節制，使人以時啓閉，其利益博，其惠之在人，可謂深且久矣。人以其姓名河，謂之孟瀆，又謂之孟子故閘。亦以孟瀆爲稱閘，廢民失其利，今得周莫二君子，協謀而更置之，二君子之惠足以繼簡，而流於無窮，是可尚也。

明 徐紘《明名臣琬琰録》卷一〇《中憲大夫贈翰林學士胡公墓表》 初灌縣都江堰自秦李冰爲蜀守，鑿堆以分江水，灌溉成都田畝。歷代相沿修治。兵亂堰廢，民不得耕，田野荒蕪。先公以修堰興水利爲言，達諸省府。咸不樂，反復詰難，欲沮格不行。先公曰：「所利於民，吾何恤乎？」乃再三言，便辭剴切，轉聞於朝。命始下省，就委先公。得命亟集丁夫伐木萬五千有奇，竹十九萬八千有奇，縛長木爲三脚架，鋭上而濶下，束短木於其腰，戴以竹筏，竪置於江口水中，表裏二重，大小九十餘坐。復架長木於横木之上，壓之以石，制其動摇，却立順水木於三脚架外。又排立水竹於順水木傍，布以竹篳，苴以萑葦，實以沙土，牐斷江流。乃用工淘洗積汙，以竹編籠，狀若長蛇，凡千三百餘。實以沙石，包護堰岸，重疊三層，以分水勢。前高後低，隆然下垂，名曰象鼻，用木三千餘，横從錯綜，交串其面。又用木三千餘，削其末，自上擊下貫穿聯擊，使無沖決，修築都江及水釣魚、大石門、侍郎口、寶瓶口、顔上等堰岸，以丈計者，凡二百二十有八，又作護水堤二里。修堰畢，放水循渠下流，灌溉成都田畝充足。公私皆喜。

明 錢穀《吴都文粹續集》卷二九《報恩萬歲賢首教寺長生殿記》 延祐二年夏五月，佛性圓融無礙，大師被璽書嗣住是山，首捐其衣盂之資以倡衆，鳩材會工，構鐘樓，高至百三十尺，飭鉅閣，覆佛般涅槃像。尋又葺栖僧演法之堂，方丈之室。於是昔之所有皆復完，其未始有者亦無或不備。而穹檐廣霤，厚棟大梁，敞顯嚴邃，視舊有加焉。

明 田汝成《西湖遊覽志餘》卷二一 宋時城中沿河舊無門闌，惟居民門首自爲攔障，不相聯屬。河之轉曲，兩岸燈火相直，醉者夜行經過，如履平地，往往溺死，歲數十人。自王宣尹京，始令城内沿河連置大木闌，每船埠留一門，民始便之。

明 唐順之《歷代史纂左編》卷一四一 馮氏鬻其園蒲，察清臣以白金百兩得之。請師之門人于離峯住持，官伐松栢爲樓櫓之用。又架雲橋，取瀍水，經觀西流以護城。

明 薛應旂《宋元通鑑》卷一二四 咸淳九年（元至元十年）春正月乙丑，樊城陷。樊被圍四年，范天順、牛富力戰不爲屻。富又數射書襄陽城中，期呂文焕相與固守爲唇齒。未幾，阿里海牙得西域人所獻新礮法，乃進攻樊。破外郛，張弘範爲流矢中，其肘束創見阿朮曰：「襄在江南，樊在江北。我陸攻樊，則襄出舟師來救，終不可取。若截江道，斷救兵，水陸夾攻，則樊破而襄亦下矣。」阿朮從之。初襄樊西城漢水出其間，文焕植一木江中，鏁以鐵絙，上造浮橋以通援兵。樊亦恃此爲固。至是，阿朮以機鋸斷木，以斧斷絙，燔其橋。襄兵不能援，乃以兵截江而出。鋭師薄樊城，城遂破。

明 張内藴《三吴水考》卷一六 公（鄭霖）又慮港漢紛錯，盜夫潛影，躡徒借徑，於修葺之暇，自涇橋至於陸涇港，凡三十二處，立栅三層，防築堅固，禁不踰越。共濶一百六十丈，用椿木長短一萬一千七百四十根，横栅木五百八十八丈。是役也，工費出於民者不計。

明 孫承恩《文簡集》卷四四 秦皇帝之作阿房也，盡天下之良材，楩楠杞梓，大可蔽屋隱牛者以山積，有容成者計其數，有大章者規其制，捄之度之，工倕者百人焉。斲之削之，離婁者百人焉。雕之鏤之，般輸者百人焉。至奔走服役，亦皆絶世之藝。運斤成風，鋸屑成雨，數年而功成。開闔陰陽，軒豁天地，切摩霄漢，蔽虧日月，峥嶸偉麗，莫可名狀。

明 彭大翼《山堂肆考》卷一七〇《樟柱》 樟柱殿，亦在臺城内。陳高祖作太極殿，少一柱，忽有樟木大十圍，長四丈餘，自流於陶家渚，遂取以造殿。

又 卷一七一《秉燭周覽》 郭從義鎮河陽，於洛中造大第，皆以香栢爲之，文梓爲梁，花石甃地，引水築山，第成，約費白金五千鋌。次年被召還都，暮抵其第，秉燭周覽。時朝會有期，侵晨而出，行至東都卒，家人不能居。

又《井幹》 漢武帝建井幹樓，高五十丈，在建昌宮中，積木而爲樓，若井幹之形也。

又 卷一七二《寵西施》 吳王夫差破越，越乃進西施請退軍。吳王許之。吳王既得西施，甚寵之，爲築姑蘇臺，高三百丈，遊宴其上。伍子胥諫曰：「吾恐姑蘇臺不久爲麋之遊。」吳王不聽。按臺在蘇州姑蘇山上，就山起臺，三年聚材，五年乃成。高見三百里，下有百花洲。宋楊萬里詩「插天四塔雲中出，隔水諸峯雪後新。道是遠瞻三百里，如何不見六千人」。

明 王士性《廣志繹》卷三 洛陽舊有永寧寺，後魏熙平元年靈太后胡氏所立也。中有九層浮圖，架木爲之，舉高九十丈。有刹復高十丈，合去地千尺。去京師百里，遥已見之。初掘基至黄泉下，得金像三十軀，太后以爲信法之徵，是以營建過度。

明 陳繼儒《見聞録》卷八 嘉靖丁巳四月，奉天、華蓋、謹身三殿，奉天門，午門，文武樓，并後左右中左右、左右角左右、順闕左右諸門災。文武大臣會議修建。海鹽鄭公曉時協理戎政，率營軍三萬人打掃火焦，寅入酉出。司禮黄太監錦宿乾清宫門，日數相見議事。官軍分丈尺及出入路道皆用石灰畫定。又分定長安左右闕左右、左右順左右、掖門、皇城外街巷各口，各有把總官分守，止許依畫路往來。纔十餘日，黄公謂戎政曰：「萬歲問三次，嫌火焦不見掃完。我見二公勞苦用心，官軍亦效力，只是不見有次第。倘一二日間再問，何以爲奏？」公曰：「此工成重大，恐非歲月可計。永樂十九年辛丑，只三殿災，遲之二十一年，至正統六年辛酉，工方完。仁宗、宣宗、英宗三朝即位時，皆未有殿。今日三殿二樓十五門俱災，其木石磚瓦皆二十年搬運進皇城之物。今十餘日豈能搬出。當時起造宫殿火頭王長兒等十萬几千人，佐工者豈止百萬。況皇城之内路多、門多，人可散行。今三萬人畫地分工，畫地分行，何一處有人間住？倘朝廷再問，煩先生善回奏。」黄公曰：「先生説這些話，記得真否？」公曰：「豈敢妄言。内府必有實録，内官監必有底册，殿災殿完俱有詔赦，豈敢妄言？」黄公曰：「説得是。我得此言，我也好去回話。」住時打火焦磚瓦木石俱搬出。公與平溪□不必盡數發出，白黄司禮量留應用。如石全者半者一尺以上者，各另團圍就便堆積。白玉石燒成石灰者，亦另堆積。磚瓦皆然。不數日，工部欲改修端門外廊房，爲六科并各朝房，午門以裏欲修補燒柱墻缺。又於謹身殿後乾清宫前隆宗、景運二門中砌一道高墻，攔斷内外。内監、工部議從外運磚、運灰、運黄土、調灰。一時起小車五千輛，民間騷動。公告黄司禮曰：「午門外堆積舊磚全者半者并石灰無數，可盡與工部修端門外廊房。午門以内石灰尤多，磚石亦多，可與内監修理柱空并砌乾清宫前墻。」黄甚喜，曰：「可。」公又曰：「修砌必用黄土，今工部起車五千輛，一時不得集。況長安兩門、承天、端門、午門止可容軍夫出入，再加車輛，阻塞難行。見今大工動作，兩闕門外多空他，可乞黄土。用却，令軍搬焦土填上，用黄土蓋三尺，豈不兩便。」黄司禮曰：「善。」公又曰：「午門以裏臺基壞石，移出長安兩門甚遠，今厚載門修砌剥岸。若令軍搬出右順門，由啓明門前下北甚近，就以此石作剥岸填堵，不須減工部估料，但省軍士勞力，亦可。」黄司禮又曰：「善」。公曰：「舊例，火焦木軍搬送琉璃、黑窰二廠，往回四十里。今焦木皆長大，不惟皇城諸門難出，外面房稠路狹，難行難轉。況今災變各門，内臣小房非燬即拆，壞必須修，蓋方可容身。莫若將焦木移出左、右順門外，東西寶善、思善二門前後，并啓明、長庚兩長街，聽各内臣擘取焦皮作炭。木心可用者，甚便取去，各修私房。以皇城内物，修皇城内房，不出皇城四門，亦省財力。」黄又曰：「善。」錦衣趙千户持陸錦衣帖來言：「軍士搬出火焦，俱置長安兩門外大街兩旁。四夷朝貢人往來，看見不雅，慶壽寺西夾道有深坑，可將火焦填滿。」公曰：「三殿災，朝廷已詔天下，如何説不雅？誰敢將朝廷龍文磚石填罪廢太平侯故宅？況壽宫災，九廟災，火焦皆出在長安兩門外，軍士從長安大街重去空來，人可並行，官可照管，若從兩夾道入，必從寺東夾道出，路多一半，三萬人只做得一萬五千人生活，豈有營軍爲人填坑。且火焦工部還有用處，待木石料完，要取火焦鋪路，直從長安坊牌下填至奉天殿前。每加五寸，杵碎平實，又加五寸，至三尺許方可在上行大車，旱船，滚石，不然街道廊道皆壞矣。」趙千户云：「如此當與工部言，用不了許多。」公曰：「便請旨下來，我輩回奏，得見今午門外東西脇下數萬担火焦積堆不搬出，正慮不久又要搬入耳。」趙復語，公徑出。會議午門臺基及奉天門殿樓等臺基、堦級、石柱磉、花板、石面紛紛不决。公欲言，恐衆不肯信，特造徐宅，渠即云請教：「某雖匠藝，亦心服公。」公因言：「今來拜亦爲此事，惟公可奏上，旨下諸公必從，以故不敢對衆言，特來相告。」渠郎屏左右，公曰：「今有三事，一午門臺基，衆議將前三面拆去一丈，從新築土砌石。如此，恐今工作不及國初堅固。萬一樓成後舊基不動，新基傾側，費鉅萬矣。莫若止將臺下龜脚、束腰、墩板等石除不被火焚壞者留之，其壞者鑿出燼餘，約深一尺五寸，節做新石補入，内土令堅，仍用木杉板障之，決不圮。三面分三工，不過一月可完。惟左右掖門兩旁須彌座石最大且厚，難換，必須旁石換齊後，如前鑿出，約深二尺五寸。做成新石墊土，與舊石空齊。用鐵創肩進，亦易爲力。」徐曰：「善。」公又曰：「奉天門堦沿石，一塊三級，殿上柱磉大者方二丈，如此重大，不比往時皇城無門限隔，可拽進。近年九廟災，木石諸料不能進，拆去承天門東墻方進得，今料比九廟又進三重門，尤難爲力，莫若起開焦土，將舊堦沿磉石，地面花板石，逐一番轉，尚看堅厚可用，番取下面，加工用之。至於殿上三級臺基并樓門臺基，俱如午門空補皆可以。公能力主此議，且疏獨上，省夫力萬萬，銀糧何止數百萬，驢騾車輛又不知幾，莫大功德也。」徐甚喜，後三日再議，悉如前説，衆皆以爲然。徐工師猶能取善於人，不可及也。徐即大匠徐珙，後萬曆丁酉間有兩宫三殿之灾甚，至捐官俸、開鑛稅，上下難之，如鄭公苦心經理，爲國省費，爲民省勞者有幾，故詳録于此。

明 陳耀文《天中記》卷一四　木生，高陽魋將爲室，問匠人。匠人對曰：「未可也，木尚生，加塗其上，必將撓。以生材任重塗，今雖成，後必敗。」高陽魋曰：「不然，夫木枯則益勁，塗乾則益輕。以勁材任輕塗，今雖惡，後必善。」匠人窮於辭，無以對，受令而爲室。其始成，竘然善也，而後果敗。

又 卷五一　柏寢，景公與晏子游於少海，登柏寢之臺，而還望其國曰：「美哉，泱泱乎，堂堂乎，後世將孰有此？」晏子對曰：「其田成氏乎？」韓外傳李少君見武帝上有故銅器問少君，少君曰：「此器齊桓公十年陳于柏寢。」已而案其刻，果齊桓公器，一宫盡駭。史記師古曰：以柏木爲寢室於臺之上。

明 郭尚友《繕部紀畧》　朝陽門橋，往者各用楠木二十根，邇以柁木代之。夫柁木一根，價不過五兩，計四十根纔值二百金耳。此二百金之費，不足當一小號楠木，其所省不既多乎。今三省楠木已到，本司于催請巡視，疏内已呈。

又　皇貴妃墳工勢必需此，乃與監督往覆核實用數，給發其他，俱以別木抵折，如三忠祠橋。

明 王路《花史左編》卷一六《桂柱》　漢武帝昆明池中有凌波殿七間，皆以桂爲柱，風來自香。

明 周嘉冑《香乘》卷九《香木梁》　佛秣國王都城八十里，門高二十丈，以香木爲梁，黃金爲地。

又 卷一〇《沉香堂》　楊素東都起宅，窮極奢巧，中起沉香堂。

明 謝肇淛《北河紀》卷三　成帝建始四年，河決潰金隄，凡灌四郡，杜欽薦王延世爲河隄使者。延世以竹落長四丈，大九圍，盛以小石，兩船夾載而下之。三十六日，隄成，改元河平。

又　政和五年閏正月，詔於恩州北增脩御河東堤，爲治水隄防，令京西路差借來年分溝河夫千人赴役。於是都水使者孟揆移撥十八埽官兵，分地步脩築。又取東强上埽水口以下舊堤所管榆柳爲椿木。

明 謝肇淛《五雜俎》卷三　余在德平葛尚寶園見木假山一座，巖洞峰巒皆木頭叠成，不用片石杯土也。余奇而賞之，爲再引滿，因笑謂葛君：「歲久而朽，奈何？」答曰：「此土中之根，非百年不朽也。吾園能保百年乎？」余更賞其達，時萬曆壬寅元日也。

又 卷五　唐文宗時，有正塔僧履險若平地，換塔杪一柱，不假人力，傾都奔走，皆以爲神。宋時真定木浮圖十三級，勢尤孤絶，久而中級大柱壞欲傾，衆工不知所爲。有僧懷丙度短長，別作柱，命衆維而上，已而却衆工，以一介自隨，閉户良久，易柱下，不聞斧鑿聲也，亦神矣。國朝姑蘇虎丘寺塔傾側，議欲正之，非萬緡不可。一遊僧見之，曰：「無煩也，我能正之。」每日獨携木楔百餘片，閉户而入，但聞丁丁聲，不月餘，塔正如初，覓其補綻痕迹，了不可得也。三事極相類，而皆出遊僧尤奇。

又 卷一〇　宋時寢殿巨材，謂之模枋，模枋者，人立其兩旁不相見但以手摸之而已。今之皇木徑亦逾丈，其最中爲棟者，每莖價近萬金，而舁拽之費不與焉然。川貴箐峒中亦不易得也。

明 賀詳《留餘堂史取》卷八　陵州鹽井，深五百餘尺，皆石也。上下甚寬廣，獨中間稍狹，謂之杖鼓腰。舊自井底用柏木爲幹，上出井口，自木幹垂綆而下，方能至水。井側設大車絞之，歲久井幹摧敗，屢欲新之。而井中陰氣襲人，入者輒死，無緣措手，惟候有雨入井，則陰氣隨雨而下，稍可施工。雨晴復止。楊佐官陵州用一木盤，滿中貯水，盤底爲小竅，釃水一如雨點，設于井上，謂之雨盤。令水下終日不絶。如此數月，井幹一新，而利復舊。

明 吴玉《吴侍御奏疏》［崇禎十六年］今兩岸之壩，雖築數十丈，而秋水瀚浩，單弱可虞。儲備埽料爲中流之用者，不敢不廣爲之備。約算柳稍須六十萬，綵麻須五十萬，樁橛數千，草茭數百萬，此數種者即需銀八萬有奇，而人工不與焉。今埽料已盡，錢糧不繼，何以措手。光陰易過，中心如焚，臣此時不得不大聲疾呼也。

明 李光殿《守汴日志》［崇禎十四年］十三日戊午，生員張堅獻懸樓式。先是城垛口用卓面、門版蔽礮矢，仍打透，我兵手足不能施。至是張堅獻懸樓式，用大柏木三，上排橫木十餘如筏，其廣可跨五垛或三垛，出垛外四五尺，每樓容十人。賊臨城下，我兵從上用火礶砲石擊之。樓堅厚，礮矢不能入。又高出能蔽身，我兵得展手足，推官黄澍命快手朱光祖督造一夜，成五十餘座，分置城上。

明 談遷《國榷》卷六［太祖洪武十年］江夏侯周德興有罪當下獄，特赦之。召諭將相大臣曰：「昔廖永忠犯罪，屢宥不悛。又復僭侈，朕甚惜焉。朕祭祀之時，一心奏格，及遣爾輩，輒多私利慢神。國家宫室之外，未嘗築一臺榭，汝輩私取材木，自廣結構，念昔相從，皆赦不治。夫法度者，所以一天下也。爲功臣詘之再三，難矣。智人君子，既自守法，又能訓子孫，是以爵位傳于無窮。」

又 卷一五［成祖永樂十年九月］工部主事藺芳言：天下之水惟河爲大，故水患亦惟河爲急。今于中濼導河分流，使由故道北入海，誠萬世利。第沿河所築護岸，若用木編成大囤，如欄圈然，置之水，以樁木釘其中，實以石，用橫木貫樁表屬之隄便。從之。河以分而安。

又 卷二〇［宣宗宣德三年］甲午，少保兼行在工部尚書吴中遺太監楊慶官木，作私第。上登城樓望見，悉之下中獄。

又 卷三一［代宗景泰六年五月］辛亥，沙灣功成。右僉都御史徐有貞初作捲埽法，緯大竹爲編簿，土石實之。視其潰，數十人推而堙之，役五萬八千人，十有八月而竣。

又 卷六二［嘉靖三十六年］乙未，時大木不當故殿材，工部以爲言。上曰：「子孫能守，葺亦可久。尚書歐陽必進懼罪，請先立殿柱。」

又 卷六四［嘉靖四十三年］叛人趙全李自馨等採大木，復起朝殿及寢殿各七重，東南立倉凡三重，城上樓五層，繪龍鳳，麗甚。又土堡作大第一區，門曰石青開化府，儀門曰威震華夷，東蟾宫、西鳳閣，城樓曰滄海蛟騰。

清 顧炎武《肇域志・江南十一・松江府》正統五年二月初，淮安府知府彭遠言永樂間平江伯陳瑄總督漕運，於淮安西湖築堤十餘里爲挽舟路，令淮口、滿浦、南鎖三壩夫巡視之。又令漕卒順載小木曁土積之堤上，遇堤壞即修。令壩夫止役，故堤弗完，請仍行瑄故事。事下廵按御史及總督漕運總兵官覈實。至是，御史李彬等奏，宜令淮安府邳州等州縣發舟夫於旁近地採雜木，運之河壖候漕舟。遠令載以往，若土則令漕舟及商舟皆載以輸，從之。遠又言滿浦、淮安二壩及窯溝一帶堤舊用木石修築，輒爲水所敗。近者復欲如前修築，輒爲水所敗，恐虚糜財力。乞更以貓竹編簍盛石塊於中，爲數十磯嘴以支水勢，水不能撞激堤岸，則沙土壅積益堅久矣。上是之，令於秋後興役。七月甲辰修金河壩，壩在淮安山陽縣，上接官河，下接鹽城。永樂初置絞關以通舟楫，後絞關壞，舟楫輒阻。又恐人竊毁壩以洩水，遂築塞河口，而往來舟楫皆迂繞不便。至是鹽城知縣乞修舊壩，置絞關以利往來，從之。七年七月癸未，修築淮安西湖中路十餘里，以便漕運。

清 顧炎武《歷代帝王宅京記》卷一九 天德三年始圖上燕城宫室制度，三月命張浩等增廣燕城城門十三，東曰施仁，曰宣曜，曰陽春；南曰景風，曰豐宜，曰端禮；西曰麗澤，曰顥華，曰彰義；北曰會城，曰通元，曰崇智，曰光泰。浩等取真定府潭園材木營建宫室，及涼位十六。

《清實録・滿洲實録》［天命四年］閏二月十一日，築薩爾滸城畢。帝曰：「築城之夫最苦，可賜牛以勞之。」羣臣曰：「與其用國中之牛，盍俟征明獲牛驢而給食之？」帝乃陞殿聚諸王大臣曰：「人君無野處露宿之理，故築城也。君明乃成國，國治乃成君。至於君之下有王，王安即民安，民安即王安，故天作之君，君恩臣，臣敬君，禮也。至於王宜愛民，民宜尊王，爲主者宜憐僕，僕宜爲其主。僕所事之農業，與主共食；而主所獲之財及所畋之物，亦當與僕共之。如是，上下相親，天悦人和，豈不共成豫慶哉。如築城之木石，豈出於築城之地耶？鑿石於山，採木於林，轉運之遠既已勞矣，而築壘之工不更苦乎？今爾等之意，實不欲出己之財故耳。不知征明國當以大義舉之，如爲犒築城之夫而掠之，最不可也。」時適有副將博爾晉後至，帝問曰：「自何來？如是喘息想徒步來耶？」博爾晉對曰：「自築城處來。」帝曰：「爾輕身行走尚且勞頓，運木石而築城者，寧不勞歟？」遂賞牛及鹽犒勞夫役。

《清實録·太祖實録》卷七 ［天命五年］乙卯，辰刻，令軍士樹雲梯楯車，攻其東面。明兵於城外掘深塹，剡木樹塹内，覆以黍秸，揜土其上，内復浚壕一，沿壕樹大木爲排柵。近城又有大壕二，廣五丈，深二丈，以椿密布於内，更築土爲陣，排列楯車鳥鎗礮具，衆兵環城密布以待。城上又四面列兵，登陣堅守。我軍奮勇衝入，明兵七萬人俱潰。我軍繞城縱擊，伏尸纍積，陣斬總兵賀世賢、尤世功，条將夏國卿、張綱，知州段展，同知陳栢等，遂拔城，盡殲其衆。忽諜知渾河以南，有兵自遼陽來。

《清實録·世祖章皇帝實録》卷一六 ［順治二年］故明文華殿中書舍人張朝聘助木千株修建宫殿，自請議敘。得旨用人惟以才德，豈有因捐助授官之理，此項木原從何來，著經管官察明，酌量給價。

又 卷三五 ［順治四年］五鳳樓告成，正樓九間，計長一十八丈九尺，濶七丈七尺六寸。簷柱高一丈九尺五寸，中柱高七丈一尺。鐘鼓樓二座，每座各三間，長三丈，濶四丈三尺八寸。簷柱高一丈二尺，中柱高二丈三尺。角樓四座，每座三間，四面如一，各六丈二尺。簷柱高一丈九尺，寶頂以下高四丈八尺。兩側長房各十三間，長十九丈八尺九寸，濶二丈六尺。簷柱高一丈三尺三寸，中柱高三丈三尺。上門樓五間，長一十二丈七尺，濶五丈四尺。簷柱高二丈，中柱高五丈五尺五寸。城角樓一座，四面如一，各五丈一尺。簷柱高一丈二尺，寶頂以下高四丈九尺。内造長房各十二間，長十六丈六尺，濶三丈五尺，簷柱高一丈二尺八寸，中柱高一丈九尺。

《清實録·聖祖實録》卷五三 ［康熙十四年］傑書又疏報：「遊擊田萬侯破賊林惟仁於武義縣夏陽地方，焚燬木城，追至宣平縣大王嶺，復有逆賊數千，以大木爲城，列陣對敵。隨令官兵三路夾攻，得破賊寨，陣斬賊將林惟魁等，殺一千餘級，生擒三十五名。」下部議敘。

又 ［康熙十四年］傑書又疏報，官兵屢次勦賊，逆渠馮公輔敗奔於宣平縣籠坑地方，嘯聚餘黨，復行狂逞。因遣撫標遊擊田萬侯等，領兵進勦。三月初三日至宣平前塢地方，賊據險以拒。我兵由山前山後兩路夾攻，擒斬一百三十餘名，遂抵宣平縣城外。復由宣平馬口一路，進抵大旗口地方。賊渠馮公輔率賊衆伏於叢莽，見我兵至，殊死鬬。我兵分作三路接戰，用闖山礮、鳥鎗，翼以弓矢，自辰至午，賊始敗北上山。我兵追殺十餘里，沿山攀援而上，至賊大寨。賊向於山上，修造石城一座，木城二座據守。見追兵至，滚木擂石，礮火齊下，我兵奮勇衝鋒，奪隘而入。前後殺賊二千三百六十餘名，擒僞都司徐之英等，焚燬賊巢。下部議敘。

又 卷七四 ［康熙十七年］辛未，福建總督郎廷相疏報，閏三月十六日，山賊蔡寅擁衆萬餘突犯安溪。知縣李鈺同駐防千總王國棟等，率兵役丁壯士庶親身督戰，殺傷賊衆無算。賊遁去，仍在山立木城據守。署泉州城守營条將甯維國、署提標後營遊擊王昶等，各帶滿漢官兵，及該道府廳調發鄉壯民兵，并在籍侍讀學士李光地募發丁壯，令弟姪等統領，併力進勦，殺敗賊衆，燒燬賊營，保全縣城。又興化鎮標遊擊劉應祥亦攻開倉嶺，賊敗逃竄，下部議敘。

《清實録·高宗實録》卷三八一 ［乾隆十六年］兩江總督黄廷桂、江南河道總督高斌等，會奏據工部咨開，具奏江南河工建設木龍，迄今十餘載，添設非一，估用木料銀二十餘萬兩。河督雖聲明俟木龍通工告竣報覈，未有定期。恐木植日多，新舊牽混，應令將工程情形，及如何即可告竣所用錢糧木植，作何清銷，詳查奏辦。奉旨令臣等查奏。查江南河工清口爲黄淮交滙河防第一要區，自乾隆五年試立木龍，北岸停淤，各壩埽工節省。現今南岸舊壩沙灘淤數百丈，北岸陶莊引河，已成河身，即不開挑，黄水不致倒灌。唯積土未經刷盡，若木龍停止，南岸漲灘難免刷動。是以尚未竣工，安東設木龍數年地已停淤。埽工平穩，但溜未南趨，亦難停建。王營、烟墩、孟誠庵等處大溜未遠移，仍須相機辦理。至所用木料年久日增，自宜亟爲清理。請自乾隆五年至十五年，將舊木新木並淤沉折損木，分年確覈，以上年存工存廠者爲舊管，以本年添購。及別工撥用者爲新收，以折損沙淤，及移撥別工者爲開除，以現存工存廠者爲實在，並將已銷已估，併未題估之處，聲明造册，送部查覈。其已估未銷，及尚未題估者，統限半年内覈實銷估，得旨著照所請行。

清 靳輔《靳文襄奏疏》卷五《全河歸故疏》 淮徐兩府州險汛林立，其本年應估歲修工程者，共有四十餘處。而黃河搶修，與邳宿山清高寶江七州縣運河歲修搶修，以及高家堰一帶臨湖險汛修防，尚在此外。臣約略計之，共需柳七十餘萬束，草一千二百餘萬束，海葦二百餘萬束，湖蘆一百餘萬束，蘇蘇一百餘萬觔，杉木除黃河兩岸并宿遷運河內排椿俱經估入大修外，其各歲修工約需木五萬餘株，加以黃河之天妃壩、王公堤運河之一切閘座甎石等工，需用木石甎灰米鐵等項，統計所需料值不下銀十五六萬兩。

清 顧士璉《太倉州新劉河志·婁江志》卷下 方泉魏公峻以發運節領郡，乃遣官相度便宜，復至和舊矩，自界牌東至崑山駟馬橋，凡二十七里，計三千四百二十一丈三尺，西至戴墟浦，計九百五十四丈。又自黃墓頭至夾潮塘七里，計九百三十八丈五尺。始于季春，成于孟夏，富民爭出財以助工，官無重費。公又慮港汊紛錯，盜夫潛影，塩賈借逕以萃淵藪，自涇橋至于陸涇港凡三十二處，立柵三層防築堅固，禁不踰越。共濶一百六十丈六尺，用椿木長短一萬一千七百四十根，橫欄柵木五百八十八丈四尺，約前後工費出於民者不計，出於官者錢二萬二千二百，緡米一百二石有奇，是皆增至和之未有。

清 朱彝尊《曝書亭集》卷六七《應州木塔記》 軒檻臺榭，廣墀複宇，游觀之勝。苟作非其時，侈過其制，則《春秋》書之，太史紀之。故雖王公之尊，不敢輕役其民。至浮屠之宮，竭天下之民力奔走，恐後世莫有議其非者，吾不知其故也。彼其師以虛無寂滅爲教，視支骸爪膚爲不足惜。而崇奉其教者，顧必范金以像之，築宮室以棲之，非大惑與。然山川城郭必有升望降觀之地，惟浮圖之制，崇高累級出軒檻臺榭之表，足以曠覽形勝。所在登高明而遠眺望，感時賦詩，則又君子之所不廢也。去應州治西北百步，有釋迦佛塔，建自遼清寧二年，上下以木爲之，其高三百六十尺。州居絶塞之衝，土風苦寒，無良材珍木之産。一木之運，百車牛乃達。蓋遼之君臣恃甲兵之武，責獻納于宋金，繒所入動億萬計，宜當日成此不難也。《遼史》載道宗即位初詔求直言，亦嘗有志經國者，迨乎晚節崇尚異教，一歲飯僧至三十六萬人，一日祝髮至三千人。嗚呼，侈心有漸，皆是塔啓之也已。土人指予簷端大字凡八，係長康二陵駐蹕時所書，其一時游豫，猶可想像得之。然則登是塔者，不獨盡覽山川城郭之勝，而盛衰之故，又可感也。遂相與賦詩記之。同游者三人，山西按察司副使、前户部侍郎同里曹公溶，江西布政司參政臨清周君之恒，汾州推官大興孫君如銓，而鑱予文于壁者，知州事蓋州傅君登榮也。

清 康熙《壽寧縣志》卷二《建置》 〔嘉靖〕四十年知縣章鋭始申請築石城，壘障土於溪流，編木闕於東西，以爲全城。踰年功甫畢。倭即斬關攻陷，雉堞盡壞。隆慶五年復遭大水，悉漂闔墻。

清 王士禎《池北偶談》卷六《馮可宗》 益都馮起震字青方，老儒也。工畫竹，有名，啓禎間時號馮竹子。有子二人，長可賓成進士，官給事中，好聲妓，侍妾數十人。其弟可宗南渡掌錦衣衛事，爲馮阮牙爪，尤豪侈自恣，居第皆以紫檀爲窻檻。乙酉死於金陵。同時有馬文室者，貴陽相之廝役也。亦官都督，金陵破官，於其居宅井中淘金得數萬兩，或爲賦淘金行焉。

清 姜宸英《湛園集》卷三《重建陝西驛傳道衙門記》 聖天子西顧憂，乃勉自經營。召吏興工，庀材飭事，自門廡廳事以至内廨射堂賓館公私之舍、官吏之棲，以間計者幾千楹；棟樑櫨欂桷，巨細之木以數計者幾千株；至於磚甓瓦石、蜃蛤之灰、丹黝之漆、綵繪之色之以物計者，夫役工匠執事之屬之廩而以人計者，莫不先爲程度，量力而授之。事經始於某年某月日，訖事於某年某月日，用工之多至若干，總費錢五千萬有奇，而官與民不知焉。蓋余之爲此也？綦勞矣。

清 王士禎《居易録》卷一 吴天章雯説蓟州獨樂寺觀音閣凡三層，其額乃李太白書。梁拱欂櫨皆架木爲之，不施斧鑿。己未地震，官廨民舍無一存，閣獨不圮。菩薩像高與閣等，約六丈有奇，乃酸棗木爲之，予鄉淄川縣黃埠村東有酸棗一株，兩人縈手始合抱，其大不減，粤東榕樹也。

又 卷二七 重建太和殿自二月二十五日鳩工，李少司空貞孟元振言有老工師梁九者，董將作年七十餘矣。自前代及本朝初年，大内興造梁皆董其事。一日手製木殿一區，以寸准尺，以尺准丈，不踰數尺許，而四阿重室，規模悉具，殆絶技也。初明之季，京師有工師馮巧者，董造宫殿，自萬曆至崇禎末，老矣。九往執役門下，數載終不得其傳，而服事左右，不懈益恭。一日九獨侍，巧顧曰：「子可教矣。」於是盡傳其奥。巧死，九遂隸籍冬官，代執營造之事。一技之必有師承，不妄授受如此。柳子厚作《梓人傳》，謂畫宫於堵，盈尺而曲盡其制，計其毫釐而搆大厦，無進退焉。殆類是與？

清 毛奇齡《西河集》卷二三 平西額輔搆園亭于吴，即故拙政園址也。

因舊爲之，凡長林修竹，陂塘隴坂，層樓複閣，雕坪曲圯，極崇閎靡漫之勝。予入觀時，方籍入毁拆，非盛時矣。然一步一境，移人性情。但記其一名楠木廳者，大槩九楹皆楠木所搆，四嚮虚欄洞槅軒敞高闢，中柱百餘柱，各有礎，其礎縱横絜量，通約三尺，而高齊人。腎墨石如鑑，雕鏤之巧，龍盤鳳轉，錦卉錯雜，詢之皆故秦晉楚豫諸王府物，而車徒輦載，所費不億。不足則復取具區石，購工摹倣，以補之，其奢麗皆此類。

清 愛新覺羅·胤禛《世宗憲皇帝上諭内閣》卷四八 ［雍正四年］又工部奏請萬年吉地需用楠木等項，令各省備辦。奉上諭部中查照舊例啓奏。朕亦不便改換舊例，但楠木難得，如果不得，即松木亦堪應用。其備辦此等木植，自京城差遣官員未免騷擾地方，即交與總督、巡撫動正項錢糧採買，地方官果係實心料理，如不剋漏錢糧事情，自然有濟，著怡親王、大學士張廷玉會同爾等協辦。

又 卷六八 ［雍正六年四月二十四日］上諭高郵南闗、栢家墩二壩工程，該督齊蘇勒既稱「堵閉之時，水勢甚溜，多用工料，始能完固」等語，齊蘇勒所奏自是實情，其動用銀兩俱著准其開銷，但留櫥一項，該督奏稱因無梢尖堪用之物，故不得不截用整木以濟工需，而該部駁稱並未開明椿木長短尺寸，無憑查核等語，該督所奏與該部所駁俱非工程切要之處，夫大小木植皆係工程必用之項，當其採辦之時，即應計及，何至梢尖不敷而截用整木以致糜費之理？著將此詢問齊蘇勒具奏。

清 雍正《湖廣通志》卷二〇 漢陽平湖二門，禹龍港、董家坡而上墊没，幾不可支，郡守韓濟修之，費千四百金。其後復圮。郡守張以謙請於御史，大修之費五千金。自王惠橋至閱兵樓，長一千一百三十五丈，高廣各四丈有奇，凡用石十萬，松椿一萬二千，松片二千一百，俱以鐵錮之，鑄鐵犀四以鎮焉。

清 雍正《山西通志》卷二〇二張剛《重修敷應侯廟記》 政和癸巳夏六月，予自保安赴官武鄉。入境所見，槩皆童山。及至縣宇，望東南山谷間，茂林蓊鬱，氣象葱蒨。疑其有異，詢於吏民，有復者曰：「乃舊龍泉神。崇寧中賜廟仁濟大觀，初封爵秩曰敷應侯，祈禱無不應。」驗視事之三日，例當欵謁。渡河而東幾五里，始入山門。一徑通幽，迤邐陟高，雜木異卉，灌叢駢織，山花馥郁，野鳥和鳴。绿陰濛濛，細流涓涓。雖當盛夏，氣候如中秋，塵外絶勝之域，宜神所止。然顧瞻神祠，面北惟有一殿，兩翼並無廊廡堂，前破屋三間，榱折瓦解，楹爛墉圮，庭地數席，茂草荒蕪，湫陋狹隘，甚不稱神明之居。意欲修之，而未遑也。越明年秋七月，常暘不雨，旱魃爲災，禾稼枯槁，民心皇皇，愁無圭粒之收。予不安處，乃吉蠲齋祓，躬率吏民詣祠懇禱。曾未浹旬，大沛甘澤，苗勃然而興。選良辰致謝，坊郭洎五管二十九村之民，持羊酒以祀者不約而應。祭畢，予呼父老面諭之曰：「神享民祀，民賴神休。方其旱也，予固當爲民而祈神；逮其雨也，予亦當率民而報神。今神惠澤一方，功利甚大，予欲修置廟宇，不侈不陋，惟適厥中，庶幾少攄報神之意。」父老輩欣然從之。遂鳩工募匠，各輸所有，經之營之，衆力攻之。板築基址，高丈七尺有奇，橫長三十步，縱濶六步。增建門廡夾屋二十一間，塑像分列齋獻，庖舍悉備。中有三門，門之北一軒，名曰凌虚軒，以其板築凌空迥出碧虚中也。軒之下爲洞，名曰通微洞，以其自外達中幽邃不可測也。而廟之兩廡迴廊，悉皆架木爲欄楯，所以備游觀而暢瞻視也。欄楯之下皆構廈爲飛簷，所以注雨水而防墊圮也。一年地基成，二年而屋宇成，三年而欄楯棟廈成，皆所以緩節民力因而循之也。兩廡之西有池湛然，名曰靈應池。自池而西循山腹小逕，其外有泉觱沸，名曰靈應泉，以其旱而取水祈禱，無不應也。泉之東南，其上龕巖之間，壁有石佛，民呼聖佛，因爲小堂名曰聖佛堂。世俗所傳祈嗣者，有誠得之，故謂佛爲聖也。自堂東南登峻坂有盤石焉，其大幾席，既高且平，因置地構圜屋，移舊亭名於此，以稱其實，曰拂雲亭，以其下瞰林泉，仰而視之，宛然隱約在雲間也。泉之北，緣山逕漸下麓，其亭易名曰松風，舊名拂雲，以其繚繞皆松，天籟時鳴，清風之來，疊疊而不斷也。龍泉之景，此亭爲尤甚。予素有泉石烟霞之癖，酷愛斯地，因爲之詞曰：「望東南兮鬱嶔岑，神居邃兮宅山陰。松森森兮密成林，泉漣漪兮石崟岑。朝霞爛兮暮雲深，倦知還兮逸埜禽。嗟宂宦兮力難任，齒盡衰兮白髮侵。退食暇兮暢登臨，覽勝槩兮動素心。歸去來兮思鬱沉，肆揮翰兮發清音。」

清 雍正《畿輔通志》卷一七《山川》 房山縣西南有山曰白帶山，生茈題草，又曰茈題山，藏石經者千年矣。故曰石經山，亦曰小西天。云北齊南嶽慧思大師發願刻石藏，座下靜琬承師囑，自隋大業迄唐貞觀大涅槃經成。其夜山吼，生香樹三十餘本，六月水浮大木千株至山下，搆雲居寺焉。

清 雍正《浙江通志》卷二七九 北牕炙輠鄧光祖知嚴州某縣時，當紹興中，國家方創都錢塘，所需材木甚大，期且急，所在鼎沸，而光祖殊不經意。乃徐集諸里正各置之，即以朝廷所降木色、丈尺人一紙，令各具其界中凡寺、凡廟、凡驛、凡官道有木與所降色樣合者，供不得脱一根。既供，乃令匠往視之，皆合。遂令里正伐之，官特與糧，不須臾，木乃大集，所得倍其數。他郡縣皆望青斬伐，所殘人塚墓及民家要害處衆，而吏復有夤緣求乞於其間。所在騷然，惟光祖絲毫無侵於民，且不出一吏，所得乃過諸縣。

清　雍正《江南通志》卷二五　利涉橋文德橋東，即桃葉渡。東晉以來未有橋以通濟，水闊來水，天門宜敞也。順治初，太守李正茂設木橋，名利涉。康熙癸卯易木以石，議者謂天門閉塞，不利人文，非古設渡之意，復廢石而易以木焉。

清　儲大文《存研樓文集》卷三　宋人又於漢水南築新郢，横鐵繩鎖戰艦，密樹椿木水中，下流黄家灣堡亦設守禦之具。

清　江闓《益陽見嶽樓記》　予之始出都也，客有告予者曰：「益陽困於兵，兼困於水，無城郭百年矣。」或力争之曰「有」，或則曰以木爲之，説互異。初疑不實，比至城，城周匝皆可出入，城闕無啟閉，所謂門無門，而非門之地則皆門。昔溆浦沅陵而西未内附，洪經畧奉命南征，遣部將駐兵於此。捍禦爲艱，暫編木以爲衛，今朽壞又垂盡。乃嘆曰：「異哉！彼之言無、言有、言以木爲之者，皆實也。」明年予□所以葺之，時軍興孔亟庫帑既無可借，一瓦一木曾不可累吾民。工費乃出獨力，力不繼，惟以漸及之。凡堵築斷垣徑實二十有九，延袤可一百一十一丈，爲用石三百二十文有奇，磚二十一萬三千有奇，瓦四萬二千有奇，灰三百五十餘石，木四百二十餘根，版片一千三百六十餘塊。匠任磚瓦之勞以年計，任木者以季計，任石者以月計，始其事於辛酉三月望日，落成於癸亥閏六月朔後一日。

清　范紹質《猺民紀畧》（《汀州府志》卷四一《藝文》引）　汀東南百餘里有猺民焉，結廬山谷，誅茅爲瓦，編竹爲籬，伐荻爲户牖，臨清溪，棲茂樹，陰翳蓊鬱，欝然深曲。

清　乾隆《東明縣志》卷二《橋梁》　［玉帶橋］乾隆十年知縣鄒雲城、典史張琁捐募，邑紳朱允元、尚正、趙文喜、孟國英、朱福興、吴鵬程、楊元亨、崔澂、劉澤、穆藝、梁棟、范元福等，分董其事，按是役也，工程浩大，費逾千金，取材於山左，選匠於河右，柱用杉，樑用松，護以雕欄，衛以月堤，五彩繽紛，煥然可觀。經營可謂盡善矣。不意乾隆辛未秋河决陽武，巨浪洪津直奔漆河，橋遂圮，樑柱漂泊幾盡，闔邑惜之。

清　乾隆《福寧府志》卷六《城池》　［嘉靖三十八年福寧府城］倭逼城時，值霖潦城，工方治崩塌無完堞。都司張漢令軍兵取雜木環城立栅，結戰棚爲守具。倭遁去，分巡舒春芳復修築，周一千五十八丈，高二丈三尺，厚一丈三尺，東西東北爲城門四，周璞有記。

清　乾隆《嵩縣志》卷一四《河渠》　抑嘗考嘉隆以前，城南伊水濶不百步，盈盈衣帶間，舟楫往來相通也。萬曆時，潰决至有徑里許者，其濬中塞支固岸之築，不講衝決之患，誠不知其何底也。伊水歲爲遷移，必不能爲一勞永逸計，但歲於河之中逶迤曲折之處，淤淺則宜疏，分流則宜合，稍深可容則水不留行矣，塞不必捲埽築堤也。以木椿截釘水口，草擁椿根，填以砂石，或二三層、四五層，只取驅水，别行不必過用工方。若夫固岸之説，瀕河上田既决，遺岸猶存，淮相其水勢經行之處，下椿編草，即河中砂石擁填其根，久之椿朽，再爲增修，三者即用。沿河有地之民，官府以主之，分委以督之。每乘三春之暇，爲一歲之計，上不廢官帑，下不曠農工，水勢可殺而沃野可保。若因循互委任其潰刷，恐後更甚於今也。

清　乾隆《甘州府志》卷一四慕國典《開墾屯田記》　魏家塞至撫彝堡計一十一里，中有野猪灣、回回溝等處，約五百餘丈。渠高勢急，北近深灘，最易走水。故防護倍嚴。上至雙泉堡計一十五里，東名鴛鴦湖，濶二百七十餘丈，渠從湖中直過，隄岸難設，因見湖内有草叢根盤結，俗名土垡，鄉人取晒以備禦寒之用。璵將渠之兩岸砌成帮沿，中用泥沙填實，再以柳椿管住。迨至土垡長芽，柳椿行根，則兩相併結，而渠岸永無坍卸之虞。西名麻黄岡，計長八百餘丈，地形既高，風勢必猛，一晝夜間積沙盈尺，更兼沙堤經水易於冲卸。璵於渠傍用柳椿土垡犬牙相錯，砌逼水高墩以固其址。每隔一丈，即建一墩，共成一千三百座。岸傍插柳二千餘株，緑樹濃陰，風廻沙落，樹長根行，盤繞交固矣。由雙泉至大墩約十八里，中有駱駝脖曲折高峰，渠深如澗，地土性堅，難於刨挖者千有餘丈。此外半在沙山之内，故亦種樹以隔飛沙。

清　畢沅《關中勝蹟圖志》卷八　本朝康熙六年造大小船各一，以濟渡水，落架木爲橋。别有渡入藍田路。

清 高晉《南巡盛典》卷五五 乾隆四十五年十二月初五日上諭内閣曰：據富勒渾等奏，現在赶辦海塘，將黄宇字號頂衝處所於柴土塘後儧砌石工，外用條石，内填石塊加高培厚，每丈用樁木八十根，可減魚鱗石塘之半。一面嚴飭杭、嘉、湖、寧、紹五府委派員役，多僱人夫，添安樁架，上緊赶辦，以防春汛。

清 師範《滇繫》第七册《典故》 初八日至者梗即從陸，諸臣所駐舊地也。先建草房十間，請入居之。外以竹爲城，每日守護者百餘卒。其諸文武，自備竹木，結宇而居。

又 賊栅據大坡週二里許，自坡迤邐下插於江。栅木皆徑尺，埋土甚深，遇樹則横貫之，以爲柱。栅之外掘深濠三層，濠外又横卧木之多枝者，鋭其末而外向，名曰木簽。守禦甚備，我軍阻，旬餘不得進。先用大礮擊之，栅木堅不折，有折者賊輒補之。哈國興斫箐中老藤長數百丈者，繫鐵鈎於端，募敢死士，夜往鈎其栅，三千人曳藤以裂之。爲賊覺，砍藤斷而罷。經略又命火攻，先製攩牌禦槍礮，一牌可護十數人，以兩人舁而前，十數人各挾薪一束隨之，百餘牌同時竝舉，如牆而進，拔簽越濠至栅下方燃火。忽西南風起，火反燒我軍，遂卻回。最後遣兵穴地至其栅底，實火藥轟之栅，果突然起高丈餘。賊驚擾，喊聲震天。我兵皆挺槍抽刀，待栅破而掩殺。無何，栅忽落而平，又起又落，如是者三，不復動，栅如故。蓋立栅之坡斜而下，而地道乃平進，故坡土厚不能迸裂也。然賊自是懼。其栅之插入江者，開水門以通舟運，糧械不絶。阿桂謂「如是則賊終無坐困之日也」。撥戰櫂五十，越過其栅截之。時阿里衮已病甚，猶力疾督攻栅，視槍礮最多處輒當之。經略慮其傷，令統舟師以息勞。戰艦整列，賊糧械不得入栅。由是益懼。其酋帥曰懵旺模者遣人來乞和，願結棚於兩軍適中地，請將軍等往莅。懵旺模親來面受要約，經略不許。諸將以兵多染瘴，日有死亾爭勸受降撤兵。乃遣哈國興往責懵旺模，以進表、納貢、返土司地諸事議。未決，懵旺模左顧而去。哈國興單騎入其栅責之。懵旺模不敢見，别遣人出請如約。適緬酋情駁亦遣使賫貝葉書來乞降。乃取其成而還，緬甸平。

清 嘉慶《松江府志》卷一二《山川》 ［康熙］七年，提督梁化鳳捐築捍海塘。十一年，總督麻勒吉、巡撫瑪祜檄、知府耿繼訓、水利通判周祚昌、華亭知縣董士哲修築捍海塘。附中丞瑪祜疏略該臣屬松江地方，傴臨大海，向築内外護塘以遏狂瀾，保衛田疇。查各塘自康熙七年修築之後，已經四載有餘。據該府縣詳報及提督臣咨移咸稱，柘林蔡家馬頭等處，日來坍倒甚多，咸潮衝入内河，修築難緩，臣俱批行。該司道確勘查議詳稱柘林一帶蔡家馬頭等處，應修築海塘，共計八百七十三丈零，共用杉木五千二百三十二根半，籬竹二千一百四十束零，共用稻草七百一十三擔零，共用匠工二千一百五十六工，挑泥夫四萬六千七百三十九工零，以上工料價直再四核減，節省民力實估銀三千七百一十二兩零。但夫工數萬，工料盈千，物力維艱，公帑無額，捐輸難望，循照康熙三年修築成例，該府商集紳耆各爲保固地方，捍衛田廬，咸願協辦。然惟藉用民力，不使胥役侵染。議令老成矜耆畫界督修，義户董事輿情允協，似可允從。伏乞睿鑒施行。

又 卷三二《學校》萬方極《重修大成殿記》 聖天子東巡，躬臨闕里，釋奠几筵，禮至隆，典至鉅，王政之本，風教之源，悉基於是方極。承乏青邑三載，習見邑人士敬理學宫朔望，彙資以儲修繕，黝堊丹漆，内外齊整，而梁棟之朽壞者，爲承塵所障固未之審也。客歲丁卯六月，大成殿之西北隅忽傾圮過半。余亟往觀，慮工次浩繁，勢將請帑，謀諸紳士。而紳士奮起以爲欂櫨楹桷舊用松木，性鬆易蠹，今須撤舊制，選良材作久遠計。咸願出私錢以存任，心甚樂之。爰率先捐俸，兩司教亦共相佽助焉。經始於秋八月二十四日，至戊辰五月五日告竣。基址廣袤，仍其舊而升高盈尺，梁木用杉，圍柱易石，精堅聳峙，金碧輝煌，規模不已，盡善也哉。考青浦之建大成殿也，自明神宗元年移治唐行鎮爲縣始，厥後一修再修，詳載省郡縣志。今則焕然更新，可以苞桑永奠矣。計費一千二百十兩零，以其贏餘，兼修崇聖殿、尊經閣、門廡、宫牆等且及義學焉。夫以彈丸瘠地，而争輸恐後，鳩工庀材者，經營勞瘁，無間晨夕，心公而慎慮周，以密其制也。固其成也，速非守斯士者之幸歟。顧余藉諸紳士之力，相與有成，而下邑士風之振悉本我。

清 孫星衍《三輔黄圖》 東南隅静法寺。隋開皇十年，右武侯大將軍陳國公竇機立，西院中有木浮閣，機弟璡爲母成安公主立，高一百五十尺，皆伐機園梨木充用焉。

清 周保《重建太平橋記》 惟太平橋創自宋之開禧，迄今凡數百禩，閒嘗遞廢遞修，未有如今蕩澌殆盡。使軺監轄飛輓沮格郵馬弗迅，帆舸鷁艦無所維艤，軍需虚税莫可措辦，公私均病之。乃檄聞當塗算緡創建諏吉鳩工，斲木伐石，仍舊址興復，計長二十七丈，廣二十尺，砌以石墩爲中流砥柱，設閘孔者七層，架巨木於上，奠以平板，樹以欄檻，植楹衡桷爲廬陰，覆之悉如舊制，高猶踰尺焉。

清　道光《武陟縣志》卷五《山川》　又南逕石門，是爲沁口。秦時以枋木爲門，至晉，安平獻王司馬孚爲魏野王、典農中郎將時，表言：「沁水屈曲周迴，水道九百里。自太行以西，王屋以東，層巖高峻。天時霖雨，衆谷走水，小石漂迸，木門朽敗，稻田汎濫，歲功不成。臣以爲方石爲門，若天亢旱，則增堰進水；若天霖雨，陂澤充溢，則閉石斷水。空渠衍滂，足以成河。雲雨由人，經國之謀。」奉詔聽許，於是夾岸累石結以爲門，用代木門枋。

清　道光《西寧縣志》卷五《建置》　平政橋在城南門外一里，明萬曆年建。據鍾光斗記國朝康熙五年，知縣趙震陽捐俸砌石，用大木成輿梁，尋圮。鍾光斗記縣城南郊一里許有橋焉。羅定高凉之孔道也。耕樵之民，朝暮藉以往還。立縣之初，與城俱建，日久漂没。土人權架小木代之。或遇上臺巡省師旅徂征，急召民夫織筐載石，上施竹木沙草，倉卒而辦，暫不能久。余筮仕西庠，由此以適羅定，履小木上，屏息唯恐墮。問其名，曰平政原橋。初成輿梁以便行人，後廢圮不修。規模頓失，非名之不稱其實也。水源出自西粤八縣境，經茅塹雞暴諸山六百餘里，又合車滘之水至橋下。隆冬流涸，揭衣可涉。夏秋潦發，忽長丈餘，湍急如雷，行人頻顧，則橋之修誠不容緩。趙侯慨然捐其俸入，命工修築。委任耆民梁材昇等，皆老成諳練，先取山石牢砌兩岸，乃以水松大椿盤基河底，植鐵力木爲柱，架橋梁，鋪厚板，横濶八尺，直長四丈五尺。

清　道光《蘭州府志》卷三《建置》　河州大夏橋在州南三里，共五十六空，水泛漲多衝没。今改立木橋。舊每歲抽木税補修。康熙四十三年知州王全臣革去木税，每歲官爲修理。

清　道光《龍巖州志》卷二《規建志》　附築湯堤紀略湯堤即龍巖東南二門城垣下之餘址也。先是城齧於水，明令尹湯相築堤以護之，自南暨東長一百八十丈，民呼曰湯堤。厥後疊被水冲崩塌。乾隆二年，知州張廷球據生員陳必宗議重築，踰月告成，其法：堤離水面高五尺，濶一丈，先開通壩基以洩水，每丈用大松樹兩層，横直各三節鋪列，水底每節鑿三孔，兩層上下孔相對，用小松樁九節直豎孔内，釘入土中，水深處鋪列松節倍之，中用石塊填吻松節、松樁之隙，臨水用大石條砌，築兩層，再上或以石條，或以石塊，築高堤，面鋪以石塊，俱用三和土粘縫。堤外水際鱗次，深釘欄樁。新堤至舊坂處寬窄不同，恐水冲舊坂，左右俱照月形，順勢新舊聯築以衛之。又水門出水之溝，形家謂不宜直瀉，乃紆迴自南而折於西，以入於川，築溝計長一十丈二尺。

又　卷一七《藝文志》傅維祖《重修縣城記》　邑有城垣，固圉衛民，厥維要務，遡漳平縣城，創自成化，成於正德，歷今數百載，或頹一隅，或崩數處，或置而不修，或修而不力。予莅任斯邑，目擊情形，即慨然有志，兼承憲令飭修，遂於丁巳之春問磚於陶，購木於山，取石於溪，命工召匠，拮据經營，領公銀以理其大綱，竭綿力以治其細目。謹按，城垣四面爲雉堞者四百三十有三，爲門樓者四，爲水門樓者三，爲窩鋪者四，圮者建之，壞者修之。需用之料：大磚三萬六千六百一十有八，小磚六百，瓦二萬一千三百有十，石子爲觔五十五萬三千三百，石灰爲觔六萬五千二百四十，草爲觔一萬二百有五十，編壁宜竹，計担三十有二，石條爲塊，計四百有五，大杉三十有四，中杉五十有四，小杉一百六十有六，松版二百有四十。需用之工：木匠二百一十有一，鋸匠一百四十有一，竹匠一十有八，石匠四十有四，泥水匠一千三百有七，小工三千八十有一，施漆之工七。需用之銀：領諸藩庫者二百六十八兩，零捐之養廉者二百五十六兩有奇。起工於五月之朔，告成於九月之朔。

清　錢泳《履園叢話》卷一二《周製》　嘉慶十九年，圓明園新搆竹園一所，上夏日納凉處。其年八月，有旨命兩淮鹽政承辦紫檀裝修，大小二百餘件，其花樣曰榴開百子，曰萬代長春，曰芝仙祝壽。二十二年十二月，圓明園接秀山房落成，又有旨命兩淮鹽政承辦紫檀窗槅二百餘扇，鳩工一千餘人。其窗皆高九尺二寸。又多寶架三座，高一丈二尺。地罩三座，高一丈二尺，俱用周製。其花樣又有曰萬壽長春，曰九秋同慶，曰福增貴子，曰壽獻蘭孫，諸名色皆上所親頒。

清　道光《定州志》卷五《城池》〔關帝廟〕　道光六年州牧萬鼎洋重立旗杆。十五年州牧王仲槐以舊杆木質不能經久，捐廉五百千改竪之，並修廟前木坊。

清　道光　鄧顯鶴等纂《寶慶府志》卷六四《疆里記四》　有桐木橋：元末劉氏建，有記云：「自元末紅巾賊起，四海鼎沸。陳友諒竊據湖襄，遊兵衝斥深林窮谷之中，未有不蒙其害者矣。我劉氏祖有學必富號積善者，身長七尺九寸，有搏虎之力。其一時兄弟有谷珍、谷寶、谷麒、谷泰、才文、翁茂、翁先、翁壽等一十七人，俱有勇略。見鄉曲受害，國途修阻，乃糾集村野子弟二萬七千餘衆，立堡砦，廣儲積，以爲自全之計。於是四方豪傑聞風赴義者，不約而同，各擇平曠之地聯山結柴，依水列柵，前有長溪一道，名曰龍潭，深不可測。或時賊兵竊渡，倉卒未免受困。始倡議遣勇士王三彪等伐取梧桐山桐樹數萬株，造作浮橋，寬三四丈許，左右堅完，貫以鐵練，繫於兩岸。人馬交行之際，坦如平陸。賊來則分兵以擊，賊去則分兵以守。因名其橋曰桐木橋。半寨煙霞曰完，家寨屹然，邵隆一保障也。謂非豪傑之所爲乎？及元亡，友諒戰死，吾祖輩解散部曲，歸命朝廷，各立門户。此民功之所基也。事詳《五通廟殘碑》實至正二十七年八月立也。此記不知何時何人作，見劉氏譜。

清 同治《金鄉縣志略》卷二 淩雲橋：青雲橋東。康熙時，知縣沈淵重建。有記：邑學宫前有瀦水，而贏於左方，故有橋。名泮水者，與右之望仙橋相對。望仙橋今呼青雲橋，明成化間盛公德實始更名。初有木坊標識，後易以石，今巋然存。而泮水橋較望仙橋長過半，凡三洞，以水故贏於左也。萬曆間，彭公鯤化創建奎樓於上方，高插雲表，與長橋相掩映。當是時，泮水橋又更名淩雲橋。淩雲之義，因奎樓起也。橋以木爲之，屢易屢壞。余嘗出郊相視水道，見有閻家橋者，石橋也。以渠失故道，雖存無用。竊計曰「是不可易無用爲有用乎？」會年來廢墜漸舉，義學之建，即在學旁隙地，而奎樓傾圮，修復一新。文學周君緘者，敦行人也。毅然以重建斯橋爲任謀之二，學博先生意遂定。學博先生與余俱捐俸以倡，周君亦捐己資，並募捐同志者而力董其事。以壬辰春，旱，水涸，即鳩工濬陂，得土以培兩橋堤岸，而欲易木以石，未易辦。乃議如愚指，移用閻家橋石，費省而用足，爰疊石爲墩者二，下排松樁，兩岸如之。既高且固，然後架大木爲梁，鋪以厚板，自二月起工，閱七月工竣。

清 同治《巴東縣志》卷二《輿地志·山川》 惠民橋：在治右，明知縣許周委耆民陳文建。廢，張尚儒委陳欽重修，架木爲之。

又 龍亭大橋：在治東里許，道光元年邑人張之渠建，架木爲之，水冲圮。道光二十一年知縣松壽重建，以石架木爲之，覆屋其上。

清 同治《元城縣志》卷二《城池》 萬曆二十二年秋七月，雨霖連注，水高尺許，城隅幾成巨浸，南城及社學陟然崩盡，所壞官舍民居十之五六。士民震恐，知府塗時相瞿然謀諸縣曰：「城之圮也，基不固矣。」取榆木堅質者，定丈尺之制，周遭樁釘密比如櫛，計入地五尺許，幫砌功倍。更于南門下陰建溝陘，俾通注入河。

清 同治《西寧縣志》卷二《建置》 渡口橋，在縣東九十里小渡口，即桑乾橋也。明正德中，僧真中募造，巡按王時中建。今石橋久圮，其地當宜蔚通衢，每歲霜降後架木爲梁，明年冰泮徹之，以渡口兩村居民任其事。

又 萬固橋，在縣南二十里桑乾河上。明宏治五年，百户金全建。苑馬寺卿王敏有記，今橋圮。碑存獨山堡。文略云：「西城有莊曰余瓛，爲東西南北通衢河。浩渺洪深，濟者甚苦。先嘗建木橋於是橋西，年久圮，不可以濟萬全。致仕百户金全暨男海謀諸善士武文斌，各出資爲倡，且勸導尚義者助之，庀材傭工，濬河之深一尋，植巨木爲樁，樁之上石爲兩旁隄者九，架以木，木之上甃石數層灌以灰汁。橋凡八空，縱三十仞，橫三仞有奇，創於宏治五年五月，成於次年九月云云。

清 江正本《重修新甯州署記》 今上御極之二年丙子夏，余奉檄權篆兹土，前中丞嚴公諭曰：「州治久燬，發帑千五百緡修之。汝歷建各縣署，今宜力爲經營。」余謹受命，下車閲舊址，見瓦礫中楹礎經瀾約尺有五寸，異之，詢諸邑紳，云：「州改流於前明隆、萬間，巡道霍公主之命州守鄧公即治前東西塘林木所爲者。」余皇然曰：「極盛難爲繼，安得此千年木爲之。」適二都團總稱：「渠盧充公，山多古木，殆山靈扶持，留遺以資使君用者。」余□公至其處，攀陟履勘，鬱然青葱，中根盤節錯者，不知凡幾。於是命匠入山伐運若干株，不足復採買於七都深山中，爲之助大木斯得。然非千餘金所能。蕆事僉曰：「前邑侯李公曾勸捐十八團，以禮去，未果行，其簿可稽也。」爰商諸團紳，率皆踴躍集腋，分司鳩工，庀材。余爲總率之。諏吉丁丑仲春開工，迄仲秋，頭二門、大堂二堂帷屬以樸素渾堅，不煩雕飾，而都人士且以爲鳥革翬飛，視舊制有加焉。因思何地無材，後來居士，固未可輕量也。脱無能拔其抑塞磊落之奇，雖幾經山川鍾毓，終沉淪于考槃澗谷間，使楩楠杞梓與樗櫟同腐，徒令人致慨於材大難爲用者，可勝道哉！可勝道哉！

清 同治《玉山縣志》卷一《地理·津梁》 後村橋在安平鄉，十七都徽浙通衢圮，後改爲渡。乾隆辛卯□業衆捐架巨木爲橋樨，横板櫛比，廣九尺，長三十六丈，歷年脩葺，俗名大橋。

清 陳懋列《莆田水利志》卷五《隄防》 [南洋東角遮浪鎮海隄] 嘉靖十三年又決，知府黄一道築天地元黄四石磯，用巨木雜竹爲楗，内實亂石，潮勢稍殺，乃叠石成之。

又 宫保孫公以爲隄不築則海爲民患，與巡撫汾陽韓公商同奏辦。發浙江海塘志令仿照，委署福防同知陸我嵩與署興糧通判袁鴻同府縣募資鳩工，堵截青龍港，闊五十餘丈，深三丈，以竹爲圓絡，絡用三丈，長樁三枚深釘，橫貫杉木竹篾爲纜，聯絡牽掛，絡內入土樁，令堅實，逐層加高隄址，以竹爲長絡，用松木長樁四枚深釘，貫以松木，內裝碎石爲基，然後布石。其舊址堅實者，以舊址爲骨，內外兩行排樁深釘；舊址全無者，中加梅花樁，內外兩行排樁，隄疊石十一層，石見方一尺一寸，丁順互砌，底八尺，每二層一收面四尺，層層灌滿灰漿，計長一千一百十四丈，設東西石涵以洩埭水。九月興工，次年四月告竣。知縣王廷葵督隄戶築附石土隄一千一百十四丈，遮浪三門港以東，東角慈聖門以西，中間要工八百丈，面五尺，身三丈，加盤二丈爲五丈，又自遮浪西海濱交界起至東角鄉曾徐交界止，築水埠內隄以攔清水，隄外松木深釘竹絡，裝土堵截，各港險處絡實碎石，猶虞大潮齧抉。

清 光緒《蔚州志》卷九《金石志上》 侯名賨，蔚州人，年十二，給事馬驛，馬肥好。十六歲祖母代之還家爲農。稍長，右三部俾命三千人採木作大都城門。

清 光緒《北流縣志》卷六《關梁》 南橋在民樂墟南，架木十拱，長十丈。咸豐四年里人捐貲創建木橋，置租四十餘石，以爲歷年修橋之用。

又 泗河橋在民樂墟外，架木三拱，長四丈。同治十年建，置租三十餘石，以爲修橋之用。

清 光緒《宜陽縣志》卷六《古蹟》 永濟橋 隋大業末建，唐貞觀八年重修，《元和志》以爲在壽安縣西，李《通志》以爲在宜陽縣東十七里，造舟爲梁，長四十丈五尺，廣二丈六尺。《六典》謂天下石柱之梁有四，洛三灞一，洛則天津、中橋、永濟，灞則陝西之灞橋也。府志按《元和志》謂永濟橋造舟爲梁，而《六典》以爲石柱之梁者，蓋始則造舟爲之，其後易以石脚耳。考永濟橋遺址，故老相傳在李家營村東南，通周村北，對八關寺，與李説正合。因世遠年湮，灘淤遂不可辨。嘉慶間洛水泛漲，衝損北岸，露出橋石無數，石皆正方，綰以鐵卡，大者專車。橋板木多文梓，厚尺餘，濶數尺，長一二丈，質色蒼堅，作器甚佳。是後每遇大水，橋石往往塌出，今其故處尚可彷彿。

清 周際虞《三星橋記》 乾隆辛卯，大水，岸崩而橋圮。民病涉焉。丁酉歲，都人士同武邑父老度地下半里許勢平曠，狂瀾無患，鑿石甃其兩岸，開數弓疊一石堆，砥柱中流如梭形，徑丈餘，圍數丈，高如岸。平橫大木於上，行者踏空如履平地。民甚便之。雖然可以暫，不可以久也。嘉慶七年壬戌，踵事增修，每一空用連抱木六株爲梁載，板上建八十八柱，覆瓦爲亭，二十有一間，咸武各十，中一爲公間，懸兩額，一題橫跨綠溪，一紀功勒首事芳名，前後費數十金而橋成，名曰三星。與邑之西河橋相頡頏。

清 光緒《華容縣志》卷二《建置志·第宅》 袁氏古屋邑東五十里唐季所搆，制與今屋異，其材俱栗木，故能久。宋時古屋元石山下有故宋時蕭家瓦屋五間，在巖谷中，泉流周遭，松杉蒼鬱，榱桷楹柱壁砌無損，蓋歷幾百載矣。邑南南山下羅氏亦古屋數間，規制正相類。

清 陳希芳《平樂府江重建浮橋記》 平樂，古昭州治也。灕、樂二水所滙，下距昭平，控梧江而上接桂林、陽朔，孔道四出。顧水則一舟而徑達，陸則孤洲斷汊，溪徑錯雜，行者或多紆阻却步焉。利濟之術，非藉爲政者相其宜而左右之，曷善乎？郡江浮橋爲平廠榷稅處，當路要衝，郡民之出入，樵汲市擔之便，郵傳之經，絡繹下上，非此莫能徑度者。然舊故無橋，春夏潦水時至即捐設浮渡，而江面深濶，迅濤若雷，浩瀚冲突，小舟一葉爭趨競捷，往往有風波覆溺之險，以爲民憂。康熙五十五年，知府事慕君國琠倣桂林水東江橋制，捐貲創造。運舟三十有二，繫以鐵組，中覆以板，作浮橋以濟民，并募橋夫，以司啟閉。蓋不特府廠鎖鑰謹嚴，民實陰蒙其利矣。歷年遞更，時有修葺。顧松材未良，且日爲水所齧蝕，外餙而空其中，鮮不敝且毁焉。雍正十年四月奉恩命來守兹土，甫數日，會大雨，江水忽夜漲建瓴下注，濤怒風烈，猝不及瞬，瀕江竹房有隨流漂去者，而橋船亦胥潰失無存。希芳乃量捐己貲，人予一金，易竹重搆，俾窮者無失居之戚。至船橋建復，則工巨費繁，爰亟請借支一歲養廉之半，營材直，聚工役，時修作。迄冬而成，浮江映水，朱紅翼如，較舊觀爲增麗甯復有褰裳却顧，臨江而嘆，厲揭之爲病者乎矣。

清 光緒《永昌府志》卷一三《津梁》 龍川江橋 在廳東七十里龍川驛，跨鳳溪江，舊編藤爲橋，鋪以小板。宏治間兵備副使趙炯建橋於上流，尋廢。明嘉靖間兵備副使潘潤效霽虹橋制重建，兩岸各爲官廳。康熙三十七年橋燬，三十八年知州唐翰弼重建橋於壺瓶口，副將張友鳳捐俸助之。雍正元年知府林世俊、副將孫宏本、知州楊之盛重建，乾隆三十三年發帑重修，光緒五年同知陳宗海重修。

清 徐泰《重建龍江橋記》 永昌西南有江曰潞江，又西南有江曰龍川，凡有事於騰以達干崖、隴川、木邦、孟密、孟養、緬甸諸夷，未有不由二江者。然潞則江闊而流緩，方之舟之，雖險猶可涉也。龍川發源於義昌東，下合阿幸明光順江諸流，百折至麓川，而莫知所終。較潞稍狹而流則急，波濤洶湧，雖巨艦亦難於渡。舊惟假艟舟航之，危險萬狀，人馬覆溺，無間歲時。汎一雨即漲，而經旬罔敢渡；旬雨則漫，而經月罔敢渡。昔人絞長藤爲繩，結兩岸之巨木以度。越者足方登於一端，而兩端動摇弗已，俯瞰江流，身儼懸於空中，毛骨竦然。殆有甚於乘艟之險，名曰弔橋，言其騰踔而可弔也。行者率憚之，蓋不苦於路之險，而苦於橋之險也。宏治八年，兵憲永州趙公廼更爲之比瀾滄江橋，費二千金，三載始成。六年而即圮。仍繩以藤，然藤易朽，經歲即易，易時即復以艟舟代。費多而勞力，險患時作。去年秋，建平潘公來詰戎於金騰，目擊其險，惻然憫之。乃涓吉始令吏目李孟芳總理之，千户張鎮、巡檢李如膺、李珏分任其事，而指揮王科亦贊理於其間。乃精選羣工伐木於林，採石於山，取鐵於冶，給灰於場，諸工亦各趨副所命，弗俟督也。軍民素患兹險而欲橋者，暇則自鳩率以赴工，弗俟役也。旬則公命官戒視之，月餘則躬臨其所，奬其勤而激其怠，程其能賞其勞，惟爲訏謀遠猶永不拔於千百世，不惜工而吝費也。雖夏月鬱烟，苦雨交作，人皆憚往，公亦不暇自恤而往視焉。是故捐金者感而愈不吝造，作者感而愈勤愈不苟，効力者愈忘其勞。越月甫七，所費不及昔之半而已，告成矣。凡百經營，公自督覽過橋。用楠木五，橋上蓋以板，覆以樓，樓七楹，兩橋頭則砌以大石，貫以鐵錠，各縫則以油灰，兩旁繫以大鐵繩各五，爲永年計。又於橋南北各起房二十間，賃與居者居之，以廬旅歲入則積爲葺橋之需。又立庾以便行者之委積，增設哨舖以防不虞。又復巡司於舊所以察非常。凡所以利濟之者，靡不用其極。其橋式雖則霽虹，而木之修，大工之堅，緻勢之雄麗，過之矣。豈惟有裨於民而益有功於趙公，財出於義而不官，力出於効而不役，工出於倩而不假，成之不費歲時，而固實可永千祀。誠不世之偉績也。故記之。

清　光緒《高州府志》卷二五《職官》　［宋］黄朝鳳紀勝作朝奉景德初知高州，政先教化，創學興文，多士喁喁向風。居民編竹爲廬，頻罹火患。朝鳳令易竹以瓦，不給者助之，州人德焉。乾隆志

清　周灝《重修欞星門記》　定邑聖廟規模謹嚴，唯大成殿廷柱與欞星門四柱取材甚鉅，非大木不能勝其任焉。第柱之在大成殿者，上瓦旁墉環列拱翼，於以蔽風日，障霜露，因得多歷年而難於朽。獨柱之在欞星門者，巋然卓立於頖宫之中，巍然遥置於廡門之外，竦然特介於左名宦、右鄉賢兩祠之間，使入門者仰而望之，咸知中道之所在，而罔敢或越。則斯木也，雖不得躋於殿廷之上，獨得入於廟門之中，爲羣材資表率，爲吾道示階梯，其位置不已幸歟。而豈知其特立獨行，不偏不倚，爲風雨所侵，日月所暴，霜露所齧蝕，更非尋常大木所能勝任者。故往往不數十年而即朽，即堅實之木亦未有百年不朽者。自有元創建以來，其易木也，屢矣。此豈選材者之不慎歟？抑凡木皆不勝任歟？其位置使然也。顧同一柱也，近而置於大成殿之上，即得密邇光儀而蒙其蔭庇，標舉於顔曾思孟之側，初非風日霜露所能侵，而難於朽；遠而置於欞星門之地，亦儼然爲斯道之干城，而崇其品望，僅列於鄉賢名宦之間，以力持於風日霜露之所，莫能撼，而卒易於朽，是天生材之始，即若有數焉。以限之而非可强相位置者也。灝之來涖，兹定邑也。首先敬謁聖廟，瞻視廷廡，焕然猶新。獨欞星門柱朽蠧將傾，甚非所以肅廟貌昭恪誠也。爰與同寅善庭崑山兩學博謀易置之。謹捐俸錢二百貫以爲之倡，合邑紳耆咸踴躍出資，刻日鳩工。購得良材，扣之鏗然，既堅且實，即以之爲大成殿廷柱。恢恢乎，勝任而愉快也。惜時數不相值，僅置於斯門，竊爲斯木惜焉。爰命匠人斲而方之，仍其長材，去其浮膚，標其風骨，冒以龍題，文以丹漆，輔以巖石，檀於原基，壯於曩觀者，奚啻倍屣。三閱月而工成。因喟然曰：「斯木之位，置於斯門也，殆有天焉。不可得而强也。而木乃適然安焉，矗然立焉，毅然任焉。若一入宫牆聲價百倍，雖不得上升殿廷，而迴視兩廡，固可斂材而就矣。則朽且不朽，抑以見抱大材者，不可自恃，而但期於克自樹立，令人知其位置皆由天定，而非其材之不能勝，則亦何地不可見材，而況其在聖門乎？吾用是爲斯木慰，且爲有非常之材者勸得其不朽者，斯可矣。尤爲用非常之材者，警知其易朽而善護之，斯長不朽矣。門成是爲記。

清　光緒《桃源縣志》卷一〇《人物志下・隱逸》　唐璟字玉華，骯髒有奇氣，酷貧而學不輟。某顯貴聞其名，就訪，匿不見。自厭居，近驛郵。廼離家五十里，授經古溶山中。編竹爲屋，壁無瓦，剥古杉皮以覆。

清　乾隆《潮州府志》卷三六《兵防》　嘉靖間用木石填塞澳口，令民内徙，而虛其地。未幾，倭人用善水者撈拔木石，澳口復通。

清　光緒《鬱林州志》卷七《壇廟祠宇》 文昌閣在城南一里瑞龍橋側，乾隆七年修治。道光六年，知州恒梧增築後殿。道光八年，知州李鍾璧重建。李鍾璧《重修文昌閣記》後段云：「抑又聞之，州地無崇山峻嶺，輪囷幹局之材不易得也。興役之初，躊躇樑棟，方欲不惜重價購之異鄉。而乃江渚之中水漲，沙去見出巨材，性堅色黑，大且十圍。鄉人將斲而小以他用也。任事者命工往求，鄉人樂讓，扶運以歸。四柱三樑，綽然勝任。是木也，其沉淪汩没於江淤泥淖中，不知幾何年矣。一旦應運而興，出爲世用，而又不溷於窮鄉僻壤之間，竟能顯耀於文物聲名之地，殆亦神靈之默爲呵護也。其撑持擔當之力，豈朽也哉？此又因得材之異，而是邦文運之昌也。」

清　光緒《四會縣志》編二《城池》 十八年癸酉五月，大風，兩江水漲發，周圍城垣間有倒塌。知縣吴自求因詳請修復，借領庫項銀三千三百一十三兩零分，五年匀攤，解司歸款。舊各城樓樑柱皆鐵力大木，自求聽閹匠拆賣易之以杉。邑紳争之不能得，三百五十餘年鞏固名材，一朝盡廢惜哉。以上舊志

清　光緒《容縣志》卷八《橋路》 楊灣橋城東二里。乾隆丙戌，邑庠陳宏道倡建。造石梁長七十四步，廣九尺。知縣緱山鸛記云：「邑治東二里許，有谿曰楊灣河，當東西孔道。舊建有橋，以通往來。其制用大木數十根，樁水底，層穿横梁，鋪板以釘束之。高二丈餘，長可七丈，規式頗鉅。顧木架水中，遇水大發則不可守。」

清　西清《黑龍江外記》卷二 協領、總管、參領、屯站等官各有治事所，謂之官房子。前鋒番子亦有官房，則謂之前鋒番子房。他如教場、礮房、火藥局、税課司，齊齊哈爾、墨爾根、黑龍江皆有之，而齊齊哈爾收禁罪人之所在將軍府西，排木爲垣，中分内外，内曰牢獄，官司之，外曰倉子，旗下官輪守。因病，醫官胗治，醫官，流人；獄官，土人，頂戴峩然也。將軍私宅稱府，在廨舍西北，中精舍三楹，疊石爲假山，將軍觀明栽野芍藥數本，顔曰芍藥廳，廳前有李一株，嘗秋月再花，將軍有詩記之。

又　卷八 平地多榆，近水多柳，榆無合抱者，柳皆叢生，燒之戀火，故條子價倍，雜草條子土人謂柳也。盛暑架木鋪條子以遮暘，謂之冷棚。因沁屯楚勒罕時行轅冷棚，布特哈辦其後一棚，條子派萬束。而事罷，仍命辦者運入邸第，爲禦冬計。奇三案起，弊乃革。將軍宗室永琨詩「貂鼠於人既無分，柳棚從此不須開」，指此。

清　光緒《順寧府志》卷一〇《建置》 藤橋《一統志》在城南阿鐸河，河水東注，土人搆藤爲橋。

又 來順橋，舊通志在城南四里通雲州路。康熙三十八年，知府董永芠建，先係木橋，上有扶攔。

又 舊志一名北橋，在舊城係府境河水下流所經。庠生鍾澧捐修，後毁，今編竹爲浮橋。

又 新惠橋，舊通志在城南十二里，即南橋，以鐵索架梁。康熙間邑人公建，後毁。今編竹爲浮橋。

又 猛賴橋，舊通志在城南一百二十里，即大藤橋，與小藤橋俱爲往來要津，日久漸廢。雍正二年知州吴元鏊捐俸易藤以木。

又 邦洪橋，舊通志在城南一百三十里交耿馬界。舊傳土人張氏建。雍正元年，知府范溥修，道光四年，知州李瑞元重修，更名青雲橋。

又 猛底橋，舊通志在城南二百五十里，即小藤橋，順志在城南八十里，結藤爲梁。

清　劉崇本《雄縣鄉土志》卷二《政績録》 李允則，字垂範，并州盂人。真宗時知雄州。河北既罷兵，允則治城壘不輟。契丹疑違約，既而有詔詰之，允則奏云：「初通好不即完治，恐他日頹圮。因此廢守，邊患不可測也。」帝以爲然。始州多以草覆屋，允則取材木山西，大爲倉廩營舍。

清　黄維翰《呼蘭府志》卷二《政治略》 自光緒三十四年迄宣統二年，計修東街木渠一道，長四里餘；呼蘭河北岸木橋一座，長二丈餘；橋南北木渠一道，長十餘丈；平墊大街長五里許；種樹六千餘株，街巷均設置木厠，舖門俱有塵芥箱。

著　録

漢　佚名《三輔黄圖·原序》 《易》曰：「上古穴居而野處，後世聖人易之以宫室，上棟下宇，以待風雨，蓋取諸大壯。」三代盛時，未聞宫室過制。秦穆公居西秦，以境地多良材，始大宫觀。戎使由余適秦，穆公示以宫觀。由余曰：「使鬼爲之，則勞神矣。使人爲之，則苦人矣。」是則穆公時，秦之宫室已壯大矣。惠文王初都咸陽，取岐雍巨材，新作宫室。南臨渭，北踰涇，至於離宫三百，復起阿房，未成而亡。始皇并滅六國，憑藉富强，益爲驕侈，殫天下

財力，以事營繕。項羽入關，燒宮闕，三月火不滅。漢高祖有天下，始都長安，實曰西京。欲其子孫長安都於此也。至孝武皇帝，承文、景菲薄之餘，恃邦國阜繁之資，土木之役，倍秦越舊，斤斧之聲，畚鍤之勞，歲月不息，蓋騁其邪心以誇天下也。昔孔子作《春秋》，築一臺，新一門，必書於經。謹其廢農時奪民力也。今裒采秦、漢以來宮殿、門闕、樓觀、池苑在關輔者著於篇，曰《三輔黄圖》云，東都不與焉。

清 永瑢《四庫全書總目》卷八二 營造法式三十四卷浙江范懋柱家天一閣藏本 宋通直郎、試將作少監李誡奉敕撰。初，熙寧中敕將作監官編修《營造法式》，至元祐六年成書。紹聖四年以所修之本祇是料狀，別無變造制度，難以行用，命誡別加撰輯。誡乃考究羣書，并與人匠講説，分列類例，以元符三年奏上之。崇寧二年復請用小字鏤版頒行。誡所作《總看詳》中稱，今編修《海行法式》《總釋》、《總例》共二卷，《制度》十五卷，《功限》十卷，《料例》并《工作》等共三卷，《圖樣》六卷，《目録》一卷，總三十六卷，計三百五十七篇。内四十九篇係於經史等羣書中檢尋考究，其三百八篇係自來工作相傳，經久可用之法，與諸作諳會工匠詳悉講究。蓋其書所言雖止藝事，而能考證經傳，參會衆説，以合於古者飭材庀事之義。故陳振孫《書録解題》以爲遠出喻皓《木經》之上。考陸友仁《硯北雜志》，載誡所著尚有《續山海經》十卷，《古篆説文》十卷，《續同姓名録》二卷，《琵琶録》三卷，《馬經》三卷，《六博經》三卷，則誡本博洽之士，故所撰述，具有條理。惟友仁稱誡字明仲，而書其名作誠字。然范氏天一閣影鈔宋本及《宋史·藝文志》、《文獻通考》俱作誡字，疑友仁誤也。此本前有誡所奏劄子及進書序各一篇，其第三十一卷當爲《木作制度圖樣》上篇，原本已闕，而以《看詳》一卷錯入其中。檢《永樂大典》内亦載有此書，其所闕二十餘圖竝在。今據以補足，而仍移《看詳》於卷首。又《看詳》内稱書總三十六卷，而今本《制度》一門，較原目少二卷，僅三十四卷。《永樂大典》所載不分卷數，無可參校。而核其前後篇目，又別無脱漏。疑爲後人所併省，今亦姑仍其舊云。

藝文

《詩經·商頌·殷武》（毛亨傳 鄭玄箋 孔穎達疏） 陟彼景山，松栢丸丸。是斷是遷，方斲是虔。松桷有梴，旅楹有閑，寢成孔安。《傳》：丸丸，易直也。遷，徙；虔，敬也。梴，長貌旅陳也。寢，路寢也。《箋》云：椹謂之虔，升景山掄材木取松栢易直者，斷而遷之正，斲於椹上以爲桷，與衆楹路寢，既成，王居之甚安。謂施政教得其所也。高宗之前王，有廢政教，不脩寢廟者。高宗復成湯之道，故新路寢焉。

南朝梁 庾肩吾《和竹齋》 百拱横笳節，千櫨跨篥竿。迴龍仍作柱，置笛且成欒。向嶺分花徑，隨階轉藥欄。蜂歸憐蜜熟，燕入重巢乾。欲仰天庭狹，終知學步艱。

唐 杜甫《杜工部集·陪李七司馬皀江上觀造竹橋，即日成。往來之人免冬寒入水，聊題短作奉簡李公。》 伐竹爲橋結構同，褰裳不涉往來通。天寒白鶴歸華表，日落青龍見水中。顧我老非題柱客，知君才是濟川功。合歡却笑千年事，驅石何時到海東。

唐 白居易《白氏長慶集》卷一《溢浦竹》 潯陽十月天，天氣仍温燠。有霜不殺草，有風不落木。玄冥氣力薄，草木冬猶緑。誰肯溢浦頭，迴眼看脩竹。其有顧盼者，持刀斬且束。剖劈青琅玕，家家蓋牆屋。吾聞汾晉間，竹少重如玉。胡爲取輕賤，生此西江曲。

宋 高翥《菊磵集·竹樓》 老竹平分當建瓴，小樓從此擅高名。地連雲堞登臨穩，欄俯晴江夢寐清。一記自能追正始，三間誰與續咸平。濤音日日煙中落，依約焚香讀易聲。

元 左克明《古樂府》卷五《艷歌行》 南山石嵬嵬，松柏何離離。上枝拂青雲，中心十數圍。洛陽發中梁，松樹竊自悲。斧鋸截是松，松樹東西摧。持作四輪車，載至洛陽宫。觀者莫不嘆，問是何山材。誰能刻鏤此，公輸與魯班。被之用丹漆，薰用蘇合香。本自南山松，今爲宫殿梁。

明 華幼武《編籬曲》 編竹籬，密密編，朝禦雞犬入，暮防豺虎穿。交加聯綿互相倚，竹密藤纏堅莫比。春風披拂百花開，一片繁華如錦綺。君不見西家有籬編不密，夜夜驚呼防盜賊。願言兄弟莫相疑，明日齊心編竹籬。

明 韓雍《襄毅文集》卷一《春香窟》 花樹結成幄，花時香遠聞。主翁來宴坐，百和常芬芬。燕寢閒自凝，朝衣不須薰。笑彼沈檀亭，豪奢何足云。

明 何景明《大復集》卷一二《古松行》 岳州地多古松樹，千株萬株植官路。故老猶能記歲年，行人不解知朝暮。臨江西來烟霧起，夾谷連山一百里。黛色寒通七澤雲，秋聲夜捲三江水。郡城之北江水東，鄂王祠廟丹青空。英雄爲謨本宏遠，古木至今多烈風。忠魂義魄杳何在，故物依然見遺愛。繁枝百世人不剪，直氣千尋我當拜。六年前過蒲圻城，古松陰中三日行。空山倒掛雷雨黑，盛夏常貯炎風清。郵亭傳舍總蕭瑟，鬱抱煩襟亦飄逸。迴巖峭壁奔洪濤，老蔓長藤翻白日。只今復向巴邱道，野草漸多松漸少。仄徑孤根半蝕苔，夕陽幾樹空垂蔦。昔時所見合抱材，斷枝落葉隨蒿萊。過客山中想清籟，行徒道上愁黄埃。輦山輿嶺萬千重，半作豪家樓上棟。古人之力今人勞，大厦明堂不得用。年年官吏催斧斤，故老雖怒那敢嗔。傍枝出地子成樹，野婦山樵摧作薪。驛前數幹聊可數，我忽見之再三撫。霜皮露甲如虬蟠，霧鬣烟鬟學龍舞。陰森氣象凜猶昔，翠色長標不可侮。荒林曠野識者稀，終爲誰家起廊廡。回首鄂廟秋山阿，廟前之樹無高柯。鬼神訶護亦徒爾，英靈不返將如何。達人且勿怨摇落，志士胡爲傷轗軻。君看世事盡如此，拔劍聽我松前歌。

明 李堅《竹屋》 幽居謝塵市，有竹千萬竿。四壁不受塵，拂座清風寒。主人北窗下，琴書愜盤桓。出門即成趣，滿目青琅玕。憶初卜築時，頗虞生植難。既嚴牛羊牧，復剪荆棘繁。封培至今日，有此竹屋安。雖慚萬間庇，自作千畝看。崇篁丈人行，老節高屹巑。孫枝更秀拔，夭矯凌雲端。遂令竹屋名，旁溢四遠寬。南陽有卧龍，草廬聳丘巒。成都有少陵，草堂名不刊。地勝每因人，兹語良非謾。寄聲竹屋翁，勉陟前修坫。

明 單復《讀杜詩愚得》卷一一《營屋》 我有陰江竹，能令朱夏寒。陰通積水内，高入浮雲端。甚疑鬼物憑，不顧剪伐殘。東偏若面勢，户牖永可安。愛惜已六載，兹晨去千竿。蕭蕭見白日，洶洶開奔湍。度堂匪華麗，養拙異考槃。草茅雖薙葺，衰病方少寬。洗然順所適，此足代加飡。寂無斤斧響，庶遂憩息懽。

明 沈元昌《尊經閣上梁文》 竊惟頃自渠開花縣正值千載之昌，期年來水□芹宫，宜應三元之符讖，幸天開而運轉，由人傑斯地靈。某等材愧棟梁，學希堂奥，每以作興爲務，兼之勸誘爲先，念一鄉之文獻寥寥，慶闔序之才賢濟濟，尊經有閣，門建而焕以新；講德有堂，量移而蒙其舊。於今似廣，視昔加崇。前則崔嵬，文廟倚雲霄，飛昂映帶；後則繁庶，民居富文學，絲管紛紜。左則孟港，柳條宛垂青鎖；右則長堤，杏樹儼入紫微。松爲棟，栢爲梁，雖華不靡；芝爲楣，蘭爲桷，維德斯馨。普聖化以昜羣賢，當自此也；挾天人以獻天子，其在斯乎？肇舉亙梁，□協龜策。梁之東，滄溟蜃氣正葱龍，曉日扶桑凌海上，鮫蛸千幅走虬龍。梁之西，烟霞荏苒帶雲霓，西爽蒼蒼看不極，高懸金榜姓名題。梁之南，象踞獅蟠烟霧含，千種光明文浪起，前臨漳水似龍潭。梁之北，潘縣花開綉如織，琴鳴流水奏清音，咫尺乘驄位臺栢。梁之上，劍光夜透銀河敞，消渴相如在茂唛，金莖露浥仙人掌。梁之下，槐陰幾樹垂亭榭，謾誇奕世有三公，一行金蓮來乙夜。伏願上梁之後，蘊藉彌深，遭逢特偶。著作在石渠、虎觀；功名標麟閣、雲臺，文獻遞興，英賢輩起，家禮樂，户詩書，教化行而風俗美，退孔顔進伊傅，賢才出而國運昌，丕振斯文，誕光厥邑。

清 李念慈《谷口山房詩集》卷二五《竹房》 曲房架竹省經營，鳩會無煩結搆成。列塹連楹杉檜直，分溝代瓦鴛鴦輕。萬間何幸庇寒士，一柱真慙承露莖。御想渭川陰待客，正傷梁木涕沾膺。

清 愛新覺羅·弘歷《御製詩集》二集卷七一《清暉樓》 架木爲高閣，疎泉得廓池。淙聲階下聽，秀色座間披。笙奏新篁籟，衣霑宿霧絲。景絫米氏畫，神會謝家詩。

又 五集卷四六《池塘》 架木爲堂下覆池，引泉備浴避風吹。十年前或來一試，耄耋非宜久不爲。

又 五集卷四九《右横碧軒》 架木爲牆甓作門，不安門扇任行綸。雖然點綴成園景，四闢重華此意存。

雜録

漢 劉向《列仙傳》卷下《鹿皮公》 鹿皮公者，淄川人也。少爲府小吏木工，舉手能成器械。岑山上有神泉，人不能至也。小吏白府君請木工斤斧三十人作轉輪懸閣，意思横生。數十日，梯道四間成。上其巔，作祠舍，留止其旁，絶其二間以自固。食芝草，飲神泉，且七十年。淄水來，山下呼宗族家室，得六十餘人，令上山。半水盡漂一郡，没者萬計。小吏乃辭遣宗家，令下山，著鹿皮衣遂去，復上閣。後百餘年下，賣藥於市。

晉 王嘉《拾遺記》卷三 [周靈王]二十三年起昆昭之臺，亦名宣昭。聚天下異木神工，得崿谷陰生之樹。其樹千尋，文理盤錯，以此一樹，而臺用足焉。大幹爲桁棟，小枝爲栭桷。其木有龍蛇百獸之形，又篩水精以爲泥。臺高百丈，昇之以望雲色。時有萇弘能招致神異，王乃登臺，望雲氣蓊鬱，忽見二人乘雲而至，鬚髮皆黄，非謠俗之類也。乘遊龍飛鳳之輦，駕以青螭，其衣皆縫緝毛羽也。王即迎之上席。時天下大旱，地裂木燃。一人先唱，能爲雪霜，引氣一噴，則雲起雪飛，坐者皆凜然。宫中池井，堅冰可琢。又設狐腋素裘，紫羆文褥，羆褥是西域所獻也。施於臺上，坐者皆温。又有一人唱，能使即席爲炎，乃以指彈席上。而暄風入室，裘褥皆棄於臺下。時有容成子諫曰：「大王以天下爲家，而染異術使變夏改寒，以誣百姓，文武周公之所不取也。」王乃踈萇弘而求正諫之士。時異方貢玉人石鏡，此石色白如月，照面如雪，謂之月鏡。有玉人，機戾自能轉動。萇弘言於王曰：「聖德所招也。」故周人以萇弘幸媚而殺之，流血成石，或言成碧，不見其尸矣。

又　卷四　始皇起雲明臺，窮四方之珍木，搜天下之巧工，南得煙丘碧樹、酈水燃沙、賁都朱泥、雲岡素竹，東得葱巒錦柏、漂檖龍松、寒河星柘、玩山雲梓，西得漏海浮金、狼淵羽璧、滌嶂霞桑、沉塘員籌，北得冥阜乾漆、陰坂文梓、褰流黑鬼、闇海香瓊。珍異是集，二人騰虚緣木，揮斤斧於空中，子時起工，午時已畢。秦人謂之子午臺，亦言於子午之地各起一臺，二説有疑。

南朝宋　劉敬叔《異苑》卷七　晉武太元二年，沙門竺慧猷夜夢讀詩五首，其一篇後曰：「陌南酸棗樹，名爲六奇木。遣人以伐取，載還柱馬屋。」

五代　譚峭《化書》卷五《庚辛》　庚氏穴池搆竹爲凭檻，登之者，其聲策策焉。辛氏穴池搆木爲凭檻，登之者，其聲堂堂焉。二氏俱牧魚於池中，每凭檻投餌，魚必踴躍而出。他日但聞策策堂堂之聲，不投餌，亦踴躍而出。則是庚氏之魚可名策策，辛氏之魚可名堂堂，食之化也。

明　郭之奇《稽古編》卷一《有巢氏》　有巢氏，有巢者何？太古之民，穴居野處，搏生咀華，與物相友，無妎傷之心。自機智日起，物始爲敵，爪牙角毒槩不足以勝禽獸，有巢氏作，教民搆木爲巢，以避其害。未知稼穡，食草木之實，未有火化，飲禽獸之血而茹其毛，取其皮以蔽前後，號曰有巢氏之民。

清　雍正《陝西通志》卷九九　昔始皇爲塚，斂天下奇材異木爲宫，傾遠方奇寶於塚中，爲川瀆山嶽之形，以沙棠沉檀爲舟楫，金銀爲鳧雁，琉璃雜寶爲龜魚，設機舟自運動，盤旋鳧雁，龜魚時出没隱見。又於海中作玉象鯨魚銜火珠爲星，以代膏燭。項羽入關開塚，見所埋工匠皆久而不死，琢石爲龍鳳仙人，及作碑辭讚文。好事者驗諸史傳，皆非葬時所有，則知生埋匠者之所作也。後人以其辭多愁苦詛怨之言，因名碑曰怨碑。賈志

清　董天工《武夷山志》卷一九《古蹟·柟木樓》　八曲鼓樓洞内有柟木樓，高廣三四尺許，規制精巧，見者驚猶鬼神，傳是飛來。陳幼溪曾至洞中，記木樓云：「窓櫺甓瓦無非木製，釘頭露木外者半寸，測爲千百年物。」李懷之云：「萬曆庚申夏，大風雨。鼓樓洞中木樓飛出，越三仰峯而去。」土人目擊者甚衆。落一礎如棋子大，道士黎望雲者拾得之，珍藏傳玩甚久。

清　光緒《黄州府志》卷四〇《摭聞》　郡守盧濬嘗浮舟江上，風起舟師頻呼柟木大王，問故，以妖對。濬歸，撰文牒水府，其畧曰：「象窮魑魅，轉深鑄鼎之思；誠格神明，欲下然犀之照。惟川靈之失綱，故令尾大者不掉。彼風師亦助虐，其與首惡者何殊？仍期三日，以木來。」屆期詣江上，忽一木自樊口至，命縛之登岸，時修學宫，以爲左柱，萬曆中宫災柱燬。通志

清　錢泳《履園叢話》卷一四《大木》　嘉慶丁丑六月十七，蘇州元妙觀雷擊三清殿西北隅，大柱碎裂無餘。有葑門外道士遊觀其下，同時擊死。未幾，地方官吏及紳士輩欲於東西兩淮購大木而重葺之，竟無此料。其年十一月，常熟福山港口有兩漁船入海捕魚，見水面浮一大木，頭尾甚長，因言狼山有觀音寺正在興修，如帶往江北可得善價。即繫纜向北行，堅不可動。漁人又言曰：「豈有神靈護持耶？吾今帶往江南可乎？」言未畢，木即向南，頃刻抵岸矣。其木長八丈九尺四寸，圍圓二丈有餘。地方紳士備價購之，始得興修。此木之所來亦奇，歸湘帆少府曰：「噫，天豈以此木將出，因而震其柱歟？抑殿之不宜毁，特遺此木以成之歟？不先不後，適當其時。然則需材之世，不患無材，而抱材者，亦不患不見用于世也。」

圖表

宋　曾公亮《武經總要前集》卷一二　右白露屋，以江竹或榆柳條編如窮

廬狀，外塗石灰，有門有竅，中容一人，以爲候望。每敵樓、戰棚上五間置一所，於兩傍施木柜馬、篦籬笆，隱人於下，持泥漿麻稭，以備火攻。

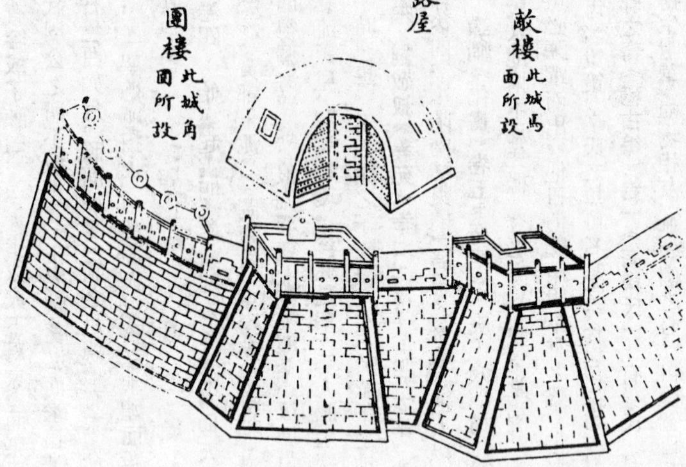

宋 李誡《營造法式》卷三〇

大木作制度圖樣上

栱枓等卷殺第一

梁柱等卷殺第二

下昂工昂出跳分數第三

舉折屋舍分數第四

絞割鋪作栱昂科等所用夘口第五

梁額等卯口第六

合柱鼓卯第七

摶縫襻間第八

鋪作轉角正樣第九

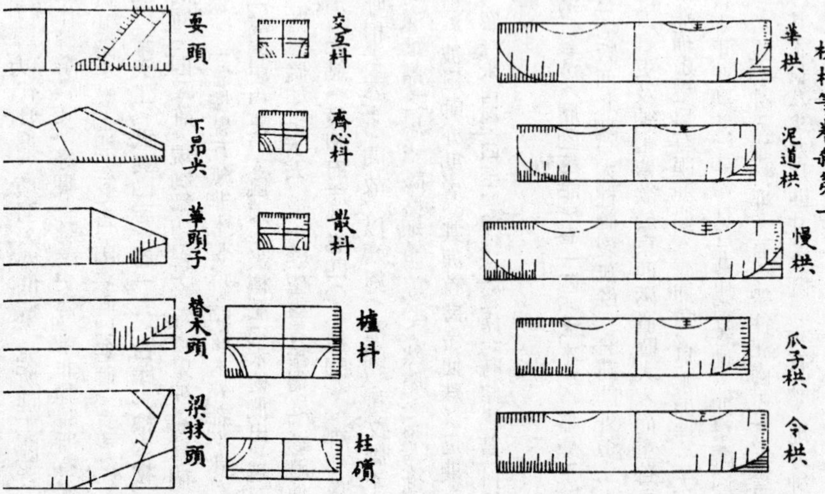

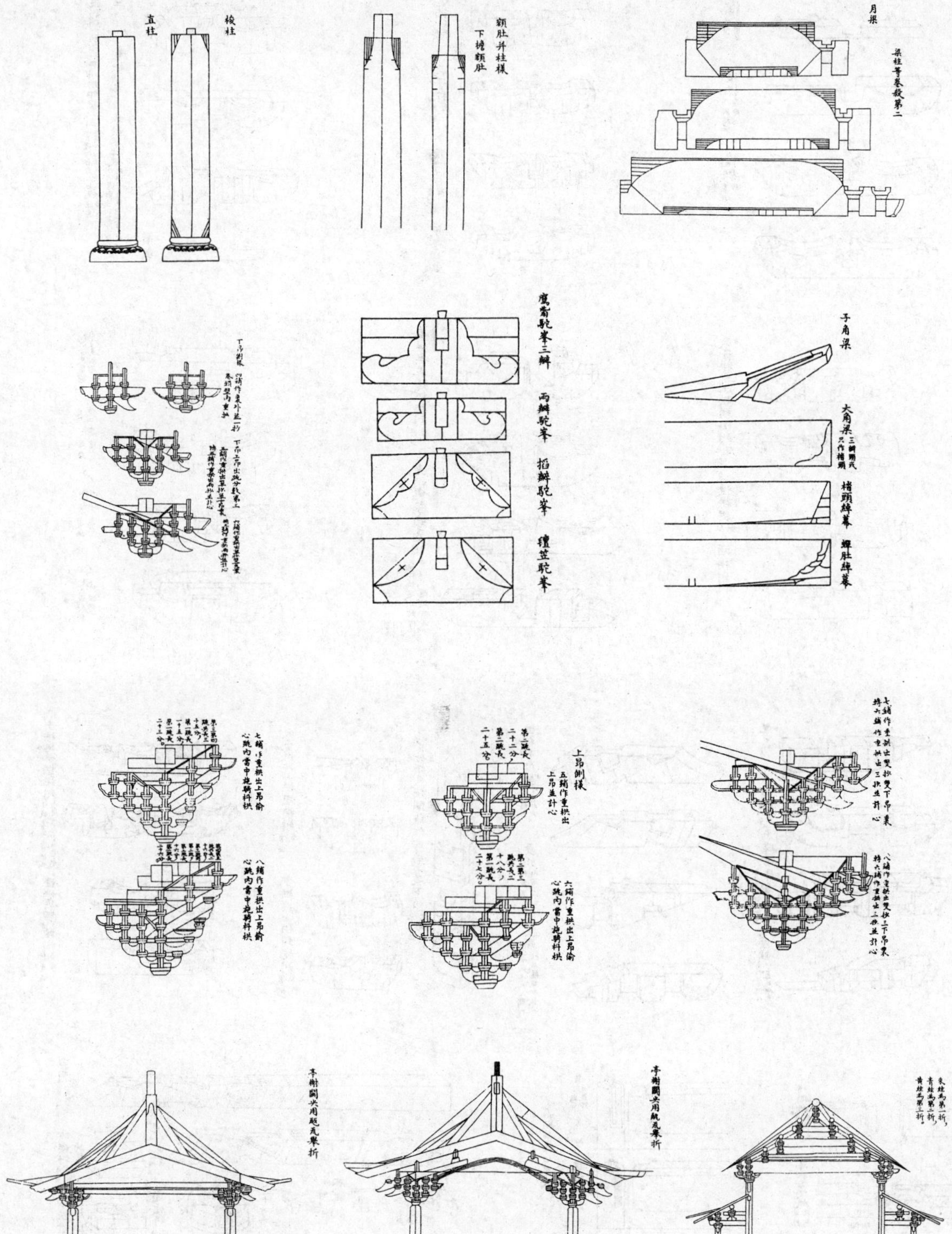
直柱
梭柱
顱肚并柱櫍
下檐顱肚
月梁
梁柱等卷殺第二
鷹嘴駝峯三瓣
兩瓣駝峯
掐瓣駝峯
氊笠駝峯
子角梁
大角梁
槫頭綽幕
蟬肚綽幕
上昂側樣
亭榭鬭尖用甋瓦舉折
亭榭鬭尖用瓪瓦舉折
舉折屋舍分數第四

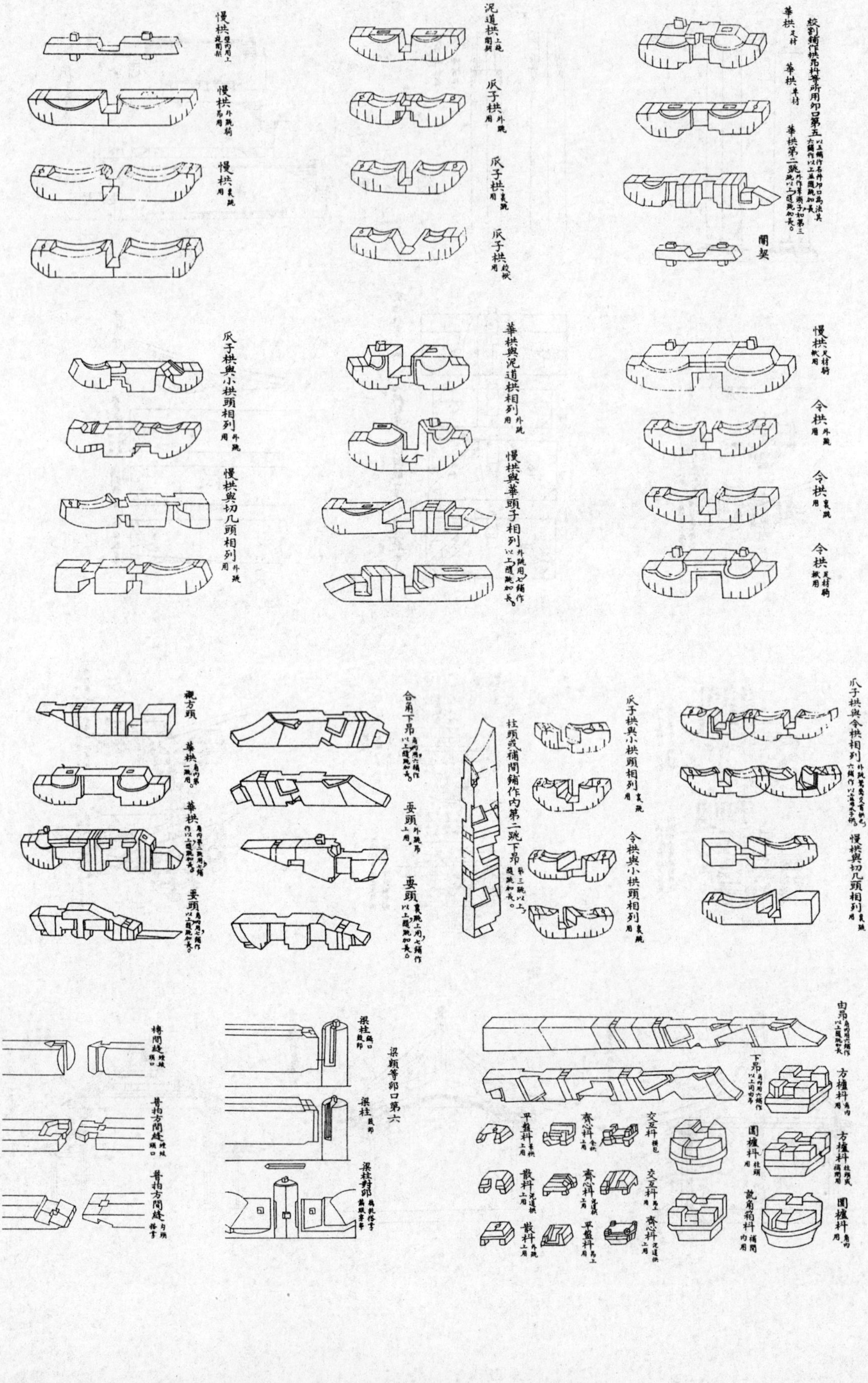
絞割鋪作栱昂枓等所用卯口第五
華栱
華栱
華栱第二跳
闇栔
泥道栱
瓜子栱
瓜子栱
瓜子栱
慢栱
慢栱
慢栱
慢栱
慢栱
令栱
令栱
令栱
華栱與泥道栱相列
慢栱與華頭子相列
瓜子栱與小栱頭相列
慢栱與切几頭相列
瓜子栱與令栱相列
慢栱與切几頭相列
瓜子栱與小栱頭相列
令栱與小栱頭相列
柱頭或補間鋪作內第二跳下昂
合角下昂
耍頭
耍頭
襯方頭
華栱
華栱
耍頭
由昂
下昂
方櫨枓
方櫨枓
圜櫨枓
圜櫨枓
訛角箱枓
交互枓
交互枓
齊心枓
齊心枓
齊心枓
平盤枓
平盤枓
散枓
散枓
梁額等卯口第六
梁柱
梁柱
梁柱對卯
棒間縫
普拍方間縫
普拍方間縫

合柱鼓卯第七

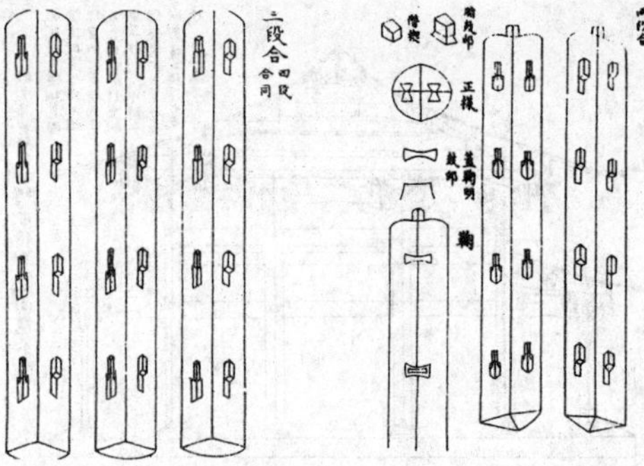

槫縫襻間第八

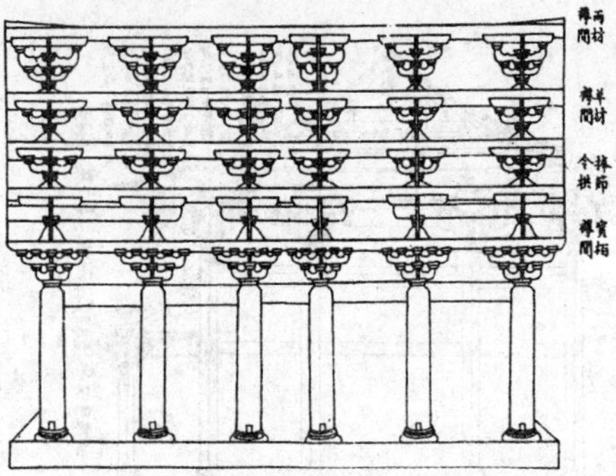

鋪作轉角正樣第九

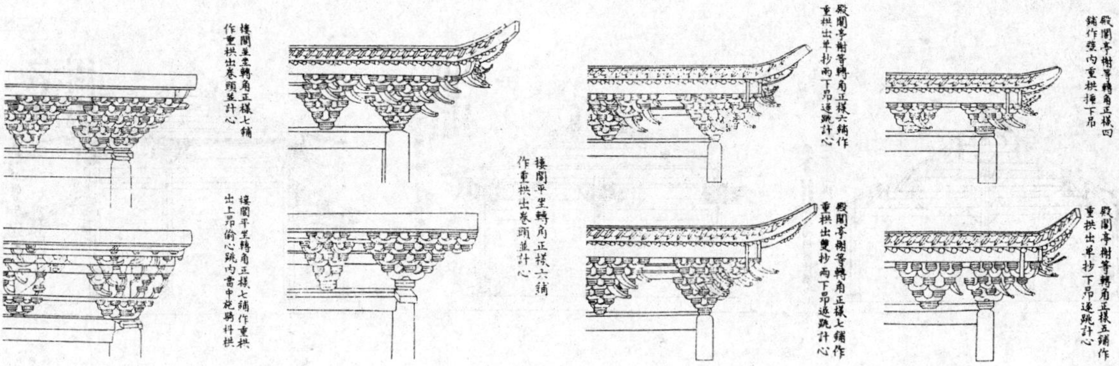

又　卷三一　大木作制度圖樣下

殿閣地盤分槽第十

殿堂等八鋪作副階六鋪作雙槽斗底槽準此下雙槽同　草架側樣第十一

殿堂等七鋪作副階五鋪作雙槽草架側樣第十二

殿堂等五鋪作副階四鋪作單槽草架側樣第十三

殿堂等六鋪作分心槽草架側樣第十四

廳堂等自十架椽至四架椽間縫内用梁柱第十五

殿閣地盤分槽第十

殿閣身地盤九間身内分心斗底槽

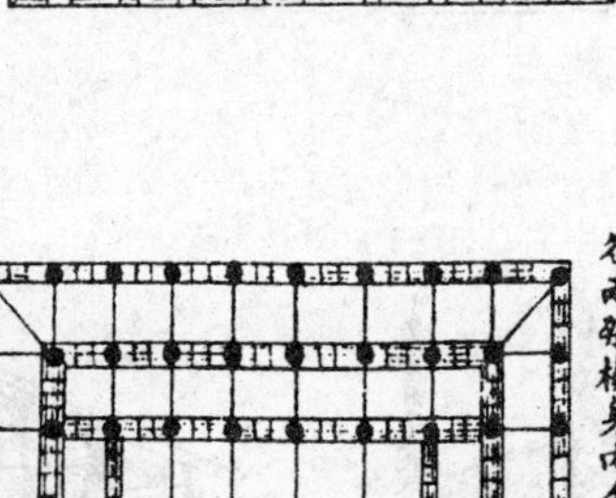

殿閣地盤殿身七間副階周帀各兩架椽身内單槽

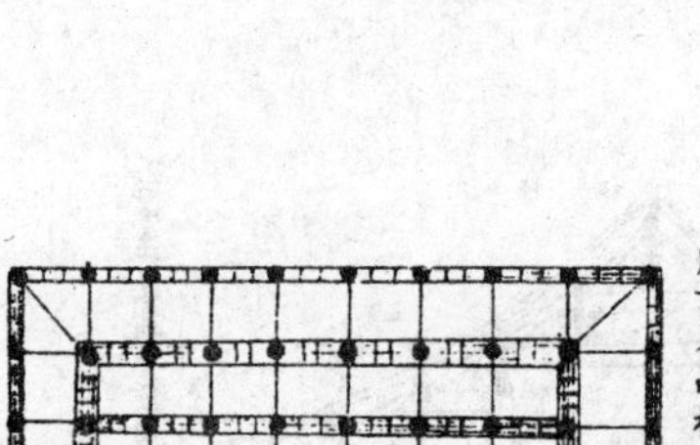

殿閣地盤殿身七間副階周帀各兩架椽身内金箱斗底槽

殿閣地盤殿身七間副階周帀各兩椽身内雙槽

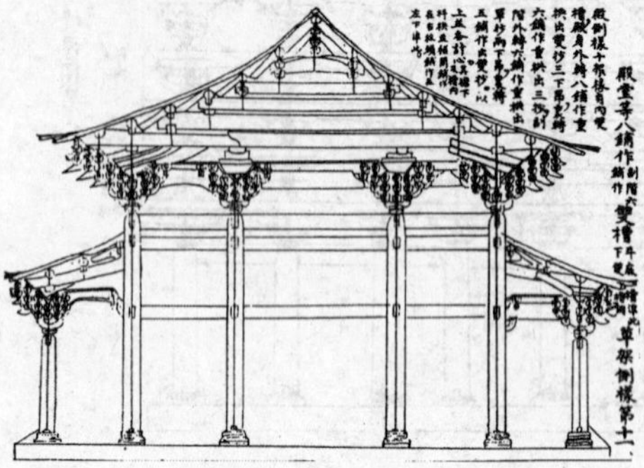
殿堂等八鋪作（副階六鋪作）雙槽（斗底槽準此，下雙槽同）草架側樣第十一

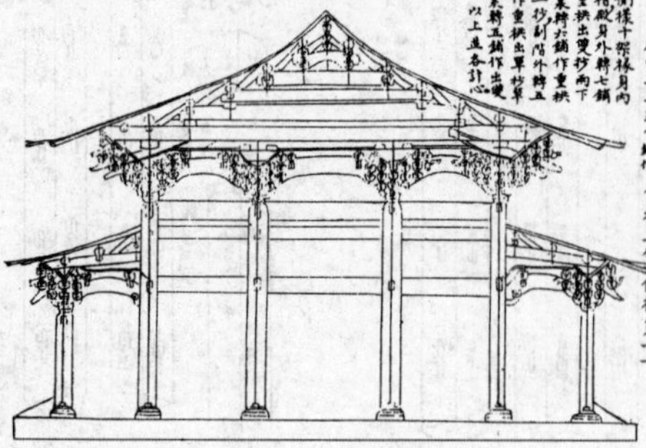
殿堂等七鋪作（副階五鋪作）雙槽草架側樣第十二

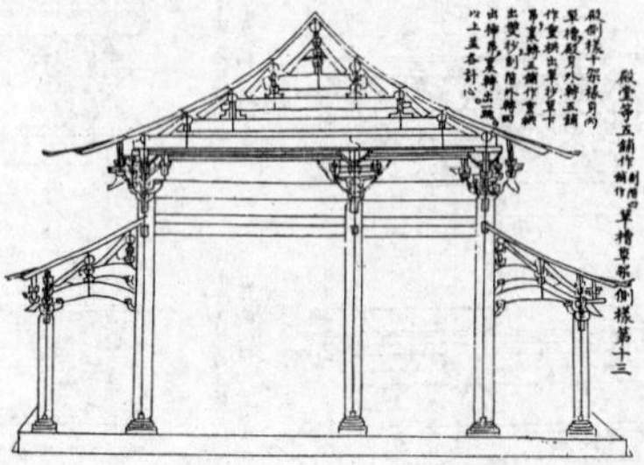
殿堂等五鋪作（副階四鋪作）單槽草架側樣第十三

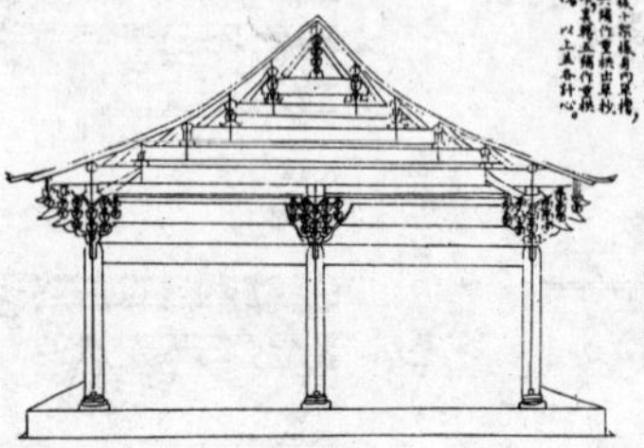
殿堂等六鋪作分心槽草架側樣第十四

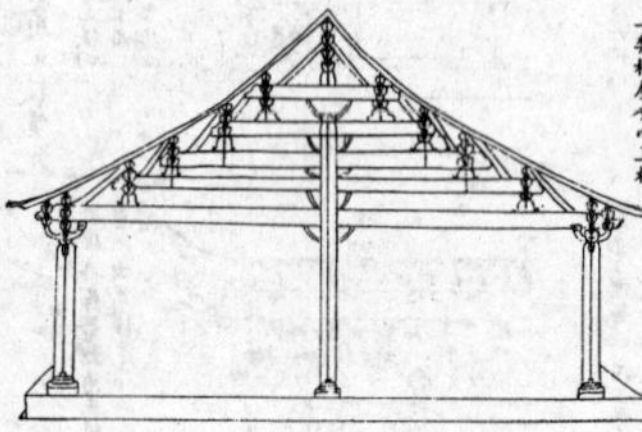
廳堂等（自十架椽至四架椽）間縫內用梁柱第十五

十架椽屋分心三柱

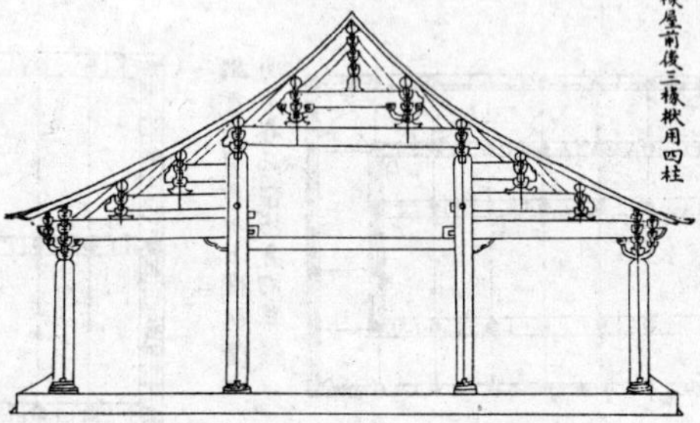
十架椽屋前後三椽栿用四柱

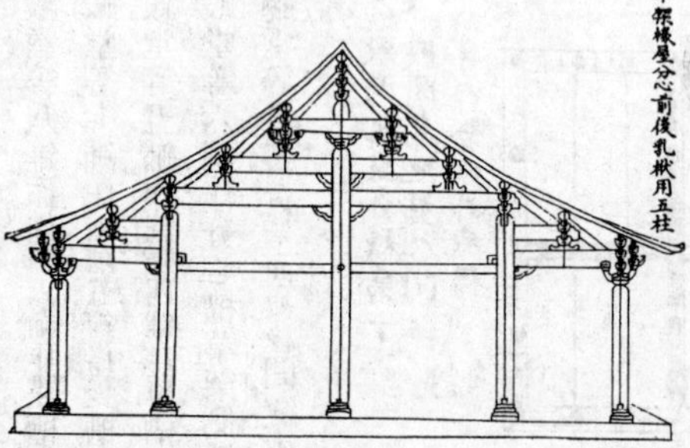
十架椽屋分心前後乳栿用五柱

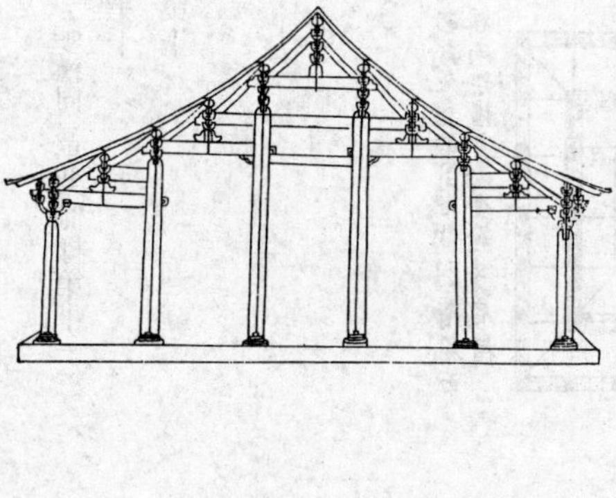
十架椽屋前後並乳栿用六柱

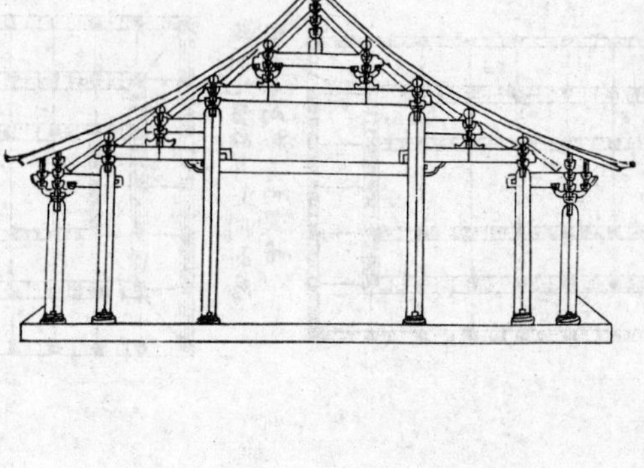
十架椽屋前後各劄牽乳栿用六柱

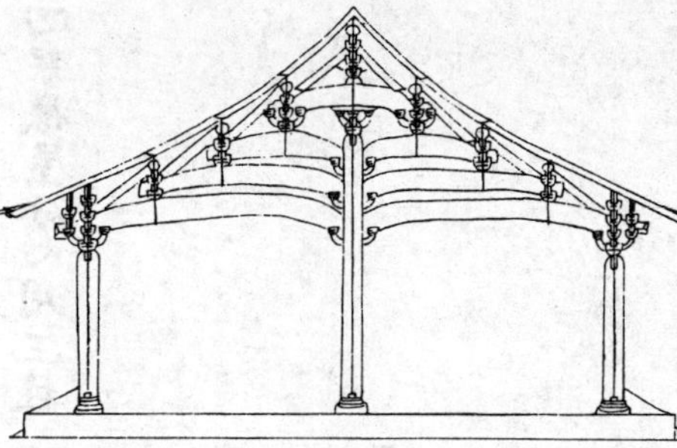

八架椽屋分心用三柱

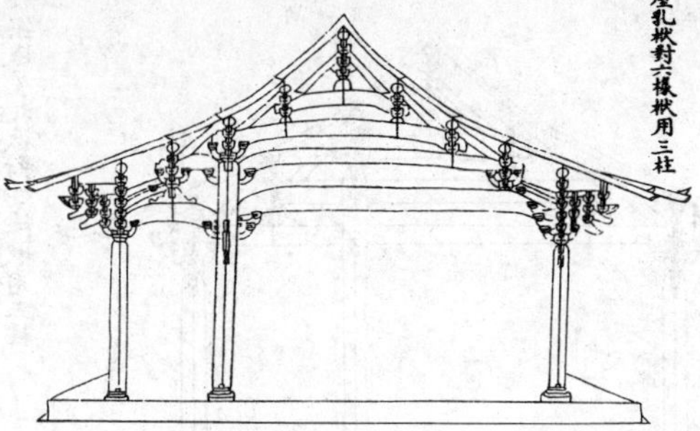

八架椽屋乳栿對三椽栿用三柱

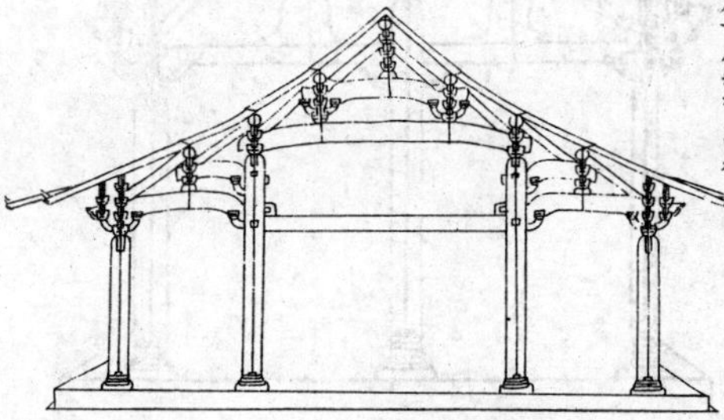

八架椽屋前後乳栿用四柱

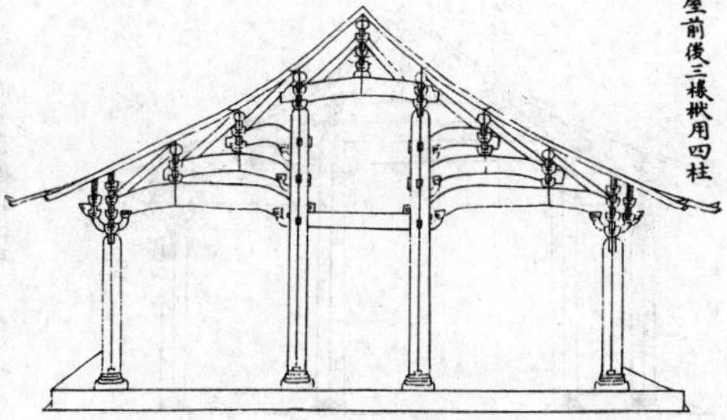

八架椽屋前後三椽栿用四柱

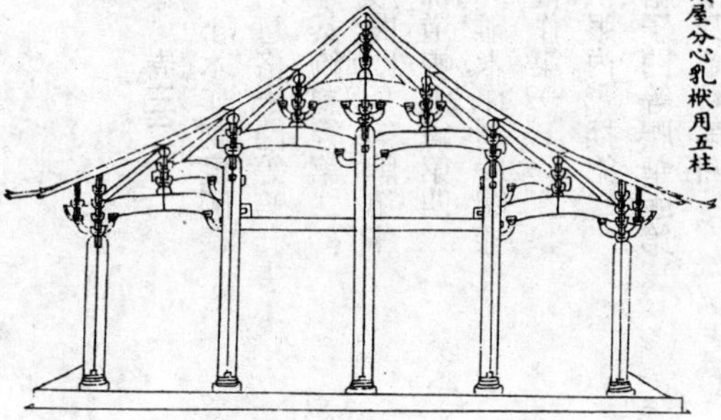

八架椽屋分心乳栿用五柱

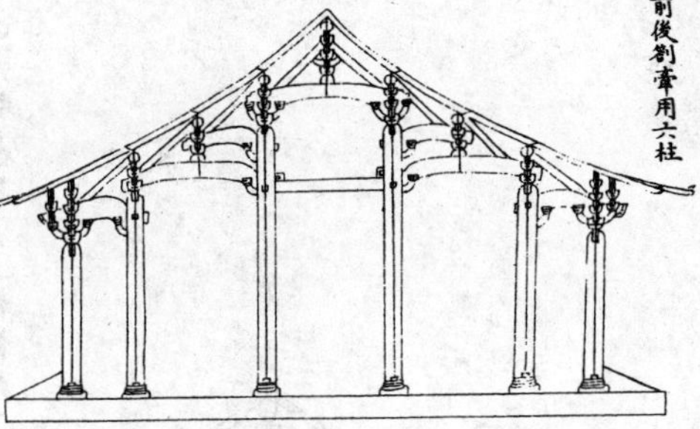

八架椽屋前後劄牽用六柱

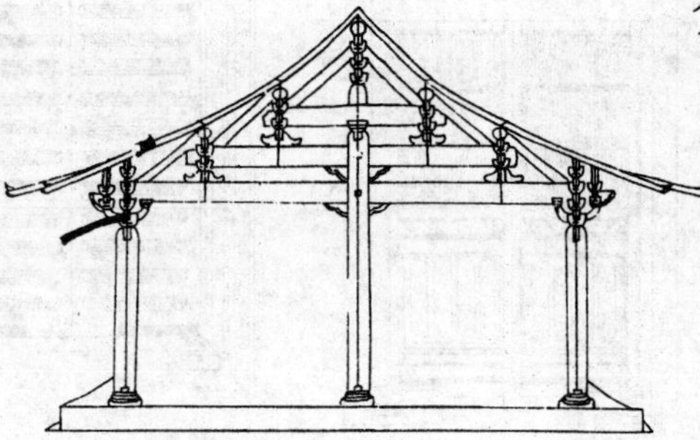

六架椽屋分心用三柱

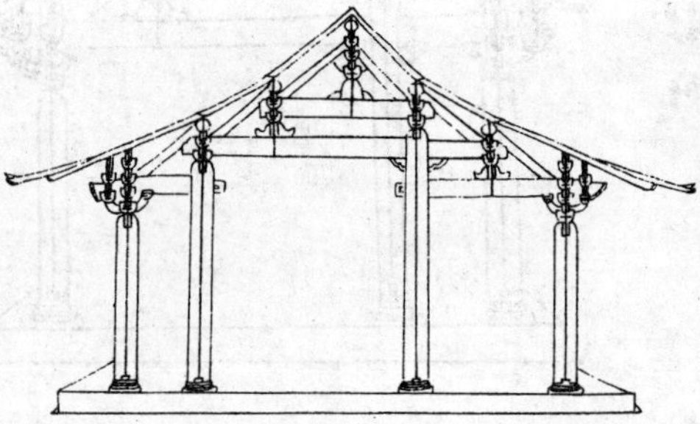

六架椽屋前後乳栿劄牽用四柱

六架椽屋乳栿對四椽栿用三柱

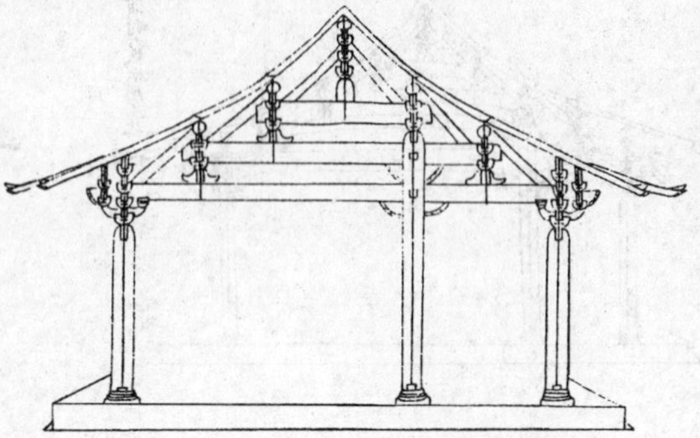

六架椽屋前後乳栿劄牽用四柱

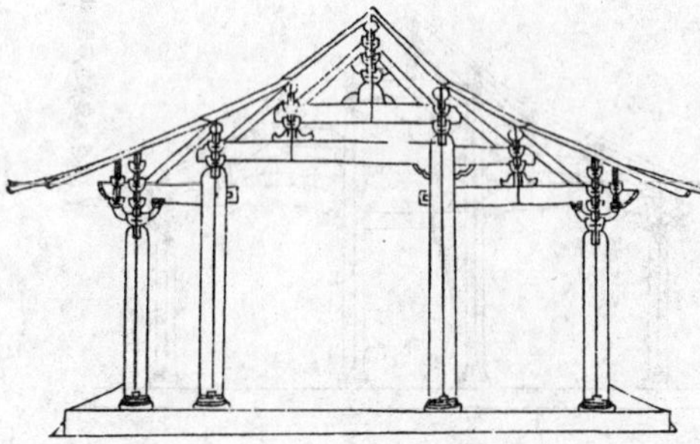

四架椽屋分心用三柱

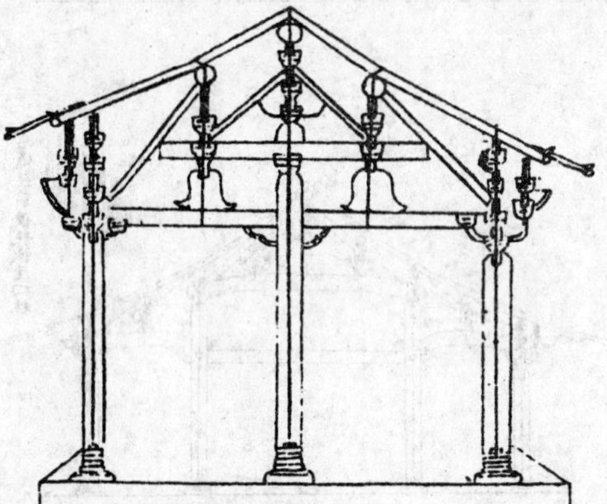

四架椽屋劄牽三椽栿用三柱

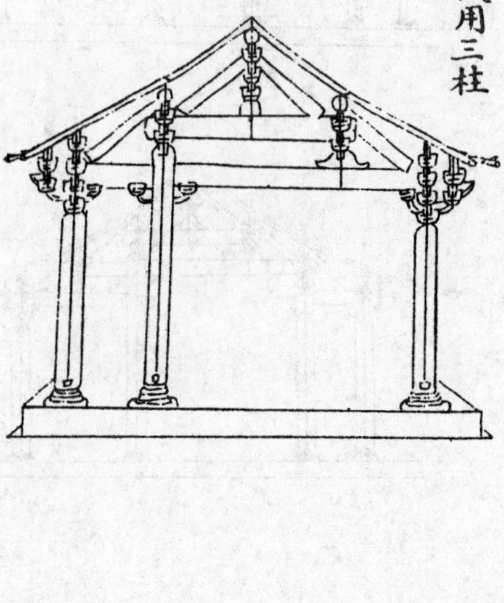

又 卷三二

小木作制度圖樣

門窻格子門等第一垂魚附

平棊鉤闌等第二

殿閣門亭等牌第三

佛道帳經藏第四

雕木作制度圖樣

混作第一

栱眼内彫插第二

格子門等腰華版第三

平棊華盤第四

雲栱等雜樣第五

小木作制度圖樣 門窻格子門等第一 垂魚附

板門

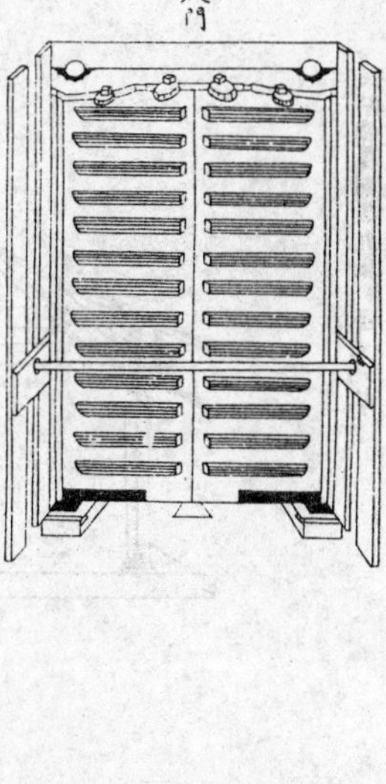

烏頭門

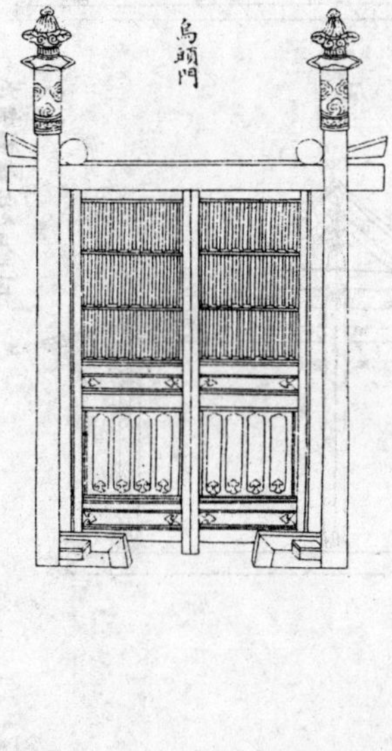

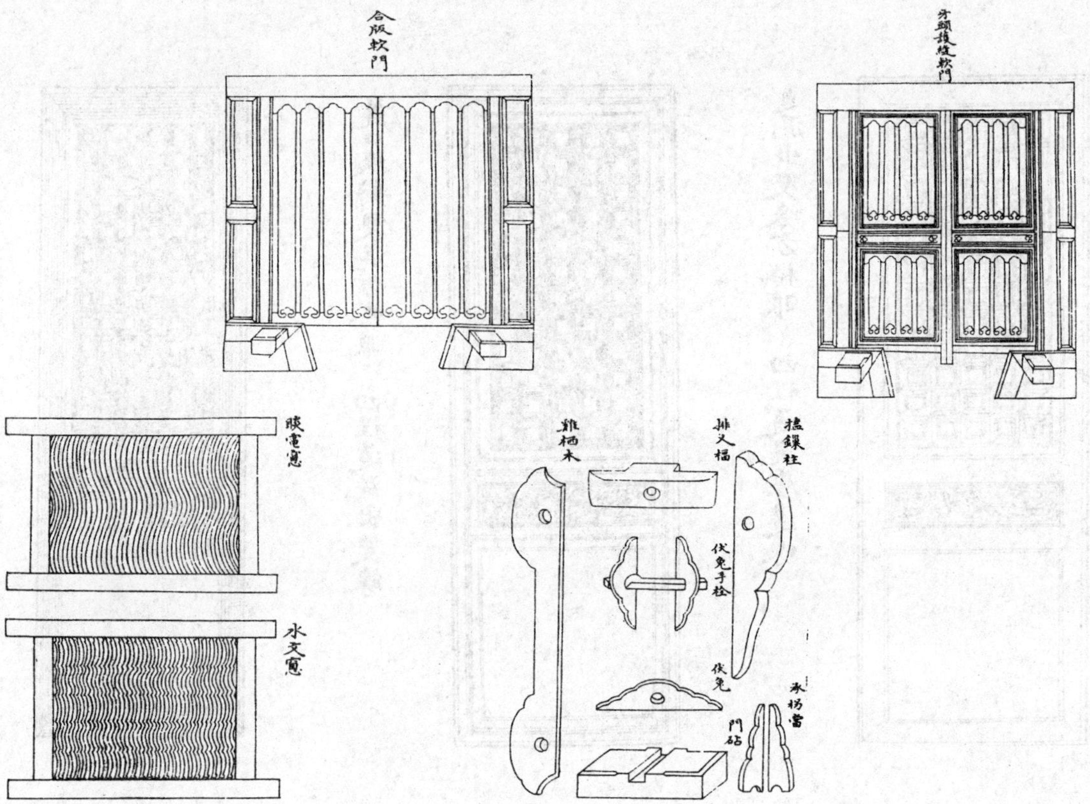

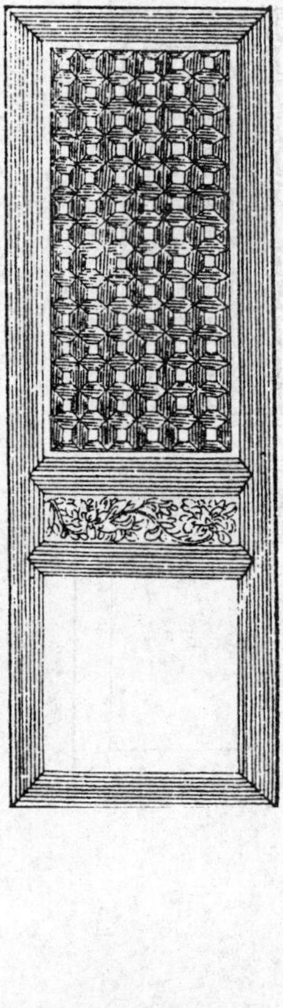

四直毬文上出條桱重格眼　四桯四混出單線

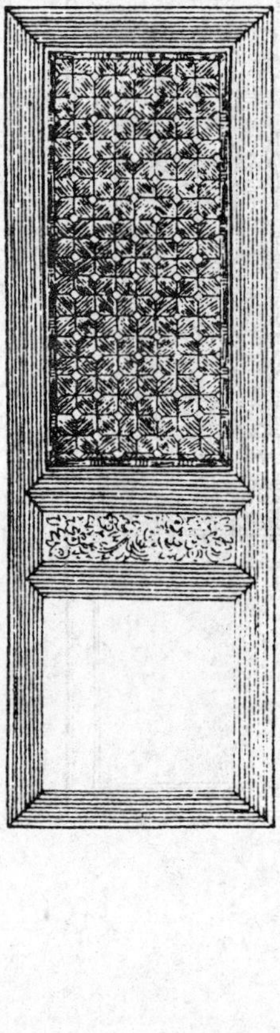

四斜毬文上出條桱重格眼　四桯破瓣雙混平地出雙線

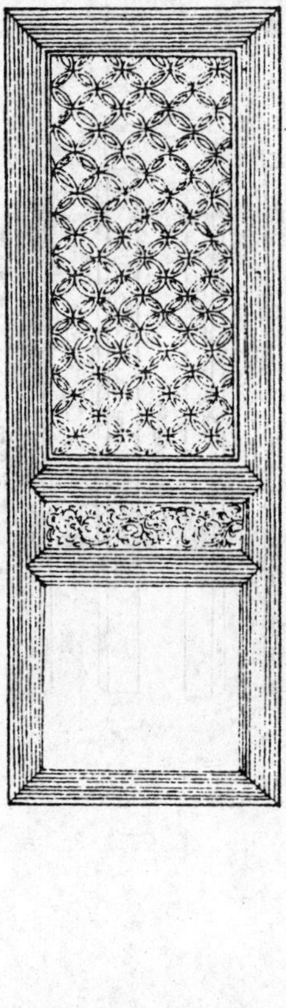

挑白毬文格眼　四桯四混中心出雙線入混内出單線

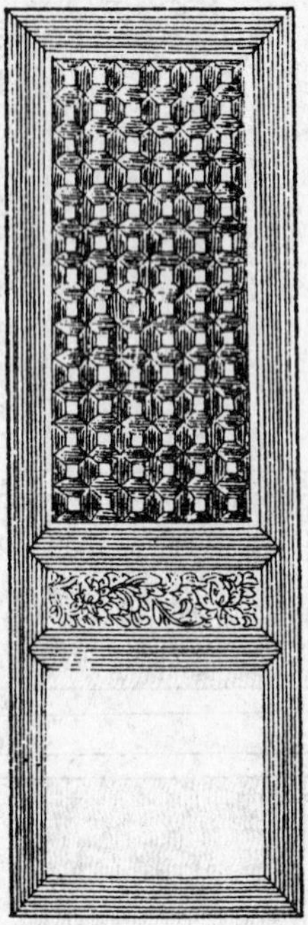

四混出雙線方格眼　四桯破瓣單混平地出單線

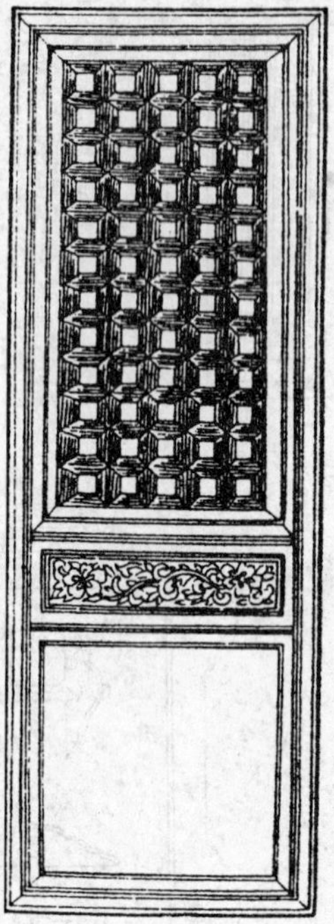

麗口絞瓣雙混方格眼　四桯通混出雙線

通混出雙線方格眼　四桯通混壓邊線

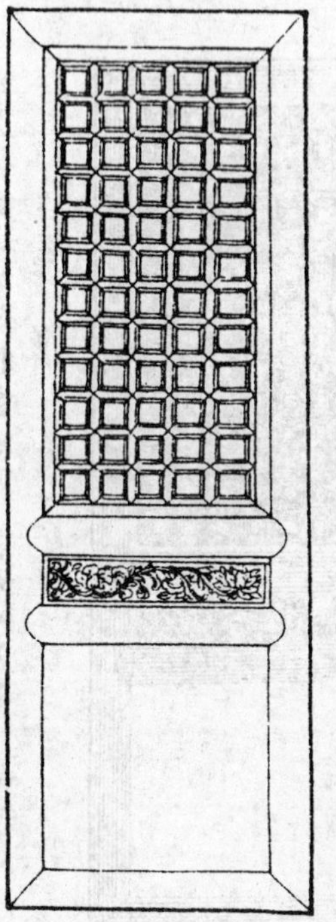

通混壓邊線四攛尖方格眼　四桯素通混

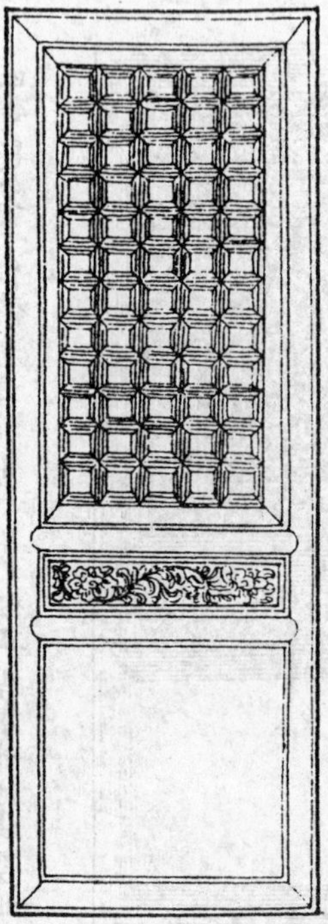

平出線方格眼　四桯破瓣攛尖

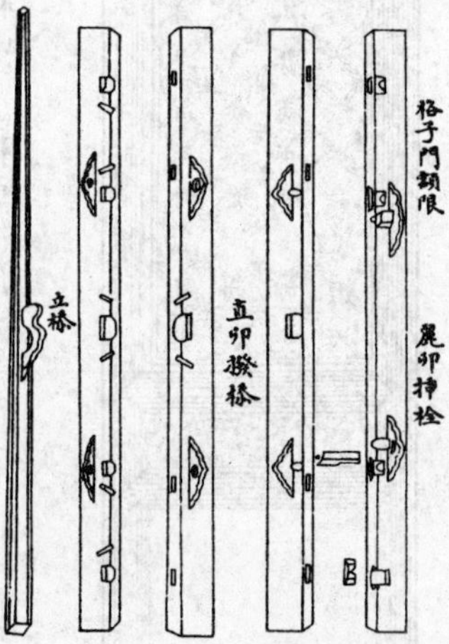

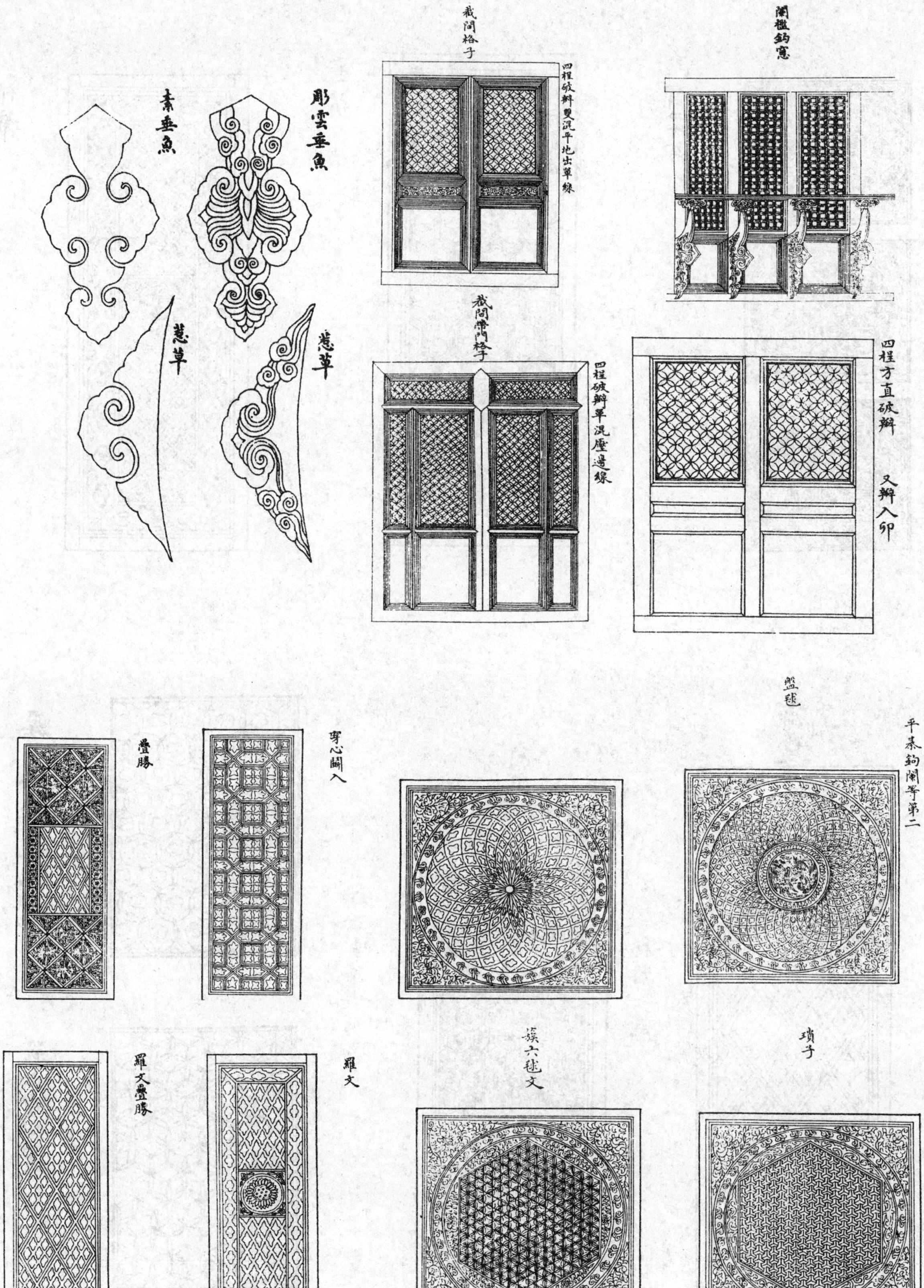
彫雲垂魚
素垂魚
惹草
惹草
截間格子
四程破瓣雙混平地出單線
闌檻鉤窗
截間帶門格子
四程破瓣單混壓邊線
四程方直破瓣 叉瓣入卯
盤毬
平棊鉤闌等第二
疊勝
穿心鬭入
羅文疊勝
羅文
簇六毬文
瑣子

柿蒂

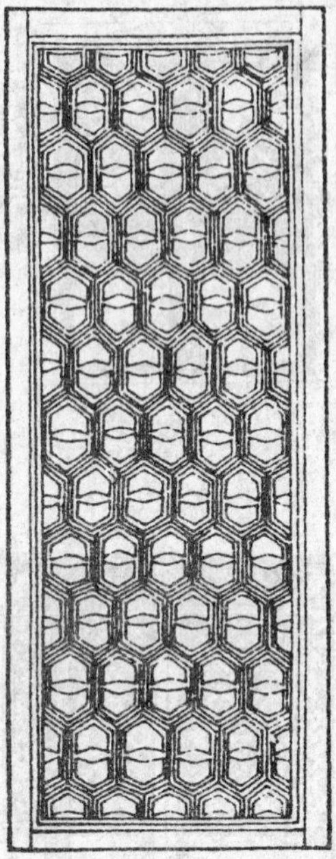

龜背

鬪二十四

簇六填華毬文

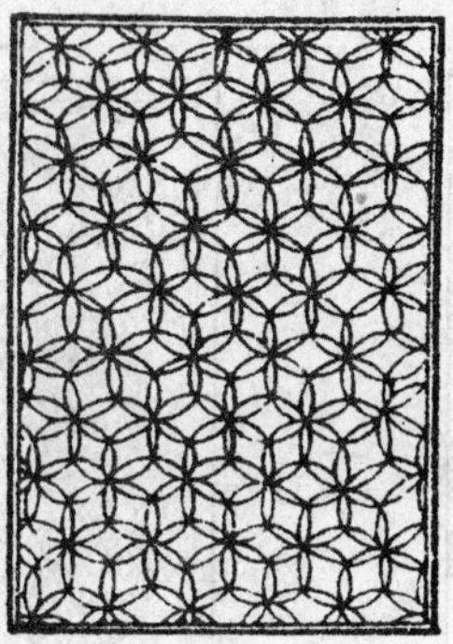

簇六重毬文

簇六雪華

交圜華

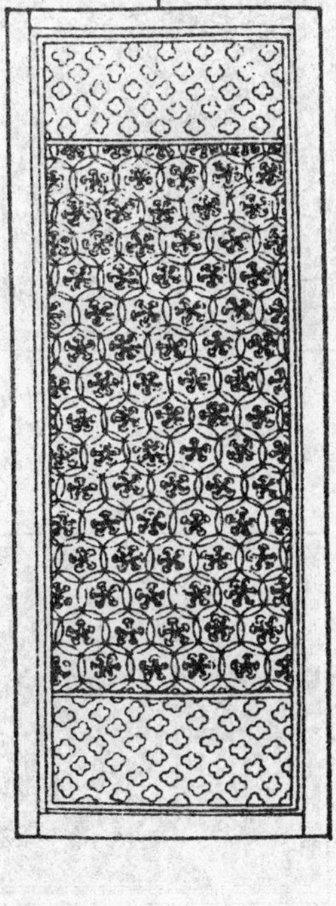

柿蒂方勝

平釧毬文

裹槽外轉角平棊

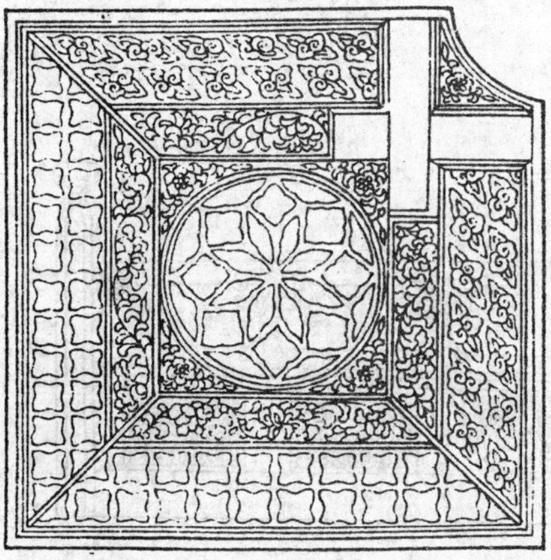

簇四毬文轉道 内方圜柿蔕相間

柿蔕轉道

圖十八

瑣瓣車釧毬文 圖十二

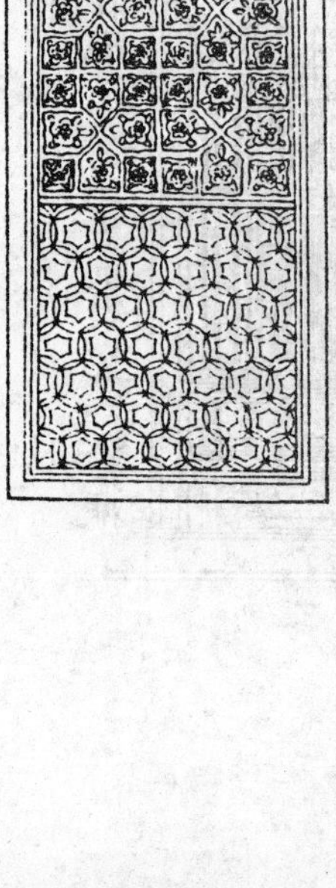

重臺癭項鉤闌

單撮項鉤闌

望柱海石榴頭
上下串破瓣出單線　鋜脚地栿
櫺子雲頭身內一混心出單線壓邊線

上下串破瓣壓白出單線
地霞
櫺子海石榴頭身內同上

殿閣門亭等牌第三

華帶牌

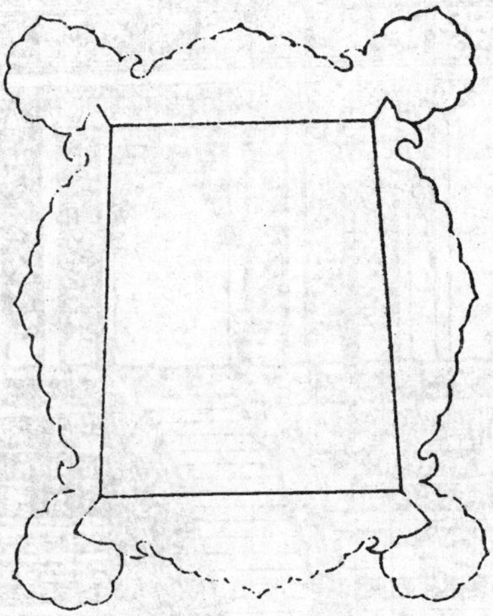

風字牌

佛道帳經藏第四

天宮樓閣佛道帳

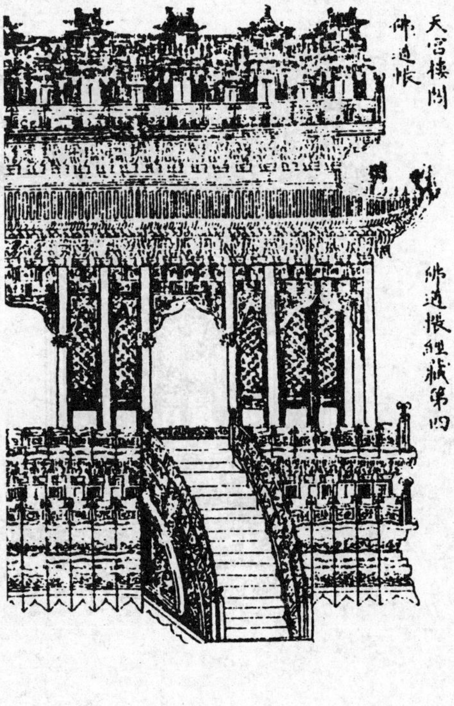

山華蕉葉佛道帳

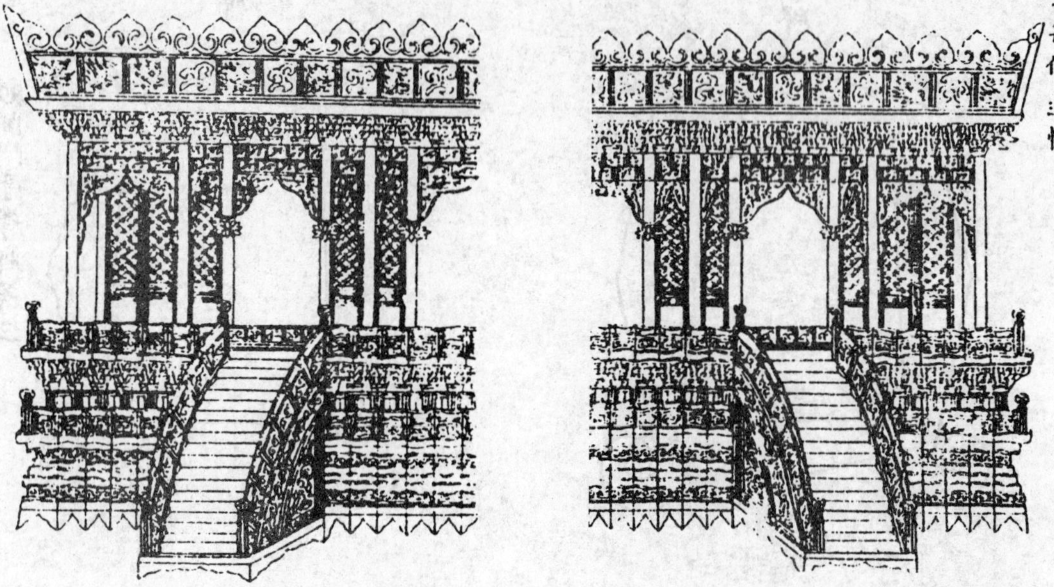

轉輪經藏

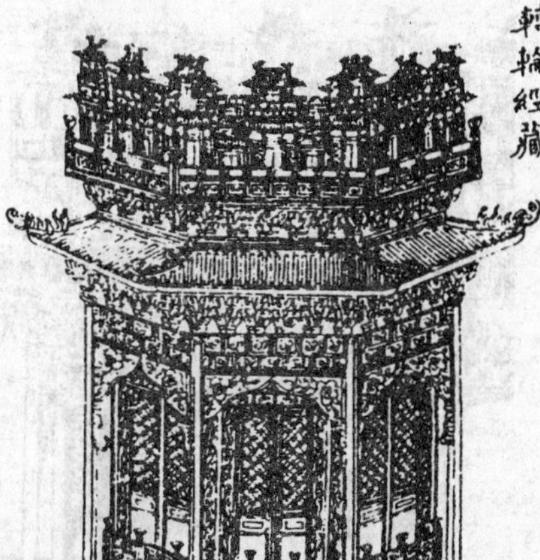

九脊牙脚小帳

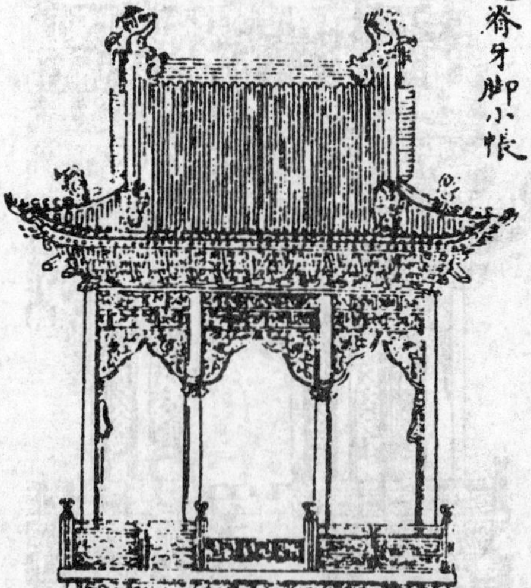

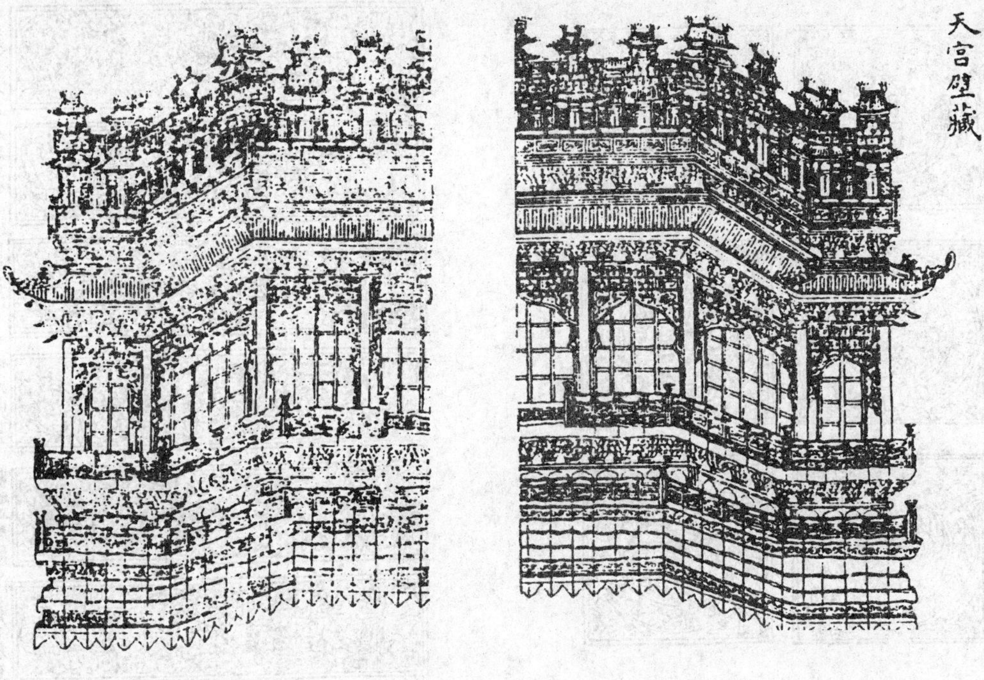

栱眼內彫插第二

彫木作制度圖樣 混作第一

格子門等腰華版第三

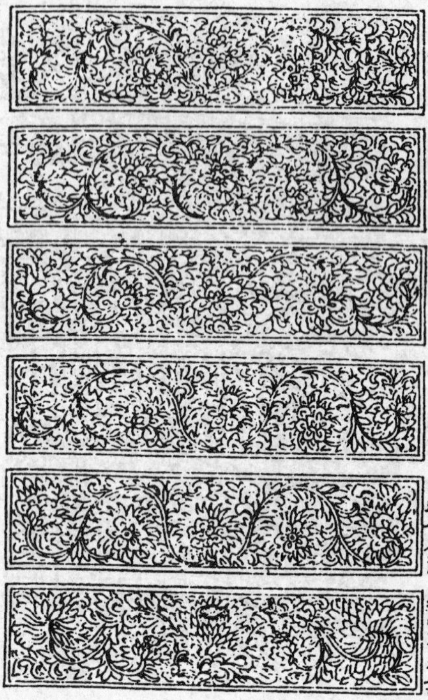

平棊華盤第四

雲栱等雜樣第五

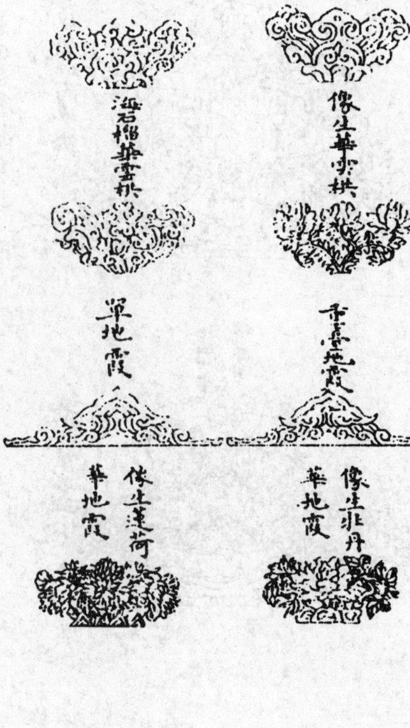

混作纏柱龍

鉤闌華版

椽頭盤子

元 王禎《農書》卷一六　京，倉之方者。《廣雅》云：「字從广，𢈘倉也。」又謂：「四起曰京。」今取其方而高大之義以名倉。曰京，則其象也。夫囷京有方圓之別，北方高亢，就地植木編條作笓，故圓即囷也。南方墊濕，離地嵌板作室，故方即京也。此囷京又有南北之宜，庶識者辨之，擇而用也。《詩》云：「大云倉廩，次囷京，各貯粢粮，取象成。可是今人迷古制，方圓未識有他名。

京

又 卷一七　守舍，看禾廬也。架木苫草，略成構結，兩人可舁。禾稼將熟，寢處其中，備防人畜。或就塍坎縛草爲之，若於山鄉及曠野之地，宜高架牀木，免有虎狼之患。

守舍

明 樊維成《海鹽縣圖經》卷八《役法》　本五縱五横，塘每四疊砌一十七層，該用新石四百八塊，每塊價銀五錢，該銀二百四兩。底石四十塊，每塊用樁八箇，共樁三百二十箇，每樁二箇，用三丈木一株，共樁木一百六十株，每株價銀七分，該銀一十一兩二錢。砌手砌第一層新底石四十塊，每塊下樁工銀八分，該銀三兩二錢。砌第二層至十七層，止共石三百六十八塊，每塊工銀二分，該銀七兩三錢六分。石匠琢洗新石四百八塊，每塊工銀五分，該銀二十兩四錢。扛擡新石四百八塊，每塊截長補短大約該工銀一錢二分二釐，該銀四十九兩七分六釐。拽石麻索五十觔，每觔銀一分，該銀五錢。拆拽舊塘扒沙洗脚工銀三兩，擡石扛索一副，該銀六錢二分。鐵孔一根，用熟鐵八觔，每觔銀二分，該銀一錢六分。鐵鍬、山鎚各一把，每把用鐵三觔，共六觔，每觔銀二分，該銀一錢二分木匠做樁三百二十箇，每箇工銀五毫，該銀一錢六分。漁户絞索五十觔，每觔工銀三毫，該銀一分五釐。竹扛二根，每根銀二分，該銀四分。木孔二根，每根銀五釐，該銀一分。以上通共工料銀三百兩五錢六分一釐。其四縱四横者，疊砌一十五層，用新石二百九十塊，每塊價銀五錢，該銀一百四十五兩。脚樁二百五十六個，該三丈木一百二十八株，每株銀七分，該銀八兩九錢六分。砌手砌底石三十二塊，每塊下樁工銀八分，該銀二兩五錢六分。砌第二層至十五層止共石二百五十八塊，每塊工銀二分，該銀五兩一錢六分。石匠琢洗新石二百九十塊，每塊工銀五分，該銀一十四兩五錢。拆拽扒沙洗脚工銀二兩七錢。拽石麻索四十觔，每觔銀一分，該銀四錢。擡石扛索一副，價銀六錢二分。扛擡新石二百九十塊，每塊截長補短，每塊約該工銀一錢二分二釐，該銀三十五兩三錢八分。木匠做樁二百五十六個，每箇工銀五毫，該銀一錢二分八釐。鐵孔一根，用熟鐵八觔，每觔銀二分，該銀一錢六分。山鎚、鐵鍬各一把，每把用鐵三觔，共六觔該銀一錢二分。漁户絞索四十觔，每觔工銀三毫，該銀一分二釐。竹扛二根，每根銀二分，該銀四分。木孔二根，該銀一分。以上通共工料二百一十五兩七錢五分。

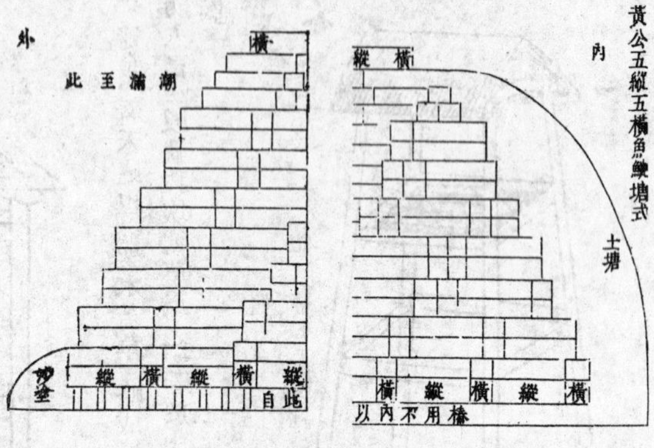

明 計成《園冶》卷一 五架梁，乃廳堂中過梁也。如前後各添一架，合七架梁列架式。如前添卷，必須草架而軒敞，不然前簷深下内黑暗者，斯故也。如欲寬展，前再添一廊，又小五架梁，亭榭書樓可構，將後童柱换長柱，可裝屏門，有别前後，或添廊亦可。

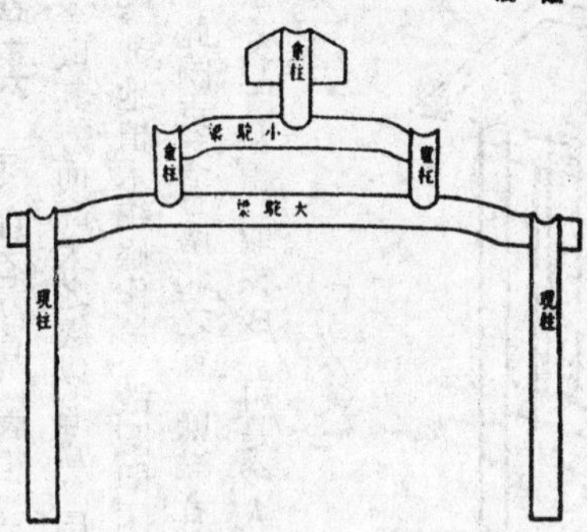

又 七架梁，凡屋之列架也，如廳堂列添卷，亦用草架，前後再添一架，斯九架列之活法，如造樓閣，先算上下簷數，然後取柱料長，許中加替木。

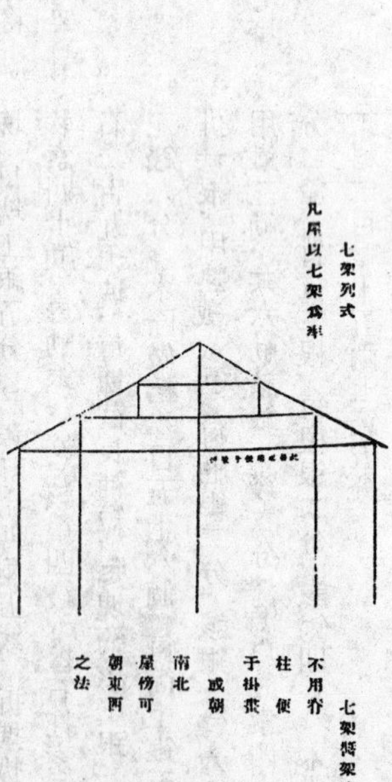

又 九架梁屋，巧於裝折，連四五六間，可以面東西南北，或隔三間兩間一間半間，前後分爲，須用復水重椽，觀之不知其所。或嵌樓於上，斯巧妙處不能盡式，止可相機而用，非拘一者。

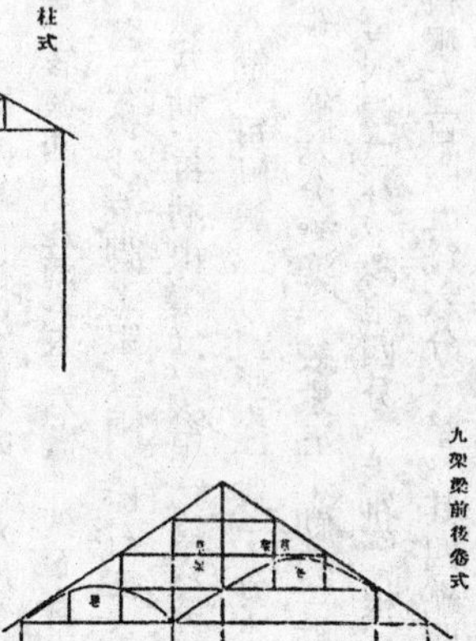

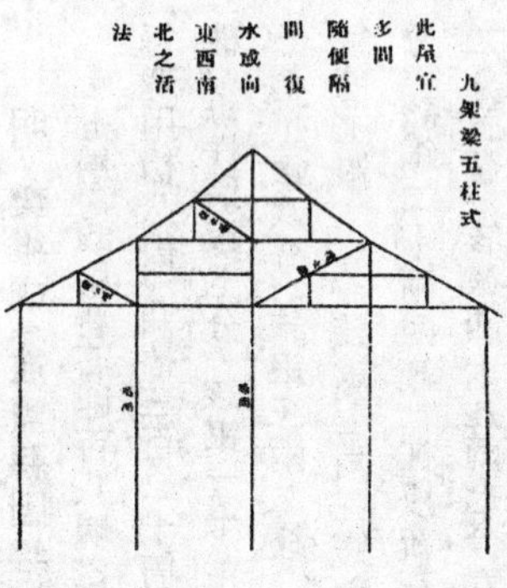

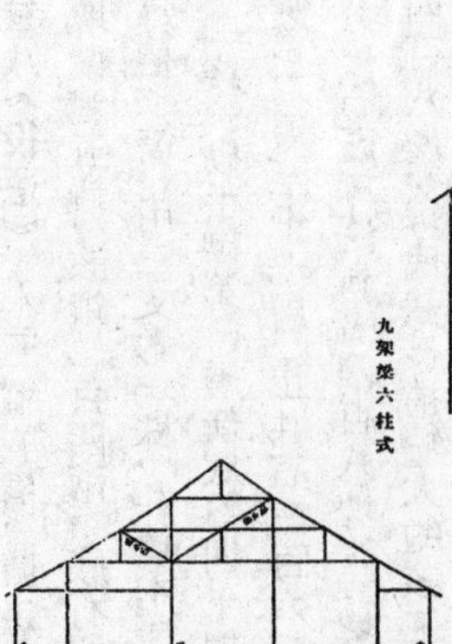

明 范景文《師律》卷八 望樓，高八丈，以堅木爲竿，上施版屋，方濶五尺，上下開竅過人，竿兩旁釘尋峰八十箇。用索三棚，上棚四條，各一百二十丈，中棚四條，各一百尺，下棚四條，各八十尺。尖鐵橛十二箇，各長三尺。橛端穿鐵環，凡起樓用鹿角木二，各長一丈五尺，深埋之出地八尺，用鐵叉層竿數條，如船上建檣法。版屋中置望子一人，手執白旗以候望敵人，無寇卷旗，來則開之。旗竿平則寇近，垂則至矣。寇退徐举之，寇去復卷之。

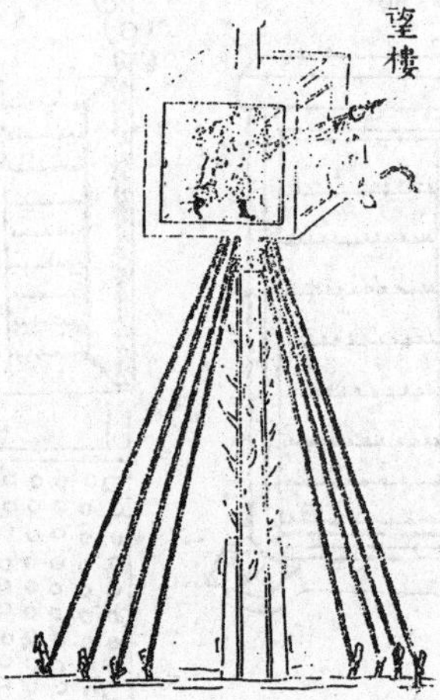
望樓

明 吴惟順《兵鏡》卷八 用大小木爲之，每扇濶五尺，高堞五尺，衮木二道，贅大竹釘浮拴上，約可二人負之而行。輕重適均，在城上，則立在垜口。防夜襲登，在兵中，可肩而下營，立成營壘。

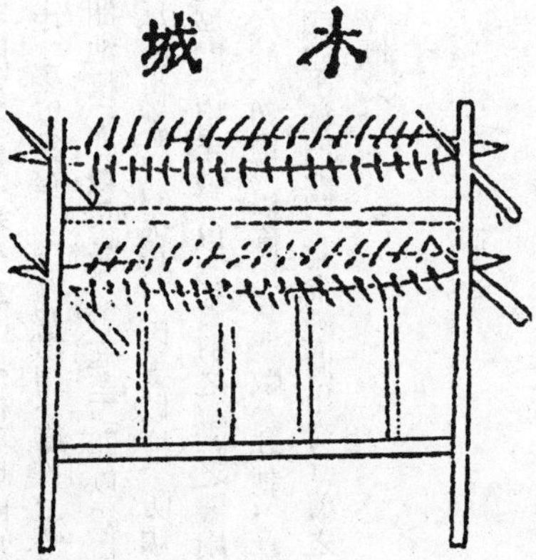
木城

清 李漁《一家言・居室器玩部・縱橫格》 是格也，根數不多，而眼亦未嘗不密，是所謂頭頭有筍，眼眼着撒者，雅莫雅於此，堅亦莫堅於此矣。是從陳腐中變出，由此推之，則舊式可化爲新者，不知凡幾。但取其簡者堅者自然者变之，事事以雕鏤爲戒，則人工漸去而天巧自呈矣。

又《欹斜格》 此格甚佳，爲人意想所不到，因其平而有筍者，可以着實，尖而無笋者，没處生根故也。然賴有躲閃法，能令外似懸空，内偏着實，止須善藏其拙耳。當於尖木之後，另設堅固薄板一條，托於其後，上下投筍，而以尖木釘於其上，前看則無，後觀則有，其能幻有爲無者，全在油漆時。善於着色，如欄杆之本體用朱，則所托之板，另用他色，他色亦不得泛用，當以屋内牆壁之色爲色，如牆係白粉，此板亦作粉色；壁係青磚，此板亦肖磚色，自外觀之止見朱色之紋，而與牆壁相同者，混然一色，無所辨矣。至欄杆之向内者，又必另爲一色，勿與外同，或青或藍，無所不可。而薄板向内之色，則當與之相合，自内觀之，又别成一種，文理較外，尤可觀也。

又《屈曲體》 此格最堅，而又省費，名桃花浪，又名浪裏梅。曲木另造，花另造，俟曲木入柱投筍後，始以花塞空處。上下着釘，借此聯絡。雖有大力者撓之，不能動矣。花之内外，宜作兩種，一作桃，一作梅，所云桃花浪浪裏梅是也。浪色亦忌雷同。或藍或緑，否則同是一色，而以深淺别之，使人一轉足之間，景色判然。是以一物幻爲二物，又未嘗於本等材料之外，另費一錢。凡予所爲，强半皆若是也。

縱橫格

欹斜格 保欄

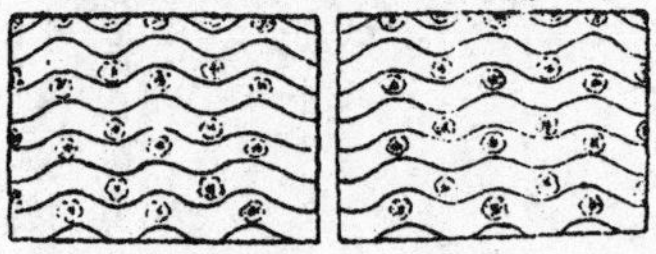
屈曲體 保欄

清　年羹堯《治平勝算全書》卷一二　插板與城門爲重門。用槐榆木，廣狹準城門，漫以生牛皮，裏以鉄葉，兩旁施鐵環、鐵貫、鐵索。凡大城門去門闔五尺，立兩頰木，木開池槽，亦鉄葉裏。若寇至，即以絞車自城樓上抽所貫鐵索，下插版於槽中。外壅以土，防火攻；内支以柱，防傾折。一説不用插版，鑿門爲數十孔，敵逼城門，出矛戟，以强弩射之，謂之鑿扇。暗門，更于出入便處潛鑿城爲門，外存尺餘，勿透，以俻出兵襲敵。其制：高七尺，潤六尺，内施排杪柱，上施横木搭頭，下施門闔。常伺敵間出奇兵襲之。城上仍多積巨石，虞敵人犯門，即下石擊断之。

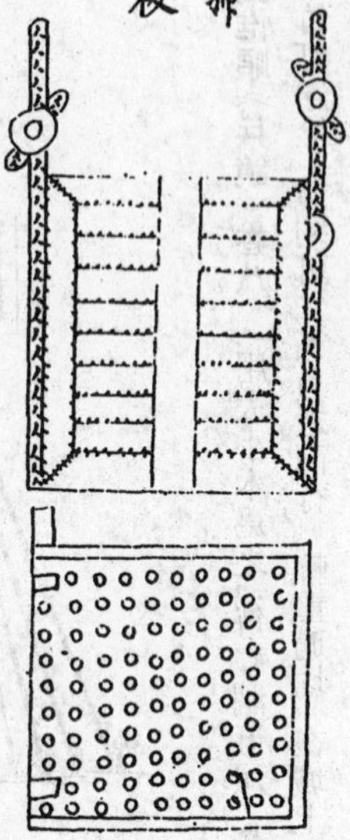
插板

暗門

又　釣橋，造以榆槐木，其制如橋，上施三鐵環，貫以二鐵索，副以麻繩繫屬於城樓上。橋後去城約三步，立二柱，各長二丈五尺，開上三口，置熟鐵轉輪爲槽，以架鐵索并繩，貴其易起。若城外有警，則樓上使人挽起以斷其路，亦以護門，城上常以砲及弓弩禦敵，慮其以火燔燒及被攻斫。

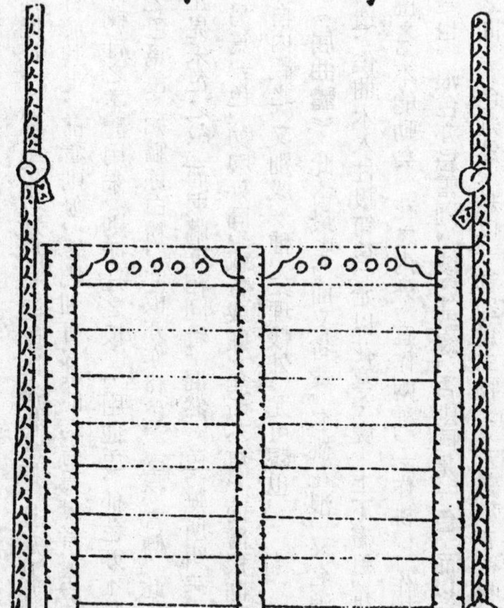
釣橋

又 卷一四 凡望樓，與城中望樓爲一，（制具守城門）所以下望城中事。攻城，欲利推徙，故以車載。其制以堅木爲車坐，井轅長一丈五尺。下施四輪，輪高三尺五寸。上建望竿，（凡建竿，皆用處頰木）長四十五尺，上徑八寸，下徑一尺二寸，（如乏長木，亦可接用）上安望樓，竿下施轉軸，旁施叉手木。繫麻繩三棚，上綳二條，各長七十尺；中綳二條，各長五十尺；下綳二條，各長四十尺。帶環、橛十條，條皆下鋭。比立竿，如舟上建檣法，釘橛擊繩，六百維之，令固。余制及候望法皆約城中。

清 惠麓酒民《洴澼百金方》卷一〇《槎牌》 槎牌，量其城門高下濶窄，堅木造之，厚四五寸，外用鐵業排釘錠裏頂上，照門乞一尺濶長渠。將槎牌預爲懸穿城上，兩邊栽壯木二根，橫架圓木一根，中安二滑車，槎牌用粗繩繫住。若遇焚門，土壅不及，將槎放下隔阻。

望樓

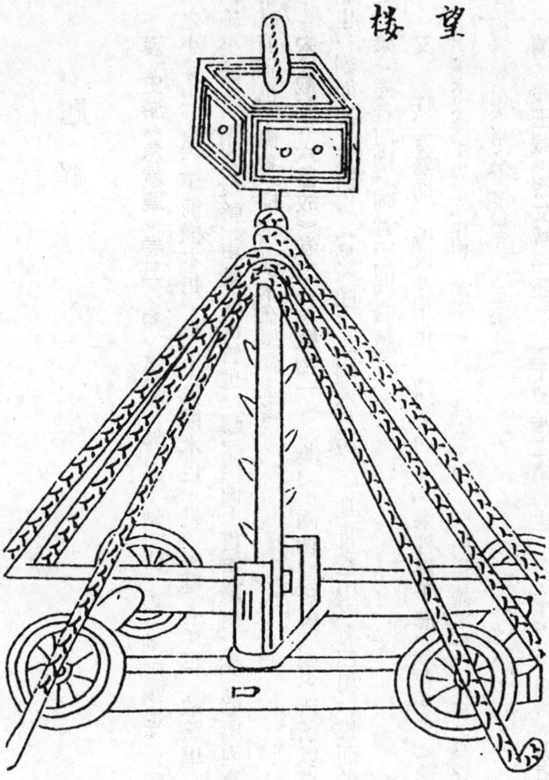

槎牌式

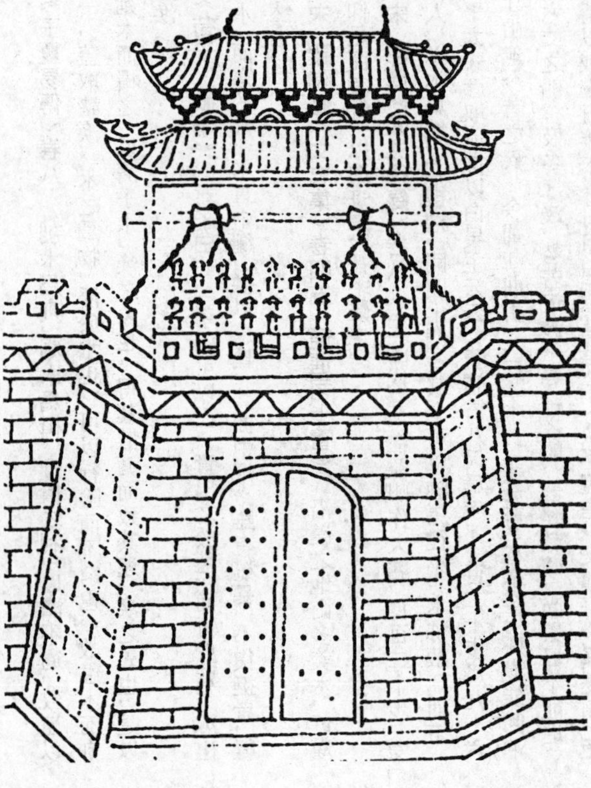

木材竹材車船部

題解

漢 史游《急就篇》卷三 軹、軾、軫、軨、轙、軜、衡。軹，軸兩頭也，一曰輪之小穿也。軾，車前横木也。軫，車後横木也。軨，兩轄之系也。故路車之轄施小旛者，謂之飛軨，車轂間横竹也。轙，車衡上貫轡環也。軜，驂馬内轡繫軾前者也。衡者，横也，横木在馬頸上者。

宋 戴侗《六書故》卷二一《植物一》 槳，子兩切。楫、櫂、槳，皆所以進船也。剡而薄之爲楫。《易》曰：「剡木爲楫。」凡舟之用戈者曰楫。推而斡之曰槳。摇者曰櫓，刺者曰櫂、曰篙。

又 桴，方無切。編木浮川也。《語》曰：「乘桴浮于海。」亦作泭。《説》曰：泭，編木以度水也。又作柎。《爾雅》曰：「庶人乘泭。」又曰「揀謂之桴」。按揀之爲桴，不足據。桴、枹、柎之字多錯互，今正定之。

清 段玉裁《説文解字注》 車輿輪之總名也。車之事多矣。獨言輿輪者，以轂輻牙皆統於輪，軾、較、軫、軹、轛，皆統於輿，輈與軸則所以行，此輿輪者也。故倉頡之制字，但象其一輿兩輪一軸，許君之説字，謂之輿輪之總名，言輪而軸見矣。渾言之則輿輪之總名，析言之則惟輿稱車，以人所居也。故《攷工記》曰「輿人爲車」。夏后時奚仲所造。《左傳》曰：薛之皇祖奚仲居薛，以爲夏車正。杜云：奚仲爲夏禹掌車服大夫。然則非奚仲始造車也。《明堂位》曰：鉤車，夏后氏之路也。《毛詩元戎傳》曰：元，大也。夏后氏曰鉤車，先正也。殷曰寅車，先疾也。周曰元戎，先良也。《箋》云：鉤者，鉤股曲直有正也。俗本譌甚，今依《釋名》及《音義》改正。蓋奚仲時車制始備，合乎句股曲直之法。《古史攷》云：少昊時加牛，禹時奚仲加馬，強爲之説耳。

又 舟船也。《邶風》：方之舟之。《傳》曰：舟，船也。古人言舟，漢人言船，毛以今語釋古，故云舟即今之船也。不傳於柏舟而傳於此者，以見方之爲泭而非船也。古者其鼓、貨狄刳木爲舟，剡木爲楫，以濟不通。郭注《山海經》曰：《世本》云：其鼓、貨狄作舟。《易毄辭》曰：刳木爲舟，剡木爲楫，舟楫之利，以濟不通，致遠以利天下。蓋取諸涣，其鼓、貨狄，黄帝堯舜間人。貨狄疑即化益，化益即伯益也。《考工記》故書舟作周。象形。職流切，三部。凡舟之屬皆从舟。

論説

《子夏易傳》卷八 刳木爲舟，剡木爲楫，舟楫之利，以濟不通，致遠以利天下，蓋取諸涣。木之爲物，浮於水也。可以行險而不窮也。故虚木而舟之，剡木而楫之，以濟乎水，涣之象也。得其散適而致其遠，涣之義也，是以取諸涣。

《荀子·勸學》 君子曰：「學不可以已。青出之於藍，而青於藍；冰出之於水，而寒於水，木直中繩，輮以爲輪，其曲中規。雖有槁暴，不復挺者，輮使之然也。」

宋 歐陽修《文忠集》卷四五《通進司上書》 沿漢之地山多美木，近漢之民仰足而有餘，以造舟車，甚不難也。

宋 邵博《聞見後録》卷八 王濬伐吴，在益州作大艦，長百二十步，受二千人，以木爲城，起樓櫓，開四出門，其上可以馳馬往來，木柹蔽江而下。吴建平太守彦取流柹以白吴主云云。予謂古八尺爲步，一百二十步爲九十六丈，江山無今昔之異。今蜀江曲折，山峽不一，雖盛夏水暴至，亦豈能回泊九十六丈之船？及冬江淺，勢若可涉。尋常之船，一經灘磧，尚累日不能進。而王濬以咸寧五年十一月自益州浮江而下，决不可信。又建平今爲夔州，距益州道里尚數千，木柹蔽江，近不爲蜀人取之，乃遠爲吴人得之乎？特史官夸辭云爾，如流血漂杵之事，孟子固不信也。

宋 王與之《周禮訂義》卷七九 柏車，轂長一柯，其圍二柯，其輻一柯。其渠二柯者三，五分其輪崇，以其一爲之牙圍。鄭鍔曰：行山之車，以柏木爲宜。柏木至堅，山地至險，以至堅之木而爲車，則行險而不甐敝。轂長三尺，圍六尺，則徑二尺也。輪三尺，其渠則二柯者三，蓋長一丈八尺也，二柯六尺也，二柯者三，三六十八也。以一丈八尺而輮之，則輪之徑六尺也。以六尺之輪，五分之，取一爲牙圍，則牙圍一尺二寸也。然則柏車之輪與乘車、大車皆不同矣。

元 胡炳文《論語通》卷八《乘殷之輅》 商輅，木輅也。輅者，大車之名。古者以木爲車而已，至商而有輅之名。蓋始異其制也。周人飾以金玉，則過侈而易敗，不若商輅之朴素渾堅，而等威已辨，爲質而得其中也。《正義》曰：路，大也。君之所在，以大爲號。門曰路門，寢門曰路寢，車曰路車。明堂位曰大路，殷路也。《左氏傳》曰：大路越席，昭其儉也。熊氏曰：按記明堂位：鸞車，有虞氏之輅也。鉤車，夏后氏之輅也。大輅，殷輅也。乘輅，周輅也。註曰：漢祭天乘殷之輅。今謂之桑根車。《周禮・春官》：巾車掌王之五輅，曰玉輅、金輅、象輅、革輅、木輅。注曰：金玉象以飾諸末，革輅鞔之以革而漆之，木輅漆之而已。《□通》曰：商尚質，則亦有過於質者，商之輅得乎質之中也。

明 梁寅《詩演義》卷一 南有喬木，不可休息。思漢有游女，不可求思。漢之廣矣，不可泳思。江之永矣，不可方思。

三章皆興而比也。江漢之俗，甚好遊，如樂府大堤曲。可見四思字皆語辭也。言木之高也，不可休，其下女之遊也，不可干近之，此則興也。泳者，潛行水中也。（方者，桴也。連木爲牌，而乘之渡水也。）言漢水之廣，不可潛行以過之。江水之長，不可乘桴以渡之。此則比也。

明 丘濬《丘文莊公集・車戰議》 按古者車制，用四馬駕之，每車用甲士三人，步卒七十二人。其制太大，利於守而不利於戰，可以行近而不可以行遠，行易地則易，而險路則難，體製重而轉動爲艱。一車之費，動至千百，成造非一二日可具，且人皆不用，而我用之，非獨用之戰陳爲難，則雖行之大陸通達，亦有患杌棿者矣。惟晉馬隆所謂偏箱車，地廣則用鹿角車營，路狹則爲木屋施於車上，且戰且前。所謂鹿角車營者，以車爲營，而人居其中，架鎗刀於車上，如鹿角然也。今其制雖不可考，然自古車有兩箱，而此車獨以偏箱名，則其偏爲一箱，可以意推矣。蓋大箱者大車也，一箱者小車也。惟其車之小，故可行於陋隘之地，而且戰且前焉。臣觀今世有獨輪車，民間用以般運者，一夫推之，而或用一二人以前挽，似亦可以爲戰具。然其制亦爲兩箱，偏載則傾欹，推行頗遲滯。臣家嶺南嘗經行海北地，其所造小車，獨輪無箱。若因其制而改以爲戰車，一可以戰，二可以前拒，三可以爲營，四可以衝突，五可以載軍裝，六可以舁病卒，且其費不多，千錢以下，可具一車，中途有損，不用匠而可修。逢險阻則舁以行，遇急難則棄而去。大率一車用卒五人，一人推而二人挽，二人執兵仗以輔之。凡五人者之食具衣裝，皆載其中，中途有一人病者，則以人舁物，而以車載人。夜則環列以爲營，可免士卒夜夜立栅挑塹之擾。其車之式，具於分註，乞下有司計議，如有可采，行下工曹，依式製造，就令隊伍中二十五人爲五車，其於成法無有變更，其於行軍不爲無助。其車之式，用兩木，圍九寸，長九尺者爲轅。轅之首斜彎而起，中以受軸爲獨輪。其輪徑二尺有五寸，以板爲之，而不設輻，中爲死轂。又於施輪處前後五六寸許兩轅上，各加一横木，前二後三，又於後横木近輪處，斵爲二孔，用二小彎木條，寘其孔中，引而屈之如弓狀，繩縛其端於前横木上，有所載則以繩繫於其上，又於輪之後兩轅下，用木爲足與軸等。其後横木上，施軟薦以爲坐席，席之下兩足間，施竹簞以盛食器，軍中刀斗用畢，亦載其中。其轅首交合處，其高準馬胸，用人手執之爲準。鑄鐵爲利器，如耕犂様，冒於交轅之首，臨戰用以當敵之馬胸也。去轅首尺許，又横施一鐵條長尺三四寸許，上列齒鉤，聯車爲營之際，前轅相去稍遠，則用鎖繫之於鐶，後轅緊相挨，旁則以鐵鉤搭其鐶，彼此相維以爲固。又於後鐶之次，左右各加以大鐶，駐車時用刀或鎗貫鐶中而立焉。彼兩軍交鋒之際，則列於前以拒馬以代鹿角，敵來衝突，一夫推之而前，四卒各執刀鎗以夾持之，趨前以當其馬胸。又用木或革爲摺疊牌，立於車上，以蔽推車者，大抵其車不用雕飾，其不可施斧斵處，只用麻繩縛紮，每車上各具刀斧斵各一，及板木繩釘之類，以備急用。

明 楊慎《丹鉛餘録》卷一六 《論語》「乘殷之輅」，其後秦始皇閱三代之車，獨取殷制。按《南史》「齊志」：殷有瑞車，乘鈎，而制車，因桑根而爲色，古所謂器車也。一曰桑根車，一曰金根車。

明 林兆珂《考工記述註》卷上 輪人爲輪，斬三材必以其時。三材既具，巧者和之。轂也者，以爲利轉也。輻也者，以爲直指也。牙也者，以爲固抱也。輪敝三材，不失職，謂之完。造車有三材，轂輻牙是也。斬此三材，必順天時。陽木以仲冬斬之，陰木以仲夏斬之，則其材堅緻可用矣。三材既備，必須巧工和之，謂調其鑿柄而合之也。轂中虚而容軸，故取於利轉，利者，活也，順也。輻實輪而輳轂，故取於直指，直指者，取其直以指上下，上則轂，下則牙也。牙則包轂輻而外輮，故取於固抱，固抱者，如人抱之而堅固也。輪舉全體而言，雖久而敝。故轂輻牙三材，各自任職自相支持，未嘗動焉。是不失職也。故云完完全也，言其材全也。或曰敝蔽同蓋也，言一輪而兼得三材之善也。故云完。

明 馮復京《六家詩名物疏》卷四《方》《爾雅》云：「方泭。」孫炎注：「木置水中爲泭筏。」《論語》曰：乘桴浮于海。注云：編竹木爲筏，小曰桴是也。《爾雅》又云：「庶人乘泭。」《方言》云：泭謂之䈬，䈬謂之筏，筏，秦晉通語也。《釋文》云：木曰䈬，竹曰筏，小筏曰泭。

清 黄夢白《詩經廣大全》卷五 淇水滺滺，檜楫松舟。駕言出遊，以寫我憂。賦也。滺滺，流貌。檜，木名，栢葉松身，即《禹貢》所謂栝也。故檜又有栝音。《字説》云：檜，栢葉松身，樅，松葉栢身。楫，《説文》云：舟櫂也。《方言》謂之橈。檜楫松舟，言淇中有此也。末二句是絶意之詞，非冀望之詞。故朱傳云與泉水卒章同意，追想衛地光景，宛然在目，而已則無望矣。

清 顧棟高《毛詩類釋》續編卷二〇《重較》 孔疏《周禮》「輿人」註云：較，兩輢上出軾者，以角之兩頭皆置於輢上，二木相附，故據兩輢出軾而言也。吕和叔曰：古者車箱長四尺四寸三分，前一後二，横一木下去車牀三尺三寸，謂之式。又於式上二尺二寸横一木，謂之較，較、軾通高五尺五寸。古人立乘非如今人之坐，故平常則憑較。

清 程大中《四書逸箋》卷一《論語上·桴》 馬融註：桴，編竹木，大者曰栰，小者曰桴。今《集註》訓桴爲筏。按筏與栰音義同，是以大者爲桴也。

清 胡爾愷《謹陳利弊疏》 一私造船隻、官貨發民之宜禁也。兵船、糧船不得不造之故，民皆知之。近年地方各官每每私造大船，貿易營利。有一官而造二三隻者，經年不絶。材木之近水者，砍伐殆盡。勢必採之深山，一木動民夫百餘人，計十數日而後得，至水次不分寒暑，苦累難堪，每成萬斛之舟，必斂千家之怨。及至販賣鹽貨等物，派發牙儈，轉派細民，加耗收買，流弊無窮。且有屬官爲上司追呼，與錢糧同比較者，其病民莫大焉。伏乞嚴行飭禁，嗣後，除兵船、糧船外，不許私造一隻，并私發一貨，違者指名題条。不惟民力賴以少蘇，而貪官爲商賈之行者，庶亦知所儆矣。

清 王紹蘭《管子地員篇》卷三《其杞其枋》 杞，見前説文。枋木可作車，橿枋也。橿枋，《疊韻》共爲一木，《考工記》：輪人斬三材。鄭注云：今世轂用雜榆，輻以檀，牙以橿。是枋可作車矣。《莊子·消遥游》篇：我決起而飛，搶榆枋。《釋文》枋，李頤云：檀木也。紹蘭按：鄭謂輻以檀，牙以橿，檀、橿異木。枋即橿，明非檀也。李注之檀，蓋橿之譌，字形相近。

綜 述

《逸周書》卷七 白州比閭。比閭者，其華若羽，伐其木以爲車，終行不敗。

《周禮·考工記》 車人爲車，柯長三尺，博三寸，厚一寸有半，五分其長，以其一爲之首。轂長半柯，其圍一柯有半。輻長一柯有半，其博三寸，厚三之一。渠三柯者三，行澤者欲短轂，行山者欲長轂。短轂則利，長轂則安。行澤者反輮，行山者仄輮，反輮則易，仄輮則完。

又 六分其輪崇，以其一爲之牙圍。柏車轂長一柯，其圍二柯，其輻一柯，其渠二柯者三。五分其輪崇，以其一爲之牙圍，大車崇三柯，緛寸，牝服二柯有參分柯之二。羊車二柯有參分柯之一，柏車二柯。凡爲轅，三其輪崇，參分其長，二在前，一在後，以鑿其鉤，徹廣六尺，鬲長六尺。

又 輪人爲輪，斬三材必以其時。三材既具，巧者和之。轂也者，以爲利轉也。輻也者，以爲直指也。牙也者，以爲固抱也。輪敝，三材不失職，謂之完。望而眡其輪，欲其幎爾而下迆也。進而眡之，欲其微至也。無所取之，取諸圜也。望其輻，欲其掣爾而纖也。進而眡之，欲其肉稱也。無所取之，取諸易直也。望其轂，欲其眼也，進而眡之，欲其幬之廉也。無所取之，取諸急也。眡其綆，欲其蚤之正也，察其菑蚤不齵，則輪雖敝不匡。

又 凡斬轂之道，必矩其陰陽。陽也者，稹理而堅；陰也者，疏理而柔。是故以火養其陰，而齊諸其陽，則轂雖敝不蔽。轂小而長則柞，大而短則摯。是故六分其輪崇，以其一爲之牙圍，參分其牙圍，而漆其二。椁其漆内而中詘之，以爲之轂長，以其長爲之圍，以其圍之防捎其藪。五分其轂之長，去一以爲賢，去三以爲軹。容轂必直，陳篆必正，施膠必厚，施筋必數，幬必負幹。既摩，革色青白，謂之轂之善。

又　參分其轂長，二在外，一在內，以置其輻。凡輻，量其鑿深以爲輻廣。輻廣而鑿淺，則是以大杌，雖有良工，莫之能固。鑿深而輻小，則是固有餘，而強不足也。故竑其輻廣，以爲之弱，則雖有重任，轂不折。參分其輻之長而殺其一，則雖有深泥，亦弗之溓也。參分其股圍，去一以爲骹圍，揉輻必齊，平沈必均，直以指牙，牙得，則無槷而固，不得，則有槷必足見也。

又　六尺有六寸之輪，綆參分寸之二，謂之輪之固。凡爲輪，行澤者欲杼，行山者欲侔。杼以行澤，則是刀以割塗也，是故塗不附。侔以行山，則是摶以行石也，是故輪雖敝不甐於鑿。凡揉牙，外不廉而內不挫，旁不腫，謂之用火之善。

又　是故規之以眡其圜也，萬之以眡其匡也，縣之以眡其輻之直也，水之以眡其平沈之均也，量其藪以黍以眡其同也，權之以眡其輕重之侔也。故可規，可萬，可水，可縣，可量，可權也，謂之國工。

又　輪人爲蓋，達常圍三寸，桯圍倍之，六寸。信其桯圍以爲部廣，部廣六寸。部長二尺，桯長倍之，四尺者二。十分寸之一，謂之枚，部尊一枚，弓鑿廣四枚，鑿上二枚，鑿下四枚，鑿深二寸有半，下直二枚，鑿端一枚。

又　弓長六尺謂之庇軹，五尺謂之庇輪，四尺謂之庇軫，參分弓長而揉其一，參分其股圍，去一以爲蚤圍。參分弓長，以其一爲之尊，上欲尊而宇欲卑，上尊而宇卑，則吐水，疾而霤遠。蓋已崇，則難爲門也。蓋已卑，是蔽目也。是故蓋崇十尺，良蓋弗冒弗紘，殷畝而馳，不隊，謂之國工。

又　輿人爲車，輪崇、車廣、衡長參如一，謂之參稱。參分車廣，去一以爲隧。參分其隧，一在前，二在後，以揉其式。以其廣之半爲之式崇，以其隧之半爲之較崇。六分其廣，以一爲之軫圍。參分軫圍，去一以爲式圍。參分式圍，去一以爲較圍。參分較圍，去一以爲軹圍。參分軹圍，去一以爲轛圍。圜者中規，方者中矩，立者中縣，衡者中水，直者如生焉，繼者如附焉。凡居材，大與小無并，大倚小則摧，引之則絶，棧車欲弇，飾車欲侈。

又　輈人爲輈。輈有三度，軸有三理。國馬之輈，深四尺有七寸，田馬之輈深四尺，駑馬之輈，深三尺有三寸。軸有三理：一者，以爲媺也；二者，以爲久也；三者，以爲利也。軓前十尺，而策半之。凡任木，任正者，十分其輈之長，以其一爲之圍。衡任者，五分其長，以其一爲之圍。小於度，謂之無任。五分其軫間，以其一爲之軸圍。十分其輈之長，以其一爲之當兔之圍。參分其兔圍，去一以爲頸圍。五分其頸圍，去一以爲踵圍。

又　凡揉輈，欲其孫而無弧深。今夫大車之轅摯，其登又難，既克其登，其覆車也必易。此無故，惟轅直且無橈也。是故大車，平地既節軒、摯之任，及其登阤，不伏其轅，必縊其牛。此無故，唯轅直且無橈也。故登阤者，倍任者也，猶能以登，及其下阤也。不援其邸，必緧其牛後。此無故，唯轅直且無橈也。是故輈欲頎典，輈深則折，淺則負。輈注則利準，利準則久，和則安。輈欲弧而無折，經而無絶，進則與馬謀，退則與人謀。終日馳騁，左不楗行數千里，馬不契需，終歲御，衣衽不敝。此唯輈之和也。勸登馬力，馬力既竭，輈猶能一取焉，良輈環灂，自伏兔不至軓，七寸，軓中有灂，謂之國輈。

漢　劉安《淮南子》卷一六《説山訓》　見窾木浮而知爲舟，見飛蓬轉而知爲車。

三國吴　陸璣《毛詩草木鳥獸蟲魚疏》卷上《山有栲》　栲葉似櫟木，皮厚數寸，可爲車輻，或謂之栲櫟。許慎正以栲讀爲糗，今人言栲，失其聲耳。

晋　王嘉《拾遺記》卷一〇　傍有丹桂、紫桂、白桂，皆直上百尋，可爲舟航，謂之文桂之舟。亦有沙棠豫章之木，長千尋，細枝爲舟，猶長十丈。

晋　戴凱之《竹譜》　負丘帝竹，一節爲船，巨細已聞，形名未傳。負丘帝俊竹一節爲船。郭注云：「一節爲船，未詳其義，俊即舜字假借也。」

唐　李筌《太白陰經》卷四《戰具類》　轒轀車四輪，車上以繩爲脊，犀皮蒙之，下可十人，填隍推之，直抵下，可以攻掘，金木火石所不能及。飛雲梯，以大木爲床，床下置六輪，上立雙牙，有括梯長一丈二尺，有四梲相去三尺，勢微曲遞，互相括飛於雲間，以窺城中，其上城梯首冠雙轆轤，枕城上。砲車，以大木爲床，床下安四輪，上建雙陛，陛間橫括，中獨立竿，首如桔槔狀。其竿高下長短大小，以城爲準。竿首以窠盛石大小多少，隨竿力所制，人挽其端而投之，其車推轉逐便而用之，亦可埋腳著地而用。其旋風四腳，亦隨事用之。

又 車弩爲軸轉車，車上定十二碩弩弓，以鐵鈎連軸，車行軸轉引弩持滿弦，掛牙上弩，爲四衢。七衢大箭一鏃，長七寸，廣五寸；箭笴長三尺，圍五寸，以鐵葉爲羽，左右各三箭，次小於中箭，其牙一發，諸箭齊起，及七百步所中，城壘無不崩殞，樓櫓亦顛墜。尖頭轤，以木爲脊，長一丈，徑一尺五寸，下安六腳，下濶而上尖，高七尺，可容六人，以濕牛皮蒙之，蔽人其下，舁直抵城下，木石金火不能及，用攻其城。

又 樓櫓却敵，上建堠樓，以板爲之，跳出樓櫓。笓籬戰格於女墻上，跳出去墻三尺，內著橫括，前端安轄，以荆柳編之，長一丈，濶五尺，懸安椽端，用遮矢石。

又 浮甖，以木縛甖爲筏甖，受二石，力勝一人，甖闊五尺，以繩鈎聯，編槍於其上，令形長方，前置枝頭，後置稍，左右置棹。槍筏，槍十根爲一束，力勝一人，四千一百六十六根四分爲一筏，皆去鑽刃，束爲魚鱗，以橫而縛，可渡四百一十六人。半爲三筏，計用槍一萬二千五百根，率渡一千二百五十人，十渡則全軍畢濟。

又 蒲筏，以蒲九尺圍，顛倒爲束，以十道縛之，以束槍爲筏，量長短多小，隨蒲之豐儉載人，無蒲用蘆葦，法亦如蒲筏。

又 挾絚，以木縛小繩，先挾渡水，次引大絚於兩岸，立大橛，急張定絚，使人挾絚浮渡大軍，畢可爲數十道，豫多備。

唐 劉恂《嶺表録異》卷上 賈人船不用鐵釘，只使桄榔鬚繫縛，以橄欖糖泥之，糖乾甚堅，入水如漆也。

宋 曾公亮《武經總要前集》卷一一 凡簰筏，謂以竹木及有屋宇處可以毀拆爲筏浮渡，并束草芻亦可用也。

宋 蘇軾《格物麤談》卷上 橄欖樹作舟楫，撥著魚皆浮出。

宋 徐兢《宣和奉使高麗圖經》卷三三《官船》 官船之制，上爲茅蓋，下施户牖，周圍欄檻，以橫木相貫，挑出爲棚，面闊於底，通身不用板簀，唯以矯揉全木使曲，相比釘之。前有矴輪，上施大檣，布帆二十餘幅，垂下五分之一，則散開而不合縫，恐與風勢相拒耳。使者入境，自東而來，曰接伴，曰先排，曰管勾，曰公廚。凡十。餘舟，大小相若，惟接伴船，有陳設幄幕焉。

又 卷三四《客舟》 舊例，每因朝廷遣使，先期委福建兩浙監司，顧募客舟，復令明州裝飾，略如神舟，具體而微。其長十餘丈，深三丈，闊二丈五尺，可載二千斛粟。其制皆以全木巨枋，攙疊而成，上平如衡，下側如刃，貴其可以破浪而行也。其中分爲三處，前一倉，不安艎板，唯於底安竈與水櫃，正當兩檣之間也。其下即兵甲宿棚，其次一倉，裝作四室，又其後一倉，謂之廥屋，高及丈餘，四壁施窗户，如房屋之制。上施欄楯，采繪華焕，而用簾幕增飾，使者官屬，各以階序分居之。上有竹篷，平時積疊，遇雨則鋪蓋周密。然舟人極畏廥高，以其拒風，不若仍舊爲便也。船首兩頰柱，中有車輪，上綰藤索，其大如椽，長五百尺，下垂矴石，石兩旁夾以二木鈎，船未入洋，近山抛泊，則放矴著水底，如維纜之屬，舟乃不行。若風濤緊急，則加遊矴，其用如大矴，而在其兩旁，遇行，則卷其輪而收之。後有正柂，大小二等，隨水淺深更易，當廥之後，從上插下二棹，謂之三副柂，唯入洋則用之。又於舟腹兩旁，縛大竹爲櫜以拒浪，裝載之法，水不得過櫜，以□輕重之度，水棚在竹櫜之上，每舟十艣，開山入港，隨潮過門，皆鳴艣而行，篙師跳鄭號叫，用力甚至，而舟行終不若駕風之快也。大檣高十丈，頭檣高八丈，風正則張布颿五十幅，稍偏則用利篷。左右翼張，以便風勢。大檣之巔，更加小颿十幅，謂之野狐颿。風息則用之，然風有八面，唯當頭不可行。其立竿以鳥羽候風所向，謂之五兩，大抵難得正風，故布帆之用，不若利篷翕張之能順人意也。海行不畏深，惟懼淺閣，以舟底不平，若潮落，則傾覆不可救。故常以繩垂鉛碪以试之，每舟篙□水手，可六十人。惟恃首領熟識海道，善料天時人事，而得衆情。故一有倉卒之虞，首尾相應如一人，則能濟矣。若夫神舟之長闊高大，什物器用人數，皆三倍於客舟也。

宋 朱勝非《紺珠集》卷一《含煙舟》 漢宫含煙舟，以木蘭文杏爲櫓。

宋 孟元老《東京夢華録》卷三《般載雜賣》 東京般載車，大者曰「太平」。上有箱無蓋，箱如构欄而平。板壁前出兩木，長二三尺許。駕車人在中間，兩手扶捉鞭綏駕之。前列騾或驢二十餘，前後作兩行，或牛五七頭拽之。車兩輪與箱齊，後有兩斜木脚拖夜，中間懸一鐵鈴，行即有聲，使遠來者車相避。仍於車後繫騾驢二頭，遇下峻險橋路，以鞭唬之，使倒坐縋車令緩行也。可載數十石，官中車惟用驢差小耳。其次有平頭車，亦如太平車而小，兩輪前出長木作轅木，梢橫一木，以獨牛在轅内，項負橫木，人在一邊，以手牽牛鼻繩駕之。酒正店多以此載酒梢桶矣。梢桶如長水桶，面安靨口，每梢三斗許，一貫五百文。又有宅眷坐車子，與平頭車大抵相似，但樓作蓋，及前後有构欄門、垂簾。又有獨輪車，前後二人把駕，兩旁兩人扶枴，前有驢拽，謂之串車，以不用耳子轉輪也。般載竹木瓦石，但無前轅，止一人或兩人推之，此車往往賣糕及餻糜之類人用，不中載物也。平盤兩輪，謂之「浪子車」，唯用人拽。又有載巨石大木，只有短梯盤而無輪，謂之「癡車」，皆省人力也。又有馳騾驢馱子，或皮或竹爲之，如方匾竹笼，兩搭背上，斛㪷則用布袋馳之。

宋 程大昌《演繁露》卷三《桔槔水車》 水車古無見，《莊子》曰漢陰丈人鑿隧而入井，抱甕而灌，則直提甕汲井，汲滿即出，而灌之未有機巧也。子貢於是語。以桔槔之制，其説曰後重前輕，挈水若抽數如泆湯。案此意制，是就有水處立木，其上交午如十字，一頭繫甕，一頭虛垂汲者，制其低昂，故其挈水若抽數如泆湯也。泆湯者，湯之沸騰而湧起者也。此其爲械，比之抱甕，則事半而功加倍矣然。而自此時至漢，皆未有。今世捲水之車也，不獨未有捲水之車也。雖水礱、水碓亦無載焉。故知智未及知也。《魏畧》曰：「馬鈞居京都，有地可爲園，患無水以灌。乃作飜車，令童轉之而灌水，自覆更出更入，其巧百倍於常。」此方是今之水車也矣。

宋 洪皓《松漠紀聞》卷下 長白山在冷山東南千餘里，蓋白衣觀音所居。其山禽獸皆白，人不敢入，恐穢其間以致蛇虺之害。黑水發源於此。舊云粟末河契丹德光破晉，改爲混同江。其俗刳木爲舟，長可八尺，形如梭，曰梭船。上施一槳，止以捕魚，至渡車則方舟或三舟。後悟室得南人，始造船。如中國，運糧者多自國都往五國頭城載魚。

宋 周去非《嶺外代答》卷六《藤舟》 深廣沿海州軍，難得鐵釘、桐油，造舟皆空板穿藤約束而成，於藤縫中以海上所生茜草乾而窒之，遇水則漲，舟爲之不漏矣。其舟甚大，越大海商販皆用之。而或謂要過磁石山而然，未之詳爾。今蜀舟底以柘木爲釘，蓋其江多石，不可用鐵釘，而亦謂蜀江有磁石山，得非傳聞之誤？

又《刳木舟》 廣西江行小舟，皆刳木爲之，有面濶六七尺者。雖全成無罅，免繻袽之勞，釘灰之費，然質厚遲鈍。忽遇大風浪，則不能翔，多至沉溺。要不若板船，雖善不能爲矣。欽州競渡獸舟，亦刳全木爲之，則其地之所産可知矣。海外蕃船，亦有刳木者，則其爲木，何止合抱而已哉。

又《木蘭舟》 浮南海而南舟，如巨室，帆若垂天之雲，柂長數尺，一舟數百人，中積一年糧，豢豕釀酒其中，置死生於度外，徑入阻碧，非復人世。人在其中，日擊牲酣飲，迭爲賓主，以忘其危。舟師以海上隱隱有山，辨諸蕃國，皆在空端，若曰往某國順風幾日，望某山舟當轉行某方。或遇急風，雖未足日，已見某山，亦當改方。苟舟行太過，無方可返，飄至淺處而遇暗石，則當瓦解矣。蓋其舟大載重，不憂巨浪而憂淺水也。又大食國更越西海至木蘭皮國，則其舟又加大矣，一舟容千人，舟上有機杼市井，或不遇便風則數年而後達，非甚巨舟，不可至也。今世所謂木蘭舟，未必不以至大言也。

宋 談鑰《吴興志》卷一八《舟》 郡爲澤國，動須舟楫之利，大者至數百千斛，輕艦華麗，率用撑駕。小者僅進三五人，人用一楫，出没波濤，最爲輕快。舊編云：安吉水多湍瀨，舟皆刳木爲之。

宋 戴侗《六書故》卷二一《植物一》 櫾，直由切。大木堅忍，宜爲柁及櫓。

宋 高承《事物紀原》卷八《小車》 蜀相諸葛亮之出征，始造木牛流馬以運餉。蓋巴蜀道阻，便於登陟故耳。木牛，即今小車之有前轅者；流馬，即今獨推者是，而民間謂之江州車子。按《後漢郡國志》，巴郡有江州縣，是時劉備全有巴蜀之地，疑亮之創始作之於江州縣當時云然，故後人以爲名也。

又《筏》 《拾遺記》曰「軒皇變乘桴以造舟楫」，則是未爲舟前，第乘桴以濟矣。筏，即桴也。蓋其事出自黄帝之前，今竹木之排謂之筏是也。

宋 朱輔《溪蠻叢笑》一卷《獨木船》 蠻地多楠，有極大者，刳以爲船。

元 薛景石《梓人遺制》 五明坐車子 叙事。《易繫辭》云：黄帝服牛乘馬，引重致遠，蓋取諸隨。《釋名》曰：黄帝造舟車，故曰軒轅氏。《世本》云：奚仲造車。謂廣其制度耳。《周禮·春官》：巾車掌公車之政。服車乘，孤乘夏篆，卿乘夏縵，大夫墨車，士乘棧車，庶人乘役車。棧車，不革輓而漆之。役車，方箱可載任器以共役。輓晚共栱。《周禮·冬官·考工記》云：國有六職，百工，與去聲居一焉。或坐而論道，謂之王公。作而行之，謂之士大夫。審曲面埶以飭五材以辨民器，謂之百工。通四方之珍異以資之，謂之商旅。飭力以長地財，謂之農夫。治絲麻以成之，謂之婦功。知者創物，巧者述之守之，世謂之工。百工之事，皆聖人之作也。爍金以爲刃，凝土以爲器，作車以行陸，作舟以行水，此聖人之所作也。天有時，地有氣，材有美，工有巧，合此四者，然後可以爲良。凡攻木之工七，攻金之工六，攻皮之工五，設色之工五，刮摩之工五，摶埴之工二。攻木之工七，輪與弓廬匠車梓，有虞氏上陶，夏后氏上匠，殷人上梓，周人上輿，故一器而工聚焉者，車爲多。車有六等之數，皆兵車也。凡察車之道必自從也，載於地者始也。是故察車自輪始。凡察車之道，欲其樸屬而微至，不樸屬，無以完久也。不微至，無以爲戚速也。輪已崇，則人不能登；輪已庳，則於馬終古登阤也。故兵車之輪六尺有六寸，田車之輪六尺有三寸，乘車之輪六尺有六寸。六尺有六寸之輪，軹崇三尺有三寸也。加軫與轐焉，四尺也。人長八尺，登下以爲節。故車有輪，有輿，有輈，各設其人。輪人爲輪，斬三材必以其時。三材爲轂、輻、牙也。時謂材在陽中，冬斬之，在陰則中夏斬之。今世轂明榆，輻以檀，牙以橿。三材既具，巧者和之。轂也者，以爲利轉也。輻也者，以爲直指也。牙也者，以爲固抱也。輪敝三材，不失職謂之完。輪人爲蓋上欲尊而宇欲卑，則吐水疾而霤遠。蓋已崇，則難爲門也；蓋已庳，是蔽目也。是故蓋崇十尺，良蓋弗冒弗紘，殷畝而馳。不隊謂之國工輿人爲車，圜者中規，方者中矩，立者中縣，衡者中水，直者如坐焉，繼者如附焉。凡居材，大與小無并，大倚小則摧，引之則絶。棧車欲弇，飾車欲侈，輈人爲輈。輈有三度，軸有三理。國馬之輈，深四尺有七寸；田馬之輈，深四尺；駑馬之輈，深三尺三寸。軸有三理，一者以爲微也，二者以爲久也，三者以爲利也。是故輈欲頎典，輈深則折，淺則負。輈注則利準，利準則久。利其安，行數千里馬不契需，終歲御衣衽不敝，此唯輈之和也。軫之方也，以象地也；蓋之圜也，以象天也；輪輻三十，以象日月也；蓋弓二十有八，以象星也。周還《輿服雜事》曰：五輅兩箱之後，皆用玳瑁鵾翅。石崇奴券曰：作車以大良白槐之輻，茱萸之輞。後梁甄玄成《車賦》云：鑄金磨玉之麗，凝土剡木之奇。體衆術而特妙，未若作車而載馳爾。其車也，名稱合於星辰，負方象乎天地。夏言以庯之服，周曰聚馬之器。制度不以陋移，規矩不以飾異。古今貴其同軌，華夷獲其兼利。後漢李尤《小車銘》云：圜蓋象天，方輿則地。輪法陰陽，動不相離。車之制自上古有之，其制多品。今之農所用者即役車耳；其官寮所乘者即俗云五明車；又云駝車，以其用駝載之，故云駝車，亦奚車之遺也。用材：造坐車子之制，先以脚圓徑之高爲祖，然後可視梯檻長廣得所脚高三尺至六尺，每一尺脚三尺梯有餘寸，積而爲法。車頭長九寸至一尺五寸，徑七寸至一尺二寸。輻長隨脚之高徑，廣一寸五分至二寸六分。厚一寸至一寸六分。造輞法，取圓徑之半爲祖，便見輞長短，如是十四輻造者，七分去一，每得六分上却加三分。十六輻造者，四分去一分，每得三分，却加一分八厘。十八輻造者，三分去一，每加前同。如是勾三網造者，料杖便是輞之長。名爲六料子輞牛頭各加在外，輞厚一寸，則廣一寸五分，爲之四六。輞減其廣，加其厚，隨此加減。梯檻取前項脚圓徑之高，隨脚高一尺，轅梯共長三尺有餘寸安軸處。廣三寸半至六寸，山口厚一寸五分至二寸二分。山口外前梢於鵝項，後梢於尾棍，積而爲法。叉棍二條或四條，長隨梯檻，廣之外桱廣二寸至一分，厚寸五分至一寸九分。上平地出心線壓白破混，夾卯攛向外。子棍二條或四條，隨大叉棍之長廣，與前大叉棍同。厚一寸至一寸二分，兩邊各斜破混：向下上壓白各開口嵌散水檽子，兩頭鑿入大叉棍之内。底版棍四條至六條，長隨叉棍，廣一寸六分至二寸，厚一寸至一寸一分。後露明尾棍長隨梯之内，方廣一寸二分至一寸六分，從心梢向兩頭六瓣破混。（奴婢木）底版長隨兩頭裹叉棍，廣隨兩梯之内，厚五分至六分。耳版隨梯檻之外兩壁棍，上廣三寸至五寸，厚六分至一寸，前加寸八分至二寸二分，厚則減廣之厚，長隨前後子义棍之外，廣則與耳版兩廣與後頭方停，或梢五分八分。樓子地栿木，隨梯檻大小用之材，方廣一邊上同齊，或減五分向裹至六分，兩下破瓣壓邊線横棍夾卯攛向外。立柱一十二條至一十八條，徑方廣一寸至一寸二分，圓混梢向上前頭兩角立柱，高三尺五寸至四尺二寸，後頭兩角立柱比前角立柱高一尺，則減低二寸有餘，心内立柱加高爲之龜蓋柱。平子格長隨地栿木之長，廣隨兩頭横之外材，廣一寸八分至二寸，厚八分至一寸二分，兩下通混。荷葉横杆子（又爲之月梁子。）徑方廣一寸至一寸二分。順脊杆子五條，隨樓子前後之長，徑方廣荷葉杆子同。瀝水版隨兩檐邊杆子之長，廣二寸二分四分，厚五分。荷葉瀝水版，隨荷葉杆子横之長，徑廣厚隨瀝水版同。水版長廣隨立柱平格下用之版，厚四分至五分，四周各入地槽下鑿入地栿木之內，上下方一尺。箭杆木後□格上下串透圓混徑廣五分。護泥隨車脚圓徑之外離二寸二分至一寸五分，廣七寸至八寸，下順者地栿木兩頭橫者靴頭木，（又謂之棚子木）徑方廣一寸六分至二寸。地栿木上下立者月版榥，榥之外月版，版前露明者月圈木，月圈上橫榥木，榥上羅圈版鑿入靴頭木之內，羅圈版上兩邊各壓圈楞枝條木。托木榥二條，（俗謂之榥察木）長隨梯檻橫之外，上坐護泥靴頭木外，同集徑廣一寸八分至二寸四分，厚八分至一寸二分。車軸長六尺五寸至七尺五寸，方廣四寸至四寸八分。呆木三條，（俗爲之三脚木）高隨前後輳之平，圓徑一寸至一寸二分。叉杆二條，（或四條）是柱樓子前虛檐，圓徑一寸至一寸四分。後圈叉子（俗爲之狗窩）長廣隨樓子後兩角立柱之廣，高一尺二寸至一尺四寸。辟惡圈於樓子門前用度，下是地栿木，上是立楮子，内用水版，四周各入池槽上安口圈木，長隨前月版，廣隨樓子前兩角立柱，高一尺二寸至一尺三寸。結頭一箇，長隨前輳鵝項鉤之長，廣二寸至二寸五分。凡坐車子制度内脚高一尺，則樓子門立柱外向前虛檐引出八寸五分至一尺，其後檐隨脊杆子之長，如脊杆子長一尺，則向後檐立柱外引出一寸至一寸二分。增一尺更加減則亦如之。兩壁檐減後檐之一半，其車子有數等，或是平圈，或作靠背。輣子平頂樓子上攢荷亭子，大小不同，隨此加減。功限：坐車子一量脚樓子梯檻護泥雜物等相合完備，皆全高三尺脚者，四十功；高四尺者，五十四功；五尺者，八十七功。

元　周達觀《真臘風土記》一卷《車轎》　轎之制，以一木屈其中，兩頭竪起，雕刻花樣，以金銀裹之，所謂金銀轎扛者，此也。每頭一尺之内釘鉤子，以大布一條厚摺，用繩繫於兩頭鉤中，人挽於布，以兩人擡之。轎則又加一物，如船蓬而更闊，飾以五色縑帛，四人扛。有隨轎而走，若遠行，亦有騎象騎馬者，亦有用車者。車之制，却與他地一般，馬無鞍，象無凳，可坐。

又《舟楫》　巨舟以硬樹破版爲之，匠者無鋸，但以斧鑿之開成版，既費木且費工也。凡要木成段，亦只以鑿鑿斷，起屋亦然。船亦用鐵釘，上以茭葉蓋覆，却以檳榔木破片壓之。此船名爲新拏，用櫂所粘之油，魚油也。所和之灰，石灰也。小舟却以一巨木鑿成槽，以火薰軟，用木撐開，腹大兩頭尖，無蓬，可載數人，止以櫂划之，名爲皮闌。

元　沙克什《河防通議》卷上《造船物料》　船每一百，料長四十尺，面濶一丈二尺，底濶八尺五寸，斜深三尺，計用板木二百四十二條，片底板二十四片，長一丈，濶一尺四寸，厚一寸半。遠板四片，長一丈四尺，闊一尺一寸，厚二寸半。幇板二十二片，長一丈三尺，闊一尺一寸，厚一寸半。艨板八片，長一丈二尺，闊一尺，厚一寸半。巾頭板二片，長七尺七寸，闊一尺，厚二寸。平漫板一片，長七尺，闊一尺，厚一寸半。側嵓板一片，長七尺，闊一尺二寸，厚二寸。壓查板一片，長七尺，闊一尺一寸，厚二寸。照水板二片，長八尺，闊一尺，厚一寸半。上下連溏板二片，長八尺，闊一尺二寸，厚二寸。前觝二條，長一丈，闊八寸，厚四寸。後觝二條，長九尺五寸，闊八寸，厚四寸。堵板一十二片，並闊一尺，厚一寸半。四片長一丈一尺，八片一丈二尺。腰梁一十二條，長一丈二尺，闊四寸，厚三寸。地極木二十條，長九尺，闊四寸，厚三寸。壁柱二十四條，長三尺，闊四寸，厚三寸。熟柱二十六條，長三尺，方三寸。攀面梁二條，長一丈四尺，闊五寸，厚四寸。金口木一條，長四尺，闊一尺，厚八寸。順身梁二條，長一丈四尺，闊五寸，厚四寸。鋪襯板三十六片，舵杆一條，長一尺或尺二寸，徑四寸。舵軸四條，長一丈二尺，闊四寸，厚三寸。艫板一十片，長三尺五寸，闊一尺，厚一寸。舵牙一條，長七尺五寸，闊四寸，厚三寸。轉軸一條，長七尺，中徑四寸。丁鍋三千六百八十五箇，丁三千六百十一箇，鐶鍋七十四箇。拐丁二千四百九十七箇，跙頭丁二十箇，長二寸。六寸平蓋丁二百二十一箇，四寸六百四十三箇，十二箇重一斤。三寸一百八十四箇，梁頭丁四十六箇，汗環一十四副，各重四兩。馬鍋六十箇，雜用油五十三斤一十五兩，石灰一百六十一斤一十三兩，例三斤灰用一斤油和。麻搗八斤，攬索一條，竹白一秤，竹梢半秤，稈草半秤，起湊窪子柴四十秤，什物棹六條，各長二丈五尺，徑二寸。棹二張，棹頭板。舵管一，長二丈二尺，徑五寸。橛一條，繫攬用長一丈，徑三寸半。鞴一扇，頭板長一丈，闊四寸半，厚二寸。鞴蹉長九尺五，徑四寸半。竹檀一合，長三百五十尺，用八破竹五竿，縛纏麻一斤半。大小麻索九條，計重三十斤，桊索一條，麻索八條。桊纜索一條，八檀麻索一條，長三丈五尺，徑七分重。按重字下原本脱去斤數。風縴索一條，汗索六條，長六十尺，徑三分，重五斤。帆幔一合，縫幔線好麻一十四兩，棹纂六箇，各重一斤半。釘纂丁六箇，各寸半。平蓋丁一十八箇，橛纂一箇，釘纂丁八箇。

明　焦玉《火龍神器法・火龍捲地飛車》　用木爲車，下設雙輪，使不敧側。上用大木攢刻獅象虎豹諸獸等形，腹藏諸藥火器。火從諸獸口中噴出，併神彈神箭神鎗次第而發，藥信盤曲。每一車用壯士四人，輪番推轉，兩傍設飛翅神牌擴擋矢石，牌留望眼以便觀看。車前裝利刃，上蘸虎藥號旗一，舉輪轉如飛，衝入賊陣，百將莫當，若衝虜騎，尤爲神捷。

明 席書《漕船志》卷三 船式。淺船每隻：底長五丈二尺，頭長九尺五寸，稍長九尺五寸，底闊九尺五寸，底頭闊六尺，底稍闊五尺，頭伏獅闊八尺，稍伏獅闊七尺。梁頭十四座，底棧每一尺四釘，龍口梁闊一丈、深四尺，兩廒共闊七尺六寸，使風梁闊一丈四尺、深三尺八寸，後斷水梁闊九尺、深四尺五寸。每船合用料物：底板厚二寸，棧板厚一寸七分。共用大中小楠木九根。

又 附録 一千料海船，一隻合用料物：杉木三百二根，栗木二根，雜木一百四十九根，株木二十根，櫓坯三十八枝，榆木舵杆二根，釘線三萬五千七百四十二個，雜作一百六十一條、個，桐油三千一十二斤八兩，石灰九千三十七斤八兩，船麻一千二百五十三斤三兩三錢。什物 附 絡麻一千二百九十四斤，黄藤八百八十五斤，棕毛二千一百八十三斤一十二兩，白麻二十斤。四百料鑽風海船，一隻合用料物：杉木二百二十八根，桅心木二根，鐵力木舵杆二根，雜木六十七根，櫓坯三十枝，松木五根，雜作九十四條、個，釘線一萬八千五百八十個，桐魚油一千一斤一十五兩，石灰三千五斤一十三兩，艌麻七百二十九斤八兩八錢。

明 宋詡《竹嶼山房雜部》卷一〇《籓竹》 雨中移種，近河壖，能防岸不虧。葉材可爲舟篷等禦雨之具，造茶所尤珍寶之。

明 俞大猷《洗海近事》卷上 一大福船，面濶三丈，共十五隻。本船木料楨根：

中艙長四丈五尺；頭艙長三丈二尺；尾艙長二丈；大抽四條，用杉木；含檀長二丈九尺，濶三尺，厚一尺五寸；大桅挾長一丈八尺，濶二尺，厚一尺；下金長七尺，濶一尺八寸；鋤頭柄六十枝；桅楮用杉木一條，三丈三尺；桅座長七尺，濶二尺，厚一尺六寸；頭勘舶長一丈五尺；頭龍樑一片，長一丈四尺，濶二尺，厚八寸；頭含檀長一丈六尺，濶一尺八寸，厚一尺；頭桅口二片，每片長一丈五尺，濶一尺五寸，厚五寸；小頭桅長六丈，圍四尺；大桅長九丈，圍大七尺；横樑肚壁四百片，長二丈，厚三寸五分；船艕三百片，每片長二丈五尺，厚二寸；褒板戰棚用松板五百五十片不等，每片厚薄一寸五分，長三丈，濶一尺五寸，如原來板短，窄湊其數；褒柱并尾樓牽抽用杉木一百五十枝；上金樟木長二丈七尺，大二尺，厚一尺；雙筋二條，每條長三丈，用杉，圍三尺；尖櫝枋三十片，每片厚二寸，濶一尺，用杉木板；水櫃一口，濶六尺，高五尺，用杉木二條，圍三尺；小水櫃一口，濶四尺，高三尺五寸；頭戰棚板五十片，每片長三丈；戰棚横樑用杉木十條，長三丈二尺；龍鬚極二片，長九尺，大一尺；舵二扇，每扇長三丈三尺，用鐵力木；舵頭長一丈四尺，扇一丈八尺；舵閂每扇四片，用杉木，厚二寸五分，長一丈八尺，濶一尺二寸；舵　枋用樟木，每扇八片，厚一寸；大平車一條，二丈五尺，圍三尺；中車心二條，每條長七尺，圍三尺；車圈六十枝；大櫓二枝，長五丈二尺；頭梢一條，用杉木，長四丈二尺，圍二尺五寸；舵牙舵筋共三十枝，長一丈；走馬板二條，厚二寸五分，濶一尺，長三丈；抱樺用樟板三十片，大小八尺，長短一丈，灣曲可用；舵六門，長二丈，濶一尺；棕纜二條，每條七十丈；篾纜綵四條，每條長六十丈；黄麻什費等綵一千斤；大風篷濶五丈五尺，長六丈；頭篷濶二丈四尺，長三丈；桐油一千二百斤；灰八十石；鐵釘三千片；草根一千五百斤；腳艇一隻，面濶七尺；櫓三枝；中艙用杉木一條，長二丈四尺；頭艙五尺五寸；尾艙六尺，用杉；下底艕用杉木三條，圍三尺；肚樑十二倉，樟木可用；小釘八十斤；油五十斤；草根一百斤；竹甲褒用笲竹四百枝；小鈎釘二百五十斤；海中清二件。

又 一大福船，面濶二丈八尺，共十五隻。本船木料楨根：中艙長四丈二尺，週圍大六尺；頭艙長三丈，圍五尺；尾艙長一丈八尺；抽四條，用杉木；含檀二丈七尺，大二尺，厚一尺八寸；鋤頭柄七十枝；大桅挾長一丈八尺，大二尺，厚一尺；下金長六尺五寸，大一尺八寸；桅楮用杉木，三丈二尺；桅座六尺五寸，大二尺，厚一尺五寸；頭勘舶長一丈五尺五寸；頭龍樑一片，長一丈四尺；頭含檀長一丈六尺，大一尺六寸，厚八寸；頭桅挾二片，每片長一丈四尺，濶一尺五寸，厚五寸；小頭桅長五丈八尺，圍四尺；大桅長八丈五尺，圍七尺，横樑肚壁三百五十片，長二丈，厚三寸；船艕二百八十片，每片長二丈五尺，厚二寸；褒板戰棚用松木，五百二十片不等，每片厚薄一寸五分，長三丈，濶一尺五寸，如原來板短窄，湊足其數；褒柱尾樓牽抽，用杉木一百二十枝；上金樟木長二丈四尺，大二尺，厚一尺；雙筋二條，每條長三丈，用杉木，圍三尺；尖櫝板二十八片，每片厚二寸，濶一尺，長二丈五尺，用杉板；水櫃一口，濶六尺，高五尺，用杉板，厚二寸；小水櫃一口，濶四尺，高三尺五寸；頭戰棚板四十五片，長二丈；戰棚橫樑，用杉木十條，每條長三丈；龍鬚極二片，每片長九尺；舵二扇，每扇長三丈，用鐵力木；舵頭長一丈三尺，扇一丈七尺；舵閃每扇用杉板四片，每片長一丈七尺，厚二寸五分，濶一尺；舵甲樟板，每舵八片，厚一寸；太平車一條，長三丈四尺，用松木；尾舵車一條，長二丈二尺，圍二尺；中心車二條，每條長六尺五寸；車圈五十枝；大櫓二枝，長五丈；頭稍一條，用杉木，長四丈，圍二尺五寸；舵牙靛筯二十五枝，長九尺；走馬板二條，每條厚二寸，濶一尺，長三丈；抱極用樟板三十片，大小八尺，長短一丈，灣曲可用；靛六門，每門長一丈九尺，濶一尺；棕纜二條，每條長六十五丈；竹纜繂四條，每條長六十丈；黃麻什費等繂一千斤；大風篷濶五丈三尺，長六丈；頭篷濶二丈二尺，長二丈八尺；桐油一斤，一百斤灰七十石；鐵釘二千七百斤；草根一千三百斤；腳艇一隻，面濶六尺五寸；中艙用杉木一條，長二丈；頭艙五尺；尾艙六尺，用杉木；下底艕用杉木三條，圍三尺；肚樑十二倉，樟木可用；小釘八十斤；油四十斤；草根八十斤；腳艇櫓二枝，每枝長三丈二尺；竹甲褒用竻竹三百三十枝；小鈎釘二百斤；海中清二件。

又　一冬仔船，面濶二丈，共十五隻。本船木料槓椇：中艙長□丈三尺，用松木，圍四尺；頭艙長二丈三尺；尾艙長一丈四尺；含檀長一丈九尺，濶一尺八寸，厚一尺二寸；下底松板共一百五十片，每片長三丈，厚一寸五分；肚壁橫樑共一百二十片，厚一寸，每片長二丈，長短亦可用；下金長六尺，大一尺六寸，厚一尺六寸；桅座長六尺，闊一尺六寸，厚一尺五寸；大桅挾長一丈四尺，大一尺六寸，厚八寸；雙筯二條，每條長一丈四尺；小桅挾二片，每片長八尺，大一尺三寸，厚四寸；頭勘觔長一丈，濶八寸；頭龍樑長一丈，濶一尺五寸，厚五寸；頭照水板樟板濶一尺五寸，厚一寸四分；上金枹枋長一丈二尺，大一尺五寸，厚七寸；龍鬚極長一丈，濶一尺，厚五寸；照水褒枋大一尺四寸，厚一寸；尖櫃板長一丈八尺，大一尺五寸，厚一寸五分，用杉木；褒柱并尖櫃橫樑用杉木三十條，圍二尺五寸；水櫃一口，用杉木二條，圍三尺，厚二寸；鐵釘一千二百斤；油四百斤；草根六百斤；灰三十石；大桅長六丈，圍五尺；頭桅長四丈八尺，圍三尺；舵二門，每門長二丈二尺，舵閃杉枋，長一丈四尺，厚二寸；靛四門，用硬柴，每門長一丈五尺；靛齒長七尺；櫓二枝，每枝長三丈六尺；頭稍長三丈八尺，用杉木；大風篷濶三丈八尺，長五丈；小風篷濶一丈八尺，長二丈五尺；舵牙并車圈靛筯共六十枝；黃麻八百斤；棕纜繂二條，每條長五十丈；篾纜二條，每條長五十丈；小腳艇一隻，面濶六尺，用杉木二條，圍二尺五寸；櫓二枝；小釘五十斤；油二十五斤；草根五十斤；灰一石八斗；竹甲褒用竻竹一百八十枝，小鈎釘一百二十斤；海中清二件。

又　一冬仔船，面濶一丈八尺，共二十隻。本船木料槓椇：中艙長三丈，頭艙長一丈九尺；尾艙長一丈三尺；含檀長一丈六尺五寸，厚一尺，濶一尺八寸；下底艕板厚一寸四分，長三丈，濶一尺五寸，共一百二十片，如原來板長短不等，湊足其數；樟下金長五尺，大一尺五寸；倉橫樑厚三寸，長一丈八尺，長短俱可，共一百斤；桅座長五尺，大一尺六寸；大桅挾長一丈一尺，大一尺五寸，厚七寸；雙抽筯二條，每條長一丈二尺；頭勘觔長一丈；頭樑長一丈；頭照水板樟枋厚二寸；上金板長一丈，大一尺，厚五寸；龍鬚極長八尺；照水褒枋鋸厚一寸；尖櫃枋長一丈四尺，厚一寸五分，用杉木；褒柱并尖櫃橫樑，用杉木；水櫃一口，用杉木；鐵釘七百斤；桐油三百斤；草根六百斤；灰二十石；大中桅長六丈二尺；小頭桅長三丈五尺；舵二扇，每扇長一丈八尺；舵閃杉枋長一丈二尺，厚二寸；靛四門，用硬柴，身長一丈四尺，齒長六尺；櫓二枝；頭招一枝，長三丈五尺，用杉；大風篷一扇，濶三丈二尺，長四丈五尺；黃麻六百斤；小風篷濶一丈五尺，長二丈二尺；舵牙四枝，并硬柴五十枝，用小木，長六尺；腳艇一隻；櫓二枝；靛繂四條竹甲褒用竻竹一百五十枝；小鈎釘八十斤；海中清二件。

又　一冬仔船面濶二丈二尺，共十五隻。本船木料槓椇：中艙長三丈六尺，用松木圍五尺；頭艙長一丈五尺，圍四尺；尾艙長一丈六尺；含檀長二丈一尺，濶一尺八寸，厚一尺四寸；下底艕共一百九十片，每片長三丈，厚一寸五分；肚壁橫樑共一百七十片，厚三寸，長二丈，長短可用；下金長六尺五寸，大一尺八寸，厚一尺六寸；桅座長六尺五寸，大一尺七寸，厚一尺七寸；大桅挾長一丈五尺，大一尺六寸，厚九寸；小桅挾長九尺，大一尺五寸，厚五寸五分；雙筯二條，每條長一丈六尺；頭勘觔長一丈一尺，大一尺；頭龍樑長一丈二尺，大一尺六寸，厚六寸；頭照水枋樟板大一尺五寸，長一丈二尺，厚一寸五分；上金枹枋長一丈五尺，大一尺七寸，厚七寸；龍鬚極二條每條長一丈一尺，大一尺二寸，厚六寸；照水褒枋大一尺四寸，厚一寸；尖櫃枋長二丈，大一尺五寸，厚一寸八分，用杉木；褒柱并尖櫃橫樑，用杉三十五條，圍三尺；水櫃一口，用杉二條，圍三尺，鋸枋厚二寸；鐵釘一千五百斤；油五百斤；草根七百斤；灰三十三石；大桅長六丈五尺，圍五尺；頭桅長四丈九尺，圍三尺；舵二門，每門長二丈五尺；舵閃杉枋，長一丈六尺，厚二寸；碇四門用硬柴，每門長一丈七尺，大八寸；碇齒八個，每個長七尺五寸；尾櫓二枝，每枝長四丈；頭稍一條，長四丈，用杉木；大風篷濶四丈二尺，長五丈五尺；頭風篷濶二丈二尺，長三丈二尺；黄麻九百斤；舵牙并車圈碇筋共八十枝；棕纜綵二條，每條長六十丈；篾纜綵二條，每條長六十丈；小艇二隻，面濶六尺，用杉木二條，圍三尺；小釘六十斤；油三十斤；草根六十斤；灰二石；竹甲褒，用竽竹二百二十枝；小鈎釘二百斤；小艇櫓二枝，每枝長三丈三尺；海中清二件。已上每隻用銀一百八十兩。

明 唐龍《價運糧儲疏》《名臣經濟録》卷二二引） 一立團造爲照，湖廣都司所屬武昌等一十一衛所，原額設淺船一千一十二隻。係杉木者，十年一造，每隻連底船合用價銀一百三兩。新楠木者，七年一造，每隻連底船合用價銀九十兩五錢。松木者，五年一造，每隻連底船合用價銀七十三兩九錢一分。以十分爲率，軍三分，民七分，每年照數出辦。民料解布政司，軍料解都司，各收貯。民料派於槩省州縣，猶易辦納。軍料乃派前十一衛所，各扣運軍月糧抵數，運軍窮年勞苦，止有月糧，又取以爲造船之用，是并其食而有之，無怪乎嗟怨不息，逃亡相繼也。及其造船，則又團造無廠管攝，無官止憑。旗軍領出料銀，星散成造，侵欺剋減之弊，紛然而起。油少釘稀，木脆板薄，造不如式樣，運不及年限，其弊有不可勝數者矣。查得江北等五總造船皆出杭州、蕪湖二處。抽分料銀，定委清江廠主事監造，湖廣荆州抽分銀兩。先年亦爲造船而設者也，可以充用。又見有工部主事一員在彼，可以帶管。及查湖廣所産楠木居多，若將前船俱作楠木，七年一造，以一千一十二隻分爲七年，每年實該造一百四十四隻五分有零，每隻連底船用銀九十兩五錢，歲共該用銀一萬三千七十七兩有零。是又爲畫一之道矣。合無自嘉靖九年爲始，查照清江浦事例，於荆州水次總設一廠，將前武昌等十一衛所該造淺船俱移在彼團造，就用抽分銀兩作爲料銀，仍照清江浦事例，於十一衛所各選千百户一員，管造坐委荆州抽分主事帶管監督，其原派軍三民七料銀，悉從除豁，免其辦納，永爲定規，則軍民既蒙休養之澤，而運船尤有歸一，漕務得以振舉矣。乞勅户工二部從長議處，早賜定奪施行。

明 梁夢龍《海運新考》卷上 元用羅璧造舟，名曰海鵬。其制龜身蛇首，版木堅厚，每船兩旁用大竹幇夾，隨帶楸、杉、梧桐輕木。一不畏礁，二不畏沙，一任風浪輕浮若隼翅然。以鵬名者，言其迅捷有扶摇萬里之義。沙船亦利，今載米踏試海道，所雇淮船名曰海鶻。今福建白艚船、廣東烏尾船梁高三四丈者，更利。

明 蕭崇業《使琉球録》卷上《造舟》 蕭崇業曰：於戲，聖人制舟之義，深哉！夫水之有舟航，猶陸之有車馬也。舟車所至，人力所通，日月所照，霜露所墜，凡有血氣者，莫不尊親。吁，聖人作舟車以臣屬天下，其功德蕩然而不可及也。一至是乎！何以明其然耶？蓋山非梯不周其阻，即卉服鄉風無自也。惟車驟馬馳，則地盡封域矣。海非航不測其廣，即鮫人慕義無由也。惟舟便颸利，則源窮洲島矣。是故蓬壺之境淖約長生，久視之，夫第患海中無此耳。藉令有之，亦可望而至其地，尋而訪其人，告之以黄虞中正之道而移其僻，不難已。又何論稱臣入貢之國如琉球者乎？《中庸》贊至誠曰「配天」，蓋言聖人之功德徧覆博載，與天地無紀極，而山谿之險，果不足以限之也。於戲！言有據矣，志造舟。按舟制，與江湖座船不同。座船前後調停，出入甚便。中間窓户玲瓏，開明爽朗，不異安宅也。此則艙口低凹，上覆平板爲戰棚，列軍器焉。即官艙亦僅高四、五尺，俛僂深入，下上以梯；面雖啟牖，若穴隙然。蓋恐太高則衝風，故稍卑之耳。桅豎五，大者長八丈，根圍九尺，餘以次而短。舵長三丈一尺，圍三尺七寸，艙長五丈二尺，圍九尺。桅用杉木，取其理直而輕；舵用鐵力木，取其堅勁；艙用松木，取其沉實能久漬也。架龍棚之外，有兜艙鞠；鎖梁釘之外，有米鎚鞠。河口匠欲以鐵，漳泉匠欲以木，乃參用之。舟後故作黄屋二層，中安詔勅；上設香火，奉海神、天妃尊之，且從俗也。舵備三，用其一，副其二。櫓置三十六枝。大鐵錨四，約重五千斤。大棕綵八，每條圍尺許，長百丈。小艜二，不用，則縛附兩旁；用，則往來藉登岸，或輸行李。水具大櫃二，可載五六百石；小如甕者十數，以海泉鹹不可食也。舟最緊要者三，曰艙，曰桅，曰舵。把總林天贈得艙於延平，李應龍得桅於壽寧，經歷羅克念得舵於廣東，諸木既精好，當於用。而三者又殊材，中繩度。以故終焉允臧，得安流無恙，爲舟人幸；孰非一時事事者之恪哉。定艙日，三司諸君率府、縣官俱往南臺陪祭外，若豎桅、治纜、浮水出塢，亦靡神不舉者。凡以王事所在，誠重之耳。甲午年，一舟計費二千五百兩有奇，今止一千八百云。

明 慎懋官《華夷花木鳥獸珍玩考》卷一《沙棠》 槐江之山有木焉，其狀如棠，華黄赤實，其味如李，而無核，名曰沙棠。可以禦水，食之使人不溺。漢成帝常與趙飛燕游太液池，以沙棠木爲舟，其木出崑崙山。人食其實入水不溺。詩曰「安得沙棠木，刳以爲舟船」。

又《强木》 强木造船，其上多餙珠玉，以爲遊戲。强木，不沉木也，方一寸，以百觔巨石縋之，終不没。

又 卷三《獨木船》 蠻地多楠，有極大者，刳以爲舟。其地多山，産美材，銕栗木居多。有力者任意取之，故人家治屋咸以銕栗、臭楠等良材爲之。方堅且久。若用雜木，多生蛀蟲，大如吴蠶，日夜嚙梁柱中，礫礫有聲，不五年間，皆空中，遂至傾倒。其銕栗有參天徑丈餘者，廣州人多來採製椅卓食隔等器，鬻於吴浙間，可得善價，吾吴浙最貴此木。

明 周祈《名義考》卷一二《車制》 上古聖人觀轉蓬爲輪，輪主流運。有輻，輪中木之直指者，上有爪以輳轂，下有菑以指輞。有轂居輪之正中，而爲輻之所輳，三十輻共一轂，當輻之空謂之藪。大車之轂長一尺有半，兵車之轂長三尺二寸三分，其轂之長，二在外以置輻，一在内以受軹。其内大穿謂之賢，小穿謂之軹。有軝轂之旁出者，即長二分，在外者也。有輞輪之外圍者，一曰輮。有輨轂中鐵以受轄者，亦謂之軑，曰輻、曰轂、曰藪、曰賢、曰軹、曰輞輮，曰輨軑，皆附於輪者也。輪行不可載同馬之輿，輿，車底也，主容納。有軫，車上前後横木，大車前軫至後軫其深八尺，兵車之軫四尺四寸。有轖，車藉交錯也。有軨，車藉間横木已。駕僕展軨也，一曰轛。有轓，車箱也，以障物。有琿，車軨間皮篋，以藏玉。有軾，去輿高三尺三寸。有較，去軾又高二尺二寸，通高五尺五寸，立則憑較，應爲敬則俯憑軾。有輢，兩旁植木以横較者，曰軫、曰轖、曰軨轛、曰轓、曰琿、曰軾、曰較、曰輢，居輿之中、在輿上者也。有軌，車下横木以持輪者。兵車乘車之輪，其崇六尺六寸，軌居輪之中，實得其半，濟盈不濡軌是也。凡車之制，廣皆六尺六寸，軌之廣狹既同，則轍迹亦同，後人因謂車轍亦曰軌車，同軌是也。亦謂之軸，又謂之轊。有轄，車軌頭鐵以鍵輨者，無事則脱，行則設之，一作舝。有轐，伏兔也。伏於軌上，一作□。曰□軸、曰轊、曰轄、曰轐，居輿之中、在輿下者也。有轅，兩腋木之前後出者，長一丈四尺四寸。有輈，轅之從軫，以前稍曲而上至衡，居衡之上而嚮下鉤之，如屋之梁，謂之梁輈，一曰輒。有輗，横居輈下以縛軛者，亦謂之衡。有軛，重縛於衡上以駕馬領者。有軥，軛之下曲者。曰轅、曰輈□、曰輗衡、曰軛、曰軥，在輿前附於轅者也。有蓋，以覆輿者也。有輇，車無輻直斫木爲之，若推輪也。有軔，礙輪木也。有輠，盛膏器也。輿方象地，蓋圓象天，三十輻象日月，蓋弓二十八以象列星。

明 高濂《遵生八牋》卷八《便轎》 入山用之，如今市中俗云兜轎式也。但坐身涼簟，兩傍用銅或鐵打成橋梁，雙鉤下鏇涼簟兩頭，鉤上作眼待簡；扛上用銅製二鏇下垂，作竅以受銅鉤，對眼用簡釘住，如懸掛然。入坐其上，背靠扛上圈圍，不惟安適，且上山下山，如履平地，以其機關常平故耳。何有前撲後仰之患？扛子得有閩産紫荆木爲之，輕細而堅，愈重愈力，他木俱不勝也。

明 午榮《新鐫工師雕斫魯班木經匠家鏡》卷二《手水車式》 此倣踏水車式同，但只是小。這箇上有七尺長或六尺長水廂，四寸高，帶面上梁貼仔高九寸，車頭用兩片樟木板，二寸半大，鬥在車廂上面，輪上關板刺依然八箇，二寸長，車手二尺三寸長，餘依前踏車尺寸扯短是。

又《踏水車》 四人車頭梁八尺五寸長，中截方，兩頭圓。除中心車檑七寸濶，上下車板刺八片次，分四人，已濶下十字横仔一尺三寸五分長，横仔之上閂棰仔圓的方圓，二寸六分大，三寸二分長。兩邊車腳五尺五寸高，柱子二寸五分大，下盛盤子長一尺六寸正，一尺大，三寸厚方穩。車桶一丈二尺長，下水廂八寸高，五分厚。貼仔一尺四寸高，共四十八根，方圓七分大。上車面梁一寸六分大，九分厚，與水廂一般長。車底四寸大，八分厚，中一龍舌，與水廂一樣長。二寸大，四分厚。下尾上椹水仔圓的方圓三寸大，五寸長，刺水板亦然八片，關水板骨八寸長，大一寸零二分，一半四方，一半薄四分，做陰陽笋閂，在拴骨上板片五寸七分大，共記四十八片，關水板依此樣式尺寸不悮。

又《推車式》 凡做推車，先定車屑，要五尺七寸長，方圓一寸五分大，車軏方圓二尺四寸大，車角一尺三寸長，一寸二分大；兩邊棋鎗一尺二寸五分長，每一邊三根，一寸厚，九分大；車軏中間横仔一十八根，外軏板片九分厚，重外共一十二片合進；車腳一尺二寸高，鎖腳八分大，車上盛羅盤，羅盤六寸二分大，一寸厚，此行俱用硬樹的方堅勞固。

明 夏子陽《使琉球録》卷上《造舟》 水行資舟，古志之矣。第中國之水，即險猶可依山泊岸，不則易而陸焉，舟猶長物也。浩浩滄溟，萬里一碧，舍舟奚從焉。夫奉天子之明命以撫柔遠人，將國之威德，於是乎布脱有不戒，而委君貺於草莽，毋亦惟是綜理之疎畧以自貽伊慼，其何以稱任使德意！故材有宜，制有式，工有所，費有經，凡舉必書，非瑣也，是有最重者也。按海船形制，與江湖座船不同。座船前後調停出入甚便，中間牕户玲瓏，開明爽朗，不異安宅也。此則艙口低凹，上覆平板爲戰棚，下爲官艙，僅高五六尺。俛僂深入，下上以梯，面雖啟牖門，然蓬桅當前，外無所見，蓋恐太高則衝風，故稍卑之耳。桅有三：大者居中，餘以次而臚列於前。舵在船後之樞，艙居其底，爲船之主。凡兩藤交榛，龍艕、龍骨、通樑杀錯鈐束，皆附艙以起。架龍棚之外有兜艙鞠，鎖梁釘之外有未鎚鞠，或鐵，或木，杀用之。官艙之後，爲司鍼密室，夥長居之。又後爲梢，舵工在焉。梢尾最高處，爲黄屋二層，中安詔勑，上設香火，奉海神也。兩邊設舨，自頭至尾如墻壁然，所以障波濤也。登舟之門，左右各一，高可容人。舵備三，用其一，副其二。甲午以四，尤爲有備焉。櫓置三十六枝。大鐵貓四，約重五千斤。大椶索八，每條圍尺許長百丈。小艀二，以藉往來登岸，或輸行李。水具大櫃二，載五六百石，如大甕者十數。以海水鹹，不可食，故舟中僅二使盥漱，餘止限給與飲食，懼水盡也。凡造船，必先定艙。舊例：定艙日，三司諸君率府縣官俱往南臺陪祭，外若豎桅、治纜、浮水出塢，亦皆有祭。凡以王事所在，誠重之也。先是甲午陳高二公使船製不得式，賴舵工謝敦齊臨時區處，始幸免患。辛酉己卯二使簽於前事，造船皆躬親督之，其制益周。舊爲一層板，厚七寸，故釘不入。後易作二層，每層厚三寸五分，釘艙爲密。意下層或致損漏，猶可恃内一層也。原爲二十四艙，後改爲二十八艙，各艙通用樟木貼梁，艙狹梁多，尤爲硬固。原以籐箍匝船，蓋亦一時權宜之計，後易以鐵條二十。座自艙底搭之兩舷，則外勢束縛益嚴，而又加以舨柱、釘板等料及增重艙頭極、交拴等十二件，以故涉險無虞。大抵海船身太長則軟而不就舵，頭太大則尾偏而損舵，尾太大則墜尾而不前，故今次船式多依漳匠斟酌損益而盡制曲防，頗極周密。船身長六丈一尺，頭艖長二丈七尺八寸，尾艖二丈，連頭尾虚梢，共計十五丈。船濶三丈一尺六寸，深一丈三尺三寸。艙數仍用二十八，而附艙加增勾拴，每層倍用龍骨及極板木、串板、轉艙、正艙之類皆多爲之具，而詳爲之制。至於曲舨之内盡爲眠籬，以棲執事，各官艙爲三層以安頓衆。小艀安顿棚上，不懸舨外，以免濤浪撼擊。上下金及桅座不用釘，以防引水滲入，更爲得法。以故歸舟舵數折，風濤顛頓，五六晝夜而船不致決裂，則勾連堅固之力也。此皆出於把總蕭蘇道亨云。

又 封舟所用木，桅以杉，取其理直而輕也。舵以鐵力，取其堅勁也。艙以松，取其沈實能久漬也。其他頭尾艖、桅座、鹿耳、馬口、通梁之類，皆須樟木爲之，取其翕釘而堅實也。諸木皆取之閩，惟鐵力木取之廣東。先是藩司差官戴朝用往採，經年未報。予等慮其遲悮，因令把總陳申再往採焉。後督造官合選之，共備三舵，然率非真鐵力木。而陳申者，猶彼善於此，故舵工首取用焉。而返日乃壞。戴朝用者，則一用輒敗折，而其一猶令人惴惴懼不免，則幾致悮事。後委買者宜慎，而選用者尤宜慎，不可以司委而曲徇之，或如甲午多備一門，亦不爲過也。艙木採自葉重光，乾没多金，僅僅得此，然又不以時至，余委指揮張維藩守趣之，令其五日一報，始得赴用。惟大桅更多齟齬，初報政和縣者爲奸民張孫鑑鑿毁，且毆報木公差，地方竟寬之，故人人聞風效尤。繼而安溪，又繼而大田，皆攘臂勃興，而安溪者尤爲可恨。蓋此最稱良材，地方官不中阻，則寻即可早竣事矣。其次桅，則侯官縣天仙廟木，省祭謝景懷所報也。地方官亦多方陰阻，且爲危言聳余。余令祭告於神伐之，寂無他異，惟中空丈餘，不中大桅之程，故取裁用焉。三桅則從商人選買之河下，實醫官何應曉力也。最後，寧德之木，有司妄申以爲必不可出，上下信其言，亦以爲必不可出矣。幸而勘驗爲延平推官徐君久德，還報具言近水不難致狀，始獲取用，仍以蕭子衙一木帮合成之。不則，又幾廢閣而丙午行期且當再悮矣。大抵閩山多材，桅木處處不乏，惟不虧民價，多與之值，而當事者更以共濟真心求之，民間方樂自獻，而有司亦何敢推諉也。兹行議用合桅，蓋地方大材砍鋸略盡，而督造官恐中陰禍，不得已議用之，亦出僥倖計耳。其後遭颶風，搖拽僅如竹杖而損裂有聲，人皆危之，至不敢篷。吁，亦幸矣。後之用者，切宜鑒之。其次，如棕、如鐵，閩省皆有，精粗美惡不等。解役多黠，應封事用者率以濫惡相欺。廠官稍選汰之，輒抗不應，甚且棄擲而去，反誣廠官索勒，蓋皆有所恃而然。此任事各官，所以人人自危也。棕産南平諸邑，督催兩年不至，亦賴徐節推之力，始獲觧用。而民間每里僅出數斤，不願領價，復還之藩司，尤稱節省。鐵則王君承差許楠所選買，亦多精良云。

又 卷下《封舟》 使夷航海，必資於舟。以余所憶，舟帶虛艄長十七丈、闊三丈有奇，艙分二十八，與録所載異。造時宜酌之。詢之，每艙多用龍骨，欲實而密，令堅緻可久。底必須厚，分爲二層，釘必須堅，務擇精鐵。其鐵須買之尤溪，價必多給，方得上好，慎勿輕買、輕收。己卯之使，曾買下鐵到廠，造船官不收，買鐵者反訟之軍門，謂彼索賄力蹬之。軍門恚，幾欲以軍法綑打，不得已，親往白之曰：「每鐵百斤，上鐵價若干，中鐵、下鐵價若干，今給上價不翅而反得下鐵，宜造船者之不收。」乃具二釘以進。上鐵釘鑿斷如銀紋銀，下釘鑿斷如蜂窩，以蜂窩之釘釘板不大半折矣，船安能堅？軍門悟，乃釋造船者不治，而改委官另買。後船被傷而渡海猶得保全者，則以堅厚故也。船之材，取諸近山處所，而建寧爲多；船之役，招諸近海處所，而漳清爲多，艙木必用松，桅木必用杉，舵木必用鐵力，餘若樟木、雜木亦隨宜而用。但材既大，非數百年之木不中程；木既巨，非數萬人之力不能運。如木過一鄉，即以一鄉之夫拽之，隔一程，有夫來換，前夫即遣歸。二程、三程以後皆然。衆輕易舉，原不甚勞。但驟覽其名，則一鄉用夫三四百名，十鄉即三四千名，沿途所經府、縣，似有十萬之數，實則片時數刻而已。軍門驟聞，不勝大怒，盡數裁革，撥兵六百人代之。旬日厚給以工食，即舖夫亦代以機兵。此輩初往甚喜。一日、二日運甚捷，三日、五日稍遲，十日以後，俱憊告退。其言曰：「從今以往，雖三錢一日，亦不願領。」蓋數十萬之衆於數百里間，借其朝旦之力，則人樂於易集；雖不給，且不怨也。萃十萬衆之事於數百人，責以旬月之久，則人若苦於難繼，雖給以厚直，不堪也。此事之理，無異足者。又不得已，往白之軍門，幸悟而得稍仍舊。蓋從容和緩婉以道之，未有不入者也。予後序中所云「功雖遲，不失爲君子正」，《使録》中所云「舟之庇，大都多謝君指畫」者，並以此。

明 宋應星《天工開物》卷中《漕舫》 凡京師爲軍民集區，萬國水運以供儲，漕舫所由興也。元朝混一，以燕京爲大都。南方運道，由蘇州劉家港、海門黄連沙開洋，直抵天津，制度用遮洋船。永樂間因之。以風濤多險，後改漕運。平江伯陳某，始造平底淺船，則今糧舡之制也。凡船制，底爲地，枋爲宫牆，陰陽竹爲覆瓦；伏獅，前爲閥閲，後爲寢堂；桅爲弓弩弦，蓬爲翼，櫓爲車馬；簞纖爲履鞵，綷索爲鷹雕筋骨，招爲先鋒，舵爲指揮主帥，錨爲劄軍營寨。糧舡初制，底長五丈二尺，其板厚二寸。採巨木，楠爲上，栗次之。頭長九尺五寸，稍長九尺五寸，底闊九尺五寸，底頭闊六尺，底稍闊五尺，頭伏獅闊八尺，稍伏獅闊七尺，梁頭一十四座。龍口梁闊一丈，深四尺。使風梁闊一丈四尺，深三尺八寸。後斷水梁闊九尺，深四尺五寸，兩廒共闊七尺六寸。此其初制，載米可近二千石。後運軍造者，私增身長二丈，首尾闊二尺餘，其量可受三千石。而運河閘口原闊一丈二尺，差可度過。凡今官坐舡，其制盡同，第窓户之間，寬其出徑，加以精工彩飾而已。凡造舡先從底起，底面傍靠檣，上承棧，下親地面。隔位列置者曰梁。兩傍峻立者曰檣。蓋檣巨木曰正枋，枋上曰弦。梁前竪桅位曰錨壇，壇底横木夾桅本者曰地龍。前後維曰伏獅，其下曰拏獅，伏獅下封頭木曰連三枋。舡頭面中缺一方曰水井，頭面眉際樹兩木以繫纜者曰將軍柱。舡尾下斜上者曰草鞋底，後封頭下曰短枋，枋下曰挽腳梁，舡稍掌舵所居，其上曰野雞篷。凡舟身將十丈者，立桅必兩；樹中桅之位，折中過前二位，頭桅又前丈餘。糧舡中桅，長者以八丈爲率，短者縮十之一二；其本入窓内亦丈餘；懸篷之位，約五、六丈。頭桅尺寸，則不及中桅之半，篷縱横亦不敵三分之一。蘇、湖六郡運米，其舡多過石甕橋下，且無江漢之險，故桅與篷尺寸全殺。若湖廣、江西省舟，則過湖衝江，無端風浪，故錨、纜、篷、桅必極盡制度，而後無患。凡風篷尺寸，其則一視全舟横身，過則有患，不及則力軟。凡舡篷，其質乃析篾成片織就，夾維竹條，逐塊摺疊，以俟懸掛。糧舡中桅篷，合併十人力方克湊頂，頭篷則兩人帶之有餘。凡度篷索，先係空中寸圓木關捩于桅巔之上，然後帶索腰間，緣木而上，三股交錯而度之。凡風篷之力，其末一葉，敵其本三葉。調勻和暢，順風則絶頂張篷，行疾奔馬；若風力洊至，則以次減下；狂甚，則只帶一兩葉而已。凡風從横來，名曰搶風。順水行舟，則掛篷「之」「玄」遊走。或一搶向東，止寸平過，甚至却退數十丈；未及岸時，捩舵轉篷，一搶向西。借貸水力兼帶風力軋，下則頃刻十餘里。或湖水平而不流者，亦可緩軋。若上水舟，則一步不可行也。凡船性隨水，若草從風，故制舵障水，使不定向流，舵板一轉，一泓從之。凡舵尺寸，與船腹切齊。若長一寸，則遇淺之時，舡腹已過，其稍尼舵使膠住，設風狂力勁，則寸木為難不可言；舵短一寸，則轉運力怯，回頭不捷。凡舵力所障水，相應及船頭而止，其腹底之下，儼若一派急順流，故船頭不約而正，其機妙不可言。舵上所操柄，名曰關門棒，欲船北，則南向捩轉；欲船南，則北向捩轉。船身太長而風力横勁，舵力不甚應手則急下一偏披水板，以抵其勢。凡舵用直木一根為身，上截衡受棒，下截界開銜口，納板其中，如斧形，鐵釘固拴，以障水。稍後隆起處，亦名曰舵樓。凡鐵錨所以沉水繫舟，一糧船計用五六錨，最雄者曰看家錨，重五百斤內外，其餘頭用二枝，稍用二枝。凡中流遇逆風，不可去，又不可泊，則下錨沉水底，其所繫緝纏繞將軍柱上，錨爪一遇泥沙，扣底抓住。十分危急，則下看家錨。繫此錨者，名曰「本身」，蓋重言之也。或同行前舟阻滯，恐我舟順勢急去，有撞傷之禍，則急下稍錨提住，使不迅速流行。風息開舟，則以雲車絞纜提錨使上。凡船板合隙縫，以白麻斮絮為筋，鈍鑿扱入，然後篩過細石灰，和桐油舂杵成團調艌。溫台、閩、廣即用礪灰。凡舟中帶篷索，以火麻稭綯絞，粗成徑寸以外者，即係萬鈞不絕。若繫錨纜，則破析青篾為之。其篾線入釜煮熟，然後糾絞。拽繾簟，亦煮熟篾線絞成，十丈以往，中作圈為接彄，遇阻礙可以掐斷。凡竹性直，篾一線千鈞。三峽入川上水舟，不用糾絞簟纜，即破竹濶寸許者，整條以次接長，名曰火杖。蓋沿崖石稜如刃，懼破篾易損也。凡木色，桅用端直杉木，長不足則接，其表鐵箍逐寸包圍。舡窓前道，皆當中空闕，以便樹桅。凡樹中桅，合併數巨舟承載，其末長纜繫表而起。梁與枋檣用楠木、櫧木、樟木、榆木、槐木，棧板不拘何木；舵桿用榆木、榔木、櫧木，關門棒用椆木、榔木，櫓用杉木、檜木、楸木，此其大端云。

又《海舟》 凡海舟，元朝與國初運米者曰遮洋淺船，次者曰鑽風船。所經道里止萬里長灘、黑水洋、沙門島等處，苦無大險。與出使琉球、日本暨商賈爪哇、篤泥等船制度，工費不及十分之一。凡遮洋運舡制，視漕舡長一丈六尺，濶二尺五寸，器具皆同，唯舵桿必用鐵力木，艌灰用魚油和桐油，不知何義。凡外國海舶制度大同小異。閩廣洋舡，截竹兩破排柵，樹于兩傍以抵浪。登、萊制度又不然。倭國海舶兩傍列櫓手欄板抵水，人在其中運力。朝鮮制度又不然。至其首尾各安羅經盤以定方向，中腰大横梁出頭數尺，貫插腰舵，則皆同也。腰舵非與稍舵形同，乃濶板斲成刀形，插入水中，亦不捩轉，蓋夾衛扶傾之義；其上仍横柄拴于梁上，而遇淺則提起，有似乎舵，故名腰舵也。凡海舟，以竹筒貯淡水數石，度供舟內人兩日之需，遇島又汲。其何國何島合用何向，針指示昭然，恐非人力所祖。舵工一羣主佐，直是識力造到死生渾忘地，非鼓勇之謂也。

又《雜舟》 江漢課舡，身甚狹小而長，上列十餘倉，每倉容止一人臥息。首尾共槳六把，小桅篷一座。風濤之中，恃有多槳挾持。不遇逆風，一晝夜順水行四百餘里，逆水亦行百餘里。國朝鹽課，淮揚數頗多，故設此運銀，名曰課舡。行人欲速者亦買之，其舡南自章、貢，西自荊、襄，達于瓜、儀而止。

三吳浪舡。凡浙西、平江縱横七百里內，盡是深溝小水灣環，浪舡以萬億計。其舟行人貴賤來往，以代馬車、扉履舟，即小者，必造窓牖堂房，質料多用杉木。人物載其中，不可偏重。一石偏，即欹側，故俗名天平舡。此舟來往七百里內，或好逸便者徑買，北達通、津，只有鎮江一横渡，俟風靜涉過，又渡青江浦，遡黃河淺水二百里，則入閘河安穩路矣。至長江上流風浪，則没世避而不經也。浪舡行力在稍後，巨櫓一枝，兩三人推軋前走，或恃繾簟，至于風篷，則小席如掌，所不恃也。

東浙西安舡。浙東自常山至錢塘八百里，水徑入海，不通他道，故此舟自常山、開化、遂安等小河起，錢塘而止，更無他涉。舟制：箬篷如捲甕為上蓋，縫布為帆，高可二丈許，綿索張帶。初為布帆者，原因錢塘有潮湧，急時易于收下。此亦未然，其費似侈于篾席，摠不可曉。

福建清流稍篷舡。其舡自光澤、崇安兩小河起，達于福州洪塘而止，其下水道皆海矣。清流舡以載貨物、客商，稍篷制大，差可坐臥，官貴家屬用之。其舡皆以杉木為地。灘石甚險，破損者其常。遇損則急艤向岸，搬物掩塞。舡稍徑不用舵舡，首列一巨招，捩頭使轉。每幫五隻方行，經一險灘，則四舟之人皆從尾後曳纜，以緩其趨勢。長年即寒冬不果足，以便頻濡。風篷竟懸不用云。

四川八櫓等舡。凡川水源通江、漢，然川舡達荊州而止，此下則更舟矣。

逆行而上，自夷陵入峽，挽繿者以巨竹破爲四片或六片，麻繩約接，名曰火杖。舟中鳴鼓若競渡，挽人從山石中聞鼓聲而咸力。中夏至中秋，川水封峽，則斷絶行舟數月。過此消退，方通往來。其新灘等數極險處，人與貨盡盤岸行半里許，只餘空舟上下。其舟制腹圓而首尾尖狹，所以鬭灘浪云。

黄河滿篷稍。其舡自河入淮，有淮遡汴用之。質用楠木，工價頗優。大小不等，叵者載三千石，小者五百石。下水則首頸之際，横壓一梁，叵櫓兩枝，兩傍推軋而下。錨、纜、篔、帆制與江漢相彷云。

廣東黑樓舡、鹽舡。北自南雄，南達會省，下此惠、潮。通漳、泉，則由海汊乘海舟矣。黑樓舡爲官貴所乘，鹽舡以載貨物。舟制：兩傍可行走，風帆編蒲爲之，不掛獨竿桅，雙柱懸帆，不若中原隨轉。逆流馮籍繿力，則與各省直同功云。

黄河秦舡。造作多出韓城。叵者載石數萬鈞，順流而下，供用淮徐地面。舟制：首尾方濶均等，倉梁平下，不甚隆起。急流順下，巨櫓兩傍夾推，來往不馮風力。歸舟挽繿多至二十餘人，甚有棄舟空返者。

又《車》 凡車利行平地，古者秦、晉、燕、齊之交，列國戰爭必用車，故千乘、萬乘之號，起自戰國。楚漢血争而後日鬭。南方則水戰用舟，陸戰用步馬，北膺胡虜，交使鐵騎，戰車遂無所用之。但今服馬駕車，以運重載，則今日騾車，即同彼時戰車之義也。凡騾車之制，有四輪者，有雙輪者，其上承載支架，皆從軸上穿鬭而起。四輪者前後各横軸一根，軸上短柱起架直梁，梁上載箱。馬止脱駕之時，其上平整，如居屋安穩之象。若兩輪者，駕馬行時，馬曳其前，則箱地平正；脱馬之時，則以短木從地支撑而住，不然則欹卸也。凡車輪一曰輮，其大車中轂，長一尺五寸，所謂外受輻，中貫軸者。輻計三十片，其内插轂，其外接輔。車輪之中，内集輪，外接輞，圓轉一圈者，是曰輔也。輞際盡頭，則曰輪輮也。凡大車，脱時則諸物星散收藏；駕則先上兩軸，然後以次間架。凡軾、衡、軫、軛，皆從軸上受基也。凡四輪大車，量可載五十石。騾馬多者或十二掛或十掛，少亦八掛。執鞭掌御者居箱之中，立足高處。前馬分爲兩班，糾黄麻爲長索，分係馬項，後套總結收入衡内兩傍。掌御者手執長鞭，鞭以麻爲繩，長七尺許，竿身亦相等。察視不力者，鞭及其身。箱内用二人踹繩，須識馬性與索性者爲之。馬行太緊，則急起踹繩，否則，翻車之禍，從此起也。凡車行時，遇前途行人應避者，則掌御者急以聲呼，則羣馬皆止。凡馬索總係透衡入箱處，皆以牛皮束縛，《詩經》所謂「脅驅」是也。凡大車飼馬，不入肆舍，車上載有柳盤，解索而野食之。乘車人上下皆緣小梯。凡遇橋梁中高邊下者，則十馬之中，擇一最强力者係于車後。當其下坂，則九馬從前緩曳，一馬從後竭力抓住，以殺其馳趨之勢。不然則險道也。凡大車行程，遇河亦止，遇山亦止，遇曲徑小道亦止。徐、兖、汴、梁之交，或達三百里者，無水之國，所以濟舟楫之窮也。凡車質，惟先擇長者爲軸，短者爲轂，其木以槐、棗、檀、榆爲上。檀質太久勞則發燒。有慎用者，合抱棗、槐，其至美也。其餘軫、衡、箱、軛，則諸木可爲耳。此外，牛車以載芻糧，最盛晉地。路逢隘道，則牛頸係巨鈴，名曰「報君知」，猶之騾車羣馬盡係鈴聲也。又北方獨轅車，人推其後，驢曳其前，行人不耐騎坐者，則雇覓之。鞠席其上，以蔽風日。人必兩傍對坐，否則欹倒。此車北上長安、濟寧，徑達帝京。不載人者，載貨約重四、五石而止。其駕牛爲轎車者，獨盛中州。兩傍雙輪，中穿一軸，其分寸平如水。横架短衡，列轎其上，人可安坐，脱駕不欹。其南方獨輪推車，則一人之力是視，容載二石，遇坎即止，最遠者止達百里而已。其餘難以枚述，但生于南方者不見大車，老于北方者不見巨艦，故粗載之。

明 范景文《師律》卷一一 崇明沙船可以接戰，但上無壅蔽，火器矢石，何以禦之？不如鷹船兩頭俱尖，不辨首尾，進退如飛。其傍皆茅竹板密釘，如福船傍板之狀，竹間設窓，可出銃箭。窓之内，船之外，隱人可盪槳。先用此舟冲敵，入賊隊中，賊技不能却，沙船隨後而進，短兵相接，戰無不勝矣。鷹船沙船，乃相須之器也。

明 方以智《物理小識》卷八《器用類》 舟 桅之高少舟之長五十分之一，檣枰之衡爲舟之濶，其底深淺視臘之稜，其柁與其底平，小舟之柁桿則可上可下。船諺曰：「船有七飛禽，八走獸，九板一木，又有寸木不見天。」此其概也。艌以竹青油灰，吴舩歲一油之。溪船底平，江船底深，梭船底尖。江湖用艄艚，兩廣用陽橋；江湖帆在桅左，廣帆在桅右。蜀用布帆，洋船下有直木，皆重底也。其用輪者，古有之矣。袁褧曰：「韓蘄王黄天蕩用飛輪八檝，允文采石之役，舟中踏車行船發礮。」史紬曰：「劉裕曾用之，舟内輪轉，外不見人。」張燧曰：「虞

又 洋舫 萬曆甲辰七月，紅毛艘渡閩求市，沈士弘將軍遣之去。其人

具。中作一轉軸，自下至頂上，繫絲繩四條，繩尾各懸一鉄錘、斧頭等具，內裹轉動并起，人馬觸者必死。且神箭神砂三面飛出，或三五輛，或十數輛夾攻之，回則倒轉其輪，一名如意車。

明 董斯張《廣博物志》卷四二 影娥池中有遊月船、觸月船、鴻毛船、遠見船，載數百人。或以青桂之枝爲櫂，或以木蘭之心爲檝，練實之竹爲篙，紉石之脉爲繩纜也。石脉出晡東國，細如絲可縋萬斤，生石裏，破石而後得此脉，縈緒如麻紵也。名曰石麻，亦可爲布也。

清 高士奇《扈從東巡日録》附録 威護，小船也。獨木虛中，鋭其首尾。大者容人五六，小者二三。一人持兩頭槳，左右棹之，亂流而渡。

清 顧祖禹《讀史方輿紀要》卷二〇《南直二》 靈谷寺在外城內鍾山之陽。《金陵記》：蔣山寺舊在山南，本名道林寺，梁曰開善寺，宋曰太平興國寺，後爲蔣山寺。明因孝陵奠焉，乃移於東麓，賜名靈谷寺。又有漆園、桐園、椶園俱在鍾山之陽。洪武初，以造海運及防倭戰船所用油漆椶纜爲費甚重，乃立三園，植椶漆桐樹各千萬株，以備用，而省民使焉。

清 允祹《大清會典》卷七七 木輅，穹頂，飾黑色，高二尺六寸一分，四面嵌花梨木版一。屋高六尺五分，廣八尺八寸，柱高五尺八寸，門高五尺二寸，廣二尺二寸五分，左右門廣二尺二寸，闌制如玉輅。左旗繡龜蛇，右旗繡升龍。轅三，各長二丈五寸，駕馬六，餘同象輅。禮輿高五尺八寸五分，廣三尺，深四尺，重頂高一尺三寸。上層八角，下層四方，皆髹金垂繡金龍黃綺重幨，每角飾金蹲龍，計十有二。上安鈒花金頂嵌珊瑚青金緑松等石，內天井飾蟠龍一。柱四，高二尺八寸，均繞以刻金盤龍一。門端鏤金雲龍二，左右塗金龍。闌干均平傅直轅之上，前轅下左右金蹲龍各一，仰承直轅，飾以黃綺，紗氊幃各一，隨時施設。中設金盤龍寶座，高一尺七寸，廣二尺七寸。直轅二，各長丈七尺六寸五分。大横竿二，各長九尺。小横竿四，各長二尺五寸。肩竿八，各長五尺八寸。撑竿二，各長三尺。皆髹以朱繪金雲龍，兩端飾以鈒金龍。首尾舁以十有六人。

清 屈大均《廣東新語》卷一八《舟語·操舟》 粵人善操舟，故有鐵船紙人，紙船鐵人之語。蓋下海風濤多險，其船厚重，多以鐵力木爲之。船底從一木以爲梁，而艙艎横數木以爲檣，有梁檣則骨幹堅强，食水可深，風濤不能掀簸。任載重大，故曰鐵船。船既厚重，則惟風濤所運，人力不費，小船一人

長身紅髮，深目藍睛，高鼻赤足，帶劍走舟上若飛，登岸不能疾行。舟長二十餘丈，雙底木厚二尺，外瀝青錮之。桅三接，其帆用布，一桅堅樹，其二桅以候風之恬猛爲升降。中横一杆，桅上有斗，容四十人。繫繩若梯，上下瞭遠。下列發貢銃，前用木照，後用柁。黑鬼善没爲之使，此李衷一所記也。利瑪竇言舶三等，小者舟腹自上達下僅留一孔，四圍點水不漏，下填以石。風濤起時，惟操舟者縛身檣桅，一日行千里。中者容數百人，大者上下八層，桅長十四丈，有舶師、歷師、將卒、客商千人。江船用鐵錨，洋舫用木矴，多則獨鹿木。其縫以椰索貫，而瀝青石腦油塗之。

洋船釘，海鹹爛鐵，且妨磁也。故用鐵力木椗、桄榔、箆竻竹作釘，今以蛇皮內膏浸釘，釘船則不妨。

明 吴惟順《兵鏡》卷一〇《小車》 今世有獨輪車者，民間用以搬運。一夫推之，或一人前挽，一人後推，其制輕便。因其制可爲戰車，其便可以戰，可以拒，可以營，可以衝，可以載，其費廉，其式用兩木，圍九寸，長九尺者爲轅，轅首斜彎而起。中以受軸，爲獨輪。其輪徑二尺有五寸，以板爲之而不設輻，中爲死轂。又於施輪處前後五六寸許兩轅上，各加一横木，前二後三。又於後横木近輪處鑿爲二孔，用二小彎木條置孔中，引而屈之如弓狀，繩縛其端於前横木上，有所載，則以繩繫於上。又於輪之後兩轅下，用木爲足，與軸等。其後横木上，施軟蓐以爲坐席，席之下兩足間，施竹簞以盛食器及刀斗，其轅首交合處，其高準馬胷，用人手執之爲準。鑄鉄爲利器，如祈犂樣，冒於交轅之首，臨戰用以當敵之馬胷也。去轅首盡許，又横施一鐵條，長一尺四寸，上列齒以架刀鎗。兩轅之傍，其前後各爲鐵環四，左右各二，前係鐵鎖，後係鐵鉤，聯車爲營之際，前轅相去稍遠，則用鎖繫之於環，後轅緊相挨傍，則以鉄鉤搭其環，彼此相維以爲固。又於後環之次，左右各加以一大環，駐車時，用刀或鎗，貫環中而立焉。兩軍交鋒之際，列前以代鹿角，敵馬衝突，一夫推之而前，四卒各執刀鎗以夾持之，趨前以當其馬胷。又用革爲摺疊牌，立於車上，以蔽車夫，大抵車不可彫飾。其不可施斧鑿處，只用蔴繩縛縶，每車上各具刀斧鑿鋸，及板木繩釘之類，以備急用。

又《威敵車》 用好木作底，前後四輪，前二輪各制轉軸，如轆轤樣；後二輪相連，如水車樣。高三尺五寸，長四尺，濶三尺，內可容二人。上窄如人形，後留一門以便出入。周圍用生牛皮張裹，四面皆留箭槍眼，以放火藥之

一槳，大船兩三人一櫓，揚篷而行，雖孱弱亦可利涉，故曰紙人。篷者，船之司命，其巨艦篷，每當逆風挂之，一横一直而馳，名曰扣篷。諺所謂：「廣州大艨艟，使得兩頭風。輸一篷，赢一篷」也。横行曰輸，直行曰赢，篷，颿也。以蒲席爲之，亦曰篗也。或以木葉爲之，曰帆葉也。每艦有二篷，風正曰八字，八字風在後則正，在前則横，故又有「後八字風，揚篷當中。前八字風，勾篷西東」之語。其或舟子撮唇爲吹竹葉聲，及鳴金鼓以召風。風至，二篷參差如飛鳥展翅。左右相當，其形亦如八字，是皆鐵船乃勝任。上江自淩、湞、湟、武諸水以下至清遠，一路灘高峽峭，水多亂石，其船食水淺，率以樟木爲之，底薄而平，無横木以爲骨。放之順流，遇砐硪大石，一折而過，勢如矢激，故曰紙船。其逆崩流而上者，觸崖觝碞，隨石廻旋，撑者、鈎者數人，牽者數人。牽者在隈岸或怪石間，爲深林密箐所蔽，前後不相顧，舟子慮其或過或不及，衝陷石稜，則終日大叫，叫且如哭，如相殺聲，一一悽酸鬱怒。或于石告哀，或與石拒敵。其船乍前乍卻。前者如暴虎，後者如搏熊。一檣失勢，舟破碎漂没，入于渦盤矣。故舟子非强有力者不能勝，故曰鐵人。其上樂昌瀧者，率以雙檣穿舟，腰之而上。舟子謡曰：「朝穿腰，暮穿腰，檣如鐵一條。」又曰：「上灘檣在手，上瀧檣在腰。」其上樂昌灘者，舟人爲藤圈于舟旁，檣在圈中，二人肩檣以行，名曰肩舟。舟行以肩，亦曰舟輿。其上烏蠻大灘者，每一落檣，男女則偃身船旁，以助其勢，曰眠檣。行者笑之。有謡云：「婦人撑右，丈夫撑左，估客笑人，眠檣不可。」是皆非鐵人不能任。其駕諸鄉艇船者，雖隆寒袒裸，血汗沾濡，摇櫓之聲，如雷霆，如戰鬭，常使驚波披靡，舟過而水痕不能合。雖逆水逆風，日猶百里，亦皆號爲鐵人云。廣州故多艇船，而日艇夫尤壯。日艇多勤，夜艇多惰，勤者之力，恒使風潮無功。風潮不能厄其勢，海寇不敢爭其强。是皆所謂鐵人也。

又《舟語·戰船》　廣之蒙衝戰艦勝於閩艚。其巨者曰横江大哨，自六櫓至十六櫓，皆有二桅，桅上有大小望斗雲棚。望斗者，古所謂爵室也。居中候望，若鳥雀之警示也。雲棚者，古所謂飛廬也。望斗濶廣各數尺，中容三四人，網以藤，包以牛革，衣以絳色布帛，旁開一門出入。每戰則班首立其中，班首者，一舟之性命所繫，能倒上船桅，於望斗中以鏢箭四面擊射，勢便，或銜刀挾盾，飛越敵艦，斬其帆檣；或同蜑人没水鑿船，而乘間騰躍上船殺敵；或抱敵人入水淹溺之。其便捷多此類。艦旁有芘籬，夾以柗板，徧以藤，蒙以犀兕綿被，左右架佛朗機砲、磁砲、九龍信砲、蒺藜錫砲、霹子砲、神砲數重，及火磚、灰礶、煙毬之屬，尾梢作叉竿連棒。又有箸竹樓櫓以隱蔽。又或周身皆砲，旋轉廻環，首尾相爲運用，其捷莫當。此戈船之最精者也。其小者曰飄風子，曰大小撥槳，大撥槳，每船一艘，槳百餘，小者亦五六十。人坐船内撥之，其行若飛，人各有所隱蔽，箭砲莫能中。槳之利勝櫓，櫓立槳坐，立則人在艙外易受敵，坐則人在艙中，每一槳有一鳥鎗或三眼神鎗輔之，槳動則羣鎗齊發。其飄洋者曰白艚、烏艚，合鐵力大木爲之。形如槽然，故曰艚。首尾又狀海鰍，白者有兩黑眼，烏者有兩白眼，海鰍遠見，以爲同類不呑噬。其載人與貨物者曰艘，製亦如鬭艦，上施兵器及砲火、飛石、灰罌，旁布漁罛。小者曰横水艘，捕魚者曰香舠，亦曰鄉舠，曰大滂罾、小滂罾，其四櫓六櫓者曰小舠，八櫓者曰大舠，曰縩罛船，曰沉罾。其曰朋罛者，以船十數梭爲一朋，同力以取大魚，故曰朋罛，亦曰擺簾網船。其上灘瀨者，曰扁水船，即艑艖也，亦曰扒竿船。又二木於船首，以張帆席，故曰扒竿，竿即檣也。蜑人所居曰艇，孔鮒云：小船謂之艇。《釋名》云：艇，其形徑梃，一人一人所行也。盜舟曰龍艇，長四五丈，裸無篷蓋，數十人以橈撥之，奮迅如龍，最利攻刦，吾粵水道多岐，山海相通，盜賊易爲出没，龍艇之爲害，無處無之。其曰大龍艇者，長九丈七尺，寬一丈二尺六寸，兩旁有槳四十四，櫓十二。入洋則純用槳，出洋則純用櫓及風篷。每櫓八人，槳一人，更番出力。凡有三百餘人，爲兩班。船上有木櫃，其形方，長六七尺，可避波濤。兩旁爲銃眼及强弩架，弩亦四十有四。又有竹欄，以支牛皮、絮被、罾罛，爲禦矢石銃砲之具。其船輕而疾，受水淺，倏忽可數百里，白艚、烏艚最畏之，以其無風可行，不能追逐故也。其名生船，以烏、白艚無風則死也。其櫃以水栟之木，帆以布，布以粗麻爲之，染以薯莨，浸以礬水及鹽。其底以鐵力木或紅盧桂木，性柔耐水，可長久。更佐以香舠之船，左右相夾，往往無敵。香料長短與相等，寬亦如之，周以竹籬而頭方，上亦有櫃稍圓，惟不用槳而純用櫓耳。櫓十四或十六，桅則三之，或於船兩旁作代風輪二或四，以激水，水力即風力也。或止作空底一層，於最近水處，穩便愈甚。不然止在船兩旁順置長空匣，疾亦如之。

又《舟語·洋船》　洋舶之大者，曰獨檣舶，能載一千婆蘭，一婆蘭三百斤，番語也。次牛頭舶，於獨檣得三之一，次三木舶，於牛頭得三之二。

次料河舶，於三木得三之一。底二重，皆以鐵力木厚三四尺者爲之。錮以瀝青、石腦油、泥油，填以礌石，矴以獨鹿木，紮以藤，縫以椰索。其碇以鐵力、水杪，釘以桄榔、篾簩，淬釘以蛇皮内膏。蓋海水鹹，爛鐵妨磁石，故皆不用鐵物云。桅凡三，一桅嘗植，二桅以風而植。桅長者十四五丈，或二三接，中皆横一杆，上有望斗，容四十餘人。又以木爲人，或升或降，遍置梯繩之間，前木照後柁，以黑鬼善没者司之。其舶小者，四圍皆密，腹中僅留一孔，自上而下，飄洋時，梢公縛身桅下，餘悉在舶腹之中。凡上舶容人千餘，中者數百，皆有舵師、曆師。然必以羅經指南，尸羅經者，爲一舶司命，毫末分利害焉。每舶有羅經三，一置神樓，一舶尾，一在半桅之間，必三鍼相對不爽，乃敢行海。大魚至，以銅銃擊而退之。大魚去而波浪爲怪，以長劍斬之。其人爲西南諸番將卒工商之屬，一一兇狠，海寇皆莫敢近。故得輸其珠費奇物，以輻輳五羊。嘗有賀蘭國舶至閩，有客往觀之，謂其舶崇如山嶽，有樓櫓百十重，上懸五色幡幟，環飛廬皆置木偶以疑遠，内則含伏大佛朗機百位，外則包裹牛革數重，月以丹漆塗墍一周以爲固，梯以藤結而上下。客登，則番人從雀室探其首，眼皆碧緑，髮黄而面黧，以手相援，見之驚猶魑魅。登未及半，則施放火器，黄霧蔽人，咫尺渺不相見，聲如叢雷，轟闐足底。譯人云：此吾國所以敬客，願毋恐。其人無事皆細羢大笠，著紅罽長襦，金紐連綿至地，或持骨朶，或負手閒行，自晨至暮不息。帆繩交結如網羅，或皆在其上坐臥。帆以布，凡七張之，繩以棕細藤，窻牖以玻璨嵌之。艙以辟支緞鋪之，凡十數重。酒以葡萄以香舂，器以寶玉椀，高傾以瀉注成貫珠爲禮。瓜蔬味皆酸脆碧色。筆管以木爲之，如冠簪而細小。有一卷長二丈餘，繪畫山川，有番字識其下。考之皆五虎門内水深淺處，其心故不可測也。賀蘭舶亦嘗至廣州，予得登焉。舶腹凡數重，縋之而下，有甜水井、菜畦，水櫃水垢濁，以沙礬濾之復清。懸釜而炊，張錦綳白氍而臥，名曰兜床。人各以柔韋韜手，食則脱之。食皆以蘇合油煎烙，曼頭牛腢，皆度色如金黄乃食。其刀可屈信如蛟蛇，左右盤拏，類古之魚腸劍。然時鼓弄銅琴銅絃，拍手彈肩。對舞以娱客，似有禮者。吾廣承平時，西南諸番嘗至者有十五國。其安南、占城、暹羅、真臘、斛鎖里五國，歲一朝貢，餘則或至或不至。所患者，吾奸民爲彼舌人通事，時或椎髮環耳，侏僑入羣，爲之鄉導。誘之以婦女妖淫，告之以官司重輕，示之以地形虚實，爲我腹心禍患。正德間，佛朗機紿稱入貢。自西海突犯莞城，大肆殺掠，此其明徵矣。賀蘭從古未至，而紅毛鬼者，長身赤髮，深目藍睛，勢尤猙獰可畏。比年數至廣州，其頭目號曰白丹，每多閩漳人僞爲之，其驕恣多不可制。紅毛鬼所居大島在交阯南，蓋倭奴之别種也。常入洋中爲盜，其船有五桅者、九桅者，首尾皆有舵，以利廻旋。舵工分班使風，晝夜兼行，惟視羅經所向。時登桅視千里鏡，見遠舟如豆子大，則不可及，若大如拇指許，即接長其桅而追之。桅有雌雄二竅，箍而楔之，益左右帆。數百里之遥，逾時可及。吾船亦有三五桅者，兩舷作木城，摇櫓於中，且行且戰。若大砲多、風順，亦可逸去。倘衆寡不敵，爲所擒，則盡屠矣。紅毛鬼之爲惡若此。嗟夫！吾粤三面阻海，而南嶼爲左蔽，瀾洲爲右翼，虎門爲前屏，此皆險要。倭與紅毛若乘汛舉連天之舶而前，則南嶼必先受敵，虎門犄角二隅，未多置兵，則内户不鍵也。諸舶既往來飄忽，而山寇陰行勾引，其爲禍可勝道哉。

又《舟語·藤埠船》　瓊船之小者，不油灰，不釘鍣，槩以藤扎板縫，周身如之。海水自罅漏而入，漬漬有聲，以大斗日夜戽之，斯無沉溺之患。其船頭尖尾大，形如鴨母，遇颶風隨浪浮沉，以船有巨木爲脊，底圓而堅，故能出没波濤也。蘇軾云：番人舟不用鐵釘，止以桄榔鬚縛之，以橄欖糖泥之，泥乾甚堅，入水如漆。蓋自古而然矣。

又《舟語·瀧船》　舟自宜章下平石者，曰單船。自平石下六瀧至樂昌者，曰雙船。單小艑也，雙大艖也。六瀧古名武溪，或以爲即馬援門生所歌武溪濱者，水最湍怒舟上下砯石。單船小，水易漂没，故必用雙船，其力能與石鬭。船勝石則生之機，石勝船則死之機。固嶠南之絶險處也。雙船兼二獨木爲之，形若浮槎，單者止刳一木，每船三人，上水者篙人在水中，下者槳人在舟中，二人分左右打槳，一人在後，一手持舵，一手打槳，舵亦以長槳爲之。故諺曰：上篙下槳。予嘗有《上瀧謡》曰：篙直如箭，船石不見。篙曲如弓，船石相舂。又歌曰：上瀧下瀧舟不同，雙船與石相爭雄。雙船一曰瀧船。昌黎詩：仍將衰病入瀧船。瀧船又即下瀨船，方愚者云：東越傳下瀨將軍。南越傳下厲將軍，厲即瀨也。海水湀故用樓船，灘水淺故用下瀨，下瀨之船小者也。戈船者，戈音划，撑小舟曰划，音華，廣陵以小舟爲划子是也。舟進篙謂之划，篙一曰拏。莊子：方將杖拏而引其船。

又　卷二五《木語·桂》　古多以桂爲舟，《楚辭》云「沛吾乘兮桂舟」。

蓋古時番禺多桂。《山海經》云「賁隅之東，八桂生焉」，故舟楫多采桂爲之。故曰「番禺之桂，爰始爲舟」。

飲食中古稱蜀薑越桂，越桂以高州肉桂爲珍，雜檳榔食之，口香竟日。秦時羅浮有桂父者，象林人也。常服肉桂及葵，以龜腦和之。《列仙傳贊》云：偉哉桂父，挺直遐畿。靈葵內潤，丹桂外綏。」

清 楊賓《柳邊紀略》卷四 寧古塔船有二種，小者曰威弧，獨木鋭首尾，古所謂刳木爲舟者是也。可受三四人；大者曰五板船，三艙合五板爲之，合處不用灰麻，釘以木，水漬則以青苔塞之。可受十餘人。常責一人執青苔以俟，不遑他顧，他顧則水入船矣。槳長數尺，兩頭若柳葉，而圓其中，人執之，左右棹若飛，《開元新志》所謂「乘五板船，疾行江中者」是也。五板船，富者乃有之，威弧隨處皆有，秋冬則以爲馬槽。

清 王棠《燕在閣知新録》卷二六《木牛流馬》 亮集載作木牛流馬法，曰木牛者，方腹曲頭，一脚四足，頭入領中，舌著於腹。載多而行少，宜可大用，不可小使。特行者數十里，羣行者二十里也。曲者爲牛頭，雙者爲牛脚，横者爲牛領，轉者爲牛足，覆者爲牛背，方者爲牛腹，垂者爲牛舌，曲者爲牛肋，刻者爲牛齒，立者爲牛角，細者爲牛鞅，攝者爲牛鞦，軸牛仰雙轅，人行六尺，牛行四步，糧日行二十里，而人不大勞。流馬尺寸之數，肋長三尺五寸，廣三寸，厚二寸二分，左右同。前軸孔分墨去頭四寸，徑中二寸。前脚孔分墨二寸，去前軸孔四寸五分，廣一寸。前扛孔去前脚孔分墨二寸七分，孔長二寸，廣一寸。後軸孔去前扛分墨一尺五分，大小與前同。後脚孔分墨去後軸孔三寸五分，大小與前同。後扛孔去後脚孔分墨二寸七分，後載剋去後扛孔分墨四寸五分。前扛長一尺八寸，廣二寸，厚一寸五分。後扛與等枚方囊二枚，厚八分，長二尺七寸，高一尺六寸五分，廣一尺六寸。每枚受米二斛三斗。從上扛孔去肋下七寸，前後同。上扛孔去下扛孔分墨一尺三寸，孔長一寸五分，廣七分，八孔同。前後四脚，廣二寸，厚一寸五分。形制如象，長四寸，徑面寸三分。孔徑中三脚扛，長二尺一寸，廣一寸五分，厚一寸四分，同扛耳。

茂苑楊時偉編次諸葛忠武書云「侯居隆中，有客至，屬婦具麪，須臾而具。侯怪其速，潛往窺之，見數木人斫麥運磨如飛，求傳此術。後變其制爲木牛流馬」云。棠按：此説則是木牛流馬因其婦黄氏而變制爲之也。武侯婦，黄承彦女，極醜而多才。

清 吴景旭《歷代詩話》話五〇《板輿》 白樂天詩「朱旛四從板輿行」吴旦生曰：「潘安仁《閒居賦》太夫人乃御板輿，升輕軒。注云：板輿，一名步輿，方四尺，素木爲之，自樂天引用，世遂以板輿爲奉母故事。然按當時，三公告老，許以板輿上殿，如傅祇者。又梁韋叡以板輿自載，督厲衆軍，則非專以奉母。」

清 文行遠《潯陽蹠醢》卷一 木蘭州在潯陽江中，昔吴王闔閭植木蘭樹于此，用構宫殿。後有魯班刻木蘭爲舟，故詩家木蘭舟本此。

清 林佶《全遼備考》卷下 扒犂，土人曰法喇，以木爲之。犁而有架車而無輪，轅長而軟，雪中運木者也，駕以牛。

清 愛新覺羅·胤禛《世宗憲皇帝硃批諭旨》卷一二六之二二 勘得蕭江口至荆子關計程二百六十里，河潤水平，雖有淺灘，扒船可以行走。自荆子關至龍駒寨計程三百六十里，溪流淺窄，灘石險峻，惟有小鰍船可以往來，蓋鰍船首尾俱尖，身長而窄，較扒船靈動。船底係楺木打造，性軟而堅，即經傷損，尚可修理。今奉文造船，必以小鰍爲最。查扒船可裝米十三石，鰍船可裝米十四石，通計十萬之米。豫省需船一千隻即可，循環運送。今淅川縣有中樣扒船三百隻，可以雇募，在荆子關以下行運。至鰍船一項，船底係楺木板片，楺木係湖南寶慶等府出産。若委員赴寶慶設廠造船，未免往返稽遲，緩不濟事。即造完船隻，尚須雇覓熟練溪河慣撑鰍船之頭舵水手押送來豫，方能行運，通盤計算，不如赴湖北雇覓爲便。

清 張廷玉《明史》卷七九《食貨志》 初，船用楠杉，下者乃用松。三年小修，六年大修，十年更造。每船受正耗米四百七十二石。其後船數缺少，一船受米七八百石。附載夾帶日多，所在稽留違限。一遇河決，即有漂流，官軍因之爲奸。水次折乾，沿途侵盗，妄稱水火，至有鑿船自沉者。

又 卷九二《兵志》 海舟以舟山之烏槽爲首。福船耐風濤，且禦火。浙之十裝標號軟風、蒼山，亦利追逐。廣東船，鐵栗木爲之，視福船尤巨而堅。其利用者二，可發佛郎機，可擲火毬。大福船亦然，能容百人。底尖上闊，首昂尾高，柁樓三重，帆桅二，傍護以板，上設木女牆及礮牀。中爲四層：最下實土石；次寢息所；次左右六門，中置水櫃，揚帆炊爨皆在是；

最上如露臺，穴梯而登，傍設翼板，可憑以戰。矢石火器皆俯發，可順風行。海蒼視福船稍小。開浪船能容三五十人，頭鋭，四槳一櫓，其行如飛，不拘風潮順逆。艟𦨴船視海蒼又小。蒼山船首尾皆闊，帆櫓並用。櫓設船傍近後，每傍五枝，每枝五跳，跳二人，以板閘跳上，露首於外。其制上下三層，下實土石，上爲戰場，中寢處。其張帆下矴，皆在上層。戚繼光云：「倭舟甚小，一入裏海，大福、海蒼不能入，必用蒼船逐之，衝敵便捷，温人謂之蒼山鐵也。」沙、鷹二船，相胥成用。沙船可接戰，然無翼蔽。鷹船兩端鋭，進退如飛。傍釘大茅竹，竹間牕可發銃箭，牕内舷外隱人以盪槳。先駕此入賊隊，沙船隨進，短兵接戰，無不勝。漁船至小，每舟三人，一執布帆，一執槳，一執鳥嘴銃。隨波上下，可掩賊不備。網梭船，定海、臨海、象山俱有之，形如梭。竹桅布帆，僅容二三人，遇風濤輒舁入山麓，可哨探。蜈蚣船，象形也，能駕佛朗機銃，底尖面闊，兩傍楫數十，行如飛。兩頭船，旋轉在舵，因風四馳，諸船無逾其速。蓋自嘉靖以來，東南日備倭，故海舟之制，特詳備云。

清 董天工《武夷山志》卷一九《古蹟·架壑船》 船長約二丈許，中濶首尾漸狹，類梭形，傳爲圓木刳成，且具棹檝，然遥望之，弗能詳也。李磊英云舊志載武夷仙船凡七，在昇真洞者四，兜鍪峯者一，小藏峯者二，然不止此。兜鍪或云二艇，此外更有六艇：一在金鷄洞，三在鷄窠巖，一在真武洞，一在小藏峯北壁穴中。東壁所見架壑船舊有四，明萬曆丁巳夏墜其一，内貯磁器，隨皆糜碎，好事者爭藏其板，嗅之微香。國朝康熙辛亥秋又墜其一，今所存者，小藏凡三。又按程應元所見金鷄洞内貯香一船，及今洞口所懸，蓋亦二艇。又傳白雲洞有一艇，是其數通計爲十六矣。不知尚有未盡否。

清 乾隆《福州府志》卷四六《名宦》 一云外國造船，需用中國船料，桅舵恐閩船賣與之。查外國洋舡甚大，其夾板船隻皆用整根之木造成，而閩船皆用板片。彼此木料不能通用，至于桅舵，閩省之大桅尚小于外國洋船之頭桅，舵之大小亦然，何能相資爲用。

清 傅恒《皇輿西域圖志》卷四一 托斯和爾 即舟也。刳獨木爲之，大小不等，用以濟渡，一舟左右兩篙，亦以木爲之，其名曰海巴。

特爾根 即車也。其輪用大輻板四，交股作十字形，輪之高低大小，隨車之制，間有用四輪者，大都用以任載。輪轅多以槐木爲之。

又 卷四二 克瑪 刳獨木爲舟，亦有攢小木而成者。立四柱，可蒙氈毯之屬，無風雨則撤之，有則張之。

清 惠麓酒民《洴澼百金方》卷一二《車材》 車戰之法，必不可無，而造車之材，未得其妙。以北方産無良木，彼督造之人，貪婪減剋。又以朽腐爲之，搽練日久，櫛風沐雨，比至乘車而戰，非衡軸折，則輪轂裂，爲誤甚大。平日費財造車，臨時無一車之用，甚可惜也。惟粤東所産紫荆木質實而性堅，暴露風雨，十年不朽，其價值亦與檀榆相等。請派定一車之式，鋸爲條方。採運前來，不過度嶺一日，略費夫役，此外便可乘舟渡江及河，徑至通州。造爲戰車，則堅固温厚，保無決裂。以四年一采，五年一修，所節省公費亦甚不少。真愈於一年一造，而無實用者也。

又 卷一三《破船艕》 用大木五根，各長三丈餘，將木居中鑿空，仍鋪平厚，以麻粘之，前後横拴串釘一處如筏，兩邊六輪，上作船艙，輪軸在内。前平頭長一丈，艙長一丈五尺，尾長七尺。安柁樓前平頭上安破舟銃，其銃如神槍樣，槍頭如蕎麥様，用純鋼，極快利。頭長三寸，後桿長四寸，如槍安寘銃内。凡一舟前用三具，約木頭與木頭相平，約船相近，艙内點放火線，槍徑打入船内。此用以守者也。酒民曰：一水汪洋了無邊，岸以此爲守，宛如限帶封域矣。兵法所云先爲不可勝，以待敵之可勝者，此也。

又 《八卦六花船》 此船江海中攻守皆用，不偲風濤，攻則敵不能當，守則敵不能近，故水戰首此，以保全勝。用厚楠木板作五槽，底槽前平，頭槽後爲尾，有八卦六花之義，故名焉。上有三桅，中有八輪，後有柁樓。順風用篷，逆風轉輪，其快如風。底中一槽高七尺，濶六尺；旁二槽高六尺，濶五尺；儘邊二槽高五尺，濶四尺。每槽相離寘輪一尺五寸，其濶三丈六尺，兩頭接鋪平。中間上作艙，長三丈六尺，槽前平頭三丈六尺，槽亦三丈六尺，尾起柁樓，底空，内定八輪，居中作官艙，長三丈六尺，濶一丈八尺。兩舷各濶九尺，前後中共三桅，篷索用蘗水刷過，遇雨不濕，火到篷即滅。周圍立挨牌，艙上用生牛皮包裹，底用狼牙釘、品字密釘，以防奸細水恠。此統軍大將取勝也。

清 李斗《揚州畫舫録》卷一八《舫扁録》 揚州畫舫，始于鼓棚。鼓棚本泰州駁鹽船，至朽腐不能裝載，輒牽入内河，架以枋楣椽柱。大者可置三席，謂之「大三張」，小者謂之「小三張」。駁鹽船之腳船，枋楣椽柱如瓜蓏架者謂之「絲瓜架」。木頂船謂之「飛仙」，製如蘇州酒船，本于城内沙氏所造，今謂之「沙飛」，皆用篙戧。沙飛梢艙有竈，無竈者謂之「江船」，用艣者爲「搖船」，前蓆棚後木頂者謂之「牛舌頭」，用桨者爲「划子船」，雙槳爲「雙飛燕」，亦曰「南京蓬」。杭堇浦《道古堂集》中所謂「八柱船開盪槳斜」謂此。沙飛重檐飛艫，有小捲棚者謂之「太平船」，覆樓者爲「樓頂」，以玻璃嵌窗者謂之「玻璃船」。至于四方客卿達官以及城内仕宦向有官船。皆住北門馬頭，非游人所得乘也。

清 趙佑《草木疏校正》卷上《山有栲》 栲葉似櫟，木皮厚數寸，可爲車輻，或謂之栲櫟。許慎正以栲讀爲穣，今人言栲，失其聲耳。

清 曹麟開《塞上竹枝詞》 河源春漲漾飛濤，刳木爲舟妾學操。伊犁河即古伊麗水，刳巨木，虛其中而鋭其首尾，大者可容五六人，小者可容兩三人，名曰威呼，剡木爲桨，捷若飛行。

清 道光《天河縣志》卷《輿地》 刳木舟，天河江行小舟，皆刳木爲之，有面濶六七尺者，雖全成無罅，免繻袽之虞，釘灰之費，然質厚遲鈍，忽遇大風浪則不能翔，多至沉溺。

《易翼》稱刳木爲舟。今天河多有之，取大木長一丈，圍五尺以上，虛其中，裁留首尾若槽形，亦有昂首而鋭其末者，廣二三尺，所受四五人，或至六七人。載運兵米，村民用以往來乘載。小溪中無官渡之處，遇輿馬則連方舟而濟。楠樹青黄二色，惟造獨木船可用。

清 道光《厦門志》卷五《船政畧》 船工需用木料名色

大吉木，長六七丈，圍四五尺，鋸開做水底、航仔、舦抽等用。中吉木，長五六丈，圍三四尺，做水底板、舦板、甲篙招占櫃槓等用。浮溪木，長四五丈，圍至三尺六寸，做牛欄頭巾、頂插、花篙，長短配用。高洋木，杉木之畧小者，鋸開做舦枋配用。以上皆杉木，福州産。

松槓，長五比至九比，圍四尺至八尺，做龍骨、烏白航、扛豆、舦抽、炭巾、篷車，大小配用。松板，做水底各艙横堵獸，而尾塞扛豆接頭尾航前後炮架。以上亦福州産。

柯梨木，做斗頭車、尾棲車、帆剪橋、扛招床、櫓床、目里格車、檣甕格炭巾尾，扶手、靠漏筒。雜木，做椗挑車子、猴頭桅、餅無底，升轆轤擔，各述仔車寛。苓木，做舦面曲手、翻身掃帚各極。松桐木，做銃幹、板槽、賽板。小杉木，以上皆漳州産。

樟木，做含檀、龍梁、大小鹿耳，船中最要之件。赤皮木，做舵椗、舵牙、金檀、舵栗。以上皆淡水産。

連栓木，做占櫃、水櫃、艣蓋、杉板、水底各艙堵舦柱，長短配用。福漳皆産。

龍骨，用松木，在船底，自頭至尾三節，一船之力皆寄於此。大桅，用松木，大小配用，夾以含檀、鹿耳。頭桅，用大吉木，在船頭，亦夾以含檀。大小風篷，織篾箬以爲帆。大小桅餅，用雜木，在桅尾，内以車帆。大小無底升，用雜木，在勒肚行船中。桅座，用樟木，在艙底，豎頭桅、大桅用。斗蓋，用樟木，在炭巾内貯頭桅用。鹿耳，用樟木，夾頭桅、大桅。含檀，用樟木，桅力所寄，滿漢字號，俱於此印烙。舵牙，用赤皮木，在舵上，用以轉動。上金，用樟木，船後秤舵用。下金，在船後，水内挂舵用。椗，用赤皮木，用以泊船。龍梁，在大桅前，夾大小椗索用。車檔，用赤皮木，以車篷。夾車檔，用雜木。占櫃，官艙頂蓋。木櫃，用連栓木，以貯水。頭禁水，在獸面，防禁漏水入艙，故曰禁水。尾禁水，在尾横外。車檔，用柯梨木，扯篷起舵，用以絞棍。夾車檔，用雜木。車耳，扯篷、起椗，用以縛索。上下秤，用杉木，在篷上下。扛豆，用松木，自官艙至龍梁，以架艙板。扛罩，名隔艙板，乃横木也。在大桅處，名曰含檀。又曰樑頭，在各艙名堵經。屈手極，媽祖堂前兩灣木，大船用。頭尾八字極，翻身極，掃帚極，俱用以鑲船。軟箸，船尾中間鑲木，用以夾舵。笨枋，船頂板。通梁，用連栓木，在笨蓋下，夾縫處水能走出。尾穿梁，用樟木，船尾柱。下株梁，用樟木，在堵内。大小櫓，用柯梨木，挂在船兩邊。櫓椽，用松木，以架櫓。又曰櫓床。招，用杉木，在船頭。托浪板，頭尾皆有。大轉水，附大含檀。水蛇，用松木，兩邊皆有，用以浮水。桅豬，用以見下。猴檀，用雜木，在堵内。繚牛，繫大篷腳繚。番人耳，船頭木。含檀鞋，削成方木，鑲含檀内。木裏鞋，鑲桅坐内方木。轉水鞋，船梢上兩邊方木。金檀，在下金内。

正椗繚，副椗繚，三椗繚，縛在椗上，用以泊船。四椗繚，在港内淺處用。勒肚繚，縛在舵尾，自船底至船頭，行船收緊以保舵力。大篷藤繚，尾吊繚，縛在舵上，遇淺便於收放。舵吊繚，縛在舵空。拔椗繚，縛在車上，用以起椗。各椗股繚，以縛椗齒。大桅總繚，頭桅總繚，大桅怕繚，頭桅怕繚以保桅。大篷捍門繚，縛在帆頭。大篷繚繚，繚耳繚，在尾捆上。梯繚捆篷頭以便斗手上下。捍門尾抽繚耳各繚繚，大桅律透繚，未豎桅之時，先透在桅尾上，帆時律可車帆。頭桅律透繚，天平律透繚，巾頂插花用。拔斗繚，拔斗用。扛舦繚，打水用。大篷頭篷抽縫繚，製帆時夾在縫内，以保帆力。秦繚，縛杉板用。兔耳，縛在椗後。尾送尖股繚，旗竿用。

頭巾頂，以布數十幅爲帆，張大篷頂上若頭巾，能使船身輕。插花，亦以布帆，在大篷兩邊，遇旁風使船不攲側。

鐵釘，每船或用一百担、五十担。鐵箍，以保桅。藤，樓，麻，皆打繩綍。張帆水藤，製帆用。篾椗綍，草綍，桐油，石灰，草餅，以和油灰。網紗，以嵌船縫。以上各物，隨船大小配用。杉板船一隻，以便登岸，開洋則安置大船上。尾樓燈，金鼓，旗幟，鐵鍋二口，木桶樓十個。取水用。

每船載杉板船一隻，以便登岸出入，悉於舟側名水仙門。椗凡三，正椗、副椗三椗，正椗一名將軍椗，不輕下。入水數十丈，樓藤草三緪，約值數百金。寄椗先用鉛錘試水深淺，繩六七十丈，繩盡猶不至底，則不敢寄。鉛錘之末塗以牛油，黏起沙泥，柁工輒能辨至某處。有占風望向者，緣篷繩而上，登眺盤旋，了無怖畏，名曰亞班，亦曰斗手。

海船按十二支命名，船頭邊板曰鼠橋，後兩邊欄曰牛欄，柁繩曰虎尾，繫椗繩木曰兔耳，船底大木曰龍骨，兩邊另釘灣杉木曰水蛇，篷繫繩板曰馬臉，船頭横覆板插兩角曰羊角，鑲龍骨木曰猴楦，抱桅篷繩曰雞冠，抱椗繩木曰狗牙，拄桅脚杉木段曰桅猪。

販洋商船桅用番木，購自外番，其木有八，一曰鋕梿，二曰蜂仔什番，三曰宜樹，四曰甘枝，五曰鬱木，六曰白犬，七曰賣色，八曰打馬。番木最佳者，中有細孔，自本直通至顛，如竹。然廠中戰艦，以例價所限，桅用松木，舵椗用赤皮，含檀用樟木，餘用雜木、杉木，定例也。近日閩山出木稀少，戰艦亦間用番木，價倍於他木，皆營員與廠員捐價津貼製造。逢大小脩及折造時可用者，仍用報部，仍以松木，但番木時須以油搓擦，失油則木枯，久可數十年。

清 魏源《海國圖志》卷八四 水師提督吴建勳擬仿照夷船製造戰船式，計長十三丈，寬二丈九尺，深丈八尺。木料堅實，間或購自外洋。船底骨長十丈七尺，底板内板計兩層，底板厚四寸，内板厚三寸五分，頭桅、二桅俱長六丈，三桅長五丈七尺。每桅分爲三截，視風之大小，隨時續之使長，卸之使短，大可駛風行走。風篷用布，亦分四層張掛，如遇頂風折戧，收駛便捷。船底板之内，内板之外，共安横柴一百五十四道，曲手一百五十四對，舨柱一百零八條。舵條長三丈七尺五寸，徑一尺。鐵鐃大小四門，抛泊時隨宜用之，共重五千六百斤。繫鐵鍊大小三條，共重一萬九千斤。船底骨並頭尾鼇舵，俱用銅片包裹，共銅片重一萬三千餘斤。另用生銅釘一千四百餘斤，銅柱鈎環，不在此内。鐵釘自一尺三寸長至五寸二分不等，共計重一萬六千餘斤。此外鐵板、鐵箍及鈎環之類，約計用鐵一萬餘斤。船底骨用洋杉木，桅用雜木，底板、内板俱用梨木，舵柱、舵牙、繳關心俱用檍木，舨柱、繳關盤、礮架俱用吕宋格木，頭鼇、横柴、曲手俱用樟木，艙面用紅羅木，其餘多用油松或杉木。船頭安礮一位，船尾左右安礮二位。上層左右共安礮二十二位，下層左右共安礮二十四位，各重二三千斤不等。船内設水櫃四個，米艙二個，械艙二個，火藥艙一個，鍊艙二個，另有官艙爲開兵棲止處所。此船約可容三百餘人，所用工料銀兩，將來造成方能核計。

又 廣州府知府易長華承造師船長一十二丈，寬二丈六尺，深一丈零五寸。較大米艇加長三丈五尺，加寬五尺四寸，加深一尺二寸。船底及舨板俱厚三寸，較米艇加厚一寸。大桅長八丈七尺，頭長七丈五尺，三桅長三丈二尺。船頭并兩旁及船尾，共開礮門二十五個，各安一二千斤大礮。大桅之前爲繳關，用以盤絞篷索，大桅之後、中間爲火藥櫃，兩旁爲淡水艙。木料俱選用堅實，間有採于廣西、購自番舶者。繳關、風壇、柁柱用檍木，桅夾横柴、拱腰、舨柱、曲手用樟木，舨板上下用梨木。中有杉木戰棚，板用紅羅木。大桅、頭桅用洋木，大橈、二橈、三橈俱用咖喇呢木，其餘均用杉木。船頭兩旁，安舨板以便探水。船外兩旁，各安水蛇五道，其内安大曲手五對，中曲手二十一對，以固船身。船内兩旁，安拱腰二百四十四條。又于舨板内，安舨柱一百七十四條，排比極密，以拒礮子。鐵釘俱加長加密，自長一尺九寸至五六寸不等，共用鐵一萬五千餘斤。此船約可容二百人，共用工料銀八千餘兩。

又 在籍刑部郎中潘仕成新造戰船一隻，船身長十三丈三尺六寸，底骨長十丈零八尺，面寬二丈九尺四寸，高深二丈一尺五寸。底骨用洋梢木圍大六尺，徑二尺。船底横柴八十餘度，俱大六寸，厚六寸。兩邊拱腰，共計三百三十餘度，俱厚七寸，大五六寸。上下曲手，共一百六十餘隻，俱用樟木、梨木。船底用柳州杉板，厚三寸。船幫用洋油木，板夾拱腰，共厚一尺三寸。船内櫃口龍并櫃悼共一百一十五條，通用洋杪木、油木、椽黎俱大八寸，厚六寸。櫃板用紅羅木，厚二寸半。船内外横筋共三十二度，大一尺二寸，至八九寸不等。大桅長八丈七尺，中間甲口，圍大八尺四寸，徑二尺七寸，用洋來吧嘛木。頭桅長七丈五尺，中間甲口圍大六尺六寸，徑二尺一寸，用洋來杉木。舵碇俱用咖喇呢木，船底用銅片包裹連釘片共用銅六千七百餘斤。

鐵釘長二尺，短至五寸不等，共計用鐵二萬四千餘斤。另鐵鐃二門及鐵條、鐵馬、鐵勾以拘船身。風帆三架，俱用洋來礬布，計長四百餘丈。船艙分三層，下層壓石，約深三尺餘。二層間檔板十六度，俱用紅蘿木，厚二寸半。中藏水櫃三個，火藥櫃三個，彈子櫃二個。中層兩旁安大礮二十位，船尾安礮二位，自二千斤至三四千斤不等。櫃頂棚面兩旁安礮十八位，自一千斤至數百斤不等。仍可分列子母礮數十桿，船頭礮位，隨宜安放。此船可容三百餘人，共用工料銀一萬九千兩。尚有未造成戰船二隻，亦照此式製造，約九月杪可以完竣。

又 在籍户部員外郎許祥光等捐造戰船二隻，船身長九丈九尺及十丈不等，均寬一丈六尺，高深一丈三尺。大桅長五丈六尺，頭桅長四丈二尺，三桅長二丈三尺。船底以西桅杉木爲之，厚三寸，底骨用足油松木。舨板及左右護板俱用杉木、柚木，舨板厚八寸，護板厚三寸半。艙内横柴共一百二十根，用樟、梨等木。曲手共二百四十條，用樟木。柁碇用樓木，桅夾風壇俱用大樟木。火藥櫃外用鐵片包裹，鐵釘自長九寸半至長數寸不等，共用鐵九千八百餘斤。中分二層，上層頭尾并兩旁，共安大礮十五位，自二千斤至八百斤不等，礮位之上設護板，礮手在下，籍以遮蔽。護板上密排子母礮三十六位，與大礮相間，連環施放。上層艙面，留厰口二處，與下層相通，以便礮手人等出入。下層左右設槳六十四枝，槳眼間設子母礮及小銅礮，以備近攻。打槳者與放礮者各有專司，且各有避礮之處。有風駛帆，無風打槳。每大戰船一隻，用此船二隻前後策應，船内共設水勇一百七十四名。其船喫水僅三尺，遇淺水亦駕駛如常，此船工料，每隻約用銀五千餘兩。

又 批驗所大使長慶承造水輪戰船一隻，船身長六丈七尺，艙面至船底深四尺三寸。頭尖連陽橋寬五尺三寸，中連陽橋寬二丈，兩頭安舵兩旁分設槳三十六把，中腰安水輪兩個，制如車輪，内有機關，用十人腳踏旋轉。輪之周圍，安長木板十二片，如車輪之輻，用以劈水。巴杆二道，以西桅杉木四根爲之，各長三丈，每道安布篷一架。艙底安曲手灣繞共三十四對，以樟木爲之。水輪用梨木、欖木，舵用櫶木、桷木，其餘多用杉木。鐵釘自長九寸至三四寸不等，約共用鐵三千餘斤。兩頭及兩旁共安大礮十二位，二千斤至八百斤不等。其船上牆板礮窗等處，用生牛皮爲障，毛竹爲屏，架以籐屉，夾以棉胎，以避礮火。交戰之際，更罩罟網六層，并椶片布屉爲軟障，用時以水灌溼，庶可禦敵，以壯軍心。其篷索平時以藥浸製，再于船中暗設火器藥煙，臨陣旋轉旋放。此船約可容百餘人，共用工料銀七千兩。

清 道光《循化廳志》卷二《山川》 孟打工渡在廳治東四十里，赴河北磚塘莊。木廠莊渡在廳治東六十里，積石關西二里，赴河北碾伯縣地方並鴻化靈藏二族。古什郡莊渡在廳治西五十里。查汗大寺工渡在廳西四十里。蘇只工渡在廳治西三十里，三處俱赴巴燕戎。別列渡莊。定匠莊渡俱在廳西十里。石頭坡莊渡在廳治西六里，三處俱赴河北牧牲取柴。按以上十處渡口，俱無船，用木窪，以整木大一圍有餘者爲之，長可八尺，其上挖槽，人坐其中，深廣約俱二尺，水溜急處，滚轉波浪中頗危險。然頭尾各有孔，以椽本貫之。或兩或三，聯爲一如栰，亦安穩也。行水以木鍁划之，甚速。

清 何秋濤《朔方備乘》卷二九《木馬》 臣秋濤謹案：《唐書》堅昆東至木馬突厥三部落，曰都播、彌列哥、餓支，俗乘木馬馳冰上，以板藉足，屈木支腋，蹴輒百步，勢迅激。堅昆之人得以役屬之。又云拔野古乘木逐鹿冰上，亦木馬之類也。

清 光緒《零陵縣志》卷一《地輿志·山》 桴嶺，宗績《辰府志》云：縣東五六十里有桴嶺，在丹崖桴江之上。奇奥幽窅，不減黄溪。山中多名材，野人採之爲桴，故以名。

清 光緒《孝豐縣志》卷四八《土産》 竹筏擇竹之大者，貫其中以成筏，首昂尾伏，隨水浮沈，載貨物可數千觔，遇水患亦有濟。

清 徐加幹《苗疆聞見録》 好門龍舟，歲以五月二十日爲端節，競渡於清江寬深之處。其舟以大整木刳成，長五六丈，前安龍頭，後置鳳尾，中能容二三十人，短橈澈水，行走如飛。

清 薩英額《吉林外記》卷八 耙犂，用兩轅木作底，立插四柱，高三寸許。上穿二横木，或鋪板，或搪木。坐人、拉運貨物皆可。前轅上彎，穿以繩，套二馬，服駕輕捷於車。若馳駟更換馬匹，冰雪之地，可以日行三四百里。並有坐車，上栅於耙犂底上設旁門，套鹿皮圍，謂之煖耙犂。

清 西清《黑龍江外記》卷四 威呼，獨木船也。長二丈餘，闊容膝，頭尖尾鋭，載數人，水不及舷嘗寸許，而中流蕩漾，駛如竹箭。此真刳木爲舟也。

遇河水暴漲，則聯二爲一，以濟車馬。余來時，奉天吉林道中數乘之，中流瞑目，不敢視其險可想。

又 扒犁，國語曰法喇，制如淩牀而不施鐵條，屈木爲轅，駕二馬行雪上，疾於飛鳥。或曰此元時蒲與路之狗車，然今日不見有駕狗者。惟聞吉林屬赫哲斐雅哈等處役犬如牛馬，號使犬部，所謂狗車當在其地。

又 戰船例以五年大修，十年拆造。其備用物料，三城庫貯共鐵六千三百觔，桐油五千八百觔，線麻四千六百觔，白布一千三百匹，棉線四十五觔，風竹一千九百根，拖桅八百塊，竹篾一千掛，棕繩七百六十條，麻繩七千條，䌰麻繩一百條。遇修造動用如千報工部，請領歸款。所謂「風竹」，竹竿也；「拖桅」，竹片也；「竹篾」，縴繩也；皆官文書中語。

清 張鳳台《長白彙徵録》卷四《風俗》 按木槽之製自通化、臨江以至長白，凡渡江渡河皆用之。小則以獨木爲之，可渡八九人。大則併兩木槽，平面釘以木板，可渡車馬。是因其制而變通者也。鴨緑江硝多水猛，舟楫難通，去年長郡仿造鴨嘴船式，創造大小江艚六艘，試行無阻，再設法開修航路，籌備江防。

傳記

漢 班固《東觀漢記》卷一五《張堪》 張堪，字君游，年六歲，受業長安，治《梁丘易》，才美而高，京師號曰「聖童」。堪守蜀郡，公孫述遣擊之。堪有同心之士三千人，相謂曰：「張君養我曹，爲今日也。」乃選擇水軍三百人，斬竹爲箄渡水，遂免難。堪與吴漢并力討公孫述，遂破蜀。漢先遣堪入成都，鎮撫吏民。時述珍寶珠玉，委積無數，堪録簿上官，秋毫無取。堪去蜀郡，乘折轅車，白布被囊，爲漁陽太守，有惠政。開治稻田八千餘頃，教民種作，百姓以殷富。童謡歌曰：「桑無附枝，麥穗兩岐。張君爲政，樂不可支。」視事八年，匈奴不敢犯塞。光武詔曰：「平陽城李善稱故令范遷於張堪令人面熱出汗，其賜堪家新繒百匹，以表廉吏。」

宋 陸遊《南唐書》卷八 朱令贇，大將軍業從子，少從軍，椎額鷹目，趫捷善射，積遷至鎮南節度使。開寶中，後主見討王師兵已圍金陵，召令贇赴難。軍至湖口，與諸將謀曰：「今爲前進，則北軍據我後，上江阻隔，進未破敵，退絶餽饟，奈何？」乃檄南都留守柴克貞赴軍，欲俟其至，使代拒湖口。及發而後主危急，飛書督兵者接踵，令贇不能守。初議乃與戰棹都虞候王暉乘流而前，自潯陽湖編木爲大栰，長百餘丈，大艦至容千人，將突下斷采石浮梁。會江水涸，舟栰艱阻。王師得設備，比至虎蹲洲合戰，令贇所乘艦尤大，建大將旗鼓，王師舟小，聚攻之。令贇以火油縱燒，王師不能支。會北風反焰，自焚水陸諸軍十五萬，不戰皆潰。令贇惶駭，赴火死，糧米戈甲俱焚，無孑遺。烟焰不止者旬日。自是金陵外援遂絶，以至於亡。是時王師上露布稱生獲令贇，則非也。

清 乾隆《長沙府志》卷二八《人物志·五代》 羅紹威字端己，長沙人，祖讓北遷爲魏州人，父弘信爲魏州牧馬監。值兵亂，軍中立爲留後，弘信死，紹威襲父爵。性好學，工書，頗知爲文集書數萬卷，開館以延四方之士。弘信在唐，以其先長沙人，故封長沙郡王。劉仁恭以兵十萬攻魏，屠貝州。紹威求救於梁，大敗燕軍於内黄。天祐初牙軍李公佐作亂，紹威誅之，已而以計盡戮諸牙校。會昭宗東遷，梁王即位，紹威取魏良材營樓殿，浮河至梁東都，梁主以蕭何比之。又馳書勸劉守光降梁。梁王笑曰：「紹威折簡勝兵十萬。」後每有大事，多遣使問之。紹威時亦馳簡入白，使者相遇道中，其事往往相合。又常伐木爲船，以供漕運。累拜太師兼中書令。

紀事

漢 郭憲《洞冥記》卷一 建元二年，帝起騰光臺，以望四遠。於臺上撞碧玉之鐘，掛懸黎之磬，吹霜條之篪，唱來雲依日之曲。方朔再拜於帝前曰：「臣東遊萬林之野，獲九色鳳雛，滲源丹瀨之水赤色。西過洞壑，得滄淵虬子，靜海遊珠。洞壑在虞淵西，虬泉池在五柞宫北，中有追雲舟、起風舟、侍仙舟、含烟舟，或以沙棠爲枻檝，或以木蘭文柘爲櫓棹。又起五層臺於月下。」

晉 常璩《華陽國志》卷八 蜀中山川神祠皆種松栢，濬以爲非禮，皆廢壞燒除，取其松栢爲舟船，惟不毁禹王祠及漢武帝祠。又禁民作巫祀，於是俗無淫祀之俗，教化大行。有木連理、嘉禾、黃龍、甘露之祥。

晋 王嘉《拾遺記》卷六 昭帝元始元年，穿淋池，廣千步。中植分枝荷，一莖四葉，狀如駢蓋，日照則葉低蔭根莖，若葵之衛足，名曰低光荷。實如玄珠，可以飾佩。花葉難萎，芬馥之氣，徹十餘里，食之令人口氣常香。益脉理病，宫人貴之。每遊宴出入，必皆含嚼。或剪以爲衣，或折以蔽日，以爲戲弄。《楚辭》所謂「折芰荷以爲衣」，意在斯也。亦有倒生菱，莖如亂絲，一花千葉，根浮水上，實沉泥中，名紫菱，食之不老。帝時命水嬉，遊宴永日。士人進一豆槽，帝曰：「桂楫松舟，其猶重朴。況乎此槽，可得而乘也。」乃命以文梓爲船，木蘭爲柂，刻飛鸞翔鷁飾於船首，隨風輕漾，畢景忘歸，乃至通夜。使宫人歌曰：「秋素景兮泛洪波，揮纖手兮折芰荷。涼風凄凄揚棹歌，雲光開曙月低河，萬歲爲樂豈云多。」帝乃大悦，起商臺於池上。及乎末歲，進諫者多。遂省薄遊幸，堙毁池臺，鸞舟荷芰隨時廢滅。今臺蕪遺址，溝池已平。

又 帝常以三秋閑日，與飛燕戲於太液池。以沙棠木爲舟，貴其不沉没也。以雲母飾於鷁首，一名雲舟。又刻大桐木爲虬龍，雕飾如真，以夾雲舟而行。以紫桂爲柂枻，及觀雲棹水，玩擷菱蕖。帝每憂輕蕩，以驚飛燕，命佽飛之士，以金鎖纜雲舟於波上。每輕風時至，飛燕殆欲隨風入水。帝以翠纓結飛燕之裙，常怨曰：「妾微賤，何復得預纓裙之遊。」今太液池尚有避風臺，即飛燕結裙之處。

晋 陸翽《鄴中記》 石虎有指南車及司里車，又有舂車，木人及作行碓于車上，車動則木人踏碓舂，行十里成米一斛。又有磨車，置石磨于車上，行十里輒磨麥一斛。凡此車皆以朱彩爲飾，惟用將軍一人。車行則衆巧並發，車止則止。中御史解飛、尚方人魏猛變所造。

又 石虎性好佞佛，衆巧奢靡，不可紀也。嘗作檀車，廣丈餘，長二丈，四輪，作金佛像，坐于車上，九龍吐水灌之。又作木道人，恒以手摩佛心腹之間。又十餘木道人，長二尺餘。皆披袈裟繞佛行，當佛前，輒揖禮佛。又以手撮香投爐中，與人無異。車行則木人行，龍吐水，車止則止。亦解飛所造也。

南朝梁 沈約《宋書》卷二《武帝紀》 [永初十三年]七月，至陝城。龍驤將軍王鎮惡伐木爲舟，自河浮渭。

唐 姚思廉《梁書》卷六《韋叡傳》 義兵檄至，叡率郡人伐竹爲筏，倍道來赴，有衆二千，馬二百匹。高祖見叡甚悦，拊几曰：「他日見君之面，今日見君之心，吾事就矣。」

又 卷一二《章昭達傳》 周迪據臨川反，詔令昭達便道征之。及迪敗走，徵爲護軍將軍，給鼓吹一部，改封邵武縣侯，增邑并前二千户，常侍如故。四年，陳寶應納周迪，復共寇臨川，又以昭達爲都督討迪。至東興嶺，而迪又退走。昭達仍踰嶺，頓于建安，以討陳寶應。寶應據建安、晋安二郡之界，水陸爲栅，以拒官軍。昭達與戰不利，因據其上流，命軍士伐木帶枝葉爲筏，施拍於其上，綴以大索，相次列營，夾于兩岸。寶應數挑戰，昭達按甲不動。俄而暴雨，江水大長，昭達放筏衝突寶應水栅，水栅盡破。又出兵攻其步軍。方大合戰，會世祖遣余孝頃出自海道。適至，因并力乘之，寶應大潰，遂克定閩中，盡擒留異、寶應等。以功授鎮前將軍、開府儀同三司。

又 卷二〇《華皎傳》 皎起自下吏，善營産業，湘川地多所出，所得並入朝廷，粮運竹木，委輸甚衆；至于油蜜脯菜之屬，莫不營辦。又征伐川洞，多致銅鼓、生口，並送于京師。廢帝即位，進號安南將軍，改封重安縣侯，食邑一千五百户。文帝以湘州出杉木舟，使皎營造大艦，金翅等二百餘艘，并諸水戰之具，欲以入漢及峽。

五代 劉昫《舊唐書》卷一六四《王鐸傳》 時兗州節度使李係者，西平王晟之孫，以其家世將才，奏用爲都統都押衙，兼湘南團練使。時黄巢在嶺南，鐸悉以精甲付係，令分兵扼嶺路。係無將略，微有口才，軍政不理。廣明初，賊自嶺南寇湖南諸郡，係守城自固，不敢出戰。賊編木爲栰，沿湘而下，急攻潭州，陷之。

宋 薛居正《舊五代史》卷二九《唐書莊宗紀》 [同光六年]是時，德勝軍食芻茭薪炭數十萬計，至是令人輦負入澶州，事既倉卒，耗失殆半。朱守殷以所毁屋木編栰，置步軍於其上。王彦章以舟師沿流而下，各行一岸，每遇轉灘水匯，即中流交鬭，流矢雨集，或全舟覆没，一彼一此，終日百戰，比及楊劉，殆亡其半。己巳，王彦章、段凝率大軍攻楊劉南城，焦彦賓與守城將李周極力固守。梁軍晝夜攻擊，百道齊進，竟不能下，遂結營於楊劉之南，東西延袤十數栅。

又 卷五三《唐書李存進傳》 [光化十六年]十六年，以本職兼領振武節度使。時王師據德勝渡，汴軍據楊村渡在上流。汴人運洛陽竹木，造浮橋以濟軍。王師以船渡，緩急難濟，存進率意欲造浮橋。軍吏曰：「河橋須竹笮大艑，兩岸石倉鐵牛以爲固，今無竹石，竊慮難成。」存進曰：「吾成算在心，必有所立。」乃課軍造葦笮，維大艦數十艘，作土山，植巨木於岸以纜之。初，軍中以爲戲，月餘橋成，制度條上，人皆服其勤智。莊宗舉酒曰：「存進，吾之杜預也。」賜寶馬御衣，進檢校太保、兼魏博馬步都將。與李存審固守德勝。

宋 路振《九國志》卷三《田頵》 乾寧三年夏，同安仁義破越之蘇州。光化末，馮宏鐸以樓擄自將介守上元，頵以厚利購得其工，令速成大艦。工曰：「馮公每一舟必遠求楩楠，既成，數十歲爲用，餘木性不禁水，非久必敗。」頵云：「汝但以此地木造之，吾只圖一用，不假多年爾。」因而急就。

宋 司馬光《資治通鑑》卷一九九《唐紀》 强偉等發民造船，役及山獠，雅、邛、眉三州獠反。壬寅，遣茂州都督張士貴、右衛將軍梁建方發隴右、峽中兵二萬餘人以擊之。蜀人苦造船之役，或乞輸直雇潭州人造船；上許之。州縣督迫嚴急，民至賣田宅、鬻子女不能供，穀價踊貴，劍外騷然。上聞之，遣司農少卿長孫知人馳驛往視之。知人奏稱：「蜀人脆弱，不耐勞劇。大船一艘，庸絹二千二百三十六匹。山谷已伐之木，挽曳未畢，復徵船庸，二事併集，民不能堪，宜加存養。」上乃敕潭州船庸皆從官給。

宋 沈括《夢溪筆談·補筆談》卷下 祥符中，禁中火，時丁晉公主營復宫室，患取土遠。公乃令鑿通衢取土，不日皆成。巨塹乃決，汴水入塹中，引諸道竹木簰筏及船運雜材，盡自塹中入至公門。事畢，卻以斥棄瓦礫灰壤實于塹中，復爲街衢，一舉而三役濟，計省費以億萬計。

又 國初，兩浙獻龍船，長二十餘丈，上爲宫室層樓，設御榻以備遊幸。歲久，腹敗欲修治，而水中不可施工。熙寧中，宦官黄懷信獻計，於金明池北鑿大澳可容龍船，其下置柱，以大木梁其上。乃決水入澳，引船當梁上，即車盡澳中水，船乃笐於空中。完補訖，復以水浮船，撤去梁柱，以大屋蒙之，遂爲藏船之室，永無暴露之患。

宋 李燾《續資治通鑑長編》卷一六 [開寶八年]朱令贇自湖口以衆入援，號十五萬，縛木爲筏，長百餘丈，戰艦大者容千人，順流而下，將焚采石浮梁。王明率所部兵屯獨樹口，遣其子馳騎入奏，且請增造戰船三百以襲令贇。上曰：「此非應急之策也。令贇朝夕至，金陵之圍解矣。」乃密遣使令明於洲浦間多立長木，若帆檣之狀，令贇望見疑有伏，即稍逗遛。時江水淺涸，不利行舟。令贇獨乘大航高十餘重，上建大將旗幡，至皖口行營，步軍都指揮使劉遇聚兵急攻之，令贇勢蹙，因縱火拒鬭。會北風甚，火反及之，其衆悉潰。己未，生擒令贇及戰棹都虞候王暉等，獲兵仗數萬。金陵獨恃此援，由是孤城愈危蹙矣。

又 卷二七一 [神宗熙寧八年]辛丑，都大提舉疏濬黄河，范子淵言：「懷、衛州界沿隄林木甚多，欲選材舠四百料船二百隻，以給濬河之用。」從之，仍以五十隻給李公義，詔歲支錢五百千給范子淵、李公義，令量兩司供給人數均分，充本司公用。

宋 李心傳《建炎以來繫年要録》卷一八五 [紹興三十年]丙辰，上諭宰執曰：「近有獻用車戰者，朕以用在人不在車，南北異宜，木性亦異。如大舟以荔枝木爲棹，北方絶無。而造車多用榆木，南方亦少。況江湖沮洳之地，雖有車騎何所用，卿更宜精思。」湯思退曰：「謹遵聖訓。」

宋 袁樞《通鑑紀事本末》卷三八下（朱）全忠嘗與僚佐及遊客坐於大柳之下，全忠獨言曰：「此木宜爲車轂。」衆莫應，有遊客數人起應曰：「宜爲車轂。」全忠勃然厲聲曰：「書生輩好順口玩人，皆此類也。車轂須用夾榆，柳木豈可爲之。」顧左右曰：「尚何待？」左右數十人捽言宜爲車轂者，悉撲殺之。

宋 徐夢莘《三朝北盟會編》卷二三八《炎興下帙》 有一舟爲水漂流至薛家灣者采石之下數里。有王琪在焉，以勁弓齊射舟，不得着岸。舟中之人各中一二百箭，往往綴死屍于板而死。取金人之舟視之，乃用和州民舍拆板而造者，每舟可載二十人，板木釘灰皆不如法，其敗故宜也。

宋 洪邁《夷堅乙志》卷八《無縫舩》 紹興二十年七月，福州甘棠港有舟從東南漂來，載三男子、一婦人，沉檀香數千斤。其一男子本福州人也。家在南臺，向入海失舟，偶值一木浮行，得至大島上。素喜吹笛，常寘腰間。島人引見其主，夙好音樂，見笛大喜，留而飲食之，與屋以居，後又妻以女。在彼十三年，言語不相通，莫知何國。而島中人似知爲中國人者，忽見其舟，約同行，經兩月，乃得達此岸。甘棠寨巡檢以爲透漏海舶，遣人護至閩縣。縣宰丘鐸文昭往視之，其舟刳巨木所爲，更無縫罅，獨開一竅出入，内有小窻，闊三寸許，云女所居也。二男子皆其兄，以布蔽形，一帶束髮，跣足。與之酒，則跪坐以手攄地如拜者，一飲而盡。女子齒白如雪，眉目亦踈秀，但色差黑耳。予時以郡博士被檄考試臨漳，欲俟歸日，細問之。既而縣以送泉州，提舶司未及見，守亦終更罷去。至今爲恨云。

宋 陸游《南唐書》卷一 元宗爲太子，欲得杉木作板障，有司以聞。帝曰：「杉木固有之，但欲作戰艦，以竹代障可也。」

宋 周應合《景定建康志》卷一一 [陳文帝天嘉五年正月]陳寶應據建康、晉安二郡水陸爲栅，以拒章昭達。昭達與戰不利，因據上流命軍士伐木爲筏，施拍其上，會大雨江漲，昭達放筏衝寶應水栅，盡壞之。

宋 周密《癸辛雜識》續集卷下《黑漆船》 趙梅石孟曦性侈靡而深嶮，其家有沉香連三暖閣，窻户皆鏤花，其下替拔亦鏤花者，下用抽替，打篆香於內，香霧紛郁，終日不絶。前後皆施錦簾，他物稱之。後聞獻之福邸，云後爲都大坑冶。又造黑漆大坐船，船中蝗板皆用香楠鏤花，其下焚沉腦如前閣子之製。吕師夔親見之，遂號孟曦爲黑漆船，後餓死於燕京。存齋

元 脱脱《宋史》卷二七六《張平傳》 太宗即位，召補右班殿直，監市木秦、隴，平悉更新制，建都務，計水陸之費，以春秋二時聯巨筏，自渭達河，歷砥柱以集于京。期歲之間，良材山積。太宗嘉其功，遷供奉官、監陽平都木務兼造船場。舊官造舟既成，以河流湍悍，備其漂失，凡一舟調三户守之，歲役户數千。平遂穿池引水，繫舟其中，不復調民。有寇陽拔華者，往來關輔間，爲患積年。朝廷命內侍督數州兵討之，不克。平以好辭遣人説之，遂來歸。改崇儀副使，仍領其務。凡九年，計省官錢八十萬緡。

明 宋濂《元史》卷一一《世祖紀》 [至元十七年]元十七年五月辛丑朔，樞密院調兵六百守居庸南、北口。甲辰，作行宮于察罕腦兒。丙午，陞沙州爲路。癸丑，括沙州户丁，定常賦，其富户餘田令所戍漢軍耕種。詔雲南行省發四川軍萬人，命藥剌海領之，與前所遣將同征緬國。高麗國王王(睶)(賰)以民饑，乞貸糧萬石，從之。福建行省移泉州。甲寅，汀、漳叛賊廖得勝等伏誅。造船三千艘，敕躭羅發材木給之。庚申，賜諸王別乞帖木兒銀印。辛酉，賜國師掌教所印。賞伯顔將士戰功銀二萬八千七百五十兩。真定、咸平、忻州、漣、海、邳、宿諸州郡蝗。

明 陳侃《使琉球録》 [嘉靖丙戌年]越癸巳五月，侃至三山。澄亦以六月至。閩之三司諸君承禮部咨文，已將過海事宜會裁已定。造船之制，訪於耆民得之，大小、廣狹惟其制，價計二千五百兩有奇。予等初欲各具一艘，見其費之廣也，而遂不敢無益於國，而侈其費財之蠹也。惟舊制以鐵梨木爲舵桿，取其堅固厚重，今以輕價索之而艱於得，易以他木。予等必欲倍價以購，後果得之；財固當惜，舵乃一船司命，其輕重有不難辨者。

又 [嘉靖丙戌年]十八日，風少息，挽舟而出，亦斜倚於岸。衆恐其傷于石，大驚。幸前月親督修艌，不爲所傷，復止。二十日，始克開洋，夷舟同行。二十一日夜，颶風陡作，舟蕩不息。大桅原以五木攢者，竟折去。須臾，舵葉亦壞。幸以鐵梨木爲柄，得獨存。舟之所恃以爲命者，桅與舵也。

明 田汝成《西湖遊覽志餘》卷二〇 宋時湖船大者一千料，約長十餘丈，容四五十人，小者二三百料，長四五丈，容三二十人。理宗時嘗製一舟，悉用香楠木搶金爲之，然終于不用。至景定間，周漢國公主得旨偕駙馬楊鎮乘之汎湖，傾城縱觀，爲之罷市。是時，先朝龍舟久已沈没，獨小烏龍以賜楊郡王者尚在。或傳此舟一出，必有風雨之異。賈似道有車船不煩篙櫓，但用關輪腳踏而行，其速如飛，其他若大緑、間緑、十樣、錦勝、金羈等船，皆民間物也。今時湖船大約比宋差小，而檻牖敞豁，便于倚眺，如水月樓、烟水浮居、湖山浪跡，此其尤勝者也。童巨卿以子貴封御史，行樂湖山，手搆一室，棟宇畧具，護以箔幕，小可卷舒，出則攜之。或柳堤花塢當心處，便席地布屋，吟酌其中，題曰「雲水行亭」。編巨竹爲桴，放湖中隨波流止，渺然蓮葉也。月明風清，墜露淅淅，吹洞簫、蘆葦，間山鳴谷應，聞者泠然，有出塵之想，題曰「烟波釣筏」。一時風致，良可尚也。

明 王圻《稗史彙編》卷一三九《月臺四船》 武帝於鵠臺西起俯月臺，下穿影娥池，池中有游月船、觸月船、鴻毛船、遠見船，或以青桂之枝爲棹，或木蘭之心爲楫，練實之竹爲篙，紉石之絲爲繩纜。

明 唐順之《歷代史纂左編》卷九四 東南利舟師，謀習水戰。米商至，悉併舟糴之，留其柁工一以數十。又遣人泛江湖市桐油黏筏，厚募南匠，大治舭艋船，自淮及海相望。於是善湘禁桐油黏筏下江，嚴甚。朝宗市黏木往揚州，善湘亦聞于朝，請以松木易留之。全不得已，代以榆板，舟成多重滯。

明 胡宗憲《籌海圖編》卷七《附録》 太倉生員毛希秉云：洪武永樂間，

海運江南粟以給遼東、北京，從太倉劉家河過崇明三沙放洋至直沽交卸。南北貨物往來，近海居民甚得其利，而無鹽盜之害。自海道絶，而沙民爭魚鹽之利，往往仇殺拒捕矣。今黄河日徙于南，漕運漸有難行之勢。莫若講求海運，召募沿海魚人、竈丁、鹽徒、番客，尋認海洪以開運道。如廣東船能至漳州，漳州船能至寧波，寧波船能至崇明，崇明船能至通泰、海州，自此以北豈無識認之人。故老相傳，崇明至海州風順無需一日，海州至登州六百里，轉過登萊環抱千餘里，從利津至直沽亦六百里，近故嘗考之。《元史》至元三十年，千户殷明畧開海運新道，自浙西至直沽不過旬日。又濬山東膠萊新河直達天津，以避迤東海道之險。今未通者，僅五里耳。且漕船大者三四百石，海船大者八九千石。漕運一年每三石致一，海運一月不兩石而致一，其便利較然也。所憂者風濤之害耳。然間南洋通番海舶，專在琉球、大食、諸國往來，而海島州縣常年度海，未見有覆溺之患。宜兼漳船、蜈蚣船制度而酌其中，有風則帆，無風則楫，打造有法，處置得宜，何憂費人之説。嘗觀沙船載蘆、山船載竹者，如浮筏然故鮮漂溺。議倣刳木爲舟之制，上留一竅，出納米粮，悉以油灰黏縫，附于海舟兩旁，萬一漂失，米無沉濕，人有搭救，庶爲萬全之策。若大料淺占風之法，定盤望星之規，放洋泊舟之處，詳載《大學衍義》、《補山東通誌》。

明　蕭崇業《使琉球録》卷上　［萬曆四年］即以九月十四日賚詔勑，出潞河傳，遽入閩。閩中比年求鉅木造戰舟，餘復斬爲高名之麗，美材畧盡，而間有中繩斧者，往往産於崎巖邃壑之側，致之甚囏。一時閩撫、按又新故，相代未視事。督無其人，以故採木經年。迄丁丑秋七月始定艎，乃艦匠弗恪，適壞裂之。於是馳介四出取，復於十月再興工，得艎者，把總林天贈也。至於桅之取尤難，桅必杉木而後如式。第杉之材，故可爲樿傍者，以是民間率隱不以聞。余先遣李應龍往壽寧伐三木，一最鉅，里豪利其可材，遂於梢半潛鋸五、六寸，欲短之。然嫌有小傷，故置。乃紛紛林藪中，旁搜逖括，務遴其全。而龔大德報出閩清者，又道路岌嶪，力不可猝致。畢竟皇皇垂成之時，仍取壽寧之桅而用之。採督之使，良亦苦矣。而撫中丞龎惺菴氏代到，故擅風裁。乃矯矯好約縮，出教不欲私役其民。凡木之伐自山者、輸及水者、截爲舟者，絲忽皆公帑云。費已不貲而絲忽又公帑出，余心内弗自安。時特與謝君商之。舟從汰其什一，軍器損其什五，交際儉其什七。先是，諸具物率治之以官。今令平賈，而精黠奸户故求多於有司，諸具物往往以醜惡相欺售。謝君爲閩中人，素曉暢其事；乃一一璅條其大小詔余不然者，輒奉三尺隨其後。於是舟之庀也，大都多謝君指畫焉。

明　彭大翼《山堂肆考》卷一八〇《王濬伐吴》　晉王濬爲益州刺史，謀伐吴。造戰艦大船，連舫方百二十步，受二千餘人，以木爲城，起樓櫓，開四出門，其上馳馬往來。又畫鷁首怪獸於船首，以懼江神。舟楫之盛，自古未有。初晉將伐吴，有童謡曰：「阿童復阿童，銜刀浮渡江。不畏崖上虎，但畏水中龍。」既而王濬自益州造大船連舫，順流而下，遂建平吴之功，阿童濬小字也。

明　雷禮《皇明大政紀》卷二二　巡視盧溝橋御史沈松上言：「蕪湖、荆杭諸處，皆隸水干，便市舶，榷分爲宜。盧溝不通舟楫，惟木桴往來耳。工部榷分之灰炭、葦草諸物，皆貧民自致，以食其力，宜賜免榷。」下工部覆議，從之。

明　夏子陽《使琉球録》卷上　先是，因地方怠玩，人情齟齬，桅木未得，致悮去年行期。議者又因風傳訛言，欲議改遣武職，臣等以屬國信不可爽，使臣義當有終，上疏請行，并乞勑地方速採桅木以完盛典。臺省諸臣咸是臣言，相繼疏請，荷蒙皇上明見萬里，主持剛斷，奉聖旨：「册命已頒，使臣久出，無中止之理。禮部便行該省撫、按作速完造海艘，令差去二員渡海竣事，以彰大信；仍轉諭彼國，以後令其領封海上，著爲定規。欽此。」臣等仰見皇上崇重國體，昭示大信，至明斷至斷，足以惕勵臣工，風示四夷矣。奉旨之日，臣等固手額稱慶，深竊自幸，而地方從此始敬共王事，留意採桅。第前此官民兩樂其敗而惡其成，堪用巨木砍壞畧盡，於是不得已議令取中空未甚者，更另取一木帮成之，以爲大桅。此亦甚委曲遷就其間矣。而奈之何復有大田縣故縱而鑿燬者，則無法甚矣。臣據該縣及督造官覆驗申文，查果被其連次鑿燬，臣乃行手本移會撫、按二臣，中稱「看得封船大桅，乃航海要根，數百人司命也。貴在全材，關係非細。前經購募訪報，幸有數處堪用，及移文知會，差役勘驗如式，已經封號。乃有司官故縱刁民阻抗，一鑿毁於政和縣張孫鑑等，而已倡其端；再砍鋸於安溪縣吴欽江等，而益肆其毒。遂致大桅無得，躭悮今年渡海，地方豈得辭責。近藩司行令建、延、泉、邵四府訪報，限以遇季糸罰，法非不善。奈何人情藐玩如故，僅取舊報空朽之木塞責而已，竟無有用心採報者。項督造把總蘇道亨議取大田縣嶺柄中空且鑿之木，與彼所自訪後甲蕭子衙堅實之木，帮合作桅，姑取備用。此亦見事勢窮蹙，不得已爲此遷就權宜之計，已非舊制與完策矣。何期地方勢豪復重加深鑿過半，且用火燒燬焦脆，以致不堪取用。看守謂何？該縣責將誰諉！且據該縣所申砍代日期文内，亦爲隱護不報。此明係縣官縱容誤害，陰設陽施，不然，豈有不畏院司而畏勢豪者！似此違玩，害將何極！有限之木，豈能供其無窮之燬乎！即今閩省府縣咸欲齟齬封事，容保刁奸以希合取憐，誠爲借資得策。但本科、司欽奉使命，非自爲汗漫遊也；義難中止，非船何濟？況今日困頓已極，遲悞已甚！若更縱容阻悞欲爲禁錮之計，即使臣寡不敵衆，勢莫如何？而明年又不得渡海，此事如何結局？近奉新旨：「禮部便行該省撫、按作速完造海艘，令差去二員渡海竣事，以彰大信。」赫赫綸音，中外傳播，彼該縣寧獨不聞乎？合行移會，爲此備用手本前去貴院，煩爲查照提究，上緊採取施行。於是撫、按始行提究，藩司并行提安溪縣豪民吴欽江等追究正法。蓋吴欽江等乃前年砍壞封號合式巨木，最爲害事而可恨者，於是人心稍稍知有王事。而今所取用大桅，則偶聞得之汀州府寧化縣山中；議者據該縣申文，咸以爲深阻艱難，而必不可出矣。時逼歲暮，撫臣又在杜門，臣等憂惶無計，亟懇求之。幸而撫臣行道勘驗，而延平府推官徐久德還報，得其不難之狀。入今歲正月，盡得其實，決計取用。雖尾圍稍未盡如式，幸有前蕭子衙一木可以帮之。次桅，則得之侯官縣天仙廟木，中空丈餘，姑取裁用之。然此雖云得之甚艱，運之則又甚易。據運官稱：上下山坂，沙歷險灘，運行如飛，若有神助。

明 李昭祥《龍江船廠志》卷一 嘉靖七年，咨送到預備黄船伍隻，内三隻該修艌者，係是楠木；内二隻該改造者，係是川杉等木。本部差官賫價四路收買，絶無川杉木植。題奉聖旨，這船隻既限期緊急，准暫用楠木改造，欽此。

明 倪涷《船政新書》卷一 一議木料。照得船工所用，楠木爲急，而杉木次之，乃杉木無減折之例。又當時給價，故商人夤緣告納，以致買多積久，朽爛不堪。楠木頗爲難得，係查工部税單，計數派買，而反過爲搜尅。既減其疵病矣。又恐心有麻腐，乃扣價十一，俟用完之日，而後給發。以致商人往往畏避，杉木苦多，楠木苦少。杉木之害在小甲，楠木之害在商人。二者皆弊也。夫木心之蠹，商人亦不得知。乃使之守候于數年之後，已非人情矣。及查每年所減麻心價銀，業亦無幾。而臨期缺木，則必廣行召買，或減疵病，或寬丈尺，計之常價，十增二三。以其所增，當其所減，何止倍蓰。而拘拿保家，督責經紀，紛紛四出，擾害多端。勢不得已，則在官姑收不堪之物以取盈，小甲强領不堪之物以抵數。料既不備，用亦易朽。公私兩弊，昭然甚明。又小甲陸續告領，本部陸續批查，官役刁難，奸甲夤緣。弊端叢生，莫可殫述。頃該本官，清理見在杉木。三年之内，不復收買。每年所省，何止萬金。合著爲例，以後如遇應用杉木，皆先一年，預案呈堂，批准收買。買足之日，即呈堂停止。其楠木除疵病減價外，免其扣留。而量增派買之額，則商人免守候之苦，而本部免召買之累，豈非兩利之道哉。木頭鑿官匠姓名，隱匿疵病者，許本甲呈究給木之時，查明各船等第，扣筭應領木植，并油麻、釘鍋、等項，總開一單。召集各甲，拈鬮給發，則終年之所擾擾者，頃刻可畢。而刁難濫收之弊，不革而自除矣。伏乞聖裁。

明 謝肇淛《五雜俎》卷五 諸葛武侯在隆中時，客至，屬妻治麵，坐未温而麵具。侯恠其速，後密覘之，見數木人斫麥，運磨如飛，因求其術，演爲木牛流馬云。蓋《莊子》所謂「不龜手之藥，或以封，或不免於絣澼絖」者也。自武侯有此製，而後世有巧幻之器，如自沸鐺、報時枕之類，皆托之諸葛，有無不可知也。南齊祖冲之，因武侯有木牛流馬，乃造一器，不因風水，施機自運，不勞人力。又造千里船，於新亭江試之，日行百里。及欹器、指南車之屬，皆能製造。此其巧思，孔明之後，一人而已。其論鍾律、曆法尤極精辨，而喪亂之世，不見施行，惜哉！

明 李光殿《守汴日志》 [崇禎十五年八月]十九日丙辰，壓申文理刑廳：「連年河工未修，今賊又掘開隄防。每九月十七日俗傳河神生日，必發水。若微流漸至，猶可無患。萬一怒浪滔天，爲之奈何？壓備木料人工，願造小船一隻，以防不測，伏候裁奪。」理刑廳批：「造船爲今日第一急務，木料人工本廳自備，借重門下督造可也。一隻之外，不妨多造。」黄推官發榆皮四十斤，□麴二十斤，爲匠作食。壓復措雜糧四斗，南瓜十個，木匠八人，鐵匠一人。六日造船一隻，廣一丈二尺，長三丈，可容百人，極堅緻，篙櫓皆具。然力已竭，不能多造。撥兵三百人，舁至曹門。九月初二日，出城擊賊，欲度濠，復舁置濠中作橋，以通往來。

明　談遷《國榷》卷八五　［熹宗天啓二年］丁巳，建虜破西平堡。初，敵分三路，入自柳河三岔黄泥窪，聯木爲筏，乘流至狹處渡河，直攻西平。參將羅一貴力禦，傷敵甚衆，圍數日不下。化貞遣總兵祁秉忠、劉渠往援，而巡撫中軍孫得功及黄進前通敵，令攻中路，于是二將俱没，一貴力竭死之，屠其城。

又　卷一〇四　［弘光六年四月］龍潭驛報清虜編木筏，發大礮，馬士英怒鞭報者，監軍楊文驄報江中數筏南下，意虜也。發三礮碎之，士英喜，厚賞其人，自是偵探不至。

明　徐宏祖《徐霞客遊記》卷三下　［崇禎十年六月］二十九日晨，促參慧覓結桴者，未行，昨所期樵者呼羣至。問已入洞否？予應以待舟，樵者謂舟不能至，若聯木爲桴，予輩水中挾之入，正與舟等。參慧即以覓人錢畀之。遂羣負木入溪，斬竹爲筏，頃間桴就，復以岩中大梯架其上，更置木盆。予踞坐盆中，諸人前者引綍，旁者挾篙，後者肩聳，遇深淵輒浮水引之，遥不能引，輒浮水挾之。

清　吴任臣《十國春秋》卷六八　天福三年冬十月，順賢夫人彭氏薨。夫人治家有法，王甚憚之。既歿，後王始縱聲色，爲長夜之飲。十二月乙酉，王貢晉御輦一乘，金漆栢木，鏤金花版，銀裝真珠，車渠紅絲網囊悉備。又進謝恩，除江南諸道都統，絹二千疋。又進謝，改功臣，加食邑，銀鈔鑼四十面，重二千兩，土絹、土絁、吉貝布共三千疋，麩金五十兩。

清　黄叔璥《臺海使槎録》卷一　余所坐海船，桅木之值數百金，舵師云得之外域者，任重當風不稍屈曲，長可八丈，通身無節，名打馬木。明監察御史路振飛按閩摘畧云：「崇禎六年，遣户科給事中杜三策、行人司司正楊崙册封琉球，先期採木造舟，大桅屢求未獲。嗣於寧化縣方得應用。獨鐵力木柁産自廣南，差官採買，回大鵬所，被賊焚刼。復支銀五百五十兩，前往海澄縣採買。二門運到副用」云云。今鹽木柁尚值數十金，亦廣南所産。

《清實録》之《太宗實録》卷五　［天聰三年］上諭諸貝勒大臣曰：「戰爭者，生民之危事。太平者，國家之禎祥。從前遣白喇嘛向明議和，明之君臣若聽朕言，克成和好，共享太平，則我國滿漢蒙古人等，當採參開礦，與之交易。若彼不願太平，而樂於用兵，不與我國議和，以通交易，則我國所少者，不過緞帛等物耳。我國果竭力耕織，以裕衣食之源，即不得緞帛等物，亦何傷哉。我屢欲和而彼不從，我豈可坐待？定當整旅西征，師行時，勿似先日以我兵獨往，當令蒙古科爾沁、喀爾喀、扎魯特、敖漢、柰曼諸國，合師竝舉，夫師徒既衆，供億浩繁，陸運糗糧，恐不能給。必得輕舟挽載，至河西西寧堡，方無遺誤。宜預採取木植，廣造舟楫，以備軍行之用。此朕意也。但一人所見，未必悉協於衆。詢謀僉同，乃克有濟。滿漢蒙古中，有謀畧素裕，可裨益軍政者，各以所見入告，朕將擇而用之。」

又　卷三三　［崇德三年］又諭曰：「使到之日，即揀選謹慎能幹官二員，帶領每甲喇驍騎校一員，每牛彔甲士一名，每牛彔採取木植白身人一名，及八家各首領一名，再選造船工匠各五名，前來靉陽河邊，依佟克申式樣造船十艘，依朝鮮式樣造馬船十艘，可令和碩豫親王多鐸家人托木布路察有，向日曾與佟克申造船，及知造朝鮮馬船之工匠遣之前來。其監造官員須於靉陽河邊擇地方堅固、可達義州江者，令其駐彼營造。至於造船所需鐵匠，亦按數發來，更須分撥哨卒，善爲防守，毋致疎虞。若國中有大事、不便、遲緩及緊急信息，當遣二三百人來。其細小事務信息，於二月二十日遣人至通遠堡，俟朕有使至同來。今所遣人到時，即發造船人等起行，限二月十五日以内竣工。布顔蘇爾德到盛京五日仍令護送造船人來，其右翼前鋒到五日可令往噶海駐防，左翼前鋒於遼河氷解時可往開城駐防，遼河氷若未解，可往牛莊駐防，氷解後併將駐防。牛莊之護軍取往開城一同駐防。」

《清實録·聖祖實録》卷一〇八　上以所議尚未周詳，遂分遣内府營造司郎中佛寶，及户部侍郎宜昌阿等，以瀛臺通州船，載米試之。復令盛京刑部侍郎噶爾圖等，自巨流河至等色屯，驗視遼河深淺，寧古塔副都統瓦禮祜等，自伊屯口至伊屯門、伊爾門河口，驗視水勢。尋噶爾圖奏，遼河可行三丈之船，請以此式，於巨流河渡口，造船六十艘。瓦禮祜奏，伊屯河可行三丈五尺之船，吉林地方伐木造船百艘，由伊屯河運米松花江，於伊屯門伊屯口築倉收貯，從之。

又《高宗實録》卷八三三　［乾隆三十四年］諭軍機大臣等，昨據傅恒等奏稱，蠻暮以北，野人山頂可得造船木料，已令傅顯帶兵一二千名前往修造等語。此項兵丁必須滿漢兼派，方妥。彼處修造船隻，若野人稍不恭順，即應立時勦辦。此等野人不可深信，恐其佯爲恭順，陰通緬夷，務宜留心籌度。再前經降旨著烏三泰在落卓一路進兵，已調伊爲成都副都統。今傅恒復派令造船，則落卓一路須另派一幹練領隊大臣至。造船一事朕徹夜思之，所關甚要。觀所進地圖，野人山西北，即係賊人巢穴，相距甚近。倘野人陰通緬匪來侵，有誤船工，大有關係。必須重兵駐守，方可無虞。計今歲於七八月間進兵，此山既距進兵路近，瘴氣亦輕，莫若移兵屯劄於此，以爲聲援。九月間想船隻亦可造竣矣。如此辦理，若何？可傳諭傅恒，令其察看地勢，相度事機，熟籌妥議，具奏此事。甚要，朕時廑念也。

清 鐵保《八旗通志》卷四〇 ［雍正六年］是年，議准浙江乘造戰船，船底艙木用大號堅固松木，每艕長一丈，面梁濶三尺三寸，船身及正桅均長一丈二尺。頭號艍船濶二丈二尺五寸。船身增長八丈九尺，艙深七尺九寸，板淨厚三寸一分。二號趕繒船濶一丈九尺五分，船身減長七丈九尺，艙深七尺一寸，板淨厚二寸九分。三號雙蓬舿船濶一丈七尺五寸，船身減長六丈六尺，艙深六尺一寸，板淨厚二寸五分。四號快哨船濶一丈四尺，船身減長四丈八尺，艙深五尺，板淨厚二寸。每板長一丈，均用釘三。又議准奉天戰船身長七丈四尺，寬一丈八尺七寸，二十一艙。

清 愛新覺羅·胤禛《世宗憲皇帝硃批諭旨》卷一八 查修船匠料，原俱平價僱買小民之手藝營生，與商賈之挾資貿易均之求利而已。初不因文官而樂趨，亦不因武職而畏阻也。況油、鐵各項出自江楚，既不盡産蘇揚，而樟杉巨材出自閩浙，更以沿海運送爲便。惟是官弁委用，必須熟籌，汛守所關，不容不慮。因查本營之船隻，即令本營之官承修，則人船原未相離，初無礙於汛守。

又 卷三一 臣顧魯在歸化城採買馬四千一百餘匹，並延屬採買馬六百餘匹。道路遥遠，及至趕解甘州，疲瘦甚多。臣咨移甘提派撥弁兵在甘屬之大草灘、黑城有好水草處，加意牧放，漸至寒冬，水凍草枯，除挑剩拴養各項馬匹外，陸續倒斃者二千七百九十餘匹。至於隨軍戰車三千輛，道路遥遠，輪輞輻軸，非選擇木料至堅至剛者，必不可用。乃辦理各官並不揀擇，多用楊柳，其性柔脆，一經磕硼，即至損裂。押解各官紛紛呈詳到臣，臣一面咨呈大將軍臣岳鍾琪，一面飭令凉甘肅地方官輪加鐵瓦，軸換榆木，外備車串餘軸等項，催令晝夜趕造，隨後解赴軍營。以上數項動關錢糧，而倒斃遲誤之數多，實在堪用之數少，皆由各官漫視軍需遲延所致。若不追賠，有虧國帑。臣有辦理之責，何敢遠怨避嫌，絲毫瞻狥，有負我皇上委任之至意。理合據實備陳，伏祈皇上睿鑒。謹奏。

清 徐松《宋會要輯稿》卷四九二〇《食貨》 孝宗隆興二年五月二日，淮東宣諭使司言，去年三月都督府下明、温州各造平底海船十艘，因明州言平底船不可入海，已獲旨準年例藉民間海海船更互防拓近。都督府再令造船每十隻之費，公家支經總錢三萬貫，兼材打採木公私受弊。又令兩浙漕司造江船百艘，所費尤甚。今相度欲令逐州據已辦船數取旨，未造數目，更不打造。從之。

清 同治《歸州志》卷九《兵防志·軍防》 晉武帝泰始八年，以王濬爲益州刺史，濬至州大作舟艦。時作船木□蔽江而下，吴建平太守吾彦取以白吴主曰：「晉必有攻吴之計，宜增建平兵以塞其衝。」吴主不從。太康元年春，晉諸道並進伐吴，二月王濬、唐彬擊破丹陽監盛紀，吴人於江磧要害處並以鐵鎖横截之。又作鐵錐長丈餘，暗置江中，逆拒舟艦。濬作大筏數十，令善水者以筏先行，遇鐵錐，錐輒著筏而去。又作大炬長十餘丈，遇鎖燃炬燒之，須臾，融液斷絶，船無所碍，遂克西陵。

清 同治《淡水廳志》卷七《武備志》《船政》：道光二十三年，臺灣道熊一本復札淡水同知，召充匠首採製軍料，運廠策應，以副戰艦文需。定照舊章，限以三月完半，六月完全。所有該匠，收售樟栳醣籐，即爲斧鋸運料之資。而私栳滋盛，奸民招集亡命，串通蠹役，於內山搭寮設竈，私煎私售，歷經嚴禁在案。嗣經奏開徵税，旋復禁止。惟軍工運料，仍舊辦理。今録修造哨船工料於左：大吉木（長七丈餘，圍五尺餘）、中吉木（長六丈餘，圍四尺餘）、浮溪木（長五丈餘，圍三尺餘俱杉木名）、高洋木（杉木之略小者）、柁碇龍骨（每船頭尾中共三節，長短配桅之丈尺，係松木）、大桅（趕繒長八丈五、六尺，圍七、八尺，篷船長六、七丈，圍五、六尺不等，按船之長短配用）、頭桅（趕繒長六丈餘，圍四尺八、九寸，篷艍內有改造加長加潤，桅長五丈餘，圍三尺七、八寸，俱照船身長短配用）、大艙、小艙、大小風篷、大小桅餅（大木圈或十餘或數個用套大桅，便於起篷）、大小無底升（亦木圈風篷，掛於桅上，用木圈以動之，趕繒一千三百個，雙篷艍七、八百個）、樟樑頭、樑座、大桅座、頭桅座、（頭尾）托浪板、斗蓋、水櫃、頭禁水（鑲船頭木）、尾禁水（鑲船尾木）、上金（尾樓邊高起木）、下金（在船尾水内，用以栓柁）、招（船頭上招子，便於頭起也）、撐面（艙蓋）、扛罩（艙口直木，此木自官廳口起，至大桅兜止，所罩艙之撐蓋俱扛於此，故名。隔艙板木乃横木也，在大桅處，名曰含壇，又曰樑頭，在各艙則名堵經）、披枋（杉木枝隔船兩邊水）、笨枋（船頂板在戰棚枋之下）、占櫃（舖官廳頂蓋）、覆竹（船兩邊所釘樟木）、車戰棚（杉木板重舖笨枋上）、車耳（扯篷起碇縴縛於此）、穩仔（水蛇下灣水）、繚牛（繫大篷腳縴）、灣極、直極、頭尾八字極（俱樟木用以鑲船）、屈手極（媽祖堂前兩灣樟木大趕繒用，雙篷艍無）、番人耳（船頭木）、頭含壇（樹頭桅木）、大含壇（樹大桅木，凡船身長濶滿漢字號，俱於此印烙）、大轉水（附大含壇木）、含壇靴（削成方木鑲含櫃内）、木裏靴（鑲桅座内方木）、轉水靴（船梢上兩邊方木）、車檔（扯篷起碇絞棍木）、大鹿耳（夾頭桅木）、夾車檔（靠車大棍）、金桂（下金内木棍）、軟箸（船尾中間鑲木用以夾舵）、櫓椽（放艪架一竹艪床）、上下秤（拴風篷木，頭尾在上者名上秤，在下者名下秤）、尾穿樑（船尾柱）、通樑（艙口上木）、下株樑（船底木）、舵牙（夾舵木）、水蛇、猴楦、桅豬（見下）、鐵釘（趕繒一千八百觔，篷艍七百觔）、茅鐵（四、五百觔）、槐藤（十觔）、張篷水藤（百餘觔）、黄麻（爲繩縴之用，其名有大律縴、小律縴、篷踏縴、小踏縴、大繚母、小繚母、大千觔墜、小千觔墜、篷尾弔、小篷尾弔、雞貫流浪縴之屬）、樓（亦爲繩縴之用，其名有篷頭根、篷尾根、舵弔虎、尾碇、奴碇縴、摘尾、腰邊秦、出尾秦之屬，二項趕繒一千數百觔，篷鋸八、九百觔）、篾碇縴（二條，每條篾三擔，草四擔）、桐油（趕繒一千五百觔，篷船五、六百觔，每油百觔，配灰三百觔，釘一百觔，網紗一百觔）、網紗（破魚網煉入油灰内，用以補縫）、灰草餅（舂灰用）、炭（千二百觔至千八百觔）、勒肚（拴舵縴，自船底貫於碇前，結緊，舵乃得有力，水淺放去，鬆便可懸起）、杉板船、尾樓燈、金鼓各一。其餘顏料、旗布、匠役工價大修小修爲數不等。凡大吉木、中吉木、浮溪木、高洋木、柁碇龍骨、大桅、頭桅、大艪、小艪、松板（作樑頭砲架，並鋸作將路用）、樓苳竹（篷上用，有大小二種）、櫞榜（係柯木榜大桅用）、連轉木（做篷碇等車並開板做柁用，係杉木長二丈三尺，圍三、四尺不等，頭尾如一，並無粗細）、松筒（對鋸開作龍骨三節）。各項産自福州，委員採辦。鐵釘、茅鐵、桐油、山城板（係小杉木鋸開舖艙，並猫狸内墊板用）、網紗、槐藤、尾樓燈、旗布、顏色、鑼鼓、大小風篷、無底升、桅餅、樂，各項産自漳州，須專人採買。其餘各項多産臺屬。至船之丈尺：同安梭一號船身，長七丈二尺，寬一丈九尺。二號船身長六丈四尺，寬一丈六尺五寸。三號船身長五丈九尺，寬一丈五尺五寸。大横洋梭集字號船身，長八丈二尺，寬二丈六尺。成字號船身，長七丈八尺，寬二丈四尺。新添白底艍，順字號船身，長六丈四尺，寬一丈八尺。濟字號船身，長五丈五尺，寬一丈五尺（舊「郡志」參新修「通志」）。

清　汪世澤《樂善浮橋記》（《遂川縣志》卷一六引）　［隔溪河］舊設板橋以渡隘，而長支木虚而不固，往往有失足者。黄君炳南見而傷之，慨然捐貲倡首，倣古造舟爲梁之法，爲船十六號，鍊巨鐵綆鎖之，横列波心，遇空處則駕木板綽丈餘，車馬馳驟，勿虞傾陷也。經始同治二年之夏五月，用木約數百株，用鐵約數千觔，用人力不可勝數。

清　光緒《蔚州志》卷一八《大事記》　［天會十三年］十三年冬，興燕、雲兩路夫四十萬人，之蔚州交牙山，採木爲筏，由唐河及開創河道，運至雄州之北虎州，造戰船，欲由海道入侵江南。是役始於是歲之夏，以百姓大困，嘯聚蜂起，海道之行遂成中輟。此劉豫遣人持海道圖，及木作戰船小樣，獻於大金，故有是役。

朱家溍《養心殿造辦處史料輯覽》第一輯《雍正朝》　［雍正元年］十七日怡親王諭：著做漆亮轎一乘。三年八月十六日做得。二十四日總管太監劉進忠、王以誠，張起麟傳做太后坐的亮轎一乘，做楡木轎杆，或長一丈，或長九尺俱可。記此。本日張起麟啟知怡親王。奉王諭：做楡木金漆亮轎。遵此。

著　録

清　永瑢《四庫全書總目》卷八四　《南船紀》四卷江蘇巡撫採進本明沈啓撰。啓有《吴江水利考》，已著録。是編乃啓嘉靖中以南工部營繕司主事監督龍江提舉司時所撰。案《明史兵志》太祖於新江口設船四百，永樂初，又命鎮江各府衛造海風船，皆江船也。又《職官志》所載各船，有黄船、遮洋船、淺船、馬船、風快船、備倭戰船諸名，内惟遮洋、備倭二種爲海中所用，故啓不之及。其餘各船圖形、工料數目，暨因革典司諸例，無不詳悉備載。國朝江寧府設同知一員，專管督造戰船，今昔異宜，其制已不盡合。然參考損益，未始非船政之權輿也。

藝文

《詩經·國風·邶風·柏舟》 汎彼柏舟，亦汎其流。耿耿不寐，如有隱憂。微我無酒，以敖以遊。我心匪鑒，不可以茹。亦有兄弟，不可以據。薄言往愬，逢彼之怒。我心匪石，不可轉也。我心匪席，不可卷也。威儀棣棣，不可選也。憂心悄悄，愠于羣小。覯閔既多，受侮不少。靜言思之，寤辟有摽。日居月諸，胡迭而微。心之憂矣，如匪澣衣。靜言思之，不能奮飛。

唐 羅劭權《刳木爲舟賦》 昔王者以濟衆爲先，念舟航之未具長川。謂運斤之人，必能造物；選合抱之木，遂使攻堅。既而削彼鱗皴，定兹繩墨。短長大小，任規模之巧心；高下重輕，稱波瀾之巨力。原夫造其舟而利其用，亦由求其理而安其國。刳剜斯休，舳艫已流。小周穆黿鼉之駕，契高宗舟楫之求。德合《國風》，暗動揚帆之勢；人歌《帝力》，爰成鼓枻之謳。濟物不得無其舟，行化不得無其相。運智既由乎明主，操舟亦因乎哲匠。器無不具，實均大造之功；道無不通，宛叶蒼生之望。必也主意渺瀰，用汝猶疑。不顧斧斤之妙，不求擁腫之資。則思涉之人，恨無航而空嘆；未濟之士，欲行水而何期。且刻之求劍者其意細微，用之稱象者誠非大計。曷若濟巨川而是念，命良工而立制。欲使蠻夷之類，慕化而有路斯來；商賈之徒，通貨而乘流遠逝。利涉之道彌彰，拯溺之功潛契。以此利物，何物不利？以此濟人，何人不濟？由是皇恩遠被，鴻化旁流。潛通四海之路，皆因一葉之舟。用之則行，豈隨波而上下；利有攸往，當與道而沉浮。今我后契道臨人，端默求理。思通大水，濟川之具雖多；樂得長材，刳木之心未已。則知從古之君，爲舟於水。若葦杭於河廣之内，似芥葉於坳堂之裏。方之於今，未足喻其大而擬其美。

唐 張彦振《大章車賦》 舜爲君兮禹爲相，七政齊兮八風暢。備禮容兮和樂章，同車書兮一度量。龍樓恭己，則無爲以垂衣；鸞蹕豫遊，或有時而端望。伊大章之攸作，冠輪一作轉輿而爲上。其始也，委材質於資斧，授規模於梓匠。其終也，授桴鼓於天街，動輗軏於霜仗。乃畫界疏疆，正位辨方。候之以節步，先之以啓行。象雷而鳴，曾不聞其霆轟；如蓬之轉，終不見其飄揚。遵彼坦途，違兹險阻，勿忘情而習靜，殊不知其處所。類智者之行藏，同至人之默語。歷代傳寶，鼓車逾好。有異人謀，宛同靈造，行不由徑，動能合道。向使貴賤混并，高卑不間。應無迷遠之疾，詎有窮途之患。則是大章爲器，國容之利。指方位於遥空，數田里於厚地。節六鼓以鼉駭，首五輅而鱗次。望塵不及，初非千里之遥；聽響爭先，終欣一日而至。夫然則可以式序秩宗，發揮樂府，扶侍輦轂，隱翳干羽。以家形國，何一二之能談；自邇陟遐，雖萬億而可數。墨客胡爲？來攀桂枝。懸鼓待鳴，仰淳淳之風俗；尅車就駕，識穆穆之威儀。伊可大而可久，諒斯焉而取斯。

宋 王質《紹陶録》卷上 山轎 繖：宜用紫竹、斑竹，以輕壯爲良。繖用竹，亦如花葉紙、梧桐油爲頂衣，以清滑爲良。跚跚以出，軋軋以趣。山擦淺草，溪滔深蒲。在我寓兮不可傷，竹竿渫渫桐油香，遮雨遮風遮夕陽。

又 栗里舟及櫂楫（見遇火等詩，其制無考，今所用如左）：船篷，宜用艑子船、拖篷船、腰篷船、檝頭船，又網板船、敞槽船多拖潭箬，其材宜用杪木、樠木、檑木，以輕捷爲良；篷用雜箬皆可，以厚密爲良。山崎水嶇，無軌可濡。草黔水黓，無轡可攬。在我寓兮不可睽，孤篷秋風秋葉飛，露冷波寒宜早歸。

又 槳 櫂 橈 篙：宜用白楠木、白植木、烏圓木、樟木、椿木，篙宜用笙竹，以堅緻爲良。潑潑其擀，撥撥其盪。吾非榜人，惟意所向。在我寓兮不可擲，菌桂木蘭皆不必，何材不動能浮碧。

宋 周麟之《造海船行》 造海船，海旁樸斲雷殷山。大船闢艦容萬斛，小船飛鶻何翾翾。傳聞潞縣燕京北，木梯翻空浪頭白。近年升作北通州，謂是背吭宜控扼。坐令斬木千山童，民間十室八九空。老者駕車輦輪去，壯者腰斧從鳩工。自期鼓楫滄溟隘，他時取道膠西砦。檣頭相風風北來，飛航信宿趨吴會。誰爲此計狂且愚，南北土性天淵殊。北人鞍馬是長技，南人濤瀨如坦途。果爾疑非萬全策，驅民忍作魚龍食。任渠轉海入江來，自有周郎當赤壁。

元 佚名《櫓》 斲木爲竿駕客舟，翩然快我下中流。雙龍影落湘江晚，百鴈聲傳楚岸秋。素練撥開波浩渺，黄金攪碎月沈浮。長灘鷗鷺多如雪，一路驚飛不敢留。

明 黄希英《虚舟》 千章大木出鄧林，刳爲巨艦倚江岑。豪商黠賈侔大利，飜成鹽井横黄金。益以萬鍾輕若羽，如山屹立當江心。乘凌洪濤日千里，簸驚蛟鱷潛幽深。春來積雪消蜀門，灔澦堆前細如馬。驚雷怪波裂厚坤，擊觸崩崖去如瓦。黑風震撼洞庭波，河伯之宫倏傾瀉。乾坤蕩圻走荆吴，蠵駭鯨奔無處下。此時橦檣不可恃，激衝飄簸同浮查。三老旁觀盡股慄，天吴九首嬉相誇。如何虚舟只一葉，浮沉雲水倚江花。野水纔深四五尺，漁簑歸去夕陽斜。縱被微風忽吹去，觸突船舷人不怍。人能虚心遊物外，肝鬲腎腸盡傾露。谷神不死妙無窮，人世于今同一赴。漆園蒙叟最探玄，達者妙應識其趣。

清 錢澄之《田間詩集》卷八《江上集·松樹歎》 偃蓋虬枝近百年，長籠佳氣護高阡。可憐葱鬱一朝盡，伐與官家造戰船。 深松茂柏鬼神栖，車蓋亭亭遠近齊。自是人間官法重，那能復顧夜臺啼。 空山伐木響丁丁，説造舟裝下海兵。怪得山靈留不住，樹頭夜夜有潮聲。 高標勁節入雲孤，不受秦封五大夫。用汝作舟期破浪，貞心還可濟川無。

清 阿桂《盛京通志》卷一三《威呼》 刳巨木爲舟，平舷圓底，脣鋭尾修，大者容五六人，小者二三人，刻木兩頭爲槳，一人持之，左右運棹，捷若飛行。取諸渙卦合義經，舴艋評量此更輕。刳木爲舟剡木楫，林中攜往水中行。飽帆空待吹風力，柔櫓還嫌劃水聲。泥馬賒枯尤捷便，恰如騎鯉遇琴生。

雜録

《山海經·大荒北經》 東北海之外，大荒之中，河水之間，附禺之山，帝顓頊與九嬪葬焉。爰有鴟久文貝離俞，鸞鳥鳳鳥，大物小物。有青鳥琅鳥、玄鳥、黄鳥、虎豹熊羆、黄蛇視肉、璿瑰瑶碧，皆出衛於山。丘方員三百里，丘南帝俊竹林在焉，大可爲舟。

又《海内經》 黄帝生駱明，駱明生白馬，白馬是爲鯀，帝俊生禺號，禺號生淫梁，淫梁生番禺，是始爲舟。番禺生奚仲，奚仲生吉光，吉光是始以木爲車。少皞生般，般是始爲弓矢。

漢 東方朔《神異經》 東海滄浪之洲，生彊木焉。洲人多用作舟楫，其上多以珠玉爲戲物，終無所負。其木方一寸可載百許斤，縱石鎮之不能没。

又 南方荒中，有涕竹，長數百丈，圍三丈六尺，厚八九寸，可以爲船，其笋甚美，食之可以止瘡癘。

晉 鄧德明《南康記·梓樹》（《説郛》卷六一引） 梓潭，昔有梓樹，巨圍，葉廣丈餘，垂柯數畝。吴王伐樹作船，使童男女挽之，船自飛下，男女皆溺死。至今潭中時有歌唱之音。

宋 樂史《太平寰宇記》卷一〇八 樟潭山在縣［雩都縣］東一百八十里。《南康記》云漢有阿堤樹於此潭邊，伐大樟樹爲龍舟艚，砍而出血，伐人並皆沈死，因號樟樹潭。

宋 釋贊寧《筍譜》 簹竹筍，竹本根長千丈，斷節爲大船，生海畔山。其竹萌可數丈，猶爲筍也。

宋 葉庭珪《海録碎事》卷五《獨木船》 《蜀記》昔夏禹欲造獨木船，知梓潼縣尼陳山有梓木，徑一丈二寸，令匠者伐之，樹神爲童子，不伏，禹責而伐之。

明 彭大翼《山堂肆考》卷一七四《昇真洞》 武夷山第十六昇真元化洞天，昔有神仙降此，曰武夷君，統録地仙，授館於此。俗傳玉帝與太姥魏真人、武夷君建幔亭，綵屋數百間，宴鄉人。男女千餘於其上，皆呼爲曾孫，石壁上有室曰昇真洞，洞上有神仙蜕骨，莫計其數。室前有黄心木棧，又有四木船，兩兩相覆，亦盛仙人骸骨。半枕室棧，不墜不壞。其下曰沖祐觀，遊仙者多自此買舟，泝流而上觀之。

明 陳耀文《天中記》卷五一 木中有文。昔金人代宋時，伐香巖寺木造舟，木中有文成詩，云：「栽松種柏興唐日，解板成舟破宋時。可惜香巖千載樹，等閒零落歲寒枝。」世傳以爲怪異。浙川縣志

清 王士禎《池北偶談》卷一二《淅川二詩》 南陽淅川，古商於地，同年于道子嘗令其地，爲予言金人侵宋時，伐香巖寺木造舟，木中有紋理成詩，云：「栽松種栢興唐日，解板乘舟破宋時。可惜香巖千載樹，等閒零落歲寒枝。」又順治辛卯歲，雷山道人伐松葺回陽觀。諸生李霽明者，禱於神，質明，松上有絶句，字如蟲蛀者，云：「修廟還葘廟裏松，廟成松去鶴巢空。不如留卻青松在，待得長生老化龍。」衆異之遂止。

清 陳祥裔《蜀都碎事》卷四 五龍山在彭縣，有神溪水，仙人李伯陽登山漱之。今爲溪源，山高數百丈，延袤二十餘山，麓有洞。旱時禱雨巫山者初入握火燭之行，少頃跂足而望，懸崖中有斧鑿痕，如井深數十百丈，牖一絲之

明，而烟焰衰然上衝，謂之天生眼。至此少偃息，復入第三四五六洞，洞下重淵，深不可測。盛夏水冷如冰，以竹編筏寢其上，逡廵蟻附而入，抵第七洞，龍所穴也。始用符呪取水，盛竹筒而出。離洞口即有風雷，隨之而雨作焉。間值洞中水壅，巫者多不得出。輿地記

清 董天工《武夷山志》卷六《一曲中》 〔昇真洞〕又名仙蜕巖、大王峯。東壁廣數丈，中置磁鋼五，皆盛蜕骨。鋼皆雷紋，其一在石窖，窖口反狹於鋼，竟不知何自入也。又有四船俯仰相覆，亦盛骨函，船皆圓木刳成，半枕於洞口，骨函二十有餘，空者數函。鄉人謂禱雨者取蜕骨，下易以新函，返故處而骨仍入舊函云。洞外有木板，縱横插於巖際，相傳爲虹橋板。詳見古蹟考

圖表

宋 曾公亮《武經總要前集》卷一〇 右雲梯，以大木爲床，下施六輪，上立二梯，各長二丈餘，中施轉軸。車四面以生牛皮爲屏蔽，内以人推進，及城則起飛梯於雲梯之上，以窺城中，故曰雲梯。

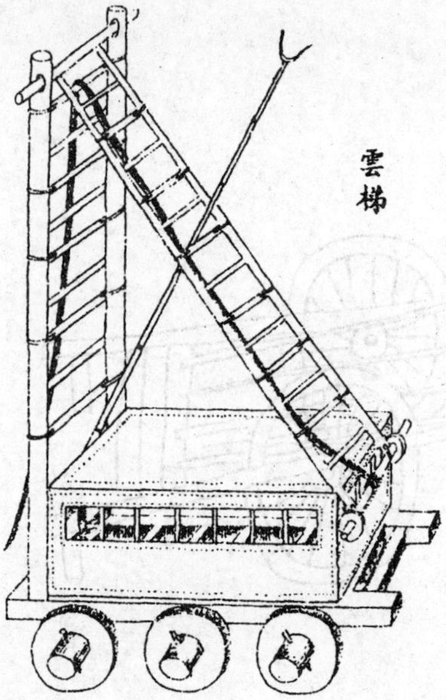

雲梯

又 尖頭木驢，形如轒轀車，惟增二輪。上横大木爲脊，長一丈五尺，上銳下方，高八尺，以生牛革裹之。内蔽十人，推逼城下，以攻城。作地道木牛以堅木厚板爲平屋，裹以生牛革，下施四車輪，自内推進，以蔽攻城下，亦木驢之類也。

尖頭木驢

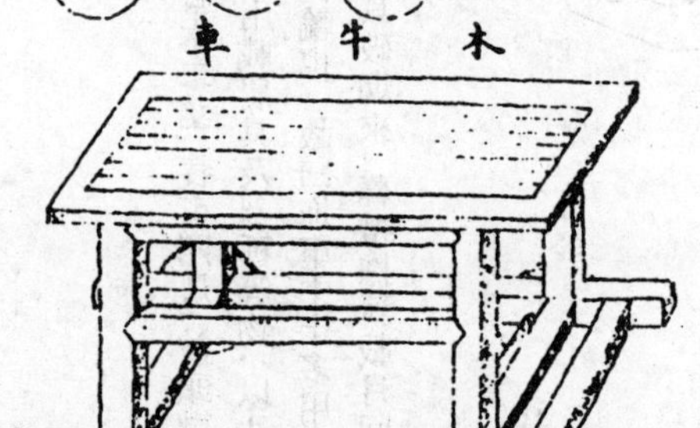

木牛車

宋 趙如梅《易序叢書》第七卷《車制》 縱榦二，皆長一丈，方五寸，足以後稍昂。横榦三，各長三尺三寸，以次而羡縮焉。皆慱四寸，厚五寸，左右入於縱榦各五寸。二間各廣六寸，輪頰二皆長六尺，慱厚加横榦，後附横榦，前附于額，頰間容兩轂而少羡額，長四尺二寸，慱尺厚五寸，著于横榦之端。足二皆高二尺，少羡方五寸，入于縱榦五寸，不盡榦後端尺而植之，合而爲牀，長一丈一尺，廣前四尺二寸，後四尺五寸，輞慱五寸，厚四寸，合曲材爲規。轂長尺二寸，圓徑如之。輻十六，皆方寸九分，長二尺、三尺。入于輞轂各二寸，軸長七尺寸，圓徑三寸。束以鐵軸，貫轂中輻輳轂外輞環輻外合爲輪，徑六尺。凡二轐四慱四寸，厚五寸，長二尺二寸，削其兩端，置縱榦及兩頰下。竅

其中以容軸，止則前以輪至地而軒，後以足至地而輊；行則舉其足而平。上施槍四，前後有山，前長四尺二寸，後長三尺八寸，前高六寸，厚三寸，後高四寸，厚如之。前置于額端，爲四竅，以貫槍間一尺二。

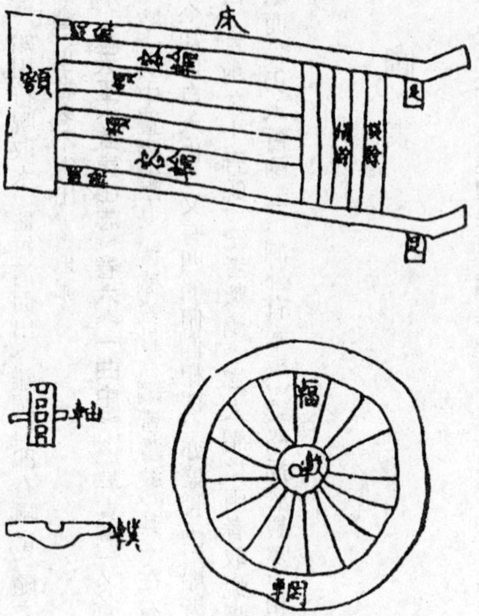

元 王禎《農書》卷一七 大車，《考工記》曰「大車牝服二柯」，鄭元謂「平地任載之車」，《詩》「無將大車」，《論語》「大車無輗」，皆此名也。《世本》云奚仲造車，凡造車之制，先以脚圓徑之高爲祖，然後可視。梯檻長廣得所制，雖不等道路，同軌也。中原農家例用之。後梁甄元成《車賦》云：「鑄金磨玉之利，凝土剡木之奇，體衆術而特妙，未若作車而載馳爾。」

大車

又 拖車，即拖脚車也。以脚木二莖，長可四尺，前頭微昂，上立四簨，以横木栝之，闊約三尺，高及二尺，用載農具及芻種等物，以往耕所。有就上覆草爲舍，取蔽風雨，耕牛挽行以代輪也。故曰拖車中土多用之，庶四方陸種者傚之，以便農事。詩云：早同農具破烟來，暮帶樵薪載月回。不比看花南陌上，雕輪繡轂殷音隱春雷。

拖車

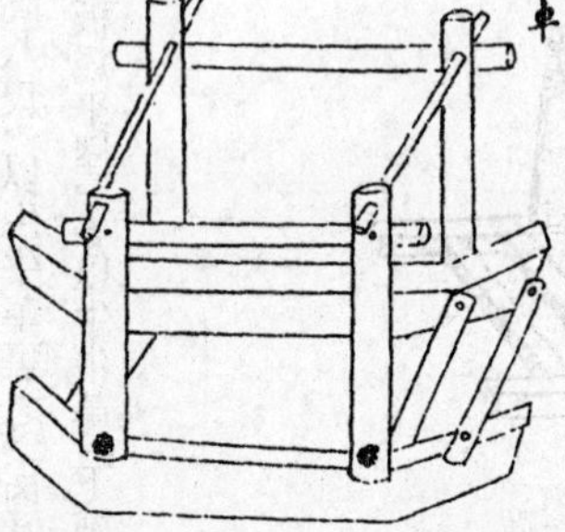

元　朱公遷《詩經疏義會通》卷七　車前曲木上句衡者，謂之輈，亦曰轅。《禮記·車制圖》云：輈長一丈四尺四寸，亦曰輈，通謂之輈。

元　薛景石《梓人遺制》

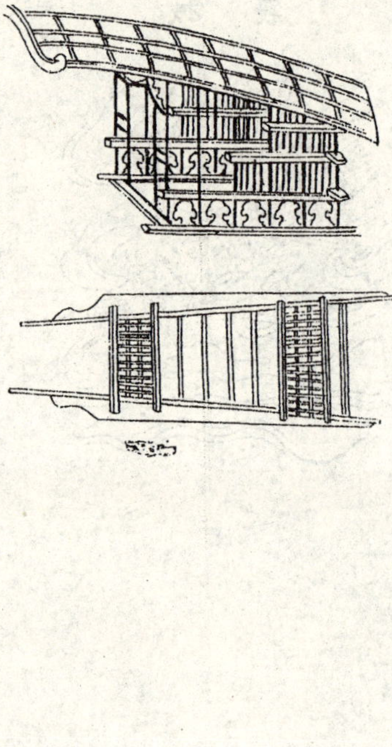

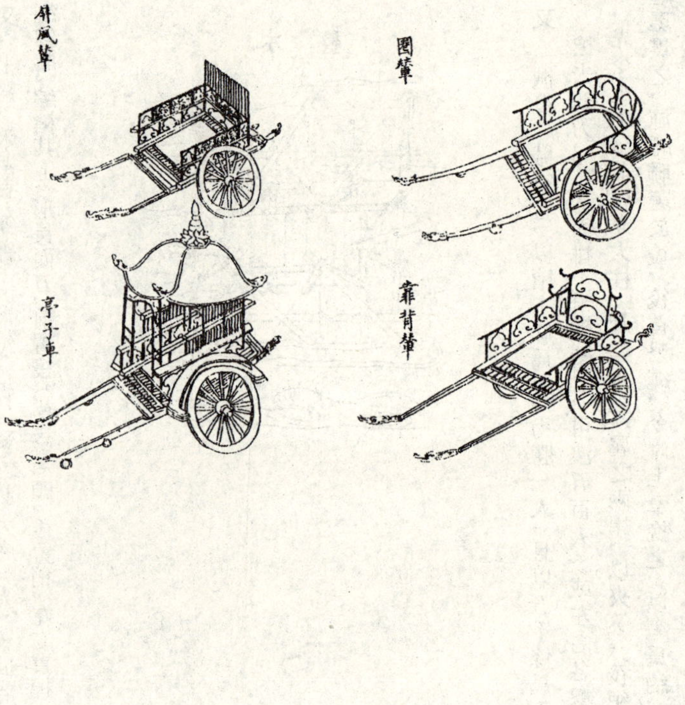

明　王圻《三才圖會·器具》卷四　航船：其制大小不一，尾高於首，或以木爲蓋，或以蘧篨覆之，可堪裝載，非遊人之利也。

又　皮船：皮船者，以生牛馬皮，以竹木緣之如箱形，火乾之，浮于水。一皮船可乘一人，兩皮船合縫能乘三人，以竿繫木助之，可十餘返。

皮船

又　木罌：木罌者，縛甕缶以爲筏。甕缶受二石，力勝一人。甕間容五寸，下以繩勾聯，編槍其上，形長而方，前置筏（或作版）頭，後置梢，左右置棹。

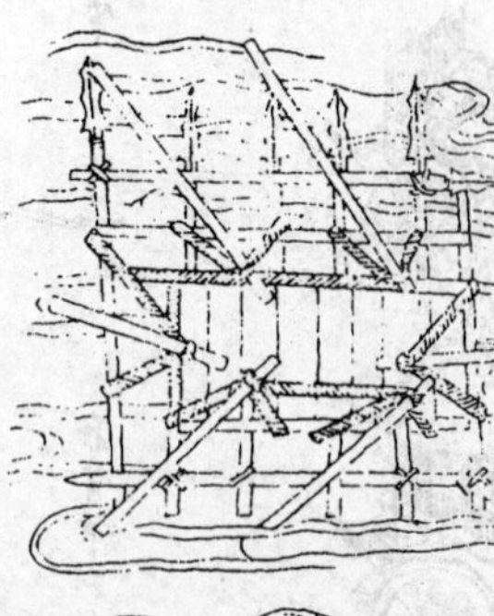
木罌

又　械筏：械筏者，以槍十條爲束，力勝一人，且以五千條爲率，爲一筏。槍去鋒刃，鱗次而排，縱横縛之，可渡五百人。或左右各繫浮囊二十，先令水工至前岸立大柱，繫二大絙，屬之兩岸，以夾筏。筏絙上以木絙環貫之，施繩聯著於筏，筏首繫繩，令岸上牽挽之，以絙爲約，免漂溺之患。

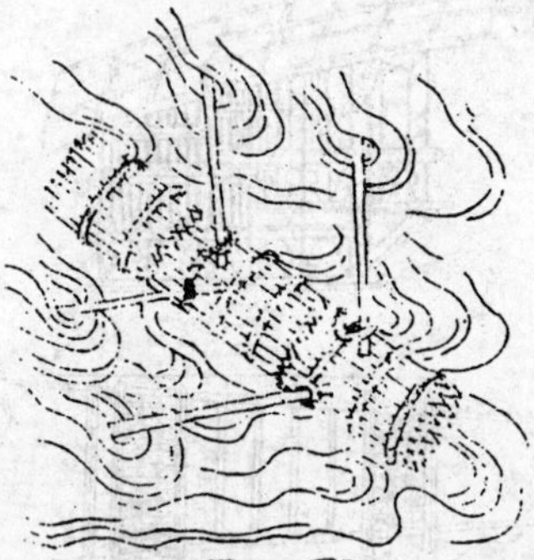
械筏

又 **卷五** 絞車：合大木爲床，前建兩叉手柱，上爲絞車，下施四車輪，皆極壯大，力可挽二千斤。飛梯、木幔逼城，使善用搭索者遥抛鈎索，掛及梯、幔，併力挽令近前，即以長竿舉大索鈎及而絞之入城，如絞木驢。待其逼城，且擲大木、檑石擊之，次下小石勿絶，使木驢内驚懼，人不散出。則使二壯士坐皮屋中，自城上設轆轤繫鐵索縋至木驢上，二人俱出，引絞車鈎索掛搭木驢畢，復拽上，即速絞取入城。

絞車

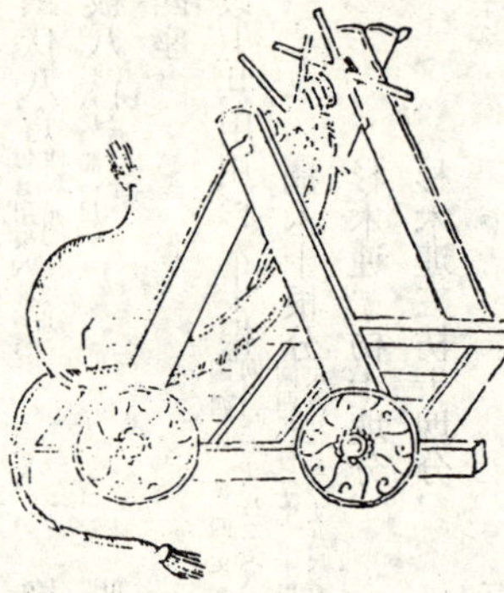

又 木女頭：形制如女牆，以版爲之，高六尺，濶五尺，下施兩輪，軸施拐木二條。凡敵人攻城，摧壞女牆，則以此木女代之。

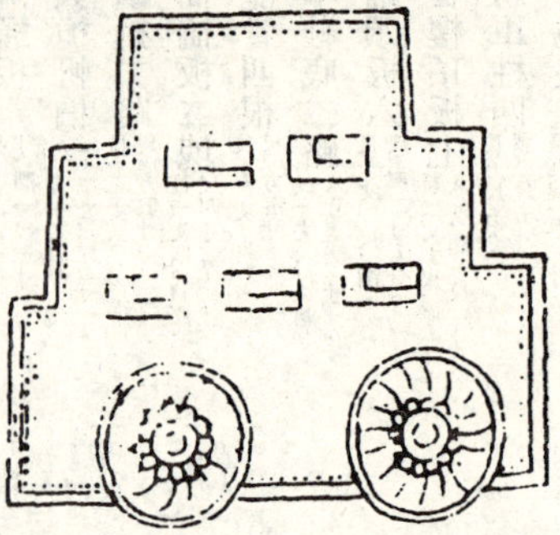

明 **沈㟁《南船記》卷一** 預備大黃船：頭一倉、二倉各長四尺，三倉至六倉各長三尺八寸，七倉至十一倉各長四尺二寸，十二倉至十五倉止各長四尺。虚頭長一丈二尺五寸，虚稍長一丈二尺，共長八丈四尺五寸，濶一丈五尺。

正底十三路長六丈，濶一尺，内十路，厚三寸五分，三路五寸五分。

拖泥二路長六丈四尺，濶一尺二寸，厚三寸五分。

中棧二路長七丈二尺，厚二寸七分，濶一尺三寸。

插找六塊長二丈，濶一尺二寸，厚二寸五分。

厰堂四路長七丈五尺，濶一尺，厚二寸五分。

側口二路長二丈七尺，濶一尺厚，三寸五分。

康木二路長八丈四尺五寸，厚六寸五分。

伏獅頭一長一丈四尺，圍四尺。

累梁二路長一丈三尺方，厚六寸。

大桅面梁一長一丈五尺，濶一尺五寸，厚五寸。

幫底二路長六丈二尺，濶一尺二寸，厚四寸。

出水棧二路長六丈八尺，厚四寸，闊一尺五寸。

完口棧二路長七丈六尺，厚二寸五分，濶一尺四寸。

出脚二路長八丈四尺五寸，厚三寸。

裏口二路長七丈五尺，濶一尺，厚四寸。

火櫃側口二路長二丈四尺，厚二寸五分，濶一尺三寸。

千斤板四塊長二丈五尺，濶一尺，厚二寸五分。

梁十七座每座板四塊，長一丈三尺，濶一尺三寸，厚二寸五分。

挽脚梁一塊長一丈二尺，厚三寸，濶一尺四寸。

小桅面梁一長一丈二尺，濶一尺二寸，厚五寸。

上下舵巾二塊長九尺五寸，厚三寸，濶一尺二寸。

關頭板十長一丈二尺，厚三寸，濶一尺三寸。

大桅帆柏一長二丈，濶一尺二寸，厚五寸。

拿獅二路長一丈六尺，方五寸。

龍骨四根長五丈五尺，方五寸。

仙橋板二塊長一丈四尺，濶二尺四寸，厚二寸。

鋪頭板六長一丈一尺，濶一尺，厚二寸五分。

草鞋底二路長一丈六尺，濶八寸，厚二寸。

長樓頂板七長二丈七尺，厚一寸八分，濶一尺二寸。

將軍柱四長五尺五寸，圍三尺五寸。

小桅夾二長九尺，厚二寸五分，濶一尺。

順水板四長二丈六尺，闊七寸，厚三寸。

浪槽板八長三丈，厚一寸五分，濶二尺。

仙橋鎖伏板二十長五尺，濶一尺二寸，厚二寸。

雞鶩籠鎖伏二十長三尺，厚二寸，濶一尺二寸。

三層鎖伏八倉每倉用板八塊，長四尺，濶一尺二寸。

舵編板八長六尺，濶一尺二寸，厚二寸。

篷架四座。

以上共用川杉木十根圍四尺，長四丈者十根，圍三尺五寸，長二丈八尺者，根。

楠木十根分圍四尺長二丈者。十根圍三尺五寸，長一丈八尺者根。

杉木連二枋十塊分，

杉木連三枋十塊分，

櫓十張杉木五根圍二尺五寸，長二丈五尺。

杉條木旗哨招杆三根圍一尺，長二丈。

榆木舵桿一根圍三尺，長一丈八尺。

舵牙関門棒檀木一根圍一尺五寸，長二丈。

水撅，　椰頭，

火櫃柱子八根內二根長九尺，六根長六尺，見方四寸五分。

篐頭地脚枋十二根四根長一丈八尺，濶六寸，厚五寸。八根長九尺，濶六寸，厚五寸。

竈門梁板二長九尺，厚二寸五分，濶一尺二寸。

關稍板六長九尺，厚二寸五分，濶一尺。

小桅帆柏一長八尺，濶一尺二寸，厚五寸。

土墻二路長二丈四尺，濶三尺，厚一寸八分。

捲樓平盤板十二長七尺，厚二寸，濶一尺二寸。

官樓老鼠橋四塊長二丈四尺，濶四寸，厚二寸。

平盤羅框四路長八丈四尺五寸，濶八寸，厚一寸八分。

鋪稍板四長一丈二尺，濶一尺，厚二寸五分。

當家木一塊長九尺，方五寸。

大桅夾二長一丈四尺，厚三寸，濶一尺二寸。

舵夾板四長一丈五尺，濶五寸，厚二寸五分。

杠板八長二丈六尺，濶三尺，厚一寸五分。

長樓日晒鎖伏板十五長七尺，濶一尺二寸，厚二寸。

水槽十根長一丈五尺，方一尺。

孟頭鎖伏二倉五塊長五尺五寸，厚二寸，濶一尺二寸。

櫓跳板十六長七尺，厚二寸五分，濶八寸。

脚跳板二長二丈五尺，厚三寸，濶一尺三寸。

有舊料減三分。

大桅川杉木一根圍四尺五寸，長五尺五寸。

頭桅川杉木一根圍三尺，長四丈。

杉條木蓬秤杠四根圍一尺，長二丈。

水戧雜木二根圍一尺，長二丈。

羊頭，

麻力槽枋三十六根內四根長九尺三寸，二根長六尺，濶三寸，八尺，厚八分。

照面并內裝坂四槽長五尺二寸，濶八尺，厚八分。

平捲樓柱四長六尺，方四寸五分。

長樓柱六長八尺，方四寸五分。

左右柱四十長二尺七寸，濶三寸，厚二寸二分。

地脚眉枋四長九尺，濶六寸，厚五寸。

地平二十七扇長四尺五寸，闊二尺七寸。

短槅四十八扇長二尺七寸，闊一尺九寸。

稍亭闌杆四根長二丈二尺，方三寸五分。

篐頭枋八長一丈，闊四寸五分，厚二寸二分。

連簷柱四長一丈四尺，闊三寸，厚一寸二分。

鬪機板濶九寸，長二尺五寸，厚七分。

受帶五十四條，

角雲四，

膳桌二，　面架一，

金鑪架一，　鼓架一，

連椅二金漆　旗櫃一，

擋衆二　東浄櫃一

面盆一，　脚盆一，

膳桶二，　浴盆一，

水挽一，　戽斗一。以上俱金漆

以上共用杉木連三枋　塊分

杉木連二枋　十塊分

楠木二根圍四尺，長一丈八尺。

榆木一根圍三尺，長二丈。

魚線膠一斤。

左右裙板二塊濶二丈，長二尺八寸，厚八分。

篐頭地脚枋十長九尺五寸，濶六尺，厚五寸。

過梁三長九尺，濶六尺，厚四寸。

掛枋二長二丈，濶四寸五分，厚二寸二分。

麻力板十六空每空濶四尺二寸，長四尺五寸，厚七寸。

長槅十八十扇長七尺五寸，濶一尺九寸。八扇長五尺五寸，濶一尺三寸。

平門六扇長五尺五寸，濶一尺九寸。

两扇板四十八長三丈三尺，濶一尺六寸，厚八分。

角梁押縫十二長九尺，方四寸。

座櫃一鋪板全濶九尺，長三尺，厚七分。

長短花板十八塊，

荷葉六，

屏風床一，

衣架一，　圓爐架一，

御仗架一，　御仗一對以上俱朱紅。

扶梯四，　蓋鍋二，

膳桶二，　浴盆一，

吊桶一以上俱朱紅。　札板一，

脚盆一，　浄桶一，

又　大黃船：頭倉至十一倉各長四尺二寸，房倉第十二長三尺二寸，房倉第十三長三尺六寸，八尺倉第十四長三尺四寸，八尺倉第十五長三尺四寸，虛頭倉長一丈二尺五寸，虛稍長一丈三尺。共長八丈五尺三寸，濶一丈五尺六寸。

大黄船圖

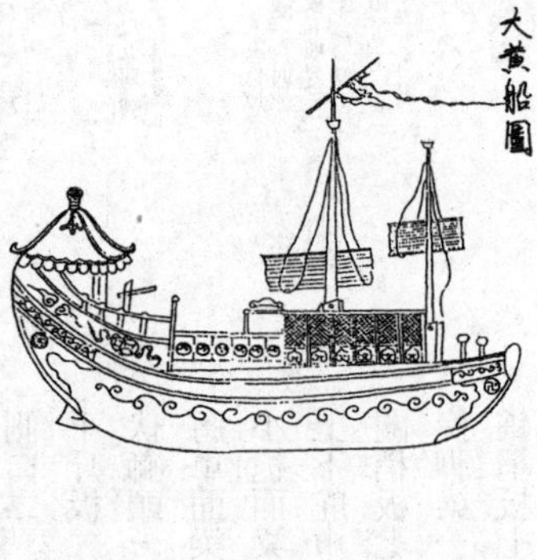

正底十一路長六丈零五寸，濶一尺二寸，厚二寸五分。　幫底二路長六丈一尺，濶一尺，厚二寸。
拖泥二路長六丈三尺，濶一尺，厚二寸。　出水棧二路長六丈五尺，濶一尺三寸，厚二寸。
中棧二路長七丈，濶一尺五寸，厚二寸。　完口棧二路長七丈五尺，濶一尺五寸，厚二寸。
插找左右板六塊長一丈八尺，濶一尺二寸，厚二寸。　出脚二路長八丈六尺，濶一尺一寸，厚二寸五分。
厫堂六路長六丈五尺，濶一尺，厚二寸。　官倉側口二塊長三丈二尺，濶一尺五寸，厚三寸五分。
火櫃裏口二路長二丈五尺，濶八寸，厚二寸五分。　千斤板二塊長二丈五尺，濶一尺一寸，厚二寸。
庲木二路長八丈六尺，濶六寸，厚三寸。　伏獅頭一長一丈一尺，圍三尺五寸。
一字梁板二路長一丈，厚五寸。　挽脚梁一長一丈二尺，濶一尺四寸，厚三寸五分。
梁十六座每座板五塊，長一丈三尺，濶一尺三寸，厚二寸五分。　大桅面梁一長一丈五尺，濶一尺四寸，厚五寸。
小桅面梁一長一丈四尺，濶一尺二寸，厚五寸。　將軍柱面梁一長一丈，濶一尺二寸，厚五寸。
竈門梁花板三長一丈二尺，闊一尺一寸，厚一寸八分。　關頭板十長一丈一尺，濶一尺二寸，厚二寸五分。
關稍板七長九尺，濶一尺一寸，厚二寸。　上下舵巾二塊長一丈三尺，濶一尺三寸，厚三寸。
羅框平盤四路長八丈六尺，濶九尺，厚一寸八分。　拿獅二塊長一丈六尺六寸，厚五寸。
左右土牆二路長二丈五尺，濶三尺，厚一寸八分。　左右平盤二路長二丈五尺，濶五寸，厚一寸八分。
草鞋底三長一丈八尺，濶八寸，厚一寸。　老鼠橋并平盤二塊長二丈五尺，濶六寸，厚二寸。
龍骨四路長六丈五尺，濶六寸，厚四寸。　仙橋二路長二丈五尺，濶一尺五寸，厚一寸八分。
鋪頭板六長一丈二尺，濶一尺，厚一寸五分。　鋪稍板七長一丈二尺，濶一尺五寸，厚二寸二分。
長樓頂板八長三丈，濶一尺一寸，厚一寸五分。　捲樓頂板五長七尺五寸，濶一尺二寸，厚一寸八分。
平樓頂板五長七尺五寸，濶一尺一寸，厚一寸五分。　將軍柱二長七尺，圍三尺五寸。
大桅夾板二長一丈四尺，濶一尺三寸，厚三寸。　小桅夾板二長九尺，濶一尺二寸，厚二寸五分。
帆柏大小二長七尺，濶一尺三寸，厚六寸。　舵夾板四長一丈一尺，濶七寸，厚五寸。

仙人樁二長五尺，厚五寸。　傌橋鎖伏板二十長四尺，濶一尺，厚二寸。
孟頭鎖伏板四長四尺，高一尺，厚一寸八分。　中路鎖伏板二十長六尺，濶一尺，厚一寸八分。
披水板二長一丈，濶一尺一寸，厚二寸。　編舵板九長三尺五寸，濶一尺一寸，厚二寸。
櫓梭六長五尺六寸，厚三寸。　櫓跳板四長六尺，濶七寸，厚二寸。
脚跳板二。

以上卷查楠木并板共折莫楠木十根

杉木　根圍三尺，長三丈。

有舊料減三分。

櫓四張杉木二根圍二尺五寸，長二丈五尺。　頭桅杉木一根圍二尺五寸，長二丈五尺。
大桅杉木一根圍四尺五寸，長五丈五尺。　舵桿榆木一根圍三尺，長一丈八尺。
杉槁木十根圍七寸，長二丈。
舵牙關門棒檀木二根圍一尺五寸，長一丈八尺。　水戧雜木二根圍一尺，長二丈。
旗哨招杆杉條三根圍一尺，長二丈。
寶珠胡蘆桅餅玲瓏楹木一段，圍二尺五寸，長四尺。白楊一段，圍二尺五寸，長四尺。　腰枋六二根長一丈，四根長六尺，方四寸。
火櫃柱八二根長九尺，六根長六尺，方四寸二分。　橫順地脚八長九尺，濶五寸，厚四寸。
順籠地脚枋四長二丈二尺，濶六寸，厚五寸。　籠頭地脚枋八長一丈，濶五寸，厚四寸。
上下裙板前後照面枋四槽共濶七丈六尺，長四尺五寸，厚六分。　過梁三長一丈，濶五寸，厚四寸五分。
平捲樓柱四長六尺，方四寸二分。　柱三十六長二尺五寸，濶三寸，厚二寸。
長樓柱六長八尺，見方四寸五分。　短槅四十扇長二尺五寸，濶一尺六寸。
掛枋二長二丈二尺，濶四寸五分，厚二寸。　麻力板十二空濶三尺二寸，長三尺，厚六分。
長槅八扇長四尺五寸，濶一尺八寸。　地平二十四扇長四尺，濶二尺六寸。
兩簹板四十長二尺八寸，濶一尺七寸，厚六分。
平門五扇濶一尺八寸，長五尺。
麻力槽枋并挨地平枋六十根長四尺，濶三寸，厚二寸。
稍亭柱四長七尺，方五寸。　籠頭枋八長一丈，濶四寸，厚二寸。
角梁押縫八長九尺，方四寸五分。　闌杆四根長二丈二尺，方三寸。
角雲四，受帶，花板，御仗一對，御仗架一，金架一，扶梯四。

以上共杉木　根圍二尺五寸，長三丈。　有舊料減三分。

又　小黃船（匾淺黃船同）：頭倉長五尺，二倉長四尺，三倉至五倉長四尺五寸，桅後平樓倉六倉長四尺，捲樓倉第七長四尺五寸，官倉第八、九長三尺，官倉第十一、十二各長二尺五寸，私倉第十二、十三各長三尺，稍後倉第十四、十五各長四尺五寸，虛頭長一丈二尺，虛梢長一丈四尺。共長八丈三尺，闊一丈六尺四寸。

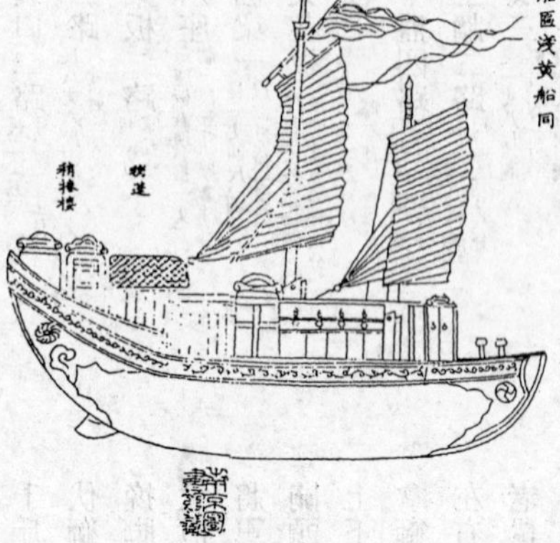

小黃船匾淺黃船同

正底十一路長五丈七尺五寸，濶一尺二寸，厚二寸二分。
幫底二路長五丈八尺，厚二寸，濶一尺二寸。
拖泥二路長五丈九尺，濶一尺一寸，厚二寸。
出水棧二路長六丈三尺，厚二寸，濶一尺二寸。
中棧二路長六丈八尺，厚二寸二分，濶一尺二寸。
完口棧二路長七丈五尺，厚二寸，濶一尺一寸。
出脚二路長八丈三尺五寸，厚二寸五分，濶一尺二寸。
厫堂六長六丈，濶一尺一寸，厚二寸。
插找左右四塊長一丈五尺，厚二寸，濶一尺四寸。
側口二長二丈五尺，濶一尺四寸，厚二寸。
火櫃裏口長二丈五尺，濶五寸，厚二寸。
千斤板二長二丈，濶一尺一寸，厚二寸。
庚木二路長八丈三尺五寸，濶六寸，厚三寸五分。
伏獅頭一長一丈一尺，圍三尺五寸。
稍伏獅一長一丈，圍三尺。
將軍面梁一濶一尺一寸，厚二寸五分。
大桅面梁一長一丈五尺，厚六寸，濶一尺四寸。
小桅面梁一長一丈二尺，濶一尺二寸，厚五寸。
梁十六座每座用板五塊，各長一丈三尺，濶二尺，厚二寸。
上下舵巾二長一丈三尺，厚二寸五分，濶一尺一寸。
關頭板十長一丈五寸，濶一尺二寸，厚二寸五分。
關梢板七長一丈，濶二尺，厚二寸。
灶門梁花板四長九尺，厚二寸，濶一尺二寸。
挽脚梁一長一丈三尺，厚三寸，濶二尺四寸。
鋪頭板四長一丈一尺，厚二寸，濶一尺二寸。
鋪梢板七長一丈三尺五寸，濶一尺四寸，厚一寸八分。

左右土墻二路長二丈五尺，濶二尺五寸，厚一寸八分。
土牆平盤二路長二丈五尺，濶六寸，厚一寸八分。
羅框平盤四路長八丈三尺五寸，濶六寸，厚一寸八分。
拿獅二塊長一丈八尺，濶七寸，厚五寸。
龍骨四路長五丈七尺，濶七寸，厚三寸五分。
草鞋底二塊長一丈，厚二寸，闊一尺。
平樓頂板五長七尺五寸，濶九寸，厚二寸。
長樓頂板七長二丈四尺，濶一尺二寸，厚二寸。
捲樓頂板五長七尺五寸，濶九寸，厚二寸。
稍樓頂板十一長九尺，厚二寸，濶一尺。
火櫃仙橋二路長二丈三尺，厚二寸，闊一尺三寸。
長樓老鼠橋四長二丈四尺，濶四寸，厚一寸八分。
大桅夾二長一丈四尺，厚一寸五分，濶一尺三寸。
小桅夾二長九尺，厚二寸五分，濶九寸。
將軍柱二長七尺，圍三尺五寸。
大小帆柏二共長六尺，厚三寸，濶一尺二寸。
鎖伏十四塊長六尺，濶一尺一寸，厚一寸八分。
中路鎖伏十五長六尺，濶九寸，厚一寸八分。
孟頭鎖伏三長四尺，濶一尺一寸，厚二寸。
稍後倉鎖伏八長五尺，厚一寸八分，濶一尺。
披水板二長一丈，濶一尺二寸，厚二寸五分。
櫓跳板四長六尺，闊六寸，厚二寸五分。
櫓梭四長五尺，厚五寸，濶五寸。
舵編板四，脚跳板二。

以上共用楠木

連二三板枋共折楠木 十 根

杉木 根圍二尺，長三丈。有舊料減三分。

大桅杉木一根圍三尺三寸，長四丈五尺。
小桅杉木一根圍二尺五寸，長二丈五尺。
水戧雜木二根圍一尺，長三丈。
櫓四張杉木二根圍二尺五寸，長二丈五尺。
蓬秤扛四根圍一尺，長二丈。
杉槁木十根圍七寸，長二丈。
舵桿楡木一根圍二尺五寸，長二丈八尺。
舵牙關門棒檀木二根圍一尺，長一丈。
旗哨招干杉木二根圍一尺，長二丈。
桅餅玲瓏仙人掌檀木一段，圍一尺八寸，長四尺三寸，白楊木一段，圍一尺八寸，長三尺。
火櫃柱十長八尺五寸，方四寸。
腰枋七長四尺五寸，方四寸。
兩簹并照面土空濶四丈，長七尺，厚七分。
掛枋二
平捲樓柱六長一丈，濶六寸，厚五寸。
長槅八扇長四尺五寸，濶二尺。
長樓柱二長八尺，方四寸。
過梁一
順籠枋二長一丈三尺，濶五寸，厚三寸。
橫順過梁地脚枋六長九尺，濶五寸，厚三寸。
間枋三十長二尺八寸，濶三寸，厚二寸。
前後掛枋六長二丈二尺，闊四寸，厚二寸五分。
抱柱十二長六尺，濶三寸，厚二寸。
短槅十八扇長二尺八寸，濶一尺七寸。
兩簹板十八各長三尺，濶一尺八寸，厚七分。
平門十二扇長六尺，濶一尺九寸。
地平二十四扇長四尺，濶二尺四寸。

梢篷柱十長六尺五寸，方四寸。　過梁一長一丈三尺，濶七寸，厚五寸。

腰枋五長五尺，濶三寸，厚二寸。　披水板八共濶三丈，各長三尺，厚七寸。

扶梯一張，受帶三十四條，長短花板十四塊。

以上共用杉木連二板枋　塊濶一尺二寸，厚五寸，長一丈四尺。

楠木　根圍三尺，長三丈。　有舊料減三分。

油艌身底桐油二百斤，石灰四百斤，黄蔴二百斤。

鐵器千斤四箇，櫓脚鐶四，箍頭圈一，大小鐵釘，累梁圈八，擋衆圈一副，金架鈎一副，上馬圈二，累梁倒鐶二副，旗櫃戽斗小釘五十，攀頭二條，長七尺，重十二斤，拐棒鉤四十，重二十斤，萬字鉤六十，重十五斤，擺錫小砲釘，五千二百。

風篷二扇青筀竹一百根，黄藤四十斤，棕毛三十斤，蘆柴五十束。

縴篾一　繫水二青水竹四百四十根，

棕頂纜一，　繫水一，　吊舵一，　度緯一棕毛二百五十斤，

麻繂索二，　都管一，　紝蕫一，　旗線索一黄麻一百斤，

黄絹旗一號帶一　黄熟官綃一疋，黄絲線五錢。

紅纓一茜紅火把纓一斤，生犉水牛皮一分，紅鹿皮一分。

油畫桐油十斤，石黄六斤，藤黄二兩，水膠三斤，三碌一斤，枝條碌一斤。銀硃二斤四兩，光彩三斤，墨煤二斤，二硃二斤，靛花青二兩，番硃一斤，黄丹一斤，密陀僧六兩，

鼓一面　釘槁蜊殼五十六斤，擺錫砲釘二百，　貼金金箔二貼，　葫蘆金貼。

本船諸料詼價銀　百　十　兩　錢　分　釐　毫

實詼銀　百　十　兩　錢　分　釐　毫

工食銀　十　兩　錢　分。有舊料減三分。

此係二百料船數，其下有一百五十料，一百二十料，一百料九十五料，八十五料，凡五等，當以漸減殺。

戰巡船圖數之二：

詩曰：「江漢浮浮，武夫滔滔。水之有戰，周宣始之。」夫宣王中興，淮夷醜類，猶介中國之間。此固不容不用武以殄滅夫類也。今兹一統，四夷來王。守在邊陲，善則善矣。顧以江淮内地尚勤府庫，以虚戰船之備，何哉？蓋以留都根本重地，東連海岱，西控荆巴，南襟閩越，壯枕青徐，天下之腹心，王業之鎬京也。小有震驚，則四肢百骸之所從。而謂安不忘危者，肯爲小費惜哉。是故二百年來，歲爲戰巡船費者，不下萬計。制無不備，法無不取。如吴曰艅艎瀵，曰樓船、戈船；孫權曰艨衝、鬭艦；王濬曰大舩、連舫；隋曰五牙艦；韓世忠曰海船；虞允文曰海鰌；以至海鶻、舴艋、走舸、遊艇、飛雲、飛虎、飛鳥、飛江、倉隼、野豬、指南、先登之類，雖人各創新，代北沿故，會今全盛，酌準以時。是以其爲有事之備也。曰戰座船二百料，戰船一百五十料，戰船一百料，戰船三板，劃舩其爲無事之習也。曰巡座船、巡沙船、一顆印巡舩、九江哨船、安慶哨船、大勝關哨船，輕淺利便舩。蓋戰船者，鬭艦之遺；哨船者，游艇之變也。因革相仍，法象兼舉。比而觀之，檣烏列陣，江漢方池，孰不謂有備無患，所以待天下之變者。周而不知潛，銷默懾其寖，天下之謀者知矣。遠畧訏謨，誠九鼎鑄而神奸懼。夫豈徒曰侑武云乎哉？體制攸存，統紀無次，敬圖而述之，以昭經制之盛。

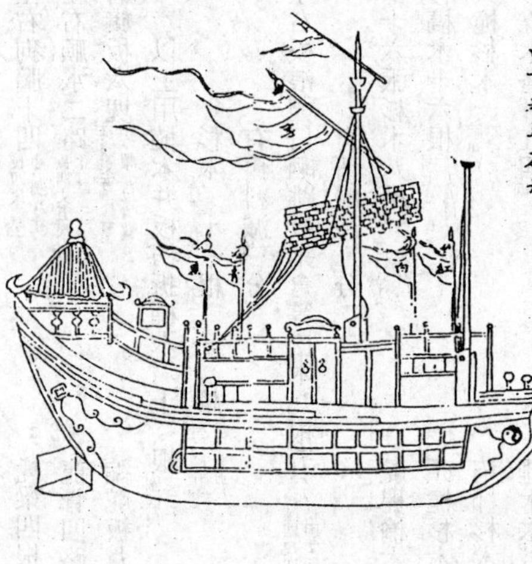

四百料戰座船

又　四百料戰座船：頭倉長五尺五寸，　二倉長四尺六寸，

三倉長三尺五寸，　四倉長二尺六寸，

五倉長六尺五寸，　六倉長五尺二寸，

七倉官樓長三尺六寸，八倉官樓長三尺五寸，
九倉官樓長三尺六寸，十倉官樓長三尺一寸，
十一倉長四尺二寸，十二倉長四尺二寸，
十三夾節倉長四尺五寸，十四座八尺倉長五尺五寸，
虛頭倉長一丈一尺三寸，虛梢長一丈五尺五寸。共長八丈六尺九寸，濶一丈七尺。

正底十三路長六丈五尺五寸，濶一尺三寸，厚三寸。左右幫底二路長六丈七尺，厚二寸五分，濶一尺二寸。
左右拖泥二路長六丈八尺五寸，濶一尺三寸，厚二寸五分。左右出水棧二路長六丈九尺，厚二寸五分，濶一尺三寸。
左右插找二路長三丈，濶一尺三寸，厚二寸。左右出脚二路長九尺三寸，厚二寸五分，濶一尺二寸。
左右中棧二路長七尺，濶二尺五寸，厚二寸二分。左右完口棧二路長七丈九尺，厚二寸，濶一尺三寸。
左右厰堂二路長七丈五尺，厚二寸，濶一尺一寸。左右羅框平盤四路長九丈二尺，濶九寸，厚二寸。
左右側口二塊長二丈五尺，濶一尺四寸，厚三寸。左右裏口二路長七丈，厚五寸，濶一尺。
左右床木二路長九丈三寸，濶七寸，厚五寸。關頭板十塊長一丈二尺，厚二寸五分，濶一尺三寸。
關梢板十塊長一丈，厚二寸，濶一尺。鋪頭板六長一丈一尺，厚二寸，闊一尺三寸。
累梁二根長一丈五尺，濶六寸，厚五寸。左右土墻二路長三丈，厚一寸五分，濶四尺。
左右土墻床木平盤四路長三丈五尺，濶六寸，厚二寸。將軍柱四箇長七尺，圍三尺五寸。
伏獅頭一長一丈四尺，圍三尺五寸。長樓頂板九長三丈，厚二寸，濶一尺二寸。
捲樓頂板七長一丈，厚一寸八分，濶一尺三寸。左右平盤四長一丈，厚二寸八分，濶一尺。
火櫃頂板七長三丈，厚一寸八分，濶一尺三寸。老鼠橋前後八塊長三尺二寸，濶五寸，厚二寸。
日晒横枋四根長二丈五尺，濶七寸，厚一寸五分。火櫃横枋四塊長二丈五尺，濶七寸，厚五寸。
火櫃中路鎖伏二十長七尺，厚一寸五分，濶一尺五寸。孟頭鎖伏板八長六尺，厚二寸，濶一尺。
櫓跳板十六長七尺，厚二寸，濶九寸。大桅夾二長一丈六尺，厚二寸五分，濶一尺四寸。
小桅夾二長九尺，厚二寸，濶一尺。面梁一長一丈七尺，濶一尺四寸，厚六寸。
小面梁一長一丈三尺，濶一尺三寸，厚五寸。梢頭頂板五塊長一丈二尺，濶一尺，厚一寸八分。
上下舵巾板二長一丈二尺，厚三寸，濶一尺三寸。車關車耳長八尺，厚五寸，濶一尺。
竈門梁花板三長一丈二尺，厚一寸八分，濶一尺二寸。挽脚梁一長一丈五尺，厚四寸，濶一尺四寸。
大小帆柏二長九尺，濶一尺三寸，厚五寸。櫓印子十六箇長二尺五寸，濶六寸，厚一寸五分。
櫓梭十六箇長五尺，厚二寸，濶五寸。一字梁一長一丈二尺，濶六寸，厚三寸五分。
左右順擦板二長五尺，厚一寸八分，濶五寸。前後護腮四長五尺，厚一寸五分，濶一尺。
各倉梁頭十七座每座用板五塊，厚一寸五分，長一丈五尺，濶一尺二寸。

舵夾板四塊長一丈二尺，濶六寸，厚二寸　護損八箇長三尺，厚一寸五分，濶一尺
左右狗腦十四長四尺，厚三寸，濶八寸　捶梁四根圍三尺五寸，長二丈五尺
左右順水二路長四丈五尺，濶九寸，厚三寸五分　龍骨四路長六丈五尺，濶六寸，厚五寸
磨旗板六塊長四丈五尺，厚二寸，濶一尺二寸　編舵板九長四尺，厚二寸，闊一尺二寸

以上用楠木并板枋折楠木　十　根圍四尺，長三丈

杉木　十　根　分　鳌圍三尺五寸，長三丈五尺

有舊料減三分

左右板浪槽日晒跳板鋪倉等松木九根五分圍四尺四寸，長□丈四尺

有舊料減三分

櫓十六張杉木八根圍二尺五寸，長二丈五尺　舵桿榆木一根圍三尺，長二丈
杉槁木十六根圍七寸，長二丈五尺　頭桅杉木一根圍三尺五寸，長四丈五尺
大桅杉木一圍四尺五寸，長五丈五尺　招杆杉木一圍一尺五寸，長二丈
杉條木蓬秤杠四圍二尺，長二丈　雜木水戧一根圍一尺，長二丈
檀木舵牙関門棒二圍一尺，長一丈五尺　五方旗大旗桿十六
裝修火櫃柱子八長六尺，見方四寸
□地脚籠頭樓枋六根各長一丈八尺，濶五寸，厚四寸
横籠頭地脚五根長九尺，濶五尺，厚四寸　左右裙板共濶四丈六尺長三尺，厚七分
照面裝板三槽長五尺，濶八尺五寸，厚七分　平捲樓柱四長六尺，見方四寸
籠頭地脚枋十二長九尺，濶五寸，厚四寸　抱柱枋十四根長五尺，濶三寸，厚二寸
長樓柱六根長八尺五寸，見方四寸五分　過梁三根長九尺，濶五寸，厚四寸
間柱三十四長二尺八寸，濶三寸，厚二寸　掛枋二根長二丈，濶四寸，厚二寸
地平二十扇長四尺五寸，濶二尺八寸
挨地平枋麻力槽枋六十長四尺五寸，濶三尺，厚二寸　長槅子十六扇長五尺，濶一尺九寸
麻力板十二空每空濶四尺五寸，長四尺，厚七分
短槅子四十二扇長二尺五寸，濶一尺七寸　雨篛板四十二塊長二尺八寸，濶一尺八寸
房倉屏門四扇長五尺，濶一尺九寸
稍亭柱子六根長七尺五寸，見方六寸　左右裝板二路濶二丈六尺，高二尺六寸，厚五分
横順籠頭地脚枋十二長一丈，濶四寸，厚二寸五分
角梁押縫椽枋十二長九尺，見方四寸　幔頂板四空濶二丈四尺，長八尺，厚七分
左右上下琵琶闌干二十四長八尺五寸，高二尺八寸

闌干長柱子十四(長七尺五寸，見方四寸) 過枋十四根(長八尺五寸，濶四寸，厚二寸)
浄瓶短柱十六(長三尺五寸，方三寸) 神龕一座
角雲四箇 受帶三十四 長短花板十六
戽斗一箇 五方旗架一座 鼓架一座
扶梯七張 旗櫃一箇 銃桿三個
榔頭一個
器用座櫃床面一張(長九尺，高五尺。上面鋪板濶九尺，長二尺五寸，厚七寸。)
衣架一座 面架一座 水桶一隻 吊桶一個
浴盆面盆各一個 坐桶樁桶浄桶各一隻
以上共用杉木連二枋 十 塊 分(長一丈四尺，濶二尺二寸)
杉木 十 根 分(圍二尺五寸，長二丈五尺)
楠木一根四分(圍三尺長一丈八尺) 有舊料減三分

又 二百料戰船：頭倉長四尺三寸，二倉至八倉各長四尺二寸，九倉十倉各長四尺七寸五分，提頭空倉長八尺九寸，稍尾一丈。共長六丈二尺一寸，濶一丈三尺四寸。

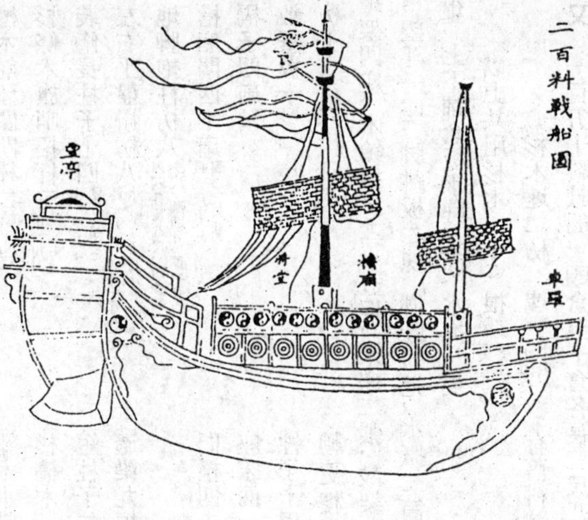
二百料戰船圖

正底十一路(長四丈五尺五寸，濶九寸，厚二寸二分。)
左右拖泥二路(長四丈六尺，濶一尺，厚二寸。)
左右完口棧二路(五丈四尺，濶一尺一寸，厚二寸。)
左右出脚板二路(長六丈三尺，濶七寸，厚二寸二分。)
左右厫堂板六(長四丈九尺，濶一尺二寸，厚二寸。)
關梢板四(長七尺，厚二寸，濶一尺。)
左右中棧二路(長五丈二尺，厚二寸，濶一尺三寸。)
左右拿獅二塊(長一丈七尺，濶五寸，厚三寸二分。)
鋪梢板六(長八尺，厚二寸，濶一寸。)
上下舵巾板二(長九尺五寸，濶一尺，厚二寸五分。)
將軍柱四(長六尺，濶一尺。)
挑梁四根(濶二尺，長一丈八尺。)
左右八字板四(長四尺，濶七寸，厚三寸五分。)
櫓跳板四(長七尺，厚二寸，濶七寸。)
小面梁一(長一丈，濶一尺二寸，厚五寸。)
大桅夾板二(長一丈三尺，厚五寸，濶一尺二寸。)
車關車耳(共長六尺，厚五寸，濶一尺。)
櫓印子十二箇(每箇長一尺五寸，厚一寸五分。)
篷架四座(每座用板八尺，濶三寸，厚三寸。)
梢樓左右土墻二路(長七尺，厚一寸五分，濶一尺五寸。)
頂板七(長七尺，厚一寸五分，濶九寸。)
左右順擦板二(長七尺，厚一寸五分，濶七寸。)
鰕鬚板三(長八尺，厚一寸五分，濶六寸。)
天篷板一座頂板十二(長三尺三寸，厚一寸五分，濶一尺一寸。)
車羅鋪頭板三(長六尺五寸，濶一尺一寸八分，厚二寸。)
各倉梁頭十一座(每座用板四塊，長一丈一尺，濶一尺二寸一分。)
以上共用楠木 十 根 分(圍三尺，長三丈。)
杉木一十一根(圍三尺，長口丈。)
松木一十根(圍三尺五寸，長二丈五尺。)
頭桅杉木一根(圍二尺五寸，長二丈五尺。)
櫓十二杉木六根(圍二尺五寸，長二丈五尺。)

左右幫底二路(長四丈四尺五寸，濶一尺二寸，厚二寸一分。)
左右出水棧板二路(長四丈八尺，厚一寸，濶尺三寸。)
左右插找四路(長二丈，厚二寸，濶八寸。)
左右康木二路(長六丈二尺，濶六寸，厚三寸五分。)
關頭板七(長八尺，濶一尺二寸，厚二寸二分。)
草鞋底二路(長一丈五尺，濶八寸，厚一寸八分。)
一字梁板一(長七尺，厚五寸，濶六寸。)
鋪頭板四(長七尺五寸，濶口尺，厚二寸。)
前後鎖伏板十三(長四尺，濶一尺二寸，厚二寸。)
伏獅頭一箇(長一丈一尺，圍三尺五寸。)
左右土墻柱子二根(長五尺，方厚各五寸。)
左右順水二路(長二尺二寸，濶七寸，厚三寸五分。)
左右千斤板四(長一丈三尺，濶七寸，厚二寸。)
面梁一(長一丈二尺八寸，濶一尺三寸，厚五寸。)
帆臼二(長七尺，濶一尺二寸，厚四寸。)
小桅夾板二塊(長八尺，厚二寸，濶一尺。)
櫓梭十二箇(長五尺，厚三分，濶四寸。)
護損八箇(長二尺，厚一寸五分，濶七寸。)
左右稍土墻二路(長二丈五尺，厚寸八分，濶二尺七寸。)
橫梢板三(長六尺，厚一寸四分，濶三寸。)
櫓架四座(用板六塊，長五尺，厚一寸四分，濶三寸。)
車羅枋九(長一丈四尺，濶五寸，厚四寸。)
龍骨二路(長三丈三尺，濶五寸，厚四寸。)
編舵板四塊。
有舊料減三分。
大桅杉木一根(圍三尺五寸，長四丈五尺。)
榆木舵桿一根(圍三尺，長一丈八尺。)

檀木舵牙關門棒二圍一尺，長二丈。

杉條木旗哨招杆三圍一尺，長二丈。

裝脩長柱子十四長九尺五寸，見方四寸。

左右平盤掛枋八長一丈一尺，濶七寸，厚一寸七分。

地脚抱柱枋八內四各長八尺，四各長三尺，濶四寸，厚三寸。

櫓廂門四十扇長五尺五寸，濶二尺六寸。

槅子四扇長五尺，濶二尺。

敵臺板十長八尺，濶八寸，厚八分。

枋十二根長一丈八尺，濶三寸五分，厚二寸。

雜木水戧二根圍一尺，長二丈。

杉槁木一十根圍七寸，長二丈。

短柱子二十二長六尺，見方四寸。

過梁九根長二丈二尺，濶六寸五分，厚四寸。

門槽四十扇長一尺三寸，濶三寸，厚一寸七分。

座床面一長八尺，高二尺三寸，上面鋪板濶八尺，長二尺，厚七分。

柱子十根見方四寸。

轉更樓一座，銃架一座，銃桿三根，鎗架四座，木鎗攛扒二十五根，扶梯二張，鼓架一座，旗櫃一箇，五方旗桿五根，望斗一座，脚跳板二塊，榔頭一把，水撇二箇，戽斗一箇，吊桶一個，水桶一隻，上下鋪倉板水牌一面，水挽一隻。

以上共用杉木　十　根圍二尺五寸，長二丈五尺。　杉木連二枋　塊長一丈四尺，濶一尺二寸。　有舊料減三分。

又　一百五十料戰船：頭倉至十倉各長三尺八寸，虛頭長六尺九寸，虛梢長九尺五寸。共長五丈四尺四寸，濶一丈六尺。

一百五十料戰船

正底九路長三丈八尺五寸，濶九寸，厚二寸三分。

左右出水棧二路長四丈二尺，濶一尺一寸，厚一寸七分。

左右中棧二路長四丈五尺，厚一寸七分，濶一尺二寸。

左右插找四路長一丈五尺，濶八寸，厚一寸七分。

左右厰堂四塊各長四丈，厚一寸七分，濶五寸。

左右庨木二路長五丈四尺四寸，濶五寸，厚四寸。

鋪頭板三塊長七尺，厚二寸，濶一尺。

關稍板四塊長七尺，厚一寸七分，濶一尺。

鋪梢板六塊長七尺五寸，濶一尺，厚一寸五分。

草鞋底二路長一丈三尺，濶八寸，厚一寸。

左右拿獅二路長三丈五尺，濶五寸，厚三寸。

櫓棧六箇長五尺，厚三寸，濶四寸。

天篷頂板四路長三丈二尺，厚一寸六分，濶一尺二寸。

梔夾板四塊長八尺，厚二寸一分，濶一尺。

舵夾板四塊長六尺五寸，厚二寸。

大小面梁二塊長九尺，濶一尺二寸，厚二寸。

各倉梁頭十二座每座四塊，長九尺，濶九寸，厚一寸八分。

櫓印子六箇長三尺，厚一寸五分。

將軍柱二箇長五尺五寸，圍三尺。

伏獅頭一箇長八尺，圍三尺。

左右幫底拖泥共四路長四丈一尺，濶一尺，厚二寸。

左右完口棧二路長四丈八尺，濶一尺，厚一寸□分。

左右出脚板二路長五丈四尺四，濶七寸，厚一寸七分。

左右側口二路長四丈，厚二寸，濶五寸。

關頭板六塊長七尺，厚二寸，濶一尺。

將軍柱面梁一長七尺五寸，濶八寸五分，厚三寸。

左右土墻二路長二丈二尺，厚一寸五分，濶一尺五寸。

上下舵巾板二塊長八尺，厚二寸，濶一尺。

梢樓頂板八塊長七尺，厚一寸七分，濶一尺一寸。

綫梁三塊長八尺，厚二寸，濶八寸。

竈門梁板二塊長七尺，濶七寸，厚一寸。

櫓跳板六塊長六尺，厚二寸，濶七寸。

編舵板六塊長三尺，厚一寸五分，濶一尺。

帆柏二塊長三尺，厚五寸，濶一尺。

前後鎖伏板九塊長三尺，厚一寸五分，濶一尺。

車關車耳三塊長六尺，厚二寸。

梢伏獅一箇長七尺，圍三尺。

龍骨二路四塊長二丈，濶七寸，厚四寸。

以上共用楠木并折板枋　十　根　分圍三尺，長三丈。

杉木八根九分圍二尺五寸，長二丈五尺。

杉木大梔一根圍三尺，長三丈五尺。

櫓六張杉木四根圍二尺五寸，長二丈五尺。

檀木舵牙關棒一根圍一尺，長一丈五尺。

篷秤桿旗哨招杆七根圍一尺，長二丈。

裝脩官樓柱子十根長七尺，見方四寸。

門八扇長九尺，濶三尺五寸。

敵臺枋四根長一丈八尺，濶三寸五分，厚二寸。

短柱子六根長八尺，濶三寸五分，厚二寸。

杉木頭梔一根圍二尺五寸，長二丈五尺。

榆木舵桿一根圍三尺，長一丈八尺。

雜木水戧二根圍七寸，長二丈。

杉槁木六根濶七寸，長二丈。

掛枋四根長一丈八尺，濶四寸五分，厚二寸。

照面枋一槽長三尺五寸，濶四尺，厚七寸。

敵臺短枋二根長□尺，濶三寸五分，厚二寸。

梢柱子二根長六尺，見方四寸。

抱柱枋二根長五尺，濶三寸五分，厚二寸。

敵臺板四塊長九尺，濶五寸，厚七分。

槅子四扇長五尺，濶一尺九寸。

上面鋪板濶八尺，長二丈，厚七分。

鎗架二座，木鎗攩扒十，

水挽二，銃桿三根，

梆頭一，水梘，

水吊桶一，戽斗一，

上下柱五根長五尺，濶三寸五分，厚二寸。

左右裝板二槽濶七尺，厚七分，長三丈。

座櫃床面一張長八尺，高二尺二寸。

雲頭板二塊長九尺八寸，厚一寸四分。

鼓架一座，銃架一座，

扶梯一張，旗櫃一箇，

水櫪二根，跳板二，

鋪倉板。

以上共用杉木　根圍二尺五寸，長二丈五尺。

杉木連二枋　塊長一丈四尺，濶一尺二寸。有舊料減三分。

又　一百料戰船：頭倉至十倉各長三尺五寸，虛頭倉長七尺五寸，虛稍長九尺五寸，共長五丈二尺，濶九尺六寸。

一百料戰船

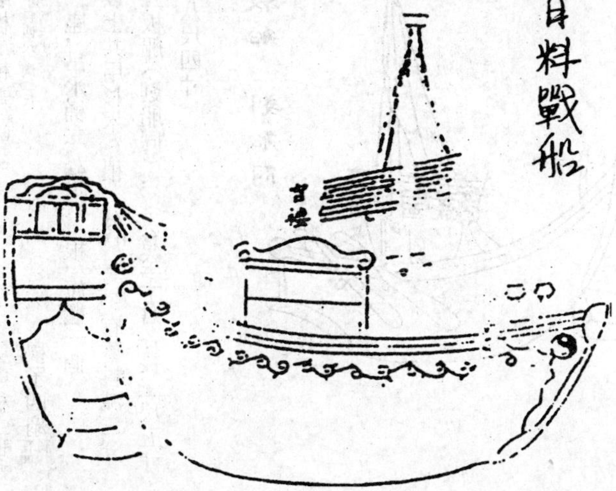

正底七路長三丈五尺，濶一尺一寸，厚一寸七分。

拖泥二路長三丈八尺，濶九寸，厚一寸七分。

中棧板二路長四丈二尺，濶一尺二寸，厚一寸六分。

插找二路長一丈五尺，濶八寸，厚一寸六分。

厰堂四路長三丈八尺，厚一寸六分，濶一尺五寸。

線梁四座長八尺五寸，濶六寸，厚四寸。

將軍柱面梁一塊長七尺五寸，濶一尺，厚四分。

關頭板五塊長六尺五寸，厚二寸，濶一尺二寸。

左右庾木二路長四丈八尺，濶五寸，厚三寸。

梢樓頂板長七尺，濶一尺二寸，厚一寸五分。

鋪梢板六塊長七尺，厚一寸六分，濶一尺。

前後鎖伏板二十長四尺，厚一寸六分，濶一尺。

櫓印子四箇長二尺五寸，厚一寸五分。

櫓梭四箇長五尺，厚三寸。

將軍柱二箇長六尺五寸，圍三尺。

車關車耳共長六尺，方厚五寸。

官樓頂板八長五尺，濶一尺一寸，厚一寸五分。

左右千斤板二長一丈二尺，厚一寸七分。

編舵板六塊長三尺，厚一寸五分，濶一尺。

桅夾二塊長五尺，厚二寸，濶一尺。

篷架一座，

幫底二路長二丈七尺，濶九寸，厚一寸七分

出水棧板二路長四丈，濶一尺，厚一寸六分

完口棧二路長四丈二尺五寸，濶一尺，厚一寸六分

出脚板二路長四丈七尺七寸，濶七寸，厚二寸

側口二路長三丈八尺，濶四寸，厚三寸八分

面梁一塊長九尺，濶一尺二寸，厚五寸

鋪頭板三塊長六尺五寸，濶一尺，厚二寸

左右拿獅二路長二丈，厚四寸，濶五寸

左右土墻二路長一丈七尺，厚一寸五分，濶一尺五寸

上下舵巾板二長七尺五寸，厚二寸，濶一尺

關梢板四長六尺濶一尺，厚一寸六分

竈門梁二塊長六尺五寸，濶一尺，厚一寸六分

草鞋底二塊長一丈二尺，濶七寸，厚一寸五分

伙獅頭一箇圍三尺，長六尺五寸

梢伏獅一箇長七尺，圍三尺

各倉梁頭十二每座用板三塊，各長八尺，濶尺一，厚一寸八分

帆柏一塊長四尺，濶一尺二寸，厚四寸

櫓跳板四長六尺，厚一寸五分，濶七寸

舵夾板四長六尺，厚一寸四分，濶五寸

鋪板二倉，　各倉水梘，

跳板二塊，　水牌一面。

以上共用楠木并折板枋訣　拾　根圍三尺，長三丈。　有舊料減三分。

杉木桅心一根圍二尺五寸，長二丈五尺。

榆木舵桿一根圍二尺五寸，長一丈八尺。

雜木水戧二根圍一尺，長二丈。

杉槁木十一根圍七寸，長二丈。

水挽二，

裝脩官樓柱子四長八尺，見方四寸。

上下箍頭枋六四根長九尺，濶四寸，厚二寸五分。二根長五尺，濶厚同。

後裝板一槽濶五尺，長四尺，厚七分。

上下枋五根長八尺，濶四寸，厚二寸五分。

櫓四張杉木二根圍二尺五寸，長二丈五尺。

檀木舵牙關門棒二圍一尺，長一丈。

篷扛旗招杆四根圍一尺，長二丈。

梆頭一，　水撇二，　戽斗一，

左右裝板二槽濶七尺五寸，長四尺，厚七分。

梢柱子二根長六尺，見方四寸。

抱柱四根長五尺，濶二寸，厚二寸。

左右裝板二槽闊七尺長二尺五寸厚七分。
雲頭板二塊長八尺，濶七寸，厚一寸四分。
門二扇長四尺，濶二尺，厚一寸五分。
槅子四扇長四尺五寸，濶一尺八寸。
銃架一座，吊水桶二，銃桿三根，旗櫃一個。
以上共用杉木　根　分濶二尺五寸，長二丈五尺。有舊料減三分。

又　三板船（剗船同）：一倉至十倉各長三尺五寸，虛梢長三尺，共長三丈八尺，濶八尺四寸。

三板船　剗船同

正底七路長三丈六尺，厚一寸七分，濶一尺一寸。
幫底二路長三丈六尺，厚一寸六分，濶一尺一寸。
中棧二路長三丈六尺，濶一尺，厚一寸六分。
出脚二路長三丈八尺，濶一尺，厚一寸八分。
拿獅二路長三丈八尺，濶四寸，厚三寸。
前海漫板六塊長九尺，厚一寸六分，濶一尺。
左右插找二長五尺，厚一寸六分，濶七寸。
櫓跳板四塊長六尺，厚一寸六分，濶七寸。
鋪頭梢板二長六尺，厚一寸六分，濶一尺。
草鞋底二路長六尺，厚一寸六分，濶一尺。
桅夾板二路長六尺，濶一尺一寸，厚二寸。
拖泥二路長三丈六尺，厚一寸六分，濶一尺一寸。
出水棧二路長三丈五尺，厚一寸六分，濶一尺一寸。
完口棧二路長二丈八尺，厚一寸六分，濶一尺二寸。
康木二路長三丈八尺，濶五寸，厚二寸五分。
厫堂六塊長一丈六尺，濶一尺，厚一寸六分。
後海漫板七塊長一丈三尺，濶一尺，厚一寸六分。
左右千斤板四長九尺，厚一寸六分，濶一尺。
線梁三塊長七尺，厚二寸，濶八寸。
關梢板一塊長六尺，濶一尺三寸，厚一寸六分。
各倉梁頭十座每座用板三塊，各長七尺，闊一尺，厚一寸六分。
面梁一塊長八尺，厚三寸，濶一尺三寸。

帆柏一塊長三尺，厚三寸，闊一尺。
推水板三塊長六尺，厚三寸，濶一尺。
將軍柱一箇長六尺，圍二尺五寸。
梢伏獅一箇長七尺，圍二尺五寸。
□□四箇長四尺，厚二寸五分，闊四寸。
以上共用楠木　根圍三尺，長三丈。有舊料減三分。
杉木桅心一根圍二尺五寸，長二丈五尺。
檀木舵牙關門棒二根圍一尺，長一丈。
水戧雜木二根圍一尺，長二丈。
上下舵巾板二長六尺，厚二寸，濶一尺。
編舵板三塊長三尺，濶一尺一寸，厚一寸五分。
伏獅頭一箇長六尺五寸，圍二尺五寸。
櫓印子四箇長七尺，厚二寸，濶九寸。
篷架二座，
舵桿榆木一根圍二尺五寸，長一丈八尺。
杉木篷秤杠二根圍二尺，長二丈。
杉槁木四根圍七尺，長二丈。
櫓四張杉木二根，旗招杆杉木二根，脚跳板二，前後水梘，銃架一座，銃桿三根，水□二箇。

又　橋船：一倉至三倉各長三尺一寸四倉長二尺三寸，五倉長二尺二寸，六倉長三尺一寸，七倉長二尺一寸，八倉至十五倉各長三尺一寸，虛頭倉長九尺，虛梢長七尺一寸。共長五丈九尺九寸，濶一丈五尺一寸。

正底十一路長四丈四尺，濶一丈二尺，厚二寸五分。
出水棧二路長四丈九尺，濶一尺二寸，厚二寸二分。
出脚板二路長六丈三尺，濶七寸，厚二寸五分。
伏獅頭一箇長一丈，圍三尺五寸。
將軍柱四箇長五尺五寸，濶三尺。
關稍板七塊長一丈，厚二寸，濶一尺。
各倉梁頭十五座每座板四塊，長一丈二尺，濶四尺五寸，厚二寸五分。
平基板十塊長一丈六尺，闊一丈四尺，厚二寸五分。
馬踏板四塊長一丈六尺，濶一尺三寸，厚二寸五分。
頂板七塊長七尺，厚一寸八分，濶八寸。
左右拿獅二路長六丈二尺，濶七寸，厚五寸。
龍骨木四路長四丈，厚五寸，濶六寸。
左右幫底拖泥四路長四丈六尺，濶九寸，厚二寸五分。
中棧完口四路各長五丈八尺，濶一尺一寸，厚二寸二分。
厰堂六路長五丈五尺，濶一尺，厚二寸二分。
梢伏獅頭一箇長一丈，圍三尺五寸。
關頭板八塊長一丈，濶一尺一寸，厚二寸二分。
線梁六座長一丈四尺，濶二寸，厚三寸。
鋪頭板五塊長九尺，厚二寸二分，濶九寸。
官樓土墻板四長一丈三尺，厚一寸八分，闊二尺八寸。
前後鎖伏板十五長四尺五，厚一寸八分，闊一尺二寸。
左右康木二路長六丈二尺，厚三寸，濶六寸。
官樓門二扇，鋪板二倉。

以上共楠木并折枋板　根圍三尺，長三丈。　有舊料減三分。

杉槁木四根圍七寸，長二丈。

雜木水戧二根圍一尺，長二丈。

又　四百料巡座船：倉口與戰座船同，共長八丈六尺九寸，濶一丈七尺。

四百料巡座船

正底十三路長五丈八尺七寸，闊一尺一寸，厚二寸五分。
拖泥二路長六丈二尺，厚二寸二分，濶一尺一寸。
中棧二路長七丈，厚二寸，闊一尺四寸。
插找八塊長三丈五尺，厚二寸，濶一尺二寸。
康木二路長八丈三尺六寸，闊八寸，厚三寸五分。
側口二路長二丈八尺，厚三寸，闊一尺五寸。
羅框平盤四長三丈五尺六寸，闊七寸，厚一寸八分。
鋪頭板四長一丈一尺，闊一尺二寸。
關梢板四塊長一丈，厚二寸，闊一尺三寸。
左右草鞋底二長二丈，厚一寸八分，濶七寸。
稍鎖伏板十長五尺，濶一尺三寸，厚一寸八分。
挽脚梁一塊長一丈三寸，濶二尺，厚四寸。
將軍柱二箇長七尺，圍三尺。
車關車耳各長六尺，厚五寸，濶一尺。
官樓頂板十長二丈八尺，厚一寸八分，濶一尺一寸。
官樓老鼠橋平盤四長二丈二尺，濶四寸，厚二寸。
小梔夾二塊長七尺，厚一寸八分，濶一尺四寸。
編舵板七塊長三尺五寸，厚一寸八分，濶一尺四寸。
櫓梭六箇長六尺，濶五寸，厚五寸。
梢捲樓頂板六長一丈，厚一寸八分，濶一尺二寸。
大梔面梁一長一丈六尺，濶一尺四寸，厚六寸。
左右土墻二路用板六塊，長二丈五尺，厚寸八分，濶尺二。
各倉梁頭十七座每座用板五塊，長一丈三尺五寸，濶一尺二寸。
篷架三座每座用板四條，長四尺，濶四寸，厚二寸。
櫓跳板十塊長七尺，厚二寸，濶八寸。
幫底二路長五丈九尺，厚二寸五分，濶一尺二寸。
出水棧二路長六丈五尺，厚二寸二分，濶一尺三寸。
完口棧二路長七丈五尺，厚二寸，濶一尺四寸。
出脚二路長八丈五尺六寸，濶一尺一寸，厚一寸五分。
厰堂六路長七寸，厚二寸，濶一尺三寸。
前側口二路長二丈二尺，濶七寸，厚二寸五分。
拿獅二路長一丈七尺，濶六寸，厚四寸。
關頭板八塊長丈一尺五寸，濶一尺三寸。
竃門梁板三塊長一丈，厚二寸五分，濶一尺。
鋪梢板三長一丈三尺，厚一寸八分，濶一尺二寸。
前後鎖伏板四長四尺，厚一寸八分，濶一尺一寸。
伏獅頭一長一丈一尺，圍三尺五寸。
梢伏獅一箇長一丈，圍三尺。
龍骨四路長五丈八尺六寸，濶七寸，厚四寸。
平捲樓二座用板十四，長九尺，厚一寸八分，濶一尺二寸。
大梔夾二塊長一丈二尺，厚二寸五分，濶一尺二寸。
大小帆臼二塊長三尺，厚六寸，闊一尺二寸。
舵夾板四塊長一丈，厚二寸，濶六寸。
櫓印子六箇長二尺五寸，濶五寸，厚一寸五分。
梢平樓板十二長一丈二尺，厚一寸八分，濶一尺二寸。
頭梔面梁一長一丈二尺，厚五寸，濶一尺二寸。
平樓過梁一塊長一丈三尺，濶一尺，厚一寸八分。
披水板二塊長一丈，濶一尺二寸，厚一寸八分。
頭梢護腮四塊長六尺，濶一尺，厚一寸八分。

以上共用楠木，　根圍三尺，長二丈。

杉木　根根圍三尺五寸，長五丈五尺。根圍二尺三寸，長二丈五尺。

楠木連三二枋　塊塊

杉木連三二枋　塊塊有舊料減三分。

跳板浪漕中路鋪倉用松木十根圍三尺五寸，長二丈五尺。

櫓八張杉木四根圍二尺五寸，長二丈五尺。
榆木舵桿一根圍三尺，長二丈。
杉木頭桅一根圍三尺，長三丈。
杉木大桅一根圍四尺五寸，長五丈五尺。
檀木舵牙關門二根圍一尺，長二丈。
杉槁木十根圍七寸，長二丈五尺。
雜木水戧二根圍一尺，長二丈。
水擻二根，榔頭一把，
旗哨招竿杉木三根圍一尺，長二丈。
杉條木蓬秤扛四根圍一尺，長二丈。
裝脩大櫃柱子八根長七尺五寸，見方四寸。
掛腰枋四根長一丈八尺，濶四寸，厚二寸。
橫枋五根長九尺，濶五寸，厚四寸。
左右前中裝板三丈五尺長四尺，厚七分。
㬈槅八扇長四尺，濶一尺五寸。
雙捲樓柱六根長九尺，見方五寸。
順枋二根長一丈四尺，濶五寸，厚四寸。
橫箍頭枋四根長一丈，濶五寸，見方四寸。
橫瀉梁一根長一丈，濶一尺五寸，厚四寸。
長樓柱子六根長七尺五寸，見方四寸。
過梁地脚五長一丈，濶五寸，厚四寸。
間枋十八根長三尺五寸，濶三寸，厚二寸五分。
掛枋四根長二丈，濶四寸，厚二寸五分。
挨地平麻力槽枋八十根長四尺，濶三寸，厚二寸。
抱柱十二長六尺，濶三寸，厚二寸。
麻力板十六空每空濶四尺，長二尺八寸，厚七分。
地平三十扇長四尺，濶二尺七寸。
長槅二十八扇長六尺，濶一尺八寸。
平門六扇長六尺，濶一尺八寸。
短槅二十二扇長三尺五寸，濶一尺六寸。
雨篛板二十二塊長四尺，濶一尺七寸，厚七分。
稍柱十根長六尺五寸，見方四寸。
過梁五根長一丈四尺，濶六寸，厚四寸。
腰枋五根長七尺，濶三寸，厚二寸。
披水板二路濶三丈二尺，長二尺五寸，厚七分。
五山屏風床一張，桌子一張，銃桿三根，銃架一座，鼓架一座，鎗架一座，衣架一，扶梯五長一，短四。灶架一，鍋蓋二，雕受帶三十二條。鼓篷一，面架一，面盆一，長短雲頭花板十三塊稍樓用，戽斗一，旗櫃一，㰚桶、水桶、浴桶、吊桶、浄桶各一。

以上共用杉木　根圍三尺五寸，長二丈五尺。　杉木連二枋　塊長一丈四尺，闊一尺二寸，厚五寸。有舊料減三分。

又二百料巡沙船：頭倉長四尺五寸，二倉、三倉、四倉俱長四尺，五、六倉各長四尺五寸，七、八倉官樓各長四尺二寸，九、十倉各長四尺五寸，虛頭倉長八尺八寸，虛梢長一丈。共長六丈七尺，濶一丈三尺六寸。

正底十一路長四丈四尺五寸，濶一尺九寸，厚二寸一分。
幫底二路長四丈五尺五寸，濶一尺一寸，厚二寸一分。
拖泥二路長四丈七尺，厚二寸，闊一尺一寸。
出水棧二路長四丈八尺，厚二寸，濶一尺二寸。
中棧二路長五丈，濶一尺四寸，厚二寸。
完口棧二路長五丈三尺，厚二寸，濶一尺四寸。
插找四路長一丈六尺，濶一尺，厚二寸。
出脚板二路長六丈五尺，濶九寸，厚二尺五寸。

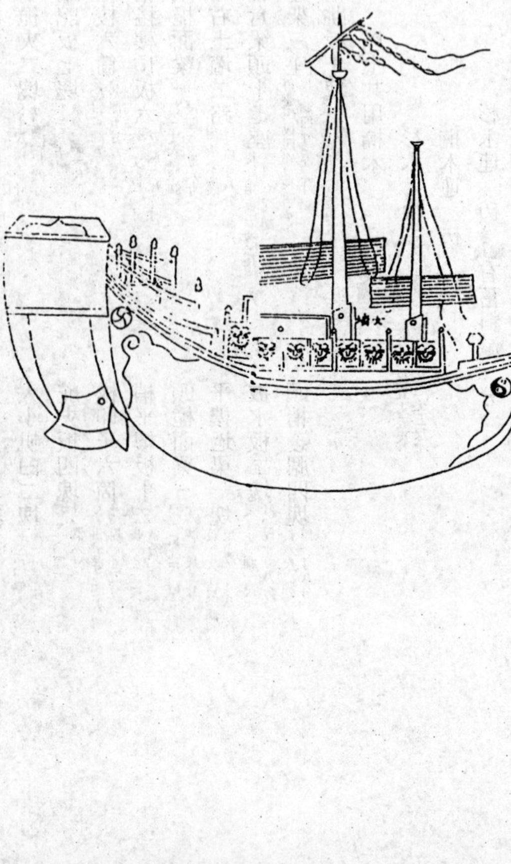
二百料巡沙船

庲木二路長六丈五尺，濶五尺，厚三寸五分。
厫堂六路長五丈四尺，濶一尺一寸，厚一寸八分。
羅框平盤四路長六丈五尺，濶七寸，厚寸八分。
側口二路長四尺，厚二寸，濶四寸。
關頭板七塊長八尺，濶一尺一寸，厚二寸。
鋪頭板四長八寸，厚二寸，濶一尺。
孟頭梁一長八尺，厚四寸，濶八寸。
拿獅二路長一丈五尺，濶四寸，厚四寸。
關梢板四塊長七尺，厚一寸八分，濶九寸。
草䡗底二塊長九尺，厚一寸，濶七寸。
稍後拿獅二長五尺，厚五寸，濶五寸。
灶門梁二塊長七尺，厚一寸八分，濶八寸。
鋪梢板六塊長八尺，厚一寸八分，濶一尺。
綫梁四塊長一丈，濶五寸，厚三寸五分。
面梁一塊長一丈三尺，濶一尺三寸，厚五寸五分。
小面梁一塊長一丈，濶一尺二寸，厚五寸。
千斤板二塊長二丈一尺，濶八寸，厚二寸。
官樓土墻二路長一丈五尺，濶二尺，厚一寸八分。
橫梁板一塊長六尺二寸，濶二尺，厚三寸。
官樓平盤二路長一丈五尺，闊八寸，厚一寸八分。
老鼠橋四路長一丈五尺，濶五寸，厚四寸。
官樓鎖伏板九塊長四尺，濶一尺，厚一寸八分。
稍樓土墻二路長一丈七尺，厚一寸八分，濶二寸五分。
左右頂板四路長一丈七尺，厚一寸，濶一尺二寸。
稍樓側口二路長一丈七尺，濶五寸，厚二寸五分。
老鼠橋二塊長一丈七尺，濶四寸，厚二寸。
稍樓面梁二塊長七尺，厚一寸八分，濶八寸。
稍後鎖伏十二長三尺，濶一尺三寸。

上下舵巾板二塊長九尺五寸，濶一尺，厚二寸五分。 | 將軍柱一根。面梁一塊長六尺，厚一寸八分，濶一尺。
車關車耳共長六尺，厚五寸，濶八寸。 | 大小帆柏二箇共長六尺，厚五寸，濶一尺。
左右狗腦十塊長二尺五寸，濶四寸，厚三寸五分。 | 櫓梭四箇長五尺，濶四寸。
編舵板六塊長三尺，厚二寸，濶一尺。 | 櫓印子四個長八尺，厚一寸五分，濶五寸。
櫓跳板六塊長六尺，厚二寸，濶七寸。 | 各倉梁頭十三座每座四塊，長一丈一尺，濶一尺三寸。
篷架三座用板四塊長六尺，厚二寸，濶三寸。
以上共用楠木并折板枋，　根圍三尺，長三丈。有舊料減三分。
頭桅杉木一根圍一尺五寸，長三丈二尺。 | 大桅杉木一根圍三尺五寸，長五丈五尺。
櫓四張杉木二根圍一尺五寸，長二丈五尺。 | 榆木舵桿圍二尺五寸，長一丈八尺。
檀木舵牙關門棒二圍一尺，長一丈。 | 雜木水戧二根圍一尺，長二丈。
篷秤扛四根圍一尺，長二丈。 | 脚跳板二塊，
杉木旗哨杆三根圍一尺，長二丈。 | 杉槁木十根圍七寸，長二丈。
榔頭一把，水撅二箇，
裝脩官倉照面倉槅子六扇長五尺五寸，濶一尺七寸。
上下枋四根長七尺五寸，濶四寸，厚二寸五分。 | 抱柱枋四根長五尺五寸，濶三寸，厚二寸。
床面一， | 上下歡門槅子二扇長四尺，濶一尺二寸。
左右麻力槽枋四長八尺，濶三寸，厚二寸。 | 麻力板二槽濶八尺，長四尺，厚七分。
左右遮暘柱子十長四尺，濶四寸，厚三寸。 | 下脚槅子十個長一尺二寸，濶五寸，厚一寸五分。
遮暘板八空每空濶二尺三寸，長八尺五寸，厚九寸。 | 稍門二扇長三尺，濶一尺七寸。
梢闌干二扇杆二根，長一丈八尺，方三寸。柱四根，長二尺方二寸。 | 荷葉四個鋪板九倉，
全船水梘，鎗架一座，六方銃桿一根，銃架一座，扶梯一張，戽斗一，水桶一，吊桶一，旗櫃一，木羊頭二，鍋蓋一，水牌一，水挽一。
以上共用杉木，　根圍二尺五寸，長二丈五尺。
杉木連二枋　塊　分，有舊料減三分。

又二百料一顆印巡船：頭倉至四倉各長四尺，五倉至七倉各長四尺五寸，八倉官樓長四尺二寸，九倉十倉各長四尺五寸，虛頭倉長八尺八寸，虛梢長一丈。共長六丈一尺五寸，闊一丈二尺六寸。
正底九路長四丈六尺，濶九寸，厚二寸二分。 | 出水棧二路長五丈二尺，濶一尺一寸，厚二寸。
中棧二路長五丈五尺，濶一尺二寸，厚二寸。 | 完口棧二路長五丈八尺，闊一尺五寸，厚二寸。
插找六塊長一丈八尺，濶一尺五寸，厚二寸。 | 出脚板二路長六丈三尺，濶九寸，厚二寸。

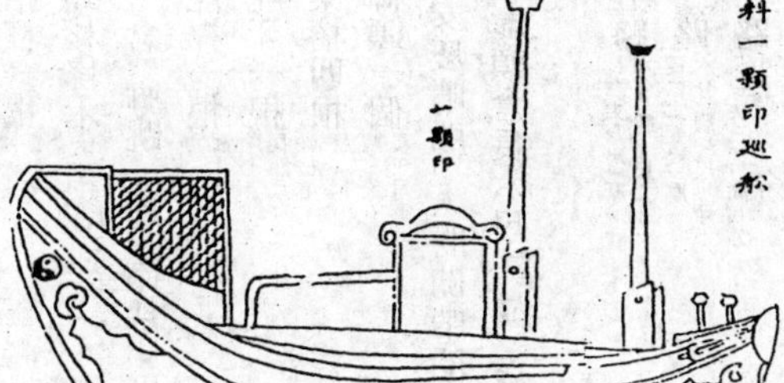

二百料一顆印巡船

左右厰堂四塊長六丈四尺，濶一尺三寸，厚二寸。 | 塘浪板十塊長九尺，濶一尺二寸，厚二寸。
關梢竈門梁鋪梢寧梢板梁共十六長八尺，濶一尺，厚二寸。
各倉梁頭十二座每座五塊，長丈一尺五分，濶九寸，厚二寸。 | 側口二路長四丈，厚二寸五分，濶六寸。
左右康木二路長六丈五尺，濶六寸，厚三寸。 | 伏獅頭一箇長一丈，圍三尺。
梢伏獅一箇長八尺，圍八尺。 | 將軍柱二箇長六尺。
拿獅二路長六丈三尺，方四寸五分。 | 大面梁一塊長一丈二尺，濶一尺四寸，厚五寸。
小面梁一塊長一丈，濶一尺三寸，厚五寸。 | 桅夾板四塊長八尺，厚一寸二分，濶尺二寸。
千斤板二塊長一丈八尺，濶八寸，厚二寸。 | 櫓跳板四塊長六尺，濶七寸，厚二寸一分。
編舵板夾板共七塊長五尺，濶一尺，厚二寸。 | 鋪頭板五塊長九尺，濶一尺，厚二寸。
線梁五塊長二丈，濶一尺，厚一寸五分。 | 上下舵巾板二長八尺，濶一尺，厚二寸二分。
前後鎖伏三十五塊長五尺五寸，濶一尺，厚一寸八分。
以上共用楠木并折板枋　十　根　分圍三尺，長三丈。有舊料減三分。
大桅杉木一根圍三尺五寸，長四丈五尺。 | 頭桅杉木一根圍二尺五寸，長二丈五尺。
櫓四張杉木二圍二尺五寸，長二丈五尺。 | 舵桿榆木一根圍二尺五寸，長一丈八尺。
舵牙關門棒檀木二圍一尺，長一丈。 | 雜木水戧二根圍一尺，長二丈。
杉條木旗哨招杆三根圍一尺，長二丈。 | 杉槁木八根圍七寸，長二丈。

裝脩官樓柱二根長八尺，見方四寸五分。
壁尺二根長四尺，濶三寸，厚二寸五分。
後梁頭板三塊長六尺，濶一尺五寸，厚一寸七分。
捲花板二塊長一尺，濶七寸，厚一寸四分。
長樓土墻板二座長一丈四尺，濶三尺，厚一寸七分。
後梁板一塊長六尺，濶二尺八寸，厚一寸七分。
梢樓柱四根長六尺，方四寸。
桁條三根長四尺五寸，方三寸。
頂板一座長七尺五寸，濶九尺五寸，厚一寸七分。
過梁枋五根長六尺，濶六寸，厚二寸。
頂板一座長六尺，濶六尺，厚一寸七分。
門二扇長四尺，濶一尺六寸，厚一寸四分。
頂板一座長一丈一尺，濶六尺，厚一寸七分。
過梁二根長九尺五寸，濶五寸，厚二寸五分。
後土墻板三座長七尺五寸，闊五尺，厚一寸七分。
銃架一座，銃桿三根，扶梯一張，

旗櫃一箇，篷架三座，脚跳板二，前後水梘，鋪板五倉，槨頭一把，水槭二，木羊頭二，戽斗一，水桶一，吊桶一，鍋蓋一，水牌一，水挽一。

以上共用杉木　根　分圍一尺五寸，長一丈五尺。　杉木連二枋，塊長一丈四尺，濶一尺二寸，厚五寸。有舊料減二分。

又　九江式哨船：頭倉至四倉各長三尺一寸，五倉長二尺五寸，六倉至九倉各長三尺二寸，虛頭倉長六尺，虛梢長六尺五寸。共長四丈二尺，濶七尺九寸。

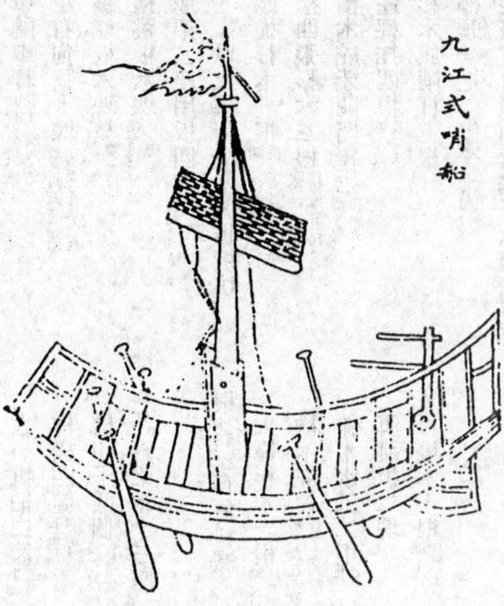

九江式哨船

正底五路長二丈七尺五寸，濶一尺二寸，厚一寸六分。
拖泥二路長二丈九尺，濶九寸。
左右中棧二路長三丈五尺，濶一尺二寸。
出脚板二路長四丈，濶七寸，厚一尺八寸。
厰堂四路長三丈三尺，濶九寸，厚一寸六分。
側口二路長三丈，厚一寸六分，濶三寸。
孟頭板二路長五尺，厚一寸六分，濶八寸。
插找四塊長七尺，厚一寸六分，濶七寸。
面梁一塊長七尺，厚三寸，濶一尺。
前後鎖伏板二十四長四丈五尺，濶三丈，厚一寸六分。
草輾底三塊長四尺五寸，厚七分，濶六寸。
將軍柱一個圍二尺，長五尺。
上下舵巾板二塊長三尺，厚二寸，濶七寸。
槳扇板四塊長八尺，厚一寸四分，濶七寸。
幫底二路長二丈八尺，濶九寸，厚一寸六分。
出水棧二路長三丈五尺，濶一尺二寸。
完口棧二路長三丈五尺，濶一尺二寸。
庚木二路長四丈，濶七寸，厚三寸五分。
拿獅二路長四丈，厚三寸，濶五寸。
關頭板六塊長五尺，厚一寸六分，濶一尺。
關梢板二塊長四尺五寸，濶一尺，厚一寸六分。
鋪梢板五塊長三尺，濶一尺，厚一寸六分。
將軍柱面梁一長六尺，濶八寸，厚三寸。
各倉梁頭十一座每座用板五塊，各長六尺，濶九寸，厚一寸六分。
伏獅頭一箇長五尺。
梢伏獅一箇長八尺，濶二尺五寸。
編舵板三塊長三尺，厚一寸六分，濶六寸。

以上共用楠木并折板枋　十　根　分，圍二尺，長三丈。有舊料減三分。

桅心杉木一根圍二尺，長二丈六尺。
杉木旗哨桿一根圍七尺，長一丈五尺。
杉木招杆一根圍七寸，長一丈。
篷提頭杉條木二根圍一尺，長二丈。
杉槁木四根圍七寸，長二丈。
押伏杉木二根圍七寸，長一丈五尺。
水梘二十根內一根，圍一尺，長一丈五尺。
櫓一張杉木五根圍二尺五寸，長二丈。

鋪板一倉，脚跳一塊，砲架一副，旗櫃一箇，共用松木一根圍三尺，長三丈。

槐木舵桿一根圍一尺，長七尺。
槐木舵牙一根圍七寸，長四尺。
榆木槳椿四根圍七寸，長二尺。
榆木槨頭一個圍二尺五寸，長一尺三寸。
槳四把用杉木五圍尺五，長二丈。
楠木將軍柱一根圍二尺，長四尺。
檀木水槭二根圍一尺，長四尺。

又　安慶哨船、大勝關哨船：頭倉至四倉各長三尺，五倉官樓至八倉各長三尺，虛頭倉長六尺二寸，虛梢長六尺五寸。共長三丈六尺七寸，闊七尺八寸。

正底五路長二丈四尺，厚一寸六分，闊一尺二寸。
拖泥二路長二丈五尺，厚一寸六分，濶一尺一寸。
中棧二路長三丈三尺，濶八寸，厚一寸六分。
幫底二路長二丈四尺五寸，厚一寸六分，濶一尺。
出水棧二路長二丈八尺，厚一寸六分，濶一尺一寸。
完口棧二路長三丈四尺，濶一尺，厚一寸八分。

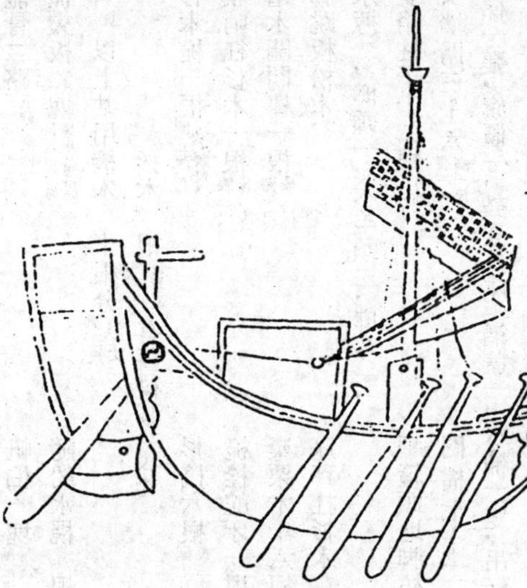

左右插找二路長一丈，厚一寸六分，濶一尺。出脚二路長三丈六尺七寸，濶一尺。厚一寸八分。

草䌫底二塊長七尺，厚八分，濶一尺。厰堂板四路長二丈八尺，濶一尺，厚一寸六分。

裏口二路長二丈八尺，濶四寸，厚二寸。拿獅二路長三丈一尺，濶五寸，厚三寸。

庚木二路長三丈六尺七寸，濶四寸，厚三寸。關頭板六塊長六尺，濶一尺二寸，厚一寸六分。

關梢板五塊長五尺八寸，濶一尺，厚一寸六分。竈門梁花板四塊長五尺八寸，厚一寸六分，濶一尺一寸。

鋪梢板四塊長六尺五寸，厚一寸六分，濶一尺二寸。鋪頭板二長五尺，厚一寸六分，闊一尺一寸。

線梁一塊長五尺，厚二寸五分，闊八寸。各倉梁頭十座每座板三塊，長六尺五寸六分，闊一尺三寸。

前後鎖伏板二十長四尺，濶一尺一寸，厚一寸六分。官樓土墻二塊長六尺五寸，厚一寸六分，闊一尺三寸。

横梁板二長五尺，厚二寸，濶一尺三寸。上下舵巾板二長五尺二寸，厚二寸，濶一尺一寸。

桅夾二塊長四尺五寸，厚一寸八分，闊一尺。編舵板四塊長二尺五寸，闊一尺，厚一寸六分。

面梁一塊長四尺，闊一尺三寸，厚三寸。伏獅頭一箇長五尺八寸，圍二尺五寸。

梢伏獅一箇長五尺八寸，圍二尺。前後鎖伏水棍　根，

將軍柱一個長五尺，圍二尺。

以上共用楠木并折板枋　根　分圍三尺，長三丈。有舊料減三分。

桅心杉木一根圍二尺，長二丈六尺。杉槁木四根圍七寸，長二丈。

旗杆杉木一根圍七寸，長一丈五尺。杉木哨杆一根圍七寸，長一丈。

篷提頭杉木二根圍一尺，長二丈。鋪倉脚跳旗櫃松木一根，圍三尺長三丈。

椿一張杉木五分圍二尺五寸，长二丈。槐木舵桿一根圍一尺，長七尺。

槳栗木八根長八尺。槳水扇八塊楠木一根圍三尺五寸，長六尺。

槐木舵牙一根圍七寸，長四尺。榆木槳椿八根圍七寸，長二尺。

吊桶一，榆木槨頭一圍二尺五寸，長一尺三寸。

檀木水橛二根圍一尺，長四尺。戽斗一。

又　輕淺便利船：頭倉長三尺五寸，二倉、三倉各長三尺三寸，四倉、五倉各長三尺二寸，六倉至十倉各長三尺四寸，十一倉長三尺五寸，虛頭長七尺，虛梢長八尺五寸。共長五丈二尺五寸，闊一丈零五寸。

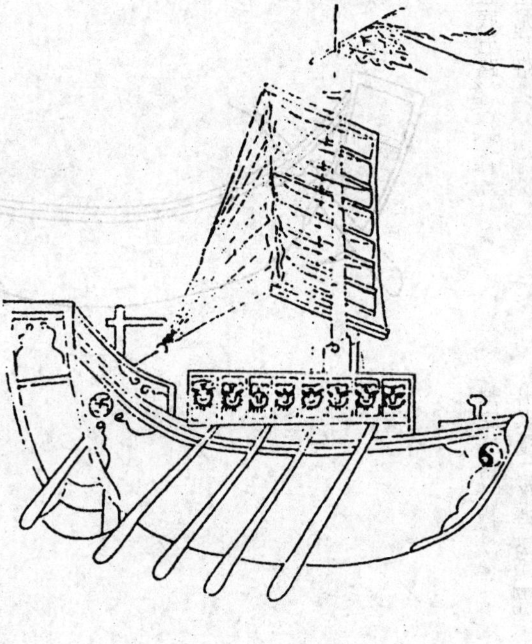

輕淺便利船

正底九路長三丈七尺，厚一寸八分，濶一尺。幫底二路長三丈八尺，厚一寸八分，濶一尺一寸。

出水棧二路長四丈二尺，厚一寸八分，濶一尺一寸。中棧二路長四丈六尺，厚一寸八分，濶一尺四寸。

完口棧二路長四丈八尺，厚一寸八分，闊一尺二寸。插找二路長一丈七尺，濶一尺，厚一寸八分。

出脚板二塊長五丈二尺五寸，闊八寸，厚一寸八分。
前海漫板五塊長九尺，厚一寸八分，闊一尺二寸。
關頭板六長七尺，厚一寸八分，闊一尺一寸。
將軍柱面梁一塊長八尺，厚四寸，闊一尺一寸。
鋪梢板五塊長八尺，厚一寸八分，闊一尺一寸。
關梢板六塊長六尺五寸，闊九寸，厚一寸八分。
皂門梁花板一塊長六尺，厚一寸八分，闊九寸。
平盤板二路長一丈七尺，闊三寸，厚一寸八分。
前後鎖伏板二十五長四尺，厚一寸八分，闊一尺一寸。
側口二路長三丈二尺，厚二寸，闊五寸。
伏獅頭一箇長六尺五寸，圍三尺。
將軍柱五個長五尺五寸，圍二尺五寸。
舵夾板四塊長五尺，厚二寸，闊四寸。
櫓三張長一丈七尺，闊五寸，厚五寸。
槳印子十箇長八尺，厚二寸，闊五寸。
櫓床板二塊長四尺，厚二寸，闊四寸。
龍骨二路長三丈，厚二寸五分，闊四寸。
桅夾板二塊長六尺，厚一寸八分，闊尺一寸。
以上共用楠木　十根分圍三尺，長三丈。
杉木　根圍三尺，長三丈。有舊料減三分。

戽木二路長五丈二尺，闊七寸，厚四寸。
拿獅二路長五丈，闊五寸，厚四寸。
鋪頭橫板一塊長六尺，厚一寸八分，闊一尺二寸。
線梁一塊長八尺，厚三寸，闊一尺。
草鞋底三塊長七尺，厚八分，闊六寸。
上下舵巾板二塊長八尺，厚二寸，闊一尺。
土墻二路長一丈七尺，厚一寸六分，闊一尺五寸。
厫堂板六路長三丈六尺，厚一寸八分，闊一尺一寸。
梢後挽脚梁一塊長八尺五寸，闊一尺，厚二寸五分。
大面梁一塊長一丈五尺，厚四寸，闊一尺二寸。
各倉梁頭十三座每座板三塊，長九尺，闊一尺二寸，厚一寸八分。
編舵板四塊長三尺，厚一寸六分，闊一尺一寸。
櫓梭三箇長四尺，厚三寸，闊四寸。
槳十把用板八塊長八尺，厚一寸四分，闊七寸。
櫓跳板二塊長四尺，厚二寸，闊五寸。
小官樓一座左右土墻二長四尺，闊一尺。
帆柏一塊長三尺，厚三寸五分，闊一尺。
隨船水梘　根，鋪倉板九，

杉木桅一根圍三尺，長四丈六尺。
旗哨杠杉木一根圍一尺，長二丈。
櫓木關門棒一根圍一尺，長八尺。
脚跳板松木，
水撇二，榔頭一，木羊頭二，戽斗一，
裝脩柱子十二根長五尺五寸，見方四寸五分。
女墻門三十六長三尺五寸，闊一尺七寸。
杉槁六根圍七寸，長二丈。
桅栓舵牙一根槳樁十檀木四根，圍□尺，長七尺。
槳栗木十六根圍八寸，長八尺。
篷秤扛杉木三根圍一尺，長八尺。
順箍頭地脚枋六根四根長三丈，二根長一丈。
門檔七十二根，銃架一座，銃桿
三，扶梯一張，旗櫃一，鼓架一座，鍋蓋一，水桶一隻，吊桶一，水牌一。
以上共用楠木　根　分圍三尺五寸，長三丈二尺
杉木　根圍二尺五寸，長二丈五尺　有舊料減三分。

又　後湖平船：頭倉至七倉各長三尺四寸，八、九倉各長三尺五寸，虛頭長五尺二寸，虛稍長六尺。共長四丈二尺。

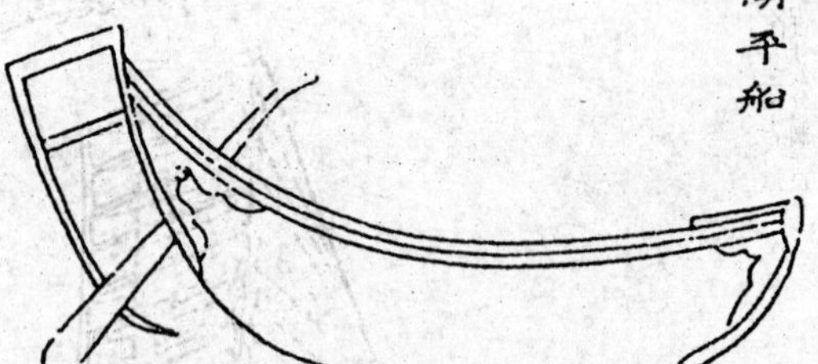

後湖平船

正底五路各長三丈一尺，厚一寸六分，闊一尺一寸。
拖泥二路長三丈六尺，闊九寸，厚一寸六分。
完口棧二路長四丈二尺，厚一寸六分，闊一尺三寸。
康木二路長四丈二尺，闊四寸，厚四寸。
出脚板二路長四丈二尺，厚一寸六分，闊八寸。
關梢板一塊長四尺五寸，厚一寸六分，闊一尺。
頭伏獅一個長五尺五寸，闊八寸。
各倉梁頭十座每座用板三塊，長六尺，闊九寸，厚一寸六分。
拿獅二路長四尺二寸，方二寸五分。
木鎖梁一塊長五尺，厚二寸，闊七寸。

幫底三路長三丈六尺，闊七寸，厚一寸。
出水棧二路長三丈八尺，闊七寸，厚一寸六分。
插找四塊長六尺，厚一寸六分，闊八寸。
關頭板六塊長五尺五寸，闊一尺，厚一寸六分。
厫堂四塊長三丈四尺，闊八寸，厚一寸六分。
梢伏獅一箇長四尺五寸，闊七寸，厚一寸六分。
鋪梢板二塊長四尺，厚一寸五分，闊一寸二分。
草鞵底二塊長六尺，厚九分，闊七寸。
舵盤板一塊長五尺，厚一寸五分，闊八寸。

以上共用楠木　十　根，圍三尺，長五丈　有舊料減三分。

又　後湖一號樓船、後湖二號樓船：頭倉至九倉各長四尺三寸，虛梢長九尺。共長五丈五尺。

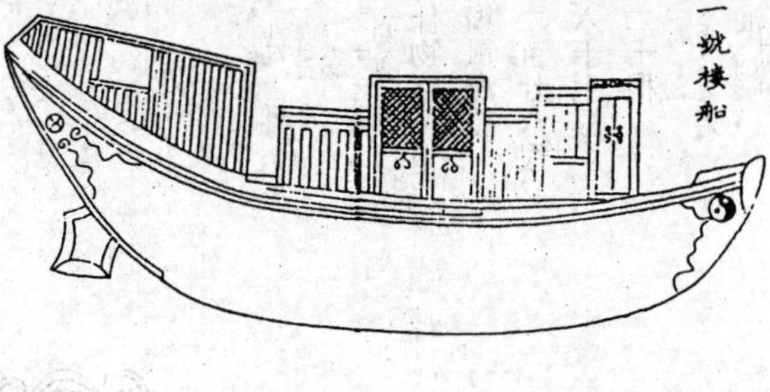

後湖一號樓船

後湖二號樓船

正底九路長三丈九尺，厚一寸七分，各濶一尺。幫底二路長四丈，厚一寸七分，濶八寸。
拖泥二路長四丈二尺，濶一尺，厚一寸七分。出水棧二路長四丈六尺，濶一尺，厚一寸七分。
中棧二路長四丈八尺，厚一寸七分，濶一尺二寸。完口棧二路長五丈，厚一寸七分，濶一尺。
插找四塊長七尺，厚一寸七分，濶七寸　關頭板六塊長七尺，濶一尺三寸，厚一寸七分
出脚板二路長五丈五尺，濶七寸，厚一寸七分　厫堂二路長四丈八尺，濶一尺，厚一寸七分
關梢板四塊長六尺，濶一尺，厚一寸七分　灶門梁二塊長六尺，厚一寸六分，濶八寸
伏獅頭一個長七尺，圍二尺五寸　木鎖梁一塊長七尺，厚三寸，濶八寸
鋪頭板四塊長七尺，厚一寸八分，濶一尺　側口二塊長二丈六尺，濶七寸，厚二寸五分
拿獅二路長四尺，方四寸　左右土墻二路長九尺，厚一寸五分，濶一尺
梢樓頂板七塊各長七尺，厚一寸二分，濶一尺　官樓頂板六塊各長八尺，濶一尺二寸，厚一寸
長樓頂板七塊長一丈二尺，厚一寸，濶一尺一寸　左右庚木二路長五丈五寸，方四寸
草鞵底二塊長九尺，厚一寸一分，濶七寸　舵扇五塊長三尺，厚一寸五分，濶一尺
孟頭鎖伏板三塊長二尺五寸，濶一尺，厚一寸八分　梢後鎖伏五塊長二尺五寸，濶一尺，厚一寸八分
各倉梁頭十一座每座用板三塊，長一尺，濶一尺，厚一寸八分　連二連三枋十二塊，
以上共用楠木十根圍三尺，長二丈八尺　有舊料減三分，
榆木舵桿一根圍二尺五寸，長一丈五尺　檀木舵牙關門棒二根圍一尺，長一丈
杉槁木六根圍七寸，長二丈　掛枋地脚枋五長一丈八尺，濶四寸，厚二寸五分
裝脩柱十八根長七尺，方四寸　槁子四十六扇長五尺五寸，濶一尺六寸
彎梁橫枋十四長八尺，濶一尺，厚二寸二分　地平十八扇各長四尺五寸，濶二尺五寸
兩篛板三十塊長五尺，濶一尺七寸　麻力槽枋廿四長四尺五寸，濶三尺，厚二寸
麻力板十二空每空濶四尺五寸，長一尺五寸
抱廳并梢左右披水板踏脚一箇，床一張，捲樓雲頭板六塊，各長八尺，濶一尺二寸，厚一寸五分
以上共用杉木十一根，圍二尺五寸，長二丈　有舊料扣三分。

又　一千料海船

杉木三百二根，　雜木一百四十九根，
楠木二十根，　榆木舵桿二根，
栗木二根，　櫓梭三十八枝，

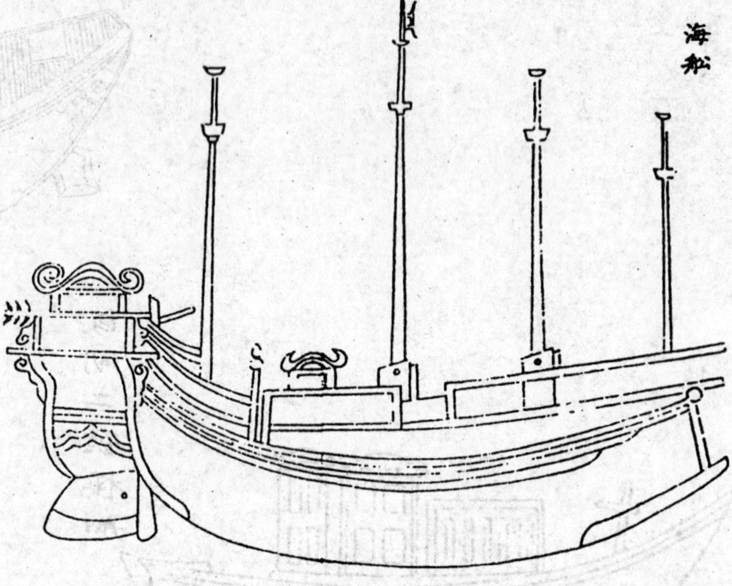

海船

丁線，三萬五千七百四十二個
雜作，一百六十一個條
桐油，三十二斤八兩
石灰，九千三十七斤八兩
艌麻，一千二百五十三斤三兩二錢
船上什物，絡麻一千二百九十四斤，黃麻八百八十五斤，棕二千一百八十三斤十二兩，白麻二十斤

四百料鑽風海船

杉木二百廿八根，
桅心木二根，
雜木六十七根，
鐵栗木舵桿二根，
櫓坯二十根，
松木五根，
丁線一萬八千五百八十個，
雜作九十四個條，
桐魚油一千一斤十五兩，
石灰三千五斤十三兩，

艌麻七百二十九斤八兩八錢，

船上什物絡麻五百七十四斤十四兩四錢，白麻十斤，黃藤三百八十三斤八兩，棕毛七百三斤。

又 船身共長七丈五尺，闊一丈六尺。

正底一路，長三丈九尺連接
前巾一路長一丈八尺連接，
後巾一路，長一丈四尺連接
幫底拖泥棧板二十二路外左右
拖泥棧板六十片，內左右
左右庚木二路長八丈
左右厰堂二路，
龍骨十五根，
關梢板六塊，
上下舵巾二塊帆柏二塊，
口梁四十二座，
使風梁一座高六尺五寸，長一丈六尺
前龍口梁一座，
後斷水梁一座，
過梁拖梁二十二根，
頭桅面梁一塊，
大桅面梁一塊，
篐頭枋六根，
側口枋七塊，
順水平盤六塊，
左右遮陽柱二十三根，
左右遮陽板四十塊，
戰臺柱子并過梁四十三根，
戰臺上下枋八根，
戰臺板三十五塊，
梢樓柱十五根，
梢樓頂板十五片，
左右扛板，
大桅夾二塊，
頭桅夾二塊，
舵夾板二塊，
桅栓一根，
中路鎖伏板一路，
官樓頂板，
倉內鋪板四十片，
舵扇板四扇，
大桅杉木一根圍四尺五寸，長六丈
頭桅杉木一根，圍二尺，長四丈五尺
七星桅杉木一根圍二尺，長二丈
櫓十八張，杉木九根，圍二尺五寸，長二丈五尺
旗竿杉木二根圍一尺，長二丈
舵桿一根，
舵牙關門棒二根，
杉槁木十根圍七寸，長二丈
架銃將軍柱二根，
扶梯六，用杉木二根，圍二尺五寸，長二丈五尺
桅車心絞舵，
槨頭，
水撅二箇，
桅餅玲瓏仙人掌等檀木一段，白楊木一段

以上共楠木。

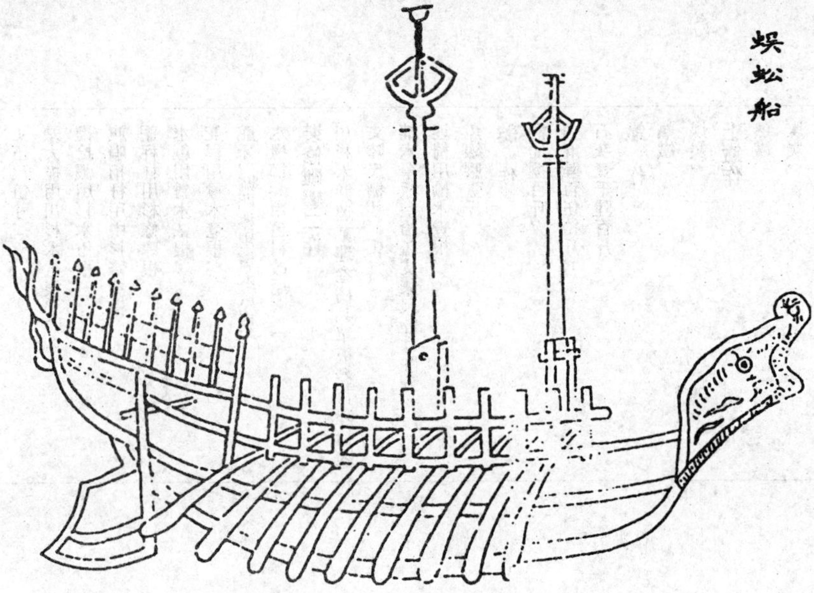
蜈蚣船

但可假此以褫敵人之膽耳。所恃者有二：發鑛佛郎機是。惟不中，中則無船不粉，一也。以火毬之類于船頭相遇之時，從高擲下，火發而賊舟即焚，二也。大福船亦然。

東莞縣大頭船

明王鳴鶴《登壇必究》卷二七《蒲筏》　蒲筏者，以蒲束九大圍，顛倒爲十道，縛如束鎗狀量長短爲之，無蒲用葦，可以浮渡。

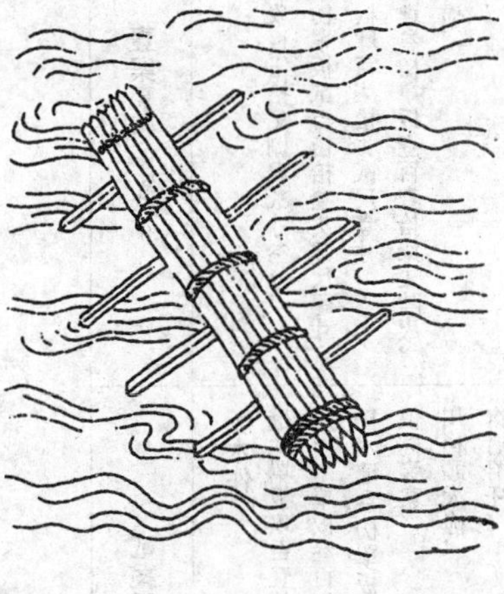
蒲筏

明鄭若曾《籌海重編》卷一二　廣船視福船尤大，其堅緻亦遠過之。蓋廣船乃鐵力木所造，福船不過松杉之類而已。二船在海若相衝擊，福船即碎，不能當鐵力之堅也。倭夷造船亦用松杉之類，不敢與廣船相衝，但廣船難調，不如調福船爲便易。廣船若壞，須用鐵力木脩理，難乎其繼，且其制下窄上寬，狀若兩翼，在裏海則穩，在外洋則動摇，此廣船之利弊也。廣東大戰艦用火器，于浪漕中起伏蕩漾，未必能中賊，即使中矣，亦無幾何，

	船紀	船書	壹案嘉靖二十八年	貳案嘉靖三十二年
預備黃船	**船木作** 楠木單板壹千伍百壹拾伍丈壹尺叁寸， 川杉木并連貳連叁枋共單板伍百柒拾柒丈伍尺伍寸， 頭大桅用川杉木貳根， 櫓拾張用杉木伍根， 蓬秤杠用杉條肆根， 旗哨招杆用中杉條叁根， 水戧用雜木貳根， 舵桿用榆木壹根， 舵牙，關門棒用檀木貳根， 水擫梛頭用舊料改用。 **裝修雕鑾二作** 川杉木并連貳連叁枋共單板叁百陸拾陸丈陸尺捌寸， 楠木單板叁拾伍丈柒尺陸寸陸分， 連椅用榆木壹根， 魚線膠壹斤。 **艌　作** 桐油捌百斤， 白麻陸百伍拾斤， 石灰壹千陸百斤。 **鐵　作** 熟鐵， 煤炭。 **上鐵作** 熟鐵， 煤炭。 **蓬　作** 青筀竹柒百根，		**船木作** 楠木單板玖百伍拾丈捌尺貳寸叁分， 楠木連叁枋單板貳百伍拾叁丈肆尺肆寸， 川杉木單板肆百柒拾丈貳尺壹寸， 川杉連貳連叁枋單板壹百壹拾柒丈陸尺， 川杉頭大桅， 旗哨招杆， 櫓木，蓬秤杠， 舵牙，關門棒， 已上俱同船紀。 撐篙杉條拾根， 水戧杉條貳根。 **裝修雕鑾二作** 川杉連貳連叁枋共單板壹百玖拾捌丈柒尺貳寸， 楠木單板伍拾捌丈陸尺陸寸。 榆木， 魚線膠， 俱同船紀。 **艌　作** 俱同船紀。 **鐵　作** 熟鐵壹千陸百斤， 煤炭貳千肆百斤。 **上鐵作** 熟鐵叁百斤， 煤炭肆百伍拾斤。 **蓬　作** 毛竹，青筀竹， 箬葉，黃藤，	**船木作** 楠木單板玖百壹拾捌丈柒尺伍寸， 川杉木單板叁百伍拾捌丈伍尺玖寸， 楠木連叁枋單板，川杉連貳連貳枋單板， 俱同壹案。 川杉頭大桅， 旗哨招杆， 櫓木，蓬秤杠， 舵桿，水戧， 撐篙，舵牙，關門棒， 已上俱同壹案。 **裝修雕鑾二作** 川杉連貳連叁枋單板， 楠木單板， 榆木，魚線膠， 俱同壹案。 **艌　作** 桐油柒百伍拾斤， 白麻陸百斤， 石灰壹千伍百斤。 **鐵　作** 熟鐵壹千肆百斤， 煤炭貳千壹百斤。 **上鐵作** 俱同壹案。 **蓬　作** 青筀竹陸百伍拾根， 毛竹叁根， 黃藤捌拾斤， 箬葉壹百斤，

續表

	船紀	船書	壹案嘉靖二十八年	貳案嘉靖三十二年
預備黃船	毛竹肆根， 棕毛壹百柒拾斤， 黃藤壹百斤， 箬葉壹百貳拾斤。 **索作** 棕毛捌百斤， 白麻肆百伍拾斤。 **上索作** 白麻肆拾斤。 **纜作** 青水竹壹千柒百根。 **竹作** 青筀竹壹百伍拾根， 毛竹叁根伍分。 **油漆作** 桐油壹百斤， 石黃叁拾斤， 白麵陸斤捌兩， 中白綿伍兩， 二硃捌斤， 土子叁升， 瓦灰壹斗捌升， 生漆肆拾斤， 水花硃壹斤肆兩， 密陀僧陸兩， 墨煤伍斤， 水膠陸斤， 銀硃伍斤， 紅土伍斤， 光粉貳拾斤，		俱同船紀。 净棕伍拾斤。 **索作** 白麻同船紀。 净棕貳百陸拾陸斤玖兩。 **上索作** 同船紀。 **纜作** 青水竹壹千陸百根。 **竹作** 毛竹，青筀竹， 俱同船紀。 黃藤貳拾斤。 **油漆作** 桐油，白麵， 二硃，中白綿， 土子，瓦灰， 生漆，墨煤， 水膠，密陀僧， 紅土，光粉， 點漆，番硃， 香油， 俱同船紀。 石黃拾叁斤， 水花硃叁斤捌兩， 黃丹貳斤， 苧布壹疋壹丈伍尺伍寸。 **五墨作** 俱同船紀。 **妝鑾作**	净棕伍拾斤。 **索作** 白麻肆百叁拾斤， 净棕貳百伍拾叁斤。 **上索作** 同壹案。 **纜作** 青水竹壹千伍百根。 **竹作** 毛竹，青筀竹， 俱同壹案。 黃藤壹拾捌斤。 **油漆作** 二硃，水花硃， 光粉，點漆， 黃丹，香油， 番硃，苧布， 俱同壹案。 桐油捌拾斤， 石黃拾貳斤捌兩， 白麵陸斤， 土子貳斤， 瓦灰壹斗陸升， 生漆叁拾玖斤， 中白綿肆兩， 墨煤肆斤， 水膠伍斤， 密陀僧伍兩， 紅土肆斤。 **五墨作**

續表

	船紀	船書	壹案嘉靖二十八年	貳案嘉靖三十二年
預備黃船	番硃貳斤， 點漆貳斤， 黃丹貳斤拾兩， 香油肆斤， 苧布壹疋壹丈陸尺。 **五墨作** 銀硃貳斤， 二硃貳斤， 光粉叁斤， 墨煤壹斤肆兩， 水膠叁斤， 叁碌貳斤捌兩， 合碌壹斤拾貳兩， 藤黃貳兩， 枝條碌叁斤， 靛花青伍兩。 **妝鑾作** 金箔陸拾貼， 苧布伍尺， 熟漆拾貳兩伍錢， 生漆貳斤。 **抹金作** 金箔拾叁貼。 **旗　作** 黃生官絹捌疋， 黃絲線貳兩。 **鼓　作** 生血水牛皮壹張伍分， 樟木壹段。 **蜊殼作**		金箔，苧布， 熟漆，俱同船紀。 生漆壹斤。 **抹金作** 金箔同船紀。 熟漆伍兩。 **旗　作** 俱同船紀。 **鼓　作** 生血水牛皮壹張， 樟木壹段。 **蜊殼作** **纓　作** **旋　作** 俱同船紀。 **染　作** 靛青壹百玖斤， 槐花貳斤， 明礬，蘇木， 豬胰，攙缸灰， 俱同船紀。 **裁縫作** 闊白綿布拾捌疋， 青絲線伍兩。 **擺錫作** **雙線作** **絛　作** **穿椅作** **桶　作** **銅　作**	銀硃，二硃， 水膠，俱同壹案。 光粉貳斤， 枝條碌貳斤拾兩， 墨煤壹斤， 三碌貳斤肆兩， 合碌壹斤拾兩， 靛花青肆兩伍錢， 藤黃貳兩。 **妝鑾作** 俱同壹案。 **抹金作** 金箔拾貳貼， 熟漆肆兩。 **旗　作** 黃生官絹捌疋， 黃絲線壹兩捌錢。 **鼓　作** **蜊殼作** **纓　作** **旋　作** 俱同壹案。 **染　作** 明礬，槐花， 豬胰俱同壹案。 靛青玖拾斤， 蘇木伍兩捌錢， 攙缸灰陸拾貳斤。 **裁縫作** 俱同船紀。

續表

	船紀	船書	壹案嘉靖二十八年	貳案嘉靖三十二年
預備黃船	蚋殼陸拾斤。 **纓作** 茜紅火把纓貳斤。 **旋作** 白楊木壹段， 檀木壹段， 白苦竹貳根。 **染作** 靛青玖拾貳斤， 明礬壹斤， 蘇木陸兩， 槐花叁斤， 猪胰子壹斤， 攙缸灰陸拾貳斤。 **裁縫作** 闊白綿布拾捌疋， 青絲線肆兩， 木炭壹百斤， 硼砂壹兩。 **鑄作** 紅銅伍斤， 生鐵壹百壹拾玖斤， 稻皮壹百壹拾玖斤， 麥穗壹百壹拾玖斤， 木炭壹百壹拾玖斤， 煤炭壹百壹拾玖斤。		**響銅作** 俱同船紀。 **鑄作** 紅銅伍斤， 木炭拾伍斤。 廣鐵鍋貳口，買辦。	**擺錫作** **雙線作** 俱同壹案。 **滌作** 大紅熟絲線捌兩， 綠絲線貳錢伍分， 紅絨肆兩。 **穿椅作** **桶作** **銅作** **響銅作** 俱同壹案 **鑄作** 紅銅伍斤， 生鐵叁拾捌斤， 木炭壹百斤。 廣鐵鍋貳口，買辦。

南京大黃船

船紀

船木作
楠木單板柒百壹拾陸丈陸尺叁寸，
杉木并板枋單板貳百陸拾陸丈叁尺貳寸，
頭大桅用杉木貳根，
櫓肆張用杉木貳根，
旗哨招杆用杉條叁根，
水戧用雜木貳根，
舵桿用榆木壹根，
撑篙用杉篙拾根，
舵牙，闗門棒用檀木貳根。
裝修、雕鑾二作
杉木單板壹百伍拾貳丈陸尺肆分，
楠木單板貳拾丈叁尺。
艌作
桐油肆百壹拾貳斤，
黄麻肆百壹拾貳斤，
石灰捌百貳拾伍斤。
鐵作
熟鐵，
煤炭。（原缺）
蓬作
青筀竹壹百根，蘆柴伍拾束，
黄藤伍拾斤，
棕毛叁拾伍斤。
索作
棕毛伍百斤，
白麻貳百伍拾伍斤。
纜作
青水竹壹千根。
竹作

船書

船木作
楠木單板陸百壹拾壹丈壹寸捌分肆釐，
杉木單板壹百貳拾壹丈壹尺叁寸玖分，
頭大桅，
旗哨招杆，
舵桿，撑篙，
舵牙，闗門棒，
俱同船紀。
蓬秤扛用杉條陸根，
水戧用杉條貳根，
稍欄杆用杉條貳根。
裝修、雕鑾二作
杉木單板壹百貳丈貳分肆毫，
楠木單板陸丈柒尺陸寸壹分伍釐貳毫。
艌作
桐油肆百斤，
黄麻肆百斤，
石灰捌百斤。
鐵作
鐵釘貳百伍拾斤，
煤炭貳百斤。
蓬作
青筀竹，蘆柴，
俱同船紀。
黄藤叁拾斤，
净棕拾斤。
索作
净棕壹百陸拾陸斤拾兩，
黄麻貳百伍拾斤。
纜作

壹案嘉靖二十七年

船木作
楠木單板柒百伍拾伍丈壹尺伍寸陸分，
杉木單板伍拾伍丈捌尺陸寸貳分捌釐，
頭大桅，水戧，
蓬秤扛，撑篙，
舵牙，闗門棒，
舵桿，
俱同船書。
哨招杆用杉條貳根，
桅點用杉條壹根。
裝修、雕鑾二作
艌作
俱同船書。
鐵作
熟鐵叁百捌拾伍斤，
煤炭玖百伍拾斤。
蓬作
索作
纜作
竹作
油漆五墨作
妝鑾作
旗作
鼓作
蜊殻作
蜊殻，鉋釘，
俱同船書。
毛竹壹根。
纓作
旋作

貳案嘉靖三十一年

船木作
楠木單板陸百陸拾陸丈貳尺叁寸叁分，
杉木單板壹百玖丈捌尺壹寸玖分，
松木單板柒丈柒尺貳寸捌分，
頭大桅，水戧，
蓬秤扛，撑篙，
哨招杆，舵杆，
舵牙，闗門棒，
俱同壹案。
裝修、雕鑾二作
杉木單板壹百叁丈陸尺玖寸壹分，
楠木單板肆丈肆尺玖寸柒分陸釐。
艌作
桐油叁百伍拾斤，
黄麻叁百伍拾斤，
石灰柒百斤。
鐵作
鐵釘貳百伍拾斤。
蓬作
蘆柴，黄藤，
俱同壹案。
青筀竹玖拾叁根，
净棕陸斤捌兩。
索作
净棕壹百肆斤，黄麻壹百陸拾柒斤。
纜作
青水竹伍百伍拾根。
竹作
毛竹，黄藤，
俱同壹案。

	船紀	船書	壹案嘉靖二十八年	貳案嘉靖三十二年
南京大黃船	青筀竹柒拾根， 毛竹柒根， 黄藤拾斤。 **油漆、五墨二作** 桐油貳拾伍斤， 銀硃肆斤。	青水竹陸百根。 **竹作** 青筀竹伍拾伍根， 毛竹叁根伍分， 黄藤拾斤。 **油漆、五墨二作**	俱同船書。	青筀竹陸拾貳根。 **油漆、五墨二作** 桐油，墨煤， 水膠，番硃， 二硃，光粉。

（略）

小黃船

船紀

船木作
楠木單板柒百貳拾陸丈伍尺伍寸壹分捌釐，
杉木并板枋共單板壹百叁拾捌丈陸尺叁寸，
頭大桅用杉木貳根，
櫓用杉木貳根，
蓬秤杠用杉條叁根，
水戧用雜木壹根，
旗哨招杆用杉條叁根，
撑篙用杉篙拾根，
舵桿用榆木壹根，
舵牙，關門棒用檀木貳根。
裝修、雕鑾二作
杉木并板枋共單板貳百肆拾柒丈捌尺肆寸叁分貳釐，
楠木單板壹拾捌丈伍尺貳寸。
艌作
桐油貳百斤，
黃麻貳百斤，
石灰肆百斤。
鐵作
熟鐵（原缺），
煤炭（原缺）。
蓬作
青筀竹壹百根，
蘆柴伍拾束，
黃藤肆拾斤，
索作
棕毛叁拾斤。

船書

船木作
楠木單板壹千貳拾貳丈陸尺叁寸壹分，
杉木單板玖拾貳丈玖尺陸寸捌分肆釐，
松木單板叁拾肆丈捌尺捌寸陸分叁釐，
頭大桅，
旗哨招杆，
撑篙，舵桿，
舵牙，關門棒，
俱同船紀。
蓬秤杠用杉條陸根，
梢蓬桁條用杉條柒根，
水戧用杉條貳根。
裝修、雕鑾二作
杉木單板壹百壹拾伍丈叁尺陸寸貳分，
楠木單板柒丈陸寸陸分肆釐。
艌作
桐油貳百伍拾斤，
黃麻貳百伍拾斤，
石灰伍百斤。
鐵作
熟鐵叁百陸斤，
煤炭陸百伍拾玖斤。
蓬作
蘆柴，青筀竹，
俱同船書。
黃藤叁拾斤，
净棕拾斤。
索作
净棕捌拾叁斤，
黃麻壹百叁拾斤。

壹案嘉靖二十九年

船木作
楠木單板柒百肆拾丈玖尺捌寸捌釐，
杉木單板壹百零伍丈壹尺伍寸捌分伍釐，
松木單板貳拾貳丈玖尺伍寸捌分肆釐毫，
旗哨招杆，
撑篙，水戧，
舵桿，蓬秤杠，
舵牙，關門棒，
俱同船書。
桅稍用杉木壹根，
稍蓬桁條用杉條肆根。
裝修、雕鑾二作
杉木單板玖拾□丈捌尺陸寸伍分肆釐，
楠木單板捌丈柒尺伍寸玖分貳釐捌毫肆絲。
艌作
俱同船紀。
鐵作
鐵□□□□斤，
蓬作
青筀竹玖拾陸根，
蘆柴肆拾捌斤，
黃藤貳拾捌斤，
净棕玖斤伍兩。
索作
净棕柒拾伍斤，
黃麻壹百叁拾貳斤。
纜作
青水竹肆百根。
油漆作

貳案嘉靖二十九年

船木作
楠木單板捌百柒拾柒丈捌尺叁寸肆分陸釐，
杉木單板伍拾肆丈貳尺肆寸貳釐貳毫，
旗哨招杆，
水戧，蓬秤杠，
撑篙，舵桿，
舵牙，關門棒，
俱同壹案。
頭大桅，
稍箭蓬桁條，
俱同船書。
裝修、雕鑾二作
杉木單板壹百零貳丈陸尺叁寸肆釐捌毫，
楠木單板壹拾壹丈叁尺肆寸肆分叁釐柒毫叁絲。
艌作
俱同壹案。
鐵作
熟鐵叁百捌斤，
煤炭肆百陸拾貳斤。
蓬作
蘆柴，青筀竹，
黃藤俱同船書。
净棕玖斤拾伍兩。
索作
净棕同壹案。
黃麻同船書。
纜作
油漆作

續表

	船紀	船書	壹案嘉靖二十八年	貳案嘉靖三十二年
小黃船	棕毛貳百伍拾斤， 黃麻貳百斤。 **纜　作** 青水竹肆百肆拾根。 **油漆、五墨二作** 桐油貳拾斤， 銀硃貳斤肆兩， 靛花青貳兩， 石黃陸斤， 光粉叁斤， 番硃壹斤， 藤黃貳兩， 墨煤貳斤， 黃丹壹斤， 水膠叁斤， 二硃貳斤， 密陀僧陸兩， 三碌壹斤， 枝條碌壹拾伍兩。 **妝鑾作**	**纜　作** 青水竹伍百根。 **油漆作** 桐油貳拾斤， 黃丹壹斤， 密陀僧伍兩， 石黃拾斤， 番硃壹斤， 墨煤壹斤， 水膠貳斤， 二硃壹斤， 光粉貳斤。 **五墨作** 三碌壹斤， 合碌壹斤， 二硃拾兩， 銀硃捌兩， 藤黃貳兩。	桐油，黃丹， 番硃，密陀僧， 墨煤，水膠， 二硃，光粉， 俱同船書。 石黃柒斤。 **五墨作** 俱同船書。 **妝鑾作** 金箔壹貼， 熟漆壹兩。 **旗　作** 黃絹肆丈玖尺。 **鼓　作** 鼓壹面。 **蜊殼作** 蜊殼伍拾陸斤。 **纓　作** 同船書。 **旋　作**	**五墨作** **妝鑾作** **鼓　作** 俱同壹案。 **蜊殼作** **纓　作** 俱同壹案。 **旋　作** 桅餅，七星板， 玲瓏，葫蘆頂， 俱同壹案。 鼓槌壹副。

（略）

	船紀	船書	壹案嘉靖十七年	貳案嘉靖三十一年
肆百料戰座船	**船木作** 楠木并板枋共單板壹千捌拾叁丈陸尺肆寸陸分貳釐， 杉木并板枋共單板貳百柒拾捌丈壹尺陸寸陸分， 松木單板壹百伍拾丈貳尺捌釐玖毫， 頭大桅用杉木貳根， 櫓用杉木捌根， 蓬秤杠用杉條肆根， 招杆用杉木壹根， 水戧用雜木貳根， 撑槁用杉槁拾陸根， 五方旗桿用杉槁拾陸根， 舵桿用榆木壹根， 舵牙，關門棒用檀木貳根。 **裝修、雕鑾二作**		**船木作** 楠木并連貳連肆枋單板伍百陸拾壹丈壹尺貳寸， 杉木連貳連叁枋單板伍百伍拾貳丈柒尺貳寸， 杉木單板肆百玖拾玖丈壹尺捌寸玖分， 羅松連貳枋單板壹百零玖丈貳尺， 頭大桅， 櫓木，招杆， 水戧，蓬秤杠， 舵桿，舵牙， 關門棒， 俱同船紀。 撑槁用杉槁壹拾根。 **裝修、雕鑾二作** 杉木連貳枋單板壹百陸拾捌丈。	**船木作** 楠木單板壹千貳百叁拾貳丈陸尺伍寸貳分叁釐捌毫， 杉木單板叁百伍拾丈陸寸玖分肆釐玖毫。 頭大桅， 招杆，撑槁， 舵桿，舵牙， 關門棒， 蓬秤杠， 俱同壹案。 旗哨杆用杉條貳根， 水戧杉木貳根。 **裝修、雕鑾二作** 杉木單板貳百捌拾貳丈肆寸叁分玖釐肆毫肆絲， 楠木單板柒丈叁尺伍寸柒分叁釐玖毫。 **艙　作** 俱同壹案。

（略）

(略)

	船紀	船書	壹案嘉靖二十二年	貳案嘉靖三十年
壹百伍拾料戰船	**船木作** 楠木并板枋共單板貳百陸拾柒丈捌尺玖寸柒分捌釐， 杉木單板伍拾柒丈叁尺叁寸伍分陸釐， 頭大桅用杉木貳根， 櫓用杉木肆根， 旗哨招杆，蓬秤杠用杉條柒根， 水戧用雜木貳根， 撑槁用杉槁陸根， 舵桿用榆木壹根， 舵牙、關門棒用檀木貳根。 **裝修作** 杉木并板枋共單板柒拾伍丈壹尺肆寸柒分捌釐。	**船木作** 楠木單板貳百叁拾陸丈貳尺柒寸肆分玖釐玖毫， 杉木單板肆拾柒丈陸尺肆分壹釐， 松木單板貳拾貳丈貳尺陸分捌釐， 撑槁，頭大桅， 旗哨招杆，蓬秤杠、舵桿，關門棒， 舵牙俱同船紀。 水戧用杉木貳根， 頭大桅上旗杆貳根。 **裝修作** 杉木單板肆拾陸丈壹尺叁寸玖分肆釐貳毫。 **艌　作** 同船紀。	**船木作** **裝修作** **艌　作** **鐵　作** **蓬　作** 俱同船書。 **索　作** 棕毛同船書。 黃麻捌拾斤。 **纜　作** **油漆作** **五墨作** **旗　作** 紅綿布同船書。 黃綿布玖丈叁尺陸寸。 **鼓　作** **蜊殼作**	**船木作** **裝修作** **艌　作** 俱同壹案。 **鐵　作** 鐵釘壹百肆拾陸斤， 熟鐵貳百肆拾肆斤伍兩， 煤炭肆百柒拾陸斤拾兩。 **蓬　作** 黃藤，青箽竹， 俱同壹案。 **索　作** 净棕拾斤。 **纜　作** **油漆作** **五墨作**

	壹百料載船
船紀	船木作 楠木單板貳百伍拾壹丈叁寸陸分捌釐， 杉木單板叁拾陸丈叁尺玖寸伍分， 桅用杉木壹根， 櫓用杉木貳根， 蓬秤杠招杆用杉條肆根， 撑篙用杉槁壹拾根。
船書	船木作 楠木單板壹百玖拾肆丈柒尺陸寸， 杉木單板貳拾壹丈貳尺陸寸肆分， 松木單板柒丈捌尺叁寸捌分， 桅心，蓬秤杠， 招杆，舵桿， 舵牙，關門棒。
壹案嘉靖二十二年	船木作 裝修作 艌作 鐵作 蓬作 俱同船書。 索作 净棕捌拾叁斤， 黄麻柒拾伍斤。
貳案嘉靖三十二年	船木作 裝修作 艌作 鐵作 俱同壹案。 蓬作 篾風蓬壹扇， 青筀竹壹根， 黄藤肆兩。

（略）

三板船	
船紀	**船木作** 楠木單板壹百柒拾陸丈貳尺肆寸伍分， 杉木單板玖丈肆尺伍寸， 桅心杉木壹根， 蓬秤杠用杉條貳根， 撑篙杉條肆根， 櫓用杉木貳根， 旗招杆用杉條貳根。
船書	**船木作** 楠木單板壹百貳拾捌丈壹尺肆分柒釐柒毫， 杉木單板拾肆丈肆尺肆寸玖分叁釐， 松木單板柒丈柒尺玖釐。 桅心，蓬秤杠， 撑篙，旗招杆， 舵桿，舵牙。
一案嘉靖二十二年	**船木作** **裝修作** **艌　作** **鐵　作** **蓬　作** **索　作** **纜　作** **油漆作** **五墨作**
二案嘉靖三十年	**船木作** **裝修作** **艌　作** 俱同壹案。 **鐵　作** 鐵釘柒拾斤， 熟鐵壹百叁拾貳斤拾兩玖錢肆分， 煤炭貳百壹拾壹斤捌兩。

（略）

船	划船
船紀	同三板船
船書	**船木作** 楠木單板壹百肆尺陸寸貳分貳釐玖毫， 杉木單板壹拾壹丈伍尺叁寸陸分伍釐捌毫， 松木單板柒丈叁尺捌寸玖分捌釐玖毫， 大桅用杉木壹根， 旗哨杆用杉條貳根， 蓬秤杠、水戧用杉條肆根，撑槁用杉槁肆根， 舵桿用榆木壹根，舵牙、關門棒用檀木貳根。 **裝修作** 杉木單板玖尺伍寸捌分肆釐陸毫。
一案嘉靖二十二年	**船木作** **裝修作** **艙　作** **鐵　作** **蓬　作** **索　作** **纜　作** **油漆作** **五墨作** 俱同船書。 **旗　作** 黃綿布伍丈肆尺柒寸，紅綿布捌尺。 **纓　作**
二案嘉靖三十年	**船木作** **裝修作** **艙　作** 俱同一案。 **鐵　作** 鐵釘柒拾斤， 熟鐵壹百叁拾壹斤捌兩伍錢伍分， 煤炭貳百捌拾玖斤拾壹兩。 **蓬　作** 黃藤，青筀竹， 俱同一案。 淨棕伍斤。 **索　作**

（略）

	船紀	船書	一案嘉靖十六年	二案嘉靖二十九年
肆百料巡座船	**船木作** 楠木并板枋共單板捌百叁拾陸丈叁尺叁寸玖分陸釐叁毫， 杉木并板枋共單板壹百玖拾叁丈肆尺捌寸伍分陸釐， 松木單板貳百伍拾壹丈貳尺，頭大桅用杉木貳根，櫓用杉木肆根， 撑篙用杉篙拾根，旗哨、招杆、蓬秤杠用杉條柒根，水戧用雜木貳根，舵桿用榆木壹根，舵牙、關門棒用檀木貳根。 **裝修作** 杉木并板枋共單板壹百柒拾柒丈肆寸伍分， 楠木長短雲頭花板拾叁塊，綬帶叁拾貳條，屏風床壹張，桌子壹張，銃鼓架，衣架各壹座，扶□伍張，旗櫃壹個。 **艙作** 桐油陸百斤，黄麻陸百斤，石灰壹千貳百斤。 **鐵作** 鐵釘大小玖百壹拾斤，鐵浮動陸拾貳斤。	**船木作** 楠木單板柒百肆拾陸丈陸尺肆寸肆分肆釐，杉木單板壹百柒拾丈玖尺貳分叁釐， 蓬撑篙、頭大桅， 秤杠，旗招杆， 舵桿，舵牙， 關門棒，俱同船紀。 水戧用杉木貳根， 蓬秤杠用杉條陸根。 **裝修作** 杉木單板壹百伍拾伍丈玖寸壹分伍釐壹毫，楠木單板捌丈壹尺玖寸玖釐陸毫。 **艙作** **鐵作** **蓬作** 頭大桅蘆風蓬貳扇。 **索作** 棕繩纜大小叁拾捌條， 黄麻索大小拾肆條， 白麻旗線壹條。 **纜作** 篾繫水貳條， 篾牽簟壹條。 **油漆、五墨二作** (略)	**船木作** 楠木單板壹千陸百玖拾叁丈壹尺陸寸叁分捌釐， 楠木連貳連叁枋單板貳百肆拾柒丈貳尺， 杉木單板叁百叁拾丈陸尺肆寸陸分， 杉木連貳連叁枋單板陸百陸拾丈， 櫓用杉木捌根， 撑篙，頭大桅， 秤杠，舵牙，關門棒， 舵桿， 俱同船書。 水戧同船紀。 **裝修作** 杉木單板壹百零玖丈捌尺陸寸伍分， 杉木連貳枋單板壹百陸拾捌丈，魚線膠壹斤。 **艙作** 同船紀。 **鐵作** 熟鐵壹千捌百斤， 木灰壹千捌百斤， 煤炭壹千捌百斤。 **上鐵作** 熟鐵壹百伍拾斤。	**船木作** 同船書。 **裝修作** 杉木單板壹百捌拾叁丈伍尺貳分陸釐叁毫， 楠木單板捌丈捌尺玖寸陸分捌毫。 **艙作** 同一案。 **鐵作** 鐵釘伍百捌拾伍斤， 熟鐵玖百斤， 煤炭壹千叁百伍拾斤。 **上鐵作** 熟鐵同一案。 煤炭貳百貳拾伍斤。 **蓬作** 蘆柴，青筀竹， 黄藤俱同一案。 **索作** 净棕貳拾壹斤。 净棕貳百壹拾陸斤拾兩， 黄麻貳百肆拾斤。 **纓作** **油漆、五墨二作** 俱同一案。

	船紀	船書	一案嘉靖十六年	二案嘉靖三十一年
二百料巡船	**船木作** 楠木并板枋單板肆百叁拾陸丈柒尺陸寸柒分壹釐，杉木單板貳拾丈柒寸陸分叁釐，頭大桅用杉木貳根，櫓用杉木貳根，旗哨招杆用杉條叁根，蓬秤杠用杉條肆根，撑篙用杉篙肆根，水戧用雜木貳根，舵桿用榆木壹根，舵牙、關門棒用檀木貳根。 **裝修作** 杉木單板陸拾丈玖尺伍寸貳分捌釐伍毫，楠木單板壹丈壹尺柒寸陸分。 **艌作** 桐油壹百斤，黄麻壹百斤，石灰肆百肆拾斤。 **鐵作** 鐵釘肆百柒拾斤，鐵浮動叁拾貳斤，鐵鍋壹口。	**船木作** 楠木單板肆百叁拾捌丈陸寸柒分壹釐，杉木單板叁拾捌丈壹尺陸寸玖分玖釐叁毫，撑篙，頭大桅，（蓬）秤杠、旗哨招杆、舵桿、舵牙、關門棒，俱同船紀。水戧杉木貳根。 **裝修作** 杉木單板伍拾丈玖尺肆寸捌分壹毫。 **艌作** 桐油貳百貳拾斤，黄麻貳百貳拾斤，石灰肆百肆拾斤。 **鐵作** 熟鐵叁百貳拾斤，煤炭壹千貳百叁拾斤，鐵鍋壹口。 **蓬作** 青笙竹、黄藤毛竹、蘆蓆、蘆柴俱同船紀。	**船木作** 楠木單板貳百叁拾捌丈伍尺肆寸壹分陸釐，杉木連二連三枋單板壹百叁拾壹丈伍尺貳寸，楠木連二連三枋單板壹百捌拾玖丈叁尺陸寸，頭大桅、櫓木、旗哨招杆、蓬秤杠、水戧、撑篙、舵桿、舵牙、關門棒，俱同船紀。 **裝修作** 杉木連二枋單板捌拾肆丈，杉木單板貳拾伍丈貳尺壹寸貳分伍釐。 **艌作** 同船書。 **鐵作** 熟鐵捌百貳拾斤，木炭捌百貳拾斤，煤炭捌百貳拾斤。 **蓬作** 同船紀。	**船木作** 楠木單板叁百壹拾肆丈玖尺玖寸陸分肆毫，杉木單板叁拾貳丈柒寸肆釐肆毫肆絲。撑篙、頭大桅、蓬秤杠、旗哨招杆、水戧、舵桿、舵牙、關門棒，俱同船書。 **裝修作** 杉木單板叁拾叁丈肆尺玖寸捌分肆釐。 **艌作** 同一案。 **鐵作** 熟鐵同壹案。煤炭壹千貳百叁拾斤，鐵鍋壹口。 **蓬作** **索作** 俱同壹案。 **纜作**

（略）

	船紀	船書	一案嘉靖二十二年	二案嘉靖三十一年
二百料巡沙船	**船木作** 楠木單板肆百捌拾捌丈陸尺貳寸壹釐伍毫，杉木單板叁拾捌丈壹尺壹寸柒分捌釐，頭大桅用杉木貳根，櫓用杉木貳根，旗招杆、蓬秤杠用杉條柒根，撑篙用杉篙拾根，水戧用雜木貳根，舵桿用榆木壹根，	**船木作** 楠木單板肆百貳拾柒丈肆尺捌寸貳分叁釐，杉木單板肆拾叁丈伍尺柒寸玖釐，頭大桅、撑篙、旗招杆、蓬秤杠、舵杆、舵牙、關門棒，俱同船書。 水戧杉木貳根。 **裝修作**	**船木作** 楠木單板肆百壹拾壹丈壹尺玖寸伍分貳釐，杉木單板貳拾捌丈貳尺伍寸肆分柒釐，松木單板肆拾丈柒尺叁寸陸分壹釐捌毫，撑篙、頭大桅、旗哨杆、蓬秤杠、水戧、舵牙、關門棒、舵桿，俱同船書。	**船木作** 楠木單板肆百叁拾玖丈壹尺肆釐，杉木單板拾陸丈壹尺玖寸柒分捌釐。撑篙、頭大桅、旗招杆、蓬秤杠、水戧、使風梁、桅點、稍欄杆、舵桿、舵牙、關門棒，俱同一案。 **裝修作**

（略）

	船紀	船書	一案嘉靖二十四年	二案嘉靖三十年
安慶哨船	**船木作** 楠木單板壹百伍拾壹丈肆尺玖寸陸分叁毫，杉木單板陸丈壹尺陸寸伍分陸釐，松木單板拾伍丈柒尺伍寸，桅心用杉木壹根，撑篙用杉篙肆根，旗哨杆、蓬提頭共用杉條肆根，櫓用杉條伍分，舵杆用槐木壹根，榆木槳樁捌根，檀木小橛貳根，舵牙用槐木壹根，槳八尺用栗木捌根，槳皮條壹拾陸條。 **裝修作** 杉木單板貳丈柒尺肆分，吊桶、戽斗各壹個。 **艌作** 桐油、黃麻各捌拾斤，石灰壹百陸拾斤。	**船木作** 楠木單板壹百丈柒尺貳寸玖分陸釐捌毫，杉木單板肆丈貳尺壹寸捌分玖釐陸毫，松木脚跳壹塊，本船舊桅改用。鋪倉、櫓木、水梘、拿伏、槳樁、印子、榔頭、水橛俱用舊料并舊舵桿改用。桅心、撑篙、槳八尺皮條，俱同船紀。舵桿用榆木壹根，舵牙、關門棒用檀木貳根，蓬秤杠用杉條貳根。 **裝修作** 杉木單板壹丈柒寸，鍋蓋、戽斗、吊桶、挽子俱用舊料。 **艌作** 桐油玖拾斤，黃麻玖拾斤，石灰壹百捌拾斤。	**船木作** **裝修作** **艌作** **鐵作** **蓬作** **索作** **纜作** 俱同船書。 **油漆作** 黃丹，墨煤，番碌，水膠，俱同船書。桐油伍斤。 **五墨作** **旗作** 俱同船書。 **纓作** **旋作** 俱同船書。	**船木作** 楠木單板玖拾玖丈柒尺壹釐柒毫，杉木單板脚跳、鋪倉、櫓木、水梘、拿伏槳樁，印子、水橛、桅心、撑篙、舵桿、舵牙、關門棒、栗木皮條、蓬秤杠俱同一案。 **裝修作** **艌作** 俱同一案。 **鐵作** 鐵釘肆拾伍斤，熟鐵壹百壹拾壹斤拾壹兩，煤炭貳百貳拾斤貳兩，粗碗、鐵鍋。俱同一案。 **蓬作** 俱同一案。

（略）

	船紀	船書	一案嘉靖十五年	二案嘉靖三十年
九江哨船	**船木作** 楠木單板壹百肆拾壹丈叁尺玖寸伍分柒釐叁毫，杉木單板拾陸丈陸尺柒寸貳分肆釐貳毫，松木單板拾伍丈柒尺伍寸。桅用杉木壹根，撐篙用杉篙肆根，旗哨、招杆，蓬提頭用杉條肆根，押伏用杉條貳根，櫓用杉木伍分，舵桿用槐木壹根，舵牙用槐木壹根，榆木槳樁肆根，檀木水櫼貳根，皮條捌條。		**船木作** 楠木單板壹百叁拾捌丈玖尺貳寸，杉木單板拾柒丈捌尺伍寸肆釐，松木單板拾丈伍尺。桅心、撐篙、旗招杆、蓬提頭、拿伏櫓木、槳樁、皮條俱同船紀。舵桿用榆木壹根，舵牙、關門棒用檀木貳根。槳八尺用栗木肆根。 **裝修作** **艌　作**	**船木作** 楠木單板玖拾捌丈肆尺叁寸壹釐，杉木單板肆丈貳尺壹寸捌分玖釐陸毫。脚跳壹塊，本船舊桅改用。鋪倉板、槳、印子、櫓木、水櫼、拿伏、槳樁俱用舊料。舵桿、舵牙、關門棒俱同一案。 **裝修作** 旗櫃、戽斗、鍋蓋、水挽子、吊桶，俱用舊料。

（略）

	船紀	船書	一案嘉靖二十五年	二案嘉靖三十二年
輕淺利便船	**船木作** 楠木單板叁百壹拾叁丈柒尺壹寸玖分，杉木單板叁拾柒丈壹尺柒分，桅用杉木壹根，撑篙用杉篙陸根，旗哨杆、蓬秤杠杉條伍根，槳八尺栗木拾陸根，舵牙、關門棒檀木貳根，舵桿用榆木壹根，榆木槳樁拾根，桅栓壹根，槳皮條拾陸條。 **裝修作**	**船木作** 楠木單板叁百伍拾叁丈柒寸玖分叁毫捌絲，杉木單板貳拾貳丈壹寸貳分叁毫貳絲。桅心、旗哨杆、蓬秤杠、舵桿、舵牙、關門棒俱同船書。槳樁拾根，桅點貳根，栗木槳八尺拾根。 **裝修作** 杉木單板伍丈捌尺壹寸伍分捌釐陸毫陸絲。神武船與利便船身同。	**船木作** 楠木單板叁百伍拾壹丈玖尺玖寸玖分叁毫玖絲，杉木單板同船書。桅心、旗哨杆、蓬秤杠、舵桿、舵牙、關門棒、槳八尺、槳樁、桅點俱同船書。槳皮條拾條。 **裝修作** 楠木單板貳拾捌丈叁尺貳寸，杉木單板同船書。神武船與利便船身同。	**船木作** 楠木單板叁百壹拾玖丈柒尺肆寸貳分，杉木單板貳拾叁丈玖尺捌寸，桅心、旗哨杆、蓬秤杠、舵桿、舵牙、關門棒、槳八尺、槳樁、桅栓、皮條俱同一案。 **裝修作** 楠木單板叁拾陸丈肆尺肆寸捌釐，杉木單板柒丈肆尺柒寸柒分肆釐。

（略）

	船紀	船書	一案嘉靖十一年	二案嘉靖二十五年
後湖一號樓船	**船木作** 楠木單板壹百捌拾伍丈壹尺貳寸玖分，杉木單板貳拾陸丈貳尺伍寸，舵桿用榆木壹。		**船木作** 楠木單板貳百叁拾伍丈伍尺，楠木連二連三枋單板捌拾肆丈叁尺柒寸，杉木單板拾肆丈。	**船木作** 楠木單板貳百柒拾貳丈肆尺捌寸柒分捌釐，杉木單板伍丈口尺陸寸，撐槁舵桿、舵

（略）

二號樓船

船紀

船書

一案嘉靖十一年

船木作

楠木單板貳百零壹丈，

楠木連二連三枋單板柒拾伍丈。

櫓用杉木壹根，撑槁用杉槁肆根，蓬架用杉條貳根。

添桅用杉木壹根，舵桿用榆木壹根，舵牙、關門棒用檀木貳根。

裝修作

杉木單板陸拾肆丈肆尺伍寸。

二案嘉靖二十五年

船木作

楠木單板壹百柒拾叁丈陸尺捌分壹釐柒毫，杉木單板捌丈叁寸柒分壹釐。撑槁、舵桿、舵牙、關門棒同一案。

裝修作

楠木單板壹丈伍尺伍寸壹分，杉木單板叁拾丈叁尺叁寸陸分貳釐玖毫。

艌作

桐油、黄麻俱同一案。石灰貳百斤。

（略）

	船紀	船書	一案嘉靖十七年	二案嘉靖二十五年
平船	**船木作** 楠木單板壹百壹拾貳丈肆寸陸分，杉木單板玖丈陸尺叁寸陸分。 **鐵作**		**船木作** 楠木單板壹百捌拾貳丈捌尺貳寸壹分，杉木單板拾貳丈陸尺伍寸，	**船木作** 楠木單板壹百壹拾捌丈壹尺捌寸肆分，杉木單板柒丈貳尺貳分。

（略）

	船紀	船書	一案嘉靖二十年	二案嘉靖三十二年
浮橋船	**船木作** 楠木單板伍百貳拾玖丈玖尺伍寸肆釐，杉木單板伍拾捌丈肆尺壹寸肆分叁釐，撐篙用杉篙肆根，水戧用雜木貳根，水橛貳根。 **艌　作** 桐油肆百斤，黄麻肆百斤，石灰捌百斤。 **鐵　作** 鐵釘伍百肆拾斤，鐵拐棒、萬字鉤叁拾壹斤。 **索　作**	**船木作** 楠木單板陸百伍拾捌丈，楠木將軍柱肆個，頭稍伏獅貳個，撐篙同船紀。 水戧杉木貳根。 **艌　作** 桐油叁百斤，黄麻叁百斤，石灰（原缺）。 **鐵　作** 鐵釘壹百柒拾伍斤，鐵拐棒、萬字鉤拾斤拾兩，槁鐏肆個，挽子貳把，鎚打舊料煤炭伍拾斤。	**船木作** **艌　作** **鐵　作** **索　作** **纜　作** **油漆、五墨二作** 俱同船書。	**船木作** **艌　作** **鐵　作** **索　作** **纜　作** **油漆、五墨二作** 俱同一案。

（略）

(略)

金水河漁船	
船紀	
船書	
一案嘉靖十一年	**船木作** 楠木單板拾壹丈貳尺伍寸，杉木單板柒丈。 **鐵　作** 鐵釘伍拾斤，煤炭拾伍斤。 **艌　作** 桐油叁拾斤，黄麻叁拾斤，石灰陸拾斤。
二案嘉靖二十九年	**船木作** 楠木單板捌丈肆尺肆寸玖分，杉木單板伍丈肆尺陸寸。 **鐵　作** 熟鐵柒拾伍斤，煤炭壹百壹拾貳斤。 **艌　作** 同一案。

明 茅元儀《武備志》卷一〇六《雙輪戰車》 雙輪戰車，身兩股，俱長一丈二尺，車内横寬二尺六寸，推竿并車頭横木各長六寸。惟竿兩頭各用一人，中間亦用一人，二竿共用六人推之，舵用雙木，一人主之，兩輪徑大二尺八寸，輪心軸亦長六尺，其餘俱與車輪式同也。

雙輪戰車

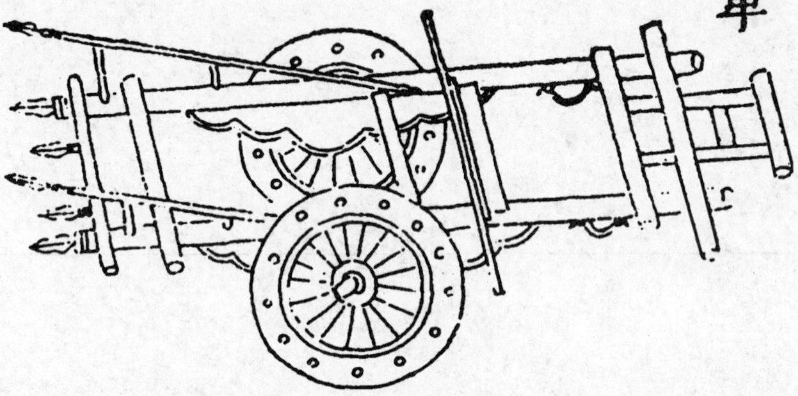

又《雙輪輜重車》 糧車，身兩股，長各八尺，自車心軸至車頭横木二尺二寸，至後横木五尺六寸，其餘與雙輪車式同也。

雙輪輜重車

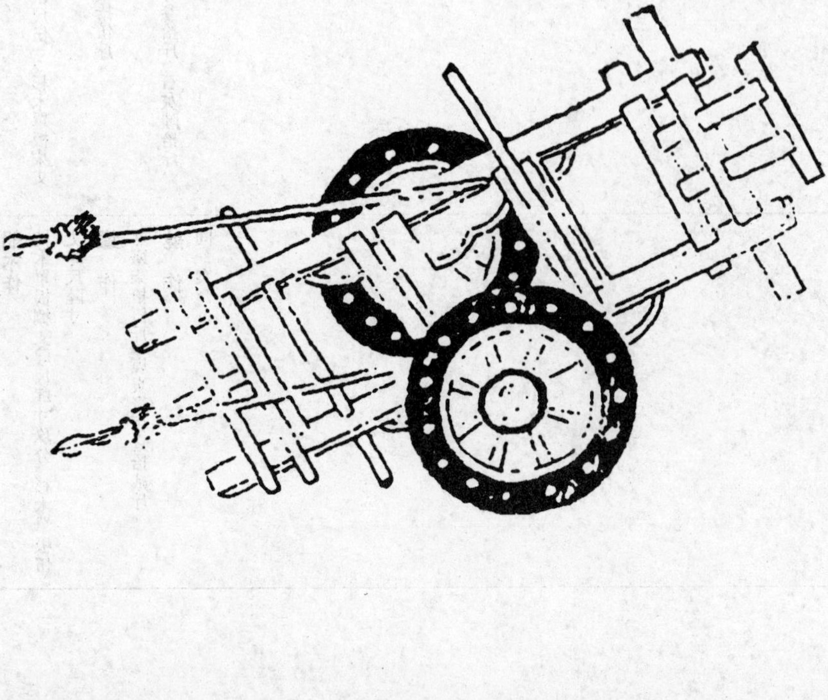

又　卷一〇九《望樓車》　右凡望樓與城中望樓爲一，所以下望城中事。攻城欲利推徙，故以車載。其制以堅木爲車，坐并轅，長一丈五尺，下施四輪，輪高三尺五寸，上建望竿，長四十五尺，上徑八寸，下徑一尺二寸，上安望樓竿，下施轉軸，兩傍施叉手木，繫麻繩三棚。上棚二條，各長七十尺；中棚二條，各長五十尺；下棚二條，各長四十尺。帶環鐵橛十條，皆下鋭，凡立竿如舟上建檣法，釘橛繫繩，六面維之令固，餘制及候望法，皆約城中望樓也。

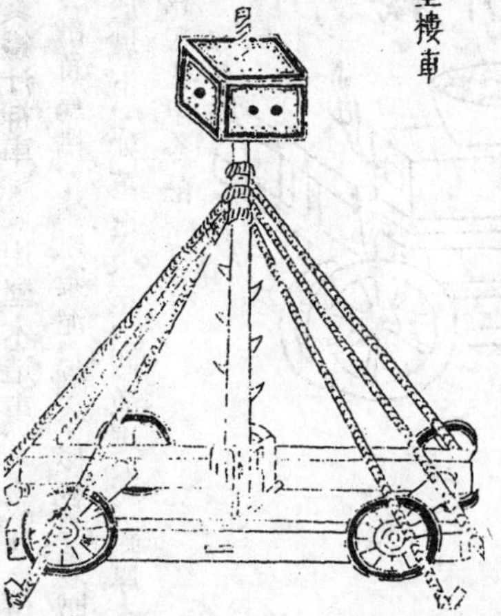

望樓車

又《巢車》　右巢車，其制以八輪車當中建高竿，竿首施轆轤，以繩挽板屋上竿首。其屋方四尺，高五尺，以生牛皮裹之，以禦矢石。竿之高下，以城爲準，使人藏屋中，下窺城中事，遠望如鳥巢，故謂之巢車也。

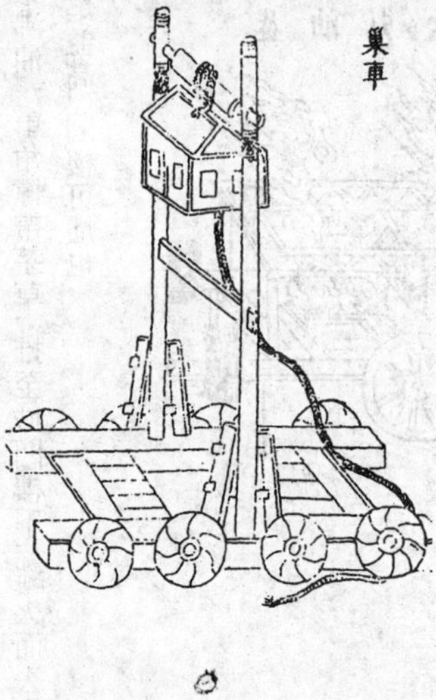

巢車

又　卷一一二《木幔》　木幔，以薄板爲框如屏，裹以生牛皮，施桔槔，載以四輪，低昂以繩挽之，凡攻城彼蟻附者，則以幔禦當面矢石也。

木幔

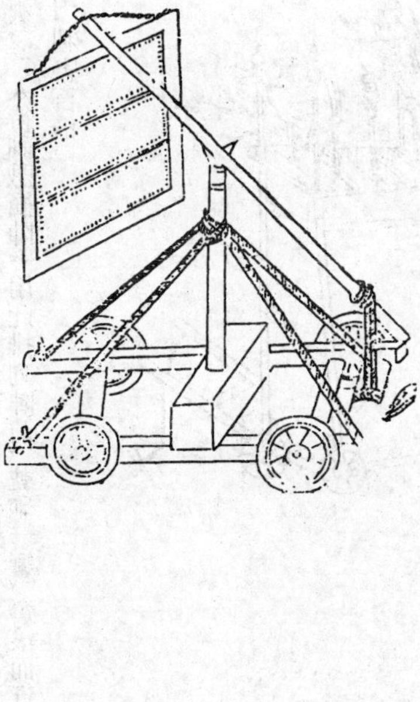

又　卷一三二《火櫃攻敵車》　用堅木造，轅長一丈，輪高二尺五寸，櫃闊二尺八寸，高二尺。下架鎗五杆，上穿火箭百枝，櫃蓋油刷，以防風雨。用牛騾拽行，二兵隨幫燃火，此進攻衝敵長技也。

火櫃攻敵車

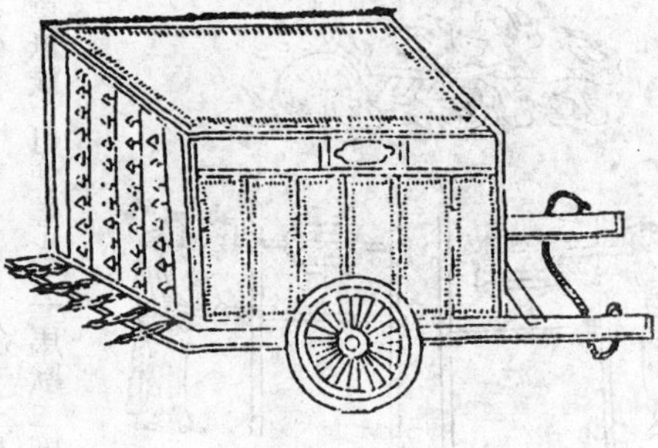

又《盛油引火車》　以木做兩輪框，架上釘鐵條，横順架油鑊，中懸鐵盤燒炭火沸油。車角撑帶茅草，推至城門樓下，縱火而去，敵必下水沃之，油得水，其焰益高，則樓可燔也。

盛油引火車

又《鐵汁神車》　用堅木造車，下設四輪以便推轉，載以冶爐，鎔以鐵汁，剖竹爲槽，塗以漿泥，曬令極乾。如賊城下攻打，隨推神車以鐵汁注於城下，如萬道火星，四散迸擊，雖厚水牛革遇之，無不穿透。用生鐵常炙火上令熱。

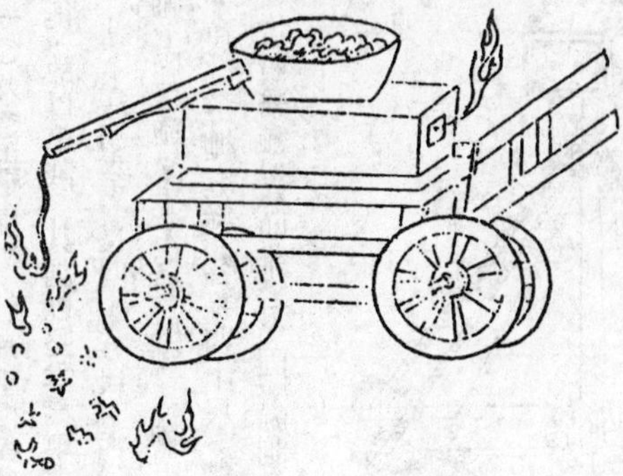
鐵汁神車

又《揚風車》　柱木高三尺五寸，闊七尺，中錠轉板五尺，兩頭用轉軸，如火攻敵糧草無風，可使推火，一馬馱二副，征進多備。

揚風車

又《破敵火風鼎》　用杉木爲之，形類方櫃，高三尺，闊一尺五寸。上做蓋板，板上用木做數十槽，四閣四柱，高二尺。上做飛虎旗四面，以壯威儀，櫃爲雙扇門，内藏發藥、鳥銃、火箭、飛彈、大將軍等器數件，上面亦架數件。後做一架，架上用麻繩一圈，下設四輪，架前列利器十餘件。每一櫃用壯士二人推，一人點火，一人待刺賊衝陣。用此排列陣前，號砲一響，齊滾而進，火砲火箭一起發出，利害百倍。

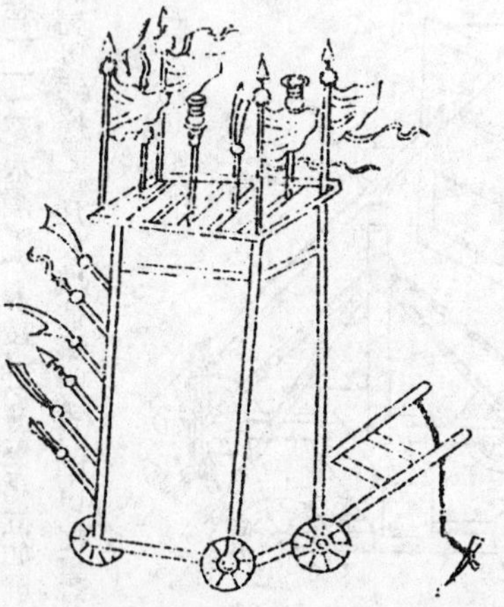
破敵火風鼎

明　范景文《師律》卷一一《漁船》　漁船於諸船中制至小，材至簡，工至約，而其用爲至重。何也？以之出海，每載三人，一人執布帆，一人執槳，一人執鳥銃，布帆輕捷，無墊没之虞，易進易退，隨波上下，敵舟瞭望所不及，是以近年賴之取勝擒賊焉。

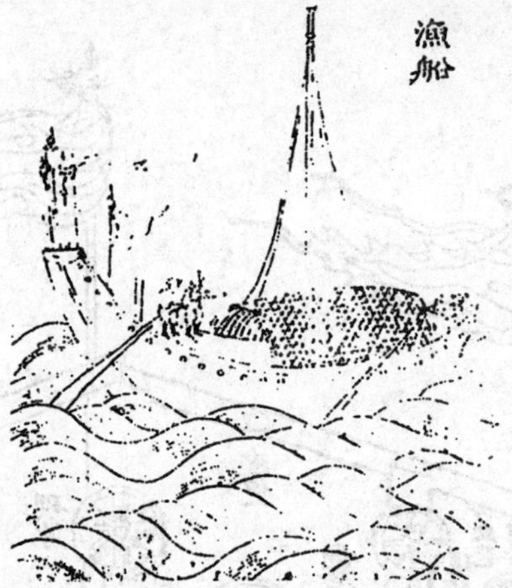

又　製用飛輪舟，外將杉木造一套舟，只有前船頭裝以蘆葦、油艸，兩傍幫板，腹内空虚。凡泊淺洋峻島之間，藉以護衛，亦免擊觸之患。若順風衝打，即放火釘賊之舟，我舟棄外套而還，亦甚便利。

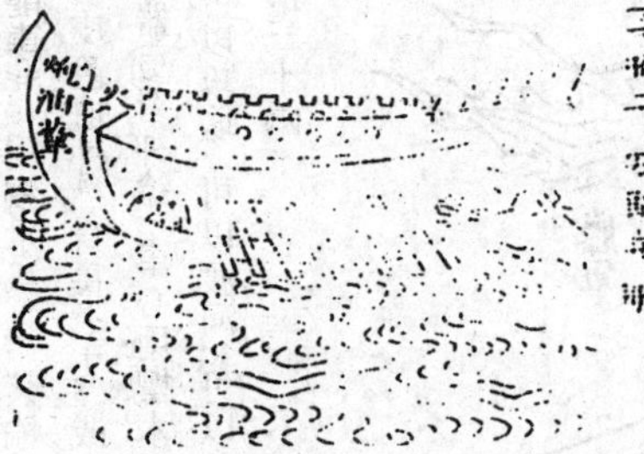

明　吴惟順《兵鏡》卷一〇　右頭車，攻城器也。身長一丈，濶七尺，前高七尺，後高八尺。以兩巨木爲地栿，前後梯桄各一，前桄尤要壯大。上植四柱，頭設涎衣梁，上鋪散子木爲蓋，中留方竅，廣二尺，容人上下。蓋上鋪皮笆一重，笆上鋪穰藁，厚尺餘，穰藁上又施皮笆，所以禦石砲也。車三面皆設約竿，頭牌木每牌長九尺，濶五寸，厚六寸，首有小竅，以皮繩繫著車蓋，垂在約竿外。木無定數，但取遮密。三面牌外，又垂皮笆，亦以禦砲。方竅下，置梯以升蓋上，前施屏風笆一，笆中開箭窓，倚以木馬，令人於笆内射外。凡攻城鑿地道，以車蔽人。先於百步内，以矢石擊當面守城人，使不能立，乃自壕外進車。用大木二條，各長一丈八尺，謂之揭竿。首插前桄下，稍壓後桄出，以土囊壓竿稍，令揭車首昂起。車每進，便設緒棚續車後。遇壕則運土雜芻藁填之，運者皆自車中及緒棚下往來，矢石不能及。又以千斤大麻繩繫車前桄，引向後去，以絞車自後急絞以助竿力，令車首常去地尺餘。兩面約竿牌木下，分用三十人推挽梯，桄下又以木橛鐵挺斡跳，使進抵城下。

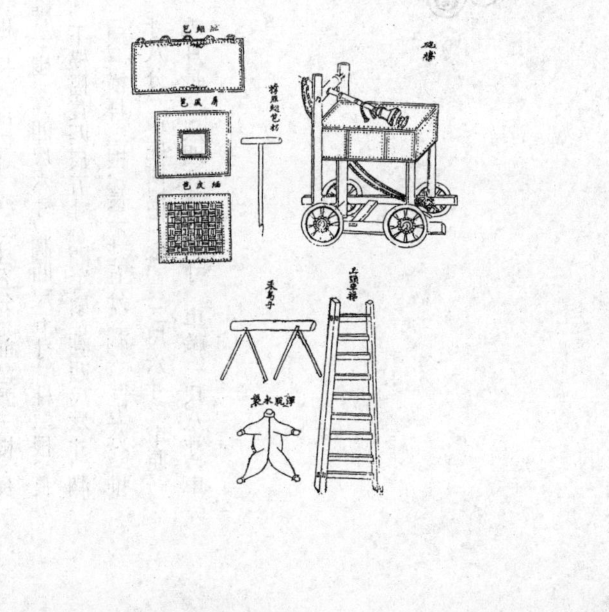

又《百足火龍車》用獨木爲之，其輪如千斤車輪大，一出一進，上加直柱横梁，厚板遮上，皮笆遮外。身長七丈，或九丈，共十四輪。戰士隱皮笆内，上下兩層施諸般火器弓弩神鎗，車心用檀木爲之，身方兩頭圓，徑二寸。用鐵饅頭箍扣定活輪，可以攻城，可以渡河，可以跨濠塹，可以填陷坑，可以破北虜騎陣。每一乘，約價三十兩。

百足火龍車

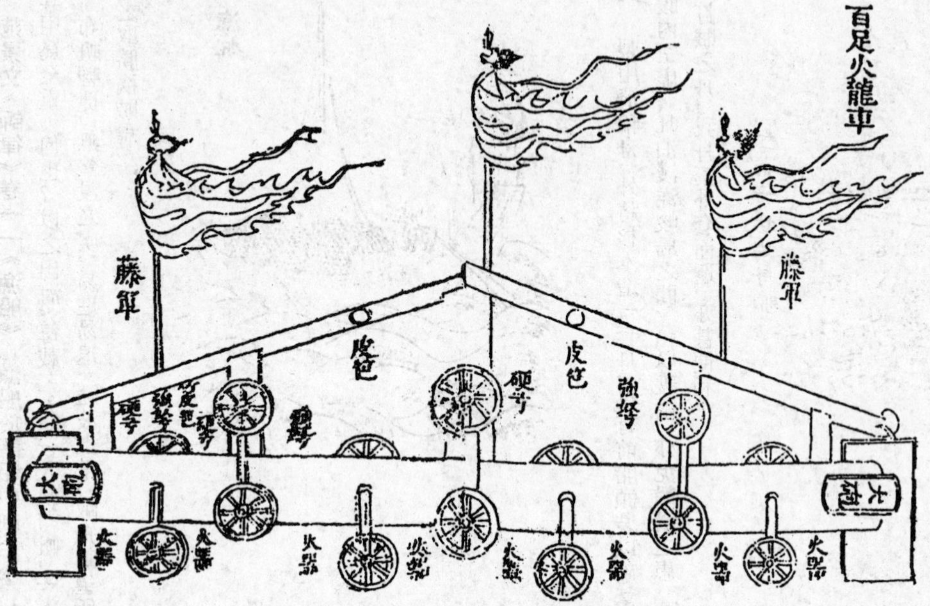

又《輕車》輕車轅條二根，長九尺二寸，濶二寸五分。前琶頭一根，長三尺三寸，濶一寸六分。前遮牌一扇，高四尺六寸，濶四尺五寸。柱二根，長四尺六寸。上横檔長五尺一寸，下横檔長四尺五寸。門二扇，高四尺六寸，濶二尺二寸五分。撑棍二根，長三尺。横耳二根，長一寸五分，濶一寸五分。推手木二根，長五尺二寸，方圓一寸八分。車廂横檔二根，長二尺六寸。車匣一箇，長二尺四寸，高一尺二寸。車耳長一尺四寸，濶四寸。車輪三尺八寸，車頭八寸長，八寸厚，各稱之。

輕車

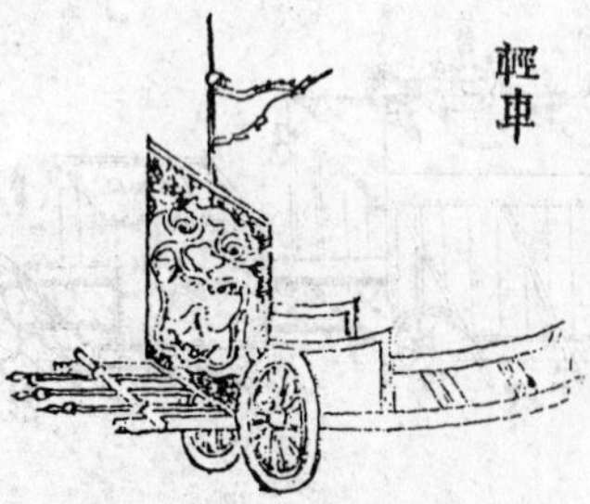

又《偏車》古車皆有兩箱，今以偏箱名之者，其偏爲一箱，可以意推也。蓋兩箱大車也，一箱小車也。其偏箱車，地廣則爲鹿角軍營，路狹則爲木屋施於車上，且戰且前，所謂鹿角者，架鎗刀於車上，如鹿角然，所以拒奔衝也。其木屋亦所以蔽矢石風雨也。鹿角之撑支，故利於地廣，木屋之收歛，故利於地狹。制之之法，須酌其輕重，方可行也。

偏車

又《獨戰千里車》　用厚板二片爲伏柁，長一丈二尺，高五尺。上架四梁直柱，任意加皮牌四面遮護。戰士在內，施諸般兵器，四輪在外，二輪在內，輪高三尺，厚三寸，身濶五尺可以衝陣。深入燒營，破倭奴，埋伏鳥嘴銃，并備獠猫藥弩。又可遏虜騎，塞歸路。又可載錙重，使戰士常逸，如大將坐此巡營，其疾如馬，可防奸細。每輛約價十二兩。

獨戰千里車

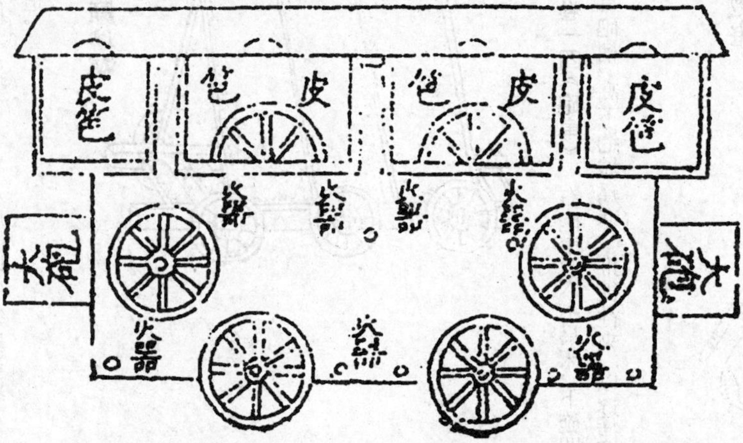

《笓字車》　一輪向前，二輪在後，易於轉動。可當挨牌，乃車之最輕捷者。用厚板作胎，鐵裹尖頭，上架皮牌，或皮傘以遮避火器。輕便可使，功勝木城，可以護十餘人。今日南北皆可用，每輛約價三四兩。

笓字車

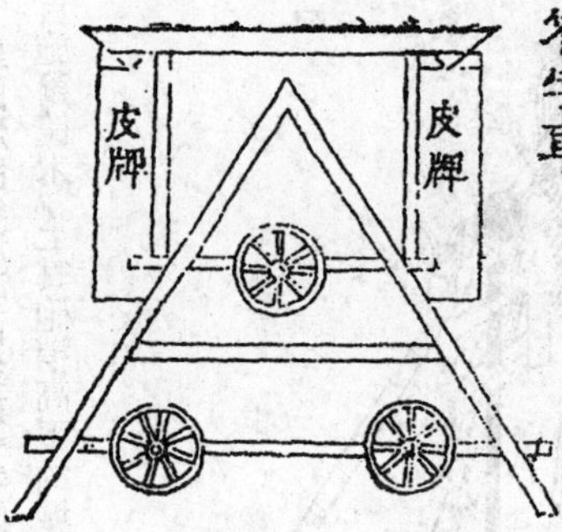

又　卷一二《木牛車》　木牛，以堅木厚板爲平屋，裹以生牛革，下施四車輪，自內推進，以蔽攻城人，亦木驢之類也。

木牛車

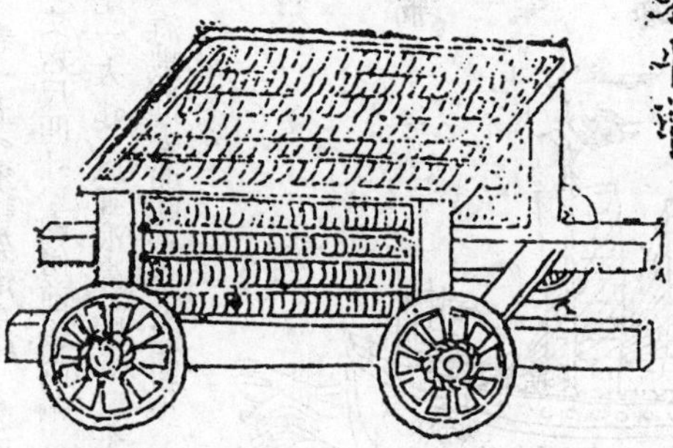

又《尖頭木驢》 尖頭木驢，形如轒轀車，惟增二輪，上横大木爲脊，長一丈五尺，上鋭下方，高八尺。以生牛皮革裹之，内蔽十人，推逼城下以攻城，作地道。

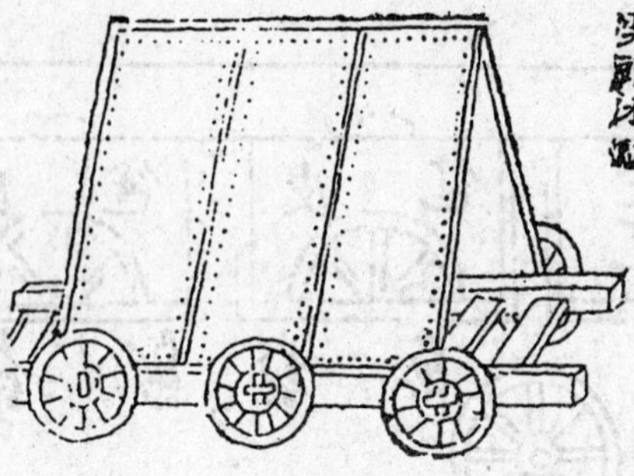

尖頭木驢

又 卷一四《砲車》 右砲車，大木爲床，下施四輪，上建獨竿，竿首施羅匡木，上置砲梢，高下約城爲準。推徙往來，以逐便利。其施放及用物，一準常砲法。

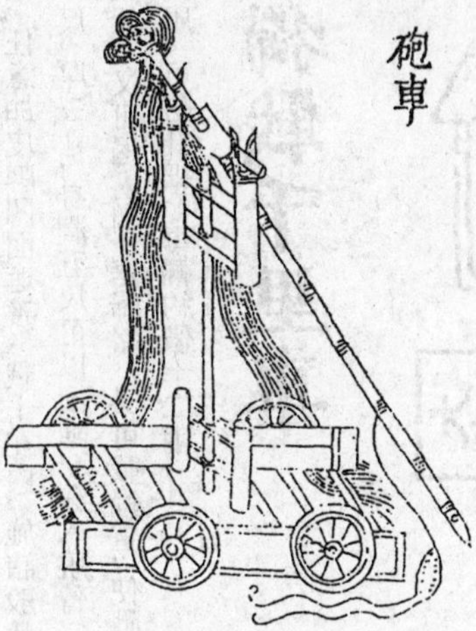

砲車

又 卷一五《飛輪架海舟》 製用楠木作船，不出三千料之樣。長七丈二尺，濶一丈六尺四寸，兩傍前後兩輪，輪外遮板，使人不見。大槳六枝，人在内操駕首尾一大孔，風狂浪高，即并二舟爲一，用大堅木拴入孔中，儼然一舟，固不可觧。海戰惟大船勝小，多船勝少，單以示衆，連以示大，兩得之矣。

飛輪架海舟

清 惠民酒民《洴澼百金方》卷四《砲車》 大木爲牀，下施四輪，上建獨竿，竿首施籮筐木，上寘砲梢高下約城爲準，推徙往來，以遂便利。

砲車式

清 年羹堯《治平勝筭全書》卷一二 合大木爲床，前二叉手，上爲絞車，下施四輪，可挽二千斤。凡飛梯木幔逼城，遥抛钩索，挽令近前，即以長竿舉大索鈎及而絞之入城，如絞木驢。待其逼城，且擲木石，使驚懼不敢出。則使二壯士坐皮屋中，縋至驢上，引絞車鈎索挂搭木驢，復曳上挽取入城。

絞車式

薪炭部

題解

漢 史游《急就篇》卷三 薪炭萑葦炊孰生，萑，户官反，一作蓶。孰，一作熟。取木而然之曰薪，木之已燒者曰炭。亂爲萑謂荻也，亂，五患反。荻音敵。其新生者曰菼，他覽反。葭爲葦謂蘆也，葭音加，蘆音盧。二者亦薪之類，可然燎也。炊孰生者謂烝，煑生物使之爛孰也。

漢 許慎撰《説文解字》卷一〇上 炭，燒木餘也。從火，岸省，聲他案切。

論説

《管子·輕重甲篇》 爲人君而不能謹守其山林菹澤草萊，不可以立爲天下王。桓公曰：此若言何謂也？管子對曰：山林菹澤草萊者，薪蒸之所出，犧牲之所起也。故使民求之，使民藉之。因以給之，私愛之，於民若弟之與兄，子之與父也，然後可以通財交殷也。

明 梁寅《詩演義》卷一 翹翹錯薪，言刈其楚之子于歸，言秣其馬漢之廣矣，不可泳，思江之永矣，不可方思。翹翹，高起也，錯者雜也，楚即荆也。小木叢生，刈之以爲薪也。以錯薪起興，而欲秣其馬則悦之至，所謂發乎情也。以江漢爲比，而嘆其終不可求，則敬之深，所謂止乎禮義也。

又 卷一五 樵彼桑薪，卬烘于煁，維彼碩人，實勞我心。桑乃薪之美者，而樵採以歸乃不以烹飪。煁者，無釜之竈。卬者，我也。烘者，燎也。我以桑薪燎之，是爲徒費，可惜也。

明 丘濬《守邊固圉之略》 臣按《月令》於孟冬之月，既命百官謹蓋藏，命有司循行積聚，無有不斂。而又命有司坏城郭，戒門閭，脩鍵閉，慎管籥者，此蓋兼中外而言也。至於固封疆、備邊境、完要塞、謹關梁、塞蹊徑，則專爲邊境言焉。然邊境之中亦有城郭，而其城郭則有門閭焉。門閭之或啟或閉，則有鍵閉管籥以司之。故既坏其城郭之缺薄，使之堅而厚，而又戒其門禁之出入。於鍵閉管籥也，則又脩而理之，慎而守之，所以防内之出而外之入也。若夫封疆之固，邊境之備，則其所防者，内恐盜賊之竊發，外恐敵國之侵陵，雖以無事之時，亦必歲歲爲先事之備。於要塞也，則完之以阨其要衝。於關梁也，則謹之以限其出入。然非但於人馬可行之地而致其備，則凡野獸往來之地，僅可容足者，亦無不致其謹焉。可見古人于封疆之守，邊防之備，其嚴且密也。如此後世爲政者，苟且目前，而於邊塞之地，無事則一切置之不問；一有事焉，則急遽之際，倉皇無措者多矣。甚者，以樵薪之故，而翦其蒙翳；以營造之故，而代其障蔽；以游畋之故，而廢其險隘。殊不知王公設險以守其國，無其險尚百計以營爲之，況有其險而自去之，以爲敵除道，智者所不爲也。後之君子尚思所以爲先事之備，而毋貽臨時噬臍無及之悔。臣竊以爲今京師切近邊塞，所恃以爲險固者，内而太行西來一帶重岡連阜，外而渾蔚等州高山峻嶺，蹊徑狹隘，林木茂密，以限敵騎馳突。不知何人始於何時，乃以薪炭之故，營繕之用，伐木取材，折枝爲薪，燒柴爲炭，致使木植日稀，蹊徑日通，險阻日夷。設使國家常如今日之無事，固無所用之。不幸一旦而有風塵之警，將何以扼其來而拒其入乎？失今不爲之限制，臣恐日甚一日，雖有智者不能善其後矣。臣請下工部稽考，洪武、永樂年間以來，其所用材木、柴炭取於何所？掌於何人？凡其可以措置之方，用度之數，與夫愛惜减省之節目一一以聞，必須無損於邊關，無虧於國用，定爲經久之計。其事雖小，所係實大。考諸司職掌於工部抽分條止云抽分，竹木場如遇客商興販竹木柴炭等項，照例抽分，若不敷，定奪奏聞，給價收買。或差人砍辦，則是祖宗之時遇有營造不敷，方行買辦。然亦止言營造，而不知當時大庖之爨，内臣之炊何處取材？意者洪武之初，建都江南，沿江蘆葦自足以供一時之用也。蘆葦易生之物，刈去復生，沿江千里，取用不盡。非若木植，非歷十數星霜不可以燃。取之須有盡時，生之必待積久。況今近甸别無大山茂林，不取之邊關將何所取耶？夫自立柴廠於易州以來，恒聚山東、山西、北直隸數州民夫數千於此，取柴炭以供國用。又役順天之民以爲挑柴夫，府縣添設佐二官以專管之。又特勅侍郎或尚書一員，以總督之。此事非特今朝無有定制，而前代亦所未聞也。然則前代皆不舉火耶？古之人必有善處之法，然而史籍不載，無從稽考，意者以此爲非要之務，隨時制宜，姑取足用，政不必顓顓設官，拘拘督責，因吾口食之奉，以奪民日用之資也。爲今之計，宜移置柴廠於近境之地，散遣丁夫各還原籍，量其州縣大小人民多寡，定爲薪炭之數，分派輸納，内外衙門每歲定爲限期，俾其依期運納，一如户部糧草例，取納足通關以憑稽考。又必痛爲禁革除去印格，苟薪柴可以燃燎，即收貯，不必問所從來，限以式樣。如宋之末世，所取之炭必如核桃紋、鸕鷀色，以困吾民也。如此非獨可以爲邊關之固，而京畿及山東、西之民亦可以少甦矣。雖然木生山林，歲歲取之，無有已時。苟生之者不繼，則取之者盡矣。竊恐數十年之後，則物日少，其價日增，吾民之採辦者愈不堪矣。臣又竊有一見：請於邊關一帶，東起山海以次而西，於其近邊内地，隨其地之廣狹、險易，沿山種樹。一以備柴炭之用，一以爲邊塞之蔽，于以限北人之馳騎，于以爲官軍之伏地。每山阜之側、平衍之處，隨其地勢高下曲折種植榆柳，或三五十里，或七八十里。若其地係是民産，官府即於近便地撥與草場及在官地如數還之，其不願得地者，給以時價，除其租税。又先行下法司，遇有犯罪例應罰贖者，定爲則例，徒三年者，種樹若干，二年者若干，杖笞以下以次遞減，照依。繕工司運水和炭事例，就俾專業種植之人當官領價，認種某樹若干，長短大小皆爲之度，以必成爲效。有枯損者，乃責其陪其所種之木，必相去丈許，列行破綻，參錯蔽虧，使北馬不得直馳，官軍可以設伏。仍行委所在軍衛有司設法看守，委官巡視，歲遣御史人員督察之，不許作踐砍伐，違者治以重罪。待其五七年茂盛之後，歲一遣官採其枝條，以爲薪炭之用。如此，則國用因之以舒，民困因之以解，而邊徼亦因之以壯固矣。又京城軍民之家，皆以石煤代薪，除大官外，其惜薪司當給薪者不過數千人之烟爨，無京民百分之一，獨不可用石煤乎？倘以爲便，乞下便納挑運州縣，計其買辦，雇覔工價，所費幾何。俾其辦價送官，量給與之市石煤以爨，是亦良便。

又　卷五二　**戴銑《易州山廠志》**　山廠之設，專以燒薪炭供應内府。宣德五年置於平山，繼遷沙峪口，景泰間移置滿城縣西十里。惟設部堂之所，周以垣墉，構以稠木，蓋以茅茨，僅蔽風雨而已。各府廠房未有定居，率於西山寨口置廠燒採，地荒又徙他處。凡遇朔望及柴夫銷批倒解，俱赴部廠習爲例。天順元年移置州城西北二里許，其廳堂、官民廬舍，苟完而已。其後建部堂於中，環以土城，八府五州分治，以次而列，皆南向。前有東西長衢，各屬州縣分治列焉。每門各設坊牌以記之。其部堂、府治兩傍，各有隙地，爲積放薪炭之所，併植蔬果以供日用。部堂總其綱，府、州、縣佐貳官分理其事。民之執兹役者，歲億萬計，車馬凑集，財貨山積，亦云盛矣。然昔以此州林木蓊鬱，便於燒採，今則數百里内山皆濯然。舉八府五州數十縣之財力屯聚於兹，而歲供猶或不足，民之膏脂日以告竭，在易尤甚。上不虧國用而下能蘇民困，仁人君子尚有以念之哉。

明　馮復京《六家詩名物疏》卷四《薪》《爾雅》：「槱，采薪。」采薪，即薪。注：指解，今樵薪也。無羊箋云：「麄曰薪」。《史記》：「樵蘇」。後爨注：「樵取薪，蘇取草。」《月令》云：「季冬命四監，收秩薪柴。」注：「大者可析謂之薪；小者合束爲之柴。」《周禮·甸師》：「帥其徒以薪蒸役外内饔之事。委人：掌斂野之賦，斂薪芻。以式法共祭祀之薪蒸木材。賓客，共其芻薪。喪紀，共其薪蒸木材。軍旅，共其委積薪芻。

明　張萱《西園聞見録》卷九二《工部六·工作》　戴公銑曰：易州山廠之設，專以燒薪炭供應内府。宣德五年，置于平山，繼遷沙峪口。景泰年間移置滿城縣西十里，天順元年移置州城西北二里許。建部堂于中，環以五城八府，五州分治，以次而列，皆南向部堂總其綱，府州縣佐貳官分理其事。民之執兹役者，歲億萬計。車馬輳集，財貨山積，亦云盛矣。然昔以此州林木蓊鬱，便于燒採，今則數百里内山皆濯濯。自舉八府五州數十縣之財力屯聚于兹，而歲供猶或不足，民之膏脂日已告竭，在易尤甚。上不虧國用而不能蘇民困，仁人君子尚有以念之哉。

清　愛新覺羅·弘歷《禮記義疏》卷二四《月令第六之五》　是月也，草木黄落，乃伐薪爲炭。《正義》鄭氏康成曰：「伐木必因殺氣。」高氏誘曰：「仲夏草木未成，故禁燒炭。至是，斧斤入林，乃燒之。方氏慤曰：「黄者土之色，百昌皆生於土反於土，以其將反於土故黄，黄故落也。落則反於土矣，伐薪爲炭，以禦冬寒故也。張氏虙曰：「炭，以禦寒，人之所資，非不急也。然必待草木黄落之後始取之物，既歸根用，亦隨宜斧斤以時，亦王政之一事也。」

清　王引之《廣雅疏證》卷一〇　梢校椒，柴也。《説文》云：「柴，小木散材也」。《月令》鄭注云：「小者合束謂之柴。」案：柴之爲言，佌佌然小也。《爾雅》云：「佌佌，小也。」《淮南·兵略訓》：「曳梢肆柴。」高注云：「梢，小柴也。」案：稍之爲言，稍稍然小也。前釋訓云：稍稍，小也。諸書無以校爲柴者，上梢字。曹憲音：稍交反，疑因此誤衍交字。後又加木旁也。《集韻》引《廣雅》校，椒，柴也。則宋時本已然。《説文》云：椒木，薪也。薪亦柴也。凡薪蒸之屬，多名椒。《説文》云：「取，麻蒸也。」《廣韻》云：「簸，竹柴別名。」聲義竝同矣。

又　蕉，薪也。蕉，各本作蒦字，頗不成體。蓋蕉字書作蒦，後誤而爲蕣耳。《爾雅·釋木》釋文云：「樵字又作蕉。」《墨子·備城門》篇云：爲薪，蕉挈。今訂正。《説文》云：「樵，散木也。」《月令》，鄭注云：「大者可析，謂之薪。《列子·周穆王》篇：鄭人有薪於野者，遇駭鹿，御而擊之，斃之，藏諸隍中，覆之以蕉。蕉與樵同，薪謂之樵，因而，取薪亦謂之樵。《史記·淮陰侯傳》：集解引《漢書音義》云：樵，取薪也。《小雅·白華》篇：「樵彼桑薪。」

清　賀长龄《清經世文編》卷三七《户政十二》種雜糧廣樹植狀　陳宏謀　滇省地方，跬步皆山，沃壤原少，而山确之區，不能處處種植。即低下之區，亦不能年年種植。總因小民狃於積習，不知廣積糞土，不知栽植雜糧，誠爲可惜也。節奉憲檄，通飭各屬，勸民廣種雜糧，本司亦復再四指明開導，以資民食。前據羅次縣任令以羅民不曉栽種旱糧，任聽地畝抛荒，又不識釀糞之法，情願自備牛種，將百姓所不種之田，雇人耕種，照工分麥。又築茅置棚於郊外，圈牛豬以示釀糞之法，庶使羅民見而倣效等情。本司當以種植積糞，事切農功，應如所請，并通行所屬一體遵照。此外如山嶺土坯，連草帶土，曬乾火化，拌入糞土，皆可肥田。又如通衢大路，傍開小溝，添入雜草樹皮，日受牛馬踐踏之水，既便行人，尤可積糞。其餘山箐嶺窪，村傍隙地，均可照此行之。至於馱載牛馬往來打野之處，旁挖小池，就近將牛宿糞草掃入，亦可積糞。兹據羅次縣知縣張應鈞詳稱，羅民從前亦知積糞種地，但民性疲懶，率多曠棄，嗣經前任導以置設欄圈，多畜豬牛，以便積糞之法，百姓習之已久。數年以來，所種雜糧，俱已勃然。卑職到任，仍復率由成規，不時勸諭，邇來羅邑旱地，漸無曠土，農人積糞，總無遺棄。瘦薄地土，種無不收，頗有成效，轉報查核等語。是前詳積糞之法，頗有成效，似應通行各屬，督率農民，各就土宜，廣行積糞，以裨種植者也。抑本司更有請者，滇南承平日久，生齒浩繁，加以在在廠井，一人之耕，不足以供數人之食，非盡地力之已竭，實由人力之未勤。有水之處，可以種稻穀，無水之處，可以種雜糧。雜糧之中，有春莜冬莜、燕麥小麥、蠶豆黄豆、鼠豆青稞等物，滇民終年所食，皆資此物。此外尚有菫荼野菜、蘿蔔蕷薯等物，隨處可以種植，荒月亦可療飢。再滇中本係山區，叢岡複箐，草木繁茂，柴薪自來充裕。乃因竈井需柴，廠局需炭，旦旦而伐，幾於舉目童山。薪炭漸已艱貴，即草根樹皮，幾爲民間難得之物矣。滇中四望山嶺，有不能種植糧食之地，斷無不能種植樹木之處。且原係崇林密箐，今始斬伐，殆盡正當復行栽種，總由性耽疲玩，僅計目前，不圖久遠，將來日復一日，柴薪艱貴，窮民之苦，又在於兹。凡此種植之法，均宜與積糞，並行不悖，近已節奉。

清　郝懿行《爾雅義疏》下之二《釋木》　樸枹者樸屬，叢生者爲枹。《詩》所謂「棫樸枹櫟」。樸，猶薄也。薄謂相迫近也。枹即苞也。苞，稹相叢緻也。《方言》云：樸，聚也。郭注：樸屬，藂相著貌。《考工記》注樸屬，附著堅固貌。《詩》：「棫樸，《傳》：樸，枹木也。《正義》引孫炎曰：樸屬叢生謂之枹，郭義亦同。又《詩》：山有苞櫟。郭引作枹櫟，苞與枹古字通。樸枹音相轉也。枹櫟，即柞櫟，方俗亦名爲槲，其小而叢生者爲枹也。今棲霞福山人呼柞櫟爲樸櫨，聲轉呼爲薄羅，沂州人名槲不落，以其葉冬不凋，然不落亦即薄羅語聲之轉也。又沂州日照棲霞俱饒薄羅，既收山繭之利，野人兼可樵採爲薪，然則《爾雅》此條與下相屬，蓋言樸枹及櫬梧皆堪採取爲薪，樸枹即薄羅矣。

又　栩杼柞樹《説文》：柔栩也。栩，柔也。其實皂，一曰樣。即橡字宋《嘉祐本草》引孫炎云：栩，一名杼。《詩》：集于苞栩。陸璣疏云：今柞櫟也。徐州人謂櫟爲杼，或謂之爲栩，其子爲皁，或言皁斗。其殼爲汁，可以染皂。今京洛及河内多言杼汁，謂櫟爲杼，五方通語也。杼或作芧，《莊子齊物論》云：「狙公賦芧。」司馬彪注：芧，橡子也。橡通作象，鄭注掌染草云「藍蒨象斗之屬。」又謂之皂物，鄭衆注大司徒云「皂物柞栗之屬」是也。今柞樹花葉俱似栗，四五月開花黄色，實圓鋭，磨粉及烝食可禦饑年，嫩葉可代茗飲。其木衰理，故匠石以爲不材之木，而作薪炭，則它木皆不及也。杼又名采，《史記·李斯傳》云：采椽不斲。徐廣注：采，一名櫟。《漢書司·馬相如傳》應劭注：櫟，采木也。高誘《淮南本經篇》注：杼，采實也。采杼雙聲，栩杼疊韵。

綜　述

《管子·立政》　修火憲，敬山澤林藪積草，夫財之所出，以時禁發焉，使民於宫室之用，薪蒸之所積，虞師之事也。

秦 呂不韋《吕氏春秋》卷九 ［季秋之月］（略）是月也，草木黄落，乃伐薪爲炭。草木節解，斧入山林，故伐林作炭。

又 卷一二 ［季冬之月］是月也，乃命四監收秩薪柴，以供寢廟及百祀之薪燎。四監者，周制天子畿方千里之内分爲百縣，縣有四郡，郡有一大夫監之。故命四監使收掌薪柴也。燎者，積聚柴薪置璧與牲於上而燎之，升其煙氣，故曰以供寢廟及百祀之薪燎也。

汉 劉安《淮南子》卷九《主術訓》 丘陵阪險不生五穀者，以樹竹木，春伐枯槁，夏取果蓏，秋畜疏食，冬伐薪蒸，以爲民資。

晋 葛洪《抱朴子内篇》卷五《至理》 泥壤易消者也，而陶之爲瓦，則與二儀齊其久焉。柞楢速朽者也，而燔之爲炭，則可億載而不敗焉。

北魏 賈思勰《齊民要術》卷五《種槐柳楸梓梧柞》 少枝長疾，三歲成椽。比於餘木，雖微脆，亦足堪事。一畝二千六百六十根，三十畝六萬四千八百根。根直八錢，合收錢五十一萬八千四百文。百樹得柴一載，合柴六百四十八載。載直錢一百文，柴合收錢六萬四千八百文。都合收錢五十八萬三仟二佰文。歲種三十畝，三年種九十畝；歲賣三十畝，終歲無窮。

又《種榆白楊》 其歲歲科簡剥治之功，指柴雇人，十束雇一人，無業之人，争來就作。賣柴之利，已自無貲；歲出萬束，一束三文，則三十貫；莢葉在外也。況諸器物，其利十倍。於柴十倍，歲收三十萬。砍後復生，不勞耕種，所謂一勞永逸。

北齊 颜之推《颜氏家訓》卷一《治家篇第五》 生民之本，要當稼穡而食，桑麻以衣。蔬果之蓄，園場之所産；鷄豚之善，塒圈之所生。爰及棟宇器械，樵蘇脂燭，莫非種殖之物也。至能守其業者，閉門而爲生之具以足，但家無鹽井耳。

唐 李林甫《唐六典》卷七 其柴炭、木橦進内及供百官、蕃客，並於農隙納之。

又 卷一九 司農寺：卿一人，從三品；《左傳》：「少昊氏九扈爲九農正。」《尚書》：「舜命棄爲后稷，播時百穀。」《周官》冢宰有太府下大夫，鄭氏注云：「若今司農。」《漢書·百官表》云：「治粟内史，秦官，掌穀貨，有兩丞。景帝更名大農令，武帝更名大司農，秩中二千石。屬官有太倉、均輸、平準、都内、籍田五令，丞，斡官、鐵市兩長，丞；又郡國諸倉、農監、都水六十五官長，丞皆屬焉。又有搜粟都尉，武帝軍官，不常置。王莽改大司農曰羲和，後更爲納言。」後漢改爲大司農，魏因之，品第三。晉置功曹、主簿、録事等員，哀帝省併都水，孝武帝復置。宋、齊因之，未有卿名。梁天監七年，象四時置十二卿，司農爲春卿，班第十一；又置勸農謁者，亦隸司農。陳因之。後魏大司農第二品上，太和二十二年改第三品，北齊因之。後周依《周官》，有司農上士一人，掌三農、九穀、稼穡之政令。隋司農卿一人，正三品；煬帝降爲從三品，司農但統上林、太倉、鉤盾、導官四署，罷典農、華林二署，以平準、京市隸太府寺，掌苑囿、薪芻、蕴炭、市易、度量。皇朝因之。龍朔二年改司稼寺正卿，咸亨中復舊。少卿二人，從四品上。後魏初置少卿，第三品；太和二十二年，爲正第四品上。北齊因之。後周司農有中士一人。隋品仝北齊，煬帝加置二人，降爲從四品。龍朔、咸亨隨寺改復。司農卿之職，掌邦國倉儲委積之政令，總上林、太倉、鉤盾、導官四署與諸監之官屬，事十人，從九品下。後漢鉤盾令從官四十人，晉鉤盾令置主簿、録事各一人。鉤盾署令掌供邦國薪芻之事；丞爲之貳。凡祭祀、朝會、賓客享宴，隨其差降而供給焉。凡京官應給炭，五品已上日二斤。蕃客在館，第一等人日三斤，已下各有差。其和市木橦一十六萬根，每歲納寺；如用不足，以苑内蒿根柴兼之。其京岐隴州募丁七千人，每年各輸作木橦八十根，春、秋二時送納。若駕在都，則於河南府諸縣市之，少尹一人與卿相凡孳生鵝、鴨、雞、彘之屬，皆令官奴婢爲課養之。

又 凡京官應給炭，五品已上日二斤。蕃客在館，第一等人日三斤，已下各有差。其和市木橦一十六萬根，每歲納寺；如用不足，以苑内蒿根柴兼之。

唐 段成式《酉陽雜俎》卷一八 赤白檉出涼州，大者爲炭，復一臼傷人一臼入以灰汁，可以煮銅爲銀。

宋 陶穀《清異録》卷下《金剛炭》 金剛炭，有司以進，御爐圍徑欲及盆口，自唐宋五代皆然。方燒造時，置式以受柴，稍劣者必退之，小熾一爐可以終日。

宋 温革《分門瑣碎録·木总説》 櫟樹多生岡阜之上，大則偃亞，小則聳岐，踈廣而性直。伐爲薪，煅爲炭，其力倍於常木。

宋 蘇軾《格物麤談》卷下 杉木烰炭末入門臼，開門則響。

宋 李孝美《墨譜法式》卷上 取煤：煤貴陳宿，隔旬日尤佳。又一種栢煤出終南，蒲大韶多用之，李欣父子用之尤妙，栢煤薄取最不易。右燒煤自發火止於十日，不候窑冷，令人開巷邊小門而入，以扇子取分。前後中爲三等，唯後者最優，《墨苑》云：突之末者爲上。中者次，前者又其次。故窑梢懸板者謂之「茸頭」，揉殺即名珠子，他無以加也。

宋 陸佃《埤雅》卷一四 《抱朴子》曰：「柳柞速朽，燎以爲炭，則億載不敗。」

宋 莊綽《雞肋編》卷下 二浙造酒，非用灰則不澂而易敗。故買灰官自破錢。如衢州歲用數千緡。凡僧寺竈灰，民皆斷撲。收買既久，以柴薪再燒，以驗美惡。以擲地散遠而浮颺者爲佳，以其輕滑煉之熟也。官得之尚再以柴煆，方可用。醫方用冬灰，亦以其日日加火，久乃堪耳。如平江又用樸木，以煆石灰而并用之，又差異於浙東也。

宋 李光《莊簡集》卷七《感松》 州縣無禁約，邦人折以爲薪，根節堅潤者以爲明。

宋 王象之《輿地紀勝》卷一五二引《皇朝郡縣志》 林巒叢菁謂之老木，樵蘇恣取無禁。

宋 陸游《老學庵筆記》卷一 北方多石炭，南方多木炭，而蜀又有竹炭，燒巨竹爲之，易然，無煙，耐久，亦奇物。邛州出鐵，烹鍊利於竹炭，皆用牛車載以入城，予親見之。

宋 戴侗《六書故》卷二一《植物一》 橡樣栩櫟，橡，徐雨切。樣，于亮切。孫氏曰：徐雨切。栩，况羽切。又作柔杼梠芧。櫟，郎擊切。橡櫟皆阜物也。橡實大於櫟，葉似栗，而冬雕。其實有斗，故又謂橡斗，橡樣一也。又謂之栩，栩、柔一也。莊周曰：狙公賦芧。櫟不冬雕，其實亦斗，木剛宜爲薪炭，而不堪器用。

宋 陳敬《陳氏香譜》卷三《香餅》 用櫟炭和柏葉、葵菜、橡實爲之，純用櫟炭則焦熟而易碎。石餅太酷，不用。

又 《香煤》枯茄樹燒成炭，於瓶内候冷爲末，每一兩入鉛粉二錢，黄丹二錢半，拌和裝灰中。

又 《香煤》焰硝、黄丹、杉木炭各等分爲末，糝爐中以紙撚點。

宋 陳直《壽親養老新書》卷三《香炭》 以精石炭屑之，生葵葉雜搗爲餅，錢大，暴乾焚香，雖致冷濕地火亦不滅。石炭，相郡煤子最佳，餘處者性急動之則火滅。不得已清泉者次之，長泉者又爲下。

一法：杉炭末五兩，胡粉、黄丹各一兩，合擣爲細末，著糯米膠和勻作餅子。候乾，火内燒通紅，以紙灰埋香爐中，焚香經夕不滅不消。

元 脱脱《宋史》卷一六五《職官志》 竹木務，掌修諸路水運材植及抽算諸河商販竹木，以給内外營造之用。事材場，掌計度材物，前期樸斲以給内外營造之用。麥䴸場，掌受京畿諸縣夏租䴸䴸，以給坏墁之用。窑務，掌陶爲塼瓦，以給繕營及缾缶之器。丹粉所，掌燒變丹粉，以供繪飾。作坊物料庫第三界，掌儲積材物，以備給用。退材場，掌受京城内外退棄材木，掄其長短有差，其曲直中度者以給營造，餘備薪爨。簾箔場，掌抽算竹木、蒲葦，以供簾箔内外之用。

又 卷一七三《食貨志》 民伐桑棗爲薪者罪之：剥桑三工以上，爲首者死，從者流三千里；不滿三工者減死配役，從者徒三年。

元 熊夢祥《析津志輯佚·河閘橋梁》 燒飯橋 南出樞密院橋、柴場橋。内府御厨運柴葦俱於此入。

明 劉基《多能鄙事》卷四《洗刀法》 鐵皮、杉木炭、鐵豔粉爲細末，以羊脂炒乾爲度用之擦刀，光如皎月。

又 卷五《宿火炭》 好胡桃一个燒半熟，熟灰擁三五日不絶。

又 《香餅炭》羊脛炭三斤擣細末，黄丹、定粉、針沙、牙硝各半兩爲末，以糯米爲糊和成，入鐵臼内搗細，以圈子脱、成候乾。每燒通紅入香爐，候有黄衣生，方徐徐以灰覆之，亦可終日。

明 陸容《菽園雜記》卷一四 採銅法，先用大片柴，不計段數，裝疊有礦之地，發火燒一夜，令礦脈柔脆。次日火氣稍歇，作匠方可入身，動鎚尖採打。凡一人一日之力，可得礦二十斤，或二十四五斤。每三十餘斤，爲一小籮。雖礦之出銅多少不等，大率一籮可得銅一斤。每烀銅一料，用礦二百五十籮，炭七百擔，柴一千七百段，雇工八百餘。用柴炭裝疊燒兩次，共六日六夜。烈火亘天夜，則山谷如晝，銅在礦中，既經烈火，皆成茱萸頭，出於礦面。火愈熾，則鎔液成駝。候冷，以鐵鎚擊碎，入大旋風爐，連烹三日三夜，方見成銅，名曰生烹。有生烹虧銅者，必碓磨爲末，淘去龍濁，留精英，團成大塊，再用前項烈火，名曰燒窖。次將碎連燒五火，計七日七夜，又依前動大旋風爐，連烹一晝夜，是謂成鈲。音嘲鈲者，麄濁既出，漸見銅體矣。次將鈲碎，用柴炭連燒八日八夜，依前再入大旋風爐，連烹兩日兩夜，方見生銅。次將生銅擊碎，依前入旋風爐烰煉，如烰銀之法。以鉛爲母，除滓浮於面外，净銅入爐底如水，即於爐前逼近爐口鋪細砂，以木印雕字，作處州某處銅，印於砂上。旋以砂壅印，刺銅汁入砂匣，即是銅塼，上各有印文。每歲解發赴梓亭寨前，再以銅入爐烰煉成水，不留纖毫深雜，以泥裹鐵杓，酌銅入銅鑄模匣中，每片各有鋒窠，如京銷面，是謂十分净銅。發納饒州、永平監應副鑄。大率烰銅所費不貲，坑户樂於採銀，而憚於採銅。銅礦色樣甚多，烰煉火次亦各有異。有以礦石徑燒成者，有以礦石碓磨爲末，如銀礦燒窖者。得銅之艱，視銀蓋數倍云。

明　李東陽《明会典》卷二〇五　惜薪司柴供應。木炭：六百八萬斤。以隆慶元年爲額，近年增添之數不在內。長裝炭五十五萬斤，即紅螺大炭。萬曆十三年，額外添十五萬斤。候足用停止。白炭五百四十三萬斤，即黑炭，工部原額五百四十二萬斤。光禄寺每年供應木柴一千二百八十五萬三千斤，嘉靖十三年加至一千三百九十萬八十二斤，二十一年又加六十七萬七千四百斤，二十四年又加三十萬斤，隆慶元年照舊。閏加一百七萬一千八百斤。木炭一百一十三萬九千斤。嘉靖二十一年加六十七萬七千四百六十一斤八兩，二十四年又加三十萬斤，隆慶元年照舊。閏加九萬四千九百一十六斤。禮儀房：木柴二百四十四萬七千七百六十斤。木炭一十七萬八千四百二十斤。銀作局：木炭三十萬斤。嘉靖二十四年加□十□萬斤。隆慶元年照舊。御用監：木柴二十萬斤。木炭二十萬斤。白炭一十萬斤。御馬監：木柴一百二十五萬斤。織染局：木柴七十萬斤。嘉靖二十一年加十萬斤，隆慶元年照舊。木炭三萬斤。翰林院：木炭一萬斤。惜薪司送本色，如遇教習庶吉士，工部加辦一萬斤。太常寺：乾順木柴一十五萬三千一百斤，嘉靖中加七千斤。木柴六萬五千九百斤。原額六萬七百斤，今加。燔柴二千五百斤。神樂觀：木柴五十四萬餘斤，嘉靖中加三十一萬斤。隆慶初照舊。中書舍人寫誥勑木炭：一千四百九十斤。兵部膳黄：木炭三千斤。太醫院：木柴二千四百斤。木炭六百斤。今柴炭俱停止。會同館：木炭四十萬斤。西捨飯店：木柴二十五萬九千二百斤。舊額四十五萬斤。嘉靖二十四年加三十萬斤，三十五年又加十五萬斤。四十二年議減，止給三十八萬八千八百斤。隆慶二年減定今數。壩上大馬房：木柴九萬一千一百零二斤。舊額四千三百九十四斤。後加至七十五萬斤，嘉靖間減至二十二萬斤。

又　惜薪司每年供應各宫及内官内使人員木柴：二千四百五十六萬二百九十四斤二兩。本色柴一千八百一十二萬斤，内楊木長柴五萬斤，順柴一千八百七萬斤，召商辦納。折色柴六百四十四萬二百九十四斤二兩。正德十二年，加該司柴九百五萬五千八百斤。十四年，又加二百一十萬二千四百斤。

明　徐炬《新鎸古今事物原始全書》器用卷一九《炭》　《禮記·月令》：季秋，乃命伐薪爲炭，自三代時始。《語林》云：晋羊琇以小炭摶作細屑，和作獸形，此「獸炭」之始。楊國忠以炭屑塑成双鳳，西涼國進炭百條，名曰「瑞炭」。燒之無燄有光，每條可燒十日已上，出《天寶遺事》。

明　朱昱《三原志》卷之一《市镇》　柴炭市一在城中，一在河北。

明　王士性《廣志繹》卷之四《江南諸省》　杭俗儇巧繁華，惡拘檢而樂游曠，大都漸染南渡盤游餘習，而山川又足以鼓舞之，然皆勤劬自食，出其餘以樂殘日。男女自五歲以上，無無活計者，即縉紳家亦然。城中米珠取於湖，薪桂取於嚴，本地止以商賈爲業，人無擔石之儲，然亦不以儲蓄爲意。即輿夫僕隸，奔勞終日，夜則歸市殽酒，夫婦團醉而後已，明則又別爲計。故一日不可有病，不可有飢，不可有兵，有則無自存之策。

明　鄧元錫《皇明書》卷二八　工於農隙爲之，民不知勞，冬寒河凍，驛舟不行，命舟人伐木作炭，穿土穴藏冰，因其餘力以成事功。

明　周嘉胄《香乘》卷二〇《香餅》　用櫟炭和柏葉、葵菜、橡實爲之。純用櫟炭，則難熟而易碎。石餅太酷，不用。

又　卷二三《香煤》　凡香灰，用上等風化石灰，不拘多少，羅過，用稠米飲和成劑，丸如毬子，如拳大，晒乾，用炭火煅通紅，候冷碾細羅過裝爐。次用好青棡炭灰亦可，切不可用竃灰及積下陳灰。恐猫鼠穢污，地氣蒸發，焚香穢氣相雜，大損香之真味。

明　宋應星《天工開物》卷中《磚》　凡燒磚有柴薪窯，有煤炭窯。用薪者出火成青黑色，用煤者出火成白色。凡柴薪窯巔上偏側鑿三孔以出烟火，足止薪之。候泥固，塞其孔，然後使水轉銹。凡火候少一兩，則銹色不光，少三兩則名嫩火磚，本色雜現，他日經霜冒雪則立成解散，仍還土質。火候多一兩則磚面有裂紋，多三兩則磚形縮小，拆裂屈曲不伸，擊之如碎鐵。然不適于用，巧用者以之埋藏土內爲墻脚，則亦有磚之用也。凡觀火候，從窰門透視內壁土受火精形神，摇蕩若金銀鎔化之極。然陶長辨之：凡轉銹之法，窰顛作一平田樣，四圍稍弦起，灌水其土磚瓦，百鈞用水四十石，水神透入土膜之下，與火意相感而成。水火既濟其質，千秋矣。若煤炭窯視柴窯深欲倍之，其上圓鞠漸小，併不封頂。其內以煤造成尺五徑潤餅，每煤一層，隔磚一層，葦薪墊地發火。

又《冶鐵》　凡爐中熾鐵用炭，煤炭居十七，木炭居十三。凡山林無煤之處，鍛工先擇堅硬條木，燒成火墨，（俗名「火矢揚」燒不閉穴火。）其炎更烈于煤。

又　卷下《五金》　或用硬木柴，或用煤炭，或用木炭，南北各從利。

明　方以智《物理小識》卷九《草木類》　榕。閩廣多榕，垂條及地則復成根，久則擁腫，因名不死木。桂林有榕樹門，長溪有榕樹菴，爲薪無焰但細枝爆乾可爲火繩。范正敏曰：衛西榕，榦大如屋，韓少卿爲郡樹。爲吐烟，蓋樹老生火耳，久亦結香。中通曰：蕭伯王年祖逄植春浮園，遇雪則槁。

明　〔萬曆〕《順天府志·物産志》　順义縣产木炭、蜂蜜。

清　顧炎武《天下郡國利病書》原編第一册《北直》上　《大學衍義補》：「今京師切近邊塞，所恃以爲險固者，內而太行西來一帶，重岡連阜，外而渾、蔚等州，高山峻嶺，蹊徑狹隘，林木茂密，以限虜騎馳突，不知何人始於何時，乃以薪炭之故，營繕之用，伐木取材，折枝爲薪，燒柴爲炭，致使木植日稀，蹊徑日通，險隘日夷。」

清　張履祥《補農書》卷下　吾里冬天用炭屑，實爲省便，竹節更省。炭屑杭州江干爲佳，價又賤；路遠不便，則鑪鎮冶坊可籴。其價十月擔可二錢五分；篣出粗塊約二斗，入炊爐可當炭二十斤。用其余八斗，每脚爐一事用炭屑一升，分晝夜翻入，可以無輟火矣。若置火缸一事，分晝夜翻入二升；晝燉滚湯，則一日可省燒茶錢次；夜燉清水，則早晏可得熱水濯手頮面，亦省柴十數斤也。其他烘燉諸物，無不便者。西鄉專來籴爲蠶簇之用，蓋取其不驟熱，不驟冷，復無屑火不虞之患。每至春半，則擔可四錢矣。里中趨利者，往往冬籴春粜。

又有窑灰者，湖州邢窑之灰。邢窑近山，燒山柴，其竹木之節，火力不盡者多存焉，種火最便。其力雖不及炭屑之長，然價亦止及其半；以當班糠則過之矣。

竹節陳莊買，其值視柴價爲升降，風爐火箱俱可用，費亦最省。

又　日用所急，薪、米二事爲重。米取給于田，計口而食，相去不遠。惟柴薪之費，相去甚遠；炭及山柴爲上費，樹柴次之，桑條、豆萁又次之，稻柴、麥柴又次之。然麦柴又不如稻柴，以其無灰也。田家之灰，是一項肥壅。商鞅刑及棄灰秦之農事，所以山東不敵。芊茇亦無灰，以其取給于地，不待價也。總之，必待買薪而舉火，難乎爲家矣！最儉者有燒礱糠之法，另作連灶。俗名螻蛄灶。用風箱以炊，則其費較稻柴倍省，而其灰復可以粜。冶坊用之。桑柴灰、豆萁灰俱可粜。白扁豆萁灰入粉則青。此難爲法。

清　康熙《肅寧縣志·物産志》貨屬　肃寧縣産油和木炭。

清　高士奇《金鰲退食筆記》卷下　惜薪司在西安門街南巷內，凡宮中所用紅籮炭，皆易州山中硬木燒成，運至紅籮廠，按尺寸鋸截，編小圓荆筐，用紅土刷筐而成，故曰紅籮炭。每根長尺許，圓徑二三寸不一。又用炭末，塑造將軍或仙童鍾馗各成對，高三尺，金裝綵畫如門神，黑面黑手，以存炭制，名曰綵粧。于十二月二十四日，安于宮殿各門兩旁，亦歲暮植將軍炭之遺意。次年二月初二日，仍歸本司，後漸作傀儡，以綢絹紵綾爲粧飾，作爲無益之費。我朝悉除之，惟內廷柴炭于此關支，荆筐亦不刷紅土。

清　康熙《埔陽志》卷二《政紀·平沙村煽爐議》　按：埔有平沙社，一帶地方，山崎地瘠，耕種之民多賴樵採爲半載生活計。先年，有鑽利小民，入山起窑，燒炭營生。鄉人見其厲己即謀，所以拒之。蓋山之所以利民，全賴乎木。

清　葉夢珠《閱世編》卷一《田產》　瀕海斥鹵之地，沮洳蘆葦之場，總名曰蕩，不在三壤之列。明興，並給灶户，不容買賣，俾刈薪挹海以煮鹽。商人運米易鹽，聊以代食而已。其後沙灘漸長，內地漸墾。于是同一蕩也，有西熟、有稍熟、有長蕩、有沙頭之異。西熟、稍熟，可植五穀，幾與下田等。既而長蕩亦半堪樹藝。惟沙頭爲蘆葦之所，長出海濱，殆不可計。萑葦之外可以漁，長蕩之間可以鹽，稅輕役簡，雖有該年總催之名，稅無賠累，役無長征，沮洳斥鹵，遂爲美業，富家大户，反起而佃之，名雖稱佃，實同口分，灶户轉爲佃户。利之所在，人共争之，勢使然也。本朝因之，長蕩以內稅隸鹺司，較之田賦，十不及一，業户以之成家，司役視爲奇貨，因于正供之外，倍加使費，然民猶未甚病也。自順治十六年己亥，江上海氛深入。次年，朝廷遣大臣蘇公訥海等相度沿海機宜，奏遷瀕海之民于內地，並棄長蕩，不容樵採耕駐。于是盡徙山東、閩、浙以及江北、江南濱海之地，嚴禁不許人跡至海澨，片板不容入海洋，鹽課、蘆税幾幾不可問矣。吾鄉獨從南匯所守備劉效忠議，以爲松屬沙灘，素號鐵板，船不得近，不在遷棄之列，惟以浙、閩、山東等處，因遷而缺之課額均攤于蘇、松不遷之地，曰攤派，而鹽課之額極重矣。自海甯將軍郎賽駐劄吴門，放馬數千于沿海，沙頭遂爲牧地，而蘆課之税賠矣。于是民視蕩業幾于康熙元、二、三、四年間之田，即徒手授人，莫肯顧而問者。年來，海禁已弛，攤派遞減，總催之累稍息。獨是沙頭自康熙元年蘆政達陽安躬臨丈量而後，上下其手者，因而獲利。

又 卷七《食貨六》 薪樵而爨，比户必需。吾鄉無山陵林麓，惟藉水濱萑葦與田中種植落實所取之材，而煑海爲鹽，亦全賴此。故吾郡之薪，較貴于隣郡，大約百觔之擔，值新米一斗，准銀六、七、八分或一錢内外不等。至順治三年丙戌，斗米作價一千，准銀五、六錢，而柴百觔之擔亦然。惟七年二月米價賤而柴價貴，數觔之柴一束值米五升，八九年亦然。是時，米價低昂不等，大概數觔一束之柴，准銀五分、六分。自康熙改元以來，仍以升米爲價，有數十觔一束者，視此遞增之。十九年庚申，米價長而柴如舊，則數觔之柴僅可准米半升耳。至二十二年癸亥，春積雨，三月米價賤而柴價長，十三四觔之柴則准米二升，又變局矣。康熙二十七年戊辰，柴價甚賤，十四五觔之柴值銀不過六七厘耳。

清 王士禛《小方壺齋輿地叢鈔》第七帙《蜀道驛程紀》 自雙流至新津夾道竹林聯緜數十里，居人斧斤狼籍，以供樵爨。

清 [康熙]《常州府志》卷一〇《物産》 又有灰户伐石而焚炭，户斲薪而火，一郡資之。

清 雍正《廣東通志》卷五二《物産志》 鐵力木理甚堅緻，質初黄，用之則黑，粤人以作諸器具，頗不貴，黎山中人以爲薪。至吴楚間則重價購之。

清 屈大均《廣東新語》卷二五《木語》 西寧在萬山中，樹木叢翳，數百里不見峯岫。廣人皆薪蒸其中，以小車輪載，自山巔盤廻而下，編簰乘漲，出於羅旁水口，是曰「羅旁柴」。其古木數百年不見斤斧，買田者必連柴山，山近水者價倍之。西寧稻田所以美，以其多水，多水繇於多林木也。凡水生於木，有木之所，其水爲木所引，則溪澗長流。故《易》曰：「木上有水，井。」

清 楊賓《柳邊紀略》 寧古塔薪不須買，然二十年前門外即是，今且在五十里外。必三四鼓蓐食往，健者日致兩車，弱者致一車。俗以伐木爲第一勞苦。每年冰雪中，運一年之薪，積於舍南，若出二三月，凍開不可運矣。蓋木至春則滋潤，非斧斤可伐，冬間合抱之木，一二斧即剖，十餘斧即斷，他時則否。一也。冰雪融，地皆翻漿，泥淖也陷車傷牛，二也。清明後十日，開犂布穀，不暇入山，三也。富者奴任之，貧者子若孫任之，或無子孫，則傭倩人，間有買者，大率二錢一車。冬春間所燒皆濕木，然入炕即爇，夏秋則不乾不爇矣。

清 汪灝《佩文齋廣群芳譜》卷七三《木譜·桐》 以巨斧擊桐薪，不待利日良時而後破之。加斧桐薪之上而無人力之奉，雖順招摇刑德而不能破，無其勢也。

又 卷八一《木譜·不灰木》 《齊地記》：盧水側有勝火木，方俗音曰「樫子」。其木經野火燒死不滅，故東方朔云不灰之木者也。

清 王鉞《星餘筆記》 寧邑山多而田少，其山土多而石少，最宜木，率十年成拱矣，則童而薪之。又十年復故，其薪爲排，隨流東下廣、肇一帶，取給焉。

清 李光地《月令輯要》卷一六《九月令·民用》 采荼薪樗。原詩：「采荼薪樗」《傳》：樗，惡木也。《疏》：樗，唯堪爲薪。故云：惡木荼以爲菜，樗以爲薪，各從所宜而立文耳。

又 卷一七《冬令·民用》 無烟柴。增《物類相感志》：伏中收松柴斫碎，以黄泥水浸，皮脱晒乾，冬月燒之無烟。

清 雍正《鳳山縣志》卷九 炭：雜木燒者甚多，以九荆木燒者爲上。

清 雍正《山西通志》卷二九 正德前樹木叢茂，民寡薪採。山之諸泉匯而爲盤陀水，流而爲昌源河，長波澎湃，緜六支、豐澤等村經上段都而入於汾。雖六七月大雨時行，爲木石所藴放，流故道終歲未見其徙且竭焉。以故緜來遠鎮迄縣北諸村咸濬支渠溉田數千頃，祁以此豐富。嘉靖初，元民競爲居室，南山之木採無虛歲。

清　雍正《浙江通志》卷一二　大官山、小官山《萬曆湖州府志》在縣西北四十五里顧渚之側，其左右諸山或專藝茶，或伐爲薪炭。此二山林木深茂，樵蘇不及。大官頂有虎頭巖，狀如呀嘯，下有石門，可往来有。張塢産茶，爲羅芥之次。

又　卷一〇四　炭。《越絶書》：練塘者，句踐時采錫山爲炭，稱炭聚載。從炭瀆至練塘，各因事名之。《紹興府志》：會稽山出。

又　卷一〇五　錦漆。《玉環志》：不凋多節。又一種多刺者，名棟漆，可燒作炭。

又　卷一〇六　薪。方回《建德府節要圖經序》：物産之宜，萬山叢蔽，山居八，田居二，往往樵薪爲生，萬曆《遂安縣志》五都民無重資，而負薪爲業。

炭。《桐廬縣志》白雲源林麓茂盛，鄉民採薪爲炭，數州烝爨之用，皆取給焉。

又　卷一〇七　薪。《栝蒼彙紀》：縉雲管溪官山，薪竹之饒，民利賴之。

清　倪蜕《滇小紀·木煤》出昆明山中，亦自本朝康熙年始盛，近曲靖亦間有之。土人掘地數丈而取，以絞車上起散賣供爨。其狀類梁柱、門扇、闌檻、枋檩等件，鐲手皆是；或如大樹根、柯枝幹，皆條理有文，燒之火焰，異于他煤。間有于煤中得銅鉄佛像及砧臼諸器者，悉柔腐易化。又曾親見菜刀了弔俱在煤塊之上，破之方出，然則爲舊時房屋淪陷入地無疑者矣。劫爐飛灰，從何究詰。

清　張廷玉《明史》卷八一《食貨·商税》税課司局，京城諸門及各府州縣市集多有之，凡四百餘所。春後以次裁併十之七。抽分在南京者，曰龍江、大勝港；在北京者，曰通州、白河、盧溝、通積、廣積；在外者，曰真定、杭州、荆州、太平、蘭州、廣寧。又令軍衛自設塲分，收貯柴薪。河泊所惟大河以南有之，河北止鹽山縣。

清　鄂爾泰《國朝宫史》卷二《訓諭二》明季宫中用馬口柴、紅爐炭以數千萬斤計，俱取諸昌平等州縣。上曰：「其柴約長三四尺，净白無黑點，兩端刻兩口，故謂之馬口柴。」

清　乾隆《直隸商州志》卷八《貨屬》炭，民以櫟作薪燒炭。《山陽志》

清　乾隆《閬乡縣志·物産志》貨属：貨類有木炭。

清［乾隆］《長洲縣志》卷之一《風俗》吴邑饒地産，山有松薪。

清［乾隆］《棲霞縣志》卷一《疆域志·物産》採樵。邑多山阜，秋雨足則草豊，苫屋、炊爨利益最多，冬春間農人鬻之爲生計。然各有主者，十月朔後乃任取無禁，昔多植松謂之松嵐，取材析薪較他邑頗賤，今則濯濯矣。

清［乾隆］《博羅縣志》卷九《物産》羅浮之種藍，象山之燒炭，焚刈不遺餘力，山幾禿矣。嗟乎！靈區異境，顧令若此，其濯濯也。

清［乾隆］《安邑縣志》卷二《物産》明初督民種棗，以三百二十三株上供，歲徵鈔六十四錠有奇，赴平陽交納。其不種者，戍之。令初下，民踴躍，棗林櫛比，獲利滋多，後民窮，胥伐爲薪。

清［乾隆］《同官縣志》卷四《風古》西北惟力田、採薪，東南多窰冶，以爲生謀。

清　乾隆《修武縣志·物産志》貨屬　山産貨物有木炭、石灰、席。

清　于敏中《日下舊聞考》卷六三《官署》補工部設五大廠：一曰神木廠，在崇文門外，額發軍千名辦工；一曰大木廠，在朝陽門外，即獐鹿房廠也，辦工軍數與神木同。凡各省采到木植，俱於二廠堆放，大木廠則兼收葦席。一曰黑窰廠，一曰琉璃廠，燒作甎瓦及内府器用。一曰臺基廠，堆放柴薪及蘆葦。

又　卷七一《官署》增營造司，署在西華門外北長街，西向。大堂五楹，二堂後有魯班殿，前後凡四重，廨舍共七十間，掌理工作，兼司薪炭。初名惜薪司，順治十八年，改爲内工部，康熙十六年，改今名。同上

又　卷一五〇《物産》增凡薪炭兩廠，各設監督，鑄給關防以董其事，歲周更代。大清一統志增朝廷内用炭俱圓木所燒，渾淪一樣，長尺許，兩頭磨光，外有麻路。恐爆，用礱糠火煨熟。一筐三四十斤。暖姝由筆

又　卷一五四　向以林密地險敵不得騁，近年樵采林木漸疎，往來無所阻矣。（東田集）

清　張泓《滇南新語》從前柴木甚近，邇來日伐日遠，柴價昂而鹽本因之亦貴。竈户煎辦拮据，難以養生。白井不患無鹵而柴難。

清［乾隆］《永清縣志》卷二　東鄉濱河，河東韓村、陳各莊一帶，地土磽瘠多沙城，不宜五穀。居民率種柳樹。柳之大者，伐薪爲炭；細者折其柔

枝，編緝柳器。無業貧民往往賴之。凡採柳，在夏秋之交，早則液潤而夭，遲則疎燥而强，皆不中于束縛。大者爲筐，可容石許；小者或類盤盂，方圓徑二三寸。量其工力繁約而計其直，徑圓五尺餘者，直錢二百有奇。柳枝本錢約須一百二十錢，盡日之長，約三日成二筐也。業編柳者，窨地爲室，篝火其中，不知時日早暮。蓋治柳枝必先柔之，以水剥其青膚，瑩白如荑，乃可屈曲，見風則脆而折，故就窨室成之。老幼男婦，窮日所爲，八口乃可給也。横上居民，專以織柳爲升斗量器，器良易售，云是有巧術。鄉黨相約不得授法于女子，恐女子嫁别村，轉授夫婿，争其業也。

清 乾隆《新泰縣志》卷七《物産》 物産五：曰蜜，曰蠟，曰石炭，曰靛，曰木炭。

清 乾隆《彰德府志·物産志》貨屬 林縣又産木炭，武安縣亦産炭。

清 徐松《宋會要輯稿》第一六五册《刑法二》之一八 上封者言，諸州知州總管鈐轄都監多遣軍卒入山伐薪燒炭，以故貧不勝役，亡命爲盗。

又《食貨》一之一六 建隆初，太祖即詔令：「桑棗之利，衣食所資，用濟公私，豈宜剪伐？如聞百姓斫伐桑棗爲樵薪者，其令州縣禁止之。」

清 趙學敏《本草綱目拾遺》卷六《木部·查克木》《宦遊筆記》：塞外有查克木，叢生，樹高五尺許，無皮，枝幹清翠可愛，葉似三春之柳，然質甚堅並無柔條垂絲，頗耐霜雪。若伐以爲薪，著火即燃，形似炭，有紅焰而無烟，置徑寸於爐中，歷一二日乃燼。惟生於瀚海沙磧之地，遇大風根株即拔，因入土未深，是以夭扎無經久者。《西北域記》：查克木産推河，似絲柳而不垂，無皮耐霜雪，色青時入爐即燃，數日乃燼。然大者，拱高者尋風斯拔之，何者？地沙且鹹，根難據而易朽也。

又《松毬》 此即山松所結卵毬，初青，久則裂作鱗甲形片，片四開而墜。兒童拾之盈筐，携入市貨與茶爐代炭，能益茶味。入藥取青嫩者，《綱目》松下列松實，云見果部，不知果部乃海松子，出關東，與山松異。山松毬内老亦有子，細如粟米，不中食品。

清 嘉慶《魯山縣志·物産志》貨屬 産木炭、竹器、木器。

清 嚴如熤《三省邊防備覽》卷九《山貨》 紙廠，定遠、西鄉巴山林甚多，廠擇有樹林、青石近木處，方可開設，有樹則有柴，有石方可燒灰，有水方能浸料，如樹少水遠，即难做紙廠。

又 炭廠有樹木之處皆有之。其木不必大，山民於砍伐老林後，蓄禁六七年，樹長至八九寸圍，即可作炭。有白炭、黑炭、栗炭，栗亦白炭，堅緻耐燒爲上。白炭須放煙封窑，黑炭不封窑，冬春之間，藉燒炭販炭營生者數千人。

清 嘉慶《漢南續修郡志·物産志》貨屬：木炭，山民以雜木作薪，燒炭以資衣食。

清 嘉慶《介休縣志》卷一四 《永辛雜識》：綿上火禁，升平時禁七日，喪亂以來猶三日。相傳火禁不嚴，則有風雹之變。社長輩至日就人家以雞翎掠竈灰，雞羽稍焦卷，則罰香紙錢。有病及老者不能冷食，就介公廟卜乞小火，吉則燃木炭取烟，不吉則死不敢用火。或以食暴日中，埋食器於羊馬糞窖，其嚴如此。戊戌歲，賈莊數少年以禁火日飲酒，社樹下用柳木取火温酒，至四月風雹大作，積數日乃消。又云火禁中，雖冷食無致病者。

清 李心衡《金川瑣記》 自開屯田招墾數年來，居民日盛，樵蘇所及近山童童。惟此木相傳有憑附，犯者輒死，是以巍然獨存。

清 嚴如熤《三省山内風土雜識》 鼓鑄之利，不惟不可禁止，尚有當講求者。山内古稱陸海，雖亦間有銅鉛各礦，非常産也，而産鐵礦之地則甚多。聽外間客民，就地爐冶，雇募工作，固足養活無業之人，而作爐必近老林，砍伐以供薪木之用，久之而老林漸開，肥以春燒，可種之土愈廣，棚民亦收耕作之利矣。

清 道光《鶴峯州志》卷之六《風俗志》 民間樵採最便，開墾既久，荆棘入市皆可易錢。

清 道光《薊州志》卷二《物産》 蠟黄白二種，麻，油各樣，木炭。

清 道光《鳳凰廳志》卷之一八《物産》 樅，松身柏葉，廳人多樹以供薪，大者亦爲梁棟之用。

清 道光《永州府志》卷五上《風俗志》 無雨看十三，十三無雨一冬乾。音干是月也，穜禾熟，茶子落，擇日燒灰。十月一日宜晴，諺云：十月初一晴，柴炭灰樣平。自朔至望皆霜，占次年大熟，否則歉。是月也，小陽春，高粱折梗，冬蕎漸收。

又 然後可以課種樹，土性所宜之處，更勸令栽杉種竹，數年之後，不可勝用矣。節縣志從生發故也，爲今之計，宜變通燒煤，産煤之山所在皆有。建議間採者輒多阻撓，謂掘傷地脈，有礙墳宅風水，何以鄰近衡、郴各郡邑多開煤礦，不聞掘傷耶。將來濟柴薪之窮者，舍此必無他策也。
參祁暢志

又 郡境從□柴薪最賤，近生齒日繁，供爨日多，柴日少而價日貴。因昔之採薪者不過伐其柯榦，邇來愚民多拔其根柢萌蘗。

清 道光《遵義府志》卷一七 榿木。《四川志》：古稱蜀木。《益部方物略記》：「榿，蜀所宜，民家蒔之。不三年，材可倍常薪之用。疾種亟取，里人以爲利。」杜子美有覓榿栽詩贊曰：「厥植易安，數歲輒林。民賴其用，實代其薪。不棟不梁，亦被斧斤。」按：郡人多呼爲「畫槁樹」。

清 道光《循化廳志》卷二《山川》 宗務山，在下龍布寨廳治西八十里，下臨黄河，所謂宗務峡也。山廣博，林木茂盛，自建循化城，凡有興作木植，皆咨於此。城内外人日用材薪亦取給焉。浮河作筏，順流而下，高一二丈，圍皆三四寸許，堅實不浮，斧以斯之，悉供爨火，移之内地，皆屋材也。

清 [咸豐]《閬中縣志》卷三《物産》 爨以柴，亦以炭，數口之家用柴，人多則用炭。炭非境内所産，柴則處處有之。然近日人烟益密，附近之山皆童，柴船之停泊江干者，亦大抵來自數百里外矣。

清 林溥《古州雜記》一卷 桂花大皆合抱，苗人往往析以爲薪，花時濃香馥郁，正當瘴起，謂之桂花瘴。

清 同治《巴東縣志》卷之一〇《風土·職業》 樵人執斧登山，採拾稱便。

清 同治《宜昌府志》卷一一《風俗》 樵薪同興山，其多煤亦同。

又 樵採之事，東邑至便。每秋冬草木黄落，取草者去城三四里，取柴者去城十餘里，凡流寓窮氓恒藉以資生。

又 漁樵之業，近江者半爲漁，山居者半爲樵。第江流太急，魚不常聚，故得魚不若東湖之易。至林木叢密，採薪之便無異東湖。

又 樵薪山中實便，而貧家婦女相率負籠執斧，登山採拾。

又 樵薪甚便，而煤山所在多有，窮民多挖煤以資生。

清 同治《城步縣志》卷九《張方佳禁革柴草》 署湖南寶慶府城步縣知縣事、長沙縣丞曾天用爲欣荷新恩，永禁陋弊，以甦民困事，據貢生向繼申、蔣上達、生員楊士偉、饒開上、張志重等呈稱，採買陋規久奉院禁，但城邑邊徼相沿陋例未盡湔雪，如縣需柴薪一項，舊例在市現買，自吴逆蹂躪，遂有採買之弊，差役坐落團保，團保分派各户，讀書無力之士、寡婦老羸之家，俱有肩運之苦。其遠隔四五十里者，一限柴薪荒誤農工百日，而差役下鄉不無酒食。脚發扣尅，有買之名，無買之寔。康熙五十七年，庠生彭士宏、楊又時匍陳院憲蒙批仰寶慶府，查明禁革後查轉詳蒙批據詳，該縣食米自行現買，至柴薪一項，勢不得不就近城各村平買，仰嚴飭照時給價，運送工資一併給發，毋得扣短擾累，致干察究。夫柴有柴值，夫有夫價，軫念民瘼至深且悉，但採買不除前弊終難盡革。幸逢父師福星鎮邑，宣德達情，興利滌弊，與民吏始，日用米炭菜蔬之需，俱發現價足色平買。隨查柴薪一項，洞徹民瘼，徧張鈞示，在城自行現買，不許於鄉落採買。數十年積弊一旦痛除，老幼士女戴德啣恩，歡欣震地矣。但不勒碑永禁，恐難經久，伏懇據情通詳，頒批勒石，城民子子孫孫永遠頂戴。據此該卑職看得城步僻處萬山，苗猺環繞，凋疲之狀，委寔難堪。卑職接署之日，凡關民生休戚，無不留心體訪。亟爲興革損益。隨查本縣衙署薪米，除食米照時發價現錢不議外，其柴薪一項，前經生員楊又時等赴轅呼籲，蒙批在案，然採買不除，弊終難湔。卑職察知情弊，到邑即大書告示，徧貼城市鄉村以及苗猺峝寨，縣署所需柴薪，先發足色時價，令樸誠殷實承充買辦，務於縣前陸續現買應用。如有不照時價及扣落入己、更換銀色者，許即認識扭稟，以憑大法懲處，禁止催差下鄉採買，魚肉窮黎。行未一月，民苗稱便。又恐後來更張，因連名呈請，詳伏懇憲臺賞電輿情，嚴批下縣永勒諸石，以除錮弊，憲臺功德永垂不朽，蒙撫憲王批，仰寶慶府查明，即飭勒石永禁，康熙五十九年五月閤邑士庶公立。

清 同治《石門縣志》卷四《食貨志·物産》 白炭。《月令》：伐薪爲炭，宜櫟木。煤炭。炊爨所需。一種楊葉炭，只可燒灰。

清 同治《桑植縣志》卷二《風土志·土産》 有黑白二種：黑者質鬆易燃，白者質堅少而貴。畬刀溝、高埠溪、唐家灣、四方山、牛咸泥、鴉果山、熊家坪、鍾家灘等處，向有廠皆燒黑炭。

清 同治《都昌縣志·物産志》 十八都出松柴，乡民劈木为柴，扎把往省城等处售卖。

清 同治《安吉縣志》卷八《物産》 乘水發，放之梅溪柴行售之，肩賣者絡繹不絶。

清 同治《上元江宁兩縣志》卷七《食貨》 稻飯口時亦然，則貧富豐儉不齊矣。爨用蘆葦茅與不材之木，不用煤。

清 同治《九江府志》《彭澤縣志·物産志》 湖州居民取芦薪以資糊口。

清 同治《廣信府志》卷一之二《地理》 貨之屬：郡中多童山，樵採甚難，炊爨盡資石炭。惟上饒應家口鉛山湖坊出産頗盛，然用之者多，久亦漸耗。木炭，貴溪稍多。率聚河口販賣石炭，鉛山、興安爲良。然石山關地脈者，如府城北之麥地，毛家源二村居民偷鑿山石，永宜禁止。

清 光緒《邵陽縣志·物産志》 木炭，邵地山深木茂，其出甚多。

清 光緒《蔚州志》卷五《地理志》下 《祖御製文集》：明時，宫中用「馬口柴」，取給於蔚州、昌平諸州縣。其柴長四尺許，整齊白净，兩端刻兩口，以繩縛之，故謂之「馬口柴」。康熙初年炊爨還用此，今惟天壇焚燎用之。

清 光緒《龍泉縣志》卷一《風俗·習尚·畲民》 溪嶺深邃，棚民聚處種麻、植靛、燒炭、採菰，所在多有。惟木廠實繁有，徒易藏奸匪。唯奉行保甲法，給門牌以稽之，近喜無虞。君子尚禮，小人勤稼，躬儉畲，尚樸素。《黄續志》、《木輿圖攻》

又 龍泉治内山多田少，昔民力耕種尚儉嗇，商旅憚於遠出貿易。不越鄰封，積善教子，宦業相望。惜今不古，若豈風化之未涫，抑山川氣運之否塞。《黄續志》《録舊志》

清 光緒《永平府志·物産志》 産木炭、石灰，各種油。

清 路德《檉華館文集》卷三《送徐邑侯入都序》 糶粟者，鬻薪者，輓鹽者，販木者，雲集於咸。

清 光緒《延慶州志·物産志》 木炭、洗綠、刺皮、山貨皆适於用也。

清 光緒《江西通志》卷四九 木炭。宋朱子《論木炭錢利害劄子》：熹昨日伏案而論，究實都昌木炭價錢利害，特與蠲減。仰見仁人君子所以愛民之實，適凖使帖謹已遵禀施行，續當條上。然熹竊伏思之，復有一説。上可以推廣台慈矜恤之惠，而下不至於多失有司經常之入，敢預言之，以俟採擇。謹案木炭本以税絹紐計納，本色比之納絹所費已增一倍之數，折納價錢比之納絹所費又增三倍之數，反覆紐折至於數倍。上違法意，下損民力，本軍三縣皆受其弊。然二縣距使臺爲遠，津般本色共費不貲，故雖價錢稍重而不敢深以爲苦，都昌則距使臺甚近，而津般不難，故獨願納本色而深以價錢之重爲病要之。以錢比絹而論之，則三縣之事體初不異也，熹前者妄論未能及此，今乃幸蒙矜念，更令究實，卻與蠲減，是以熹得復有所言，欲望更賜詳酌。三縣第三等户，一概重行蠲減，其上兩等人户，卻令且依舊送納。庶幾一郡細民均被大賜，而上兩等户事力稍重，猶可不至大段狼狽，兼亦不至多失使司財計。免致别有經畫，實爲利便，須至申禀者。

清 光緒《懷來縣志》卷四《土貢》 楊木長柴，産寶鳳山即縣之南山，爲京師壇廟祭祀之用。柴烟直上，産他處者，皆不堪用。四月初入山斫伐，九月中編筏由攉河起解，十月中投部，必冬至前交納，方無遺誤。按舊志明萬曆間歲貢八百觔。本朝康熙初年，懷保二衛額貢三千二百觔，自三十八年奉部文額外增三千八百觔，二衛請動支錢糧採辦。上司批令自三十一年爲始，除懷保二衛原額三千二百觔，外量各衛錢糧之多寡，各捐俸帮辦合成七千觔之數。宣化一千二百零六斤，懷安七百五十六斤，蔚州八百八十五斤，赤城六十四斤，龍門二百八十四斤，萬全五百零九斤，延慶一百斤，保安州四百斤。今自道光十二年前歲額九千五百觔，以後又加一千五百觔，共一萬一千觔，俱由本縣於各村堡購辦，其各處帮辦裁免年月無稽。

清 光緒《孝感縣志》卷五《上物》 炭以栗樹燒成者，曰「白炭」，蓋其皮如霜。然亦有以雜材燒者，曰「滑光」亦曰「沙火」。沙呼去聲

清 [光緒]《臨朐縣志》卷八《風土·物産·貨之屬》 西南諸山足木炭。

清 光緒《豐潤縣志》卷九《雜記》 木炭，邑北山村多有之。煤，俗曰水火炭，唐山及陡河等處産之。

清 陳明申《夔行紀程》卷三 柴塊層積如山，用以熬鹽。

清 光緒《續纂江甯府志》卷六《實政》 [製造火藥局]采松柴木於青陽，竹潭鎮者良。嫩柳炭於鎮潭，剔皮去節。杉炭於西溪丁坑。皆皖南地。

清 光緒《五臺新志》卷二《生計》 閈民腰斧入山斫柴，捫蘿攀葛，履巇䟴之徑，蹈虺蜴之窟，負歸賣於街市，易一升粟。匠藝則多木匠，多在忻州西山及太原、汾州各縣；泥瓦匠多在直隸、正定一帶；石匠舊趨京師，近年官工少，皆在本地謀生。以三晉通省論之，生計之艱苦，至五臺極矣。

清 光緒《武昌縣志》卷三《物産·貨屬》 木之屬有松，山中多種之，伐爲薪。

清 光緒《光州志》卷四《物産》 木炭，山中土人伐薪爲炭。

清 光緒《承德府志》卷二九《物産》 炭。深谷中多以燒炭爲業，宋王曾

上契丹事。大寧路和衆縣土産木炭。元一統志塞外多樹，故爲炭較易，今所産視内地特佳。定熱河《欽志》

清 光緒《鳳縣志·物産志》貨屬 硝、杂皮、毡、木炭、竹爲常産。

清 光緒《利川縣志》卷七《户役志·物産》石灰、炭。《説文》：炭，燒木餘也。《禮·月令》：草木黄落，乃伐薪爲炭。縣山多木，伐薪爲炭，謂之「白炭」。

清 光緒《顺天府志》卷五〇《食貨志二·物産》 薪炭之屬：炭。《大清一統志》：凡薪炭兩廠各設監督，□□防，以董其事。歲周更代。昌平宋志：炭出北山，有烏白二種，惟白者堅而耐然。按：有山炭用林木、棗木燒之。又有土炭，土人呼爲「抛炭」，言其輕不擔觔兩也。又：「疙瘩炭」，爲炭之最次者。

清 薩英額《吉林外記》卷八《採煤》 吉林爲産木之區，家家柴薪堆積成栥，不但蓋房所用梁柱、杦檁、杭沿、窗櫺一切大小木植，即街道圍墻無不悉資板片。近來生齒日繁，庶民雲集，産木山場愈伐愈遠。將軍富俊念及旗民日用柴價昂貴，生計拮据，前後奏請於營盤溝、荒三子道溝、二台及西南山坡等處開採煤窑，以濟旗民炊爨，價廉於柴。

清 王慶云《石渠餘紀》卷一《紀節儉》 因自來未嘗有餘，故不能再減，飭羣臣將故明宫中用度察閲。尋廷臣奏：查故明宫内，每年用金花銀九十六萬餘兩，今悉充餉；光禄寺送内用二十四萬餘兩，今止三萬兩；每年木柴二千六百餘萬斤，今止七八百萬斤；紅螺炭一千二百餘萬斤，今百餘萬斤；各宫牀帳、輿轎、花毯之屬二萬餘兩，俱不用。

清 徐宗亮《龍江述略》卷六《業録》 江省薪炭極賤，炭以車計，京錢十千，約在十三四石。薪則所值更賤，皆松柞也。入春輒昂，以冰泮，運路多繞之故。

清 西清《黑龍江外記》卷八 大抵燒炭多用襍木，已成炭，中尚有脂。人家每日爐底必剔去黑塊，炭薰如血，餘者始無恙。薰音訓，見《韻補》。若觸其氣，輒頭涔涔致暈眩、嘔逆，疾如中煤毒。然初入境者不可不知。

清 王元綎《野蠶録·種樹·燒炭》 秋後伐木就山坡下挖土爲窑，積木其中，以乾柴引火燒之，三日而炭熟，取出以土壅之，其炭一名「白炭」，以上有白霜故也。許渾詩「櫟塢炭煙晴過嶺」，又蘇軾詩「櫟林斬冬炭」，知櫟炭之由來尚矣。

清 光緒《分水縣志》卷三《食貨志·物产》 柴。曰松柴，曰莊柴，曰塘柴，轉輪他郡資其利。

清 光緒《五河縣志》卷三《疆域風俗》 元日夙興，燔松柴，設香案，陳酒果，焚楮幣。拜神祀畢，長幼以次稱壽，然後親族里鄰更相拜賀，至初三日乃止。

清 光緒《晉縣鄉土志》卷四《商務》第七課 入境煤炭等貨煤多來自山西省，炭多來自丹陘縣，多由陸運至縣境。每村銷四千觔，每歲統計閲境足銷八十餘萬觔。又有一炭一物，來自元氏縣。昔日所銷頗多，今日所銷遞少，蓋由縣境有雜木炭足以抵禦之也。

清 光緒《上虞縣志校續》卷三一《物産》 柴。出魁山，采製爲香。薪。斫松樹爲段，曰大柴；襍枝帶葉曰箬柴。炭。有白炭、條炭、桴炭、窑炭諸名。

清 光緒《杭州府志》卷八一《物産》 柴炭。多出山縣，《康熙志》臨安府土人諺云：南門柴，北門米，蓋富陽及嚴州之柴聚於江干，由南門入，《一老堂雜志》臨安地出薪炭結筏轉輸。《臨安縣志》

清 光緒《永定縣鄉土志》卷四《物産志》 柴灰。本境以木柴燒成之石灰，用以圬屋固隄。西北鄉空洞山、麻空山所産爲良，每歲約燒數十窑，多少不等。

木炭。本境山産，以白炭爲上品。銷行本境，歲數萬斤；□運行□州、津市一帶銷售。

清 周詢《芙蓉話舊録》卷二《薪炭》 省城外附近百餘里皆無柴炭可采。柴悉來自彭山、眉州一帶，皆樗、櫟之材，不能作房屋器具者。最粗不過如臂，鋸作尺許長，束作圓捆，每捆重百斤有奇。以舟運至省後，又由轉售之鋪，劈開束作小捆，僅重二十斤内外。重斤者，捆值錢百餘文，小捆則三、四十文。炭有兩種：一曰「煤炭」；一曰「嵐炭」。煤炭即廠内挖出之生煤，嵐炭則以煤渣煅作巨塊，皆來自彭縣等處。煤炭有煙，嵐炭無煙，暗竈則燒煤炭，明竈則燒嵐炭。售者皆以巨筐盛之，煤炭每筐重二百斤有奇，值銀八、九錢，嵐炭重百數十斤，值銀一兩有奇。大抵貧家人少者皆燒柴，人多而稍有力者則燒炭。又有棡炭，則以青棡樹煅成，專以禦寒。稍有力者，冬來以銅、鐵爲盆，支以木架，爇之於室。貧苦者則皆用烘籠，編篾作小籃形，中置瓦缶，專爇桴炭。桴炭爲雜木細枝所煅成，俗呼「桴糟」。棡炭、桴炭，每斤皆值錢十文上下，桴炭質輕，所得者多，故較賤也。棡炭亦來自外縣，桴炭則附城各地，多有設窰以煅者。

清 光緒《**輝南縣志**》**卷三**《**人事**》 近年以來，草萊漸闢，猶爲愈也。燃料多用木柴，東南山中多設木廠，伐木製材之餘，截爲劈柴。暑雨方盛，由大肚川及蝦蟆河散浮蔽流而下，下流撈取之，堆積如山，城中賴以用之。鄉間木柴盈谷溢隘，不可勝用。間有燒爲木炭者。焦煤則輸售異地，燃燈俱用石油。山中有用豆油引火，用火柴及析多脂之老松爲片而助燃之。地不愛寶，美利所生，生事之資，夐乎未艾也。

紀事

漢 司馬遷《**史記**》**卷四九**《**外戚世家**》 竇皇后兄竇長君，弟曰竇廣國，字少君。少君年四五歲時，家貧，爲人所略賣，其家不知其處。傳十餘家，至宜陽，爲其主入山作炭，(寒)[暮]臥岸下百餘人，岸崩，盡壓殺臥者，少君獨得脱，不死。自卜數日當爲侯，從其家之長安。聞竇皇后新立，家在觀津，姓竇氏。廣國去時雖小，識其縣名及姓，又常與其姊採桑墮，用爲符信，上書自陳。竇皇后言之於文帝，召見，問之，具言其故，果是。又復問他何以爲驗？對曰：「姊去我西時，與我決於傳舍中，丐沐沐我，請食飯我，乃去。」於是竇后持之而泣，泣涕交横下。侍御左右皆伏地泣，助皇后悲哀。乃厚賜田宅金錢，封公昆弟，家於長安。

晉 葛洪《**抱朴子**》**卷四**《**自叙第五十二**》 洪者，君之第三子也。生晚爲二親所嬌饒，不早見督以書史。年十有三，而慈父見背，夙失庭訓。饑寒困瘁，躬執耕穡。承星履草，密勿疇襲。又累遭兵火，先人典籍蕩盡，農隙之暇無所讀，乃負笈徒步行借。又卒於一家少得全部之書，益破功日伐薪賣之，以給紙筆，就營田園處，以柴火寫書。坐此之故，不得早涉藝文，常乏紙，每所寫反覆有字，人尠能讀書也。

北魏 酈道元《**水經注**》**卷一**《**河水**》 去王宫可三里許，在宫北以旃檀木爲薪，天人各以火燒薪，薪了不燃大。迦葉從流沙還，不勝悲號，感動天地，從是之後，他薪不燒而自燃也。

五代 王仁裕《**開元天寶遺事**》**卷三**《**鳳炭**》 楊國忠家以炭屑，用蜜捏塑成雙鳳。至冬月則燃於爐中，及先以白檀木鋪於爐底，餘灰不可參雜也。

五代 劉昫《**舊唐書**》**卷一八**《**武宗紀**》 「勸課種桑，比有敕命，如能增數，每歲申聞。比知並無遵行，恣加翦伐，列於鄽市，賣作薪蒸。自今州縣所由，切宜禁斷。」

宋 歐陽修《**新五代史**》**卷四〇**《**李茂貞傳**》 及梁太祖即位，諸侯之彊者皆相次稱帝，獨茂貞不能，但稱岐王，開府置官屬，以妻爲皇后，鳴梢羽扇視朝，出入擬天子而已。茂貞居岐，以寬仁愛物，民頗安之，嘗以地狹賦薄，下令搉油，因禁城門無内松薪，以其可爲炬也，有優者誚之曰：「臣請并禁月明。」茂貞笑而不怒。

宋 歐陽修《**新唐書**》**卷五三**《**食貨三**》 廣德二年，廢句當度支使，以劉晏顓領東都、河南、淮西、江南東西轉運、租庸、鑄錢、鹽鐵，轉輸至上都，度支所領諸道租庸觀察使，凡漕事亦皆決於晏。晏即鹽利顧傭分吏督之，隨江、汴、河、渭所宜。故時轉運船繇潤州陸運至揚子，斗米費錢十九，晏命囊米而載以舟，減錢十五；繇揚州距河陰，斗米費錢百二十，晏爲歇艎支江船二千艘，每船受千斛，十船爲綱，每綱三百人，篙工五十，自揚州遣將部送至河陰，上三門，號「上門填闕船」，米斗減錢九十。調巴、蜀、襄、漢麻枲竹篠爲綯挽舟，以朽索腐材代薪，物無棄者。未十年，人人習河險。江船不入汴，汴船不入河，河船不入渭；江南之運積揚州，汴河之運積河陰，河船之運積渭口，渭船之運入太倉。歲轉粟百一十萬石，無升斗溺者。

宋 王溥《**唐會要**》**卷六六**《**木炭使**》 天寶五年九月，侍御史楊釗充木炭使。永泰元年閏十月，京兆尹黎幹充木炭使。自後京兆尹常帶使，至大曆五年停。貞元十一年八月，户部侍郎裴延齡充京西木炭使、採造使，十二年九月停。

又 **卷八六** 會昌二年四月勅，舊課種桑，比有勅命，如能增數，每歲申聞。近知並不遵行恣加翦伐，列于廛市，賣作薪蒸，自今委所由嚴切禁斷。

宋 李心傳《**建炎以來繫年要録**》**卷一六三** [紹興二十二年九月]癸卯，右諫議大夫林大鼐言，兵弛久佚，主將輒移其力而他役之。今有伐山爲薪炭，聚木爲簰筏，行商坐賈，開酒坊、解質庫，名爲贍軍回易，而實役人以自利。甚者至有差借白直，爲厮隷之賤，供土木之工，不知其數。望詔中外將帥，遵守祖宗條法，仍取約束未盡者，增廣而竣行之。詔刑部檢校見行條法，行下諸軍。

宋 李燾《續資治通鑑長編》卷三 ［太祖 建隆三年］禁民伐桑、棗爲薪。

又 卷五八 ［真宗 景德元年］王超等言率大軍赴天雄，虎翼卒三人，輒入村落，伐桑棗爲薪，已按軍法。

又 卷七二 ［神宗熙寧十年］聞昭陵木已翦伐無遺。熙寧令前代帝王陵寢並禁樵采。

又 卷一四三 ［仁宗 慶曆三年］歲伐桑、棗，鬻而爲薪。

又 卷三七一 ［元祐元年三月戊辰］火山、寧化之間，山林饒富，財用之藪也。自荷葉平、蘆牙山、雪山一帶，直走瓦窑塢，南北百餘里，東西五十里，材木薪炭，足以供一路。

宋 洪邁《夷堅志》戊卷一《石溪李仙》 南劍州順昌縣石溪村民李甲，年四十不娶，但食宿於弟婦家，常伐木燒炭，鬻於市得錢。

元 脱脱《宋史》卷一七六《食貨志》 帝以久旱爲憂，翰林學士承旨韓維言：「畿縣近督青苗甚急，往往鞭撻取足，民至伐桑爲薪以易錢。旱災之際，重罹此苦。」帝頗感悟。

又 卷一七八《食貨志》 宫觀寺院養爲童行，宣和二年詔，居養安濟漏澤可參考元豐舊法，裁立中制應居養之，日給税米或粟米一升，錢十文，省十一月至正月加柴炭五文，省小兒減半。

元 熊夢祥《析津志輯佚·工局倉廪》 柴炭局。元貞二年，欽奉聖旨設立詹事院。本院呈准省部文字，依本位下柴炭局例，鑄到本局從七品銅印一顆。設局官達魯花赤、大使、副使各一員，俱受勑牒。至治二年例革，天曆二年復立。徽政院除受院劄提領大使、副使各一員。本局設官俱受院劄提大付攢管，領廣平、彰德路等處課麥提領所。至大三年，敬奉皇太后懿旨，廣平磁州田土，元與可伏兒來那田地，如今失列監姑根底與者磨道，敬此劄付内宰司，行下彰德等處課麥提舉所，敬依施行。至元二年拘收還官。本所行從七品銅印一顆。設本所官，提領二員，俱受院劄。地五百十一頃三十一畝五分六釐，歲辦錢中統鈔二十四錠二十九兩五錢；粮粟麥一千九百五十八石二斗三升。

明 陶宗儀《輟耕録》卷一八《續演雅發揮》 白湛淵先生《續演雅十詩發揮》云：「海青羽中虎燕，燕能制之。小隙沉大舟，關尹不吾欺」者，海青，俊禽也，而羣燕緣撲之即墜，物受於所制者，無小大也。右一「草食押不蘆，雖死元不死。未見滌腸人，先聞棄簣子」者，漠北有名押不蘆，食其汁立死，然以他藥解之即蘇。華佗洗腸胃，攻疾疑，先服此也。右二「誰令珠玉唾，出彼藜藿腸。仁人不爲寶，良賈宜深藏」者，和林有尼，能吐珠玉雜寶也。右三「嬰啼聞木枝，羝乳見茅茹。何如百年身，反爾無根據」者，漠北種羊角能産羊，其大如兔，食之肥美。嬰啼木枝見《山海經》所載。右四「西狩獲白麟，至死意不吐。代北有角端，能通諸國語」者，角端，北地異獸也。能人言，其高如浮圖。右五「纔脱海鶴啄，已登方物輿。仰面勿啾啾，我長非僑如」者，小人長僅七寸，夫婦二枚，形體畢具也。右六「羯尾大如斛，堅車載不起。此以不掉滅，彼以不掉死」者，西漢有羯尾，大於身之半，非車載尾不可行也。右七「八珍殺龍鳳，此出龍鳳外。荔枝配江珧，徒誇有風味」者，謂迤北八珍也。所謂八珍，則醍醐、麆沆、野駝蹄、鹿唇、駝乳糜、天鵝炙、紫玉漿、玄玉漿也。玄玉漿即馬妳子。右八「灤人薪巨松，童山八百里。世無奚超勇，惆悵度易水」者，取松煤於灤陽，即今上都，去上都二百里，即古松林千里，其大十圍，居人薪之，將八百里也。右九「兩駝侍雪立，終日饑不起。一覺沙日黄，肉屏那足擬」者，沙漠雪盛，命兩駝趺其旁，終夜不動，用斷梗架片氊其上，而寢處於下，煖勝肉屏，且不起心兵也。

《明英宗實録》卷六 ［宣德十年六月庚申］禮部辦事官吕中言：「應天、鳳陽、廬州、太平、池州、揚州、淮安等府俱蝗旱災傷，人民艱食，無以賑濟。臣見龍江抽分場所積柴薪如山，乞量將貨易米麥等物賑濟饑民，俟豐年還官。」上令襄城伯李隆、少保兼户部尚書黄福議行。

又 卷四五 正統三年八月辛酉，減應天、太平、池州、安慶等府縣折蘆柴鈔。初，沿江府縣及巡檢司弓兵歲輸蘆柴至京。洪熙元年，以十分爲率，止輸二分本色，三分減免，五分准鈔。宣德十年，又減一分本色。至是，御史李匡言：「各處折鈔累萬，而徵收在官者曾不一二，是徒有剥下之名而無實利也。請更減折鈔之半。」上從之。其後巡撫侍郎周忱又言民間歲輸蘆柴之艱，請以江淮、濟川二衛馬船給載，庶省其雇債之費。上亦從之。

又　卷一九五　［景泰元年八月丙子］直隸安慶、廬州二府各奏：所屬六百人及土橋巡檢司洪武、永樂間設弓兵百人，歲辦蘆柴并折色鈔不下千百人。今弓兵已減其半，蘆柴折鈔宜量減，以便民。從之。

《明憲宗實録》卷二三　［成化元年十一月乙丑］免南直隸池州等府縣採辦蘆柴夫一年，以蘇其困。從巡撫都御史劉孜言也。

《明孝宗實録》卷一〇一　［弘治八年六月庚午］南京工部尚書馮貫奏：「自鎮江至九江二千餘里，江中洲渚蘆葦甚多。洪武中，命所司採取供本部燒造之費。洪熙中，免十之三。正統、景泰、成化間折徵銀課。近多爲豪右侵占，柴課之輸十無一二，乞遣官閲勘。」從之。

又　卷一二〇　弘治九年十二月，乙未，工部會官議覆管理山廠本部右侍郎彭禮所奏，謂山廠之設，專爲供應光禄寺、惜薪司等衙門支用。宣德、正統初年以前，凡别有造作，俱未嘗坐派。是後雖有坐派，数亦不多，民亦可以支持。近年工科浩繁，如蓋造萬安、萬春兩宫庫房及太倉廠座、皇親第宅之類，併于一時。（略）又瑠璃、黑窑磚瓦俱用木柴，以是額外添派共四千二百七十七萬餘斤。將朱所派復無紀極，若不量爲處置，非惟人力不堪，亦且山木有限。臣等竊思若再添人夫，則各處地方艱難，民不聊生。若欲召商工納，則工部銀兩有限，日用造作無窮。今後凡有造作，乞敕該監量爲減省，中間有不可已者，必一處工完，然後再興一處。其派辦柴炭，宜依原議從實估計，不許多派。凡燒造甎瓦若瑠璃，則純用木柴；若黑窑，則雜柴七分，木柴三分，亦可以稍省柴薪之費。又原派各處修造柴炭，若工程已完者，依先年題准事例，俱各停免，不必再行追擾。凡遇派去本廠柴炭一年之内但有過一千五百萬之外，工部另行斟酌，奏請定奪。倒馬、紫荆、居庸、密雲、山海等關，并順天、永平、貞定、保定等府，可栽種樹木之處，宜行巡撫、巡按、巡關等官嚴督所屬，于次年三月以裏栽植雜樹。每年春于空閑處所逐一補栽，不得虚應故事。二三年後，就令閲實邊關官點視，亦可以備緩急之用。議工從之。

《明武宗實録》卷六〇　［正德五年二月］總理山廠侍郎胡諒奏：「内官監等衙門，自正德二年至四年以來，每歲增柴炭一千四百六萬餘斤，計增銀三萬五千六百餘兩。欲將五年以後年例柴炭，仍依弘治十八年以前數照舊，本廠辦納。其添派者，亦令本部區處，下工部覆議。」從之。

明　徐溥《明會典》卷之二〇五　天順元年，令易州一帶山場，係關隘人馬經行去處，不許採取柴炭。

又　正德十年奏准：山廠採運柴炭官夫商人，經過柴荆關口、蔚州、靈丘、廣昌等處，守備等官即便放行，不許阻滯。

嘉靖三十一年題准：行該撫按、巡關等官，會同易州廠郎中，親詣山前山後場，逐一踏勘，将應禁應採地方，議處明白。遵照採燒炭启給票入山，於原議地方採納，不許侵越。

又　永樂間定都北京，則於白羊口、黄花鎮、紅螺山等處採辦。宣德四年始設易州山廠，專官管理。景泰間移於平山，又移於滿城。天順初，仍移於易州。其派辦運納，各有定例。

又　卷二〇六　正統元年奏准，北直隸八府，除真定、保定二府採燒柴炭外，其河間、永平、順德三府，大名、廣平二府，順天一府，各起夫三千名，各當一年，周而復始。

明　李濂《汴京遺蹟志》卷四　張淏《艮岳記畧》：徽宗登極之初，皇嗣未廣。有方士言京城東北隅地協堪輿，但形勢稍下，儻少增高之，則皇嗣繁衍矣。上遂命土培其岡阜，使稍加於舊，而果有多男之應。自後海内乂安，朝廷無事，上頗留意苑囿。政和間遂即其地大興工役，築山號壽山、艮岳，命宦者梁師成專董其事。時有朱勔者，取浙中珍異花木、竹石以進號曰「花石綱」，專置應奉局於平江，所費動以億萬計。調民搜巖，剔藪幽隱，不置一花一木，曾經黄封，護視稍不謹，則加之以罪。斲山輦石，雖江湖不測之淵，力不可致者，百計以出之，至名曰神運。舟楫相繼，日夜不絶。廣濟四指揮盡以充輓士，猶不給時。東南監司、郡守、二廣市舶率有應奉。又有不待旨，但進物至都計會宦者，以獻者大率靈壁、太湖諸石，二浙奇竹、異花，登萊文石、湖湘文竹、四川佳果、異木之屬，皆越海渡江，鑿城郭而至。後上亦知其擾，稍加禁戢，獨許朱勔及蔡攸入貢，竭府庫之積，聚萃天下之伎藝，凡六載而始成，亦呼爲萬歲山。奇花美木，珍禽異獸，莫不畢集。飛樓傑觀，雄偉瓌麗，極於此矣。越十年，金人犯闕，大雪盈尺，詔令民任便斫伐爲薪。是日百姓奔往無慮十萬人，臺榭宫室悉皆拆毁，官不能禁也。予頃讀國史及諸傳記，得其始末如此，每恨其他不得而詳。後得徽宗御製記文及蜀僧祖秀所作《陽華宫記》，讀之所謂「壽山艮岳」者，森然在目也。因各摭其畧，以備遺忘云。

明　談遷《國榷》卷二二　［宣宗宣德五年二月］癸巳，敕行在部院曰：朕孜孜圖治食，念人飢衣念人寒。今春氣已和，民瘼未舒，懼非所以膺天籙、承祖宗。特頒寬恤之令，盡朕審思所至者。凡州縣水旱蝗地，速視其災，以豁賦聞，蠲免三年以前芻薪之税。招饑徙民復業，免役一年。毋責償倒死官馬驢騾及虧欠孳生馬匹者，停止採買顔料、生漆諸物，爲營造監採監買吏召還之。供物非土産毋徵，徵所産土除他役起科。官田一斗以上者，減十之二；四斗至石以上者，減十之三。户有二人役工匠者，一人歸；四人者，二人歸；一人者，聽合于他户。一歲二歲相更役年老殘疾，悉放免之。

又　卷七一　［神宗萬曆十年四月］　增歲貢木炭三百萬斤。

又　卷七三　［神宗萬曆十四年二月］丁卯，户科覆工科給事中曲遷喬等議二事，曰解十庫錢糧上納即收，毋許官商擾害；曰召買内庫受四方任土之貢，歲有定數，相沿二百餘年未聞不足。嘉靖、隆慶間，間有召買，數亦不侈。萬曆元年至十三年供用庫納價十三萬八千七十四金，甲庫價三萬四千八百四十金，丁庫價二十五萬五千二百五十七金，承運庫價二十八萬二千八百二十二金，丙庫絲棉價三萬九千八百九十二金銀作局金價三萬三千六百二金共價七十九萬四千四百八十九金。供用等庫之香蠟、銀硃、銅錫、油漆、絲綿等料，若掌庫撙節，自當充溢。而該庫動言闕乏，不知器用將貽何所給何人，而復屢行召買，是不可不覈也。減工部木炭之浮數，汰惜薪司内臣之冗員，當無再計。乞敕司禮監將各項召買物料與各庫物料，逐一簡閲，則或闕欠，或冒破，較爲明矣。有旨第以後撙節毋妄費。

清　施閏章《學餘堂文集》卷一七《顧與治傳》　［順治三年］丙戌，秋，鍾山陵木伐爲薪，市者塞途。獨不取尺寸，問其故，不答。亡何，城閉，至裂柱以炊，無悔焉。

清　李柏《太白山人榭葉集》卷三《雜著・薪難》　辛未七月，避地鳳翔之西房村，僑居亢氏書室，去南白遠樵不及，北山赭無薪，大旱十四月，郊區赤土，米薪真如珠桂矣。家人煨牛糞以爨，一人揆火，一人鼓扇，久乃飯熟。嗣後糞盡，則剪牡丹葉，葉盡則扳□枯枝，枝盡則掘竹根，根盡則折老梅幹，幹盡則催梧桐朽柯，柯盡則掃篁葉，剥笋籜，摘樗□楮葉，葉盡則攟摭乾□，斯揚柳□條，或併日而炊，或日不舉火。亢氏憐之，遺□□，□□與伐之，則傷其□，痛不能動，可謂窮於薪矣。

清　沈自南《藝林彙考・服飾篇》卷四　周静帝時禁天下婦人不得用粉黛，令宮人皆黄眉黑粧。黑粧即黛，今婦人以杉木炭研末抹額即其制。

《清實録・太宗實録》卷四六　［崇德四年］壬子，遣前鋒將領席特庫、沙爾虎達等率官十二員，甲士百四十人於錦州界外往畧斫木燒炭之人，并取牲畜。

清　愛新覺羅・玄燁《聖祖仁皇帝御製文集》四集卷二八《馬口柴》　明時宮中用馬口柴，俱取給於山西蔚州、廣昌、直隸昌平諸州縣。其柴長四尺許，整齊白浄，兩端刻兩口，以繩縛之，故謂之馬口柴。康熙初年炊爨還用此，今惟天壇焚燎用之，故近世人見之者甚少，且有不知其名者。

清　康熙《武定府志》卷三　枯樹。正□寺建文閣後有枯樹，大十餘圍，高數十丈，枯百年矣。寺僧伐而薪焉，未盡。僧性偏重建是閣，規模視昔有□，樹復榮繁，蔭可悦。

清　王士禛《居易録》卷一五　地氣北寒南燠，亦不盡然。庚午，冬京師不甚寒，而江南自京口達杭州裏河皆凍，揚州騾綱皆移蘇杭，甚至揚子錢塘江、鄱陽洞庭湖亦凍，江南柑橘樹皆枯死。其明年，京師柑橘不至，唯福橘間有至者，價數倍。齊魯間竹多凍死，按宋時江南大寒，積雪尺餘，河盡冰，凡橘皆凍死，伐爲薪，葉石林作橘薪以志其異，元天歷中亦然。

清　愛新覺羅・胤禛《世宗憲皇帝硃批諭旨》卷二一四之三　新會縣屬之北峯、南峯二山界，連新寧、恩平、開平各縣地方，緊連外海，山場極大，樹木最多。自來無業窮民就山砍伐樹木，開廠燒炭，以爲生活。因有炭廠，以致匪類自霸爲保廠，嘯聚多人，恣肆不法。

清　張廷玉《明史》卷八二《食貨志》　永樂中，後軍都督府供柴炭，役宣府十七衛所軍士採之邊關。宣宗初，以邊木以扼敵騎，且邊軍不宜他役，詔免其採伐，令歲納銀二萬餘兩，後府召商買納。四年置易州山廠，命工部侍郎督之，僉北直、山東、山西民夫轉運，而後府輸銀召商如故。

初，歲用薪止二千萬餘斤。弘治中，增至四千萬餘斤。轉運既艱，北直、山東、山西乃悉輸銀以召商。正德中，用薪益多，增直三萬餘兩。凡收受柴炭，加耗十之三，中官輒私加數倍。逋負日積，至以三年正供補一年之耗。尚書李鐩議，令正耗相準，而主收者復私加，乃以四萬斤爲萬斤，又有輸納浮費，民弗能堪。世宗登極，乃酌減之。隆慶六年，後府採納艱苦，改屬兵部武庫司。萬曆中，歲計柴價銀三十萬兩，中官得自徵比諸商，酷刑悉索，而人以惜薪司爲陷阱云。

清　愛新覺羅・胤禛《世宗憲皇帝聖訓》卷七《庚午》　上諭内閣：京師

至江南数千餘里，行旅絡繹，朕於雍正七年特遣大臣官員前往督率地方官成梁除道，不惜帑金，功成迅速。又令道旁種樹以爲行人憩息之所，復降旨交與該地方官隨時留心保護。近聞官吏怠忽，日漸廢弛，低窪之地每多積水，橋梁亦漸圮陷，車輛難行。道旁所種柳樹殘缺未補，且有附近兵民斫伐爲薪者，此皆有司漫不經心，而大吏不稽查、訓誡之故也。著傳諭該督撫等，轉飭有司，仍前整理，或遇雨水泥潦，隨損隨修，不得遲緩。其應行補種柳樹之處，按時補種，竝令文武官弁禁約兵民，毋許任意戕害。儻有不遵，將官弁題叅議處，兵民從重治罪。

清 允祹**《大清會典則例》卷一六五** ［雍正五年］ 議準內廷及圓明園取用工部煤炭、木柴數目，並炭軍所納黑白炭及筐篩等物，灰軍所納青白石、灰包、金土筐篩及草，煤軍所納煤，各餘剩若干，每年於五月內具題，前一月委官察覈。七年奏準內管領所屬秫稭廠改歸本司柴庫管理，會計司所屬各莊應交秫稭二百二十三束，折銀六兩八錢八分，由會計司催交。本司採買應用，其用過銀數歲終題銷。十三年奏準各處所用秫稭有應換給木柴者，換給木柴應用，其必用秫稭者，動用官房租銀買辦，其各莊所納秫稭折價銀，令會計司徵交廣儲司庫。一官房取租，雍正四年奏準，凡買辦奇零物料，令承辦官聲明所用數目，移付官房收租庫領取，年終將用過銀數造册呈堂，覈銷具題。

又 **卷九五一《工部·薪炭》** 楊木長柴，原定直隸省永甯衛八百斤，保安衛二千斤，懷來衛八百斤，美峪所四百斤，宣府前衛六千斤，蔚州衛萬五千斤，宣府南路廣昌城守備五千斤。康熙十四年題准，宣府各衛，停其辦解楊木長柴，折銀解交户部。懷來、保安、美峪所，仍照原額解送。三十年題准，懷來、保安、美峪所，增解楊木長柴三千八百斤，共額七千斤。三十二年題准，歸併懷來縣辦解。乾隆三年奉旨，懷來、保安二州縣採辦楊木長柴，自乾隆三年爲始。康熙元年題准：砍柴燒炭，許出古北口、石塘路、潮河川、牆子路、南冶口二道關，其建昌、居庸等十四關口，永行禁止。乾隆六年奏准：鮎魚關、大安口、黄崖關、將軍關、鎮羅關、牆子路、大黄崖口、小黄崖口、黑峪關等九處，商民出口砍柴燒炭。

清 師範**《滇繫》第四册《賦産》** 蘇易簡曰：雞足山古松心，燒煙爲墨最佳。今大理工八取松煙膠和入丹砂，雜以腦、麝、硫黄爲之，雖不及歙墨之良，較之他處稍勝。然歙墨用油煙非古法也，曹子建詩云：「畫出青松煙，□□筆記真。」松煤造煙，自有龍麝氣，則滇猶有古之遺法也，但持以作字，一點如漆，不能不遜新安耳。

清 吴振棫**《黔語》卷下**《槲繭之始》遵義食槲繭利自太守陳公始，公名玉璧，字韞璞，山東歷城人，以任爲光禄署正，出同知江西贛州府。乾隆三年，來守遵義，地故多槲，僅供爨薪。

《清宣宗實録》卷一五四 ［道光九年三月下］又諭成格奏，請酌量開採煤窰一摺，前據松筠奏，熱河所屬各處，煤、薪昂貴，請將封禁之小冰溝等處，仍准開採，當經降旨交成格，體察情形具奏。茲據查明，該處柴薪，愈伐愈少。舊時開採各窰，多因水旺煤盡，報明停止。若封閉處所，不予弛禁，恐樵採更形缺乏，殊於生計有關，惟概准開採。稽察亦屬難周，自應酌量妥爲辦理。

清 **同治《衡陽縣志》卷七《列傳》** 詔上言：韃靼强虜，而遣輔紈絝小兒當之。罪杜主將今獨誅輔太重，竝其屬皆減死，遷通政司右參議，命視易州山廠。易州廠者，供柴炭廠也。宣德五年，置廠僉民夫運薪，而宣府諸衛歲納銀二萬餘兩。召商買納，初歲用薪二千萬餘斤，漸增至三四千萬斤。凡收柴炭，舊加耗十之三，中官主收者，私加乃至四爲一，故一侍郎督之不足，則更命朝臣視之。詔往則嚴察加耗，禁私收及故難勒者。廠事稱辦即授工部右侍郎，領廠事轉左侍郎入僉部事。又，奉命濬運河時，成化八年也。

藝文

《詩經·周南·漢廣》 南有喬木，不可休思。漢有游女，不可求思。漢之廣矣，不可泳思！江之永矣，不可方思！翹翹錯薪，言刈其楚。之子于歸，言秣其馬。漢之廣矣，不可泳思！江之永矣，不可方思！翹翹錯薪，言刈其蔞。之子于歸，言秣其駒。漢之廣矣，不可泳思！江之永矣，不可方思！

《詩經·周南·汝墳》 遵彼汝墳，伐其條枚。未見君子，惄如調飢。遵彼汝墳，伐其條肄。既見君子，不我遐棄。魴魚赬尾，王室如燬。雖則如燬，父母孔邇。

《詩經·邶風·凱風》 凱風自南，吹彼棘心。棘心夭夭，母氏劬勞。凱風自南，吹彼棘薪。母氏聖善，我無令人。爰有寒泉，在浚之下。有子七人，母氏勞苦。睍睆黄鳥，載好其音。有子七人，莫慰母心。

《詩經·豳風·七月》 七月流火，九月授衣。一之日觱發，二之日栗烈。

無衣無褐，何以卒歲？三之日于耜，四之日舉趾，同我婦子，饁彼南畝。田畯至喜。七月流火，九月授衣。春日載陽，有鳴倉庚。女執懿筐，遵彼微行，爰求柔桑。春日遲遲，采蘩祁祁。女心傷悲，殆及公子同歸！七月流火，八月萑葦。蠶月條桑，取彼斧斨，以伐遠揚，猗彼女桑。七月鳴鵙，八月載績。載玄載黄，我朱孔陽，爲公子裳。四月秀葽，五月鳴蜩。八月其穫，十月隕蘀。一之日于貉，取彼狐狸，爲公子裘。二之日其同，載纘武功，言私其豵，獻豣于公。五月斯螽動股，六月莎雞振羽。七月在野，八月在宇，九月在户，十月蟋蟀入我牀下。穹窒熏鼠，塞向墐户。嗟我婦子，曰爲改歲，入此室處。六月食鬱及薁，七月亨葵及菽。八月剥棗，十月穫稻。爲此春酒，以介眉壽。七月食瓜，八月斷壺。九月叔苴，采荼薪樗，食我農夫。九月築場圃，十月納禾稼，黍、稷、重、穋，禾、麻、菽、麥。嗟我農夫！我稼既同，上入執宫功。晝爾于茅，宵爾索綯，亟其乘屋，其始播百穀。二之日鑿冰沖沖，三之日納于凌陰。四之日其蚤，獻羔祭韭。九月肅霜，十月滌場。朋酒斯饗，曰殺羔羊，躋彼公堂，稱彼兕觥，萬壽無疆！

《詩經·大雅·棫樸》 芃芃棫樸，薪之槱之。濟濟辟王，左右趣之。濟濟辟王，左右奉璋。奉璋峨峨，髦士攸宜。淠彼涇舟，烝徒楫之。周王于邁，六師及之。倬彼雲漢，爲章于天。周王壽考，遐不作人。追琢其章，金玉其相。勉勉我王，綱紀四方。

《詩經·小雅·白華》 白華菅兮，白茅束兮。之子之遠，俾我獨兮。英英白雲，露彼菅茅。天步艱難，之子不猶。滮池北流，浸彼稻田。嘯歌傷懷，念彼碩人。樵彼桑薪，卬烘于煁。維彼碩人，實勞我心。鼓鍾于宫，聲聞于外。念子懆懆，視我邁邁。有鶖在梁，有鶴在林。維彼碩人，實勞我心。鴛鴦在梁，戢其左翼。之子無良，二三其德。有扁斯石，履之卑兮。之子之遠，俾我疧兮。

《詩經·小雅·車舝》 間關車之舝兮，思孌季女逝兮。匪飢匪渴，德音來括。雖無好友，式燕且喜。依彼平林，有集維鷮。辰彼碩女，令德來教。式燕且譽，好爾無射。雖無旨酒，式飲庶幾。雖無嘉殽，式食庶幾。雖無德與女，式歌且舞。陟彼高岡，析其柞薪。析其柞薪，其葉湑兮。鮮我覯爾，我心寫兮。高山仰止，景行行止。四牡騑騑，六轡如琴。覯爾新昏，以慰我心。

唐 杜甫《九家集注杜詩》卷一三《負薪行》 夔州處女髮半華，四十五十無夫家。更遭喪亂嫁不售，一生抱恨堪咨嗟。土風坐男使女立，應當門户女出入。十有八九負薪歸，賣薪得錢當供給。至老雙環只垂頸，野花山葉銀釵並。筋力登危集市門，死生射利兼鹽井。面粧首飾雜啼痕，地褊衣寒困石根。若道巫山女麤醜，何得此有昭君村。

又 卷二六《遣悶奉呈嚴公二十韻》 白水魚竿客，清秋鶴髮翁。胡爲來幕下，秪合在舟中。黄卷真如律，青袍也自公。老妻憂坐痺，幼女問頭風。平地專欹倒，分曹失異同。禮甘衰力就，義忝上官通。疇昔論詩早，光輝仗鉞雄。寬容存性拙，翦拂念途窮。露裛思藤架，烟霏想桂叢。信然龜觸網，直作鳥窺籠。西嶺紆村北，南江繞舍東。竹皮寒舊翠，椒實雨新紅。浪簸船應坼，杯乾甕即空。藩籬生野徑，斤斧任樵童。束縛酬知已，蹉跎效小忠。周防期稍稍，太簡遂匆匆。曉入朱扉啓，昏歸畫角終。不成尋別業，未敢息微躬。烏鵲愁銀漢，駑駘怕錦幪。會希全物色，時放倚梧桐。

唐 白居易《白氏長慶集》卷四 《賣炭翁·苦宫市也》 賣炭翁，伐薪燒炭南山中。滿面塵灰烟火色，兩鬢蒼蒼十指黑。賣炭得錢何所營，身上衣裳口中食。可憐身上衣正單，心憂炭賤願天寒。夜來城外一尺雪，曉駕炭車輾冰轍。牛困人饑日已高，市南門外泥中歇。翩翩兩騎來是誰，黄衣使者白衫兒。手把文書口稱敕，迴車叱牛牽向北。一車炭重千餘斤，官使驅將惜不得。半疋紅紗一丈綾，繫向牛頭充炭直。

唐 儲光義《儲光羲詩集》卷一《樵父詞》 山北饒朽木，山南多枯枝。枯枝作采薪，爨室私自知。詰朝礪斧尋，視暮行歌歸。先雪隐薜荔，迎暄卧茅茨。清澗日濯足，喬林時曝衣。終年登險阻，不復憂安危。蕩漾與神遊，莫知是與非。

唐 李德裕《會昌一品集》別集卷一《積薪賦并序》 此郡巖壑重複，林麓繁盛，樵採之子未嘗，輟音往沿流而下，詣余求售，余因積薪于庭，竊有所歎，乃爲積薪賦。賦曰：邈巖居之幽遠，有楚澤之放臣。方絶學以自爨，誠未暇於披榛。悲顔子之飯煤，感萊蕪之生塵。時束蘊以請火，訪蓬茨之善鄰。乃遇樵客維舟水濱，余訊之曰：採樵賤業，常棲隱淪，《詩》既嘉於刈楚，傳亦歎於析薪。爾豈延瀨之客，不取金而且貧；又豈叔敖之子，似好廉而苦辛。何乃負擔不已，其生實勤。客顧余而歎曰：貴則近禍，富多不仁。寄迹於此，以養吾真。善大雅之知言，信芻蕘之可詢。既而交加累積，高下齊均，轟若井幹，疊似龍鱗。避氿泉而無浸，生曲突而不陳。苟知防患之術，終無焦爛之賓。嗟長孺之昧道，常喻此而求伸。雖後來之高處，亦居上而先焚。使薪爲能言之物，豈欲入爨而揚芬。未若生幽崖之側，糺芳桂之輪。不近野田之燎，免勞匠者之斤。冒霰雪以終歲。齊天年於大椿。

唐 陸龜蒙《甫里集》卷一六《送小雞山樵人序》 小雞山在震澤西，出吳胥門，背朝日行四十里，得野步市曰光福。光福西五里，得土山。山土多石，寡無大林木，率生小櫟樸樕，皆薪材，直吳之爨，此爲助焉。連延廣袤不一，其主爲言，畫疆界以相授。自家至麓，凡二百弓。東北倍高而加半焉，余所置多少如此。予家大小之口二十，月費米十斛。飯成理魚菽輩，十解薪然後已。四時賔客、沐浴澣濯、疾病湯藥、糜粥在外，歲入五千束足矣。其掌而供事曰顧及，小雞之樵甿也。乾符六年春弗雨，夏支流將絶，八月暴雨，而巨艑可實而行之矣。九月朔，方置薪二百五十于門。召而責之曰：「吾一夏來，撤敗屋、拔庭草以炊。雨之明日，望爾來矣。何數廉而至晚，得非赭吾山而爲汝之利耶？吾而欺，如名惡何？」及笑曰：「吾年餘八十矣。元和中，嘗從計部遊京師，人言國家用兵，帑金窖粟不足用，當時江南之賦已重矣。迨今盈六十年，賦數倍于前。不足之聲聞于天下，得非專地者之欺甚乎？吾有丈夫子五人，諸孫亦有丁壯者。自盜興已來，百役皆在，亡無所容。又水旱更害吾稼，未即死，不忍見兒孫寒餒之色。雖盡售小雞之木，不足以濡吾家，矧一二買名爲偷乎？今子一煬竈不給而責吾之深，吾將欲移其責于天下之守，則吾死不恨矣。」予歎之曰：「汝之言信也，然不當發于予。汝姑歸。」與之酒，繼之以歌云：「長其船兮利其斧，輸予薪兮勿予侮。田予登兮穀予庾，突晨煙兮蓬縷縷。窓有明兮編有古，飽而安兮惟編是伍。時不用兮吾無汝撫。」

宋 宋祁《益部方物略记》 厥植易安，數歲輒林。民賴其用，實代其薪。不楝不梁，亦被斧斤。

右檀亦得所宜，民家蒔之，不三年材可倍常。薪之疾種，亟取里人以爲利。

宋 王安石《臨川集》卷三〇《道旁大松人取以爲明》 龍甲虯髯不可攀，亭亭千丈蔭南山。應嗟無地逃斤斧，豈願争明爝火間。

明 李夢陽《空同集》卷一四《雜詩其二》 緜緜谷中葛，引蔓在脩楚。脩楚伐爲薪，葛也安所附。豈無絺與綌，可以禦清暑。烈烈嚴冬時，憂君乏纊絮。

明 盧枏《蠛蠓集》卷四《孟龍川許送芸香不至走索兼以詩寄》 管鮑古名士，聲譽何輝爚。夙期貴相親，感激良有託。我亦慷慨人，卜居耻離索。岧嶢望龍川，颯沓煙霧廓。之子住翠微，影響見汋約。作賦凌清霄，愛飲臨大壑。翕張龍鳳姿，偃仰猿猱矍。東園吟嘯臺，幌如青天落。憑覽望八極，寰宇真空擴。仰飡明玉霞，俯拾金光藥。調嘯宛孫登，清風振山閣。攬懷腐草質，潛身在菉藿。深夜撫長劍，江海環其鍔。安得説楚王，一揮萬人爍。功成長揖去，與君尋溟漠。瞑坐焚芸香，高名辭衛霍。回看九關門，湫隘如大槖。勗哉重然喏，毋與世相攫。

明 陳邦俊《廣諧史》卷三 《烏生傳》烏生者，譌烏爲氏本姓木，湖南人也。族甚繁盛，漫據萬山而居，久爲土地之耗。湖南人伐之，投諸火焉，火爇不能尅其盡，槎牙色盧，質重愈精且堅，戞之有聲，金如石如。見者歎曰：木固生火，所謂禍□必尅，今既反是，豈因敗而成，置死而生者乎！異復爇之，將觀二物之理有終然相反者，否也。火及則爲之通明，火顧受制不能□炎焰以自威，而木淂以假其氣烈，燠燠然，煦煦然，雖風之爐雪之，座有睟面盎背之快盡，使天下寒士樂生附之。於是無生之生，無用之用，無功之功，舉昭於世。見者又歎曰：五行有受尅而相資，庶物有受變而相成，金鍊矣而浚精玉琢矣，而浚巧范睢折脅而相重耳。亡命而霸，而今而浚不敢以煨燼爲棄置也矣。信夫李廣所云，死灰尚然，而況人乎。見者三歎而加異之，欲美其名而無其義，惟古者棄而名竊，而名勝狄而名，因歎之不足而名之亦宜，遂名歎而字之烏乎！

明 高攀龍《高子遺书》卷六《負薪》 采薪松巖下，日暮負盈肩。還思天際鶴，或恐避茶煙。

明 静挺《採薪行》 西山日苦貧，竹木摧爲薪。採薪猶自可，邨里虛無人。彌望春郊絶青草，渾無樹枝托飛鳥。厮養小兒大如天，紛拏路人捶路邊。路人抱頭仰空泣，囊中攫去官稅錢。船子望之捨船走，行船那敢出渡口。東邨老嫗伏斷垣，少婦含涕都不言。貿貿遠來誰氏子，白金深裹衣帶裏。徒卒奪之不肯與，奮刃一擊路傍死。蕭條百里罕人烟，舉目川原倍可憐。黄昏陰黯鬼火照，清宵但聞猿狖叫。

清 張英《文端集》卷三〇 西郭邨中有文杏高柯花時極可愛賞忽一日見操斧盡伐爲薪嗟嘆不已因成此詩紅杏含烟四十株，纔逢花謝緑陰鋪。無端斤斧摧殘盡，歎息人間有底愚。

清 汪灝《佩文齋廣群芳譜》卷八〇《木譜·靈壽木》 五言律詩增宋張浮休：曲木天然性，叨名席上珍。節高工碍手，倚壁快扶人。莫問西來意，終爲竈下薪。他時俘頡利，拜賜敢忘身。

清 董訥《柳村詩集》卷一一《柳炭》 柳性本多柔，焚之却有骨。投入紅爐中，能自見生活。一夕吐精華，煙霞生榾柮。老病藉温和，原不厭庸劣。相對永寒宵，吟深手自撥。流光天地間，空照肝腸熱。

清 沙琛《點蒼山人詩鈔》卷五《雪牡丹》 買爨花柴好，農夫語漫猜。誰知深谷底，花似牡丹開。馥郁披雲鬘，晶瑩湧雪堆。詩成題靭葉，惜此部闍材。原名萃花，花萃聚柔薄，多瓣，白色。中有暈紅者，茄色者，花頭大逾盤，葉長厚，光潤可書，産雪中密林。無際，爲名牡丹，始足肖其穠郁也。樵人以爲薪材，亦昆吾之玉抵鵲乎，惜哉。

雜録

南朝梁 任昉《述異記》卷上 南方有炎火山，四月生火，十二月火滅。火滅之後，草木皆生枝條，至火生，草木葉落，如中國寒時也。取此木以爲薪，燃之不燼，以其皮績之爲火浣布。

又 東陽郡永康縣吴時有人入山，逢大龜，擔之。未至家，遇夜，攬舟於岸，見老桑呼龜曰：「元緒汝當死矣。」龜呼桑樹曰：「子明無苦也，雖然，盡南山之樵不能潰我。」對曰：「諸葛恪明敏，禍必及於予。」明日，其人將龜獻吴主，命煮之，三日三夜不死。遂問諸葛恪，恪曰：此龜有精，須得多載老桑爲薪，煮之立爛。」遂令以老桑斫之爲薪，既燃即爛。

宋 李昉《太平廣記》卷四〇六《三字薪》 齊永明九年，秣陵安時寺有古樹，伐以爲薪，木理自然有「法天德」三字。

又《天尊薪》 唐都官員外陳修古言，西川一縣不記名，吏因換獄卒，木爲薪，有天尊形像存焉。

明 周嘉胄《香乘》卷三《藏龍腦香》 龍腦香，合糯米炭、相思子貯之則不耗，或言以雞毛、相思子同入小瓷罐密收之佳。《相感志》言杉木炭養之更良，不耗也。

圖表

清 何剛德《撫郡農産考略》卷下《松》

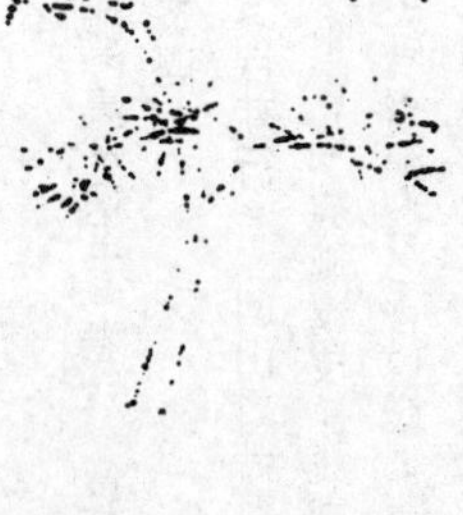

又《椁》 物用：樹身有白漿，以刀横截之，則白漿迸出，濃而黏物，治癬疥有奇效。以漿書字，可以貼金。樹葉可飼蠶，皮堅厚可做棉紙，其材可供炊爨之用，一株，有薪數百斤。種椁百株，一年用五十株，循環取之，永□□期。較種松收效尤捷，惟樹質堅而無焰，比松柴稍遜。

林特產品加工利用總部

林特産品加工利用總部提要

林特産品是指除森林主産品木材以外，具有一定經濟價值和特色的林産品總稱。本總部下設九個部。

總論部，收録對于林特産品利用的綜合性論述。

樹皮纖維樹葉樹花加工利用部，下分樹皮纖維類、樹木枝葉類和樹花類。樹皮纖維類材料包括利用樹皮纖維織布、造紙以及利用樹皮爲原料製造日用品等；樹木枝葉類的用途主要爲物用、食用和飼料等；樹花類的利用主要是做食物和飼料。

樹木種實加工利用部，樹木種子的加工利用主要是榨油，而樹木果實沿用當代果品分類，分爲堅果、核果、漿果、熱帶果及其他果等各類，其加工、儲藏方法及果食配方等則以類相從，互爲補充與印證。山林野生果品的採集、加工和利用，無疑是後世果樹栽培業和果品加工業發生、發展的歷史文化源頭。

樹脂樹液加工利用部，本部内容主要包括樹脂加工利用與樹汁（含山草汁）加工利用兩個方面。均爲歷代對木本植物（含角質化的林間草本植物）的脂質分泌物與液態提取物的加工利用。其中，樹脂是指含脂木本植物的莖幹和根部等受物理損傷而分泌的乳狀脂質粘稠液體。樹汁（含山草汁）則是通過人工對木本和草本植物的全株或某些部位，進行或蒸、或熬、或浸、或熏、或浥等工藝流程及相應工序，方可提取。樹汁（含山草汁）的性狀較爲穩定，且多爲所謂『清汁』。

山蔬野菜加工利用部，根據食用部位的不同，又分爲根莖類、葉苗類、花實類、菌耳類、筍竹類。

昆蟲和昆蟲分泌物加工利用部，主要包括山蠶山絲、蜜蜂蜜臘、蠟蟲蟲膠等的加工利用材料。

林産藥材加工利用部，根據作爲藥材的物種，下分木本類和草本類，木本類儘量全，草本類酌情收録常用的、經濟價值較高的，如人參、黄連、地黄等。主要記述藥性和藥方的不收。

林産動物加工利用部，比如一些動物的皮、毛的利用，下分獸類、禽類、蟲類，主要用途爲服飾、藥用和其他日常利用。

其他部，輯録歸不入以上各部，但仍屬于林特産品加工利用的資料，主要是一些林間、林下草本植物的加工利用，其用途有染料、飼料、肥料等。

總論部

論說

宋 周去非《嶺外代答》卷八《花木門·桂》 南方號桂海，秦取百粵，號曰桂林。桂之所産，古以名地。今桂産於欽、賓二州，于賓者，行商陸運致之北方；于欽者，舶商海運致之東方。蜀亦有桂，天其以爲西方所資歟？桂之用於藥，尚矣，枝能發散，肉能補益，二用不同。桂性酷烈，易以發生，古聖人其知之矣。桂枝者，發達之氣也，質薄而味稍輕，故傷寒湯飲，必用桂枝發散，救裏最良。肉桂者，温厚之氣也，質厚而味沉芳，故補益圓散，多用肉桂。今醫家謂桂年深則皮愈薄，必以薄桂爲良，是大不然，桂木年深愈厚耳，未見其薄也。以醫家薄桂之謬，考於古方桂枝肉桂之分，斯大異矣。又有桂心者，峻補藥所用也。始剥厚桂，以利竹捲曲，刮取貼木多液之處，狀如經帶，味最沉烈，於補益尤有功。桂開花如海棠，色淡而葩小，結子如小橡子，取未放之蕋乾之，是爲桂花，宛類茱萸，藥物之所緩，而食品之所須也。種桂五年乃可剥，春二月、秋八月，木液多，剥之時也。桂葉比木樨葉稍大，背有直脉三道，如古圭製然，因知古人製字爲不苟云。

宋 邢凱《坦齋通編》 天地生物養人，不止九穀。周官九職，臣妾聚疏材，草木根實可食者也。蘇武掘野鼠去草實而食之，李恂拾橡實以自資，元魏以桑葚代租，皆是也。河北被水，范文正公往賑救，得饑民所食烏味草以獻，江西每遇歲儉即食蕨根。所謂疏材，不止此數物也。原註：魏道武乏軍糧，崔逞請賦桑葚。

明 毛晉《陸氏詩疏廣要》卷上之下《集于苞栩》 栩，今柞櫟也。徐州人謂櫟爲杼，或謂之爲栩，其子爲皁，或言皁斗，其殼爲汁，可以染皁。今京洛及河内多言杼斗，或云橡斗。謂櫟爲杼，五方通語也。《爾雅》云：栩，杼。郭註：柞樹。鄭註：栩，柞木，今人以爲梳。《本草》云：橡實，堪染用，一名杼斗。槲櫟皆有斗，以櫟爲勝，所在山谷中皆有。《圖經》云：木高二三丈，三四月開黄花，八九月結實，柞櫟也，杼也，栩也，皆橡櫟之通名。《枕中記》曰：橡子非果非穀，最益人服食，無氣而受氣，無味而受味，消食止痢，令人强健。《本草衍義》云：櫟葉如栗葉，堅而不堪充材。《風土記》云：吴越之間名柞爲櫪。《古今註》云：杼實曰橡，東海及徐州謂之木蓮，其葉始生，食之味辛。其梂子八月中成，摶以爲燭，明如胡麻燭。研以爲羹，肥如胡麻羹。

綜述

秦 吕不韋《吕氏春秋》卷一四《本味》 和之美者，陽樸之薑，招摇之桂，越駱之菌，鱣鮪之醢，大夏之鹽，宰揭之露，其色如玉，長澤之卵。

晉 嵇含《南方草木狀》卷中 蜜香，沉香，雞骨香，黄熟香，棧香，青桂香，馬蹄香，雞舌香。案：此八物同出於一樹也。交趾有蜜香樹，榦似柜柳，其花白而繁，其葉如橘。欲取香，伐之經年，其根榦枝節各有别色也。木心與節堅黑沉水者，爲沉香。與水面平者，爲雞骨香。其根爲黄熟香。其榦爲棧香。細枝緊實未爛者，爲青桂香。其根節輕而大者，爲馬蹄香。其花不香成實乃香，爲雞舌香。珍異之木也。

唐 杜佑《通典》卷一一六 薦新物（附）：冬魚、蕨、笋、蒲、白韭、菫、小豆、胥豆、蘘荷、菱人、子薑、茭索、春酒、桑落酒、竹根、黄米、粳米、糯米、粱米、稷米、茄子、甘蔗、芋子、雞頭人、苜蓿、蔓菁、胡瓜、冬瓜、瓠子、春魚、水蘇、枸杞、芙茨子、藕、大麥麵、瓜、油麻、麥子、椿頭、蓮子、栗、榛、甘子、李、櫻桃、杏、林檎、橘、椹、菴羅果、棗、兔脾、麞、鹿、野雞。薦新物，皆品物時新堪供進者，所司先送太常，令尚食相知揀擇，仍以滋味與新物相宜者配之以薦，皆如上儀。

宋 莊綽《雞肋編》卷上 浙中少皂莢，澡面、浣衣，皆用肥珠子。木亦高大，葉如槐而細，生角長者不過三數寸，子圓黑肥大，肉亦厚，膏潤於皂莢，故一名肥皂，人皆蒸熟暴乾乃収。京師取皂莢子仁煮過，以糖水浸食，謂之「水晶皂兒」。車駕在越北人亦取肥珠子爲之。食者多苦腰痛，當是其性寒故也。《本草》不載，竟不知其爲何物哉。或云用以沐頭則退髮。而南方婦人竟歲才一沐，止用灰汁而已。

宋 羅願《爾雅翼》卷一一 槐花可以染黄，其子上房可以染皂，其根可作神燭。

宋 陳敬《陳氏香譜》卷一《花熏香訣》 用好降真香結實者截斷，約一寸許，利刀劈作薄片，以豆腐漿煮之，俟水香去水，又以水煮至香味去盡，取出再以末茶或葉茶煮百沸，漉出陰乾，隨意用諸花熏之。其法以浄瓦缶一箇，先鋪花一層，鋪香片一層，鋪花一層及香片，如此重重鋪蓋了，以油紙封口，飯甑上蒸。少時取起，不得解，待過數日取燒，則香氣全矣。或以舊竹辟簀依上煮製，代降採橘葉搗爛代諸花，熏之，其香清若春時曉行山徑，所謂草木真天香，殆此之謂。

又《檀香》 須揀真者剉如米粒許，慢火爆令煙出，紫色斷腥氣即止。每紫檀一斤，薄作片子，好酒二升，以慢火煮乾略爆。檀香劈作小片，臘茶清浸一宿，焙乾，以蜜酒同拌令匀，再浸一宿，慢火炙乾。檀香細剉，水一升，白蜜半升，同於鍋内煎五七十沸，焙乾。檀香斫作薄片子，入蜜拌之。浄器爐如乾，旋旋入蜜，不住手攪動，勿令炒焦，以黑褐色爲度。（以上並《沈氏香譜》）

又 卷二《百刻篆圖》 百刻香若以常香則無準，今用野蘇、松毬二味相和，令匀，貯於新陶器内旋用。野蘇即荏葉也，中秋前採，曝乾爲末，每料十兩；松毬即枯松花也，秋末揀其自墜者，曝乾，剉去心爲末，每用八兩。昔嘗撰《香譜》，序百刻香印未詳，廣德吴正仲製其篆刻并香法見貺，較之頗精，審非雅才妙思，孰能至是。因刻於石，傳諸好事者。熙寧甲寅歲仲春二日右諫議大夫知宣城郡沈立題

又《香珠》 天寶香一兩、土光香半兩、速香一兩、蘇合香半兩、牡丹皮一兩、降真香半兩、茅香一錢半、草香一錢、白芷二錢（豆腐蒸過）、三柰子二分（同上）、丁香半錢、藿香五錢、丁皮一兩、藁本半兩、細辛二分、白檀一兩、麝香檀一兩、零陵香二兩、甘松半兩、大黄二兩、荔枝殻二錢、麝香（不拘多少）、黄蠟一兩、滑石（量用）、石膏五錢、白芨一兩，右料蜜、梅酒。松子、三柰、白芷糊，夏白芨，春秋瓊枝，冬阿膠，黑色竹葉，灰石膏，黄色檀香，蒲黄白色滑石，麝，菩提色細辛，牡丹皮、檀香、麝，檀檀、大黄、石膏、沉香，㗆濕用蠟丸打，輕者用水㗆打。

又《香珠》 零陵香（酒洗）、甘松（酒洗）、茴香各等分，丁香等分，茅香（酒洗）、木香（少許）、藿香（酒洗此項奪香味少）、川芎（少許）、桂心（少許）、檀香等分，白芷（麵裹燒熟，去麵不用）、牡丹皮（酒浸一日晒乾）、三柰子（加白芷治少用）、大黄（蒸過此項收香，珠又且染色），右件如前治度，晒乾合和爲細末，用白芨末和麵打糊爲劑，隨大小圓趁濕穿孔，半乾，用麝香稠調水爲衣。

又《木香餅子》 木香、檀香、丁香、甘草、肉桂、甘松、縮砂、丁皮、莪术各等分，莪术醋煮過，用鹽水浸出醋，漿米浸三日爲末，蜜和同甘草膏爲餅，每服三五枚。

宋 何世南《游宦紀聞》卷九 橄欖，閩、蜀俱有之。閩中丁香一品，極小，雋永，其味勝於蜀産。家君嘗手植核於小圃，伺其萌茁，再歲而樹壯。畏霜，覆以屋。又三歲，高二丈許。始實，初如菉豆，凡兩月漸大。有墮地者，視之，木患子也。皮可洗衣，功不讓皁角，核則人以爲念珠者。

嗚呼！地土風氣之能移物性如是耶？橘踰淮而北爲枳，鸜鵒不踰濟，貉踰汶則死。地氣使然，無足多怪。

元 胡古愚《樹藝篇·木部》卷二《烏桕》 烏桕，樹高大，葉可染皂，子取可臘，子中細核，又可笮取油。今延建所種者顆粒大，閩中所産者顆粒小，蓋野生也。（《興化府志》） 柏本名烏桕，俗呼丫桕，秋來葉先紅，結子亦可食。（《太倉州志》） 烏桕樹高大，葉如梨葉而小，花黄白，子黑色，其葉可染皂，其子可取臘爲燭，其子中細核可笮油。（《邵武府志》） 桕樹子可爲油，作燈燭用，浙東山間皆有之。（《雁山志》） 烏桕，冬月結白實，可以壓油，俗名木油。（《建昌府志》） 烏桕木根皮味苦，有微温，有毒，主暴水癥、積結。聚生山南平澤，《唐本》注云：「樹高數仞，葉似梨杏，花黄白，子黑色。」今按：陳藏器《本草》云：「烏臼葉好染皂，子多取壓爲油，塗頭令黑變白，爲燈極明。服一合，令人下痢，去陰、下水。」《唐本》先附臣禹錫等謹按：《日華子》云：「烏臼，皮根凉，治頭風，通大小便，以慢火炙，令脂汁盡黄乾後用。」又云：「子凉無毒，壓汁梳頭可染髮妙，作湯下水氣。」斗門方：治大便不通，用烏桕木方停一寸來劈破，以水煎取小半盞服之，立通。不用多喫，其功神聖，兼能取水。《衍義》曰：「烏桕葉如小杏葉，但微薄而緑色差淡。子八九月熟，初青後黑，分爲三辦，取子及油燃燈及染髮。」烏桕曰援，曰柜桏，田人謂之桏葉。炊臭而可染皂，子可壓油。《爾雅》云：「援，柜桏。」（《草本畧》） 烏桕，秋晚葉紅可愛，在處有之。（《松江府志》） 種柏必須接，否則不結子，結亦不多。冬月取柏子舂於水碓，候柏肉皆脱，然後篩出核，煎而爲蠟。其核磨碎入

甑蒸軟，壓取青油，可燃燈或和蠟澆燭，或雜桐油置傘，但不可食，食則令人吐瀉，其查名油餅，壅田甚肥。（《蒔園雜記》）烏桕，葉似梨杏，花黃白，子黑色，土人多取其葉以染皂，子壓油即桕油也。（《八閩通志》）烏桕，木堅而葉厚，子經霜綻白者，可壓油爲燭。（《九江府志》）

又 卷二《皂莢》 皂莢有二種，生雍州川谷及鄒魯縣，今處處有之，如豬牙者良，其角亦有長一二寸者。種者二三月，種不結角者，南北二面去地一尺鑽孔，用木釘釘之，泥封竅，即結。用以洗垢滌膩最良，角與刺俱堪，入藥，亦物之利益於世者。（《王氏農書》）皂莢，《南史》云：「黃塵污人衣，皂莢相料理。」又一種曰「肥皂」，亦可浣衣。（《八閩通志》）皂莢一種，小者曰豬牙皂，莢主治油膩污穢。（《漳州府志》）

《圖經》曰：「皂莢出雍州川谷及鄒魯縣，今所在有之，以懷孟州者爲勝。木極有高大者，此有三種。」《本經》云：形如豬牙者良。陶諸云：長尺二者良。唐注云：「長六寸，圓厚節促者直，皮薄多肉味濃，大好。今醫家作疎風氣丸，煎多用長皂莢，治齒及取積藥多用豬牙皂莢，所用雖殊，大抵性味不相遠，九月十月採莢陰乾用。」皂莢樹高丈餘，細葉長刺，其樹有雌雄，雌者作莢，雄者不作莢，利滌垢穢。《本草》云：味辛、鹹溫，有小毒，主痺風、肌死、邪氣、風頭、淚出，利九竅，殺精物，療腹滿，消穀，除劾嗽，囊結，婦人胞不落，明目益精，可爲末藥，不入湯，如豬牙者良。（《興化府志》）皂莢，又一種樹，頗相類，亦有雌雄。其作莢圓厚、節促、直皮微赤而薄多，肉長三四寸，土人謂之肥皂。（《邵武府志》）

又 卷四《蜜香》 蜜香、沉香、雞骨香、黃熟香、棧香、青桂香、馬蹄香、雞舌香，按此八物因出於一樹也。交阯有蜜香樹，幹似柜柳，其花白而繁，其葉如橘。欲取香，伐之經年，其根幹枝節各有別色也。木心與節堅黑沉水者爲沉香，與水面平者爲雞骨香，其根爲黃熟香，其幹爲棧香，細枝緊實未爛者爲青桂香，其根節輕而大者爲馬蹄香，其花不香，成實乃香，爲雞舌香，珍異之木也。（《南方草木狀》） 蜜香，味辛溫，無毒。主臭，除鬼氣。生交州大樹，節如沉香。《異物志》云：「蜜香，虫名。」又云：「樹生千歲，斫仆之四五歲乃往看，已腐敗，惟中節堅真是也。」樹如椿，按《法華經》注云：木蜜，香蜜也。形似槐而香，伐之五六年乃取其香。《海藥》云：謹按內典與狀若槐樹。《異物志》云：「其葉如椿。」《交州記》云：「樹似沉香無異，主辟惡、去邪、鬼尸，注心氣。生南海諸山中，種之，五六年便有香也。」多香木，俗謂之蜜香，辟惡氣，殺鬼精。（《一統志·肇慶府》）

明 劉基《多能鄙事》卷二《造蕪荑》 榆錢不拘多少，暴乾於磁器內，鋪榆錢一層撒鹽一層。如此相間，以醬水澆，候軟控起，用麪滾拌，蓋覆盒。令黃上爲度，暴乾收之。

又 卷三《五味醬》 五味子一兩爲率，滾湯浸一宿取汁，黑豆濃煎汁相和，取色恰好。煉熟蜜合和，嘗味甘酸適中，慢火同熬收之。

又《解醒湯治中酒》 白豆蔻半兩、白伏苓一錢半、木香一錢、陳皮去白一錢、青皮三錢、澤瀉二錢、縮砂仁半兩、神麴二錢、炒黃葛花半兩、乾生薑二錢、豬苓去黑皮一錢半、白朮二錢、人參去蘆一錢，各爲細末和勻，每服二錢半，白湯調服，但得微汗，酒病便去。

又《荔枝香》 烏梅半斤、沙糖二斤、桂末三錢、丁香末一錢、乾生薑末半兩，將烏梅洗浄熬濾去滓，沙糖熟水化濾去滓，合和入銀、石器，熬令半。然後入丁香、桂末三錢，再熬成膏，收之。

又 卷四《濕洗墨油方》 皂角一枚，去皮弦。乾棗五箇、滑石半兩、豆豉一兩爲細末，杏仁合類。遇有油墨污水，蘸濕用。

又 卷五《造雌黃鋌子法》 雌黃研細用水飛過，澄清撇去水。用秦皮、梔子、皂角各一分，芭豆一粒去皮，明黃膠半兩，用煎汁和作鋌，陰乾。

又《合諸香法·杏花香》 甘松、川芎（各半兩）、麝（少許），右爲末，煉密丸如彈子大，燒之。

又《杏花香》 沉香、紫檀香、箋香、附子、降真香（各十兩），甲香（三兩用灰汁煮二三沸，浄洗）、木香、丁香（各二兩）、薰陸香、篤耨香、乳香（各五兩），右搗細末。入射香半兩、梅花腦子二錢，用薔薇油細和，作餅。磁瓶盛，窨地一日。

又《蠟梅香》 沉香、檀香（等分），香（倍用）右爲細末，入射香一字，龍腦半錢，生蜜和之。

又《醒心香》 藿香（一分）、腦子（一錢）、箋香（一兩）、沉香（半兩）、麝（一分），已上並爲細末。以蜜些少拌勻，如常法燒。

又《香毬》 龍腦一錢，白檀，茅香、丁香各一兩，白芷、香附子各三兩，青木香半兩，草豆蔻一兩去皮，艾蒳香一兩（松樹上青衣是也。）、酸棗仁一升（入水研汁一碗煎成膏），右爲細末，以酸棗膏搜和，熟蜜和勻，木臼內搗，令不粘。丸如蓮子大，每燒一丸，烟起三尺許，結成毬，移時不散。

又《藏春返魂梅》 沉香（半兩）、丁香（一分）、定粉（一米）、欝金（麥麩炒赤半分）、臘茶（一錢各爲細末）、射香（一字）、白蜜（一盞置甑中蒸熟），右先將射香細研，取臘茶之半，湯點澄清，調之。次入沉香、丁香、欝金末，次入餘茶及粉共研細巧，入蜜令適中，瓦瓶收，窨地月餘取燒，久窨尤佳。燒時以雲母、銀葉襯之。

又《雪中春泛》 腦子（二錢半）、麝（五分）、檀香（二兩）、乳香（七錢）、寒水石（三錢）、沉香（二錢），右爲細末。煉蜜并鵞梨汁和勻，作餅，就濕置寒水石粉中，磁瓶合收貯。

又《春消息》 回香（一兩）、丁香、甘松、零陵香（各半兩）、麝（少許），右爲末，煉蜜和作小餅。磁合收埋地中，半月可燒。

又《千里香》 荔枝（五百個）、甘松、箋香（各三兩）、回香（一兩蜜炒）、沉香（兩半）、腦子、麝（各一分）右爲末，煉蜜和作餅，燒之。

又《挹汗香》 右以丁香一兩爲細末，以川椒六十粒擘碎和之，以絹袋盛佩之，永絶汗氣。

又《洗衣香》 牡丹皮（一兩）、甘松（一錢），右擣爲末，每洗衣，最後澤水入一錢。

又《衣香》 零陵香、茅香（各三兩）、三賴子（半兩）、木香（一錢）、大黄、甘松、白芷、牡丹皮、丁香（四十九個）、糠腦（錢半）、松子，右剉碎用之。

又《玉華醒醉香》 採牡丹蘂與荼蘼花，清酒拌濕，當風陰一宿，杵細，搜作餅子。窨乾，用腦子塗擦，置枕傍。

又《梅花衣香》 零陵香、甘松、白檀、回香（微炒）、丁香（各半兩）、木香（二錢）、腦（少許）、麝（少許），右依常法用之。

又《薰衣香》 丁香、箋香、沉香、檀香、麝（各一兩）、甲香（三兩），右爲末。煉蜜濕拌，入窨一月。

又《傳衣香粉》 青木香、麻黄根、英粉、甘松、附子（炮）、零陵香、藿香（各等分），右爲末。浴罷，以生絹袋盛，遍身撲之。

又《造軟香方》 金顔（四兩半）、蘇合油（三兩）、片腦（半兩）、麝（一錢）、甘松、丁香、零陵香、檀香、薰陸香、牡丹皮、回香（已上各二錢）。右以銀器先將金顔并油熬就攪，去盡水，豚却，入片腦等末。如要紅，用銀硃三兩，仍用薰蠟鎔化，逐些少和，作錠。

明 牛衷《增修埤雅廣要》卷二五《卉物門・釋木類》 蜜香、沉香、雞骨香、黄熟香、棧香、青桂香、馬蹄香、雞舌香。按此八物同出於一樹也。交趾有蜜香樹，榦似拒柳，其花白而繁，其葉如橘。欲取香，伐之經年，其根榦枝節各有別色。木心與節堅黑沉水者，爲沉香。與水面平者爲雞骨香，其根爲黄熟香，其榦爲棧香，細枝緊實未爛者爲青桂香，其根節輕而大者爲馬蹄香。其花不香，成實乃香，爲雞舌香，珍異之本也。蜜香紙以蜜香樹皮葉作之，微褐色，有紋如魚子，極香而堅靭，水漬之不潰爛。泰康五年，大秦獻三萬幅，以萬幅賜鎮南大將軍當陽侯杜預，令寫所撰《春秋釋例》及《經傳集解》以進，未至而預卒，詔賜其家。

又 卷二九《卉物門・釋草類》 枸杞，一名青精子、却老枝、仙人杖、地骨皮、地輔、枸檵。昔朱孺子幼，事道士王元正居大若岩，汲於溪。見二花犬逐之入枸杞叢下，掘之，根形如二犬。烹而食之，覺身輕飛於峯上。《本草》云：「去家千里，勿食蘿摩、枸杞。」言强盛陰道也。以杞爲粮，以菊爲糗，春食苗，夏食葉，秋食花、實，冬食根。陸龜蒙、張南軒、蘇東坡皆有賦。又，青城山老人村溪曲多枸杞，人飲其水，故壽。

明 宋詡《竹嶼山房雜部》卷七 小龍涎香，沉香（一兩）、龍腦（三錢），用鵞梨汁和爲餅，焚之。

明 劉宇《安老懷幼書》卷二 三妙湯，地黄、枸杞實各取汁一升，蜜半升，銀器中同煎如稀錫。每服一大匙，湯用酒調皆可，實氣養血，久服彌益人。

明 黄乾行《禮記日録》卷一二 先王飲食之備其官，豈惟爲一身之計而已哉？

牛脩二節，此記人君燕食所加之庶羞，《周禮》：膳夫。凡王之膳，羞用百有二十品，比數是也。獸之屬凡十一物，以脯言之：牛一、鹿一、田豕一、麋一、麕一；以軒言之：麋一、鹿一、田豕一、麕一；以芼言之：雉一、兎一。禽之屬二：爵一、鷃一。昆蟲之屬二：蜩一、范一。果之屬十四：芝一、栭一、蔆一、椇一、棗一、栗一、榛一、柿一、瓜一、桃一、李一、梅一、杏一、楂梨一。調和之草木之物二：薑一、桂一，共三十一物。按此雖言王者燕食如此，然下達士庶，亦得有之，故劉氏曰：自牛脩至此凡三十一物，四時之和氣，可以脯，可以乾，可以藏，以備乎老者之所欲也。

明王圻《稗史彙編》卷一二六　五色飲：仁壽間等禪師造五色飲，以扶桑葉爲青飲，楥楔根爲赤飲，酪漿爲白飲，烏梅爲玄飲，江茟爲黃飲。

明　徐獻忠《吳興掌故集》卷一三《物産類》　松黃。松之精有三用：茯苓、松脂與松黃也。松黃酒服之輕身療病，與脂、苓之功相上下。今吳興多取用松黃而不能采脂、苓。又《養老新書》云：「松蕊去赤皮，取嫩白者蜜漬之，略燒令蜜透，勿太熟，極香脆。」劉司空南坦翁自呂山寄王履吉松英藥餌，履吉復詩云：「坦林晝永團松蓋，弁壑春陰長藥苗。寄我遠從丹洞口，報君惟有白雲謡。」今予在吳，每清明時采食，殊得其力，兼得煉松脂法及東坡茯苓沙法，惜二物無古松可取，止於市中搆得之。松脂煉白如玉，苓用蜜團置罈中，責三炷香即成沙矣。　菖蒲。山澗幽僻處多石菖蒲，蒲性幽不可近塵土及煙氣。《養老新書》云：「夜檠間置一兩盆，可以收煙不薰眼。」此非知蒲性者，一經油煙則色暗無光，久則浥爛，塵土着亦能憔悴。天暖常以清泉濯之，無清泉則承黃梅雨水，大缸置之幽處，時時濯洗；冬則置净室，三月下旬方可移置庭除。覆蔽日色然後茂美，見友人一本，經五十年，其根自相糾結，更不籍土石，止以清泉清養之，其服食方見《本草》，久服輕身，聰明不忘，延年藥也。

明　徐炬《新鐫古今事物原始全書·器用》卷一九　《香品》云：香之品類最多，出交、廣、海南諸國。秦漢以前，惟稱蕙、蘭、椒、桂。至隋唐，海南諸品畢至。有以火山燒沉香者，有用沉、檀、腦、麝爲亭閣者。《雜俎》云：一木四香，根曰旃檀，節曰沉香，花曰鷄舌，膠曰薰陸。漢時有司奏事，口含鷄舌香。婆律國樹脂名婆律膏，爲諸香之首。洪芻《香譜》云：「徐肇遇蘇奇，自言有返魂香，香烟直，可見先靈。」外國進避寒香，漢趙后外傳：后洛五蘊七香湯。唐元載寵姬薛瑶英母以香啖英，故肌肉皆香。出《杜陽編》。《唐志》云：都梁香出交廣，迷迭香出西域，俱香之美者。昔防風氏作香毬，後長安巧藝人丁緩作，其法不傳。今嘉興府人巧以雜香或做香珠、香串、香毬，縣於房室，晝夜香氣不散。其芸香草出於闐國，潔白如玉，爲屑塗壁極妙。

明　李詡《戒庵老人漫筆》卷四　山林窮四和香，以荔枝殼、甘蔗滓、乾栢葉、黃連和焚，又或加松毬、棗核、梨核，皆妙。墨娥小録四棄餅子香與此相同，荔枝殼，松子殼，梨皮，甘蔗柤右各等分爲細末，梨汁和丸小雞頭大捻作餅子，或搓如粗燈草大，陰乾，燒妙。加降真屑、檀末同碾，尤佳。

明　陳繼儒《岩樓幽事》　吾山無薇、蕨，然梅花可以點湯，薝蔔、玉蘭可以蘸麪，牡丹可以煎酥，玫瑰、薔薇、茱萸可以釀醬，枸杞、蘆蔥、柴荆、藤花可以佐饌，其餘豆荚、瓜葅菜苗，松粉又可以補笋脯之闕，此山癯食譜也。

明　沈萬鈳《詩經類考》卷二五　椒。《釋本》云：「椒椴醜梂」。梂，實也。《春秋運斗樞》曰：「玉衡星散爲椒。」《埤雅》：「椒，似茱萸而小，赤色，内含黑子如點，今謂椒目。茱萸氣好上，椒氣好下。」《酉陽雜俎》曰：「椒，可以求水銀。」椒爲陽中之樹，最不耐寒，冬日須壅。《爾雅》：「椴，大椒。」疏：「叢生，實大者名『椴』。」陸機疏云：「樹如茱萸，有針刺，葉堅而滑澤。蜀人作茶，吳人作茗，皆合煮其葉以爲香。今成皋諸山間有椒，謂之竹葉椒，其樹亦如蜀椒，少毒熱，不中合藥也，可著飲食中，又用蒸雞、豚最佳香。東海諸島上亦有椒樹，枝葉皆相似，子長而不圓，甚香，其味似橘皮，島上獐、鹿食此椒葉，肉自然作椒橘香。范子計然曰：「蜀椒出武都，赤色者善。秦椒出天水，隴西，細者善。」《本草》：「蜀椒久服之頭不白，令寒者熱，熱者輕，輕者重。」《山海經》曰：「琴鼓之山，其木多椒。景山多秦椒。」應邵《漢官儀》曰：「皇后稱椒房，取其實蔓延盈升。以椒塗室，亦取其温煖。」《本草經》云：「秦椒生泰山川谷及秦嶺上，或琅琊，八九月採實。蜀椒，一名蓎藙，生武都川谷及巴郡。八月採實。蔓椒，生雲中川谷及丘冢間，採莖根煮，釀酒。胡椒生西戎，形如鼠李子，調食用之，味甚辛辣。」《援神契》云：「椒、薑禦濕，菖蒲益聰。」椒之種不一。秦椒，色黃黑似蜀椒而大，初秋生花，秋末結實，即爾雅所謂「椴」也。蜀椒，即陸機云似茱萸，有刺，葉堅而滑者，四月結子，無花但生葉間，如小豆顆而圓，皮紫赤色。八月採實，陰乾。其生蜀都巴郡者，皮肉厚，腹裏白，氣味濃。曼陶云：「椒，俗呼爲樛，似椒欓小，不香耳。今亦無能辨之者。又有崖椒，彼土四季採，皮入藥，陸機所謂竹葉椒，但可著飲食中，似是今之胡椒。」《續漢書》云：「天竺國出胡椒。」段柯古云：「其苗蔓生，莖極弱，長半寸，有細條，與葉齊條上，結子兩兩相對。葉晨開暮合，合則裹其子于葉中者是也，蓋其種實自西域來耳。此詩作於晉人，晉地近秦，歌其土物，當指秦椒。（《名物疏》）

明　周嘉胄《香乘》卷一〇《墨用香》　製墨香，用甘松、藿香、零陵香、白檀、丁香、龍腦、麝香。（李孝美《墨譜》）

又　卷一二《辯一木五香》　異國所傳，言無根柢。如云一木五香，根旃檀、節沉香、花雞舌、葉藿香、膠薰陸，此甚謬。旃檀與沉水兩木無異，雞舌即今丁香耳，今藥品中所用者亦非。藿香自是草葉，南方有之。薰陸小木而大葉，海南亦有，薰陸乃其謬也，今謂之乳頭香。五物互殊，元非同類也。（《墨客揮犀》）

又 梁元帝《金樓子》謂一木五香，根檀、節沉、花雞舌、膠薰陸、葉藿香，並誤也。五香各自有種，所謂五香一木，即沉香部所列，沉、棧、雞骨、青桂、馬蹄是矣。

又 卷一三《南方花香》 南方花皆可合香，如茉莉、闍提、佛桑、渠那花，本出西域，佛書所載，其後本來自閩嶺，至今遂盛。又有大含笑花、素馨花。就中小含笑花香尤酷烈，其花常若菡萏之未放者，故有含笑之名。又有麝香花，夏開與真麝香無異。又有麝香木，亦類麝香氣。此等皆畏寒，故北地莫能植也。或傳美家香，用此諸花合香。温子皮云：「索馨、茉莉摘下花蕊香才過，即以酒噀之，復香。凡是香蒸過爲佳，每四時遇花之香者，皆以次蒸之。如梅花、瑞香、酴醾、梔子、茉莉、木犀及橙、橘花之類，皆可蒸，他日爇之，則羣花之香畢備。」

明 周文華《汝南圃史》卷三《桃》 《典术》云：「桃，西方之木，味辛，氣惡，物或惡之。木之不用桃，猶菜之不用辛也。今桃仁、桃花、桃梟、桃葉、桃毛、桃蠹、桃膠皆入藥，而桃花服之，能令人好顔色，神仙家植之。」

明 張萱《彙雅後編》卷二六《榝》 羅願曰：「榝，一名藙，今之茱萸也。其味苦辛，置之食中能去臭。」《南都賦》所謂「蘇榝紫薑，拂徹羶腥」者也。古者膾，春用葱，秋用芥；豚，春用韭，秋用蓼；脂用葱，膏用薤；三牲用藙，和用醯；獸用梅。蓋皆薰辛之物，所用各有宜爾。《漢律》：「會稽獻藙（煎茱萸也）一斗。」賀氏云：「今蜀郡作之，九月九日取茱萸，折其枝連其實，廣長四五寸，一升實可和十升膏。」然鄭氏及《説文》皆以煎茱萸爲藙，蓋藙必煎乃用爾，今蜀人猶呼其實爲艾子，蓋藙之訛也。《風土記》曰：「俗尚九月九日謂爲上九，茱萸至此日氣烈，熟色赤，可折其房以插頭，云辟惡氣，禦冬。」《西京雜記》云：「漢武帝宫人九月九日佩茱萸，食蓬餌，飲菊花酒，云令人長壽。」至宗懔《記荆楚歲時》云：「漢費長房教桓景，令家人各作絳囊，九月九日盛茱萸繫臂上，登山，飲菊酒，消厄。」蓋至今用是日以椴雜菊花寘酒中飲，古之遺俗也，尤妙於辟毒破氣。故云嶺南多毒，足解毒之物，即金蛇、白藥之屬是也。江湖多氣，足破氣之物，薑、橘、吴茱萸之類是也。乃天生萬物以與人，亦人窮急以致物。《楚辭》稱「椒專佞以慢慆兮，榝又欲充夫佩幃。」椒以比上官之屬，榝其黨也。曹植《樂府歌》曰：「茱萸自用芳，不如桂與蘭。」而郭璞《射覆》云：「子如赤鈴含玄珠。」乃是椒耳。

明 徐應秋《玉芝堂談薈》卷三五《蟻絮漆》 居風縣有蟻絮藤，人視中土知有蟻，墾發。以木皮插其上，則蟻出緣而生漆。百濟西南海中有三島，出黄漆樹，似小榎樹而大，六月取汁，漆器物若黄金，其光奪目。滇中雞足山龍華寺多古木，木杪有絲飄飄下垂如絲髮，長數尺許，土人取以爲服，名曰樹衣。又，端溪出猪肉子，大如杯。炙食之，味如猪肉而美。《交州志》：「都句樹似栟櫚，木中有屑，如麪可啖。」《蜀志》：「沙樹出麪，一樹出一石，正白而味似桄榔，出興右。」又，交阯有穰木，其皮中有如白米屑者，乾，擣之，以水淋之，似麪，可作餅。《北户録》：「桄榔莖葉與波斯棗、古散、椰子、檳榔小異，其木如莎樹皮，釀木皮生麪，可食。」《洛陽伽藍記》：「昭儀寺有酒樹、麪木，得非桄榔乎。拘樓國有水仙樹，腹中有水，謂之仙漿，飲者七日醉。瓊州府有嚴械樹，擣其皮葉，浸以清水，以粳釀和之；或取石榴花葉和釀，醖之數日成酒，可醉人。高陵縣南八里有浄土樹，俗傳西域鳩摩羅什憩此，覆其履，土遂生此樹。二月開如楊花，八月結實，狀如小栗，殼中皆黄土。」《酉陽雜俎》：「北天竺國出蜜草，蔓生大葉，秋冬不死。因重霜露，遂結成蜜，如塞上蓬鹽。」《幽燕記異》：「幽燕思仙驛五樹檜上生藥丸，摘服之，往往療疾有驗。三珠樹生赤水上，其爲樹如柏，葉皆爲珠。」《杜陽編》：「光和元年，波秖國獻神精香草，一根而百條，其枝間如竹節柔軟，其皮如絲可爲布，所謂春蕪布也。堅密如水紈，握之一片，滿身皆香，婦人帶之彌加芬馥。廣西梧州府陸川有勾芒木，出白羊山，其皮可績爲布。

明 包衛《清賞録》卷三 山林窮四和香，以荔枝殼、甘蔗滓、乾栢葉、黄連和焚，又加松毬、棗核、梨核皆妙。

明 劉侗《名物通》卷五《一木四香》 根，旃檀；節，沉香；花，雞舌；膠，薰陸。盛夏木膠流出，夷人取賣之。乳香亦其類也。乳香，紫赤如櫻桃。節，薰陸中乳頭也。沉香、清桂香、馬蹄香、雞骨香、煎香，同是一木。其木類櫸欅，多節。取之，先斷其本根。積年皮幹俱囗，心與節不壞者，乃香也。細枝緊實爲清桂香，黑而沉水爲沉香；半沉浮爲雞骨香，最粗爲煎香。又云沉者爲沉，浮者爲檀，似雞骨爲雞骨香，似馬蹄爲馬蹄香，似牛頭爲牛頭香，最粗者爲棧香。又有熟結、生結。丁謂在海南作《天香傳》云：四香凡四十二狀，皆生于一木。竇、化、雷、高，中國出香之地，比海南優劣不侔矣。既所稟不同，又售者多而取之速，是以黄熟不待其稍成，棧香不待其香足，蓋趨于殘賊之地也。若瓊、崖則非時不妄剪伐；沉之良者惟在此處，俗謂之青桂香，氣尤清。在土中歲久，不待刓剔而成者，謂之龍鱗。又曰葉子香，即棧香之薄者，亦有削之自卷，咀之柔韌者，謂之黄蠟，沉尤難得也。與花梨木、雞翅木、土蘇木，皆産于黎山中。取之必用黎人，外人不識路徑，不能尋取。黎衆亦不相容。又産各種香，黎人不解取，必外人多機警而在内行商慣久者，解取之。云：當七八月晴霽，遍山尋視。見大小木千百皆凋瘁，其中必有香□。乘更月揚輝，探視之，則香透林而起。用草繫記取之。大率林木凋瘁，以香氣觸之，故耳。其香美惡種數甚多，一山原本質理粗細，非香自爲之，種別也。　又云沉香出真臘者爲上，占城次之。

又　卷七《菊》　《抱朴子》曰：「菊花與薏苡相似，苗可以菜，花可以藥，囊可以枕，釀可以飲。」《爾雅》名「治蘠」，品目極多，難悉載。

明　鄧慶寀輯《閩中荔支通譜》卷一〇　食荔多則醉，以殻浸水飲之則解。荔皮不可燒，其香引屍蟲。（徐象梅《博物餖飣》）

明　鄭仲夔《玉塵新譚》偶記卷二《菊有實》　甘菊花，謂之日精，一名更生，一名女華。其葉可羹，其花可釀，其囊可枕，其實可仙。菊亦有實，但難得耳。

清　汪价《中州雜俎》卷一九《物類八·果品》西王母棗　魏百果園中有仙人棗，長五寸，把之兩頭，俱出核，細如鍼，霜降乃熟，食之甚美。俗傳出崑崙山，一曰西王母棗。

西王母桃　魏華林園景陽山南有百果園，果列作林，林各有堂，有仙人桃，其色赤，表裏照徹，得霜即熟，亦出崑崙山，亦曰西王母桃，一曰十月始熟，形如括蔞，俗語云：王母甘桃，食之解勞。

勾鼻桃　鄴南城仙都苑内有勾鼻桃二株，實大，重可三斤。

嘉慶子　東都嘉慶坊有李，其實甘鮮，故稱嘉慶李。今人呼李乾爲嘉慶子。

白馬寺葡萄　白馬寺浮圖前葡萄異于餘處，枝葉繁衍，子實甚大，偉于棗，味殊美，冠于中京。至熟時，帝取之，或賜宫人，宫人傳遺親識，以爲奇異。得者不肯輒食，乃歷數家。又有大榴，京師語曰「白馬甜榴，一石直牛。」又有柰實，重七觔。

含消梨　洛陽勸學里内，周圍有園，珍果出焉，有含消梨，重十觔，從樹着地，盡化爲水。又報德寺梨重六觔。

張公梨　洛陽北邙張公夏梨，海内唯有一樹大谷梨。潘岳賦云：「張公大谷之梨。」《洛都賦》曰：「梨則大谷冬紫，張公秋黄。」

袁梨即哀梨　西華有袁家梨，甘脆無比，墮地即碎，其渣經宿不縕。按：《晉書》有「袁家梨」，後人惡袁姓，而易以哀，然則袁家梨即哀家梨也。

惡楊好李　煬帝十六院中，各樹奇木。一日明，震院楊夫人報帝曰：「酸棗邑所進玉李，一夕忽長。」帝沉默甚久曰：「何故忽？」茂夫人云：「是夕，聞空中若有人語云：『李木當茂』，洎曉看之，已茂盛如此。」又一夕，晨光院周夫人來奏云：「院中楊梅一夕忽亦繁盛。」帝喜問曰：「楊梅之茂能如玉李乎？」曰：「楊梅雖茂，終不敵玉李。」後梅李同時結實，院妃來獻。帝問二果孰勝，妃曰：「楊梅味清酸，不若玉李之甘也。」帝歎曰：「惡楊好李，豈人情哉！抑天意乎！」後楊梅枯死，帝果崩于揚州。

南北果相敵　梁使徐君房、元魏使陳昭各言方物，君房問昭曰：「葡萄味何如橘柚？」答曰：「津液奇勝，芬香減之。」君房曰：「金衣素裏，見苞作貢，向齒自消，良應不及此。南人重橘、柚而輕葡萄也。」魏文帝詔示羣臣曰：「中國珍果甚多，葡萄當末夏涉秋，尚有餘暑，醉酒宿酲，掩露而食，甘而不飴，脆而不酸，冷而不寒，味厚汁多，除煩解倦，釀以爲酒，甘於麴糵，醉而易醒，道之固已流涎，況親食之也。南方有橘正酸，裂人牙時有甜耳，他方之果寧有匹者，此北方人譽葡萄而貶橘柚也。」東坡《橄欖詩》：「待得餘甘回齒頰，已輸崖蜜十分甜。」北人不喜橄欖，南人語之曰「橄欖回味」。北人笑曰：「待他回味時，我棗兒已甜了半日矣」，坡詩蓋戲用此語也。

醂柿　中州有醂柿，以生柿去皮，滚水一半，涼水一半，泡一宿即可食，甚甘美，不澁。醂，力感切，字書藏果實謂之醂。又曰：「桃菹《玉篇》藏柿也，亦作『漤』。《廣韻》：鹽漬果。《碎金》云「漤柿」。（《本草》：言水藏者性冷，鹽藏者有毒。水收鹽浸之外，又有以熟柿用□汁□三四度，令汁盡着器中，經十餘日即可食，其法俱不佳。）

餘甘尉　鄴中環桃特異，後唐莊宗曰：「昔人以橘爲千頭木奴，此不爲餘甘尉乎！」

鷄冠棗　歸德永城縣出棗脯，俗名「棗乾」，通曰「姚棗」。其法謂自萬曆間，從金陵傳得者，特以睢陽多棗，故彼中獨廣。按：陶學士《清異録》：「睢陽多善棗，雞冠棗宜作脯，醍醐棗宜生啖，或謂棗是聖花兒。」據此則睢陽棗脯，自昔有之，未必創自近代也。櫻桃亦素盛睢陽，地名掌扇岡尤繁妙。有一樹收子至三石者，亦出《清異録》。

青沙爛　陳州有梨名青沙爛，宋狄武襄赴陳州，不懌語所親，曰：看此行必死。問其故，曰：陳州出一梨子，號青沙爛，今去本州，青必爛死。一時雖笑之，未幾果卒。初實戲語，適會其死耳。或云初無此説，好事者爲之。或云當時狄爲都人，指目故爲，是無稽之言，以供笑端。

御李子　潘岳《閒居賦》：「房陵朱仲之李。」李善云：「朱仲李未詳。」按：《述異記》云：「房陵定山有朱仲李三十六所。」許昌節度使小廳，是故魏景福殿。董卓亂魏，太祖挾令遷帝，自洛都許。許州有小李子，色黄，大如櫻桃，謂之御李子，即獻帝所植，至今有焉。王逸《荔枝賦》云：「房陵縹李。」

御梨　《文選・魏郡賦》中「山郡出御李」。王昌齡詩：「霜飛天花御梨秋。」

檽棗　相州多出檽棗，俗呼軟棗。《古今注》：「檽棗葉似柳實，似柿而小，味亦甘美。」楊用脩以爲一名牛嬭柿，一名丁香柿。《文選・蜀都賦》所謂「梬」也，蜀中製扇，以此果榨油染紙爲之。温公《名苑》又以爲即《吴都賦》君遷子，如馬嬭俗云牛嬭柿是也。《齊民要術》謂之紅藍棗。又《北夢瑣言》：石晉趙瑩家有檽棗，樹婆娑異常，四遠俱見。有望氣者曰合有登台輔者，後瑩出將入相。（按：本草榨油染扇者，謂之椑柿。又名漆柿，非梬柿也。）

冬桃　密縣有一種冬桃，夏花秋實，八九月間桃自開，其核墮地而復合，肉生滿其中，至冬而熟，味如淇上銀桃而加美，亦異品也。

語兒梨　語兒梨初號斤梨，其大者重至一斤，不知語兒何義。鄭州郭偵蒙陵旁産此甚多，其父老云：「有田家兒數歲不能言，一食此梨，輒謂人曰『大好』。衆驚異，以是得名。」洛中士大夫陳振著小説云：語兒當爲禦兒，蓋地名，梨所從出也。按：禦兒非産梨之地，不知陳何所據也。且語兒鄉在越地，亦名禦兒，與鄭無涉。

鄧橘　鄧州有橘，張衡《南都賦》：「穰橙鄧橘。」義山詩：「楚芝應偏紫，鄧橘未全黄。」

安陽李　魏文帝安陽殿前天降朱李八枚，啖一枚數日不食。今李種有安陽李，大而甘者，即其種也。

樝子即木桃　樝即《詩》「木桃」也。木瓜酸香而性脆，木桃酢澁而多渣，故謂之「樝」。孟州獨多，唐鄧間每種之。《莊子》：「樝梨橘柚，皆可於口。」《淮南子》云：「樹樝、梨、橘，食之則美，嗅之則香。」皆指此也。（木李亦類木瓜，榠樝也，榠樝，乃木瓜之大而黄色，無重蒂者也。樝子，乃木瓜之短小而味酢澁者也。又有榅桲亦類木瓜，生於北土。）

烘柿　中州呼紅柿爲烘柿，烘柿非謂火烘也。即青緑之柿收置器中，自然紅熟如烘成，澀味盡去，其甘如蜜。歐陽修《歸田録》言：「襄、鄧人以榠樝或榅桲或橘葉於中則熟，然亦不必，俗呼樹上自紅者，亦曰『烘』。」李時珍曰：「生柿置器中自紅者，謂之烘柿。日乾者，謂之白柿。火乾者，謂之烏柿。水浸藏者，謂之醂柿。」今懷慶人以大柿去核，裝四五柿於中，曬作餅，謂之甎柿。又以柿燒酒，最美。

三十八　《瑣碎録》言：「河陰石榴名三十八者，其中只有三十八子也。」今薛宗伯輝邑園中有石榴一蔕五實，自然可作盆供，真奇品也。

河洛以橡爲杼　橡實，橡斗也，亦曰皂斗，又曰櫟梂，（曆求）又曰柞子，又曰芧，（杼同）又曰栩。案：《爾雅》云：「栩，杼也。」又曰：「櫟，其實梂。」孫炎注云：「栩，一名杼也。櫟，似樗之木也。梂，盛實之房也。其實名橡，有梂彚自裹之。」《詩・唐風》云：「集于苞栩。」《秦風》云：「山有苞櫟。」陸璣注云：「即柞櫟也，秦人謂之櫟。」徐人謂之杼，或謂之栩，其子謂之皂。皂殼煮汁可染皂也。《周禮・職方氏》山林宜皂物，柞櫟之屬，即此。今京洛、河内亦謂之杼，蓋五方通語，皆一物也。

聖柰　《洛聞録》：「河州鳳林關有靈巖寺，每七月十五日則流出聖柰，大如盞。」

大桃核　《神僊感遇傳》：咸通中，僧懷一居雲門寺，遇一道流，遺以一桃核，大如二升器。又王琮爲王屋令，遇東極真人王太虚與桃核，大如數斗器，摩而服之，身輕無疾。

大果 石虎苑中有勾鼻桃，重二觔。安石榴子大如椀盞，西王母棗三子一尺，羊角棗亦一子三尺。（見《叢中記》）：魏百果園中有仙人棗，長五寸。（見《洛陽伽藍記》）衛公言：滑州櫻桃，十二枚及一尺。（見《酉陽雜俎》）又鄴中産巨栗，脱其殼，可以爲杯。

清 來集之《倘湖樵書·初編》卷二《樹肉竹肉》《説圃識餘》：「樹肉出五臺山，其形如桃，其質似玉，煮一滾以石壓去水，食之可飽，與熟猪無異。地瘠食淡，天以賜僧徒也。其天花菜生七寶樹下，以和肉，夏不變味。」《稽神録》：「建康有人于建昌西芙蓉山伐木，木中得肉可五斤許，其香如熟猪肉，此又不可以理窮究矣。」

顧太初《説畧》云：「有麵樹，則南中桄榔也，酒樹則椰也。肉樹則德慶州端溪猪肉子也，其樹名榮其子，號曰猪子，其肉如肪，大如杯，炙而食之，味如猪肉而美。椰似酒耳，甘而薄，亦不堪飲，若頓遜國樹葉汁，取停之數日，即爲佳酒。枸樓國有水仙樹，樹腹中有水，謂之仙漿，飲者七日醉。又烏孫國青田核，以水注之，少頃成酒，不可久注，久注則苦，不可飲，此乃真酒樹也。」

清 高士奇《北墅抱甕録》 松花可服，松節可釀，松脂可爇，松子可餐，松濤可聽，松陰可坐。霜幹煙姿，亭亭千尺，真山居勝友也。園中有青皮、紫皮、二鬣、五鬣各種，皆黄山、天目所産。對此風標，可爲晚節之助，豈僅添雅興已耶。

清 曹溶《倦圃蒔植記》卷上《總論》 聖人爲腹不爲目，凡草木之芬芳貞固，可以比德者，尚矣。此外則或資其材，或取其蔭，或供爲食，或儲爲藥，末節乃玩其色，雖兼收並蓄，而輕重緩急之間，詎可無微權也耶！

栢，當以千頭側栢爲乙之甲，閩種也，繁枝上聳團如車蓋，而蒼翠可愛，其葉可餌，可湯，可藥，别一種曰扁栢，則常品耳。纓絡栢、檜樹之類，其別族也。亦若羅漢、鵞毛，皆冒松姓，而未許通譜。云松栢之附庸，曰杉。隆冬栢色暫紅而松愈蒼翠，一公二伯，木之序爵較然。桑可飼蠶，以衣被天下，當爲木之丙，若不耐養蠶，祇售其葉，亦可爲恆産。嘗遇湖州一筆賈，見此地園多雜樹，慨然相勸，何不盡芟去，以其地種桑。予深服其言，而未能行也。白桑有花無實，黑桑有實無花，飼蠶須種白桑，欲收紫椹爲藥，明目延年，則黑桑亦可種十分之二也，每歲翦剥冗枝，其薪更可熬藥。

庭槐緑陰，盛夏翠幕，花實並收，可染可藥，葉製冷淘，杜陵飽嚼，定品爲木之辛。

清 陳淏子《秘傳花鏡》卷三《花木類考·皂莢》 皂莢，一名皂角，所在有之。樹最高大。葉如槐而尖，細枝多刺。夏開小黄花，結實有三種：小而尖者名猪芽；長而肥厚多脂者可用；長而瘦薄不粘者劣。初生時嫩芽可茹，莢老可入藥。二三月宜種，如樹大不結莢，當於南北二面去地鑽孔，用木釘釘入，泥封其孔，來年即結。

清 吴綺《嶺南風物記》 女兒香，出東莞縣馬蹄岡、金桔嶺、梅林、百花洞諸鄉，離城四十里。土人採香歸家，女兒揀選拾其精者而藏之，故有女兒之名。栽種于清明未雨之前，收成於二三十年之後，必祖孫父子相繼爲業，畧無近功。又擇地土所宜，故他鄉罕樹焉。香樹葉似樹蘭而叢密覆蔭，行人折枝代傘，謂之香陰。實可榨油，燃燈最明。虻蠓百蟲不敢近，悮觸之，斷翼脱足而死。性大熱，悮入飲食亦令人吐。皮堪作紙，堅厚過於桑料，名曰純皮紙。香之身出地上者，名曰白木香，能辟穢，去潮濕。香必種十餘年之久，然後伐其正身之白木，就其正身之近地鑿孔開香門。香經伐之後則枝葉旁抽，而婆娑益茂；經開香門之後則香氣隨雨露所漬，趨結於根頭之下矣。初年於香門穴中鑿採一片覆以純黄潔土，次年則可得二三片，年愈久則根頭寬，洞成窩，出香愈多，而味愈永，名曰牙香，以其形狀如馬之牙也，俗人亦呼爲香頭。牙香中去其連頭蓋底枯槁白木而存留其純粹者曰選香，謂經揀選過也。選中又選，其生結、穿胸、黑格、黄熟、馬尾浸者，爲最上，即女兒香矣。其次水熟、白紋、藕衣紋者，燒時雖香，微帶酸氣如沉速，不足貴也。何謂生結香，香頭根下遇有隙穴，受日月霜露漸漬，日久結成胎塊而香身不枯，受土生氣與之相接，名曰生結。生結之香曝之烈日，其香滿室。既有生結，必有穿胸之形迹，必有黑格之發露，蓋穿胸黑格乃生結之徵驗也。何謂黄熟香，樹不知其幾經數百年，本末皆枯朽，揉之如泥，中存一塊，土氣養之，黄如金色，其氣味静穆異常，亦名熟結。至於馬尾浸，則香之植朱砂黄土中歷年久而自成者，一線光黑如漆浸於香上，體質堅凝，肌理密，實乃香之津液積結而成，其氣味與生結等而更悠揚，此所以爲貴也。

清 汪灝《佩文齋廣群芳譜》卷二六《花譜·桃花》 三月三日，取桃花陰乾爲末。收至七月七日，取烏雞血和塗面，光白潤色如玉。三月三日取桃葉，搗取汁七升，以醋一升，同煎至五六分，服之蟲俱下。根亦可收，東向桃枝於五月五日正午東向斫成三寸木，人著衣帶中，能補心虛健忘，令人耳目聰明。又云戊子日取東引者二寸，枕之，兼用尤妙。

又　卷三九《花譜·木槿》取用：湖南北多植爲籬障，花與枝兩用。皮及根，甘平滑，無毒。作飲服，令人能睡。花作湯飲，治風皮，治瘡癬。川中者色紅、氣厚、力優，尤效。

又　卷四七《花譜·鳳仙》製用：采肥莖汋醃可爲菹。花，酒浸一宿可食。取紅花搗爛煑犀杯，色如蠟，可充舊。犀初煑出忌見風，見風即裂。庖人烹魚肉難卒爛，投子數粒同山查，即易爛。女人采紅花同白礬搗爛，先以蒜擦指甲，以花傅上，葉包裹，次日紅鮮可愛，數月不退。能損齒，服者不可著牙，多用亦戟人喉。插瓶，用沸水或石灰入湯，可開半月。

又　卷七〇《木譜·松三》製用：《清異録》：「却老霜，九鍊松枝，爲之辟穀長生。」松節，松之骨也，質堅氣勁，筋骨間諸病宜之，釀酒已風痺。松葉，一名松毛，除惡疾，安五臟，生毛去風痛、脚痺，及風濕瘡。松白皮，松根下皮也，解勞益氣。松皮，松樹老皮也，一名赤龍皮，生肌、止血、斂瘡口、治瘡。松液，火燒松枝溢出者，治瘡疥，及牛馬瘡。

又　卷七四《木譜·榆》原取用：三年春，莢可賣，五年堪作椽。十年後可作器用，十五年後可作車轂。嫩葉煠浸淘淨可食。榆錢可羹，又可蒸糕餌，收至冬可釀酒，瀹過曬乾，搗羅爲末，鹽水調勻，日中曝曬可作醬，即榆仁醬也。榆皮去上皺澀，乾枯者取嫩白皮，剉乾磨粉，可作粥備荒。採其白皮爲麪，水調合香劑，黏滑勝膠漆。榆皮濕搗如糊，黏瓦石，極有力，汴、洛以石爲碓嘴，用此膠之。

又　卷七五《木譜·櫟》（本草）：「肉可以爲飯，或擣浸取粉，其嫩葉可煎飲。高者二三丈，堅實而重，有斑文。大者可作柱、棟，小者可爲薪炭。」

又　卷八九《卉譜·紅花》其花可染真紅，又作臙脂，爲女人唇妝。其子搗碎煎汁，入醋拌蔬食，極肥美。又可爲車脂及燭花，味辛溫，無毒，行男子血脈，通女子經水，多則行血，少則養血，潤燥、止痛、散腫亦治蠱毒。

又　卷一〇〇《藥譜·枸杞》原枸杞二木名。此物棘如枸之刺，莖如杞之條，故兼二名，處處有之。春生苗葉，如石榴葉而軟薄堪食，俗呼爲「甜菜」。其莖幹高三五尺，叢生。六七月開小花，淡紅紫色。隨結實，微長生青熟紅，味甘美。根名地骨，根之皮名「地骨皮」。古以常山者爲上，近時以甘州者爲絶品。今陝之蘭州、靈州以西，并是大樹，葉厚根麤。河西及甘州者子圓如櫻桃，曝乾緊小，紅潤甘美，可作果食。

清　李光地《月令輯要》卷五《正月令·民用》五加皮。增《農政全書》：「五加皮取其幹可作骨，取其刺可却姦，取其芽可食，取其根皮作藥，作酒，正月插。」

清　王鉞《星餘筆記》桄榔，身直如杉，有節似大竹，一榦挺上，高數丈，枝條團團，懸掛若傘。蓋其皮釀之出麪，可食。其木最重，番舶用爲鎗，以代鐵。色類花梨而多綜紋，工人解以製弈枰，甚佳。又云其心可以爲炙。

山胡桃，皮厚，底平，略似檳榔，寧邑山中多有之。土人取以作數珠，名番菩提。質堅如石，亦有文理，頗可玩。臙脂木，堅緻，色如臙脂，可旋作。寧邑山中間有之。金絲木，紋如金絲，質亦堅緻可喜。

椰子樹出海南，舊傳初栽時用鹽一二斗，先置根下則易發。木榦最長至斗大方結實，實大如寒瓜，外有麄皮，次有殼，圓而且堅，剖之有白膚，厚半寸，味似胡桃而極肥美，有漿，飲之得醉，《伽藍記》所云「酒樹」即此也。又其殼可以爲瓢，一種小者端圓堪作酒盞，出于文昌、瓊山之境，他處則無，其尤小者僅如指頂，以爲盃，尤堪玩。

香圓木似柚而葉尖長，枝間有刺，其實有大至尺四五寸爲圍者，清香襲人，寧邑亦有之。土人摘置几案間，頗可賞翫，酒闌并刀破之，味不減新橙也，葉可以療病。

清　宋廣業《羅浮山志會編》卷二二《木屬》桂樹生必以高山之頂，冬夏常青。《山海經贊》：桂生南禺，拔萃岑嶺。廣莫熙葩，凌霜津穎。氣王百藥，森然雲挺。《抱朴子》：「桂可以竹瀝合餌之，亦可以龜腦和服之。」蘇軾《桂酒頌》：《禮》曰：喪，有疾飲酒食肉必有草木之滋焉，薑桂之謂也。古者非喪食，不徹薑桂。《楚辭》曰：「奠桂酒兮椒漿」，是桂可以爲酒也。《本草》：「桂有小毒，而菌桂、牡桂皆無毒。大略主溫中，利肝、肺氣，殺三蟲，輕身堅骨，養神發色，使常如童子。療心腹治疾，爲百藥先，無所畏。」陶隱居云：「《仙經》：『服三桂』，以葱沸合雲母蒸爲水。」而孫思邈亦云：久服可行水上，此輕身之效也。吾謫居海上，法當數飲酒，以禦瘴。而嶺南無酒禁，有隱者以桂酒方授吾，釀成而玉色，香味超然，非人間物也。東坡先生曰：「酒，天祿也，其成壞美惡以兆主人之吉凶。」吾得此，豈非天哉！故爲之頌，以遺後之有道而居夷者。其法蓋刻石置之羅浮鐵橋之下，非忘勢求道者莫至焉。其詞載《藝文志》。

旃檀，竺法真《登羅山疏》：「旃檀出外國，元嘉末增城有人於山見一大樹，員蔭數畝，三丈餘圍，辛芳酷烈。其間枯條數尺，援而刃之，乃白旃檀也。」

沉香，竺法真《登羅山疏》：「沉香，葉似冬青樹，形崇竦，其木枯折，外皮朽爛，内心乃香。山雖有此樹而非香所出，香之佳者，乃出日南北景。」

薰陸香，即羅香也，一名馬尾香，是樹皮鱗甲，採之復生。《山記》：「羅浮有越王擣薰陸香。」

枸杞，隨地有之，羅浮爲佳。葉初生，可作菜服食。方春取芽，夏取花，秋取子，冬取根、皮，合食却病延年。

羅浮茶，石洞諸庵多有之，以春分前一日采，試以景泰泉水，芳香勃發，絶勝白雲、鼎湖所産。

男青，《山記》：女青，即萬年枝，《本草》一名雀瓢，治蠱邪，殺鬼。樹身大合抱，皮麄肉厚，經冬不凋。又名冬青，結子皮青黑色，有瓤核，飛禽食之。惟羅浮山有男青似女青，條蕊之屬，莫不朱色，尤易植立土中，因便開榮。

訶梨勒，俗呼訶子樹。似木梡，花白，子形如橄欖，六路皮肉相着，可作飲，變白髭髮。

求那衛，外國樹也。香僧種之，英華紅粉，至可愛玩。（即夾竹桃。）

合成樹，《南越志》：博羅縣有合成樹，十圍，去地二丈，分爲三衢：東向一衢，木葉似練，子如橄欖而硬，削去皮，南人以爲糝；南向一衢，橄欖；西向一衢，三丈樹，南北之候也。

南燭，枝葉，羅山高處間或有之，《登真隱訣》：「太極真人青精乾石飢飯法：以生白秔米（秔音粳）一斛五斗，更舂治，淅取一斛二斗，木葉五斤，燥者用三斤亦可，九浸米，九蒸九暴，爲飢暴乾，爲飯可飡。」

又《果屬》香柑，有赬、黄二色，以味甘美得名，神湖之側及山下皆有之。其大有三寸者，王叔之有《柑橘贊》，載《藝文志》。《唐書》：羅浮柑子，開元中，始有小僧種於南樓寺，其後常資進獻。幸蜀奉天之際，皆不結實。《舊志》：山中有柑子，甚佳，唐初亦嘗充貢，故名御園柑子。

橘，《異物志》：「橘樹，白華赤實，皮既香而有善味。又有壺橘，形色都是皮厚氣味亦不劣。其小而黄者名金橘，剥皮則酢，合食則甘。」

棗，色青，視波斯棗尤小，三五年一番結子。

荔枝，樹高五六丈，如桂而緑葉、青花、朱實。實如水晶丸，考荔有多種：曰黑葉，曰大荔，曰田巖，曰塘嵤，曰進奉。産增城者尤佳，曰桂緑，曰犀角子，曰狀元紅，曰尚書懷諸品，桂緑爲上。出新興者香荔，實小核焦而香美。竺法真《登羅山疏》：荔枝冬青，夏至日子始熟，六七日可食，甘酸宜人，其細核者謂之焦核，荔枝之最珍者也。《南海藥譜》荔枝，未熟人未採則百蟲不敢近，纔採之，則烏鳥蝙蝠之類無不殘傷。然亦不獨荔枝，諸果皆然，蘇軾《四月十一日初食荔枝》詩二章。又孫蕡《憶羅浮》詩，俱載《藝文志》。

龍眼，枝葉似荔枝而稍小，殼青黄色，形如彈丸，肉堅白帶漿，其甘如蜜。七月熟，其類不一曰孤圓，曰青皮，曰黄殼，不能盡述。

蒲桃，樹高二三丈，其葉如桂，四時有花，叢鬚無瓣，如剪出絲毬，長寸許，色兼黄緑，結實如蘋果，殼厚半指，絶香甜，核與殼不相連屬，摇之作響。羅浮澗中多有之，猿鳥含啄之餘，隨流而出山，人阻水取之，動盈數斛。以之釀酒，曰「蒲桃春」，經歲香不減，作膏尤美。

山葡萄，蘡薁也。莖細裊而花紫白，不恒實，如北葡萄小而赤，八、九月熟，味酢可食，亦堪爲酒。其莖主嘔逆，斷其兩頭節炊之，有汁出如通草。仙家浴丹用其實。乾澀各半，和石腦油、樟腦油，煎水以解胎。

木葡萄，花葳蕤可愛，子如蠟丸，味清香，殊佳。

橄欖，樹高數丈，味苦澀，咀之芬馥。蘇軾有詩。載《藝文志》。

甘蕉，根似芋，取鑊煮之，如絲可紡績爲絺綌。株大者一圍，長一丈或七八尺，葉廣尺長，丈中分如幅帛而有角，莖末百餘子，大各爲房有三種：大如羊角，熟後色猶青，名青牙蕉，味最甘香；一種皮薄，名牛乳蕉；一種皮厚肉内有核，如藕而三稜，長六七寸，名鼓槌蕉，味最劣，暴以爲餅。二種熟後色俱黄，俗以黄蕉與丹荔相對爲聲，核根葉稍似長一二尺許，華如酒杯，色如芙蓉者，名曰芭蕉。無實可食，與甘蕉不同，南朝梁沈約詩：「抽葉固盈丈，擢本信兼圍。流甘掩庭實，弱縷貫絺衣。」

沙棠，竺法真《登羅山疏》：「浮山有沙棠，花黄、實赤，味甘如李。」

清 陳祥裔《蜀都碎事》卷一 益州方物有海椶，有楠，有榿，有竹柏，有紅豆，有海芋，有紫竹，有慈竹，有椶竹，有方竹，有柑，有赤鸝芋，有緑葡萄，有天師栗，有天仙果，有限支，有錦被堆，有錦帶花，有石蟬花，有長生艸，有瑞艸，有紅蕉花，有重葉海棠，有月季花，有佛豆，有添色拒霜花，有黄酴醿，有艾子，有鴛鴦艸，有虞美人艸，有仙人稻，有羞寒花，有瑞聖花，有七寶花，有旌節花，有娑羅花，有木槿花，有鷺毛玉鳳花，有菂，有真珠菜，有朝日蓮，有蟬花，有𤎖麻，有水硫黄，有附子，有石瓜，有芎，有大黄，有餘甘子，有金星艸，有桐花鳳，有紅桐觜，有荏雀，有護花鳥，有百舌，有狨，有花羊，有玃，有魶魚，嘉魚，穌魚，黑頭魚，沙魚，石鱉魚，有金蟲六十餘種。

宋祁《海椶贊》云：「椶皆褫皮，此獨自幹。攢葉于顛，蠹首披散。秋華而實，其值則罕。」按：似椶，然不皮而幹葉叢于杪。至秋乃實，似楝子，杜工部有「左綿海椶行。」

《楠贊》云：「在土所宜，亭擢而上。枝枝相避，葉葉相讓。繁陰可庥，美幹斯仰。」

《榿贊》云：「厥植易安，數歲輒林。民賴其用，實代其薪。不楝不櫟，亦被斧斤。」

《竹柏贊》云：「葉與竹類，緻理如柏。以狀得名，亭亭修直。」

按：竹柏生蛾眉山中，葉繁長而澤似竹，然其幹類柏而亭直。

《紫竹贊》云：「竹生三歲，色乃變紫。伐榦以用，西南之美。」

《慈竹贊》云：「根不它引，是得慈名。中實外堅，笋不時萌。末或下垂，苒弱緑縈。」按：慈竹，性叢生，根不外引，其審間不容笴笋。生夏秋，節修膚緻，土人用以代繩。

椶竹，贊云：「葉椶身竹，族生不蔓。有皮無枝，實中而幹。」

《方竹贊》云：「竹箇皆圓，此獨方形。厚培于竅，緗節稜稜。」

《柑贊》云：「碧葉素葩，厥包之珍。舟束既披，香液飴津。」

《赤鸝芋贊》云：「芋種不一，鸝芋則貴。民儲于田，可用終歲。」按：蜀芋多種，鸝芋爲最美，俗名赤鸝頭芋，形長而圓，但子不繁衍。又有蠻芋亦美，其形則圓，子繁衍，人多蒔之，最下爲槫，果芋槫接也。言可接果，山中人多食之。惟野芋人不食，《本艸》有六種：曰青芋，曰紫芋，曰白芋，曰真芋，曰蓮禪芋，曰野芋。

《緑葡萄贊》云：「西南所宜，柔蔓紛衍。縹穗緑實，其甘可薦。」

《天師栗贊》云：「栗類尤衆，此特殊味。專蓬若橡，託神以貴。」

按：天師栗，生青城山中，它處無有也。似栗味美，久食已風攣。

《天師果贊》云：「有子孫枝，不葩而實。薄言采之，味埒蜂蜜。」按：樹高八九尺，無花，其葉似荔枝而小，子如櫻桃，纍纍綴枝，六、七月熟，味至甘。

限支贊云：「挺榦既修，結葩茲白。戟外澤中，甘可以食。」按：樹生邛州山谷中，高丈餘，枝修弱，花白實似荔枝，肉黄膚甘，大如雀卵。

錦被堆，贊云：「花跗芬侈，叢刺于梗。不可把玩，艷以妍整。」按：花出彭州，其色一似薔薇，有刺。

錦帶花贊云：「苒苒其條，若不自持。緑葉丹英，蔓衍紛垂。」按：蜀山中處處有之，長蔓柔纖，花萼間側，如藻帶花開，形如飛鳥，土人呼爲「髩邊嬌」。

石蟬花贊云：「有苕顛然，有萼敷然。取其肖象，莫類于蟬。」按：花始生，其條森擢，長二三尺，葉如菖蒲，紫萼五出，與蟬甚類，緑黄相側。又白者號玉蟬花。

《長生艸贊》云：「色與柏類，苒苒其莖。冬不甚黄，故爲長生。」

《瑞艸贊》云：「翠蔓紺苕，回繚可喜。蒔之庭堂，珍以爲瑞。」

《紅蕉花贊》云：「蕉中無榦，花産葉間。緑葉外敷，絳質凝殷。」按：即美人蕉也。

《重葉海棠贊》云：「修柯桑蔓，濃淺繁總。盛則重葩，不常厥種。」

《月季花贊》云：「花亘四時，月一披秀。寒暑不改，似固常守。」

《佛豆贊》云：「豐粒茂苗，豆別一類。秋種春斂，農不常蒔。」

《添色拒霜花贊》云：「自濃而淺，花則常態。今顧反之，亦反之怪。」

按：花生彭、漢、蜀州，花始開白色，明日稍紅，又明日則若桃花然。

《黄酴醿贊》云：「人情尚奇，賤白貴黄。厥英畧同，實寡于香。」

《艾子贊》云：「緑實若萸，味辛香苾。投粒羹臛，椒桂之匹。」按：艾木，茱萸類也，立正緑，味辛，蜀人每進羹臛，以一二粒投之，香滿盂盞，或曰作爲膏尤良。揚雄《蜀都賦》當作蔱，蔱、艾同字云。

《鴛鴦艸》贊云：「翠葩對生，甚似匹鳥。逼而觀之，勢若偕矯。」按：此艸春葉晚生，其稚葩在葉中，兩兩相向，如飛鳥對翔。

《仙人稻》贊云：「附陽而生，垂若文綌。大槩苔類，土石所交。」按：生大山岩陰石隈間，鮮翠，長三四尺，蕤垂若縚，或言深谷中有長丈餘者。

《虞美人艸贊》云：「翠莖纖柔，稚葉相當。逼而謌之，或合或張。」按：生雅州，其花有五色，葉無風亦自摇動，聞人歌則若解舞狀。

《羞寒花贊》云：「冒雨而茂，莖修葉廣。附莖作花，葉蔽其上。以其自蔽，若有羞狀。」按：蜀地處處有之，不爲人所愛。依莖綴花蔽葉，自隱俗曰「羞天花」，即《本艸》所謂「鬼臼」也。

《瑞聖花贊》云：「衆跗聚英，爛若一房。有守繪圖，厥名乃章。繁而不艷，是異衆芳。」按：花出青城山中，榦不條，高者乃尋丈，花率秋開，四出，與桃花類，然數十跗共爲一花，繁密若綴，先後相繼而開，九閲月未萎也。蜀人號「豐瑞花」，故程相國琳爲益之年，繪圖以聞，更爲「瑞聖花」。然有數種：若小者曰「寶仙」，淺紅者曰「醉太平」，白者曰「玉真」，今久未聞有此花矣。

《七寶花贊》云：「擢穎挺挺，盛夏則榮。丹紫合英，以寶見名。」按：此花條葉大抵玉蟬花類也，其生蘙蔚，花紫質絳。

《旌節花贊》云：「擢條亭亭，層層紫丹。狀若使節，方圖實刊。」按：《益州圖經》云：條條華碧皆層層而擢正，類使所持節然，故名。

《娑羅花贊》云：「聚葩共房，葉附花外。根不得徙，見偉兹世。」按：花生峨眉山中，類枇杷，數葩合房，春開葉在表，花在中，根不可移。

《木蓮花贊》云：「葩秀木顛，狀若芙蕖。不實而榮，馥馥其敷。」按：花狀若芙蕖，香亦類之木榦花，夏開枝條茂蔚，生峨眉山中。

《鷺毛玉鳳贊》云：「葉而無采，狀類翔鳳。么質毛輕，翩欲飛動。」按：花本至卑，纖蓬如釵股，秋開不葩而髩狀，似禽色白故名。

《蒟贊》云：「蔓附本生，實若椹纍。或曰浮留，南人謂之。和以爲醬，五味告宜。」按：蒟出渝、瀘、茂、威間，即漢唐蒙所得者，葉如王瓜，厚而澤實如桑椹。緣木而蔓，子熟時外黑中白，長三四寸，以蜜藏之，辛香可食。能溫五藏；或用作醬，善和食味，即南方所謂「浮留藤」，取葉合檳榔可食。

《真珠菜贊》云：「植根水中，端若串珠。皿而瀹之，可以代蔬。」按：戎、瀘間有之，生水中、石上，翠縷纖蔓，蜀人以蜜熬食之，或以醯煮，可行數千里不腐。

《朝日蓮贊》云：「素花碧葉，浮秀波面。日中則向，日入還斂。」按：花色或黃，或白，葉浮水上，形如菱花，差大開，則隨日所在。日入輒斂，而自藏于葉下。

《蟬花贊》云：「蟬不能蛻，委于林下。花生厥首，兹謂物化。」按：川中山林間處處有之，蟬之不蛻者，至秋則花，其頭長一二寸，黃碧色，治小兒瘈瘲，又能已瘧。

《燖麻贊》云：「葉能螫人，有花無實。冒冬弗悴，可以祛疾。」按：蜀中處處有之，葉上莖上皆有刺，人或觸之，如蝎螫者，俗呼爲「蝎子艸」。

《水硫黃贊》云：「厥生在石，水蕩其液。觸梗凝體，品亞南舶。」

《附子贊》云：「附堇而生，翠莖紫蕤。生蜀者良，三建則非。」

按：附子生綿州、彰明，花色石青，葉似菊，《本艸》言：附子無正種，附烏頭而生，以冬至日栽，隔歲小暑後始起，即下瓮以鹽水淹之。有重五、六兩一枚者爲上品，一二兩一枚者爲下品。《本艸》又以一兩五六錢者爲貴，其説不同。然在蜀則新出鹽鹵，其質較重，故極大者一乾則重平等矣。人以大者爲天雄，非也。天雄長而細，唐人以龍、綿二州所生者爲良，今則惟彰明有之。

《石瓜贊》云：「修榦澤葉，結實如綴。膚解核零，可用治痺。」按：瓜，蛾眉山中，樹端挺，葉肥滑，如冬青，甚似桑。花色淺黃，實長不圓，殼解而子見，以其形似瓜，故多煮爲液，能治痺。

《芎贊》云：「柔葉美根，冬不殞零。采而綴之，可糝于羹。」按：產灌縣，葉爲蘼蕪。《楚詞》謂：江蘺者，根即芎似雀腦者佳，葉可作羹食。

《大黃贊》云：「葉大莖赤，根若巨皿。治疾則多，方家所詺。（音瞑）」按：蜀山中多有之，苗根皆長盈二尺，大者可治爲枕。紫地錦紋者佳。

《餘甘子贊》云：「黃葩翠葉，圓實而澤。咀久還甘，或號菴勒。」按：生戎瀘山中，樹大葉細似槐，實似李而小，咀之，前澁後甘，能解硫黃毒，即《本艸》所謂「菴摩勒」者。

《金星艸贊》云：「長葉蘙生，背點星布。高醫近識，傅疽可愈。」

《桐花鳳贊》云：「金花之露，俗曰鳳類。綠羽纖爪，藻背翠尾，花落則隱，是以見貴。」

《紅桐鵃贊》云：「絳質剛啄，房黑于矜。因網就羈，以馴厥心。」按：出永康軍山谷中，絳體若赭，惟羽差黑人亦畜之，不能久也。

《茌雀贊》云：「緇緑厠采，喜茌克臑。奮頸陪腮，矜健于味。里人哀背，以佐其鬬。」

《護花鳥贊》云：「茜茸黑裳，黄駮其羽。厥鳴嚶嚶，若禁若護。名而不情，盗者猶懼。」按：青城、峨眉間往往有之，至春則鳴，云勿偷花果。髣髴人言，一名惜春禽，又名護山雞。

《百舌鳥贊》云：「緑衣紺尾，一啼百囀。可樊而畜，爲世嘉玩。」按：出蜀山谷中，毛采翠碧，善效它禽語，一云翠碧鳥，非所謂反舌無聲者。

《狨贊》云：「狀實猿類，體被金毳。皮以藉焉，中國之貴。」按：出蜀各夷中，大小皆類猿，惟毛爲異，其尾雙尖。

《龍羊贊》云：「羊質而大，角繚于首。以角之珍，軀殘獵手。」按：出吐蕃及威茂州，形似羊而大，其角繚上，黑質而白，文工以爲帶，其用亂犀。

《玃贊》云：「玃與猿猱，同類異種。彼美豐肌，登俎見用。」按：與狷猱無異，但性不躁動，肌肥，蜀人炮蒸，以爲美味。

《魶魚贊》云：「有足若鯢，大首長尾。其啼若嬰，緣木弗墜。」按：出雅江，狀似鯢，有足能緣木，聲如兒啼，俗呼爲「娃娃魚」。

清 雍正《廣東通志》三卷五二　沈、檀、腦、麝四合，加以琪南、羅合、榧子、滴乳、蠡甲九味相合，其香絶塵。至山林寒士四和香，以荔枝殼、甘蔗滓、乾栢葉、黄連和燃，又或加松毬、棗核、梨核皆妙。（《洞天清録》）

清 雍正《浙江通志》卷一〇二　松黄。吴興掌故：松之精有三用，茯苓、松脂與松黄也。松黄酒服之輕身，療病與脂、苓之功相上下。《養老新書》：「松蕋去赤皮，取嫩白者蜜漬之，略燒令蜜透，勿太熟，極香脆。王履吉《謝劉司空自吕山寄松英藥餌詩》：「坦林書永團松蓋，弁壑春英長藥苗。寄我遠從丹洞口，報君惟有白雲謡。」

清 雍正《陝西通志》卷四三　枸杞。「集于苞杞」。（《詩經·小雅》）杞枸，檵也，一名苦杞，一名地骨，春生作羹茹，微苦。其莖似莓子，秋熟正赤。（陸疏）京兆貢地骨皮。（《唐書·地理志》）京兆永興軍貢地骨皮。（《宋史·地理志》）丘陵坂岸者皆可用，後世帷取陝西者良。（《本草綱目》）地骨皮，枸杞根也。（《馬志》）枸杞，小條苞生，嫩葉可茹。（《山陽縣志》）

皂斗，木實爲果，橡蓋果也。昔摯虞入南山，饑甚，拾橡實而食。（《本草綱目》）皂斗即橡殼，可染皂。（《衢州志》）

清 雍正《山西通志》卷四七《物産沁州府》　橡，實可食，殼用染皂物。潞澤製皂帕，用此。

清 雍正《江南通志》卷八六《食貨志·物産》（徐州府）　枸杞（郡邑通産，子、苗、根皆大補益。）

清 倪蜕《滇小紀》　利米，順寧有之。男子好衣皂，面黄黑，善弩獵，每射雀得之，即爲生噉。女子分辮赤足，出外常披花布以蔽其身。狘人，麗江界内有之。披樹葉爲衣，茹毛飲血，無屋宇，居山岩中。大猓，黑雲州有之，愚蠢黑陋，所食荍稗爲上品，餘啖樹皮、野菜、藤蔓、蛇、蟲、蜂、蟻、蟬、蚓、禽、鳥，遇之生食，不輯廬舍，崖居野處，與野人同類。

清 張宗法《三農紀》卷七《材屬·榆》　製用：榆錢，可羹，可蒸餻餌，可釀酒。瀹過晒乾，搗羅爲末，鹽調匀曝晒，可作醬。《本草》云：「榆仁作羹糜，令人多唾。」《月令》云：「榆皮去粗皮取瓤，剉乾磨粉，可作粥。皮末水調合，香料粘滑勝膠漆，汴、洛人以榆皮溼搗粘瓦石，作石碓。」

清 嵇璜《續通志》卷一七六　落葉松，塞外興安嶺多有之，五臺亦有。其皮蒙古無茶時，可以當茶。木性最堅，其刺有毒，入肉即爛，入水即沉，所以木商不取。其幹直挺參天，枝葉蔚然，恍若九簷。羽蓋以塞北高寒經秋葉脱，至春復生，松上寄生白脂，厚五六寸，光潔似玉，微軟而堅，有用之爲靴底者。

清 嘉慶《崆峒山志》卷上《物産·蔬》　蕨（乾可爲粉）、蘑姑（大曰「羊肚菜」。）、木耳（多不可食。）、刺椿頭（下乳良。）、羊肚菜、虎爪（四月生）、笋（少）、枸杞、沙葱、蔓菁、松花、百合、金鍼（黄花菜）、茼蒿（數種）、堇（即烏藥，煮食）、莧、醜羅漢、野羅蔔、葵、蘁、荼（苦菜）、薺（甘菜）、苜蓿、菘（沙士良）、力筋、蒿爪、灰苕（荒年俱可療饑。）、斜蒿、菠薐、野韭、小蒜、烏藥（煮食），趙浚谷曰：「山川野蔬種類尤多，不能遍識，民困窮賴以生焉。」

清 道光《廣東通志》卷九七　藤器。出萬州。（同上）藤可以爲屋桁桷者，曰泥藤。可以駕牛其大如笙竹者曰苦藤。稍小而性柔，可爲牛繩船纜，曰括藤。以磨礪器物能發光膩，曰濕皮藤。嶺南藤類不一，多貨於天下，其織作藤器者，十家而二，五羊之肆，多於果布也。（《粵東筆記》）

榼藤子。生廣南山林間，作藤着樹如通草藤。其實，三年方熟。角如弓袋，子若雞卵，其皮紫黑色，其殼用貯丹藥，經年不壞。（《本草綱目》）

藤合。瓊州出，五色藤合子，沓囊之類，細於錦綺，亦藤工妙手也。新州出五色藤筌臺，皆一時之精絶者。（《北户録》）藤合。屈藤盤繞成並合狀，漆固護之。（《桂海虞衡志》）

英枕，即藤枕。以光細堅厚，三兩層者爲佳，定製乃可得。（《嶺南雜記》）

清 牟應震《毛詩名物考》卷五 柘。叢生，多刺。有雌雄，葉圓者雄，葉尖而有椏叉者雌。結實如桑椹，熟色赤如櫻桃。葉可飼蠶，木可染色，曰「赭黄」。

清 冉觀祖《禮記詳説》卷八七 棗、栗、飴、蜜以甘之，堇、荁、枌、榆、免、薨、滫、瀡以滑之，脂、膏以膏之。父母、舅姑必嘗之而後退。

陳注：「飴，餳也。堇，菜名。荁，似堇而葉大。榆之白者名枌。免，新鮮者。薨，乾，陳者。言堇、荁、枌、榆四物或用新或用舊也。滫，《説文》：久泔也。瀡，滑也。滫瀡，滫之滑者也。凝者爲脂，釋者爲膏，甘之、滑之、膏之，皆謂調和飲食之味也。此篇所記飲食珍羞諸物，古今異制，風土異宜，不能盡曉，然亦可見古人察物之精，用物之詳也。」

鄭注：「謂用調和飲食也，荁，堇類也，冬用堇，夏用荁；榆白曰枌；免，新生者；薨，乾也。秦人溲，曰滫，齊人滑，曰瀡也。嘗而後退，敬也。」

孔疏：「以甘之者，謂以此棗栗飴蜜以和甘飲食。以滑之者，謂用堇用荁及枌、榆及新生乾薨相和，滫瀡之，令柔滑也。脂膏，以膏之者，凝者爲脂，釋者爲膏，以膏沃之，使之香美，此等總謂調和飲食也。」案：士虞《禮記》：「夏用葵，冬用荁。」鄭注云：「荁，堇類也。乾則滑，夏秋用生葵，冬春用乾荁。」與此不同者，此經堇、荁相對，故冬用堇，夏用荁，士虞禮：葵與荁相對，故夏用葵，冬用荁也。所對不同，故注有異。云榆白曰枌者，《釋本》云：「榆白，枌。」孫炎云：「榆白者，名枌。」郭景純曰：「枌，榆先生葉卻著莢，皮色白。」云：「免，新生者。薨，乾也者。」案：庖人云：共鱻薨之物，鱻薨相對。此經以免對薨，薨既是乾，故知免爲新生。此免薨於《周禮》，據肉爲言。熊氏、皇氏皆云：文承堇、荁、枌、榆之下，據堇、荁等爲免薨義，或爲然。嚴陵方氏曰：棗栗飴蜜故曰以甘之，周官所謂「調以甘者」，此也。堇、荁、枌、榆四者，常用之物。然不常有，故有免有薨也，數者其性爲滑，故曰以滑之，周官所謂「調以滑者」，此也，脂膏以膏之。周官所謂「膏香、膏臊之類者」，此也。「父母舅姑必嘗之而後退」，則以知其得所欲，故也。所欲者，則嘗之也。自下氣怡聲，而下則所以養志也。自饘酏酒醴而下，則所以養口體也，故先後之序如此。

郝解：「飴，餳也。堇，菜名，味甘，汁滑；荁，堇類。榆白者爲枌。新生，曰免。草木始生出甲，如人冕冠然。薨，乾也。滫，米汁；瀡，滑也。以米汁漬肉使滑膩，如今人用豆粉和肉之類。凝爲脂，釋爲膏。以脂膏烹和使潤澤也，嘗之而後退，視其所嘗知其所嗜也。」

纂訂：堇、荁、枌、榆，常用之物，然不常有，故有免有薨也。數者其性爲滑，故曰以滑之。「免」注「新生」，可謂臆解，勿爲古人所欺也。

按：飴餳也。今糖稀謂之餳化，荁音「丸」，今做紙者用秋葵謂之「丸」，想是荁字。枌榆皮，今人用以入麪，取其黏，蓋古亦用之。數之字皆指飲食言，京山解「免」字特異，纂訂謂「免」注「新生」爲臆解，誠然旨説，約此以上，視膳之禮也。講調和不備其味，可謂敬乎，故棗、栗、飴、蜜以使其味甘，用堇、荁、枌、榆四物，有新免薨乾滫瀡以使其味滑。膏之，以脂膏使其味濃，待父母舅姑徧嘗之，乃徹而後退，於子婦之養，可以觀順矣。

清 劉錦藻《清朝續文獻統考》卷三八六《實業九》 染料業：有植物、動物、礦物、人造之分，我國舊有染料多爲植物，茲依色別分述如下：一藍，約有四種：馬藍，産中部、西部諸省；木藍，産南部諸省；菘藍産揚子江流域及東三省；蓼藍，産黄河流域、湖北、江西及松花江流域。以木藍分布爲最廣。此種植物之葉製成染料，稱爲藍靛，乃染料中之最重要者。惟自人造靛輸入以來，本國靛幾無銷路而各地之産量亦減。二紅，紅花産地以四川中部、湖北宜昌、安徽西北部爲著名；紫菀産北方諸省；蘇枋木，國内略有，出産，多從南洋輸入。茜草，北部中部産最多。三紫：以紫草爲主，多産於北部中部諸省。四黄，薑黄爲鬱金之根，四川岷江流域之下游及西藏爲主要産地，廣東、福建之出産亦頗重要。槐樹産地頗廣，其花蕾爲槐米，槐花，可爲黄色染料。梔子，全國皆産，果實亦爲黄色染料。五緑，多爲某某兩種：鼠李科植物之皮製成，名曰緑膏，舊産浙江，自人造染料輸入，此項已無銷路。六黑：有五倍子、橡實、胡桃皮、赤楊、蠟樹葉、松煙、菱角、雞頭殼、石榴皮等，以五倍子爲最要，此物爲五倍子蟲刺鹽膚木枝葉所成之蟲瘤，産地爲四川、貴州、湖北、湖南、廣西、東三省以四川爲最著名，其他諸黑色染料植物，國内分布甚廣。七褐，以薯莨爲重要，産雲南、廣西，在廣東有取生柿汁塗於布面以染褐色者。

清 陳憲舜《課民植牧講義稿》 蘇木，向稱蘇方木，以出蘇方國也。其老樹高數仞，枝長丈許。花黄子青，長熟則黑，以染紅色，最爲鮮美。年中所用，銷用甚廣。內地所生，亦有此種。惟暹羅最多，砍作柴薪，易種粗生，已可想見。民間若多覓種，按法試栽，獲利甚厚，亦農學所宜爾也。

清 宣统《永綏廳志》卷一五《物産》 青剛樹。青皮蜜葉而光澤，性堅用燒炭。

蔴栗樹。亦堅，苗人多以此燒炭賣。其皮，火子因風亂跳飛。

叢樹。城鄉皆常燒此木，煮飲食各物。

漆樹。極少。

檀。與槐似，其葉稍大，路過苗地得見一二根，尚小。

棘。與棗同開花，不結子，城鄉甚多。

細茶。民間無多栽種，僅供自食。

木油樹。其子榨油，做爉炬敬神用，歲出數千餘斤，現價每斤百餘文。

杉。上九里常産油杉，其質堅徵有光澤，置土中歷久不腐。又有紅杉如牛角質色。

清 董元亮《柞蠶彙誌・柞樹栽培法・柞樹功用》 柞葉飼蠶而外，柞樹之功用尚有數端可以生利：一曰橡粉。《晉・庚衮傳》：「與邑人入山拾橡。」唐杜甫：「流離囘俗，拾橡而食。」均橡粉也。取粉之法，將橡子去殼，水浸，與水同磨，去其苦澀，以清水漂之，漉以布袋，晒乾成粉，即可充食。大凡各種草根，皆可以此法作粉。即飢草粉，亦同此法，不獨山芋、百合等粉然也。一曰染料。取橡碗碾碎，用水煮透，去其渣滓，取其精華，熬煉成膏，用水化開，暑加皀礬，即可。染青且便於販，運遠方可獲厚利。

藝 文

宋 朱熹《朱子文集大全類編》卷五《次劉秀野蔬食十三詩韻》 乳餅：

清朝薦疎盤，乳鉢有真味。不用精瓊糜，無勞爛羊胃。

新笋：翛翛江上林，白日暗風雨。下有萬玉虯，三冬卧寒土。

紫蕈：誰將紫芝苗，種此槎上土。便學商山翁，風餐謝肥羜。

子薑（《本草》云：「薑久食去臭，氣通、神明。」或云：傷心氣，不可多食者非是。）：

薑云能損心，此謗誰與雪。請論去穢功，神明看朝徹。

茭筍：寒茭翳秋塘，風葉自長短。刳心一飽餘，并得牀敷軟。

南芥：黄龍記昔遊，園客有佳遺。不謂洛生吟，輟餐時擁鼻。

蓴菜：小草有真性，託相寒澗幽。懦夫曾一啜，感憤不能休。

木耳：蔬腸久自安，異味非所詫。樹耳黑垂聃，登盤今亦乍。

蘿蔔：紛敷剪翠叢，津潤擢玉本。寂寞病文園，吟餘得深齦。

芋魁：沃野無凶年，正得蹲鴟力。區種萬葉清，深煨奉朝食。

筍脯：南山春筍多，萬里行枯腊。不落盤餐中，今知緑如簀。

豆腐（世傳豆腐本：淮南王術）：種豆豆苗稀，力竭心已腐。早知淮王術，安坐獲泉布。

白蕈：聞説閬風苑，瓊田産玉芝。不收雲表露，烹瀹詎相宜。

清 來集之《倘湖樵書・初編》卷二《樹肉竹肉》 韓退之《答鄧道士寄樹鷄詩》云：「軟濕青黄狀可猜，欲烹還唤木盤廻。煩君自入華陽洞，割取乖龍左耳來。」

圖 表

明 王磐《野菜譜》卷一

枸杞頭

村人采爲甜菜頭，
春夏采嫩頭，熟食。
秋采實，即枸杞子。
冬采根，即地骨皮。

枸杞頭，生高丘，寔爲藥餌來甘州。二載淮南穀不收，采春采夏還采秋，饑人飽食如珍饈。

清 陳淏子《秘传花鏡》卷五《花草类考·鳳仙花》 鳳仙花，一名小桃紅，一名海納，一名旱珍珠，又名菊婢。葉似桃而有鉅齒，莖大如指，中空而脆。花形宛如飛鳳，頭翅尾足俱全，故名金鳳。有重葉、單葉，大紅、粉紅、深紫、淺紫、白碧之異。又有白質紅點，色如凝血，俗名洒金。諸色相間而植開時亦稍可觀，有一枝間五色者，但不可多得。每花開一落，即去其蒂，則開之不已，與月季同法。其子老，微動即裂，俗名急性子。庖人煮肉物著二三粒即爛，苗可爲笔，根可入藥，白花可浸酒飲，可調經；紅花同根着明礬少許搗爛，能糟骨角，變絳色，染指甲鮮紅。取紅花搗爛煮犀盃色如蠟，可克舊犀；但初煮出忌見風，見風即裂。二月下種，五月開花，子落地復生。又能作花，即冬月嚴寒種之火炕亦生，乃賤品也。

清 吴其濬《植物名實圖考》蔓草卷二二《羊桃》 羊桃，《本經》：「下品。」《詩》：「萇楚。」《爾雅》：「銚弋。」皆此草也，今江西建昌造紙處種之，取其涎滑以揭紙。葉似桃葉而光澤如冬青，湖南新化亦植之。黔中以其汁黏石，不斷。《黔書》《滇黔紀游》皆載之。光州造冢以其條浸水，和土捶之，乾則堅如石，不受斧鑿，以火温之則解。

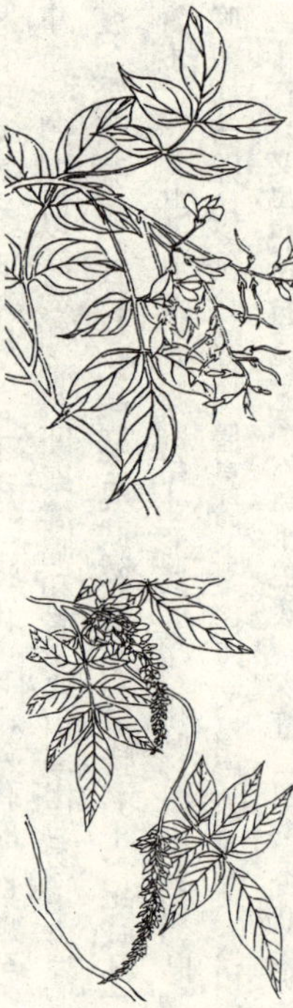

樹皮纖維樹葉樹花加工利用部

樹皮纖維類

論説

三國吳 陸璣《毛詩草木鳥獸蟲魚疏》卷上《其下維穀》 穀，幽州人謂之穀桑，或曰楮桑。荆、揚、交、廣謂之穀，中州人謂之楮。殷中宗時，桑穀共生是也。今江南人績其皮以爲布，又擣以爲紙，謂之穀皮紙。長數丈，潔白光輝，其裏甚好。其葉初生，可以爲茹。

宋 趙彦衛《雲麓漫抄》卷七 上古結繩而治，二帝以來始有簡册，以竹爲之，而書以漆，或用版以鉛畫之，故有刀筆鉛槧之説。秦漢末，用縑帛，如勝、廣書帛内魚腹，高祖書帛射城上。至中世，漸用紙。《趙后傳》所謂「赫蹏」者，注云「薄小紙」，然其實亦縑帛。《蔡倫傳》：「用縑帛者，謂之紙。縑貴，簡重，不便於人，倫乃用木膚、麻皮等」，則古之紙即縑帛。字蓋從系云，故今人呼書曰「策子」，取簡册之義。又曰：第幾卷，言用縑素也。江南竹簡，處州作槧版，尚髣髴古制。盧仝詩云：「首云諫議送書至，白絹斜封三道印。」豈唐人又曾用絹封書耶？

元 費著《牋紙譜》 古者書契，多編以竹簡，其次用縑帛。至以木膚、麻頭、敝布、魚網爲紙，自東漢蔡倫始。簡太重，縑稍貴，人遂以紙爲便。倫宦者也。傳多稱其能，然受宫掖風旨，諂親貴，猶宦者態也。智足以創物，而亦足以殺身，第於文字有功，人至今傳蔡倫紙。今天下皆以木膚爲紙，而蜀中乃盡用蔡倫法。牋有玉板，有貢餘，有經屑，有表光。玉板、貢餘，雜以舊布、破履、亂麻爲之，惟經屑、表光，非亂麻不用。於是造紙者，廟以祀蔡倫矣。廟在大東門雪峰院，雖不甚壯麗，然每遇歲時祭祀，香火纍纍不絶，示不忘本也。恩足以及數十百家，雖千載猶不忘如此。

《易》以西南爲坤位，而吾蜀西南重厚不浮，此坤之性也。故物生於蜀者，視他方爲重厚，凡紙亦然，此地之宜也。府城之南五里，有百花潭，支流爲一，皆有橋焉。其一玉溪，其一薛濤，以紙爲業者家其旁。錦江水濯錦益鮮明，故謂之錦江。以浣花潭水造紙故佳，其亦水之宜矣。江旁鑿臼爲碓，上下相接。凡造紙之物，必杵之使爛。滌之使潔，然後隨其廣狹長短之制以造。研則爲布紋，爲綾綺，爲人物花木，爲蟲鳥，爲鼎彝，雖多變，亦因時之宜。

紙以人得名者，有謝公，有薛濤，所謂謝公者，謝司封景初師厚。師厚創牋樣，以便書尺，俗因以爲名。薛濤，本長安良家女。父鄖，因官寓蜀而卒。母孀，養濤及笄，以詩聞外。又能掃眉塗粉，與士族不侔，客有竊與之宴語。時韋中令皋鎮蜀，召令侍酒賦詩，僚佐多士，爲之改觀。期歲，中令議以校書郎奏請之，護軍曰：「不可。」遂止。濤出入幕府，自皋至李德裕，凡歷事十一鎮，皆以詩受知。其間與濤唱和者，元稹、白居易、牛僧孺、令狐楚、裴度、嚴綬、張籍、杜牧、劉禹錫、吴武陵、張祜，餘皆名士，記載凡二十人，競有酬和。濤僑止百花潭，躬撰深紅小彩牋，裁書供吟，獻洲賢傑，時謂之薛濤牋。晚歲居碧雞坊，創吟詩樓，偃息於上。後段文昌再鎮成都，太和歲，濤卒，年七十三。文昌爲撰墓誌。謝公有十色牋：深紅、粉紅、杏紅、明黄、深青、淺青、深緑、淺緑、銅緑、淺雲，即十色也。楊文公億《談苑》載韓浦寄弟詩云：「十樣蠻牋出益州，寄來新自浣花頭。」謝公牋出於此乎？濤所製牋，特深紅一色爾。僞蜀王衍賜金堂縣令張蠙霞光牋五百幅，霞光牋疑即今之彤霞牋，亦深紅色也。蓋以胭脂染色，最爲靡麗，范公成大亦愛之。然更梅溽，則色敗萎黄，尤難致遠，公以爲恨。一時把玩，固不爲久計也。濤以牋名可矣，雖良家女，乃失身爲妓。韋尹欲官之；段尹誌其墓焉，何哉？時幕府賓客，多天下選，一時縱適不少斂，大抵唐藩鎮不度，皆習然也。濤固得之，而諸公似以濤失云。

紙固多品，皆玉板、表光之苗裔也。近年有百韻牋，則合以兩色材爲之。其横視常紙長三之二，可以寫詩百韻，故云。人便其縱闊，可以放筆快書。凡紙，皆有連二、連三、連四。（售者連四，一名曰船。）箋又有青白箋，背青面白。有學士箋，長不滿尺。小學士箋，又半之。倣姑蘇作雜色粉紙，曰假蘇箋，皆印金銀花於上。承平前輩，蓋常用之，中廢不作，比始復爲之。然姑蘇紙多布紋，而假蘇箋皆羅紋，惟紙骨柔薄耳，若加厚壯，則可勝蘇箋也。

蜀箋體重，一夫之力，僅能荷五百番。四方例貴川箋，蓋以其遠號難致。然徽紙、池紙、竹紙在蜀，蜀人愛其輕細，客販至成都，每番視川箋價幾三倍。范公在鎮二年，止用蜀紙，省公帑費甚多，且怪蜀諸司及州縣緘牘必用徽池紙。范公用蜀紙，重所輕也，蜀人事上，則不敢輕所重矣，此以價大小言也。余得之蜀士云。澄心堂紙，取李氏澄心堂樣製也，蓋表光之所輕脆而精絶者，中等則名曰玉水紙。最下者曰冷金箋，以供泛使。

廣都紙有四色：一曰假山南，二曰假榮，三曰冉村，四曰竹絲，皆以楮皮爲之。其視浣花箋紙，最清潔，凡公私簿書、契券、圖籍、文牒，皆取給於是。廣幅無粉者，謂之假山南；狹幅有粉者，謂之假榮；造於冉村，曰清水；造於龍溪鄉，曰竹紙。蜀中經史子籍，皆以此紙傳印。而竹絲之輕細似池紙，視上三色價稍貴。近年又倣徽池法，作勝池，亦可用，但未甚精緻耳。

雙流紙，出於廣都，每幅方尺許，品最下，用最廣，而價亦最賤。雙流實無有也，而以爲名，蓋隋煬帝始改廣都曰雙流，疑紙名自隋始也。亦名小灰紙。

明 毛晉《陸氏詩疏廣要》卷上之下《其下維穀》 《博雅》云：「穀，楮也。」《稗雅》：「穀，惡木也，而取名于穀者，穀善也，惡木謂之穀，則甘草謂之大苦之類也。」《本草》曰：「楮，一名穀。」陶氏云：「即今構木。」誤矣。先賢以爲皮斑者是楮，皮白者是穀；有瓣者曰楮，無瓣者曰構。按此非一種。《物類相感志》云：「其膠可以團丹砂。」《語》曰：「構膠爲金石之漆是也。」列子曰：「宋人有爲其君以玉爲楮葉者，三年而成。亂之楮葉，中不可别也，遂以巧食宋國。列子聞之曰：使天地之生物，三年而成一葉，則物之有葉者寡矣。故聖人恃道化而不恃知巧。」《爾雅翼》：「穀，易生之物，一説穀田久廢則生穀，其實正赤如楊梅而無核。伊陟相太戊，亳有祥，桑穀共生于朝。」《傳》曰：「俱生于朝，七日而大拱，伊陟戒以修德而木枯。」劉向以爲「桑，喪也，穀猶生也，殺生之柄失而在下，則是以桑穀爲二物也。」而陸璣以爲「穀，幽州人謂之穀桑，或曰楮桑。」然則蓋一物也。《廣州記》曰：「蠻夷取穀皮熟搥爲揭裏布，鋪以擬氈。」《南山經》曰：「招摇之山，有木焉，其狀如穀而黑裏，其華四照，其名曰迷穀，佩之不迷。」《本草圖經》云：楮有二種：一種皮有斑花文，謂之斑穀，今人用爲冠；一種皮無花，但葉似葡萄，作瓣而有子者爲佳。其實初夏生如彈丸，青緑色，至六七月漸深紅色，乃成熟。八月、九月採。《抱朴子》云：「檸實赤者，餌之一年，老者還少。」《通志》云：「楮，亦謂之穀，其實入藥，其皮造紙，濟世之用也。桑穀共生者即此。」

明 王圻《稗史彙編》卷一〇九 《鸞箋》世説蔡倫造紙。倫，後漢和帝元興年中常侍，擣故魚網作紙。《三輔故事》云：衛太子以紙蔽鼻，前漢巳有之。又，和熹鄧太后貢獻，悉斷歲時但貢紙筆而已，蓋紙舊亦有之。特蔡倫善造耳，非創也。唐中國紙未備，多取于外夷，故唐人詩中多用蠻箋，字亦有謂也。高麗歲貢蠻紙，書卷多用爲襯。日本國出松皮紙。又南番出香皮紙，色白紋如魚子。又苔紙，以水苔打爲之，名側理紙。薛道衡詩云：「昔時應春色，引緑泛青溝。今來承玉管，布字轉銀鉤。」又，扶桑國出芨皮紙。今中國惟有桑皮紙，蜀中藤紙，越中竹紙，江南楮皮紙。南唐以徽紙作澄心堂紙，得名若蜀箋、吴箋，皆染擣而成，蜀箋重厚不佳，今吴箋爲勝。

明 屠隆《鴻苞》卷一九 《古今注》「紙有水苔紙，以苔爲之。蜀中有藤紙，江南竹紙、楮皮紙，黟、歙凝霜紙，齊高帝造銀光紙，段成式在九江造雲藍紙。吴越有温州蠲紙（給紙之家，蠲免其役，故名。）、烏程紙、由拳紙。南唐有澄心堂紙細，薄，光潤，爲一時之冠。日本國出松皮紙，大秦國出密香紙，蜀王衍有霞光箋，唐有薛濤箋。又，赫蹏、薄蹏，皆紙也。

明 李濂《紙説》 書契既作，式代結繩，隆古用竹簡，嗣易以縑帛，依書長短，隨事截之，名曰「幡紙」。故其字從糸，貧者無之，或用蒲寫書，若路温舒截蒲是也。夫簡重、縑貴、蒲脆，並不便于人，故傳書亦少。後漢和帝時，中常侍蔡倫有巧思，始剉故布擣抄作紙，故其字從巾；又擣故魚網作紙，曰「網紙」，桑根、楮穀、麻、藤諸皮，皆可抄紙，世稱「蔡侯紙」是也。余嘗觀天下之物，暴殄至甚者，無如紙。何以言之，當紙之未興也，簡牘刀筆而已，故三皇五帝三王之典謨訓誥，下逮先秦古書，國不能備，而況于家乎，始皇焚書固其虐政，亦由書之少，故滅之易耳。自有紙以來，録摹甚易，非聖之書，無益之籍，日新而月盛。粃文瘉詩，在在鋟梓，而紙之費，歲不下幾千萬計，此則暴殄者一也。近世法令繁苛，上以虚文令下，下以虚文應上。簿册公移，填塞官庋；榜文告諭，徧滿垣壁。天下幾困于文法，而絶無實用於民，時人之謂「故紙世界」，此其暴殄者二也。士不修行而習于浮辭，揮毫伸紙動千百言，曾無少關于身心性情之實。其甚無謂者，科舉程試之文也，決裂章句，侮聖人之言，記誦套括，迎合主司，以倖一得。比歲以來，書坊非舉業不刊市肆，非舉業不售士子，非舉業不覽問之，則不知用之則不錯，一登仕版，旋學律例，視此爲唾去果核，無復用處，此其暴殄者三也。古者祭祀用牲幣，秦俗牲用馬，唐玄宗瀆于鬼神，王璵始鑿紙爲錢以代幣。凡禱祠必焚紙錢，加以畫馬，謂之紙馬。今江浙之賈，水舸陸車，載紙貿易者，舵相摩而□相擊也。而實紙用之幾半，十室之邑，數家之村，必有鬻紙馬之肆。寺廟壇壝，齋醮葬祭，無處無時而不焚化，此其暴殄者四也。嗚呼！耗費之端有此四者，而在上者不爲禁，在下者不知惜。裁成天物，有志于經世之學者，必不恝然于此也。余嘗讀舒元輿《悲剡谿古藤文》，而憾其意猶未盡也。故著是説，以諗世之君子，或少啓其珍重愛嗇之心，而下筆弗敢輕用之，弗忍易則區區芻蕘之言，庶幾少有補于斯世乎。

清　雍正《江西通志》卷二七　紙。玉山縣東北鄉有楮皮紙，廣豐東鄉亦有之，其楮皮俱出自湖廣鉛山、貴谿二縣。有白鹿紙，煮竹絲爲之，今鉛山者佳。有高簾紙，俗名蓬紙。上饒縣有黄、白表紙，亦有連四紙，俱不甚佳。弋陽黄家源、石壠等處，雜竹絲，荻蒿爲紙，止可祭神，不可書字。

按王宗沐《江西大志》廣信府紙槽前不可考，自洪武年間創于玉山一縣，至嘉靖以來，始有永豐、鉛山、上饒三縣續告官司，亦各起立槽房。玉山槽坐峽口等處，永豐槽坐柘楊等處，鉛山槽坐石塘、石壠等處，上饒槽坐黄坑、周村、高洲、鐵山等處，皆水土宜槽，窮源石峽，清流湍急，漂料潔白，蒸熟擣細，藥和溶化，澄清如水，簾撈成紙，製作有方。其槽所非一地，故附屬因草，無從稽覈矧係民屋，姑紀其略耳。

楮之所用爲構皮，爲竹絲，爲簾，爲百結皮。其構皮出自湖廣，竹絲産于福建，簾産於徽州，浙江自昔皆屬吉安、徽州二府。商販裝運本府地方貨賣，其百結皮，玉山土産，槽户雇倩人工將前物料浸放清流急水，經數晝夜，足踹去殼，打把撈起。甑火蒸爛，剥去其骨，扯碎成絲，用刀剉斷，攪以石灰，存性月餘，仍入甑蒸，盛以布囊，放於急水浸數晝夜。踹去灰水，見清攤放洲上，日晒水淋，毋論日月，以白爲度。木杵舂細成片，摘開復用桐子殼灰及柴灰和匀，滚水淋泡，陰乾半月。澗水洒透，仍用甑蒸水漂，暴晒，不計遍數，多手擇去小疵，絶無瑕玷。刀斫如炙，揉碎爲末，布袱包裹，又放急流，洗去濁水，然後安放青石板合槽内，決長流水入槽，任其自來自去。藥和溶化，澄清如水照依紙式大小高潤，置買絶細竹絲，以黄絲線織成簾床，四面用筐綳緊。大紙六人，小紙二人，扛簾入槽水中攪轉浪動，撈起，簾上成紙一張，揭下疊榨去水，逐張掀上磚造。火焙兩面，粉飾光匀，内中陰陽火燒熏乾，收下方始成紙。工難細述論，雖隆冬炎夏，手足不離水火。諺云：「片紙非容易，措手七十二。」

司禮監行造紙名二十八色，曰白榜紙、中夾紙、勘合紙、結實榜紙、小開化紙、呈文紙、結連三紙、綿連三紙、白連七紙、結連四紙、綿連四紙、毛邊中夾紙、玉版紙、大白鹿紙、藤皮紙、大楮皮紙、大開化紙、大户油紙、大綿紙、小綿紙、廣信青紙、青連七紙、鉛山奏本紙、竹連七紙、小白鹿紙、小楮皮紙、小户油紙、方榜紙，以上定例五年題造一次。乙字庫行造紙名二十一色，曰大白榜紙、大中夾紙、大開化紙、大玉版紙、大龍瀝紙、鉛山本紙、大青榜紙、紅榜紙、黄榜紙、緑榜紙、皁榜紙，以上隨缺取用，造解無期。按《府志拾遺》云：石塘人善作表紙，擣竹絲爲之，竹笋三月發生，四月立夏後五日剥其殼作篷紙，而竹絲置於池中，浸以石灰漿，上竹楻鍋煮爛，經宿水漂净之，復將稿灰淋瀝水，上楻鍋煮爛，復水漂净之。始用黄豆□注一大桶楻，一層竹絲則一層豆□，過三五日始取爲之。白表紙止用，簾紙、藥黄表紙則用姜黄細舂末稱定分兩，每一槽四人扶頭，一人舂碓，一人檢料，一人焙乾，一人每日出紙八把。

清　徐文靖《管城碩記》卷二八　按章帝紀詔齊相省冰紈方空縠吹綸絮注云：綸似絮而細，吹言吹噓可成，亦紗也。紀本言綸絮，注乃以爲紗，非據。南越志威寧縣有穿州，其上多綸木，似穀皮可以爲綿。吹綸，蓋絮之輕者，故以綸名。後魏《食貨志》：天興中，詔採諸漏户令輸綸綿。梁張瓚《謝太子賚果然褥啓》：「嚴氷在節，朔飈結宇。吹綸媿暖，挾纊懷慙。」則吹綸爲絮之輕細者，明矣。

綜　述

晉 嵇含《南方草木狀》卷中　蜜香紙以蜜香樹皮葉作之，微褐色，有紋如魚子，極香而堅韌，水漬之不潰爛。泰康五年，大秦獻三萬幅，嘗以萬幅賜鎮南大將軍、當陽侯杜預，令寫所撰《春秋釋例》及《經傳集解》以進，未至而預卒，詔賜其家，令上之。

晉 郭璞《玄中記・火浣布》　南方有炎火山焉，在扶南國之東，加營國之北，諸薄國之西，山從四月而火生，十二月火滅。正月、二月、三月火不然，山上但出雲氣而草木生枝條。至四、五月火然，草木葉落，如中國寒時草木葉落也。行人以正月、二月、三月行過此山下，取此木以爲薪，然之無盡時，取其皮績之爲火浣布。（《御覽》八百六十八）

晉 劉欣期《交州記》卷一　都句樹，似栟櫚木，中出屑如麪，可啖。齊民要術十。

南朝宋 范曄《後漢書》卷八六《西南夷傳》　句町縣有桄桹木，可以爲麪，百姓資之。

北魏 酈道元《水經注》卷三七　盤水又東逕漢興縣，山溪之中多生邛竹、桄榔樹，樹出麪，而夷人資以自給，故《蜀都賦》曰：「邛竹緣嶺」，又曰「麪有桄榔」。盤水北入葉榆水，諸葛亮入南戰于盤東是也。

北魏 賈思勰《齊民要術》卷六　杬木皮《爾雅》曰杬魚毒。郭璞注曰：杬，大木，子似栗，生南方，皮厚，汁赤，中藏卵果。無杬皮者，虎杖根、牛李根並作用。《爾雅》云：蒤，虎杖。郭璞注云似紅草，粗大有細刺，可以染赤。

唐 段公路《北户録》卷三《香皮紙》　羅州多棧香樹，身如柜柳，其華繁白，其葉似橘皮，堪搗紙，土人號爲香皮帋，作灰白色，文如魚子牋。今羅辨州皆用之，小不及桑根竹、莫紙、松皮紙、側理紙也。

唐 樊綽《蠻書》卷七　孟灘竹。長傍出，其竹節度三尺，柔細可爲索，亦以皮爲麻。

唐 劉恂《嶺表録異》卷中　桄榔樹。枝葉並蕃茂，與棗檳榔等小異。然葉下有鬚如麄馬尾，廣人採之以織巾子。其鬚尤宜鹹水浸漬，即麄脹而韌，故人以此縛舶不用釘線。木性如竹，紫黑色，有文理而堅，工人解之，以制博奕局。此樹皮中有屑如麪，可爲餅食之。案：《政和本草》十四卷引此條，「以制博奕局」句下有「其木剛作鋤，鋤利如鐵，中石更利，惟中蕉椰致敗耳」四句。

廣、管、羅州多棧香樹，身似柳，其花白而繁，其葉如橘皮堪作紙，名爲香皮紙。灰白色，有紋如魚子牋。其紙慢而弱，沾水即爛，遠不及楮皮者，又無香氣。或云：沉香、鷄骨、黄熟、棧香同是一樹，而根幹枝節各有分别者也。

宋 樂史《太平寰宇記》卷一五七《嶺南道一・廣州》　鈎緑籐，南人績以爲布。

又 卷一七一《嶺南道十五・驩州》　他綸木，堪爲衣裳及褥。

宋 蘇易簡《文房四譜》卷四《紙譜》　漢初已有幡紙代簡。成帝時有赫蹏書詔。應劭曰：「赫蹏，薄小紙也。」至後漢和帝元興中，常侍蔡倫剉故布及魚網、樹皮而作之彌工，如蒙恬以前已有筆之謂也。又耒陽縣南有蔡倫故宅，彼土人多能作紙。又庾仲雍《湘州記》云：「應陽縣蔡子池南有石臼，云是蔡倫舂紙臼也。」一云耒陽縣。蜀中多以麻爲紙，有玉屑、屑骨之號。江浙間多以嫩竹爲紙。北土以桑皮爲紙。剡溪以藤爲紙。海人以苔爲紙。浙人以麥麴稻稈爲之者脆薄焉，以麥膏油藤紙爲之者尤佳。亦嘗聞造紙衣法：每一百幅用胡桃、乳香各一兩煮之，不爾，蒸之亦妙。如蒸之，即恒灑乳香等水，令熱熟陰乾，用箭幹横卷而順蹙，然患其補綴繁碎，今黟、歙中有人造紙衣段，可如大門闔許。近士大夫征行亦有衣之，蓋利其拒風於凝沍之際焉。陶隱居亦云：「武陵人作穀皮衣，甚堅好也。」《林邑記》：「九真俗，書樹葉爲紙。」《廣州記》：「取穀樹皮，熟搥，堪爲紙。蓋蠻夷不蠶，乃被之爲褐也。」

又 卷五《墨譜》　造朱墨法：上好朱砂細研飛過，好朱紅亦可。以梣皮水煮膠，清浸一七日，傾去膠清。於日色中漸漸漉之，乾濕得所。和如墨挺。於朱硯中研之，以書碑石。亦須二月、九月造之。韋仲將《墨法》曰：（即韋誕也）今之墨法，以好醇松烟乾搗，以細絹簁於缸中，簁去草芥。此物至輕，不宜露簁，慮飛散也。烟一斤已上，好膠五兩，浸梣皮汁中。梣皮，即江南石檀木皮也。其皮入水緑色，又解膠，并益墨色。可下去黄雞子白五枚，亦以真珠一兩，麝香半兩，皆別治細篵。都合調下鐵臼中，寧剛不宜澤。擣三萬杵，杵多益善。不得過二月、九月，温時臭敗，寒則難乾。每錠重不過二兩。故蕭子良《答王僧虔書》云：「仲將之墨，一點如漆。」

陶隱居云：樊槻皮水漬以和墨，書色不脱，即秦皮也。

宋 釋贊寧《筍譜》 取麻法：南方作疎，作扇，作鞋。取篁竹、麻竹，當其正月新竹上表，獨是筍，下已成竹。逐節斷，重重起，已入湯煮，柔韌作績，織疎作鞋，隨意可也。

筍皮。僧家多取苦筍殼，裁爲鞋屧中屜，可隔足汗耳。

宋 釋贊寧《東坡先生物類相感志》卷一三《杭木》 出豫章。煎其皮，甚赤。用以藏夘，使不壞。《爾雅》謂爲「杭魚毒」是也，杭音元。

宋 蘇軾《格物麤談》卷上 桑木白皮煮汁染褐，色久不落。

又 卷下 榆皮溼擣如糊，用粘瓦、石，極有力。

樺皮燒烟熏紙作故色，勝如墨泥。

臘梅樹皮浸硯水磨墨，有光彩。

宋 唐慎微《證類本草》卷一四 柯樹。皮味辛平，有小毒。主大腹水病，取白皮作煎，令可丸，如梧桐子大，平旦三丸，須臾又一丸。一名木奴，南人用作大船者。

《海藥》云：謹按《廣志》云：「生廣南山谷，《臨海志》云：『是木奴樹，主乳氣，採皮以水煑，去滓復煉，候凝結丸得爲度。』每朝空心飲下三丸，浮氣水腫並從小便出，故波斯家用爲船舫也。」

宋 吴曾《能改齋漫録》卷三《筠爲竹皮》 許慎《説文》云：「筠字從竹，竹皮也。」《唐韻》曰：「筠，竹皮之美質也。」《禮記》：「如竹箭之有筠，如松柏之有心。」説者以竹箭松柏各以皮心爲固耳。然古今文士，例以筠配松，何耶？孔穎達亦以「筠爲竹外青皮也。」

宋 鄭樵《通志》卷七六《昆蟲草木略第二》 秦皮，曰石檀，曰盆桂。其用在皮，故曰秦皮，亦曰岑皮。其木似檀，俗呼爲白㭒木。取其皮漬水染筆而書之，作青色，故墨家用之。

又 卷一九七 （夜郎）牂柯地多雨潦，俗好巫鬼，禁忌寡。畜産又無蠶桑，故其郡最貧。鉤町縣有桄榔木，可以爲麪，百姓資之。《臨海異物志》曰：「桄榔，外皮有毛，似栟櫚而散生，其木剛，作鋘鋤利如鐵，中石更利。惟中焦根乃致敗耳。皮中有似擣稻米片，又似麥麪，中作餅餌。」《廣志》曰：「桄榔樹，大四五圍，長五六丈，洪直旁無枝條，其顛生葉，不過數十。似椶葉，破其木肌，堅難傷，入數寸，得麪赤黃，密緻可食也。」

宋 鄭樵《爾雅注》卷下 杭魚毒。今南人謂之杭樹，其皮可煎汁藏梅也。

宋 范成大《桂海虞衡志·志香》 零陵香宜、融等州多有之。土人編以爲席，薦坐褥，性煖宜人。零陵，今永州，實無此香。

宋 李燾《續資治通鑑長編》卷一七六 （至和元年五月）舊説五嶺之南人雜夷獠，朱崖環海，豪富并兼，役屬貧弱婦人。服緦緶，績木皮爲布，陶土爲釜器。用瓠瓢，人飲石汁。又有椒酒，以安石榴着甕中即成酒，俗呼「山嶺」。爲黎居其間，有號黎人弓刀，未嘗去手。弓以竹爲絃，今儋崖、萬安皆與黎爲境，其服屬州縣爲熟黎。其居山峒無征徭者爲生黎，時出與郡人互市。

宋 羅願《爾雅翼》卷九《梧》 其皮，今人亦剥用之。

又 《并閭》 其皮爲用最廣，二旬一割，則葉轉復生。皮作繩，入土號爲千歲不爛。

又，郭璞解：「《上林賦》曰『胥邪』，似并閭，皮可作索。」

又 卷一一《樞》 《氾勝之書》曰：「三月榆莢，雨時高地强土可種木。」漢鑄莢錢如榆莢也。又，豐有枌榆社。崔寔《四民月令》曰：「榆莢成者，收乾以爲旨蓄，色變白將落收爲醬。河平元年旱，傷麥，民食榆皮。」《萬畢術》曰：「八月榆檽，令人不饑。」

又 卷一二《樺》 樺木似山桃，《上林賦》「華楓枰櫨」，華，即今之皮貼弓者，鉢，室韋國用樺皮蓋屋。又隋大業中，汾州起汾陽宫，宫南外平林率是大樺木，高百餘尺，行從文武皆剥取皮覆菴舍。又堪爲燭，取脂燒辟鬼。枰，即平仲木也。實白如銀，櫨，黄櫨木也。

宋 徐夢莘《三朝北盟會編》卷三 自雲中至燕山數百里地，皆山坡，極高，去天甚近。東自蘇扶等州，與中國青州隔海相直，其人則耐寒忍飢，不憚辛苦。（略）以樺皮爲角，吹作呦呦之聲，呼麋鹿射之。其俗依山谷而居，聯木爲柵屋，高數尺，無瓦，覆以木版或樺皮，或以草綢繆之墻垣、籬壁，率皆以木。

宋 寇宗奭《本草衍義》卷一三 榆皮。今初春先生夾者，是去上皺澀乾枯者，將中間嫩處剉乾，磑爲粉，當歉歲農將以代食。葉青嫩時收貯，亦用以爲羹茹。

又 卷一五 樺木皮燒爲黑灰合他藥，治肺風毒。及取皮上有紫黑花勻者裹鞍弓鐙。

宋 戴侗《六書故》卷二一《植物一》 樺檴。樗，胡化切，又平聲。今用其皮貼弓，古通作「華相」。如賦曰：「華楓枰櫨」顔師古曰：「華即今用其皮貼弓者。」《説文》曰：「樗木也。以其皮裹松脂，讀若華。或作檴，櫨木也。」孫氏：「樗，胡化切樗丑居切。」按：《説文》：「蓋以樗爲樺，而以樗爲樗。雩與華，音不諧，樗樗特一字耳。」檴，胡化胡郭二切。《爾雅》：「檴落。」陸氏曰：「椰榆也，葉如榆皮堅韌，剥之長數尺，可爲甑帶，其才可爲栝圈。」

槻。槻均窺切。《集韻》曰：「宜爲弓，一曰樊槻，皮能漬水，和黑以書，不脱。按：樊槻即栘也，甌人謂之棨槻。」

楮皮漚之宜爲紙，穀皮粗宜爲茵帳，故謂紙楮也。（又作檸。）又有藤皮，亦可爲紙。後漢蔡倫始用敗網褋樹膚爲紙，今之爲紙者，用楮與竹。竹紙毳而易敗，楮之用多焉。凡治楮藝，而薅之三年，然後可伐。伐而漚諸水火，取其皮暴而藏之。將爲紙，則漬而刮之，取其粹白者，煮之以蜃炭，若石灰而漾諸清流，以去其灰。出而暴之，而沃之，而再漾之，然後取而熟捶之，囊盛而濯之，去其水而摶之。織竹爲密簾，爲槽容。簾爲煏，四周皆壁，而炭其中。既治楮，和之以水，投黄葵之根焉，則釋而爲淖糜。酌諸槽抄之，以簾其薄者單抄，再抄厚者至五抄、六抄。既抄則覆諸，煏乾而揭之，蓋紙之成也。其難，若是紙之未興也。

檗。檗，博僻切。黄檗，束木。性涼，可爲藥，亦可染黄。《本草》曰：「木高數丈，葉類茱萸及椿，皮黄，又有小檗條，如石榴子，如枸杞。有束皮，黄可染，别作蘗。」

樸。樸匹角切，木未器也。在木爲樸，在玉爲璞。（《説文》曰：「木素也。」）因之爲質樸，樸素，樸實。《考工記》曰：「察車之道，欲其樸屬，不樸屬無以爲完久也。」言其樸實，固著也。亦作朴，《説文》曰：「木皮也。」藥有厚朴，葉如槲，不冬雕。華紅實青，皮厚而澤，以其皮入藥。樸又步木切，《詩》云：「林有樸樕。」《説具・樕下》：「《爾雅》曰：『樸，樕心。』毛氏曰：『小木也。』或曰：樸樕，槲樕也。有心能溼，江淮間以爲柱。」

宋 朱輔《溪蠻叢笑・圈布》 桑。味苦，葉小，分三叉，蠶所不食。犵狫取皮績布，繫之於腰，以代機紅緯。回環通不過丈餘，名圈布。

宋 陳敬《陳氏香譜》卷一《神精香》 《洞冥記》云：「波岐國獻神精香，一名荃蘼草，一名春蕪草，一根百條，其枝間如竹節桑輭，其皮如絲，可以爲布，所謂春蕪布，亦曰香荃布，又曰如冰紈，握之一片，滿身皆香。」

元 李衎《竹譜詳録》卷四 篔簹竹，出廣西兩江，安南亦有之。形狀與簜竹同，但無大横枝，葉差小。鎚破少肉，多筋，紉如麻枲，可索繩織屨。

又 卷五 笆竹，廣州平鄉縣有此竹，土人煮以爲布。《吴都賦》云：「笆筍抽節。」

簞竹，出交趾九真。葉疎而大，每節相去六七尺，土人取嫩者鎚浸，紡績爲布，名「竹疎布」。或云彼中亦名簞竹，戴凱之《竹譜》云：「單體虚長。」注云：「單竹大如腓，虚細長爽。嶺南夷人取其筍未及竹者，灰煮，績以爲布，精者如縠。」《番禺志》云：「簞竹，每天旱，竹上有蟲蛀眼子，即死矣。中有物，青白相雜如骨灰狀，是謂天竹。黄梅天，竹黄本出于鏞竹，雖相迷竹亦有。黄作丸，力減則知此竹所出，當亦不及鏞竹也。」

篔簹竹，一名簞竹，生湘中。蜀、廣間亦有之，每節可長四五尺。《廣州記》云：「節長一丈，今曲江縣及蜀中俱有。此竹圍尺五六寸，節相去六七尺。夷人煮以爲布，始興以南尤多。」王彪之《閩中賦》曰：「篔簹，《幽人異苑》曰：『篔簹竹，節中有物，長數寸許，政似世人形，俗説相傳云「竹人」，時有得者。』」

孟灘竹，出雲南長滂。其節長三尺，柔細可爲索，人亦取其皮爲麻。（見唐樊綽《雲南志》）

麻竹，在處有之。皮嫩質厚，葉廣而薄。六月筍可淹笋。《晉安海物記》曰：麻竹，夏晚而生，可鍛爲麻者，曰麻竹。注曰：「其筍可爲笴，謂麻者，取其瓤，煆灰，治經緯爲布，爲華練。」陳宣明殿學士姚察，嘗有送華練一匹，今呼曰「竹練布」。

又 卷六 白鹿竹，亦名白竹，又名遺竹，出連州，抱腹山爲多。莖色白，節間微有緑。土人待出筍後隕籜放梢，乃採之。以灰煮水，浸作竹布輮，或槌一節作第，謂之竹拂，成布一匹，纔重數兩。《閩中記》云：「麻竹筍，夏生，可竹鹹筍。」

又 卷七 葙竹，南北在處下溼地俱有之。布地而生莖，緑紫有節，葉似竹，醫家用爲利水道藥。廣西、安南者葉大可煮爲菜。韓詩作菉薄，云《爾雅·釋草木篇》蓄疏曰：孫炎某氏引《詩·衛風》曰：「緑竹猗猗。」郭云：「似小藜，赤莖節，好生道旁，可食，又殺蟲。按陶隱居《本草注》云：『節間白華，葉細緑，人謂之萹竹，煮汁與小兒飲療疣，蟲。』又《爾雅翼》云：『《蜀本圖經》云：葉如竹，莖有節，細如釵股生下溼地。』其微既似竹，則宜謂之竹爾。」

元 胡古愚《樹藝篇》木部·卷二《穀》 楮。《詩》謂之「穀」，生子如楊梅，皮可績爲布，亦可搗爲紙。陸璣云：「樹皮班者爲楮，白者爲穀。」（《八閩通志》）

楮皮可造紙，實堪入藥。（《九江府志》）

穀樹汁調輕粉，用生姜切平蘸藥擦之，汗班自退。（戴章甫《濯纓雜録》）

穀樹，一名楮樹，材不中用。生子紅如楊梅，不堪食。皮可作紙。（《佳山志》）

楮即穀也，其皮可擣以爲紙。郡人因取製紙衾，極粗而厚，貧家亦可以禦冬。（《郡武府志》）

楮，即穀樹也。江東所産者結實，本地者不結實，其皮可搗爲紙，亦可治爲衣，爲衾。（《興化府志》）

楮，亦謂之穀，其實入藥，其皮造紙，濟世之用也。桑穀並生者，即此也。（《草木署》）

江南人績其皮以爲布，以擣以爲紙，謂之穀皮紙。潔白光輝，其裏甚好，其葉初生，可以爲茹。（《詩經註疏》）

元 司農司《農桑輯要》卷六《竹木穀楮》（齊民要術）：「指地賣者，省功而利少。煮剥賣皮者，雖勞而利大。（其柴足以供然。）自能造紙，其利又多。種三十畝者，歲斫十畝；三年一徧。歲收絹百疋。」

明 劉基《多能鄙事》卷四《洗赤蕉珠》 以木槵子皮熱湯炮水洗，研蘿蔔汁淹一宿，即白浄。又法：芭蕉水浸一宿，洗之即白。

明 朱權《神隱》卷上 紙被。以厚藤皮紙夾縫爲之，不過取其清耳。只可五、七月間蓋之，以代卧單。

紙帳。用藤皮紙，繭皮更佳，纏於竿上，以線纏之，勒作皺紋，不用糊，但以線挫縫縫之。頂不用紙，只用綿布，取其透氣。

明 景泰《雲南圖經志書》卷二《武寧府》 松皮覆屋。境內夷羅雜處，屋無陶瓦，惟以松封皮蓋之。其屋之中置床設爐，及炊爨□虛之事，大□與□人同。

明 牛衷《增修埤雅廣要》卷二四《卉物門·釋木類·穀》 迷穀。其形如穀，又如楮，其花四照，名曰「迷穀」。佩之令人不迷，出招摇山。楮穀，皮斑者是楮皮，白者是穀，其實味甘，其皮可擣以爲紙，江南人或績之以爲布，汁能寫金葉，初生亦可茹。

明 王佐《新增格古要論》卷八《韃靼樺皮木》 韃靼樺皮木。出北地，色黄，其斑如米大，微紅色，能收肥膩，甚難得，裏刀靶爲最。今人以樺皮飾弓，名樺皮弓，又以襯靴。

明 陸容《菽園雜記》卷一三 衢之常山、開化等縣，人以造紙爲業，其造法：採楮皮蒸過，擘去粗質，糝石灰浸漬三宿，蹂之使熟。去灰又浸水七日，復蒸之，濯去泥沙，曝晒經旬。舂爛水漂，入胡桃藤等藥，以竹絲簾承之，俟其凝結，掀置白上，以火乾之。白者，以磚板制爲案桌狀，圬以石灰，而厝火其下也。

明 劉文泰《本草品匯精要》卷一六 榆皮（無毒） 植生

榆皮。（出《神農本經》）名零榆，榆錢。莢也類錢，故云。苗《圖經》曰：三月生莢，其仁古人採以爲糜羹，今無復食者。惟用其實陳老者作醬爾然。榆之類有十數種，葉皆相似，但皮及木里有異。白榆先生，葉却著莢，皮白色。剥之，刮去上麤皺，中極滑白，即《爾雅》所謂「榆白，粉也。」此皮入藥，今孕婦滑胎方中多用之。刺榆有針刺，如柘。古人茹之，云美於白榆。《爾雅》所謂「樞荎」，《詩·唐風》云「山有樞」是也。並勿令中濕。榆皮，荒歲農人食之以當糧。其莢過食則令人多睡，嵇公所謂「榆令人瞑」是也。地《圖經》曰：生顯川山谷，今處處有之。時生三月生莢。採四月取實，不生夾。拘時取皮。收暴乾用皮，莢質類桑皮而厚。色白味甘性平緩氣氣之薄者，陽中之陰。臭腥主諸瘡癬。

又 卷一七 朗榆皮。味甘，寒，無毒。生山中如榆皮，有滑汁。秋生莢，如北榆。陶公只見榆，作注爲「南土無榆」。

又 卷一八 秦皮（無毒） 特生

秦皮。（出《神農本經》）名岑皮，石檀，盆桂，苦樹。苗《圖經》曰：其木大都似檀，枝幹皆有青緑色，葉如匙頭，許大而不光，並無花實。根似槐根，其皮有白點，而不麄錯，俗呼爲白樳木。取皮漬之，水則碧色，和墨書之於紙，青瑩而不脱也。地《圖經》曰：生廬江川谷，及冤句今陝西州郡河陽亦有之。道地河中府成州。時生春生葉。採二月、八月取皮。

收陰乾用皮質類槐皮而碧薄。色碧味苦性大寒，泄。氣氣薄味厚，陰也。臭腥主明目，去肝經熱。

松楊木。皮、味苦平，無毒。生江南林落間，大樹，葉如梨，江西人呼爲凉木。松楊縣以此樹爲名也。

角落木。皮味苦，温，無毒。生江西山谷，似茱萸，獨莖也。

又 卷二〇 欅樹皮。無毒，附葉，山欅樹皮。 植生

欅樹皮。苗《唐本注》云：「樹大者連抱，高及數仞，其皮極麤，葉似樗葉狹而長。」雷公云：「三四年者無力，用二十年以上者。其樹心空，只有半邊向西生者爲佳。」《衍義》曰：「今人呼爲欅柳，其葉謂柳非柳，謂槐非槐，木雖高大，不堪爲器，乃下材也。湖南北最多。取其嫩皮可緣栲栳，與箕唇者是也。」地《唐本注》云：「生溪澗水側，所在皆有之。」時生春生葉。採無時。收日乾。用皮葉。質類樗木而麤厚。色青緑。味苦。性大寒洩。氣味厚於氣，陰也。臭香。

梓白皮無毒，附葉。 植生

梓白皮。（出《神農本經》。）葉擣傅豬瘡，飼豬肥大三倍。（《神農本經》）皮療目中疾。（《名醫所録》）名椅梓鼠梓、虎梓、梗、楸。苗《圖經》曰：「木似桐而葉小，花紫。」《爾雅》云：「椅梓。」郭璞注云：「即楸也。」《詩・鄘風》云：「椅桐梓漆。」陸機云：「梓者，楸之疏理，白色而生子者爲梓。梓實桐皮曰椅，大同而小別也。又一種鼠梓，一名楰，亦楸之屬也，江東人謂之虎梓。」《詩・小雅》云：「北山有楰。」陸機云：「其枝葉、木理如楸，而山楸之異者，今人謂之苦楸是也。鼠李，名鼠梓或云即此也。然鼠花之實都不相類，恐別一物而名同耳。梓之入藥，當用有子者。」《日華子》云：「梓樹皮有數般，惟楸梓佳，餘不堪用。」地《圖經》曰：「生河内山谷，今近道皆有之。」時生春生，□葉，□□無時。收日乾。用皮、葉。色青緑。味苦。性寒。氣味厚於氣，陰也。臭朽。主洗□□去。

無患子皮（有小毒） 植生

無患子皮。名嚛妻桓苗陳藏器云：「樹大，生深山，名桓桓，患字聲訛也。」《博物志》云：「葉似柳，子核堅，正黑，可作香纓，用辟惡氣，浣垢。」《古今注》云：「程雅問木曰：『無患何也』？答曰：『昔有神巫曰瑤毦，能符刻百鬼，擒鬼則以此木爲棒殺之。』世人相傳以此木爲衆鬼所惡，競取爲器，用以厭鬼，故號無患。」衍義曰：「無患子，今釋子取以爲念珠，出佛經。惟取紫紅色小者佳，今人藥絶少。」 謹按：舊本不載所出州土，博詢所自於廣東監生，戴志在京歷事備云：「無患子，木生廣州府山谷間，及人家園圃中有之。木高四五丈，徑二三尺許，其皮黄白色，葉如柳葉而大，兩兩相對，初夏開黄白碎花，至秋結實。外皮如龍眼肉，生青熟紫，光亮如膠可愛。乾則文皺若棗核，亦似龍眼核而紫黑，核中仁如芡實，土人呼爲没患子。盥手去垢尤勝皂角，據其所説吻合，本文故併載之。」地陳藏器云：「生深山。」衍義曰：「西洛亦有之。」時生春生葉。採無時。收陰乾。用皮子。色皮青，子黑。性平 氣之薄者，陽中之陰。

栟櫚木。皮味苦，澀平，無毒。初生子黄白色，作房如魚子，有小毒。破血但戟人喉，未可輕服。皮作繩，入土千歲不爛。昔有人開塚得之，索已生根。此木類嶺南有虎散桄榔、冬葉蒲葵、椰子檳榔、多羅等皆相似，各有所用。栟櫚，一名椶櫚，即今川中椶櫚。

柯樹皮。味辛平，有小毒。一名木奴，南人用作大舡者也。《海藥》云：「謹按：《廣志》云：『生廣南山谷。』《臨海志》云：『是木奴樹。』」

椰桐皮。味甘，温，無毒。絲爛即差，樹似青桐，葉有椏，生山谷，人取皮以漚絲也。

又 卷二一 烏臼木根皮有毒，附子無毒。 植生

烏臼木根皮。苗《唐本注》云：「樹高數仞，葉似梨、杏，花黄白，子黑色。其葉好染皂，子多取壓爲油。塗頭令黑變白，然燈極明。」《衍義》曰：「葉似小杏，葉但微薄而緑色差淡，八九月子熟，初青後黑，分爲三瓣者是也。」地《圖經》曰：「生山南平澤。」時生春生葉。採不拘時取根皮。收日乾用木根皮。色紫白。味苦。性微温，洩子凉。氣氣厚於味，陽中之陰。臭朽

樺木皮（無毒） 植生

樺木皮。苗《別録》云：樹似山桃而高大，皮堪爲燭。取脂燒辟鬼。《衍義》曰：今人取皮裹鞍弓鐙，但皮上有紫黑花勻者爲佳。地出上谷所在有之。道地北土爲勝。時生春生葉。採無時。收日乾。用皮色紫褐味苦性平洩氣味厚於氣，陰中之陽。臭朽主黄疸

地《圖經》曰：生東海及淄州、汾州。唐本注云雍州。道地海州。時生經冬不凋。採四月取苗葉，八月取子。收暴乾。用苗葉子。質葉似榆葉而長。色莖白葉青。味辛苦子甘辛。性温洩子微熱。氣氣厚味薄，陽中之陰。臭朽

柞木皮。（無毒） 植生

柞木皮。苗《圖經》曰：「木高一二丈，葉細於櫟，枝幹多刺，文理堅實而黑，今之可作梳者是。」陸機云：「秦人謂柞櫟爲櫟。」又，《唐風》云：「集於苞栩。」釋云：「栩，柞

櫟也。其子爲皂斗，殼可以染皂者是也。」地《圖經》曰：「生南方。」時生春生葉。採不拘時取皮。收陰乾。用皮。質木類櫟，而文理細實。味苦。性平洩。氣味厚於氣，陰中之陽。臭朽

又 卷四一 大木皮。（無毒） 植生

大木皮與苦桃皮、櫻桃皮三味去麤，療一切熱毒氣。出《圖經》。苗《圖經》曰：其高下大小不定，四時有葉無花。地《圖經》曰生施州。時生春生苗。採無時。取皮。用皮。味苦澀。性温洩。氣味厚於氣，陰中之陽。

明 戴冠《濯纓亭筆記》卷九 吉貝，樹名。其膚如鵝毳，抽其緒紡之爲布，亦有染成五色，織爲班文者。

明 王圻《稗史彙編》卷一〇九《蜜香紙》 以蜜香樹皮葉作之，微褐色，青紋如魚子，極香且堅韌，水漬之不潰爛。太康五年，秦獻三萬幅，帝以百幅賜杜預，令寫所撰《春秋釋例》《傳集註解》以進。

又 卷一五一《桂花桐皮》 嘗遊歸宗岩，桂香夾道。問僧何以不取花爲供？僧云：「桂葉採花則落。」不然，雖擊之千下，不墜也。又，武夷村下見野梧桐，叢生。道士云其皮可作席，經以代麻枲亦韌。在福州見吳學官摘一緑枝如芭蕉幹，削其皮，縷之，加蒜醋可食，謂之「六月雪」，皆創見也。

又《棧香樹》 羅州多棧香樹，身如柜柳，皮堪擣紙，土人號爲香皮紙。小不及桑根竹莫紙、（睦州出）松皮紙、（日本國出）側理紙也。又嘗讀謝康樂《山賦》云：「剥笈岩椒言，芨皮可爲紙。」未詳其木。

又 卷一五三《瑞竹》 瑞竹。又名合歡，發地尺餘，分爲兩竿。沙摩竹，生桂嶺，一人止可擎一竿。欲種則削其苗，栽二尺許，入土不踰月而生根葉。期年長芽笋，不三載而爲林。簟竹。葉踈而大，一節相去五六尺。南人取嫩竹細細搥碎，浸之織而爲布，一如鬉繭布，亦希有。

明 陳嘉謨《本草蒙筌》卷四 秦皮 味苦，氣寒，沉也，陰也，無毒。産陝西郡州，及廬江川谷。木類檀木。根同槐根。葉如匙頭，少。光皮，多白點，不糙。（不麄糙也）俗因呼爲白樳木，又呼石檀樹，苦樹。咸取像焉。秋末採皮，陰乾待用，漬水，水色侵碧。書紙，紙面畧青，此驗纔真。

明 田汝成《西湖遊覽志餘》卷二四《委巷叢談》 椶櫚樹。以絲自裹，剥之可爲雨衣及綑束之用。有子生膚毳中，蓋花之方孕者，名爲椶笋。蜜煮酢浸，可致千里。蜀人以此饌佛。蘇子瞻以椶笋餽仲殊，詩云：「贈君木魚三百尾，中有鶩黄子魚子。夜义割瘦欲分甘，鐏龍藏頭敢言美。願隨蔬果得自用，勿使山林空老死。問君何事食木魚，烹不能鳴固其理。」

明 楊慎《丹鉛總録》卷四《蜜蒙花紙》 蜜香紙。以蜜香樹皮葉作之，微褐色，有紋如魚子。極香而堅韌，水漬之不潰爛。晉太康五年，大秦國獻三萬幅，帝以萬幅賜杜預，令寫《春秋釋例》。疑今之蜜蒙花也，其皮可作紙。

明 楊慎《升菴集》卷一四《蜜蒙花紙》 蜜蒙花紙，以蜜香樹皮葉作之，紙紋如魚子，極香而堅韌，水漬之不潰爛。晉太康五年，大秦國獻三萬幅，帝以萬幅賜杜預，令寫《春秋釋例》。李生曰：「與賜杜寫訓詁文，何如賜李卓寫腹中書乎。」

明 田藝衡《留青日札》卷一九《楊皮觱篥》 白樂天《觱篥詩》：「翦削乾蘆插寒竹，九孔漏聲五音足。」又云：「指點之下師授聲，含嚼之間天與氣。」即今頭管。又，牧童剥楊樹皮卷成觱篥，以竹爲管而吹之。亦有用桃皮者，即所謂桃皮蘆管之製。古名管木，其聲應簫笳。横吹之南蠻高麗之樂也。廣西苗用蘆葉，即蘆笳蘆管之類也。觱篥，本名悲篥，聲悲，胡人以角爲之，以驚中國之馬。後乃以笳爲首，以竹爲管。所法者，角音，故曰角，即今畫角。革角長五尺，形如竹筒，唐鹵簿軍中皆用之，或竹木或皮乃胡器也。

明 李時珍《本草綱目》卷三一《果部》 桄榔子（宋開寶） 校正（自木部移入此）

（釋名）木名姑榔木《臨海異物志》麪木，《伽藍記》董椶，楊慎《巵言》鐵木。

（時珍曰）其木似檳榔而光利，故名桄榔，姑榔，其音訛也。麪言其粉也，鐵言其堅也。

（集解）頌曰：「桄榔木，嶺南二廣州郡皆有之，人家亦植之庭院間，其木似栟櫚而堅硬，斫其内取麪，大者至數石，食之不飢，其皮至柔堅韌，可以作綆，其子作穗，生木端，不拘時月采之。」按：劉恂《嶺表録》云：「桄榔木，枝葉並蕃茂，與檳榔小異。然葉下有鬚如粗馬尾，廣人采之以織巾。子得鹹水浸即粗脹而韌，彼人以縛海舶，不用釘線，木性如竹，紫黑色，有文理而堅。工人解之，以製博奕局。其樹皮中有屑如麪，可作餅食。」藏器曰：按：《臨海異物志》云：「姑榔木生牂牁山谷，外皮有毛如棕櫚而散生，其木剛利如鐵，可作釤鋤，中濕更利。惟中焦則易敗耳，物之相伏如此，皮中有白粉，

以稻米粁及麥麪可作餅餌食，名桄榔麪。彼土少穀，常以牛酪食之。」時珍曰：「桄榔，二廣交蜀皆有之。」按：郭義恭《廣志》云：「木大者四五圍，高五六丈，拱直無旁枝，巔頂生葉數十，破似棕葉。其木肌堅，斫入數寸得粉，赤黄色，可食。」又，顧玠《海槎録》云：「桄榔木，身直如杉，又如棕櫚、椰子、檳榔、波斯棗、古散諸樹而稍異，有節似大竹，樹杪挺出數枝，開花成穗，緑色，結子如青珠，每條不下百顆，一樹近百餘條。團團懸掛若傘，極可愛，其木最重，色類花梨而多紋，番舶用代鐵鎗，鋒鋩甚利。古散，亦木名，可爲杖，又名虎散。」

莎木麪（莎音梭，海藥） 校正（自木部移入此）（釋名）穰木。音襄。時珍曰：「莎字，韻書不載，惟孫緬《唐韻》。」莎字註云：「樹似桄榔，則莎字當作莎，衣之莎，其葉離披如莎衣之狀，故謂之莎也。」張勃《吴録・地理志》言：「交趾穰木皮中有白粉如米屑，乾之搗末，以水淋過似麪，可作餅食者，即此木也。後人訛穰爲莎，音相近耳。」楊慎《巵言》乃謂「穰木即桄榔」，誤矣！按左思《吴都賦》云：「麪有桄榔。」又曰：「文穰、楨橿，既是一物，不應兩用矣。」（集解）珣曰：「按《蜀記》云：『莎木生南中八郡，樹高十許丈，濶四五圍，峰頭生葉，兩邊行列如飛鳥翼，皮中有白麪石許，搗篩作餅，或磨屑作飯食之，彼人呼爲莎麪。輕滑美好，勝於桄榔麪也。』」藏器曰：「莎木生嶺南山谷，大者木皮内出麪數斛，色黄白。」時珍曰：「按劉欣期《交州記》云：都勾樹以棕櫚木中出屑如桄榔麪，可作餅餌，恐此即穰木也。」

又 卷三五《檀》 釋名時珍曰：朱子云檀，善木也，其字從亶，以此亶者善也。

集解藏器曰：按蘇恭言：檀似秦皮，其葉堪爲飲，樹體細堪作斧柯，至夏有不生者，忽然葉開當有大水，農人候之以占水旱，號爲水檀。又有一種，葉如檀，高五六尺，生高原，四月開花正紫，亦名檀樹。其根如葛，頌曰：江淮河朔山中皆有之，亦檀香類，但不香爾。時珍曰：檀有黄、白二種，葉皆如槐皮，青而澤，肌細而膩，體重而堅，狀與梓榆莢蒾相似，故俚語云：「研檀不諦得莢蒾，莢蒾尚可得駁馬。」駁馬，梓榆也，又名六駁，皮色青白多癬駁也，檀木宜杵槌鎚器之用。

皮及根皮氣味辛平，有小毒，主治。皮和榆皮爲粉，食可斷穀，救荒根皮塗瘡疥殺蟲。藏器

又 卷三七《木部》 楓柳（《唐本草》）（集解）恭曰：「楓柳出原州，葉似槐，莖赤根黄，子六月熟，緑色而細。剝取莖皮用。」時珍曰：「蘇恭言『楓柳有毒，出原州。』陳藏器駁之，以爲楓柳皮即今風樹皮，性澀能止水痢。按：斗門方言，即今楓樹上寄生，其葉亦可制粉霜，此説是也。若是楓樹則處處甚多，何必專出原州，即陳説誤矣。楓皮，見前『楓香脂下』。」

明 慎懋官《華夷花木鳥獸珍玩考》卷一《陰柘木》 南海商人齎火浣布三端，帝以雜布積之。令杰公以他事召至於布所，杰公遥識曰：「此火浣布也。」一是緝木皮所作，一是續鼠毛所作。以詰商人，具如杰公所説。因問木、鼠之異，公曰：「木堅毛柔，是何别也。」以陽燧火、山陰柘木爇之，木皮改常試之，果驗。

又 卷二《嚴樹》 瓊州府出。擣其皮葉，浸以清水，以梗釀和之，或取石榴花葉和釀醞之，數日成酒，能醉人。

又《檳榔紙》 紙類。木皮而薄，瑩滑，色徹緑，宋時人貢以書表。

又《桄榔樹》 古南海縣有桄榔樹，峰頭生葉。有麪，大者出麪乃至百斛。以牛乳啖之，甚美。

又《穰木》 穰木，樹皮中有如白米屑者。乾擣之，以水淋之，可作餅，似麪。交趾、盧亭有之。

又 卷三《楮穀》 皮斑者是楮，皮白者是穀。皮可作紙，實味甘。其皮可擣以爲紙，江南人或漬以爲布。《廣州記》曰：「蠻夷取穀皮熟搥，以擬氊，汁能寫金，葉初生亦可茹。」

明 徐炬《新鐫古今事物原始全書》器用 卷一九《紙》 《後漢書》云：「蔡倫傳古人多編竹簡，或用縑帛，但縑嫌貴，竹嫌重，皆不便於人。蔡倫，字敬仲，爲上方令。用楮樹皮及麻頭、魚網、故帛以爲紙，元興元年，獻於和帝。帝善之，令天下皆造用，咸稱爲蔡倫紙。」盛洪之《荆州記》曰：「漢順帝，蔡倫始以魚網造紙。」毛顥與會稽楮先生友善，故稱紙爲楮先生。薛稷封紙爲楮國公。漢章帝時，日本之使名興能，善書紙，似璽而澤，而璽紙始於漢章帝時。齊高帝造銀光紙賜王僧，虔出《丹陽紀》。坡詩「麥光鋪几淨無瑕」即今吴中竹紙也。成都以麻屑爲紙，南越以海苔爲紙，名側理紙。桓玄《僞事》曰：「桓玄爲平淮令，造青赤縹姚花紙。石季龍寫僞詔，用五色紙之始。今吴中之蠟箋，畫箋猶妙。唐時，蜀妓薛濤好製小詩，惜紙幅乃狹小之，號薛濤箋。」韓浦詩「十樣鸞箋出益州」是也。

又 卷二五《桎》 桎皮，善治牛皮癬。桎皮。出川中者佳，善治癬，得其真者立效。

明 彭大翼《山堂肆考》卷一七七《蔡侯》 自古書契多編以竹簡，其用

縑帛者，謂之紙。然縑貴而簡重，竝不便于人。東漢蔡倫，字敬仲，桂陽人，乃造意用樹膚、麻頭曰「麻紙」，及敝布、魚網曰「網紙」，木皮曰「穀紙」，奏上之。和帝善其能，自是莫不用焉，天下咸稱蔡侯紙。

明 朱謀𡋯《駢雅》卷六 雒常之皮可衣。

明 王世貞《異物彙苑》卷三《雒常樹》 雒常木。無皮，出肅慎氏之國，聖人在位則木生皮，可爲衣。其國東朝貢中國成王時一生之。（出《杜詩注》）

明 王世貞《彙苑詳注》卷二五 紙。釋名曰：「紙砥也。」謂平滑如砥石也，古者以縑帛衣書，長短隨事截之，名曰幡紙。改其字從糸，貧者無之，或用蒲寫書，則路溫書。截蒲是也。至後漢，蔡倫剉故布、擣抄作紙，義其字從糸從氏，所謂蔡侯紙是也。又，魏人河間張揖，上古今字詁其巾部，云紙。今帋，則其字從巾之謂也，一云倫擣故魚網作紙，名網紙。後人以生布作紙，絲縷如故麻紙。以樹木皮作紙，名曰穀紙，二名赫蹏。注：赫蹏，小紙也。（《博物志》）

白州刺史。薛稷，爲紙封九錫，拜楮國公。白州刺史統領萬字軍。（《纂異記》）三都貴。「剡藤搗練用工頻，抄制輕鮮可愛人。光閃鴉青新染墨，滑殊鵠白瑩鋪銀。價高袛爲三都貴，名重還因十樣新。品列文房爲至寶，陳玄毛穎與同倫。」（夏寅）寸紙。張芝伯英善書，寸紙不遺。紈素。韋誕非紈素不妄下筆。似璽而澤。建中元年，日本使者真人興能獻方物，興能善書，其紙似璽而澤，人莫識。桃花紙。楊炎在中書後閣糊窻，用桃花紙塗以水油，取其甚明。（《鳳池編》）洪兒。姜澄十歲，苦無紙。澄乃燒糠熁竹爲紙，以供文澄小字。洪兒，鄉人，號洪兒紙。（《童子神通録》）蠲紙。唐明宗時，民苦兵，往往因親疾割股及廬墓以免賦役，户部歲給蠲符課。州縣出紙，號蠲紙。澤上書言其弊，明宗下詔悉廢户部蠲紙。（《五代史》）衣紙。回紇入東京，肆撓蕩盡士民，皆衣紙。（《唐元宗紀》）貢以和熹。和熹，鄧后臨朝，萬國貢獻。悉令禁絶歲時俱令貢紙。墨而已。（《東觀漢紀》）嘉百幅。杜暹爲婺州參軍，秩滿將歸，吏以紙萬張贈，暹暹唯受百幅，人服之。（《唐書》）烏絲攔。宋亳問紙有織成，界道謂之烏絲攔。（《國史補》）

明 焦竑《焦氏筆乘》續集卷四《蔡侯紙》 《漢書·蔡倫傳》言：「自古書契多編以竹簡，其用縑帛者，謂之紙。縑貴而簡重，並不便於人。尚方令蔡倫乃造意，用樹膚、麻頭及敝布、魚網以爲紙，奏上之。帝善其能，故天下咸稱蔡侯紙。」又，《湘中記》：「來陽縣北有漢黄門蔡倫宅，宅西有石臼，云是倫舂紙臼也。」

明 張丑《清河書畫舫》卷二上《廣川書跋》 古人治紙要自有法：故以縑帛依舊書長短隨事截之，則爲「幡紙」。以生布作紙，絲理綖治，故名「麻紙」。以樹木皮作紙，名「穀紙」。至檗汁涅染點治搥裝，則爲「經紙」。

明 周嘉胄《香乘》卷四《蜜香》 蜜香即木香，一名没香，一名木蜜，一名阿槎，一名多香，木皮可爲紙。

又 卷五《乾島香》 出滇中，树類榆，取根皮研末作印，香味極清遠，幽窗静夜，每一聞之，令興出塵之想。

明 張萱《彙雅前集》卷一六 《爾雅》：「樓，落。」可以爲杯器，素索，樓音鏤。《疏署》曰：「皮靭，繞物不□，素謂樸也。」《小雅》：「無侵樓薪。」鄭箋：「樓落，木名。」陸璣疏「今椰榆也，其葉如榆，其皮堅靭，剥之長效。尺可爲絙索，又可爲甑帶。」張萱曰：「樓，又胡七切，一説即榑木也。」

明 茅國縉《晉史删》卷四〇《肅慎氏》 肅慎氏。一名挹婁，在不咸山，有樹名雒常，若中國有聖帝代立，則其木生皮可衣。其俗婦貞而女淫，貴壯而賤老，父母死，男子不哭泣，哭者謂之不壯。相盗竊，無多少皆殺之，故雖野處而不相犯。有石砮皮骨之甲，檀弓三尺五寸，楛矢長尺有咫。周武王時獻其楛矢石砮，逮于周公輔成王，復遣使入賀爾。後千餘年雖秦漢之盛，莫之致也。

明 謝肇淛《五雜俎》卷一〇 樺木似山桃，其皮軟而中空，若敗絮焉。故取以貼弓，便於握也。又可以代燭。余在青州持官炬者，皆以鐵籠盛樺皮燒之，易燃而無烟也。亦可以覆菴舍，一云取其脂焚之，能辟鬼魅。

明 謝肇淛《文海披沙》卷三《樹衣》 滇中雞足山龍華寺多古木，木杪有絲，飄飖下垂，如絲髮。長數尺許，土人取以爲服，名曰「樹衣」。

明 謝肇淛《滇略》卷三 紙。出大理，蒸竹及穀皮爲之。其水必用藥師井者，良膩而不燥，謂之青抄。可以久藏，但差狹小耳。其用米粉抄者，鮮白有餘而善腐蠹，字畫易脱，若華亭粉箋然。其製稍長，滇無柬紙，以此代之。

明 包衡《清賞録》卷一 蔡倫牋紙有玉板，有貢餘，有經屑，有表光。玉板貢餘，雜以零布、破履、亂麻爲之，惟經屑、表光非亂麻不用。造紙者廟祀蔡倫，香火纍纍不絶。倫，宦者也，廟在大東門雪峰禪院。

明 木增《雲薖淡墨》卷一《紫藤》 葉細長，莖如竹，根極堅實。重重有皮，花白子黑，置酒中，歷二三十年不敗。其莖置烟炱中，經時紫香，可以降神。

又 卷八《可以漚紵》 紵，亦麻也。科生數十莖，宿根杜地中。至春自生，不歲種也。荆楊之間一歲三收。(一作刈)今官園種之，歲再割，割便生。剥之，以鐵若竹刮其表，厚皮自脱，但得其裏韌如筋者，煮之用緝，謂之微紵。今南越紵布，皆用此麻。

又《山有栲》 栲，葉似櫟木，皮厚數寸，可爲車輻，或謂之栲櫟。許慎正以栲讀爲糗，今人言栲，失其聲耳。

明 倪朱謨《本草彙言》卷九《木部·喬木類·樺木皮》 樺木皮。陳氏曰：「樺木皮，形似山桃皮，生遼東及臨洮、河州、西北諸地。其木色黄，有小紅斑點。其皮厚而輕，□柔軟，皮匠家用□□裏，及裏刀靶。或裹弓靶、鞍韂等物。胡人尤重之，以皮卷油蠟，可作燭點。」

《秦皮》。蘇氏曰：「秦皮出陝西州郡，今河陽亦有之。其木□□，枝幹皆青緑，葉細如匙，虚大不光，不作花實，皮上有匀點。取皮漬水，色便青碧，作字色亦青碧者方真。」

明 趙維寰《雪廬讀史快編》卷三〇《扶南國》 扶南東界即大漲海，海中有大洲，洲上有諸薄國。國東有馬五洲，復東行漲海千餘里，至自然大湖，其上有樹生火中。洲左近人剥取其皮，紡績作布，得數尺，以爲手巾，與蕉麻無異，而色微青黑。若小垢污則投之火中，更復精潔，或作燈炷用之，不知盡。

扶南之南界三千餘里，有頓遜國，其國迴入海中千餘里，漲海無崖岸，船舶不得逕過。其市東西交會，日有萬餘人，珍奇異實，無所不有。又有酒樹，似安石榴，采其花汁，停甕中數日，便成酒。

明 劉侗《名物通》卷八 欀。皮中有如白米屑者，乾擣水淋之，可作餅似麵。

明 陳懋仁《庶物異名疏》卷二三《仁頻 并閭》 仁頻，并閭，見《子虚賦》。孟康曰：「仁頻，椶也。」《林邑記》：「樹葉似乾焦。」《文選注》：「仁頻即檳榔。」崔駰曰：「并閭，椶也，皮可作索。」

又《扶老》 《歸去來辭》「策扶老以流憩」。扶老，藤名，以爲杖也。有烏亦名扶老，見羽部。

又《無姑》 《爾雅》：「無姑，其實夷急就。」注：「蕪荑，無姑之實也。無姑，一名橭榆，生于山中，其莢圓厚，剥取樹皮合漬而乾之，成其辛味也。」

明 范景文《師律》卷七《營陣·賫糧》 山行即採松皮，每十斤與米五合煮之，食爛熟。半斤一人，可食一日。(略)烏梅乾啣口中，亦可止瀉。

明 方以智《物理小識》卷九《草木類》 楮。楮易生，其汁最黏，其實補人。其皮作紙，一名穀，或呼爲構。舊説雄葉無椏。愚者曰：葉肥則圓，瘦則椏，然一樹而有椏、圓，何耶？當以結實，皮白爲雌；皮斑，無實爲雄。或呼穀桑。(中通曰：「楮子麻子同撒，秋冬留麻，爲楮作煖。來春刈麻，放火燒之，楮乃盛發，臘月斫皮，其梗可薪。」)

木芙蓉。江北木芙蓉，冬槁。浙、閩、廣皆成樹。七月開，十月止，故名拒霜。有紅黄白花，有大紅者，四面者。粤西添色芙蓉花，朝開正白，午後微紅，夜深紅，此則轉觀花也。冬髡條，置向南日下，覆以乾壤。候春見萌，則爲深坎插之。取皮風戾之，漚池爲綆，甚能勝水。(中通曰：「取皮作線，爲汗衫不臭。」)

明 盧之頤《本草乘雅半偈》卷九《椶櫚》 可作索綯及胡床之藉，經久不爛。

清 沈自南《藝林彙考》卷一〇 《野客叢書》常見一雜説論火浣布，或謂木皮所織，或謂鼠毛所織，未知孰是，僕謂二説皆有之。觀《搜神記》曰：「崑崙之墟有炎火之山，上有鳥獸草木之皮，則其鳥獸之毛也。」又按：沈約《宋志》：「炎洲在南海中，有猛獸，人捕之斬刺不傷；積薪烈火，縛以投火中，而此獸不焦。又火山國家有火，雖雨不息，火中有白鼠，然洲上林木得雨則皮焦，得火則皮白，洲人以春月取其木皮織布，爲火浣布。若是木皮、鼠毛皆可爲布也。」(《説畧》)又按：《元史》：「阿合陸馬言：『别陸赤山出石絨，織爲布，火不能然。』則又非二物所成矣。」)

《停驂録》：「火浣布出西域，火鼠毛織之。一云漲海中有然火洲，其上有樹生火中，土人剥取其皮，紡作布。若垢污，投火中燒之復精潔。」余嘗得方寸，作白色，乃焦麻之類。又云南中有炎山，其山有木，取以爲薪，燒之不燼，取其皮績之，爲火浣布，是火浣布有二種也。今海外諸國入市嶺南者，往往有之，余嘗見乃灰色者，未及詢其爲木皮、爲鼠毛也。今回紇之野馬川有木曰「鎖鎖」，燒之不燼，亦不作灰，婦人取根爲帽，入火不焚，亦豈炎山木之類耶？」

《閱耕餘録》：火浣布，諸書所載不同。《異物志》以爲出斯調國，南海中有火洲，其上有野火，木生其中。采其皮以爲布也。《搜神記》則云：崑崙之墟，有炎火之山，草木鳥獸皆生於炎火中，故有火浣布，非此山草木之皮枲，則其鳥獸之毛也。又《神異經》云：南荒之外有火山，其中生不燼之木，火中有鼠，織其毛以爲布也。又《十洲記》：炎洲有火林山，山中有火光獸，大如鼠，取其毛緝爲布也。

清 吴任臣《山海經廣注》卷七《海外西經》 肅慎之國，在白民北，任臣案：「《淮南子》海外三十六國有肅慎民。」有樹名曰雄，郭曰：「或作雒。」常先入，代帝於此取之。郭曰：「其俗無衣服，中國有聖帝代立者，則此木生皮可衣也。」任臣案：「《異物彙苑》云：『雒常木』無皮，出肅慎之國，聖人在位則木生皮，可爲衣。其國東朝中國成王時一生。」《晉書·列傳》云：「肅慎有樹名曰『雒常』，若中國有聖帝代立則其木生皮，可衣。周武王及成王時遣使入貢事物。」《紺珠》云：「雒常，出肅慎。」談薈云：「挹婁國雒常樹，其皮可衣。」《顧野王進玉篇》：「啟取衣雒樹，則肅慎識，受命之興平波海水，則越裳知聖人之德。」《爾雅》曰：「雒常之皮可衣，吉貝之花可績。」《稽瑞録》云：「房户潤達。」《肅慎雒常圖贊》曰：「青質赤尾，號曰滅蒙。大運之山，百仞三重。雄常之樹，應德而通。」又朱謀㙔《異林》作「雒裳樹」。

清 閔麟嗣《黄山志定本》卷二《山産志》 古藤，古質若鐵贅，若瘻曲，若龍蛇。根柯若輪搏而輻引，可几，可杖，可入假山，此無用之用，不才之才。

清 來集之《倘湖樵書·初編》卷二《樹肉竹肉》 《木志》：「桄榔出興古國者，樹高七八丈，其大者一樹出麵百斛。」《名勝志》：「緬甸軍民司産樹頭酒，樹類㯶，高五六丈，結實如掌。土人以麵納罐中，懸樹下，劃其寔，使汁滴罐中即成酒，或不用麵惟承其汁，可熬爲糖。正白，其葉用以寫緬字，即貝葉也。都勾。似栟櫚木，中出屑如麵，可取爲餌食，如桄榔。」《偃曝談餘》云：「晏殊《庭莎記》不知莎是何物，答云『莎』有二種：草也，又樹也，樹似桃榔，亦有麵。朝鮮酒巖，有酒流出其下。《酒譜》云：「嘗有人遺任昉榼酒者，劉杳爲辨其榼字之誤，榼音陣，木名，其汁可以爲酒。」《尸子》曰：赤縣州者，是爲昆崙之墟。其鹵而浮，爲蓬芽上，生紅草，食其一實醉三百年。波斯國有三勒漿類酒，謂「摩勒毗梨勒」也。頓遜有果類安石榴，取汁貯盆中，數日成美酒。《誠齋雜記》：「真臘有石塔，塔中一銅卧佛，臍中常有水流，味如中國酒，易醉人。」庾穆之《湘州記》云：「君山上有美酒數斗，飲之即不死，爲神，漢武帝聞之，齋居七日，遣欒巴將童男女數十人，取之果得酒進御，未飲。東方在旁，竊飲之。帝大怒，欲殺之，朔曰：「使酒有驗，殺臣亦不死；無驗，安用酒爲帝。」笑而釋之。寺僧云：「春時往往聞酒香，尋之莫知其處。」南昌有酒山，山有泉，其味如酒，飲之甚醉，經月不醒。

清 高士奇《北墅抱瓮録·椶櫚》 瀛山、蘭渚之地皆疊亂石爲短垣，不加粉堊。於牆角植椶櫚三四本，高可齊檐。微風乍拂，輕凉自生，極瀟洒之趣。皮有絲縷，錯綜如織，取爲冠屐、簟拂等物，大稱山居。三月間，莖内生黄苞，狀若魚子，可食，名曰椶笋，亦曰椶魚，蒸熟後以蜜醋製之，即千里可致也。

清 王芷《稼圃輯》（李樹） 連陰則子細而味不佳。李皮水煎含之，可治齒痛。忌與鷄同食，雀同食，食多令人虚熱、發瘧，實不沉水者有毒。久病人食之病加重，和白蜜食傷人五内。（李性耐久，李老而結實不細，品處桃上。故詩云：「投我以桃，報之以李。」

胡桃，以尖頭向上，外青皮，染髭及帛皆黑。樹皮可染褐，春斫皮中出水，承取沐頭，則髮黑。皮浸油可黑髮。出燕齊者大而殼厚，味澀，内嵌。産荆襄者小而味甘。忌同豆豉鴨、野鴨同食，多食動風痰，脱人眉。

清 吴綺《嶺南風物記》 單竹。出南雄府，練竹爲麻，可作布。

清 屈大均《廣東新語》卷一五《紙》 東莞出蜜香紙，以蜜香木皮爲之，色微褐，有點如魚子。其細者光滑而韌，水漬不敗。以襯書，可辟白魚。南浙書殼，皆用粟色竹紙，易生粉蠹。至粤中必以蜜香紙易之，始不蠹。最堅厚者曰「純皮」，過於桑料。細者曰「紗紙」，染以紅、黄，以帷燈，恍若空縠，以有細點如沙，亦曰「沙紙」。晉武帝賜杜預蜜香紙萬番，《嶺表録異》：廣州多棧香，以作紙名爲香皮。是此紙也。長樂有穀紙，厚者八重爲一，可作衣服。浣之至再不壞，甚煖，能辟露水。穀紙自昔見重，唐蕭倣爲嶺南節度使，敕諸子以穀紙繕補殘書。子廪諫曰：「州距京師且萬里，書成不可露齎，必將貯以囊笥，貪者伺望，得無薏苡之嫌乎？」倣曰：「善，吾思偶不及此。」此穀紙之故事也。從化有流溪紙，紙出流溪一堡，有上流紙艘、下流紙艘，二艘專以運紙，故名。其竹名曰紙竹，與他竹異，男女終歲營營，取給篁箐，絶無外務。其法先斬竹投地窖中，漬以灰水，久之乃出而椎練。漬久則紙潔而細，速則粗而滲，粗者一名「後紙」。

清 郎廷極《勝飲編》卷一二 藤杯。王勃詩：「風筵調桂軫，月徑引藤杯。」

清 汪灝《佩文齋廣群芳譜》卷四七《花譜·秋葵》《製用》：「曬黃葵須破其藥，則不腐。」花開盡帶青，收其稭，勿令枯槁，水中浸一二日，取皮爲縷，可織布及作繩用。

又 卷七四《木譜·榆》 原《農桑通訣》：「昔豐沛歲饑，以榆皮作屑煑食之，民賴以濟。」

又 卷七九《木譜·构骨》 人采其木皮煎膏，以黏鳥雀，謂之黏𥠖。

又《木譜·桄榔》《圖經本草》：「嶺南二廣州郡皆有之，其木似栟櫚而堅硬，斫其内取麪，大者至數石，食之不飢。其皮至堅韌，可以作綆，其子作穗生木端，不拘時月采之。」

《中南志》：「梁水、興古、西平三郡，少穀，有桄榔木可以作麪，以牛酥酪食之。」

又 卷八〇《木譜·雄常樹》 肅慎之國 注：「其俗無衣服，中國有聖帝代立者，則此木生皮，可衣也。」

又《木譜·椵木》 增：椵木葉最大，有類團扇。其皮可以當麻，取爲魚網之綱，牢固殊常。

又 卷八五《竹譜·竹》 原《東坡集》：昔時與可墨竹，見精練良紙，輒奪筆揮灑，不能自已。坐客爭奪持去，與可亦不甚惜。後來見人設置筆研，即逡巡避去，人就求索，至終歲不可得。或問其故，與可曰：「吾乃者，學道未至，意有所不適，而無所遣之，故一發於墨竹，是病也。今吾病良，已可若何。」然以予觀之，與可之病亦未得爲已也，獨容有不發乎，予將伺其發而掩取之，彼方以爲病，而吾又利其病，是吾亦病也。嶺南人當有愧於竹，食者竹筍，庇者竹瓦，載者竹筏，爨者竹薪，衣者竹皮，書者竹紙，履者竹鞋。真可謂一日不可無此君也耶！昔人以海苔爲紙，今無復有，今人以竹爲紙，亦古所無有也。

清 李光地《月令輯要》卷六《二月令·民用》 白榆。增《圖經本草》：「白榆先生，葉却著莢。皮白色，二月剝皮，刮去粗皵，中極滑白，荒歲農人取皮爲粉，食之當粮，不損人。」

又 卷八《夏令·民用》 櫸皮飲。增《圖經本草》：「櫸樹。山中處處有，皮似檀槐，葉如櫟槲，削取裏皮，去上甲煎服之，夏日作飲去熱。」

又 卷一六《九月令·民用》 构骨樹子。增《本草綱目》：「构骨樹，如杜仲。詩云：『南山有枸』是也。結實如女貞及菝葜子，九月熟時緋紅色，人采其木皮煎膏，以粘鳥雀，謂之粘𥠖。」

又 卷二〇《十二月令·民用》 斫楮皮。增《經世民事録》：「穀楮。宜澗谷間種之，三年可斫取皮，以抄紙，甚得濟用。斫法：十二月爲上。」

清 周魯《類書纂要》卷二八 食榆皮。成帝河平元年大旱，傷麥，民食榆皮。

柊木。苦歷，木名也。生于山，剝取其皮，以水浸之，正青。用洗眼，愈人目，中膚翳。

楮穀。皮斑爲楮，皮白爲穀，其皮可爲紙，實味甘。江南人或績以爲布。又外國取穀皮熟槌，以擬壇汁，能寫金葉。初生亦可茹。

清 張聯元《天台山全志》卷四 萬年藤，出華頂可爲杖。皮日休《華頂杖詩》：「金凌仙樹杖，道客自攜持。探洞求丹粟，挑雲覓白芝。量泉將濯足，闌鶴把支頤。以此將爲贈，惟君盡得知。」陸龜蒙詩：「萬古陰崖雪，靈根不爲枯。瘦于霜鶴脛，奇是墨龍鬚。拄訪元談客，持看潑畫圖。湖雲如有路，竝可到仙都。」王蔭東詩：「萬年之山隔煙層，山中仍長萬年藤。此藤砍來供倚杖，奇怪宛作龍蛇騰。尋常掛素壁，似有風雨生。興來曳階下，乍聞鏗然聲。前年山僧遠相寄，謂子足蹇仍防躓。嗟爾相從亦已久，如今病愈還輕棄。昨者因出天台山，無數苾蒭競爾芟。爲話出家須藉此，一條還帶兩經函。藤乎，藤乎，爾生只解掛獮猴，何得從人作遠遊。歸來兀坐對吾杖，拂拭塵埃轉惆悵。」

清 宋廣業《羅浮山志會編》卷七《品物志·木屬》 薰陸香，即羅香也，一名馬尾香，是樹皮鱗甲採之。《復生山記》：「羅浮有越王擣薰陸香。」

清 宋長白《柳亭詩話》卷二八《樺燭》 陳藏器《本草註》：「樺木似山桃，皮堪爲燭。」《秦中歲時記》：「宰相入朝，金吾卒以樺燭導引。」《代漏院記》：「所謂火城也。」白樂天詩：「宿雨沙隄潤秋風。」樺燭香因其弟行簡自拾遺入閤而言。鄭谷詩：「樺飄紅燼趨朝路，蘭縱清香宿省時。」則借以贈禮部郎中者，嘗見一扇頭賀新婚詩：「樺燭雙間出艷粧。」恐非韋平世胄不可濫用也。

清 黃叔璥《台海使槎録》卷三 藤，最多，盤旋里餘。可爲碇索，可縛茅屋，嫩者合檳榔食之。海風藤治拘攣、風濕，極效。葵藤縛器用之。又，茭藤生海濱水中，內山有此，大可合抱，不適於用。

清 雍正《浙江通志》卷一〇一 楮。《仁和縣志》：「葉茁花蕤，並堪作茹，造紙、練布、撚氊。」

又 卷一〇五 棕櫚。崇禎《寧海縣志》：「棕櫚極多，其皮可蔽雨，索綯。」

土漆。《玉環志》：「其皮粘著人手即發腫，若刀瘡見血，搗此敷之即止。」

又 卷一〇六 梨藤。《東陽縣志》：「其條細擣如綿，取汁作紙膠，最良。俗以之築地，堅如鐵。結實如棠梨可啖，葉可肥豬。」

理皮藤。《金華府志》：「皮有文理，造紙最堅，土人煑竹篺和之。東陽永寧鄉白溪能造，其地近剡，故爾。」

栟櫚。萬曆《常山縣志》：「邑中多產，其皮可月一取之，以爲簑衣，爲履套，爲牀薦，爲靸鞋。」

椰樹根。海瑞濟饑草木，其皮、根熏燥研末成餅，可食。

又 卷一〇七 樺桃。《萬曆溫州府志》：「其皮，土人用以爲燭。」

清 雍正《陝西通志》卷四三 樱。小華山，西石脆之山，其木多樱。（《西山經》）樱樹高三丈許，無枝條，葉大而圓，枝生梢頭，實皮相裹。上行一皮者爲一節，可以爲繩，一名栟閭。（郭注）攢并閭與茇葀兮。（《甘泉賦》）洋縣貢白交樱。（《唐書·地理志》）西鄉縣出。（《舊郡志》）

又 卷四四 樺木。延州土貢樺皮。《唐書·地理志》生西北諸地，其木色黃，有小斑點，紅色能收肥膩。其皮厚而輕虛，軟柔用襯鞾裏，爲刀靶之類，謂之暖皮。以皮卷蠟可作燭照。（《本草綱目》）

椵。椵木，葉最大，有類團扇。其皮可以當麻，取爲魚網之綱，牢固殊常。（《廣羣芳譜》）出宜川，（《延安府志》）可刻鏤，（《山陽縣志》）皮作絚羈鞋屨。（《華州志》）

木芙蓉。張揖曰：「華皮可以爲索（《上林賦註》）相如賦謂之華木，叢生，高丈許。葉大如桐，冬凋夏茂。秋半著花，類牡丹、芍藥，有紅、白、黃，千葉者，山人取其皮爲索。」（《本草綱目》）

清 雍正《江南通志》卷八六《食貨志·物産·六安州》 槲。其皮可以造紙，其材可爲器用。

清 倪蜕《滇小紀·大理紙》 雲南産紙之處甚多，皆楮爲之，惟大理紙光緻瑩潔，堅實精好，蓋水孕蒼山，得川原之靈氣。爲多用，爲簾、幃、幮帳，清風素影，令人飄然有塵外之想。明時進本亦用此紙，並以造箋，厚粉重色，加以雲母而洒金。一箋重至五、六兩，不待久即脱落，而又不受毘，竟無所于用。今不以造箋，不以寫本，而履道坦，坦得全其幽人之貞矣。

又《木皮褥》 騰越州外行四日，爲野人地方，其人以箴爲衣，以老樹皮厚而柔者爲褥，曰木皮褥，彼亦甚貴之。

阿蝎猓、獵師宗有之，樹皮爲屋，披羊皮。種穀，莜野麻，不知尊卑長幼。野人居無屋廬，夜宿樹抄，赤髮黃睛，以樹皮毛布爲衣，掩其臍下。首帶骨圈，插雞毛，纏紅藤，執勾刀大刃，採捕禽獸，茹毛飲血，食蛇鼠性至兇悍，登高涉險如飛。逢之即殺，在茶山李麻之外，去騰越千餘里，無約束。二長官爲所戕，賊避之鎮淮關内，舊稱尋甸亦有此等野蠻。今固無之，此種約畧與廣西之狠人相同耳。

清 王應奎《柳南隨筆》卷五 凡荒年民不得食，輒取榆樹皮磨碎食之，自漢唐已然。前漢《天文志》：「河平元年，旱傷麥，民食榆皮。」又，隋大業中，民生計無遺，加之飢饉，始采樹皮食之。又唐陽城家貧，屑榆作粥，但榆有二種，惟野榆可食，他種味苦，不可食也。

清 羅愫 杭世駿修《烏程縣志》卷一二 石楠。皁莢櫟，一名橡子。可染皁，枇皮可爲索。（《康熙烏程縣志》）

清 沈炳巽《水經注集釋訂訛》卷三七《葉榆水》 盤水又東逕漢興縣，山溪之中多生邛竹、桄榔樹，樹出麪而夷人資以自給。故《蜀都賦》曰：邛竹緣嶺，又曰麪有桄榔。（《博物志》云：「蜀中有樹名桄榔，皮裹出屑如麪，用作餅餌，謂之桄榔麪。」後漢《夜郎傳》：「牂牁句町縣有桄榔木，可爲麪。」注：木皮有毛如栟櫚，木剛如鐵皮，中有如擣稻米片，又如麥麪，中作餅餌。《魏王花木志》曰：「桄榔出興古者，樹高七八丈，其大者一樹出麪百斛。」）

清 乾隆《汀州府志》卷八《物産》 紙，竹穰、楮皮、薄藤、厚藤，凡柔韌者皆可造，而竹紙多出連城、歸化。

苧皮。可以织布，一科数十茎，宿根。至春自生，岁三四收。

清 丁宜曾《西石梁農圃便覽·春·穀雨》 剥欅皮在中伏，晒乾，水潤打繩，堅韌可用。欅俗名平柳，葉可爲茹，亦可煑茶。

又《夏·夏至》 蜀葵。花開盡帶青，收其稭，水中浸二日，取皮作繩，勿俟子老稭枯。

清 張慶長《黎岐紀聞》 生黎隆冬時取樹皮，搥軟，用以蔽體，夜間即以代被，其樹名加布皮，黎産也。

清 蔣溥《盤山志》卷一五《物産・果木》 楸樹。似核桃，穀雨前山下居民采輭皮售之，曰楸皮，一名山核桃。

清 愛新覺羅・弘歷《清通志》卷一二五《昆蟲草木略一》 達蘭海拉遜，産塞上，其皮可製爲筆筒。戍邊者迴，或以此獻仰荷。御題具見綏柔絶域之至意。

清 李調元《南越筆記》卷五《紙》 東莞出蜜香紙，以蜜香木皮爲之。色微褐，有點如魚子，其細者光滑而韌，水漬不敗，以襯書可辟白魚。南浙書殼，皆用栗色竹紙，易生粉蠹。至粵中必以蜜香紙易之，始不蠹。最堅厚者曰「純皮」，過於桑料。細者曰「紗紙」，染以紅、黄，以帷燈，恍若空縠，以其細點如沙，亦曰「沙紙」。晉武帝賜杜預蜜香紙萬番。《嶺表録異》：廣州多棧香，以作紙名爲香皮，是此紙也。長樂有穀紙，厚者八重爲一，可作衣服。浣之至再不壞，甚煖，能辟露水。穀紙自昔見重，唐蕭倣爲嶺南節度使，敕諸子以穀紙繕補殘書，子廩諫曰：「州距京師且萬里，書成不可露齎，必將貯以囊筒，貪者伺望得意苡之嫌乎？」倣曰：「善！吾思偶不及此。」此穀紙之故事也。從化有流溪紙，紙出流溪一堡。有上流紙艘，下流紙艘，二艘專以運紙，故名。其竹名曰紙竹，與他竹異。男女終歲營營，取給篁箐，絶無外務。其法先斬竹投地窖中，漬以灰水，久之乃出而椎練，漬久則紙潔而細，速則粗而滲，粗者一名「後紙」。

又 卷一三《食竹衣竹》 《廣州志》：「韶州出丹竹，亦曰單竹。節長二尺，練以爲麻，織之，是名竹布。故曰：南越食竹衣竹。按：唐開元間，嶺南有調有貢，韶州調以竹子布，亦有名絲而無以爲織者。志又載陽江出天蠶，其食必樟楓葉，歲三月熟，酸浸之，抽絲長七八尺，色如金，堅韌異常。以作蒲葵扇緣，名曰天蠶絲。」

又 卷一四《嶺南藤類不一》 嶺南藤有數百種。其可食者曰甘露藤。蔓如筯，花如指甲，花性甘以温，久服令人肥健，一名肥藤。有涼口藤，狀若葛，葉如枸杞，去地丈餘，絶之更生。中含清水，渴者斷取，飲之甚美，沐髮令長。一名斷續藤，常飛越數樹以相繞。一名東風菜，先春而生，東風乃至。農夫以驗土膏之動，東風一作蝀風，又名緑耳，可爲蔬。有白花藤，味如甘蔗，以美酒調服，能補衰老。有浮沉藤，蘭子藤，子皆如棃，色赤如鷄冠，生食，甜酢。有紅藤，可代檳榔食。有小藤，産於東莞，微細如髮，直起數丈，無一節，常飛越數樹，如百千遊絲牽綴。紅者名紅龍鬚，紫者紫龍鬚，凡有五色。然生無根蒂，以穢物投之，即消釋不知所去。土人以其液和細土石灰塗甕糖釜，其堅如鐵，雖猛火不裂。其花及子浸酒，可補骨筋。有盒藤，其莢有白子數枚，殼扁，狀如盒子，水浸數日，炒食之，味佳。有乳藤，蔓如懸鉤倒掛，葉尖而長，斷之有白汁如乳，婦人産後，以藤搗汁和米作粥食之，乳湩自通，此皆食藤也。諸藤初生，嫩條爲藿爲筍，而以其大實曰冬榮子者，大如柚子，中有瓤，瓣瓣相疊，白如豬脂，炙食，皆甘美。身懷數日香不滅，秋末冬初間，采以相餉，矜爲服食之珍云。其可爲藥者，曰黄藤，熬其汁，則藤黄也。性最寒，以青魚膽和之，治眼疾。間有白者，葉如土茯苓，身小而長，外有擘包，以莖浸水，洗目並除腫痛。有丁公藤，蔓生著地，高尺許，葉長二寸，面緑背微白，傷風者以一二葉煮酒服之。汗下如雨，即愈。有皆治藤，蔓延墻壁野樹間，長丈餘，葉似泥藤，中暑者以根葉作粉食之，虚損者雜豬胃煮服。有買麻藤，其莖多水，渴者斷而飲之，滿腹已，餘水尚淋漓半日，可解蛇毒，乾之亦然。性柔，易治以製履，堅韌如麻，故名，言買藤得麻也。藤名而麻實，人争買取，又以他藤多而賤。聽人自取，是藤適中頗貴，必須買之。而其子味微苦，可食。因曰買子也。有青藤仔，葉長三四寸，多芒刺，莖大如指而堅韌，人日用之，比北地之用柳條。花名假素馨，煎湯以洗瘡疥，甚良。有忍冬藤，名左紐。有蒟藤，瓊州酒無麴蘖，似此藤葉辛香，雜米粉爲餅以釀，亦曰酒藤。有曰金藤，以爲筯，遇毒則烟氣迸出，此皆藥之藤也。其爲器物者，曰白藤子，斑駁可爲素珠。出文昌山中。曰五色藤。以紅者爲簟，曰桃笙。色如夭桃，甚瑩滑。白者名瓊枝，以紅紫間之，爲席、爲盤及屏風、盔甲、馬鞭之屬，其用甚奢。其可以爲屋桁桷者，曰泥藤。可以駕牛，其大如筀竹者，曰苦藤。稍小，而性柔，可爲牛繩、船纜，曰括藤。以磨礪器物，能發光膩，曰溼皮藤。其葉饒有芒刺，曰剉葉。可爲香者，曰鷄香藤。堅而酷烈，能辟水霧之氣，山中多用之。大抵嶺南藤類不一，多貨於天下，其織作藤器者，十家而二五，羊汾水之肆衣食於藤，蓋多於果布也。

清 阿桂《滿洲源流考》卷二〇《豁山》 夏秋間擣敗苧、楮絮入水漚（去聲）之成毳，瀝蘆簾勻，暴爲紙，堅韌如革，謂之豁山。凡紙牋，胥以是名之。擣苧漚麻亦號牋，粘牕寫牘用猶便。百番徒訝銀光薄，萬杵還輕越竹堅。但取供書何貴巧，便稱鋪玉詎能賢。高麗鏡面尋常有，愛此淳廉舊制傳。

又《周斐》　樺木之用在皮厚者，盈寸取以爲室，上覆爲瓦，旁爲墻壁、户牖。體輕而工省，逐獸而頻移山中，所産不可勝用也。

巢處遺風藉樺皮，上簷側壁總堪爲。端誇不漏還勝瓦，豈慮頻遷等弈棋。甕牖繩樞猶未備，夏凉冬煖且相宜。五侯第宅皇州遍，芮鞫先型爾尚知。

又《周斐》　漢語，樺皮房也。

野處穴居傳（平聲）易傳（去聲），樺皮爲室鮮前聞。（樺皮厚盈寸，服以爲室，覆可代瓦，旁作墻壁、户牖，即以山中所産之木用之，費不勞而工省，乃我滿洲舊風無殊。周室之陶，復陶穴也。）風何而入雨何漏，梅異其梁蘭異棼。占吉簷頭鵲常報，防寒墻角鼠還熏。稱名則古惟淳樸，却匪斐然周尚文。（周斐本滿洲語對音書之，非取文義，若如方觀承之書「鄂博」作「峩軷」，引軷祭行路神之義，曲爲鮮乃失之鑿矣。蓋滿文、漢文音義各不同，滿文、漢文互譯則可取漢字，以强合滿文則不可。）

《通考》：「女真俗以樺皮爲屋。」

清　趙學敏《本草綱目拾遺》卷六《木部·樱木》　似檜，亦名水松。抱木生者，性韌，皮同。乘鮮剥削造履，俗稱抱香履，潮州頗多。能治濕脚氣，辟邪風。

又《樟皮》　此香樟樹皮也。《綱目》有樟材、樟腦、瘴節，而皮與子皆不及焉。今山人率以皮、子治病，有效，因急補之。樹皮，（以年久老樟者爲佳。）治天行温疫、濕毒，流注浴疥癬，洗脚氣。

清　趙佑《草木疏校正》卷上《隰有萇楚》　萇楚，今羊桃也。葉長而狹，華紫赤色。其枝莖弱，過一尺，引蔓于草上。今人以爲汲灌，重而善没，不如楊柳也。近下根，刀切其皮，著熱灰中脱之，可韜筆管。

清　舒位《黔苗竹枝詞·猺人》　秋蛇春蚓貯青囊，可有神仙辟穀方。何事居山偏愛水，草根短短樹皮長。

猺之居處無常，必擇近水者，以大樹皮接續引水至家，不用甕桶出汲。常入山采藥，沿邨寨行醫，有書名「榜簿」，其字類今所摹鐘鼎款。識者然絶，無考證，而彼珍爲祕藏。愚者亦或謬賞之。又有狄獞、狑獁等種，皆雜居荔波縣，此悉自粤遷來者，風俗盡同于猺，自檜以下無譏焉。

又《夜郎》　流水淙淙市夜郎，浣紗人見竹三王。年年飽喫桄榔飯，不信人閒有稻粱。

初有女子浣于遯水，見三節大竹流入足閒。聞哭聲，剖竹得一男，歸養之，長而自立爲竹郎侯，以竹爲姓。漢武帝殺之，後封其三子。民爲立竹主三郎神祠，其地桄榔木可爲麪，百姓資食焉。

清　嘉慶《廣西通志》卷九〇《輿地略十一·物産二》　花藤，在西融州。藤中斕斑，其花紋如攢銀杏葉，或似牡丹花片，照之透明，乃鏇以爲器用，人多珍之。（《府志》）

甘露藤。那地土州出。案：《本草綱目》：「藤蔓如節，人服之得肥，一名肥藤。」

藤欖。永順出，以整藤盤梅花瓣作坐具。而網藤經攜之登山，甚輕便。

金藤。鵝黄色，生深山陰濕處，中心若菊花，作箸辟瘴。

又　卷九一《輿地略十二·物産》　斑枝花。樹大可合抱，高四五丈，葉黄花紅如山茶，而片極厚，一名木棉，出南方，俗謁作攀枝花。（《羣芳譜》）木棉樹。大可合抱，高者數丈，葉如香樟，瓣極厚，一條五六葉。正二月開大紅花，如山茶而蕊黄色，結子如酒杯。老則坼裂，有絮茸茸，與蘆花相似。花開時無葉，花落後半月始有新緑。其絮，土人取以作裀褥。余買數斤歸欲效棉花製爲絮，女工不能治。海南蠻人織以爲巾，上出細字花卉，尤工巧，名曰吉貝，即古所稱白疊布。杜詩「光明白氎巾」即此，今詢之粤人，亦無有織作者，或别是一種。（《嶺南雜記》）吉貝即木綿，各州縣出。案：《文昌雜録》：「閩嶺以南多木綿，土人競植之。其花成對如鵞毳，采花作布，與苧不異，即方勺《泊宅編》所謂「白疊布也」」。（《金志》）

古慶木。出丹甑山，在臨賀縣西四十里。南接蒼梧，北通道州，山中有古慶木，實大如珠，結成後數日，化蟲飛去。（《寰宇記》）

清　曹麟開《塞上竹枝詞》　泥馬賒枯郎門捷，自矜赤鯉跨琴高。泥馬賒枯者，以樺皮爲之，止容一人兩手，持小槳劃行，更爲迅速。（見《西陲紀畧》）

清　[道光]《廣東通志》卷九五《輿地略十三·物産二》　嚴樹酒。瓊州釀酒，不用麴櫱，有木曰嚴樹，擣皮葉和粳成酒。又，石榴花葉亦和，釀數日成酒。（《郝志》）

又　卷九七　竹布。裴氏《廣州記》：「蠻夷被員當竹，削古緑藤，績以爲布。（《太平御覽》）丹竹練以爲麻，□之名竹布，故曰南越食竹衣竹。（舊《廣州府志》）出韶州。」（《郝志》）

紙出遵義者，以上溪場爲上；出綏陽者以黄泥江爲上，白膩堅綿，更勝上溪。極佳者販入蜀中，次者賣之本郡，亦名小底溝紙，亦名大槽紙，皆以製處名。竹紙惟綏陽專製其上者，曰「厚水紙」。料專用水竹，粉白細膩。極佳者，勝上皮紙。草紙隨地可製，然亦分佳惡。以綏陽茅丫製者爲上，曰「茅丫紙」。造紙者用一種料名滑藥，分三種：一即羊桃，俗呼羊桃梗；一其樹大一圍，葉尖背有白毛，俗名「三條筋」；一其莖如指大，結黑子，大如小豆，葉似桑角，似罌粟，名大滑藥。鄉人自種，春種秋生，凡造紙用三條筋，紙易，用羊桃梗則久逾佳，大滑葉更在二種之上。

穀。陸璣《詩疏》：「穀，江南人績其皮以爲布。又擣以爲紙，謂之穀皮紙。其葉初生，可以爲茹。」《酉陽雜俎》：「有瓣曰楮，無曰構。」《蜀語》：「楮樹曰『穀』，音構。其皮可以作紙。」《田居蠶室録》：「構花可食，皮供造紙。蓄穀林者，三年一獲，視種田增數倍之利。山谷間地宜多種。」

清 張燕昌《金粟箋説》 胡侍《真珠船》云：永徽中，定州僧欲寫華嚴經，先以沈香種楮樹，取以造紙。

清 魏茂林《駢雅訓纂》卷六 都勾、桄榔，麪木也。（《御覽》九百六十一·木部）劉欣期《交州記》曰：「都勾，樹木中出屑如麪，可啖。」《文選·蜀都賦》：「麪有桄榔。」劉淵林注：「桄榔，樹名也。木中有屑如麪，可食，出興古。」（光郎二音）

清 黄本驥《湖南方物志》卷五《常德府》 穀樹，即構樹，皮可爲紙。武陵人作穀皮衣，甚堅好。（《本草集解》）武陵郡白雉山有木名「交讓」，衆木敷榮後乃萌芽，亦更歲迭榮也。（《酉陽雜俎》續集）

瀏陽縣出皮紙，肌理甚細，與貴州産相似。製書畫屏障特佳。（《省志》）益陽縣出紙，漚竹黄搗碎爲之。（《縣志》）

清 牟應震撰《毛詩名物考》卷五 穀，楮也，一名構。有雌雄，皮斑而葉圓者雄；皮白而有椏乂者雌。開細花，結實如楊梅，曰「楮桃」。皮可造紙，其汁粘曰構漿，可用以銷金也。

清 郝懿行《寶訓》卷六《木材》 《説文》：「楮，穀也。」陸璣《詩疏》：「幽州人謂之穀桑，或曰楮桑。荆、揚、交、廣謂之穀。中州人謂之楮。江南人績其皮以爲布，又擣以爲紙。」

清 黄輔辰《營田輯要》外篇·雜植 椶櫚。一名栟櫚，俗名棕，嶺南、

蕉布。梅州土産蕉布。（《寰宇記》）蕉可爲布者，曰布蕉，亦曰蕉麻絲。堅韌可以爲布，其經以蕉，其緯以絲，夏日之服也。出高要、長樂者佳。（舊《廣州府志》）

穀紙。穀，幽州人謂之穀桑，荆陽、交廣謂之穀，績其皮以爲布。又擣以爲紙。（《毛詩正義》）蕭廩父倣出鎮南海地，多穀紙。倣敕子弟繕寫缺落文史。廩白：「書缺誠宜補葺，然此去京師，水陸萬里，不可露賫，當須筐笥人觀兼乘，謂是貨財。古人薏苡之嫌，得爲深戒。」倣曰：「吾不之思也。」（《新唐書本傳》）

檳榔紙。類木皮而薄，瑩滑色微緑。宋時人貢以書表。

蕉葛。春州土産蕉葛。（《寰宇記》）蕉葛不花不實，沿山溪種之。老則斫置溪中，揉其筋，織爲布。亦有粗細，産高要廣利、寶查等村者佳。然一年即黑而脆，遜葛遠矣。（《郝志》）

火浣布。《梁四公記》：「南海商人賫火浣布，杰公遥識之，曰：『此火浣布也。』一是緝木皮所作，一是績鼠毛所作。」（《太平廣記》）

紅藤簟，瓊州出。紅籐簟，一呼爲「笙」，或謂之「行庚」。其色殷紅，瑩而不垢。（《北户録》）五色籐，紅者可以爲簟，色若天桃，名瓊枝。以紅紫間之爲席，爲盤，及屏風、盔甲之屬，其用甚奢。又有一種白籐，其子斑駁，可爲數珠。又一種金籐，可以爲箸，若遇毒物，則烟氣迸出。（舊《廣州府志》）

又 卷三三〇《列傳六三》 瓊州生黎，居洞深。績木皮爲衣，以木綿爲毬，性好酒，每釀用木皮、草葉代麴蘗。熟以竹筒吸之，打鼓吹笙以爲樂。男則髽首插梳，帶人齒爲纓飾，好弓矢，削竹爲弦，箭鏃鋭而無羽。女人文頷，穿耳，垂環，病無藥餌，但烹犬羊祀神而已。

清 道光《高要縣志》卷四《輿地畧》 蕉布。其蕉不花，不實。沿山溪種之，老則斬置溪中，揉其筋，織爲布。亦有粗細，産廣利、寶查等村者佳。（郝氏《通志》）

清 吴騫《尖陽叢筆》卷五 明大内各箋不如宣紙，有楮皮者，葺細而白。有宣德五年造素馨紙。

清 道光《遵義府志》卷一七 紙。《通志》：「綿紙出綏陽者爲佳。」《陳志》：「紙，州縣同出。」《田居蠶室録》：「遵義之紙以構皮製者曰『皮紙』，以竹製者曰『竹紙』，皆宜書。以竹雜草爲者曰『草紙』，以供宾鏹粗用。」皮

西川甚多。二月撒種，長尺許移栽，至四尺餘，始可剥。其皮之絲毛如織者，每一匝爲一節，剥取縷解，可織衣履、器用，殘者可以綯。每歲必兩三剥，否則樹死，或不長。其葉四時不彫，其榦正直而堅，宜爲杵器，最難長。（《便民圖説》）

清 同治《石門縣志》卷四《食貨志·物産》 燒紙。芭茅、稻草皆可造，惟筍篛爲佳。東坡公所謂「鑿錢祭鬼」者即此。

清 李世熊《寧化縣志》卷二《土産》 貨之屬曰苧。一科數十莖，舊根，至春復生，歲四收。解其皮，净刮之，績爲布。《爾雅》曰「枲麻」，則苧者，麻類。《禹貢》曰：「青州厥貢，岱畝絲枲。」苧即枲也，俗呼爲苧麻。麻與苧異，故詩曰：可以漚麻，又曰可以漚苧。陸氏合爲一，非也。苧布，四鄉皆有，鄉無不績之婦，故也。惟泉上有細等紗縠者，其販行甚廣，歲以千萬計。苧葉甚散血，治金瘡傷，及瘀血，甚効。或云以苧麻與産婦枕之，止血運。産後腹痛，以苧安腹上即止，未之試也。

葛。蔓生之藤，績以爲布，討爲絺，爲綌是也。甯人制爲土葛，間自用之，不能行遠。

桐布。純苧爲之，色白如雪，細者值亦等絹，亦製爲帨。暑月用爲手拭，惟泉上里十數家爲之。按：滇中有桐布，乃用桐皮爲之，故曰桐布。不知甯何以有桐名耳？

清 同治《會理州志》卷一〇《物産》 苧麻。苗高七八尺，葉如楮，面青背白，有短毛。夏秋着花如山梅，刈其莖，水浸去皮，煮之搥净緝爲布。

清 同治《孝豐縣志》卷四《土産》 紙有黄白紙、草紙、桑皮紙等種，出東南鄉爲多。造紙者掘深坑積竹腐之□水爲碓搗之，以稟其質。釁石置鑊，和堊灰煮之。以化其性浮於水，以成其形暴於日，以烈其氣成紙，作綑以鬻於市。若草紙則製以稻草，桑皮紙用紫草皮爲之。

清 光緒《廣州府志》卷一〇《輿地畧》 蜜香紙。出東莞。《廣東新語》「以蜜香樹皮爲之，微褐色，有紋如魚子，極香而堅韌，水漬之不潰爛。」《南方草木狀》「以襯書，可辟白魚。南浙書散用栗色竹紙，易生粉蠹。粵中必蜜香紙始不蠹，堅厚者曰純皮。適於桑料細者曰紈紙，染以紅黄，以惟燈，恍如空縠，似有細點如沙，亦曰沙紙。」《粵東筆記》：「竹紙出順德□涌碧江。」（《順德志》）

線香。用杉木屑、□皮數種合成，以竹絲搓之，售之安南外國。惟香珠店製者名息香，品最佳。

清 光緒《長汀縣志》卷三一《物産》 苧布。一科數十莖，宿根在土中，至春自生，不須栽種。一歲再三刈，剥取其皮，以灰水漚之，其色白。治以爲布，最精絶，一作紵。《周禮·典枲》「掌布緦縷」。□詩「東門之池，可以漚紵」正謂此也，邑人績之曰緣，以成夏布，有圓紗、扁紗之别。

葛布。山葛，引蔓纏繞，與土葛根可濾粉者異種。《説文》云：「絺，綌草。」言績其皮可爲絺綌也。《周禮·地官》：「掌葛以時徵絺綌之材。」即此治法，大畧與苧麻同。

麻布。其種有黄、白、青三色，子不可食，與胡麻異。其皮可績爲布。郭璞贊曰：「草皮之良，莫貴於麻，用無不宜，服無不嘉。」又黄麻名火麻，績縷成布。以水漚之，紋如程鄉繭，外省珍之，呼爲辟汗紬。

蕉布。山蕉肥大，非芭蕉、美人蕉也。《南方草木狀》曰：「其莖解散如絲，以灰練之，可紡績爲絺綌。」《語》云：「蕉聞雷長。」故黎士宏詩云：「線盡甘蕉覆小隄，成陰人比柘桑枝。聞雷應囑抽千尺，將換吴娘八繭絲。」原註：湘江人種以爲布，今邑人亦有業此者，但其布一年即黑而脆，遜葛遠矣。

清 汪日楨《湖雅》卷四 榖，即楮。《湖録》：「榖從木，若從禾，則爲五穀之穀。」《安吉劉志》：「皮甚韌，可擣爲紙，書畫間取其汁以黏金。」按：子如楊梅，入藥品。

椶櫚。《談志舊編》：「德清太元觀遶壇有椶櫚三株。」按：人家園亭植之，夏日采其葉作拂，以驅蠅。皮中之椶，絞索編薦，亦入藥用。

杹。按：《廣韻》：「杹，呼霸切，木名。」其子今呼杹樹果。可染皂。《烏程劉志》云：「杹之皮可爲索，乃木芙蓉。」一名杹木，亦名杹皮樹，非此杹也。

清 薩英額《吉林外記》卷一 周斐華皮房也

樺皮厚盈寸許，取以爲室，覆可代瓦，旁作牆壁户牖，即以山中所産之木用之，費不勞而工省。滿洲舊風無東周之陶，復陶穴也。

野處穴居傳易傳，去聲樺皮爲室鮮前聞。風何而入雨何漏，梅異其梁蘭異棼。占吉奮頭鵲常報，防寒牆角鼠還熏。稱名則古惟淳樸，卻非斐然周尚文。

又 卷七 樺皮樹皮似山桃，有紫黑黄花紋，可裹弓及鞍鐙諸物，吉林諸山皆有之。烏拉向有樺皮，屯世管佐領帶領兵丁剥取入 貢。雍正年間，裁去世管佐領，將兵丁撥給官地，交糧改爲吉林八旗官兵剥取。除額貢之外，有以樺皮作船，大者能容數人，小者挾之而行，遇水輒渡，遊行便捷。又以樺皮蓋窩棚，並有剥薄皮縫聯作油單，大雨不漏。

清 徐宗亮《龍江述略》卷六《業録》 龍江省無成樹花木，西洋菊之類間一見之。又有以洋種入盆者，黄紅相間，點綴几席間，入秋則置室内南窗下，避風霜也。樹則楊、榆二種，隨在多有，清明後始見青芽，原草亦然，八月則漸枯矣。各城山內樺樹爲多，其皮堅緻光澤，可爲冠履、器具、廬帳、舟渡，而省城不多見焉。藥品如赤白芍、防風、黄芩、甘草、車前、五味子、薄荷、黄精、黄連皆有之，藥肆中人隨采以歸。

清 光緒《容縣志》卷六《物產》 竹子布。《寰宇記》云：「容州出。」戴《竹譜》：「嶺南人取單竹筍，灰煮，績以爲布，其精者如縠。」《廣州記》：「篔簹竹，蠻人煮以爲布。」《晉安海物記》：「麻竹，夏晚而生，可鍛爲麻，是有質堅細者，皆可爲布矣。」

竹茶。《寰宇記》引《茶經》云：「容州黄家洞有竹茶，葉如嫩竹，土人作飲，甚甘美。」

火紙，一波順里出。舊志：「康熙間，有閩人來容教作福紙。創紙篷於山間，春初採扶竹，各種筍之未成竹者。漬以石灰，漚於山池。越月，碾漉成絮，濯以清流。又匝月，下槽隨撈隨焙，因而成紙。每槽司役五六人，歲可獲百餘金。至乾隆間，多至二百餘槽，如遇荒年，藉力役以全活者，甚衆。」

清 西清《黑龍江外記》卷四 輻輻車，牛曳之，一童子嘗御三五輛，載糧草類。然富者乘之，以氈毳爲蓋，蔽風雪。閒亦用樺皮式，如棺，號樺皮車。布特哈多此物，近乃有厭其朴野，購太平車於京師者，齊齊哈爾尤甚。

又卷八 本草樺生西北陰寒地，味苦氣平，無毒，乳癰腐爛韡內。年久樺皮燒灰酒服，一錢日一服，此用土人不知。

宋洪忠宣皓使金，流冷陘，寫四書於樺葉，授弟子。此樺葉之見用於古人者，今不聞冷陘，雖在境內，亦無考。

清 張鳳台《長白彙徵録》卷四《風俗》 豁山。漢語，紙也。夏秋擣敗苧、楮絮，漚之成毳，暴爲紙，堅韌如革，謂之豁山。恭録御製詩兩首：

擣漚苧麻亦號牋，粘窗寫牘用猶便。百番徒訝銀光薄，萬杵還輕越竹堅。但取供書何貴巧，便稱鋪玉詎能賢。高麗鏡面尋常有，愛此淳廉舊制傳。

漚苧弗殊用敝麻，以爲紙乃樸無華。不知有漢蔡倫合，漫數惟萊左伯嘉。紀事傳言胥貴賓，銷金鋪玉弗求奢。卷筒金粟常臨帖，敢忘斯哉惜自嗟。

按：豁山製紙，今亦不傳，惟東山樺木性柔而堅好，麻性棉而細，可以造紙。高麗人有用之者，華民無之。

清 光緒《天河縣鄉土志·物產》 植物製造：

桐油，每年約二十萬斤。

藍靛用靛葉造成，每年約十萬斤。

竹紙，質厚而粗，用刨花膠南竹造，出西鄉紙廠。

皮紙，用谷皮樹皮，刨花膠水造出，東西北三鄉多，南鄉次之。

梘砂，用木葉燒灰，熬煉而成。

紀事

晉 常璩《華陽國志》卷四 興古郡，建興三年置，屬縣十一，户四萬，去洛五千八百九十里。多鳩獠、濮，特有瘴氣，白梁水、興古、西平三郡，少穀，有桄榔木，可以作麵，以牛酥酪食之，人民資以爲糧。欲取其木，先當祠祀。

南朝梁 任昉《述異記》卷下 西蜀石門山有樹，名曰桄榔。皮裏出屑如麵，用作餅食之，與麵相似，因謂之桄榔麵焉。

唐 樊綽《蠻書》卷四 裸形蠻。在尋傳城西三百里爲窠穴，謂之爲野蠻。閣羅鳳既定尋傳，而令野蠻散居山谷，其蠻不戰自調伏集，戰自召之。案：二語文義未明，疑有脱誤。其男女遍滿山野，亦無君長，作擖欄舍屋。案：擖，《説文》《集韻》並音劫，音臈架也，撻也。多女少男，無農田，無衣服，惟取木皮以蔽形，或十妻五妻共一丈夫，盡日持弓，不下擖欄。有外來侵暴者則射之，其妻入山林採拾蟲、魚、菜、螺、蜆等，歸啖食之。去咸通三年十二月二十一日，亦爲羣隊當陣，面上如有不前，衝前監陣，正蠻旋刃其後。

宋 釋贊寧《筍譜》 漢高祖爲亭長，乃以竹皮爲冠，令求盜卒往薛縣治冠。應劭注：「以竹始生皮作冠，今鵲尾冠是也。薛，魯國縣，有竹冠師，故高祖令往修治舊冠也。賤而冠之，及貴常冠，所謂劉氏冠是也。」

陳陰鏗侍宴，賦得竹詩曰：「夾池一叢竹，青翠不驚寒。葉醖宜城酒，皮裁薛縣冠。」今詳：陰鏗用漢高祖往薛縣治筍殼冠也。

宋 趙令畤《侯鯖録》卷四 熙寧中，有道人過沈東老飲酒，用石榴皮寫絶句於壁。

宋 羅願《爾雅翼》卷九《并閭》 孫權討黄祖，祖横兩蒙衝保守沔口，以并閭大紲繫石爲矴。又齊高帝時，軍容寡少，乃編椶皮爲馬具裝，此蓋軍旅所須。故晉令夷民守護椶皮者，一身不輸。而《唐書》：「訶陵國在南海洲上立木爲城，作大屋重閣，以樓皮覆之。王坐其中，此皮堅韌，不受雨，故可以冒馬覆屋也。」

梁張孝秀，性通率，常冠穀皮巾，躡蒲履，執栟櫚皮麈尾。唐世以爲拂，今人遊山者作樓鞋。

元 脱脱《宋史》卷四八九《外國傳》 太平興國二年，其王向打遣使施弩、副使蒲亞里、判官哥心等賫表貢大片龍腦一家底、第二等八家底、第三等十一家底、米龍腦二十家底、蒼龍腦二十家底，凡一家底並二十兩；龍腦版五、玳瑁殼一百、檀香三橛、象牙六株。表云：「爲皇帝千萬歲壽，望不責小國微薄之禮。」其表以數重小囊緘封之，非中國紙，類木皮而薄，瑩滑，色微緑，長數尺，闊寸餘，横卷之僅可盈握。其字細小，横讀之，以華言譯之，云：「勃泥國王向打稽首拜，皇帝萬歲萬歲萬萬歲，願皇帝萬歲壽，今遣使進貢。」

元 陸友《墨史》卷上 王君德者，唐末人。蔡君謨云：「世有王君德墨，人間少得之，皆出上方。或有得者，是爲家寶也。」《墨經》：有「唐王君德擣，用石臼擣三二千杵，其藥用酢石榴皮、水牛角屑、膽礬三物。又法用柊木皮、皂角、膽礬、馬鞭草四物。」

明 宋濂《元史》卷四〇《順帝紀》（順帝三年）九月丁巳，瀋陽饑，民食木皮，賑糴米一千石。

明 項篤壽《小司馬奏草》卷一二《題爲邊鎮復遭災傷懇乞》（鮑希顔疏）推皇上之餘澤，是以士卒雖并日而食糠粃，不辭奔走修防之勞。小有犯令者，輒處以軍法，而不敢怨。貧民寧取草根、樹皮以爲食，而不至嘯聚於山澤，流離枕藉於道傍，故不必譸張其事，以重憂時。當事者之彷徨，且也不復敢以發賑抵糴望太倉矣，欲勘實處明然後疏。

明 沈越《皇明嘉隆兩朝聞見紀》卷三 命遣右僉都御史李如圭撫賑榆林時，給事中孫應奎言榆林一鎮災傷重大，士馬捐瘠，死亡無筭，骨肉相食，商販不通，烟火幾絶。草根樹皮剥掘已盡，近復擣石爲粉，用以療饑，食多墜死，言之傷心疏入。

明 張丑《清河書畫舫》卷六上 陳陽，江西人。往來臨川、建昌二郡，嗜酒放逸。作林石清峭奇古，多用黄心皮木，不以筆也。

明 周嘉胄《香乘》卷一〇 樺桃皮可爲燭而香，唐人所謂「朝天樺燭香」是也。

明 包衡《清賞録》卷三 晉太康五年，大秦國獻蜜香紙三萬幅。帝以萬幅賜杜預，令寫《春秋釋例》。紙以蜜香樹皮、葉作之，微褐色，有紋如魚子，極香而堅韌，水漬之不爛。

明 黄廣《禮樂合編》卷一《禮樂原始統紀二》 蔡倫典尚方作紙，用故麻，名麻紙。用木皮，名穀紙。用故魚網，名網紙。

明 談遷《國榷》卷三〇（代宗景泰二年四月）庚寅。蠲武昌歲辦杉木皮藥等物。

清 汪灝《佩文齋廣群芳譜》卷七三《木譜·桐》《廣志》：「驃國有白桐木，其葉有白毳，取其毳淹漬，緝織以爲布。」

清 姚之駰《後漢書補逸》卷八《東觀漢記第八·蔡倫》 黄門蔡倫，字敬仲，典作上方。造意用樹皮及敝布、魚網作紙，奏上。帝善其能，自是莫不用，天下咸稱蔡侯紙。

清 乾隆《長沙府志》卷三七《災祥志》 弘治元年，益陽、瀏陽大旱。五月至八月不雨，民食樹皮。

清 師範《滇繫》第一一册《旅途》 晃州驛，蜈蚣關。山迂道遠，形如其名。樹多樺，土人燧樺膚以代燭。

清 道光《廣東通志》卷九二 燈頭羣稱其祖父曰「燈公」。八月十五之夕，兒童燃番塔燈，持柚燈，踏歌於道，曰：「灑樂仔，灑樂兒。」無咋麋塔，累碎瓦爲之；象花塔者，其燈多；象光塔者，其燈少。柚燈者，以紅柚皮雕鏤人物花草，中置一琉璃盞，朱光四射，與素馨、茉莉燈交映。蓋素馨、茉莉燈以香勝，柚燈以色勝。

清 同治《枝江縣志》卷二〇《雜志·災異》（順治）九年大旱，斗米千錢。近山者掘木皮、草根殆盡，近湖採菱芡、蒲芽、荷根度日。

清 同治《欒城縣志》卷三《祥異》（崇正）庚辰十三年，蝗大饑，民懼法不敢爲盜，皆食木皮、草子、蒺藜，每斗錢五十文。

清 光緒《永年縣志》卷一九《祥異》 乾隆五十七年，大旱，饑民以蒺藜、樹皮爲糧。

清 光緒《道州志》卷一二《雜撰·祥異》 乾隆丙午、丁未，連歲荒旱，民無所食，草根、樹皮搜剔殆盡。

清 光緒《新甯州志》卷四《禨祥》 清乾隆四十二年，天大旱，百穀失收，斗米錢六百文。民間或以木皮、野菜充飢，或以舂米杆煮水飲之，四鄉餓殍枕籍。是時，州人少種雜糧，不諳蓄儲，不慣貿易，一遇歲飢便無。

清 光緒《盱眙縣志稾》卷一四《祥祲》 明崇禎十三年大旱，蝗蝻徧野，民饑，以樹皮爲食。（《康熙志》）

藝文

唐 杜甫《杜工部集》卷四《枯椶》 蜀門多椶（一作栟）櫚，高者十八九。其皮割剥甚，雖衆亦易朽。徒布（一作有）如雲葉，青黄歲寒後。交横集斧斤，凋喪先蒲柳。傷時苦軍乏，一物官盡取。嗟爾江漢人，生成復何有。有同枯椶木，使我沈嘆久。死者即已休，生者何（一作能）自守。啾啾黄雀啅，側見寒蓬走。念爾形影乾，（一作枯形影）摧殘没藜莠。

宋 王質《紹陶録》卷上 《栗里巾及冠（見飲酒詩）》 巾宜用烏紵、青葛，冠宜用樺皮、槲皮、椶皮、白藤皮、斑竹皮，簪宜用箭竹，以輕潔爲良。 東莊有紵，西莊有葛。翾哉附蟬，棲我枯茁。在我寓兮不可譏，斜日西西鳴竹絲，暗樹鈎冠休夜歸。

元 袁桷《清容居士集》卷一五《戲題樺皮》 褐裳新脱玉層層，紅葉朱蕉謝不能。擬製小冠韜短髮，意行雲水一枝藤。

明 陳邦俊《廣諧史》卷七 《楮待制傳紙》（閔文振） 楮待制，初名藤，及長爲世用。更名知白，會稽剡溪人。先世索居山林，無所聞於世，幾與草木同朽腐。歷前漢，有楮先生，始以名顯。至和帝時，中常侍蔡倫有文思，善造就人材。辟召偏天下，使者柢楮氏，見榜其門曰：「文明基本，歸以告倫。」倫亟聘之，得楮皮者，俱來。倫曰：「真良材也，但欠變化耳」。於是刮劘浸漬，漸見舂容。方延館簾内知白，聞而嘆曰：「以皮之陋，且沾優渥，吾可出矣。」既至，倫揭簾見之，噴噴曰：「文明基本，其在君乎。」引以見帝，帝嘉賞，恨相得之晚。超拜秘書省萬字令，尋擢秘閣待制，日承任使。蓋自書契既造，竹氏、帛氏二族，貴重於世者，既數千年。及知白用，而竹、帛氏遂廢。凡經史術藝，百家九流之説，皆托以行天下，及當代注記册籍，臣民文移簡扎，非知白不達也。帝益加寵待，每中書令毛頴、松滋侯陳玄、萬石君羅文侍左右，必召知白至。展其邊幅，有諮議，須令省記，方可施行。帝加其潔白，戲語陳玄曰：「江漢以濯，秋陽以暴。若知白者，可謂孔氏之徒矣，而卿與之反何哉。」玄曰：「知其白，守其黑，臣得自全之道焉。皦皦者易汙，臣懼知白之不終也。」帝笑曰：「卿不加汙，誰瀆汙之。」玄頓首謝，一旦知白侍經筵，屬微風，神思飄亂不定。帝曰：「朕固知卿體薄不耐風，今加卿節鎮，俾邊都護領之，卿無患矣。」知白叩謝曰：「臣辱荷厚恩，敢不竭方正之節，捐菲薄之軀，以死報陛下。」士有以文辭投知白者，頗涉謬惡，知白怒。會召，曰愬帝曰：「臣精白一心，仰叨任使者數十年，每願得嘉言醇文，推明義理，以淑人心，以翊世教，以利益國家，庶不忝此一生。今狂生淺夫任情謬惡，臣一被汙辱，欲雪無由，誠願陛下一申文字，乖謬之禁。以隆古道，以正士心，以亮臣區區用世之忠。」帝從其言，且惜其蒙辱，命儒臣撰悲剡藤文，以舒其憤。知白才博，而通推其餘。雨暘可蓋，風露可幛，竪可屏，揮可扇，觀美可圖畫，無不能爲者。夫子所稱不器，庶幾近之。晚年就閒。族子曰麻、曰桑、曰竹、曰繭、曰敝布、曰魚網，並出蔡氏作成，世又稱紙氏。繼知白，大用於世，傳嗣不絶。其號銀光、側釐、羅文、玉板、蠟牋、烏絲襴者，間好五采，尤爲世所愛重云。

清 魏象樞《寒松堂全集》卷五《剥榆歌》 黄沙日暮榆關路，烟火盡絶泥塞户。路傍老翁攜稺兒，手持短鐵剥榆樹。我問剥榆何所爲，老翁倚馬哽咽悲。去歲死蝗前死寇，數十邨落無孑遺。蒼蒼不恤儂衰老，獨留餘生伴荒草。三日兩日乏再饘，不剥榆皮那能飽。榆皮療我饑，那惜榆無衣。我腹縱不果，寧教我兒肥。嗟乎！此榆贍我父，若子日食其皮。皮有幾今朝，有榆且剥榆。榆盡同來樹下死，老翁説罷我心寒。

清 愛新覺羅・弘曆《御制詩初集》卷一五《詠塞上達蘭海蘭松木皮筆筒用舊題韻》 雁塞奇木無不有，海蘭亦得同名松。樵蘇不到歷賢劫，老龍鱗甲含烟濃。渺予無德御中外，所藉餘業致混同。守在四夷吾夙志，干戈絶域息戰攻。繕兹守禦備無患，薄遣戍卒更番重。戍廻或致是筆室，虬枝想像碧蔭崇。毛頴特立伴清詠，墨池霏潤雀臺銅。昔曾獲此木筆格，未知其膚知其中。是物云即削皮爲，文如碧水含微風。掬墟妄分體内外，辭林漫憶山葱瓏。由來朴物儘可玩，志求奇巧將焉窮。

清 阿桂《盛京通志》卷一三《天章四・皇上聖制・詩》 《豁山》夏秋間擣敗苧、楮絮，入水漚（去聲）之成毳。瀝蘆簾勻，暴爲紙，堅韌如革，謂之豁山。凡紙箋，胥以是名之。

擣苧漚麻亦號箋，粘窗寫牘用猶便。百番徒訝銀光薄，萬杵還輕越竹堅。但取供書何貴巧，便稱鋪玉詎能賢，高麗鏡面尋常有，愛此淳廉舊制傳。

又 卷一五《天章六（一）皇上聖制二詩》《周斐》 漢語樺皮房也。

野處穴居傳（平聲）易傳（去聲），樺皮爲室鮮前聞。（樺皮厚盈寸，取以爲室，覆可代瓦，旁作牆壁、户牖，即以山中所産之木用之，費不勞而工省乃，我滿洲舊風無殊。周室之陶復陶穴也。）風何而入雨何漏，梅異其梁蘭異棼。古吉簷頭鵲常報，防寒墻角鼠還熏。稱名則古惟淳樸，却匪斐然周尚文。（周斐，本，滿洲語對音書之，非取文義。若如方觀承之，書「鄂博」作「峩軷」，引軷祭行路神之義，曲爲解乃失之鑿矣。蓋滿文、漢文音義各不同，滿文、漢文互譯則可取，漢字以强合滿文則不可。）

圖表

明 李中立《本草原始》卷四《木部·椶櫚》 椶櫚，始出嶺南及西川，今江南亦有之。木高一二丈，無枝條，葉大而圓，有如車輪，萃於樹杪。其下有皮，重疊裹之，每皮一匝爲一節。二旬一采皮，轉復生上。六七月生黄白花，八九月結實作房如魚子，黑色。九月、十月采其皮用。《山海經》云：「石翠之山，其木多椶。」是也。

椶櫚，其皮每歲剥取。不爾，束死，或不長也。

皮作繩，入水千年不爛。

年久敗椶，入藥尤妙。

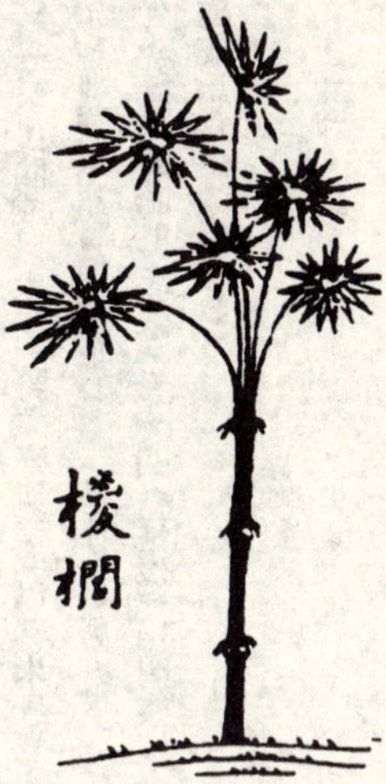

椶櫚

清 吴其濬《植物名實圖考》木類 卷三五《樺木》 樺木。《開寶本草》始著録：「施南山中極多，以木皮爲屋。關東亦鐃皮，燒灰入藥。」

清 何剛德《撫郡農産攷畧·棕》 棕即椶櫚，初生時葉如小劍，色青，出土二三寸即有棕包裹。葉自棕包裹内發出，剥取一層棕，即去其一層葉，葉如蒲扇，惟蒲扇皆相連續，此則葉葉分張耳。花黄白色，實大如豆，撫屬皆有之，然出産不多。

天時　三月結苞吐花，十月實結。

地利　宜園圃。

人事　棕樹難長，移栽多不活。鄉人種棕，棕下多墊瓦片或砌瓦片約二三寸，高如屋式，蓋附會宗子維城語也。若徑置之土中成長，自當較易。棕一歲可剥三四次，數剥則傷其心，不剥則其樹易枯，便民圃。棕櫚三月間撒種，長尺餘移栽成行，至四尺餘始可剥，每年四季剥之。

物用　棕一張三錢，一斤約可值錢六十。有販運至南昌者，可縫簑衣、可絞繩索、可襯鞋底，東邑棕簑、棕繩爲本地土貨之一宗。

棕

樹木枝葉類

綜述

晉 嵇含《南方草木狀》卷中 桹樹，幹葉俱似椿，以其葉鬻汁漬果，呼爲桹汁。若以桹汁雜彘肉，食者即時爲雷震死，桹出高凉郡。

南朝梁 宗懍《荆楚歲時記》 按周處《風土記》謂爲角黍，人並以新竹爲筒，糉楝葉插五綵繫臂，謂爲「長命縷」。

唐 段成式《酉陽雜俎》卷一六 檳榔扶留可以忘憂。

又 卷一八 松楨，即鍾藤也，葉大，晉安人以爲盤。

唐 劉恂《嶺表録異》卷中 桄榔樹，枝葉竝蕃茂，與棗檳榔等小異，然葉下有鬚如麤馬尾，廣人採之以織巾子。其鬚尤宜鹹水浸漬，即麤脹而韌，故人以此縛舶，不用釘線。木性如竹，紫黑色，有文理而堅，工人解之，以制博弈局。此樹皮中有屑如麪，可爲餅食之。

廣管羅州多棧香樹。身似柳，其花白而繁。其葉如橘皮，堪作紙，名爲香皮紙。灰白色有紋，如魚子牋，其紙慢而弱，沾水即爛，遠不及楮皮者。又無香氣，或云沉香、鷄骨、黄熟、棧香同是一樹，而根幹枝節各有分别者也。（按《政和本草》十二卷同）

宋 樂史《太平寰宇記》卷一六三《嶺南道七・竇州》 苔蔯香樹生，冬時採葉煎之，氣甚芳澤，尤宜洗皂衣。

又 卷一六六《嶺南道十・貴州懷澤郡》 葵山多葵，葉堪爲笠。

宋 蘇易簡《文房四譜》卷四《紙譜》 《林邑記》云：「九真俗書樹葉爲紙。」

宋 歐陽修《新唐書》卷二二二下《南蠻傳》 其西有撲子蠻，趫悍，以青娑羅爲通身袴，善用竹弓，入林射飛鼠無不中。無食器，以蕉葉藉之。

宋 蘇軾《格物麤談》卷上 楊桃枝，去粘。

桐、梓二樹，花葉飼豬，竝能肥大，且易養。

又 卷下 櫻桃葉煮老鵝，易輭熟。

瘡藥中用硫黄者，以竹葉燒烟薰之，則不臭。

椿樹葉、冬青葉、絲瓜梗葉，各等分。每四季燒烟薰堂屋中，其鼠遠避。

宋 洪芻《香譜》卷上《詹糖香》 《本草》云：出晉安岑州及交廣以南，樹似橘，煎枝葉爲之，似糖而黑。多以其皮及蠹糞雜之，不得淳正者。惟軟乃佳。

宋 周去非《嶺外代答》卷六《服用門・吉貝》 吉貝木如低小桑，枝萼類芙蓉，花之心葉皆細茸，絮長半寸許，宛如柳綿，有黑子數十。南人取其茸絮，以鐵筯碾去其子，即以手握茸就紡，不煩緝績。以之爲布，最爲堅善。唐史以爲吉貝，又以爲草屬。顧古，吉字訛，草、木物異，不知别有草生之古貝，非木生之吉貝耶？將微木似草，字畫以疑傳疑耶？雷、化、廉州及南海黎峒富有，以代絲紵。雷、化、廉州有織匹，幅長潤而潔白細密者，名曰慢吉貝；狹幅麤疎而色暗者，名曰麤吉貝。有絶細而輕軟潔白，服之且耐久者。海南所織，則多品矣：幅極潤，不成端匹，聯二幅可爲卧單，名曰黎單；間以五采，異紋炳然，聯四幅可以爲幕者，名曰黎飾；五色鮮明，可以蓋文書几案者，名曰鞍搭；其長者，黎人用以繚腰。南詔所織尤精好。白色者，朝霞也；國王服白氎，王妻服朝霞，唐史所謂白氎吉貝，朝霞吉貝是也。

宋 羅願《爾雅翼》卷九《梓》 屈原《九章》：「望長楸而太息。」室屋之間有此木，則餘材皆不復震。其葉可以飼豕，肥碩三倍。

又 卷一二《桂》 古者，薑桂爲燕食，庶羞和之美者，招搖之桂。切桂置酒中，謂之桂酒。

宋 寇宗奭《本草衍義》卷一五 柘木裹有紋，亦可旋爲器；葉飼蠶曰柘蠶，葉梗然不及桑葉；東行根及皮煑汁釀酒，治風虚、耳聾有驗。

宋 陳敬《陳氏香譜》卷三《閻資欽香煤》 柏葉多採之，摘去枝梗，淨洗，日中曝乾，剉碎，不用墳墓間者。入浄罐内，以塩泥固濟，炭火煆之，存性細研。每用一二錢，置香爐灰上，以紙燈點，候匀編焚香，時時添之，可以終日。或燒柏子存性，作火尤妙。

宋 林洪《山家清供》卷上《槐葉淘》 杜甫詩云：「青青高槐葉，采掇付中廚。新麵來近市，汁滓宛相俱。入鼎資過熟，加飡愁欲無。」即此見其法：於夏采槐葉之高秀者，湯少瀹，研細濾清，和麵作淘，乃以醯醬爲熟蘿，簇細茵，以盤行之，取其碧鮮可愛也。末句云：「君王納涼晚，此味亦時須。」不惟見詩人一食未嘗忘君，且知貴爲君王，亦珍此山林之味。旨哉詩乎！

宋 周密《癸辛雜識續集》卷下《擣紙》 凡擣紙，必用黃蜀葵梗葉，新擣方可以擣，無則占粘不可以揭。如無黃葵，則用楊桃藤、槿葉、野蒲萄皆可，但取其不粘也。

金 王處一《西嶽華山誌》卷一《紫栢》 嶽頂東北峯上有紫栢，葉際碧露，以五月五日油囊接之，食者可作地仙。

元 司農司《農桑輯要》卷六《竹木榆》《務本新書》：「榆葉，曝乾，擣羅爲末，鹽水調勻。日中炙曝，天寒於火上熬過拌菜，食之味頗辛美。」

又《棠》《齊民要術》棠熟時，收種之。否則，春月移栽。八月初，天晴時，摘葉薄布，曬令乾，可以染絳。必候天晴時，少摘葉，乾之，復更摘。慎勿頓收；若遇陰雨則浥，浥不堪染絳也。

元 胡古愚《樹藝篇·木部》卷四《詹糖香》 詹糖香，微瘟，療風水毒腫，去惡氣，伏尸。陶隱居云：「此香皆合香家要用，不正入藥，惟療惡核毒腫。詹糖出晉安、岑州，上真，淳者難得，多以其皮及蠹蟲屎雜之，惟軟者爲佳。餘香無臭，僞而有精麁爾。」《唐本注》云：「詹糖樹似橘，煎枝爲香，似沙糖而黑，出交廣以南。云詹糖香治惡瘡，去惡氣，生晉安。」

明 劉基《多能鄙事》卷四《洗蕉葛布法》 清水柔梅葉，洗其衣不脆，或以梅葉泡湯，洗之亦可。

又《洗苧布法》 梅葉擣取汁，以水和浸布後，用清水漂之，帶水鋪淨地晒乾。未白，再浸再晒。

又 卷六《食松栢葉法》 伏苓、骨碎補、杏仁、甘草、右爲細末，取生松栢葉□水，衮藥末同食，則甜不苦澀。

明 沈沈《酒概》卷一《椒酒》 元旦進椒酒，降神畢，各舉椒酒於其家長。（崔寔《月令》）

又《栢酒》 元日服栢葉酒，以祛疫，一云元日飲辟惡酒。

又《郫筒酒》 郫人傾春釀於竹筒，以蕉葉文斷之以獻，號郫筒酒。又郫出大竹，土人截以盛酒，故名。杜詩：「酒憶郫筒不用沽。」

又《桐馬酒》 漢師學士十二人給大官桐馬酒。（前《禮樂志》）舊註：「以馬乳爲酒，採桐葉乃成也。」李奇曰：「漢武有桐馬官，作酒，桐合作挏，推引也，以馬之乳爲酒，撞挏乃成。馬駱味如酒，飲之亦醉，故呼馬酒。」韋革爲皮兜，受數斗，盛馬乳撞挏之。

明 劉宇《安老懷幼書》卷二《栢湯方》 採嫩栢葉，線繫垂桂一大甕中，紙糊其口，經月取。如未甚乾，更閉之至乾，取爲末。如嫩草色，不用甕，只蜜室中亦可，但不及甕中者青翠。若見風則黃矣！此湯可以代茶，夜話飲之，尤醒睡。飲茶多則傷人氣，耗精害脾胃。栢湯甚有益，如太苦則加少山芋尤佳。《外臺秘要》有「代茶新新，飲然作藥味，不若栢湯。」隱居道話，尤助幽尚。

明 李詡《戒菴老人漫筆》卷八《擦圖書》 臘梅葉，擦圖書石甚光滑，青葉尤勝枯者。

又《楸葉膏法》 楸葉膏須依法製之，葛常之云：汝州楸樹極多富。鄭公知州時，手植數百本於後圃，後政思其政建鄭公堂於楸林之下。宣和間，先人知州日聽政燕客俱在焉。一日，廉訪使周詢來訪，因云：「立秋日太陽未升，採其葉熬爲膏，傅瘡瘍立愈，謂之楸葉膏。」抵晚，憲使王偉來訪，因道詢語偉曰：「有人患發背，腸胃可窺，百方不差者。一醫者教用楸葉膏傅其外，又用雲母膏作小丸，服盡四兩止，不累日，雲母透出膚外，與楸葉膏相着，瘡遂差，功亦奇矣。余欲廣傳此方，以拯病苦者。」

明 王路《花史左編》卷八《花之宜·蜀葵花》 其花可收乾，人香炭墼内引火，耐燒。葉可收染紙色，取爲「葵箋」是也。

明 周嘉冑《香乘》卷九《七里香》 樹婆娑，略似紫薇，蕊如碎珠，紅色，花開如蜜色，清香襲人。置髮間，久而益馥。其葉擣可染甲鮮紅。

又 卷一〇《飲食香·五香飲》 隋仁壽間，籌禪師常在内供養，造五香飲。第一沉香飲，次檀香飲，次澤蘭香飲，次丁香飲，次甘松香飲，皆有別。法以香爲主。

又 大業五年，吳郡進扶芳二樹，其葉蔓生纏繞他樹，葉圓而厚，凌冬不凋。夏月取葉微火炙使香，煮以飲，深碧色。香甚美，令人不渴。籌禪師造五色香飲，以扶芳葉爲青飲。（《大業雜記》）

又 卷一一《香與墨同關紐》 邵安與朱萬初帖云：深山高居，罏香不可缺。退休之久，佳品之絕，野人惟取老松柏之根枝葉實共擣治之，斫楓肪羼和之，每焚一丸，亦足以助清苦。今年大雨時行，土潤溽暑特甚，萬初至，石鼎清晝然香，空齋蕭寒，遂爲一日之樂，良可喜也。萬初本墨妙，又兼香癖，蓋墨之於香，同一關紐，亦猶書之與畫，謎之與禪也。

明 吴之俊《獅山掌録·小山館》卷一六《桂醪》 有遠飛鷄，夕則依人，曉則横飛四海。嘗銜桂枝之實歸於南山，或落地而生，高七八尺，仙人取爲酒，名曰桂醪，嘗一滴體如金色。

明 謝肇淛《五雜俎》卷一〇 燕齊人採椿芽食之以當蔬，亦有點茶者。其初茁時甚珍之，既老則菹而蓄之。南人有食而吐者，然椿有香、臭二種。臭者，土人以湯瀹而滷之，亦可食也。考之《圖經》，踈而臭者乃「樗」耳。蓋二木甚相類，但以氣味別之，今人不復識認，槩呼爲椿也。

明 木增《雲邁淡墨》卷八《楊之水不流束蒲》 蒲柳有兩種：皮正青者，曰小楊；其一種皮紅正白者，曰大楊。其葉皆長廣似柳葉，皆可以爲箭幹，故《春秋傳》曰：「董澤之蒲，可勝既乎。」今人又以爲箕鑵之楊也。

明 倪朱謨《本草匯言》卷九《木部·喬木類》 黄櫨木。陳氏曰：「黄櫨，生商洛山谷，及蜀黔地界亦有之，葉圓木黄，可作染黄色。」

榆《別録》曰：「榆樹，生潁川山谷。」李氏曰：「今處處有之。有十數種，不能盡別。惟知莢榆、白榆、刺榆、榔榆數者而已。莢榆、白榆，皆大榆也。有赤白二種：白者名枌，其木甚高大，木生葉，口枝條間先生榆莢，形狀似錢而小，色白成串，俗呼榆錢。後方生葉，似山茱萸葉，而長，尖峭潤澤，嫩葉煠浸淘過，和油醬食，可作蔬棟」。

明 谷泰《博物要覽》卷一五 詹唐香。出交廣等處以南，樹形似橘，煎其枝葉爲膏，似糖而黑，多以皮及蠹糞雜之。難得淳正者，俗名唵叭香者是也，以柔軟爲佳。

芽香生劍南諸州，其莖葉色黑褐花白，非白茅也。花有香，可作湯沐，能令人去體臭，其香亦罕得真者。

明 陳正學《灌園草木識》卷一《花之屬》 英花，即合歡樹花，銀紅色，茸茸如英，其葉可濯垢衣。

明 湖南漫士《水邊林下五十九種》之《野蔌品》 槐角葉。采嫩葉細浄者，擣爲汁和麵作淘，以醯醬爲熟虀食。

清 吴綺《嶺南風物記》 紗葉。出廣州府光孝寺，即菩提葉。肇慶天寧寺皆有之，光孝者尤大而佳。六、七月間取其葉，以少石灰水浸之二十日，則膚去觔存，竟如紗縠。土人以之作燈，併爲婦人釵鉺之屬，如金絲然也。

清 屈大均《廣東新語》卷二五《柊葉》 有柊葉者，狀如芭蕉葉，溼時以裹角黍，乾以包苴物，封缸口。蓋南方地性熱，物易腐敗，惟柊葉藏之可持久，即入土千年不壞。柱礎上以柊葉墊之，能隔溼潤，亦能理象牙使光澤。計粵中葉之爲用，柊爲多，蒲葵次之。有油葵者，似椶葉而性柔，以作簑衣，耐久不滅蒲葵。諺曰：「油葵簑，蒲葵笠，朝出風乾，暮歸雨溼。」又曰：「只賣葉，休賣花，花貧葉富，二葵成家。」廣州《竹枝詞》云：「五月街頭人賣葉，卷成片片似芭蕉。」謂柊葉也。參差葉尾作簑篷，謂蒲葵也。篷形方，大三尺許，以施於背遮雨，名曰「葵篷」。葵曰「蒲葵」者，以葉如蒲而倒垂，蓋蒲之木也。

又 《貝多羅》 貝多羅，來自西洋，葉大而厚。梵僧嘗以寫經，唐人詩：「貝葉經文手自書」是也。花大如小酒杯，六瓣，瓣皆左紐，白色，近蕊則黄。有香甚縟，落地數日，朶朶鮮芬不敗。

又 《椰葉》 瓊州多椰子葉，昔趙飛燕立爲皇后，其女弟合德獻諸珍物，中有椰葉席焉。椰葉之見重也自漢時始。瓊州人無分男女，首皆戴笠，以竹絲爲之。其用椰葉爲笠者，貴之也。以爲席則賤之矣。

清 郎廷極《勝飲編》卷一二 槲葉杯。放翁詩：「閒弄流塵槲葉杯。」

清 汪灝《佩文齋廣群芳譜》卷七一《木譜·柏》 製用：嫩柏枝洗浄控乾，入梅滷，曬乾。甘草、桂心爲細末，入浄磁器中。一層藥一層柏枝，緊封藏之。久不開則上醫花，可玩可食，煮汁釀酒，去風痺，歷節風。

又 卷七四《木譜·槐》 製用：初生嫩芽煠熟，水泡去苦味，可蘁、醋拌食。曬乾亦可作飲代茶。以槐子和穄黍種畦中，至冬放火燒過，明年取苗食，如取枸杞苗法。入土深割，上糞澆，遍遍如此。至秋末，常取芽食，又且無蟲。若根大即剷去，併以利鍬鋤深劚遍，便上糞。待春初雨過種之。取一寸槐芽數斤，水煮如泥，去滓，入鹽一升煮乾，炒黑。空心擦牙白而固，終身無齒患。庚肩吾服槐實法：十月上巳日取子，去一子及五子者，餘納黑牛膽中，百日後空心服。初一日一粒，以後日增一粒，至十六日後，日減一粒。

又 卷七五《木譜·樗》 荒年人亦采食，膳夫采取瀹熟，另用冷水浸去氣息，亦可油醋拌食，但無味耳。有花者無莢，有莢者無花，藥中用根及莢、葉。

又　卷七八《木譜·柳》原《物類相感志》：「清明柳條可止醬醋潮溢。」

清　李光地《月令輯要》卷一五《八月令·民用》　棠葉染絳。增《齊民要術》：「棠熟時，收種之。八月初，天晴時，摘葉薄布，曬令乾，可以染絳。」

又　《八月令·雜紀》　大姥染衣。增《名勝志》：「藍溪源出太姥山頂，每歲八月，烏桕葉落溪中，色皆秀碧，俗傳太姥染衣，居民候其時取水漚藍，染帛最佳。」

清　陸廷燦《續茶經》卷上之一　《詩疏》：「椒樹似茱萸，蜀人作茶，吴人作茗，皆合煮其葉，以爲香。」

又　卷下之二　北方柳芽初茁者，采之入湯，云其味勝茶，曲阜孔林楷木其芽可以烹飲，閩中佛手柑、橄欖爲湯，飲之清香，色味亦旗槍之亞也。偶宿荒村中，覓茗不得者，可以此代也。

清　宋廣業《羅浮山志會編》卷七《品物志·木屬》　榕。葉茂而細條，榦如藤垂下，入土即生。枝節如連理木，土人不以爲瑞。其綴鬣水煎，治牙痛。

清　雍正《井陘縣志》卷一《風俗》　食惟糠菜，士庶類然。每至仲秋，採取豆、藿及椒、桃、榆、□樹木等葉，醃漬在缸，以備冬月之需。

清　丁宜曾《西石梁農圃便覽·春·清明》　採青楊葉瀹熟，晒作乾菜。若至穀雨則老。

又　《谷雨》　醃香椿芽：取肥嫩者鹽醃器内，過宿□□取揉，每日三次。至五日後看芽俱透，置屋内晾半乾，入罈，炒鹽培之。十餘日取晾壹次，否則壞爛，至白露後便不用晾。

清　陸烜《梅谷偶筆》　椶櫚葉。縷析之，揉令極軟，以代麈尾，勝古人松麈多矣。

清　嘉慶《廣西通志》卷九一《輿地略十二·物産三》　雞桐。葉如楝，其葉煮湯療足膝疾。《虞衡志》桐，各州縣出，有雞桐、水桐二種。《金志》

清　師範《滇繫》　布以永昌之細布爲佳，有千扣者，其次有桐花布、竹布、井口布、火麻布、莎蘿布、象眼布，而洱海紅花膏染成最艷，謂之洱紅。永昌善造青，謂之金齒青，其直獨倍也，所以《南中志》云有闌干細布。「闌干」，獠言，紵也，文如綾錦。華嶠《後漢書》云哀牢夷之染綵紬布織成文章，如綾錦，有梧木葉績以爲布。幅廣五尺，潔白不受垢污，先以覆亡人而後服之，今西洋布豈其遺種耶？

《南詔通紀》云兜羅綿出金齒木那甸，又有火草布，草葉三四寸踢地而生，葉背有綿，取其端而抽之成絲，織以爲布，寬七寸許，以爲可以爲燧取火，故曰火草，然不知其何所出也。紙出文理蒸竹及穀皮爲之，其水必用藥師井者良，膩而不燥，謂之清抄，可以久藏，但差狹小耳。其用米粉抄者，鮮白有餘而善腐蠹，字書易脱，若華亭粉箋，然其製稍長，滇無柬紙，以故代之。

清　道光《廣東通志》卷九七　檳榔布。有一種山檳榔，葉如蘭，大三指許，長可數尺，淡白中微紅紫，績爲布，似葛而輕。《舊廣州府志》

清　道光《遵義府志》卷一七　樟。《田居蠶室録》俗名香樟，製香者貴其葉。桐梓夜郎站民朝聚廟中，有古樟一株，相傳漢物也。

漿梨木。《戊巳編》：「樹高丈許，叢生，白皮黄裏，枝節刺長一二寸，結子夏青冬黑，染家染緑布用之。」按：「俗多呼爲緑條。」

清　黄本驥《湖南方物志》　櫸木，生湖南者甚多。《本草衍義》《元中記》：尚書李南公知長沙縣，日有鬬者甲强乙弱，各有青赤傷。南公召使前自以指捻之，曰乙真甲僞也，訊之果然。蓋南方有櫸柳，以葉塗肌則青赤，如毆傷者剥其皮横置膚上，以火熨之，則如棒傷者，血聚則硬，僞者不硬耳。

清　郝懿行《寶訓》卷六《木材》《務本新書》：「榆葉曝乾，擣羅爲末，鹽水調勻，日中炙曝，天寒于火上熬過，拌菜食之，味頗辛美。」案：荒歲，榆皮磨粉可食。又榆麪如膠，用黏瓦石極有力。

崔寔曰：「二月榆莢成，及青收乾，以爲旨蓄。」收青莢小，蒸曝之，至冬以釀酒，滑香宜養老。色變白將落，可作醔䤋，醔音牟，䤋音頭，榆醬。隨節早晏，勿失其適。

清　汪日楨《湖雅》卷四　柳。《談志吴興記》云：「烏程縣南百五十里有柳墟，又有柳湖。」安吉《劉志》：「俗名垂絲柳，剪其枝插土即活，名曰『倒垂柳』。」按：「或采嫩芽充茗。」

清　光緒《江西通志》卷四九　羊桃，實似小梨，造紙者取枝葉擣汁以分。張楟，似柿而小，一名黄楟，取汁製繖，造油扇。

清　光緒《永昌府志》卷六二《軼事》　树葉。孟告去猛密止百里，通寶井金廠之後，其地產大樹，葉如車輪，夷人取以覆屋。

清 光緒《鬱林州志》卷四《風俗》 寒食日取楓木、柏木葉煎汁，煑糯米飯，合家各食少許，名曰「烏飯」，即古之「青精飯」也。清明日上墳，謂爲掛紙，其亦因紙旛墳花而名之乎。

清 光緒《五河縣志》卷三《疆域·風俗》 清明，具牲醴掃墓，折柳插頭及門之左右，俗謂之辟邪。

紀 事

漢 司馬遷《史記》卷三九《晉世家》 成王與叔虞戲削桐葉爲珪，以與叔虞曰：「以此封若。」史佚因請擇日立叔虞，成王曰：「吾與之戲耳。」史佚曰：「天子無戲言，言則史書之，禮成之，樂歌之。」于是遂封叔虞于唐。

漢 班固《漢書》卷五一《路温舒傳》 路温舒字長君，鉅鹿東里人也。父爲里監門。使温舒牧羊，温舒取澤中蒲，截以爲牒，編用寫書。

南朝宋 范曄《後漢書》卷六八《南蠻西南夷傳》 哀牢人皆穿鼻儋耳，其渠帥自謂王者，耳皆下肩三寸，庶人則至肩而已。土地沃美，宜五穀、蠶桑。知染采文繡，罽毲帛疊，蘭干細布，織成文章如綾錦。有梧桐木華，績以爲布，幅廣五尺，絜白不受垢汙。先以覆亡人，然後服之。其竹節相去一丈，名曰濮竹。「出銅、鐵、鉛、錫、金、銀、光珠、虎魄、水精、瑠璃、軻蟲、蚌珠、孔雀、翡翠、犀、象、猩猩、貊獸。」雲南縣有神鹿兩頭，能食毒草。

唐 李延壽《南史》卷七六《徐伯珍傳》 徐伯珍字文楚，東陽太末人也。祖、父並郡掾史。伯珍少孤貧，學書無紙，常以竹箭、箬葉、甘蕉及地上學書。

五代 劉昫《舊唐書》卷一九二《王希夷傳》 王希夷，徐州滕縣人也。孤貧好道。父母終，爲人牧羊，收傭以供葬。葬畢，隱於嵩山，師道士黄頤，向四十年，盡能傳其閉氣導養之術。頤卒，更居兖州徂來山中，與道士劉玄博爲棲遁之友。好《易》及《老子》，嘗餌松柏葉及雜花散。景龍中，年七十餘，氣力益壯。

又《潘師正傳》 潘師正，趙州贊皇人也。少喪母，廬於墓側，以至孝聞。大業中，度爲道士，師事王遠知，盡以道門隱訣及符籙授之。師正清淨寡欲，居於嵩山之逍遥谷，積二十餘年，但服松葉飲水而已。高宗幸東都，因召見與語，問師正：「山中有何所須？」師正對曰：「所須松樹清泉，山中不乏。」高宗與天后甚尊敬之，留連信宿而還。

宋 薛居正《新唐書》卷二五《武皇本紀》 武皇知之，每召其豪右射獵於野，或與之百步馳射馬鞭，或以懸針樹葉爲的，中之如神，由是部人心伏，不敢竊發。

明 慎懋官《華夷花木鳥獸珍玩考》卷二《取葉肆書》 鄭虔好書，常苦無紙。於是慈恩寺貯柿葉數屋，遂往。日取葉肆書，歲久殆遍。

明 王圻《稗史彙編》卷一二八《洞庭饐》 舊遊東嘉時，在水心先生席上，適淨居僧送饐至，如小錢大，各合以橘葉，清香靄然，如在洞庭左右。先生詩曰：「不待歸來霜後熟，蒸來便作洞庭香。」因謁寺僧，曰採蓬與橘葉擣汁加蜜，和米粉作饐，各合以葉蒸之。市亦有賣者，特差大耳。

明 包衡《清賞録》卷一 陸羽撰《懷素傳》：「疎放不拘細行，飲酒以養性，草書以暢志。貧無紙，乃種蕉葉萬餘株，以供揮灑。」人問之。曰：「吾種紙耳。」

清 汪灝《佩文齋廣群芳譜》卷九九《藥譜·桂》《孫公談苑》：「南唐後主嘗召徐鍇至清暑閣前，地經雨，草生磚縫中，薙去復生。鍇曰：『《吕氏春秋》云：「桂枝之下無雜木，味辛故也。」』後主令取桂屑數斗，勻布縫中，經宿盡死。」

清 道光《寶慶府志》卷末中《摭談二·談俗》 四月八日「浴佛節」，造烏色飯相饋遺，謂之「青精飯」。杜云：「豈無青精飯，使我顔色好。」陶隱君《登真訣》有「乾石青精䭀飯法」：取南竹草木葉煑汁，清米炊之，又名「黑飯」，即「烏飯」。鄭畋詩：「圓明青䭀飯。」又云：楊桐葉，細冬不凋，居人遇寒食采其葉染飯色，青而有光，食之資陽氣，即「青精飯」也。

清 同治《梧州府志》卷三《風俗》 三月三日，取楓葉漬米炊烏飯相餉。（《倉梧志》）

清 光緒《零陵縣志》卷五《學校志·風俗》 四月八日爲浴佛節，造烏飯饋食，即道家青精飯也。《零陵總記》：「採楊桐冬青葉汁，漬米炊之，色青而光，食之資陽氣。」杜詩云：「豈無青精飯，使我顔色好。」此事佛道所尚，今沿襲於民間。

藝文

宋 謝邁《竹友集》卷六《律詩·青精飯三首》 霍山王鄧兩真隱，駕鶴乘雲飛九天。當時服餌定何物，同飯青精三十年。

從來見説青精飯，晚遇真人隱訣中。長恨聞名不相識，那知俚俗號烏桐。

南人雖號烏桐飯，過熟翻成作淖糜。太極真人方未試，茅山道士寄何遲。

明 屠本畯《山林經濟籍》卷一六《椿芽》 香椿香椿生無花，葉嬌枝嫩成杈枒。不比海上大椿八千歲，歲歲人不採其芽。香椿香椿慎勿譾，兒童攀摘來點茶，嚼之竟日香齒牙。

又《香楝腦》 緣溪楝樹翠且環，遥望深深如遠山。花如木樨亦瑣碎，香若茉莉非等閒。溪邊歲久樹不少，嫩葉叢叢青未了。小君摘此來點茶，浮動清泉香楝腦。

清 宋至《緯蕭草堂詩》卷三《羅浮竹葉符》 客從羅浮山中來，遺我竹葉何奇絶。闊不盈寸長於手，符文一如印文折。尺蠖蟠軀蝡拕尾，大小二篆未足埒。仙人狡獪亦偶爾，靈迹至今不磨滅。理雖荒唐事或然，古來詭異紛難説。君不見，達摩面壁石留形，湘妃灑淚竹染血。

雜録

宋 蘇軾《格物麤談》卷上 胡桃樹東南枝，劈之書券字遶，雞栖下則夜鳴不止。

宋 朱勝非《紺珠集》卷七皇甫氏《原化記·柏葉仙人》 田鸞入華山見黄冠師，指樹曰：此長生藥也。教以服之法，後得道夢朝上清列仙，皆呼栢葉仙人。

宋 羅願《爾雅翼》卷一二《列仙》：有桂父服桂葉，以龜腦和之。

明 陶宗儀《説郛》卷六一 桂父常食桂葉，見知其神，尊事之。一旦與鄉曲別，飄然入雲。

清 汪灝《佩文齋廣群芳譜》卷六四《果譜·橘》 《神仙傳》：蘇仙公者，桂陽人也，漢文帝時得道當仙，母曰：汝去之後，使我如何存活。先生曰：明年天下疾疫，庭中井水簷邊橘樹可以代養。井水一升，橘葉一枚，可療一人。來年果有疾疫，遠近悉求母療之，皆以水及橘葉，無不愈者。

清 吴綺《嶺南風物記》 符竹出羅浮山，葛洪居山偶書符竹葉上，以壓山精。今竹葉上每葉皆有一符，作黄白色，筆書宛然。山中人常以贈客，云藏之可以辟邪。

清 同治《番禺縣志》卷四九《列傳》 桂父常食桂葉，見者知其神，尊重之。一旦與鄉曲別，飄然入雲。其服桂及葵，以龜腦和之，千九十斤。桂采諸賁禺之東，有累世見之者，今荆州之南尚有桂丸焉。（據任志阮通志修）

圖表

明 李中立《本草原始》卷四《木部·合歡》 合歡始生益州山谷，今近京雍、洛間皆有之。人家多植於庭除間。木似梧桐，枝甚柔弱，葉似皂角極細而繁密，互相交結。每一風來，輒自相解，了不相牽綴。五月花發紅白色，上有緑茸。至秋而實，作莢子，極薄細。崔豹《古今注》云：「欲蠲人之忿，則贈以青裳。」青裳，合歡也，植之庭除，使人不忿。故嵇康《養生論》云：「合歡蠲忿，萱草忘憂。」其葉至暮即合，故《唐本草》名「合昏」，《日華子》名「夜合」。

明　姚可成《救荒野譜・檀》　檀（食根）　以下木類

處處有之，其根如葛，可作粉濟荒。

白檀樹，根堪粉，充飢腸，摶作餅。摶餅充腸腸未充，那堪性命如朝菌。

又《榆錢》　榆錢。（食根及葉）

形狀似錢，成串。三月采之可作羹。荒歲農人取根皮爲粉，食之當糧，不損人。

采榆錢，度飢年，擣榆根，當饔飧。年年飛絮漫天舞，今年采得供塵釜。

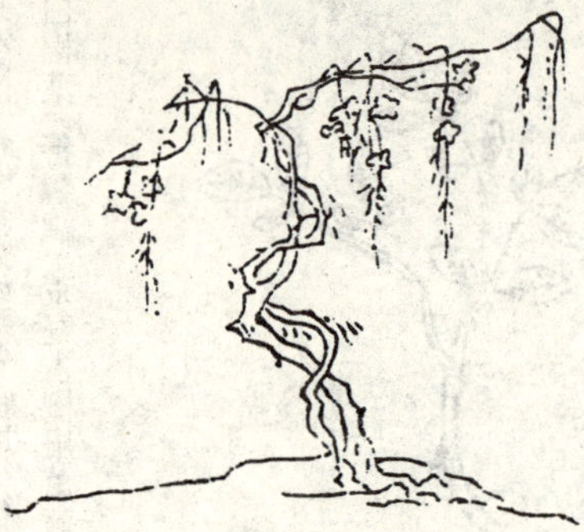

又《五加》　五加（食葉）

春月采嫩枝熟食之，可以充飢。

飢年穀，價五倍，加民無食兮興咨嗟。采得五加充我腹，勝於白璧遺無瑕。

又《椿樗》　椿樗（食葉）

嫩葉香甘可茹，歉年人采食之。

采椿樗，强阻茹，爨無薪兮瓶無儲。潦年民物皆成魚，昔時臺樹今郊墟。

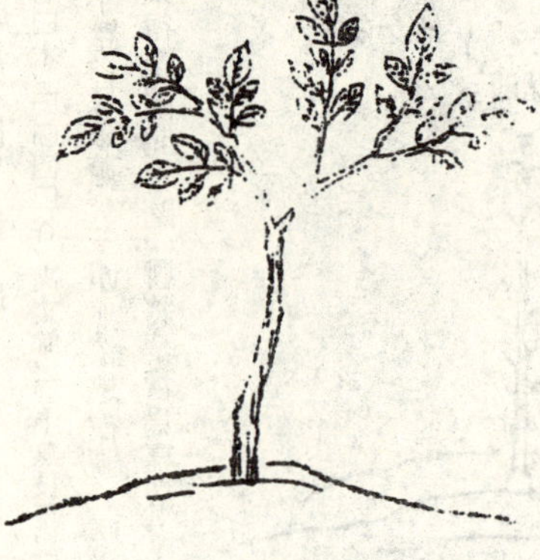

又《白楊》 白楊（食葉）

其木處處有之，葉圖如梨葉，無風往往獨摇，采嫩者可以救荒。

白楊葉，善飄颻，荒庭古樹風蕭蕭。年來儋石無餘粟，采作晨餐當糜粥。

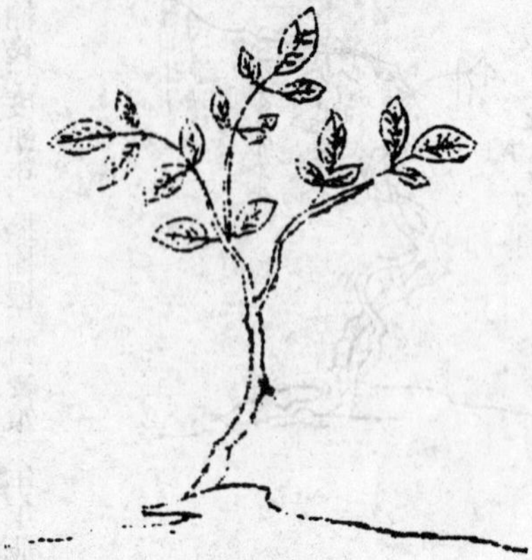

又《山茶》 山茶（食葉）

周憲王《救荒本草》云：「山茶嫩葉煠熟，水淘食之，可以濟荒。」

山茶紅，麗春風，年來花事少從容。出荒無兮秋成空，面憔悴兮髩鬔鬆。采山茶兮資歲凶，時□□兮受磨□。

又《鵲不踏》 鵲不踏（食葉）

一名□木，□□□谷，高丈餘，□上無枝莖，□□。故謂之鵲不踏。山人取嫩頭救荒。

鵲不踏，枝蕭蕭。三匝無依遶樹號。嗟嗟□□滔天兮成不毛，民無居兮烏無巢。采得山間鵲不踏，聊將藜藿爲嘉殽。

又《木天蓼》 木天蓼（食葉）

生蜀中，其芽可濟飢。

木天蓼，來川蜀，旱歲驕陽何火酷。熖未燃兮禾已焦，農夫束手吞聲哭。天蓼□芽療我飢，下民困餒天翁□，采得新芽充早餉，嗷嗷數口聊相資。

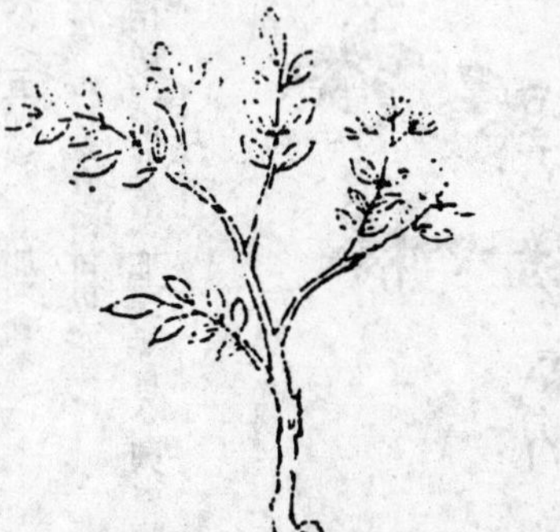

又《冬青》冬青（食葉）

采嫩葉水浸去苦味，淘熟食之，可以濟荒。

采冬青，采冬青，眼前景物何凋零。人流亡兮户多扃，入其室兮圓空庭。

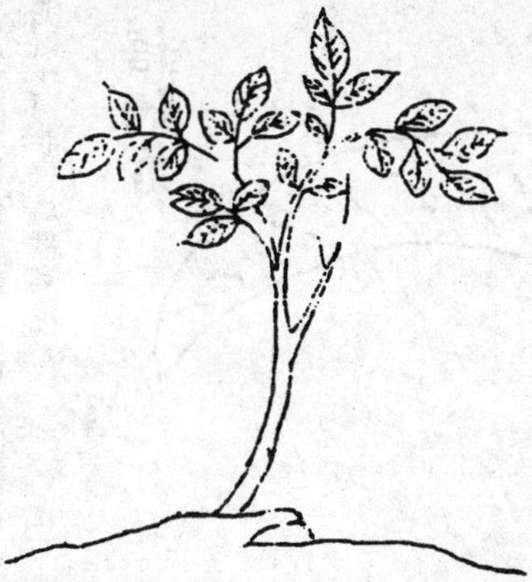

又《合歡葉》合歡葉（食葉）

處處有之，葉細而繁密，互相交結。每一風來，輒爲相解了不牽綴，至夜則合，嫩時可食，濟飢。

合歡樹，合歡枝，凶年子女成拋離，采得合歡難相資。蠲人忿，濟人飢，合歡葉，合歡皮。

又《櫸樹葉》櫸樹葉。（食葉）

處處有之，葉似榆而狹長，荒年可食之。

櫸柳樹，葉似榆，貧家采得充朝需。凶年終歲苦勤劬，饑無糲食寒無襦。

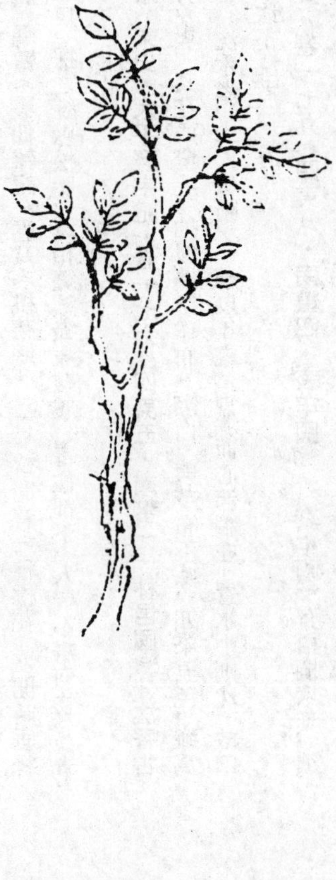

又《槿樹葉》槿樹葉（食葉）

處處有之，其木如李，其葉末尖而有椏，齒嫩時可食，濟荒。

槿葉青青槿葉黄，良人遠戍未還鄉。頻年饑饉飽風霜，且將槿葉充餱糧。

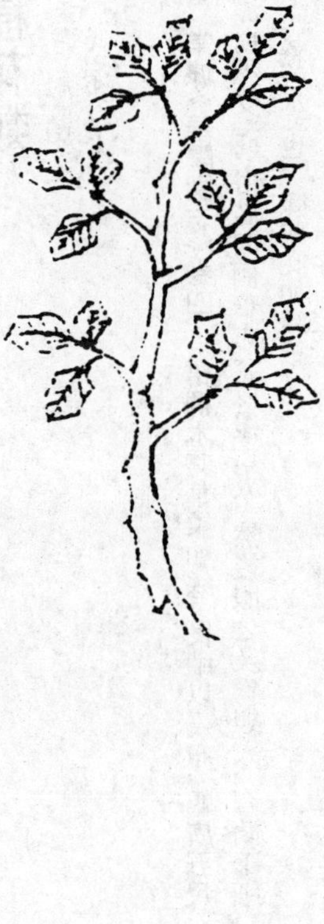

又《**槐樹葉**》 槐樹葉（食葉）處處有之，二、三月生芽，可食。救荒或以槐子種畦中采苗食之。槐陰庭院膏粱足，窮簷餉午炊無粥。窮得豪門槐葉青，摘來母子充枵腹。

清 **鄂爾泰**《**授時通考**》**卷三三**《**梧桐角圖説**》 梧桐角，浙東諸鄉農家兒童以春月捲梧桐爲角，吹之，聲遍田野。前人有「村南村北梧桐角，山後山前白菜花」之句，狀時景也。則知此制已久，但故俗相傳，不知所自。蓋音樂主和，寓之於物，以假聲韻，所以感陽舒而蕩陰鬱，道天時而達人事，則人與時通，物隨氣化，非直爲戲樂也。

梧桐角

樹花類

綜述

晉 **常璩**《**華陽國志**》**卷四** 梧桐木其華柔如絲，民績以爲布，幅廣五尺以還，潔白不受污，俗名曰桐華布。以覆亡人，然後服之及賣與人，有蘭干細布，蘭干，獠言紵也。織成文如綾錦。

唐 **姚思廉**《**梁書**》**卷五四**《**諸夷傳**》 林邑國者，本漢日南郡象林縣，古越裳之界也。伏波將軍馬援開漢南境，置此縣。其地縱廣可六百里，城去海百二十里，去日南界四百餘里，北接九德郡。其南界，水步道二百餘里，有西國夷亦稱王，馬援植兩銅柱表漢界處也。其國有金山，石皆赤色，其中生金。金夜則出飛，狀如螢火。又出瑇瑁、貝齒、吉貝、沉木香。吉貝者，樹名也。其華成時如鵝毳，抽其緒紡之以作布，潔白與紵布不殊，亦染成五色，織爲斑布也。沉木者，土人斫斷之，積以歲年，朽爛而心節獨在，置水中則沉，故名曰沉香。次不沉不浮者，曰䉨香也。

唐 **馮贄**《**雲仙雜記**》**卷八**《**桃花絲**》 青、齊間有一種桃花，盛開時垂絲至二三尺，採之練以松脂，遞相纏結織成鞋履。寄往都下，人皆不辨何物。（《青州雜記》）

宋 **樂史**《**太平寰宇記**》**卷一七六**《**四夷五・南蠻一・林邑國**》 沈香古貝，樹名也。其花成鵞毛，抽似績紡作布。潔白，與苧布不殊，亦染五色，織爲班布也。沈木者，土人破斷之，積以年歲，朽爛而心節獨在，置水中則沈，故曰沈香。次不沈者，棧香也。

又 **卷一七九**《**四夷八・南蠻四・哀牢國**》（哀牢國）有梧桐木葉，績以爲布。註：《廣志》云：「梧桐有白者，剽國有梧木，其華有白毳，取毳淹漬，緝以爲布。」

宋 **蘇軾**《**格物麤談**》**卷上** 桂花作屑，布磚階縫中，不生草，桂木釘樹立斃。

又 **卷下** 槐花污衣，酸梅洗之。

梅花半開者同蜜投入罐中，鎔蠟封口。用時挑三四朵同蜜點湯，花開香如新摘。

宋 蘇軾《物類相感志》 冬月令水不冰，以楊花鋪硯槽中，名文房春風膏。

宋 彭乘《續墨客揮犀》卷一《吉貝布》 閩嶺已南多木綿，土人競植之，有至數千株者。採其花爲布，號吉貝布。余後因讀《南史》海南諸國傳，言林邑等國出古貝木，其華成時如鵝毳，抽其緒紡之以作布，與紵布不異，亦染成五色，織爲斑布，正此種也。蓋俗呼古爲吉耳。

宋 周去非《嶺外代答》卷八《花木門·泡花》 泡花，南人或名柚花，春來開。蘂圓白如大珠，既折則似茶花。氣極清芳，與茉莉、素馨相逼。番禺人採以蒸香，風味超勝，桂林好事者或爲之。其法：以佳沉香薄片劈着净器中，鋪半開，花與香層層相間，密封之。明日復易，不待花萎香蔫也。花過乃已，香亦成。番禺人吴宅作心字香及瓊香，用素馨、茉莉，法亦爾。大抵浥取其氣，令自薰陶以入香骨，實未嘗以甑釜蒸煑之。

宋 寇宗奭《本草衍義》卷一三 槐花，今染家亦用，收時所其未開花，煑一沸出之釜中，有所澄下稠黄滓滲漉爲餅，染色更鮮明。治腸風熱，瀉血甚佳，不可過劑。

宋 陳敬《陳氏香譜》卷三《木犀香》 五更初，以竹箸取巖桂花未開蕋者，不拘多少。先於瓶底入檀香少許，方以花蕋入瓶候滿。加梅花、腦子、糁花，上阜紗幕，瓶口置空所，日收夜露四五次。少用生熟蜜相半，澆瓶中，蠟紙封窨，爇如常法。採木犀未開者，以生蜜拌勻，不可蜜多，實捺入甆器中，地坑埋窨，愈久愈奇。取出於乳鉢内研勻成餅子，油單裹收逐旋，取燒。採花時，不得犯手，剪取爲妙。日未出時，乘露采巖桂花含蕋開及三四分者，不拘多少。煉蜜候冷拌和，以温潤爲度。緊築入有油甆罐中，以蠟紙密封罐口，掘地坑深三尺許，窨一月或二十日。用銀葉襯燒之，花大開即無香。

又《香髮木犀油》 凌晨摘木犀花半開者，揀去莖蒂令净，高量一斗，取清麻油一斤，輕手拌勻。捺甆器中，厚以油紙密封罐口，坐於釜内，以重湯煑一餉久。取出安頓穩燥處，十日後傾出，以手泚其清液收之。最要封閉最密，久而愈香。如此油勻，入黄蠟爲面脂，馨香也。

又 卷四《孫廉訪木犀香珠》 木犀花蓓蕾未開全者，開則無香矣。露未晞時，先用布幔鋪地，如無幔净掃樹下地面。令人登梯上樹，打下花蕋，收拾歸家，擇去梗葉須，精揀花蕋，用中樣石磨磨成漿，次以布複包裹榨壓去水。將已乾花料盛貯新磁礶内，逐旋取出於乳鉢内研令細輭，用小竹筒爲則度築劑或以滑石平片刻竅。取則手握圓如小錢大竹籖穿孔置盤中，以紙四五重襯藉日傍陰乾，稍健。百顆作一串，小竹弓絣掛當風處，次至八九分乾取下，每十五顆以净潔水略略揉洗，去皮透青黑色。又用盤盛於日影中暵乾。如天氣陰晦，紙隔之，於幔火上焙乾。新綿裹以時時取觀，則香味可數年不失。其磨乳員洗之際，忌穢污婦女、銀器、油鹽等觸犯。《瑣碎録》云：「木犀香念珠須入少西木香。」

宋 林洪《山家清供》卷下《梅粥》 掃落梅英，揀净洗之。用雪水同上白米煮粥，候熟，入英同煮。楊誠齋詩曰：「纔看臘後得春饒，愁見風前作雪飄。脱蕋收將熬粥喫，落英仍好當香燒。」

又《蜜漬梅花》 楊誠齋詩云：「甕澄雪水釀春寒，蜜點梅花帶露飡。句裏略無烟火氣，更教誰上少陵壇。」剥白梅肉少許，浸雪水，以梅花醖醸之。露一宿取出，蜜漬之，可薦酒，較之掃雪烹茶，風味不殊也。

元 佚名《居家必用事類全集》卷戊 煎槐花：每用花半升，炒令焦黄色，用水三椀煎數沸。候色濃用白礬半兩，蚌粉一兩研碎，先入盆内用絹濾汁，入礬粉同攪勻。

造古經紙法 每紙百張爲率，用漿五椀。槐花汁一椀，蘇木汁二椀，濃墨水半椀，調和顔色深淺加減用之。此紙造就搥光，只可裝背文書，諸法見後。

淺雲牋：用槐花汁、靛汁調勻，看顔色淺深，入銀粉煑漿調勻，刷紙、搥法同前。

娥黄牋：槐花一兩炒焦赤色，以氷冷水一椀烹汁。入銀粉煑漿調勻，色淺爲佳。刷紙、搥法同前。

又 卷己 天香湯：白木犀盛開時，清晨帶露用杖打下花，以布被盛之，揀去蒂萼。頓在净磁器內，候積聚多，然後用新砂盆擂爛如泥。（一名山桂湯，亦名木犀湯並同） 木犀（一斤） 鹽（炒四兩） 粉草（炙二兩）

右件拌勻，置磁瓶中密封，曝七日，每用沸湯點服。

又 卷庚 木犀香：採木犀未開者，以生蜜拌勻，不可蜜多。實捺入瓦器中，入地埋窨，愈久愈奇。取出却入乳鉢研勻，拍成餅子，油紙裹收旋取燒。採花時不可犯手，剪之爲妙。

明　劉基《多能鄙事》卷三《暗香湯》　梅花將開時，清旦摘取半開花頭連蒂，置瓶內。每一兩重用炒鹽一兩灑之，不可用手觸壞。以厚紙數重密封置陰處。次年時先置密於盞內，然後取花二三朵置於滾湯，一炮花頭自開。

又　卷五《萬里燭》　皂角花、地黄花丁、槐花、松花各二錢。右以蜜一斤，入前藥煎數沸，漉出入白芨末三錢，候赤暈時退火，已凝結矣。

明　沈沈《酒概》　梨花春　杭州釀酒趁梨花熟，號「梨花春」。白公詩：「紅袖織綾誇柿葉，青旗沽酒趁梨花。」

桃花酒　酒漬桃花而飲之，能除百病好容色。

松花釀　「何時故山裏，却醉松花釀。」（《詩》）一曰松醪山家酒也，又詩：「松醪酒熟旁看醉。」

明　鄺績《霏雪録》卷下　木綿花，唐人詩多用之，然與吴越所産不同。按《吴録地里志》，交趾安定縣有木綿樹，實如酒杯，口有綿，如蠶之綿，可作布。

明　朱權《神隱》卷上　蒲花褥。癡重成塊，不可用。但攀枝花者久壓不實，勝於綿花。

又　卷下　天香湯：一名仙桂湯，白木犀花開時，清晨帶露用杖打下花，以布被盛之，揀去蒂萼。乾浄木犀一斤，用新砂盆擂爛如泥，次以甘草二兩，炙爲末鹽四兩，炒拌勻，置磁瓶中，密封晒七日。臨用時以沸湯點服。

暗香湯：梅花將開時，清旦摘取半開花頭連蒂置磁瓶內。每一兩用炒鹽一兩洒之，不可用手漉壞，以厚紙數重蜜封置陰處。次年春夏取開，先用蜜少許於盞內，後用花二三朵於盞中，以滚湯一泡，花頭自開，清香可愛。

明　劉宇《安老懷幼書》卷二《松蘂》　去赤皮，取嫩白者蜜漬之，略燒令蜜熟，勿太熟，極香脆。

明　劉文泰《本草品彙精要》卷一六《槐花（附葉，無毒）》　植生

苗《衍義》曰：「即今染家所用者，收時折其未開花，煮一沸出之釜中，有所澄下，稠黄滓滲漉爲餅，染色更鮮明也。」地《圖經》曰：「生河南平澤，今所在有之。」時生四月、五月生葉。採七月取花。收日乾用花未開者佳。色青黄。味苦。性平泄。氣味厚，於氣陰也。臭腥。製去枝梗炒用。

明　佚名《五色綫集》卷中《桂餌》　間子曰：「魯人有釣者，好以桂爲餌，黄金爲鈞，垂翡翠之綸。」

明　王圻《稗史彙編》卷一二六《梨花春》　杭州其俗釀酒趁梨花熟，號「梨花春」。故白公杭州春望詩云：「紅袖織綾誇柿蒂，青旗沽酒趁梨花。」（《長慶本集》）

又　卷一二八《梅花湯餅》　泉之紫帽山有高人，嘗作此供。初浸白梅檀香末水，和麪作餛飩皮，每一疊用五出，鐵鑿如梅花樣者，鑿取之。候煮熟，乃過於雞汁内，每客止百餘花，後留玉堂元剛有詩云：「恍如孤山下，飛玉浮西湖。」

又　《梅粥》　掃落英梅蕋浄洗，用雪水煮白粥，候熟同煮。楊誠齋詩曰：「才看臘後得春饒，愁見風前作雪飄。脱蕋收將熬粥吃，落英仍好當香燒。」

又　卷一二九《蜜漬梅花》　楊誠齊詩云：「甕澄雪木釀春寒，蜜點梅花帶露飡。句裏畧無煙火氣，更教誰上少陵壇。」剥白梅肉少許，浸雪水，以梅花醞釀之：露一宿取出，蜜漬之，可薦酒，校之掃雪煎茶，風味不殊也。

明　慎懋官《華夷花木鳥獸珍玩考》卷二《桃花絲織鞋》　青齊間桃花有一種，盛開時，垂絲二三尺者。採之練以松脂，遞相纏織成鞋履，寄往都下，人皆不辨何物。（出《青州雜記》）

龍華寺夾道皆古木，木杪有絲，飄蕭下垂如緣髮，長數尺許。土人謂之樹衣，登山者多取而佩之。

明　張鼎思《琅邪代醉編》卷四〇《木棉》　《續博物志》：「聞閩中多木棉，植之數千株。採其花，紡爲布，名吉貝。」《南史》言：「林邑等國出古貝木。」以古爲吉，繆也。《霏雪録·李商隱詩》：「木棉花發鷓鴣飛。」王叡詩：「紙錢灰出木棉花。」南中木棉，樹大盈抱，花紅似山茶，黄蕋，花片極厚。《近峯聞畧》云：「棉花入中國，自我朝始。」立文莊公記之詳矣。舊所云木棉，即今之斑枝花也。棉花種爲番使黄始所傳，今廣中立祠祀之。沈黄門炤曰：「番中有青、紅、白三種，今特傳其白者耳。」愚聞番中以貝葉寫經，謂之「貝葉經」。葉有長二尺者，此貝葉又不知生于何樹。

明　焦竑《老子翼》卷三　北山東皋著書自號東皋子。

王希夷隱嵩山，師黄頤學養生，喜讀《周易》、《老子》。餌松柏葉、雜花，年七十餘筋力不衰，刺史盧齊卿就謁問政，答曰：「己所不欲，勿施於人。」此言足矣！

明 焦周《焦氏説楛》卷四 桐花，飼猪肥大三倍，葉及梓白葉亦爾。見商丘子《養猪經》。

明 劉仲達輯《劉氏鴻書》卷八七 梔可染黄，其花白而甚香，五月間極繁茂。凡萍水之花大抵不過五出，惟梔六出。（《全雅》）

又 卷八八《木棉》 《通鑑·梁武帝木棉皂帳》，史炤《釋文》云：木棉，江南多有之。以春二三月下種，既生須，一月三薅，至春生黄花。結實及熟時，其皮四裂，其中綻出如棉。土人以鐵鋌碾去其核，取如棉者，以竹爲小弓，長尺四五寸許，牽弦以彈綿，令其匀細，卷爲筒，就車紡之。自然抽緒如繰絲狀，織以爲布，按此即今之綿花也。綿有三：一曰絲綿，出於蠶緝；一曰木棉，出於交廣，名班枝花；三曰草棉，史炤《釋文》所言形狀是，而以解木棉則非也。其曰竹爲小弓，長尺四五寸，今之制綿花弓，長五六尺，以羊腸爲弦，彈之聲如晴雷。朱以真有「弓弸弸綿」一首可證。今之綿弓勝于舊矣，丘文莊謂棉花元始入中國，殆未考史炤之説也。（《楊升菴文集》）

明 屠隆《鴻苞》卷一九 椰花，可以釀酒。益智葉如蘘荷，莖如竹箭，子從心中出，一枝有十子，肉白滑，四破去之，取其外皮，蜜煑之如柰子。味甘，或云即今之甘露子也。

明 王世貞《異物彙苑》卷三《構木》 槀山多構木，今蜀中有之。七八月中吐穗，穗成如鹽粉著，可以酢羹。（出《山海經》）

明 王路《花史左編》卷四《淡竹花》 花開二瓣，色最青翠。鄉人用綿收之，貨作畫燈青色并破緑等用。

又 卷一〇《橙花》 以之蒸茶，向爲龍虎山進御絶品，園林宜多種多收。

又 卷二二《紫荆花》 或云：其花投魚羹及飯中能殺人，宜防之。

明 周文華《汝南圃史》卷七《桂花》 《吴邑志》云：「花時凡三開，畏風雨，堪作餅，入茗及拌楊梅作蜜餞，其用非一。以白酒娘浸之，冬入釀，曰『桂花三白』，清香異常。」

又 卷一一《槐》 槐，葉細皮粗，質鬆脆，非貴種，只取槐陰。六月開小花，花形彎轉，花謝收取煎汁，染紙、布，色深黄。可入藥。

明 吴之俊《獅山掌録·小山館》卷一六《石榴酒》 頓遜國有樹似安石榴，取其花汁貯盤內，數日成好酒，能醉人。

又 《柳花酒》 訶陵國以柳花爲酒。

又 《椒花酒》 朱崖人飲石汁。又採椒花着甕中，經旬即成酒，其味香美，甚醉人。

明 張萱《疑耀》卷六《木棉》 余鄉多木棉。《集韻》：「綿，作棉。」樹高者至於十丈，其枝如桐，葉如胡桃葉而稍大。花如今之玉蘭花，紅如渥丹，一樹常數千枚。春夏放花，其紅燄燭天。花謝乃結子，剖之如酒匜。其殼堅硬，其中有絮，皓白，故曰木棉，今名攀枝花。《吴録》云：「其絮如蠶所作者，非也。」唐李琮詩：「腥味魚中墨，衣裝木上棉。」則此棉亦可作衣絮，今止克裀褥而已。方勺《泊宅編》稱：「海南蠻人以此紡織爲布，布上出細字雜花卉，尤工巧，名曰吉貝布，即古白氎布也。」氎音牒苐。余鄉既未有以木棉爲布者，即詢之海南諸蠻，亦不知其制爲何似，或云曹溪六祖所傳信衣，曰屈眴布即白氎布，乃西域木棉心所織者。余嘗見之，實類褐，豈西域木棉與中土不同耶？范政敏《遯齋閒覽》又云：「林邑等國出吉貝布，木棉爲之。」不知六祖信衣即林邑等國所産否？陶九成《南村輟耕録》又云：「閩、廣多種木棉，紡績爲布，名曰吉貝。松江東去五十里許，曰烏泥涇，多種之，彼初無踏車椎弓之製，率用手刮去子綫，弦竹弧置案間，振掉成劑，厥功甚艱。國初有一嫗名黄道婆者，自崖州來，乃教以紡織之，具至於錯紗、配色、綜綫挈花，各有其法。以故織成被褥帶帨，文采甚巧，士人多以此致富者。嫗卒，士人祠焉。」陶九成，元人也，世代尚近，其詳著如此，余嘗以詢之松江士夫，皆不知木棉爲何樹，吉貝爲何布，豈道婆者卒，其織造之法莫傳，故土人不復種藝此樹耶？據陶説，道婆，崖州人，則《泊宅編》謂「海南蠻人能爲此布」，其言不誣。若六祖信衣果西域木棉心所織者，則其法當如秦、洮間織褐。試倣其法以織木棉，便可成布，不必復求道婆遺法矣。閩中呼綿花爲吉貝，其聲稍轉爲家貝，或云非木棉也，林邑所産，疑即此物。又有山吉貝，不堪作布。

明 徐應秋《玉芝堂談薈》卷三六下《木棉吉貝》 《續博物志》：「閩閩中多木棉，植之數千株，採其花紡爲布，名吉貝。」《南史》言：「林國等出古貝木，以古爲吉，繆也。」《霏雪録》：「李商隱詩：『木棉花發鷓鴣飛。』王叡詩：『紙錢灰出木棉花。』木棉樹大盈抱，花紅似山茶，黄蕋，花片極厚。」《近峰聞略》云：「棉花入中國自我朝始，舊所云木棉，即今之班枝花也。」《廣州志》稱：「攀枝花，高四五丈，類山茶，殷紅如錦。一名木錦。棉花種，爲番使黄始所傳，今廣中立祠祀之。」沈黄門炤曰：「番中有青、紅、白三種，今特傳其白者耳。」

明　屠本畯《離騷草木疏補》卷三《桂》　《離騷》曰：「矯菌桂以紉蕙。」屠本畯按：「言已矯直菌桂，托芬香以見性也。」（補）

桂有菌桂、牡桂、板桂三種。箘桂生交趾、桂林。正圓如竹葉，似柿葉，其香可作飲，中品葉有三道文，表裡無毛，尖狹而光澤，人家園圃亦有種者。多植于嶺北，則氣味少辛辣，三月、四月生花，花白蕋黄，九月結實。木皮青黄，肌理緊實，其卷若筒，故曰「筒桂」，一名肉桂。今稱箘桂者，筒箘字譌也，今人多以裝綴花果作筵。牡桂，木桂也，一名梫，生南海。葉如枇杷而大，白華，華而不著子，叢生岩嶺。冬夏常青，間無雜木，皮薄色黄，少脂肉。氣味如木蘭，其嫩枝名桂枝，削去皮名桂心，即官桂也。板桂，生桂陽及合浦。半卷多脂，生高山顛，冬夏常榮，春華秋英。三桂之外，有天竺桂，生西胡國，今亦希有。丹桂樹如冬青，幹或斜曲，葉似橘葉而狹尖長，光澤。九月開花，花五瓣而細，有紅、黄二色，味苦而香。一名金粟，人家多種於園庭，芬香滿逕。是月，人取花入鹽梅汁内浸一宿，取起，去其苦水，以蜜和鹽梅浸之，入甆器内固封數日，謂之桂梅。可按酒，又可作湯。近時好事，春其花作餅，謂之桂餅。其花白者，名木犀花。

明　朱國禎《湧幢小品》卷二七《花》　蜀主昇平，常理園苑。有青城山叟申迅，進紅梔子花。爛紅，六出，芬香襲人。結實甚大，用以染素，則成赭紅。

明　木增《雲薖淡墨》卷三《蜜漬梅花》　楊誠齋詩云：「甕澄雪水釀春寒，蜜點梅花帶露餐。句裏略無烟火氣，更教誰上少陵壇。」剥白梅肉少許浸雪水，以梅花温釀之，露一宿取出，蜜漬之，可薦酒，較之敲雪煎茶，風味不殊也。

又《廣寒糕》　采桂英去青蒂，洒以甘艸水，和米春粉炊作糕。大比歲士友咸作餽子相饋，取廣寒高中之讖。又有采花略蒸暴乾作香者，吟邊酒裏，以古鼎然之，尤有清意，童用屈師禹詩云：「膽瓶清韵撩詩興，古鼎餘葩暈酒香。」可謂得此花之趣也。

明　倪朱謨《本草彙言》卷九《木部·喬木類·槐花》　□氏曰：「未開時采收，時陳久者良，入藥宜□炒用。染家以水煑一沸，出之，其稠滓爲□，晒乾染色更鮮也。

又《欒華木》　欒華木，味苦氣寒，無毒。葉主治同

《別録》曰：欒華生漢中川谷，此樹葉似木槿而薄，花細黄似槐而稍大，結子似酸棗。其殼中有仁，如熟□豆。圓黑堅硬，堪爲數珠。五六月作花，可收以染黄色，甚鮮明。蘇氏曰：今南方及□、浙，園圃間咸有植之，其用爲念珠，未見入藥。

明　陳正學《灌園草木識》卷一《花之屬·玉蘭》　多從吴浙中來，用辛夷博接漳，埸師亦能之第接在高處，不能如吴浙中低接。殊渾合可喜，花瓣剪碎，可入茶供，成片者同糖麪煎，食之美。

明　徐鳴時《横谿録》卷三《松花》　《盧志》：「松，三月花，屑之和蜜作餅。山寺僧取以餉客，誇奇品。」《唐本注》云：「名松黄酒，服身輕療病，勝皮葉菌。」

明　方以智《物理小識》卷九《草木類》　梔子，有單花，重花，四季花，皆六出。芒種時，穴腐版泥塗，翦枝種之，浮水面候根生而栵種之。入藥，取小者。染，取大者，然易脱色。周吉甫所言曰雲寺鄭强墓地之薝蔔，則外紫内淡黄者也。景焕言青城申天師進紅梔子種象踶花，含笑花則似梔子者也。

清　沈自南《藝林彙考》卷九《服飾管》　東晉以草木織成有鳳頭履、聚雲履、五朵履，宋有重臺履，梁有分梢履、立鳳履、五色雲霞履。隋煬帝令宮人靸瑞鳩頭履，謂之仙飛履。又《伏琛齊記》曰：「青州有一種桃花，盛開時采之，煉以松脂，遞相纏織成鞋履，寄往都下，人皆不辨爲何物。」嵇含《南方草木狀》云：「晉太康中，扶南國進抱香履，以抱香木爲之，木輕而堅韌，風至則隨飄而動。」

清　來集之《倘湖樵書》初編卷五《草木能奪天工》　桐花。飼猪，肥大三倍。

清　高士奇《北墅抱甕録》卷一《榆》　榆樹類枌，春初緣枝生莢，纍纍成串，未熟色青，已熟色白，結子爲榆錢。崔氏《月令》謂榆錢可羹，兼可蒸作糕餌，收至冬可釀酒，瀹過擣羅爲末，調以鹽水，日中曝晒，可作醬。

清　吴綺《嶺南風物記》　木棉花出廣州，葉如單葉茶。花大如茶鍾口，花時無葉，其色赤。高可數丈，遠望如百尺丹霞，亭亭可愛。實即攀枝花，每挺七葉，其棉輕軟，可作坐褥。

清 屈大均《廣東新語》卷一四《食語・酒》 《唐國史補》：酒則有嶺南之靈谿、博羅。靈谿在樂昌東北，源出泠君之山，以其水釀，曰「靈谿酒」。博羅蠻村有桂，以其花釀，曰「桂酒」。蘇長公有《桂酒頌》，太與釀法刻於羅浮鐵橋下，謂非忘世求道者不以授云。惠州有羅浮春，長公以寄山中道士鄧守安，有詩云：「一杯羅浮春，遠餉采薇客。」又有海醞及萬户酒，長公詩「嶺南萬户皆春色。」又有雪釀，長公詩：「雪花浮動萬家春。」蓋宋時酒皆官釀，惟嶺南以煙瘴不禁，謂之「萬户酒」。唐子西以萬户酒之和者名「養生主」，勁者名「齊物論」。梅堯臣云：「越林多蔽天，黄甘雜丹橘。萬室通釀酤，地遠無禁律。」粤地故多靈泉甘液，終年花果鮮美芬芳，而當時人民饒裕，户户爲酒，争以奇異相高，故名賢遷謫至此，多好嗜之。而粤又有酒泉焉，一在陽江之南，泉甘而香，以爲釀，曰「陽江香」。一在龍川霍山之青華觀，泉甘如飴，曰「醴泉」。昔時出酒極清異，日滿數斗，今泉孔滴水，猶含酒味。有酒峽焉，東莞之龍潭峽是也。以其水釀，曰「龍潭清」。有酒山，在香山境。以其白泥爲餅，雜藥物釀之。有酒井，在開建似龍山之下，其泉如醴。有酒樹，曰「嚴樹」，産于瓊州，搗皮葉浸之，和以香粳。

又 卷二五《朱槿》 朱槿一名「日及」，亦曰「舜英」，葉如桑，光潤而厚，樹高止四五尺，而枝葉婆娑，自仲春花至仲冬。一叢之上，日開數百朵，朝開暮落，色深紅五出，大如蜀葵。瓣捲起，勢若飛颺，層出如樓子。有蕊一條，比瓣稍長，上綴金屑，日光所爍，疑有火焰。江總《木槿賦》：「朝霞映日殊未妍，珊瑚照水定非鮮。千葉芙蓉詎相似，百枝燈花復羞然。」是也。粤女多種之，插枝即生，以其花蒸醋食之，能美顔潤血。蘇子瞻詩：「焰焰燒空紅佛桑」，謂朱槿也。佛桑又有殷紅、水紅、黄、紫各色，花比朱槿差小，稱「小牡丹」，四時有花，繞籬種之，爛熳若錦屏。白者以爲蔬菜，甜美可口，女子食之尤宜。予詩：「花當園蔬有佛桑。」徐文長謂佛桑即扶桑，有句云：「蠻花長憶爛扶桑。」

清 郎廷極《勝飲編》卷九 松葉，松花。庾信詩「方欣松葉酒」，岑參詩「五粒松花酒，雙溪道士家」。

李花。《唐書》：「憲宗以李花釀換骨醪，賜裴度。」

石榴花。李義山詩：「我爲傷心春自醉，不勞君勸石榴花。」蓋以榴花釀酒，即爲酒名也。

清 汪灝《佩文齋廣群芳譜》卷二四《花譜》 梅粥：梅落英浄洗，用雪水煑；候白粥熟，同煑。楊誠齋詩云：「纔看臘後得春饒，愁見風前作雪飄，脱蕊收將熬粥吃，落英仍好當香燒。」

《湯綻梅》：「十月後，用竹刀取欲開梅蕊，上蘸以蠟，投尊缶中。夏月以熱湯就盞泡之，花即綻，香可愛也。」

又 卷四〇《花譜・巖桂》 製用：《談苑》：「桂漿，殆今之桂花釀酒法。魏有頻斯國人來朝，壺中有漿如脂，乃桂漿也。飲之壽千歲。」

又 卷六五《果譜・柑》 《梅溪詩注》：「柑橘花蒸之爲香，可辟衣書之蠹。」

又 卷七〇《木譜・松三・松花》 《居山雜志》：「松至三月花，以杖叩其枝，則紛紛墜落，張衣裓盛之，囊負而歸，調以蜜作餅遺人，曰『松花餅』，市無鬻者。」

又 卷七八《木譜・柳絮》 原《歲時記》：「洛陽人家寒食煑楊花粥。」《四民月令》：「三月三日以及上除，采柳絮可以愈瘡。」

清 王鉞《星餘筆記》 槿，所在都有，而朱槿獨傳于嶺南。其花自二月開，至十月始歇，而唯五六月盛暑爲最。一叢百朵，層出如寶珠茶，朝開暮落，望若紅錦，亦名赤槿，亦名日及。居人取其汁，漬青梅，正作殷紅色，并可愛。

至元間，馬八兒國入貢，國近占城。二十二年遣使至其國求奇貨，得吉貝衣十襲。吉貝，樹名，其華成時如鵝毳，抽其緒紡之以作布，亦染成五色，織爲班布。今自番舶來者，名洋布，布面甚寛而細薄如紙，色影白但無五色者，或亦吉貝之類歟？舊説嶺南棉亦稱吉貝，然非馬八兒國之所謂吉貝也。

佛桑花，全類槿而枝葉輕柔，種色繁富，嶺南人家叢種之，編爲籬落。開時五色成林，婀娜可愛。

梔子，佛經名薝蔔。單瓣者六出，其子可入藥，入染；重瓣者，花大而白，差可觀，香氣殊不佳。寧邑有之。別一種枝幹全類梔子，葉啻小，花作蕋時似狗牙，故俗名狗牙花。花開正白，雙瓣而小，香味愈於梔子，以名惡故不入清賞，然則名亦何可少耶！

清 姚之駰《元明事類鈔》卷三六《材木門》 松花餅。《居山雜録》：「松花時以杖叩枝，紛紛墮落，衣裓承之，調以蜜作餅，名『松花餅』。」

清 吴震方《嶺南雜記》卷下 木棉樹，大可合抱，高者數丈，葉如香樟，瓣極厚，一條五六葉。正二月開大紅花，如山茶，而蕋黃色。結子如酒盃，老則拆裂，有絮茸茸，與蘆花相似。花開時無葉，花落後，半月始有新綠。其絮土人取以作裀褥，余買數斤歸，欲效綿花製爲絮，女工不能治。海南蠻人織以爲巾，上出細字花卉，尤工巧，名曰「吉貝」，即古所謂白疊布。杜詩「光明白氎巾」即此。今詢之粵人，亦無有織作者，或別是一種耳。廣州閱武廳前與南海廟，各有一株，甚大，開時赤光照耀，坐其下如入朱明之洞也。

清　雍正《廣東通志》卷三五二《木》　閩、廣多種木綿，紡績爲布，名曰吉貝。海南蠻人織以爲巾，上出細字、雜花卉，尤工巧，即古所謂白叠布。（方勺《泊宅編》）

清　雍正《浙江通志》卷一〇一　梨花春。《酒譜》杭人趁梨花時釀酒，名「梨花春」。白樂天詩「青旗沽酒趁梨花」。

又　卷一〇四　桂漿，沈遼桂漿詩：「越人遠寄桂花漿，敝屋欣聞破鼻香。」

又　卷一〇六　槐，萬曆《常山縣志》：「有數種葉細而青者，土人謂之木槐花，可作染。」

清　丁宜曾《西石梁農圃便覽·春·穀雨》　穀雨，採木香花薰茶。

又《夏·大暑》　採槐花蒸晒乾，微炒收貯。煎水染黃，甚鮮。青槐花無色，不堪用。

清　乾隆《柳州縣志》卷二《猺獞》　《嶺表録異》云：「南方草木可衣者，曰卉服。績其皮者，有勾芒布、紅蕉布，績其花者，有桐花布、瓊枝布、婆羅布。又古貝木，其花成對如鵝毳，抽其緒紡之，與苧不異，曰吉貝，俗呼古爲吉也。多紫白二種，亦有諸色相間者。蠻女喜織之，文最煩縟，間出售城市，值最貴。自衣則謂之斑衣種女。」劉禹錫：「蠻女鉤輈音蠻，衣斑斕布，然今之獞錦，實綿爲之，而雜以五色蠶絨，非盡草木也。」

清　道光《廣東通志》卷九七　絮。裴淵《廣州記》曰：「蠻夷不蠶，採木棉爲絮。」（《太平御覽》）

黎單。亦黎人所織青紅間道木棉布也。桂林人悉買以爲卧具。

清　吴騫《尖陽叢筆》卷五　俗以桂花初放者，連枝斷寸許，鹹滷浸之。用以點茶，清芬可愛。又有用橄欖子者，此法並見于前人題咏韓偓詩云：「蜀紙麝煤添筆媚，越甌犀液發茶香。」犀液，即醃桂也。貢師泰詩：「海風舡候桹榔信，溪雨茶煎橄欖香。」即以橄欖子入茶也。

清　魏茂林《駢雅訓纂》卷六　吉貝之花可績。《通考三百三十一四裔四》：「林邑國出瑇瑁、貝齒、吉貝、沉水香，吉貝者，樹名也。其華成時如鵝毛，抽以績紡作布，潔白，與紵布不殊。亦染成五色，織爲斑布也。」

清　胡紹瑛《文選箋證》卷五《布有橦華》　注：「劉逵曰：『橦華者，樹名。橦，其花柔毳，可績爲布也，出永昌。』」按：《華陽國志》：「益州有梧桐木，其花采如絲，人織之以爲布，名桐花布。」《後漢·南蠻哀牢夷傳》有「梧桐木華織以爲布，幅廣五尺，潔白，不受垢，名曰桐華布。」《廣志》：「驃國有白桐木，其華有白毳，取其毳，淹漬之，緝績以爲布，橦桐音同。」

清　光緒《永昌府志》卷六二《軼事》　娑羅緞。《博物志》云：「驃國並不養蠶，收娑羅木子，破其殼中，柔白如柳絮，細織服之，曰娑羅籠緞。今永昌有貨娑羅布者，亦自夷人所織。質粗而弱，並無籠緞之名。」又按：木子破其殼，中柔白如絮，則今之板枝花也。然此花不堪紡織，並無織以爲布者。《一統志》載：「永昌出桐花布」者，豈物産貨值亦隨時代爲興廢歟！

清　俞樾《茶香室叢鈔》三鈔卷一四《卉服》　明鄺露《赤雅》云：「南方草木可衣者，曰卉服。績其皮者有勾芒布、紅蕉布，績其花者有桐花布、瓊枝布、娑羅布，其精者曰娑羅籠段、吉貝布、桃花布。南中千葉桃花似牡丹，穗長尺許，織穗成布，但過冬則散。」按：禹時卉服尚未必有此，要亦其濫觴也。

唐馮贄《雲仙雜記》云：「青齊間有一種桃花，盛開時垂絲至二三尺，採之練以松脂，遞相纏結，織成鞋履，寄往都下，人皆不辨何物。」自注：所出云《青州雜記》。按：此亦即桃花布之類，然則青州亦有之矣，今無其物，未知所言信否。

紀事

宋　陶穀《清異録》卷下　《楊花枕》：盧文紀有玉枕骨，故凡枕之堅實者，悉不可用。親舊間作楊花枕贈之，遂獲安寢。自是縫青繒，充以柳絮，一年一易。

宋　朱勝非《紺珠集》卷七　有老人雪中訪崔希真，希真飲以松花酒。老人云：溢無味，以丸藥投之，酒味頓美。

宋 莊季裕《雞肋編》卷中 范文正公四子，長曰純佑，材高善知人，如狄青郭逵，時爲指使，皆禮異之。又教狄以《左傳》，幕府得人，多所薦達。又通兵書，學道家能出神。一日方觀坐，爲妹壻蔡交以杖擊户，神驚不歸，自爾遂失心。然居喪猶如禮，草文正行狀，皆不誤失。至其得疾之歲，即書曰「自此天下大亂」，遂擲筆於地，蓋其心之亂也。有子早世，只一孫女，喪夫亦病狂，嘗閉於室中，窗外有大桃樹，花適盛開，一夕斷檽登木，食桃花幾盡。明旦，人見其裸身坐於樹杪，以梯下之，自是遂愈。再嫁洛人奉議郎任諝，以壽終。

宋 林洪《山家清供》卷上《松黃餅》 暇日過大理寺，訪秋岩陳評事介。留飲，出二童，歌淵明「歸去來辭」，以松黃餅供酒。陳角巾美髯，有超俗之標，飲邊味此使人洒然起山林之興。覺駝峯、熊掌皆下風矣。春末取松花黃，和煉熟蜜匀作如古龍涎餅狀，不惟香味清甘，亦能壯顔益志、延永紀筭。

元 李材《解酲語》 至元間，馬八兒國入貢，國近占城。二十二年，遣使至其國，求奇寶，得吉貝衣十襲。吉貝，樹名，其華成時如鵞毳，抽其緒紡之以作布，亦染成五色，織爲班布。寶花冠十頂，冠以金作花，七寶裝纓絡爲飾，蝦囉百顆，形似珠而成龍紋，大者過于彈丸。國有蝦瀨隱沙中，常抱珠戲于瀨上，土人俟其去取之，繡絲絞百叚。金顔香千團，香乃樹脂，白者爲佳，五香七寶床一隻。

明 陳詩教《花裏活》卷二 （唐）杜羔妻趙氏，每歲端午午時取夜合花置枕中。羔稍不樂，輒取少許入酒，令婢送飲，羔便歡然，當時婦人争效之。

清 汪灝《佩文齋廣群芳譜》卷七八《木譜·柳絮》 原《花史》：「宋憲聖時，收楊花爲冬日韊韈氊褥之用。」

清 光緒《邵陽縣志》卷九《物志中·懿行》 嚴雅傳延師課弟，不惜脩脯，好賓客。宅有雙桂，歲取花釀酒，客至，輒出以共醉。家故素封，分潤戚族不少吝，遂以中落。

藝 文

唐 韋應物《韋蘇州集》卷二《紫閣東林居士叔緘賜松英丸捧對忻喜蓋非塵侶之所當服輒獻詩代啓》 碧澗蒼松五粒稀，侵雲采去露沾衣。夜啟羣仙合靈藥，朝思俗侶寄將歸。道場齋戒今初服，人事葷羶已覺非。一望嵐峯拜還使，腰間銅印與心違。

宋 吴錫疇《蘭皋集》卷一《桂花》 許多香却不多花，灝氣浮空月滿家。明日石壇金屑富，旋收臢馥入龍茶。（近作《桂花茶供》）

金 元好問《遺山集》卷六《梅華》 去歲梅華晚，今歲梅華早。和羹要佳實，春風莫草草。

金 元好問《中州集》卷七《擬古十首之一》 客從岳頂來，貽我松粉黃。爲言服之久，身輕欲飛翔。我嘗淡無味，我嗅寂無香。還君三太息，世好方膏粱。

明 朱樸《西村詩集》卷下《蘿石山人惠松花餅》 山風吹林時雨歇，雲邊埽落黄金屑。并刀割蜜香在手，和作銅盤百規月。老夫肺病方作殃，一片入口心胸凉。舌根猶含兔絲冷，腸腑已透龍髯香。蘿翁蘿翁最知我，白紙奚囊封一裹。金莖沆瀣常恐訛，玉碗駝酥聊許可。山中老松三百株，崖蜂醖液流醍醐。春來更裂數十斛，乞與一斗知能無。

明 田藝蘅《香宇集》卷一二《摘白木香花煎茶》 小闌香雪净平鋪，幽夢時時入藥珠。恠得詩脾清似玉，春風吹沸紫筠鑪。

又 卷一五《桂膏》 去秋采丹桂花搗而爲膏，和以糖霜，裹以青箬，焙而藏之。香色妙絶，經歲不變，誠山居雅品也。舊無此名，亦無此詠，當知好事始于品嵓主人也。

丹桂月輪高，佳人摘亦勞。清霜春玉杵，絳雪點金膏。秋色欺蠻蠹，天香鄙野醪。南州炎德在，薦爾咏離騷。

清 愛新覺羅·玄燁《御製文集》第二集卷四二《木棉賦》 木棉之爲利於人溥矣，衣被禦寒實有賴焉。夫既紡以爲布，復擘以爲絖，卒歲之謀，出之隴畝，功不在五穀下。嘗稽之載籍，島夷卉服，註以爲吉貝，即其種也。然止以充遠方之貢，而未嘗遍植於中土，故周禮婦功惟治蠶枲，唐徵庸調但及絲麻。至木棉之種，後世由外蕃始入於關、陝、閩、粤，今則遠邇貴賤，咸資其利，而昔人篇什罕有及之者，故爲之賦。曰：

攷吉貝之佳種，披丘索以窮源。道伽毗而遠來，由秦粤而衍蕃。倣崖州之紡織，製七裏而無痕。傚宋人之洴澼，比八綿而同温。先麥秋而播種，齊壺棗而登原。宿黃雲於萬蕊，墮白雪於千村。落秋實於露晞，軋機軸於星昏。煖佐耆年之帛，陽回寒女之門。幸卒歲之可娛，乃民力之普存。若應鐘之司律，正薄寒之中人。月照牛衣之夜，霜侵葛屨之辰；家挾千箱之纊，路絶百結之鶉。曝茅簷而歌愛日，賽田祖而洽比鄰。謝履絲之靡麗，免于貉之艱辛。故夫八口之家，九土之氓，無沍寒之膚裂，罕疾風之條鳴。時和年豐，水耨火耕，歲落三鍾之棉，塲登百畝之秔。同彼婦子，樂此太平。奚羨纂組之巧，與夫縞紵之輕，慨風詩之未録。省方問俗，將以補豳什而續授衣之經。

清 馮雲鵬《掃紅亭吟稿》卷四《古近體詩·梅花茶》 梅花茶。（《多能鄙事》：「臘月取半開梅，以炒鹽洒之入瓶，次年置盞投沸水即開。」）小梅點綴入新茶，雪魄冰魂沁齒牙。摘取枝頭今日蕊，開成盞底隔年花。林逋遺與仙人掌，（僧中孚遺李太白茶，號「仙人掌」。）陸羽添香隱士家。不待高吟斟七椀，羅浮清夢落窓紗。

圖 表

清 吴其濬《植物名實圖考木類》卷三五《蠟梅》 蠟梅，《本草綱目》收之，俗傳浸蠟梅花瓶水飲之能毒人，其實謂之土巴豆，有大毒。《救荒本草》云：「花可食。」李時珍亦云：「花解暑生津。」殊未敢信。

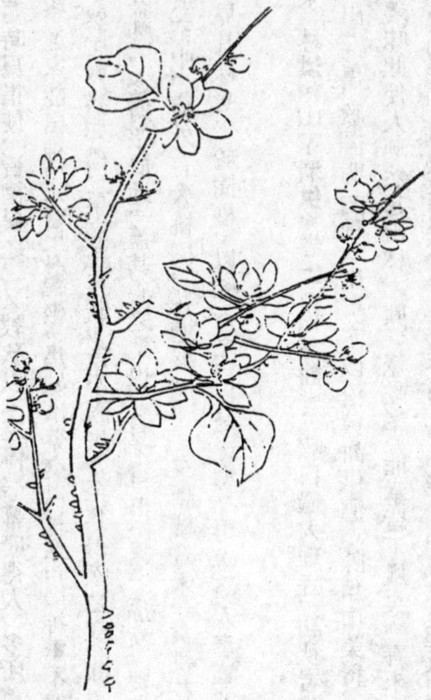

樹木種實加工利用部

樹木種子類

綜　述

唐　楊曄《膳夫經手録》卷一　胡麻即巨勝也，是黑油麻起脊者，飲食所須，與大麻略同。仙方中，退皮九蒸九曝乾，爲飲煮粥，勝大麻子。

宋　蘇易簡《文房四譜》卷三《硯譜》　魏銅雀臺遺址，人多發其古瓦，琢之爲硯，甚工，而貯水數日不燥。世傳云昔人製此臺，其瓦俾陶人澄泥以絺濾過，加胡桃油方埏埴之，故與衆瓦有異焉。即今之大名、相州等處，土人有假作古瓦之狀硯，以市于人者甚衆。

宋　蘇軾《格物麤談》卷下　竹器蛀，用生桐油點蛀處，則止。（略）端午，取楝樹子碎投厠中，不生蟲。

宋　沈括《夢溪筆談》卷二六　今之蘇合香，如堅木，赤色。又有蘇合油，如糯膠，今多用此爲蘇合香。按劉夢得《傳信方》用蘇合香云：「皮薄，子如金色，按之即小，放之即起，良久不定，如蟲動，烈者佳也。」如此則全非今所用者，更當精考之。

宋　李孝美《墨譜法式》卷下《古墨》　紫草、秦皮、皂角、蘇木、牛角、胎酸、石榴皮各一兩，細剉，用清水煎，取汁一斤，濾過，入膠六兩，青黛半兩，同熬，候匀化再濾過，煤一斤於浄盆内，逐旋入膠搜匀。

秦皮、蘇木各二錢，甘松、藿香、酸石榴皮半兩，煎汁一斤六兩，浸鹿角膠二兩半，重湯煮耗一二分，用厚綿濾過，和煤一斤四兩，更入熟漆一兩。

酸石榴皮、秦皮、牛角胎各三兩，黄蘗二兩，五倍子、巴豆各一兩，顯青半兩，碌礬一分，皂角三挺並剉細，入水二斗，浸一兩宿，入鍋慢煮至七八升，去滓折濾浄汁，再熬至三升，厚綿濾過，取浄汁一斤，傾大椀内。入猪膽汁半盞，鹿角膠五兩，重湯化熬令沫散，不住手攪，再以綿濾，煤一斤搜和匀，更入細研藤黄、生龍腦各一錢。

又《油烟墨》　桐油二十斤，大麄椀十餘隻，以麻合燈心，旋旋入油八分，上以瓦盆蓋之。看烟煤厚薄，於無風浄屋内以鷄羽掃取，此二十斤可出煤一斤。秦皮二兩，巴豆、黄蘗各一兩，梔子仁、甘松香、陵零香各半兩，皂角五挺，細槌碎，以水五升浸一宿，次日於銀石器内慢火煮至耗半，濾去滓，秤取一斤，入膠四兩再熬，化盡退火，放冷，經宿，旋旋入煤搜匀。

清油、麻子油、瀝青作末各一斤，先將二油調匀，以大碗一隻中心安麻花點著，旋旋摻入瀝青，用大新盆蓋之，周回以瓦子襯起，令透氣薰取。以翎子掃之，每煤四兩，用潁川梳頭膠一兩，先以秦皮水煎，取濃汁四兩，并膠再熬，匀化搜煤。

麻子油瀝青相半，慢火煉匀，以紫草細茸三莖、燈心五莖，麻皮纏定，齊截作三寸長，用釘脚插定置椀底，傾油在内。每罐唇亦用濕紙封了，點著候油盡從上罐，掃煤入袋。牛角胎、酸石榴皮、秦皮各三兩，草烏頭、紫草、巴豆、呵梨勒各半兩，細剉一處，用水三斤浸五七日，慢火熬耗一半，濾去滓，入膠五兩，化匀和煤一斤。

清油一斤、瀝青一斤，先以紫草二莖、燈心十莖共作一束，可長三寸，於一大椀膠定，傾油在内，掘一地穴子埋定，露椀唇兩指，合以新盆，（三五斗大）用塼子三脚襯起，點著草至夜掃之。酸石榴皮、胡桃青皮各二枚，呵梨勒一分，青黛半兩，皂角三挺並碎之，以水二斗煮及一斗，以綿濾取汁一斤，入膠四兩再熬，不住攪，候沫散，和煤一斤。（煤少再依前法燒取）

麻子油二斤，掘地坑子，開三吵道，置一大椀，傾油在内，以麻花作心，合以新盆，不襯起，勿令透氣。每一斤油可取煤九錢。紫草、巴豆、秦皮、黄蘗等分，以水煎取濃汁，放冷浸膠候軟，木臼内杵如稀糊，量煤和之。

宋　程大昌《演繁露續集》卷五　桐油。桐子之可爲油者，一名荏桐。（見《本草衍義》）予在浙東，漆工稱當用荏油，予問荏油何種？工不能知，取油視之，乃桐油也。

又烏桕。油可作燭者是。（《衍義》）

宋 莊綽《雞肋編》卷上 油，通四方可食與然者，惟胡麻爲上，俗呼芝麻。言其性有八拗，謂雨暘時則薄收，大旱方大熟，開花向下，結子向上，炒焦壓搾才得生油，膏車則滑，鑽針乃澁也。而河東食大蔴油，氣臭，與荏子皆堪作雨衣。陝西又食杏仁、紅藍花子、蔓菁子油，亦以作燈。祖斑以蔓菁子薰目致失明。今不聞爲患。山東亦以蒼耳子作油，此當治風有益。江湖少胡麻，多以桐油爲燈。但烟濃污物，畫像之類尤畏之。沾衣不可洗，以冬瓜滌之乃可去。色清而味甘，誤食之，令人吐利。飲酒或茶，皆能蕩滌，蓋南方酒中多灰爾。嘗有婦人誤以膏髪，粘結如椎，百治不能解，竟髠去之。又有旁毗子油，其根即烏藥，村落人家以作膏火，其煙尤臭，故城市罕用。烏桕子油如脂，可灌燭，廣南皆用，處、婺州亦有。

宋 鄭樵《爾雅注》卷下 椵，柜柳。音爰巨卬，烏臼也。葉可染皁，子可作油燭。

宋 王質《紹陶録》卷上 燭燈。宜用松膏、樺皮燈，宜用烏桕油、紵子油、菜子油、梧桐油，無燈草用紙撚、布縷亦可，以明澈爲良。有月未生，誰與爲朋。姑閟我光，少須爾明。在我寓兮不可陵，踈幹一任梢浮雲，我自傳燈仍續燈。

宋 羅願《爾雅翼》卷九 桐與梧既異，而桐之中又有數種，有其子可以取油者，蓋即詩所謂「其桐其椅，其實離離」者也。有華而不實，堪作琴瑟者，若生石間，其聲則鳴，書嶧陽孤桐是也。雲南牂牁人亦績以爲布，其葉飼豕肥大三倍，至秋後亦用以飼魚。鄉人養鯇魚者，每春以草養之，頓能肥大。秋後食以桐葉，以封魚腹，則不復食，亦不復瘦，以待春復食也。

宋 何世南《游宦紀聞》卷二 凡衣帛爲漆所涴，即以麻油先漬洗透，令漆去盡。即以水膠鎔開，少著水令濃，以洗麻油，頃刻可盡。蓋膠性與油相著，即如米泔。桐油亦然。

若白衣爲油污，石膏火煅研細，糁污處，以重物壓過夜，則如初。如卒無此，只以新石灰亦佳，此皆已試之效。

驗漆之美惡，有槩括爲韻語者云：「好漆清如鏡，懸絲似鈎。撼動虎斑色，打著有浮漚。」

驗真桐油之法，以細篾一頭作圈子，入油蘸。若真者，則如鼓而鞔圈子上。纔有僞，則不著圈上矣。

元 佚名《居家必用事類全集》卷庚 搽頭竹油方：每香油一斤，棗枝一根剉碎，新竹片一根截作小片，不拘多少，用荷葉四兩，入油同煎至一半。去前物加百藥煎四兩，與油再熬，入香物一二味，依法搽之。

明 刘基《多能鄙事》卷五《水油》 桐油八兩，黄丹、韶粉各半錢，無明異三錢，油木用。

《油書窗》 以皮紙糊牕，訖用桐油、白水等分打勻刷之，雨不透且明，刷用鷄羽佳。

《皮油》 桐油八兩、黄丹半錢，煎油色變，方下皂角二寸，油熟去之，下密陀僧、蓽麻各少許。

《明窗》 桐油三兩、麻油四兩、蓽麻百粒細研濾汁，定粉一錢和勻，羽毛刷之。

《讀書燈》 香油一斤，入桐油三兩，耐點又避鼠耗。以鹽置盞中，省油。以姜擦盞邊，不生暈。

明 沈繼孫《墨法集要》 古法惟用松燒煙，近代始用桐油、麻子油燒煙，衢人用皂青油燒煙，蘇人用菜子油、豆油燒煙，以上諸油俱可燒煙製墨，但桐油得煙最多，爲墨色黑而光，久則日黑一日；餘油得煙皆少，爲墨色淡而昏，久則日淡一日。每桐油十五觔，芝麻油五觔，先將蘇木二兩，黄連一兩半，海桐皮、杏仁、紫草、檀香各一兩，梔子、白芷各半兩，木鼈子仁六枚，右剉碎，入麻油内浸半月餘，日常以杖攪動，臨燒煙時，下鍋煎，令藥焦，停冷，漉去柤，傾入桐油，攪勻燒之。今時少有用此浸油法者，姑存其古云。

明 陸容《菽園雜記》卷一四 種桕必須接，否則不結子，結亦不多。冬月取桕子，舂於水碓，候桕肉皆脱，然後篩出核，煎而爲蠟，其核磨碎入甑蒸軟，壓取清油。可燃燈或和蠟澆燭，或雜桐油製傘，但不可食，食則令人吐瀉。其渣名油餅，壅田甚肥。

明 刘文泰《本草品彙精要》卷一六 柏實（無毒附葉皮），植生。柏實（出《神農本經》）（略）柏葉味苦辛，微温。（略）（名醫所録。）苗《圖經》曰：「柏有數種，入藥惟用葉，皆側向，謂之側柏者佳，而他柏所不及。三月開花，九月結子成熟，是謂之柏實。其木心赤而香，人多採焚，謂之柏香，乃香之下品也。」《別録》云：「實、葉採食，尤能益人，後漢獵，者見一人，越澗如飛，伺而得之，云是秦時避難山中，採柏充食，遂至不畏饑寒。」而《本經》輕身延年之説信矣！若入藥，以得古柏尤良。嘗見孔明廟柏，蜀時所植，氣味甘香勝常，治病功必倍之，然《圖經》以乾州者爲勝，何也？蓋乾州之柏葉皆茂盛，而木有文理，多肖山水形象，乃靈氣所鍾，宜其實之最佳。《衍義》曰：「嘗官陝西，每登高望之，雖十萬株皆一一西指，蓋此木乃至堅之木，不畏霜雪，得木之正氣而他木不逮也，所以受金之氣所制，故一一向之。」陶云：忌採塚上所産者，蓋有泥於方士之説。而《別録》謂：乾柏多出於乾陵，殆乾柏俱不可用也。然物各有所宜，豈可以乾陵而貴柏乎，亦豈乾柏盡出於乾陵乎。蓋乾水土厚而産物氣全，是可尚耳，地之所宜又何拘焉。地《圖經》曰：「生泰山山谷，陝州、宜州、益州、終南山、道地乾州、密州。時生九月採，冬月取實，四結實。時各隨方向取葉。收實暴乾。葉陰乾。用實、葉白皮。質類小麥而圓。色殼褐，仁白。味甘。性平緩。氣氣厚於味，陽中之陰。臭香。

明　陸楫《古今説海》卷一二六《説纂十散録四・養痾漫筆宋趙溍》　枸杞子榨油，點燈觀書，能益目力。

明　愼懋官《華夷花木鳥獸珍玩考》卷一　奇南香，出占城，在一山所産。酋長差人禁民不得採取，犯者斷其手。糖結棋楠，鋸開上有油如飴糖，黑白相間。黑如墨，白如燥米，焚之初有羊羶微氣。有金絲棋楠，色黄，止有綹若金絲，惟糖結爲佳。

明　朱謀㙔《駢雅》卷六　齊暾，齊匹也。子似楊桃，可以壓油，産拂林國。

明　项元汴《蕉窗九録・香録》　降真香，紫實爲佳，茶煮出油，焚之。

明　張居正《新刻張太岳先生文集二》卷一八《雜著》　胡桃油能軟銅。

明　周嘉胄《香乘》卷五《膽八香》　膽八香樹生交阯南番諸國，樹如稚木樨，葉鮮紅色類霜楓。其實壓油，和諸香爇之，辟惡氣。

明　吴之俊《獅山掌録・小山館》卷一八《齊暾樹》　齊暾樹出波斯國，花似柚，極芬香。子似楊桃，六月熟。西域人壓爲油，以煮餅果，如中國之「巨勝」。

明　木增《雲薖淡墨》卷七　君遷樹。《文選・蜀都賦》：「平仲、君遷皆木名，注缺」。按：司馬温公《名苑》云：「若遷子如馬妳，俗云『牛妳柿』是也，今之造扇用此柿油是也。」（可補《文選注》）

明　倪朱謨《本草彙言》卷九《木部・喬木類・罌子桐》　罌子桐，即油桐也，因其實狀如罌，故名。

陳氏曰：「罌子桐，生江南北大山中，兩浙尤多，樹如梧桐。早春開淡紅色花，狀如鼓子花。成筒子，子打造油，即桐油也。」李氏曰：「岡桐，即白桐之紫花者。油桐，枝幹花葉酷類岡桐，而樹長稍小。但其實大而圓，每一實中有二子，或四子，如大楓子，其肉白色，味甘，食之能發吐，吐不止，飲熱酒即解也。人多種蒔，收子打油及造船諸器皿中用，爲時所須，人多僞之，試以竹篾作圈，蘸起如鼓面者，爲真。」

明　包汝楫《南中紀聞》　茶油樹葉，四季常青，每於八九月間開花，色白而香，晝舒夜斂。結實凡十餘月，直至次年六月，方採掇製油，足備週歲之氣。以故色味清和不滑，此食品中最宜脾胃者也，綏靖間多有之。

明　劉侗《名物通》卷五　蘇合油出三佛齊，樹生膏，可爲藥，以濃而無滓者爲上。以諸香汁煎之，非自然一物也。又云大秦人採蘇合，先榨其汁，以爲香膏。乃賣其□與諸國賈人，展轉來達中國，不甚香也。

明　方以智《物理小識》卷九《草木類》　柏。烏柏宜接，其子外白膜蒸鎔之，凝爲燭材。其子内肉杵榨之，爲清油，然不宜食，以之逐水則可。

清　高士奇《北墅抱甕録・榆》　榆樹類枌，春初緣枝生莢，纍纍成串，未熟色青，已熟色白，結子爲榆錢。崔氏《月令》謂：「榆錢可羹，兼可蒸作糕餌。收至冬可釀酒，瀹過搗羅爲末，調以鹽水，日中曝晒可作醬。」

清　丁其譽《壽世秘典・桐油》　桐樹有四種：青桐，葉皮青似梧桐而無子；白桐，一名椅桐，堪作琴瑟，其葉圓大而尖長，有角，光澤而□，先花後葉，花白色，花心微紅，其實大如巨棗，長寸餘，殼内有子，片輕虚如榆葉、葵實之狀，老則殼裂，隨風飄揚。梧桐似桐而皮青不皺，其木無節，直生理細而性緊；葉似桐稍小，光滑有尖；其花細蕊，墜下如醭；其莢長三寸許，五片合成，老則裂開如箕，謂之□鄂；子綴于上，多者五六，少或二三，大如胡椒，其皮皺，炒食味如菱芡。晚春生華，早秋即凋，此即月令清明，桐始華者。油桐，一名罌子桐，又名荏桐、崗桐，枝幹花葉並類桐而小，樹長亦遲，其花紫色，其實大而圓，每實中有二子或四子，大如大風子，其肉白色，味甘而吐人。人多種蒔，收子爲油，入漆家及艌船用，人多僞之，惟以篾圈蘸起如鼓面者爲真。

氣味：甘，微苦，寒，有大毒。主摩疥癬、蟲瘡，傳惡瘡，塗脛瘡、湯火傷，吐風痰、喉痺及一切諸疾。以水和油掃入喉中探吐，或以子研末吹入喉中取吐。又點燈燒銅筯頭烙風熱、爛眼，效。燃燈能損目光。李時珍曰：「桐油吐人，得酒即解。」

清 屈大均《廣東新語》卷一四《油》 韶、連、始興之間，多茶子樹，以茶子爲油，客至輒以油煎諸物爲獻。燕、吴人購之爲澤膏髮，謂非是油則玫瑰、桂、蘭諸香不入。梁簡文云：「南油俱滿，西漆爭然。」南油必茶子也。晉傳巽云：「南中茶子，西極石密。」是也。瓊州文昌多山柚油、海棠油、山竹果油，儋州多麻子油，皆美。廣州有露花油。露花生番禺蓼涌，狀如菖蒲，其葉脊邊有刺，葉落根露，以火熇之，則成枝幹而多花；花生叢葉中，其瓣大小亦如葉，而色瑩白，柔滑無刺芒，花抱蕊心如穗，朝夕有零露在苞中，可以解渴；又有粉，可塗兒女肌膚止汗栗；以其花結方勝戴之，或摺疊衣笥，經久猶香。其生於他土者，蕊落結子大如瓜，曰「路頭」，花多不香，香惟露花。盛夏時，露花始熟，以花覆盆盎曬之，香落茶子油中，其氣馥烈，是曰「露花油」。蓼涌及增城人善爲之，洋船爭買以歸。遲開者曰「寒花」，陽氣微斂，香益清徹，然不可爲油。其生東安山中者，叢卑葉小，自春至秋皆花，近水者尤香，然亦不可爲油。東莞有密香油，以棧香子榨之，焚燈明亮，蠅蛾百蟲不敢近，觸之輒折翼脱足而死；性大熱，誤入飲食令人吐。外有欖仁油、菜油、吉貝仁油、火麻子油，皆可食。然率以茶子油白者爲美，曰：「白茶油。」又有山茶油，以烏藥子色紅如珠者榨之。火麻産端州江岸間，黑色炒焦，以爲小磨香油，名曰「秧油」，然以生榨者爲良。

清 汪灝《佩文齋廣群芳譜》卷七一《木譜·柏·柏實》 製用：子熟採蒸曝，舂磵取仁用。取子之沉者，曝乾爲末，每服方寸匕，漸增三五合，欲絶穀，恣食取飽，渴則飲水，久服延年。

又 卷七三《木譜·岡桐》 人多種之，取子作桐油，入漆及油器物、艌船，爲時所須，人多僞爲之，惟以篾圈撣起，如鼓面者爲真。

又 卷七九《木譜·烏臼》 《别録》原《製用》：「採臼子，在中冬以熟爲候，採須連條剥之，但留指大以上枝，其小者總無子亦宜剥去，則明年枝實俱繁盛。剥刀長三四寸，廣半寸，形如却月鉤，刃在鉤内，以竹木竿爲柄，令刃向上，剥時向上鑱之，不傷枝榦。剥下枝仍充燎爨，揀取净子曬乾，入臼，舂落外白穰，篩出，蒸熟作餅，下榨取油如常法，即成白油。如蠟以製燭，若穰少不滿一榨，即作餅，入他油餅中雜榨之，榨下盛油瓶中，置一草帚，候油出冷定，臼油即凝附草帚，不雜他油。其篩出黑子，石磨礲碎，簸去殼，存下核中仁，復磨或碾細蒸熟，榨油如常法，即成清油，燃燈極明，塗髮變黑。又可入漆，可造傘。凡製燭，每白油十斤加白蠟三錢，則不淋蠟，多更佳。常時肆中賣者，白油十斤雜清油十斤，白蠟不過一二錢，其燭易淋。收子一石，可得白油十斤，浙中一畝之宫，但有樹數株，生平膏油足用，不復市買，用油之外，其渣仍可壅田，可潦爨，可宿火，其葉可染皁，其木可刻書及雕造器物，且樹久不壞，至合抱以上，收子愈多，故一種即爲子孫數世之利。」

又 卷九五《藥譜·紫蘇》 《務本新書》：「田畔近道可種蘇以遮六畜，收子打油燃燈甚明，或熬之以油器物。」

《丹房鏡源》：「蘇子油能柔五金八石。」

又 卷一〇〇《藥譜·枸杞》 《養疴漫筆》：「枸杞子榨油，點燈觀書，能益目力。」

清 李光地《月令輯要》卷六《二月令·民用》 榆醬。增《齊民要術》：「二月，榆莢成，及青收，乾以爲旨蓄，色變白將落，可作醔䤅。隨節早晏，勿失其適。」注：醔音牟，䤅音頭，榆醬。

又 卷一五《八月令·民用》 欓子。增《本草綱目》：欓子，一名食茱萸，高木長葉，黄花緑子，叢簇枝上，味辛而苦。八月采擣，濾取汁，入石灰攪成，名曰艾油，亦曰辣米油，始辛辣蜇口，入食物中用。

清 周魯《類書纂要》卷二八 服實長生。槐乃虚陽之精，以十月上巳日取子服之，令人好顔色，長生通神。梁庾肩吾常服槐實，年九十餘，目能看細字，鬚髮皆黑。

清 宋廣業《羅浮山志會編》卷七《品物志·木屬》 梧桐。有青白二種，惟白者有子。生葉自下數一葉爲一月，有閏則十三葉。開花含子，以形似，謂之乳葉。可入藥，子可薦茶，鳳皇谷及九眼井上俱有之。

清 康熙《平和縣志》卷一〇《風土》 油。有茶油，桐油，柏油，麻油，菜子油，落花生油，冬青油數種。

清 雍正《福建通志》卷一〇《物産·泉州府》 柏油，茶油，桐油，出安溪縣。

又 卷一一《物產・建寧府》 桲油，用桲子壓之者，即茶油也。出浦城、建陽、崇安三縣。桐油，出建陽、崇安二縣。桕油，出浦城、松溪、崇安三縣。

清 雍正《浙江通志》卷一〇一 烏桕。宣德《富陽縣志》：「桐洲中沙之民，多栽烏桕樹爲業。秋葉紺紅映江，頗稱佳境。萬曆《杭州府志》：「葉可染皁，子可取蠟，核可笮油。」

又 卷一〇二 桐油。弘治《湖州府志》：「安吉山中多桐，其子可榨爲油。」

又 卷一〇四 桕油。弘治《紹興府志》：「烏桕之實可作油，今嵊縣、新昌山中人家，植之爲業。」

又 卷一〇六 桕。《東陽縣志》：「俗謂之柍，其實名柍子，堅白如脂，煎燒成燭，亦名蠟燭。蠟本出義烏，今山鄉所產色黃而油少，其仁榨油名清油，清者爲佳，其滓成餅以料田，其殼燒作炭，入爐用亦佳。」

又 卷一〇七 烏桕。萬歷《溫州府志》：「實如雞豆，液可爲燭。」烏桕。萬歷《常山縣志》：「土人取其子榨油。」桐油。《明一統志》：「淳安、壽昌二縣出桐油。」

清 雍正《陝西通志》卷四三 紫蘇。蘇，桂荏（《爾雅》）。關之東西或謂之蘇，或謂之荏（揚雄《方言》），紫蘇、白蘇皆以二、三月下種。紫蘇，肥地者面背皆紫，瘠地者面青背紫。其面背皆白者即白蘇，乃荏也。凡地畔近道可種蘇，以取子打油（《本草綱目》）。荏，狀如蘇，研子雜米作糜，甚肥美；亦可榨油，和漆用（《咸陽縣志》）。園種者佳（《渭南縣志》）。荏子味與芝麻略同（《洋縣志》）。白名荏紫即紫蘇子，可取油。（《山陽縣志》）

清 雍正《江南通志》卷八六《食貨志・物產・廣德州》 桐油。州產桐有週歲結子者，故多出焉。

清 張宗法《三農紀》卷六《油屬・楂》 楂。《圖經》云：「葉如茗稍長而厚，凌冬不凋，但味澀苦，不堪入茶。開白花，結實如小桐樣，殼內有子分瓣，或三五粒或二四粒。可笮油然燈，百越產者味甘，可入荏。荊楚產有味苦，可然燈、潤髮，不染衣，餅作炊，宿火勝，灰能毒魚。」楚近池塘，《山海經》謂之「員木」，南方油實也。《通志》云：「南方山土多植，其木堅挺可爲杠，乃南方油實木也。」

又《桐》 桐，木實之有油者。《圖經》云：「二月開淡白花，五瓣紅蘂，繁黃滿樹，望之若積雪狀。花初聞時天寒，花謝後漸溫。花後生葉，三尖大如掌，深綠，梗微赤，實大而圓如鴨卵狀，中懷子三五顆或二四顆不等，硬殼白仁，或其味甘美，食之令人吐。子可出油，熬煉刷器光澤，入漆製熟，運器成紫色。艌舟不離，和石灰爲泥，堅固耐久。然燈甚明但氣臭，不堪焰烟薰煤，可以製墨。」《俾雅》名「罔桐」。《爾雅翼》名「桂桐」。《草木狀》名「罌桐」，言其形也。《方土記》云：「虎桐」，言其毒也。古書云：「桐實稀，穀賤。桐實稠，穀貴。」農人下之。

又《鳩柏》 收穫：秋熟收實，連枝剥之，須留指大以上枝，餘小者悉盡剥之，合樹無繁枝可茂。將剥下枝上實，浄取之，晒乾去黑殼，留白子治油。若實少不滿一笮，可作餅，入他餅并雜笮之。笮下盛油器，內置一草帚，候油冷定，桕油即凝附草帚，不雜他油。桕樹上生蠋似山蠶，而角又如雀，瓮虫而不毒，漁人取老虫，醋浸，抽絲作釣線，廣人育其虫，成繭製紬。《浙志》云：「畝土但有柏數株，主平，膏油足用。臨安之俗，田畔有桕者爲熟田，其田主歲收實可納賦，如是租輕，佃者樂種；如無桕植畔，收租頗重，爲之生田。江浙之處，凡高山、大道、田畔、室邊，無不植之。」

本性：味甘，氣降，下痰，利水，消毒，蕩滯。

効方：不便不通，根煎湯服。水腫徐徐服即效，勿過下。

鳩柏。《圖經》云：「樹高數仞，葉似杏而微薄，嫩紅老綠，霜後變赤，望之如火樹。然五月開細黃白穟花，結實偶而並房，嫩青老黑，冬熟吒黑殼分瓣，內吐白子。一種葡萄柏，穗聚實大而瓤厚。一種鶯爪柏，穗散而殼薄。其木易茂耐老，合抱者收實更多，油可然燈，入蠟治燭，梳鬢變白成黑，渣燎爇若炭，壅田殺虫。」《南方草木》記云：「烏柏葉可染黑，實可治蟲。」《方土記》：「鴉桕，言鴉喜喙食也。秦楚人呼模子，川黔人呼券子，取其木可能剞劂也。」

又《桐》 收穫：霜後敲落收浥，漚去外殼存內實，水淘浄晒乾，治油可貨。但油舀多僞，以篾圈如皷面者佳，餅爲薪勝炭，壅田遠虫，以餅還壅桐根，則結實繁多。本性：味甘，氣臭。吐痰，解毒，消熱，去濕。

清 趙學敏《本草綱目拾遺》卷五《草部下・鴉膽子》 一名苦參子，一名鴉膽子，出閩、廣，藥肆中皆有之。形如梧子，其仁多油，生食令人吐。作霜搥去油，入藥佳。

又 卷六《木部·響豆》《池北偶譚》：「樂安有孫公者，年九十，强健如四五十歲人，自言生平惟服響豆。每歲槐子將熟時輒令人守之，不令鳥雀啄落，既成即收，作二枕，夜聽其有聲者即響豆也，因棄其餘，如是數月而得響豆所在。每樹不過一枚，每歲不過服一粒，如是者，數十年無他術也。」《顔氏家訓》：「庚肩吾常服槐實，年七十餘目看細字，鬚髮猶黑。」《抱朴子》云：「槐子服之令人補腦，髮不白而長生，殆即此歟。」明目，悦顔色，開心志，强筋骨，補血髓。紀曉嵐先生《姑妄聽之》云：「響豆者槐實之夜中爆響者也，一樹祇一顆，不可辨識。其法：槐始花時即以絲網罥樹上，防鳥鵲啄食，結子熟後多縫布囊貯之，夜以爲枕。聽無聲者即棄去，如是遞枕必有一囊作爆聲者，取此一囊又多分小囊貯之枕聽如初，得一響者則又分二枕，如是漸分，至僅存二顆，再分枕之，則響豆得矣。」

又《丁香油》《百草鏡》「丁香油出南番，乃用母丁香榨取，其油色紫，芳香辛烈，番人貯以琉璃器，蓋偶不密，即香達於外，粵澳門多有之。」《藥性考》「丁香油出西番，氣味甘、辛，性大熱，透關竅，驅寒力更速於丁香。治胃寒痛，或滴少許入煎藥，或以油塗臍上痛處，暖丹田，除水瀉，塗暖臍膏，貼解蠏毒，以一滴同薑湯服，揩牙治口臭。」《藥性考》云：「壯陽煖腎，疝痛陰寒。」按《齊民要術》：「雞舌香即母丁香，時珍所謂雄爲丁香，雌爲雞舌香也。」丁香中雌者獨大，而可取油；雄者細小，不中榨取。子内兄朱放鶚曾宦於粵，據云丁香油亦近時始有，其性熱而淫，凡衣飾器物經染其氣，數日不滅。近日豪貴家多珍之，爲房帷用。以色紫同玫瑰滴水中攪之，散而復聚者爲真，僞者曰樟木油，色稍淡，紫中帶黄黑色，氣辛烈觸鼻，作樟腦氣。滴沐器洗衣，或入香佩，可以辟汗，不入藥用。《綱目》於丁香下，附丁皮及根核，不及油。或其時尚未有，即有，亦未行入中土也。塗臍，散癥瘕，受寒胃痛，好酒和服。《金御乘》云：胃寒呃逆，嘔吐甚者，用丁香油擦透中脘，痛痺擦痛處，皆立效，試過極驗。祝穆《試效方》治瘰癧，化核膏，用之，取其香烈直透經絡，辛熱以散結滯耳。（略）

又《肉桂油》《百草鏡》：「粵澳洋舶帶來，色紫，香烈如肉桂氣。或云肉桂脂也，或云桂子所榨，未知孰是。」性熱氣猛，入心脾，功同肉桂。《傳信方》治各種瘧，用燈草一莖，約長三四寸，以水稍潤，再以肉桂油塗之，貼背脊風府穴，下至肺俞止。外以棉紙條封之，須臨發前一二時爲之，或先一日更妙。貼後次日發瘧更重，嗣後漸減，蓋風寒暑濕盡爲提掣而然也。（略）

又《楓果》 即楓實，一名橊子，乃楓樹所結子也。外有刺毬如栗，殼内有核，多孔穴，俗名「路路通」。以金箔貼之，村嫗簪於髮，云可明目、宜老。出浙臨安縣署後安樂山者名錢墳楓，果最佳，焚之香郁，可燻衣、辟瘴疫。《綱目》「楓脂香」載：「其木皮不及其實之用，今補之宜於焚燒，未有入湯液之用，其果冬月即孕楓蠶子於中，交春内生蠶，每果中有一個。立夏後乃化蛾飛去。入藥取無蟲陳久者用。」《槐西雜志》：「楓香果出雲南者，焚之殺鬼，去邪，辟瘴濕。」辟瘴卻瘟，明目除濕，舒經絡，拘攣周身痺痛，手腳及腰痛，焚之嗅其烟氣皆愈，熏衣被可除蚤。敏按：楓果去外刺皮，肉圓如蜂窠，即「路路通」。其性大，能通十二經穴，故救生苦海，治水腫脹用之，以其能搜逐伏水也。（略）

又《山西柏油》 其色黑若紫者，係此油脚也，其氣若松香，竹箸挑之，懸絲不斷者真。殺壁蝨，凡人家牀几板壁患此者，以油滴縫内，其蝨盡死。又搽禿瘡。

又《茶油》 乃梣樹子油也，豫省、閩、粵皆食茶油，而不知爲梣樹子油。俗呼茶油，實非茶子之油也。煎熬不熟，食之令人瀉。味甘，性涼，氣腥，色緑。潤腸，清胃，殺蟲，解毒，不宜生食，燃燈益目，抹髮解膩。

又《桑油》《萬氏家抄》有「取桑油法」：鮮桑木槌碎，裝入瓶内，用一瓶蓋口，倒埋土中。糠火煨之，油自滴下，貯罐聽用。治小兒身面爛瘡，輕粉、雄黄各五錢，猪膽一個，滑石一兩，硫黄五錢，穿山甲十五片，炙鳳凰，退燒存性，五錢爲末，用桑油、猪膽汁調，絹包擦之。

清 褚華《木棉譜》 木棉子性解毒，能治惡瘡乳癧，榨爲油，其渣可飼牛羊及糞田。油色紫而渾，以之注鐙則不明，以之和蔬則味酵。但其直頗賤，市肆間私買之，以爲菜油豆油之蘭亭贋本。

清 道光《遵義府志》卷一七 烏柏油。《田居蠶室録》：「柏，俗呼卷子，樹聲之訛。人家種十株，歲收子作膏，足供祭祀之燭。」

馬鞍油。《田居蠶室録》：「馬鞍樹開花結子，殼形如互兩錢，子在錢内，熟時紅極，取子榨油，可作燭。」

桐油。《陳志》：「州縣貨産。」《戊巳編》：「油桐樹，郡無處不有，二三月盛花，花蕾時必有凍風冷雨，俗謂之『凍花天』，所謂『二十四天桐子花』也。十月子熟，去殼取米，暴乾，碾末蒸熟，用篾箍稷皮包之，如鼓様，榨取油，燈燭皆資之。榨油之法各異，以包置榨間，上下夾木板，以木橦撞楔取油，曰『撞榨』。置大木於榨頂，用巨繩衮紐，曰『絞榨』。榨前懸大木，飛撞聲如霹靂，山鳴谷應，曰『千斤榨』。又有用二木空中置二木板，中夾油包，左右用㮨木橦撞取，雖婦女皆力能之，其油最清，曰『小榨油』。」《田居蠶室録》：「若農家歲收桐子五石，可獲錢十二千，士家僅收二石，亦足供讀書五燈也。」

君遷。《蜀都賦》：「平仲，君遷。」《司馬公名苑》：「君遷子，形如馬嬭。」舊《四川志》「今之造傘者，用此作油」。

清　黄輔辰《营田輯要·外篇·雜植》　烏臼，一名鴉臼，野生者不必接。枝葉如小杏，五月開細花，黄白色。實如雞頭，八九月熟，每收子一石，可壓臼油十斤，清油二十斤。其渣可燎爨，可肥田；葉可染皂；木可雕刻書器。樹久不壞，至合抱，收子逾多。每田十畝，種臼十餘株，其利倍於他樹，荒山隙地皆可種。種女貞可取白蠟，亦於田畔種之，利與種臼皆數倍。採臼子在仲冬，連枝條剥之，其小者雖無子亦宜剥去，則來年實繁。剥時縛刀於竿，向上鑱之，不傷枝幹。揀去浮子，舂去白穰，篩出，蒸作餅，榨取油如常法，即成白油如蠟，以製燭。若穰少不滿一榨者，仍作餅，入他油餅雜榨之。榨下盛油甕中，置一草帚，候油冷，臼油即凝附草帚，不雜他油。其篩出黑子，磨碎簸去殼，存核中仁。復磨細蒸熟，榨油如前法，即成清油。每臼油十斤，加白蠟三錢，燭不淋。（《農政全書》《羣芳譜》）

清　劉獻廷《劉繼莊先生廣陽雜記》卷一　楷樹，子如蔓荆，實有紅黑二色，黑子打油，可以點燈；紅色者中空，無用也。

清　同治《萬縣志》卷十三《地理志·物産》　桐油。萬縣多山，故民多種桐，取其子爲油，盛行荆鄂。

清　李世熊《寧化縣志》卷二《土産》　油。有茶油、菜油、桐油三種。茶樹有大小二種，大者高丈數尺，實大如雪梨；小者高六七尺，實大如栗。皆剥其□房，取仁笮油。桐子作油間有之，有烏柏、脂麻，而甯人不解作油。

清　同治《龍山縣志》卷一一《風俗志》　寒露後收桐茶實，持竹竿擊墜之。臨深澗則堵其下流，不使隨水而去。巖隟蓑薄周搜索之，乃止。其鄰里男婦極貧無生業者，皆踵於後，拾其遺者，亦滯穗。遺秉伊利，寡婦之意。

清　同治《桑植縣志》卷二《風土志·土産》　桐油。（縣西有桐油舖）山植桐樹，取子爲油，利甚溥。

清　同治《興國縣志》卷一二《土産》　油。茶油，一曰木油。興色山阜多種茶子，其樹木堅而葉厚，青翠茂密，凌冬不凋。十一月開花，瓣白心黄，花謝結子，含苞孕實。將一週歲始，拾子剖仁榨油，色味甘香清潔，故又曰清油。專入食饌，膏髮亦佳，吳人購之，入玫瑰、素馨、蘭桂諸香爲香油。興地所産甲於他邑，商賈收販，終歲不絶。若茶不結實則爲歉歲。菜油，即芸薹子，所榨者罕入食品，惟用以點燈。桐油，不可食，亦不宜燈，以飾器物，清潤膠粘，視楚蜀所産尤勝。麻油，入饌最香美，然所出不多。

清　同治《鉛山縣志》卷五《地理·物産》　茶油。以茶樹子榨油，色淡黄，味甘香，清潔。一名清油。其樹有高至六七尺者，與採茶芽之樹及山茶花樹皆不同。只葉似山茶而略小，枝幹屈曲多瘦，節分二種，一種子大，名大茶子；一種子小，名小茶子，俗呼「珍珠子」，油味更香冽。均於每年十月小陽春着花，至次年九、十月間採子，備具四時之氣□。可榨油，殼可爲炭，枯餅爲炭更耐久，真食物中佳品。

柏油。取烏柏子榨油，鉛山俗呼爲「木油」，烏柏本作臼。《唐本草》作「烏凹」。陳藏器云：「葉可染皂，子壓爲油，塗頭令白變黑，然燈極明，又名『亞舅』。」

皮油。即□水油之浮皮者，取出可以爲燭。

樟子油。以樟樹子榨油，氣惡劣難聞，足以辟蚊蚋、驅蚤虱，鄉間農人多用之。

清　光緒《長汀縣志》卷三一《物産》　蠟。蠟者，蜜之蹠，必煉冶而後成。初時極香，煉時加醋少許便黄，謂之黄蠟。煉净色白者爲白蠟。又有蟲白蠟，冬青樹上有蟲作繭，苞中藏蟲。處暑剥取煎煉，□白如脂，謂之白蠟。又有水蠟樹，其葉微似榆□，亦可放蟲作蠟，但邑人未之試，故蜜蠟多而蟲蠟少也。

油。其類甚多，茶樹高六七尺，實大如栗，取仁窄油，謂之香油，利用最廣。麻饌入藥，桐油作紙和漆，菜油可以供食，柏油用以澆蠟，革麻油取作印色，凝而不走，亦可入藥。又別有柿油，詐果屬。

清　光緒《道州志》卷一〇《風土志·土産》　油。口中茶油、桐油甚多，西南一帶茶子樹連山彌亘，遠望如薺。霜降後子熟，各家男婦往折，多者數百石不等。貧家子女羣拾其遺，謂之「捞山子」，亦有得數石者。其殼可以燃火，爲三冬禦寒之用，桐子亦然，但微少耳。此二種裝運下河，其利最夥。外有蔴油、綿油、豆油、菜油，又有柏油、牛油，亦可爲燭，俱稀。

清 光緒《江西通志》卷四九 烏桕油，俗呼山茶子。榨汁爲油，其利甚溥，武甯、義甯州俱出。

桐油，出武甯、義甯州，利與茶子相埒。

茶油，贛州山多茶樹，十一月採子，剖仁榨油，色味甘香清潔，名曰清油。

桐油，冬收子榨油，可入漆，可造紙。

清 光緒《孝感縣志》卷五《土物》 桕油俗曰「木油」，桐油不多有，柿油可以糊傘。

清 光緒《上虞縣志》卷二八《物産·日用之屬》 蠟燭。《萬曆府志》云：「多以桕油作之，甚堅，耐燒。」

桕油。俗呼白油，桕子所榨，澆燭甚堅。又色青者曰青油，用以注燈。

花油。木棉花子所榨，祇可注燈，不以入饌。

桐油。塗澤、器皿及檐柱之屬，亞於漆，誤食之則瀉。

柹漆。取青柹擣爛和水釀成，可漆雨傘。

香柴。出黟山，采製爲香最佳。

薪。斫松樹爲段，曰大柴；椏樹細枝帶葉者，曰箬柴。

炭。有白炭、條炭、桴炭、窑炭之名。

栳皮。出黟山。

靛青。藍草之汁，以染藍色。

棓子。染皁色。

槐花。染緑色。

枇樹果。染黑色。

清 陳憲舜《課民植牧講義稿》 丁香，樹高丈餘，葉如桂葉，二三月開紫白花，至七月始結實。其子出枝蕊之間，小者名公丁香，大者名母丁香。亦有冬月結胎，至春日乃結實者。將其子依法點種，七八年後，樹大結子，無論公母丁香，可爲藥材，俱能得價。亦能榨油，與桂油同法。此樹爲南、番兩縣向來土産，今不概見，以無專門種此者也。

清 光緒《上虞縣志校續》卷三一《物産·日用之屬》 蠟燭。《萬歷府志》：「□□□，以桕油作之。」桕油，杞子所榨又呼白油，澆燭甚堅。色青者曰青油，用以注燈。花油。棉花子所榨祇可注燈。桐油。塗澤器皿及檐柱之屬，亞於漆，別取青柿擣爛和水釀成，曰柿漆，可漆雨傘。

清 劉崇本《雄縣鄉土志》卷一四《物産》 油。脂麻油能和味。棉子及蓖麻油可點燈，俱名燈油。近因煤油盛行，多已歇業，惟芸薹菜子油爲婦人飾髮用，尚有製者。

清 光緒《邵陽縣鄉土志》卷四《地理志·商務》 油，有茶油、菜油、桐油、麻油、花生油之別。麻油，以芝麻子爲之，性最佳，出不廣。桐油，以桐樹實爲之，烟重，可以製墨，夜用然燈照人，頗能經久。菜油，以油菜子爲之，宜然燈，可煎久煮菜，油菜即芸薹菜也。茶油，以山楂子爲之，便於食用，劣於麻油，優於桐油，西鄉産此特衆。花生油，以落花生爲之，今其行於外省，甚爲暢銷。桐易生長，又易結子，與椶並切人生日用，俗有「千椶萬桐，永世不窮」之諺。

紀事

北齊 顏之推《顔氏家訓》卷上《養生篇》 肩吾常服槐實，年七十餘，目看細字，鬚髮猶黑。

元 陸友《墨史》卷下 胡景純，潭州人，專取桐油燒烟，名曰「桐華烟」。其製甚堅薄，不爲外飾以眩俗眼，大者不過數寸，小者圜如錢大。每磨研間，其光可鑑，畫工寶之。

藝文

宋 洪邁《萬首唐人絶句》卷四《王維·椒園》 桂樽迎帝子，杜若贈佳人。椒漿奠瑶席，欲下雲中君。

又 丹刺罥人衣，芳香留過客。幸堪調鼎用，願君垂采摘。

金 元好問《遺山集》卷五《食榆莢》 露葵滑寒羊蕨羶，春榆作莢絶可憐。榆令人瞑何暇計，田舍年例須濃煎。簫聲吹暖賣餳天，家人鑽火分青烟。長鉤矮籃走童稚，頃刻緑萍堆滿前。炊飯雲子白，剪韭青玉圓，一杯香美薦新味，何必烹龍炮鳳誇肥鮮。鼠肝蟲臂萬化途，神奇腐朽相推遷。夢中鸛鵒亦大樂，隨意飲啄真飛僊。先生捫腹一莞然，此日何功食萬錢。

清 屈大均《翁山詩外》卷八《五言律·茶子》 南油茶子美，香晒露花宜。絶勝荼蘼液，當儂膏沐時。雲光生鬢髮，月暈上蛾眉。寄語燕吴女，金錢買莫遲。

清 張豫章《御選明詩》卷九〇《花椒》 欣欣笑口向西風，噴出玄珠顆顆同。采處倒含秋露白，曬時嬌映夕陽紅。調漿美著騷經上，塗壁香凝漢殿中。鼎餗也應加此味，莫教薑桂獨成功。

雜 録

晉 葛洪《抱朴子·内篇·仙藥》 柠木實之赤者，餌之一年，老者還少，令人徹視見鬼。昔道士梁須年七十乃服之，轉更少，至年百四十歲，能夜書，行及奔馬，後入青龍山去。槐子以新甕合泥封之，二十餘日，其表皮皆爛，乃洗之如大豆，日服之，此物主補腦，久服之，令人髮不白而長生。玄中蔓方，楚飛廉、澤瀉、地黄、黄連之屬，凡三百餘種，皆能延年，可單服也。靈飛散、未夬丸、制命丸、羊血丸，皆令人駐年却老也。

清 來集之《倘湖樵書·初編》卷一 《天地運度經》：「太山北有桂樹七十株，天神青腰玉女三千守之，其實赤如橘，人食之一年，仙官迎之。常有九色飛鳳，賓光珠雀飛集於此。」《洞冥記》云：「有遠飛鷄夕則還依人，曉則遠飛西海，嘗銜桂實歸於南土。」《本草圖經》：「江東諸處，每至四五月後，常于衢路拾得桂子，大如狸豆，破之辛香，故老相傳是月中落也。北方獨無者，非月落也。又張君房爲錢塘令，夜宿月輪山，寺僧報曰桂子下塔，遽起望之，紛如烟霧回旋成穗，散墜如牽牛子，青白相間，咀之無味。則桂子之落，往往有之，但人不識耳。宋慈雲式公月桂詩序云：「天聖丁卯秋八月十五夜，月有穠華，雲無纖迹，天降靈實，其繁如雨，其大如豆，其圓如珠，其色白者、黄者、黑者，殼加芡實，味辛，識者曰此月中桂子。好事者播種林中，一種即活。又垂拱四年三月，雨桂子于台州，旬餘乃止。按：今四季桂，原自有子如蓮的，但青而不白，與黄黑，長而不圓如珠耳。

清 汪灝《佩文齋廣群芳譜》卷七一《木譜·柏·柏實》 《彙考》增《列山傳》：「赤松子好食柏實，齒落更生。」

圖 表

清 吴其濬《植物名實圖考·木類》卷三五《罌子桐》 罌子桐。《本草拾遺》始著録，即油桐，一名荏桐，湖南、江西山中種之取油，其利甚饒，俗呼「木油」。

清 何剛德《撫郡農産考略》卷下 物用：寒露子，結實不多而多油，子一石有油廿七八斤，霜降子大，樹每株可收實八升，小者四五升，子一石有油二十一二斤。楂油味最佳，可食，可燃燈，可搽髮，可治癬疥。油百斤貴時值錢十三四千，賤時八九千。臨川歲出楂油四五千石，每石通以八十斤計，約有油三四十萬斤。癸卯春，油百斤值銀八兩二錢，計共有銀三千餘兩。樂安稱是崇仁所出，稍減臨崇之油，銷售南昌、建昌各郡，樂邑又四售永豐各縣，皆肩運而去。撫郡楂油色較濁，不如河口所産者之白，故河口油方舟而上，每年灌入郡境者，正復不少，楂枯每餅十錢，可治衣垢，可口火楂子殼，可取碱。

又 物用：烏桕。樹大者可收子二分石之一，小者或不足一斗。桕子一石值錢一二千，其内仁，可榨水油，燃燈極亮，又可入漆，水油一斤值錢一百。子外白瓤可榨皮油造蠟燭，皮油一斤值錢一百七八十。計桕子一石可得水油十六斤，皮油十八斤，本地榨油多粗工，不能别瓤與仁，而二之混雜打油，故色濁而價賤。水油不可食，食之易泄，食熟豆便止。枯肥田，葉可漆皂，桕樹二重皮煎飲，可解烟毒。

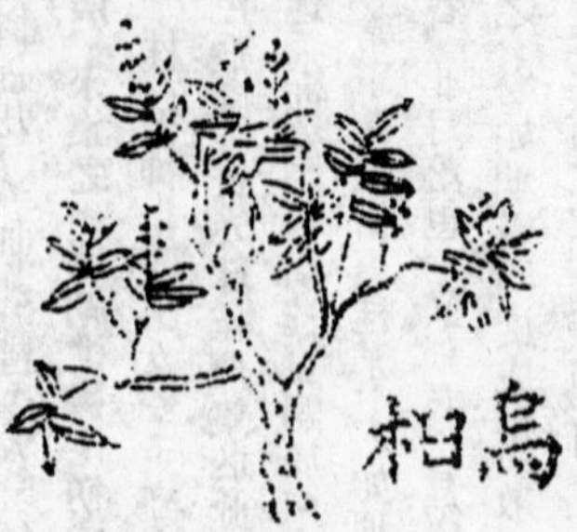
烏桕

又 物用：樹大者一株有實一石，少亦一二斗，桐子一石值錢二千；可榨油二十七八斤，每斤貴時價一百二三十錢，賤時百錢。油可擦木器，可逼烟子，可和灰艌船，可和漆，其用甚廣，其殼燒灰可製水碱。

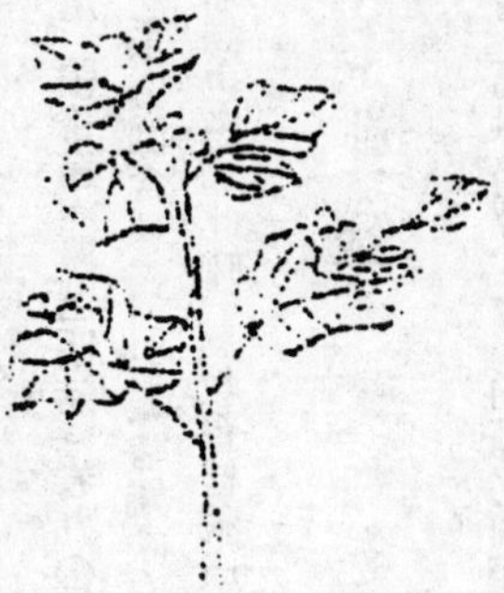
桐

又 物用：可爲油，油可漆傘，質軟能耐日，不過雨，亦能解洋烟毒，悮服者灌樺油少許，即吐無害。

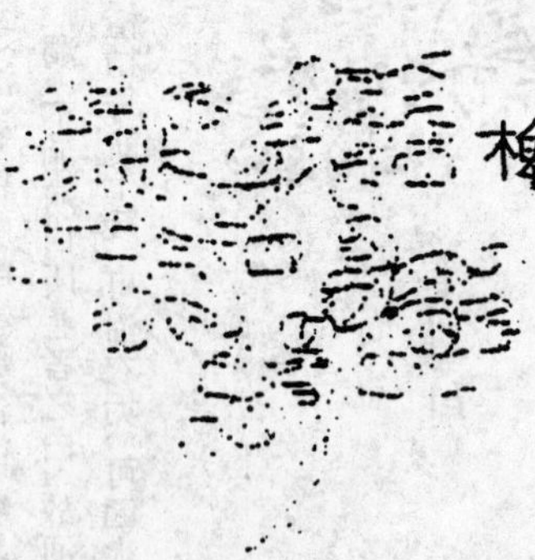
樺

堅果類

論説

《周禮·天官·籩人》（鄭玄注　賈公彦疏）　饋食之籩，其實棗、栗、桃、乾藤、榛實。注：饋食，薦孰也。今吉禮存者特牲，少牢，諸侯之大夫士祭禮也。不裸不薦，血腥而自薦孰始，是以皆云饋食之禮，乾藤乾梅也。有桃諸梅諸是其乾者，榛似栗而小。疏釋曰：此謂朝踐薦腥後堂上，更體其犬豕牛羊京孰之時。后薦謂之「饋食之籩」也。其八籩者，其實棗，一也；栗，二也；桃，三也；乾藤，謂乾梅，四也；榛實，五也。其於八籩，仍少三案。乾藤，既爲乾梅，經中桃是溼桃；既有溼桃；乾梅，明别有乾桃。則注引《内則》桃諸，鄭云是其乾者，既有溼桃，明有溼梅，可知以乾桃溼梅二者，添五者爲七籩。案：桃梅既竝有乾溼，則棗中亦宜有乾溼，復取一添前爲八也。必知此五者之中有八者。案：《儀禮·特牲》少牢士二籩、二豆，大夫四籩、四豆，諸侯宜六，天子宜八，醢人饋食之豆有八，此饋食之籩言六，不類。又，上文朝事之籩言八，下加籩亦八，豈此饋食在其中六乎，敷事不可，故以義參之爲八。若不如此，任賢者裁之也。注釋曰：云饋食，薦孰也者，謂於堂上饋孰之時后薦之。云今吉禮存者。吉禮謂祭祀，以其天子、諸侯祭祀之禮亡，故云：存者云特牲，少牢、諸侯之大夫士祭禮也者，以天子大夫大牢祭。今用特牲少牢故知諸侯大夫士祭禮也。云不裸不薦血腥者，若天子、諸侯則有室中二裸，堂上朝踐薦血腥之禮，大夫則無此二者也。云而自薦，孰始是以皆云饋食之禮者，天子、諸侯、大夫、士，雖同名饋食，仍有少別。何者，天子、諸侯尸食前仍有饋獻，二是饋孰陰厭，陰厭後尸入室食，乃獻大夫、士則饋孰與黍、稷爲陰厭，陰厭前無饋獻，以此爲異耳。云乾穛、乾梅也者，以經乾穛上有桃故知乾穛乾梅也，云有桃諸梅諸者，《內則》文而鄭引之者，證乾穛中有乾桃、乾梅，故云是其乾者。云榛似栗而小者，今居山者見食之似栗而小，亦目驗知之。

綜　述

北魏　賈思勰《齊民要術》卷一〇《栗》　《神異經》曰：「東北荒中，有木高四十丈，葉長五尺，廣三寸，名『栗』。其實徑三尺，其殼赤，而肉黄白，味甜。食之多，令人短氣而渴。」

唐　段公路《北户録》卷三《偏核桃》　占卑國出偏核桃，形如半月狀，波斯人取食之，絶香美，極下氣力，比於中夏桃仁，療疾不殊。《會最》云：偏桃仁，勃律國尤多，花殷紅色。郎中解忠順使安西，以蘿蔔插接之而生，桃仁肥大，其桃皮不堪食。解忠順郎中使安西以異木枝插蘿蔔至此皆活。又吐谷渾有桃如一石甕大者。貞觀二十一年三月十一日，以遠夷各貢方物，其草木雜物有異於常者，詔所司詳録焉。葉護獻馬乳蒲桃一房，長二尺，子亦稱大，其色紫。康國又獻金銀桃，詔令植於苑圃。

宋　宋祁《益部方物略記》　栗類尤衆，此特殊味專。蓬若橡，託神以貴，右天師栗。生青城山中，他處無有也。似栗味美，惟獨房爲異，久食已風攣。

宋　蘇軾《格物麤談》卷上　豬油炒榧，皮自脱。

榧子同甘蔗食則滓輭。

銀杏，多食能醉人。

栗子與橄欖同食，作梅花香而無渣。

榧子煮素羹甜美。

凡雜色羊肉，入松子則無毒。

香橼去蒂，以大蒜搗爛罨蒂上，則滿室生香。更以溼紙圍蓋。

宋　蘇軾《物類相感志》　喫栗子，於生芽處咬破些，吹氣一口，剥之皮自脱，竹葉與栗同食無柤。

宋　鄭樵《爾雅注》卷下　離南活莌，通艸也，瓤白可作婦人首飾。莌音奪。

宋　寇宗奭《本草衍義》卷一八　胡桃，發風。陝、洛之間甚多，外有青皮包之，胡桃乃核也，核中穰爲胡桃肉。須如此説，用時須以湯剥去肉上薄皮，過夏至則不堪食。有人患酒樝風鼻，上赤，將橘子核微炒爲末，每用一錢匕，研胡桃肉一箇，同以温酒調服，以知爲度。

宋　戴侗《六書故》卷二一《植物一·橼》　橼，余專切。柚類，生南方，形似木瓜，皮澤而厚，味雖短而香勝。置衣箱中，芬香累月。

宋　陳敬《陳氏香譜》卷三《柏子香》　柏子實不計多少，（帶青色未破未開者）右以沸湯綽過，細切以酒浸，密封七日，取出陰乾，爇之。

宋　林洪《山家清供》卷下《雷公栗》　夜讀書勸，每欲煨栗，必慮其燒氊之患。一日馬北鄽逢辰曰：「只用一栗蘸油，一栗蘸水，寘鐵銚內，以四十七栗密覆其上，用炭火燃之，候雷聲爲度。」偶一日同飲，試之果然，且勝於沙炒者，雖不及數亦可矣。

又《梅花脯》　山栗、橄欖薄切同拌，加鹽少許，同食有梅花風韻，名梅花脯。

又《金玉羹》　山藥與栗各片，截以羊汁加料，煮名金玉羹。

宋　梅應發《四明續志》卷五　栗。多出奉化山中，然亦隨處有之。又，茅栗極小而味甘，出慈溪。

元　胡古愚《樹藝篇·果部》卷三《銀杏》　銀杏。味甘，苦，平，無毒。生痰，動風氣。與鰻魚同食，令人軟風。小兒食之發驚。（《食物本草》）

銀杏。土人呼爲白菓，又名鴨脚。味甘、苦、平，無毒。多食生痰，動風氣。同鰻鱺食，患軟風。惟炒或煮食之，生則戟人喉。小兒食之發驚。（《日用本草》）

又　卷五《鈎栗·櫧子》　鈎栗。味甘，平，主不飢。厚腸胃，令人肥健。子似栗而圓小，生江南山谷，樹大數圍，冬月不凋，一名「巢鈎子」。又有雀子，小圓黑，味甘，久食不飢。生高山，子小圓黑。又有櫧子，小於橡子，味苦澁，止洩痢、破血。食不之飢，令徤行。木、皮、葉煑取汁，與産婦飲之，止血。皮，樹如栗，冬月不凋，生江南。子能除惡血、止渴也。（《本草經》）（略）櫧子，味苦，澁，止洩痢，破除惡血，止渴。食之不飢，徤行，有甜苦二種。製作粉食糕食甚佳。（《食物本草》）

櫧子。一名苦櫧。形小於橡子，樹生江南，葉冬不凋，味苦澁，無毒。木、皮、葉煑取汁，與産婦飲之，止血。主洩痢，能破惡血。止渴，食之不飢，令人健行。甜櫧。一名鈎栗，一名巢鈎子，似栗而圓小，生江南山谷，樹大，冬月不凋，味甘，平，無毒。又有雀子，圓黑，味甘，久食不飢。主不飢，厚腸胃，令人肥健。（《日用本草》）

山枣味酸，甜，與上株子俱出建陽縣。（同上）

櫧似柞而子可食，《山海經》云：「作屋柱不腐。」（《毘陵志》）

櫧木生子如小榛，圓而甘。其味苦者，名苦櫧，木性堅。（《齊山志》）

苦櫧，實小而圓，味苦澁，粉可作糕。（《建昌府志》）

又《榛》 榛子。味甘，平，無毒。主益氣力，寬腸胃，令人不飢，健行。生遼東山谷。樹高丈許，子如小栗，軍行食之當粮，中土亦有。鄭注禮云：榛似栗而小，關中鄜坊甚多。（《本草經》今附）《口華子》云：「新羅榛子，肥白，仁止飢，調中開胃甚驗。」（《證類本草》）

榛子。味甘，平，無毒。益氣力，實腸胃，調中，不肌，健行，甚驗。（《食物本草》）

榛子。似栗而圓小，亦充粮食之。生遼東山谷，多食令人臚漲，久病人不宜食。味甘，性平，無毒。新羅榛子肥白，人止飢，調中，開脾胃，甚效。主益氣力，寬腸胃，令人不飢，健行。（《日用本草》）

又 卷一〇《丹果》 栗相類，食之頗黏膩，不如栗脆。（《興化府志》）

元 佚名《居家必用事類全集》卷戊 收藏栗子：霜後初生栗子不以多少，投水盆中去其浮者，餘皆漉出，衆手浄布拭乾。更於日中曬少時，令全無水脉爲度。用新小瓶罐，先將沙炒乾放冷，將栗裝入瓶，一層栗，二層沙，約九分滿。每瓶只可放二三百箇，不可大滿。用箬葉一重蓋覆，以竹篾按定。掃一浄地，將瓶倒覆其上，署以黄土封之。逐旋取用，不可令近酒氣，可至來春不壞。

又 卷己 旋炒栗子法：不拘多少，入油紙撚一箇沙銚中炒；或熨斗中炒亦可，候熟極酥甜香美，異常法。

元 賈銘《飲食須知》卷四 栗子。味甘，鹹，性温。生食則發氣，蒸炒熱食則壅氣，風過者生熟咸宜。再經日曬作油灰氣，同橄欖食，有梅花香。中扁者名栗楔，栗作粉食勝於菱、芡。但飼小兒，令齒不生。患風疾及水腫者，竝不宜食。小兒不可多食。生則難化，熟則滯氣、膈熱、生蟲，往往致病。勿同牛肉食。密取一栗，咬破，蘸香油和衆栗炒，俱不發爆，取苞中自裂出栗子，以潤沙密藏，夏初尚如新也。如苞未樹上自墜者，不能久藏，且易腐。（略）

榛子。味甘，性平。凡收藏榛、松、瓜仁類，以燈心剪碎，和入罐內，放燥處不油。（略）

松子。味甘，性温，多食生痰涎，發虛熱。不可同胡羊肉食。凡松子、細果將油者，攤竹紙焙之，還好。（略）

銀杏。味甘，苦，濇，性温有小毒。即白果。生食引疳，熟食多令人臚脹，壅氣，動風，小兒食多昏霍發驚，引疳。同鰻鱺食，患輭風。妊婦食之，滑胎。銀杏能醉人，食滿及千者死。三稜者有毒，臨炒時密取一枚，手握妙不發爆，生擣能澣衣帛油膩。（略）

榧子。味甘，濇，性熱。同鵝肉食，患斷節風，又令氣上壅。反菉豆，能殺人。豬脂炒榧，黑皮自脱。同甘蔗食，其渣自輭。榧煮素羹，味更甛美。多食，引火入肺，大腸受傷也。（略）

胡桃。肉味甘，衣濇，性温。多食生痰涎，動風氣，脱眉髮，令人惡心，吐水。同酒食，多令咯血，動腎火。連衣食，歛肺氣。不可合雉肉、野鴨同食。胡桃肉與銅錢共食，即成粉。食酸齒齼，細嚼桃肉即解。去衣法：凡胡桃一觔，用甘蔗節五六段，和湯煮透，經一宿，次早略煮，取去殼衣，隨脱油。胡桃有毒，傷人咽肺。

明 劉基《多能鄙事》卷三 燒栗子：栗肉一斗，至水浸一宿，曬乾入新甕內。用白蜜五斤，椒皮一兩，文武火燒一宿，早收。入糖二斤，再燒候冷，别器收之。

炒栗：栗不拘多少，沙銚或熨斗中，入細紙撚一箇，同炒極美。

松子。以布袋掛起，與防風同收。松子不油，其防風亦不壞。以粗布作袋，盛掛當風處，不膩。（略）

梅仁、松子仁、瓜仁之類，以燈心剪碎，雜和置浄磁罐中，安燥處不蒸。（略）

栗。霜後老者水泛去浮者，漉出，新布拭乾，日曬片時，令全無水脉。用新瓶罐先入沙炒乾，冷定，將栗裝入，一層栗一層沙，約九分滿，以沙蓋上。每瓶只可三四百枚，不可滿，用一重蓋之，竹篾按定。掃一燥浄地，覆瓶以黄土封之。逐旋取用，不可近酒氣，得留至夏。

又法：栗一石用鹽二斤，水泡栗一宿，漉出曬乾，用油麻二石拌勻，草囤貯，久不壞。

又法：取火竹刳開一片，盛沙，一片盛栗，仍舊合上，竹篾緊扎，横放乾地上，可經年。

又法：連外皮剥肉，入甕缸中，覆置地上，不壞。

又《鳳腿湯理肺病》 松子仁、胡桃肉各一兩，煉蜜半兩，研爛二味，入蜜和勻，沸湯點服。

《温棗湯》 棗一斤，去核。生薑汁、蜜。先將棗用水五升熬濾去皮，絞取膏，合薑、蜜，和調嘗味，得中收貯，沸湯點服。

又 卷四《洗糨鐵驪布法》 松子肉研細糨之，不脆。

《糨木綿布法》 銀杏研入粉糨之，即不吸損綿絹。

明 朱權《神隱志》卷上 栗粥。小栗去殼，切如米粒。每粳米一升，栗肉二，令同米煑。

用黄蠟炒粳米充即食，胡桃肉即解。

明 劉宇《安老懷幼書》卷二 栗粥。小栗去殼，切如米粒，每秔米一升，栗肉二合，同米煑，更無他法。

明 刘文泰《本草品汇精要》卷二〇《集解》 橡實（無毒，附實皮殼。）

橡實。名杼斗，苗《圖經》曰：「橡實，櫟木子也。木高四五丈，葉如栗葉，三、四月開黄花，八、九月結實，其實爲皂斗。槲、櫟皆有斗，而以櫟爲勝。」《爾雅》云：「櫟，其實梂。」釋曰：「櫟，似樗之木也。梂，盛實之房也。其實，橡也，有梂彙自裹。」《詩·秦風》云：「山有苞櫟。」陸機云：「秦人謂『柞櫟』爲『櫟』。」《唐風》云：「集于苞栩。」陸機云：「今柞櫟也。」徐州人謂「櫟」爲「杼」，或謂之「栩」，今京洛及河内謂「櫟」亦爲「杼」，五方通語也。然則柞、櫟也，杼也，栩也，皆橡櫟之通名也。《衍善》曰：「木堅而不堪充材，亦木之性也。其實，山中以椿仁爲糧，木善爲炭，他木皆不及其殼，堪染皂，若曾經雨水者，其色淡，不若不經雨水者。槲亦有殼，但小而不及櫟木所實者。」地《圖經》曰：「所在山谷中皆有之。」時生三四月開花，八九月結實。採十月取實，不拘時取皮。收暴乾用實、皮、殼質類榛子皮，薄而光，大。色淡黄，味苦，性微温洩，氣氣厚於味，陽中之陰。臭微香主澁腸，止痢。

又 卷三四 胡桃（無毒）。苗《圖經》曰：「大株，厚葉，多陰，實亦有房。秋冬乃熟，外有青皮包之。胡桃乃核也，核中穰爲胡桃肉。此果本出羌胡。漢張騫使西域還，始得其種，植之秦中，後漸生東土。故曰：陳倉胡桃，薄皮多肌。陰平胡桃，大而皮脆，擊之易碎。江表亦嘗有之。」梁《沈約集》有「謝賜樂遊園胡桃啟」，乃其事也。今京東亦有其種，而實不佳，南方則無。地《圖經》曰：「生陝洛及江表間，亦多有之，道地北土者佳。」時生四五月生，採秋冬取實，收暴乾用肉皮色肉白，皮青，味甘，性平緩。氣氣之薄者，陽中之陰。臭微香。

明 戴冠《濯纓亭筆記》卷四 食羊肉過飽，食栗子一兩枚即消。

明 王圻《稗史彙編》卷一五三《石栗》 石栗樹與栗但生於山石罅間，花開三年方結實。其殼厚而肉少，其味似胡桃。熟時或爲羣鳥、鸚鵡至，啄食之，畧盡。故彼人極珎貴之。（出《甘南志》）

明 田藝衡《留青日札》卷三三《橡》 栩實，本作樣，從木羕聲，今作橡。《小爾雅》「柞實」，《廣韻》「櫟實，通作象」。《周禮》「掌染」。注：象斗之屬，染黑，所謂皁物也。因謂黑色，曰皂，又可染澹黄色，爲書殼紙，故稱栗殼色，俗名黄梟屹斗。摯虞入南山，饑拾橡實食，杜甫客秦州，采橡栗自給，故曰：「饑食橡溪橡。」梅聖俞亦云：「野糧收橡子。」狙公賦芧。注：芧，橡子。故子美又云：「天寒橡櫟隨狙公。」然食之令人禿髮，山僧制之成粉，亦可食。

明 慎懋官《華夷花木鳥獸珍玩考》卷二《榛子》 榛子。生遼東山谷，樹高丈許，子如小栗，軍行食之當糧，中土亦有。

明 鄺璠《便民圖纂》卷一四《製造類上》 收藏栗子：霜後初生栗，投水盆中，去浮者，餘漉出，布拭乾，曬少時，令無水脉爲度。用新小瓶，先將沙炒乾放冷，以栗裝入，一層栗一層沙，約八九分滿，每瓶盛二三百箇，用箬一重蓋覆，以竹簽按定。掃一净地，將瓶倒覆其上，畧以黄土封之。不宜近酒氣，可至來春不壞。

收藏核桃：以麄布袋盛掛當風處，則不膩。收松子亦可用此法。

收藏諸乾果：以乾沙相和，入新甕内盛之，密封其口，或用芝麻拌和亦可。

明 周文華《汝南圃史》卷四《榛》 《本草》曰：「榛子。味甘，平，無毒。主益氣力，寬腸胃，令人不饑，健行。生遼東山谷，樹高丈許，子如小栗。軍行食之，當糧，中土亦有。」

又 《银杏》 實大如枇杷，每一枝有百十顆。八九月熟，積而腐之，惟取其核，即銀杏也。核白，肉青，煨熟食之，甘香可人，能收小便，令不數。亦易飽，仍有粳糯之分，糯者肥輭香滑，粳者不堪食。此果性寒，不宜頻食，小兒食多者死。或云：食銀杏遇毒，腹脹。連飲冷白酒幾盞，吐出則愈，不吐則死。

又 《栗》 《瑣碎録》云：「栗，採實時，要得披殘其枝，明年益盛。」又云：「炒栗須染油，手指逐枚揩之，則膜不沾肉。」風栗法：曬乾置麻布袋中，或竹籃內，懸當風處，常常簸弄之，久之極清甘，有風味。

又《核桃》《本草》曰：「胡桃。味甘，平，無毒。食之令人肥健。潤肌，黑髮，多食利小便，能脫人眉。外青皮染髭及帛皆黑，其樹皮可染褐，其木春斫皮中出水，承取沐頭至黑。」

明 吳之俊《獅山掌録·小山館》卷一六《桃核酒》 李後主有桃核兩扇，每扇着仁處，約盛水五升，良久水成酒味，醉人，更互貯水以供其宴。

又 卷一八《天師栗天仙果》 蜀有天師栗，生青城山中，似栗而美，獨房爲異。又有天仙果，樹高八九尺，無花，葉似荔枝而小，子如櫻桃，纍纍綴枝間。七月而熟，甘如飴也。

又《巨栗》 東北荒栗木，高三十丈。有殼，徑三尺三寸，刺長尺餘。實徑三尺，殼赤肉黃白，味甘，多食短氣。

明 陳詩教《花裏活》卷三 倪元鎮性好潔，閣前置梧石，日令人洗拭。又好飲茶，在惠山中，用核桃、松子肉和真粉成小塊，如石狀，置茶中，名曰「清泉白石茶」。

明 包衡《清賞録》卷二《銀杏》 《蕭伯玉日記》：「銀杏。初實如豆，風味佳絶，今人但食其將落者。」

明 文震亨《長物志》卷一一《栗》 杜甫寓蜀，採栗自給，山家禦窮，莫此爲愈。出吳中諸山者絶小，風乾味更美。出吳興者，從溪水中出易壞，煨熟乃佳。以橄欖同食，名爲梅花脯，謂其口作梅花香，然實不盡然也。

又《銀杏》 葉如鴨腳，故名鴨腳子。雄者三棱，雌者二棱，園圃間植之。雖所出不足充用，然新緑時葉最可愛，吳中諸刹多有合抱者，扶疎喬挺，最稱佳樹。

明 木增《雲薖淡墨》卷八《樹之榛栗》 榛栗屬有兩種：其一種之皮葉皆如栗，其子小，形似杼子，味亦如栗，所謂「樹之榛栗」者也。其一種枝葉如木蓼，生高丈餘，作胡桃味，遼東、上黨皆饒。山有榛，榛枝葉似栗樹，子似橡子，味似栗，枝莖可以爲燭，五方皆有栗，周秦、吳楊特饒。吳越被城表裏皆栗，惟漁陽、范陽栗甜美、長味，他方者悉不及也。倭韓國諸島上，栗大如雞子，亦短味，不美。桂陽有莘栗，藂生，大如杼子，中仁，皮子形色與栗無異也，但差小耳。又有奧栗，皆與栗同，子圓而細或云即「莘」也，今此惟江湖有之。又有茅栗、佳栗，其實更小，而木與栗不殊。但春生，夏華，秋實，冬枯爲異耳。

明 姚旅《露書》卷一〇 今所食松子皆生於括子松，一名羅漢松，其樹婆娑可愛，最宜亭榭。

明 張存紳《增定雅俗稽言》卷四〇 榧子。榧出信州玉山縣，食之殺三彭蟲。《木實》曰：「果草食曰蓏；有核曰果，無核曰蓏，有殼曰果，無殼曰蓏。」蓏音裸；凡果須候肉爛和核種之；否則不類其種，有蟲穴其樹，用杉木釘之，既絶。有鳥來食，挂生人髮于上，即免。

栗。栗者，立也。《本草云》：「患腳氣者，啖栗數升，能行立也。」又，秋日實房罅發之時，將墜不墜，取戰栗之象也。凡食此者，將毛臍眉上一抹過，火煨不炮，俟皮盡取出。若生食煮食，俱不益人。

明 劉侗《名物通》卷八 娑羅樹，每枝生葉七片，有花，穗長而黃，秋後結實如栗，可食。

清 丁其譽《壽世秘典》卷三《榛子》 殼厚而堅，仁白而圓，大如杏仁，亦有皮尖。然多空者，故諺云：「十榛九空。」遼代上黨甚多，久留易油壞。氣味：甘，平，無毒。主益氣力，厚腸胃，令人不饑，健行。

又《橡實》 一名橡斗，又名皂斗。謂其斗剌𠞊象斗，煮汁可以染皂也。其仁如老蓮肉，山人儉歲采以爲飯；或搗浸取粉食。豐年，可以肥豬。其木高二三丈，葉如栗葉，木堅實而重，有斑文點點，不堪充材，爲薪炭則他木皆不及。《周禮·識方氏》：「山林宜皂物，柞栗之屬。」即此也。《詩·秦風》云：「山有苞櫟。」陸機註云：即柞櫟也。其嫩葉可煎飲代茶。

氣味：苦，微温，無毒。主澀腸，止瀉。蒸熟食，止饑，禦歉歲。

斗殼，氣味澀温，無毒。主止腸風，崩中帶下，冷熱瀉痢，并染鬚髮。

又《槲實》 《爾雅》謂之「樸樕」。樸樕者，婆娑，蓬然之貌。其樹偃蹇，其葉蓬蓬，故也。俗稱：衣物不整者爲「樸樕」，本此。其實似橡子而稍短小，其蒂亦有斗，其實僵澀、味惡，荒歲人亦食之。其木雖堅而不堪充材口，宜作柴爲炭，不及櫟木。所謂樗櫟之材者，指此。

氣味：苦，澀，平，無毒。主澀腸，止痢，功同橡子。

又《松子》 松子有南松、北松。華陰松形小，殼薄，有斑，極香。海松子，又名新羅松子，出遼東及雲南，與松樹同，惟五葉一叢者，毬內結子大如巴豆。而有三稜一頭尖爾，肉甚香美，久收亦油。

氣味：甘，微温，無毒。主去諸風，逐邪氣，滑肌膚，實腸胃，潤肺治燥，結欬嗽。

又《榧子》 榧亦作棑，以小而心實者爲佳。其大名文木，斐然章采，故謂之榧。信州玉山縣者爲佳，士人呼爲「赤果」，亦曰「玉榧」。有一種粗榧，其木與榧相似，但理粗色赤耳，其子稍肥大，僅圓不尖，《神農本草》「柀子」即粗榧也。陶氏不識「柀子」惟蘇恭能辨爲一物也。

氣味：甘，平，濇，無毒。治五痔，去三蟲、蠱毒、鬼疰、惡毒。（《名醫别録》）

治欬嗽，白濁，助陽道。（《王生編》）

發明朱震亨曰：「榧子，肺家果也。火炒食之，香酥甘美，但多食則引火入肺，大腸傷爾。」甯原曰：「榧子殺腹間大小蟲，小兒黄瘦有蟲積者，宜食之。」蘇東坡詩：「驅除三彭蟲，已我心腹疾。」是矣。汪瑞曰：「性熱，同鵝肉食，生斷節風。又，上壅人□火氣。」《物類相感志》云：「榧煮素羹，味更甜美。猪脂炒榧，黑皮自脱。榧子同甘蔗食，其渣自軟。榧子皮反緑豆，能殺人。」

清 高士奇《北墅抱甕録》卷一《栗》 松盤山外平疇衍迤，皆種栗樹。大者十數圍，結實甚多，新秋剥食，芳鮮莫及，兼有香氣，若桂叢之始拆。八九月時，其房自裂，命小奚掇拾筐中，懸檐壁多風處，俟其少乾，皮易脱而味較勝。

清 王芷《稼圃輯》 栗。房當中一子，名東楔。治血疾，効。用湖沙入新磁器内藏栗，夏初如鮮。脚弱者多食之，能起行。栗子生者難化生蟲，熟者隔食滯氣，惟宜風乾食甚益腎。用員眼貯竹籃中挂起，員得栗之溼氣而肉肥潤，栗得員疏通而易乾。栗能補腎，頓食至飽，傷脾。蘇子由詩：「老去自添腰脚病，山翁服栗舊傳方。客來爲説晨與晚，三咽徐收白玉漿。」作粉和生地、枸杞、山藥煮粥，甚補下元。同橄欖食，甚有佳味。三月上旬，桐樹可接。（略）

銀杏。食多令人發脹，有至死者。急飲冷白酒可解，生食引疳。陰毛中生八角子，最癢，形如虱而圓，四面生足。患者搗爛塗之，一宿盡死。（略）

榛。叢生，葉如麻而濶大。四月開花，色如白栗花。結實作毬，毬之核，即榛也。宜食，益氣力，寬腸胃。（略）

油胡桃。入火中燒半紅，埋灰中，經二三日不燼。

清 楊賓《柳邊紀略》卷三 松塔，松子蔀也。狀若塔，故名。大者高尺許，打松子者，入阿機中，伐木取之，木大塔多者，取未盡，輒滿車，往時不甚貴。近取者多，百里内伐松木且盡，非裹粮行數日不可得，價乃數倍於前。己巳、庚午間，銀六錢買一大斗。然食者少，不甚買也。余初至，日食一升，三四日後，脣焦舌燥，不敢食矣。

榛，高二三尺，草也，而似木。經霜後子落可拾，榦可爲薪，否則入野燒。春夏間復生，品素賤。己巳秋獨少，價遂與松子等。

清 汪灝《佩文齋廣群芳譜》卷五九《果譜·栗》 增《盧諶祭法》：「春秋冬祠，皆用栗。」栗炒熟，搗爛，曬乾，磨細。每六升，新糯米粉四升，白沙糖半斤，蜜水溲之，篩置甑中，隨畫開蒸，粉熟爲度，火炙爲糕。《製用》：「以兩栗蘸油、兩栗蘸水，置鍋中，周圍更排四十七個濕紙搭盖，慢火燒，候有爆聲即熟。」大栗，每個殼底以刀十字畫開，底向下逐旋排鍋中，以鹽一撮，繞鍋下，盖定發火，候熟取用。

又《銀杏》 氣味：甘，微苦，平，澀，無毒。生食，解酒，降痰，消毒，殺蟲。熟食，温肺，益氣，定喘嗽。搗汁浣衣，去油膩。食多壅氣，臚脹，昏頓。《三元延壽書》言：「白果食滿千顆，殺人。昔有歲飢，以白果代飯食，飽者次日皆死。小兒食多，昏霍，發驚，引疳。同鰻鱺食，患軟風。」

又《胡桃》 《荀氏春秋》：「祠制常設用胡桃。」《本草》：「宋洪邁有痰疾，因晚對，上遣使諭令，以胡桃肉三顆，生薑三片，卧時嚼服。即少飲湯，又再嚼如前，數即静卧如旨，服之，旦而痰消，嗽止。」《本草》：溧陽洪輯幼子病喘，醫以危告其妻。夜夢大士令服「人參胡桃湯」，試之，喘即定。明日去胡桃皮用之，喘復作，仍連皮用，信宿而愈。盖人參定喘，連皮胡桃能斂肺也。

清 李光地《月令輯要》卷二《歲令下·物候》 胡桃。增《本草綱目》：「胡桃樹高丈許，春初生葉，三月開花，結實。至秋，如青桃狀熟時，漚爛皮肉，取核爲果，人多以櫸栁接之。」

又 卷一三《秋令·民用》 橡實。增《政和本草》：「橡實，櫟木子也。木高二三丈，開黄花，八九月結實，其實爲皁斗。槲、櫟皆有斗，而以櫟爲勝。不拘時採其皮，并實用。」

清 陸廷燦《南村隨筆》卷二《銀杏》 《肅伯玉日記》：「銀杏初實如豆，風味佳絶。今人但食其將落者。」

清 雍正《浙江通志》卷一〇六 欏子。《海瑞濟饑草木》：曬乾去殼，成粉作腐。

清 丁宜曾《西石梁農圃便覽·秋·寒露》 收松栢子，過時則零落，又易生蛀。各貯晒，籠開子出，覆以紛紗，免爲雀食。見鴉則不生。

清 蔣溥《盤山志》卷一五《物産·果木》 栗。《史記·貨殖傳》：「燕秦千樹栗。」《草木蟲魚疏》：「五方皆有栗，惟漁陽、范陽栗甜美長味。」《金史·地理志》：「薊州産栗，今山中所樹，落實頗豐。」

清 張宗法《三農紀》卷五《果屬·栗》 本性：味酸，氣温，厚胃，益腎。楔粒活血，生食難消，動氣。熟食黄氣。爆乾火煨者良，小兒多食難消。患風疾水病者，忌食，爲味酸故。

又《核桃》 本性：味甘，氣温，益水，滋金。多食動痰，動氣。同酒食，令人路血。素有痰火及積熱者，禁多食。《藥性詩》云：「留皮可消滿，去皮可潤血，微合鹽食則佳。」

又《銀杏》 本性：味微苦，氣平。生食降痰，消毒。熟則滋血，爽氣。但多食動風。《三元延壽書》云：「白果若啖滿千粒，必殺人。小兒尤禁食，須去心。杏令人病痱，同鰻鱺食，冷軟風。」

又 卷三〇《栗》 栗。《圖經》云：「葉如杍，櫟樹亦相似。木有大小二種，四月開花，長條，青黄色。農人收花爲繩，留火，風雨不滅。苞生外殼如蝟□，中着實，或單或雙，或三四粒，實殼紫色，仁上有紅黄膜，肉外黄内白。八九月熟，殼開花落。故《大禮戴》云：「八月栗霍則苞，自裂實墜。」《説文》云：「栗象花實下垂之狀。」《吕氏春秋》云：「果之美者，箕山之栗。」《梵書》名「篤伽」，原生山陰。五果之中，惟栗屬水，水潦之年則不熟。」《漢書》云：「燕秦有千樹栗，其人與千户侯等。」其木堅，耐入土。木可經久，作神主，益子孫，造門闌，遠盜。

《植蓺要術》云：栗可種，不可栽，栽雖活，易勞死。初熟離包，即收理濕土中。路遠者合砂以囊盛之，久停及風日，枯者難生。窖者至二月，微吐芽，種之即生。既生，近三年内，冬須以茸草裹之，至春漸解。其裏樹高三五尺，取生子樹接之，或以橡樹接，亦可實，大而佳。北方難植，南方易生物也。

《藏栗衍義》云：栗欲乾，莫如曝；欲生收，莫如潤沙中。藏至春至來年不壞。霜後取沉水，栗一斗，用鹽一斤，調水浸栗，經宿漉起，晾乾。或盛竹籃，或裝麻布袋，掛背日通風處，日日摇動兩三次，至來年不壞蛀。

本性：味酸，氣温，厚胃，益腎，楔粒活血，生食難消、動氣，熟食滯氣。爆乾火煨者良，小兒多食難消。患風疾水病者，忌食，爲味酸故也。

効方：李時珍云：「風乾者勝於日曝、火煨、油炒者，勝于蒸煮。細嚼連液吞咽，有益。若頓食至飽，則傷胃。蘇子由詩云：「老去自添腰足病，山翁服栗舊傳方。客來爲説晨與晚，二咽徐收白玉漿。」金傷，獸咬，人啮，小兒疳瘡，馬汗毒，俱以栗嚼敷。

典故。《宋書》：「王泰幼穎悟，年數歲，祖母嘗呼諸侄散栗于床，羣兒競取採。泰獨不取，問其故，對曰：『不取曰當得賜』，中表咸異之。」《先賢傳》「光武詔嚴遵，詣行在，遇蜀都獻栗。上賜各以手所及取之，遵獨不取。上問其故，遵曰：『君賜臣以禮，臣奉君以恭，今賜無所主，是臣所以不敢取也。』」《梁書》：「蕭琛嘗預御筵，醉伏，上以棗投琛，琛乃取栗擲上，中。而御史中丞在席上動色曰：『此中有人，不得如此，豈有説也。』琛曰：『陛下投臣以赤心，臣敢不報之以戰慄。』」《宋史》：「楊延慶母死，葬畢，廬于墓所。母存日喜食栗，仍于墓所種栗二樹，經年，其枝連理，三年合抱生栗，人以孝感所致。」《列子》：「宋有狙公者，養狙成羣，恐衆狙難馴，先誑之曰『與若芧，朝三而暮四，足乎？』衆狙皆起而怒。俄而曰：『與若芧朝四暮三足乎？』衆狙皆伏服而喜。是以聖智籠羣愚，亦猶狙公以智籠羣狙也。《□史》秦飢，應請發五苑棗栗，可救荒。」

又《核桃》 核桃。《圖經》云：「樹高丈許，春初生葉，長二三寸，兩兩對，生厚而多陰。三月開花成穗，收焯水浸，可蔬。結實似梨狀，秋末杖下，漚去外膚，收取内核，匕殼堅硬，上有皺紋。敲開内仁，二瓣中隔黄膜，仁形陷起，上有紫膜，脱之色黄白，膏潤。」《本草》云：「羌桃。」《方輿志》云：「胡桃，始自漢張騫得種於羌胡。北産者佳，南産者差，□其木堅柔，造器甚良。」使無定抵，異日好移栽也。法以實熟者埋濕土中，常澆水，使芽生，方種宜稀，每一穴一枚。每穴中先安一牛脊骨一節，着實于骨盌中，令芽在上，以土覆之，後結實。□大，但移種易活，難長。惟點種者佳。于元旦日或開花時以斧順斫出汁，則實不落。

收採：秋季果熟時，或摘下，或杖敲積堆，微漚去皮，取核爲果。晒乾，停透風處可久，宜常晾，恐濕浥，否則油膩、仁黑，不堪食用。

本性：味甘，氣温，益水，滋金。多食動痰，動氣，同酒食令人咯血。素有痰人及積熱者，禁多食。《藥性詩》云：「留皮可消滿。」

又《銀杏》 銀杏。《圖經》云：「樹高大，材至連抱，葉若鴨掌，有刻缺，面緑背淡白。二三月開花成簇，青白色，三更子時，旋花旋落，人不能見。結實繁多，狀如小杏，色青，經霜乃熟。黄臭爛收，臨水淘去外腐肉，收其内核。色白，形兩頭尖，中圓大而扁，二稜于午。北人呼爲白果，南人名爲靈眼，不初始入貢，故稱銀杏。」植蓺，宜雌雄並植，或雌樹炤影于水边，可結實。若不結實者，或以鑿孔納結于水一塊，泥封之，即結。《致富書》云：「春以子種，肥土生，二三尺可移栽。」老山農云：「插枝，潤土亦活。獸食糞出者，收種易生且茂。」

清　阿桂《盛京通志》卷一〇六　山核桃生楸樹上，形似胡桃而長，殼堅厚，肉味頗勝。

清　周廣業《過夏雜録》卷六《棗栗榛》　燕地饒棗、栗。栗，五方皆有。陸璣曰：「漁陽、范陽産者甜美長味，他方悉不及。」味鹹，性温。理筋，去風。昔有病足弱者，坐栗下食之，便能起行。

清　乾隆《鄞縣志》卷二八　榧實。翠山、香山、雪竇皆有之，惟雪竇榧名著，（《寶慶志》）實細而甘。（《王正續志》）

青櫺子，出四明山。（《寶慶志》）味極甘，而堅不可卒破。（陸龜蒙《四明山詩序》）四明山産青櫺子，其樹不可見，每於石上得之，蓋洞天中物，神仙所秘耳。（《紫桃軒襍綴》）今亦無識之者。按：以求之，更無一物相似，豈草木之種類亦有絶與。（黄宗羲《四明山九題考》）（陸龜蒙詩：「山實號青櫺，崇岡次第生。外形堅緑殼，中味敵瓊英。墮石樵兒拾，敲林宿鳥驚。亦應仙吏守，時取薦層城。」皮日休和詩：「山風熟異果，應是供真仙。味似雲腴美，形如玉腦圓。銜來多野鶴，落處半靈泉。必共桃源種，花開不記年。」黄宗羲詩：「何物青櫺子，空傳上世名。野人俱不識，山鳥或相爭。玉樹空垂賦，瓊花不別生。環岡笑魯望，詩句豈真誠。」）

清　趙學敏《本草綱目拾遺》卷七《飛松子》　《雲南土司志》：「邊境各土司，深山中産一種飛松子，結實熟時，人欲取之，子輒飛去，夜則仍歸根下，土人記其處，俟夜過子，掘其根而取之，饋遺以爲珍品，味絶香美。《徐霞客遊記》：「飛松一名狐實，亦作梧實，正如梧桐子，而大倍之。色味亦如梧桐子，而殼薄易剥。坐密樹中，一見輒伐，樹乃可得，遲則樹即存而子俱飛去，成空株矣，故曰『飛松』。惟巔堂關外野人境有之。其葉如柳，味絶類土豆。」《滇略》：「梧實大如豆，殼脆易剥，不與他處類，俗謂之山松子，亦曰『飛松』。」朱排山柑園，小識飛松，出滇南似梧桐子，稍大而微長，内外色味俱肖，而香美過之。蔓生松樹上，土人甚珍之。

下氣，消痰，通和血脈，能返魂。凡有人魂神不安，及驚越失魂，神不守舍，一切等症，此爲要藥，故靈璧趙氏《天王補心丹》治怔忡用之，張菉猗言《十香返魂丹》加飛松子殼，更效。

清　嘉慶《廣西通志》卷九〇《輿地略十一·物産二》　[庆远府]石栗樹與栗同，但生於山石罅間。花開三年方結實，其殼厚而肉少，其味似胡桃仁。熟時或爲群鸚鵡至，啄食略盡，故彼人殊珍貴之。（《南方草木狀》）圓如彈子，每顆有根抱附之，類杓柄。肉黄白甘韌，似巴欖子。仁附肉，有白靨，不可食，發病。北人或呼爲海胡桃。（《虞衡志》）殼厚硬，白褐色，圓形，如象子。（《嶺外代答》）石栗，各州縣出。（《金志》）

清　光緒《遵義府志》卷一七　栗。《蜀都賦》：「榹栗罅發。」文同詩：「蒼蓬蒺藜大，紫殼檳榔軟。蜀都名果中，推之爲上選。」《戊巳編》：「郡産栗四種：一毛栗，又名板栗。樹高大者數丈，白皮，長葉，有稜，刺莍大如巨杯，八月熟。木理堅緻，修屋造器貴之。一猴栗。大者樹連抱，皮淡紅色，葉厚，長三寸許，莍大於毛栗，亦八月熟。木堅實厚重，多以爲棺。毛栗殼赤，肉黄；猴栗殼灰，肉白，味亦不同。一槲栗。樹即『槲櫪』，其大連抱，細葉光滑。四、五月開細白花，結細莍，攢攢亦有刺，九月熟，風動子落，響如撒沙。子大如大豆，黑殼，白粒。木性直而緻，斧斯之，直裂到顛材，中楝梁。一狗爪栗。小樹不高，莍攢，結如狗爪形，亦有刺，粒如豌豆，味同毛栗。乾隆庚寅作《饑民詩》：「尋山狗栗盡，入室雞糧無。」謂此。

清　光緒《保康縣志》卷四《田賦志·物産》　歲饑有榆皮、橡實、老鴉蒜、磨芋、灰莧菜、金剛藤、葛粉、官音粉、羊芋粉、蕨萁粉可食，至於蔬菜、藥材以及禽鳥無異物。

清　董輔辰《營田輯要·外篇·雜植》　松實。狀如豬心，□咸鱗砌，秋老則子長，而鱗裂採子，食仁香美，可入珍羞，利亦倍於他果。

清　光緒《吉林通志》卷六《松子》　松子。諸山皆産，而窩集中所産更勝。蓋林多千年之松，高率數百尺，枝幹既茂，故結實大而芳美，亦足徵地氣滋培之厚也。

窩集林中各種松，中生菓者亦稀逢，大雲遥望鋪一色，寶塔近瞻湧幾重。（松子生松塔中，其形下豐上鋭，層瓣鱗砌，望之如窣堵。每瓣各藏一粒，既熟則瓣開，而子落。）鱗切蚌含形磊落，三棱五粒味甘濃。偓佺曾遺（去聲）堯弗受，小矣子房學步蹤。（《甯古塔紀略》）

又　卷三三《果屬》　烏禄栗。似橄欖，緑皮小核，味甘而鮮，木本小樹也。

栗可炊食之，有數種。大者爲板栗，稍小者爲山栗，小如橡子者爲莘栗，小如指頂者爲茅栗。（《本草綱目二十九》）今北地出者實小而味佳。（《盛京通志》）

清 王元鋌《野蠶録·橡子》 橡子。皮黄色，肉微白，大如蓮子。味澀，磨粉及蒸食可禦饑年。亦可以飼猪。《晉書·庾衮傳》：「與邑人入山拾橡」是也。按：《博雅》云：「橡，柔也。」《説文》云：「柔，栩也；栩，柔也。」其實皂，一曰樣，今書作橡。柔，通作杼，又名芧。《莊子》：「狙公賦芧」。司馬彪註：「芧，橡子也。今俗以橡爲木名，誤矣。」

紀事

南朝宋 范曄《後漢書》卷五一《李恂傳》 遷武威太守。後坐事免，步歸鄉里，潛居山澤，結草爲廬，獨與諸生織席自給。會西羌反畔，恂到田舍，爲所執獲。羌素聞其名，放遣之。恂因詣洛陽謝。時歲荒，司空張敏、司徒魯恭等各遺子饋糧，悉無所受。徙居新安關下，拾橡實以自資。年九十六卒。

唐 房玄齡《晉書》卷五一《摯虞傳》 後歷祕書監、衛尉卿，從惠帝幸長安。及東軍來迎，百官奔散，遂流離鄠杜之間，轉入南山中，糧絶飢甚，拾橡實而食之。後得還洛，歷光禄勳、太常卿。

宋 陶穀《清異録》卷上《河東飯》 晉王嘗窮追汴師，粮運不繼，蒸栗以食，軍中遂呼栗爲「河東飯」。

又《玉角香》 新羅使者每來，多鬻松子，有數等，玉角香、重堂棗、御家長、龍牙子，惟玉角香最奇，使者亦自珍之。

明 謝肇淛《五雜俎》卷一一《物部三》 偓佺食松實，形體生毛，兩目更方。山中毛女食柏葉，不饑，不寒，不知年歲。彭籛常食桂芝，八百餘歲。赤將子輿啖百草花，能隨風雨上下。魯定公母服五加皮，以致不死。張子聲服五加皮酒，壽三百年，房室不絶。任子季服茯苓，輕身隱形。韓衆服菖蒲，遍體生毛，隆冬裸袒。趙他子服桂，日行五百里。移門子服五味子，色如玉女。林子明服术，身輕歘舉。楚子服地黄，夜視有光。陵陽子仲服遠志，有子二十七，老更少容。杜子微服天門冬，八十年日行三百里。庚肩吾服槐實，年七十餘鬚鬢更黑。青城上官道人食松葉，九十如童。趙瞿餌松脂，百歲髮不白，齒不落。人於草木之實餌之不輟，皆足補助血氣，培養壽命，但世人輕而不信耳。夫鉤吻烏喙足以殺人，人所共信也。惡者有損，善者豈得無益，與其服草木之實，縱無益而無害也。不猶愈於煉紅鉛，服金石，毒發而莫之救，求長生而返速斃乎。

明 方學漸《桐彝》卷三《嫡庶二節傳》 二婦伶俜入山，剥橡，榆食，茶苦甚，諒乃以其撳□鬻而濟荒。

清 陸廷燦《續茶經》卷下之二《雲林遺事》：倪元鎮素好飲茶，在惠山中用核桃、松子肉和真粉成小塊，如石狀，置于茶中飲之，名曰「清泉白石茶」。

藝文

宋 李昉《文苑英華》卷三二六《詠栗雜言》陸玢：貨見珍於有漢，木取貴於隆周。英肇萌於朱夏，實方落於素秋。委玉盤雜椒糈，將象腐（《初學記》作席）糅珍羞。

宋 歐陽修《文忠集》卷五《梅聖俞寄銀杏（一作《和聖俞銀杏見寄》，代書之作。）》：鵞毛贈千里，所重以其人。鴨脚雖百箇，得之誠可珍。問予得之誰？詩老遠且貧。霜野摘林實，京師寄時新。封包雖甚微，採掇皆躬親。物賤以人貴，人賢棄而淪。開緘重嗟惜，詩以報慇懃。

宋 袁甫《蒙齋集》卷一九《四言詩·石松子》 殼堅于石，色白于雪。仁在其中，香味清絶。況之松子，格韻度越。庭前柏樹，視此亦劣。松柏著土，其子乃結。此仁無根，更何所著。松柏有種，有枯有活。此仁無種，生生不滅。天不能栽，人不能伐。吾欲令此仁，普徧廣博。吾欲令此仁，取之不竭。家家具足，可採可擷。人人圓成，可咀可嚼。初無奥旨，亦無祕訣。不假思量，何勞論説。箇中渾全，了無分別。仰見高山兮，石洞之穴。俯此清泉兮，萬古不涸。

金 元好問《中州集》卷八《學易雷思·食松子》 千巖玉立盡長松，半夜珠璣落雪風。休道東游無所得，歲寒梁棟滿胸中。

清 張澍《養素堂詩集》卷六《入都苪集·食栗》 侯栗關中好，燕山土亦宜。東門瓜並種，朔野柿同滋。霜顆秋林落，玉盤冬夜貽。熓來紛問價，爆處欲奔貍。較量枚盈斗，烝嘗味薦祠。游曾懷集雒，煨乃誤蹲鴟。駭覺房藘也，嘉思手撰之。清香聞繡幰，黄色映金卮。鱄發驚高鳥，皺開嚇老姨。哀梨原自快，昏棗不須持。盧橘津多濇，蒂柑味或漓。何如雞卵大，儼似鳳冠奇。甜未輸崖蜜，甘真賽蔗飴。嚼生仍嚼熟，宜飽又宜飢。釬破防燒後，廳穿看擲時。盈拳爭欲攫，綴鼻漫生嗤。獻憶曹都尉，譚供杜伯夷。赤心蕭子報，三事沈侯知。杼賤逢狙怒，蝟叢動虎疑。更深餘短燭，坐久望犇楣。觀書聊咀味，嘅念李和兒。

清 張應昌《煙波漁唱》卷一《詞・桂枝香・新栗》 湖山秋到，正十里艷香風動金粟。千樹如拳碩果，未霜先熟。蒼蓬不怕針如蝟，愛并刀，剖開黃玉。（「十樹栗」見《史記》，放翁句「霜栗大如拳」又「猬刺拆蓬新栗熟」？文同詩「蒼蓬蒺藜大」。張雨詩「黃玉穰分紫殼開」）沁脾參鼻，木樨無隱者般清馥。更煮葉，林間雪沃。配菱角脂紅，芡頭珠緑。送飽茶前酒後，半甌清足。（杭人稱曰：「桂花栗子，从熟亦甚香美。」）休文老去忘書卷，（用沈約疏栗事）但流連，風味茅屋。露宵還聽，山童笑語，篠竿爭撲。

雜録

唐 馮贄《雲仙雜記》卷六 《巨栗殼爲盃》：鄴中産巨栗，脱其殼，可以爲盃。（《鄴郡名録》）

宋 褚伯秀《南華真經義海纂微》卷九五《雜篇盜跖第一》 古者，禽獸多而人民少，於是民皆巢居以避之。晝拾橡、栗，暮栖木上，命之曰：有巢氏之民。

清 來集之《倘湖樵書・初編》卷一 《江鄰幾雜誌》云：歙州黄山俞侍郎即獻卿，嘗與友人肄業山中，見松樹有大黄實，抛石擊落一枚，甚堅而香，俄落深磵中，翼日再尋則失所在。或云《抱朴子》所謂「招威」，食之可仙。至正二十一年，明州松樹結實，其大有盈尺者。

圖表

元 忽思慧《飲膳正要》卷三 栗。味鹹，温，無毒。主益氣，厚腸胃，補腎虛，炒食壅人氣。

栗

松子。味甘，温，無毒，治諸風頭眩，散水氣，潤五藏，延年。

松子

胡桃。味甘，無毒，食之令人肥健。潤肌，黑髮，多食動風。

胡桃

榧子。味甘，無毒。主五痔，去三蟲，蠱毒，鬼疰。

榧子

銀杏。味甘，苦，無毒。炒食、煮食皆可，生食發病。

銀杏

榛子。味甘，平，無毒。益氣力，寬腸胃，健行，令人不飢。

榛子

八檐仁

八檐仁。味甘，無毒。止欬下氣，消心腹逆悶。其果出四四田地。

清　高硯五《本草簡明圖説》

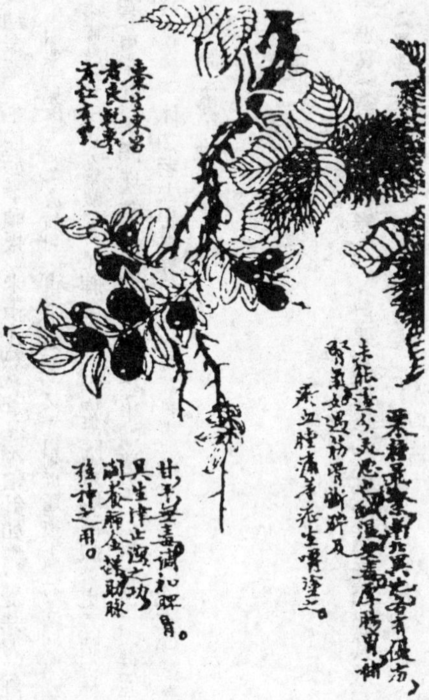

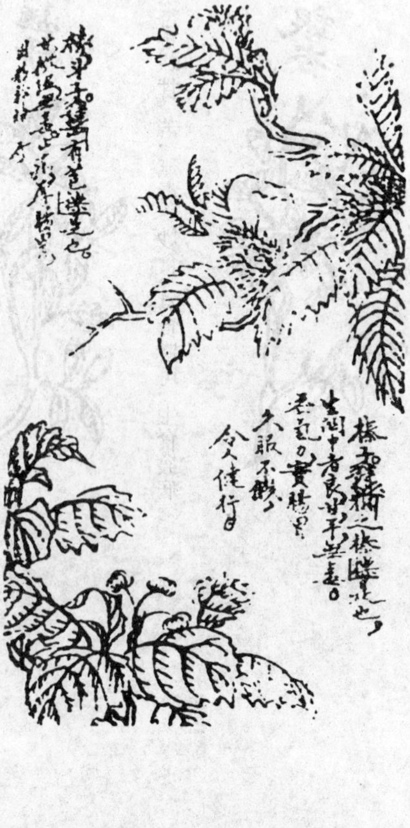

清　何剛德《撫郡農産考略》卷下　物用：栗樹大者，一株可得栗四五十斤；小者十餘斤，或僅數斤。每百斤值錢三千餘，崇邑價較賤，樂邑尤賤。栗粉每斤值錢一百七十文，銷售南昌各处客。《燕雜記》：「栗生食則動氣，熟食則滯氣，唯曝乾或火煨汗出，食之良。其外層毛殻煮汁，和墨染衣作木墨色。伏天煎湯服之，可去暑熱。」

栗

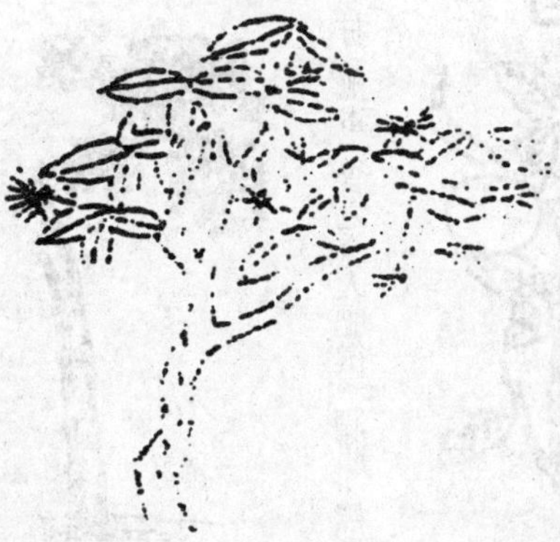

核果類

綜述

晉 陸翽《鄴中記》：寒食三日作醴酪，又煮粳米及麥爲酪。擣杏仁，煮作粥。按：《玉燭寶典》：「今人悉爲大麥粥，研杏仁爲酪，別以餳沃之。」

北魏 賈思勰《齊民要術》**卷四** 作酸棗麨法：多收紅軟者，箔上日曝令乾。大釜中煮之，水僅泊淹。一沸即漉出，盆研之。生布絞取濃汁，塗盤上或盆中，盛水暑曝使乾。漸以手摩淨，取爲末，以方寸匕投一椀水中，酸甜味足，即成好漿。遠行用和米麨，飢渴俱當也。

作白梅法：梅子酸核初成時摘取，夜以鹽汁漬之，晝則日曝。凡作十宿，十浸十曝，便成。調鼎和齏所在多任也。

作烏梅法：亦以梅子核初成時摘取，籠盛，於突上熏之，令乾，即成矣。烏梅入藥，不任調食也。

食經曰蜀中藏梅法：取梅極大者，剝皮陰乾，勿令得風，經二宿，去鹽汁，內蜜中，月許更易蜜，經年如新也。

作杏李麨法：杏李熟時，多取爛者，盆中研之，生布絞取濃汁，塗盤中，日曝乾，以手摩刮取之，可和水漿及和米麨，所在人意也。

作烏梅欲令不蠹法：濃燒穰以湯沃之，取汁，以梅投之使澤，乃出蒸之。（略）

作柰麨法：拾爛柰內甕盆合，勿令風入，六七日許當大爛。以酒淹痛，抨之，令如粥狀。下水更抨，以羅漉去皮子，良久澄清，瀉去汁。更下水復抨如初，看無臭氣乃止。瀉去汁，置布於上，以灰飲汁如作米粉法。汁盡，刀剮大，如梳掌。於日中曝乾，研作末，便甜酸得所，芳香非常也。

作林檎麨法：林檎赤熟時，擘破，去子、心、蔕，日曬令乾。或磨或擣，下細絹篩，麁者，更磨擣，以細盡爲限。以方寸匕投於椀中，即成美漿。不去蔕則大苦，合子則不度夏，留心則大酸。若乾噉者，以林檎麨一升和米麵二升，味正適調。

作柰脯法：柰熟時，中破曝乾，即成矣。

又 卷一〇《**棗**》 《史記・封禪書》曰：「李少君嘗遊海上，見安期生食棗，大如瓜。」

《東方朔傳》曰：「武帝時，上林獻棗。上以杖擊未央殿檻，呼朔曰：『叱叱！先生來來，先生知此篋裏何物？』朔曰：『上林獻棗四十九枚。』上曰：『何以知之？』朔曰：『呼朔者，上也；以杖擊檻，兩木，林也；朔來來者，棗也；叱叱者，四十九也。』上大笑。帝賜帛十疋。」

《神異經》曰：「北方荒內，有棗林焉。其高五丈，敷張枝條，蔭里餘。子長六寸，圍過其長。熟，赤如朱。乾之不縮。氣味甘潤，殊於常棗。食之可以安軀，益氣力。」

《神仙傳》曰：「吳郡沈義，爲仙人所迎上天。云：『天上見老君，賜義棗二枚，大如雞子。』」

傅玄《賦》曰：「有棗若瓜，出自海濱；全生益氣，服之如神。」（略）

又《**鬱**》《豳詩義疏》曰：「其樹高五六尺。實大如李，正赤色，食之甜。」《廣雅》曰：「一名雀李，又名車下李，又名郁李；亦名棣，亦名薁李。」《毛詩六月》：「食鬱及薁。」

又《**益智**》《廣志》曰：「益智葉似蘘荷，長丈餘。其根上有小枝，高八九寸，無華萼，其子叢生著之，大如棗，肉瓣黑，皮白。核小者，曰『益智』，含之隔涎濊。出萬壽，亦生交阯。」

《南方草木狀》曰：「益智，子如筆毫，長七八寸。二月華，色仍連著實。五六月熟。味辛，雜五味中，芬芳。亦可鹽曝。」

《異物志》曰：「益智類薏苡，實長寸許，如枳椇子。味辛辣，飲酒食之佳。」

《廣州記》曰：「益智，葉如蘘荷，莖如竹箭。子從心中出，一枚有十子。子內白滑，四破去之，取外皮，蜜煮爲糝，味辛。」

唐 段公路撰《**北户録**》**卷三**《**白楊梅**》 楊梅葉如龍眼樹，如冬青，一名机音求。潘州有白色者，甜而絶大，鄭公虔云：越州客山有白熟楊梅，兼名苑云，東興縣有大如雞卵楊梅。《博物志》云「地有章名，則多楊梅」，得非誤耶？《南越志》「安章縣白蜀里多楊梅」，求之白蜀，去章遠矣。

宋 陸佃《**埤雅**》**卷一三**《**李**》 《素問》曰：李韭皆酸。李，東方之果木子也，故其字从木从子。性頗難老，老雖枝枯，子亦不細。其品處桃上，故果屬有六，桃最爲下。孔子飯黍不以雪桃，而《詩》曰：「投我以桃，報之以李」，又曰：「丘中有麻，彼留子嗟。丘中有麥，彼留子國。丘中有李，彼留之子。」言麻以衣之，麥以食之，又有李焉。且皆丘中植之，則留子之政修矣。此人之所以思之，《法言》曰：男子畝婦人桑之謂思。吕子曰：子産相鄭，桃李之垂於街者，莫之援也。然則丘中有李，又能使人不盜也。《爾雅》曰：桃曰膽之，棗李曰疐之。蓋棗李之臍去疐而已。舊云桃李種法，大率欲方兩步一根，密則陰輒相扇，不惟子細，味亦不佳也。《論語》曰：朋友數斯疏矣。有是哉。《化書》曰：李接桃而本強者，其實毛。梅接杏而本強者，其實甘。此明造化之權，有以知巧而移矣。《莊子》曰「接子之或使」，此之謂也。《爾雅》曰「休無實李」，言可休息而已，無實可食也。

又《棗》　棘，大者棗，小者棘，蓋若酸棗，所謂棘也。於文重束爲棗，並束爲棘。一曰棘實曰棗，蓋棗性重，喬棘則低矣。故其制字如此。《詩》曰：「八月剥棗，十月穫稻。」剥，擊也。棗實未熟，雖擊不落，已熟則爛，不擊自墮，蓋收棗，擊而落之。故《齊民要術》所謂「全赤即收，收法撼而落之爲上」是也。且棗全赤即收，故乾則紅皺，復無烏鳥之費；半赤而收者，肉未充滿，乾復黄皺將赤，味亦不佳。故於全赤之時，剥而落之。《夏小正》曰：剥棗栗零。剥也者，取也；零也者，降也。零而後取之。今採華藥，亦各有時。《筆談》云：如紫草，未華時採，則根色鮮澤，華過而採，則根色黯惡。故用葉者，取葉初長足時採；用華者，取華初敷時採；用實者，取成實時採。緣土氣有早晚，天時有愆伏。如平地三月華者，深山中則四月華是也。《孟子》曰：今夫麰麥，播種而耰之，其地同，樹之時又同，浡然而生，至於日至之時，皆熟矣。雖有不同，則地有肥磽，雨露之養人事之不齊也。世云噉棗令人齒黄。《養生論》曰：齒居晉而黄。晉齒，食此故也。

宋　陶穀《清異録》卷上《雞冠棗》　睢陽多善棗，雞冠棗，宜作脯；醍醐棗，宜生啖。或謂棗是聖花兒。

又《百益紅》　百益一損者棗，一益百損者梨，醫氏目棗爲百益紅，梨爲百損黄。

宋　樂史《太平寰宇記》卷一八《河南道十八·青州》　《齊民要術》云：青州有樂氏棗，長脆香細，多膏肥美，爲天下第一。傳云：「燕樂毅破齊時，從燕齎棗于此種。」故曰「樂氏棗」。

又　卷一五七《嶺南道三·端州》　有廚榆子，江東謂之山棗，葉似梅。九月熟，有果子似荔枝，及似胡桃。

宋　宋祁《益部方物略記》　黄葩。翠葉，圓實而澤，咀久還甘，或號菴勒。

右餘甘子。生戎、瀘等州山，樹大，葉細，似槐實，若李而小。咀之前苦後歆，歆有味，故號爲餘甘。核有稜或六或七，解硫黄毒，即《本草》所謂「菴摩勒」者。

宋　蘇軾《格物麤談》卷上　食梅牙齼，食藕解之。

食梅齒齼，嚼胡桃肉解。

韶粉和梅食，牙不酸。

山查或白梅煮老雞則易爛。

蛤蜊以枇杷核數粒同煮，則肉丁自落。

宋　鄭樵《通志》卷七六《昆蟲草木略第二·果類》　棗之類多，《爾雅》曰：「棗：壺棗。」郭曰：棗大而鋭上者爲「壺」。又「邊要棗」，郭云細腰者，今謂「鹿盧棗」。又曰「櫅白棗」。郭云：即今棗子「白熟」。又曰「樲酸棗」，今藥家所用酸棗仁，孟子所謂「養其樲棘」是也。又曰「楊徹齊棗」，未詳。又曰「遵羊棗」，郭云：實小而圓，紫黑色，俗呼爲「羊矢棗」，孟子所謂「曾皙嗜羊棗」是也。又曰「洗大棗」，郭云：今河東猗氏縣出大棗如雞卵。《本草》云：一名良棗，一名美棗，一名乾棗，謂大棗也。《爾雅》又曰：「煮填棗」，未詳。又曰「蹶泄苦棗」，其子味苦皙，無實。棗不著子者，「還味稔棗」，郭云：「還味，短味。」

宋　趙令畤《侯鯖録》卷二　杜牧之《和裴傑新櫻桃詩》云：「忍用烹酥酪，從將玩玉盤。流年如可駐，何必九華丹。」遂知唐人已用櫻桃薦酪也。

宋　羅願《爾雅翼》卷一〇《梅》　《詩義疏》曰：「梅暴乾爲腊，羹臛虀中，又可含以香口。梅既爲腊，故又稱乾腊。」《山海經》曰：「雲山之上，其實乾腊也。」

又《棗》　盧諶祭法：春祠用棗油。蘇秦説燕，文侯曰：「北有棗栗之利，民雖不由田，作棗栗之實，足食於民矣。」潘岳賦曰：「周文弱枝之棗。」

宋　寇宗奭撰《本草衍義》卷一八　梅實。食梅則津液泄，水生木也，津液泄，故傷齒。腎屬水，外爲齒，故也。王叔和曰：「膀胱、腎合爲津慶。」此語雖鄙，然理存焉。燻之爲烏梅。曝乾，藏密器中，爲白梅。

又【大棗】今先青州，次晉州，此二等可噉曝入藥，益脾胃，爲佳，餘止可充食用。又云御棗甘美輕脆，後衆棗熟，以其甘故多生蟲，今人所謂僕落酥者是。又有牙棗，先衆棗熟，亦甘美，但微酸，尖長。此二等，止堪啗，不堪收曝。今人將乾棗去核，於鐺鍋中微火縷逼，乾爲末，量多少，入生薑末爲湯，點服，調和胃氣。又將煮棗肉，和治脾胃丸藥，尤佳人。青州棗去皮核，焙乾爲棗圈，達都下，爲奇果。

又【栗】欲乾莫如曝，欲生收莫如潤，沙中藏至春末夏初，尚如初收摘。小兒不可多食，生者難化，熟即滯氣。隔食，生蟲，往往致小兒病，人亦不知。所謂補腎氣者，以其味鹹，又滯其氣爾。湖北路有一種栗，頂圓末尖，謂之旋栗，《圖經》引詩言莘音秦。栗者，謂其象形也。

又【胡桃】發風，陝洛之間甚多，外有青皮包之，胡桃乃核也。核中穰爲胡桃肉，雖如此説，用時，須以湯剥去肉上薄皮，過夏至則不堪食。有人患酒瘡風，鼻上赤，將橘子核微炒爲末，每用一錢匕，研，胡桃肉一箇，同以温酒調服，以知爲度。

宋 戴侗《六書故》卷二一《植物一》 梅某。□（莫杯切）酸果也，□□□古文。《説文》曰：「梅，枏也。」可餐，某，酸果也。从木从目槑，古文。李陽冰曰：「此正梅字也。」伯氏曰：「槑呆皆象形作甘者，曰之譌也。梅，酸果，从甘，非也。按：梅之爲果，書傳所同，惟終南之詩曰：「有條有梅。」毛氏以爲枏，蓋本《爾雅》，《爾雅》以梅爲枏，是以一字而名兩木也。《説文》既以梅爲酸果，又爲梅、枏爲可餐，是又合三字而爲一物也。枏之爲枏，無所稽覈疑可也。

杏。□，何梗切。果似梅而甘。《説文》徐本曰：「可省齊」，《唐本》曰：「从口。」林罕曰：「从哽。」省聲。鄭漁仲曰：「可非聲从口木實之可食者伯曰：「□，□。」皆象形，按：杏从反呆亦未達。

宋 周密《癸辛雜識》續集卷下《杏仁有毒》 松雪云：杏仁有大毒，須煮令極熟，中心無白爲度，方可食用。生則能殺人，凡煮杏仁汁，若飲犬、猫立死。

宋 謝采伯《密齋筆記·續筆記》卷四 《家語》：「以黍雪桃。」先公云：「中都貴人家多以蒸餅并米糕雪桃，予乃知以黍雪桃之義，蓋桃經水即酸，故用此。」

宋 梅應發《四明續志》卷五 枇杷。一名蘆橘，出慈溪。味甘，核細，如椒子。李子。出小溪地，名仲夏，極甘脆。

元 胡古愚《樹藝篇·果部》卷一《櫻桃》 櫻桃。味甘温，主調中，益脾，令人好顔色。止痢并洩精，多食發虚熱。丹溪言：「大熱而發濕。」《日華子》言：「微毒，食多令人亡。」《衍義》言：「小兒食之過多，無不作熱，舊有熱病與嗽喘者，食之立病。」（《食用本草》）

櫻桃。此名櫻非桃也，又名朱櫻，味甘，性熱，微毒。有寒熱病人不可食，多食令人吐，發暗風。向東根療寸白蚘蟲。小兒多食，主發熱，主調中，益脾氣，令人好顔色，美志。葉搗傳蛇傷，絞葉汁服，防蛇毒内攻。（《日用本草》）

杜牧之櫻桃詩云：「忍用烹騂酪，從將玩玉盤。」唐人已用櫻桃薦酪也。（《侯鯖録》）

櫻桃初熟時，鳥雀群飛就啄，有曰白頭翁者，尤好食之。即《禮》所謂「含桃」也。（《松江府志》）（略）

又《獮猴桃·桃》《爾雅》曰：「旄，冬桃。榹桃，山桃。」郭璞注曰：「旄，桃子，冬熟；山桃，實如桃而不解橫。」《廣志》曰：「桃，有冬桃、夏白桃、秋白桃、襄桃，其桃美也。有秋、赤桃。」《廣雅》曰：「抵子者，桃也。」《本草經》曰：「桃梟，在樹不落，殺百鬼。」《鄴中記》曰：「石虎苑中有句鼻桃，重二斤。」《西經雜記》曰：「核桃、櫻桃、緗桃、核桃、霜桃，言霜下可食。金城桃、胡桃出西域，甘美可食。綺蒂桃、含桃、紫文桃桃、柰桃、欲。種法：熟時合肉全埋糞地中，直置凡地則不生，生亦不茂，性早實，三歲便結子，故不求栽也。至春既生，移栽實地，若仍處糞中，則實小而味苦者。栽法：以鍬合土掘移之，桃性易種難栽，若離本土，率多死矣，故須然矣。又法：桃熟時，於墻南陽中煖處，深寬爲坑，選取好桃數十枚，擘取核即内牛糞中，頭向上，取好爛糞和土厚覆之，令厚尺餘。至春桃始動時，徐徐撥去糞土，皆應生芽，合取核種之，萬不失一，其餘以熱糞糞之，則益桃味。桃性皮急，四年以上宜以刀竪劙其皮，不劙者急則死也。八年便老，老則子細，十年則死，是以宜歲歲常種之。一又法：候其子細，使附土，斫去柄上生者，復爲少桃，如此亦無窮也。桃酢法：桃爛自零者，收取，内之於甕中，以物蓋口。七日之後，既爛，漉去皮核，密封閉之。三七日酢成，香美可食。《術》曰：「東方種桃九根，宜子孫，除凶禍。胡桃、柰桃種，亦同。」（《齊民要術》）（略）桃實，味酸，多食令人有熱。

生太山川谷。《本草圖經》曰：桃核仁并花實等，并花實等生泰山，今處處皆有之。京東、陝西出者尤大而美，大都佳果，都是圃人以他木接根上栽之，遂至肥美，殊失本性，此等藥中不可用之，當以一生者爲佳，七月採核破之，取仁陰乾。（《證類本草》）

京畿有油桃，光，小於衆桃，不益脾。有小點斑而光，如塗油。山中一種，正是《月令》中令始華者，但花多子少，不堪啗。惟堪取仁。《唐文選》謂：「山㮋，發紅萼者矣。」又太原有僉桃，色深黄。西京有崑崙桃，肉深紫，色紅。此二種尤甘。又，餅子桃，如今之香餅子。如此數種，入藥惟以山中自生者爲正，蓋取其走泄爲用，不取肥好者。（《本草衍義》）（略）

桃。味甘，酸，熱，微毒。益色辟邪，發丹石毒，多食令人有熱。服术人忌食。又，不可與鱉同食，食之浴水成淋病，其類甚多。仁，味苦，甘，氣平。苦重於甘，陰中陽也。無毒。入手足厥陰經，主瘀血、血閉、血結、血燥、癥瘕、邪氣，殺小蟲，通潤大便，除卒暴，繫血，通月水，止痛。苦以破滯血，甘以生新血。花，味苦，殺疰惡鬼，令人好顔色，除水腫石淋，利大小便，殺三蟲，酒浸服之，除百病。桃梟，即㮋實着樹不落實中者，正月採之，主殺百鬼精物、五毒不祥，療中惡腹痛破血，有人吐血，諸藥不效，取此燒灰存性，米湯調服，立愈。桃蠹，殺鬼邪惡，不祥。葉，味苦，主除尸蟲，出瘡中蟲。桃膠，下石淋，破血，鍊之保中不飢，輕身，忽風寒。莖與皮，味苦，辛，除邪鬼，中惡腹痛，去胃中熱，蓋桃乃五木之精，仙木也。少則葉盛，實甘且大，蟠桃之説有自來矣。（《食物本草》）

桃者，五木之精也。今之作符着門上，僻邪。氣味甘，酸，熱，無毒。生者損人，多食滑腸，令人熱。服丹石及服术忌食，同鱉食，患心氣痛。主益顔色，充飢。（《日用本草》）

桃仁，味苦，甘，性平，無毒。主瘀血，血閉，破癥瘕，却邪氣，殺三蟲，止咳逆上氣，消心，下堅，通月水，療婦人産後百病。（《日用本草》）

桃花，味苦，辛，無毒。主除水氣，破石淋，利大小便，下三蟲，殺尸疰、惡鬼，令人好顔色。（《日用本草》）

桃花，一名㮋奴，即樹上經冬不落自乾者。正月採之良，味苦，微温，無毒。主療中惡，殺百鬼、精魅，五毒不祥。（《日用本草》）

桃葉，味苦，甘，平，無毒。主頭風，强不得顧，視穿地作坑，燒令通赤，以水洒之，令冷内，生桃葉鋪其席下，以患人卧之，令項在藥上，以衣着項邊，令氣上蒸，病人汗出，良久即瘥。又法：用水一石，煮桃葉取七斗，以鋪席自圍，衣被蓋身上。安桃湯於床簀下，乘熱薰蒸，少時當汗遍躰，去湯待歇。速粉一并炙大椎，即愈。經云：連發汗不出者死，可用此法蒸之。（《日用本草》）

桃毛，主下血瘕、寒熱積聚，無子，帶下諸疾，破堅閉，刮取毛用之。（《日用本草》）

㮋蠹，則桃木中蟲。殺鬼，辟邪惡不祥。（《日用本草》）

桃膠，主下石淋，破血中惡疰忤。又，以桑灰漬之服，百病愈。（《日用本草》）

又 卷二《梅》《爾雅》曰：「梅，柟也。」「時，英梅也。」郭璞注曰：「梅，似杏實酸。」「英梅，未開。」《廣志》曰：「獨名梅爲藤，大如鴈子。梅杏皆可以爲油，脯。黄梅以熟藤作之。」《詩義疏》云：「梅，杏類也。樹及葉皆如杏而黑耳。實赤於杏而酸，亦可生噉也。煑而曝乾爲蘇，置羹臛、虀中。又可含以香口，亦蜜藏而食。」《西京雜記》云：「候梅，朱梅，同心梅，紫蔕李，燕脂梅，麗枝梅。」案梅，花早而白；杏，花晚而紅。梅實小而酸，核有細文；杏實大而甜，核無文來。白梅，任調食及齏，杏則不任此用。世人或不能辨，言梅、杏爲一物，失之遠矣。《廣志》曰：「滎陽有白杏，鄴中有赤杏，有黄杏，有柰杏。」《西京雜記》曰：「文杏，材有文彩。蓬萊杏，東海都尉于台獻，一株花雜五色，云是仙人所食杏也。」（略）梅，酸味，其實小者爲石梅，大者爲水梅。（《建昌志》）

梅之類多，《爾雅》曰：「梅，柟。」又曰「時，英梅」，梅類而實小，謂之雀梅。草木畧

梅，古稱梅接杏者，其實甘。至今接杏而生者，脆美且大，名杏梅。（《松江府志》）

洵按：杏梅自是一種，非接杏者。其形似杏，又似梅，今呼鶴頂梅。

梅苍，踈瘦有韻，山家多種之。紅梅，杏類，初春時開。又有萼緑梅，色純緑，枝特青。又有百葉緗梅，花心色黄而繁密。又有蠟梅，非梅類，開與梅同時，色似密脾，香又相近，故名。吴邑梅，光福山中尤多，花時香雪三十里，物外奇賞也。（《吴邑志》）

有十月梅，於八、九月開花，十月結青梅，如彈丸大，酸翠可啖，予家亦有之。

梅，先春而華，其实亦早，故「標有梅」爲昏嫁之候。古者以梅實薦饋食之籩，所謂「乾橑」是也。《蜀志》曰：「蜀名梅爲橑，大如雁子。」其實既酸，故以爲和。《商書》所謂「爾惟盐梅」。《左氏傳》曰：「水火醯醢鹽梅，以亨魚肉。」《禮記》則獸用梅而已。《詩義疏》曰：「梅暴乾爲腊，羹臛齏中。又可含以香口。」梅既爲腊，故文稱乾腊。《山海經》曰：「雲山之上，其實乾腊」也。《管子》：「五沃之土，其梅其杏，其桃其李。」今江南梅熟之時，輒有細雨，連日不絶，衣物皆裛，謂之梅雨。（《爾雅翼》）

千葉黄梅花，洛人殊貴之。甚香異於他種，蜀人未識也。近興、利州山中，樵者薪之以出，有洛人識之，求於其地尚多，始移種，遺喜事者，今西州處處有之。（《聞見後録》）

孤山梅花，以靖著名，更有紅梅、臘梅兩種，其種來自閩、湘中，故有福州紅、潭州紅、邵武紅等號。蠟梅又名緑蕚梅，色黄白，酷似蜜脾。檀心爲上，磬口次之，苍小香淡，以子種出者，不經接者又次之。（《西湖游覽志》）按：自有緑蕚梅，不當以臘梅當之。

杜南谷云：「梅苍即無仰開者，蓋亦自能巧避風雪耳。」驗之信然。（《癸辛雜識》）

作白梅法：梅子酸，核初成時摘取，夜以盐汁漬之，晝則日曝。凡作，十宿十浸十曝便成。調鼎和蜜，所在多入也。作烏梅法，亦以梅子核初成時摘取，籠盛，於突上薰之，令乾，即成矣。烏梅入藥，不任調食也。《食經》曰：「蜀中藏梅法：取梅極大者剥皮陰乾，勿令得風，經二宿，去盐汁，内蜜中，月許，更易蜜，經年如新也。」作杏李麨法：杏李熟時，多收爛者，盆中研之，生布絞取濃汁，塗盤中，日曝乾，以手磨刮取之，可和水漿及和米麨，所在入意也。作烏梅欲令蠹不法。濃燒穰，以湯沃之，取汁，以梅投之使澤，乃出蒸之。（《齊民要術》）

梅，此梅實也。其熱者以火薰之，作烏梅；以盐殺之，爲白梅。其青者，以糖和之，作糖梅；以蒜醋和之，作蒜梅；或又杵白梅，和以甘草末及糖，作梅醬或作梅餅。此皆莆人制梅之法也。（《興化府志》）

梅子，西山多種，其味仍在熟時，青黄飽飣，歷時最久。人家收藏有霜梅、翠梅，及堪作醬和羹也。惟消梅實小鬆脆，多液無滓，不宜熟，惟堪生噉。（《吴邑志》）

梅実，味酸，平，無毒。主下氣，除熱煩滿，安心，肢躰痛，偏枯不仁，宛肥，去青惡誌疾，止下痢，好唾，口乾。生漢中川谷，五月採，火乾。（《本草經》）

陶隱居云：「此亦是今烏梅也。用當去核，微熬之。傷寒煩熱，水漬飲汁。生梅子及白梅亦應相似，今人用多白梅和藥，以點誌，蝕惡肉也。服黄精，人云禁食梅實。」孟説云：「烏梅多食損齒。又，刺在肉中，嚼白梅封之，刺即出。又大便不通，氣奔欲死，以烏梅十顆置湯中，須臾挼去核，杵爲丸，如枣大，内下部，少時即通。」《圖經》云：「梅實，生漢中川谷，今襄、漢、川、蜀、江、湖、淮、嶺皆有之。其生實酸而損齒，傷骨，發虚熱，不宜多食之。其葉煑濃汁服之，已休息痢。根，主風痺，出土者不可用。五月採其黄實，火薰乾作烏梅。主傷寒煩熱及霍乱，躁渴。虚勞、瘦羸，産婦氣痢等，方中多用之。又以盐殺爲白梅，亦入除痰藥中用。」（《證類本草》）

食梅則津液泄，木生水也，津液泄故傷齒。腎屬水，外爲齒，故也。燻之爲烏梅，燥乾，藏密器中，爲白梅。（《本草衍義》）

作白梅法：梅子酸，核初成時摘取，夜以盐汁漬之，晝則日曝，凡作，十宿十浸十曝便成矣。調鼎蜜和，所在多入也。又作烏梅法：亦以梅子核初成時摘取，籠盛，於突上薰之即成矣。烏梅入藥，不任調食。作烏梅令不蠹法：濃燒穰，以湯活之，取汁，以梅投中，使澤，乃出蒸之。《食經》云：「蜀中藏梅法：取梅極大者，剥皮陰乾，勿令得風，經一宿，去盐汁，納密中，月許更易，經年如新。」（《王氏農書》）賈元勰曰：按梅花早而白，杏花晚而紅，梅實小而酸，杏實大而甜。梅可以調鼎，杏則不任此用。世人或不能辨，言梅杏爲一物，此則北人不識梅也。（《埤雅》）

紅梅，花百葉，郡人陳克聰詩云：「雪態冰容意自佳，誰將脂粉點香霞。黄昏淡月前村路，幾悞行人問酒家。」（《閩逋志・漳州》）

嶺南之梅小於江左，居人來之，雜以朱槿花，和鹽曝之，梅爲槿花所染，其色可愛。又有選大梅，刻鏤瓶罐結蔕之類，取棹汁漬之，（棹木葉汁）亦甚甘脆。（《北户録》）

又《圓梅》 圓梅樹。經接其實核細而肉厚，鹽漬，日曬，名爲「乾橑」。而周官祭祀以供籩。（《温州府志》）

又《消梅》 消梅花。與江梅、官城梅相似，其實圓小，鬆脆，多液。液則不耐日乾，故不入煎造，亦不宜熟，惟堪青噉。北梨亦有一種輕鬆者，名消

梨，與此同意。（同上）

又《楊梅》 楊梅。味酸，温，無毒。去痰，去嘔，消食，下酒，和五臟，除煩憒，惡氣，甚能止痢，多食令人發熱，亦能損齒及筋骨也。（《食物本草》）

楊梅有紅白二種，本地所産非道地者，其實細小多酸。若蘇州楊梅，其大如錢，其如蜜，此爲上品。江西、浙江者次之。（《興化府志》）

《會稽志》曰：「楊梅。品之最佳者，曰官長梅。色紫實大核小，出項里，越人多漬以糖或塩以按酒。」（《山陰志》）

楊梅。有紅白二種，本地所産者實小而酸，不若福州、建寧所産，皆取善本接之，其實乃稍大，味亦稍甘。今郡人所需者，皆建寧人販賣者也。（《邵武府志》）

楊梅。色紫而味甘者，不減越梅。（《昆陵志》）

又 卷五《棗》 棗生者，味甘平，無毒。多食令人寒熱，腹脹，滑腸，難化。羸瘦人尤不可食。熟者味甘温，無毒。主心腹邪氣，安中補虛，益氣養脾，助十二經，平胃氣，通九竅，潤心肺，止嗽，補少氣少津液，身中不足，大驚，四肢重。和百藥，久服輕身延年。一云多食動風，動嗽。三年陳者，核中仁主腹痛，惡氣。棗類甚多，大抵以青州所出者肉厚爲最。不可同生葱食。中滿者與牙痛者俱不可食。小兒多食生疳，損齒。丹溪云：「棗屬土而有火，味甘，性緩。」《經》云：「甘先入脾。」又謂：補脾未嘗用甘。今人食甘多者，惟脾受病。小兒苦患秋痢與蟲食之良。（《食用本草》）

大棗，日曬爲乾棗，又名美棗、良棗、牙棗，蒸熱爲膠棗，味甘温平，無毒。殺烏豆毒。同生葱蜜食，令人五臟不和。同白魚食，患腰痛。牙齒有病，忌之生食。令不腹脹、滑腸、寒熱，蒸熱食，充飢。補腸胃，肥中，益氣，主心腹邪氣，安中益氣，養脾胃，生津液，除煩悶，潤心肺，止嗽。和藥，小兒患秋痢。（《日用本草》）

元 佚名《居家必用事類全集》卷己 温棗湯：出李氏方大棗，（一斤去核，用水五升熬汁。）蜜、生薑汁，右將三味調停，和羹，再入銀器内。令稀稠得所，入麝香少許。每盞抄一大匙，沸湯點服。

林檎渴水：林檎微生者不計多少，擂碎。以滚湯就竹器放定擂碎林檎。衝淋下汁，滓無味爲度。以文武火熬，常攪勿令㷲了，熬至滴入水不散。然後加腦、麝少許，檀香末尤佳。

酥杏仁法：杏仁不拘多少，香油煠焦，胡色爲度。用鐵絲結作網兜搭之，候冷定食，極脆美。

蜜煎青杏法：不拘多少，刮去皮，用銅青極細末，銅器内匀滚，令緑色。然後用生蜜浸，但覺有酸氣便換蜜，至三五遍，自然不復酸，可以久留。銅青無多少之限，但滚的匀便可也，青梅亦可依此法造。

糖椒梅法：黄梅大者不拘多少，搥破核。未搥以前，先以鹽淹一日。鋪梅一層入沙糖，用椒、生薑絲一層，重重鋪罐内八分滿，以物蓋覆，蒸一遍。再用生絹覆罐口曬十日，可供。曬時先用些椒葉在梅肉上。

糖楊梅法：以三斤爲率，鹽一兩淹半日。次用沸湯浸一宿，控乾。入好糖一斤，輕輕用手拌匀，日曬，汁乾爲度。磁器貯。

糖脆梅法：青梅一百箇，畫成路路兒，將熟冷醋浸没一宿。取去控乾，别用熟醋調沙糖一斤半，浸没入瓶内。以笋葉扎口，仍用椀覆藏在地中，深一二尺，用泥土蓋，過白露節取出换糖浸。

造椒梅法：黄梅一百箇爲率，用盆硝少許，焯過，漉出控乾，搥碎。入生薑絲一斤，甘草四兩，去目川椒一兩，磁盆拌匀。又，入炒鹽半斤同曬。如欲作梅湯，曬放稀。如欲作餅子，曬放乾，曬時兩三日攪一次。

元 賈銘《飲食須知》卷四 李子。味甘酸，性微温，多食令人臚脹，發痰瘧虛熱。同蜜及雀肉、鷄肉、鷄子、鴨肉、鴨子食，損五臟。同漿水食，令霍亂。勿同麋鹿、麞肉食。李味苦澀者，不可食。不沈水者有毒，勿食。服术人忌之。妊婦服之，子生瘡疥。

杏子。味甘，酸，性熱，有小毒，不益人。生食多傷筋骨，多食昏神，令膈熱、生痰。動宿疾，發瘡癬，落鬚眉。病目者，食多令目盲。小兒多食成壅熱，致瘡癤。産婦尤宜忌之。杏仁。味甘，苦，性温，有小毒。兩仁者，殺人。花開六出，核必雙仁。杏仁作湯，白沫不解者，食之令氣壅、身熱。湯經宿者動冷氣，能消犬肉，索粉積。雙仁者，悮食，或食杏仁多，致迷亂，將死。急取杏根煎湯服可解。八旦杏仁，味甘，性温，多食亦能動宿疾也。

棗子。味甘，生性熱，熟性平。生食多，令人熱渴，膨脹，動臟腑，損脾元，助溼熱，患寒熱。胃弱羸瘦人不可食。同蜜食，損五臟。熟棗多食，令人齒黄，生䘌。同葱食，令五臟不和。同諸魚食，令腰腹痛。勿與鼈、蟹同食，久食最損脾，助溼熱。患齒病、疳病、蟲䘌及中滿者，勿食。小兒食多生疳，棗葉，微毒，服之使人瘦，久即嘔吐。

梅子。味酸，性平，多食損齒、傷筋、蝕脾胃，令人膈上痰熱。服黄精人忌之，不可與豬羊肉、麋鹿麞肉同食。食梅齒齼者，嚼胡桃肉解之。梅子同韶粉食不酸，不輭牙。烏梅性温，忌豬肉。白梅與烏梅同功。暗香湯：取半開梅花，溶蠟封花口，投蜜罐中，每取一二朵，同蜜一匙，點滚水服。清水揉梅葉洗蕉葛衣，經夏不脃。梅葉煎湯洗霉衣，即去，甚妙。

枇杷。味甘酸，性平。多食動脾，發痰，助溼。同麪食及炙肉食，發黄病，壅溼熱氣。

櫻桃。味甘，濇，性熱。多食令人嘔吐，立發暗風，傷筋骨，敗血氣，助虚熱。小兒食之過多，無不作熱，有寒熱病人不可食。宿有溼熱病及喘嗽者，食之加劇，且有死者。過食太多，發肺癰、肺痿，其葉同老鵝煮易輭熟。

明 劉基《多能鄙事》卷三《蜜梅》 梅子青者或去核，或不去核，或金縷花，或切片，皆可先用鹽水浸一宿，次日漉乾，用蜜浸之。日中以盆貯曬，日愈烈愈佳，但嘗蜜酸苦即换，以甜爲度，收之。至來年，换蜜又曬，或經一兩月開看，但覺略有動變即换蜜，曬收久藏彌佳。有用銅青入蜜浸者，色雖有青而味不佳，不必用也。

又《糖醋梅》 青梅，但核已堅硬，便可。雖苦者不妨，只不要黄熟。切去兩頭，以刀直務作細路，每箇用胡粉少許，手指蘸，揉切處不要。以糖和醋，每梅一百，用好糖一斤半，極可久藏，周年一换。糖醋半年一開，視之畧有動作便换。糖醋不動作，不必换。

又《糖椒梅》 梅子半青黄者，搥破核，以鹽醃一日。净瓦罐中鋪梅一層，入沙糖用椒薑絲和勻一層，重重鋪罐内，八分滿。以物蓋蒸一遍，再用生紗蒙罐口，暴十日，可用。

又《椒梅》 黄梅一百箇爲率，用盆硝少許焯過，漉出控乾。搥碎，入生薑絲一斤，甘草四兩，川椒皮一兩，磁盆拌勻。又入炒鹽半斤，同曬。如欲作梅湯，曬放稀；欲作餅子，曬放乾。曬時，兩三日攪一次。

又《糖燒李子》 李子一斗，鹽二兩，糖三斤，先將李子用鹽水浸一宿。曬乾，先以口泥泥罐，四面炙，令乾。入糖拌李在内，以瓦片蓋泥封用。糖皮燒一宿，開收之。

又《燒杏仁》 杏仁，用香油煠焦胡色爲度，用鐵結絡兜出，候冷，定極肥美。

又《製杏仁》 杏仁一斤，用滚水淖過，曬乾。麸炒熟，煉蜜拌勻，下後頃，藥末抹之。縮砂、陳皮、茴香、人參、薄奇、白豆蔻、檀香各二錢，粉甘草三錢，炙過同爲細末，以拌杏仁，食能治肺氣喘，促心腹脹悶。

又《杏湯》 杏仁三兩半，用百沸湯二升浸蓋之。候冷又换沸湯，如是五度了，逐箇掐去皮尖細研。用蜜一斤煉三兩沸，看湧即掇退，候半冷，旋傾入杏泥，又研如是。旋添入研，極細湯成。

又《醍醐湯》 烏梅一斤，搥碎，四椀熬一椀，澄清，不犯鐵器。縮砂半斤，碾白檀香二錢、麝香一字、蜜五斤，以梅水及蜜縮砂細末，於銀石瓦器内熬，赤色爲度，候冷入白梅、麝香。

又《熟梅湯》 黄梅十斤、鹽一斤、青椒四兩、甘草末六兩、生薑汁一椀，拌勻，日曬半月，收之。

又方：黄梅不拘多少，先將二三十枚於磁鍋内煑，令滷出，逐旋，添梅不添木，只乾煑熟，净罐收之，不犯銅鐵。用時旋切細薑絲，花椒，甘草、鹽隨意入之。

又 卷四《洗漆污衣法》 杏仁、川椒等分，爛研揩污處，净洗之。

又《洗墨污衣法》 杏仁去皮尖，茶子等分爲細末，糁上温湯擺之。

又《洗青黛污衣法》 嚼杏仁洗之。

明 陶宗儀《説郛》卷六二 蜀名梅，爲藤，大如鴈子。海藤皆可以爲油，黄梅以熟藤作之。

明 朱權《神隱》卷上 濕棗湯。大棗去核，用水熬汁，生姜汁和蜜，同將三味調勻。入磁罐内攪，令稀稠得所，入麝香少許。每盞挑一大匙，沸湯點服。

明 劉宇《安老懷幼書》卷三 杏仁粥，杏仁、（二兩去皮尖研）猪肺、（一具去管和，研令爛如糊）

古用瓦瓶煮粥，令熟却，將瓷碗放火上，炙令熱，以猪肺糊在碗内便瀉粥蓋之，更以熱湯抵，令熟後，服之，大能補肺氣。

明 劉文泰《本草品彙精要》卷四二 徐李。生太山陰，如李小，形實青色，無核，熟採食之。

明 佚名《五色綫集》卷下《來禽》 王内使《史書佔》中，有與蜀郡守求

櫻桃，來禽，言味甘，來衆禽也，俗作林檎。（《尚書故事》）

明 田汝成《西湖遊覽志餘》卷二四《委巷叢談》 櫻桃。一名含桃。《月令》：「仲夏羞以含桃薦寢。」廟註云：「即櫻桃也。」然《西京雜記》載：「上林果木列櫻桃、含桃爲二種，蓋以形味有異而別名之歟。」白樂天《樟亭驛櫻桃詩》云：「南館西軒兩樹櫻，春條長足夏陰成。素華朱實今雖盡，碧葉風來別有情。」

明 王圻《稗史彙編》卷一二八《蟠桃飯》 採山桃，用米泔煮熟，漉寘水中去核，候飯湧，同煮，頃之，如盦飯法。

又《大耐糕》 向杭雲公袞，云夏日命飲作大耐糕。意必粉麵爲之。及出，乃用大李子生者去皮剜核，以白梅、甘草湯焯過，用蜜和松子、欖仁填之，入小甑蒸熟，謂大耐糕也。非熟則損脾，且取先公大耐官職之意，以此見向有意於文簡之衣鉢也。夫天下之士苟知「耐」之一字，以節義自守，豈患事業之不遠到哉！因賦之曰：「既知大耐爲家學，看取清名自此高。」

又 卷一二九《櫻桃煎》 櫻桃經雨則蟲，自內生，人莫之見。用水一碗浸之良久，其蟲皆蟄，蟄而出，乃可食也。楊誠齋詩云：「何人弄好手，萬顆搗虛脆。印成花鈿薄，染作冰澌紫。北果非不多，此味良獨美。」要之其法，不過煮以梅水，去核搗印爲餅，而加以蜜耳。

又 卷一五三《御李》 魏武遷獻帝於武昌，有小李色黃，大如含桃。帝常食，至今號爲「御李」。

又《龍耳李》 崔奉國家一種李，肉厚而無核，識者曰：天罰乖龍，必割其耳，血墮地，故生此李。（張莊：《美李》）

又《嘉慶李》 韋述《西京記》：「東都嘉慶坊有李樹，其實甘鮮，爲京師之美，故稱嘉慶李。」

又《牛山多杏》 嵩山東北有牛山，多杏。至五月，爛然黃茂。自中國喪亂，百姓饑饉，皆資此爲命，人人充飽，而杏不盡。

又《雞冠棗》 睢陽多善棗，如雞冠者，宜作醍醐，名爲「聖花兒」。

又《胡蘆棗》 光州七里外，村媪家植棗兩株於門外。秋日棗熟，一道人過而求之，媪曰：「兒子出田間，無人打撲，任先生隨意啖食，我不較也。」道人摘食十餘枚，所佩一葫蘆繫于木杪，臨出顧語曰：「謝婆婆厚意，明年當生此樣棗，既是新品，可以三倍得錢。」遂去，後如其言。今光州尚有茲種。

又《鸎桃》 櫻桃。亦云鸎桃，吕不韋《春秋》羞以含桃，先薦寢廟，注云：「含桃。鸎所含食，故言含桃。」

又《掌扇櫻》 櫻桃。素盛睢陽，地名掌扇岡，尤繁妙。有一樹收子至二三石者。

又《摩勒》 摩勒樹，葉細似合昏花。實似李，青黃色。核員，作六七稜。食之，先苦後甘。術士以藥餌染白變黑，鬚髮烏滋。（出《孔貞子集》）

明 田藝衡《留青日札》卷三四《巴旦杏》 巴旦杏，西番哈烈、于闐出。似棗而甜者，名「忽鹿麻」，今名「八耙杏仁」。

明 李時珍《本草綱目》卷二九《果部》 李《別録》下品。

（釋名）嘉慶子。時珍曰：「按：羅願《爾雅翼》云：『李乃木之多子者，故字從木子。竊謂木之多子者多矣，何獨李稱木子耶。』按：《素問》言：『李味鹹，屬肝，東方之果也。』則李於五果屬木，故得專稱爾。今人呼乾李爲嘉慶子。按：韋述《兩京記》云：『東都嘉慶坊有美李，人稱爲嘉慶子。』久之，稱謂既熟，不復知其所自矣。梵書名李，曰居陵迦。」

（集解）弘景曰：「李類甚多，京口有麥李，麥秀時熟，小而肥甜，核不入藥。姑熟有南居李，解核如杏子形者，入藥爲佳。」志曰：「李有綠李、黃李、紫李、牛李、水李，並甘美堪食，核不中用。有野李味苦，核仁入藥。」頌曰：「李處處有之。」郭璞註：「《爾雅》『休』，乃無實李也。一名趙李，痤音磋，乃接慮李也。一名麥李，細熟有溝道，與麥同熟。駁乃赤李也。」陶氏所謂「南居李」今不復識，醫家但用核若杏核者。宗奭曰：「李樹，大者高丈許。一種御李，子大如櫻桃，紅黃色，先諸李熟，醫家用者亦少。」時珍曰：「李。綠葉，白花，樹能耐久，其種近百，其子大者如杯如卵，小者如彈如櫻。其味有甘、酸、苦、澀數種，其色有青、綠、紫、朱、黃、赤、縹綺、胭脂、青皮、紫灰之殊，其形有牛心、馬肝、柰李、杏李、水李、離核、合核、無核、匾縫之異，其產有武陵、房陵、諸李，早則麥李、御李，四月熟。遲則晚李、冬李，十月、十一月熟。又有季春李，冬花春實也。按：王禎《農書》云：『北方一種御黃李，形大而肉厚，核小，甘香而美。江南建寧一種均亭李，紫而肥大，味甘如蜜。有擘李，熟則自裂。有餻李，肥粘如餻，皆李之嘉美者也。』今人用鹽曝、糖藏、蜜煎爲果，惟曝乾白李有益，其法：夏李色黃時摘之，以鹽挼去汁，合鹽晒萎，去核，復曬，乾，薦酒作飣，皆佳。」

杏（《別録》下品。）（釋名）甜梅。時珍曰：「杏字篆文象子在木枝之形，或云從口及從可者，並非也。」《江南録》云：「楊行密改杏名甜梅。」

〔集解〕《别録》曰：「杏生晉川山谷，五月采之。」頌曰：「今處處有之。有數種：黄而圓者名金杏，相傳種出自濟南郡之分流山，彼人謂之漢帝杏，言漢武帝上苑之種也，今近汴、洛皆種之，熟最早。其扁而青黄者名木杏，味酢不及之山杏，不堪入藥。杏仁今以從東來人家種者爲勝。」宗奭曰：「金杏深赭色，核大而扁，乃接成者，其味最勝。」又有白杏，熟時色青白，或微黄，味甘淡而不酢。生杏可曬脯作乾果食之。山杏輩只可收仁用耳。」時珍曰：「諸杏葉皆圓而有尖，二月開紅花，亦有千葉者，不結實。甘而有沙者爲沙杏，黄而帶酢者爲梅杏，青而帶黄者爲柰杏。其金杏大如梨，黄如橘。」《西京雜記》載：「蓬萊杏花五色，蓋異種也。」按：《王禎農書》云：「北方肉杏甚佳，赤大而扁，謂之金剛拳，凡杏熟時，榨濃汁塗盤中曬乾，以手摩刮收之。」可和水調麨食，亦五果爲助之義也。

又《**巴旦杏**〈綱目〉》〔釋名〕八擔杏，《正要》忽鹿麻。〔集解〕時珍曰：「巴旦杏，出回回舊地，今關西諸土亦有。樹如杏而葉差小，實亦尖小而肉薄。其核如梅核，殼薄而仁甘美。點茶食之，味如榛子。西人以充方物。」

又 卷三一《果部》《無漏子〈拾遺〉》〔釋名〕千年棗，《開寶》萬歲棗、《一統志》海棗、《草木狀》波斯棗、《拾遺》番棗、《嶺表録異》金果、《輟耕録》木名海椶《嶺表録》鳳尾蕉。時珍曰：「無漏，名義未詳。千年、萬歲，言其樹性耐久也。曰海，曰波斯，曰番，言其種自外國來也。金果，貴之也，曰椶，曰蕉，象其幹、葉之形也，番人名其木曰窟莽，名其實曰苦魯麻棗。苦麻、窟莽，皆番音相近也。」〔集解〕藏器曰：「無漏子即波斯棗，生波斯國，狀如棗。」珣曰：「樹若栗木。其實若橡子，有三角。」頌曰「按劉恂《嶺表録》云：『廣州有一種波斯棗，木無旁枝，直聳三四丈，至巔四向，共生十餘枝，葉如椶櫚，彼土人呼爲海椶木。三五年一着子，每朵約三二十顆，都類北方青棗，但小爾。』舶商亦有攜本國者至中國，色類沙糖，皮肉軟爛，味極甘，似北地天蒸棗，而其核全别，兩頭不尖，雙卷而圓，如小塊紫礦，種之不生，蓋蒸熟者也。」時珍曰：「千年棗雖有棗名，别是一物。南番諸國皆有之，即杜甫所賦海椶也。按：段成式《酉陽雜俎》云：波斯棗生波斯國，彼人呼爲窟莽。樹長三四丈，圍五六尺。葉似土藤，不凋。二月生花，狀如蕉花。有兩脚，漸漸開罅，中有十餘房。子長二寸，黄白色，狀如楝子，有核。六七月熟則子黑，狀類乾棗，食之味甘如飴也。」又，陶九成《輟耕録》云：「四川成都有金果樹六株，相傳漢時物也。高五六十丈，圍三四尋，挺直如矢，木無枝柯。頂上有葉如椶櫚，皮如龍鱗，葉如鳳尾，實如棗而大。每歲仲冬，有司具祭收采，令醫工以刀剥去青皮，石灰湯瀹過，入冷熟蜜浸換四次，缾封進獻。不如此法，則生澀不可食。番人名爲苦魯麻棗，蓋鳳尾蕉也。一名萬歲棗，泉州有萬年棗，即此物也。」又嵇含《草木狀》云：「海棗大如杯椀，以比安期海上如瓜之棗，似未得其詳也。巴旦杏亦名忽鹿麻，另是一物也。」

又《**棎子**〈音蟾，《拾遺》〉》〔集解〕藏器曰：「棎子似梨，生江南。左思《吴都賦》：『棎、留禦霜』是也。」時珍曰：「棎、留，二果名。按：薛瑩《荆陽異物志》云：『棎子樹，南越、丹陽諸郡山中皆有之。其實如梨，冬熟味酢。』劉子樹，生交廣、武平、興古諸郡山中，三月着花，結實如梨，七八月熟，色黄，味甘、酢，而核甚堅。」

明 慎懋官《華夷花木鳥獸珍玩考》卷二《梅園雜考》 范汪至能啖梅，常置一斛奩，湏臾啖盡。北方荒外有石湖焉，方重中有横公魚，夜化爲人，刺之不入，煑之不死。以烏梅二十七煑之而即熟，可已邪病。綺里丹法，以梅煮之。

明 鄺璠《便民圖纂》卷一四《製造類上》 收藏蜜煎果：黄梅時换蜜，以細辛末放頂上，蟣蟲不生。

明 周文華《汝南圃史》卷三《梅》 梅。食之生津液，能止渴而損齒。《本草衍義》曰：「食梅則津液泄，木生水也。津液泄故傷齒，腎屬水，外爲齒，故也。」其熟者，以火熏之爲烏梅，以鹽殺之爲白梅。其青者，以糖和之作糖梅，以蒜醋和之作蒜梅。或又杵白梅，和以紫蘇作梅醬，古人用以調羹，疑即此也。

又《**桃**》 李桃。花深紅色，形圓色青，肉不粘核，味甘，花葉形味皆桃也。但其實光澤如李，故名。大徑寸半，一名柰桃，又名光桃。

又《**李**》 青李，外青内白。嘉慶李，外青内紅。俱核小，味甘，而嘉慶李尤勝。韋述《兩京記》云：「東都嘉慶坊有李樹，其實甘鮮，爲京都之美，故稱嘉慶李。」今人但言嘉慶子，蓋稱謂既熟，不以李名也。建寧李亦甚佳，土人乾之，貨賣四方。聞北地有御黄子，亦李之類而味甘美。

又 卷四《枇杷》 其作實毬如黄梅，皮肉甚薄，中核如小栗，四月採葉暴乾。治肺氣，止渴疾，《漳州志》云：「春果已過，夏果未成，此果適熟，故諺有『枇杷黄，果子荒』之説。」《蘇州志》云：「枇杷。肉厚，味甘。或有核者，小如椒，故名『椒子枇杷』。」

又《棗》《圖經本草》曰：「夫棗，乾棗也。棗並生河東，今近北州郡皆有，而青晉絳州者特佳。江南出者堅燥少脂。棗之類最多。」郭璞注：《爾雅》有「壺棗」，云今江東呼棗大而銳上者爲「壺」，壺猶瓠也；有「邊腰棗」，云子細腰，今謂之「鹿盧棗」；有「擠白棗」，云即今棗子白乃熟；有「樲酸棗」，云木小實酢者；有「遵羊棗」，云實小而圓紫黑色，俗呼「羊矢棗」；「楊徹齊棗」，云未詳；有「洗大棗」，云今河東猗氏縣出，大如雞卵；有「煮填棗」，云未詳；有「蹶泄苦棗」，云味苦者；有「皙無實棗」，云不著子者；有「還味捻棗」，云還味短味也。今園圃皆種蒔之，亦不能別其名，又其極美者，則有水菱棗、御棗之類，皆不堪入藥，蓋肌實輕虛，暴服之則枯敗。唯青州之種最佳，蓋晉絳實大不及青州者之肉厚，相傳爲樂毅來齊所種，又名「樂氏棗」。按：今鮮棗，吴越通謂之「白蒲棗」，其乾者率自河南、山東等處來，有大棗、紅棗、膠棗，或蒸熟，或生致，或熟而撚去其皮，惟大棗尤多。密雲棗核細形小。紹興出南棗，甘膩似密雲而形長大。南都「姚坊門棗」最有名，皆棗中之佳品也。

明 吴之俊《獅山掌録·小山館》卷一六《梅香酎》 林邑山楊梅，其大如杯椀，青時，極酸，既紅味如崖蜜。以醖酒，號梅香酎，非貴人重客不得飲之。

又《三尸酒》 石榴甜者爲天漿，道家謂之三尸，酒云三尸，得此果則醉。

又 卷一八《北荒棗》 北荒有棗，樹敷枝一里，子可六七寸，熟赤如朱，乾之不縮，味甘潤異常。

又《蠟珠》 含桃。一名麥美。其種有三：大而殷者，曰吴櫻；黄而白者，曰蠟珠；小而赤者，曰水櫻。食之，蠟珠爲最。

又《海棗》 海棗，樹身無閑枝，直聳三四丈，樹頭四面共生餘枝，葉如栟櫚。五年一實，實大如杯盎，核兩頭不尖，雙卷而圓，其味極甘美。

又《窟莽》 波斯棗，出波斯彼國，呼爲「窟莽」。樹長三四丈，生花如蕉花。有兩甲，漸漸開罅，中有十餘房。子長二尺，黄白色，熟則紫黑，狀類甘棗，味甜如飴。

明 吕坤《四禮翼》祭前翼《事生禮·果實》 果食當饑飽之間，桃、李、梅、杏、柿、梨、榴、棗，氣滿味足，色溢核堅而後進，得美者而後進，無蠹無損，濯拭剥削而後進。戒先時後時，先時味歉，後時味敗，胡桃四剥，蓮實、銀杏三剥，去心；菱、芡重剥，棗去皮核，生熟惟所嗜，皆宜糖。龍眼、荔枝，浸而煮之。用色紫而肉厚者，親無齒則漬，以沸湯漬濃汁而飲之。胡桃煮栗，合糖爲糜餳。宜酥糕，宜蜜。蜜煎、糖煎，以侑茶酒，無多進。異味非習嘗者，無多進。

明 文震亨《長物志》卷一一《桃李梅杏》 桃易生，故諺云：「白頭種桃。」其種有匾桃、墨桃、金桃、鷹嘴、脱核、蟠桃，以蜜煮之，味極美。李品在桃下，有粉青、黄姑二種，別有一種曰嘉慶子，味微酸，北人不辯。梅杏熟時乃別，梅接杏而生者曰杏梅。又有消梅，入口即化，脆美異常，雖果中凡品，然卻睡止渴，亦自有致。

又《櫻桃》 櫻桃。古名楔桃，一名朱桃，一名英桃。又爲鳥所含，故《禮》稱含桃。盛以白盤，色味俱絶。南都曲中有英桃脯，中置玫瑰瓣一味，亦甚佳，價甚貴。

又《棗》 棗類極多，小核，色赤者味極美。棗脯出金陵。南棗出浙中者，俱貴甚。

又《楊梅》 吴中佳果，與荔枝並擅高名，各不相下，出光福山中者最美。彼中人以漆盤盛之，色與漆等。一斤僅二十枚，真奇味也，生當暑中，不堪涉遠。吴中好事家，或以輕橈郵置，或買舟就食。出他山者，味酸，色亦不紫，有以燒酒浸者，色不變而味淡，蜜漬者，色味俱惡。

又《枇杷》 枇杷。獨核者佳，株葉皆可愛，一名款冬花。薦之果奩，色如黄金，味絶美。

明 木增《雲薖淡墨》卷四《樗》 樗，今之樉棗也。

又 卷八《摽有梅》 梅。杏類也，樹及葉皆如杏而黑耳。曝乾爲腊，置羹臛齏中，又可含以香口。

明 張存紳《增定雅俗稽言》卷三九 雨棗，考舊説：周秦河南雨酸棗，遂生野棗，今酸棗縣是也。醫家酸棗仁，須出此地者佳。睡多生用，不睡熟用。宋人書啟自叙云：性本棗昏，質惟木訥。按：范蔚：「棗膏昏蒙，甲煎淺俗。」一即「木訥」改「木彊」，與棗昏作對。夏韻：彊，强上聲。《世説》云：「王敦尚舞陽公主，如厠，見漆匣中乾棗。本以塞鼻，敦食之，羣婢大笑。」《□

書》云：「這村裝得好。」《説文》：「重束爲棗，並束爲棘。」沈括曰：「棗、棘皆垂刺。其文皆從朿。朿，木芒刺也。朿而相戴立生者，棗也。朿而相比横生者，棘也。古人制字之妙，又如此，朿，音次。」

明 徐光啓《農政全書》卷二九　梅實採半黄者，籠盛，於突上熏乾者。烏梅濃燒穰以湯沃之，取汁以梅投之，使澤，乃出烝之，則不蠹。烏梅入藥，不任調食。青者以鹽漬之，日曬夜漬，十晝夜爲。白梅亦可蜜煎糖藏，以充果飣。白梅調鼎和虀，所在多任。熟者笮汁，曬收爲梅醬。夏月可調水飲。陸機《詩疏》云：其實酢曝乾爲脯，入羹臛虀中，又可含以香口。

明 張大復《梅花草堂集筆談》卷七《枇杷》　《文選》：「盧橘，夏熟。」註云：「盧橘，枇杷也。色正黄，味甘而差小。一核曰金丸，瓤作鵝黄色，膚冷白，液多，味蜜。曰白沙二種爲異。」吴閶市上多白沙而少金丸，吾鄉王氏清夢軒旁有金丸一株，以噉客，多懷其核而去，然不聞有他本，豈亦貴重之徵歟。或云秋萼冬花，春果夏熟，備四時之氣。東坡枇杷，多核以爲恨，至與文字雅俗並稱，蓋貴之也。昨食枇杷而酸，客有進者，置之都不復作甘想。今日啖可三十許枚，瓤如飴，核亦纍纍，然笑語若曰：「此雅俗間文字，政未俗下耳。」

清 高士奇《北墅抱瓮録》卷一《山樝》　來禽坳以種林禽得名，不植别樹。惟山樝十數本，參差林間，亦來禽類也。有黄赤二色，味兼酸甘，以爲飯餘酒罷之供，所益多矣。

清 曹溶《倦圃蒔植記·總論》卷一　櫻桃。百果中最爲早達，故古人重之，特以薦廟。家園勝市，求者因摘鮮，與隔宿迥别也。一種不甚大而淡，紅帶黄者名蠟櫻桃，甘美獨步。

生啖莫如消梅，熟啖莫如官城梅，消梅落地可碎，而官城梅十六枚滿一觔，其奇處固自較然也。鶴頂梅色紅味甘而甚大，但生子頗稀。凡老人多怯梅酸，然其佳者，擅一種自然之甘，乃勝他果。除熟啖外，或以沙糖、薄荷製風雨梅，或以炒鹽、紫蘇、鮮椒、甘草、薑絲製青梅湯，或以白糖、紫蘇、薑絲爲細酸，皆有風韵，縷爲烏梅、霜梅、梅醬，俱切於日用。以霜梅汁浸諸花，則香色不改，用鮮青梅同搗，則花色尤鮮。香橼、橙囊汁，亦可代之。

清 王芷《稼圃輯》（枇杷）臘水，同薄荷一握，明礬少許，入甕中，浸之可久。其核搥碎，洗霉衣，蒸壞者能去跡。忌與炙肉同食，又忌與麪同食，多食發痰熱。

又《棗》　齒痛勿食生棗，多食動臟腑，損脾。與蜜同食，損五臟。瘦弱人勿食，血虚，脾虚忌食，令人寒中、損黄多啖。醫家名之百益紅（一名含消。）。根旁令牛馬履踐令浄。棗熟本年禾豐。牙棗、波斯棗出廣州，御棗、水菱棗出安邑，天蒸棗出江南，鹿轤棗出江東，浙江、婺州出者曰南棗。東海棗，五年一實。

又《櫻桃》　其葉搗傳蛇毒，再搗汁服。東行根殺寸白蟲。核煎湯可發痧瘄。老鵝用葉莖同煑則爛。多食發脂風，傷筋骨，小兒多食作熱。其樹向陽者，原移向陽；向陰者，原移向陰處。陰陽易地則不生，尤樹皆然，而櫻桃尤甚。

清 孫之騄《枝語》卷上《酸棗》《爾雅》：「樲，酸棗。」即孟子云：「賤場師養樲棘。」也。棗小而圓，味極酸，多生巖崖、坡坂間，山中人噉之以醒睡。或曰：「棗仁生用則不思睡。」若炒而熟之，煎而煮之，不思睡者亦皆甘寢矣。夫薑桂之性到老愈辣，性不改也，樲棘始而醒，繼而睡，隨世人所用而輒易。今富貴之鼎煎士人也，久矣，欲常醒醒，先植其性。

清 王道純《本草品彙精要續集》卷九　椰梅。地：李時珍曰：「椰梅，出均州太和山，相傳真武折梅枝插於椰樹，誓曰：吾道若成，花開果結。後果如其言。」今樹尚在五龍宫北，椰木梅實，杏形桃核，道士每歲采而蜜煎，以充貢獻焉。椰乃榆樹也。味甘酸。性平。

四味果。李時珍曰：「段成式《酉陽雜俎》云：『出祁連山，木生如棗，部以竹刀則甘，鐵刀則苦，木刀則酸，蘆刀則辛。』行旅得之，能止飢渴。

清 屈大均《廣東新語》卷一四《糖梅》　自大庾以往，谿谷村墟之間，在在有梅。而羅浮所産梅花，肥大尤香，予詩：「羅浮山下梅花村，花開大者如玉盤。」他處花小，然結子繁如北杏，味不甚酸，以糖漬之可食。段公路云：「嶺南之梅小於江左，居人以朱槿花和鹽曝之，其色可愛，曰『丹梅』。」又有以大梅刻鏤爲瓶罐結帶之類，漬以棹汁，味甚甘脆。」東粤故嗜梅，嫁女者無論貧富，必以糖梅爲舅姑之贄，多者至數十百罌，廣召親串，爲糖梅宴會。其有不速者，皆曰「打糖梅」。糖梅以甜爲貴，諺曰：「糖梅甜，新婦甜，糖梅生子味還甜。糖梅酸，新婦酸，糖梅生子味還酸。」糖欖亦然，有糖梅必有糖欖。欖貴其有雌雄，雄者花而雌者實也。凡女既入門，諸媵妗與唱歌，其歌曰「解」。

解糖梅者，詞美新婦。解糖欖者，詞美新郎。

清 郎廷極《勝飲編》卷九 梅香酎。《林邑志》：「林邑山楊梅其大如盃椀，青時極酸，既熟味如崖密，以釀酒號梅香酎，非貴人重客不得飲之。」

清汪灝《佩文齋廣群芳譜》卷五四《果譜·梅》 糖脆梅：青梅，每百個以刀劃成路，將熟冷醋浸一宿，取出控乾。別用熟醋調沙糖一觔半浸没，入新瓶内，以箬紮口，仍覆椀。藏地深一二尺，用泥上蓋過，白露節取出換糖浸。

製用：《居家必要》：「取大青梅以鹽漬之，日曬夜漬十晝十夜，便成白梅。調鼎和虀，所在任用。青梅籃盛，突上薰黑，即成烏梅。用以入藥，不任調食，以稻灰淋汁，潤濕蒸過，則肥澤不蠹。亦可糖藏，蜜煎作果，烏梅洗浄搗爛，水煮滾入紅糖，使酸甘得宜。水内泡冷，暑月飲，甚妙。或搗爛加蜜適中，調湯微煮飲。」

冰梅丸：治喉閉。五月五日合青梅二十個，鹽十二兩，先於初一日醃至初五日。取梅汁拌白芷、羌活、防風、桔梗各二兩，明礬三兩，猪牙皂角三十條，俱爲細末拌梅，磁瓶收貯。

梅醬：熟梅十斤，爛蒸去核。每肉一斤，加鹽三錢，攪匀。日中曬待紅黑色，收起。用時加白荳蔻仁、檀香些少，飴糖調匀，服涼水，極解渴。

又《杏》 增《格物叢話》：「杏實味香於梅，而酸不及核，與肉自相離，其仁可入藥。」

《農桑通訣》：「杏熟時多取爛者，盆中研之。生布絞取濃汁，塗盤中曬乾，取下可和水爲漿。又和麪用。」

又 卷五五《李》 製用：鹽曝法：夏月李黄時摘取，以鹽挼去汁，合鹽曬萎去核，復曬乾。用時以湯洗浄，薦酒甚佳。嘉慶子。取朱李蒸熟，曬乾。又，糖藏蜜煎，皆可久留。

又 卷五六《櫻桃》 增《本草》：「櫻桃，鹽藏蜜煎皆可，或同蜜擣作糕食，唐人以酪薦食之。」

又《楊梅》《林邑記》：「邑有楊梅，其大如杯椀，青時極酸，熟則如蜜。用以釀酒，號爲梅香酎。」（略）

原製用：糖楊梅：以梅三斤爲率，用鹽一兩醃半日，沸湯浸一夜，控乾。入糖二斤，薄荷葉一大把，輕手拌匀，日暴汁乾收。

《清供録》：「楊梅渴水：楊梅不計多少，揀掫自然汁，濾至十分浄，入砂石器内，慢火熬濃，滴入水不散爲度，若熬不到則生白醭。貯以浄器，用時每一斤梅汁入蜜三斤，腦、麝少許，冷熱任用。如無蜜，毬糖四斤入水熬過亦可。」

又 卷五七《柰》《製用·釋名》：「柰油，搗柰實，和以塗繒上，燥取而發之，形如油也。柰脯，切柰曝乾之，如脯也。」

又《林檎》《清供録》：「林檎渴水：林檎微生者不計多少，擂碎以滚湯。就竹器放定，擂碎林檎，衝淋下汁，滓無味爲度。以文武火熬，常攪勿令焦了，熬至滴入水不散，然後加腦、麝少許，檀香末尤佳。熟時脯乾研末，點湯服甚美。」

又《山樝》 製用：取熟者蒸爛，去皮核，及内白筋白肉搗爛。加入白糖，以不酸爲度。微加白礬末，則色更鮮妍。入籠蒸至凝定，收之，作果甚美，兼能消食。又，蒸爛熟，去皮核，用蜜浸之，頻加蜜，以不酸爲度，食之亦佳。聞有以此果切作四瓣，加薑鹽拌蒸食，又一法也。入藥者，切四瓣，去核，曬乾收用。山樝酒：山樝熟時，擇擘去蟲，洗浄控乾，搗半碎，每缸用三斗，隨添黍米少許，亦可以甑蒸半熟，取出攤冷。入大麯半塊，燒酒一斤，拌如常法，其味甘淡，不醉人，極消食積。

又 卷五八《棗》 作乾棗：新菰蔣露於庭，以草鋪上，厚三寸，覆以新蔣。凡三日，撤覆，露之畢，日曝取乾，納房中。每一石以酒一升，漱著器中，密泥之，可以經數年不壞。棗油：取紅軟棗入釜，以水僅淹平，煮沸，漉出研細，生布絞取汁，塗盤上曬乾，其形如油。刮下每一匙投湯中，即成美漿。

棗米：棗煮熟爛，將穀微碾去糠，和棗勻作一處，曬七八分乾。石碾碾過，再曬極乾，收貯。聽用臨時石磨磨細，可作粥，作點心任用。純穀黍稷蜀秫麥麪之類，俱可作。

棗脯：切棗，曝乾如脯。

製用：十月内，取大棗中破之，去皮核，文武火反覆炙香，煮湯飲。健脾開胃，甚宜人。五月五日，熨斗燒棗一枚，置牀下，辟狗蚤。

清 李光地《月令輯要》卷六《二月令·民用》 波斯棗。原《酉陽雜俎》：波斯棗，出波斯國，長三四丈，圍五六尺，葉似土藤，不凋。二月生花，狀如蕉花，有兩甲漸漸開罅中。有十餘房，子長二寸，黄白色，有核，熟則紫黑，狀類乾棗，味甘如餳，可食。

清　蔣溥《盤山志》卷一五《物産・果木》　棗。多植平岡小阜。《神異經》：「北方大棗味有殊，既可益氣，又安軀。」

清　張宗法《三農紀》卷五《果屬・李》　本性：味甘，酸。氣温，有小毒。乾者去痼疾，即骨中勞熱。肝痈者宜之生啖。生熱，發痰，服朮人禁食。不可合雀肉、合蜜、合漿水食。臨水食，沉水者有毒。（略）

又《杏》　本性：味酸，氣熱，多啖生痰。生食，發疽。小兒、産婦禁食。仁苦，氣温，潤肺滋腸，雙仁者有毒。

又《棗》　曬棗，棗全赤既收，撼而落者爲上；半赤而收者，肉未充滿，乾則色黄而皮皺。將赤味亦不佳，全赤久不收則皮硬，復召鳥鼠耗。曬棗：治一大場，□合净收河砂于内，令日曝熱，鋪棗于間，以掀聚壘久之復散，一日再三，夜則合聚。待曬乾，篩去砂，收棗。《芳譜》云：「先治地，令草净。若有草能令棗□架箔椽上，以無齒杈聚而復散，散而又聚，日以二十度爲什。夜逢陰亦不必聚收，待霜露氣可速成，如有雨須聚而苫蓋。至五六日，撰其紅軟者至高厨暴之，擇爛者去之，否則恐爛餘棗，其乾者曬曝如法。」

藏棗方：熟時乘清晨連小枝葉摘下，勿損傷。於透風處晾去露氣，簡新磁一口，無油酒氣，清水刷洗净，火薰乾，晾涼。采青稈草，曬乾候令，一層草一層棗，入缸中嚴封，可致來年尤鮮。

《棗食經》云：「治乾棗須鋪箔上，晝曬夜露，擇去胖爛，曝乾收之。切開晒乾者，爲棗脯；熟窄去渣皮者，爲棗膋；蒸熟者，爲膠棗。加餹蜜拌蒸則甜，加麻油和蒸則潤。將紅潤乾棗入釜内，以水平煮沸濾出，盛滋盆内細研，用生布絞取汁，塗盤上曬乾，其彩以油，爲棗膏。候乾，以手摩刮下爲末，收停。每用一匙，投湯盌中即成美漿，合米炒食最宜。」

《書》云：棗盛，主來年禾豐。

本性：味甘，氣平，堅志，强力，補中，益氣。熟者過食，疾齒。生者多啖，腹滿。中滿、齒疾者忌食，小兒禁食。同葱食，令臟腑不和；同魚肉食，患腰腹疼痕。《清異録》云：「百益一損者棗也。」劉根云：「棗核中仁常服之，百病不干。」（略）

又《梅》　本性：味酸，氣温，生津歛氣，安邪和中。多食損齒，傷筋。《相感志》云：「梅同韶粉食，則不酸不軟齒。食梅齼者，嚼胡桃肉□。」（略）

又《林檎》　本性：味甘，氣温。下氣消鍋，生食發疳，多食膨脹，得嚼

又　卷九《四月令・日次》　天棗熟。增《名勝志》：「蕭縣東南二十五里有廟橋，橋北一里有天棗樹，枝幹蟠屈，數百年物。正二月之交開小花，結實如酸棗，可食。四月初七日，全樹皆熟，初八日遂空。」

又　卷一五《八月令・民用》　酸棗實。增《名醫别録》：「酸棗，生河東川澤，八月采實，陰乾，似武昌棗，而味極酸。東人啖之以醒睡。」《本草圖經》：「酸棗，野生，多在坡坂及城壘間，似棗木而皮細，其木心赤色，莖葉俱青，花似棗花。八月結實，紫紅色，似棗而圓小，味酸。當月採實，取核中仁，陰乾，四十日成。」

又　卷一六《九月令・節序》　仙人棗。增《洛陽伽藍記》：「京陽山南百果園，有仙人棗，長五寸，把之兩頭俱出，核細如鍼，霜降乃熟，食之甚美。一曰西王母棗。」

清　文行遠《潯陽蹠醢》卷一　羊桃。似櫨梨，味酸無核，有數小黑子，如芝麻。

山葡萄。蘡薁也，莖細裊，而花紫白。不怕實，如葡萄小而赤，八九月熟，味酢可食。其莖主嘔逆，斷其兩頭之節而吹之，有汁出如通草。仙家浴丹用其實，乾濕各半，和石腦油、樟腦油煎水，以解胎。（《圖經》）

清　雍正《白鹽井志》卷三《鹽課》　鹽梅：取黄梅，用井滷煮數日，其色如墨。以蜂蜜□梅水，其味極佳。夏月飲之，甚能解暑。

清　雍正《陝西通志》卷四三　杏仁。延安杏仁，甘美無毒，而人可食。（《馬志》）

酸棗仁。京兆貢，（《唐書・地理志》）京兆永興軍貢，（《宋史・地理志》）小則爲棘，大則爲酸棗，其實一本也。今陝西臨潼山野所出亦好，乃土地所宜也。（《本草衍義》）生坡坂、城壘間，味甘平，入藥不如酸棗縣者良。（《咸陽縣志》）道旁叢生，行人惡之。（《安塞縣志》）

清　雍正《四川通志》卷四六　金果。成都府江瀆廟前有樹六株，其樹高五六十丈，圍約三四尋，挺直如矢，無他柯幹，頂上纔生枝葉。皮如龍鱗，葉如鳳尾，實如棗而加大。每歲仲冬，有司具牲饌祭畢，然後採摘迎入公廨。差點醫工以刀逐個劃去青皮，石灰湯焯過，令熬冷蜜浸五七日，漉起控乾，再换熟蜜，如此三四次，即入瓶缶封貯進獻。川中人謂之金果，番中名爲若魯麻棗，蓋鳳尾蕉也。

清　雍正《江南通志》卷八六《食貨志・物産・松江府》　梅皮。出青浦，削青梅皮以蜜製之，味殊甘脆。

又《徐州府》　棗（蕭縣天門寺出天棗，形小色紅，味美。）

其核即消。（略）

又《櫻桃》 本性：味甘，氣温。《美志》：「固精，多食令人吐。召濕熱病，喘嗽者忌食。小兒更禁。」

清 長白椿園氏《新疆輿圖風土考》卷四《物産》 沙棗。形類棗，色金黄，花葉作金銀箔色。肉似細沙，味甘，回人取以釀酒。

清 乾隆《鄞縣志》卷二八 李子。出小溪，仲夏極甘脆。（《至正續志》）有粉紅李、蠟李、豐山李。（《成化志》）水包李、郁李。（《嘉靖志》）

清 趙學敏《本草綱目拾遺》卷七《南棗》 出金華東陽縣茶場，以透明如血，七枚長一尺者佳，陳者入藥。《宦遊筆記》：「金華東陽縣茶場出棗，其大如拳，核尖細如黍，決之即脱，清甘香脆，以此名聞天下。明中葉尚存數柯，今此種已絶矣。惟東南諸鄉，於高阜地種之，雖不及茶場，亦美甲於他處。其製法不一，未熟輒擊，以湯沃之，使變色，謂之『湯紅』乾則其色紫。已熟者名『樹頭紅』，乾則其色丹。過熟者以所煮餘汁，煮之色味似蔗糖，謂之糖棗。此則以時食爲美，不作乾也。又有一種棘，差小而圓，味殊勝棗。」《物理小識》：「南棗出蘭溪，摇而知之，其肉離核。」

又《山棗》 出廣西肇慶府，葉如梅果，似荔支。九月熟，可食。柳貫《□棗譜》：「山棗。狀如棗而圓，色青黄而味甘酸，出廣州。」

清 張爾岐《夏小正註·煮梅》《傳》曰：「爲豆實也。」註曰：《書》言：『若作和羹，爾惟鹽梅。』古人飲食用梅猶今之用醋。按《禮經》屢言：「醯醢，醯醋也。」古人未嘗無醋燕食，加豆有桃諸梅諸，王肅曰：「諸，菹也。《周禮》謂之『乾橑』，蓋必先可藏久，或加飴蜜焉。」

清 嘉慶《廣西通志》卷九〇《輿地略十一·物産二》 偏桃。田州出，樹扶疎直上，枝葉秋冬不凋。每二月發嫩枝，細花叢生，色淡黄，結實五月熟，大如桃，黄色，味甘香。（《金志》）《國朝商盤·偏桃花詩》：「種異元都觀，名非度索山。探春來五嶺，含笑向諸□。流水行難□，斜陽照漸□。休疑武陵路，一入竟忘還。」

鴛鴦梅。西隆出，味全似杏。案：《本草》：即多葉紅梅，一蒂雙實。

清 嘉慶《揚州府志》卷七二《雜志》 揚城之西有園，西域人種植，每歲以無花果醖醋，供御。案：《内則注》：「無花而實者名栭，江東人以楊梅煎汁飲之。《内則》名『隱桃』。諸梅諸，即菹也。」又曰：「濫，即乾橑也。」（同上）

清 嘉慶《遵義府志》卷一七 枇杷。《清異録》：「枇杷。襄、漢、吴、蜀、湖南北皆有。」《宋祁枇杷詩》：「有果産西蜀，作花凌早寒。樹繁碧玉葉，柯疊黄金丸。上都不可寄，味咀獨長歎。」《劉淵林蜀都賦注》：「枇杷。冬華黄實，本出蜀。」

明 朱謀瑋《駢雅訓纂》卷六 麥英，含桃，櫻桃也。

《藝文類聚·八十六·果部》：「櫻桃。《吴氏本草》曰：『一名朱茱，一名麥英。甘酣，主調中，益脾氣，令人好顔色，美志氣。』《御覽》九百六十九引略同。」《禮·月令》：「仲夏之月，天子乃以雛嘗黍，羞以含桃。」注：「含桃，今之櫻桃也。」

清 黄輔辰《營田輯要·外篇·雜植》 山果之屬，梅實小者味酸，四月熟；實大者，五月熟。實圓而大者，可蒸製以供染物。

棗類甚多。西北可抵半糧。味甘，能開胃健脾，果中之最良者。初截取大棗旁條二三尺，移栽，棗性堅硬，其生晚，芽未出者，勿遽芟除。諺有「棗樹三年不算死」，亦有栽久而後生者。收棗，取全赤者，撼而落之爲上。一法，將纔熟棗清晨連枝葉摘下，弗傷損，晾去露氣，用新缸洗浄，烘乾待冷。取浄稈草曬乾，亦待冷。一層草，一層棗，入缸封固，來歲猶鮮。曬棗宜箔上，勿著草臭，勤扒，夜不必聚，得露氣速成。遇雨則聚而苫之，以乾爲度。乾棗一石，以酒一升，潄著器中，密泥之，經數年不壞。

柰。一名頻婆，與林檎同類。作脯可爲。蓄積青李、來禽子，皆囊盛爲佳。

清 王逢臣《檇李譜·食法》 食李之法：宜擇樹上紅白相半者，摘貯磁瓦器或竹木器約一二日。開視，如其紅暈明透，顔色鮮潤，即取布巾雪去白粉，以指爪破其皮漿液，可一吸而盡。此時色香味三者皆備，雖甘露、醴泉不能及也。過此恰好地位，即紅變爲紫，非但漿膩且味淡矣。若青李生食，不過甘芳鮮脆而已，檇李之真味不出也。

清 光緒《永嘉縣志》卷六 梅。（通志）：「温州有鴛鴦梅，一蒂雙實。」《陶頤雲窩雜識》：「梅子隨處有之，産永嘉者佳，以餹漬之，名餹梅。」《淵鑑類函》：「永嘉閨婦，以青梅雕剜脱核，鏤以花鳥，嚳之玲瓏如小金盒，合復爲梅，謂之『梅籃』。」

楊梅。（舊志）：「土産楊梅。今出茶山者，味尤勝。」

清 徐壽基《續廣博物志》卷一四《蕃植》《西京雜記》：「青城縣産虛中棗，無核而味酸甘，可止瘧。即《山海經》所載『北號山之棗，食之不隱』者，是也。」

清 光緒《吉林通志》卷三三《果屬》法佛哈，一名紅櫻，即白桜果。《盛京通志》實如小杏，味酸甜，甯古塔所出。（《皇朝通志》一百二十六）法佛哈米孫烏什哈，味皆甜酸可食。（《柳邊紀略》）密孫烏什哈，甯古塔等處有之，木樹連綴而生，形類櫻桃，味微甘酸，一名烏察拉齊。（《盛京通志》）

歐李子。柔條，叢生，高二尺許。花白，實如小李，色紅味酸，一名烏拉柰。（《盛京通志》）歐栗子，似櫻桃，味甘而酸，木本小樹。（《甯古塔紀略》）歐李子。色赤而澀。（《絶域紀略》）烏拉納紅果。烏拉一帶之地尤多，實如楊梅而大，味甘，酸。（《皇朝通志一百二十六》）

郁李。多生山原間，子如櫻桃，仁入藥。（同上）收實多者，歲必大熟。農人常視爲占候。（採訪册）

清 陳憲舜《課民植牧講義稿·枇杷》《本草》載此果，味甘而酸，入脾助胃消食，能止煩渴，下肺氣，潤五臟，按：此與西人酸助消化，果實健胃諸説相符。將來水陸交通，銷流必遠。種法：選核大者，用馬尿和草灰拌勻，埋入地中，至春取出，以已發芽者種之。生長最速，僅數年即成樹結實。可賣鮮果，或用糖煎。葉可賣藥，枝可代薪，任憑水旱蟲蝗，而此樹獨無防礙，年中坐享，確有把握也。樹經接過二三次，則大核變小，甘美異常。

紀　事

唐 馮贄《雲仙雜記》卷七《蜜浸烏梅解宿酲》陳永陽王宿酲未解，則爲蜜浸烏梅，每啖不下二十枚，清醒乃已。（《樵人直説》）

宋 歐陽修《新五代史》卷四一《趙匡凝傳》 匡凝至廣陵，行密見之，戲曰：「君在鎮時，輕車重馬，歲輸于梁，今敗乃歸我乎？」匡凝曰：「僕世爲唐臣，歲時職貢，非輸賊也。今以不從賊之故，力屈歸公，惟公生死之耳！」行密厚遇之。其後行密死，楊渥稍不禮之，渥方宴，食青梅，匡凝顧渥曰：「勿多食，發小兒熱。」諸將以爲慢，渥遷匡凝海陵，後爲徐温所殺。匡明卒于蜀。

宋 朱翌《猗覺寮雜記》卷下 北人以乳酪拌櫻桃食之，摭言新進士重櫻桃宴。劉覃及第，櫻桃初出，和以糖酪，人享蠻畫一小盎，不啻數升。

宋 羅願《爾雅翼》卷一〇 棗。秦饑，應侯請發五苑之果蔬、橡、棗、栗以活民。孔融爲東萊賊所攻，城欲破，其治中左承祖以官棗賦與戰士。

明 楊士奇《歷代名臣奏議》卷四〇《郊廟》 漢惠帝爲東朝長樂宮，及間往來（間，道也。）數蹕，煩人。乃作複道，方築武庫南。叔孫生奏事，因請間曰：「陛下何自築複道，高寢衣冠，月出游高廟。高廟，漢太祖奈何令後世子孫乘宗廟道上行哉。」（月出高帝衣冠備法駕，名曰「游衣冠」。《三輔黄圖》高寢在高廟西。高祖衣冠藏在高寢，月出游於高廟，其道值所作複道，故言「乘宗廟道上行」。）孝惠帝大懼，曰「急壞之」，叔孫生曰：「人主無過舉，今已作，百姓皆知之。今壞此則示有過舉，願陛下爲原廟渭北，衣冠月出遊之，益廣多，宗廟大孝之本也。」上迺詔有司立原廟，原廟起以複道，故孝惠帝曾春出游離宮。叔孫生曰：「古者有春嘗果，方今櫻桃熟，可獻，願陛下出，因取櫻桃獻宗廟。」上乃許之，諸果獻由此興。

明 王圻《稗史彙編》卷一二五《糜欽酒》 糜欽棗，出真陵之山，食一枚大醉，經年不醒。東方朔嘗遊其地，以一斛歸進上，上和諸香作丸，大若芥子。每集群臣，取一丸入水一石，頃刻成酒，味踰醇醪，謂之糜欽酒。又謂之真陵酒，又謂之仙藭酒，飲者香，經月不歇。（奚囊橘柚）

又 卷一二八《真君粥》 杏子煮爛去核，候粥熟同煮，可謂真君粥。向游廬山，聞董真君未仙時，多種杏。歲稔則以杏易穀，歲歉則以穀賤糶，時得活有甚衆。後白日升仙。世有詩云：「争似蓮花峯下客，種成紅杏亦升仙。」豈必專於煉丹服氣？苟有功德於人，雖未死，而以仙名矣。因名之。

又 卷一五〇《杏仁》 翰林辛學士賁遜，□年居青城山側古仙道院，在一峰之頂，内有塑像皇姑，則唐玄宗女也。一夕夢見召賁遜謂曰：「汝可食杏仁，令汝聰利，老而堅壯，心力不倦，亦資于年壽。」賁遜夢中拜請其法，則與《怡神論》中者。同玄宗孫申天師元有《怡神論》二卷，下卷中有神仙秘方三十首，則甘草丸爲首，食杏仁法次之，杏仁七个，去皮尖，早晨盥漱了，内于口中，久之則盡去其皮。又于口中暖之，逡巡爛嚼，和津液如乳汁頻嚥。但日日如法食之，一年必補精血，令人輕健安泰。賁遜日日食之，至今老而輕健，年踰從心，猶多著述。

又 卷一五三《竹青棗》 唐末，羣方負固，物産不通。有商歸自閩越，以橄欖獻于霸君，明日分賜大臣。禁軍帥郝惟慶曰：「此君狀類吾鄉竹青棗」，以蜂、蔗二糖、白鹽、藥物煎釀，曝糝，其味極佳。郭崇韜家最善乎此。

又《櫻桃宴》 唐時新進士尤重櫻桃宴，乾符四年，劉鄴第三子覃及第，時鄴以故相鎮淮南，敕邸吏曰：「以銀一錠資醵置，而覃所費往往數倍。」邸吏以聞鄴命，取足而已。會時，及薦新狀頭已下，方議醵置，覃潛遣人厚以金帛，預購數十樹矣。於是□置是宴，大會公卿。時京國櫻桃初出，雖貴達未適口，而覃山積鋪席，又和以糖酪，用享人，各獻一小盤，亦不啻數升，以至參御輩靡不霑足。（出《摭言》）

明 徐獻忠《吳興掌故集》卷一三《楊梅》 《吳興記》云：「故鄣縣北有石郭山，上産楊梅，常以供御。石郭山在今安吉西北十里，今之佳者生卞。」山東太子滙俗云：「北山楊梅南山李」，城南唐村特産佳李也。楊梅根須以草灰，禦其冬寒，方茂結。

明 慎懋官《華夷花木鳥獸珍玩考》卷八《花蕋石》 極大堅重，出自陝州，顔色彷彿硫黄，黄中間有白點。因名花蕋，最難求真。偶蜀詞人文谷，好古之士也。嘗詣中書舍人劉光祚，喜曰：「今日方與二客爲約，看予桃核盃。」文方欲問其由，客至，乃青城山道士劉云，次乃昇宫客沈默也。劉謂之曰：「文員外亦奇士，因令取桃核盃出視之」，盃凋尺餘，紋彩燦然，真蟠桃之實也。劉云：「予少年時常游華嶽，逢一道士，以此核取瀑泉盥漱。予覩之驚駭，道士笑曰：『爾意欲之耶？』即以半片見授。予寶之有年矣。」道士劉云出一白石，圓如雞子，其上有文彩，隱出如畫。乃是二童子持節引僊人。眉目毛髮冠履衣帔纖悉皆具，云於麻姑洞石穴中得之。沈默亦出一石，闊一寸餘，長二寸五分，上隱出盤龍，鱗角爪鬣無不周備，云于巫峽山中得之。文谷一日盡覩此奇物，幸矣。

明 吴之俊《獅山掌録·小山館》卷一六《杏漿》 裴沆再從伯，遇白衣老人，乞漿，老人指土龕，得一扇杏核，大如笠滿，中貯白漿，乃力舉飲之，味如杏酪。老人曰：「君飲杏漿，當哭九族。」

又 卷一八《羊角棗》 石虎園中有羊角棗，三子一尺。

明 陳詩教《花裏活》卷一 陳永陽王宿酲未解，則爲蜜漬烏梅，每啖不下二十枚，清醒乃已。

清 光緒《宜陽縣志》卷六《風俗》 十二月初八日僧道家煮紅棗、白果、栗子、柿餅、核桃仁，雜各種米豆，爲「臘八粥」，亦有用肉菜作麵食者，士庶家亦多仿此。

藝文

唐 王維《王右丞集箋注》卷一〇《敕賜百官櫻桃》 芙蓉闕下會千官，紫禁朱櫻出上闌。纔是寢園春薦後，非關御苑鳥銜殘。歸鞍競帶青絲籠，中使頻傾赤玉盤。飽食不須愁内熱，大官還有蔗漿寒。

唐 杜甫《九家集注杜詩》卷二二《野人送朱櫻》 西蜀櫻桃也自紅，野人相贈滿筠籠。數迴細寫愁仍破，萬顆勻圓訝許同。憶昨賜霑門下省，退朝擎出大明宫。金盤玉筯無消息，此日嘗新任轉蓬。

唐 白居易《白氏長慶集》卷一九《與沈楊二舍人閣老同食敕賜櫻桃翫物感恩因成十四韻》 清曉趨丹禁，紅櫻降紫宸。驅禽養得熟，和葉摘來新。圓轉盤傾玉，鮮明籠透銀。内園題兩字，西掖賜三臣。熒惑晶華赤，醍醐氣味真。如珠未穿孔，似火不燒人。杏俗難爲對，桃頑詎可倫。肉嫌盧橘厚，皮笑荔枝皴。瓊液酸甜足，金丸大小勻。偷須防曼倩，惜莫擲安仁。手擘纔離核，匙抄半是津。甘爲舌上露，煖作腹中春。已懼長尸禄，仍驚數食珍。最慙恩未報，飽餧不才身。

又 卷三一《早夏遊平原迴》 夏早日初長，南風草木香。肩輿頗平穩，澗路甚清涼。紫蕨行看採，青梅旋摘嘗。療飢兼解渴，一盞冷雲漿。

唐 韓愈《和水部張員外宣政衙賜百官櫻桃》 漢家舊種明光殿，炎帝還書本草經。豈似滿朝承雨露，共看傳賜出青冥。香隨翠籠擎初到，色照銀盤寫未停。食罷自知無所報，空然慚汗仰皇扃。

唐 李商隱《李義山詩集》卷上《百果嘲櫻桃》 珠實雖先熟，瓊莩縱早開，流鶯猶故在，争得諱含來。

又《櫻桃答》 衆果莫相誚，天生名品高。何因古樂府，唯有鄭櫻桃。

又 卷中《嘲櫻桃》 朱實鳥含盡，青樓人未歸。南園無限樹，獨自葉如幃。

又《深樹見一顆櫻桃尚在》 高桃留晚實，尋得小庭南。矮墮緑雲髻，欹危紅玉簪。惜堪充鳳食，痛已被鶯含。越鳥誇香荔，齊名亦未甘。

唐 韋莊《**浣花集**》**卷二**《**白櫻桃**》 王母堦前種幾株，水精簾外看如無。只應漢武金盤上，瀉得珊瑚白露珠。

宋 楊億《**西崑酬唱集**》**卷上**《**櫻桃**》 離宮時薦罷，樂府艷歌新。石髓凝秦洞，珠胎剖漢津。三桃聊並列，百果獨先春。清籞來君賜，雕盤助席珍。甘餘應受和，圓極豈能神。楚客便羊酪，歸期負紫蓴。（楊億） 赤水分珠樹，薫風送麥秋。蜀都春氣早，漢苑夏陰稠。廟薦清和候，恩頒侍從流。楚昭萍已剖，韓嫣彈爭投。沆瀣滋芳液，醍醐助品羞。玉盤光宛轉，全擬付歌喉。（劉筠）

宋 宋祁《**景文集**》**卷五**《**枇杷**》 有果産西裔，作花凌蚤寒。樹繁碧玉葉，柯疊黄金丸。上都不可寄，咀味獨長歎。

宋 李復《**潏水集**》**卷一五**《**和進櫻桃，上宣諭近臣，洛中今年進櫻桃，甚大，當日分賜**》 四月櫻桃始爛紅，拜章馳驛歲常同。留都舊事修邦貢，薦廟清朝廣孝風。翠籠摘從西後苑，彩奩進入大明宮。近臣曾見天顔喜，清曉分頒到省中。

宋 黄庭堅《**山谷集**》**卷九**《**戲答晁適道乞消梅二首**》 青莎徑裏香未乾，黄鳥陰中實已團。烝豆作烏鹽作白，屬聞丹杏薦牙盤。

北客未嘗眉自顰，南人誇説齒生津。磨錢和密誰能許，去蒂供鹽亦可人。

宋 洪炎《**西渡集**》**卷上**《**載酒邀公實同過西園食枇杷次公實韻**》 有美枇杷子，三珍共一時。朱櫻梁苑早，盧橘蜀都遲。載酒寧辭病，窺園似好奇。酬君要佳句，從古未題詩。

又《**公實再賦枇杷之什次韻二首**》 連雲葱蒨外，佳樹枇杷林。味極東南美，恩知雨露深。山夫琢栗玉，谷鳥避丸金。永日羈栖意，兹焉一慰心。

醞醁尊中酒，枇杷雲外林。甘餐千顆盡，軟語一盃深。老境宜扶杖，交情得斷金。遺民伐荻去，真處即吾心。

宋 沈與求《**龜谿集**》**卷一**《**次韻何子楚食櫻桃**》 輕衫駿馬飛彈丸，上林花開紛繡團。御厨賜笥未解箨，山櫻亦復登金盤。（櫻笥厨事，見《秦中歲時記》）宗廟薦新勤玉路，凡果紛紛不論數。風清日美雨絲收，朱實烘春燃緑樹。筠籠採擷價萬錢，北人羊酪雅所便。自從燕罷曲江曲，（故事：進士賜櫻桃宴。）五湖十載身回旋。已作孤蓬任流轉，萬顆徒勞野人獻。故無清夢大明宮，醉倚酡顔浮玉盤。

宋 朱松《**韋齋集**》**卷五**《**王彥行送櫻桃**》 香英狼籍了無餘，償我殘春一斛珠。猶帶微酸餉佳客，爲嫌啼鳥啄紅膚。

宋 文同《**丹淵集**》**卷三**《**朱櫻歌**》 金衣珍禽弄深樾，禁籞朱櫻斑若纈。上幸離宮促薦新，藤籃寶籠貂璫發。凝霞作丸珠尚軟，油露成津蜜初割。君王日午坐猗蘭，翡翠一盤紅靺鞨。

宋 趙汝騰《**庸齋集**》**卷一**《**食梅**》 兒時摘青梅，葉底尋彈丸。所恨襟袖窄，不憚頰舌穿。我年不自覺，以我齒尚完。嘗新試一薦，喉棘眉光攢。豈味不悦口，豈老難強餐。人生煎百憂，筭梅未爲酸。

宋 張堯同《**嘉禾百詠・凈相佳李**》 地重因名果，如分沆瀣漿。傷心吴越戰，未敢盡情嘗。

宋 蕭立之《**蕭冰崖詩集拾遺**》**卷上**《**七言古體・再韻答前人送梅實**》 狂風一月吹幘墮，眼底梅花無一箇。酒邊餉我黄金團，飣餖闌干忽驚座。來禽青李季孟間，玉池生肥柘漿閑。長卿肺渴正須此，不用玉魚供玉環。江梅纍垂壓枝重，三年空作吞江夢。遥知未老憶歸來，身落湘南飛不動。潘郎只種桃李花，他年種梅説君家。湏知調羹蘇下土，更洗一瓶秧稻雨。

元 楊公遠《**野趣有聲畫**》**卷下**《**梅實**》 纍纍青子綴枝丫，一味含酸軟齒牙。不獨曹軍資止渴，也曾調鼎佐商家。

明 宋濂《**文憲集**》**卷一**《**奉制蟠桃核賦**》 洪武乙卯夏五月丁丑，上御端門。召翰林詞臣，出示臣桃半核，蓋元庫内所藏物也。其長五寸，廣四寸七分。前刻西王母賜漢武桃及宣和殿十字，塗以金。中繪龜鶴雲氣之象，後鐫庚子年甲申月丁酉日，記其字如前之數，亦以金飾之。所謂庚子，實宣和二年。字頗疑祐陵所書。既奉旨譔賦，垂誡方來。臣濂謹按：王母獻桃事，詳見張華《博物志》第八卷史補類。華言桃七枚，大如彈丸。遺帝五，自食其二。以今核觀之，且十倍於彈丸，則其實之如斗可知矣。豈華出于傳聞，而想像載之歟？抑其言足信，而後之好事者，假托傅會之歟？不然《漢武内傳》所謂桃如鳧卵形，圓而色青者，又果何如歟？復按蔡京所記，尚方有王母蟠桃核，頗鉅。京嘗相祐陵，其見與今相符，事當可徵。然則傳志所載，誠有不可信者歟？臣敢忘其固陋，譔賦一篇，俯伏丹陛以獻。初則極其形容，終則一歸于正。其詞曰：炎漢六葉，實惟武皇。闡坤符，握乾綱，祀汾陰，建行宫。仁獸在郊，赤芝薦房。西海獻續弦之膠，弱水來燕卵之香。慶諸福之畢集，思騎龍于帝鄉。幸靈桃之入口，傳仙種于下方。想其瑶階露寒，彤庭秋迴，銀燭未掩，畫屏斜映。啟承華之秘殿，眄瑶池而神騁。忽王母兮遥臨，托青鳥以傳命。鬱佳氣之葱蘢，覯芳姿之妍靚。于是玳席初延，霞觴屢傳。蘭辭吐兮襲人，縹袂舉兮高騫。紫雲之輜軿暫駐，九微之燈火猶然。乃啟錦幪，乃濯翠籩，乃出桃實，獻于帝前。味甘醇而如醴，色含腴以不乾。鸞刀割蜜，神液流泉。上滋華池，身輕欲仙。將懷核而種之，斷上林之寒烟。王母微笑，塵境易遷。儻花實之並見，歲屢閲于三千。唯紫府之列真，視滄海于桑田。彼窺鳥牖之小兒，尚奚測夫幽玄。斯核也，匪鑄而成，非陶而凝。籍五行之亭毒，資六氣以流形。鄙瓠犀之脆薄，並玉質之堅貞。爪之不入，叩則有聲。知何年之中析，存半璧之晶熒。俯貼金盤巢蓮之龜，仰承玉露常滿之梧。鋭首聳兮尖岑，豐下橢兮墜壘。衆皺蹙背文之籀，一窪暈面色之赬。荷盤欲展，蚌甲未扃。藏仁之跡猶在，含肌之縛如生。函肉好之隱約，圍合線之交層。龜鶴軒翥兮顯象，寶章絢爛兮金明。鳳卣鸞彝，同藏真于大府，星形月魄，挾灝氣于蓬瀛。嗟夫，自昔仙靈，惚恍難憑，出無入有，變幻莫停。橘類盎兮巴園，棗如瓜兮漢庭。恣燕齊之方士，騁詭辨之犇騰。瞻雲路之咫尺，恨凡骨之難登。以雄才之蓋世，甘昏溺而不醒。至若建章月淡，甘泉風冷。銅莖中峙，仙掌高擎。望飇輪兮不來，徒馳情于窈冥。苦白日之易短兮，竟莫制于頹齡。核雖存而人則逝兮，悲秋風于茂陵。矧宣和之繼軓兮，慕鼎湖之龍升。托青華之帝子，設神霄之玄稱。何殷鑒之不遠，踵覆轍其相仍。天啟皇明，真人龍興，順堪輿之大化，調陰陽之至精。道德行兮，即龍虎之丹顯。忠信昭兮，勝鉛汞之功弘。以九州爲仁壽之域，躋兆民于喬松之朋。神機流浹，太和薰蒸。指佞人兮，草生屈軼。齊氣朔兮，階秀蓂莢。視區區之遺核，初何係乎重輕。此所以革往古之荒唐，法唐虞以作程也。辞曰：桃有核兮大逾掌，歷千齡兮多惚恍。既靈仙兮勞夢思，誰見昆丘兮紫芝長。真人出兮海寓寧，禮樂爲冠兮仁義作纓，簫韶九成兮鳳凰鳴，青鳥不敢徠兮幻説清，千秋萬歲兮永長生。

明 錢公善《三華集》卷二《櫻桃》　江南四月櫻桃熟，壓樹騈枝箇箇圓。色比丹砂饒瑩澤，味方崖密更甘鮮。退朝擎出從霄漢，入蘂嘗來記簡編。却笑明光空自種，文園病渴已經年。

明 何景明《大復集》卷一八《櫻桃》　滿郡櫻桃熟，筠籠處處傳。千枝垂更密，萬顆落仍圓。細寫愁難破，嘗新淚泫然。金盤賜朝士，猶憶拜恩年。

明 于慎行《穀城山館集》卷一六《賜鮮桃李》　講罷傳宣殿左廂，分將苞品燦盈筐。宫桃剖出丹霞冷，僊李沈來碧玉香。方朔瑶池人汗漫，安仁金谷賦荒凉。懷恩正恐虚秋實，不羡春華吐豔陽。

又《賜鮮枇杷》　佳名漢苑舊標奇，北客由來目不知。緑萼經春堆籠日，黄金滿樹入筐時。江南漫道珍盧橘，西蜀休稱薦荔枝。千里梯航來不易，懷將餘核志恩私。

清 吴定璋《七十二峰足徵集》卷五二　思宗時，一宫人名阿奇，能以青梅雕剜脱核，鏤成花鳥。以手擘之，玲瓏如盒，合之復爲梅，號曰梅籃。

脱核鏤成小玉函，精工花鳥號梅籃。貴妃索得垂金篚，乞與玲瓏八寶簪。

清 湯右曾《懷清堂集》卷一八《棗》　初種甫尋尺，今看半出簷。實經風裹坼，味較市中甜。鄰遠知難撲，兒爭笑不廉。甘瓜削榆次，爲飣客盤兼。

清 沈堯咨《濮川詩鈔·食消梅》　帶露連枝摘樹頭，果中絶品壓珍羞。真堪佐飲英雄座，不厭供吟衲子樓。（太白游慈恩寺，僧獻緑英梅）墜地忽驚青玉碎，入喉偏喜碧泉流。鄰翁錯認蕭家種，歲歲春園爲我留。

清 吴省欽《白華前稿》卷四七《藏棗》　覈物備五宜，來來著標格。藏産推果珍，梏皮番紙備裹成腊。小者扶寸餘，黏膩不容擘。大者指數圍，恬澹不容齕。如瓜雖未能，入藥真足惜。大荒處極西，厥汗受符册。覓種盈萬栽，有睆挂林隙。暈紫攢鱗鱗，皺紅披的的。采經烏拉番語牲畜馱，飽同曩宋番語庶年出家者喫。其核尤出奇，無復仁可獲。瓜離兩已背，渾沌一爻畫。嚳之若檳榔，生澀介喉嗌。以彼寒苦地，乃集甘温益。句臚傳唱人，練氣祕服食。緊子孱病身，内景滯胸膈。筐傾坐難致，竿打路偏隔。想象西南番，萬里獻心赤。一笑檢農書，簾影棗花北。

清 陸應穀《抱真書屋詩鈔》卷五《食枇杷》　黔地枇杷四月黄，一錢賤買任新嘗。綴金滿樹圓成彈，剖玉堆盤潤有漿。消熱全憑味酸澀，宜人可是氣清凉。和羹應與鹽梅伴，玉食何因薦上方。

清 汪日楨《玉鑑堂詩集》卷四《秋棗》　八月豳詩好細論，風包日顆滿山村。簷牙香撲寒星落，籬角凉垂宿雨昏。北地佳人青鬢改，南朝宗老赤心存。安期信有長生術，飴蜜調甘更侑尊。

雜録

北魏 賈思勰《齊民要術》卷一〇《李》　《列異傳》曰：「袁本初時，有神出河東，號『度索君』。人共立廟。兖州蘇氏母病，禱。見一人著白單衣，高冠，冠似魚頭，謂度索君曰：『昔臨廬山下，共食白李未久，已三千年。日月易得，使人悵然！』去後，度索君曰：『此南海君也。』

宋 **曾慥《類説》卷九《剖桃核得雄黄》** 岐亭王翊夢水邊見一人爲人毆傷，已死。見翊而號救之，得免。明日水邊見一鹿爲獵者所得，已中幾瘡。翊以數千贖之，鹿隨翊起居，未嘗暫捨。翊所居茂林，一日有村婦林中見一桃過熟而絶大，獨在木杪，取而食之，棄其核。翊大驚，取而剖之，得雄黄一塊如桃仁，乃嚼吞之，甚甘美。自是斷葷肉，齋居一世，不復殺生。

明 **包衡《清賞録》卷一二** 真陵山有糜欽棗，食其一，大醉經年。東方朔游其地，以一斛歸進上，上和諸香作丸，大若芥子。每集羣臣，取一丸入水一石，頃刻成酒，味踰醇醪，謂之糜欽酒，又謂真陵酒，飲者香經月不散。

明 **吴之俊《獅山掌録·小山館》卷一八《韓衆李》** 西域生玉葉李，色如碧玉。數十歲一熟。以韓衆餌此，因名韓衆李。

清 **康熙《益都縣志》卷一四《沙彌二桃》** 長白山相傳古肅然山也，峴岡有鍾鳴，燕世桑門釋惠霄者，自廣固至此峴，聽鍾聲稍前，忽見一寺門宇炳焕，遂入求食，見一沙彌，乃摘一桃與霄。須臾又與一桃，謂霄曰：「至此已淹留，可去矣！」霄出迴顧失寺。至廣固見弟子言，失和尚二年矣，霄始知二桃光二年矣，出《酉陽雜俎》。

圖表

元 **忽思慧《飲膳正要》卷三** 李子。味苦平，無毒。主僵仆，瘀血，骨痛。除痼熱調中。

李

梅

梅實。味酸，平，無毒。主下氣，除煩熱，安心，止痢，住渴。

棗

棗。味甘，無毒。主心腹邪氣，安中養脾，助經脉，生津液。

杏

杏。味酸，不可多食。傷筋骨，杏仁有毒，主欬逆上氣。

櫻桃

櫻桃。味甘。主調中，益脾氣，令人好顔色。暗風，人忌食。

酸棗。味酸，甘，平，無毒。主心腹寒熱邪結，氣聚，除煩。

酸棗

清 高硯五《本草簡明圖説》 李名嘉慶子，有数種苦酸術温，無毒調中，去痼熱，肝病宜食之。核仁苦平，無毒，治女人少腹脹滿，利腸，下水，除腫。

杏，名甜梅。酸熱，有小毒。生食，傷筋骨。杏仁，甘苦，温，有小毒。性又冷，利散上焦之風，除心下之熱，利胸中氣逆而喘嗽。潤大腸，氣閉而難通，解錫毒，有效。消狍肉如神，雙仁者殺人。巴旦杏生關西諸地，甘平，温。無毒，主心腹逆悶，止欬下氣。

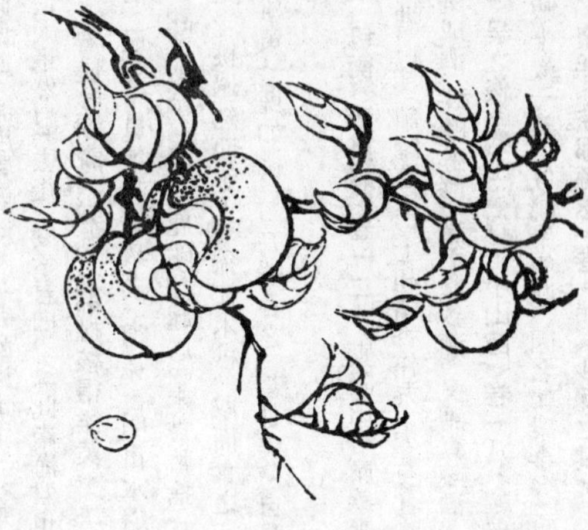

清 何剛德《撫郡農産考略》卷下 物用：可作脯，以蜜煎之極佳。每斤值錢十六七文，運售省城各處。

李

物用。可蜜煎，葉可入藥，刷去黄毛可代茶。熬實爲膏，化痰潤肺，每斤值錢二十餘。

枇杷

加附子、赤石脂各一倍。

宋 戴侗《六書故》卷二一《植物一》 榴。𣛸(力求切)安石榴也，其種本出西域，張騫使外國得塗林安，孰是也。

枸。枸，(俱羽切)又作椇，枳椇也。《詩》云：「南山有枸」(毛氏曰「枳枸」也。)記曰：「婦人之摯椇榛。」(康成曰：「椇枳也，今邳、郯之間，食其實。」陸氏曰：「枸樹高大，似白楊，有子著支間，大如指，長數寸，甘美如飴。八月熟，亦名木蜜。」)按：今亦作「支枸」，又謂「白石」，又謂「厲漢脚指」，以其實似指也。人亦取以代飴作飧，能醲酒。《説文》曰：「枸，木也。」可爲醬，出蜀。按：此乃蒟，通作枸，詳見蒟下。又爲枸杞之枸(古厚切)。

宋 張世南《游宦紀聞》卷二 唐鄧間多大柿，初生澁，堅實如石。凡百十柿，以一榠楂置其中，則紅爛如泥而可食，榅桲亦可代榠楂用。此歐公《歸田録》所載，但江南人不識榅桲，世南侍親官蜀，至梁益間，方識之。大者如梨，味甜而香，用刀切則味損而黑，凡食時先以巾拭去毛，以巾包，於柱上擊碎，其味甚佳。蜀人以榅桲切去頂，剜去心，納檀香、沉香末并麝少許，覆所切之頂。線縛蒸爛，取出候冷。研如泥，入腦子少許和勻，作小餅燒之，香味不減龍涎。

元 胡古愚《樹藝篇·果部》卷一《獼猴桃》 獼猴桃。味酸，甘寒，無毒。止暴渴，解煩熱，冷脾胃，動洩辟，壓丹石，下石淋熱，壅反胃者，取汁和生姜汁服之。一名藤梨，一名木子，一名獼猴梨，生山谷，藤生着樹，葉圓有毛。其形似鷄卵大，其皮褐色，經霜始甘美可食，枝葉殺蟲，煮汁飼狗，療瘑也。(《本草經》)

獼猴菍。候熟收之，取瓤和蜜煎。作煎去人煩熱，久食亦得令人冷，能止消渴。

《衍義》曰：「獼猴菍。今永興軍南山甚多，食之解實，熱。過多則令人藏毒，洩。十月爛熟，色淡緑，生則椹酸，子繁細，其色如芥子，枝條柔弱，高二三丈，多附木而生，淺山傍道則有存者，深山則多爲猴所食。獼猴桃，味酸，甘寒，無毒。止暴渴，觧煩熱，冷脾胃，動洩僻，壓丹石，下石淋。熱壅不可食，令人臟寒洩，此桃考之《本草》，言藤生附樹，葉圓有毛，其形似鷄卵大，其皮褐色，經霜始甘美可食。」《衍義》言：「生則極酸，十月爛熟，始食。」(《食物本草》)

漿果類

綜述

晉 張華《博物志》卷五 西域有蒲萄酒，積年不敗，彼俗云：可十年，飲之醉，彌月乃解。所食逾少，心逾開；所食逾多，心逾塞，年逾損焉。

南朝宋 劉敬叔《異苑》卷二 北方有白桑椹，長數寸，食之甘美。

北魏 賈思勰《齊民要術》卷一〇《椵》 《爾雅》曰：「櫠，椵。」郭璞注曰：「柚屬也。子大如盂，皮厚二三寸，中似枳，供食之，少味。」

宋 歐陽修《文忠集》卷一二七《歸田録》 凡物有相感者，出於自然，非人智慮所及，皆因其舊俗而習知之。今唐鄧間多大柿，其初生澀，堅實如石。凡百十柿以一榠樝置其中，(榅桲亦可)則紅熟爛如泥而可食。土人謂之烘柿者，非用火乃用此爾。

宋 蘇軾《格物麤談》卷上 蘿蔔梗同銀杏煮則不苦。

紅柿。摘下未熟，每籃用木瓜兩三枚放入，得氣即發並，無澀味。

又 卷下 蟹用方柿蒂數個同煮，則色青如生。

宋 釋贊寧《東坡先生物類相感志》卷一三《桑實》 桑黮也，食之益精神。久食可以代糧，不饑，能變白髮爲黑也。

宋 曾慥《類説》卷一六《無花果》 木饅頭爲無花果，味甘酸，食之發瘴。嶺南尤多，州郡多取爲茶。牀高飣故云：公筵多飣木饅頭，或云嶺外刻木作饅頭，底刻字云：大中祥符一樣造五十雙，談者之過也。

宋 范成大《桂海虞衡志》 紅鹽草果，取生草荳蔻入梅汁鹽漬，令色紅，暴乾以薦酒。

宋 寇宗奭《本草衍義》卷一八【安石榴】 有酸淡兩種，旋開單葉花，旋結實，實中子紅，孫枝甚多。秋後經雨，則自坼列。道家謂之三尸酒，云三尸得此果則醉。河陰縣最多，又有一種，子白，瑩徹如水晶者，味亦甘，謂之水晶石榴。惟酸石榴皮，合斷下藥，仍須老木所結，及收之陳久者，佳。微炙爲末，以燒粟米飯爲丸梧子大，食前熱米飲，下三十至五十丸，以知爲度。如寒滑，

元 陳大震《南海志》卷六　黃淡子。狀如柑橘，色黃味酸，花可薰香。陳藏器：「《本草》謂『橘之類有塌橘、山橘、黃淡子。』是也。」

元 佚名《居家必用事類全集》卷已　枸杞茶：於深秋摘紅熟枸杞子，同乾麵拌和成劑，捍作餅樣，曬乾研爲細末。每江茶一兩，枸杞末二兩，同和勻，入煉化酥油三兩，或香油亦可。旋添湯攪成稠膏子，用搵少許，入鍋煎熟飲之。甚有益及明目。

元 賈銘《飲食須知》卷四　柿子。味甘，性寒，多食發痰。同酒食易醉，或心痛欲死。同蟹食腹痛作瀉，或嘔吐昏悶，惟木香磨汁，灌之可解。鹿心柿尤不可食，令寒中，腹痛。乾柿勿同鼈肉食，難消成積。凡紅柿未熟者，以冷鹽湯浸，可經年許，但鹽藏者微有毒。　石榴。味甘，酸，澀，性溫。多食令人損肺，傷齒，令黑，戀膈，生痰，凡服食藥物人忌之。　葡萄。味甘，酸，性微溫。多食助熱，令人卒煩悶，昏目。甘草作釘鍼，葡萄立死。以麝香入樹皮內，結葡萄盡作香氣，其藤穿過棗樹則實味更美。葡萄架下不可飲酒，防蟲屎傷人。

明 沈沈《酒概》卷一　桑落酒，河中桑落坊井水所造也。（《苑書》）汝南王元悅以桑落酒餉人，極其媚諛。一云西羌有桑落河，出馬乳和葡萄壓之。庾信詩：「蒲城桑落酒。」杜甫詩：「坐開桑落酒。」張謂詩：「不醉郎中桑落酒，教人無奈別離何。」

明 朱權《神隱》卷上　枸杞子粥。枸杞子生研，濾取汁。粥一椀可入汁一盞，加熟蜜少許，同煑。

明 劉宇《安老懷幼書》卷二　枸杞子粥。枸杞子生研捩取汁，每一盌粥可用汁一盞，加少熟蜜同煑。

明 王圻《稗史彙編》卷一五三《百二字》　河東葡萄有極大者，惟土人得啖之。其至京師者，百二字、紫粉頭而已。

又《賜紫櫻桃》　温庭筠曰：「葡萄是賜紫櫻桃，黃葵是鍍金木槿花。」

又《葡萄》　俗言葡萄（蔓好）引於西南，庾信謂魏使尉瑾曰：「我在鄴得葡萄，奇有滋味。」陳招曰：「作何形狀。」徐君房曰：「有類軟棗。」信曰：「君殊不體物，何得不言似生荔枝。」魏肇師曰：「魏武自言『末夏涉秋尚有餘暑，酒醉宿醒掩露而食，甘而不飴，酸而不酢，道之固已流沫稱奇，況親食之者。』」瑾曰：「此物出自大宛，張騫所致。有黃、白、黑三種，成熟之時，子實逼側，星編珠聚。西域多釀以爲酒，每來歲貢，在漢西京似亦不少。杜陵田五十畝中有葡萄百樹，今在京邑非直，止禁林也。」

又《太原尹》　楊炎食葡萄曰：「汝若不澁，當以太原尹相授。」（《河東備録》）

又《酸柿甜梅》　番禺有酸柿、甜梅，李尤《果賦》：「生物之偏，甜梅酸柿。」

又《椇》　《曲禮》曰：「婦人之贄，椇榛脯修棗栗。」註云：「椇形似珊瑚，啖之甘美如飴。今俗謂之杆椇。」《古今注》云：「一名樹蜜，一名木錫，今學士大夫少有知者。」按：《埤雅》：「椇支，卷曲生實，着枝端，大如指，長數寸餘。」《冬録》云：「以椇木爲屋，屋中酒輒味薄。」《朱子語録》云：「椇。味甘，能解酒毒，可知矣。」《詩》云：「南山有枸。」嚴粲引陸機曰：「枸樹，高大似白楊，多枝而曲，飛鳥喜巢其上。生子着枝端，大如指，長數寸，啖之甘美。能令酒薄，名稱不同，各書所載一也。今貴州賣菜傭亦販之，亦名曰『枸子』，蓋音訛也。」

又《般橠娑》　般樣果。出中印度奔那伐彈那國，其樹最高，葉如手掌，其果如冬瓜，熟則黃赤，剖之中有數十小果，大如鶩卵。又更剖之，其汁黃赤，其味甘美。或在樹枝，如衆果之結實；或在樹根，若茯苓之在土。國人甚貴重之，大槩形像與嶺南椰子大同小異。

明 李時珍《本草綱目》卷三一　無花果。（食物）（釋名）映日果。（便民圖纂）優曇鉢。（《廣州志》）阿駔。音楚。時珍曰：「無花果。凡數種，此乃映日果也。即廣中所謂『優曇鉢』及波斯所謂『阿駔』也。」（集解）時珍曰：「無花果。出揚州及雲南，今吳、楚、閩、越人家亦或折枝插成。枝柯如枇杷樹，三月發葉如花搆葉。五月內不花而實，實出枝間，狀如木饅頭。其內虛軟，采以鹽漬，壓實令扁，日乾充果食。熟則紫色，軟爛甘味，如柹而無核也。按：《方輿志》云：『廣西優曇鉢不花而實，狀如枇杷。』又，段成式《酉陽雜俎》云：『阿駔。出波斯拂林，人呼爲底珍。樹長丈餘，枝葉繁茂，有丫如蓖麻。無花而實，色赤類椑柹，一月而熟，味亦如柹。』二書所説皆即此果也，又有文光果、天仙果、古度子，皆無花之果也，並附於左。」

又《枳椇》　枳椇。（音「止矩」。《唐本草》）校正。（自木部移入此，併入《拾遺》木蜜。）（釋名）蜜棲㯳。（音「止矩」。）蜜屈律，（《廣記》）木蜜，（《拾遺》）木餳，（同上）木珊瑚，（《廣志》）鷄距子，（蘇文）鷄爪子，（俗名）木名白石木，（唐註）

金鉤木，（《地志》）枅。（略）〔集解〕恭曰：「枳椇子。其樹徑尺，木名白石，葉如桑柘，其子作房，似珊瑚核，在其端，人皆食之。」頌曰：「此《詩·小雅》所謂『南山有枸』也。」陸璣《疏義》云：「櫰枸樹。高大如白楊，所在皆有枝柯，不直，子着枝端，噉之甘美如飴。八九月熟，江南特美之，謂之木蜜。能敗酒味，若以其木爲柱，則屋中之酒皆薄也。」詵曰：「昔有南人修舍用此木，誤落一片入酒甕中，酒化爲水也。」藏器曰：「木蜜樹生南方，人呼白石木，枝葉俱甜，嫩葉可生噉，味如蜜。老枝細破，煎汁成蜜，倍甜。止渴解煩也。」時珍曰：「枳椇。木高三四丈，葉圓大如桑柘。夏月開花枝頭，結實如鷄爪，形長寸許，紐曲開作二三岐，儼若鷄之足距。嫩時青色，經霜乃黄，嚼之味甜如蜜。每開岐盡處結一二小子，狀如蔓荆子，内有扁核，赤色，如酸棗仁形。」飛鳥喜巢其上，故宋玉賦云：「枳椇來巢。」《曲禮》云：「婦人之贄，椇榛脯脩。」即此也，鹽藏荷裹，可以備冬儲。

又　卷三三　獼猴桃。（宋開寶）〔釋名〕獼猴梨，（開寶）藤梨，（同上）陽桃。（《日用》）木子。時珍曰：「其形如梨，其色如桃，而獼猴喜食，故有諸名，閩人呼爲陽桃。」〔集解〕志曰：「生山谷中，藤着樹生，葉圓有毛，其實形似雞卵大，其皮褐色，經霜始甘美可食，皮堪作紙。」宗奭曰：「今陝西、永興軍、南山甚多，枝條柔弱，高二三丈，多附木而生，其子十月爛熟，色淡緑，生則極酸。子繁細，其色如芥子。淺山傍道則有子者，深山則多爲猴所食矣。」

明　鄺璠《便民圖纂》卷一四《製造類上》　收藏柿子：柿未熟者，以冷揾湯浸之，可令周歲顔色不動。熟生柿法：取麻骨插生柿中，一夜可熟。

明　沈萬鈳《詩經類考》卷二五《葛藟》　《爾雅》云：「諸慮，山櫐。」注：「今江東呼櫐爲藤，似葛而麤大。」《説海》及《本草》俱云：藟，葛類，一名巨瓜，似燕薁。蔓延木上，葉艾白色，其子赤可食，酢而不美。（酢，音醋。）如葡萄而小，五月開花，七月結實，青黑微赤，此藤大者盤薄。又名千歲藟，一名蘡薁。陶隱居云：「樹如葡萄，葉如鬼桃。」

明　王世貞撰《弇州四部稿》卷一五六　鄭又云，蒟醬曰浮留，劉淵林《蜀都賦》注：「緣木而生，其子如桑椹，熟時正青，以蜜藏而食之，辛香。生巴蜀、嶺南，司馬相如使蜀而求之也。其狀似蓽撥，故有土蓽撥之號。今嶺南人但取其葉及藤合檳榔食之，謂之蔞，而不用其實。」按：今人謂『蔞葉』。《西南夷傳》：「南越食唐蒙、枸醬。」晉灼注：「枸，音矩。」徐廣注：「枸，一作蒟，音窶，木似穀樹，其葉如桑，用葉作醬酢羹。」劉德云：「實長二三寸，味酢，取以爲醬，羹。」小顔云：「枸者，緣木而生，實不長二三寸，味辛似薑，不酢。」其説之不同如此。

明　周文華《汝南圃史》卷四　《圖經本草》曰：「柿不可與蟹同食，令人腹痛作瀉。」别有一種椑柿，葉毛，實青黑，所謂「梁王烏椑之柿」是也。八月收柿漆，每柿子一升，擣碎用水半升，釀四五時，榨取漆，令乾。添水再取亦得，可供傘之用。

《食經》曰：「以灰汁澡柿再三，度乾令汁絶。著器中，經十日可食。」《瑣碎録》云：「紅柿摘下未熟，每籃置木瓜兩三枚，柿無澀味。」

《王氏農書》：「作柿乾法：生柿撛其厚皮，捻匾，向日曝乾，内於甕中。待柿霜俱出，可食，甚涼。其霜收之，甘涼如蜜，可醫口瘡及咽喉熱積。」

明　文震亨《長物志》卷一一《石榴》　石榴。花勝于果，有大紅、桃紅、淡白三種。千葉者，名餅子榴，酷烈如火，無實，宜植庭際。

又《柿》　柿有七絶：一壽，二多陰，三無鳥巢，四無蟲，五霜葉可愛，六嘉實，七落葉肥大。别有一種名燈柿，小而無核，味更美。或謂柿接三次則全無核，未知果否。

明　姚旅《露書》卷一〇　柿三接則無核，琅邪之柿，以是可喜。鮮啖之，殊勝江南齊柿。燕栗有由來已，余以爲蘋果似公瑾見之，如飲醇。文官果似子雲生前，以容貌禄位輕之，死後始重。柿似子産，始疑爲蠆尾，終以遺愛歸之。

明　張存紳《增定雅俗稽言》卷三九　君遷。《文選·蜀都賦》：「平仲、君遷皆木名」，注缺。按：司馬温公《石苑記》：「君遷子如馬奶，俗云馬奶柿是也。」今之造傘、扇者用此柿油。平仲，其理甚平，可爲棋局，故棋盤曰「楸枰」。又按：劉斯《交州記》：「君遷實中有乳汁，甜美香好，似非柿類也，更詳之。」又按：「柿樹接三次則全無核。」《雜俎》云：「柿有七絶：一壽，二多蔭，三無鳥巢，四無蟲，五霜葉可玩，六實嘉，七葉耐久。」

蒟醬。蒟，音矩。嵇含《南方草木狀》：「蒟醬。蓽茇也，大而紫，曰『蓽茇』，小而青曰『蒟醬』。可以調食，故曰醬。」唐注：「蒟醬。蔓生，實如桑椹，葉如王瓜而厚大。仝檳榔之味，辛香也。」《圖經》云：「蒟醬。出巴蜀，漢武帝爲此開牂牁、越嶲是也。」又，劉瀟林注：「《蜀都賦》蒟醬。樹生。與本注『蔓生』異，然賦注所言乃蜀産，而本注則南海所傳耳。或以蒟醬爲蔞子者，非也。」

明　劉侗《名物通》卷八　蓽撥子。味辛，烈于蒟醬。似甘蕉子，如馬乳，一曰子如瓠形，即古度樹也。

明　陳懋仁《庶物異名疏》卷二三《君遷》　《魏王花木志》：「君遷樹細似甘蕉子，如馬乳，一曰子如瓠形，即古度樹也。」不花而實，子從皮出，大如安石榴，正赤，初時可煑食。司馬温公《名苑》云：「君遷子如馬妳，俗云『牛妳柿』是。」今之造扇用此柿油。（可補《文選》注）

明　方以智《物理小識》卷九《草木類》　蒲萄。蒲萄。三、五月斬其藤插於芋蔍種之。一日灌冷茶，間兩日復以水，又以肥肉汁。蒲萄穿棗木而生最甘，入麝於其皮，則蒲萄盡作香味。陜有白緑瑣瑣三種，西番以釀，甚妙。白大而緑，無核子瑣瑣至細兒食，痘稀。

明　盧之頤《本草乘雅半偈》卷八《柿》　核少者佳。無核者，食之至美而益人者也。初采頗澁，或灰、或米、或温水覆養旬日，澁味去，甘滑可口矣。或置木瓜、酥梨、橘葉于中，更易熟而臭香。惟水浸可以久藏，謂之醂柿。乘半熟去皮，先熏後暴，或懸有風處俟乾，納器中，久之徧體生霜，均名曰柿餅。更有柿切、柿心及禽魚鳥獸之名，此各隨賦形之小大，造製之相肖耳。

清　高士奇《北墅抱甕録·枸杞》　枸杞高三五尺，叢生，枝條有刺，夏秋間開細花，隨結小果，色紅味甘，採曝收藏，下酒頗善。

又《葡萄》　葡萄以西北所産爲佳，南方不能得其種。然結架牽藤，凉陰覆院，暑夕坐其下，几簟皆有清意。所植紫緑二種，芳液甘醲，固亦可敵醇醴也。

又《茅藤果》　茅藤宜傍高架。着子最繁，小如桐實。秋霜之後，葉落子存，軟紅作串。積雪中色倍鮮明，又名雪裏紅。

清　曹溶《倦圃蒔植記》總論卷一　枸杞，一名西王母杖，産甘州者良。扦插易活，種子亦生。嫩苗可茹，子可食，亦入藥，根爲地骨皮。又有一種黄者，亦甘州種也，與紅者顔色照映，真如珊瑚，閈木難耳。川椒真者，九葉成簇，嫩芽亦可食。微觸其枝，便覺馞馞，摩頂放踵，無不苾芬靈均。馳彼椒丘，厥有旨哉！子紅芳而獨蔕，綴二細珠，用勝常品。右甘州枸杞、川椒，遠物也，而吾土可植，又佳而適用，定品同爲木之丁。

清　王芷《稼圃輯》　柿。柿子一蔞中置榠樝（音冥查）三隻，隔宿即熟。木瓜三隻亦可。將生柿置器中，用桑葉鋪底，中置生柿，上用桑葉蓋之，蓋緊四五日熟。柿不可同酒食，易醉人，且患心痛。乾柿食之有益，柿霜白、湯點服，治喉痛。　丁香柿名梬（音影）棗，即羊棗，亦名牛奶柿。（略）六七月摘芰或落下者，擣碎。柿一升，水半升，釀一日即成柿漆，榨之爲油傘之用。榨後再加釀之，再榨。（略）

石榴。多食損肺，及齒，戀膈成痰。

羊婆奶。細葉，子狀乳頭，纍纍而生，酸甜可食，色青紫，藥名蘿摩子。辛，温，無毒。主虚勞，食葉功同於子，俗名「婆婆針線包」。補益虚損，極益房勞。（摩羅子四兩，地骨皮、五味子、柏子仁、酸棗仁、生地各三兩，爲末，每服方寸匕，酒下，日三服。）

木蘭。葉似長生，冬便榮。常以冬花，其實如小柿，甘美。一名林蘭，一名杜蘭。皮似桂而香，生零陵山谷及秦山。狀如楠樹，高數仞。

清　王道純《本草品彙精要續集》卷九　蘡薁無毒。蘡薁名燕薁，嬰舌，山葡萄，野葡萄，藤名木龍。地蘇頌曰：「蘡薁子生江東，實似葡萄，細而味酸亦堪爲酒。」李時珍曰：「蘡薁，野生，林墅間亦可插植。蔓葉，花實與葡萄無異。其實小而圓，色不甚紫也。《詩》云：『六月食薁。』即此，其莖吹之，氣出有汁如通草也。」苗蘇恭曰：「蘡薁，蔓生，苗葉與葡萄相似而小，亦有莖大如椀者，冬月惟葉凋而藤不死，藤汁味甘，子味甘酸即千歲虆也。」陳藏器曰：「蘇恭註：『千歲虆即是蘡薁，妄言也。』千歲虆藤如葛，而葉背白，子赤可食。蘡薁藤斫斷通氣，更無甘汁，詳見草部千歲虆下。」李時珍曰：「蘇恭所説蘡薁形狀甚是，但以千歲虆則非矣。」味甘酸。性平。

清　汪灝《佩文齋廣群芳譜》卷五八《果譜·柿》　柿糕：用糯米一斗，乾柿五十，同擣成粉。如乾，煮棗泥和拌之，蒸食佳。　柿餅：大柿去皮，捻扁日曬夜露至乾，納甕中。待生霜取出，一名白柿，又名柿花。

又　卷五九《果譜·安石榴》　原《藏榴》：選大者連枝摘下，安新瓦缸内，以紙十餘重密封，蓋之。

又　卷一〇〇《藥譜·枸杞》　《法天生意》：「廿一日，枸杞煎湯沐浴，令人不病不老。十月壬癸日，面東采枸杞子二升，以好酒五升，磁瓶内浸二十一日，開封入生地黄汁三升，攪匀，以紙三重封口，更浸，候至立春前三日開瓶，空心暖飲一杯，至立春後，髭鬚却黑。補益精氣，服之耐老輕身，忌食蘿蔔、蕪荑。十四日，取枸杞煎湯沐浴，令人光澤不老。十一月初十日，十二月除夜，取枸杞煎湯沐浴，令人光澤，不病不老，去災。」

清 李光地《月令輯要》卷一三《秋令·民用》 葡萄釀酒：增《本草綱目》：葡萄。漢書作蒲桃，圓者名草龍珠，長者名馬乳。七月、八月熟，取汁，可釀酒。大宛以葡萄釀酒，富人藏酒萬餘石，久者十數年不敗。張騫使西域，得其種還，中國始有，蓋北果之最珍者。

清 雍正《四川通志》卷四六 蒟醬。見相如、揚雄、左思諸賦中，註云：「緣木而生，其子如桑椹。」蓋《僰道通》：「越巂之地出蒟，僰人取以爲醬。」僰地即今叙州也。或云今之鷄鬆油及滇中蔞葉皆相彷彿。晉灼註：「拘音矩，徐。」廣注：「拘亦作蒟，音窶。」

清 丁宜曾《西石梁農圃便覽·秋·秋分》 熟柿去蒂，入好麯末，蒸酒浸没，封口，來春取用。

清 蔣溥《盤山志》卷一五《物産·果木》 山葡萄。一名燕薁，紫黑色，粒小味酸，七八月間山家采之欵客。

柿小曰火柿，大曰蓋柿，山中最繁盛。實熟時葉赤如燒，點染蒼黛，不若楓、柏之待霜也。

清 張宗法《三農紀》卷五《果屬·柿》 製柿：柿雖紅熟，澀味猶存。摘下置器中，自然澀除味甘。如火烘成淋柿。用水一甕置柿于内，數日即熟。亦有鹽藏者，又有灰汁澡三四次，去汁着器中，可入食。造柿餅，若大而美者，刻去皮捻扁，日晒夜露至乾。納甕中，待生白霜，一名白柿，一名柿花。烏柿者，置炕上以火燻熟而成。造柿糕：糯米一斗，淘浄乾柿五十枚，如乾煮棗泥法，去核和拌之，蒸熟，食甘美。造柿酒：糯米合柿蒸熟，入麯糵，亦同造酒法，水酒、火酒皆宜。 本性味甘，氣寒潤燥，生津去熱，化痰□□，治喉舌最良。生者多食，引痰。乾者多食，動風。同蟹食，腸疼作瀉。食柿飲熱酒，令人易醉，或心疼欲絶。

又《葡萄》 本性味甘，氣原，强志，生津。西北人食之無恙，東南人食之生病。《延壽書》云：「葡萄架下不宜飲酒，恐蟲溺毒人。」

清 傅恒《皇輿西域圖志》卷四三《土産·準噶爾部·百穀草木之屬》 有蒲萄名烏珠，木美者可釀酒。

清 趙學敏《本草綱目拾遺》卷六《木部·柳椹》 明目，驅風，壯筋骨，堅齒牙。岣嶁，神書有柳椹牢牙法：以柳椹揩牙，去其宣露，諸風不生，明目駐顔，黑髮，聰耳。壯筋力，益壽輕身。 急救方：柳椹陰乾爲末，日用擦牙。去風明目，烏鬚固齒，久用不徹，可阻金石。

又 卷七《果部上·瑣瑣葡萄》 出土魯番，北京貨之形如胡椒，係葡萄之别種也。《回疆志》：「葡萄，一根數本，藤蔓牽長，花極細而黄白色。其實有紫、白、青、黑數種，形有圓、長、大、小，味有酸、甜不同。一種色緑而無核，較黄豆微大，味甘美；一種色紫而小如胡椒，即瑣瑣葡萄；一種色黑形長寸許，一種色白而大，皆七八月熟，晾乾可致遠。」《本經逢原》云：「瑣瑣葡萄，似葡萄而瑣細，故名。生於漠北，南方間亦有之。其幹類木而係藤本，其子生青熟赤，乾則紫黑，能攝精氣，歸宿腎藏，與五味子功用不甚相遠。凡藤蔓之類，皆屬於筋草木之實，皆達於藏，不獨此味爲然。此物向供食品，不入湯藥，故本草不載。近時北人以之强腎，南人以之稀痘，各有攸宜。」《五雜俎》：「西域白蒲桃，生者不可見，其乾者味殊奇，甘有兔眼，蒲桃無核。又有瑣瑣蒲桃，形如茱萸，小兒食之能解痘毒。」于文定《筆塵》云：「瑣瑣即駁娑之訛。」黎媿曾《仁恕堂筆記》：「瑣瑣葡萄。于文定引《西京羽獵賦》謂『瑣瑣。當爲駁娑，固屬附會，而以爲别有一種』。亦非河西葡萄，雖引根牽蔓，不異中土。而結實大長如馬乳，色深紫，味亦殊甘。一枝于百顆，大者在上，細者下垂，取而乾之，大者爲白葡萄，細者名瑣瑣，非兩種也，故俗呼爲『公領孫』。惟緑葡萄則來自西域，非中土所有。」 味甘，核細，微鹹。《痘學真傳》云：「味甘酸，性平温。」《百草鏡》云：「性熱，入脾腎二經，作酒彌佳。治筋骨濕痛，利水甚捷。除遍身浮腫，痘瘡不出，酒研和飲，神效。」按：《紫桃軒雜綴》：「瑣瑣葡萄。神農九草之一，中土久有，不俟博望從西域帶來也。吾里東塔朱買臣墓有之。戊子余曾歷平湖幕署，有一枝蔓延滿架，夏開瑣碎花，結實如菉豆，望不可見。吾杭螺螄山汪姓家亦有此，然食之味薄，不若甘肅者味厚也。入藥自宜，以西北者爲優。」

清 嘉慶《廣西通志》卷九一《輿地略十二物産三》 羊桃，楊桃。似橄欖，其味甜，五月、十月熟。諺曰：「楊桃無戚，一歲三熟，其色青黄，核如棗核。（賈思勰：《齊民要術》）五歛子。大如木瓜，黄色，皮肉脆軟，味極酸。上有五稜如刻出南人呼稜爲歛，故以爲名。以蜜漬之，甘酢而美。（《南方草木狀》）五稜子，形甚詭異，瓣五出如田家碌碡狀，味酸，久嚼微甘，閩中謂之羊桃。（《虞衡志》）羊桃，一名三歛子，一名五歛子，以其觚稜而分也。色青黄，味甘酸，内有小核，能解肉食之毒。有人食猪肉，咽喉腫病欲死僕，飲肉汁亦然，人教取羊桃食之，須臾皆起。又能解蠱毒、嵐瘴，土人蜜漬鹽醃以致遠。（《嶺南雜記》）羊桃，俗呼五斂子，瓣五出。（《金志》）

清 程岱葊《西吳蠶略》卷下《桑椹》《爾雅》桑瓣：有葚梔。言一半有葚，一半無葚也。野桑葚多而味酸，家桑葚少而味甘。善飲者以之浸酒，醫家以之蒸露、煎膏，並芳烈可愛，至歲饑爲粻，惟古有之。漢王莽時，蔡君仲（順）採椹，異器，賊問其故，君仲曰：「黑奉母，赤自食。」賊義之，遺鹽二斗。（見《東觀漢記》）又，興平中九月，桑再椹，先主經小沛，年荒穀貴，士衆仰以爲粻。（見《異苑》）又，楊沛爲新鄭長，課民蓄乾椹，得千餘斛，會太祖軍無粻，沛進之。（見《魏略》）若《十洲記》謂：食扶桑之椹，一體皆作金光色，則又可以仙矣。

清 張澍《蜀典》卷九《動植類・枸》《說文》：「枸，木也。可以爲醬，出蜀，從木句聲。」徐鍇云：「《史記注》說：枸木義多，惟顔師古曰『子形如山葚，緣木而生，味尤辛，宕渠有之』。」陸璣《草木疏》：「枸樹高大如白楊，子長數寸，噉之甘美如飴，蜀以爲醬，亦書作蒟。」

清 道光《遵義府志》卷一七 羊桃。《草木蟲魚疏》：「鄭氏曰：『藤生，子赤，狀如鼠糞，故亦名鼠矢。兒童食之。』」《蜀本圖經》：「子細如棗核，苗長弱，蔓生，不能爲樹，今呼爲『細子』，根似牡丹。」按：羊桃，子可食，其藤及根、葉性並黏膩，郡人造紙者採而搗之，以和構、竹舀紙始成，呼爲「滑藥」。 拐棗。《四川志》：「木密，俗名拐棗。」《詩小雅》：「南山有枸。」《陸璣疏》：「枸樹，一名狗骨，今官園種之謂之木密。古語曰：枳椇來巢。言其味甘，故飛鳥慕而巢之。『本從南方來，能令酒味薄。』若以爲屋柱，則一屋之酒皆薄。」《古今注》：「枳椇子。一名樹蜜，一名木餳。」《本草》：「枳椇。一名木樍橶，木高三四丈，葉圓大，如桑柘，夏月開花，枝頭結實如雞爪，形長寸許，紐曲開作兩三岐，儼若雞之足距。嫩時青色，經霜乃黃，味甘如蜜。每開岐盡處結一二小子，狀如蔓荆子，內有扁核，赤色如酸棗仁形。」《救荒本草》：「拐棗。葉似楮葉，無花，又面多纹脉，邊有細鋸齒，開淡黃花，結實狀似生薑，拐叉而細短，深褐色，故名。味甜。」《田居蠶室録》：「拐棗子。鴨食之須臾即死，此不可解者。」 紅子。《四川志》：「石救軍糧，云小木本，實硃紅色，纍纍如珊瑚。味甘可食，昔有軍糧不足，以此充食，故名。」《仁懷志》：「彌岡被野，紅碧可把，花幹與天竺花相似。古之青精飿，閫用天竺子汁以漬米食之，或此種，未可定。」《戊巳編》：「紅子。木類，山谷道旁多有之。高二三尺，叢生，拳密，根最堅深。枝間刺如錐，二三月開細白花，結子圓扁，有如大豆者，有如細豆者。大者味極甘，細者稍苦澀。子紅如火，亦有黃色者，八九月熟。若至冬經霜雪，其味尤佳。嘗有句云：『黃茅傲雪稜偏利，紅子經霜味更甜。』」按：今貧家及其熟時争摘之，磨以蒸餅作糧。惟久食則難便。道光一二年，郡大歉，民多賴以飽。語云：「嘉慶接道光，紅子當正糧。」

清 牟應震《毛詩名物考》卷五 桋。《爾雅》：「桋，赤楝。」楝當作棟，又曰無姑。其實荑，無姑切爲棟，蓋急讀爲棟，緩讀爲無姑也。荑，桋之省文，其實曰「荑」，故其木曰桋也。今俗名麥梨，葉如梨，實小如麥，内含甘漿，可食。故《詩》：「四月與記」並舉也。說者本《爾雅》桋葉，女桑爲解。桋傳作荑，言其初芽穉嫩也，是可云「桋桑」，不當專言桋也。

清 黃輔辰《營田輯要・外篇・雜植》 柿，種類不一，名亦不一。接樹宜桃接，及三次，柿無核。柿有七絶：一多壽，二多陰，三無鳥巢，四無蟲蛀，五霜葉可玩，六佳實可啖，七葉大可學書。然多食則引痰，動風。同蟹食，腹痛作瀉。飲熱酒，令人易醉而心痛。北人以釀酒作醋味，亦不佳。

清 方大湜《桑蠶提要》卷一 桑葚，可禦荒，可釀酒。

清 光緒《吉林通志》卷三三《果屬》 伊爾哈穆昆。出甯古塔，叢生數寸，莖端結果，色紅味甘而酸，入口成液。置器中，少刻即化爲水。一名桃花水，俗呼「高麗果」。（《盛京通志》）又作「一兒噶木克花兒水」也，因色以名「碧華敷地」，實綴葉上，淺紅而鮮，望之如落花片片，其味甘而多汁，居人争採食之。（《東巡附録》）桃花水。草本，狀若楊梅而無核，色紅味甘，質輕脆，過手即敗。五六月遍地皆是，居人擇最多，處設帳房或棚子，釀分載酒，男女各爲羣，争採食之。明日又移他處，食盡乃已。（《柳邊紀略》）草本，紅藤，生雜草中。（《甯古塔紀略》） 草茘枝。叢生，朱顆，味甘，似普盤而無子。内地所無，烏拉間有之。（《皇朝通志》一百二十六。） 英莪。紅草果也，結實纍纍如桑葚，甘好可食。叢生原隰間，或言鸚哥鬭多此草，遂名，傳訛爲英莪也。（《扈從日録下》）案：《清語》：「謂稠梨子爲英額，作鸚哥者，以聲同致誤。高氏反以英額爲誤，非也。」稠梨子亦名英額梨。叢生，結實形如野蒲萄而稍小。色黑，味甘澀。屑爲麪，暑月調水服之，可以止泄洩，土人珍之。（《盛京通志》） 羊桃。《爾雅》：「長楚，銚芅。」郭注：「今羊桃也。」邢昺疏：「《詩・檜風》：

『隰有長楚。』陸機疏云：「今羊桃是也，葉長而狹，花紫赤色，其枝莖弱過一尺，引蔓於草上。今人以爲汲灌，重而善没，不如楊柳也。」近下根刀切其皮，著熱灰中脱之，可韜筆管。（爾雅義疏釋草）一名藤梨，生山谷中，藤著樹生，其實形似雞卵大，其皮褐色，經霜始熟，甘美可食，皮堪作紙。（本草綱目三十二）用其汁以合石粉，可固石。（田雯黔書）吉林用以充貢。（竹葉亭雜記一）今裁。

清 陳憲舜《課民植牧講義稿·陽桃》 形如碌碡，味酸而甘，其核如柰，五月成熟，大樹可收數石。 十月再熟，收數相埒。其形五稜，其核可種，皮肉脆軟，初酸回甘。壓去酢汁，以蜜漬之，酸甜味美。惜衹知上市生賣，尚未製造罐頭，市銷幾何？未見大利也。天下果品中，此獨兩造，較種他果，利加一倍。而收成之多，又加一倍，種一畝地，勝數畝田矣。種法：選極大者，爛熟收下，取出風乾，以一半當年點下，一半出年再點，必一律發芽。

清 王樹枏《新疆小正》之一六 南疆二月桑生芽，四月尾葚熟，烏垣市中所見者，皆自吐魯番來者也。煎膏食之，可以清熱、祛痰。

紀 事

漢 班固《漢書》卷九五《西南夷兩粵朝鮮傳》（建元六年） 蒙歸至長安，問蜀賈人，獨蜀出枸醬，多持竊出市夜郎。晉灼曰：「枸音矩。」劉德曰：「枸樹如桑，其椹長二三寸，味酢。取其實以爲醬，美，蜀人以爲珍味。」師古曰：「劉説非也。子形如（赤）［桑］椹耳。緣木而生，非樹也。子又不長二三寸，味尤辛，不酢。今宕渠則有之。食讀曰飤。」

南朝宋 劉敬叔《異苑》卷二 漢興平元年九月，桑再椹時，劉玄德軍於沛，年荒穀貴，士衆皆飢，仰以爲糧。

宋 蘇軾《重編東坡先生外集》卷六〇《枳枸湯》 眉山有潁臣者，長七尺，健飲啖，倜儻人也。忽得消渴疾，日飲水數斗，食倍常而數溺，消渴服藥之，逾年疾日甚，自度必死，治棺衾，囑其子於人。蜀有良醫張立德之子，不記其名。爲診脉，笑曰：「君幾誤死矣。」取麝香、當門子以酒濡之，作十許丸，取枳枸子爲湯，飲之，遂愈。問其故，張生言，消渴消中，皆脾衰而腎敗，土不能勝水，腎液不上泝，乃成此疾。今診潁臣脉熱，而腎且衰，當由果實酒過度，虚熱在脾，故飲食兼人，而多飲水。水既多，不得不多溺也，非消渴也。麝香能敗酒，瓜果近輒不實，而枳枸亦能勝酒。屋外有此木，屋中釀酒不熟，以其木爲屋，其下亦不可釀酒。故以此二物爲藥，以去酒果之毒也。宋玉云：「枳枸來巢。」枳音俱，里切，枸音矩，以其實如鳥乳，故能來巢。今俗訛謂之「雞枸子」，亦謂之「獺漢指頭」，蓋取其似也。嚼之如乳，小兒喜食之。

宋 司馬光《資治通鑑》卷一一一《晉紀三三·安帝隆安三年（三九九）》 珪圍中山久未下，軍食乏，見一百九卷隆安元年。問計於羣臣，逞爲御史中丞，對曰：「桑椹可以佐糧；飛鴞食椹而改音，詩人所稱也。」珪雖用其言，聽民以椹當租，然以逞爲侮慢，心銜之。《詩》：翩彼飛鴞，集于泮林，食我桑椹，懷我好音。《註》云：鴞，惡聲之鳥也。鴞恒惡鳴，今食桑椹，故改其鳴，歸就我以善音。珪本北人而入中原，故銜逞以爲侮慢。

明 陶宗儀《説郛》卷一〇六上 沈如琢，成都人，有孝行，母患渴非時，思桑椹，苦求不遂。家東一樹生，摘以奉母，母渴愈。及亡，負土成墳，廬於側。白鵲二棲于廬，冬筍抽十莖。天寶二年，詔旌表。

明 彭儼《鎸五侯鯖》卷一〇 安定郡王以黄柑釀酒，色香味三絶。桑落酒，廬山有桑落山，多美酒。又云在陝右。又誤名爲索郎。

明 周嘉胄《香乘》卷九《桑椹甘香》 張天錫云：「北方桑椹甘香，鴟鴞革響，淳醇養性，人無妬心。」（《世説新語》）

清 雍正《陝西通志》卷八七 《爲鳳閣侍郎李元素進冬椹表》（唐李嶠） 臣某言：聞京兆萬年縣大寧坊宅内有桑一株，暮秋生子，初冬椹熟，今謹取得，專輒進奉，伏惟陛下惠覃。區寓仁洎草木，故得神靈之樹發秀於寒露之辰，帝女之林，結實於繁霜之下，出於萬年之界，彰一人萬歲之符，生自大寧之坊，表羣生大安之慶。鴟鴞已革，見夷貊之懷音；絲繭行豐，知府藏之逾實。殊禎薦委絶，既仍臻凡在，含生孰不欣慶。

藝 文

唐 元稹《元氏長慶集》卷一三《感石榴二十韻》 何年安石國，萬里貢榴花，迢遞河源道，因依漢使槎。酸辛犯葱嶺，憔悴涉龍沙。初到摽珍木，多來比亂麻。深抛故園裏，少種貴人家。唯我荆州見，憐君胡地賒。從教當路長，上聲兼恐入簷斜。緑葉裁烟翠，紅英動日華。新簾裙透影，疎牖燭籠紗。委作金爐焰，飄成玉砌瑕。乍驚珠綴密，終誤繡幃奢。琥珀烘梳碎，燕支㜸頰塗。風翻一樹火，電轉五雲車。絳帳迎宵日，芙蕖綻早牙。淺深俱隱映，前後各分葩。宿露低蓮臉，朝光借綺霞。暗虹徒繳繞，濯錦莫周遮。俗態能嫌舊，芳姿尚可嘉。非專愛顔色，同恨阻幽遐。滿眼思鄉淚，相嗟亦自嗟。

唐 劉禹錫《劉賓客文集》卷二五《詠樹紅柿子》 曉連星影出，晚帶日光懸。本因遺採掇，翻自保天年。

又 卷二七《蒲桃歌》 野田生蒲桃，纏繞一枝蒿。移來碧墀下，張王日日高。分岐浩繁縟，脩蔓蟠詰曲。揚翹向庭柯，意思如有屬。爲之立長架，布濩當軒緑。米液溉其根，理疎看滲漉。繁葩組綬結，懸實珠璣蹙。馬乳帶輕霜，龍鱗躍初旭。有客汾陰至，臨堂瞪雙目。自言我晉人，種此如種玉。釀之成美酒，令人飲不足。爲君博一斗，往取涼州牧。

宋 宋祁《景文集》卷五《澹紅石榴》 移植自西南，色淺無媚質。不競灼灼花，而效離離實。

宋 朱翌《灊山集》卷一《五言古詩·與劉令食枸杞》 周黨過仲叔，菽水無菜茹，我衆有枸杞，與子同一箸。若比閔縣令，已作方丈富，但令齒頰香，差免腥羶汙。我壽我自知，不待草木輔。政以不種勤，日夕供草具。更約傅延年，一飯美無度。解衣高聲讀，蘇陸前後賦。

宋 洪适《盤洲文集》卷六《和景嚴送方蔕柿》 萬株紅葉詠光華，（昌黎詠柿詩：「正植萬株紅葉滿，光華閃壁見神思。」）嘉實堆盤走紺車。（柿之七絶其一曰「嘉實」。）方蔕寧同牛奶柿，朱脣應笑鳩（上聲）盤茶。園官急送須足繭，童子爭覩多眼花。羅列林珍生飲興，詎思辟穀更飡霞。（《談苑》鬻粟子詩：「既似柿牛嬭，又如鈴馬兜。」《笑林》有鄰夫自外歸，見婦吹火，贈詩曰：「吹火，朱唇動，添薪玉腕斜。遥看烟裏面，一似霧中花。」鄰之醜婦亦求夫作詩，遂改作「吹火青唇動，添薪黑腕斜，遥看煙裏面，一似鳩盤荼。」柿有青者，但堪打油，故借用。）

宋 岳珂《玉楮集》卷二《葡萄》 當年博望奏邊功，異種曾攜苜蓿同。摘乳那煩挏馬令，引鬚聊愜好龍公。頗憐漢地離宫在，未許涼州酒甕空。回紇祇今重餧肉，清陰彌望滿關中。

金 元好問《遺山集》卷一《蒲桃酒賦并序》 劉鄧州光甫爲予言：「吾安邑多蒲桃，而人不知有釀酒法，少日嘗與故人許仲祥摘其實，并米炊之，釀雖成，而古人所謂甘而不飴，冷而不寒者，固已失之矣。貞祐中，鄰里一民家避寇，自山中歸。見竹器所貯蒲桃在空盎上者，枝蔕已乾，而汁流盎中，薰然有酒氣，飲之良酒也。蓋久而腐敗，自然成酒耳。不傳之秘，一朝而發之，文士多有所述。今以屬子，子寧有意乎！」予曰：「世無此酒久矣，子亦嘗見還自西域者，云大石人絞蒲桃漿，封而埋之，未幾成酒，愈久者愈佳，有藏至千斛者，其説正與此合。物無大小，顯晦自有時，决非偶然者。夫得之數百年之後，而證數萬里之遠，是可賦也，於是乎賦之。」其辭曰：西域開，漢節迴，得蒲桃之奇種，與天馬兮俱來。枝蔓千年，鬱其無涯，斂清秋以春煦，發至美乎胚胎，意天以美釀而飽予，出遺法于湮埋。索罔象之弦珠，薦清明於玉杯。露初零而未結，雲已薄而仍裁。挹幽氣之薰然，釋煩悁于中懷。覺松津之孤峭，羞桂醑之塵埃。我觀《酒經》，必麴蘖之中媒，水泉資香潔之助，秫稻取精良之材。效衆技之畢前，敢一物之不偕，艱難而出美好，徒鴆毒之貽哀。繄工倕之物化，與梓慶之心齋，既以天而合天，故無桎乎靈臺。吾然後知珪璋玉毁，青黄木災，音哀而鼓鍾，味薄而鹽梅。惟揮殘天下之聖法，可以復嬰兒之未孩，安得純白之士，而與之同此味哉。

元 周權《此山詩集》卷四《葡萄酒》 翠虬夭矯飛不去，頷下明珠脱寒露。纍纍千斛晝夜春，列甕滿浸秋泉紅。數宵醞月清光轉，穠腴芳髓蒸霞暖。酒成快瀉宫壺香，春風吹凍玻瓈光。甘逾瑞露濃欺乳，麯生風味難通譜。縱教典却鸘鸘裘，不將一斗博涼州。

明 何景明《大復集》卷二八《葡萄二首》 晴闌梟梟風鬚動，暑架垂垂露乳寒。却憶高樓清夏日，美人常對水晶盤。　漢家葡萄出西域，斗酒曾博涼州成。當日誰知使者勞，至今人種葡萄樹。

明 周復俊《全蜀藝文志》卷二 《枸杞賦并引》（宋史子玉） 史子分教劍庠之，明年目眚，踰月廢卷默坐。客有告之曰：「茲土之宜杞，根實繁産，諸泮林尤腴而美。揆之本草，明目養神，盍試其味，尋命僮僕則取之不竭，食之既厭而昏者，開翳者鮮矣。」於是作而嘆曰：是物也，不假種植，沾濡雨露，芬敷自榮，其功効足以回光返照。如此況出於輔之、翼之、長之、養之者，豈不足以備明時采擇哉！有感而爲之。賦曰：當春用事，肝怙勢而驕，厥火彌壯，用弗利乎眸。紫珍兮塵漫，望舒兮雲浮。熨之平之，濯之泠之。計屨施而罔功，書既展而復收。其誰巧運乎金篦，抑將乞諸其龍湫者也。客莞爾而笑曰：泮宮耽耽，靈根萃止。匪藻匪芹，强名曰杞。或云羊乳，亦曰狗忌。其效伊何，未易殫紀。于以安神，于以輕體。至於瑩秋之神而爛巖電之光，則又其效驗之細者也。子居是間，左抽右取，不費一錢。多取其數，餐厥英，還爾明，爲子之計不亦近而易行乎？應之曰：廣文一寒，飯嘲不足。信如子言，載采盈掬，因以比離婁之目，且不負將軍之腹，豈不魚熊之兼得，又何必空縻乎廪禄？於是叱畦丁，戒僕夫，搜諸荆棘之場，探諸榛莽之區，則叢然而遂，油然而達。或壓枝以騈出，或附趾而簪碧。隨取隨足，不耘不植，蔓延布滿，夭矯挺特。有如蒙頂之苗而搶之始露，有如楚畹之香而芽之方茁。至若仙仗飛空，髣髴駿鸞，壽幹通靈，時聞吠尨。幸則高人逸士，襲其馨而挹其味；不幸則樵夫野叟，爨之弃而斧之戕也。於是小摘荐至，大烹可期。錯落琉璃之碎，潔蠲瓦缶，酌中火劑。登俎過熟噴香霧之蒙茸，舉箸頓空。覺餘糝之滑美，混青葱雨露之滋。憫寒庖之屢空，笑盛饌之莫知。燎南山之煤，罌西澗之水。甘苦而爽口。逼寒涼而液齒，知再飯之幾加。陋八珍之鮮味，朝焉咀英，暮焉茹脆。曾不論乎韭菘，又何數乎蓴豉。殆不可無此君於一日，又何拘乎去家之一思。惜乎首陽之夫，貪采薇而遂足；商巘之老，厭啖芝而遂止。秦人之炙，夫何太俗；相如之渴，胡不嗜此哉。已而心體舒逸，神情爽塏。湧真水於玉池，爛夜光於銀海。客不予欺，遜而謝之。荷神農之知音，悵《離騷》之偶遺。雖則一草之微，無庸多談，感物悟理，斯有可觀。彼弗種而然矧種之者乎？彼弗養而然矧養之者乎？所以《菁莪》誦育才之樂，《棫樸》歌官人之能。行有枝葉，可使莠之亂苗；仁在乎熟，深懼茅塞子之心。維杞維梓，扶而養之。一薰一蕕，疏而别之。自本自根，種而茂之。孝弟忠信，培而植之。師友淵源，灌而溉之。先王遺言，饜而飫之。散柯布葉，日積月長。摩厲青冥，直干霄漢。股肱心膂，無施不可。如此，則劍山之植物，豈但收近效於眸子瞭焉而已哉。

劍陽學官史子玉校藝益昌，與予聯事。暇日出示所作《枸杞賦》，予讀數過，因思前輩文字，率不苟作，東坡賦茶而有取於骨鯁，山谷賦苦筍而有感于忠言。大概一物之微，一理寓焉，此騷人之所以深其思也。子玉之作，豈徒以詞藻相尚？欲使承學者因物悟理，自枝葉而見本根，其意婉哉。子玉刻之泮林，以爲士子之勸。予謂士子文所當重之，而泮林一草木尤宜愛護云。開禧三年七月，益昌郡丞潼川謝艮跋。

清 **查慎行《敬業堂詩集》卷三七《槐簃集上》**《院長餉柿霜餅兼示長律十二韵次謝》騈實交柯重，金烏下啄同。小園秋晚挂，古寺日高烘。爛爛燒空赤，蒸蒸耀眼紅。蔕留紅袖織，（用白香山詩中事。）葉受墨光融。（用鄭虔事。）耿餅佳名著，粱椑上品充。滑疑流石蜜，寒欲殺尸蟲。玉井千珠落，丹田一氣通。齒疎宜軟美，喉潤覺清空。止嗽方殊驗，（時余方苦痰嗽。）迴腸味不窮。殷勤開尺幅，檢點閉輕籠。食罷仍蠲渴，詩來况愈風。多煩霜雪意，寵貺白頭翁。（來詩結句云：「還堪持獻壽，好配紫芝翁。」）

又 **卷三八《槐簃集下·謝院長惠西洋蒲桃酒》** 妙釀真傳海外方，龍珠滴滴出天漿。醍醐灌頂知同味，琥珀浮餅得異香。直可三杯通大道，誰教五斗博西涼。平生悔讀無功記，誤被村醪引醉鄉。

雜録

明 **吴之俊《獅山掌録·小山館》卷一八《北方椹》** 王甲以北方椹比江東黄柑，謝公謂甲妄言，甲乃馳駿馬致十許枝，謝乃信。

圖表

元 **忽思慧《飲膳正要》卷三** 柿。味甘，寒，無毒。通耳鼻氣，補虚，勞腸，澼不足，厚脾胃。

柿

石榴。味甘，酸，無毒。主咽渴。不可多食，損人肺，止漏精。

石榴

明 姚可成《救荒野譜》 桑椹。（食實）

四月紫色時采之，生食。采桑采桑復采桑，葉飼蠶兮椹濟荒。朝來洒淚濕蠶筐，怨悵西郊遊冶郎。綺羅裳，厭膏粱，金鞍玉勒恣尋芳。

清 陳淏子《秘傳花鏡》卷三《花木類考・枳椇》 枳椇，一名木蜜，一名雞距子。樹高三四丈，葉圓大如桑柘，枝柯不甚直，子着枝端。夏月開花，實長寸許，組曲開作二三岐，形若雞之足距。嫩時青色，經霜乃黄，味甘如蜜。嫩葉生噉亦甜，老枝細破，煎汁成蜜倍甜。能止渴解煩，但敗酒味，若以此木爲柱，則屋十之酒必薄。每實開岐盡處，結一二小子，内有扁核。色赤如酸棗仁，飛鳥喜巢其上。

枳椇

清 何剛德《撫郡農産考略》卷下 物用：可製脯，可做柿餅、柿霜，可爲凍柿，可做柿糠。用石羔粉拌白糖併柿壓之，晒乾是爲柿餅，味清美。取柿餅放瓦缸内，便結成霜，名曰柿霜其甘如飴。凍柿之法，以芝麻梗插柿肉，内藏以穀殼，肉朽似腐名曰凍柿，味亦不澀。又或取腐爛之柿，積置大缸内，和以米糠，攪爛作團如梨大，曬乾藏之，十餘年不壞，可以乾食，可以調糊。有未乾者，糊於墻壁，更可久留。生柿每枚五六文，柿餅每片几十文，販运省城銷售，柿、糠山西省人常爲之。光緒戊寅晋省大饑，黎城縣民賴柿糠全活，無一饑毙者。

柿

物用：石榴百斤價三千七八百，臨川有進至南昌銷售者。皮可入藥，子可釀酒。

熱帶果類

綜　述

北魏　賈思勰《齊民要術》卷一〇《楊梅》《臨海異物志》曰：「其子大如彈子，正赤，五月熟。似梅，味甜酸。」

《食經》藏楊梅法：「擇佳完者一石，以鹽一斗淹之。鹽入肉中，仍出，曝令乾熇。取杬皮二斤，煑取汁漬之，不加蜜漬。梅色如初，美好，可堪數歲。」

又《椰》《異物志》曰：「椰樹，高六七丈，無枝條。葉如束蒲，在其上。實如瓠，繫在於山頭，若掛物焉。實外有皮如胡盧。核裏有膚，白如雪，厚半寸，如猪膚，食之美於胡桃味也。膚裏有汁升餘，其清如水，其味美於蜜。食其膚，可以不飢；食其汁，則愈渴。又有如兩眼處，俗人謂之越王頭。」

《南方草物狀》曰：「椰，二月花色，仍連著實；房相連累，房三十或二十七八子。十一月、十二月熟，其樹黃實，俗名之爲『丹』也。横破之，可作椀；或微長如栝蔞子，從破之，可作爲爵。」

《南州異物志》曰：「椰樹，大三四圍，長十丈，通身無枝。至百餘年。有葉，狀如蕨菜，長丈四五尺，皆直竦指天。其實生葉間，大如升，外皮苞之如蓮狀。皮中核堅。過於核，裏肉正白如雞子，著皮，而腹内空：含汁，大者含升餘。實形團團然，或如瓜蔞。横破之，可作爵形，並應器用，故人珍貴之。」

《廣志》曰：「椰出交趾，家家種之。」

《交州記》曰：「椰子有漿。截花，以竹筒承其汁，作酒飲之，亦醉也。」

《神異經》曰：「東方荒中有『椰木』，高三二丈，圍丈餘，其枝不橋。二百歲，葉盡落而生華，華如甘瓜。華盡落而生萼，萼下生子，三歲而熟。熟後不長不減，形如寒瓜，長七八寸，徑四五寸，萼覆其頂。此實不取，萬世如故。取者掐取其流，下生如初。其子形如甘瓜。瓤，甘美如蜜，食之令人有澤；不可過三升，令人醉，半日乃醒。木高，凡人不能得；唯木下有多羅樹，人能緣得之。一名曰『無葉』，一名『倚驕』。」張茂先注曰：「驕，直上不可那也。」

又《檳榔》　俞益期《與韓康伯牋》曰：「檳榔，信南遊之可觀：子既非常，木亦特奇，大者三圍，高者九丈。葉聚樹端，房生葉下，華秀房中，子結房外。其擢穗似黍，其綴實似穀。其皮似桐而厚，其節似竹而穊。其内空，其外勁，其屈如覆虹，其申如縋繩。本不大，末不小；上不傾，下不斜；稠直亭亭，千百若一。步其林則寥朗，庇其蔭則蕭條，信可以長吟，可以遠想矣。性不耐霜，不得北植，必當遐樹海南；遼然萬里，弗遇長者之目，自令人恨深。」

《南方草物狀》曰：「檳榔，三月華色，仍連著實，實大如卵。十二月熟，其色黃；剥其子，肥强可不食，唯種作子。青其子，并殻取實，曝乾之，以扶留藤、古賁灰合食之，食之則滑美。亦可生食，最快好。交趾、武平、興古、九真有之也。」

《異物志》曰：「檳榔，若筍竹生竿，種之精硬，引莖直上，不生枝葉，其狀若柱。其顛近上未五六尺間，洪洪腫起，若瘣（黃圭反，又音回。）木焉；因拆裂，出若黍穗，無花而爲實，大如桃李。又棘針，重累其下，所以衛其實也。剖其上皮，煮其膚，熟而貫之，硬如乾棗。以扶留、古賁灰并食，下氣及宿食、白蟲，消穀。飲啖設爲口實。」

《林邑圖記》曰：「檳榔樹，高丈餘，皮似青桐，節如桂竹，下森秀無柯，頂端有葉。葉下繫數房，房綴數十子。家有數百樹。」

《南州八郡志》曰：「檳榔，大如棗，色青，似蓮子。彼人以爲貴異，婚族好客，輒先呈此物；若邂逅不設，用相嫌恨。」

《廣州記》曰：「嶺外檳榔，小於交趾者，而大於蒳子，土人亦呼爲『檳榔』。」

又《橄欖》《廣志》曰：「橄欖，大如雞子，交州以飲酒。」

《南方草物狀》曰：「橄欖子，大如棗，大如雞子。二月華色，仍連著實。八月、九月熟。生食味酢，蜜藏仍甜。」

《臨海異物志》曰：「餘甘子，如梭（且全反）形。初入口，苦澀；後飲水，更甘。大如梅實核；兩頭鋭。東岳呼『餘甘』、『柯欖』，同一果耳。」

《南越志》曰：「博羅縣有合成樹，十圍，去地二丈，分爲三衢；東向一衢，木葉似練，子，如橄欖而硬，削去皮，南人以爲糝。南向一衢，橄欖。西向一衢，『三丈』。三丈樹，嶺北之候地。」

又《豆蔻》《南方草木狀》曰：「豆蔻樹，大如李。二月花色，仍連著實，子相連累。其核根芬芳，成殼。七月、八月熟。曝乾，剥食，核味辛香，五味。出興古。」

劉欣期《交州記》曰：「豆蔻，似杬樹。」

環氏《吴記》曰：「黄初二年，魏求豆蔻。」

宋 陶穀《清異録》卷二《鉄脚梨》 木瓜性益下部，若脚膝筋骨有疾者，必用焉。故萬家號爲鉄脚梨。

宋 温革《分門瑣碎録·雜説》 生木瓜，細切，拌小棠梨，入竹籠罨數日即成。青沙爛生柿，亦如此法，即熟。

宋 蘇軾《格物麤談》卷上 橄欖與鹽同食，則無苦味。

又 卷下 爛橄欖研細，爊團魚，甚香。

宋 蔡襄《荔枝譜》第六 紅鹽（去聲）之法，民間以鹽梅滷浸佛桑花爲紅漿，投荔枝漬之，曝乾，色紅而甘酸，可三四年不蟲（去聲）。修貢，與商人皆便之，然絶無正味。白曬者正爾，烈日乾之，以核堅爲止，畜之甕中，密封百日，謂之出汗。去（去聲）汗耐久，不然踰歲壞矣。福州舊貢紅鹽、蜜煎二種。慶曆初，太官問歲進之狀，知州事沈邈以道遠不可致，減紅鹽之數，而增白曬者。兼令漳、泉二郡亦均貢焉。蜜煎，剥生荔枝，笮去其漿，然後蜜煮之。予前知福州，用曬及半乾者爲煎，色黄白而味美可愛，其費荔枝減常歲十之六七。然修貢者皆取於民，後之主吏，利其多取以責賂，曬煎之法不行矣。

宋 江少虞《事實類苑》卷六二《南海啖檳榔》 南海地氣暑濕，人多患胸中痞滯，故常啖梹榔。日數十口，加以蔞藤、泊蜆灰同咀之，液如硃色。程思孟知番禺，凡左右侍吏啖梹榔者悉驅之。或問其故，曰：「我惡其口唇如漱血耳。」

宋 吴曾《能改齋漫録》卷一五《採橄欖》《王立之詩話》云：「東坡橄欖詩『紛紛青子落紅鹽』之句，范景仁言：『橄欖木高大難採，以鹽擦木身，則其實自落。』此所以有紅鹽之句也。」余按：江鄰幾《嘉祐雜誌》云：「橄欖木，其花如樗，將採其實，剥其皮，以薑汁塗之，則盡落。」范説乃爾，何耶？豈鹹辣皆可用歟。

宋 姚寬《西溪叢語》卷上 閩廣人食檳榔，每切作片蘸蠣灰以荖葉裹嚼之。荖音老，又音蒲口切。初食微覺似醉面赤，故東坡詩云「紅潮登頰醉檳榔」。

宋 范成大《桂海虞衡志》 蕉子。芭蕉極大者，凌冬不凋，中抽幹，長數尺，節節有花，花褪，葉根有實。去皮取肉，軟爛如緑柿，極甘冷，四季實。土人或以飼小兒，云性涼，去客熱，以梅汁漬，暴乾，按令扁，味甘酸，有微霜，世所謂芭蕉乾者是也。又名牛子蕉。

宋 周去非《嶺外代答》卷六《食用門·食檳榔》 自福建下四川與廣東、西路皆食檳榔者。客至不設茶，唯以檳榔爲禮。其法，削而瓜分之，水調蜆灰一銖許于蔞葉上，裹檳榔咀嚼，先吐赤水一口，而後噉其餘汁。少焉，面臉潮紅，故詩人有「醉檳榔」之句。無蜆灰處，只用石灰；無蔞葉處，只用蔞藤。廣州又加丁香、桂花、三賴子諸香藥，謂之香藥檳榔，唯廣州爲甚，不以貧富、長幼、男女，自朝至暮，寧不食飯，唯嗜檳榔。富者以銀爲盤置之，貧者以錫爲之。晝則就盤更噉，夜則置盤枕旁，覺即噉之。中下細民，一家日費檳榔錢百餘。有嘲廣人曰：「路上行人口似羊。」言以蔞葉雜咀，終日噍飼也，曲盡噉檳榔之狀矣。每逢人則黑齒朱脣；數人聚會，則朱殷遍地，實可厭惡。客次士夫，常以自隨，製如銀鋌，中分爲三：一以盛蔞，一盛硯灰，一則檳榔。交阯使者亦食之。詢之於人：「何爲酷嗜如此？」答曰：「辟瘴，下氣，消食。食久，頃刻不可無之，無則口舌無味，氣乃穢濁。」嘗與一醫論其故，曰「檳榔能降氣，亦能耗氣。肺爲氣府，居膈上，爲華蓋以掩腹中之穢。久食檳榔，則肺縮不能掩，故穢氣升聞于輔頰之間，常欲啗檳榔以降氣。實無益於瘴，彼病瘴紛然，非不食檳榔也。」

宋 寇宗奭《本草衍義》卷一八 木瓜。得木之正，故入筋；以鉛霜塗之，則失醋味。受金之制，故如是。今人多取西京大木瓜爲佳，其味和美，至熟止青白色。入藥絶有功，勝宣州者味淡。此物入口，故益筋與血病。腰腎脚膝無力，此物不可闕也。

宋 韓彦直《橘録》卷中《朱欒》 朱欒，顆圓實，皮麤瓣堅，味酸惡，不可食。其大有至尺三四寸圍者，摘之置几案間，久則其臭如蘭。是品雖不足珍，然作花絶香，鄉人拾其英烝香，取其核爲種，析其皮入藥，最有補於時。

宋 戴侗《六書故》卷二一《植物一》 椰。（椰以遮切。）生南中，木高六七尺，葉如束蒲，華如千葉木蓮。實如大瓠，中有瓤如肪，甘可食。有汁可飲，南人謂之椰子酒。其殼堅可爲栝壺。

宋 羅大經《鶴林玉露》 嶺南人以檳榔代茶，且謂可以禦瘴。余始至不能食，久之，亦能稍稍。居歲餘，則不可一日無此君矣。故嘗謂檳榔之功有四：一曰醒能使之醉。蓋每食之，則熏然頰赤，若飲酒然。東坡所謂「紅潮登頰醉檳榔」者是也。二曰醉能使之醒。蓋酒後嚼之，則寬氣下疾，餘酲頓解。三曰飢能使之飽。蓋飢而食之，則充然氣盛，若有飽意。四曰飽能使之飢。蓋食後食之，則飲食消化，不至停積。嘗舉似於西堂先生范旂叟曰：「子可謂『檳榔舉主』矣。然子知其功，未知其德，檳榔賦性疏通而不泄氣。禀味嚴正而有餘甘。有是德，故有是功也。」

宋 戴埴《鼠璞》卷上《橄欖》 東坡《橄欖詩》云：「待得微甘回齒頰，已輸崖蜜十分甜。」注引杜詩：「崖蜜松花落本草。」崖蜜蜂，黑色，作房於巖崖高峻處，然坡詩與橄欖對説，非真蜜也。《鬼谷子》曰：「崖蜜，櫻桃也。」他無經見，予讀《南海志》：「崖蜜子小而黄，殼薄味甘，增城、惠陽山間有之。」雖不知與櫻桃爲一物與否，要其類也。注坡詩者引小説《橄欖與棗爭》：「棗曰：『待爾回味我已甜』」，特坡公换崖蜜作對耳。」山谷詠橄欖云：「想共餘甘有瓜葛，苦中真味晚方回。」坡公取其味相反，山谷取其味相投。李義山蜂詩：「紅壁寂寥崖蜜盡」，此但作蜜用，非是。

元 陳大震《南海志》卷七 緑欖。似烏欖而色緑，湯治如烏欖法，其味尤香，亦有紅色者。

橄欖。味甘而香，一名木欖。有丁香欖。較香味，丁香尤勝。

烏欖。狀如橄欖而長，色黑。以温湯沃之，熟乃可食。其仁可薦茶，一名木威子。

餘甘。味初澁，回味甚甘，類橄欖而風韻過之，大者如梅李。山谷名之曰「味諫」，言初苦而終有味。其橄欖詩曰：「方懷味諫軒中果，忽見金盤橄欖來。想共餘甘有瓜葛，苦中真味晚方回。」今鄉人亦呼爲諫味。

人面子。核如人面，去核沃糖，可寄遠。其仁香味過於欖仁。

黄皮。子大如彈，味甜，有白蠟子，其味猶勝。鹽封，子色黑而味鹹。

蕉子。味香而甜，佳者出增城，有青牙蕉、黄牙蕉。青芽者，雖甚熟且腐而色不變，最爲香美。

元 王禎《王氏農書》卷九《橄欖》 一夕子皆自落。密藏極甜，生啗及煮食之，並消酒，解諸毒。人誤食鯸鮐魚肝，迷悶欲死者，飲其汁，立解。以其木作揖，撥着魚，皆浮出，物之相畏有如此者。此果南人尤重之，可作茶果。其味苦酸，爲澁，食久味方回甘，故昔人名爲諫果。然消酒解毒，亦菓中之有益於人者。

又《木瓜》 凡食啖勿誤取和圓子，其色樣外形真似木瓜。但木瓜皮薄，微赤黄，香甘酸而不澁。向裏子，頭尖，一面方若和圓子，則微黄，蒂粗，子小圓，味澁微酸，傷人氣，不可不辨。此物入肝益筋與血，入藥絶有功。病腰腎脚膝者，服食不宜。闕以蜜漬食亦堪益人。（蜜漬之法：先切去皮，煑令熟，着水中拔去酸味，却以蜜熬成煎藏之。）又宜去子，爛蒸，擂作泥，入蜜與姜作煎飲用，冬月尤美。夫木瓜得木之正，故人筋，試以鉛霜塗之，則失醋味，受金之制也。五行相克之義，於此蓋亦可驗。此果既能愈疾，又宜飲啖，兼用有益，誠可貴焉。

元 胡古愚《樹艺篇》果部卷一〇《婆羅蜜》 波羅蜜大如冷瓜，外膚礧砢如佛髻，削其皮食之，味極甘。子練悉如冬瓜，生大木上，秋熟。（《桂海》）

波羅蜜。大如斗，剖之若蜜，其香滿室。（《一統志》《交州府志》）

波羅蜜。大如冬瓜，皮有軟刺，五六月熟，味最香甜，核可煑食。能飽人，奉化府嘉林州出者，尤佳。（《一統志》安南）

元 佚名《居家必用事類全集》卷已 木瓜渴水：木瓜不計多少，去皮穰核，取淨肉一斤爲率，切作方寸大薄片。先用蜜三斤或四、五斤，於砂石銀器內慢火熬開濾過，次入木瓜片同煎。如滚起泛沫，旋旋掠去。煎兩三箇時辰，嘗味，如酸入蜜，須要甜酸得中。用匙挑出放冷器內，候冷再挑起，其蜜稠硬如絲不斷者爲度。若火緊則燋，又有涌溢之患，其味又不加，則燋熂氣，但慢火爲佳。

蒲萄渴水：生蒲萄不計多少，擂碎，濾去滓令淨。以慢火熬，以稠濃爲度，取出收貯淨磁器中。熬時切勿犯銅鐵器，蒲萄熟者不可用，止可造酒。臨時斟酌入煉過熟蜜及檀末、腦、麝少許。

法製木瓜：取初收木瓜於湯內煠過，令白色，取出放冷，於頭上開爲蓋子。以尖刀取去穰子，便入鹽一小匙，候水出即入香藥、官桂、白芷、藁本、細辛、藿香、川芎、胡椒、益智子、硇砂仁，右件藥搗爲細末，一箇木瓜入藥一小匙，以木瓜內鹽水調勻，更曝，候水乾。又入熟蜜令滿，曝直候蜜乾爲度。

又 卷戊 糖蘇木瓜：大者一對，去皮，切作瓣。白鹽一兩，新紫蘇葉二兩，淨洗、曬乾、切細，同醃少時。再入生薑四兩，去皮切絲，沙糖二十兩，一處拌勻。磁器中盛，日中曬乾，時時抄勻爲度。

元 賈銘《飲食須知》卷四 木瓜。味酸澀，性温，忌鐵器。多食損齒、傷骨，以鉛霜或胡粉塗之，則失酢味且無渣。木瓜樹作桶，濯足甚益人。

楊梅。味酸，甘，性温。多食發瘡，助熱生痰，損齒傷筋。有火病者勿食，忌與生葱同食。以□漆拌核，曝之，仁自裂出。

橄欖。味澀，甘，性温。多食令氣上壅，過白露摘食不病瘧。食橄欖：去兩頭，其性熱也。得鹽不苦澀，同栗子食甚香。用錫盒收藏，以紙封固，置淨地上，至五六月不壞。橄欖樹高難採。將熟時，以木釘釘之，或納鹽少許於根皮內，其實一夕自落。其枝節閒有脂膏如桃膠，采取和皮葉煎汁，熬如黑餳，謂之欖糖。用粘船隙，牢如膠漆，著水益乾，其木作舟楫，撥著魚皆浮出，故橄欖能解一切魚毒。

龍荔。味甘，性熱，有小毒。狀如小荔枝，而肉味如龍眼。生食令人發癇，或見鬼物。

檳榔。味苦，辛，澀，性温。頭圓矮平者爲榔形，尖紫文者爲檳。檳力小，榔力大，勿經火，若熟使，不如不用。鳩鳥多集檳榔樹上，其外皮即大腹皮也，宜依法洗製，方可用之。檳榔得扶留藤、瓦壟子灰同咀嚼之，吐去紅水一口，則柔滑甘美，多食則發熱，勿同橙橘食。

馬檳榔。味苦，甘，性大寒。又名馬金囊，産婦忌食，女人多食，令子宫冷，絶孕。

椰子漿。味甘，性温。食之昏昏如醉，食其肉則不飢。飲其漿，則增渴。

明 劉基《多能鄙事》卷三《燒木瓜》 木瓜去皮穰，用鹽醃藏，草少許作把，控乾入餅，以糖層層間放，微火燒一宿收之。

又《糖蘇木瓜》 木瓜大者一雙，去皮切作片。白鹽一兩，新紫蘇葉二兩，淨洗，曬令乾。切細同醃一小時，入生薑絲四兩，糖二十兩，拌勻，磁器貯，日中暴之，時時抄勻，以乾爲度。

又《橄欖煎》 用水於瓦上，擦去厚皮，銅刀界破，入蜜一半，沸湯浸了。煑一飲時，自然去核，候乾。煉蜜再煎，數沸收之。

又《木瓜湯》 乾木瓜去皮淨四兩、白檀一兩、沉香半兩、茴香炒一兩、白荳蔻半兩、硇砂仁二兩、粉草炙二兩半、乾生薑二兩，爲極細末。每用半錢，加鹽，沸湯點服。

又《荔枝漿》 烏梅半斤，煎汁；桂去皮三兩，丁香二分，硇砂仁三兩，搥碎，煎汁一升；生薑汁半盞，澄清，相和勻。入糖二斤半，銀石器熬，濾去滓。再熬，令稠濃用。

又《木瓜漿》 木瓜一箇，切下頂，去心，滿入蜜，還以頂蓋竹簽，放甑上蒸軟熟。傾去蜜，削皮，用蜜煉過半盞入薑汁，同研如泥。以水三大椀調勻，濾去滓，瓶貯入井底，沉冷用之。

明 沈沈《酒概》卷一 椰子榼，出廣州，張安國有詩。今有椰瓢、椰琖。

洞庭春色。安定郡王以黄柑釀酒，謂之「洞庭春」，酒色、香、味三絶。趙德麟以黄柑釀酒，東坡作《洞庭春色賦》遺之。

明　朱權《神隱》卷下　香橙湯。香橙不拘多少，穰枇去白，止用黄皮。每一斤用凈鹽十六兩，擂爛入磁瓶内，密封至十一月間方開。用甘草膏子調和，甜淡得所，仍加檀香末一兩，白豆蔻仁半兩，攪勻，沸湯點食。

木瓜醬。木瓜一箇，切下蓋，去穰盛蜜，却蓋，用簽簽定。蒸軟，去蜜不用。及削去皮，另入熟蜜半盞，生薑汁少許，擣研如泥。以熟水三大椀攪勻，濾去渣盛缾内，井底沉之。

煎金橘。金橘大者，鏤開以酒煑過候冷，用針挑去核，捺透瀝盡汁。每一斤用蜜半斤，煎去酸水苦汁，控乾。再用蜜半斤煎，入磁器收之，若煎橙橘，一依此法。

醒醉湯：用青橄欖，黄損者不用。瓦上磨去粗皮核，細切如縷。一斤以粉草末二兩，炒鹽二兩，拌勻入磁罐内蜜封。以沸湯點服，自然生津液，醒醉。

蜜煎橄欖：揀青橄欖不拘多少，汲新水於瓦上。㯭去青皮，用刀劃破，以米泔煑過，取出去核。用蜜再煑，控去水，晒乾。再煉好蜜，入橄欖熬沸，候冷。入磁罐盛之，任用。

宋　明　牛衷《增修埤雅廣要》卷二四《卉物門·釋木類·木瓜》　木瓜。一名林，能治筋轉。陶隱居云：「如人轉筋時，但呼其名，及書木瓜字於其上，輒愈。蓋望梅止渴。」書林緩筋，理有固然者，其性百益一損。故《詩》云：「投我以木瓜，報之以瓊瑶。」其兩蔕兩鼻者，殺人。

明　劉宇《安老懷幼書》卷二　乾荔枝湯。蔗糖、大烏梅、桂、生薑，右先將烏梅，生薑爲細末，入在沙糖内，與桂末拌和勻，再取罨，隔過如茶點。如欲作膏子契，烏梅用去核，修事如上法不焙，桂作小片爲末，薑切片不焙，用水三椀煎至二椀，湯調服。暑熱心煩，井水調服。葉龍圖傳者，月可常合服之。橙湯。橙子、(十兩)乾山藥、(二兩)甘草、(二兩)塩、(四兩沙)白梅、(四兩捶碎，去仁核)右先用橙子、山藥、甘草、白梅一處研細，捏作餅子，焙乾爲末，入檀香半兩尤佳。

明　田汝成《西湖遊覽志餘》卷二四《委巷叢談》　楊梅。諸山多有之，而烟霞塢、東墓嶺、十八澗、臯亭山者肉鬆核小，味尤甜美。宋時梵天寺有月廊數百間，庭前多楊梅、盧橘。蘇子瞻詩云：「夢遶吴山却月廊，楊梅盧橘覺猶香。」客有言閩廣荔枝無物可對者，或對以西涼葡萄，予以爲未若吴越楊梅也。何正平詩云：「五月楊梅已滿林，初疑一一價千金。味方河朔葡萄重，色比瀘南荔子深。」則古人亦有舉而方之者矣。

明　王圻《稗史彙編》卷一四九《甘蕉如樹》　甘蕉。望之如樹，株大者一圍餘，葉長一丈，或七八尺。花有如酒盃，形色如芙蓉，其花莖末百餘，子小房相連累，甜美亦可蜜藏。根如芋魁，大者如車轂，實隨華，每花一闔，各有五六子，先后相次。子不俱生，花不俱落，一名芭蕉，或曰芭苴。剥其子，上皮色黄，白味似葡萄甜而脆，亦可療飢，此有三種，子大如拇指，長而鋭，有類羊角，名羊角蕉，味最甘好。一種子大如雞卵，有類牛乳，名牛乳蕉。一種大如藕，子長六七寸，形正方，少甘，最下也。其莖解散如絲，以灰煉之，可紡績爲絺綌，謂之蕉葛。雖脆而好，黄白不如葛赤色也。交廣俱有之。《三輔黄圖》曰：「漢武帝元鼎六年，破南越，建扶荔宫，以植所得奇草異木，有甘蕉二本。」

又　卷一五〇《梹榔》　梹榔。樹高十餘丈，皮似青桐，節如桂竹。下本不大，枝不小，調直停停，千萬若一，森杳無椅，端頂有葉。葉似甘蕉，條條派開破。仰望眇眇，如插叢蕉于鳳竹；風至動摇，似舉羽扇之狀。大葉下繫數房，房綴數十實，實大如兖李，天生棘重累其下，所以禦衛其實也。味苦澁，剖其皮，鬻其膚，熟如貫珠，堅如乾棗。以扶留藤、石瓦灰并食，則滑美，下氣，消穀。彼人遇貴婚族客，必先進一，名賔門藥餞。

又　卷一五一《越王頭》　椰樹。葉如栟櫚，高六七丈，無枝條，其實大如容瓜。外有粗皮，次有殼，圓而且堅，剖之有白膚，有半寸。味似胡兖而極肥美。有漿，飲之得醉，俗謂之越王頭。云：昔林邑王與越王有故怨，遣俠客刺之，得其首，懸之於樹，化爲椰子。林邑王憤之，命剖以爲飲器，南人至今效之。當刺時，越王大醉，故其漿犹如酒云。

又　卷一五三《橄欖》　橄欖爲揖，撥魚則浮。亦磁石引針，琥珀起草之類。

又　《橄欖子》　八九月熟，其大如棗。《廣志》云：「有大如雞子者，有野生者，高不可梯。但刻其根方數寸許，内塩於中，一夕子皆落矣。」今高涼有銀坑橄欖，子細長，多味，美於諸郡産者，其價亦貴。

又《日精楊梅》　陸展郎中見楊梅，嘆曰：「此果恐是日精，若無蜂兒採香，誰勝難和之味。」即以竹絲藍貯千枚并茶禮，密送衡山道士。（常□貞《湘潭記》）

又《羅浮楊梅》　楊梅。其子如彈丸，正赤，五月中熟。熟時似梅，其味甜酸。陸賈《南越行記》曰：「羅浮山頂有胡楊梅、山桃繞其際，南人時登採飽噉，不得持下。」東方朔《林邑記》曰：「林邑山楊梅，其大如杯。青時極酸，既紅味如崖蜜，以醖酒香酎，非貴人重客不得飲之。」

又《海梧桐海松》　似梧桐子，色白，葉似青桐。有子如大栗，肥甘可食，出林邑。海松子樹，與中國松同，但結實絶大，形如小栗，三角，肥甘香美，亦樽俎間之佳果也。（出《林邑志》）

明　李時珍《本草綱目》卷三一《果部》　大腹子。（宋開寶）　校正（自木部移入此。）（釋名）大腹檳榔。（《圖經》）豬檳榔。時珍曰：「大腹以形名，所以別鷄心檳榔也。」（集解）志曰：「大腹生南海諸國，所出與檳榔相似，莖葉根幹小異耳。」弘景曰：「向陽者爲檳榔，向陰者爲大腹。」時珍曰：「大腹子。出嶺表、滇南，即檳榔中一種。腹大形扁而味澀者，不似檳榔尖長味良耳，所謂豬檳榔者是矣。蓋亦土產之異，今人不甚分別。陶氏分陰陽之説，亦是臆見。按：劉珣《嶺表録異》云：『交廣生者非舶上檳榔，皆大腹子也。』彼中悉呼爲檳榔，自嫩及老采實啖之，以扶留藤、瓦屋灰同食之，以祛瘴癘。收其皮入藥，皮外黑色，皮内皆筋，絲如椰子皮。又《雲南記》云：『大腹檳榔，每枝有三二百顆。青時剖之，以一片蔞葉及蛤粉卷和食之，即減澀味。』觀此二説，則大腹子與檳榔皆可通用，但力比檳榔稍劣耳。」（略）

椰子（宋開寶）　校正（自木部移入此。）（釋名）越王頭，（綱目）胥餘。時珍曰：「按：嵇含《南方草木狀》云：『相傳林邑王與越王有怨，使刺客乘其醉取其首，懸於樹，化爲椰子，其核猶有兩眼，故俗謂之越王頭。』而其漿猶如酒也，此説雖謬而俗傳以爲口實，南人稱其君長爲爺，則椰名蓋取於爺義也。」相如《上林賦》作「胥餘」，或作「胥耶」。（集解）志曰：「椰子。生安南，樹如棕櫚，子中有漿，飲之得醉。」頌曰：「椰子。嶺南州郡皆有之。」郭義恭《廣志》云：「木似桄榔，無枝條，高丈餘，葉在木末如束蒲，其實大如瓠，垂於枝間，如掛物然。實外有粗皮如椶包皮，内有堅殼，圓而微長，殼内有膚。白如豬膚，厚半寸許，味如胡桃。膚内裹漿四五合，如乳，飲之冷而動氣，醺人。殼可爲器，肉可糖煎，寄遠，作果甚佳。」珣曰：「按：劉欣期《交州記》云：『椰樹狀若海棧，實大如椀，外有粗皮如大腹子荳蔻之類，内有漿似酒，飲之不醉，生雲南者亦好。』」宗奭曰：「椰子開之有汁，白色如乳，如酒極香，別是一種氣味，强名爲酒。中有白瓤，形圓如栝樓，上起細壠，亦白色而微虛，其紋若婦人裙褶，味亦如汁，與着殼一重，白肉皆可糖煎爲果。其殼可爲酒器，如酒中有毒，則酒沸起，或裂破。今人漆其裏，即失用椰子之意。」時珍曰：「椰子乃果中之大者，其樹初栽時，用鹽置根下，則易發木，至斗大方結實，大者三四圍，高五六丈，木似桄榔、檳榔之屬，通身無枝，其葉在木頂，長四五尺，直聳指天，狀如棕櫚，勢如鳳尾。二月開花，成穗出於葉間，長二三尺，大如五斗器，仍連着實，一穗數枚，小者如栝樓，大者如寒瓜，長七八寸，徑四五寸，懸着樹端。六、七月熟，有粗皮包之，皮内有核，圓而黑潤，甚堅硬，厚二三分。殼内有白肉瓤，如凝雪。味甘美如牛乳，瓤肉空處有漿數合，鑽蒂傾出，清美如酒，若久者則混濁不佳矣。其殼磨光有斑纈點紋，横破之可作壺爵，縱破之可作瓢杓也。又《唐史》言番人以其花造酒飲之，亦醉也。類書有青田核、樹頭酒、嚴樹酒，皆椰酒椰花之類，並附于左。（附録）青田核，崔豹《古今注》云：「烏孫國有青田核，狀如核桃，不知其樹。核大如數斗，剖之盛水則變酒味，甚醇美。飲盡隨即注水，隨盡隨成，但不可久，久則苦澀耳，謂之青田酒。」漢末蜀王劉璋曾得之。樹頭酒。《寰宇志》云：「緬甸在滇南，有樹頭棧，高五六丈，結實如椰子。土人以罐盛麴懸于實下，劃其實，汁流于罐中以成酒，名樹頭酒。或不用麴，惟取汁，熬爲白糖，其樹即貝樹也。緬人取其葉寫書。」嚴樹酒。《一統志》云：「瓊州有嚴樹，搗其皮、葉，浸以清水，和以粳釀，或入石榴花葉，數日成酒，能醉人。」又，《梁書》云：「頓遜國有酒樹，似安石榴，取花汁貯盃中，數日成酒，蓋此類也。又，有文章草可以成酒。」

又《波羅蜜》　（釋名）曩伽結。時珍曰：「波羅蜜。梵語也，因此果味甘，故借名之。安南人名『曩伽結』，波斯人名『婆那娑』，拂林人名『阿薩嚲』，皆一物也。」（集解）時珍曰：「波羅蜜。生交趾、南番諸國，今嶺南、滇南亦有之。樹高五六丈，樹類冬青，而黑潤倍之，葉極光净，冬夏不凋。樹至斗大方結實，不花而實，出於枝間，多者十數枚，少者五六枚，大如冬瓜，外有厚皮裹之，若栗毬上有軟刺礧砢。五六月熟時，顆重五六斤，剥去外皮，殼内肉層疊如橘囊，食之味至甜美如蜜，香氣滿室。一實凡數百核，核大如棗，其中仁如栗黄，煮炒食之甚佳。果中之大者，惟此與椰子而已。」（附録）齊墩果。《酉陽雜俎》云：「齊墩樹生波斯及拂林國，高二三丈，皮青白，花似柚，極香，子似陽桃。五月熟，西域人壓爲油，以煎餅果。如中國之用巨勝也。」德慶果《一統志》云：「廣之德慶州出之，其樹冬榮，子大如盃，炙而食之，味如豬肉也。」

即消矣。

荔支、龍眼不但以味勝食之，亦皆有益於人。獨渴補髓，通神益智。《列仙傳》云：「有食荔支而得仙者。而龍眼乾之，煎汁爲飲，尤養心血，治怔悚不寐，健忘諸疾。」

閩廣人食檳榔，取其驅瘴癘之氣，至稱其「四德」。曰：醒能使醉，醉能使醒，饑能使飽，飽能使饑。然檳榔破癥消積，殊有神効，余食後輒餌之，至今不能一日離也。按：《本草》謂其能殺三蟲，下胸中至高之氣。夫余之百鍊剛化，作繞指柔亦已久矣，縱微服此，胸中寧復有至高之氣乎。《本草》原始曰：「賓與郎皆貴客之稱，交廣人凡賓客勝會，必先呈此，故以檳榔名也。」

明 謝肇淛《滇略》卷三《檳榔》 土人四剖其房，并實乾而貫之，食者佐以石灰及扶留。扶留，蔞子也，似桑椹而緑，味辛烈，其功消宿食，祛瘴癘，故閩廣人亦啖之。但閩廣人於檳榔，去皮而啖實，於蔞啖葉而棄子，此爲異耳。

明 木增《雲邁淡墨》卷一《椰樹》 葉如栟櫚，高六七丈，無枝。其實大，殼堅，割飲其漿，能醉人，味美。

又 卷三《酒樹》 酒樹，椰也，似酒甘而薄，亦不堪飲。若須遜國樹葉汁取停之數日，即爲佳酒。拘樓國仙漿取之樹腹中。青田核以水注之，少頃成酒，乃真酒樹也。

又 卷四《椰》 椰。木似檳榔，無枝條，高十餘尋。葉在其末，如束蒲，實大如瓠，繫在樹頭。實外有皮如胡桃，核裏有膚白如雪，厚半寸，如猪膏，味美如胡桃膚。裏有汁升餘，清如水，美如蜜，飲之可以愈渴。核作飲器。

明 張存紳《增定雅俗稽言》卷三九 橄欖。橄欖樹不可梯；子熟，但刻根寸許，納鹽其中，一夕子皆落。又，《江隣幾志》：「有以薑汁塗于皮中；則子盡落者。」舟人以其木作楫撥水，魚皆浮出，物之相剋如此。北人不喜橄欖，南人語之曰：「待他回味時，我棗兒已甜半日矣。」東坡詩：「待他餘味回齒頰，已殊崖蜜十分甜。」正用此。又云：「人生相遇無不可，南北嗜好知誰賢。」可謂達人之言。諺云：「村人不喫橄欖，亦以其回味遲也。」（頰音結）《冷齋夜話》：「照夜青螢也，百合釀蜜也，崖蜜櫻桃也。」（見《鬼谷子》）櫻

又《馬檳榔》 （釋名）馬金囊，（《雲南志》）馬金南，（《記事珠》）紫檳榔，（《綱目》）（集解） 時珍曰：「馬檳榔生滇南金齒、沅江諸夷地，蔓生，結實大如葡萄，紫色味甘，內有核，頗似大楓子，而殼稍薄，團長斜扁不等，核內有仁，亦甜。」

枳椇（音雞拱）交加枝。時珍曰：「枳椇。徐鍇註：《説文》作『棋樜』，又作『枳枸』皆屈曲不伸之意。此樹多枝而曲，其子亦卷曲，故以名之。」曰蜜，曰餳，因其味也。曰珊瑚，曰鷄距，曰鷄爪，象其形也。曰交加，曰枅栱，言其實之紐屈也。枅栱、枋梁之名。按：雷公炮炙序云：弊箄淡鹵如酒霑。交註云：交加枝即蜜棋樜也。又詩話云：子生枝端，横折岐出，狀若枅栱，故土人謂之『枅栱』也。珍謂枅栱及俗稱鷄矩，蜀人之稱桔枸，棘枸。滇人之稱鷄橘子，巴人之稱金鈎，廣人之稱結留子。散見書記者皆枳椇，鷄距之字方音轉異耳。俗又訛鷄爪，爲曹公爪，或謂之梨棗樹，或謂之癩漢指頭。崔豹《古今註》一名樹蜜，一名木石，皆一物也。」

明 慎懋官《華夷花木鳥獸珍玩考》卷九《椰子》 富家則種椰子一千株，或二三百株爲産業。其椰子有十般：取用嫩者有漿甜可食；又可釀酒；老者肉打油做糖；或做飯；外衣打索，造船；殼爲碗，爲酒鍾；又好燒酒灰；打廂金銀，細巧生活；樹好造屋；葉堪蓋屋。（出柯枝國。）

明 鄺璠《便民圖纂》卷一四《製造類上》 收藏橄欖：用好錫有蓋罐子，揀好橄欖裝滿，紙封縫，放净地上，至五六月猶鮮。

明 陳師《禪寄筆談》卷七 橄欖。出閩粵炎方，初食時微苦澁，過後則甘美，有回味，且可醒酒。用以點茶最宜，故王元之詩曰：「皮肉苦且澁，歷口復充頤。良久有回味，始覺甘如飴。我食何所喻，喻彼忠臣辭。」黄山谷亦云：「想共餘甘有瓜葛，苦中真味晚方回。」可謂深知此菓之味，喻彼忠臣尤確也。若飲食者長噉大嚼，視此菓當攢眉矣。

明 范涞《嗁言》卷五《甲辰》 植物中有可試毒者，椰子是也。椰中有漿如酒，其殼可承飲，飲或有毒，則殼內自沸起，甚至裂破。今人或漆其裏，殊無謂矣。

明 周文華《汝南圃史》卷七《木瓜》 《王氏農書》蜜漬木瓜法：先用竹刀切去皮，煮令熟，浸水中拔去酸味，却以蜜熬成煎藏之。又，宜去子，爛蒸擂作泥，入蜜與薑作煎飲用，冬月尤美。

明 謝肇淛《五雜俎》卷一一《物部三》 傳記載：啖荔支過多，內熱，當以蜜漿解之。閩人日啖數百不覺熱也，但過多恐腹膨脹，少以鹹物下之，

桃。一名含桃，以其熟時爲鶯所啗也。

十八娘。東坡《荔枝詞》：骨細肌香，恰似當年十八娘者，其色深紅而骨細長，閩王氏有女第十八娘食此，因而得名。或云物之美好者爲十八娘。故坡云：「恰似也，荔枝結實時，枝柔而蒂牢，以利刀取其枝，故名。」又序「荔，離也。」離木枝一日而色變，二日而香變，三日而味變，四、五日色香味俱盡，故名。多食發虛熱，用蜜漿可解。或帶麝香過其樹下，則子盡落，荔枝皮不可燒，其香引屍虫。

又　卷四〇　楊梅。楊梅：揚州人呼爲聖僧。其核咬破必八塊，百中止二三不同。凡傷刀斧，用鹽楊梅連核搗成泥，填附之，神効。

明　方以智《物理小識》卷九《草木類》　橄欖。青橄欖無仁，烏欖外肉杵碎乾放，則自有霜堆起如白鹽，曰欖醬。取時開孔納鹽，則欖自落。魚最畏之，嶺北一種似大欖而圓橢。餘甘子，形似山査而味似橄欖。

明　徐興公《荔支譜三·敘事》　巴州治，有官荔支園，夏至則熟，二千石。常設厨膳，命士大夫共會樹下，食之。（後魏·酈道元《水經注》）

明　宋比玉《荔支譜·荔酒第五》　嶺南好事作荔支醞，頭取荔支肉榨之，人酥酪辛辣以合醬。又作簽肉，以荔支肉作，椰子花與酥酪同炒，土人大嗜之，此荔支一口也。即蔡譜中紅鹽、蜜煎、白曬，亦失荔支之性。惟順昌雪花火酒以荔支投之，浹旬而出，濃艶幽沈，如西施醉倚玉牀，太真温泉出浴。用泥頭封固，其酒至隔歲開之，滿屋作新荔支香矣。

南海人以黑葉入釀，與粤西寄生酒并重于江南。蔡譜谷製俱備，而不知釀法，何也？豈公嗜茶而不喜飲耶？新安程隱士孟陽，曾于殷司馬坐中嘗之，因作《荔支酒歌》曰：「君不見杜陵諸侯老賓客，左劈輕紅右拈碧。至今浣花詩句中，春酒荔支色相射。誰將巧意相和洩，便釀荔支作春酒。重碧輕紅兩有無，萬里瑩然落吾手。風流司馬霜鬢鬚，玉盤珍羞十萬鋪。天輪尤物慰好事，遥從庾嶺飛百壺。飲中余考最下户，一勺分潤詩腸枯。銀罌乍發香氣薵，玉杯映色清若無。北客浪傳酒如乳，吳儂已墮涎成珠。主人貪奇樂更殊，金屏笑出如花姝。自將丰骨比妍麗，羅襦玉膚不用摹。韶顔若并化爲酒，玉山共倒誰當扶？君不見，坡仙流離南海噉百顆，一官爲口誇良圖。何如三絶眼前是，果爲醽醁人醍醐。但恨古人不見爾，君我不樂何爲乎！」荔酒之妙如此，而當時蔡公不及，余因取而補之。

余與吳、楚友人嘗荔支酒，戲作一詩紀之：「我有一尊酒，已是隔年藏。泥頭雖未開，遶屋生幽香。日夕遲所歡，緘固不忍嘗。夫君自遠來，下馬坐我牀。遠行應渴飢，得無思瓊漿？感此開泥頭，盥手稱一觴。君問此何酒？是名十八娘。暑月辨色起，裛露提筠筐。梢頭掇繁星，樹底數鞶囊。初卸紫羅襦，後脱絳紗裳。薌澤異蘭蓀，膚理等雪霜。浴之以醽醁，肌骨日清凉。一酌祛世慮，再酌澆仙腸。三酌風滿腋，吹君將翱翔。願君且勿翔，爲君歌短章：妾本水晶毬，今成琥珀光。無由覲上國，老死守炎方。茗芋不成曲，惆悵情内傷。」

又，《荔酒初熟紀事》：「傳釀璃漿法，叮嚀授老妻。色純精種火，味辣慎封泥。缸面收新漉，甕頭驗舊題。世間何物比，應與芥茶齊。」

又，《與周六郎嘗荔支酒》詩一首：「釀得荔支酒，泥頭爲汝開。香風繞屋散，翠色撲罌來。擬茗春初芥，方花雪後梅。一斟三贊歎，坐看玉山頽。」

明　張大復《梅花草堂集筆談》卷一四《楊梅》　楊梅。赤體甘液，易噉，南方之果罕儷之者。去歲六月一日，若致楊梅甚圓美，予噉不下二十許枚，自誇齒健，恐向後遂不爲例。今日有餉此物者，噉都不減曩時。予自四月朔罹大痛，齒用大損，物莫能着，都含胡下咽。而于楊梅不然，豈性之獨嗜，齒牙固不得作主乎。李文長好食楊梅，每就其壻王内翰家，食訖則必召讓其家之給事者。家給事爲增值，取之不稱旨，乃就王問故，則王之常值較給事者所增值三倍矣。歐陽永叔言，物嘗聚于所好，而嘗得于有力之强。蘇子瞻亦言，必有一物攝之一物者，錢是也，可爲撫掌一笑，若今年移居山中，楊梅易得，將就若取噉，恐亦不得，如居東妻時者，何也？山農就時則有挈其最圓美者，望如王内翰家走耳。朝來汗出如漿，無爲于室聊書，此當渴時説梅也。

清　談遷《棗林雜俎》中集《榮植·木威》　廣西宜州木威似栟櫚，葉間有實穗生似橄欖，廣東蓋號爲烏欖，豈貴間謂波斯橄欖。其葉，兩廣人用作雨衣，柔韌密緻，勝青油也。

清　丁其譽《壽世秘典》卷三《橄欖》　此果雖熟，其色亦青，故俗呼青果。其有色黄者，病物也，不堪食。王禎云：「其味苦澀，久之方回甘，味故又名爲諫果。深秋方熟，咀之香口，勝含鷄舌。李時珍云：橄欖樹高，將熟時以木釘釘之，或納鹽少許于皮内，其實一夕自落，生咀嚼之，味雖苦澀而芬，香蜜漬鹽藏，皆可致遠。又有緑欖，色緑。烏欖，色青。黑肉爛而甘。取肉槌碎，乾放自有霜如白鹽，謂之欖醬。青欖核内仁乾小，惟烏欖仁最肥大，有文層叠，如海螵蛸狀，而味甘美，謂之欖仁。又有一種波斯橄欖，生邕州，色類相似，但核作兩瓣，蜜漬食之。樹枝節上生脂膏如桃膠，南人採之和皮葉煎之，調如黑餳，謂之橄欖糖。用濯船損，乾後牢于膠漆，着水益乾堅耳。《通雅》云：「何子元稱：『□子自閩來者，小而香，入沸水中色淡碧，餘者如法泡之，色黄味不香，乃和皆餘甘子、木威之種也。』」

氣味：酸澀，甘，温，無毒。主開胃下氣，生津液，止煩渴，解酒毒，治咽喉痛，解一切魚鼈毒，尤解鯸鮐魚毒。發明：《馬志》曰：「鯸鮐魚，即河豚也。人悞食其肝及子，必迷悶至死，惟欖煮汁能解之。其木作舟楫，撥着魚皆浮出。誤落橄欖在池中，魚盡斃，故知物有相畏如此。」朱震亨曰：「味澀而甘，醉飽宜之。然性熱，多食能致上壅。」李時珍曰：「橄欖鹽過則不苦澀，同栗子食，甚香寇。」宗奭曰：「核磨汁服，治諸魚骨鯁。唇吻燥痛，欖仁研爛敷之。」

又《檳榔》 賓與郎皆貴客之稱，交廣人凡貴勝族客，必先呈此果，檳榔名義蓋取于此。又名洗瘴丹，言南方地氣暑濕，人多患胸中痞滯，食此以祛瘴癘也。生食其味苦澀，得扶留藤與瓦屋子灰同咀嚼之，則柔滑甘美。雷斅言：「尖長而有紫文者名檳，圓大而矮者名榔。」亦似強説。今醫家亦不細分，但以存坐穩正作鷄心狀，破之有錦文者爲佳。一種大腹子，腹大形扁而味澀，不似檳榔。尖長味良所謂猪檳榔者是矣。彼中悉呼爲檳榔，自嫩及老采實啖之，以祛瘴癘，但力比檳榔稍少力耳。

氣味：苦，辛，温，澀，無毒。主消穀逐水，除痰澼，殺三蟲。（《名醫别録》）宣利五臟六腑，壅滯，破胸中氣下水腫，治心痛積聚。（甄權《藥性論》）治瀉痢後重，心腹諸痛，大小便氣秘，痰氣喘急。療諸瘧，禦瘴癘。（《本草綱目》）

發明：張元素曰：「檳榔味厚氣輕，沉而降，陰中陽也。苦以破滯，辛以散邪，泄胸中至高之氣，使之下行，性如鐵石之沉重，墜諸藥至于下極，故治諸氣、後重如神也。」

清 來集之《倘湖樵書》二編卷一二 《水東日記》云：「嶺南南海祠前波羅蜜樹，其實大者至數十斤。癸未所收尤大者，至三十斤重。皮青黄色，多角頗類刺蝟。子味似茨菰，肉甚厚，以皮漬之，可調湯。」

清 高士奇《北墅抱瓮録》卷一《楊梅》 江南諸果，以楊梅爲冠。有紅、白、紫三種。河朔蒲萄、瀘南荔子，與此差堪鼎足。晚花軒前所種，乃出項里者，陸放翁所謂「項里楊梅鹽可撤」是也。放翁自注：「楊梅酸者，乃薦以鹽，佳品未嘗用。」因謂太白「玉盤楊梅爲君設，吴鹽如花皎白雪」。未諳物理，果然。

清 王芷《稼圃輯》 橄欖。名諫果，亦名南威。將熟時，以竹釘釘之，或納鹽於皮下，其實盡落。

清 屈大均《廣東新語》卷二五《木語·宜母》 宜母，子似橙而小，二三月熟，黄色，味極酸，孕婦肝虚嗜之，故曰「宜母」。元時，於廣州荔支灣作御果園，栽種里木樹，大小八百株，以作渴水。里木即宜母子也。一名「梨檬子」。吴萊詩「廣州園官進渴水，天風夏熟宜檬子。百花醞作甘露漿，南國烹成赤龍髓。」蓋以里木子榨水煎糖也。凡木果之汁，皆可爲之，香酸經久不變。蒙古以爲舍里别，即渴水也。宜母子以鹽腌之，歲久色黑。可治傷寒痰火，一名「藥果」。當熟時，人家競買以多藏，而經歲久爲尚。汁可代醋，染大紅，以其汁調乃上。

《龍眼》 合浦龍眼，色味殊絶，可敵荔支，蘇長公嘗以爲然。其詩曰：「香割蜜脾知味勝，價輕魚目爲生多。」

清 孫之騄《枝語》卷上《橄欖》 橄欖樹生嶺南閩廣諸郡及沿海浦嶼間，樹如禾穗樹，高聳端直，多獨幹至頂，乃布枝柯，葉似櫸、柳。二月開花結實，狀如長棗，色青，兩頭俱尖，先生者向下，後生者向上，其子秋深方熟，梯取之，擊以長竿，或刻其幹寸許，納以紅鹽，則子自落。東坡詩所云：「紛紛青子落紅鹽」也。樹有青烏二種，閩人以白者爲青果，粤中止名白欖，不曰青果也。青欖核内仁乾小，烏欖仁最肥大，有文，其味芬如蘭，臭可以香口，絶勝鷄舌香。初嚼苦澀，久之回味乃甘美。王元之比之忠言逆耳，亂乃思之，故一名味諫，又名諫果。粤人有欲效其友忠告者，輒先贈此果。有方欖出廣西兩江洞中，似橄欖而有三角或四角。有波斯橄欖，生邕州，色類相似，但核作兩瓣。《酉陽雜俎》以枝南向者爲橄欖，東向者爲木威。高、雷間則以烏者爲木威，按：木威樹高丈餘，子如橄欖而堅，削去皮可食，有龍□果者，木幹中空，樹有雌雄，雄者不實，雌者不花，雌雄並植始實，實如王瓜。一枝環繞數十枚，煮之味如匏，特出惠州，亦橄欖之類。又，餘甘子。梵書名「菴摩勒」又名「摩勒落迦果」，如梅實，核兩頭鋭，味類橄欖。但橄欖形長而尖，餘甘形圓。其葉如槐，其枝如柘，其花黄，其子大如彈丸。

清 沈曰霖《粤西瑣記》卷一《檳榔》 折東招客，惟官場則然。若士庶家宴會，則以箬葉裹檳榔代柬。應召者則留之，不應召者則還之，若留而不應召，大不可也。

清 王道純《本草品彙精要續集》卷九　海梧子。李時珍曰：「嵇含《南方草木狀》云：『出林邑。樹似梧桐，色白。葉似青桐。其子如大栗，肥甘可食。』」

清 郎廷極《勝飲編》卷一二　椰子榼。《北軒主人詩》：「山客遠貽椰子榼，廚人新製菊苗虀。」

清 汪灝《佩文齋廣群芳譜》卷五七《果譜·橄欖》　《延壽書》：「凡食橄欖，必去兩頭，其性熱也。過白露摘食，庶不病痁。」

又 卷五八《果譜·木瓜》　製用：木瓜性脆，可蜜漬爲果。去子蒸爛，搗泥入蜜與薑作煎，冬飲尤佳。木瓜最療轉筋，如病此，但呼其名，及土上作木瓜字，即愈。凡使木瓜，勿犯鐵器。銅刀削去硬皮並子，切片曬乾，黄牛乳拌蒸，從巳至未，待如膏乃曬用。《會典》中，宣州貢烏爛蟲蛀木瓜，入御藥局，取其陳久無木氣也。木瓜不宜多食，損齒及骨，木桃、木李俱可煎，可糕。羅天益《寶鑑》云：「劉太保日食蜜煎木瓜三五枚，同伴數人皆病淋。以問天益，天益曰：『此食酸所致也，但不食則已。』」木瓜醬：木瓜十兩，去皮細切，以湯淋浸，加薑片一兩，甘草二兩，紫蘇四兩，鹽一兩，每用些少泡湯，沉井中，俟極冷飲之。

清 王鉞《星餘筆記》　波羅蜜。形如冬瓜，外膚礧砢如佛髻。熟時去外殼，内肉層疊如橘囊，味極甘。彼人云：釀酒其中，頃之取飲，最爲香美。子如肥皂核，亦可爓食，味似豆。

檳榔。亦産海南，皮青，幹高條直，亭亭森秀，無柯。葉類桄榔，葉下繫房，房綴數實，實下有棘重纍。廣南最重之，每親朋會合，互相擎送。至于議婚，年帖之外，必用檳榔兼綵画、椰子以爲禮。或邂逅相遇，設檳榔代茶。

羊桃。一名陽桃，緑色明潤，五稜并起，如田家碌碡狀。味極酸，久咀微甘，宜蜜漬。亦名五斂子，南人呼稜爲斂也。范成大《桂海志》謂之「五稜子」。一説廣右人以藥合香能謎人，至夜半方甦，謂之五更醒，唯羊桃咀之立解。

椰子樹出海南，舊傳初栽時用鹽一二斗，先置根下則易發。木幹最長，至斗大方結實，實大如寒瓜，外有麄皮，次有殼，圓而且堅。剖之有白膚，厚半寸，味似胡桃而極肥美，有漿飲之得醉。《伽藍記》所云「酒樹」即此也。又其殼可以爲瓢，一種小者端圓，堪作酒盞，出于文昌、瓊山之境，他處則無。其尤小者，僅如指頂，以爲盃，尤堪玩。

人面子。大如梅李，其核正如人面，兩目口鼻皆具。肉酸無味，以蜜漬之，稍可食。

荔枝，自南越王尉佗以之備方物，于是始通中國，大率嶺以南所在皆有，出新會者名爲進奉，味頗佳。然自識者品之，以爲僅比東閩之下等，若乃風日晴美，果下新熟，摘而食之，清脆如梨，香甘勝橘，雖未能益壽延年，亦自可補髓消渴，誠一方之珍果也。何必陳紫江緑，然後愜意耶？又一種出高潘者，無核，大類雞卵，其昉瑩曰，不減水晶，性熱液甘，乃奇實也。

龍眼名荔枝奴，以荔枝過，龍眼方熟，恰隨乎其後也。然其味亦劣，正堪作奴耳！

柚亦名爲泡，有大于升者，金色爛然，皮有微香，但子苦酸澁，柑橘中下品也。或云出四會者佳，花特奇大，三月間開，氣極清芳，與茉莉、素馨相逼，番人采以蒸香，風味超勝。

南人既喜食檳榔，其法用蛤蜊灰并蔞葉同咀，則不澀。士人家至以銀錫作小合，中爲三室：一貯灰，一貯蔞葉，一貯檳榔。客至，則出以啖客。今北客之仕嶺南者，亦解食之，如啖哀梨矣。余不能然，故是鈍物。

浮桃入水不沉，樹類荔枝而葉稍大，於五月熟，味香甘，以漬酒，大佳，肇、廣間有之。

清 李光地《月令輯要》卷一《歲令上·民用》　檳榔。增《本草綱目》：檳榔樹。旁無枝柯，條從心生。端頂有葉。三月葉中腫起一房，因自拆裂，出穗凡數百顆。又生刺，重累於下，以護衛其實。五月成熟，剥去其皮，煮肉乾之。皮皆筋絲，與大腹皮同也。原《異物志》：「檳榔。實硬如乾棗，以扶留、古賁灰并食，下氣及宿食，白蟲，消穀，飲啖，設爲口實。」

又 卷八《夏令·民用》　椰子實。增《海槎餘録》：「椰子樹初栽時，用鹽一二斗，先置根下則易發，其俗家之周遭必植之。木幹最長，至斗大方結實。摘食時在五六月之交，去外皮則殼實圓而黑潤，肉至白，水至清且甜，飲之可祛暑氣。今行商懸帶椰瓢，是其殼也。」

清 吴震方《嶺南雜記》卷下　宜母。果似橘而酸，醃食甚下氣和胃。婦人懷姙不安，食之良，故有宜母之名。又名宜濛子，製以爲漿，甘酸辟暑，名解渴水，元吴萊有宜漆熟水歌。

檳榔。出海南而偏于兩粵，其樹亭亭直上，近頂五六尺間有葉，葉間洪腫坼裂，□□□子，無花而實。棘針重纍，其下皆黎女採摘入市賣之，謂之山子。食時，一枚切爲四片，以蔞葉、石灰并嚼之，或加椰肉、核桃之類。人客相見，以此先茶然。亦有食之而悶眩汗出者，飲冷水一二口即解。而彼人日不離口，近日，都門酷耆之，甚于粵。

椰子。形如芋頭，如人首外包棕皮，内有堅殼。解之得漿，味如荸薺之汁。附殼白肉如截肪，甘脆可啖，彼人切爲絲，蜜餞以致遠。中有心可食，亦有無心者。其殼爲椀，最小者爲酒盃，尤貴。相傳入蠱鄉用，椰器遇毒即裂，令皆鑲而用之，失其性矣。

黄皮果。大如龍眼，又名黄彈，皮黄白有微毛，瓤白如楮肪，有青核數枚。酸澁不成味，久之少甘，疑即餘甘子。樹似橄欖，緣條開小花，夏木結實，小兒嗜之。

蒲桃。形如蠟丸，大如桃，高丈餘。花開一簇如針，蕊長寸許。五月熟，色青黄，中虚有核如彈丸，摇之有聲，肉鬆而甘。憶幼時在福建永春縣食一種，名香果，形少圓長，肉鬆甘香，異常重握即碎。後兩次入閩，于福省偏覓不可得。羅浮僧云：山中甚多，每熬爲□果以餉客。余亦兩次入粵，未及嘗也。

清 張宗法《三農紀》卷五《果屬・橄欖》 本性：味酸，甘，氣寒。開胃，理氣，止渴，解酒。生食煮食並生津香口。凡食此果，去兩頭，多食致土壅，白露後食不病痁。

又《楊梅》 本性：味酸，氣温，逐痰，止嘔。仁可除疝，多食生熱，久食傷齒，忌與生葱同食。

清 李調元《南越筆記》卷一三《檳榔》 南裔《異物志》：檳榔無花而實，堅如乾棗。以扶留、古賁灰并食，則滑美下氣，及宿食消穀。《南中八郡志》云：土人以爲貴，款客必先進。《鶴林玉露》曰：檳榔食之，醺然頰赤。東坡詩所云「紅潮登頰醉檳榔」也，雖婦女亦競啖之，婚禮用以當委禽，志稱今産瓊州。《廣志》又謂椰樹高六七丈，無枝葉，其實大如寒瓜。其漿美如蜜，飲之乃醉。今産文昌。志云「清漿升許，微酒氣，名曰『椰酒』」。《虞衡志》云：「椰酒新者極清芳。」按：椰子蒂可作念珠，皮可爲器皿。

清 周廣業《過夏續録・檳榔》 檳榔，産嶺南，能下氣，消食。一名賔門、藥餞。（詳《南方草木狀》）北方以爲常食，佳者一枚直五六錢。切作小塊啖之，中鑑鏘牙頰間，頃之吐涎如血，余偶嘗之，真所謂滋味絶媚嫵也。

清 趙學敏《本草綱目拾遺》卷七《椰油》 椰油，（椰中酒，椰膏，椰皮，椰肉。）

《臺灣使槎録》云：「可佐膏火，或云用火炙椰，其油自出。凡揀椰子，以手搖之，聽水聲清亮，則心大而甜，其肉厚。水聲濁則否。」《滙水燕談録》：「椰子生安南及海外諸國，木如椶櫚，大者高百餘尺。花白如千葉芙蓉，一本花不過三五顆，其大如斗至差小，外有黄毛。軟皮中有殼，正類檳榔殼，上有二穴，牙出穴中。殼内類蘿菔皮，味苦，肉極甘脆，蠻人甚珍之。」

劉恂《嶺表録異》：「椰殼中有液數合，如乳亦可飲之，冷而動氣。」《廣果録》：「椰樹高六七丈，直竦無枝，至木末乃有葉如束蒲，長二三尺，花如千葉芙蓉，白色，終歲不絶。葉間生實如瓠繫，房房連累，一房二十七八實或三十實，大者如斗，有皮厚苞之，曰『椰衣』。皮中有核甚堅，與膚肉皆緊著皮，厚可半寸，白如雪，味脆而甘，膚中空虚。又有清漿升許，味美於蜜，微有酒氣，曰『椰酒』。蘇軾詩：『美酒生林不待儀』，言椰中有自然之酒，不待儀狄而作也。」《廣東名勝志》：「文昌縣玉陽山椰子最多，大三四圍，高二三丈，通身無枝，至百餘年纔有葉。三月花連著實，房房三十或二十七八子，至六月熟，七月收。」

療齒疾、凍瘡，（《粵志》）祛暑氣，（《華夷花木考》）治消渴，塗髭髮立黑。（《滙水燕談録》）

椰中酒。《食物考》：「緬甸有樹頭酒，即椰子中漿汁也。」《華夷花木考》載：林邑王與南越王有怨，遣刺客匕其首，梟之樹上，化爲椰子樹。當刺時，王方大醉，故椰漿如酒，飲之醉人。

祛風，消水腫，止吐血，塗頭黑髮。然多食昏人，動氣，增渴，性温故也，久服可烏鬚。（《食物考》）

椰膏。粵載：椰子殼，土人取以熬膏，色黑如漆，塗癬良。

椰皮。煮汁，止血，療吐逆。（《滙水燕談録》）

椰肉。益氣、生風。（《滙水燕談録》）

荳蔻檳榔　此即《綱目》檳榔註内所云「蒳子」是也。形如雞心，一頭尖，一頭圓，僅如小指大，外有殼包之，殼白色如荳蔻。形尖如橄欖，長不及半寸，藥肆每於荳蔻中撿出，每荳蔻一觔不過數粒，價亦倍。廣南檳榔亦無有專貨之者，或云此種始爲雞心檳榔，廣南所市者皆山檳榔，及大腹子而已。時珍循竺氏説，以山檳榔爲蒳子，恐悮。

治反胃噎膈，餘功與廣檳榔同。

按：《百草鏡》：「檳榔。今藥肆所市者形扁而圓大，乃大腹子，俗名雌檳榔。一廣東文昌縣出者名文昌子，尖小者名「主賜檳榔」，又名「喫子」。其形長尖，狀如雞心，內有錦紋，又名雞心檳榔，即雄檳榔也。另有一種雞心檳榔來自洋舶，從白荳蔻內揀出，極罕有，形亦長尖，極小，外有殼，儼如棗核，故又呼「棗核檳榔」，入藥最勝。

又 卷八《烏欖仁》 出廣東，今果肆皆有市者。皮黄黑色，肉白有文。層疊如海螵蛸狀，酒筵中以爲豆籩食品。《綱目集解下》云：「烏欖。青黑肉爛而甘，取肉搥碎，放乾，自有霜如白鹽，謂之欖醬。其子仁肥大，名欖仁。而主治所載悉言：白欖即今常食之青果，又所載欖仁可治吻燥者，亦指青菓核中仁而言，非指烏欖仁也，今採嶺南果録中，補其遺。」按：《粤志术語》：「橄欖有青烏二種，閩人以白者名青果，粤中止名白欖，不曰青果也。」白欖利微人少種焉，烏欖下番禺諸鄉皆種之。種至二年，其秧長八九尺，必扦之，乃結實。扦至三年而子小收，十年而大收矣。其樹本高而端直，多獨幹，至頂乃布枝柯。有雌有雄，雄爲主，雌爲客，猶婦之歸於夫也。子如棗大，長寸許，光無稜瓣，先生者下向，後生者上向。八九月熟，梯子擊以長竿，或刻其幹東寸許，納以紅鹽，則其幹東子落，刻其幹西或南北亦然。古詩所云：「紛紛青子落紅鹽」也。烏欖子大，肉厚，其性温，故味濇，甘，以温水泡軟，俟紫脂浮起溢出乃可食。水冷則生膠，熱則肌膚反實，故必温水之和，乃醇其性，亦有婉諫之道焉。總二欖論之，白欖雄而烏欖雌，白屬陽而烏屬陰，陽故色白而行氣，陰故色紅而補血。惟烏者陰，故有仁可食；白者陽，故仁小而不成，此其別也。仁味甘淡潤肺，下氣補血，殺諸魚毒。

又 《黄皮果》 《廣志》：黄皮果。狀如金彈，六月熟，其漿酸甘似葡萄，與荔支並進。荔支饜飫，以黄皮果解之，諺曰：「饑食荔支，飽食黄皮。」《綱目》於果部附諸果條下，僅引《海槎録》云：「出廣西横州，狀如楝子及小棗，味酸。至其功用，並未之及焉，今依《廣志》補之。」消食順氣，除暑熱。（《廣志》）酸，平，無毒。主嘔逆痰水，胸膈滿痛，蚘蟲，上攻心下痛。（《食物本草》）

敏按：《廣東瑣語》載：「果中有白蠟子，與黄皮果絶相似，而味尤勝，諺有云：『黄皮白蠟，甜酸相雜。』想功亦不甚遠也。」

《廣東通志》：「黄皮果。大如龍眼，又名黄彈子，皮黄白，有微毛，瓤白如肪。有青核數枚，甚酸澀。食荔支太多，用黄皮果解之。」

清 陸烜《梅谷偶筆》 藏橄欖法：擇園林中大竹一株，去梢，通其節，以橄欖實之，用箬封固。橄欖藉竹生氣，不腐爛，亦不枯瘁。欲用則鋸一節，用之仍封固如初，可藏至七八月。以之點茶，香美逾常。

清 嘉慶《廣西通志》卷九〇《輿地略十一·物産二》 思恩府。橄欖，各縣俱出。（《金志》）樹枝皆高聳，其子深秋方熟，南方争重。生咀嚼之味雖苦澁而芬香，勝於含雞舌香。（《嶺表録異》）

又 卷九一《輿地略十二·物産三》 平樂府。黎母，賀州貢黎母汁二缾，開實四年準宜旨進。（《寰宇記》）黎朦子，如大梅，復似小橘，味極酸。（《虞衡志》）番禺人多不用醯，專以此物調羹，其酸可知。又以蜜煎鹽漬，暴乾收食之。（《嶺外代答》）宜母，果似橘而酸，醃食，甚下氣和胃，婦人懷妊不安，食之良。故有宜母之名。又名宜濛子，製以爲漿，甘酸辟暑，名解渴水。元吴萊有《嶺南宜濛解渴水歌》。（《嶺南雜記》） 吴萊詩：「廣州園官進渴水，天風夏熟宜濛子。百花醞作甘露漿，南國京成赤籠髓。棕櫚亭高内撤餐，梧桐井壓滄江乾。柏觀金莖擎未濕，藍桥玉臼擣空寒。小甖封出香覆錦，古鼎頁餘聲撼寝。酒客心情辟酒兵，茶僧手段侵茶品。阿瞞口酸那得梅，茂陵肺消誰賜栝。波奪胡蘇有氣味，波疑海椹無塵埃。向來暑殿評湯物。沈木紫蘇聞第一。」

烏欖。如橄欖，青黑色，肉爛而甘。（《虞衡志》）可作蔬茹，核差長，其中仁，味鬆美，薦酒泛茶皆珍。相餽遺者，獨以核致遠，微暴乾，椎取仁。（《嶺外代答》）烏欖，一名木威子，乃橄欖之大者。蒂有臭味，大遜。橄欖，士人取其肉醃爲菹，名曰欖豉。色如玫瑰，味頗雋。又可榨油，調食點燈，其仁則爲佳果以致遠。然不善收藏輒油不可食。其皮染物鮮紅如茜，其核可爲薪。（《嶺南雜記》）梧俗多種烏欖，醃爲菹，曰欖豉。（《府志》）

六旺，即九層皮，色黑，其實如栗。（《金志》）

卍字果，生食香甘。（《府志》）

黄橄欖，味甘温，煮食治酒毒。（同上）

波羅蜜，大如冬瓜，外膚磊砢如佛髻，削其皮食之，味極甘。子練悉如冬瓜，生大木上，秋熟。（《虞衡志》）波羅蜜樹，高五六丈，樹類冬青而黑潤倍之，葉極光浄，冬夏不凋，樹至斗大方結實。不花而實，出於枝閒，多者十數枚，少者五六枚，大如冬瓜，外有厚皮裹之若栗毬，上有軟刺磊砢。五六月熟時，顆重五六斤，剥去外皮，殼内肉層叠如橘囊，食之味至甜美如蜜，香氣滿室。一實凡數百核，核大如棗，其中仁如栗黄，煮炒食之，甚佳。果中之大者，唯此與椰子而已。（《本草》）波羅蜜，大如瓜，味極甘。（《府志》）

清 嘉慶《延安府志》卷三三《户略二·物産》 安塞縣。木瓜産崖壑間，極蕃盛，野人取作油。

清 嘉慶《雲霄廳志》卷二《紀遺》 浦人行聘，常禮之外，必用荖葉檳榔，以當果疏。二物非浦産，浦人用之似無謂，或曰荖取偕老，檳榔取與郎相敬如賓。又以糖爲牌，女家報以麵棗，牌形方，棗形圓，陰陽相答之義也。（《浦邑志》）

清 道光《廣東通志》卷九七 椰冠。過姪，寄椰子冠。（詩見蘇轍《灤城集》）椰子，外包棕皮，内有堅殼。可爲椀，最小者爲酒盃，尤貴。入蠱，鄉用椰器，遇毒即裂。今皆鑲而用之，失其性。（《嶺南雜記》）有一種石椰，生子絶小，止可作酒盃。白色者尤貴，注：酒遇毒輒沸起。唐李衛公征蠻時，常配一椰杯於玉帶環中，大者爲瓢，爲椀。（舊《廣州府志》）椰子出瓊州，而製器則廣州。（《郝志》）

清 趙古農《檳榔譜》 檳榔。一名賓門，一名仁頻，見司馬長卿《上林賦》。又一名洗瘴丹，尖長有紫文者爲檳，圓大而矮者爲榔。榔力大，檳力小。陶宏景又謂其向陽者爲檳榔，向陰者爲大腹子。然亦不必細分，但以其狀作雞心，破之肉作錦文者貴。其木大如桄榔，高五七丈，正直無枝，皮似青桐，節如桂竹。葉生木巔若楯頭；又似芭蕉條脈開破，風來動之，如扇之摇。三月，葉中腫起作一房，因自拆裂，出穗凡數百實，實大如李，皆有皮殼，又生刺重累於下，以護其實。五月成熟，剥去其皮，煮肉曬乾，堅如乾棗，以扶留葉、牡蠣灰同咀嚼之，吐出紅水一二口，則柔滑甘美，不澀云。

檳榔種類不一，《本草》以小而味甘者爲山檳榔，大而味澀者爲豬檳榔，最小者爲蒳子。

清 徐懷祖《臺灣隨筆》卷一 臺地物産無異中原，略載其異者。波羅蜜，自荷蘭移種，大如斗，甘如蜜香，樣大如雞子。味甘色黄，其根在核，然不能如荔走長安也。照殿紅樹甚高，花如巨觥，色紅無二樹。蘭如珠蘭，然亦喬柯修幹。竹多叢生，節疏葉長，至冬則其葉盡落，及春復生，頗似江柳，象齒有實可食。林茶亦内地所無，惟鱗介之族，其形殊異者，不可殫述。

清 光緒《遵義府志》卷一七 楊梅。《北户録》：「楊梅。播州有白色者，甜而絶美。」《周必大次韻楊梅詩》：「越人一枝古所重，蜀無他楊譜則回。」《通志》：「楊梅出綏陽、仁懷二縣。」按：各屬並多。

清 魏茂林《駢雅訓纂》卷六 宜母，黎朦，酢果也。《桂海虞衡志·果志》：「黎朦子。如大梅，復似小橘，味極酸。」《廣東通志·九十五·物産·二果類》：「黎朦子，又名宜濛子，又名宜母。果似橙而小，二三月黄色，味極酸，婦人懷妊不安，食之良，故有宜母之名。」原注：《舟車聞見録》：「朦，音濛。」

清 太醫院《藥性通考》卷三《橄欖》 味酸，甘，氣温，無毒。入肺胃脾三經，生津開胃，消酒解血毒，化魚鯁。

清 光緒《番禺縣志》卷六《輿地》 廣人喜食貯榔，富者以金銀，貧者以錫，爲小合，雕嵌人物花卉，務極精麗。中分二隔，上貯灰臍、蔞鬚、檳榔，下貯蔞葉。食時先取檳榔，次蔞鬚，次蔞葉，次灰。凡四物，各有其序，蔞鬚或用或不用，然必以灰爲主。有灰而檳榔、蔞乃回甘，以龍鬚草織成，大小相函，廣三寸許，四物悉貯其中，隨身不離，是曰「檳榔包」。

清 光緒《新甯州志》卷二《風俗》 婚聘不重財禮，用檳榔、豬酒遍分親族，新婦見姑嫜，命之乃坐。女生子須母家送銀項圈，方攜外孫登母門。凡會親非檳榔不行，客至茶罷，進以檳榔。

清 光緒《畿輔通志》卷七四 木瓜，齊孝昭北伐庫莫奚，至天池，以木瓜灰毒魚。（《三國典》引）正定府産木瓜。（《金史·地理志》）

清 光緒《鬱林州志》卷四《風俗》 俗重檳榔。賓入門奉茶後，即獻檳。若倉卒可無茶，不可無檳。宴會請客，先之以檳榔。若辭者，檳亦不敢領。以及成事散事，一以檳榔爲憑，無或敢改悔。

清 光緒《永定縣鄉土志》卷四《物産志》 木瓜。特産，販運出洋，用以染谷種顔色，與棓子同一功用。近歲收采者衆，歲約數千茨，皮可漿網，凍緑可染布。本境無他製造，悉運并他境出售。

紀事

唐 李延壽《南史》卷一五《劉穆之傳》 穆之少時，家貧誕節，嗜酒食，不修拘檢。好往妻兄家乞食，多見辱，不以爲耻。其妻江嗣女，甚明識，每禁不令往江氏。後有慶會，屬令勿來。穆之猶往，食畢求檳榔。江氏兄弟戲之曰：「檳榔消食，君乃常飢，何忽須此？」妻復截髮市肴饌，爲其兄弟以餉穆之，自此不對穆之梳沐。及穆之爲丹陽尹，將召妻兄弟，妻泣而稽顙以致謝。穆之曰：「本不匿怨，無所致憂。」及至醉飽，穆之乃令厨人以金柈貯檳榔一斛以進之。

又 卷五九《任昉傳》 昉父遥本性重檳榔，以爲常餌，臨終嘗求之，剖百許口，不得好者，昉亦所嗜好，深以爲恨，遂終身不嘗檳榔。

明 馬歡《瀛涯勝覽》 國人坐卧無床凳，吃食無匙筯。男婦以檳榔荖葉聚蜊灰不絶口，欲吃飯時，先將水嗽出口中檳榔渣，就洗兩手干净，圍坐，用盤滿盛其飯，澆酥油湯汁，以手撮入口中而食。若渴則飲水，遇賓客往來無茶，止以檳榔待之。

清 汪灝《佩文齋廣群芳譜》卷五七《果譜·橄欖》 《名醫録》：「吴江一富人食鱖魚，骨鯁胸中不可下，有漁人教以食橄欖。時無此果，以核爲末，水調服之而瘳。漁者曰：橄欖木作取魚棹篦魚，觸之即浮出，是以知魚畏橄欖也。」

又 卷五八《果譜·木瓜》 《明皇雜記》：「元獻皇后思食酸味，明皇以告張説，因進經袖出木瓜，以獻。」《三國典畧》：「齊孝昭北伐庫莫奚，至天池，以木瓜灰毒魚。」

又 卷九九《藥譜·檳榔》 宋《類苑》：「南海地氣暑濕，人多患胸中痞滯，故常啗檳榔數十口，加以蔞藤、蜊蚬灰同咀之，液如朱色。程思孟知番禺，凡左右侍史啖檳榔者，悉杖之。或問其故，曰惡其口唇如潄血耳。」

《嶺表録異》：「安南自嫩及老，採檳榔實啖之，自云交州地温，不食此無以祛其瘴癘。廣州亦噉檳榔，然不甚於安南也。」

藝文

宋 蘇軾《東坡全集》卷二六《食檳榔》 月照無枝林，夜棟立萬礎。渺渺雲間扇，蔭此九月暑。上有垂房子，下繞絳刺禦。風欺紫鳳卵，雨暗蒼龍乳。裂包一墮地，還以皮自煮。北客初未諳，勸食俗難阻。中虚畏泄氣，始嚼忽半吐。吸津得微甘，著齒隨亦苦。面目太嚴冷，滋味絶媚嫵。誅彭勳可策，推轂勇宜賈。瘴風作堅頑，導利時有補。藥儲固可爾，果録詎用許。先生失膏粱，便腹委敗鼓。日啖過一粒，腸胃爲所侮。蟄雷殷臍腎，藜藿腐亭午。書燈看膏盡，鉦漏歴歴數。老眼怕少睡，竟使赤眥努。渴思梅林嚥，饑念黄獨舉。奈何農經中，收此困羈旅。牛舌不餉人，一斛肎多與。乃知見本偏，但可酬惡語。

宋 李綱《梁谿集》卷二四《檳榔》 踈林蒼海上，結實已纍纍。煙濕頳虬卵，風摇翠羽旗。飛翔金鸑鷟，掩映獐龍兒。濩落哈椰子，勻圓訝荔支。當茶銷瘴速，如酒醉人遲。蔞葉偏相稱，蠃灰亦謾爲。乍餐顔愧渥，頻嚼齒愁疲。飲啄隨風土，端憂化島夷。

宋 黄庭堅《山谷集》卷六《次韻任道食荔枝有感三首》 一錢不直程衛尉，萬事稱好司馬公。白髮永無懷橘日，六年惆悵荔支紅。

今年荔支熟南風，莫愁留滯太史公。五月照江鴨頭緑，六月連山柘枝紅。

舞女荔支熟雖晚，臨江照影自惱公。天與蹙羅裝寶髻，更挼猩血染殷紅。

宋 洪炎《西渡集》卷上《初食生荔枝》 六月寓閩山，初逢荔枝丹。皺紅分顆顆，凝白作團團。品目誠無限，珍甘擬亦難。不勞走馬使，安坐得加餐。獨擅東南美，誰如十八娘。笑顰俱有味，朱粉不迷香。璀璨珠生掌，清泠露入囊。風流須第一，飣座每難忘。

宋 陳襄《古靈集》卷二二《荔枝歌》 番禺地僻嵐烟鏁，萬樹纍纍産嘉果。漢宫墜落金莖露，秦城散起驪山火。炎炎六月朱明天，映日仙枝紅欲燃。自古清芬不能遏，留得嘉名爲椹仙。上皇西去楊妃死，蠻海迢迢千萬里。華清宫闕閴無人，南來不見紅塵起。至今榮植徧閩州，離離朱實繁星稠。一日爲君空變色，千里憑誰速置郵。可憐錦幄神仙侣，爲飲凝漿滌煩暑。綺筵不惜十千錢，酩酊秦樓桂花醑。秦樓女子繡羅裳，鳳簫嗚咽流宫商。醉歌一曲荔枝香，席上少年皆斷腸。

宋 戴復古《古屏詩集》卷一 久寓泉南，待一故人消息，桂隱諸葛如晦謂客舍不可住，借一園亭安下，即事凡有十首。寄跡小園中，自笑客異鄉。東家送檳榔，西家送檳榔。咀嚼唇齒赤，亦能醉我腸。南人敬愛客，以此當茶湯。慇懃謝其來，此意不可忘。

元 劉因《靜修集》卷一四《荆南送橘》 江淮草木少生意，今日佳果來何奇。枯苗一溉自此見，入手即有甘棠詩。眼中風露瀟湘姿，渺我幽林千樹思。只恐江聲撼吾枕，相看對坐寒更遲。

又《飲仲誠椰瓢》 君家瓠落無所容，江湖誰辨平生胷。海南佳氣久鬱塞，灔灝似喜今相逢。前年對酒面發紅，今年對酒氣如虹。江山萬古騷人國，跬步便與華胥通。河間古儒病我拘，聞我一飲喜氣濃。平生得意南湖張，此意頗與河間同。太古窪尊老無底，一朝傾倒何由供。醉鄉千年有此客，鳥歌蝶舞春濛濛。醉翁之意不在酒，宛如琴意非絲桐。太和風境無酩酊，洛陽樓閣高玲瓏。泠然仙馭一杯水，眼中渺渺無極翁。西家伯倫聱且聾，東家醉死王無功。酒中醒境渠未識，冰壺秋月崑崙峯。舉杯喚月來胷中，人間白日浮雲空。五嶺山高雲幾重，朱崖滅没南飛鴻。玄鶴翩翩渺何許，操瓢徑訪眉山公。

明 宋訥《西隱集》卷一《椰子酒瓢賦爲知滑縣事諸君仲仁作君前雷州遂溪縣丞》 祝融之荒，朱崖之疆，有木維椰，花實同芳，葉毰毸乎鳳尾，樹彷佛乎檳榔。融瘴雨之滋養，受海風之吹揚，凝鯨波之潤澤，孕蜃氣之光芒。竹長節兮下生，雀五色兮上翔。採一殼之貞姿，破半瓠之異常。不深而玄，不老而蒼。訝琢疑雕，離圓遯方。謂爲匏耶而非濟水之具，謂爲螺也而無掩甲之鉎。制作合自然之度，規模豈杞柳之戕。薄臨池之荷杯，輕隨波之羽觴。尊藤瘻兮土苴，卮竹根兮粃糠。憎一杯之鸚䳘，姤雙螯之鴛鴦。斟酌乎真一之醞，輪寫乎波若之揚。納麴生之風味，支陸酯之壺觴。齊列並陳，雖翠勺銀罌之屬無忝先後；爭操競執，雖嵇康、阮籍之徒亦效奔忙。注春色于蒼顔，添風韻于紅粧。踈水部之醒何，親酒泉之渴羌。素過乎陶匏之質，貴饒于金玉之相。箕山之許由未棄，陋巷之顔子不將。若夫公子高樓，豪客畫堂，銀屏前列，綉幙後張。薦瓊酥之炙鵝，封杏酪之蒸羊；綠醅漲竹葉之釀，紫霞溢葡萄之漿。夜月秦若蘭，春風杜韋娘。或妙舞兮垂手，或清歌兮遶梁。巧笑仙容，轉宮腰之猗儺；懷春翠袖，露玉笋之纖長。澆彼磊塊之胷，傾此瀲灔之香。銀甖落兮在側，金叵羅兮在傍。瓢于斯時，孰低孰昂。負清標與雅致，任酣顛而醉狂。又若幽人草亭，高士山房。詩禮之庭，翰墨之場。逍遥兮蘭佩葛巾，優雅兮野服雲裝。杜甕半開，香醲醱乎蟻緑；郫筒初斷，色淺泛乎鵞黄。縷銀絲之鱸鱠，研金膏之蟹匡。新洞庭之緑橘，嘉糟丘之紫蕫。冠者數人，童子兩行。再獻不假于歌喉，一傾直潤乎詩腸。滴殘瀝于布袍，散餘馨于銀鐺。瓢于斯時，價比琳瑯，視金罍而不恥，顧瓦盆而有光。有美一人，邦家俊良，典六藝于文教，肅三語於憲綱。蔚贊畫之才華，近池上之鳳凰。出貳遂溪，來宰靈昌。昔訪茲瓢，得于雷陽，封以溪藤之紙，韜以蜀錦之囊。逮琴堂之公暇，時會友以徜徉。精麴蘖以作醴，潔甘旨而起嘗。味過杜康，客邀宋庠。幕賓之丰儀俊逸，廣文之環珮鏗鏘。掛一幅之墨梅，設四位之胡床。爇水沉兮霏微，燒銀燭兮熒煌。乃命愛子，鑰啟筠箱，出清賞于勝集，樂良夜之未央。蔬如瓊芝，果剥栗穰；肴佳山雉，味美河魴。一酬一酢，和敬交彰，一奠一舉，賓主相忘。延席上之歡伯，拓樽前之醉鄉，引青州之從事，啖湯餅于何郎。宜賢侯之特達，重此器如圭璋。嗚呼！海中之洲，瓊山效祥。實産椰子，大小莫量。懿爲瓢而爲榼，亦風土之木强。來中華兮萬里，幾山海兮梯航。物遠見珍，愛之恐傷。木靈知毒，驗之允臧。杳窮陬之地理，恨考索之未詳。吾將假之，過黄公之壚；持之，唤西家之墻。曠席地而幕天，脱聲鎖而名韁。屬一瓢于海神，追祕怪于渺茫。酹一瓢于坡仙，予謫居之聞望。盡南海于一吸，嗽嶺島之風霜。倒着白接䍦，翻污雲錦裳。揖羣彦兮歸來，拂醉袖于縑緗，承主人之索賦，聊染翰以成章，願常加乎洗滌，示清白以保藏。

明 錢穀《吴都文粹續集》卷二七《花果》 《食楊梅》（薛章憲）南村諸楊傳自古，人道卞山勝聚隖。吴船已備宿舂糧，盡説道遠且多虎。闔閭城中十日留，捨得二南東道主。鵓鴣饒舌管陰晴，意在布穀宜甘雨。物無兩便可奈何，忍見紛紛委泥土。荷擔入市走歷碌，憔悴滿筐多呰窳。終朝傴僂手自掇，尚冀拔十可得五。猶勝居家不出門，日日檐頭俱莽鹵。醉後還求茗醉君，繫船門外垂楊浦。主人好事甘足繭，走使山中懸重估。倏見堆盤置我前，出自望外喜欲舞。屬國還憐得乳羝，詩人肯信無童羖。省煩不及閔仲叔，刻畫從人笑傖父。

明 潘塤《楮記室》卷一五《橄欖詩》 江南多果實，橄欖爲最奇。北人將就酒，食之先顰眉。皮肉苦且澀，瀝口復弃遺。良久有回味，始覺甘如飴。我食何所喻，喻彼忠臣辭。直道逆君耳，斥退投天涯。世亂思其言，噬臍焉能追。寄語採詩官，母輕橄欖詩。

明 于慎行《穀城山館集》卷一六《七言律詩・賜鮮楊梅》 臙脂濕暈火珠紅，吴苑楊梅入漢宮。帆帶春冰江上水，盤分曉露禁門中。曾聞枝裊闕前月，似聽花飄笛裏風。消渴詞臣空有賦，慚無鼎實附羣公。

清 宋犖《西陂類稿》卷一〇《漫堂草椰子》 異果分來自嶺南，椶皮剥盡殼中含。白膚盈寸驚初剖，清液霑脣得半酣。葉少林高傳載籍，品奇味別帶煙嵐。非同蒟子徒爲醬，留作詩瓢掛草菴。

又 卷二二《聯句集・木瓜聯句》 嘉果美中州，碩大懸楙木。爇檀香勝棠，烝栗色媲玉。種處異東門，摘日當西陸。（牧仲）李生怪心空，柰似喜瓣簇。數枚燕公袖，五株華林曲。（介維）實成壓哀棃，花發值杏粥。刪葉煩郇翁，綴枝駭園鹿。（至）斗漫誇赤萍，卵或遺黄鵠。鑾櫨顆遜芳，諫果品同肅。（牧仲）鹽山恨未登，何賦快曾讀。光怪金壘柯，聲價珠傾斛。（至）臼瓜省鋤勞，非棗惱鄰撲。韻繼萬卉凋，收比五穀熟。啄防大觜烏，蠹剔在桑蠋。（牧仲）攀取得團圞，拂拭藉巾服。（至）素商吹自幽，青女飽更馥。藥物宜城良，土賦杭湖足。（介維）裝疑海國珍，榷慮關門酷。（牧仲）郵遞競兼程，稛載妙盈簏。（介維）聽鸝鄙一雙，耀車當二六。懷橘自徒爾，過江能化不。（牧仲）濡澤佛手慙，氤氳仙掌（出嶺南）恧。（至）持贈燦筐筐，護惜視寒燠。（牧仲）磊砢幽人喜，饕餮稚子欲。（至）盤盎位置高，橙柑娣姒屬。雖謝霜柚圓，頗笑凍芋縮。（牧仲）種憶黄臺分，蔓匪朱陵續。蜜脾潤詎乾，砂斑點未浴。供訝緱氏埋，削宜公輸督。（介維）當俎菌蠢敲，縈座霏微獨。（牧仲）冰骨傲雪霜，膩色逞膏沐。侑酌薰夕牕，伴書媚朝旭。（至）鼻觀趁静便，手弄戒迫促。（牧仲）釀酒和秫穄，瘳痾薄參茯。（至）豈惟呈陸離，兼能已拳蹙。（介維）夥薦傍畫屏，醉攫翻碁局。釋名酢可餐，御冬旨偕蓄。（牧仲）酸苦愁客心，苞苴感末俗。宛將梔蠟摶，那異鬱金築。（介維）三復報琚篇，相投莫碌碌。（牧仲）

清 孫原湘《天真閣集》卷二四《橄欖》 一夕紅鹽落滿林，登盤風味太森森。圓微□角渾無碍，青自初生直到今。帶澀畧含酸子氣，回甘纔識諫臣心。核中藏得青蓮蘂，留與蘭紅鬥夜深。

清 方濬頤《二知軒詩鈔》卷一一《古今體詩・詠果・黄皮》 炎炎火繖下，鑄出金彈丸。食之飽轉飢，（諺曰：「飢食荔枝，飽食黄皮。」）味乃甘兼酸。能消虬珠熱，不殊龍眼團。儕以白蠟子，（亦果名，與黄皮相似）暑天清肺肝。

圖表

元 忽思慧《飲膳正要》卷三 木瓜。味酸，温，無毒。主濕痺邪氣，霍亂吐下，轉筋不止。

木瓜

楊梅。味酸，甘，温，無毒。主去痰，止嘔，消食，下酒。

楊梅

橄欖。味酸，甘，温，無毒。主消酒，開胃，下氣，止渴。

橄欖

其他果類

論　説

元　胡古愚《樹藝篇·木部》卷四《槻》　槻，按本志，似楝而葉小，可染烏；子可象斗，可食，出邵武。（《閩通志》）槻，考《土篇》無此字，詢其鄉人，讀如覩音。其樹頗高大，葉畧似桂葉，《馮志》似謂「楝而葉小」誤矣！其子如苦櫧，圓而稍長，鄉人去其殼而磨之，料理作涷，亦可食也。（《邵武府志》）

明　張萱《彙雅後編》卷二二《活苋》　羅願曰：「《爾雅》：『離南，活苋。』今通脱木也。《山海經》名『寇脱』（考）生山側，高丈許，葉如萆麻。花上有粉，莖中有瓤，輕白可愛。女工取以飾物。」按：此物爲飾，不知起自何世。漢王符《潛夫論》固已譏花采之費，至梁宗懔記荆楚之俗，四月八日有染絹爲芙蓉，捻蠟爲菱藕，亦未有用此物者，今通行於世矣。亦用蜜藏食之，今俗謂之通草。按：通草，作藤蔓，大如指，其莖幹大者，徑三寸。每節有二三枝，枝頭出五葉。夏秋開紫花或白花，結實如小木瓜，核白瓤黑，食之甘美。南人謂之「燕覆」，亦云「烏覆」，非此類也。

又　卷二六《欓》　羅願曰：「《風土記》：『三香椒，欓藙欓，出閩中江東，其木似椿，莖間有刺，子辛辣如椒，南人淹藏以爲果品，或以寄遠。』《吴越春秋》曰：『越以甘蜜丸欓報吴增封之禮，則欓之相贈尚矣。』宋義熙八年，大社，欓木生於壇側，欓尚黑也，宋水德，忽生比木。」

綜　述

晉　嵇含《南方草木狀》卷上　蒟醬，蓽茇也。生於蕃國者大而紫，謂之蓽茇。生於番禺者小而青，謂之蒟焉。可以爲食，故謂之醬焉。交趾、九真人家多種，蔓生。

又　卷下　人面子，樹似含桃，結子如桃實，無味，其核正如人面，故以爲名。以蜜漬之，稍可食。以其核可玩，於席間飣餖禦客，出南海。

晉　崔豹《古今注》卷下　棘實如棗，杼實爲橡，桑實爲椹，楮實爲任。

北魏　賈思勰《齊民要術》卷一〇《棪》　《爾雅》曰：「棪，槤其也。」郭注曰：「棪，實如奈，赤，可食。」《爾雅》曰：「劉，劉杙也。」郭璞曰：「劉子，生山中。實如梨，酢甜，核堅。出交趾。」《南方草物狀》曰：「劉樹，子大如李實。三月花色，仍連著實。七八月熟，其色黄，其味酢。煑蜜藏之，仍甘好。」

又　《沙棠》　《山海經》曰：「崑崙之山有木焉，狀如棠，黄華赤實，味如李而無核，名曰『沙棠』。可以禦水，時使不溺。」《吕氏春秋》曰：「果之美者，沙棠之實。」

又　《柤》　《山海經》曰：「蓋猶之山，上有甘柤，枝榦皆赤黄，白花黑實也。」《禮·内則》曰：「柤梨、薑桂。」鄭注曰：「柤，梨之不藏者，皆人君羞。」《神異經》曰：「南方大荒中有樹，名曰『柤』。二千歲作花，九千歲作實。其花色紫。高百丈，敷張自輔。葉長七尺，廣四五尺，色如緑青。皮如桂，味如蜜；理如甘草，味飴。實長九圍，無瓤、核，割之如凝酥。食者，壽以萬二千歲。」《風土記》曰：「柤，梨屬，内堅而香。」《西京雜記》曰：「蠻柤。」

又　《鬼目》　《廣志》曰：「鬼目，似梅，南人以飲酒。」《南方草物狀》曰：「鬼目樹，大者如李，小者如鴨子。二月花色，仍連著實。七八月熟。其色黄，味酸；以蜜煑之，滋味柔嘉。交趾、武平、興古、九真有之也。」裴淵《廣州記》曰：「鬼目，益知，直爾不可噉；可爲漿也。」《吴志》曰：「孫皓時有鬼目菜，生工人黄耇家。依緣棗樹，長丈餘，葉廣四寸，厚三分。」顧微《廣州記》曰：「鬼目，樹似棠梨，葉葉如楮，皮白，樹高。大如木瓜，而小邪傾，不周正，味酢。九月熟。又有『草味子』，亦如之，亦可爲糝用。其草似鬼目。」

又　《枸櫞》　裴淵《廣州記》曰：「枸櫞，樹似橘，實如柚大而倍長，味奇酢。皮以蜜煑爲糝。」《異物志》曰：「枸櫞，似橘，大如飯筥。皮不香。味不美。可以浣治葛、苧，若酸漿。」

又《蒟子》竺法真《登羅浮山疏》曰：「山檳榔，一名『蒟子』。幹似蔗，葉類柞。一叢千餘幹，幹生十房，房底數百子，四月採。」

又《楂》《廣志》曰：「楂查，子甚酢。出西方。」

又《桶》《廣志》曰：「桶子，似木瓜，生樹木。」

《南方草木狀》曰：「桶子，大如雞卵。三月花色，仍連著實。八九月熟。採取，鹽、酸漚之，其味酸醋；以蜜藏，滋味甜美。出交趾。」

劉欣期《交州記》曰：「桶子，如桃。」

北魏 酈道元《水經注》卷三六 其城隍壍之外，林棘荒蔓，榛梗冥鬱，藤盤筆秀，參錯際天。其中香桂成林，氣清煙澄。桂父，縣人也，棲居此林，服桂得道。時禽異羽翔集間關，兼比翼鳥不比不飛，鳥名歸飛，鳴聲自呼。此戀鄉之思，孔悲桑梓之敬成俗也。

唐 段成式《酉陽雜俎》卷一八 没樹，出波斯國，拂林呼爲阿縒。長一丈許，皮青白色，葉似槐葉而長，花似橘花而大，子黑色，大如山茱萸，其味酸甜可食。

宋 沈括《夢溪筆談·補筆談》卷下《枳殼與枳實》 六朝以前醫方，唯有枳實，無枳殼，故《本草》亦只有枳實。後人用枳之小嫩者爲枳實，大者爲枳殼，主療各有所宜，遂別出枳殼一條，以附枳實之後。然兩條主療，亦相出入。古人言枳實者，便是枳殼。《本草》中枳實主療，便是枳殼主療。後人既別出枳殼一條，便合於枳實條内摘出枳殼主療，別爲一條，舊條内只合留枳實主療。後人以神農本經，不敢摘破，不免兩條相犯，互有出入。予按，神農本經枳實條内：「主大風，在皮膚中，如麻豆苦痒，除寒熱結，止痢，長肌肉，利五臟，益氣輕身，安胃氣，止溏泄，明白。」盡是枳殼之功，皆當摘入枳殼條。後來別見主療，如通利關節，勞氣咳嗽，背膊悶倦，散瘤結，胷脅治痰，逐水，消脹滿、大腸風，止痛之類，皆附益之，只爲枳殼條。舊枳實條内稱：「除胷脅痰癖，逐停水，破結實，消脹滿，心下痞痛，逆氣。」皆是枳實之功，宜存於本條，別有主療，亦附益之可也。如此，二條始分，各見所主，不甚相亂。

宋 周去非《嶺外代答》卷八《花木門·紅鹽草果》 邕州取新生草果，入梅汁鹽漬，令色紅，暴乾，薦酒，芬味甚高，世珍之。草豆蔻始結實如小舌，即擷取，紅鹽乾之，名鸚哥舌，尤爲難得。一廬山茶罐，可貯五百枚。

宋 羅願《爾雅翼》卷九 古者人君燕食所加庶羞，凡三十一物，其果則有蔆、椇、棗、栗、榛、柿、瓜、桃、李、梅、杏、楂、梨。

元 李鵬飛《三元延壽參贊書》卷三 榆仁，多食發熱心痛。

元 陳大震《南海志》卷六 柚子，其花甚香，實大而圓，皮甚厚。

又 卷七 不納子。類菩提子，其核可作數珠。（唐人詩云：「薄納子可對木綿花。」）

山不納子。色紅，味甘酸，其大如彈。

桂木子。其大如桃，皮黄肉紅，味酸，俗呼鬼目。

倒黏子。狀如軟棗，色紫黑，肉紅味甜。

羊矢子。如石蓮而小，色青味甘。

金斗子。色紅，味甘。

毛韶子。似荔枝而味酸。

谷子。味亦初苦而後甘，嫩者以蜜漬，暴乾最宜。

香橼。一云枸橼，皮厚而香。又有狀如手者，名佛指橼。

柑子。有源柑、銀柑，有饅頭柑，以其小尖如饅頭，香味不減温柑。

元 胡古愚《樹藝篇·果部》卷一《林檎》 作柰脯法，柰熟時，中破曝乾即成。作柰脯法：麥熟時，中破曝乾即成矣。作柰麨法：拾爛柰内瓮中，盆合口勿令蠅入。六七日許當大爛，以酒醃，痛拌之，令如粥狀。下水更拌，以羅漉之，去皮子，良久澄清，瀉去汁，置布于上，以灰飲汁如作米粉法，汁盡刀劚，大如梳掌，於日中曝乾，研作末便成，甘酸得所，芳香非常。作林檎麨法：林檎赤熟時，劈破去心、子、蒂，日曬令乾，或磨或擣下，細絹篩麁者更磨擣，以細盡爲限，以方寸匕投於碗中，即成美漿。不去蒂，則太芳，合子則不度夏，留心則太酸。若乾噉者，以林檎麨一升，和米麵二升，味正調適。按：《本草》：「陳士良云：『大長者爲柰，圓者爲林檎。夏熟，小者味澀拷，（非令反青皮木。）秋熟若是，則奈之與林檎形相似也，氣味相近也，然而柰性寒，林檎性温，則有不同者，至若二果。』」可以薦新，可以作脯，食而不乏，亦未嘗不同焉。誦潘安仁二柰丹白之賦，觀王羲之不見來禽青李之帖，豈非古人之所重哉。（《王氏農書》）

四月收林檎，每一百箇内取二十箇，搥碎入水同煎，候冷，入净瓮中浸之，

密封瓷口，久留愈佳。（《神隱》）

林檎。一名來檎，今呼爲花紅，好事者以枝頭向陽未熟時，紙剪爲花鳥貼其上，待紅熟始去紙，則花紋煥然入盤，甚可愛。（《藴州府志》）

林檎，味酸，甘温。不可多食，發熱澀氣，令人好睡。發冷痰，生瘡癤，脉閉不行。其樹似柰樹，其形圓如柰，六月、七月熟，今在處有之。（《本草經》）

按：孟詵云：「林檎。主止消渴。」陳士良云：「此有三種：大長者爲柰，圓者林檎夏熟。小者味澀爲梣，秋熟。」《日華子》云：「林檎無毒，下氣，治霍亂，肚痛，消痰。」《圖經》云：「林檎或謂之『來檎』，似柰，實比柰差圓。六、七月熟，亦有甘、酢二種，甘者早熟而味肥美；酢者差晚，須熟爛乃堪啖。病消渴者，宜食之，亦不可多。反令人心中生冷痰，今俗間醫人亦乾之，入治傷寒藥，謂之『林檎散』。」（《證類本草》）

柰味苦寒，多食令人臚漲，病人尤甚。《本草經》陶隱居云：「江南乃有而北國最豐，皆作脯，不宜人，有林檎相似而小，亦恐非益人也。」（同上）

柰子。味苦，澀寒。多食，令人脹。又云：治飽食後肺壅，氣脹。（《食物本草》）

林檎味酸，甘温。發熱澀氣，止洩痢，遺精，霍亂，肚痛，消食，止渴，多食令人睡。發冷痰，生癧癤，脉閉不行。（《食物本草》）

柰子。有白、紫、緑三色，似林檎。亦恐非益人也，江東乃有，北國最豐，味苦寒，無毒。多食令人肺壅氣脹，病人尤重。主補中焦諸不足，氣和脾胃。（《日用本草》）

林檎。其樹似柰樹，其形圓如李。六七月熟，乾之入藥用。味甘酸温，無毒。早熟味脆美，晚熟爛乃堪啖。不可多食，令人發熱澀氣，令人好睡。發冷痰，生瘡癤，脉閉不行。主下氣消渴，霍亂腹痛，消痰洩痢，煑汁服之。（《日用本草》）

林檎。樹似柰，實比柰差圓。一名「來禽」，謂味甘來諸禽也。《本草》謂「消渴，人宜食之」。然不可多食。主發熱澀氣，令人好睡。發冷痰，生瘡癤，脉閉不行。（《興化府志》）

柰。本地有之，但不甚廣。皮光澤而色紅，肉核不相黏蒂。《本草》云：「柰味苦寒，多食令人臚脹，病人尤甚。」（同上）

蘋蔢菓。夏初不可食，六月中味始佳。又有呼刺賔及沙菓，皆蘋蔢之類，而味頓減。

又《棪》《爾雅》曰：「棪，槤。」其註：「棪實似李，赤可食。」疏：「棪，一名槤。其《山海經》云：『堂庭之山多棪。』」注云：「子似李而赤，可食是也。」

又 卷四《樝》 樝子，處處有之，孟州特多，亦主霍亂、轉筋。並煑汁飲之，可敵木瓜。常食之，亦去心間醋痰。皮擣傅瘡上黄水。實收無時。其氣氛馥，人將致衣笥中，亦香。（《證類本草》）

陳藏器云：「按：榠樝，一名蠻樝，本功外，食之去惡心。其氣辛香，致衣箱中殺蟲魚，食之止心中酸水、水痢。樝子，本功外，食之去惡心、酸咽，止酒痰、黄水。小於榅桲而相似，北土無之，中都有。」（同上）

樝，二種。《本草圖經》云：「榠樝木、葉、花、實酷類木瓜。」又曰「樝子，處處有之，孟州特多。主霍亂，轉筋。並煑汁飲之，可敵木瓜。食之，去心間酸痰。實初熱時，其氣芬馥，人將寘衣笥中，亦香，此一種也。」魯極詩：「五和糝奇無處覓，榠樝新熟壓枝香。」注云：「隱居五和糝中用之，謂此。」又曰：「陳藏器云：『樝子，本功外，食之去惡心、酸咽，止酒痰、黄水，小於榅桲而相似，北土無之，中都有。』」鄭注：「禮云：『樝梨之不藏』云。」隱居云：「樝梨曰鑽之。」鄭公不識樝，故云。然故云：然古亦以樝爲杲，今則不入例爾。又，榅桲似樝子而小。《圖經》云：「舊不着所出，今関陝有之，沙苑者更佳。」其實大抵類樝，但膚慢而多毛，味尤甘。治胷膈中積，食去酸水，下氣止渴，生熟皆宜。此所謂樝大一種也。今熟之者，則呼爲榅桲。（《金陵新志》）

查梨，《宋志》云：「花淺紅，其實如梨，味酢澀。」置一枚於柿間，而柿自熟，曰「熾柿」，山中有之。（《興化府志》）

山查，味酸，無毒。健脾消食，去積行結，氣催瘡痛，治兒枕痛。濃煎汁，入砂糖調服，立效。小兒食之更宜。（《食物本草》）

又 卷一〇《菩提果》 菩提子。狀如石榴，色青味甘。湏以木槵子爲此，不可食用。其核爲念佛數珠。（《廣州府志》）

又《木威子》 木威子。味酸，平，無毒。主心中惡水，水氣。生嶺南山谷，樹葉似楝子，子如欖橄而堅，亦似棗也。（《本草經》）

千歲子。一名青脆子，核中有肉，如栗。（《廣州府志》）

又《菴羅果》　菴羅果。味甘溫，食之止渴，動風氣。天行病後，及飽食後，俱不可食之。又，不可同大蒜辛物食，令人患黄病。樹生，狀若林檎而極大。（《本草經》）

陳士良云：「微寒，無毒。主婦人經脈不通，丈夫營衛中血脉不行。久食令人不飢，葉似茶葉可以作湯，療渴疾。」（《證類本草》）

菴羅果。西洛甚多，亦梨之類也，其狀亦梨。先諸梨熟，七夕前後已堪啗，色黄如鵝梨，纔熟便鬆軟，入藥絶稀用。（《本草衍義》）

菴羅果。若林禽而極大，佛書多言之。（《草木畧》）

菴羅果。味甘溫，食之止渴，動風氣。及飽食後不可食，又不可與大蒜辛物同食，令人患黄病。樹主，狀似林檎。（《食物本草》）

元　賈銘《飲食須知》卷四　榅桲。味酸，甘，性微溫，形似木瓜而有毛。其氣甚香，多食發熱毒，澀血脈，聚胸膈痰。同車螯食，發疝氣。卧時生食，多令胃脘痞塞。

柰子。味苦，甘，酸澀，性寒，微毒。多食令人肺寒臚脹，凡病人食之尤甚。蘋果味甘，性平。一名頻婆，比柰圓大，味更風美。

棠毬。味酸，甘，性微溫，生食多令人嘈煩易飢。脾胃弱者及齒齲人勿食。

林檎。味甘，酸，性溫。俗名花紅。多食令人百脈弱，發熱生痰，滯氣發瘡癤，令人好睡，其子食之令人心煩。林檎樹生毛蟲，埋蠶蛾於下，或以洗魚水澆之即止。

香櫞。味辛，酸，性溫揉。蒜罨其蒂上則香更充溢，浸汁浣葛紵，勝似酸漿也。佛手柑，味辛，甘，性平。與香櫞功用相同。

金柑。味甘，酸，性溫。藏緑豆中，經時不變。

梧桐子。味甘，性平。生食無益，多食生痰涎，動風氣。

明　劉基《多能鄙事》卷三　蜜煎諸果。

又法：應于煎果，先用湯泡白梅肉，候冷。浸之却控乾，煉蜜浸。

明　朱權《神隱》上卷　櫻珠湯。用一味好南參，不以多少，碾爲細末。以胡桃仁、松子同研和勻，煉蜜爲丸，如櫻珠大，以辰砂爲衣，取其紅色，每用二顆，沸湯點服。

明　劉文泰《本草品匯精要》卷一七　蕤核（無毒）　植生

蕤核。（出《神農本草經》）名口椹。苗《圖經》曰：「其木高五七尺，莖間有刺，葉細似枸杞。而尖長，花白，子紅紫色，附枝莖而生，類五味子。六月成熟，古今方中治眼甚要。」地《圖經》曰：「生函谷川谷及巴西，今河東亦有之。」陶隱居云「彭城道地并州。」時生三、四月。採五月、六月取實。收陰乾。

又　卷一八　都咸子及皮葉，味甘，平，無毒。生南方，樹如李。徐表《南州記》云：「都咸樹子大如指，取子及皮作飲，極香美。」《海藥》云：謹按徐表《南州記》云：「生廣南山谷，味甘，平，無毒。主煩躁、心悶、痰鬲、傷寒、清涕、欬逆上氣，宜煎服。子食之香，大小如半夏。」

明　王圻《稗史彙編》卷一五二《變柑》　新州出變柑，有苞大於升者，但皮薄如洞庭之橘，他柑之所弗及。傳云：「本自高要移植，不及百里，形味俱變，因以爲名。」亦如踰淮爲枳，乃水土異也。

又《甜柑》　甜柑。類洞庭橘高大者，每顆必八瓣。不待霜雪而黄，比之他柑爲甜。柑林未熟之日，是柑取先摘置之席間，青黄照人，長者先嘗之，子弟懷以歸，爲親慶壽焉。然雖種不多見，治圃者植一株二株者，故少爲貴。

又《朱奕》　朱奕。顆實皮粗，瓣堅。味酸惡，不可食。其大有至尺，三四寸圍者，摘之置几案間。久則臭如蘭蕙。是品不足珍，然取花絶香，鄉人拾其英烝香，取核爲種，析其皮入藥，煎茶最有補於時，其詳備於下橘。

又《根子》　根子。木有刺，似朱奕而小，永嘉植之，不若古栝之盛。比年亦競有之，經霜早黄，膚澤可愛，狀微有似貞柑，但員正細實，非貞柑比。香氣馥郁，可以熏袖，可以芼鮮，可以漬蜜，嘉實若貞柑，則無是二三者。人自珍之，是非瞭然，在人耳目者，蓋貞柑之細耶。

又　卷一五三《鸚哥舌》　鸚哥舌。即紅鹽草果之珍者，實始結即擷取，紅鹽乾之，則小如雞舌。

又《千歲子鈎緣子》　千歲子。有藤蔓出土，子在根下，鬚緑色，交加如織。其子一苞有二百餘顆。皮青黄色，殼中有肉如栗，味亦如之。乾者，殼肉相離，撼之有聲，似肉豆蔻，出交趾。五歛子。大如木瓜，黄色，皮肉軟，味酸，上有五稜如刻出。南人呼稜爲歛，故以爲歛，以蜜漬之，甘酸而美。（出《南海志》）鈎緣子。形如瓜，皮似橙檀而金色，胡人重之。極芬香，肉甚厚，白如脂玉，胡女競雕鏤花鳥，漬以蜜，點作燕脂，巧麗妙絶，無以爲比。太康五年，大秦國貢十㐌，帝以一㐌賜王愷，助其珍味，誇示石崇。

明 李時珍《本草綱目》卷二九《果部》 棠梨。（《綱目》）〔釋名〕時珍曰：「《爾雅》云：『杜，甘棠也。』赤者杜，白者棠。或云牝曰杜，牡曰棠。或云澀者杜，甘者棠。杜者，澀也；棠者，餹也。三説俱通，末説近是。」〔集解〕時珍曰：「棠梨，野梨也，處處山林有之。樹似梨而小，葉似蒼朮，葉亦有團者，三叉者，葉邊皆有鋸齒，色頗黲白。二月開白花，結實如小楝子大，霜後可食。其樹接梨甚嘉。有甘酢、赤白二種。按：陸璣《詩疏》云：『白棠，甘棠也，子多酸美而滑。赤棠，子澀而酢，木理亦赤，可作弓材。』《救荒本草》云：『其葉味微苦，嫩時煠熟，水浸淘浄，油鹽調食，或蒸晒代茶。其花亦可煠食，或晒乾磨麪，作燒餅食，以濟飢。』又，楊慎《丹鉛録》言：『尹伯奇采楟花以濟飢。』註者言：『楟，即山梨。乃今棠梨也，未知是否。』」

海紅。（綱目）〔釋名〕海棠梨。時珍曰：「按：李德裕《花木記》云：『凡花木名海者，皆從海外來，如海棠之類是也。』又，《李白詩註》云：『海紅乃花名，出新羅國，甚多。』則海棠之自海外有據矣。」〔集解〕時珍曰：「《飲膳正要·果類》有『海紅。不知出處，此即海棠梨之實也，狀如木瓜而小，二月開紅花，實至八月乃熟。』鄭樵《通志》云：『海棠子，名海紅，即《爾雅》赤棠也。』沈立《海棠譜》云：『棠有甘棠、沙棠、棠梨，皆非海棠也。海棠盛於蜀中，其出江南者，名南海棠，大抵相類而花差小，棠性多類梨，其核生者，長慢，數十年乃花。以枝接梨及木瓜者，易茂。其根色黄而盤勁，且木堅而多節，外白中赤，其枝柔密而條暢，其葉類杜。大者縹緑色，小者淺紫色，二月開花，五出，初如臙肢點點，然開則漸成，纈暈落則有若宿妝淡粉，其蔕長寸餘，淡紫色，或三萼、五萼成叢，其蕊如金，粟中有紫鬚，其實狀如梨，大如櫻桃。至秋可食，味甘酸。大抵海棠花以紫綿色者爲正，餘皆棠梨耳。海棠花無香，惟蜀之嘉州者有香而木大。有黄海棠，花黄貼幹，海棠花小而鮮垂。絲海棠花粉紅，向下。皆無子，非真海棠也。』」

又 卷三一《果部》 阿勃勒（拾遺） 校正（自木部移入此）〔釋名〕婆羅門皂莢。（《拾遺》）波斯皂莢。（時珍曰）「婆羅門，西域國名，波斯西南夷國名也。」〔集解〕（藏器曰）阿勃勒，生拂林國，狀似皂莢而圓長，味甘，好喫。（時珍曰）此即波斯皂莢也。按：段成式《酉陽雜俎》云：「波斯皂莢，彼人呼爲忽野簷，拂林人呼爲阿梨。樹長三四丈，圍四五尺，葉似構櫞而短小，經寒不凋，不花而實，莢長二尺。中有隔，隔内各有一子，大如指頭，赤色至堅硬，中黑如墨，味甘如飴。可食，亦入藥也。」

羅望子。時珍曰：「按：《桂海志》云：『出廣西，殻長數寸，如肥皂及刀豆。色正丹，内有二三子，煨食甘美。』」

沙棠果。（《綱目》）〔集解〕時珍曰：「按：吕氏春秋云：『果之美者，沙棠之實。』今嶺外寧鄉、瀧水、羅浮山中皆有之。木狀如棠，黄花赤實，其味如李而無核。」

鹿目。（《拾遺》） 校正（自木部移入此。）〔釋名〕鬼目。藏器曰：「此出嶺南，狀如鹿目，故名。」陶氏註：「荳蔻，引鹿目小冷，即此也，後人訛爲鬼目。」〔集解〕時珍曰：「鬼目。有草木三種，此乃木生者。其草鬼目，別見《草部·白英下》。又，羊蹄菜亦名鬼目，並物異名同。按：劉欣期《交州記》云：『鬼目。出交阯、九真、武平、興古諸處，樹高大似棠梨，葉似楮而皮白。二月生花，仍連着子，大者如木瓜，小者如梅李而小，斜不周正。七八月熟，色黄味酸，以蜜浸食之，佳。』」

都桷子。（《拾遺》）〔釋名〕構子。時珍曰：「桷，音角。《太平御覽》作桶子。（音同，上聲。）蓋傳寫之訛也。亦與楮構之構名同實異。」陳祈暢《異物志》贊云：「構子之樹，枝葉四布。名同種異，實味甜酢。果而無核，裏面如素。拆酒止醒，更爲遺賂。」〔集解〕珣曰：「按：徐表《南州記》云：『都桷子。生廣南山谷，樹高丈餘。二月開花連着實，大如鷄卵。七月熟。』」時珍曰：「按：魏王《花木志》曰：『都桷樹。出九真、交趾，野生。二三月開花，赤色。子似木瓜，八九月熟。里民取食之，味酢。以鹽酸漚食，或蜜藏皆可。』一云狀如青梅。」

都念子。（《拾遺》）〔釋名〕倒捻子。（詳下文。）〔集解〕藏器曰：「杜寶《拾遺録》云：『都念子。生嶺南，隋煬帝時進百株，植於西苑。樹高丈餘，葉如白楊，枝柯長細，花心金色，花赤如蜀葵而大，子如小棗，蜜漬食之，甘美益人。』」時珍曰：「按：劉恂《嶺表録異》云：『倒捻子。窠叢不大，葉如苦李，花似蜀葵小而深紫，南中婦女多用染色。子如軟柹，外紫内赤，無核，頭上有四葉如柹蔕，食之必捻其蔕，故謂之倒捻子，訛而爲都念子也。味甚甘軟。』」

都咸子。（《拾遺》） 校正（自木部移入此。）〔集解〕藏器曰：「都咸子，生廣南山谷。按：徐表《南州記》云：『其樹如李，子大如指，取子及皮，葉曝乾作飲，極香美也。』」時珍曰：「按：嵇含《南方草木狀》云：『都咸樹出日南，三月生花，仍連着實，大如指，長三寸。七八月熟，其色正黑。』」

韶子。（《拾遺》）〔集解〕藏器曰：「韶子，生嶺南。按：裴淵《廣州志》云：『韶葉如栗，赤色。子大如栗，有棘刺，破其皮，内有肉如猪肪，着核不離，味甘酢，核如荔枝。』」時珍曰：「按：范成大《虞衡志》云：『廣南有山韶子，夏熟色紅，肉如荔枝。又有藤韶子，秋熟，大如鳬卵，柹也。』」

又 卷三二《果部》醋林子。《圖經》（校正）（自外類移入此）（釋名）時珍曰：「以味得名。」（集解）頌曰：「醋林子。生四川邛州山野林箐中，木高丈餘，枝葉繁茂。三月開白花，四出。九月、十月子熟纍纍，數十枚成朶，生青熟赤，略類櫻桃，而蔕短。熟時采之陰乾，連核用。土人以鹽醋收藏，充果食。其葉味酸，夷、獠人采得入鹽，和魚鮓食，云勝用醋也。」

又 卷三三《果部》附録諸果《綱目》二十一種，《拾遺》一種，諸果有毒並另附於末。　時珍曰：「方册所記，諸果名品甚多，不能詳其性味。狀既列于果，則養生者不可不知，因略采附以俟。」

津符子時珍曰：「孫真人《千金方》云：『味苦平滑，多食令人口爽，不知五味。』」

必思荅又曰：忽必烈《飲膳正要》云：「味甘無毒。調中順氣，出回回田地。」

甘劍子又曰：范成大《桂海志》云：「狀似巴欖子，仁附肉，有白靨，不可食。發人病，北人呼爲海胡桃是也。」

楊搖子又曰：沈瑩《臨海異物志》云：「生閩越，其子生樹皮中，其體有脊，形甚異而味甘，無奇，色青黃，長四五寸。」

海梧子又曰：嵇含《南方草木狀》云：「出林邑，樹似梧桐，色白，葉似青桐，其子如大栗，肥甘，可食。」

木竹子又曰：《桂海志》云：「皮色形狀全似大枇杷，肉味甘美，秋冬實熟，出廣西。」

櫓罟子又曰：《桂海志》云：「大如半升盌，數十房攢聚成毬，每房有縫，冬生青，至夏紅，破其瓣，食之微甘，出廣西。」

羅晃子又曰：《桂海志》云：「狀如橄欖，其皮七層，出廣西。」顧玠《海槎録》云：「横州出九層皮果，至九層方見肉也，夏熟味如栗。」

夫編子又曰：《南州記》云：「樹生交趾山谷，三月開花，仍連着子，五六月熟。入雞魚猪鴨羹中，味美。亦可鹽藏。」

槤子又曰：徐表《南州記》云：「出九真、交趾，樹生子如桃，實長寸餘，二月開花，連着子。五月熟，包黃，鹽藏，食之味酸似梅。」

白緣子又曰：劉欣期《交州記》云：「出交趾，樹高丈餘，實味甘美如胡桃。」

繫彌子又曰：郭義恭《廣志》云：「狀圓而細赤如軟棗，其味初苦後甘，可食。」

人面子又曰：《草木狀》云：「出南海，樹似含桃，子如桃實，無味。以蜜漬可食，其核正如人面可玩。」祝穆《方輿勝覽》云：「出廣中，大如梅李，春花，夏實，秋熟，蜜煎甘酸可食。其核兩邊似人面，口目鼻皆具。」

黄皮果又曰：《海槎録》云：「出廣西横州，狀如楝子及小棗而味酸。」

四味果又曰：段成式《酉陽雜俎》云：「出祁連山，木生如棗，剖以竹刀則甘，鐵刀則苦，木刀則酸，蘆刀則辛，行旅得之，能止饑渴。」

千歲子又曰：《草木狀》云：「出交趾，莖生，子在根下。鬚綠色，交加如織，一苞恒二百餘顆，皮殻青黃色，殻中有肉如栗，味亦如之。乾則殻肉相離，撼之有聲。」《桂海志》云：「狀似青黃李，味甘。」

侯騷子又曰：《酉陽雜俎》云：「蔓生，子大如雞卵，既甘且冷，消酒輕身，王太僕曾獻之。」

酒杯藤子又曰：崔豹《古今註》云：「出西域，藤大如臂，花堅硬，可以酌酒。夾章映澈，實大如指，味如豆蔻，食之消酒，張騫得其種于大宛。」

蕳（音間）子又曰：賈思勰《齊民要術》云：「藤，生交趾、合蒲，緣樹木，正、二月花，四、五月熟，如梨，赤如雞冠，核如魚鱗，生食味淡。」

山棗又曰：《寰宇志》云：「出廣西肇慶府，葉似梅，果似荔枝，九月熟，可食。」

隈支又曰：宋祁《益州方物圖》云：「生邛州山谷中，樹高丈餘，枝修而弱，開白花，實大若雀卵，狀似荔枝，肉黃膚甘。」

靈牀上果子《拾遺》藏器云：「人夜讝語，食之即止。」

又 卷三六《木部》胡頹子拾遺（釋名）蒲頹子，綱目盧都子，綱目雀兒酥，炮炙半含春，綱目黃婆嬭。（時珍曰）陶弘景注：山茱萸及櫻桃皆言似胡頹子，凌冬不凋，亦應益人。陳藏器又於山茱萸下詳著之，別無識者。今考訪之，即雷斆《炮炙論》所謂「雀兒酥」也，雀兒喜食之。越人呼爲蒲頹子，南人呼爲盧都子，吴人呼爲半含春，言早熟也。襄漢人呼爲黃婆嬭，象乳頭也。劉賾霏《雪録》言：「安南有小果，紅色，名盧都子，則盧都乃蠻語也。」（集解）（藏器曰）胡頹子生平林間，樹高丈餘，冬不凋葉。（[illegible]白）冬花春熟，最早，小兒食之當果。又有一種，大相似，冬凋，春實，夏熟，人呼爲木半夏，無別功效。（時珍曰）胡頹即盧都子也，其樹高六七尺，其枝葉軟如蔓，其葉微似棠梨，長狹而尖，面青背白，但有細點如星，老則星起如麩，經冬不凋。春前生花朶如丁香，蔕極細，倒垂，正月乃敷白花。結實小長，儼如山茱萸，上亦有細星斑點，生青熟紅，立夏前采食，酸澁，核亦如山茱萸，但有八稜，軟而不堅，核內白綿如絲，中有小仁。其木半夏樹葉、花、實及星斑、氣味並與盧都同，但枝强硬，葉微圓而有尖，其實圓如櫻桃而不長，爲異耳。立夏後始熟，故吴楚人呼爲四月子，亦曰野櫻桃，其核亦八稜，大抵是一類二種也。

〔金櫻子〕（《蜀本草》）（釋名）刺梨子，（開寶）山石榴、（綱目）山雞頭子。

（時珍曰：「金櫻當作金罌，謂其子形如黄罌也。石榴、雞頭，皆象形。又，杜鵑花，小蘗並名山石榴，非一物也。」斅曰：「林檎，何裹子，亦曰金櫻子，與此同名而異物。」）（集解）（韓保昇曰：「金櫻子，在處有之，花白子，形似榅桲而小，色黄有刺，方術多用之。」頌曰：「今南中州郡多有而以江西劒南嶺外者爲勝，叢生郊野中，大類薔薇，有刺，四月開白花，夏秋結實，亦有刺，黄赤色，形似小石榴。十一月、十二月采，江南、蜀中人熬作煎酒服，云補治有殊效。」宜州所供，云：《本草》謂之「營實」，今校之，與營實殊别也。時珍曰：「山林間甚多，花最白，膩其實大如指頭，狀如石榴而長，其核細碎而有白毛，如營實之核而味甚澁。」）

明 鄺璠《便民圖纂》卷一四《製造類上》 收藏石榴：選大者連枝摘下，用新瓦缸安排在内，以紙十餘重密封蓋。

收藏林檎：每一百顆内取二十顆，搥碎，入水同煎。候冷，納浄甕浸之，密封甕口，久留愈佳。

收藏柟子：以舊盛茶瓷甕收之，經久不壞。

收藏諸青果：十二月間，盪洗潔浄瓶或小缸盛臘水。遇時果出，用銅青末與青果，同入臘水收貯，顔色不變如鮮。凡青梅、枇杷、林檎、小棗、蒲萄、蓮蓬、菱角、甜瓜、梨子、柑橘、香橙、橄欖、荸薺等果，皆可收藏。

造蜜煎果：凡煎果須隨其酸苦辛硬製之，以半蜜半水煮十數沸，乘熱控乾。别换純蜜入沙銚内，用文武火再煮，取其色明透爲度。新甕盛貯，緊密封固，勿令生蟲。須時復看視，覺蜜酸，急以新蜜煉熟易之。

明 朱謀㙔《駢雅》卷六 枸櫞，香果也。

明 周嘉胄《香乘》卷三《食龍腦香》 寶曆二年，浙東國貢二舞女，冬不纊衣，夏不汗體，所食荔枝、榧實、金屑、龍腦香之類。宫中語曰：「寶帳香重重，一雙紅芙蓉。」（《杜陽雜編》）

明 周文華《汝南圃史》卷四 《吴郡志》云：「蜜林檎。味極甘如蜜，雖未大熟亦無酸味。本品中第一，北都尤貴之。他林檎雖硬大且酣紅，亦有酸味，鄉人謂之平林檎，或曰花紅林檎，皆在蜜林檎之下。然則花紅之名，在宋已然矣。」

明 吴之俊《獅山掌録・小山館》卷一八《三廉》 三廉。大實，實不但二，食之多汁，味酸且甘。藏之尤好，與衆果相參陳。（祁暢《異物記》語）

明 謝肇淛《五雜俎》卷一一《物部三》 滇中梧桐子大如荳，其形與它處殊不類。殼光薄不皺，味如松子。又有神黄豆，似五倍子，能令兒童稀痘，然亦不甚驗也。

明 文震亨《長物志》卷一一《香櫞》 大如甌盂，香氣馥烈，吴人最尚。以磁盆盛供，取其瓤，拌以白糖，亦可作湯，除酒渴。又，有一種皮稍粗厚者香更勝。

《花紅》，西北稱柰，家以爲脯，即今之蘋婆果是也。生者較勝，不特味美，亦有清香。吴中稱花紅即名林檎，又名來禽，似柰而小，花亦可愛。

明 倪朱謨《本草彙言》卷九《木部・喬木類》 肥皂莢李氏曰：肥皂莢生大山中，其樹高大，葉如檀及皂莢葉。五六月開白花，結莢長三四寸，狀如雲實之莢而肥厚多肉，内有核數顆，大如指頭，不圓正。其色黑如漆，而甚堅，中有白仁，如栗。煨熟可食，其核亦可種。十月采莢煑熟搗爛，和白麵及諸香，作丸，澡身面擦之，去垢。《物類相感志》云：「肥皂莢泡水能死金鱼。」又辟馬蚁，此物性然耳。

又 無患子。（略）

李氏曰：「無患子，生深山中，樹極高大，枝葉皆如椿。特其葉對生爲異。五六月開白花，結實大如彈丸。若川練子。生青熟黄，老則文皺。實中核，果如肥皂莢之核，正圓如珠，殼中有仁，如榛子仁。亦辛甘可炒食。十月采實，去核煑熟，搗和麥麵作滌垢藥。澡洗身面，同于肥皂莢也。」寇氏曰：「今釋子取核，貫眼穿作念珠，初用紫黑，用久則光黑如漆也。」

明 張存紳《增定雅俗稽言》卷三九 白粉。榆，白芬也。三月莢落如小錢。前漢《天文志》：「年旱傷麥，民食榆皮。」《淮南萬華術》亦曰：「八月剥榆，令人不飢。」陶隱居云：「斷穀，取榆皮并榔皮服之，人不飢。唐陽城隱中條山，歲飢，兄弟削榆爲粥。」是知古者，嘗以此爲餌飢之具。又，《唐本注》：「榆，三月實熟，尋即落矣。」今稱八月採實，恐本經悮也。（枌音樊。）

明 陳正學《灌園草木識》卷一《花之屬・西府海棠》 枝頭攢花如櫻桃，結子一簇如小梨，熟時甜酸可食。吴長卿云：「江南名櫻桃海棠。」

明 劉侗《名物通》卷八 君遷子。生海南，樹高丈餘，其實中有乳汁，甜美香好。

羅望子。殼長數寸，如肥皂，又如刀豆，色正丹。內有二三實，煨食甘美。

木竹子。皮色形狀全似大枇杷，肉甘美，秋冬間實。

白橼。出交州，樹高丈餘，其實味甘美於胡桃。

清　丁其譽《壽世秘典》卷三　香橼（俗作圓）　佛手柑

一名枸橼，味雖短而香芬大勝，可置衣笥中。一種狀如人手有指，俗呼爲「佛手柑」，皮如橙柚而厚，皺而光澤，生緑熟黄，其核細末，味不甚佳而清香襲人。若以一片于蒂，而以濕紙圍護，經久不癟。

皮瓤氣味酸，温，無毒。治痰氣欬嗽，煎湯治心氣痛。

清　高士奇《北墅抱甕録·棠梨》　棠梨樹。如梨而小，又謂之野棠。花淺紅色，結實如楂，有赤白二種。白棠子多酸美而滑，赤棠子澀而酢。花亦可食，《丹鉛録》曰：「尹伯奇採葶花而食。」葶即棠梨也。

清　釋同揆《洱海叢談》卷一　三塔寺内有黄花老人草書石刻，字大如椀，筆法飛舞，相傳以檳榔殼蘸墨汁書之。

清　王道純《本草品彙精要續集》卷九　沙棠果（無毒）

沙棠果。（《本草綱目》）地李時珍曰：「按：《吕氏春秋》云：『果之美者，沙棠之實。今嶺外寧鄉、瀧水、羅浮山中皆有之。木狀如棠，黄花赤實，其味如李而無核。』」味甘。性平。

限支。李時珍曰：「宋《祁益州方物圖》云：『生邛州川谷中，樹高丈餘，枝修而弱，開白花，實大如雀卵，狀似荔枝，肉黄膚甘』」

清　王鉞《星餘筆記》卷一　香圓。木似柚而葉尖長，枝間有刺，其實有大至尺四五寸爲圍者，清香襲人。寧邑亦有之，士人摘置几案間，頗可賞翫。酒闌并刀破之，味不減新橙也。葉可以療病。

清　李光地《月令輯要》卷一《歲令上·民用》　山樝。增《本草綱目》：山樝。有二種，皆生山中。一種小者，人呼爲棠杌子，樹高數尺，葉有五尖，椏間有刺，三月開五出小白花。實有赤黄二色，肥者如小林檎，小者如指頭。九月乃熟，小兒采而賣之。閩人取熟者去皮核，搗和糖蜜作爲樝糕，以充果物。

金櫻子。增《圖經本草》：「金櫻子。生郊野中，大類薔薇，有刺。四月開白花。夏秋結實，亦有刺，黄赤色，形似小石榴，十一月、十二月采。《本草衍義》九月、十月霜熟時采用。」

清　宋廣業《羅浮山志會編》卷七《品物志·木屬》　訶梨勒，俗呼訶子樹。似木梡，花白，子形如橄欖，六路皮肉相着，可作飲。變白髭髮。

清　雍正《浙江通志》卷一〇三　楮實。至正《四明續志》：「出明州，有二種，其實如彈丸，青色。七月漸紅，九月採，水浸去皮穰，取子日乾。」

又　卷一〇五　金豆。《天台縣志》：「果之屬，有金豆，味香，可爲蜜煎。」

山查。《玉環志》：「紅子。可食，子與根皆入藥。」

清　雍正《陝西通志》卷四三　栢子仁。出宜州爲勝，（《唐本草》）以乾州者爲最。（《圖經本草》）陶隱居云：「栢忌塚墓上者，而今乾州者皆是乾陵所出，他處皆無大者。但取其州土所宜子實，氣味豐美可也。」（陳承《别説》）

清　[乾隆]《烏程縣志》卷一二　林檎有三，長者爲柰，圓者爲林檎，小者爲梣。又有金桂檎，實小而花可觀。

清　蔣溥《盤山志》卷一五《物産·果木》　花紅。俗名甜果，即林檎。

檳子。品亞於蘋婆，果色赤而微酢。

山荆子。形似杜梨，其果大如胡椒，殷紅，霜後可食。其木用接蘋婆，甘香有色。檳子、林檎、海棠、木瓜俱用此接之，他樹接之則不活。

智朴《甘棠辯譌》。《爾雅》云：「杜，甘棠。」郭璞注云：「今之杜梨。杜梨，即甘棠也。花純白，叢開最繁，結實黄黑，大如指，酸澀不可食。」朱注謂：「白者爲棠，赤者爲杜，蓋本樊光之説，非是。赤者爲棠或有之，鐵梗木瓜是也。因有赤白之説，故人以蘋果、檳子實之。夫蘋大如拳，其色紅白相兼而甘；檳大如卵，其色紫而酸。皆清香可食，爲果實之尤者。珍惜寶護之不暇，豈有翦伐之理乎。惟其酸澀無所用，故人多翦伐。《詩》云：勿翦勿伐，意有在焉。棠、杜二名本一種，無煩曲解。」

謹按：《日下舊聞》引陸璣及《通志》《廣志》定甘棠紅白二種，爲蘋果、檳子較智朴所辯爲核實。

清　張宗法《三農紀》卷五《果屬·柰》　製收：果熟收納甕，勿令蠅入。六七日待爛，以酒淹，拌如粥，再拌濾去皮、子，澄去清水，傾布上，以灰襯引汁盡，劃開，日晒乾爲末，可以治果，能致遠。家塾云：「每百枚取二千枚，搥碎入水煎，候冷納器中，入此八十枚浸之，蜜封甕口，以浸着爲度，可留久。」

本性：味有甘、酢，氣寒。多食寒肺反滿，病人尤忌。

又　卷六《油屬・楂》收穫。實未熟敲落則損，□又費人工，油難停久，宜旋落旋收。收實晾透，風處半月則罏發取子，如欲急去殼□晒三四日即盡。開去殼，揀子晾極乾，治油。（老農云）：寒露摇後治油則多，過時則少。

本性：味甘，氣涼，養血滋膚，潤□□表。

效方：脱膚搔痒如虫行者，收葉煎湯洗，或以油搽妙。

典故□人云：「過洋者以楂油和蔬食，則海怪不敢犯。□澄更妙，餘油自妨。」

又　卷三〇　柰。《圖經》云：「葉似梨而尖小，二月開白花，成攢結實。白者爲素柰，赤者爲丹柰，青者爲緑柰，夏熟爲梣子，秋熟爲楸子，有冬熟者。祭法曰：夏祀用白柰，秋用赤柰。《西京雜記》云：『上林有紫柰，紫花；緑柰，緑花。』《山海經》名『櫨陽』。『華之山有櫨，其實如瓜，食之甘美。柰字、象子綴于木下之形也。』」

植藝。冬取树下小傍枝條，栽滋土，至春芽生，雨水移栽。

清　江昱《瀟湘聽雨録》卷八　《羅書・憲明府》：「蒼梧人嘗言：肉桂，向以安南之花園坪所産爲最，今童然無餘枿，貨於楚者，皆花園坪近地所産，土人號安邊桂，價極昂。餘則粤東西内地皆植之。」又有桂子，形如吴茱萸；味香如肉桂，粤人置夾袋中，時食之。云：「可祛寒、順氣。」然檢《本草》，則謂功同桂枝，蓋又辛散去。

清　趙學敏《本草綱目拾遺》卷六《木部・枸橘》　今之臭橘，山野甚多，實小殼薄，枝多刺而實臭，人多棄之。《綱目》枸橘條下，葉、刺、核、樹皮俱收，而其實獨畧。葉天士家抄《本草》有主治，特録出補之。入藥陳者佳。橘録，枸橘。色青，氣烈，小者似枳，實大者似枳殼。近時難得枳實，人多植枸橘於籬落間，收其實，剖乾之，以和藥味，與商州之枳幾逼真矣。療子癰及疝氣，俱取整固枸橘，煅存性，研末陳酒送服。

解酒毒。（逢原）

又　卷七《果部上・櫻額》　果屬也，産關東烏喇口外。其樹叢生，果形如野黑葡萄而稍小，鮮實甚美，曬乾爲末，可以致遠。《盛京志》：「一名稠梨子，實黑而澀，土人珍之，間以作麵，暑月調水服之，可止瀉。」

按：《宦遊筆記》：「郁李即棠棣，結子如櫻桃，南産者酸澀，不堪食。盛京出者又名櫻額，味甘鮮，曬乾爲末，更佳。」

味甘澀，性温煖。補脾，止洩瀉。

又　卷八《果部下・楸子》《食物考》：「甘酸，小於沙果，色黄、紅、黑，如櫻桃顆，産於代北。味頗清香，作脯點茶俱可，此與林禽同名異類，本草未分，故正之。多食濇氣，令人好睡。子宜去盡，食之煩心。」

清　嘉慶《廣西通志》卷九〇《輿地略十一・物産二》　山韶子。色紅，肉如荔枝，夏實。（《虞衡志》）葉如栗，赤色，子大如栗，有棘刺。破其皮，内有肉如豬肪，著核不離，味甘，酢，核如荔枝。（《本草》）山韶子，各縣出。（《金志》）

相思木，遷江出。（《金志》）樹高丈餘，白色，其葉似槐，其花似皂莢，其莢似扁豆，其子大如豆，半截紅半截黑，土俗以之飾首。（《本草》）

又　卷九一《物産三》　菩提子，狀如沙果，香甜適口，其核可爲經珠。（《金志》）

倒捻子，窠叢不大，葉如苦李，花似蜀葵，小而深紫，南中婦女得以染色。有子如軟柿，頭上有四葉如柿蒂，食者必捻其蒂，故謂之倒捻子，或呼爲都捻子，蓋語訛也。其子外紫内赤，無核，食之甜軟甚，暖腹兼益肌肉。（《嶺表録異》）黏子，一名逃軍糧，味酸甜，可食。八九月熟，色紅，子細而多。（《金志》）

鉤緣子，形如瓜，皮似橙而金色。（《南方草木狀》）南中女工，競取其肉，雕鏤花鳥，浸之蜂蜜，點以胭脂，擅其妙巧。（《嶺表録異》）枸櫞生嶺南，柑橘之屬，木似朱欒而葉尖長，枝閒有刺，植之近水乃生，其實狀如人手，有指，俗呼爲佛手柑。有長一尺四五寸者，皮如橙柚而厚皺而光澤，其色如瓜，生緑熟黄，其核細，其味不甚佳，而清香襲人。（《本草》）佛手柑出昭平。（《金志》）

清　道光《遵義府志》卷一七　林檎。《蜀都賦》：「其園則有林檎，枇杷。」《尚書故實》：「王内史書帖中，有與蜀郡守書求櫻桃、來禽，（曰結藤子）餘甘子。」《益部方物略記》：「樹大，葉細，似槐實，若李而小，咀之前澀後歆歆有味，故號爲『餘甘』。核有稜，或六或七，解硫黄毒，即《本草》所謂『菴摩勒』者。贊曰：『黄葩翠葉圓實而澤，咀久還甘或號菴勒。』」

蜜羅柑。《仁懷志》：「三歲一熟，芳馨可遺。」

沙棠。《呂氏春秋》：「果之美者，沙棠之實。」《救荒本草》：「曰棠子樹，一名沙棠梨兒，一名羊㜷子樹，又名剪子果。枝幹似棠梨樹枝而細，其色微

白，葉似棠葉而窄小，色亦頗白。又似女兒茶，葉卻大而背白，結子如豌豆大，味酸，甜。」（《扈從埘録》）

刺梨。《滇黔紀遊》：「刺梨。野生，夏花，秋實，幹與果多芒刺，味甘，酸，食之消悶。煎汁爲膏，色同楂梨。四封皆産，移之他境則不生。每冬月，苗女子採入市貨人。」金罌與石榴，雞頭皆以形象立名。白居易有山石榴詩，是詠蜀産。《滇黔紀遊》及《貴州通志》竝云：「黔屬始有，他境不主。」余嘗在湖北麗陽驛南五里許一山寺側見有數株，與黔産無稍異，南遊滇中亦到處有此，可見舊説不盡然也。古方有「金罌酒」，今黔人採刺梨蒸之，曝乾囊盛，浸之酒盎，名「刺梨酒」，味甚佳，是古製也。今藥肆金櫻，非本草所名，反以刺梨爲別一物，謬矣。

清 魏茂林《駢雅訓纂》卷六 古度。不華而實，子從皮出。

《文選·吴都賦》：「松、梓，古度。」《劉淵林注》：「古度，樹也，不華而實，子皆從皮中出。大如安石榴，初時可煮食也，廣州有之。」《御覽·九百六十·木部》「裘淵《廣州記》曰：『古度。葉如栗，無華，枝柯皮中生子，子似櫨而酢，煮以爲粽。數日不煮，化爲飛蟻。』」

清 同治《梧州府志》卷三《風俗》 婚禮用檳榔。蒟、椰、蒜、棗、豬、羊之屬，以當委禽其義，各有所取，而猶以檳榔爲重。

清 汪日楨《湖雅》卷四 石南。《本草衍義》：「石南，二浙甚多。」《魏王花木志》：「南方石南樹，野生，二月開花連著實，實如燕覆子。八月熟，民采取核，和魚羹尤美。今人家墓壟間，鮮有不植者。」

清 光緒《吉林通志》卷六《温普》 温普。國語譯漢語書之山中果也，形似樝，味甘而酢，或借「榅桲」字書之。考《花木記》以榅桲爲梨別種，則徒取音近，固不相類耳。

山果還將山蜜浸，（去聲）大於北地小於南。（關内山樝大如彈丸，製之可供殽核。關外，如熱河一帶之山樝，小不及半，亦不中食，盛京所産温普，大小介乎二者之間，蜜漬之可以致遠。）實成露結而霜降，味合梅酸與蔗甘。可口已教述莊子，狀形却覺漏稽含。地靈，氣厚誠。（《盛京通志》）

又 卷三三《果屬》 枸奈子。形如麥實，味酸，色紅，俗呼「狗嬭子」。

烏立。老鴉眼也，幹柔葉小，結實圓如珠，色紫而味酸，樵者採以止渴。（《扈從埘録》）

紅姑娘。苗如天茄子，高三四尺。四五月開小白花，結薄青殼，熟則紅黃色，實大如龍眼。（《本草綱目》十六）外垂，絳囊中含赤子，如朱櫻，一名燈籠果，（《盛京通志》）一名紅娘子，狀若彈丸，色紅可愛，味甘酸，子若魚子，八九月閒熟。草本，有蔀若秋葵，蕊而淡紅，烹湯亦可飲。（《柳邊紀略》）《爾雅》：「葴，寒漿。」注：今酸漿草。楊慎卮言：《本草》：「燈籠草，苦耽，酸漿皆一物也，重複耳。燕京野果有紅姑娘，乃紅瓜囊之訛，此説得之。今京師人以充茗飲，可滌煩熱。」（《爾雅義疏釋草》）

山楂。大而紅，土人呼爲山裏紅，可蜜漬。（同上）亦可爲餻。（《寧古塔紀略》）果子單，山渣煮漿爲之，狀如紙薄，勻淨可卷，舒色紺紅，故名果子單。味甘酸，止渴。（《扈從東巡附録》）今吉林間有作之者。（採訪册）

清 西清《黑龍江外記》卷八 歐李，野果也。《異域録》作歐梨，或云即郁李，大如櫻桃，色味皆如李，漬以餳蜜，秋日下酒佳品。有言歐陽文忠使契丹，嗜此果，因名歐李者，附會可哂。

伊勒哈穆克，叢生黑龍江城山野中，色紅味甘酸，大如豆，摘食入口成漿，置盂中，不久化爲水。國語花曰伊勒哈，水曰穆克，故漢名花水，亦名高麗果。又有都實者，伊勒哈穆克類也。和牛乳造爲烏他，味殊甘美。

榛子生於野甸，樹大如荆棘，實圓滿，未可以十榛九空之諺例之。經荒火者尤佳，炒而售者，高唱火燎，榛子終年不絶。

清 陳憲舜《課民植牧講義稿》 香櫞 葉綠色而有堅刺，果大小不一，蒂橢圓形，一端如合十指，色黄肉白，味淡薄，少帶甘苦，芬芳襲人，稱爲果中上品。既可生啗，亦可糖漬蜜餞，殊方得之，多有置之几榻，滿室清香。藏之衣笥，香常不散。將來鐵路一開，銷流當旺。以他國所出，色香形味，皆不相同也。樹不甚高，壓條最易，或即當結實。如將遠行，以芋片敷其蒂，則歷久不爛；以蒜泥敷其蒂，則香氣尤烈。如法蓋藏，可銷他省，果品之中，此獨香美，宜多植之。

又 林檎 種類甚多，有金、紅、水、蜜、黑林檎諸名目。樹與奈相似，皆二月開粉紅色花，秋初結實，如奈大而稍圓，早熟者色白味甘脆美，晚熟者味稍酢，必爛熟乃可食。此外，有全甘者一種，與味酢者一種，亦有花而不實者一種，俗稱雄樹，換雌木之枝，則能結子。

又　朱欒　果大扁圓，皮稍滑澤，色黄瓤厚，味甘稍酸。宜生暖地，老樹高至丈餘，初夏開花，仲冬黄熟，其果大如茶碗，皮厚而有苦味，瓤中有長粒，味甘酸而帶微苦，和沙糖煎以爲果，亦柑橘中之最大者，將瓤中之粒點之即生，插接亦活。

柑橘之類，枸櫞之屬也。其葉尖長如楸，花開五爪如蘭，果形如桃，嘴尖而色黄。點子、插枝，皆能生長，樹老高至丈餘，收果之後，榨其汁，合以沙糖，及清水飲之。微有奇香，味亦酸甜。能止渴解暑，市所賣檸檬水是也。皮能製油，南洋最重。液可製酸，用處極多，以糖煎之，亦可賣果。取此果之極熟者，春初點之，生長極猛，當年即高尺餘，二尺不等，署爲料理，數年即大樹矣！宜沙泥地。

紀　事

明　王圻《稗史彙編》卷一五二《天寶棋子》　天寶十年，上謂宰臣曰：「近於宫内種柑子數株，今秋結實一百五十顆，與江南蜀道所進不異。」宰臣賀表曰：「雨露所均混，天區而齊被，草木有性憑地氣而潛通，故得資江外之珍果，爲禁中之華實。」相傳云：「玄宗幸蜀年，羅浮甘子不實。嶺南有蟻大於秦中，馬蟻結巢於甘樹實，時常循其上，故甘。皮薄而滑，往往甘實在巢中，冬深取之，味數倍於常者。」

明　吴之俊《獅山掌録·小山館》卷一八《果榜》　李直方戲爲諸果放榜，若貢士，然以緑李爲首，楞梨爲二，櫻桃爲三，柑爲四，蒲桃爲五。或薦荔枝，曰寄舉元。又問栗，曰不出八九。

明　張聯元《天台山全志》卷四　月桂子。陸龜蒙詩注：「宋紹定間，舒岳祥、童丱時夜課讀書，會中秋，月色皎然，聞瓦上聲如撒雹。其祖拙齋啓門視之，乃曰：『此月中桂子也，我嘗得之天台山中。』呼童子收可二升，其大如豫章子，無皮，色如白玉；有紋如雀卵，其中有仁，嚼之作芝麻氣味。囊之，雜菊花作枕。其收拾不盡，散落磚罅者，旬輒出樹葉，柔長，經冬猶在。」

清　袁枚《新齊諧》卷一五《服桂子長生》　吕琪從其兄官嶺南，司馬署有古井，夏夜納涼見井中有聲琤琤然，升起數紅丸，大如彈棋，疑有寶。次早遣人縋下探焉，得隔年桂子數十粒，鮮赤可愛。琪戲以井水服焉，日七枚，七日而盡。頓覺精神强健，如服蔘者，然年九十餘。

清　光緒《承德府志》卷六〇《雜志》　冰梨。余奉使北遼，至松子嶺，時方窮臘，坐上有北京壓沙梨，冰凍不可食。接伴使耶律筠取冷水浸良久，冰皆外結，已而敲去，梨已融釋。自爾，凡所攜柑橘之類，皆用此法，味即如故也。（《文昌雜録》）

藝　文

金　元好問《遺山集》卷五《食榆莢》　露葵滑寒羊蕨羶，春榆作莢絶可憐。榆令人瞑何暇計，田舍年例須濃煎。簫聲吹暖賣餳天，家人鑽火分青煙。長鈎矮籃走童稚，頃刻緑萍堆滿前。炊飯雲子白，剪韭青玉圓。一杯香美薦新味，何必烹龍炮鳳誇肥鮮。鼠肝蟲臂萬化途，神奇腐朽相推遷。夢中鸜鵒亦大樂，隨意飲啄真飛仙。先生捫腹一莞然，此日何功食萬錢。

明　俞安期《詩雋類函》卷一四〇　採藥詩：《拾遺記》曰：闇河之北有紫桂成林，其實如棗，羣仙餌焉。韓終採藥四言詩曰：「闇河之桂，實大如棗。得而食之，後天而老。」

明　沈周《名園佳果》　果栽宜土又是時，百畝園中鬬品奇。籧飣出供誇上客，隣家打剥信羣兒。花光塞眼川霞亂，顆子甘唇火劑垂。待與君王了封禪，白頭獨樂儘吾私。

清　宋犖《西陂類稿》卷一〇《漫堂草·林檎》　嘉果名元著，芳鮮出上林。蘋婆同似玉，霜橘愧將金。擘自憐珍味，收應奪衆禽。濟南開館處，遺帖大王欽。（邢子愿有「來禽館」）

雜　録

漢　劉向《列仙傳》卷上《范蠡》　范蠡，字少伯，徐人也。事周師太公望，好服桂飲水。爲越大夫，佐勾踐破吴，後乘輕舟入海，變名姓，適齊爲鴟夷子。更後百餘年，見於陶，爲陶朱君，財累億萬，號陶朱公。後棄之，蘭陵賣藥，後人世世識見之。

晉 張華《博物志》卷四 啖榆，則眠不欲覺。

晉 葛洪《抱朴子·内篇》 韓衆終服菖蒲十三年，身生毛，日視書萬言皆誦之，冬恒不寒。又菖蒲須得生石上，一寸九節已上，紫花者尤善也。趙他子服桂二十年，足下生毛，日行五百里，力舉千斤。

晉 干寶《搜神記》卷一 彭祖者，殷時大夫也。姓錢，名鏗，帝顓頊之孫，陸終氏之中子，歷夏而至商末號七百歲，常食桂芝。歷陽有彭祖仙室，前世云，禱請風雨，莫不輒應。常有兩虎在祠左右，今日祠之訖地，則有兩虎跡。

明 王圻《稗史彙編》卷一五三《如何實》 顧凱之《啓蒙記》曰：「如何隨刀而改味。」《神異經》曰：「南方荒中有如何之樹，三百歲作華，九百歲作實，有核形如棗子，長五尺，金刀割之則飴，非此則辛，食之得地仙。」《酉陽雜俎》曰：祁連山上有仙樹，一名四味木，其實如棗，以竹刀割則苦，以木刀割則酸，以盧刀割則辛，以金刀割則甘，即此物也。或曰，此即《仙經》所謂火棗。

明 李日華《六研齋·二筆》卷二 祝融峯上有碧玉壇，方五尺，東有紫梨高三百尺，乃禹所植，實大如斗，赤如日，食之長生。

明 陳懋仁《庶物異名疏》卷二三《帝休》 帝休。見《山海經》，出少室山，葉狀如楊，其枝五衢，黄花，黑實，服者不怒。故郭璞贊曰：「君子服之，匪怒伊愛。」

清 徐文靖《管城碩記》卷一七《楚辭集注四》 五穀不生，藂菅是食。《集注》曰：「菅茅，屬言其地不生五穀，其人但食此菅草也。」按：《魏書·吐谷渾傳》：「北有乙佛勿敵國，不識五穀，唯食魚及蘇子。蘇子狀若中國枸杞子。」《唐書·拂菻傳》：「自拂菻西南行二千里，有國曰『磨隣』，曰『老勃薩』，無草木五穀，飼馬，以槁魚。人食鶻莽。鶻莽，波斯棗也。」《南史·扶桑國傳》：「扶桑東千里有女國，食鹹草，鹹草葉似邪蒿，而氣香味鹹。」《一統志》：「瀚海在火州柳陳城東，地皆沙磧。」《宋史》云：「沙深三尺，不育五穀，沙中生草名登相，收之以食，皆此類也。」

圖表

元 忽思慧《飲膳正要》卷三 柰

柰子。味苦，寒。多食令人腹脹，病人不可食。

柰

林檎。味甘，酸温。不可多食。發熱澀氣，令人好睡。

林檎

海紅。味酸，甘，平，無毒。治洩痢。

海紅

必思荅。味甘，無毒。調中，順氣。其果出回四田也。

必思荅

香圓。味酸，甘，平，無毒。下氣，開胷膈。

香圓

株子。味酸，甘，平，無毒。性微寒，不可多食。

株子

明　李中立《本草原始》卷四《木部・枳實枳殼》

枳實 枳殼 枳實。生河內川澤，枳殼生商州川谷。今京西江湖州郡皆有之。木如橘而小，高五七尺，葉如橙多刺，春生白花，至秋成實。《本草綱目》云：「枳乃木名，從只諧聲也。」《醫學入門》云：「七月、八月采者爲實，小而色青中實，故名『枳實』。九月、十月采者爲殼，大而色黄紫多穰，入藥去穰用殼，故名『枳殼』。」

枳實皮青，肉赤白。

青而小者俗呼鵝眼，枳實近道出者小而緑，色氣臭，俗呼緑衣枳實，不堪用。

枳殼。氣味沉降，與枳實同。

枳殼皮青，肉白。

小兒軟癤，大枳殼一箇，去白磨口平，麪糊抹邊合癤上，自出膿血盡，更無痕也。

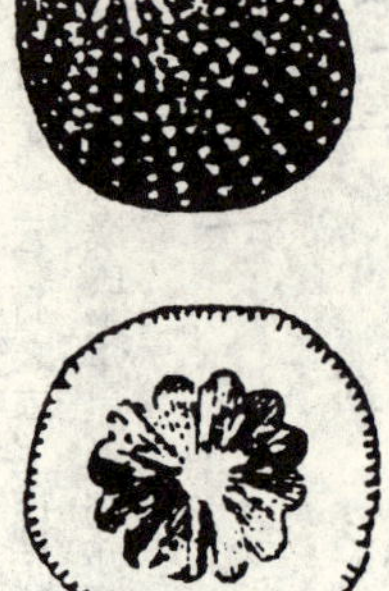

清　吴其濬《植物名實圖考·木類》卷三三《皂荚》　皂荚，《本經》：「中品。有肥皂荚、猪牙皂荚，剌爲癰疽要藥。」《救荒本草》：「嫩芽可煠食，子去皮，糖漬之，亦可食。」滇南皂角樹至多，角長尺餘，秋時懸垂樹末，如結組綸。每塑廟像將成，必焚皂角以除穢。歲首亦或爇於門外。考五國故事，蜀王衍好燒沉、檀、蘭、麝之類，芬馥氤氲，晝夜不息。既而厭之，乃取皁角燒之，則以皁角爲香者，蓋始於蜀而滇亦染其俗耳。又《湖南志》謂：無論諸惡瘡，但以皁角末醋調敷，即愈云。

清　何剛德《撫郡農産考略》卷下《櫟》〔物用〕：可研粉，其粉可以爲羹，并可爲膠。櫟粉每斤五六十錢，櫟粉膠每斤五六錢。取櫟粉法：曬乾去殼，浸水中數日，磨研成粉，用布袋澄去渣滓，提中層精白者爲佳。

又《蓬棚子》　物用。可爲凉粉服之，能解暑熱。取蓬棚子剖之，以刀刮其子出，晒乾裹之，以布置清水桶搓洗之，其汁自出，覆以布巾，虞刻即成凉粉。樹大者每株有子，三分石之二，本地收買。于一百值錢四千，崇邑每年有百餘石運往上海、九江、漢口零售，獲利亦厚。

樹脂樹液加工利用部

題解

宋 戴侗《六書故》卷二一《植物一》 楓。楓，方戎切。木之喬直者，葉三岐，脂與實皆香，可焚。（《爾雅》曰：「楓，欇。欇音涉。」《説文》曰：「厚葉弱支，善摇，一名欇，此説非。」）

桕。桕其九切。桕，膏物也，葉如鳧蹼，遇霜則丹，其實外膏可爲燭，其覈中油可燃燈，亦名烏臼，單作臼。

清 汪灝《佩文齋廣群芳譜》卷七〇《木譜松三·松脂》 原松脂，松之津液，精華也。一名松膏，一名松香，一名松膠，一名松肪，一名瀝青，以通明如薰陸香顆者爲勝。老松皮内自然聚者爲第一勝，鑿取及鍊成者，根下有傷處不見日月者爲陰脂，尤佳。氣味苦温，無毒，潤心肺，强筋骨，安五臟，利耳目，除伏熱，治瘡瘍，消風氣，久服輕身不老。千年松脂入地，化爲琥珀。又千年爲毉狀，如黑玉蜜蠟金，亦多年琥珀所化，屑其末焚之，有松香氣。

又 卷七二《木譜·樟腦》 原樟腦，樟樹脂也，似龍腦色白如雪，出韶州、漳州。辛，熱無毒，通關竅，利滯氣。治中帶邪血、寒濕、脚氣、霍亂、心腹痛、疥癬、風瘙、齲齒，殺蟲辟蠹。

論説

宋 蘇軾《仇池筆記》卷上《論漆》 漆畏蠏。予嘗使工作漆器，工以蒸餅潔手而食之，宛轉如中毒狀，急以蠏黄食之乃蘇。墨入漆最善，然以少蠏黄敗之，乃可不爾，即堅頑不可用也。

宋 晁季一《墨經·松》 古用松煙、石墨二種，石墨自晉、魏以後無聞，松煙之製尚矣。漢貴扶風喻麋終南山之松。蔡質《漢官儀》曰：「尚書令、僕、丞、郎，月賜喻麋大墨一枚，小墨一枚。」晉貴九江廬山之松，衛夫人《筆陣圖》曰：「墨取廬山松煙。」唐則易州、潞州之松，上黨松心尤先見貴。後唐則宣州黄山、歙州黟山、松羅山之松。李氏以宣、歙之松類易水之松。今兖州泰山、徂徠山、嶧山，沂州龜山、蒙山，密州九仙山，登州牢山，鎮府五臺，邢州、潞州太行山，遼州遼陽山，汝州黿君山，隨州桐栢山，衛州共山，衢州柯山，池州九華山及宣歙諸山，皆産松之所。兖、沂、登、密之間山，總謂之東山，鎮府之山，則曰西山。自昔東山之松色澤肥膩，性質沉重，品惟上上，然今不復有。今其所有者，纔十餘歲之松，不可比西山之大松。蓋西山之松與易水之松相近，乃古松之地，與黄山、黟山、羅山之松，品惟上上。遼陽山、黿君山、桐栢山可甲乙。九華山，品中。共山、柯山，品下。大概松根生茯苓，穿山石而出者透脂松，歲所得不過二三株，品惟上上。根幹肥大，脂出若珠者，曰脂松，品惟上中。可揭而起，視之而明者，曰揭明松，品惟上下。明不足而紫者，曰紫松，品惟中上。礦而挺直者，曰籤松，品惟中中。明不足而黄者，曰明松，品惟中下。無膏油而漫若糖苴然者，曰糖松，品惟下上。無膏油而類杏者，曰杏松，品惟下中。其出歷青之餘者，曰脂片松，品惟下下。其降此外，不足品第。

宋 王觀國《學林》卷七《琥珀》 張茂先《博物志》曰：「松脂淪入地，千年化爲茯苓，茯苓千年化爲琥珀。」劉義慶《世説》曰：「桃濤入地化爲琥珀。」《廣雅》曰：「楓脂生地中，深者八九尺，大如斛，削去皮成琥珀。初時如桃膠，凝乃成。」《元中記》曰：楓脂，入地爲琥珀。《酉陽雜俎》曰：「龍血入地爲琥珀。」又曰：「寧州沙中有細腰蜂，崖崩則蜂出，土人燒治以爲琥珀。」觀國案：「琥珀燒之有松氣。」又，「其中有蜂蠅，狀不壞。當是松脂濕時，蜂、蠅所粘凝結，入地歲久而成琥珀也。茯苓亦是松根氣結成，如贅疣狀，其抱根者謂之茯神。初生則小，歲久則大，蓋琥珀、茯苓自是兩物，非茯苓變爲琥珀也。二物各有大小，非必千年而後化也。張茂先論物理多險怪如此，其餘諸家論琥珀所生皆非也。琥珀又爲虎魄，字蓋假借用之。唐高祖之祖名虎，唐人諱虎字，故唐人文字皆改虎爲武，而諱虎珀爲武魄也。」

宋 吴儆《竹洲集》卷一四《雜著·墨説》 蜀人以桐華爲墨，雖一時光黑可愛，然新則滯，久則敗。以歙墨之佳者，先後研和用之，則蜀膠爲之融液清澈，而歙煙益精明可鑑。歙人吴滋，蓋合兩家之所長，獨步一時。然率以奉權貴要厚利，士大夫不能多致。雖如予之僻，與之居相邇平生，所得止兩圭。今爲福唐張叔潛奪去，不可復得。三衢鄭彦珪得法於歙，取千歲之松枯朽腐敗之餘，刳剔而琢削之。如粤人治香之法，醮以梧桐之液，髹漆之滓，積其煙之輕而遠者，以窮冬沍寒之時，鑿深山澗谷之凝冰，夯堅革而埏埴之。色絶黑而膠清，藏之十年，必有能辨之者。歲寒然後知松栢，雖其煨燼之餘，猶耐久也。

明 沈萬鈳《詩經類考》卷二五《漆》 《本草》注曰：「高二三丈，皮白，葉似椿，花似槐，子若牛李，木心黄。以斧斫其皮開，以竹筒盛之，注滴則成漆也。」《説文》云：「漆木汁可以髹，(音休)物象形黍，如水滴而下。」《書》云：「兗州厥貢漆、絲，豫州厥貢漆、枲。」《蜀本注》云：「上等清漆，色黑如瑿，若鐵石者好，黄嫩若蜂窠者不佳。」《洽聞記》曰：「濟國南海中有三島，各相去數十里，上出黄漆樹，六月破樹腹，承取汁，漆器物若黄金奪目。」

明 王兆雲《白醉璅言》卷上《墨談》 三十年前，墨止和劑成餅，不施文采，貴在艸細、煙真、膠清、杵到。即無香料，汪汪池腹間作清泠觀，舐筆不膠，入紙不暈。今製一取古文奇字，篆籀填銘，鼎敦饕餮，神怪千態，花木蟲魚，幻象百出，妙奪化工，即皮相之髹采可鑑，梔表蠟裡，無益文苑，有慚上玄。今三四十年故家所藏舊市墨，翫之如枯松枝，畧無容華，磨之欝勃起藍烟不深黑。和汁餘升許都如止水，豪端滑脱，落紙清潤，惜不多得。羅文龍墨是豪游中哲匠，金相玉質，水煤盡層，上清高華鮮冷，別作妙觀，空青水碧，木難珊瑚，一笏之費，價抵連城。孟大中丞好藏書墨，一旦朝露，便爲里兒攘取殆盡。聞有一挺爲新安朱紫陽先生欵，是趙宋時物，不審作何色象，計今不爲村舍女兒畫眉，則爲塾師小童塗鴉，千年尤物，類至失職，何但中郎竈下桐焦。江南奉使大璫製進御數墨，多龍文采、翠表、冐、黄金塗，中用珠粉、金泥、龍腦、麝臍，色奪朝曦，芬溢九竅，如内法醖濃郁饒舌，然乏荷露清遠韻。朝堂高貴，不比寒松居士，墨亦宜然。松江製墨挺作薄片，多署龍香劑，磨之汁清起重嵐不甚深黑，比之士品則逸民之儔。有墨德，有墨才，有墨韻。太上重玄，匪石而堅，入水不漬，着手不污，德也。小而片研，大而巨斗，譬之飲河，無不具足，捺管蝇頭，拓箒方丈，利可截紙，汁堪入木，才也。黑擬點漆，翳若浮嵐，澄乃秋水，泛則天花，水煤結其氤氲，木石欝其爛熳，韻也。合此三者，致足爲墨卿。鮮嘲乃知隃麋，策勛不減凌烟。墨欲至實，實則烟沉；墨欲至虚，虚則質清；實實虚虚，既沉復清，是曰墨神。松煤不膚光，桐膏太骨露，要之，松煤則君子闇，然桐膏乃文士符。采研發墨，猶之錐利木穴；墨磨研，猶之水滴石穿。剛柔相制，齒落舌存，物亦尔尔，墨月可盡。一笏筆半之，研可逮雲仍。三者功力，悉敵世間天壽，不必程能課劳，當自賦質有差。

明 周嘉胄《香乘》卷一《稗史彙編》 香木初一種也，膏脉貫溢則沈實，此爲沈水香。有曰熟結，其間自然凝實者。脱落，因木朽而自解者。生結，人以刀斧傷之而後膏脉聚焉。蟲漏，因蟲傷蠹而後膏脉亦聚焉。自然、脱落爲上，以其氣和；生結、蟲漏則氣烈，斯爲下矣。沈水香過四者外，則有半結半不結，爲弄水香，番言爲婆菜。因其半結則實而色重，半不結則不大實而色褐，好事者謂之鷓鴣斑。婆菜中則復有名水盤頭，結實厚者亦近沈水。凡香木被伐，其根盤結處，必有膏脉湧溢，故亦結，但數爲雨淫，其氣頗腥烈，故婆菜中水盤頭爲下，餘雖有香氣，不大凝實。又一品號爲棧香。大凡沈水、婆菜、棧香，嘗出於一種，而每自有高下。三者，其產占城不若真臘國，真臘不若海南諸黎峒，海南諸黎峒又不若萬安、吉陽兩軍之間黎母山，至是爲冠絶天下之香，無能及之矣。又海北，則有高、化二郡亦産香，然無是三者之别，第爲一種，類棧之上者。海北香若沈水地號龍竈者，高涼地號浪灘者，官中時擇其高勝，試爇一炷，其香味雖淺薄，乃更作，花氣百和旖旎。(同上)

又 卷二 薰陸香樹，《異物志》云：「枝葉正如古松。」《西域記》云：「葉如棠梨。」《華夷續考》云：「似榆而葉尖長。」《一統志》又云：類榕。似因地所産葉幹有異，而諸論著多自傳聞，故無的據。其香是樹脂液凝結而成者，《香録》論之詳矣。獨《廣志》云：「熏陸香是樹皮鱗甲采之復生，乳頭香是波斯松樹脂也。」似又兩種，當從諸説爲是。

又 卷四 香本一樹，建論互殊，其云類紫真檀，是樹枝節如膏油者，即樹脂膏。蘇合香、蘇合油，一樹兩品。又云諸香汁煎成，乃僞爲者。如蘇木重如石，嬰薁是山葡萄，至陶隱居云是獅子糞，《物理論》云是獸便，此大謬誤。蘇合油白色，《本草》言獅糞極臭，赤黑色。又劉夢得言薄葉如金色者，或即蘇合香樹之葉，抑番禺珍異不一，更品外之奇者乎？

明 谷應泰《博物要覽》卷一三《論琥珀生産顔色道地》 琥珀産永昌及西戎、海南林邑，西域康于河諸處。舊説産琥珀者，乃松脂淪入地千年所化，令燒之亦作松氣，其中有一蜂形，色如生者，爲松脂生化無疑。琥珀是海松木中津液，初若桃膠，後乃凝結，復有南珀不及海上來者。楓脂入地千年亦化爲琥珀，不獨松脂也。大抵木脂入地千年皆化，但不及楓松有脂而多經年歲耳。海南林邑多出琥珀，松脂淪入地所化。有琥珀，則旁無草木，入土淺者五尺，深者八尺，大者如斛，削去皮乃成，此説爲勝。但土有宜産不宜産，故有能化不能化耳。琥珀是松樹枝節榮盛時爲炎日所灼，流脂出樹身外，日漸厚大，因堕土中津潤歲久，爲土所滲泄，而光瑩之體獨存。今可拾芥，尚有粘性，故其虫蟻之類乃未入土時所粘者。茯苓與琥珀二物，皆自松出而所産各異。茯苓生于陰而成于陽，琥珀生于陽而成于陰，故皆治虚安心而利水也。

綜　述

《莊子·内篇·人間世》　山木，自寇也；膏火，自煎也。桂可食，故伐之。漆可用，故割之。人皆知有用之用，而莫知無用之用也。

漢　郭憲《洞冥記》卷二　青櫨木有膏如淳漆，削置器中，以蠟和之，塗布燃照數里。

又　卷三　有紫柰大如斗，甜如蜜，核紫花青，研之有汁如漆，可染衣。其汁着衣，不可澣浣，亦名闇衣柰。

晉　嵇含《南方草木狀》卷中　案此八物同出於一樹也，交趾有蜜香樹，榦似柜柳，其花白而繁，其葉如橘。欲取香，伐之經年，其根榦枝節各有別色也。木心與節堅黑沉水者，爲沉香。與水面平者爲鷄骨香，其根爲黄熟香，其榦爲棧香，細枝緊實未爛者爲青桂香，其根節輕而大者爲馬蹄香，其花不香，成實乃香，爲鷄舌香，珍異之木也。

楓香，樹似白楊，葉圓而岐分，有脂而香，其子大如鴨卵。二月華發，乃著實，八九月熟，曝乾可燒。惟九真郡有之。

蘇枋樹，類槐花，黑子，出九真。南人以染絳，漬以大庾之水，則色愈深。

晉　崔豹《古今注》卷下　蘇枋木，出扶南林邑外國，取細破煮之，以染色。

漆樹，以剛斧斫其皮開，以竹管承之，汁滴管中，即成漆也。

晉　葛洪《抱朴子内篇》卷二《僊藥》　夫木芝者，松脂淪入地，千歲化爲茯苓，萬歲其上生小木，狀似蓮花，名曰木威喜芝。夜視有光，持之甚滑，燒之不然，帶之辟兵。以帶雞，而雜以他雞十二頭，共籠之，去之十二步，射十二箭，他雞皆傷，帶威喜芝者終不傷也。從生門上採之，於六甲陰乾之，百日末服方寸七，日三盡一枚，則三千歲也。千歲之栢木，其下根如坐人，長七寸，刻之有血，以其血塗足下，可以步行水上不没。以塗人鼻，以入水，水爲之開，可以止住淵底也。以塗身則隱形，欲見則拭之，又可以治病。

晉　郭璞《玄中記·白蒙》　東海有樹名爲白蒙，其汁可爲脂，色白味甘。（《書鈔》脂部）

南朝梁　任昉《述異記》卷下　香洲在朱崖郡洲中，出諸異香，往往不知名焉。千年松香聞於十里，亦謂之十里香。

唐　辯機《大唐西域記》卷一〇　國南濱海，有秣剌邪山，崇崖峻嶺，洞谷深澗。其中則有白檀香樹，栴檀你婆樹，樹類白檀，不可以別。惟於盛夏，登高遠矚，其大蛇縈者，於是知之。猶其木性涼冷，故蛇盤此。既望見已，射箭爲記。冬蟄之後，方乃采伐。羯布羅香樹，松身異葉，花果斯別，初采既溼尚未有香，木乾之後，修理而析，其中有香，狀若雲母，色如冰雪，此所謂龍腦香也。

唐　釋道世《法苑珠林》卷四九　薰陸香，《魏略》曰：大秦出薰陸。《南方草物狀》曰：「熏陸香出大秦國，云在海邊自有大樹生於沙中，盛夏時樹膠流涉沙上，夷人採取賣與人。」（《南州異物志》：「同其異者，唯云狀如桃膠。與術又同，唯云如陶松脂法。長飲食之，令通神靈。」）俞益期牋曰：衆香共是一木，木膠爲薰陸。流黄香，吴時外國傳曰：流黄香出都昆國，在扶南南三千餘里。（《南州異物志》同也。）《廣志》曰：「流黄香出南海邊國。」

兜納香，《魏略》曰：「出大秦國。」《廣志》曰：「兜納出西方。」艾納香，《廣志》曰：「又納香出對國。」《樂府歌》曰：「行胡從何來，列國持何來，氍毹毾㲪五木香，迷迭艾納及都梁。」

木蜜香，《異物志》曰：「木蜜香，名曰香樹，生千歲，根本甚大。先伐僵之，四五歲乃往看，歲月久，樹根惡者腐敗，唯中節堅貞芬香，獨在耳。」《廣志》曰：「木蜜出交州及西方。」《本艸經》曰：「木香一名蜜香，味辛温。」

甘松香，《廣志》曰：「甘松出涼州諸山。」

楓香。《南方記》曰：「楓香樹子如鴨卵，爆乾可燒。魏武令曰：房室不潔，聽得燒楓膠及蕙艸、棧香。」《廣志》曰：「棧香出日南諸國。」

沉香《異苑》曰：「沙門支發存，在廣州有八尺毹㲪，又有沉香八尺板牀。太元中，王漢爲州，大兒劭求二物，不得，乃殺而藉焉。」《南州異物志》曰：「木香出日南，欲取，當先斫壞樹著地，積久，外自朽爛，其心至堅者，置水則沉，名曰沉香。其次在心白之間，不甚堅精，置之水中不沉不浮，與水平者名曰棧香，其最小麤白者名曰槧香。顧徵《廣州記》曰：「新興縣悉是沉香，如同心艸，土人斫之，經年朽爛，盡心則爲沉香。」俞益期牋曰：「衆香共是一木，木心爲沉香。」

唐 段成式《酉陽雜俎》卷一八 安息香樹，出波斯國。波斯呼爲辟邪樹，長三丈，皮色黄黑，葉有四角，經寒不凋。二月開花，黄色，花心微碧，不結實。刻其樹皮，其膠如飴，名安息香。六七月堅凝，乃取之燒，通神明，辟衆惡。

龍腦香樹出婆利國，婆利呼爲固不婆律，亦出波斯國。樹高八九丈，大可六七圍，葉圓而背白無花實，其樹有肥有瘦，瘦者有婆律膏香，一曰瘦者出龍腦香，肥者出婆律膏也。在木心中，斷其樹，劈取之，膏於樹端流出，斫樹作坎而承之。入藥用，別有法。

唐 劉恂《嶺表録異》卷中 橄欖樹身聳枝皆高數尺，其子深秋方熟，閩中尤重此味。云咀之香口，勝含鷄舌香，飲悉解酒毒，有野生者子繁樹峻，不可梯緣，但刻其根下方寸許，納鹽於其中，一夕子皆自落。樹枝節上生脂膏如桃膠，南人採之，和其皮葉煎之，調如黑餳，謂之橄欖糖。用泥船損，乾後堅於膠漆，着水益乾耳。

又 卷下 胡桐淚出波斯國，是胡桐樹脂也，名胡桐淚。又有石淚，在石上採也。

宋 陶穀《清異録》卷上《却老霜》 却老霜，九鍊松脂爲之，辟穀長生。

宋 樂史《太平寰宇記》卷一六四《嶺南道八・康州領廢瀧州》 荆楊樹，一名豕樹，皮白，味如脂。《異物志》云：「斯調州有木名摩樹，汁如脂。」

又 卷一七二下《東夷一・百濟国》 西南海中有三島，其上出黄漆樹，似小㮆樹而大。六月輒取其汁，漆器物如黄金，其光奪目。

宋 温革《分門瑣碎録・木總説》 楓肪入地化爲琥魄，如千歲積冰結爲頗黎，鬼血化爲瑪瑙。木蘭枝葉俱疎，其花裹白表紫，或有四季開者，生於深山者尤大，可以爲船。

宋 釋文瑩《湘山野録》卷中 餘杭能萬卷者，浮圖之真儒介然，持古人風節，有與學著典類一百廿卷。天禧中秘館購書，王冀公欽若特請附焉。冀公尤所禮重。其居延慶寺在大慈塢，時儒皆抱經授業。師居常喜閲《唐韻》，諸生長竊笑。一日出題於法堂，曰「楓爲虎賦」，其韻曰：「脂入於地，千歲成虎。」諸生皆不諭，固請之，不説。凡月餘，檢經史，殆百家，會最小説，俱無見者，閣筆以聽教。師曰：「聞諸君笑老僧酷嗜唐韻，茲事止在東字韻第二版，請詳閲。」諸生檢之，果見楓字。註中云：「黄帝殺蚩尤棄其桎梏，變爲楓木，脂入地千年化爲虎魄。後諸生始敬此書。」

宋 釋贊寧《東坡先生物類相感志》卷一三《青棂木》 出外國，漢武得之，其有膏如淳漆。削置器中，以蠟和之，塗布，然然數里之光。

《構膠》 其膠可以團丹砂。《語》曰：「構膠爲金石之膠漆者此也。」

宋 蘇軾《格物麤談》卷上 楮汁，能合硃砂爲團，名爲「五金膠漆」。

橄欖樹脂膏，用泥船隙，牢如膠漆，著水益乾。

又 卷下 龍腦以杉木炭養之更良，不耗。或同雞毛、相思子入小瓷罐蜜收，亦佳。

楮樹汁和白芨、飛麪調和，接紙永不脱解。

藏書畫，以樟腦包放在内，不生蠹魚。

宋 蘇軾《東坡養生集・松脂》 松脂以真定者爲良，細布袋盛，漬水中，沸湯煮之。浮水面者，以新罩籬掠取，置新水中。久煮不出者，皆弃不用。入生白茯苓末，不製，但削去皮，擣羅拌匀，每日早取三錢七，着口中，用少熟水攪漱，仍以脂如常法。揩齒畢，更啜少熟水嚥之。仍漱吐如法，能堅牢齒、駐顔，烏髭也。

擦牙不可不慎，用藥以清晨諸味未投，且經絡所通最爲扼要，用此等則甚佳。

宋 沈括《夢溪筆談》卷二六 今之蘇合香，如堅木，赤色。又有蘇合油，如黐膠，今多用此爲蘇合香。按劉夢得傳信方用蘇合香，云皮薄子如金色，按之即小，放之即起，良久不定，如蟲動烈者佳也。如此則全非今所用者，更當精考之。

宋 陳師道《後山談叢》卷四 近年華山毛峯有隸字曰：「伏苓」，下云：

「諸山皆假，惟此者真，一旦一丸，三斗三斤」。疑爲「服茯苓法」也。令山下人用三斗水煮藥三斤，水盡爲度，蜜和而蒸服，而不丸。道者趙翁云：蓋伏苓不蒸煮不能去陰氣也，余謂不煮不能去皮梗也。

宋　洪芻《香譜》卷上《蘇合香》《神農本草》云：「生中臺川谷。」陶隱居云：「俗傳是師子糞，外國説不爾。今皆從西域來。真者難別，紫赤色如紫檀堅實，極芬香，重如石，燒之灰白者佳。主辟邪、瘧、癇、痓，去三蟲。」

又《安息香》《本草》云：出西戎，似栢脂，黄黑色爲塊。新者亦柔軟，味辛苦，無毒，主心腹惡氣、鬼疰。《酉陽雜俎》曰：安息香，出波斯國，其樹呼爲辟邪。樹長三丈許，皮色黄黑，葉有四角，經冬不彫。二月有花，黄色，心微碧，不結實。刻皮出膠如飴，名安息香。（略）

又《薰陸香》《廣志》云：「生南海」。又《僻方注》曰：「即羅香也。」《海藥本草》云：「味平温，無毒，主清人神。其香樹一名馬尾，香是不皮鱗甲，採之復生。」又《唐本草》注云：「出天竺國及邯祁，似楓松脂，黄白色。天竺者多白，邯祁者夾緑色，香不甚烈。微温。主伏尸、惡氣，療風水腫毒惡瘡。」

又《波律香》《本草拾遺》曰：「出波律國與龍腦同樹之清脂也。除惡氣，殺蟲疰。」見龍腦香，即波律膏也。

又《乳香》《廣志》云：即南海波斯國松樹脂有紫赤櫻桃者，名乳香，蓋薰陸之類也。仙方多用辟邪，其性温，療耳聾、中風、口噤、婦人血風，能發酒治風冷，止大腸洩僻，療諸瘡癤，令内消。今以通明者爲勝，目曰的乳，其次曰揀香，又次曰瓶香，然多夾雜成大塊，如瀝青之狀。又其細者，謂之香纏。

又《青桂香》《本草拾遺》曰：即沈香同樹細枝，緊實未爛者。（略）

又《艾蒳香》《廣志》云：「出西國，似細艾。」又云：「松樹皮緑衣，亦名艾蒳，可以合諸香燒之，能聚其煙，青白不散。」《本草拾遺》曰：「味温無毒，主惡氣，殺蛀蟲，主腹冷洩痢。」（略）

又《餞香》《本草拾遺》曰：「亦沈香同樹，以其肌理有黑脈者謂之也。」（略）

黄熟香亦餞香之類也，但輕虚枯朽不堪者。今和香中皆用之。

又《白膠香》《唐本草注》云：「樹高大，木理細，莖葉三角，商洛間多有。五月斫爲坎，十一月收脂。」《開寶本草》云：「味辛苦，無毒，主癮疹、風痒、浮腫，即楓香脂。」（略）

又《沈榆香》《封禪記》：黄帝列珪玉於蘭蒲席上。然沈榆香，舂雜寶爲屑，以沈榆和之若泥，以分尊卑華戎之位。（略）

又《兜婁婆香》《楞嚴經》：壇前別安一小爐，以此香煎取香水，沐浴其炭，然令猛熾。

宋　鄭樵《通志》卷七六《昆蟲草木略》　琥珀。《漢書》云：「出罽賓國，舊云松脂入地千年化成。」又云：「茯苓千年爲琥珀。」又云：「松脂内溢入地而爲茯苓，外溢入地而爲琥珀。」今之所得，其中則有蚊、蟲、蜂、螘之類如生，此皆是未入地所著者。又云「楓脂千年爲琥珀。」大體中土不生，來從外國，皆云初得之如桃膠，便可啖，須臾則堅凝。今人有煮蝦雞及青魚，枕僞爲之者。

宋　李石《續博物志》卷三　太學同官有曾官廣中者云：沈香，雜木也。朽蠹浸沙水，歲久得之。如儋崖海道居民橋梁皆香材，如海桂橘柚之木，沈於水多年得之，爲沈水香。《本草》謂爲似橘是矣。然生採之，即不香也。

又　卷九　桑柴灰取汁煎白礬，治壁鏡蛇毒。石榴名天漿，已乳石毒。

又　卷一〇　松脂、杏仁、棗肉、茯苓等分食後，服五十粒可不飢。

宋　范成大《桂海虞衡志・志香》　沈水香。上品出海南黎洞，亦名土沈香，少大塊。其次如璽栗角，如附子，如芝菌，如茅竹葉者皆佳，至薄如紙者，入水亦沈。香之節因久蟄土中，滋液下流，結而爲香，採時香面悉在下，其背帶木性者乃出土上。環島四郡界皆有之，悉冠諸蕃所出，又以出萬安者爲最勝。説者謂萬安在島正東，鍾朝陽之氣，香尤醞藉豐美。大抵海南香氣皆清淑，如蓮花、梅英、鵝梨、蜜脾之類，焚香一博投許，氛翳彌室。翻之四面悉香，至煤爐氣不焦，此海南香之辨也。北人多不甚識，蓋海上亦自難得。省民以牛博之於黎，一牛博香一擔，歸自差擇，得沈水十不一二。中州人士但用廣州舶上占城、真臘等香，近年又貴丁流眉來者。余試之，乃不及海南中、下品。舶香往往腥烈，不甚腥者，意味又短，帶木性，尾烟必焦。其出海北者，生交趾，及交人得之海外蕃舶而聚於欽州，謂之欽香。質重實，多大塊，氣尤酷烈，不復風味，惟可入藥，南人賤之。蓬萊香。亦出海南，即沈水香結未成者。多成片，如小笠及大菌之狀，有徑一二尺者，極堅實，色狀皆似沉水香，惟入水則浮，刳去其背帶木處，亦多沈水。

蓬香。出海南。香如蝟皮、笠篷及漁簑狀，蓋修治時雕鏤費工，去木留香，棘刺森然。香之精鍾於刺端，芳氣與他處箋香夐別。出海北者聚於欽州，品極凡，與廣東舶上生、速、熟、結等香相埒。海南箋香之下，又有重、漏、生、結等香，皆下色。

欖香。橄欖木脂也，狀如黑膠飴。江東人取黄連木及楓木脂以爲欖香，蓋其類出於橄欖，故獨有清烈出塵之意，品格在黄連、楓香之上。桂林東江有此果，居人采香賣之，不能多得，以純脂不雜木皮者爲佳。

光香。與箋香同品第，出海北及交阯，亦聚於欽州。多大魄，如山石枯槎，氣麤烈，如焚松檜，曾不能與海南箋香比，南人常以供日用及常程祭享。

檳榔苔。出西南海島，生檳榔木上，如松身之艾蒳。單爇極臭，交阯用以合泥香，則能成温馨之氣。功用如甲香。

又《志草木》 南漆。如稀飴，氣如松脂，霑霑無力。

宋 沈作喆《寓簡》卷一〇 草木之最香者，如沈水、旃檀、龍腦、蘇合、薰陸、金顔、薝蔔、薔薇、素馨、末利、雞舌之屬，皆産於嶺表、海南。《南遷集》云：「雷、化已南，山多苓苓、藿香，芬芳襲人，動或數里。予嘗推其理，火盛於南，方實能生土，土性味甘而臭。香，其在南方，乘火之主，得其所養。英華發外，是以草木皆香，此實理性之自然者。而前此説香，自范蔚宗以下，未嘗有及此也。」《黄帝書》言「五氣香氣湊脾」，古人固知之矣。《楞嚴》云：「純燒沈水，無令見火，此自佛以來燒香妙方也。」

宋 周去非《嶺外代答》卷七《香門・沈水香》 沉香來自諸蕃國者，真臘爲上，占城次之。真臘種類固多，以登流眉（案范成大《桂海虞衡志》作「丁流眉」。《宋史》作「登流眉」。）所産香，氣味馨郁，勝於諸蕃。若三佛齊等國所産，則爲下岸香矣，以婆羅蠻香爲差勝。下岸香味皆腥烈，不甚貴重。沉水者，但可入藥餌。交阯與占城隣境，凡交阯沉香至欽，皆占城也。海南黎母山峒中，亦名土沉香，少大塊，有如繭栗角，如附子，如芝菌，如茅竹葉者，皆佳。至輕薄如紙者，入水亦沉。萬安軍在島正東，鍾朝陽之氣，香尤醖藉清遠。如蓮花、梅英之類，焚一銖許，氛翳彌室，翻之四面悉香，至煤爐，氣不焦，此海南香之辨也。海南自難得，省民以一牛於黎峒博香一擔，歸自差擇，得沉水十不一二。頃時香價與白金等，故客不販，而宦遊者亦不能多買。中州但用廣州舶上蕃香耳。唯登流眉者，可相頡頏。山谷《香方》率用海南沉香，蓋識之耳。若夫千百年之枯株中，如石如杵，如拳如肘，如奇禽龜蛇，如雲氣人物，焚之一銖，香滿半里，不在此類矣。

《蓬萊香》 蓬萊香，出海南，即沉水香結未成者。多成片如小笠及大菌之狀，極堅實，狀類沉香。惟入水則浮，氣稍輕清，價亞沉香。剞去其背帶木者，亦多沉水。

《鷓鴣斑香》 鷓鴣斑香，亦出海南。蓬萊、好箋香中，槎牙輕鬆，色褐黑而有白斑點點，如鷓鴣臆上毛，氣尤清婉。

又《箋香》 箋香出海南者，如蝟皮、漁簑之狀，蓋出諸修治。香之精，鍾於刺端。大抵以斧斫以爲坎，使膏液凝沍於痕中，膏液垂而下結，巉巖如攢針者，海南之箋香也；膏液湧而上結，平闊如盤盂者，蓬萊箋也。其側結者必薄，名曰蟹殼香。廣東舶上生熟速結等香，當在海南箋香之下。

又《衆香》 光香，出海北及交阯，與箋香同，多聚於欽州。大塊如山石枯槎，氣麤烈如焚松檜。桂林供佛，賓筵多用之。

欽香，味猶淺薄。其木，葉如冬青而差圓，皮如楮皮而差厚，花黄而小，子青而黑。人以斧斫木爲坎，膏凝於痕，遂採以爲香，香之爲香良苦哉。

橄欖香，出廣州及北海，橄欖木節結成，狀如黑膠飴，獨有清烈出塵之意，品格在黄連、楓香之上。桂林東江有此，居人采香賣之，不能多得，以純脂不雜木皮者爲佳。

宋 羅願《爾雅翼》卷七《蘇》 煮飲尤勝，取子研汁煮粥良，長服令人肥白身香。亦可生食，與魚肉作羹。《沙州記》曰：「乞佛虜不識五穀，唯食蘇子。」

又 卷一二 六七月間以斧斫其皮開，以竹管承之，汁滴則爲漆，古者以爲貢職。

宋 寇宗奭《本草衍義》卷一三 茯苓。乃樵斫訖多年松根之氣所生，此蓋根之氣味噎鬱未絶，故爲是物。然亦由土地所宜與不宜，其津氣盛者方發泄於外，結爲茯苓。故不抱根而成物，既離其本，體則有苓之義。茯神者，其根但有津氣而不甚盛，故止能化結於本根。既不離其本，故曰茯神。此物行水之功多，益心脾，不可闕也。或曰松既樵矣，而根尚能生物乎？荅曰，如馬勃菌、五芝、木耳、石耳之類，皆生於枯木、石糞土之上，精英未淪，安得不爲物也。其上有菟絲，下有茯苓之説，甚爲輕信。

柏取菑，以療馬瘑疥。（略）前嘗官陝西，每登高望之，雖千萬株皆一西指。蓋此木爲至堅之木，不畏霜雪，得木之正氣，他木不逮也。所以受金之正氣所制，故一一向之。

乾漆。若濕漆，藥中未見用，凡用者皆乾漆耳。其濕者在燥熱及霜冷時則難乾。得陰濕，雖寒月亦易乾，亦物之性也。若霑漬人，以油治之。凡驗漆，惟稀者以物蘸起，細而不斷，斷而急收起。又，塗於乾竹上，蔭之速乾者並佳。

宋 陳敬《陳氏香譜》卷一《脩製諸香・飛樟腦》 樟腦一兩，兩盞合之，以濕紙糊縫，文武火熁半時取起，候冷用之。（《沈譜》）樟腦不以多少研細，用篩過，細壁土拌匀，捩薄荷汁少許灑在土上，以浄盌相合，定濕紙條固四縫，甑上蒸之。腦子盡飛上盌底，皆成冰片。（是齋售用）樟腦、石灰等分，同研極細末，用無油銚子貯之，甆盌蓋定，四面以紙固濟如法，勿令透氣，底下用木炭火煆少時取開，其腦子已飛在盌蓋上。用雞翎掃下，再與石灰等分如前，煆之凡六七次，至第七次可用慢火煆一日而止，取下掃腦子，與杉木盒子鋪在內，以乳汁浸兩宿，固濟口不令透氣，掘地四五尺，窨一月，不可入藥。（同上）韶腦一兩，滑石二兩，一處同研，入新銚子內，文武火炒之，上用一磁器蓋之，自然飛在盖上，奪真。

宋 黄震《黄氏日抄》卷六七《志香》：「沉香。出海外黎洞。香木既枬，其節目久蟄土中，數百年不腐，益精堅，滋液下垂，結而爲香。面多在下，如山峰、恠石、恠獸、龜蛇，次如鬣栗角、附子、芝菌、茅竹葉者，皆佳。至輕薄如紙者，入水亦沉。盡觀諸蕃所出，尤以萬安爲最勝，在島正東，鍾朝陽之氣也。海南香氣皆清淑，燒之，氛翳彌室，飜之四面悉香，至煤燼，氣不焦，價與白金等。」

箋香出海南者，如蝟毛、栗蓬、漁蓑狀，修治去木留香。香之精鍾於刺端，芳氣與他處箋香漫別。香木葉如冬青而圓，皮似楮皮而厚，花黄類萊花，子青黄類羊矢。海南人以斧斫砍，使膏液凝沍，徐於斧痕中，採以爲香，如箋香之類，多出人爲。又有黄沉、生結等皆下色。

光香與箋香同品，出海北及交趾。

蟹殼香出高、化州。

沉香出交趾，以諸草香蜜調。

檳榔答生檳榔木上，單爇極臭，以合泥香。

欓香，橄欖木脂，清烈。

零陵香，宜、融等州有之，以編席薦、坐褥，性暖宜人。零陵，今永州，無此香，古零陵界甚遠。

宋 朱輔《溪蠻叢笑・漚椰》 牛椰木多漿，猫猺歲饑闕食，則先以火窖地，握根置窖中，壓以石。又用火漚熟，（漚漬，盦也）擣作餅餌，名漚椰。

元 黎崱《安南志略》卷一五《香》 古載日南有千畝林產名香。《南越志》：交州有香，不欲取。先斫待終年皮爛取木心及節堅黑。沉水者，爲沉香。浮水者，爲雞骨，一名半水。粗者，爲毛香。

元 胡古愚《樹藝篇・木部》卷四《龍腦香》 《圖經》曰：龍腦香出婆律国，今惟南海蕃舶賈客貨之。相傳云其木高七八丈，大可六七圍，如積年杉木狀。傍生枝，葉正圓，而背白，結實如荳蔻，皮有甲錯，香即木中脂。似白松脂，作杉木氣，膏乃根下清液耳，亦謂之婆律膏。段成式《酉陽雜俎》説此木有肥瘦，瘦者出龍骨香，其香在木心。波斯斷其木，剪取之；肥者出婆律膏，其膏於木端流出，斫木作坎而承之。兩説大同而小異。亦云南海山中亦有此木，唐天寶中，交趾貢龍腦，皆如蟬蠶之形。彼人云老根節方有之，然極難得。時禁中呼爲瑞龍腦，帶之衣衿，香聞十餘步外。是後不聞有此。今海南龍腦，多用火煏成片，其中亦容雜僞。入藥惟貴生者，狀若梅花瓣，甚佳也。

婆律出波斯国，膏香在木心中。（《霏雪録》）

龍脛香出婆利国，有婆律樹，高八九丈。瘦者出龍脛香，肥者出婆律香。

又《本草》：波律香出波律国，與龍脛同生一樹。（同上）

龍脑香，段成式云：出波律国，樹高九丈，可六七尺圍，乾脂爲香，清脂爲膏，子主内外障眼。又有蒼龍脑，不可點眼。經火爲熟龍腦。（《續博物志》）

又《安息香》 安息香。味辛、苦、平，無毒。主心腹惡氣、鬼疰。出西戎，似松脂。黄黑色，爲塊，新者亦柔韌。（音刃）《唐本》光附臣禹錫等謹按：蕭炳云燒之，去鬼邪神。段成式《酉陽雜俎》云：「安息香樹，出波斯國，波斯呼爲辟邪樹。長三丈，皮色黄黑，葉有四角，經寒不凋。二月開花，黄色，花心微碧，不結實。刻其樹皮，其膠如飴，名安息。六七月堅凝，乃取之。燒之通神，辟衆惡。」《日華子》：治邪氣、魍魎，見胎血、邪辟，蠱毒、腎氣、霍乱、風痛，治婦人血噤并産後血暈。《海藥》云：「謹按《廣州記》云：生南海波斯國，樹中脂也。狀若桃膠，以秋月採之入方。云婦人夜夢鬼交，以臭黄令爲丸，燒薰丹穴，水斷。又主男子遺精暖腎，辟惡氣。」

安息香樹，出波斯國，波斯呼爲辟邪樹。長三丈，皮色黃黑，葉有四角，經寒不凋。二月開花，黃色，花心微碧，不結實。刻其樹皮，其膠如飴，名安息香。六七月堅凝，乃取之，燒通神明，辟衆惡。（《酉陽雜俎》）安息香樹如苦楝，大而直，葉類羊桃而長，中心有脂，作香。（出安南國）

又《篤耨香》 篤耨香樹如杉檜，香藏于皮。老而脂自流溢者，名白篤耨。冬月因其凝而取之者，名黑篤耨。盛之以瓢，碎瓢而爇之，六有香，名篤耨瓢。（《一統志》：「出真臘國。」）

又《速暫香》 速暫香出真臘者爲上，伐去木而取香者謂之生速，樹仆木腐而香存者謂之熟速，其樹木之半存者謂之暫香，黃而熟者爲黃熟，通黑者爲夾箋。（《一統志》）出真臘國。

香品雜出海上諸山，蓋香木技柯竅露者，木立死而本存者，氣性皆温。故爲大蟻所穴，蟻食石蜜，歸而遺香中，歲久漸漬，木受蜜氣結而堅潤則香成矣。其香本未死蜜氣復老者，謂之生結，上也。木死本存，蜜氣凝於枯根，潤若餳片，謂之糖結，次也。其稱虎斑結、金絲結者，歲月既淺，木蜜之氣尚未融化，木性多而香味少，斯爲下耳。諸香惟此等不堪入藥，故《本草》不録。近世士夫以製帶銙，率多湊合，頗若天成純全者難得耳。（《海語》）

元 佚名《居家必用事類全集》卷己 木香煎，木香二兩，搗羅細末，用水三升煎至二升，入乳汁半升，蜜二兩，再入銀石器中煎如稀麪糊。即入羅過粳米粉半合，又煎候米熟稠硬，捍爲薄餅，切成棊子，曬乾爲度。

又 卷戊 肉紅牋：用蘇木汁加紫花少許，黃丹一捻，入銀粉煑漿調匀，色淡爲佳。刷紙搥法同前。

又 卷庚 桂香：冬青子絞汁，同桂花蒸曬乾，入爐燒，類木犀也。

明 劉基《多能鄙事》卷四《染色法·染小紅》 以練帛十兩爲率。蘇木四兩，黃丹一兩，槐花二兩，明礬一兩。先將槐花炒令香，碾碎，以浄水二升煎一升之上。濾去滓，下白礬末些少，攪匀。下入沸湯一椀，化開，下黃絹帛浸半時許。先將蘇木用水兩碗熬至一碗之上，濾去滓，將汁頓起，留頭汁。再入水一碗半，煎至八分一碗，濾去滓，再與頭汁相和別頓起。將滓再入水二碗煎至一碗，濾去滓與第二汁相合，下黃丹在二汁內，攪匀，下入礬，了黃絹提轉，令匀，浸片時扭起。將頭汁温熱下染，出絹帛急手提轉，浸半時許。可提轉六七次，扭起，晾於風頭令乾，勿令日曬，其色鮮明，甚妙。

又法：只以槐花、蘇木同煎，亦佳。

又 卷五《造牋紙法》 肉紅牋。以蘇木汁加紫草，少許黃丹，少許銀粉，煑漿調匀，色淡爲佳。

鵞黃牋。用槐花一兩炒焦赤色，以冷水一碗烹汁，入銀粉，煑漿調匀，色淡爲佳。

粉青牋。與天青水碧色同，用靛一斤淘浄，澄去灰，入銀粉煑漿，色淡爲佳。

緑雲牋。同槐花汁、靛汁調匀，看顔色淺深，入銀粉煑調匀。古經紙。每紙百張爲率，同漿五碗、桃花汁一碗、蘇木汁二碗、用濃墨水半碗，調和，看深淺加減。

青牋。用靛青二碗，和漿五碗。

姜黃牋。入槐花汁二小碗，蘇木汁一中碗。

杏紅牋。用漿二碗，入梔子、蘇木汁各一碗，和匀，刷紙一遍，則爲脚。用梔子汁二碗、蘇木汁一碗，加刷，如色未足，再一、二、三遍。

深紅牋。用漿二碗、蘇木汁二碗，上脚後，再以蘇木汁蓋一、二、三、四遍爲佳。

明 沈沈《酒概》卷一 椳酒：椳木汁可爲酒。

嚴樹酒：瓊州有木名嚴樹，擣其皮，浸以清水，以粳米釀和之。或取石榴花葉和醖數日，成酒能醉人。（《一統志》）

菡萏秋珠：田子之醖多用花蕋，夏麴冬釀，名曰「菡萏秋珠」。

樹頭酒：緬甸夷有樹頭椶，高五六丈，結實大如掌。土人以麯納罐，懸置實下，劃實取汁，流於罐以爲酒。（《一統志》）

明 朱權《神隐》卷上 茯苓粥，治法與地黃粥同，但不用酥蜜，專補心、益神氣。

明 王佐《新增格古要論》卷六《琥珀》 琥珀出南蕃、西蕃，乃楓木之精液多年化爲琥珀，其色黃而明瑩潤澤。其色若松香色紅而且黃者，謂之明珀，有香者謂之香珀，有鵞黃色者謂之蠟珀，此等價輕。

深紅色者出高麗、倭國，其中有蜂、蟻、松枝者甚可愛。真者，以琥珀於皮膚上揩熱，用紙片些小，離卓子寸許，以琥珀吸之，則自然飛粘，或以稻草寸許試之。

明 李賢《明一統志》卷四一 漆，淳安遂安壽昌三縣出。桐油，淳安壽昌二縣出。

明 劉文泰《本草品彙精要》卷一六《松脂》 松脂（出《神農本經》） 實味苦温，無毒。葉味苦温，節温，無毒。根白，皮味苦温，無毒。名松膏，松肪，松黄。苗謹按：蕭柄云：「松有五鬣爲一葉，或有兩鬣、七鬣者，歲久則實繁。其脂蓋由樹枝榮盛時爲炎熱所灼，津液流出，凝結於外，製服之，勝於鑿樹及煮用膏也。亦有花上黄粉名松黄，山人及時拂取點湯甚佳。燒其枝上下承取汁液，名松瀝，（音詣）能療牛馬瘡疥。皮上緑衣謂之艾蒳，合和諸香用之。夫松淩冬不凋，理爲佳物，但人多輕忽，近易之耳。中原雖有，然不及塞上者佳也。」地《圖經》曰：生泰山山谷，今處處有之。時生四時不採凋。六月取脂，九月取實。收陰乾。用通明如薰陸香，成顆者爲好。質類乳香。色黄味苦甘。性温洩緩。氣氣厚味薄，陽中之陰。臭香。

《鑿（無毒）》 鑿，名木鑿，鑿珀。地《圖經》曰：「古來相傳云：松脂入地千年爲茯苓，又千年爲琥珀，又千年爲鑿。然二物燒之皆有松氣，爲用與琥珀同，狀似玄玉而輕，是衆珀之長，故號曰鑿珀。出西戎，而有茯苓處無此物。今西州南三百里磧中得者，大則方尺，黑潤而輕，燒之腥臭，高昌人名爲木鑿，謂玄玉爲石鑿。洪州土石間得者燒作松氣，破血生肌，亦與琥珀同。見風折破，不堪爲器，量此二種及琥珀，或非松脂所爲也，有此差舛，今略論也。」謹按：《本經》云：「鑿乃琥珀千年所化。」《衍義》云：「琥珀，謂千年茯苓所化，則其間有粘着蜾、嬴、蜂、蟻，宛然完具者，是極不然也。」《地里誌》云：「林邑多琥珀，實松脂所化耳，此説爲勝。但土地有所宜不宜，故有能化有不能化者，觀琥珀如是，則鑿可知爲一物而成者也。」時生無時。採無時。用黑色光潤者爲好。質類玄玉而輕。色黑味甘性平緩。氣氣厚於味，陽也。臭朽。

又 卷一七《楓香脂》（無毒附皮） 植生 名白膠香，苗《圖經》曰：木似白楊，甚高大，葉圓作岐，有三角而香。二月有花，白色，乃連著實，大如鴨卵。八月、九月熟，暴乾可燒。《南方草木狀》曰：「楓實，惟九真有之，用之有神，乃難得之物。五月斫樹爲坎，脂流於内，十一月採之爲白膠香。」《爾雅》謂「楓爲攝攝」，言天風則鳴攝攝也。《説文解字》云：「楓木厚葉、弱枝、善摇，漢宫中多植之。至霜後葉丹可愛，故騷人多稱之。」任昉《述異記》曰：「南中有楓子鬼，楓木之老者，爲人形，亦呼爲靈楓，蓋瘤癭也。至今越巫有得之者，以雕刻鬼神，可致靈異。」《衍義》曰：「楓香、松脂皆可亂乳香，尤宜區别。楓香微黄白色，燒之尤見真僞。」地《圖經》曰：「舊本不載所出州郡所在，大山皆有，今南方及關、陝多有之。」《唐本注》云：「生商洛之間。」時生春生葉，採十一月取脂，收陰乾用脂皮、質類乳香。色黄黑味辛苦性平散氣氣之薄者，陽中之陰。臭香。

又 《樟腦》（有小毒。） 煎鍊成 苗謹按：木高四五丈，徑大丈許，皮如柳而堅實，葉似梨厚大而面青碧背丹如楓。枝榦婆娑蔭地。夏開白花，五出若梅，秋結子至冬成實，如榛褐色而不堪啖，惟可作油然燈而已。凡造樟腦，先砌土竈一座，上置鐵鍋數口。伐其木極大者，截剥去枝、皮，以鷹嘴槽斧砍斫粗塊，每鍋下木粗五斤，入水浸過三指許，以甆盆覆之，濕布密塞縫處，勿令氣泄。各用文武火熬兩時方止，候冷，其腦升凝於盆底，以翎掃裝甆器内，仍封之，謂之青腦。復出焙于别竈，其竈長六尺，闊減其半，高亦似之，以木五六楞，竹笆藉可竈方篩於上，内佈如芡實大砂子，厚寸許。竈面四旁用泥圍高四五寸，將青腦分置甆盤，各以碗覆之，下用柴火慢燒，從晨至暮，其腦升凝碗底而成餅。色白瑩潔，火不宜緊，緊則色黄，焙竈横開圭竇内斡，坑深尺餘，不然楞木必燎，腦亦廢矣。地生福建福州府羅源深山谷及漳州府或道傍，郊野中亦有之。時生無時。採無時。收磁器密貯。用明净者佳，質類焰硝而潤。色白，味苦，辛性温，氣氣之厚者，陽中之陰。臭香。

又 卷一九《盧會無毒》 植生 盧會名訥會，奴會，象膽。苗《圖經曰》：「其木生山野中，滴脂淚而成，俗呼爲象膽。蓋以其味苦如膽而然也。」《藥普》云：「樹脂也。」《本草》不細委曲，謂是象膽，殊非矣。謹按：此種多僞，若欲辨之，以磁盤貯熱水，取盧會如黄豆許，兩粒，置於水内兩傍，其水底各出黄色一道，自然相接者，乃爲真也。地《圖經曰》：「生波斯國，今廣州有之。」時生無時。採無時。收以磁器盛貯。用脂以明亮者爲好。質類黑餳而堅硬。色黑味苦性寒泄。氣氣薄，味厚，陰也。臭香主消疳，殺蟲。

明 佚名《五色线集》卷下《松雎艾納》 松取枝燒其上，下承取汁，名松雎。艾納樹緑長名艾納，合味衆香，燒之，其煙回聚，清白可愛。

明 盧翰《掌中宇宙》卷一三《草木部·六香樹》 聚窟州有返魂樹，狀如楓栢，花香聞數百里。凍液爲香，一曰驚梅香，二曰震靈香，三曰返魂香，四曰震檀香，五曰精鳳香，六曰部死香。凡人死，聞香即活，秦漢時嘗通於中國。

明 戴冠《濯纓亭筆記》卷九 速香，伐樹去木而取香者，謂之生速。樹仆木腐而香存者，謂之熟速。其木之半存者，謂之暫速。香黄而熟者爲黄熟，通黑者爲夾箋。

乳香樹類榕，以斧斫之，脂溢於外，凝結而成。有滴、瓶、袋、黑榻、纏末諸名，凡十有三品。

金顔香亦樹脂，有淡黄色者，有黑色者，擘開其中如雪白者佳，夾砂石爲下。其氣能聚衆香，番人以之和香塗身。（占城蒲刺加貢物，内有金銀香，疑即金顔香也。）

安息香樹如苦楝，大而直，葉類羊桃而長，中心有脂作香。

篤耨香樹如杉檜，香藏於皮，老而脂自流溢者，名白篤耨。冬月因其凝而取之者，名黑篤耨，盛之以瓢。碎瓢而爇之，亦有香氣，名篤耨瓢。

蘇合油，樹中所生膏也，可入藥。出西域，或云是獅子糞，非也。

阿魏有二種：出三佛齊國者，樹不甚高，土人納竹筒於樹杪，脂滿其中，冬月破筒取脂，即阿魏也。或曰其脂最毒，人不敢近，每採時，繫羊樹下，自遠射之，脂之毒著羊，羊斃，即爲阿魏。出西域者有草，根株獨立，枝葉如蓋，臭氣逼人，生取其汁，熬膏爲之。

明 陳嘉謨《本草蒙筌》卷四　松脂　味苦甘，氣温，無毒。普天下植養，州土不拘。大木中流來瀝清（松脂别名）便是，採取媒利，鑿多竅，可遂貪心。鍊餌延年，待自流易，奏捷効，擇通明，成顆分，向背陰陽，向南日月照者爲陽脂，向北日月背者爲陰脂。

楓香脂，（一名白膠香）味辛苦，氣平，無毒。性甚疎通，木多蛀穴。山谷俱産，江南獨多，此烈日灼流白脂。

麒麟竭（一名血竭）味辛鹹，氣平，有小毒。出自南番諸國。麒麟樹脂結成，其樹高長，婆娑可愛。脂從中滴，狀類膠飴。久久凝块成形，紅赤，與血同色，故今番賈收採貨賣，特名曰血竭。又名曰麒麟竭也，敲斷而有鏡臉，光彩似能射人。

明 田藝衡《留青日札》卷三四《苏合香》　蘇合油樹生膏，可爲藥，安南出。吴少微詩：「北林朝日明光錦，南國微風蘇合香。」今藥中蘇合丸也。

又《安息香　金顔香》　安息出安南、三佛齊諸國，樹如苦楝，大而直，葉類羊桃而長，中心有脂，類核桃穰而香，但不宜燒。能發衆香之氣，故人取以和香。又真臘國有名金顔香者，其氣亦能聚衆香。

明 李時珍《本草綱目》卷三七《木部・茯苓》（釋名）伏靈，《綱目》伏兔，《本經》松腴　不死麪。《記事》抱根者名伏神。《别録》：（宗奭曰）多年樵斫之松根之氣味，抑鬱未絶，精英未淪。其精氣盛者，發泄于外，結爲茯苓，故不抱根，離其本體，有零之義也。津氣不盛，止能附結本根，既不離本，故曰伏神。（時珍曰）茯苓，史記龜筴傳作伏靈。蓋松之神靈之氣，伏結而成，故謂之伏靈。伏神也。仙經言伏靈大如拳者，佩之令百鬼消滅，則神靈之氣，亦可徵矣俗作苓者，傳寫之訛爾。下有伏靈，上有兔絲，故又名伏兔。或云「其形如兔故名」亦通。（集解）（别録曰）茯苓、伏神生大山山谷大松下。二月、八月採，陰乾。（弘景曰）今出鬱州，大者如三四升器，外皮黑而細皺，内堅白形如鳥、獸龜、鱉者良。虚赤者不佳。性無朽蛀，埋地中三十年，猶色理無異也。（恭曰）今泰山亦有茯苓，實而理小，不復採用。第一出華山，形極粗大。雍州。南山亦有。不如華山。（保昇曰）所在大松處皆有，惟華山最多。生枯松樹下，形塊無定，以似龜、鳥形者爲佳。（禹錫曰）范子計然言：茯苓出嵩山及三輔。淮南子言：千年之松，下有茯苓，上有兔絲。典術言：松脂入地千歲爲茯苓，望松樹赤者有之。廣志言：伏神乃松汁所作，勝於茯苓。或云即茯苓貫着松根者。生朱提濮陽縣。（頌曰）今太、華、嵩山皆有之。出大松下，附根而生，無苗、葉、花、實，作塊如拳在土底，大者至數斤，有赤白二種。或云松脂變成，或云假松氣而生。今東人見山中古松久爲人斬伐，其枯折槎枿，枝葉不復上生者，謂之茯苓撥。即于四面丈餘地内，以鐵頭錐刺地。如有茯苓，則錐固不可拔，乃掘取之。其撥大者，茯苓亦大。皆自作塊，不附着根，其包根而輕虚者爲伏神。則假氣生者，其説勝矣。龜策傳云：茯苓在兔絲之下，狀如飛鳥之形。新雨已霽，天靜無風，以火夜燒兔絲去之，即篝燭此地罩之，火滅即記其處。明乃掘取，入地四尺或七尺得矣。此類今不聞有之。（宗奭曰）上有兔絲之説，甚爲輕信。（時珍曰）下有茯苓，則上有靈氣如絲之狀，山人亦時見之，非兔絲子之兔絲也。注淮南子者，以兔絲子及女蘿爲説，誤矣。茯苓有大如斗者，有堅如石者，絶勝。其輕虚者不佳蓋年淺未堅故爾。劉宋、王微茯苓贊云：皓苓下居，彤絲上會。中狀雞鳧，其容龜蔡。神侔少司，保延幼艾。終志不移，柔紅可佩。觀此形絲，即兔絲之證矣。寇氏未解此義。

又《木部・琥珀》（釋名）江珠。（時珍曰）：虎死則精魄入地化爲石，此物狀似之，故謂之虎魄。俗文從玉，以其類玉也。梵書謂之阿濕摩揭婆。（集解）《别録》曰：琥珀生永昌。（弘景曰）：舊説松脂淪入地千年所化。今燒之亦作松氣。亦有中有一蜂，形色如生者。博物志乃云：「燒蜂巢所作」，恐非實也。此或蜂爲松脂所沾，因墜地淪没爾。亦有煮蝦雞子及青魚魫作者，並非真。惟以手心摩熱拾芥爲真。今並從外國來，而出茯苓處並無，不知出琥珀處，復有茯苓否也。（珣曰）：琥珀是海松木中津液，初若桃膠，後乃凝結。復有南珀，不及舶上來者。（保昇曰）：楓脂入地千年變爲琥珀，不獨松脂變也。大抵木脂入地千年皆化，但不及楓、松有脂而多經年歲爾。蜂巢既燒，安有蜂形尚在其間。（宗奭曰）今西戎亦有，其色差淡而明澈。南方者色深而重濁，彼土人多碾爲物形。若謂千年伏苓所化，則其粘著蜂、蟻宛然具在，極不然也。地理志云：海南林邑多出琥珀，松脂淪入地所化。有琥珀則旁無草木。入土淺者五尺，深者八九尺。大者如斛，削去皮乃成。此説爲勝。但土地有所宜、不宜，故有能化、不化。燒蜂之説，不知何據。（承曰）諸家所説茯苓、琥珀雖有小異同，皆云松脂所化。但茯苓、伏神，乃大松摧折或所伐，而根瘢不朽，津液下流而結成，故治心腎，通津液也。若琥珀乃是松樹枝節榮盛時，爲炎日所灼，流脂出樹身外，日漸厚大，因墮土中，津潤歲久，爲土所滲泄，而光瑩之體獨存。今可拾芥，尚有粘性。故其虫蟻之類，乃未入土時所粘者。二物皆自松出，而所禀各異。茯苓生于陰而成于陽，琥珀生于陽而成于陰，故皆治營安心而利水也。（斆曰）凡用須分紅松脂、石珀、水珀、花珀、物象珀、毉珀、琥珀。其紅松脂如琥珀，只是濁、太脆，文橫。水珀多無紅，色如淺黄多皺文。石珀如石重，色黄不堪用。花珀文似新馬尾松心文，一路赤，一路黄。物象珀其内自有物命，入用神妙。毉珀是衆珀之長。琥珀如血色，以布拭熱，吸得芥子者，真也。（時珍曰）琥珀拾芥，乃草芥，即禾草也。雷氏言拾芥子，誤矣。唐書載：西域康干河松木，入水一二年化爲石，正與松、楓諸木瀋入土化珀，同一理也。今金齒、麗江亦有之。其伏苓千年化琥珀之説，亦誤傳也。按曹昭格古論云：琥珀出西番、南番，乃楓木津液多年所化。色黄而明瑩者名蠟珀，色若松香紅而且黄者名明珀，有香者名香珀，出高麗、倭國者色深紅。有蜂、蟻、松枝者尤好。

又《**木部・毉**》（釋名）毉珀。（斆曰）毉是衆珀之長，故號毉珀。（時珍曰）亦作瑿。其色黳黑，故名。

（集解）（恭曰）古來相傳松脂千年爲茯苓，又千年爲琥珀，又千年爲毉。二物燒之皆有松氣。狀似玄玉而輕，出西戎，而有茯苓處無此物。今西州南三百，黑磧中得者，大則方尺，黑潤而輕，燒之腥臭。高昌人名爲木毉，謂玄玉爲石毉，共州土石間得者，燒作松氣，功同琥珀，見風拆破，不堪爲器。恐此二種及琥珀或非松脂所爲也。（慎微曰）梁公子傳奈公云：交河之間平磧中，掘深一丈，下有毉珀，黑逾純漆，或大如車輪。末服，攻婦人小腸癥瘕諸疾。（時珍曰）毉即琥珀之黑色者，或因土色薰染，或是一種木瀋結成，未必是千年琥珀復化也。玉策經言：松脂千年作茯苓，茯苓千年作琥珀，琥珀千年作石膽，石膽千年作威喜。大抵皆是神異之説，未可深憑。雷斆琥珀下所説諸珀可據。

明 慎懋官《**華夷花木鳥獸珍玩考**》**卷一**《**白蓉**》 侖者之山有木焉，其狀如榖而赤理，其汗如漆，其味如飴。食者不饑，可以釋勞，其名曰白蓉，可以血玉。（略）

又《**明天發日香**》 香出胥池，寒國地，有發日樹。言日從雲出，雲來掩日，風吹樹枝拂雲開日光也，亦名開日樹。樹有汁，滴如松脂也。

又《**安息香**》 樹如苦練大而直，葉類羊桃而長，中心有脂作香。《三佛齊志》：安息香樹脂，其形色類核桃穰，不宜于燒，然能發衆香，故人取以和香。（略）

又《**摩厨**》《南州異物志》曰：「木有摩厨，生于斯調國，其汁肥潤，其澤如脂膏，馨香馥郁，可以煎熬食物，香美如中國用油。」

又《**蘇合油**》 樹生膏可爲藥，《三佛齊國志》：以濃而無滓者爲上。蘇合是合諸香汁煎之，非自然一物也。又云：大秦人採蘇合，先笮其汁以爲香膏，乃賣其滓與諸國賈人。是以展轉來達中國，不大香也。（見《梁書》）（略）

又《**片腦**》 浡泥片腦，樹如杉檜，取之者必齊沐而往。其成片似梅花者爲上，其次有金脚、速腦、米腦、蒼腦、札聚腦。又一種如油，名腦油。

又《**没藥**》 三佛齊没藥樹。高大如松，皮厚一二寸，採時掘樹下爲坎，用斧伐其皮，脂流于坎，旬餘方取之。

又《**藥樹**》 出浡泥國，有藥樹取其根煎爲膏，服之及塗其體，兵刃所傷皆不死。

又 卷二《**加蒙樹**》 二樹心可爲酒。茭漿酒，真臘茭漿酒，茭葉之漿。（略）

又《**木蜜**》 崔豹《古今注》云：「木蜜生南方，合體甜軟可噉，味如蜜老枝，煎取倍甜，止渴也。」

又 卷四《**桂酒**》 博羅有桂，可以釀酒。宋蘇軾《桂酒頌》：「有隱者以桂酒方教吾，釀成而色香味超然，非世間物也。」

又《**乳香**》 乳香，其香乃樹脂也。其樹似榆而葉尖長大，砍樹取香而賣。

又 卷一一《**龍涎香**（出溜出國）》 龍涎香，其漁人常於瀝青處採得，如水浸瀝青之様。焚之不香，火燒煆腥氣方香。價高貴，以銀對易。

明 李詡《**戒庵老人漫筆**》**卷七** 按古法：用好純松煙乾搗細篩，每煙一斤用膠五兩，浸梣皮汁中。梣皮即江南石檀木皮也，其皮入水綠色又解膠并益墨色。鷄子白五枚，真珠、麝香各一兩，皆別治合調鐵臼中搗三萬杵，可過不可少。一法松煙二兩，丁麝香乾漆各少許，入紫草色紫，入梣皮色碧，皆助墨光。大凡墨以堅爲上。古墨以上黨松心爲煙，以代郡鹿角膠煎爲膏而和之，其堅如石。

明 焦周《**焦氏説楛**》**卷三** 橀木汁甘爲酒，故曰「橀酒」。《皮襲美寄陸魯望》詩：「明朝有物克君信，榴酒三缾寄夜船。」

明 陈繼儒《太平清話》卷三 速暫香。出真臘者爲上，伐樹去木而取香者謂之生速，樹仆木腐而香存者謂之熟速，其樹木半存謂之暫香，黄而熟者爲黄熟，通黑者爲夾箋。

明 項元汴《蕉窗九録·香録·黄檀香》 黄實者佳，茶浸炒黄，去腥。

伽南香 有糖結伽南，鋸開上有油，如飴糖。黑白相間，黑如墨，白如糙米。焚之，初有羊羶微氣。有金絲伽南，色黄止，有綹若金絲，惟糖結爲佳。

明 彭儼《鐫五侯鯖》卷一〇 速暫出真臘，伐樹去皮而取香者，謂生速生結。仆木腐而香者，謂熟速熟結。木之半存者爲暫香，木自燒黄而熟者爲黄熟，通異者爲夾箋。

明 余懋学《説頤》卷四《香樹毒草》 交趾有蜜香樹，欲取香伐之。木心與節堅黑沉水者爲沉香，與水面平者爲鷄骨香，其根爲黄熟香，其榦爲棧香，細枝緊實木爛者爲青桂香，其根節輕而大者爲馬蹄香。其花不香，其實乃香，爲鷄舌香。蜀中産烏頭藥，其鋭而脩者爲天雄，兩岐者爲烏喙，岐八角老者爲附子，又别名側子。夫蜜香一樹，所見無非香者，此以知善人之族皆善人也。烏頭一毒，所見無非毒者，此以知惡人之族皆惡人也。雖然香之美亦足以秏氣，藥之毒亦足以已疾，故曰：好而知其惡，惡而知其美，亦在乎宰世者之善用爾。

明 周嘉胄《香乘》卷一《沈水香（考證一十九則）》 木之心節，置水則沈，故名沈水，亦曰水沈。半沈者爲棧香，不沈者爲黄熟香。《南越志》言：交州人稱爲蜜香，謂其氣如蜜脾也。梵書名阿迦嚧香。（略）

大率沈水，萬安、東洞爲第一品，在海外則登流眉片沈可與黎峒之香相伯仲。登流眉有絶品，乃千年枯木所結，如石杵、如拳、如肘、如鳳、如孔雀、如龜蛇、如雲氣、如神仙人物。焚一片則盈室香霧，越三日不散，彼人自謂無價寶，多歸兩廣帥府及大貴勢之家。（同上）（略）

又《黄熟香》 亦棧香之類，但輕虚枯朽不堪也，今和香中皆用之。黄熟香、夾棧香：黄熟香諸番出，而真臘爲上，黄而熟，故名焉。其皮堅而中腐者，其形狀如桶，故謂之黄熟桶。其夾棧而通黑者，其氣尤勝，故謂夾棧黄熟。此香雖泉人之所日用，而夾棧居上品。（《香録》）

近時東南好事家，盛行黄熟香，又非此類，乃南粤土人種香樹，如江南人家藝茶趨利。樹矮枝繁，其香在根，剔根作香。根腹可容數升，實以肥土，數年復成香矣。以年逾久者逾香，又有生香、鐵面、油尖之稱，故《廣州志》云：「東筦縣茶園村香樹出於人爲，不及海南出於自然。」

又《速暫香》 香出真臘者爲上，伐樹去木而取香者謂之生速，樹仆木腐而香存者謂之熟速，其樹木之半存者謂之暫香，而黄而熟者謂之黄熟，通黑者爲夾棧。又有皮堅而中腐，形如桶，謂之黄熟桶。（《一統志》）

速、暫、黄熟，即今速香，俗呼鯽魚片，以雉雞斑者佳，重實爲美。

又《白眼香》 亦黄熟之别名也，其色差白，不入藥品，和香用之。

又《葉子香》 一名龍鱗香，蓋棧香之薄者，其香尤勝於棧。

又 卷二《檀香》 葉廷珪曰：出三佛齊國，氣清勁而易泄，爇之能奪衆香。皮在而色黄者，謂之黄檀。皮腐而色紫者，謂之紫檀。氣味大率相類，而紫者差勝。其輕而脆者，謂之沙檀，藥中多用之。然香材頭長，商人截而短之，以便負販，恐其氣泄，以紙封之，欲其滋潤也。（略）

《旃檀》 《楞嚴經》云：「白旃檀塗身，能除一切熱惱。」今西南諸蕃酋，皆用諸香塗身，取其義也。

檀香出海外諸國及滇粤諸地，樹即今之檀木，蓋因彼方陽盛燠烈，鍾地氣得香耳。其所謂紫檀，即黄白檀，香中色紫者稱之。今之紫檀，即《格古論》所云器料具耳。（略）

薰陸出大秦國，在海邊有大樹，枝葉正如古松，生於沙中，盛夏木膠流出沙上，狀如桃膠，夷人採取賣與商賈，無賈則自食之。（《南方異物志》）（略）

薰陸香出大食國之南數千里，深山窮谷中，其樹大抵類松，以斧斫脂溢於外，結而成香，聚而爲塊。以象負之至於大食，大食以舟載易他貨於三佛齊，故香常聚於三佛齊。三佛齊每年以大舶至廣與泉，廣泉舶上，視香之多少爲殿最。而香之品有十，其最上品爲揀香，圓大如指頭，今世所謂滴乳是也。次曰瓶乳，其色亞於揀者。又次曰瓶香，言收時量重置於瓶中，在瓶香之中，又有上中下之别。又次曰袋香，言收時只置袋中，其品亦有三等。又次曰乳塌，蓋鎔在地，雜以沙石者。又次曰黑塌，香之黑色者。又次曰水濕黑塌，蓋香在舟中爲水所侵漬，而氣變色敗者也。品雜而碎者砍硝，簸揚爲塵者曰纏香，此香之别也。（《葉廷珪香録》）（略）

安息出西戎，樹形類松柏，脂黄黑色爲塊，新者柔韌。（《本草》）

三佛齊國安息香樹脂，其形色類核桃瓤，不宜於燒，而能發衆香，人取以和香。（《一統志》）（略）

又《篤耨香》 篤耨香，出真臘國樹之脂也，樹如松形。又云類杉檜，香藏於皮。其香老則溢出，色白而透明者名白篤耨。盛夏不融，香氣清遠，土人取後，夏月以火炙樹，令脂液再溢，至冬乃凝，復收之。其香夏融冬結，以瓠瓢盛置陰涼處，乃得不融。雜以樹皮者，則色黑，名黑篤耨。一説盛以瓢，碎瓢而爇之亦香，名篤耨瓢香。（《香録》）（略）

又《詹糖香》 詹糖香，出晉安岑州及交廣以南，樹似橘，煎枝葉爲香，似糖而黑，如今之沙糖。多以其皮及蠹糞襍之，難得純正者。惟軟乃佳。其花亦香如茉莉花氣。（《本草》）（略）

又《麻樹香》 麻樹生斯調國，其汁肥潤，其澤如脂膏，馨香馥郁，可以熬香，美於中國之油也。

又 卷三《龍腦香》 咸陽山有神農鞭藥處，山上紫陽觀有千年龍腦，葉圓而背白，無花實者。在樹心中，斷其樹膏流出，作坎以承之，清香爲諸香之祖。（略）

龍腦是西海婆律國婆律樹中脂也，狀如白膠香，其龍腦油本出佛誓國，從樹取之。（《同上》）

渤泥片腦，樹如杉檜，取之者必齋沐而往，其成氷似梅花者爲上。其次有金脚腦、速腦、米腦、蒼腦、札聚腦。又一種如油，名腦油。（《一統志》）（略）

又《麝香檀》 麝香檀，一名麝檀香，蓋西山樺根也。爇之類煎香。或云衡山亦有，不及海南者。

又 卷四《降真香》 降真香，一名紫藤香，一名雞骨，與沉香同。亦因其形有如雞骨者，爲香名耳。俗傳舶上來者爲番降。

生南海山中及大秦國，其香似蘇方木，燒之初不甚香，得諸香和之，則特美。入藥以番降紫而潤者爲良。

廣東、廣西、雲南、安南、漢中、施州、永順、保靖，及占城、暹羅、渤泥、琉球諸番，皆有之。

降真生蔌林中，番人頗費坎斫之功，乃樹心也。其外白皮，厚八九寸或五六寸，焚之氣勁而遠。（略）

肇慶新興縣出多香木，俗名蜜香，辟惡氣，殺鬼精。（《廣州志》）（略）

木蜜，香蜜也。樹形似槐而香，伐之五六年，乃取其香。（《法華經註》）

木蜜號千歲樹，根本甚大，伐之四五歲，取不腐者爲香。（略）

蜜香生永昌山谷，今惟廣州舶上有來者，他無所出。（略）

前沉香，部交人稱沉香爲蜜香，《交州志》謂蜜香似沉香，蓋木體俱香，形復相似，亦猶南北橘枳之別耳。諸論不一，并採之以俟考訂。有云蜜香生南海諸山中，種之五六年得香。此即廣人種香樹爲利。今書齋日用黄熟生香，又非彼類。（略）

五香者即青木香也，一株五根，一莖五枝，一枝五葉，一葉間五節，五五相對，故名五香。燒之能上徹九星之天也。

又《顫風香》 香乃占城香品中之至精好者，蓋香樹交枝曲幹，兩相戛磨，積有歲月，樹之漬液菁英，凝結成香。伐而取之節，油透者更佳，潤澤頗類蜜漬，最宜熏衣，經數日，香氣不歇。今江西道臨江路清江鎮，以此爲香中之甲品，價常倍於他香。（略）

又《阿勃參香》 出拂林國，皮色青白，葉細兩兩相對，花似蔓青正黄，子如胡椒赤色，研其脂汁極香，又治癩。

甘松，芳香能開脾鬱，産於川西松州，其味甘故名。

又 卷五《欖子香》 出占城國，蓋占城香樹，爲蟲蛇鏤，香之英華，結于木心，蟲所不能蝕者，形如橄欖核，故名焉。（略）

《白膠香》 白膠香一名楓香脂，《金光明經》謂其香爲須薩析羅婆香。

楓香樹有脂而香者，謂之香楓，其脂名楓香。（《華夷草木考》）楓香松脂皆可亂乳香，但楓香微白黄色，燒之可見真僞，其功雖次於乳香，而亦可彷彿。

楓香樹似白楊，葉圓而岐分，有脂而香，子大如鴨卵。二月花發乃結實，八九月熟，曝乾可燒。（《南中異物志》）（略）

《烏里香》 出占城，地名烏里，土人伐其樹，劈之以爲香，以火焙乾，令香脂見於外，以輸販夫商人。剗其木而出其香，故品次於他香。（同上）

又 卷九《君遷香》 君遷子生海南，樹高丈餘，其實中有乳汁，甘美香好。（略）

又《木蘭香》 生零陵山谷及泰山，一名林蘭，一名杜蘭。狀如楠，皮似桂而甚薄，味辛香，道家用以合香。

檀香砍作薄片子，入蜜拌之，净器炒如乾，旋旋入蜜，不住手攪動，勿令

炒焦，以黑褐色爲度。（《俱沈譜》）

明 張萱《彙雅後編》卷二七《漆》 羅願曰：「漆木汁可以髹物，象形，漆如水滴而下。木高二三丈，葉如椿樗，皮白而心黄。六、七月間以斧砍其皮開，以竹管承之，汁滴則爲漆。古者以爲貢。《職方氏·豫州》：「其利林漆。」傳稱舜造漆器，諫者數百人，（考）以爲奢侈，從此興。然三伐盛王，相繼以爲器皿，以示制度。蓋備物致用，聖人之事也。後世用之既博，故周家「漆林之征至二十而五」。衛文公徙居楚丘，則樹榛栗椅桐梓漆，伐琴瑟焉，蓋其遠慮如此，而後漢壽張侯樊重，欲作器物，先種梓漆，時人嗤之。然積以歲月皆得其用，向之笑者，咸求假焉。《貨殖傳》：陳夏千畝漆，與千户侯等。《莊子》曰：桂可食，故伐之；漆可用，故割之。

明 周文華《汝南圃史》卷一一 《本草經》曰：「松脂，一名松肪，味苦温，出隴西。如膠者善，久服輕身延年。」《本草》曰：「松花，名松黄。」《廣志》曰：「千歲老松子，色黄白味，似栗可食。」

又 卷一二《五加皮》 五加皮，蜀中名白刺顛。陶隱居云：「釀酒主益人。又異名曰金鹽。」王屋山人曰：「何以得常久，何以食蓄金鹽母。」又曰：「寧得一把五加，不用金玉滿車。」

明 徐應秋《玉芝堂談薈》卷三六《紫鈯樹》 紫鈯樹出真臘國，呼爲勒佉，亦出波斯國，樹長一丈，枝條鬱茂，葉似橘，經冬而凋。三月開花，白色，不結子，天大霧露及雨霑濡，其樹枝條即出紫鈯。波斯國使烏海又沙利深所説，並同真臘國使折衝都尉沙門陁沙尼拔陀言，蟻運土於樹端作窠，蟻壤得雨露凝結而成紫鈯。崑崙國者次之，《南州異物志》：「木有摩厨，生於斯調國，其汗肥澤如膏，馨香馥郁，可以煎熬食物，香美如中國用油。」《酉陽雜俎》：阿勃參，出拂林國，長一丈餘，皮青白色，葉細，兩相對，花似蔓菁，斫其枝，汁如油，以塗疥癬，無不瘥者。其油極貴，價重於金。

明 包衡《清賞録》卷三 《虞伯生與朱萬初帖》云：「深山高居，爐香不可缺。退休之久，佳品乏絶，人爲取老松栢根枝葉實共擣之，斫楓昉羼和之，每焚一丸，足助清苦。」

明 木增《雲薖淡墨》卷一《蘇枋樹》 似槐花，黑子，出九真，可染絳。漬以大庾之水，色愈深。

又 卷三《琥珀》 琥珀，松脂入地千年所化，色紅，吸得芥子者爲真。

又 卷四《薰陸香》 出大秦國，在海邊有大樹，枝葉正如古松，生於沙中。盛夏膠流出沙上，方採之。

明 毛晉《香國》卷下《薰陸香》 熏陸。出天竺、單于二國。《南方草木狀》：「如熏陸者，出大秦國，其木生于海邊沙上，盛夏木膠流出，夷人取賣之。」又《雜俎》云：「勃樊川楓脂名熏陸香，獸猪猸好啖之。」

又 《楓香》 楓聶。天風則鳴，故曰聶聶樹。似白楊，葉員而岐，有脂而香，今之楓香。《南方草木狀》曰：「楓香樹子大如鴨卵，二月華，色乃連著實，八九月熟，曝乾可燒。」《本草經》：「楓香脂，一名白膠香。」

明 谷應泰《博物要覽》卷一五 蘇合香。生中臺川谷。俗傳是獅子糞，外國説不尒。今皆從西域來者，至難得。是紫赤色，重實如紫檀，極芬馥，質堅如石，燒之灰白者佳。

速香樹，狀如槐，其葉似椿，一樹有數種之別。枝莖緊實者，名青桂。近節如馬蹄，名馬蹄。半沉半浮，入水狀如鷄骨者，名鷄骨。近根柔腐者，名黄熟。總名速香，以沉水色黑堅重，燒之油重者爲佳。又有一種名花劙者，速香中最下品也。黄熟名「轎扛」者爲佳。降香。一名降真香，生南海諸山及大秦國，其香色赤紫如蘇木真者，燒能引鶴降，故道家祀神多用之。

木香。一名蜜，從外國舶上來者，葉似山藥而根花紫色，形如枯骨，嚙之粘齒者爲上。復有馬兜鈴，根名青不香，非此類也。

乳香。生南海波斯國，松樹脂，有紫赤色如櫻桃者，名乳香、薰陸之類也。香有數種，以通明，塊大者曰的乳，其次曰揀香，又次曰餅香，又名塌香，爲最下。

伽楠香。一名奇南香，生安南國及海外瓊、崖諸州。樹如沉香，而香有品第。以緑結爲上，色微緑而香質甚軟，以指甲掐之即陷，少頃香膠即刻生滿。其次糖結香，亦軟柔色帶黄紫，其香有膠潤如糖粘者。其次名金絲香，質漸硬，周身色黄，有絡絲如金，故名。最下爲虎班香，質黑硬有紋如虎班，故名。故諸香之中，以奇南爲冠，以其香濃而氣厚且斂惡穢之氣，故官僚大臣多以爲帶，恐奏對時洩氣，故也。其緑結之價在中國甚貴重，每兩或至十金者。

芸香。一名白膠香，生湖廣、江西諸處。樹高丈許，木理細，莖葉生三角，香乃樹脂，燒之能辟蠹虫，故藏書用之。

安息香。出西戎，似栢脂，黄黑色爲塊。新者亦柔軟，久則乾硬，其樹出波斯國。人呼爲辟邪樹，長三丈許，皮黄黑，葉有四角，經冬不彫。二月有黄花，心微碧，不結實，刻其皮出膠如飴，名爲安息香。

甘松香。生涼州，細葉，叢生。及乾，莖葉紫黑，氣甚香而烈。可以佩帶，純辟五種奇臭，合香家多用。

明 張存紳《增定雅俗稽言》卷三九 鹹杭，《叢談》云：《容齋隨筆》謂：《廣韻注》：杭木，云其本汁可漬鴨卵，謂之鹹杭。此説已見《唐書・音訓》，據此並不用鹽矣。又《齊民要術》：「杭木皮汁二升、鹽一升和之漬卵，則亦兼鹽，第減少耳。」杭出豫章，今俗以鹽醃鴨卵，謂之「圓蛋」，宜作杭字爲有據。《爾雅》：「蛋，本作蜑」蠻屬南海夷種，俗□用。（杭音元，从亢誤。）

木香，《西陽雜俎》云：一木五香，根曰旃梓，節曰沉香，花曰鷄舌，葉曰靈香，膠曰薰陸。或曰：旃檀與沉香兩木原異，鷄舌即丁香。今藥名靈香，自是艸葉。薰陸，小木而大葉，薰陸乃其膠也，今謂之乳頭香。五物實非一類。又按《類証本艸》：有木似椿櫸多節，取之先斷其根，積年皮幹俱朽，心節不壞者乃香也。細枝繁實者爲桂，黑而沉水者曰沉香，樹朴未腐者曰生速，樹仆木腐而香者曰熟速，其樹木之半存者曰暫速。見葉庭珪《香譜》：安息，言能安定人之氣息也。即波斯國樹中黑脂，京師有數種，總名安息。最佳者，劉寉所製月麟、聚仙、沉速三種也。百花香即下矣。樟木氣烈，熬其汁可爲腦。置水上，火燃不息。江東人取其木爲船，以辟蛟龍。乳香形似乳頭，即波斯國松木脂也。没藥亦同此出，但取時以斧伐樹，令脂淪没地中，其色異耳。蘇合油，以濃而無滓者爲上。《梁書》：天竺國出蘇合香，煎其汁合成，其形如蘇也。一曰樹所生膏，一曰大秦國人採蘇合葉窄其汁成也。又《葦談》：蘇合香如堅木，赤色。劉夢得《傳信方》，蘇合香皮薄，子如金色。其説不一，陶隱居謂之獅子矢，非也。

明 劉侗《名物通》卷五 篤耨香。樹如杉檜，香藏于皮。老面脂自流，名白篤耨。冬月因其凝而取之，名黑篤耨。盛以瓢，碎瓢爇之亦香。

速暫香。出真臘者上，伐樹去木而取香，謂之生速。樹仆木腐而香存者，謂之熟速。樹木半存者謂之暫香，黄而熱者爲黄熟，通黑者爲夾箋。葉廷珪《香譜》「黄熟桶皮堅而中腐，形如桶，謂之黄熟桶香。」

龍腦香。出西方，木形似杉，香乃其膏也。瘦者出龍腦，肥者出婆律。濕時無香，採乾之後，折之，中有香狀類雲母色如冰雪，清香爲百藥之先。于茶亦相宜，多則掩茶氣味。萬物之香，無出其右。一名羯布羅香。

安息香出三佛齊、安南國，樹如苦楝，大而直。葉類羊桃而長，中心有脂，類核桃穰，不宜燒。能發衆香，故人取以和香。真臘之金顔香，亦能聚衆香。

片腦。出暹羅諸國，惟初打泥者爲上，樹如杉檜，取者必齋沐而往。成片似梅花者爲上，其次有金脚速腦、米腦、蒼腦、札聚腦，又有一種如油，名腦油。

伽南香。出占城山上，酋長差人禁民不得採取，犯者斬手。其香木枝何竅露，木死而木有者，氣性皆□，故爲大螳所穴。螳食石蜜歸，而遺于香中，歲久漸漬，木受蜜氣，結而堅潤，則香成矣。其香本未死，蜜氣未老者，謂之生結，上也。本死木存，蜜氣凝于枯根，潤若陽片，謂之糖結，次也。其稱虎斑結、金絲結者，歲月既淺，木蜜之氣尚未融，化木性多而香味少，斯爲下耳。此香不入本草。

阿魏。出三佛齊，樹不甚高，土人納竹筒于樹梢，脂滿其中，冬月破筒取脂，即阿魏也。或曰其脂最毒，人不敢近，每採時繫羊樹下，自遠射之，脂之毒射于羊，羊斃即爲魏。《唐本注》云：「苗葉根莖，酷似白芷，擣根汁煎作餅者爲上，截根穿暴乾者爲次。體性至臭而能止臭，今人□煎蒜白爲假者。」又云：取其汁和米豆屑合成之者，辨僞法第一驗：將半銖安熟銅器中，一宿至明，霑阿魏處白如銀，永無赤色。第二驗：將一銖至五㪷草自然汁中，一夜至明，如鮮血色。第三驗：將一銖安柚樹上，樹立乾，便是真。

木蜜。生南方，合體甜軟可噉。味如蜜，老枝煎取倍甜，可止滑。

明 陈懋仁《庶物異名疏》卷二三《白莕》 白莕，（高）木名，見《山海經》，狀如穀而赤理，其汁如漆，其味如飴，食者不饑，可以釋勞，可以血玉。郭璞注：「或作睪蘇。」睪蘇，一名白莕，見《廣雅》，謂可染玉作光。郭璞贊曰：「白莕睪蘇，其汁如飴。食之辟穀，味有餘滋。逍遥忘勞，窮生盡期。」

明 李中梓《本草通玄》卷下《木部》 胡桐淚鹹苦而寒，車師國胡桐樹脂也，除瘰癧，清咽喉，固齒牙。

樟腦，辛熱，純陽，故長于去濕，殺蟲，宣通關竅。

明 方以智《物理小識》卷九《草木類》 楓，分根側條種脂爲白膠香，忽生瘤爲楓人，深山傳有不落葉之楓，則樹似楓而開椏者，其中仍多兩椏或不開椏者，韓雨公曰：「楓、松皆可造乳者，鑽入蓖巴莪，可令成瘿。」張程曰：「箕峯有楓，開兩歧紅花，其葉莖亦紅。」

漆，漆不取液則自斃，惟霜降後取者良，樊重先爲人喻，後得其用者也。種宜臘月，朝鮮國有黄漆樹似棕，六月取汁，漆物如金。今廣漆則黄，江漆則黑。（中德曰：舊説五更露中取漆，可以多得，日出則無漆矣。凡取漆者耗神。）樟樹，春易葉，初秋復發葉，子見霜黑，可作香。韶州鋸之升腦，江右名豫章而不取腦，其土別乎。豫章老則出火自焚，種不宜近家室。（矮脚樟即烏藥，冬不凋，結紅子名雪裡紅。）

草木膠，金漆、稗漆之外，有猫頭刺汁以糯雀，雞腸草汁以黏蟬，芨楮、榆皮滑條皆黏。粤有石葦如一把手萵苣而肥厚，邊有鋸刺，女以膠髮。又有霸王鞭刺作籬，斷汁甚濃，猶澤漆、茹蕳、薜荔之斷汁也。蜀羊泉即漆姑，野蜂采汁爲巢蒂者，外域塊香皆樹汁也。樹汁皆可煉膠。（中通曰：「入漆者油，其手合糯者，水中爲之。」）

明 方以智《通雅》卷四三 波律或作婆律，即今之冰片也。《酉陽雜俎》云：龍腦香出波律國，乾脂曰龍腦香，清脂曰波律膏。《香譜》誤分兩條。智按：張邦基自製鼻觀香，榠楂液漬水沉屑，加婆律一錢，人不知其解，蓋即波律也。今廣舶來者，以梅花片爲上，僞者升韶州樟腦爲之。《西域記》云：羯布羅香，折木之中，有香乾之，色如冰雪，即龍腦香。又有色近赤者，名父婆律，婆律又爲凝塊之名。

明 盧之頤《本草乘雅半偈》卷二《松脂》 出太山山谷，處處亦有，今以塞上衡山者爲良。其樹修聳多節，其皮麤厚有鱗，其葉凌冬不凋，二三月抽蕤，長三五寸，謂之松黄。放花結實，狀如荔枝，疊成鱗砌，秋老則子長，鱗裂隨風飛散，着土便生。其脂通明，宛如熏陸香，以松皮内自然凝聚，及流結根底不見日月者爲第一。

又 卷三《乾漆》 乾漆，氣味辛温，無毒。主絶傷，補中，續筋骨，填髓腦，安五藏，五緩六急，風寒濕庳。生漆去長蟲，久服輕身耐老。覈曰：出漢中金州、梁州者最善，益州、廣州、浙中者次之。木高數丈，幹如柿，葉如椿，花如槐，實如牛柰子。五六月刻取汁液，乾之即曰乾漆。狀如蜂房，孔孔間隔，但性急易燥，熱則難乾，無風陰潤，雖嚴寒亦易燥。否則，不堪入藥。修治搗碎，炒熟，不爾損人腸胃，半夏爲之，使畏鷄卵，忌油脂，得蟹則化而成水。

參曰：夏三月，漆液始足，當入心，以色朱明而性燥急，半夏爲使可知矣。乾之當入腎，以色玄英而喜陰潤，蟹化成水可知矣。入腎爲腎之心藥，入心爲心之腎藥。補中者，補中焦血液，血液皆繇中焦變化所成也。心主血，腎主液，故爾。則凡血液燥涸，致筋脉緩急，斷傷及髓腦不滿，五藏不安，痺閉不通。罔不有功而接續，填滿奠安周痺，皆克成血液之濡潤流通者。生漆去長蟲，以其入心則得心，君火大之令如大火聚，長自無噍類矣。（水瀉欲流之謂漆，即具木之體火之用矣。）

又 卷五《猪苓》 豬苓，氣味甘平，無毒。主痎瘧解毒，蠱疰不祥，利水道，久服輕身耐老。

覈曰：所在有之，楓樹苓也。皮黑肉白，堅實者佳。修治：銅刀刮去粗黑皮，東流水浸一夜，至明取出細切，再以升麻葉對蒸一日，去葉晒乾用。

先人云：通利水道，原當先開玄府，斯上下通調水，始有用。

參曰：木之有餘於氣與脂者，唯松與楓焉。松則兼氣與脂而咸有餘，楓則餘氣爲苓，不復餘脂爲香矣。餘脂爲香，不復餘氣爲苓矣。顧苓與香各稟氣與脂之體與用也。苓曰豬苓，形相似耳。豬爲水畜，苓即木令，自上而下者。使之自下而上者，使之自上而下。痎瘧則金鬱，蠱疰則土鬱，癃閉則水鬱。水鬱則折之，土鬱則奪之，金鬱則泄之。苓則兼而有之，轉氣化之機衡，故爾。（世知行水，未知折水，併奪土泄金。）

又 卷九《騏驎竭》 《唐本草》：騏驎竭，氣味鹹平，無毒。主心腹卒痛，金瘡血出，破積血，止痛生肉，去五藏邪氣。

覈曰：生西湖大倉諸國，今廣州亦有樹名「渴留」，高數丈，婆似没藥樹。婆娑可愛，皮木俱赤而堅，葉亦婆似櫻桃葉而黄赤，木中有液流出如松脂，久則堅凝成竭，色赤如血，一名紅竭。以火燒之，赤汁涌出，灰不色變者爲真。一種海母血，形真相似，只是味鹹腥臭。騏驎味鹹、微甘，臭似梔子，爲別也。修治另研如塵，篩過用，若同別藥搗化，作塵飛矣。

先人云：血乃精專之物，竭爲迭運之稱，有起亟義，有堅固義，有更始不窮義，河間稱爲血中之聖，真不虛矣。条曰：畜生午禀火氣而生者，馬。其舉負捷驅，運迭不竭者，騏驎也。故良馬之貞，比之麒麟，麒麟行不越規，止不踰矩，騏驎之行止肖馬。有指白馬而脊黑者，曰騏驎，是色取而行止失矣。此轉釋假喻，以詮名表功力耳。當入心爲心之體，藥用藥心，乃火藏也。經云：藏真通于心，心藏血脉之氣，如環無端終而復始，則凡血脉之氣失于捷驅，竭于運迭。行越規止踰矩者，仍使之行循規止蹈距，猶夫騏驎之舉負捷驅、運迭不竭也。（木之有脂，如人之有血，渴留專精，惟脂厥色，惟赤燒之灰色，尤赤可爲，至死不變矣。乃得奉心化赤，獨行經隧，莫貴乎此。）

又《紫鉚》《唐本草》：紫鉚氣味甘鹹平，有小毒。主五藏邪氣，金瘡
帶下，破積血，生肌止痛，出痘毒，與騏驎竭大同小異。
覈曰：段成式《酉陽雜俎》云：紫鉚樹，出真蠟國，彼人呼爲「渴禀」，又
名「勒佉」。亦生波斯國。樹高盈丈，枝葉鬱茂，宛如橘柚，木液都赤，經冬不
凋。三四月開花白色，不結實。天有霧露及雨沾濡，則枝條出鉚。狀如糖霜，
纍纍紫赤，破則鮮紅，用造栖菽，作婦女面飾。
先人云：色赤，味鹹而如液，入血分無疑矣。還可堅充其類，第屬形外，
物施于痘不作漿，或皮薄欲損，血溢于外者象形，從治之。
紹隆王先生嘗與頤言：男女媾精，婬欲之毒。遂舍胞胎伏藏兩腎，蓋痘
之始發也，如春氣之升；行漿也，如夏氣之出；回合也，如秋氣之降；剥落
也，如冬氣之入。舉世但知始發之欲透，未知毒化之成漿，猶爲切要，何也？
如去滓純水，必清必靜，全賴此耳。否則仍含毒種，復歸兩腎，生死存亡變生
不測矣。紫鉚固爲解毒之要品，但可用于化毒之際，不可施于始發之期，更有
毒未化而漿不行，反舍鉚液之横，偏預投保元之降藏。雖不顧婬毒之不攘，獨
不念六淫之未散乎，願言珍重珍重。

又 卷一〇《甘松香》 甘松香，《金光明經》謂之「苦彌哆」，出姑臧、涼
州諸山，今黔、蜀州郡及遼州亦有。葉細如茅，引蔓叢生，根極繁密。八月采
根作湯沐浴，令人體香。用合諸香及以裛衣。

明 李如一《藏書小萃·水南翰記》 凡接紙縫如一線，日久不脱，用楮樹
汁、白麪、白芨末調爲糊。

明 吴懷祖《本草經疏輯要》卷五《松脂》 松脂，味苦甘温，無毒。主癰
疽、惡瘡、頭瘍、白秃、疥瘙、風氣，安五臟，除熱、胃中伏熱、咽乾、消渴、風
痺、死肌。煉之令白，其赤者主惡痺。葉味苦温，無毒。主風溼瘡，生毛髮，去
風痛，腳痺，治癩。節味苦温，無毒。主百節、久風、風虚、腳痺、疼痛、炒焦，
治筋骨間病，能燥血中之風。松脂感天之陽氣，得地火土之化甄權，以之煎
膏，生肌、止痛、排膿，貼諸瘡膿血瘻爛。取其性燥，能除溼，散風，殺蟲，消熱
之力也。
松節釀酒，主腳弱、骨節風及歴節風，四肢如脱。病人血虚有火，及病不
關風、寒溼所傷而成者，咸不宜服。

清 高士奇《北墅抱瓮録·漆》 漆樹高二三丈，柿榦椿葉，當暑多陰，佳
木也。吾浙桐江以上山居之民，以採漆爲業，利最饒沃。莊子云：「桂可食，
故伐之；漆可採，故割之」也。今植於吾園者，止取其廕，而不以爲利，遂得
免於斤斧。蓋散人所樹，即爲散木；猶愚公所居，即爲愚谷也。天下物豈有
常哉。

清 王士禎《香祖筆記》卷八 香樹生海南黎峒，葉如冬青，凡葉黄則香
結。香或在根株，或在枝榦。最上者，爲黄沉，亦曰鐵骨沉。從土中取出，帶泥
而黑堅而沉水，其價三倍。或在樹腹，如松脂液，有白木間之，曰生沉。投之
水亦沉。投之水半沉半浮曰飛沉，皆爲上品。有曰速香者，不俟凝結而速取之
也。不沉而香時異，曰花劏者，香與木雜劏，木而存香也。有曰土伽。

清 吴綺《嶺南風物記》 海漆出瓊州，海上有花如芍藥，曰倒粘子，漬以
爲膠，可代柿漆。
沉香有活生、死結，以瓊州爲最。如外國者，不但不可入藥，焚之亦無佳
味。生活結者，乃係取之於生樹者。死結，乃已伐之樹過數十年再取者。爲死
結，其功味欠生活結者，十之三四矣。而名有牛角沉、將軍帽、雨淋頭、菱角
殼、沙糖結等名，總之以生活爲上。如藥香、花劏之數，其精脉微細，入藥不大
佳玅，只可借爐火耳。宋長白曰：沉香入藥最難辨識，海南别有一本，其質堅
紉，略帶酸香。土人截成方片，用鐵條熾熱，沃以香水，名爲夾板，入水即沉。
以鐵氣浸入木理故也，若以入藥，貽害非淺。

清 孫之騄《枝語》卷下《五木香》 《三洞珠囊》曰：五香者，即青木香
也。一株五根，一莖五枝，一枝五葉，葉間五節，故名五香。燒之，能上徹九
天。道家正月一日取五木香湯以浴，令人至老鬚髮黑。一名蜜香，一名南木
香：《金光明經》謂之「矩琵佗香」。

清 屈大均《廣東新語》卷一五《琥珀》 琥珀，來自雲南者多血珀，來自
洋船者多金珀、蠠蠟、水珀。廣人雕琢爲器物特工，餘則以作丸藥之用。琥珀
者，龍陽而虎陰，龍爲魂而虎爲魄，蓋得松液之陰精，因已上而結者也。梁氏
云：「凡松老則其中所附之金精甚堅，堅則重而下注，潛伏於棍節之中。」夏
月時太陽氣盛，松以金水之精，受大火之蒸炙，於是通體融液，膚理有疎，皆滲
洩而遺漏。而是時火在天上，地下之氣寒而歛，以地下寒歛之氣，而受松熱液
之精，二者相抱，遂凝而爲琥珀。久在土中，愈堅而愈明瑩，其内之光亮者精
也，如金色者血也。故服琥珀，則寧心魄而利小遺，血經之藥陰也；服茯苓，

則安神魂而補脾胃，氣經之藥陽也。物以類各相從也，廣中抱龍九爲天下所貴，以其琥珀之真也。其以油煮靈蠟爲金珀，吸莞艸易，但不香。

又《龍腦香》　龍腦香出佛打泥者良，來自番舶，粵人以樟腦亂之。樟腦，本樟樹脂，色白如雪，故謂之「腦」。其出韶州者曰「韶腦」。樟腦以人力，龍腦以天生者也。凡腦皆陽氣所聚，陽香而陰臭，而龍者純陽之精尤香。其腦與涎皆香品之最貴者。

又《騏驎竭》　騏驎竭，紫銚樹之脂也，以嚼之不爛如蠟者，掐之可透指甲者，燒之有赤汗出，而灰不變色者爲上。此物與龍腦頗同，龍腦屬金，故白；血竭屬火，故赤。腦，其樹之膏；竭，其樹之血也。廣州及南番諸國皆有之。

又　卷二五《漆》　梁氏以松爲夫，漆爲婦，謂松脂，精也，木之火也；漆液，血也，金之水也。服松則神氣清明，服漆則精血堅固。而宓山謂廣漆黄，江漆黑。予謂黄者火之神也。南方火盛，漆得火之神多，故黄也。《易》曰：黄離，黄爲火之神，赤爲火之氣。松，坎之木也。漆，離之木也。

又《藥樹》　化州、石城之間有藥樹，狀似木棉，其精液色白，見風則黑，是名「藥脂」。土人以濡箭鏃爲暝藥，以射虎，虎三躍死矣。或有人誤食之而不死者，以其五臟無損血，與藥脂不相遇也。或有手足微破，藥脂沾之立死者，以其血與藥脂相遇，血爲逆流，直引毒入於心髓也。或以射山豬而不死，則以其皮厚多肉，不易見血也。山豬中藥箭，則嚙木槵根以自療。土人知之，用藥箭必含一木槵子或橄欖，蓋藥樹與橄欖性相犯。凡藥樹之山無橄欖，則藥脂驗，能死虎，有橄欖則否。

又　卷二六《沉香》　嶠南火地，太陽之精液所發，其艸木多香，有力者皆降皆結而香，木得太陽烈氣之全，枝幹棍株皆能自爲一香，故語曰：「海南多陽，一木五香。」海南以萬安黎母東峒香爲勝，其地居瓊島正東得朝陽之氣又早，香尤清淑，多如蓮萼、梅英、鵝梨、靈脾之類，焚之少許，氛翳彌室，雖煤爐而氣不焦，多醞藉而有餘芬。洋船所有番沉、藥沉，往往腥烈，即佳者意味亦短，木性多，尾煙必焦。其出海北者，生于交阯，聚于欽，謂之「欽香」，質重實而多大塊，氣亦酷烈，無復海南風味，粵人賤之。海南香故有三品：曰「沉」，曰「箋」，曰「黄熟」。沉、箋有二品：曰「生結」，曰「糺結」。黄熟有三品：曰「角沉」，曰「黄沉」，若「散沉」者。木質既盡，心節獨存，精華凝固，久而有力，生則色如墨，熟則重如金，純爲陽剛，故於水則沉，於土亦沉，此「黄熟」之最也。其或削之則卷，嚼之則柔，是謂「蠟沉」。皆子瞻所謂「既金堅而玉潤，亦鶴骨以龍筋。惟膏液之内足，故把握而兼斤。無一往之發烈，有無窮之氤氳」者也。凡采香必於深山叢翳之中，羣數十人以往，或一二日即得，或半月徒予而蓋有神焉。

又《諸香》　諸香：有曰「鷄蹢香」，枝條似鷄距，故名。一曰「鷄香」，一曰「鷄藤香」，一曰「鷄骨香」。有冷生香，似降香而小；降香，一曰「降真香」，雜諸香焚之，其烟直上，輒有白鶴下降。有馬眼香，其藤大如臂，歲久心朽皮堅甚香，周遭有小眼，如雕刻香筒狀，粵人多以供神，謂之「比降」，降之真者，從海舶而來，曰「番降」，棍極堅實，色素潤似蘇方木，燒之初不甚香，得諸香和之特美，其屑可治刀傷。有水藤香。有楓香，即楓膠也，一曰「白膠香」。有左紐香，石檀香。有海漆香，産文昌海港，色甚黑，焚之油出如漆。有龍骨香，其樹叢生有刺，汁甚毒，枝老而根結者美。有芸香，山中樹液所結，雜諸香焚之，能除溼氣。有思勞香，狀乳香而青黄褐色，氣似楓膠。有橄欖香，橄欖之脂也，如黑飴狀，以黄連木及楓膠和之，有清烈出塵之意。有薰陸香，一名「馬尾香」，《山記》：羅浮有越王搗薰陸香。其曰「白木香」，則東莞香木之枝幹也，經斫傷則成黄熟，否則歲久亦止白木，故曰「白木香」。廣中香族甚多，其未知名者，味皆酷烈，廣人生長香國，不貴沉檀，顧以山野之香爲重也。

又　卷二七《茯苓》　茯苓，得松之陽，合戊土以成形，故外類木而内類土，氣味淡而性和平，以爲末，入牛乳伴勻，飯土蒸之，隨次服食，可與松脂同功。松脂者，陰金之精，男子之身，禀陽木之氣，須得陰金之精以滋養，故服松脂者多壽。粵之松得太陽之氣太盛，其精多在於脂，其神多在於茯苓。神宜伏，茯者伏也，神伏於土中而爲苓，故曰「茯苓」；苓者靈也，神能伏則靈，人服之可以安神，故養生者貴之，而嶺南所産尤重。外有土茯苓，則薯莨也，能解諸毒，多以售于番舶。有竹苓，生石城山谷中，竹之餘氣所結，生無苗，蔓在土中纍纍相連，以皮黑肉白者爲良，服之殺三蟲，除小兒百病。

清　钮琇《觚賸》卷七《粵觚·花乳糖》　食物生於樹，亦有成於樹者，桄榔、椰酒而外，又有椑糖。占城國東庯寨及東洋諸處，樹名丹椑，其本在草木之間，微有疎節，幹似檳榔，葉似蒲葵。三四月間白花，生於葉底，異穗同莖，香朶纍纍。揉其莖則白乳淋漓而出，繫筒盛之，取熬成糖。較蔗霜更爲甘瑩，

又　摩厨　增《南州異物志》：「木有摩厨，生於斯調國，其汁肥潤，其澤如脂膏，馨香馥郁，可以煎熬食物，香美如中國用油。」

又　卷一〇〇《藥譜·茯苓》　原茯苓，一名伏靈，一名伏菟，一名松腴，一名不死麪，生深山大松下。蓋古松久爲人斬伐，其枯槎枝葉不復上生者，謂之茯苓。撥其撥大者，茯苓亦大有大如拳者，有大如斗者，外皮黑而細，皺内堅白似鳥獸形、人形、龜形者爲佳，皆自作塊，不附著根，亦無苗葉花實，性不朽，蛀埋地中二三十年，色性無異，有赤白二種，氣味甘平，無毒。

《彙考》增《史記·龜策傳》耆龜傳曰：「下有伏靈，上有兔絲。所謂伏靈者，在兔絲之下，狀似飛鳥之形。新雨已，天清靜無風，以夜捎兔絲去之，即以篝燭。此地燭之火，滅即記其處，以新布四尺環置之。明即掘取之，入四尺至七尺得矣，過七尺不可得，伏靈者，千歲松根也，食之不死。」

清　李光地《月令輯要》卷二《歲令下·物侯》　蜜香八種。原《南方草木狀》：「交阯有蜜香樹，幹似柜柳，其花白而繁，其葉如橘，欲取香，伐之經年，其根幹枝節各有別色也。木心與節堅黑沉水者爲沉香，與水面平者爲雞骨香，其根爲黄熟香，其幹爲棧香，細枝緊實未爛者爲青桂香，其根節輕而大者爲馬蹄香，其花不香，成實乃香爲雞舌香。按此八香同出於一樹，珍異之木也。」

又　卷七《三月令·民用》　阿魏。原《酉陽雜俎》：「阿魏出北天竺，亦出波斯國，樹長八九丈，皮色青黄。三月生葉，葉似鼠耳，無花實，斷其枝，汁出如飴，久乃堅凝，名阿魏。

餌松脂。原《千金方》：「三月，入大山背陰不見日月松脂，採鍊而餌之，百日耐寒暑，補益五臟。」

又　卷一一《六月令·民用》　新羅漆。增《雞林記》：「高麗黄漆生島上，六月刺取瀋，色色若金，日暴則乾，本出百濟，今號爲『新羅漆』。」

又　卷一五《八月令·民用》　甘松香。增《本草綱目》：「甘松香，黔蜀州郡及遼州皆有之。叢生山野，葉細如茅草，根極繁密，八月采之作湯浴，令人身香。」

又　卷一九《十一月令·民用》　楓香脂。增《圖經本草》：「楓香脂，南方及關陝多有之，實大如鴨卵，曝乾可燒。十一月採之，其皮性澀，止水痢，水煎飲之。」

清　陸廷燦《南村隨笔》卷五《沉香》　沉之良者惟在瓊、崖等州，俗謂角沉，乃生水中，宜用。薰襄黄沉，乃枯木中得之，宜入藥用。依木皮而結者，謂之青桂，氣尤清，在土中歲久，不待刓剔，而精者謂之龍鱗，亦有削之自卷，咀然必成於花時，猶婦人之育而始乳焉。

清　郎廷極《勝飲編》卷九　松肪，松精。放翁詩：「壺中春色松肪酒，江上秋風槲葉衣。」高九萬詩：「先生自釀松精酒，侍女能持藤瘿杯。」

清　汪灝《佩文齋廣群芳譜》卷七〇《木譜·松三·松脂》　別録原製用：辟穀，松脂十斤，桑薪灰汁一石，煮五七沸，撈入冷水中，旋復煮凡七遍，乃白細，研爲散。每服一二錢，粥飲調下，日三服至十兩，不饑。一年以後，夜視目明，久服延年益壽。松脂，不拘多少，長流水，桑柴煮接三次；再以桑灰汁煮七次；扯扳，更以好酒煮二次；仍以長流水煮二次，色白不苦爲度。每斤入九蒸地黄末十兩，烏梅末六兩，煉蜜丸桐子大。每服七十丸，用鹽米湯下，補中、强筋、潤肌，大能益人。取松柏粉，帶露採嫩葉搗末，當日爲之，經日則無粉。松蘂去赤皮，取嫩白者蜜漬之，略焙令蜜熟，勿太熟則香脆。

又　卷七二《木譜·漆》　乾漆去積滯，消淤血，殺三蟲，通經脉。李時珍曰：「漆性毒而殺蟲，降而行血。主證雖煩，功只在二者。」

製用：六月中以剛斧斫皮開，以竹管承之，汁滴管中則成漆。先取其液，液滿則樹菑翳，一云取於霜降後者更良。取時須荏油點破，故淳者難得，可重重別拭之。上等清漆色黑如瑿，若鐵石者好，黄嫩若蜂窠者不佳。

試驗：稀者以物醮起，細而不斷，斷而急收。更塗於乾竹上蔭之，速乾者佳。世重金漆，出金州也。人多以桐油雜入試，訣云：「微扇光如鏡，懸絲急似鈎。撼成琥珀色，打著有浮漚。」今廣、浙中出一種取漆物，黄澤如金，即《唐書》所謂黄漆也，入藥當用黑漆。

又　卷七五《木譜·（附録）楓香》　增《爾雅注》：「楓樹有脂而香，今之楓香是。」《本草》：「《金光明經》謂其香爲『須薩折羅婆香』。」原楓脂爲白膠香，五月斫爲坎，十一月採之，氣辛，味苦平，無毒。治一切癮疹、瘋癢，癧疽、瘡疥，金瘡，吐衄咯血，活血生肌，止痛解毒，燒過揩牙，永無齒疾。近世多以松脂之清瑩者爲楓香，又以楓香、松脂爲乳香，總之二物功雖次於乳香，諒亦彷彿不遠。別録原製用：取楓脂入虀水煮二十沸，又冷水中揉扯數十次，曬乾用。《物類相感志》：「楮膠可以團丹砂。」

又　卷八一《寰宇志》：「緬甸在滇南，有樹頭椶高五六尺，結實如椰子，土人以鑵盛麴懸于實下，劃其實汁流于罐中以成酒，名樹頭酒。或不用麴，惟取汁熬爲白糖。其樹即貝樹也，緬人取其葉寫書。」

之葉韌者謂之黄蠟沉，尤難得見。《倦遊雜録》：又，海外登流眉有絶品片沉，乃千年枯木所結，如拳，如石杵，如肘，如孔雀，如鳳，如龜，蛇，如雲氣，如神仙，焚一片盈室香霧，越三日不散，誠爲可寶。

清 周魯《類書纂要》卷二八 羯布羅西方林羅短吒國在南印度境。有羯布羅香。榦如松株，葉異。濕時無香，採乾之後，拆之，中有香。狀類雲母，色如木雲，此乃龍腦香也。

清 雍正《江南通志》卷八六《食貨志·物産·池州府》 仙人燭。木名，産九華山，榦似梧桐，長尺許，其液可燃。

清 雍正《浙江通志》卷一〇一 柿漆，《仁和縣志》：「柿有一種名油柿，浸得油名曰柿漆，用以油紙，可隔水。」（柿漆，杭人用以製扇，名蜀府扇，質粗耐久。近人又以柿漆漆紗，頗宜暑服。）

又 卷一〇二 穀，《嘉興府志》：「穀樹賤而易生，土人取其汁，以書金字。」

又 卷一〇五 楓脂，《赤城志》：「可爲香。」《名山記》云：「天姥山有長楓十餘丈，今無之。」

金漆，《臨海記》：「東鎮山有金漆木，用塗器物，與黄金不殊。」《赤城志》：「其木似樗，成林收漆時，截竹管鋭其首，以刀砍木寸餘，入管取之。」

又 卷一〇六 松脂，《東陽縣志》：「深山老松遠不能取材，四周多鑿爲穴，用竹箬蓋之，久乃剖取。如是一二次，皮色皆白，體輕易乾，伐之爲勺器。其根枯朽，則種茯苓。」

清 雍正《福建通志》卷一〇《物産·漳州府》 樟腦，出長泰縣。

清 雍正《山西通志》卷四七《物産·太原府》 膠香，金太原府貢白膠香，《本草》：「味辛苦，無毒，即楓香脂也。」

清 雍正《陝西通志》卷四三 長松，生關内山谷中，草似松葉，上有脂，山人服之。（《本草拾遺》）（略）

楓香脂，洋州、金州貢白膠香。（《唐書·地理志》）關陝甚多，樹似白楊，葉圓而作岐。（《圖經本草》）楓香脂，一名白膠香。（《本草綱目》）出金州，（《明一統志》）樹高大，葉三角而香，木肌理硬，五月砍樹爲坎，十一月采脂。（《馬志》）

乳香，薰陸即乳香，爲其垂滴如乳頭也。（《本草衍義》）出隴州，（《圖書編》）出漢中西鄉、沔縣、褒城、略陽四縣及金州，（《明一統志》）出延長房家原。（《延安府志》）（略）

漆，阪有漆，（《詩經·秦風》）號山（在葭州）木多漆，（《西山經》）上林苑蜀漆樹十株（《西京雜記》）乾漆生漢中山谷，（《名醫别録》）今梁州漆最盛，（《别録陶注》）出順政縣武興山。（《元和志》）興州、鳳州貢漆。金州貢乾漆實，（《唐書·地理志》）興州、金州貢漆，（《寰宇記》）金州者最善，（《蜀本草》）出華州南山及西鄉沔縣、褒城、略陽、金州。（《圖書編》）漆，六七月刻取滋汁，出金州者最善。（《馬志》）漆出黑河中，（《沔縣志》）山産有漆，人剖而瀝之。（《雒南縣志》）南山多漆樹，人咸採之，以資用，其子亦可作蠟。（《華州志》）（略）

青剛木，出宜君、宜州，（《延安府志》）割漆者必需之。（《山陽縣志》）

清 黄叔琳《硯北雜録》卷一五《茯苓》 茯苓，雲南所在有之，大者五六十斤，黔蜀所出差少。揀苓爲上，塊苓次之，破斯下矣。揀苓之佳者，賈人以私江南松木，既伐歲久，根株朽蠹，作沈香，色上有鳥爪爬羅痕，即知其下將生茯苓矣。其生不過以七日成形，若生菌則無復生茯苓矣。樹葉封貯竹籠中，名爲發汗，白毛經寸膚如黎州椒，清氣下墜則敗絮其上，易日必加轉側適均而後已。又，其膚浮，竹籤行刺使歛，束重如鐵錘者，價倍蓰，故揀苓之佳不在大。若精液所及，適遇他樹，根即成茯神，赤者呼赤茯，皆入方書，黄無所用。

清 雍正《廣東通志》卷五二《木》 南漆如稀，飴氣如松脂，霑霑無力。（同上。按：廣漆色甚光明而不甚粘，出陽春、新興、德慶。）（略）

伽南香，（一作奇南，一作琪𤥭，一作奇藍。）出海上諸山，蓋香木枝柯竅露者，木立死而本存者，氣性皆温，故爲大蛩所穴。蛩食石蜜，歸而遺香中。歲久漸漬，木受蜜氣結而堅潤則香成矣。香成則木漸壞，其傍草樹咸枯，香本未死，蜜氣復老，謂之生結，上也。木死本存，蜜氣凝於枯根，潤若餳片，謂之糖結，次也。其稱虎斑結、金絲結者，木性多而香味少，斯爲下品。生結紅而堅，糖結黑而軟。瓊州亦有土奇南，白質黑點。占城奇南出在山禁民不得采取，犯者斷其手，彼亦自貴重。按《月出叢談》：「海南人取沈、速、伽𠌯、旋風諸香，每數人合夥，裹半月乾糗，相與深入山中求之。或一二日即得，或半月不得，徒手歸者，亦有命也。有香之處即有蟻，封高二三尺，隨挖之，則其下必有異香。」《嶺南雜記》云：「海瓊沈香盡産黎峒，多虎狼毒虺，其俗皆女子採香耳。帶金鐶，首纏錦帕，腰佩利刀，什伯爲羣，遇竊香者即擒殺焉。是《叢談》所云，乃竊香者耳。《雜記》又云：「沈香以瓊州所出者爲最，舶沈雖大而重，色黑而堅味辛，俱不及瓊沈之甘而下氣神速也。瓊又有藥沈，細片黄色而投水即沈，入藥尤妙，人不易識。」（略）

金顔香亦樹脂也，有深黄色者，有黑色者，劈開雪白者爲佳，夾砂石者爲下。其氣能聚衆香，番人以之和香塗身。（按：金顔香即抹身香。）

清 劉壁《修潔齋閑筆》卷四《伽南香》 香品雜出海上諸山。蓋香木枝柯竅露，木死而本存者。氣性皆温，故爲大蟻所穴。蟻食石蜜，歸而遺于香中。歲久漸漬，木受蜜氣，結而堅潤則香成矣。諸香惟此種不堪入藥，故本草不録。

又 卷五《松雪》 栝柏百年，即有白衣如粉，《本草》謂之艾納香。趙文敏號松雪，乃是一琴名。若艾納者，亦可稱松雪。（見陸儼山《春風堂隨筆》）

清 倪蜕《滇小紀·琥珀根》 琥珀，出西番雲南。番舶上來者，紅而明瑩爲西珀。産雲南者稍渾濁，上有浮光，微藍色，曰「粉皮光」，久久則無此，爲南珀。相傳是松脂、楓液至千年而化成茯苓，又千年而化爲琥珀。其類亦不一色，純黄而堅潤者爲蠟珀，又名石珀。紅紫濁大脆紋横者，爲紅松脂珀。都無紅色，如淺黄多皺紋而明透者，曰密珀。又名水黄色署深而膩潤如截肪者，爲鵞油珀。若松香紅而且黄者爲明珀，又名金珀。香馞馞者，爲香珀。内有蜂、蟻物命，松枝、竹葉者爲物象珀。文似新馬尾松心，文亦路赤一路黄者，爲花珀。又有一種輕黄淺淡而絶類白松香者，粤人以之刻劃首飾售之四方，曰波羅松。番人呼虎曰「波羅」，或亦琥之謂也。又狀似玄玉、黑如純漆而揚紫赤色者，爲瑿珀。惟深紅靈徹如鮮紅血色者，乃爲琥珀，俗爲血珀，出高麗、日本爲最佳。而雲南出自孟養地方，有琥珀則旁無草木。入土淺者五六尺，深者八九尺，小如斗斛，大若車輪，其形酷以茯苓，故云是茯苓所化。削去皮，乃見琥珀，其氣味作松脂、楓液香，故云脂液所成。然字既從玉，恐亦是玉石之類，珀之有皮，猶玉之在璞云爾。且聞孟養有珀之地，絶無楓、松，而中國松、楓彌野，從無琥珀，則其自爲一種玉石可知。但内中偶有物命蠕蠕，此則理之難推者。而瑪瑙中亦或有之，可以類觀矣。古亦稱爲江珠，不知何説，想同于寶石之稱，瑟瑟珠也。近十餘年間，夷賈帶來一種琥珀根數珠，亦作松香，亦能引茶色黑白花雜間，有明暗相攙，明處真同琥珀，獨無深淺黄色。初來價亦甚賤，未幾用作朝珠，競相矜尚，于是與玉並貴。看來只是琥珀削下之皮，車鏇爲珠，而稱之爲根，斯謬矣。蓋琥珀生于土中，固如茯苓、雷丸之類，未嘗有根也。

清 徐文靖《管城碩記》卷二三《正字通》 橎，注云：「未名。」《山海經》「煮其汁味甘，可爲酒。」《六書》：「故『棯』亦作『橎』。」按《天中記》云：「橎汁甘，爲酒。」《齊民要術》：沈約集、皮日休集皆有「橎酒」，今《山海經》無是文，究未知『橎』爲何木，惟謝靈運《山居賦》：「苦以木成，甘以橎熟。」自注云：木酒味苦，橎酒味甘，並至美兼以療病，橎治癰核，木治痰冷。《六書》故亦作「棯」。《爾雅》還味棯棗，是「橎酒」取棯汁爲酒也。

清 乾隆《汀州府志》卷八《物産》 漆。皮白，葉似椿。秋至，以刀劃樹，取其流液。多出清、歸、寧數縣。

清 張慶長《黎岐紀聞》 沈水香，俗人以爲海南寶。牛角沈最上，細花次之，粗花又次之。其成片者爲渾屯，形類帽者爲帽頭，蟲蝕而有嵌空者爲蟲口，象形取義各不同也。又有一種曰飛香，如牛觔飛、大練飛、苦瓜飛、麻雀飛等，類其形各殊，命名亦異。然飛香内亦有牛角沈、細花、粗花之類，未可槩論。大抵各香以沈水、不沈水分貴賤，其不沈水者，或以作器具，或爲藥香，或爲爐香，隨所用也。最下者爲黄蘇，海南人以之燒歲，不足貴矣。

上伽南，即油蘇之老而沈水者也。色有黑、白、鴨頭緑等類，以手指按之而粘。置屋中，香芬之氣逼人。其未沈者，以油之多寡分貴賤。至沈水則爲伽南，所值不貲，雖數年未或一遇也。入火而有羊臊味者爲真。雞骨香亦沈水而色異，香客以作沈香售之，頗難辨。然用火燒之，則味辣而多煙氣。識者須細認，不然鮮有不受其欺者矣。

清 張宗法《三農紀》卷六《植屬·漆》 收漆：野生者，樹大汁多；植者，木至盌大方割，至秋霜降時，用利刀鏇皮勿斷，須留勒路，若割斷則木枯。收時先放木水，然後以竹管插人皮中，納其汁液。須晒乾生水收用。（《山農云》）：桼無定色，割之時已點桐油入内，再貨而又點，難以求真。識者，須以物蘸起，細而不斷，斷而急收，便塗于竹板上，陰之速乾者佳。訣云：「微扇光如鏡，懸絲急若鈎，撼成琥珀色，打著有浮漚。」

清 李调元《南越筆記》卷一三《藥樹》 化州、石城之間有藥樹，狀似木棉，其精液色白，見風則黑，是名藥脂。土人以濡箭鏃，爲暝藥以射虎，虎三躍而斃。山豬中藥箭，則嚙木槵根以自療。土人知之，用藥箭必含一木槵子或橄欖，蓋藥樹與橄欖性相犯故也。

又 卷一四《伽南》 伽南雜出於海上諸山。凡香木之枝柯竅露者，木立死而本存者，氣性皆温，故爲大蟻所穴。大蟻所食石蜜遺漬香中，歲久漸浸，木受石蜜氣多，凝而堅潤，則伽成。其香本未死，蜜氣未老者，謂之生結，上也。木死本存，靈氣膏於枯根，潤若錫片者，謂之糖結，次也。歲月既淺，木靈之氣未融，木性多而香味少，謂之虎斑金絲結，又次也。其色如鴨頭緑者，名緑結，搯之痕生，釋之痕合，挼之可圓，放之仍方；鋸則細屑成團，又名油結，上之上也。伽𠌯木與沉香同類，而分陰陽。或謂沉，牝也。味苦而性利，其香含藏，燒乃芳烈，陰體陽用也。伽𠌯，牡也，味辛而氣甜，其香勃發，而性能閉二便，陽體陰用也。然以洋伽𠌯爲上，産占城者，剖之香甚輕微，然久而不減。産瓊者，名土伽𠌯，狀如油速，剖之香特酷烈。然手汗沾濡，數月即減，必須濯以清泉，膏以蘇合油，或以甘蔗心藏之，以白蕚葉苴之，瘞土數月，日中稍暴之，而後香魂乃復也。占城者靜而常存，瓊者動而易散；靜者香以神行，動者香以氣使也。藏者以錫爲匣，中爲一隔而多竅，靈其下，伽𠌯其上。使薰炙以爲滋潤，又以伽𠌯末養之，他香末則弗香，以其本者返其魂。雖微塵許而其元可復，其精多而氣厚故也。尋常時勿使見水，勿使見燥，風黴溼出則藏之，否則香氣耗散。

又《沉香》　嶠南火地，太陽之精液所發，其草木多香，有力者皆降皆結。而香木得太陽烈氣之全，枝幹根株皆能自爲一香。故語曰：海南多陽，一木五香，海南以萬安黎母東峒香爲勝。其地居瓊島正東，得朝陽之氣又早，香尤清淑。多如蓮蕚梅英鵝梨蜜脾之類，焚之少許，氛翳彌室，雖煤爐而氣不焦，多醞藉而有餘芬。洋船所販番沉藥沉，往往腥烈，即佳者意味亦短，木性多，尾煙必焦。其出海北者，生於交阯，聚於欽，謂之欽香。質重實而多大塊，氣亦酷烈，無復海南風味，粤人賤之。海南香故有三品：曰沉，曰箋，曰黄熟。沉、箋有二品：曰生結，曰死結；黄熟有三品：曰角沉，曰黄沉，曰敗沉者，木質既盡，心節獨存，精華凝固，久而有力。生則色如墨，熟則重如金，純爲陽剛，故於水則沉，於土亦沉，此黄熟之最也。其或削之則卷，嚼之則柔，是謂蠟沉。昔子瞻所謂既金堅而玉潤，亦鶴骨以龍筋，惟膏液之内足，故把握而兼斤，無一往之發烈，有無窮之氤氲者也。凡采香必於深山叢翳之中，羣數十人以往，或一二日即得，或半月徒手而歸，蓋有神焉。當夫高秋晴爽，視山木大小皆凋瘁，中必有香，乘月探尋，有香氣透林而起，以草記之。其地即亦有蟻封，高二三尺，隨挖之，必得油速伽𠌯之類。而沉香爲多，其木節久蟄土中，滋液下流，既結則香，面悉在下。其背帶木性者乃出土，故往往得之。沉香有十五種：其一曰黄沉，亦曰鐵骨沉、烏角沉。從土中取出，帶泥而黑，心實而沉水，其價三換最上。其二生結沉，其樹尚有青葉未死，香在樹腹如松脂液，有白木間之，是曰生香，亦沉水。其三四六沉香，四分沉水，六分不沉水者，亦乃沉香非速。其四中四六沉香，其五下四六沉香。其六油速，一名土伽𠌯。其七磨料沉速。其八燒料沉速。其九紅蒙花劑，蒙者，背香而腹泥；紅者，泥色紅也；花者，木與香相雜不純，劑木而存香也。其十黄蒙花劑。其十一血蒙花劑。其十二新出花劑。其十三曰鐵皮速。外油黑而内白木。其樹甚大，香結在皮，不在肉，故曰鐵皮，此則速香之族。又有野豬箭，亦曰香箭。有香角、香片、香影，香影者，鋸開如影木然。有鴛鴦背，半沉半速；錦包麻，麻包錦。其曰將軍兜、菱殼、雨淋頭、鯽魚片、夾木、含泥等，是皆香之病也。其十四老山牙香。其十五新山牙香，香大塊，剖開如馬牙，斯爲最下。然海南香雖最下，皆氣味清甜，别有醞藉。若渤泥暹羅、真蠟、占城、日本所産，試水俱沉，而色黄、味酸、香尾焦烈。若至鷄骨香，乃雜樹之堅節。形色似香，純是木氣，《本草綱目》以爲沉香之中品，誤矣。

清　阿桂《滿洲源流考》卷一九　《通考》：「白濟氣候温暖，五穀雜果菜蔬多同内地。其海島出黄漆樹，似小棕樹而大，六月中取汁。漆物器若黄金，其光奪目。」

清　趙學敏《本草綱目拾遺》卷六《木部·通香木》　《邊志》：「木長數尺，出塞外，以沸湯沃之取其汁，洗衣服及灌一切花卉灑屋宇壁，經年香氣不滅。燒之，能降天神，香氣達數百里，契丹珍之。」治奇疾，人不知名者，服之即愈。焚之，辟瘟疫、穢氣、邪祟。（略）

又《水安息》　出廣中，洋船帶來，波斯、交趾皆有之。形如荔支而大，外有殼包裹，皮色亦如鮮荔枝，開之中有香如膠漆，黄褐色，氣甚馥郁。此物如開，用不盡者，須連外殼置碗中，方不走溢，否則遇五月黄梅時，其汁自滿溢出殼外，雖殼内所存不過少許，亦會溢出，亦一異也。《綱目》：安息香本條所言皆乾者，云是樹脂。《集解下》引葉廷珪《香録》云：「有如錫者，謂之安息油。」即是此種。《瀕湖》又未詳其功用，今時頗行，故采補以備用。其殼有絲毫裂縫，油即走溢，須以瀝青熬化滴之。《百草鏡》云：「安息香有水旱二種，水安息難得，焚其香，旁置水盂試之，其香烟投水中，實結爲香，惟分兩稍減耳。」《五雜俎》云：「安息香能聚鼠，其烟白色如縷，直上不散。」辛平，無毒。通心神，除邪魅，辟蠱毒，止心痛，下鬼胎，入心經，通腎氣，尤益房箔，故龜靈劑用之以興陽，反魂丹用之以救急。然大耗真氣，凡氣虛挾火者不可服，忌見火。《藥性考》：「水安息香辛苦，性温，除風寒、霍

亂，煖腎興陽，治心腹蠱氣，血淋遺精，鬼交鬼孕，薰勞瘵。（略）

又《松皮膏》 色如琥珀，出西域伊犁等處。《西域聞見録》：「烏魯木齊，乾隆四十年改爲廸化州。其土人取松皮爲膏，謂之松樹膏藥性温，治血。一切虚怯勞瘵，婦女血枯、血閉諸症，服之有效。」陳海曙家有此膏，自西域帶來，黑如漆，上蓋松皮一塊，云其松皮厚者二三尺，即此皮所熬。曾以治勞嗽，十日病減，又十日而病痊，又十日而生肌漸復如舊。每服三錢，空心白水調下，服一月，無不愈者。《槐西雜志》：「田耕野官涼州鎮時，携回萬年松一片，性温而活血，煎之色如琥珀。婦女血枯、血閉諸症，服之多驗。親串家遞相乞取，久而遂盡。後予至西域，乃見其樹，直古松之皮，非别一種也。土人煮以代茶，亦微有香氣。其最大者，根在千仞深澗底，枝榦直出山脊尚，高二三十丈，皮厚者二尺有餘，奴子吴玉保嘗取其一片爲牀，意直盤古時物，萬年之名，殆不虚矣。」（略）

又《松油》 其取油法，以有油老松柴截二三寸長，劈如燈心粗，用麻線紮把如茶杯口大。再用水盆一個，内盛水半盆，以碗一隻坐於水盆内，用蓆一塊蓋於碗上，中挖一孔如錢大，再以紮好松把直竪放於蓆孔中間。以火點著，少時再以爐灰週圍上下蓋緊，勿令走烟，如走烟，其油則無，候温養一二時，其油盡滴碗内，去灰蓆取出聽用，一名泏油。治疥瘡，久遠不愈，百藥不效，以此油新浴後擦之，或加白礬末少許和擦，更妙。

又《杉木油》 《經驗廣集》有「取杉木油法」，用紙糊碗面，以杉木屑堆碗上，取炭火放屑頂燒著，少時火將近紙，即用鐵筯抹去。燒數次，開碗看，即有油汁在碗内。治一切頑癬，先用穿山甲刮破，用羊毛軟筆蘸油塗上，甚加疼痛。停半日再塗，癬自結痂而愈。如已破，旨不必刮，癬藥極多都不及此，真神方也。（略）

又《伽𠋠香》 今俗作奇楠，《乘雅》作奇南、棧香、棧木速香名。而廣人亦呼奇南爲棧，名同而香異也。《粵海香語》：伽𠋠雜出海上諸山，凡香木之枝柯竅露者，木立死而本存者，氣性皆温，故爲大蟻所穴。大蟻所食石蜜遺漬其中，歲久漸浸，木受石蜜氣多，凝而堅潤則成伽𠋠。其香木未死，蜜氣未老者，謂之生結，上也。木死本存，蜜氣膏於枯根，潤若餳片者，謂之糖結，次也。歲月既淺，木蜜之氣未融，木性多而香味少，謂之虎斑金絲結，又次也。其色如鴨頭緑者名緑結，掐之痕生，釋之痕合；按之可圓，於之仍方；鋸則細屑、成團，又名油結，上之上也。伽𠋠本與沈香同類而分陰陽，或謂沈，牝也。味苦而性利，其香含藏，燒乃芳烈，陰體陽用也。伽𠋠，牡也，味辛而氣甜，其香勃發而性能閉二便，陽體陰用也。然以洋伽𠋠爲上，産占城者，剖之香甚輕微，然久而不減。産瓊者名土伽𠋠，狀如油速，剖之香特酷烈。然手汗沾濡數月即減，必須濯以清泉膏以蘇合油，或以甘蔗心藏之，以白蕁葉苴之瘞土數月，日中稍暴之而後香魂乃復也。占城者静而常存，瓊者動而易散，静者香以神行，動者香以氣使也。藏者以錫爲匣，中爲一槅而多竅，蜜其下伽𠋠其上，使薰炙以爲滋潤。又以伽𠋠末養之，他香末則不香，以其本香返其魂，雖微塵許而其元可復，其精多而氣厚故也。尋常時勿使見水，勿使見燥風，黴濕土則藏之，否則香氣耗散。《本草乘雅》云：奇南與沉同類，因樹分牝牡，則陰陽、形質、臭味情性各各差别，其成沉之本爲牝爲陰，故味苦厚，性通利，臭含藏，燃之臭轉勝，陰體而陽用，藏精而起亟也。成南之本爲牡爲陽，故味辛、辣，臭顯發，性禁止，能閉二便。陽體而陰用，衛外而爲固也。至若等分，黄棧品成四結，狀肖四十有二，則一矣。（沉香有四十二品）第牝多而牡少，獨奇南世稱至貴，即黄、棧二等亦得因之，以論高下。沉本黄熟，固坎端樓透，淺而材白，臭亦易散。奇本黄熟，不唯樓透而黄質邃理，猶加熟色，遠勝生香，爇炙經旬，尚襲襲難過也。棧即奇南渡重者，曰金絲。其熟結、生結、蟲漏、脱落四品，雖統稱奇南，結而四品之中，又有分别油結、糖結、蜜結、緑結、金絲結，爲生、爲熟，爲漏，爲落井然成秩耳。大都沉香所重在質，故通體作香，入水便沉。奇南雖結同四品，不唯味極辛辣著舌，便木顧四結之中每必抱木，曰油、曰糖、曰蜜、曰緑、曰金絲色相生成，跡迥别也。奇南一品，本草失載，後人僅施房術及佩圍繫握之，供取氣臭尚爾希奇，用其形味想更特異。沈以力行止爲用，奇以力行止行爲體，體中設用，用中具體。牝牡陰陽互呈，先後可默會矣。《宦遊筆記》：伽𠋠一作琪璃，出粵東海上諸山，即沉香木之佳者，黄蠟沈也。香木枝柯竅露，大蟻穴其竅，蟻食石蜜歸而遺香其中，歲久漸漬，木受蜜氣結而堅潤則香成矣。香成則木漸壞，其旁草樹咸枯，有生結者，紅而堅，糖結者黑而軟，瓊草亦有土伽𠋠，白質黑點。今海南人取沈速伽𠋠於深山中，見有蟻封高二三尺，隨挖之則其下必有異香，南中香品不下數百種，然諸香賦性多燥烈，薰燒日久能令人髮白血枯，惟伽𠋠香氣温細性甚益人，而范石湖《桂海香志》獨不載及，詎不使寶鴨、金猊之間少一韻事乎，但佳者近亦難得。陳讓

清　嘉慶《廣西通志》卷九〇《輿地略十一・物産二》　紫檀，出賓州上林。案：《格古要論》：「木性堅新者，色紅舊者，色紫有蟹爪紋新者，以水浸之，可染物。

清　和寧《三州輯略》卷八《藝文》　清・曹麟開《塞上竹枝詞》　山翁日把金鵶嘴，氷雪松根劚茯苓。茯苓大者如斗，□其老松千年，大可百圍，皮可尺許，色如琥珀。土人取以煎膏，名曰「松齡」，性熱，活血。

清　道光《廣東通志》卷九六《輿地略一四・物産三》　騏驎竭。樹名渴留紫鉚樹，名渴禀，二物大同小異。珣曰：「騏驎竭是紫鉚樹之脂也。」頌曰：「今南番諸國及廣州，皆出之木，高數丈，婆娑可愛。葉似櫻桃而有三角，其脂從木中流出，滴下如膠，飴久而堅，凝乃成竭，作血色。」

阿魏。恭曰：「生西番及崑崙。」頌曰：「今惟廣州有之。」云是木膏液滴釀結成。木長八九尺，皮色青黄。三月生葉似鼠耳，無花實，其植汁出如飴，久乃堅疑。

盧會。珣曰：「生波斯國。」頌曰：「今惟廣州有成者，其木生山野中，滴脂淚而成。」

金顔香。樹脂也。有深黄色者，有黑色者，劈開雪白者爲佳。夾沙石者爲下，其氣能聚衆香，番人以之和香塗身，即抹身香。

謹案：明《一統志》有真臘國「篤耨香」，今廣東市上無鬻此香者，或云南越國有之。

龍骨香，樹叢生，有刺。汁甚毒，枝老而根結成香者美。

瑞香，《格古論》云：高三四尺，有數種：有枇杷葉者，楊梅葉者，柯葉者，毬子者，攣枝者。廣南瑞香有紅白紫三色。紫色者香最烈，如麝臍。梅蘭襲其香氣，花片即時焦枯。

清　胡廷光《伤科彙纂》卷一二　没藥，亦樹脂也，狀如神香，赤黑色者佳。凡金刃所傷，打損踠跌墜馬，筋骨疼痛，心腹血瘀者，竝宜研爛，熱酒調服，推陳致新，能生好血。

血竭，一名麒麟竭，乃木之脂液，如人之膏血也。凡傷折打損，一切内傷、疼痛，並宜酒服。其味甘鹹而走血，蓋手足厥陰藥也，肝與心包皆主血，故爾。按：血竭除血痛，爲和血之聖藥是矣，乳香没藥雖主血病而魚入氣分，此則專於血分者也。

《海外逸説》：「伽楠與沉香並生，沉香質堅，彫剔之如刀刮竹，伽楠質軟，指刻之如錐畫沙，味辣有脂，嚼之粘牙，其氣上昇，故老人佩之少便溺焉。上者曰鶯哥，緑色如鶯毛，最爲難得。次曰蘭花結，色微緑而黑。又次曰金絲結，色微黄。再次曰糖結，黄色者是也。下曰鐵結，色黑而微堅。皆各有膏膩，匠人以雞刺木、雞骨香及速香、雲頭香之類澤以伽楠之液屑，僞充之。《物理小識》云：「奇南與沉同類，自分陰陽，沉，牝也，味苦性利，其香含藏，燒更芳烈，陰體陽用也。奇南，牡也，味辣，沾舌麻木，其香忽發而性能閉二便，陽體陰用也。其品有緑結、油、糖、蜜結、金絲、虎斑等，鋸之，其屑成團，舶來者佳。」《東西洋考》：「交趾産奇南，以手爪刺之，能入爪，既出，香痕復合。又有奇楠香油，真者難得，今人以奇楠香碎片漬油中，蠟熬之而成，微有香氣，此僞品也。」

浦輯聞榕樹千年者其上産伽楠香。

金立夫言：盛侯爲粤海監督時，須上號伽楠入貢，命十三洋行於外洋各處購求，歲餘竟無佳者。據云，惟舊器物中，還有所謂油結，色緑，掐之痕生，釋之漸合者，今海外諸山皆難得矣。即占城所産，香氣輕微，久而不減，冬寒香藏，春暖香發，靜而常存者，是蜜結，嗅之香甜，其味辛辣，入手柔嫩而體輕，爲上上品，今時亦罕有。其熟結、生結、蟲漏、脱落四結之中，每必抱木，曰油，曰糖，曰蜜，曰緑，曰金絲，其生結者紅而堅，糖結者黑而軟，或黄、或黑，或黄黑相兼，或黑質白點，花色相生，成蹟迥别也。現在粤中所産者，與東莞縣産之女兒香相似，色淡黄，木嫩而無滋膩，質粗鬆者氣味薄，久藏不香，非香液屑養不可，不足寶貴，其入藥功力亦薄。識者辨之，味辛性歛，佩之縮二便，固脾保腎。入湯劑能閉精固氣，故房術多用之，不知氣脱必陷之症，可以留魂駐魄也。瀕湖《綱目》香木類三十五種，質汗返魂，尚搜奇必備，而獨遺此何歟！《藥性考》：伽楠味辛，下氣辟惡、風痰閉塞、精鬼蠱着、通竅醒神、邪風迫卻。十香返魂丹中配藥，以香中帶辛辣紅堅者佳，其次黑軟，至虎斑、金絲皆雜木性，下品也。

藏奇南香，以錫匣貯蜜蘇合，鑿竅爲隔則潤。若枯者，用白蓴葉苴之，瘗土數月即復，日中少暴，尤香。（略）

清　陸烜《梅谷偶筆》卷二二　凡鐫刻書，梨、棗版中有甜水，易蛀。每版百塊八黄檗四五觔，熟水煮透，以苦易甜，歷久不蛀。

清 張澍《續黔書》卷六《降真香》 名香多出古木，若鷓鴣斑，生於木坎，迦南；生於黑木，艾納；生於栝松，奇藍；生於榕樹，安息；生於辟邪樹，膽八；生於木犀，篤耨；生於真臘之杉木，金顔；打魔、迷迭、薰陸、返生之，皆爲樹脂。又，如蜜、沈、棧、雞骨、黄熟、雞舌、馬蹏、青桂，八香同出於一樹。黔之貴陽府境出降真香。燒之，可感引鶴降；醮星辰宜焚之。凡宅舍恠異、疫癘、刃傷，燒之立驗。小兒尤宜帶之。蓋此香在深林、密箐、懸巖之古籐上，人跡不到，霜饕雪虐，經歷歲月，肉皮俱爛，赤心如鐵，故其香勁而遠也。以生於藤，又名紫藤香云。

清 吴寯《尖陽叢筆》卷五 染宋箋法：黄柏一斤搥用，水四升浸一伏時，煎至二升止，聽用。橡斗子一升，如上法煎水聽用。胭脂五錢，深者方妙，用湯四盌浸榨出紅。三味各成濃汁，用大盆盛汁，每用觀音廉堅厚紙，先用黄柏汁拖過一次，後以橡斗汁拖一次，再以胭脂汁拖一次，再看深淺加減，逐張晾乾可用。

清 道光《遵義府志》卷一七 楓香，《南方草木狀》：「楓香似白楊，葉圓而歧分，有脂而香，其子大如鴨卵。二月發華，乃着實，八九月熟暴乾，可燒。」《戊巳編》：「楓香，數抱干雲插漢，葉薄三棱，莢大如李，竅穴流白液，凝如琥珀狀，有香氣。木性冷濕，誤卧中風毒，即拳曲不伸。」遵郡産白楊、楓木二木最多，土人常材。然木理白楊輕膩，楓香粗脆善裂，良楛以此。

清 道光《瓊州府志》卷五《輿地·香類》 沉香，葉似冬青，樹形崇竦，其木枯折，皮朽爛，内心乃香。《續博物志》云：「沉香，雜木也。儋崖海道，居民橋梁皆香，如梅桂橘柚之木，沉於水多年，得之皆爲沉水香。然生採之，即不香也。」又《虞衡志》云：沉水香上品出海南黎峒，一名土沉香，少大塊。其次繭栗角，如附子，如芝菌，如茅竹葉者佳，至輕薄如紙者，入水亦沉。香節久蟄土中，滋液下流，結而爲香，採時香面悉在下，其背帶木性者，乃出土上。環島皆有之，又以出萬安者爲最勝。説者謂萬安山在島正東，鍾朝陽之氣，香尤蘊藉豐美。大抵海南香，氣清淑，如蓮花、梅英、鵝梨、蜜脾之類，焚少許，氛翳彌室，至煤燼氣不焦，此海南香之辨也。海上亦自難得。省民以一牛博香一擔，歸擇，得沉水者十不一二。

黄熟香，《倦遊録》云：「香有三等：曰沉，曰箋，曰黄熟。沉箋有二品：曰熟結，曰生結。熟結，樹爛而成；生結者，結於完樹。黄熟又有三品：曰散，沉香之上也。生結者爲角沉，次之。木枯朽乃得者爲黄沉，又其次也。

蓬萊香，即沉水香。結未成者，多成片，如小笠。及大菌之狀，有徑一二尺者，極堅實，色狀皆如沉香。惟入水則浮，刳去其背帶木處，亦多沉水。（《虞衡志》）鷓鴣斑，亦得之於沉水、蓬萊及絶好箋香中，槎枒輕鬆，色褐黑而有白斑點，如鷓鴣臆上毛，氣尤清婉似蓮花。

箋香，如蝟皮、栗蓬及漁蓑狀。蓋修治時去木留香，棘刺森然，香之精鍾於刺端，芳氣與他處箋香夐別。箋香之下，又有重漏、生結，皆下色。

角沉，乃生木中取者。宜用薰爇。黄沉，乃枯木中得之，宜入藥用。（俱同上）

伽𪾢香，（一作奇南，一作琪璃，一作奇藍。）即黄蠟沉。《香品》云：香木枝柯竅露者，木立死而本存者，氣性皆温。故爲大蟻所穴，蟻食石蜜歸而遺香中，歲久漸漬。木受蜜氣，結而堅潤則香成矣。香成則木漸壞，其傍草樹咸枯，香本未死，蜜氣復老，謂之生結，上也。木死本存，蜜氣凝於枯根，潤若餳片，謂之糖結，次也。其稱虎斑結、金絲結者，木性多而香味少，斯爲下品。生結紅而堅，糖結黑而軟，瓊州亦有土奇南，白質黑點，其色如鴨緑者，名緑結。掐之痕合，鋸則細屑成團，又名油結，上之上也。按：伽𪾢香産越南國者，謂之洋伽𪾢。多從海舶載來售之，味辛烈。瓊郡黎山者，謂之十伽𪾢。香氣醇美，價倍黄金，今不可多得矣。

降真香雜諸香焚之，其烟直上，輒有白鶴下降。（《通志》）檀香，檀木年久成香。

青木香，一株五根，一莖五枝，一枝五葉，葉間五節相對，故又名五香，出文昌。

龍骨香，樹叢生，有刺，汁甚毒。枝老而根結成香者美，産崖州。

白木香，砍傷其樹則結，否則雖年久亦爲白木。海漆香，産文昌海港。色甚黑，焚之油出如漆。鷄骨香，一名藤香。乃雜樹之堅節，形色似香，非香也。

白膠香，出儋州。

速香，有色黑而重者，名將軍帽、鯽魚片。色黄而有棕紋者，名花剷。自海舶至者，味辛而酸，不如瓊産之甜静無尾烟也。其餘有夾板并抱朽木者，俱香之下品，而尤有他木煮成假充者，不可不辨。（《雜記》）

楓香樹，似白楊，葉圓而岐分，有脂而香，其子大如鴨卵。二月花發乃著實，八九月熟，曝乾可燒。（《南方草木狀》）

按：《羅浮志》云：「今所燒乃其皮，非子也。子亦無如卵者。」

檳榔苔，出海島檳榔木上。如松身之艾蒳，單爇極臭，交趾人用以合泥香，則成温馨之氣，功用如甲香。（《桂海虞衡志》）

清 黄本驥《湖南方物志》卷一《總紀》 君遷子生湖南，樹高丈餘，子中有汁如乳汁，甜美。（《本草拾遺》）

清 郝懿行《寶訓》卷五《果實》 椑柹，一名漆柹，搗碎浸汁，謂之柹漆。可染□扇諸物。

又 卷六《木材》 《説文》：「桼木汁可以髹物，从木，象形，桼如水滴而下也。（案《廣韻》桼通作漆。）

清 同治《恩施縣志》卷一二《雜記志・雜志》 邑土產香楠而民不知，蓄陳者絶少。產茶而民拙於焙，香者絶少。產五加皮以浸酒，香美有殊效，而民尚桂花酒。三者皆恨事。

清 劉獻廷《廣陽雜記》卷一 《乳香薰陸香考異》：恭曰：薰陸形如白膠香，出天竺者色白，出單于者夾緑色，香亦不甚。珣曰：案《廣志》云，薰陸香是樹皮鱗甲，採之復生。乳頭香生南海，是波斯松樹脂也。紫赤如櫻桃，透明者佳。禹錫曰：案《南方異物志》云，薰陸出大秦國，在海邊有大樹，枝葉正如古松，生于沙中。盛夏水液流出沙土，壯如桃膠，夷人採取，賣與商賈。若商賈不至，則自食之。宗奭曰：薰陸木葉類棠梨，南印土界阿吒釐國出之，謂之西香。南番者更佳，即乳香也。

清 同治《南昌府志》卷八《地理・物産》 漆。出甯州，其樹連畝而種，夏夜斫漆，承以小蚌，方曉而收用。生漆者以麻布漉之，和以桐油，則爲熟漆。

清 光緒《梅里志》卷七 緑膠，即用杪欏煎水，染凍緑布之餘汁熬濃成膠。里中出者，較他處爲勝。

清 光緒《長汀縣志》卷三一《物産》 桼《説文》木汁可以髹物，故从木，从入从水，俗作漆，甚謬。蓋漆乃雍州水名也，此木皮白，葉似椿，每歲秋至，以刀劃樹，其液自流，須日未出時收之。但汀桼甚少，間有取而用之者。

香邑中香品有楓、柏、檀諸類。柏，木堅，色赤而多液，象血，血以氣行，故柏生香。楓木鬆而多脂，其葉有棱，年久轉圓，化爲檀，極香。檀有黄、白、紫三種，皮木搗末，俱堪製香，而其配合，又不一而足也。

清 光緒《湖南通志》卷六〇《食貨志四・物产一》 湖南漆工以瀏陽爲佳，製爲人物屏障，甚工緻。（《二長物齋長説》）

清 劉玉麐《爾雅校議》卷下 杬魚毒。《玉篇》云：「杬出豫章，煎汁藏果及卵，不壞也。」

清 劉錦藻《清朝續文獻通考》卷三八六《實業九》 漆業及漆器業：由漆樹取得之液汁名爲漆，乃東亞原產，我國與日本培植最盛。漆之産量，陝西、貴州、湖北最多，四川、湖南、福建、安徽、浙江次之，餘省略有出產。舊時，漆之輸出多取道甯波，故今有甯波漆之名。近年，多時二萬餘擔，少時一萬七八千擔，約值海關銀一百萬兩以上。漆器爲我國著名美術品，在世界亦有盛名，祇以價格頗昂，故銷路不及日本之廣。惟我國漆器品質精美而耐用，實日本所不逮。今歐美各國博物院中無不陳列，則其重視可知。而國人則對於此種數千年之絶技，反毫不注意，致業日衰落而出品漸退，豈非可惜，兹將著名出産地略述如次：一、廣東集中於廣州，出品有小箱、花瓶、盤、盆、鏡臺、盒子等，均以黑漆爲主，施螺鈿裝飾。二、福建集於福州，其出品彩色均配，盡其巧妙，金銀所畫之花様，亦復精工畫漆，當首屈一指。三、北京爲雕漆産地，所製均至精美。四、鎮江、揚州爲黑漆産地，製作多施以螺鈿，但品質頗劣。五、甯波向與日本交通，日本製法得之於此，光潤之漆器在國内頗著名。六、萊州爲嵌銀絲漆器之産地，有印匣、眼鏡盒、茶盤、手杖等。七、江西出嵌竹漆器，以竹作成文字，或風景畫，或花鳥畫，嵌入黑地之漆器。八、贛州産朱塗摩花等漆器。九、漢口附近所製多爲茶盤，其素地雖堅固，然施漆僅一二次，又以下等漆液混桐油用之，花様千器一律，罕有變更。十、陝西興安、漢中爲著名産地，金漆即産於此。惟集中西安，製品多鏡台、几、椅、匣類。十一、貴州貴陽、大定漆器以牛皮爲材料，其法：將牛皮煮沸，俟柔軟後切成所需之形，入木型内壓，使堅固而以爲素地，其器類有茶盒、花桌、鞄菜碗等，大定所製，較貴陽爲佳。

樟腦業：樟樹産於揚子江南，最多之地在南嶺一帶東自浙皖交界起，入江西、福建，經湖南至廣東、廣西，更入貴州、四川，以江西、浙江、福建出産最盛。廣東、廣西、湖南次之，湖北、四川、貴州又次之，此等土壤、氣候均適於樟樹之生長。一、江西撫州出産最盛，廣信次之，南昌、九江、饒州等頗稀少。二、浙江重要區域金華、衢州、嚴州。三、福建昔爲産量最多地，後以濫伐而不補植，降在江西、浙江之下，全省産區閩江流域最繁。四、廣東北江及西江流域産樟俱盛，東江亦有之。五、湖南靖州、寶慶最盛，長沙與株州間及湘南各地亦有之。六、湖北多産於陽新、蘄春及與江西交界處。七、四川成都及岷江、涪江、渠江流域俱産樟樹。八、貴州與湖南交界處産樟甚旺。

清 光緒《邵陽縣鄉土志》卷四《地理志·商務》 靛、漆皆出縣西北鄉，隆回各都漆較靛産爲夥。靛以染成各色布疋，漆飾各器，光采動目，銷售自廣。縣城業靛生理者，不減業漆，以多來自武岡、洞口各地，故隆回産靛，終不如漆。

清 光緒《永定縣鄉土志》卷四《物産志》 樟腦，杉腦，本境産樟，試熬潮腦，略見成效。惟升提尚未合法，不如潮産之良。又，杉木可取氷片，即中等吉片，試辦有效。訖未銷行。

清 光緒《天河縣鄉土志》卷《物産》 樟葉熬腦，用土法以木甑蒸，以鐵鍋嚴蓋甑口，俟鍋面冷水变熱，取鍋下，刮鍋底，白脂爲腦。計百斤葉僅得腦七八兩。成本貴，不能銷。

傳記

唐 李延壽《南史》卷七六《隱逸傳》 陶弘景字通明，丹陽秣陵人也。祖隆，王府參軍。父貞，孝昌令。初，弘景母郝氏夢兩天人手執香鑪來至其所，已而有娠。以宋孝建三年景申歲夏至日生。幼有異操，年四五歲，恒以荻爲筆，畫灰中學書。至十歲，得葛洪《神仙傳》，晝夜研尋，便有養生之志。謂人曰：「仰青雲，覩白日，不覺爲遠矣。」父爲妾所害，弘景終身不娶。及長，身長七尺七寸，神儀明秀，朗目疎眉，細形長額聳耳，耳孔各有十餘毛出外二寸許，右膝有數十黑子作七星文。讀書萬餘卷，一事不知，以爲深恥。善琴棊，工草隸。未弱冠，齊高帝作相，引爲諸王侍讀，除奉朝請。雖在朱門，閉影不交外物，唯以披閱爲務。朝儀故事，多所取焉。家貧，求宰縣不遂。永明十年，脱朝服挂神武門，上表辭禄。詔許之，賜以束帛，敕所在月給伏苓五斤，白蜜二升，以供服餌。及發，公卿祖之征虜亭，供帳甚盛，車馬填咽，咸云宋、齊以來未有斯事。於是止于句容之句曲山。恒曰：「此山下是第八洞宮，名金壇華陽之天，周回一百五十里。昔漢有咸陽三茅君得道來掌此山，故謂之茅山。」乃中山立館，自號華陽陶隱居。人間書札，即以隱居代名。

宋 羅願《羅鄂州小集》卷六《聶真人師道傳》 聶師道字宗微，歙縣人。少入老子法，中事道士于方外。後得内傳服松脂法，乃與同志登績溪百丈山採之。夜半峯頂月明，有天樂起東南紫雲中，久之聲益近，至石金山少止。兩山相距三十里，然頂上相望纔咫尺。少時，廠小鼓復通，奏笙蕭金石弦匏以拍節。大鼓其音清揚，不類人世，至雞鳴止。山下居人是夕皆聞之。同行者歎曰，方採靈藥而所聞如此，此亦君得道之證也。後泊南岳招仙觀，聞蔡真人舊隱，去洞靈源不遠，山中時有見之者。迺辟穀七日，獨往。日暮有樵者坐谿上，告以蔡君所居深遠不可到。東有人家可宿。樵者因凌水而渡，師道目送之。因東行見草舍籬落，主人類農者，年可三十許。問適見樵者否，此蔡道者也。因投宿，啓黄虀合得茶，飲之絶佳。明旦行，有老父問所從來，謂曰，蔡君父子偕隱此山，昨夕所宿即其子也。折草長尺餘，形似薑苗。師道咀之而甘，因使取水，遂失所在。自是益精健。還觀已月餘日。乃知彭真人亦嘗隱此山也。後居鄉里，每入山，虎豹遇之，皆弭馴伏，拊之乃起，或以所採薪藥令負還。以故歙之近山頗有猛獸而不爲害。後將復往南岳，聞漢梅福梁、蕭子雲皆隱玉笥山中，乃三游郁木坑。見丈夫布衣烏帽，年若五十許。人相問勞已。謂曰：子宿業已浄，應有名玉籍，雖未即飛升，當亦度世。我謝修通也，本居南岳，與彭、蔡偕隱已三百餘年。知子嘗遊洞靈源，吾適爲東華君命，主玉笥山地仙，兼掌清空觀墳土祀。今子與吾宿有分，故得相見。然梅、蕭日中爲小有天王所召，恐未便還，非可待也。師道跪謝之。同行數里，忽有草舍新潔，命師道坐木馬上，已坐白石鹿上。俄有丱角以湯飲。師道神氣灑然，修通指架上素書，令抽取一卷，曰習之當得道。我有弟子紫芝在九疑山，往見之，傳我語，必爲子盡其旨矣。儻不見者，第投書於毛女溪上洞中，且題石壁致吾意。言訖，忽不見。師道已在郁木坑外，蓋七日矣。素書西王母理化衆仙之要，然不可盡解。遂至九疑訪紫芝。或言毛女溪有一隱者，莫知其名，人或見之。師道累求不獲，乃投書題石，後嘗夢神人稱紫芝，教以疑義，歲餘還山房。田頵圍新安，師道白太守裴樞，夜縋見頵，頵爲斂兵，又爲請陶雅爲守。楊氏據有江淮，召至廣陵，建真元宮處之，使爲人祈福，號問政先生。一旦，謂弟子曰：我爲仙官所召，言訖而逝。比歛棺有聲，視之若蟬蜕。然因就葬之數日，有自豫章來者言，見之於道，以一小童自隨，云離南岳多年，今當暫往耳。所至多宿舊遊宇觀。半年後，又有見之於衡陽者，云歸洞源矣。後二十年，問政故居之上，數有雲鶴盤旋。衆請於楊氏，發所藏衣冠歸葬。自楊至歙千餘里，其上常有雲氣，兼鳴鶴翔導至山，三日而散。楊氏加贈銀青光禄大夫鴻臚卿，從孫紹元。

元 陸友《墨史》卷中 沈珪，嘉禾人。初因販繒往來黄山，有教之爲墨者，以意用膠，一出便有聲稱。後又出意取古松煤，雜松脂、漆滓燒之，得烟極精細，名爲漆烟。

明 謝肇淛《五雜俎》卷五《人部一》 吾郡林太守春澤，子孫皆壽逾八十，其家相傳服松梅丸。云：取松脂用河水浸四十九日，文武火煑，令白如餳餹，然後和烏梅地黄爲丸，服之。

紀事

漢 郭憲《洞冥記》卷二 元封中，起方山像，招諸靈異，召東方朔言其秘奥。乃燒天下異香，有沉光香、精祇香、明庭香、金磾香、塗魂香，外國所貢青櫨之燈。青櫨木有膏如淳漆，削置器中，以蠟和之塗布，燃照數里。

晉 陳壽《三國志》卷二九 廣陵吴普、彭城樊阿皆從佗學。普依準佗治，多所全濟。佗語普曰：「人體欲得勞動，但不當使極爾。動揺則穀氣得消，血脉流通，病不得生，譬猶户樞不朽是也。是以古之仙者爲導引之事，熊頸鴟顧，引輓腰體，動諸關節，以求難老。吾有一術，名五禽之戲，一曰虎，二曰鹿，三曰熊，四曰猨，五曰鳥，亦以除疾，並利蹄足，以當導引。體中不快，起作一禽之戲，沾濡汗出，因上著粉，身體輕便，腹中欲食。」普施行之，年九十餘，耳目聰明，齒牙完堅。阿善針術。凡醫咸言背及胸藏之間不可妄針，針之不過四分，而阿針背入一二寸，巨闕胸藏針下五六寸，而病輒皆瘳。阿從佗求可服食益於人者，佗授以漆葉青黏散。漆葉屑一升，青黏屑十四兩，以是爲率，言久服去三蟲，利五藏，輕體，使人頭不白。阿從其言，壽百餘歲。漆葉處所而有，青黏生於豐、沛、彭城及朝歌云。

晉 崔豹《古今注》卷下 烏孫國有青田核，莫測其樹實之形，至中國者，但得其核耳。得清水則有酒味，出如醇美好酒。核大如六升瓠，空之以盛水，俄而成酒。劉章得兩核，集賓客設之，常供二十人之飲。一核盡，一核所盛以復（阴）飲，飲盡隨更注水，隨盡隨盛，不可久置，久置則苦不可飲，名曰青田酒。枳椇子，一名樹蜜，一名木餳。實形拳曲，核在實外，味甜美如餳蜜。一名白石，一名白實，一名木石，一名木實，一名枳椇。

唐 段成式《酉陽雜俎》卷四 木飲州，珠崖一州，其地無泉，民不作井，皆仰樹汁爲用。

唐 樊綽《蠻書》卷七 琥珀，永昌城界西去十八日程，琥珀山掘之，去松林甚遠。片塊大，重二十餘斤。貞元十年，南詔蒙異牟尋進獻一塊，大者重二十六斤，當日以爲罕有也。

宋 陶穀《清異録》卷四 沉香似芬陀利華。顯德末，進士賈顒於九仙山，遇靖長官，行若奔馬，知其異，拜而求道。取篋中所遺沉水香焚之，靖曰：「此香全類斜光下等六天所種芬陀利華，汝有道骨，而俗緣未盡。」因授鍊仙丹一粒，以栢子爲糧，迄今尚健。

宋 洪芻《香譜》卷下《沈香火山》 《杜陽編》：隋煬帝每除夜，殿前設火山數十，皆沈香木根。每一山焚沈香數車，暗即以甲煎沃之，香聞數十里。

宋 辛棄疾《南渡録》卷一 耶律延禧曰：「我祖真宗皇帝在有百穴，中有真珠一顆，月圓之夕以珠映之，其生珠穴中自落，下以絳羅盛之，每月可得珠百顆。又有通香木一段，長尺，沸湯沃之，取其汁洒衣服，及萬木花卉屋宇間，經年不歇。人有奇疾，服之即愈。燒之天神皆降，香氣聞達數百里。」

宋 張敦頤《六朝事迹編類》卷下《木醴》 陳后主禎明二年初，覆舟山及松栢林冬月出木醴，后主以爲甘露之瑞，俗呼爲雀餳。

元 脱脱《宋史》卷六五《五行志》 熙寧元年三月，簡州木連理。是歲，英州因雷震，一山梓樹盡枯而爲龍腦，價爲之賤，至京師一兩纔直錢一千四百。二年，建州民楊緯言：「元年三月，大雷雨，所居之西有黄龍見，下獲一木如龍，而形未具。七月，大雷雨，復有龍飛其下。及霽，木龍尾、翼、足皆具，歸合舊木，宛然一體。」圖象以進。十年八月乙巳，惠州柚木有文曰「王帝萬年，天下太平」。

明 陶宗儀《輟耕録》卷二九《黏接紙縫法》 王古心先生《筆録》內一則云：方外交青龍鎮隆平寺主藏僧永光，字絶照。訪予觀物齋時，年已八十有四。話次，因問光，前代藏經接縫如一線，日久不脱，何也？光云：古法用楮樹汁、飛麪、白笈末三物調和如糊，以之黏接紙縫，永不脱解，過如膠漆之堅，先生上海人。

明 周嘉胄《香乘》卷一《沈香火山》 隋煬帝每至除夜，殿前諸院設火山，數十車沈水香，每一山焚沈香數車，以甲煎沃之，焰起數丈，香聞數十里。一夜之中用沈香二百餘乘，甲煎二百餘石。房中不燃膏火，懸寶珠一百二十以照之，光比白日。（《杜陽雜編》）

又 卷三《瑞龍腦香》 天寶末，交阯國貢龍腦如蟬蠶形，波斯言，乃老龍腦樹節方有，禁中呼爲瑞龍腦。上惟賜貴妃十枚，香氣徹十餘步。上夏日嘗與親王弈碁，令賀懷智獨彈琵琶，貴妃立于局前觀之，上數枰上子將輸，貴妃放康國猧子於座側，猧上局，局子亂，上大悦。時風吹貴妃領巾於賀懷智巾上良久，回身方落。懷智歸，覺滿身香氣非常，乃卸幞頭貯於錦囊中。及上皇復宫闕，追思貴妃不已，懷智乃進所貯幞頭，具奏前事，上皇發囊泣曰：「此瑞龍腦香也。」（《酉陽雜俎》）

又 卷四 大秦國人採得蘇合香，先煎其汁，以爲香膏，乃賣其滓與諸國賈人，是以展轉來達中國者，不大香也。然則廣南貨者，其經煎煮之餘乎？今用如膏油者，乃合治成香耳。（已上集《本草》）

又 卷八 木根心，於玉釜中煮取汁，更微火煎如黑餳狀，令可丸之，名曰「驚精香」，或名「震靈香」，或名「返生香」，或名「震檀香」，或名「人鳥精」，或名「却死香」，一種六名，斯靈物也。香氣聞數百里，死者在地聞香氣即活，不復亡也。以香熏死人，更加神驗。延和三年，武帝幸安定，西胡月支國王遣使獻香四兩，大如雀卵，黑如桑椹，帝以香非中國所有，以付外庫。使者曰：「臣國去此三十萬里，國有嘗占東風入律，百旬不休，青雲干吕，連月不散者，當知中國時有好道之君。我王固將賤百家而好道儒，薄金玉而厚靈物也。故搜奇藴而貢神香，步天林而請猛獸，乘毳車而濟弱淵，策驥足以度飛沙。契闊途遥，辛勞蹊路，於今已十三年矣。神香起夭殘之死疾，猛獸却百邪之魅鬼。」又曰：「靈香雖少，斯更生之神丸，疫病災死者，將能起之，及聞氣者即活也。芳又特甚，故難歇也。」後建元元年，長安城内病者數百，亡者大半，帝試取月支神香燒於城内，其死未三月者皆活，芳氣經三月不歇，於是信知其神物也。

又《方山館燒諸異香》 武帝元封中，起方山館，招諸靈異，乃燒天下異香，有沈光香、祇精香、明庭香、金磾金、塗魂香。帝張青檀之燈，青檀有膏如淳漆，削置器中，以蠟和之，香燃數里。

又 卷九《素松香》 密縣有白松樹一株，神物也。松枯枝極香，名素松香，然不敢妄取，取則不利。縣令每登禱之，取製帶甚香。（《密縣志》）

明 吴之俊《獅山掌録·小山館》卷一六《酒樹》 緬甸有樹頭酒，樹類椶，高可五六丈，結實大如掌。土人以麯納罐中，懸罐於實下，劃實取汁成酒，其葉即貝，多寫緬書用之。

又《梠汁酒》 梠木汁可以爲酒，魯有人饋任昉，誤書作榐，而劉杳正之，以爲音振者是也。

又《樹頭酒》 西南夷有樹類椶，高五六丈，結實大如李。土人以麯納罐中，以索懸罐於實下，倒置實，取汁流於罐以爲酒，名曰樹頭酒。

明 謝肇淛《滇略》卷三 樹頭酒，緬出其樹，類椶櫚，高五六尺，結實大如掌。緬人納麯罌中，懸之實下，劃實使汁入罌，久則成酒。其葉即貝葉也，古以寫經，今緬以書字。

明 包衡《清賞録》卷八 交趾有蜜香樹，欲取香，伐之。木心與節堅黑，沉水者爲沉香，水面平者爲鷄骨香，其根爲黄熟香，其根節輕而大者爲馬蹄香。其花不香，成實乃香。

明 盧之頤《本草乘雅半偈》卷八《龍腦香》 南唐保大中，貢龍腦漿貯之縑囊，懸琉璃缾内。少頃，滴瀝成水，香氣馥烈，大有益也。近時多用火焰成片，更以樟腦昇打亂之，不可不辨。收貯：燒杉木炭合養之，或糯米炭、相思子並貯之，則不耗。修治：入舊瓷鉢，輕展徐研，務令塵細，展急則捶鉢生熱，便隨香竄耗，欲藉透肌走竅。用平底小鐺，以青布翦如底式，一面噴潤浄水拈貼鐺底，置龍腦于布上，覆以盌，盌沿外餘布數分水，攪麥麪固濟盌布周沿，毋使氣洩。隔鐺底寸許燃燒文火，候麥麪色熟略覺焦黄，即便住火，候冷開視。火法合宜，龍腦盡昇盌上，輕盈潔白，香馥百倍于昔。

清 徐乾學《讀禮通考》卷九五《葬具·棺》 高閌曰：「伊川先生謂棺之合縫，以松脂塗之，則縫固而木堅。注云：松脂與木性相入而又利水，蓋今人所謂瀝青者是也。須以少蚌粉、黄蠟、清油合煎之，乃可用，不然則裂矣。其棺椁之間，亦宜以此灌之。」

清　孫之騄《枝語》卷下《返魂香》　衆生必死，魂氣歸天，形魄歸地。歸者往也，既往不能再來。人生四十九日而七魂全，其死四十九日而七魄散，既散不可復聚，故曰死則已矣。西域有返魂香，狀如風栢，花葉香聞百里。煮汁鍊如漆，作香有疫死者，燒少許薰之，復活。事載漢武《内傳》。又兜木香，兜渠國所進，時関中大疫，死相枕，聞此香疫止，死者皆起。昔西王母降，帝焚香迓焉。《十洲記》：「祖洲山有不死草，服之，令人長生。」秦始皇大苑中，多枉死者横道，有鳥如烏狀，銜草覆死者面，當時起坐而自活也。始皇聞之，以問北郭鬼谷先生，先生曰：「此草生東海瓊田中，葉似菰，叢生，一株可活一人。」始皇令徐福發童男女入海採之，終無所報。夫生死之于人大矣，一草木之微能令生者不死，死者復生，果爾，秦皇、漢武至今在可也。

清　汪灝《佩文齋廣群芳譜》卷六八《木譜·松一》　《五代史·一行傳》：「鄭遨聞華山有五粒松脂淪入地，千歲化爲藥，能去三尸。因徙居華陰，欲求之。」

又　卷七四《木譜·槐》　《汝南先賢傳》：新蔡鄭敬，字次都，爲郡功曹。都尉高懿廳事前有槐樹，白露類甘露者，懿問掾屬，皆言是甘露。敬獨曰：「明府政未能致甘露，但樹汁耳。」

又　卷七九《木譜·樺木》　《别録》增李肇《國史補》：「唐正旦曉漏以前，三司使大金吾以樺燭擁，謂之火城。」

清　孫岳頒《佩文齋書畫譜》卷一二《宋徽宗畫翎毛》　徽宗皇帝畫翎毛，多以生漆點睛，隱然豆許，高出紙素，幾如活動，衆史莫能也。（《畫繼》）

清　李光地《月令輯要》卷一三《秋令·物候》　采香。《增海槎餘録》：「黎山中産各種香，當七八月晴霽，遍山尋視，見大小木千百皆凋悴，其中必有香凝結。乘夜月揚輝探視之，則香透林而起，用草繫記，取之。」

清　趙學敏《本草綱目拾遺》卷六《木部·飛沉香》　《查浦輯聞》：「海南人採香，夜宿香株下，望某樹有光，即以斧斫之，記其處，曉乃伐取，必得美香。又見光從某樹飛交某樹，乃雌雄相感，亦斧痕記取之，得飛沉香，功用更大。」此香能和陰陽二氣，可升可降，外達皮毛，内入骨髓，益血明目，活絡舒筋。

清　昭槤《嘯亭雜録》卷一《松苓酒》　純廟時，張文敏照獻松苓酒方，於山中覓古松，伐其本根，將酒甕開罈埋其下，使松之精液吸入酒中，逾年後掘之，其色如琥珀，名曰「松苓酒」。上偶飲之，故壽躋九旬，康莊日强有以哉。

清　吴德煦《章谷屯志略》　蓋寨内無燈燭，伐松之多脂者以照夜。

清　光緒《零陵縣志》卷一二《事紀·祥異》　（建初）四年，甘露降。常在王元弼並云：降泉陵、洮陽、泠道、始安四縣，凡榆、柳、梅、李皆治薄流漉，民吮之甘如蜜。

清　光緒《容縣志》卷二八《舊聞志·雜紀》　桂油，出産水招兩里較多，山民設廠蒸油不下百家，而縣署勒收私規，每歲約數百金。光緒十七年，里紳楊鉞昌訴之馬撫院，奉批飭縣，出示永禁，勒石城外教場地。

藝文

唐　柳宗元《柳宗元集》卷一八《辨伏神文》　伏神之神兮，惟餌之良。愉心舒肝兮，魂平志康。歐開滯結兮，調護柔剛。和寧悦懌兮，復彼恒常。休嘉訢合兮，邪怪遁藏。君子食之兮，其樂揚揚。余殆於理兮，榮衛蹇極。伏塊積塊兮，悸不得息。有醫導余兮，求是以食。往沽之市兮，欣然有得。滌濯爨烹兮，專恃爾力。反增余疾兮，昏憒馮塞。余駭其狀兮，往尤于醫。徵滓以觀兮，既笑而嘻。曰子胡昧愚兮，兹謂蹲鴟。處身猥大兮，善植圩卑。受氣頑昏兮，陰僻欹危。累積星紀兮，以老爲奇。潛苞水土兮，混雜蟓蚳。不幸充腹兮，惟痼之宜。野夫忮害兮，假是以欺。刮肌刻貌兮，觀者勿疑。中虚以脆兮，外澤而夷。誤而爲餌兮，命或殆而。今無以追兮，後慎觀之。

唐　李商隱《李義山詩集》卷下《送阿龜歸華》　草堂歸意背煙蘿，黄綬垂腰不奈何。因汝華陽求藥物，碧松根下茯苓多。

唐　羅隱《羅昭諫集》卷四《詠香》　沉水良材食柏珍，博山爐煖玉樓春。憐君亦是無端物，貪作馨香忘却身。

宋　蘇軾《東坡全集》卷一一《又次前韻贈賈耘老》　具區吞滅三州界，浩浩蕩蕩納千派。從來不著萬斛船，一葦漁舟恣奔快。仙壇古洞不可到，空聽餘瀾鳴湃湃。今朝偶上法華嶺，縱觀始覺人寰隘。山頭卧碣弔孤冢，下有至人僵不壞。空餘白棘網秋蟲，無復青蓮出幽怪。事見本院碑我來徙倚長松下，欲掘茯苓親洗晒。聞道山中富奇藥，往往靈芝雜葵薤。詩人空腹待黄精，生事只看長柄械。杜子美詩云：「長鑱短鑱白木柄，我生託子以爲命。」今年大熟期一飽，食葉微蟲真癬疥。今歲有小蟲，食葉不甚爲富。白花半落紫穟香，攘臂欲助磨鎌鎩。安得山泉變春酒，與子一洗尋常債。

又 卷二二《新釀桂酒》 擣香篩辣入瓶盆，盎盎春溪帶雨渾。收拾小山藏社甕，招呼明月到芳樽。酒材已遣門生致，菜把仍叨地主恩。爛煑葵根斟桂醑，風流可惜在蠻村。

又 卷三三《沉香山子賦》 古者以芸爲香，以蘭爲芬。以鬱鬯爲祼，以脂蕭爲焚。以椒爲塗，以蕙爲薰。杜衡帶屈，菖蒲薦文。麝多忌而本羶，蘇合若薌而實葷。嗟吾知之幾何，爲六入之所分。方根塵之起滅，常顛倒其天君。每求似于髣髴，或鼻勞而妄聞。獨沉水爲近正，可以配薝蔔而並云。矧儋崖之異産，實超然而不羣。既金堅而玉潤，亦鶴骨而龍筋。惟膏液之内足，故把握而兼斤。顧占城之枯朽，宜爨釜而燎蚊。宛彼小山，巉然可欣。如太華之倚天，象小孤之插雲。往壽子之生朝，以寫我之老懃。子方面壁以終日，豈亦歸田而自耘。幸置此于几席，養幽芳于帨帉。無一往之發烈，有無窮之氤氳。蓋非獨以飲東坡之壽，亦取以食黎人之芹也。

又 卷九四《偃松屏贊并引》 余爲中山守，始食北嶽松膏爲天下冠，其木理堅密，瘠而不瘁，信植物之英烈也。謫居羅浮山下，地暖多松而不識霜雪，如高才勝人生綺紈家，與孤臣孽子有間矣。士踐憂患，安知非福。幼子過從我南來，畫寒松偃蓋爲護首小屏。爲之贊曰：

燕南趙北，大茂之麓。天僵雪峰，地裂冰谷。凛然孤清，不能無生。生此偉奇，北方之精。蒼皮玉骨，磽磽齾齾。方春不知，沍寒秀發。孺子介剛，從我炎荒。霜中之英，以洗我瘴。

宋 蘇轍《欒城集》卷一七《服茯苓賦并叙》 余少而多病，夏則脾不勝食，秋則肺不勝寒，治肺則病脾，治脾則病肺，平居服藥，殆不復能愈。年三十有二，官於宛丘，或憐而受之，以道士服氣法行之朞年，二疾良愈，蓋自是始有意養生之説。晚讀《抱朴子》書，言服氣與草木之藥，皆不能致長生，古神仙真人皆服金丹，以爲草木之性，埋之則腐，煮之則爛，燒之則焦，不能自生，而況能生人乎。余既汩没世俗，意金丹不可得也，則試求之草木之類。寒暑不能移，歲月不能敗者，惟松栢爲然。古書言：松脂流入地下爲茯苓，茯苓又千歲則爲琥珀，雖非金石而其能自完也，亦久矣。於是求之名山，屑而瀹之，去其脉絡而取其精華；庶幾可以固形養氣，延年而却老者，因爲之賦，以道之詞曰：

春而榮，夏而茂，憔悴乎風霜之前，摧折乎冰雪之後。閲寒暑以同化，委糞壤而兼朽。茲固百草之微細，與衆木之凡陋。雖復効骨革於刀几，盡性命於杵臼，解急難於俄頃，破奇邪於邂逅。然皆受命淺薄，與時變遷，朝菌無日，蟪蛄無年。苟自救之不暇，矧它人之足延。乃欲擷根莖之幺末，假臭味以登仙。是猶託疲牛於千里，駕鳴鳩而升天。則亦辛勤於澗谷之底，槁死於峯崖之顛。顧桑榆以竊歎，意神仙之不然者矣。若夫南澗之松，拔地千尺，皮厚犀兕，心堅鐵石，鬚髪不改，蒼然獨立。流膏液於黄泉，乘陰陽而固結。象鳥獸之蹲伏，類黿鼉之閉蟄。外黝黑以鱗皴，中潔白而純密。上灌莽之不犯，下螻蟻之莫賊。經歷千歲化爲琥珀，受雨露以彌堅，與日月而終畢。故能安䰟魄而定心志，却五味與穀粒。追赤松於上古，以百歲爲一息。顔如處子，緑髪方目，神止氣定，浮遊自得。然後乘天地之正，御六氣之辨，以遊夫無窮，夫又何求而得食。

宋 李復《潏水集》卷一〇《松明》 亢龍泄流津，津融身自化。蒼鱗困摧剥，古鬣漸彫謝。無地逃斧斤，豈願耀深夜。萬牛空回首，躊躇歎廣厦。

宋 陸游《劍南詩稿》卷七六《縱筆》 百尺松根結茯苓，千年長養似人形。誰知金鼎烹初熟，恰直山翁醉欲醒。

宋 陳敬《陳氏香譜》卷三《酴醿香》 歌曰：「三兩玄參二兩松，一枝楦子蜜和同。少加真麝并龍腦，一架酴醿落晚風。」

元 袁桷《清容居士集》卷三 春菘種北土，三年變蔓菁。一爲居養移，自覺顔無情。南山植松苗，深根定生苓。千年化堅魄，豈比春菘榮。

又 卷一一 人説江湖少舊僧，懸崖深掛一枝藤。採苓欲取千年魄，擊石曾烹六月冰。天上星辰端歷歷，胷中樓閣自層層。相逢只説前朝事，知是松源第四燈。

元 陳樵《鹿皮子集》卷三《臨花亭》 松邊柳下日徘徊，鳥散花紅墮酒杯。芍藥成叢當户出，茯苓分種傍松栽。雲高卷雨從風去，花晚將春入夏來。亭下肉紅如斗大，耐看不似玉玫瑰。

明 劉嵩《槎翁詩集》卷七《贈鶴林上人》 日日澗邊尋茯苓，岩扉長掩鳳山青。歸來挂衲高林下，自剪芭蕉寫佛經。

明 曹學佺《石倉歷代詩選》卷四五四《明詩次集八八・邊貢・題周道士

采苓卷》夫椒山中多老松，白雲隱隱盤蒼龍。山人荷钁采苓去，往往仙人松下逢。仙人本是山人作，山人向來滿功課。句麗勾吴幾萬里，杏花陰裏春風大。君不見蒲江古井凝緑華，乳嬰綆上聲唑唑，長秋道士不入口，放魚女兒升綵霞。

清　王道《江湖閒吟》卷八《松脂》　龍鱗湧出碧香油，山客争傳琥珀流。蚊蚋在中猶活現，幾經甲子紀春秋。

清　陳恭尹《獨漉堂詩集》卷一五《莞香》　緊閉小牕眠，一注新添雨後天。最愛香來烟不起，輕煎，隔火須磨玉作錢。老樹石樓邊，歲鑿香牙幾百年。上品黑紋如馬尾，三尖，小女深藏入繡奩。（莞香以有馬尾綫紋及鑿口尖斜者爲老樹）

清　吴榮光《石雲山人詩集》卷二二《賦得琥珀拾芥》　巧拾徵丹珀，靈根感召同。千年松已化，一氣芥能通。妙蒂分毫裏，餘光指掌中。纖纖霜屮起，宛宛蟎花烘。月暈吹塵浄，霞瑩到地紅。掇甯飛羽負，吸爲刻脂融。膠漆臣工契，茅茹帝治陰。□□聲氣應，善喻紀□□。

清　胡天游《石笥山房集·詩集續補遺》卷上《漆林》　山居寡田業，所謀衣食私。生事桐與漆，終歲勤護持。桐熟榨子勤，漆成亦取規。爲園唯一林，不復梓與椅。視時出其湩，善割有常儀。割深恐傷皮，割多愁漆脂。百割供一朝，卻顧後無時。吾聞十年種，屋宅待所期。遠計封植壯，作事從人嗤。洞房及連闥，青臒騰金芝。髹器發鑑光，百具亦盡施。苟利羞得寸，爲功孰居奇。斯言但欲陳，久蒙時世疑。

雜　録

漢　劉向《列仙傳》卷上《仇生》　仇生者，不知何所人也，當殷湯時爲木正。三十餘年而更壯，皆知其奇人也，咸共師奉之，常食松脂。在尸鄉北山上自作石室，至周武王幸其室而祀之。

三國魏　曹丕《典論》　潁川郤儉能辟穀，餌伏苓。甘陵甘始亦善行氣，老有少容。廬江左慈知補道之術，竝爲軍吏。初儉之至市，伏苓價暴數倍。議郎安平李覃學其辟穀，餐伏苓，飲寒水中瀉利，殆至殞命。

晉　葛洪《神仙傳》卷二《黄初平》　黄初平者，丹溪人也，年十五，家使牧羊。有道士見其良謹，便將至金華山石室中，四十餘年，不復念家。其兄初起行山尋索初平，歷年不得。後見市中有一道士，初起召問之，曰：「吾有弟名初平，因令牧羊，失之四十餘年，莫知死生所在，願道君爲占之。」道士曰：「金華山中有一牧羊兒，姓黄，字初平，是卿弟非疑。」初起聞之，即隨道士去求弟，遂得相見。悲喜語畢，問初平羊何在，曰：「近在山東耳。」初起往視之不見，但見白石而還。謂初平曰：「山東無羊也。」初平曰：「羊在耳，兄但自不見之。」初平與初起俱往看之，初平乃叱曰：「羊起。」於是白石皆變爲羊數萬頭。初起曰：「弟獨得仙道如此，吾可學乎。」初平曰：「唯好道便可得之耳。」初起便棄妻子，留住就初平學，共服松脂茯苓，至五百歲。能坐在立亡，行於日中無影，而有童子之色。後乃俱還鄉里，親族死終略盡，乃復還去。初平改字爲赤松子，初起改字爲魯班，其後服此藥得仙者數十人。

又　卷三《趙瞿》　趙瞿者，字子榮，上黨人也。得癩病重垂死。或告其家云，當及生棄之，若死於家，則世世子孫相蛀耳。家人爲作一年糧，送置山中，恐虎狼害之，從外以木砦之。瞿悲傷自恨，晝夜啼泣，如此百餘日。夜中忽見石室前有三人，問瞿何人，瞿度深山窮林之中，非人所行之處，必是神靈。乃自陳乞，叩頭求哀。其人行諸砦中，有如雲氣，了無所礙，問瞿必欲愈病，當服藥能否。瞿曰：「無狀多罪，嬰此惡疾，已見疎棄，死在旦夕。若刖足割鼻而可活，猶所甚願，況服藥豈不能也。」神人乃以松子、松柏脂各五升賜之，告瞿曰：「此不但愈病，當長生耳。服半可愈，愈即勿廢。」瞿服之未盡，病愈，身體强健。方歸家，家人謂是鬼，具説其由，乃喜。遂更服之二年，顔色轉少，肌膚光澤，走如飛鳥。年七十餘，食雉兔皆嚼其骨，能負重更不疲極。年百七十，夜臥，忽見屋間光有如鏡者，以問左右，云不見。後一日，一室内盡明，能夜書文，再見面上有二人，長三尺，乃美女也，甚端正，但小耳，戲其鼻上。如此二女稍長大，至如人，不復在面上，出在前側，常聞琴瑟之聲，欣然懽樂，在人間三百餘年，常如童子顔色，入山不知所之。

晉　葛洪《抱樸子内篇》卷一一《僊藥》　任子季服茯苓十八年。僊人玉女往從之。能隱能彰，不復食穀。灸瘢皆滅，面體玉光。

梁　任昉《述異記》卷上　聚窟洲有返魂樹，伐其根心於玉釜中煮取汁，又熬之，令可丸，名曰驚精香。或名震靈丸，或名反生香，或名卻死香。死尸在地，聞氣即活。

唐 蘇鶚《杜陽雜編》卷中 （穆宗）於島前焚鳳腦香，以崇禮敬。

唐 釋道世《法苑珠林》卷四九 驚精香，《十州記》曰：聚曰洲扜西海中，上多真仙靈館宫第，北門有大樹與楓木相似，而芳香聞數百里，名爲「反魂樹」。扣樹能有聲，如牛呴，聞者駭振。伐其根心於玉谷中，煑取汁，更微煎，令可丸，名曰「驚精香」，或名震靈，又名反生香，或名人鳥精，或名卻死香。香聞數百里，死屍在地，聞氣仍活。

宋 李昉《太平廣記》卷四一四《餌松蘗》 《遁甲經》云：「沙土之福，雲陽之墟，可以隱居。」雲陽氏，古之仙人。方記曰：南岳百里有福地，松高一千尺，圍即數尋而蘗甘，仙人可餌。相傳服食鍊行之人，採此松膏而服，不苦澁，與諸處松别。（出《十道記》）

明 吴之俊《狮山掌録·小山館》卷一八《開日樹》 武帝有發日香，香出胥池寒國地。有發日樹日從雲出，雲来掩日，風吹此樹之枝，可拂雲見日，故亦名開日樹，其香是此樹脂。

明 陈詩教《花裏活》卷二 李固言：未第前行古柳下，聞有彈指聲，固言問之，應曰：吾柳神九烈君，已用柳汁染子衣矣，科第無疑。果得藍袍，當以棗糕祠我。固言許之，未幾狀元及第。

明 王圻《稗史彙編》卷一五〇《却老霜》 却老霜，九煉松脂爲之，能辟穀長生。

明 周嘉冑《香乘》卷二《檀香屑化爲金》 漢武帝有透骨金，大如彈丸，凡物近之，便成金色。帝試以檀香屑共裹一處，置李夫人枕旁，詰旦視之，香皆化爲金屑。（《拾遺記》）

明 陈懋仁《庶物異名疏》卷二三《芑》 芑（起）木，名見《山海經》，如楊而赤理，其汁如血，實可以服馬。郭璞贊曰：「馬維剛駿，塗之芑汁。不勞孫陽，自然閑習。厥術無方，理有潛執。」

清 汪灝《佩文齋廣群芳譜》卷七〇《木譜·松三·松脂》 原上黨趙瞿病癩垂死，其家棄之山中，有仙人見而憐之，與以藥服。百餘日瘡愈，顔色豐悦，肌膚玉澤，後遇仙人乞其方，乃鍊過松脂也。瞿服久身輕力倍，年百餘歲，齒髮如故。夜卧，忽見屋間有光大如鏡，久而一室盡明如晝，又見面上有采女戲於口鼻間，後入抱犢山中成地仙。

又 卷八一《木譜·仙人樹》 增《凉州記》：「祁連山有仙人樹，行人山中饑渴者，輙食之飽。不得持去，平居不可見。」

又 卷一〇〇《藥譜·五加》 彙考增《煮石經》：「舜嘗登蒼梧之山，曰厥金玉之香草，朕欲偃息正道，此五加也，又異名曰『金鹽』。」昔西域真人王屋山人王常，曰「何以得長久？何不食石蓄金鹽；何以得長壽，何不食石用玉豉。玉豉者，即地榆也。五加、地榆皆是煮石而餌，得長生之藥也。昔尹公度，聞孟綽子、董士固相與言，曰：「寧得一把五加，不用金玉滿車；寧得一斤地榆，安用明月寶珠。」昔魯定公母服五加酒以致不死，尸解而去。張子聲、楊建始、王叔牙、于世彦等，皆服此酒，而房室不絶，得壽三百年，有子二十人。世人服而延年者甚衆。真人王常云：「五加者，五車之星精也。水應五湖，人應五德，位應五方，物應五車。故青精入莖，則有東方之液；白氣入節，則有西方之津；赤氣入華，則有南方之光；玄精入根，則有北方之粭；黄煙入皮，則有戊已之靈。五神鎮主，轉相育成，餌之者，真仙服之者反嬰。」

圖表

明 李中立《本草原始》卷四《木部·樟腦》 樟腦，樹高丈餘，小葉似楠而尖長，背有黄赤茸毛，四時不凋。夏開細花，結小子，木大者數抱，肌理細而錯縱有文，故謂之樟。豫章縣，因木得名。腦係樟樹脂也。狀如龍腦，白色如雪，故謂之腦。又出韶州，故一名韶腦，俗訛爲朝腦。

又《木部·龍腦香》 龍腦香，出婆律國。今惟南海番舶賈客貨之。相傳云：其木高七八尺，大可六七圍，如積年杉木狀。傍生枝，葉正圓而背白，結實如草豆蔻。皮有甲錯，香即木中脂也。曰龍腦者，因其狀而貴重之稱也。以白瑩如冰及作梅花片者爲良，故俗呼片腦。又呼冰片，或云梅花片。

又《木部·騏驎竭》 騏驎竭，今南番諸國及廣州皆出之，木高数丈，婆娑可愛，葉似櫻桃而有三角。其脂液從木中流出，滴下如膠飴狀，久而堅凝乃成竭，赤作血色，故亦謂之血竭，採無時。《本草綱目》云：「騏驎，赤馬名也。曰騏驎者，隱之也。」

《南越志》云：「騏驎竭，紫鉚樹之脂也。欲驗真僞，但嚼之不爛如蠟者爲上。今人試之，以透指甲者爲真。或云燒之赤汁出，灰不變色。」

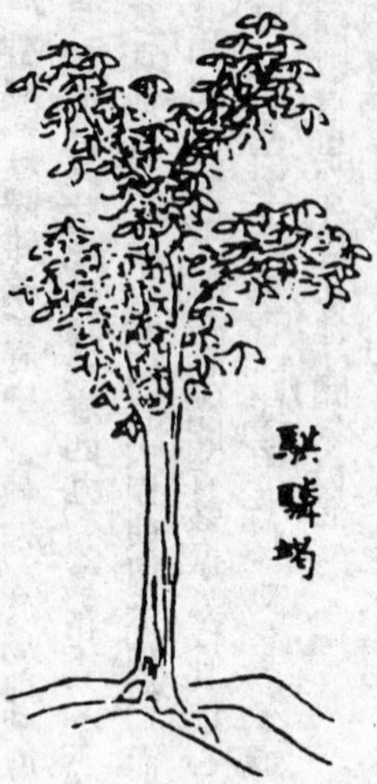

又《木部·阿魏》 阿魏，木生波斯國及伽闍那國，木長八九尺，皮色青黄。三月生葉似鼠耳，無花實。其枝汁出如飴，久乃堅凝，名阿魏。阿曰呢，魏曰唓，西番語也。一云：「阿我也，魏畏也。」此物極臭，阿之所畏也。《唐本草》謂之「熏渠」。古人謂之「哈昔泥」。

阿魏，阿虞樹脂也，狀如桃膠，其色黄如栗瓣者，爲上色，黑者不堪用，繫羊射脂之説，俗亦相傳，但無實據。諺蓋云：「黄金無假，阿魏無真。」以其多僞也。劉純詩云：「阿魏無真却有真，臭而止臭乃爲珍。」

又《木部·盧薈》 盧薈，生波斯國，木之脂淚凝聚而成，狀似黑錫。故《醫學入門》曰：「盧，黑色也；會，聚也。一名訥會，一名奴會，俗呼爲象膽，蓋以其味苦如膽故也。」

又《木部·没藥》 没藥，始出波斯國，今海南諸國及廣州或有之。木之根株皆如橄欖，葉青而密。歲久者則有脂液流滴在地下凝結成塊，或大或小，亦類安息香，采無時。一名末藥，没、末皆梵言。或云没，淪没也。木之膏液没入地中，故名没藥。

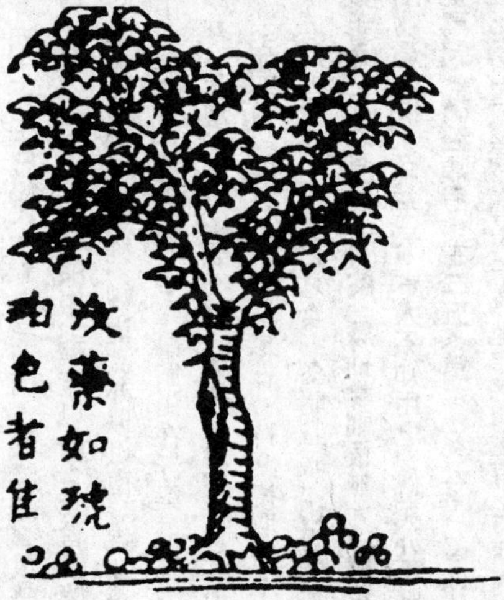

山蔬野菜加工利用部

根莖類

論説

宋　洪邁《容齋三筆》卷六《蕨萁養人》　自古凶年饑歲民無以食，往往隨所值以爲命。如范蠡謂吳人就蒲蠃於東海之濱，蘇子卿掘野鼠所去草實及齧雪與旃毛并咽之，王莽教民煮木爲酪，南方人饑餓羣入野澤掘鳧茨，鄧禹軍士食藻菜。建安中，咸陽人拔取酸棗、藜藿以給食。晉郗鑒在鄒山，兖州百姓掘野鼠蟄燕。幽州人以桑椹爲糧，魏道武亦以供軍。岷蜀食芋，如此而已。吾州外邑巉嵃山，在樂平、德興境，李羅萬斛山在浮梁、樂平、鄱陽境，皆縣亘百餘里，山出蕨萁。乾道辛卯、紹熙癸丑，歲旱，村民無食，争往取其根，率以昧旦，荷鉏往掘深至四五尺，壯者日可得六十斤，持歸擣取粉水，澄細者煮食之，如粔籹狀，每根二斤，可充一夫一日之食。冬晴且暖，田野間無不出者，或不遠數十里，多至數千人，自九月至二月終，蕨抽拳則根無力，於是始止。蓋救餓羸者半年，天之生物爲人世之利至矣，古人不知用之，傳記亦不載，豈他邦不産此乎！

明　沈萬鈳《詩經類考》卷二五《葍》　箋云：「葍亦仲春時生，可采。」《原始》云：「俗名老鴉蒜。昔生于燕地，今隨處有之，河内謂之蓑，幽州謂之葍，葍一名蕢，凶歲可蒸以禦饑。」《爾雅》云：「葍，蒚。」註：「大葉，白華，根如指，正白可啖。著熱灰中，温啖之。」《爾雅》又云：「葍，藑茅。」註：「華有赤者爲藑，藑葍，一種耳。亦猶蔆苕，華黄白，異名。」《廣雅》云：「烏𧁾，葍也，或云葍花。葉有兩種：一種葉細而花赤，一種葉大而花白，復香。」《風土記》云：「葍，蔓生，被樹而升，紫黄色，大如牛角，二三同蒂，長七八尺，甜味如蜜。」《名物疏》云：按陸機所言，花赤者即是藑芽也，風土記所云恐別是一物。蓫蓄，毛公並謂之惡菜，然蓫堪入藥。用蓄花白而香根可茹，未必惡菜也。

明　徐獻忠《吳興掌故集》卷一三《物産・蕨》　予見湖中被荒時教之採蕨，其苗曰「蕨萁」，春初可作菜。其根深者至三四尺，每根二斤擣取粉水澄細者，可充一夫一日之食。自九月至二月可採，至三月穿芽，則根虚不可食，可救半年荒也。元人黄君瑞歌云：「信哉鄉民蕨作糧，三月懷飢聚頭哭。蕨萁開葉不可飡，蕨根有粉聊鉏鑱。」觀此，則三月以後不可食矣，蕨性極寒，損胃氣，須雜米粉食之，否則病黄。

明　張萱《彙雅後編》卷二二《蘘荷》　羅願曰：「蘘荷，宜在林木陰下。故古人云：蘘荷依陰，時藿向陽。言各有所宜也。葉似初生甘蔗，根似薑芽，其葉冬枯，其根爲菹，亦可醬中藏。古之爲味者，雜用膾炙，切蘘荷以爲香，是爲珍味。」《大招》曰：「醢豚苦狗膾苴蓴」，只「苴蓴」即蘘荷也。蘘荷有白有赤，《神農經書》白蘘荷。今人乃呼赤者爲蘘荷，白者爲覆葅，（《説文》曰「葍菹」。）同一種耳。於人食之，赤者爲勝。藥用白者，中蠱者服其汁并卧其葉，即呼蠱主姓名。亦主諸溪毒沙蝨輩，人家種之辟蛇。又有預知子，傳云：取二枚綴衣領上，遇蠱毒物則聞其有聲，當便知之，故名預知子。若行蠱之鄉食飲不可知，非仗此何以愛身。（柳子厚《種白蘘荷詩》：庶氏有嘉草，攻襘事久泯。炎帝垂靈編，言此味足珍。）

清　趙佑《草木疏校正》卷上《食野之苹》　苹。葉青白色，莖似箸而輕脆。《詩》《爾雅疏》並作肥。始生香，可生食，又可蒸食。案：《爾雅》：「苹，藾蕭。」鄭箋：因之以易。毛傳之「蓱」。郭注云：「今藾蒿也，初生亦可食。」孔、邢二疏俱引陸璣此疏爲證，則與鄭、郭不殊。未知《廣要》何見，乃稱陸佃、羅願以爲水上小浮萍。小浮萍，安得莖似箸？安得野生？又載《盧氏雜説》，唐文宗言：「朕看毛詩疏，苹葉圓而花白，叢生野中，似非藾蕭。考今孔氏疏中並無『苹，葉圓』云云十字，豈在《隋志》、舒瑗、沈重諸人所撰《毛詩義疏》中者耶？」

綜述

三國吳　陸璣《毛詩草木鳥獸蟲魚疏》卷上《集于苞杞》　杞，其樹如樗，一名苦杞，一名地骨，春生作羹茹，微苦。其莖似莓子，秋熟正赤，莖、葉及子服之，輕身益氣。

又《言采其葍》 葍。一名蕾，幽州人謂之「燕蕾」。其根正白，可著熱灰中温啖之，饑荒之歲可蒸以禦饑，漢祭甘泉或用之。其草有兩種：葉細而莖，赤有臭氣也。

又《薄言采芑》 芑菜。似苦菜也，莖青白色，摘其葉白汁出，肥可生食，亦可蒸爲茹。青州謂之「芑」，西河雁門芑尤美，胡人戀之不出塞。

又《誰謂荼苦》 荼苦菜。生山田及澤中，得霜甜脆而美，所謂「堇荼如飴」。《內則》云：濡豚包苦。用苦菜是也。

又《言采其莫》 莫。莖大如箸，赤節，節一，葉似柳，葉厚而長，有毛刺。今人繅以取繭緒，其味酢而滑。始生可以爲羹，又可生食，五方通謂之「酸迷」。冀州人謂之「乾絳」，河汾之間謂之「莫」。

北魏 賈思勰《齊民要術》卷一〇《藟》 《詩義疏》曰：「藟，苣荒也。似燕薁，連蔓生，葉白色，子赤可食，酢而不美，幽州謂之椎藟。」

《山海經》曰：「畢山，其上多藟。」郭璞注曰：「今虎豆、狸豆之屬。」《南方草木狀》曰：「沈藤，生子如齊甌大。正月華色仍連著實。十月、臘月熟，色赤，生食之甜酢，生交阯。」

藺子，藤生，緣樹木。正月、二月華色，四月、五月熟，實如梨。赤如雄雞冠，核如魚鱗，取生食之，淡泊無甘苦，出交阯、合浦。

野聚藤，緣樹木，三月華色，仍連著實。五六月熟，子大如羹甌。里民煮食，其味甜酢，出蒼梧。椒藤，生金封山，烏滸人往往賣之，其色赤。又云似草芝，出興古。

《異物志》曰：「葭蒲，藤類。蔓延他樹以自長，養子如蓮菆（徂九反），著枝葛間，一日作扶相連，實外有殼，裏又無核，剥而食之，煮而曝之，甜美，食之不飢。」

《交州記》曰：「含水藤，破之得水，行者資以止渴。」

《異物志》曰：「葥藤，圍數寸，重於竹，可以杖，篾以縛船及以爲席，勝竹也。」

顧微《廣州記》曰：「葥如栟櫚，葉疏，外皮青，多棘刺，高五六丈者，如五六寸，竹小者如筆管，竹破其外，青皮得白心，即葥藤類，有十許種，續斷草藤也。一曰諸藤，一曰水藤，山行渴則斷取汁飲之，治人體有損絶，沐則長髮去地。」

刀陳嶺有膏藤，津汁軟滑，無物能比。

柔葥藤有子，子極酢，爲菜滑，無物能比。

唐 段公路《北户録》卷二《食目》 韶州菜有蕪菁，郡人採之爲葅，脆而且甘，不失北中味也。（《方言》：「蘴蕘，蕪菁也，陳楚之郊謂之『蘴』，齊魯之郊謂之『蕘』，關之西謂之『蕪菁』，趙魏之間謂之『大芥』。」郭璞注：「蘴音峰，江東音菘。」又云：「紫華者謂之『蘆菔』，證俗音曰『葖蘆菔』。蕪菁屬，紫花，又根俗呼爲『雹葖』也。」）

愚按：顧啟期《婁地記》曰：「薛山者昔有薛伯道，居此山，不知何時人。好稼植，緣海散蕪菁子。今海邊尚有此菜，云伯道所種。」又按：司馬相如《凡將篇》謂爲「門菁」，當門。（《證俗》音冥。）《小學篇》曰：「易（闕）菁」，會最。又云：以子江南種，變爲菘，菘子黑，蕪菁子紫赤也。又據南朝食藇中有芥子醬、蘆菔根、葅菘之類，是江南爲菘驗也。（《證俗》音云小學章作闕）今番禺唯韶州産蕪菁，林檎木瓜。（《廣志》云：「一名里琴似赤柰。」《齊民要術》曰：「林檎堪爲麨。」《爾雅》曰：「楙，木瓜也。」賈思協云：「凡書厨中安麝香、木瓜，即無蠹。」）

宋 沈括《夢溪筆談》卷二六 今方家所用漏蘆，乃飛廉也。飛廉一名漏蘆，苗似箬葉，根如牛蒡、綿頭者是也。採時用根。今閩中所用漏蘆，莖如油麻，高六七寸。秋深枯黑如漆，採時用苗。《本草》自有條，正謂之漏蘆。

宋 莊綽《雞肋編》卷上 蕨有青紫二種，生山間，以紫者爲勝。春時，嫩芽如小兒拳，人以爲蔬。味小苦，性寒。生山陰者，可煅金石。葉大則與貫衆、狗脊相類。取置田中，或燒灰用之，皆能肥田。又有狼衣艸，小者亦相似，但枝葉瘦硬。人取以覆牆，又雜泥中，以砌階甓，澀而難壞。蕨根如枸杞，皮下亦有白粉。暴乾擣碎，以水淘澄取粉，蒸食如餻，俗名烏糯，亦名蕨衣。每二十斤可代米六升。紹興二年，浙東艱食，取蕨根爲糧者，幾扁山谷。而《本艸》亦不載也。

宋 范成大《吳郡志》卷三《土物》 蓴。味香滑，尤宜芼魚羹。晉陸機入洛見王濟，濟指羊酪謂機曰：「吳中何以敵此？」機云：「千里蓴羹未下鹽豉。」時人以爲名對。（《晉書》）

宋 羅願《爾雅翼》卷六《諸蕸》 根既入藥，又復可食，人多掘食之，以充糧。

宋 寇宗奭《本草衍義》卷一〇 惡實是子也，今謂之「牛蒡」。未去萼時又謂之「鼠粘」。子根謂之「牛菜」，踈風壅涎。（略根長一二尺，麄如拇指，煮爛爲菜。)

又　卷一九　莧實入藥亦稀，苗又謂之人莧，人多食之。莖高而葉紅黄二色者，謂之紅人莧，可淹菜用。

宋　談鑰《吴興志》卷二〇　芡。《本草》謂之「雞頭」，一名「芡」。陶隱居曰：「以花似雞冠，故名雞頭。」陳士良云：「有軟根，名茯菜，可作蔬菜食之。」今士人多種，葉如盤，貼水多刺，實大如雞頭，破之得數十子，顆顆匀圓。用沙淅去滑膩，內之黄者肉嫩，青者肉硬，惟半青黄者謂之合熟，甘滑有佳味。又言芡性暖，謂之水硫黄，以其花日中開也。菱花夜開晝合，故性寒。茯菜，土人呼爲「雞冠菜」，以充蔬，亦可煮爲羹。

宋　戴侗《六書故》卷二四《植物四》　芍。[illegible]胡了切。鳧茨也。蒲茨苗似龍須草，根如小栗，可食。《爾雅》曰：「芍，鳧茈，漢有芍陂，蓋以産此得名。」伯曰：「鳧茨，言鳧所食。鳧蒲聲相近，茨薺聲相近，故又名蒲薺。別作葧薺，誤讀音酌者非。」)

革。[illegible]府移切。革，蘚根，主熛腎，擣之淘取粉可爓食，一名山鳧茨，又雨衣，亦謂之革，又與蔽通用。《漢書》：「革山而望趙軍。」

宋　林洪《山家清供》卷下《牛蒡脯》　孟冬後採根，净洗去皮煮。每令失之過。搥匾壓，乾以鹽、醬、茴蘿、薑、椒、熟油諸料研浥一兩，宿焙乾食之，如肉脯之味。筍與蓮脯同法。

元　李衎《竹譜詳録》卷七　竹葉草。喜生卑溼處，在在有之。節莖脆嫩，莖如真竹。春時初出，採煮可爲菜食之。夏秋之交，節閒開碧花，或云此即碧鐶兒花，非也，二種大同而小異耳。

元　胡古愚《樹藝篇·草部》卷二《蕨菜》　蕨，葉似老蕨，根如紫草。按：蕨味甘寒滑，去暴熱，利水道，令人睡，弱陽，小兒食之脚弱，不行。生山間，人作茹食之。四皓食之而壽，夷齊食蕨而夭，固非良物。《搜神記》曰：「郗鑒鎮丹徒，二月出獵，有甲士折一枝食之，覺心中淡淡成疾，後吐小蛇，懸屋前，漸乾成蕨，遂明此物不可生食之也。」(略)

蕨。《爾雅》曰：「蕨，虌。」初生無葉，食，生山谷間，越地最多。(《山陰志》)

薇味甘寒，無毒，久不飢。調中，利大小腸，生水傍，葉似萍，《爾雅》曰：「薇也。」《二秦記》曰：「夷齊食之三年，顔色不異。武王之不食而死。」《廣志》曰：「薇，葉似萍，可食，利人也。」(《本草》)

薇。《爾雅》云：「蕨，虌。」《草木疏》：「周秦曰蕨，齊魯曰虌，以其初生似鼈脚。」唐人詩云：「蕨芽以作小兒拳。」東坡云：「慙愧春山筍蕨甜。」蓋多取以配筍爲。(《毘陵志》)

蕨菜，葉初長如拳，可食。根可粉，甘滑而性冷，廣昌縣尤多。(《建昌府志》)

蕨根春以爲粉，謂之山粉。(《温州志》)

猿啼之地蕨乃多有，每啼一聲遂萬莖。(《瑣碎録》)

蕨甘滑而性冷，蓄之可茹。(《九江府志》)

蕨菜出曲阜，三月初生無葉時，居人採之爲葅，即《毛詩》傳所謂虌也。(《山東通志》)

《爾雅》曰：「蕨，虌。」初生無葉，可食，狀如大雀拳足。又如其足之蹷也，故謂之蕨。周秦曰「蕨」，齊魯曰「虌」。俗云：初生亦類虌脚，故曰虌也。《詩》曰：「陟(徒)彼南山，言採其蕨。陟彼南山，言采其薇。」所以祭也。蓋大夫妻之祭，於其將嫁，則以蘋藻；於其既嫁，則以蕨薇。神享德於信，不不求備焉。《草木疏》云：「漢時官園種薇以供宗廟祭祀。」煞則祭用蕨、薇，先王之禮舊矣。(《埤雅》)

《爾雅》云：蕨，鼈也。初生可茹，其根可以爲粉。(《閩》)

蕨生而生兒拳，紫色而肥。郭氏曰：江西謂之「虌」。《草木疏》曰：周秦曰「蕨」，齊魯曰「虌」。俗云：其初生似鼈脚，因以名焉。《召南》：「陟彼南山」，先蕨而後薇，蕨薇蓋賤者所食，令野人今歲焚山則來歲蕨菜繁生。其舊生蕨之處，蕨葉老硬敷披，人誌之謂「蕨基」。今道路負荷者皆不肯食，云令人脚弱，蓋見其形似拘攣，或其性自當爾，未可知也。(《爾雅翼》)

蕨，《爾雅》：「蕨，鼈。」疏云：江西謂之「鼈」。今按：蕨芽爲鼈，可爲菜茹，其根未抽葉時可治爲粉。《本草》謂味甘寒滑，去暴熱，利水道。又云：令人睡，弱陽，小兒食之脚弱不行，時蕨爲物，有利有害，食者不可不慎。(《興化府志》)

蕨粉，郡民於七八月間多取其根，搗爛用水濾過，澄之經宿成粉，可作糕食，度飢歲，亦有販賣他郡者。(同上)

又《蔬部》卷三《蕺》　蕺，《廣雅》云：「蒩也。」《文選》註：「蒩，草名，亦名土茄。覆地而生，根可食，人飢則以代糧。」張平《南都賦》「蓼蕺蘘荷」注：「蕺，香菜根。」周處《風土記》：「蒩似茆根，蜀人謂之香蒩，蕊與蕺同。」《吴越春秋》：「有蕺山，越王常採蕺於此。」庾肩吾《書品》云：「蕺山之扇竟未增錢」，即王羲之爲市媪題扇處也。蕊，側及反，諸韻書亦不載，獨

見《文選註》耳。（《丹鉛續録》）

蕺味辛微温，主蠷螋溺瘡，多食令人氣喘。陶隱居云：「俗傳言食蕺不利人脚，恐由閉氣故也。今小兒食之便覓脚痛。」《唐本注》云：「此物葉似蕎麥，肥地亦能蔓生，莖紫赤色，多生濕地山谷陰處，山南江佐人好生食之。關中謂之菹菜。」臣禹錫等謹按：《蜀本圖經》云：「莖葉俱紫赤，英有臭氣。」孟詵云「蕺菜温，小兒食之三歲不行，久食之發虚弱，損陽氣，消精髓，不可食。」《日華子》云：「蕺菜有毒，淡竹筒内煨，傳惡瘡、白禿。」《圖經》曰：「蕺菜味辛，微温，主蠷螋，溺瘡。山谷陰處、濕地有之。作蔓生，莖紫赤色，葉如蕎麥而肥，山南江左人好生食之。然不宜多食，令人氣喘，發虚弱，損陽氣，消精髓，素脚弱病尤忌之。一啖，令人終身不愈。關中謂之菹菜者是也，古今方家亦鮮用之，荆楊人謂菹爲蕺。」（《古今注》）

蕺，越中有蕺草，葉似喬麥，地肥亦能蔓生，莖紫赤色，多生山谷陰處。《吴越春秋》云：「越有蕺山，越王常採蕺於此山，故名。」《本草》云：「閩中謂之蕺葉。」《齊民要術》亦有蕺俎法，然生擷之微有臭氣，凶年民斸根食之。諺曰：豐年惡爾臭，荒年賴爾救。今所謂魚腥草是。爐火家謂之「天蕎麥」，能爛五石作泥。（《浩然二祝聽抄》）

蕺菜味辛，微温，主蠼螋、溺瘡，多食令人氣喘。（《食物本草》）

蕺，戒珠山所産最多，蔓生，莖紫赤色，《吴越春秋》云：越王嗜蕺，常採以食之。今邑歲凶，民斸其根食之，諺曰：豐年嫌我臭，荒年賴我救。（《山陰縣志》）

蕺曰：「藏」，《爾雅》云：「藏，黄蒢。」葉似菂漿，蔓生田野陰濕處。關中曰菹菜，以其生可爲菹也。（《草木畧》）

《爾雅》：「職，黄蒢」葉似酸漿，華小白而中心黄，江東以作菹食，疏：藏草，一名黄蒢。

又《鷄腸》 蘩蔞，味酸平，無毒，主積年惡瘡不愈。五月五日日中採乾用之。陶隱居：「紫菜，人以作羹，五月五日採，暴乾燒作屑，療雜瘡有效。亦雜草取之，不必止此一種爾。」《唐本》注云：此草即是鷄腸也。倶非正經所出，而二處説異。多生濕地坑渠之側，流俗通謂「鷄腸」，雅士總明蘩蔞。《爾雅》：物重名者，並云一物兩名。

《圖經》云：「蘩蔞，（音縷），即鷄腸草也。」舊不著所出州土，今南中多生於田野間。近京下濕地亦或有之，葉似荇菜而小，夏秋間生小白黄花，其莖便作蔓，斷之有絲縷。又細而中恐似鷄腸，因得此名也。本經作兩條而蘇恭以爲一物二名，謹按《爾雅》：蔜（五高切），蔜蔞（與縷同）。釋曰：蔜，一名蔜蔞，一名蘩蔞，一名鷄腸草，實一物也。今南北所生，或肥瘠不同，又其名多，人不盡見者，往往疑爲二物也。又葛氏治卒淋方云，用鷄腸及蘩蘸蔞，若菟並可單煑，及如此又似各是一物也。其用大概主四，故婦人宜食之，五月五日採，陰乾用。含齒方：燒灰以楷齒宣露，然燒灰滅力不若乾作末有益矣。范主治淋，用蘩蔞滿兩手，水煑飲之，亦可常飲。

蘩蔞，味酸氣平，無毒，主積惡瘡不有愈，神效。又主破血，宜産婦。口齒方：燒灰石作末，楷齒宜露。治淋，取滿兩手，以水煑服。此菜生田野中，人取以作羹，或生食之，或煑食益人，即鷄腸草也。（《食物本草》）

鷄腸菜，白花者是；黄花者名蘩萎。味酸苦，微寒，無毒，主毒腫，利小便，咏螋尿瘡，以生挼汁傳之。（《日用本草》）

鷄腸，一名蘩萎，葉似荇菜而小，其莖作蔓，斷之有緑縷，細而中虚，以其似鷄腸，因名。（《八閩通志》）

蘩蔞，曰蔜。《爾雅》曰：「蔜，蔜蔞。」主於園圃，生細弱，田野人食之。可作牙藥。（《草木畧》）

鷄腸似蓼而小，不辛，《本草》以合於蘩蔞、共條，故蘇恭謂誤即蘩蔞也。（同上）

《爾雅》曰：「蔜，蔜蔞。」註：今蘩蔞也，或曰鷄腸草。疏：蔜，一名蔜蔞，一名蘩蔞，一名鷄腸草。《本草》云：蘩蔞，味辛。陶注：此菜人以作羹。《唐本》注云：「此即鷄腸草也，多生下濕坑渠之惻，人家園亭亦有此草是也。」

明 朱權《神隱》卷上 地黄粥。切地黄一合，候湯沸與米同下罐中。先用酥二合、蜜一合同炒令香熟，候粥熟時乃下同煑。取熟食之，大能和血生精。

百合粥。生百合一升，切密一兩，同水窨熟，投將熟粥，生每椀用叁合。

明 劉宇《安老懷幼書》卷二《山芋粥》 山芋，山生者佳，圃種者無味。取去皮，細石上磨如糊。每椀粥用山芋一合，以酥二合、蜜一合同炒，令凝。以匙揉碎粥，欲熟投攪令匀乃出。

又 卷三《人參粥》 人參。（半兩爲末）生薑。（取汁半兩）右二味以水二升煑取一升，入粟米一合，煑爲稀粥，覺飢即食之，治反胃、吐酸水。

明 佚名《五色綫集》卷下 蘆菔。王旻好勸人食蘆菔根、葉，云久食功多力甚，養生之物也。

明 田汝成《西湖遊覽志餘》卷二四 杭州蓴菜來自蕭山，惟湘湖爲第一。四月初生者嫩而無葉，名「雉尾」。蓴葉舒長名「絲蓴」，至秋則無人採矣。劉士亨《寄魏文靖公詩》有云：「當代推公獨擅場，李唐詩句漢文章。湘湖春晚多風味，蓴菜櫻桃次第嘗。」宋時沈文通《送施密學守錢唐詩》有云：「湖山滿目舊遊在，何日從公醉紫蓴。」疑其時蓴或亦自越中來也。聞之漁人曰：「西湖第三橋近出蓴菜，不下湘湖者。」

明 王圻《稗史彙編》卷一二八《百合麵》 春秋仲月，採根暴乾擣篩，和麵作湯餅，最益血氣。又蒸熟可以佐酒。《歲時廣記·二月種法》：「宜雞糞。」《□書》：「山蚯化爲百合乃宜雞糞。」豈物類之相感耶！

又《椿根餛飩》 劉禹錫煑椿根餛飩皮法，立秋前後謂世多痢及腰痛，取椿根一大握擣篩，和麵捻餛飩，如皂莢子大。清水煑，每日空腹服十枚，並無禁忌。山家早有客至，先供之十數，不惟有益，亦可少延早食。椿實而香，樗踈而臭，惟椿根可也。

又 卷一二九《蔄蔞菜》 舊客江西林山房書院，春時多食此菜，嫩莖去葉湯焯，用油、鹽、苦酒沃之爲茹，或加以肉燥，香脆良可愛也。後歸京師，春輙思之，偶問李竹埜，云《廣雅》名「蔄蔞」，生下田中，江西用作魚羹。陸機疏云：「葉似艾，白色，可蒸爲茹。」即漢廣言「刈其蔞」之蔞。山谷詩云：「蔞蒿數筯玉簪横」，及證以詩注，果然。李乃怡軒之子，嘗從西山問宏詞法，多識草木宜矣。

又 卷一四九《玉枕藷》 嶺外多藷，間有發深山邃谷而得者。枝塊連屬有重數十斤者，味極甘香，人多自食，名「玉枕藷」。

明 徐炬《新鐫古今事物原始全書·百菜卷》二三《藠菜》 歲歉若飡燕地藠，饉時須采北山來。藠，惡菜也，俗名「老鴉蒜」。昔生於燕地，今隨處有之。幽州謂之燕藠，凶歲可以禦饑。按：萊即藜也，一名落帚。初生葉可食，大則爲樹。可爲杖，《詩》云「北山有萊」是也。

又《莧、蕨》 莧同鱉食愁生鱉，蕨若生飡慮化蛇。莧有六種，曰：人莧、馬莧、赤莧、白莧、五色莧。今時惟五色莧稀有。《易》曰：馬齒莧，感陰氣之多者。《本草》云：「莧、鱉不可同食，食則生鱉。」有人以莧菜裹鱉甲以土覆之，一宿變爲鱉。按：「蕨初生如小兒拳，展開如鳳尾，齊魯呼爲『鱉』，初其根，吳中爲粉，其粉黑色可以充饑。」《搜神記》云：「有人折一枝食之，心中快快成疾，後吐一小蛇懸於屋前，漸乾成蕨，遂知此物不可生食。」

明 周文華《汝南圃史》卷一〇《百合》 《雁山志》云：「百合，一名鬼蒜，荒年山中人取以療饑。」

明 穆希文《說原》卷九 雞齊。一名鹿藿，一名黄斤，即今之食葛也。其生蔓延甚長，掘其根食之，甜脆，蒸之有粉。南康廬陵者最勝，多肉少筋。入土五六寸以上者，名葛脰，服之令人吐，以有微毒也。

明 木增《雲薖淡墨》卷三《黄精果 餅茹附》 仲春深時采根，九蒸九暴，搗如飴，可作果食。又細切一石，水二石五升，煑去苦味，漉入絹袋，壓汁澄之；再煎如膏，以炒黑豆黄末，作餅，約二寸大，客至，可供二枚。又采苗可爲菜茹。隨羊公服法，芝草之精也，一名仙人餘糧。其補益可知矣。

又《金玉羹》 山藥與栗各片，截以姜汁加料煮，名「金玉羹」。

又 卷八《邛有旨苕》 苕。苕饒也。幽州人謂之「翹饒」，生莖如勞豆而細，葉似蒺藜而青，其莖葉緑色可生食，如小豆藿也。

又《言采其蕨》 蕨。鼈也，山菜也。周秦曰：「蕨，齊魯曰『鼈』。」初生似蒜，莖紫黑色，可食如葵。」

又《言采其薇》 薇。山菜也，莖葉皆似小豆，蔓生，其味亦如小豆藿，可作羹，亦可生食。今官園種之，以供宗廟祭祀。

又《視爾如荍》 荍。一名芘芣，一名荆葵，似蕪菁，華紫緑色，可食，微苦。

明 陳正學《灌園草木識》卷一《花之屬·百合》 其根百片，湊合如蒜，蒸食之甚美，花開六稜，垂頭黄心。

又 卷五《蔬之屬·蘘菜》 取其莖入醬礀中數日，甚脆。不須曬日，曬即韌矣。

明 劉侗《名物通》卷七 藠。大葉，白花，根如指，可啖。其白亦可蒸茹，以禦飢。

明 陳懋仁《庶物异名疏》卷二一《列當》 列當。按：《開寶本草》：「一名『栗當』，一名『草蓯蓉』，生山南巖石上，如藕根初生。」蘇頌云：「草蓯蓉根與肉蓯蓉極相類，刮去花，壓扁以代肉者，功力殊劣，即『列當』也。」

明 盧之頤《本草乘雅半偈》卷三 天門冬，以根作湯，可澣垢絺素，越人呼爲浣草。

又 卷九《阿魏》 故西國持咒人則禁食，戎人則嘗啖，謂能止臭，猶巴人之重負礬也。元時用充食料，根名「穩展」。用淹羊肉，轉更香美，盛暑亦不色變。

明 劉文泰《本草品彙精要》卷一〇《葛粉》 苗《圖經》曰「葛粉，即葛根之所作也。今人多食之，甚益人。」《衍義》曰「葛根，澧鼎之間，冬月取生葛以水中揉出粉，澄塊垛。先煎湯使沸，後擘成塊下湯中，良久，色如膠，其體甚韌，彼人以此供茶，蓋取其甘美耳。」地《圖經》曰「生汶山川谷，今處處有之」。道地江浙尤多，南康廬陵間最勝。時生春生苗。採冬月取根。收暴乾。用粉質類豆粉而韌。色白味甘。性大寒。氣氣之薄者，陽中之陰。臭香。

又 卷一五 草禹餘糧注：陶公，雲南人，又呼平。澤中一藤如菝葜，爲「餘糧」，言禹採此當糧。根如盞連綴，半在土上，皮如茯苓，肉赤，味澁，人取以當穀，不饑。調中止洩，健行不睡。云昔禹會諸侯，棄糧於地，化爲此草，故名「餘糧」，今多生海畔、山谷。

明 佚名《水邊林下五十九種·野蔌品·椿樹根》 秋前採根搗篩，和麵作小麵塊，清水煮服。

明 釋廣賓《杭州上天竺講寺志》卷一一《物産》 土檀香。乃樺樹根，亦名樺香，極清遠。

凡毛族、羽族、蟲豸、果蓏，與諸山所産無異。槩不載山中之土，以砂瘠且隘，日用蔬筍之屬皆供之山外。

清 閔麟嗣《黄山志定本》卷二《山産志》 山藷，形味俱類薯蕷。薯蕷，根細如指，藷極大者，相去倍蓰。鄭越謂之藷，秦楚謂之玉，延圃□者但可充飢。《山中經》：「干祀者，赤皮多鬚，重數十觔，采服輕身不饑。」山民不業耕者，取以充糗，多獲壽考。按：《江蘭香傳》：「食山藷可避霧露，尤山居者所宜。」

清 高士奇《北墅抱甕録·天門冬》 天門冬，莖葉森發，花細而白，有清香。方書多謂天冬與松脂同服，可以駐年，余素不講服食養生之訣，但愛其緑縟，聊以娱目而已。

又《蕨》 蕨生野中，春時萌芽拳屈，長而漸展若鳳尾。莖嫩無葉時，取之蒸曝，作蔬絶美。屑之爲粉，製粔籹之類，味甘滑而色微紫，可稱瓊糜。

清 屈大均《廣東新語》卷二七《草語·藜》 藜白者，葉心有粉如灰，名灰藋，亦曰鹽菜。紅心者曰臙脂菜，嫩時可食莖，老以作杖，謂之萊。予有圃曰萊圃，欲藜之老而爲萊，以杖不欲萊之稚而爲。藜以食也，相傳老萊子以萊爲杖，故稱老萊，吾玆且自稱曰少萊可乎？

清 汪灝《佩文齋廣群芳譜》卷九三《藥譜·黄精》 製用：凡採得，以溪水洗淨，蒸之。從巳至子，薄切曬乾。春深採根，九蒸九曝，搗如飴，可作果實。

服食：根一石，細切，水二石五斗，煮去苦味，漉入絹袋，壓汁澄之。再煎如膏，以炒黑豆黄爲末，作餅約二寸大，可供客。

又 卷九七《附子》《瑣碎録》：「滑臺風土極寒，民啖附子如啖芋栗。」

清 李光地《月令輯要》卷七《三月令·民用》 莪蒿。增《詩疏廣要》：「莪蒿一名蘿蒿，生澤田漸洳之處，三月中莖可生食，又可蒸食，香美味似蔞蒿。」

又 卷一三《秋令·民用》 蘹香。增《本草綱目》：「蘹香，北人呼爲茴香，葉極疎細，作叢。七月生花，頭如傘蓋，黄色。結實如麥而小，青色。八九月採實陰乾。川人多煮食其莖葉。」

清 雍正《浙江通志》卷一〇四 葛粉。《爾雅翼》：「越葛花、藤皆可醒酒。」《明一統志》：各縣出葛粉。

又 卷一〇六 山粉。萬曆《金華府志》：「即蕨粉，以其出於山，故名。蕨隨處有，土人能淘之成粉，功力甚費，而所直不多，若他處解作粿麵，當盛行。」《東陽縣志》：根，可作粉，淘汰多者，色純白，名粉心，用作粿麵，甚佳。每當歲歉時，就山中擇地掘取。細舂浸之，力加淘洗，以菜調之作羹，可飽。玉山、瑞山等鄉不荒，亦取。土商販至蘇杭絹帛行，多買以作漿，舍此不可用。

玉茗。《東陽志》：似玉仙，採而乾之。夏月點茶，能解煩熱。他種有寶珠、石榴、湘妃，皆假其名。

蕨粉。天啟《衢州府志》：「山中産蕨最廣，根可作粉，充饑。」《龍游縣志》：「舵樓兴山産蕨及葛，可療民饑。」

野苧根。《海瑞濟饑草木》：「去皮，搗碎成粉，可濟饑。」

剳扭根。《海瑞濟饑草木》：「曬乾，搗碎成粉，煮食可濟饑。」

蕨粉。《海瑞濟饑草木》：「蕨根，洗浄搗碎，用水澄粉。自九月至三月粉多，四月初抽青，粉少，兼食嫩莖，可濟饑。」

仙遺粉。《海瑞濟饑草木》：「俗名『冷飯塊』，煮成粉可食。」

葛粉。《海瑞濟饑草木》：「搗碎，用水洗出澄粉，其味勝蕨。」

老鴉饅頭。《海瑞濟饑草木》：搗碎和水，用絹濾汁成腐。

又　卷一〇七　百合。《雁山志》：「根可食，一名鬼蒜。荒年山中人取以療饑。」

山粉。萬曆《温州府志》：「春蕨根春爲粉，俗名『山粉』，出泰順。」

黄精。《雁山志》：「山多黄精，土人鬻以代糧，但不能知九蒸九曝之法耳。此物雖處處有之，惟以雁蕩者爲佳，又以雁蕩絶頂不聞雞犬聲者爲上品。」（《本草綱目》：「鈎吻，狀似黄精，葉與莖却不同，一則養人，一則殺人。其性毒烈，與黄精遠甚，服黄精者不可不察。」）

清　雍正《陝西通志》卷四三　葛粉。冬月取生葛，搗爛入水中揉出粉。澄成垛，入沸湯中，色如膠，以蜜拌食。又將生葛根煑熟，作果實賣，（《本草衍義》）出雍州。（《寰宇記》）

清　乾隆《句容縣志》卷一《物産》　山藥。有二種，一係縣治南鄉天王寺前者爲佳，肥嫩而白甘，民皆種殖售市。一係縣治北鄉山間石上自生，體堅細，色微黄，甘香味美，食之稱益。

清　乾隆《汀州府志》卷八《物産》　薯榔。莖蔓似薯，根似何首烏，色黑肉紅。染皂者搗其汁，用以爲地，則色易深。

清　董天工《武夷山志》卷一九《物産》　蔬屬：蓴菜。辛菜也。冬月布地叢生，二月開細黄花，結細角，内有子，味甚辛辣。洪舜俞《老圃賦》云：「焊有拂士之風。」林洪《山家清供》云：「宋文公飲後輒以蓴莖供疏品也。」《蓴次公濟惠山蔬》四首之一（宋朱熹）：靈草生何許，風泉古澗旁。褰裳勤采擷，枝筋嚏芳香。冷入元根閟，春歸翠穎長。遥知拈起處，全體露真常。《蓴菜次劉秀野蔬食十三韻之一》：小草有真性，託根寒澗幽。懦夫曾一嘬，感憤不能休。

清　蔣溥《盤山志》卷一五《物産·野蔬》　虎爪。出土三五寸，拳攣如虎爪。

清　乾隆《瓊州府志》　南椰麵。瓊人以南椰粉爲飯，曰「椰霜飯」。南椰與椰子樹不同，其精液、形色、氣味皆類藕、蕨粉。《本草》以爲秫木麵也，出萬州、定安。

葛根大如瓜，剖而食之，甘如梨，白如蘿蔔，可以爲粉。

清　乾隆《鄞縣志》卷二八　甘藷。一名番藷，形圓而長，本末皆鋭，質理膩潤，氣味和平。（《蔬譜》）似芋肉肥白，南方以當米穀，出交趾。（《廣志》）蓋薯蕷之類，根葉如芋，實如拳，皮紫、肉白，秋熟，收蒸之以充糗糧。（《南方草木狀》）按：番藷，木草，亦名山芋，有黄白二種。今明越諸郡多於山中種之。蔓生易熟，甘而肥美，大可爲救荒之助。其葉類何首烏葉。《南方草木狀》所云葉如芋者，恐是別種。

清　張澍《蜀典》卷九《動植類·葅香》　按：《蜀都賦》劉淵注云：「葅，一名土茄葉，覆地生，根可食，人飢則以繼糧。」《風土記》云：「蘵香菜，根似茅根，蜀人所謂葅香。」又按：「蘵与葴同，側立切，作蒩者誤，即今魚腥草也，凶年人掘食之。」

清　王紹蘭《〈管子·地員篇〉注》卷四《薑與桔梗》　薑，即薑之今字，《説文》：「薑，禦溼之菜也。」段氏注云：「《神農本艸經》：『乾薑主逐風溼痺、腸澼下利，生者尤良。久服去臭氣，通神明。』按：生者尤良，謂乾薑中之不執而生者耳，今人謂不乾者爲生薑，失之矣。」紹蘭按：《史記·司馬相如列傳》：「茈薑蘘荷」，《索隱》引張晏云：「子薑也。」又引《四民月令》：「生薑謂之茈薑。」《漢書·司馬相如傳》注：如淳曰：「茈薑，薑上齊也。」師古曰：「薑之息生者，連其株本則紫色也。」《文選·上林賦》注：引張揖曰：「茈薑，子薑也。」《名醫别録》：「生薑，九月采。」陶注云：「凡作乾薑法：水淹三日畢，去皮，置流水中，六日更去皮，然後曬乾。」《圖經》云：「生薑，秋采根，於長流水洗過，日曬爲乾薑，然則茈薑即子薑，亦即生薑。薑之息生者，連其株本則紫色，是薑之未采及采而未淹未洗未曬者，皆謂之生薑。及淹浸洗浄而曬乾因謂之乾薑。故云：凡作乾薑法，謂以生薑作乾薑則古人正以不乾者爲生薑，不必如段氏所云也。」《論語·鄉黨篇》：「不撤薑食。」孔安國曰：「齊禁薰物，薑辛而不薰，故不去也。」《吕氏春秋·本味篇》：「和之美者，陽樸之薑。」高誘注：「陽樸，地名。在蜀郡。」《禮記》曰「艸木之滋，薑桂之謂也，故曰和之美。」《御覽》卷九百七十七引《孝經援神契》：「薑，禦溼菜也。」此許説所本，薑之言彊也，故从彊聲，謂之禦溼之菜，即取彊禦爲義，蓋其味辛温，辛剛温燥，故能彊以禦溼，《經典》省作薑，而薑之字與義皆廢矣。桔梗，雙聲，《説文》：桔，桔梗，藥名。《齊策》「今求柴胡、桔梗於沮澤，則累世不得一焉。及之睪黍，梁父之陰，則郄車而載耳」。高誘注：「桔梗，山生之艸也。睪黍梁父皆山名也。山北曰陰，桔梗生焉，言饒多也。故曰郄車載也。」《莊子·徐无鬼篇》：「藥也，其實堇也，桔梗也，雞廱也，豕零也，是時爲帝者也。」《釋文》引司馬彪云：「桔梗，治心腹血瘀，瘕痺。」《神農本艸》：「桔梗，味辛，微温，主胷脅痛、腹滿、腸鳴幽幽、驚恐悸氣。」《名醫別録》：「一名利如，一名薺苨，生嵩高山谷，及寃句。陶注云：葉名薺苨，今別有薺苨，能解藥毒，所謂亂人參者，便是。非此桔梗，而葉甚相似，但薺苨葉下光明，滑澤無毛，爲異葉生又不如人參相對者爾。」《唐本注》云：「人參苗似五加，闊短，莖圓，有三四椏，椏頭有五葉。陶引薺苨亂人參，謬矣。且薺苨、桔梗，又有葉差互者，亦有葉三四對者，皆一莖直上，葉既相亂，惟以根有心爲別爾。」《御覽》卷九百九十三引《吴普本艸》：「桔梗，一名符扈，一曰白藥，一名利如，一名梗艸，一名盧如。神農、醫和：苦，無毒；扁鵲、黄帝：鹹；岐伯、雷公：甘，無毒；李氏：大寒。葉如薺苨，莖如筆管，紫赤，二月生。」又引范子計然曰：「桔梗，出河東洛陽。」《廣雅·釋艸》：「犂如桔梗也。」《王氏疏證》曰：「《神農本艸》：『桔梗，一名利如，生山谷。』（此據《御覽》所引）利犂，《古字通》又名盧如，盧犂聲之轉也。」《唐注本艸》云：「葉有差互者，亦有三四對者，皆一莖直上。」按《説文》云：「桔直本也。」《爾雅》：「梗，直也。」桔梗，或取義於直，與孫伯淵云：《爾雅》：「苨蒁，苨郭璞云：薺苨，據《名醫》云是桔梗別名，下又出薺苨條，非然，陶宏景亦別爲二矣，紹蘭按：吴普云：桔梗，葉如薺苨，是不以桔梗即薺苨，又在陶注之前，《神農本艸》：以桔梗爲下藥。」

清 謝堃《花木小志·山丹》 根似百合，莖短，葉狹，似柳花。有紅、白二色，其瓣六出，開最耐久。亦有四季開者，又有高如人者，花大如盌，瓣皆反捲，有紅黑斑點，葉杈生子。又有長尺許者，花色如硃，當秋盛開，根竟可食。

清 道光《遵義府志》卷一七 山韭。《爾雅》「藿，山韭」。《本草》「山韭，一名韱形，性與家韭相類。但根白，葉如燈心苗，山中往往有之。」按：土人呼爲野葱，以和蔬甚香美。貧兒鬻易於市，亦微利也。

土瓜。《鋤經堂集》：「土瓜，柔蔓，生山野間，其根俗呼『土蛋』。童子常掘食之，歲饑可助糧。」

清 吴其濬《植物名實圖考》卷二〇《蔓草·牛皮消》 採葉煠熟，水浸去苦味，油鹽調食。及取根去黑皮，切作片，換水煮去苦味，淘洗淨，再以水煮，極熟食之。

清 同治《咸豐縣志》卷八《食貨志·物産》 洋芋，高山最宜，實大常芋數倍。食之無味，且不宜人，山人資以備荒。

蕨。山中最多，掘根澄粉，可以備荒。

芋有水旱二種。旱芋，山地可種；水芋，水田種之，土人以之作蔬。

磨芋，一名蒟蒻，可磨作漿，凝如豆腐，土人呼爲「磨芋豆腐」。作時須不語，語即不成。

清 同治《龍山縣志》卷一二《物産志·食貨》 葛粉。（《本草衍義》：「鼎澧之間，冬月取生葛搗入水中，揉出粉。澄成垛，入沸湯中良久，色如膠，其體甚韌，以蜜拌食。擦入生薑少許，尤妙。」）

蕨粉。民間冬無儲粟者，賴此濟食，比於雜糧，其取粉之法與葛同。

清 同治《祁陽縣志》卷八《物産志》 蕨。野生，春食苗，冬掘根，春粉可作飯，貧民取給者多。《埤雅》：「蕨，初生狀如雀，是之拳，又如人足之蹶，故名。」

清 同治《南昌府志》卷八《地理·物産》 蕨粉。其苗可食，山谷詩曰：「竹筍初生黄犢角，蕨芽已作小兒拳。」掘其根，搗碎，用水澄漉爲粉，可以救荒。深山中根大者，一枚可得粉數升，澄之再三爲漂粉，極佳。又，葛根亦可作粉。

清 同治《梧州府志》卷三《物産》 産於山者有薯，山薯一名玉延。《稗史》云：「有發深山邃谷而得，重數十觔者，味極甘香，名玉枕薯。番薯，瘠土沙中最易生，其種得自海外，萬曆間閩中始有之，今揚粵山地廣種。」

清 光緒《江西通志》卷九 野葛，出廬山，根可作粉。

清 光緒《桐鄉縣志》卷七《農桑》 百合，根既甘美，花復芳潔。種於桑際，無損於桑，復不礙刭倒。或每年一起，或二三年一起，俱可。塘棲臨平往往如是，故百合彼處多有。（香芋亦然）籬下種山藥，其根常留，每年食其枝，力不勞而得味多。（上種百合、山藥一則。）

清 光緒《鎮安府志》卷一二《物産》 名玉枕藷。（王圻《稗史彙編》）閩廣藷有二種：一名山藷，彼中故有之；一名番藷，有人自海外得此種。兩種莖

葉多相類，但山藷莅援附樹乃生，番藷蔓地生；山藷形魁壘，番藷形圓而長；其味則番藷甚甘，山藷稍劣。（叢載）

謹案：東粵多藷，鎮屬山中亦生，纖細而堅實者曰「百鳩」。蒔似山藥而白，亦曰土山藥，最益人，大如鵝鴨卵，花絶香，其皮或紅或白。大而拳曲者曰番藷，皆甜美可食。蘇長公稱海中人多百歲，由不食五穀而食甘藷，其番藷由呂宋來，味尤甘恐長公尚未見也。

清 薩英額《吉林外記》卷七 山韭。莖一葉，《爾雅》謂之「藿」。《詩》：「六月食鬱。」即此。出輝法城一帶者尤佳。

清 光緒《永定縣鄉土志》卷四《物産志》 葛粉。本境采葛者研取其汁，以水澄粉，潔白如銀，可充服食上品。入藥亦良，時販運他境。又有蕨粉，采蕨爲之，山民常采取爲糧，以救荒歉。

紀事

清 乾隆《福寧府志》卷四三《祥異》（成化）二十二年至二十三年，相繼凶荒，米價騰貴，民取舊頭、蕨根充饑。

（弘治）十四年，甯德小嶺官漂鄭氏先墳山鳴如雷；三時乃止，又産芝一本二座，絳色。是秋，裔孫鄭世貴中式。

正德三年五月至七月不雨，壽甯夏饑，升米價三分，民掘蕨根以食。

清 同治《江華縣志》卷一二《雜記·災異》（乾隆）五十一年夏旱，邑人争採蕨根充饑。

清 同治《祁陽縣志》卷二四《雜撰》 乾隆壬申歲饑，冬間山民采葛根、蕨根擣爲粉，糁米粉少許，煑羹充飢。看則采野蔬，俗名苦齋，供人釜甖煑漉之，逯去苦味，和米煑飯食之，亦救饑之方也。

清 光緒《東安縣志》卷八《山水志》 至黄泥洞口而合非原洞，則舊傜地也。自宋以來，久爲皋奥。道光十五年歲饑乏食，山蕨怒生，民采根舂粉以濟。明歲有年，蕨無遺枿。二十九年夏旱，禱神求蕨，乃掘得白土狀如麥麵，其富民取食，輒患腹疾，由是衆謂山神之惠也。

清 光緒《利川縣志》卷七《户役志》 光緒十六年，邑大饑，貧民取都亭山、七藥山所産籐似金剛豆者，根食之，謂之老米，可以療飢，亦邑産也，因附志之。

藝文

元 吴鎮《梅花道人遺墨》卷上《墨菜》 菘根脱地翠毛濕，雪花翻匙玉筯泣。燕蕒金谷暗塵土，美人壯士何顔色。山人久刮龜毛氈，囊空不貯揶揄錢。屠門大嚼知流涎，淡中滋味我所便。元修元修今幾年，一笑不直東坡前。

清 汪灝《佩文齋廣群芳譜》卷一六《蔬譜》《朱子和秀野山藥》：「怪來朽壤耀瓊英，小劚頃筐可代耕。豢豹于人儘無分，蹲鴟從此不須生。雪鑱但使身長健，石鼎何妨手自烹。欲賦王延無好語，羞論蜂蜜與羊羹。」

清 李焕春《種藷歌》 天地自然之美利，百産菁華各有異。樂邑僻處萬山中，磽确陂陀難盡記。稻菽蕎麥幾平疇，玉黍以外惟羊芋。內保衣食多賴之，外保何爲生全計。天生紅藷與白藷，窖種下土迎春至。勾出萌達及時生，紫藤蔓延葉含翠。纖纖手試剪刀風，斷藤分秧別插地。新抽嫩甲又牽藤，翻雲覆雨農工具。不花不實養靈根，中有至味含精粹。即蔬即飯即珍書，朝饔夕飧皆樂事。大哉美利利窮民，樂歲凶年均有濟。但祝彼蒼晴雨時，胼手胝足功無棄。我歌種藷念楚箴，民生在勤勤不匱。

雜録

清 田士選《挖蕨》 斸根搗粉濟年荒，其説入山開土倉。得飽不須天雨粟，積勞勝獲禹餘糧。鋼團絳雪千溪月，杵發輕雷萬谷霜。只待新畬蕎麥熟，農歌又聽遍巒岡。

明 木增《雲薖淡墨》卷三《啼猿生蕨》 猿啼之地，蕨乃多有，每啼一聲，遽生萬莖。（《窮幽記》）

明 王世貞《異物彙苑》卷三《鬼草》 西安府牛首山出鬼草，赤莖，其葉如葵，其秀如禾，服之使人不憂。（出《大明一統志》）

圖表

清 吴其濬《植物名實圖考·蔓草》卷二二《葛》 葛，《本經》中品。今之織絺綌者，有種生、野生二種。《救荒本草》：「花可煠食，根可爲粉，其蕈爲葛花菜。贛南以根爲果，曰『葛瓜』。宴客必設之。」《爾雅翼》以爲食葛名雞齊，非爲絺綌者，蓋園圃所種，非野生有毛者耳。周詩詠葛覃，周官列掌葛。今則嶺南重之，吴越亦尠，無論燕、豫、江西、湖廣皆産葛。凡採葛，夏月葛成，嫩而短者，留之一丈上下者，連根取，謂之頭葛。如太長，看近根有白點者，不堪用；無白點者，可截七八尺，謂之二葛。凡練葛，採後即挽成綑，緊火煮爛熟，指甲剥看，麻白不粘青即剥下，就流水搥洗净，風乾，露一宿，尤白。安陰處，忌日色，紡以織，凡洗葛衣，清水揉梅葉，洗前夏不脆，或用梅樹搗碎泡湯，入瓷盆内洗之，忌用木器，則黑。然嶺北女工多事苧，南昌惟西山葛著稱。贛州則信豐、會昌安遠諸處皆治葛。有家園種植者，亦有野生者，而葛布多雜蕉絲，乍看鮮亮悦目，入水變色，質亦脆薄。用純葛絲則韌而耐久，沾汗不污。會昌之精者，緝績更艱，葛一斤擇絲十兩，績之半年，始成一端。會昌、安遠有以湖絲配入者，謂之絲葛。湖南舊時潭州、永州皆貢葛，今惟永州有上供葛。葛生祁陽之白鶴觀，太白嶺諸高峰，芒種時採煮，以灰而濯之，而曝之白，而擘爲絲紡。以爲布，如方目紗。製爲衫，不可浣。污則灑以水，垢逐水溜無痕也。興寧縣亦蒔之，里老云：葛有二種：遍體皆細毛者，可績布，曰毛葛；遍體無毛者，曰青葛，不可績，惟以爲束縛，則又毛葛所不逮。又毛葛亦有二種：蔓延於草上者，多枝節而易斷，成布不耐久；惟緣地而生者，有葉無枝，成布較勝於苧。廣西葛以賓州、貴縣者佳，鬱林葛尤珍。明内監教之織爲龍鳳文也。粤之葛以增城女葛爲上，然不鬻於市，彼中女子終歲乃成一疋，以衣其夫而已。其重三四兩者，未字少女乃能織，已字則不能，故名女兒葛，所謂北有姑羢，南有女葛也。其葛産竹絲溪、百花林二處者良，采必以女，一女之力，日采衹得數兩絲，縷以緘不以手，細入毫芒，視若無有，卷其一端，可以出入筆管，以銀條紗襯之，霏微蕩漾，有如蜩蟬之翼。然日曬則縐，水浸則蹙縮，其微弱不可恒服。惟雷葛之精者，細滑而堅，色若象牙，名錦囊葛。裁以爲袍，直裰稱大雅矣，故今雷葛盛行天下。雷人善織葛，其葛産高涼，硇洲，而織於雷，爲絺爲綌者，分村而居，地出葛種不同，故女手良與楛功異焉。其出博羅者，曰善政葛；出潮陽者，曰鳳葛，以絲爲緯，亦名黄絲布；出瓊山、澄邁、臨高、染會，輕而細，名美人葛；出陽春者，曰春葛。然皆不及廣之龍江葛，堅而有肉，耐風日也。《詩正義》云：葛者，婦人之所有事。雷州以之，增城亦然。其治葛無分精粗，女子皆以鉞絲之乾撚成縷，不以水績，恐其有痕迹也。織工皆東莞人，與尋常織苧蔴者不同。織葛者名爲細工，織成弱如蟬翅，重僅數銖，皆純葛無絲，其以蠶絲緯之者，浣之則葛自葛，絲自絲，兩者不相聯屬。純葛則否。葛産綏福都山中，采者日得觔，城中人買而績之，分上中下三等爲布，陽春亦然。其細葛不減增城，亦以紡緝精而葛真云。

雩婁。農曰：葛者，上古之衣也，質重不易輕。吴蠶盛而重者賤矣，質韌不易柔，木棉興而韌者賤矣；質黄不易白，苧麻繁而黄者賤矣。乃治葛者與絲争輕，與棉争軟，與苧争潔，一疋之功，十倍於絲與棉與苧，其直則倍於絲，而五倍棉與苧。於是治葛者能事畢而技盡矣，而受治者力亦盡矣，褐之壽以世，帛之壽以歲，麻之壽以月，今是葛也，日之焦風之脃。浣之懈，藏之折，其壽幾何？聖人盡物之性而不盡物之力，因其重與韌與黄而葛之壽，於是次於褐，均於帛，逾於麻。

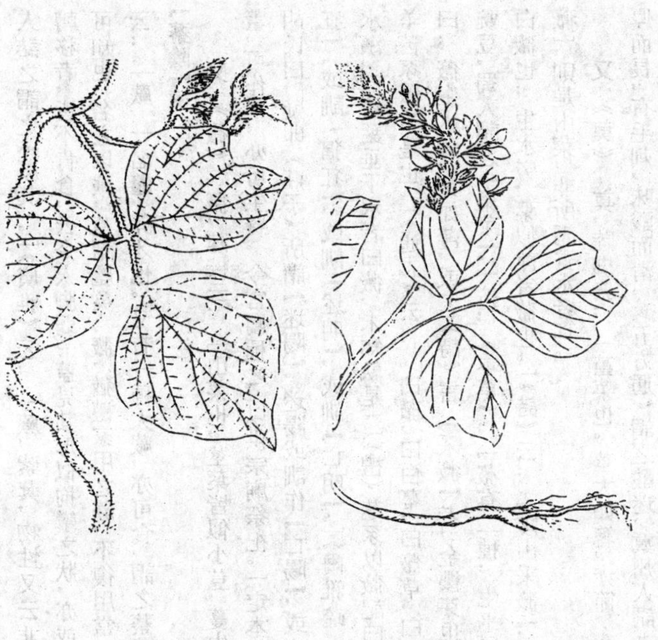

葉苗類

論説

明 季本《詩説解頤》卷二 「陟彼南山，言采其蕨。（興也）未見君子，憂心惙惙，亦既見止，亦既覯止，我心則説。」（興意）（説，音悦。後凡喜悦之説，並同。）蕨，山菜也，似鼈脚，一名爲鼈，初生無葉時可食。土人謂之根雞。惙惙，憂之結也，言見人有登山而采蕨者，雖微菜可以食，貧而行役者不如，則亦有感而興憂思之意也。「陟彼南山，言采其薇。（興也）未見君子；我心傷悲。亦既見止，亦既覯止，我心則夷。」（興意）薇亦山菜，似蕨而差，大如巨擘，剥而食之，甘美，莊子謂之「迷陽」，即山間人所謂「迷蕨」也。

明 沈萬鈳《詩經類考》卷二五《卷耳》 卷耳，《爾雅》曰：「苓耳也。」《廣雅》云：「即枲耳也。」郭云：「亦曰胡枲，江東呼常台。」《草木疏》云：「幽州人謂之爵耳，或曰苓耳，形似鼠耳，故有耳之號。」陸機疏云：「葉青白色似胡荽，白華，細莖，蔓生，可煮爲茹，滑而少味。四月中生子如婦人耳中璫，今或謂之耳璫。」《本草》：「卷耳即今蒼耳，多刺，叢生如盤，麴蘖中多用之。」崔實《四民月令》曰：「伏後二十日爲麴，至七月七日乾之，覆以胡葉，故古人采之。」《爾雅翼》云：「卷耳，菜名也。幽冀謂之襢菜，或又謂之常思菜。傖人皆食之。一名葹，《離騷》所謂『資菉葹以盈室』是也。一名羊負來。」《博物志》曰：「洛中有人入蜀，胡枲着羊毛，蜀人種之曰『羊負來』也。」陶隱居乃云：「昔中國無此，言從外國逐羊毛中來此物，既稱胡枲，必是胡物。但其名出後代耳。卷耳，野中所多，日夕羊下多負以歸，以此得名，未可知。」

又《蕨》 陸機疏：「厥，山菜也。初生似蒜莖，紫黑色，可食如葵。」陸佃云：「狀如大雀拳足，又如足之蹷，故名蕨。周秦曰蕨，齊魯曰鱉。俗云其初生似鱉脚，故名。」（《草木疏》）《原始》云：「蕨，初生如小兒拳，展開如鳳尾，吴中以其根爲粉，黑色可充饑。」《搜神記》云：「有人折一枝食之，心中怏怏成疾，後吐一小蛇，懸于屋前，漸乾成蕨，知此物不可生食。」《爾雅翼》云：「今野人。今歲焚山，則來歲蕨菜繁，生其舊生蕨之處。蕨葉老硬敷披，人誌之謂之『蕨萁』。」《廣雅》云：「蕨，紫萁，物性又云非也，今道路負荷轉移者，皆不肯食，云令人脚弱。蓋見其形似拘攣之狀，亦或其性自當耳。未可知也，名之以蕨，蓋謂蹷矣。薇，猶禮家用之蕨，不復用當知其賤。」《通志》云：「蕨，一名鼈，莽牙也。又有一種大蕨，亦可食，謂之綦蕨。《爾雅》云：『綦陰』爾。」

又《薇》 薇，陸機云：「山菜也，莖葉皆似小荳，蔓生，其味亦如小豆藿，可作羹，亦可生食。今官園種之，以供宗廟祭祀。」定本云：「薇，草也。胡氏曰，疑即《莊子》所謂『迷陽』。迷陽或訓作『亡陽』，或訓『伏陽』言『詐狂』。或訓『猖狂』，或訓『述明』，或訓『亡明』。」《爾雅疏》云：「草，生于水濱，而枝葉垂于水者曰薇，未知孰是。」《禮》芼豕以薇記曰：「『鉶芼牛藿，羊苦豕薇』，是也。」《通志》云：「曰薇，曰白幕，曰薇草，曰春草，曰骨美，又曰：薇生水旁，葉如萍，或云《詩》言『采薇』者，金櫻芽也。或以爲今之野豌豆，蜀人謂之『巢菜』。」按：《本草》：「薇有二種：生平原川谷似柳葉者，白薇也；生水旁，葉似萍者薇也。」《詩》云：「陟山采薇」，又云：「山有蕨薇」，則是山菜，非所謂垂水者耳。

又《莫》 莫，陸機云：「堇菜也。莖大如箸，赤節，一節三葉，如柳葉厚而長，有毛刺，味酸而滑。《五方通》謂之酸迷，冀州人謂之乾絳，吴越之俗呼爲茂子。子如楮實而紅。」《原始》、孔疏、陸機云：莫赤節，節一葉，今人繅以取繭緒，其味酢而滑，始生可生食，又可爲羹。

又《藚》 藚，一名牛脣，郭璞云：「如續斷，寸寸有節，拔之可復。」陸機疏云：「今澤蕮（音昔）也，葉如車前而大，味亦相似，徐州廣陵人食之。」《本草》：「澤瀉，一名水瀉及瀉芒芋，鵠瀉生汝南地澤。」陶隱居云：「葉狹長，叢生諸淺水中，仙經服食斷穀皆用之，亦云身輕能步行水上。」《圖經》云：「春生，苗多在淺水中，葉似牛舌，獨莖而長，秋開白花，作穗，似穀精草。」

又《芑》 芑，毛傳曰：「菜也。」陸疏云：「芑菜似苦菜，莖青白色，摘其葉，白汁出，肥可生食，亦可烝爲茹。青州人謂之芑。西河、雁門芑尤美，胡人戀之不出塞，是也。」朱傳云：「即今苦蕒菜，宜馬食。軍行采之，人馬皆可食也。」《本草》云：「野苦蕒，五六回拗後，味甘滑于家苦蕒。」

又《藿》 藿，《原始》云：「香草也，一云菽之小者，可作蔬。」公食禮云：「鉶芼牛藿」，注：「藿，豆葉也。」

又《蔚》 蔚，朱註云：「牡，菣也。此出《爾雅註》，云蔚即蒿之雄，無子者故曰牡菣。」陸機云：「牡，蒿也，一名馬新蒿，一名菣。」郭氏曰：「牡菣，三月始生，七月華，華似胡麻花而紫赤，八月爲角，角似小豆鋭而長。言無子者，蓋今青蒿葉端皆作子如米大，蔚獨無耳。」《本草》：「馬先蒿。」陶隱居云：「一名爛石茸。」《唐本注》云：「葉如茺蔚，紅白色，實八月九月熟，俗謂之虎麻。茺蔚苗短小，子夏中熟。而初生二種極相似。」陸佃云：「蔚大于蒿。」《名物疏》云：按《爾雅》蘩之醜，秋爲蒿蔚，即蒿之大者，莪莖可生食，蒸食香美。至秋則變爲蒿蔚矣。故以喻父母生子以爲美材而卒，不得終養也。《朱子》：「此解勝于舊注，但莪美菜蒿，賤草之訓，似以爲二物。蔚，古人皆以爲無子，故曰牡菣；而《本草》注云八九月有實。《圖經》云入藥，當用有子者爲正，未知何以矛盾。」

明 張萱《彙雅後編》卷二二《堇》 羅願曰：「堇，蔬屬。」《説文》云：「堇，根如薺，葉如細柳，蒸食之甘。」《爾雅》：「齧苦，堇。」郭璞云：「今堇，葵也。葉似柳，子如米，汋食之滑。」《唐本草》云：「此菜野生，非人所種，俗謂之『莖菜』。葉似葴，花紫色，内則堇荁，枌榆兔薨，滫瀡以滑之。」鄭玄注：「謂荁似堇而葉大，不言堇狀。」《齊民要術》云：「榆莢可爲旨蓄，又宜釀酒，香滑養老，故知堇荁亦以滑美中茹。」《大雅》：「周原膴膴，堇荼如飴。」正是此物，而江東人又呼「烏頭」。爲堇其性毒猛，可以殺人。《晉語》：驪姬寘堇於肉乃烏頭，而説詩者引以釋堇荼，則大誤也。堇有齧苦之名，荼味亦苦。詩人言：周原沃壤變苦爲甘，人得采而茹之，豈烏頭之謂哉！《廣語》：「夏荁秋堇滑如枌。」

又《苄》 羅願曰：「苄者，今之地黄，古以爲菜，鉶羹用之。」《禮記》曰：「鉶毛，牛藿，羊苄，豕薇。」(考) 蓋物各有所宜，古者祭祀，賓客，有大羹、鉶羹。大羹者，太古之羹。鑊中煑肉汁，不調以鹽菜及五味，盛之於登。鉶羹者，謂陪鼎膷臐膮用藿、苄、薇，調以五味，盛於鉶器。蓋鉶羹以所盛器爲名。盛於豆則名庶羞，爾皆天官亨人供之三牲，所以用此者。猶婦教成之祭牲用魚芼之，以蘋、藻各有所宜，亦牛羊山陸之物，藿、苄山陸之菜，豕近水，薇垂水，魚及蘋、藻生水中，以類求之。今《禮記》「羊苄」作苦，則苦菜爾，(考)古之説，方者以生，咸陽川澤中黄土地者佳，則名之爲「地黄」。蓋有所自又生者，以水試之，浮者名「天黄」，半沉半浮名「人黄」，沉者名「地黄」。以沉者爲良，宜其以地爲名，而「苄」字又从下，亦趨下之義也。《淮南子》曰：「今夫地黄主屬骨，而甘草主生肉之藥也。」以其屬骨責其生肉，以其生肉論其屬骨，是猶王孫綽之欲倍偏枯之藥，而欲以生殊死之人，亦可謂失論矣。今地黄能生肌肉，與淮南説異，又方藥煎忌鐵器，鉶羹用之，未知其審。

明 鍾惺《詩經圖史合攷》卷三《荼》 《爾雅》云：「荼，苦菜。」

陸機云：「苦菜生山田及澤中，得霜恬脆而美，所謂堇荼如飴。」《内則》

《時訓》解云：「小消之日，苦菜秀；苦菜不秀，賢人潛伏。」

《儀禮》云：「鉶毛羊苦。」

云：「濡豚包苦，用苦菜是也。」

《本草》云：「苦菜味苦，一名荼草，一名選，一名游冬，淩冬不死。」顔之推云：「案易通卦驗玄圖云：苦菜生于寒秋，更冬歷春，得夏乃成。今中原苦菜則如此也。一名游冬葉，似苦苣而細，摘斷有白汁。花黄似菊，江南別有苦菜，葉似酸漿，其花或紫，或白，子大如珠。熟時或赤或黑，此菜可以释勞。」

《詩緝》云：「經有三荼，一曰苦菜，二曰委葉，三曰英荼。」此詩誰謂「荼苦」，及唐采苓云：「采苦采」，苦縣，「堇荼如飴」之「荼」，皆苦采也。「良耜以薅，荼蓼之伏」委葉也。「則出其東門，有女如荼英」。荼也，鴟鴞予所捋，「荼」傳云：「茇苕。」疏云：「乳之秀穗」，亦英荼之類。

又《薺》 《爾雅》：「左，薺實。」疏行詩：「其甘如薺。」

《本草》云：「薺味甘。」注：主利肝氣，和中。陶隱居注云：「薺類多，此是今人可食者，葉作菹羹亦佳。」

《禮》云：「孟夏之月，靡草死。」鄭注：「薺，葶藶之屬。」

《春秋繁露》云：「薺以冬美，冬，水氣也；薺，甘味也。乘于水氣而美者，甘勝寒也。薺之爲言濟，與濟大水也。」

《淮南子》云：「薺麥，冬生而夏死。」

師曠占云：「歲欲豐，甘草元生，甘草薺也。」

《雅翌》云：「薺，亦應陰之物，其枝細靡，謂之靡草。」

《通志》云：「薺之菜甚小，自生園圃，咸以爲薺莧。」

綜　述

漢　楊孚《異物志》　蒳草樹果，如栟櫚而小，三月採其葉，細破乾之，味近苦甘，并雞舌香食之，益善也。《御覽》九百七十四。

三國吴　陸璣《毛詩草木鳥獸蟲魚疏》卷上《食野之苹》　苹。葉青，白色，莖似箸而輕脆。始生香可生食，又可蒸食。

又《于以采蘩》　蘩。皤蒿，凡艾白色爲皤蒿。今白蒿春始生，及秋香美可生食。又可蒸食，一名「游胡」，北海人謂之「旁勃」。故《大戴禮·夏小正》傳云：蘩，游胡。游胡，旁勃也。

又《匏有苦葉》　匏葉。少時可爲羹，又可淹，煮極美。揚州人食至八月，葉即苦，故曰「苦葉」。

又《北山有萊》　萊。草名，其葉可食，今兖州人蒸以爲茹，謂之「萊蒸」。

又《蔽芾其樗》　山樗，與下田樗畧無異，葉似差狹耳，吴人以其葉爲茗。

晉　嵇含《南方草木狀》卷上　蕹。葉如落葵而小，性冷味甘，南人編葦爲筏，作小孔浮於水上，種子於水中則如萍根浮水面。及長，莖葉皆出於葦筏孔中，隨水上下，南方之奇蔬也。冶葛有大毒，以蕹汁滴其苗，當時萎死。世傳魏武能噉冶葛至一尺，云先食此菜。

宋　温革《分門瑣碎録·木總説》　楊相葉，細冬青，臨水生者尤茂。居人遇寒食，採其葉染飯，色青而有光，食之資陽氣，謂之楊相，道家謂之青精飯。

宋　朱弁《曲洧舊聞》卷四　藥有五加皮，其樹身幹皆有刺，葉如楸，俗呼之爲刺楸。春採芽可食，味甜而微苦，或謂之苦中甜，云食之極益人。予在東里，山中人歲常以此餉，因移植後圃，蓋無可玩者，特爲其芽可食耳。

宋　鄭樵《爾雅注》卷下　蔽薞蘡。蔽蘡音「遨嫂」。纓，紫蘡也，薞可爲菜茹，兼作牙藥。

蘩月爾。今謂「蘩蕨」，似蕨而大，可食。

宋　羅願《爾雅翼》卷六《葑》　《荆楚歲時記》：「十一月採經霜蕪菁、葵等雜菜，乾之爲鹹菹，有得其和者，並爲金釵色，菹既甜脆，汁亦酸美，呼其莖爲金釵股，醒酒所宜也。」

宋　寇宗奭《本草衍義》卷七　茺蔚子。葉至初春亦可煑作菜食，凌冬不凋悴。唐武后九燒此灰入緊面藥，九燒之義，已具冬灰條中。

又　卷一九　馬齒莧，人多食之。然性寒滑。

宋　談鑰《吴興志》卷二〇　苦蕒。《本草》有家苦蕒，又有野者。今鄉土有之，僧道菴寺尤多。種可頻采食，耐久。故諺云：「三月食苦。」又有生菜，杜工部所謂「春盤生菜細」者是也。

宋　戴侗《六書故》卷二四《植物四》　蓬。薭薄紅切，蓬蒿也。葉陰白而毛似艾，亦可擣爲艾，故謂皤蒿，又謂艾蒿。華如柳絮相輥，如毬遇風則飛旋，故謂蓬科轉蓬，詩人所謂「首如飛蓬」是也。蓬葉峭澀不可茹，今人采其嫩葉，擣和米粉爲餈餦。《本草》曰：「蓬蒿，白蒿也。先衆草而生，葉麤於青蒿上有白毛，錯澀，自生至枯白於衆蒿，《爾雅》所謂『皤蒿』也。」疏云：「可以爲菹。」陸氏曰：「凡艾白色爲皤蒿，今白蒿。春始生，及秋香美可生食。又可烝，名『游胡』。北海人謂之『旁勃』，《夏小正》云『蘩游胡游』。胡者，旁勃也，古人以爲菹。」唐孟詵亦云：「生挼醋食。」今人不聞，此疑古今食品之異。蓬生最繁，往往彌望，故蓬爲叢茂之狀。蓮房、栗房亦謂之「蓬」，謂其狀如蓬科也。借爲蓬籠、船蓬之「蓬」，謂其覆蓋蓬然也。

又　蒟　𦷷俱雨切。《本草》「蒟醬，蔓生，葉似王瓜而厚大，味辛，實似桑黮，皮黑肉白。」（《漢書》作「枸」。《説文》曰：「蒟，果也。」）按：越中有蒟蒻。《本草》又名蒻頭，根如天南星大，可食。

又　苕芀　𦯓田聊切。《詩》云：「苕之華，其葉青青。苕之華，芸其黄矣。」《爾雅》曰：「苕陵，苕黄華。葉白華茇。」毛氏曰：「陵苕將落則黄。」陸璣曰：「一名鼠尾，生下濕水中，七八月中華紫似今紫草花，可染。煮以沐髮則黑。《本草》曰：『陵苕，紫藏也。』」《詩》云：「卬有旨苕。」陸氏曰：「旨苕饒也，幽州謂之翹饒，蔓生莖如勞豆而細，葉似蒺藜而青，莖葉緑色可生食，如小豆藿也。」按：《詩》及《爾雅》、毛公皆言「苕華之黄」。陸氏所稱「鼠尾」，與《本草》「紫藏」皆「紫華」，且「陵苕」、「旨苕」未知其果爲二物否也。苕丁聊切（《説文》曰：「苕，草也。苕葦，華也」《荀子》曰：「南方有鳥以羽爲巢繫之。」葦苕，風至苕折，與《説文》之説相近。）

又 藜。藜郎奚切（《爾雅》：「萴。」王彗釋曰：「藜之科大，可爲帚者，江東呼落帚，又名王帚。」徐鍇曰：「或謂落藜，初生可食，藜之類也。」《漢書》又作葪。）

又 芙。芙烏皓切（《爾雅》鉤芙。郭云：「大如拇，空中，莖頭有臺似薊，初生可食。」《説文》曰：「味苦，江南食以下氣。」《蜀圖經》曰：「苦芙子若貓薊，莖圓無束。」鄭歔仲曰：「苦芙薊類而非薊。」）

元《[大德]南海志》卷七 蒟醬。《蜀都賦》：「蒟醬，流味於番禺。」《本草》云：『蔓生，葉似王瓜而厚大，實似桑椹。』其苗爲浮留藤，合檳榔食之。」

元 胡古愚《樹藝篇·木部》卷二《椇》 木蜜生南方，合體皆甜。嫩枝及葉皆可生啖，味如蜜，鮮悶止渴。其老枝及根幹堅不可食，細破煮之，煎以爲蜜，味倍甜濃。（同上）

按：枳椇子、木蜜本是一物，而《古今注》分爲二條，不知何謂。枳椇味甘平，無毒，主頭風、小腹拘急。一名木蜜，其木皮温無毒，主五痔和五藏。以木爲屋，屋中酒則味薄，此亦奇物。《唐本》注云：具樹徑尺，木名白石，葉如桑柘，其子作房似珊瑚，核則生其端，人皆食之。臣禹錫等謹按：《蜀本》云：「字或草作拘音矩去，木名，出蜀。近酒能薄酒味，江南人呼謂之木蜜也。」（《本草》）

《丹溪藥按或問》一書，門人趙良仁編集。余見其《發熱論》中，用雞矩子治中酒人發熱。初不知雞矩子爲何物，蘇沈《良方》云：雞矩子俗謂之「癩漢」，指頭嚼之如牛乳，而欠明白。後關僧贊寧《物類相感志》云：枳椇。一名枝枸子，俗訛爲雞矩子，又名木蜜。味甘平無毒，對形似白楊，其子着枝端，如小指，長數寸，屈曲相連。啖之如餳美，八九月熟，以此木作屋柱，令一室之酒味皆淡薄。其功能解酒毒、療消渴之聖藥。古人單方治酒積，甚良，江南謂之白石樹。《詩》所謂：「南山有枸」是也。（《續醫説》）

又 卷二《芥藍》 此菜亦芥屬，其翠如藍，故名芥藍。按月割之，旁復叢生。食先用滾湯瀹過，旋以冷水澆之，乃取鼓汁、香油、好酒并鹽抄和之，其味甚豐。或取其莖并葉淹之，亦香脆可食。蜀中有萬年青與此極相類，但此一年一種，萬年青累歲不易，科味稍苦耳。（《興化府志》）

芥藍。葉藍而厚，青碧色，亦菜之美者，臺心尤佳。（《八閩通志》）

藍菜。《務本新書》云：「二月畦種，苗高剥葉食之。剥而復生，刀割則不長，加火煑之，以水淘浸，或抄爁，或拌食，或包餕餡，或捲餅生食，頗有辛味。五月園枯，此菜獨茂，故曰『主園菜』。」至冬月，以草覆其根。四月中結子，可收作末。（芥末根又生葉。）可食一年，陝西多食此菜。（《王氏農書》）

芥藍。葉厚如莙達，色穠翠如藍，味極腴美，出此地者根大如芋，可入醬食。閩中食亦有之，近歲閩人携其子藝之學圃，遂傳郡中顧清。（《松江府志》）

又《蕹菜》 蕹菜。味甘、平，無毒。主解野葛毒。煑食之，亦生擣服之。嶺南種之，蔓生，花白，堪爲菜。云南人先食蕹菜，後食野葛，二物相服自然無苦。又取汁滴野葛苗，當時菸死，其相殺如此。張司空云：「魏武帝啖野葛至一尺，應是先食此菜也。」（《證類本草》）蕹菜。嶺南人種，蔓生，花白，堪爲。味甘、平，無毒。南人先食蕹菜，後食野葛，二物相復，自然無苦。主解野葛毒。取汁滴野葛苗，當時萎死。（《日用本草》）

甕菜。傳本而生，不結子。《遯齋閑覽》云：「此菜來自東夷，古倫國以甕盛之，譯不通，但言甕菜。」按：《本草》作「蕹菜」，又是因地而得人也。莆人種之廣，有陸生者。有水生者，蔓。陸生或蔓或不蔓。食以陸生生者爲勝。（《興化府志》）

蕹菜。葉如落葵而小，性冷味甘。南人編葦為筏，作小孔，浮於水上，種子於水中，則如萍根浮水面。及長莖葉，皆出於葦筏孔中，隨水上下，南方之奇蔬也。治葛有大毒，以蕹汁滴其苗，當時萎死。世傳魏武能啖治葛至一尺，云先食此菜。（《南方草木狀》）

蕹菜。味甘、平，無毒。蔓生，花白。摘其苗，以土壅之即活。與野葛相伏，取汁滴野葛，即死。張司空云：「魏武帝啖野葛至尺許，應是先食此菜，無害也。」一名蕹菜。（《食物本草》：《番陽志》、《瓊州志》俱作蓊菜。）甕菜。莖蔓生，中虛，葉如蒼耳，南京有之。洗净，用油水綽過作葅，香甘滑脆可口。亦可糟食，菜中之佳品也。此種魏國家栽之，覓利甚多，一本作種值銀五六錢，蓋亦難種易生之物。

蕹菜。葉如柳，三月生，陳藏器云：「主解胡蔓草毒。胡蔓即野葛也。」按：廣之菜有椲（辛菜也）、東風（味如酪香，氣以馬蘭。）、蕺（音「戢」，蜀人所謂葅香。）葯（音葛蒐茨苗也）之類，無足奇者。《吴志》：「孫皓時有蕒菜（音買），晉安帝義熙二年有苦蕒菜，生楊州。國初建達國獻佛土菜，泥婆國獻波稜菜。」（《北户録》）

蕹菜。蔓生，花白，莖中虚，摘其苗，以土壅之輙活。一名甕菜，空菜。莖空而蔓，宜近水。（《建昌府志》）

蕹菜。主解野葛毒，南人先食蕹菜，後食野葛，自然無苦。又取汁滴野葛苗，當時菸死。張司空云：「魏武帝噉野葛至一赤，是先食此也。」（《草木署》）

《廣州記》云：「蕹菜生水中，可以爲葅也。」（《齊民要術》）

又《白花菜》 白花菜，味甘，氣臭，性寒，生食苦。淹以爲葅，動風氣，下氣，滞臟腑。多食令人胃悶滿，傷脾。一種黄花菜，同此類。（《食物本草》）

又 卷三《堇》 《爾雅》曰：「齧，苦堇。」註：今堇，葵也。葉似柳，子如米，汋食之滑。疏：「齧，一名苦堇，可食之菜也。」《唐本注》云：「此菜野生，非人所種，俗謂之堇菜。葉似蕺，花紫色。」《内則》云：「堇。豆粉，榆是也。」《本草》云：「味甘，此云苦者。古人語：倒猶甘草，謂之大苦也。」

《廣志》云：「堇，瀹爲羹。」語曰：「夏萓，秋堇，滑如粉。」（《齊民要術》）

堇。汁味甘，寒，無毒。主馬毒瘡，擣汁洗之并服之。堇菜也出小品方，《萬畢方》云：除蛇蝎毒及癰腫。《唐本注》云：「此菜野生，非人所種，俗謂之堇菜。葉似蕺，花紫色。」孟洗云：「堇。久食陰心煩熱，令人身體解墮。」又今人多瘖，只可一兩頓而已。

堇菜。味甘，寒，無毒，主蛇蝎毒及癰腫。此菜野生，久食除心煩熱，令人身體解墮。一云苦，主寒熱，功同香茂。（《食物本草》）

堇。曰「齧」，曰「舌堇」。《爾雅》云：「齧，苦堇。」今人亦謂之堇菜。野出，味雖苦而甘，黄花者殺人。唐武后賓諸食中，以毒賀蘭氏暴死者，蓋此種也。（《草木署》）

又 卷五《樹衣》 樹衣，金華山中多有之，僧家以爲蔬，味極美。貫休詩云：「僧採樹衣臨絶壑」是也。（《霏雪録》）

又 卷六《苦益》 苦益菜。《木志》云：「陳、沈二祥師修行龜洋山，但汲水烹苦益菜，以供卯齋。」《彭志》又云：「自赤藤菜，亦似苦蕒而小，花黄可點茶。予館南寺，憎取刺菜，用湯瀹過點茶，味香，蓋皆清苦之物。」（《興化府志》）

婺源境中産一種草，莖葉柔弱，引而不長，葉類甘菊，俗呼「簏」，今訛爲「遮」字，蓋食之味苦而有餘甘也。性温行血，尤宜産婦。煑熟揉去苦汁，産後多食之無害。往往便以爲逐血藥也，又呼「苦益菜」，訪之醫家，莫有知者。（《曲洧舊聞》）

明 劉基《多能鄙事》卷三《蕨乾》 嫩蕨蒸熟，以乾灰拌同曬乾。洗去灰，又暴乾，收欲用。以湯浸軟，物料炒之。

又《紫蘇水》 紫蘇水，取蘇葉，用紙隔焙勿翻。候香泡一次，急傾再泡，合和用之。

凡造熟水，須先傾百沸湯在瓶内，然後以所用物投之，密封其口。若先置物以湯泡之，則不甚香。若木犀、紫蘇葉隔年者，須略炙用之。

明 朱權《神隱》卷上 茴香湯 入炒茴香細末一兩，檀香、姜末少許，不用腦、射。已上只看滋味如何，隨意加減。

稻葉、橘葉、樟葉，皆可採，陰乾，用紙囊懸之。用時火炙，使沸湯沃，封其口，良久食之。

明 劉宇《安老懷幼書》卷二《地黄粥》 切地黄二合，候湯沸與米同下鎗。先取酥二合，蜜一合，同炒。今香熟別貯之，候粥欲熟，乃下。同煑取熟。

又《乾蕨菜》 採嫩蕨菜蒸熟，以乾灰拌之，同爆極乾。濯去灰，又暴乾，收之。臨食，湯浸令軟，味如合蕈。

又 卷三《枸杞葉粥》 枸杞葉（半斤細切）、粳米（二合） 右二味於石器中相和，煑作粥。以五味末、葱白等調和食之。

明 劉文泰《本草品彙精要》卷一七 木麻。味甘，無毒。生江南山谷林澤，葉似胡麻相對，山人取以用，釀酒也。

明 王圻《稗史彙編》卷一二八《錦帶羹》 錦帶，又名文官花。條生，如錦，葉始生，柔脆可羹。杜甫詩有「香聞錦帶羹」之句。或謂蓴之縈紆如帶，蓴與菰同生水濱。肯張幹臨風，必思蓴鱸以下氣。按《本草》：蓴、鱸同羹，可以下氣、止嘔。以是知張翰在當世，意氣抑鬱，隨事嘔逆，故有此思耳，非蓴、鱸而何？杜甫卧病江閣，恐同此意。謂錦帶爲花，或未必然。僕居山時，見有此花調羹香美。注謂吐錦雞，則遠矣。

又 卷一二九《**進賢菜**（蒼餌餅）》 蒼耳，枲耳也。江東名常枲，幽州名爵耳，形如鼠耳。陸機疏云：「葉青白色似胡荽，白花細莖，蔓生，採嫩葉洗焯，以姜、鹽、苦酒拌爲茹，可療風疾。」《詩》之《卷耳》首章云：「嗟我懷人，寘彼周行。」酒醴，婦人之職，臣下勤勞，君必勞之，因採此而有所感念，及酒醴之用，以此見古者后妃欲以進賢之道諷其上，因名「進賢菜」，其子亦可雜米粉爲糗，故古詩有「岩澗水淘蒼耳餅」之句。

又《**紫英菊**》 菊名治蘠，《本草》名節花，陶注云：「菊有二種，莖、葉紫氣香而味甘，其葉乃可爲羹；莖青而大，氣似蒿而苦，名苦薏苡，非也。」今法：春採苗，畧炒煮熟，下姜、鹽羹之，可清心明目；加枸杞葉尤妙。天隨子《杞菊賦》云：「爾杞未棘，爾菊未莎，其如予何。」《本草》：葉似榴而軟者，能輕身益氣。子員而有刺者，名杞棘，不可用。

又 卷一四九《**蕺**》 越中有蕺葉似蕎麥，地肥亦能蔓生，莖葉紫赤色，多生山谷陰處。《吴越春秋》云：「越王嗜蕺，嘗采於此山，故名本草。」云關中謂之「菹菜」。《齊民要術》亦有「蕺菹」法。然生擷之有臭氣，凶年民斵根食之。諺曰：「豐年惡爾臭，荒年賴爾救。」今所謂魚腥草是，爐火家謂之天蕎麥，能爛玉石作渥。

明 **陳全之**《**蓬窗日録**》**卷一**《**湖廣**》 武當石階山中有救窮草，食三寸可代穀氣一日，冬夏不枯。

明 **陳耀文**《**天中記**》**卷四六**《**蕨**》 蕨。一名虌莽牙也。四皓食之而壽，夷齊食之而夭。《搜神記》曰：「郗鑒鎮丹徒，二月出獵，有甲士折一枝食之，覺心中淡淡成病。後吐一小蛇，垂之屋前，漸成乾蕨，此物不可生食。」《草木疏》曰：「周秦曰蕨，齊魯曰虌。」

明 **徐昌祚**《**新刻徐比部燕山叢録**》**卷一八** 猴頭菜、天花菜，皆菜中珎品。産阜平、靈壽二縣。其地有伏蛇，一躍五尺，中者多死，采者患之。

明 **王世貞**《**異物彙苑**》**卷三**《**芍藥芽**》 女真多白芍藥花，皆野生，絶無紅者。採其芽爲菜，以䴵煎之，其味脆美，可以久留。（出《松漠記聞》）

明 **周文華**《**汝南圃史**》**卷八**《**錦帶**》 《歲時廣記》云：「初生葉柔脆可食。老杜詩云：『滑憶雕胡飯，香聞錦帶羹。』春時分植。」

明 **王世懋**《**學圃雜疏**》**卷一〇** 莧。有紅白二種，素食者便之。肉食者忌與鼈共食。一種野生及馬齒莧俱堪食。

明 **穆希文**《**説原**》**卷九** 葑。蔓菁之類也，菲葍之類也。上下皆可食，其根有美時，有惡時，采之者不以其根惡時并棄其葉也。菘子，黑蔓菁子。紫赤，蘆服子，黄而大，不圓且梗長。葉瘦高者爲菘，葉潤厚短者爲蕪青。葢蔓菁根葉及子乃是菘類，與蘆菔全别。菰即茭苩也，歲久中心生白臺，謂之「菰米」。其臺中有黑者謂之茭，欝至復結實乃雕胡，黑米也。

明 **屠本畯**《**離騷草木疏補**》**卷一**《**茹**》 《離騷》曰：「攬茹蕙以掩涕兮。」王逸注：「言己引取柔輭香草以自掩涕，不以悲故失仁義之則也。」吴仁傑曰：「茹，香草也，傷己忠嗜好，唯盛德之馨香，而不見知于時也。」（補）

茹，茈胡也。一名地薫，一名山菜，其葉名芸蒿，三四月生，苗甚香，莖青紫，葉似荷葉稍緊，亦有似邪蒿，亦有似麥門冬而短。七月開黄花，根赤色，蘆頭有赤毛如鼠尾。芸蒿生熟皆可啖，古人藏書用芸，今人謂之七里香也。仲冬芸始生，其葉類豌豆，作小叢生，極芬香，葉間微白如粉，污辟蠹殊驗。南人采寘席下，能去蚤虱。

又《**藑茅**》 《離騷》曰：「索藑茅以筳篿兮。」王逸注：「言己欲去則無所集，欲止又不見用，憂懣不知所從，乃取神草竹筳結而折之，以卜去留。」（補）

藑茅，葍也，一名「筳」，大葉白花，根如芷，正白可啖。蔓延披樹而生，味甘。一名「甘獲」，一種莖葉細而香，一種莖赤氣臭。

又 卷二《**薇**》 《天問》曰：「驚女采微力何祐。」王逸注：「祐，福也，言昔者有女子采薇菜，有所驚而走，因獲得鹿，其家遂昌熾，乃天祐之。」（補）

薇，山菜也，莖葉皆似小赤豆，蔓生。其味亦如小赤豆，藿可作羹，亦可生食，古人種之，以供宗廟祭祀。（補）

明 **謝肇淛**《**滇略**》**卷三** 唐蒙使南越，食蒟醬，問所從來，曰：道西北牂牁。今臨安、大理俱有之，即蓽茇也。其實似蔞子，土人以和五味。宋司馬光《送張寺丞詩》：「漢家尺五道，置吏撫南夷。欲使文翁化，兼令孟獲知。

盤堆蒟醬實，歌雜竹枝詞。」《本草》《通鑑》諸注及張志淳《南園漫録》皆以蔞子爲蒟醬，誤矣！然蔞子一名「扶留」，而扶留有三種，蓽茇與焉？見《廣州記》，二者名亦相通，但今所合檳榔食者，的非蒟耳。

明 慎懋官《華夷花木鳥獸珍玩考》卷六《萬花會》 東坡之揚州芍藥，爲天下冠，蔡繁卿爲守，始作萬花會，用花十餘萬枝。既殘諸園，吏並緣爲奸，民大病之。余始至，問疾苦，以此爲首，遂罷之。萬花本洛陽故事，亦必爲民害也。會當有罷之者，錢惟演爲留守，始置驛，貢洛花。識者鄙之，曰此宮妾愛君之意也。

女貢多白芍藥花，皆野生，絶無紅者。好事之家，采其芽爲菜，以麵煎之，凡待賓齋素則用，其味脆美，可以久留，無生薑，至燕方有之，每兩價至千二百金，人珍甚，不肯妄設，遇大賓至，縷切數絲寘楪中，以爲異品，不以雜之飲食中也。

草詞畢，遇芍藥初開，因詠小詩「紅藥高堦翻」詩，以爲一句，未盡其狀，偶成十六韻。

罷草紫泥詔，起吟紅藥詩。詞頭封送後，花口坼開時。坐對鈎簾久，行觀步履遲。兩三叢爛熳，十二紫參差。背日房微歛，當堦朶旋欹。釵葶抽碧股，粉蕋撲黄絲。動蕩情無限，低斜力不支。周圍看未足，比諭語難爲。勾漏丹砂裏，焦僥火焰旗。彤雲賸根蔕，絳幘欠纓緌。兒有晴風度，仍兼宿露垂。疑香薫罨晝，似淚着臙脂。有意留連我，無言怨思誰。愁應明日落，如恨隔年期。菡萏泥連萼，玫瑰刺繞枝。等量無勝者，唯眼與心知。

貞元十四年旱甚早，門移芍藥，吕衡州：緑原青壠漸成塵，汲井開園日日新。四月帶花移芍藥，不知憂國是何人。

明 焦周《焦氏説楛》卷六 錦帶花初生，葉柔脆可作羹。杜詩：「滑憶雕胡飯，香聞錦帶羹。」

明 木增《雲薖淡墨》卷三《紫英菊》 菊名，治蘠。《本草》名「節花」。陶註云：「菊有二種，莖紫氣香而味甘，其葉乃可羹；莖青而大氣似蒿而苦，名『苦薏』，非菊也。」今法：春采苗略炒煑熟，下姜鹽羹之，可清心明目，加杞尤妙。天隨子《杞菊賦》云：「爾杞未棘，爾菊未莎，其如余何？」《本草》：「杞葉似榴而軟者，能輕身益氣，其子圓而有刺者名『狗棘』，不可用。」

又 卷八《集于苞杞》 杞。其樹如樗，一名「苦杞」，一名「地骨」。春生作羹茹，微苦。其莖似莓子，秋熟，正赤。莖葉及子服之，輕身益氣。

又《采葑采菲》 葑，蔓菁，幽州人或謂之芥菲。似葍，莖粗葉厚而長，有毛。三月中烝鬻爲茹，甘美，可作羹。幽州人謂之「芴」，《爾雅》又謂之「葸菜」，河内人謂之「宿菜」。

明 張存紳《增定雅俗稽言》卷四〇 薇蕨。《詩》：「陟彼南山，言採其薇。」又曰：「言採其蕨」，是薇、蕨皆可食。陳藏谷《本艸》：「四皓食蕨而壽，夷齊食蕨而殀，然則夷齊亦食蕨耶？恐蕨非薇也。」按：蕨似□艸之微者，故名。一曰薇菜，蔓生，即今野豌苗也。蕨苗初生如拳，山谷詩：「蕨芽初生小兒拳」，以爲奇句。太白詩：「己有不知行徑下，初拳幾枝族已落。」第二義矣。按：《搜神記》：「有人摘蕨一枝食之，心中怏怏成疾。後吐一蛇，懸于屋前，漸復成蕨，遂知不可生食。」豌，盌上聲。翁公金堂云：「夷齊去周，自行其志耳，非有病于周也。若謂耻食周粟，則西山非周土乎！西山之薇，非周産乎！且假薇以生，又孰與棄薇而速殞也。此史遷之悞，世卒莫敢辨其悞。」餓于首陽之下，夫子有是言矣；曰「養非大烹，食無四簋」，即欲不餓可乎，曷嘗言其餓而死也。

明 劉侗《名物通》卷五 蓬蕳。狀如蓬，枝多葉少。根如絲，葉如扇，不摇自動，生風。主庖厨清涼，驅殺蠅蟲，以助供養。

又 卷八 蒟醬。俱兩切，蔞也。苗曰「浮留藤」，狀似蓽撥，嶺南取其葉合檳榔食之，辛而香。土人名蔞葉，藤狀似王瓜。

雲桑。生密縣山中，枝葉皆類桑，葉如雲頭，花又似木欒。開細青花，味微苦，可療饑。

明 陳懋仁《庶物異名疏》卷二〇《卷耳》 《詩正義》曰：「卷耳，苓耳。」《廣雅》：「枲耳，亦云胡枲，江東呼『常枲』，形似鼠耳，叢生似盤。」陸璣云：「葉青白色似胡荽，白華，細莖，蔓生，可煑爲茹。四月中生子如婦人耳璫，幽州謂之爵耳是也。」《爾雅翼》云：「卷耳，幽冀謂之襢菜，或謂之常思菜，一名葹離騷，所謂『資菉葹以盈室』是也。」

又《月爾》 《爾雅·綦月爾》注：「紫綦也，似蕨可食。疏綦，一名月爾，可食之菜也。」

又《苕饒 翹摇》 《草木魚蟲疏》：「苕。苕饒也，幽州人謂之『翹饒』。」夏生莖如勞豆而細，葉似蒺藜而青，其莖葉緑色可食，如山豆藿（豆葉）

也。《本草拾遺》作「䴼搖」，蔓生，細葉，紫花可食。

又《祝餘》《山海經》：「祝餘生招搖之山，狀如韭而青花，食之不饑。」郭璞云：「祝餘，或作桂荼。」

明 佚名 湖南漫士輯《水邊林下五十九種》之《野蔌品·枸杞頭》 枸杞子，嫩葉及苗頭采取如上食法，可用以煮粥更妙。四時惟冬食子。

又《香春芽》 採梗肥大者，去皮削令乾浄，早入糟，午間食之。

清 丁其譽《壽世秘典》 黄花菜。二月生苗，田野徧有，小科如薺。三、四、五月開黄花，其氣如瓜，又名「黄瓜菜」。取爲虀茹，甚香美。

薇。即今野豌豆，蔓生，莖葉氣味皆似豌豆，其藿作蔬、入□皆宜。

清 閔麟嗣《黄山志定本》卷二《山産志》 萊菔。《爾雅》云：「突，蘆葩。」孫□注：「紫花，菘也，菘菜名因其耐久，如松柏也。萊菔根名有大小二種：大者軒爲絲，水煑日乾；小者亦日乾，蒸之浮浮如棗赭赤色，佐以巨勝子、白蘇子二味，質軟味甘。」

蕨。山中在在生之，《詩》及《爾雅》《說文》皆云：「蕨，鼈」也。初生如大雀拳指，又如鼈足。色紫而肥，及時采取，煤去涎滑，日乾可爲蔬；或斸其根，擣洗澄粉，凶年可以御飢。戴侗云：「謂之『烏味』，又謂之『烏悏』。」

回芸。即防風，又名屏風，名茼根。防者禦也，其功療風最要，故名屏風者。防風，隱語也。曰芸曰茴曰蕳花，如茴香，氣如芸、蒿、蕳、蘭也。二月採嫩芽，水煑調以醝醢，可食。若荆芥、薄荷、五加諸苗鹽浸法製，皆可爲蔬。

苦藏。俗名苦菜，因味苦也。又名敗醬，因根紫且作陳豆醬氣也。葉似水莨及薇，銜色緑而淺，背淡。苗初茁寸許，山僧摘而製之名松蘿。苦蔗，夏秋間則貴少賤老，汰莖留苗，功用雖精，較之春製者，遠遜矣。

珍珠菜。藤本，暮春發芽，每芽端綴一二蕊，圓白如珠葉，脆緑如茶。連蕊葉腊之，香甘鮮滑，他蔬讓美。

清 高士奇《北墅抱甕録》卷一《灰莧》 灰莧心紅葉緑，煮食甚香。至秋漸老，高六七尺。莖可爲杖，輕而且堅，勝於笻竹，所謂杖藜是也。

清 曹溶《倦圃蒔植記·總論》卷二 魚腥草。其氣雖腥，亦不甚惡。他方乃有「蕺菜救饑」之説，想蒸熟或殊也。治痔取效甚速，白花亦可觀。

清 郎廷極《勝飲編》卷九 蘭英。《七發》：「蘭英之酒，酌以滌口。」注：酒中漬蘭葉，取其香也。

清 屈大均《廣東新語》卷二五《木語·南燭》 南燭，生羅山高處。初生三四年，狀若菘，漸似梔子，二三十年成大株，蓋木而似艸者也。葉似茗而圓厚，冬夏常青。枝莖微紫，大者高四五丈，肥脆易折，子如茱萸，九月熟，酸美可食。昔朱靈芝真人以其葉兼白秔米九蒸暴之，爲青精飯，常服，人稱「青精先生」。今蘇羅猺人，每以社日爲青精飯相餉，師其法也。蘇羅乃羅浮最深處。予詩：「社日家家南燭飯，青精遺法在蘇羅。」

又 卷二七《草語·蕨》 從化山中多蕨，以雷鳴出土，故蕨惟雷鳴乃可食。蕨，決也，乘怒氣決然而生，故曰「蕨」，其芽薇也，初生萌甚微，故曰薇；以其梠爲粉，曰「蕨萁」，以土茯苓雜之則性寒，多食病臃腫。或謂蕨以猿啼而生，凡有猿之所則多蕨，每猿一聲，蕨生萬莖，故食蕨能使人悲，而夷齊食薇三年，顔色不異，蓋薇美而蕨惡，故昔人多采薇而少采蕨。予詩：「食薇三載容顔好，誰道夷齊不是仙？」

清 汪灝《佩文齋廣群芳譜》卷四八《花譜·菊花》 《牧豎閒談》：「蜀人多種菊，以苗可入菜，花可入藥，園圃悉植之。郊野人多採野菊供藥肆，頗有大惧，真菊延齡，野菊瀉人。」

又 卷八八《卉譜·芸》 《雜禮圖》：「芸似邪蒿，香美可食。大率香草花過則已，縱有葉香者須採而嗅之方香，此草香聞數十步外，栽園亭間自春至秋，清香不歇，絶可翫。簪之，可以鬆髮；置席下，去蚤虱；置書帙中，去蠹。古人有以名閣者。」

又 卷九四《藥譜·防風》 《別録》原製用：江淮所産多是石防風，生于山石之間，二月采嫩苗作菜，辛甘而香，呼爲「珊瑚菜」，其根麤醜，子亦可種。

又 卷九五《藥譜·紫蘇》 《別録》原製用：葉生採作羹，殺一切魚肉毒。嫩時採葉和蔬茹之，或鹽及梅滷作葅，食甚香，夏月作熟湯飲之。

又 卷九六《藥譜·車前》 製用：陸璣言：「嫩苗作茹，大滑。」王旻《山居録》有種車前蒴苗食法，昔人常以爲蔬矣，今野人猶採食之。

清 陳啓源《毛詩稽古編》卷二二《大雅·韓奕》 蒲可爲席，亦可爲葅，故《書》有「蒲筵」，《周禮》：「醢人加豆有深蒲筍葅。」其見於《詩》者「澤陂魚藻之蒲」皆興也。惟韓奕「筍蒲」則爲「蔌」焉。案：《本草》：「香蒲入《本經》上品。《吳譜本草》謂之「醮」。後宋《圖經》云：「春初生，嫩葉時取其中心入地，白蒻大如匕柄者，生噉之，甘絶。又以醋浸食，如筍大美。」《周禮》「蒲菹」是也。今人罕有食者，至夏抽梗於叢葉中，華抱梗端如武士奉杵狀，俗名「蒲搥」，亦曰「蒲蕚華」，中藥屑細若金粉，謂之「蒲黄」，亦《本經》上品藥也。《韓奕傳》云：「蒲蒻。箋云『深蒲』，蓋指大如匕柄者。」

清 李光地《月令輯要》卷一三《秋令·民用》 秦椒。增《本草綱目》：秦椒，生泰山山谷及秦嶺上，或瑯琊。八月九月採實。陸璣《詩疏》：秦椒樹似茱萸，有針刺。葉堅而滑澤，味亦辛香，蜀人作茶吴人作茗，皆以其葉合煑爲香。

又 卷一五《八月令·民用》 縮砂蔤增《開寶本草》：縮砂蔤生南地，苗似廉薑子，形如白豆蔻。其皮緊厚而皺，黄赤色。八月采之，辛香可調食味及蜜煎糖纏用。

又 卷一七《冬令·民用》 山薑。增《嶺表録異》：山薑，莖葉皆薑也。但根不堪食，亦與豆蔻花相似而微小爾。花生葉間，作穗如麥粒，醃藏入甜糟中，經冬如琥珀色，辛香可愛，用爲鱠，無以加矣。

清 陸廷燦《藝菊志》卷一《考·子》 《日華子》：「菊花治四肢遊風，利血脉并頭痛，作枕明目，葉亦明目，生熟並可食。」

又 《考·雜録》 《山家清供》：「□紫莖黄色正菊英，以甘草湯和鹽少許綽過，候飯少熟，投之同煑，久食可以明目延年，名曰『金飯』。」又，菊苗煎法：採菊苗湯瀹用，甘草水調山藥粉煎之，以油爽然，有楚畹之風。

清 陸廷燦《續茶經》卷下之二 蜀、雅州名山茶有露鋑芽、籛芽，皆云火前者，言采造於禁火之前也。火後者次之。又有枳殼芽、枸杞芽、枇杷芽，皆治風疾。又有皂莢芽、槐芽、柳芽，乃上春摘其芽，和茶作之。故今南人輸官茶，往往雜以衆葉，惟茅蘆竹箬之類，不可以入茶。自餘山中草木芽葉，皆可和合，而椿、柿葉尤奇。真茶性極冷，惟雅州蒙頂出者，温而主療疾。李時珍《本草》：服葳靈仙、土茯苓者忌飲茶。

又 卷下之四 《類林新咏》：長沙之石楠葉，摘芽爲茶，名欒茶，可治頭風。湘人以四月四日摘楊桐草，搗其汁拌米而蒸，猶餻糜之類，必啜此茶，乃去風也。

清 宋廣業《羅浮山志會編》卷七《品物志·草屬》 仙人掌草。《本草圖經》：仙人掌草多貼石壁而生，葉勁而長，似齟齬，味微苦澀，無毒。與甘草浸酒服，治腸痔瀉血，移植惟宜沙土。發苞時，外類芋魁，内攢翠毬片，片各擎子珠如掌。然青色轉黄而有重殼，剖之，厚者如小椰子，可爲七勺；薄者在裏如銀杏衣，而裏圓肉煨，食之味兼芡栗。可補諸虚，久服之輕身延年，俗名「萬壽果」。

又 《花屬》 菊有數種，葉似筒蒿，花蕊俱黄，乃黄花也。青莖大葉作蒿艾氣而花白味苦不堪食，謂之苦薏。《爾雅翼》：「菊與薏相似，菊甘而薏苦。」亦有紅紫者，惟莖紫氣香而味甘，可作羹食者，《本草》名爲甘菊，人藥用之。（見《草品》）王叔之居玆山，植蘭菊于庭，作銘，見本傳。南朝梁王筠有詩載《藝文志》。

清 文行遠《潯陽蹠醢》卷一 蕨。初生時，芽如小兒拳，可作茹，村人採食之。亦堪作粉。嘉靖中，九江饑民採蕨以爲食，後皆病，多死。

清 雍正《浙江通志》卷一〇二 馬蘭頭。《嘉興府志》：「可作菜食，花如小菊。」

又 卷一〇四 蕨。嘉泰《會稽志》：東坡詩「慚愧春山筍蕨甜」。今會稽以蕨配筍爲茹，尤珍美。《疏譜》：「會稽山間有一種似蕨而毛紫色，土人謂之蕨蓁，亦謂之毛蕨，不可食。」鄉人但以藏繭及藉楊梅，取其性疏而不浥鬱也，蕨青而蓁紫，故曰紫蓁。」

又 卷一〇六 樹衣。《霏雪録》：「金華山中多有之，僧家以爲蔬。味極美。貫休詩云：『僧採樹衣臨絶壑』，指此也。」

又 卷一〇七 山礬。萬曆《温州府志》：「極香木高數尺，土人以其葉醃鮓。」

清 雍正《陝西通志》卷四三 藜，「北山有萊」。（《詩經小雅》）萊，草名。葉香可食者也。（《朱子集傳》）藜，一名「萊」，一名「紅心」。灰藋，一名「落藜」，老則可爲杖。（《廣羣芳譜》）野落籬，正二月采頭，湯過可食。（《延綏鎮志》）

清 雍正《山西通志》卷四七《物產·寧武府》 蘆芽。出蘆芽山，嫩可食，類笋根，入香料。

清 許琰《普陀山志》卷一一 石花菜。亦生巖石間，色近紫菜而葉碎小。一名鳳尾，一名牛毛，夏間煎液成膏，食之解熱。此二種真洛伽之方產也，其餘菜筍瓜豆，山塲田圃各種俱有。

清 趙佑《草木疏校正》卷上《匏有苦葉》 匏葉。小時可爲羹，又可淹鬻，極美（此下有脱悞）揚州人恒食之。至八月，葉即苦，故曰「苦葉」。（毛本多匏有二字非。）

案：《詩疏》所引于極美下云：故《詩》曰：「幡幡瓠葉，采之亨之。」今河南及揚州人恒食之。八月中，堅强不可食，故曰「苦葉」。當依文改補。

又《北山有萊》 萊，草名，其葉可食，今兖州人蒸以爲茹，謂之萊蒸。

案：《廣要》云：諸韻書俱引《草木疏》云：「萊，藜也。」今疏本文不載，可見陸疏逸去者甚多。然考今詩疏所引，亦無「藜也」二字。諸韻書蓋據陸疏别本，毛氏考證頗善。又《爾雅》：「釐，蔓華。」《説文》云：「萊，蔓華。」《廣韻》《玉篇》俱云：「萊、藜，草。」古文來釐，同用釐藜。又一音，孔氏并遺《説文》也。

清 洪蕙《延安府志》卷三四《户略二·物産》 刺梅，紅黄二種。紅者名玫瑰，甚香，乾可作囊。以沙傍同搗謂之玫瑰醬。（膚施、延長俱有）

清 乾隆《長沙府志》卷三六《物産志》 蕨（野生，《爾雅》曰：「蕨，虌也。」郭璞註：「初生者可菹。大者曰蕨，小者曰薇。」）

清 蔣溥《盤山志》卷一五《物産·野蔬》 杏葉菜。形似杏葉，味甘可食。

龍鬚菜，即知母苗。

諸葛菜。即山芥菜，埜蔬之最早者，産上方寺及桃園溝。

筆管菜。即黄精苗，初生四五寸，如筆管。

苦益菜。似野菊葉，有浮毛，蕺生溝澗中。三月間采之，煠去水，醃烝三五次，作黴乾菜頗佳。

清 張宗法《三農紀》卷六《染色葉屬·芥藍》 芥藍，南人謂之芥藍，其形如芥。北人謂之擘藍，葉可擘食。葉大如菘，根大如芥，實大如蔓菁子。三月開花，淡黄色。四月結實，每畝可收子三四石。葉可爲蔬，又可治澱，染帛、苧綿，色勝他藍。《通志》云：「大藍，形如芥，染青碧苧最宜。榆莢落時，可種藍。」

清 嵇璜《清朝通志》卷一二五《昆蟲草木略一》 龍芽菜有二種：樹龍牙葉似椿而大，採其初生者可食；地龍芽葉亦相似。（見《佩文齋廣羣芳譜》及《盛京通志》）

清 乾隆《鄞縣志》卷二八 青芥。葉大子麤，似菘有毛，辣，可生食。紫芥。莖葉純紫，作虀最美。白芥。一名胡芥，一名蜀芥，高二三尺，葉青白色，爲茹甚美。莖易起而中空，性脆，畏狂風、大雪。他如南芥、刺芥、旋芥、馬芥、花芥、石芥、芸薹芥之類，皆菜之美者。又大芥名皺葉芥，大葉、皺紋、色緑、味辛，冬食者俗呼「臘芥」，春食者「春芥」，四月食者「夏芥」，芥心嫩薹謂之「芥藍」。（《蔬譜》）石芥，産四明山。（《四明山志》）芥多種，以春不老爲第一，（《學圃雜疏》）烏葉。（《閩志》）

清 陳文述《頤道堂詩外集》卷二《古今體詩·吉祥菜》 吉祥菜，即蕨菜，土人曝乾爲束，鬻於關内灤平境内，有蕨菜溝。

曾是西山蕨，於今最吉祥。溝塍分被畛，風露滄生香。束作同心脯，烹宜益智湯。兵銷農有慶，此味詎能忘。

清 道光《遵義府志》卷一七 檍木。《荒年雜詠》：俗稱「刺老包」幹無枝葉，莖頭一叢，人取爲茹食之。（見《食物本草》）

清 吴其濬《植物名實圖考》二〇《蔓草·木羊角科》 味微苦酸，採嫩梢葉煠熟，水浸淘浄，油鹽調食，嫩角亦可煠食。按：《本草》所述，羊桃皆獼猴桃。黔中以膠石者亦是其類。造紙者所用又一種樹，此羊桃形狀正與陸疏符合。

清 同治《桂東縣志》卷八《物産志》 蕨。生深山者壯，嫩采可爲菜，掘根可爲粉，充食資給甚多，俗云「開土倉」。

清 同治《石門縣志》卷四《食貨志·物産》 葛。有野生，有家種。《周書》：「葛小，人得其葉以爲羹。君子得其材，以爲絺綌。其根外紫内白，大如臂，冬月掘取揉粉，甚甘」。《羣芳譜》：「葛，名黄斤，又名鹿藿，名雞齊。」

清 同治《梧州府志》卷三《物産》 葛仙米，出勾漏草澤閒，采得曝乾，仍漬以水，可作羹入饌。味甚鮮，相傳爲葛稚川遺物，原非穀屬而以象形，故稱木耳。

清 光緒《零陵縣志》卷一《地輿志·物産》 蕨。苗可爲虀，根可製粉。

清 光緒《興寧縣志》卷五《風土志·物産》 蕨。生深山者壯，嫩采可爲菜，貧民或伴米作飯。根可爲粉、餌，掘以充食，資給甚多。有貨於市者。按舊志著：芋、蕨皆入蔬屬，今以其裨於民食目、粉餌類也，故改附穀之末。

清 光緒《江西通志》卷四九 豆葉菜。出廬山桃花峯側，方二里許，名豆葉坪。其味鮮，别亦可菹，他山皆無。

清《畿輔通志》卷七四 桔梗，富庶和家二縣，利州，惠州興中州建州土

產桔梗。（《元一統志》）苗嫩時可煮食，根如大黃，莖高尺餘，葉似杏葉，花頗類牽牛。（《羣芳譜》）

烏藥。產澗中，藍花，叢生，味苦毒人。庚午夏，山水暴漲，悉爲水削去。傳聞終南多烏藥，山家種之以充道糧，然炮製不法亦毒人。（《盤山志》）

清　郭云陞《救荒簡易書》卷一《救荒月令·正月》　山蔓菁菜，與長圓蔓菁迥不相同。生於太行山中，輝縣、林縣諸山麓皆有之。其苗不能樹立，就地拖秧，其結卵與天麻、慈姑相類。中有一魁，外有羣卵十二，與月數相應。閏月增爲十三卵，其數獲甚豐。山民賴以充飽。

清　光緒《容縣志》卷四《風俗》　二月朔，上巳節，俗以南天燭或楓葉漬糯米，炊烏飯食之。杜甫詩：「豈無青精飯，使我顏色好。」即此。（按：南天燭，藥名，赤者名文燭木而似草，故又名南燭木。）

清　光緒《靖州鄉土志》卷四《物產志·植物》　蕨。《爾雅》：「蕨，虌。」郭注：「初生無葉，可食。」邢疏：「可食之菜也。」《詩·召南》云：「言采其蕨。陸疏云：「周秦曰蕨，齊魯曰虌。」曰蕨菜，山中多有之。二月生芽，屈曲如雀足之拳，長則開張如鳳尾形，長三四尺。其莖嫩時采取作蔬，味甘滑。根黃紫，皮內有白粉，擣爛洗澄，取粉作粔籹，味甚滑美，靖人謂之「芒粉」。曰水蕨菜，溪澗中及低濕地多有之，似蕨而葉近根生，味亦滑美。

紀事

唐　鄭處誨《明皇雜録補遺》卷一　高力士既譴于巫山丹谷，多薺而人不食。力士感之，因爲詩寄意：「兩京作斤賣，五溪無人採。地利雖有殊，氣味終不改。」

唐　韋絢《劉賓客嘉話録》　公曰：「諸葛所止，令兵士獨種蔓菁者何？」絢曰：「莫不是，取其纔出甲者生啗，一也。葉舒可煮食，二也。所居隨以滋長，三也。棄去不惜，四也。回則易尋而採之，五也。冬有根可斸食，六也。比諸蔬屬，其利不亦博乎。」曰：信然。一蜀之人今呼蔓菁爲諸葛菜，江陵亦然。

唐　馮贄《雲仙雜記》卷六《瞬碧侯》　琴莊有溶溶軒，軒前皆池地也。度池得回笻，磴上自在峯，藺先生日往峯上採蕨。蕨生九股以釀醋異常，守臣取進之，封峯曰「瞬碧侯」。（《琴莊美事》）

宋　陶穀《清異録》卷下《縷子膾》　廣陵法曹宋龜造縷子膾，其法用鯽魚肉、鯉魚子，以碧筒或菊苗爲胎骨。

宋　林洪《山家清供》卷上《元脩菜》　東坡有故人巢元脩菜詩，云每讀「豆莢圓而小，槐芽細而豐」之句，未嘗不寘搜畦隴間，必求其是。時詢諸老圃，亦罕能道者。一日永嘉鄭文干歸自蜀，過梅邊，有叩之答曰：「蠶豆也，即彎豆也。蜀人謂之巢菜，苗葉嫩時，可採以爲茹，擇洗，用真麻油熟炒，乃下鹽醬煮之，春盡苗葉老，則不可食。」坡所謂「點酒下鹽豉，縷橙芼薑葱」者，正庖法也。君子耻一物不知，必游歷久遠而後見聞博。讀坡詩二十年，一日得之，喜可知矣。

又《蔞蒿菜　蒿魚羹》　舊客江西林山房書院，春時多食此菜。嫩莖去葉，湯焯，用油鹽苦酒沃之爲茹，或加以肉，燥香脆，良可愛。後歸京，師春輒思之。偶與李竹埜制機伯菴隣，以其江西人，因問之。李云《廣雅》名蔞，生下田，江西用以羹魚。陸疏云：葉似艾，白色。可蒸爲茹，即「漢廣」言「刈其蔞之」矣。山谷詩云：「蔞蒿數筯玉簪横。」及證以詩註，果然。李乃怡軒之子，嘗從西山問宏詞法，多識草木，宜矣。

明　陳耀文《學圃藼蘇》卷三　嶲州界緑山野間，有菜大葉而粗莖，其根若大蘿蔔。土人蒸煮其根、葉而食之，可以療饑，名之爲諸葛菜。云諸葛南征，用此菜蒔於山中，以濟軍食。亦猶廣都縣山櫪林謂之諸葛木也。（《雲南記》）

明　吳之俊《獅山掌録·小山館》卷一三《早韭晚菘》　周彥倫獨處山舍，王儉問：「卿山中何有？」曰：「赤米、白鹽、緑葵、紫蓼。」文惠太子問：「菜食何味？」佳曰：「春初早韭，夏末晚菘。」

明　陳詩教《花裏活》卷三　宋僧德修作酴醾粥，採花片用甘草湯焯，候粥熟同煮。又採木香嫩葉就元焯，以鹽油拌爲菜茹。

清　汪灝《佩文齋廣群芳譜》卷九〇《卉譜》　《列仙傳》：「老萊子，楚人逃世，耕於蒙山之陽，莞葭爲牆，蓬蒿爲室，樹木爲牀，蓍艾爲席，葅芰爲食。」

清　陸廷燦《藝菊志》卷一《考·志》　《蠻甌志》：「劉禹錫正病酒，乃饋菊苗虀，換白樂天六班茶二囊，以醒酒。」

清　阿桂《滿洲源流考》卷二〇《大金國志》：「金太祖十四年，生紅芍藥花，北方以爲瑞。女真多白芍藥花，皆野生，絶無紅者。好事之家採其芽爲菜，以麪煎之，凡待賓，齋素則用之。金人珍甚，不肯妄設。遇大賓，縷切數絲置楪中以爲異品。」按：今英莪門外獵場中有芍藥兩叢相對，繁柯密葉，鬱然猶存，其下不生雜草。土人云：凡鳥獸避跡不敢蹂踐花，時人遇之，畏不採擷，或有所犯必致疾病，因名其地爲花園。詳見《御製花園詩》序及注。

清 道光《晃州廳志》卷三八《祥異志》 乾隆四十四年，晃地荒民多挖巖蒜與蕨充食。

藝文

清 謝堃《花木小志·菜》 葉碧，花黄，香清緻逸，真吾儒至味也。余生江左，當暮春時，蓢菜花一叢，置牡丹花側，大有不移不淫之雅。當秋風細雨之天，命荆釵布羣之婦以晚香稻作飯，佐以瓢兒菜羹，此中風味，恐富貴者不能諳也。移家山左所愛者，芸薹菜也。京師至嬎，黄芽菜也。燕趙之郊，菪蓮菜也。楚粤蕹菜，淛閩白菜，江左之地踏烏菜，皆至味也。惟蔓菁花紫，味苦，俗名諸葛菜，別有風趣。

唐 白居易《白氏長慶集》卷一《采地黄者》 麥死春不雨，禾損秋早霜。歲晏無口食，田中采地黄。采之將何用，持以易餱糧。凌晨荷鋤去，薄暮不盈筐。攜來朱門家，賣與白麵郎。與君啖肥馬，可使照地光。願易馬殘粟，救此苦饑腸。

唐 白居易《白香山詩集》卷七《烹葵》 昨卧不夕食，今起乃朝飢。貧厨何所有，炊稻烹秋葵。紅粒香復軟，緑英滑且肥。飢來止於飽，飽後復何思。（一作「飽復何所思」）憶昔榮遇日，迨今窮退時。今亦不凍餒，昔亦無餘資。口既不減食，身又不減衣。撫心私自問，何者是榮衰。勿學常人意，春間分是非。

宋 蘇軾《東坡全集》卷二三《枸杞》 神藥不自閟，羅生滿山澤。日有牛羊憂，歲有野火厄。越俗不好事，過眼等茨棘。青荑春自長，絳珠爛莫摘。短籬護新植，紫笋生卧節。根莖與花實，收拾無棄物。大將玄吾鬢，小則餉我客。似聞朱明洞，中有千歲質。靈厖或夜吠，可見不可索。仙人儻許我，借杖扶衰疾。

又 卷三三《後杞菊賦有序》 天隨生自言嘗食杞菊，及夏五月，枝葉老硬，氣味苦澀，猶食不已，因作賦以自廣。始余嘗疑之，以爲士不遇，窮約可也，至於饑餓嚼齧草木則過矣。而余仕宦十有九年，家日益貧，衣食之奉殆不如昔者。及移守膠西，意且一飽，而齋廚索然，不堪其憂。日與通守劉君廷式，循古城廢圃，求杞菊食之，捫腹而笑，然後知天隨之言，可信不謬，作《後杞菊賦》，以自嘲，且解之云。

吁嗟！先生，誰使汝坐堂上稱太守？前賓客之造請，後掾屬之趨走，朝衙達午，夕坐過酉。曾杯酒之不設，攬草木以誑口。對案顰蹙，舉箸噎嘔。昔陰將軍設麥飯與葱葉，井丹推去而不餺。怪先生之眷眷，豈故山之無有？先生聽然而笑曰：人生一世，如屈伸肘。何者爲貧，何者爲富？何者爲美，何者爲陋？或糠覈而瓠肥，或粱肉而墨瘦。何侯方丈，庾郎三九。較豐約於夢寐，卒同歸於一朽。吾方以杞爲糧，以菊爲糗。春食苗，夏食葉，秋食花實，而冬食根，庶幾乎西河，南陽之壽。

宋 司馬光《傳家集》卷二《晚食菊羹》 朝來趨府庭，飲啄厭腥羶。況臨敲扑喧，憒憒成中煩。歸來褫冠帶，杖屨行東園。菊畦濯新雨，緑秀何其繁。平時苦目疾，滋味性所便。采擷授厨人，烹瀹調甘酸。毋令薑桂多，失彼真味完。貯之鄱陽甌，薦以白木盤。餔啜有餘味，芬馥逾秋蘭。神明頓飒爽，毛髮皆蕭然。迺知恆口腹，不必矜肥鮮。嘗聞南陽山，有菊環清泉。居人飲其流，孫息皆華顛。嗟予素荒浪，强爲簪紱牽。何當葺弊廬，脱略區中緣。南陽匄嘉種，蒔彼數畝田。抱甕親灌溉，爛漫供晨餐。浩然養恬漠，庶足延頽年。

宋 王之道《相山集》卷一《次韻朱元順食萱草羹》 衰年因羇旅，百念日縈繞。蓍龜亦何知，憂來又將老。出處稍不慎，遠志成小草。堂陰有孤芳，紛葩照人好。誰將忘憂姿，擷芼等蘋藻。充腸固甚慰，入鼎可堪擾。糠籺貧者事，甚矣兄逐嫂。異時饜粱肉，記此一羹飽。

宋 許綸《涉齋集》卷一四《罌粟》 采苗能勝芹，摘實可當粟。缾罄疊未羞，難貯杯中醁。

宋 釋文珦《潛山集》卷三《山蔬》 山蔬有真味，肉食者不知。老我於空林，自愛園中葵。種蒔俱有法，采擷初無時。置之折脚鐺，燎以枯松枝。芼之以薑桂，是乃性所宜。嗜此已成癖，自覺甘如飴。既足果吾腹，何用五鼎爲。衆欲不干慮，出處常委蛇。笑傲泉石間，萬象皆吾詩。我已自忘我，人知我爲誰。

又《苦益菜》　苦菜吾所嗜，意與食蘖同。古者以益名，頗足昭其衷。秋花更清妍，綽約氷雪容。恍疑姑射仙，或如采芝翁。菊以彭澤顯，蓮以濂溪崇。此獨無知音，没身蕭艾中。人生天壤間，用舍爲窮通。草木豈不然，一皆係其逢。

宋　李洪《芸菴類稿》卷一《苦益菜賦并序》　李子閒居自暇，從老圃灌畦毓蔬，日忘其勞。客有以山中苦益菜爲餉，菹芼調咶，嘉其小苦微甘，咀嚼雋永，似乎忠臣醫國之言也。賦以自廣：瞻清晨之始旦，獨植杖而灌園。遡望舒之落月，逆扶桑之朝暾。零露溥兮薤本，敗葉委兮葵根。紛冒撅而甲拆，擢翠羽以庶蕃。顧不熟而爲饉，豈飯芼於盤飧。時乃享庚郎之三九，擅諸葛之五利，想千里之蓴羹，擷五溪之春薺。詘杞菊於天隨，嗜芥芹於羊鼻。人莧發園官之譏，馬蘭寓玉川之意。客有拔葰茂於山椒，濯滄浪之水裔，羞我鼎鉶，芼之薑桂。其苦口若批（音必結反。）鱗之切諫，其愈疾若上池之良劑。萇宏染指而化碧，賈誼濡脣而流涕。故國醫鍼在肓之疾，忠言趣蹻足之計。既謙受而爲益，信雋永之有味。彼啜羹之少恩，不如放麑之多仁。紾臂而得食，有類轅釜之無親。肆甘言之慫慂，美佞舌之囁嚅。鼻莫辨於薰蕕，憂寧忘於萱蘨。矧茲菜之耿介，宜棄置於路隅。然而歲寒後凋者松栢所獨，主聖臣直者社稷之福。鑑至明者察妍蚩於顧眄，水既止者視毫髮與眉目。從諫有轉圜之易，去佞無拔山之酷。漢文除挾書之禁，堯庭設誹謗之木。嘻其甚哉！此野人炙背之獻異，聖哲啓心之沃徒。采薇於西山，慕白駒於空谷。固不足以當宣室前席之咨，而備廣厦細旃之瀆。

宋　楊萬里《誠齋集》卷二〇《嘗枸杞》　芥花菘薹餞春忙，夜吠仙苗喜晚嘗。味抱土膏甘復脆，氣含風露嚥猶香。作齏淡著微施酪，芼茗臨時莫過湯。却憶荆溪古城上，翠條紅乳摘盈箱。

又　卷三一《題張以道上舍寒緑軒》　菊牙伏土糝青粟，杞笋傍根埋紫玉。雷聲一夜雨一朝，森然迸出如蕨苗。先生飢腸詩作梗，小摘珍芳汲水井。風爐蟹眼候松聲，衆羅親撈微帶生。爛炊凋胡淅青精，芼以天隨寒緑萌。飢時作齏仍作羹，飽後龍鳳空庖烹。大官蒸羔壓花片，宰夫腼蹯削瓊軟。豹胎熬出禍胎來，貴人有眼何曾見。天隨尚自有愁魔，愁杞作棘菊作莎。君不見黄金錢照紅，玉豆秋高更覺風。味多先生釀金鍊，紅玉自莎自棘如。子何金空玉盡苗復出，喫苗喫花并喫實。天隨白眼屠沽兒，不到有人頭上立。

宋　方岳《秋崖集》卷一五《豆苗》　江南之筍天下奇，春風匆匆催上籬。秦郵之薑肥勝肉，遠莫致之長負腹。先生一缽同僧居，别有方法供齋蔬。山房掃地布豆粒，不煩勤荷煙中鋤。手分瀑泉灑作雨。覆以老瓦如穹廬。平明發視玉髯磔，一夜怒長堪水菹。自親火候瀹魚眼，帶生芼入晴雲盌。碧絲高壓涎滑蓴，脆響平欺辛螯薢。晚菘早韭各一時，非時不到詩人脾。何如此雋咄嗟辦，庚郎處貧未爲慣。

宋　華岳《翠微南征録》卷三《野菜吟》　芙蓉峯下揚雄宅，路入城闉里三百。有山無粟養雞豚，有水無人捕魚鼈。山翁菜色流清涎，齒頰連月無腥羶，客來問我何所有，手指萬壑煙霞邊。青芹不似蘆蒿美，石芥防風空刖齒。蕨腦纔抽穉子拳，蘆牙已迸佳人指。兒童不待明朝陽，花襟路濕争慌忙。攜籠拍塞貯不盡，歸來滿袖春風香。攬衣踏破青銅鏡，掇動碧雲流一徑。漉歸銀鼎作波濤，無限春工上盤飣。

明　屠本畯《山林經濟籍》卷一六《蕨》　採掇採掇，彼美有蕨。既茹其萁，不畏其蹷。勿謂其踐，歉歲可活。

又《頳桐芽俗呼□東》　小雨霏霏，紅藥翻階，光無地而不艷，顔無日而不開。擊如意七尺高之珊瑚盡碎，藏金谷四十里之錦帳空闉。皎童方度曲，明月又銜盃。勞目成傳手中芍藥，步丁東返上宮娥眉。挹清光兮荏苒，味餘韵兮徘徊。

清　萬樹《香膽詞·賀新郎·黄虀》　風味多清約，論和羹獨堪調鼎，淡而非薄。釀出青黄兼緑紫，嚼出宫商徵角。鹽與粥，儘詩精鑿。但看盤中何所有，識其人天下相憂樂。寧肉食，勝藜藿。曾聞有客歸泉漠。聽傳呼，椽曹詳檢，訝稱來錯。尚有黄虀三甕在，合道生歸細嚼。把前件，定教銷却。我媿萬羊丞相禄，算平生食料應多着。須信是，引年藥。

清　龐塏《叢碧山房詩三集》卷二《家園八憶·紫芥》　青青隨地出，花發獨先春。密朶偏憐紫，微芳稍帶辛。易生人不重，小食味堪親。庶草同零落，悲君霜露辰。

清　吴省欽《白華後稿》卷三八《著雍敦牂·食蕨》（塞外謂之吉祥菜。）　萬古酸寒菜，何年號吉祥。握拳叢未老，搗粉種偏良。頗具神蓍體，誰争野蔌光。試論薇赤白，同配食單嘗。

清　同治《恩施縣志》卷一一　清商盤《採蕨》　採蕨復採蕨，蕨生巒嵩峭。

秋將蕨粉收，春待蕨苗發。蕨苗葱翠如禾苗，布種不用施鉏銚。婦女提筐立沙嘴，兒童負籠穿山腰。施州地廣民富足，況逢五穀穰穰熟。比隣都有好田園，此産還同閒草木。君不見嫩韭初芽薺未花，登盤蕨菜定足誇。夕陽一片踏歌起，社前競采西巖茶。

清 同治《茶陵州志》卷二三清·陳泰《集民謡二首》　蕨澄澄新春，食蕨苗蕨根。淩晨斸根暮春杵，瀲灔大甕流黃渾。常年春寒粉如凍，誰信秋暑霜翻盆。窮通有數今已識，爲生爲死尚難測，獨立蒼茫面如雪。

清 光緒《靖州鄉土志》卷四《物産志·靖州三十咏》　山中薇蕨長新芽，隱士家風入饌詩。秋色六分到園圃，兒童且免掘芒巴。

雜録

漢 郭憲《洞冥記》卷三　烏哀國有龍爪薤，長九尺，色如玉，煎之有膏，以和紫桂爲丸，服一粒千歲不饑，故語曰「薤和膏，身生毛」。

有掌中芥，葉如松子，取其子置掌中，吹之而生，一吹長一尺，至三尺而止。然後可移於地上，若不經掌中吹者，則不生也。食之能空中孤立，足不躡地，亦名躡空草。

晉 陶潛《搜神後記》卷三　太尉郗鑒字道徽，鎮丹徒，曾出獵。時二月中，蕨始生，有一甲士折食一莖，即覺心中淡淡（或作潭潭）欲吐。因歸乃成心腹疼痛，經半年許，忽大吐吐出一赤蛇，長尺餘，尚活動摇。乃掛著屋簷前，汁稍稍出，蛇漸焦。小經一宿，視之乃是一莖蕨，猶昔之所食，病遂除差。

宋 李石《續博物志》卷七　新生艾作乾菜，妙作餛飩，吞三五枚以飯壓之良，療一切鬼氣。

明 王世貞《弇州四部稿》卷一七一　隋仁壽間，籌禪師入内造五色飲，以扶芳葉爲青飲，拔楔根爲赤飲，酪漿爲白飲，烏梅漿爲玄飲，江笙爲黃飲。又作五香飲，第一沉香飲，次檀香飲，次蘭澤香飲，次雞舌香飲，次甘松香飲。《大業志》：扶芳出吳郡，其樹蔓生，纏繞他樹，葉圓而厚，淩冬不凋。夏月取其飲，微火炙使香，煑飲碧深色，香甚美，不渴。今不定爲何樹，亦不解作飲。

清 雍正《浙江通志》卷一〇四　山蔓菁。《列仙傳》：「劉綱夫婦隱居四明龍泉山，植山蔓菁爲食。婦先綱仙去，謂綱曰：『菜熟亦仙。』」

圖表

明 王磐《野菜譜》　枸杞頭　（村人采爲甜菜頭，春夏采嫩頭熟食，秋采實即枸杞子，冬采根即地骨皮。）枸杞頭生高丘，寔爲藥餌來甘州。二載淮南穀不收，采春采夏還采秋，饑人飽食如珍饈。

清 吳其濬《植物名實圖考》卷三《蔬菜類·薺》　薺，《别録》：「上品」。《爾雅》：「菨，薺實。」湖南候暖，冬初生苗，已供匕筯。春初即結實。其花能消小兒乳積，投之乳中，旋化爲水。肉食者，可以蕩滌腸胃，俗亦謂之「净腸草」。故燒灰治紅白痢有效。陸放翁詩：「自有食薺糝甚美」，蓋蜀人所謂東坡羹也。今燕京歲首亦作之，呼爲「翡翠羹」，牛乳抨酥洵無此色味。放翁又有《食薺詩》云：「挑根擇葉無虚日，直到開花如雪時。」真知食菜者矣。《清異録》：「俗號薺爲『百歲羹』，言至貧亦可具，雖百歲可常享。」然金李獻能詩：「曉雪没寒薺，無物充朝飢。」則苦寒之地有求之不得者。《珍珠船》：池陽上巳日以薺花點油祝而灑之，謂之「油花卜」。《物類相感志》：「三月三日，收薺菜花置燈檠上，則蚊蟲飛蛾不敢近。伶仃小草有益食用如此。」

零婁農曰孟東野云：「食薺腸亦苦。」放翁亦云：「傳誇真欲嫌荼苦，自笑何時得瓠肥。」咬斷菜根者，得不令人疑其勉而爲瘠耶。水壺先生沉醉大嚼，適然之妙，非必醒酒鮓也，高力士氣味不改。

又　卷四《蔬菜類·蕺菜》　蕺菜，《别録》：「下品，即魚腥草。」開花如海棠，色白，中有長緑心突出，以其葉覆魚可不速餒。湖南夏時煎水爲飲，以解暑。《爾雅》：「蘵，黄蒢。」注：草似酸漿，華小而白，中心黄，江東以作葅。《通志》以爲即蕺，「蕺」「蘵」音近，其狀亦相類。《吴越春秋》：「越王嘗糞惡之，遂病口臭，范蠡令左右食岑草以亂其氣。」注：岑草，蕺也。凶年飢民劚其根食之。《齊民要術》有蕺葅法，今無食者，醫方亦鮮用，唯江湘土醫莳爲外科要藥。《遵義府志》：「側耳根即蕺菜，荒年民掘食其根。」《本草》：「味辛。」《山陰縣志》：「味苦，損陽消髓，聊緩溝壑瘠耳。」

又　卷八《山草類·地榆》　地榆，本經中品，荒岡田塍多有之。《救荒本草》：「葉可煠食，亦可作茶。」李時珍謂：「俚人呼爲酸赭。」（併入《别録酸赭》）

又　卷二三《菝葜》　菝葜，别録中品。江西湖廣皆曰「鐵菱角」，亦曰「金剛」。根葉可作飲，《救荒本草》謂之「山棃兒」。實熟紅時，味甘酸可食。其根有刺甚厲，俚醫多用之。

零婁農曰：「菝葜山中多有之，根多刺如釘，似非善草。」然葉可飲，子可食，根可染，治脚弱、痺滿，釀酒飲之，幾無剩物。而張耒有菝葜詩云：「山鄉有奇蔬，本草寄菝葜。驅風利頑痺，解疫補體節。春深土膏肥，紫筍迸土裂。烹之芼薑橘，盡取無可掇。」則此草乃又堪蔬矣。

花實類

論説

宋 羅願《爾雅翼》卷一〇《樝》 古者以爲人君燕食所加庶羞。《禮記》曰：「樝梨曰攢之。」蓋攢去其心而食之也。齊武帝幸丹陽郡晏飲，王敬則執樝以刀子削之，是去其皮也。

宋 史鑄《百菊集譜》卷四 屈原《離騷經》：「朝飲木蘭之墜露兮，夕餐秋菊之落英。」王逸注云：「言旦飲香木之墜露，吸正陽之津液；暮食芳菊之落華，吞正陰之精蘂。」洪興祖補注曰：「秋花無自落者，當讀如『我落其實，而取其材』之落。」又據一説云：「《詩》之《訪落》以落訓始也。意落英之落，蓋謂始開之花，芳馨可愛，若至於衰謝，豈復有可餐之味。」

綜述

三國吴 陸璣《毛詩草木鳥獸蟲魚疏》卷上《莫莫葛藟》 藟。一名巨苽，似燕薁亦延，蔓生，葉如艾，白色，其子赤。可食，酢而不美，幽州謂之「推藟」。

晉 嵇含《南方草木狀》卷上 山薑花，莖葉即薑也，根不堪食，於葉間吐花作穗如麥粒，軟紅色。煎服之，治冷氣甚效，出九真、交趾。

唐 劉恂《嶺表録異》卷中 山薑花，莖葉即薑也，根不堪食，而於葉間吐花穗如麥粒，嫩紅色。南人選未開拆者以鹽醃藏，入甜糟中，經冬如琥珀，香辛可重用爲膾，無加也。以鹽藏曝乾煎湯，極能治冷氣。

宋 宋祁《益部方物略記》 緑實若萸，味辛香苾，投粒羹臛，椒、桂之匹。右艾子。艾木大抵茱萸類也，實正緑，味辛。蜀人每進羹臛，以二三粒投之。少選香滿盂醆，或曰作爲膏尤良。按：揚雄《蜀都賦》當作「藙」。藙、艾同字云。

宋 蘇軾《格物麤談》卷下 枳實煮魚骨輭白，鳳仙花子亦妙。

宋 鄭樵《通志》卷七六《昆蟲草木略第二》 豆蔻曰草果，亦曰草豆蔻。苗葉似山薑、杜若輩，根似高良薑，花作穗可愛。故杜牧云：「豆蔻梢頭二月春。」南人亦採其花淹藏，以當果品。

宋 范成大《桂海虞衡志・志果》 八角茴香。北人得之以薦酒，少許咀嚼，甚芳香。出左右江州洞中。

宋 周去非《嶺外代答》卷八《花木門・八角茴香》 八角茴香，出左、右江蠻峒中，質類翹尖，角八出，不類茴香，而氣味酷似，但辛烈，只可合湯，不宜入藥。中州士夫以爲薦酒，咀嚼少許，甚是芳香。

宋 寇宗奭《本草衍義》卷一八 雞頭實，今天下皆有之。河北沿溏濼，居人採得，春去皮，搗入爲粉，蒸渫作餅，可以代粮。食多不益脾胃氣，兼難消化。

宋 陳敬《陳氏香譜》卷四《椒漿》 桂醑兮椒漿。《離騷》元日上椒酒於家長，舉觴稱壽。元日進椒酒，椒是玉衡之精，服之令人却老。（崔寔《月令》）

宋 梅應發《四明續志》卷五 菊花。初春而地生細苗，夏茂、秋花、冬實，然種類頗多，有紫莖而氣香，葉厚至柔嫩可食者，其花微小味甚甘，此爲真。正月採根，三月採葉，五月採莖，九月採花，十一月採實，皆陰乾。

元 李鵬飛《三元延壽參贊書》卷三 食茱萸，六七月食之傷神氣。同蒿多食氣滿。

元 佚名《居家必用事類全集》卷巳 茉莉湯：用蜜一兩重，甘草一分，生薑自然汁一滴，同研令極匀。調塗在椀中心，抹匀不令洋流，每於凌晨採摘茉莉花三二十朵，將放藥椀。蓋其花，取於香氣薰之，午間乃可以點用。

明 劉基《多能鄙事》卷三《乾藤花》 藤花半盞，盛開者去枝蒂，鹽湯漉拌匀，入甑蒸熟，暴乾收之。用作麪食，餡葷素皆可，或以鹽醋浸作菜亦佳。

明 劉宇《安老懷幼書》卷二《薝蔔鮓》 薝蔔花即梔子也，採嫩花釀作鮓，極香美矣。白樂天方齋，劉禹錫饋以菊苗、虀、蘆服之鮓，換取樂天六班茶二囊，以自醒酒。

又 卷三 菊花酒，壯筋骨，補髓，延年益壽耐老。菊花（五升）、生地黄（五升）、枸杞子根（五斤）。右三味都擣碎，以水一石煮出汁五斗，炊糯米五斗，細麴碎令匀，入甕内密封，候熟澄清，每温服一盞。

東坡云：「菊黄中之色香味和正，花葉根實皆長生也。」又云：「仙姿高潔，宜通仙靈。」

明 慎懋官《華夷花木鳥獸珍玩考》卷二《酴醾花》 成都縣出，蜀人取之造酒。

又　卷四《萱花》　一名亡憂，其葉四垂，其跗六出，鹿好食之，名鹿葱。婦人有孕者服之尤良，故又名宜男。療愁花，萱草别名。詩：「萱草兒女花，不解壯士憂。」「誰植孤根對北堂，朱門開似避羣芳。我終未會忘憂意，憂國憂家未可忘。」

明　焦周《焦氏説楛》卷二　燭夜花。四出，深紅，類杯。仙家用以酌酒。

明　高濂《遵生八牋》卷一二《梔子花》　採花洗浄，水漂去腥，用麪入糖鹽作糊花，拖油煠食。

明　王路《花史左編》卷一〇《花之味·萱花》　惟蜜色者可作蔬，不可不多種也。春可食苗，夏可食花，比他花更多二事。

又　卷二一《花之藥·茱萸》　瀘州寶山，一名瀘峯山，多瘴。三四月感之必死。五月上旬則無害，土人以茱萸嚥茶，可避嵐氣。

又　卷二二《萱花》　俗名鵞脚花，有三種：單瓣者可食，千瓣者食之殺人。惟色如蜜者香清葉嫩，至夜更香，可玩。予家園金萱最多，亦千葉，摘以供饌，習以爲常，經年食之，未見有毒，應是他種。

明　周嘉胄《香乘》卷五《豆蔻香》　豆蔻樹大如李，二月花，仍連著實，子相連纍，其核、根芬芳成殼，七八月熟，曝乾剥食，核味辛香。（《南方草木狀》）豆蔻生交阯，其根似薑而大，核如石榴，辛且香。（《異物志》）薰衣豆蔻香，霍小玉故事。余按：豆蔻，非焚爇香具，其核其根味辛烈，止可用以和香，而小玉以之熏衣，應是别有香劑如豆蔻狀者名之耳，亦猶雞舌、馬蹄之謂。至如都梁、鬱金，本非名香，直一小草，而操觚者每藉以敷藻資華，因跡典名雅，遞相祖述，不復證非究是也。

明　周文華《汝南圃史》卷一〇《草本花部下·萱草》　《居家必用》云：「春移根畦中稀種之，一年以後即稠，翦苗食之，如枸杞法，至秋不堪食。」《雁山志》云：「花半開時取以淹漬作葅，或熏乾以點茶，其味甘美。」今北地所收紅花菜即石榴紅，黄花菜即萱花也，亦謂之鹿葱。」《埤雅》云：「鹿食此草故名鹿，性警烈多别，良草。常食九物餌藥之人，不可食鹿，以鹿常食解毒草，故能制散諸藥。」周處《風土記》：「以爲其花宜懷娠婦人，佩之必生男，故名宜男草。」然《南方草木狀》又云：「水葱花莖葉皆如鹿葱，而開亦同時，花有紅、黄、紫三種，出始興。婦人懷娠佩其花，生男者即此花，非鹿葱也。」《爾雅翼》云：「《詩》焉得諼草，言樹之背，諼，忘也。衛之君子行役爲王前驅，過時不返，其婦人思之，則心痗首疾思，欲暫忘而不可得。故願得善忘之草而植之，庶幾漠然無所思。」然世豈有此物哉！説者因萱音之與諼同也，遂命萱爲忘憂之草，蓋以萱合其音以忘合其義耳！然忘草可也，而所謂忘憂，憂之一字從何出哉，此亦諸儒傅會之語也。按：《古今注》引董子云：「欲蠲人之憂，則贈以丹棘，一名忘憂；欲蠲人之忿，則贈以青裳，一名合歡。」故嵇康書曰：「合歡蠲忿，萱草忘憂。」據此則合歡忘憂自是二物，而合歡且是木類居家必用。《便民圖纂》遂以萱草爲合歡，其謬甚矣！後見《草木略》亦云：「萱草一名合歡草，一名無憂草。」以夾漈之，博洽猶有此失，況其下者乎！夫因諼作萱而以爲忘憂草，因宜男而後世遂以母爲萱，皆承訛踵謬，可發一笑。

又　卷一二《甘菊》　深秋摘花去心蒂，以熟鹽和之，再入橙瓤或香櫞瓤、甘草屑共作湯。用沸水充啖，極清香，解酒。或止將花瓣曬乾泡湯飲亦可，或摘菊頭和糖露作餅，最有香韻。

明　吴之俊《獅山掌録·小山館》卷一八《益智子》　益智子如筆毫，長七八分。二月華色，似蓮着實，五六月熟，味甚芬芳，亦可鹽曝。

明　張萱《疑耀》卷三《餐菊》　楚詞餐落英，菊英也。今人餐菊者皆生餐之，亦未聞有烹炮者。温公《晚食菊羹》詩：「采擷授廚人，烹瀹調甘酸。毋令薑桂多，失彼真味完。」不知其法何似。

明　木增《雲薖淡墨》卷三《雪霞羹》　采芙蓉花，去心蒂，湯瀹之。同豆腐煮，紅白交錯，恍如雪霽之霞，名雪霞羹。加胡椒，萱亦可也。

又　卷八《莫莫葛藟》　藟，一名巨苽，似燕薁，亦延蔓生葉如艾，白色，其子赤可食，酢而不美，幽州謂之推藟。

明　陳正學《灌園草木識》卷一《花之屬·番薔薇》　此花從夷國來，短條多刺，花開香烈甜媠。千葉包裹，嬌紅深淺，意態自佳，非玫瑰所敢擬也。吴浙所稱薔薇者，另是一種。漳呼爲番薔薇，蓋著其地以别之也。男女俱帶於首，其乾與肥皁同擣，盥洗尤香。可熬露寄遠，數年如新。日用將露滴湯酒菓餡中，甚有韻致。

又　《酴醿》　古人用其花以釀酒，故字從酉，釀法今廢。

又　《木槿》　有紅白二種，《南方草木狀》云：「一名日及。」《桂海虞衡志》云：「取紅者裹黄梅，鹽漬之，可以薦酒，花可爲羹。」

明 徐光啟《農政全書》卷三八 《種樹書》曰：「黄梔子候其大時摘青者曬收，至黄熟則消化水矣。」大朶重臺者，梅醬糖蜜製之，可作羹果。

明 湖南漫士《水邊林下五十九種》之《野蔌品·梔子花》 採半開花磬，水焯過，入細茵絲、大小茴香、花椒、紅麯、黄米飯研爛，同鹽拌匀醃壓半日食之。用礬焯過，用蜜煎之，其味亦美。

又《藤花》 采花洗浄，鹽湯洒拌匀，入甑蒸熟晒乾，可作食餡。子美甚，暈用亦佳。

又《丹桂花》 採花，洒以甘草水，和米舂粉作糕，清香滿頰。

清 閔麟嗣《黄山志定本》卷二《山産志》 赤骨。草本，莖緑子紅，其子食之甘芳。

清 高士奇《北墅抱瓮録》卷一《紫藤》 紫藤，緣木而生，久之條蔓糾結，與樹連理，屈曲蜿蜒之狀，不異蛟龍出没。二月花發成穗，色紫而艷，披垂摇曳，一望煜然，採供盤餐，更屬佳品。

清 曹溶《倦圃蒔植記·總論》卷二 朱藤，一名紫藤，年深者古意可愛。可花蒸熟糖醋浸食。

清 吴綺《嶺南風物記》 樹蘭出廣府，一名魚子蘭。六、七月作花，纍纍如金粟，芳烈異常，土人多用作香并入茶中。

清 孫之騄《枝語》卷下《紅豆》 相思木，生嶺南，樹高丈餘，子曰相思子，一名紅豆。《文選》注：「赤如珊瑚，唐代宗時，日林國献紅豆，大而有光，名『喆多珠』，相傳有女子望其夫於樹下，淚落染樹結爲子，遂以名樹。」云葉如槐，秋開花似蓮而小，色白，中有紅心一縷，結莢如豆。三、四月莢枯子老如珊瑚色，大若芡肉，零落可拾，山村女兒或以飾首，婉如珠翠。收之，二三年不壞，一種半截紅，半截黑，《本草》以朱墨相間者佳。又一種實可飼鸚鵡，乃蔬屬。藤蔓，子細如菉豆而朱裳黑喙，結實甚繁，乃籬落間物，無足貴也。

清 屈大均《廣東新語》卷二五《椴末》 瓊州人以茱萸爲椴末，雜辛香物煮之，以竹筅潑起白沫花飲之，清晨以奉老者。王佐詩：「藤鉢曉茶吹椴末。」又以檳榔白爲茶。檳榔白者，檳榔始花未結實，以花莖嫩者食之以代茶。有謡曰：「檳榔白，不食花，食花蔕，當靈茶。檳榔青，子初成，食青子，當茶清。」檳榔青者以子言，檳榔白者以花言也。瓊州人以檳榔爲菽粟，其嗜之過於諸郡，毋須臾而去於口。子詩：「檳榔爲口實。」又云：「歡口檳榔花，儂口檳榔子。花香子不如，子甘花不似。甘香得相同，何必求連理。」

清 王道純《本草品匯精要續集》卷九 集解：夫編子。李時珍曰：《南州記》云：「樹生交趾山谷，三月開花仍連着子，五、六月熟，入雞魚豬鴨羹中味美。亦可鹽藏。」

清 汪灝《佩文齋廣群芳譜》卷三四《花譜·牡丹》 煎花：牡丹花煎法與玉蘭同，可食可蜜浸。

又 卷四六《花譜·萱花》 製用：採花作菹，甚利胸膈。採花入梅醬、砂糖，可作美菜鮮者，積久成多，可和雞肉，其味勝黄花菜，彼則山萱故也。野菜箋：鹽三分、糖霜一錢、蔴油半盞，和起作拌菜料頭；或加搗薑些少，又是一製。凡花菜採來洗浄，滚湯焯起，速入水漂一時，然後取起搾乾，拌料供食。其色青翠不變如生，且又脆嫩不爛，更多風味，家菜亦如此法。他若炙煿作虀，不在此製。

《本草》：「東人採萱花，跗乾而貨之，名爲黄花菜。」

又 卷四七《花譜·鳳仙》《野蔌品》：鳳仙花梗，採頭芽湯焯，少加鹽，曬乾，可留年餘。以芝蔴拌供新者，可入茶。最宜炒麪，觔食佳燒，豆腐素菜，無一不可。

又 卷四八《花譜·菊花》《西京雜記》：「戚夫人侍兒賈佩蘭，後出爲扶風人段儒妻，説在宮時九月九日佩茱萸，食蓬餌，飲菊花酒，令人長壽。菊華舒時并採莖葉，雜黍米釀之，至來年九月九日始熟就飲焉，故謂之菊花酒。」

又 卷八一《木譜·藤》 原製用：收採藤花，擇浄，鹽湯洒拌匀，晒乾或蒸熟晒乾，皆可留作葷素食料。

又 卷九五《藥譜·縮砂蔤》 增《圖經本草》：「縮砂蔤，嶺南山澤間有之，苗莖似高良薑，高三四尺，葉長八九寸，濶半寸以來。三月、四月開花在根下，五六月成實，五七十枚作一穗。狀似益智而圓，皮緊厚而皺。有粟，紋外有細刺，黄赤色，皮間細子，一團八隔，可四十餘粒。如大黍米，外微黑色，内白而香似白豆蔻仁，七月、八月採之，辛香可調食味，及蜜煎糖纏用。」

又《紫蘇》《彙考》增《沙州記》：「吉魯爾之地不種五穀，惟食蘇子。」

清 李光地《月令輯要》卷二《歲令下·物侯》 木半夏。增《本草拾遺》：「胡頽子，冬花春熟，小兒食之當果。又有一種大相似，冬凋春實夏熟，人呼爲木半夏。」

又《歲令下·雜紀》 百草花。增《神仙傳·鳳綱》漁陽人常採百草花以水漬封泥之，自正月始盡九月末止，埋之百日。煎九火，綱常服此藥，至數百歲。

又 卷一一《六月令·民用》 胡椒。原《酉陽雜俎》：胡椒，出摩伽陁國，呼爲昧履囗。其苗蔓生，極柔弱，葉長寸半有細條，與葉齊條上，結子兩兩相對。其葉晨開暮合，合則裹其子於葉中，形似漢椒，至辛辣。六月採，今人作胡盤肉食皆用之。

清 陸廷燦《藝菊志》卷二《考·集》 又，蘇東坡守膠西，傳舍索然，人不堪其憂。日與通守劉廷式循古城廢圃求杞菊食之，作《後杞菊賦》。

又《考·記》《寶櫝記》：「宣帝時，異國貢紫菊一莖，蔓延數畝。味甘，食者至死不饑渴。」

又《考·志》《鄧州志》：「菊水出穰縣，芳菊被涯水，極甘香。谷中皆飲此水，俱臻上壽。」

清 宋廣業《羅浮山志會編》卷七《品物志·木屬》 南燭枝葉，羅山高處間或有之。《登真隱訣》：「太極真人『青精乾石飢飯法』：以生白秔米(秔音粳)一斛五斗更舂治，淅取一斛二斗，木葉五斤，燥者用三斤亦可，九浸米，九蒸九暴爲飢，暴乾，爲飯可飧，故名。此木初生三四年，狀若菘菜，漸似梔子，二三十年乃成大株，故曰木而似草也。其子如茱萸，九月熟，酸美可食。葉不相對，似茗而圓，厚味小酢，冬夏常青，枝莖微紫，大者亦高四五丈，而甚肥脆易折。朱靈芝真人得其法服之，人稱『青精先生』。黃羲有詩載《藝文志》。」

又《品物志·花屬》 山薑花。莖葉即薑也，根不堪食。惟葉根吐花穗如麥粒，嫩紅色，選未拆開者，謂之「含胎」，以鹽淹藏，入甜糟中，終冬如虎珀香辛，可爲膾。

清 姚之駰《元明事類鈔》卷三四《花草門二·玫瑰》 搗膏作餅。《羣芳譜》：「採玫瑰花瓣搗成膏，白梅水浸少時，加糖霜再勻研，最香甜，亦可印作餅。」

清 雍正《浙江通志》卷一〇一 甘菊，萬歷《杭州府志》「菊花有甘苦二種。又野菊，土人於立冬日多採以煎湯浴身。又用之囊枕，極清目。」(今城牆產野菊，香味清美，及時採之，勝於諸品。)

又 卷一〇二 茱萸。崇禎《烏程縣志》：「土產者，湖人用以作羹，俗名『檓火』。」

襪兒花。《東陽縣志》：「其形似襪，不足供翫好。取將開之蘂煮食，風味特勝。乾之以點茶亦佳。此惟東邑有之。」(略)

又 卷一〇六 櫧。《東陽續志》：「櫧可作屐，惟此達省中裁斫如式而後致之，惟正北諸鄉近諸暨，水路爲然，餘不能也。實可食，水浸去其澁，品味最勝，乾則僅可作粉。」

芰。《東陽縣志》：「四角無刺者佳，六角多刺爲下。八九月貧人多就水塘摘而煮之，以易穀，亦當一熟。」(略)

黃藤。《東陽志》：「其花可食，又根類蕨可爲粉。」

香絲藤。《東陽志》：「似白藤而脆，可雜用，其子可食。」(略)

苦株子。《海瑞濟饑草木》：可炒食、作腐，味佳。(略)

布谷柴子。《海瑞濟饑草木》：春成餅，煮粥。

又 卷一〇七 枝粉。《青田縣志》：「枝樹之實可作粉。」

清 雍正《陝西通志》卷四四 盆料。春生夏熟，有微米，年荒可以療飢。(《府谷縣志》)

清 乾隆《福州府志》卷一七《古蹟》 紫薇臺，在方山之支葫蘆山。《榕城景物録》：「唐末有紫薇公隱此，未詳姓名。爵里或曰：避王鏻僞爵者。嘗得異術，晦迹山中，煮紫薇花代茗飲。其鄉人目爲紫薇公。」

清 蔣溥《盤山志》卷一五《物產·果木》 椒有二：家椒、野椒。野椒出五盆溝與小盤山，七月間居人采之醃菜，味同小茴香。

又《物產·野蔬》 黃花菜。一名綠葱，盤山溝澗中處處有之。

橡斗子。《莊子》狙公賦芧，即此實，可爲粉。中秋前後熟即墮地。居人拾之，以水漬數日，曬乾去殼，復漬數日，磨濾去滓，水渟成粉，不澀爲度，或云可愈痢。

清 王棫《秋燈叢話》卷六 某山蹊有石卧道左，或偶近其旁，輒青傷遍體，叫號而絶，衆莫解其故。適一叟負椒囊過而憩焉，見者驚相告語。叟曰：「坐此已逾時矣，何害？」共發石驗視，有尺餘巨蠍死焉，向者皆中其毒。椒性辛辣，足以制之耳。

清 乾隆《鄞縣志》卷二八 菊花初春生細苗，夏茂、秋花、冬實，然種類頗多，有紫莖而氣香、葉厚、柔嫩可食者，其花微小味甚甘，此爲真。正月採根，三月採葉，五月採莖，九月採花，十一月採實，皆陰乾。(《至正續志》)

按：花小者爲野菊，惟有黄色，《花譜》所載，園圃中特種之。另見《花屬》，其黄白者亦入藥也。

清 趙學敏《本草綱目拾遺》卷七《金蓮花》 《廣羣芳譜》：「出山西五臺山，塞外尤多。花色金黄，七瓣兩層，花心亦黄色，碎蕋平正，有尖小長狹黄瓣環繞其心。一莖數朵，若蓮而小，六月盛開，一望徧地，金色爛然。至秋花乾不落，結子如粟米而黑，其葉緑色瘦尖而長，五尖或七尖。」《五臺山志》：「山有旱金蓮，如真金挺生陸地，相傳是文殊聖蹟。」張壽莊云：「五臺山出金蓮花，寺僧採摘乾之，作禮物餉客，或入寺獻茶盞中，輒浮一二朵，如南人之茶菊然，云食之益人。」查慎行《八海記》：「旱金蓮花，五臺山出，瓣如池蓮較小，色如真金，曝乾可致遠。有分餉者以點茶，一甌置一朵，花開沸湯中，新鮮可愛。後扈從出古北口外塞山多有之，開花在五六月間，一入秋莖株俱萎矣。」金蓮花出五臺山，又名旱地蓮，一名金芙蓉，色深黄，味滑苦，無毒性寒，治口瘡喉腫，浮熱牙宣，耳疼目痛。煎此代茗，明目，解嵐瘴，（恕軒）疗瘡、大毒、諸風。（《山海草函》）

清 乾隆《寧夏府志》卷四《物産》 按《中衛志》載：「草有綿蓬、刺蓬、水蓬，子皆可食。遇旱，山民採以備荒，綿蓬子可釀酒。又有登粟産沙地，子可作麵食，亦可糖食，一名沙米。」

清 謝堃《花木小志·朱藤》 藤花二色，紫色者名朱藤，白色者名銀藤，其藤鈕轉纏繞院落横架，以木任其沿緣，數年之間可以爲棚矣。花穗下垂，經句不落，其初舒放之際，摘取調麪拌糖炸食，頗適口。

清 俞樾《茶香室叢鈔》四鈔卷二八《榠櫨花》 宋龐元英《文昌襍録》云：「禮部王員外言，京師貴家多以酴醿漬酒，近年以榠櫨花懸酒中，不惟馥郁可愛，又能使酒味辛洌。始於戚里，外人未知也。」

按：《本草綱目·果部》有「榠櫨」。時珍曰：「榠櫨，乃木瓜之大而黄色無重蒂者也，則亦木瓜之類。」又云：「榠櫨，蓋蠻櫨之訛。」據《西京襍記》有蠻查、羌查、猴查，則榠樝乃漢時上林苑三櫨之一。

紀 事

漢 劉向《列仙傳》卷下《文賓》 文賓者，太邱鄉人也，賣草履爲業。數取嫗，數十年輒棄之，後時故嫗壽老，年九十餘續見賓，年更壯，他時嫗拜賓涕泣。賓謝曰：「不宜。至正月朝，儻能會鄉亭西社中邪？」嫗老，夜從兒孫行十餘里，坐社中待之。須臾賓到，大驚：「汝好道邪？知汝爾，前不去汝也。」教令服菊花、地膚、桑上寄生、松子，取以益氣。嫗亦更壯，復百餘年云。

漢 劉珍《東觀漢記》卷二三 王莽末，南方饑饉，人庶羣入野澤，屈鳬茈而食，更相侵。

宋 鄭樵《通志》卷一七七《隱逸傳》 扈累，字伯重，京兆人也。初平中山東人，有青牛先生者，字正方。客三輔，曉知星曆，風角鳥情。常食青葙芫華，年似如五六十者。人或親識之，謂其已百餘歲矣。

宋 林洪《山家清供》卷上《薝蔔煎》 舊訪劉漫塘宰，留午酌，出此供，清芳極可愛。詢之，乃梔子花也。採大瓣者，以湯焯過，少乾，用甘草水稀稀麵拖油煎之，名薝蔔煎。杜詩云「於身色有用，與道氣相和」。今既製之，清和之風備矣。

清 乾隆《長沙府志》卷五《山川志·湘潭》 昌山縣西南一百里，上有昌福祠。《夷堅志畧》云：「周四十里，多篠簜。花結實，每石得米五斗，宋慶元間，米貴，民賴以飼。有雷祖廟，禱之如獲。」

藝 文

宋 宋祁《景文集》卷四七《川芎贊》 柔葉美根，冬不殞零。采而掇之，可糝于羹。蜀中處處有之，葉爲蘼蕪。《楚辭》謂江蘺者，根爲芎，似雀腦者善。成都歲九月九日藥市，芎與大黄如積香溢于廛。或言其大若胡桃者，不可用。人多蒔于園檻，葉稚時可用作羹。蜀少寒，莖葉不萎。

又《艾木贊》 緑實若萸，味辛香苾。投粒羹臛，椒桂之匹。大抵茱萸也，實正緑，味辛。蜀人每進羹臛，以二三粒投之，少頃香滿盂琖。或曰作爲膏尤良。

宋 梅堯臣《宛陵集》卷五《採白术》 吳山霧露清，群草多秀發。白术結靈根，持鉏採秋月。歸來濯寒澗，香氣流不歇。夜火煮石泉，朝烟徧巖窟。千歲扶玉顔，終年固玄髮。曾非首陽人，敢慕食薇蕨。

明 屠本畯《山林經濟籍》卷一六《梔子花》 給孤園中祇樹羅，金粟薝蔔兼娑蘿。是時金仙開講席，目觀還同鼻觀多。一從阿難提獎後，摩登不復興妖麽。饑餐渴飲不可那，手持應器諸門過。絶似薝蔔麵與拖，三咽馨香五臟和。

清　曹寅《楝亭詩鈔》卷二《菊露和酒》　甘菊黄白花，嚼之駐玉顔。方書雖足徵，服食媿巉巒。重鉛以爲郭，鼎器通玄關。蒸芼得物理，采掇良非艱。日出筐筥香，夕火聞潺湲。泊然結爲露，側注歸彎環。久飲目絶翳，腦滿髮不斑。將遺山澤臞，鑿坏同石頑。還念高陽舊，苦辣摧肺肝。攪和久有法，解熱需清寒。連瓶傾一杯，新意衆已歡。固緘比大藥，執守命小鬟。何辭倒渴烏，用是光盤餐。逍遥北樓上，壓飯當陽山。

清　屈大均《翁山詩外》卷六《五言律·家園采菊》　東籬花數本，歲歲後重陽。灌溉慈親力，清泠處士香。摘來添菽水，餐去帶冰霜。一卷《離騷》在，清修不敢忘。　陶公有秋菊，多贈九華枝。最勁先朝本，純黄後土姿。香含霜氣早，暖入露光遲。我學三閭者，餐英亦自怡。

又　卷八《五言律·荼蘼花》　南海荼蘼露，千瓶出此花。酡顔因白日，醺面即紅霞。色著雲衣客，香歸釀酒家。摘防纖手損，朶朶刺交加。（澳門番女以荼蘼露雲洒唐人衣上，以爲敬。）　玫瑰同名族，南人取曬糖。全添紅餅色，半入緑尊香。露使花頭重，霞爭酒暈光。女兒兼粉果，相餽及春陽。

清　查慎行《敬業堂詩集》卷三八《槐簃集下》　或云：紫藤花蕋可瀹以點茶下酒，從自怡園采一斗許試之，香味果清絶，戲作一詩柬。陳南麓都諫、周桐野侍讀兩家，富有此花，故以方法報之。　牛酥煎牡丹，方法傳自昔。藤花故見遺，開謝任狼藉。客從山中來，云此堪齟齬。貧家乏飣飣，一味忍輕擲。飾庭雖無緣，謀野乃有獲。郊園腓百卉，高蔓走千尺。瓔珞垂紫英，晴光燭晨夕。畦丁幸許致，爛漫助采摘。一一柳貫魚，傾筐手親劈。天生物無棄，秖在人愛惜。于湘昧食經，試以己意逆。水瀹既良方，火攻非下策。屏除蜀椒辣，點綴吴鹽白。果然發芳鮮，出釜登几席。豈惟悦我口，亦用酬吾客。人誰知正味，事喜出創闢。明朝馳短箋，鄭重告詩伯。兩家富旨蓄，追此花滿格。俯笑王濬沖，營私鑽李核。仰慙陸魯望，未免杞菊癖。

圖表

明　姚可成《救荒野譜·楮穀》　楮穀（食花）即今俗呼曰穀樹果也。極易生於荒僻無人之處，葉有椏，實如楊梅，荒年采花食之。楮穀樹生荒僻，那堪圃廢成砂礫，艸莽榛蕪人跡稀，鳥窺敗牖蛩吟壁。分付山妻與稚兒，採花帶葉連新枝，朝來細揉和煙嚼，煢煢八口聊充飢。

清　吴其濬《植物名實圖考》卷二七《羣芳·野茉莉》　野茉莉處處有之，極易繁衍，高二三尺，枝葉紛披，肥者可蔭五六尺，花如茉莉而長大，其色多種，易變。子如豆，深黑有細紋，中有瓤。白色可作粉，故又名粉豆花。曝乾作蔬，與馬蘭頭相類，根大者如拳，黑硬。

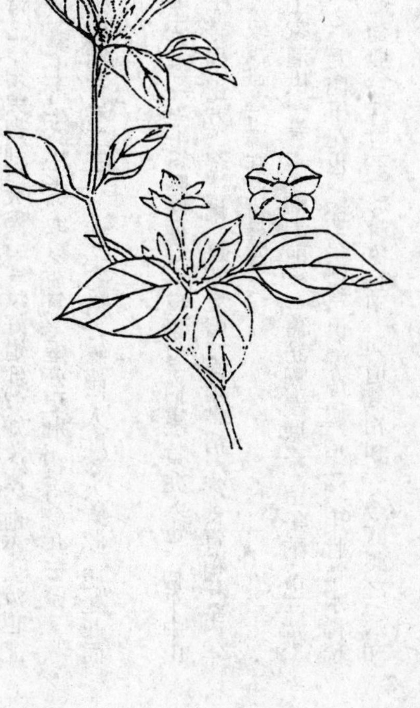

又《貼梗海棠》 貼梗海棠，蘖生單葉，綴枝作花磬，口深紅無香，新正即開田塍間，最宜種之。《花鏡》云：「有四季花者，滇南結實與木瓜同，俗呼木瓜花，其瓜入藥用。春間漬以餹或鹽，以充果實，蓋取其酸澀以資收斂也。」

又 卷二九《丈菊》 《羣芳譜》：「丈菊一名迎陽花，莖長丈餘，幹堅粗如竹葉，類蔴，多直生。雖有傍枝，只生一花，大如盤盂，單瓣色紫，心皆作窠如蜂房狀。至秋潮紫黑而堅，取其子種之，甚易生花，有毒能墮胎。」

按：此花向陽，俗間遂通呼向日葵，其子可炒食，微香，多食頭暈。滇、黔與南瓜子、西瓜子同售於市。

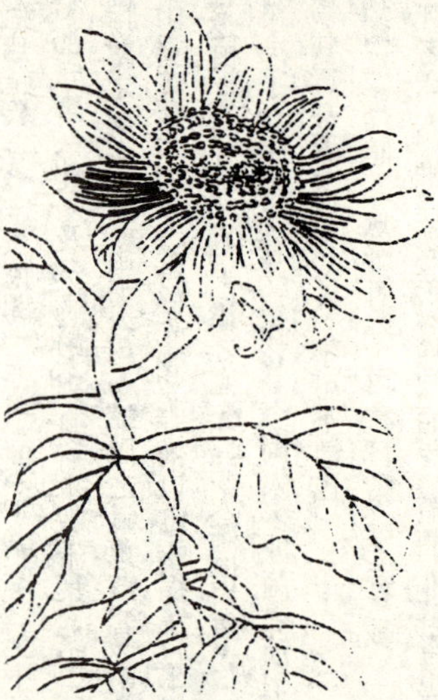

又 卷三五《木槿》 木槿，《爾雅》：「櫬」。木槿，日華子始著録。今惟用皮治癬。江西、湖南種之，以白花者爲蔬，滑美。

菌耳類

論説

宋 羅願《爾雅翼》卷六《蘧蔬》 出隧蘧蔬，郭氏曰：蘧蔬，似土菌，生菰草中，甜滑。今江東啖之，菰蔣草也。江南呼爲茭草，根久盤厚，則夏月生菌，菌即謂之菰菜。利五臟，雜鯉爲羹。《吕氏春秋》曰：菜之美者，越駱之菌。則古者重之久矣。《荆楚歲時記》：九月九日事中稱菰菜地菌之流作羹，甚美。鱸魚作膾，白如玉，一時之珍。張季鷹在洛，忽思吴中鱸魚、菰菜，請假而反。斯之謂也。此明亦用菰菜芼鱸羹。今説者或云翰所思是蓴菜，恐不然爾。《説文》曰：菰，葑也。葑即謂此菌，然非《詩》所謂「葑菲」者。陳藏器乃云菰葑上如菌，葑是菰根，歲久浮水上者。今菰首亦佳蔬可食，别見苽中。

明 謝肇淛《五雜俎》卷一〇 芝者，菌蕈同類，本非難得之物，但以産於室内梁間非意得之，故爲瑞耳。若山谷間朽木浥雨自然叢生，朝夕雲霞薰蒸自成，五色無足異者。宋景德間「天書」興，丁謂獻芝至十餘萬本。政和間「花石綱」興，郡守李文仲采及三十萬本，有一本數千葉，衆色咸備，是可謂之瑞乎！

菌、蕈之屬多生深山窮谷中，蛇虺之氣薰蒸，易中其毒。《西湖志》載：「宋吴山寺産菰大如盤，五色光潤，寺僧以獻張循王，王以進高宗，高宗復詔還寺。往返既久有汁流下，犬舐之立斃，始大驚懼，瘞之。」又有笑菌，食者笑不止，名笑矣乎！柳子厚有文紀之。今閩人多取菌爇油，作菜油市人，食者輒大吐委頓，其毒甚者，遂至殺人，不可不慎也。

凡菌爲羹，照人無影者，不可食。《夷堅志》載：「金溪田僕食蕈，一家嘔血，死者六人，惟丘岑幸以痛飲而免，蓋酒能解毒也。」又嘉定乙亥，僧德明遊山忽得奇菌，歸以供衆，毒發僧行，死者十餘人，德明亟嘗糞獲免。有日本僧定心者，寧死不污，至膚理拆裂而死，至今菴中藏有日本度牒。其僧姓平氏，日本國京東相州行香縣上守鄉元勝寺僧也。寧死非命，不污其口，亦庶幾陳仲子之風矣。

清　李漁《閒情偶寄》卷一二《蕈》　求至鮮至美之物，于笋之外，其惟蕈乎！蕈之爲物也，無根無蒂，忽然而生，蓋山川草木之氣結而成形者也。然有形而無體，凡物有體者必有渣滓，既無渣滓是無體也，無體之物猶未離乎氣也。食此物者猶吸山川草木之氣，未有無益于人者也。其有毒而能殺人者，《本草》云「以蛇蟲行之故」，予曰不然，蕈大幾何？蛇蟲能行其上，況又極弱、極脆而不能載乎！蓋地之下有蛇蟲，蕈生其上，適爲毒氣所鍾，故能害人。毒氣所鍾者能害人，則爲清虚之氣所鍾者，其能益人，可知矣！世人辨之原有法，苟非有毒食之最宜。此物素食固佳，伴以少許葷食尤佳，蓋蕈之清香有限，而汁之鮮味無窮。

綜　述

《爾雅·釋草》（郭璞注、邢昺疏）　出隧蘧蔬，注：蘧蔬。似土菌，生菰草中，今江東啖之甜滑，音同氍毹。（《廣雅》云：「蔣也，啖，大敢反，甜，徒謙反，滑，乎八反，氍，之延反。本亦作旃，同氍音衢，又音渠字，又作瞿毹，所俱反，又所魚反。」疏：菌類也，一名出隧，一名蘧蔬。《廣雅》云：「朝生形如鬼蓋。」郭云：似土菌，生菰草中，今江東啖之甜滑，音同氍毹者。《說文》云：「菰，蔣也。」張揖云：「氍毹，毛席取其音同。」

宋　唐慎微《證類本草》卷一九　山菌子。味甘平，無毒。主野雞病，殺蟲煮炙食之。生江東山林間，如小雞無尾。

宋　鄭樵《爾雅注》卷下　出隧蘧蔬。菌類，生菰艸中，美可食。

宋　林洪《山家清供》卷下《酒煮玉蕈》　鮮蕈淨洗，約水煮，少熟乃以好酒煮，或佐以臨漳綠竹笋尤佳。施芸隱樞玉蕈詩云：「幸從腐木出，敢被齒牙和。真有山林味，難教世俗知。香痕浮玉葉，生意滿瓊枝。饕腹何多幸，相酬獨有詩。」今後苑多用酥炙，其風味猶不淺也。

宋　陳仁玉《菌譜》　芝菌皆氣出也，靈華三秀，稱瑞尚矣。朝菌晦朔，莊生訕之，至若儔其食品，古則未聞。自商山茹芝，而五臺天花，亦甲羣彙。仙居介台括，叢山入天，仙靈所宫，爰産異菌。林居巖棲者，左右芼之。固黎莧之至腴，蓴葵之上瑞。比或以羞王公，登玉食，自有此山，即有此菌，未有此遇也。遇不遇無預菌事，繄欲盡菌之性而究其用，第其品作《菌譜》，淳祐乙巳秋九月，山人陳仁玉序。

又《合蕈》　邑極西韋羌山，高夐秀異，寒極雪收，林木堅瘦。春氣微欲動，土鬆芽活，此菌候也。菌質外褐色，肌理玉潔，芳薌韻味發釜鬲，聞百步外。蓋菌多種，例柔美皆無香，獨合蕈香與味稱，雖靈芝、天花無是也，非全德耶？宜特尊之，以冠諸菌，合蕈始名。舊傳昔嘗上進，標以台蕈，上遥見誤讀，因承誤云。數十年來，既充苞貢，山獠得善價，率曝乾以售，罕獲生致。邑孟溪山中亦同時産，惟蕈柄高無香氣，土人以是别於韋羌焉。

又《稠膏蕈》　邑西北孟谿山，窅邃深莫測，秋中山氣重，霏雨零露浸釀，山膏木腴，菭爲菌花，戢戢多生山絶頂、高樹杪。初如蘂珠圓瑩，類輕酥滴乳，淺黄白色，味尤甘勝。已乃傘張大幾掌，味頓渝矣。春時亦間生，不能多。稠膏得名，土人謂稠木膏液所生耳。合蕈他邦猶或有之，此菌獨此邑此山所産，故尤可貴。鬻法當徐下鼎瀋，伺涫沸漉起，謹勿七撓，撓則涎腥不可食。性參和衆味，而特全於酒。烹齊既調，温厚滑甘，雉尾蓴不足道也。或欲致遠，則複湯蒸熟，貯之瓶罌，然其味去出山遠矣。

又《栗殼蕈》　寒氣至，稠膏將盡，栗殼蕈者，則其續也，尚有典刑焉。

又《松蕈》　生松蔭，採無時。凡物松出，無不可愛。松葉、與脂、伏靈、琥珀，皆松裔也。昔之遁山服食求長年者，舍松焉，依人有病，溲濁不禁者，偶掇松下菌，病良已，此其效也。

又《竹蕈》　生竹根，味極甘，當與筍通譜，而菌爲北阮矣。

又《麥蕈》 多生溪邊沙壤鬆土中，俗名麥丹蕈，未詳。味殊美，絶類北方蘑菇蕈，品最優。

又《玉蕈》 生山中，初寒時色潔皙可愛，故諡爲玉，然作羹微韌，俗名寒蒲蕈。

又《黄蕈》 叢生山中，梔鬱黄色，俗名黄纘蕈。又有名黄花者，殊峭硬，有味。

又《紫蕈》 赬紫色，亦山中産，俗名紫富蕈，品爲下。

又《四季蕈》 生林木中，味甘而肌理麄峭，不入品。

又《鵝膏蕈》 生高山，狀類鵝子，久乃繖開。味殊甘滑，不謝稠膏，然與杜蕈相亂。杜蕈者，生土中，俗言毒蠱氣所成，食之殺人。甚美有惡，宜在所黜。食肉不食馬肝，未爲不知味也。凡中其毒者必笑，解之宜以苦茗雜白礬，勺新水併咽之，無不立愈。因著之，俾山居者享其美而遠其害，此譜外意也。

元 李鵬飛《三元延壽參贊書》卷三 菌。地生爲菌，木生爲檽，爲木耳，爲蕈。新蕈有毛者，下無紋者，夜有光者，煮不熟者，欲爛無虫者，煮訖照人無影者，春夏有惡虫毒蛇經過者，皆殺人。誤食毒菌，往往笑不止而死。惟掘地爲坎，投水攪取清者飲之。

木菌，楮、槐、榆、柳、桑五木之耳可食。冬春無毒木耳，亦不宜多食。如前所云者，皆殺人。又赤色仰而不覆者，及生野田中者，皆毒。又發冷氣，風痔，多睡無力。

元 胡古愚《樹藝篇·蔬部》卷五《木耳》 凡木上所生者，曰木耳。主益氣，輕身強志，一云平，利五臟，宣腸胃氣，桃毒氣，壓丹石熱。又主血衄，不可多食，桑槐上者佳，餘動風氣，發痼疾，令肋下急，損絍絡，令背膊悶。楓木上者，食之令人笑不止，地漿鮮之。一人患痔，諸藥不效，用木耳同它物煮羹，食而愈，極驗。但它物今失記矣。桑耳味甘有毒，黑者主女子赤白帶下，癥□陰痛，陰陽寒熱，無子，月水不調，其黄熱白者止洩益氣，金色者治癖。飲精聚一云寒無毒，主消渴，又云甘辛，又云微温毒，止腸風瀉血，婦人心腹痛，治五痔。柘木上者次，□桑、槐耳，主五痔心痛，女子陰中瘡痛，又治風破血益力。楮耳，人常食之，並榆柳耳，名其五耳，而功用桑所另著，餘木俱有耳，若木之氣性本良者亦可食。

木耳此有五耳，槐耳療痔，楮、榆、桑、柳並以軟者堪食，餘木生者發痼疾，動風，不可多食，味甘寒，無毒，服丹石人發熱和葱豉煮作羹，食之即止。主利五臟，益腸胃熱，壅毒氣。《日用本草》

竹姑，春初雨過則漫山皆紅，柔嫩甘鮮，尤可茹。陳子高有吐敗爛班竹姑，赤蓋二物，同時而出，皆珍味也。《昆陵志》

香蕈，生深山，香清而味全，初出爲奇品，新城所出尤多。楊廷芳詩云：「空山一雨山溜急，澤流桂子松花汁。土膏鬆暖都滲入，蒸出篔花團戢戢。戴穿落葉忽起立，撥開落葉百數十。蠟面黄紫光欲濕，酥茎嬌脆手輕拾。形如鷺掌味如蜜，滑似蓴絲無點澁。傘不如笠釘勝笠，香留齒牙麝莫及。羊羔楮雞避席揖，餐玉茹芝當却粒。作羹不可疎一日，作脂仍堪贈盈筬。」《延昌府志》

五木耳，曰檽。蘇恭云：楮、槐、榆、柳、桑之耳也，其桑耳曰桑菌，曰木麥，曰桑巨，曰桑黄。《草木畧》

天菜，狀如木耳而嫩，亦出草蕩間，夏月驟雨過則有之。《松江府志》

豬血蕈，味皆鮮美。《姑蘇志》

蕈，即菌也。《本草》云：「地生爲菌，木生爲檽，江東□蕈，冬日無毒，以醋藏之。」《蘇州府志》

生蕈菌法，取爛朽木及葉於地下，擇之常以米泔澆之，令濕，三兩日後即生，炒脯食之，甚美。本是朽木亦不損人。一法，畦中下爛糞，取朽木長六七寸，截斷槌□如種菜法，於畦中勻布，土蓋水澆，常令潤如初，有小菌即摧之，明旦又出，亦摧。三度後出甚大，收食之，最佳。此是山人良法，□隱菌子，又謂菰。《說文》云蕈也，《爾雅》曰中馗、菌，率皆朽株濕氣蒸浥而生，中原呼菌爲菌，又謂莪，又一種謂之天花，桑樹上生呼爲桑莪，施之素食最佳。雖南北異名，而其用則一，今江南山中松下生者名爲松滑，誠齋云：「傘不如笠，釘勝笠盖，愈嫩愈美，風味適于他蕈。又有紫蕈，白蕈二種尤佳。宋文公詩云：「誰將紫芝苗，種此槎上土，便學商山翁，風餐謝肥翔。」言紫蕈之美也。又詩云：「聞説閬苑風，瓊田産玉芝。不收雲露表，烹瀹詎相宜。」此言白蕈之美也。深山中多有之。菌之種不一，名亦如之，野菌如赤菰，黄耳皆可食，然辨之不精多能毒人，雖甘無益也，不復具載。

竹蕈生叢篠中，柔白如菌。人食之，先以灰煮，其汁如血。去汁再煮，味殊佳。宋陳仁玉《菌譜》云：「生竹根，味極甘。」當与笋通譜，而菌爲北阮

矣。（《九華志》）

蕈亦有數種，惟茅山玉蕈爲勝。（《鎮江府志》）

有菌甚鮮美，作羹其味未有逾於此者，雷過即生，須疾將，稍遲非腐則老，故呼爲雷菌。亦有曝乾作腊。雖佳不如鮮烹者遠甚。予謂即滇南之雞棕、燕窠之屬，但此物不多産耳。（廿詢手鏡）

《爾雅》云：「蕈似盖，亦名菌，俗謂之菰」其品不一，胭脂菰生山林、平沃地面，鮮紅而光澤，其底與莖俱白色。香蕈菰生深林腐木上，味極香美，木耳菰亦生木上。（《八閩》）

紅蕈俗呼朱菰，即胭脂菰也。（同上）

菌，一名地蕈，熟可食，生則毒人。中其毒者，用生脂、麻擂酒服之即愈。（同上）

重菰出仙游九座山，土人以爲佳品。掃菰如鹿角菜而大，黄白色味亦佳。（同上）

菌者，鬱蒸之氣所發，多生山谷、竹樹、幽潤之所。白者名玉蕈，最貴。黑者，茅蕈；赤者名竹菰；皆下品也。蘇子瞻與參寥行智果園，得黄耳蕈詩云：老楮忽生黄耳蕈，故人兼致白芽姜。別有一種毒蕈，形似而味美，食之殺人。宋乾道初，靈隱寺後生一蕈，圓經二尺，紅潤可愛，寺主驚喜以爲珍品，不敢食，獻于楊郡王，王亦奇之，曰：「是當爲玉食。」奏進于孝宗，詔以味美宜供佛，復賜靈隱寺。盖朝廷初不知其出於寺也，復持至寺，盛之以盤，經日頗有汁液沾濡，兩犬争舐之，一時狂死。寺主大驚曰：「苟入天厨，必遭誅戮。」丞瘞諸地，盖萬乘所御，自有神獲。而楊王大貴人，寺主不私口腹皆得免意外之禍。又有員頭而細脚者，名爲丁蕈。元時松陽楊渠南者，滑稽士也，與僧道元食丁蕈，戲作詩曰：「頭子光光脚似丁，秖宜豆腐與波稜。釋伽見了呵呵笑，煮殺許多行脚僧。」（《西湖游覽志》）

香蕈，畲人斫楠樹倒地生蕈，俗呼曰「菰菜」，食中以爲佳品。（《漳州府志》）

菌不可妄食，建寧縣山石間初生一菌，大如車盖，鄉民異，取之以爲食者者輒死。凡菌爲羹，照人無影者不可食，食殺人。又有菌叢生於朽木，或糞壤上，其形如瑞芝，潔白可愛。夜則有光，可以鑑物。（《墨客揮犀》）

江南諸山郡中大樹，斷倒者經春夏生菌，謂之椹。食之有味，而忽毒殺人，云此物往往自有毒者。或云蛇所着之。楓樹生者啖之，令人笑不得止。治之飲土漿即愈。（《博物志》）

雙㚇，菌類也，惟永昌所産爲美且多。雲南亦有頗粗，永昌以東至永平縣界尤多，但鎮守蒙之動百斤，美人製之鹵莽，故通不可食。此物惟六月大雷後斯出，于山中或在松下，或在林間，不定也。出一日採者朵小而嫩，五六日即爛矣。采得洗取，土童以鹽煮，烘乾，少有炯，即不堪食。采後通夜則香味俱盡。所以爲難雞以其形言，㚇飛而斂足，貌雞作蟻，全誤。㚇作瑽，以爲菌亦通。（《南園漫录》）

香蕈，此不種而生者，按：《本草》：「木生爲蕈，地生爲菌。」□人□呼曰菰。此香蕈是種，畲人斫倒楠樹在地而生者，最爲最爲佳品。其他在樹下或在地，其種不一，在地而生者多毒，往往殺人。凡煮菰宜切薑及投飯粒以誠之，薑飯黑則有毒不可食。不黑，食之無妨。《本草》謂：中菰毒忽E01A地漿或大糞及甘草汁，飲之可解。（《興化府志》）

蕈，地生者爲菌，木生者爲檽。江南人呼爲菌，味鹹甘、平，微温，小毒，主心痛，温中去蛇螫毒、蛔虫、寸白虫諸虫。今世所通用者，一曰菰子，生於深山爛楓木上，小於菌而薄黄黑色，味甘香美者，爲香蕈，最爲佳品。有一種曰雞腿蔴菰，其他或在地，或在樹，地生者多毒，往往殺人。土人自能識，凡夜有光者，煮不熟，煮訖其湯照人無影，欲爛無虫者，俱有毒，夏秋者多毒，以蛇虫行故也。此物皆濕熱化生之物，煮之宜切以薑及投飯粒試之，如黑則有毒，否則食之無害。《本草》註爲：「九菌皆發五藏，壅經絡，動痔，病昏多睡，背膊四肢無力。又多發冷氣，大抵食之不甚益人也。」（《食物本草》）

天花蕈，形如松花，大而香氣足，如蕈。出五臺山，味甘無毒，食之甚美。不入方用，時人珍重之。（《日用本草》）

邑極西韋羌山高敻秀異寒，極雪收林木堅瘦，春氣微欲動，土鬆芽活，此菌候菌。質外褐色，肌理玉潔芳薌，韻味發釜鬲，聞百步外，盖菌多種，例柔美皆無香，獨合蕈香，與味稱。舊傳：昔常上進標以台蕈，上遥見誤讀因承誤云，數十年來既充苞貢，山獠得善賈率曝乾以售罕。或生致邑孟溪山中，亦同時産。惟蕈柄高無香氣，土人以是別于韋羌。（陳仁玉《蕈譜》下同。合蕈）

稠膏蕈，邑（仙居）西北孟溪山窅邃深莫測，秋中山氣重，霏雨零露，浸釀山，膏木腴蓓爲菌，花戢戢多生山頂高樹杪，初如圓珠，瑩類輕酥滴乳，淺黄白色，味尤甘勝，已乃傘張大幾掌，味頓渝矣。春時亦間生，不能多稠膏得名，土人謂稠木膏液所生耳。合蕈，他邦猶或有，此菌獨此邑此山所産，故尤可貴。鬻法當徐下鼎，瀋伺湆沸漉起，謹勿七撓，撓則涎腥不可食。性參和衆味而特全于酒烹齊，既調温厚滑甘，雉尾蕈不足道也，或欲致遠，則復湯蒸熟貯之瓶罌，然其味去出山遠矣。

栗殻蕈，寒氣至稠膏將盡，栗殻免者則其續也。尚有典刑焉。

松蕈生松陰，採無時，凡物松出，無不可愛。松葉與脂伏靈，琥珀皆松裔也。昔之遁山服食求長年者，寔松馬。依人有病，溲濁不禁者，偶掇松下菌，病良已，此其效也。

竹蕈，生竹根，味極甘，當與笋通譜，而菌爲北苑矣。

麥蕈，生溪邊沙壤鬆土中，俗名麥丹蕈，未詳，味殊美絶類北方蘑菇蕈，品最優。

玉蕈，生山中，初春時色潔皙可愛，故謚爲玉，然作羹微韌，俗名寒蒲蕈。

黄蕈，叢生山中梔鬱，黄色俗名黄讃蕈。又有名黄炖者，殊峭硬有味。

紫蕈，赬紫色，亦山中産，俗名紫富蕈，品爲下。

四季蕈，生林木中，味甘而肌理麄峭，不入品。

鵞膏蕈，生高山，狀類鵞子，久乃繖開味，殊甘滑，不謝稠膏，然與杜蕈相似。杜蕈者，生土中，俗言毒螫氣所成，食之殺人。甚美，有惡宜在所黜。凡中其毒者，必笑，解之宜以苦茗，雜白礬，勺新水併咽之，無不立愈。（《菌譜》）

雷蕈，出沿海旱蕩間，雷初鳴，有暈幅員三五丈，名蕈緯，蕈生緯中，故名。味類麻姑微温，有小毒。《須碎録》：下無紋者有毒。《忘懷録》：以生薑同煮，色变者有毒。中者掘黄土地，深尺餘，投新汲水其中，熟攪俟稍澄挹取，飲之乃解。方書所謂地漿也。（《松江府志》）

《爾雅》曰：「中馗」（音逵），《菌註》：地菌也，今江東名爲土菌。亦曰馗，厨可啖之。小者，菌註大小異名，疏：此辨菌大小之異名也。大者名中馗，小者即名菌。《說文》云：「蕈，桑耎也。」謂菌生木上也，今云地蕈，即俗呼地菌者是也。

又 卷五《石耳》 石耳，石崖上所生者，出天台山、廬山等名山靈苑，方中名曰「靈芝」。味甘平，無毒，久食延年益顔色，至老不改。令人不飢，大小便亦少，云性冷。（《食物本草》）

石耳，烟嵐遠望如烟，出河南四明天台、宣州黄山、巴西邊陵岩間，有之。靈苑方中名曰「靈芝」，味平，無毒，彼人不知其神，採爲菜食美。久服延年益色，至老不改，令人不飢苦，無大小便。（《日用本草》）

石耳可茹，生廬山五老峯巔，取之甚難。（《九江府志》）

又 卷六《蘧蔬》 蘧蔬。似菌，生菰草中，甜滑。今江東啖之。江南呼爲「茭草」。根久盤厚，則夏月生菌，菌即謂之菰菜。利五臟，雜鯉爲羹。《呂氏春秋》曰：「菜之美者，越駱之菌。」則古者重之久矣。《荆楚歲時記》：「九月九日事中，称菰菜『地菌』之流，作羹甚美，鱸魚作膾白如玉，一時之珍。」張季鷹在洛，忽思吴中鱸魚、菰菜，請假而反，斯之謂也。此明亦用菰菜芼鱸羹，今説者或云：翰所思是蓴也，葑即謂此菌，然非詩所謂「葑菲」者。陳是菰根，歲久浮水上者，今菰首亦佳蔬可食，别見芃中。（《爾雅翼》）

《爾雅》曰：「出隧，蘧蔬。」註：蘧蔬似土菌，生菰草中，今江東啖之甜滑，音同「氍毹」，蔬菌類也，一名「出隧」，一名「蘧蔬」。《廣雅》云：「朝生形如鬼。」盖《説文》云：「菰，蔣也。」

士洵按：《爾雅》註及疏所引《廣雅》，則蘧蔬乃菌類，生于菰草中者。《爾雅翼》若以今茭首當之，恐非郭邢意也。《齊民要術》蔣与蘧蔬各出，的是二物。

《廣雅》云：「蔣也，其米謂之彫胡。」《廣志》曰：「菰可食，以作席，温于蒲，生南方。」《食經》云：「藏菰法，好擇之以蟹眼湯煮之，鹽薄，洒乾着燥器中，蜜塗稍用。」（《齊民要術》）

又 草部卷一《雷聲菌》 雷聲菌。夏秋雷雨後生茂草中，如蘑菇，味亦相似。

明 都卬《三餘贅筆·蕈》 蕈生背陽溼地，風味殊美，然間有毒者，食之往往殺人。周公謹《齊東野語》嘗載其事。近傳一法，煮時和燈心草，或以銀簪淬之，若燈心與簪色黑，即有毒，棄之勿食。

明 田汝成《西湖遊覽志餘》卷二四《委巷叢談》 菌者，鬱蒸之氣所發，多生山谷竹樹幽潤之所。白者名玉蕈，最貴黑者名茅蕈。赤子名竹菰，皆下品也。蘇子瞻與參寥行智果園，得黄耳蕈詩云：「老楮忽生黄耳蕈，故人兼致白芽薑。」别有一種毒蕈，形似而味美，食之殺人。宋乾道初，靈隱寺後生一蕈，圓徑二尺，紅潤可愛，寺主驚喜以爲珍品，不敢食，獻於楊郡王。王亦奇之，曰「是當爲玉食」，奏進於孝宗。詔以美味宜供佛，復賜靈隱寺。蓋朝廷初不知其出於寺也，復持至寺，盛之以盤，經日頗有汁液沾濡，兩犬爭舐之，一時狂死。寺主大驚曰：「苟入天厨，必遭誅戮，亟瘞諸地。」蓋萬乘所御，自有神護，而楊王大貴人，寺主不私口腹，皆得免意外之禍。又有圓頭而細脚者，名爲丁蕈。元時松陽楊渠南者，滑稽士也，與僧道元食丁蕈，戲作詩云：「頭子光光脚似丁，秖宜豆腐與波稜。釋伽見了呵呵笑，煮殺許多行脚僧。」

明　王圻《稗史彙編》卷一二九《鵞膏蕈》　生於高山，狀類鵞子，久乃繖開。味殊甘滑，不謝稠膏，然與杜蕈相亂。杜蕈者生土中，俗言毒盂氣所成，食之殺人，宜在所黜。如食肉不食馬肝，未爲不知味也。凡中其毒者必笑，解之宜以苦茗，雜白礬勺新水併咽之，無不立愈，因著之。俾山居者享其美而遠其害，此譜外之意也。

又《合蕈》　邑西韋羌山，高夐秀異。寒極雪收，林木堅瘦，春氣微欲動而土鬆芽活，此菌候也。菌質外褐色，肌理玉白，芳薌韵味。發釜鬲聞百步外，蓋菌多種，例柔美皆無香，獨合蕈香與味稱，雖靈芝、天花無比也，即宜特尊之以冠。諸菌合蕈始名，舊傳昔嘗進上摽以台蕈上見誤讀，因承誤云。合十年來既充庖□，山獠得善賈，率暴乾以售，罕獲生致。邑孟溪山中亦同時産，惟蕈柄高無香氣，土人以是別於韋羌山焉。

又《酒煮玉蕈》　鮮蕈，浄洗約水煮少熟，乃以好酒煮或佐以臨漳緑竹笋尤佳。施芸隱樞玉蕈詩云：「幸從腐木出，敢被齒牙私。真是山林味，難教世俗知。香痕浮玉葉，生意滿瓊枝。饕餮何多幸，相酧獨有詩。」多用酥炙，其風味尤不淺也。

又《稠膏蕈》　邑西北孟溪山肓，邃深莫測，秋中山氣重，霏雨零露浸釀，山膏木腴，蓓爲菌花戢戢，多生山上絶頂高樹之梢。初如蕊珠員瑩，類輕酥滴乳，淺黄白色，味尤甘勝。已乃傘張大幾掌，味頓渝矣，春時亦間生不能多稠膏得名。土人謂稠木膏液所生耳，合蕈它邦尤或有之。此菌獨此山所産，故尤可貴。煮法當徐徐下鼎，瀋伺沸漉起，慎勿七撓，撓則涎醒不可食。性參和衆味而獨宜於酒烹，劑既調温厚甘滑，雖蓴絲不足道也。或欲致遠則復以沸湯蒸熟，貯之瓶罌，然其味不耗。

明　徐獻忠《吴興掌故集》卷一三《菌蕈》　湖中太旱乏食，見其采菌蕈食之，予止其有毒。山人云：「凡色大紅及黑白色者，俱不可食，惟淡紅色者無毒。」予讀《夷堅志》所云：「簡坊大蕈及金谿田僕至殞命者十四人。」《癸辛志》載：感慈菴僧得奇蕈事，死者十餘人。凡蕈之奇且大者，有毒無疑。蕈受濕熱之氣，謹疾者宜詳之。兩河初夏生麻菰即蕈也，極大者亦不可食。惟種出者無毒，種以爛楮木數寸，碎之埋土中，以米泔灌即生，不出三日矣。閩中種香蕈法，見王氏《農書》。

明　慎懋官《華夷花木鳥獸珍玩考》卷五《木耳》　出魯山。《本草》云：「木耳有五，桑、椿、槐、榆、柳之異，其色亦有黄赤黑白之分。」六月多雨則生之，杜甫所謂「木頭生耳」是也，今惟桑木耳可以入藥。

明　張萱《彙雅後編》卷二一《蘧蔬》　羅願曰：「出隧蘧蔬似菌，生菰草中，甜滑，今江東啖之，江南呼爲茭草。根久盤厚，則夏月生菌，菌即謂之『菰菜』，利五臟，雜鯉爲羹。」《吕氏春秋》曰：「菜之美者，越駱之菌，則古者重之久矣。」《荆楚歲時記》：「九月九日事中，稱菰菜、地菌之流作羹甚美，『鱸魚作鱠白如玉』，一時之珍。」張季鷹在洛忽思吴中鱸魚菰菜請假而反，斯之謂也。此明亦用菰菜芼鱸羹，今説者或云翰所思是蓴菜，恐不然爾。《説文》曰：「菰，蕈也。」蕈即謂此菌然，非詩所謂「葑菲」者。陳藏器乃云：「菰，葑上如菌，葑是菰根歲久浮水上者，今菰首亦佳蔬，可食，别見芃中。」

明　謝肇淛《滇略》卷三《雞㚇》　土人鹽而脯之，漤液爲油，以代醬豉。亦作「㙡」，《集韻》：「㙡，土菌也。」㚇者，鳥飛而縮其足之象。雞取其形，或作「蟻」，誤也。余按古人謂蕈爲「樹雞」，唐肅宗取作「博子」，與張良娣戲者，名或取此。闔村谷中亦有之俗，不知珍謂之「雞肉菰」。

明　文震亨《長物志》卷一一《菌》　雨後彌山遍野，春時尤盛。然蟄後蟲蛇始出，有毒者最多，山中人自能辨之。秋菌味稍薄，以火焙乾，可點茶，價亦貴。

明　木增《雲邁淡墨》卷四《兔絲》　《龜筴傳》曰：「下有茯苓，上有兔絲。下有靈龜，上有叢書。（考）茯苓，千歲松脂也。兔絲，因之生其上而無根。」

明　徐鳴時《横谿録》卷三《菌》　山澤之氣蒸而上。生味肥美，俗珍之曰素河魨。今有炙之以温火者，名「烘菌」，亦佳。《盧志》：「地蕈也，山中沙土。又桑根、枏柳之間，雨後爲多。」《博物志》：「楓樹上生菌，人食即令人笑不止，飲土漿、屎汁，愈。」

明　張存紳《增定雅俗稽言》卷四〇　鷄㚇。鷄㚇，菌類也，出永昌者爲佳。鷄以形言，㚇音宗，鳥飛而斂足貌。菊形似之，故名。其油最美。

蘑菰。蘑菰出考城者佳，或曰「無種」，蓋爛船所生也。茹之可化食中毛。

明 劉侗《名物通》卷五　熒火芝。大如荳，夜視有光。得食一枚，心中一孔明；食七枚，心中七孔明。

肉芝。白如雪，大如小兒手，連臂約長尺許。其下作聲唧唧，食之壽等龜、鶴。

明 陳懋仁《庶物異名疏》卷二〇《馗厨》　馗厨。郭璞云：「地蕈也，似蓋。今江東名土菌，亦馗厨，可啖之。」

明 湖南漫士《水邊林下五十九種》之《野蔌品·蘑菇》　採取晒乾，生食作羹，美不可言，素食中之佳品也。

又《竹茹》　此更鮮美，熟食無不可者。

又《木菌》　用朽桑木、樟木、楠木截成一尺長段，臘月埽爛葉擇肥陰地和木埋於深畦，如種菜法。春月用米泔水澆灌，不時菌出，逐日灌以三次，即大如拳，采同素菜作食，作脯俱美。木上生者且不傷人。

清 丁其譽《壽世秘典》卷三《天花蕈》　出山西五臺山，形如松花而大，香氣如蕈，白色，食之甚美。

又《蘑菰蕈》　出山東、淮北諸處，長二三寸，本小末大，白色柔軟。其中空虛狀如未開玉簪花，俗名「鷄腿蘑菰」，謂其味如鷄也。一種狀如羊肚，有蜂窠眼者名「羊肚菜」，山西汾州諸處有之。

又《香蕈》　生深山爛木上，小于菌而薄，黄黑色，味甚香美。紫色者名香蕈，白色者名肉蕈，皆因濕氣薰蒸而成。生山僻處者有毒，殺人。

又《木耳》　一名木蛾，在地曰「芝」，在木曰「檽」。韓退之曰：「樹鷄生干朽木之上，無枝葉，乃濕熱餘氣所生。」曰耳，曰蛾，象形也。或曰地生爲菌，木生爲蛾，各木皆生。其良毒亦隨木性，然今貨者多雜木，惟桑、柳、楮、榆之耳爲多。古槐、桑樹上者良，其餘樹上動風氣，發痼疾。惡蛇虫從下過者有毒。楓木上生者令人咲不休。採歸色變者，夜視有光者，欲爛不生虫者，並有毒，生擣冬瓜汁或地漿解之。赤色及仰生者不可食。

又《菌子》（窘捲二音）一名土菌，又名杜蕈，一曰地鷄。夏月間土壤陰濕及竹林虛坯處，雨後即生此，乃濕熱相感而成。凡夜有光者，煮不熟者，煮訖照人無影者，上有毛下無紋者，仰卷赤色者，並有毒殺人。煮時宜投以薑屑、飯粒試之，若色黑則有毒，中其毒者，地漿及糞汁解之。

氣味：甘，平，無毒。主燒灰傳瘡疥，多食發五藏，風壅經絡，動痔，病昏昏多睡，背膊肢節無力，又多發冷氣。

按：菌乃濕熱化生之物，中其毒者往往殺人。《本草》皆不言。其性効則不甚益人，可知。《廣嗣全訣》云：「妊婦食諸般菌，令子驚風而夭，蓋濕熱之氣與胎氣相感，是以子多不育，求嗣者慎之。」

清 閔麟嗣《黄山志定本》卷二《山産志》　香菌。生古松老杉上，或生松陰。采無時，芳香韻味俱絶。采之芼之，至腴，并治溲濁不禁之疾。然與杜蕈相亂，當慎，杜蕈者土菌也。

石耳。蓋芝、蕈類也。生於崖石，望若流烟，惟黄山甲於天台、四明及洛代諸山。山民繩渡鈎引，身懸千仞以取之。昔有躡危峰摘石耳者，覺奇寒陡逼，口齒自鬪，格格然諦視見神龍方睡，鱗角儼然，爪尾蟠抱，頷珠大如拳，光彩不可逼視。民大駭墜而下。噫！口腹之珍，皆小民捐軀命，冒奇險所致，仁者見之欲投七起矣！木耳山産更多。

清 張璐《本經逢原》卷三《菜部·土蕈》　甘，寒，有毒。發明：處處山中有之，以其得嵐嶂鬱蒸之氣而生，助長溼熱最甚。過食令人腹痛、顱脹，或發痰氣、嘔逆。其在初春蟄蟲未起之時，爲毒尚淺，夏秋溼熱盛行之時，毒邪尤甚，以其多有蛇蛺之毒也。即生朽株上者，除槐、榆、松、柳、杉、桑及藋蘆根者食之無虞，然日久蟲生味苦，亦不宜食。他如皂莢、苦竹、茅根生者不無小毒，食之多發瘡疥。而生於楓樹上者，食之毒攻心包，令人笑不止，急以苦茗地漿，或生白礬，研新汲水解之。諸菌之可食者，首推雷驚菌，次則糖菌、松花菌，味極鮮美。若味苦或辣，皆爲有毒，切不可食。至如光白如銀，中夜有光，上有毛，下無紋，底無蹭襉，仰卷色赤，欲爛無蟲，洗之水黑，煮之不熟者，並有大毒傷人。中其毒者，非地漿清糞不能救之。昔聞有人得一大菌，光潤可愛，置之瓶中，蠅蚋撲上即死。究其所得之處，乃在古塚穴中，洵爲秒枋之毒無疑。今人煮菌，每以銀飾并燈心草置鍋中，但驗其銀色黑者，即爲有毒，近見食蕈而死者，與河豚無異，特表而出之。

又《香蕈》　甘，平，無毒。發明：諸蕈稟土之熱毒，浮長所以有毒傷人，惟香蕈柟木上糯米種出，大益胃氣，與蘑菰、雞㙡性味不殊。蘑菰，亦埋桑、楮諸木於土中，澆以米泔而生，其長大色白、柔軟中空如雞腿者，名雞腿蘑菰。狀如羊肚，有蜂窠眼者，名羊肚菜。其出雲南，生沙地間，高脚繖頭者，曰雞㙡菜，皆能益胃清神。蘑菰兼能化痰，雞㙡兼能治痔。一得桑楮餘澤，一鍾山川靈氣，故其性各有不同耳。

清 屈大均《廣東新語》卷二七《木耳》 陽春、茂名，多以木耳爲貨，其山深，故多朽木，而木火之精華未盡，得水氣復蒸爲耳，耳亦朽株之萌蘖也。《易》曰：困于株木。株木，枯槁者也。菌生于枯槁，故曰「菌」，木耳亦然。木耳得一陰之氣而生，若稊荑，則得一陽之氣者也。木耳以桑、槐、榆、柳、榕樹上生者良，柘木次之，生於桑者治痢，生木香者治瀉，生於梅者治腹痛，楓木生者令人笑不止。

又《菌》 從化多香菌，冬采者良，其木曰「羊矢」，畬人伐置山間，至冬雨雪滋凍，腐而生菌，無蛇虺之毒，謂之「雪菌」，色白而香，亦曰「雪蕈」。或以朽桑、樟、楠三者尺斷，當臘時，於肥陰處埋之爲深畦如種菜法。春月以米泔水澆灌，不時菌出，日灌之三，即大如拳許，是謂「家蕈」。他蕈産於木之根土處，精華鬱結，有白者，有淡黑者，其莖皆白，皆曰美不下蘑菰，性温補益陽，然溼氣薰蒸，未免有毒，若夏間瘴雨所成與最大者，煮時投以薑片飯粒，其色不黑，乃可食。大抵冬春無毒，夏秋多毒，以有蛇蟲從下而過，不若石耳生崖壁上，得霧露之氣，可以明目益精也。

凡香蕈感陰溼之氣而成，善發冷氣，多和生薑食乃良，惟石耳味日腴，性平無毒，多食飫人，能潤肌童顏，在地耳、木耳之上。地耳味甘性寒，春夏生雨中，乘雨急采，見日則不可用，俗名「地踏菰」，其品在石耳之下，木耳之上。

清 汪灝《佩文齋廣群芳譜》卷一七《蔬譜》 《居山雜志》：「山中雨後多生菌，其一名曰蕈，凡有數種，惟春末最多，八月雖有而不時，其小者可食，山人饜之，而城居不多得也。樵童得者負以筠籠，多售於楓橋市，郭人爭買之，與珍異等，以其非植而有故也。」《荆溪疏竹》：「茹蕈也，小如錢，赤如丹砂，生以二月，山中所在有之。不獨竹下，風味極佳，當爲伊蒲第一。」

清 陸廷燦《南村隨筆》卷一《菇》 宜興山出竹茹，即蕈也，小如錢，赤如丹砂，生以二月，山中所在皆有之。風味極佳，洞庭山出桐茹，不多得。閩、浙香茹種類不一，亦稱方物。至塞外，榆肉即榆樹之蕈也，脆美肥嫩似亦菇類。山西邊地有金錢菇，五臺山出銀盤茹，甚貴重。

清 周魯《類書纂要》卷二八 楓菌。楓樹菌，食之令人笑不止，惟飲土漿乃差。

清 蔣溥《盤山志》卷一五 菌。北人呼菌爲蘑，有多種松蘑，黄色。延壽蘑，紫色。土人呼爲猪臟蘑。京蘑，白色，出蔣福山一帶，大者如盤。雜蘑有青黄赤白色者，有毒，戒不可食。

清 嵇璜《皇朝通志》卷一二五《昆蟲草木略一》 天花出五臺山，生於古樹，嫩則色青，爲菌可食，老則色絳爲芝，可作屏疊經。

清 李調元《南越筆記》卷一四《從化多香菌》 從化多香菌，冬采者良，其木曰羊矢，畬人伐置山間，至冬雨雪滋凍腐而生，菌無蛇虺之毒，謂之「雪菌」，色白而香，亦曰「雪蕈」。或以朽桑、樟、柟三者尺斷，當臘時於肥陰處理之爲深畦，如種菜注，春月以米泔水澆灌，不時菌出，日灌之三，即大如拳許，是謂「家蕈」。他蕈産於木之根土處，精華鬱結，有白者，有淡黑者，其莖皆白，皆甘美不下蘑菰。性温補益陽，然溼氣薰蒸，未免有毒，若夏間瘴雨所成與最大者，煮時投以薑片飯粒，其色不黑，乃可食。

又《茂名木耳》 茂名多以木耳爲貨，陽春亦有之。其山深故多朽木，而木火之精華未盡，得水氣復蒸爲耳，以桑、槐、榆、柳、榕樹上生者良，柘木次之。生於桑者治痢，生木香者治瀉，生於梅者治腹痛，楓木生者令人笑不止，亦異事也。

清 嘉慶《廣西通志》卷九〇《輿地略一一·物産二》 木耳。州縣俱出，木草。桑、槐、楮、榆、柳謂之五木耳，而桑、槐二樹佳。

清 嚴如熤《三省邊防備覽》卷九《山貨》 木耳廠□□□八九年、五六年花栗青棡梓樹，用之不必過大，每年十月初將樹伐倒，縱横山坡上，雨淋日晒至次年二三月間，將木立起，二三十根攢一架，再經淋晒四五月内即結木耳。第一年結耳尚少，二年最旺，三年後木朽爛不出耳矣。採耳遇天晴則晒晾，陰雨用火焙乾，然後打包。

香菌廠於秋冬砍伐花栗、青棡、梓樹、桫欏等木，山樹必擇大者，小不堪用。將木放倒不去傍枝，即就山頭坡上任其堆積，雨淋日晒至次年，樹身上黠花，三年後即結菌可收，七八年至十年後樹朽壞不復出菌。菌於每年三四月收採，先用火烘乾，再上烝籠烝過，然後裝桶。

清 嚴如煜《三省山内風土雜識》 山内有耳扒者，將青棡木砍伐作架，至次年漸生耳，其利可以三年，耳盡而新蓄之青棡木又可作扒。再有作蕈扒者，另是一種木，間有取松樹爲之。洵陽則出構穰，狀如麻，蘇廣爲紗羅者參用之，此數種均山貨之貴重者。

清 吴振棫《黔語》卷下《雞㙡》 黔産菌不一種。有大如盤盂者，色或紫或赤或緑，食之往往殺人。常食者曰「凍菌」，冬日有之。茅草菌極小，味亦美，其尤佳者曰「雞㙇」，莖長而色尤白，産安順、威甯者與滇産匹。楊慎《藝林伐山·雞菌》條載：「《埤雅》《莊子》與蔡氏《毛詩名物解》同，今《埤雅·蟪蛄》條作『朝菌』，不作『雞菌』。又謂《集韻》『㙇土菌』也。」今《集韻》「㙇」字下，亦無土菌解。潘之恒《廣菌譜》作「雞㙇」，與陳仁錫潛確類書同。郎瑛《七脩類稾》作「雞宗」解亦互異。湘潭張紫《峴九鉞詩》云：「翠龍飛擎驛騎遥，中貂分賜笑前朝。金盤玉筋成何事，只與山廚伴寂寥。」注云：「明熹宗嗜此，歲馳驛以獻，惟客魏得分賜，張后不與焉！此雞㙇故事而不知其所本。」（《廣菌譜》見陶珽《續説郛》）

清 道光《廣東通志》卷九五《輿地略》一三《物産二》 地腎。出羅浮，松花落地而生，無根蒂，散布松下，小若彈丸，大如雞卵，紅黄相錯，晶瑩可愛，味甘香。銀芋。苗莖瑩白，與葉並可生食。粤俗多用以爲虀，其餘芋種至多，亦號大米。

清 張澍《續黔書》卷六《羊肚菌》 尒疋中馗菌。郭璞云：「江東名土菌，曰『馗厨』。」孫炎云：「地簟亦曰『地雞』。」又有獐頭猻眼雞㙇、松蛾、葉鵝、楮雞、榆肉等類，皆楄香而可食。黔之深箐邃洞，人跡罕至往往爲苗、猺所踞，采食山毛古樹内多生羊肚大菌，潔白如雪，重或一二斤，食之。雖元都、綺葱、瀛海、玉蔬、千品、甘露之饌，百花珍藥之菓，不是過也。余代庖古城日，苗人曾獻之。又有木菫，實如胡椒，味辛，可佐食。

清 道光《遵義府志》卷一七 菌。揚雄《蜀都賦》：「瑕英菌芝。」《蜀語》：「地芝，曰菌，音郡。菌之大者名『鬥雞菰』，生桑樹上者名『樹雞』。生櫟、松林中有黄、白、赤、緑四種可食。其面上如石灰者殺人，用黄土和水漿食之可治。又音捲，夏月天雨生山中石骨上，土人名『地菌皮』，可食。」《田居蠶室録》：「夏菌五六月，秋菌八九月，雨後生，種類至夥，俗隨形呼其大腳菰、青糖菰、刷帚、松毛、黄絲諸種，無毒。一種爪其蓋即出白汁名茶菌，又名羊奶菌，味尤香美。又一種名凍菌，形半圓，肉之軟嫩勝楊妃乳。生樹頭上，四時有之，不能乾蓄。至一種紅蓋者，多生槲林，曰『青棡菌』，又曰『一羣羊』，食者多中毒。凡菌有毒者，經炊烟薰乾即無。」

又 雞㙇。《廣菌譜》：雞㙇。按：《通雅》作「雞㙇」。《雲南志》謂之「雞㙇」。雞以形言，㚇者飛而斂足之貌。《説本》：楊慎或作「蟻㙇」。以其産處下皆蟻穴。《貴州志》云：「下有蟻若蜂房狀，又名蟻坌。」《滇黔紀游》「雞㙇。黔中亦産，但不如滇之蒙化者佳。有紫白二種，白者恒殺人，初秋生蔓草中，始奮如粒，既如蓋，漸則紛披如雞羽，故曰『雞』，以其從土中出故曰『㙇』。」《雲南志》：「六七月大雨後生沙土中，或松間林下，鮮者香味甚美，土人䃜而腊之，經年可食。若熬液爲油，以代醬豉，其味香美。」《田居蠶室録》：「土無常地常時，色香味俱蕈中第一。惟僅生一朶者不可遽食，有土人得一朶高且大，攜市之，及返經採處復一朶如前，疑而掘其下，一巨蛇正張口噓氣，急返告市者，已登盤將入口矣，賴以免其毒。」

清 同治《祁陽縣志》卷二四《雜撰》 祁邑山中産菌，名類甚繁，鄉民喜食，往往中毒殞命，聞前此有一家七口同斃者。其治法，或用黄瓜藤搗汁服之，頗效。或云煮菌時用浄銀簪同煮，候熟時，視簪色變者有毒，否則食之無害。然何如竟不食之爲得也。

清 同治《梧州府志》卷三《物産》 木耳。菌屬，或曰即卷耳，非香蕈。一名香菇。筍竹種不一，容縣産者名「容筍」，味甘性寒。

清 光緒《道州志》卷一〇《風土志·土産》 香蕈。一名茶蕈，出永明界，甘美不下蘑菇。又有石耳，生陰崖間。地耳，生濕地上，俗名雷公菌，以雷鳴始生也，品在石耳之下。又有鷄㙇菌，生樹間，味如鷄肉。其餘春末秋初，種類甚多，然有毒，不可食。

清 光緒《永嘉縣志》卷六 蕈。《山蔬譜》：「永嘉人以霉月斷樹置深林中，密斫之，蒸成菌。」《浙江通志》：「俗名香菇，有冬春二種，冬菇尤佳。」案《黄漢甌乘補》「口背裥悉交互，若直裥透脣者有毒，能殺人。」

清 光緒《畿輔通志》卷七二 木耳。北人曰「蛾」。（本草綱目菜部）謹案：「耳，檽」音近字，「耳，蛾」皆象形，檽則取其輭者也。蘇恭曰：「桑、槐、楮、榆、柳爲五木耳，輭者並堪啖，楮耳人常食，槐耳療痔。」甄權《藥性》云：「蕈耳，古槐、桑樹上者良，柘木者次之，其餘樹上多動風氣，發痼疾。」桑耳，《唐本草》名「桑檽」，《木本草》名「桑蛾」，《口性》名「桑蕈」，又名「桑臣」。槐耳，《蜀本草》名「槐雞」，《唐本草》名「槐檽」，又名「槐菌」。《圖經》又有「杉菌」，《拾遺》又有「楊櫨」耳。《日用本草》云：「蕈生桐、柳、枳椇木上，紫色者名『香蕈』，白色者名『肉蕈』。」《食物本草》云：「香蕈生深山爛楓木上，小於菌而薄黄黑色，味甚香美。蓋各木皆生耳，名各不同，其實一類。宜辨其木性而食之。」陳藏器曰：「木耳。惡蛇蟲從下過者有毒，采歸色變者有毒，夜視有光者欲爛，不生蟲者並有毒，生擣冬瓜蔓汁解之。」張仲景曰：「木耳。赤色及仰生者並不可食。」

清 薩英額《吉林外記》卷七 蘑菇。諸山中皆有之,種類不一。生榆者爲榆蘑,生榛者爲榛蘑,生樟者爲香樟蘑。而榆肉生榆樹窟中,尤鮮美,即古所謂「樹雞」是也。

清 光緒《永定縣鄉土志》卷四《物産志》 石耳。本境特産,生高巖懸壁,人迹不到之處。采者懸繩繫身,穿空口險始能得之。性涼味清。時運往他境,爲上物上品。

紀事

唐 趙璘《因話録》卷六 都水使者崔綽,少年豪俠,不拘小節。天寶中有方士過其家,崔傾財奉之,亦無所望。方士臨去留藥一丸爲別,崔殊不之重,埋于牀下。燕薊之亂,家人避賊,崔在後未去,忽見牀下有菌,甚肥鮮,因煮而食之,雜以葷味。自此體腹輕健,至老更無疾病。月中視小字,夜食生彘,元和初猶在,年九十餘,卒蘇州。刺史韋公(余之祖舅)集中所贈崔都水詩者是也。向得靈藥便能正爾,服之,當已輕舉矣。其次,食所化靈芝,不雜葷茹,又應反顔住世,壽不可量。蓋玄中但以有壽無疾,酬好施之功而已,崔即蘇州之堂妹壻也。

唐 馮贄《雲仙雜記》卷四《凌虚宴》 齊文宣帝「凌虚宴」取香菌以供品味,廣唐則出於石首、銅官等處,銅釘菌、分絲菌。(《自慶傳》)

宋 周密《癸辛雜識》后集《桐蕈鰒魚》 天台所出桐蕈,味極珍。然致遠必漬之以麻油,色味未免頓減。諸謝皆台人,尤嗜此品,乃併揤桐木以致之。旋摘以供饌,甚鮮美,非油漬者可比。

藝文

宋 蘇軾《東坡全集》卷一〇《與參寥師行園中得黄耳蕈》 遺化何時取衆香,法筵齋鉢久凄涼。寒蔬病甲誰能採,落葉空畦半已荒。老楮忽生黄耳菌,故人兼致白芽薑。蕭然放箸東南去,又入春山筍蕨鄉。

宋 黄庭堅《山谷外集》卷三《答永新宗令寄石耳》 飢欲食首山薇,渴欲飲潁川水。嘉禾令尹清如冰,寄我南山石上耳。筠籠動浮煙雨姿,瀹湯磨沙光陸離。竹萌粉餌相發揮,芥薑作辛和味宜。公庭退食飽下箸,杞菊避席遺蔣蘆。鴈門天花不復憶,況乃桑鵝與楮雞。小人藜羹亦易足,嘉蔬遺餉荷眷私。吾聞石耳之生常在蒼崖之絶壁,苔衣石腴風日炙。捫蘿挽葛採萬仞,仄足委骨豺虎宅。佩刀買犢劍買牛,作民父母今得職。閻仲叔不以口腹累安邑,我其敢用鮭菜煩嘉禾。願公不復甘此鼎,免使射利登嵯峨。

宋 朱熹《晦庵集》卷三《紫蕈》 誰將紫芝苗,種此槎上土。便學商山翁,風餐謝肥羜。

又《木耳》 蔬腸久自安,異味非所誇。樹耳黑垂聃,登盤今亦乍。

宋 楊萬里《誠齋集》卷一七 空山一雨山溜急,漂流桂子松花汁。土膏鬆暖都滲入,蒸出蕈花團戢戢。戴穿落葉忽起立,撥開落葉百數十。蠟面黄紫光欲濕,酥莖嬌脆手輕拾。色如鵝掌味如蜜,滑如蓴絲無點澁。傘不如笠釘勝笠,香留齒牙麝莫及。菘羔楮雞避席揖,餐玉茹芝當却粒。作羹不可疎一日,作腊仍堪貯盈笈。

金 元好問《中州集》卷一〇《謝崔致君餉天花》 三年北餽飽羶葷,佳蔬頗憶南州味。地菜方爲九夏珍,天花忽從五臺至。崔侯胸中散千卷,金甌名相傳雲裔。愛山亦如謝康樂,得此攜歸豈容易。應憐使館久寂寥,分餉明明見深意。堆盤初見瑶草瘦,鳴齒稍覺瓊枝脆。樹雞濕爛慚扣門,桑蛾青黄漫趨市。赤城菌子立萬釘,今日因君不知貴。乖龍耳僅免一割,沙門業已通三世。偃戈息民未有術,雖復加餐祗增媿。雲山去此縱不遠,口腹何容更相累。報君此詩永爲好,捧腹一笑萬事置。

元 王惲《秋澗集》卷六六《芝枕銘》(并引) 予觀神農氏之經,芝之種有五焉。紅者如珊瑚,青者如翠羽,黄者如紫金,白者如截肪,黑者如澤漆,皆光明洞徹如冰之堅,五岳之山産焉。後之以芝名者,率若是,豈柳柳州所謂天澤餘潤。雖枯朽敗腐,猶能幻出芝菌,以爲瑞物,是枕之芝或間産名山,或蒸出枯枿,予不得而知也。但不斤不斵,底平面傾,犀文外繞,疊成枕形,誠可以薦牀第而承幽人之憩息也。銘曰:「體似重而輕,性似柔而剛,豈顛木之餘枿,薦幽人之野牀。質似芝而秀,文似犀而光,果齋房之瑞氣,化奇形而不忘。但髣髴兮一枕之妙,至於爲芝爲菌,吾不知其物化之常秀。比連茱清,凝寢香枕,或强名用適,則良俾欹之藉之,勿邪其所思兮,是可以夢周公而接羲皇也。」

元 許有壬《至正集》卷一三《沙菌》 「牛羊膏潤足,物産借英華。帳脚駢遮地，釘頭怒戴沙。齋厨供玉食，毳索出氊車。莫作垂涎想，家園有莫邪。」

明 楊慎《**升庵集**》**卷三六**《**沐五華送雞㙡**》「海上天風吹玉芝，樵童睡熟不曾知。仙人住近華陽洞，分得瓊英一兩枝。」

清 愛新覺羅・玄燁《**清聖祖仁皇帝御制文集**》**卷三七**《**天花**》「靈山過雨萬松青，朵朵細雲摘翠屏。玉笈重緘敕飛騎，先調六膳進慈寧。」

清 廖元度《**楚風補**》**卷四四** 蘇弘德字庸夫，蒲圻人。《山居采芝篇》 采芝復采芝，采采青山曲。漢時遺紫英，片片開紅玉。層雲起泰陲，文霞抱華足。爛熳蔚根枝，奇思出情局。滅之還復生，萬樹連初旭。細竹自低垂，羣峯如拱矚。鼻脈來蟠林，名品殺丹籙。神仙以上人，漫笑神仙俗。服餌御毘嵐，彈指虚空促。不如信手拔，散置林間緑。明艶綴書闈，亦足輝曇燭。

清 蔣溥《**盤山志**》**卷一五**《**物産・野蔬**》《智朴偕净衆雨後尋菌弗得詩》：「明歲秋雨後，攜籃步荒陬。去去適我意，所獲皆中饈。歸來呼作羹，輭玉浮湯頭。一飽忘百慮，外此復何求。今歲仍秋雨，還同昨歲謀。所至不獲一，踏遍林與邱。」

清 嚴元照《**柯家山館遺詩**》**卷四**《**桂菌**》 山窗有老桂，枝葉紛欀欀。八夏積梅雨，膏液鬱而哆。槎牙生皴皰，皮傅漸瘯蠡。忽焉出菌蠢，如花著枝彈。或圓小若錢，或匾大於問。層層香雲蓋，一一玉色瑳。扶摇鱗欲動，重疊石將墮。無堪作餅供，聊可慰頤朵。空庭蹋苔莓，清曉親捰扼。漬以井華水，燎以新榆火。合配椶筍佳，不説豬肉可。小兒饞欲啼，老饕笑而欨。入饌洵口福，取餘非木禍。咄哉王武子，庖廚臭肥膎。養生汝何勤，多殺物則那。豈若山中人，清供勝脂膪。笑彼膏粱客，下箸問拾没。

雜　録

宋 陶穀《**清異録**》**卷上**《**笑矣乎**》 菌蕈有一種食之，令人得乾笑疾。士人戲呼爲「笑矣乎」。

宋 徐鉉《**稽神録**》**卷六**《**豫章人**》 豫章人好食蕈，有黄如蕈者尤爲美味。有民家治食烹此蕈，以食工人。工人有登厨屋施瓦者，下視無人，惟釜中煮物，以盆覆之。俄有一小鬼倮身繞釜而走，倏忽投於釜中。頃之，主人設蕈，工人獨不食，亦不言其故。既暮，其食蕈者皆卒。

筍竹類

論　説

宋 釋贊寧《**筍譜**》 筍者，竹之篛也。竹根曰鞭，鞭節之間乳贅而生者。竹屬兼草而木，偕少陽之氣歟，故初種根食土而下求乎母也。《釋草》云：筍，竹萌。郭璞注：竹初生也。孫炎云：竹初生曰萌，生謂之筍。詳孫之説，始冒土者爲萌，萌芽也。生長挺挺然爲筍也。《尚書孔傳》：筍，篛竹也。詳孔之説，篛竹白篛也。白篛之類越多。《爾雅》説芙蕖莖下本蔤。郭注曰：蔤莖下白亦可食，篛在泥中也。《周禮》説蒲菹亦蒲之篛也，謂蒲始生，取其中心入地，篛大如匕柄，正白，噉之甘脆也。凡草木有白蒻、嫩而堪食者，皆曰白篛也。今孔安國曰：篛竹，爲筍已過，爲竹未勁，故謂爲篛竹也。合言竹之篛，篛即見白也。所言篛者，幼弱也。加草者，簡濫也。箈箭萌，郭注：萌，筍也。《周禮》：「箈菹鴈醢箈菹」，即以箭筍鹽藏爲菹，實於籩豆中也。虇，蘆筍也。《爾雅》：炎薍其萌虇。郭注：江東呼蘆筍爲蘆虇，然則萑葦之類。其初生者皆名虇也。如是者，只有多名也。

清 李漁《**閒情偶寄**》**卷一二**《**筍**》 論蔬食之美者，曰清，曰潔，曰芳馥，曰鬆脆而已矣。不知其至美所在，能居肉食之上者，衹在一字之鮮。記曰：甘受和白受采，鮮即甘之，所從出也。此種供奉，惟山僧、野老躬治園圃者得以有之。城市之人向賣菜傭求活者，不得與焉。然他種蔬食，不論城市、山林，凡宅旁有圃者，旋摘旋烹，亦能時有其樂。至于筍之一物，則斷斷宜在山林，城市所産者任爾芳鮮，終是筍之剩義。此蔬食中第一品也。肥羊嫩豕何足比肩，但將筍、肉齊烹，合盛一簋，人止食筍而遺肉，則肉爲魚而筍爲熊掌可知矣！購于市者且然，况山中之旋掘者乎！食筍之法多端，不能悉紀，請以兩言概之曰：素宜白水，葷用肥猪。茹齋者食筍，若以他物伴之，香油和之，則陳味奪鮮而筍之真趣没矣！白煮俟熟，略加醬油，從來至美之物，皆利于孤行，此類是也。以之伴葷，則牛、羊、鷄、鴨等物皆非所宜，獨宜于豕。又獨宜于肥，肥非欲其膩也，肉之肥者能甘，甘味入筍則不見其甘，而但覺其鮮之至也。烹之既熟，肥肉盡當去之，即汁亦不宜多存，存其半而益以清湯；調和之物，惟醋與酒，此製葷笋之大凡也。笋之爲物，不止孤行並用各見其美，凡食物中無論葷素，皆當用作調和。菜中之笋與藥中之甘草，同是必需之物，有此則諸味皆鮮。但不當用其渣滓而用其精液，庖人之善治具者。凡有焯笋之湯，悉留不去，每作一饌，必以和之，食者但知他物之鮮，而不知有所以鮮之者在也。《本草》中所載諸食物，益人者不盡可口，可口者未必益人，求能兩擅其長者，莫過于此。東坡云：「寧可食無肉，不可居無竹。無肉令人瘦，無竹令人俗。」不知能醫俗者亦能醫瘦，但有已成竹未成竹之分耳。

綜述

三國吳　陸璣《毛詩草木鳥獸蟲魚疏》卷上《維筍及蒲》　筍竹，萌也，皆四月生。唯巴竹筍八月九月生，始出地長數寸，鬻以苦酒、豉汁浸之，可以就酒及食。

北魏　賈思勰《齊民要術》卷九《苦笋紫菜菹法》　笋去皮，三寸斷之，細縷切之，小者手捉小頭，刀削大頭，唯細薄隨置水中，削訖漉出，細切紫菜和之與鹽酢乳用半奠，紫菜冷水清，少久自解。但洗時勿用湯，湯洗則失味矣。

又《竹菜菹法》　菜生竹林下似芹，科大而莖葉細，生極概净洗，暫經沸湯，速出下冷水中，即搦去水細切。又胡芹小蒜，亦暫經沸湯，細切和之，與鹽醋半奠，春用至四月。

又　卷一〇《筍》　《吕氏春秋》曰：「和之美者，越簵之箘。」高誘注曰：「箘，竹筍也。」

吴録曰：「鄱陽有筍竹，冬月生。」

《筍譜》曰：「雞胫竹筍，肥美。」

《東觀漢記》曰：「馬援至荔浦，見冬筍名苞。上言：《禹貢》『厥苞橘柚』疑謂是也。其味美于春夏。」

唐　段公路《北户録》卷二《斑皮竹筍》　湘源縣十二月食斑皮竹笋，滋味與北中七八月笋牙小類，但甜脆過之，諸笋無以及之。《吴録》云：馬援至荔浦，見冬笋，名曰苞笋，其味美於春夏笋也。即鷄脛竹笋《博物志》曰：斑皮竹，洞庭之山堯帝之二女以涕揮竹，竹盡斑也。《爾雅》曰：笋，竹之萌。《説文》曰：笋，竹胎。《詩義疏》：笋，皆四月生也。巴竹笋，八月生。篃音媚竹笋，冬夏生。《永嘉記》：含隨竹笋，六月生。《篃竹譜》：棘竹，落人鬚髮。愚按《山海經》：竹生花，其年便枯。六十年一易根，必結實而枯死。實落土，復生，六年還成町也。《竹譜》曰：竹不剛不柔，非草非木。筎必六十，篟亦六年是也。凡種竹，正二月斸取西南根，東北角種之，竹性向西南引也。《齊民要術》曰：諺云「東家種竹，西家治地」，故也。南中有以竹爲刀錯子者，錯子即篦篣竹皮爲之，錯指甲利勝於鐵機巧。李衙推昉云：如小鈍，復以漿水洗之如初。刀子竹：裴淵《廣州記》云：石林竹勁利，削爲刀，切截象皮如截芋也。公路：襄州宜城縣木香村有莊。咸通初，忽生異竹，第一年生九竿，第二年生七竿，爾來歲歲有也。作深梔黄色，每節及枝上並抹緑，鮮澄，其笋甚美。按：顧凱之譜中亦無説處。《異苑》曰：東陽留道德元嘉四年，筋竹林忽生連理，野人無知，謂爲禍祟，伐煞之。公路：乾符初經過夏口時，有人獻合歡笋於韋公尚書者。自一本分爲兩岐，長二尺餘，乃笋之瑞也。公命公路爲七字句歌之，詞繁不載。愚傳聞貞元五年秋，番禺有海户犯鹽禁者，避罪於羅浮山，深入至第十三嶺，山有十五嶺，四百三十二峰，九百八十三飛泉洞府也。遇巨竹百千萬竿，連亘巖谷，竹圍二十一尺，有三十九節，節長二丈，即由梧類也。海户因破之爲篾，會罷吏捕逐，遂挈而歸。時有軍人，獲一篾以爲奇者，後獻於刺史李復。復命陸子羽圖而記之，亦資耳目之一事也。舊記云：李公顧謂門生廣州桑苧翁曰：夫視聽之外、經籍未録，不合有而有者，不知其極。况兹竹載在圖記，不足奇也。漢太尉許慎《説文》有長節竹，謂之笿，音鐘一本作鐘得非羅浮山龍鍾之義耶？桑苧翁前席而言，曰：頃天寶末，有韋長史虚舟寓於廬山瀑布泉，時夏月多雨，見瀑布之中流出一桃葉，闊五寸，長一尺二寸。至德初，徐正字疑於海鹽縣，白塔山沙渚之上得一桃核片，可貯一升，則知草木在山海之間，有瑰形殊狀者，多矣。又若決明慎火在中原爲蘇蓼葵莧之屬，若生嶺嶠南山澗，無非高樹。蕨有千歲者徑二尺圍，與彼不異。

宋　歐陽修《新唐書》卷四八《百官志》　司竹監一人，從六品下；副監一人，正七品下；丞二人，正八品上。掌植竹、葦，供宫中百司簾篚之屬，歲以筍供尚食。

宋 釋贊寧《筍譜·二之出》《周易》：「震主蒼筤竹。」所生蒼筤筍，若然者，既得木少陽之氣而弱，亦負陰而就陽，爲草，則勁而彊耳。《周禮》揚州之利竹箭，亦有篙萌之別名矣。舉成數，實物也。惟筍，竹萌也，皆四月生也。

此據洛陽土中，嵩少之間，四月方生，及秦隴、終南皆四月生也。

笆竹筍：八月生，盡九月。成都蜀地有別受氣類，一云笆竹，而竹與筍俱有刺芒也。

郿竹筍：長節而深根，筍冬夏皆生，鄉人掘土取筍。《廣志》作篃竹，可作屋椽。《山海經》同也。

箭筍：十二月生，會稽以來諸山絶多。或叢生，或蔓延，可如笏大，長三四寸。

箘簬筍：自甌越以南，七月生，至八月盡。

鷰筍：錢唐多生，其色紫苞。當其鷰至時生，故俗謂鷰筍。

天目筍：五月生，盡六月。其筍色黄，出天目山。端午後方採鬻，旱歲則無。

竹王林筍：漢武世一女浣於勝水，見竹節隨流近，女子推去，又來，聞有音聲，持歸。破之，得小兒，男也。及長，以竹爲姓，立以爲王。其竹棄之於野，化生成林，其筍密密冒土，南地熱，其筍多冬生。

桃竹筍：涪陵相思崖生此竹，昔有童子在崖下吹竹，神女見，悦之，投以桃竹釵，童子報之以簾。今桃枝與竹皆生崖畔，其筍生亦柔弱有異，因號崖爲相思也。

孤竹筍：襄陽薤山下有孤竹，三年方生一筍，及筍成竹，竹母已死矣，代謝如春秋焉。又《周官》曰：「孤竹之管，孫竹之管，陰竹之管。」鄭注曰：「孤竹特生者，孫竹根之末生者，陰竹生山北者。」今詳：孤竹特生獨生筍者，即子母不相同。孫竹根鞭生筍者。陰竹，山北引鞭，晚生筍者也。

旋味筍：一名苦蒲筍，福州南一日程，多生苦竹，春則生筍，鄉人煮食，甚苦而且澁，及停久則味還可食，故曰旋味筍。

簝竹筍：出交趾。其爲竹也，實中，勁彊，有毒。彼土人鋭以刺虎，中之則死。筍亦內實。

桂竹筍：《山海經》云：「桂竹甚毒，傷人必死。」戴凱之《竹譜》云同《山海經》。今未詳桂竹狀貌，筍亦難識。今恐簝筍異名實也。疑篛堅，不同此例。然篛與簝信譜而録，即應今可食者，早晚桂筍，所以不同也。

篤竹筍：生海畔山，而竹與筍悉有毛，傷人則死。泊船海嶼，慎勿取毛筍食。又有筀筍，同此毒。《廣志》云：「篤竹堪作笛。既有毒，豈可作笛？此同名而殊實也。

簩竹筍：竹本根，長千丈，斷節爲大船，生海畔山。其竹萌，可數丈，猶爲筍也。

篣竹筍：其竹皮薄而空多。大者徑不過二寸，皮上有麤澁文，可爲錯鑢物并爪甲，利於鐵作者。若用久，鈍，則漿水洗，還復快利。其筍無肉。今詳微疑多毛猶或殺人，豈況麤可鑢。筍皮亦澁，理而可食乎？一云：「篣竹，一枝百葉，有毒。」

篠簜筍：《尚書》曰：「揚州厥貢篠簜。」孔注云：「篠竹箭簜，大竹。」《禹貢》：揚州，任土。或曰：今揚州絶少，篠簜竹箭中爲矢者，臨川會稽爲良。非也，曾不知，夏禹時揚州土疆南極交廣，皆不分墟。近代分撫越也。篠筍易識。簜，筍名。詁訓，故未詳。

笙筍：七月生至十月間，縉雲以南多出，然味苦而節疏，筍可大於箭筍少許。山人採剥，以灰汁熟煮之，都爲金色，然後可食，苦味減，而甘食，甚佳也。

篌筍：出溫處建以來，竹如苦竹，長節而薄，可作屋椽。筍則春生，可食。

釣絲竹筍：南越多之。竹本大如鼓形，上節漸小，高三四丈者，若釣絲，然筍下廣上鋭，味甘可食，發病。

木竹筍：今靈隱山中亦出，中堅，亦通。小脉節內，若通草中也。筍堅可食，今人採竹作杖，可愛。或與篛同類耳。

邛竹筍：出蜀中臨邛，故曰「邛竹」。其筍春生。《羅浮山記》曰：「邛竹本出邛山。張騫西至大宛所得歸，而此山左右時有之，鄉老多以爲杖。」今羅浮山有筍生，又早時候與蜀不同，其竹節横出中間，練杵形，爲杖，如木刻。竹筍中實，食美。《山海經》云：「龜山扶竹」。注，筇也。節高實中，扶也，名之扶老行也。與扶竹並節者，不同。

赤竹筍：出閩中，大者如椽，堪作彈織箔扇。筍不毒。

衛丘竹筍：《山海經》云：「衛於山丘南，帝俊偕音舜字竹林在焉。大可爲舟。」郭注云：「舜林中竹一節可以爲船，筍可知矣。」

廬竹筍：其爲竹也，葉濶而利，可用割物。實，箬類也。筍苦亦可食，出廬州。

對青竹筍：竹則一邊青一畔紫，二色相映，可愛。筍萌可食，出成都近。孟昶據蜀，作「對青竹亭」焉。

慈母山筍：《丹陽記》：「江寧縣南，慈母山竹，可以爲簫管。」王褒《洞簫賦》所稱即此也。其筍圓緻，異於餘處。自伶倫採竹嶰谷，其後惟此篠見珍。俗呼鼓吹山，常禁伐者。筍則三月生，可食。

鍾龍竹筍：戴凱之《竹譜》云：「此竹伶倫所伐也，其筍，生可食。」

漢竹筍：譜云：大者，一節受一斛；小者，受數斗。可爲樽榼，其筍一節可受二三斗，味雖甘而澁。

利竹筍：其竹蔓生，若藤蔓屬。實中而堅韌，筍隨竹蔓而生，亦實韌也。

篔筍：《爾雅》云：「篔，篨中。」郭注：其中空。今詳：竹皆空中，或自根至梢空，中則無節竹也。疑篔竹一名篨中，一云其中夾曰篨可以爲席。如此者，則其竹内隔夾與常竹不同，故云「篨中」，爲筍嫩而節夾薄也。

鄰竹筍：《爾雅》郭注：堅中謂貞實。與平常竹不同，筍味同木竹筍。

雲母筍：郭義恭《廣志》云：雲母，大竹也。其筍亦相稱。

箘筍簬筍：伊二本竹生荆楚間。《尚書》荆州厥貢箘簬，孔注：箘簬，美竹也。出雲夢之澤，三國常致貢焉。天下稱美，蓋堪爲矢，大者爲箄。本母既曰：美竹厥萌，可曰美筍也。

篡筍：《廣志》：篡竹皮青，肉白如雪，軟韌可爲索。字或從草從竹，不定。其筍皮青，而筍肉皙白。王子年《拾遺記》有「篡竹作簾」。

少室竹筍：《河圖》曰：少室之山大竹堪爲甑器。其筍長偉，堪食。

渭川筍：《史記》曰：渭川千畝竹，其人與千户侯等。今詳《史記》舉其本而不言筍，筍利，利人厥富，可儕等王侯也。筍晚四月方盛。

鄠杜竹筍：《漢書》曰：秦地有鄠杜竹林、南山檀柘，號陸海也。鄠杜多竹而勁小，西夏結乾筍，豈不是乎？

鏞竹筍：出廣州。此本竹絶大内空，容得三升許米。交廣以來，人將此作升子量出納。其内出黃，可療風癎疾，名天竹黃。案：竹黃，名天竹，言此竹天也。亦猶天麻、天蓼，言天大如。云「雀麥鼠莧」，言小也。或曰「天竺之竺」，非也。詳其竹亦療風，筍功可見也。一説竹黃是南海邊竹内塵沙加於竹，凝結成致。竹兼筍，皆療風疾。

相迷竹筍：生廣州已來，竹狀與鏞竹少異，其洪長亦同。内空，生黃，堪作丸。筍減鏞筍少分。

桃枝竹筍：其竹勁直，柔弱可爲篾爲席。《尚書顧命》「竹席」是也。其筍叢生，其皮生毛，聚蟲蟻而不可食。人觀此竹是處有之。王彪之《閩中賦》亦見矣。

新婦竹筍：出武林山陰，其竹圓直，韌可爲篾。筍三月而生，可食。

笣竹筍：《竹譜》曰：笣竹似桂而概節，其筍可食。

簞竹筍：沈懷遠《南粤志》曰：博羅縣東，蒼州足簞竹，既大薄且空中。節直二丈，其直如松。詳：其竹直二丈，猶爲筍而可食。

雞頭竹筍：《竹譜》曰：雞頭竹似篁而細，筍亦可食，堪茹。

斑竹筍：《博物志》云：舜死，二妃淚下染竹成斑。妃死爲湘水神，故曰湘妃竹。詳：其筍脱其殼乃爲篘，竹方生斑，筍不可食。

篃筍：《竹譜》云：篃竹，江漢間謂之竿篏。一赤數葉，葉大如履，可以作篷。今詳：葉如履，即王彪之《閩中賦》云「湘箬」也。其筍亦不大，止是箬葉，異諸竹耳。又此竹與郿竹同也。

篔簹筍：曹毗《湘中賦》云：「其竹則篔簹。」今詳其筍亦洪大，竹節長四尺。

沛竹筍：《神異經》云：「南方荒中有沛竹，其長百丈，圍二丈五六尺，厚八九寸，可以爲大船。其子美，煮而食之。」

白烏筍：湘中有此竹生是筍，見魏曹毗賦。又有實中竹，即有實中筍，篺屬也。

魚腸竹筍：梁簡文《脩竹賦》中見魚腸、雲母之名，曰「映花靡」等。今詳：魚腸爲名，以像實而作，其竹細而屈。筍亦可以識矣。

篁筍：八月生筍，止十一月。竹閩温已來多節疎，鄉人候抽長成竹梢弱。正月時便斷之，以火燎之，逐重起之，可爲條而柔韌，謂之竹麻。泉州已去，路傍多生，彼土人取逐節，可八九尺，堅。捺之青皮，纔爆，内白肉便爲麻，即不見火，謂之麻竹。南中轉高，長節疎，其筍皮黑紫色，其心實，人取細切，鹽漬少頃，以漿水漬，再宿漉乾，瓴藏泥封，謂之筍笴。此亦古之筍葅也。筍義未詳。

䈂摩筍：《嶺表録》云：桂廣皆殖，大若茶椀，竹厚而空小。一夫止擎一竿，堪爲茆屋椽梁柱。其種者，欽其竿，每截二尺許，打入土，不踰月而生根葉。明年長芽筍，不數歲成林。其筍，南人亦藏之爲筍笴。

簕竹筍：《嶺表録》云：其竹枝上刺，南人呼爲簕。自根横生枝條，展轉如織，雖野火焚燒，只燎細枝嫩條。其筍叢生，轉復牢密。邕州舊以爲城，蠻蜒來侵，竟不能入。

羅浮筍：羅浮山。貞元中有人遊第十三嶺，見巨竹，有三十九節，二丈餘圍，筍甚牖直。

雲丘帝筍：《竹譜》云：帝陵上所生竹，一節可以爲船，筍大如本。

匾竹筍：匡廬山中多，其筍初冒土便匾薄，及成竹，匾而長。今諸山中，是處皆有之。

篠簩筍：左思《吴都賦》曰：「竹則篔簹篠簩。」今詳其筍可食。

篛筒筍：見《吴都賦》。吴越有之，筍可食。

簹篔竹筍：竹節疎，而筍可食也。

篻竹筍：其竹實中，簩屬。見《吴都賦》中。筍堅大可食。篻出韶州，徑五六寸，中爲弓弩，筍堪食。自秋生至於冬末，春即不生矣。

筋竹筍：《天台圖經》云：五縣皆有，言其竹韌也。日南、九真炙生，可作彈弓絃也。

服傷筍：竹大者五六寸，圍長二丈，其中實滿。筍至四月已後方出，味甚美。

狗竹筍：寧海已來多，三寸圍，節間有毛。筍三月生，可食，諸邑皆有之。

笙竹筍：今春二月已去，吴越多生。

扶竹筍：今武林山西，舊謂「雙竹院」中所産，脩篁嫩篠，皆對抽並胤，相傳云兹竹自永泰已來有之。馮翊嚴諸爲其記。王子敬《竹譜》云：會稽箭竹、錢塘扶竹，蓋此雙竹即扶竹也。譬猶東之地産桑，兩兩並生，謂之扶桑矣。今詳：是竹爲筍，便有合歡貌，並出。愚曾著《扶竹賦》。

慈竹筍：四月生。江南人多以灰煮食之。其爲竹也，内實而節疎，性弱，而可代藤用。其形緊而細，又蘄黄生叢竹，一叢數竿，筍不外迸，只向裏生。如多，只可刪科内。五六月長筍，明年方成竹，其筍不堪食。

玳瑁竹筍：薛翊《異物志》曰：弓竹似筋藤，斑駁如玳瑁。其筍脱殻而微有斑文也。

龍牙竹筍：出永嘉大羅山。其竹長四五尺，稀節。人取必有大風雨雷電，人下山則止。近故節惠公令取種，遇風而止。其筍則春二月生也。

棘竹筍：《竹譜》曰：其筍味肥，食之落人鬢髮。

篛竹筍：《齊民要術》云筍無味。

雞脛竹筍：食之肥美。

檳榔竹筍：見杜臺《卿淮賦》。

毛竹筍：出武陵洞口，人斫竹，隨生。土俗云「僊人入洞」，故生此竹，以隔浮世也。

篁竹筍：疑其狀類字，或是笙竹。筍皆無味。

由梧竹筍：《南方草木狀》云：由梧竹，民間種之，長百尺，徑一尺八九寸。交趾人作屋柱，筍澁不可食。

方竹筍：出澧州西游川、鐵冶辰山之陽。其筍莖方二寸，已來彼封人多爲臺卓衣架等。其筍硬不堪食，其竹節平，其性堅，其心實。

丹竹筍：出道州瀧中峭壁之上。竹每節可一丈或八尺，徑不大，裊裊揺空，粉節上似有丹色。心空肉薄，舟人多劈爲百丈綷。

毛斑竹筍：出蘄州，初伐竹即無斑，以灰汁洗之，即斑見。彼人多作簾席或笛管。筍絶不堪食，與二妃祠者不同矣。

沙麻竹筍：《南粤志》中。此竹，人削爲弓，弓似弩也。或曰「蘇麻竹」，或云「麤麻竹」。此疑與斯摩同耳。若斯摩筍，一人只可擔兩莖耳，亦堪爲筍笴。

白竹筍：連州抱腹山多生此竹，莖徑白節，心少許緑。彼土人出筍之後，落籜撒梢時，採此竹以灰煮水浸，作竹布鞋，或搥一節作箒，謂曰「竹拂」。若貢布，一疋只重數兩也。

匾竹筍：出廬山，《莖匾傳》云：釋惠遠使鬼神，號辟蛇行者，捻此竹爲匾竹。筍出皆匾，堪食之。

拂雲箒竹筍：出廬山，莖大如指，竹杪細葉密翠如箒。彼人採爲方物贈人，謂之「拂雲箒」。作纖長也。

雙梢竹筍：出九疑山第二重麓臺側，筍長獨莖。及生枝葉，即分爲兩梢，葉密而細，亦謂爲「合歡竹」，與象扶桑者少同。

䈉竹筍：出襄州卧龍山諸葛亮祠中。筍堪食，甚美。漸長，長百尺，只梢上有葉。土人作幡竿承落。

木竹筍：韶州多生，成竹一莖如萬歲藤，一節長四尺，無花而實，實如草豆蔻，土人鹽之爲果實。筍初生時，磊磈然不堪食。與今吴會間木竹筍，雖如筍，食美而甘，味不同。

水竹筍：出黔南，管内或巖下潭水中生，其筍隨水深淺以成節，若深一丈，則筍出水面爲一節。蠻蜒採取以爲食。

古散竹筍：節似馬鞭，葉似桐樹，而小皮似栟櫚，柔韌。筍亦堪食。

秋蘆竹筍：其竹似蘆身，如荻蔗。冬天不凋，插枝如生，筍可食也。

鶴膝竹筍：竹狀節下大小似苦竹，而閩中土人呼爲「搥竹」，亦堪作柱杖。詳：此同笻竹也，筍可食。

石篴竹筍：一名簞簩，生閩中，竹似石而小。《吴都賦》曰「簞簩」，有叢筍可食也。

合歡竹筍：出南嶽下諸州山溪間，郴州最多。其筍初生，合歡形勢。及成竹也，或三莖合或兩莖合，斷其間有竅。竹皮或斑點文，僧斷作針筒用也。

紫竹筍：成都府人家庭。心多苞，叢而生，其色沉紫，可愛。抽筍且稀，心實，筍不宜食。

月竹筍：竹狀，輕短，叢生。每月抽筍，謂之月竹。筍如箭竹。萌，人不食也。

三稜竹筍：其狀若椶櫚，葉莖柄三脊然。筍細，初抽，川中人家竹林中忽有，云「吉兆」也。

又《三之食》李績《本草》云：「竹筍，味甘，無毒。主消渴，利水道，益氣，可久食。」又陳藏器云：「諸筍皆發冷血及氣，不如苦筍不發病。」今詳諸説皆冷，久食亦發風，苦筍冷毒尤甚。陳説非也。以親驗爲證，諸筍以豉汁漬之，能解酒毒。又《本草》云：「淡竹葉，味辛，平，大寒，主胷中痰熱欬逆上氣。」又：「堇竹、吹苦竹、淡竹、甘竹，葉又實中，竹並以筍爲佳。」足知筍食去前病，當葉根茹一半明矣。若丹石熱渴，煮淡竹根汁以療之。筍汁亦可除丹砂毒。嘁嘔、逆氣、鬼氣，可取筍中酒服之，謂糟中筍、節中水也，最止小兒嘔吐。又，食簗、桂等筍，或中簗、桂之刾毒發，唯草犀根能療之。草犀解諸毒，生嶺南及睦、婺、洪、饒間。生苗高二三尺，獨莖，對葉，根如細辛，生研服之，以功如犀，故名草犀。陳藏器云也。次則麻油、薑皆殺筍毒。凡食筍之要，譬若治藥，脩煉得門則益人，反是則損。採筍之法，可避露，日出後，掘深土取之，半折取鞭根，旋得投密竹器中，以油單覆之。勿令見風，風吹旋堅。以巾紛拭土。又不宜見水。含殼沸湯淪之，煮宜久。

按：煮筍實可一周時已熟，或見生，水還重煮一周時。

驗知筍不可生，生必損人。苦筍最宜久，甘筍出湯後去殼，澄煮筍汁爲羹，茹味全加美，然後始可與語爲食筍者矣。此外不足筭也。（缺）

不然，蒸最美味，全煻灰中煨後，入五味尤佳。

採筍一日曰蔫，二日曰菸，見風則觸本堅，入水則浸肉硬，脱殼煮則失味，生著刃則失柔。採而停久，非鮮也。盛而苦風，非藏也。揀之脱殼，非治也。净之入水，非洗也。蒸煮不久，非食也。筍萌之味，或甘或苦，甘則脾藏食，苦則肝藏食，原其木性實酸，蓋本性也。食甘多則損脾而逆胃，何耶？竹實少陽之氣，終尅於脾土也。食苦多則補肝而助膽，何耶？與肝同類木也。二味都利大小腸。

民間有煮苦筍，才入出水，自貽伊毒，竹肉一周時，臨熟爲水濺食，可以皮膚爆裂。苦筍與竹，實同氣而降一等也。

一説滑利大腸，無益於肺也，俗或謂之刮腸篦是也。凡物過度而食，益少而損多，豈止筍耶？殺筍之毒，吴蜀薑麻油，如竹叢欲敗，以油滓沃，明年則凋疎矣。

菹法：《周禮》云：如豆之實，筍菹魚醢。注：箈，箭萌。筍，竹萌。今詳鄭注，不言菹法，如南人筍笴是也。此久藏法，鹽出水後，加鹽糯米粥藏，可以過暑月。到無筍時，食暴藏或鹽酢而已。如蒲菹亦爾，古加于豆籩中，以享賓客，用薦鬼神也。

鮓法：煮用鹽米粥藏之，加以椒辛物，或炒熟油藏爲醢，食極美矣。

藏法：《食經》云：淡竹安鹽中一宿，煮糠令冷，藏之，再出別煮糠，加鹽藏之，五日可食。

生藏法：將陶器一口可受一石者，選肥筍覆之，密泥塞之，勿令風入。到無筍時，揭器，則宛轉器中，取其弱處剪之，勿令見風，入湯便淪，後方脱皮。一將筍截其尖鋭，用鹽湯煮之，停冷入瓶，用前冷鹽湯，同封瓶口，令密後，沉於井底。至九月，井水暖，早取出，如生，可五味治之而食。

乾法：將大筍生去尖鋭頭中折之，多鹽漬，停久曝乾。用時，久浸易水而漬，作羹如新筍也。

脯法：作熟脯，槌碎薑酢漬之，火焙燥後，盎中藏，無令風犯。

會稽箭筍乾法：多將小筍蒸後，以鹽酢焙乾。凡筍宜蒸味全，今越箭乾爲美啖也。

結筍乾法：秦隴已來，出筍纖長，土人用土鹽乾結之，市于山東道，浸而爲腄菜，甚美。

取麻法：南方作踈作扇作鞋，取篁竹麻竹，當其正月新竹上表，獨是筍下已成竹，逐節斷重，重起已，入湯煮柔韌作績，纖踈作鞋，隨意可也。

宋 沈括《補筆談》卷下 嶺南深山中有大竹，有水甚清徹。溪澗中水皆有毒，惟此水無毒，土人陸行多飲之，至深冬則凝結如玉。乃天竹黄也。王彦祖知雷州日，盛夏之官，山溪間水皆不可飲，唯剖竹取水，烹飪飲啜，皆用竹水。次年，被召赴闕，冬行，求竹水不復可得，問土人，乃知至冬則凝結，不復成水。遇夜野火燒林木爲煨燼，而竹黄不灰，如火燒獸骨而輕。土人多於火後採拾，以供藥品，不若生得者爲善。以磁石磨針鋒，則鋭處常指南，亦有指北者，恐石性亦不同。如夏至鹿角解，冬至麋角解。南北相反，理應有異，未深考耳。

宋 戴侗《六書故》卷二三《植物三》 箬，箬，如灼切。小竹而大葉，可以包裹，可以爲蓬蓽。（別作篛）

宋 林洪《山家清供》卷下《筍蕨餛飩》 採筍蕨嫩者，各用湯焯以醬香料油和勻，作餛飩供。向者江西林谷梅少魯家屢作此品，後坐古香亭下採芎菊苗薦茶，對玉茗花，真佳適也。玉茗似茶少異，高約五尺許，今獨林氏有之，林乃金臺山房之子，清可想矣。

又《勝肉鋏》 焯筍蕈同截入松子、胡桃，和以油醬香料搜麪作鋏子。試蕈之法蕈數片，同煮，色不變，可食矣。

宋 梅應發《四明續志》卷五 椶櫚。一名栟櫚，葉似車輪，乃在顛上有皮，纏之附地起。二旬一採，轉復上生樓笋，狀如魚子，味如苦笋而加甘房。蜀人以饌佛僧，甚貴之。而南方不知可也。笋生膚毳中，蓋花之方孕者。正二月間可剥而取過，此若溢不用可食矣！取之無害於木而宜於飲食。法當蒸熟，所施略與竹笋同。密醋浸，可致千里外。

元 李鵬飛《三元延壽參贊書》卷三 竹笋多食動氣，發冷瘕。茭笋滑中不宜多。

元 李衎《竹譜詳録》卷三 還（音旋）味竹生福州以南，大類水竹，春生筍，人煮食甚苦澀，停久則味還甘可食，故名。一名苦伏竹，一名苦蒲竹。

笠竹。生浙東，縉雲以南多有之。自七月生筍至十月，味苦而節踈，筍大於箭筍。土人采剥以灰汁熟煮之，節爲金色，然後苦味減而甘味出，食之甚美。竹亦中雜用。

又 卷四 浮竹生湘全山中，大者圍約五六寸，一節約長五尺許。圓厚而虛軟，土人斷取淨淘米裝入，以木塞之，加於火上，以蒸米熟爲飯，甚香美。筍未出土時，掘取以甜糟藏之，可餉遠，極甘脆。戴凱之《竹譜》曰：「浮竹，亞節虛軟厚肉，臨溪覆潦，栖雲蔭木。洪筍，滋胞可爲旨蓄。」注云：「長者六十尺，肉厚而軟，節闊而亞生於水次，五嶺以北彭蠡以南，偏有之。筍甘脆。」顧夷《義訓》曰：「浮竹有文。」

又 卷六 緑竹。叢生，浙東及七閩多有之。極高大，其色深緑，竹不堪用。筍味極甘美，日乾餉遠人，亦貴重之。今漳州、建寧、浦城作緑筍乾，漳州者最佳。

黄長枝竹亦出七閩，實而叢卑，箬香可飲，筎可入藥，功與淡竹葉同。

又 卷七 茅筍。《諸集拾遺》云：「嶺南山谷，茅地中洞生筍甚大，籜皆竹根，皆茅人食之，名聖筍。」

明 劉基《多能鄙事》卷三《笋煎》 笋、新米和穀煮七分熟，去皮，隨意雕切。每十斤以蜜半斤浸半日，漉乾，則用蜜三斤煎成收之。

又《蒲筍鮓》 生蒲筍一斤，寸截沸湯焯過，布裹壓乾，薑絲、熟油、橘絲、紅麴、粳米飯、花椒、茴香、葱絲同拌勻，入瓶一宿可食。

又《糟笋》 笋大者五十莖，帶皮用鹽三十斤，沸湯化浸笋三日。取出曬乾，入磁鉢內，用糟五斤，以鹽拌匀糟之，以鹽化水二椀，藏於盆內。

明 朱權《神隱》卷下 造蒲笋鮓：取生者一斤，寸截。沸湯淖過，布裹壓乾，薑絲、熟油、橘絲、紅麯、粳米飯、花椒、茴香、葱絲拌勻，入磁器內，一宿可食。

蒸乾菜：三四月間，將大窠好菜擇洗淨，略乾，入沸湯內煠五六分熟，晒乾。用鹽、醬、蒔蘿、花椒、沙糖、橘皮同煮極熟，又晒乾。再蒸片時，以磁器收貯，用時着香油揉，微入醋，飯上蒸過食之。

晒蕨菜：採嫩者蒸熟，晒乾。用時以湯浸軟，葱料、油醬炒熟，味如蘑菇。

晒藤花：花開盛時摘取，揀浄去蒂，以鹽湯洒拌勻，入甑蒸熟晒乾，可作素食餡，極美，葷用尤佳。

晒薹菜：春分後摘薹菜花不拘多少，沸湯淖過控乾，少用鹽拌勻，良久晒乾，以紙袋收貯。臨用湯浸，油鹽薑醋拌食。

做筍乾：筍肉一百片，用鹽五升，水一小桶，調鹽漬筍半晌，取出扭乾，以元滷水澄清煮筍，令熟撈出，壓之晒乾。臨用時以水浸軟，就以浸筍水煮之，其味尤佳。

煮新筍：以沸湯煮則易熟而脆，味尤美。若蔫者少入薄荷同煮，則不蔫；與肉同煮，不用薄荷，其筍亦鮮。

造熟筍鮓：切作片子，沸湯淖過控乾，入葱絲、蒔蘿、茴香、花椒、紅麯并鹽拌勻，同淹一時食。

漿水：清明日熟炊粟飯，乘熱傾在冷水中，以缸浸五七日，酸便好，如夏月逐日看，纔酸便用，如過酸即不中用。

晒筍乾：鮮筍不拘多少，去皮切開，沸湯淖過，晒乾收之。臨用時，以米泔水浸過如鮮，用鹽湯淖過者即是鹹筍。

明 郎瑛《七修類稿》卷五〇《竹米》 竹結實如麥，則見於晉元康之時，如米則是於唐開成、宋咸平之時，然不言其色與味也。嘉靖二十年，杭州昌化縣長亘五十里，竹葉之間箇絡成穟而實焉，採之而舂，得黑色碎米，炊之而食，味少澁而飽人，和飴爲餅餌最佳，其地時遂就豊熟。又見傳云：竹實如鷄子味，食之清涼滿口，故謂鳳凰食也，此恐不然。

明 王圻《稗史彙編》卷一二八《山海兜》 春採筍蕨之嫩者，以湯瀹之，取魚蝦之鮮者同切作塊子，用湯炮裹蒸熟，入香油、醬料，研胡椒拌和以粉皮乘覆，各合於二盞內蒸熟。今後苑多進此名蝦魚筍蕨兜。今以所出不同，而得同於俎豆間，亦一良過也。名山海兜，或即羹以筍、蕨，亦佳許。梅屋柴詩云：「趁得山家筍蕨春，借厨烹煮自炊薪。倩誰分我杯羹去，寄與朝食肉人。」

又 卷一二九《煿金煮玉》 筍取鮮嫩者，以加料物和薄麵，拖油煎煿，如黃金色，甘脆可愛。舊游莫干，訪霍如菴正夫，早供，以筍切作片，和白米煮粥，甚佳。《濟顛筍疏》云：「拖油盤內煿黃金，和米鐺中煮白玉。」二句兼得之矣。

又 卷一五〇《淡竹》 淡竹對苦竹而言，除苦竹則皆淡竹也。後人不曉于《本艸》，內別疏淡竹爲一物。今人食筍有苦筍，淡筍即淡竹也。

又 卷一五三《般腸》 般腸。實中，與笆相類。於用寡，宜爲筍，殊味。般腸竹生東郡緣海諸山，其筍最美。云與笆竹相似，出閩中，並見沈志，其形未詳。

又《浮竹》 浮竹。亞節，其筍未出時，取以甜糟藏蓄，南人甚重之。《詩》云：「我有旨蓄，亦以禦冬。」是也。

明 徐獻忠《吳興掌故集》卷一三《物産·筍》 吳興城西栖賢嶺十四五里之間，專種毛竹，筍最佳，有重至十五斤者。其種法：稀留竹本，每年鉏二次，林中並無草根。吳人所啖皆是未出土者，見地有氣眼，只知下有大筍，用刀掘出，其白如玉，出土者方爲蘇松，口料也。深山，梅溪以上皆荒山筍，然地遠不能及時遠致，作筍虀賣之，極軟滑，可供盤飡。名酸筍。嘗見山僧作筍粥幽尚可愛，山僧煮筍用大塊，云薄則味脫，大塊久煮令軟，其味自全。吳僧贊寧《筍譜》：「天目山筍五月生，盡六月其筍色黃。」今人以天目筍脯見饋其色緑，少有黃者。又聞不但早取，且有煮法，旋湯使急轉，下筍再不犯罌，即緑矣。贊寧寄問天目舊友山中所出，伊僧報詩云：「山中人事違，天眼中脩定。我本無根株，只將筍爲命。」筍亦有毒，須用姜或茱萸醬制之，一說滑利大腸而益於肺，謂之刮腸篦；一云竹實少陽之氣而尅脾土。湖人移竹俱在五月筍後。《癸辛雜志》云：「種竹法，當於筍後竹已成竿即移。先一歲者，當年八月便可行根，來春便抽筍，捻有烈日不過，早晚以水澆之，無不活者。但須記取南根多留宿根，而髡其稍耳。」

明 田藝衡《留青日札》卷三二《練實》 竹實，色白，故名曰練實。《神農》云：「通神明，輕身益氣。」陶隱居云：「竹實出藍田、江東，有花無實，頃來班班有實，狀如小麥，堪可爲飯。」嘉靖二十年，昌化徧山竹皆成穟實，春碎若米而紫黑色，炊之可食。古人以爲荒年之兆，余園中竹亦結實，剥開甚清香。其竹即枯死，恐非鸞鳳之所食也。後見予陽山所生竹實大如雞子，竹葉層層包裹，味甘勝蜜，食之令人心膈清涼。生山林深茂處，日久汁枯乾而味尚存，此鸞鳳之所耆也，字書廼于楝木下云：「鵷雛食其實」，又云通作練，引《莊子》「非練實不食」何也？《風俗通》：「解豸食楝。」

明 慎懋官《華夷花木鳥獸珍玩考》卷五《雜竹》 聖筍，嶺南諸山谷茅地中生筍甚大，籜皆竹而根乃茅也，土人食之名聖。（見陳相愚集）竹簟生叢篠中，柔白如菌，人食之，先以灰煮其汁如血，去汁再煮，味殊佳。宋陳仁玉《菌譜》云：生竹根味極甘，嘗與筍通譜，而菌爲北阮矣。

明 陳繼儒《古今韻史》卷一二《六月笋》 武夷山中緑竹，六月生笋，就林中生噉之，清芬脆美無比。

又《月竹》 蜀中有竹，每月生笋，可以供蔬餐，味更鮮美。

明 江之源《百花藏譜·取笋》 哺鷄竹笋最大，象牙竹笋最美，此外欠佳。

明 沈萬鈳《詩經類考》卷二五《筍》 筍，《爾雅》云：「筍，竹萌。」意（落同）箈萌。」《天官醢人》云：「箈菹雁醢，筍菹魚醢。」陸機云：「筍，皆四月生，惟巴竹筍八月九月生，始出地長數寸，鬻以苦酒，豉汁浸之，可以就酒及食。」《吕覽》云：「和之美者，越駱之箘。」注：越駱，山名。箘，竹筍也。《筍譜》云：「竹初種，根食土而下，求乎母也。及擢筍冒土而上，愛乎子也。筍大約不過青緑色。」《本草》：「木性甲乙氣。」李英公《本草》云：「竹筍，性甘，無毒。主消渴，利水道，益氣。可久食。」

明 張大復《聞雁齋筆談》卷一《食笋》 東笋出土中，味醇而滑，肥而不滓，盖所謂純氣之守也。入春未十日，而筍理蘇，硬食後猶存齒頰間，豈化之漓也。出胎稺子，便解，觸忌乎！書此一笑。

明 袁中道《珂雪齋外集》卷四《游居柿録》 水竹即淡竹也，取瀝取茹皆用此竹，餘皆苦竹，不堪用。今人不知擇竹取瀝，多不效。

明 何喬遠《閩書·方域志·邵武府·西山》卷二七 前洲，其植多竹，可以紙，其萌鞭笋。又有江南笋，色瑩白，可生啖，亦稱玉版笋。

明 吴之俊《獅山掌録·小山館》卷一六《竹粉湯》 夏侯鉞謁盧懷慎，坐終日，得竹粉湯一盞。

明 顧岕《海槎餘録》 酸笋大如臂，摘至用沸湯泡出苦水，投冷井水中浸二三日。取出縷如絲，醋煮可食。好事者攜入中州，成罕物，京師勳戚家會酸笋湯，即此品也。

明 陳懋仁《庶物異名疏》卷二〇《竹萌筩》 《爾雅》：「筍，竹萌。」《吕覽》：「味之美者，越駱之箘。」（萌）

明 盧之頤《本草乘雅半偈》卷四《竹葉》 竹葉。氣味苦，平，無毒。主欬逆上氣，血溢筋急，惡瘍，殺小蟲。根作湯，益氣止渴，補虚下氣。實通神明，輕身益氣。覈曰：土中苞笋，各以時出，旬日落籜成竹也。莖有節，節有枝，枝有節，節有葉。葉必三之，枝必兩之，枝下之枝，一爲雄，二爲雌。雌者孕笋成竹根，鞭喜行東南。六十年一花，花實則枯。枯曰箹，實曰復，小曰篠，大曰簜。按：戴凱之《竹譜》云：植物之中有名曰竹，不剛不柔，非草非木，小異實虚，大同節目，盖種類六十有一焉。今略考之，亦不止此。曰鐘龍竹，黄帝使伶倫伐之于崑崙之墟，吹以應律者。曰員丘，帝俊竹節可爲船。曰簕竹，薄肌而勁。曰篁竹，堅而促節。曰棘竹，生交州諸郡，叢生，有十數莖。大者二尺圍，肉至厚，實中，夷人破以爲弓，其笋食之，落人鬚髮，一名笆竹。曰箪竹，大者如未成竹時，堪爲糾，又名史葉竹，又名篻竹。曰百葉竹，生南垂界，甚有毒，傷人必死，一枝百葉，因爲名，一名筹竹。曰䌛簕竹，爲物叢生，見《吴都賦》。曰䈴竹，一豐二種，至似苦竹而細軟肌薄。曰蓋竹，亦大肌薄，色白，生江南深谷山。曰簡簧竹，竹節疎，而笋可食。曰䈽筒竹，見《吴都賦》，笋可食。曰雞脛竹，似脛，大者不過如指，疎葉黄皮。曰簹竹，似蘆，出揚州東垂，肌理匀浄，可以爲筅。曰箭竹，高者不過一丈，節間三尺，堅勁中矢。箘簬二竹亦皆中矢。篃竹，一尺數節，葉大如扇，俗謂之箬笴，可以作篷，亦可作矢。簦篠竹，中掃細竹，若箭竹可作箭。莽竹，疎節。鄰竹，堅中。簢竹，中空。仲竹，無笐。俱見《爾雅》種。龍竹、㰁竹見《廣志》。桃枝竹，皮滑而黄，可以爲席。簹竹，實厚脆，孔小，幾于實中，安成以南有之。又桃竹，江心磻石上出，可爲杖。《竹譜》云：「竹皆中空，此竹獨實如木。利竹，蔓生若藤，實中而堅韌。漢竹，大者一節受一斛，小者受數斗。菡簬竹，大如脚指，筍皮未落，往往有細蟲齧之籜，隕成赤文，似繡畫可愛。木竹，出靈隱山，中堅亦通節脉。菰菜竹，生于海南，内實外澤。晉竹，吴王賜越，見《吴越春秋》。永嘉大羅山有龍牙竹，其竹長四五尺，稀節，人取必有大風雨雷電，人下山則止。《齊民要術》篛竹笋，無味。杜臺卿《淮賦》有檳榔竹。身毒國出篛竹，可爲杖，一名狹竹，張騫西至大宛所得，見《漢書》。一名芀竹，《廣志》新州石城陜隘，宋紹興中州守黄濟植艻竹圍繞之，竹有刺芒棘華，然一豚不能入。澁勒竹，有芒，可以剉爪，見《老學菴筆記》。谿梧竹，長三四丈，圍一尺八九寸，可作屋柱，出交阯，見《南方草木狀》。茸竹，頭有文，文見《字林》。狗竹，毛在竹間，見《臨海異物志》。無筋竹，色如黄金，堅貞疎節，出嶺南，見《竺法真羅山疏》。石麻竹，勁利可爲刀，見裴淵《廣州記》。笣竹，堪作布，見顧微《廣州記》。實心竹，文彩斑駁，可爲器物。又垂絲竹，枝弱下垂，見《雲南記》。咸都有對青竹，黄而溝青，浙亦有之，惟會稽頗多，呼爲黄金。間碧玉竹，見《養痾漫志》。護居竹，見《無錫縣志》。簜竹，如苦竹，長節而薄，可作屋椽。簺竹，青皮，内白如雪，軟韌可爲索。三稜竹，狀若椶櫚，葉莖柄三脊。射竹，可爲箭。峽州玉泉鬼谷子洞前竹，竹葉有文成符，葉葉不同，佩之可以避患，見宋陳《日華瑣碎録》。有匾竹，出廬山，釋惠遠能役使鬼神，善辟蛇行者，嘗持此竹笋出亦匾。建安篔簹竹，一名簞竹，節中有人，長尺許，頭足皆具，大者中甑，笋亦中射，見《異苑》。雷州有電斑竹，見《地理志》。相迷竹，内空生黄，堪作丸。鏞竹，内空，容三升米，亦生黄，俱出廣州。新婦竹，出武林，竹圓直可作篦。高潘州有踈節竹，五六尺一節。《通志》：竹之良者有篁竹。又溱州通竹，直上無節，空心，見《北户録》。桂陽縣出筀竹，大者圍二尺。又交趾有棘竹，實中有毒，以刺虎，中之則死，見《山海經注》。辰州有龍絲竹，高盈尺，細如針。江湖中一種野竹，其葉糾結如蟲狀，名虾蛸竹，見《語異録》。當塗縣慈姥山有簫管竹，圓緻異于他處，篁堅而促節，皮白如霜粉。蜀嘉定産月竹，每月生笋。漢陽出籋筚竹。《南方草木狀》：「扶南有雲母竹，一節爲船。」《山海經》：「舜林竹，一節可爲船。」羅陽竹，若芭蕉。黎母竹，每丈一節。臨賀竹，其大十抱。人面竹，有節，一覆一仰，如畫人面。廣西出雪竹，斑極大，紅而有暈。蜀涪州有相思竹，對抽並胤。篞簩竹，《異物志》：南方思勞國所産，可礪指甲，李商隱《射魚曲》：「篞簩弩箭磨青石，繡額蠻渠三虎力。」字又作澁勒，東坡詩「倦看澁勒暗蠻村」。合歡竹出南嶽下。渚州安思縣多苦竹，有青、白、紫、黄四色。浙中有天親竹，末皆兩岐。成都府彭縣大隋山生竹若龍頭，俗呼龍頭竹。九嶷山有雙梢竹，初生枝葉即分兩梢，亦名合歡竹。荻蘆竹，冬天不凋，其竹似蘆荻。鶴膝竹，節下大小似苦竹，閩中人呼爲槌竹。石䈽竹，生閩中，竹似石竹而小。古散竹，節似馬鞭，葉似桐樹而小，皮似椶櫚。筇竹，出襄州卧龍山，諸葛亮祠中長百尺，只梢上有葉。《雪峰語録》：雪峰爲刹，與經蔣諸山相甲乙，岡巒百里間有篠竹。玄倭國有篠幹竹。少室山有爨器竹。又谿《廣志》：永昌有漢竹，圍三尺餘，大者一節受一斛。《神異經》：南方荒中有帝竹，長百丈，圍二丈五六尺，厚八九寸，可以爲船。有篩竹，一名太極竹，可以爲船。占城國出觀音竹，如藤，長丈八尺許，色黑如鐵。會稽縣有公孫竹，高不盈尺。越州産越王竹，狀若荻枝，可代酒籌次。有沙筯竹，欲採者輕步從之，聞人聲則縮入沙中。羅浮山有龍公竹，大徑七尺，常有鳳凰栖宿。增城縣倪山産娑羅竹，圍三四尺，性堅可爲弓。篷山有浮篘竹，葉青。梧竹可作屋柱。奉化新嶺山生竹，高僅五寸，葉皆白色。清江縣瑞篘山有竹，色如爛銀，《齊民要術》：蕪竹，黑皮，竹汗有文，莖紫，子如大珠。郭璞云：桂竹出始興，小桂縣，上合防露，下踈來風，每日出羅紈金翠，望若花開。《山經》：雲山有桂竹，甚毒，傷人必死。一曰狀如甘竹而皮赤。方竹，見《寧波志》，葛仙植于定海靈峰者。《益部方物志》有方竹，贊《笋譜》：「方竹出澧州西游川鐵冶辰山之陽。《北户録》：澄州産方竹，體如削成勁挺，堪爲杖，隔州亦出，大者數丈。水縣鳳棲山下有王羲之洗筆池，崖邊小竹俱成墨色。《筍譜》：道州瀧中多丹竹，每節一丈，或八尺，莖不大，裊裊摇空，粉節上似有丹色。《竹譜》：又黑竹出西山，長二尺許，如指大，純墨色，葉玄碧，見文太史《墨竹銘》。蘄宜都縣飛魚口有紅竹，大者不過寸許，鮮明可愛。黔陽縣赤竹岡，岡壟糾盤，叢生赤竹。《雲窗雜志》：凝波竹出區吴山，紫枝緑葉，花如石榴，實如蓮子，服之體輕。趙飛燕舞于掌上，服此實也。《暘谷漫録》：張堂云同邑安福西鄉周俊叔家有十二時竹，繞節凸生子丑寅卯十二辰字，點畫可數。《清異録》：荆南判官劉或棄官秦隴，篋中收大竹十餘顆，每有客則斫取少許煎飲，其辛香如雞舌，人堅叩其名，謂之丁香竹，非中國所産也。《睽車志》：紹興中四明有巨商泛海阻風，抵一山下，因攀躡而登絶頂，有梵宫焉，窗外竹數個，枝葉如丹，商堅求一二竿，截之爲杖，每以刀鍥削輒隨刃有光，心異之，至一國有老叟曰：君親至溥陀落伽山，此觀音坐後旃檀林紫竹也，商驚，悔取削，棄餘札寶藏之。又有似竹而異名者曰楝、曰樓，蓋別類也。品類雖繁，入藥宜用簟竹，次用淡、苦二種，又有一種薄殼者，曰甘竹，其葉最良。先人博議云：易生易長，虛中有節，性質疎暢，映花幽獨，歲寒不凋，春榮自若，真隱君子，真林下反。又云：秋深引根，冬半孕筍，然以偶生，略分先後發也。春分出土成竹，枝必偶葉，必三空中直，上具木中有火之象，故筍可發瘡瘍、通經脉，茹主嘔噦，葉清煩熱，皆透達木火之所不及者也。又云：去外皮一重，取青白之交，曰茹，此竹氣通上徹下，透表及裏之所用之。可通上下而使氣清，達表裏而不致驟急者也。又云：直達中空，抽水土之力，迅捷瀝，即竹中之水，顧理文如腠而界節，似經則通中之節，固非往而不返者矣。如病久渴即節而不通，心煩爲通而不節，竹瀝之力，通節交互，故渴可解而煩可息。但竹瀝行中有節，直達之力居多，須佐以薑汁，便可横徧，且得盡木火之體用也。參曰：「竹者物之，有筋節者也，故筋節字皆從竹，又竹從兩个枝，必二葉必三，即火二木三之象也。性喜東南，故九河鮮有以卦推之。」《爾雅翼》云：「巽爲竹，易繫云震，爲蒼筤竹，蒼筤幼竹也，可見方以類聚矣。莖有節，節有枝，枝必三，枝復有節，若三候成節也。故主候失符節，致令氣逆氣溢，或若霜露不下，則菀藁不榮，致令筋急焦渴也。實通神明，輕身益氣者，竹六十歲始華，窮歷支干變化，故也。」客曰：「吾見竹葉一歲成，二歲茂，三歲密，至四歲則細，五歲疎，六歲瘁矣。未見有至六十歲而華者。」頤曰：「古人蓋指疎理得宜，根歷一元而言，不但舉一莖之榮枯已也。」客曰：「竹節生時已具，安見其與四時合耶。」頤曰：「冬半而孕，春半而生，夏半而代葉，秋半而引根，四氣歷然，非獨以出土之時爲生也。《述異記》云：「衛有淇園出竹，在淇水之止。」《埤雅傳》云：「淇園箘簬下，淇園之竹以爲楗伐，淇園之竹以爲矢，淇園，殷紂竹箭園也。蓋淇之産竹，土地所宜，故風人以此美衛武之德也。」謝莊云：「直而不介，弱而不虧，香裊人圃，蕭瑟雲岩，排名楚潭，美質良池。」江逌云：有嘉生之美竹，挺純姿于自然，含虛中而象道，體圓質而儀天，托宗爽塏，列族圃田。劉寬夫云，堅可以配松栢，勁可以変霜雪，密可以泊晴烟，疎可以漏梢月。嬋娟可玩，勁拔不回，擅變風生，韻合宮徵。白居易云：「竹似賢，何哉？竹本固，固以樹德。君子見其本，則思善廷不拔者。竹性直，直以立身。君子見其性，則思中立不倚者。竹性空，空以體道。君子見其思，則思應用虛受者。竹節貞，貞以立志。君子見其節，則思砥礪名行夷險一致者。夫如是，故君子多樹之爲庭實焉。竹，植物也，于人何有哉，以其有似于賢而人猶愛惜之，封植之，竹其真賢者乎。然則竹之于草木，猶賢之于衆庶，竹不能自異，惟人異之，賢不能自異，惟用賢者異之，故作記，以聞于今日用賢者云。」陽明子云：「竹有君子之道四焉，中虛而靜，通而有間，有君子之德。外節而直，貫四時而柯葉無所改，有君子之操。應蟄而出，遇伏而隱，雨雪晦明，無所不宜，有君子之時。清風時至，玉磬珊然，中采齊而協肆，夏揖遜俯仰若洙泗，羣賢之交集，風止籟靜，挺然獨立，不撓不屈，恍虞廷，羣后端，冕正笏而列于堂陛之側，有君子之容。竹有是四者，而以君子名，不愧于其名。」

清　丁其譽《壽世秘典》　竹筍。俗作笋者，非冬月掘大竹根下未出者，土爲冬筍。其他則□乾者爲□版筍、明筍、火筍，鹽曝者爲鹽筍，並可爲蔬食。贊寧《筍譜》云：凡食笋者譬如治藥，得法則益人，反是則有損。採笋宜避風日，風見則本堅，入冰則肉硬，脱殼煮則失味，生着刀則失柔。煮之宜久，生必損人。笋蒸食最美味全。白樂天詩：「置之炊甑中，與飯同時熟。」味□者戟人咽，片以灰湯煮過，再煮乃良，或以薄荷數片同煮，木去蘞味。

諸竹筍氣味：苦，甘。微寒，無毒。主利膈下氣，化熱消痰，爽胃，解酒毒。發明：江顥曰：「筍與竹瀝功近，有人素患痰病，食筍而愈。」多食動氣發冷癥同羊肝，食令人目盲。李時珍曰：「筍雖甘美而滑，利大腸，無益于脾，俗謂之『刮腸篦』。惟生薑及麻油能殺其毒，人以麻滓沃竹叢，則次年凋疎可驗矣。」俗醫治痘，往往勸飲筍湯，云能發痘，蓋不知痘瘡不宜大腸滑利，而筍有刮腸之名，則暗受其害者多矣，宜知戒之。

清　高士奇《北墅抱甕録・笋》　春日發者爲園笋，新苞初迸，嫩美罕匹，真勝於芻牛之腴，焙之作脯，經年可用。夏月竹鞭四行，其穿土而出者爲鞭笋，作羹特佳。竹忌狂鞭，刨去之，則次年竹更茂。冬日生者爲團笋，伏蟄地中，短而節密，所謂蝸腹蛇蚹者是也。京師惟團笋可以攜致，然亦珍貴，不能飽啖，不若此間之不論錢也。年來千畝在胸，不減饞太守矣。

清　來集之《倘湖樵書・初編》卷一《竹實桂實萍實松實菊實芝實》　《留青日札》云：「竹實色白，故名曰練實。」《神農》云：「通神明，輕身益氣。」陶隱居云：「竹實出藍田，若江東等處有花無實。頃來，班班有寔，狀如小麥，堪可爲飯。嘉靖二十年，昌化縣直長五十里，徧山竹皆成穟而實，舂碎若米而紫黑色，炊之可食，爲餅餌絶佳。古人以爲荒年之兆，而昌化是年大豐。余園中亦結實，剥開甚清香，其竹即枯死，恐非鸞鳳之所食也。後見予陽山所生竹實，大如鷄子，竹葉層層包裹，味甘勝蜜，食之令人心膈清凉。生山林深茂處，日久汁枯乾而味尚存，此應鸞鳳之所食也。」《該聞録》云：「江南餘干有竹實大如鷄子，竹葉包裹與日札所言同。」《魏氏春秋》曰：「阮籍收時常遊蘇門山，其山有隱者，莫知名姓，有竹實斛杵臼而已。」《博物志》：「止歩山多竹，長千仞，鳳食其實，去九嶷萬八千里。」《拾遺記》：「蓬萊山有浮筠之幹，葉青莖紫，子如大珠，有青鸞棲其上下。開元十七年，睦州獻竹實。元李材《解醒語》云：「元間真人常於帝前稱天台山多仙菓。帝曰：可致乎真人，曰可取金盆覆之，少頃有水晶李十枚，鵪珠棗三十枚，甘竹實四枚。」贊寧《筍譜》云：「木竹生廣東，一莖如萬歲藤，一節長四丈，無花而實，實如草豆蔻，土人鹽之以爲果餌。」

又 **卷二《樹肉竹肉》**《酉陽雜俎》云：「江淮有竹肉，生竹節上，如彈丸，味如白鷄。代北有樹雞，如杯棬，呼爲猢猻眼。」《本草》云：「惟苦竹枝上生如鷄子，似肉臠，有大毒。須以灰汁查三度，煉訖，依常菜茹食之。他竹生者無毒，子庚辰夏五侯。」碩膚夫子飯之餚有榆肉，乃邊將所饋榆樹上生之瘿，即此樹肉而偶生于榆上者耳。《物理小識》云：「榆肉出口外龍門所一帶，今燕京價至三十兩一斤。」陸濬源《黎床瀋餘》云：「榆肉，榆蕈也。産口外，腴脆無比，大者數斤。」李時珍引《山海經》：敦隅之山及開明東北東南海外並有視肉。郭璞註云：「聚肉形如牛肝，有兩目，食之無盡，仍復生如舊。」又海中一種土肉，正黑，長五寸，大如小兒臂，其重者至五、六斤，有腹無口目，有三十足，如簪笄，可炙食，此近蟲魚之屬也。若桑蛾、桑雞、木樅、樹鷄及雞腿蘑菰、羊肝菜、鷄樅、菜地鷄，皆其似肉者，楚人謂鷄爲樅。

清 **孫之騄《枝語》卷下《筍》** 和之美者，有越駱之菌焉。味之嘉者，有盧棲之筍焉。其爲物也，淡而不厭，清而遠俗。鮮可以烹，乾可以蓄。篃箭晚生，淡苦早育。含譪笆浮，匾莖實腹。班皮笠節，並載笋録。或嫩如馬蹄，或生如犢角。其脛似雞，其頭似鹿。外恨包藏，中仍節目。聞雷而驚，遇雨而矗。穰穰翻地，掀掀透麓。短長莫較，先後相續。遠去若奔，潛行若伏。群强觸藩，狂劇穿屋。一之曰怒芽，二之曰如鏃。其族也繁，其茁也速。其環立也比兒孫，其成行也齊奴僕。其採而取也，蒸煮包酢，惟人所欲。爰有鸞笋仲宣，瀹笋千木，送笋東坡，煨筍山谷。或擬之抛簪，或譬之孽王。廷秀之經可披，贊寧之譜可讀。爾乃新蒲含紫，初篁苞緑。野夫折盈把，挑來向市鬻，試問價幾何？十錢買一束。觵觵入中厨，晚食以當肉。如參玉版禪，味美乃心沃。咀吞千畝餘，胸次不轣轆。別得煮簀法，甘菹和菌熟。陋彼北方人，蕪菁敖酪粥。彼自希見筍，歸煮床下竹。

清 **郎廷極《勝欽編》卷九** 竹葉。北軒主人曰：竹葉釀酒本屬蒼梧地，然如梁元帝詩：「榴花聊夜飲，竹葉解朝醒。」白樂天詩：「毬簇桃花騎，歌巡竹葉觴。」東坡詩：「野店初嘗竹葉酒，江雲欲落豆稭灰。」又某詠酒詩：「銀盤色瀉梨花白，翠斝香浮竹葉青。」皆泛用河東桑落酒亦然。

清 **汪灝《佩文齋廣群芳譜》卷八六《竹譜·筍》**《別録》原《取筍》：山谷云：「根須辰日劚，筍看上番成。」凡筍，一番兩番出，成竹；至第三番者，止可供食，不成竹矣。故曰：「筍看上番成也，凡筍蒸煮炰酢，惟人所好，又可乾藏。」

煮新筍：以沸湯煮則易熟而脆，味尤美。若蔫者少，入薄荷煮則不蔫，與猪羊肉同煮，則不用薄荷。

採筍：過一日曰「蔫」，過二日曰「簃」，取宜避露。每日出掘，深土取之。半折取鞭根。旋得旋投密竹器中，覆以油革。見風則觸本堅，入水則浸肉硬，脱殼煮則失味，生著刃則失氣。採而久停非鮮也，浄之入水非洗也，蒸熟停久非食也，如此然後可與語食筍矣，此外不足數也。

原《筍酢》：切作片子，沸湯瀹過候乾，入葱絲、蒔蘿、茴香、花椒、紅麴、併鹽拌匀，同醃一時。

原《筍乾》：筍肉一百斤，用鹽五升，水一小桶，候沸涌掐出汁，候乾，旋添筍汁煮熟，撈出壓之，或用手揉在鍋。隔夜則黑，熱洒則枯，一日晒乾則硬，火焙便不軟，臨食時取浸筍汁煮筍，則有味。

《該聞集》：「舊稱竹實爲鸞鳳所食，今近道竹間時見，花開如棗，結實如麥，江淮間號爲竹米，以爲荒年之兆。其竹即死，信非鸞鳳之食也。近有餘干人來言，彼有竹實大如雞子，竹葉層層包裹，味甘勝蜜，食之令人心肺清凉，生滿竹林茂密處，頃因得之。雖日久乾枯而味尚存，乃知鸞鳳所食，必非常物也。」

清 **王維德《林屋民風》卷一〇《土産》** 笋，出洞庭山、竹塢嶺、東山、俞塢者佳。

清 李光地《月令輯要》卷四《春令·民用》 旋味筍。增《筍譜》：「旋味筍，一名苦蒲筍。福州南一日程，多生苦竹，春則生筍。鄉人煮食甚苦而且澀，及停久，則味還可食。故曰旋味筍。」

清 陸廷燦《南村隨筆》卷二《竹實》 竹實大如鷄子，竹葉層層包裹，味甘勝蜜，食之令人心肺清涼。生深竹茂林密處，乃知鸞鳳所食，必非常物也。《丹鉛録》

清 文行遠《潯陽蹠醢》卷一 匾竹。出廬山，其筍初出土便匾薄，及成竹匾而長。今諸山中是處皆有。傳云：釋慧遠使鬼神，號辟蛇，行者捻此竹爲匾竹。筍出皆匾，堪食之。

簡寂觀有陸修静所植苦竹，而笋味甜。歸宗寺造鹹虀而味反淡，蓋山中佳物也。（《夢溪筆談》）

清 雍正《浙江通志》卷一〇一 筍脯。《餘杭縣新志》：「筍，四時不絶，其煮曬爲脯則曰玉版，一曰鹹筍乾，而青筍爲最。」

又 卷一〇六 山竹。《金華府志》：「出東陽，榦細可爲筆管，筍亦佳。」

又 卷一〇七 石竹。《萬曆温州府志》：「夏生筍，味甘，可爲紙。」

桂竹。《隆慶樂清縣志》：「火燒其汁，可以散痰。」

筆筍。崇禎《處州府志》：「縉雲縣葛竹山，世傳葛洪煉丹於此，遺筆化筍成竹，人取其筍，可書數十字。」

小竹。《名勝志》：「青田縣古陽山叢生小竹，巨葉，其實可爲粉。」《處州府志》：「宋慶元間歲饑，鄉民於此採竹實爲食。」《青田縣志》：「或取以釀酒，味佳。」

清 雍正《江南通志》卷八六《食貨志·物産·松江府》 蘭笋，山笋。本出佘山，因其笋味如蘭，特賜佳名。

清 乾隆《永福縣志》卷一《輿地》 端午插艾于門，以竹葉裹糯米爲粽相饋遺，飲菖蒲。

清 丁宜曾《西石梁農圃便覽·夏·小滿》 煮笋：用沸湯則易熟而脆。若蔫者，入薄荷少許同煮則不蔫。與猪羊肉同煮，則不用薄荷，凡採笋過宿曰蔫。

糖笋：將笋去净皮十斤，入極沸湯煮熟，加醬油壹斤，白糖斤半，再嘗甜鹹相稱。用文火煮，時煮時停，看汁將乾，取出晾冷，晒乾，磁罌收。

鹽笋乾：鮮笋去净皮，十斤用鹽四兩，入鍋水與笋平，蓋嚴。武火煮滚，後俱用文火，時煮時停，以乾爲度。取出，灭火焙乾，收貯。笋在鍋過宿則黑，熱晒則枯。

煨笋：就竹邊掃竹葉煨食甚佳。芒種以後，出笋不成竹，可供食。若天旱，至此遇雨，先出者亦成竹。二三番者必枯，故山谷云：笋看上番成。

清 李調元《南越筆記》卷一四《冬笋》 《通志》云：「《詩義疏》謂：『筍皆四月生，巴竹筍八月生，篃竹筍冬夏生。』《永嘉記》：『含隨竹筍六月生，今冬筍惟浙中者行遠，嶺南則四時常有之，地暖發生故也。』按：《雜記》又稱：『粤東之筍，十九皆苦，須以黄荳同煮，先去苦味。』」

清 沙琛《點蒼山人詩鈔》卷一《竹實》 竹實如紅豆，由來籜米殊。南荒深巨簜，密葉隱聯珠。採擷參鑾糗，繽紛落鳳味。奇珍人不遠，煙雨自涵濡。

清 趙學敏《本草綱目拾遺》卷八《諸笋》 《綱目》竹入苞木類，以笋附菜部。所載亦止苦竹、篁竹、淡竹、冬竹諸笋，且於義類多未詳盡，不知春冬所出，性皆各别，鮮乾諸品味亦逈殊。則入經絡主治目不能合一，陳芝山《食品真一》《笋譜》及《食纂》所載較詳，頗近時尚，即取以補之。

春笋。《笋譜》其佳者曰「猪蹄紅」，冬月即生，埋頭土中，以鋤掘之可三寸許。其味極鮮，甲於他笋，未出土名「猪蹄紅」，若長尺許，則其籜圓，故人名「圓笋」，亦名蚤笋，蓋冠諸笋而先出者。

味甘，性微寒，下氣養血，利膈消痰，化熱爽胃，解渴利水，療風邪，止喘嗽。

毛笋。即茅竹笋，笋之大者。《笋譜》：「毛笋爲諸笋之王，其籜有毛，故名。俗呼爲『猫笋』者，非也。大者重幾二十餘觔，猶未出土，肉白如霜，墮地即碎。以指掐之，其軟嫩如腐，嗅之作蘭花香。毛笋大者，清明後方有其出，於臘月及正月者，形短小，籜亦有毛，土人名『猫兒頭』，食之多嘈心。然消痰之力較勝他笋。味甘，性平，利九竅，通血脉，化痰涎，消食脹，多食令人易饑。」

鞭笋。即發於竹邊者，夏秋有之。其生於四月者曰「梅邊」，蓋感梅雨濕蒸之氣而生，頗早，味淡肉硬，不如秋生者。《笋譜》：「邊笋即毛笋之旁出者，方笋盛時，生氣上升，笋皆豎生；氣既衰，根即横生。盡其力可横亘十餘丈，至地之邊際，與竹之長短相稱，謂之竹邊，故名『邊笋』。其狀類鞭，亦名『鞭笋』。地肥者軟嫩，長尺許，其籜紫色而兼白，其味恬淡而鮮，其氣醇而有蘊藉，不類毛笋之精英盡發洩於外也。」味甘性寒，開胃利腸，消痰渴。

冬笋。即潭笋。沈雲將《食纂》：「猫竹冬生，笋不出土者名冬筍，又名潭笋。」

味甘，温，（陳芝山《宜忌》云：「味甘，性寒。」）利九竅，通血脉，治吐血、衄血及産後心腹痛一切血症，食之肥白人，（《食纂》）消痰滑腸，透毒解酲，發痘疹，中諸笋毒者，生薑、麻油解。小兒及脾虚者多食難化，（《食物宜忌》）痘疹不出，採未出土冬笋煮粥食，即有生發之意。（《不藥良方》）

青笋。即青竹笋，竹細小故出笋色青，山間遍地有之。係野竹所生笋也，即時下俗呼水竹者是也。（胡承謀《湖州府志》：「天目出笋乾，其色緑，聞其煮法，旋湯使急轉，下笋，再不犯器，即緑矣。」）

味甘，止肺痿、吐血、鼻衄，治五痔并妊娠。（《食纂》）

青笋乾。即青竹笋鹽湯煮曬乾者，出杭臨安、天目者最佳，色如鸚哥緑。有尖上、尖毬子、二尖等名。味鹹，甘，性平，爽胃消痰。

鹽笋乾。以春笋鹽湯煮曬而成，有泥黄、烏尖、直腳等名。

味鹹，甘，性平，行氣清痰。

衢笋乾。以笋用鹽湯煮熟，熏乾而成。

味鹹，甘，性平，利膈化痰。

羊尾笋乾。主治同。

處笋片。俗名素火腿，以毛笋微醃，湯煮熏乾而成。

味甘，微鹹，性平，利血消痰。

菉笋片。即玉版笋，以毛笋淡煮曬乾者，浙、閩、江西多有，有草鞋底、蝴蝶尖、玉版等名。《湖州府志》：「菉笋大者謂之『澗緑』，有名『泥裹黄』者尤美。」

味甘，性平，治實喘消痰。張石頑云：「乾笋淡片利水，豁痰，水腫，葶藶丸用之。」

又 衢笋乾。以笋用鹽湯煮熟，熏乾而成，味鹹，甘，性平，利膈、化痰。

羊尾笋乾。主治同。

清 嘉慶《廣西通志》卷九〇《輿地略十一·物産二》（思恩府）竹筍。

方竹者，肉厚而味甘。案：宋僧贊寧《竹譜》云：凡食筍譬如治藥，得法則益人。採時先宜避風，日見風則本堅，入水則肉硬，脱殼煮則失味，生著刃則失柔，煮之宜久，生必損人。

又 卷九一《輿地略十二·物産三》 釣絲竹。身葉皆類簩竹，枝極柔弱，垂下摇曳數尺，如釣絲可愛。筍瘦而白，於食品最佳。（《嶺外代答》）蒼梧山當風如細柳。（《金志》）

清 道光《廣東通志》卷九七《筍（附）》 筍。潮州無筍不苦，皆由苦竹之盛也。

苦竹。竹醜，苦也。有黄苦竹、白苦竹，東越謂之高苦竹也。（《寰宇記》）

平頭筍。海南島中一類筍，極腴而甚短，號平頭筍。

馬竹筍。大如盤，長有二尺餘，出從化。銀竹筍。長三四尺，肥白而脆，産西寧。聖筍。出增城，春不老，亦筍名，出陽山。龍牙。油筒竹之筍也。甜竹筍，筀竹筍。所在有之，皆筍之甜味而美者。柔筒筍。小而佳，出新興、陽春山谷中。

苦筍。粤東之筍，十九皆苦，苦者益人，甘者作脹，凡煮苦筍，以黄荳同煮，未熟不可開釜。

清 道光《遵義府志》卷一七 苦筍，黄庭堅《和春菜詩》：「公如端爲苦筍歸，明日春衫誠可脱。」自跋云：余生長江南，里人喜食苦筍，試取嘗之，氣苦不堪於鼻，味苦不可於口。及來黔，黔人□冬苦筍萌於土中，才一寸許，味如蜜蔗，初春則不食。惟僰道人食苦筍，四十餘日出土寸餘，猶甘苦相半。水竹笋，《笋譜》：「小竹筍。出黔南管内或巖下，潭水中生，隨水深淺以成節，若深一丈，則筍出水面爲一節，蠻蜑採取以爲食。」

金竹。（陳志）名荆竹。（按）：其竹不大，鄉人食其笋利。舊時綏陽縣城左右彌望皆金竹林，故得「金竹里」之稱。今墾盡，惟望艸里、金鐘山，近日竹笋最盛。自昭通笋不殖此專利焉，里人每春入山採伐，販至重慶諸處，今稱爲「新笋子廠」。

清 道光《大清一統志》卷三三三《土産》 䈬笋。《省志》：「産寧都會同鄉，五月中生味極甘美。」

清 黄本驥《湖南方物志》卷三《衡州府》 衡山有山筍，筍之小者，竹經野燒當春怒發，就林間煮之曝乾。餉客南筍節之大者，煮而熏之，名素火腿。

出土者方爲蘇松□料也。《安吉劉志》：最早者爲早竹筍、貓竹筍，清明前後出笠竹、石竹筍，立夏後出黄姑竹，木生筍較遲，亦相繼出。季竹筍，俗名「紅竹筍」，其籜紅，有三月、五月之别，各以時出。鞭筍，七八月出。毛竹筍未出土者，謂之「潭筍」。冬初即掘之，味甚鮮美，亦謂之「冬筍」，然多掘則害春息。《山家清供》：「嘗見山僧作筍粥，幽尚可愛，山僧煮筍用大塊，云薄則味脱，大塊久煮令軟，其味自全。」《烏程劉志》：鞭筍七八月出，不可掘，掘者有害春息。團筍冬出，荒山可取。《東林山志》：二月出者名「燕來筍」，肉薄而味鮮。三月出者名「哺雞筍」，四月出者名做「絲筍」，俱大而味甘。《前溪逸志》：「筍之市毛竹之筍爲盛，山人蓺山如治田，疾薅草厚加壅，數除數壅，長其母以取子，畝息數金。竹不可材也，曰『筍宕』。伐竹者反土去薪，長其子以成材，曰『竹宕』。筍胎于冬茂于春，冬味旨而形栗，賓祭所羞。既春根厚伏深脈，土墳起而坼，則掘之。掘之器方刃隋銎，謂之鋭。掘之日，春分畢出，謂之開鋭。」《廣雅》曰：「鋭謂之銎，或曰钃也。」誅除物根株也。屆期清明，市儈日減值之一，立夏材老，放梢直上，粉節凝霜，毛筍于是謝矣。羣竹之萌畢達，業者長其强，汰其稺，熟之以爲菹，淹之以爲脯，皆嘉蔬也。秋劚根而瀹其芽，皎如玉指曰鞭筍，味之珍齊于冬筍。冬曰團茸而蟄也，秋日鞭細而勁也，蓋四時給鮮矣。筍之棄者若之□□葉老，婦童孫攀崖緣壑亦時采拾焉。《湖録》：今郡城南如道場，金蓋妙喜諸山，西北卞山一帶，皆開熟出筍，名曰熟山筍，皆有筍檔。船往來吴松間不獨棲賢一處也，然大約出于烏程居多，其餘皆謂之荒山筍。若酸齋筍則出自歸安之埭頭者最多。《本草綱目》：「竹有雌雄，但看根上第一枝雙生者，必雌也，乃有筍，筍味薟者戟人咽，先以灰湯煮過，再煮乃良。或以薄荷數片同煮，亦去薟味。」按：筍俗作笋非今以南鄉、菁山、妙喜等處所出爲上。舊諺云：「南山楊梅北山筍」，實則南北當互易也，筍宜未出土者，出土則籜尖必黑，俗賤之，名曰「烏椿頭」。煮筍同豬肉或甜麪醬即無薟味，《本草》灰湯之法：薟味雖去而鮮味必盡失，不可用也。或煮三日三夜，使極熟自無薟味，名曰酥筍，尤美。山中人食之，城市所不知也。

金竹。《長興譚志》：「金竹獨産長興，出筍最佳而性軟潤，竹細而長，青翠逼人。」

清 光緒《永嘉縣志》卷六 筍。《永嘉記》：「含隋竹筍六月生，迄九月，冬筍，筍之不篁者，味甘美直特昂於春筍。《南嶽志》作筍乾法，用冬筍連殼切開，置籠內蒸一炊許，取出褪殼，炭火焙乾。每鮮筍二十斤得乾片一斤，瓷器收貯，臨用時以熱水發之，色味與鮮筍無異。可爲終歲之用，亦可寄餽遠方。《二長物齋長説》

清 道光《寶慶府志》卷三《大政紀三》 新化竹實。新化苦竹、貓竹開花，結實。采之可食。《康熙府志》

清 同治《石門縣志》卷四《食貨志・物産》 筍。或作筭，俗作笋。四月生，惟巴竹筍八九月生。竹有雌雄□多，筍於竹根，行鞭時掘取。嫩者謂「鞭筍」，冬月掘未出土者爲冬筍，亦曰：䈽淡乾者爲「玉版」，筍鹽曝者爲「鹽筍」。《筍譜》：曰篛、曰箈、曰䈉、曰竹胎、曰筍芽、曰笛、曰初篁。」魏太守王圖冬獻筍謂：「□筍作殺，以冬筍爲嘉」，諸筍解籜時刈取，皆可造紙。

清 同治《龍山縣志》卷一二《物産志》 冬筍。《本草藥解》：「□南人冬日掘大竹根下未出土者爲冬筍。」《東觀漢記》云：「苞筍並可鮮食。」

清 光緒《新甯州志》卷二《物産》 笋，其類不□，甘苦有殊。惟冬月生者曰蒲竹笋，可敵江浙所産。

清 汪日楨《湖雅》卷四 竹實，即竹米。《胡志》：「萬曆二十九年，竹實，人采以爲食。」陳承《本草别説》：「近道竹間，時見開花小，白如棗花，亦結實，如小麥，無氣味而澁。江浙人號爲竹米，以爲荒年之兆，其竹即死。按：竹地年久將敗，每見有此實，無關于歲之豐凶也。」

哺雞竹。勞志：一名護基竹。人家多植牆後，與筀竹相似。其篾脆不堪用，其筍可食。《竹譜詳録》：「出蘇湖山中，不甚高，大凡八種大畧相似，節葉差異，其筍蔓延滿地，若雞之生子衆多，故名。吴人謂雞鶩伏卵爲哺。」

筍。《談志》：「有筀竹筍，燕竹筍，慈竹筍，貓竹筍，象牙竹筍。」《筍譜》：「天目山筍五月生盡，六月其筍色黄，端午後方采鬻。旱歲則無采筍。一日曰蔫，二日曰菸，見風則觸本堅，入水則浸肉硬，脱殼煮則失味，生著刃則失柔，采而停久非鮮也，盛而苦風非藏也，揀之脱殼非治也，浄之入水非洗也，蒸之不久非食也。」《吴興掌故》：城西棲賢嶺十四五里之間，專種毛竹，筍最佳，有重至十五斤者。其種法：稀留竹本，每年鋤二次，林中並無草根，湖人所啖皆是未出土者。見地有氣眼則知下有大筍，用刀掘出，其白如玉。

味與箭竹筍相似。」含箨筍迄七月、八月、九月已有箭竹筍，迄後年四月竟年常有筍不絶也。（《齊民要術》種竹門）《筍譜》：「龍牙筍。出大羅山，春二月生。」

《乾隆志》：「□竹、石竹筍皆可爲蔬，惟茅竹春筍、冬筍其用較饒。」

清 光緒《順天府志》卷五〇《食貨志二·物産》 竹筍、蘆筍、蒲筍。《甯河縣志》：「筍有蘆竹、蒲諸□，邑祇有蘆蒲二種。」《文安楊志》：「蒲筍□裏村出者佳。」按：本土産竹處甚少，其産者半如南方之石竹，長細而勁，三月間抽萌，土人掘而食之，名爲小竹筍。近年來萌□於昔矣。

清 俞樾《茶香室叢鈔》卷二二《筍王筍將》 國朝景星杓《山齋客談》云：「甬東竹多作筍脯，俗呼『毛筍』，每歲出巨筍一枝，曰『筍王』。必有二筍傍出差弱於王，曰『筍將』。其形必有異於凡筍，籜稍如錦帶，長有尺餘，出土即能辨之，誤斸之不祥。」

紀　事

南朝梁 任昉《述異記》卷上 東海畔有孤竹焉，斬而復生，中有管。周武王時孤竹之國獻瑞筍一株。

五代 劉眴《舊唐書》卷一七下 （開成四年）六月辛亥朔，以長武城使苻澈爲邠寧節度使。庚申，上幸十六宅安王、潁王院宴樂，賜與頗厚。戊辰，以久旱，分命祠禱，每憂動於色。宰相等奏曰：「水旱時數使然，乞不過勞聖慮。」上改容言曰：「朕爲人主，無德及天下，致兹災旱，又謫見於天。若三日不雨，當退歸南内，更選賢明以主天下。」宰臣嗚咽流涕，各請策免。是夜，大雨霔霈。丁丑，襄陽山竹結實，其米可食。

宋 釋贊寧《筍譜》 東漢馬援至荔浦，見冬苞筍上。言：《禹貢》「厥包橘柚」，疑謂是也。

陸雲，字士龍，爲性喜笑，作《笑林》云：「漢人有適吴，吴人設筍。問是何物，語曰：『竹也。』歸煮其床簣而不熟，乃謂其妻曰：『吴人轣轆，欺我如此』。」

宋沈道虔，人有拔屋後筍，令人止之曰：「惜此筍，欲成林。更有佳者相與。」乃令人買大筍送與之。

齊孝宣陳皇后性嗜筍、鴨卵。永明九年，詔太廟祭后，薦筍、鴨卵云。

范元琰家有竹圃。每人見盗筍，苦於過溝。元琰伐樹爲橋，與盗者過，盗人感其情而息意不盗。

沈如琢，成都人，有孝行。母患渴，非時思桑椹，苦求不遂。家東一樹，生摘以奉母。母渴愈及亡，負土成墳，廬於側。白鵲二棲於廬，冬筍抽十莖。天寶二年詔旌表。

朱梁高祖，開平二年冬，商州進筍，以爲瑞品，詔賜太守幣帛。

宋 釋惠洪《冷齋夜話》卷七《東坡戲作偈語》 東坡自海南至虔上，以水涸，不可舟，逗留月餘。時過慈雲寺浴，長老明鑑魁梧，如所畫慈恩然，叢林以道學與之。東坡作偈戲之曰：「居士無塵堪洗沐，老師有句借宣揚。聰間但見蠅鑽紙，門外時聞佛放光。遍界難藏真薄相，一絲不掛且逢場。却須重説圓通偈，千眼重籠是法王。」又嘗要劉器之同參玉版和尚。器之每倦山行，聞見玉版，欣然從之。至廉泉寺，燒笋而食，器之覺笋味勝，問此笋何名。東坡曰：「即玉版也。此老師善説法，要能令人得禪悦之味。」于是器之乃悟其戲，爲大笑。東坡亦悦，作偈曰：「叢林真百丈，嗣法有横枝。不怕石頭路，來參玉版師。聊憑柏樹子，與問籜龍兒。瓦礫猶能説，此君那不知。」

宋 王明清《揮麈録》後録卷二 富鄭公晚居西都，嘗會客于第中，邵康節與焉。因食羊肉，鄭公顧康節云：「煮羊惟堂中爲勝，堯夫所未知也。」康節云：「野人豈識堂食之味，但林下蔬筍，則常喫耳。」鄭公赧然曰：「弼失言」。邵公濟云

宋 周必大《文忠集》卷一七〇《乾道庚寅奏事録》 癸丑早，肩輿過簡寂觀門外許，堅石初爲沙石所堙，前歲大水復出，與觀主歐陽齊年對泉石小酌，食甜苦笋，名不虚得。齊年求詩爲賦一篇：「疏食山間茶亦甘，況逢苦笋十分甜。君看齒頰留餘味，端爲森森正且嚴。」飯罷，道入棲真觀，即梁昭明書堂前欲游而未至者，荒蕪殊甚，次至開先主僧虚席，殊不成叢林，而飛橋已爲大水所衝。少憩，方丈首座川僧文逸，粗可語，同訪招隱泉，有亭復之矣，日斜歸。

宋 林洪《山家清供》卷上《煿金煮玉》 筍出鮮嫩者，以料物和薄麵，拖油煎煿如黄金色，甘脆可愛。舊遊莫干，訪霍如庵正夫，延早供，以笋切作方片，和白米煮粥，佳甚。因戲之曰此法製惜氣也。濟顛筍疏云「拖油盤内

煿黄金，和米鐺中煮白玉」二句，兼得之矣。霍北可貴分也，乃甘山林之味，異哉。

又《玉帶羹》 春坊趙蒓湖璧、茅行澤雍亦在焉，論詩把酒，及夜無可供者，湖曰：「吾有鏡湖之蓴。」澤曰：「雍有稽山之筍。」僕咲：「可有一杯羹矣。」廼命僕作玉帶羹，以筍侣玉、蓴侣帶也。是夜甚適，今猶喜其清高而愛客也。每誦忠簡公「躍馬食肉付公等，浮家泛宅真吾徒」之句，有此耳。

又 卷下《山家三脆》 嫩笋、小蕈、枸杞頭入鹽湯焯熟，同香熟油、胡椒鹽各少許，醬油、滴醋拌食。趙竹溪蚤夫酷嗜此，或作湯餅，以奉親，名三脆麪。嘗有詩云：「笋蕈初萌杞採纖，燃松自煮供親嚴。人間玉食何曾鄙，自是山林滋味甜。」蕈亦名菰

宋 周密《齊東野語》卷一四《諫筍諫果》 世傳涪翁喜苦筍，嘗從斌老乞苦筍詩云：「南園苦筍味勝肉，籜籜稱寃莫採録。煩君更致蒼玉束，明日風雨吹成竹。」又《和坡翁春菜詩》云：「公如端爲苦筍歸，明日青衫誠可脱。」坡得詩，戲語坐客云：「吾固不愛做官，魯直遂欲以苦筍硬差致仕。」聞者絶倒。嘗賦苦筍云：「苦而有味，如忠諫之可活國。」於是世以諫筍目之。殊不知翁嘗自跋云：「余生長江南，里人喜食苦筍，試取而嘗之，氣苦不堪於鼻，味苦不可於口，故嘗屏之，未始爲客一設。及來黔，黔人冬掘苦荀萌於土中，才一寸許，味如蜜蔗，初春則不食，惟僰道人食苦荀。四十餘日出土尺餘，味猶甘苦相半。」以此觀之，涪翁所食，乃取其甘，非貴乎苦也。南康簡寂觀有甜苦筍，周益公詩云：「蔬食山間茶亦甘，況逢苦筍十分甜。君看齒頰留餘味，端爲森森正且嚴。」此亦取其甜耳。世人慕名忘味，甘心荼苦者，果何謂哉。又記涪翁在戎州日，過蔡次律家，小軒外植餘甘子，乞名於翁，因名之曰「味諫軒」。其後王宣子予以橄欖送翁，翁賦云：「方懷味諫軒中果，忽見金盤橄欖來。想見餘甘有瓜葛，苦中真味晚方回。」然則二物亦可名之爲諫果也。

元 脱脱《宋史》卷六《真宗紀》 （咸平二年三月）壬辰，雨。辛丑，江南轉運使言宣、歙竹生米，民採食之。丙午，詔江、浙饑民入城池漁採勿禁。

又 卷一〇八《禮志》 景祐二年，宗正丞趙良規言：「《通禮》著薦新凡五十餘物，今太廟祭享之外唯薦冰，其餘薦新之禮，皆寢不行。宜以品物時新，所司送宗正，令尚食簡擇滋味與新物相宜者，配以薦之。」於是禮官、宗正條定：「逐室時薦，以京都新物，略依時訓，協用典章。請每歲春孟月薦蔬，以韭以菘，配以卵，仲月薦冰，季月薦蔬以筍，果以含桃；夏孟月嘗麥，配以彘，仲月薦果，以瓜以來禽，季月薦果，以芡以菱；秋孟月嘗粟嘗穄，配以鷄，果以棗以梨，仲月嘗酒嘗稻，蔬以茭筍，季月嘗豆嘗蕎麥；冬孟月羞以兔，果以栗，蔬以藷藇，仲月羞以鴈以麞，季月羞以魚。凡二十八種，所司烹治。自彘以下，令御廚於四時牙盤食烹饌，卜日薦獻，一如《開寶通禮》。」又太常禮院言：「自來薦冰，惟薦太廟逐室帝主，后主皆闕。謹按朔望每室牙盤食，帝后同薦。又按《禮》，『有薦新如朔奠』。詳此獻祀，帝后主別無異等之義。今後前廟逐室后主，欲乞四時薦新，並如朔望牙盤例，后廟、奉慈廟如太廟之禮。」

明 宋濂《元史》卷一二《世祖本紀》 （至元十九年）四月，戊申，寧國路太平縣饑，民採竹實爲糧，活者三百餘户。

明 李時漸《三台文獻録》卷四《車若水・竹米記》 嘉熙以來，黄巖頻歲不稔，淳祐改元之春，米斗八百，民采薇、葛、木皮食之。時竹華于山，以爲不祥，已而華者咸實，其華如稻，而色紺碧，或紫。其實肥於麥粒有半，薇葛盡，試采炊之，香美甘潤，與稻麥不殊。人日可一二斗，斗可米四升，病者起，羸者盡復，及麥民忘其困焉。予遊京師，語諸公，不信，出示之，曰惟不祥。夫鳳凰食必竹實，竹實固與鳳凰俱也，天不使生於百姓，仁遂九韶來儀之際，而使饑民以之延一旦之命。在竹實誠，爲不偶當是之時，有竹實寧無鳳凰。按：唐景龍開元間，京畿終南、藍田、嶺表，竹凡三實，饑民得不死，則竹實之益未爲無前聞也。乾道元年，池州饑，竹大實，民呼瑞竹，郡守魯察囊以奏，御史大夫章服以爲妖，駁去之。章服賢御史也；而造化之妙膠，於見聞不識也。天地之大德曰生，其一元之氣，混淪坱圠上際下，蟠萬物盈其間者，孰非是氣之融會，陰陽相傾，分野羸縮，而生生之心固無間斷也。天地之所以立者人，人之所恃者食，人之自棄於天地者，天地無如之何？而水饑火毁，人之類不滅也。太虚不能無氣，氣不能無所攸屬。不屬於此，則屬於彼，理固有之也。且燕齊吴越瀕海之地，鹽實出之。其去海之遠者，或出於井，或出於

池，或出於石。又有出於木者，理固有之也。先民曰鬼神者，造化之迹也；又陰陽之精，互藏其宅，陰陽之氣，循環迭至，不知此也，則雖桃李之華之實，亦恠矣。

明 王圻《稗史彙編》卷一二八《玉帶羹》 春坊趙蒓湖璧、茅竹潭論詩把酒及夜，無可供者。湖曰：「吾有鏡湖之蒓。」潭曰：「吾有稽山之笋。」僕笑曰：「可有一盃羹矣。」乃命庖作玉帶羹，以筍似玉，蒓似帶也。是夜甚適。今猶喜其清高而愛客也。每誦忠簡公「躍馬食肉付公等，浮家泛宅真吾徒」之句，有此，兒孫宜矣。

又 卷一二九《旁林鮮》 夏初，林笋盛時，掃葉，就竹邊取筍尖，去殼煨熟，其味甚鮮，名曰旁林鮮。文與可守臨川，正與家人煨筍午飱，忽得東坡詩云：「想見清貧饞太守，渭川千畝在胸中。」不覺噴飯滿案，想作此供也。大凡笋貴耳鮮，勝食魚肉。今俗庖多褋以肉，不思才有小人便壞君子也。若對此君仍大嚼，世間那有揚州鶴，東坡之言微矣。

又 卷一五一《隴西竹實》 唐天復甲子歲，自隴而西，迨于褒、梁之境，數千里內亢陽，民多流散，自冬經春，饑民啖食草木，至有骨肉相食者甚多。是年，忽山中竹無巨細，皆放花，結子。饑民採之舂米而食，珍於粳糯，其子粒顏色紅纖，與金紅粳不殊，其味尤更馨香，數州之民皆挈累入山就食之。至于溪山之內，居人如市，人力及者競置囤廩而貯之。其竹自此千蹊萬谷並皆立枯，十年之後復産此君，可謂百萬圓顱活之於貞筠之下。（出《玉堂閑話》）

又 卷一五三《惜竹》 吾山有竹數萬本，初多手自移，今所在森然成林。有篨竹、斤竹、哺雞竹、斑竹、紫竹數十種略備，而生笋最可食。今歲自春不雨，累月筍類不出，顧頗念之。四月初一日，雨筍忽裂地迸出，亟取供庖。而園人靳之，問其故，云笋惟初出者盡成竹，次出者多爲蟲所傷，十不得五六。乃悟老杜詩云：「瓜須辰日種，竹要上番成。」之意，遂忻然許之。王子猷聞人有竹徑造而不問，主人雖爲脱略無所繫然。有時而還則娛悦亦無幾。李衛公童子寺竹日使人報平安，不惟不得見，將不免累其胸中。正使無恙，亦何所補。此竹吾所已有，且自守之，日徃來其間，所得過二子遠矣。

又《竹祟》 正德四年春，袁州府治內竹生花，結米，衆皆異之。偶一道人紫冠黄服謁守者曰：此饑饉之兆。是年果大旱，餓死者無筭。及冬，去其竹，而嗣歲大熟，人皆稱爲竹祟。

又《竹德》 竹結實如麥，則見於晉元康之時，如米則見於唐開成、宋咸平之時，然不言其色與味也。嘉靖二十年，杭州昌化縣長亘五十里，竹葉之間，苞絡成穟而實焉，採之而舂，得黑色碎米，炊之而食，味少澁而飽人，和飴爲餅餌最佳。其地時遂就豐。又見傳云，竹實如雞子味，食之清凉滿口，故謂鳳凰食。

明 周嘉胄《香乘》卷一〇《丁香竹湯》 荊南判官劉彧，棄官遊秦、隴、閩、粵。篋中收大竹十餘顆，每有客，則斫取少許煎飲，其辛香如雞舌湯。人堅叩其名，曰丁香竹。非中國所産也。

清 汪灝《佩文齋廣群芳譜》卷八六《竹譜·竹實》 增《福建志》：「紹興十八年，侯官縣有竹實如米，饑民採食之。」

清 雍正《浙江通志》卷一〇五 竹瀝，江鄰幾雜志蘇才翁，嘗與蔡君謨鬬茶，蔡茶水用惠山泉，蘇茶小劣改用竹瀝水，煎遂能取勝。天台竹瀝水，彼人砍竹稍屈而取之盈甕，若以他水雜之，則亟敗。

清 倪蜕《滇雲歷年傳》卷九 （萬曆二十四年九月）賓川大水，民饑，食竹實以濟。

清 乾隆《長沙府志》卷三七《災祥志·國朝》 （順治九年）三月，攸縣黄竹開花，結實如蛋，是年大旱，民採竹實療饑。

清 黄印《錫金識小録》卷一一《紀異·竹實救飢》 姚舜賓，忠誠篤實，鄉里敬之。家貧，訓句讀以養父母。嘉靖二十四年，五穀不熟，生徒皆散。舜賓家無常物，生平不慣干人，一家五口待死而已。家園有竹二三百个，議鬻之，忽結竹實，香甘如糯，食之不飢。屢採屢生，父母已七十，食之轉有少容，人以爲孝報。時又有朱鳳池，得園中多年山藥，幸不餓死。

清 嘉慶《長沙縣志》卷二六《祥異志》 康熙四年乙巳大旱，大風拔木，竹結實如麥，取爲食，釀酒，味甘芳且清冽。蠲順治十六、十七、十八等年逋賦。

清 嘉慶《寧遠縣志》卷一〇《雜誌·祥異》 竹米。嘉靖壬寅夏，民甚飢。東南二鄉竹盡生米，食之甘，於是民皆就食。甲辰夏大飢，復如是。

清 黄本驥《湖南方物志》卷二《長沙府》 康熙四年，長沙竹結實如麥，

民取爲食，釀酒味甘，芳且清洌。《省志》

清 同治《宜昌府志》卷一《天文志·祥異》 雍正十二年，峽中竹實如麥，土人競採食之。

清 同治《房縣志》卷六《事紀》（乾隆）四十三年，秋大饑，無蕨可采，取竹米、灰菜子、金剛藤、觀音土合蕎稈、榆皮屑食之。（乾隆）五十九年，秋淋，寒甚。竹花結米，山民采食之。

清 同治《歸州志》卷一《地輿志·祥異》 雍正十二年，峽中竹實如麥，人競採之。（咸豐）六年夏饑，深山遍結竹實，貧民採以療飢。有日獲數斗者，形如大麥，味甘美，可爲糟及餅餌，以釀酒則雷擊之。自歸屬至興房，所獲不下數千石。

清 同治《江華縣志》卷一二《雜記·災異》（康熙）四年春，因上年歲歉，民食匱乏，有「富糶盡，貧無糴。子母相泣難度日，女悲餓兒啼饑，嗷嗷待死，無生期」之謡。是年，山竹皆生花、結實，廣西之富賀及湖南之臨藍等處皆有之。至夏大旱，地赤土焦，貧民争取充饑，折竹枝凈盡。乃搜之根底，剔之石竇，日得竹米盈斗，或七八升，最少亦得一二升爲活。以釀酒，味清洌，有藏積者及秋熟，乃視已腐敗，邑合陳紹選作祭竹米文，載藝文。

清 光緒《零陵縣志》卷一二《事紀·祥異》（康熙）四年春，民饑。竹盡實如麥，民食之多活，夏大旱。

清 光緒《鎮安府志》卷二《國朝》（雍正）十二年，郡城外淩甲村寨竹生花，結實。是歲饑，村民取竹實爲炊。

藝 文

唐 白居易《白氏長慶集》卷七《閒適三·食笋》 此州乃竹鄉，春笋滿山谷。山夫折盈抱，抱來早市鬻。物以多爲賤，雙錢易一束。置之炊甑中，與飯同時熟。紫籜拆故錦，素肌擘新玉。每食遂加飡，經旬不思肉。久爲京洛客，此味常不足。且食勿踟躕，南風吹作竹。

又 卷三〇《夏日作》 葛衣疎且單，紗帽輕復寬。一衣與一帽，可以過炎天。止於便吾體，何必被羅紈。宿雨林笋嫩，晨露園葵鮮。烹葵炮嫩笋，可以備朝飡。止於適吾口，何必飫腥羶。飯訖盥漱已，捫腹方果然。婆娑庭前步，安穩窓下眠。外養物不費，内歸心不煩。不費用難盡，不煩神易安，庶幾無夭閼，（阿葛切）得以終天年。

唐 韓愈《五百家注昌黎文集》卷一〇《和侯協律詠筍》 竹亭人不到，新筍滿前軒。乍出真堪賞，初多未覺煩。成行齊婢僕，環立比兒孫。驗長常攜尺，愁乾屢側盆。對吟忘膳飲，偶坐變朝昏。滯雨膏腴濕，驕陽氣候温。得時方張王，挾勢欲騰騫。見角牛羊没，看皮虎豹存。攢生猶有隙，散布忽無垠。詎可持籌算，誰能以理言。縱横公占地，羅列暗連根。狂劇時穿壁，横强幾觸藩。深潛如避逐，遠去若追奔。始訝妨人路，還驚入藥園。萌芽防寖大，覆載莫偏恩。已復侵危砌，非徒出短垣。身寧虞瓦礫，計擬揜蘭蓀。且歎高無數，庸知上幾番。短長終不校，先後竟誰論。外恨苞藏密，中仍節目繁。暫須迴步履，要取助盤飧。穰穰疑翻地，森森競塞門。戈矛頭戢戢，蛇虺首掀掀。婦懦咨聊揀，兒癡謁盡髡。侯生來慰意，詩句讀驚魂。屬和才將竭，呻吟至日暾。

宋 蘇軾《東坡全集》卷九《送筍芍藥與公擇二首其一》「久客厭虜饌，枵然思南烹。故人知我意，千里寄竹萌。駢頭玉嬰兒，一一脱錦棚。庖人應未識，旅人眼先明。我家拙廚膳，彘肉芼蕪菁。送與江南客，燒煮配香粳。」

又 卷一三《和黄魯直食筍次韻》 飽食有殘肉，饑食無餘菜。紛然生喜怒，似被狙公賣。爾來誰獨覺，凛凛白下宰。一飯在家僧，至樂甘不壞。多生味蠹簡，食筍乃餘債。蕭然映樽俎，未肯雜菘芥。君看霜雪姿，童稚已耿介。胡爲遭暴横，三嗅不忍嘬。朝來忽解籜，勢迫風雷噫。尚可餉三閭，飯筒纏五采。

宋 蘇軾《東坡詩集註》卷二五《椶筍》 椶筍狀如魚，剖之得魚子，味如苦筍而加甘芳，蜀人以饌，佛僧甚貴之，而南方不知也。筍生膚毳中，蓋花之方孕者，正二月間可剥取，過此苦澀不可食矣。取之無害於木，而宜於飲食，法當蒸熟，所施略與筍同，蜜炙、酢浸，可致千里外，今以餉殊長老。 贈君木魚三百尾，中有鵝黄子魚子。夜叉剖瘿欲分甘，（次公李羣玉與王璘聯句，羣玉云：「芍藥花開菩薩面。」王璘略不佇思曰：「椶櫚葉散夜叉頭。」）籜龍藏頭敢言美。（次公盧仝詩：「竹林吾所惜新筍，好者守萬籜抱龍，兒攢迸溫林藪師，後漢費長房投竹杖于葛陂，化爲龍。」故謂筍爲「籜龍」。）願隨蔬果得自用，勿使山林空老死。問君何事食木魚，烹不能鳴固其理。（續莊子宿於故人之家，故人命豎子殺鴈而烹之。豎子請曰：「其一能鳴，其一不能鳴，請奚殺。」主人曰：「殺不能鳴者。」）

宋 蘇轍《欒城集·第三集》卷三《食櫻筍二首其一》 林竹抽萌不忍挑，誰家盈束伴晨樵。籜龍似欲號無罪，食客安知惜後凋。不願鹽梅調鼎味，姑從律吕應簫韶。林間老煞雖無用，一試冬深雪到腰。

宋 秦觀《淮海集》卷九《次韻范純夫戲答李方叔饋筍兼簡鄧慎思》 楚山冬筍劚寒空，北客長嗟食不重。秀色可憐刀切玉，清香不斷鼎烹龍。論羹未愧蓴千里，入貢當隨傳一封。薄禄養親甘旨少，滿包時賴故人供。

宋 李彭《日涉園集》卷五《戲答椶筍》 髯翁落落緣坡竹，肥如瓠壺書滿腹。好客勤炊燭代薪，中厨羹金仍膾玉。春風渺渺生微瀾，欲向吴江把釣竿。引帆伐鼓閱三歲，候雁不來衣帶寬。阿蠻虎子能哮吼，千金掃除似無帚。却甘杞菊侵我畦，固窮不障談天口。剩誇椶筍饞生津，章就旁搜不厭頻。錦繃嬌兒直欲避，紫駝危峰何足陳。出爲小草居遠志，藜藿盤中長此味。客來不廢董嬌嬈，安用凋胡見真意。年來我亦食無魚，莫遣此老專懷瑜。時時酒澆茶苯尊，亂我玄藁俱扶疎。

宋 吴可《藏海居士集》卷下《友人惠笋豉》 野税那知笋豉香，伊蒲淡泊喜初嘗。自憐老去能忘肉，誰謂朝來已徹董。膾玉有名汙净供，蓴絲無味誑枯腸。此君苗裔風流在，三韭何須學庾郎。

宋 唐庚《眉山集·詩集》卷五 長沙竹筍聞於天下，大者可十餘斤，食之甚甘而不冰脾，昔渡湘欲作詩未暇也，今日復過之，乃酬以此篇： 地入長沙莫歎卑，竹萌徑尺舊相知。九重纔復金門籍，萬里先參玉版師。契潤累年真負口，徘徊彌月未妨脾。渭川風味那能對，中有離騷九辨辭。

宋 陳與義《簡齋集》卷三《食筍》 竹君家多才，楚楚皆席珍。成行著錦袍，玉色映市人。惠然集吾宇，老眼騖光新。麴生亦税駕，共慰藜藿貧。不待月與影，三人宛相親。可憐管城子，頭秃事苦辛。按譜雖同宗，聞道隔幾塵。詩成聊便寫，一笑驚比鄰。

宋 韓駒《陵陽集》卷一《答蔡伯世食筍》 蓴絲化鹽豉，槐葉資新麪。豈知苦竹萌，風味常獨擅。昔我居錦城，屢喫田家飯。扶杖自入箐，煨此犢角罿。後參鶴林禪，餽我桑門饌。烝烝沸鼎中，亂下白玉片。惟無他物乘，始覺真味現。三年客東都，錦籜寧復見。千金洛陽來，惟克大官膳。前時過君食，欣逢故人面。那知列仙臞，已雜蒯通雋。吾寧飽甘肥，慎吒那忍嚥。請歸謂主孟，厨人後當諫。苦苣雜嘉蔬，沉香和甲煎。柯亭既誤椽，畫障或遭練。古來可歎事，千載寄明辨。作詩弔籜龍，助子當食歎。

宋 黄庭堅《山谷集》卷一《苦笋賦》 僰道苦笋，冠冕兩川。甘脆愜當，小苦而反成味；温潤縝密，多啖而不疾人。蓋苦而有味，如忠諫之可活國；多而不害，如舉士而皆得賢。是其鍾江山之秀氣，故能深雨露而避風煙。食肴以之開道，酒客爲之流涎。彼桂斑之夢永，又安得與之同年。蜀人曰：「苦笋不可食，食之動痼疾，令人萎而瘠。」予亦未嘗與之言。蓋上士不談而喻中士，進則若信，退若眩焉！下士信耳而不信目，其頑不可鐫。李太白曰：「但得醉中趣，勿爲醒者傳。」

又 卷六《從斌老乞苦笋》 南園苦笋味勝肉，籜龍稱冤莫採録。煩君更致蒼玉束，明日風雨皆成竹。（「更致」一作「便致」）

又 卷一一《謝人惠貓兒頭笋》 長沙一月煨鞭笋，鸚鵡洲前人未知。走送煩公助湯餅，貓頭突兀想穿籬。

又 《山谷外集》卷三《食笋十韻》 洛下斑竹笋，花時壓鮭菜。一束酬千金，掉頭不肯賣。我來白下聚，此族富庖宰。蘁栗戴地翻，觳觫觸牆壞。戢戢入中厨，如償食竹債。甘葅和菌耳，辛膳胹薑芥。烹鵝雜股掌，炮鱉亂帬介。小兒哇不美，鼠壤有餘嘬。可貴生於少，古來食共噫。尚想高將軍，五溪無人采。

又 《蕭巽葛敏修二學子和予食筍詩次韻答之》 北饌厭羊酪，南庖豐筍菜。自北初落南，幾爲兒所賣。習知價廉平，百態事烹宰。鹽晞枯腊瘦，蜜漬真味壞。就根煨茁美，豈念炮烙債。咀吞千畝餘，胷次不蔕芥。二妙各能詩，才名動江介。詩論多佳句，膾炙甘我嘬。因君思養竹，萬籟聽秋噫。惟從此繕藩籬，下令禁漁采。（一作「下書示漁采」）韭黄照春盤，菰白媚秋菜。惟此蒼竹苗，市上三時賣。江南家家竹，翦伐誰主宰。半以苦見疎，不言甘易壞。葛陂雕龍睡，未索兒孫債。獺膽能分杯，虎魄妙拾芥。此物於食般，如客得儐介。思入帝鼎烹，忍遭飢涎嘬。懶林供翰墨，磑杵風號噫。每下歎枯株，焚如落樵采。

又 《胡朝請見和食筍詩輒復次韻》 人笑庾郎貧，滿胸飯寒菜。春盤自古要養成，放使干霄戰風雨。

宋 朱熹《晦庵集》卷三《筍脯》 南山春笋多，萬里行枯腊。不落盤餐中，今知緑如簣。

宋 楊萬里《誠齋集》卷一《謝唐德明惠笋》 高人愛筍如愛玉，忍口不餐要添竹。云何又遣十輩來，昏花兩眼爲渠開。販夫束縛向市賣，外强中乾美安在。錦紋猶帶落花泥，不論燒煮兩皆奇。猪肝累人真可作，以筍累公端不惡。

又 卷二八《記張定叟煮笋經》 江西貓笋未出尖，雪中土膏養新甜。先生別得煮笋法，丁寧勿用醯與鹽。巖下清泉須旋汲，熬出霜根生蜜汁。寒芽嚼作冰片聲，餘瀝仍和月光吸。菘羔楮雞浪得名，不如來參玉板僧。醉裏何須酒解醒，此羹一椀爽然醒。大都煮菜皆如此，淡處當知有真味。先生此法未要傳，爲公作經藏名山。

又 卷三四《晨炊杜遷市煮笋》 金陵竹筍硬如石，石猶有髓筍不及。嶺南市裏筍如酥，筍味清絶酥不如。帶雨斸來和籜煮，中含柘漿新甘露。可虀可膾最可羹，繞齒蔌蔌冰雪聲。不須咒筍莫成竹，頓頓食筍莫食肉。

宋 釋文珦《潛山集》卷一〇《食苦筍》 老去居山樂最真，盤蔬日日冨前陳。愛嘗苦筍疏甜筍，似進忠臣遠佞臣。飯爲韻清常倍食，酒因味爽或添巡。美芹之意全相似，頗謂堪將獻紫宸。

宋 吴芾《湖山集》卷一〇《和子儀送箭筍二首》 與君林下久相從，蔬筍由來嗜好同。不餉腥羶惟餉此，想應知我舊家風。

滿合圓如玉節勻，一開喜氣頓生春。非君與我誰知味，俗客惟誇嗜八珍。

宋 度正《性善堂稿》卷一《食筍》 早筍自香美，欲食不得嘗。晚筍已惡臭，頓頓充庖漿。蔬食苦不繼，且復幾其良。陋巷有佳人，簞瓢不充腸。其人久已死，至今有耿光。所以天下士，貧者惟其常。得失固了然，是非何較量。大烹幸列鼎，嗟爾其勉强。

元 周砥《荆南倡和詩集·竹菌》 竹逕拾朝菌，中林露瀼瀼。宛轉童豎歌，頃刻易滿筐。粲然丹砂質，攜下白雲鄉。眄睞意忻喜，執爨屬初嘗。溉鬻淚靈液，登俎達馨香。腊毒懼厚味，餐霞祕仙方。得此與蔬筍，蕭然侑一觴。含和適勝韻，茹美貴清涼。孰謂可樂飢，庶以結中腸。非但紫芝曲，願繼采薇章。

食指動，笋茁入市賣。回首萬錢厨，不羡廊廟宰。民生暫神奇，胞胎伐性壞。忍持芭蕉身，多負牛羊債。籜龍不稱寃，易致等十芥。蕭蕭煙雨姿，壯士持戈介。駢頭沸鼎烹，可口垂涎嘬。霜叢負後凋，玉食香餘噫。讀詩無全功，葑菲儻可采。

宋 謝邁《竹友集》卷二《許巨源送笋》 君家遠屋青琅玕，驚雷裂地千兵攢。入山長鑱不汝赦，日獲玉版登君盤。有餘鼠壤幸分似，憐我羹稀筯易寬。厨人取給書餔膳，頓使齒頰生甘寒。韭葅薤苗豈復數，豕美似覺無貛貛。嘗聞幽士愛風竹，忍嘬其子吾何觀。願君養成四時葉，他時犯雪同君看。

宋 曾幾《茶山集》卷六《食笋》 花事闌珊竹事初，一番風味殿春蔬。龍蛇戢戢風雷後，虎豹斑斑霧雨餘。但使此若常有子，不憂每食歎無魚。丁寧下番須留取，障日遮風卻要渠。

宋 張九成《横浦集》卷一《食苦筍》 吾鄉苦筍佳，出處惟石屋。玉肌膩新酥，黄衣緣深緑。林深恐人知，頭角互出縮。烟雨養春姿，此物未成熟。三月臘酒香，開罇媚幽獨。烹庖入盤俎，點醬真味足。未須五鼎牛，聊稱一囊粟。揭來庾嶺下，歲月去何速。經冬又七春，未分窮途哭。今朝好事者，惠我生一束。頭禿甲斕斑，味惡韻麤俗。兒童不慣嘗，嚱噫驚媪僕。老妻念鄉味，放箸淚盈目。丈夫志有在，何事校口腹。呼奴更傾酒，一笑風生谷。

宋 姜特立《梅山續藁》卷一一《啖筍》 自從孤竹夷齊死，清節何人萃一門。惟有此君無俗韻，至今風味屬諸孫。

宋 袁説友《東塘集》卷六《謝侃老送苦筍》 籜老泥黄千仞種，箇中風味亦佳哉。誤人政爲甘言誘，愛我從渠苦口來。

宋 黄公度《知稼翁集》卷下《謝傅參議彦濟惠筍用山谷韻》 北方九月霜，賔盤無生菜。嶺南信地暖，窮冬竹萌賣。君念庾郎貧，囷栗供庖宰。中有歲寒姿，真時久不壞。前身渭川侯，千畝償宿債。珍可配天花，賤不數石芥。早韭與晚菘，奴僕望賔介。文園酒渴餘，想不厭姑嘬。預恐吹作竹，明日東風噫。急須驅兒童，傾筐攜采采。

宋 陸游《劍南詩稾》卷五《苦筍》 藜藿盤中忽眼明，駢頭脱襁白玉嬰。極知耿介種性別，苦節乃與生俱生。我見魏徵殊嫵媚，約束兒童勿多取。人才

元　岑安卿《栲栳山人詩集》卷上《食新筍》　黄虀甕已竭，枯鱐筐亦空。老芥長芒刺，食久咽爲痛。山雨折竹胎，未入春盤供。畦丁適踵門，致我親戚送。脱绷錦紋散，切玉霜刀弄。新香歕湯鼎，饞涎迸齒縫。未倩摻詩腸，已破食肉夢。參禪誠滑稽，煮簀宜笑鬨。贊寧譜亦佳，涪翁句堪誦。僻居東海偏，斯味時一中。山僧應厭餐，飽食聽春哢。

元　李孝光《五峰集》卷九《笋》　雷公躡跎夜皷噪，驚起龍孫觸旌纛。炎沙燒之修尾脱，六丁控摶忽顛倒。欲落不落虎豹皮，錦绷嬰兒籠大帽。斧斤幸貸凌雲姿，留以觀渠歲寒操。

元　劉因《静修集》卷一四《食笋》　夢回齒頰風蕭騷，幽姿不許霜風高。想像南來蒼玉不盈束，已覺飲興翻雲濤。詩家胸次自宜此，尚嫌烟火須烹炰。南方吹萬竹，籜龍正恐稱冤號。石盆養魚心自苦，仰羡鸜鵒雲門巢。眼中歲旱土不膏，長鑱復慮山無毛。退食歸來北窗夢，山顛朱鳳聲嗷嗷。

明　吴寬《家藏集》卷二三《筍》　已抱錦绷兒，仍參玉版師。吴門啖已足，正屬燕來時。

明　邵寶《容春堂續集》卷一《斸笋》　一斸復一斸，山中笋如玉。籜龍有嘉名，頭角方簇簇。朝露晞午風，清磬旁紛郁。納之紫筠籠，瓊茅以爲束。持歸獻慈親，一笑不知肉。

明　于慎行《穀城山館集》卷一六《賜鮮笋》　殊錫光生玉笋班，曾從青簡賦檀欒。蒲筐乍解香盈座，錦籜初分緑滿盤。一飯疑含僊禁雨，三秋猶憶北牕寒。慚無鳳實儀千仞，祝有龍孫長萬竿。

清　彭孫遹《松桂堂全集》卷一六《食笋二十韻》　花時燕交飛，二月美風景。春雨過林梢，行園斸新笋。籜龍蟄土中，屈蟠混蚯蚓。驚雷脱鱗甲，騰躍不可忍。嶷嶷頭角殊，一出遂脱頴。持之付膳宰，中厨佐烹飪。性腴含土膏，口苦存骨鯁。菹魚詫鮮脆，芼肉誇雋永。江南春社後，果蓏頗繁稔。血色櫻桃顆，白皮甘蔗挺。肥黄茁韭芽，嫩紫掇菌蕈。俊味此尤絶，鮭菜皆下品。庶幾千里蓴，鹽豉相合併。一生未得喫，飽此亦云幸。詎足傲大烹，端宜染餘鼎。又聞本草言，能使閹鬲冷。我其内熱與，稍以滌躁猛。行當荷長鑱，幽篁栽萬頃。胸中貯渭川，富與通侯等。北客勿朶頤，煮簀還生哂。

清　熊賜履《經義齋集》卷一八《園林雜咏·鮮笋》　春園翠竹夾東池，皮繡層層籜似錐。我自林居非竹監，舉家食笋不須疑。

清　陳玉璂《學文堂集·筍》　何限干霄勢，森然徑寸間。抽條寧久待，解籜便難攀。籬落穿無數，盤餐興頗闌。熟知滋味好，着意冗邊删。

清　查慎行《敬業堂詩集》卷三八《槐簃集下》《從院長乞園中新笋次昌黎和侯協律咏笋二十六韻》　及見初移植，清陰漸滿軒。萬竿殊不惡，五畝遽爲煩。篠簜年將老，篔簹定有孫。遠句雷啟蟄，前夜雨翻盆。驗長纔方寸，争高自曉昏。密侵苔錦厚，尖透麥風温。鳳味形粗具，龍雛勢砍騫。攢攢犀角利，隱隱豹斑存。行列雖無次，縱横亦有根。合充嘉客饌，何待老饕言。趂取猶含籜，兼當未易根。斫教開鶴徑，養秪護羝藩。幾費輕籠貯，曾勞重馬奔。珍且勿論。人情知貴少，物類要删繁。蠹簡餘殘債，（東坡詩：「多生味蠹簡，食笋乃餘債。」）饑腸待飽飱。堪嗤惟食肉，所忌亦當門。正使因風折，何如帶土掀。解饞勝嚼竹，勸醉抵留髠。頤朶頻搔首，詩成乍悦魂。馬軍煩走送，炊玉迨朝暾。

又　卷四一《待放集·食新笋》　朔野無脩竹，名園擅辟疆。舊皮留虎豹，新角茁牛羊。（昌黎笋詩：「看皮虎豹存。」）瀹取庖厨潔，饞生匕箸香。一餐真過分，（梅聖俞謝韓持國貽笋詩：「今年得此謂過分。」）不似在他鄉。

清　唐夢賚《志壑堂詩集》卷一〇《蘸貞下自取竹瀝療其姊病》　活火泥爐碧玉尖，手蒸不爲製青鹽。焚髯灼艾尋常事，此日和丸見孝廉。

清　程夢星《今有堂詩集·暢餘集·初食笋》　一林烟雨潤春蔬，上番新挑四月初。園客踏將蒼蘚破，籜龍穿動白烟虚。錦绷褪後斑猶在，玉版參來味有餘。莫遣東風吹作竹，渭川千畝意何如。

又　《五覫集·行菴食笋限笋字》　北郊屢吟集，令候迫櫻笋。林香破苔蘚，園鎖駭鹿麕。大者矗犀斑，小者縮菌蠢。孤行走龍蛇，雙生識雌牝。（《本草》：「竹有雌雄，根上第一枝雙生者雌也，乃有笋。」）將以蔚檀欒，亦欲蔽軒楯。盤餐聊作供，剪斸毋乃忍。誰當玉版參，那免渭川哂。嫁芥時不同，入董味良允。莫言堂食勝，且備村厨窘。自笑庾郎貧，不覺坐前盡。

又　《山心集·篠園雜咏四絶句·新筍》　蘚徑才抽碧玉簪，編籬豈許展痕侵。忍將饞口休相笑，要護凌雲一寸心。

清 謝道承《小蘭陔詩》卷三《冬笋》 高嶺鬱寒姿，一夜挺孤勁。冰崖凍壑中，時與山雪迸。龍孫蟄高枝，君子含至性。胚胎何離奇，軋茁氣縱横。長鑱雲外歸，解縛司冬政。品格入屠蘇，菘韭皆聽命。榾柮煨根芽，脱落想盤硬。莫厭太瘦生，聊用醫俗病。

清 商盤《質園詩集》卷四《冬筍》 東南靈秀區，蒼筤號嘉植。厥土惟塗泥，種竹翠如織。春雷迅未驚，冬雪寒初逼。暫作蟄龍藏，未充丹鳳食。長鑱斸凍雲，露此淡金色。如花長蓓蕾，在松疑琥珀。磊砢節未成，宛轉苞難圻。龍鬚與貓頭，到眼堪一擲。邇來居京師，葭管俄三易。饞口思渭川，未得供几席。玉版參已遲，春衫脱何益。本是藜莧腸，舉箸生太息。昇平歲事豐，百貨遠可極。此筍北地來，關津幾經歷。重或等包茅，快頗同馳驛。幸不橘化枳，喜見蝎在壁。小物離鄉貴，一握百錢值。千里故土存，斑斑寧忍剔。餽歲岐下風，頌椒日邊客。偶共魯芹貽，堪與蜀薑敵。於此速嘉賓，凄然念鄉國。何時返田園，俊味羅肴核。彈琴坐幽篁，湘雨春心碧。願葆好根荄，拔地當千尺。

清 吴省欽《白華前稿》卷四八《學舍集八·旃蒙協洽·早筍》 冬蔬青滿畦，冬筍遠難得。早筍小如指，謂與燕來（江南筍名）敵。壅糞揚稭灰，一二迸林隙。是爲白甲材，三月衆始喫。争誇雷蟄初，寸萌直錢百。川種慈竹蕃，連叢蔽邨宅，厥筍大且多，味苦甚黄檗。生水煎再三，風戾乾策策。甘馨雖漸回，生意僅存腊。忝遊篁箐鄉，千畝掛胸膈。玉版禪試參，朝衫脱未值。老夫戒争早，姑待角盈尺，庶免夭殰譏，堆柈敢狼籍。

清 王承祖《食筍》 春雷一聲驚蟄龍，兒孫頭角掀土鬆。銀刀快斫看濺濺，錦褓乍脱憐重重。泉甘釜潔供晚食，山川清氣瀉胸臆。惜哉介節不養成，雲隖烟陂應減色。

清 劉墉《劉文清公遺集》卷一三《七律·冬筍》 梳風沐雨自萌芽，看到捎雲詎不嘉。培護未能軒砌近，饕饞遂至斧斤加。取供僧飯猶爲可，競上賓筵更助奢。肉食不知還鄙否，峥嶸肝肺又槎枒。

清 沈欽韓《幼學堂詩稿》卷一五《食白筍》 食白筍（釋贊寧《筍譜》言：「筍色大約不過青緑。」而云木玄虚著《四明山記》：「有毛竹銀筍者，未詳。豈古今來皆不知此品耶。」）吴興斑犀白銀色，赤馬風帆渡湖亟。春分開秤一鬨馳，寒食削頭幾錢直。尔韭如綬薹作萁，波及貧厨爲拔拭。朝煙禾起心加餐，食指初摇眉動色。玉臂休褫紫錦裲，透鼻軟香灰漸熄。麻油薑豉雜調之，重樓咽甘靈府植。誰言滑利篦刮腸，自覺靈通帚掃臆。惟愁風日損真美，每笑龘人慣生食。偶思一臠肉同嘗，却似揚州鶴叵得。先生作計太奢遮，盦簡多生責未塞。駸駸解籜夏成林，煮簀如何借火力。後來蠶豆慰清饞，食料天公不汝嗇。

清 孫衣言《遜學齋詩鈔·續鈔》卷四《山人有餉笋者云此竹自夏初出笋直至秋末未已以沸湯瀹去其苦輒與春笋無異詢其名曰菉竹也豈即淇澳詩人所詠者耶因記以詩》 朝來山客偶傾囊，捲地西風覺笋香。我愛魏徵殊嫵媚，人知衛武未荒忘。欲參玉版招新友，猶憶金鋤斸舊岡。轉瞬一陽泉下動，森林脱褓又成行。

清 金和《秋蟪吟館詩鈔》卷四《殘冷集·冬筍二十韻》 蓼荒葵老後，胎筍又三冬。竹已銜霜醉，苔還碾雪封。暗中鞭自長，迸處土難容。田璧深埋璞，沙錐短露鋒。芳根應伏鄉，病籜那成龍。進飯憎齏臼，迎暄命菜傭。梅鋤和月借，菊棱趁泥淞。拳曲貓頭見，彎環鹿角逢。篛光新蠟沐，綳樣薄綃縫。銀管留纖顋，銖衣褪内重。切來雲絮輭，點到水花穠。踞竈饞涎溢，堆盤煖玉供。無聲冰乍破，如屑粉初鎔。清極膏嫌膩，甘餘酒讓醲。其香經宿飽，有味比春鬆。凍縮佳人指，陽回太守胸。班羅寒谷早，禪趣冷時濃。篝火燒尤便，衝風呪肯慵。豈須談合浦，休便笑吴儂。不忍輕投箸，傷心獨孟宗。

清 郭嵩燾《養知書屋詩集》卷九《筍》 瘴嶺叢生竹，分餐筍味甘。助鮮金豉入，脱繃玉嬰含。汨没知全節，豐腴戒過貪。往年鰕菜伴，此味在江南。

雜録

宋 釋贊寧《筍譜》 王宣居宇堂前有筍兩莖，一日盜折而亡，宣顧而不言。葛洪云：吴景帝時，戍將廣陵發一塚，有人體如生人。共舉出，死人懷中頹然出筍。 孟宗，字恭武，江夏人，爲性至孝。從李肅學，其母爲作厚褥大被。人問其母，曰：「小兒無德，致客學者，多貧，故與爲廣被庶可氣類相接。」讀書不懈。及長，爲朱據軍吏，將母在營，既不得志遇。夜雨屋漏，因泣以謝母，母勉之。遷吴縣令，在官得物，未寄母，不先食。及母卒，母性嗜筍，冬節將至，宗乃入林哀泣，筍爲之生，得以供祭。　晉劉殷，年甫九歲，孝性自然，爲曾祖母冬思筍，殷泣而獲，供饋焉。　丁固仕吴，性敦孝，敬母。嘗思筍，因遂泣竹生筍，母子俱大賢，位至封公，貴極人望。　宋劉虚哲，性孝謹，母疾篤，禱祈備徧，夢一黄衣翁曰：「汝可取南山竹筍食之，病立瘥。」驚覺，俱依夢采南山竹筍，饋母食之，病瘉。　程崇雅者，遂州蓬山縣人，有孝譽，母患冬月思筍，焚香入林中哭泣，感生大筍數株。

圖表

元　李衎《竹譜詳録》卷三　苦竹。處處有之，其種凡二十有二。北方有二種：一種節稀而堅厚，叢生，枝短，葉長。一種與淡竹無異，但筍味差苦。江西及豁洞中出者，本極大筍味甚苦，不可食。浙西出者，筍微苦可食。廣西山中一種，散生，每節間生三枝葉，長如笙竹。色深、緑瑩、浄婆娑，極可人意，筍味苦，病積熱者煮食之，甚良。或云亦可生食，黄休復云：「蜀川滕昌祐家有苦竹，葉穠多陰，筍高之時，粉香籜翠。」《孝經》《河圖》注曰：安思縣多苦竹，竹之醜有四：有青苦者，白苦者，紫苦者，黄苦者。謝靈運《山居賦》曰：「竹則四苦。」《齊味注》與上同。黄苦，土人亦曰金竹，又名蠟竹。筍大而短，狀似馬蹄，又以黄筍爲第一，故謂之「黄鶯苦」。又有拜苦竹，《新安志》云：「本大末鋭，與釣絲竹相似，而釣絲筍味甘，今越州亦有此四種。」又有頓地苦，堅中，可以爲矛。又掉類苦，節頗疎。又湘潭苦，節疎宜爲簟。又油苦、石斑苦、烏末苦、山苦，又有高苦竹，名曰「青蛇枝」。各有用處，然嘗見越人多煮烏末苦爲紙。但堪作寓錢，不堪印書、寫字。婺州山中有長筒苦，一節有數尺者，人多取爲葦竿，最妙，葦竿即轎杠也。又塞苦竹長實，勁韌，可爲鎗幹。僰道苦竹出僰侯國，在馬湖、江古、敘州也。竹無用，筍甚美。山谷賦云：「僰道苦筍，冠冕兩州」者是也。廬山苦竹，江州《圖經》云：「陸修静所植，筍苦而甘。」陳舜俞記云：「看筍初出，其味甘美。」相傳詩云：「簡寂觀中甜苦筍。」《海物記》云：「越人以苦毒竹爲槍，中虎即斃。」

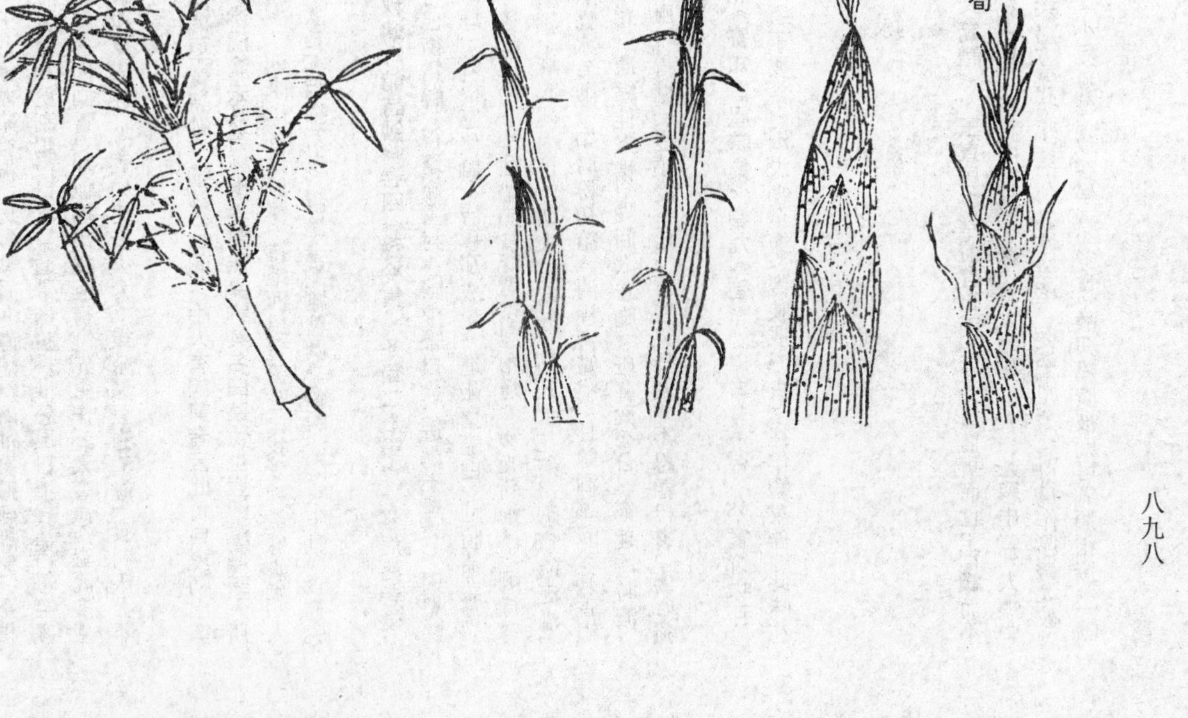

大苦筍

小苦筍

右已上種類，品格尤高，宜圖畫南北俱有之。但北方筀竹、苦竹二種差少，故文湖州多畫筀竹，王黄華多畫淡竹，習慣也。

又　卷四　石大頭竹生餘杭山中，狀與常竹不異，四五月間出筍，上細下大，其籜澹黄色無斑花，惟上截甘美可食，下截木硬，但可煮汁，以此得名。

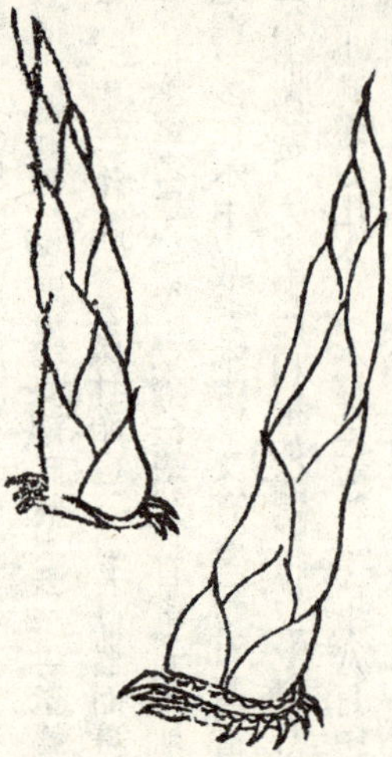

明　徐光啟《農政全書》卷五六　竹笋《本草》竹葉有篁竹葉、苦竹葉、淡竹葉，《本經》並不載所出州土，今處處有之。竹之類甚多，而入藥者惟此三種，人多不能盡别。篁竹堅而促節，體圓而質勁，成白如霜，作笛者有一種，亦不名篁竹。苦竹亦有二種，一種出江西及閩中，本極麄大，笋味甚苦，不可噉。一種出江浙，近地亦時有之，肉厚而葉長闊，笋味微苦，俗呼甜苦笋，食所最貴者，亦不聞入藥用。淡竹肉薄，節間有粉，南人以燒竹瀝者，醫家只用此一品。又有一種薄殼者名甘竹，葉最勝，又有實中竹、篁竹，並以笋爲佳，於藥無用。凡取竹瀝，惟用淡竹、苦竹、篁竹爾。陶隱居云竹實出藍田江東，乃有花而無實，而頃來斑斑，有實狀如小麥，堪可爲飯。《圖經》云：竹笋味甘無毒，又云寒救飢。採竹嫩笋煠熟，油鹽調食焯過，晒乾煠食尤好。

竹笋

昆蟲和昆蟲分泌物加工利用部

論説

明 王圻《稗史彙編》卷一二九《石蜜》 《太平御覽》：《異物志》曰：「父趾甘滋，大者數寸，煎之凝如冰，破如棊，謂之石蜜。」《涼州異物志》曰：「石蜜之滋味甜於浮萍，非石之類，假石之名，實而甘柘，變而凝輕。」注云：「甘柘似竹，煮而晒之則凝如石，甜而輕。」魏文帝詔曰：「南方龍眼、荔枝，寧北西域蒲萄、石蜜。」合此數説觀之，既曰柘漿所凝，其狀如冰，而名又爲石，則今之糖霜是也。又有崖蜜者，蜂之釀蜜，即峻崖懸置其窠，使人不可扳取也，而人有智者，伺其窠蜜成熟，用長竿繫木桶，度可相及，則以竿刺窠，窠破蜜注桶中，是名崖蜜也。

明 盧之頤《本草乘雅半偈》卷一《蜂蜜》 蜂蜜，氣味甘平，無毒。主心腹邪氣，諸驚癇痓，安五藏諸不足，益氣補中，止痛解毒，除衆病，和百藥。久服強志輕身，不饑不老，延年神仙。

覈曰：蜜蜂，一名蜜蠭。《爾雅翼》云：「蜜蠭，似蠭而小，工作蜜也。」《説文》：「蜜，作蠠」，云蠭甘飴也。蓋若鼎器而幕之。《山海經》云：「穀城之上，足蜂蜜之廬。」今土木之蠭亦各有蜜，北方地燥多在土中，故多土蜜。南方地濕，多在木中，故多木蜜。又有巖蜜、石蜜，俱在巖石間也。今人家所畜之蜂小而微黃，大率腰腹相稱如蠅蟬也。喜事者以竅木容數斛，置蜂其中養之，開小孔纔容出入。《永嘉地記》云：七八月中，常有蜜蜂羣過，有一二小蜂先飛覓止泊處。人知輒内桶中以蜜塗桶内，飛者聞蜜臭或停不過，三四往來，便舉羣悉至矣。今人家養蜂，或羣逸以百千萬數，中有大者爲王，羣蜂羿之，從其所往，人收而養之，多在穀雨春分時也。采取百芳，醞釀造蜜，其房謂之蜜脾，王之所居，疊積如臺。語云：蜂臺蟻樓，言蜂居如臺，蟻居如樓。《自然論》云：蜂無王則盡死，君臣之體，生死不移也。一日兩出而聚鳴，號爲兩衙。其出采花者，取花鬚上粉置兩髀，唯牡丹、芍藥、蘭蕙之粉或負于背，或戴于首，或采無所得者，經宿花間亦不敢歸，或螫毒人，蜂亦尋死。故古稱蜂蠆有毒，近其房則羣起攻人。故戰國有蠭旗軍，行用之云若蠭起之將也。寒冬無花，深藏房内，即以釀蜜爲食。春暖花朝復出捲采矣。宛陵有黃連蜜，色黃而味小苦。雍、雒間有梨花蜜，色如凝脂。亳州太清宫有檜花蜜，色小赤。南京柘城縣有何首烏蜜，色更赤。各隨所采花色，性之温涼亦相近也。蜜脾之底爲蠟。《埤雅》云：「蠟生於蜜，而天下之味莫甘于蜜，莫淡于蠟，蓋厚於此者必薄于彼，理之固然也。」西方之書曰：味如嚼蠟。舊説：蜂之化蜜，必取匽猪之水注之蠟房，而後蜜成。故蠟者，蜜之蹠也。《方言》云：其大而蜜，謂之壺蜂，即今黑蜂也。蓋亦釀蜜，《楚辭》所謂「赤蟻若象，玄蜂若壺」者是也。試蜜真偽，以燒紅火筯插入蜜中，提出起氣者爲真，起烟者爲偽。修治：每沙蜜一斤，用水四兩，入銀石器内，桑柴火慢煮，掠去浮沫，至滴水成珠，不散，乃用。又法：以器盛貯重湯中煮一日，候滴水不散，取用亦佳，且不傷火也。七月勿食生蜜，令人暴下霍亂，味酸色青赤者，食之心煩。不可與葱及萵苣同食，令人利下。食蜜飽後不可食鮮，令人暴亡。

繆仲淳先生云：集草木羣英之精，合水土風露之氣，醞釀成蜜，故其氣清和，其味甘純。施之精神氣血、陰陽内外，罔不相宜。

先人云：蜜本萬卉之黃，采集醞化于蜂，巖石土木，出處之端，菰連烏檜，生成之自。

參曰：垂潁如鋒，故名蜂。傳云：蜂蠆垂芒，主之所在，衆蜂旋繞，飛舞如衛，政令甚嚴，蜂有臣禮者是也。集采百芳，退藏於密，吹鼓醞釀而蜜成矣，故謂之蜜。其房如脾，謂之蜜脾，嚴如胃形，受盛水穀，醞釀以成精血也。甘平，色黃，當判入脾。故補中而益中氣，蓋萬物莫不資始於脾，故主諸不足耳。設土大頑頹則木無所倚，遂成驚駭、癇痓。蜂蜜敦土化用，厚德載物，則上逆下陷之氣，旋歸於本位矣。安五藏者，安五藏之形，有形歸土，脾所司耳。心腹居中，爲邪所薄，則中宫不安，安中所以逐邪，未有中不安而能剪除外侮者。和百藥解毒者以甘性能緩，則無燥暴漂浧之峻。脾藏志，故久服強志輕身，不饑不老，總屬脾土事耳。

又 卷三《蜜蠟》 蜜蠟，氣味甘，微温，無毒。主下痢膿血，補中續絶傷金瘡，益氣，不饑耐老。

覈曰：蠟，蜜脾也。《埤雅》云：「其房如脾，故謂之蜜脾，一名蠟。蜂蠟生於蜜，而天下之味莫甘於蜜，莫淡於蠟。」舊說：蜂之化蜜必取匽猪之水注之蠟房，而後蜜成，故謂之蠟。蠟者，蜜之蹠也。修治：取蜜後緩火煉化，濾入水中，其色黃，俗名黃蠟。更用水煮化，以好綿紙摺作數層，入冷水中蘸濕，遂貼蠟上，一吸即起。仍投冷水中，有蠟凝紙上者，即剥取之，再吸再剥，以盡爲度。鋪竹扁內，日中暴之乾，則頻洒以水，久之則色白如練，因名白蠟。非新白而久黃也，與蟲造白蠟不同類，惡芫花、齊蛤。參曰：蜜，密也；蠟，合也。蠟爲蜜房，合蜜以成醞釀者也。味甘，氣温，居中色黃。對治：胃不合密，遂痢膿血，更續金瘡之不合密，肉理肌膚，胃府之所司爾。益氣者，益胃土之氣。補中者，補中央之胃，中央合密，故不饑耐老。蠟爲蜜脾，裨助百芳以化蜜也。蜜甘而蠟淡，非厚彼而薄此，猶夫瓜甜而蒂苦，所以見中樞之別於本末內外也。《月令》定五行作五味，歸五藏。《素問》另出淡味，爲五味本。凡形藏不足者，各以其味以補之。傾頹者，專以淡味以維之。《本經》判味曰甘，此指着舌時猶有蜜味在，嚼之蜜味去，真味現矣。淡不厭，質可久，不饑耐老者以此。

又《桑螵蛸》 桑螵蛸。氣味：鹹，甘，平，無毒。主傷中、疝瘕、陰痿，益精、生子，女子血閉，腰痛，通五淋，利小便，水道。

覈曰：桑螵蛸，螳螂子也。深秋乳子作房，粘着桑枝上者入藥用。房長寸許，大如拇指，重重有隔房，每房有子如蛆卵，芒種節後一齊都出。《月令》有云：「螳螂生也。」螳螂驤首奮臂，修頸大腹，兩首四足，善緣而捷，以鬚代鼻，喜食人髮，尤善捕蟬。《爾雅》云：「不過，螳螂。」其子螵蛸捕蟬而食，執木葉以自蔽，蟬將去而未飛，爲之一前一郄。莊子云：螳螂執翳而搏之，得見而忘其形，蓋謂是也。斅云：「凡使勿用雜樹枝上生者，名曰『素螺』，須覓桑枝東畔生者。木得去核子，用沸漿水浸七次，鍋中熬乾用，別作修治無效也。」先人云：房藏久遠，一房百子，有腎之慳，得甲之體，候陰之物，輸精之用者也。

參曰：桑螵蛸即螳螂，秋深産卵，連綴桑枝東畔者良。螵從票，蛸從肖，言勁疾輕舉，肖類母性也。《月令》：「芒種螳螂生。」蓋是月升陰始起，殺蟲應而生焉，不生是謂陰息。唯捕蟬時有進退，勢餘只知進而已，當入厥陰。具厥陰體用者也。故主厥陰隱深之境，唯知厥退爲疝瘕陰痿，精涸血閉，五淋癃約，此不從升陰而起，反從降陰而息者對待治之。倘陰殺自强，所當斂避。設不知却欲，仗怒臂以當車轍，恐亦不勝其任也。

又 卷九《五靈脂》 五靈脂。氣味：甘，温，無毒。主心腹冷氣，小兒五疳，辟疫氣。治腸風，通和氣脉，療女子血閉。

覈曰：五靈脂，寒號蟲所遺也。寒冬號呼，因名寒號。《說文》云：「有足之謂蟲，躶、毛、羽、鱗、介之總稱。」故曰：五靈脂則以形舉也，一名鶡鴠，生北地極寒處，五臺山中最多，狀似小雞，肉翅，四足。夏月羽毛五采，自鳴曰：「鳳凰不如我。」初冬毛羽脱落，躶形如雛，忍冬而號夜，鳴曰：「來朝造個窠。」旦鳴曰：「得過且過。」日出暖和，《月令》云：「仲冬，鶡鴠不鳴，夜不號」矣。故寒號而陰剥，號息而陽復，夜號以待日出之爲旦也。餐以栢實，先冬噙集穴居，南向餐已而遺，遺已而餐，轉展化道，形若凝脂，氣甚臊惡。修治：取中心黑潤者佳，雜砂石及未化者不堪入藥，用酒研細，仍用酒飛去砂土，晒乾收用。主治功力，先人博議甚詳，頤不更參，謹録于左。

先人博議云：陽出陰入，夏長冬藏。寒號毛羽，似之冬既無表，旋歸于內，躶不能飛，用遺作食，出入數數，實彼脂膏。又云：顧毛之有無，爲鳴之謙傲。求明處穢，自所不知，固候時之物，實警世之鑑。又云：躶形可冬，腹心無冷矣。疳是食氣所積，疫乃天時所致，五靈出入化導，形與時違，唯知通利，寧從閉塞乎。

又 卷一〇《蟲白蠟》 蟲白蠟。氣味：甘，温，無毒。主安五藏，美毛髮，生肌止血，續筋接骨，補虚定痛。

覈曰：蟲白蠟，蠟蟲營造女貞木上者也，出川、滇、衡、永者力勝。土人多種之，即名蠟樹，狀似凍青，負霜葱翠，振柯凌風，因名女貞。其蟲嫩則色白造蠟，秋深老則紫赤遺卵，作房營結枝畔，形如黍粟。入春則漸大如豆，如芡，纍纍盈枝，若雀甕、螵蛸之類，即名蠟種，亦曰蠟子。內有白卵如虮，一包數十百。立夏後逐枝摘取，分繫各樹。越芒種接夏至，包拆蟲生，延緑枝莖間，吮液吐涎，狀如凝霜，處暑剥取，名曰蠟渣。過白露粘牢難落矣。采得煉化濾清，或甑蒸滴瀝磁器中，俟冷作塊蠟成矣。辛巳五月，常州郡邑栽莳豆類，盡爲青蟲所啖，八月掘地每株根底獲蟲數十條，長四五寸，重三四兩，殭白如脂，燒之都成白蠟，父執周湛翁目擊其異，囑筆以紀之。

先人云：女貞之液，蟲腹醞釀復從口吐，秋成色白，宛如肌膝肉理之脂膏，則凡風毒流溢于外者，莫良於此。

參曰：乳卵于女貞，造蠟于枝上，成始于陰姤，成終于大觀。稟女貞木氣之專精，巽入在中，速于敷化，故主居中之神室，散精于五藏，淫氣于五形，五形者五藏之所合也。自外合内，繇内合外，維中不息之生機，功勝女貞實矣。羽毛贏鱗介總呼爲蟲，物入陰中，色剥爲白，退藏合密，敷化爲蠟。精神魂魄，意爲五神，心腎肝肺脾爲五藏，皮毛血肉筋骨爲五形。腎藏精，骨者腎之合也，肝藏魂，筋者肝之合也，脾藏意，肌肉者脾之合也；心藏神，血脉者心之合也；肺藏魄，皮毛者肺之合也。五月爲陰剥，八月爲大觀。

清　黄叔琳《硯北雜録》卷一五《蜜》　蜜者，密也，精也，秘也，固也。草木得天澤土膏，柚其精英，以爲花蘤。而花中浮艷如粉，如珠，又其精之精者，蜂掠取之入窟穴醖釀成蜜。其所處不容人窺，其王出入滚成毬團，何秘如之。醫家製膏丸用蜜調劑，蓄奇香者以蜜養之，以其能固氣不泄也。鼎俎家蒸玉面狸與烹黄雀，必先以蜜塗之，雖沸煠而其膏不走，固之道也。酥者蘇也，枯燥乾結之物以酥透之，則釋然融解，故蜜以衛内，酥以攻堅，二者皆神物也。

清　檀萃《滇海虞衡志》　白蠟，川滇之重貨也，雖與黄蠟同出蟲，而白蠟之成，究因乎樹。既以崖蜜與蔗霜歸入志果，而黄蠟附之，以白蠟歸入志木，俾種木者知其可蠟，其利普矣。蓋白蠟，蟲蠟也。宋元以來始有之，其先惟用黄蠟，本出於越嶲，夷人傳此法，其後川滇及東南諸郡俱種之，白蠟遍行於天下。而黄蠟之用遂微，猶棉花大盛於中原，而桑麻之用反絀也。明汪機、李時珍説之頗詳，而未搜其源頭及於越嶲。越嶲界連川滇，其言白蠟各處俱出，以川滇獨勝，則其開利所自始耳。其法於立夏後取蠟蟲子箬裹，裹或五六包，綴於蠟樹枝，包大如荗，其内蟲子如細蟻凡數百，芒種後子盡出，食汁吐涎，凝於細枝，如繇之纏，如霜之裹，滿樹盡成瑶枝，皆白蠟也。處暑後刮而熬之成餅，堅如石膏，而明徹勝於黄蠟。其樹汪機以爲即冬青樹，李時珍以爲樹似冬青，今江鄉謂之山蠟樹，以别於水蠟樹。水蠟樹批枝插之無不活，幾如插柳，遶池塘陂堰盡插之，總呼蠟樹，亦不知其樹之可放蠟。雍正間，有蠟客至曹家堰放蠟，予時尚幼，見其施放，如上所云，亦不見其蟲出，但訝樹枝白腫爲蠟凝，亦不見蠟，刮有蟲存。但冬春間枝結小包，如桑螵蛸，即蠟種也。客云：蠟種，採之不能過五日，過則蟲出成空殻。李云：芒種後蟲出，然出在前，此芒種後乃見蠟形耳。此客種之一兩年，不復來，至今鄉人仍不知蠟樹可放蠟，所需白蠟，仍仰於川滇，其值頗昂。若使盡知放蠟，亦一地方好出辨，且水蠟旺於山蠟，往行黔中，山坳間皆水蠟，以其旺故也。水蠟成拱，從七八尺上斫其木，枿生競挺，修枝長條，皆蠟生之地也。生而刮之而樹益茂，不似漆割易枯也。或曰：檽樹可以放蠟，故志白蠟肇始於川滇，江鄉現多蠟樹，宜放蠟以爲民生利用之資也。又疑冬青檽樹，本不帶蠟名，惟水蠟樹直謂之樹蠟，無他名，則蠟乃其本名也。家鄉多此樹，不知放蠟，但植以爲籬藩護堤埂，其材無所用，不及於楊，蓋用在於放蠟。每一巨樹歲可收蠟數斤，性宜近水，沙淤之地，數年即成巨樹，樹老可至百年，計自山蹊塘堰，平原池澤，遠暨洲邊江岸，盡種此樹。放蠟所出，必百倍於川滇，今濳山人頗知樹植之利，而蠟樹蓋少，故儌鄉之有樹而放之，樹花如簪匙，結小莢，落地亦生，莫如插枝更易長，夫種蠟與種棉，其法皆傳自外域，至今爲天下大利，故事有興於數千載之後，而利益倍過古人者，不可不知也。

綜　述

晉　張華《博物志》卷一〇　遠方諸山蜜蠟處，以木爲器，中開小孔，以蜜蠟塗器内外令遍。春月，蜂將生育時，捕取三兩頭著器中。蜂飛去尋將伴來，經日漸益，遂持器歸。

唐　張鷟《朝野僉載》卷二　嶺南獠民好爲蜜蝍，即鼠胎未瞬，通身赤蠕者，飼之以蜜。飣之筵上，囁囁而行，以筯挾取，啖之唧唧作聲，故曰蜜蝍。

唐　段公路《北户録》　蟻子醬蚳醢也，今山源間有蟻子於茅根下爲窠者，收卵爲醬也。

宋　陶穀《清異録》卷上《冷金丹》　來禽百枚，用邃蜜浸十日，取出。别入邃蜜五斤，細丹砂末二兩，攪拌封泥一月，出之，陰乾，名冷金丹。飯後酒時食一兩枚，其功勝九轉丹。

宋　蘇軾《格物麤談》卷下　黄蠟合大棗咀嚼，即易爛，可度饑歲。

宋　唐慎微《證類本草》卷二三　獨脚蜂，所用同前。似小蜂，黑色，一足連樹根，不得去，不能動揺。五月採取。出嶺南。又有獨脚蟻，功用同蜂，亦連樹根，不能動揺，出嶺南。

赤翅蜂，有小毒，主蜘蛛咬及丁腫，疽病、瘡，燒令黑，和油塗之。亦取蜂窠土酢，和爲泥，傅蜘蛛咬處當得絲。出嶺南，如土蜂，翅赤頭黑，穿土爲窠，食蜘蛛，大如螃蟹，遥知蜂來，皆狠狽藏隱，蜂以預知其處，相食如此者，無遺也。

木蠹，味辛，平，小毒。主血瘀勞積，月閉不調，腰脊痛，有損血及心腹間疢。桃木中有者，殺鬼去邪氣。桂中者辛美可噉，去冷氣，一如蠐螬長，足短，生腐木中，穿木如錐刀。至春羽化，一名蝎。《爾雅》云：「蝎，結蝠。」注云：木蠹也，蘇恭證云蠐螬，深誤也。

留師蜜，味甘寒，主牙齒䘌用，口中瘡，含之。蜂如小指大，正黑色，嚙竹爲窠，蜜如稠糖，酸甜好食，方言云：留師，竹蜂也。

宋 陸遊《老學庵筆記》卷二 亳州太清宫檜至多，檜花開時蜜蜂飛集其間，不可勝數，作蜜極香，而味帶微苦，謂之檜花蜜，真奇物也。歐陽公守亳時，有詩曰：「蜂採檜花村落香」，則亦不獨太清而已。

宋 寇宗奭《本草衍義》卷一四 紫鉚如糖霜，結於細枝上，累累然紫黑色。研破則紅，今人用造綿烟脂。

又 卷一八 石蜜，川、浙最佳，其味厚，其他次之。煎煉成，以鉶象物，達京都。至夏月及久陰雨多自消化。土人先以竹葉及紙裹外，用石灰埋之。仍不得見風，遂免。今人謂乳糖，其作餅黄白色者，今人又謂之捻糖，易消化，入藥至少。

宋 朱輔《溪蠻叢笑·順水班》 蠶事少桑多柘，繭薄小不可繰，可緝爲紬，或以五色間染布爲僞，名順水班。

宋 周密《癸辛雜識續集》卷下《白蠟》 江浙之地，舊無白蠟。十餘年間有道人自淮間帶白蠟蟲子來求售，狀如小芡，實價以升計。其法以盆桎樹。桎字未詳樹葉類茱萸，葉生水傍，可扦而活，三年成大樹。每以芒種前以黄草布作小囊，貯蟲子十餘，枚遍挂之樹間，至五月則每一子中出蟲數百，細若蟣蠓。遺白糞於枝梗間，此即白蠟，則不復見矣。至八月中始剥而取之，用沸湯煎之，即成蠟矣。其法如煎黄蠟同。又，遺子於樹枝間，初甚細，至來春則漸大。二三月仍收其子，如前法散育之，或間細葉冬青樹亦可用。其利甚博，與育蠶之利相上下，白蠟之價比黄蠟常高數倍也。

元 黎崱《安南志畧》卷一五《蟻子鹽醢》 古載：交州溪洞酋長多收蟻鹽以醬，非官及親族不得交接。《郊特牲》稱：「服脩用蟻鹽祭。」統云：陸産之醢謂蟻，蠔之屬也。《周禮》：「醢人饋食之豆有蚳。」蟻子也。范蔚云：「中國失求之四夷，非夷詒也。」

元 大德《南海志》卷七 崖蜜小而黄，殼薄味甘，增城山間有之。

元 胡古愚《树藝篇》 冬青，今按：土人放蠟蟲種蠟即此樹也。蓋其虫作繭樹枝上，每繭中有蟲百数如絲髮，此爲種子。秋冬剪取而藏之，及春取縛置樹上，蟲出繭，食樹津液，因而放蠟彌滿枝柯，其白如雪。乃剥取而烹煉，蠟成瑩若凝脂，延、建、汀三州皆有之，江西尤多。（《邵武府志》）

明 刘基《多能鄙事》卷三《蜜煎諸果》 凡果醋者，用朴硝破水。大段硬酸者，用煬化朴硝，放冷浸去酸味，濾出淘過控乾。煉蜜放冷水再入舊蜜，煎如琥珀色，却收去浄器中，煉蜜養之。其果軟嫩者，只煉蜜放冷澆淹一宿，换蜜煎，煎不用鐵器。

明 劉文泰《本草品彙精要》卷一九《五倍子》 名文蛤，百蟲倉。苗《圖經曰》：「生膚木葉上，於七月間無花結實，木色青黄，其實亦青，至熟而黄。」謹按：五倍子附木葉而生，其木高丈許，青黄色，葉如冬青，厚而光澤。四月開細黄花，有實如豆，人亦取食之。其葉可以飼豬，故名豬草樹，又名膚木。於五六月露零葉底凝結成窠，初白漸黄。小者如指，大者如兒拳。經霜採之，久則其中有蟲，及白花茸茸，然蓋稟露氣之精華，鍾木之脉液而成者也。地《圖經》曰：「生洋州，今在處有之。道地蜀中者爲勝。」時生五六月，採九月，取。收暴乾。用子。色蒼褐。味苦酸。性平收。氣味厚於氣，陰中之陽。臭腥。

又 卷二九《石蜜》 石蜜出神農本經（略） 名黄連蜜 石飴 土蜜 木蜜 梨花蜜 崖蜜 巖蜜 食蜜 檜花蜜 白蜜 何首烏蜜 白沙蜜 山蜜地《圖經》曰：生武都山谷及河源諸山谷中，今川蜀、江南、嶺南處處皆有之。石蜜即崖蜜也，其蜂黑色似蝱，作房於巖崖高峻處，或石窟中，人不可到，但以長竿刺令蜜出，以物承之，多者至三四石，味醇色緑，入藥勝於他蜜。張司空云：山郡幽僻處出蜜，所著絶巖、石壁，非攀緣所及，惟於山頂籃轝自垂掛下，遂得採取。蜂去餘蠟著石，有鳥如雀，群飛來啄之殆盡。至春蜂歸如舊，人亦占護其處，謂之蜜塞。其鳥謂之靈雀，其蜜即今之石蜜也。亦有木中作者，有土中作者。北方地燥，多在土中；南方地濕，多在山林木上作房。亦有一種在人家作窠，檻收養之。其蜂甚小而微黄，蜜皆濃厚而味美。又近世宣州有黄連蜜，色黄味小苦，雍、洛間有梨花蜜如凝脂，亳州太清宫有檜花蜜，色小赤。南京柘城縣有何首烏蜜，色更赤，並以蜂採其花作之。各隨其花色而性之温涼亦相近也。謹按：石蜜出山巖石窟中，經二三年者，則氣味醇厚而色自白愈久不變。故《本經》云：「白如膏者良，今人家作房於簷檐間蓄養者，一歲春秋二取之，則蜜居房日少，氣味不足而色黃，所以不逮白者，過夏則酸壞矣。此種由作窩於石崖中而成，故稱其爲石蜜也。時生無採時。八九月取。收瓷器盛貯。用白如膏者良。色黃白。味甘。性平、微温，緩。氣氣厚於味，陽中之陰。臭香。

又《蜂子》 蜂子（出《神農本經》）（略） 名蜚零。地《圖經》曰：生武都山谷，今處處有之。蜂子即蜜蜂子也，在蜜脾中如蛹而白。一種大黃蜂子及人家屋上作房，及大木間瓠（音侯）甊（音婁）蜂子也。嶺南人亦作饌食之。蜂並黃色，比蜜蜂更大，又有土蜂子，即穴土居者，其蜂最大，螫人或至死。郭璞注：『《爾雅》：「土螽」，云今江東呼大螽，在地中作房者爲土螽，啖其子，即馬蜂，荆、巴間呼爲蟺。（音憚）』又注：木螽，云似土螽而小，在木上作房，江東人亦呼木螽，人食其子，然則三蜂子皆可食。大抵蜂類皆同，故其性効不遠矣。時生二月。採三、四月取。收暴乾。用頭足未成者。色白。味甘。性平，微寒。氣氣之薄者，陽中之陰。臭腥。

又《蜜臘》 名蜜蹠。地《圖經》曰：生武都山谷及河源諸山谷中，今川蜀江南、嶺南處處皆有之。蜜蠟者，蜜脾底也。因生於蜜中，故謂之蜜蠟。初時香嫩，重煮治乃成。藥家應用白蠟，更須煎鍊，水中烊十數過即白。古人荒歲多食蠟以度饑，欲噉之，當合大棗咀嚼，即易爛也。謹按：一種蠟樹即冬青樹也，高及丈，時畜蠟蟲于上，食其津液，日漸成膏，纏積枝榦。於白露前採之，如法煎鍊。遂成白蠟。其質堅瑩，非蜜房中取蠟，烊製之，精華者也。朱丹溪云：白蠟屬金，全禀收斂至凝之氣，爲外科之要藥。生肌，止血，定痛，接骨，續筋，補虛。與合歡皮同入長肉膏藥，用之有神効。但未嘗試其可餌否，合歡皮嘗試之矣，服之大有妙理，且有速効，不可不知也。時生無時。採春秋取。收陰乾。用堅净者佳。色黃白。味甘。性微温緩。氣氣之薄者，陽中之陰。臭香。

又 卷三〇《露蜂房》 露蜂房：出《神農本經》。主驚癇瘈瘲，寒熱邪氣，癲疾，鬼精蠱毒，腸痔，火熬之良。（以上朱字，《神農本經》）又療風毒，毒腫。（以上黑字，名醫所録）名石蜂窠，蜂腸，獨蜂窠，革蜂窠，百穿，草蜂窠，蜂□，（音窠）大黃蜂窠。地《圖經》曰：「生牂牁山谷，今處處山林中皆有之。此木上大黃蜂窠也，大者如甕，小者如桶，其蜂黑色，長寸許，螫牛馬及人乃至欲死者，用此多效。人家屋間亦往往有之，但小而力慢，不堪用。不若山林中得風露氣者，最佳。《衍義》曰：「露蜂房有兩種。一種小而色淡黃，窠長六七寸至一尺者，闊三四寸，如蜜脾下垂。一邊是房，多在叢木鬱翳之中，世謂之牛舌蜂。又一種或在高木上，或屋之下作房，大如三四㪷許，小者亦一二㪷，中有窠如瓠之狀，由此得名。蜂色赤黃，其形大於諸蜂，世謂之『玄瓠蜂』也。」時生無時。採七月七日，十一月，十二月取。收陰乾。用樹上得風露氣者佳。色青黑。味苦鹹。性平洩。氣味厚於氣，陰中之陽。臭腥。主牙疼，癰腫。反惡乾薑、丹參、黃芩、芍藥、牡蠣。製火炙，微黃。

又《樗鷄》 雞，出《神農本經》（略） 名酸雞，樗鳩，螒。（音翰）地《圖經》曰：「生河内山谷樗木上，今近都皆有之，形似寒蜚而小。」《爾雅》云：「螒，天雞。」郭璞注云：「小蟲，黑身赤頭，一云莎雞，又曰樗雞。」李巡曰：「一名酸雞，《廣雅》謂之『樗鳩』。」蘇恭云：五色具者爲雄，良。青黑質白斑者是雌，不入藥用。然今所謂莎雞者，亦生樗木上。六月後出，飛而振羽，索索作聲，人或出之樊中。但頭方腹大，翅羽外青内紅而身不黑，頭不赤，此殊不類，蓋别一種而同名也。今在樗木上者，人呼爲紅娘子。頭翅皆赤乃如舊説，然不名樗雞，疑即是此，蓋古今之稱不同耳。古方「大麝香丸」用之，近人少用，故亦鮮别。《衍義》曰：「東西京界尤多，形類蠶蛾，但頭足微黑，翅兩重，外一重灰色，下一重深紅，五色皆具，腹大，此即樗雞也。」時生無採時。七月取。收暴乾。色青紅。味苦。氣味厚於氣，陰中之陽。

又《蛞蝓》 蛞（音闊）蝓（略）名陵蠡，土蝸，附蝸，蛞蝸。地《圖經》曰：「生泰山池澤，及陰地沙石垣下，今處處有之。」《本經》「蛞蝓，一名附蝸，蛞蝓無殼，不應有蝸名，或以其頭形相類，猶似蝸牛，故以名之。或云：多是一物有二名，如雞腸、蘩蔞之比。」按：郭璞注：「《爾雅》附蠃（力果切）蜒（思移切）蝓，蝸牛也。字書解蝓字亦云：蜒蝓，蝸牛也。如此一物明矣。然今下濕處有一種大於蝸牛，亦有角而無殼，相傳云是蝸牛之老者。若然，本一物而久脱殼者爲異耳。」《衍義》曰：「蛞蝓，蝸牛，爲二物矣。蛞蝓其身肉止一段，蝸牛背上别有肉以負殼而行，顯然異矣。若爲一物，經中焉得分爲二條也。其治療亦大同小異，故知别類。又謂蛞蝓是蝸牛之老者，甚無謂。蛞蝓二角，蝸牛四角，兼背負殼，豈得謂一物哉。」時生無時。採八月取。質類蝸牛而無殼。色青黑。味鹹。性寒輭。氣氣薄，味厚，陰也。臭腥。

又 卷三一《蠮螉》 名土蜂蜾蠃地《圖經》曰：「生熊耳川谷及牂牁，或人家屋間，今處處有之。黑色細腰，雖一名土蜂而不在土中作穴，但摙（刀展切）土於人家壁間或器物傍作房如竹管者是也。」郭璞注：「《爾雅》云：『蜾蠃，蒲盧。』即細腰蜂也。俗呼爲蠮螉。」《詩·小雅》云：「螟蛉有子，蜾蠃負之。」注：螟蛉，桑蟲也，蜾蠃，蒲盧也。言蒲盧取桑蟲之子負持而去，嫗養之以成其子。又，揚雄《法言》云：「螟蛉之子，殪而逢蜾蠃，祝之，曰：『類我，類我。』」注云：『蜾蠃遇螟蛉而受化，久乃變成蜂爾。』」陶隱居乃謂：生子如粟米大，在其房中，乃捕取草蟲以擬其子，大爲粮耳。又，有人壞其房而看之，果見有卵如粟，在死蟲之上，皆如陶説。又，段成式云：書齋中多蠮螉，好作窠於書卷，或在筆管中，祝聲可聽，有時開卷視之，悉是小蜘蛛，大如蠅虎，旋以泥隔之，乃知不獨負桑蟲也。數說雖不同，人或疑之。然物類變化固不可度，蚱蟬生於轉丸，衣魚生於瓜子，龜生於蛇，蛤生於雀。白鵠之相視，負螽之相應，其類非一，若桑蟲蜘蛛之變爲蜂，不爲異矣。如陶所說，卵如粟者，未必非祝蟲而成之也。宋齊丘所謂蠮螉之蟲孕螟蛉之子，傳其情，交其精，混其氣，和其神，隨物大小，俱得其真。蠢動無定情，萬物無定形，斯言得之矣。時生無時。採無時。收陰乾。用身及房。質類蜂而小。色黑。味辛。性平散。氣氣之薄者，陽中之陰。臭腥。

明 劉文泰《本草品彙精要》續集卷七《蟲魚部·五倍子內蟲》 五倍子內蟲，主赤眼爛弦。《本草綱目》

明 陳嘉謨《本草蒙筌》卷一一《蟲魚部·石蜜》 石蜜 味甘，氣平、微溫。無毒。大小成群，居止弗一。江南地濕，多附水石間；江北地燥，悉入土穴內。人家作稱收養，亦結房壘于中。日逐交飛，採花釀汁，久久和熟。凡蜂作蜜，必須人小便以釀諸花，乃得和□似飴□□說以匽潴之水注之蠟房，而後蜜成，故謂蠟者蜜之蹠也。是謂蜜糖。三年一取者氣味濃，一年一取者氣味薄，故《本經》以石蜜優，家蜜劣也。入藥煉熟，滴水成珠。（煉法詳載總論款中。）益氣、補中，潤燥解毒，養脾胃，卻癇痓，止腸澼，除口瘡，心腹卒痛即嘔，五臟不足俱補。補陰丸用，取甘緩難化，可達下焦。點眼膏挽，因百花釀成，能生神氣。蜜導通大便久閉，蜜漿解虛熱驟生，食多亦生諸風，七月忌食生蜜。蜜蠟味淡，（天下之味莫甜于蜜，莫淡于蠟，厚于此者必薄于彼，理自然也。）煎蜜得之。陳則色黃，新則色白。《本經》條中，只言白蠟，不言黃蠟者，蓋用蜜宜陳，用蠟宜新也。（一說蠟熔約水中十數過即白，乃蠟之精英，故入藥勝。《本經》所取亦或在此。）益氣止瀉痢，補中續絕傷，熔裹大黃丸，隔寒涼，脾胃無損，嚼爲斷穀藥，度荒歉，腸胃不饑。

又《五灵脂》 五灵脂 味甘，氣平，無毒。出河東郡州，係寒號蟲糞。狀類鐵，多夾砂石，淘以酒，專治女科。行血宜生，止血須炒，通經閉及治經行不止。去心疼、併療血氣刺疼，嘔血，痢腸風，逐心腹冷氣，定產婦血暈，除小兒疳蚘。

又《露蜂房》 露蜂房 味苦鹹，氣平，無毒。各處山中，多營樹上，七月七日，收取陰乾。去外包裹麄皮，用內房壘炙燥，惡芩、芍、牡蠣及乾薑、丹參。主癲疾，蠱毒，鬼精。治驚癇，瘈瘲，寒熱，蜂毒、乳毒並解，赤痢、白痢總除。水煎汁服，治齒疼，酒調灰服。主陰痿、瘰癧作孔，研和猪脂塗差。癰腫不消，磨以酸醋敷効。熱病後毒氣熏目，可煎水頻頻洗之。

又《蝸牛》 蝸牛 味鹹，氣寒，有小毒，末春雨霽，多生池澤草間。盛夏日炎，自懸樹木葉下。（蝸懸葉下，往往升高，涎沫既盡，隨即枯死。）頭有四角，故以牛名。皆負殼而行，行則頭角並起，遇物驚便縮，縮乃首尾俱藏。（藏入殼中。）剤擇圓大者取功，製宜火炒過，殺毒，主賊風，口眼喎僻。治驚癇，筋脈拘攣，收脱肛，止消渴，嬰兒方內，每匕擅名。（殼），治疳最靈。（涎），止渴亦效。蛞蝓，亦係蝸類，氣味並與前同。背殼無，頭角二，謂即蝸之老者，老則殼蛻而然。據物理難明，但主治無異。蜒蚰，如釵股大，色近正黃，足生若螟蚣。多背無負殼，好油脂，延入人耳竅，故名此，□□人緊防。《本經註》云：「菖蒲去蚤蝨，來蜒蚰，亦其氣芬芳所召爾。」

又《桑螵蛸》 桑螵蛸 味鹹甘，氣平，無毒。係螳蜋所生，逢荊棘俱有，獨取桑樹者入藥，欲得桑津氣引經。二三月中，方可收採，曝乾復炙，（□中□開炙之。）免洩大腸。畏旋覆花，宜白龍骨，主女人血閉，腰痛。治男子虛損腎衰，益精強陰，補中除疝，止精泄而愈白濁，通淋閉，以利小便。又禁小便自遺，故《本經註》云：「凡夢遺方中，不可缺也，欲謂『禁尿窠』亦指此焉。」

又《蜈蚣》 蜈蚣，味辛，氣混，有毒。墻壁多歲，各處俱有端午收考美。赤頭足者良，入藥慢火炙黃，去净頭足，研末，噉蛇、虺、蟲、魚惡毒。殺鬼物、蠱疰、精邪，去瘀血，墮胎，逐積聚除瘧，鷄性好食。人若中其毒者，以烏鷄糞水調塗之。又畏蛞蝓、蜒蚰，觸之即死，亦可取敷其毒也。

明 李時珍《本草綱目》卷三三《果部》 刺蜜，（拾遺） 校正：（自《草部》移入此。）

釋名：草蜜，（《拾遺》）給敎羅。

集解：藏器曰：「交河沙中有草，頭上有毛，毛中生蜜，胡人名爲給敎羅。」時珍曰：「按：李延壽《北史》云：『高昌有草名羊刺，其上生蜜，味甚甘美。』又，《梁四公子記》云：『高昌貢刺蜜。』杰公云：『南平城羊刺無葉，其蜜色白而味甘。鹽城羊刺葉大，其蜜色青而味薄也。』高昌即交河，在西番，今爲火州。」又，段成式《酉陽雜俎》云：「北天竺國有蜜草，蔓生，大葉，秋冬不死。因受霜露，遂成蜜也。」又，《大明一統志》云：西番撒馬兒罕地有小草，叢生，葉細如藍，秋露凝其上，味甘如蜜，可熬爲餳。土人呼爲達即古賓，蓋甘露也。」按：此二說皆草蜜也，但不知其草即羊刺否也。又有齡齊樹，亦出蜜，云可入藥而不得其詳，今附于左。

又　卷三九《虫之一》　蜜蜂（《本經》上品。）釋名：蠟蜂，（《綱目》）𧓼。時珍曰：蜂尾垂鋒，故謂之蜂。蜂有禮範，故謂之𧓼。《禮記》云：「范則冠，而蟬有緌。」《化書》云：「蜂有君臣之禮。」是矣。集解：《別録》曰：「蜂子生武都山谷。」頌曰：「今處處有之，即蜜蜂子也。在蜜脾中如蠶蛹而白色，嶺南人取頭足未成者油炒食之。」時珍曰：「蜂子即蜜蜂子未成時白蛹也。」《禮記》有「雀鷃蜩范」，皆以供食，則自古食之矣。其蜂有三種：一種在林木或土穴中作房，爲野蜂。一種人家以器收養者，爲家蜂，並小而微黄，蜜皆濃美。一種在山巖高峻處作房，即大蜜也，其蜂黑色似牛虻。三者皆羣居有王，王大於衆蜂而色青蒼，皆一日兩衙，應潮上下。凡蜂之雄者尾鋭，雌者尾岐，相交則黄退，嗅花則以鬚代鼻，采花則以股抱之。按：王元之《蜂記》云：「蜂王無毒，窠之始營，必造一臺，大如桃李，王居臺上，生子於中，王之子盡復爲王，歲分其族而去。其分也，或鋪如扇，或圓如罌，擁其王而去，王之所在，蜂不敢螫，若失其王，則衆潰而死。其釀蜜如脾，謂之蜜脾。凡取其蜜，不可多，多則蜂饑而不蕃。又不可少，少則蜂惰而不作。嗚呼！王之無毒，似君德也。營巢如臺，似建國也；子復爲王，似分定也；擁王而行，似衛主也；王所不螫，似遵法也；王失則潰，守義節也；取惟得中，似什一而税也；山人貪其利，恐其分而刺其子，不仁甚矣。」

蜂子氣味甘平，微寒，無毒。（大明）曰：「涼有毒，食之者須以冬瓜、苦蕒茵、生姜、紫蘇制其毒」。之才曰：「畏黄芩、芍藥、牡蠣、白前。」

主治頭瘋，除蠱毒，補虚羸傷中。久服令人光澤好，顔色不老。《本經》弘景曰：「酒漬傅面，令人悦白。」輕身，益氣。治心腹痛，面目黄，大人小兒腹中五蟲從口吐出者。《別録》主丹毒，風瘮，腹内留熱，利大小便澀，去浮血，下乳汁，婦人帶下病。（藏器）大風，癘疾。（時珍）

發明：時珍曰：蜂子，古人以充饌品，故《本經》《別録》著其功効，而《聖濟總録》治大風疾兼用諸蜂子，蓋亦足陽明太陰之藥也。

土蜂（《別録》）　校正（舊與蜜蜂子同條，今分出。）釋名：蜚零，（《本經》）蟺蜂，（音蟬，同上。）馬蜂，（頌曰：「郭璞註『《爾雅》』云：今江東呼大蜂在地中作房者爲土蜂，即馬蜂也，荆巴間呼爲蟺蜂。」）集解：《別録》曰：「土蜂，生武都山谷。」藏器曰：「土蜂穴居作房，赤黑色，最大，螫人至死。亦能釀蜜，其子亦大而白。」頌曰：「土蜂子，江東人亦啖之。又有木蜂，似土蜂，人亦食其子，然則蜜蜂、土蜂、木蜂、黄蜂子俱可食，大抵蜂類同科，其性效不相遠矣。」）

蜂主治：燒末，油和，傅蜘蛛咬瘡。（藏器曰：「此物能食蜘蛛，取其相伏也。」）

蜂子氣味甘平，有毒。（大明曰：「同蜜蜂，畏亦同也。」）

主治癰腫，（《本經》）嗌痛，（《別録》）利大小便，治婦人帶下，（《日華》）功同蜜蜂子。（藏器）酒浸傅面，令人悦白。（時珍）

房主治：癰疽不消。爲末，醋調塗之，乾更易之，不入服食。（《藥性》）療丁腫瘡毒。（時珍）

大黄蜂（《別録》）　校正（舊與蜜蜂同條，今分出。）釋名：黑色者名胡蜂，（《廣雅》）壺蜂、（《方言》）𤬯甊蜂、（音鈎婁）玄瓠蜂。時珍曰：「凡物黑色者，謂之胡；其壺瓠𤬯甊，皆象形命名也，𤬯甊苦瓠之名。」《楚辭》云：「玄蜂若壺」是矣。大黄蜂，色黄；𤬯甊蜂，色黑，乃一類二種也。陶説爲是，蘇頌以爲一種，非矣。然蜂蛹、蜂房功用則一，故不必分條。集解：弘景曰：「大黄蜂子，乃人家屋上者，及𤬯甊蜂也。」頌曰：「大黄蜂子，在人家屋上作房，及大木間，即𤬯甊蜂之子也。嶺南人取其子作饌食之，其蜂黄色，比蜜蜂更大。」按：《嶺表録異》云：宣歙人好食蜂兒，山林間大蜂結房，大者如巨鐘，其房數百層，土人采時着草衣蔽身，以捍其毒螫，復以烟火熏去蜂母，乃敢攀緣崖木，斷其蒂。一房蜂兒五六斗至一石，揀狀如蠶蛹，瑩白者以鹽炒暴乾，寄入京洛，以爲方物。然房中蜂兒三分之一翅足已成，則不堪用。據此則木上作房，蓋𤬯甊之類，然今宣城蜂子，乃掘地取之，似土蜂也。郭璞註《爾雅》云：土蜂乃大蜂，在地中作房，木蜂似土蜂而小，江東人並食其子，然則二蜂皆可食久矣，大抵性味亦不相遠也。

蜂子氣味甘涼，有小毒。（大明曰見蜜蜂下）

主治心腹脹滿痛，乾嘔，輕身，益氣。《別録》治雀卵斑，面皰，餘功同蜜蜂子。（時珍。）

露蜂房（《本經》中品。）釋名：蜂腸，（《本經》）蜂百穿，（並《別録》。）紫金沙。集解：《別録》曰：露蜂房生牂牁山谷，七月七日采，陰乾。弘景曰：此蜂房多在樹木中及地中，今曰露蜂房，當用人家屋間及樹枝，間苞裹者乃遠，舉牂牁未解所以，恭曰：此房懸在樹上得風露者，其蜂黄黑色，長寸許，螫馬牛及人乃至欲死，非人家屋下小小蜂房也，韓保昇曰：此樹上大黄蜂窠也，所在皆有，大者如甕，小者如桶，十一二月采之。宗奭曰：露蜂房有二種，一種小而色淡黄，窠長六七寸至一尺，濶二三寸，如蜜脾下垂一邊，多在叢木深林之中，謂之牛舌蜂。一種多在高木之上或屋之下，外面圍如三四斗許，或一二斗，中有窠如瓠狀，由此得名。玄瓠蜂，其色赤黄，大於諸蜂，今人皆兼用之，斅曰：蜂房有四件：一名革蜂窠，大者一二丈，圍在樹上，内窠小隔六百二十六箇，大者至一千二百四十箇，其裹粘木蒂是七姑木汁，其蓋是牛糞沫，其隔是叶蕊也。二名石蜂，窠只在人家屋上，大小如拳，色蒼黑，内有青色蜂二十一箇，或只十四箇，其蓋是石垢，其粘處是七姑木汁，其隔是竹注也。

三名獨蜂，窠大小如鶩卵大，皮厚蒼黄色，是小蜂并蜂翅盛向裏，只有一箇蜂大如小石燕子許，人馬被螫者，立亾也。四名是草蜂窠也，入藥以草蜂窠爲勝。時珍曰：草蜂乃山中大黄蜂也，其房有重重如樓臺者，石蜂、草蜂尋常所見蜂也，獨蜂俗名七里蜂者是矣，其毒最猛。修治：斅曰：凡使草蜂窠，先以鵶豆枕等同拌蒸，從巳至未時，出鵶豆枕了，晒乾用。大明曰：入藥並炙用。）

氣味甘平，有毒。（《别録》曰：鹹。之才曰：惡乾薑、丹參、黄芩、芍藥、牡礪。）

竹蜂（拾遺）釋名：留師。（郭璞作「留師」。）集解藏器曰：《方言》云：『竹蜂，留師也』。蜂如小指大，正黑色，嚙竹而窠，蜜如稠糖，酸甜好食，時珍曰：「六占」云：『竹蜜蜂出蜀中，于野竹上結窠，紺色，大如雞子，長寸許，有蒂。窠有蜜甘倍常蜜，即此也』，按：今人家一種黑蜂大如指頭，能穴竹木而居，腹中有蜜，小兒撲殺取食亦此類也。又，杜陽編言：『外國鸞蜂大十餘斤，其蜜碧色，服之成仙。』此亦不經之言，未足深信。又有刺蜜、木蜜生草木上，俱見東部本條，木蜜即枳椇。」留師蜜，氣味甘酸寒，無毒。主治牙齒䘌痛及口瘡，並含之良。（藏器）

赤翅蜂集解：藏器曰：「出嶺南，狀如土蜂，翅赤頭黑，大如螃蟹，穿土爲窠，食蜘蛛，蜘蛛遥知烽來，皆狼狽藏隱。蜂以預知其處，食之無遺。」時珍曰：「此毒蜂穿土作窠者，一種獨蜂作窠於木亦此類也，其窠大如鶩卵，皮厚蒼黄色，只有一箇蜂，大如小石燕子，人馬被螫，立亡也。又，一種蛒蜂，出巴中，在褰鼻蛇穴内，其毒倍常，中人手足輒斷，中心胸即圮裂，非方藥可療，惟禁術可制。」故元稹詩云：巴蛇蟠窟穴，穴下有巢，蜂近樹，禽垂翅，依原獸絶蹤微遭斷手足，厚毒破心胸。昔甚招魂句那知眼自逢，此蜂之毒如此。附見於此，養生遠害者，不可不知。主治有毒，療蜘蛛咬，及疔腫，疽病，燒黑和油塗之，或取蜂窠土，以酢和塗之，蜘蛛咬處當得絲出。（藏器）

獨脚蜂（拾遺）集解：藏器曰：「出嶺南，似小蜂，黑色，一足連樹根不得去，不能動摇，五月采之。又有獨脚蟻，亦連樹根，不能動摇，功用與蜂同。」時珍曰：「嶺南有樹小兒樹蛺蝶及此，蜂蟻皆生於樹，是亦氣化，乃無情而生有情也。」《酉陽雜俎》云：「嶺南毒菌夜有光，經雨則腐化爲巨蜂。黑色，其喙若鋸，長三分，嚙人甚毒，物類之變化不一，有如此。」主治疔腫、瘰疽，燒研和油塗之。（藏器）蠮螉（音噎翁，《本經》下品。）釋名：土蜂，《别録》細腰蜂，《莊子》蜾蠃，《詩經》蒲蘆。《爾雅》弘景曰：「此類甚多，雖名土蜂，不就土中作窟，謂摶上作房爾。」時珍曰：「蠮螉，象其聲也。」集解：《别録》曰：「蠮螉生熊耳川谷及牂牁，或人屋間。」弘景曰：今一種蜂，黑色，腰甚細，啣泥於人屋及器物邊作房，如併竹管者是也，其主子如粟未大，置中，乃捕取草上青蜘蛛十餘枚，滿中，仍塞口，以待其子大爲糧也。其一種入蘆管中者，亦取草上青蟲。《詩》云：螟蛉有子，果蠃負之。言細腰之物無雌，皆取青蟲教祝，便變成己子，斯爲謬矣。造詩者未審，而夫子何爲因其僻耶，豈聖人有缺，多皆類此。韓保昇曰：「按《詩疏》云：螟蛉，桑蟲也。果蠃，蒲蘆也。言蒲蘆負桑蟲以成其子也。亦負他蟲封之，數日則成蜂飛去。今有人候其封穴，壞而看之，見有卵如粟，在死蟲之上，果如陶説，蓋詩人知其大而不知其細也。此蜂所在有之，隨處作窠，或隻或雙，不拘土石竹木間也。」正誤：李含光曰：祝變成子，近有數見者，非虛言也。頌曰：詩言「螟蛉有子，果蠃負之。」楊雄方言亦云：螟蛉之子殪而逢果蠃，祝之曰：類我，類我，久之變爲蜂。陶氏。《蜀本》皆以爲生子如粟，捕諸蟲爲糧。段成式亦云：書齋多蠮螉窠，祝聲可聽，開而視之，悉是小蜘蛛，以泥隔之，乃知不獨負桑蟲也。數説不同，然物類變化固不可度，蜂蟬生於轉丸，衣魚生於爪子之類非一，桑蟲，蜘蛛之變爲蜂，不爲異也。如陶所説，卵如粟者未必非祝蟲而成之也，宋齊丘所謂蠮螉之蟲孕螟蛉之子，傳其情，交其精，潤其氣，和其神，隨物大小俱得其真，蠢動無定情，萬物無定形，斯言得之矣。蟲，宗奭曰：諸家之説終不敢捨《詩》之義，嘗拆窠視之，果有子如粟米大，色白而微黄，所負青菜蟲，却在子下，不與蟲相著，陶説近之。時珍曰：蠮螉之説各異，今通考諸説，并視騐其卵，及蜂之雙雙往來，必是雌雄，當以陶氏、寇氏之説爲正。李氏、蘇氏之説爲誤。按《解頤斯語》云：果蠃自有卵如粟，寄在蟲身，其蟲不死不生，久則漸枯。子大食之而出，正如蠅卵寄附於蠶身，久則卵化，穴繭而出也。列子言：純雄無雌，其名稺蜂，《莊子》言：「細腰者化，則自古已失之矣。」羅願《爾雅翼》云：陶説實當物理，但以此疑聖人則不知詩之本旨矣，詩云「螟蛉負子，果蠃負之」，教誨爾子，式穀似之，蓋言國君之民，爲他人所取爾。説者不知似字乃似續之似，誤以爲如似之似，遂附會其説爾。猶云鳲鳩鳲鳩，既取我子，亦可謂鳲以衆鳥爲子乎？今屢破其房，見子與他蟲同處，或子已去而蟲存空殼，或蟲成蛹而子尚小，蓋蟲終不壞。至其成蛹，子乃食之而出也。近時王浚川著《雅述》，亦云年年騐之皆如陶氏之説焉。氣味辛平，無毒。（大明曰：「有毒，入藥妙用。」）主治久聾，欬逆，毒氣，出刺，出汗。（《本經》）療鼻窒，（《别録》）治嘔逆，生研能罯竹木刺。（大明《岣嶁書》云：五月五日取蠮螉，陰乾爲末，用兵死人血丸，置衣領中，云令人畏伏。）

土蜂窠（見土部）蠮螉附録：雄黄蟲，《别録》有名未用：明目，辟兵不祥，益氣力。狀如蠮螉。

螳螂、桑螵蛸《本經》上品。釋名：蟷蜋音當郎。刀蜋（《綱目》）拒斧（《説文》）不過（《爾雅》）蝕脱音兑。其子房名螵蛸音飄綃。蜱蛸音皮。螵蟭音㷭焦。致神（《别録》）野狐鼻涕。頌曰：「《爾雅》云：莫貈、蟷蠰，不過，螳蜋也。其子蜱蛸。」郭璞云：

江東呼爲石蜋。時珍曰：「蟷蜋，兩臂如斧，當轍不避，故得當郎之名。俗呼爲刀蜋。兖人謂之拒斧，又呼不過也。代人謂之天馬，因其首如驤馬也。燕趙之間謂之蝕肬。肬即疣子，小肉贅也。今人病肬者，往往捕此食之，其來有自矣。其子房爲螵蛸者，其狀輕飄如綃也。村人每炙焦飼小兒，云止夜尿，則螵蛸，致神之名，蓋取諸此。《酉陽雜俎》謂之野狐鼻涕，象形也。又揚雄《方言》云：蟷蜋，或謂之髦，或謂之羊匕。齊兖以東謂之敷常。螵蛸亦名夷冒。」集解：弘景曰：「螳蜋，俗名石蜋，逢树便産，以桑上者爲好，是兼得桑皮之津氣也。惟連枝斷取者爲真，僞者，亦以膠著桑枝之上也。」保昇曰：「螵蛸處處有之，螳蜋卵也。多在小桑樹上，叢荆林間。三四月中一枝出小螳蜋數百枚。」時珍曰：「螳蜋，驤首奮臂，修頭大腹，二手四足，善緣而捷，以鬚代鼻，喜食人髮，能翳業捕蟬。或云術家取翳作法，可以引形。深秋乳子作房，粘著枝上，即螵蛸也。房長寸許，大如拇指，其內重重有隔房。兼房有子如蛆卵，至芒種節後一齊出。故《月令》有云：仲夏螳蜋生也。」修治：《别録》曰：「桑螵蛸，生桑枝上，螳蜋子也。二月、三月采，蒸過火炙用。不爾令人洩。」敩曰：「凡使勿用雜樹上生者，名螺螺。須觅桑樹东畔枝上者。采得去核子，用沸漿水浸淘七次，锅中熬乾用。别作修事無效也。」韩保昇曰：「三、四月采得，以熱漿水浸一伏時，焙乾，於柳木灰中炮黄用。」

螳蜋，主治：小兒急驚風搐搦，又出箭鏃。生者能食疣目。時珍發明：時珍曰：「螳蜋，古方不見用者，惟普濟方治驚風，吹鼻定搐法中用之，盖亦蠶、螌定搐之義。古方風藥多用螵蛸，則螳蜋治風，同一理也。又《醫林集要》，出箭鏃亦用之。」

桑螵蛸，氣味：鹹，甘，平，毒。之才曰：「得龍骨，洩精。畏旋覆花。（戴椹）。」

枸杞蟲拾遺釋名：蠋。《爾雅》集解：藏器曰：「此蟲生枸杞上，食枸杞葉，狀如蠶，作繭。爲蛹時取之，曝乾收用。」時珍曰：「此《爾雅》所謂『蚅，烏蠋』也。其狀如蠶，亦有五色者。老則作繭，化蛾孚子。諸草木皆有之，亦各隨所食草木之性。故《廣志》云：藿蠋香，槐蠋臭。」氣味：鹹，温，無毒。主治：益陽道，令人悦澤有子。炙黄和地黄末爲丸，服之，大起陽益精。藏器治腎家風虚。時珍一普濟方。

又　卷四一《虫之三》　木蠹蟲拾遺釋名：蝎（音曷）。蝤蠐（音因齊）。蛣蝠（音乞屈）。蛀蟲。時珍曰：「蠹，古又作螙，食木蟲也，會意。」《爾雅》云：蝤蠐，蝎也。蝎，蛣蝠也。郭璞云：凡木中螙蟲，通名爲蝎。但所居各異耳。集解：藏器曰：「木蠹一如蠐螬，節長足短，生腐木中，穿木如錐至春雨化爲天牛。蘓恭以爲蠐螬，深誤矣。詳蠐螬下。」時珍曰：「似蠶而在木中食木者，爲蝎，似蠶而在樹上食葉者，爲蠋，似蠋而小行則首尾相就屈而後伸者，爲尺蠖；似尺蠖而青小者，爲螟蛉。三蟲皆不能穴木，至夏俱羽化爲蛾。惟穴木之蠹，宜入藥用。」氣味：辛，平，有小毒。主治：血瘀勞損，月閉不調，腰脊痛，有損血，及心腹間疾。藏器發明：時珍曰：各木性味，良毒不同，而蠹亦隨所居、所食而異，未可一槩用也。古方用蠹，多取桑、柳、構木者，亦各有義焉。

桂蠹蟲《綱目》集解：藏器曰：「此桂樹中虫，辛美可啖。」時珍曰：「按：《漢書·陸賈傳》：『南越尉陀獻桂蠹二器。』又，《大業拾遺録》云：『隋時始安獻桂蠹四瓶，以蜜漬之，紫色，辛香有味，啖之去痰飲之疾。』則此物自漢、隋以來，用充珍味矣。」氣味：辛温，無毒。主治去冷氣。藏器除寒痰，澼飲冷痛。時珍糞主治獸骨哽，煎醋漱嚥。時珍

麈蟲，今人謂之簸箕虫，爲其像形也。乳脉不行，研一枚，水半合，濾清服，勿使服藥人知。

桑蠹蟲，《别録》校正：自有名未用，移入此。釋名：桑蝎音曷。氣味：甘，温，無毒。主治：心暴痛，金瘡肉生不足。《别録》胸下堅滿，障翳瘀腫，治風瘮。《日華》治眼得效。《蜀本》去氣，補不足，治小兒乳霍。藏器小兒驚風，口瘡風疳，婦人崩中，漏下赤白，墮胎下血，産後下痢。時珍

桃蠹蟲《日華》校正：《本經》原附桃核仁下，今分入此。集解：《别録》曰：「食桃樹蟲也。」藏器曰：「桃蠹辟鬼，皆隨出而各有功也。」氣味：辛，温，無毒。主治：殺鬼，邪惡不祥。《本經》食之肥人，悦顔色。《日華》糞，主治：辟温疫，令不相染。爲末，水服方寸七。《子母秘録》

柳蠹蟲，《綱目》集解：時珍曰：「柳蠹生柳木中甚多，内外潔白至春夏化爲天牛。諸家註蠐螬多取之，亦誤矣。」氣味：甘，辛，平，有小毒。主治：瘀血、腰脊瀝血痛，心腹血痛，風瘮風毒，目中膚翳，功同桑蠹。時珍糞，主治：腸風下血，産後下痢，口瘡耳腫，齒齦風毒。時珍

棗蠹蟲《綱目》集解：時珍曰：「此即蝤蠐之在棗樹中者。」屎，主治：聤耳出膿水。研末，同麝香少許，吹之。時珍：出普濟。

柘蠹蟲拾遺集解：藏器曰：「陶註『詹糖』云：僞者以柘蟲屎爲之。此即柘蠹在木間食木之屎也。詹糖燒之香，而此屎不香，既不相似，亦難爲之。」屎，主治：破血。藏器

竹蠹蟲綱目集解：時珍曰：竹蠹生諸竹中，狀如小蠶，老則羽化爲硬翅之蛾。氣味：（缺）主治：小兒蠟梨頭瘡。取慈竹內者，擣和牛溺塗之。時珍發明：時珍曰：「竹蠹蟲，古方未見用者惟袖珍方治小兒蠟梨用之。按：淮南萬畢術云：『竹蟲飲人，自言其誠。』高誘註云：以竹蟲三枚，竹黄十枚，和匀。每用一大豆許，燒入酒中，令人飲

之，勿至大醉。叩問其事，必得其誠也。此法傳自古典，未試其果驗否，姑載之。」蛀末，主治：聤耳出膿水，湯火傷瘡。時珍

皂莢蠹蟲《綱目》集解：（缺）氣味：辛。主治：蠅入人耳害人。研爛，同鱓魚血點之。危氏

竹蝨《綱目》釋名：竹佛子《綱目》，天厭子。集解：時珍曰：竹蝨生諸竹，及草木上皆有之。初生如粉點，久便能動，百十成簇。形大如蝨，蒼灰色。或云濕熱氣化，或云蟲卵所化。古方未有用者。惟《南宫從岣嶁神》書云：江南、巴邛、吳越，荆楚之間，春秋竹内有蟲似蝨而蒼，取之陰乾，可治中風。即此也。氣味：有毒。主治：中風，半身不遂，能透經絡，追涎。時珍

又 **卷四二《蟲之四》** 山蛩蟲拾遺集解：藏器曰：生山林間。狀如百足而大，烏斑色，長二三寸，更有大如指者，名馬陸，能登木羣吟，已見《本經》。時珍曰：「按：《本經》：馬陸一名百足，狀如大蛩，而此云狀如百足而大，更大者爲馬陸，則似又指百足爲一物矣。蓋此即馬陸之在山而大者耳，故曰山蛩，雞、犬皆不敢食之。」氣味：有大毒。主治：人嗜酒不已，取一節燒灰，水服，便不喜聞酒氣。過一節則毒人至死。又燒黑傅惡瘡，亦治蠶病白僵，燒灰粉之。藏器

明　周祈《名義考》卷九《崖蜜石蜜木蜜竹蜜波羅蜜》 杜詩：「崖蜜亦易求。」注以爲櫻桃。《南中八郡志》：「笮甘蔗汁曝成飴，謂之石蜜。」詩註：枳椇樹高大似白楊，有子著枝端，如指長數寸，噉之甘美如飴。八月熟，亦名木蜜。《孔氏六帖》：「蜀中有竹蜜蜂，好于野竹上結窠，窠與蜜并紺色，甘倍于常蜜。」《統志》：「安南有波羅蜜，大如冬瓜，皮有軟刺，五六月熟，味最甜香，食能飽人。」

明　王兆雲《湖海搜奇》卷一《蛤蚧》 醫家有名蛤蚧者，乃一甲蟲。出廣東陽江縣，其海陵巡司地方尤多。狀類蜥蜴之屬，每生城垣串樓，人家墻垣，及古樹内。其物二者上下相呼，牝声蛤，牡声蚧，累日情洽甚乃交，兩相抱持，自堕於地，人往捕之亦不覺。人以手分劈，雖死不開。人得之，以槁熟草纏定，放鍋中蒸過，曝乾，售人煉爲房中之藥，甚効。

明　慎懋官《华夷花木鸟兽珍玩考》卷七《黄蠟白蠟》 黄蠟，蜂蠟也。凡蜂作蜜，皆結房，房中藏蜜絞取蜜，而房則成蠟也。白蠟者蟲蠟也，其蟲作繭樹枝上，每繭藏蟲百數，細如絲髮，此爲種子。秋冬剪取繭藏之，及春將種子縛置樹上，蟲出繭。食樹津液，因而放蠟漫注于枝柯。及成，剥取而烹煉之，其白如雪，故曰白蠟。其樹即今冬青樹也，樹嫩放蠟尤宜。《本草》謂「黄蠟煉成白蠟」，此蓋未之識也，抑豈醫家所用者，或然歟。白蠟建寧出産。

又 **《鷽蜂蜜》** 八年，吳明國貢鷽蜂蜜，云其蜂之聲有如鸞鳳，而身被五彩，大者可重十餘觔，爲窠於深巖峻嶺間，大者占地二三畝。國人採其蜜不逾二三合，如過度召風雷之異，若螫人生瘡，以石上菖蒲根傅之即愈。色碧，貯之於白玉椀，表裏瑩徹如碧琉璃，久食令人長壽，顔如童子，髮白者應時而黑，逮及沉痾眇跛，無不療焉。

明　吳之俊《狮山掌录·小山馆》卷一六《鷽蜂蜜》 吳明國獻鷽蜂蜜，蜂之聲如鸞鳳而身被五彩，大者可重十餘斤，爲窠於深林峻嶺間，可占地三二畝。其蜜碧色，貯之白玉椀，瑩徹如碧琉璃，久食之令人長壽。

又 **《檜花蜜》** 亳州太清宫多檜花，時蜂集其間，作蜜極香而微苦，謂之檜花蜜，亦奇物也。

又 **《羊刺蜜》** 南平羊刺，無葉，其蜜色白而味甘。鹽城羊刺，葉大，其蜜色青而味薄。

又 **《竹蜜》** 蜀中有竹蜜蜂，好於青竹上結窠，窠六如鷄子，有蒂長尺許，窠與蜜并紺色可愛，甘倍於常蜜。

明　徐應秋《玉芝堂談薈》卷三六《野悉蜜》 野悉蜜花出拂林國，亦出波斯國，苗長七八尺，葉似梅，四時敷榮。其花出白色，不結子，花開時遍野皆香，與嶺南詹糖相類。西域人採其花，壓以爲油，塗之甚香滑。李時珍曰：「自西域移來，謂之耶悉茗花，枝幹裊娜，葉似茉莉而小，花細瘦，四瓣，有黄白二色，即素馨也。宋傅伯成詩：「昔日雲鬟鎖翠屏，只今煙塚伴荒城。香魂斷絶無人問，空有幽花獨擅名。」詩注云：素馨，南漢宫女名。《閩書·俱那衛》一作俱那異，高七八尺，其枝脆弱，葉狹而長，花紅，色似玉簪花而小。曾師建《閩中記》：「南方花有北地所無者，闍提、茉莉，俱那異皆出西域，盛傳閩中，即夾竹桃也。」

明　張存紳《增定雅俗稽言》卷三七 蜂王，蜂窠中一大者，類大黄蜂，曰王。王生二子，其一必飛去，蜂子亦半隨之，蓋兩雄不並棲之理也。故蓄蜂者視其生子，止留其一，恐分蜂勢弱也。蜂蜜芳烈，諸蜂襲之，多有強入其室者食之，非王則羣蜂力小，莫能禦。故王出則羣蜂黏之，纍纍不敢離，世言蜂有

君臣，以此。且蜂子或螫人，即尾斷而去，及歸，則守門者不之納。意者其王之法令整肅有如此者。蜜解時其房如脾，謂之蜜脾，黄蠟其渣也。《博物志》：「荒年食蠟半斤，可支十日饑。白蠟，出蠟也」。《本艸》謂「黄蠟煉成白蠟」，悮也，螫音石。

明 徐渭《徐文長逸稿》卷三 蠟屐柳宗元作《鞭賈說》，鞭本朽木糞壤爲質，蠟梔染以售其僞。冬青蟲作蠟，春屐象摩牙。過檻翻愁滑，扶筇未免斜。寄情於木屐，何似隱桃花。笑向猥鞭賈，黄梔借一搽。

明 天啓《滇志》卷二《地理志》 尋甸府。在可郎爲曰崖峰山，其崖多蜂房，土人割其蜜，曰崖蜜，異於人家摘取者。曰洗納山，有熱水塘二，大樹亭亭如青蓋然。曰峰岡山，上有龜塘，産龜。

明 包汝楫《南中紀聞》 楚地産白蠟，而湖北尤多。取蠟之法：於四月內將蠟蟲置女貞樹上，蟲吸樹脂，兩三月後漸長如蠶。遂吐蠟捲抱樹枝，瑩白成片，九月間採取，煎熬作餅。各夷洞慣畜蠟蟲，縣民但取蠟，不解畜蟲。每二三月，進洞收买蟲，凡一斗，常價用銀一兩四五錢，貴至二兩外，賤極亦一兩。畜蟲亦在四月中布種女貞樹，但蟲必俟一年方收，蠟則半歲可得。故漢民多不收蟲，蟲與蠟俱蠟蟲所生，共在一殼內，大如荳，上面赤色者爲蟲，其下稍白者爲蠟。蟲一樹止可放三四顆，蠟一樹可放二十餘顆，樹放蠟者，雖有蟲輒死，不得生子。

明 木增《雲邁淡墨》卷一《蜜蜂歲政》 陰陽變化論蜂，每三四月則生，黑色，蜂名曰將蜂。又名相蜂，蜂王乃相蜂所生也。相蜂不能採花，但能釀蜜，無此蜂則不能成蜜。至七八月間，相蜂盡死，相蜂如不死，則群蜂饑。俗謂：「相蜂過冬，蜂必族空。」蜂王大如小指，不螫，蜂無王而盡死，有二王而即分。分蜂之時，多老王遜位而出，所分之蜂均挈其半，未嘗多寡。從王而出者，未嘗復回，飛止必環衛蜂王，皆有隊伍行列，採花時一半守房，一半依次撥發，花少受罰。野花開時，蝦蟆所掠，蛛螯所粘者，十去其三。每一百蜂住有七十四房，如菜花盛時，十去其一二爾，蜂每日有三朝。

明 倪朱謨《本草彙言》卷一七《虫部·卵生类·蜂蜜》 蜂蜜按類書云：蜜蜂一名蜜蠭。《爾雅翼》云：蜜蠭似蠭而小。工作蜜也。《山海經》云：「穀城之上，是蜂蜜之廬，」今土木之蠭。亦各有蜜。北方地燥，多在土中，故多土蜜。南方地濕，多在木中，故多木蜜。又如杭之於潛縣，及金陵懷安諸處，山巖石壁中，有巖蜜、石蜜也。今人家所畜之蜂，小而微黄，大率腰腹相稱，如蠅蟬也。喜事此者，以窾木容數斛。置蜂其中養之，開小孔纔容出入，《永嘉記》云：七八月中，嘗有蜜蜂群過，有一二小蜂先飛，覔止泊處，人知輒置一木桶，以蜜塗桶內，飛者聞蜜臭，便舉羣悉至矣。盧氏曰：今人家養蜂，或羣逸以百千萬數，中有大者爲王，羣蜂翼之，從其所往。人收養之，多在穀雨春分時也。蜂采取百花，醞釀花蜜，其房謂之蜜脾，王之所居，疊積如臺。蜂無王則盡死，君臣之體，生死不移也。一日兩出，而聚鳴齊號爲兩衙，其出采花者，取花鬚上粉，置兩髀，惟牡丹芍藥蘭蕙之粉，或負於背或戴於首。或采無所得者，經宿花開。一不敢歸，或螫毒人。蜂亦尋死。故古稱蜂蠆有毒，近其房，則羣起攻人。寒冬無花，深藏房內。即以釀蜜爲食，春暖花朝，復出捲采矣。蘇氏曰：宛陵有黄連蜜，色黄而味小苦，雍雒間，有梨花蜜，色如凝脂。亳州太清宫，有檜花蜜，色小赤，南京柘城縣有何首烏蜜，色更赤，各隨所采花色，性之温涼，亦相近也。蜜脾之底爲蠟。《埤雅》云：蠟生于蜜。而天下之味，莫甘于蜜，莫淡于蠟，蓋厚于此者，必薄于彼，理之固然也。西方之書曰：味如嚼蠟，舊説蜂之化蜜，必取匽猪之水，注之蠟房，而後蜜成。故蠟者蜜之蹠也。《方言》云：其大而蜜，謂之壺蜂，即今黑蜂也。蓋亦釀蜜，楚辞所謂赤蟻若象。玄蜂若壺者，是也。李氏曰：試蜜真僞，以燒紅火筯插入蜜中，提出起氣者，爲真。起烟者爲僞。修治：每沙蜜一觔，用水四兩，入銀石器內，桑柴火慢煮，掠去浮沫，至滴水，成珠不散，乃用。又法：以器盛貯重湯中，煮一日。候滴水不散，取用方佳。且不傷火也。孫思邈曰：七月勿食生蜜，令人暴下霍亂，味酸色青赤者，食之心煩，不可與葱，及萵苣同食，令人下利。食蜜飽後，不可食鮓。令人暴亡。沈氏曰：四方之蜜，氣味當□□□少霜雪。諸花多□，蜜性則熱川蜜性温，西蜜性涼也。

又《蜜蠟》 蜜蠟（俗名黄蠟。）陶隱居曰：「蠟生蜜中，故謂蜜蠟。蜂先以此爲蜜，蹠取蜜時得之。□過濾入水中，候凝取之。初時極香軟而白，久則轉黄色矣。如烊化內水中十餘遍，亦轉白色。外有一種白蠟，係小蟲延樹吐白涎粘成，與此蜂蜜蠟不同也。」

蜜蠟，濇腸止痢，托毒收膿之藥也。李氏曰：「蠟蜜之凝結於底者也，與蜜同出一源。而萬物之至味，莫甘於蜜，莫淡於蠟；蜜之氣味俱厚，屬乎陰也。故入脾，蠟之氣味俱薄，屬乎陽也，故入腸胃。蜜性緩而質柔，故潤藏府而利大便。蠟性嗇而質堅，故吸膿解毒，而止洩痢。一類二物，有各異如此。古人儉歲以此度饑，但合大棗咀嚼，即易爛也。」仲景方：治痢，有調氣飲。千金方：治痢有調血湯，其効甚捷。但性本收濇，治虛寒久痢者，宜之。倘暴痢火積不清者，不宜用也。

明 李中梓《删補頤生微論》卷三 五靈脂，味甘，性温，無毒。入肝經，畏人參。酒飛去沙，曝乾。生者行血，炒者止血。主破血下氣，一切心腹脇痛，祛冷滯。

按：五靈脂，乃寒號蟲之糞也。氣味俱厚，獨入厥陰。主血滯，大有神功，其止崩帶者，非但治血，乃去風之劑。風，動物也，衝任經虚，被風傷襲，不能藏血。與荆、防治崩相似，濁陰有歸下之功，兼能降火，人所未知。氣極羶，惡虚薄，人弗能勝也。

明 李中梓《本草通玄》卷下《蟲部》 蜂蜜，甘平。和營衛，潤臟腑，通三焦，理脾胃，解諸毒，和百藥。導便結。生能清熱，熟則補中。

五倍子。酸，平。斂肺，降火，化痰，止嗽，斂汗，止痢。解熱毒，生津液，致潰瘡，收脱肛，摻口瘡，止諸血。凡口齒，咽喉，眼鼻，皮膚，風濕，瘡癬，皆不可缺。

明 方以智《物理小識》卷九《草木類》 蠟樹，水冬青，葉細於女貞，五月養蠟子，七月收蠟。不宜盡采，至來年四月又得生子。其蠟曬乾，以越布蒙甑口，置蠟布上，置甑釜中，水沸蠟融入器，凝白可爲燭材。其滓以囊投熱油中，則蠟盡油，遂可爲燭。凡養蠟子，經三年，停亦三年，或伐木旺生新條，養一年，停一年。江南有水蠟樹，則不似冬青，至冬落葉，又一種也。蠟燭用桕油者堅。又，水槿葉細花黄，一名水椐，冬斬條插，易成大木，可以放蠟，即水蠟一類。中道曰：「嶺北蠟樹，初生葉近紅，老則皮節香。」

鹽敷樹。生五棓子之鹽敷樹，燒炭而火性不死。少頃於炭中復熖，故燒炭者簡去此木。虎被藥箭，尋遇此樹食之，則毒藥性解。《後魏書》云：勿吉國水气醎凝，鹽生樹上，今按真臘國有咸平樹。《山海經》：「橐山多楠。」郭璞注：「七八月穗有鹽粉，可酢羹，是五楠也。」

柘。柘葉可飼蠶，其絲爲絃，清響。隔年不採者，春再生，必毒蠶，故夏月宜擊脱之。柘木以醋調礦灰塗之，一宿作間道烏木。

清 釋同揆《洱海叢談》 雞足、點蒼僧房以蜜煎供客最佳，如檳榔、香附、橙柑木瓜、香橼、梅桂皆蜜漬之，川芎則採嫩芽點茶，清香可口。其採蜜之方，彝人撲捉大蜂，線繫其腰，記以色紙，迎風放之，乃集數十人負筐鋤隨行，度越大山峻嶺，忽入土竅，併力掘之，其大如城郭，得蜜數百斛，以酒糟醉羣蜂餉親友，如温台之海味也。蚱蜢油炒如蝦，或晒炙下酒，市肆食店，錫鏇盛列，以爲上味。至猓猓男婦小兒見松柴中大毛蟲，即歡笑手取，火燎其毛，嚼吞之。

清 汪昂《增订本草备要》卷四《鳞介鱼蟲部》 蜂蜜，（亦名石蜜，巖蜜。）草木精英合靈氣以釀成。生性涼，能清熱。熟睡性温，能補中。甘而和，故解毒。柔而滑，故潤燥。甘緩可以去急，故止心腹、肌肉、瘡瘍諸痛。甘緩可以和中，故能調營衛，通三焦，除衆病。□百藥，而與甘草同功，止嗽，治痢，明目，悦顔。同薤白搗塗湯火傷，煎鍊成膠通大便秘。

露蜂房，甘平，有毒。治驚□，癒瘀，附骨癰疽。根在藏府。塗瘰癧成瘻，止風蟲牙痛。傅小兒重舌，起陰痿。取懸于樹，受風露者炙用。贤药

白蠟，甘、温屬金，生肌，止血。定痛，補虚。續筋接骨，外科要藥。

五倍子，酸，鹹，其性濇，能斂肺。其氣寒，能降火。生津化痰，止嗽止血斂汗。解酒，療消渴，泄痢，瘡癬，五痔，下血，脱肛。膿水濕爛。子腸墜下。散熱毒，消目腫。斂瘡口。其色黑，能染鬚。

清 張璐《本經逢原》卷四《蟲部·蜂蜜》 蜂蜜 甘平，無毒。入調補藥、用白蜜，瀉火藥用赤蜜，味酸者不堪入藥。《本經》「主心腹邪氣，諸驚癇痓，安五藏，補不足。益氣補中，止痛解毒，除衆病，和百藥。久服强志，輕身，不饑，不老。」

桑蠹蟲，甘温，小毒。色白帶黄而腹中無穢，按之無水者爲真。若頭硬而腹中不淨者，即雜樹内蠹也。如一時難覓真者，則以截毛殼煆灰存性代之。发明：桑蠹蟲治痘瘡毒盛。

桃蠹蟲，辛温，無毒。《本經》：「殺鬼，邪惡不释。」发明：桃實中蟲，食之令人美，顔色與桃蠹不異。其蟲屎能辟温疫，令不相染。

清 郎廷極《勝飲編》卷九 蜜酒，東坡有蜜酒歌，蓋以蜜釀酒也。

清 屈大均《廣東新語》卷二四《天蠶》 天蠶，出陽江。其食必樟、楓葉，歲三月熟，醋浸之，抽絲長七八尺，色如金，堅韌異常。以作蒲葵扇緣，名「天蠶絲」；亦有成繭者，大於家蠶數倍。《禹貢》：「厥篚檿絲。」或即此類，然不可繅爲絲。入貢者，齊魯之山繭也。有沙柳蟲，腹中絲亦可作緣。

又《白蠟蟲》 粤人以蟲大如蟣虱者，芒種後置之菁細樹上，樹狀類冬青。蟲食樹汁，吐沫粘嫩莖上，化爲白脂，至秋取之，以水煑鎔濾成蠟，文理瑩徹，若石膏然，以之澆燭入藥甚適用。蟲嫩時白色，作蠟及老則赤黑。其結

苞于樹枝，初若黍米，入春漸長如雞頭子大，色紫赤，纍纍抱枝，宛如樹之作實，是稱蠟種，亦白蠟子。子內有白卵，一苞數百。次年立夏，以箬葉包之，繫于樹上，芒種後苞拆，白卵化蟲，乃復上樹作蠟也。黃蠟成于蜜蜂，白蠟成于此蟲，各有其能若此。白蠟瓊州最多，以之爲炬，大者可五六觔，每夜爇用至數百石，其價頗賤。諺曰：「東家白蠟蟲，西家黃蠟蜂。養蜂得蜜食，養蟲得燭紅。」

清　王道純《本草品彙精要續集》卷七《棗猫》　棗貓，地生棗樹上，飛蟲也。時生夏秋。採夏秋取之。收採得，陰乾用之。用全用。質大如棗子，有兩角。色青灰色。

清　陸廷燦《南村隨筆》卷一《檜花蜜、竹蜜》　蜂採檜花作蜜，極香而味帶苦，出亳州，不易得蜜中。有竹蜜，蜂於竹上結窠，大如鷄子，蒂長尺許，蜜紺色，甘倍常蜜。兜離國有紅蜜，交趾出石蜜，乃以草煎成者。

清　李光地《月令輯要》卷一《歲令上·民用》　野悉蜜（增《酉陽雜俎》：「野悉蜜出拂林國，亦出波斯國，苗長七八尺，葉似梅葉，四時敷榮。其花五出，白色，不結子，花若開時遍野皆香。西域人常採其花壓以爲油，甚香滑。」）

清　雍正《浙江通志》卷一〇五　蜂，《赤城志》：州有蜜巖，多蜂。（《名醫別録》：「石蜜即崖蜜也，在高山巖石間作之。其蜂黑色似虻。其木蜜懸樹枝作之，色青白。在人家及樹空作者，亦白而濃厚，味美，今出東陽臨海諸處者多木蜜，出於潛、懷、安諸縣者多崖蜜，亦有樹木及人家養者。諸蜜例多添雜，及煎煮不可入藥，必須親自看取方無雜耳。凡蜂作蜜，皆須人小便以釀諸花，乃得和熟，狀似作飴須蘗也。」）

又　卷一〇六　金蜜，《萬曆金華府志》：夏取爲良。不著假者，其色如金；蠟之佳者，其凝如脂。冬蜜惟山中有之，稍劣。

又　卷一〇七　野蜂，劉基《苦齋記》：匡山之巔，四面峭壁，風從北來，大率不能甘而善苦，故植物中性之苦者，莫不布族而羅生焉。野蜂巢其間，采花髓作蜜，味亦苦。山中方言謂之「黃杜初食頗難，久則彌覺其甘。」能已積熱，除煩渴之疾。

清　雍正《福建通志》卷一〇《物産·福州府》　蠟（蜜脾底也，煮治乃成。）

清　雍正《山西通志》卷四七《物産·吉州》　蠟，羣山之中，花卉香馥，蜜蜂窟宅多在石巖穴縫暨古木中，故年久蠟藏焉。

清　雍正《陝西通志》卷四三　蜜，生武都山谷，色白如膏者良。（《名醫別録》）今關中白蜜甘美耐久，全勝江南者。（《唐本草》）順政縣厨山産木蜜。（《元和志》）興州、鳳州貢蜜。邠州貢白蜜。（《唐書·地理志》）鳳州、沔縣貢，（《宋史·地理志》）雍、洛間有一種梨花蜜，白如凝脂。（《圖經本草》）興州貢（《寰宇記》）蜜出西鄉、沔縣、褒城、畧陽、興安（《廣皇輿攷》）蜜蜂溝在鳳縣西南一百里地，多蜜蜂，居民利之。（《漢中府志》）蜜出黑河。（《沔縣志》）蠭房作蜜。又有一種崖蜜，蓋蠭釀蜜于崖石間，即《本草》之白蜜是也。山間多有之，人或攀附而採焉。（《華州志》）

清　雍正《四川通志》卷四五　蜀中有竹蜜蜂，好於野竹上結窠。與蜜並紺色可愛，甘倍於常蜜。

清　乾隆《汀州府志》卷八《物産》　蜜蜂，所課也，有岩石間作者，有木枝間作者，皆不若人家畜者，蜜濃而味美。郭景純曰：「散似甘露，凝似割肪，冰鮮玉潤，髓滑蘭香，窮味之美，極甘之長。」糖甘蔗餳，一名石蜜。王敬美《閩部疏》曰：蔗有二種，飴蔗節疎而短小，食蔗節密而長。大凡飴蔗，擣之入釜，徑煉爲赤糖，赤糖再煉，燥而成霜，爲白糖。白糖再煉，則曰冰糖。又有響糖，牛皮糖之屬，他以米蘗煎林成者爲飴。

清　吳儀洛《本草從新》卷一七《蟲魚鱗介部·卵生類·蜂蜜》　蜂蜜（俗名蜂餹，生巖石者名巖蜜，亦名石蜜。補中，潤燥，滑腸。）採百花之精英，合露氣以釀成，生性涼，能清熱。熟性溫，能補中。甘而和，故能解毒。柔而滑，故能潤燥。甘緩可以去急，故止心腹肌肉瘡瘍諸痛。甘緩可以和中，故能調營衛、通三焦、安五臟、和百藥，而與甘草同功。止嗽、治痢、明目、悅顏，同薤白擣塗湯火傷，煎煉成膠，通大便秘。大腸虛滑者，雖熟蜜亦在禁例。酸者食之，令人心煩。同葱食害人，食蜜飽後，不可食鮓，令人暴亡。白如膏者良，用銀石器，每蜜一觔，入水四兩，桑火慢熬，掠去浮沫，至滴水成珠用。黃蠟，甘淡而澀，微溫，止痛生肌，療下痢。

又《蟲白蠟》　蟲白蠟生肌長肉　甘，溫，生肌止血，定痛補虛，續筋接骨。蟲食冬青樹汁，久而化爲白脂，黏敷樹枝。至秋刮取，以水煮溶，濾置冷水中，則凝聚成塊。

又《五倍子》　五倍子。（名文蛤，濇，斂肺。）酸，澀，能斂肺。鹹寒，能降火，生津，化痰，止嗽，止血，斂汗。解酒，療消渴，泄痢，瘡癬，五痔下血，脱肛。膿水溼爛，子腸墜下。散熱毒，消目腫。斂瘡口，其色黑能染鬚。嗽由外感，瀉非虛脱者禁用。生鹽膚木上，乃小蟲食汁遺種，結毬於葉間。殼輕脆而中虛，可以染皂，或生或炒擣末用。《百藥煎》：功與五倍子不異，但經造釀，其體輕虛，其性浮收，且味帶餘甘，治上焦心肺，欬嗽痰□熱渴諸病，含噙尤爲相宜。用五倍子爲粗末，每一觔以真茶一兩煎濃汁，入酵糟四兩，擂爛拌和，器盛置糠缸中，置之待發。起如發麪狀即成矣，揑作餅丸曬乾。

清 嵇璜《續通志》卷一七八 楓蠶，一名絲蟲，出橫州。楓葉始生，有蟲食葉如蠶，赤黑色。四月吐絲，光明如琴弦，海濱人取作釣緡。

折腰蜂，《南蠻記》云：出寧州沙中，岸頹則蜂出，土人燒治，以爲琥珀。

竹蜜蜂，好於野竹上結窠，大如鷄卵。有帶長尺許，窠與蜜並紺色可愛，甘倍於常蜜。

竹蠹，生竹中，狀如小蠶，老則化爲蛾。《淮南萬畢術》云：「竹蟲飲人，自言其誠。」高誘注云：「以竹蟲三枚，竹黃十枚，和匀。每用一大豆許，燒入酒中，令人飲之，勿至大醉。叩問其事，必得其誠。」李時珍以爲即此竹蠹也。蠹類甚繁，桑蠹去氣，桃蠹治鬼，柳蠹治瘀血，柘蠹破血，棗蠹及茶䖳蟲治聹耳出汁，蘆蠹治小兒飲乳後吐逆。蒼耳蠹，一名麻蟲，治疔腫惡毒。青蒿蠹治驚風，皂莢蠹治蠅入人耳。又，有橘蠹大如小指，首負特用。桐蠹可入藥。

桂蠹，形如新生小鼠，産於桂樹。偷食蜂蜜，人以入口即化爲蜜，甘香，甚奇。《漢書·南越王》：「趙陀獻桂蠹一器。」《大業拾遺録》：「隋時始安獻桂蠹四瓶，以蜜漬之。」皆指此。

金龜子，大如小指甲，俗呼紅娘。南人採之，裝以金翠，爲首飾之物。

紫鉚蟲，(鉚音礦)細如蟻，出南海。張勃《吳録》云：「九真移風縣有土赤色如膠，人視土知其有蟻。因墾發以木枝插其上，則蟻緣而上生漆，人折漆以染絮物，其色正赤，謂之蟻漆。」赤絮蟻漆，即今紫鉚也，又名赤膠，又名紫梗。紫鉚樹名「渴禀」。

白蠟蟲大如蟣虱，芒種後緑樹枝食汁吐涎，粘於嫩莖，化爲白脂，乃結成蠟。處暑後剥取，以和油澆燭，大勝蜜蠟也。蟲始白色，老則赤黑色，乃結苞於樹枝，俗呼蠟種，亦曰蠟子。

臣等謹案：蠟樹大似冬青，但蠟樹子生青熟紫，冬青樹子則紅色，爲異耳。汪機《本草彙編》以爲蟲所食者即冬青樹，殊非，今正之。

竹蝨，一名竹佛子，一名天厭子，生諸竹及草木上。初如粉點，久便能動，百十成簇，形大如蝨，蒼灰色。《蟫史》云：「其矢成團如粟飯，懸竹籬間，人取而洗，烹食之，甚益人。」

清 趙學敏《本草綱目拾遺》卷八《苦蜜》 出處州。劉基《苦齋記》：「匡山之巔四面峭壁，風從北來，大率不能甘而善苦。故植物中性之苦者，莫不布族而羅生焉。野蜂巢其間，采花髓作蜜，味亦苦。山中方言謂之黄杜，初食頗難，久則彌覺其甘。」除積熱，已煩渴，解熱痢，暑積，驅風，丸藥中用之，更佳，老人腸燥，以一盞和酒食，尤宜。

清 師範《滇繫》第四册《賦産》 崖蜜出於滇，山民因崖累石爲窩，以招蜂而蜂聚。其蜜甚白，真川蜜也。初涖農部，時值甚賤。近今客來收販，漸昂矣，亦地方之利也。嘗得蔣先生服茯苓方：茯苓三十斤，白蜜三斗，蒸擣三萬杵，服之。眼能夜視，發神光。農部辦二物甚便，彼時樂酒肉穿腸，道在心，那暇及此，今悔之甚。武定山民有養至百窩者，家大饒，俗因謔爲蜂王。若和茯苓而服之，豈不成蜂仙乎。

清 嘉慶《寧遠縣志》卷一〇《雜志·祥異》 甘露。漢章帝四年，降甘露於泉陵、洮陽、泠道、始安四縣，榆、柳、柏、梅、李葉皆沾浧，民嗽吮之，甘如蜜飴。

清 楊時泰《本草述鉤元》卷二七《蜂蜜》 蜂采無毒之花，釀以大便而成，生巖石者名石蜜。氣味甘平，(生者有小毒。)蜜成於蜂，蜂寒而蜜温，同質異性也。(守真)生者性凉，故能清熱。熟則性温，故能補中。(瀕湖)主治養脾氣，和營衛，潤臟腑，通三焦，除心煩、虛熱，止痛，解毒，通大便秘結，(傷寒更有「蜜煎導法」)和百藥，(煉熟和「丸及膏」，主通潤而益血脈，調脾胃。)點目中熱膜，以家養白蜜爲上，木蜜次之，崖蜜更次之。與薑汁熬煉，治癩甚效。塗火灼瘡，能緩痛。凡覺有熱，四肢不和，服蜜漿一盌，能解虛熱驟生，甚良。同蘆根汁、梨汁、人乳、牛羊乳、童便治噎膈，大便燥結，有痰加竹瀝。産後口渴，用煉過蜜不計多少，熟水調服即止。難産横生，蜂蜜、真麻油各半碗，煎減半，服立下。天口鹵瘡，相傳漢武帝興師擊鹵所染，頭面及身，須臾周匝，狀如火瘡，皆戴白漿，隨決隨生，不即療數日死，差後瘡瘢黯色，一歲方滅，此天行惡毒氣也，取好蜜通摩瘡上，以蜜煎升麻數數拭之。疔腫惡毒，用生蜜與隔年葱研膏，先刺破塗之，如人行五里許，則疔出，後以熱醋湯洗去。繆氏謂其氣清和，其味甘純，施之陰陽内外，罔不相宜，洵然。丹溪云：西北高燥，故人食之有益，東南卑濕，多食則害生於脾。多食生濕熱蟲䘌，(瀕湖)亦生諸風(宗奭)，小兒尤當戒。生者性寒滑，能作泄，大腸氣虛，完穀不化者，弗服。嘔家酒家，中滿蟲脹，濕熱、脚氣俱不宜用。（仲淳）不可與生葱、萵苣同食。修治：水火煉法：每斤入水四兩，銀石器内，以桑火慢熬，掠去浮沫，至滴水成珠乃用。又法，以器盛置重湯中，煮一日，（自不傷火）候滴水不散，取用亦佳。論：萬物之至味，莫過於甘，蜂采百花之英，釀以大便而成蜜，是和羣味而以臭腐生神奇者。甘屬土，故能養脾。集羣味以爲甘，更由醖釀而成變化，故解毒爲最。甘味屬陽，故所益者脾氣。雖經曰陰爲味，然味歸於形而歸氣，是先能和陰以諧榮衛，俾臟腑，潤三焦，通脾氣，於是乎益暢而虛熱能解也。

又《蜜蠟》　蜂房如脾，謂之蜜脾，蜜脾之底爲蠟。取蜜後煉過，濾入水中候凝，取之色黄者名黄蠟。更用水煮化，以好綿紙摺作數層，人冷水蘸濕遂貼蠟上，一吸即起；仍投冷水中，有蠟凝紙上即剥取之，再吸再剥，以盡爲度。鋪竹器中曝之，乾則頻灑以水，久之色白如練，因名白蠟，非新白而久黄也，與蟲造白蠟不同類。氣味甘淡，微温。惡芫花齊蛤。《本經》：主下痢，膿血，補中，續絶傷。（能益血而行經脈）金瘡，益氣。《别録》：療泄澼後重見白膿，利小兒。蜜氣味俱厚，性緩，質柔，故潤臟腑而養脾。蠟氣味俱薄，性濇，質堅，故養胃而止瀉痢。（瀕湖）蜜甘而蠟淡，猶瓜甜而蔕苦，所以見中樞之别於本末内外也。《月令》：「五味歸五臟。」《素問》另出淡味爲五味本。凡形臟不足者，各因其味以補之。傾頽者，專取淡味以維之。（之頤）孕婦胎動，下血不絶欲死，以蜜蠟雞子大煎三五沸，投美酒半升，服立瘥。（甄權）裹大黄爲丸，膈寒凉者，脾胃無損。得象牙末等能去漏管，長肉。得膩粉、真珠、黄檗、龍腦、鉛丹、蛀竹屑、葱白、猪脊髓，治陰蝕、惡瘡。同孩兒茶、鉛丹、胡粉、龍骨、黄檗、猪膽汁、炙猪脂作膏，治内外臁瘡久不愈。華佗治老少下痢，食入即吐，用白蠟方寸匕、雞子黄一個，石蜜、苦酒、髮灰、黄連末各半，雞子殼先煎，蠟蜜醋雞黄令匀，後納連髮，熬至可丸乃止。二日服盡，神效無匹。金匱調氣飲：治赤白痢，少腹痛不可忍，後重，或面青手足俱變者，用黄蠟、（三錢）阿膠（三錢）同溶化，入黄連末（五錢）攪匀，分三次熱服，神效。千金膠蠟湯：治熱痢及婦人産後下痢，用蠟二碁子大，阿膠、（二錢）當歸、（二錢半）黄連、（三錢）黄檗、（一錢）陳廪米、（半升）水三升，煮至一升，去米入藥，煎至一鍾，温服，神效。立效丸：治肺虚膈熱，咳嗽音嘶，氣急煩滿，咽燥欲冷，體倦肌瘦，發熱減食，用黄蠟溶濾令浄，漿水煮過，八兩化作一百二十丸，以蛤粉四兩爲衣養藥。每服一丸，胡桃半個，細嚼，温水下，即卧，閉口不語。日二。蠟礬丸：凡治一切癰疽腫毒，服之以護膜，膜苟不破，雖劇必瘥。惟二味溶化後太熱，則手難丸，稍冷則硬。須待溶化極時，乘熱傾冷水中，便可隨手取丸矣。蠟取鎔浄去渣者，白礬，須極細末，等分。論：蠟味初嘗微甘，即轉爲淡，五味以淡爲本。今淡先有甘，是從中土而爲扶危救困之味也。夫淡本以養陰，入中土之甘而返之於元陰，固宜專於脾胃之陰氣而續其絶傷。蓋此物凝蜜爲質，不等於諸淡滲之淡。觀《金匱》《千金》治痢二方，蠟蜜同用可以思矣。至華佗用治痢不納食，更爲能還脾陰之一證，而蠟礬護膜亦由護其陰氣，得諧礬石之收陰以奏功也。味者謂其性濇而收脱，不察甚矣。繆氏云：火熱暴痢，不宜用。

又《露蜂房》　此房懸樹頂上得風露者，其蜂黄黑色，長寸許，螫馬牛及人欲死，非人家屋下小蜂房也。其頂上實處名紫金沙，氣味苦，甘，鹹，平，有毒。《本經》：主驚癇瘈瘲，寒熱邪氣，癲疾，鬼精蠱毒，腸痔。諸本草治惡疽，附骨癰，邪在臟腑，歷節腫出，疔腫惡脈諸毒，療上氣及遺尿失禁。燒灰酒服，主陰痿。

炙研和猪脂，塗瘰癧成瘻。同熱燒酒浸一刻，頻漱，治風牙腫痛。五癇得效方：露蜂房焙石緑，（各一兩）桂心、遠志肉、人參、（各五錢）硃砂，（一錢）爲末，粥丸如梧子大，每服二三十丸，白湯下。崩漏，京墨爲末二錢七，露蜂房燒爲末，三指撮，酒調服。

又，崩漏五色，使人無子。蜂房末三指撮，温酒服之，神效。

陰痿，蜂窠燒研，新汲井水服二錢，可御十女。陰毒腹痛，露蜂房三錢燒存性，葱白五寸，同研爲末。男左女右，着手中握陰，卧之汗出即愈。喉痺腫毒，露蜂房灰、白殭蠶等分爲末，每乳香湯服半錢。牙風腫痛，草蜂房一枚，鹽實孔内燒過，研末擦之，鹽湯漱去。舌上出血，竅如針孔，紫金沙、（三兩）貝母、（四錢）蘆薈、（三錢）爲末，蜜和丸彈子大，每用一丸，水一盞，煎至五分，温服。論：露蜂房之用，《本經》首主驚癇瘈瘲，寒熱邪氣，癲疾，非止如後世以毒攻毒之説。夫癇原於陰中之陽虚，趙以德謂：元氣虚弱或外感内傷之邪，由經脉入於兩腎動氣中，致陰陽分離，脉道不通而爲厥逆。即《經》所云：精氣并居，發爲癲疾也。蜂房賦物雖微妙，能以歸陽於陰者，合陰陽之離而奪精氣之并。觀《别録》取治附骨惡疽，根在臟腑者，是豈僅奏功於血氣之末，而不深入臟腑以爲理乎？蘇恭療上氣及遺尿失禁，更生陰痿，則知此味歸陽於陰之功矣。蓋陰中陽虚者，多原於陰虚，故感於邪而陽乃離陰之位以上越，明其原於陰虚者，以腎間動氣固在至陰之中也。再參在下如女子崩漏之治，不使陰離於陽也。男子陰痿及男女陰毒腹痛之治，不使陽并於陰也。在上更如喉痺牙風之治，不使陽離於陰也。又如舌上出血，竅如針孔之治，不使陰并於陽也。種種不越驚癇之義，以推求之《本經》，故以治癇專屬此味耳。繆氏云：凡病氣血虚而無外邪者，與夫癰疽潰後元氣乏竭者，皆不宜服。

清 吴振棫《黔語》卷下《白蠟樹》 黔之木皆可材也。不以材而利者，何也？漆也，剖其膚而汁也。桐與茶也，軋其實而膏也。而利在蟲者，曰白蠟樹。汪機謂即冬青，李時珍以爲樹似冬青，今謂之山蠟樹，以别於水蠟樹。然水蠟樹亦可放蟲，且插之無不活者。安順多蠟樹，産蠟蟲，蟲負殼，大如栗，以數枚置樹上，殼破蟲出，細如蟣延。緣枝葉間，雨至匿葉底。秋風動摇，雌者化雄者，螯樹膚中，及春啓蟄，復負一殼出，如花之蓓蕾然。至夏大如雞頭子，纍纍然如樹之結實，將遺卵也，於是急摘取之而布之。樹蚺之既盡，則蟲無有而樹皆縞矣，割之鬻之，滓去液留，而蠟以成，方其將遺卵也。黔人不能盡育，則販者或擔或負，日數百人頳肩胝足，窮日夜走施秉，懼蟲之速化也，日煖尤甚。辰、沅間人亦胥待於施秉，争買以歸，遂成一鬨之市。

清 道光《晃州廳志》卷三七《物産志》 （五倍子）倍當作棓，俗作棓者，非蓋蟲類也。《本草》：鹽膚子，木生叢林者，五六月有小蟲如蟻，食其汁，老則遺種，結小毬於葉間。初起甚小，漸長漸堅，其大如拳，或小如菱形，狀圓長不等。初時青緑，久則細黄，綴於枝葉，宛若結成。九月采以曝乾，染家用之。

清 道光《遵義府志》卷一七 白蠟，《元和郡縣志》：播州元和貢蠟二十斤，溱州元和貢蠟四十斤，珍州開元貢蠟。《蜀語》：「白蠟蟲，生冬青樹枝上，殼大如圓眼，半核殼。雨節摘下，殼内細蟲如蟻，至立夏節生，定能行，用桐葉包，繫冬青樹枝上。其殼底蟲能作白蠟，走向葉背上住。其殼口蟲仍爲蟲種，走向葉面上住。如入定狀。七月後，葉背上者脱皮，走聚住枝上，身生白衣漸厚，即白蠟也。至處暑節採下，煎爲蠟。葉面上者蜕皮走散，住枝上，漸漸長大。初如蟻，如蝨，漸如粟，如米，至冬如豌豆，如大豆，至明年穀雨，所謂大如圓眼。半核者殼上有蜜一點，至穀雨蜜乾可摘，此即蟲種也。」

蜜，《華陽國志》：「平夷縣山出茶蜜。」《明統志》：「州縣俱有。」《蜀都賦》：「蜜房郁毓被其阜。」《陳志》：「州縣貨産。」

五倍子。《蜀語》：文蛤，即五倍子，生於拂煙樹中，有小細蟲，口飛而齧人，甚痒，名螟子。又黄連樹葉上，似五倍，小而花，亦有此蟲。凡采五倍子，宜六月末，蟲未飛出時取蒸，蟲死方澀而可用。如遲，蟲已出，無味不中用矣。《田居蠶室録》：「其樹，土人名夫煙樹，葉大似楓丹者爲泡夫煙，細似椿葉而短者爲鐵夫煙，鐵夫煙葉大者爲雄，小者爲雌。雄者不結子，泡夫煙子結葉蒂上，鐵夫煙子結葉背，結蒂者形似佛手柑，結葉者似桃色間紫緑，三月發葉，子即生。六月摘取，用沸水微煮，其中蟲盡死以供染用。其未摘盡者，明年自破，蟲飛出。一蟲一子一枚，蓋數百蟲也，種蟲者摘其最老之子懸風處，俟葉發時挂之樹，一株歲可多得至二斤，其蟲不生他樹。此樹雖高二三尺，歲亦必結數子，樹開白花成簇，結穗如蜀稌，皮及葉亦可染黑。」

白蠟樹，《本草》：「枝葉狀類冬青，四時不凋，蜀人以放蠟蟲，故謂之蠟樹。」《蜀語》：「冬青樹，俗名曰蠟樹。」《田居蠶室録》：「俗名插蠟壓枝即活，山上水邊俱宜。放蠟蟲必於此，若種一二百株，歲獲利與漆等。」

清 太醫院《藥性通考》卷四《蜜》 味甘，氣平，微温，無毒。益氣，温中，潤燥，解毒。養脾胃，卻癇痓，止腸澼，除口瘡，心腹卒痛，補五臟不足，通大便久閉。此蜂採百花而釀成，自然補益，但可丸藥中用之，入湯劑内止潤大腸。世人以白色者爲上，不知採黄花則蜜黄，採白花則蜜白，而黄者得中州之氣尤勝於白，人不知也。

清 牟應震《毛詩名物考》卷四 蠶 一名天蟲，初生黑，眠而褪皮則漸白。凡三四眠，絲滿則腹明亮如琉璃，吐繭自裹變而爲蛹。有桑上自生者，長不及寸，首大於身，色黔白，繭如小棗，絲比家畜者尤韌。古人取爲琴瑟絃者，此也。食樗藥者，身有肉刺，形如海參，色碧緑，繭色灰陽爾。《雅》曰：「□由謂此，亦食椒葉，繭有椒香；食柞葉者尤木，身有金星，色青黄，繭大如鶏子。」

清 康熙《寧化縣志》卷二《土産》 蠟 蠟者，蜜之蹠，必煉治而後成。初時極香，煉時或加少醋，便黄，謂之黄蠟。煉净色白者爲白蠟，非新白而久黄也。蠟生于蜜，而天下之味莫甘于蜜，莫淡于蠟，故西方之書曰：味如嚼蠟。蓋厚于此者，必薄于彼，理固然也。又，蟲白蠟，冬青樹上有蟲作繭，苞于樹上，大如累豆，苞中藏蟲。季春剪苞箬裹縛置樹上，蟲自出苞食樹津液，漫樹柯，久之紛白如絮。處暑後剥取煎煉，凝白如脂，謂之白蠟，其蟲所遺卵。作房于樹，俗呼蠟種，亦曰蠟子，子内白卵如細蟣，一包數百，次年將夏乃摘也。又有水蠟樹，葉微似榆及甜櫧樹，皆可放蟲作蠟，此則土人未有試者。唐宋以前澆燭入藥，惟用蜜白蠟，用蟲白蠟則自元以來人始知之。甯泉上下里尚業之，獨蠟樹不作繭，皆從邵武及石城貿種以來。又，梵書西方結夏時，以蠟爲人，其輕重視人，解夏後驗，蠟人輕重不殊，則爲念定無妄想，否則血氣耗散，必輕于蠟人，故僧家謂之戒蠟。

清 同治《鉛山縣志》卷五《地理·物産》 蜂蜜蜂採百花釀成，有二種，或山林巖石作房，或人家作窠，蜜濃厚味美，色白如膏者更良。

清 同治《韶州府志》卷一一《輿地略》 蜜糖，蜜蜂所釀，出翁源爲多。在高山巖石間，有毒，糝以胡椒，熟而食之，無害。又人家窠檻收養，味尤醇厚，取糖以冬夏爲上，秋次之，春則易變而酸。

飴糖，以瞿麥芽和糯米漿熬成，味清甜。

清 朱亦棟《群書札記》卷一四《蜜苦胆甜》 陸佃《埤雅》傳曰：「蜎膽甘，楝密苦。」案：《老學菴筆記》：「亳州太清宫檜至多，檜花開時，蜜蜂飛集其間，不可勝數。作蜜極香而味帶微苦，謂之檜花蜜，真奇物也。」歐陽公守亳時，有詩『蜂採檜花村落香。』則亦不獨太清而已，是檜密亦苦也。《都公譚纂》：國初，四明人王桓與二老者同赴召，見太祖於便殿，上問二老者：「卿事何業？」一對曰：「臣業農。」其一人對曰：「臣業醫。」上曰：「卿爲醫，亦知密有苦而膽有甜者乎？」對曰：「蜂釀黄連花則密苦，猴食果多則膽甜。」上曰：「是能格物者。」擢爲太醫院使。此又一説也。

清 光緒《江西通志》卷四九 繭紬，信、安、長諸邑出，韌輭適體，亦有采，染五色絢爛者。

清 汪日桢《湖雅》卷四 冬青，女貞，《武康劉志》：「冬青樹可放蠟蟲，子名女貞子，入藥。按：冬青俗名凍青，女貞俗名蠟樹，乃一類二種。蠟蟲所造之白蠟，來自蜀中，非湖産也。」

清 光緒《孝感縣志》卷五《土物志》 蜜蜂，畜者亦非定業，聽其自來。其中有王，王之子皆爲王，王多則分去，屢分易耗。故王生子，人輒死之，以妨分析。割蜜以九月，仍留餘蜜，以爲蜂禦冬計，杜詩：「天寒割蜜房」，惟山中稍多。

清 光緒《海陽縣志》卷四六《雜録》 潮州蔗田接壤，蔗蟲往往有之。（俗名蔗頭龜。）形似蠶蛹而小，味極甘美，居人每炙以佐酒。姚承憲賦二律詠之，其次首有云：「佳境不須疑有蟲，庶生原可慶斯螽。似誰折節吟腰細，笑彼銜花蜜口空。」狀物極工。（據《秋雨庵隨筆》修。）

清 劉錦藻《清朝續文獻統考》卷三八六《實業九》 蠟業、養蜂業及蟲膠片業：蠟有黄、白二種，黄蠟産自蜂窩，用途不廣；白蠟係蠟木上蠟蟲分泌而成，爲四川特産。蠟蟲多産於建昌、犍爲，蠟木多産於嘉定，每年取蠟蟲移於蠟木，俟分泌後截其幹而取之，産量甚鉅，爲川省主要物品。運至重慶、漢口分輸各地，銷海外者，大部由上海輸出，年約數千擔，值銀數十萬兩。嘉定産白蠟樹極夥，蠟蟲多由他地輸入，原産蠟蟲地爲川、滇交界之理州、土哪等處。採取蟲種時之蠟樹與結蠟時之蠟樹性質不同，理州、土哪宜於栽植産生蠟蟲之蠟樹，嘉定反是宜於栽植結蠟之蠟樹，故理州、土哪之蠟蟲必移養於嘉定之蠟樹，始可産生白蠟也。養蜂爲農民副業之一，雖各省均有，成績迄無可觀，以其於取蜜分封之法，毫不講求新式養蜂業，近稍發達，規模較可觀者，當推上海威氏、無錫華氏之養蜂場及閩侯張氏之養蜂試驗場。三場出品甚佳，獲利頗厚，湖北此業亦漸發達，麻城范氏在各處收買蜂種從事試驗，省立農業學校特設養蜂一科，各地創設養蜂講習所，將來可望進步。蟲膠片爲一種蚜蟲在樹枝上放出之膠質，能溶於水，受熱則爲流質，市閒膠片多來自安南，我國産地爲雲南與安南交界之處，樹枝上所積名紅子梗，廣東稱爲草茸，製法：先將紅子梗由樹枝取下，去其泥沙及一切雜質，磨成米粒大小，置清水中洗之，除去所含紅質，曬於日光中，乾後放入布袋，在火爐熱之，膠質由袋縫中流出，即成蟲膠片。製蟲膠餅法：與此同，但放入布袋時須加明礬少許，使生黑色，此二項多用於製造假漆及水銀鏡。

清 光緒《邵陽縣鄉土志》卷四《地理志·商務》 白蠟、黄蠟兩種，白蠟出自蠟樹蠟蟲所成，黄蠟係蜂釀蜜餔渣滓。二物間運出境，本處用之，亦屬不少。

清 光緒《靖州鄉土志》卷三《物産志·動物製造》 蜂蜜，取蜜蜂房，用布緊捲，蜜即流出。

黄蠟，（李時珍注：《本草經·蜜蠟》下云：色黄者俗名黄蠟，煎煉極浄，色白者爲白蠟，非新則白而久則黄也。與今時所用蟲造白蠟不同。按：此地所製皆黄蠟，無色白者。）將取過蜜之蜂房熬煉，濾入水中，俟凝取之。

蟲白蠟，（李時珍注《本草會編蟲白蠟》下云：「唐宋以前澆燭入藥所用白蠟皆蜜蠟也。此蟲白蠟則自元以來人始知之，今則爲日用物矣。」）刮取蠟蟲所作樹間白脂，以水煮化，濾置冷水中，凝聚成塊即爲蠟，以上常産。

清 張鳳台《長白彙徵録》卷六《藥品·黄蠟》 《綱目》：「甘温，無毒。」

《備要》云：「止痛生肌，療下痢，續絶傷。」按：蠟皆蜂釀而成，一經煎洗，蜜味至甘，蠟味至淡，故言無味者，謂之嚼蠟，入藥亦良品也。

又《蜂蜜》《備要》：蜜以白膏良，聚草木菁英，合露氣以釀成。生涼，清熱；熟温，補中。甘解毒，柔潤燥，除百病，和百藥與甘草同功。多食滑腸泄瀉，與中滿者忌之。遼省頗多，售諸内省。

清 光緒《永定縣鄉土志》卷四《物産志》 蜜歲以春秋二季取蜜，多者□数百斤，販運出境，充藥肆丸藥之用。石蜜爲良，然不易得，偶得一穴，可取采□石，味尤温厚。

清 光緒《天河縣鄉土志》卷《物産》 動物製造。白蠟，用蟲食蠟樹，取其糞熬之成餅。每年約數百斤，出北鄉。蜜糖造籠置糖，引蜂居之。冬月取其釀成之糖，每年約二千斤，出北鄉。

傳記

清 道光《豐城縣志》卷一八《孝友》 熊叨賚，字予善，國學生，潭埠人。少孤，事母孝。母病患渴，得蜜梨食稍痊。叨賚自養蜂接梨數年，蜂叢釀蜜，梨纍纍結實，母賴是享年八十餘。

紀事

漢 班固《漢書》卷九五《西南夷兩粤朝鮮傳》（汉文帝元年）謹北面因使者獻白璧一雙，翠鳥千，犀角十，紫貝五百，桂蠹一器，生翠四十雙，孔雀二雙。應劭曰：「桂樹中蝎蟲也。」蘇林曰：「漢舊常以獻陵廟，載以赤轂小車。」師古曰：「此蟲食桂，故味辛，而漬之以蜜食之也。蠹音丁故反。」

宋 張邦基《墨莊漫録》卷五 東坡性喜飲而飲亦不多，在黄州嘗以蜜爲釀，又作《蜜酒歌》，人罕傳其法。每蜜用四觔鍊熟，入熟湯相攪成一斗，入好麵麴二兩，南方白酒餅子米麴一兩半，擣細，生絹袋盛，都置一器中，密封之。大暑中冷下，稍涼温下，天冷即熱下。一二日即沸，又數日沸定，酒即清可飲。初全帶蜜味，澄之半月渾是佳酎。方沸時又鍊蜜半觔，冷投之尤妙。予嘗試爲之，味甜如醇醪，善飲之人，恐非其好也。

明 卜世昌《皇明通紀述遺》卷四（永樂十一年）以野蚕絲衾，命皇太子奉薦太廟。先是山東民有獻野蚕繭絲者，羣臣奏賀瑞應。上曰：「此祖宗所祐也。」特命織帛染柘黄，製衾以薦。

明 王圻《稗史彙編》卷一五〇《紫粉治聾》 知邛州事龔顥，建溪人，許涣即真君遠孫。真君升天之後，涣常病，耳聾。龔曰：「恨蜀中無紫粉，爲子脩藥餌之，立差。」因以尋常紫粉獻之。龔笑曰：「非是，乃蘇枋樹間自然蟲糞也。」

明 吴之俊《狮山掌録・小山館》卷一六《蜜人》 崔彦曾供張佛筵，液蜜爲人。

清 乾隆《長沙府志》卷三七《災祥志》 天顯二年旱，白蠟産於株樹，民採之以易食。三年，湖南大旱。五月至九月始小雨，白蠟産於蠟樹上。

清 同治《城步縣志》卷九清・張方佳《免派辦蜡》 城步縣辦蠟向例於下六部，蠟户按數承繳，原無派及八里粮户分辦。乾隆三十年署主許，因是年雨水衝泛，蠟蟲受傷，繳辦維艱。暫令八里保正按數分派，於他鄉埠口購買，帮辦苦累難堪。幸逢青憲石太老爺來鎮，兹土閤邑保正隨以俯電輿情，籲詳免累等情具呈，蒙批六都出白蠟自應發價，蠟户辦繳未便，派令閤邑分辦，致滋擾累。前署縣因蠟歉收，不過權爲酌辦，未可援爲定例。來年辦蠟仍照舊例可也，嗣於三十一年分奉上檄辦。我憲照依成例，仍歸下六都産蠟之鄉領價承繳，而蠟户楊拔遠、楊清臣等欲援許主帮辦爲例，奔越上控，希圖卸責。蒙藩憲親提蠟户，當堂諭令，嗣後奉買部蠟，自遵例向有蠟之家取買，不得派累糧民，以致滋擾。從此辦蠟一事，凡我八里糧民得免派累。此皆我憲體恤窮黎之至意也。

藝文

宋 蘇軾《東坡全集》卷一八《安州老人食蜜歌》 安州老人心似鐵，老人心肝小兒舌。不食五穀惟食蜜，笑指蜜蜂作檀越。蜜中有詩人不知，千花百草争含姿。老人咀嚼時一吐，還引世間癡小兒。小兒得詩如得蜜，蜜中有藥治百疾。正當狂走提風時，一笑看詩百憂失。東坡先生取人廉，幾人相歡幾人嫌。恰似飲茶甘苦雜，不如食蜜中邊甜。佛云吾言譬如食蜜中邊皆甜因君寄與雙龍餅鏡，空一照雙龍影。三吴六月水如湯，老人心似雙龍井。

宋 朱翌《灊山集》卷二《王令收桂花蜜漬培地瘞三月啓之如新》 桂花老月窟，墮地散金莛。長憂風雨餘，失此香旖旎。撫樹三歎息，留花姑少俟。枕中有仙方，解使香不死。蜜蜂喜輸糧，餘潤獲漸靡。瘞深閲三月，發覆驗封璽。虛堂羽新觀，博山爲頻啓。初從鼻端杀，忽置秋色裏。氤氳縹緲間，可以降月姊。自玆閏四時，何止名七里。

宋 袁説友《東塘集》卷六《謝侃老惠蜜》 釀花流蜜傍虛簷，乞我分甘要屬饜。剛被平生飽辛苦，自憐嚼蠟不知甜。

宋 楊萬里《誠齋集》卷二八《甘露子一名地蠶》 甘露子，喚作地蠶亦良似。不食柘葉不食桑，何須走入地底藏。不能作繭不上簇，如何也蒙賜湯沐。呼我果謂之果呼。我蔌謂之蔌唐林。晁錯莫逢他高陽，酒徒咀爾不摇牙。

明 吴之俊《狮山掌録·小山館》卷一六《散露凝肪》 郭珍《蜜賦》曰：「散似甘露，凝如割肪。冰鮮玉潤，髓滑蘭香。」

清 阮元《揅經室集》續集卷八《梅花蜜》 園中梅花盛開至兩月之久，二月蜜房已滿，割之，是梅花所釀也。

春半園花殘，蜂釀可收拾。呼童開其房，蜜脾垂數十。一脾穴滿百，蜂頭何戢戢。（蜜房片片，側垂如脾，窩孔側列于脾，蜜含孔内。）甘露頷可含，黄粉翅能翕。（蜂含花露于頷下，沾花黄于翅股之間。）瑩如冰壺清，白若玉膏濕。計彼冬春間，花稀寒不蟄。惟有百樹梅，衙衙採之急。（蜂一日有兩衙）割脾留半臺，（蜂主所居有臺，割蜜須留其半，割少則蜂惰，割多則蜂饑。）淋漓注且挹。梅花香與魂，全與蜜爲入。甜味翻銀匙，萬花歸一吸。

清 吴榮光《石雲山人詩集》卷一一《和春海學使橡繭歌》 櫟檞之屬房生捄，有子曰橡黔南陬。昔聞葉可爲紺緅，又聞樹僅充薪槱。歲拾作糧誰其尤，矯矯李恂新闢畱。遑遑摯虞鄂杜求，不聞飼蠶蠶有收。快哉博物使君郵，烏江之南爰咨諏。作歌告我紝織修，使其有用大蔽牛。我亟徧與守土謀，是時實落寒林秋。采以斗石多爲裒，散種十二府一州。汝有一畝與一坵，腴者汝儘爲田疇。瘠者可種不可收，自汝硌确至于芁。況有拱把生道周，汝先保之毋斨鉥。龍巖鳳山多絲綢，機聲軋軋燈一篝。富勝千石千皮裘，汝得其傳富則侔。東風沖融吹林幽，其葉沃若如桑柔。蟫蟫蟆蟆緣枝頭，以枝接樹枝相摎。連枝疊葉紛蜒蚰，衆鳥眈伺聲啁啾。毆以竿嘖戒鎗矛，（所屬有請用鎗毆者，止之。）蛹成乃割盈盆甌。繅以莜汁絲頻抽，蠶姑蠶婦忙不休。成絇成匹皆堪售，不脛而走長通流。不税其蠶防苛搜，萬家萬樹同庇庥。廻首蒼翠三年週，户户絲繡皇華輶。亦或繭有同功不，更將十法爲汝謳。

雜録

唐 蘇鶚《杜陽雜編》卷上 （貞元）八年吴明國（《洞冥記》有吴明之瓏。）貢常燃鼎鸞蜂蜜，云其國去東海數萬里，經挹婁、沃沮等國，（挹婁、沃、沮皆出《漢東夷傳》）其土宜五穀，珍玉尤多。禮樂仁義，無剽刼，人壽二百歲。俗尚神僊術，而一歲之内乘雲控鶴者往往有之。常望有黄氣如車蓋，知中國有土德王，遂願入貢焉。常燃鼎量容三斗，光潔類玉，其色純紫，每修飲饌，不熾火而俄頃自熟，香潔異於常等，久食之，令人反老爲少，百疾不生。鸞蜂蜜，云其蜂之聲有如鸞鳳，而身被五彩，大者可重十餘斤，爲窠於深巖峻嶺間，大者占地二三畝。國人採其蜜，不過三二合，如過度，則有風雷之異。若悮螫人則生瘡，以石上菖蒲根傅之即愈。其蜜色碧，常貯之於白玉椀，表裏瑩徹如碧琉璃，久食之，令人長壽，顔如童子，髮白者應時而黑，及沉痾眇跛諸僻惡之病，無不瘳焉。

宋 徐鉉《稽神録》卷四《蜂餘》 廬陵有人應舉，行遇夜，詣一村舍求宿。有老翁出見客，曰：「吾舍窄人多，容一榻可矣。」因止其家。屋室百餘間，但窄小甚。久之告饑，翁曰：「吾家貧，所食惟野菜耳。」即以設客食之，甚甘美，與常菜殊。及就寢，惟聞訌訌之聲。既曉而寤，身卧田中，旁有大蜂窠。客嘗患風，因而遂愈，蓋食蜂之餘爾。

明 陳繼儒《太平清話》卷二 皇甫湜嘗爲蜂螫指，購小兒斂蜂，擣取其液。一日命其子録詩，一字誤，詬躍呼杖，杖未至，嚙臂血流而死。

明 吴之俊《狮山掌録·小山館》卷一六《仙飲》 西王母言：太上藥有玉津金漿、連珠雲漿，次有五雲漿、鳳林鳴酢、中華紫蜜、雲山朱蜜。

圖表

宋 唐慎微《證類本草》卷二〇 蜂子味甘平，微寒，無毒。主風頭，除蠱毒，補腑臟，傷中，心腹痛。大人、小兒腹中五蟲口吐出者，面目黄。久服令人光澤好，顏色不老，輕身益氣。
大黄蜂子，主心腹脹滿痛，乾嘔，輕身益氣。
土蜂子，主癰腫，嗌（音益，喉也。）痛，一名蜚零，生武都山谷。（畏黄芩、芍藥、牡蠣。陶隱居云：「前直云蜂子，即應是蜜蜂子也。取其未成頭足時炒食之。又，酒漬以傅面，今面悦白。黄蜂則人家屋上者，及瓠（音侯）瓢蜂也。」今按：陳藏器《本草》云：「蜂子主丹毒，風疹，腹内留熱，大小便澀，去浮血，婦人帶下，下乳汁。血即蜜房中白如蛹者，其穴居者名土蜂，最大，螫人至死。其子亦大白，功用同蜜蜂子也。」臣禹錫等謹按：「陳藏器云：「按：土蜂，赤黑色，燒末油和，傅蜘蛛咬，瘡。此物能食蜘蛛，亦取其相伏也。」《日華子》云：「樹蜂、土蜂、蜜蜂，涼有毒，利大小便，治婦人帶下病等。又，有食之者，須以冬瓜及苦蕒、生薑、紫蘇，以制其毒也。」

《圖經》曰：蜂，《本經》有蜂子、黄蜂、土蜂，而土蜂下云：「生武都山谷，今處處皆有之。蜂子即蜜蜂子也，在蜜脾中如蛹而白，色大黄。」蜂子，即人家屋上作房及大木間瓠（音侯）瓢（音婁），蜂子也。嶺南人亦饌食之，蜂並黄色，此蜜蜂更大，土蜂子即穴土居者，其蜂最大，螫人或至死。凡用蜂子，並取頭足未成者佳。謹按：《嶺表録異》載：「宣、歙人取蜂子法：大蜂結房於山林間，大如巨鍾，其中數百層。土人採時須以草衣蔽體，以捍其毒螫，復以煙火熏散蜂母，乃敢攀緣崖木，斷其帶。一房蜂子或五六斗至一石，以塩炒暴乾，寄入京洛，以爲方物。」然房中蜂子三分之一翅足已成，則不堪用。詳此本上作房，蓋瓠瓢類也，而今宣城蜂子乃掘地取之，似土蜂也。故郭璞注：《爾雅》：「『土螽』云，今江東呼大螽，在地中作房者爲土螽。啖其子，即馬螽，荆、巴間呼爲蟺（音憚）。」又注：「木螽云似土螽而小，在木上作房，江東人亦呼水螽，人食其子。然則二蜂子皆可食久矣，大抵蜂類皆同科，其性效不相遠矣。」

《禮記》曰：嚼鷃、蜩、范，注云：蜩，蟬也；范，蜂也。

蜜蠟，味甘，微温，無毒。主下痢膿血，補中續絶傷，金瘡，益氣，不飢，耐老。

白蠟，療久洩澼後，重見白膿，補絶傷，利小兒。久服輕身不饑。生武都山谷，生於蜜房木石間。惡芫花、齊蛤。陶隱居云：「此蜜皆先以此爲蜜蹠（音隻）煎蜜，亦得之。初時極香軟，人更煮煉或加少醋酒便黄赤，以作燭色爲好，今藥家皆應用白蠟，但取削之，於夏月日暴百日許，自然白，卒用之。亦可烊内水中十餘過亦白，俗方惟以合療下凡。而仙經斷穀最爲要用，今人但嚼食方寸者，亦一日不饑也。」《唐本》注云：「除蜜爲佳，蜜已見食蜜條中也。」臣禹錫等謹按：《藥性論》云：白蠟使味甘平，無毒。主妊孕婦人胎動，漏下，血不絶，欲死。以蠟如鷄子大，煎消三五沸，美酒半升投之，服之差。主白髮，鑷去，消蠟點孔中即生黑者，和松脂、杏仁、棗肉、茯苓等分合成，食後服五十丸，便不饑，功用甚多。又云主下痢膿血。

《圖經》：「又其石蜜條下。」

蜂子

峽州蜂子

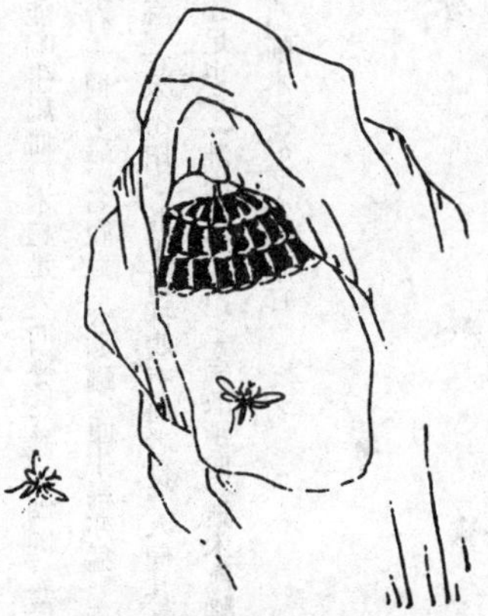

又 卷二一

露蜂房，味苦鹹平，有毒。主驚癇瘈瘲，寒熱邪氣，癲疾，鬼精，蠱毒，腸痔，火熬之良。又療蜂毒毒腫。一名蜂腸，一名百穿，一名蜂𥰡。（音窠）生牂牁山谷，七月七日採，陰乾。惡乾薑、丹參、黄芩、芍藥、牡蠣。陶隱居云：此蜂房多在樹腹中及地中，今此曰露蜂，常用人家屋間及樹枝間包裹，老乃遠舉。牂牁未解，所以《唐本注》云：「此蜂房用樹上懸得風露者，其蜂黄黑色，長寸許，蠆馬牛人乃至欲死者，用此皆有效，非人家屋下小小蜂房也。」《别録》云：「亂髮、蛇皮三味合燒灰，酒服方寸匕，日二。主諸惡疽，附骨癰，根在藏腑。歷節腫出，疔腫惡脉諸毒皆差。又，水煮露蜂房，一服五合，汁下乳石熱毒壅悶，服之小便中即下石末，大效。灰之酒服，主陰痿。水煮，洗狐尿。刺瘡服之，瘡上氣亦白痢，遺尿失禁也。」臣禹錫等謹按：《蜀本圖經》云：「樹上大黄蜂窠也，大者如甕，小者如桶，今所在有十一月、十二月採。」《藥性論》云：「土蜂房亦可單用，不入服食，能治癰腫，不消用醋水调塗，乾即便易。」《日華子》云：「露蜂房，微垂，治牙齒疼，痢疾，乳癰，蜂叮惡瘡，即前洗入藥，並炙用。」

《圖經》曰：露蜂房，生牂牁山谷，今處處山林中皆有之，此木上大黄蜂窠也。大者如甕，小者如桶，其蜂黑色，長寸許，螫牛馬及人乃至欲死者，用此尤效。人家屋間亦往往有之，但小而力慢，不堪用。不若山林中待風露氣者佳。古今方書治牙湯多用之，七月七日採，又云十一月、十二月採者佳。亦解蠱毒，又主乳石發動，頭痛煩熱口乾，便旋赤少者，取十二分，炙以水二升煮取八合，分温再服，當利小便，詣惡毒隨便出。又療熱病，從毒隨便出，又療熱病後毒氣衝目，用半大兩、水二升，同煎一升，重濾洗目三四過，又瘰癧成瘻作孔者，取二枚炙末，臘月猪脂和，塗孔上差。

蜀州露蜂房

《雷公》云：凡使其窠有四件：一名革蜂窠，二名石蜂窠，三名獨蜂窠，四名草蜂窠是也。大者一丈二丈圍，在大樹膽者，内窠小膈六百二十箇，圍大者有一千二百四十箇蜂。其裹独木蒂，是七姑木計，盖是牛糞泳，隔是葉藥。石蜂窠只在人家屋上，大小如拳，色蒼黑，内有青色蜂二十一箇，不然只有十四箇，其蓋是石垢，粘處是七姑木汁，隔是竹蚛。欠有獨蜂窠，大小只如鵝卵大。皮厚，蒼黄色，是小蜂肉并蜂翅，盛向裹有一箇蜂，大如小石燕子許，人馬若遭螫著立亡。凡使革蜂窠，先須以鵶豆枕等同拌蒸，從巳至未出去鵶豆枕了，慗乾用之。

木虻，（音萌）味苦，平，有毒。主目赤痛皆傷淚，出瘀血、血閉，寒熱酸惭，（音西）無子。一名魂，常生漢中川澤，五月取，陶隱居云：「此虻不攻血，狀似虻而小，近道草中不見。有市人，亦少有賣者，方家所用惟是蜚虻也。」《唐本注》云：「虻有數種，並能敢血商淅（音昔）已南江嶺間，大有木虻，長大緑色，殆如次蟬，咂牛馬或至頓僕。蜚虻狀如密蜂，黄黑色，今俗用多以此也。又一種小虻，多鹿虻，大如蠅，齧牛馬亦猛，市人採賣之。三種體以療血爲本，餘療雖小有異同，用之不爲嫌，何有木虻而不敢血，木虻倍大蜚虻。陶云似虻而小者，未識之矣。臣禹錫等謹按：陳藏器云：『木虻』，陶云『此虻不噉血，似虻而小。』鮮云『江嶺已南有木虻，長大緑，一作艶色』者，何有虻而不敢血，陶誤耳。」按：木虻從木葉中出，卷葉如子，形圓著葉上，破中初出如白蛆，漸大羽化拆破便飛，即能嚙物。塞北亦有，嶺南極多，如古度花成蟻耳。《本經》既出木虻，又出蜚虻，明知木虻是葉内之虻，飛虻是已飛之蟲，飛是羽化，亦猶在蛹，如蠶之與蛾爾。既是一物，不合二出，應功用不同後人異法爾。

《圖經》云：木虻生漢中川澤，蜚虻生江夏川谷，今並處處有之，而襄漢近地尤多。蝱有數，皆能咍牛馬血。木蝱是大而緑色，幾若蜩蟬。蜚蝱狀如密蜂，黄色，醫方所用蝱蟲，即此也。又有一種小蝱，名鹿蝱，大如蠅，咂牛馬亦猛。三種大抵同體，俱能治血，而方家相承，只用蝱蝱，它不復用。並王月採腹有血者良，人伺其噉囓牛馬時。腹紅者，掩取乾之，用入藥，須云翅足也。《淮南子》曰：「蝱散積血，斷木愈齲，邱主切此，以類推之者也。」然今《本草》不著，斷木之治病亦漏脱耳。

蔡州木虻

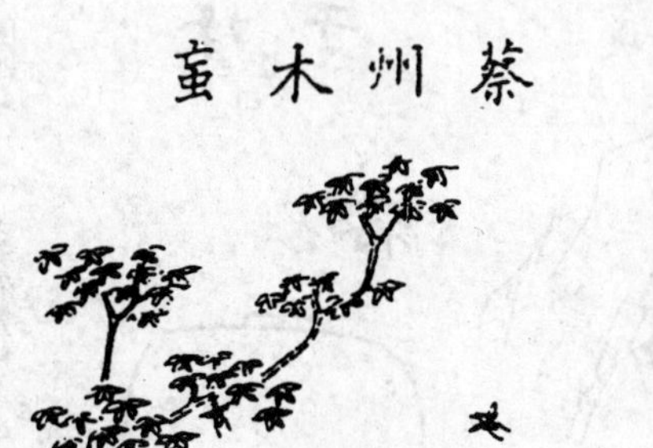

肘後方：葛氏云：「蚍，螫人，九竅皆血出，方取蝱蟲初食牛馬血腹滿者，三上枝燒服之。」

楊氏産乳：療母困篤恐不濟大胎方，蝱蟲十枚右擣爲末，酒服之即耳。

《衍義》曰：木蝱大小有三種：蜚蝱，今人多用之。大如密蜂，腹凹褊，微黄緑色，雄霸州、順安軍、沿塘濼、界河甚多，以其惟食牛馬等血，故治瘀血、血閉。

林産藥材加工利用部

木本類

論　説

宋　釋贊寧《筍譜》　《神農本經》中竹筍味甘，主疾等居。李英公《本草》同而廣。今詳：神農作本經，非也。三五之世，樸略之風，史氏不繁，紀録無見。斯實後醫工，知草木之性，託名炎帝耳。

宋　陸佃《埤雅》卷一三《柚》　藥語曰：《本草》云：橘皮味苦，柚皮味甘，此誤也。柚皮極苦，不可向口，皮甘者乃橙爾。橙可登而成之，柚視其外油然者也。

明　張萱《彙雅後編》卷二七《桂》　陸佃曰蘇秦云楚國食貴於玉，薪貴於桂，謁者難見於鬼，王難見於帝。蓋桂藥之長也。凡木，葉一脊，惟桂三脊，桂之輩三。一曰：菌桂葉似柿葉而尖滑，鮮浄。《蜀都賦》所謂菌桂臨崖者，即此桂也。菌桂無骨，正圓如竹，故此云木桂也。三月桂，舊云葉如柏葉者，即此桂也。皆生南海山谷間，冬夏常青，故桂林、桂嶺皆以桂爲名也。《本草》言：桂宣導百藥，無所畏。又曰菌桂爲諸藥先聘通使，故《説文》以爲百藥之長也。《莊子》曰：桂可食，故伐之；漆可用，故割之。言此，皆以其能苦其生者也。桂猶圭也，久服通神。若服以祀，宣道諸藥，爲之先聘。若執以使，又謂之梫，能侵他木斃之。《談苑》記江南後至患清暑閣前草生，徐鍇令以桂屑布磚縫中，宿草盡死。《吕氏春秋》云：桂枝之下無雜木，蓋桂味辛螫故也。然桂之殺草木，自是其性，不爲辛螫也。《雷公炮炙論》云：以桂爲丁，以釘木中，其木即死。一丁至微，未必能螫大木，自其性相制爾。《越絶書》曰：人固不同，慧種生聖，癡種生狂，桂實生桂，桐實生桐，以鯀生禹考之，殆不然矣。《異書》云：月中有桂，下有一人常斫之，木瘡隨合。

羅願曰：桂江南木，百藥之長。屈原《遠遊》曰：嘉南州之炎德兮，麗桂樹之冬榮。《山海經》：桂林八樹，在賁隅東。招摇臯塗之山多桂。《本草》：桂有三種：菌桂生交趾、桂林，正圓如竹，有二三重者，葉似柿花白，蘂黄，四月開，五月結實。《離騷》「雜申椒與菌桂」、「矯菌桂以紉蕙」是也。今有筒桂，筒菌字近，或傳寫之誤，或云即肉桂也。牡桂生南海，葉似枇杷，皮薄色黄少脂，肉氣如木蘭，削去皮，名桂心，所謂官桂也。桂生桂陽是半卷多脂者，所謂板桂也。陳藏器云：同是一物，《爾雅》但言梫木桂。郭璞云：南人呼桂厚皮者爲木桂。蘇恭謂牡桂即木桂，及單名桂者是也。《廣志》曰：桂出合蒲而生必於高山之巔，冬夏常青。尸子乃云：春葉秋英曰桂。《吴都賦》云：丹桂灌叢。古者薑桂爲燕食庶羞和之美者，招摇之桂。切桂置酒中，謂之桂酒。《列仙傳》有桂父服桂，葉以龜腦和之。《吕氏春秋》云：桂枝之下無雜木，辛螫故也。南越有桂蠹，此蟲食桂，味辛漬，以蜜食之。漢常以獻陵廟，載以赤轂小車。《春秋運斗樞》曰：椒桂運，名士起。

綜　述

宋　唐慎微《證類本草》卷七　山胡椒味辛，大熱，無毒。主心腹痛，中冷，破滯。所在有之，似胡椒，顆粒大如黑豆，其色黑。俗用有効。

又　卷一二　乳香微温，療風水毒腫，去惡氣，療風癮瘮痒毒。日華子云：味辛熱，微毒。下氣益精，補腰膝，治腎氣，止霍亂，衝惡中邪氣，心腹痛，疰氣。煎膏止痛長肉，入丸散微炒殺毒，得不粘。陳藏器云：蓋薰陸之類也。其性温。療耳聾，中風，口噤，婦人血氣。能發酒理風冷，止大腸洩澼。療諸瘡令内消。（略）

蘇合香，味甘，温，無毒。主辟惡，殺鬼精物，温瘧蠱毒，癎痓，去三蟲，除邪，令人無夢魘。久服通神明，輕身長年。生中臺川谷。《陶隱居俗傳》云：是獅子屎，外國説不爾。今皆從西域來，真者雖別，亦不復入藥，惟供合好香爾。《唐本》注云：此香從西域及崑崙來，紫赤色，與紫真檀相似，堅實極芬香，惟重如石，燒之灰白者好，云是獅子屎，此是胡人誑言。陶不悟之，猶以爲疑也。臣禹錫等謹按：《梁書》云：中天竺國出蘇合，蘇合是諸香汁煎之，非自然一物也。又云：大秦人採蘇合，先煎其汁以爲香膏，乃賣其滓與諸人，是以展轉來達中國，不大香也。陳藏器云：按獅子屎赤黑色，燒之去鬼氣，服

之破宿血，殺蟲。蘇合香色黄白，二物相似而不同。人云獅子屎是西國草木皮汁所爲，胡人將來欲人貴之，飾其名爾。（略）

蜜香味辛，温，無毒。主臭，除鬼氣。生交州大樹，節如沉香。《異物志》云：蜜香，蟲名。又云：樹生千歲斫仆之，四、五歲乃往看，已腐敗，惟中節堅貞是也。樹如椿，按《法華經》注云：木蜜香，蜜也。樹形似槐而香，伐之五、六年，乃取其香。

海藥云謹按《内典》云：狀若槐樹。《異物志》云：其葉如椿。《交州記》云：樹似沉香無異。主辟惡，去邪鬼，尸注，心氣。生南海諸山中。種之五、六年，便有香也。

又 卷一三 安息香味辛苦平，無毒。主心腹惡氣鬼疰。出西戎，似松脂，黄黑色，爲塊。新者亦柔韌。臣禹錫等謹按蕭炳云：燒之去鬼，來神。段成式《酉陽雜俎》云：安息香樹出波斯國，波斯呼爲辟邪樹，長三丈，皮色黄黑，葉有四角，經寒不凋。二月開花，黄色。花心微碧，不結實。刻其樹皮，其膠如飴，名安息香。六、七月堅凝乃取之。燒之通神，辟衆惡。日華子：治邪氣魍魎鬼胎血邪，辟蠱毒，腎氣霍亂風痛，治婦人血噤并産後血暈。

海藥謹按《廣州記》云：生南海波斯國，樹中脂也。狀若桃膠。以秋月採之。又方云：婦人夜夢鬼交，以臭黄合爲丸燒，薰丹穴，永斷。又主男子遺精，煖腎，辟惡氣。（略）

桑花暖，無毒。健脾澁腸，止鼻洪，吐血，腸風，崩中帶下。此不是桑椹花，即是桑樹上白癬，如地錢花樣，刀削取入藥，微炒使。新補見日華子（略）

柟木枝葉味苦，温，無毒。主霍亂，煎汁服之。木高大葉，如桑，出南方山中。郭注《爾雅》云：柟，（汝占切）大木葉，如桑也。

又 卷一四 枳（音止）椇（音矩）味甘，平，無毒。主頭風，小腹拘急。一名木蜜，其木皮温，無毒。主五痔，和五藏。以木爲屋，屋中酒則味薄，此亦奇物。

《食療》云：多食發蛔蟲。昔有南人修舍用此，悮有一片落在酒甕中，其酒化爲水味。

《荆楚歲時記》云：《詩》有椇羞。《廣雅》枳椇實如珊瑚，十一月採。是白石木子中山多有之。揾荷裹一冬儲備，又以辟蟲毒。（略）

柞木皮味苦平，無毒，治黄疸病。皮燒末服方寸七。生南方葉細，今之作梳者是。（略）

楠材微温，主霍亂，吐下不止。陶隱居云：削作片煑服之。窮，無他藥用此。臣禹錫等謹按日華子云：味辛，熱，微毒，治轉筋。（略）

楸木皮味苦，小寒，無毒。主吐逆，殺三蟲及膚蟲。煎膏粘傅惡瘡、疽瘻、腫疳、野雞病，除膿血生肌膚，長筋骨。葉擣傅瘡腫，亦煑湯洗膿血。冬取乾葉，湯揉用之。《范汪方》諸腫癰潰，及内有刺不出者，取楸葉十重貼之。生山谷間，亦植園林，以爲材用，與梓樹本同末異，若柏葉之有松身，藴敬以二木爲一誤也。其分析在解紛條中矣。

又 卷二三 橙子皮味苦，辛温。作醬醋香美，散腸胃惡氣，消食，去胃中浮風氣。其瓤味酸，去惡心。不可多食，傷肝氣。又以瓤洗去酸汁，細切，和鹽、蜜煎成膏食之，去胃中浮風。其樹亦似橘樹而葉大，其形圓大於橘而香，皮厚而皺，八月熟。今附臣禹錫等謹按陳士良云：橙子暖無毒，行風氣，發虚熱，瘰瘻氣，發瘰癧，殺魚蟲毒。不與猪肉同食，發頭旋惡心。

《食療》温，去惡心，胃風。取其皮和鹽貯之。又瓤去惡氣，和鹽蜜細細食之。

《衍義》曰：橙子皮今人止爲果，或取皮合湯。待賓未見入藥。宿酒未醒食之速醒。（略）

獼猴桃味酸甘，寒，無毒。止暴渴，解煩熱，冷脾胃，動洩辟，壓丹石，下石淋。熱壅反胃者，取汁和生薑汁服之。一名藤梨，一名木子，一名獼猴梨。生山谷。藤生著樹，葉圓有毛。其形似雞卵大，其皮褐色，經霜始甘美可食。枝葉殺蟲，煑汁飼狗，療瘑也。

陳藏器味鹹，温，無毒。主骨節風，癱緩不隨，長年髮白，野雞肉痔病，調中下氣。皮中作紙，藤中汁至滑，下石淋，主胃開，取汁和生薑汁，服之佳。

《食療》候熟收之，取瓤和蜜煎作煎。去人煩熱。久食亦得。令人冷，能止消渴。（略）

榛子味甘，平，無毒。主益氣力，寬肌胃，令人不肌，健行。生遼東山谷，樹高大，許子如小栗，軍行食之當粮，中土亦有。鄭注：禮云榛似栗而小，關中鄜坊甚多。今附臣禹錫等謹按，日華子云：新羅榛子肥白，仁止飢，調中，開胃，甚驗。

宋 寇宗奭《本草衍義》卷一三 辛夷先花後葉，即木筆花也。最先春以具花，未開時其花苞有毛光，長如筆，故取像曰木筆。有紅、紫二本，一本如桃花色者，一本紫者。今入藥當用紫色者。仍須未開時收取，入藥當去毛苞。（略）

枸杞當用梗皮地，骨當用根皮，枸杞子當用其紅實，是一物有三用。其皮寒，根大寒，子微寒，亦三等。（略）但此物小則多刺，大則少刺，還如酸棗及棘，其實皆一也。今人多用其子，直爲補腎藥，是曾未考究《經》意，當更量其虚實、冷熱用之。

又 卷一四 梔子，仲景治發汗吐下後，虚煩不得眠，若劇者，必反覆顛倒，心中懊憹，梔子豉湯治之。虚，故不用大黄，有寒毒故也。梔子雖寒無毒，治胃中熱氣，既亡血、亡津液，府藏無潤養，内生虚熱，非此物不可去，張仲景《傷寒論》已著。又治心經留熱，小便赤澁。

又 卷一五 蜀椒須微炒，使汗出，又須去附紅黄殼。（略）其中子謂之椒目，治盗汗，尤功。（略）又治水蠱。

宋 陸佃《埤雅》卷一四《桂》 《本草》言：桂宣導百藥，無所畏。又云：菌桂爲諸藥先聘，通使。故《説文》以爲百藥之長也。

宋 洪芻《香譜》卷上《丁香》 《山海經》曰：生東海及崑崙國，二三月花，開七月方結實。《開寶本草》注云：生廣州，樹高丈餘，凌冬不凋，葉似櫟而花圓細，色黄。子如丁，長四五分，紫色中有麄大長寸許者，俗呼爲母丁香。擊之則順理而折。味辛。主風毒諸腫，能發諸香，及止乾霍亂嘔吐，各驗。

又 《雞舌香》 《唐本草》云：生崑崙及交、愛以南，樹有雌雄。皮不並似栗，其花如梅，結實似棗核者，雌樹也。不入香用。無子者，雄樹也。採花釀以成香，微温，主心痛、惡瘡，療風毒、去惡氣。

宋 李石《續博物志》卷五 《月令》曰：椒是玉衡星精，服之身輕能老。柏是仙藥。又云：進酒次第，當從小起，以年少者起先。

宋 陳敬《陳氏香譜》卷一《多伽羅香》 《釋氏會要》云：多伽羅香，此云根香。多摩羅跋香，此香藿香。梅檀譯云：與樂即白檀也，能治熱病，赤檀能治風腫。

元 王好古《湯液本草》卷下《木部·栢子仁》 氣平，味甘辛，無毒。《本草》云：主安五臟，除風濕痺，益氣血，能長生，令人潤澤美顏色，耳目聰明。用之則潤腎之藥也。《藥性論》云：栢子仁君惡菊花，畏羊蹄草，能治腰腎中冷，膀胱冷，膿宿水，興陽道，益壽，去頭風，治百邪鬼魅。主小兒驚癇，栢子仁古方十精丸用之。

又 《側栢葉》 氣微温，味苦，無毒。《本草》云：主吐血衄血及痢血崩中赤白，輕身益氣，令人耐寒暑。《藥性論》云：側栢葉苦辛，性澁。治冷風歷節疼痛，止尿血，與酒相宜。

又 《槐花》 苦薄，陰也。珍云：涼大腸熱。

又 《蔓荆子》 氣清，味辛温，苦甘。陽中之陰，太陽經藥。象云：治太陽經頭痛、頭昏悶，除目暗，散風邪藥。胃虚人勿服，恐生痰疾。揀净杵碎用。珍云：涼諸經血，止頭痛，主目睛内痛。《本草》云：惡烏豆、石膏。

又 《大腹子》 氣微温，味辛，無毒。《本草》云：主冷熱氣攻心腹，大腸壅毒，痰膈，醋心。並以薑鹽同煎，時習謂是氣藥也。孫真人云：先酒洗，後大豆汁洗，仲景用。日華子云：下一切氣，止霍亂，通大小腸，健脾開胃，調中。

又 《吴茱萸》 氣熱，味辛苦，氣味俱厚，陽中陰也。辛温，大熱，有小毒。入足太陰經、少陰經、厥陰經。象云：食則令人口開目瞪，寒邪所膈，氣不得上下。此病不已，令人寒中，腹滿膨脹。下利寒氣，諸藥不可代也。洗去苦味，日乾，杵碎用。心云：去胷中逆氣，不宜多用，辛熱恐損元氣。珍云：温中，下氣，温胃。《本草》云：主温中下氣，止痛欬逆寒熱，除濕血痺，逐風邪，開腠理，去痰冷，腹内絞痛，諸冷實不消，中惡，心腹痛，逆氣，利五臟，入足太陰、少陰、厥陰。震坤合見，其色緑。仲景云：吴茱萸湯、當歸四逆湯，大温脾湯，又脾胃藥皆用此也。《衍義》云：此物下氣最速，腸虚人服之，愈甚。蓼實爲之使，惡丹參，硝石，白堊，畏紫石英。

又 《山茱萸》 氣平，微温，味酸，無毒。入足厥陰經、少陰經。《本草》云：主温中，逐寒濕痺，强陰益精，通九竅，止小便，入足少陰厥陰。《聖濟經》云：滑則氣脱，澁劑所以收之。山茱萸之澁，以收其滑。仲景八味丸用爲君主，知是澁劑以通九竅？雷公云：用之去核，一斤取肉四兩，緩火熬用，能壯元氣，祕精。核能滑精，故去之。珍云：温肝。《本經》云：止小便利，以其味酸也。觀八味丸用爲君主，其性味可知矣。《藥性論》云：補腎，添精。日華子亦云：煖腰膝，助水臟也。

又 《檳榔》 氣温，味辛苦，味厚氣輕，陰中，陽也。純陽，無毒。象云：治後重如神，性如鐵石之沉，重能墜諸藥至於下，極杵細用。心云：苦以破滯，辛以散邪，專破滯氣下行。珍云：破滯氣，泄胷中至高之氣。《本草》云：主消穀逐水，除痰癖，下三蟲，去伏尸，療寸白蟲。

又 《牡丹皮》 氣寒，味苦辛，陰中微陽，辛苦微寒，無毒，手厥陰經，足少陰經。象云：治腸胃積血及衄血，吐血必用之藥。珍云：涼骨蒸。《本草》

云：主寒熱、中風、瘈瘲、痓、驚癇、邪氣，除癥堅瘀血，留舍腸胃，安五臟，療癰瘡，除時氣，頭痛，客熱五勞之氣，腰痛，風噤癲疾。易老云：治神志不足。神不足者，手厥陰。志不足者，足少陰。故仲景八味丸用之。牡丹乃天地之精，羣花之首，葉爲陽發生，花爲陰成實，丹爲赤即火，故能瀉陰中之火。牡丹皮，手厥陰，足少陰，治無汗骨蒸。地骨皮，足少陰，手少陽，治有汗骨蒸也。

又《地骨皮》 氣寒，味苦，陰也大寒，無毒。足少陰經，手少陽經。象云：解骨蒸肌熱，主風濕痺，消渴，堅筋骨，去骨，用根皮。心云：去肌熱及骨中之熱。珍云：涼血、涼骨。《本草》云：主五内邪氣，熱中，消渴，周痺，風濕，下胷脅氣，客熱頭痛，補内傷大勞，噓吸，堅筋骨，强陰，利大小腸。《藥性論》云：根皮細剉，麪拌熟煑吞之，主腎消風益精氣。《衍義》云：枸杞當用梗皮，地骨當用根皮，枸杞子當用其紅實。實微寒，皮寒，根大寒。

又《烏藥》 氣温，味辛，無毒。入足陽明經、少陰經。《本草》云：主中惡，心腹痛，蠱毒疰忤鬼氣，宿食不消，婦人血氣，小兒腹中諸蟲。又云：去猫涎極妙。烏藥葉及根嫩時採作茶片，炙碾煎服能補中，益氣，偏止小便滑數。

又《竹茹》 氣微寒，味苦。《本草》云：主嘔噦，温氣，寒熱，吐血，崩中，益筋。

又《梓白皮》 氣寒，味苦，無毒，《本草》云：主熱，去三蟲，治目中疾。生河内山谷，今近道皆有之木，似梧桐。

又《杜仲》 味辛甘，平温，無毒，陽也，降也。《本草》云：主腰脊痛，補中益精氣，堅筋骨，强志，除陰下濕痒，小便餘瀝，脚中酸疼，不欲踐地。久服輕身耐老。

又《果部·生棗》 味甘辛。多食令人多寒熱。羸瘦者不可食。葉覆麻黄，能令出汗。生河東平澤，殺烏頭毒。

又《杏仁》 氣温，味甘苦，冷利，有小毒，入手太陰經。象云：除肺燥，治風燥在胷膈間，麸炒去皮尖用。心云：散結潤燥，散肺之風及熱，是以風熱嗽者用之。《本草》云：主欬逆上氣，雷鳴，喉痺下氣，産乳，金瘡，寒心賁豚驚癇，心下煩熱，風氣往來時行頭痛，解肌消心下急，殺狗毒破氣，入手太陰。王朝奉：治傷寒氣上喘衝逆者，麻黄湯内加杏仁、陳皮，若氣不喘衝逆者，減杏仁、陳皮，知其能瀉肺也。東垣云：杏仁下喘用，治氣也。桃仁療狂用，治血也。桃、杏仁俱治大便祕，當以氣血分之。晝則難便，行陽氣也。夜則難便，行陰氣也。大腸雖屬庚，爲白，若以晝夜言之，氣血不可不分也。年虚人大便燥祕，不可過泄者，脉浮在氣，杏仁、陳皮；脉沉在血，桃仁、陳皮。所以俱用陳皮者，以其手陽明病，與手太陰俱爲表裏也。賁門上主往來，魄門下主收閉，故王氏言：肺與大腸爲通道也。

又《桃仁》 氣温，味苦甘，性平。苦重於甘，陰中陽也。無毒。入手足厥陰經。象云：治大便血結、血祕、血燥，通潤大便。七宣丸中專治血結，破血。以湯浸去皮，尖研如泥用。心云：苦以泄滯血，甘以生新血，故凝血須用，又去血中之熱。《本草》云：主瘀血血閉，癥瘕邪，殺小蟲，止欬逆上氣，消心下堅。除卒暴擊血，通月水，止痛破血。入手、足厥陰。《衍義》云：老人虚祕，與柏子仁、大麻仁、松子仁等分同研，鎔白蠟和丸如桐子大，以少黄丹湯下。仲景：治中焦畜血用之。

又《烏梅》 氣平，味酸，酸温陽也，無毒。

象云：主下氣，除熱煩滿，安心調中，治痢止渴。以鹽爲白梅，亦入除藥。去核用。心云：收肺氣。《本草》云：主肢體痛，偏枯不仁，死肌。去青黑痣，惡疾。止下痢好唾口乾，去骨間熱。又方：治一切惡瘡肉出。以烏梅燒爲灰，杵末，傅上惡肉，立盡。仲景：治吐蚘下利，烏梅丸。

元　胡古愚《樹藝篇·木部》卷一《槐》 丁翅服槐實，謂能明目，益氣，黑鬚髮也。

又　卷二《楸》 楸木。皮味苦，小寒，無毒。主吐逆，殺三蟲及皮膚蟲，煎膏粘傅惡瘡，疽瘻，癰腫，疳，野雞病，除膿血，生肌膚，長筋骨。葉擣傅瘡腫，亦煑湯洗膿血。冬取乾葉湯揉用之。楸子。其色赤，味甘而酸。居人取其汁，熬爲果單。一人患發背，腸胃可窺，百藥不差。一醫者教用楸葉膏傅其外，又用雲母膏作小丸子服。盡四兩。不累日，雲母透出膚外，與楸葉膏相粘着，瘡口遂平，功亦奇矣。其方立秋立日，太陽未升之時採取楸葉，熬爲膏，傅瘡瘍，一切惡瘡、腫毒立愈，謂之楸葉膏云。

又《果部》卷五《無花果》 無花果。味甘，開胃，止洩痢。色如青李而稍長。

又　卷一〇《無漏子》 無漏子。味甘，温，無毒。主温中，益氣，除痰嗽，補虚，損好顔色，令人肥健。生波斯國，如棗，一云波斯棗。

又《蓬虆》《衍義》曰：覆盆子。長條，四五月紅熟，秦州甚多，永興、華州亦有，及時山中人採來賣，其味酸甘，外如荔枝、櫻桃許大，軟紅可愛，尖採則就枝生蛆，益腎藏、小便，服之當覆其滿器，如此取名。食之多熱，收時五大分熱便可採，烈日曝，仍須薄綿蒙之，今人取汁作煎爲果，仍少加密，或熬為稀湯點服，治肺虛寒，採時着水則不堪煎。

明 朱權《神隱》卷上 柏湯。柏味苦，微温。主吐血衄血，痢血崩血，久服輕身益氣，耐寒暑，去濕，止饑。採取嫩葉，線繫垂挂一大甕中，紙糊其口，經月視之，如未乾更閉之，至乾取出爲末。如不用瓮，置蜜室中亦可，但不及瓮中者青翠，若見風則黄矣。此湯可以代茶，夜話飲之，尤醒睡。飲茶多則傷人，耗精氣，害脾胃。柏湯甚有益，尤助齒，如太苦則少加山芋，尤妙。

明 王綸《本草集要》卷三 桑上寄生味苦甘，氣平，無毒。（略）主腰痛，小兒背强癰腫，安胎，充肌膚，堅髮齒，長鬚眉，主金瘡，去痺，女子崩中，不足懷姙，漏血不止，産後餘疾，下乳汁。其實明目輕身通神。

又 卷四 桑根白皮，味甘辛，氣温無毒。（略）主傷中五勞六極，羸瘦崩中脉絶，補虛益氣。瀉脉氣有餘，喘嗽唾血，虛勞容熱，消痰止渴，去肺中水氣，浮腫腹滿，利水道，去寸白。作線可以縫金瘡，更以熱鷄血塗之，唐安金藏剖腹用此法。桑葉，主除寒熱風痛出汗。煑汁服，主霍亂腹痛。鹽挼傅，治蛇蟲蜈蚣咬。（略）

榆皮，味甘，氣平，性滑利，無毒。主大小便不利，通水道，除邪氣，消腫毒，塗諸瘡滑胎。久服輕身不飢，又令人多睡。其實尤良，味微辛，能助肺氣，殺諸蟲，消心腹間惡氣，卒心痛，療小兒頭瘡痂疕。又塗諸瘡癬，妙。花主小兒癇，小便不利，傷熱。（略）

木蘭，味苦，氣寒，無毒。主身大熱在皮膚中，去面熱，赤皰，酒皶，惡風癩疾，陰下痒濕，明耳目。（略）

杉材，味辛，氣温，屬陽，無毒。須油杉良主療漆瘡。取節作屑，水煑汁浸洗脚氣，腫滿殊效。煎木屑服之，療心腹脹痛，去惡氣。（略）

郁李仁，味酸苦，氣平，無毒。主大腹水腫，面目四肢浮腫，利小便水道，腸中結氣，關格不通，破血潤燥。根主齒齗腫，齲齒，堅齒。（略）

訶梨勒，味苦酸，氣温，無毒。主冷氣，心腹脹滿，胷膈結氣，泄逆氣，消痰，除煩，下食開胃，澁腸，止久痢，赤白及氣痢霍亂吐瀉，又治肺氣。因火傷極欝，遏脹滿喘急咳嗽。味酸苦，故有收斂降火之功。氣虛者亦少用。痰嗽咽喉不利，含二三枚殊勝。（略）

楝實，味苦，氣寒，有小毒。主温疾傷寒，大熱煩狂，殺三蟲疥瘍，利小便水道，入心，主上下部腹痛，心暴痛。根東行者，煑汁服療蚘蟲甚效。皮治遊風熱毒，風瘮惡瘡，疥癩禿瘡。（略）

蘇方木，味甘，鹹，酸，气平，無毒。主破血排膿，止痛消癰腫，撲損瘀血，治婦人血氣，心腹痛，月候不調，血噤血暈，産後血脹。悶欲死者，酒煮五兩，取濃汁服之効。（略）

桐葉，味苦，氣寒，無毒。主惡蝕瘡著陰皮，主五痔，殺三虫。花，主傅猪瘡，飼猪肥大三倍。（略）

柳華，味苦，氣寒，無毒。主風水黄疸，面熱黑，痂疥，惡瘡，金瘡。絮止血，帖灸瘡良。葉主馬疥痂瘡，煎煑以洗馬疥立愈。實主潰癰，逐膿血。枝葉及根皮煎作膏，塗癰疽，腫毒，丁瘡，妬乳。枝細剉煎汁含之，治牙齒痛。（略）

五倍子，味苦酸，氣平，無毒。療齒宣疳䘌，肺臟風毒流溢，皮膚作風濕癬瘡，瘙痒膿水，五痔下血，小兒面鼻疳瘡。末搽口瘡效。煎澄汁洗眼，去熱，風濕痒腫痛。噙口中，治頑痰有功。又解諸熱毒，又治腸虛泄痢，收斂之劑也。（略）

楓香脂，一名白膠香味辛。苦，氣平，性踈通，無毒。主癮疹，風痒，浮腫，齒痛，外科家要藥。大楓子主風瘡，疥癬，殺蟲。（略）

榧實，味甘，無毒。主五痔，去三蟲蠱毒。食其子良。此肺家果也，不可多。咳引火入肺，滑大腸。（略）梓白皮，味苦，氣寒，無毒。主熱，去三蟲，療目中疾，煎湯洗小兒壯熱，一切瘡疥皮膚搔痒。葉擣傅猪瘡，飼猪，肥大三倍。（略）

樺木皮，味苦，氣平，無毒。主諸黄疸，濃煑汁飲之。又主時行熱毒，豌豆瘡特良。又乳癰初發，腫硬以無灰酒服方寸匕，卧及覺差。

又 卷五 柹，味甘氣寒，屬陰，無毒。主通耳鼻氣，腸澼，不足，厚腸胃，澁中，建胃氣，消宿血。（略）

梅實，烏梅也。味酸，氣平，無毒。主下氣，除熱煩滿，收肺氣，安心，肢體痛，偏枯不仁死肌，去青黑誌，惡疾，止下痢澁腸，止洩消酒毒，好睡口乾，去痰，治瘧瘴傷寒煩熱及霍亂，噪渴虛勞骨蒸。入建茶、乾薑爲丸，治休息痢大驗。燒灰杵末，傅一切惡瘡肉出，惡肉立盡。白梅研傅，刀箭止血，刺在肉中，嚼封之即出。乳癰腫毒，杵爛貼之，亦和藥點誌食惡肉。多食損齒傷骨。葉煑濃汁服之，止休息痢。（略）

杏核仁，味甘苦，氣温，有小毒。主欬逆上氣，雷鳴喉痺，下氣定喘，潤心肺，散肺經風寒，咳嗽，消心下急滿痛，散結潤燥，産乳，金瘡，寒心，賁豚。燒令煙未，盡研如泥，物裹納女子陰中，治蟲蛆。（略）

枇杷葉，味苦，氣平，無毒。主卒嘔啘不止，不欲食，下氣，治肺熱，久嗽并渴疾。

明 劉宇《安老懷幼書》卷三 枸杞子酒，明目駐顔，輕身不老，腎筋骨，耐寒暑，療虚羸黄瘦。不能食服，不過兩劑必得肥充，無所禁斷。

明 劉文泰《本草品匯精要》卷二〇集解 灰，味甘，温，小毒。此灰入染家用。生江南深山大樹，樹有數種，取葉厚大白花者入藥。自餘用染灰，一名橝灰。《本經》：汗於病者床下灰之，勿令病人知也。

明 王圻《稗史彙編》卷一五〇《巴豆》 治喉閉，倉卒之疾。用巴豆以竹紙滲油令滿，作撚點灯，令着吹滅之，以烟熏喉間即吐出惡血而消。

又《栗》 治金瘡及刀斧瘡。

明 李時珍《本草綱目》卷二九《果之一·杏》 實氣味酸，熱，有小毒。生食，多傷筋骨。《別録》頌曰：杏之類梅者味酢，類桃者味甘。宗奭曰：凡杏性皆熱，小兒多食致瘡癰、膈熱。扁鵲曰：多食動宿疾，令人目盲，鬚眉落。源曰：多食生痰，熱昏精神，産婦尤忌之。主治曝脯食，止渴，去冷熱。毒心之果，心病宜食之。

核仁修治《別録》曰：五月采之。弘景曰：凡用杏仁，以湯浸去皮尖，炒黄，或用麪麸炒過。斆曰：凡用，以湯浸去皮尖，每觔入白火石一觔，烏豆三合，以東流水同煑從巳至午，取出晒乾用。時珍曰：治風寒肺病藥中，亦有連皮尖用者，取其發散也。

氣味甘，苦，温冷，利有小毒。兩仁者殺人，可以毒狗。震亨曰：杏仁性熱，因寒者可用。思邈曰：杏仁作湯如白沫。不解者，食之令氣壅、身熱。湯經宿者，動冷氣。時珍曰：凡杏桃諸花，皆五出。若六出，必雙仁爲其反常，故有毒也。徐之才曰：得火良，惡黄芩、黄芪、葛根，畏蘘草。主治欬逆上氣，雷鳴，喉痺，下氣，産乳，金瘡，寒心，賁豚。《本經》驚癇，心下煩熱，風氣往來時行，頭痛，解肌，消心下急滿痛，殺狗毒。《別録》解錫毒。之才治腹痺不通，發汗，主温病，脚氣，欬嗽，上氣，喘促。入天門冬煎，潤心肺。和酪作湯，潤聲氣。甄權除肺熱，治上焦風燥，利胸膈氣逆，潤大腸氣秘。元素殺蟲，治諸瘡疥，消腫，去頭面諸風氣，瘡皰。時珍

發明元素曰：杏仁氣薄味厚，濁而沉墜，降也，陰也，入手太陰經。其用有三：潤肺也，消食積也，散滯氣也。杲曰：杏仁散結潤燥，除肺中風熱，欬嗽。杏仁下喘治氣也，桃仁療狂治血也，俱治大便秘，當分氣血。晝則便難，行陽氣也。夜則便難，行陰血也。故虚人便閉，不可過泄。脈浮者屬氣，用杏仁、陳皮。脈沉者屬血，用桃仁陳皮。手陽明與手太陰爲表裏。賁門主往來，魄門主收閉。爲氣之通道故並用陳皮佐之。好古曰：張仲景麻黄湯，及王朝奉治傷寒、氣上喘逆，並用杏仁者，爲其利氣，瀉肺，解肌也。時珍曰：杏仁能散能降，故解肌散風、降氣潤燥、消積、治傷損藥中用之。治瘡，殺蟲，用其毒也。按《醫餘》云：凡索麪豆粉近杏仁則爛。頃，一兵官食粉成積，醫師以積氣丸杏仁相半，研爲丸熱，水下數服，愈。又《野人閒話》云：翰林學士辛士遜，在青城山道院中夢皇姑，謂曰：可服杏仁，令汝聰明，老而健壯，心力不倦。求其方，則用杏仁一味，每盥漱畢，以七枚納口中良久，脱去皮細嚼，和津液頓嚥。日日食之，一年必換血，令人輕健。此申天師方也。又楊士瀛直指方云：凡人以水浸杏仁五枚，五更端坐，逐粒細嚼至盡，和津吞下，久則能潤五臟，去塵滓，驅風明目，治肝腎風虚，瞳人帶青，眼翳風痒之病。珍按杏仁性熱降氣，亦非久服之藥，此特其咀嚼吞納津液，以消積穢則可耳。古有服杏丹法云：是左慈之方。唐慎微收入《本草》云：久服壽至千萬，其説妄誕可鄙，令刪其紕謬之辭，存之於下，使讀者毋信其誑也。

花氣味苦，温，無毒。主治補不足，女子傷中，寒熱痺，厥，逆。別録

葉主治人卒腫滿，身面洪大，煑濃汁，熱漬亦少，少服之。肘後

枝主治墮傷。取一握水一升，煑減半，入酒三合，和匀，分服大效。蘇頌

根主治食杏仁多，致迷亂將死，切碎煎湯服，即解。時珍

又《巴旦杏》 氣味甘，平，温，無毒。主治止欬，下氣，消心腹逆悶。時珍出《飲膳正要》

又《梅本经中品》 發明宗奭曰：食梅則津液泄者，水生木也。津液泄則傷腎，腎屬水，外爲齒故也。時珍曰：梅花開於冬而實熟於夏，得木之全氣，故其味最酸，所謂曲直作酸也。肝爲乙木，膽爲甲木。人之舌下有四竅，兩竅通膽液，故食梅則津生者，類相感應也。故《素問》云：味過於酸，肝氣以津。又云：酸走筋，筋病無多食酸。不然，物之味酸者多矣，何獨梅能生津耶？

烏梅。修治弘景曰：用須去核，微炒之。時珍曰：造法：取青梅籃盛，於突上熏黑。若以稻灰淋汁潤濕蒸過，則肥澤不蠹。

氣味酸，温，平，濇，無毒。主治下氣，除熱煩滿，安心，止肢體痛，偏枯不

仁，死肌，去青黑誌，蝕惡肉。本經去痺，利筋脈，止下痢，好唾口乾。別録水漬汁飲，治傷寒煩熱。弘景止渴調中，去痰治瘧瘴，止吐逆霍亂，除冷熱痢。藏器治虚勞骨蒸，消酒毒，令人得睡。和建茶、乾薑爲丸服，止休息痢，大驗。大明斂肺澀腸，止久嗽瀉痢，反胃噎膈，蚘厥吐利，消腫涌痰，殺蟲，解魚毒、馬汗毒、硫黄毒。時珍白梅。釋名：鹽梅，霜梅。修治：取大青梅以鹽汁漬之，日晒夜漬，十日成矣。久乃上霜。

氣味酸，鹹，平，無毒。主治和藥點誌，蝕惡肉。弘景刺在肉中者，嚼傅之，即出。孟詵治刀箭傷，止血，研爛傅之。大明乳癰腫毒，杵爛貼之佳。汪穎除痰。蘇頌治中風，驚癇，喉痺，痰厥僵仆，牙關緊閉者，取梅肉揩擦牙齦涎出，即開。又治瀉痢，煩渴，霍亂，吐下，下血，血崩，功同烏梅。時珍

發明弘景曰：生梅，烏梅，白梅功應相似。好古曰：烏梅脾肺二經血分藥也。能收肺氣，治燥嗽。肺欲收，急食酸以收之。時珍曰：烏梅、白梅所主諸病，皆取其酸收之義。惟張仲景治蚘厥烏梅丸，及蟲䘌方中用者，取蟲得酸即止之義，稍有不同耳。《醫説》載曾魯公痢血百餘日，國醫不能療。陳應之用鹽水，梅肉一枚，研爛合臘茶入醋服之，一啜而安。大丞梁莊肅公亦痢血，應之用烏梅、胡黄連、竈下土等分爲末，茶調服，亦效。蓋血得酸則斂，得寒則止，得苦則濇故也。其蝕惡瘡、胬肉雖是酸收，却有物理之妙。説出《本經》。其法載於劉涓子《鬼遺方》用烏梅肉燒存性，研傅惡肉上一夜，立盡。《聖惠》用烏梅和蜜作餅貼者，其力緩。按楊起《簡便方》云：起臂生一疽，膿潰百日，方愈。中有惡肉突起，如蠶豆大，月餘不消，醫治不效。因閲《本草》得此方試之，一日夜去其大半，再上一日而平。乃知世有奇方如此，遂留心搜刻。諸方始基於此方也。

核仁氣味酸，平，無毒。主治明目，益氣，不饑。吴普除煩熱。孟詵治代指忽然腫痛，搗爛，和醋浸之。時珍肘後方

花氣味微酸，濇，無毒。

發明時珍曰：白梅花古方未見用者，近時有梅花湯：用半開花，溶蠟封花口，投蜜罐中，過時以一兩朶同蜜一匙點沸湯服。又有蜜漬梅花法：用白梅肉少許，浸雪水，潤花，露一宿，蜜浸薦酒。又梅花粥法：用落英入熟米粥再煮，食之。故楊誠齋有「蜜點梅花帶露餐」及「脱蕊收將熬粥喫」之句，皆取其助雅致、清神思而已。

葉氣味酸，平，無毒。主治休息痢及霍亂，煑濃汁飲之。大明藏器曰：嵩陽子言清水揉梅葉洗蕉葛衣，經夏不脆，有驗。時珍曰：夏衣生黴點，梅葉煎湯洗之即去，甚妙。

根主治風痺。初生小兒，取根同桃李根煑湯浴之，無瘡熱之患。崔氏纂要煎湯飲，治霍亂，止休息痢。大明

又《**桃**本經下品》實氣味辛，酸，甘，熱，微毒。多食令人有熱。詵曰：能發丹石毒，生者尤損人。思邈曰：黄帝書云：食桃飽入，水浴令人成淋及寒熱病。時珍曰：生桃多食，令人膨脹，及生癰癤，有損無益。五果列桃爲下，以此。瑞曰：桃與鼈同食，患心痛。服术人忌食之。主治作脯食，益顔色。大明肺之果，肺病宜食之。思邈冬桃食之，解勞熱。時珍 核仁苦，甘，平，無毒。思邈曰：苦，甘，辛，平。詵曰：温。弘景曰：桃仁作酪，性冷。香附爲之使。

主治瘀血，血閉，癥瘕，邪氣，殺小蟲。本經止欬逆，上氣，消心下堅硬，除卒暴，擊血，通月水，止心腹痛。別録治血結血秘血燥，通潤大便，破畜血。元素殺三蟲。又每夜嚼一枚，和蜜塗手面，良。孟詵主血滯，風痺，骨蒸，肝瘧，寒熱，鬼注，疼痛，産後血病。時珍

發明杲曰：桃仁苦重於甘，氣薄味厚，沉而降，陰中之陽，手、足厥陰經血分藥也。苦以泄滯血，甘以生新血，故破凝血者用之。其功有四：治熱入血室一也，泄腹中滯血二也，除皮膚血熱燥痒三也，行皮膚凝滯之血四也。成無已曰：肝者血之源，血聚則肝氣燥，肝苦急，急食甘以緩之。桃仁之甘以緩肝散血，故張仲景抵當湯用之，以治傷寒八九日，内有畜血，發熱如狂，小腹滿痛，小便自利者，又有當汗失汗，熱毒深入，吐血及血結胸，煩燥讝語者，亦以此湯主之。與虻蟲、水蛭、大黄同用。

桃毛氣味辛，平，微毒。主治破血閉，下血瘕，寒熱，積聚，無子，帶下諸疾。別録療崩中，破癖氣。大明治惡鬼，邪氣。孟詵

桃梟氣味苦，微温，有小毒。主治殺百鬼精物。本經殺精魅，五毒不祥，療中惡，腹痛。《別録》頌曰：胡洽治中惡，毒氣，蠱疰有桃梟湯。治肺氣，腰痛，破血。療心痛，酒磨煖服之。大明主吐血，諸藥不效。

葉頌曰：采嫩者名桃心，入藥尤勝。

氣味苦，平，無毒。主治除尸蟲，出瘡中小蟲。別録治惡氣，小兒寒熱，客忤。大明療傷寒，時氣，風痺，無汗，治頭風，通大小便，止霍亂，腹痛。時珍

發明頌曰：桃葉蒸汗法。張文仲《備急方》治天行病。有支太醫桃葉湯熏法：用水二石煑桃葉，取七斗，安床簀下，厚被蓋臥床上，乘熱熏之。少時當雨汗，汗遍去湯，速粉之，并灸大推穴，則愈。又陳廩丘《小品方》有阮河南桃葉蒸法云：連發汗，汗不出者死，可蒸之，如中風法。燒地令熱，去火，以少水洒之，布乾桃葉於上厚二三寸，安席葉上臥之，温覆得大

汗，被中傳粉極燥，便瘥也。凡柏葉、麥麩、蚕沙皆可如此法用。張苗言：曾有人疲極汗出，臥簟受冷，但苦寒倦，四日凡八發汗，汗不出，用此法而瘥也。時珍曰：按許叔微《本事方》云：傷寒病，醫者須顧表裏，循次第。昔范雲爲梁武帝屬官，得時疫熱疾，召徐文伯診之。是時武帝有九錫之命，期在旦夕。雲恐不預，求速愈。文伯曰：此甚易，政恐二年後不坐起爾。雲曰：朝聞道，夕死可矣，況二年乎？文伯乃以火煅地，布桃、柏葉於上，令雲臥之。少頃汗出粉之，翌日遂愈。後二年雲果卒。取汗先期，尚能促壽；況不顧表裏時日，便欲速愈者乎？夫桃葉發汗妙法也，猶有此戒，可不慎歟？

莖及白皮修治時珍曰：樹皮、根皮皆可用，根皮尤良，並取東行者刮去粗皮，取白皮入藥。　氣味苦，平，無毒。主治除邪鬼，中惡，腹痛，去胃中熱。別録治疰忤，心腹痛，解蠱毒，辟疫癘，療黄疸身目如金，殺諸瘡蟲。時珍

桃膠修治時珍曰：桃茂盛時，以刀割樹皮，久則膠溢出采收，以桑灰湯浸過曝乾用，如服食當依本方修鍊。　氣味苦，平，無毒。主治鍊服保中，不飢，忍風寒。別録下石淋，破血，治中惡，疰忤。蘇恭主惡鬼，邪氣。孟詵和血，益氣，治下痢，止痛。時珍

發明頌曰：《本草》言桃膠鍊服保中，不飢。按仙方服膠法：取膠二十觔，絹袋盛於櫟木灰汁一石中，煑三五沸，取掛高處候乾，再煑如此三度，曝乾，研篩，蜜和丸梧子大，每空腹酒服二十丸。久服，身輕不老。時珍曰：按《抱朴子》云：桃膠以桑灰汁漬過，服之除百病。數月斷穀，久則晦有夜光如月。又《列仙傳》云：高丘公服桃膠得仙，古方以桃膠爲仙藥，而後人不復用之，豈其功亦未必如是之殊耶？

桃符主治中惡，精魅，邪氣，水煑汁服之。孟詵　發明時珍曰：《典術》云：桃乃西方之木，五木之精，仙木也，味辛氣惡，故能厭伏邪氣，制百鬼。今人門上用桃符，以此。《玉燭寶典》云：户上着桃板，辟邪。取《山海經》神荼、鬱壘居東海蟠桃樹下，主領衆鬼之義。許慎云：羿死於桃棓，棓，杖也。故鬼畏桃，而今人用桃梗作杙橛以辟鬼也。《禮記》云：王弔則巫祝以桃茢前引，以辟不祥。茢者，桃枝作帚也。《博物志》云：桃根爲印，可以召鬼。《甄異傳》云：鬼但畏東南枝爾。據此諸説，則本草桃之枝、葉、根、核、桃梟、桃橛，皆辟鬼祟産忤，蓋有由來矣。錢乙《小兒方》：疎取積熱及結胸，用巴豆、硇、汞之藥，以桃符煎湯下，亦是厭之之義也。

桃橛《拾遺》時珍曰：橛音掘，即杙也。人多釘於地下，以鎮家宅，三載者良。　主治卒心腹痛，鬼疰，破血，辟邪惡氣脹滿，煑汁服之，與桃符同功。藏器

又《生棗》　氣味甘，辛，熱，無毒。多食令人寒熱，凡羸瘦者不可食。思邈曰：多食令人熱渴，膨脹，動臟腑，損脾元，助濕熱。

大棗　氣味甘，平，無毒。思邈曰：甘辛熱滑，無毒。杲曰：温。大明曰：有齒病、甘病、蟲䘌人不宜啖棗。小兒尤不宜食。又忌與葱同食，令人五臟不和，與魚同食令人腰腹痛。時珍曰：今人蒸棗，多用糖蜜拌。過蒸食，最損脾，助濕熱也。啖棗多令人齒黄生䘌，故嵇康《養生論》云：齒處晉而黄，蝨處頭而黑。

主治心腹邪氣，安中養脾氣，平胃氣，通九竅，助十二經，補少氣、少津液，身中不足，大驚，四肢重，和百藥，久服輕身延年。補中益氣，堅志强力，除煩悶，療心下懸，除腸澼，久服不飢，神仙。別録潤心肺，止嗽，補五臟，治虚損，除腸胃癖氣。和光粉燒，治疳痢。大明小兒患秋痢與蛀，棗食之良。孟詵殺烏頭、附子、天雄毒。之才和陰陽，調榮衛，生津液。李杲

發明弘景曰：道家方藥以棗爲佳餌。其皮利，肉補虚，所以合湯皆擘之也。杲曰：大棗氣味俱厚，陽也。温以補不足，甘以緩陰血。成無己曰：邪在榮衛者，辛甘以解之。故用薑、棗以和榮衛，生發脾胃升騰之氣。張仲景治奔豚，用大棗滋脾土以平腎氣也。治水飲脇痛有十棗湯，益土而勝水也。震亨曰：棗屬土而有火，味甘性緩。甘先入脾，補脾者未常用甘。故今人食甘多者，脾必受病也。時珍曰：《素問》言棗爲脾之果，脾病宜食之。謂治病和藥，棗爲脾經血分藥也。若無故頻食，則生蟲損齒，貽害多矣。按王好古云：中滿者勿食甘，甘令人滿。故張仲景建中湯心下痞者，減餳、棗，與甘草同例，此得用棗之方矣。又按許叔微《本事方》云：一婦病臟燥悲泣不止，祈禱備至。予憶古方治此證用大棗湯，遂治與服，盡劑而愈。古人識病治方，妙絶如此。又陳自明《婦人良方》云：程虎卿内人妊娠四五箇月，遇晝則慘戚悲傷，淚下數欠，如有所憑，醫巫兼治皆無益。管伯周説：先人曾語此，治須大棗湯乃愈。虎卿借方治藥，一投而愈。方見下條。又《摘玄方》治此證，用紅棗燒存性，酒服三錢，亦大棗湯變法也。

三歲陳棗，核中仁，氣味燔之苦，平，無毒。主治腹痛，邪氣。別録惡氣卒疰忤。孟詵核燒研摻，脛瘡良。時珍

發明時珍曰：按《劉根別傳》云：道士陳孜如痴人，江夏袁仲陽敬事之。孜曰：今春當有疾，可服棗核中仁二十七枚。後果大病，服之而愈。又云：常服棗仁，百邪不復干也。仲陽服之有效，則棗果有治邪之説矣。又《道書》云：常含棗核治氣，令口行津液，嚥之佳。謝承《後漢書》亦云：孟節能含棗核，不食可至十年也。此皆藉棗以生津受氣，而嚥之又能達黄宮，以交離坎之義耳。

葉　氣味甘，温，微毒。《別録》曰：散服使人瘦，久則嘔吐。主治覆麻黄，能

令出汗。本經和葛粉，揩熱疿瘡良。別録治小兒壯熱，煎湯浴之。大明

木心　氣味甘，濇，温，有小毒。主治中蠱腹痛，面目青黄，淋露骨立。剉取一斛，水淹三寸，煮至二斗澄清，煎五升，旦服五合，取吐即愈。又煎紅棗服之，能通經脈。時珍

根主治小兒赤丹。從脚趺起，煎湯頻浴之。時珍

附方舊一令髪易長。取東行棗根三尺，横安甑上蒸之，兩頭汗出，收取傅髪，即易長。聖惠方　皮主治同老桑樹皮，並取北向者，等分，燒研。每用一合，井水煎，澄取清，洗目。一月三洗，昏者復明。忌葷、酒、房事。時珍

又《**仲思棗**》氣味甘，温，無毒。主治補虚益氣，潤五臟，去痰嗽冷氣。久服令人肥健，好顔色，神仙不飢。開寶

又《**苦棗，食性**》

實氣味苦，大寒，無毒。主治傷寒熱伏在臟腑，狂蕩煩滿，大小便閉澀。取肉煮研，和蜜丸服。士良

又　卷三〇《**果之二・山樝**》　氣味酸冷，無毒。時珍曰：酸甘微温生食多，令人嘈煩易飢損齒。齒齲人尤不宜也。

主治煮汁服，止水痢。沐頭洗身，治瘡癢。唐本煮汁洗漆瘡多瘥。弘景治腰痛有效。蘇頌消食積，補脾，治小腸疝氣，發小兒瘡疹。吴瑞健胃行結氣，治婦人産後兒枕痛、惡露不盡。煎汁入砂糖服之，立效。震亨化飲食，消肉積，癥瘕痰飲痞滿吞酸，滯血痛脹。時珍化血塊、氣塊，活血。甯原

發明震亨曰：山楂，大能剋化飲食。若胃中無食積，脾虚不能運化，不思食者，多服之則反剋伐脾胃生發之氣也。時珍曰：凡脾弱，食物不剋化，胸腹酸刺脹悶者，於每食後嚼二三枚絶佳，但不可多用，恐反剋伐也。按《物類相感志》言：煮老雞硬肉入山樝數顆，即易爛，則其消肉積之功蓋可推矣。珍隣家一小兒因食積，黄腫腹脹如鼓，偶往羊朹樹下取食之至飽，歸而大吐痰水，其病遂愈。羊朹乃山楂同類，醫家不用而有此效，則其功應相同矣。

核主治吞之化食，磨積，治㿗疝。時珍

附方新二難産。陰腎㿗腫。方見橄欖赤瓜木氣味苦寒，無毒。主治水痢，頭風，身癢。唐本根主治消積，治反胃。時珍莖葉主治煮汁洗漆瘡。時珍　出肘後

又《**橘皮**》　黄橘皮氣味苦辛，温，無毒。主治胸中瘕熱逆氣，利水穀，久服去臭下氣通神。（本經）下氣止嘔欬，治氣衝胸中，吐逆霍亂，療脾不能消穀，止洩，除膀胱留熱，停水起淋，利小便，去寸白蟲。（別録）清痰涎，治上氣欬嗽，開胃，主氣痢，破癥瘕痃癖。（甄權）療嘔噦，反胃嘈雜，時吐清水，痰痞痎瘧，大腸閟塞，婦人乳癰，入食料，解魚腥毒。

青橘皮　氣味苦辛温，無毒。主治氣滯，下食，破積結及膈氣。頌破堅癖，散滯氣，去下焦諸濕，治左脇肝經積氣。（元素）治胸膈氣逆脇痛，小腹疝氣，消乳腫，疏肝膽，瀉肺氣。

橘瓤上筋膜主治口渴吐酒，炒熟煎湯飲甚效。（大明）

橘核　氣味苦平，無毒。主治腎疰腰痛，膀胱氣痛，腎冷。炒研每温酒服一錢或酒煎服之。（大明）治酒瘡風鼻赤，炒研，每服一錢，胡桃肉一箇，擂酒服，以知爲度。（宗奭）小腸疝氣及陰核腫痛。炒研，五錢老酒煎服或酒糊丸服，甚效。（時珍）

葉氣味苦平，無毒。主治導胸膈逆氣，入厥陰行肝氣，消腫散毒，乳癰脇痛用之行經。震亨

又《**柚**》　氣味酸寒，無毒。主治消食，解酒毒，治飲酒人口氣，去腸胃中惡氣，療妊婦不思食，口淡。大明

皮氣味甘，辛平，無毒，正誤。時珍曰：案沈括《筆談》云：《本草》言橘皮苦，柚皮甘，誤矣。柚皮極苦，不可入口。甘者乃橙也。此説似與今柚不同，乃沈氏自誤也，不可爲據。主治下氣，宜食，不入藥。弘景消食快膈，散憤懣之氣，化痰。時珍

葉主治頭風痛，同葱白擣，貼太陽穴。時珍

花主治蒸麻油作香澤面脂，長髪潤燥。時珍

又《**金橘**》　氣味酸甘，温，無毒。主治下氣快膈止渴。解醒辟臭，皮尤佳。時珍

又《**楊梅**》　實氣味酸甘温，無毒。主治鹽藏食，去痰，止嘔噦，消食下酒。乾作屑，臨飲酒時服方寸匕，止吐酒。開寶止渴，和五臟，能滌腸胃，除煩憒惡氣。燒灰服，斷下痢甚驗。鹽者常含一枚，咽汁，利五臟下氣。詵

核仁主治脚氣。時珍曰：案王性之《揮麈録》云：會稽楊梅爲天下冠。童貫苦脚氣，或云楊梅仁可治之。郡守王嶷餽五十石，貫用之而愈。取仁法以柹漆拌核暴之，則自裂出也。

樹皮及根主治煎湯洗惡瘡疥癬。大明煎水漱牙痛，服之解砒毒，燒灰油調塗湯火傷。時珍

又《山嬰桃》 實氣味辛，平，無毒。主治止洩，腸澼，除熱，調中，益脾氣，令人好顔色，美志。別録止洩精。孟詵

又《銀杏》 核仁氣味甘苦，平，濇，無毒。時珍曰：熟食小苦，微甘，性温有小毒。多食令人臚脹。瑞曰：多食壅氣動風，小兒多食昏霍發驚，引疳同鰻鱺魚食，患軟風。主治生食引疳解酒，熟食益人。李廷飛熟食温肺益氣，定喘嗽，縮小便，止白濁。生食降痰，消毒，殺蟲。嚼漿塗鼻面手足，去皶皰、皯䵳、皴皺及疥癬、疳䘌、陰蝨。時珍

發明時珍曰：銀杏宋初始著名，而修《本草》者不收。近時方藥亦時用之。其氣薄味厚性濇，而收色白，屬金，故能入肺經，益肺氣，定喘嗽，縮小便，生擣能浣油膩。則其去痰濁之功可類推矣。其花夜開，人不得見。蓋陰毒之物，故又能殺蟲消毒。然食多則收令太過，令人氣壅臚脹昏頓，故物類相感。志言銀杏能醉人，而《三元延壽書》言：白果食滿千箇者死。又云：昔有飢者，同以白果代飯，食飽次日皆死也。

又《胡桃》 核仁氣味甘平温，無毒。頌曰：性熱，不可多食。思邈曰：甘冷滑，多食動痰飲，令人惡心，吐水，吐食物。志曰：多食動風，脱人眉。同酒食，令人咯血。穎曰：多食生痰，動腎火。

發明震亨曰：胡桃屬土而有火，性熱。《本草》云：甘平，是無熱矣。然又云動風脱人眉，非熱何以傷肺耶。時珍曰：胡桃仁味甘氣熱，皮濇肉潤。孫真人言其冷滑，誤矣。近世醫方用治痰氣喘嗽醋心及癘風諸病，而酒家往往醉後嗜之。則食多吐水吐食脱眉，及酒同食咯血之説，亦未必盡然也。但胡桃性熱，能入腎肺，惟虚寒者宜之。而痰火積熱者，不宜多食耳。

主治食之令人肥健，潤肌，黑鬚髮。多食利小便，去五痔。擣和胡粉，拔白鬚髮，內孔中則生黑毛。燒存性，和松脂，研傅瘰癧瘡。開寶食之令人能食，通潤血脈，骨肉細膩。詵 方見下治損傷、石淋，同破故紙蜜丸服，補下焦。頌 補氣養血，潤燥化痰，益命門，利三焦，温肺潤腸，治虚寒喘嗽，腰脚重痛，心腹疝痛，血痢腸風，散腫毒，發痘瘡，制銅毒。時珍

油胡桃氣味辛熱，有毒。主治殺蟲攻毒，治癰腫、癘風、疥癬、楊梅、白禿諸瘡，潤鬚髮。時珍

發明韓懋曰：破故紙屬火，能使心包與命門之火相通。胡桃屬水，主潤血養血，血屬陰，陰惡燥，故油以潤之。佐破故紙，有水火相生之妙。故古有云：黄檗無知母，破故紙無胡桃，猶水母之無鰕也。時珍曰：三焦者，元氣之別使。命門者，三焦之本原。蓋一原一委也。命門指所居之府而名，爲藏精係胞之物。三焦指分治之部而名，爲出納腐熟之司。蓋一以體名，一以用名。其體非脂非肉，白膜裹之，在七節之旁，兩腎之間。二系著脊，下通二腎，上通心肺，貫屬於腦。爲生命之原，相火之主，精氣之府，人物皆有之，生人生物，皆由此出。《靈樞·本臟論》已著其厚薄緩結之狀。而扁鵲《難經》不知原委體用之分，以右腎爲命門，謂三焦有名無狀。而高陽生僞譔《脈訣》，承其謬説，以誤後人。至朱肱《南陽活人書》、陳言《三因方論》、戴起宗《脈訣刊誤》，始著説闢之，而知之者尚尠。胡桃仁頗類其狀，而外皮水汁皆青黑。故能入北方，通命門，利三焦，益氣養血，與破故紙同爲補下焦腎命之藥。夫命門氣與腎通，藏精血而惡燥。若腎命不燥，精氣內充，則飲食自健，肌膚光澤，腸腑潤而血脈通。此胡桃佐補藥，有令人肥健能食，潤肌黑髮固精，治燥調血之功也。命門既通則三焦利，故上通於肺而虚寒喘嗽者宜之，下通於腎而腰脚虚痛者宜之，內而心腹諸痛可止，外而瘡腫之毒可散矣。洪氏《夷堅志》止言胡桃治痰嗽能斂肺，蓋不知其爲命門三焦之藥也。油胡桃有毒，傷人咽肺，而瘡科取之，用其毒也。胡桃制銅，此又物理之不可曉者。洪邁云：邁有痰疾，因晚對，上遣使諭令以胡桃肉三顆，生薑三片，臥時嚼服，即飲湯兩三呷，又再嚼桃、薑如前數，即静臥，必愈。邁還玉堂，如旨服之，及旦而痰消嗽止。又溧陽洪輯幼子病痰喘，凡五晝夜不乳食。醫以危告。其妻夜夢觀音授方，令服人參胡桃湯。輯急取新羅人參寸許，胡桃肉一枚，煎湯一蜆殻許，灌之，喘即定。明日以湯剥去胡桃皮用之，喘復作。仍連皮用，信宿而瘳。此方不載書册，蓋人參定喘，胡桃連皮能斂肺故也。胡桃青皮氣味苦濇，無毒。主治染髭及帛皆黑。志曰仙方皮主治止水痢。春月斫皮，汁沐頭至黑。煎水可染褐。開寶殻主治燒存性，入下血、崩中藥。時珍

又《櫧子》 仁氣味苦澀，平，無毒。主治食之不飢，令人健行，止洩痢，破惡血，止渴。藏器

皮葉主治煮汁飲，止産婦血。藏器嫩葉貼臁瘡，一日三換良。吴瑞

又《橡實》 氣味苦，微温，無毒。主治下痢，厚腸胃，肥健人。蘇恭濇腸止瀉，煮食止飢，禦歉歲。大明發明思邈曰：橡子非果非穀而最益人。服食未能斷穀啖之，尤佳。無氣而受氣，無味而受味，消食止痢，令人强健不飢。時珍曰：木實爲果，橡蓋果也。儉歲人皆取以禦飢。昔摯虞入南山，飢甚。拾橡實而食。唐杜甫客秦州，采橡栗自給是矣。斗殼修治大明曰：入藥，並宜擣細炒焦，或燒存性，研用。氣味澀，温，無毒。主治爲散及煮汁服，止下痢，并可染皂。恭止腸風，崩中帶下，冷熱瀉痢，并染鬚髮。大明木皮根皮拾遺氣味苦，平，無毒。主治惡瘡。因風犯露致腫者，煎汁日洗，令膿血盡乃止。亦治痢。藏器止水痢，消瘰癧。大明

又《槲實》仁氣味苦澀，平，無毒。主治蒸煑作粉，澀腸止痢，功同橡子。時珍槲若修治 氣味甘苦，平，無毒。主治療痔止血，及血痢止渴。恭活血，利小便，除面上皶赤。時珍木皮氣味苦澀，無毒。主治煎服除蟲及漏，甚効。恭煎湯洗惡瘡良。權能吐瘰癧，澀五臟。大明止赤白痢，腸風，下血。時珍

又《果之三・檳榔》氣味苦辛，温澀，無毒。甄權曰：味甘，大寒。大明曰：味澀。弘景曰：交州者味甘，廣州者味澀。珣曰：白者味甘，赤者味苦。元素曰：味辛而苦，純陽也。無毒。詵曰：多食亦發熱。主治消穀逐水，除痰澼，殺三蟲，伏尸寸白。別録治腹脹，生搗末服。利水穀道，傅瘡生肌肉，止痛。燒灰傅口吻白瘡。蘇恭宣利五臟六腑壅滯，破胷中氣，下水腫，治心痛積聚。甄權除一切風，下一切氣，通關節利。九竅補五勞七傷，健脾調中，除煩破癥結。大明主賁豚膀胱諸氣，五膈氣，風冷氣，脚氣。宿食不消。李珣治衝脉爲病，氣逆裏急。好古治瀉痢後重，心腹諸痛，大小便氣秘，痰氣喘急，療諸瘧，禦瘴癘。時珍

發明元素曰：檳榔味厚氣輕，沉而降，陰中陽也。苦以破滯，辛以散邪，泄胸中至高之氣，使之下行。性如鐵石之沉，重能墜諸藥至於下極。故治諸氣後重，如神也。時珍曰：按《羅大經鶴林玉露》云：嶺南人以檳榔代茶禦瘴，其功有四：一曰醒能使之醉，蓋食之久則熏然頰赤若飲酒然。蘇東坡所謂紅潮登頰，醉檳榔也。二曰醉能使之醒，蓋酒後嚼之，則寬氣下痰，餘酲頓解。朱晦菴所謂檳榔收得爲祛痰也。三曰飢能使之飽。四曰飽能使之飢，蓋空腹食之則充然氣盛。如飽飽後食之，則飲食快然易消。又且賦性疏通而不洩氣，禀味嚴正而更有餘甘，有是德故有是功也。又按吴興章傑《瘴説》云：嶺表之俗，多食檳榔，日至十數。夫瘴癘之作率，因飲食過度，氣痞積結。而檳榔最能下氣消食去痰。故人紐于近利而闇於遠患也。夫嶠南地熱，四時出汗，人多黄瘠食之，則臟器疏洩。一旦病瘴不敢發散攻下，豈盡氣候所致？檳榔蓋亦爲患，殆未思耳。又東陽盧和云：閩廣人常服檳榔，云能祛瘴。有瘴服之可也，無瘴而服之寧不損正氣而有開門延寇之禍乎？南人喜食此果，故備考諸説以見其功過焉。又朱晦菴《檳榔詩》云：憶昔南遊日，初嘗面發紅。藥囊知有用，茗盌詎能同。蠲疾收殊效，修真録異功。三彭如不避，糜爛七非中。亦與其治疾殺蟲之功，而不滿其代茶之俗也。

又《大腹子》大腹子氣味辛澀，温，無毒。主治與檳榔同功。時珍 氣味辛，微温，無毒。主治冷熱氣攻心腹，大腸蠱毒，痰膈，醋心。並以薑鹽同煎，入疏氣藥用之良。開寶下一切氣，止霍亂，通大小腸，健脾開胃調中。大明降逆氣，消肌膚中水氣，浮腫脚氣，壅逆，瘴瘧痞滿，胎氣惡阻，脹悶。時珍

又《枳椇》實氣味甘平，無毒。主治頭風，小腹拘急。唐本止渴除煩，去膈上熱，潤五臟，利大小便，功用同蜂蜜。枝葉煎膏亦同。藏器止嘔逆，解酒毒，辟蟲毒。時珍發明震亨曰：一男子年三十餘，因飲酒發熱又兼房勞虚乏，乃服補氣血之藥加葛根以解酒毒，微汗出，人反懈怠，熱如故。此乃血氣虚，不禁葛根之散也。必須鷄距子解其毒，遂煎藥中加而服之，乃愈。時珍曰：枳椇，《本草》止言木能敗酒，而丹溪朱氏治酒病往往用其實，其功當亦同也。按《蘇東坡集》云：眉山揭顥臣病消渴，日飲水數斗，飯亦倍常，小便頻數。服消渴藥，逾年疾日甚，自度必死。予令延蜀醫張肱診之。笑曰：君幾誤死。乃取麝香當門子以酒濡濕，作十許丸，用棘枸子煎湯吞之，遂愈。問其故。肱曰：消渴消中皆脾弱腎敗，土不制水而成疾。今顥臣脾脉極熱而腎氣不衰，當由果實、酒物過度，積熱在脾，所以食多而飲水。水飲既多，溺不得不多，非消非渴也。麝香能制酒果花木。棘枸亦勝酒，屋外有此木，屋内釀酒多不佳。故以此二物爲藥，以去其酒果之毒也。棘枸實如鷄距，故俗謂之鷄距。亦曰癩漢指頭。食之如牛乳，《本草》名枳椇，小兒喜食之。吁古人重格物，若肱蓋得此理矣，醫云乎哉。木皮氣味甘温，無毒。主治五痔和五臟。唐本

又卷三二《果之四・秦椒》椒紅氣味辛，温，有毒。《別録》曰：生温熟寒，有毒。權曰：苦辛。之才曰：惡苦蔞、防葵，畏雌黄。主治除風邪氣，温中去寒痺，堅齒髮，明目。久服輕身，好顔色，耐老增年，通神。本經療喉痺吐逆疝瘕，去老血，産後餘疾，腹痛出汗，利五臟。別録上氣，欬嗽，久風濕痺。孟詵治惡風，遍身四肢㿏痺，口齒浮腫摇動，女人月閉不通，産後惡血痢，多年痢，療腹中冷痛，生毛髮，滅瘢。甄權能下腫濕氣。震亨

又《胡椒》實氣味辛，大温，無毒。時珍曰：辛熱純陽，走氣助火，昏目發瘡。珣曰：多食損肺，令人吐血。主治下氣温中，去痰，除臟腑中風冷。唐本去胃口虚冷氣，宿食不消，霍亂氣逆，心腹卒痛，冷氣工衝。李珣調五臟，壯腎氣，治冷痢，殺一切魚肉、鼈蕈毒。大明去胃寒吐水，大腸寒滑。宗奭暖腸胃，除寒濕，反胃虚脹冷，積陰毒，牙齒浮熱作痛。時珍發明宗奭曰：胡椒去胃中寒痰，食已則吐水，甚驗。大腸寒滑亦可用，須以他藥佐之。過劑則走氣也。震亨曰：胡椒屬火而性燥，食之快膈，喜之者衆。積久則脾胃肺氣大傷，凡病氣疾人，益大其禍也。牙齒痛必用胡椒、蓽茇者散其中浮熱也。時珍曰：胡椒大辛熱，純陽之物腸。胃寒濕者宜之。熱病人食之，動火傷氣陰受其害。時珍自少嗜之，歲歲病目而不疑及也。後漸知其弊，遂痛絶之，目病亦止。纔食一二粒即便昏澀，此乃昔人所未試者。蓋辛走氣熱助火，此物氣味俱厚故也。病咽喉口齒者，亦宜忌之。近醫每以緑豆同用治病有效，蓋豆寒椒熱，陰陽配合得宜。且以豆制椒毒也。

按張從正《儒門事親》云：噎膈之病，或因酒得，或因氣得，或因胃火，醫氏不察，火裏燒薑，湯中煮桂丁香，未已，荳蔻繼之，蓽茇未已，胡椒繼之，雖曰和胃，胃本不寒，雖曰補胃，胃本不虛，況三陽既結，食必上潮，止宜湯丸，小小潤之可也。時珍竊謂此說雖是，然亦有食入反出，無火之證，又有痰氣鬱結，得辛熱暫開之證，不可執一也。

又《吴茱萸》 氣味辛，温，有小毒。權曰：辛苦，大熱，有毒。好古曰：辛苦熱，氣味俱厚，陽中陰也。半浮半沉，入足太陰經血分。少陰厥陰經氣分。思邈曰：陳久者良，閉口者有毒。多食傷神，令人起伏氣，咽喉不通。時珍曰：辛熱，走氣動火，昏目發瘡。之才曰：蓼實爲之使，惡丹參、消石、白堊，畏紫石英。主治温中下氣，止痛除濕血痺，逐風邪，開腠理，欬逆寒熱。本經利五臟，去痰，冷逆氣，飲食不消，心腹諸冷，絞痛中惡，心腹痛。別録霍亂轉筋，胃冷吐瀉腹痛，産後心痛，治遍身𤸷痺刺痛，腰脚軟弱，利大腸壅氣，腸風痔疾，殺三蟲。甄權殺惡蟲毒，牙齒蟲䘌，鬼魅疰氣。藏器下産後餘血，治腎氣，脚氣水腫，通關節，起陽健脾。大明主痢止瀉，厚腸胃，肥健人。孟詵治痞滿塞胷，咽膈不通，潤肝燥脾。好古開鬱化滯，治吞酸，厥陰痰涎頭痛，陰毒腹痛，疝氣血痢，喉舌口瘡。時珍

發明頌曰：段成式言椒氣好下，茱萸氣好上。言其衝膈，不可爲服食之藥，故多食衝眼又脱髮也。宗奭曰：此物下氣最速，腸虛人服之愈甚。元素曰：氣味俱厚，浮而降，陽中陰也。其用有三：去胸中逆氣滿塞，止心腹感寒疞痛，消宿酒，爲白豆蔻之使也。杲曰：濁陰不降，厥氣上逆，咽膈不通，食則令人口開目瞪，陰寒隔氣塞，不得上下。此病不已，令人寒中，腹滿膨脹下利。宜以吴茱萸之苦熱，泄其逆氣，用之如神，諸藥不可代也。不宜多用，恐損元氣。好古曰：衝脉爲病，逆氣裏急，宜此主之。震坤合見，其色緑。故仲景吴茱萸湯、當歸四逆湯方，治厥陰病及温脾胃，皆用此也。時珍曰：茱萸辛熱，能散能温。苦熱，能燥能堅。故其所治之症，皆取其散寒温中、燥濕解鬱之功而已。案《朱氏集驗方》云：中丞常子正苦痰飲，每食飽或陰晴節變率同，十日一發，頭疼背寒，嘔吐酸汁，即數日伏枕不食，服藥罔效。宣和初爲順昌司禄，于太守蔡達道席上，得吴仙丹方服之，遂不再作。每遇飲食過多腹滿，服五七十丸便已。少頃小便作茱萸氣，酒飲皆隨小水而去。前後痰藥甚衆，無及此者。用吴茱萸湯泡七次、茯苓等分，爲末，煉蜜丸梧子大。每熟水下五十丸。梅楊卿方：只用茱萸酒浸三宿，以茯苓末拌之，日乾。每吞百粒，温酒下。又咽喉口舌生瘡者，以茱萸末醋調貼兩足心，移夜便愈。其性雖熱，而能引熱下行，蓋亦從治之義。而謂茱萸之性上行不下者，似不然也。有人治小兒痘瘡口噤者，齧茱萸一二粒，抹之即開，亦取其辛散耳。

葉氣味辛苦，熱，無毒。主治霍亂下氣，止心腹痛冷氣。內外腎釣痛，鹽碾罨之，神驗，乾即易。轉筋者同艾搗，以醋和罨之。大明治大寒犯腦，頭痛，以酒拌葉，盛袋蒸熟，更互枕熨之，痛止爲度。時珍

枝主治大小便卒關格不通，取南行枝，如手第二指中節，含之立下。

根及白皮氣味同葉主治殺三蟲。本經蟯蟲，治喉痺，欬逆，止洩，注食不消，女子經産餘血，療白癬。別録殺牙齒蟲，止痛。藏器治中惡，腹中刺痛，下痢不禁，療漆瘡。甄權

又《茗》 集解《神農食經》云：茶茗生益州及山陵道旁，凌冬不死，三月三日采乾。恭曰：茗生山南澤中山谷。《爾雅》云：檟，苦荼。郭璞註云：樹小似卮子，冬生葉，可煮作羹飲。頌曰：今閩、浙、蜀、江、湖、淮南山中皆有之，通謂之茶。春中始生，嫩葉蒸焙去苦水，末之，乃可飲。與古所食殊不同也。陸羽《茶經》云：茶者南方嘉木，自一尺二尺至數十尺。其巴川峽山有兩人合抱者，伐而掇之。木如瓜蘆，葉如卮子，花如白薔薇，實如栟櫚，蒂如丁香，根如胡桃。其上者生爛石，中者生櫟壤，下者生黄土。藝法如種瓜，三歲可采。《陽崖陰林》：紫者上，緑者次；筍者上，芽者次；葉卷者上，舒者次。在二月、三月、四月之間，茶之筍者，生於爛石之間，長四五寸，若蕨之始抽，凌露采之。茶之芽者，發于叢薄之上，有三枝、四枝、五枝，於枝顛采之。采得蒸焙封乾，有千類萬狀也。畧而言之，如胡人靴者蹙縮然，如犎牛臆者廉沾然，出山者輪囷然，拂水者涵澹然，皆茶之精好者也。如竹籜，如霜荷，皆茶之瘠老者也。其別者，有名南芽、枸杞芽、枇杷葉，皆治風疾。又有皂莢芽、槐芽、柳芽，乃上春摘其芽和茶作之。故今南人輸官茶，往往雜以衆葉。惟茅蘆竹筍之類不可入，自餘山中草木芽葉，皆可和合，椿、柹尤奇。真茶性冷，惟雅州蒙山出者温而主疾。毛文錫《茶譜》云：蒙山有五頂，上有茶園，其中頂曰上清峯。昔有僧人病冷且久，遇一老父謂曰：蒙之中頂茶，當以春分之先後，多聚人力，俟雷發聲，併手采擇，三日而止。若獲一兩，以本處水煎服，即能祛宿疾。二兩當眼前無疾，三兩能固肌骨，四兩即爲地仙矣。其僧如說，獲一兩餘服之，未盡而疾瘳。其四頂茶園，采摘不廢。惟中峯草木繁密，雲霧蔽虧，鷙獸時出，故人跡不到矣。近歲稍貴此品，製作亦精于他處。陳承曰：近世蔡襄述閩茶極備。惟建州北苑數處産者，性味與諸方畧不同。今亦獨名蠟茶，上供御用。碾治作餅，日晒得火愈良。其他者或爲芽，或爲末收貯，若微見火便硬，不可久收，色味俱敗。惟鼎州一種芽茶，性味畧類建茶，今汴中及河北、京西等處磨爲末，亦冒蠟茶者是也。宗奭曰：苦茶即今茶也。陸羽有《茶經》，丁謂有《北苑茶録》，毛文錫有《茶譜》，蔡宗顏有《茶對》，皆甚詳。然古人謂茶爲雀舌、麥顆，言其至嫩也。又有新芽一發，便長寸餘，其粗如針，最爲上品。其根幹、水土力皆有餘故也。雀舌、麥顆又在下品，前人未知耳。時珍曰：茶有野生、種生，種者用子。其子

大如指頂，正圓黑色。其仁入口，初甘後苦，最戟人喉，而閩人以榨油食用。二月下種，一坎須百顆乃生一株，蓋空殼者多故也。畏水與日，最宜坡地蔭處。清明前采者上，穀雨前者次之，此後皆老茗爾。采、蒸、揉、焙修造皆有法，詳見《茶譜》。茶之税始于唐德宗，盛于宋。元及于我朝，乃與西番互市易馬。夫茶一木爾，下爲民生日用之資，上爲朝廷賦税之助，其利博哉。昔賢所稱，大約謂唐人尚茶，茶品益衆。有雅州之蒙頂、石花、露芽、穀芽爲第一，建寧之北苑龍鳳團爲上供。蜀之茶，則有東川之神泉獸目，硤州之碧澗明月，夔州之真香，邛州之火井思安，黔陽之都濡，嘉定之峨眉，瀘州之納溪，玉壘之沙坪。楚之茶，則有荆州之仙人掌，湖南之白露，長沙之鐵色，蘄州蘄門之團面，壽州霍山之黄芽，廬州之六安英山，武昌之樊山，岳州之巴陵，辰州之溆浦，湖南之寶慶。茶陵吴越之茶，則有湖州顧渚之紫筍，福州方山之生芽，洪州之白露，雙井之白毛，廬山之雲霧，常州之陽羡，池州之九華，丁山之陽坡，袁州之界橋，睦州之鳩坑，宣州之陽坑，金華之舉岩，會稽之日鑄。皆産茶有名者。其他猶多，而猥雜更甚。按陶隱居註苦茶云：西陽、武昌、廬江、晋陵皆有好茗，飲之宜人。凡所飲物，有茗及木葉、天門、冬苗、菝葜葉，皆益人。餘物並冷利。又巴東縣有真茶，火熇作卷結爲飲，亦令人不眠。俗中多煮檀葉及大皂李葉作茶飲，並冷利。南方有瓜蘆木，亦似茗也。今人采櫧、櫟、山礬、南燭、烏藥諸葉，皆可爲飲，以亂茶云。

葉氣味苦甘，微寒，無毒。藏器曰：苦寒久食，令人瘦，去人脂，使人不睡。飲之宜熱，冷則聚痰。胡洽曰：與榧同食，令人身重。李廷飛曰：大渴及酒後飲茶，水入腎經，令人腰脚、膀胱冷痛，兼患水腫，攣痺諸疾。大抵飲茶宜熱宜少，不飲尤佳，空腹最忌。時珍曰：服威靈仙、土茯苓者，忌飲茶。主治瘻瘡，利小便，去痰熱，止渴，令人少睡，有力悦志。神農食經下氣消食，作飲加茱萸、葱薑良。蘇恭破熱氣，除瘴氣，利大小腸。藏器清頭目，治中風，昏憒多睡不醒。好古治傷暑。合醋，治泄痢甚效。陳承炒煎飲，治熱毒赤白痢。同芎藭、葱白煎飲，止頭痛。吴瑞濃煎，吐風熱痰涎。時珍

發明好古曰：茗茶氣寒味苦，入手足厥陰經。治陰證湯藥内入此，去格拒之寒，及治伏陽，大意相似。經云：苦以泄之。其體下行，所以能清頭目。機曰：頭目不清，熱熏上也。以苦泄其熱，則上清矣。且茶體輕浮，采摘之時，芽蘖初萌，正得春升之氣，味雖苦而氣則薄，乃陰中之陽，可升可降。利頭目，蓋本諸此。汪穎曰：一人好燒鵞炙煿，日常不缺。人咸防其生癰疽，後卒不病。訪知其人每夜必啜凉茶一椀，乃知茶能解炙煿之毒也。楊士瀛曰：薑茶治痢。薑助陽，茶助陰，並能消暑、解酒食毒。且一寒一熱，調平陰陽，不問赤、白、冷、熱，用之皆良。生薑細切，與真茶等分，新水濃煎服之。蘇東坡以此治文潞公有效。時珍曰：茶苦而寒，陰中之陰，沉也降也。最能降火。火爲百病，火降則上清矣。然火有五火，有虚實。若少壯胃健之人，心肺脾胃之火多盛，故與茶相宜。温飲則火因寒氣而下降，熱飲則茶借火氣而升散，又兼解酒食之毒，使人神思闓爽，不昏不睡，此茶之功也。若虚寒及血弱之人，飲之既久，則脾胃惡寒，元氣暗損，土不制水，精血潛虚；成痰飲，成痞脹，成痿痺，成黄瘦，成嘔逆，成洞瀉，成腹痛，成疝瘕，種種内傷，此茶之害也。民生日用，蹈其弊者，往往皆是，而婦嫗受害更多，習俗移人，自不覺耳。況真茶既少，雜茶更多，其爲患也，又可勝言哉？人有嗜茶成癖者，時時咀啜不止。久而傷營傷精，血不華顔色，黄瘁痿弱，抱病不悔，尤可嘆惋。晋干寶《搜神記》載：武官周時病後，啜茗一斛二升乃止。纔減升合，便爲不足。有客令更進五升，忽吐一物，狀如牛脾而有口。澆之以茗，盡一斛二升。再澆五升，則溢出矣。人遂謂之斛茗瘕。嗜茶者觀此可以戒矣。陶隱居《雜録》言丹丘子、黄山君服茶輕身换骨，壺公《食忌》言：苦茶久食羽化者，皆方士謬言誤世者也。按唐補闕母《炅茶》序云：釋滯消壅，一日之利暫佳；瘠氣侵精，終身之累斯大。獲益則功歸茶力，貽患則不謂茶灾。豈非福近易知，禍遠難見乎？又宋學士蘇軾《茶説》云：除煩去膩，世故不可無茶，然暗中損人不少。空心飲茶入鹽，直入腎經，且冷脾胃，乃引賊入室也。惟飲食後濃茶漱口，既去煩膩，而脾胃不知且苦能堅齒消蠹，深得飲茶之妙。古人呼茗爲酪奴，亦賤之也。時珍早年盛氣，每飲新茗必至數椀，輕汗發而肌骨清，頗覺痛快。中年胃氣稍損，飲之即覺爲害，不痞悶嘔惡，即腹冷洞泄。故備述諸説，以警同好焉。又濃茶能令人吐，乃酸苦湧泄爲陰之義，非其性能升也。茶子氣味苦，寒，有毒。主治喘急欬嗽，去痰垢。擣仁洗衣，除油膩。時珍

又 卷三四《木之一・栢》 柏實修治斅曰：凡使先以酒浸一宿，至明漉出，曝乾。用黄精自然汁於日中煎之，緩火煮成膏爲度。每煎柏子仁三兩，用酒五兩浸。時珍曰：此法是服食家用者，尋常用只蒸熟曝烈。春簸取仁炒。研入藥。

氣味甘，平，無毒。甄權曰：甘辛。畏菊花、羊蹄草。徐之才曰：見葉下。主治驚悸，益氣，除風濕，安五臟，久服令人潤澤美色，耳目聰明，不飢不老，輕身延年。本經療恍惚虚損吸吸，歷節腰中重痛，益血止汗。別録治頭風腰腎中冷，膀胱冷濃宿水，興陽道益壽，去百邪鬼魅，小兒驚癇。甄權潤肝。好古養心氣，潤腎燥，安魂定魄，益智寧神，燒瀝澤頭髮，治疥癬。時珍

發明王好古曰：柏子仁肝經氣分藥也。又潤腎，古方十精丸用之。時珍曰：柏子仁性平而不寒不燥，味甘而補辛，而能潤其氣。清香能透心腎，益脾胃，蓋仙家上品藥也。宜乎滋養之劑用之。《列仙傳》云：赤松子食柏實，齒落更生，行及奔馬，諒非虚語也。

柏葉修治斅曰：凡用，挼去兩畔并心枝了，用糯泔浸七日，以酒拌蒸一伏時，每一斤用黄精自然汁十二兩浸焙，又浸，又焙，待汁乾用之。時珍曰：此服食治法也，常用或生或

炒，各從本方。

氣味苦，微温，無毒。權曰：苦辛性濇，與酒相宜。頌曰：性寒。之才曰：瓜子、牡礪、桂爲之使，畏菊花、羊蹄、諸石及麪麴，伏砒硝。弘景曰：柏之葉實服餌所重。此云惡麴，而人以釀酒無妨。恐酒米相和，異單用也。主治吐血衄血痢血，崩中赤白，輕身益氣，令人耐寒暑，去濕痺，生肌。别録治冷風，歷節疼痛，止尿血。甄權炙罯凍瘡，燒取汁塗頭，黑潤鬢髮。大明傅湯火傷，止痛，滅瘢。服之，療蠱痢。作湯常服，殺五臟蟲，益人。蘇頌

發明震亨曰：柏屬陰，與金善守。故采其葉隨月建。方取其多得月令之氣，此補陰之要藥。其性多燥，久服之，大益脾土，以滋其肺。時珍曰：柏性後凋而耐久，禀堅凝之質，乃多壽之木。所以可入服食。道家以之點湯常飲。元旦以之浸酒辟邪，皆有取於此。麝食之而體香，毛女食之而體輕，亦其證驗矣。毛女者，秦王宫人。關東賊至，驚走入山，飢無所食。有一老公教喫松柏葉。初時苦澀，久乃相宜，遂不復飢，冬不寒，夏不熱。至漢成帝時，獵者於終南山見一人無衣服，身生黑毛，跳坑越澗如飛，乃密圍獲之。去秦時二百餘載矣。事出葛洪《抱朴子》書中。

枝節主治煮汁釀酒，去風痺歷節。風燒取湍油，療瘑疥及蟲癩良。蘇恭脂主治身面疣目，同松脂研勻塗之，數夕自失。聖惠根白皮氣味苦，平，無毒。主治火灼，爛瘡，長毛髮。别録

又《松》 氣味苦，甘，温，無毒。主治癰疽，惡瘡，頭瘍，白禿，疥瘙，風氣，安五臟，除熱。久服輕身，不老，延年。本經除胃中伏熱，咽乾，消渴，風痺，死肌。錬之令白，其赤者主惡痺。别録煎膏生肌，止痛，排膿，抽風，貼諸瘡，膿血，瘻爛，塞牙孔殺蟲。甄權除邪下氣，潤心肺，治耳聾。古方多用辟穀。大明强筋骨，利耳目，治崩帶。時珍

發明弘景曰：松柏皆有脂潤，凌冬不凋，理爲佳物服食多用，但人多輕忽之耳。頌曰：道人服餌，或合伏苓、松柏實、菊花作丸，亦可單服。時珍曰：松葉、松實，服餌所須。松節、松心，耐久不朽。松枝則又樹之津液精華也。在土不朽，流脂日久，變爲琥珀，宜其可以辟穀延齡。葛洪《抱朴子》云：上黨趙瞿病癩歷年，垂死，其家棄之，送置山穴中。瞿怨泣經月，有仙人見而哀之，以一囊藥與之。瞿服百餘日，其瘡都愈，顔色豐悦，肌膚玉澤。仙人再過之，瞿謝活命之恩，乞求其方。仙人曰：此是松脂，山中便多。此物汝錬服之，可以長生不死。瞿乃歸家，長服，身體轉輕，氣力百倍，登危涉險，終日不困。年百餘歲，齒不墜，髮不白，夜卧忽見屋間有光，大如鏡，久而一室盡明如晝。又見面上有采女一人，戲於口鼻之間。後入抱犢山成地仙。於時人聞瞿服此脂，皆競服之，車運驢負，積之盈室。不過一月，未覺大益，皆輒止焉。志之不堅如此。張杲《醫説》有服松丹之法。

松節氣味苦，温，無毒。主治百節久風，風虚脚痺，疼痛。别録釀酒主脚弱，骨節風。弘景炒焦治筋骨間病，能燥血中之濕。震亨治風蛀牙痛。煎水含漱，或燒灰日揩，有效。時珍發明時珍曰：松節，松之骨也。質堅氣勁，久亦不朽。故筋骨間風濕諸病宜之。

松湍主治瘡疥，及馬牛瘡。蘇恭松葉别名松毛，氣味苦，温，無毒。主治風濕瘡，生毛髮，安五臟，守中，不饑，延年。别録細切以水及麪飲服之，或擣屑丸服，可斷穀，及治惡疾。弘景炙罯凍瘡、風瘡佳。大明去風痛，脚痺，殺米蟲。時珍松花别名松黄，氣味甘，温，無毒。主治潤心肺，益氣，除風，止血，亦可釀酒。時珍發明恭曰：松花即松黄，拂取正似蒲黄，常服令輕身，療病勝似皮葉及脂也。頌曰：花上黄粉，山人及時拂取，作湯點之，甚佳。但不堪停久，故無用寄遠。時珍曰：今人收黄，和白沙糖，印爲餅膏，充果餅食之，且難久收。恐輕身療病之功，未必勝脂葉也。根白皮氣味苦，温，無毒。主治辟穀不饑。别録補五勞，益氣。大明木皮别名赤龍皮。主治癰疽，瘡口不合，生肌止血。治白禿，杖瘡，湯火瘡。時珍

又《天竺桂》 皮氣味辛温，無毒。主治腹内諸冷，血氣脹痛。藏器破産後惡血，治血痢腸風，補暖腰脚，功與桂心同，方家少用。

又《木蘭》 皮氣味苦，寒，無毒。主治身大熱在皮膚中，去面熱，赤皰，酒皶，惡風，癩疾，陰下痒濕，明耳目。本經療中風，傷寒及癰疽，水腫，去臭氣。别録治酒疸，利小便，療重舌。時珍附方舊二新一小兒重舌，面上皶皰，酒疸，發斑。花主治魚哽，骨哽化。鐵丹用之。時珍

又《辛夷本經上品》 治五臟，身體寒熱風，頭腦痛，面鼾。久服下氣，輕身，明目，增年，耐老。本經温中解肌，利九竅，通鼻塞涕出，治面腫，引齒痛，眩冒，身兀兀如在車船之上者。生鬚髮，去白蟲。别録通關脉，治頭痛憎寒，體噤瘙癢。入面脂，生光澤。大明鼻淵鼻衄，鼻室鼻瘡，及痘後鼻瘡，並用研末，入麝香少許，葱白蘸入數次，甚良。時珍發明時珍曰：鼻氣通於天。天者頭也，肺也。肺開竅於鼻，而陽明胃脉環鼻而上行。腦爲元神之府，而鼻爲命門之竅，人之中氣不足，清陽不升，則頭爲之傾，九竅爲之不利。辛夷之辛温走氣而入肺，其體輕浮，能助胃中清陽上行通於天，所以能温中，治頭面目鼻九竅之病。軒岐之後，能達此理者，東垣李杲一人而已。

又《沉香》 主治風水毒腫，去惡氣。（别録）主心腹痛霍亂中惡，邪鬼疰氣，清人神，並宜酒煮服之。諸瘡腫宜入膏中。（李珣）調中，補五臟，益精壯陽，暖腰膝，止轉筋吐瀉冷氣，破癥癖，冷風麻痺，骨節不任，風濕皮膚瘙癢，氣痢。（大明）補右腎命門。（元素）補脾胃，及痰涎，血出於脾。（李杲）益氣和神。（劉完素）治上熱下寒，氣逆喘急，大腸虚閉，小便氣淋，男子精冷。（時珍）

又《蜜香》 氣味辛温，無毒。主治去臭，除鬼氣。（藏器）辟惡去邪鬼尸注心氣。（李珣）

又《丁香》 集解恭曰：雞舌香樹葉及皮並似栗，花如梅花，子似棗核，此雌樹也，不入香用。其雄樹雖花不實，采花釀之以成香。出崑崙及交州、愛州以南。珣曰：丁香生東海及崑崙國。二月、三月花開紫白色，至七、月方始成實。小者爲丁香，大者如巴豆，爲母丁香。志云：丁香生交、廣、南番。按廣州圖上丁香樹高丈餘，木類桂，葉似櫟葉，花圓細，黄色，凌冬不凋。其子出枝蕊上如釘，長三、四分，紫色。其中有粗大如山茱萸者，俗呼爲母丁香。二月、八月采子及根。一云盛冬生花，子至次年春采之。頌曰：雞舌香，《唐本草》言其木似栗。《南越志》言是沉香花。《廣志》言是草花蔓生，實熟貫之可以香口。其説不定。今人皆以乳香中揀出木實似棗核者爲之，堅頑枯燥絶，無氣味，燒亦無香，用療氣與口臭則甚乖疎，不知緣何以爲雞舌也。京下老醫言：雞舌與丁香同種，其中最大者爲雞舌，即母丁香，療口臭最良，治氣亦效。葛稚川《百一方》：治暴氣刺心痛，用雞舌香酒服。又抱朴子書：以雞舌、黄連、乳汁煎之，注目，治百疹之在目者皆愈。更加精明。古方治瘡癰五香連翹湯用雞舌香，而孫真人《千金方》無雞舌，用丁香，似爲一物也。其采花釀成香之説，絶無知者。慎微曰：沈存中《筆談》云：予集《靈苑方》，據陳藏器《拾遺》，以雞舌爲丁香母，今考之尚不然，雞舌即丁香也。《齊民要術》言雞舌俗名丁子香。日華子言丁香治口氣，與《三省故事》載漢時郎官日含雞舌香，欲其奏事芬芳之説相合。及《千金方》五香湯用丁香無雞舌，最爲明驗。《開寶本草》重出丁香，謬矣。今世以乳香中大如山茱萸者爲雞舌，略無氣味，治疾殊乖。承曰：《嘉祐補注》及蘇頌《圖經》引諸書以雞舌爲丁香。《抱朴子》言可注眼。但丁香恐不宜入眼，含之口中熱臭不可近。乳香中所揀者雖無氣味，却無臭氣，有疢利九竅之理。諸方用治小兒驚癇，亦欲其達九竅也。斅曰：丁香有雌、雄。雄者顆小，雌者大如山萸，更名母丁香，入藥最勝。時珍曰：雄爲丁香，雌爲雞舌。諸説甚明，獨陳承所言甚爲謬。妄不知乳香中所揀者，乃番棗核也，即無漏子之核，見果部。前人不知丁香即雞舌，誤以此物充之。爾乾薑、焰硝尚可點眼，草果、阿魏番人以作食料，則丁香之點眼、噙口又何害哉？

骨槽勞臭，殺蟲辟惡去邪，治奶頭花，止五色毒痢五痔。（李珣）治口氣，冷氣，冷勞，反胃，鬼疰，蠱毒，殺酒毒，消痃癖，療腎氣、奔豚氣、陰痛、腹痛，壯陽，暖腰膝。（大明）療嘔逆甚驗。（保昇）去胃寒，理元氣。氣血盛者勿服。（元素）治虚噦，小兒吐瀉，痘瘡胃虚，灰白不發。（時珍）

發明好古曰：丁香與五味子、廣茂同用，治奔豚之氣。亦能泄肺，能補胃，大能療腎。宗奭曰：日華子言：丁香治口氣，此正是御史所含之香也。治脾胃冷氣不和，甚良。母丁香氣味尤佳。震亨曰：口居上，地氣出焉。脾有鬱火，溢入肺中，失其清和之意，而濁氣上行，發爲口氣。若以丁香治之，是揚湯止沸爾。惟香薷治之甚捷。時珍曰：宋末太醫陳文中，治小兒痘瘡不光澤，不起發，或脹或瀉，或渴或氣促，表裏俱虚之證。並用木香散、異攻散，倍加丁香、官桂。甚者丁香四、五十枚，官桂一、二錢。亦有服之而愈者。此丹溪朱氏所謂立方之時，必運氣在寒水司天之際，又值嚴冬鬱遏陽氣，故用大辛熱之劑發之者也。若不分氣血虚實寒熱經絡，一槩驟用，其殺人也必矣。葛洪《抱朴子》云：凡百病在目者，以雞舌香、黄連、乳汁煎注之，皆愈。此得辛散苦降養陰之妙。陳承言不可點眼者，蓋不知此理也。

鷄舌香（别録）氣味辛，微温，無毒。時珍：曰辛，温。主治風水毒腫霍亂心痛，去惡熱。（别録）吹鼻殺腦疳，入諸香中令人身香。（甄權）同薑汁塗拔去白鬚孔中，即生黑者異常。（藏器）

丁香（開寶）氣味辛，温，無毒。時珍曰：辛熱。好古曰：純陽。入手太陰、足少陰陽明經。斅曰：方中多用雌者，力大。膏煎中若用雄，須去丁。蓋乳子發人背癰也。不可見火，畏鬱金。主治温脾胃，止霍亂，壅脹，風毒諸腫，齒疳䘌，能發諸香。（開寶）

風䘌丁皮。時珍曰：即樹皮也，似桂皮而厚。氣味同香。主治齒痛。（李珣）心腹冷氣。諸病方家用代丁香。（時珍）枝主治一切冷氣，心腹脹滿，惡心，泄瀉虚滑，水穀不消。根氣味辛，熱，有毒。主治風熱，毒腫，不入心腹之用。（開寶）

又《檀香》 白旃檀氣味辛，温，無毒。大明曰：熱。元素曰：陽中微陰，入手太陰、足少陰，通行陽明經。主治：消風熱、腫毒。（弘景）治中惡，鬼氣，殺蟲。（藏器）煎服止心腹痛，霍亂，腎氣痛。水磨塗外腎并腰腎痛處。（大明）散冷氣，引胃氣上升，進飲食。（元素）噎膈，吐食。又面生黑子，每夜以漿水洗拭令赤，磨汁塗之，甚良。（時珍）發明杲曰：白檀調氣。引芳香之物上至極高之分，最宜橙橘之屬，佐以薑棗，輔以葛根縮砂益智豆蔻，通行陽明之經，在胸膈之上處，咽嗌之間，爲理氣要藥。時珍曰：《楞嚴經》云：白旃檀塗身能除一切熱惱。今西南諸番酋，皆用諸香塗身，取此義也。杜寶《大業録》云：隋有壽禪師妙醫術，作五香飲濟人。沉香飲，檀香飲，丁香飲，澤蘭飲，甘松飲。皆以香爲主，更加別藥。有味而止渴兼補益人也。道書檀香謂之浴香，不可燒供上真。紫檀氣味鹹，微寒，無毒。主治摩塗惡毒、風毒。（別録）刮末傅金瘡，止血止痛，療淋。（弘景）醋磨，傅一切卒腫。（大明）發明時珍曰：白檀辛温氣分之藥也。故能理衛氣而調脾肺，利胸膈。紫檀鹹寒血分之藥也，故能和營氣而消腫毒，治金瘡。

又《降真香》 氣味辛温，無毒。主治：燒之辟天行時氣，宅舍怪異，小兒帶之辟邪惡氣。（李珣）療折傷金瘡，止血定痛，消腫生肌。（時珍）發明時珍曰：降香唐宋本草失收，唐慎微始增入之而不著其功用。今折傷、金瘡家多用。其節云可代没藥、血竭。按《名醫録》云：周密被海寇刃傷，血出不止，筋如斷骨如折，用花蕊石散不效。軍士李高用紫金散掩之，血止痛定，明日結痂如鐵，遂愈，且無瘢痕。叩其方，則用紫藤香，瓷瓦刮下研末爾。云即降之最佳者，曾救萬人。羅天益《衛生寶鑑》亦取此方，云甚效也。

又《釣樟》 根皮氣味辛温，無毒。主治金瘡，止血。刮屑傅之，甚驗。磨服，治霍亂。（二炳）治奔豚、脚氣、水腫，煎湯服，亦可浴瘡痍、疥癬、風瘙，併研末傅之。（大明）莖葉主治置門上，辟天行時氣。（蕭炳）

又《必栗香》 釋名花木香　詹香

集解藏器曰：必栗香生高山中，葉如老椿，擣置上流，魚悉暴腮而死。木爲書軸，白魚不損書也。氣味辛，温，無毒。主治鬼疰心氣，斷一切惡氣。煑汁服之。燒爲香，殺蟲魚。（藏器）

又《楓香脂》 釋名白膠香時珍曰：楓樹枝弱，善摇，故字從風，俗呼香楓。《金光明經》謂其香爲須薩折羅婆香。頌曰：《爾雅》謂楓爲欇，欇言風至則欇欇而鳴也。梵書謂之薩闍羅婆香。集解恭曰：楓香脂所在大山中皆有之。頌曰：今南方及關陝甚多。樹甚高大，似白楊，葉圓而作岐，有三角而香。二月有花，白色。乃連着實，大如鴨卵。八月、九月熟時暴乾，可燒。《南方草木狀》云：楓實惟九真有之，用之有神，乃難得之物。其脂爲白膠香。五月斫爲坎，十一月采之。《説文解字》云：楓木厚葉弱枝，善摇。漢宫殿中多植之。至霜後葉丹可愛，故稱楓。宸任昉《述異記》云：南中有楓子鬼，木之老者爲人形，亦呼爲靈楓。蓋瘤癭也。至今，越巫有得之者，以雕刻鬼神，可致靈異。保昇曰：王瓘《軒轅本紀》云：黄帝殺蚩尤於黎山之丘，擲其械於大荒之中，化爲楓木之林。《爾雅注》云：其脂入地，千年爲琥珀。時珍曰：楓木枝幹修聳，大者連數圍，其木甚堅，有赤有白，白者細膩，其實成毬，有柔刺。嵇含言楓實惟出九真者，不知即此楓否？孫炎《爾雅正義》云：楓子鬼乃欇木上寄生枝，高三、四尺，天旱以泥塗之，即雨也。荀伯子《臨川記》云：嶺南楓木歲久生瘤，如人形。遇暴雷驟雨則暗長三、五尺，謂之楓人。宋齊丘《化書》云：老楓化爲羽人，數説不同，大抵瘿瘤之説猶有理也。香脂修治時珍曰：凡用，以虀水煑二十沸，入冷水中揉扯數十次，晒乾用。氣味辛，苦，平，無毒。主治癮疹風痒浮腫，煮水浴之。又主齒痛。（唐本）一切癰疽、瘡疥、金瘡，吐衄，咯血，活血生肌，止痛解毒，燒過揩牙，永無牙疾。（時珍）發明震亨曰：楓香屬金，有水與火。其性疏通，故木易有蟲穴，爲外科要藥。近世不知，誤以松脂之清瑩者爲之，甚謬。宗奭曰：楓香、松脂皆可亂乳香，但楓香微白黄色，燒之可見真僞。時珍曰：楓香、松脂皆可亂乳香，其功雖次於乳香，而亦彷彿不遠。木皮氣味辛，平，有小毒。（蘇恭）主治水腫，下水氣煑汁用之。（蘇恭）煎飲止水痢爲最。（藏器）止霍亂，刺風，冷風，煎湯浴之。（大明）正誤藏器曰：楓皮性濇，能止水痢。蘇云：下水腫。水腫非濇藥所療，又云有毒，明見其謬。根葉主治癰疽已成，擂酒飲，以滓貼之。（時珍）菌氣味有毒，食之令人笑不止，地漿解之。（弘景）

又《薰陸香乳香》 集解恭曰：薰陸香形似白膠香，出天竺者色白，出單于者夾緑色，香亦不甚。珣曰：按《廣志》云：薰陸香是樹皮鱗甲，采之復生。乳頭香生南海，是波斯松樹脂也。紫赤如櫻桃，透明者爲上。藏器曰：乳香即薰陸之類也。禹錫曰：按南方《異物志》云：薰陸出大秦國。在海邊有大樹枝，葉正如古松，生於沙中，盛夏木膠流出沙上，狀如桃膠，夷人采取賣與商賈，無賈則自食之。宗奭曰：薰陸木葉類棠梨，南印度界呵叱釐國出之，謂之西香，南番者更佳，即乳香也。承曰：西出天竺，南出波斯等國。西者色黄白，南者色紫赤，日久重叠者不成乳頭，雜以沙石。其成乳者乃新出未雜沙石者也。薰陸是總名，乳是薰陸之乳頭也。今松脂楓脂中亦有此狀者甚多。時珍曰：乳香，今人多以楓香雜之，惟燒之可辨。南番諸國皆有。《宋史》言乳香有一十三等，按葉廷珪《香録》云，乳香一名薰陸香，出大食國南，其樹類松，以斤斫樹，脂溢於外，結而成香，聚而成塊。上品爲揀香，圓大如乳頭，透明，俗呼滴乳，又曰明乳。次爲瓶香，以瓶收者。次爲乳塌，雜沙石者。次爲黑塌，色黑。次爲水濕塌，水漬色敗氣變者。次爲斫削，雜碎不堪。次爲纏末，播揚爲塵者。觀此，則乳有自流出者，有斫樹溢出者。諸説皆言其樹類古松。寇氏言類棠梨，恐亦傳聞，當從前説。《道書》乳香、檀香謂之浴香，不可燒祀上真。

修治頌曰：乳性至粘，難碾用，時以繒袋掛於窻隙間，良久取研乃不粘也。大明曰：入丸散微炒殺毒則不粘。時珍曰：或言乳香入丸藥以少酒研如泥，以水飛過晒乾用。或言以燈心同研則易細。或言以糯米數粒同研。或言以人指甲二、三片同研。或言以乳鉢坐熱水中，乳之皆易細。《外丹本草》云：乳香以韭實、葱、蒜煅伏成汁，最柔五金。《丹房鑑源》云：乳香啞銅。

氣味微温，無毒。主治薰陸主風水毒腫，去惡氣伏尸癮疹癢毒。乳香同功。（別録）乳香治耳聾中風，口噤不語，婦人血氣，止大腸洩澼，療諸瘡，令内消，能發酒理風冷。（藏器）下氣益精，補腰膝，治腎氣，止霍亂，衝惡，中邪氣，心腹痛，疰氣。煎膏止痛長肉。（大明）治不眠。（之才）補腎，定諸經之痛。（元素）仙方用以辟穀。（李珣）消癰疽諸毒，托裏護心，活血定痛，伸筋，治婦人産難，折傷。（時珍）

發明時珍曰：乳香香竄能入心經，活血定痛，故爲癰疽瘡瘍心腹痛要藥。素問云：諸痛痒瘡瘍皆屬心火，是矣産科諸方多用之，亦取其活血之功爾。陳自明《婦人良方》云：知蘄州施少卿得神寢丸方於蘄州徐大丞，云婦人臨産月服之，令胎滑易生，極有效驗。用通明乳香半兩，枳殼一兩，爲末，煉蜜丸梧子大，每空心酒服三十丸。李嗣直治癰疽初起，内托護心散，云香徹瘡孔中，能使毒氣外出，不致内攻也。方見《穀部緑豆下》。按葛洪，抱朴子云：浮炎洲在南海中，出薰陸香。乃樹有傷穿，木膠流墮，夷人采之。恒患狤猸獸啖之，此獸斫刺不死，以（缺）之皮不傷而骨碎乃死，觀此則乳香之治折傷，（缺）能活血止痛，亦其性然也。楊清叟云：凡人筋不伸者，敷藥宜加乳香，其性能伸筋。

又《安息香》 釋名時珍曰：此香辟惡，安息諸邪，故名。或云，安息，國名也。梵書謂之拙貝羅香。集解恭曰：安息香出西戎，狀如松脂，黄黑色，爲塊，新者亦柔韌。珣曰：生南海波斯國，樹中脂也，狀若桃膠，秋月采之。禹錫曰：按段成式《酉陽雜俎》云：安息香樹出波斯國，呼爲辟邪樹。長二、三丈，皮色黄黑，葉有四角，經寒不凋。二月開花，黄色，花心微碧，不結實。刻其樹皮，其膠如飴，名安息香。六、七月堅凝乃取之。燒之通神，辟衆惡。時珍曰：今安南三佛齊諸番皆有之。一統志云：樹如苦楝大而且直，葉似羊桃而長，木心有脂作香。葉廷珪《香録》云：此乃樹脂，形色類胡桃穰，不宜於燒，而能發衆香。故人取以和香。今人和香有如錫者謂之安息油。機曰：或言燒之能集鼠者爲真。

氣味辛，苦，平，無毒。主治心腹惡氣鬼疰。（唐本）邪氣魍魎鬼胎血邪，辟蠱毒，霍亂風痛，男子遺精，暖腎氣，婦人血噤并産後血運。（大明）婦人夜夢鬼交，同臭黄燒，熏丹穴永斷。（李珣）燒之去鬼來神。（蕭炳）治中惡，魘寐，勞瘵，傳尸。（時珍）

又《篤耨香》 釋名 集解時珍曰：篤耨香出真蠟國，樹之脂也。樹如松形，其香老則溢出，色白而透明者名白篤耨。盛夏不融，香氣清遠，土人取後，夏月以火炙樹，令脂液再溢，至冬乃凝，復收之。其香夏融冬結，以瓠瓢盛置陰凉處乃得不融。雜以樹皮者，則色黑，名黑篤耨，爲下品。

氣味缺主治面黧䵟䵳。同白附子、冬瓜子、白及、石榴皮等分爲末，酒浸三日，洗面後傅之，久則面瑩如玉。時珍

又《龍腦香》 氣味辛苦，微寒，無毒。主治婦人難産，研末，少許新汲水服，立下。（別録）心腹邪氣，風濕積聚，耳聾，明目，去目赤膚翳。（唐本）目外障眼，鎮心祕精，治三蟲五痔。（李珣）散心盛有熱。（好古）入骨治骨痛。（李杲）治大腸脱。（元素）療喉痺腦痛，鼻瘜齒痛，傷寒舌出，小兒痘陷，通諸竅，散鬱火。（時珍）

蒼龍腦主治風瘡䵟黷，入膏煎良。不可點眼，傷人。（李珣）

婆律香膏主治耳聾，摩一切風。（蘇恭）發明宗奭曰：此物大通利關隔熱塞，大人、小兒風涎閉塞，及暴得驚熱，甚爲濟用。然非常服之藥，獨行則勢弱，佐使則有功。於茶亦相宜，多則掩茶氣。味甚清香，爲百藥之先，萬物中香無出其右者。震亨曰：龍腦屬火，世知其寒而通利。然未達其熱而輕浮飛越，喜其香而貴細，動輒與麝同爲桂附之助。然人之陽易動，陰易虧，不可不思。杲曰：龍腦入骨，風病在骨髓者宜用之。若風在血脉肌肉，輒用腦、麝，反引風入骨髓，如油入麪，莫之能出也。王綸曰：龍腦大辛善走，故能散熱，通利結氣。目痛、喉痺、下疳諸方多用之者，取其辛散也。人欲死者吞之，爲氣散盡也。世人誤以爲寒，不知其辛散之性似乎凉爾。諸香皆屬陽，豈有香之至者而性反寒乎。時珍曰：古方眼科、小兒科皆言龍腦辛凉，能入心經，故治目病、驚風方多用之。痘瘡心熱血瘀倒靨者，用引猪血直入心竅，使毒氣宣散於外，則血活痘發。其説皆似是而實未當也。目病、驚病、痘病，皆火病也。火鬱則發之，從治之法，辛主發散故爾。其氣先入肺，傳於心痺，能走能散，使壅塞通利，則經絡條達，而驚熱自平，瘡毒能出。用猪心血能引龍腦入心經，非龍腦能入心也。沈存中《良方》云：痘瘡周密，盛則變黑者，用生猪猪血一橡斗，龍腦半分，温酒和服。潘氏云：一女病發熱腰痛，手足厥逆，目加昏悶，形證極惡，疑是痘候。時暑月，急取屠家敗血倍用龍腦和服。得睡，須臾一身瘡出而安。若非此方，則横夭矣。又宋文天祥、賈似道皆服腦子求死不得，惟廖瑩中以熱酒服數握，九竅流血而死。此非腦子有毒，乃熱酒引其辛香，散溢經絡，氣血沸亂而然爾。子氣味辛，温，氣似龍腦。主治下惡氣，消食，散脹滿，香人口。（蘇恭）

又《樟腦》 釋名韶腦。氣味辛熱，無毒。主治通關竅，利滯氣，治中惡邪氣霍亂，心腹痛，寒濕脚氣疥癬風瘙齲齒，殺蟲辟蠹，着鞋中，去脚氣。（時珍）發明時珍曰：樟腦純陽，與焰硝同性。水中生火，其焰益熾。今丹爐及烟火家多用之。

辛熱香竄禀龍火之氣，去濕殺虫此其所長，故燒烟薰衣篚席簟，能辟壁虱虫蛀。李石《續博物志》云：脚弱病人用杉木爲桶濯足，排樟腦於兩股間，用帛繃定。月餘，甚妙。王璽《醫林集要方》治脚氣腫痛，用樟腦二兩，烏頭三兩爲末，醋糊丸彈子大，每置一丸於足心踏之，下以微火烘之，衣被圍覆，汗出如涎爲效。附録元慈勒藏器曰：出波斯國，狀似龍腦香，乃樹中脂也。味甘平，無毒。主心病流血，合金瘡，去腹内惡血，血痢下血，婦人帶下，明目去翳障，風淚弩肉。

又 卷三五上《木之二・蘗木》 熱，黄疸，腸痔，止洩痢，女子漏下，赤白，陰傷蝕瘡。（本經）療驚氣在皮間，肌膚熱赤起，目熱赤痛，口瘡。久服通神。（別録）熱瘡皰起，蟲瘡，血痢，止消渴，殺蛀蟲。（藏器）男子陰痿，及傅莖上瘡。治下血如雞鴨肝片。（甄權）安心，除勞，治骨蒸，洗肝，明目，多淚，口乾，心熱，殺疳蟲，治蚘，心痛，鼻衄，腸風，下血，後急熱腫痛。（大明）瀉膀胱相火，補腎水不足，堅腎，壯骨髓，療下焦虚，諸痿癱痪，利下竅，除熱。（元素）瀉伏火，救腎水，治衝脈氣逆，不渴而小便不通，諸瘡痛不可忍。李杲得知母滋陰降火，得蒼术除濕清熱，爲治痿要藥。得細辛瀉膀胱火，治口舌生瘡。（震亨）傅小兒頭瘡。（時珍）

發明元素曰：黄蘗之用有六：瀉膀胱龍火一也，利小便結二也，除下焦濕腫三也，痢疾先見血四也，臍中痛五也，補腎不足，壯骨髓六也。凡腎水膀胱不足，諸痿厥腰無力，於黄芪湯中加用，使兩足膝中氣力涌出，痿軟即便去也，乃癱痪必用之藥。蜜炒研末，治口瘡如神。故《雷公炮炙論》云：口瘡舌折，立愈黄酥。謂以酥炙根黄，含之也。杲曰：黄蘗、蒼术乃治痿要藥。凡去下焦濕熱作腫及痛，并膀胱有火邪，并小便不利及黄澀者，並用酒洗黄蘗，知母爲君，茯苓澤瀉爲佐。凡小便不通而口渴者，邪熱在氣分，肺中伏熱不能生水，是絶小便之源也。法當用氣味俱薄、淡滲之藥，猪苓、澤瀉之類，瀉肺火而清肺金，滋水之化源。若邪熱在下焦血分，不渴而小便不通者，乃《素問》所謂無陰則陽無以生，無陽則陰無以化。膀胱者州都之官，津液藏焉，氣化則能出矣。法當用氣味俱厚、陰中之陰藥治之，黄蘗、知母是也。長安王善夫病小便不通，漸成中滿，腹堅如石，脚腿裂破出水，雙睛凸出，飲食不下，痛苦不可名狀。治滿，利小便，滲洩之藥服遍矣。予診之曰：此乃奉養太過，膏粱積熱，損傷腎水，致膀胱久而乾涸，小便不化，火又逆上，而爲嘔噦，《難經》所謂關則不得小便，格則吐逆者。潔古老人言：熱在下焦，但治下焦，其病必愈。遂處以北方寒水所化大苦寒之藥，黄蘗、知母各一兩，酒洗焙碾，入桂一錢爲引，熟水丸如芡子大。每服二百丸，沸湯下。少時如刀刺前陰火燒之狀，溺如瀑泉涌出，牀下成流，顧盼之間，腫脹消散。《内經》云：熱者寒之。腎惡燥，急食辛以潤之。以黄蘗之苦寒瀉熱，補水潤燥爲君，知母之苦寒瀉腎火爲佐，肉桂辛熱爲使，寒因熱用也。震亨曰：黄蘗走至陰，有瀉火補陰之功，非陰中之火，不可用也。火有二：君火者，人火也，心火也，可以濕伏，可以水滅，可以直折，黄連之屬可以制之；相火者，天火也，龍雷之火也，陰火也，不可以水濕折之，當從其性而伏之，惟黄蘗之屬可以降之。時珍曰：古書言知母佐黄蘗，滋陰降火，有金水相生之義。黄蘗無知母，猶水母之無蝦也。蓋黄蘗能制膀胱、命門陰中之火，知母能清肺金，滋腎水之化源。故潔古、東垣、丹溪皆以爲滋陰降火要藥，上古所未言也。蓋氣爲陽，血爲陰，邪火煎熬，則陰血漸涸，故陰虚火動之病須之。然必少壯氣盛能食者，用之相宜。若中氣不足而邪火熾甚者，久服則有寒中之變。近時虚損，及縱慾求嗣之人，用補陰藥，往往以此二味爲君，日日服餌。降令太過，脾胃受傷，真陽暗損，精氣不暖，致生他病。蓋不知此物苦寒而滑滲，且苦味久服，有反從火化之害。故葉氏《醫學統旨》有「四物加知母、黄蘗，久服傷胃，不能生陰」之戒。

又《檀桓》 氣味苦，寒，無毒。主治心腹百病，安魂魄，不饑渴。久服輕身，延年，通神。本經長生神仙，去萬病。爲散飲服方寸匕，盡一枚有驗。（藏器）

又《椿樗》 葉氣味苦，温，有小毒。詵曰：椿芽多食動風，熏十二經脈、五臟六腑，令人神昏血氣微。若和猪肉、熱麵頻食，則中滿，蓋擁經絡也。時珍曰：椿葉無毒，樗葉有小毒。主治煮水洗瘡疥，風疽。樗木根葉尤良。（唐本）白秃不生髮，取椿桃楸葉心搗汁，頻塗之。時珍嫩芽瀹食，消風，祛毒。白皮及根皮修治斅曰：凡使椿根不近西頭者爲上。采出，拌生葱蒸半日，剉細以袋盛掛屋南畔，陰乾用。時珍曰：椿樗木皮、根皮並刮去，粗皮陰乾，臨時切焙入用。

氣味苦，温，無毒。權曰：微熱。震亨曰：涼而燥。藏器曰：樗根有小毒。時珍曰：樗根制硫黄、砒石、黄金。主治疳䘌，樗根尤良。（唐本）去口鼻疳蟲，殺蚘蟲，疥䘌，鬼注，傳尸，蠱毒，下血及赤白久痢。（藏器）得地榆，止疳痢。（蕭炳）止女子血崩，産後血不止，赤帶，腸風，瀉血不住，腸滑瀉，縮小便，蜜炙用。（大明）利溺澀。（雷斅）治赤白濁，赤白帶，濕氣下痢，精滑夢遺，燥下濕，去肺胃陳積之痰。（震亨）

發明詵曰：女子血崩及産後血不止，月信來多并赤帶下，宜取東引細椿根一大握，洗净以水一大升煮汁。分服，便斷。小兒疳痢亦宜多服。仍取白皮一握，粳米五十粒，葱白一握，炙甘草三寸，豉兩合，水一升，煮半升，以意服之。枝葉功用皆同。震亨曰：椿根白皮性涼而能澀血，凡濕熱爲病，瀉痢、濁帶、精滑、夢遺諸證，無不用之。有燥下濕及去肺胃陳痰之功。治泄瀉，有除濕、實腸之力。但痢疾、滯氣未盡者，不可遽用，宜入丸、散，亦可煎服。

不見有害乎，每用炒研糊丸看病作湯，使名固腸丸也。時珍曰：椿皮色赤而香，樗皮色白而臭，多服微利人。蓋椿皮入血分而性濇，樗皮入氣分而性利，不可不辨。其主治之功雖同，而濇利之效則異。正如伏苓、芍藥，赤白頗殊也。凡血分受病不足者，宜用椿皮。氣分受病有鬱者，宜用樗皮。此心得之，微也。《乾坤生意》治瘡腫下藥，用樗皮。以無根水研汁，服二三椀，取利數行是，其驗矣。故陳藏器言：樗皮有小毒蓋，有所試也。宗奭曰：洛陽一女，人年四十六七，耽飲無度，多食魚蟹，畜毒在臟。日夜二三十瀉，大便與膿血雜下，大腸連肛門痛不堪任。醫以止血，痢藥不效，又以腸風藥，則益甚。蓋腸風則有血無膿。如此半年餘，氣血漸弱，食減肌瘦。服熱藥則腹愈痛，血愈下。服冷藥即注泄食減，服温平藥則病不知。如此期年，垂命待盡。或人教服人參散，一服知，二服減，三服膿血皆定，遂常服之而愈。其方治大腸風虛，飲酒過度，挾熱下痢膿血痛甚，多日不瘥。用樗根白皮一兩，人參一兩，爲末。每服二錢，空心温酒調服，未飲亦可。忌油膩、濕麪、青菜、果子、甜物、雞、猪、魚、羊、蒜、薤等莢釋名鳳眼草，象形主治大便下血。嘉祐

又《漆》氣味辛，温，無毒。權曰：辛，鹹。宗奭曰：苦。元素曰：辛平，有毒。降也，陽中陰也。之才曰：半夏爲之使，畏雞子，忌油脂。弘景曰：生漆毒烈，人以雞子和服之去蟲，猶自嚙腸胃也。畏漆人乃致死者，外氣亦能使身肉瘡腫，自有療法。大明曰：毒發，飲鐵漿、并黄櫨汁、甘豆湯，喫蟹，並可制之。時珍曰：今人貨漆多雜桐油，故多毒。《淮南子》云：蟹見漆而不乾。《相感志》云：漆得蟹而成水。蓋物性相制也。凡人畏漆者，嚼蜀椒塗口鼻則可免。生漆瘡者，杉木湯、紫蘇湯、漆姑草湯、蟹湯浴之，皆良。主治絶傷，補中，續筋骨，填髓腦，安五臟，五緩六急，風寒濕痺。生漆去長蟲，久服輕身耐老。本經乾漆療欬嗽，消瘀血痞結腰痛，女子疝瘕，利小腸，去蚘蟲。別録殺三蟲，主女人經脈不通。甄權治傳尸勞，除風。大明削年深堅結之積滯，破日久凝結之瘀血。元素

發明弘景曰：仙方用蟹消漆爲水，鍊服長生。《抱朴子》云：淳漆不粘者，服之通神長生。或以大蟹投其中，或以雲母水，或以玉水合之服，九蟲悉下，惡血從鼻出。服至一年，六甲、行厨至也。震亨曰：漆屬金，有水與火，性急而飛補。用爲去積滯之藥，中節則積滯去後，補性內行，人不知也。時珍曰：漆性毒而殺蟲，降而行血。所主諸證雖繁，其功只在二者而已。

漆葉氣味（缺）主治五尸勞疾，殺蟲。暴乾研末，日用酒服一錢匕。時珍

發明頌曰：《華佗傳》載彭城樊阿少師事佗，佗授以漆葉青黏散方云：服之去三蟲，利五臟，輕身益氣，使人頭不白。阿從其言，年五百餘歲。漆葉所在有之，青黏生豐沛、彭城及朝歌，一名地節，一名黄芝，主理五臟，益精氣。本出於迷人入山，見仙人服之，以告佗。佗以爲佳，語阿。阿秘之。近者人見阿之壽而氣力强盛，問之，因醉誤説，人服多驗。後無復人識青黏，或云即黄精之正葉者也。時珍曰：按葛洪《抱朴子》云：漆葉、青黏，凡藪之草也。樊阿服之，得壽二百歲，而耳目聰明猶能持鍼治病。此近代之實事，良史所記者。按洪説猶近於理，前言可年五百歲者，誤也。或云青黏即葳蕤。漆子主治下血。時珍漆花主治小兒解顱、腹脹、交脛不行方中用之。時珍

又《楸》木白皮氣味苦，小寒，無毒。主治吐逆，殺三蟲，及皮膚蟲。煎膏粘傅惡瘡、疽瘻、癰腫、疳痔，除膿血，生肌膚，長筋骨。藏器消食濇腸下氣，治上氣，欬嗽，亦入面藥。李珣口吻生瘡，貼之頻易，取效。時珍葉氣味同皮，主治擣傅瘡腫。煮湯洗膿血，冬取乾葉用之。諸癰腫潰及內有刺不出者，取葉十重貼之。藏器發明時珍曰：楸乃外科要藥，而近人少知。葛常之《韻語陽秋》云：有人患發背潰壞，腸胃可窺，百方不瘥。一醫用立秋日太陽未升時采楸樹葉，熬之爲膏，傅其外，內以雲母膏作小丸服盡四兩，不累日而愈也。東晉范汪名醫也，亦稱楸葉治瘡腫之功，則楸有拔毒、排膿之力可知。

又《桐》桐葉氣味苦，寒，無毒。主治惡蝕瘡著陰。本經消腫毒，生髮。時珍木皮主治五痔，殺三蟲。本經療奔豚氣病。別録五淋，沐髮去頭風，生髮，滋潤。甄權治惡瘡。小兒丹毒，煎汁塗之。時珍花主治傅猪瘡，飼猪肥大三倍。本經

又《梧桐》主治燒研和乳汁，塗鬚髮變黄赤。時珍治腸痔。葉主治發背，炙焦研末，蜜調傅乾，即易。肘后子氣味甘，平，無毒。主治擣汁塗，拔去白髮，根下必生黑者。又治小兒口瘡，和雞子燒存性，研摻。時珍

又《楝》實修治斅曰：凡采得熬乾，酒拌令透，蒸待皮軟，刮去皮，取肉去核用。凡使肉不使核，使核不使肉。如使核，搥碎用漿水煮一伏時，晒乾。其花落子謂之石茱萸，不入藥用。嘉謨曰：石茱萸亦入外科用。氣味苦，寒，有小毒。元素曰：酸，苦，平，陰中之陽。時珍曰：得酒煮乃寒，因熱用也。茴香爲之使。

主治温疾傷寒，大熱煩狂，殺三蟲，疥瘍，利小便水道。本經主中大熱狂，失心躁悶。作湯浴，不入湯使。甄權入心及小腸，止上下部腹痛。李杲瀉膀胱。好古治諸疝，蟲痔。時珍

發明元素曰：熱厥暴痛非此不能除。時珍曰：楝實導小腸、膀胱之熱。因引心包相火下行，故心腹痛及疝氣爲要藥。甄權乃言不入湯使，則《本經》何以有治熱狂，利小便之文耶？近方治疝，有四治、五治、七治諸法，蓋亦配合之巧耳。

根及木皮氣味苦，微寒，微毒。大明曰：雄者根赤，有毒，吐瀉殺人，不可誤服。

雌者入服食，每一兩可入糯米五十粒同煎，殺毒。若瀉者，以冷粥止之。不瀉者，以熱葱粥發之。主治蚘蟲，利大腸。別録苦酒和塗疥癬，甚良。弘景治遊風熱毒，風𤸷惡瘡疥癩，小兒壯熱，並煎湯浸洗。大明花主治熱痱。焙末摻之鋪席下，殺蚤虱。時珍葉主治疝入囊痛，臨發時煎酒飲。時珍

又《槐》氣味苦，寒，無毒。《別録》曰：酸，鹹。之才曰：景天爲之使。主治五内邪氣熱，止涎唾，補絶傷火瘡，婦人乳瘕，子臟急痛。本經久服明目益气，頭不白，延年，治五痔瘡瘻。以七月七日取之，搗汁，銅器盛之，日煎令可丸如鼠屎納竅中，日三易乃愈。又墮胎。別録治大熱，難産。甄權殺蟲去風，合房陰乾煮飲，明目除熱淚，頭腦心胸間熱，風煩悶，風眩欲倒，心頭吐涎如醉，瀁瀁如船車上者。藏器治丈夫、女人陰瘡濕癢。催生，吞七粒。大明疎導風熱。宗奭治口齒風，凉大腸，潤肝燥。李杲

發明好古曰：槐實純陰，肝經氣分藥也。治證與桃仁同。弘景曰：槐子以十月巳日采相連多者，新盆盛，合泥百日，皮爛爲水，核如大豆。服之令腦滿，髮不白而長生。頌曰：折嫩房角作湯代茗，主頭風，明目補腦。水吞黑子，以變白髮。扁鵲明目使髮不落法：十月上巳日，取槐子去皮納新瓶中，封口二七日。初服一枚，再服二枚，日加一枚。至十日，又從一枚起，終而復始。令人可夜讀書，延年益氣力，大良。時珍曰：按太清《草木方》云：槐者虚星之精。十月上巳日采子服之，去百病，長生通神。《梁書》言：庾肩吾常服槐實，年七十餘，髮鬢皆黑，目看細字，亦其驗也。古方以子入冬月牛膽中漬之，陰乾百日，每食後吞一枚。云久服明目通神，白髮還黑。有痔及下血者，尤宜服之。

槐花修治宗奭曰：未開時采收陳久者良。入藥炒用。染家以水煮一沸出之，其稠滓爲缺染色，更鮮也。

氣味苦，平，無毒。元素曰：味厚氣薄，純陰也。主治五痔心痛眼赤，殺腹臟蟲及皮膚風熱，腸風瀉血，赤白痢，並炒研服。大明凉大腸。元素炒香頻嚼，治失音及喉痹。又療吐血衄，崩中漏下。時珍

發明時珍曰：槐花味苦色黄氣凉，陽明厥陰血分藥也。故所主之病，多屬二經。

葉氣味苦，平，無毒。主治煎湯治小兒驚癇壯熱，疥癬及丁腫。皮莖同用。大明邪氣産難，絶傷及癮疹，牙齒諸風，采嫩葉食。孟詵

枝氣味同葉。主治洗瘡及陰囊下濕痒。八月斷大枝，候生嫩蘖，煮汁釀酒。療大風痿痹，甚效。別録炮熱熨蠍毒。恭青枝燒瀝塗癬，煅黑揩牙去蟲，煎湯洗痔核。頌燒灰沐頭，長髮。藏器治赤目崩漏。時珍

發明頌曰：劉禹錫《傳信方》著硤州王及郎中槐湯灸痔法甚詳。以槐枝濃煎湯，先洗痔，便以艾灸其上七壯，以知爲度。王及素有痔疾，充西川安撫使。判官乘騾入駱谷，其痔大作，狀如胡瓜，熱氣如火，至驛僵仆。郵吏用此法，灸至三、五壯，忽覺熱氣一道入腸中，因大轉瀉，先血後穢，其痛甚楚，瀉後遂失胡瓜所在，登騾而馳矣。

木皮、根白皮氣味苦，平，無毒。主治爛瘡，喉痹，寒熱。別録煮汁淋陰囊墜腫氣痛。煮漿水漱口齒，風疳䘌血。甄權治中風，皮膚不仁，浴男子陰疝卵腫，浸洗五痔，一切惡瘡。婦人産門痒痛，及湯火瘡，煎膏止痛，長肉消癰腫。大明煮汁服，治下血。蘇頌

槐膠氣味苦，寒，無毒。主治一切風化涎，肝臟風，筋脈抽掣，及急風口噤，或四肢不收頑痹，或毒風周身如蟲行，或破傷風，口眼偏斜，腰背强硬。任作湯、散、丸煎，雜諸藥用之。亦可水煮和藥爲丸。嘉祐煨熱，綿裹塞耳，治風熱聾閉。時珍

又 卷三五下《木之二·秦皮》 秦皮苦櫪時珍曰秦皮本作梣皮，其木小而岑高，故因以爲名。人訛爲樳木，又訛而爲秦木。或云本出秦地，故得秦名也。高誘注《淮南子》云：梣，苦櫪木也。恭曰：樹葉似檀，故名石檀。俗因味苦，呼爲苦樹。

集解《別録》曰：秦皮生廬江川谷及冤句水邊。二月、八月采皮，陰乾。弘景曰：俗云是樊槻皮，而水漬以和墨書色不脱，微青。恭曰：此樹似檀，葉細，皮有白點而不粗錯。取皮漬水便碧色，書紙看之，皆青色者是真。頌曰：今陝西川郡及河陽亦有之。其木大都似檀，枝幹皆青緑色，葉如匙，頭虚大而不光並無花，實，根似槐根，俗呼爲白樳木。

皮，氣味苦，微寒，無毒。主治風寒濕痺，洗洗寒氣，除熱，目中青翳白膜。久服頭不白，輕身。(本經)療男子少精，婦人帶下，小兒癇身熱。可作洗目湯。久服皮膚光澤，肥大有子。(別録)明目，去目中久熱，兩目赤腫疼痛，風淚不止。作湯浴小兒身熱，煎水澄清，洗赤目極效。(甄權)主熱痢，下重，下焦虚。(好古)同葉煮湯，洗蛇咬，并研末傅之。(藏器)

發明弘景曰：秦皮，俗方惟以療目。道家亦有用處。大明曰：秦皮之功，洗肝、益精、明目、退熱。元素曰：秦皮沉也，陰也，其用有四：治風寒濕邪成痺，青白幻翳遮睛，女子崩中帶下，小兒風熱驚癇。好古曰：痢則下焦虚，故張仲景白頭翁湯，以黄蘗、黄連、秦皮同用，皆苦以堅之也。秦皮浸水青藍色，與紫草同用，治目病以增光暈，尤佳。時珍曰：梣皮色青，氣寒，味苦，性濇，乃是厥陰肝少陽膽經藥也。故治目病驚癇，取其平木也。治下痢崩帶，取其收濇也。又能治男子少精，益精，有子，皆取其濇而補也。故《老子》云：天道貴濇。此藥乃服食及

驚癎崩痢所宜，而人止知其治目一節，幾於廢棄，良爲可惋。《淮南子》云：梣皮色青，治目之要藥也。又《萬畢術》云：梣皮止水，謂其能收淚也。高誘解作：致水，言能使水沸者，謬也。

又《合歡》 頌曰：崔豹古今注云：欲蠲人之忿，則贈以青裳。青裳，合歡也。植之庭除，使人不忿。故嵇康《養生論》云：合歡，蠲忿，萱草，忘憂。藏器曰：其葉至暮即合，故云合昏。時珍曰：按王璆百一選方云：夜合，俗名萌葛。越人謂之烏賴樹，又金光明經謂之尸利灑樹。

集解本經曰：合歡，生豫州山谷。樹如狗骨樹。《别録》曰：生益州山谷。弘景曰：俗間少識，當以其非療病之功也。恭曰：此樹葉似皂莢及槐，極細，五月花發，紅白色，上有絲茸。秋實作莢，子極薄細。所在山谷有之，今東西京第宅山池間亦有種者，名曰合昏。頌曰：今汴洛間皆有之，人家多植於庭除間。本似梧桐，枝甚柔弱。葉似皂角，極細而繁密，互相交結。每一風來，輒自相解了，不相牽綴。采皮及葉用，不拘時月。宗奭曰：合歡花，其色如今之醮暈緑，上半白，下半肉紅，散垂如絲，爲花之異。其緑葉至夜則合也。嫩時煠熟水淘，亦可食。

木皮氣味甘平，無毒，主治安五臟，和心志，令人歡樂無憂，久服輕身明目得所欲。（本經）煎膏消癰腫，續筋骨。（大明）殺蟲，擣末和鐺下墨。生油調，塗蜘蛛咬瘡。用葉洗衣垢。（藏器）折傷疼痛，研末酒服二錢七。（宗奭）和血、消腫、止痛。（時珍）

又《皂莢》 子修治氣味辛温，無毒。主治炒舂去赤皮，以水浸軟，煮熟，糖漬食之。疎道五臟風熱壅。宗奭核中白肉入治肺藥。核中黄心嚼食，治膈痰吞酸蘇頌仁和血、潤腸。李杲治風熱，大腸虚祕，瘰癧腫毒瘡癬。時珍

刺氣味辛温，無毒。主治米醋熬嫩刺作煎，塗瘡癬有奇效。蘇頌治癰腫妬乳，風癘惡瘡，胎衣不下，殺蟲。時珍

發明楊士瀛曰：皂莢刺能引諸藥性上行，治上焦病。震亨曰：能引諸癰疽潰處，甚驗。時珍曰：皂莢刺治風殺虫，功與莢同。但其鋭利，直達病所，爲異耳。《神仙傳》云：左親騎軍崔言，一旦得大風惡疾，雙目昏盲，眉髮自落，鼻梁崩倒，勢不可救。遇異人傳方，用皂角刺三斤燒灰，蒸一時久，日乾爲末。食後，濃煎大黄湯調一七飲之。一旬眉髮再生，肌潤目明。後入山修道，不知所終。又劉守真《保命集》云：癘風乃營氣熱風寒客于脉而不去，宜先用樺皮散服五七日，後灸承漿穴七壯。三灸後，每旦早服樺皮散，午以升麻葛根湯下錢氏瀉青丸。晚服一聖散，用大黄末半兩煎湯，調皂角刺灰三錢。乃緩疎泄血中之風熱也。仍戒房室三年。樺皮散見樺皮下，又追風再造散，即一聖散，云服之便出黑虫爲驗。數日再服，直候虫盡爲絶根也。新虫嘴赤，老虫嘴黑。木皮根皮氣味辛，温，無毒。主治風熱，痰氣，殺蟲。時珍葉主治入洗風瘡，渫用。時珍附録鬼皂莢藏器曰：生江南驛畔，狀如皂莢，高一二尺。作湯浴，去風瘡疥癬。按葉，去衣垢，沐髮令長。

又《檉柳》 釋名赤檉。（日華）赤楊。（古今注）河柳。（爾雅）雨師。（詩疏）垂絲柳。（綱目）人柳。（綱目）三眠柳。（衍義）觀音柳。時珍曰：按羅願《爾雅翼》云：天之將雨，檉先知之，起氣以應。又負霜雪不凋，乃木之聖者也。故字從聖，又名雨師，或曰得雨則垂垂如絲，當作兩絲。三輔故事云：漢武帝苑中有柳，狀如人，號曰人柳。一日三起三眠。則檉柳之聖，又不獨知雨負雪而已。今俗稱長壽仙人柳，亦曰觀音柳。謂觀音用此洒水也。宗奭曰：今人謂之三春柳，以其一年三秀，故名。

集解志曰：赤檉木，生河西沙地，皮赤色，細葉。禹錫曰：《爾雅》檉河柳也。郭璞注云：今河旁赤莖小楊也。陸璣詩疏云：生水旁，皮赤如絳，枝葉如松。時珍曰：檉柳小幹弱枝，插之易生，赤皮，細葉如絲，婀娜可愛，一年三次作花，花穗長三、四寸，水紅色，如蓼花色。南齊時，益州獻蜀柳，條長狀若絲縷者，即此柳也。段成式《酉陽雜俎》言：凉州有赤白檉，大者爲炭，其灰汁可以煮銅。故沈炯賦云：檉似栢而香。王禎《農書》云：山柳赤而脆，河柳白而明，則檉又有白色者也。宗奭：汴京甚多，河西或人取滑枝爲鞭。

木氣味甘，鹹，温，無毒。主治剥驢馬血入肉毒，取木片火炙熨之，并煮汁浸之。開寶枝葉消痞，解酒毒，利小便。時珍檉乳即脂汁，主治合質汗藥，治金瘡。開寶

又《榆》 釋名零榆（本經）白者名枌。時珍曰：按王安石《字説》云：榆瀋俞柔，故謂之榆。其枌則有分之之道，故謂之枌。其莢飄零故，曰零榆。

集解《别録》曰：榆皮生潁川山谷。二月采皮，取白暴乾。八月采實，並勿令中濕，濕則傷人。弘景曰：此即今之榆樹，取皮刮去上赤皮，亦可臨時用之，性至滑利。初生莢仁，以作糜羹，令人多睡，嵇康所謂「榆令人瞑」也。恭曰：榆三月實熟，尋即落矣。今云八月采實，恐誤也。藏器曰：江東無大榆。有刺榆秋實。故《經》云：八月采者，誤也。刺榆，皮不滑利。頌曰：榆處處有之。二月生莢，古人采仁以爲糜羹，今無復食者。惟用陳老實作醬耳。按《爾雅疏》云：榆類有數十種，葉皆相似，但皮及木理有異耳。刺榆有針刺如柘，其葉如榆，瀹爲蔬羹，滑于白榆，即《爾雅》所謂樞莖，《詩經》所謂山有樞是也。白榆，先生葉，却着莢，皮色白。二月剥皮，刮去粗皵，中極滑白，即《爾雅》所謂「榆白枌」是也。荒歲農人取皮爲粉，食之，當粮不損人。四月采實。宗奭曰：榆皮，初春先生莢者是也。嫩時收貯爲羹茹。嘉祐中，豐沛人缺食，多用之。時珍曰：邢昺《爾雅疏》云：榆有數十種，令人不

能盡別。惟知荚榆、白榆、刺榆、梛榆數者而已。荚榆、白榆皆大榆也，有赤、白二種。白者名枌，其木甚高大。未生葉時枝條間先生榆荚，形狀似錢而小，色白成串，俗呼榆錢。後方生葉，似山茱萸葉而長，尖艄潤澤。嫩葉煠，浸淘過可食。故《內則》云：堇、荁、枌、榆，免薨滫瀡以滑之。三月采榆錢可作羹，亦可收至冬釀酒。瀹過晒乾可爲醬，即榆仁醬也。崔寔《月令》謂之瞀醃，偷者是也。山榆之荚名蕪荑，與此相近，但味稍苦耳。諸榆性皆扇地，故其下五穀不植。古人春取榆火，今人采其白皮爲榆麪，水調和香劑，粘滑勝于膠漆。承曰：榆皮濕擣如糊，用粘瓦石極有力。汴洛人以石爲碓嘴，用此膠之。

白皮氣味甘，平，滑，利，無毒。主治大小便不通，利水道，除邪氣，久服斷穀，輕身不饑。其實尤良。本經療腸胃邪熱氣，消腫，治小兒頭瘡，痂疕。別録通經脉，擣涎傅癬瘡。大明滑胎，利五淋，治齁喘，療不眠。甄權生皮擣和三年醋滓，封暴患赤腫，女人妬乳腫，日六七易，效。孟詵利竅，滲濕熱，行津液，消癰腫。時珍

發明詵曰：高昌人多擣白皮爲末，和菜菹食，甚美。令人能食。仙家長服，服丹石人亦服之。取利關節故也。時珍曰：榆皮榆葉，性皆滑利下降，手足太陽、手陽明經藥也。故人小便不通，五淋腫滿，喘嗽不眠，經脉胎産諸證宜之。《本草十劑》云：滑可去著，冬葵子、榆白皮之屬。蓋亦取其利竅滲濕熱，消留著有形之物爾。氣盛而壅者宜之。若胃寒而虚者，久服滲利，恐洩真氣。《本經》所謂「久服輕身不飢」，蘇頌所謂「榆粉」多食不損人者，恐非確論也。

葉氣味同上。主治嫩葉作羹及煠食，消水腫，利小便下石淋，壓丹石。藏器時珍曰：暴乾爲末，淡鹽水拌，或炙或晒乾，拌菜食之，亦辛滑，下水氣。煎汁洗酒皶鼻，同酸棗仁等分，蜜丸，日服，治膽熱，虚勞不眠。時珍花主治小兒癇，小便不利，傷熱。別録荚仁氣味辛，平，無毒。主治作糜羹食，令人多睡。弘景主婦人帶下，和牛肉作羹食。藏器子醬似蕪荑，能助肺，殺諸蟲，下氣，令人能食，消心腹間惡氣，卒心痛，塗諸瘡癬以陳者良。孟詵

又《蘇方木》 氣味甘，鹹，平，無毒。主治破血，産後血。脹悶欲死者，水煮五兩，取濃汁服。唐本婦人血氣，心腹痛，月候不調及蓐勞。排濃止痛，消癰腫。撲損淤血，女人失音血噤，赤白痢，并後分急痛。大明虚勞血癖氣壅滯，産後惡露不安，心腹攪痛及經絡不通，男女中風，口噤不語。並宜細研乳頭香末方寸七，以酒煎蘇方木調服立，吐惡物瘥。海藥霍亂嘔逆及人常嘔吐，用水煎服。藏器破瘡瘍，死血，産後敗血。李杲

發明元素曰：蘇木性涼，味微辛，發散表裏風氣，宜與防風同用。又能破死血、産後血。腫脹滿欲死者，宜之。時珍曰：蘇方木乃三陰經血分藥，少用則和血，多用則破血。

又《椶櫚》 筍及子花氣味苦，濇，平，無毒。藏器曰：有小毒，戟人喉，未可輕服。珣曰：溫有大毒，不堪食。時珍曰：椶筍皆言有毒，不可食。而廣蜀人蜜煮醋浸以供佛、寄遠。蘇東坡亦有食椶笋詩，乃制去其毒爾。主治澀腸，止瀉痢，腸風，崩中，帶下及養血。藏器皮氣味同子。主治止鼻衄，吐血，破癥，治腸風，赤白痢，崩中，帶下。燒存性用。大明主金瘡疥癬，生肌止血。李珣發明宗奭曰：椶皮燒黑，治婦人血露及吐血，須佐以他藥。時珍曰：椶灰性澀，若失血，去多淤滯已盡者用之，切當。所謂澀可去脱也，與亂髮同用更良。年久敗椶，入藥尤妙。

又《柯樹》 白皮氣味辛平，有小毒。主治大腹水病。采皮煮汁去滓煎，令可丸如梧子大。平旦空心飲下三丸，須臾又一丸，氣水竝從小便出也。

又《巴豆》 氣味辛溫，有毒。別録曰：生溫，熟寒，有大毒。普曰：神農、岐伯、桐君：辛有毒。黃帝：甘有毒。李當之：熱。元素曰：性熱味苦，氣薄味厚，體重而沉降，陰也。杲曰：性熱味辛，有大毒，浮也，陽中陽也。時珍曰：巴豆氣熱味辛，生猛熟緩，能吐能下，能止能行，是可升可降藥也。《別録》言：其熟則性寒。張氏言其降，李氏言其浮，皆泥于一偏矣。蓋此物不去膜則傷胃，不去心則作嘔，以沉香水浸則能升能降，與大黃同用瀉人反緩，爲其性相畏也。王充《論衡》云：萬物合太陽火氣而生者，皆有毒。故巴豆辛熱有毒。之才曰：芫花爲之使。畏大黃、黃連、蘆笋、菰笋、藜蘆、醬、豉、冷水，得火良，惡蘘草，與牽牛相反。中其毒者，用冷水、黃連汁、大豆汁解之。主治傷寒溫瘧寒熱，破癥瘕結聚堅積，留飲痰癖，大腹，蕩練五臟六腑，開通閉塞，利水穀道，去惡肉，除鬼毒蠱疰邪物，殺蟲魚。本經療女子月閉爛胎，金瘡膿血，不利丈夫。殺斑蝥蛇虺毒，可練餌之，益血脉，令人色好，變化與鬼神通。別録治十種水腫，痿痺，落胎。藥性通宣一切病，泄壅滯，除風補勞，健脾開胃，消痰破血，排膿消腫毒，殺腹臟蟲，治惡瘡息肉，及疥癩丁腫。日華導氣消積，去臟腑停寒，治生冷硬物所傷。元素治瀉痢驚癇，心腹痛疝氣，風蝸耳聾，喉痺牙痛，通利關竅。時珍

油主治中風，痰厥氣厥，中惡喉痺，一切急病，咽喉不通，牙關緊閉。以研爛巴豆綿紙包壓，取油作撚，點燈吹滅，熏鼻中，或用熱烟刺入喉內，即時出涎或惡血，便甦。又舌上無故出血，以熏舌之上下，自止。時珍殼主治消積滯，治瀉痢。時珍樹根主治癰疽發背，腦疽鬢疽大患。掘取洗擣敷患處留頭，妙不可言。收根陰乾，臨時水擣亦可。時珍出楊誠經驗方

又《大風子》 釋名時珍曰：能治大風疾，故名。集解時珍曰：大風子，今海南諸蕃國皆有之。按周達《觀真臘記》云：大風乃大樹之子，狀如椰子而圓，其中有核數十枚，大如雷丸子，中有仁白色，久則黄而油，不堪入藥。

仁修治時珍曰：取大風子油法：用子三斤去殻及黄油者，研極爛，瓷器盛之封口，入滚湯中盞鍋密封，勿令透氣，文武火煎至黑色如膏，名大風油，可以和藥。

氣味辛，熱，有毒。主治風癬疥癩，楊梅諸瘡，攻毒殺蟲。時珍

發明震亨曰：粗工治大風病，佐以大風油，殊不知此物性熱，有燥痰之功而傷血。至有病將愈，而先失明者。時珍曰：大風油治瘡有殺蟲、刧毒之功。蓋不可多服，用之外塗，其功不可没也。

又 卷三六《木之三・柘》 釋名時珍曰：按陸佃《埤雅》云：柘宜山石，柞宜山阜，柘之從石，其取此義與。

集解宗奭曰：柘木裏有紋，亦可旋爲器。其葉可飼蚕，曰柘蚕。然葉硬不及桑葉入藥，以無刺者良。時珍曰：處處山中有之。喜叢生，幹疎而直，葉豐而厚，團而有尖其葉飼蚕，取絲作琴瑟，清響勝常。《爾雅》所謂「棘繭」即此蚕也。《考工記》云：弓人取材以柘爲上。其實狀如桑子而圓，粒如椒，名佳子（佳音錐）。其木染黄赤色，謂之柘黄，天子所服相。《感志》云：柘木以酒醋調礦灰塗之一宿，則作間道，烏木文物性相伏也。

木白皮、東行根白皮，氣味甘温，無毒。主治婦人崩中血結瘧疾。（大明）煮汁釀酒服，主風虚耳聾，補勞損虚羸，腰腎冷，夢與人交接洩精者。（藏器）

又《奴柘》 刺氣味苦，小温，無毒。主治老婦血瘕，男子痃癖，悶痞。取刺和三稜草、馬鞭草作煎如稠糖。病在心，食後在臍。空心服，當下惡物。藏器

又《酸棗》 釋名樲。（尔雅）山棗。集解《别録》曰：酸棗生河東川澤。八月采實，陰乾，四十日成。弘景曰：今出東山間，云即山棗樹。子似武昌棗而味極酸，東人噉之以醒睡，與經文療不得眠正相反。恭曰：此即樲棗也。樹大如大棗，實无常形，但大棗中味酸者是。今醫以棘實爲酸棗，大誤矣。藏器曰：酸棗既是大棗中之酸，此即是真棗，何復名酸既名酸，又云小。今棗中酸者未必即小，小者未必即酸。惟嵩陽子云：余家于滑臺。今酸棗縣，即滑之屬邑也。其樹高數丈，徑圍一、二尺，木理極細，堅而且重，可爲車軸及匙、筯等。其樹皮亦細而硬，文似蛇鱗。其棗圓小而味酸，其核微圓而仁稍長，色赤如丹。此醫之所重，居人不易得。今市人賣者，皆棘子也。又云：山棗樹如棘，其子如生棗，其核如骨，其肉酸滑好食，山人以當果。頌曰：今近汴洛及西北州郡皆有之。野生多在坡坂及城壘間。似棗木而皮細，其木心赤色，莖葉俱青，花似棗花。八月結實，紫紅色，似棗而圓小，味酸。當月采實，取核中仁。《孟子》曰「養其樲棘」是也。嵩陽子言：酸棗縣所出爲真，今之貨者皆是棘實，用者尤宜詳辨。志曰：酸棗即棘實，更非他物。若云是大棗味酸者，全非也。酸棗小而圓，其核中仁微扁，其大棗仁大而長，不相類也。宗奭曰：天下皆有之，但以土產宜與不宜尔。嵩陽子言酸棗木高大，今貨者皆棘子，此説未盡。盖不知小則爲棘，大則爲酸棗。平地則易長，居崖塹則難生。故棘多生崖塹上，久不樵則成幹，人方呼爲酸棗，更不言棘，其實一本也。此物纔及三尺，便開花結子。但科小者氣味薄，木大者氣味厚。今陝西、臨潼山野所出亦好，乃土地所宜也。後有白棘條，乃酸棗未長大時枝上刺也。及至長成，其實大，其刺亦少，故棗取大木，刺取小科，不必强分别焉。

酸棗氣味酸平，無毒。宗奭曰：微熱。時珍曰：仁味甘，氣平。斅曰：用仁，以葉拌蒸半日，去皮尖之才，曰惡防己。主治心腹寒熱邪，結氣聚，四肢酸痛，濕痺。久服安五臟，輕身延年。本經煩心不得眠，臍上下痛，血轉久洩，虚汗煩渴，補中益肝氣，堅筋骨，助陰氣，能令人肥健。别録筋骨風炒仁研湯服。甄權

發明恭曰：《本經》用實療不得眠，不用言仁，今方皆用仁。補中益肝，堅筋骨，助陰氣，皆酸棗仁之功也。宗奭曰：酸棗，經不言用仁，而今天下皆用之。志曰：按五代史後唐刊《石藥驗》云：酸棗仁，睡多生使，不得睡炒熟。陶云：食之醒睡，而經云療不得眠，蓋其子肉味酸，食之使不思睡。核中仁服之，療不得眠，正如麻黄發汗，根節止汗也。時珍曰：酸棗實味酸性收，故主肝病，寒熱，結氣，酸痺，久泄，臍下滿痛之症。其仁甘而潤，故熟用療膽虚不得眠，煩渴虚汗之證。生用療膽熱好眠，皆足厥陰少陽藥也。今人專以爲心家藥，殊昧此理。

又《衛矛》 釋名鬼箭。（别録）神箭。時珍曰：劉熙《釋名》言：齊人謂箭羽爲衛，此物幹有直羽，如箭羽矛刃自衛之狀，故名。張揖《廣雅》謂之神箭寇。宗奭《衍義》言：人家多燔之遣祟，則三名又或取此義也。

集解《别録》曰：衛矛生霍山山谷。八月采，陰乾。普曰：葉如桃，箭如羽，正月、二月、七月采，陰乾。或生田野。弘景曰：山野處處有之。削取皮、羽入藥，爲用甚稀。頌曰：今江淮州郡亦或有之。三月以後生莖，莖長四、五尺。許其幹有三羽，狀如箭翎羽。葉似山茶，青色。八月、十一月、十二月采條、莖，陰乾。其木亦名狗骨。宗奭曰：所在山谷皆有，平陸未嘗見也。葉絶少。其莖黄褐色，若蘗皮，三面如鋒刃。人家多燔之遣祟，方藥少用。時珍曰：鬼箭生山石間，小株成叢。春長嫩條，條上四面有羽如箭羽，視之若三羽爾。青葉狀如野茶，對生，味酸澀。三、四月間碎花，黄緑色。結實大如冬青子。山人不識，惟樵采之。

斅曰：凡使勿用石茀，根頭真相似，只是上葉不同，味各别耳。

修治斅曰：采得只使箭頭用，拭去赤毛，以酥拌緩炒。每一兩，用酥二錢半。

氣味苦，寒，無毒。主治女子崩中下血，腹滿汗出，除邪，殺鬼毒，蠱疰。本經中惡腹痛，去白蟲，消皮膚風毒腫，令陰中解。别録療婦人血氣，大效。蘇恭破陳血，能落胎，主百邪鬼魅。甄權通月經，破癥結，止血崩帶下，殺腹臟蟲及産後血㽲，腹痛。大明

發明頌曰：古方崔氏療惡疰，在心痛不可忍有鬼箭羽湯。《姚僧坦集》驗方：療卒暴心痛，忽中惡氣毒痛，大黄湯亦用之，並大方也。見《外臺秘要》、《千金》諸書中。時珍曰：凡婦人産後血運血結，血聚于胸中，或偏于少腹，或連于脇肋者。四物湯四兩，倍當歸，加鬼箭、紅花、玄胡索各一兩，爲末煎服。

又《南燭》釋名南天燭。(圖經)南燭草木。(隱訣)男續。(同上)染菽。(同上)猴菽草。(同上)草木之王。(同上)惟那木。(同上)牛筋。(拾遺)烏飯草。(日華)墨飯草。(綱目)楊桐。(綱目)赤者名文。燭。時珍曰：南燭諸名多不可解。藏器曰：取汁漬米作烏飯，食之健如牛筋，故曰牛筋。

集解藏器曰：南燭生高山，經冬不凋。頌曰：今惟江東州郡有之。株高三、五尺，葉類苦楝而小，凌冬不凋，冬生紅子作穗。人家多植庭除間，俗謂之南天燭。不拘時采枝葉用。陶隱居《登真隱訣》載太極真人青精乾石䬾飯法：云其種是木而似草，故號南燭草木。一名男續，一名猴藥，一名後草，一名惟那木，一名草木之王，凡有八名，各從其邦域所稱，而正號是南燭也。生嵩高少室、抱犢、雞頭山，江左吴越至多。土人名曰猴菽，或曰染菽，粗與真名相彷彿也。此木至難長，初生三、四年，狀若菘菜之屬，亦頗似巵子，二、三十年乃成大株，故曰木而似草也。其子如茱萸，九月熟，酸美可食。葉不相對，似茗而圓厚，味小酢，冬夏常青。枝莖微紫，大者亦高四五丈，而甚肥脆，易摧折也。作飯之法，見《穀部・青精乾石䬾飯・下》。時珍曰：南燭，吴楚山中甚多。葉似山礬，光滑而味酸澀。七月開小白花，結實如朴樹子成簇。生青，九月熟則紫色，内有細子，其味甘酸，小兒食之。按《古今詩話》云：即楊桐也。葉似冬青而小，臨水生者尤茂。寒食采其葉，漬水染飯，色青而光，能資陽氣。又沈括《筆談》云：南燭草木，《本草》及《傳記》所説人少識者，北人多誤以烏臼爲之，全非矣。今人所謂南天燭是矣。莖如蒴藋有節，高三、四尺，廬山有盈丈者，南方至多，葉微似楝而小，秋則實赤如丹。

枝葉氣味苦，平，無毒。主治止泄，除睡，强筋，益氣力。久服，輕身長年，令人不饑，變白，却老。藏器

發明頌曰：孫思邈《千金月令方》：南燭煎益髭髮及容顏，兼補煖。三月三日采葉并蕊子，入大净瓶中乾盛，以童子小便浸滿瓶，固濟其口，置閑處經一周年。取開，每用一匙溫酒調服，一日二次，極有效驗。《上元寶經》曰：服草木之王氣與神通，食青燭之精，命不復殞。

子氣味酸甘，平，無毒。主治强筋骨，益氣力，固精駐顔。

又《五加》釋名五佳。(綱目)五花。(炮炙論)文章草。(綱目)白刺。(綱目)追風使。(圖經)木骨。(圖經)金鹽。(仙經)犲漆。(本經)犲節。《别録》時珍曰：此藥以五葉交加者良，故名五加。又名五花。楊慎《丹鉛録》作五桂，云一枝五葉者佳故也。蜀人呼爲白刺。譙周《巴蜀異物志》名：文章草。有贊云：文章作酒能成其味，以金買草，不言其貴是矣。《本草》犲漆犲節之名不知取何義也。頌曰：蘄州人呼爲木骨，吴中俗名追風使。

集解《别録》曰：五加皮五葉者良。生漢中及冤句。五月、七月采莖，十月采根，陰乾。弘景曰：近道處處有之。東間彌多。四葉者亦好。頌曰：今江淮、湖南州郡皆有之。春生苗，莖、葉俱青，作叢，赤經，又似藤葛，高三、五尺，上有黑刺，葉生五枚，作簇者良。四葉、三葉者最多，爲次。每一葉下生一刺。三、四月開白花，結青子。至六月漸黑色。根若荆根，皮黄黑，肉白色，骨硬。一説今有數種。京師北地者大片，類秦皮、黄蘗輩，平直如板而色白，絶無氣味，療風痛頗效，餘無所用。吴中乃剥野椿根皮爲五加，柔韌而無味，殊爲乖失。今江淮所生者根類地骨皮，輕脆芬香，其苗莖有刺，類薔薇。長者至丈餘，葉五出香氣如橄欖，春時結實如豆粒而扁。青色得霜乃紫黑。俗但名爲追風使，以漬酒療風，乃不知其爲真五加皮也。今江淮、吴中往往以爲藩籬，正似薔薇、金銀葦，而北間多不知用此種。斅曰：五加皮樹本是白楸樹，其上有葉如蒲葉。三花者是雄。五花者是雌。陽人使陰，陰人使陽，剥皮陰乾。機曰：生南地者類草，故小。生北地者類木，故大。時珍曰：春月于舊枝上抽條葉，山人採爲蔬茹。正如枸杞生北方沙地者皆木類，南方堅地者如草類也。唐時惟取峡州者充貢，雷氏言葉如蒲者，非也。

根皮氣味辛溫，無毒。主治心腹疝氣，腹痛，益氣，療躄。小兒三歲不能行，疽瘡陰蝕。(本經)男子陰痿，囊下濕，小便餘瀝，女人陰癢及腰脊痛，兩脚疼痺，風弱、五緩、虚羸。補中益精，堅筋骨，强志意，久服輕身耐老。(别録)破逐惡風血，四肢不遂，賊風傷人，軟脚，腎腰，主多年瘀血在皮肌，治痺濕内不足。(甄權)明目，下氣，治中風，骨節攣急，補五勞七傷。(大明)釀酒飲，治風痺，四肢攣急。(蘇頌)作末浸酒飲，治目僻眼瞷。(雷斅)葉作蔬食，去皮膚風濕。(大明)

發明弘景曰：煮根莖釀酒飲，益人。道家用此作灰煮石，與地榆並有秘法。慎微曰：

東華真人《煮石經》云：昔有西域真人，王屋山人王常云：何以得長久？何不食石蓄金鹽？母可以得長壽，何不食石用玉豉。玉豉，地榆也，金鹽，五加也。皆是煮石而餌得長生之藥也。昔孟綽子、董士固相與言云：寧得一把五加，不用金玉滿車。寧得一斤地榆，不用明月寶珠。又昔魯定公母服五加酒，以致不死，尸解而去。張子聲、楊建始、王叔牙、于世彦等，皆服此酒而房室不絶，得壽三百年。亦可爲散以代湯茶。王君云：五加者，五車星之精也。水應五湖，人應五德，位應五方，物應五車，故青精入莖，則有東方之液，白氣入節，則有西方之津，赤氣入華，則有南方之光，玄精入根，則有北方之粕，黄烟入皮，則有戊已之靈，五神鎮生，相轉育成。餌之者真仙，服之者反嬰。時珍曰：五加治風濕痿痺，壯筋骨，其功良深。仙家所述，雖若過情，蓋奬辭多溢，亦常理爾。造酒之方：用五加根皮洗浄，去骨，莖葉亦可以水煎汁，和麴釀米酒成，時時飲之。亦可煮酒飲，加遠志爲使更良。一方：加木瓜煮酒服。《談野翁》試驗方云：神仙煮酒法，用五加皮、地榆刮去麤皮各一斤，袋盛，入無灰好酒二斗中，大罎封固，安大鍋内，文武火煮之。罎上安米一合，米熟爲度，取出火毒，以渣晒乾爲丸。每旦服五十丸，藥酒送下，臨臥再服。能去風濕，壯筋骨，順氣化痰，添精補髓，久服延年益老，功難盡述。王綸《醫論》云：風病飲酒能生痰火，惟五加一味浸酒，日飲數盃，最有益。諸浸酒藥，惟五加與酒相合，且味美也。

又《枸杞地骨皮》

集解《別録》曰：枸杞生常山、平澤及諸丘陵阪岸。頌曰：今處處有之。春生苗葉，如石榴葉而軟薄，堪食，俗呼爲甜菜。其莖幹高三五尺，作叢。六月七月生小紅紫花，隨便結紅實，形微長如棗核。其根名地骨，《詩・小雅》云：集于苞杞。陸璣《詩疏》云：一名苦杞，春生作羹茹，微苦。其莖似莓，其子秋熟，正赤。莖葉及子服之，輕身益氣。今人相傳謂：枸杞與枸棘，二種相類，其實形長而枝無刺者，真枸杞也。圓而有刺者枸棘也，不堪入藥。馬志注溲疏條云：溲疏有刺，枸杞無刺，以此爲別。溲疏亦有巨骨之名，如枸杞之名地骨，當亦相類，用之宜辨。或云：溲疏以高大者爲別是不然也，今枸杞極有高大者入藥，尤神妙。宗奭曰：枸杞、枸棘徒勞分別，凡杞未有無刺者，雖大至于成架，尚亦有棘，但此物小則刺多，大則刺少，正如酸棗與棘，其實一物也。時珍曰：古者枸杞、地骨，取常山者爲上，其他丘陵阪岸者皆可用。後世惟取陝西者良，而又以甘州者爲絶品。今陝之蘭州、靈州、九原以西，枸杞並是大樹其葉厚根粗，河西及甘州者，其子圓如櫻桃，暴乾緊小少核，乾亦紅潤甘美，味如葡萄，可作果食，異于他處者。沈存中《筆談》亦言：陝西極邊生者高丈餘，大可作柱，葉長數寸，無刺，根皮如厚朴，則入藥。大抵以河西者爲上也。《種樹書》言：收子及掘根，種于肥壤中，待苗生剪爲蔬食，甚佳。

氣味枸杞苦寒，無毒。**主治**枸杞主五内邪氣，熱中消渴，風痺風濕，久服堅筋骨，輕身不老，耐寒暑。本經下胸脇氣，客熱頭痛，補内傷大勞，嘘吸强陰，利大小腸。別録補精氣諸不足，易顔色，變白，明目安神，令人長壽。甄權

苗**氣味**苦寒**主治**除煩益志，補五勞七傷，壯心氣，去皮膚骨節間風，消熱毒，散瘡腫。大明和羊肉作羹，益人除風明目。作飲代茶，止渴消熱，益陽事，解麪毒。與乳酪相惡。汁注目中，去風障赤膜昏痛。甄權去上焦、心肺客熱。時珍

地骨皮**修治****氣味**苦寒。丹砂**主治**細剉拌麪煮熟吞之，去腎家風，益精氣。甄權去骨熱，消渴。孟詵解骨蒸肌熱消渴，風濕痺，堅筋骨，凉血。元素治在表無定之風邪，傳尸有汗之骨蒸。李杲瀉腎火，降肺中伏火，去胞中火，退熱補正氣。好古治上膈吐血，煎湯嗽口止齒血，治骨槽風。吴瑞治金瘡神驗。陳承去下焦、肝腎虚熱。時珍

堅筋骨，耐老，除風去虚勞補精氣。孟詵滋腎潤肺，榨油點燈，明目。時珍

發明弘景曰：枸杞葉作羹小苦。俗諺云：去家千里，勿食蘿摩、枸杞。此言二物補益精氣强，盛陰道也。枸杞根實，爲服食家用，其説甚美，名爲仙人之杖，遠有旨乎。頌曰：莖葉及子服之，輕身益氣。《淮南枕中記》載：西河女子服枸杞法：正月上寅，采根，二月上卯，治服之。三月上辰，采莖，四月上巳，治服之。五月上午，采其葉，六月上未，治服之。七月上申，采花，八月上酉，治服之。九月上戌，采子，十月上亥，治服之。十一月上子，采根，十二月上丑，治服之。又有花實根莖葉作煎，或單榨子汁煎膏服之者，其功並同。世傳蓬萊縣南丘村多枸杞，高者一二丈，其根盤結，甚固。其鄉人多壽考，亦飲食其水土之氣使然。又潤州開元寺大井旁生枸杞，歲久，土人目爲枸杞井。云：飲其水，甚益人也。斅曰：其根似物形狀者爲上。時珍曰：按劉禹錫《枸杞井詩》云：僧房藥樹依然井，井有清泉藥有靈。翠黛葉生籠石甃，殷紅子熟照銅缾。枝繁本是仙人杖，根老能成瑞犬形。上品功能甘露味，還知一勺可延齡。又《續仙傳》云：朱孺子見溪側二花犬逐，入于枸杞叢下。掘之得根，形如二犬，烹而食之，忽覺身輕周密浩然。《齊日鈔》云：宋徽宗時，順州築城得枸杞于土中，其形如獒狀，馳獻闕下，乃仙家所謂千歲枸杞。其形如犬者據前數説，則枸杞之滋益不獨子，而根亦不止于退熱而已。但根、苗、子之氣味稍殊，而主治亦未必無別。蓋其苗乃天精，苦甘而涼，上焦心肺客熱者宜之。根乃地骨，甘淡而寒，下焦肝腎虚熱者宜之。此皆三焦氣分之藥，所謂熱淫于内，瀉以甘寒也。至于子則甘平而潤，性滋而補，不能退熱，止能補腎潤肺生精益氣，此乃平補之藥，所謂精不足者，補之以味也。分而用之，則各有所主。兼而用之，則一舉兩得。世人但知用黄芩、黄連，苦寒以治上焦之火；黄蘗、知母，苦寒以治下焦陰火，謂之

補陰降火，久服致傷元氣，而不知枸杞地骨甘寒平補，使精氣充而邪火自退之妙，惜哉。予嘗以青蒿佐地骨退熱，屢有殊功，人所未喻者。兵部尚書劉松石，諱天和，麻城人。所集《保壽堂方》載「地仙丹」云：昔有異人赤脚張，傳此方于猗氏縣一老人。服之，壽百餘，行走如飛，髮白反黑，齒落更生，陽事强健。此藥性平，常服能除邪熱明目輕身。春采枸杞葉名天精草，夏采花名長生草，秋采子名枸杞子，冬采根名地骨皮，並陰乾。用無灰酒浸一夜，晒露四十九晝夜，取日精月華氣，待乾爲末，錬蜜丸如彈子，大早晚各用一丸，細嚼，以隔夜百沸湯下。此藥采無刺、味甜者，其有刺者服之無益也。

又《楊櫨》 葉氣味苦寒，有毒。主治疽瘻，惡瘡，水煮汁洗之，立瘥。唐本

又《石南》 釋名風藥。時珍曰：生于石間向陽之處，故名石南。桂陽呼爲風藥，充茗及浸酒飲，能愈頭風。故名。按《范石明集》云：修江出欒茶，治頭風。今南人無所謂欒茶者，豈即此物耶。

集解《別録》曰：石南生華陰山谷。三月、四月采葉。八月采實。陰乾。弘景曰：今東間皆有之。葉如枇杷葉，方用亦稀。恭曰：葉似茵草，凌冬不凋。關中者葉細爲好。江山以南者葉長大如枇杷葉，無氣味，殊不任用。保昇曰：終南斜谷有石處甚饒。今市人以石韋爲之誤矣。頌曰：今南北皆有之。生于石上，株極有高大者。江湖間出者葉如枇杷，上有小刺，凌冬不凋。春生白花，成簇，秋結細紅實。關隴間出者，葉似莽草，青黄色，皆有紫點。雨多則併生，長及二、三寸。根橫細紫色，無花實，葉至茂密。南、北人多移植亭院間，陰翳可愛，不透日氣。入藥以關中葉細者爲良。《魏王花木志》云：南方石南樹野生，二月開花，連着實，實如燕覆子。八月熟民采取核和魚羹，尤美。今無用者。宗奭曰：石南葉似枇杷葉之小者，而皆無毛，光而不皺。正二月間開花。冬有二葉，爲花苞，苞既開，中有十五餘花，大小如椿花，甚細碎，每一苞約彈許，大成一毬，一花六葉，一朵有七、八毬，淡白緑色，葉末微淡赤色。花既開，蘂滿花，但見蘂不見花。花纔罷，去年緑葉盡脱落，漸生新葉。京洛、河北、河東、山東頗少，人故少用。湖南北、江西、二浙甚多。故人多用。

葉氣味辛，苦，平，有毒。主治養腎氣，内傷，陰衰，利筋骨、皮毛。本經療脚弱，五臟邪氣，除熱，女子不可久服，令思男。别録能添腎氣，治軟脚，煩悶疼，殺蟲逐諸風。甄權浸酒飲，治頭風。時珍

發明恭曰：石南葉爲療風邪丸、散之要。今醫家不復用其實矣。權曰：雖能養腎，亦令人陰痿。時珍曰：古方爲治風痺，腎弱要藥，今人絶不知用，識者亦少，蓋由甄氏《藥性論》有令陰痿之説也。殊不知服此藥者，能令腎强嗜欲之人藉此放恣，以致痿弱。歸咎于藥，良可嘅也。毛文錫《茶譜》云：湘人四月采楊桐草，擣汁，浸米，蒸作爲飯。食必采石南芽爲茶飲，乃去風也。暑月尤宜。楊桐即南燭也。

又《欒荆》 釋名頑荊图經。子氣味辛苦，温，有小毒。主治大風，頭面手足諸風，癲癇狂痙，濕痺寒冷，疼痛。唐本四肢不遂，通血脈，明目，益精光。甄權合柏油同熬，塗人畜瘡疥。蘇頌

又《扶桑》 釋名佛桑，朱槿，赤槿，日及。葉及花氣味甘平，無毒。主治癰疽，腮腫。取葉或花同白芙蓉葉、牛旁葉、白蜜研膏傅之，即散。時珍

又《紫荆》 木并皮氣味苦，平，無毒。破宿血，下五淋。濃煮汁服。開寶通小腸。大明解諸毒物，癰疽，喉痺，飛尸，蠱毒腫，下瘻，蛇虺蟲蠶，狂犬毒。並煮汁服，亦以汁洗瘡腫，除血長膚。藏器活血行氣，消腫解毒，治婦人血氣疼痛，經水凝澀。時珍

發明時珍曰：紫荆氣寒，味苦，色紫，性降，入手足厥陰血分，寒勝熱，苦走骨紫入營，故能活血、消腫，利小便而解毒。楊清叟《仙傳方》有冲和膏，以紫荆爲君，蓋得此意也。其方治一切癰疽發背流注諸腫毒，冷熱不明者。紫荆皮炒三兩，獨活去節炒三兩，赤芍藥炒二兩，生白朮一兩，木蠟炒一兩，爲末。用葱湯調，熱敷。血得熱則行，葱能散氣。瘡不甚熱者，酒調之。痛甚者，筋不伸者，加乳香。大抵癰疽流注，皆氣血凝滯所成。遇温則散，遇涼則凝。此方温平。紫荆皮乃木之精，破血消腫，獨活乃土之精，止風動血，引拔骨中毒，去痺濕氣。芍藥乃火之精，生血止痛。木蠟乃水之精，消腫散血，同獨活能破石腫堅硬。白芷乃金之精，去風生肌止痛。蓋血生則不死，血動則流通，肌生則不爛，痛止則不焮，風去則血自散，氣破則硬可消，毒自除。五者交治，病安有不愈者乎？張寳之曰：白朮亦當作。缺

又《木芙蓉》 葉并花氣味微辛，平，無毒。主治清肺涼血，散熱解毒，治一切大小癰疽、腫毒、惡瘡，消腫、排膿、止痛。時珍

發明時珍曰：芙蓉花并葉，氣平而不寒，不熱，味微辛而性滑涎粘，其治癰腫之功殊有神效。近時瘍醫秘其名爲清涼膏、清露散、鐵箍散，皆此物也。其方治一切癰疽發背、乳癰惡瘡，不拘已成未成，已穿未穿，並用芙蓉葉，或根皮，或花，或生研，或乾研末，以蜜調塗于腫處四圍，中間留頭，乾則頻換。初起者，即覺清涼，痛止腫消。已成者，即膿聚毒出。已穿者，即膿出易歛，妙不可言。或加生赤小豆末尤妙。

又《蠟梅》 釋名黄梅花。

集解時珍曰：蠟梅小樹，叢枝，尖葉。種凡三種，以子種出不經接者，臘月開小花而

香淡，名狗蠅梅。經接而花疎開時含口者，名磬口梅。花密而香濃，色深黄如紫檀者，名檀香梅，最佳。結實如垂鈴，尖長寸餘，子在其中。其樹皮浸水磨墨，有光采。花氣味辛，温，無毒。主治解暑生津。時珍

又《密蒙花》 釋名水錦花。氣味甘，平，微寒，無毒。主治青盲膚翳，赤腫，多眵淚，消目中赤脉，心兒麩豆及疳氣攻眼。開寶羞明怕日。劉守真入肝經氣血分，潤肝燥。好古

又《木綿》 白綿及布氣味甘，温，無毒。主治血崩，金瘡，燒灰用。時珍

子油氣味辛，熱，微毒。主治惡瘡疥癬，燃燈損目。時珍

又《賣子木》 氣味甘，微鹹，平，無毒。主治折傷，血内溜續絶，補骨髓，止痛，安胎。唐本

又 卷三七《木之四·雷丸》 氣味苦，寒，有小毒。別録曰：鹹，微寒，有小毒。赤者殺人，白者善。普曰：神農苦，黄帝、岐伯、桐君：甘，有毒。扁鵲：甘，無毒。李當之：大寒。權曰：苦，有小毒。時珍曰：甘，微苦，平。之才曰：荔實、厚朴蓄根、芫花爲之使，惡葛根。主治殺三蟲，逐毒氣，胃中熱，利丈夫，不利女子。本經作摩膏，除小兒百病，逐邪氣，惡風，汗出，除皮中熱結積，蠱毒白蟲寸白自出不止，久服令人陰痿。別録逐風，主癲癇，狂走。甄權

發明弘景曰：《本經》云：利丈夫。《別録》曰：久服陰痿，于事相反。志曰：經言利丈夫，不利女子，乃疎。利男子元氣不疎，利女子臟氣，故曰久服令人陰痿也。時珍曰：按陳正敏《遁齋閑覽》云：楊勔中年得異疾，每發語腹中有小聲應之，久漸聲大。有道士見之曰：此應聲蟲也，但讀《本草》取不應者治之。讀至雷丸不應，遂頓服數粒而愈。

又《柳寄生》 氣味苦平，無毒。主治膈氣刺痛，搗汁服一盃。

又《桃寄生》 氣味苦辛，無毒。主治小兒中蠱毒，腹内堅痛，面目青黄，淋露骨立。取二兩爲末，如茶點服，日四五服。

又《竹》 篁竹葉氣味苦，平，無毒。主治欬逆上氣，溢筋急惡瘍，殺小蟲。本經除煩熱風痙，喉痺嘔吐。別録煎湯熨霍亂，轉筋。時珍

淡竹葉氣味辛，平，大寒，無毒。權曰甘寒主治胸中痰熱，欬逆上氣。別録吐血，熱毒風，止消渴，壓丹石毒。甄權消痰，治熱狂煩悶，中風失音不語，壯熱頭痛頭風，止驚悸，温疫迷悶，妊婦頭旋倒地，小兒驚癇天弔。大明喉痺，鬼疰，惡氣，煩熱，殺小蟲。孟詵凉心經，益元氣，除熱緩脾。元素煎濃汁，漱齒中出血，洗脱肛不收。時珍

苦竹葉氣味苦，冷，無毒。主治口瘡目痛，明目，利九竅。別録治不睡，止消渴，解酒毒，除煩熱，發汗，療中風，瘖瘂。大明殺蟲。燒末，和豬膽塗小兒頭瘡、耳瘡、疥癬，和雞子白塗一切惡瘡，頻用取效。時珍

發明弘景曰：甘竹葉最勝。詵曰：竹葉篁、苦、淡、甘之外，餘皆不堪入藥，不宜人。淡竹爲上，甘竹次之。宗奭曰：諸竹笋性皆寒，故知其葉一致也。張仲景竹葉湯惟用淡竹。元素曰：竹葉苦，平，陰中微陽。杲曰：竹葉辛，苦，寒，可升可降，陽中陰也。其用有二：除新久風邪之煩熱，止喘促氣勝之上衝。

篁竹根主治作湯益氣，止渴，補虚，下氣。本經消毒。別録淡竹根主治除煩熱，解丹石，發熱渴，煮汁服。藏器消痰，去風熱，驚悸迷悶，小兒驚癇。大明同葉煎湯，洗婦人子宫下脱。時珍

甘竹根主治煮汁服，安胎，止産後煩熱。時珍

苦竹根主治下心肺五臟熱毒氣。剉一斤，水五升，煮汁一升，分三服。孟詵

淡竹茹氣味甘，微寒，無毒。主治嘔啘，温氣，寒熱，吐血，崩中。別録止肺痿，唾血，鼻衄，治五痔。甄權噎膈。孟詵傷寒，勞復，小兒熱癇，婦人胎動。時珍

苦竹茹主治下熱壅。孟詵水煎服，止尿血。時珍

篁竹茹主治勞熱。大明

淡竹瀝氣味甘，大寒，無毒。主治暴中風，風痺，胸中大熱，止煩悶，消渴，勞復。別録中風失音不語，養血清痰，風痰虚痰在胸膈，使人癲狂，痰在經絡，四肢及皮裏膜外，非此不達不行。震亨治子冒風痓，解射罔毒。時珍

篁竹瀝主治風痓。別録

苦竹瀝主治口瘡目痛，明目，利九竅。別録同功淡竹。大明治牙疼。時珍

慈竹瀝主治療熱風，和粥飲服。孟詵

發明弘景曰：凡取竹瀝，惟用淡、苦、篁竹者。雷曰：久渴心煩，宜投竹瀝。震亨曰：竹瀝滑痰，非助以薑汁不能行。諸方治胎産、金瘡、口噤，與血虚自汗，消渴小便多，皆是陰虚之病，無不用之。産後不礙虚，胎前不損子。《本草》言其大寒，似與石膏、黄芩同類，而世俗因大寒二字，棄而不用。《經》云：陰虚則發熱，竹瀝味甘性緩，能除陰虚之有大熱者。寒而能補，與薯蕷寒補義同。大寒言其功，非獨言其氣也。世人食筍，自幼至老未有因其寒而病者。瀝即筍之液也，又假於火而成，何寒如此之甚耶？但能食者，用荊瀝不能食者，用

竹瀝。時珍曰：竹瀝性寒而滑，大抵因風火燥熱而有痰者宜之。苦寒濕，胃虚，腸滑之人服之則反傷腸胃。笋性滑利，多食瀉人。僧家謂之刮腸篦，即此義也。丹溪朱氏謂：大寒言其功，不言其氣，殊悖于理。謂大寒爲氣，何害于功。《淮南子》云：槁竹有火，不鑽不然。今猫獠人，以乾竹片相戛取，火則竹性雖寒，亦未必大寒也。《神仙傳》云：昔姜公服竹汁、餌桂得長生，蓋竹汁性寒，以桂濟之，亦與用薑汁佐竹瀝之意相同。淡竹今人呼爲水竹，有大小二種，此竹汁多而甘，沈存中言：苦竹之外皆爲淡竹，誤矣。

慈竹籜主治小兒頭身惡瘡，燒散和油塗之，或入輕粉少許。時珍

竹實主治通神明，輕身益氣。本經

發明別録曰：竹實出益州。弘景曰：竹實出藍田。江東乃有花而無實，頃來斑斑有實，狀如小麥，可爲飯食。承曰：舊有竹實，鸞鳳所食。今近道竹間，時見開花小白如棗花，亦結實如小麥子，無氣味而澀。江浙人號爲竹米，以爲荒年之兆。其竹即死，必非鸞鳳所食者。近有餘干人言：竹實大如雞子，竹葉層層包裹，味甘勝蜜，食之令人心膈清涼。生深竹林茂盛蒙密處，頃因得之。但日久汁枯乾而味尚存爾。乃知鸞鳳所食，非常物也。時珍曰：按陳藏器《本草》云：竹肉一名竹實，生苦竹枝上，大如雞子，似肉臠，有大毒，須以灰汁煮二度，煉訖，乃依常菜茹食。煉不熟，則戟人喉出血，手爪盡脱也。此説與陳承所説竹實相似，恐即一物。但苦竹上者有毒爾，與竹米之竹實不同。

山白竹主治燒灰入腐爛癰疽藥。時珍

爆竹主治辟妖氣，山魈。慎微曰：李畋《該聞集》云：仲叟者，家爲山魈所祟，擲石開户，畋令旦夜于庭中爆竹數十竿，若除夕然，其祟遂止。

又《竹黄》 氣味甘，寒，無毒。主治小兒驚風，天弔，去諸風熱，鎮心，明目，療金瘡，滋養五臟。開寶治中風，痰壅卒，失音不語，小兒客忤，癇疾。大明制藥毒發熱。保昇

發明宗奭曰：天竹黄凉心經，去風熱，作小兒藥尤宜，和緩故也。時珍曰：竹黄出于大竹之津氣結成，其氣味功用與竹瀝同，而無寒滑之害。

明　李中立《本草原始》卷四《木部·杜仲》 主治腰膝痛，補中益精氣，堅筋骨，强志，除陰下癢濕，小便餘瀝，久服輕身耐老。脚中酸疼，不欲踐地。治腎勞，腰脊攣。腎冷𦜕腰痛。人虚而身强直，風也。腰不利加而用之。能使筋骨相着。潤肝燥，補肝經風虚。其木可作履，益脚。

又　卷七《果部·大棗》 大棗，此即晒乾大棗也。

主治心腹邪氣，安中，養脾氣，平胃氣，通九竅，助十二經，補少氣少津液，身中不足，大驚，四肢攣，和百藥，久服輕身延年。補中益氣，堅志强力，除煩悶，療心下懸，腸澼，久服不飢神仙。潤心肺，止嗽，補五勞，治虚損，除腸胃癖氣。和光粉燒，治疳痢。小兒患秋痢與蛀，棗食之良。殺烏頭、附子、天雄毒。和陰陽，調榮衛，生津液。生棗多食令人寒熱羸瘦者不可食。葉主治覆麻黄，能令出汗。和葛粉揩熱痱瘡，良。治小兒壯熱，煎湯浴之。三歲陳核中仁燔之，味苦，主腹痛邪氣。

明　薛鳳翔《亳州牡丹史》卷三《方術》 宗奭云：「牡丹花亦有緋者，深碧色者，惟山中單葉紅花者根皮入藥爲佳。市人或枝梗皮充之，尤謬。」

明　焦竑《焦氏筆乘》卷五 木瓜性益下部，若脚膝筋骨有疾者，必用焉。故方家號爲鐵脚梨。《清異録》叚文昌銀稜木瓜胡樣桶濯足，蓋木瓜樹解合爲桶也。木瓜味酢，善療轉筋。陶隱居云：如轉筋時，但呼楙名及書上木瓜字，輒愈。

明　王路《花史左编》卷一〇《花之味·五佳皮》 取其皮陰乾，囊之入酒，能使人延年去疾，葉有五尖者佳。

明　周嘉胄《香乘》卷二 丁香入藥最勝。李時珍曰：雄爲丁香，雌爲雞舌，諸説甚明。丁香一名丁子香，以其形似丁字也。雞舌，丁香之大者，今所謂母丁香是也。

丁香諸論不一，按出東海、崑崙者，花紫白色，七月結實。産交廣南番者，花黄色，二八月採子，及盛冬生花，次年春採者，蓋地土氣候各有不同，亦猶今之桃李，閩、越、燕、齊開候大異也。愚謂即此中丁香花，亦有紫白二色，或即此種，因地産非宜，不能子大爲香耳。

辯雞舌香　沈存中《筆談》云：予集《靈苑方》，據陳藏器《本草拾遺》，以雞舌爲丁香母。今考之，尚不然，雞舌即丁香也。《齊民要術》言：雞舌俗名丁子香。《日華子》言：丁香治口氣。與含雞舌香奏事欲其芬芳之説相合。及《千金方》五香湯用丁香，雞舌，最爲明驗。《開寶本草》重出丁香，謬矣。今世以乳香中大如山茱萸者爲雞舌香，略無氣味，治疾殊乖。

明　謝肇淛《滇略》卷三 緬茄。枝葉皆類家茄，結實似荔枝，核而有蒂。土人雕刻其上而繫之，拭眼去翳，亦解瘡毒。

明　倪朱謨《本草匯言》卷八《木部·香木類》 松花輕清涼滑，療久痢、解酒毒、清血熱之藥也。開寶

又　卷九《木部·喬木類》 海桐皮，行經絡，去血分，風濕之藥也。開寶

方：主赤白痢疾，延綿日久，或風眼腫赤，暴發流行。又主血脉頑痺，臂膊疼疼，腰脚攻痛，動履不遂。凡風靨痿痺之疾特需用之。如痢疾、赤眼、痺靨，諸證，非關風濕者，不宜用。（略）

槐葉味苦，氣平，無毒。煎湯浴小兒疥癬，漱大人齒牙風痛，又濃煎汁飲，治産難氣隔不下。（略）

槐枝。味苦，氣平，無毒。療大風痿痺。釀酒飲之，治陰囊濕痒，痔瘡，膿血。煎湯洗之，治崩漏、暴下血。炒熱腹上熨之，治疥癬，定痒止痛。燒痿之，治齒牙，去風殺蟲。止痛，煆灰揩之。（略）

槐木皮、根白皮，俱味苦，氣平，無毒。煎湯洗一切爛瘡，陰囊濕痒，陰疝核腫，諸般痔瘻及婦人産門痛癢。又煎汁飲，治中風，身强不能屈伸，四肢痿痺，腰膝疼痛諸疾。（略）

青桐木皮，化五痔，浄五淋，療奔豚，散脚氣，殺三蟲之藥。

又 卷一〇《木部·灌木類》 牡荆實散寒邪，下逆氣之藥也。

又 卷一五《果部·夷果類》 枳椇子解酒毒，辟蟲積之藥也。

明 繆希雍《神農本草經疏》卷一〇 羊躑躅味辛温，有大毒。主賊風在皮膚中，淫淫痛，温瘧惡毒諸痺，邪氣鬼疰蠱毒。

疏：羊躑躅毒藥也。然性能祛風寒濕，故可以治惡痺。痺者，風寒濕所成也。然非元氣未虚，脾胃尚實之人不可用。凡用此等毒藥，亦須雜以安胃和氣血藥同用。

又 卷一二 松脂味苦甘，温，無毒。主疽惡瘡頭瘍白禿疥瘙風氣，安五藏，除熱，胃中伏熱，咽乾，消渴及風痺，死肌。煉之，令白其赤者。主惡痺，久服輕身不老延年。

疏：松脂感天之陽氣，而得乎地之火土之化者也。故其味苦而兼甘，其氣則温，其性無毒。得陽氣兼火土，則其性燥，燥則除溼。散風。寒苦而燥，則能殺蟲甘，能除熱。胃中伏熱散，則咽乾，消渴自止。痺者，風寒溼合而爲病也。地之溼氣感，則害人皮肉筋脉，此死肌之所由來也。溼熱之邪散，則血不瘀敗，榮氣通調而無壅滯，故主疽惡瘡。榮和熱散，則頭瘍、白禿、疥瘙、風氣俱愈矣。熱消則榮血和，風溼去則衛氣安，脾胃健五臟無病，可知。溼去則身輕可必。久服不老延年，固可想見。

松實味甘，氣温，性和而無毒。《本經》言：苦者，誤也。以其屬陽，故亦主風痺寒氣。其主虚羸少氣，補不足者，精不足補之以味甘，能益血是已。形不足温之以氣，温能和氣是已。服餌延年輕身不饑，惟此足以當之。然亦久服乃可責效耳。

松葉味苦，温而不甘，宜其主風溼瘡，生毛髮也。安五臟，守中，不饑，延年其旨。具松脂條内服之，可治惡疾即癩病。炙署凍瘡，風瘡佳。

松節味苦，氣温，性燥。故能主百節久風，風虚，脚痺疼痛。（略）

漆葉味辛，無毒。《圖經》曰：彭城樊阿，少師事華陀，陀授以漆葉青黏散云：服之去三蟲，利五臟，輕身益氣，使人頭不白。（略）

杜仲，味辛甘平，無毒，主腰脊痛，補中益精氣，堅筋骨，强志，除陰下癢溼，小便餘瀝，脚中酸痛，不欲踐地。久服輕身，耐老。

疏：杜仲，稟陽氣之微，得金氣之厚，故其味辛，氣平，無毒，《别録》加甘温。甄權言：苦煖，應是辛甘勝，而苦次之。温煖多而平，爲劣也。氣薄味厚，陽中陰也，入足少陰，兼入足厥陰。經按《本經》所主腰脊痛，益精氣，堅筋骨，脚中酸痛，不欲踐地者，蓋腰爲腎之府，經曰：動摇不能，腎將憊矣。又腎藏精而主骨，肝藏血而主筋，二經虚，則腰脊痛而精氣乏筋骨軟，而脚不能踐地也。五臟苦欲補瀉云：腎苦燥，急食辛以潤之。肝苦急，急食甘以緩之。杜仲辛甘具足，正能解肝腎之所苦，而補其不足者也。强志者，腎藏志，益腎故也。除陰下癢溼、小便餘瀝者，袪腎家之溼熱也。益腎補肝，則精血自足故。久服能輕身耐老，其主補中者，肝腎在下，臟中之陰也。陰足則中亦補矣。（略）

金櫻子味酸澀，平温，無毒。療脾泄下痢，止小便，利澀精氣，久服令人耐寒輕身。

疏：金櫻子得陽氣而兼木化，故其味酸澀，氣平温無毒。氣薄味厚，陰中陽也，入足太陽、手陽明，兼入足少陰經。十劑云：澀可去脱。脾虚滑洩不禁，非澀劑無以固之。膀胱虚寒則小便不禁，腎與膀胱爲表裏，腎虚則精滑，時從小便出。此藥氣温味酸澀，入三經而收斂虚脱之氣，故能主諸證也。精固則精氣日生，而陽氣充，骨髓滿，故耐寒輕身也。

又 卷一三 桑葉主除寒熱，出汗，汁解蜈蚣毒。

疏：葉，《本經》：無氣味。詳其主治，應是味甘氣寒性無毒。甘所以益血，寒所以涼血，甘寒相合，故下氣而益陰，是以能主陰虚寒熱，及因内熱出汗。其性兼燥，故又能除脚氣水腫，利大小腸。原稟金氣，故又能除風。經霜則兼得天地之清肅，故又能明目而止渴。髮者，血之餘也。益血故又能長髮，涼血故又止吐血。合癰口，罨穿掌，療湯火，皆清涼補血之功也。（略）

淡竹瀝味甘，大寒，無毒。療暴中風痺，胸中大熱，止煩悶，消渴勞復。

疏：竹瀝，竹之津液也。經云：大寒，亦言其本性耳。得火之後，寒氣應減，性滑流利，走竅逐痰，故爲中風家要藥。凡中風之證，莫不由於陰虛火旺，煎熬津液，結而爲痰，壅塞氣道，不得升降，熱極生風，以致猝然僵仆或偏痺不仁。此藥能遍走經絡，搜剔一切痰結，兼之甘寒能益陰而除熱，痰熱既祛則氣道通利，經脈流轉，外證自除矣。其主胸中大熱，止煩悶者，取其甘寒清熱益陰之功耳。觀古人以竹瀝治中風，則知中風未有不因陰虛痰熱所致，不然，如果外來風邪，安得復用此甘寒滑利之藥治之哉？（略）

厚朴，味苦，溫，大溫，無毒，主中風，傷寒，頭痛，寒熱，驚悸，氣血痺，死肌，去三蟲。溫中益氣，消痰下氣，療霍亂及腹痛，脹滿，胃中冷逆，胸中嘔不止，洩痢，淋露，除驚，去留熱，心煩滿，厚腸胃。

疏：厚朴稟地二之氣以生，兼得乎春陽之氣而成，故其味苦，其氣溫。甄權苦辛大熱。應是辛熱苦溫之藥。辛熱太過，則其性宜有毒，以其得陽氣之正，故無毒耳。氣味俱厚，陽中之陰降也。入足太陰，手足陽明經。其主中風傷寒，頭痛寒熱，氣血痺，死肌者，蓋以風寒外邪傷於陽分，則爲寒熱頭痛，風寒溼入腠理，則氣血凝澀而成痺。甚則肌肉不仁。此藥辛能散結，苦能燥溼，溫熱能祛風寒，故悉主之也。《別録》又主溫中，消痰，下氣，療霍亂及腹痛脹滿，胃中冷逆，胸中嘔不止，洩痢，心煩滿者，何莫非脹胃氣逆壅滯，及痰飲留結，飲食生冷所致。得此下洩開通，溫熱煖胃，則諸證不求其止而止矣。至於淋露，雖屬下焦爲病，然多因胃家溼熱下流，三蟲亦腸胃溼熱所生，苦能燥溼殺蟲，故亦主之也。《本經》又主驚悸，及《別録》除驚去留熱者，皆非其所宜。驚悸，屬心虛於脾胃，絶無相干。氣味大溫之藥，又豈能去留熱哉？至益氣，厚腸胃，蓋亦指邪氣去，正氣自益之謂，積滯消，腸胃自厚之意耳。非消散之外，復有補益之功也，用者詳之。

又 卷一四 椿木葉味苦，有毒。主洗瘡疥，風疸。皮主甘䘌。樗木根葉尤良。

疏：椿稟地中之陰氣以生，《本經》味苦，有毒。甄權言：微熱。震亨言：涼而燥。然考其用，必是微寒苦燥之藥，入手足陽明經。《本經》主甘䘌及洗疥瘡，風疸。藏器：去口鼻疳蟲，疥䘌者，因腸胃有濕熱。故現是證苦涼而燥，所以外治皆得也。藏器：又主殺蚘蟲蠱毒，下血及赤白久痢。日華子：主腸風瀉血。蕭炳云：得地榆，主疳痢。孟詵云：止女子血崩及產後血不止，赤帶。皆取其苦能燥濕寒，能除熱，濇能收斂之功耳。採得去粗皮，蜜炙用。（略）

水楊葉嫩枝味苦，平，無毒。主久痢赤白。搗和水絞取汁，服一升，日二，大效。

疏：水楊葉嫩枝生於涯涘之旁，得水土之陰氣偏多，故味苦、氣平、無毒。久痢赤白，腸胃濕熱也，得苦涼之氣則濕熱散，痢自止。今人又用以治癰腫，痘瘡多効。魏直《博愛心鑑》云：痘瘡數日陷頂，漿滯不行或風寒所阻者，宜用水楊枝葉。無葉用枝，五斤流水一大釜，煎湯溫浴之。如冷，添湯。良久，照見纍起有暈絲者，漿行也。如不滿，再浴之。力弱者只洗頭面手足。如屢浴不起者，氣血敗矣，不可再浴。始出及痒塌者，皆不可浴。痘不行漿，乃氣滯、血濇、腠理閉密或風寒外阻，而然浴令暖氣透達，和暢鬱蒸，氣血通徹，每隨暖氣而發，行漿貫滿，功非淺也。若內服助氣血藥，藉此升之，其効更速。直見一嫗在村中用此有驗，叩得其方，行之百發百中，慎勿易之，誠有變理之妙也。（略）

櫚皮平，無毒，止鼻洪吐血，破癥，治崩中帶下，腸風赤白痢。入藥燒灰用，不可絶過。

疏：椶櫚皮稟微陽之氣以生，故其味苦，濇氣平，無毒。《本經》主諸病皆燒灰用者，凡血得熱則行，得黑灰則止，故主鼻洪吐血。苦能瀉熱，濇可去脫，故主崩中帶下及腸風赤白痢也。且血固脫之性而能消瘀血，故能破癥也。凡失血過多，內無瘀滯者用之，切當與亂髮灰同入更良。如暴得吐血，瘀滯方動，暴得崩中，惡露未竭，濕熱下痢初發，腸風帶下方熾，悉不宜遽用，即用亦無効。入藥須年久敗者良。

又 卷二三 枇杷葉味苦，平，無毒。主卒啘不止，下氣。

疏：枇杷葉稟天地清寒之氣，四時不凋。其味苦，氣平，平即涼也，無毒。入手太陰、足陽明經。氣薄味厚，陽中之陰，降也。經曰：諸逆衝上，皆屬於火，火氣上炎，則爲卒啘不止。啘者，噦也。其聲濁惡而長。經曰：樹枯者葉病，病深者，聲噦。病者見此，是爲危證。枇杷葉性涼，善下氣，氣下則火不上升，而胃自安，故卒啘止也。其治嘔吐不止，婦人產後口乾，男子消渴，肺熱咳嗽喘息氣急，脚氣上衝，皆取其下氣之功，氣下則火降，痰順而嘔者不嘔，渴者不渴，咳者不咳，衝逆者不衝逆矣。又治婦人發熱咳嗽，經事先期。佐補陰清熱之藥，服之可使經期正而受孕。（略）

梨味甘，微酸，寒。多食令人寒中，金瘡乳婦尤不可食。

疏：梨成於秋，花實皆白，其得西方之陰氣者乎？味甘微酸，氣寒無毒，入手太陰，兼入足陽明經。《别録》著梨，止言其害不叙其功。陶隱居言梨不入藥。蓋古人論病多主於風寒外邪，以温熱爲補藥，多桂附。凡冷利之物，輟而不用也。不知時運迭降，稟受遞殊，今時之人火病熱病痰病往往皆是。梨能潤肺消痰，降火除熱。故蘇恭主熱嗽，止渴，貼湯、火傷，治客熱，中風不語，傷寒寒熱，解丹石熱氣，驚邪，利大小便。大明主賊風，心煩氣喘，熱狂。孟詵主胸中痞塞，熱結等，誠不可闕者也。《本經》言多食令人寒中者，以其過於冷利也。乳婦金瘡不可食者，以血得寒則凝而成瘀爲病也。凡人有痛處，脉數無力或發渴，此癰疽將成之候，惟晝夜食梨可轉重爲輕。膏粱之家，厚味釅酒，縱恣無節，必多痰。火卒中，癰疽之病，數食梨可變危爲安，功難盡述。

明 毛晉《香國》卷下《檀香》 白檀芬芳開發，辟惡散結，除冷。今人多供爇上棄，沉水者入藥。

明 李中梓《本草通玄》卷下《果部》 龍眼甘温，養心益智，開胃益脾，潤肺止欬。

明 李中梓《鐫補雷公炮製藥性解》卷五 郁李仁味酸性，平，無毒。主四肢浮腫，腸中結氣，關格不通，膀胱急痛，潤腸破血，利水下氣，消食寬中。

明 李中梓《删補頤生微論》卷三 肉桂味辛甘，性熱，有小毒。入腎肝二經。忌火、生葱、石脂。去皮用。主元陽痼冷，脾胃虚寒，温中降氣，堅筋骨，强陽道，定驚，通血脉，制肝邪，下焦腹痛，奔豚疝瘕，宣通百藥，善墮胞胎。

桂心入心脾二經，理心腹痛，五勞七傷，殺三虫，宣氣血，利關節，托癰疽痘毒，能引血成膿。

桂枝入肺、膀胱二經。無汗能發，有汗能止。主心腹痛，皮膚風。横行爲手臂之引經，直行爲奔豚之向導。（略）

大腹皮味辛，性温，無毒，入肺脾二經。豆汁洗去沙浄。微炒。主攻心腹水腫悶脹，通大小腸，去蟲毒。（略）

桃仁味苦甘，性平，無毒。入肝、大腸二經，香附爲使，湯泡去皮尖，炒透。雙仁者勿用。主瘀血血閉，心下堅，心腹痛，潤大腸，辟邪殺鬼。

明 方以智《物理小識》卷九《草木類》 糙葉樹，《物志》謂之「枯條」。葉性澁，可以止滑，一名樸樹，其子可種，即白駁木榆類也。葉沙磨器，細於木賊、蠟梅葉，亦沙可用。（略）

黄楝頭，黄楝頭樹分葉如椿，大者合抱，春采其葉，味苦而甘，一名回味。可治痢，而治霍亂尤效。皮可合香，《本草綱目》遺此未收。

明 盧之頤《本草乘雅半偈》卷一《六芝》 紫芝氣味甘温，無毒。主耳聾，利關節，保神益精氣，堅筋骨，好顔色。久服輕身不老延年。

青芝氣味酸平，無毒。主明目，補肝氣，安精魂仁恕。久服輕身不老，延年神仙。

赤芝氣味苦平，無毒。主胸中結，益心氣，補中增智慧不忘。久服輕身不老，延年神仙。

黄芝氣味甘平，無毒。主心腹五邪，益脾氣，安神忠信和樂。久服輕身不老，延年神仙。

白芝氣味辛平，無毒。主欬逆上氣，益肺氣，通利口鼻，强志意，勇悍安魄。久服輕身不老，延年神仙。

黑芝氣味鹹平，無毒。主癃利水道，益腎氣，通九竅，聰察。久服輕身不老，延年神仙。

覈曰：出五嶽名山者貴。嘗以六月生應六月之卦，以表德也。《神農經》云：山川雲雨，四時五行，陰陽之精，以生五色神芝，爲聖王休祥瑞命。《禮》云：王者仁慈，則芝艸生。《論衡》云：芝生於土，土氣和則芝艸生，不假種識，隨處寄生，隨緑現相。先人云靈異無根，如優曇一現，若盤繞層臺，寄生於土者，此其常也。《本經》惟標六芝，然其色相奇異，不可不識，存録以廣見聞。菌芝生深山大木之上，淵泉之側，五色無常，或如宫室龍虎、車馬飛鳥之形。木威喜芝，生千年茯苓上，上生小木，狀似蓮花，夜視有光，持之甚滑，燒之不焦。飛節芝，生千歲松樹上，皮中有脂，形狀如飛。木渠芝，寄生大木，如蓮花，九莖一叢，味甘且辛。黄櫱芝，生千年黄櫱根下，下有細根如縷。建木芝，其皮如纓，其實如鸞參。成芝，赤色有光，扣其枝葉，作金石音。樊桃芝，其木如籠，其花如丹，其實如翠鳥。千歲芝，生枯木下，根如人形趺坐，刻之有血，塗人兩足，能行水上，亦可隱形。以上皆木芝也。獨搖芝，有風不動，無風自搖，一莖直上中空外赤，貼莖杪之半，生細小尖葉，稍頭成穗，作花灰白結子十二枚，至秋不落，却透虛入莖中，還筒而下，根大如斗，更有游子十二枚，相爲環繞。牛角芝，生虎壽山及吴凌，狀似葱，特出如角，色青翠，長三四尺。龍仙芝，宛如昇龍相負之形。紫珠芝，葉黄實赤，狀似紫李色。白符芝，大雪而花，季冬而實。朱艸芝，其莖如針，九曲三葉，葉有實也。五德芝，狀似樓殿，五色具備，方莖紫色，以上皆艸芝也。玉暗芝，生有玉之山，狀如鳥獸，色無嘗彩，多似山水蒼玉，亦如鮮明水晶。七孔九光芝，生臨水石崖間，狀如盤盌，有莖有葉，葉有七孔，夜視有光，食之七孔洞徹。石蜜芝，生少室石户中。桂芝，生石穴，似桂乃石也，其色光明。石腦芝，石中黄，亦石芝類也。石芝，石象，生於海隅及石山島嶼之涯。肉芝，其狀如肉，附於大石，頭尾俱有，乃生物也。赤如珊瑚，白如截肪，黄如紫金，黑如重漆，青如翠羽，光明洞徹，儼若堅冰，大者重十多觔。千歲燕、千歲蝙蝠、千歲龜、萬歲蟾蜍、山中小人，皆肉芝類也。鳳凰芝，生名山金玉間，燕胎芝，形如紫葵，紫色如燕狀。黑雲芝，生山谷之陰，黑蓋赤理，莖黑味鹹。又有五色龍芝、五方神芝、甘露芝、青雲芝、雲氣芝、白虎芝、車馬芝、太乙芝，名狀不一，皆服食仙去者也。《抱朴子》云：欲求芝艸，當入名山，必以三月、九月，乃山開出神藥之月也。忌山很日，用天輔時，出三奇吉門。到山須六陰之日，明堂之時。帶靈寶符，牽白犬，抱白雞，包白鹽一斗，及開山符檄，着大石上。入山執吴唐艸一把，山神喜，芝乃得見。禹步往采，以旺相專和、支干上下相生之日，刻以骨刀，陰乾爲末，服月神異。若人不致精久齋，行穢德薄，又不曉入山之術，雖得其圖，鬼神不與，終不可得。郭璞云：一歲三華，瑞艸也。昔四皓采芝，羣仙服食者也。智者大師云：服食石藥，但可平疾，服食芝艸，併可得仙。陶隱居云：凡得芝艸，正爾食之，無餘節度。故皆不云服法也。

又《黄耆》　黄耆氣味甘，微温，無毒。主癰疽，久敗瘡，排膿止痛，大風癩疾，五痔，鼠瘻，補虛，小兒百病。

覈曰：出蜀郡漢中，今不復采，唯白水原州華原山谷者最勝。宜寧二州者亦佳。春生苗，獨莖叢生，去地二三寸，作葉扶疎狀，似羊齒。七月開黄紫色花，結小尖角，長寸許。八月采根，長二三尺。緊實，若箭幹。皮色黄褐。折之，柔韌如緜。肉理中黄外白，嚼之甘美可口，若堅脆、味苦者，即苜蓿根也，勿誤用。木耆草形類真，相似，只是生時葉短、根横耳，修治去頭上皺皮，蒸半日，劈作細條，槐砧剉用。茯苓爲之使，惡龜甲、白鮮皮。

先人云：黄耆一名戴糝，戴椹、百本。戴在首，如衛氣出目行頭，自上而下，從外而内，百骸百脉咸衛外而固矣。又云：耆可久可速。能知衛氣出入之道路，便能了知黄耆之功用矣。

參曰：黄中色，《通志》云：始生爲黄耆，耆宿也。指使不從力役，如人胃居中，營衛氣血，筋脉齒髮之屬，莫不始生於胃，而衛氣之呴吸，營血之濡運，筋脉之展摇，齒髮之生長，亦莫不從胃指揮宣布。所謂外者中之使也，營血筋脉悉屬有形，統御節制，唯一衛氣，所謂衛者氣之帥也。癰疽久敗、大風癩疾、五痔鼠，瘻咸無衛氣衛外，故肌肉腐爛。黄耆味甘氣温，肉似肌腠，皮折如緜，宛若衛氣之衛外而固者也。故能温分肉，充皮膚，肥腠理，司開闔。唯胃氣虛弱，不能固護肌肉者宜之。倘涉六淫，毒熱熾盛，又當謝之，未可謬用。補虛者，補衛氣之虛，小兒陰常有餘，氣常不足，故百病咸宜也。

涉六淫毒熾盛，亦非禁止不行，惟在頤指氣使者何如耳。耆宿，則更事久歷，事能盡知，乃可頤指氣使，不從力役。設非主張于内者，安能固護于外耶。

又《茯苓》　茯苓氣味甘平，無毒。主胸脇逆氣，憂恚驚邪恐悸，心下結痛，寒熱煩滿欬逆，口焦舌乾，利小便。久服安魂養神，不饑延年。

覈曰：出太山山谷及華山嵩山鬱州雍州諸處，生古松根下，下有茯苓，則松頂盤結如蓋，時有彤絲上薈，非新雨初霽，澄徹無風，不易現也。此即古松靈氣淪結成形，如得氣之全者，離其本體，故不抱根。如得氣之微者，止能附結本根，故中心抱木。小者如拳，大者如斗，外皮皺黑，内質堅白，形如鳥獸龜鼈者良，虛亦者不堪入藥。又一種即百年大松爲人斬伐，枯折槎枿，雖枝葉不復上生，而精英之氣亦淪結成形，謂之茯苓撥。即於四面丈餘池内，以鐵錐刺地，有則錐固不可拔，無則作聲如瓮者，謂之茯苓窠，中有白色蒙翳，蒸潤其間，如珠網然，尚屬松氣將結成形者也。亦可人力爲之，就斫伐松林，根則聽其自腐，取新苓之有白根者，名曰茯苓纜，截作寸許長，排種根旁，久之發香如馬勃，則茯苓生矣。修治去皮，搗作細末入水盆中攪濁，浮者濾去之，此即赤膜也，誤服令人目盲，或瞳子細小。馬藺爲之使。惡白斂，畏牡蒙、地榆、雄黄、秦艽、龜甲，忌米醋酸物。得甘草、防風、芍藥、紫石英、麥門冬共療五藏。

參曰：歲寒不凋，原具仙骨，雖經殘斫，神靈勿傷，其精英不發於枝葉，而返旋生氣，吸伏于踵，所謂真人之息也。故茯取伏義，苓取齡義。又松木糸天條達之氣，反潛隱不露，亦茯取伏義，苓取令義，二擬未確，聊備博采云爾。芳香清氣，潛藏根底，對待忿戾濁邪，衝逆胸脇。皓苓下居，彤絲上薈，對待憂愁拂逆，形諸顔面。摧殘槎枿，俛就零落，對待刀圭在心，有懷怨恨珍重深邃。對待驚駭氣上，鎮定不動。對待恐懼悸忡，形質塊磊，氣味清疎，對待晦滯立堅，心下結痛，神靈在躬。對待寒熱外侮，幽静安閒。對待勞亂煩滿，滲洩就下。對待水寒逆肺，清閒平淡。對待口焦舌乾，轉旋氣化。對待小便閉癃，吸元歸踵。對待游魂於天，恬澹虚無。對待神不内守，服氣長生。對待飢渴夭齡，悉屬象形，巽以入之。清氣上升，濁氣下降，此其驗也。

又 卷四《桃核仁》 桃核仁氣味苦平，無毒。主瘀血血閉，癥瘕邪氣，殺小蟲。花殺疰惡鬼，令人好顔色。桃梟氣微温，主殺百鬼精物。桃毛主下血瘕，寒熱積聚，無子。蠹，辟邪惡不祥。先人云：朮以勸之，豆以培之，火以變之。色黄，則氣淳矣。

糸曰：桃爲肺果，五木之金也。金氣清肅，故伏邪氣，去三蟲，除不祥。實乾木上曰梟，主殺百鬼精物，以懸實木上，故曰梟也。莖、葉、毛、蠹皆可去邪。生陽所以異于死陰也。其華令好色，榮于花，優于色故也。埤雅云：桃生三歲，便放花實，故周南曰夭桃蕡實也。仁主下瘀血血閉，癥瘕邪氣者。桃，肺果，精專尤在仁，故司肺氣，爲營血之師帥，則留者行行者留矣。故千金方以桃仁燒灰，酒調服方寸匕，止崩中漏下。然則血之不行不濡，即氣之不决不運，氣如橐籥，血如波瀾故也。桃毛功力似勝，肺主皮毛，入肺更相親爾。

世但知主留者行，不知主行者留。非留行，安能好色有子，非行留，安能去瘀逐閉。然則色之不好，子之無有，亦即瘀閉之爲咎乎。

又 卷九《土茯苓》 土茯苓氣味甘淡平，無毒。主食之當穀不饑，調中止洩，健行不睡，健脾胃，强筋骨，去風濕利關節，止洩瀉，治拘攣骨痛，惡瘡癰腫。解汞粉、銀硃毒。

覈曰：生楚、蜀、閩、浙山箐及海畔山谷中。蔓生如蓴，莖有細點。葉類竹，濶大厚滑，長五六寸，根如菝葜而圓，小者似卵，大者似拳，連綴而生。遠不及尺，皮似茯苓，色有赤白，肉似芋薯，味兼甘濇，亦可生啖。入藥以白色者爲良。《東山經》云：鼓證之山有草焉，名曰榮莫。其葉如柳如竹，其本如卵如拳，食之已風，恐即此也。一名禹餘饉，一名石餘糧、冷飯塊。忌茗及豆。

糸曰：土茯苓者，九土之精氣所鍾也。一名石，石以量言。一名禹，績平水土，有如神禹。言餘糧者，食之當穀不饑耳。味甘淡，氣平和，性無毒。故主調中止洩，黄中通理之爲用乎。若健行不睡，强筋骨，治拘攣，利關節，此陰以陽爲用，應地無疆，自强不息矣。若婬瘡癰腫，侵淫筋骨，以甙婬人，火熾水涸，水位之，下藉土承之，承則化，化則腎火歸，而腎水溢矣。

又 卷一〇《五倍子》 五倍子氣味酸平，無毒。主齒宣疳䘌，肺藏風毒流溢皮膚作風濕癬。瘙癢膿水，五痔下血不止，小兒面鼻疳瘡覈。曰：五倍子，在處都有，蜀中者爲勝。樹名膚木，生叢林中，本末俱青，六七月無花作子，子生葉底，初起甚小，漸大如菱，嫩時翠緑，老則黄褐。介甲中虚，堅結頗脆，内有白膜，霜降采子暴乾，用染重玄，遲則殼薄易腐。

糸曰：木以膚名，精專皮外之膚矣。經云：夏日在膚，泛泛乎若萬物之有餘。又云：五六月陽氣在表，垂枝布葉，皆下曲如鉤，爲太陽淪膚之盡，太陰膚受之始，効象陰陽，纍球葉底，小則如黍如粟，大則如菱如栗。名五倍子者以此。假木氣以賦形，中有白膜如蠛蠓，緣濕以合感而應生，木眚自成，非關外物耳。故主肺藏風毒流溢皮膚面鼻。正皮膚者，肺之合。面鼻者，肺之候也。若五痔下血，爲肺藏之邪，出授大腸府器，若齒宣疳䘌，爲燥金上病，假合清肅以濡之。至于清暑止渴，療欬嗽，通喉痺，化痰癖，逐淡陰，主洩痢，收肛脱，此屬肺金府藏之變眚。若小兒尿血，又屬遊溢精氣，通調水導，下輸膀胱，用泄金氣之欝矣。

明 賈所學《藥品化義》 竹葉體潤、色青、氣清香、味泡汁甘淡，嚼之微苦。性凉，能升能降，力清熱，性氣與味俱輕清。

竹葉清香透心，微苦凉熱，氣味俱清。主治暑熱消渴，胸中熱痰，傷寒虚煩，欬逆喘促，皆用爲良劑也。

清 順治《肅鎮志》卷一《物産》 枸杞子鮮紅色，山崖水滸皆有之。《本草》云：可治風濕勞傷，堅筋骨，强陰，利大小腸，久服輕身不老。今内地槩称甘杞，然惟鎮番者爲佳。

清 丁其譽《壽世秘典》卷三《花椒》 氣味辛，温，有毒。主除風邪氣，温中散寒除溼，解欝結，消宿食，通三焦，温脾胃，堅齒明目，補右腎命門，殺蚘蟲，止泄瀉。

發明《名醫别録》云：大熱，多食令人乏，氣喘促。口閉者殺人。久食令人失明，傷血脉。丹溪朱氏云：椒屬火，純陽之物，有下達之能。服之既久，則火自水中生，故服椒者無不被其毒也。得塩味佳。中其毒者，凉水、麻仁漿解之。

又《安石榴》 氣味甘酸，温濇，無毒。治咽喉燥渴，理乳石毒。多食損人肺。

酸榴皮氣味同實，主止瀉痢下血脱肛，崩中帶下。

發明蘇頌曰：石榴有甘酸二種。甘者可食，酸者入藥。道家書謂榴爲三尸酒，言三尸蟲得此果則醉也。范成大詩：玉池咽清肥，三彭跡如掃。孟詵曰：多食損齒，令黑凡服食藥物人忌之。朱震亨曰：榴者，留也。其性濇，戀膈成痰，損肺氣，不宜食。

又《柑》 氣味甘酸，大寒，無毒。主利腸胃中熱毒，解丹石，止暴渴，利小便。多食，令人肺冷生痰脾冷，發痼癖，丸腸洩痢，病人忌食。

柑皮氣味辛甘，寒，無毒。主下氣調中，解酒毒及酒渴，傷寒，飲食勞復者，濃煎汁服。

發明李時珍曰：橘皮温，柑皮寒。橘皮紋細，色紅而薄，内多筋脉，其味苦辛，至熟亦苦。柑皮紋粗，色黄而厚，内多白膜。其味辛甘，不甚苦。外形雖似而氣味不同。曾茶山和曾宏父餉柑詩：莫向君家樊素口，瓠犀微齾遠山顰。孟詵曰：多食令肺燥。

清 高士奇《北墅抱瓮録·草茉莉》 草茉莉，有紫、白二種。花形似茉莉，而跗較長，中心有鬚，暮開曉謝，殆陰類也。結子初青後黑，内有白粉，可療面斑。

清 王芷《稼圃輯》 無花果不花而實，五月五日採得，陰乾，治咽喉諸疾。

清 汪昂《增訂本草備要》卷三《木部》 側柏葉苦濇微寒，養陰滋肺而燥土，最清血分，爲補陰要藥。止吐衄，崩淋，腸風，尿一切血症。去冷風濕痺，歷節風痛。塗湯火傷，生肌殺虫，炙罨凍瘡，汁烏髭髮。（略）

琥珀。甘平，以脂入土而成實。故能通塞，以寧心定魂魄，療癲邪。色赤入手少陰，足厥陰血分，心肝故能消瘀血，破癥瘕，生肌肉，合金瘡。其味甘淡，上行能使肺氣下降，而通膀胱。故能治五淋，利小便。燥脾土。又能明目磨翳。（略）

椿樗　白皮治濕熱爲病，泄瀉，久痢，崩帶，腸風，滑遺，便數，有斷下之功。（略）

木槿　治腸風瀉血，痢後熱渴，作飲服，令人得睡。用産者，治癬瘡。（略）

樟腦　辛熱香竄，能于水中發火。通關利滯，除濕殺虫。置鞋中去脚氣。薰衣箆辟蛀虫。

又《果部》 橄欖　甘濇而温，肺胃之菓。清咽生津，除煩醒酒，解河豚毒。及魚骨哽。

清 張璐《本經逢原》卷三《菜部》 百合。甘，平，無毒。白花者補脾肺；赤花者名山丹，散瘀血，藥用之。

《本經》：主邪氣，腹脹，心痛，利大小便，補中益氣。

紅花者活血。治婦人崩中。其蕊敷疔腫惡瘡。

又《果部》 李根，白皮。苦，微鹹寒，無毒。

發明：《藥性論》云：入藥用苦李根皮。而仲景治奔豚氣。賁豚丸用甘李根白皮。《别録》：治消渴，奔豚。大明，治赤白痢下。千金：燒存性。敷小兒丹毒，甄權治消渴、脚氣。孟詵：治婦人赤白帶下。李核仁，苦，平，入肝，療僵仆，瘀血、骨痛。又能清血海，中風氣。令人有子。能解硫黄、白石英、附子毒。（略）

杏仁。苦，辛，甘，温，小毒。《本經》：主欬逆上氣，雷鳴。喉痺，下氣，産乳，金瘡。寒心賁麻

元素言：潤大腸、氣秘之才。言解錫毒。《别録》言：殺狗毒。巴旦杏仁，則甘，平，無毒。能止欬下氣。消心腹逆悶。（略）

梅。酸，平，無毒。

《本經》：主下氣，除熱煩滿，安心，止肢體痛，偏枯不仁，死肌，去青黑痣，蝕惡肉。

發明：梅花開於冬，而實熟於夏。得木之全氣，故其味最酸。人舌下有四竅，兩竅通膽液，故食則津生，類相感應也。所主之病，皆取酸收之義。梅之種類最多，惟榔梅最勝。相傳是真武折梅枝插榔樹株而誓曰。消梅。食之開胃生津。清神安睡。青梅則凝濇滯氣。烏梅。酸收，益津，開胃，同建茶乾薑，治休息痢。能斂肺濇腸，止嘔斂汗，定喘安蚘。仲景治蚘，厥烏梅丸用之。中風驚痰，喉痺腫痛，痰厥僵仆，牙關緊閉者，取烏梅擦牙，齦即開。又丹方治女

人脚上雞眼。白梅鹹，酸。主中風，牙關緊閉，擦牙根涎出即開。去努肉，方多用之。竹木鍼刺在肉中者，嚼敷即出。梅核仁。明目益氣，除煩熱，能清婦人子藏中風氣積滯。梅葉。煮汁，治休息痢，及乾霍亂，効。（略）

桃仁，苦甘平，無毒。《本經》：主瘀血血閉，癥瘕邪氣，殺三蟲。

發明　又治熱入血室，瘀積癥瘕，經閉瘧母，心腹痛，大腸秘結。桃實甘酸，多食令人腹熱作瀉。桃奴殺百鬼精物，療中惡腹痛，瘀血癥堅。

桃樹上膠，最通津液，能治血淋石淋，痘瘡黑陷。（略）桃葉治傳屍。（略）

栗，鹹，溫，無毒。

發明　栗，腎之果也。療筋骨風痛，又能破冷痃癖。生嚼，罯惡刺，出箭頭。栗扶，肉上薄皮也，燒存性，治骨鯁在喉，吹入即下。栗殼煮汁，治反胃消渴。毛毬，外刺包也，煮汁洗火丹毒腫。栗花，治瘰癧。栗樹皮煮汁，洗沙蝨溪毒，并丹毒瘡毒。根，治偏墜腎氣。（略）

大棗。甘，平，無毒。

《本經》：主心腹邪氣。安中，養脾氣，平胃氣，通九竅，助十二經，補少氣、少津液，身中不足，大驚四肢重，和百藥。（略）

林擒。俗名花紅。濇，溫，無毒。

發明　多食令人發熱。（略）

柰。俗名頻婆。甘，溫，無毒。

發明　有和脾之能，多食令人肺壅臚脹。（略）

山樝。即棠毬子，俗作山查。甘，苦，微酸溫，無毒。

發明　能剋化飲食，長於消肉積，行滯血。（略）

柿蔕。濇平，無毒。

發明　治陰內陽外之病。其乾柿白霜，專清肺胃之熱。（略）

櫻桃。甘，熱，小毒。

發明　發溼熱。一種小者名山櫻桃，性味：甘，平，而不發熱。能止腸澼，滑精。其核今人用以升發麻斑。（略）

楊梅。甘，酸，溫，無毒。

發明　能止渴除煩，燒灰則斷痢，鹽藏則止噦，嘔消酒。能從治熱鬱解毒，其根皮煎湯，能解砒毒。燒灰油調塗湯火傷，核仁療脚氣。（略）

銀杏。甘，苦，平，濇，無毒。

發明　生嚼止白濁，降痰，消毒，殺蟲。塗鼻面手足，去皻皰皯黯。生搗，能浣油膩。熟則壅遏，閉氣。多食令人臚脹，昏悶。（略）

胡桃。甘，平，溫，無毒。（略）

發明　能通命門，助相火。其殼燒灰存性治乳壅。青胡桃皮塗髭髮，皆黑。（略）

橡實。苦，溫，無毒。

發明　橡實。消穀止痢，厚腸。胃令人强健，且能治痔漏，脱肛。其殼爲散，及煮汁服，止下痢并染鬚髮。（略）

槲皮。苦，濇，無毒。

發明：槲皮煎服，除蟲，及漏惡瘡，甚効。能治赤白痢，腸風下血，肘後方治，下部敗爛瘡。千金方：治附骨疽瘻疾，及蠱毒多用之。（略）

榧子。甘，濇，溫，有毒。

《本經》：主腹中邪氣，去三蟲，蛇螫，蠱毒，鬼疰，伏尸。（略）

松子。甘，溫，無毒。

發明　海松子。甘潤，益肺。清心，止嗽，潤腸。兼栢仁、麻仁之功，溫中、益陰之効。心肺燥痰，乾欬之良藥也。（略）

橄欖。（一名青果。）濇，甘，溫，無毒。

發明　橄欖。先濇後甘，生津止渴，開胃消痰，醉飽後及寒痰結嗽宜之。又能消酒。解鯸鮐河豚諸魚鼈毒。能治魚骨鯁有効。患痘瘡者宜多食。又，灰末敷金瘡無瘢，生核磨水搽瘢，漸滅。（略）

檳榔。苦，辛，溫，無毒。

發明　治衝脈爲病。逆氣裏急，及治諸氣壅，腹脹後重如神。胸腹蟲食，積滯作痛，其功專於下氣消脹，逐水除痰，殺蟲治痢，攻食破積，止瘧療疝，脚氣瘴癘。（略）

無花果。實甘平，葉微辛，無毒。

發明　食之開胃止洩，治咽喉痛，葉主五痔腫痛。（略）

枳椇。一名雞距子，俗名「蜜屈律」。甘，平，無毒。

發明　枳椇。金鈎樹之子也。《本草》止言木能敗酒。屋外有此木，屋內釀酒皆不佳，丹溪治酒病，往往用其實。又能止渴除煩，去膈上熱，潤五藏，利

大小便。（略）

馬檳榔。苦，甘，寒，無毒。

發明　馬檳榔生滇南夷地，不入湯藥。熱病食數枚，冷水下之。腫毒惡瘡，嚼一枚并塗腫處。産難，臨時細嚼數枚，井花水送下。須臾立産。再以四枚去殼，兩手各握二枚，惡水自下。欲斷産，常嚼二枚。久則子宮冷，自不孕矣。

又《**香木部**》栢子仁。甘，平，無毒。

《本經》：主驚悸，益氣，除風溼，安五藏，久服令人潤澤美色，耳目聰明，不饑不老，輕身延年。（略）

栢葉苦，微寒，無毒。

發明：栢葉性寒而燥，大能伐胃，雖有止衄之功，而無陽生之力。栢節，堅勁，用以煑汁釀酒，去風痺，歷節風，燒取潴油，療瘑瘡，疥癩，栢脂，治身面疣，根白皮，以臈猪脂調，塗火灼熱，油湯瘡，能凉血，生毛髮。（略）

松脂。（《本經》名松膏，俗名松香。）苦、甘，温，無毒。

《本經》：主癰疽，惡瘡，頭瘍，白禿，疥瘙，風氣，安五藏，除熱，久服輕身，不老延年。

發明　《本經》所主諸病，皆取風燥，以祛溼熱之患耳。今生肌藥中用之者，取其濇，以歛之也。（略）

肉桂，辛，甘，大温，無毒。

發明　利肝腎，止腰腹寒痛，冷痰霍亂，轉筋堅筋，骨通血脈。治寒痺風溼、陰盛失血、瀉痢驚癎，皆取辛温散結之力也。古方治小兒驚癎及泄瀉病。又桂辛散，能通子宫而破血調經，消癥瘕，破瘀墜胎。內托陰疽潰癰，久不歛及虚陽上乘，面赤戴陽，吐血衄血，而脈瞥瞥虚大無力者，皆不可缺。

又《**喬木部**》桐實　辛寒，有毒。

發明　桐子不入食品，專供作油。其狀如罌，摩塗疥癬、毒腫。吐風痰喉痺，以桐油和水掃入喉中則吐。誤食吐者，得酒即解。（略）

槐花　苦寒，無毒。温水滌去灰，焙香用。（略）

皂莢一名皂角　辛鹹温，小毒。入藥去皮弦子，酥炙用。

《本經》主風痺死肌，邪氣，頭風淚出，利九竅，殺精物。

又《**灌木部**》密蒙花　甘平，微寒，無毒。觼之即嚏者真。揀净酒浸一宿，漉出晾乾用。

發明　密蒙入肝經血分，潤肝燥。爲搜風散結，目疾之專藥。治青盲昏瞖，赤腫，多眵淚，消目中赤脈，及小兒痘瘡，餘毒，疳氣攻眼宜之。

清　**孫之騄**《**枝語**》**卷下**《**五味子**》《郡國志》朝陽有五子樹，實如黎，有五核，治金瘡及霍亂。五味子者，蔓生赤莖，黄白花，子生青熟赤，具五色。皮肉甘酸，核辛苦鹹，五味齊焉。南方荒中有如何之樹，三百歲作華，九百歲作實，有核形如棗子，長五尺。金刀割之，則飴。非此，則辛。又祁連山有四味木，實亦如棗，以竹刀剖，則苦。以木刀剖，則酸。以蘆刀剖，則辛。以金刀剖，則甘。夫治大國若烹小鮮。齊大國也，使管仲割之，則味和。使易牙烹之，則味變。顧凱之曰：如何隨刀而改味。

清　**汪灝**《**佩文齋廣群芳譜**》**卷一一**《**桑麻譜**》《别録》增《本草衍義》：《本經》言：桑甚。詳然獨遺烏椹，桑之精英盡在於此。采摘微研，以布濾汁，石器熬成稀膏，入蜜熬稠，貯瓷器中，滚湯點服。消熱止渴，其性微凉，故也。仙方：日乾爲末，蜜和爲丸，酒服亦良。《本草綱目》：《楊氏産乳》云：孩子不得與桑椹食，令兒心寒。《四時月令》云：四月宜飲桑椹酒，能理百種風熱。其法用椹汁三斗，重湯煮至一斗半，入白蜜二合，酥油一兩，生薑一合，煮令得所，瓶收。每服一合，和酒飲之，亦可以汁熬燒酒，藏之經年，味力愈佳。史言魏武帝年乏食，得乾椹以濟飢。金末大荒，民皆食椹獲活者，不可勝計。則椹之乾濕皆可救荒，平時不可不收採也。

又　**卷五八**《**果譜·柿**》柿霜即柿餅所出霜也，乃柿中精液。入肺病上焦藥尤佳。

又　**卷六五**《**果譜·柑**》原性大寒，治腸胃熱毒，解丹石，止異渴。多食令人脾冷生痰，發痼癖。皮調中下氣，核可作塗面藥。

又　**卷七二**《**木譜·梓**》原梓，以白皮者入藥，味苦，寒，無毒。治熱毒，去三蟲，療目疾，吐逆反胃，及一切温病。

又　**卷一〇〇**《**藥譜·衛茅**》增《本草綱目》衛茅，一名鬼箭，一名神箭。蘇頌曰：生山石間，小株成叢，春長嫩條，條上四面有羽，如箭羽。視之若三羽，青葉狀，似野茶對生，味酸濇，三四月開碎花，黄緑色，結實大如冬青子。氣味苦，寒，無毒。

又《**枸杞**》吳寬《謝顧良弼甘州枸杞》：「畦間此種看來無，緑葉尖長也自殊。似取珊瑚沉鐵網，空將薏苡作明珠。菊苗同摘憑誰賦，藥品兼收正爾須。曾是老人宜服食，只今衰病莫如吾。」

又《**楊櫨**》增《唐本草》楊櫨一名空疏，所在皆有。生籬垣間，其子爲莢，葉氣味苦，寒，有毒。治疽瘻，惡瘡。水煮汁，洗之立瘥。

清 吴儀洛《**本草從新**》**卷七**《**木部·香木類·楓香脂**》 楓香脂，即白膠香，宜調氣血。 辛平，活血解毒，止痛生肌，治吐、衄、咯血，齒痛風瘮，癰疽金瘡，外科取用甚多。

又 卷八《**木部·喬木類·西河柳葉**》 西河柳葉，一名赤檉柳宜解毒。 甘鹹而平，消痞，解酒，利小便，療諸風，解諸毒。近又以治痧瘮，熱毒不能出外，用爲發散。

又 卷九《**木部·灌木部**》女貞子，補陰除火。 甘苦涼，少陰之精。隆冬不凋，益肝腎，安五臟，强腰膝，明耳目，烏鬚髮，補風虚，除百病。

又《**石楠葉**》 宜去風堅腎。 辛苦平，有毒。散風堅腎，利筋骨、皮毛，逐諸風，療風痹，腳弱。浸酒飲，治頭風。爲末吹鼻，愈小兒通睛。

又 卷一〇《**果部·山果類·山查**》瀉破氣，消食化痰散瘀。 酸甘微温，健脾行氣，消食磨積。散瘀化痰，發小兒痘疹，行乳，食停留，止見枕作痛。療小腸疝氣，多食令人嘈煩易飢，反伐脾胃生發之氣。胃中無積及脾虚惡食者忌服。有大小二種，小者入藥。一名棠毬子，去皮核。核亦有用，化食磨積治疝催生。

又《**石榴皮**》澀腸收脱肛，外用染鬚。 酸澀而温，能澀腸，止泄痢，下血，崩帶脱肛。又能殺蟲。浸水，汁黑如墨，烏鬚方。緑雲油中用之。能戀膈成痰痢，積未盡者服之犬阜，反爲害也。忌鐵器。酸石榴治瀉痢崩中帶下，過食損肺壞齒。

榴花千葉者，治心熱吐血。又研末吹鼻，止衄血立效。亦敷金瘡出血。

又《**果部·夷果類·大腹皮**》

辛泄肺，温和脾，下氣寬胸行水，通大小腸，治水腫腳氣，痞脹痰膈，瘴瘧霍亂。稍涉虚者勿用。取皮酒洗，黑豆湯再洗，煨用。子辛澀温，與檳榔同功，而力稍緩。形亦與檳榔相似，腹大而扁。

清 宋廣業《**羅浮山志會編**》**卷七**《**品物志·木屬**》 漢椒似胡椒而大，色黑。治心腹冷痛。《惠州志》出羅浮。

清 雍正《**陝西通志**》**卷四三** 芫華，出三輔，葉青色，加厚則黑。華有紫、赤、白者，俗因其氣惡呼頭痛，花根名黄大戟。芫花黄、紫二色，黄者遍地生，利入藥。紫者出石鼓山，誤用殺人。

又 杜仲，生漢中，金州貢。今出商州近處大山中。葉亦類柘，其皮折之白絲相連。漢中者佳。

又 秦皮，今陝郡有之，其木似檀枝，幹皆青，緑色葉如匙，頭虚大而不光，並無花實。秦皮本作梣皮，其木小而岑高，故名。或云本出秦地，故得秦名。

清 雍正《**江南通志**》**卷八六**《**食貨志·物産·太平府**》 五茄皮叢生山谷田野，莖黄赤。春生，苗葉俱青。高三四尺，一苗五葉者佳。每葉下生一刺，開白花，結實如豆，根若荆根，皮黄輕脆芬香。五月七月採莖，十月採根，陰乾用。味辛温，微苦寒，無毒，入藥功爲多。

清 張宗法《**三農紀**》**卷六**《**植屬·漆**》 味辛，氣温，殺蟲，攻積。受其毒而生瘡者，以紫蘇湯洗或浴，以活蟹湯即解，嚼花椒塗臼鼻，可避毒。

又《**梧桐**》 味甘，氣利，皮可通行肌膚。子可養髮止斑。

又 卷七《**材屬·樟**》 味辛，氣香，理氣，豁痰，刹蟲，远鬼。

（効方）中惡、鬼氣、卒死者，樟木燒烟薰之可甦。凡一切怪病、服藥不効者，以樟木火煎服。

又《**竹**》 氣清，味淡。根通絡，實益壽，箬却風，葉除熱，笋發痘，茹止嘔，汁消痰蛀。止血。

清 長白椿園氏《**新疆輿圖風土考**》**卷四**《**物産**》 帕拉聘，草根也，全似三七，但色藍或黑，出温都斯坦。回人多往採取，重價貨於回城。陰冷，痼疾服之，立愈。然未达，弗敢嘗也。

清 乾隆《**鄞縣志**》**卷二八** 桑白皮桑根，東行者佳。得十年以上，採其東畔嫩根益佳。取無時，去麤皮，取白皮用。

清 趙學敏《**本草綱目拾遺**》**卷六**《**木部·羅漢松實**》《物理小識》：羅漢松瓣厚葉，樹老結實長四五分，底平上鋭，色紫黑，乾之可入藥。《本草綱目》所未載也。永甯僧云：羅漢松葉長者，名長青，能結實。葉短者，名短青，不結實。其結實儼如佛大者，如雞子小者，如豆味，甘可食。

味甘，補腎。其香益肺，治心胃痛，大補元氣。

汪連仕《采藥書》：羅漢松一名金錢松，又名徑松。其皮治一切血，殺蟲瘴癖，合蘆薈香油調搽。

又《檉柳》 俗名西河柳，性最透發。《綱目·檉柳下》云：其枝葉消痞，解酒毒，利小便，不及治痧瘄之用。宏治《紹興府志》：檉，俗呼西河柳，其葉甚細，似桐而香，天將雨水則生花，試之多驗。《本草匯》：檉柳，甘，得土氣；鹹，得水氣。故能解血分之毒，消痞、利便，是其本功。近世往往以治痧疹、熱毒不出，用爲發散，不知本自何氏。《本草乘雅》之檉柳、繆仲淳《本草經疏》廣之，以治痧疹，此不獨取其能通，又取其象形，疹亦三顯三隱，三而三之合爲九，亰以應九藏也。

《逢原》云：檉柳，獨入陽明，故其功專發麻疹，兼解酒毒，去風。煎湯洗浴，風症身癢效。

性平，疎散，驅風解表，治斑、疹麻瘄不出。經驗方：或因風而閉者，俱用西河柳葉，同櫻桃核煎湯洗之，即透出。救生，苦海草痧藥方用之，又肝，天青蓮散用之。急救方：治小兒痧疹不出，喘嗽煩悶，躁亂，用西河柳葉風乾爲末，水調四錢，頓服立定。疹後痢從新，用西河柳葉爲末，砂糖調服。疹發不透，喘嗽悶亂，西河柳煎湯去渣，半温用芫荽蘸水擦之，但勿洗頭面，並忌夜間洗之，蓋痧疹晝發而夜斂也。乳母及兒仍以西河柳煎服。

又《桑葉滋》 鮮桑葉摘開，其葉筋有白汁，名桑葉滋，又名桑脂。《綱目》桑葉載其用最廣，獨未及此。

性微寒，味苦。有天絲入眼以此點之。

《山海草函》：桑葉滋，點眼治蜈蚣咬。

又《特迦香》 《五雜俎》：出弱水西，形如雀卵，色頗淡白，焚之辟邪去穢，鬼魅避之。《博物志》載：漢武帝焚西使香，宫中病者盡起。徐審得鷹嘴香焚之，一家獨不疫疾，即此類歟。

辟邪，去疫，安魂魄，定驚悸。

又《破布葉》 《廣東通志》：從肇慶新橋而上，人烟寥落，山路多歧，乃三縣交界之區。舟人及此險地，即燃夢香，客皆酣臥昏迷，遂被啟鐍易貲財。以礫塊封識，宛然若枕間置水一盂，則迷藥皆涣散矣。又有藥名破布葉，可解行者。歌曰：身無破布葉，莫上夢香船。按《廣志》註：夢香船中以胡蔓草合香焚之，人即迷悶，解夢香毒能醒迷。

《肇慶志》：破布葉出陽江、陽春、恩平，狀如掌而緑，嶺南舟人多用香烟及毒水迷悶過客，以此草煎湯服之立解。

又《淡竹殼》 此乃淡竹嫩時所苞籜解下者是。綱目竹條，止載慈竹籜，而淡竹籜焉，不知其性能去目瞖，功同熊膽，故爲補之。

此君丹治瞖。一草亭眼科方：用淡竹殼不拘多寡，以布拭去毛，燒灰存性，每藥一錢，加麝香三五釐，同擂細末，點在瞖上最妙。

清 吴世愷《本草經疏輯要》卷五 枸杞子味甘平，微寒，無毒。主堅筋骨，耐老，除風，去虚勞，補精氣。苗葉味苦甘，性升，主清上焦心肺客熱。根名地骨皮，味苦平，大寒，性沉，主下焦肝腎虚熱。治在表無定風邪，傳尸有汗骨蒸。除風溼痺，涼血，瀉腎火，降肺中伏火，退熱補正氣。（略）

山茱萸味酸，平，微温，無毒。主心下邪氣，寒熱温中，逐寒溼痺，去蟲，腸胃風邪，寒熱疝瘕頭風風氣去來，鼻塞目黄，耳聾。面皰出汗，强陰益精，安五臟，通九竅，止小便利，久服，輕身明目强力。（略）

槐實味苦酸鹹，寒，無毒。主五内邪氣熱，止涎唾，補絶傷，五痔火瘡，婦人乳瘕，子臟急痛，能墮胎。花味苦，平，無毒。主五痔心痛眼赤，殺腹臟蟲及皮膚風熱，腸風瀉血，赤白痢，並炒研服。枝味苦，平，無毒。主洗瘡及陰囊下溼癢。皮味苦，平，無毒。主爛瘡。根味苦。（略）

檀香味辛，温，無毒。主中惡鬼氣，殺蟲，心腹痛，霍亂，噎膈吐食。

檀香，東垣曰：引芳香之物上至極高之分。元素散冷氣，引胃氣上升，進飲食。乃芬芳開發，辟惡散結，除冷之藥也。非上乘沉水者不入藥。（略）

黄荆子味苦，温，無毒。主除骨間寒熱，通利胃氣，止欬逆，下氣。荆瀝味，甘平，無毒。主除風熱，開經絡，導痰涎。

鬚髮去白蟲，久服下氣，輕身，明目。

清 楊時泰《本草述鈎元》卷二三 松花氣味甘温，潤心肺，益氣，除風止血。治吐血久不止，有松花散。準繩松花即松黄，拂取正似蒲黄，酒服令輕身、療病。（略）

肉桂氣熱，味大辛，純陽也。補命門不足，益火消陰，温脾胃虚寒，愈完穀不化，利肺氣，使下行，通血脈，導引陽氣，散經中寒，紓筋利肝氣，除風凝冷痺，筋骨攣縮，奔豚疝瘕。寒溼腰痛，下部腹痛。療一切裏虛陰寒沉痼之病，宣導百藥，無所畏。春夏爲禁藥。桂辛熱，補陽。陽從地底出，故下焦虛寒，陽火不足，以此補之。

又　卷二三《喬木部》　厚樸

以建平宜都及梓州龍州者爲上。木皮鱗皺，肉厚，色紫，多液者入藥最良。

皮　味苦辛，微甘，氣大温。氣味俱厚，其體重洞陽中之陰，降也。入足太陰，手足陽明經。主治温中，散結氣，除脹滿，因其辛以提滯氣疎胃濕滯，治胃中冷逆，嘔吐及腹疼，洩利，瘵寒，濕霍亂，化水穀，止吐酸水，除冷積。更同他藥治濕熱諸證及下痢，性宜有毒，以其得陽氣之正，故無毒。仲淳厚樸平胃，除腹脹。（略）

苦楝根及木皮　味苦，氣微寒，有小毒。主治遊風熱毒，風疹惡瘡疥癩，小兒壯熱。並煎湯浸洗消渴有蟲，苦楝根取新白皮（日華子言：雄者根赤，有毒，吐瀉殺人。）一握切，焙入麝香少許，水二盌，煎至一盌，空心飲之。雖困頓不妨自後下蟲三四條，類蚘而色紅，其渴頓止，乃知消渴一證，有蟲耗其津液。

辨治　雄者根赤，不可用雌者色白入藥。每一兩可入糯米五十粒同煎，殺毒。若瀉者，以冷粥止之。不瀉者以熱葱粥。

又　卷二四下《灌木部》　女貞子

一名冬青。然冬青子紅，此樹子黑，當另是一種。或云即蠟樹，寄蟲造白蠟者。

味苦甘，氣寒，氣薄，味厚，陰中之陰，降也。入足少陰經，《綱目》主强陰，健腰膝，變白髮，明目，稱爲上品無毒妙藥，《典術》言女貞本少陰之精，冬不落葉，故其益腎之功可推。稟天地至陰之氣，今人用以變白輒效應是。甘寒涼血益血之藥。仲淳

女貞子氣味俱陰，爲入腎除熱補精之要品。凡腎經虛而有熱者，此爲對待之劑。（略）

冬青葉

女貞葉與冬青葉，俱厚而長，緑色，面青背淡。世以葉長而子黑者，爲女貞。葉微圓而子赤者，爲冬青。

味微苦，氣平。主治除風散血，消腫定痛，治頭目昏痛，諸惡瘡腫。胻瘡潰爛久者，以水煮葉乘熱貼之，頻頻换易，米醋煮亦可。口舌生瘡，或舌腫脹痛，取葉搗汁，含浸吐涎，神效。按此葉稟至陰而歸血海，能令陰氣上致天表，奏和陽之功。

風熱赤眼，冬青葉五斗搗汁，浸新磚數片，五日掘坑架磚於内，蓋之。日久生霜，刮下，入片腦少許點之。又方：用雅州黄連二兩，冬青葉四兩，水浸三日夜，熬成膏，收點眼。（略）

木芙蓉

一名拒霜，處處有之。插條即生，用葉并花、根、皮俱可。

味微辛，氣平，性滑涎黏。主清肺涼血，散熱解毒，治一切癰疽腫毒惡瘡，消腫排膿，止痛。一切癰疽發背，乳癰惡瘡不拘已成未成，已穿未穿，並用芙蓉葉，或根皮，或花，生研。或乾研末，生蜜調塗腫處。四圍中間留頭，乾則頻换。初起者，即覺清涼痛止腫消。已成者，即膿聚毒出。已穿者，即膿出易斂。效不可言。或加生赤小豆末，尤妙。

清　張澍《蜀典》卷九《動植類·古柏》　《圖經》道家多作柏葉湯，常點益人。古柏葉尤奇。今益州諸葛亮廟中有大柏木，相傳是蜀世所植。故人多採取以作藥，其味甘香，異於常柏也。

清　謝堃《花木小志·使君子》　藤本繞樹而生，一簇十花，花分五瓣。初舒色似澹紅，久乃深赤。實長寸許，五瓣合成而有稜。初結色黄，熟則紫黑，仁如榧而味如栗，能治小兒百病。

清　太醫院《藥性通考》卷一《牡丹皮》　味辛苦，氣微寒，陰中微陽，無毒。種分赤白，性味卻同，入腎肝二經，兼入心包絡。涼骨蒸之熱，止吐血、衄血、嘔血、咯血，兼消瘀血，除癥堅，定神志，更善調經，止驚慉，療癰腫，排膿住痛。

又　卷二《柏實》　味甘辛，氣平，無毒。入心、肝、腎、膀胱四經。聰耳目，祛風寒濕痺，止疼，益氣血，去恍惚虛損斂汗，治腰腎冷，膀胱冷，尤能潤燥，腰腎、身體、顏面燥澁者，皆能治之。興陽道，殺百虫，止驚怪，安五臟。頭風眩痛。亦可煎調。久服不饑，增壽耐老，此延生之妙品也。

又　《梹榔》　味辛，苦，氣温降也。陰中陽，無毒。入脾胃、大腸、肺、四

經，逐水穀，除痰癖，止心痛，殺三虫，治後重，如神。

又 卷三《桃仁》 味苦，甘，氣平。苦重於甘，陰中陽也。無毒。入手足厥陰經，主瘀血，血閉，血結，血燥，癥瘕，邪氣。殺小虫，除卒暴，通潤大便。孽血通經，止痛。苦以破滯血，甘以生新血。

又《杏仁》 味甘，苦，氣温。可昇可降，陰中陽也。有小毒。㕵入太陰肺經，乃利下之劑。除胸中氣逆喘，促止咳嗽，墜痰。潤大腸，氣閉，便難，逐賁散結。研納女人陰户，又治發痒，虫疽。

又《烏梅》 味酸，氣平，可昇可降，陽也。無毒。收斂肝氣，固澁大腸，止血痢，安虫痛。

又《榧子》 味甘，少澁，氣温，入脾胃大腸之經。又入肺，主五痔，殺三虫，堅筋骨，調營衛。榧子殺虫，立試屢驗。

又《胡桃肉》 味甘，氣温，無毒。入腎經，潤能生精，澁能止精，更益腎火，兼烏鬚髮，愈石淋。

又《山查》 味苦，辛，氣平，無毒。入脾胃二經，消宿食，除兒枕痛。去滯血，理瘡瘍，行結氣，療癩疝，健脾胃，祛膨脹。煮肉少加，須臾即爛，故尤化肉食。此傷諸肉者必用之藥也，佐使實良，消膨脹，療癩疝，是其所短。

又 卷六《苦楝子》 味苦寒，有小毒。能入肝舒筋，能導小腸膀胱之熱。通利小便，爲疝氣要藥。亦治傷寒熱狂熱厥，腹痛心痛，殺三虫，療瘍疥。

清 梁章鉅《浪跡三談》卷四《杏仁》 《癸辛雜識》載松雪云：杏仁有大毒，須煮令極熟，中心無白爲度，方可食用。生則能殺人，凡煮杏仁汁，若飲犬貓立死。又甯都魏際瑞詩《石山人畫蓮絶句》注：蓮身皆藥，惟心食之令人煩雜。按此二味今醫家所常用，而此説則鮮有知者，因亟録之憶。余在吴門時，門下士魏巡、檢邦魯通醫理，而時時勸余飭合家人毋飲杏酪、毋嚼杏仁，蓋有見及此者也。

清 光緒《鎮海縣志》卷三八 仙人掌。緣石壁生，如人掌，故名。能治腸痔瀉血。（《福州府志》姚燮詩：乖龍割左肪，化作太華石。移置琉璃屏，金天照眉碧。灌之玉瀣寒，森然抱芒魄。）

清 汪日楨《湖雅》卷四 檉，即赤楊，《談志爾雅》檉，河柳。《本草》云：今水邊赤楊也。按今呼西河柳，亦曰三春柳，亦曰觀音柳，入藥用發瘖疹。

清 光緒《吉林通志》卷三三《藥屬》 人薓。《春秋運斗樞》：「瑶光散而爲人薓。」《金史·地理志》《契丹國志》：「女真地饒山林，土産人薓，甯江州榷場以人薓爲市。」《一統志》：吉林烏拉諸山中産焉，邃谷深巖，薓株叢茁，歲生滋饒，上藥咸珍，瑞草儲精，敷榮萃秀，實足爲億萬載靈長之徵云。（《盛京通志》）春中生苗，多在深山背陰椵漆樹下潤溼處，初生小者三四寸許，一椏五葉，四五年後兩椏五葉，至十年後生三椏，年深者生四椏，各五葉，中心生一莖，俗名百尺杵。三四月開花，細小如粟，蕊如絲，紫白色，秋後結子或七八枚，如大豆，生青熟紅，自落。（《扈從日録》）人薓。草本，方梗對節，節生葉，葉似秋海棠，生深山草叢中，較他草高尺許。生者色白，蒸熟輒帶紅色，紅而明亮者，其精神足爲第一等，今之醫家俱以白色者爲貴，大謬。凡掘薓者，一日所得，晚即蒸，次晨晒於日中，乾後有大小紅白不同，非地産之異。故土人貴紅賤白，薓鬚薓葉薓子無不珍之。蒸薓之水復以薓梗葉同煎，收膏。（《甯古塔紀略》）秋冬採者堅實，春夏間採者虚輭，故今採者多在七、八月。初夏得者曰芽薓，花時得者曰朶子薓，霜後得者曰黄草薓，採者多山東、西人，其死於饑寒者，不知凡幾。各分走叢木中，尋薓子及葉，其草一莖直上，光與曉日相映，則跪而刨取其根，洗剔煮之，貫以縷，懸木乾之。關東人呼薓曰貨，又曰根子，肉紅而大者曰紅根，半皮半肉者曰糙重，空皮曰泡，視泡之多寡定貨之成色。足色者，斤售銀十五兩；八九色，斤售銀十二三兩；六七色，斤售九、十兩；對中者，六、七兩；泡，三兩。若一枝重一兩以上，則價倍；一枝重斤以上，價十倍；成人形者，則無定價矣。産薓之地，設官督丁，每歲以時捜採，俱有定所、定額，核其多寡而賞罰之。或特遣大員監督，甚重其事。至王公宗室，亦各按旗分地，令其捜採。甲子、乙丑以後，烏拉、甯古塔一帶採已盡，八旗分地徒有空名。走山者，非東行數千里入黑斤阿機界中，或烏蘇里江外，不可得矣。（《柳邊紀略》）二椏者，俗呼爲二甲子；三椏者，爲燈臺子。挖薓皆以木劚，忌見鐵。採得者以松椵皮和土裹之。其精液竭者，謂之啞叭薓，不值價。又有海貨、蹲樹、秋移諸名，大概皆移種而成者，然亦須俟五六十年後始取之，其六七年取者爲秧子，薓品最遜矣。（《東華輯要》）

清 薩英額《吉林外記》卷七 五味子性温，五味皆備，皮甘肉酸，核中苦辛，都

有鹹味。《爾雅》謂之莖藸，子少，肉厚者爲勝出，吉林者最佳。（略）

升麻其葉似麻，其氣上升，故名。《綱目》云：形細而黑，極堅者爲佳。今見通取裏白外黑而堅實者，去鬚蘆用之，俗名爲鬼臉升麻，其苗呼爲窟窿芽。

紀事

明 王圻《稗史彙編》卷一二六《太平君子》 穆宗臨芳殿賞櫻桃，進西涼州葡萄酒，帝曰：飲此頓覺四體融和，真太平君子也。

又 卷一五〇《吴茱萸》 沙隨先生在泰興時，有乳嫗因食冷肉心脾發痛，不可堪忍。知縣錢和老，名壽之，以藥與之，一服痛止，再服即無他。其藥以陳茱萸五六十粒、水一大盞煎，取汁去滓，入官局平胃散三錢，再煎熱服。錢云：高宗常以賜近臣。時有歸正官校尉，添差縣尉，後歸正人，以是愈人疾甚多。其妻弟王得中，又以其藥歸昌國，愈人疾真奇方也。

明 王路《花史左編》卷二一《石瓜》 烏撒軍民府土産樹，生堅如石，善治心痛。

明 周嘉胄《香乘》卷八《訶黎勒香》 高仙芝伐大樹，得訶黎勒香五六寸，置抹肚中，覺腹痛。仙芝以爲祟，欲棄之，問大食長老，長老云：「此香人帶一切病消，其作痛者，吐故納新。」

明 馮夢龍《古今譚概》卷五《常春藤》 唐姜撫云：服太湖常春藤，終南山旱藕可長生。玄宗詔使自求之，民間以藤清酒多暴死，撫逃去。

宣和間，王定觀好學能詩，少年爲殿中監，寵甚渥。一日召入禁中，曰：朕近得異人製丹砂，服之可以長生。煉治經歲，色如紫金，卿爲試之。定觀忻躍拜命，取而服之。纔下咽，覺胸中煩燥之甚，俄頃，煙從口出，急扶歸，已不救。既殮，聞柩中剥啄聲，莫測所以。已而，火出其内，頃刻遂成烈焰，屋廬盡焚，延燎十數家方息。異藥之誤人類如此。

又 卷一二《檳榔》 劉穆之好往妻兄江氏乞食，多見辱江氏。慶會囑勿來，穆之猶往。食畢，求檳榔。江曰：檳榔消食，君何須此？穆之尹丹陽，以金盤貯檳榔一斛，進之。

明 陶珽《説郛續》卷一七《獻楊梅仁》 王甦，字豈父，守會稽。童貫時方用事，貫苦脚氣。或云楊梅仁可療是疾。豈父衰五十石以獻之。後擢待制再任，不歷貼職徑登次對，惟豈父一人。此《揮麈》所載也。

清 趙學敏《本草綱目拾遺》卷六《木部·緑益子》 邊志出遼東，樹高丈餘，其葉兩兩相對，開花如盞。大黄色。花謝結實，亦兩兩相對，大如木瓜。緑色。春生夏熟，人不可食。悮食之入，口即齒落如屑，舌黑如漆，滿口裂碎，血出如水，終日不能食，經旬方止。又能碎骨如泥，彼處槖駝初生，取以潤其蹄，則千里可行，否則不能行。其性剛利如錐，舉而刺之，利如刀鋸，凡作角器必用此。

性烈有大毒，能腐骨、碎齒，入外科方術家用。

又《柳屑》 即空心柳樹中屑也。

治濕氣、腿腫。

慈幼筏淮陰卑濕，民多粗腿，偶得一法治之，甚效。用空心柳樹中屑取出，篩細入鍋，内炒熱以臭泔水灑濕，又炒，加麵少许拌匀，趁熱取起，敷腿上，候水出再炒，敷數次自愈。

清 謝堃《花木小志·枸杞》 余蓄二盆，皆老本虬曲，壯而短之，蕭疏枝葉。一盆，其色紅若硃砂、瑪瑙。一盆其色黄若濬金蜜蠟，子實離離，絶可愛。於霜雪之際，羣花消歇，渠竟巍然獨存，顔色不少衰。且可浸酒入藥，爲補劑。功臣豈可以易生而忽之耶。

清 鄭光祖《醒世一斑録·雜述》卷二《鷄血藤根》 乾隆五十八年，城東春德典當管帳某，患血症就醫。蘇城顧禹奠顧曰：君此病不生於川滇，而生於江南，雖良醫無策也。川滇有雞血藤，其根大補一切血症，若得此，我爲君痊之。某歸，四下探問川滇之便。知余家有僕包陞，將赴滇。某因重爲之托，先贈盤費銀四錠，言若得雞血藤根，任憑論價。旋包至副官村衙，覓得其根十六七捆，余見如山藥，然皮色如泥土，皮内肉赤如雞血，中抱木心類茯神。以不便攜帶，衆爲畫策，削取皮肉成兩包。伊顧之色喜，曰：此百金之望在焉。不兩月歸，即挈以行及抵城則某已死。十三日一息僅存，猶戀念曰：滇信竟不至乎？

清 吴其濬《植物名實圖考》卷一三五《木類·蘇方木》 雩婁農曰：蘇方木元江州有之，《南方草木狀》謂葉如槐出九真，則昔時所用，皆滇産矣。顧滇山路嶇水險，不可舟致，遠費貴。近時率皆來自海舶，逾嶺而順流達江南北。滇産不出境，培蒔者亦少其葉，極細枝亦柔，微類槐耳。諺云：能行十日，舟不行一日。陸明時由滇至川，航金沙江中，後塞。屢議疏鑿，無成功。其有一二程可通舟楫者，伏秋江漲亦絶行旅，故滇産與滇所資其價皆十倍。民呰窳偷生，無商賈之利，山木入市，跬步皆艱，況其他哉。

清　百一居士《壺天録》卷下　梅花結實如豆，即藥部中巴豆也。食之者瀉而死。其在樹隔年者更烈。揚州湖南會館舊有臘梅一株，結實纍纍。有湖南鹽舟夥遊此，見此物愛之，採取升許以歸，與衆分食，片刻時腹絞痛，呼號欲絶。隣船聞之，詢顛末具以告。有老舵工取視之，驚曰：殆矣。此巴豆也。速與醫治。如其言，壯者幸無恙。其一老婦、三小孩皆不及一時大瀉、大汗而斃。愚人之愚，亦可歎也。

藝文

唐　劉禹錫《劉賓客文集》外集卷一　楚州開元寺北院枸杞臨井，繁茂可觀，羣賢賦詩，因以繼和。

僧房藥樹依寒井，井有香泉樹有靈。翠黛葉生籠石甃，殷紅子熟照銅瓶。枝繁本是仙人杖，根老新成瑞犬形。上品功能甘露味，還知一勺可延齡。

明　王兆雲《湖海搜奇》卷上《藥名詩》　桑寄生傳，乃蕭鳳儀所作。予獨愛其中藥名詩清新俊麗。其一云：牽牛織女别經年，安得鸞膠續斷絃。雲母帳空人不見，水沉香冷月娟娟。其二云：澤蘭憔悴渚蒲黄，寒露初凝百草霜。不共玉人傾竹葉，茱萸甘菊自重陽。其三云：兔絲曾附女羅枝，分手車前又幾時。羞折紅花簪鳳髻，懶將青黛掃蛾眉。丁香謾比愁腸結，荳蔻長含别淚垂。願學空中双石燕，庭烏頭白竟何遲。其四云：天門冬日曉蒼凉，落葉愁驚滿地黄。清淚暗銷輕粉面，凝塵閒鎖麝金裳。石蓮未嚼心先若，紅豆相看恨更長。鏡裏孤鸞甘遂死，引年何用覓昌陽。詩效韓渥香奩體，余謂陳亞復生，亦不過此。

明　鄧慶采《閩中荔支通譜》卷一五　《壬寅夏寄答程孟陽荔酒歌》：新都有客忒好奇，篝燈譔墨貌離支。傳神已誤毛延壽，效颦僅得東家施。余家荔樹列成圃，江緑藍紅俱不數。端明學士擅題評，獨取宋香冠衆譜。此時祝融日夕炊，大珠小珠壓地垂。皺縠殷紅聚丹粟，凝脂瑩潔含蜜脾。色香與味頃刻變，侵晨裛露摘嘗偏。輕將指甲劈珊瑚，霞膜氷膚次第見。欲剖未剖最可憐，欲嚼不嚼先流涎。撝漿乍咽寒沁齒，臟神疏瀹體通僊。女兒滿頭簪茉莉，皓腕纖尖鳥爪利。乳泉擎浸水晶盤，一啖百顆朱顔醉。去年數騎楓亭宿，渴飲飢飡歡不足。今年有家苦不歸，畫餅望梅捫空腹。忽覩是圖愴我神，對君何異新都人。人生不得飽啖此，腰纏百萬猶然貧。君不見江瑶柱河豚腴，腥臊那堪與作奴。又不見塞葡萄楊家果，土人護短但稱可。靈物由來無與比，程君程君莫輕擬。如船之藕棗如瓜，依稀氣韻或相似。客窓走筆寄君知，勿笑吾言太支離。明朝買船下水去，猶及山園晚熟時。

《庚戌夏東埔食荔支寄孟陽四首》：筠籠倒出小晶珠，得似癡龍九館無。新月過橋還一望，晚風笑解紫羅襦。四年纔許兩經過，人面樹身柰老何。箕踞松陰餐六百，就中啖量較誰多？主人貰酒夜相留，坐卧中林得自由。縱使來年枝不歇，恐人重上瀫溪舟。共銷清福古來難，誰似今朝量腹飡。轉憶瞪城人萬里，何緣緘寄一龙丹。

清　謝重輝《杏村詩集》七卷《槐》　種槐多利益，明目傳神良。能除五内熱，兼主補絶傷。我衰百病集，兩目日茫茫。覽鏡見短髮，鬢邊白如霜。不愛玄吾髮，不希瞭目光。但喜携枕簟，坐臥午陰凉。仰看槐葉緑，俯拾槐花黄。殷勤細炮炙，代茶詎枯腸。不知玉川子，亦曾聞此方。

清　爱新覺羅·弘歷《御製詩集四集》卷五四《人蓡》　深山邃谷中，蓡株滋茁，歲産既饒，世人往往珍爲上藥。蓋神臯鍾毓，厥草効靈，亦王氣悠長之一徵耳。

奥壤靈區産草神，三椏五葉邁常倫。即今上黨成凡品，自昔天公葆異珍。

昔陶弘景稱人參上黨者佳，今惟遼陽、吉林、寧古塔諸山中所産者神效，上黨之參直同凡卉矣。

氣補那分邪與正，人蓡固能扶羸濟弱，然余謂其助正氣即助邪火，而人多思藉以滋補，每受其害而不悟，亦足嗤矣。口含可别偽和真。文殊曰能活能殺，冷笑迷而不悟人。

清　陳文述《頤道堂詩選》卷二二《松嶺採芝》　嶺上松陰横，嶺下松根直。松根有靈芝，服之美顔色。却老更延年，歸獻老親側。

雜録

漢　劉向《列仙傳》卷下《赤須子》　赤須子，豐人也。豐中傳世見之，云秦穆公時主魚吏也。數道豐界,災害水旱十不失一,臣下歸向迎而師之,從受業。問所長,好食松實、天門冬、石脂,齒落更生,髮墮再出。服霞絶後遂去吴山下十餘年,莫知所之。

晉 **葛洪《抱朴子内篇》卷二《仙藥》** 杜子微服天門冬,御八十妾,有子百三十人,日行三百里。

唐 **馮贄《雲仙雜記》卷三《檜生藥圓》** 幽燕思仙驛後有五樹檜,忽生藥圓。試摘服之,往往療疾有驗。

宋 **王闢之《澠水燕談録》卷八** 釋晉明,齊州人,久止靈嵓,晚遊五臺,得風疾,眉髮俱墮,百骸腐潰,哀號苦楚,人不忍聞。忽有異人教服長松,明不識之,復告云:長松長古松下,取根餌之。皮色薺苨,三五寸,味微苦,類人參,清香可愛,無毒,服之益人,兼解諸蟲毒。明採服不旬日,髮復生,顔貌如故。今并代間士人多以長松參、甘草、山藥爲湯殊佳,然《本草》及諸方書竝不著,獨釋惠祥作《清涼傳》始敍之,然失於怪誕。

元 **忽思慧《飲膳正要》卷二** 《抱朴子》云:韓聚服菖蒲十三年,身上生毛,日誦萬言,冬袒不寒。須得石上生者一寸九節,紫花尤善。

明 **王世貞《異物彙苑》卷三《不老樹》** 圓丘上有不老樹,食之則壽。

又《反魂樹》 西海聚窟洲神鳥山多大樹,類楓木,而花葉香聞數百里,名爲反魂樹。扣其樹,能自作聲如群牛吼,聞之者皆心震神駭。煎汁成丸,可反魂。

圖表

宋 **唐慎微《重修政和經史證類備用本草》卷九** 使君子,味甘,温,無毒。主小兒五疳,小便白濁,殺蟲,療瀉痢。生眉、廣等州。形如梔子,稜瓣深而兩頭尖,亦似訶梨勒而輕。俗傳始因潘州郭使君,療小兒多是獨用此物,後來醫家因號爲使君子也。

連翹味苦,平,無毒。主寒熱鼠瘻,瘰癧癰腫,惡瘡癭瘤,結熱蠱毒。去白蟲。一名異翹,一名蘭華,一名折根,一名軹,一名三廉,生太山山谷,八月採陰乾。陶隱居云:處處有。今用莖連花實也。《唐本》注云:此物有兩種:大翹、小翹。大翹葉狹,如水蘇,花黃可愛,生下濕地,著子似椿實之未開者,作房翹出衆草。其小翹生岡原之上,葉花實皆似大翹而小細,山南人並用之。今京下惟用大翹子,不用莖花也。臣禹錫等謹按:《蜀本》云連翹微寒,《圖經》云苗高三四尺,今所在下濕地有採實日乾用之。《爾雅》云:「連異翹,釋曰:連一名苕翹。郭云一名連苕,又名連苹。《藥性論》云:連翹使,一名旱連子,主通利五淋,小便不通,除心家客熱。日華子云:通小腸,排膿,治瘡癤,止痛,通月經。所在有獨莖,稍開三四黃花,結子,内有房瓣子,五月六月採。(略)

集驗方洗痔。以連翹煎湯洗訖,又上飛録礬,入麝香貼之。

《衍義》曰連翹,亦不至翹出衆草,下濕地亦無,太山山谷間甚多。今止用其子,拆之,其間片片相比如翹,應以此得名爾。治心經客熱最勝,尤宜小兒。

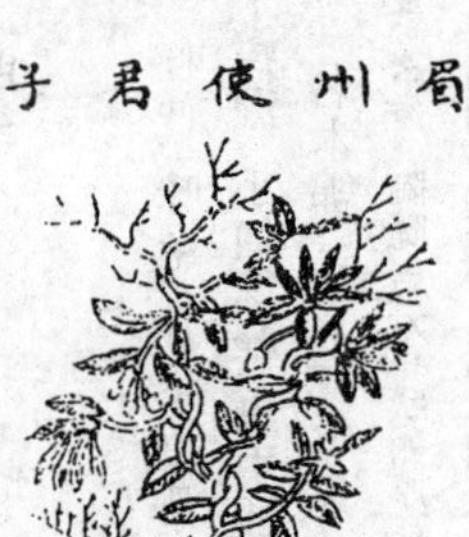
眉州使君子

河中府連翹

岳州連翹

兗州連翹

澤州連翹

鼎州連翹

又 **卷一二** 楓香脂,味辛,苦,平,無毒。主癮瘮,風痒,浮腫,齒痛。一名白膠香,其樹皮味辛,平,有小毒。主水腫,下水氣,煮汁用之。所在大山皆有。《唐本》注云:樹高大,葉三角,商洛之間多有,五月斫樹爲坎,十一月採脂。唐本先附。臣禹錫等謹按:蜀本楓香脂皮共三條,主治稍異。注云:按王瓘《廣軒轅本紀》云:黄帝殺蚩尤於黎山之丘，擲其械於大荒之中，宋山之上，其械化爲楓木之林。《爾雅》楓欇，欇似白楊而有歧，其脂入地千年爲琥珀。《圖經》云：樹高大木，肌理硬，葉三角而香。《爾雅疏》云：《說文》云楓木厚葉弱枝，善搖。一名欇欇。郭云：葉圓而歧有香，今之楓香是也。《南方草木狀》曰：楓香樹子大如鴨卵，二月花發乃連著實，八九月熟。暴乾可燒，惟九真郡有之。（略）

楓香

木蘭，味苦，寒，無毒。主身大熱在皮膚中，去面熱赤皰酒皶惡風癲疾，陰下痒濕，明耳目。療中風傷寒，及癰疽水腫，去臭氣。一名林蘭，一名杜蘭，皮似桂而香。陶隱居云：零陵諸處皆有，狀如楠樹，皮甚薄而味辛香。今益州有皮厚，狀如厚朴而氣味爲勝。今東人皆以山桂皮當之，亦相類。道家用合香亦好。《唐本》注云：木蘭似菌桂葉，其葉氣味辛香不及桂也。《圖經》云：樹高數仞，葉似菌桂，葉有三道縱文，皮如板桂，有縱橫文。

蜀州木蘭

春州木蘭

韶州木蘭

又 卷一二 五加皮，味辛，苦，温，微寒，無毒。主心腹疝氣，腹痛，益氣，療躄，小兒不能行，疽瘡，陰蝕，男子陰痿，囊下濕，小便餘瀝，女人陰痒，及腰脊痛。兩脚疼痹，風弱，五緩，虚羸，補中，益精，堅筋骨，强志意。久服，輕身耐老。一名犲漆，一名犲節。五葉者良。遠志爲之使。畏蛇皮、玄參。陶隱居云：今近道處處有，東國彌多，四葉者亦好。煮根莖釀酒，主益人。道家用此作灰，亦以煮石，與地榆並有秘法。臣禹錫等謹按：《蜀本圖經》云：樹生小叢，赤蔓，莖間有刺，五葉生枝端，根若荆，根皮黄黑，肉白，骨硬，今所在有之。《藥性論》云：五加皮有小毒，能破逐惡風血，四肢不遂，賊風傷人，軟脚，EIAF公對切腰，主多年瘀血在皮肌，治痺濕，內不足，主虚羸。小兒三歲不能行，用此便行走。日華子云：明目，下氣，治中風，骨節攣急，補五勞七傷。葉治皮膚風，可作蔬菜食。（略）

衡州五加皮

無為軍五加皮

杜仲，味辛，甘，平，温，無毒。主腰脊痛，補中益精氣，堅筋骨，强志，除陰下痒濕，小便餘瀝，脚中酸疼不欲踐地。久服輕身耐老。一名思仙，一名思仲，一名木綿。生上虞山谷，及上黨漢中。二月、五月、六月、九月採皮。惡蛇蜕皮、玄參。陶隱居云：狀如厚朴，折之多白絲爲佳。用之薄削，去上皮，横理切，令絲斷也。臣禹錫等謹按：《蜀本圖經》云：生深山大谷，樹高數丈，葉似辛夷，折其皮多白綿者好。今所在大山皆有。《藥性論》云：杜仲味苦，能治腎冷，既肉公對切腰痛也。腰病人虚而身强，有風也。腰不利加而用之。日華子云：暖，治腎勞，腰脊攣，入藥炙用。

成州杜仲

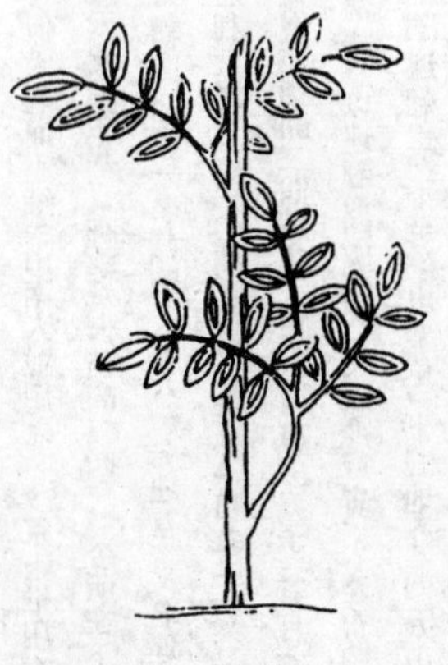

女貞實，味苦，甘，平，無毒。主補中，安五藏，養精神，除百疾。久服肥健，輕身，不老。

女貞實

桑根白皮，味皆寒，無毒。主傷中，五勞六極，羸瘦，崩中脈絶，補虛益氣。去肺中水氣，唾血，熱渴，水腫，腹滿臚脹，利水道，去寸白，可以縫金瘡。採無時，出土上者殺人。續斷，桂心，麻子爲之使。

桑根白皮

信州桑黃

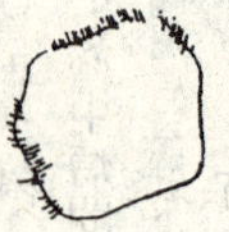

葉主除寒熱，出汗，汁解蜈蚣毒。

桑耳味甘，有毒。黑者主女子漏下，赤白，汁血病，癥瘕積聚，陰痛，陰陽寒熱，無子。療月水不調。其黃熟陳白者，止久洩，益氣，不饑。其金色者，治癖飲積聚，腹痛，金瘡。

五木耳名糯，益氣，不饑，輕身，強志，生犍。爲山谷六月多雨時採即暴乾。陶隱居云：東行桑根乃易得，而江邊多出土不可輕信。《桑耳斷穀方》云：木糯又呼爲桑土寄生，此云五木耳而不顯四者是何木。按老桑樹生桑耳有黃者，赤、白者，又多雨時亦生軟濕者，人採以作葅皆無復藥用。《唐本》注云：楮耳人常食槐且用療痔。榆柳桑耳，此爲五耳。軟者並堪噉。桑椹味甘，寒，無毒。單食主消渴。葉味苦，甘，寒，有少毒。水煎取濃汁除腳氣，水腫，利大小腸。灰味辛，寒，有小毒。蒸淋取汁爲煎，與冬灰等同滅誌疵，黑子，蝕惡肉。煮小豆，大下水脹。傅金瘡，止血生肌也。今按陳藏器《本草》云：桑葉汁主霍亂，腹痛，吐下。冬月用乾者濃煮，服之。研取白汁合金瘡。又主小兒吻瘡。細剉大釜中，煎取如赤糖，去老風及宿血。葉椏者名雞桑，最堪入用。椹，利五藏關節，通血氣。久服不饑。多收暴乾，擣末蜜和爲丸。每日服六十丸，變白不老。取黑椹一斤，和科斗子一斤，瓶盛封閉懸屋東頭，一百日盡化爲黑泥，染白鬢如漆。又取二十枚和胡桃脂研如泥，拔去白髮，點孔中即生黑者。《藥性論》云：桑白皮，使，平。能治肺氣喘滿，水氣浮腫，主傷絶，利水道，消水氣，虛勞客熱，頭痛，內補不足。桑耳，使。一名桑臣，又名桑黃，味甘，辛，無毒。能治女子崩中帶下，月閉血凝，產後血凝。男子痃癖，兼療伏血，下赤血。又云木耳，亦可單用乎。孟詵云：寒，無毒，利五藏，宣腸胃氣擁，毒氣。不可多食。惟益服丹石人熱發，和葱，鼓作羹。蕭炳云：桑葉炙煮飲，止霍亂。孟詵云：桑根白皮煮汁飲，利五藏。又入散用，下一切風氣，水氣。又云桑葉炙煎飲之，止渴，一如茶法。又云：桑皮煮汁，可染褐色久不落，紫燒灰淋汁入鍊，五金家用。日華子云：桑白皮，溫。調中下氣，益五藏，消痰止渴，利大小腸，開胃下食，殺腹藏蟲，止霍亂吐瀉，此即出桑根皮。又云家桑東行根，暖，無毒。研汁治小兒天吊驚癇，客忤，及傅鵝口瘡大驗。又云：家桑葉，暖，無毒。利五藏，通關節，下氣。煎服除風痛，出汗，并撲損瘀血，並蒸後署蛇蟲蜈蚣咬，鹽挼傅上。春葉未開枝可作煎，酒服治一切風。又云：桑耳，溫，微毒。止腸風瀉血，婦人心腹痛。《藥性論》云：蕈耳亦可單用乎。古槐、桑樹上者良。能治風破血益力，其餘樹上多動風氣，發痼疾，令人肋下急，損經絡，背膊悶。又煮漿粥，安槐木上，草覆之，即生蕈，次柘木者良。孟詵云：菌子，寒。發五藏風，擁經脈，動痔病，令人昏昏多睡，背膊四肢無力。又菌子有數般，槐樹上生者良。野田中者，恐有毒殺人。又多發冷氣，令腹中微微痛。（略）

又 卷一三　吳茱萸，味辛，溫，大熱，有小毒。主溫中，下氣，止痛，欬逆，寒熱，除濕，血痺，逐風邪，開腠理，去痰冷，腹內絞痛，諸冷實不消，中惡，心腹痛，逆氣，利五藏。

根殺三蟲，根白皮殺蟯蟲，治喉痺，欬逆，止洩，注食不消，女子經產餘血，療白癬。一名藙，生上谷川及冤句，九月九日採陰乾。（略）

越州吳茱萸

臨江軍吳茱萸

檳榔，味辛，溫，無毒。主消穀逐水，除痰癖，殺三蟲伏尸，療寸白。生南海。（略）

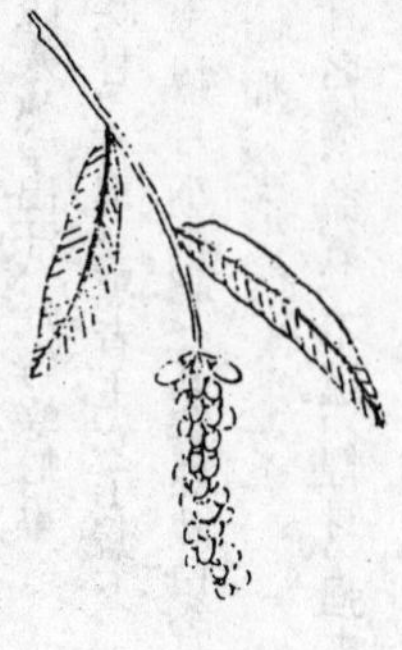
廣州檳榔

檳榔

江陵府梔子

建州梔子

臨江軍梔子

梔子，味苦，寒，大寒，無毒。主五內邪氣，胃中熱氣，面赤酒皰皶鼻，白癩，赤癩，瘡瘍，療目熱赤痛，胷心，大小腸大熱，心中煩悶，胃中熱氣。一名木丹，一名越桃，生南陽川谷，九月採實暴乾。陶隱居云解玉支毒，處處有，亦兩三種小異，以七稜者爲良。經霜乃取之，今皆入染，用於藥甚稀。玉支即羊躑躅也，臣禹錫等謹按：《藥性論》云：山梔子殺䗪蟲毒，去熱毒風，利五淋，主中惡，通小便，解五種黄病，明目，治時疾，除熱，及消渴，口乾，目赤腫病。（略）

枳實，味苦，酸，寒，微寒，無毒。主大風在皮膚中如麻豆苦痒，除寒熱結，止痢，長肌肉，利五藏，益氣輕身，除胸脅痰癖，逐停水，破結實，消脹滿心下急痞痛逆氣，脅風痛，安胃氣，止溏洩，明目。陶隱居云：今處處有，採破令乾用之，除中核微炙，令香，亦如橘皮。以陳者爲良。枳樹莖及皮，療水脹、暴風、骨節疼急。枳實俗方多用，道家不須。《唐本》注云：枳實日乾乃得，陰便濕爛也。用當去核及中瓤乃佳，今或用枳殼乃爾，若稱枳實，須合核瓤用者，殊不然也。今按陳藏器《本草》云：枳實根皮主痔，末服方寸匕。本經採實用。九月、十月不如七月、八月，既厚且辛，舊云：江南爲橘，江北爲枳，今江南俱有橘、枳。江北有枳，無橘，此自是種別非關變也。臣禹錫等謹按《藥性論》云：枳實臣味苦辛，解傷寒結胸，入陷胸湯用，主上氣喘欬，腎內傷冷，陰痿而有氣加而用之。（略）

成州枳實

厚朴，味苦溫，大溫，無毒。主中風傷寒頭痛寒熱驚悸氣血痺死肌去三蟲。溫中益氣，消痰下氣，療霍亂及腹痛脹滿，胃中冷逆，胸中嘔不止，洩痢淋露除驚，去留熱，心煩滿，厚腸胃。一名厚皮，一名赤朴，其樹名榛，其子名逐折療鼠瘻明目益氣。生交阯冤句。三九十月採皮陰乾。乾薑爲之使。惡澤瀉、寒水石、消石。陶隱居云：今出建平宜都極厚肉紫色爲好，殼薄而白者不如用之。削去上外麄皮，俗方多用，道家不須也。今注出梓州、龍州者最佳。臣禹錫等謹按吴氏云：厚朴，神農、岐伯、雷公：苦，無毒。季氏：小溫。日華子：厚朴出洪農。《藥性論》云：厚朴臣忌豆。食之者動氣。味苦，辛，大熱。能主療積年冷氣，腹內雷鳴虛吼，宿食不消，除痰飲，去結水，破宿血，消化水穀，止痛，大溫胃氣，嘔吐酸水。主心腹滿，病人虛而尿白。日華子云：健脾，主反胃，霍亂轉筋，冷熱氣，瀉膀胱，泄五藏一切氣，婦人産前産後腹藏不安，調關節，殺腹藏蟲，除驚，去煩悶，明耳目。入藥去麁皮，薑汁炙或薑汁炒用，又名烈朴。（略）

歸州厚朴

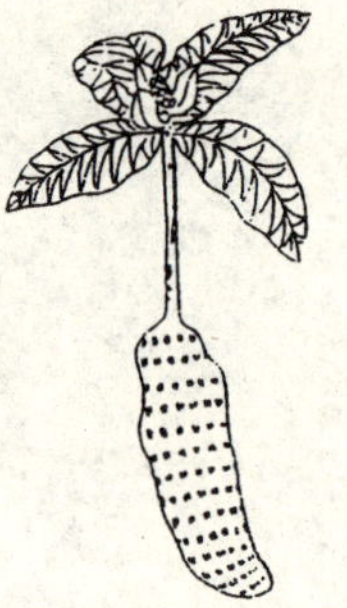
商州厚朴

茗苦𣗪，味甘，苦，微寒，無毒。主瘻瘡，利小便，去痰熱渴，令人少睡。春採之。

苦𣗪主下氣，消宿食，作飲加茱萸、葱、薑等良。《唐本》注云：《爾雅釋本》云：檟苦𣗪注：樹小似梔子，冬生葉，可煮作羹飲。今呼早採者爲茶，晚取者爲茗。一名荈，蜀人名之苦茶。生山南漢中山谷。今按陳藏器《本草》云：茗苦𣗪，寒，破熱氣，除瘴氣，利大小腸，食之宜熱，冷即聚痰。𣗪是茗嫩葉，擣成餅，並得火良久，食令人瘦，去人脂，使不睡，唐本先附。（略）

茗苦𣗪

秦皮，味苦，微寒，大寒，無毒。主風寒濕痺，洗洗寒氣，除熱，目中青瞖白膜，療男子少精，婦人帶下，小兒癇身熱，可作洗目湯。久服，頭不白，輕身，皮膚光澤，肥大，有子。一名岑皮，一名石檀。生廬江川谷及冤句，二月、八月採皮陰乾。大戟爲之使，惡吳茱萸。陶隱居云：俗云是樊槻音規皮，而水漬以和墨，書色不脫，微青，且亦殊薄，恐不必爾。俗方惟以療目。道家亦有用處。《唐本》注云：此樹似檀葉細，皮有白點而不麁錯。取皮水漬便碧色，書紙有背青色者是。俗見味苦，名爲苦樹。亦用皮，療眼有效。以葉似檀，故名石檀也。秦白皮平，惡，苦。瓠防葵主明目，去肝中久熱，兩目赤腫、疼痛、風淚不止，治小兒身熱，作湯浴。差皮一升，水煎澄清，冷洗赤眼，極效。日華子云：洗肝，益精，明目，小兒熱驚，皮膚風痺，退熱。一名盆桂。

《圖經》曰秦皮生廬江川谷及冤句，今陝西州郡及河陽亦有之。其木大都似檀枝幹，皆青綠色，葉如匙頭許大而不光，並無花實，根似槐根，二月、八月採皮陰乾，其皮有白點而不麁錯，俗呼爲白樳木，取皮漬水便碧色，書紙看之青色，此爲真也。（略）

成州秦皮

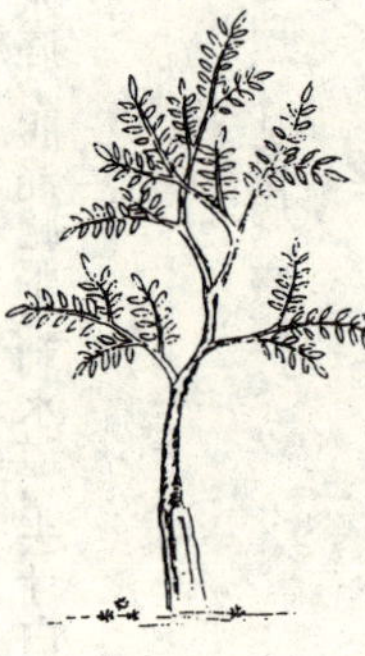
河中府秦皮

烏藥，味辛，温，無毒。主中惡，心腹痛，蠱毒，疰忤鬼氣，宿食不消，天行疫瘴，膀胱腎間冷氣攻衝背膂，婦人血氣，小兒腹中諸蟲。其葉及根嫩時採，作茶片炙碾，煎服，能補中，益氣偏，止小便滑數。生嶺南邕容州及江南。樹生似茶，高丈餘，一葉三椏，葉青陰白，根色黑褐作車轂，形狀似山芍藥根，又似烏樟根，自餘直根者不堪。一名旁其。八月採根。今附臣禹錫等謹按：日華子云治一切氣，除一切冷，霍亂，及反胃吐食，瀉痢，癰癤，疥癩，并解冷熱，其功不可悉載。猫犬百病並可摩服。（略）

斗門方治陰毒，傷寒。烏藥子一合，炒令黑煙起，投於水中，煎取三五沸，服一大盞，候汗出回陽，立差。

《衍義》曰烏藥，和來氣少，走泄多，但不甚剛猛，與沉香同磨作湯，點治胷腹冷氣，甚穩當。

潮州烏藥

信州烏藥

衡州烏藥

台州烏藥

衛矛，味苦，寒，無毒。主女子崩中，下血，腹滿，汗出，除邪，殺鬼毒蠱疰，中惡，腹痛，去白蟲，消皮膚風毒腫，令陰中解。一名鬼箭，生霍山山谷，八月採陰乾。陶隱居云：山野處處有。其莖有三羽，狀如箭羽，俗皆呼爲鬼箭，而爲用甚稀，用之削取皮羽。今注醫家用鬼箭療婦人血氣大效。臣禹錫等謹按：《藥性論》云：鬼箭使一名衛矛，有小毒，能破陳血，能落胎，主中惡，腰腹痛，及百邪鬼魅。日華子云：鬼箭羽味甘，澁。通月經，破癥結，止血崩。帶下，殺腹藏蟲，及産後血咬肚痛。（略）

信州衛矛

蜜蒙花，味甘，平，微寒，無毒。主青盲膚瞖，赤澁多眵淚，消目中赤脈，小兒麩豆及疳氣攻眼。生益州川谷，樹高丈餘，葉似冬青葉而厚，背色白，有細毛，二月三月採花。

《圖經》曰蜜蒙花生益州川谷，今蜀中州郡皆有之。木高丈餘，葉似冬青葉而厚，背白色有細毛又似橘葉，花微紫色，二月、三月採花暴乾，用。此木類而在草部，不知何至於此？

簡州蜜蒙花

又 卷一三 桑根白皮，味甘寒，無毒。主傷中，五勞，六極，羸瘦，崩中，脉絶補虚益氣，去肺中水氣，唾血，熱渴，水腫，腹滿臚脹，利水道，去寸白，可以縫金瘡。採無時，出土上者殺人。

葉主除寒熱，出汗。汁解蜈蚣毒。

桑耳味甘，有毒。黑者主女子漏下，赤白，汁血病，癥瘕。

信州桑根白皮

信州桑黄

又 卷一四 椿木葉，味苦，有毒。主洗瘡疥，風疽，水煮葉汁用之。皮主甘䘌。（略）

梓白皮，味苦，寒，無毒。主熱，去三蟲，療目中疾。葉擣傅猪瘡飼猪肥大三倍。生河内山谷。陶隱居云：此即梓樹之皮，梓亦有三種，當用拌素不腐者，葉療手脚火爛瘡，桐葉及此以肥猪之法未見，應在《商丘子養猪經》中。《唐本》注云：此二樹、花、葉取以飼猪，並能肥大且易養。今見李氏《本草博物志》但云：飼猪使肥，今云傅猪瘡，並訛矣。《别録》云：皮主吐逆，胃反，去三蟲，小兒熱瘡，身頭熱煩，蝕瘡。湯浴之，并封傅。嫩葉主爛瘡。日華子云：煎湯洗小兒壯熱，一切瘡疥、皮膚瘙痒。梓樹皮有數般，惟楸梓佳，餘即不堪。

梓白皮

又 卷一四 楝實，味苦，寒，有小毒。主温疾傷寒大熱煩狂，殺三蟲疥瘍，利小便水道。

根微寒，療蚘蟲，利大腸。生荆山山谷。陶隱居云：處處有。俗人五月五日皆取葉佩之，云辟惡。其根以苦酒摩塗疥，甚良。煮汁作糜食之，去蚘蟲。《唐本》注云：此有兩種，有雄有雌。雄者根赤，無子有毒，服之多使人吐不能止，時有至死者。雌者根白，有子微毒，用當取雌者。臣禹錫等謹按：《藥性論》云：楝實亦可單用。主人中大熱狂，失心，躁悶。作湯浴，不入湯服。日華子云：楝皮苦，微毒。治遊風，熱毒，風瘮，惡瘡，疥癩，小兒壯熱，並煎湯浸洗。服食須是生子者。雌樹皮一兩，可入五十粒糯米煎煮，殺毒。瀉多以冷粥止，不瀉者以熱葱粥發。無子椎樹能吐瀉殺人，不可以誤服。（略）

梓州楝子

臨江軍楝子

梓州楝花

椿木，葉味苦，有毒。主洗瘡疥，風疽。水煑葉汁用之。皮主甘䘌。

樗木根葉尤良。《唐本》注云：二樹形相似。樗木疎，椿木實爲別也。今按陳藏器《本草》云：樗木味苦，有小毒。皮主赤白，久痢，口鼻中疳蟲，去疥䘌，主鬼注傳尸，蟲毒下血。根皮去鬼氣，取一握細切，以童兒小便二升，豉一合，宿浸，絞取汁，煎一沸。三、五日一度服。藥似椿，北人呼爲山椿，江東人呼爲虎目。葉脱處有痕，如白樗，散木也。《唐本》先附。臣禹錫等謹按：《藥性論》云：樗白皮，使，味苦，微熱，無毒。能治赤白痢，腸滑，痔疾，瀉血不住。蕭炳云：樗皮主疳痢，得地榆同療之，根皮尤良，俗呼爲虎眼樹。《本經》椿木，殊不相似。孟詵云：椿，溫。動風熏十二經脈、五臟六腑，多食令人神昏，血氣微。又，女子血崩及産後血不止，月信來多，可取東引細根一大握，洗之，以水一大升煮，分再服，便斷。亦止赤帶下。又，椿俗名猪椿，療小兒疳痢。可多煮汁後灌之。又取白皮一握，倉粳米五十粒，葱白一握，甘草三寸，炙豉兩合，以水一升煮，取半升。頓服之，小兒以意服之。核、葉與皮功用皆同。日華子云：樗皮温，無毒。止瀉及腸風，能縮小便入。藥蜜炙用。（略）

椿木

樗木

郁李仁，味酸，平，無毒。主大腹水腫，面目、四肢浮腫，利小便水道。

根主齒齗腫，齲齒，堅齒，去白蟲。一名爵李，一名車下李，一名棣，生高山川谷及丘陵上，五月、六月採根。陶隱居云：山野處處有。子熱赤色，亦可噉之。臣禹錫等謹按：《蜀本》云甚甘香，有少澁味也。又《圖經》云：樹高五六尺，葉花及樹並似大李，惟子小若櫻桃，甘酸。《爾雅疏》云：常棣一名棣，郭云：今山中有棣樹，子如櫻桃，可食。《詩・小雅》云：常棣之華。陸機云，許慎曰：白棣樹也。如李而小，如櫻桃正白。今官園種之，又有赤棣樹，亦似白棣，葉如刺榆葉而微圓，子正赤如郁李而小，五月始熟。關西、天水、隴西多有之。《藥性論》云：郁李仁臣味苦辛，能治腸中結氣，關格不通，根治齒痛，宣結氣破結聚。日華子云：郁李仁通泄五藏、膀胱急痛，宣腰膝冷膿，消宿食下氣。又云：根凉無毒，治小兒熱發，作湯浴，風蚛牙濃煎含之。（略）

隰州郁李仁

郁李花

石南，味辛，苦，平，有毒。主養腎氣，内傷，陰衰，利筋骨、皮毛，療脚弱，五藏邪氣，除熱。女子不可久服，令思男。

實殺蟲毒，破積聚，逐風痺。一名鬼目，生華陰山谷，二月、四月採葉，八月採實陰乾。五加皮爲之使。陶隱居云：今廬江及東間皆有之。葉狀如枇杷葉，方用亦稀。《唐本》注云：葉似崗草，凌冬不凋，以葉細者爲良。關中者好爲療風邪丸散之要其江山已南者長大如枇杷葉無氣味殊不任用今醫家不復用。實臣禹錫等謹按：《蜀本》云：終南斜谷近石處甚饒。今土人多以瓦韋爲石韋，以石韋爲石南，不可不審之。日華子云：石南臣主除熱。惡小薊，無毒，能添腎氣，治胸膈煩悶。實殺蟲，能逐諸風。雖能養腎内，令人陰痿。（略）

道州石南

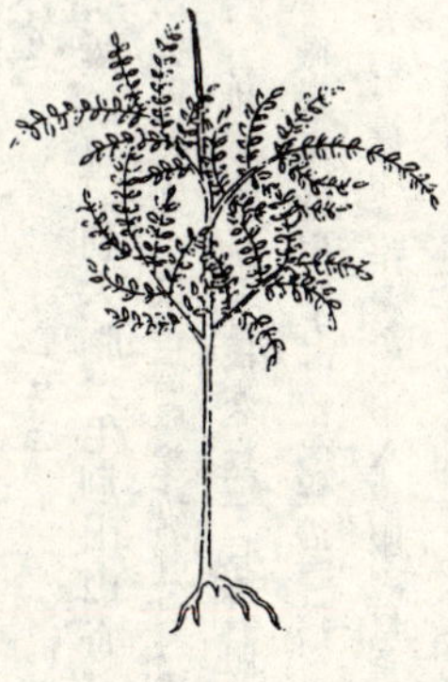

芫花，味辛，苦，温，微温，有小毒。主欬逆，上氣，喉鳴喘，咽腫，短氣，蠱毒，鬼瘧，疝瘕，癰腫，殺蟲魚，消胷中痰水，喜唾，水腫，五水在五臟，皮膚及腰痛，下寒毒，肉毒。久服令人虚。一名去水，一名毒魚，一名杜芫，其根名蜀桑根，療疥瘡，可用毒魚。生淮源川谷，三月日採花陰乾。（略）《藥性論》云：芫花，使，有大毒。能治心腹脹滿，去水氣，利五臟，寒痰，涕唾如膠者，主通利血脈，治惡瘡風，痺濕，一切毒風，四肢攣急，不能行步。

絳州芫花

綿州芫花

滁州芫花

又 卷二三 梅實，味酸，平，無毒。主下氣，除熱煩滿，安心，肢體痛，偏枯不仁，死肌，去青黑誌惡疾，止下痢，好唾口乾。生漢中川谷，五月採，火乾。陶隱居云此亦是今烏梅也。用當去核，微熬之。傷寒煩熱，水漬飲汁。生梅子及白梅亦應相似。今人多用白梅和藥以點誌，蝕惡肉也。服黄精人，云禁食梅實。《唐本》注云：《别録》云：梅根，療風痺，出土者殺人。梅實，利筋脈，去痺。臣禹錫等謹按：《藥性論》云：梅核仁亦可單用。味酸，無毒，能除煩熱。蕭炳云：今人多用煙熏爲烏梅。孟詵云：烏梅多食損齒。又刺在肉中，嚼白梅封之，刺即出。又大便不通，氣奔欲死，以烏梅十顆置湯中，須臾挼去核，杵爲丸如棗大，内下部少時即通。謹按擘破水漬，以少蜜相和，止渴，霍亂心腹不安及痢赤。治瘧方多用之。陳藏器云：梅實本功外，止渴。令人膈上熱。烏梅去痰，主瘧瘴，止渴調中，除冷熱痢，止吐逆。梅葉擣碎湯洗，衣易脱也。嵩陽子云：清水揉梅葉，洗蕉葛衣，經夏不脆。余試之驗。日華子云：梅子，暖。止渴。多啖傷骨，蝕脾胃，令人發熱。根、葉煎濃湯，治休息痢并霍亂。又云：白梅，暖，無毒。治刀箭，止血，研傅之。又云：烏梅，暖，無毒。除勞，治骨蒸，去煩悶，澀腸止痢，消酒毒，治偏枯，皮膚麻痺，去黑點，令人得睡。又入建茶，乾薑爲丸，止休息痢，大驗也。

郢州梅實

枇杷葉，味苦，平，無毒。主卒啘不止，下氣。陶隱居云：其葉不暇煑，但嚼食亦差。人以作飲，則小冷。《唐本》注云：用葉須火炙，布拭去毛，不爾射人肺，令欬不已。又主欬逆，不下食。今注：實味甘，寒，無毒。多食發痰熱。臣禹錫等謹按：蜀本《圖經》云：樹高丈餘，葉大如驢耳，背有黄毛，子毬生如小李，黄色味甘酸，核大如小栗，皮肉薄。冬花春實，四月、五月熟，淩冬不凋，生江南山南，今處處有。孟詵云：枇杷，温。利五臟，久食亦發熱。黄子食之，潤肺，熱上膲。若和熱炙肉及熱，麪食之，令人患熱毒黄病。《藥性論》云：枇杷葉使，味甘，能主胃氣，冷嘔噦不止。日華子云：枇杷子，平，無毒。治肺氣，潤五臟，下氣，止吐逆并渴疾。又云：葉療婦人産後口乾。（略）

雷公云凡使，採得後秤。濕者一葉重一兩，乾者三葉重一兩者，是氣足，堪用。使麤布拭上毛令盡，用甘草湯洗一遍，却用綿再拭令乾。每一兩以酥一分炙之，酥盡爲度。

食療卒嘔啘不止，不欲食。又煑汁飲之，止渴，偏理肺及肺風瘡，胷面上瘡。

孫真人咳嗽，以葉去毛煎湯，服之。

《衍義》曰枇杷葉治肺熱嗽有功。有婦人患肺熱，久嗽，身如炙，肌瘦將成肺癆。以枇杷葉、木通、款冬花、紫菀、杏仁、桑白皮各等分，大黄減半，各如常製，治訖。同爲末，蜜丸如櫻桃大，食後夜卧各含化一丸，未終一劑而愈。

蜀州枇杷葉

下品桃核仁，味苦，甘，平，無毒。主瘀血，血閉瘕，邪氣，殺小蟲，止欬逆上氣，消心下堅，除卒暴，擊血，破癥瘕，通月水，止痛。七月採取仁陰乾。

桃花殺疰惡鬼，令人好顔色。味苦，平，無毒。主除水氣，破石淋，利大小便，下三蟲，悦澤人面。三月三日採陰乾。

桃梟味苦，微温。主殺百鬼精物，療中惡腹痛，殺精魅五毒不祥。一名桃奴，一名梟景，是實著樹不落實中者正月採之。

桃毛主下血瘕，寒熱積聚，無子，帶下諸疾，破堅閉，刮取毛用之。臣禹錫等謹按：《本經·月閉通》用藥云：桃毛，平。

桃蠹殺鬼邪惡不祥，食桃樹蟲也。

莖白皮味苦，辛，無毒。除邪鬼，中惡，腹痛，去胃中熱。

葉味苦，辛，平，無毒。主除尸蟲，出瘡中蟲。

膠錬之，主保中不飢，忍風寒。

實味酸，多令人有熱。生太山川谷。陶隱居云：今處處有，京口者亦好，當取解核種之爲佳。又有小桃，其仁不堪用。桃仁作酪，乃言冷桃膠，入仙家用。三月三日採花，亦供丹方所須。方言服三樹桃花盡則面色如桃花，仁亦無試之者，服水，人云禁食桃也。《唐本》注云：桃膠味苦，平，無毒。主下石淋，破血中惡疰忤。花主下惡氣，消腫滿，利大小腸。《藥性論》云：桃仁使，桃符主中惡。孟詵云：桃仁温，殺三虫，止心痛。又女人陰中生瘡如蟲齩疼痛者，可生擣葉，綿裹内陰中，日三、四易差。又三月三日採花，曬乾，杵末，以水服二錢匕，小兒半錢，治心腹痛。又禿瘡收未開花，陰乾，與桑椹赤者等分作末，以猪脂和，先取灰汁洗去瘡痂，即塗藥。又云：桃能發丹石，不可食之。生者尤損人。又白毛主惡鬼邪氣，膠亦然。又桃符及奴主精魅邪氣。符煮汁飲之，奴者丸散服之。桃仁每夜嚼一顆，和蜜塗手面良。日華子云：桃熱，微毒，益色，多食令人生熱。樹上自乾者治肺氣，腰痛，除鬼精邪氣，

破血，治心痛。酒磨暖服之。又云：桃葉暖，治惡氣，小兒寒熱，客忤。桃毛療崩中，破癖氣。桃蠹食之肥，悦人顔色也。

桃核仁

又 卷三〇《圖經》曰天仙藤，生江淮及浙東山中，味苦，温，微毒。解風勞，得麻黄則治傷寒，發汗。與大黄同服，墮胎氣。春生苗，蔓延作藤，葉似葛，藥圓而小，有毛白色，四時不凋，根有鬚，夏月採取根苗，南人用之最多。

臨江軍天仙藤

清　吴其濬《植物名實圖考》卷二四《毒草·羊躑躅》　羊躑躅，《本經》下品：南北通呼鬧羊花，湖南謂之老虎花，俚醫謂之搜山虎。種蔬者漬其花以殺蟲。

又　卷三三《石南》　石南，湘人四月採石南芽爲茶，去風。暑月尤宜。桂陽呼爲風藥，充茗浸酒，能愈頭風。

清　高硯五《本草簡明圖說》

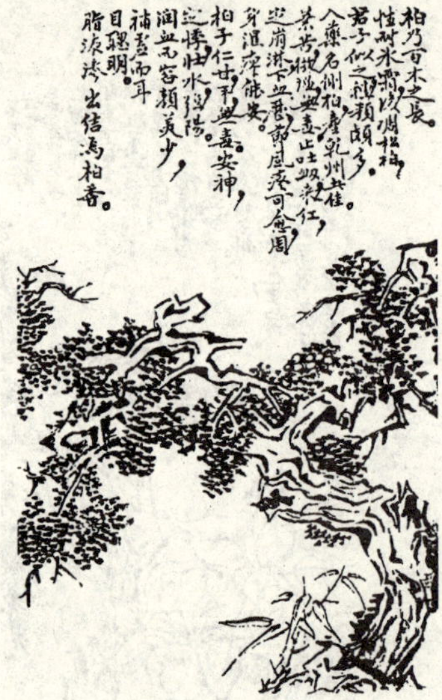

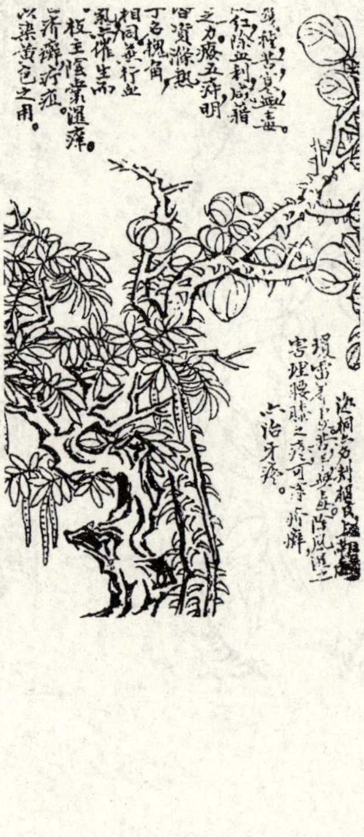

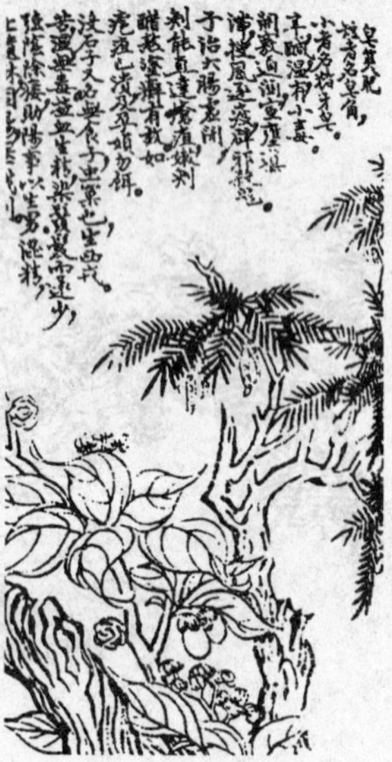
皂莢
大者名皂角，小者名豬牙皂。
辛鹹溫，有小毒。
開竅通關，宣壅導滯，搜風逐痰，辟邪殺鬼。
子治大腸虛閉。
刺能直達瘡所，嫩刺
醋蒸塗癬，有效如神。
瘡疽已潰及孕婦勿餌。
沒石子又名無食子，出西戎。
苦溫無毒，益血生精，染髭發而延少，
強陰除濕，助陽事以生男。澀精，

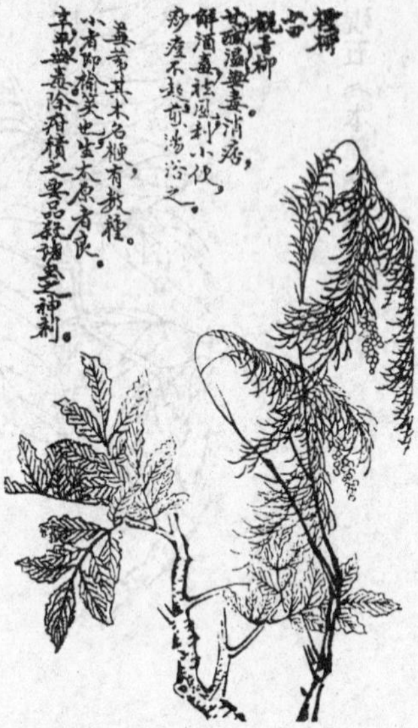
檉柳 觀音柳
甘鹹溫無毒，消痞，
解酒毒，祛風利小便，
痧疹不出，煎湯浴之。
蕪荑其木名楩，有數種。
小者即榆莢也，出太原者良。
辛平無毒，除疳積之要品，殺諸蟲之神劑。

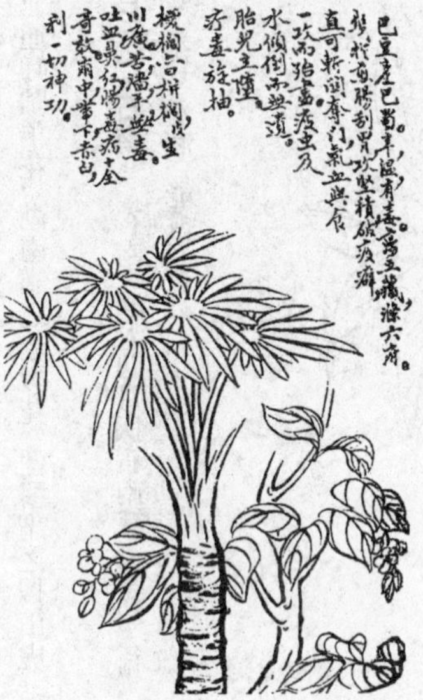
巴豆產巴蜀。辛溫，有毒。
殺蟲魚，刮腸胃，攻堅積，破痰癖，
直可斬關奪門，氣血與食
一攻而殆盡，痰蟲及
水，傾倒而無遺。
胎兒立墮，
疔毒旋抽。
棕櫚一名栟櫚。皮
用，燒黑，苦澀平無毒。
吐血鼻紅，腸風痢疾，崩
帶，敗痢中常下赤白，
有一切神功。

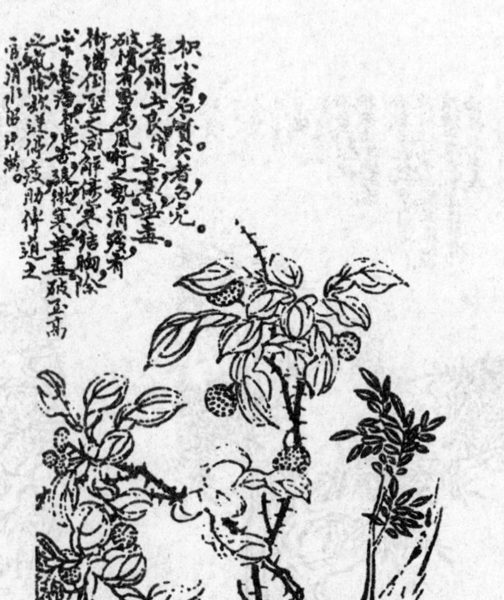
枳，小者名枳實，大者名枳殼。
產商州者良。苦酸微寒，無毒。
破積有雷厲風行之勢，消痰有
衝牆倒壁之功，解傷寒結胸，除
心下急痞。殼張微寒，無毒，破至高
之氣，除咳逆停痰，助傳道之
官，消水留脹滿。

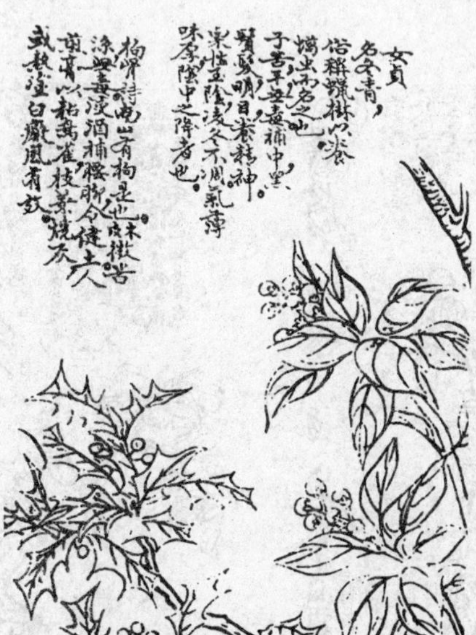
女貞
一名冬青，
俗稱蠟樹，以養
蠟蟲而名之也。
子苦平無毒，補中黑
髮明目，養精神。
其性至陰，凌冬不凋，氣薄
味厚，陰中之降者也。
枸骨，詩南山有枸是也。木皮微苦
涼，無毒，浸酒補腰腳，令健。土人
煎膏以黏鵓雀，枝葉燒灰
或敷塗白癜風，有效。

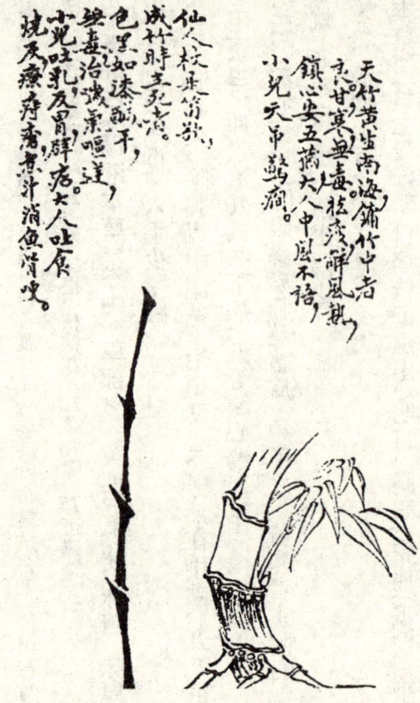

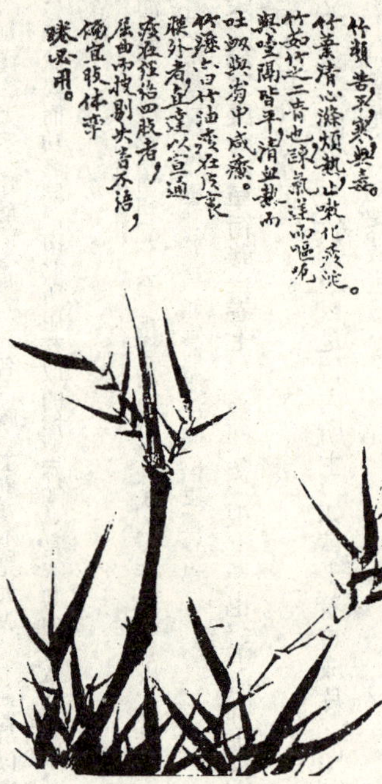

草本類

論説

宋 史鑄《百菊集譜》卷三 《本草》載：神農以菊味爲苦，名醫以味爲甘，二説不同例皆療病。愚意其神農取白菊言之，名醫取黄菊言之。

明 謝肇淛《五雜俎》卷一一《物部三》 人食巴豆則瀉，鼠食巴豆則肥，神仙食巴豆則死，蓋仙家煉氣，皆用倒升、泥丸之法。故云：順則成人，逆則成仙。巴豆下氣而蕩滌臟腑，開通閉塞者也。故不利於仙，然使真仙，水火可入豈一巴豆所能破哉。

清 王士禎《居易録》卷三四 《本草》云：人參爲藥切要，與甘草同功而易蛀。惟納器中密封，可經年不壞。高麗作《人參贊》云：三椏五葉，背陽向陰，欲來求我，椵音賈樹相尋。椵葉似桐，人參多生其下。

綜述

晉 葛洪《肘後備急方》卷六 用艾燒令煙起，以椀蓋之，候煙上椀成煤。取下，用温水調化，另本有「後」字。洗火眼。即差。更入黄連，甚妙。

宋 唐慎微《證類本草》卷一二 龍手藤味甘，温，無毒。主偏風口喎，手足癱緩，補虚益陽，去冷氣風痺。斟酌多少以醇酒浸，近火令温，空心服之，取汗。出安荔浦山石上，向陽者葉如龍手，因以爲名，採之無時也。

又 卷一三 牛領藤味甘，温，無毒。主腹内冷，腰膝疼弱，小便白數，陽道乏，煮汁浸酒服之。生嶺南高山，形褊如牛領，取之陰乾也。（略）

又 息王藤味苦，温，無毒。主産後腹痛，血露不盡。濃煮汁服之。生嶺南山谷，冬月不凋。

又 卷一四 千金藤主一切血毒諸氣，霍亂中惡，天行虚勞瘧瘴，痰嗽不利，癰腫，蛇大毒，藥石發，癲癇，悉主之。生北地者，根大如指，色黑似漆。生南土者，黄赤如細辛。今附 陳藏器有數種，南北名模不同，大略主療相似，或是皆近于藤。主一切毒氣，其中霍亂中惡，天行虛勞瘴瘧，痰嗽不利，腫疽大毒，藥石發，癲雜疹，悉主之。生北地者，根大如指，色似漆。生南土者，黄赤如細辛。舒廬間有一種藤似木蓼，又有烏虎藤、遶樹、冬青，亦名千金藤。又江西山林間有草生葉，頭有瘻子，似鶴膝，葉如柳，亦名千金藤。似荷葉，只錢許大，亦呼爲千金藤。一名古藤，主痢及小兒大腹。千金者，以貴爲名。豈俱一物，亦狀異而功名同。南北所用若取的楣，未知熟是？其中有草，今並入木部，草部亦重載也。

海藥云：謹按《南州記》云：生嶺南山野。陳氏云：呼爲石黄香，味苦，平，無毒。主天行時氣，治蠱野諸毒，癰腫發背，並宜煎服浸酒，治風輕身也。

宋 寇宗奭《本草衍義》卷七 麥門冬，根上子也，治心肺虛熱并虛勞客熱，亦可取苗作熟水飲。

又 卷一四 天竹黄，自是竹内所生，如黄土着竹成片，涼心經，去風熱。作小兒藥尤宜，和緩故也。

宋 史鑄《百菊集譜》卷三 日華子云：菊花治四肢遊風，利血脉并頭痛。作枕明目。葉亦明目，生熟並可食。菊有兩種，花大、氣香者爲甘菊花，小、氣烈者名野菊。然雖如此，園蔬内種肥沃後同一體。

宋 梅應發《四明續志》卷五 何首烏春生苗，葉相對，如山芋而不光澤。其莖蔓延竹木墻壁間。夏秋開黄白花，結子有稜如蕎麥，而細纔如粟大。秋冬取根，大者如拳，各有五稜瓣，如小甜瓜者二種，赤者雄，白者雌。採時乘温以布帛拭去土，後用苦竹刀切，米泔水浸一宿，曝乾忌鐵器。一云：春採根，秋採花，九蒸九曝，乃可曝。

元 王好古《湯液本草》卷中《草部》 黄連，氣寒，味苦，味厚氣薄，陰中，陽也，升也。無毒。入手少陰經。

象云：瀉心火，除脾胃中濕熱，治煩惡心，鬱熱在中熱，兀兀欲吐，心下痞滿必用藥也。仲景治九種心下痞，五等瀉心湯，皆用之，去鬚用。

心云：瀉心經之火，眼暴赤腫及諸瘡，須用之。苦寒者主陽有餘，苦以除之。安蚘，通寒格，療下焦虛，堅腎。

珍云：酒炒上行，酒浸行下。

《本草》云：主熱氣，目痛眥傷泣出，明目，腸澼，腹痛下痢。婦人陰中腫痛，五臟冷熱，久下泄，澼膿血，止消渴大驚，除水利骨，調胃厚腸，益膽療口瘡，久服令人不忘。

《液》云：入手少陰苦燥，故入心火就燥也。然瀉心其實瀉脾也。爲子能令母實，實則瀉其子，治血防風爲上，使黄連爲中，使地榆爲下。使海藏祖方，令終身不發斑瘡。煎黄連一口，兒生未出聲時灌之，大應。已出聲灌之，斑雖發亦輕。古方以黄連爲治痢之最。

《衍義》云：治痢有微血，不可執以黄連。爲苦燥劑，虛者多致危困，實者宜用之。

《本草》云：龍骨、理石、黄芩爲之使，惡菊花、芫花、玄參白蘚皮，畏欵冬花，勝烏頭，解巴豆毒。（略）

大戟，氣大寒，味苦甘，陰中微陽，有小毒。《本草》云：治蟲毒，十二水，腹滿急痛積聚，中風，皮膚疼痛，吐逆，脛腋癰腫頭疼，發汗，利大小腸。此澤漆根也。

《液》云：與甘遂同爲泄水之藥，濕勝者苦燥除之。反甘草，與芫花、黄藥子等分，水糊爲丸，桐子大，每服十丸，傷風傷寒，葱白湯下。傷食，陳皮湯下。或十五丸，微加至止，亦可。芫花別有條，海藏，十棗湯同用。

《珍》云：瀉肺，損真氣。（略）

防已，氣寒，味大苦辛，苦陰也，平，無毒。通行十二經。

象云：治腰以下至足濕熱，腫盛，脚氣，補膀胱，去留熱，通行十二經，去皮用。

《本草》云：主風寒、温瘧、熱氣諸癇，除邪，利大小便，療水腫風腫，去膀胱熱、傷寒、寒熱、邪氣，中風，手足攣急，止泄，散癰腫惡結，諸蝸、疥癬，蟲瘡，通腠理，利九竅。

《藥性論》云：漢防已又云木防已，使畏女菀鹵鹹，去血中濕熱。

元 忽思慧《飲膳正要》卷二 日華子云：何首烏味甘，無毒。久服壯筋骨，益精髓，黑髭鬢，令人有子。

元 李鵬飛《三元延壽參贊書》卷三 蕨，久食脚弱無力，弱陽，眼暗，多睡，鼻塞髮落，小兒食之不行。冷氣，食之腹脹。生食成蛇瘕。

元 胡古愚《樹藝篇·草部藥品》卷下《人肝藤》 人肝藤主解諸毒藥腫，遊風，脚手軟痺。並研服之，亦煮服之，亦傳病上。生嶺南。葉三椏，花紫色。一名承露仙。又有伏雞子，亦承靈仙，葉圓，與此名同物異。

明 朱權《神隱》卷下 地黄酒。地黄。味甘，苦，涼，無毒。久服輕身不葛根等分，甘草少許，治春温頭疼，發熱及小兒班疹。

又 卷一〇《苦參無毒》 苦參主心腹結氣，癥瘕積聚，黄疸溺有餘瀝，逐水除癰腫，補中明目止淚。養肝膽氣，安五臟，定志益精，利九竅，除伏熱腸澼，止渴醒酒，小便黄赤，療惡瘡下部䘌，平胃氣，令人嗜食輕身。主瘡瘻惡蟲

明 王圻《稗史彙編》卷一五〇《人參》 人參別名神草，其花莖世所未識。王纘詩：「家豐松葉酒，器貯參花蜜。」温飛卿詩：「香風軟透人參蕊」，第不言何狀。

宋 曾慥《類説》卷三五 人參贊：人參爲藥切要，與甘草同功而易蛀，惟内器中密封，可經年不壞。高麗人作人參贊曰：三椏五葉，背陽向陰，欲來求我，椵樹相尋。椵葉似桐，參多生其下。

明 李時珍《本草綱目》卷一二下《草之一·巴戟天本經上品》 釋名不凋草，三蔓草。

集解《別録》曰：巴戟天生巴郡及下邳山谷。二月、八月采根陰乾。弘景曰：今亦用建平、宜都者根，狀如牡丹而細，外赤内黑，用之打去心。恭曰：其苗俗名三蔓草，葉似茗，經冬不枯，根如連珠，宿根青色，嫩根白紫，用之亦同。以連珠多肉厚者爲勝。大明曰：紫色如小念珠，有小孔。子堅硬，難擣。宗奭曰：巴戟天本有心，乾縮時偶自落或抽去，故中心或空，非自有小孔也。今人欲要中間紫色，則多僞。以大豆汁沃之，不可不察。頌曰：今江淮河東州郡亦有，但不及蜀川者佳，多生山林内。内地生者，葉似麥門，冬而厚大，至秋結實，今方家多以紫色爲良。蜀人云：都無紫色者，采時或用黑豆同煮，欲其色紫，殊失氣味，尤宜辨之。又有一種乃山葎根，正似巴戟，但色白，土人采得以醋水煮之，乃以雜巴戟。莫能辨也。但擊破視之，中紫而鮮潔者僞也。其中雖紫又有微白糝，有粉色而理小暗者，真也。真巴戟嫩時亦白，乾時亦煮治使紫，力劣弱耳。

氣味辛甘，微温，無毒。主治大風邪氣，陰痿不起，强筋骨，安五臟，補中增志益氣。本經療頭面遊風，小腹及陰中相引痛，補五勞，益精利男子。別録治男子夜夢鬼交精洩，强陰，下氣，治風癩。甄權治一切風，療水脹。日華治脚氣，去風疾，補血海。時珍

發明好古曰：巴戟天，腎經血分藥也。權曰：病人虚損，加而用之。宗奭曰：有人嗜酒，日須五七盃，後患脚氣甚危，或教以巴戟半兩，糯米同炒，米微轉色，去米不用，大黄一兩，剉炒同爲末，熟蜜丸，温水服五七十丸，仍禁酒，遂愈。（略）

《巴棘》別録曰：味苦，有毒。主惡疥瘡，出虫。生高地，葉白有刺，根連數十枚，一名老，一名「地髓補」。五臟内傷不足，通血脉，益氣力，利耳目。每米一斗，用生地黄三斤同蒸，用白麯拌之候熟。任意用之，大能和血注顏。

明 王綸《本草集要》卷二 人參味甘氣温，微寒，氣味俱輕，無毒。主補五臟，安精神，定魂魄，止驚悸，除邪氣，明目開心，益志調中，生津通血脉。治五勞七傷，虚損肺脾，陽氣不足，短氣少氣，腸胃中冷，心腹鼓痛，胷脇逆滿，霍亂吐逆及胃。久服輕身延年。（略）

天門冬味苦甘，氣平，大寒，氣薄味厚。無毒。主諸暴風濕偏痺，强骨髓，殺三蟲，去伏尸，久服輕身益氣延年。保安肺氣，去寒熱，養肌膚，悦顔色，益氣力，利小便。冷而能補，治肺氣欬逆，喘息促急，通腎氣，止消渴，療肺痿，生癰吐膿血，熱侵肺，吐衄妄行，瀉肺火，消痰，補五勞七傷。

又 卷三 芫花味辛苦，氣温，有毒。主欬逆上氣，喉鳴喘，咽腫短氣，蠱毒鬼瘧，疝瘕，癰腫，消胷中痰水，喜唾，水腫，五水在五臟皮膚及腰痛，久服令人虚，殺蟲魚。其根療疥瘡，可用毒魚。

又 卷四 南藤味辛，氣温，無毒。主風血，補衰老，起陽，强腰脚，除痺，逐冷氣，排風邪。（略）

欒華，味苦，氣寒，無毒。主目痛淚出，傷眥消目腫。南人取以合黄連作煎，療目赤爛甚效。（略）

千金藤，主一切血毒諸氣，霍亂中惡，天行虚勞瘧瘴，痰嗽不利，癰腫，蛇犬毒，藥石發，癲癇，悉主之。

明 陸容《菽園雜記》卷一三 温茶即辟麝草，酒煎服治毒瘡，其功與一枝箭等，未知果否。一枝箭出貴州，同五味子根、金銀藤共煎，能愈毒瘡。

明 劉文泰《本草品彙精要》卷七《升麻無毒》 升麻主解百毒，殺百精老物殃鬼，辟瘟疫，瘴氣邪氣，蠱毒，入口皆吐出，中惡腹痛，時氣毒癘，頭痛寒熱，風腫諸毒，喉痛口瘡，久服不夭、輕身、長平。名醫所録主解肌，升胃氣。《圖經》曰：咽喉腫痛，口舌生瘡，解傷寒頭痛，并諸丹毒。《藥性論》云：小兒風，驚癇時氣熱壅，閉不通，口瘡，煩悶。療癰腫，豌豆瘡，水煎，綿沾拭瘡上。又主百邪鬼魅。日華子云：安魂定魄，鬼附啼泣，遊風腫毒，口氣疳䘌。丹溪云：理胃，解肌肉間熱，脾痹，手足陽明傷風引用之要藥，及發散本經風邪。《湯液本草》云：元氣不足者用此，於陰中升陽氣，於上行，不可缺也。 合治合犀角、黄芩、朴消、梔子、大黄各二兩，豉二升，微熬，同擣末，蜜丸，每服三十丸。治四肢大熱，大便難。以五兩合水蜜，煎三沸，半服半傳，治時行病，發瘡。合芎藥、

女木。

又《玄參本經中品》　釋名黑參，玄臺，重臺，鹿腸，吴普正馬，逐馬，馥香，野脂麻，鬼藏。集解《别録》曰：玄參生河間川谷及冤句。三月四月采根，暴乾。普曰：生冤句山陽，三月生苗，其葉有毛，四四相值似芍藥。黑莖，莖方高四五尺，葉亦生枝間，四月實黑。弘景曰：今出近道，處處有之。莖似人參而長大，根甚黑亦微香，道家時用，亦以合香。恭曰：玄參根苗並臭，莖亦不似人參，未見合香。志曰：其莖方大，高四五尺，紫赤色而有細毛，葉如掌大而尖長，根生青白，乾即紫黑，新者潤膩。陶云：莖似人參。蘇言：根苗並臭，似未深識。頌曰：二月生苗，葉似脂麻對生，又如槐柳而尖長，有鋸齒。細莖青紫色。七月開花，青碧色。八月結子，黑色。又有白花者，莖方大紫赤色而有細毛，有節若竹者，高五六尺，其根一根五、七枚，三月八月采，暴乾，或云蒸過，日乾。時珍曰：今用玄參，正如蘇頌所云。其根有腥氣，故蘇頌以爲臭也。宿根多地蠶食之，故其中空，花有紫白二種。

又《三七綱目》　釋名山漆，金不换。集解時珍曰：生廣西南丹諸州、番峒深山中，采根暴乾。黄黑色，團結者狀畧似白及，長者，如老乾地黄，有節。味微甘而苦，頗似人參之味。或云：試法，以末摻猪血中，血化爲水者乃真。近傳一種草，春生苗，夏高三四尺。葉似菊艾而勁厚，有岐尖。莖有赤稜。夏秋開黄花，蕊如金絲，盤紐可愛，而氣不香。花乾則吐絮如苦賈絮。根葉味甘，治金瘡折傷出血，及上下血病，甚效。云是三七，而根大如牛蒡根，與南中來者不類，恐是劉寄奴之屬，甚易繁衍。根氣味甘，微苦，温，無毒。主治止血散血定痛，金刃箭傷，跌撲杖瘡，血出不止者嚼爛塗或爲末摻之，其血即止，亦主吐血衄血下血，血痢崩中，經水不止，産後惡血不下，血運血痛，赤目癰腫，虎咬蛇傷諸病。時珍發明時珍曰：此藥近時始出，南人軍中用爲金瘡要藥，云有奇功。又云：凡杖撲傷損瘀血淋漓者，隨嚼爛罨之即止，青腫者即消散。若受杖時先服一二錢，則血不衝心，杖後尤宜服之，産後服亦良。大抵此藥氣温，味甘，微苦，乃陽明厥陰血分之藥，故能治一切血病，與麒麟竭紫鉚相同。葉主治折傷跌撲出血，傅之即止。青腫經夜即散，餘功同根。時珍

又卷一三《草之二·黄連本經上品》　釋名王連，《本經》支連。集解《别録》曰：黄連生巫陽川谷及蜀郡太山之陽。二月八月采根。弘景曰：巫陽在建平，今西間者，色淺而虚，不及東陽、新安諸縣最勝，臨海諸縣者不佳。用之當布裹挼去毛，令如連珠。保昇曰：苗似茶叢生，一莖生三葉，高尺許，凌冬不凋，花黄色。江左者節高，若連珠，蜀都者節下不連珠。今秦地及杭州、柳州者佳。頌曰：今江、湖、荆、夔州郡亦有，而以宣城九節堅重相擊有聲者爲勝，施、黔者次之，東陽歙州、處州者又次之。苗高一尺以來，葉似甘菊，四月開花黄色，六月結實似芹子，色亦黄。江左者根黄連珠，其苗經冬不凋，葉如小雉尾草，正月開花作細穗，淡白微黄色。六七月根緊，始堪采。恭曰：蜀道者粗大，味極濃苦，療渴爲最。江東者節如連珠，療痢大善。澧州者更勝。時珍曰：黄連，漢末《李當之本草》，惟取蜀郡黄肥而堅者爲善。唐時以澧州者爲勝。今雖吴、蜀皆有，惟以雅州、眉州者爲良。藥物之興廢不同如此。大抵有二種：一種根粗無毛有珠，如鷹雞爪形而堅實，色深黄；一種無珠多毛而中虚，黄色稍淡。各有所宜。治五勞七傷，益氣，止心腹痛驚悸煩躁，潤心肺，長肉止血，天行熱疾，止盗汗并瘡疥。猪肚蒸爲丸，治小兒疳氣，殺蟲。大明羸瘦，氣急。藏器治鬱熱在中，煩躁惡心，兀兀欲吐，心下痞滿。元素主心病逆而盛，心積伏梁。好古去心竅惡血，解服藥過劑，煩悶及巴豆輕粉毒。時珍發明元素曰：黄連性寒，味苦，氣味俱厚，可升可降，陰中陽也，入手少陰經。其用有六：瀉心臟火一也，去中焦濕熱二也，諸瘡必用三也，去風濕四也，赤眼暴發五也，止中部見血六也。張仲景治九種心下痞，五等瀉心湯，皆用之。成無己曰：苦入心寒勝熱，黄連大黄之苦寒以導心下之虚熱。蚘得甘則動，得苦則安，黄連、黄蘗之苦以安蚘也。好古曰：黄連苦燥，苦入心火就燥。瀉心者，其實瀉脾也，實則瀉其子也。震亨曰：黄連去中焦濕熱而瀉心火，若脾胃氣虚不能轉運者，則以茯苓、黄芩代之。以猪膽汁拌炒，佐以龍膽草，則大瀉肝膽之火。下痢胃口熱禁口者，用黄連、人參煎湯，終日呷之，如吐再强飲，但得一呷下咽便好。劉完素曰：古方以黄連爲治痢之最。蓋治痢惟宜辛苦寒藥，辛能發散開通鬱結，苦能燥濕，寒能勝熱，使氣宣平而已。諸苦寒藥多泄，惟黄連、黄蘗性冷而燥，能降火去濕而止瀉痢，故治痢以之爲君。宗奭曰：今人多用黄連治痢，蓋執以苦燥之義。下俚但見腸虚滲泄，微似有血，便即用之，又不顧寒熱多少，惟欲盡劑，由是多致危困。若氣實初病，熱多血痢，服之便止，不必盡劑。虚而冷者，慎勿輕用。杲曰：諸痛痒瘡瘍，皆屬心火。凡諸瘡宜以黄連、當歸爲君，甘草、黄芩爲佐。凡退暴發赤腫痛，不可忍者，宜黄連、當歸以酒浸煎之。宿食不消，心下痞滿者，須用黄連、枳實。頌曰：黄連治目方多，而羊肝丸尤奇異。今醫家洗眼，以黄連、當歸，芍藥等分，用雪水或甜水煎湯熱洗之，冷即再温，甚益眼目。但是風毒赤目花翳，用之無不神效。蓋眼目之病，皆是血脉凝滯使然，故以行血藥合黄連治之。血得熱則行，故乘熱洗也。韓悉曰：大分之病，黄連爲主，不但瀉心火而與芩、蘗諸苦藥列稱者比也。比目疾人，以人乳浸蒸，或點或服之。生用爲君，佐以官桂少許，煎百沸，入蜜空心服之，能使心腎交於頃刻。入五苓、滑石，大治夢遺。以黄土、薑汁、酒、蜜四炒爲君，以使君子爲臣，白芍藥酒煮爲佐，廣木香爲使，治小兒五疳。以茱萸炒者，加木香等分，生大黄倍之，水丸，治五痢。此皆

得制方之法也。時珍曰：黄連，治目及痢爲要藥。古方治痢：香連丸，用黄連、木香。薑連散，用乾薑、黄連。變通丸，用黄連、茱萸。薑黄散，用黄連、生薑。治消渴，用酒蒸黄連。治伏暑，用酒煮黄連。治下血，用黄連、大蒜。治肝火，用黄連、茱萸。治口瘡，用黄連、細辛。皆是一冷一熱，一陰一陽，寒因熱用，熱因寒用，君臣相佐，陰陽相濟，最得制方之妙，所以有成功而無偏勝之害也。弘景曰：俗方多用黄連治痢及渴，道家服食長生。慎微曰：劉宋王微《黄連讚》云：黄連味苦，左右相因。斷凉滌暑，闡命輕身。縉雲昔御，飛蹕上旻。不行而至，吾聞其人。又梁江淹《黄連頌》云：黄連上草，丹砂之次。禦孽辟妖，長靈久視。驂龍行天，馴馬匝地。鴻飛以儀，順道則利。時珍曰：《本經》、《别録》並無黄連久服長生之説，惟陶弘景言道方久服長生。《神仙傳》載封君達、黑穴公，並服黄連五十年得仙。竊謂黄連大苦大寒之藥，用之降火燥濕，中病即當止。豈可久服，使肅殺之令常行，而伐其生發沖和之氣乎？《素問》載岐伯言：五味入胃，各歸所喜攻。久而增氣，物化之常也。氣增而久，夭之由也。王冰註云：酸入肝爲温，苦入心爲熱，辛入肺爲清，鹹入腎爲寒，甘入脾爲至陰而四氣兼之，皆增其味而益其氣，故各從本臟之氣爲用。所以久服黄連、苦參反熱，從火化也，餘味皆然。久則臟氣偏勝，即有偏絶，則有暴夭之道。是以絶粒服餌之人不暴亡者，無五味偏助也。又秦觀與喬希聖論黄連書云：聞公以眼疾餌黄連，至十數兩猶不已，殆不可也。醫經有久服黄連、苦參反熱之説。此雖大寒，其味至苦，入胃則先歸於心，久而不已，心火偏勝則熱，乃其理也。况眼疾本於肝熱，肝與心爲子母。心火也，肝亦火也，腎孤臟也，人患一水不勝二火。豈可久服苦藥，使心有所偏勝，是以火救火，其可乎？秦公此書，蓋因王公之説而推詳之也。我明荆端王素多火病，醫令服金花丸，乃芩、連、巵、蘗四味，餌至數年，其火愈熾，遂至内障喪明。觀此，則寒苦之藥，不但使人不能長生，久則氣增偏勝，速夭之由矣。當以《素問》之言爲法，陶氏道書之説，皆謬談也。楊上瀛云：黄連能去心竅惡血。

又《胡黄連》 釋名割孤露澤時珍曰：其性味、功用似黄連，故名割孤露澤，胡語也。集解恭曰：胡黄連出波斯國，生海畔，陸地苗若夏枯草根，頭似烏嘴，折之内似鸜鵒眼者良。八月上旬采之。頌曰：今南海及秦隴間亦有之，初生似蘆乾則似楊柳枯枝，心黑外黄，不拘時月收采折之，塵出如烟者，乃爲真也。根氣味苦平，無毒。恭曰：大寒，惡菊花、玄參、白鮮皮，解巴豆毒，忌猪肉，令人漏精。主治補肝膽，明目，治骨蒸勞熱三消，五心煩熱，婦人胎蒸，虚驚冷熱，洩痢，五痔，厚腸胃，益顔色，浸人乳汁點目甚良。蘇恭治久痢成疳，小兒驚癇寒熱不下食，霍亂下痢，傷寒欬嗽温瘧，理腰腎，去陰汗。開寶去果子積。

又《土當歸》 根氣味辛温，無毒。主治除風和血，煎酒服之。閃拗手足，同荆芥、葱白煎湯淋洗之。

又《苦參》 氣味苦寒，無毒。漬酒飲，治疥殺蟲。弘景治惡蟲，脛酸。蘇恭治熱毒風皮肌煩躁，生瘡赤癩眉脱，除大熱嗜睡，治腹中冷痛，中惡腹痛。甄權殺疳蟲，炒存性米飲服，治腸風瀉血并熱痢。時珍發明元素曰：苦參味苦氣沉純陰，足少陰腎經君藥也。治本經須用，能逐濕。頌曰：古今方用治風熱瘡疹最多。宗奭曰：沈存中《筆談》，載其苦腰重久坐不能行。有一將佐曰：此乃病齒數年，用苦參揩齒，其氣味入齒傷腎所致也。後有太常少卿舒昭亮亦用苦參揩齒歲久，亦病腰。自後悉不用之，腰疾皆愈。此皆方書不載者。震亨曰：苦參能峻補陰氣，或得之而致腰重者，因其氣降而不升也，非傷腎之謂也。其治大風有功，况風熱細疹乎？時珍曰：子午乃少陰君火對化，故苦參、黄蘗之苦寒，皆能補腎，蓋取其苦燥濕寒除熱也。熱生風，濕生虫，故又能治風殺虫。惟腎水弱而相火勝者，用之相宜。若火衰精冷，真元不足及年高之人，不可用也。《素問》云：五味入胃，各歸其所喜攻，久而增氣，物化之常也。氣增而久，夭之由也。王冰註云：入肝爲温，入心爲熱，入肺爲清，入腎爲寒，入脾爲至陰而兼四氣，皆爲增其味而益其氣，各從本臟之氣。故久服黄連苦參而反熱者，此其類也。氣增不已，則臟氣有偏勝，偏勝則臟有偏絶，故有暴夭。是以藥不具五味，不備四氣，而久服之，雖且獲勝久必暴夭。但人䟽忽，不能精候爾。張從正亦云：凡藥皆毒也，雖甘草苦參不可不謂之毒。久服則五味各歸其臟，必有偏勝氣增之患。諸藥皆然，學者當觸類而長之可也。至於飲食亦然。又按《史記》云：太倉公淳于意醫齊大夫病齲齒，灸左手陽明脉，以苦參湯日漱三升，出入其風，五六日愈。此亦取其去風氣濕熱，殺虫之義。實十月收采，氣味同根，主治久服輕身不老明目餌如槐子法，有驗。蘇恭

又卷一四《草之三·當歸》 集解《别録》曰：當歸生隴西川谷。二月八月采根，陰乾。弘景曰：今隴西、四陽、黑水當歸，多肉少枝，氣香，名馬尾當歸。西川北部當歸，多根枝而細。歷陽所出者，色白而氣味薄，不相似，呼爲草當歸。缺少時亦用之。恭曰：今出當州、宕州、翼州、松州，以宕州者最勝。有二種：一種似大葉芎藭者，名馬尾當歸，今人多用。一種似細葉芎藭者，名蠶頭當歸，即陶稱歷陽者，不堪用，莖葉並卑下於芎藭。頌曰：今川蜀陝西諸郡及江寧府滁州皆有之，以蜀中者爲勝。春生苗，緑葉有三瓣，七八月開花，似蒔蘿，淺紫色，根黑黄色，以肉厚而不枯者爲勝。時珍曰：今陝、蜀、秦州、汶州諸處人多栽蒔爲貨，以秦歸頭圓尾多、色紫氣香、肥潤者名馬尾歸最勝。他處頭大尾粗、色白堅枯者爲鑱頭歸，止宜入發散藥爾。韓悉言：川産者力剛而善攻，秦産者力柔而善補，是矣。根修治斅曰：凡用，去蘆頭以酒浸一宿入藥，止血破血。頭尾效各不同，若要破血，即使頭一節

硬實處，若要止痛止血，即用尾。若一併用，服食無效，不如不使。惟單使妙也。元素曰：頭止血，尾破血，身和血，全用即一破一止也。先以水洗浄土，治上酒浸，治外酒洗過，或火乾日乾入藥。杲曰：頭止血而上行，身養血而中守，梢破血而下流，全活血而不走。時珍曰：雷張二氏所説頭尾功效各異，凡物之根身半已上氣脈上行法乎天，身半已下氣脈下行法乎地，人身法象天地則治上，當用頭治中，當用身治下，當用尾通治，則全用，乃一定之理也。當以張氏之説爲優。凡晒乾，乘熱紙封甕收之，不蛀。氣味苦温，無毒。《别録》曰：辛，大温。普曰：神農、黄帝、桐君、扁鵲：甘，無毒。岐伯、雷公：辛，無毒。李當之：小温。杲曰：甘辛温，無毒，氣厚味薄，可升可降，陽中微陰，入手少陰、足太陰、厥陰經血分。之才曰：惡蕳茹濕麪，畏菖蒲、海藻。牡蒙生薑制雄黄。主治欬逆上氣，温瘧寒熱，汎汎在皮膚中，婦人漏下絶子，諸惡瘡瘍金瘡，煑汁飲之。本經温中止痛，除客血内塞中風，痓汗不出，濕痺，中惡客氣虚冷，補五臟，生肌肉。别録止嘔逆虚勞寒熱，下痢，腹痛齒痛，女人瀝血，腰痛崩中，補諸不足。甄權治一切風一切氣，補一切勞，破惡血，養新血，及癥癖腸胃冷。大明治頭痛心腹諸痛，潤腸胃，筋骨皮膚，治癰疽，排膿止痛，和血補血。時珍主痿癖嗜卧，足下熱而痛，衝脈爲痛，氣逆裏急，帶脈爲病，腹痛，腰溶溶如坐水中。好古發明權曰：患人虚冷者，加而用之。承曰：世俗多謂惟能治血，而《金匱》、《外臺》、《千金》諸方皆爲人補不足、决取立效之藥。古方用治婦人産後惡血上衝，取效無急於此。凡氣血昏亂者，服之即定。可以補虚，備産後要藥也。宗奭曰：《藥性論》補女子諸不足一説，盡當歸之用矣。成無己曰：脈者血之府，諸血皆屬心。凡通脈者，必先補心益血。故張仲景治手足厥寒、脉細欲絶者，用當歸之苦温以助心血。元素曰：其用有三：一，心經本藥；二，和血；三，治諸病夜甚。凡血受病，必須用之。血壅而不流則痛，當歸之甘温能和血，辛温能散内寒，苦温能助心散寒，使氣血各有所歸。好古曰：入手少陰，以其心生血也。入足太陰，以其皮裹血也。入足厥陰，以其肝藏血也。頭，能破血。身，能養血。尾，能行血。全用，同人參、黄芪，則補氣而生血；同牽牛、大黄則行氣而破血。從桂、附、茱萸則熱，從大黄芒消則寒。佐使分定，用者當知。酒蒸治頭痛，諸痛皆屬火，故以血藥主之。璣曰：治頭痛，酒煑服清，取其浮而上也。治心痛，酒調末服，取其濁而半沈半浮也。治小便出血，用酒煎服，取其沈入下極也。自有高低之分如此。王海藏言當歸血藥，如何治胸中欬逆上氣？按當歸其味辛散，乃血中氣藥也。况欬逆上氣，有陰虚陽無所附者，故用血藥補陰，則血和而氣降矣。韓悉曰：當歸主血分之病。川産力剛可攻，秦産力柔宜補。凡用，本病宜酒制，有痰以薑制，導血歸源之理。血虚以人參、石脂爲佐，血熱以生地黄、條芩爲佐，不絶生化之源。血積配以大黄。要之，血藥不容舍當歸。故古方四物湯以爲君，芍藥爲臣，地黄爲佐，芎藭爲使也。

又《木香》 釋名蜜香，（别録）青木香，（弘景）五木香，（圖經）南木香。

《綱目》時珍曰：木香草類也，本名蜜香，因其香氣如蜜也。緣沉香中有蜜香，遂訛此爲木香爾。昔人謂之青木香。後人因呼馬兜鈴根爲青木香，乃呼此爲南木香、廣木香以别之。今人又呼一種薔薇爲木香，愈亂真矣。三洞珠囊云：五香者，即青木香也。一株五根，一莖五枝，一枝五葉，葉間五節，故名五香。燒之能上徹九天也。古方治癰疽有五香連翹湯，内用青木香。《古樂府》云：氍毹㲮㲪五木香皆指此也。頌曰：《修養書》云：正月一日取五木香湯以浴，令人至老鬚髮黑。徐鍇注云：道家謂青木香亦云五木，多以爲浴是矣。《金光明經》謂之矩琵佗香。集解《别録》曰：木香生永昌山谷。弘景曰：此即青木香也。永昌不復貢，今皆從外國舶上來，乃云出大秦國。今皆以合香，不入藥用。恭曰：此有二種，當以崑崙來者爲佳，西湖來者不善。葉似羊蹄而長大，花如菊花，結實黄黑，所在亦有之。功用極多。陶云：不入藥用，非也。權曰：南州《異物志》云：青木香出天竺，是草根狀如甘草也。頌曰：今惟廣州舶上來，他無所出。根窠大類茄子，葉似羊蹄而長大，亦有如山藥而根大開紫花者。不拘時月采根，芽爲藥。以其形如枯骨，味苦粘牙者爲良。江、淮間亦有此種，名土青木香，不堪藥用。《蜀本草》言：孟泉苑中亦嘗種之，云苗高三、四尺，葉長八、九寸，皺軟而有毛，開黄花，恐亦是土木香種也。斅曰：其香是蘆蔓根條，左盤旋，采得二十九日方硬如朽骨。其有蘆頭丁蓋子，色青者是木香神也。宗奭曰：常自岷州出塞，得青木香，持歸西洛。葉如牛蒡，但狹長，莖高二、三尺，花黄一如金錢，其根即香也。生嚼即辛香，尤行氣。承曰：木香今皆從外國來，陶説爲是。蘇頌《圖經》所載廣州者，乃是木類。又載滁州海州者，乃是馬兜鈴根，治療冷熱殊不相似，皆誤圖耳。時珍曰：木香南番諸國皆有。《一統志》云：葉類絲瓜，冬月取根晒乾。根修治時珍曰：凡入理氣藥，只生用不見火。若實大腸，宜麪煨熟用。氣味辛，温，無毒。元素曰：氣熱，味辛苦，氣味俱厚，沈而降陰也。杲曰：苦，甘，辛，微温，降也，陰也。好古曰：辛，苦，熱。味厚於氣，陰中陽也。主治邪氣，辟毒疫温鬼，强志，主淋露。久服不夢寤魘寐。本經消毒，殺鬼精物，温瘧蠱毒，氣劣，氣不足，肌中偏寒，引藥之精。（别録）治心腹一切氣，膀胱冷痛，嘔逆反胃，霍亂，泄瀉，痢疾，健脾消食，安胎。大明九種心痛，積年冷氣，痃癖癥塊，脹痛，壅氣上衝，煩悶羸劣，女人血氣刺，心痛不可忍。末酒服之。（甄權）散滯氣，調諸氣，和胃氣，泄肺氣。（元素）行肝經氣，煨熟實大腸。（震亨）治衝脉爲病，逆氣裏急，主脬滲小便祕。（好古）發明弘景曰：青木香，大秦國人以療毒腫，消惡氣，有驗。今惟制蛀蟲丸用之。常以煑汁沐浴，大佳。宗奭曰：木香專泄决胸腹間滯塞，冷氣。他則次之。得橘皮、肉豆蔻、生薑相佐使，絕佳，效尤速。元素曰：木香除肺中滯氣，若治中下二焦氣結滯，及不轉運須用檳榔爲使。震亨曰：調氣用木香。其味辛，氣能上升，如氣鬱不達者宜之。若陰火衝上者，則反助火邪，當用黄蘗知母，而少以木香佐之。好古曰：《本草》云：生氣劣氣不足，補也。通壅氣，導一切氣，破也。安胎，健脾胃，補也。除痃癖、癥塊，破也。其不同如此。潔古張氏但言調氣，不言補也。機曰：與補藥爲佐，則補與泄藥爲君，則泄也。時珍曰：木香乃三焦氣分之藥，能升降諸氣。諸氣膹鬱，皆屬於肺，故上焦氣滯用之者，乃金鬱則泄之也。中氣不運，皆屬於脾，故中焦氣滯宜之者，脾胃喜芳香也。大腸氣滯則後重，膀胱氣不化則癃淋，肝氣鬱則爲痛，故下焦氣滯者宜之，乃塞者通之也。權曰：隋書言樊子蓋爲武威太守，車駕入吐谷渾，子蓋以彼多瘴氣，獻青木香以禦霧露之邪。頌曰：《續傳信方》著張仲景青木香丸，主陽衰諸不足，用崑崙青木香、六路訶子皮各二十兩，擣篩，糖和丸梧子大，每空腹酒下三十丸，日再，其效尤速。鄭駙馬去沙糖用白蜜加羚羊角十二兩，用藥不類古方，而云仲景不知何從而得也。

又《甘松香》 根氣味甘，温，無毒。好古曰：平。主治惡氣，卒心腹痛滿，下氣。（開寶）黑皮䵟䵳風疳，齒䘌，野鷄痔，得白芷附子良。（藏器）理元氣，去氣鬱。（好古）脚氣膝浮，煎湯淋洗。（時珍）發明時珍曰：甘松芳香，能開脾鬱。少加入脾胃藥中，甚醒脾氣。杜寶《拾遺録》云：壽禪師妙醫術，作五香飲，更加別藥，止渴兼補益最妙。一沈香飲，二丁香飲，三檀香飲，四澤蘭飲，五甘松飲也。

又 卷一五《草之四・麻黄》 集解《別録》曰：麻黄生晉地及河東，立秋采莖陰乾令青。弘景曰：今出青州彭城滎陽，中牟者爲勝，色青而多沫。蜀中亦有，不好。恭曰：鄭州鹿臺及閩中沙苑河旁沙洲上最多，同州沙苑亦多，其青、徐者亦不復用。禹錫曰：按段成式《酉陽雜俎》云：麻黄莖頭開花，花小而黄，叢生，子如覆盆子，可食。頌曰：今近汴京多有之，以滎陽、中牟者爲勝。春生苗，至夏五月則長，及一尺以來。稍上有黄花，結實如百合瓣而小，又似皂筴子，味甜，微有麻黄氣，外皮紅，裏仁子黑，根紫赤色，俗說有雌雄二種：雌者於三月四月內開花，六月結子。雄者無花不結子，至立秋後收莖，陰乾。時珍曰：其根皮色黄赤，長者近尺。

氣味苦温，無毒。《別録》曰：微温普曰：神農雷公苦無毒，扁鵲：酸。李當之：平。權曰：甘平。元素曰：性温味苦而甘辛，氣味俱薄，輕清而浮，陽也，升也。手太陰之藥，入足太陽經兼走手少陰陽明。時珍曰：麻黄微苦而辛，性熱而輕揚。僧繼洪云：中牟有麻黄之地，冬不積雪。爲泄內陽也。故過用則洩真氣。觀此則性熱可知矣。服麻黄自汗不止者，以冷水浸頭髮，仍用撲法即止。凡服麻黄藥，須避風一日，不爾病復作也。凡用須佐以黄芩，則無赤眼之患。之才曰：厚朴、白微爲之使。惡辛夷、石韋。

主治中風傷寒，頭痛温瘧，發表出汗，去邪熱氣，止欬逆，上氣除寒熱，破癥堅積聚。本經五臟邪氣緩急，風脅痛，字乳餘疾，止好唾，通腠理，解肌洩邪惡氣，消赤黑斑毒。不可多服，令人虛。別録治身上毒風𤸷痺，皮肉不仁。主壯熱温疫，山嵐瘴氣。甄權通九竅，調血脉，開毛孔皮膚。大明去榮中寒邪，洩衛中風熱。元素散赤目腫痛，水腫風腫，產後血滯。時珍

發明弘景曰：麻黄療傷寒，解肌第一藥。頌曰：張仲景治傷寒有麻黄湯及葛根湯，大小青龍湯皆用。麻黄治肺痿、上氣，有射干麻黄湯，厚朴麻黄湯皆大方也。杲曰：輕可去實，麻黄、葛根之屬是也。六淫有餘之邪，客于陽分皮毛之間，腠理閉拒，榮衛氣血不行，故謂之實，二藥輕清成象，故可去之。麻黄微苦，其形中空，陰中之陽，入足太陽寒水之經，其經循背下行，本寒而又受外寒，故宜發汗，去皮毛氣分寒邪，以泄表實。若過發則汗多亡陽，或飲食勞倦及雜病自汗，表虛之證用之，則脫人元氣，不可不禁。好古曰：麻黄治衛實之藥，桂枝治衛虛之藥，二物雖爲太陽證藥，其實榮衛藥也。心主榮爲血，肺主衛爲氣。故麻黄爲手太陰肺之劑，桂枝爲手少陰心之劑。傷寒傷風而欬嗽，用麻黄、桂枝，即湯液之源也。時珍曰：麻黄乃肺經專藥，故治肺病多用之。張仲景治傷寒，無汗用麻黄，有汗用桂枝。歷代明醫解釋皆隨文傳會，未有究其精微者。時珍常釋思之，似有一得，與昔人所解不同云。津液爲汗，汗即血也。在榮則爲血，在衛則爲汗。夫寒傷榮榮血內濇不能外通于衛衛氣閉固津液不行，故無汗發熱而憎寒。夫風傷衛，衛氣外泄，不能內護于榮，榮氣虛弱，津液不固，故有汗發熱而惡風。然風寒之邪，皆由皮毛而入。皮毛者，肺之合也。肺主衛氣，包羅一身，天之象也。是證雖屬乎太陽，而肺實受邪氣。其證時兼面赤怫鬱，欬嗽有痰，喘而胸滿諸證者，非肺病乎？蓋皮毛外閉，則邪熱內攻，而肺氣膹鬱。故用麻黄、甘草同桂枝引出營分之邪，達之肌表，佐以杏仁泄肺而利氣。汗後無大熱而喘者，加以石膏。朱肱《活人書》，夏至後加石膏、知母，皆是泄肺火之藥。是則麻黄湯雖太陽發汗重劑，實爲發散肺經火鬱之藥也。腠理不密，則津液外泄，而肺氣自虛。虛則補其母。故用桂枝同甘草，外散風邪以救表，內伐肝木以防脾。佐以芍藥，泄木而固脾，泄東所以補西也。使以薑棗，行脾之津液而和營衛也。下後微喘者加厚朴、杏仁，以利肺氣也。汗後脉沉遲者加人參，以益肺氣也。朱肱加黄芩爲陽旦湯，以瀉肺熱也。皆是脾肺之藥。是則桂枝雖太陽解肌輕劑，實爲理脾救肺之藥也。此千古未發之秘旨，愚因表而出之。又少陰病發熱脉沉，有麻黄附子細辛湯、麻黄附子甘草湯。少陰與太陽爲表裏，乃趙嗣其所謂熱附配麻黄，補中有發也。一錦衣夏月飲酒達旦，病水泄，數日不止，水穀直出。服分利消導升提諸藥則反劇。時珍診之，脉浮而緩，大腸下弩，復發痔

血。此因肉食生冷茶水過雜，抑遏陽氣在下，木盛土衰，《素問》所謂久風成飧泄也。法當升之揚之。遂以小續命湯投之，一服而愈。昔仲景治傷寒，六七日大下後，脉沉遲，手足厥逆，咽喉不利，唾膿血，泄利不止者，用麻黄湯平其肝肺，兼升發之，即斯理也。神而明之，此類是也。

根節氣味甘平，無毒。主治止汗，夏月雜粉撲之。弘景（略）附録雲花子時珍曰：按葛洪肘后方，治馬疥有雲花草。云狀如麻黄，而中堅實也。

又　卷一六《草之五·地黄》　集解《别録》曰：地黄生咸陽川澤黄土地者佳。二月八月採根，陰乾。弘景曰：咸陽即長安也，生渭城者乃有子實如小麥，今以彭城乾地黄最好，次歷陽。近用江寧板橋者爲勝。作乾者有法，擣汁和蒸，殊用工意；而此云陰乾，恐以蒸作爲失乎？人亦以牛膝、姜蕤作之，人不能別。頌曰：今處處有之，以同州者爲上。二月生葉，布地便出似車前，葉上有皺文而不光。高者及尺餘，低者三四寸，其花似油麻花而紅紫色，亦有黄花者。其實作房如連翹，中子甚細而沙褐色。根如人手指，通黄色，粗細長短不常。種之甚易，根入土即生。一説：古稱種地黄宜黄土。今不然，大宜肥壤虚地，則根大而多汁。其法以葦席圍編如車輪，徑丈餘，以壤土實葦席中爲壇。壇上又以葦席實土爲一級，比下壇徑減一尺。如此數級，如浮屠。乃以地黄根節多者寸斷之，蒔壇上，層層令滿，逐日水灌，令茂盛。至春秋分時，自上層取之，根皆長大而不斷折，不被斸傷故也。得根暴乾，出同州者光潤甘美。宗奭曰：地黄葉如甘露子，花如脂麻花，但有細斑點。北人謂之牛奶子花，莖有微細短白毛。時珍曰：今人惟以懷慶地黄爲上，亦各處隨時興廢不同爾。其苗初生塌地，葉如山白菜而毛澁，葉面深青色，又似小芥葉而頗厚，不叉丫。葉中擸莖，上有細毛。莖稍開小筒子花，紅黄色。結實如小麥粒。根長四五寸，細如手指，皮赤黄色，如羊蹄根及葫蘿蔔根，曝乾乃黑，生食作土氣。俗呼其苗爲婆婆奶。古人種子，今惟種根。《王旻山居録》云：地黄嫩苗，摘其旁葉作菜，甚益人。本草以二月八月採根，殊未窮物性。八月殘葉猶在，葉中精氣未盡歸根。二月新苗已生，根中精氣已滋於葉。不如正月、九月採者殊好，又與蒸曝相宜。《禮記》云：羊苄豕薇，則自古已食之矣。嘉謨曰：江浙壤地種者，受南方陽氣，質雖光潤而力微，懷慶山産者禀北方純陰，皮有疙瘩而力大。

乾地黄修治藏器曰：乾地黄本經不言生乾及蒸乾。方家所用二物各别，蒸乾即温補，生乾即平宣，當依此法用。時珍曰：本經所謂乾地黄者，即生地黄之乾者也。其法：取地黄一百斤，擇肥者六十斤洗浄，晒令微皺。以揀下者洗浄，木臼中擣絞汁盡，投酒更擣，取汁拌前地黄，日中晒乾，或火焙乾用。

氣味甘寒，無毒。《别録》曰：苦。權曰：甘平。好古曰：甘苦寒，氣薄味厚，沈而降，陰也，入手足少陰厥陰及手太陽之經。酒浸上行、外行。日乾者，平火乾者温，功用相同。元素曰：生地黄大寒，胃弱者斟酌用之，恐損胃氣。之才曰：得清酒、麥門冬良，惡貝母，畏蕪荑。權曰：葱蒜、蘿蔔、諸血，令人營衛澀，鬚髮白。斆曰：忌銅、鐵器，令人腎消并髮白，男損營，女損衛。時珍曰：薑汁浸則不泥膈，酒制則不妨鮮，用則寒乾，用則涼。

主治傷中，逐血痺，填骨髓，長肌肉，作湯除寒熱積聚，除痺，療折跌絶筋，久服輕身不老。生者尤良。本經主男子五勞七傷，女子傷中胞漏下血，破惡血溺血，利大小腸，去胃中宿食飽，力斷絶，補五臟内傷不足，通血脈益氣力，利耳目。别録助心膽氣，强筋骨，安魂定魄，治驚悸勞劣，心肺損，吐血鼻衄，婦人崩中血運。大明産後腹痛，久服變白延年。甄權涼血生血，補腎水真陰，除皮膚燥，去諸濕熱。元素主心病掌中熱痛，脾氣痿蹷嗜臥，足下熱而痛，治齒痛唾血。好古

生地黄氣味大寒。主治血崩，産後血薄，心悶絶，胎動下血，胎不落，墮墜踠折，瘀血留血，鼻衄吐血，皆擣飲之。别録解諸熱，通月水，利水道，擣貼腹能消瘀血。甄權

發明好古曰：生地黄入手少陰，又爲手太陽之劑，故錢仲陽瀉丙火與木通同用，以導赤也。諸經之血熱，與他藥相隨，亦能治之。溺血、便血皆同。權曰：病人虚而多熱者，宜加用之。戴原禮曰：陰微陽盛，相火熾强，來乘陰位，日漸煎熬，爲虚火之證者，宜地黄之屬，可以滋陰退陽。宗奭曰：《本經》只言乾、生二種，不言熟者。如血虚勞熱，産後虚熱，老人中虚燥熱者，若與生乾，當慮太寒，故後世改用蒸曝熟者。生熟之功殊别，不可不詳。時珍曰：《本經》所謂乾地黄者，乃陰乾、日乾、火乾者，故又云生者尤良。《别録》復云：生地黄者，乃新掘鮮者故，其性大寒，其熟地黄乃後人復蒸晒者。諸家本草皆指乾地黄爲熟地黄，雖主治證同，而涼血、補血之功稍異，故今别出熟地黄一條於下。

氣味甘微苦，微温，無毒。元素曰：甘，微苦，寒。假酒力酒蒸，則微温而大補。味厚氣薄，陰中之陽，沈也。入手足少陰厥陰之經。治外治上，須酒制。忌蘿蔔、葱蒜、諸血。得牡丹皮、當歸，和血生血，涼血滋陰補髓。主治填骨髓，長肌肉，生精血，補五臟内傷不足，通血脈，利耳目，黑鬚髮，男子五勞七傷，女子傷中胞漏，經候不調，胎産百病。時珍補血氣，滋腎水，益真陰，去臍腹急痛，病後脛股酸痛。元素坐而欲起，目䀮䀮無所見。好古

發明元素曰：地黄生則大寒而涼血，血熱者須用之；熟則微温而補腎，血衰者須用之。又臍下痛屬腎經，非熟地黄不能除，乃通腎之藥也。好古曰：生地黄治心熱，手足心熱，

入手足少陰厥陰，能益腎水，凉心血，其脈洪實者宜之。若脈虚者，則宜熟地黄，假火力蒸九數，故能補腎中元氣。仲景六味丸以之爲諸藥之首，天一所生之源也。湯液四物湯治藏血之臟，以之爲君者，癸乙同歸一治也。時珍曰：按王碩《易簡方》云：男子多陰虚，宜用熟地黄；女子多血熱，宜用生地黄。又云：生地黄能生精血，天門冬引入所生之處；熟地黄補精血，用麥門冬引入所補之處。虞摶《醫學正傳》云：生地黄生血，而胃氣弱者服之，恐妨食；熟地黄補血，而痰飲多者服之，恐泥膈。或云：生地黄酒炒則不妨胃，熟地黄薑汁炒則不泥膈。此皆得用地黄之精微者也。頌曰：崔元亮《海上方》：治一切心痛，無問新久。以生地黄一味，隨人所食多少，搗絞取汁，搜麪作餺飥或冷淘食，良久當利出虫，長一尺許頭似壁宫，後不復患矣。昔有人患此病二年，深以爲恨，臨終戒其家人，吾死後當剖去病本。從其言果得虫，置於竹節中，每所食皆飼之。因食地黄餺飥亦與之，隨即壞爛。由此得方。劉禹錫《傳信方》亦紀其事云：貞元十年，通事舍人崔抗女，患心痛垂絶，遂作地黄冷淘食，便吐一物，可方寸匕，狀如蝦蟇，無足目，似有口，遂愈。冷淘勿着鹽。

葉主治惡瘡似癩，十年者，擣爛日塗，鹽湯先洗。千金方　時珍曰：按《抱朴子》云：韓子治用地黄苗喂五十歲老馬，生三駒，又一百三十歲乃死也。張鷟《朝野僉載》云：雉被鷹傷，銜地黄葉點之；虎中藥箭，食清泥解之。鳥獸猶知解毒，何況人乎？

實主治四月採，陰乾，擣末，水服方寸匕，日三服，功與地黄等。蘇頌、弘景曰：出渭城者有子，淮南七精丸用之。

花主治爲末服食，功同地黄。蘇頌腎虚、腰脊痛爲末，酒服方寸匕，日三。時珍

又《淡竹葉》 **釋名**根名碎骨子。時珍曰：竹葉象形碎骨，言其下胎也。

集解時珍曰：處處原野有之。春生苗，高數寸，細莖緑葉，儼如竹米落地所生細竹之莖葉，其根一窠數十鬚，鬚上結子，與麥門冬一樣，但堅硬爾。隨時採之。八、九月抽莖，結小長穗。俚人採其根苗，搗汁和米作酒麴，甚芳烈。

氣味甘寒，無毒。**主治**：葉去煩熱，利小便，清心。根能墮胎，催生。（時珍）

又《連翹》 **釋名**連（爾雅）異翹（爾雅）旱蓮子（藥性）蘭華（吴普）三廉（别録）根名連軺（仲景）竹根（别録）恭曰：其實似蓮，作房，翹出衆草故名。宗奭曰：連翹亦不翹出衆草。太山山谷間甚多。其子折之，片片相比如翹，應以此得名耳。時珍曰：按《爾雅》云：連，異翹。則是本名連，又名異翹，人因合稱爲連翹矣。連軺亦作連苕，即《本經》下品翹根是也。唐蘇恭《修本草》退入有名未用中，今併爲一。旱蓮乃小翹，人以爲鱧腸者，故同名。

集解《别録》曰：連翹生太山山谷，八月採，陰乾。弘景曰：處處有之。今用莖連花實。恭曰：此物有兩種，大翹，小翹。大翹生下濕地，葉狹長如水蘇，花黄可愛。著子似椿實之未開者，作房翹出衆草。其小翹生岡原之上，葉、花、實皆似大翹而小、細。山南人并用之。今長安惟用大翹子，不用莖花也。頌曰：今近汴京及河中、江寧、潤、淄、澤、兖、鼎、岳、利諸州，南康軍皆有之。有大、小二種。大翹生下濕地或山岡上，青葉狹長如榆葉、水蘇輩，莖赤色，高三、四尺，獨莖，稍間開花黄色，秋結實似蓮，内作房瓣，根黄如蒿根，八月採房。其小翹生岡原之上，花、葉、實皆似大翹而細。南方生者，葉狹而小，莖短，纔高一、二尺，花亦黄，實房黄黑，内含黑子如粟粒，亦名旱蓮。南人用花、葉。今南方醫家説云：連翹有兩種。一種似椿實之未開者，殼小堅而外完，無跗萼，剖之則中解，氣甚芳馥，其實纔乾，振之皆落，不著莖也；一種乃如菡萏，殼柔，外有跗萼抱之，而無解脈，亦無香氣，乾之雖久，著莖不脱，此甚相異，此種江南下澤間極多。如椿實者，乃自蜀中來，入用勝似江南者。據本草則亦以蜀中者爲勝，然未見其莖葉也。

氣味苦平，無毒。元素曰：性涼味苦，氣味俱薄輕清而浮，升也，陽也。手搓用之。好古曰：陰中陽也，入手足少陽手陽明經，又入手少陰經。時珍曰：微苦辛。**主治**寒熱鼠瘻，瘰癧癰腫，惡瘡癭瘤，結熱蠱毒。本經去白蟲。别録通利五淋，小便不通，除心家客熱。甄權通小腸，排膿，治瘡癤，止痛，通月經。大明散諸經血結，氣聚，消腫。李杲瀉心火，除脾胃濕熱，治中部血證，以爲使。震亨治耳聾，渾渾焞焞。好古

莖葉主治心肺積熱。時珍

發明元素曰：連翹之用有三：瀉心經客熱一也，去上焦諸熱二也，爲瘡家聖藥三也。杲曰：《十二經》瘡藥中不可無此，乃結者散之之義。好古曰：手足少陽之藥，治瘡瘍、瘤癭、結核有神，與柴胡同功。但分氣血之異爾，與鼠粘子同用，治瘡瘍别有神功。時珍曰：連翹狀似人心，兩片合成，其中有仁，甚香。乃少陰心經厥陰包絡氣分主藥也。諸痛癢瘡瘍皆屬心火，故爲《十二經》瘡家聖藥，而兼治手足少陽、手陽明三經氣分之熱也。

翹根氣味甘寒平，有小毒。**主治**下熱氣，益陰精，令人面悦好，明目，久服輕身耐老。本經以作蒸飲酒病人。别録治傷寒，瘀熱，欲發黄。時珍

發明本經曰：翹根生嵩高平澤，二月八月採。弘景曰：方藥不用，人無識者。好古曰：此即連翹根也，能下熱氣，故張仲景治傷寒瘀熱在裏，麻黄連軺赤小豆湯用之。注云：即連翹根也。

又 卷一七上《草之六·商陸》 釋名蓫葛，當陸，章柳，白昌，馬尾，夜呼。

集解《别録》曰：商陸生咸陽川谷，如人形者有神。恭曰：此有赤、白二種。白者，入藥用。赤者見鬼神，甚有毒。保昇曰：所在有之，葉大如牛舌而厚脆，赤花者，根赤；白花者，根白。二月八月采根，日乾。頌曰：俗名章柳，根多生於人家園圃中。春生苗，高三四尺，青葉如牛舌而長。莖青赤，至柔脆。夏秋開紅紫花，作朵。根如蘿蔔而長，八九月采之。《爾雅》謂之蓫葛，《廣雅》謂之馬尾，《易經》謂之莧陸。斅曰：一種赤昌，苗葉絶相類，不可服之，有傷筋骨消腎之毒。惟花白年多者，仙人采之作脯，可下酒也。時珍曰：商陸昔人亦種之爲蔬，取白根及紫色者擘破，作畦栽之，亦可種子。根、苗、莖並可洗蒸食，或用灰汁煮過亦良，服丹砂、乳石人食之尤利。其赤與黄色者有毒，不可食。按：周憲王《救荒本草》云：章柳幹粗似雞冠花幹，微有線楞，色微紫赤，極易生植。

根修治斅曰：取花白者根，銅刀刮去皮，薄切，以東流水浸兩宿，漉出，架甑蒸，以黑豆葉一重，商陸一重，如此蒸之，從午至亥，取出去豆葉，暴乾剉用。無豆葉，以豆代之。

氣味辛平，有毒。《别録》曰：酸。權曰：甘，有大毒。忌犬肉。大明曰：白者若冷，得大蒜良。赤者有毒，能伏硇砂、砒石、雌黄、拔錫。恭曰：赤者但可貼腫，服之傷人，痢血不已殺人，令人見鬼神。張仲景曰：商陸以水服，殺人。杲曰：商陸有毒，陽中之陰。其味酸辛，其形類人，其用療水，其效如神。主治水腫疝瘕痺，熨除癰腫，殺鬼精物。本經療胸中邪氣，水腫痿痺，腹滿洪直，疏五臟，散水氣。别録瀉十種水病。喉痺不通，薄切醋炒，塗喉外，良。甄權通大小腸，瀉蠱毒，墮胎，熁腫毒，傅惡瘡。大明

發明弘景曰：方家不甚用，惟療水腫，切生根，雜鯉魚煮作湯服。道家乃散用之，及煎釀服，皆能去尸蟲，見鬼神。其實子亦入神藥。花名薚，花尤良。頌曰：古方術家多用之，亦可單服。五月五日采根，竹堊盛，掛屋東北角陰乾百日，擣篩，井華水調服，云神仙所秘法也。時珍曰：商陸苦寒，沈也降也陰也。其性下行，專於行水，與大戟、甘遂、蓋異性而同功。胃氣虚弱者不可用。方家治腫滿，小便不利者，以赤根擣爛，入射香三分，貼于臍心，以帛束之，得小便利即腫消。又治濕水，以指畫肉上，隨散不成文者。用白商陸、香附子炒乾，出火毒，以酒浸一夜，日乾爲末。每服三錢，米飲下。或以大蒜同商陸煮汁服亦可。其莖葉作蔬食，亦治腫疾。嘉謨曰：古讚云：其味酸辛，其形類人，療水貼腫，其效如神。斯言盡之矣。

……

薚花主治人心昏塞，多忘喜卧。取花，陰乾百日，擣末。日暮水服方寸匕，乃卧思念所欲事，即於眠中醒悟。

又《半夏》 釋名守田，本經水玉，本經地文，别録和姑。

集解《别録》曰：半夏生槐里川谷，五月八月采根，暴乾。普曰：生微丘或生野中，二月始生葉，三三相偶，白花圓上。弘景曰：槐里屬扶風，今第一出青州，吴中亦有，以肉白者爲佳，不厭陳久。恭曰：所在皆有，生平澤中者名羊眼半夏，圓白爲勝然江南者大乃徑寸，南人特重之。頃來互用，功狀殊異。其苗似是由跋，誤以爲半夏也。頌曰：在處有之，以齊州者爲佳。二月生苗一莖，莖端三葉，淺緑色，頗似竹葉，而生江南者似芍藥葉。根下相重，上大下小，皮黄肉白。五月八月采根，以灰裛二日，湯洗暴乾。《蜀圖經》云：五月采則虚小，八月采乃實大。其平澤生者甚小，名羊眼半夏。由跋絶類半夏，而苗不同。斅曰：白傍𦰡子真似半夏，只是咬着微酸，不入藥用。

修治弘景曰：凡用，以湯洗十許過，令滑盡。不爾，有毒戟人咽喉。方中有半夏必須用生薑者，以制其毒故也。斅曰：修事半夏四兩，用白芥子末二兩，釅醋二兩，攪濁，將半夏投中，洗三遍用之。若洗涎不盡，令人氣逆，肝氣怒滿。時珍曰：全治半夏，惟洗去皮垢，以湯泡浸七日，逐日换湯，晾切片，薑汁拌焙入藥。或研爲末，以薑汁入湯浸澄三日，瀝去涎水，晒乾用，謂之半夏粉。或研末以薑汁和作餅子，日乾用，謂之半夏餅。或研末以薑汁、白礬湯和作餅，楮葉包置籃中，待生黄衣，日乾用，謂之半夏麴。白飛霞《醫通》云：痰分之病，半夏爲主，造而爲麴尤佳。治濕痰以薑汁、白礬湯和之，治風痰以薑汁及皂莢煮汁和之，治火痰以薑汁、竹瀝或荆瀝和之，治寒痰以薑汁、礬湯入白芥子末和之，此皆造麴妙法也。

根氣味辛平，有毒。《别録》曰：生微寒，熟温。生令人吐，熟令人下。湯洗盡滑用。元素曰：味辛苦，性温，氣味俱薄，沉而降，陰中陽也。好古曰：辛厚苦輕，陽中陰也。入手陽明、太陰、少陰三經。之才曰：射干爲之使。惡皂莢。畏雄黄、生薑、乾薑、秦皮、龜甲，反烏頭。權曰：柴胡爲之使。忌羊血、海□、飴糖。元素曰：熱痰佐以黄芩，風痰佐以南星，寒痰佐以乾薑，痰痞佐以陳皮、白术。多用則瀉脾胃。諸血證及口渴者禁用，爲其燥津液也。孕婦忌之，用生薑則無害。主治傷寒寒熱，心下堅，胷脹欬逆，頭眩，咽喉腫痛，腸鳴，下氣止汗。本經消心腹胸膈痰熱滿結，欬嗽上氣，心下急痛堅痞，時氣嘔逆，消癰腫，療痿黄，悦澤面目，墮胎。别録消痰下肺氣，開胃健脾，止嘔吐，去胸中痰滿。生者，摩癰腫，除瘤癭氣。甄權治吐食反胃，霍亂轉筋，腸腹冷，痰瘧。大明治寒痰及形寒飲冷傷肺而欬。消胸中痞，膈上痰，除胸寒，和胃氣，燥脾濕，治痰厥頭痛，消腫散結。元素治眉稜骨痛。震亨補肝風虚。好古除腹脹，目不得瞑，白濁夢遺帶下。時珍

發明權曰：半夏使也。虚而有痰氣，宜加用之。頌曰：胃冷嘔噦，方藥之最要。成無

己曰：辛者散也，潤也。半夏之辛，以散逆氣結氣，除煩嘔，發音聲，行水氣而潤腎燥。好古曰：經云：腎主五液，化爲五濕。自入爲唾，入肝爲泣，入心爲汗，入脾爲痰，入肺爲涕。有痰曰嗽，無痰曰欬。痰者，因欬而動脾之濕也。半夏能泄痰之標，不能泄痰之本。泄本者，泄腎也。欬無形，痰有形，無形則潤，有形則燥，所以爲流濕潤燥也。俗以半夏爲肺藥，非也。止嘔吐爲足陽明，除痰爲足太陰，柴胡爲之使，故今柴胡湯中用之，雖爲止嘔，亦助柴胡、黄芩主往來寒熱，是又爲足少陽陽明也。宗奭曰：今人惟知半夏去痰，不言益脾，蓋能分水故也。脾惡濕，濕則濡困，困則不能治水。經云：水勝則瀉。一男子夜數如廁，或教以生薑一兩，半夏、大棗各三十枚，水一升，甆瓶中慢火燒爲熟水，時呷之，便已也。趙繼宗曰：丹溪言二陳湯治一身之痰，世醫執之，凡有痰者皆用。夫二陳内有半夏，其性燥烈，若風痰、寒痰、濕痰、食痰則相宜；至于勞痰、失血諸痰，用之反能燥血液而加病，不可不知。機曰：俗以半夏性燥有毒，多以貝母代之。貝母乃太陰肺經之藥，半夏乃太陰脾經、陽明胃經之藥，何可代也？夫欬嗽吐痰，虚勞吐血，或痰中見血諸鬱，咽痛喉痺，肺癰肺痿，癰疽，婦人乳難，此皆貝母爲向導，半夏乃禁用之藥。若涎者脾之液，美味膏粱炙煿，皆能生脾胃濕熱，故涎化爲痰，久則痰火上攻，令人昏憒口噤，偏廢僵仆，蹇澀不語，生死旦夕，自非半夏、南星曷可治乎？若以貝母代之，則翹首待斃矣。時珍曰：脾無留濕不生痰，故脾爲生痰之源，肺爲貯痰之器。半夏能主痰飲及腹脹者，爲其體滑而味辛性温也。涎滑能潤，辛温能散亦能潤，故行濕而通大便，利竅而泄小便。所謂辛走氣，能化液，辛以潤之是矣。潔古張氏云：半夏、南星治其痰，而欬嗽自愈。丹溪朱氏云：二陳湯能使大便潤而小便長。聊攝成氏云：半夏辛而散，行水氣而潤腎。燥又《和劑局方》用半硫丸治老人虚秘，皆取其滑潤也。世俗皆以南星、半夏爲性燥，誤矣。濕去則土燥，痰涎不生，非二物之性燥也。古方治咽痛喉痺，吐血下血，多用二物，非禁劑也。二物亦能散血，故破傷打撲皆主之。惟陰虚勞損，則非濕熱之邪，而用利竅行濕之藥，是乃重竭其精液，醫之罪也，豈藥之咎哉？《甲乙經》用治夜不眠，是果性燥者乎？岐伯云：衛氣行于陽，陽氣滿，不得入于陰，陰氣虚，故目不得瞑。治法：飲以半夏湯一劑，陰陽既通，其臥立至。方用流水千里者八升，揚之萬遍，取清五升，煮之，炊以葦薪，大沸，入秫米一升，半夏五合，煮一升半，飲汁一盃，日三，以知爲度。病新發者，覆盃則臥，汗出則已。久者，三飲而已。

莖涎主治：煉取，塗髮眉墮落者，即生。雷斅

又《羊躑躅》 釋名黄躑躅，黄杜鵑，羊不食草，鬧羊花，驚羊花，老虎花，玉枝。

花氣味辛，温，有大毒。主治賊風在皮膚中，淫淫痛，温瘧，惡毒諸痺。本經邪氣，鬼疰，蠱毒。別録

發明頌曰：古之大方多用躑躅。如胡洽治時行赤散，及治五嗽四滿丸之類，并治風諸酒方皆雜用之。又治百病風濕等，魯王酒中亦用躑躅花。今醫方將脚湯中多用之。南方治蠱毒下血，有躑躅花散，云甚勝。時珍曰：此物有大毒，曾有人以其根入酒飲，遂至於斃也。《和劑局方》治中風癱瘓伏虎丹中亦用之，不多服耳。（略）

附録山躑躅時珍曰：處處山谷有之，高者四五尺，低者一二尺。春生苗，葉淺緑色，枝少而花繁，一枝數萼，二月始開花，如羊躑躅而蒂如石榴花。有紅者、紫者、五出者、千葉者。小兒食其花，味酸無毒。一名紅躑躅，一名山石榴，一名映山紅，一名杜鵑花。其黄色者，即有毒羊躑躅也。羊不喫草拾遺藏器曰：生蜀川山谷，葉細。長在諸草中。羊不喫者是也。味苦、辛，温，無毒。主一切風血補益，攻諸病。煑之，亦浸酒服。時珍曰：此草似羊躑躅而云無毒，蓋别有此也。

又 卷一八上《草之十·五味子》 氣味酸温，無毒。主治益氣，欬逆上氣，勞傷羸瘦，補不足，强陰，益男子精。本經養五臟，除熱，生陰中肌。別録治中下氣，止嘔逆，補虚勞，令人體悦澤。甄權明目，暖水臟，壯筋骨，治風，消食，反胃，霍亂轉筋，痃癖奔豚冷氣，消水腫，心腹氣脹，止渴除煩熱，解酒毒。大明生津止渴，治瀉痢，補元氣不足，收耗散之氣，瞳子散大。李杲治喘欬燥嗽，壯水鎮陽。好古

發明成無己曰：肺欲收急食酸以收之。以酸補之，芍藥五味之酸，以收逆氣而安肺。杲曰：收肺氣，補氣不足，升也。酸以收逆氣，肺寒氣逆，則宜此與乾薑同治之。又五味子收肺氣，乃火熱必用之藥，故治嗽以之爲君，但有外邪者不可驟用，恐閉其邪氣，必先發散而後用之乃良。有痰者以半夏爲佐，喘者阿膠爲佐，但分兩少不同耳。宗奭曰：今華州以西至秦多産之，方紅熟時，彼人采得，蒸爛，研濾汁，熬成稀膏，量酸甘入蜜煉勻，待冷收器中。肺虚寒人，作湯時時飲之。作果可以寄遠。《本經》言其性温，今食之多致虚熱，小兒益甚。《藥性論》謂其除熱氣，日華子謂其暖水臟，除煩熱，後學至此多惑。今既用治肺虚寒，則更不取其除熱之説。震亨曰：五味大能收肺氣，宜其有補腎之功。收肺氣，非除熱乎？補腎，非暖水臟乎？乃火熱嗽必用之藥。寇氏所謂食之多致虚熱者，蓋收補之驟也，何惑之有？又黄昏嗽乃火氣浮入肺中，不宜用涼藥，宜五味子、倍子斂而降之。思邈曰：五六月宜常服五味子湯，以益肺金之氣，在上則滋源，在下則補腎。其法：以五味子一大合，木臼搗細甆瓶中，以百沸湯投之，入少蜜，封置火邊良久，湯成任飲。元素曰：孫真人《千金月令》言：五月常服五味，以補五臟之氣。遇夏月季夏之間，困乏無力，無氣以動。與黄芪、麥門冬，少加生黄

蘗，煎湯服之。使人精神頓加，兩足筋力涌出也。蓋五味子之酸，輔人參，能瀉丙火而補庚金，收斂耗散之氣。好古曰：張仲景八味丸，用此補腎，亦兼述類象形也。璣曰：五味治喘嗽，須分南北。生津止渴，潤肺補腎，勞嗽，宜用北者。風寒在肺，宜用南者。慎微曰：《抱朴子》云：五味者，五行之精，其子有五味。淮南公羨門子服之十六年，面色如玉女，入水不霑，入火不灼。

又《使君子》 釋名留求子。志曰：俗傳潘州郭使君療小兒多是獨用此物。後醫家因號爲使君子也。時珍曰：按嵇含《南方草木狀》謂之，留求子療嬰孺之疾則自魏晉已用，但名異耳。

集解志曰：生交、廣等州。形如巵子，稜瓣深而兩頭尖，似訶梨勒而輕。頌曰：今嶺南州郡皆有之。生山野中及水岸，其莖作藤，如手指大。其葉如兩指頭，長二寸。三月生花淡紅色，久乃深紅，有五瓣。七、八月結子如拇指大，長一寸許，大類巵子而有五稜，其殼青黑色，內有仁，白色。七月采之。宗奭曰：其仁味如椰子。醫家亦兼用殼。時珍曰：原出海南、交趾。今閩之紹武，蜀之眉州，皆栽種之，亦易生。其藤如葛，繞樹而上。葉青如五加葉。五月開花，一簇一、二十葩，紅色輕盈如海棠。其實長寸許，五瓣合成，有稜。先時半黄，老則紫黑。其中仁長如榧仁，色味如栗。久則油黑，不可用。

氣味甘温，無毒。主治小兒五疳，小便白濁，殺蟲，療瀉痢。開寶健脾胃，除虛熱，治小兒百病瘡癬。時珍

發明時珍曰：凡殺蟲藥多是苦辛，惟使君子榧子甘而殺蟲，亦異也。凡大人小兒有蟲病，但每月上旬侵晨空腹食使君子仁數枚，或以殼煎湯嚥下。次日蟲皆死而出也。或云：七生七煨食亦良。忌飲熱茶，犯之即瀉。此物味甘氣温，既能殺蟲兼益脾胃，所以能斂虛熱而止瀉痢，爲小兒諸病要藥。俗醫乃謂殺蟲至盡無以消食，鄙俚之言也。木有蠹，屋有蟻，國有盜，福耶禍耶？修養者先去三蟲，可類推矣。

又《何首烏》 釋名交藤、本傳夜合、本傳陳知白、開寶馬肝石、綱目地精、本傳桃柳藤、日華九真藤、綱目赤葛、斗門瘡帚、綱目紅內消。大明曰其藥本草無名因何首烏，見藤夜交，何即采食有功，因以采人爲名爾。時珍曰：漢武時，有馬肝石能治人髮，故後人隱此名。亦曰：馬肝石，赤者能消腫毒，外科呼爲瘡帚、紅內消。《斗門方》云：取根若獲九數者服之，乃仙。故名九真藤。

集解頌曰：何首烏，本出順州南河縣，今在處有之，嶺外江南諸州皆有，以西洛嵩山及河南栢城縣者爲勝。春生苗，蔓延竹木牆壁間，莖紫色，葉葉相對，如薯蕷而不光澤。夏秋開黄白花如葛勒，花結子有稜似蕎麥而雜，小褵如粟大。秋冬取根大者如拳，各有五稜瓣，似小甜瓜。有赤白二種，赤者雄，白者雌。一云：春采根，秋采花，九蒸九曝乃可服。此藥本名交藤，因何首烏服而得名也。唐元和七年，僧文象遇茅山老人，遂傳此事。李翱乃著《何首烏傳》云：何首烏者，順州南河縣人，祖名能嗣，父名延秀。能嗣本名田兒，生而閹弱，年五十八無妻子，常慕道術，隨師在山。一日醉臥山野，忽見有藤二株，相去三尺餘，苗蔓相交，久而方解，解了又交。田兒驚訝其異，至旦遂掘其根，歸問，諸人無識者。後，有山老忽來示之答曰：子既無嗣，其藤乃異，此恐是神仙之藥，何不服之。遂杵爲末，空心酒服一錢，七日而思人道，數月似强健。因此常服，又加至二錢，經年舊疾皆痊，髮烏容少，十年之內即生數男，乃改名能嗣。又與其子延秀服，皆壽百六十歲。延秀生首烏，首烏服藥亦生數子，年百三十歲髮猶黑。有李安期者，與首烏鄉里，親善竊得方服，其壽亦長，遂敘其事傳之。云：何首烏味甘性温，無毒。茯苓爲使治五痔腰膝之病，冷氣心痛，積年勞瘦，痰癖風虛敗劣，長筋力，益精髓，壯氣駐顏黑髮延年。婦人惡血痿黄，産後諸疾，赤白帶下，毒氣入腹，久痢不止，其功不可具述。一名野苗，二名交藤，三名夜合，四名地精，五名何首烏，本出處州，江南諸道皆有。苗如木藁，葉有光澤，形如桃柳，其背偏皆單，生不相對。有雌雄，雄者，苗色黄白。雌者黄赤，根遠不過三尺，夜則苗蔓相交或隱化不見。春末、夏中、秋初三時，候晴明日兼雌雄采之，乘潤以布帛拭去泥，生勿損皮，烈日曝乾，密器貯之，每月再曝，用時去皮爲末，酒下最良。遇有疾即用茯苓湯下爲使，凡服用偶日二四六八日。服訖，以衣覆汗出導引尤良。忌猪肉血、羊血、無鱗魚觸藥無力。其根形大如拳連珠，其有形如鳥獸山岳之狀者，珍也。掘得去皮生喫，得味甘甜，可作糧。讃曰：神效助道，著在仙書。雌雄相交，夜合晝疏。服之去穀，日居月諸。返老還少，變安病軀，有緣者遇，最爾自如。明州刺史李遠附録云：何首烏以出南河縣及嶺南恩州、韶州、潮州、賀州、廣州、潘州四會縣者爲上，邕州、桂州、康州、春州、高州、勒州、循州晉興縣出者次之，真仙草也。五十年者如拳大，號山奴。服之一年，髮髭青黑；一百年者如盌大，號山哥。服之一年，顏色紅悅。一百五十年者，如盆大，號山伯。服之一年，齒落更生；二百年者，如斗栲栳大，號山翁。服之一年，顏如童子，行及奔馬；三百年者，如三斗栲栳大，號山精。純陽之體久服，成地仙也。時珍曰：凡諸名山、深山産者，即大而佳也。

根氣味苦濇，微温，無毒。主治瘰癧，消癰腫，療頭面風瘡，治五痔，止心痛，益血氣，黑髭髮，悅顏色，久服長筋骨，益精髓，延年不老，亦治婦人産後及帶下諸疾。開寶久服令人有子，治腹臟一切宿疾，冷氣腸風。大明瀉肝風。好古

發明時珍曰：何首烏足厥陰少陰藥也。白者入氣分，赤者入血分，腎主閉藏，肝主疏

泄。此物氣温，味苦濇。苦補腎，温補肝，能收斂精氣，所以能養血益肝，固精益腎，健筋骨，烏髭髮，爲滋補良藥。不寒不燥，功在地黄、天門冬諸藥之上。氣血太和，則風虚癰腫瘰癧諸疾可知矣。此藥流傳雖久，服者尚寡。嘉靖初，邵應節真人以七寶美髯丹方上進世宗肅皇帝，服餌有效，連生皇嗣，於是何首烏之方天下大行矣。宋懷州知州李治，與一武臣同官，怪其年七十餘而輕健，面如渥丹，能飲食。叩其術，則服何首烏丸也，乃傳其方。後治得病，盛暑中半體無汗，已二年。竊自憂之，造丸服至年餘，汗遂浹體，其活血治風之功，大有補益。其方用赤、白何首烏各半斤，米泔浸三夜，竹刀刮去皮，切焙，石臼爲末，煉蜜丸梧子大，每空心温酒下，五十丸。亦可末服。

莖葉主治風瘡疥癬作痒，煎湯洗浴甚效。時珍

又《威靈仙》 釋名時珍曰：威，言其性猛也。靈仙，言其功神也。

集解志曰：出商州上洛山及華山并平澤，以不聞水聲者良。生先于衆草，方莖，數葉相對。冬月丙、丁、戊、己日采根用。恭曰：九月末至十二月，采根陰乾。餘月並不堪采。頌曰：今陝西及河東、河北、汴東、江湖州郡皆有之。初生作蔓，莖如釵股，七月内生花，六出淺紫或碧白色。作穗似蒿臺，子亦有似菊花頭者，實青色，根稠密多鬚似穀，每年朽敗，九月采根。時珍曰：其根每年旁引，年深轉茂。一根叢鬚數百條，長者二尺許。初時黄黑色，乾則深黑，俗稱鐵脚威靈仙以此。別有數種，根鬚一樣，但色或黄或白，皆不可用。

根氣味苦温，無毒。主治諸風，宣通五臟，去腹内冷滯，心膈痰水，久積癥瘕、痃癖、氣塊，膀胱宿膿惡水，腰膝冷疼，療折傷，久服無有温疫瘧。開寶推新舊積滯，消胸中痰唾，散皮膚、大腸風邪。李杲

發明頌曰：唐貞元中，嵩陽子周君巢作《威靈仙傳》云：威靈仙去衆風，通十二經脈，朝服暮效。疎宣五臟冷膿宿水變病，微利，不瀉人。服此四肢輕健，手足微煖並得清涼。先時商州有人病，手足不遂，不履地者數十年，良醫殫技莫能療。所親置之道旁，以求救者。遇一新羅僧見之，告曰：此疾一藥可活，但不知此土有否？因爲之入山求索，果得，乃威靈仙也。使服之，數日能步履。其後，山人鄧思齊知之，遂傳其事。此藥治丈夫婦人中風不語，手足不遂，口眼喎斜，言語蹇滯，筋骨節風，遶臍風，胎風頭風，暗風心風，風狂大風，皮膚風痒，白癜風，熱毒風瘡，頭旋目眩，手足頑痺，腰膝疼痛，久立不得，曾經損墜臂腰痛，腎臟風壅，傷寒瘴氣，憎寒壯熱，頭痛流涕，黄疸黑疸，頭面浮腫，腹内宿滯，心頭痰水，膀胱宿膿，口中涎水，冷熱氣壅，肚腹脹滿，好喫茶滓，心痛注氣，隔氣冷氣，攻衝脾肺，諸氣痰熱，欬嗽氣急，坐臥不安，氣衝眼赤，攻耳成膿，陰汗盜汗，大小腸秘，服此立通。氣痢痔疾，瘰癧疥癬，婦人月水不來，動經多日，氣血衝心，産後祕塞，孩子無辜，並皆治之。其法：采得根，陰乾月餘，擣末。温酒調一錢七，空腹服之。如人本性殺，藥可加及六錢。利過兩行則減之，病除乃停。服其性甚善，不獨諸藥，但惡茶及麪湯，以甘草卮子代飲可也。又以一味洗焙爲末，以好酒和令微濕，入在竹筒内緊塞，九蒸九曝。如乾，添酒洒之。以白蜜和丸梧子大。每服二十至三十丸，温酒下。崔元亮《海上集驗方》著其詳如此。恭曰：腰腎脚膝積聚，腸内諸冷病積年不瘥者服之，無不立效。宗奭曰：其性快，多服疏人五臟真氣。震亨曰：威靈仙屬木，治痛風之要藥也。在上下者皆宜，服之尤效。其性好走，亦可横行，故崔元亮言：其去衆風，通十二經脈，朝服暮効。凡采得聞流水聲者，知其性好走也，須不聞水聲者乃佳。時珍曰：威靈仙氣温，味微辛、鹹。辛泄氣，鹹泄水，故風濕痰飲之，病氣壯者服之，有捷效。其性大抵疎利，久服恐損真氣，氣弱者亦不可服之。

又《防己》 集解《別録》曰：防己生漢中川谷。二月八月采根，陰乾。當之曰：其莖如葛，蔓延其根。外白内黄如桔梗，内有黑紋，如車輻解者良。弘景曰：今出宜都建平，大而青白色、虚軟者好。黑點、木强者，不佳。服食亦須之。頌曰：今黔中亦有之，但漢中出者破之文作車輻解，黄實而香，莖梗甚嫩，苗葉小類牽牛，折其莖一頭吹之，氣從中貫如木通。然他處者青白虚軟，又有腥氣，皮皺上有丁足子，名木防己。蘇恭言：木防己不任用。而古方張仲景治傷寒有增減木防己湯及防己地黄湯，五物防己湯，黄芪六物等湯。孫思邈治遺尿、小便澀，亦有三物木防己湯。藏器曰：如陶所説，漢木二防己即是根苗爲名。

氣味辛平，無毒。《別録》曰：苦温。普曰：神農：辛。黄帝、岐伯、桐君：苦，無毒。李當之：大寒。權曰：苦有小毒。元素曰：大苦，辛寒，陰也，泄也。之才曰：殷孽爲之使，殺雄黄毒，惡細辛，畏萆薢、女菀、鹵鹹，伏消石。主治風寒温瘧熱氣諸癇，除邪，利大小便。本經療水腫風腫，去膀胱熱傷寒熱，邪氣中風，手脚攣急，通腠理，利九竅，止洩散癰腫惡結諸瘑，疥癬蟲瘡。別録治濕風，口面喎斜，手足拘痛，散留痰，肺氣喘嗽。甄權治中下濕熱腫洩脚氣行十二經元素木防己主治男子肢節中風毒風，不語，散結氣，擁腫温瘧風水腫，去膀胱熱。甄權

發明弘景曰：防己是療風水要藥。藏器曰：治風用木防己，治水用漢防己。元素曰：去下焦濕腫及痛并泄膀胱火邪，必用漢防己。草龍膽爲君，黄蘖、知母、甘草佐之防己，乃太陽本經藥也。杲曰：《本草》十劑云：通可去滯。通草，防己之屬是也。夫防己大苦寒能瀉血中濕熱，通其滯塞，亦能瀉大便，補陰瀉陽。助秋冬瀉春夏之藥也。比之於人，則險而健者也。幸災樂禍，能首爲亂階，然善用之，亦可敵兇突險。此瞑眩之藥也，故聖人存而不廢，大抵聞其臭則可。惡下咽則令人身心煩亂飲食減少，至于十二經有濕熱壅塞不通及下注脚氣，除膀胱積熱，而庇其基本，非此藥不可，真行經之仙藥，無可代之者。若夫飲食勞倦，陰虚生

内熱，元氣穀食已虧，以防己泄大便，則重亡其血，此不可用一也。如人大渴引飲，是熱在上焦肺經氣分，宜滲泄，而防己乃下焦血分藥，此不可用二也。外傷風寒，邪傳肺經，氣分濕熱而小便黄赤，乃至不通，此上焦氣病，禁用血藥，此不可用三也。大抵上焦濕熱者皆不可用，下焦濕熱流入十二經，致二陰不通者，然後審而用之。

實主治脱肛，焙研煎飲代茶。肘后

又《忍冬》 釋名金銀藤，鴛鴦藤，鷺鷥藤，老翁鬚，左纏藤，金釵股，通靈草，蜜桶藤。

集解別録曰：忍冬，十二月采，陰乾。恭曰：藤生繞覆草木上，莖苗紫赤色，宿蔓有薄皮膜之，其嫩蔓有毛葉似胡豆，亦上下有毛，花白，蘂紫。今人或以絡石當之，非矣。時珍曰：忍冬在處有之。附樹延蔓，莖微紫色，對節生葉。葉似薜荔而青，有澁毛。三、四月開花，長寸許，一蒂兩花二瓣，一大一小，如半邊狀。長蘂。花初開者，蘂瓣俱色白，經二、三日，則色變黄。新舊相參，黄白相映，故呼金銀花，氣甚芬芳，四月采花，陰乾，藤葉不拘時采，陰乾。

氣味甘，温，無毒。主治寒熱身腫，久服輕身長年益壽。（別録）治腹脹滿，能止氣，下澼。（甄權）熱毒，血痢，水痢，濃煎服。（藏器）治飛尸、遁尸、風尸、沉尸、尸注鬼擊一切風濕氣及諸腫毒、癰疽、疥癬、楊梅諸惡瘡，散熱解毒。時珍

發明弘景曰：忍冬煮汁釀酒飲，補虚療風。此既長年益壽，可常采服，而仙經少用。凡易得之草人多不肯爲之，更求難得者。貴遠賤近，庸人之情也。時珍曰：忍冬莖葉及花功用皆同，昔人稱其治風除脹，解痢逐尸爲要藥，而後世不復知用。後世稱其消腫散毒治瘡爲要藥，而昔人並未言及，乃知古今之理萬變不同，未可一轍論也。按陳自明《外科精要》云：忍冬酒治癰疽發背，初發便當服此，其効甚奇，勝于紅内消。洪内翰邁、沈内翰括諸方所載甚詳。如瘍醫丹陽僧、江西僧鑒清、金陵王琪、王尉子駿、海州劉秀才純臣等，所載療癰疽發背經效奇方皆是此物。故張相公云：誰知至賤之中乃有殊常之效，正此類也。

又《天仙藤》 集解春生苗，蔓作藤，葉似葍葉圓而小，有白毛，四時不凋，根有鬚。夏月采取根苗，南人多用之。

氣味苦，温，無毒。主治解風勞。同麻黄治傷寒，發汗。同大黄墮胎氣。（蘇頌）流氣活血，治心腹痛。（時珍）

又《紫藤》 集解藏器曰：藤皮著樹，從心重重有皮。四月生紫花可愛，長安人亦種飾庭也。江東呼爲招豆藤，其子作角，角中仁熬香著酒中，令酒不敗。敗酒中用之，亦正。其花挼碎，拭酒醋白腐壞。

氣味甘，微温，有小毒。主治：作煎如糖服，下水癥病。藏器

又《百丈青》藏器曰：生江南林澤，藤蔓緊硬，葉如薯蕷對生。味苦，平，無毒。解諸毒物，天行，瘴瘧，疫毒。並煮汁服，亦生擣汁服，其根令人下利。

又 卷二一上《草之十・桑花》 釋名桑蘚，桑錢。

集解大明曰：生桑樹上，白蘚如地錢花様。刀刮取，炒用，不是桑椹花也。

氣味苦暖，無毒。主治健脾澁腸，止鼻洪，吐血，腸風，崩中帶下。大明治熱欬。時珍

明 慎懋官《華夷花木鳥獸珍玩考》卷五《何首烏》 有雌雄二種，對長苗成藤。夜交合相聯，晝分開各植。凡資入藥，秋後採根。大類山甜瓜，外有五稜瓣。雌者淡白，雄者淺紅，雌雄相兼，功驗方獲。

明 薛鳳翔《亳州牡丹史》卷三 宗奭云：牡丹花亦有緋者、深碧色者，惟山中單葉紅花者，根皮入藥爲佳。市人或枝梗皮充之，尤謬。

明 王世貞《異物彙苑》卷三《吉利草》 吉利草，其形如金釵，股根類芍藥，交廣人多蓄蠱毒，惟此草解之。

又《押不蘆》 草食押不蘆，雖死元不死。注云：漠北有草名押不蘆，食其汁立死。以他藥解之，即活。華佗洗腸胃，攻疾，疑先服此也。

明 王路《花史左編》卷一八《芍藥》 芍藥。香草，制食之毒者，莫良於芍藥，故獨得藥之名。所爲芍藥之和具而食之，崔豹《古今註》云：芍藥有二種：有草芍藥，有木芍藥。木者花大而色深，俗呼爲牡，非也。安期生《服錬法》云：芍藥有二種：有金芍藥、木芍藥，金者色白，多脂；木者色紫，多脉。此則驗其根也，即赤芍、白芍之分云。

又《淡竹花》 淡竹花性最凉，其葉煎湯飲，可治一切熱病。

明 周文華《汝南圃史》卷一二《紫蘇》 紫蘇莖葉俱紫，嗅之有香。《本草》云：味辛、甘，温，無毒。解蟹毒，主下氣，除寒中，解肌毒，發表，治心腹脹滿，開胃下食，止脚氣，通大小腸，煑汁飲。

明 謝肇淛《滇略》卷三 鈎藤，藤也，可以釀酒。土人漬米麥於甖，熟而著藤其中，内注沸湯，下燃微火，主客執藤以吸。按：鈎藤即千金，藤主治霍亂及天行瘴氣，善解諸毒，其功似與檳榔同也。

明 木增《雲邁淡墨》卷一《人參》 初生者三四寸許，一椏五葉，四五年後生兩椏五葉，未有花莖，至十年後生三椏，年深者生四椏，各五葉，中心生一

莖，俗名百尺杵。三四月花細小如粟，蘂如絲，紫白色，秋後結子，或七八枚，如大豆，生青熟紅，自落。二四八月上旬採根，竹刀割，曝乾勿見風。

明 倪朱謨《本草彙言》卷一《草部·山草類·天麻》 天麻袪風化痰，利周身，舒經脉之藥也。活腰膝，驅大人濕痺之疴，通經絡，蘇小兒搐搦之證。故主頭風頭痛，頭暈虚旋，癲癇强痓，四肢拘攣，語言不順，一切中風、風痰等證。

又 卷三《草部·隰草類上·麻黄》 麻黄主傷寒，有大發散之功。專入太陽之經，散而不止，能大發汗。非若紫蘇、前葛之輕揚，不過能散表而已也。

又 卷六《草部·蔓草類·山豆根》 山豆根通咽喉，下結熱，解蠱毒之藥也。

又 卷七《草部·藤草類·藤黄》 藤黄治蚛牙蛀齒。水調點之即落也。（李珣）

又《天仙藤》 天仙藤流氣活血，治一切諸痛之藥也。如楊氏《直指方》：天仙藤治痰注臂痛，氣留疝痛瘕，聚奔豚腹痛，産後血氣腹痛。他如妊娠水腫，面浮氣促，男子風勞，久嗽不愈。悉以此藥治之，無不寢安。

明 繆希雍《神農本草經疏》卷八 葛根味甘平，無毒。主消渴身大熱嘔吐諸痺，起陰氣，解諸毒，療傷寒中風頭痛，解肌發表出汗，開腠理，療金瘡，止痛脇風痛。生根汁大寒，療消渴、傷寒、壯熱。葛穀主下痢，十歲已上。葉主金瘡，止血。花，主消酒。一名雞齊根，一名鹿藿。

疏：葛根稟天地清陽發生之氣，其味甘平，其性升而無毒，入足陽明胃經，解散陽明温病熱邪之要藥也。故主消渴、身大熱、熱壅胸膈，作嘔吐，發散而升風藥之性也。故主諸痺生氣升騰，故起陰氣。甘者，土之沖氣，春令少陽應兼微寒，故解諸毒，及《别録》療傷寒中風頭痛，解肌發表出汗，開腠理。甘能和血而除熱，故又主療金瘡、止痛及脇風痛也。

又 卷一〇 大戟味苦甘，寒，大寒，有小毒。主蠱毒，十二水，腫滿，急痛，積聚，中風，皮膚疼痛，吐逆，頸腋癰腫頭痛，發汗，利大小腸。

疏：大戟稟天地陰毒之氣以生，故味苦寒而有小毒。甄權：潔古兼辛。《别録》：兼甘。應是辛多，非辛則無毒矣。苦寒故善下走而入腎肝。辛則横走，無所不到矣。潔古又謂瀉肺損真氣。其主下蠱毒者，以蠱毒必熱必辛，辛則散走臟腑，故假其辛寒以搜其辛熱，是以毒攻毒也。苦寒下洩，故能逐諸有餘之水，濕熱及留飲在中下二焦則爲腹滿急痛，或成積聚。苦辛甘寒，故散頸腋癰腫，利大小便，瀉毒藥，通月水。陰草苦辛有毒，故又墮胎也。天行黄病，非元氣實者勿用。經曰：邪之所湊，其氣必虚。中風之人其虚必矣。《本經》末又謂其主中風，皮膚疼痛，吐逆者非也。焉有虚病而可施苦寒有毒下泄之藥哉？是重虚其虚也。

又 卷三〇 山茶花，得一陽之氣以生，故其花開於冬末春初之時。其味甘而微辛，氣平而微寒。色赤而入血分，故主吐血衄血，腸風下血，並爲末入童溺及酒調服。

明 谷應泰《博物要覽》卷一五 鬱金香生大秦國諸處，二三月開花如紅藍，五月採之，其香十二，葉爲百草之英。鷄舌香（即母丁香）生崑崙國及交廣以南，樹有雌雄。皮葉並似栗，花如梅，結寔似棗核，能興陽事，春方及香肆中多用之。

明 李中梓《本草通玄》卷上《草部》 巴戟天辛甘，微温，腎家血分藥也。强筋骨，起陰痿，益精氣，止遺泄，治小腹痛，引陰中，療水脹，理脚氣。

明 李中梓《删補頤生微論》卷三 連翹味苦，性寒，無毒。入心胃膽大腸腎五經，主心經客熱諸經血結，消瘰疽腫毒，清六經邪火。新補

按連翹手少陰主藥也。心爲火主，心清則諸藏皆清。諸瘡痛痒，皆屬心火。故瘡家以爲要藥。性極苦寒，多用即減食。

明 佚名《花史》秋集《雙鸞菊》 草木梃生，花開多甚，每朶頭若尼姑帽然。折去此帽，内露雙鸞，併首形似無二，外分二翼一尾，天巧之妙，何肖生物至此。根可入藥，名曰烏頭。春分根種，俗名鶩兒花。

明 賈所學《藥品化義》卷四 丹參。體乾色赤氣和，味微苦，性凉，能升能降，力清心，調血，性、氣與味俱輕清。

丹參原名赤參，色赤，味苦，與心相合。專入心經。以此清潤之使心神常清，心清則氣順，氣順則冲和，而血氣皆旺也。取其微苦，故能益陰。氣味輕清，故能走竅。以此通利關節，調養血脉。主治心腹邪氣，寒熱痼疾，骨節腫痛，四肢不遂，經水不調，胎氣不安，血崩胎漏，丹毒凝聚，暴赤眼痛。此皆血熱爲患，用之，清養其正而邪自祛也。

清 丁其譽《壽世秘典》 蕨。氣味甘寒滑，無毒，主去暴熱，利水道，令人睡洩陽氣。

發明王詵曰：久食令人目暗、髮落、冷氣。人食多腹脹，小兒食之脚弱不能行，久食成

瘕。李時珍曰：蕨之無益爲其性冷而滑，能利水道，洩陽氣，降而不升，損人真元也。其根紫色，皮肉有白粉，擣爛再三，洗澄取粉，充蔬。色淡紫而甚滑美，饑年掘取可以救荒，不無濟世之功，但損陽滑精，終不益人。

又《**藜**》　一名落藜，即灰藋之紅心者。亦曰鶴頂草，皆用形色名也。《詩》云：南山有臺，北山有萊。即藜也，嫩時可食，老則莖可爲杖。

氣味：甘，平，微毒。葉主殺蟲。煎湯洗蟲咬，漱齒䘌。擣爛，塗諸蟲傷，去癜風。

莖燒灰，和荻灰、蒿灰等分，水和蒸，取汁煎膏。點疣贅、黑子，蝕惡肉。

清　曹溶《**倦圃蒔植記·總論**》**卷下**《**論草**》　忍冬多藤，良藥也。解毒而益元氣。凡冬翠者，往往駐顔。一名金銀花，花之功居多，而亦可玩或用爲屏。（略）

忍冬甘溫，無毒。

桃葉者，年久滋長又蔓生者爲雪裡紅品。雖劣，而子汁和酒可爲血藥。（略）

發明　主下痢膿血，爲內外癰腫之要藥。解毒祛膿，瀉中有補，癰疽潰後之聖藥。

清　張璐《**本經逢原**》**卷一**　人參　甘苦微温，無毒。產高麗者良，反藜蘆，畏鹵鹽，陰虛火炎，欬嗽喘逆者，青鹽製之。

又　卷二《**月季花**》　月季花俗名月紅

發明　月季花爲活血之良藥。（略）

沙參　甘淡，微寒，無毒。有南北二種，北者質堅性寒，南者體虛力微，反藜蘆。（略）

天麻本經名離母，一名定風草，莖名赤箭。　辛平，微温，無毒。溼紙裹煨熟，切片用。

清　宋廣業《**羅浮山志會編**》**卷七**《**品物志·草屬**》　蓬萊朮即莪茂也。葉青白色，有花作穗，根如雞子。酒研服之，治痛解毒。《惠州志》：出羅浮。

又《**品物志·花屬**》　薝蔔，山梔子也。花白六出，芬香甚清。其子可入藥，主通利邪熱。

清　雍正《**浙江通志**》**卷一〇七**　金銀花《雁山志》：性涼，解熱毒。土人用以作湯治諸瘡。花初開時，黃色。後轉白色，故名金銀。藤有汁而甘，謂之啜蜜。

清　劉堅《**修潔齋閑筆**》**卷七**《**參**》　參，《説文》作蓡。扁鵲云：有毒，或生邯鄲，三月生葉，小花，核黑，莖有毛。九月採根，有頭足形，面目如人。《春秋運斗樞》云：摇光星散爲人參，廢江淮山澤之利。《禮斗威儀》：君乘木而王，有人參生。《廣雅》：參地精，人參也。《廣五行》記：地下有呼聲，掘之得參，類人形，四體偹具，其聲遂絶。

清　吳儀洛《**本草從新**》**卷一一**《**菜部·柔滑類·百合**》　百合。（潤肺止嗽）

甘，平，潤肺，寧心，清熱，止嗽。利二便止涕淚治浮腫，臚脹，痞滿，寒熱，瘡腫，乳癰，傷寒，百合病。善通二便，中寒下陷者忌之。花白者入藥。

清　張宗法《**三農紀**》**卷七**《**藥屬·當歸**》　本性味苦，氣温，而厚味薄，可升可降，陽中微陰，入手太陰、足太陰、厥陰經，血分藥也。

又《**枸杞**》　本性皮末甘，性寒，升也，陰也。入手太陰、足少陰經。子甘干而潤，滋金補水，益氣生精，所謂精不足者，補之以味。

清　趙學敏《**本草綱目拾遺**》**卷四**《**草部中·山黃荆**》　《玉環志》：「葉似楓而有杈，結黑子如胡椒而尖，可屑粉煮食。又有水荆似藜結黑子，不可食，剪其枝，可以接梨。入藥用山荆，消食下氣。

又　卷七《**草蘭**》　葉短而狹小，春花者名春蘭，秋花者名秋蘭，皆一幹一花。有一幹數花者，名九節蘭。其萼中無紅斑點，色純者名草素，尤香。入藥以一幹一花者良。根，治瘋狗咬。《行篋檢秘》：「取根四兩，水浄入黄酒二碗，煎成一碗，服完。其毒即從大小便化血而出。」

明　繆仲醇《**本草經疏輯要**》**卷五**　烏藥味辛温，無毒。主中惡，心腹痛，蠱毒，疰忤鬼氣，宿食不消，天行疫瘴，膀胱腎間冷氣，攻衝背膂。婦人血氣，小兒腹中諸蟲。猫犬百病，並可磨服。烏藥稟地二之氣，故味帶苦氣，微香，氣厚，於味陽也，入胃腎經。時珍曰：上理脾胃之氣，下通少陰腎經。辛温煖胃，辟惡散寒，能通血凝、氣滯，性善下走，故降腎氣攻衝之逆。

清　胡廷光《**傷科彙纂**》**卷一二**　紫參，幽芳也，五葩連萼，狀如飛禽，俗名五鳥花。其根止金瘡血，生肌定痛。（略）　三七，又名山漆，謂其能合金瘡，如漆粘物也。一名金不換，貴重之稱也。生廣西南丹諸州番洞深山中，其根似白及者，爲參三七。有節者，謂之水漆。此藥近時始出南人軍中，用爲金瘡要藥，云有奇功。又云：凡杖撲傷損瘀血淋漓者，即嚼爛罨之立止。青腫者，即消散，并治蛇傷虎咬。其葉亦治折傷跌撲出血，傅之即止，青腫徑夜即散，功與根同。近傳一種草春生苗，夏高三四尺，葉似菊艾，而勁厚有岐尖，莖有赤稜，夏秋開花，花蕊如金絲盤紐可愛，而氣不香。花乾則吐絮，如苦蕒絮根葉味甘，治金瘡折傷出血及上下血病甚效。云是三七而根大如牛旁根，與南中來不類，恐是劉寄奴之屬，甚易繁衍。

明 朱謀瑋《駢雅訓纂》卷六 繄彌，粟木也。《御覽·九百六十一·木部》：《七詩義疏》曰：「繄弥。一名契，似檀。」《廣志》曰：「繄弥樹，子赤如糯粟，可食。」弥與彌同。邵氏《爾雅·釋木正義》引《御覽》文：「糯粟」作「楠栗」。《齊民要術·卷十》引《廣志》作「楔棗」。《正義》又云：「繄彌。一名槃迷。」見《陸璣疏》：「一名挈榼。」

清 吴其濬《植物名實圖考》隰草卷一四《麗春草》 唐天寶中，因潁川楊正進名醫，嘗用有效單服之，主療黃疸等。其方云：麗春草療因時患傷熱變成癃黃遍身壯熱，小便黃赤，眼如金色而又青黑，心頭氣痛遶心如刺，頭旋欲倒兼脇下有瘕氣及黃疸等，經用有驗。其藥春三月採花陰乾，有前病者取花一升擣爲散，每平明空腹取三方寸匕，和生麻油一盞頓服之，日惟一服，隔五日再進，以知爲度。其根療黃疸，患黃疸者擣根取汁一盞，空腹頓服之，服訖須臾即利，三兩行，其疾立已。一劑不能全愈，隔七日更一劑，永瘥。忌酒、麪、猪、魚、蒜、粉、酪等。

又 卷二四《半夏》 凡蝎螫，以根傅之，能止痛。

清 太醫院《藥性通考》卷四《元參》 味苦鹹，微寒，色黑，入腎能補水，益精明目，利咽喉，通二便，治骨蒸，傳屍，傷寒，陽毒發班，亦有陰毒發班者，懊憹欝悶，不舒煩渴，温瘧洒洒，喉痺咽痛。

清 光緒《鎮海縣志》卷三八 金線草。葉圓如蟹殼，蔓生，節間有紅線。（《乾隆志》）性寒涼，治湯火瘡。（《雁山志》）

紀 事

宋 沈括《夢溪筆談》卷九 王荆公病喘，藥用紫團山人參，不可得。時薛師政自河東還，適有之，贈公數兩，不受。人有勸公曰：「公之疾非此藥不可治，疾可憂，藥不足辭。」公曰：「平生無紫團參，亦活到今日。」竟不受。

又 卷二六 金罌子止遺洩，取其温且澁也。世之用金罌者，待其紅熟時取汁熬膏用之，大誤也。紅則味甘，熬膏則全斷澁味，都失本性。今當取半黃時，採乾擣末用之。

宋 孫升《孫公談圃》卷中 張文定嘗苦脚疾，無藥可療。一日游相國寺，有賣藥者，得蒜豆兩粒服之，遂愈。曾魯公七十餘，苦痢疾。鄉人陳應之用水梅花臈茶服之，遂愈。子孝寬言其父，異其術，親記一小册子後。

明 劉宇《安老懷幼書》卷三 茯苓麪東坡與程正輔書云：舊苦痔疾二十一年，今忽大作，百藥不効，欲休粮，以清浄勝之，而未能令斷。酒肉與鹽酪醬菜，凡有味物皆斷，又斷粇米飯，惟食淡麪一味，其間更食胡麻、茯苓麪少許，取飽。胡麻，黑脂麻是也。去皮九蒸曝，白茯苓去皮，入少白蜜爲麪，雜胡麻食之，甚美。如此服食多日，氣力不衰而痔漸退。又云：既絶肉，五味只知此麪及淡麪，更不消別藥百病自去。此長年之真訣，但易知而難行爾。

明 屠隆《鴻苞》卷一九 何首烏靈藥也，久服能變白髮。和州全椒諸山中有之，大者如椀，小者如拳，人欲采之，則曰：尋何先生，掘之則得，稱何首烏則不得。

又 卷二一 《古今注》葛稚川知九品神丹、五芝靈寶，五符開山却害符。松萬歲其上生小木，狀似蓮花，名木威喜芝。夜視有光，帶之辟兵。千歲之栢木，其下根如坐人，長七寸，刻之有血，以其血塗足下，可以步行水上不没。塗身則隱形，欲見則拭之。松樹枝三千歲者，其皮中有聚脂，狀如龍形，名曰日飛節芝。服之盡十斤，得五百歲。草芝有獨搖芝，無風自動，莖大於手指，赤如丹素，葉似莧，得而服之，千歲。懷其大根即隱形，欲見則左轉而出之。山中小人乘牛馬長七八寸者，名肉芝，服之即仙風生。獸似豹，青色大如狸，生于南海，鐵鎚不死，以石上菖蒲塞鼻即死。取其腦以和菊花服之，盡十斤得五百歲。入名山求芝草，必以三月九月，此山開出神藥之月。又須帶靈寶符，牽白犬，抱白鷄，以白鹽一斗及開山符檄著大石上，執吴唐草一束以入山。山神喜，必得靈芝。

明 謝肇淛《五雜俎》卷一一《物部三》 千年人參，根作人形。千年枸杞，根作狗形。中夜時出遊戲。烹而食之，能成地仙。然二物固難遇，亦難識也。相傳女道士師弟二人，居深山中。其徒出，汲井畔，常見一嬰兒語其師，師令抱至，成一樹根。師大喜，搆火烹之。未熟，值糧盡，下山化米，師出門而水大漲，不得還。徒饑甚，聞所烹者香美，遂食之。三日噉盡水落，師還，則其徒已飛昇矣。又維揚一老叟，常擾衆酒食。一日邀衆治具，丐者數人捧二盤至，一蒸小兒，一蒸犬也。衆嘔噦不食，道士懇請不從，乃歎息，自食之且盡，其餘分諸丐者，乃謂衆曰：此千歲人參、枸杞，求之甚難，食之者白日昇天。吾感諸公延遇，特以相報而乃不食，信乎仙分之難也。言未已，羣丐化爲金童玉女擁道士上昇矣。夫此二者，或遇之而不能識，或識之而不得食，而弟子及丐者以無意得之，豈非命而何？

清 汪灝《佩文齋廣群芳譜》卷九八《藥譜·威靈仙》 彙考增《圖經本草》：唐貞元中，周君巢作《威靈仙傳》云：商州有人病，手足不遂，不履地者數十年，良醫殫技，莫能療。所親置之道旁，以求救者，遇一新羅僧，見之告曰：此疾一藥可活，但不知此土有否？因爲之入山求索，果得，乃威靈也。使服之數日，能步履。山人鄧思齊知之，遂傳其事。

清 徐岳《見聞録》卷三《採參》 參産最深山處，人跡罕到。遼人往採必糾合數十百人，裹餱糧，操弓弩，持器具而入。山中到處皆喬松，不見天日，恐迷失歸路，斫松枝燒火作記，行十餘日，深千里，方有參。有參處鬼神白日出，搏人神，虎恠獸復傷人。得參無論多寡，同行者十損一二，出必償願。此余所聞於口外到京賣參之人，余以爲言之太甚，未始深信。閲《西域記》載鹽澤在西川高昌縣，東並沙磧之地，水草難行，四面危絶，道路不可準記，行人惟以人畜骸骨，駝馬糞爲標識。行磧内時聞人喚聲，不見形。亦有歌哭聲，數失人瞬息之間，不知所在。由此數有死亡，蓋魑魅魍魎之類云，始信産參之處種種怪異爲非誕也。夫參爲至寶，産之之地自應有鬼神護持。若非朝廷嚴禁、鬼神加譴，則耽利之徒不至一朝掘盡，無復遺種不止。雖然青天白日，魑魅魍魎叫跳害人都邑之間，往往不少，深山大澤，此類窟穴團其宜耳。

藝 文

南朝梁 江淹《江文通集》卷三《黄蓮》 黄連上草，丹砂之次。禦孽辟妖，長靈久視。驂龍行天，馴鳳匝地。鴻飛以儀，順道則利。

唐 韋應物《韋蘇州集》卷八《餌黄精》 靈藥出西川，服食採其根。九蒸换凡骨，經著上世言。候火起中夜，馨香滿南軒。齋居感衆靈，藥術啓妙門。自懷物外心，豈與俗士論。終期脱印綬，永與天壤存。

唐 錢起《錢仲文集》卷一《紫參歌》 紫參幽芳也，五葩連萼，狀飛禽羽翠，俗名之五鳥花起。故山道人蘭若尤豐此藥，校書劉公詠歌之。俾予繼組：

遠公林下滿青苔，春藥偏宜間石開。往往幽人尋水見，時時仙蝶隔雲來。陰陽雕刻花如鳥，對鳳連雞一何小。春風宛轉虎豹傍，紫翼紅翹翻霽光。貝葉經前無住色，蓮花會裏暫留香。蓬山才子憐幽性，白雪陽春動新詠。應知仙卉老烟霞，莫賞夭桃滿蹊徑。

唐 陸龜蒙《甫里集》卷一三《藥名聯句》 爲待防風餅，須添薏苡杯。張賁 香燃柏子後，罇泛菊花來。日休 石耳泉能洗，垣衣雨爲裁。龜蒙 從容犀局静，斷續玉琴哀。賁 白芷寒猶採，青葙醉尚開。日休 馬銜衰草卧，烏啄蠹根迴。龜蒙 雨過蘭芳好，霜多桂末摧。賁 朱兒應作粉，雲母詎成灰。日休 藝可屠龍膽，家曾近鷰胎。龜蒙 牆高牽薜荔，障軟撼玫瑰。賁 鸓鼠啼書户，蝸牛上硯臺。日休 誰能將藁本，封與玉泉才。龜蒙

唐 皮日休《松陵集》卷八《友人以人參見惠因以詩謝之》 神草延年出道家，是誰披露記三椏。開時的定涵雲液，斸後還應帶石花。名士寄來消酒渴，野人煎處撇泉華。從今湯劑如相續，不用金山焙上茶。

宋 蘇軾《東坡全集》卷二二《紫團參寄王定國》 谽谺土門口，突兀太行頂。豈惟團紫雲，實自俯倒景。剛風被草木，真氣入苕穎。舊聞人銜芝，生此羊腸嶺。纖攕虎豹鬣，蹙縮龍蛇癭。蠶頭試小嚼，龜息變方騁。矧予明真子，已造浮玉境。清宵月挂户，半夜珠落井。灰心寧復然，汗喘久已静。東坡猶故目，北藥致遺秉。欲持三椏根，往侑七轉鼎。爲予置齒頰，豈不賢酒茗。

又 卷二三《地黄》 地黄飼老馬，可使光鑒人。吾聞樂天語，喻馬施之身。我衰正伏櫪，垂耳氣不振。移栽附沃壤，蕃茂争新春。沉水得稚根，重湯養陳薪。投以東阿清，和以北海醇。崖蜜助甘冷，山薑發芳辛。融爲寒食餳，嚥作瑞露珍。丹田自宿火，渴肺還生津。願餉内熱子，一洗胸中塵。

宋 蘇軾《東坡養生集·人參》 上黨天下脊，遼東真井底。玄泉傾海腴，白露洒天醴。靈苗此孕毓，肩肢或具體。移根到羅浮，越水灌清泚。地殊風雨隔，臭味終祖禰。青椏綴紫萼，圓實墮紅米。窮年生意足，黄土手自啟。

上藥無炮炙，齕齧盡根柢。開心定魂魄，憂恚何足洗。糜身輔吾生，既食首重稽。

宋 郭祥正《青山續集》卷三《常父寄半夏》 齊州多半夏，採自鵲山陽。纍纍圓且白，千里遠寄將。新婦初解包，諸子喜若狂。皆云已法製，無滑可以嘗。大兒强占據，端坐斥四旁。次女出其腋，一攫已半亡。小兒作蟹行，乳媪代與攘。分頭各咀嚼，方愛有所忘。須臾被辛螫，棄餘不復藏。競以手捫舌，啼噪滿中堂。父至笑且驚，亟使啖以薑。中宵方稍定，久此燈燭光。大鈞播萬物，不擇窳與良。虎掌出深谷，鳶頭蔽高岡。春草善殺魚，野葛挽人腸。各以類自蕃，敢問孰主張。水玉名雖佳，神農録之方。其外則皎潔，其中慕堅剛。奈何蕴毒性，入口有所傷。老兄好服食，似此亦可防。急難我輩事，感惕成此章。

宋 文同《丹淵集》卷一一《寄何首烏丸與友人》 此草有奇効，嘗聞於習之。陵陽亦舊産，其地尤所宜。翠蔓走巖壁，芳叢蔚參差。下有根如拳，赤白相雄雌。斸之高秋後，氣味乃不虧。斸以苦竹刀，蒸曝凡九爲。夾羅下香屑，石蜜相和治。入臼杵萬過，盈盤走纍纍。日進豈厭屢，初若無所滋。漸久覺膚革，鮮潤如凝脂。既已鬚髮换，白者無一絲。耳目固聰明，步履欲走馳。十年親友别，忽見皆生疑。問胡得爾術，容貌曾莫衰。爲之講靈苗，不爲世俗知。蓋以多見賤，蓬藋同一虧。君如聽予服，此語不敢欺。勿信柳子厚，但誇仙靈毗。

宋 史鑄《百菊集譜》卷四 晉潘尼《秋菊賦》：垂采煒於芙蓉，流芳越乎蘭林。又曰：既延期以永壽，又蠲疾而弭痾。

金 元好問《中州集》卷一〇《朱弁·蘇子翼送黄精酒》 仙經何物堪却老，較功無如太陽草。龍銜雞銜名雖異，兔公羊公事可考。蘇君真是神仙裔，橘井陰功貫穹昊。雲笈書成數萬言，銀闕珠宫用心早。獨知此物有奇效，福地名山爲儲寶。不憚林泉新斸掘，斥去杵臼謝篩擣。況從高士論麴糜，更課公田收秫稻。一朝靈液浮瓮盎，三冬浩氣生襟抱。且欣輭飽得澆腸，漫説逆流上補腦。眼碧那憂散黑花，髮白故應還翠葆。賈傳只嫌松醪陋，劉墮敢詩桑落好。直須五斗論解酲，寧待三杯乃通道。誰知萬里落旄人，亦許匏尊自傾倒。爲君唤廻雪窖春，八載羈愁供一掃。

明 吴寬《家藏集》卷一九《黄蓮》 花細山桂然，階下不堪嗅。野人斸其根，根長節應九。苦節不可貞，服食可資壽。其功利於病，有客嫌苦口。戒予勿種兹，味苦和難受。豈不見甘草，百藥無不有。

明 陳邦俊《廣諧史》卷二 《甘國老傳》甘草 集藥名 王義山甘國老，汾州人也，以草名，見於神農氏《本草》。名松，名遂，兄弟也。與松善，遂所行輒相反。族有二。有居山中者，白如傅粉，多貴重之。有依山而居者，顔如渥丹。人亦其族，性惡濕，喜負暄，有寒疾不可以風，常擇燠室居焉。初鄧州人有姓鞠者，與江南陳吉善。國老介以造，得通神長年術。與黄連、盧薈友，而不如其苦口。上黨人胡麻，隋人黄芩，石人秦艽，其徒百餘輩，皆趨附國老，以媒其身。吾儕有遠志者，輒惡之，抑之弗使進。能毒人如葛生，亦爲之和解。尤與蜀之黄耆五人相淂，空竭其心。論事幽肝肺，號六一居士。人無貴賤，有疾，以身和藥。有阿魏者，臭熏穢，國老與之交，亦不郤。一日有貴公子欲招致之，欣然來。及至，以利説公子。公子怒，束縛之不爲禮。由此迹雖疎，然心實愛之。延之高閣，其聲價益長。公子喜曰：吾籠中有人矣。國老素無直節，唯以甘言媚人，投世所好，仕至三公，號國老云。太史公曰：甘位至三公爵甚隆，無薑、桂二子之辣。君有過不能苦諫。人有以利來者，雖賣已不顧，惜哉。

清 汪灝《佩文齋廣群芳譜》卷九八《藥譜》 贊原無名氏《何首烏贊》：神効勝道，著在仙書。雌雄相交，夜合晝疏。服之去穀，日居月諸。返老還少，變安病軀。有緣者遇，勗爾自如。

清 蔣溥《盤山志》卷一五《物産·藥草》《王士禎謝拙庵禪師惠芝詩》：寄我靈芝車馬形，萬年松下斸青冥。菟絲聞道垂千尺，更欲從師乞茯苓。

雜録

晉 葛洪《抱朴子内篇》卷二《仙藥》 移門子服五味子十六年，色如玉女，入水不霑，入火不灼也。楚文子服地黄八年，夜視有光，手上車弩也。

唐 李翺《李文公集》卷一八《何首烏録》 僧文象，好養生術。元和七年三月十八日朝，茅山遇老人於華陽洞口。告僧曰：汝有仙相，吾授汝秘方。有何首烏者，順州南河縣人，祖能嗣，本名田兒。天生閹，嗜酒。年五十八因醉夜歸，臥野中。及醒，見田中有藤兩本，相遠三尺。苗蔓相交，久乃解，解合三四。心異之，遂掘根持問村野人，無能名。曝而乾之，有鄉人袁良，戲而曰：汝閹也，汝老無子，此藤異而後以合，其神藥，汝盍餌之。田兒乃篩末酒服，經七宿，忽思人道，累旬力輕健，慾不制，遂娶寡婦曾氏。田兒因常餌之七百餘日，舊疾皆愈，反有少容。鄉人異之。十年生數男，俱號爲藥。告田兒曰：此交藤也，服之可壽百六十歲，古方草不載，吾傳於師，亦得之於南河。吾服之，遂有子。吾本好静，以此藥害於静，因絶不服。女偶餌之，乃天幸。因爲田兒盡記其功，而改田兒名能嗣焉。嗣年百六十歲乃卒，男女一十九人。子庭服亦年百六十歲，男女三十人。子首烏服之，年百三十歲，男女二十一人。老人言訖，遂別去，其行如疾風。浙東知院殿中孟侍御識何首烏，嘗餌其藥。言其功如所傳，南人因呼爲何首烏焉。

元 忽思慧《飲膳正要》卷二《神仙服食》 胡麻食之，能除一切痼疾。久服長生肥健，人延年不老。

明 王圻《稗史彙編》卷一五〇《何首烏》 《本艸》曰：夜合藤。昔有姓何人，見其葉夜交，異于餘艸，意其有靈，采服其根。老而不衰，頭髮愈黑，因名之曰何首烏。一曰即其人姓名。

又《巴豆雲母》 河間王病瘕，醫莫能治。一人合巴豆雲母賣于鄉井，王買其藥服之，下蚍數頭，後人忽不見。

明 劉仲達《劉氏鴻書》卷八八 朱孺子幼事道士王元正，居大若岩。一日汲于溪上，見二花犬相趯，因逐之入于枸杞叢下而没。掘之，得枸杞根形如二犬，煮而食之，味極甘香。忽覺身輕，飛于山峯上，須臾雲起擁之而去。元正食其餘，因得不死，遂號童子峯。

圖 表

宋 唐慎微《證類本草》卷六 巴戟天，味辛，甘，微温，無毒。主大風邪氣，陰痿不起，强筋骨，安五藏，補中，增志，益氣。療頭面遊風，小腹及陰中相引痛，下氣，補五勞，益精，利男子。生巴郡及下邳山谷，二月、八月採根陰乾。覆盆子爲之使，惡朝生、雷丸、丹參。陶隱居云：今亦用建平宜都者，狀如牡丹而細，外赤内黑，用之打去心。《唐本》注云：巴戟天苗俗方名三蔓草，葉似茗，經冬不枯，根如連珠，多者良。宿根青色，嫩根白紫，用之亦同連珠。肉厚者爲勝。臣禹錫等謹按：《藥性論》云：巴戟天使能治男子夜夢，鬼交，泄精，强陰，除頭面中風，主下氣，火風，血癩。病人虚損，加而用之。日華子云：味苦，安五藏，定心氣，除一切風，治邪氣，療水腫。又名不凋草，色紫如小念珠，有小孔子堅硬難擣。雷公曰凡使，須用枸杞子湯浸一宿，待稍軟漉出，却用酒浸一伏時，又漉出，用菊花同熬令焦黄，去菊花，用布拭令乾用。

潞州人參

威勝軍人參

兗州人參

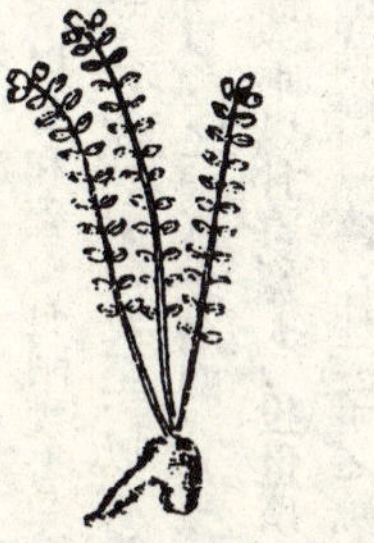

滁州人參

滁州巴戟天

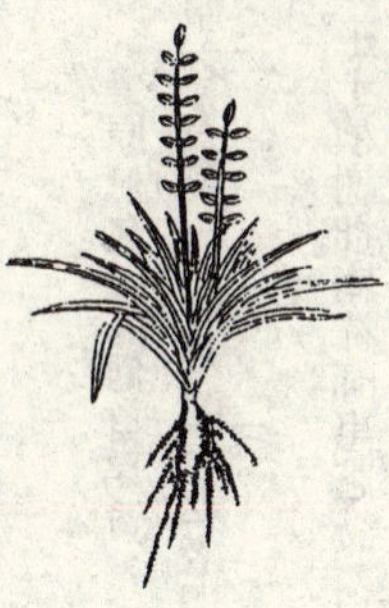

歸州巴戟天

又 卷七 黄連，味苦，寒，微寒，無毒。主熱氣目痛，眥傷泣出，明目，腸澼腹痛下痢，婦人陰中腫痛，五藏冷，熱久下洩澼膿血，止消渴、大驚，除水利骨，調胃厚腸，益膽，療口瘡。久服令人不忘。黄芩、龍骨、理石爲之使。惡菊花、芫花，玄參，白鮮，畏款冬，勝烏頭，解巴豆毒。陶隱居云：用之當布裹挼去毛，令如連珠。俗方多療下痢及渴，道方服食長生。《唐本》注云：蜀道者麄大節平，味極濃苦，療渴爲最。江東者節如連珠，療痢大善。今灃州者更勝。今注醫家見用宣州九節堅重、相擊有聲者爲勝。臣禹錫等謹按：《蜀本圖經》云：苗似茶，花黄叢生，一莖生三葉，高尺許，冬不凋。江左者節高若連珠。蜀都者，節下不連珠。今秦地及杭州、柳州者佳。《藥性論》云：黄連，臣。一名文連，惡白殭蠶，忌猪肉，惡冷水，殺小兒疳蟲，點赤眼昏痛，鎮肝去熱毒。蕭炳云：今出宣州絶佳，東陽亦有，歙州、處州者次。陳藏器云：主羸瘦氣急。日華子云：治五勞七傷，益氣，止心腹痛，驚悸煩燥，潤心肺，長肉止血，并瘡疥，盜汗，天行熱疾。猪肚蒸爲丸，治小兒疳氣。（略）

《圖經》曰《古方》以黄連爲治痢之最。《胡治方》載九盞湯，主下痢，不問冷熱赤白，穀滯林息久下，悉主之。以黄連長三寸三十枚，秤重一兩半，龍骨如棊子四枚，

宣州黄連

澧州黄連

五味子，味酸，温，無毒。主益氣，欬逆上氣，勞傷羸瘦，補不足，强陰，益男子精，養五藏，除熱，生陰中肌。

秦州五味子

越州五味子

虢州五味子

又 卷八 當歸，味甘，辛，温，大温，無毒。主欬逆上氣，温瘧寒熱，洗在皮膚中，婦人滿下絶子，諸惡瘡瘍。金瘡，煑飲之。温中止痛，除客血、内塞，中風，痓汗不出，濕痺，中惡，客氣，虚冷，補五藏，生肌肉。一名乾歸，生隴西川谷，二月、八月採根陰乾。惡藺茹，畏菖蒲、海藻、杜蒙。陶隱居云：今隴西四陽黑水當歸多肉少枝，氣香名馬尾。當歸稍難得，西川北部當歸多根枝而細，歷陽所出色白而氣味薄，不相似，呼爲草當歸。闕少時乃用之，方家有云：真當歸正謂此。有好惡故也。俗用甚多，道方時須爾。《唐本》注云：當歸苗有二種，於内一種似大葉芎藭，一種似細葉芎藭，惟莖葉卑下於芎藭也。今出當州、宕州、翼州、松州，宕州最勝，細葉者名蠶頭當歸，大葉者名馬尾當歸，今用多是馬尾當歸。蠶頭者不如此不復用。陶稱歷陽者是蠶頭當歸也。臣禹錫等謹按：《爾雅》云薜山蘄，注《廣雅》曰：山蘄，當歸也。當歸今似蘄而麄大，吴氏云：當歸，神農黄帝、桐君、扁鵲：甘，無毒。岐伯、雷公：辛，無毒。季氏：小温，或生羌胡地。范子云：當歸無枯者善。《藥性論》云：當歸性惡熱麫，止嘔逆，虚勞，寒熱，破宿血，主女子崩中，下腸胃冷，補諸不足，止痢，腹痛。單煑飲汁，治温瘧，主女人瀝血腰痛，療齒疼痛不可忍耐。人虚冷，加而用之。日華子云：治一切風，一切血，補一切勞，破惡血，養新血及主癥癖。（略）

滁州當歸

文州當歸

苦參，味苦，寒，無毒。主心腹結氣，癥瘕，積聚，黄疸，溺有餘瀝，逐水，除癰腫，補中，明目，止淚，養肝膽氣，安五藏，定志，益精，利九竅，除伏熱，腸

澼，止渴，醒酒，小便黄赤，療惡瘡，下部䘌，平胃氣，令人嗜食，輕身。一名水槐，一名苦蘵。一名地槐，一名菟槐，一名驕槐，一名白莖，一名虎麻，一名岑莖，一名禄白，一名陵。即生汝南山谷及田野。三月、八月、十月采根暴乾。玄參爲之使。惡貝母、漏蘆、菟絲，反藜蘆。陶隱居云：今出近道處處有。葉極似槐樹，故自槐名。花黄，子作莢，根味至苦。惡病人酒漬飲之多差，患疥者一兩服亦除。蓋能殺蟲。《唐本》注云：以十月收其實，餌如槐子法，久服輕身不老，明目，有驗。臣禹錫等謹按：《藥性論》云：苦參能治熱毒風，皮飢煩燥生瘡，赤癩眉脱，主除大熱嗜唾，治腹中冷痛，中惡腹痛，除體悶治心腹積聚。不入湯用。日華子云：殺疳蟲。炒帶煙出，爲末，飯飲下，治腸風瀉血并熱痢。（略）

《圖經》曰《古今方》用治瘡瘑最多。亦可治癩疾。其法用苦參五斤切，以好酒三斗漬三十日。每飲一合，日三。常服不絶。若覺痺，即差取根皮末服之，亦良。

《唐本》云治脛酸療惡蟲雷公云凡使，不計多少，先須用糯米濃泔汁浸一宿。上有腥穢氣，並在水面上浮，並須重重淘過，即蒸，從巳至申，出臊乾，細剉用之。

《聖惠方》治傷寒四日，已嘔吐，更宜吐。以苦參末，酒下二錢，得吐差。

《外臺秘要》治天行病四、五日，結胷滿痛，壯熱，身體熱。苦參一兩剉，以醋二升，煑取一升二合，盡飲之，當吐，即愈。天行毒病，非苦參、醋藥不解，及温覆取汗愈。

又方治小兒身熱，苦參湯浴兒良。

《千金方》治狂邪發惡，或披頭大叫，欲殺人，不避水火，苦參以蜜丸如桐子大。每服十丸，薄荷湯下。

又方治飲食中毒。以苦參三兩，酒二升半。煑取一升服，取吐愈。

《肘後方》治穀疸食勞，頭旋，心沸鬱不安面發黄。由失飢大食，胃氣衝燻所致。苦參三兩，龍膽一合，爲末，牛膽丸如梧子。大生大麥汁服五丸，日三服。

又方治時氣垂死者。苦參一兩㕮咀，以酒二升半，煑取一升半，去滓，適寒温盡服之。當聞若參吐毒如溶膠，便愈。

又方治卒心痛。苦參三兩，苦酒一升半，煑取八合，分二服。

梅師方治飲食中毒，魚、肉、菜等。苦參三兩，以苦酒一升煎三五沸，去滓服，吐出即愈。或取煑犀角汁一升，亦佳。

又方治傷寒四、五日，頭痛，壯熱，胷中煩痛。苦參五兩，烏梅二十枚，細剉，以水二升煎，取一升，分服。

泰州苦參

邵州苦參

成德軍苦參

西京苦參

又 卷九 防己，味辛，苦，平，温，無毒。主風寒，温瘧，熱氣，諸癇，除邪，利大小便，療水腫，風腫，去膀胱熱，傷寒，寒熱，邪氣，中風，手脚攣急，止洩，散癰腫，惡結，諸蝸，疥癬，蟲瘡，通腠理，利九竅。一名解離，文如車輻理，解者良。生漢中川谷，二月、八月採根陰乾。殷孽爲之，使殺雄黄毒惡細辛畏草薢。陶隱居云：今出宜都建平，大而青白色，虛軟者好，蹟黑木强者不佳。服食亦須之，是療風水氣要藥爾。《唐本》注云：防己本出漢中者，作車輻。解黄實而香，其青白虛軟者名木防己，都不任用。陶謂之佳者，蓋未見漢中者爾。臣禹錫等謹按：《藥性論》云：漢防己君味苦有小毒，能治濕風、口喎斜、手足疼、散留痰，主肺氣嗽喘，又云木防己使畏女菀鹵，其味苦辛能治男子肢節中風、毒風不語，主散結氣惡腫，温瘧風水腫，治膀胱。蕭炳云：木防己出華州。（略）

黔州防己

興化軍防己

又　卷九　天麻，味辛，平，無毒。主諸風濕痺，四肢拘攣，小兒風癇驚氣，利腰膝，强筋力，久服益氣，輕身，長年。生鄆州、利州、太山、嶗山諸山，五月採根暴乾。葉如芍藥而小，當中抽一莖直上如箭簳，莖端結實，狀若續隨子，至葉枯時子黄熟，其根連一二十枚，猶如天門冬之類，形如黄瓜，亦如蘆菔，大小不定。彼人多生噉或蒸煮食之，今多用鄆州者佳。今附臣禹錫等謹按：別注又云：主諸毒惡氣、支滿、寒疝、下血，今處處有之，時人多用焉。莖似箭簳，赤色，故莖名赤箭也。藥性論云：赤箭脂一名天麻，又名定風草，味甘平，能治冷氣𤸷痺癱緩不遂、語多恍惚、多驚、失志。陳藏器云：天麻寒，主熱毒癰腫，擣莖葉傅之，亦取子作飲，去熱氣，生平澤似馬鞭草，節節生紫花，花中有子如青葙子。日華子云：味甘暖，助陽氣，補五勞七傷，鬼疰蠱毒通血脈，關竅服無忌。

邵州天麻

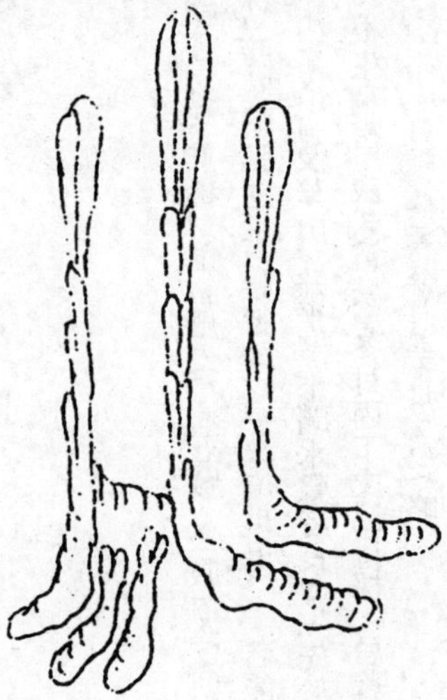

又　卷一〇　大戟，味苦，甘，寒，大寒，有小毒。主蠱毒，十二水腹滿急痛，積聚，中風，皮膚疼痛，吐逆，頸腋癰腫，頭痛發汗，利大小腸。一名邛鉅，生常山，十二月採根陰乾。反甘草。陶隱居云：近道處處皆有，至猥賤也。臣禹錫等謹按：《唐本》云：畏昌蒲、蘆草、鼠屎。蜀本《圖經》云：苗似甘遂，高大，葉有白汁，花黄，根似細苦參，皮黄黑，内黄白，五月採苗，二月、八月採根用。《爾雅》云：「用蕎邛鉅。」注云：今本草大戟也。《藥性論》云：大戟使，反芫花、海藻，毒，用昌蒲解之。味苦，辛，有大毒。破新陳，下惡血癖塊，腹内雷鳴，通月水，善治瘀血，能墮胎孕。日華子云：小豆爲之使，惡薯蕷。瀉毒藥。泄天行黄病，温瘧，破癥結。

滁州大戟

河中府大戟

信州大戟

并州大戟

又　卷一一　商陸，味辛，酸，平，有毒。主水脹，疝瘕痺，熨除癰腫，殺鬼精物，療胷中邪氣，水腫，痿痺，腹滿，洪直，疏五藏，散水氣。如人形者有神。一名葛根，一名夜呼，生咸陽川谷。陶隱居云：近道處處有，方家不甚乾用。療水腫，切生根，雜生鯉魚煮作湯。道家乃散用及煎釀，皆能去尸蟲，見鬼神。其實亦入神藥。花名薚花，尤良。《唐本》注云：此有赤、白二種，白者入藥用，赤者見鬼神，甚有毒，但貼腫外用。若服之傷人，乃至痢血不已而死也。今注：商陸，一名白昌，一名當陸。臣禹錫等謹按：《蜀本圖經》云：葉大如牛舌而厚脆，有赤花者根赤，白花者根白，今所在有之。二月、八月採根，日乾。《爾雅》云「遂薚馬尾」。注《廣雅》曰：馬尾，商陸本草云別名薚，今關西亦呼爲薚，江東呼爲當陸，釋文云如人形者，有神。《藥性論》云：當陸使，忌犬肉，味甘，有大毒，能瀉十種水病，喉痺不通，薄切醋熬，喉腫處外傅之差。日華子云：白章陸，味苦，冷，得大蒜良。通大小腸，瀉蠱毒，墮胎，協腫毒，傅惡瘡，赤者有毒。（略）

《圖經》曰喉中卒被毒氣攻痛者，切根炙令熱，隔布熨之，冷輒易，立愈。其花，主人心惛塞，多忘喜誤。取花陰乾百日，擣末。日暮水服方寸匕，卧思念所欲事，即於眼中自覺。

鳳翔府商陸

并州商陸

威靈仙，味苦，温，無毒。主諸風，宣通五藏，去腹内冷滯，心膈痰水久積，癥瘕痃癖氣塊，膀胱宿膿惡水，腰膝冷疼，及療折傷。一名能消。久服之，無温疫瘧。出商州上洛山及華山，并平澤不聞水聲者良。生先於衆草，莖方數葉相對，花淺紫，根生稠密，歲久益繁，冬月丙丁戊巳日採。忌茗。今附臣禹錫等謹按：蜀本云九月末至十一月採，陰乾，餘月並不堪採。（略）

并州威靈仙

晉州威靈仙

石州威靈仙

寧化軍威靈仙

《唐本》云腰腎脚膝積聚、腸内諸冷病，積年不差者，服之無不立效。

宋 王介《履巉巖本草》卷上 何首烏味苦澁，微温，無毒。主瘰癧，消癰腫，療頭面風瘡，五痔，止心痛，益血氣，黑髭鬢，美顔色，久服長筋骨，益精髓，延年不老。治婦人産後及帶下諸疾。

又治骨軟風腰膝痛，行履不得。

何首烏

又 卷中 半夏，味辛，平，生，微寒，熟温，有毒。主傷寒，寒熱，心下堅氣，喉咽腫痛，頭眩胷脹，欬逆，腸鳴，止汗，治久積冷，不下食，嘔吐不止，冷在胃中。

半夏

又　卷下　山梔子，味苦，寒，無毒。主五内邪氣，胃中熱氣，面赤酒皰皶鼻，白癩，赤癩，瘡瘍，目熱赤痛，胷心，大小腸大熱，心中煩悶，胃中熱氣，能殺蠱蟲毒，去熱毒風，利五淋，主中惡，通小便，解五種黄病，明目，治時疾，除熱及消渴，口乾，目赤腫病。

山梔子

枸杞子，苦，寒，根大寒，子微寒，無毒。主五内邪氣，熱中，消渴，周痹，風濕，下胷脅氣，客熱，頭痛，補内傷大勞嘘吸，堅筋骨，輕身不老，耐寒暑。一名杞根，一名地骨，一名枸忌，一名地輔，一名羊乳，一名僊人杖，一名西王母杖，一名枸檵，一名苦杞，一名却暑。

枸杞子

清　吳其濬《植物名实圖考》卷四《蒔蘿》　蒔蘿，《開寶本草》始著録，即小回香。子以爲和，治腎氣方多用之。

又　卷八《三七》　《廣西通志》：三七，恭城出，其葉七莖三，故名。根形似白及有節，味微甘。以末摻豬血中，化爲水者真。

《本草綱目》李時珍曰：彼人言其葉左三右四，故名三七，蓋恐不然。或云本名山漆，謂其能合金瘡，如漆粘物也。此説近之。金不换，貴重之稱也。生廣西南丹諸州番峒深山中，採根暴乾黄黑色。團結者，狀略似白及。長者如老乾地黄，有節。味微甘而苦，頗似人參之味。或云試法：以末摻猪血中，血化爲水者乃真。

又《施州半天回》 宋《圖經》：「半天回生施州，春生苗，高二尺已來，赤斑色，至冬苗葉皆枯。其根味苦澀，性温，無毒。土人夏月採之，與雞翁藤、野蘭根崖椶等四味，洗浄去麄皮，焙乾等分，擣羅爲末，温酒服二錢匕，療婦人血氣并五勞七傷，婦人服忌羊血、雞、魚、濕麪，丈夫服無所忌。」

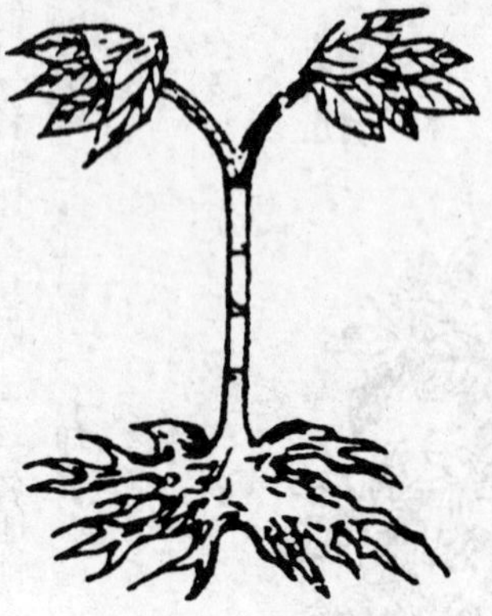

又 卷一一《麻黄》 麻黄，《本經》中品，肺經專藥。根節能止汗。有一醫至蒙古氊廬見有病寒者，煎麻黄一握，服之即愈。蓋連根節並用也。醫家去其根節，以數分與服幾委頓不起。今江西南安亦有之，土人皆以爲木賊，與麻黄同形同性，故亦能發汗解肌。俚醫用木賊皆不去節，故誤用麻黄亦不至亡陽耳。

雩婁農曰：麻黄莖，發汗。節，止汗。一物而相反。

又 卷一四《鷄冠》 鷄冠，《嘉祐本草》始著録，俚醫亦多以治紅白痢、崩帶血症，其性極峻，虚弱者慎之。

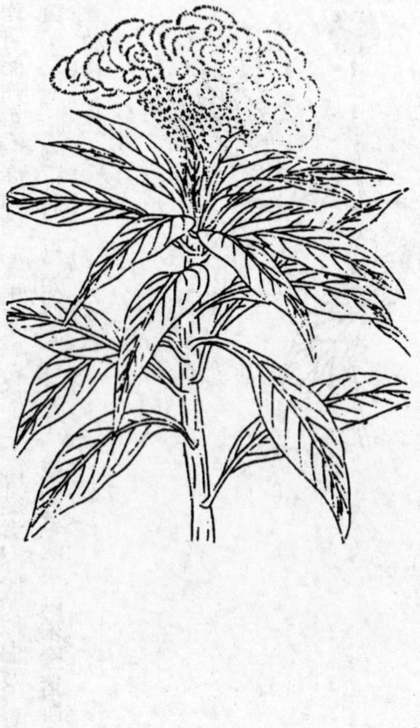

又 卷一五《萬年青》 《花鏡》：「萬年青，一名蒀蕳葉，叢生，深緑色，冬夏不萎。吴中人家多種之，以其盛衰占休咎、造屋、移居、行聘、治壙、小兒初生，一切喜事，無不用之，以爲祥瑞口號。至於結姻、幣聘，雖不取生者，亦必剪造綾絹，肖其形以代之。又與吉祥草、葱、松四品，並列盆中，亦俗套也。種法：於春秋二分時分栽盆内，置之背陰處。俗云：四月十四是神仙生日，當删剪舊葉，擲之通衢，令人踐踏，則新葉發生必盛。喜壅肥土，澆用冷茶。」

按：九江俚醫以治無名腫毒、疔瘡、牙痛，隱其名爲開口劍，或謂能治蛇傷，亦呼爲斬蛇劍。

又 **卷二三《忍冬》** 忍冬，《別録》上品：俗呼金銀花，亦曰鷺鷥花，又名左纏藤。陶隱居云：忍冬酒補虚，療風。世人不肯爲之，更求難得者。近時爲解毒治痢要藥。吾太夫人曾患痢，甚亟。禱於神，得方，以忍冬五錢煎濃汁呷之，不及半日即安，其效神速如此。吴中暑月，以花入茶飲之，茶肆以新販到金銀花爲貴，皆中州産也。

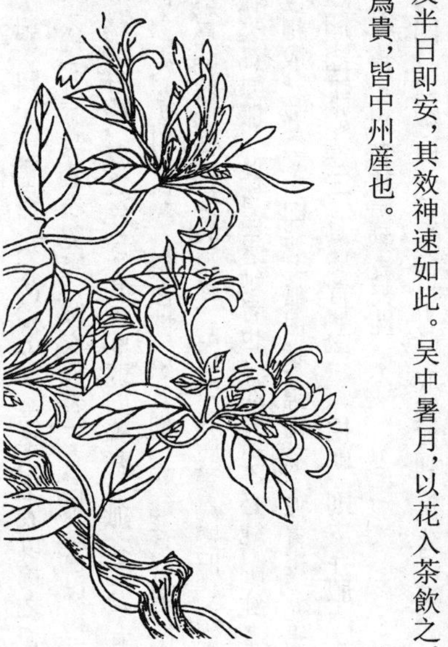

又 **卷二五《芍藥》** 芍藥，《本經》中品。古以爲和，今入藥用單瓣者。

雩婁農曰：「詩贈之以勺藥。」陸疏云：「今藥草芍藥，無香氣，非是也。」《爾雅翼》以陸未識其華，蓋芍藥盛於西北，維揚諸花始於宋世，故陸元恪僅見藥裹之根、荄，而未覩金帶之綺麗。羅氏之言是矣。然古時香草必以莖葉俱香而後名，如蘭、如蘇、如芷皆竟體芬芬，不以花著。芍藥奇馥，都恃繁英，氣不勝色，時過即弛，與霜露飄零而臭味彌烈者，蓋未可伯仲也。陸氏之疑其或以此若以調和爲據，則古今食饌嗜好全殊，即所謂食馬肝、馬腸猶合芍藥而醬之者，士大夫久無此憲章，安得尋裂駃騠而沃苦酒者，一問之耶。

又 **卷二九《鐵線牡丹》** 鐵線牡丹，生雲南圃中，大致類罌粟花。土醫云：性温能散暖筋骨，除風濕，治跌打損傷，搗細入無灰酒煮熱，包敷患處。

清 **陳淏子《秘傳花鏡》卷五《花草類考·澤蘭》** 澤蘭，生大澤旁，以其葉似蘭，故名澤蘭。二月生苗，長二三尺，根紫黑色，莖幹青紫色，作四稜。葉生相對，如薄荷而微香。七月開花，帶紫白色，萼亦色紫，可入藥用。

澤蘭

林産动物加工利用部

獸類

論説

《春秋公羊傳·莊公二十二年》（何休解詁　徐彦疏）「冬，公如齊納幣。」

注：納幣，即納徵。納徵，《禮》曰：「主人受幣，士受儷皮」是也。《禮》言「納徵」，《春秋》言「納幣」者，《春秋》質也。凡婚禮皆用鴈，取其知時候。唯納徵用玄纁束帛儷皮。玄纁，取其順天地也，儷皮者，鹿皮，所以重古也。疏（略）「儷皮者，鹿皮，所以重古也。」解云：正以古者食肉、衣皮服，捕禽獸，故也。儷者，兩也，兩皮者，二儀之數。

宋 陳祥道《論語全解》卷五《鄉黨第十》「緇衣羔裘，素衣麑裘，黄衣狐裘。」《禮記》曰：「麑裘，素衣以裼之。羔裘，緇衣以裼之。狐裘，黄衣以裼之。」則「緇衣羔裘，素衣麑裘，黄衣狐裘」者，稱其色以裼之也。羔之色黑，其性則羣而有禮，麑之色白，其性則弱而善愛。狐之色黄，其性則黄而多正。緇所以象道，素所以象義。黄在坤，象方物。朝廷者，道與禮之所自出，故於緇衣羔裘爲朝服。喪則仁義之盡，故以素衣麑裘爲喪服。蜡，所以息老物，故以黄衣狐裘爲蜡服。此皆色之純者也。然有所不必純，則純者所以相稱，其不純者所以相成。故《記》曰：「狐白裘，錦裼之。狐青裘，元裼之。」

宋 陸佃《埤雅》卷三　《周官》曰：「視朝，則皮弁服。」皮弁，正以鹿皮爲之。蓋取諸此鹿，愛其類發於天性。

又 卷四　《詩》曰：「一之日于貉，取彼狐狸，爲公子裘。」言往祭表貉，因取狐狸之皮爲裘。

宋 晁貫之《墨經》　凡膠，鹿膠爲上。《考工記》曰：「鹿膠青白，馬膠赤白，牛膠火赤，鼠膠餌，犀膠黄。莫先於鹿膠。」故魏夫人曰：「墨取廬山松煙，代郡鹿膠。」

宋 林之奇《尚書全解》卷九《熊羆狐狸織皮》　漢孔氏曰：「貢四獸之皮織金罽。」唐孔氏以毛爲罽，織毛而言皮者，毛附於皮，故以皮表毛爾。據二孔之説，則以織皮爲一物。蘇氏云：「以罽者曰織，以裘者曰皮」，則是織皮爲二物。曾氏亦同於蘇氏之説，而其説加詳焉，曰：「地多山林，獸之所走熊羆狐狸之皮，製之可以爲裘，其毳毛織之，可以爲罽。」今當從蘇氏、曾氏之説。

元 吴澄《禮記纂言·禮運》卷二五　昔者先王未有宫室，冬則居營窟，夏則居橧巢；未有火化，食草木之實，鳥獸之肉，飲其血，茹其毛；未有麻絲，衣其羽皮。澄曰：營窟，上處，以避寒也。橧巢，木處以避暑也。饑則食鳥獸之肉，寒則取鳥之羽，獸之皮，以衣面蔽其體也。此以上所言，皆是上古時事，爲大樸陋，不可從也。下文乃言上古以後，可從之禮。

明 季本《詩説解頤》卷二《旄丘》　狐裘，毛氏以爲「大夫狐蒼裘」。蒼，青色也。此説《禮》無明文，惟據《玉藻》「君子狐青裘，豹褎玄綃衣以裼之」，故鄭氏註：因以爲玄衣之裘，而孔氏謂爲玄端之裘也。但考大夫朝祭之服，皆用黑羔裘豹褎，而裼以緇衣，上加朝服。若黄狐裘，則大夫蜡祭息民之服。狐蒼裘，不知其所施，其必以其温而用於境外之服，如狐貉之厚以居者歟？蒙戎，《左傳》作龍茸，毛氏云：亂也。雖謂之亂，豈可遂以爲敝哉？故毛氏亦無裘敝之説。蓋蒙戎者，毛聚之狀，東萊吕氏直以蒙戎爲狐裘之貌，亦知訓敝之爲非矣。蓋自服狐裘。而至葛誕，但見其爲久耳，不必以爲裘敝也。葛誕之時，人豈尚服狐裘哉？

又《干旄》　干與竿同，杠也，旗竿也。旄，旄牛之尾也。《山海經》：「有獸如牛，四節有毛。」此旄牛也。以旄牛尾爲之，謂之旄而注於旗竿之首。郭璞云：「載旄於竿頭，如今之幢是也。」《周禮·夏采疏》謂：「鳥羽亦爲旌旗之緌。」蓋緌者，垂也。旗旄垂下之名，亦作綏，即旄也。若兼鳥羽而言緌，而緌不但有旄牛尾而已。此蓋據秦漢以羽毛爲葆幢之制。古者羽毛異用，以毛爲旄，以羽爲旌，末章言干旌，則析羽而注於旗竿之首也。孫炎曰：「析五采羽注旄上。」陳氏祥道曰：「干首注以旄，旄上注以旌，則是以翟羽插於旄上，以表其高，故謂之旌。」干首雖毛羽皆有，非混而爲幢者也。但所謂析羽者，非以一羽析而爲二也。蓋翟惟二羽在尾，最長謂之翹，即薛綜所謂「雉之徤者爲鷸尾，長六尺」者也。全用之則爲全羽，半用之則爲析羽。《周禮·司常》云：「全羽爲旞，析羽爲旌，此以貴賤而分也。蓋必天子諸侯之旗用全羽之旞，而卿大夫之旗，得用析羽之旌。

又　卷三《終南》　狐裘，狐白裘也。《玉藻》云：「君衣狐白裘，錦衣以裼之。」鄭氏以錦爲素錦，言其色之稱也。素白而曰錦，蓋用五色絲織以成錦，而以素爲主，顯其白耳。君，兼天子諸侯而言。鄭氏謂：「天子狐白之上服皮弁服，則天子皮弁之下有狐白錦衣也。皮弁服亦白色，與裘稱也。則皮弁者，天子視朝之服，而諸侯在天子之朝，亦狐白裘，故通稱君耳。」此本臆説，經無正文。故陳氏祥道曰：「君衣狐白裘，錦衣以裼之，燕服也。」王之燕服，不但玄端而已，所以有狐白裘錦衣也。言王則諸侯可知。蓋狐白裘，粹白之色，裘之難得者也。欲人有粹白之德，則上下可以通服。或賤者力不能備，則但衣狐青而已，非以狐白爲禁也。蓋狐比羔爲賤，故朝服常用。羔裘而燕服，多用狐裘，但以狐之白者難得，故紂以狐白免西伯，田子方以狐白禮子思，田文以狐白脱秦患，然而人人皆得用之，於此亦可見矣。故《集傳》曰：「錦衣狐裘，諸侯之服也。」既以錦衣爲燕服，則不必用絲織錦，意必麻衣之素質而爲錦文者歟？

又　卷七《鞹鞃淺幭謂》　以去毛之皮施之軾中，而又以淺毛之虎皮幭於軾上也。幭者，覆蓋之義。毛氏曰：「鞹，革也。鞃，軾中也。淺，虎皮淺毛也。幭，覆軾也。」孔氏以爲：鞹，去毛之皮也。軾者，兩較之間有横木可憑者。鞹鞃者，以去毛之皮施於軾之中央持車使牢固也。獸之淺毛者，惟虎耳。幭，《禮記》作幦，《周禮》作複，字異義同，以淺毛之皮爲幭也。

明　馮復京《六家詩名物疏》卷二六《錦衣狐裘》　《玉藻》云：「君衣狐白裘，錦衣以裼之。」鄭氏云：「君衣狐白毛之裘，則以素錦爲衣覆之，使可裼也。袒而有衣曰裼，必覆之者，裘褻也。」《詩》云：「衣錦絅衣。」然則錦衣復有上衣，明矣。天子狐白之上服皮弁服，與凡裼衣象裘色也。疏云：「天子視朝，服皮弁服，有狐白錦衣，諸侯與天子之朝亦然。凡在朝，君臣同服，諸侯朝天子，受皮弁之裼，歸來嚮國，則亦錦衣狐裘。以告廟，則《秦詩》云『君子至止，錦衣狐裘』是也。又云『士不衣狐白』。又云：『錦衣狐裘，諸侯之服也。』注云：『非諸侯，則不用錦衣爲裼。』」孔氏云：「諸侯在國視朔及受鄰國之聘，其皮弁服皆服麑裘，不服狐白。諸侯在天子之朝廷服此服耳。受天子之賜，歸則服之以告廟，於後不復服之。」按：古人之裘，最重狐白。天下無粹白之狐，而有粹白之裘，則狐白之難得，可知矣。昔紂以狐白免西伯，田子方以狐白禮子思，田文以狐白脱秦難，其貴之如此。故天子以爲朝服，諸侯以爲賜服。凡在朝君臣同服，而惟卿大夫得衣之。又别其裼衣。天子諸侯以錦，卿大夫以素，蓋禮服之重者也。陳氏祥道「以爲燕服」，其説亦是，而戾於先儒，今且依先儒之説。

明　郝敬《周禮完解》卷二　羽物季秋獻功裘，以待頒賜。王大射，則共虎侯、熊侯、豹侯，設其鵠。諸侯則共熊侯、豹侯，卿大夫則共麋侯，皆設其鵠。大喪廞裘，飾皮車。凡邦之皮事掌之，歲終則會，唯王之裘與其皮事不會。大裘，裘不用表，貴質也，冬至祀天之服。《玉藻》云：大裘不裼，是也。中秋，夏正八月，鳥獸毛毨美澤，故獻良善之裘于王，百鳥新成，秋始殺，故王頒賜羽物于羣臣。功裘，工人所製，供王頒賜者。王與諸侯、卿大夫射曰大射。侯，待也，置物于彼，待射也。形似猴，曰侯。大射用皮侯布中棲皮爲鵠，王之侯虎皮，諸侯熊皮，王之卿大夫以下豹皮，皆取服猛之義。諸侯自射熊皮，其卿大夫以下皆用麋皮。鵠，大鳥，侯中爲鵠，鵠中爲正，正用畫，即鄉射。《記》云：天子白質，諸侯赤質也。

清　陸隴其《三魚堂四書集註大全·論語大全》卷三《八佾》　子曰：「射不主皮，爲力不同科，古之道也。」爲去聲。「射不主皮」，《鄉射禮》文。「爲力不同科」，孔子解禮之意如此也。皮，革也，布侯而棲革於其中以爲的，所謂鵠也。新安倪氏曰：「侯以布，鵠以革。」《考工記》曰：「梓人爲侯，廣與崇方，參分其廣，而鵠居一焉。」蓋方制其皮以爲鵠，鵠小鳥而難中，以中之爲儁，故謂的爲鵠。《通考》仁山金氏曰：「侯，本侯射的之垜謂侯，人射中也，從侯從矢象形。鵠即告字，謂告人以所當中之處也。取射禽獸之義，故加鳥。」東陽許氏曰：「天子三侯，虎熊豹。諸侯二，熊豹。大夫麋，士豻。凡侯皆以布爲之，形必方。大射之侯，外一分以其名之皮飾之。虎侯用虎皮，熊侯用熊皮，其中三分之一。又用其皮綴於中爲的，故曰棲皮爲鵠，賓射之皮，外亦用皮飾，其中三分之一，則用彩色畫，謂之正，天子内朱，次白蒼黄玄，諸侯三正，朱白蒼，大夫士二正，朱緑。燕射之侯，外亦用皮飾。其中三分之一，天子則白質而畫其獸頭，諸侯丹質，大夫士則止就布上畫之。故曰：『畫布爲正。』今集註凡言『畫布爲正』，是以賓射、燕射之侯言，棲皮爲鵠，是以大射之侯言。」

清　愛新覺羅·玄燁《日講禮記解義》卷三三　「君子狐青裘豹褎，玄綃衣以裼之，麛裘青豻褎，絞衣以裼之，羔裘豹飾，緇衣以裼之，狐裘，黄衣以裼之。錦衣狐裘，諸侯之服也。」此言服色之相稱也。君子，謂大夫士。狐青，狐之青毛皮也。豹，豹皮也。綃，綺屬，麛鹿子。豻，胡地野犬。絞，蒼黄色。陳氏祥道：「謂素衣也，飾亦謂褎也。裼衣必象裘色，君子以狐青爲裘，豹爲褎，則用元綃衣以裼之。麛爲裘，青豻爲褎，則用絞衣以裼之。羔爲裘，豹爲褎，則用緇衣以裼之。狐爲裘，則用黄衣以裼之。唯錦衣狐裘，不可概服，乃諸侯之服也。」案：麛裘以下與《論語》所謂素衣麑裘、緇衣羔裘、黄衣狐裘者相合而小異。

清 姜兆錫《禮記章義》卷四《禮記·禮運》 昔先王未有宫室，冬則居營窟，夏則居橧巢；未有火化，食草木之實，鳥獸之肉，飲其血，茹其毛；未有麻絲，衣其羽皮。橧音增，衣去聲。營治也，治土爲窟。於高阜也，橧聚也。聚薪爲巢於深林也。茹猶食也，蓋未有火化，故去血毛不能盡，而并食之與。

綜 述

《管子·大匡》 諸侯之禮，令齊以豹皮往，小侯以鹿皮報。

唐 釋道世《法苑珠林》卷四九 麝香，《山海經》曰：「翠山之陰多麝。」《本艸經》曰：「麝香味辛，辟惡氣，殺鬼精，生中臺山。」

唐 段成式《酉陽雜俎》卷一五《風貍》 南中有獸，名風貍，如狙。眉長，好羞，見人，輒低頭。其溺能治風疾。

唐 段公路《北户録》卷一《紅蝙蝠》 出瀧州，雙伏紅蕉花間，若獲其一，則一不去，南人收爲媚藥。

唐 馮贄《雲仙雜記》卷一《養硯墨筆紙》 養墨，以豹皮囊，貴乎遠溼。

宋 蘇軾《格物麤談》卷上 貘糞可爲兵切玉，尿能消鐵爲水。（略）貘齒骨極堅，刀斧火煅不壞，可詐充佛牙，以羚羊角擊，便碎。（略）乾蝟皮并刺作刷治紕帛，絶佳。（略）蝟脂煬鐵中，入少水銀，則柔如鉛錫。（略）麝香可驅壁蝨。（略）穿山甲油和印，色則不滲。

宋 唐慎微《證類本草》卷一六 白膠，味甘，平，温，無毒。主傷中勞絶，腰痛羸瘦，補中益氣，婦人血閉無子，止痛安胎，療吐血下血，崩中不止，四肢酸疼，多汗淋露，折音舌跌音迭傷損。久服輕身延年。一名鹿角膠，生雲中。煑鹿角作之。（略）土撥鼠，味甘，平，無毒。主野雞瘻瘡，肥美，煑食之，宜人。生西蕃山澤，穴土爲窠，形如獺，夷人掘取，食之。《魏略》曰：「大秦國出辟毒鼠，近似此也。」

又 卷一八 麋脂，味辛，温，無毒。主癰腫、惡瘡、死肌，寒風濕痹，四肢拘緩不收，風頭腫氣，通腠理，柔皮膚。不可近陰，令痿。一名官脂。畏大黄。臣禹錫等謹按：孟詵云：「麋肉，益氣補中，治腰脚。不與雉肉同食。」謹按：肉多無功用，所食亦微補五藏，不定氣，多食令人弱房發汗氣。骨，除虚勞至效。可煮骨作汁，釀酒飲之，令人肥白美顔色。角，味甘，無毒。主痹，止血，益氣力。生南山山谷及淮海邊，十月取。陶隱居云：「今海陵間最多，千百爲羣，多牝少牡。人言一牡輒交十餘牝，交畢即死。其髓墮土中，經年，人得之方好，名曰遁脂，酒服至良。尋麋性乃爾壯健，不應痿人陰。一方：言不可近陰，令陰不痿，此乃有理。麋肉不可令取反生菜、梅、李、菓實食之，皆病人。其角刮取屑熬香酒服之，大益人事，出《彭祖傳》中。」《唐本》注云：「麋茸，服之功力勝鹿茸，煮爲膠亦勝白膠。言遊牝畢即死者，此亦虚傳，遍詢山澤人，不聞遊牝因致死者。」臣禹錫等謹按：孟詵云：「其角補虚勞，填髓。」理角法：可五寸截之，中破，炙令黄香後末。和酒空腹服三錢匕，若卒心痛，一服立差。常服之令人赤白如花，益陽道，不知何因與肉功不同爾。亦可煎作膠，與鹿角膠同功。茸，甚勝鹿茸，仙方甚重。又大夫冷氣及風，筋骨疼痛，作粉長服。又於漿水中研爲泥，塗面令不皺，光華可愛。又常俗人以皮作靴熏脚氣。陳士良云：「麋，大熱。」日華子云：「角，添精補髓，益血氣暖。鹿脂，悦色，壯陽，療風氣，偏治丈夫勝鹿角。」按：《月令》：「麋角屬陰，夏至角解，蓋一陰生也。治腰膝不仁，補一切血病也。」《圖經》《文具》第十七卷鹿茸條下。（略）

獼猴，味酸，平，無毒。肉，主諸風勞，釀酒彌佳，頭角，主瘴瘧。作湯，治小兒則辟驚，鬼魅寒熱。手，主小兒驚癇口噤。屎，主蜘蛛咬。肉爲脯，主久瘧。皮，主馬疫氣。此物數種者都名禺屬。取色黄，尾長，面赤者是。人家養者，肉及屎並不主病，爲其食息雜，違其本真也。唐慎微續添。《聖惠方》「治鬼瘧進、退不定。用猢猻頭骨一枚，燒灰末。空心温酒調一錢匕，臨發再服。」《抱朴子》云：「獼猴壽八百歲，即變爲猨，猨壽五百歲变爲玃，玃壽一千歲變爲蟾蜍。」

敗鼓皮平，主中蠱毒。陶隱居云：「此用穿敗者，燒作屑，水和服之。病人即喚蠱主姓名，仍往令其呼取蠱，便差。白蘘荷亦然。自革部今移。《圖經》文具牛黄條下。《外臺秘要》云：「治蠱。取敗鼓皮廣五寸，長一尺，薔薇根五寸，如足拇指大（本元云莨菪根），剉以水一升，酒三升，煮取二升服之，當下蠱蟲即愈。」《肘後方》：「治中蠱毒諸方。人有行蠱毒以病人者，若中之當服藥，如知蠱主姓，便呼取以去也。凡訴法，中蠱狀，令人心腹切痛，如有物咬。或吐下血，不即治之，蝕人五藏盡即死矣。欲知是蠱，當令病人吐水，沈者是，浮者非。亦有以蟲、蛇合作，蠱藥著飲食中，使人得瘕病。此一種一年死。治之各自有藥。江南山間人有此，不可不信之。」《梅師方》：「治卒中蠱毒，下血如鵝肝，晝夜不絶，藏腑壞敗待死。知蠱姓名方，破鼓皮燒灰服，自呼名治之即去。又欲知蠱毒主姓名，取敗皷皮少許，燒末飲服，病人須臾自當呼蠱主姓名。」《楊氏産乳》：「療中蠱毒。取敗鼓皮燒作末，酒服方寸匕，須臾當呼蠱姓名，令本蠱主呼取蠱名，即差。」《聖惠方》：「亦治小兒五種蠱毒。」《衍義》曰：「敗鼓皮，黄牛皮爲勝。今不言是何皮，蓋亦以驢、馬皮爲之者。唐韓退之所謂牛溲、馬勃、敗鼓之皮，俱取並畜，待用無遺者。今用處亦少，丸好煎膠。專用牛皮，始可入藥。」（略）

狼筋如織絡袋子，似筋膠所作，大小如鴨卵，人有犯盗者熏之，當脚攣縮，因之獲賊也。或云：是狼胜下筋。又云：蟲所作。未知孰是。狼大如狗，蒼色，鳴聲諸孔皆涕。（略）

猏獸無毒，主五野雞病，取其脂傅瘡，亦食其血肉，亦坐其皮。積久野雞病皆差也。似猴而大，毛長，黄赤色，生山南山谷中，人將其皮作鞍褥。（略）

果然肉，味鹹，無毒。主瘧瘴，寒熱，煮食之，亦坐其皮爲褥。似猴，人面，毛如蒼鴨，肋邊堪作褥。《南州異物志》云：「交州有果然獸，其名自呼，如猿，白質黑文，尾長過其頭，鼻孔向天，雨以尾塞鼻孔，毛温而細。」《爾雅》：「蜼，仰鼻而長尾。」郭注：「與此相似也。」

宋 沈括《夢溪筆談》卷二六 按《月令》：「冬至麋角解，夏至鹿角解。」陰陽相反如此。今人用麋、鹿茸作一種，殆疎也。又有刺麋、鹿血以代茸，云「茸亦血耳」，此大誤也。竊詳古人之意，凡含血之物，肉差易長，其次筋難長，最後骨難長。故人自胚胎至成人，二十年骨髓方堅。唯麋角自生至堅，無兩月之久，大者乃重二十餘斤，其堅如石。計一晝夜須生數兩。凡骨之頓成長，神速無甚於此。雖草木至易生者，亦無能及之。此骨之至强者，所以能補骨血，堅陽道，强精髓也。豈可與凡血爲比哉？麋茸利補陽，鹿茸利補陰。凡用茸，無樂太嫩。世謂之「茄子茸」，但珍其難得耳，其實少力。堅者又太老。唯長數寸，破之肌如朽木，茸端爲馬瑙、紅玉者，最善。又北方戎狄中有麋、麖、麈。駞麈極大而色蒼，麂黄而無班，亦鹿之類。角大而有文，瑩瑩如玉，其茸亦可用。

宋 朱彧《萍州可談》卷二 造筆用兔毫最佳，好事者用栗鼠鬚或猩猩毛以爲奇，然不若兔毫便於書也。廣南無兔，用雞毛，然毛匾不可書，代匱而已。

宋 陸佃《埤雅》卷三《麈》 其尾辟塵，以置帣帛中，能令歲久，紅色不黦。又以拂氈，令氈不蠹。蓋蠅點變白，麈尾留紅，而狐白貂鼠之類，燕見之則毛脱，物有相制，其異如此。

又《兕》 《釋獸》云：「兕，似牛，兕重千斤，一角青色，其皮堅厚，可以制鎧。」（略）

又 卷四 又曰：「蝟皮能整紕纇，染師用之刷紕物。」（略）

《毛詩傳》曰：「飾，謂緣以豹皮。」則緣蓋言領，人君之服也。

段氏云：「駝亦齡，今其毛縟温厚，煖於狐貉，極堪禦寒，遇夏常退毛至盡，乃能避熱。故古者冬取皮於狐類而裘成，夏取毛於駝類而褐成也。」

又《麋》 《淮南子》曰：日至而麋鹿解，是也。説者以爲鹿角者挾陰之陽也，故應陰而隕角，麋角者挾陽之陰也，故應陽而隕角。蓋鹿肉食之煗，以陽爲體也，麋肉食之寒，以陰爲體也。以陽爲體者，以陰爲末。以陰爲體者，以陽爲末。角，末也，故其應陰陽如此。（略）

麋角自生，至堅，無兩月之久，大者乃重二十餘斤，其堅如石，計一夜須生數兩。凡骨之頓成，生長神速，無甚於此，雖草木至易生者，亦無能及之。此骨血之至强者，所以能補骨血，堅陽道，强精髓也。頭者，諸陽之會衆，陽之聚上，鍾于角，豈可與凡血爲比哉？麋茸利補陽，鹿茸利補陰。

又《貂》 貂亦鼠類，縟毛者也。其皮煖於狐貉，取以爲帽，得風則煖。其毛拂面，如焰。朔地苦寒，人以其皮温額，後代效之，因以金璫飾首，前插貂尾。至漢因焉，加以附蟬爲文，侍中插左，常侍插右。

宋 朱勝非《紺珠集》卷六 虎威。虎脇兩旁、皮下及尾端有骨，名虎威，宜佩以臨民。

宋 洪芻《香譜》卷上《麝香》 《唐本草》云：「生中臺川谷，及雍州、益州皆有之。」陶隱居云：「形似麞，常食栢葉及噉蛇。或於五月得者，往往有蛇皮骨。主辟邪、殺鬼精、中惡、風毒。療傷多以一子真香分糅作三、四子，刮取血膜，雜以餘物。大都亦有精麄，破皮毛共在裹中者爲勝。或有夏食蛇蟲多，至寒香滿，入春患急痛，自以脚剔出，人有得之者。此香絶勝。帶麝，非但香，辟惡，以香真者一子，著腦間，枕之，辟惡夢及尸疰鬼氣。」今或傳有水麝臍，其香尤美。

宋 范成大《桂海虞衡志·志兽》 風貍，狀似黄猨，食蜘蛛，晝則拳曲如蝟，遇風則飛行空中，其溺及乳汁，主大風疾，奇效。

宋 周去非《嶺外代答》卷九《禽獸門・麝香》 自邕州溪峒來者，名土麝，氣燥烈，不及西香。然比年西香多僞雜，一臍化爲十數枚，豈復有香。南麝氣味雖劣，以不多得，得爲珍貨，不暇作僞，入藥宜有力。

宋 羅願《爾雅翼》卷一八《狻麑》 故西域樂工，或得其筋，紐以爲琴絃，混之樂部，適一鼓而衆樂絲絃皆絶。又謂之「虓」。《説文》曰：「虓，獅子也。」

又《犀》 古所謂梁山之美，非特其角，兼取其甲。函人犀甲七屬，壽百年，言其久而不壞也。吴王夫差衣水犀之甲者，億有三千人。又奉文犀之渠，物之利如此。

又《象》 南蕃船上多以象皮鞔鼓，鼓長而頭尖，狀如棗核，謂之檳榔鼓。

又 卷一九《狼》 古者君子左取狼爲裘，又食其肉。

又《豻》 豻，古以爲裘。《玉藻》所謂「麛裘青豻褎，絞衣以裼之」者，蓋自狐青裘豹褎、麛裘青豻褎、羔裘豹飾，狐裘皆裼，犬羊之裘不裼，不盡飾也。

又《狒狒》 髮極長，可爲髲，其血可染緋。

又 卷二〇《鹿》 益州人取鹿，殺而埋地中，令臭，乃出食之，名鹿殘。（略）

凡鹿，夏則解角而易毛，冬則角長而毛深，故喪車鹿淺複，説者謂以鹿夏皮爲覆笭也。古者伏犧之世，儷皮爲禮。按《説文集韻》云：「麗，旅行也。鹿之性見食急，則必旅行。」《禮》：「儷皮納聘。」蓋鹿皮也。

又《麝》 其毛可以爲筆。鄭虔云：「麝毛筆一管，寫書直行四十張。狸毛筆一管，界行寫書八百張。」

又《麂麞》 南人往往食其肉，然堅韌不及麞味美，多食之，能動痼疾。其皮作履舄，勝於衆皮。

又《麈》 婦人以寘蒨帛中，經十餘年，色不退，以拂氈，則氈不蠹。

又《羚》 北人多食，南人食之，免爲蛇蟲所侵。

又 卷二一《貂》 今高麗有貂帽、貂裘，冬温夏涼，利以入水，纔出岸，振迅之則乾，雪著其上則消。又，北方往往黄塵眯人眼，以袖拭目，則塵去。古亦以爲裘。（略）

漢之侍中、中常侍，武冠，加黄金璫，附蟬爲文，貂尾爲飾，謂之惠文冠，起於趙武靈王效胡服，以金璫飾首，前插貂尾，爲貴職。秦滅趙，以其君冠賜近臣。

宋 李如圭《儀禮集釋》卷一《士冠禮第一》「皮弁服素積緇帶素韠。」

此與君視朔之服也。皮弁者，以白鹿皮爲冠，象上古也。積，猶辟也。以素爲裳，辟蹙其要中。皮弁之衣用布，亦十五升其色象焉。釋曰：「古者以鳥獸之皮冒而句領。皮弁，象之服，不言色者，衣與冠同色也。素，素白繒。」

宋 寇宗奭《本草衍義》卷一六 羚羊角，今皆取有掛痕者。陳藏器：取耳邊聽之，集集鳴者良，亦强出。此説未嘗遍試也。今將他角附耳，皆集集有聲，不如有掛痕一説盡矣。（略）

羖羊角，出陝西、河東，謂之羖䍽羊，尤很健，毛最長而厚。此羊可入藥，如要食，不如無角白大羊。又，同華之間，有卧沙細肋，其羊有角似羖羊，但低小，供饌在諸羊之上。張仲景治寒疝用生薑羊肉湯，服之無不驗。（略）

犀角，凡入藥須烏色，未經湯水浸煮者，故曰生犀。川犀及南犀，紋皆細。烏犀尚有顯紋者露，黄犀紋絶少，皆不及西番所出紋高兩脚顯也。物像黄外黑者爲正透，物像黑外黄者爲倒透。蓋以烏爲正，以形像肖物者爲貴。既曰通犀，又須紋頭顯，黄黑分明，透不脱，有兩脚滑閏者爲第一。鹿取茸，犀取尖，其精鋭之力盡在是矣。犀角尖，磨服爲佳，若在湯散則屑之。西番者佳。（略）

象牙，取口兩邊各出一牙，下垂夾鼻者，非口内食齒，齒別入藥。今爲象笏者，是牙也。（略）

豹肉毛赤黄，其紋黑如錢而中空，比比相次，此獸猛捷過虎，故能安五藏，補絶傷，輕身。又有土豹，毛更無紋，色亦不赤，其形亦小，此各自有種，非能變爲虎也。（略）

鹿茸，（略）最難得，不破及不出却血者，蓋其力盡在血中。獵時多有損傷故也。茸上毛，先薄以酥塗匀，於烈燄中急灼之，若不先以酥塗，恐火焰傷茸，俟毛淨，微炙入藥。頭亦可釀酒（略）凡麋鹿角自生，至堅完，無兩月之久，大者二十餘斤，其堅如石，計一晝夜須生數兩。凡骨之類，成長無速於此，雖草木至易生，亦無能及之，豈可與凡骨血爲比。麋茸利補陽，鹿耳利補陰。凡用茸，無須太嫩，唯長四五寸、茸端如馬瑙紅者最佳。須佐以他藥，則有功。（略）

虎骨，頭脛與脊骨入藥。肉微鹹。（略）治風攣急，屈伸不得，走疰癲疾，

驚癇，骨節風毒等。（略）

狐，今用肝治風，皮兼毛用爲裘者是也。此獸多疑，極審聽，人智出之，以多疑審聽而捕取。（略）

野猪黃在膽中，治小兒諸癇疾。京西界野猪甚多，形如家猪，但腹小、脚長、毛色褐，作群行。獵人惟敢射最後者，射中前奔者，則群猪散走傷人。肉色赤如馬肉，其味甘，肉復軟，微動風。黃不常有，間得之。世亦少用。食之，尚勝家猪。

宋 高似孫《剡録》卷一〇《草木禽魚下·熊》 李白詩：「湖月照我影，送我至剡溪。」又云：「熊咆龍吟，似冢冬蟄。」《説文》曰：「心有脂，曰熊白，味美好，舉木引氣。」《莊子》所謂：「熊經鳥伸，冬蟄不食，饑則舐其掌，其美在掌。」盧象詩：「明月聞山鳥，寒崖見蟄熊。」李端詩：「熊寒方入樹，魚樂稍窺泉。」陳陶詩：「鶴鳴高崖裂，熊鬬老樹倒。」梅聖俞詩：「霜落熊升木，林空鹿飲溪。」

宋 魏了翁《春秋左傳要義》卷二一《宣公元年至四年上》 十二犀兕可以制鎧 《吳録地理志》云：「武陵沅南縣以南，皆有犀。」《釋獸》云：「兕，似牛。」郭璞云：「一角青色，重千斤。」《説文》云：「兕如野牛，青毛，其皮堅厚，可制鎧。」《交州記》曰：「兕出九德，有一角角長三尺餘，形如馬鞭柄。」偏檢書傳，犀、兕二獸，並出南方，非宋所有。假令波及宋國，必不能多，言尚多者，苟以答謳者耳。

宋 戴侗《六書故》卷一八《動物二》 象，豸，徐兩切，巨獸，長鼻，脩牙。牙可爲器。（略）貂，丁聊切。鼠屬，大而黃黑，皮可爲裘。亦作貂。《埤雅》曰：「貂，縟毛煥於狐貉，拂面如焰，朔地以其皮煖額，後世效之，以金璫飾首，前插以貂尾，漢因之。」附：蟬焉，侍中左珥，常侍右珥。

宋 林洪《山家清供》卷下《牛尾狸》 《本草》云：班如虎者寅，如猫者次之。肉主療痔病法，去皮取腸腑，用紙揩浄，以清酒洗，入椒葱茴香於其内，縫密蒸，熟去料物，壓缩，薄片切如玉，雪天爐畔，論詩飲酒，真奇物也。故東坡有雪天牛尾之咏。或紙裹糟一宿尤佳。楊誠齋詩云：「狐云韵勝冰玉腑，字則未聞名季貍。誤隨齊相燧牛尾，策勳封作糟丘子。」南人或以爲繪，形如黃狗，鼻尖而尾大者，狐也。其性亦溫，可去風補痨，臘月取膽，凡暴亡者，以溫水調，灌之即愈。

宋 周密《癸辛雜識續集》卷上《駝峰》 駝峰之雋，列於八珍，然駝之壯者，兩峰堅聳，其味甘脆，如熊白、妳房而尤勝。若駝之老者，兩峰偏嚲，其味淡韌，如嚼敗絮。然所烹者，皆老而不任負重者，而壯有力者，未始以爲饌也。子昂

元 王好古《湯液本草》卷下《獸部·牛黃》 氣平，味苦，有小毒。《本草》云：「主驚癇寒熱，熱盛狂痓。逐鬼除邪，療小兒百病，諸癇熱，口噤不開，大人癲狂，及墮胎。久服令人不忘。」又云：「磨指甲上黃者，爲真。」又云：「定魂魄。人參爲使。得牡丹、菖蒲，利耳目。惡龍骨、龍膽、地黃，畏牛膝。」

又《阿膠》 氣微溫，味甘辛，無毒，甘辛平。味薄氣厚，升也，陽也。入手太陰經，足少陰經、厥陰經。

《象》云：主心腹痛，内崩，補虚安胎，堅筋骨，和血脉，益氣，止痢，炮用。

《心》云：補肺金氣不足，除不足，甘温，補血。出東阿，得火良。

《本草》云：主心腹内崩，勞極洒洒如瘧狀。腰腹痛，四肢酸痛，女子下血，安胎，丈夫小腹痛，虚勞羸瘦。陰氣不足，脚酸不能久立。養肝氣，益安氣。肺虚極損，欬嗽唾膿血，非阿膠不補。仲景猪苓湯，用阿膠滑以利水道。《活人書》四物湯加減例，妊娠下血者，加阿膠。

又《猪膽汁》 氣寒，味苦鹹苦寒。

《液》云：「仲景白通湯，加此汁，與人尿鹹寒，同與熱劑合，去格拒之寒。又，與醋相合，内穀道中，酸苦益陰，以潤燥瀉便。」

《本經》云：「治傷寒熱渴。又，白猪蹄可用，雜青色者不可食，療疾亦不可。」

又《猪膚》 氣寒，味甘。入足少陰經。

《心》云：「與人尿同體，補肝而和陰引置陽，不被格拒，能入心而通脉。」

《液》云：「猪皮味甘，寒。猪，水畜也，其氣先入腎，解少陰客熱，是以猪膚解之，加白蜜以潤燥除煩，白粉以益氣斷痢。」

又《獺肝》 味甘，有毒。

《本草》云：「主鬼疰蠱毒，却魚鯁，止久嗽，燒灰服之。」

又《猳鼠糞》 治傷寒勞復。《經》言：「牡鼠糞兩頭尖者是，或在人家諸物中遺者。」

又《犀角》氣寒，味苦酸鹹微寒，無毒。

《象》云：「治傷寒，温疫，頭痛，安心神，止煩亂，明目鎮驚。治中風失音，小兒麩豆，風熱驚癇。鎊用。」

《本草》云：「主百毒蠱疰，邪鬼瘴氣。殺鉤吻、鴆羽、蛇毒，除邪，不迷惑心智。療傷寒温疫頭痛，寒熱，諸毒氣。能治一切瘡腫，破血。」

《液》云：「升麻代犀角説，並見升麻條下。易老療畜血分三部，上焦畜血，犀角地黄湯。中焦畜血，桃仁承氣湯。下焦畜血，抵當湯、丸，丸但緩於湯耳。三法的當，後之用者，無以復加。」

又《麝香》氣温，味辛，無毒。

《本草》云：「主辟惡氣，殺鬼精物，療温瘧，蠱毒癇痓，去三尸蟲。療諸凶邪鬼氣，中惡心腹暴痛，脹急痞滿，風毒。婦人産難，墮胎。」

元 佚名《居家必用事類全集》卷戊 犀角。雲分兩脚要分明，正透尤佳倒透紋。骨篤數中偏最好，刀刮婆娑分外馨。出臨河路者爲妙，正透高如倒透，正透者黑地黄花。倒透者，黄地黑花。若成株，肥大者佳，瘦小者只可合藥用，無花鳥犀中，故烏犀偏帶馬鞍，作子象棋亦有蠻犀，川犀不好。

明 陶宗儀《説郛》卷九八《香譜·麝香》《唐本草》云：生中臺川谷及雍州、益州皆有之。陶隱居云：形似麞，常食柏葉及噉蛇，或于五月得者，往往有蛇皮骨，主辟邪，殺鬼精，中惡，風毒，療傷，多以一子真香分糅作三四子，刮取血膜，雜以餘物，大都亦有精麄破皮毛共在裹中者爲勝。或有夏食蛇蟲多，至寒香滿，入春患急痛，自以脚剔出，人有得之者，此香絶勝。帶麝非但香辟惡，以香真者一子着腦間枕之，辟惡夢及尸疰鬼氣。今或傳有氷麝臍，其香尤美。

明 陶宗儀《南村輟耕録》卷二九 骨咄犀，蛇角也，性至毒，而能解毒，蓋以毒攻毒也。故名蠱毒犀。

明 葉子奇《草木子》（象）胸前小横骨，灰之，酒服，令人能浮水出没。

明 朱權《神隱》卷上 鹿羹，味甘，無毒。《經》云：「獸肉雖多，惟鹿最可食。性濕，補益氣力，助五臟，强陰。蓋食灵草，冀其衆也。頭肉又治煩憒多夢，蹄治脚膝疼，血治肺痿、吐血及崩帶下。」（略）

鹿角粥。鹿角，味甘，無毒，消痺，益氣力，補精髓，强陰。用新鹿角一具，寸截流水内，浸三日，刷洗去腥穢，以河水入砂罐内，以桑葉塞口，勿令漏氣。炭火猛煑，時時看候，如湯耗，旋添熱湯煑一日，候角爛似熟芋，搯得酥軟即止。未軟更煑，慎勿漏氣，漏氣則難熟。取出晒乾爲粉，其汁澄濾候清冷，以綿濾作膠片，椀盛，風中吹乾，謂之鹿角膠，可入藥。每粥一椀，入角粉五錢，鹽一匙，同攪，温服，大能補腦髓，益精血，固元氣。

明 王綸《本草集要》卷六《象牙》氣平，無毒。

主諸鐵及雜物入肉。刮取屑，細研，和水傅瘡上，及雜物刺等立出。喉中刺，水調飲之，舊牙梳屑尤佳。及小便不通，生煎服之，小便多，燒灰飲下。象膽隨四時在四腿，春前左，夏前右，秋後左，冬後右。主目疾，和乳滴目中，又可和水塗瘡腫。胷前小横骨作灰酒服之，令人能浮水。

又《鹿茸》味甘酸，又云：苦辛，氣温，無毒。不破損及出却血者佳，力在血中也。形如小紫茄者上。又云：毋用太嫩，唯長四五寸、節端如碼碯紅者最佳。陰乾，不可鼻嗅，酥炙用。

主漏下惡血，溺血，破留血在腹，散石淋癰腫，骨中熱疽。療治寒熱，驚癇，虚劳，洒洒如瘧，羸瘦，四肢酸疼，腰脊痛，脚膝無力，小便利洩精，女人崩中赤白帶下，益氣强志，生齒不老。角，味鹹，氣温，主惡瘡癰腫，逐邪惡氣，留血在陰中，小腹血急痛，腰脊痛，折傷惡血，尿血，輕身益氣，强筋骨，補絶傷。又婦人夢與鬼交者，取末和清酒服，即出鬼精，妖魅，猫鬼，病人不肯言鬼，用角屑擣末，水服，方寸匕即言實也。髓，味甘，氣温，主丈夫、女子傷中絶脉，筋急痛欬逆，以酒和服之，地黄汁煎作膏。填骨髓蜜煑，壯陽令有子。肉，温，補中，强五臟，益氣力，生者療口偏，割薄之，左患右貼，右患左貼，正即除之。

又《熊脂》味甘，氣微寒，一云微温，無毒。十一月取此是背上膏，寒月則有。

主風痺不仁，筋急，五臟腹中積聚，寒熱羸瘦，頭瘍白秃，面皯皰。久服，强志，不飢，輕身。又云有痼疾者不可食，食則終身不能除。膽臣味苦，氣寒。惡防己地黄主時氣盛熱，變爲黄疸。小兒驚癇五疳，殺蟲，治惡瘡。又久痔不差，塗之取差乃止，神效。

又《羖羊角》味鹹、苦，氣温，微寒，無毒。菟絲爲之使，青羝爲佳。取無等勿使中濕，濕則有毒。

主青盲，明目，殺疥蟲，止寒洩，止驚悸及蟲毒，吐血。婦人産後餘痛，小兒驚癇。燒之，辟惡鬼、虎狼，去蛇。久服，安心，益氣，輕身。青羊肝膽，主青盲，明目。膽點眼中，主赤障，白膜，風淚。又鮮蠱毒。齒主小兒羊癇寒熱，三月三日取。肉味苦，甘，氣熱。主緩中及大風、汗出、虚劳、寒冷，補中，益氣，安心，時疾初愈，人不可食，食當復發。脛骨治牙齒踈豁。

又《虎骨》味辛，氣微温，無毒。雄者勝

主邪惡氣殺鬼疰毒，止驚悸，惡瘡，鼠瘻，頭骨尤良。治筋骨臂脛毒，風攣急屈伸不得，走疰疼痛。酒浸服，脊脛骨妙。風從虎，故宜治風，虎至有力，故可補腰膝。膏主狗嚙瘡頭禿瘡。爪辟惡鬼。膽主小兒疳痢驚癇。

又《羚羊角》味鹹，苦，氣寒，無毒。

主明目，益氣，起陰，去惡血注下，辟蠱毒、惡鬼、不祥，安心氣，常不魘寐。療傷寒，時氣寒熱，熱在肌膚，温風注毒，伏在骨間。除邪氣驚夢，狂越僻謬，小兒驚癇。治山瘴，散産後血，衝心煩悶，燒末，酒服之。又燒灰或屑末，治食噎不通。久服，強筋骨，輕身，益氣，利丈夫。

又《豹肉》味酸，氣平，無毒。

主安五臟，補絶傷，輕身益氣，久服利人，耐寒暑。脂可合生髮膏，朝塗暮生。齒骨極堅，人得之，詐爲佛牙，以誑俗。

又《兔頭骨》味甘，氣平，無毒。臘月者良。

主頭眩痛，癲疾。皮毛及頭，燒灰酒下，主産難催生，并産後胎衣及餘血不下。腦髓，塗凍瘡。肉，補中益氣，姙娠忌食，不可同白鷄肉食。

又《狸骨》味甘，氣温，無毒。

肉療諸痒，主痔，作羹臛食之。糞燒灰，主寒熱鬼瘧發無期，度者極驗。

明　劉宇《安老懷幼書》卷二《麋角粥》　新麋角一具寸截，流水内浸三日，刷腥穢，以河水入砂瓶或銀瓶内，以桑葉塞瓶口，勿令漏氣，炭火猛煑，時時看候。如湯耗旋益熱湯。一日許，其角爛似熟山芋，掐得酥軟即止，未軟更煑，慎勿漏氣，漏氣則難熟，取暴乾爲粉，其汁澄濾候清冷，以綿濾作膠片盌盛，風中吹乾。麋角膠别入藥，每粥一盌，入麋角粉五錢，塩一匙，同攪温服。

明　刘文泰《本草品彙精要》卷二四《獸部中品·羖羊角》　羖羊角出神農本經主青盲明目，殺疥蟲，止寒洩，辟惡鬼、虎狼，止驚悸，久服安心益氣輕身。以上朱字《神農本經》療百節，中結氣，風頭痛，及蠱毒吐血，婦人産後餘痛，燒之，殺鬼魅辟虎狼。羊髓味甘，温，無毒。主男女傷中，陰氣不足，利血脈，益經氣，以酒服之。青羊膽，主青盲明目。羊肺，補肺，主欬嗽。羊心，主憂恚膈氣。羊腎，補腎氣，益精髓。羊齒，主小兒羊癇寒熱。三月三日取。羊肉，味甘，大熱，無毒。主緩中字乳餘疾，及頭腦大風，汗出，虚勞寒冷，補中益氣，安心止驚。羊骨，熱，主虚勞寒中羸瘦。羊屎，燔之，主小兒洩痢，腸鳴驚癇。

以上黑字《名醫所録》

又《獅子屎》無毒　獅子屎，燒之去鬼氣，服之破宿血殺蟲。《名醫所録》

又《豹肉》　豹肉，主安五臟，補絶傷，輕身益氣，久服利人。《名醫所録》治療《圖經》曰：頭骨燒灰，淋汁沐頭，去風屑。脂可合生髮藥，朝塗而暮生。補《日華子》云：肉壯。《唐本注》云：豹，除鬼魅邪神。筋骨，强志氣，令人猛健。孟詵云：肉久食令人耐寒暑。《食療》云：肉，食之益人。

又《麞骨》無毒。附肉髓。　瘴骨，主虚損洩精。肉，温，補益五臟。髓，益氣力，悦澤人面。《名醫所録》治療《别録》云：肉作臛，治乳無。補《日華子》云骨，補虚，汁與食之，勿令婦人知。損益精髓，悦顔色。臍中香治一切虚損。

又《萬萬》，獸名也，亦作費。　無毒，飲其血，令人見鬼也。亦堪染緋，髮可爲頭髮，出西南夷，如猴。

又　卷二五《獸部下品·貒膏》　貒，音湍膏，主上氣、乏氣、欬逆，酒和三合服之，日二。又主馬肺病、蟲顙等病。肉，主久水脹不瘥垂死者，作羹臛食之，下水，大效。胞，乾之，湯摩如雞卵許，空腹服，吐諸蠱毒。《名醫所録》

又《塔剌不花》　塔剌不花，主野雞瘻瘡，煑食之，宜人。頭骨去下頦肉，令齒全活，小兒無睡，懸之頭邊，即令得睡。

明　袁达《禽虫述》　獅子糞爲蘇合香，服翼糞爲夜明砂，蘇方木、自然蟲糞爲紫粉，號寒蟲糞爲五靈芝。

明　王圻《稗史彙編》又卷一五八《山獺》　山獺出宜州溪洞中，俗爲補助要藥。洞人云，獺性淫毒，山中有此物，凡牝獸悉避去。獺無偶，抱木而枯。洞獠尤貴重，云能解藥箭毒，中箭者，研其骨少許，傅之立消，一枚直金一兩。人争來買，但得殺死者，功力甚劣。

又《石鼠》　石鼠專食山荳根，賓州人以其腹乾之，治咽喉疾，如神，謂之石鼠肚。

又　卷一五九《紅蝙蝠》　紅蝙蝠，出瀧州，皆深紅色，唯翼脉淺黑。多雙伏紅蕉花間，採者若獲其一，則一不去，南人收爲媚藥。王子年《拾遺》云「有五色蝙蝠」。《異物志》：「鼍虱因風入空木而化爲蝙蝠。」《靈芝圖説》曰：「蝙蝠之壽萬歲。」又《媚藥》載：「鵔金鳥、辟寒金龍子、布谷脚脛骨、鵲脑

砂、稜莀草、苟草、左行草，獨未見録紅蝙蝠處，豈缺載乎？又有無風獨摇草，男女帶之相媚。」又陳藏器云：「人帶于衣令人有媚多迷人。」

明 陳嘉謨《本草蒙筌》卷九《獸部·犀角》 味苦、酸鹹。一云辛甘，氣寒，無毒。黔蜀雖生，南海爲上。首類猪，頂僅一角。或云犀有二角，一在額上者爲兕犀，一在鼻上者爲胡帽犀。牯犀亦有之，但一角者居多。腹若牛，足每三蹄，其皮一孔三毛，色黑。好食棘葉，有水陸，水犀、陸犀係各種類，分貴賤悉以粟紋。犀數種，俱有粟紋。乃取紋之精麄以爲貴賤也。通天犀角獨優，紋現百物纔是。其犀胎時見天上物，命過，並形于角，故云通天。欲驗，于月下，以水盆映則知通天矣。此犀日飲濁水，惡照影形。海人設法捕求，沿插棧木，犀來往，倚木少憇，木折損，犀亦倒地。足直前足直不能屈難竟起走，捕者由是獲擒。取角售人，爲世至寶。置米中雞駭。亦名駭雞犀掛簷際烏驚，縛足過澗水自開，簪髻曉行露不惹，飲饌毒能試。投内白沫竦起，則有毒，否則無毒也。屋舍塵可除。昔石保吉官陳州，悉毁舊廨，欲新之，見風塵輒自分去，人以怪疑，不知腰繫辟塵犀帶也。燬照莫測深潭，盡見水底怪物。見晉《温僑傳》造器者，煑熟弗効。採新者，性烈方靈。錯屑鋸杪尖，紙裹懷中先抱，沾人氣則易擣，故曰人氣粉犀。治病選黑色，擇肌麄皺潤光，使松脂，經入陽明，惡雷丸，尤忌盐醬。諸角俱忌殺鈎吻鴆羽蛇毒，山瘴溪毒，百毒皆除。辟屍疰鬼疰惡邪，狐魅精邪，諸邪盡遣。傷寒温疫，能解熱煩，瘡腫癰疽，專破膿血，鎮肝明目，安心定神，孕婦忌之，因消胎氣。牯犀角，有小毒，多作撒豆斑紋，爲帶繫腰，色深炫目。化腫癰膿血成水，退時熱煩悶發狂，風毒竟毆，心神亦鎮，邪精鬼魅，悉郤難侵。特犀角乃甚良。斑白分明細膩，因紋不雜，又謂斑犀。造器惟堪，克藥不及。鼻角治病爲上，氣味無毒，大寒。攻心下毦毦熱煩，除腸中赤白洩痢，中惡、中毒俱治。風癇風腫總醫。肉味甘，温。功劣于角。啖過多，腹易煩脹。麝香少許和水吞之即解入山林，路不失迷。療諸蛇咬傷，及血痢痔瘻。毆海外瘴氣，併蠱疰精邪。

又 卷九《獸部》 陵鯉甲。氣微寒，有毒。深山大谷俱有，身短尾大類鼉。從陵爲穴居於陵，加鯉因鱗色若鯉。俗醫不知字義，竟以穿山甲稱。水陸並能，食蟻有法。入藥用甲剉碎，少和蛤粉炒黄。去粉用。主五邪鬼魅，驚啼悲傷。療蟻瘻惡瘡，疥癬痔漏。或研細酒水調服，或燒灰脂油拌敷，同木通、自然銅擣末酒調，治吹㚷腫痛。同蝟皮、豆蔻仁爲末湯下，止氣痔來膿。又能破暑結之瘧邪，總因穿經絡，干榮分。

又 卷一一《虫魚部》 伏翼，味鹹，氣平，無毒。一云微熱，有毒。原名蝙蝠，古寺多生，晝伏夜飛，改稱伏翼。雌雄交感，胎孕成形，因頭重，集則倒懸，能伏氣，冬月不食。形大一斤者爲美，色白如雪者更優。因能伏氣，故多壽而白，人服之，亦期壽之同也。灰色甚多，未可服食。夏月張獲，製宗雷公。去脇爪外毛，留嘴脚肉翅，醉酒浸宿，漉起陰乾，絞黄精汁旋塗，架文火上烘燥。任研丸散，每服酒吞。爲使藥加莧實營實，逐五淋，而利水。道明雙目，以撥瞖雲。久服延年無憂，令人喜樂媚好。目血點眼，夜視有光。又，夜明砂，即所洩糞。燒灰酒服，下胎孕已死腹中，炒過酒調，治瘰癧，延生頸上。擣散少拌飯食，又治小兒無辜。

明 李時珍《本草綱目》卷五一上《兽之二·獅》 屎時珍曰：陶氏註蘇合香，誤以爲獅屎。陳氏正其誤言：獅屎極臭，赤黑色。今攷補於此。主治：服之破宿血，殺百蟲。燒之，去鬼氣。藏器

又《虎》 虎骨修治頌曰：虎骨用頭及脛骨，色黄者佳。凡虎身數物，俱用雄虎者勝。藥箭射殺者，不可入藥，其毒浸漬骨血間，能傷人也。時珍曰：凡用虎之諸骨，並槌碎去髓，塗酥或酒或醋。各隨方法，炭火炙黄入藥。氣味：辛，微熱，無毒。之才曰：「平。」主治：邪惡氣，殺鬼疰毒，止驚悸，治惡瘡鼠瘻。頭骨尤良。《别録》治筋骨毒風攣急，屈伸不得，走注疼痛，治尸疰腹痛，傷寒温氣，温瘧，殺犬咬毒。甄權雜朱畫符，療邪頭骨作枕，辟惡夢魇。置户上，辟鬼。陶弘景煑汁浴之，去骨節風毒腫。和醋浸膝，止脚痛腫，脛骨尤良。初生小兒煎湯浴之，辟惡氣，去瘡疥，驚癇鬼疰，長大無病。孟詵追風定痛健骨，止久痢脱肛，獸骨骾咽。時珍

發明頌曰：李絳《兵部手集》：有虎骨酒，治臂脛痛。崔元亮《海上方》：治腰脚不隨，並有虎脛骨酒方。宗奭曰：風從虎者。風，木也。虎，金也。木受金制，焉得不從。故虎嘯而風生，自然之道也。所以治風病攣急，屈伸不得，走疰，骨節風毒，癲疰驚癇諸病，皆此義也。汪機曰：虎之强悍，皆賴於脛，雖死而脛猶矻立不仆，故治脚。

肉，氣味：酸，平，無毒。宗奭曰：微鹹。弘景曰：俗方言：熱食虎肉，壞人齒。詵曰：正月勿食虎，傷神。時珍曰：虎肉作土氣，味不甚佳，鹽食稍可。主治惡心欲嘔，益氣力，止多唾。《别録》食之治瘧，辟三十六種精魅。入山，虎見畏之。孟詵

附方新一脾胃虚弱。惡心不欲飲食。虎肉半觔切，以葱椒、醬調，炙熟，空心冷食。《壽親養老方》

膏，主治：狗嚙瘡。《别録》納下部，治五痔下血。孟詵服之治反胃，煎消，塗小兒頭瘡白秃。時珍

血，主治：壯神强志。時珍曰：獵人李次口云：熱刺虎之心血飲之，能壯神志。又《抱朴子》云：三月三日殺取虎血、雞血，等分和合，以初生草似胡麻子，取其實合用，可以移形易貌。

肚，主治：反胃吐食。取生者勿洗，存滓穢，新瓦固煅存性，入平胃散末一兩和勻。每日白湯服三錢，神效。時珍，出《保壽堂方》

腎，主治：瘰癧。時珍曰：《千金》：治瘰癧雌黄芍藥丸用之。袁達《禽蟲述》云：虎腎懸于腹，象口隱於頤。

膽，主治：小兒驚癎。藏器小兒疳痢，神驚不安，研水服之。孟詵

睛，修治頌曰：虎睛多僞，須自獲者乃真。斅曰：凡使虎睛，須問獵人。有雌有雄，有老有嫩，有殺得者。惟中毒自死者勿用之，能傷人。虎睛以生羊血浸一宿漉出，微火焙乾，搗粉用。時珍曰：《千金》治狂邪，有虎睛湯、虎睛丸，並用酒浸，炙乾用。

主治：癲疾。《別録》瘧病，小兒熱疾驚悸。孟詵驚啼客忤，疳氣，鎮心安神。《日華》明目去翳。時珍

虎魄藏器曰：凡虎夜視，一目放光，一目看物。獵人候而射之，弩箭纔及，目光即墮入地，得之如白石者是也。宗奭曰：陳氏所謂乙骨及目光墮地之説，終不免於誣也。時珍曰：乙骨之説不爲怪。目光之説，亦猶人縊死則魄入於地，隨即掘之，狀如麩炭之義。按：《茅亭客話》云：獵人殺虎，記其頭項之處，月黑掘下尺餘，方得狀如石子、琥珀。此是虎之精魄淪入地下，故主小兒驚癎之疾。其説甚詳，寇氏未達此理耳。主治驚邪，辟惡鎮心。藏器

鼻，主治：癲疾，小兒驚癎。《別録》懸户上，令生男。弘景 時珍曰：按《河魚圖》云：虎鼻懸門中一年，取熬作屑，與婦飲，便生貴子。勿令人及婦知，知則不驗。又云：懸于門上，宜子孫帶印綬。此與古者胎教欲見虎豹，皆取其勇壯之義同也。

牙，主治：丈夫陰瘡及疽瘻。孫思邈殺勞蟲，治猘犬傷，發狂。刮末，酒服方寸匕。時珍

爪，頌曰：爪并指、骨、毛俱可用，以雄虎爲勝。主治：繫小兒臂，辟惡魅。《別録》 時珍曰：《外臺》：辟惡魅，用虎爪、蟹爪、赤朱、雄黄爲末，松脂和丸，每正旦焚之。

皮，一名「皐比」，見《莊子》主治：瘧疾。藏器辟邪魅。時珍

發明時珍曰：按應劭《風俗通》云：虎者陽物，百獸之長，能辟鬼魅，今人卒中惡病，燒皮飲之，或繫衣服，亦甚驗也。《起居雜記》云：虎豹皮上睡，令人神驚。其毛入瘡，有大毒。

鬚，主治：齒痛。弘景《酉陽雜俎》云：許遠齒痛，仙人鄭思遠拔虎鬚令插之，痛即愈。

屎，主治：惡瘡。《別録》鬼氣。藏器瘵癧疽痔漏。燒研酒服，治獸骨鯁。時珍

又《豹別録中品》 集解弘景曰：豹至稀有，入用亦鮮，惟尾可貴。恭曰：陰陽家有豹尾神，車駕鹵簿有豹尾車，名可尊重耳。真豹尾有何可貴？未審陶據奚説。頌曰：今河洛、唐郢間或有之。然豹有數種，《山海經》有玄豹，《詩》有赤豹，尾赤而文黑也。《爾雅》有白豹，即貘也，毛白而文黑。郭璞注云：貘能食銅鐵。與貘同名。不知入藥果用何類。古今醫方鮮見之。宗奭曰：豹毛赤黄，其文黑，如錢而中空，比比相次。又有土豹，毛更無紋，色亦不赤，其形亦小。此各有種，非能變形也，聖人假喻耳，恐醫家不知，故書之。時珍曰：豹，遼東及西南諸山時有之。狀似虎而小，白面團頭，自惜其毛采。其文如錢者，曰金錢豹，宜爲裘。如艾葉者，曰艾葉豹，次之。又西域有金線豹，文如金線，海中有水豹，上應箕宿。《禽蟲述》云：虎生三子，一爲豹。則豹有變者，寇氏未知爾。」豹畏蛇與鼩鼠，而獅駁渠搜能食之。《淮南子》云：蝟令虎申，蛇令豹止，物有所制也。《廣志》云狐死首丘，豹死首山，不忘本也。豹胎至美，爲八珍之一。

肉，氣味：酸，平，無毒。思邈曰：温微毒。正月勿食，傷神損壽。主治：安五臟，補絶傷，輕身益氣，冬食利人。《別録》壯筋骨，强志氣，耐寒暑，令人猛健。《日華》辟鬼魅神邪，宜腎。孫思邈

發明詵曰：豹肉令人志性粗豪，食之便覺，少頃消化乃定。久食亦然。宗奭曰：此獸猛捷過虎，故能安五臟，補絶傷，輕身，壯筋骨也。

脂，主治：合生髮膏，朝塗暮生。孟詵亦入面脂。時珍

鼻，主治：狐魅。同狐鼻，水煑服。藏器。時珍曰：按《外臺》：治夢與鬼交及狐狸精魅，載《崔氏方》中用之。

頭骨，主治：燒灰淋汁，去頭風白屑。孟詵作枕辟邪。時珍。出《五行志》

皮，藏器曰：不可藉睡，令人神驚。其毛入人瘡中，有毒。時珍曰：按《林邑記》云：廣西南界有唼臘蟲，食死人尸，不可驅逐。惟以豹皮覆之，則畏而不來。

又《貘》 集解頌曰：郭璞云：似熊而頭小脚卑，黑白駁文，毛淺有光澤。能舐食銅鐵，及竹骨蛇虺。其骨節强直，中實少髓。或云與《爾雅》貘，白豹同名。唐世多畫貘作屏，白樂天有贊序之。今黔、蜀及峨眉山中時有。貘，象鼻犀目，牛尾虎足。土人鼎釜，多爲所食，頗爲山居之患，亦捕以爲藥。其齒骨極堅，以刀斧椎鍛，鐵皆碎，落火亦不能燒。人得之詐充佛牙、佛骨，以誑俚俗。時珍曰：世傳羚羊角能碎金剛石者即此，物相畏耳。按《説文》云：貘似熊，黄白色，出蜀中。《南中志》云：貘大如驢，狀似熊，蒼白色，多力，舐鐵消

千觔，其皮温暖。《埤雅》云：貘似熊，獅首豺髮，鋭鬐卑脚，糞可爲兵切玉，尿能消鐵爲水。又有嚙鐵、豻、昆吾兔，皆能食銅鐵，亦貘類也。並附之。

皮，主治：寢之可驅温癘，辟濕氣、邪氣。蘇頌

膏，主治：癰腫，能透肌骨。時珍曰：段成式云：貘膏性利，銅、鐵、瓦器盛之悉透，惟以骨盛則不漏。

尿，主治：吞銅、鐵入腹者，水和服之，即化爲水。

又《象》宋《開寶》

集解頌曰：《爾雅》云：南方之美者，有梁山之犀、象焉。今多出交趾、潮、循諸州。彼人捕得，爭食其肉，云肥堪作炙。陳藏器云：象具十二生肖肉，各有分段，惟鼻是其本肉，炙食、糟食更美。又膽不附肝，隨月在諸肉間，如正月即在虎肉也。徐鉉云：象膽隨四時，春在前左足，夏在前右足，秋後左足，冬後右足也。淳化中一象春斃。大宗命取膽不獲，使問鉉。鉉以此對，果得于前左足。世傳荆蠻山中亦有野象。然楚、粤之象皆青黑，惟西方拂林、大食諸國，乃多白象。樊綽《雲南記》皆言其事。時珍曰：象出交、廣、雲南及西域諸國。野象多至成羣番人皆畜以服重，酋長則飾而乘之。有灰、白二色，形體擁腫，面目醜陋。大者身長丈餘，高稱之，大六尺許。肉倍數牛，目纔若豕，四足如柱，無指而有爪甲，行則先移左足，臥則以臂著地。其頭不能俯，其頸不能回，其耳下嚲。其鼻大如臂，下垂至地。鼻端甚深，可以開合。中有小肉爪，能拾針芥。食物飲水皆以鼻卷入口，一身之力皆在於鼻，故傷之則死耳。後有穴，薄如鼓皮，刺之亦死。口内有食齒，兩吻出兩牙夾鼻，雄者長六七尺，雌者纔尺餘耳。交牝則在水中，以胸相貼，與諸獸不同。許慎云：三年一乳。古訓云：五歲始産，六十年骨方足，其性能久識。嗜芻、豆、甘蔗與酒，而畏烟火、獅子、巴蛇。南人殺野象，多設机穽以陷之。或埋象鞋於路，以貫其足。捕生象則以雌象爲媒而誘獲之，飼而狎之，久則漸解人言。使象奴牧之，制之以鈎，左右前脚罔不如命也。其皮可作甲鞔鼓，濕時切條，可貫器物。甄權曰西域重象牙，用飾牀座。中國貴之以爲笏。象每蜕牙，自埋藏之，崑崙諸國人以木牙潛易取焉。《日華》曰：象蹄底似犀，可作帶。

牙《真臘風土記》云：象牙，殺取者上也。自死者次之，蜕于山中多年者下矣。或謂一歲一換牙者，非也。

氣味：甘，寒，無毒。主治：諸鐵及雜物入肉，刮牙屑和水敷之，立出。治癇病。刮齒屑，炒黄研末，飲服。《開寶》諸物刺咽中，磨水服之亦出。舊梳屑尤佳。蘇頌主風癇驚悸，一切邪魅精物，熱疾骨蒸及諸瘡，竝宜生屑入藥。時珍

發明時珍曰：世人知然犀可見水怪，而不知沉象可驅水怪。按《周禮》壺涿氏掌水蟲，欲殺其神者，以㯃木貫象齒而沉之，則其神死而淵爲陵。註云：㯃木，山榆也。以象齒作十字，貫于木而沈之，則龍、罔象之類死也。又按陶貞白云：凡夏月合藥，宜置象牙于傍，合丹竈，以象牙夾竈，得雷聲乃能發光。觀此，則象之辟邪，又不止于驅怪而已，宜乎其能治心肝驚癇、迷惑邪魅之疾也。而昔人罕解用之，何哉？

肉，氣味：甘，淡，平，無毒。主治：燒灰，和油塗禿瘡。多食，令人體重。《開寶》生煮汁服，治小便不通。燒灰飲服，治小便多。《日華》

發明時珍曰：按《吕氏春秋》云：肉之美者，旄象之約。又《爾雅翼》云：象肉肥脆，少類豬肉，味淡而含滑。則其通小便者，亦淡滲滑竅之義。燒之則從火化，故又能縮小便也。

膽，修治斆曰：凡使勿用雜膽。其象膽乾了，上有青竹文斑光膩，其味微帶甘。入藥，勿便和衆藥，須先擣成粉，乃和衆藥。氣味：苦，寒，微毒。主治：明目治疳。《日華》治瘡腫，以水化塗之。治口臭，以綿裹少許貼齒根，平旦漱去，數度即瘥。《海藥》

發明時珍曰：象膽明目，能去塵膜也，與熊膽同功。雷斆《炮炙論》云：象膽揮粘是矣。

睛，主治：目疾，和人乳滴目中。藏器

皮，主治：下疳，燒灰和油敷之。又治金瘡不合。時珍

發明時珍曰：象肉壅腫，人以斧刃刺之，半日即合。故近時治金瘡不合者，用其皮灰。

骨，主治：解毒。時珍胸前小横骨，燒灰酒服，令人能浮。《開寶》

又《犀》

集解《别録》曰：犀出永昌山谷及益州。永昌，即今滇南也。弘景曰：今出武陵、交州、寧州諸遠山。犀有二角，以額上者爲勝。又有通天犀角，上有一白縷，直上至端。夜露不濡，入藥至神驗。或云此是水犀角，出水中。《漢書》所謂駭雞犀者，置米飼雞，皆驚駭不敢啄。置屋上，鳥雀不敢集。又有牸犀，角甚長，文理似犀，不堪入藥。恭曰：牸是雌犀，文理膩細斑白分明，俗謂之斑犀。服用爲上，入藥不如雄犀。藏器曰：犀無水陸二種，但以精粗言之。通天者，腦上之角，經千歲，長且鋭，白星徹端，能出氣通天，則能通神、破水、駭雞，故曰通天。《抱朴子》言此犀刻爲魚，銜之入水，水開三尺是也。頌曰：犀角，今以南海者爲上，黔、蜀者次之。犀似水牛，豬首、大腹、卑脚。脚似象，有三蹄。黑色。舌上有刺，好食棘刺。皮上每一孔生三毛，如豕。有一角、二角、三角者。《爾雅》云：兕似牛，犀似豕。郭璞注云：「兕一角，色青，重千觔。犀似水牛，三角，一在頂上，一在額上，一在鼻上。鼻上者食角也。又名奴角，小而不墮。亦有一角者。劉恂《嶺表録異》云：犀有二角，一角額上爲兕犀，一在鼻上爲胡帽犀。牯犀亦有二角，皆謂之毛犀，而今人多傳一角之説。」此數

種角俱有粟文，觀紋之粗細爲貴賤。貴者有通天花文，犀有此角者，必自惡其影，常飲濁水，不欲照見也。絶品者有百物之形。或云犀之通天者乃其病，理不可知也。角文有倒插者，一半已下通。有正插者，一半以上通。有腰鼓插者，中斷不通。其類極多，故波斯呼象牙爲白暗，犀角爲黑暗，言難識也。犀中最大者墮羅犀，一株重七八觔，云是牯犀額角。其花多作撒豆斑，色深者，堪作帶胯。斑散色淺者，可作器皿耳。或云兕乃犀之雌者，亦似水牛而青色，皮堅厚可以爲鎧，未知的否。唐醫吴士皐言：海人取犀，先於山路多植朽木，如豬羊棧。其犀前脚直，常依木而息，爛木忽折，倒仆久不能起因格殺之。又云：犀每歲一退角，必自埋于山中，海人潛作木角易之，再三不離其處。若直取之，則後藏于別處，不可尋矣。李珣曰：通天犀乃胎時見天上物過，形於角上，故曰通天。但于月下以水盆映之則知。按《五溪記》云：山犀食竹木，其小便即竟日不盡。夷獠以弓矢采之，名曰□犀。又《異物志》云：山東海水中有牛，樂聞絲竹。彼人動樂則牛出聽，因而采之。有鼻角、頂角，以鼻角爲上。《本草》止知山犀，未見水犀。宗奭曰：川犀、南犀紋細烏犀有紋顯露，黄犀紋絶少，皆不及西番者，紋高，雨脚顯也。物像黄、外黑者爲正透，物像黑、外黄者爲倒透。蓋以烏色爲正，以形像肖物爲貴。既曰通犀，必須文頭顯著，黄黑分明，有雨脚潤滑者爲第一。時珍曰：犀出西番、南番、滇南、交州諸處。有山犀、水犀、兕犀三種，又有毛犀似之。山犀居山林，人多得之，水犀出入水中，最爲難得，並有二角，鼻角長而額角短。水犀皮有珠甲，而山犀無之。兕犀即犀之牸者，亦曰沙犀，止有一角在頂，文理細膩，斑白分明，不可入藥。蓋牯角文大，而牸角文細也。洪武初，九真曾貢之，謂之獨角犀，是矣。陳藏器謂犀無水陸，郭璞謂犀有三角，蘇頌謂毛犀爲牯犀，皆出訛傳，今並正之。毛犀即旄牛也，見本條。犀角紋如魚子形，謂之粟紋。紋中有眼，謂之粟眼。黑中有黄花者爲正透，黄中有黑花者爲倒透，花中復有花者爲重透，並名通犀，乃上品也，花如椒豆斑者次之，烏犀純黑無花者爲下品。其通天夜視有光者，名夜明犀，故能通神開水，飛禽走獸見之皆驚。又《山海經》有白犀，白色。《開元遺事》有辟寒犀，其色如金，交趾所貢，冬月暖氣襲人。《白孔六帖》有辟暑犀，唐文宗得之，夏月能清暑氣。《嶺表録異》有辟塵犀，爲簪梳帶胯，塵不近身。《杜陽編》有蠲忿犀，云爲帶，令人蠲去忿怒。此皆希世之珍，故附見之。

犀角，番名低密 修治 弘景曰：入藥惟雄犀生者爲佳。若犀片及見成器物皆被蒸煑，不堪用。頌曰：凡犀入藥有黑白二種，以黑者爲勝，角尖又勝。生犀不獨未經水火者，蓋犀有捕得殺取者爲上，蛻角者次之。宗奭曰：鹿取茸，犀取尖，其精鋭之力盡在是也。以西番生犀磨服爲佳，入湯、散則屑之。斆曰：凡使，勿用奴犀、牸犀、病水犀、攣子犀、無潤犀。惟取烏黑肌皺、折裂光潤者錯屑，入臼，杵，細研萬匝乃用。李珣曰：凡犀角鋸成，當以薄紙裹于懷中蒸燥，乘熱搗之，應手如粉，故《歸田録》云：翡翠屑金，人氣粉犀。

氣味：苦、酸、鹹，寒，無毒。《別録》曰：微寒，李珣曰：大寒，無毒。甄權曰：牯犀角，甘，辛，有小毒。甄元素曰：苦，酸，寒，陽中之陰也。入陽明經。之才曰：松脂爲之使。惡雷丸、雚菌。時珍曰：升麻爲之使。惡烏頭、烏喙。斆曰：忌鹽，及妊婦勿服，能消胎氣。主治：百毒鬼疰，邪鬼瘴氣，殺鉤吻、鴆羽、蛇毒，除邪，不迷惑魘寐。久服輕身。《本經》傷寒温疫，頭痛寒熱，諸毒氣。令人駿健。《別録》辟中惡毒氣，鎮心神，解大熱，散風毒，治發背癰疽瘡腫，化膿作水，療時疾，熱如火，煩；毒入心，狂言妄語。《藥性》治心煩，止驚，鎮肝明目，安五臟，補虚勞，退熱消痰，解山瘴溪毒。《日華》主風毒攻心，毷氉熱悶，赤痢，小兒麩豆，風熱驚癇。《海藥》燒灰水服，治卒中惡心痛，飲食中毒，藥毒熱毒，筋骨中風，心風煩悶，中風失音，皆瘥。以水磨服，治小兒驚熱。山犀、水犀，功用相同。孟詵磨汁，治吐血、下血、衄血，及傷寒畜血，發狂譫語，發黄發斑，痘瘡稠密，内熱黑陷，或不結痂，瀉肝涼心，清胃解毒。時珍

發明 時珍曰：犀角，犀之精靈所聚，足陽明藥也。胃爲水穀之海，飲食藥物必先受之，故犀角能解一切諸毒。五臟六腑，皆稟氣于胃，風邪熱毒，必先干之。故犀角能療諸血，及驚狂斑痘之證。《抱朴子》云：犀食百草之毒，及衆木之棘，所以能解毒。凡蠱毒之鄉，有飲食以此角攪之，有毒則生白沫，無毒則否。以之煑毒藥，則無復毒熱也。《北户録》云：凡中毒箭，以犀角刺瘡中，立愈。由犀食百毒棘刺也。昔温嶠過武昌牛渚磯，下多怪物。嶠然犀角照之，而水族見形。《淮南子》云：犀角置穴，狐不敢歸。則犀之精靈辟邪不惑，于此益可見矣。

又《牦牛》 集解 時珍曰：牦牛出甘肅臨洮，及西南徼外，野牛也。人多畜養之。狀如水牛，體長多力，能載重，迅行如飛，性至粗梗。髀、膝、尾、背、胡下皆有黑毛，長尺許。其尾最長，大如斗，亦自愛護，草木鉤之，則止而不動。古人取爲旌旄，今人以爲纓帽。毛雜白色者，以茜染紅色。《山海經》云：潘侯之山有旄牛，狀如牛而四足節生毛。即此也。其肉味美，故《吕氏春秋》云：肉之美者，牦象之肉也。

喉靨，主治：項下癭氣。時珍

發明 時珍曰：牦牛，古方未見用者，近世《臞仙壽域方》載治癭氣方，用其喉靨，亦因類之義也。其方用犏牛喉脆骨二寸許一節，連兩邊扇動脆骨取之，或煑或燒，仰臥頓服。仍取巧舌，即靨子也，嚼爛嚥之，食頃乃嚥。病人容貌必瘦減，而癭自内消矣。不過二服即愈，云神妙無比也。

又《犛牛》 集解 時珍曰：犛牛出西南徼外，居深山中野牛也。狀及毛、尾俱同牦

牛，牦小而犛大，有重千觔者，其尾名曰犛，亦可爲旌旄纓帽之用。唐、宋西徼諸州貢之。《中山經》云：荆山多犛牛。郭璞註云：牦牛之屬也，其色黑。又《昨夢録》云：西夏竹牛，重數百觔，角甚長而黄黑相間製弓極勁。彼人以僞犀角，卒莫能辨。曹昭《格古論》云：毛犀即犛牛也，角之花斑，皆類山犀，而無粟紋。其理似竹，不甚爲奇，故謂毛犀。觀此，則犛之角勝于牦，而牦之毛尾勝于犛也。又有野牛與此相類者，並附于左。

附録犩牛音危，又名夔牛，如牛而大。肉重數千觔，出蜀山中。犪牛《廣志》云：出日南及潯州大賓縣。色青黄，與蛇同穴。性嗜鹽，人裹手塗鹽取之。其角如玉，可爲器。海牛《齊地志》云：出登州海島中，形似牛，鼉脚鮎毛，其皮甚軟，可供百用。脂可然燈。《寰宇志》名潛牛，《廣志》名犺牛。月支牛《玄中記》云：出西胡及大月氏國，今日割取肉，明日其創即復合也。山牛狀如牛，而角有枝，如鹿茸。

角，氣味：酸、鹹，涼，無毒。主治：驚癇熱毒，諸血病。時珍

黄，氣味：苦，平，主治：驚癇癲狂。

發明時珍曰：犛牛亦有黄，彼人以亂牛黄，但堅而不香，云功用亦相近也。其角亦可亂犀，但無粟紋，蘇頌《圖經》誤以爲牯犀角者是也。亦可用，而功不及犀，《昨夢録》《格古論》説之詳矣。

又《野馬》 集解時珍曰：按郭璞云野馬似馬而小，出塞外。今西夏、甘肅及遼東山中亦有之。取其皮爲裘，食其肉，云如家馬肉，但落地不沾沙耳。《爾雅》云：騊如馬，一角似鹿茸。不角者，騏也。《山海經》云：北海有獸，狀如馬，色青，名曰騊駼。此皆野馬類也。

肉，氣味：甘，平，有小毒。主治：人病馬癇，筋脈不能自收，周痹肌肉不仁。思邈《心鏡》：治上證，用肉一觔，豉汁煮熟，入五味、葱白，作腌腊及羹粥，頻食之。白煮亦可。

陰莖，氣味：酸、鹹，温，無毒。主治男子陰痿縮，少精。思邈

發明時珍曰：野馬，孫思邈《千金方》載有功用，而《本草》不收，今采補之。

又《野豬》 集解宗奭曰：野豬，陝、洛間甚多，形如家豬，但腹小脚長，毛色褐，作羣行。獵人惟敢射最後者，若射中前者，則散走傷人。其肉赤色如馬肉，食之勝家豬，牝者肉更美。詵曰：冬月在林中食橡子。其黄在膽中，三歲乃有，亦不常得。時珍曰：野豬處處深山中有之，惟關西者時或有黄。其形似豬而大，牙出口外，如象牙。其肉有至二三百觔者。能與虎鬭。或云：能掠松脂、曳沙泥塗身，以禦矢也。最害田稼，亦啖蛇虺。《淮南子》曰：野彘有艽莦槎櫛，堀虚連比，以象宫室，陰以防雨，景以蔽日。亦其知也。范至能《虞衡志》云：嶺南一種嬾婦，似山豬而小，善害田禾。惟以機軸紡織之器置田所，則不復近也。

肉，氣味：甘，平，無毒。宗奭曰：微動風。詵曰：不發病、減藥力，與家豬不同。但青蹄者不可食，微動風。時珍曰：服巴豆藥者忌之。主治：癲癇，補肌膚，益五臟，令人虚肥，不發風虚氣。孟詵炙食，治腸風瀉血，不過十頓。《日華》

脂，臘月鍊過取之。主治：鍊净和酒日三服，令婦人多乳，十日後可供三四兒。素無乳者亦下。孟詵悦色，除風腫毒，治疥癬。《日華》

黄，氣味：甘，平，無毒。主治：金瘡，止血生肉。療癲癇，水研如棗核許服之，日二服，效。《唐本》研水服，治血痢疰病。藏器治惡毒風，小兒肝氣，客忤天弔。《日華》

膽，主治：惡熱毒氣。孟詵鬼疰癲癇，小兒諸疳，水研棗許服，日二。時珍出《衛生方》

齒，主治：燒灰水服，治蛇咬毒。藏器

頭骨，主治：邪瘧。《聖惠方》中用之

外腎，主治：連皮燒存性研，米飲服，治崩中帶下，及腸風瀉血，血痢。《日華》

皮，主治：燒灰，塗鼠瘻惡瘡。時珍《外臺方》中用

又《豪豬》 肉，氣味：甘，大寒，有毒。頌曰：不可多食。發風，令人虚羸。主治：多膏，利大腸。蘇頌

肚及屎，氣味：寒，無毒。主治：水病，熱風，鼓脹。同燒存性，空心温酒服二錢匕。用一具即消。孟詵乾燒服之，治黄疸。蘇恭連屎燒研，酒服，治水腫，脚氣，奔豚。時珍

發明詵曰：此豬多食苦參，故能治熱風水脹，而不治冷脹也。時珍曰：豪豬《本草》不載，惟孟氏《食療本草》蝟條説之。

又《熊》 《本經》上品 集解《别録》曰：熊生雍州山谷。十一月取之。弘景曰：今東西諸山皆有之，自非易得。頌曰：今雍、洛、河東及懷慶、衛山中皆有之。形類大豕，而性輕捷，好攀緣，上高木，見人則顛倒自投于地。冬蟄入穴，春月乃出。其足名蹯，爲八珍之一，古人重之。然胹之難熟。熊性惡鹽，食之即死。出《淮南子》。時珍曰：熊如大豕而竪目，人足黑色。春夏臕肥時，皮厚筋弩，每升木引氣，或墮地自快，俗呼跌臕，即《莊子》所謂熊經鳥申也。冬月蟄時不食，饑則舐其掌，故其美在掌，謂之熊蹯。其行山中，雖數千里，必有跧伏之所，在石巖枯木，山中人謂之熊館。劉敬叔《異苑》云：熊性惡穢物及傷殘，捕者

置此物于穴，則合穴自死。或爲棘刺所傷，出穴爪之，至骨即斃也。陸佃《埤雅》云：其膽春近首，夏在腹，秋在左足，冬在右足。熊、羆皆壯毅之物，屬陽，故書以喻不二心之臣，而《詩》以爲男子之祥也。

附録羆魋音頽。時珍曰：熊、羆、魋三種，一類也。如豕色黑者，熊也。大而色黄白者，羆也。小而色黄赤者，魋也。建平人呼魋爲赤熊，陸機謂羆爲黄熊，是矣。羆頭長脚高，猛憨多力，能拔樹木，虎亦畏之，遇人則人立而攫之，故俗呼爲人熊。關西呼貑熊。羅願《爾雅翼》云：熊有豬熊，形如豕，有馬熊，形如馬，即羆也。或云：羆即熊之雄者，其白如熊白，而理粗味減，功用亦同。

脂，釋名熊白。弘景曰：脂即熊白，乃背上肪，色白如玉，味甚美，寒月則有，夏月則無。其腹中肪及身中脂，煎鍊過亦可作藥，而不中噉。修治斅曰：凡取得，每一觔入生椒十四個，同鍊過，器盛收之。氣味：甘，微寒，無毒。《別録》曰：微温。《日華》曰：涼。其脂燃燈，烟損人眼令失光明。主治：風痺不仁筋急，五臟腹中積聚，寒熱羸瘦，頭瘍白禿，面上皯皰。久服强志不飢，輕身長年。《本經》飲食嘔吐。《別録》治風，補虚損殺，勞蟲，酒鍊服之。《日華》長髮令黑，悦澤人面。蘇恭治面上鼾黯及瘡。《藥性》

肉，氣味：甘，平，無毒。《別録》曰：微温。弘景曰：有痼疾不可食熊肉，令終身不除。鼎曰：若腹中有積聚寒熱者食之，永不除也。十月勿食之，傷神。主治：風痺筋骨不仁，功與脂同。孫思邈補虚羸。孟詵

發明時珍曰：按劉河間云：熊肉振羸，兔目明眎。因其氣有餘，以補不足也。

掌，修治《聖惠方》云：熊掌難脈，得酒、醋、水三件同煑，熟即大如皮毬也。主治：食之可禦風寒，益氣力。《日華》

膽頌曰：熊膽陰乾用。然多僞者，但取一粟許滴水中，一道若線不散者爲真。時珍曰：按錢乙云：熊膽佳者通明。每以米粒點水中，運轉如飛者良。餘膽亦轉，但緩爾。周密《齊東埜語》云：熊膽善辟塵。試之以净水一器，塵幕其上，投膽米許則凝塵豁然而開也。氣味苦寒無毒權曰惡防己地黄主治：時氣熱盛，變爲黄疸，暑月久痢，疳䘌心痛，疰忤。蘇恭治諸疳、耳鼻瘡、惡瘡，殺蟲。《日華》小兒驚癇瘈瘲，以竹瀝化兩豆許服之，去心中涎，甚良。孟詵退熱清心，平肝明目，去翳，殺蛔、蟯蟲。時珍

發明時珍曰：熊膽，苦入心，寒勝熱，手少陰、厥陰、足陽明經藥也。故能涼心平肝殺蟲，爲驚癇疰忤、翳障疳痔、蟲牙蚘痛之劑焉。

腦髓，主治：諸聾。蘇恭療頭旋。摩頂，去白禿風屑，生髮。《日華》

血，主治：小兒客忤。蘇恭

骨，主治：作湯，浴歷節風，及小兒客忤。孟詵

又《麢羊》《本经》中品集解《別録》曰：羚羊角出石城及華陰山谷。采無時。弘景曰：今出建平、宜都諸蠻山中及西域。多兩角，一角者爲勝。角多節，蹙蹙圓繞別有山羊角極長，惟一邊有節，節亦疎大，不入藥用。乃《爾雅》云羱羊者，羌夷以爲羚羊，能陟峻岅。恭曰：羚羊，南山、商、洛間大有，今出梁州，真州、洋州亦貢其角細如人指，長四五寸，而文蹙細。山羊或名野羊，大者如牛，角可爲鞍橋，又有山驢，大如鹿，皮可作靴，有兩角，大小如山羊角，俗人亦用之。陶氏所謂一邊有粗文者是此，非山羊也。藏器曰：山羊、山驢、羚羊，三種相似，而羚羊有神，夜宿防患，以角掛樹不著地。但角彎中深鋭緊小，有掛痕者爲真。如此分別，其疎慢無痕者非也。真角，耳邊聽之集集鳴者良。陶言一角者謬也。頌曰：今秦、隴、龍、蜀、金、商州山中皆有之，戎人多捕得來貨。其形似羊，青色而大，其角長一二尺，有節如人手指握痕，又最堅勁。郭璞註《爾雅》云：麢似羊而大，其角細而圓鋭，好在山崖間，羱似吴羊，其角大而墮，出西方。《本草》諸註各異。觀今所市者，與《爾雅》之羚羊，陶註之山羊，蘇註之山驢，大都相似。今人相承用之，以爲羱羊。細角長四五寸者，往往彎中有磨角成痕處。詳諸説，此乃真羱羊角，而世多不用何也？又閩、廣山中，出一種野羊，彼人亦謂之羚羊也。陳氏謂耳邊聽之鳴者良。今牛羊諸角，但殺之者，聽之皆有聲，不獨羚角也。自死角則無聲矣。宗奭曰：諸角附耳皆集集有聲，不如有掛痕一説爲盡之。然有僞作者，宜察焉。時珍曰：羚羊似羊，而青色毛粗，兩角短小。羱羊似吴羊，兩角長大。山驢，驢之身而羚之角，但稍大而節疎慢耳。陶氏言羚羊有一角者，而陳氏非之。按《寰宇志》云：安南高石山出羚羊，一角極堅，能碎金剛石。則羚固有一角者矣。金剛石出西域，狀如紫石英，百鍊不消，物莫能擊，惟羚羊角扣之，則自然氷泮也。又貘骨僞充佛牙，物亦不能破，用此角擊之即碎，皆相畏耳。羚羊皮，西人以作座褥。

羚羊角，修治斅曰：凡用，有神羊角甚長，有二十四節，内有天生木胎。此角有神力，抵千牛。凡使不可單用，須要不折元對，繩縛鐵銼銼細，重重密裹，避風，以旋旋取用，擣篩極細，更研萬匝入藥，免刮人腸。氣味：鹹，寒，無毒。《別録》曰：苦，微寒。甄權曰：甘，温，能縮銀。主治：明目，益氣，起陰，去惡血注下，辟蠱毒惡鬼不祥，常不魘寐。《本經》除邪氣驚夢，狂越僻謬，療傷寒時氣寒熱，熱在肌膚，濕風注毒，伏在骨間，及食噎不通。久服，强筋骨輕身，起陰益氣，利丈夫。《別録》治中風筋攣，附骨疼痛。作末蜜服，治卒熱悶及熱毒痢血，疝氣。摩水塗腫毒。孟詵治一切熱毒風攻注，中惡毒風，卒死昏亂不識人，散産後惡血衝心煩悶，

燒末酒服之。治小兒驚癇，治山瘴及噎塞，《藥性》治驚悸煩悶，心胸惡氣，瘰癧惡瘡溪毒。藏器平肝舒筋，定風安魂，散血下氣，辟惡解毒，治子癇痙疾。時珍

發明時珍曰：羊，火畜也，而羚羊則屬木，故其角入厥陰肝經甚捷，同氣相求也。肝主木，開竅于目。其發病也，目暗障翳，而羚羊角能平之。肝主風，在合爲筋，其發病也，小兒驚癇，婦人子癇，大人中風搐搦，及筋脈攣急，歷節掣痛，而羚角能舒之。魂者，肝之神也，發病則驚駭不寧，狂越僻謬，魘寐卒死而羚角能安之。血者，肝之藏也，發病則瘀滯下注，疝痛毒痢，瘡腫瘻癧，産後血氣，而羚角能散之。相火寄于肝膽，在氣爲怒，病則煩懣氣逆，噎塞不通，寒熱及傷寒伏熱，而羚角能降之。羚之性靈，而筋骨之精在角，故又能辟邪惡而解諸毒，碎佛牙而燒烟走蛇虺也。《本經》、《别録》甚著其功，而近俗罕能發揚，惜哉。

附方舊七，新四噎塞不通。羚羊角屑爲末，飲服方寸匕，并以角摩噎上。《外臺》胸脇通滿。羚羊角燒末，水服方寸匕。《子母秘録》腹痛熱滿。方同上墮胎腹痛。血出不止。羚羊角燒灰三錢，豆淋酒下。《普濟》産後煩悶。汗出，不識人，《千金》用羚羊角燒末，東流水服方寸匕。未愈再服。又方：加芍藥、枳實等分炒，研末，湯服。血氣逆煩。羚羊角燒末，水服方寸匕。《肘后方》臨産催生。羚羊角一枚，刮尖末，酒服方寸匕。《産寶》小兒下痢。羚羊角中骨燒末，飲服方寸匕。《秘録》遍身赤丹。羚羊角燒灰，鷄子清和，塗之神效。《外臺》赤瘢如瘡。瘙痒，甚則殺人。羚羊角磨水，摩之數百遍爲妙。《肘后方》山嵐瘴氣。羚羊角末，水服一錢。《集簡方》

肉，氣味：甘，平，無毒。主治：惡瘡。藏器和五味炒熟，投酒中，經宿飲之，治筋骨急强，中風。北人恒食，南人食之，免蛇、蟲傷。孟詵

肺，氣味：同肉。主治：水腫鼓脹，小便不利。時珍

發明時珍曰：羚羊肺《本草》不收。《千金翼》載太醫山璉治韋司業水腫莨菪丸用之，蓋取其引藥入肺，以通小便之上源也。其方用羚羊肺一具，沸湯微煠過，曝乾爲末。莨菪子一升，用三年醋浸一伏時，蒸熟搗爛，和丸梧子大。每用四寸丸，麥門冬湯食後服，候口中乾、妄語爲驗。數日小便大利，即瘥。無羚羊，以青羊膽代之亦可。

膽，氣味：苦，寒，無毒。主治：面上皯黯，如雀卵色，以二升，同煑三沸，塗四五次良。時珍

鼻，主治，炙研，治五尸遁尸邪氣。時珍《外臺》方中用之。

又《山羊》釋名野羊《圖經》羱羊。時珍曰：羊之在原野者，故名。

集解弘景曰：山羊即《爾雅》羱羊，出西夏，似吴羊而大角，角墮者，能陟峻坂，羌夷以爲羚羊，角極長，惟一邊有節，節亦踈大，不入藥用。恭曰：山羊大如牛，或名野羊，善鬬至死，角堪爲鞍橋。頌曰：閩、廣山中有一種野羊，彼人謂之羚羊，其皮厚硬，不堪炙食，其肉頗肥。吴瑞曰：山羊似羚羊，色青。其角有掛痕者爲羚羊，無者爲山羊。時珍曰：山羊有二種。一種大角盤環，肉至百觔者。一種角細者，《説文》謂之莧羊，音桓。陸氏云：羱羊狀如驢而羣行，其角甚大，以時墮角，暑天塵露在上，生草戴行。故《代都賦》云：羱羊養草以盤桓。

肉，氣味：甘，熱，無毒。頌曰：南方野羊，多噉石香薷，故腸藏頗熱，不宜多食之。主治：男人食之，肥軟益人，治冷勞山嵐瘧痢，婦人赤白帶下。蘇頌療筋骨急强，虚勞，益氣，利産婦，不利時疾人。吴瑞

又《鹿》《本經》中品校正《本經》上品白膠，中品鹿茸，今併爲一條。集解時珍曰：鹿，處處山林中有之。馬身羊尾，頭側而長，高脚而行速。牡者有角，夏至則解，大如小馬，黄質白斑，俗稱馬鹿。牝者無角，小而無斑，毛雜黄白色，俗稱麀鹿，孕六月而生子。鹿性淫，一牡常交數牝，謂之聚麀。性喜食龜，能别良草。食則相呼，行則同旅，居則環角外向以防害，臥則口朝尾閭，以通督脈。殷仲堪云：鹿以白色爲正。《述異記》云：鹿千歲爲蒼，又五百歲爲白，又五百歲爲玄。玄鹿骨亦黑，爲脯食之，可長生也。《埤雅》云：鹿乃仙獸，自能樂性，六十年必懷璚于角下，斑痕紫色，行則有涎，不復急走。故曰：鹿戴玉而角斑，魚懷珠而鱗紫。沈存中《筆談》云：北狄有駝鹿，極大而色蒼黄，無斑。角大而有文，堅瑩如玉，茸亦可用。《名苑》云：鹿之大者曰麈，羣鹿隨之，視其尾爲準。其尾能辟塵，拂氈則不蠹，置茜帛中，歲久紅色不黯也。

鹿茸修治《别録》曰：四月、五月解角時取，陰乾，使時燥。恭曰：鹿茸，夏收之陰乾，百不收一，且易臭，惟破之火乾大好。斅曰：凡使鹿茸，用黄精自然汁浸兩日夜，漉出切焙搗用，免渴人也。又法：以鹿茸鋸作片，每五兩用羊脂三兩，拌天靈蓋末塗之，慢火炙令内外黄脆，以鹿皮裹之，安室中一宿，則藥魂歸矣。乃慢火焙乾，搗末用。《日華》曰只用酥炙炒研。宗奭曰：茸上毛，先以酥薄塗勻于烈焰中灼之，候毛盡微炙。不以酥，則火焰傷茸矣。時珍曰：《澹寮》、《濟生》諸方，有用酥炙、酒炙及酒蒸焙用者，當各隨本方。

發明《抱朴子》曰：南山多鹿，每一雄遊，牝百數至，春羸瘦，入夏惟食菖蒲即肥。當角解之時，其茸甚痛。獵人得之，以索繫住取茸，然後斃鹿，鹿之血未散也。宗奭曰：茸，最難得不破及不出却血者，蓋其力盡在血中故也。此以如紫茄者爲上，名茄子茸，取其難得耳。然此大嫩，血氣未具，其實少力。堅者又太老，惟長四五寸，形如分岐馬鞍，茸端如瑪瑙紅玉，破之肌如朽木者最善，人亦將麋角僞爲之，不可不察。按沈存中《筆談》云《月令》冬

至麋角解，夏至鹿角解。陰陽相反如此，今人以麋、鹿茸作一種者疎矣。或刺麋、鹿血以代茸，云茸亦血，此大誤矣。麋茸利補陽，鹿茸利補陰，須佐以他藥則有功。凡含血之物，肉差易長，筋次之，骨最難長。故人自胚胎至成人，二十年骨髓方堅。惟麋、鹿角自生至堅，無兩月之久，大者至二十餘觔。計一日夜須生數兩，凡骨之生，無速于此。雖草木易生，亦不及之。此骨之至强者，所以能補骨血，堅陽道，益精髓也。頭者諸陽之會，上鍾于茸角，豈可與凡血爲比哉。時珍曰：按熊氏《禮記疏》云：鹿是山獸，屬陽，情淫而遊山，夏至得陰氣解角，從陽退之象。麋是澤獸，屬陰，情淫而遊澤，冬至得陽氣而解角，從陰退之象也。餘見角下。氣味：甘，温，無毒。《别録》曰：酸，微温。甄權曰：苦、辛。麻勃爲之使。詵曰：鹿茸不可以臭齅之，中有小白蟲，視之不見，入人鼻必爲蟲顙，藥不及也。主治：漏下惡血，寒熱驚癇，益氣强志，生齒不老。《本經》療虚勞，洒洒如瘧，羸瘦，四肢酸疼，腰、脊痛，小便數利，洩精溺血，破瘀血在腹，散石淋癰腫，骨中熱疽，癢安胎下氣，殺鬼精物，久服耐老。不可近丈夫陰，令痿。《别録》補男子腰腎虚冷，脚膝無力，夜夢鬼交，精溢自出，女人崩中漏血，赤白帶下，炙末，空心酒服方寸匕。壯筋骨。《日華》生精補髓，養血益陽，强筋健骨，治一切虚損，耳聾目暗，眩運虚痢。時珍

發明時珍曰：按《澹寮方》云：昔西蜀市中，嘗有一道人貨斑龍丸，一名茸珠丹。每大醉高歌曰：「尾閭不禁滄海竭，九轉靈丹都慢説。惟有斑龍頂上珠，能補玉堂關下穴。」朝野遍傳之。其方盖用鹿茸、鹿角膠、鹿角霜也。又戴原禮《證治要訣》：治頭眩運，甚則屋轉眼黑，或如物飛，或見一爲二，用茸珠丹甚效。或用鹿茸半兩，無灰酒三盞，煎一盞，入麝香少許，温服亦效。云茸生于頭，類之相從也。

角頌曰：七月采角。以鹿年久者，其角更好。煮以爲膠，入藥彌佳。斅曰：鹿角要黄色緊重尖好者。此鹿食靈草，所以異衆鹿也。

修治詵曰：凡用鹿角、麋角，並截段錯屑，以蜜浸過，微火焙，令小變色，曝乾，搗篩爲末。或燒飛爲丹，服之至妙。以角寸截，泥裹，于器中大火燒一日，如玉粉也。時珍曰：按崔行功《要纂方》鹿角粉法：以鹿角寸截，炭火燒過，搗末，水和成團，以絹袋三五重盛之，再煅再和，如此五度，以牛乳和，再燒過研用。氣味：鹹，温，無毒。杜仲爲之使主治：惡瘡癰腫，逐邪惡氣，留血在陰中。除少腹血痛，腰脊痛，折傷惡血，益氣。《别録》猫鬼中惡，心腹疼痛。蘇恭水磨汁服，治脱精尿血，夜夢鬼交。醋磨汁塗瘡瘍癰腫熱毒。火炙熱，熨小兒重舌、鵝口瘡。《日華》密炙研末酒服，輕身强骨髓，補陽道絶傷。又治婦人夢與鬼交者，清酒服一撮，即出鬼精。燒灰，治婦人胞中餘血不盡欲死，以酒服方寸匕，日三，甚妙。孟詵

發明時珍曰：鹿角生用則散熱行血，消腫辟邪。熟用則益腎，補虚强精活血。鍊霜熬膏，則專于滋補矣。

白膠，一名鹿角膠。《本經》粉名鹿角霜。甄權曰：白膠一名黄明膠。時珍，正誤見黄明膠。修治《别録》曰：白膠生雲中，煮鹿角作之。弘景曰：今人少復煮作，惟合角弓用之。其法：先以米瀋汁漬七日令軟，煮煎如作阿膠法耳。又一法：剉角令細，入乾牛皮一片，即易消爛。不爾，雖百年無一熟也。恭曰：鹿角、麋角，但煮濃汁重煎，即爲膠矣，何必使爛？欲求爛亦不難，陶未見耳。詵曰：作膠法：細破寸截，以河水浸七日令軟，方煮之。斅曰：采全角鋸開，並長三寸，以物盛，于急水中浸一百日取出，刀刮去黄皮，拭净。以醶醋煮七日，旋旋添醋，勿令少歇。成時不用著火，只從子至戌。一日足，角軟如粉，搗爛，每一兩入無灰酒一鎰，煮成膠，陰乾研篩用。時珍曰：今人呼煮爛成粉者，爲鹿角霜。取粉熬成膠，或只以濃汁熬成膏者，爲鹿角膠。按胡瀅《衛生方》云：以米泔浸鹿角七日令軟，入急流水中浸七日，去粗皮，以東流水、桑柴火煮七日，旋旋添水，入醋少許，搗成霜用。其汁加無灰酒，熬成膠用。又邵以正《濟急方》云：用新角三對，寸截，盛于長流水浸三日，刮净，入楮實子、桑白皮、黄蠟各二兩，鐵鍋中水煮三日夜，不可少停。水少即添湯。日足，取出刮净，晒研爲霜。韓悉《醫通》云：以新鹿角寸截，囊盛，于流水中浸七日，以瓦缶入水，桑柴火煮，每一觔入黄蜡半觔，以壺掩住，水水旋添。其角軟，以竹刀刮净，搗爲霜用。氣味：甘，平，無毒。《别録》曰：温。得久良，畏大黄。主治：傷中，勞絶腰痛羸瘦，補中益氣。婦人血閉無子，止痛安胎。久服，輕身延年。《本經》療吐血下血，崩中不止，四肢作痛，多汗淋露，折跌傷損。《别録》男子損臟氣，氣弱勞損，吐血。婦人服之，令有子，安胎去冷，治漏下赤白。《藥性》炙搗酒服，補虚勞，長肌益髓，令人肥健，悦顔色。又治勞嗽，尿精尿血，瘡瘍腫毒。時珍

發明斅曰：凡使，鹿角勝于麋角。頌曰：今醫家多用麋茸、麋角，云力緊于鹿也。時珍曰：蘇東坡《良方》云：鹿陽，獸見陰而角解。麋陰獸，見陽而角解。故補陽以鹿角爲勝，補陰以麋角爲勝。其不同如此，但云鹿勝麋，麋勝鹿，疎矣。按此説與沈存中鹿茸利補陰，麋茸利補陽之説相反。以理與功推之，蘇説爲是。詳見茸下。

齒，主治：鼠瘻，留血，心腹痛。不可近丈夫陰。蘇恭

骨，氣味：甘，微熱，無毒。主治：安胎下氣，殺鬼精物，久服奈老，可酒浸服之。孟詵作酒，主内虚，續絶傷，補骨除風。思邈燒灰水服，治小兒洞注下痢。時珍

肉，氣味：甘，温，無毒。詵曰：九月已後，正月已前，堪食。他月不可食，發冷痛。白臆者，豹文者，並不可食。鹿肉脯，炙之不動，及見水而動，或曝之不燥者，並殺人。不可同雉肉、蒲白、鮑魚、蝦食，發惡瘡。《禮記》云：食鹿去胃。主治：補中益氣力，强五臟。生者療中風口僻，割片薄之。《别録》華陀云：中風口偏者，以生肉同生椒搗貼，正即除之。補虚瘦弱，調血脈。孟詵養血生容，治産後風虚邪僻。時珍《外臺》有鹿肉湯。

發明思邈曰：壺居士言鹿性多警烈，能别良草，止食葛花葛葉、鹿葱、鹿藥、白蒿、水芹、甘草、薺苨、齊頭蒿、山蒼耳，他草不食，處必山岡，故産則歸下澤，饗神用其肉者，以其性烈清浄也。凡藥餌之人，久食鹿肉，服藥必不得力，爲其食解毒之草制諸藥也。弘景曰：野獸之中，麞、鹿可食生，則不羶腥。又非十二辰屬，八卦無主，且温補，于人生死無尤，道家許聽爲補，過其餘，雖鷄、犬、牛、羊補益，于亡魂有愆責，並不足食。宗奭曰：三禮取鹿腊，亦取此義，且味亦勝他肉。時珍曰：邵氏言：鹿之一身皆益人，或煮，或蒸，或脯，同酒食之良。大抵鹿乃仙獸，純陽多壽之物，能通督脈，又食良草，故其肉、角有益無損，陶説亦妄耳。

頭肉，氣味：平。主治：消渴，夜夢鬼物，煎汁服，作膠彌善。蘇恭　宗奭曰：頭可釀酒，須於作漿時，稍益葱椒。

蹄肉，氣味：平。主治：諸風，脚膝骨中疼痛，不能踐地，同豉汁、五味煮食。孫思邈

脂，主治：癰腫死肌，温中，四肢不隨，頭風，通腠理，不可近陰。蘇恭。時珍曰：此乃《本經》麋脂正文，而蘇氏以註鹿脂，二脂功或同耶？

髓，煉浄入藥。氣味：甘，温，無毒。主治：丈夫女子傷中絶脈，筋急痛，欬逆，以酒和，服之良。《别録》同蜜煮服，壯陽道，令有子。同地黄汁煎膏服，填骨髓，壯筋骨，治嘔吐。《日華》補陰强陽，生精益髓，潤燥澤肌。時珍

發明頌曰：髓可作酒，唐方多有其法。時珍曰：鹿髓，近方稀用者。《删繁方》治肺虚毛悴，酥髓湯用之。《御藥院方》滋補藥，用其脊髓和酒熬膏丸藥，甚爲有理。白飛霞《醫通》云：取鹿腦及豬骨髓鍊成膏，每一兩，加鍊蜜二兩鍊匀，瓷器密收，用和滋補丸藥劑甚妙。凡腰痛屬腎虚寒者，以和古方摩腰膏，薑汁化一粒擦腎堂，則暖氣透入丹田如火，大補元陽，此法甚佳，人鮮知之。

腦，主治：入面脂，令人悦澤。蘇頌刺入肉内不出，以腦敷之，燥即易，半日當出。深師

精，主治補虚羸勞損。時珍

發明韓悉曰：王師授予鹿峻丸方云：鹿稟純陽，而峻者，天地初分之氣，牝牡相感之精也。醫書稱鹿茸、角、血、髓大有補益，而此峻則入神矣。其法：用初生牡鹿三五隻，苑圃馴養，每日以人參煎湯，同一切草藥，任其飲食。久之，以硫黄細末和入，從少至多，燥則漸減，周而復始。大約三年之内，一旦毛脱筋露，氣盛陽極，却以牝鹿隔苑誘之，欲交不得，則精洩于外，或令其一交，即設法取其精，瓦器收之，香粘如餳，是爲峻也。用和鹿角霜一味爲丸，空心鹽酒下，大起胎羸，虚瘵危疾，凡服滋補丸藥，用此入鍊蜜和劑絶效。時珍曰：按《老子》云：骨弱筋柔而握固，未知牝牡之合而峻作者，精之至也。峻，音子催切，赤子陰也。今作鹿精之名，亦未爲穩。

血，主治：陰痿，補虚，止腰痛，鼻衄，折傷，狂犬傷。蘇恭和酒服，治肺痿吐血，及崩中帶下。《日華》諸氣痛欲危者，飲之立愈。汪穎大補虚損，益精血，解痘毒、藥毒。時珍

發明頌曰：近世有服鹿血酒者，云得于射生者，因采捕入山失道，數日饑渴將委頓。惟獲一生鹿，刺血數升飲之，飢渴頓除。及歸，遂覺血氣充盛異人。有效而服之者，刺鹿頭角間血，酒和飲之更佳。時珍曰：近世韓飛霞補益方有斑龍晏法，孫氏解痘毒有陰陽二血丸，皆古所未知者。而沈存中又以刺血代茸爲非，亦一説也。

腎，氣味：甘，平，無毒。主治：補腎氣。《别録》補中，安五臟，壯陽氣，作酒及煑粥食之。《日華》

膽，氣味：苦，寒，無毒。主治：消腫散毒。時珍

筋，主治：勞損續絶。蘇恭塵沙眯目者，嚼爛挼入目中，則粘出。時珍

靨，主治：氣瘿，以酒漬，炙乾，再浸酒中，含嚥汁，味盡更易，十具乃愈。《深師》

皮，主治：一切漏瘡，燒灰和豬脂納之，日五六易，愈乃止。時珍

糞，主治：經日不産，乾、濕各三錢，研末，薑湯服，立效。經驗

胎糞，主治：解諸毒。時珍曰：按范曄《漢書》云：冉驪夷出鹿，食藥草，其胎中麑糞，可療毒也。

又《麋》《本經》下品　麋脂，一名官脂。《本經》時珍曰《别録》言十月取脂，煉過收用，而《周禮》冬獻狼，夏獻麋。註云：狼膏聚，麋膏散。聚則温，散則涼，以順時也。

氣味：辛，温，無毒。忌桃李，畏大黄。主治：癰腫惡瘡，死肌，寒熱風寒，濕痺，四肢拘緩不收，風頭腫氣，通腠理。《本經》柔皮膚，不可近陰，令痿。《别録》治少年氣盛，面生瘡皰，化脂塗之。時珍

正誤弘景曰：人言麋一牡輒交十餘牝，交畢即死。其脂墮地，經年，人得之名曰遁脂，

酒服至良。夫麋性乃爾婬快，不應痿人陰。一方言不可近陰，令陰不痿，此乃有理。恭曰：遊牝畢即死者，虚傳也。遍問山澤人，無此説。

肉，氣味：甘，温，無毒。詵曰：多食令人弱房，發脚氣。妊婦食之，令子目病。弘景曰：不可合猪肉、雉肉食，發痼疾。合蝦及生菜、梅、李食，損男子精氣。主治：益氣補中，治腰脚。孟詵補五臟不足氣。禹錫

發明時珍曰：按陸農師云：鹿以陽爲體，其肉食之燠。麋以陰爲體，其肉食之寒。觀此，則《别録》麋脂令人陰痿，孟詵言多食肉令人弱房，及角肉不同功之説，亦此意也。

茸，修治與鹿茸同。氣味：甘，温，無毒。主治：陰虚勞損，一切血病，筋骨腰膝酸痛，滋陰益腎。時珍

麋角，修治斆曰：麋角以頂根上有黄毛若金線，兼旁生小尖，色蒼白者爲上。詵曰：凡用麋角，可五寸截之，中破，炙黄爲末，入藥。時珍曰：麋鹿茸角，今人罕能分别。陳自明以小者爲鹿茸，大者爲麋茸，亦臆見也。不若親視其采取時爲有準也。造麋角膠、麋角霜，並與鹿角膠、鹿角霜同法。又《集靈方》云：用麋角一雙，水浸七日，刮去皮，錯屑，以銀瓶盛牛乳浸一日，乳耗再加，至不耗乃止。用油紙密封瓶口，别用大麥鋪鍋中三寸，上安瓶，再以麥四周填滿。入水浸一伏時，水耗旋加，待屑軟如麵取出。焙研成霜用。氣味：甘，熱，無毒。主治：風痺，止血，益氣力。《别録》刮屑熬香，酒服，大益人。弘景。出《彭祖傳》中。酒服，補虚勞，添精益髓，益血脈，暖腰膝，壯陽悦色。療風氣，偏治丈夫。《日華》作粉常服，治丈夫冷氣及風，筋骨疼痛。若卒心痛，一服立瘥。漿水磨泥塗面，令人光華，赤白如玉可愛。孟詵滋陰養血，功與茸同。時珍

發明詵曰：麋角常服，大益陽道，不知何因與肉功不同也。煎膠與鹿角膠同功，茸亦勝鹿茸，仙方甚重之。恭曰：麋茸功力勝鹿茸，角煮膠亦勝白膠。詳見鹿茸、鹿角下。《日華》曰：麋角屬陰，故治腰膝不仁，補一切血病也。時珍曰：鹿之茸角補陽，右腎精氣不足者宜之。麋之茸角補陰，左腎血液不足者宜之。此乃千古之微秘，前人方法雖具，而理未發出，故論者紛紜。又《楊氏家藏方》，治虚損有二至丸，兩角並用。但其藥性過温，止宜於陽虚寒濕血痺者耳，於左腎無與焉。孫思邈《千金方》言：麋角丸凡一百一十方，惟容成子羔所服者，特出衆方之外，子羔服之羽化。今觀其方，比二至丸似可常服，並集於下。

骨，主治：虚勞至良。煮汁釀酒飲，令人肥白，美顔色。禹錫

皮，主治：作靴韈，除脚氣。孟詵

又《麂》 集解馬志曰：麂生東南山谷。頌曰：今有山林處皆有之，而均、房、湘、漢間尤多，乃麞類也。按《爾雅》云：麂，大麕，旄尾狗足。謂毛長也。南人往往食其肉，然堅韌不及麞味美。其皮作履舃，勝於諸皮。又有一種類鹿而大者名麖，不堪藥用。《山海經》云：女几之山多麖麂。即此。宗奭曰：麂，麞屬而小於麞。其口兩邊有長牙，好鬬。其皮爲第一，無出其右者，但皮多牙傷痕。其聲如擊破鈸。四方皆有，山深處頗多。時珍曰：麂居大山中，似麞而小，牡者有短角，黧色豹脚，脚矮而力勁，善跳越。其行草莽，但循一徑。皮極細膩，鞾、韈珍之。或云亦好食蛇。《符瑞志》有銀麂，白色，今施州山中出一種紅麂，紅色。

肉，氣味：甘，平，無毒。主治：五痔病。煠熟，以薑、醋進之，大有效。藏器

頭骨，氣味：辛，平，無毒。主治：燒灰飲服，治飛尸。藏器

皮，主治：作鞾、韈，除濕氣脚痺。時珍

又《雙頭鹿》 胎中屎，主治：敷惡瘡，蛇虺毒。藏器

又《麞》 《别録》中品集解頌曰：麞，今陂澤淺草中多有之。其類甚多，麕乃總名也。有有牙者，有無牙者，其牙不能噬囓。時珍曰：麞秋冬居山，春夏居澤，似鹿而小，無角，黄黑色，大者不過二三十觔。雄者有牙出口外，俗稱牙麞。其皮細軟，勝於鹿皮，夏月毛毨而皮厚，冬月毛多而皮薄也。《符瑞志》有銀麞白色，云王者刑罰中理則出。《運斗樞》云：樞星散爲麞鹿。

正誤詵曰：麞中往往得香，如栗子大，不能全香。亦治惡病。時珍曰：麞無香，有香者麝也。俗稱土麞，呼爲香麞是矣。今正之。

肉，氣味：甘，温，無毒。詵曰：八月至十一月食之，勝羊。十二月至七月食之，動氣。多食，令人消渴。若瘦惡者，食之發痼疾。不可合鵠肉食，成癥疾，又不可合梅、李、蝦食，病人。主治：補益五臟。《别録》益氣力，悦澤人面。思邈釀酒，有祛風之功。甯原

發明弘景曰：俗云白肉是麞。其膽白，易驚怖也。詵曰：肉同麋肉釀酒，良。道家以其肉供養，名爲白脯，云不屬十二辰，不是腥膩，無禁忌也。時珍曰：麞膽白性怯，飲水見影輒奔，道書謂麞鹿無魂也。藏器曰：人心粗豪者，以其心肝曝乾爲末，酒服一具，便即小膽，若怯者食之，則轉怯不知所爲。

髓腦，主治：益氣力，悦澤人面。《别録》治虚風，時珍曰：《千金》治暗風，薯蕷煎，治虚損，天門冬煎，竝用之。頌曰：唐方有麞髓並麞骨酒，竝補下。

骨，氣味：甘，微温，無毒。主治：虚損洩精，《别録》益精髓，悦顔色。《日華》。時珍曰：《千金》治産後虚損，有麞骨湯，煑汁煎藥。

又《麝》 《本經》上品釋名射父，《爾雅》香麝。時珍曰：麝之香氣遠射，故謂

之麝，或云麝父之香來射，故名，亦通。其形似麞，故俗呼香麞。梵書謂麝香曰莫訶婆伽。

集解《别録》曰：麝生中臺山谷，及益州、雍州山中。春分取香，生者益良。弘景曰：麝形似麞而小，黑色，常食柏葉，又噉蛇。其香正在陰莖前皮内，别有膜袋裹之。五月得香，往往有蛇皮骨。今人以蛇蜕皮裹香，云彌香，是相使也。麝夏月食蛇、蟲多，至寒則香滿，入春臍内急痛，自以爪剔出，著屎溺中覆之，常在一處不移。曾有遇得乃至一斗五升者，此香絶勝殺取者。昔人云是精、溺凝作，殊不爾也。今出羌夷者多真好，出隨郡、義陽、晉溪諸蠻中者亞之。出益州者形扁，仍以皮膜裹之，多僞。凡真香，一子分作三四子，刮取血膜，雜以餘物，裹以四足膝皮而貨之，貨者又復僞之。彼人言但破看一片，毛共在裹中者爲勝。今惟得活者看取，必當全真耳。頌曰：今陝西、益州、河東諸路山中皆有，而秦州、文州諸蠻中尤多。蘄州、光州或時亦有，其香絶小，一子纔若彈丸，往往是真，蓋彼人不甚作僞爾。其香有三等：第一生香，名遺香，乃麝自剔出者，然極難得，價同明珠。其香聚處，遠近草木不生或焦黄也。今人帶香過園林，則瓜果皆不實，是其驗也。其次臍香，乃捕得殺取之。其三心結香，乃獸見大獸捕逐，驚畏失心，狂者墜死。人有得之，破心見血流出脾上，作乾血塊者，不堪入藥。又有一種水麝，其香更奇，臍中皆水，瀝一滴於斗水中，用洒衣物，其香不歇。唐天寶中，虞人曾一獻之，養於囿中，每以針刺其臍，捻以真雄黄，則臍復合，其香倍于肉麝。此説載在《酉陽雜俎》，近不復聞有之，或有之而人不識矣。慎微曰：楊億《談苑》云：商汝山中多麝，遺糞常在一處不移，人以是獲之。其性絶愛其臍，爲人逐急，即投巖，舉爪剔裂其香，就縶而死，猶拱四足保其臍。故李商隱詩云：投巖麝自香。許渾詩云：尋麝采生香。時珍曰：麝居山，麞居澤，以此爲别麝出西北者香結實，出東南者謂之土麝，亦可用。而力次之南中靈貓囊，其氣如麝，人以雜之。見本條。

麝臍香，修治斅曰：凡使麝香，用當門子尤妙。以子日開之，徵研用，不必苦細也。

氣味：辛，苦，無毒。甄權曰：苦，辛，忌大蒜。李延飛曰：麝香不可近鼻，有白虫入腦，患癩。久帶其香透關。令人成異疾。主治：辟惡氣，殺鬼精物，去三蟲蠱毒，温瘧驚癇。久服，除邪，不夢寤魘寐。《本經》療諸凶邪鬼氣，中惡，心腹暴痛，脹急痞滿，風毒，去面䵟、目中膚翳，婦人産難墮胎，通神仙。《别録》佩服及置枕間，辟惡夢，及尸疰鬼氣。又療蛇毒。弘景。《抱朴子》云：入山辟蛇，以麝香丸著足爪中有効。因麝噉蛇，故以厭之也。治蛇、蠶咬，沙蝨溪瘴毒，辟蠱氣，殺臟腑蟲，治瘧疾，吐風痰，療一切虚損惡病。納子宫，暖水臟，止冷帶下。《日華》熟水研服一粒，治小兒驚癇客忤，鎮心安神，止小便利。又能蝕一切癰瘡膿水。《藥性》。又云：入十香丸服，令人百毛九竅皆香。除百病，治一切惡氣及驚怖恍惚。孟詵療鼻窒，不聞香臭，好古。通諸竅，開經絡，透肌骨，解酒毒，消瓜果食積，治中風、中氣、中惡，痰厥，積聚癥瘕。時珍

發明李杲曰：麝香入脾治内病。凡風病在骨髓者宜用之，使風邪得出。若在肌肉用之，反引風入骨，如油入麪之不能出也。朱震亨曰：五臟之風不可用麝香以瀉衛氣，口鼻出血，乃陰盛陽虚，有升無降，當補陽抑陰，不可用腦、麝輕揚飛竄之劑。婦人以血爲主，凡血海虚而寒熱盜汗者，宜補養之，不可用麝香之散，琥珀之燥。嚴用和曰：中風不省者以麝香、清油灌之，先通其關，則後免語蹇癱瘓之證，而他藥亦有效也。時珍曰：嚴氏言風病必先用麝香，而丹溪謂風病、血病必不可用，皆非通論。蓋麝香走竄，能通諸竅之不利，開經絡之壅遏。若諸風、諸氣、諸血、諸痛、驚癇、癥瘕諸病，經絡壅閉，孔竅不利者，安得不用爲引導以開之、通之耶？非不可用也，但不可過耳。《濟生方》治食瓜果成積作脹者用之，治飲酒成消渴者用之，云果得麝則壞，酒得麝則敗，此得用麝之理者也。

肉，氣味：甘，温，無毒。詵曰：蠻人常食之，似麞肉而腥氣，云食之不畏蛇毒也。

主治：腹中癥病。時珍

又《靈貓》釋名靈貍，作蛉者非。香貍，《雜俎》神貍，《離騷》註類。時珍曰：自爲牝牡，又有香氣，可謂靈而神矣。

集解藏器曰：靈貓生南海山谷，狀如貍，自爲牝牡。其陰如麝，功亦相似。按《異物志》云：靈貓一體自爲陰陽。刳其水道連囊，以酒洒陰乾，其氣如麝，若雜入麝香中，罕能分别，用之亦如麝焉。頌曰，香貍出南方，人以作膾生，如北地狐生法，其氣甚香，微有麝氣。時珍曰：按段成式言，香貍有四外腎，則自能牝牡者，或由此也。劉郁《西域記》云：黑契丹出香貍，文似土豹，其肉可食，糞溺皆香如麝氣。楊慎《丹鉛録》云：予在大理府見香貓如貍，其文如金錢豹。此即《楚辭》所謂乘赤豹兮載文貍，王逸註爲神貍者也。《南山經》所謂亶爰之山有獸焉，狀如貍而有髦，其名曰類，自爲牝、牡，食者不妬。《列子》亦云：亶爰之獸，自孕而生，曰類，疑即此物也。又《星禽真形圖》，心月狐有牝牡兩體，其神貍乎？珍按：劉、楊二説與《異物志》所説相合，則類即靈貍無疑矣，類、貍字音亦相近也。

肉，氣味：甘，温，無毒。

陰，氣味：辛，温，無毒。主治：中惡氣，飛尸蠱疰，心腹卒痛，狂邪鬼神，鬼瘧疫氣，夢寐邪魘，鎮心安神。藏器

又《貍》《别録》中品釋名野貓。

集解弘景曰：貍類甚多，今人用虎貍，無用貓貍者，然貓貍亦好。又有色黄而臭者，肉

亦主鼠瘻。頌曰：貍，處處有之。其類甚多，以虎斑文者堪用，貓斑者不佳。南方一種香貍，其肉甚香，微有麝香。宗奭曰：貍形類貓，其文有二，一如連錢，一如虎文，皆可入藥。肉味與狐不相遠。江南一種牛尾貍，其尾如牛，人多糟食，未聞入藥。時珍曰：貍有數種。大小如狐，毛雜黄黑有斑，如貓而圓頭大尾者爲貓貍，善竊雞鴨，其氣臭，肉不可食。有斑如貙虎，而尖頭方口者爲虎貍，善食蟲鼠果實，其肉不臭，可食。似虎貍而尾有黑白錢文相間者，爲九節貍，皮可供裘領，《宋史》安陸州貢野貓、花貓即此二種也。有文如豹，而作麝香氣者爲香貍，即靈貓也。南方有白面而尾似牛者，爲牛尾貍，亦曰玉面貍，專上樹木食百果，冬月極肥，人多糟爲珍品，大能醒酒。張揖《廣雅》云：玉面貍，人捕畜之，鼠皆帖伏不敢出也。一種似貓貍而絶小，黄斑色，居澤中，食蟲鼠及草根者名犼，音迅。又登州島上有海貍，貍頭而魚尾也。

肉，氣味：甘，平，無毒。詵曰：温，正月勿食，傷神。時珍曰：内則食貍去正脊，爲不利人也。反藜蘆主治：諸疰。《別録》治温鬼毒氣，皮中如鍼刺。時珍出《太平御覽》

膏，主治：鼷鼠咬人成瘡，用此摩之，并食貍肉。時珍

肝，主治：鬼瘧。時珍

陰莖，主治：女人月水不通，男子陰癩。燒灰，東流水服。《別録》

骨，頭骨尤良。氣味：甘，温，無毒。主治：風疰、尸疰、鬼疰、毒氣，在皮中淫濯，如鍼刺著，心腹痛，走無常處，及鼠瘻惡瘡。作羹臛，治痔及鼠瘻，不過三頓，甚妙。蘇頌 出《外臺》補中益氣，去遊風。孫思邈

發明頌曰：華佗治尸疰有貍骨散，用其頭。時珍曰：貍骨、貓骨性相近，可通用之。《衛生寶鑑》治諸風心癇神應丹，用貍全身燒過入藥。

屎，五月收乾。主治：燒灰，水服，主鬼瘧寒熱。孟詵燒灰，和臘豬脂，傅小兒鬼舐頭瘡。《千金》

又《風貍》 腦，主治：酒浸服，愈風疾。時珍出《嶺南志》和菊花服至十觔，可長生。《十洲記》

屎，主治：諸風。藏器大風疾。《虞衡志》

又《狐》《別録》下品肉，氣味：甘，温，無毒。詵曰：有小毒。《禮記》云：食狐去首，爲害人也。主治：同腸作臛食，治瘡疥久不瘥。蘇恭煮炙食，補虚損，及五臟邪氣，患蠱毒寒熱者宜多食之。孟詵作膾生食，暖中去風，補虚勞。蘇頌

五臟及腸肚，氣味：苦，微寒，有毒。主治：蠱毒寒熱，小兒驚癇。《別録》補虚勞，隨臟而補，治惡瘡疥。生食，治狐魅。《日華》作羹臛，治大人見鬼。孟詵肝燒灰，治風癇及破傷風，口緊搐强。時珍。古方治諸風驚癇，有狐肝散及《衛生寶鑑》神應散，《普濟方》治破傷中風金烏散中並用之。

膽，臘月收之主治：人卒暴亡，即取雄狐膽温水研灌，入喉即活。移時者無及矣。蘇頌。出《續傳信方》辟邪瘧，解酒毒。時珍。《萬畢術》云：狐血漬黍，令人不醉。高誘註云：以狐血漬黍米、麥門冬，陰乾爲丸。飲時以一丸置舌下含之，令人不醉也。

陰莖，氣味：甘，微寒，有毒。思邈曰：有小毒。主治：女子絶産，陰中痒，小兒陰癩卵腫。《別録》婦人陰脱。時珍

附方新一小兒陰腫。狐陰莖炙爲末，空心酒服。《千金方》

頭，主治：燒之辟邪。同貍頭燒灰，傅瘰癧。時珍《千金》

目，主治：破傷中風。時珍

發明時珍曰：狐目治破傷風，方見劉氏《保壽堂方》云神效無比。臘月收取狐目陰乾，臨時用二目一副，炭火微燒存性，研末，無灰酒服之。又《淮南萬畢術》云：狐目貍腦，鼠去其穴。謂塗穴辟鼠也。

鼻，主治：狐魅病，同豹鼻煑食。時珍

唇，主治：惡刺入肉，杵爛，入鹽封之。《聖惠》

口中涎液，主治：入媚藥。嘉謨曰：取法：小口瓶盛肉，置狐常行處。狐爪不得，徘徊於上，涎入瓶中，乃收之也。

四足，主治：痔漏下血。時珍

皮，主治：辟邪魅。時珍

尾，主治：燒灰辟惡。《日華》。頭尾燒灰，治牛疫，和水灌之。

雄狐屎，恭曰：在竹木及石上尖頭者是也。主治：燒之辟惡。《別録》去瘟疫氣。蘇恭治肝氣心痛，顔色蒼蒼如死灰。喉如喘息者，以二升燒灰，和薑黄三兩搗末，空腹酒下方寸匕，日再，甚效。蘇頌 出崔元亮《海上方》療惡刺入肉，燒，臘月豬脂封之。《千金》

又《貒》 肉，氣味：甘，酸，平，無毒。主治：水脹久不瘥、垂死者，作羹食之，下水大效。蘇恭《聖惠》用粳米、葱、豉作粥食。服丹石動熱，下痢、赤白久不瘥，煑肉露一宿，空腹和醬食，一頓即瘥。瘦人煑和五味食，長肌肉。孟詵。宗奭曰：野獸中惟貒肉最甘美，益瘦人。治上氣虚乏，欬逆勞熱，和五味煑食。吴瑞

膏，主治：蜣蜋蠱毒，胸中哽噎怵怵如蟲行，欬血，以酒和服，或下或吐或自消也。崔行功

胞，主治：蠱毒，以臘月乾者，湯摩如雞子許，空腹服之。《唐本草》

骨，主治：上氣欬嗽，多研，酒服三合，日二，取瘥。孟詵

又《貉》肉，氣味：甘，温，無毒。主治：元臟虚勞及女子虚憊。蘇頌

又《貛》集解汪穎曰：狗貛，處處山野有之，穴土而居。形如家狗，而脚短，食果實。有數種相似。其肉味甚甘美，皮可爲裘。時珍曰：貒，猪貛也。貛，狗貛也。二種相似而畧殊。狗貛似小狗而肥，尖喙矮足，短尾深毛，褐色。皮可爲裘領。亦食蟲蟻瓜果。又遼東女直地面有海貛皮，可供衣裘，亦此類也。

肉，氣味：甘、酸，平，無毒。主治：補中益氣，宜人。汪穎小兒疳瘦，殺蛕蟲，宜噉之。蘇頌功與貒同。時珍

又《木狗》集解時珍曰：按熊太古《冀越集》云：木狗生廣東左右江山中。形如黑狗，能登木。其皮爲衣褥，能運動血氣。元世祖有足疾，取以爲袴，人遂貴重之，此前所未聞也。珍嘗聞蜀人言：川西有玄豹，大如狗，黑色，尾亦如狗。其皮作裘、褥，甚暖。冬月遠行，用其皮包肉食，數日猶温，彼土亦珍貴之。此亦木狗之屬也。故附見於此云。

皮，主治：除脚痺風濕氣，活血脉，暖腰膝。時珍

又《豺》肉，氣味：酸，熱，有毒。詵曰：豺肉食之，損人精神，消人脂肉，令人瘦。

皮，氣味：熱。主治：冷痺軟脚氣，熟之以纏裹病上，即瘥。蘇恭療諸疳痢，腹中諸瘡，煑汁飲，或燒灰酒服之。亦可傅䘌齒瘡。孟詵。又曰：燒灰和酒灌解槽，牛馬便馴良附人。治小兒夜啼，百法不效，同狼屎中骨燒灰等分，水服少許，即定。時珍出《總録》

又《狼》狼筋藏器曰：狼筋如織絡袋子，又若筋膠所作，大小如鴨卵。人有犯盗者，熏之即脚攣縮，因之獲賊也。或言是狼脞下筋，又言是蟲所作，未知孰是。時珍曰：按李石《續博物志》云：唐時有狼巾，一作狼筋，狀如大蝸，兩頭光，帶黄色。有段祐失金帛，集奴婢於庭焚之，一婢瞼瞤，乃竊器者。此即陳氏所謂狼筋也。愚謂其事盖術者所爲，未必實有是理，而羅氏《爾雅翼》解爲狼脞中筋，大於雞卵，謬矣。

肉，氣味：鹹，熱，無毒。味勝狐犬主治：補益五臟，厚腸胃，填骨髓，腹有冷積者宜食之。時珍出《飲膳正要》

膏，主治：補中益氣，潤燥澤皺，塗諸惡瘡。時珍

發明時珍曰：臘月煉净收之。《禮記》云：小切狼臅膏，與稻米爲飽。謂以狼胸臆中膏，和米作粥糜也。古人多食狼肉，以膏煎和飲食，故《内則》食狼去腸，《周禮》獸人冬獻狼，取其膏聚也。諸方亦時用狼之腦、牙、皮、糞，而《本草》並不著其功用，止有陳藏器述狼筋疑似一説，可謂缺矣。今通據《飲膳正要》諸書補之云。

牙，主治：佩之，辟邪惡氣。刮末水服，治猘犬傷。燒灰水服方寸匕，治食牛中毒。時珍 出《小品諸方》

喉靨，主治：噎病，日乾爲末，每以半錢入飯内食之，妙。《聖惠》

皮，主治：暖人，辟邪惡氣。嗉下皮，搓作條，勒頭，能去風止痛。《正要》《淮南子萬畢術》云：狼皮當户，羊不敢出。

尾，主治：繫馬胸前，辟邪氣，令馬不驚。《正要》

屎，主治：瘰癧，燒灰，油調封之。又治骨哽不下，燒灰，水服之。時珍出《外臺千金方》

屎中骨，主治：小兒夜啼，燒灰，水服二黍米大，即定。又能斷酒。《千金》

又《山獺》集解時珍曰：山獺出廣之宜州溪峒及南丹州，土人號爲插翹。其性淫毒，山中有此物，凡牝獸皆避去，獺無偶則抱木而枯。猺女春時成羣入山，以采物爲事。獺聞婦人氣，必躍來抱之，次骨而入，牢不可脱，因扼殺之。負歸，取其陰一枚，直金一兩，若得抱木死者尤奇貴。峒獠甚珍重之，私貨出界者罪至死。然本地亦不常有，方士多以鼠璞，猴胎僞之。試之之法，但令婦人摩手極熱，取置掌心，以氣呵之，即趯然而動，盖陰氣所感也。此説出范石湖《虞衡志》、周草窗《齊東野語》中，而不載其形狀，亦缺文也。

陰莖，氣味：甘，熱，無毒。主治：陽虚陰痿，精寒而清者，酒磨少許服之。獠人以爲補助要藥。時珍

骨，主治解藥箭毒，研少許敷之，立消。時珍

又《隱鼠》釋名鼴鼠，音偃偃鼠，《綱目》鼠母，同鼴。古役反

集解弘景註鼹鼠曰：諸山林中，有獸大如水牛，形似豬，灰赤色，下脚似象，胸前尾上皆白，有力而鈍，亦名隱鼠。人取食之，肉亦似牛，多以作脯，乃云是鼠王，其精溺一滴落地，輙成一鼠，灾年則多出也。藏器曰：「此是獸類，非鼠之儔。大如牛而前脚短，皮入鞦韆用。《莊子》所謂鼹鼠飲河，不過滿腹者。陶言是鼠王，精滴成鼠。遍訪山人無其説，亦不能土中行。此乃妄説，陶誤信爾。」頌曰：鼴鼠出滄州及胡中。似牛而鼠首黑足，大者千斤。多伏於水，又能堰水放沫，彼人食其肉。時珍曰：按《異物志》云：鼠母頭脚似鼠，口鋭蒼色，大如水牛而畏狗。見則主水灾。《晋書》云：宣城郡出隱鼠，大如牛，形似鼠，脚類象而驢蹄，毛灰赤色，胸前尾上白色。有力而鈍。《金樓子》云：晋寧縣境出大鼠，狀如牛，土人謂之偃牛時出山遊，毛落田間，悉成小鼠，苗稼盡耗。《梁書》云：倭國有山鼠如牛，又有大蛇能吞之。據此則隱鼠非無而陶説有本，諸家闢之太甚者，未深考耳。又《爾雅》云：鼴身似鼠而

馬蹄，長鬚而賊，一歲千斤，秦人謂之小驢者，即此物也。

膏，主治：痔瘻惡瘡。陶弘景

又《貂鼠》 集解時珍曰：按許慎《説文》云：「貂，鼠屬，大而黄黑色，出丁零國。」今遼東、高麗及女直韃靼諸胡皆有之。其鼠大如獺而尾粗。其毛深寸許，紫黑色，蔚而不耀。用皮爲裘、帽、風領，寒月服之，得風更暖，着水不濡，得雪即消，拂面如焰，拭眯即出，亦奇物也。惟近火則毛易脱。漢制侍中冠，金璫飾首，則插貂尾，加以附蟬，取其内勁而外温。毛帶黄色者，爲黄貂，白色者，爲銀貂。

肉，氣味甘，平，無毒。

毛皮，主治：塵沙眯目，以裘袖收之，即去。時珍

又《竹鼺》 釋名竹㹠。時珍曰：鼺狀其肥，㹠言其美也。

集解時珍曰：竹鼺，食竹根之鼠也。出南方，居土穴中。大如兔，人多食之，味如鴨肉。《燕山録》云：煑羊以鼺，煑鼈以蚊。物性相感也。

肉，氣味：甘，平，無毒。主治：補中益氣，解毒。時珍

又《猬》《本經》中品皮，修治：細剉，炒黑入藥。氣味：苦，平，無毒。甄權曰：甘，有小毒。得酒良。畏桔梗、麥門冬。主治：五痔陰蝕，下血赤白，五色血汁不止，陰腫，痛引腰背，酒煑殺之。《本經》療腹痛疝積，燒灰酒服。《别録》治腸風瀉血，痔痛有頭，多年不瘥，炙末，飲服方寸匕。燒灰吹鼻，止衄血。甚解一切藥力。《藥性》

肉，氣味：甘，平，無毒。藏器曰：食之去骨。誤食令人瘦劣，諸節漸小也。主治：反胃，炙黄食之。亦煑汁飲。又主瘻。藏器炙食，肥下焦，理胃氣，令人能食。孟詵

脂，氣味，同肉。詵曰：可煑五金八石，伏雄黄，柔鐵。主治：腸風瀉血。《日華》溶滴耳中，治聾。藏器塗禿瘡疥癬殺蟲。時珍

附方新一虎爪傷人。刺猬脂，日日傅之。内服香油。

腦，主治：狼瘻。時珍

心肝，主治：蟻瘻蜂瘻，瘰癧惡瘡，燒灰，酒服一錢。時珍

膽，主治：點目，止淚。化水，塗痔瘡。時珍治鷹食病。寇宗奭

又《獼猴》 肉，氣味：酸，平，無毒。主治：諸風勞，釀酒彌佳。作脯食，治久瘧。慎微食之，辟瘴疫。時珍

發明時珍曰：《異物志》言：南方以獼猴頭爲鮓。《臨海志》言：粤民喜啖猴頭羹。又巴徼人捕猴，塩藏，火熏食，云甚美。

頭骨，主治：瘴瘧。作湯，浴小兒驚癇，鬼魅寒熱。慎微

附方舊一鬼瘧，進退不定。用胡孫頭骨一枚，燒研。空心温酒服一錢，臨發再服。《聖惠方》

手，主治：小兒驚癇口禁。慎微

屎，主治：塗蜘蛛咬。慎微小兒臍風撮口，及急驚風，燒末，和生蜜少許灌之。時珍 出《心鑑》及《衛生方》

皮慎微曰：治馬疫氣。時珍曰：《馬經》言：馬厩畜母猴，辟馬瘟疫。逐月有天癸流草上，馬食之，永無疾病矣。

又《狨》 釋名猱。

集解藏器曰：狨生山南山谷中，似猴而大，毛長，黄赤色。人將其皮作鞍褥。時珍曰：楊億《談苑》云：狨出川峽深山中，其狀大小類猨，長尾作金色，俗名金線狨。輕捷善緣木，甚愛其尾。人以藥矢射之，中毒即自齧其尾也。宋時文武三品以上許用狨座，以其皮爲褥也。

肉及血，氣味。缺主治：食之調五痔病，久坐其皮亦良。藏器

脂，主治：瘡疥，塗之妙。同上

又《猩猩》 肉，氣味：甘，鹹，温，無毒。主治：食之不昧不飢，令人善走，窮年無厭，可以辟穀。時珍出《逸書》《山海經》《水經》。

發明時珍曰：《逸書》言猩猩肉食之令人不昧。其猩猩可知矣。古人以爲珍味，故《荀子》言猩猩能言笑，二足無毛，而人啜其羹，食其肉。《吕氏春秋》云肉之美者，猩猩之脣，貛貛之炙，是矣。

又《狒狒》 集解藏器曰：狒狒出西南夷。《爾雅》云：狒狒，如人被髮，迅走食人。《山海經》云：梟羊人面長脣黑身，有毛反踵，見人則笑，笑則上脣掩目。郭璞云交廣及南康郡山中，亦有此物。大者長丈餘，俗呼爲山都。宋建武中，獠人進雌雄二頭。帝問土人丁鑾。鑾曰：其面似人，紅赤色，毛似獼猴，有尾。能人言，如鳥聲。善知生死，力負千鈞。反踵無膝，睡則倚物。獲人則先笑而後食之。獵人因以竹筒貫臂誘之，俟其笑時，抽手以錐釘其脣着額，候死而取之。髮極長，可爲頭髮。血堪染靴及緋，飲之使人見鬼也。帝乃命工圖之。時珍曰：按《方輿志》云：狒狒，西蜀及處州山中，亦有之呼爲人熊。人亦食其掌，剥其皮。閩中沙縣幼山有之。長丈餘，逢人則笑，呼爲山大人，或曰野人及山魈也。又鄧顯明《南康記》云：山都，形如崑崙人，通身生毛見人輒閉目，開口如笑。好在深澗中翻石，覓

蟹食之。珍按：鄧氏所説，與《北山經》之山𤟤、《述異記》之山都、《永嘉記》之山鬼、《神異經》之山𤢖、《玄中記》之山精、《海録雜事》之山丈、《文字指歸》之旱魃、《搜神記》之治鳥，俱相類，乃山怪也。今並附之，以備考證。

肉，氣味：無毒。主治：作脯，連脂薄割炙熱，貼人癬疥，能引蟲出，頻易取瘥。藏器

明 慎懋官《華夷花木鳥獸珍玩考》卷五《麝香》 麝形似麞而小，其香正在陰前皮内，別有膜裹之，春分取之，生者益良。此物極難得真，蠻人採得，以一子香刮取皮膜，雜内餘物，裹以四足膝皮，共作五子，而土人買得，又復分揉一爲二、三，其僞可知。惟生得之，乃當全真耳。嵇康云：「麝食柏故香。」置麝枕中，可絶惡夢。

明 李詡《戒庵老人漫筆》卷一 夜間穿羔兒皮，二更寒透，狐狸皮可過。三更，貂鼠皮，直至四更，北人試驗如此。貂皮，色似鹿，當頸有白毛，儼如瓮形。取以爲褥，卧之可醒酒。蘇州許國用一褥曾求唐子畏畫，遂爲所得。豹以小而文散者名艾葉文，其價尤貴於連錢。

又 卷四 煮煉鹿霜膠法：新麋鹿角各一對，截二寸，汲長流水浸三日，刷去腥垢，每觔用楮實子一兩、桑白皮、黄蠟各二兩，無油净鍋，魚眼湯不斷火，慢煮，勿令露角。常添熱湯，不可用水，三晝夜，取出。削去黑皮，薄切，晒乾碾末，即成霜也。右將煮角汁，濾去滓，慢火如法熬濃，傾磁盆内，候冷凝，切作片，陰乾成膠。煮麋角霜法：新麋角一具，寸截，流水内浸三日，刷腥穢。以河水入砂瓶或銀瓶内，以桑葉塞瓶口，勿令漏氣。炭火猛煮，時時看候，如湯耗，旋益熱湯，一日，許其角爛，似熟山芋掐得酥軟，即止。未軟更煮，慎勿漏氣，漏氣則難熟。取暴乾爲粉，其汁澄濾，候清冷，以綿濾作膠片，盌盛，風中吹乾。麋角膠別入藥。《野客叢書》曰：麋茸補陽，利于男子。鹿茸補陰，利于婦人。按《月令》：仲夏日鹿角解，仲冬日麋角解。鹿以夏至隕角而應陰，麋以冬至隕角而應陽，故知二者陰陽之性不同也。今夫鹿肉暖，以陽爲體，麋肉寒，以陰爲體。以陽爲體者，以陰爲末。以陰爲體者，以陽爲末。末者角也，其本末之功用不同又如此。

明 陈继儒《虎薈》卷六 雷公云：「虎睛，凡使，須知採人，問其源，有雌有雄，有老有嫩，有殺得者，唯有中毒自死者勿使。却有傷人之患。」夫用虎睛，先於生羊血中浸一宿，漉出，微火上焙之乾，搗成粉，候衆藥出，取合用之。

明 于慎行《穀山筆麈》卷一四 熊白，熊脂也。熊，山居冬蟄，當心有脂，甚美。雞臛雞羹也。

明 陈禹謨《説儲》卷二 牛黄狗寶治驚癇，世所常用者，不知羊有羊哀形如濕毛，馬有馬黑在腎，羊哀可治翻胃，若馬黑不知何用也。

明 張居正《新刻張太岳先生文集二》卷一八《雜著》 羚羊角，有血痕貫頂者，生取者也，入藥乃佳。無血痕者，自解，死角也。（略）

犀有三角，一在頂上，一在額，一在鼻。在頂者佳，額次之，鼻爲下。中有一孔如線，從本直透角尖者，名通天犀，乃望月而生者最佳。以之畫水，水爲分流。

明 馮復京《六家詩名物疏》卷二〇《豹飾》 疏云：《唐風》云：「羔裘豹袪」、「羔裘豹褎」。然則「緣以豹皮」，謂之爲袪袖也。禮：君用純物，臣下之，故袖飾異皮。《禮書》云：「豹，取其武而有文。」

明 李中立《本草原始》卷九《獸部》 麝出中臺山谷及益州、雍州山中，今陝西益州河東諸路山中皆有之，而秦州、文州諸蠻中尤多。形似麞而小，其香正在陰前皮内，別有膜裹之。春分取之，生者益良。一説香有三種。第一生香麝子，夏食蛇蟲多，至寒則香滿，入春急痛，自以爪剔出之，落處草木皆焦黄，此極難得。今人帶真香過園中，瓜果皆不實，此其驗也。其次臍香，乃捕得殺取者。又其次心結香，麝被大獸捕逐驚畏，失心狂走，顛墜崖谷而斃，人有得之，破心見血流出作塊者是也，不堪入藥。又有一種水麝，其香更奇好，臍中皆水瀝，一滴於斗水中，用洒衣物，其香不歇。唐天寶初，虞人嘗獲一水麝，詔養於囿中，每取以針刺其臍，捻以真雄黄，則其創復合，其香氣倍於肉麝，近歲不復聞有之。《爾雅》謂：「麝爲麝父。」《釋獸》云：「麝父麕足，麝如小鹿有香，故其文從鹿從射。」或云：「麝父之香來射，故名麝。」時珍曰：「麝之香氣遠射，故謂之麝，其形似麞，故俗呼香麞。」

明 王世貞《異物彙苑》卷二《麞狼》 冉駹夷有麞狼，狀如鹿，而角觸前向，肉肥脆香美，皮可作履襪。出《異物志》

明 周嘉冑《香乘》卷三《麝絶惡夢》 佩麝非但香，辟惡，以真香一子置枕中，可絶惡夢。

又 卷九《靈犀香》 通天犀角，鎊少末與沈香爇，烟氣袅袅直上，能抉陰雲而覩青天。故《抱朴子》云：「通天犀，角有白理如線。置米羣鷄中，鷄

牲啄米，見犀輒驚卻，故南人呼爲駭鷄犀也。」

明 謝肇淛《五杂俎》卷九《物部一》 象體具百獸之肉，惟鼻是其本肉，以爲炙，肥脆甘美。《吕氏春秋》曰：「肉之美者，有髦象之約焉。」約，即鼻也。

明 謝肇淛《滇略》卷三 常璩《南中志》云：「永昌有貊獸，能食鐵。有猩猩能人言，其血可以染朱罽。」（略）

犛牛，産刺次香羅瓦魯諸夷地，毛可爲帽爲纓，莊子所謂「大若垂天之雲，而不能捕鼠」，是已。

明 楊守仁《嚴州府志》卷一九《遺事》 皇甫松《太隱賦》云：「書抽虎僕，射用牛蝓。」《博物志》云：「有獸缘木，文似豹，名虎僕，毛可以爲筆，今俗名九節狸。試之甚佳。牛蝓，見《淮南畢術》。」譚苑醍醐

明 木增《雲薖淡墨》卷三 皐比，虎皮也，以虎皮爲講席也。皐比爲虎皮，抑自有説，古之虎皮包弓矢，曰櫜櫜即皐。

明 倪朱謨《本草匯言》卷一八《獸部·野獸類》 虎骨，去骨節風毒之藥也。蔡心吾曰：虎乃西方之獸，毛蟲之長也，屬金而氣最猛，性最有力。語云：風從虎者。風，木也。虎，金也。木受金制，焉得不從。故虎嘯而風生，自然之道也。故《甄氏本草》：治一切風病，筋骨攣急，屈伸不便，走注疼痛，及心風驚癇癲疾等證。然虎之一身，氣力皆出前足，強悍皆賴於脛，故入藥以脛骨爲勝。而楊士行言：總而論之，虎骨驅風，徧體是可通用。今析而分之，凡辟邪惡，治驚癇癲疾，及頭風等病，當用頭骨。治腰背諸風，當用脊骨。治手足諸風，脚膝無力，當用脛骨。各從其類也。

明 繆希雍《神農本草經疏》卷一六 熊脂，味甘，微寒，微温，無毒。主風痺不仁筋急，五藏腹中積聚，寒熱羸瘦，頭瘍白秃，面皯皰，食飲吐嘔。久服强志不饑，輕身長年。疏：《詩》云：「惟熊惟羆，男子之祥。」取其爲陽獸而强力壯毅也。《本經》：「味甘，氣微寒。」《别録》：微温，無毒。其主風痺不仁筋急者，蓋風爲陽邪。熊爲陽獸，其氣温能通行經絡，其性潤，能滋養肝脾，故主之也。滑澤而通行，故主五藏腹中積聚，及食飲吐嘔。甘寒而强力，故能主寒熱羸瘦，輕身。性潤而疎風，故能主頭瘍白秃，面皯皰也。久服强志，不饑長年，甚言其補虛壯筋骨之功耳。熊掌乃八珍之一，食之可禦風寒，益氣力，肉與脂同功。河間云：熊肉振羸，是因其氣有餘，以補不足者也。

熊膽味苦，寒，無毒。療時氣熱盛，變爲黄疸，暑月久痢，疳䘌心痛，疰忤。《藥性論》：小兒五疳，殺蟲，治惡瘡。疏：熊膽，氣味與象膽同，其所主亦相似。時氣熱盛，變爲黄疸，熱邪在足，太陰也。久痢疳䘌，濕熱在手，陽明也。心痛疰忤，熱邪在手，少陰也。入三經而除熱邪，故能療諸證也。極苦而寒，故又能殺蟲，治惡瘡，點痔。

又卷一七 鹿茸，味甘，酸，温，微温，無毒。主漏下惡血，寒熱驚癇，益氣强志，生齒不老。療虚勞，洒洒如瘧，羸瘦，四肢酸疼，腰脊痛，小便利洩精溺血破留血在腹，散石淋、癰腫、骨中熱疽癢。癢，應作瘍。凡用，取形如分岐馬鞍，茸端如瑪瑙、紅玉，破之肌如朽木者最良。先以酥薄塗勻，於烈炎中燎去毛，再炙。疏：鹿茸稟純陽之質，含生發之氣，故其味甘，氣温。《别録》言：酸，微温，氣薄，味厚，陰中之陽也。入手厥陰少陰足，少陰厥陰經，婦人衝任脈虛，則爲漏下惡血，或瘀血在腹，或爲石淋。男子肝腎不足，則爲寒熱驚癇，或虚勞洒洒如瘧，或羸瘦，四肢酸疼，腰脊痛，或小便數利，洩精溺血，此藥走命門心包絡及腎肝之陰，分補下元真陽，故能主如上諸證，及益氣强志，生齒，不老也。癰腫疽瘍，皆榮氣不從所致，甘温能通血脈，和腠理，故亦主之。《日華子》：主補男子腰腎虚冷，脚膝無力，夜夢鬼交，精溢自出。女人崩中漏血，赤白帶下，炙末，空心酒服方寸匕。（略）

鹿角，味鹹，無毒。主惡瘡癰腫，逐邪惡氣，留血在陰中，除小腹血急痛，腰脊痛，折傷惡血，益氣。杜仲爲之使。疏：鹿，山獸，屬陽，夏至解角者，陰生陽退之象也。麋，澤獸，屬陰，冬至解角者，陽生陰退之象也。是以麋茸補陰，鹿茸補陽，角亦如之。凡角初生軟嫩者爲茸，稟壯健之性，故能峻補腎家真陽之氣，熬成白膠，則氣味甘緩，能通周身之血脈，生角則味鹹，氣温，惟散熱，行血、消腫、辟惡氣而已。鹹能入血，軟、堅，温能通行散邪，故主惡瘡癰腫，逐邪惡氣及留血在陰中，少腹血急痛、折傷、惡血等證也。肝腎虚則爲腰脊痛，鹹温入腎補肝，故主腰脊痛。氣屬陽，補陽，故又能益氣也。《日華子》云：水磨服，治脱精尿血，夜夢鬼交，醋磨汁，塗瘡瘍癰腫熱毒。火炙熨小兒重舌，鵞口瘡。孟詵云：蜜炙，研末，酒服，輕身，强骨髓，補陽道絶傷。又治婦人夢與鬼交者，酒服一撮，即出鬼精。燒灰，治女子胞中餘血不盡欲死者，悉取其入血，行血散熱，消腫，補陽，辟邪之意也。（略）

犀角，味苦、酸、鹹，寒，微寒，無毒。主百毒，蠱疰，邪鬼，瘴氣，殺鉤

吻、鴆羽、蛇毒，除邪，不迷惑魘寐，療傷寒温疫，頭痛寒熱，諸毒氣。久服，輕身，駿健。升麻松脂爲之使，惡烏頭，忌鹽。凡欲作末，先鋸屑置人懷中一宿，搗之，應手成粉。疏：犀，亦神獸也。故其角之精者，名通天，夜視有光，能開水辟邪，禽獸見之皆驚駭辟易。《本經》：味苦，氣寒，無毒。《別録》：酸、鹹，微寒。李珣：大寒，味厚，於氣可升可降，陽中之陰也。入足陽明，兼入手少陰。經陽明爲水穀之海，無物不受。又口鼻爲上下陽明之竅，邪氣多從口鼻而入。凡蠱毒、鬼瘴與夫風火邪熱氣之侵人也，必先入於是，經犀角爲陽明經正藥，其性神靈而寒，故能除邪鬼、省魘寐，其味苦寒，能散邪熱、解諸毒，故主百毒、蠱疰、瘴氣，殺鉤吻、鴆羽、蛇毒及傷害温疫、頭痛寒熱等證也。邪熱去，則心經清明，人自不迷惑，胃亦遂安，而五臟皆得所養，故能令人駿健、及久服輕身也。《藥性論》：主鎮心神，解大熱，散風毒，治發背、癰疽、瘡腫，療時疾熱如火，煩毒入心，狂言妄語。《日華子》：治心闕止驚，鎮肝明目。《海藥》：主風毒攻心，毷氉熱悶，小兒麩豆，風熱驚癇。孟詵：主中惡心痛，中飲食藥毒，心風煩悶，中風失音，及今人用治吐血、衄血、下血、傷寒、畜血，發狂讝語，發黄、發斑，痘瘡稠密，熱極黑陷等證，神効。皆取其入胃入心散邪清熱、涼血解毒之功耳。

明 張存紳《增定雅俗稽言》卷三五 通天犀。犀三角，一在頂，一在額，一在鼻。鼻上者即食角。《抱朴子》云：通天之犀，中有白理如線，盛米置雞羣中，雞見而駭，又名駭雞。犀刻爲魚形，指水輒自開，亦名離水犀。相傳犀飲濁水，不欲照見其形。每蜕角則培土埋之，惡其病已也。吕東萊蓄犀帶一圍，中有一月影，過望則闕，蓋其犀望月之久，故感其形於角。諸藥中犀最難細，見一醫生解犀□小片，以極薄紙裹置懷中近肉，以人氣蒸之，候熱，急投臼中，搗之如粉，因知人氣粉犀語不虚耳。

明 劉侗《名物通》卷五 麝香，形似麞而小，其香在陰前皮内，別有膜裹之。春分取之，生者益良。嵇康云：麝食柏，故香。又有水麝臍香皆水也，每取以針刺之，香氣倍于肉麝。

明 徐邦佐《四書經學》卷一〇《熊掌》 《爾雅翼》云：「熊是其雄，羆則熊之雌者，羆力尤猛，熊似豕，當心有白脂如玉，味甚美俗呼熊白。其膽春在首，夏在腹，秋在左足，冬在右足。好舉木而引氣，謂之熊經。冬蟄不食，饑則自舐其掌，故其美在掌。《留青日札》云：「熊食少許鹽，即宛轉而死。」

明 李中梓《刪補頤生微論》卷三 虎骨，味辛，性温，無毒。入肝腎二經，畏乾漆、蜀椒、磁石。去髓，酥炙黄，脛骨最良。壯筋骨，去風毒攣急，走注疼痛。按：虎者，西方之獸，通于金氣。風從虎，虎嘯而風生。風，木也。虎，金也。木受金制，焉得不從？故可入骨搜風。然虎之强勇，皆在于脛，故脛骨勝他骨百倍也。中藥箭者，有毒損人，必有微黑，不可不辨。虎睹，醫翻胃，有功。虎爪，主辟邪殺鬼。（略）

麝香，味辛，性滑，無毒，忌大蒜及火。微研用，主開竅通經，穿筋透骨，辟鬼殺邪，催生，墮胎，殺虫蠱，去風痰。治驚癇，理客忤，蝕潰瘡之膿，消瓜菓之積。（新補）按：麝香走竄飛揚，内透骨髓，外徹皮毛，草木見之黄落，瓜菓見之腐爛。孕婦佩之，墮胎。東垣云：麝香搜骨髓之風，風在肌肉者悮用之。反能引風入骨。丹溪云：五藏之風忌用麝香，以瀉衛氣。故症屬虚者，槩勿輕用，癆怯人切忌佩帶。（略）

穿山甲，味鹹，性寒，有毒，刮去膜，打碎，炒黄再研用。搜風，逐痰，破血，開氣，療蟻瘻，截瘧。治腫毒，理痛痺。按：穿山甲，古名鯪鯉甲，穴山而居，寓水而食，善走竄經絡，無處不到，直達病所。成功，如患在某處，即用某處之甲，此要訣也。性頗峻猛，不可過用。

明 李中梓《鐫補雷公炮製藥性解》卷六 羚羊角，味苦、鹹，性寒，無毒。主傷寒熱在肌膚，温風注毒，伏在骨間，邪氣，不祥驚夢，征越，心神不寧，小兒卒熱驚搐，産婦敗血冲心，清心解毒，明目益氣。燒灰，又主食噎不通。其角多節，掛痕深入者爲真。

明 盧之頤《本草乘雅半偈》卷二 麝臍香，氣味辛，温，無毒，主辟惡氣，殺鬼精物，去三蟲，蠱毒，温瘧，驚癇。久服除邪，不夢寤魘寐。覈曰：麝字，《書》謂之樹，《釋獸》謂之麝父。多出陝西、河東、益州、秦州、文州諸處，諸蠻夷中尤多也。形似麞麋而小，色黑褐，嘗食柏葉，夏月多噉蛇虫，至冬香滿，入春滿甚，便自剔去。香生陰莖前皮内，別有膜袋盛之，性多忌，所遺糞常就一處，雖遠逐食，必還走之，不敢遺迹他所，慮爲人獲。人反以是求得，必掩羣而獲之，此當是疑忌之義也。《釋獸》云：虎豹之文來田，貍麝之香來射。則其皮與臍之爲累也。吴筠《玄猿賦》以爲「麝懷香而賈害，祖伐巧而招射」，謂是也。凡用須辨真僞，生香心結雖不易得，但取香臍中之當門，子撚之如血，線搨之如桃花瓣，燥甚者始真。縱膜囊完固，尤多僞造，分三種。第一名生香，即自剔出之遺香也，但不易得，香聚之處草木不生，帶過園林瓜果不實，是其驗也。其次名臍香，即捕得殺取者。其三名心結香，即麝遇犬獸捕逐，驚畏失心，狂走墜死者，人得之，破心見血流出脾上，作乾血塊者，不堪入藥。又有一種名水麝者，臍中惟水，即以其水滴一點於斗水中，用洒衣服，經年香氣不散。性惟愛臍，爲人所逐，即投巖，舉爪剔裂其香，就縶而死，猶拱四足保其臍也。唐天寶初養於囿中，以麝爲獸之香者，故物之香比之，有麝香鳥，麝香木。又有靈猫，似麝，生南海山谷，如猫身，亦曰鈴貍。《異物志》云：靈貍，其氣如麝，其毛可以爲筆。鄭虔云：麝毛筆一管，直行寫書四十張，貍毛筆一管，界行寫書八百張，爲貴也。修治：向日開之，但微研，不必苦細耳，如欲細甚，入醇酒少許，不損香氣。

繆仲淳先生云：邪氣着人，則淹伏不起，其香芳烈走竄，借其氣以達病所，關機竅穴，莫不開通。

先人云：射有丹機，生物皆殺，臍爲身蒂，形藏都通。

条曰：射主中的，的即中黄，香結於斯，當入脾藏中。黄，正脾主之宫位耳。氣味辛，温，性專宣發，一派生陽，全得甲力，脾之用藥也。故辟惡氣，殺鬼精物，去三虫、蠱毒，夢寤魘寐。若開通竅穴，透達肌骨，以中黄建立，則八極洞徹，但發露殆盡，僅可施諸脾土之陽，不可投諸敦厚寧謐者耳。

又 卷三 鹿茸，氣味甘，温，無毒。主漏下，寒熱，驚癇，益氣，强志，生齒，不老。中品附覈曰：鹿者仙獸，自能樂性，游處山林，從事雲泉。志無忌，性警防，善接其類，與麋爲友。有角無齒者牡，曰麚無角，有齒者牝。曰麀無齒，謂上無齦齒。若下齦，則牝牡咸有。與禽鳥之角無齒，似同而實異也。牝小於牡，毛雜黄白，牡大於牝，毛間黄白，故云牡質斑斑。斑斑，點點如星星也。行則同旅，食則相呼，性喜食龜，能别良草，不食諸毒。分背而食，食時則群長四顧相望，俟衆飽，長乃食，群小互爲廵視矣。集居必環居外向，卧眠必口接尾閭。其息曰塲，其跡曰麀。《埤雅》云：鹿善决驟，故其跡麀而不瓜。《詩》云：町曈鹿塲，言町曈村曈無人焉，故鹿以爲塲也。《物類考》云：鹿好羣而相比，陽類也。故夏至感陰氣而角解，從陽退之象爾，麋則冬至感陽氣而角解，從陰退之象爾。麋孕子於仲春而生於秋，鹿孕子於仲秋而生於春。《爾雅翼》云：鹿六爲律，鹿主律，故鹿六月而生。鹿雖應律，然非辰屬，八卦亦無主也。其子曰麑，子生得雨或水，乃行地耳。《格物論》云：鹿千年者色蒼，又五百年者色白，再五百年者色玄，玄之又玄，仙化登乎天矣。《埤雅》云：懷瓊於角下者，角有斑痕，紫色如點，行或有涎出於口，不復能急走也。蓋鹿戴玉而角斑，魚懷珠而鱗紫，故有諸中，未有不形諸外矣。陶隱居云：古稱鹿之似馬者，直千金。今荆楚之地，其鹿絶似馬，當解角時，望之無辨，土人謂之馬鹿，以是知趙高指鹿爲馬，蓋以類爾。角解之後，始生之角曰茸，色如茄紫者爲上。修治：白膠，采全角鋸開，並長三寸，急水中浸一百日。取出，刮去黄皮，拭净，以醶醋煮七日，旋旋添醋，勿令少歇，成時不用着火，只從子至戌也，日足，角軟如粉，便搗爛。每一兩，入無灰酒一鎰，煮成膠，陰乾，研篩用。又法：用米泔浸角七日令軟，入急流水中浸七日，去粗皮，以東流水、桑柴火，煮七日，旋旋添水，入醋少許，搗成霜用。其汁，加無灰酒，熬成膠用。修治：鹿茸，用黄精自然汁浸兩日，取出，切焙，免渴人也。

参曰：鹿，陽獸也。卧則口接尾閭，以通督脉。性喜食龜，以通任脉。能取所不足以自輔，獸之至靈者也。故任病則先治督，以陰生於陽，而陽爲督，陰爲任也。即奇經六脉，與兩手足各十二陰陽經脉，亦莫不綜於任督也。《禮記疏》云：鹿夏至而解角，謂消長使然。不知革故所以鼎新，即此可見陰生於陽之妙矣。故角之力用雖廣，而茸爲獨專。茸主漏下惡血，寒熱驚癇，任爲病也。角主傷中勞絶羸瘦，諸經肉理爲病也。咸不能與督脉相交所致，腰脊痛爲病也，鹿力在脊，亦即督脉所過也。血閉無子，任不通也，不得相輔於督也。胎不安，胞系化薄也，不得依循任與督也。若益氣强志，生齒，不老，延年者，即任督已交，陰氣乃生，骨氣以精之外徵耳。

又 卷四 犀角，氣味苦，酸，鹹，寒，無毒。主百毒，蠱疰，邪毒，瘴氣，殺鈎吻、鴆羽、蛇毒，除邪，不迷惑魘寐，久服輕身。覈曰：出永昌山谷及益州。永昌，滇南也。今出武陵、交州、寧州諸遠山。黔、蜀者次之，海南者爲上。狀似牛，猪首，大腹，卑脚，三蹄。前脚直而無膝，依木爲息，木倒則仆，不易起也。舌有刺，喜啖竹木棘及毒物，飲則濁水，不欲自見其影也。皮孔三毛如豕。有一角、二角、三角者。一在頂上，一在額上，一在鼻上。鼻上者，食角也。一名奴角，小而不墮。頂額者，每歲一退，自埋山中，土人潛易之。二角者，鼻角長而額角短。一角者，有鼻無額，有額無鼻。鼻角者，胡帽犀，額角者，兕犀也。兕，即犀之牸。牸，牝也。牝，毛色青，皮堅，可以爲鎧。又有毛犀，二角，即旄牛，所謂牯犀。又有水犀，出入水中，最爲難得，皮中有珠甲，山犀無之。《異物志》云：東海水中有犀焉，樂聞絲竹，彼人動樂，則出而聽之。然犀之優劣，觀角紋之粗細通塞以爲差等。紋如魚子形者，謂之粟紋。紋中有眼者，謂之粟眼。黑中有黄花者，謂之正透。黄中有黑花者，謂之倒透。花中復有花者，謂之重透。又紋有倒插者，一半已下通，有正插者，一半已上通，有腰股插者，中斷不通，並名通犀。有通天者，自下徹上咸通也。又有通天犀，角上有一白縷，直上至端，夜露不濡，入藥至神驗。《漢書》駭雞犀，置米飼雞，皆驚駭不敢啄，置屋上，烏鳥不敢集。犀中最大者，墮羅犀，一株重七八斤，云是牯犀，額角，其花多作撒豆斑色。夜視有光者，曰夜明犀，通神開水，禽獸見之皆驚，乃絶品也。又有理文盤結，作百物形者，亦上品。又有花如椒豆斑者次之。烏犀純黑無花者，爲下品。兕角理文細膩，斑白分明，不可入藥。牯角紋大，牸角紋細也。修治：勿用奴犀、牸犀、病水犀、攣子犀、無潤犀。唯取肌皺、折裂光潤者，剉屑，入臼杵細，研萬匝乃用。李珣云：凡犀角，鋸成，當以薄紙裹，置懷中蒸燥，乘熱搗之，應手如粉，故《歸田録》云：「翡翠銷金，人氣粉犀」，此亦異也。松脂爲之使，惡雷丸、雚菌，忌鹽，娠婦勿服，能消胎氣。

条曰：角生頂額鼻端，爲腦之餘，髓之餘也。亦似筋餘之甲，血餘之髮，甲固宛然，紋亦儼若束髮如也。《山海經》云：南方獸之美者，有梁山之犀焉。似得火化之正令者也。飲則污濁，清之也，食則毒棘，消之也，故曰犀利。《開寶紀事》云：辟暑犀，色如玉，溽暑時，清氣逼人。《白孔六帖》云：辟寒犀，色如金，嚴寒時，暖氣襲人。《嶺表録異》云：辟塵犀，佩之塵不近身。《杜陽編》云：蠲忿犀，蠲去忿怒。夜明犀，通天，分水，鳥見之高飛，魚見之深入，百獸見之決驟。種種神異，凡此皆根塵之妄見爲有者，悉能辟除之，是能一切空諸所有，故能治一切實諸所無也。邪鬼迷惑魘寐，此吾意青之實諸所無也。瘴氣、鈎吻、鴆羽、蛇虺、百毒，此物雜毒之實諸所無也。治之如何，曰空。火實欲空者，宜空之。火空則發也，是謂虚其實。火空欲實者，宜忌之。火實乃能作炎上用，以顯煖熱體，所以存其性也。自藥有賦，人安苟簡，曰解乎心熱，並不審病情之欲實欲空而槩投之，雖無實實之虞，寧免虚虚之患。犀角居上而尖峻，確具火象。然附于坤牛純土之體，是子反生母，子氣歸藏而不露，故苦寒，而翻成北方之水，故能解心熱也。本屬火而化水，并己之所有者能空之，故凡實所無者，遇之自消耳。（略）

羚羊角氣味鹹，寒，無毒。主明目，益氣，起陰，去惡血注下，辟蠱毒惡鬼不祥，常不魘寐。覈曰：出石城，及華陰山谷。今出建平、宜都，諸蠻山中及西域。形似羊，毛青而觕，夜宿獨棲，掛角木上，以遠害也。兩角者多，一角者最勝。其角有節，蹙蹙圓繞，以角灣深鋭緊小，有掛痕者爲真。修治：勿用山羊角，山羊角，僅一邊有節，節亦疎。羚羊角，具二十四節，内有天生木胎者，此角有神。凡使不可單用，須要不拆元對，以繩縛之，用鐵銼剉細，重重密裹避風，旋旋取用，搗篩極細，更研萬匝，入藥免刮人腸。

条曰：羚羊掛角而泯形，獸之至靈者也。性慈而不樂鬬，雖有僞鬬，亦往解之，因以被獲。蓋不惜身以濟物者，故其角至神，能辟不祥，主不魘寐者，寂而惺也，節合二十有四氣，而胎木者，宛如從甲而乙，起陰之氣以轉生陽，所以益氣也。如是則惡血自除，注下自上，上達肝竅，目青自明，辟蠱毒惡鬼者，即轉生陽以辟不祥耳。

又　卷五　羖羊角氣味鹹，温，無毒。主青盲，明目，殺疥蟲，止寒洩，辟惡，鬼，走虎狼，止驚悸。久服安心，益氣，輕身。覈曰：羖本夏羊，生河西，色青黑，頭小身大，毛長而柔，可以爲羢，一名綿羊，其角爲用最大。《詩》云：「由醉之言，俾出童羖」，蓋羖之美在角也。羖爲角音，又爲古音，《詩》以古與語，叶韻是矣。而音通於牯，故《本草》羖羊條，注稱爲羊之牯，猶兕音通於牸，稱爲犀之牸也。羖，羭也。羭，色黑，爲黑羝，爲黑羥。羒色白，爲白羝，爲白羥。各有牝牡，但當以色爲别。蓋羊之有羒、羭，亦猶木之有枌、榆也。枌亦白，榆不能白。色白有辨之義，故皆從分，色黑有不辨之義，故皆從俞。又今榆者，北方有之，故古稱榆塞，而江南有刺榆，無大榆，是南方于羊也，則有羒而無羭，於木也，則無榆而有枌，色相類，義相同也。羝，抵也。羝性好觝，故以羝省字从抵，省音从低者，以羝先低其角，然後能觝突故也。羊，總名。羔，羊子。四月而乳，一歲三生，母既生子，子復生孫，孫又生子，易繁速計，莫捷於羊。其别有四，曰羜者，五月生羔也，曰䍪者，六月生羔也，曰羍者，七月生羔也，曰䍬者，羊未卒歲也。《釋畜》但載未成羊者爲羜，郭氏云俗呼五月羔爲羜，蓋謂羔已生及五月者爾。而《説文》稱五月生羔，則似謂仲夏所生者矣。按《齊民要術》稱正月生羔爲上種，十一月、十二月生者次之。母視含重，膚軀充滿，草雖枯，亦不羸瘦，母乳適盡，即得春草，是以極佳。八月、九月、十月生者，雖值秋肥，然比至冬暮，母乳已竭，春草未生，是故不佳。三月、四月生者，草雖茂美，而羔小未食，常飲熱乳，所以亦惡。五月、六月、七月生者，兩熱相仍，惡中之甚，然則五月生者乃是不美，故古稱肥羜，以速諸父，當是生及五月者爾。《繁露》云：凡贄卿用羔，羔有角而不用。類仁者，執之不鳴，殺之不嗥，類死義者。飲乳必跪其母，類知禮者，故以爲贄。《禮》云：飾羔雁者，以饋以言，其德足以衣被，而又有文章也。《字説》云：羔从羊，从火。羊，火畜也。羔火在下，若火始然，可進而大也，故羔大曰羊，三歲曰牂。牂，小狠也。牂以乘而不隨爲臧，犅以乘而不逆爲剛。蓋牛之性順，犅雖牡，而猶有順性，故爲乘而不逆也。羊之性狠，牂雖牝，而猶有狠性，故爲乘而不隨也。羊前逆，牛前順，故羊宜驅，而牛宜牽。羊善羣，每成羣，必以一羣爲主，舉羣聽之，謂之壓羣。羊善鬬。《鬬羊表》云：臣聞勇士冠雞，武夫戴鶡，推羣舉類，獲此鬬羊。遠主越嶲，蓄情剛決。敵不避强，戰不顧死。雖爲微物，志不可剉，劾奇靈囿，角力天場。却鼓怒以作氣，前躑躅以奮擊，趹若奔雲之交觸，碎如轉石之相叩。裂骨賭勝，濺血争雄，敢殺見而衝冠，鷙狠聞而擊節。冀將少助明主，市駿骨，揖怒蛙之意也。若使羊能言，必將曰：苦鬬不解，立有死者。所賴至仁無殘，量力取勸焉。羊畏露，牧之者宜晚出而早歸也。羊惡濕喜燥，食鉤吻而肥，食仙茅而肪，食仙靈脾而淫，食羊躑躅而死。羊宜黍，黍火穀，羊火畜，故羊宜黍也。其目無神，其腸九縈，其力在尾，其角下虒，角之不齊者曰羵。角有三觠者曰羷。絶有健力者曰奮。種類甚多，入藥只以青色羖羊爲勝，次則烏羊，其羖羺羊，及虜中無角羊，止可啖食乳髓，則肥好也。羖羊，亦有褐色、黑色、白色者，毛長尺餘，亦謂之羖攊羊。北人驅引大羊，則以此羊爲首，名曰羊頭。河東亦有羖攊羊，性尤狠健，毛長而厚，入藥亦佳。如羖攊驅至南方，則筋力自勞損，安能補益於人。今南方諸羊，多食野草、毒草，故味薄而易發疾，惟淮南州郡，或有佳者。可亞北羊，北羊至南日久，尚不中食，水土使然耳。生江南者爲吴羊，頭身相等，毛短肉瘦，供饌猶易發疾，入藥更無效矣。羖羊之角，可以占灼，契丹謂之羊卜，其皮極薄，南番以書字，吴人以畫彩爲燈，毛可製筆，角作琉璃，踬骨鬚涎，咸成藥用，獨美在角。專精者，牝羖之角也。蓋兑爲羊，兑，少女也，以柔包剛，物各從類，功力始備耳。兔絲爲之，使焚角，走虎狼。角灰能縮賀。賀，錫也。

彖曰：羊性好觝，羊力在尾，此交任於間，會督於巔，是以觝突用角，精專之美在角也。離爲火，爲羊，爲目，在天爲熱，在藏爲心，心藏血脈之氣也，故羊爲火畜，功主青盲。諸脈屬目，目得血而能視也。寒洩爲對待，驚悸爲體虚，痛痒瘡瘍，咸歸心火耳。辟惡鬼，爲生陽死陰。走虎狼，爲火行爍金獸。久服者體用俱備，絶有力奮矣。

又　卷八　虎骨，氣味辛，微熱，無毒。主邪惡氣，殺鬼疰毒，止驚悸，治惡瘡鼠瘻，頭骨尤良。覈曰：虎，百獸之長，山獸之君也。陳魏謂之李父，江淮、南楚謂之李耳，或謂之𧆢，或謂之䳕䖘，自關東西謂之伯都。《漢書》云於檡也。淺毛曰虦，白曰甝，黑曰虪，黄黑曰蜼，蒼白曰貊，似虎而五指曰貙，似虎而非真曰彪，似虎而有角曰虒也。形如貓，巨如牛，黄質黑章，鋸牙鉤爪，項短鼻齆，鬚健而鋭，舌大而刺，聲吼若雷，風從以生，百獸震恐。七月始嘯，嘯而風生，風生而萬籟皆作，伏而風止，風止而萬籟皆息，故止樂用虎爾。風，木也，虎，金也，木受金制，故風從虎，虎嘯風生，自然之理也。令虎所在，麀必鳴以告。人死于虎則爲倀，導虎而行也。其出有時，猶龍見有期也。陰物以冬見，陽蟲以夏出，出應其氣，氣動其類，參伐以冬出，心尾以夏見，參伐則虎星，心尾則龍象也。奮則衝破，行則坼地。今人畫地觀奇耦者，謂之虎卜云。性至猛烈，雖遭逐，猶復徘徊顧步。其傷重者，輒跑踍作聲而去，聽其聲之多少，以知去之遠近。率鳴一聲者爲一里，靠岩而坐，倚木而死，終不僵仆也。其搏物不過三躍，不中則捨之，食物值耳則止，以爲觸其名，名耳故也。故嘗傷人者，耳輒有缺若鋸。夜視以一目放光，一目看物，宛然燈火，獵人候而射之，目光墮地，得之如白石，或曰即其魄也。仲冬始交，交而月暈。七月而乳，三九二十七數，其主星，星主虎，故敵爲虎形，二十七齟齬也。三九陽氣成，陽主七，故首尾長七尺。般般文者，陰陽雜也。子生三日，即有食牛之氣，其不能搏噬者輒殺之，爲墮武也。一世一乳，一乳必雙，三則一子豹。豹小于虎，尾赤而黄，花文如錢，比比相次而中空。質赤文黑曰赤豹，質白文黑曰白豹。懸其鼻于户，令人生子，故古者胎教，欲見虎豹勇擊之物耳。食狗則醉，聞羊角烟則走，虎害人獸，蝟鼠能制之，智無小大也。獅駮、猶耳、黄腰、渠搜，能食虎，勢無强弱也。古有貙虎變人，貙人變虎，海有鯊亦能變虎，自有是理矣。修治：用虎頭及頸骨色黄白者佳。凡虎身數物，俱用雄虎者良。前掌腕中之骨，形圓扁似棋子者，力最勝，虎力在掌故也。藥箭毒死者不堪用，其毒侵漬骨血間，能傷人也。並槌碎塗酥，或酒或醋，各隨方法。柳炭火炙黄脆，研如飛塵，否則粘著腸間爲痞積也。

先人云：氣鍾肅殺，天地間陰厲之物也。吼則撼物，動則風生，若隨身宮殿然。毒死者不可用，固各隨法製，還須用狗肉包裹一夜，法雷公炮製，投其所嗜以回其靈。又云：虎之所在，風必從之，故主風木不及，風大太過，咸相宜耳。

明 黃文焕《詩經考》卷六《國風·鄭風》 豹。《易》云：「君子豹變，其文蔚也。」《爾雅》云：「貘，白豹。」陸疏云：「毛赤而文黑，謂之赤豹。毛白而文黑，謂之白豹。」《本草圖經》云：「豹皮人寢，可以驅濕癘。今黔蜀中時有貘，象鼻犀目，牛尾虎足，土人鼎釜，多爲所食。其齒以刀斧錐鍛，鐵皆碎落，火亦不能燒，人得之，詐爲佛牙佛骨，以誑俚俗。」《衍義》云：「豹毛赤黃，其文黑如錢而中空，比比相次，此獸猛捷過虎，故能安五藏，補絶傷，輕身。又有土豹，毛更無文，色亦不赤，其形小，此各有種，非能變爲虎也。」《埤雅》云：「豹一名程。」《列子》曰：「程生馬。」古詩曰：「餓狼食不足，餓豹食有餘。」言狼貪豹廉，有所程度而食。其字从勺，當爲此也。《淮南子》曰：「蝟使虎申，蛇令豹止，物各有所制也。」《列女傳》陶答子妻云：「南山有玄豹，霧雨七日不下食者，何也？欲以澤其衣毛，而成其文章，故藏以遠害。」

又《豹飾》 疏云：《唐風》云：「羔裘豹祛，羔裘豹褎。」然則緣以豹皮，謂之爲祛褎也。禮，君用純物。臣下之，故褎飾異皮。《禮書》云：「豹取其，武而有文。」

明 賈所學《藥品化義》卷九 犀角尖，體重，色本黃尖黑，剉碎則白，氣香，味苦，帶微酸而鹹。性涼，能升能降，力清心膽，性氣與味俱輕清。犀角氣香屬陽，主走散，性涼屬陰，主湧泄，妙在陰陽並用。善清虛火上炎，致吐衄妄行。肺胃中蓄血凝滯，又取其味苦酸鹹，恰合心神之性。一切心經肝膽之熱，必不可缺，若小兒驚癇疳熱，痘瘡血熱，尤爲聖藥。

清 丁其譽《壽世秘典》卷四《野猪》 處處深山中有之，形似猪而大，但腹小脚長，毛色褐，牙出口外，如象牙。其肉有至二、三百觔者，能與虎鬭。或云能掠松脂，曳沙泥塗身，以禦矢。最害田稼，亦啖蛇虺。作群行，獵人惟敢射最後者，若射中前者，則散走傷人。其肉赤色，如馬肉，食之勝家猪，牝者肉更美。冬月在林中食橡子，時或有黃在胆中，三歲乃有，亦不常得。氣味甘，平，無毒。治金瘡，止血，生肉及惡毒，小兒疳氣，客忤天弔。又有豪猪，狀如猪，而項脊有棘，鬣長近尺許，粗如筋，白本而黑端，怒則激去，如矢射人。皮可爲鞾，肉味甘，寒，有毒，多食發風，利大腸，令人虛羸。氣味甘，平，無毒。治癲癇，補肌膚，益五臟，令人虛肥。發明孟詵曰：不發病，減藥力，與家猪不同。但青蹄者不可食，服巴豆者忌之。

又《熊》 熊白，即脂也。當心有白脂如玉，味甚美。秋冬則有香，夏則無。燃燈，煙損人目，令失光明。氣味甘，微寒，無毒。治風痺，補虛損，殺勞蟲。酒鍊服之，又治白禿頭癬、面上䵟䵳。

又《麋》 麋茸氣味甘，温，無毒。治陰虛勞損，一切血病，筋骨腰膝酸痛，滋陰益腎。麋角氣味甘，熱，無毒。酒服，補虛勞，添精髓，益血脉，暖腰膝，壯陽悦色，療風氣，偏治丈夫。《日華》滋陰養血，功與茸同。《綱目》

又《黃鼠》 出太原大同，延綏諸地。狀類大鼠，黃色而足短，善走，極肥。穴居有土窖，如床榻之狀者，則牝牡所交之處。秋時畜豆粟、艸木之實，以禦冬。各爲小窖，別而貯之。晴暖則出坐穴口，見人則交其前足，拱而如揖，乃竄入穴，即《詩》所謂「相鼠有體，人而無禮」，韓文所謂「禮鼠拱而立」者也。村民以水灌穴而捕之，味極肥美，如豚子而脆。皮可爲裘領。元時以羊乳飼之，用供上膳，以爲珍饌，千里贈遺。今亦不甚重之矣。最畏鼠狼能入穴，啣出也。氣味甘，平，無毒。主潤肺生津，多食發瘡。煎膏貼瘡腫，解毒止痛。

又《豹》 似虎而小，白面團頭，其文黑如錢者曰金錢豹，宜爲裘。如艾葉者曰艾葉豹，次之。肉，氣味與虎同，安五臟，補絶傷，輕身，壯筋骨。

又《象》 有白灰二色，形體擁腫，大者身長丈餘，高稱之。肉倍牛數，目纔若豕，四足如柱，無指而有爪甲，行則先移左足，卧則以臂着地。其鼻大如臂，下垂至地，鼻端甚深，可以開合取物。中有小肉爪，能拾針芥，食物、飲水皆以鼻捲入口。一身之力，皆在于鼻，故傷之則死耳。後有穴，薄如鼓皮，刺之亦死。口肉有食齒，兩吻出兩牙，夾鼻。雄者長六七尺，雌者僅尺餘。交牝則在水中，以胸相貼，與諸獸不同。三年一乳。古訓云：五歲一產，其性能久識，嗜芻豆、甘蔗與酒，而畏煙火、獅子、巴蛇。南人殺野象，多設機穽以陷之。捕生象則以雌象爲媒而誘獲之，飼而狎之，久則漸解人言，使象奴牧之，制之以鈎，左右前脚罔不如命。其皮可作甲鞔皷。溼時切條，可貫器物。象皮之性最易收斂，人以鈎刺插入皮中，拔出，□日即合，故入膏爲長肉合金瘡之要藥。

清 王士禎《香祖筆記》卷二《麈尾》 增今京師宴席，最重鹿尾，雖猩唇駝峯，未足爲比，然自唐已貴之。陳子昂《麈尾賦》云：「卒網羅以見逼，受庖厨而罹傷。爲君雕俎之羞，厠君金盤之實」云云。若六朝以來，則以麈尾爲談柄耳，未聞充盤俎也。耶律楚材《西域詩》亦以麈尾、駝峰作對。

清 汪昂《增訂本草備要》卷四《禽獸部》 羚羊角苦，鹹，微寒。羊屬火，而羚羊屬木，入足厥陰，手太陰少陰經，目爲肝竅。此能清肝，故明目去障。肝主風，其合在筋，此能祛風舒筋，故治驚癇，搐搦，骨痛筋攣，肝藏魂心主神明，此能瀉心肝邪熱，故治狂越僻謬，夢魘驚駭。肝主血，此能散血，故治瘀滯惡血，血痢，腫毒。相火寄于肝胆，在志爲怒。此能下氣降火，故治傷寒伏熱，煩懣氣逆，食噎不通。羚之性靈，而精在角，故又辟邪而解諸毒。

清 張璐《本經逢原》卷四《禽部》 伏翼。即蝙蝠，屎名夜明沙。鹹平，無毒。伏翼煅灰用，夜明砂淘浄焙用。《本經》：「主目瞑癢痛，明目，夜視有精光。其屎治面癰腫，皮膚洗洗時痛。腹中血氣破寒熱積聚，除驚悸。

又《阿膠》 甘平微温無毒，辨真僞法，以頂有鬃文，極圓整者爲真，折之沉亮，不作屑不作皮臭，蛤粉炒成珠經月不軟者爲佳。東阿産者，雖假猶無妨害。其水膠入木煤贋造，有傷脾氣，慎不可用。《本經》主心腹内崩勞極，洒洒如瘧狀，腰腹痛，四肢酸疼，女子下血安胎，久服輕身益氣。

又《犀角》 苦，微鹹，大寒，無毒。鎊成以熱手掌摸之，香者爲真，臭者即假。忌滷鹽烏附，孕婦勿服，能消胎氣。（略）發明 犀角能凉血、散血及畜血，驚狂，斑痘之證。

又《鹿角膠》 甘，微鹹，温，無毒。河南者味甘，温，爲上。泊上者，味鹹、辛爲下。又生取成對者力勝，解下單角力薄。凡角大而毛色淡白者，即爲麋角，能補陽中之陰。

又《貍》 甘，温，無毒。發明 貍之與貓，同類異種。以性温散，故其骨炙灰，善開陰邪鬱結之氣，鼠瘻寒熱，爲之專藥。《千金》以肉治遊風，蘇頌作臛治鼠瘻。

清 閻若璩《四書釋地又續》卷下《狐貉》 狐性好疑，貉性好睡，皆穴獸也。毛深厚温滑，皆可爲裘。

清 屈大均《廣東新語》卷二一《犀》 八蠶蟲，鄉飲食中以犀角攪之，有毒則白沫生，以煑毒藥則無毒勢也。犀角出暹羅者，内凹外凸，氣微腥；出占城者，四周圓整，注沸酒且香，照之有血暈者，價兩倍。

又《鹿》 雷州之野多鹿。鹿以清明前後三日生子，子生三日始開眼，遇雨乃起而跑，未雨雖墮地一月，其脛猶軟，跬步即顛踣。故雷人每乘其候捕之。邵子云：「雨化物之走，風化物之飛。」鹿麛以雨而始跑，所謂「雨化物之走」也。雷人喜捕鹿子，尤重胎皮及紅瑪瑙茸。蓋鹿以一陰生而爲茸，可以補陰；麋以一陽生而爲茸，可以補陽。故男宜食麋，女宜食鹿。萬州六連嶺有鹿市。崖州左右曠野，亦多麂鹿。黎人謁州守者，必以爲贄。其茸嫩者如紫茄，長三四寸，紅鮮可愛，然不踰時，末潰而本，乾剖之有如堅木。所謂柴茸，不如蜀産者，茸已岐枝，解開猶嫩，故入丸宜以川茸。德慶青旗山有三足鹿，初秦時，龍母蒲媪，常乘白鹿以出入。農人惡其害稼，母乃斷一足以放之，至今鹿有三足者。三足鹿善鳴，鳴輒有驗。在山上隅鳴，則貴官詣龍母廟，自上流而至。在下隅鳴，則自下流而至，甚不爽。

清 王鉞《星餘筆記》 山馬，其狀如鹿，特大而能作聲，尾更板闊，與鹿稍異。狼猺等用狗獵取，或用藥弩射而獲之，剥其皮，染作紅緑等色，以爲褥。可禦濕氣，用代氊毯。

清 李光地《月令輯要》卷一七《冬令》 鼠鬚筆增《本草綱目》：鼬，似貂而大，色黄而赤，其毫與尾可作筆。嚴冬用之，不折。世所謂鼠鬚栗尾者是也。

清 王棠《燕在閣知新録》卷二九《鹿茸》 《月令》：「仲夏月鹿角解，仲冬月麋角解。」鹿以夏至隕角而應陰，麋以冬至隕角而應陽，鹿肉暖，以陽爲體，麋肉寒，以陰爲體。以陰爲體，以陽爲末，以陽爲體，以陰爲末。末者，角也，故麋茸補陽，利於男子，鹿茸補陰，利於婦人。見王楙所著甚明。今人不惟一槩作男補精益血之劑，於麋鹿亦不能辨矣。

清 陸廷燦《南村隨筆》卷五《麝香》 麝於春和時，其臍自張，獵諸花卉，得其香而括之。蠅口集其臍膻，然亦括之。凡諸花香、蟲肉皆香材也。遇蛇則回旋數周，撑足張臍以當之，蛇自起而納諸臍，大抵蛇爲其香之主也。《香祖筆記》云。

清 查慎行《人海記》卷下《鹿茸》 鹿茸，初解角時，其長如繭栗，蒸而食之，嫩如乳酥，色白而微紅。余陪獵三次，僅得一嘗，香味兩奇絶。世謂「江瑶柱食品無對」，惟此可與相匹。

清 黄叔璥《臺海使槎録》卷三 水沙連紅頭嶼出黄羊，有鬻其皮，以爲褥者。（略）山鼠，土人捕獲，以蔗梗填腹，去毛炙黄，合豬肉煮食。（略）山貓，取其毛以束筆，微短而軟。

清 雍正《浙江通志》卷一五〇 黄鼠《玉環志》：「毛可作筆，皮可爲帽。」

又 卷一七〇 田狗，《雁山志》：「形似狗而小，毛深温厚，可作煖耳用。」

清 雍正《陝西通志》卷四三 鹿茸。南山多鹿，當角解之時，其茸甚痛。獵人以索繫住取茸。《抱朴子》南鄭城固及金州出。《圖書編》出興安州。《廣皇輿考》寧羌州出。《舊郡志》(略)

熊膽。取一粟許，滴水中，一道若線，不散者爲真。《圖經本草》出金州，《明一統志》昔有今不可致。《雒南縣志》(略)

熊脂。味甘，微寒，温，無毒。出雍州。《圖經》云：「熊，冬入穴而藏蟄，始春而出。脂謂之熊白，十一月取之，須其背上者，寒月則有，夏日則無。《馬志》(略)

羚羊角。出華陰山谷，《名醫別録》今秦隴金商州山中皆有之。其角長一二尺，有節如人手指握痕，最堅勁。《圖經本草》羚羊角出洵縣金州。《明一統志》今羚羊甚稀，角亦不佳。《雒南縣志》(略)

虎骨。用頭及脛骨，色黄者良。凡虎身數物，俱用雄虎者勝。

又 卷四四 鹿。山林處皆有，而漢間尤多，乃獐類也。其皮作履爲勝於諸皮。《圖經本草》虎食則醉，醉所在，鹿必鳴以告。《馬志》皮可爲靴。《盩厔縣志》毛多鹿。《華州志》(略)

狨。生山南山谷中，《本草綱目》楊文公曰：「狨，類鼠而大，尾長而金色。生陝深山中，人以藥矢射殺之，取其尾爲卧褥、鞍被、坐氈之用。狨甚愛其尾，既中毒而嚙斷其尾以擲之，惡其爲身患。」陳眉公《辟寒録》出隴州《明一統志》似猴而大，毛長，黄赤色，人取其皮作鞍褥。《馬志》(略)

吉靈鼠。蒼質白文，斑駁可愛，走甚駛。取皮以佩小兒，云能辟不祥。今鄉音轉吉靈爲格利矣。《延綏鎮志》

清 雍正《山西通志》卷四七《物産·遼州府》 麝香。其香有三，自剔出者名遺香，爲第一。楊億《談苑》：「麝性絶愛其臍，爲人逐，急投巖，舉爪剔裂其香，就縶而死，猶拱四足保其臍也。」李商隱詩：「投巖麝自香。」

清 吴儀洛《本草從新》卷一六《禽獸部·獸部》 象皮外用，斂金瘡，長肌肉。象肉壅腫，以刀刺之，半日即合。治金瘡不合者，用其皮灰，亦可熬膏入散，爲合金瘡之要藥，長肌肉之神丹。(略)

鹿茸大補陽，添精血。甘鹹，温。添精補髓，暖腎助陽，健骨生齒。治腰腎虚冷，四肢痠病，頭眩眼黑，一切虚損勞傷，小兒痘瘡乾回。鹿角，初生長二三寸分岐如鞍紅、如瑪瑙，破之如朽木者良。酥塗灼去毛，微炙亦有酒炙者，不可嗅之，有蟲，恐入鼻顙。(略)

麋茸麋角。功用與鹿相倣，而温性差減。鹿角堅而麋角鬆，鹿角小而麋角大，鹿角單而麋角雙。皮作靴襪除腳氣。

清 嵇璜《清朝通志》卷一二六《昆蟲草木略二》 鼢鼠，産俄羅斯近海地，亦名摩門橐窪，形似鼠而身大如象，穴地以行，見風日即斃。其骨類象牙，可製器物。其肉性甚寒，食之已熱。見聖祖御製《幾暇格物編》。

又《昆蟲草木略二》 堪達漢。産黑龍江沮洳地，似鹿而大，色蒼黑，項下有肉囊，大者至千餘斤。其角可作射韘，色最堅，白環以黑章一綫，即角中之通理。其蹄能驅風疾，世人貴之見。

清 嵇璜《續通志》卷一八〇 彭侯，狀似黑狗，無尾，可烹食。食之辟邪，令人志壯。按《白澤圖》云：「木之精，名曰彭侯。」

清 李調元《南越筆記》卷九《竹豚》 竹豚，即竹鼦，穴地食竹根，毛鬆肉肥美亦鬆，内一二臠可盈盤。色紫，味如甜笋，血鮮飲之益人，猺中以爲上饌，故謂之竹豚。

又《香麞》 香麞，味甘，性温，食之不畏蛇毒。臍名麝香，非麞也，貍之似麞者也。猺女當春時，多採生香麝子以爲佩，動則香氣遠聞。山歌云：生麝香吹猺女風。

清 長白椿園氏《新疆輿圖風土考》卷四《物産》 野馬、駝、騾，邊外皆有，深山戈壁之中，往往成羣，而野牛尤矯健多力，最爲猛狠。人取之，一鎗不中，即被其害。又一種大頭羊，長角而盤生，肉粗劣，皮則温煖，回人多以爲衣。

清 阿桂《滿洲源流考》卷一九《松漠記聞》：「鹿頂合，燕以北者方可車，須是未鮮角之前，才鮮角血脉通，冬至方解。」案：鹿角解於五月，此云冬至，蓋洪皓之誤。好者有人字，不好者成八字，有髓眼不實，北人謂角爲鹿角，合頂爲「鹿頂合」。南鹿不實，定有髓眼不可車，北地角未老，不至秋時不中。《松漠記聞》：麋角與鹿角不同，麋角如駝骨，通身可車，却無紋鹿頂骨有紋。上下無之，亦可熏成紋。

又 卷二〇《羅丹》鹿蹄，腕骨也。舊俗以蹄腕骨隨手攤擲爲戲，視其偃仰横側爲勝負，小者以麞，大者以鹿，瑩澤如玉。兒童婦女圍坐擲以相樂，以薄圓石擊之，則曰帕。(略)《羅丹》漢語鹿蹄踠骨也，鹿踠骨非無用物，以爲戲，亦有時需。中原漫喻人人逐，一具還看面面殊。踠骨一具，四面各異，戲者持其四枚，擲之，各行一面，則爲四色全，即以此分勝負。偶語何須較土木，采名乍欲擬梟盧。帕格讀作哥漢語，謂以薄圓石擊之也。真足方投石，可用從來如此乎。

清　嘉慶《廣西通志》卷九〇《輿地略十一・物産二》　山獺出宜州溪峒，俗傳爲補助要藥。峒人云，獺性淫毒，山中有此物，牝獸悉避去。獺無偶，抱木而枯。峒獠尤貴重，云能解藥箭毒，中箭者，研其骨少許，傅治立消，一枚直金一兩。人或求買，但得殺死者，功力甚劣。《虞衡志》抱木枯者，土人自稀得之，徒有其説而已。《嶺外代答》世傳補助奇僻之品，有所謂山獺者，不知出於何時。謂以少許磨酒飲之，立驗，然《本草》、《醫方》皆所不載。止見《桂海虞衡志》云：「出宜州溪峒。」今方術之士，售僞以愚世者，類以鼠璞、猴胎爲之。周子功嘗使於大理，經南丹州，即此物所産之地。其土人號之曰插翹，極爲貴重，一枚直黄金百兩。私貨此出界者，罪至死。方春，猺女數十歌嘯山谷，以尋藥挑菜爲事。獺性淫，或聞婦人氣，必升躍其身，次骨而入，牢不可脱，因扼殺而藏之。土人驗之法，每令婦人摩手極熱，取置掌心，以氣呵之，即趯然而動，蓋爲陰氣所感故耳。然其地亦不常有，或累數歲得其一，則其人立可致富，宜中州之多僞也。周密《齊東野語》

清　陳登龍《裏塘志略》卷上《風俗》　國制間亦俗裝，長官司頭人著大領衫，番名楮巴，以氆氌細毡或紬緞錦繡哆呢嗶吱爲之，緣以獺皮或豹皮，營官亦有緣貂皮者，民家則多著毪子。楮巴不能如頭人也，腰繫花絛，斜插匕首，謂之左插。右襟拖各色綾片，下垂如紳，以繡緞製。木椀袋著於左襟下，惟貴者有之。其次或用銀匣，或用銅匣。以帕著左肩，斜綰至右腋下，庶人之椀則納於懷。帽高五六寸，以羊皮染黄色爲緣，麻線染紅色爲緯，頭人亦有用狐皮。

清　楊時泰《本草述鈎元》卷三一　《虎骨》論　虎司風木，厥肖惟寅，其氣特鍾肅殺，得金之專，而風木并從之以化。取其骨，味辛，散通行，治諸風證。（略）虎骨之功，似乎專在氣。分而就氣，分即有爲益血之主者。以從肺而媾於肝，肝固血臟也。方書：如中風、虚勞、攣痺、脚氣、腰痛之用，此皆以療筋爲治。夫筋固肝所主，而於益血之義尤切，血正所以養筋也。至於行痺，有風毒、風虚之異，一皆以虎骨主之者，緣人身風木之初氣，稟於陰中之陽，有升即應有降，而陰却御陽以爲升降，如風毒之走注，固由陰微，不能爲陽之化，而風虚之走注，亦以陰微，不能爲陽之使也。惟虎骨有能爲陽之化且使者，此木從金化之實際，也即彼不病於風若腰痛着痺痿證非亦如風毒之治，暢陰以和陽乎？即彼主療脚氣，非又如風虚之類，藉之育陰而更助氣以達陽乎？總之，肝司地氣之升，肺司天氣之降，由升而得降，以運育於地者，肺爲肝之用也。由降而得升，以還暢於天者，肝又爲肺之用也。肺爲肝之用，故陽和於陰以化血。肝爲肺之用，故血和於氣以化精。《正内經》所云：金木者，生成之終始也。如不思風木爲元氣出地之始，不悉其履端於始者，乃能升降相因，以妙於生化，而漫然止謂其治風。不幾同於説夢乎？

辨治：凡虎身數物，俱用雄虎者良。虎頭及頸骨，色黄白者佳。前掌腕中骨形圓扁，似棋子者，力最勝。虎力在掌故也。藥箭毒死者，其毒侵漬骨血間，反傷人，不可服。先用狗肉包裹一夜，投所嗜，以回其靈。諸骨並搥碎去髓，塗上酥，或酒，或醋，柳灰火炙，黄脆，研如飛塵，否則粘着腸間爲癥積。

又《熊膽》　春近首，夏在腹，秋在左足，冬在右足。《埤雅》色通明者佳。氣味苦寒。涼心平肝爲手少陰足厥陰陽明藥。點眼，去醫開盲。塗惡瘡痔瘻，療蟲牙蚘痛。治小兒風熱驚癇，殺疳蟲。療時氣熱盛黄疸，暑月久痢。（略）論熊爲陽獸。繆氏謂其性温，能通行經絡。凡諸膽皆苦寒，而熊膽之用較殊者，或此之故。試以半粒投水，旋轉如飛，餘膽亦轉但緩耳。水面有凝塵者，豁然而開，可知此味。點目，去瞖與塗。久痔固不徒，以苦寒清火見效，或亦秉陰中之陽，陽中之動，故能開散其氣血之爲邪結者。熊每升木引氣，或墮地自快，俗呼跌膔，即莊子所謂熊經鳥申也。冬月蟄時不食，飢則舐其掌。觀此引氣并蟄時，亦能食氣，是熊之於氣也，有殊性。殊功所謂得陰中之陽，陽中之動者，當不謬。

又《羺羊角》　秦隴、龍蜀山中皆有之，其角細而圓鋭，長四五寸，多節，帶黄色者良。羚羊、羱羊、即山羊山驢，三種相似，羚似羊而青色，毛粗角短小，羱似吴羊，角長大，山驢，驢身羚角，但角大而節疏慢耳。

味鹹，氣寒，入厥陰肝經甚捷。羊，火畜也。而羚羊則屬木，同氣相求也。並入手太陰少陰經。主治明目益氣，起陰，安心氣，定肝魂，療驚邪魘寐，癲癇狂亂。治一切熱毒風攻注，及濕風注毒伏在骨間，中風筋攣骨痛，去惡血注下，並熱毒血氣疝氣，小兒卒熱驚搐，婦人産後惡血攻心，煩悶，子癇痙疾。羺之性靈，而筋骨之精在角，故又能辟邪惡，解諸毒，碎佛牙，而燒烟走蛇虺也。瀕湖羚羊角具二十四節，內有天生木胎者，此角有神，夫節合二十四氣而胎木，宛如從甲而乙，起陰之氣以轉生陽，所以益氣也。之頤同犀角、丹砂、牛黄、琥珀、天竺黄、金箔、茯神、遠志、鈎藤、竹瀝，治驚邪魘寐，及癲癇狂亂等疾。同杞子、甘菊、決明子、穀精草、生地、五味、黄檗、密蒙花、木賊、女貞，治肝腎虚而有熱，以致目昏生瞖。産後煩悶，汗出不識人，羚羊角燒末，東流水服方寸匕，未愈再服。墮胎腹痛，血出不止，羚羊角燒灰三錢，豆淋酒下。

論　瀕湖悉數羚角之功五，未能暢其所以然。要知人畜之臟腑，不甚相歧，角乃骨之餘，而腎之所合者骨也。《經》曰：「腎在體爲骨，在氣爲堅。」羚角稟於骨之至堅。本經首言明目，而即繼之以益氣起陰者，以腎雖陰中之至陰，然坎中有離，實爲腎氣，陰陽有一之或戾，則腎氣便不足，不足者，不能致其氣於肝，而肝亦不能爲腎行其化。是物具體於腎，致用於肝，肝本陰之具足者以升陽，即由陽之具足者以引陰。如瀕湖所數去瞖，舒筋，安魂，散瘀，降火，五者之所以然，當在是也。抑所謂益氣起陰者，固腎具肝之體，而所謂五能者，肝還行腎之用也。惟兹物於肝之體用俱全，故於厥陰爲要藥。《經》曰：「一陰爲獨使，厥陰之生化無闕，而心肺脾皆在此托始矣。」

凡肝心二經虚而有熱者，宜之，無熱不宜用。仲淳入厥陰伐生生之氣，不宜久用、多用。士材

清　道光《廣東通志》卷九七《器用類》　筆。番禺地無狐兔，用鹿毛、野貍毛爲筆。又昭、富、春、勤等州，則擇雞毛爲筆，其爲用與兔毫不異。即蘇長公所謂三錢雞毛筆也。番禺諸郡以青羊毛爲筆，韶州擇雞毛爲筆，亦有圓如錐、方如鑿，可抄寫細字者。昔溪源有鴨毛筆，以山雞毛、雀雉毛間之，五色可愛。

又　卷九九　鹿，《字説》云：山中有鹿，必鳴以告鹿，其聲几几然。生東南山谷，南人往往食其肉，其皮作履，勝於諸皮。《本草綱目》（略）

麋，牡者有短角，黧色，喜食橄欖，聲如破鈸，每鳴則赦書至。其皮軟膩，作履襪甚良。《廣州府志》（略）

熊膽，其膽春在首，夏在腹，秋在左足，冬在右足。當心有白脂如玉，味甚美，俗呼熊白。冬蟄不食，饑則自舐其掌，故其美每在掌。劉氏《異苑》熊之所蟄，獞人謂之熊館。《廣州府舊志》

清　太医院《藥性通考》卷四《犀角》　味苦、酸、鹹，氣寒，無毒。人身懷之爲末，入陽明。殺鈎吻蛇毒、山瘴溪毒，百毒皆除。屍疰鬼疰，惡邪狐魅精邪，諸邪。盡遣傷寒温疫，能解煩熱癰腫瘡疽，潰破膿血，鎮肝明目，安心定神。孕婦忌服，恐消胎氣。

又《蝟皮》　味苦，氣平，無毒。主五痔，血流大腸，理諸疝痛引小腹。治腎逆，塞鼻衄，開胃氣，消心腹脹痛可止，陰腫痛能祛。

清　咸豐《新疆孚化志略·回俗》　男足穿羊皮靴，女穿紅羊皮靴。

清　徐宗亮《龍江述略》卷六《業録》　土人著履曰「烏拉」，製與韡同而底輭，連幫而成，或牛皮，或鹿皮，縫紉極密。走荆棘、泥淖中不損不溼，且亦耐凍耐久。市有專肆，力食者入冬皆倚賴之，價亦不昂。傳聞盛京上庫貯有。（略）江省鹿類最繁，麅、麂爲用尤多。呼倫貝爾、布特哈、興安各城諸部落，每以麅皮置爲囊，野處露宿，全身入囊，不畏風雪。鹿皮則爲衣褌之用，入市出售，印以花紋，極輭温耐久。麅、麂諸肉，市亦有供食者，與兔相類，腊之頗佳。鹿則茸角爲上，而鹿胎爲膏則婦科佳藥，鹿尾亦稱佳肴。其在各城來言，全鹿一隻價可京錢廿千以之，煎膠成塊，利益甚厚焉。前人記載，江省轄境有使犬使鹿二部，以駕耙犁，與牛車争先，中俄分江而後，大率歸俄。

清　光緒《上虞縣志》卷二八《物産》　貍毛筆《正統志》云：「香貍之毛，可爲筆。」《萬曆志》云：「擇貍束筆。」

清　薩英額《吉林外記》卷七　鹿茸鹿乃仙獸，能别良草。《述異記》云：「鹿千歲爲蒼，又五百歲爲白，又五百歲爲玄。遼東山闊草壯，鹿得以蕃息。其茸角膠血力精足入藥自爲上品。虎骨膠虎之一身筋節氣力皆出前足脛骨，帶脛骨，用全虎骨熬膏膠，治一切風寒、溼潮腿疾虚虧之症。亦有專用脛骨熬膏膠者，其效皆神。（略）麝形如麞，一名香麞，喜食柏，臍血入藥，名麝香，出三姓。（略）熊膽《本草》稱爲上品，本不易得，吉省深山密林中，樵採者時常遇之，獵户捕之，易得也。

清　西清《黑龍江外記》卷六　土人官戴纓帽，兵戴貂尾帽，貂尾一雙也。七之爲貂纓，官于役用之。兵帽冬皮，春夏秋皆絨，夏日雨纓帽。官及幕府貼寫用之。而墨爾根等城草帽亦綴貂尾，兵丁之便服也。（略）索倫達呼爾以麅頭爲帽，雙耳挺然如人生角。又反披麅服，黄毳蒙茸，少見多怪者鮮不望望然去之，然亦窮苦者裝飾如此。（略）冬衣名哈爾瑪兒者，麅鹿等皮之毛落而鞟存者也，服之作苦，最耐磨涅。官員公服，亦用一口鐘，朔望間以襲補褂，惟蟒袍中不用一口鐘，滿洲謂之呼呼巴，無開褉之袍也，亦名一裹圓。

又　卷八　貂皮氣煖。選時官員在堂上，汗嘗浹背。黑龍江過夏用單裌

衣，扇爲虚器，至是須服絺綌，脱帽露頂將軍前，不然千萬張薰蒸之氣難耐也。將軍觀明選貂皮，嘗指黑潤者曰：「蘇季子敝裘未必及此旁。」一官應聲曰：「不能，不能。」因拾黄色者進曰：「請看，不過如是耳。」將軍笑而不答。貂鼻七枚燒存性酒沖服之，止胃痛。土人試屢驗，方書不載。灰鼠尾長時，時掉置背上，自覆其首。投以榛子，雙爪抱嚙如猴然。出諾敏河者佳，號索倫灰鼠。麈皮不挂霜而毛易落，故服者嘗少率連之爲車帷。其肉則禦冬，美味。海麈逐之。海麈名布勒都里糾，自海中來，動以萬計，如羊羣。履而梃擊，應手皆踣，此布特哈自然之利。

清 光緒**《土默特志》卷八《風俗》** 貴者褥被皆以皮爲之，或貂、或狐、羊，從便。

清 張鳳台**《長白彙徵録》卷六《藥品·虎》** 詳見《本志》。獸類，長屬。每歲臘得者，價值約二千五百金。全虎功用甚大，特爲條列於左。

又《虎骨》《綱目》：味辛，微熱。虎屬金而制木，故嘯則風生，追風，健骨，定痛，避邪，治風痺攣拘，驚悸癲癇，犬咬骨哽等症。以頭骨、脛骨良。藏器曰：有威骨在脇，破肉取之，如乙字形，可爲佩帶。全骨配合熬膏，傅貼筋骨，各症功效甚著。惟藥箭射者，其毒入骨，不可不察云。

又《肉》《綱目》：酸，平，微鹹。宏景曰：俗方言虎肉傷齒。舊説正月食虎，傷神。主止嘔，益力。治瘧疾。《拾遺》：醉虎肉，主治稀痘。《三岡識略》：壬子正月初十日，福山戍卒縛醉虎，獻於王大將軍。將軍剖肉，分贈郡紳之小兒，食之，云可以稀痘。是虎正月亦可食。按：虎食人與楊柳及狗，皆醉。《臣游筆記》載：山人捕虎法：虎嗜犬，食之必醉，如人中酒然。以劣犬縛於山凹，犬嘷不已，虎聞聲而前，果腹而醉，不能遠去，人跡而捕之，百不失一。

又《血》《綱目》：壯神，强志。時珍曰：飲虎血，以壯神志。《抱朴子》云：三月三日，取虎血、雞血和初生草實服，可以移形易貌。

又《肚》《綱目》：主治反胃。

又《腎》《綱目》：主治瘰癧。時珍曰：芍藥丸中用之。

又《膽》《綱目》：治小兒驚癇、疳痢、神驚。《拾遺》：治打傷垂死，瘀血在心。黄酒和研，茯苓爲使，陳酒爲引，灌之立愈。

又《睛》《綱目》：虎睛多僞，自獲乃真。凡用睛，須問明獵人，分雌雄、老嫩。中毒自死者勿用，用則傷人。用時以生羊血浸一宿，漉出，微火焙乾，擣粉用。虎睛丸治小兒百病。時珍曰：明目去翳。《備要》：虎睛，散竹瀝爲引，治小兒驚癇夜啼。

又《鼻》《别録》：治癲疾，小兒驚癇。宏景曰：懸户，宜男。舊説：懸虎鼻，宜子孫。此與古人胎教欲見虎豹之義同，取其以勇壯爲貴也。

又《爪牙》《别録》：爪繫小兒臂，避諸惡鬽。《綱目》：牙，治瘡疽，殺蟲勞。

又《皮》《綱目》：治瘧疾，避邪魅。應劭《風俗通》云：虎爲陽精，百獸之長，能避鬼魅。今人中惡，燒灰作飲，或繫衣服，皆甚驗也。《起居雜記》云：有瘡症，勿卧虎豹皮，毛入瘡有大毒，不可不慎。

又《鬚》宏景云：治齒痛。《酉陽雜俎》云：許遠齒痛，鄭思遠贈以虎鬚，插齒際，其痛立止。

又《屎》《别録》：敷惡瘡。時珍曰：療瘰疽痔漏。研酒服，治獸骨哽。屎中骨研屑，治火瘡及破傷風等症。

又《魄》《綱目》：主治驚邪，避惡，鎮心。藏器曰：凡骨夜視，一目放光，一目視物。獵人候而射之，努箭纔及目光，即墮入地，得之，如白石者是也。宗奭曰：陳氏所謂乙骨及目光墮地之説，終不免於誣。時珍曰：乙骨之説不爲怪，目光墮地，亦猶人縊死者，魄入於地，隨及掘之，狀如麩灰之義。按《茅亭客話》云：獵人殺虎，記其頭項之處，月黑，掘下尺餘，得物，狀如石子、琥珀，此虎之驚魄流入地下所凝。主治小兒驚癇之疾。其説甚詳。寇氏尚未達此理耳。

又《油》《物理小識》謂：虎一身皆入藥，《本草》未載虎油之功。其油治臘梨瘡及大麻瘋，塗之即愈。按《綱目》載：膏脂治狗嚙瘡及五痔下血等症。時珍曰：治小兒頭瘡白禿，服之，止反胃。《藥性考》所載與《綱目》主治相同，油膏本入藥也。

又《鹿·血》時珍曰：大補虚損，益精血，解痘毒及藥毒。

又《腎》《綱目》：味甘，平。補腎壯陽，入補劑良，羸弱者可用。膽《綱目》：苦，寒。時珍曰：主治消腫散毒。

又《靨皮》《綱目》：治氣癭，酒炙乾，再入酒中含嚥其汁皮。時珍曰：燒灰和猪脂，傅一切漏瘡。

又《糞》《經驗良方》：治經久不産，乾濕糞各三錢，研末，薑湯沖服，又《貉》詳見《本志》。蘇頌《圖經》謂：「貉甘，温，無毒。主治臟腑虚勞，女子虚憊，長□偶獲，所産無多。」

又《貛油》詳見《本志》。《綱目》：「肉甘酸，平，無毒。」蘇頌《圖經》：「治小兒疳，瘦殺蛕蟲。」舊説：「貛皮爲褥，益痔瘡，功用緩矣。」油，《拾遺》謂：「貛油力凝，燃火，禦風不滅。入膏拔濕如神，療白禿、痔瘡，擦火燒瘡，尤神效。欬血哽噎，胸中怵怵，氣如蟲行，貛油和酒飲下，自消。其油功效頗著。綱目失載，近世多用，推行甚廣。」

又《狼脂》《拾遺》云：「狼性追風，逆行，其糞燒烟，逆行而上，燒灰水服，治骨鯁，性逆行而無阻滯也。狼脂摩風首，而《本草》不録，亦一欠事。《周禮》：「冬獻狼，取其膏聚也。」《綱目》狼膏下，瀕湖僅據《正要》載其「潤燥澤肌，塗惡瘡而已」，不知其大功在驅逐風邪散逆結之氣，何可昧也。故急補之。原爲之發明曰：入風膏能除積久之風痺，和酒服，能散逆結之滯氣。」

又《兔》詳見《本志》。《綱目》：「肉辛，平，補中益氣。」孟詵曰：「酸冷。」時珍曰：「甘寒。」宏景曰：「妊婦忌食，不同芥食。」藏器曰：「不可久食，死而眼合不可食。惟八、九、十三月食之爲宜。」崔元亮《海上方》：「治消渴羸瘦，藥性小兒臘月食兔醬，稀豆瘡。」時珍曰：「解熱毒，利大腸。」《綱目》謂：「血，鹹寒，主涼血和血，解胎中熱毒，催生易産。腦髓，塗痘瘡，滴耳聾，催生，滑胎骨，治内熱，消渴，霍亂，吐痢，鬼疰，瘡疥，刺風。頭，風味甘酸，平，連毛燒灰，和酒，治頭眩癲疾，婦人難産，餘血不下，産後陰脱，煮汁，治小兒疳痢，消渴，並敷癰疾惡瘡。皮毛，燒灰，治難産，胎衣不下，餘血搶心，用臘月收者良。諸方《綱目》博採羣書，兼收並載，未悉驗否。惟兔肝明目。《經》汪氏昂發明確然有效，《備要》未載。肉血皆有功用，想他方亦非無據云。

又《明月砂》《備要》：「即兔糞，主治殺蟲明目，勞瘵五疳，痘後生翳，立可見效。近世醫家益重之。」

又《獼猴》《拾遺》猴經入藥，名申紅。深山羣猴聚處極多，覓者於草間得之。紫黑成塊，夾細草屑，母猴月水乾成，治乾血勞，極良。時珍曰：猴經□草馬食之，則百病不生。故畜馬者畜母猴。未言治他症，諸書未詳。今據《拾遺》採而出之，以廣功用。

又《貂鼠》《爾雅翼》曰：「松鼠，好食栗，土人名松狗。」按：許氏

立效，並解諸毒。

又《胎》瀕湖《綱目》於鹿全身諸條發明，惟胎之主治少畧。《拾遺》另例鹿胎一條，詳辯可采，録出以補其遺。凡胎中鹿，其嘴尾蹄跲與生鹿無異，色淺形瘦，若色深形肥者，爲麋，胎慎勿誤用，能損真陽。若獐胎與鹿胎相類，但色皎白，且其下唇不若鹿之長於上唇也。其他雜獸之胎，與鹿總不相類，真者氣味甘，温，補陽益精，大助真元。近世補劑彌重之。

又《乳餅》《茗陰札記》：孝豐深山産鹿，土人計其産子時，夜伺洞，測鹿乳子必五更，乳畢出洞，至暮方歸。每日乳小鹿一次，食乳於腹，十二小餅，每一時消餅。土人俟母鹿出洞，即取乳鹿而歸，剖腹出餅，持貨他方，價值兼金。餅式如雲南棋子大，色微黄，久乾作老黄色。腥氣最烈，食之大能强陰，起命門衰火於老羸、虚損怯弱。最宜發小兒痘漿，通女子血勞。乳餅《綱目》失載，前或未發明，不以爲珍品，攷《拾遺》載乳餅一條，姑誌之以廣傳聞。今長郡亦未聞以乳餅貨也。

又《脛骨》《綱目》鹿條詳列鹿骨，指全體而言，至脛骨不聞有用。法令時醫有班龍散純取脛骨，此藥去毒，生肌收口甚速。惟煨研時，以黄色爲度，如焦黑則過性無用矣。此條採諸《拾遺》。

又《麝香》麝見《本志》。《爾雅》名「射父」，時珍曰：「俗呼香麝。」其香在臍，見人捕之，自行剔出其香，是爲生香，猶難得。其香聚處草木皆黄。市人或攙荔枝核僞之。忌蒜，不可近鼻，防蟲入腦，與茸相類。香中以當門子爲猶良，性味辛温遠竄，開經絡，通諸竅。凡用麝香不可太過，以香烈入髓耳。長人所獵麝臍，歲約東錢二十串，蓋麝以内省西地南方者良，遼産次之。

又《狐》詳見《本志》。《綱目》載：狐肉甘，温，無毒。治瘡疥不瘥，去風，補虚，邪氣蠱毒皆宜食之。《禮》云：食狐去首，爲害人也。孟詵謂：肉有小毒，五臟及腸肚，苦，微寒，有毒。主治蠱毒惡瘡，祛狐魅，醫瘧疾，小兒驚癎，大人見鬼。然用者卒尠，惟肝燒灰，治風癎、破傷風，口緊搐强。古方中之狐肝散，《衛生寶鑑》中神應散，《普濟》中之金烏散，並用之。陰莖，《綱目》謂：甘，微寒，有毒。主治絶産，陰癢，陰癩，陰脱，陰腫。時珍謂：狐頭燒灰，傅瘰癧。狐目治破傷風。狐鼻治狐魅病。狐唇治惡刺入肉。狐涎入媚藥。狐尾避邪魅。狐皮燒灰，避惡。狐糞治瘟疫，治肝，氣心痛。諸方散見群書，《綱目》博採兼收，未悉驗否。因長屬産狐筆而誌之。

《說文》：「貂鼠，尾大，黃黑色，出丁零國，今高麗遼東多有之。大者如獺，尾粗，毛深寸許，蔚而不耀，飾爲裘帽、風領。得風更暖，濯水不濡，得雪即消，拂面如焱，拭眯即出，亦奇物也。」《拾遺》云：「燒貂鼠尾存性，敷凍瘡，即愈。」《綱目》惟載其肉甘，平，無。主治皮毛拭目眯塵沙，而遺尾之功用，故爲補之。長人售灰鼠皮者甚夥，貨貂鼠皮者尠，住長半歲，只見其二，大如水獺，行甚遠，想所産亦無多也。

清 康敷鎔《青海志》卷二 牛馬皮，蒙番玉樹，遠近皆有，出數甚鉅，價值亦廉。（略）

野獸皮，如猞猻狐皮、沙狐狼皮等，蒙番、玉樹皆産之，惟近青海左右者特佳，毛澤潤而深長。

清 光緒《永定縣土志》卷四《物産志·麝香》 其香在臍，年老者香多顆粒，作硃砂色者上品。其價甚昂，獵者往往雜以贋物，色香俱減。其毛健而中空，作馬韉褥良。

又《麂皮》 本境薰硝作履及褥，能去風溼。其胎皮作梅花紋，硝作服飾，每歲暮冰雪，獵取特易，國朝例有麂皮京貢銀與田賦計畝科税。其皮毛近多采販出境。

又《豺貛貍皮》 本境取作裘服，亦溫煖。但毛疏而淺，不如西北溫厚，近亦采運出境。

又《（虎豹）皮骨》 皮骨以虎爲上，豹次之。皮爲褥，飾足，壯官儀。骨以全架爲上，脛膝骨尤良，以之煎膏，治筋骨風溼諸病甚著功力。其威骨及魄尤希寶神奇，每膏成，論價約數十兩，入酒彌良。

又《（飛虎）皮毛》 輕軟綿柔，可爲裘領。收集爲料，價與貂狐上下。婦女蓐産，漕以皮覆其背，催生甚速。尾可爲筆，勝兔、狼毫百倍。每管足支一年。

又《猴皮血結》 能治馬疫血，能治血病。雌猴如人有月信。生子，每在巖穴。其血凝結如膏，入水，一絲直注不散。乃爲真結。

又《兔鼠皮》 皮薄毛淺，不中服用。又有黃鼠狼，似鼠而大，如貓，其皮可爲帽簷，謂之鼷鼠。

又《狸脯》 冬月得者，可醃作臘脯，其味甚似熊掌而肥膩特厚。須去淨浮油，用物包裹，乃不滯。口味腴厚，勝諸肉。爲山物之珍，他境不常有也。

又《穿山甲》 甲厚如錢，炒之成珠，外科要藥。本境時有之，藥肆收販出境。

紀　事

清 王樹枏《新疆小正》一五 馬蘭開花之時，鹿角發癢，以頭相觸，角墜落堆於一處，獵者往往於深山中得一堆，至百餘架。脱後新茸五六日即生岔，此時茸最佳，獲一架者可得善價。

唐 李肇《唐國史補》卷上 李丹之弟患風疾，或説烏蛇酒可療，乃求黑蛇，生置甕中，醖以麴糵，戛戛蛇聲，數日不絶。及熟，香氣酷烈，引滿而飲之，斯須悉化爲水，惟毛髮存焉。

唐 張鷟《朝野僉載》卷三 歐陽通，詢之子，善書，瘦怯於父。常自矜能書，必以象牙犀角爲筆管貍毛爲心，覆以秋兔毫，松烟爲墨，末以麝香，紙必須堅薄白滑者乃書之，蓋自重其書。薛純陀亦效歐陽草，傷於肥鈍，亦通之亞也。

唐 段成式《酉陽雜俎》卷四《阿薩部》 阿薩部多獵蟲鹿，剖其肉，重疊之，以石壓瀝汁。税波斯、拂林等國，米及草子釀于肉汁之中，經數日即變成酒，飲之可醉。

宋 陶穀《清異録》卷上《休休散》 湖湘習爲毒藥以中人。其法取大蛇斃之，厚用茅草盖罨，幾旬，則生菌蕈，發根自蛇骨出，候肥盛采之，令乾擣末，糁酒食茶湯中，遇者無不赴泉壤，世人號爲休休散。

宋 蘇易簡《文房四譜》卷一《筆譜上》 庾廣，字幼簡，侍中。袁彖雅慕之，贈鹿角書格，蟀硯，象牙筆管。（略）《博物志》云：「有獸緣木，文似豹，名虎僕，毛可以取爲筆。」嶺外尤少兔，人多以雞雉尾作筆，亦妙。故嶺外人書札多體弱，然其筆亦利。其餘至水乾墨緊之後，鬖然如蕙焉。所以《嶺表記》云：「嶺外既無兔，有郡牧得兔毫，令匠人作之。匠者醉，因失之，惶懼，乃以己鬚制。上甚善，詰之，工以實對，郡牧乃令一户必輸人鬚，或不能逮，輒責其直。」宣城之筆，雖管笞至妙，而佳者亦少，大約供進或達寮爲之，則稍工。又或以鹿之細毛爲之者，故晉王隱《筆銘》云：「豈其作筆，必兔之毫？調利難秃，亦有鹿毛。」蓋江表亦少兔也，往往商賈賷其皮，南渡以取利。今江南民間使者，則皆以山羊毛焉。蜀中亦有用羊毛筆者，往往亦不下兔毫也。（略）歐陽通自重其書，必以象牙、犀角爲管，貍毛爲心，覆以秋毫。見《叙事中》

秦蒙恬爲筆，以狐狸爲心，兔毛爲副。見《博物志》

蜀中出石鼠，毛可以爲筆，其名鼱。

宋 釋贊寧《東坡先生物類相感志》卷一七《白獺髓》 孫和悦鄧夫人，常置膝上。和於月下舞火精如意，誤傷夫人臉，血流。命太醫者進藥，工曰得白獺髓，雜玉與琥珀屑，當滅此瘡。即購白獺髓者厚賞之。有富春漁人云此物知人，欲取則迯入石穴，伺其際魚之時，必有鬪死者，穴中應有枯骨，雖無髓而骨可合玉舂杵研爲粉。傳瘡應手則滅迹矣。又晉陵長橋下有獺穴，若兵戈起則出穴四望而嘷也。

宋 司馬光《資治通鑑》卷一九《漢武帝紀》 冬，有司言：「縣官用度太空，而富商大賈冶鑄、煮鹽，財或絫萬金，不佐國家之急，賈，音古。絫，古累字。請更錢造幣以贍用，而摧浮淫并兼之徒。」是時，禁苑有白鹿而少府多銀錫，乃以白鹿皮方尺，緣以藻繢，緣，以絹翻。師古曰：繢，繡也，繢五采而爲之。繢，黄外翻。爲皮幣，直四十萬。王侯、宗室，朝覲、聘享必以皮幣薦璧，然后得行。后，與後同。又造銀、錫爲白金三品：如淳曰：雜銀、錫爲白金。大者圜之，其文龍，直三千；次方之，其文馬，直五百；小者橢之，其文龜，直三百。時議以爲天用莫如龍，地用莫如馬，人用莫如龜，故以爲白金三品之文。師古曰：橢，圜而長也，音他果翻。令縣官銷半兩錢，更鑄三銖錢，建元五年廢三銖錢，行半兩錢。更，工衡翻。盜鑄諸金錢罪皆死；而吏民之盜鑄白金者不可勝數。勝，音升。

宋 陸佃《埤雅》卷四 古之烽火用狼糞，取其煙直而聚，雖風吹之，不斜。

又 卷三一《什物門·異珍類·通天犀》 宋仁宗時，京師大疫，人謂曰犀角能除疫疾。帝賜犀角二株付太醫院，和藥以救黎民。其一通天犀也。内侍請留，以爲御帶。帝曰：「以爲朕帶，帶與人孰重。」遂命爲藥，以療民疾。蓋帶，物也。民者，國之本也。出《五倫書》

宋 李石《續博物志》卷一〇 《管子》曰：「武王爲侈靡，令曰豹襜、豹裘方得入廟。」故豹皮百金，功臣之家，粟千鍾而未得一豹皮。

宋 范成大《桂海虞衡志·志獸》 麝香，自邕州溪洞來者，名土麝，氣臊烈，不及西蕃。

又 《志器》 蠻甲，惟大理國最工。甲冑皆用象皮，胷背各一大片如龜殻，堅厚與鐵等。又聯掇小皮片，爲披膊護項之屬，製如中國鐵甲，葉皆朱之。兜鍪及甲身内外，悉朱地間黄黑漆，作百花蟲獸之文，如世所用犀毗器，極工妙。又以小白貝纍纍絡甲縫，又裝兜鍪，疑猶傳古貝冑朱綅遺製云。

宋 羅願《爾雅翼》卷一九《狒狒》 宋孝建中進雌雄二頭，命工圖之，飲其血，令人見鬼。

又 卷二〇《鹿》 黄帝時，南夷乘白鹿來獻鬯。成周黑齒貢白鹿。漢武以白鹿皮爲幣。

又 卷二一《貂》 趙王資蘇秦貂裘、黄金，使説秦王，破關中之横。書十上而説不行，黑貂之裘敝，黄金百斤盡，是亦起於趙也。

宋 魏了翁《春秋左傳要義》卷一〇《莊公九年至十五年》 皐比是虎皮。僖二十八年傳稱「胥臣蒙馬以虎皮」，此云「蒙皐比而先犯之事」，與彼同，知皐比是虎皮也。以胥臣之事譬之，必知定是虎皮，其名曰皐比，則其義未聞。《樂記》云：「倒載干戈，包之以虎皮，名之曰建櫜。」鄭玄以爲兵甲之衣曰櫜。櫜，韜也，而其字或作建皐，故服虔引以解此。

宋 羅大經《鶴林玉露》卷一一 晏子一狐裘，三十年。長孫道生一熊皮障泥，數十年。蓋貴而能儉。

宋 周密《癸辛雜識》卷下《象油》 燕京昔有一雄象，甚大，凡傷死數人，官吏欲殺之，不得。已乃明其罪，象遂弭帖就殺。凡得象油四十八大甕。

明 楊慎《丹鉛摘録》卷八 山谷有一帖云：「胡居士嘗言鹿性驚烈，多別糧草，恒食九物，餘則不嘗。九草者，一曰葛葉，及花鹿葱，鹿藥，白蒿，水芹，甘草，齊頭蒿。山耳，薺苨也。亨神用其肉者，以性烈清淨故也。比餌藥者，勿食鹿肉，必不得力，以鹿常唊解毒之草，能散諸藥性也。」此可補《本草》及《齊民要術》之遺。

明 王圻《稗史彙編》卷一三七《便身器》 《西京襍記》曰：「李廣與兄遊獵冥山北，見猛虎，一矢斃之，斷其頭爲枕，示服猛也。」此爲虎枕之始。魏咸熙中，得梁冀玉虎枕，臆下有題曰「帝辛九年」。帝辛，即紂也，是則商紂之時，已有其制矣。

又 卷一五三《土麝香》 嘗因會客食瓜，言最惡麝香。座客中有張延祖者，專帶麝香，云：「是大不然。吾家以麝香種瓜，爲鄉里冠，但人不知制伏之術耳。」求麝二錢許懷去。後旬日以藥末攪麝見送，每種瓜一窠，根下用藥一捻。既結實，破之，得麝香撲鼻。次年種其子，名曰土麝香，然不用藥，麝止微香耳。

明 愼懋官《華夷花木鳥獸珍玩考》卷七《猿臂篴》 有人以猿臂骨爲篴，吹之，聲清圓，絶勝竹。

又 卷八《蠲忿犀》 唐同昌公主有犀如彈丸，帶之蠲忿。

明 陳繼儒《古今韻史》卷一二《辟寒犀》 天寶交趾進犀角一株，色如金，置殿中，煖氣襲人。上問之，使者曰：「此辟寒犀也。」

明 陳繼儒《虎薈》卷六 李絳《兵部手集方》有虎骨酒，法治臂脛痛，不計深淺，皆效。用虎脛骨二大兩，麤檮熬黄，羚羊角一大兩屑，新芍藥二大兩切細，三物以無灰酒浸之，春夏七日，秋冬倍日。每旦空腹飲一盃。冬中速要服，即以銀器物，盛火爐中煖養之，三兩日即可服也。

明 周嘉胄《香乘》卷七《碧芬香裘》 玄宗與貴妃避暑於興慶宮，飲宴於靈陰樹下，寒甚，玄宗命進碧芬之裘。碧芬，出林氏國，乃騶虞與豹交而生。此獸大如犬，毛碧於黛，香聞數里。太宗時國人致貢，上名之曰「鮮渠上沮」。鮮渠，華言碧，上沮，華言芬芳也。《明皇雜録》

又 卷九《狐足香囊》 習鑿齒從桓温出獵，時大雪，於江陵城西見草上有氣出，伺一物，射之，應弦而斃。往取之，乃老雄狐，足上帶絳繒香囊。《渚宮故事》

明 吴之俊《獅山掌録·小山館》卷一六《肉汁酒》 阿薩部獵兔、鹿，剖其肉重疊之，以石壓汁，瀝其汁釀草子於中，經數日即變成酒，飲之可醉。

明 木增《雲過淡墨》卷三 張華《博物志》：「成晉武賜麟角筆。」以麟角爲筆管，此遼西國所獻。故王勃《春日孫學士宅宴序》「且傾鸚鵡之杯，聊舉麒麟之筆。」

清 馬驌《繹史》卷九《陶唐紀》 堯時有獬豸，緝其毛爲帝帳。

清 孫岳頒《佩文齋書畫譜》卷二《明陶宗儀·記外域書》 真臘國或稱占臘，其國自稱曰甘孛智。元朝按西番經名其國曰澉浦只，蓋亦甘孛智之近音也。尋常文字及官府文書，皆以麂鹿皮以物染黑，隨其大小闊狹，以意裁之。用一等粉如中國白善粉之類，搓爲小條子，其名爲梫，拈於手中，就皮畫以成字，永不脱落，用畢則插於耳之上。字迹亦可辨認爲何人書寫，須以濕物揩拭方去。

又 卷三《晉衛夫人·筆陣圖》 筆要取崇山絶仞中兔毛，八九月收之，其筆頭長一寸，管長五寸，鋒齊腰强者。其硯取前涸新石，潤澀相兼，浮津耀墨者。其墨取廬山之松煙，代郡之鹿膠，十年以上强如石者爲之。紙取東陽魚卵，虚柔滑浄者。

清 李光地《月令輯要》卷六《二月令》 麝香增《名醫别録》：「麝生中臺山谷及益州、雍州山中，春分取香生者益良。」

清 王棠《燕在閣知新録》卷三一《白貂》 《五代史》云：「耶律德光脱白貂以衣晉高祖。」《陷虜記》云：「契丹西北多産黑白黄貂，鼠皮爲衣，北方諸國亦皆仰足。」棠按：白貂，當即今之銀鼠也。

清 雍正《浙江通志》卷一三〇 樓 成化《四明郡志》：「鄞縣産樓，其毛用作樓帽、樓鞋。」

清 乾隆《福州府志》卷一四《壇廟》 按：《南唐書》：知證，温第五子，封江王，改封魏王。知諤，温第六子，封饒王，進封梁王。嘗遊秋山，編虎皮爲大幄，號曰虎帳。忽遇暴風，飄虎帳，碎如飛蝶，知諤驚遽棄歸，數日卒。二人竝不至閩，亦不聞雅意道術。

清 乾隆《莆田縣志》卷八《職官》 馮馴，字行健，岳池人。正德十一年知爲政，尚威嚴，閭里輕俠，姓氏悉詗其跡而籍記之。時惡少輩，標九龍十虎，以捕博胠篋爲業，睚眦之恨，輒目爲仇家，而中之連衡死黨人不敢邇。馴以計鉤致，悉按之法，無一縱舍者。獵人嘗斃一虎，送郡。馴鏤其頭爲枕而寢其鞹，銘曰「非爾髏吾何以枕。非爾鞹，吾何以寢。起視海岱，吾安吾朕。」會草竊起，故借虎爲況，逺恫愒其威而微解其意，各渡河去，視郡七年里不知有豪民，不知有吏。後擢本省右轄，轉江西左使，卒于官。郡人思之，大理卿林茂達爲著德政碑云。

清 乾隆《濟源縣志》卷末《雜志》《唐·裴公美志》：「操堅正，童時兄弟四人，學於濟源别墅，公美經年不出墅門，晝講經籍，夜課賦詩。有以鹿爲贄者，兄弟炰之，召公美共食。公美曰：『我等窮生，菜食不充，今日食肉，異日何繼，無宜改饌。』獨不肯食。」

清 袁枚《新齊諧》卷一二《燒狼筋》 藍府有狼筋一條，凡家中失物，燒之，則偷者手足皆顫。有女公子失金釵一隻，不知誰偷，乃齊奴婢、姑姆數十人，取筋燒之。數十人神氣平善，了無他異，但見房門布簾閃顫不已。揭視之，釵挂其上，蓋女公子走過時，釵爲簾所勾留耳。

藝文

宋　李處權《崧菴集》卷三《七言古詩》　南越巨象何壯哉，齒牙脱落歲幾枚。削木混真易以埋，玩視常恐生怒猜。良工到手能剪裁，成此大笏莫與偕。遠隨舶賈凌濤雷，論賈奚啻百瓊瑰。異貺忽自王孫來，珍藏十襲敢遽開。瑩如截玉無纖埃，照人氷彩滿袖懷。惟君許我王佐才，我亦自負剛不摧。他年致主登中台，垂紳衮弁直斗魁。正色凛凛天可回，帝傍奸佞須擊排。恢復洪業平泰階，寫之丹青上雲臺。

宋　蕭立之《蕭冰崖詩集拾遺》卷上《虎皮送周竹友》　南山有虎額欲白，當年馮婦搏不得。牛羊食盡麋鹿無，樵蘇不來道榛棘。莫徭客子心膽雄，雞翎銜矢山桑弓。憑林翳樹斃一發，狐鳴雀噪寒山空，向來霧雨不下食，也知文采真足惜。蕭森素壁動斕斑，猛氣雄姿見風格。我如杜陵不願施錦鯨，琢詩包卷送贈君。知君家學有太極，自是臯比席。上人。剪裁更入革工手，高堂寢處魑魅走。尊前一色老萊衣，爲大夫人千載壽。

清　周長發《賜書堂詩鈔》卷二《兔脯用朱竹垞韻》　中林多野窟，遠餉自寒郊。淺草消殘雪，新醅佐臘庖。空山誰撲朔，樵擔任攜捎。江米東頭巷，廚孃記炙炰。

清　張方佳《免取獺皮教文》　湖南寶慶府城步縣正堂，爲曉諭事：照得楚南各山邑，向産獺皮各地方，有司衙門，每歲需用，或奉上憲諭辦，以及同寅托購，皆在本地價買。亦有因一時難於收集，發價交鄉保辦繳，原無苦累之處，然他邑地界，較城步則廣，出獺皮較城步則多，本不難於採購。今本縣查城邑重巖疊嶂，境内僅有一線溪河，從前出獺，亦屬稀少，迨經捕年久，近日已絶種類。凡涖斯土者，自當加意體察，豈可猶依昔時陋弊，量發價值，派令獵民，苦累傾家，致有流離遷徙，忽視民瘼，於心安乎？城邑舊有獵民十餘户，因歷年承辦獺皮，本處無獺可捕，不得已赴粤西捕覓，幸而有獲，依數呈繳而出。經久，日既費，日食復曠，生計已屬得不償失，況不幸無獲？即所獲不能如數，而差票難銷，則惟有添價買交。窮民家資幾何，年復一年，焉有不傾蕩之理者乎？是以數年來，獵民十餘户，流離遷徙者殆半矣。言念及此，殊堪憫惻。今本縣深悉此情，斷不效尤，累爾獵民，但恐本衙門從前經辦各役，或指稱本縣需買名色，希圖詐索，亦未可定。合行出示曉諭。爲此，示仰本鄉保獵户人等知悉：嗣後本縣衙門永禁發買獺皮，以免爾等受累。倘有差役人等，假冒詐索情事，許爾指名稟報，以憑嚴究不恕。

清　曹麟開《塞上竹枝詞》　鹿骨瑩圓戲具偕，承空上下門邨娃。乘鸞暗卜誰先兆，信手攤來四色皆。蒙古回人風俗，以鹿蹄腕骨，名曰羅丹，隨手攤擲爲戲，視其偃仰横側爲勝負。小者以麞，大者以鹿，瑩澤如玉，婦女圍坐，一手攤擲，承空上下，各取之，以不動局上者爲工。腕骨一具，四面不同，持四枚擲之，各得一色，以此分勝負。又有以薄圓石擊之，名曰帕格。

清　道光《承德府志》卷二九《物産·鹿角器》

高宗御製詠鹿角筆架詩：茸長八乂老，蜕然去不留。無從別麋麈，又幾閲春秋。形欲成芝朶，堅將變石頭。雅宜供筆架，毛潁本同遊。　高宗御製命製鹿角椅並題以句：獵獲八乂角，良工製椅能。由來無棄物，可以備時乘。詎是仙都遺，去聲從思家法成。盛京貯有太宗時鹿角椅，山莊有聖祖時鹿角椅，今命製此，亦肯構之意也。夔夔戒倚側，棣棣慎居興。休卦形猶曲，豐尖柔足徵。底須七寶飾，樸素審堪稱。

雜録

唐　馮贄《雲仙雜記》卷三《享鹿肉》　黄昇日享鹿肉三斤，自晨煮至日影下門西，則喜曰「火候足矣。」如是四十年。《安成記》

又《虎毛紅管筆》　有戲馬生甚貧，遇人與虎毛紅管筆一枚，曰：「所須但呵筆即得之。然夫妻之外，令一人知，則殆矣。」時方盛行凝烟帳、風篁扇，皆呵而得之。一日晚，思兔頭羹，連呵遽得數盤。夫妻不能盡，以與鄰家。自是筆雖存，呵之無應矣。《纂異記》

宋　徐鉉《稽神録》卷二　晉安有東山，樵人恒見山中有紫光燭天，伺之久，見一大鹿，光自口出。設置捕之而獲，刳其腹，得一紫石，圓瑩如珠，因寶藏之，家自是富。至孫奢縱好酒，醉而玩其珠，以爲石何能神。因擊碎之，家自是貧。

宋 吴曾《能改齋漫録》卷六《王母使者》 漢武帝天漢三年，帝巡東海，祠恒山，王母遣使獻靈膠四兩，吉光毛裘。武帝以付外庫，不知膠、裘二物之妙也，以爲西國雖遠，而貢者不奇，使者未遣之。帝幸華林苑，射虎兕，弩絃斷。使者時隨駕，因上言，請以膠一分，以口濡其膠，以續弩絃。帝驚曰：「此異物也。」乃使武士數人，對牽引之，終日不脱，勝未續時也。膠青色，如碧玉。吉光毛裘黄白，蓋神馬之類。裘入水終日不沈，入火不焦。帝悟，厚賂使者而遣去。集絃膠出自鳳麟洲，洲在西海中，地面正方，皆一千五百里，四面皆弱水遶之。上多鳳麟，數萬爲羣。煮鳳喙及麟角，合煎作膠，名之「集絃膠」，一名「連金泥」。弓弩已斷之絃，刀劍已斷之鐵，以膠連續，終不脱也。

宋 羅願《爾雅翼》卷一八《夔》 黄帝得之，以其皮冒鼓，橛以雷獸之骨，聲聞五百里。

明 謝肇淛《滇略》卷三 《博物志》云：「雲南郡出茶首，其音蔡茂，是兩頭鹿也。其腹中胎可治蛇虺毒，土人常以四月中取之。」按：《後漢書》：「兩頭鹿見雲南，其即是耶，然亦不恒有矣。」

圖表

宋 聶崇義《三禮圖集注》卷三 《士冠禮》注云：「皮弁，以白鹿皮爲之，象太古。」又《舊圖》云：「以鹿皮淺毛黄白者爲之，高尺二寸。」《周禮》王及諸侯孤卿大夫之皮弁，會上有五采、三采、二采玉璂，象邸。唯不言士之皮弁有此等之飾。凡於圖中重見者，以其本旨不同也。此解《士冠禮》三加、次加皮弁是以重出，他皆類此。

皮弁

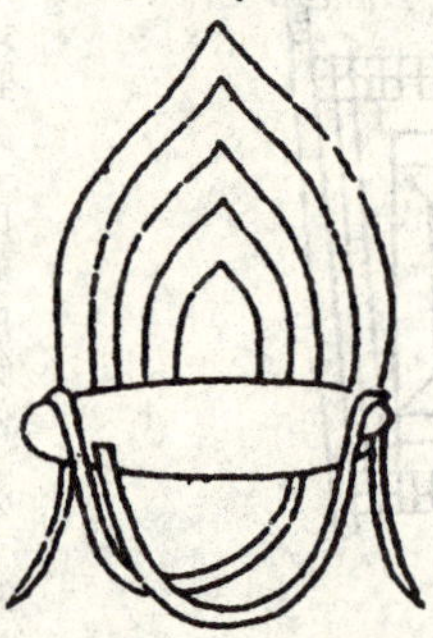

又 卷六 《司裘》：「王大射則共虎侯。」虎侯者，謂以虎皮飾其布侯之側，其鵠亦以虎皮方制之，著於侯中。其侯道九十弓，弓二寸，以爲侯中，中亦身也。（略）

虎侯

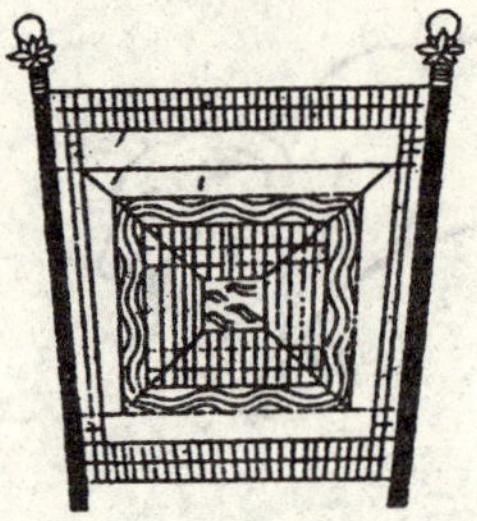

《王大射司裘》：「亦共熊侯。」以熊皮飾侯側，兼方制其鵠。（略）

熊侯

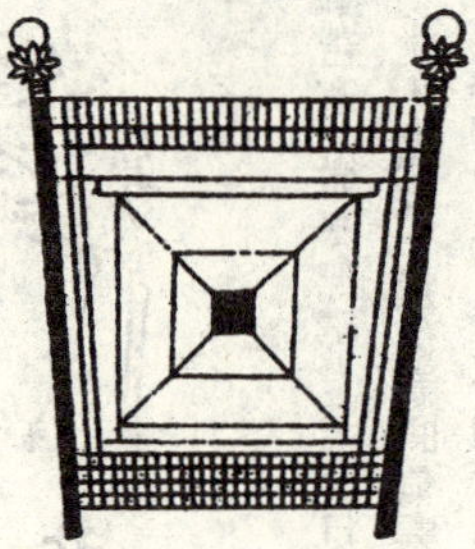

《司裘》云：「卿大夫則供麋侯。」此謂王朝卿大夫畿内有采地者，將祭先祖，亦行大射之禮。張麋侯，君臣共射焉。亦以麋皮飾侯側，又以皮方制其鵠，著於侯中，其侯道亦五十弓，侯廣鵠方丈尺之數，亦與王之豹侯同。（略）

麋侯 畿内有采地，卿大夫所射。

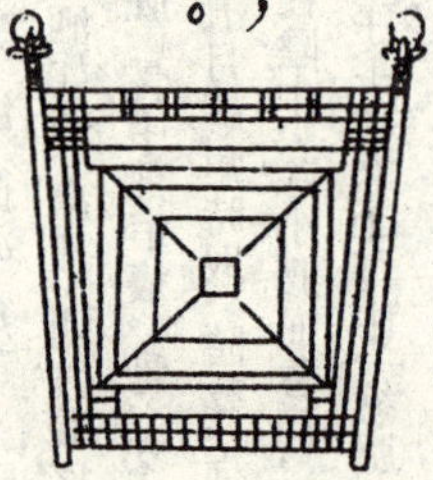

豻侯者，豻，胡地野犬。以豻皮飾侯，亦方制爲鵠，其侯道五十弓，侯鵠方廣並與天子豹侯同。

豻侯

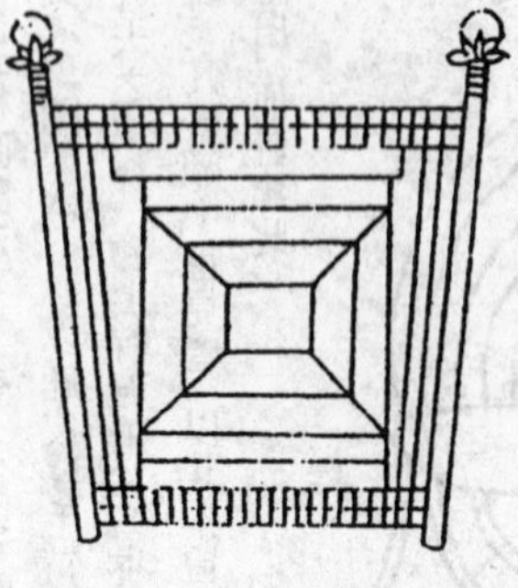

宋 唐慎微《證類本草》卷一六 熊脂味甘，微寒，微温，無毒。主風痺不仁筋急，五臟腹中積聚，寒熱羸瘦，頭瘍白禿，面皯皰，食飲吐嘔。久服强志，不飢，輕身，長年。生雍州山谷，十一月取。

熊脂

又 卷一七 鹿茸味甘、酸，温、微温，無毒。主漏下惡血，寒熱驚癇，益氣强志，生齒不老，療虚勞，洒洒如瘧，羸瘦，四肢酸疼，腰脊痛，小便利，泄精溺血，破留血在腹，散石淋癰腫，骨中熱疽癢。骨，安胎下氣，殺鬼精物，不可近陰，令痿。久服耐老。四月五月解角時取，陰乾，使時燥。角，味鹹，無毒。主惡瘡癰腫，逐邪惡氣，留血在陰中，除小腹血急痛，腰脊痛，折傷惡血，益與氣。七月採。髓，味甘，温。主丈夫、女子傷中，絶脈，筋急痛，欬逆。以酒服之良。（略）

郢州鹿

鹿茸

羚羊角味鹹苦寒，微寒無毒。主明目，益氣起陰，去惡血注下，辟蠱毒惡鬼不祥，安心氣，常不魘寐。療傷寒時氣寒熱，熱在肌膚，温風注毒伏在骨間，除邪氣驚夢，狂越僻謬，及食噎不通。久服强筋骨，輕身，起陰，益氣，利丈夫。生石城山川谷及華陰山，採無時。

羚羊角

又　卷一八　野駝脂無毒。主頑痺風瘙，惡瘡毒腫死肌，筋皮攣縮，踠損筋骨。火炙摩之，取熱氣入肉，又以和米粉作煎餅食之，療痔。勿令病人知。脂在兩峯內。生塞北、河西。家駝爲用亦可。

野駝

又　卷二〇　中品蝟皮味苦，平，無毒。主五痔，陰蝕，下血赤白五色，血汁不止，陰腫痛引腰背，酒煮殺之。又療腹痛疝積，亦燒爲灰，酒服之。楚山川谷田野。取無時，勿使中濕。

蝟皮

元　忽思慧《飲膳正要》卷三　𦍩䍽味甘，平，無毒。補五勞七傷，温中益氣，其肉稍腥。（略）

𦍩䍽

野馬肉味甘平，有毒。壯筋骨。與家馬肉頗相似，其肉落地不沾沙，然不宜多食。（略）

野馬

麋肉味甘，温，無毒。益氣補中，治腰脚無力。不可與野雞肉及蝦、生菜、梅李果實同食，令人病。麋脂味辛，温，無毒。主癰腫，惡瘡，風痺，四肢拘緩，通血脉，潤澤皮膚。麋皮作靴，能除脚氣。（略）

麋

麞肉温，主補益五藏。《日華子》云："肉無毒，八月至臘月食之，勝羊肉。十二月以後至七月食之，動氣。道家多食，言無禁忌也。"（略）

麞

鹿肉味甘，温，無毒。補中，强五藏，益氣。鹿髓甘，温。主男女傷中，絶

脉，筋急，欬逆，以酒服之。鹿頭，主消渴，夜夢見物。鹿蹄，主脚膝疼痛。鹿腎，主温中，補腎，安五藏，壯陽氣。鹿茸味甘，微温，無毒。主漏下惡血，寒熱驚癇，益氣强志，補虚羸，壯筋骨。鹿角微鹹，無毒。主惡瘡癰腫，逐邪氣，除小腹血急痛，腰脊痛及留血在陰中。（略）

鹿

獺肉味鹹，平，無毒。治水氣脹滿。瘵温疫病，諸熱毒風，欬嗽勞損。不可與兔同食。獺肝甘，有毒。治腸風下血及主疰病相染。獺皮飾領袖，則塵垢不著。如風沙翳目，以袖拭之，即出。又魚刺鯁喉中不出者，取獺爪爬項下，即出。（略）

獺

野猪肉味苦，無毒。主補肌膚，令人虚肥，雌者肉更美。冬月食。橡子肉色赤，補人五藏，治腸風瀉血，其肉味勝家猪。（略）

野猪

豹肉味酸，平，無毒。安五藏，補絶傷，壯筋骨，强志氣。久食令人猛健忘性，麄踈，耐寒暑。正月勿食之，傷神。唐本注云：「車駕鹵簿用豹尾，取其威重，爲可貴也。」土豹腦子可治腰疼。（略）

豹

麞子味甘，平，無毒，補益人。（略）

麞

狐

狐肉温，有小毒。《日華子》云：「性暖，補虚勞，治惡瘡疥。」（略）

麂

麂肉味甘，平，無毒。主五痔，多食能動人痼疾。（略）

狼

狼肉味鹹，性熱，無毒。主補益五藏，厚腸胃，填精髓。腹有冷積者，宜食之。味勝狐、犬肉。狼喉嗉皮，熟成皮條，勒頭去頭痛。狼皮，熟作番皮，大暖。狼尾，馬胷堂前帶之，辟邪，令馬不驚。狼牙，帶之辟邪。（略）

犀牛

犀牛肉味甘，温，無毒。主諸獸蛇虫蠱毒，辟瘴氣，食之入山不迷其路。犀角味苦鹹，微寒，無毒。主百毒蠱疰，邪鬼瘴氣，殺鈎吻、鴆羽、蛇毒。療傷寒、温疫。犀有數等：山犀、通天犀、辟塵犀、水犀、鎮帷犀。（略）

猴

猴肉味酸，無毒。主治諸風勞疾。釀酒尤佳。（略）

野貍

野貍味甘，平，無毒。主治鼠瘻惡瘡，頭骨尤良。（略）

獾肉味甘，平，無毒。治上氣欬逆，水腹不差，作羹食良。（略）

獾

塔剌不花，一名土撥鼠，味甘，無毒。主野鷄瘻瘡，煮食之，宜人。生山後草澤中，北人掘取以食，雖肥，煮則無油，湯無味。多食難克化，微動氣。皮作番皮，不濕透，甚暖。頭骨去下頦肉，令齒全，治小兒無睡。懸之頭邊，即令得睡。

塔剌不花

明 李中立《本草原始》卷九《獸部》 虎，生山林。

虎骨氣味辛，微熱，無毒。□曰平。

主治邪惡氣殺鬼疰毒，止驚悸，治惡瘡鼠瘻。頭骨尤良。治筋骨毒風攣急，屈伸不得，走注疼痛。治尸疰腹痛，傷寒，温氣，温瘧。殺犬咬毒。追風定痛，健骨，止久痢脱肛，獸骨鯁咽。

虎之一身，筋節氣力皆出前足，故入藥以脛骨爲勝。

麝臍香，氣味辛，温，無毒。主治：辟惡氣，殺鬼精物，去三蟲，蠱毒，温瘧，驚癇。久服除邪，不夢寤魘寐。療諸凶邪鬼氣中惡，心腹暴痛脹急，痞滿風毒，去面䵟目中膚，翳婦人産難，墮胎，通神仙。佩服及置枕間，辟惡夢及尸疰鬼氣，又療蛇毒。治蛇蠶咬沙蝨溪瘴毒，辟蠱氣，殺臟腑蟲，治瘧疾，吐風痰，療一切虚損惡病，納子宫，暖水臟，止冷帶下。熟水研服一粒，治小兒驚癇客忤，鎮心安神，止小便利，又能蝕一切癰瘡膿水。除百病，治一切惡氣及驚怖恍惚。療鼻窒不聞香臭。通諸竅，開經絡，透肌骨，解酒毒。消瓜果食積，治中風、中氣、中惡，痰厥積聚癥瘕。

（象）牙，氣味甘，寒，無毒。主治諸鐵及雜物入肉，刮牙屑和水敷之，立出。治癇病，刮齒屑炒黄研末飲服。

皮，主治下疳。燒灰和油敷之。又治金瘡不合。

膽，主治明目，治疳。

睛主治目疾。

骨主治解毒。胸前小横骨燒灰酒服令人能浮。

犀角。氣味苦、酸、鹹，寒，無毒。主治百毒蠱疰，邪鬼瘴氣，殺鉤吻，鴆羽蛇毒。除邪不迷惑魘寐久服輕身。辟中惡，鎮心神，解大熱，散風毒。治發背癰，疽瘡化膿作水時疾熱如火，煩毒入心，狂言妄語。治心煩上驚，鎮肝明目，安五臟，補虛勞，退熱消痰，解山瘴溪毒。

清 王皜《六經圖・禮記制度示掌圖・冠冕器用制圖》以鹿皮淺毛黃白者爲之，高尺二寸。諸侯、孤卿大夫、士，皆冠之。

皮弁笄，爵弁笄，今之簪也。士以骨，大夫以象。

皮弁

笄

禽類

綜述

唐 段公路《北户録》卷二《蚊母鳥》 端州有鳥，捕魚而食，每作一聲，則蚊子羣出其口。《廣雅》云：「蚊母鳥」，其翅可爲扇辟蚊。

宋 釋贊寧《東坡先生物類相感志》卷七《血鶴血》 《穆天子傳》云：「王至於巨鬼氏，乃獸白鶴之血，以餘飲天子。」郭註：「所以飲血，益人氣力。」「以牛之乳潼洗天子之足。」郭注云：「令肥柔滑焉。」

宋 李昉《太平御覽》卷九二四 宛鶵大於北鶵，以供御。

宋 蘇軾《格物麤談》卷上 缸盛雞鵝毛，投韭菜一把，或入枇杷核，則毛盡爛，澆花甚肥。

宋 唐慎微《證類本草》卷一六 烏氊，無毒。主火燒生瘡，令不著風水，止血，除賊風，燒爲灰，酒下二錢七，主産後血下不止，久臥吸人脂血，令人無顔色，上氣。

又 卷一九 禽下孔雀屎，微寒。主女子帶下，小便不利。陶隱居云：出廣、益諸州，方家不見用。《唐本》注云：孔雀，交、廣有，劍南元無。臣禹錫等謹按：陳藏器云：孔雀，味鹹，無毒。《日華子》云：孔雀，涼，微毒。解藥毒、蠱毒。血，治毒藥，生飲涼。糞，治崩中帶下，及可傅惡瘡。

《衍義》曰：孔雀尾不可入目，昏翳人眼。

鴟天脂切頭，味鹹，平，無毒。主頭風眩顛倒，癇疾。陶隱居云：即俗人呼爲老鵄者。一名鳶。又有鳴鴞，並相似而大。雖不限雌雄，恐雄者當勝。今鴟頭酒用之，當微炙，不用蠹蟲者。

《食療》云：頭燒灰，主頭風目眩，以欲服之。肉，食之，治癲癇疾。

《千金方》治癲癇瘈瘲。飛鴟頭三枚，並丹一斤，右二末末之，蜜丸。先食，後三九，日三瘈者，稍加之。（略）

啄木鳥，平，無毒。主痔瘻，及牙齒疳䘌蚛牙，燒爲末，內牙齒孔中，不過三數。此鳥有大有小，有褐有斑，褐者是雌，斑者是雄，穿木食蠹。《爾雅》

云：鴷斵木。《荆楚歲時記》云：野人以五月五日得啄木，貨之，主齒痛。《古
今異傳》云：本雷公採藥吏，化爲此鳥。《淮南子》云：斵木愈齲，信哉。又
有青黑者，黑者；頭上有紅毛，生山中，土人呼爲小啄木，大如鵲。新補
姚大夫治瘻有頭出膿水不止，以啄木一隻，燒灰，酒下二錢匕。
深師方治蚛牙，有孔疼處，以啄木鳥舌尖綿裹於痛處咬之。（略）
陽烏，鸛注陶云：「陽烏是鸛。」按二物殊不似，陽烏身黑，頸長白，殊小
鸛觜。主惡蟲咬作瘡者，燒爲末，酒下。亦名陽鴉，出建州。（略）
英雞，味甘，温，無毒。主益陽道，補虚損，令人肥健悦澤，能食，不患冷，
常有實氣，而不發也。出澤州有石英處，常食碎石英，體熱無毛，飛翔不遠。
人食之，取其英之功也。如雉，尾短，腹下毛赤，腸中常有碎石瑛。凡鳥食
之，石入腸，必致消爛，終不出。今人以末石瑛飼雞，取其卵而食，則不如英
雞。（略）
鸂鶒鳥，主溪毒，砂虱，朮弩，射工，蜮短狐蝦鬚等病。將鳥來病人邊，則
能唼人身，訖以物承之，當有砂石出也。其砂即是含沙射人，砂是此蟲之箭
也。亦可燒屎及毛作灰服之。亦可籠以近人，令鳥氣相吸。山中水毒處，即生
此鳥，當爲食毒蟲所致。已前數病，大略相似，俱是山水間蟲，含沙射影。亦
有無水處患者，防之。發，夜卧常以手摩身體，覺辣痛處，熟視當有赤點如鍼
頭，急捻之，以芋葉入肉刮，却視有細沙石，以蒜封瘡頭上，不爾，少即寒熱，
瘡漸深也。其蝦鬚瘡，桂嶺獨多，著者十活一二。唯有早覺者，當用芋草及大
芋、甘蔗等葉，屈角入肉鈎之，深盡根，蒜封可差。須臾即根入至骨，其根拔出
如蝦鬚，瘡號蝦鬚瘡，有如丁腫。最惡者人幽隱處，自餘六病，或如瘧及天行
初著寒熱。亦有瘡出者，亦有無瘡者，要當出得砂石，遲緩易療，不比蝦鬚。
鸀鳿鳥，如鴨而大，眼赤觜斑，好生山溪中。（略）
蒿雀味甘，温，無毒。食之益陽道，取其腦，塗凍瘡，手足不皸。似雀青
黑，在蒿間，塞外彌多，食之美於諸雀。塞北突厥雀，如雀，身赤，從北來，當
有賊下邊人候之，食其肉，極熱，補益人也。（略）
黄褐侯味甘，平，無毒。主蟻瘻惡瘡。五味淹炙食之，極美。如鳩，作綠
褐色，聲如小兒吹竿。（略）
鶻鵃，膏主耳聾，滴耳中。又主刀劍令不鏽，以膏塗之。水鳥也，如鳩，鴨
脚連尾，不能陸行，常在水中，人至既沉，或擊之便起。《爾雅》注云：「膏，
主堪瑩劒。」《續英華詩》云：「馬銜苜蓿葉，劒瑩鸊鵜膏」是也。（略）
鶡雞味甘無毒，食肉令人勇健。出上黨。魏武帝賦云：「鶡雞猛氣，其鬭
終無負，期於必死。今人以鶡爲冠，像此也。」（略）
百舌鳥，主蟲咬，炙食之，亦主小兒久不語。又取其窠及糞，塗蟲咬處。
今之鶯，一名反舌也。
宋 陸佃《埤雅》卷六《雕》 顔氏云：「雕，一名鷲，其翮可用爲箭羽。」
蓋雕隼六翮，皆乘風輕勁，故堪以爲箭羽。《禽經》曰：「雕以周之，鷲以就
之。」（略）
又 卷七《孔雀》 人採其尾以飾扇拂，生取則金翠之色不滅。南人取其
尾者，握刀蔽於叢竹潛隱之處，伺過，急斬其尾，若不即斷，回首一顧，金翠無
復光彩。
《博物志》曰：鴻毛爲囊，可以渡江不漏。
又 卷八《鸞》 舊云：鸞血作膠，可以續弓弩、琴瑟之弦。
宋 羅願《爾雅翼》卷一五《鶬》 漢南越獻翠鳥、生翠，古者鶬冠，飾鶬
羽于頂。
又 卷一六《鵰》 翮可以爲箭羽。
又 《鴆》 古人以其羽翮歷酒中，則能殺人，《國語》：「驪姬寘鴆于酒。」
謂之酖酒。
宋 寇宗奭《本草衍義》卷一六 鴈肪，人多不食者，謂其知陰陽之升降，
分長少之行序。世或謂之天厭，亦道家之一説爾。食之則治諸風。《唐本》注
曰：鴈爲陽鳥，其義未盡。兹蓋得中和之氣，熱則即北，寒則即南，以就和氣，
所以爲禮幣者，一以取其信，二取其和。（略）
鷹屎白兼他藥用之，作潰虚積藥，治小兒妳癖。（略）
雀卵，孟詵云：「肉十月已後正月已前食之。」此蓋取其陰陽静定，未決
泄之義，卵亦取第一番者。（略）
鷓鴣，鄭谷所謂「相呼相應湘天闊」者。南方專充庖，然治瘴及菌毒
甚效。
宋 談鑰《吳興志》卷二〇 雉，《左傳》有五雉，今山閒有文備五采。獵户能射
之以貨，人亦多食。
宋 張邦基《墨莊漫録》卷一 孔雀毛著龍腦則相綴，禁中以翠尾作帚。

嘴主治：蟻瘻，孫思邈

腦主治：塗凍瘡，時珍

主治：補中益氣力，止洩痢，除蟻瘻。《別録》（略）

明 李時珍《本草綱目》卷四八《禽之二·雉》《別録》中品》 肉，氣味酸，微寒，無毒。（略）

明 王圻《稗史彙編》卷五九《翡翠》 背有彩羽曰翡，狀如鵲而色正，碧，鮮縟可愛，飲啄于澄瀾洄淵之處，尤惜其羽，日濯于水中。今王公之家以爲婦人首飾。

明 袁達《禽蟲述》 鴞炙，食之珍也，熊白，味之美也。瓦屋蠣房，海物惟錯。駝鞍鼈裙，肉食惟嘉。麞鹿無魂，道家所食。河豚有毒，子脹死又眼酸人油口人吴儂所珍視。肉如牛肝而兩目，食之旋生珠，鼈如肺而六足，食之已癇。

又 卷二八《禽部下品·百勞》 百勞毛，主小兒繼病。繼病，母有娠乳兒，兒有病如瘧痢，他日亦相繼腹大，或差或發。他人相近，亦能相繼。北人未識此病，懷妊者取毛帶之。又取其蹋枝鞭小兒令速語。《名醫所録》

又《鳥目無毒》 鳥目無毒，生吞之令人見諸魅，或以目睛研注目中，夜見鬼也。肉及卵，食之令人昏忘。毛把之，亦然，未必昏，爲其臭羶。

又《百舌鳥》 百舌鳥，主蟲咬。炙食之，亦主小兒久不語。又取其窠及糞塗蟲咬處。今之鶯，一名反舌也。

又《山菌子》 山菌子，味甘，平，無毒，主野雞病，殺蟲。煮炙食之。生江東山林間，如小雞，無尾。

又《天鼠屎》 天鼠屎出《神農本經》主面癰腫，皮膚洗洗時痛，腹中血氣，破寒熱積聚，除驚悸。以上朱字《神農本經》去面黑皯。以上黑字《名醫所録》

又 卷二七《禽部中品·鷰屎》 鷰屎，主蠱毒鬼疰，逐不祥邪氣，破五癃，利小便。《神農本經》

明 劉文泰《本草品彙精要》卷二六《禽部上品·鷓鴣》 鷓鴣，主嶺南野葛菌毒，生金毒，及温瘴久欲死不可瘥者，合毛熬酒漬之，生擣取汁服，最良。《名醫所録》

每幸諸閣，擲龍腦以辟穢，過則以翠尾掃之，皆聚無有遺者。亦若磁石引針，琥珀拾芥，物類相感也。

尾主治：燒灰和麻油，傅天火丹毒，時珍

屎主治久，瘧。時珍

又《鸐雉音狄食療》 釋名鸐鷄《禽經》、山鷄同上、山雉。（略）

肉氣味甘，平，有小毒。（略）主治五臟氣喘不得息者，作羹臛食，孟詵炙食補中益氣。時珍

又《鶡雞曷渴二音《拾遺》》 肉氣味甘平，無毒。主治炙食令人勇健，藏器炙食令人肥潤。汪穎

又《竹雞《拾遺》》 肉，氣味甘，平，無毒。時珍曰：按《唐小説》云：崔魏公暴亡，太醫梁新診之，曰：「中食毒也。」僕曰：「好食竹雞。」新曰：「竹雞多食半夏苗也。」命擣薑汁，抉齒灌之，遂甦。則吴廷紹、楊吉老之治鷓毒，蓋祖乎此。

主治：野雞病，殺蟲。煮炙食之。藏器

又《秧雞食物》 肉氣味甘温，無毒。主治蟻瘻。汪穎

又《英雞《拾遺》》 集解藏器曰：英雞，出澤州有石英處，常食碎石英。狀如雞而雉尾，體熱，無毛，腹下毛赤，飛翔不遠，腸中常有石英，人食之，取英之功也。今人以石英末飼雞，取卵食，終不及此。

肉氣味甘温，無毒。主治益陽道，補虚損，令人肥健悦澤，能食，不患冷，常有實氣而不發也。《藏器》

又 卷四九《禽之三·啄木鳥》 肉氣味甘酸，平，無毒。主治痔瘻及牙齒疳䘌蟲牙。燒存性，研末納孔子中，不過三次。《嘉祐》追勞蟲，治風癇。時珍

舌主治齲齒作痛，以綿裹尖咬之。梅師 瘥 聖惠

血主治庚日向西熱飲，令人面色如朱，光彩射人。時珍 出《岣嶁神書》

又《山鵲食物》 氣味甘温，無毒。主治食之解諸果毒。汪穎

又 卷四九《禽之四·孔雀》 釋名越鳥。

肉氣味鹹涼微毒，主治解藥毒蠱毒。《日華》

發明時珍曰按《紀聞》云：「山谷夷人多食之，或以爲脯腊，味如雞鶩，能解百毒，人食其肉者，自後服藥必不效，爲其解毒也。」又《續博物志》云：「李衛公言鵞驚鬼，孔雀辟惡，鵁鶄厭火。」

血主治生飲解蠱毒良。《日華》

屎氣味微寒，主治女子帶下，小便不利，《別録》治崩中帶下，可傅惡瘡。

日華

尾氣味有毒。

明　余懋學《説頤》卷三《羹梟養鴝》　《漢史》：「五月五日作梟羹，賜百官。以其惡鳥，故以五月五日食之，欲滅其族類。」《零陵記》：「鸜鵒，人多養，五月五日去其舌尖，則能語，聲尤清越，雖鸚鵡不能過也。是故除惡如羹梟，則惡類屏矣，樹善如養鴝，則善類進矣。舜去四凶、羹梟之類也。舉元愷養鴝之類也。」

明　謝肇淛《滇略》卷三《百鵲膽》　治小兒五疳最良，解巴豆毒及頭癬齒䘌，服過七分者死。

明　張存紳《增定雅俗稽言》卷三五　孔雀。孔雀毛著龍腦則相綴，禁中以翠毛作帚，每幸諸閣，擲龍腦以辟穢，過則以毛帚掃之，皆聚，無有遺者，亦若磁石引針、琥珀拾芥，物類相感也。

明　王象晉《群芳譜》鶴魚部《鶴魚譜·鶴》　療治鶴卵，煮一枚與小兒食，預解痘毒，多者令少，少者不出。《活幼全書》鶴骨，酥炙入滋補藥。脛骨爲笛，聲甚清越。肫中砂石子磨水服，解蠱毒邪氣。

清　王鉞《星餘筆記》　鷓鴣，身有文似雌雉而形啻小，臆前白點，正圓如珠。其飛向南，其鳴自呼。畏霜露早暮稀出，夜棲則以樹葉覆其背，土人采而食之，味美，云可以去瘴。

清　丁其譽《壽世秘典》卷四　鵰，肉與鷹肉同。骨治折傷斷骨。燒灰，每服二錢酒下，在上食後在下食前骨即接如初。

清　屈大均《廣東新語》卷一五《貨語·鳥服》　朔漠多獸服，南方多鳥衣。鳥衣者，諸種鳥布所成。一曰「天鵝絨」，夷人剪天鵝細管，雜以機絲爲之。其製巧麗，以色大紅者爲上，有冬夏二種，雨灑不溼，謂之「雨紗」、「雨緞」。粵人得其法，以土鵝管或以羢物，品既下，價亦因之。一曰「瑣袱」，出哈烈國，亦鳥毳所成，紋如紈綺，其大紅者貴，然服之身重不便。粵人倣爲之，似素紡絹而自起雲，殊不逮也。又有以孔雀毛績爲線縷，以繡譜子及雲肩袖口，金翠奪目，亦可愛。其毛多買於番舶，毛曰「珠毛」，蓋孔雀之尾也。每一屏尾價一金，一屏者一孔雀之尾也，以其尾開如錦屏，故曰「屏」。

清　吳綺《嶺南風物記》　鵕鸃鳥，出肇慶府，似山鷄，其羽有光，漢以飾侍中冠，杜詩云：「何須不著鵕鸃冠」，此也。

清　張璐《本經逢原》卷四《禽部》　鸛骨，甘寒小毒。

發明　鸛骨治尸疰，喉痺，蛇虺傷，專用其毒以攻伏匿之毒也。嘴及脚骨尤良。卵能預解痘毒。（略）

雁，甘温無毒。

《本經》：主風攣拘急偏枯，血氣不通利。（略）

鶉，甘平無毒。

發明　鶉，主腹大如鼓，解熱結，療小兒疳。（略）

斑鳩，甘平無毒。

發明　斑鳩補腎，故能明目，治虛損益氣，食之令人不噎。（略）

鸜鵒俗名八哥，甘平無毒。

發明　鸜鵒目和乳汁滴目，令人目明，能見霄外之物。肉治噎逆，及五痔止血。（略）

鴞，甘温小毒。

發明　鴞，治風癇噎食。（略）

鷹屎白，微寒無毒，本經主傷撻滅瘢。（略）

鴟，鹹平小毒。

發明　鴟頭治頭風目眩，顛倒癇疾。（略）

鴟鵂俗呼貓頭鷹，酸微鹹小毒。

發明　鴟鵂，不祥之物，古方罕用，近世治傳屍勞瘵，專取陰毒之味，以殺陰毒之蟲也。

清　孫之騄《枝語》卷上《孔雀》　瓊州有孔雀，花可以辟暑，蓋花性宜陰濕，對之寒生。

清　雍正《浙江通志》卷一七〇　翠碧，《隆慶樂清縣志》：「其毛可以爲飾。」

清　嵇璜《續通志》卷一八〇　鸏𪇳，一名越王鳥；一名鶴頂，一名鶵鶹，出九真交趾，大如孔雀，喙長尺餘，黄白黑色，光瑩如漆，南人以爲飲器。竺法真《登羅山疏》云：「越王鳥不踐地，不飲江湖，不唼百草，不食魚，惟噉木葉，糞似薰陸香。南人得之，以爲香，可入藥。」

清　嘉慶《雲霽廳志》卷三《民風》　以鴞翎貫皮錢踢之，曰踢毽。

清　光緒《周莊鎮志》卷一　夏鳥係扁鶏白鷴黄鶘之類，俱水鳥而長腳者，集在青浦東南神余諸山下之蕩田間，鎮東南官字圩村人專捕此鳥，以鳥媒相引網而取之，載至鎮中店家，煮熟以市，味甚佳，他處未有也。其羽毛則售於湖州，充作鵞毛扇。

清 光緒《永定縣鄉土志》卷四《物産志》（鷹）羽扇其翅翎剛健，取以作扇，能避蚊蚋，其爪入藥，能通筋骨。

紀事

漢 司馬遷《史記》卷一二五《佞幸列傳》 昔以色幸者多矣。至漢興，高祖至暴抗也，然籍孺以佞幸；孝惠時有閎孺。此兩人非有材能，徒以婉佞貴幸，與上臥起，公卿皆因關説。故孝惠時郎侍中皆冠鵕鸃，貝帶，傅脂粉，化閎、籍之屬也。兩人徙家安陵。

宋 歐陽修《新唐書》卷三四《五行志》 武后時，（略）安樂公主使尚方合百鳥毛織二裙，正視爲一色，傍視爲一色，日中爲一色，影中爲一色，而百鳥之狀皆見，以其一獻韋后。公主又以百獸毛爲韉面，韋后則集鳥毛爲之，皆具其鳥獸狀，工費巨萬。公主初出降，益州獻單絲碧羅籠裙，縷金爲花鳥，細如絲髮，大如黍米，眼鼻觜甲皆備，瞭視者方見之。皆服妖也。自作毛裙，貴臣富家多效之，江、嶺奇禽異獸毛羽採之殆盡。

宋 羅願《爾雅翼》卷一三《鷩》 番禺諸郡往往取山雉爲筆，五色可愛。

又 卷一六《鵰》 羽可以爲箭。漢時，匈奴有斗入漢地，直張掖郡者，生奇材木，箭竿就羽，漢欲得之，以饒邊。就，即大雕也。

明 王圻《稗史彙編》卷一五九《鷫鸘裘》 相如、文君用鷫鸘裘當酒，長沙浪士王渲與名娼董和仙各爲麗服，塗鷫鸘狀號，爲相如錦，久而都下亦効之。

明 余懋學《説頤》卷三《鶬膳瓶酒》 梁郄后性妬，武帝患之，左右進言曰：「臣嘗讀《山海經》云：以鶬鶊爲膳，可以療其病，使不妬。陛下盍試諸？」帝從之。郄茹之，妬減殆半，帝愈神其事。左右復言曰：「願陛下廣羞儲以偏賜羣臣，使不才者無妬於有才，挾私者不妬其奉，公獨者不忌其清，貪者不忌其廉，亦助化之一端也。」帝深然其言，將詔虞人廣捕之。會方崇内典，誡于血食，議遂寢。

明 木增《雲薖淡墨》卷二《却寒簾》 咸通年，賜同昌公主却寒之簾，寒鳥骨爲之者。

清 雍正《福建通志》卷一〇《物産・漳州府》 帛之屬，天鵝絨。本出倭國，今漳人以絨織之。置鐵線其中，織成割出，機製雲蒸，殆奪天工。

藝文

三國吳 閔鴻《羽扇賦》惟羽扇之攸興，乃鳴鴻之嘉容。産九華之中澤，邁雍喈之天聰。表高義於太易，著詩人之雅章。賴茲翮以内飛，曜羽儀於外揚。於時祝融持運，朱明發暉，奔陽衝布，飛炎赫曦，同煴隆於雲漢，咸慘毒於中衷。爾乃登爽塏，臨甘泉，漱清流，蔭玄雲，運輕翮以容與，激清風於自然，披綃衽而入裹，飛羅纓之繽紛。於是暑氣雲消，獻酬乃設，停神静思，且以永日。妍羽詳裹，詠棘心之所歡。衆坐侃以怡懌，咸俯節以齊歡，感蕙風之盪迴，清風盈室，動静揚暉，嘉好越逸。飄飄弈弈，飛景曜日，同皦素於凝霜，豈振鷺之能匹。

唐 張九齡《曲江集》卷一《白羽扇賦并序》 開元二十四年夏，盛暑，一有奉字敕使大將軍高力士賜宰臣白羽扇，九齡與焉，竊有所感，立獻一作進賦曰：

當時而用，任物所長。彼鴻鵠之弱羽，出江湖之下方。安知煩暑，可致清涼。豈無紈素，彩畫文章，復有脩竹，剖析毫芒。提攜密邇，摇動馨香。惟衆珍之在御，何短翮之敢當。預一作而《文粹》作與竊恩於聖后，且見持於未央。伊昔臯澤之時，爾一作亦有雲霄之志，苟効用之得所，雖殺身而何忌。肅肅鳥一作白羽，穆如微風，縱秋氣之移奪，終感恩於篋中。

唐 白居易《白氏長慶集》卷三八《雞距筆賦以中山兔毫作之尤妙爲韻任不依次用**》** 足之健兮有雞足，毛之勁兮有兔毛。就足之中奮發者利距，在毛之内秀出者長毫。合爲手筆，正得其要。象彼足距，曲盡其妙。圓而直，始造意於蒙恬；利而銛，終騁能於逸少。斯則創因智士，傳在良工，拔毫爲鋒，截竹爲筒。視其端若武安君之頭鋭，窺其管如玄元氏之心空。豈不以中山之明視勁而迅，汝陰之翰音勇而雄。一毛不成，採衆毫於三穴之内；四者可棄，取鋭武於五德之中。雙美是合，兩揆而同。故不得兔毫，無以成起草之用；不名雞距，無以表入木之功。及夫親手澤，隨指顧，秉以律，動有度。染松煙之墨，灑鵝毛之素，莫不畫爲屈鐵，點成垂露。若用之交戰，則摧敵而先鳴；若用之草聖，則擅場而獨步。察所以稽其故，雖云任物以用長，亦在假名而善喻。向使但隨物棄，不與人遇，則距蓄縮於晨雞，毫摧殘於寒兔。又安得取名於彼，移用在茲？映赤箋，狀紺趾，乍舉對紅箋，疑錦臆初披。輟翰停毫，既象乎翹足就棲之夕；揮芒拂鋭，又似乎奮拳引鬬之時。苟名實之相副，信動静而似之。其用不困，其美無儔。因草爲號者質陋，折蒲而書者體柔。彼皆瑣細，此實殊尤。是以搦之而變成金距，書之而化作銀鈎。夫然則董狐操可以修爲良史，宣尼握可以删定春秋。其不象雞之羽者，鄙其輕薄；不取雞之冠者，惡其軟弱。斯距也，如劍如戟，可擊可搏，將壯我之毫芒，必假爾之鋒鍔。遂使見之者書狂發，秉之者筆力作。挫萬物而人文成，草八行而鳥迹落。縹囊盛處，類藏錐之沈潛；團扇或書，同舞鏡之揮霍。儒有學書臨水，負笈登山，含毫既至，握管迴還。過兔園而易感，望雞樹以難攀。願争雄於爪距之下，冀得儁於筆硯之間。

唐 裴振《雉尾扇賦并序》 客有薦雉尾扇，要予作賦，予亦感於心，遂命紙筆。詞曰：吁嗟，名翬兮誰喪爾躬。吁嗟，名翬兮我愛其尾。何不作於三嗅，乃見傷於一矢。當遭悦妻於大夫，不值仁心於孺子。凋骨肉於俎豆，翦羽毛於錦綺，雖蒙玩於翠翅，無復刷其丹觜。今屬聖人布命，王道克理，解羅者之目，攤工倕之指。我欲請造物復爾之生，許虞人追爾之死。且王者三驅，爾供庖厨，王后六衣，爾爲光輝。爾毛既美，爾膚既肥，爲薦廟之用，昭媒翳之機。誠不顧樊籠之習習，又安得林麓之飛飛。當昔五步一啄，十步一飲，選地而遊，擇木而寢。固將保羣雌以比翼，豈知遭鳴鷮之碎錦。已矣哉。彼龜何辜，其腹將刳，乃願掉於泥塗。彼鷄何知，方論其肥，乃自斷於郊犧。至如千人操，萬人歌，不如休於桃林之阿。復有青絲絡，黄金裝，不如放於華山之陽。身死命絶，魂銷魄亡，永别儔侣，長辭故鄉。雖復氛氲綺席，窈窕紅粧，間以彩翠，盛以筐箱，百常之臺刻月，九華之扇名之凝霜。獨不及疇年之澤畔，昔日之山梁。悲夫。

宋 蘇軾《東坡養生集·食雉》 雄雉曳修尾，驚飛向日斜。空中紛格鬬，綵羽落如花。喧呼勇不顧，投網復誰嗟。百錢得一雙，新味時所佳。烹煎雜雞鶩，爪距漫槎牙。誰知化爲蜃，海上落飛鵶。

圖　表

宋 唐慎微《證類本草》卷一九 雉肉味酸，微寒，無毒。主補中益氣力，止洩痢，除蟻瘻。陶隱

雉

元 忽思慧《飲膳正要》卷三 鴈，味甘，平，無毒。主風攣拘急偏枯，氣不通，利益氣，壯筋骨，補勞瘦。鴈骨灰和米泔洗頭長髮。鴈膏治耳聾，亦能長髮。鴈脂補虚羸，令人肥白。六月、七月勿食鴈，令人傷神。（略）

鴈

天鵝，味甘，性熱，無毒。主補中益氣。鵝有三四等，金頭鵝爲上，小金頭鵝爲次，有花鵝者，有一等鵝不能鳴者，飛則翎響，其肉微腥，皆不及金頭鵝。

鵁鶄

鵁鶄，味甘，温，無毒。補中益氣，食之甚有益。人炙食之，味尤美。然有數等，白鵁鶄，黑頭鵁鶄，胡鵁鶄，其肉皆不同。髓味甘美，補精髓。

角鷄

角鷄，味甘，平，有小毒。五藏氣喘不得息者，作羹、臛食、炙食，補中益氣，久食瘦人。和蕎麥食，生肥蟲，同豉食，害人卵，同葱食，生白寸蟲。其肉㕮味美，十月可食。

野雞

野鷄，味甘酸，微寒，有小毒。主補中益氣，止洩痢，久食令人瘦。九月至十一月食之，稍有益。他月，即發五痔及諸瘡，亦不可與胡椏及菌子木耳同食。

鴇

鴇，肉味甘，平，無毒。補益人，其肉㕮味美。

寒鴉

寒鴉，味酸鹹，平，無毒。主瘦病，止欬嗽，骨蒸羸弱者。

鳩

鳩，肉味甘，平，無毒。安五藏，益氣明目，療癰腫，排膿血。

雀

雀，肉味甘，無毒，性熱。壯陽道，令人有子。冬月者良。蒿雀，味甘，温，無毒。食之益陽道，美於諸雀。

鵪鶉

鵪鶉，味甘，温平，無毒。益氣，補五藏，實筋骨，耐寒暑，消結熱。酥煎食之，令人肥下焦。四月以前未可食。

鵓鴿

鵓鴿，味鹹，平，無毒。調精益氣，解諸藥毒。

明 李中立《本草原始》卷一〇《禽部》 雉腦主治塗凍瘡。

嘴主治蟻瘻。（略）

屎主治久瘧不止。（略）

肉氣味酸，微寒，無毒。主治補中益氣力，止洩痢，除蟻瘻。

鳩鵲，肉氣味甘，寒，無毒。

主治石淋，消結熱，可燒作灰，以石投中，解散者是雄也。治消渴疾，去風，及大小腸澁，并四肢煩熱，胸膈痰結。婦人不可食。

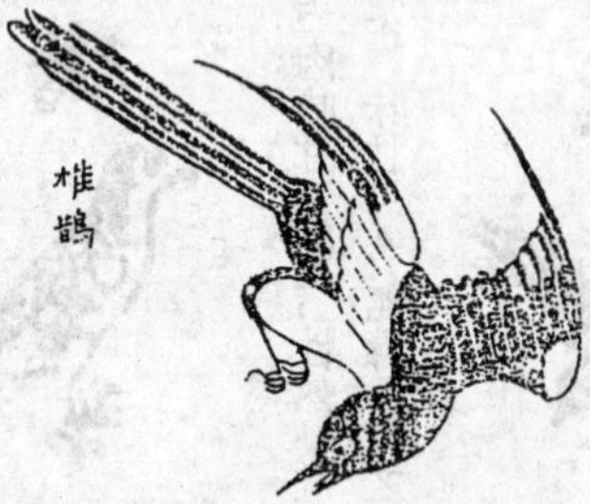

蟲類

綜述

宋 唐慎微《證類本草》卷二二 蛇蜕，音稅味鹹甘平，無毒，主小兒百二十種驚癇瘈。（略）

蝮蛇膽味苦，微寒，有毒，主䘌瘡。有肉釀作酒，療癩疾，諸瘻，心腹痛，下結氣，除蠱毒，其腹中吞鼠，有小毒，療鼠瘻。（略）

藍蛇頭大毒，尾良，當中有約，從約斷之。用頭合毒藥，藥人至死。嶺南人名爲藍，解之法，以尾作脯，食之即愈。藍蛇如蝮，有約出蒼梧語縣，頭毒尾良也。

宋 羅願《爾雅翼》卷三二《蜥蜴》 説者以爲飼以朱砂，以其血點宫人，如赤誌，終身不滅，交接便脱，漢武帝嘗用之，故名守宫。

明 王綸《本草集要》卷六 龍骨君味甘，氣平，微寒。陽也，無毒。主心腹鬼疰精物老魅，欬逆，洩痢膿血，尿血、鼻血、吐血，女子漏下，癥瘕堅結。小兒熱氣驚癇，止夢寐洩精，小便洩精。腸癰内疽陰蝕，止盜汗，縮小便。夜卧自驚多夢紛紜者，加用之。安心神，定魂魄，去脱固氣澁腸。小兒臍瘡不差，燒灰細研傅之。齒，主小兒、大人驚癇身熱，癲疾狂走，心下結氣，不能喘息，諸瘡，大人骨間寒熱，殺精物蠱毒。角，主驚癇瘈瘲，身熱如火，腹中堅及熱洩。

明 劉文泰《本草品彙精要》卷二三《獸部上品·鱗蟲》 龍骨，出《神農本經》主心腹鬼疰，精物老魅，欬逆，洩痢膿血，女子漏下，癥瘕堅結，小兒熱氣驚癇。齒，主小兒大人驚癇癲疾狂走，心下結氣，不能喘息，諸痙。殺精物。角，久服輕身通神明延年。以上朱字《神農本經》骨療心腹煩滿，四肢痿枯，汗出，夜卧自驚，恚怒，伏氣在心下不得喘息，腸癰内疽，陰蝕，止汗，縮小便，溺血，養精神，定魂魄，安五臟。白龍骨療夢寐洩精。齒，小兒五驚十二癇，身熱不可近，大人骨間寒熱，又殺蠱毒。角，主驚癇瘛瘲，身熱如火，腹中堅及熱洩。以上黑字《名醫所録》

明 袁達《禽蟲述》 龍骨着舌而黏，蚺膽浮水而走，魚鼈螺蜆治濕氣而生於水，麝香、羚羊治石毒而生於山，虎鬚治齒，蝟皮治胃，貍頭愈鼠，鷄頭已瘻蠱散積血，斵木愈齲齷網落贅疣，鴛鴦肉諧反目，獺爪去魚哽，飛生爪治産難，鶯肉爲美可以去妒，鼉網縫領可辟健忘，蛣蜣影目而出塵沙，鼠膽滴耳而愈聾疾，紙鳶洩小兒之内熱，鴿粉明童子之疳目，鳲鳩之骨佩之□夫婦，伯勞所踏枝鞭小兒令速語，鳩羽瀝酒飲之死，蛇影侵巵見之疑，食鼠涙所滴之物生黄疾，踏鷄子所遺之殼生白癜。

明 王圻《稗史彙編》卷一六二《蚺蛇脂》 廣西有蚺蛇，其肉無毒，土人食之。其脂與涎沫着男陰即消縮不舉。嘗聞有軍士若干，涉一水，皆病陰痿。蓋此水乃蚺蛇出没處，有涎沫其中，故也。《輟耕録》記挑撻少年奸淫爲樂，人左使，致終身不舉者，疑即其脂也。又見孫思邈《千金方》，鹿脂亦然。

明 陳嘉謨《本草蒙筌》卷一一《蟲魚部·蛤蚧》 味鹹，氣平，有小毒。一云無毒，嶺南山中有，城墻樹底多。首類蝦蟇，背如蠶子，尾長身短，顔色土黄，一雌一雄，自以名唤，行走無異蝘蜓。時常護惜尾稍，見欲取之，輒自嚙斷。採須全具入藥方靈。製宗雷公去頭足鱗鬣，雌雄並用，以酥炙研成。儻或鬻諸市家，務須口含少許，奔走百步不喘方真。主肺虚聲欬無休，治肺痿血咯不已，傳屍勞疰悉逐，着體邪魅咸祛，仍通月經，更利水道。

又《白花蛇》 味甘鹹，氣温，有毒。雖有黔土，惟取蘄州，頭長小角鋒，尾生佛指甲，項遶真珠白點，背纏方勝花紋，因而得名。觀之猶異，諸蛇鼻生向下，此獨鼻向上生，一名褰鼻蛇諸蛇死閉眼睛，是則眼開如活，舒蘄連界上殺獲，兩眼則一閉一開，驗此可辯僞真。據理誠難解悟，性毒善，螫人足中者，輒自斷之。補養已痊，木接代步，又常入人屋壁，腥臭氣如爛瓜，人忽聞之，即忙辟逐。得者火上頓爆，務令透乾，去净頭尾骨皮，漬酒旋飲，止風痛甚速。性竄而然，去風毒彌佳，力倍故爾。功力倍於諸蛇癩麻風，白癜風，髭眉脱落，鼻柱塌壞者，急求。鶴膝風，鷄距風，筋爪拘攣，肌肉消蝕者，速覓。諸藥力莫及者，悉能引達成功。烏蛇氣味甘平，性善而不嚙物。色黑如漆，背有三稜。如劍脊者尤良。尾細尖長，能穿百錢者妙眼光不陷，主治功力畧緩。種生各處甚多，依前製勿差。任爲丸，浸酒，若熬膏藥，頭尾多加。治諸風皮膚不仁，散癧瘍身體瘙癢。金蛇身作金色，照日有光，多産賓澄州中，僅長尺許。炙黄煮汁可服。中金藥毒，能敺。又種銀蛇，亦解銀毒。蛇蜕，畏酒，磁石，擇端午日纔收，去瞖膜，明澈雙睛。止嘔逆，辟除諸惡，療大人腸痔，蠱毒。治小兒瘈瘲驚癇。又火熬之，亦敷瘡瘺。

又《龜甲》 味鹹甘，氣平，有毒。一云屬金有水，陰中陽也，無毒。深澤陰山，處處俱有，得神龜甲爲上。神龜産水中，底甲當心腹，有一處四方透明，如琥珀色者是也。分陰陽用纔靈，頭方殻圓脚短者爲陽，龜形長頭尖脚長者爲陰龜。陰人用陽，陽人用陰，今醫不復分别。殺死煮脱者力微，自死肉敗者力猛。只取底版，悉去旁弦，精製擇真酥油，或用猪脂醇酒荐塗荐炙，直待脆黄。杵細末作丸，十二月忌食。犯則損命畏狗膽，惡沙参，專補陰衰，借性氣引達諸藥。善滋腎損，仗功力，復足真元，漏下崩帶並敺，癥瘕痎瘧咸卻，傷寒勞復或肌體寒熱欲死者，殊功。腰背疼疼，及手足重弱難舉者，易効。治小兒顖門不合。理女子濕癢陰瘡。逐瘀血積凝，續筋骨斷絶。因其性靈於物，方家多用補心。久服輕身，益氣，資智。肉煮啖，除風痺身腫，瘴氣及踒折並奇。又釀酒，主風痛拘攣，緩急併癱瘓皆妙。作成羹臛，尤補虚羸。血塗脱肛縮腸。溺止久嗽斷瘧滴耳中治耳聾亦驗，溺最難得，採時置雄龜于磁盤中，以鏡照之，龜見影往往淫發而失溺，急以物收。又法以紙炷火上，焫熱以點其尻，亦致失溺，然不及鏡照快也。頭骨可帶入水。身骨堪帶入山，並令不迷，未爲無益。餘多種類，亦各有能。千歲靈龜五色全具，額端骨起似角，剔甲食最延年。秦龜産秦地山中，大小無定，甲服主濕痺體重，四肢攣跧。鴦龜一名呷蛇龜。腥臭食蛇，陸地常有，身狹尾長，色黑，大木能登，取肉擣糜，惟敷蛇咬。蟕音兹蠵音夷乃山龜，極大，人立背上，可負而行，其甲係黄色通明，俗謂龜筒。堪爲器皿，毒箭傷悶絶，刺血飲立痊。瘧龜一名鴞龜高山石下生，嘴如鴞鳥，能治老瘧，無時發，燒灰湯調服下二錢，微利而止。緑毛龜蘄州出産，浮水面，緑色鮮明，包縛額端，能禁邪瘧，收藏書笥，堪辟蠹蟲。

明 張時徹《攝生衆妙方》卷三 白花蛇煮酒方 無問新久，手足腰脚緩弱，行步不正，精神昏瞶，口眼喎斜，語言蹇澁，痰壅，或筋脉攣急，肌肉頑痹，皮膚痒，骨節煩疼，或生惡瘡，疼痛無常，及或風氣上攻，面浮耳鳴，腰疼體重，一切風濕瘡疥，並皆治之。

明 王兆雲《白醉瑣談》卷二《蚺蛇》 蚺蛇産於深山中，長十餘丈，其皮中州市爲樂器刀劍之飾，其膽爲外科治腫毒之珍劑，然亦肝内小者爲佳。人或被重楚，和酒一服頓愈。蚺蛇能吞鹿，從後脚入毒氣一呵，角隨解脱，尋向水穴伸舒，鹿角肉盡消矣。途人相值，雖持挺杖無所施，但脱汗衫覆之即不動，採葛藤繫之，即可致彎而烹之，甚腴。

明 王世貞《異物彙苑》卷二《白花蛇》 蘄州有白花蛇，頂有方勝，尾有指甲，人劃破其腹，則自赴水。以指甲洗去其腸蟠屈而死。食之，以治風疾，極驗。出《大明一統志》

又《鱗蛇》 安南長官司出蛇，長丈餘，四足，有黄鱗、黑鱗，能食鹿。春冬在山，夏秋在水，其膽治才疼，解藥毒，黄鱗爲上，黑鱗次之。出《大明一統志》

明 謝肇淛《五雜俎》卷九《物部一》 蛇油可合硃砂，能令印色隱起不蘸。

明 謝肇淛《滇略》卷三《脆蛇》 乾之，治惡疽，腰以上用首，以下用尾，又治大麻風及痢。

明 盧之頤《本草乘雅半偈》卷一〇《白花蛇》 白花蛇氣味甘鹹温，有毒。主中風，濕痺不仁，筋脉拘急，口面喎斜，半身不遂，骨節疼痛，脚弱不能久立，暴風瘙痒，大風疥癬。覈曰：原出南地，及蜀郡諸山中，今唯蘄蛇擅名，即蘄地亦不易得。市肆與官司所取，多以江南興國州者僞充之。蘄産者，龍頭虎口，黑質白花，脇有二十四方勝，腹有十點念珠斑，口有四長牙，尾上有一佛指甲，腸形如連珠，脊中有兩腎。宗奭云：諸蛇鼻向下，此獨鼻向上。《埤雅》云：蛇以眼聽，捕蛇者言，稍大者則易禁，以其耳目開疾，習于禁架也，小者嘗然，則往往難禁矣。種類至多，唯烏蛇性善不噬物，白花者噬人有大毒。元稹《長慶集》云：白花蛇毒人，毛髮豎立，飲于溪水，則泥沙盡沸。唯蘄州白花蛇性少善，故入藥取蘄産者爲貴。時珍云：喜嗜石楠花葉，嘗從藤上獲之，先撒沙土一把，即蟠曲不動，遂以叉叉其首，用繩懸起，劙刀破腹，去其腸肚，下置水一盂，則反尾自滌其腹。蓋護創耳。乃以竹枝隨其蟠曲，簽定盤紮，炕上焙乾。《爾雅翼》云：蛇死目皆閉，唯蘄州者，目開如生，舒蘄兩界者，則一開一閉，此理之不可曉者。土人云：欲識真僞，懸蛇于酒甕，或缸上，注酒數斗，酒即沸涌流動，若磁石之熻鐵，琥珀之拾芥然。否則形色雖備，亦無力也。土人僅飲此酒，亦獲大益，得此品用供藥物，功力真無限量矣。雷公云：蛇性竄，能引藥至于有風疾處。故能治風。時珍云：風善行數變，蛇亦善行數變，白花蛇，又喜食石楠，所以能透骨搜風，截驚定搐，爲風痺要藥。取其内定藏府，外徹皮膚，無處不到也。修事，去頭尾，春秋酒浸三宿，夏一宿，冬五宿，炭火焙燥，如此三次。用砂瓶盛貯，埋地中一宿，取出去皮骨，取肉用即用此修治法，密封收貯，可經久不壞，若連皮骨，或著濕黴，則易蛀朽敗矣。

參曰：蛇字，古但作它耳。从虫而長，象寃曲垂尾形上古艸居患蛇，故相問無它乎。今之字旁加虫，而變其音，《考工記》以爲紓行之屬，故退食委蛇，亦用蛇字。蛇性竄疾，獨居處隱僻，禀隨風重巽之體用，風大動静之本性，故身形端直而象甲，尾甲紓行而象乙。雖標甲膽乙肝之木行，復具時四，幹十，枝十二，節二十四之全數者也。《埤雅》言：蛇以眼聽。《爾雅翼》言：蛇死目皆閉，蘄産者目開如生，舒蘄兩界者一開一閉，此理之不可曉者。然肝開竅于目。莊周云：蛇憐風，風憐目，故蛇聽以眼。精專于目，蘄東南也，具巽位之生成，故至死不變耳。《埤雅》言：蛇盤向壬，壬，北方也。又言十二子辰爲龍，巳爲蛇，巳六陽具，不爲龍而爲蛇者，龍至此而亢，宜爲蛇而已。然壬固位北，而蛇不歸坎，此以丁向壬，丁壬合而化幹之風木，亥向巳，巳亥對而待枝之風木，豈龍至此而亢，宜爲蛇而已。故蛇有兩腎，左曰水藏，亥枝之陰水，右曰火藏，壬幹之陽水。有壬巳，則有丁亥，有流行，則有對待，有幹木，則有枝木矣。又不獨精專膽竅，且精專膽府。觀蚺蛇膽隨日轉，上旬在頭，中旬在心，下旬在尾。更有應膽，擊首則應首，擊尾則應尾，擊左右則應左右，取而還生者應膽也，精專肝膽，斯足徵矣。更觀螣蛇雄鳴上風，雌鳴下風而化成形，遊于霧露，乘于風雨，行非千里不止。禀隨風重巽之體用，風大動静之本性，亦足徵矣。先人云：蛇稟風性，白花者更秉金制，則凡風力有所不逮動摇失矣。用益風大之力，仍相待成摇，互持四大中者，莫良於此。是以力主中風，微則痺閉不仁，或瘙痒，或疥癬，甚則暴風，大風，或筋脉拘急，骨節疼痛，或口面喎斜，半身不遂，或脚弱不能久立。此皆風氣通於肝，肝藏筋膜之氣也。大筋聚于節，筋骨相親著也。所謂微則侮己所勝之土，埃土飄揚，丘陵崩潰，甚則病己所賦之形，艸木摇落、摧拉傾仆者是也。

清 張璐《本經逢原》卷四《龍蛇部》 龍齒，濇平無毒，煅赤醋淬七次水飛用。形如筆架，重數兩外光澤如甆，碎之，其理如石。內如龍骨，舐之粘舌者真。亦有微黑，而煅之色如翡翠者，爲蒼龍齒，較白者更勝。其小如笋尖、或如指狀者，海鰍齒及骨也。叢生如貫衆根者，海馬齒也，舐之亦能粘舌，世多以等類僞充，不可不辨。

《本經》主殺精物，大人驚癇諸痙。癲疾狂走，心下結氣，不能喘息，小兒五驚十二癇。（略）

烏稍蛇　甘平無毒，劍脊細尾者佳。忌犯鐵器。

發明　治諸風頑痺，皮膚不仁，風瘙癮，疹疥癬熱毒，眉鬚脱落，㿉癢等瘡。（略）

鶴頂，辛温大毒。

發明　鶴食蛇虺而頂血大毒，力能殺人。人之欲求自盡者，服之即斃。而嘉祐又以鶴血益氣力，補虛乏，去風益肺，恐未必然。肫中砂石子磨木服，能解蠱毒。

清 汪森《粤西叢載》卷一九《蛇黄》 蛇黄，出嶺南，蛇腹中得之，圓重如錫，黄、黑、青雜色。廣西平南縣有蛇黄岡，土人九月掘下七八尺，始得蛇黄，大者如雞子，小者如彈丸，其色紫。《本草綱目》

又 卷二三《蚺無棄物》 蚺蛇三膽。一附于肝者，止痛。一水膽，白漿止瀉。一膽隨月，擊其處則隨至，名護身膽，最佳。眶辟邪殺鬼，佩之吉祥。肉辟風寒，皮過三十丈者，曰龍皮，一端千金。波斯市之爲鼓聲振百里，雄眎萬國。赤雅

清 李光地《月令輯要》卷一六《九月令》 蛇黄增《名勝志》：「平南縣蛇黄岡在縣北四里，岡勢盤紆，出蛇黄。每歲九月，邑人掘深七八尺，始得，大如雞子，小者如彈丸，其色紫，磨之可傳腫毒，尤治小兒驚癇。」

清 吴儀洛《本草從新》卷一七《蟲魚鱗介部·蛇類》 烏梢蛇宜袪風溼　功用同白花蛇，無毒而力淺。性善不噬物，眼光至死不枯，以尾細能穿百錢者佳，重七錢至一兩者上，十兩至一鎰者中，大者力減，去頭與皮骨，酒煮或酥炙。

清 陳鼎《蛇譜·白花蛇》 頂有方勝，尾有指甲，長尺許，能治風疾。產蘄州，爲道地良材，河南南陽者次之。

又《鱗蛇》 形如蟒，有四足，土人取其膽，可解諸藥之毒。產雲南隴川孟養山中，安南長官司出者，可治牙疼，亦解藥毒。黄鱗爲上，黑次之。

又《玉琯蛇》 產永州山中，土人名異蛇，以其異於衆蛇也。取其皮、膽、骨作藥，治風疾。

又《蛤蚧蛇》 生枯樹中，雌雄不相離，相合則鳴，土人呼爲淫蛇。然可治瘘症，廣西梧州有之。

清 張鳳台《長白彙徵録》卷六《藥品·蛇退》 《綱目》名「龍退」，《本經》名「龍子衣」，性鹹平而甘，無毒。」甄權曰：「有毒。」《備要》：「鹹甘無毒，避邪惡，治鬼魅蠱毒而善祛風，治驚癇、風瘧、喉風、殺蟲一切瘡瘍腫毒，妊婦忌用。」遼產諸蛇悉不入藥，即蛇退亦來自南方，惟土人得蛇退，售諸市中，藥人亦間用之，取色白如銀者良。

紀事

唐 段成式《酉陽雜俎》卷一五《諾皋記下》 馮坦者，常有疾，醫令浸蛇酒服之。初服一甕子，疾減半。又令家人園中執一蛇，投甕中，封閉七日。乃開，蛇躍出，舉首尺餘，出門，因失所在，其過跡，墳起數寸。陸紹郎中又言，嘗記一人浸蛇酒，前後殺蛇數十頭。一日，自臨甕窺酒，有物跳出，齧其鼻將落，視之，乃蛇頭骨，因瘡毀其鼻如劓焉。

明 王世貞《異物彙苑》卷二《冷蛇》 唐明皇詔南方取冷蛇，長數尺，白色而不傷人，冷如氷雪，暑月玩之，不復有煩熱。出《草木子》

明 謝肇淛《滇略》卷三 蚺蛇產孟艮山中，土人欲取之，先以雞卜問諸神，得吉兆，則入麓求之。蛇見人輒伏不動，夷人語之曰：「中國天子求爾膽，爾可伏死，否則吾亦不汝貰也。」蛇反背就戮。今相傳云去膽復活者，蓋謬說

耳。一蛇有三膽，居頷下者以傳毒矢，居腹間者入藥，有病疽者以童便研一合服之，又以傳患所，頃刻而愈，居尾者棄勿用。

清 王鉞《星餘筆記》 蚺蛇亦産寧邑山中，大者如柱長稱之，其膽主治瘡瘇，皮可以鞔鼓，肉可食，故土人尤競取之。舊傳蛇喜花，捕之者滿頭插花，蛇駐視漸近，以婦人褻衣蒙其首，或大呼紅娘子，蛇則俛而不動，因以大刀斷其首。今詢之土人，云此蛇雖長大，見男子即俛而不動，土人遇者，直前用大棍擊之，初着棍處，其膽在焉，既斃從而取之。見婦人則逐而繞之，類行淫者，往往致死。又云殺蛇既斃，婦人過其旁，肉輒爲動，蓋氣之相感，如此有不可解者，與舊説小異。

清 劉獻廷《劉繼莊先生廣陽雜記》卷四 焕章言：「蜀中黄連蛇，乃近時新出之異藥，流行尚未徧中土，醫家猶不能盡知。」此蛇産黄連地中，形甚小，惟食黄連花。土人取而陰乾，性與連同而功什百。用時以水蒸之，水氣成露者，黄色作連氣，一匙之水，勝黄連數錢。予習聞之，而未經目見。昨在都中，吴侍御翼生自蜀中携來者，予亦未及索看。焕章處亦有一條，襲而藏之若不甚佳。以其形稍大耳，兹一寓目，他日舉以示人，不爲塗説矣。

清 嵇璜《續通志》卷五四二 茅山有池，産龍如蜥蜴而五色，民俗嚴奉，顥捕而脯之。

雜録

唐 張鷟《朝野僉載》卷一 泉州有客盧元欽染大瘋，惟鼻根未倒。屬五月五日官取蚺蛇膽欲進，或言肉可治瘋，遂取一截蛇肉食之。三五日後漸可，百日平復。又商州有人患大瘋，家人惡之，山中爲起茅舍，有烏蛇墜酒罌中，病人不知，飲酒漸差。罌底見蛇骨，方知其由也。

唐 段成式《酉陽雜俎》卷一七《冷蛇》 申王有肉疾，腹垂至骭，每出，則以白練束之，至暑月，鼾息不可過。玄宗詔南方取冷蛇二條賜之。虵長數尺，色白，不螫人，執之，冷如掘冰。申王腹有數約，夏月寘於約中，不復覺煩暑。

宋 唐慎微《證類本草》卷一六《五種陳藏器餘》 蔡苴机屎主蛇虺毒，兩頭麞屎也。出永昌郡。取屎以傳瘡。《博物志》云：「蔡，余義獸，似鹿，兩頭，其胎中屎，四時取之。未知今有此物否，蔡苴机，余義也。」范曄《後漢書》云：「雲陽縣有神鹿，兩頭，能食毒草。」《華陽國志》曰：「此鹿出雲陽南郡熊舍山，即此余義也。」

圖表

宋 唐慎微《證類本草》卷二二 蚺音髯蛇膽味甘，苦寒，有小毒。主心腹䘌痛，下部䘌瘡目腫痛。膏平有小毒，主皮膚風毒，婦人産後腹痛餘。

蚺蛇膽

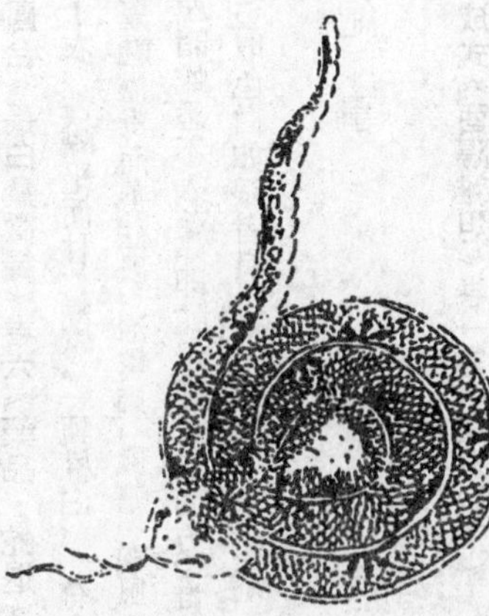

其他部

論説

三國吴 陸璣《毛詩草木鳥獸蟲魚疏》卷上《集于苞栩》 栩，今柞櫟也，徐州謂櫟爲杼，或謂之爲栩。其子爲皂，或言皂斗。其殼爲汁，可以染皂。今京洛及河内多言杼斗，或言橡斗，謂櫟爲杼，五方通語也。

宋 沈括《夢溪筆談》卷二六 《本草》所論赭魁，皆未詳審。今赭魁南中極多，膚黑肌赤，似何首烏。切破，其中赤白理如檳榔。有汁赤如赭，南人以染皮製韡。閩嶺人謂之餘糧。《本草》禹餘糧注中所引，乃此物。

明 蘇伯衡《蘇平仲文集》卷三《染説》 凡染，象天，象地，象東方，象南方，象西方，象北方，象草木，象翟，象雀，以爲色；取蜃，取梔，取藍，取茅蒐，取櫜盧，取豕首，取象斗，取丹秫，取涚水，取欄之灰，以爲材；熾之，漚之，暴之，宿之，淫之，沃之，塗之，揮之，漬之，以爲法；一入，再入，三入，五入，七入，以爲候。天下染工一也。於此有布帛焉，衆染工染之，其材之分齊同，其法之節制同，其候之多寡同，其色之淺深、明暗、枯澤、美惡則不同，其深而明澤而美者，必其工之善者也；其淺而暗枯而惡者，必其工之不善者也。蓋天下之技，莫不有妙焉。染之妙得之心而後色之妙，應於手染至於妙，則色不可勝用矣。夫安得不使人接於目而愛玩之乎？此惟善工能之，非不善工可能也。夫工於染者之所染，與不工於染者之所染，其色固有間矣。然雖工者所染之布帛，與天地四方草木翟雀，其色則又有間矣。無他，天地四方草木翟雀之色，二氣之精華，天之所生也。天下之至色也。布帛之色假乎物，采人之所爲也，非天下之至色也。學士大夫之於文亦然。經之以杼軸，緯之以情思，發之以議論，鼓之以氣勢，和之以節奏，人人之所同也。出于口而書于紙，而巧拙見焉。巧者有見於中而能使了然於口與手，猶善工之工於染也；拙者中雖有見而詞則不能達，猶不善工之不工於染也。天下之技，莫不有妙焉，而況於文乎？不得其妙，未有能入其室者也。是故三代以來，爲文者至多，尚論臻其妙者，春秋則左丘明，戰國則荀況、莊周、韓非，秦則李斯，漢則司馬遷、賈誼、董仲舒、班固、劉向、揚雄，唐則韓愈、柳宗元、李翺，宋則歐陽脩、王安石、曾鞏及吾祖老泉東坡，潁濱上下數千百年間，不過二十人爾。豈非其妙難臻，故其人難得歟？雖然之二十人者之於文也，誠至于妙矣，其視六經豈不有逕庭也哉？六經者，聖人道德之所著，非有意於爲文，天下之至文也，猶天地四方草木翟雀之爲色也。左丘明之徒，道德不至，而其意皆存於爲文，非天下之至文也，猶布帛之爲色也。學者知詞氣非六經不足以言文，玄非天黄，非地青，非東方赤，非南方白，非西方黑，非北方夏，非翟緅，非雀紅緑，非草木不足以言色，可不汲汲於道德而惟文辭之孜孜乎？天台方希直從太史宋公學爲文章，其年甚少，而其文甚工，不惟同門之士未有及之者，自朝之縉紳，以至四方之老成，凡與宋公友者，無不推許之，以爲不可及。余每過宋公退即希直，讀其所爲文，未嘗不擊節而歎其有得於文之妙也。今希直將歸其鄉，大肆其力於文，故因以此勉焉。余自蚤歲徒盡心於文章，垂五十而迄無成，不知自勉，乃欲勉希直，寧不知愧然。希直得余説而及時以道德自任，則又何至若余哉？此余之所以致愛助於希直也。

明 周嘉胄《香乘》卷四《芸香去蝨》 採芸香葉置席下能去蚤蝨子。

殿前植芸香一株二株，疑是木本。又云殿前芸香四畦八畦，則又草本。豈草木本俱有此香名也？今香藥所用芸香，如楓脂、乳香之類，即其木本膏液爲香者。

明 張存紳《增定雅俗稽言》卷六 焉支，匈奴中有焉支山，漢元狩間失之，乃歌曰：「失我焉支山，婦女無顔色。」蓋此山出紅藍，可爲胭脂。而冒頓妻號閼氏，言可愛如胭脂，亦以胭脂爲飾也。閼氏，音烟支。錢昭度作昭君詩：「閼氏才聞易妾名，歸期長似俟河清。」則讀氏爲姓氏之氏矣。胭脂，本作燕脂，起自紂時，以燕國紅藍花汁凝作脂，故名。俗作胭脂，悮。《韻書》又作𧹞䞓，俗又稱紅粉。冒頓，音墨特。

清 汪灝《佩文齋廣群芳譜》卷九五《藥譜·鬱金》 《水經注》：秦桂林郡，漢武帝元鼎六年更名鬱林郡，王莽以爲鬱平郡矣。應劭《地理風俗記》曰：「《周禮》，鬱人掌祼器。凡祭祀、賓客之祼事和鬱鬯，以實樽彝鬯芳草也。

百草之華煮以合釀黑黍，以降神者也。」或説今鬱金香是也，一曰鬱人所貢因氏郡矣。

綜　述

《爾雅·釋草》（郭璞注、邢昺疏）　茹藘，茅蒐。注：今之蒨也，可以染絳。疏：今染絳，蒨也。一名茹藘，一名茅蒐。《詩·鄭風》云：「茹藘在阪。」陸璣云：「一名地血，齊人謂之茜，徐州人謂之牛蔓，即今之蒨草是也。」

葝，鼠尾。注：「可以染皁。」《疏》：「可以染皁，草也，一名葝，一名鼠尾。」《本草》：「有白華者，有赤華者，又一名陵翹。」陶注云：「田野甚多，人採作滋，染皁草是也。」

䕆，鼠莞。注：「亦莞屬也，纖細似龍須，可以爲席，蜀中出好者。」《疏》：「莞屬也。」《説文》云：「莞草可以爲席，此䕆一名鼠莞，纖細似龍須，亦可以爲席，蜀中出好者。」

蘱，薡蕫。注：似蒲而細。《疏》：「蘱，一名薡蕫。狀似蒲而細，可爲屩，亦可絇以爲索。」

莞，苻蘺，其上蒚。注：「今西方人呼蒲爲莞蒲蒚，謂其頭臺首也。今江東謂之苻蘺，西方亦名蒲中莖爲蒚，用之爲席。」《疏》：某氏曰：「《本草》云：『白蒲，一名苻蘺，楚謂之莞蒲。其上臺別名蒚。』」郭義具注：「《詩·小雅·斯干》云：『下莞上簟。』鄭箋云：『莞，小蒲也者，以莞蒲一草之名而司几筵，有莞筵、蒲筵，則有大小之異，爲席有精有粗，故得爲兩種席也。』」

藐，茈草。注：「可以染紫，一名茈莨。」《廣雅》云：《疏》藐，一名茈草，根可以染紫之草。」《廣雅》：「一名茈莨。」《本草》：「一名紫丹。」《唐本》注云：「苗似蘭香，莖赤，節青，花紫白色，而實白也。」

望，乘車。注：「可以爲索，長丈餘。」《疏》：「望，一名乘車。郭云：『可以爲索，長丈餘。』」

欔，烏階。注：即烏杷也，子連相著，狀如杷齒，可以染皁。疏：欔，一名烏階。郭云：即烏杷也，子連相著，狀如杷齒，可以染皁，今俗謂之狼杷是也。

漢　郭憲《洞冥記》卷一　波祇國，亦名波弋國，獻神精香草，亦名荃蘼，一名春蕪。一根百條，其間如竹節柔軟，其皮如絲，可爲布，所謂春蕪布，亦名香荃布，堅密如紈氷也。握一片，滿室皆香，婦人帶之，彌月芬馥。

三國吳　陸璣《毛詩草木鳥獸蟲魚疏》卷上《南山有臺》　臺，夫須舊説。夫須，莎草也。可爲簑笠，都人士云臺笠。緇撮，或云臺草。有皮，堅細滑緻。可爲簦笠，南山多有。

晉　崔豹《古今注》卷下　燕支，葉似薊花，似蒲公。出西方，土人以染，名爲燕支。中國人謂之紅藍，以染粉爲面色，謂爲燕支粉。今人以重絳爲燕支，非燕支花所染也，燕支花所染自爲紅藍爾。舊謂赤白之間爲紅，即今所謂紅藍也。

晉　葛洪《抱朴子·内篇·神丹》　又劉生丹法，用菊花汁、地楮汁、樗汁和丹蒸之，三十日研合，服一年，得五百歲，老翁服更少不可識，少年服亦不老。

北魏　賈思勰《齊民要術》卷九《蒲菹》《詩義疏》曰：蒲，深蒲也。《周禮》以爲菹，謂菹始生，取其中心入地者，蒻大如匕柄，正白，生噉之，甘脆。又煮以苦酒受之，如食筍法大美。今吴人以爲菹，又以爲酢。

世人作葵菹不好，皆由葵大脆故也。菹菘以社前二十日種之，葵社前三十日種之，使葵至藏，皆欲生花乃佳耳。葵經十朝苦霜乃采之，秫米爲飯令冷取，葵著甕中，以向飯沃之，欲令色黄，煮小麥時時糊桑莫反之。

崔寔曰：九月作葵菹，其歲温，即待十月。

唐　楊曄《膳夫經手録》　桂心，能殺草木，得葱乃復生焉。

唐　段公路《北户録》卷三《五色藤筌蹄》　瓊州出五色藤合子，書囊之類，花多織走獸飛禽，細於錦綺，亦藤工之妙手也。次盧亭細白藤爲茶器，新州作五色藤筌臺，皆一時之精絶。昔梁劉孝儀謝太子五色藤筌蹄一枚，云炎州采藤麗窮綺縟，得非筌臺與筌蹄語訛歟。按：侯景篡位，着白紗帽而尚青袍，或牙梳插髻，牀上常設胡牀及筌蹄。今海豐歲貢五色藤鏡匣一、筌臺一是也。又，《本行經》云：「河龍女名尼連茶耶，上太子寶筌提，太子坐之食乳糜，已擲鉢河中，天帝取歸，忉利供養，以立鉢節。」

唐　馮贄《雲仙雜記》卷八《洗心糖》　茅地經冬，燒去枝梗，至春取土中餘根，白如玉者，搗汁煎之至甘，可爲「洗心糖」。（《幽燕異記》）

五代　馬縞《中華古今注》卷中《燕脂》　蓋起自紂，以紅藍花汁凝作燕脂，以燕國所生，故曰燕脂。塗之，作桃紅粧。

宋　陶穀《清異録》卷下《乾鏈香飦》　江南山谷間，有一種奇木曰麝香

宋 羅願《爾雅翼》卷三《燕支》 杵碓水淘，絞去黄汁；更擣以清酸粟漿淘之，絞如初，即收取染紅。然後更擣而暴之，以染紅色，極鮮明。按崔豹所言，則漢雖有紅藍，然不可以爲烟支，其染亦未盛。今則盛種而多染，謂之真紅，賽蘇方木所染。

又 卷四《列仙之傳》：「商客能致紫草，賣與染家。」《本草説》云：「其利勝藍。」齊人謂之「蒨蒨」，或作「茜」。《漢書》：「千畝巵茜」是也。今人染蒨者，乃假蘇方木，非古所用。《説文》曰：「茅蒐染韋，一入爲韎。」《詩》曰：「韎韐有奭。」《左傳》：「韎韋之跗注。」是也，其女子之染。則毛氏云：「茹蘆，茅蒐之染，女服也。」《鄭箋》云：「茅蒐，染巾也，則縞衣茹蘆爲婦人服矣。」菘藍，其汁抨爲澱，堪染。青蓼藍，苗似蓼而味不辛，不堪爲澱。

又 卷八 臺者，莎草，可爲衣以禦雨。今人謂之蓑衣，詩雅言得賢爲邦家立太平之基，凡言八物，以臺爲首，蓋禦雨之具雖至微。然非平日預知其所在，蓄以待之，則一旦欲用，索之而不得。故特宜先備，亦猶賢者之不可不預蓄也。

宋 寇宗奭《本草衍義》卷一〇 鬱金不香，今人將染婦人衣，最鮮明，然不柰日炙。染成衣，則微有鬱金之氣。

又 卷一二 芭蕉，三年已上即有花自心中出，一莖止一花，全如蓮花。葉亦相似，但其色微黄緑，從下脱葉。花心但向上生，常如蓮樣，然未嘗見其花心。剖而示之，亦無蘂，悉是葉，但花頭常下垂。每一朵自中夏開，直至中秋後方盡，凡三葉開則三葉脱落。北地惜其種，人故少用縷其苗爲布。取汁，婦人塗髮令黑。

又 卷一五 無石子，今人合他藥染髭。

又 卷一七 貝子，今謂之貝齒，亦如紫貝。但長寸餘，故曰貝子，色微白，有深紫黑者，治目中翳，燒用。北人用之氊帽上爲飾，及綴衣或作蹀躞下垂。

宋 陳耆卿《赤城志》卷三六《風土門一》 紅花，秋末種，春末乘露采之，可以染絳。

宋 高似孫《緯略》卷九《耶悉茗油》 耶悉茗花是西國花，色雪白，胡人攜至交廣之間，家家愛其香氣皆種植之。《廣州圖經》曰：「舶上有耶樹。其老根焚之亦清烈，號乾餞香。

宋 蘇易簡《文房四譜》卷四《紙譜》 晉 武賜張華側理紙，已具《叙事》中。《本草》云：「陟釐味甘，大温無毒，止心腹大寒。温中消穀，强胃氣，止洩痢。生江南池澤。」陶隱居云：「此即南人用作紙者。」《唐本》注云：「此物乃水中苔，今取爲紙，名爲苔紙，青黄色，體澁。」《小品方》云：「水中麄苔也，音陟釐。陟釐與側黎相近，側黎又與側理相近也。」又云即石髮也。（薛道衡《詠苔紙》云：「今來承玉管，布字轉銀鈎。」）

宋 釋贊寧《東坡先生物類相感志》卷一三《郁夷香》 鈞影山出此香，狀如棗核，食一斤則歷月飽。若以碎則如粟米大，投水中，俄然有滿大盂也。

宋 蘇軾《格物麤談》卷上 清明採薺菜花陰乾，暑月置近燈燭，則蚊蛾不侵。 山礬葉燒灰，可染色。 橄欖樹高難採，以鹽塗樹，則實自落。 龍舌草根杵汁，能哽鵝、鴨卵。 水木犀葉搗爛加礬染指，紅過鳳仙。

又 卷下 梔子濃煎水洗皁衣，如新。 木賊草于磁器内水煮象牙，乾即添熱湯，煮三個時即輭。任意雕刻，以甘草水煮復硬。

宋 陸佃《埤雅》卷一四 《談苑記》：「江南後主患清暑閣前草生。徐鍇令以桂屑布磚縫中，宿草盡死。」

宋 曾慥《類説》卷五《碧草》 瑶琨山有碧草，草實如麥。以之釀酒飲三旬不能醒。

宋 吴會《能改齋漫録》卷一五《素馨花》 婦人多以竹籤子穿之，像生物置佛前供養。又取乾花浸水洗面，滋其香耳。海外耶悉茗油時於舶上得之，番酋多以塗身。今之龍涎香，悉以耶悉茗油爲主也。

宋 毛晃《禹貢指南》卷一 島夷。南海島夷織草木爲服，如今棘貝、蕉葛之屬。棘貝，閩俗呼爲木棉。漢《地理志》作鳥夷。顔師古曰：「鳥夷，東南之夷，善捕鳥者也，卉服，絺葛之屬。」

宋 周去非《嶺外代答》卷八《花木門・豆蔻花》 豆蔻多矣，白豆蔻出南蕃，草豆蔻出邕州。溪峒而諸郡山間亦有豆蔻花，最可愛，其葉叢生如薑葉。其開花抽一幹，有擁包之。擁去有花一穗，蘂數十綴之，悉如指面，其色淡紅如蓮花之未敷，又如葡萄之下垂。范石湖嘗作詩，有「貫珠垂寶絡，剪綵倒鸞枝」之句。南人取花漬以梅汁，日乾之，香味芳美，極有風致。余初見之，意草蔻而味辛激人，亦取其子爲蜜果。

悉茗油，蓋胡人取花壓油，偏宜麻風膏，摩于手心，香透于手背。」嵇含《南方草木狀》曰：「耶悉茗花、茉莉花，皆胡人自西國移植于南海，南海人憐其芳香，競植之。」陸賈《南越記》曰：「南海之境，五穀無味，百花不香，此二花特芳香者，緣自胡國移至，不隨水土而變，與夫橘北爲枳異矣。彼之女子以綵絲穿花心以爲首飾。」段公路《北户録》曰：「耶悉茗，今之素馨也。」

宋 戴侗《六書故》卷二四《植物四》 藍，㽻，盧銜切，又盧含切。染青，草也。槐藍，叢生，葉如槐，宜爲澱。蓼藍，子葉皆如蓼而差大，華紅白，宜染青緑。大葉如蟹匡者，俗謂之蟹殼澱。又有大藍，眡蓼藍，爲大而色不隶，宜染碧。《說文》：「藍兩出：一染青草，一瓜菹。按：瓜菹藍也，又有濩文。」

宋 朱輔《溪蠻叢笑·鈞藤酒》 酒以火成，不醡不篘，兩缶東西，以藤吸取，名鈞藤酒。

宋 周密《癸辛雜識續集》卷上《金鳳染甲》 鳳仙花，紅者用葉擣碎，入明礬少許在內。先洗淨指甲，然後以此付甲上，用片帛纏定，過夜。初染色淡，連染三五次，其色若胭脂，洗滌不去。可經旬直至退甲，方漸去之。或云此亦守宫之法，非也。今老婦七八旬者亦染甲。今回回婦人多喜此，或以染手并猫狗爲戲。

宋 周密《志雅堂雜鈔》卷上 凡碾工描玉，用石榴皮汁，則見水不脫。

宋 張邦基《墨莊漫録》卷三 玫瑰油出北方，其色瑩白，其香芬馥不可名狀。用爲試香法，用衆香煎煉，北人貴重之。每報聘禮物中袛一合，奉使者例獲一小甖，其法秘不傳也。宣和間，周武仲憲之使敵，過磁州時，葉著宣遠爲守祝。周云：「回日，願以此油分餉。」既反，命以油贈之。葉云：「今不須矣，近禁中厚賂敵使，遂得其法。煎成賜近臣，色香勝北來者，婦翁蔡京新寄數合。」且云：「公還朝必有取者，今反獻一合，周亦不受也。北人方物不過一合，貴惜如此。而貴近之家，贈遺若此之多，足知其侈靡之甚也。」

宋 潛說友《咸淳臨安志》卷一四 藍，出崇明，葉如菘菜。土人無不栽，惟東沙爲盛。四月下子，至五月剪其葉，浸水三兩日，漉去柤，攪之成青靛。已而復生如是者，歲常三四收，出郡城者爲杜藍。

元 胡古愚《樹藝篇·草部》卷二《茜》 茹藘，染絳之物，葉似棗葉，頭尖下闊，莖葉俱澁，四五葉對生節間，蔓延草木上，根紫赤色，今所在有。八月採根。《說文》曰人血所生，故一名地血，今茹藘能治血，又所染亦赤，蓋其類耳。齊人謂之蒨，或作茜。《漢書》「千畝巵茜」是也，今人染蒨者，乃假蘇方木，非古所用。（《爾雅翼》）

《小雅》曰：「茹藘，茅蒐。」蓋茹藘，一名茅蒐，其葉似棘，可以染絳。《說文》曰：「人血所生，如蒐，從草從鬼，齊人謂之茜。」陶隱居以爲：「東方諸處乃有而少，不如西多，夫文西草爲茜。」具或以此。《詩》曰：「東門之墠，茹藘在坂。」又曰：「縞衣茹藘，聊可與娛。」茹藘茅蒐之染女服也。《周官》：庶氏掌除蠱毒，以嘉草攻之，「嘉草若茜」之類，是也。傳曰：「千畝巵茜，千畦薑韭，其人皆與千户侯等」，然則梔茜之利博矣，此小人之所以孳圃也。（《埤雅》）

《圖經》曰：「茜根，一作蒨，生喬山山谷，今近處皆有之，染緋草也。許慎《說文解字》以爲「人血所生」，葉似棗葉而頭尖下闊，三五對生節間，其苗蔓延草木上，根紫色。陸機《草木疏》云：「茹藘，茅蒐，蒨草也。齊人謂之茜，徐州人謂之牛蔓。二月、三月採根，暴乾。今圃人栽作畦種蒔，故《貨殖傳》：人巵茜千石亦比千乘之家，言地利之厚也。醫家所治蠱毒，尤勝《周禮》：庶民掌除蠱毒，以嘉草攻之，于室以嘉草为蘘荷。陳藏器以为蘘荷與茜主蠱之最也。

茜草，長莖圓葉，隨處有之，可入藥，治婦人、男子血症，好事者取之染夘，送人，鮮紅可愛。（《崖山志》）

茜，亦作蒨，可以染緋，故曰「地血」。亦曰茹藘，曰茅蒐，齊人謂之蒨。徐人謂之牛蔓，《詩》所謂「茹藘在坂」，《小雅》所謂「茹藘，茅蒐」。莖葉雇澁而根紅。故許慎謂「人血所生」。《周禮》：「庶氏掌除蠱毒，以嘉草攻之。」陳藏器以「蘘荷與茜」爲嘉草。（《草本畧》）

《爾雅》曰：「茹藘，茅蒐。」註：今之蒨也，可以染絳。注：今染絳蒨也，一名茹藘，一名茅蒐。《詩·鄭風》云：「茹藘在坂。」陸機云：「一名地血，齊人謂之茜，徐州人謂之牛蔓，即今之蒨草是也。」

元 賈銘《飲食須知》卷四 黃精。味甘，微苦，性平。忌水蘿蔔。太陽之草名黃精，食之益人；太陰之草名鉤吻，食之即死。勿同梅子食。

明 陶家儀《說郛》卷五下 苓皮蝡脂，魚鼈自聚。注曰：「取苓皮漬水斗半，燒石如炭狀，以碎蝡脂。置苓皮水中七日已，置沼則魚鼈日聚矣。」

明 牛衷《增修埤雅廣要》卷三〇《卉物門・異植類・烏飯草》 烏飯草。一名南燭，即文燭也。其色赤，生高山，經冬不凋。取莖葉搗漬汁，浸粳米蒸之，黑如瑿珠，亦曰「烏草」。《日華子》云：「黑飯草，食之令人强健。」

明 佚名《五色綫集》卷中 芸香。《典略》曰：芸香辟絶魚蠹，故芸香臺曰芸臺。

明 王鏊《姑蘇志》卷一四 燈草。種法：與席草同，最宜肥田。瘦則草細。五月刈，曝乾，以刀劃開，其心作燈炷。皮製雨衰。黄草。如葛，性脆，可爲布。菅草。生沙塗上，似藺，用織席棝屨。

明 王圻《稗史彙編》卷一二六《神仙酒》 神仙酒方：三月三日採山桃三兩三錢，五月五日採馬躪花五兩五錢，六月六日採芝蔴花六兩六錢，十二月八日取水，春分日作麯。杏仁一百個，白麯十斤，團雞子大，紙裹排四十九日。客來取水一瓶，放麯一團，紙封瓶口，逡巡已成酒矣。

又 卷一五四《薔薇水》 西域薔薇花氣馨烈非常，故大食國薔薇水雖貯琉璃缶中蠟密封固，其外尤香透徹，聞數十餘步。洒着人衣袂，經數十日，香氣不散。効外國造香則不能得薔薇，第取素馨、茉莉花爲之，亦足襲人鼻觀。但視大食國真薔薇水，猶奴婢耳。

又 卷一〇九《辟蠹》 《秘閣閒談》云：「隴州有石魚子，置書籍中能辟蠹。」《談叢》云：「寒食麪，臘月雪水爲糊，則不蠹。」《洞天清録》云：「硬黄紙，唐人多用以書，染以黄檗，取其辟蠹。又以其紙如漿澤瑩而滑，故善書者多，取之以作字。」

明 田藝衡《留青日札》卷三二《藍》 《詩》：「終朝采藍。」《説文》：「藍，染青，草也。」藍三種：蓼藍如蓼，染緑；大藍如芥，淺碧；槐藍如槐葉，染青。皆可作澱，色成勝母，故曰「青出藍而青于藍」。趙岐云：「陳留人以種藍染紺爲業。」白樂天詩：「老絲練緑紅藍染，染成紅線紅于藍。」即今閩廣之深青發紅紫光焰者。紺，深青揚赤色。李益詩：「藍葉鬱重重，藍花石榴色。少女歸少年，光華自相得。」是藍花，本紅也。杜子美詩：「有蔚藍天。」段成式：「雲藍紙，蓋言天色雲色，皆如其藍也。」又有紅藍花，一名黄藍葉，似蘇花，似蒲，出西域，張騫所得。染爲燕支，中國人謂之紅花，非今之重絳也，赤白之間爲紅。

明 李時珍《本草綱目》卷一五《草部・燕脂綱目》（釋名）䞓赦（時珍曰）按伏候《中華古今注》云：燕脂起自紂，以紅藍花汁凝作之。調脂飾女面，産于燕地，故名燕脂。或作䞓赦。匈奴人名妻爲閼氏，音同燕脂，謂其顔色可愛如燕脂也。俗作臙肢、胭支者，並謬也。（集解）（時珍曰）燕脂有四種：一種以紅藍花汁染胡粉而成，乃蘇鶚《演義》所謂燕脂葉似薊，花似蒲，出西方，中國謂之紅藍，以染粉爲婦人面色者也。一種以山燕脂花汁染粉而成，乃段公路《北户録》所謂端州山間有花，叢生，葉類藍，正月開花似蓼，土人采含苞者爲燕脂粉，亦可染帛，如紅藍者也。一種以山榴花汁作成者，鄭虔《胡本草》中載之。一種以紫鉚染綿而成者，謂之胡燕脂，李珣《南海藥譜》載之，今南人多用紫鉚燕脂，俗呼紫梗是也。大抵皆可入血病藥用。又落葵子亦可取汁和粉助面，亦謂之胡燕脂，見菜部。

又 卷三六《木部・木麻（拾遺）》（集解）藏器曰：「生江南山谷林澤，葉似胡麻相對，山人取以釀酒飲。」

明 竇文照《竇子紀聞類編》卷四《芸草》 《邵氏聞見録》曰：古人用以藏書，曰芸草是也。置書帙中，無蠹。置席下，即去蚤虱。葉類豌豆，作小蔟。遇秋則葉上微白如粉汙，南人謂之七里香。遠在數十步外已聞香，自春至秋不歇也。

明 焦周《焦氏説楛》卷二 薜越：「文草可爲布。」《上林賦》：「薛莎青蘋。」《文選》：「焦葛升越，弱于綺羅。」

都夷香如棗核，食一片歷月不饑。以粟許投水，俄滿大盂。垂龍木高十丈，有朱露色如丹，汁灑其葉皆成珠，亦名珍珠樹。

明 陳繼儒《古今韻史》卷一二《辟蠹草》 形類野蒿，實甚香，夷地有之，夷俗呼爲「弄矢」。實可辟蠹蟲。

明 馮復京《六家詩名物疏》卷四五《苕之華》 苕，一名陵時，一名鼠尾，似玉芻，生下濕水中。七八月中華紫，似今紫草。華可染皂，煮以沐髮即黑。葉青，如藍而多華。

明 王路《花史左編》卷五《花之候・水木樨花》 二月分種，一名指田。用葉搗，加礬泥染指，紅于鳳仙花。

又 卷二一《秋菊》 千金方：常以九月九日取菊花作枕袋、枕頭，大能去頭風，明眼目。陳欽甫九日詩云：「菊枕堪明眼，茱囊可辟邪。」

又 卷二二《真珠蘭》 真珠蘭又名魚子蘭，葉能斷腸。

又 卷二六《香弗》 南越女子，茉莉花開，以綵絲穿花心，以爲首飾。

明 周嘉胄《香乘》卷五《蘇釄香露(即薔薇露)**》** 蘇釄，海國所産爲勝，出大西洋國者，花如中州之牡丹。蠻中遇天氣凄寒零露凝結著地，草木乃氷澌木稼，殊無香韻，惟蘇釄花上，瓊瑶晶瑩，芬芬襲人，若甘露焉。夷女以澤體髮，膩香經月不滅，國人貯以鉛瓶，行販他國。暹羅尤特愛重，競買不論值，隨舶至廣，價亦騰貴，大抵用資香奩之飾耳。五代時，與猛火油俱充貢，謂薔薇水云。薔薇水即薔薇花上露。花與中國薔薇不同，土人多取其花浸水以代露，故僞者多以琉璃瓶試之：翻摇數四，其泡周上下者真。三佛齊出者佳。西域薔薇花氣馨烈非常，故大食國薔薇水雖貯琉璃瓶中，蠟蜜封固，其外猶香透徹聞數十餘步，著人衣袂，經數十日香氣不散。外國造香，則不能得薔薇，第取素馨、茉莉花爲之，亦足襲人鼻觀。但視大食國真薔薇水，猶奴婢耳。番商云：薔薇露一名大食水，本土人每曉起，以爪甲於花上取露，一滴置耳輪中，則口眼耳鼻皆有香氣，終日不散。

又《野悉蜜香》 出拂林國，亦出波斯國。苗長七八尺，葉似梅葉，四時敷榮，其花五出，白色不結實，花開時遍野皆香，與嶺南詹糖相類。西域人常採其花，壓以爲油甚香滑。唐人以此和香，髣髴薔薇水云。

明 周文華《汝南圃史》卷一〇《鳳仙》《邵武府志》云：「其子作房生，微觸之即綷裂，俗呼爲『急性子』。土人因取研爛用滚湯調服，以治難産，甚効。湯火方亦用此。」陶昆陽云：「鳳仙俗名透骨草，取其根葉煎湯洗足最去溼氣，白者尤勝。」《癸辛襍識》云：「取紅色鳳兒花并葉搗碎，入明礬少許，以染指甲，初染色淡，連染二三次，色若胭脂，洗滌不去。」

明 吴之俊《獅山掌録·小山館》卷一六《南燭酒》 採南燭草煮其汁爲酒，碧映五色，服之通神。

明 穆希文《説原》卷九 宫酒，以黄帕封，故曰黄封酒。醴宿而熟也，醪汁，滓酒也。醨薄，酒也。酯旨，酒也。酒者，天之美禄，帝王所以頤養天下，享祀、祈福、養老者也。唐人多以春名酒，豫北竹葉春、滎陽土窟春。杭人以梨花釀酒，名梨花春。東坡在羅浮，名羅浮春。又有所謂洞庭春。旨之飲者，有揖讓而酬酢，百拜以爲禮者，有叫號跳舞以爲極者，有袒裼裸裎以爲達者，有資絲竹金石以爲樂者，有數促糾逖以爲密者。

明 謝肇淛《滇略》卷三《火草布》《南詔通紀》云：「兜羅綿出金齒木。邦甸又有火草布，草葉三四寸，蹋地而生，葉背有綿，取其端而抽之成絲，織以爲布，寬七寸許。以爲可以爲燧取火，故曰火草，然不知其何所出也。」

明 木增《雲薖淡墨》卷三《燕脂》 采紅藍花汁凝作脂，以爲桃花妝。起自紂，以其爲燕所生，故名。燕脂又名燕支，烟脂。

又 卷四《卮》 卮，可染黄。其華實皆可觀，白花而甚香。

又 卷八《南山有臺》 臺，夫須。舊説夫須，莎草也，可爲簑笠。都人士云：「臺笠緇撮」，或云：「臺草有皮，堅細滑緻，可爲簦笠，南山多有。」

又《白華菅兮》 菅。似茅而滑澤，無毛。根下五寸中有白粉者，柔韌，宜爲索，漚及曝尤善也。

又《蔹蔓于野》 蔹，似栝樓，葉盛而細，其子正黑如燕薁，不可食也。幽州人謂之烏服，其莖葉煮以哺牛，除熱。

明 谷應泰《博物要覽》卷一五 零陵香名燕草，一名薰草，生零陵川谷。似麻葉，莖方，氣如蘼蕪，可以止厲。以之煮沐浴，常令體香。合香家多用之。

明 陳正學《灌園草木識》卷一《花之屬·鳳僊花》 杭人搗其花以塗犀角之赤黑者，立變爲白。搗其葉莖以傅杖瘡，則黑肉還白，驗之良信。

明 陳懋仁《庶物异名疏》卷二〇《興渠》《梵綱經》：「五辛菜，大蒜、茖(格)葱，慈葱，蘭葱，興渠。」應法師云：「此方無故不翻。」合論云：「此方以胡荽稱之。」仁按：《爾雅》：「茖，葱。」細莖，大葉。《翻譯名義集》云：「興渠，訛也。應法師此云少正。云：『興宜』出烏茶娑他那國，彼人所常食此方，相傳爲芸臺者，非也。此是樹汁，似桃膠，西國取之以置食中，今阿魏是也。」《慈愍三藏》云：「根如蘿蔔，出土辛臭，慈愍冬到，彼土不見其苗。」

明 陳懋仁《析酲漫録》卷六 多采諸薔薇花叢於一處，以錫製如燒酒之器，入花於中蒸。其氣水流出，盛以琉璃瓶，以一瓶晒消三分則爲露矣，此利瑪竇法也。

明 方以智《物理小識》卷九《草木類》 杜鵑花。即躑躅類，有大紅、粉紅、黄者，千葉可珍。喜陰畏油烟。映山紅，有紅、白、深、淺，皆單葉，紅者取汁可染。

又 卷四二《丹鉛録》曰：「(晉書)都人簪奈花即今茉莉也，壓油取露皆用此與野薔薇。又有雪瓣花、指甲花、含笑花，其成樹者九里香，皆其類也。茉莉，或作抹厲、末麗、抹利、没利，又名奈花。《洛陽名園記》作「抹厲」，王十朋作「抹利」，洪景盧作「末麗」。佛書「末利花」，言柰花也。柰則曰「菴羅沖」，云蒸花露法，熊三拔有鍋竈式，非壓油取。

明 盧之頤《本草乘雅半偈》卷九《郁金》 古者合玄秬以釀酒，名之曰鬯。《周禮》：「鬱人掌裸器。」凡祭祀賓客之裸事，和鬱鬯以實彝而陳之。浸水染衣，色極鮮麗，經久不變，炙之微有鬱氣也。

清 佚名《百寶總珍集》卷八《大食梔子》 合香梔子出大食，紅黃好色最爲奇。黑者蒸喝不中用，貴人不用定無疑。

此物出大食國，除合龍涎香料之外，别無用處。如缺少賧直錢，增長更看行市，缺與不缺，紅黃色者最好，黑者不中。

清 沈自南《藝林彙考》卷五《飲食篇》 《名義考》記曰：「鬱合鬯臭，先儒謂擣鬱金香草之汁，和合鬯酒。按《本草》：「鬱金無定識，嘗考《達磨俱含論》，鬱金樹名出罽賓國，花黃色，壓汁爲香。竊恐周以前罽賓未通中國，先王不寶遠物，亦何取鬱金也。蓋鬱非草乃草之春。」

清 閔麟嗣《黃山志定本》卷二《山産志》 蒟蒻。一名鬼芋，莖斑，花紫，葉似天南星。但南星肌細膩，莖無斑，花黃，爲異耳。山僧采根之大者，瀹以灰汁，劖澄爲液，煉液凝膏，修治略同菽乳，亦西蜀蒟醬之亞。紫草，可染紫，按《列僊傳》：「商客能致紫草賣與染家。」《本草説》云：其利勝藍，夫紫間色奪朱者也，齊威公好服紫。又，秦相國、丞相皆金印紫綬，春秋戰國由來重之矣。

清 釋同揆《洱海叢談》 鉤藤出蒼山，以之釀酒，名咂魯麻。程本立詩：「金盃哈喇吉，銀筒咂魯麻。江樓日日醉，忘却在天涯。」

清 吳綺《嶺南風物記》 指甲花，出廣州，本大如佛桑花，黃白色，一花數出，清香甚。婦人採其葉，用礬石染指甲，鮮艷奪目。詩云：「彈箏亂落桃花片」是也，俗呼「九里香」。

清 屈大均《廣東新語》卷二七《草語・鳳尾花》 鳳尾花，葉與穗皆若鳳尾，葉長五六尺，木有花紋，節節相通可玩，植之辟火，以花置書帙中辟蠹。有詠者云：「鳳尾花香辟蠹魚。」一名「鳳尾蕉」，亦曰「火蕉」，燒鐵釘之則茂，然其花必數十年，實亦如之。

又《鳳仙花》 鳳仙。葉似桃葉而有鋸齒。椏間作花，頭翅尾足皆具，翹然如鳳之形，一名「金鳳花」有紅白紫碧數色，婦女以花及莖葉包染指甲，亦稱「指甲艸」。有歌云：「指甲花連指甲艸，大家染得春纖好。」

清 郎廷極《勝飲編》卷九 丁香酒，外洋所造，以母丁香釀成。氣味芳冽籌山外，史吳（允嘉）詩：「玻瓶海外丁香酒，金粟吳中子鱭魚。」

清 汪灝《佩文齋廣群芳譜》卷四三《花譜・茉莉》 原花氣味辛熱，無毒。蒸液作面脂，頭澤，長髮，潤燥香肌。根氣味熱，有毒。

又《紫茉莉》 增《草花譜》：「紫茉莉，草本。春間下子，早開午收，一名臙脂花，可以點唇。子有白粉，可傅面，亦有黃白二色者。」

又《玉簪》 增《峌峒子》：「骨鯁，以玉簪花根汁滴之則化。」

又 卷八九《卉譜・臙脂》 增《本草》：臙脂，一名𧃘赦。李時珍曰：臙脂有四種：一種以紅藍花汁染胡粉而成，乃蘇鶚《演義》所謂臙脂。葉似薊花，似蒲，出西方中國，謂之紅藍，以染粉，爲婦人面色者也。一種以山臙脂花汁染粉而成，乃段公路《北户録》所謂端州山間有花，叢生，葉類藍。正月開花似蓼，土人采含苞者爲臙脂粉，亦可染帛，如紅藍者也。一種以山榴花汁作成者，鄭虔《胡本草》中載之。一種以紫鉚染綿而成者，謂之胡臙脂。李珣《南海藥譜》載之，今南人多用紫鉚臙脂，俗呼紫梗是也。

又《藍》 大藍、小藍皆可作靛。至於秋月煮熟染衣，止用小藍。打靛，《便民圖纂》：「夏至前後，看葉上有皺紋，方可收割。每五十斤用石灰一斤，於大缸内水浸，次日變黃色，去梗，用木杷打轉，粉青色變過至紫花色，然後去清水成靛。」染藍：小藍，每擔用水一擔，將葉莖細切鍋内煮數百沸，去渣盛汁於缸。每熟藍三停，用生藍一停，摘葉於瓦盆内，手揉三次，用熟汁澆，挼濾相合，以浄缸盛用以染衣。或緑，或藍，或沙緑、沙藍，染工俱於生熟藍汁内斟酌，割後仍留藍根。七月割，候八月開花、結子收，來春三月種之。

又《茅》 《格物總論》：「茅，叢生荒野間。野人刈以覆屋，江淮間生者，一莖三脊，曰菁茅。」《尚書・禹貢》：「包匭菁茅。」注：「匭，匣也。菁以爲菹，茅以藉酒。」

又《盂》 增《爾雅》：「盂，狼尾。」《疏》：「草似茅者，一名盂，一名狼尾，今人亦以覆屋。」

又《蓬》 《儒行》：「蓬户甕牖。」《疏》：「蓬户，謂編蓬爲户。」

又《荻蒿》 增《爾雅》：「蕭，荻。」注：即蒿。《疏》：「今人所謂荻蒿也，或曰牛尾蒿，似白蒿，白葉莖麤，科生，多者數十莖。可作燭，有香氣，故祭祀以脂爇之爲香。」

又　卷九〇《蒲》《三秦略記》：「高城東南有蒲臺，秦始皇東遊海上，於臺上蟠蒲繫馬。至今歲蒲生縈，委若有繫，狀似水楊，可以爲箭。」《澄懷録》：「山齋之用，采蒲花如柳絮者，熟鞭，貯以方青囊，作坐褥或卧褥。春則暴收，甚温燠，木棉不及也。」

又《蘋》增《爾雅》：「蘋，蒴蓮。」《疏》：「狀似蒲而細，可爲屬，亦可爲綯，以爲索。」

又　卷一〇〇《藥譜·枸杞》其莖堅硬者，可作拄杖。

清　李光地《月令輯要》卷四《春令·民用》山礬，增黄庭堅《題高節亭邊山礬花引》：江南野中有一種小白花，木高數尺，春開極香，野人謂之「鄭花」。予謂野人採鄭花葉以染黄，不借礬而成色，故名山礬。

又　卷一三《秋令·民用》蒲花褥。增《山家清供》：「秋采蒲花如柳絮者，熟鞭，貯以方青囊，作坐褥或卧褥，甚温燠，雖木棉不及也。」

又　卷一四《七月令·民用》槐房，增《本草綱目》：「槐實，作莢連珠，中有黑子，子上房。七月收之，堪染皂。」

清　王鉞《星餘筆記》斷腸草即治葛，蔓生，一枝三葉，葉大如蔓，亦名胡蔓草，食之殺人，山谷中在在有之。粵俗輕生，往往服之圖賴，一歲中頻有死者，官惡其事，爲下令服草死者，不給埋錢，然迄不能禁也。舊傳解此毒，磨熊膽少許灌之，否則以猪羊血灌并可活。一云山羊食其苗則肥而大，亦如鼠食巴豆大如㹠耳。

蒟醬見自漢武帝時，問廣人少有知者。按：《南方草木狀》：「蒟醬，蓽茇也，生蕃國者大而紫，謂之蓽茇。生番禺者小而青，謂之蒟，可以爲食，故謂之醬。」舊説蒟醬蔓生，葉似王瓜而厚大，味辛香，實似桑椹，皮黑肉白，其苗如扶留藤，取葉合檳榔食之。據此，則廣中之蔞葉是。或曰：蒟、蔞之别，種實辛烈，可入食料，故亦以醬名。南中製酒多用草麴杵米粉，雜以衆草藥及冶葛汁滌溲之，大如卵，置蓬蒿中，蔭蔽經月而成。用以合糯爲酒，故劇飲之，既醒，猶頭熱涔涔，以其有毒草故也。《東坡酒經》亦云：南方之氓以糯與秔雜以卉藥而爲餅，嗅之香，嚼之辣，揣之枵然而輕，此餅之良者也。」余不能飲如坡公，其於此中酒未嘗敢一沾唇，或有少飲，仍用故鄉麴櫱，庶幾代馬北風之義乎！

清　王棠《燕在閣知新録》卷一〇《杏核丹》杏核丹，取白花益母草，去泥沙，不用水洗，不見鐵器，用石杵臼搗汁三宫碗。硫黄去黑脚净，三兩研極細末，同汁入沙罐煮。煮乾添汁，儘汁三碗煮乾。須初伏時烈日曝晒，夜向月露。無月不必露，防夜雨。儘三伏四十日内好天，晒露爲度。每用杏核一枚，磨破尖頭，挖去杏仁，入水銀一錢，再入製硫一分，削小薄片降香掩口，青布線十字紮好，外鹽泥糊裹如胡桃大，記口向上，陰乾。鍊用大香爐，盛熟灰，按一窩放末香一把，又按一小窩安放泥裹杏核，再用末香掩蓋。手按微緊，鬆撒一尖，發火尖上，上下計末香三合，香燃煙盡灰冷，取出得銀一錢，可見鹽池硝關，任意傾瀉。煉丹務須僻静之處，忌雞犬生人。煉之人必須澄心净慮，毋生二念，守候丹爐。稍不如式，其丹即飛。每日取辰巳午未四陽時，餘時不煉。

又　卷二九《雞蘇》雞蘇，《本草》云：「龍腦、薄荷也，東吴林下人，夏月以此飲客。」

清　陸廷燦《藝菊志》卷一《考·紀》《終南山五老洞碑記》：「冰壽，漢之好時也，出墨菊，其色如墨，古用其汁以書。」

清　周魯《類書纂要》卷二七《瑞香》香中上瑞，天女襟，廬山種（有楊梅葉者，有枇杷葉者，有柯葉者，有毬子葉者，有欒枝葉者，惟欒枝香烈，枇杷者能結子，出廬山。）香雲夢、飛瓊、廬阜傳、佳客十二客以瑞香爲佳客。殊友曾端伯取十友，以瑞香爲殊友。名香（廬山瑞香，天聖中，名姑傳訥禪師云：「山中瑞采一朝出，天下名香獨見知。」）芳草圖（吕大防曰：「瑞香，芳草也，其生甚蕃，野人不以爲貴。」宋璟文，亦闕而不載，予守成都，恐其没于草類，一日見知于時，始與人事無異。載而圖焉。睡香（廬山比丘晝寢盤石上，夢中聞花香酷烈，不可名。既覺尋香求之，因名睡香。四方奇之，謂乃花中祥瑞，遂以瑞易睡。紫風流瑞香别名，廬山僧舍有麝囊花一蘗，色正紫，類丁香，號紫風流。江南后主詔取數十根，植于移風殿，賜名蓬萊紫。）紅錦陳子高《九日瑞香盛開》詩云：「宣和殿裏春風早，紅錦薰籠二月時。流落人間真勝事，九秋霜雪却相宜。」俗因號錦薰籠。）文官（貢士舉院本廣勇故營，有花，初開白，次緑，次緋，次紫，故名文官。紫花枯瘁經年，及更爲舉院再生，今欄檻尤爲茂盛。）

野悉密花，出于佛林國，亦出波斯國，苗長七八尺，葉似梅，四時敷榮。其花五出，白花不結子。花開時遍野皆香，與嶺南詹糖相類，西域人常採其花壓以爲油，甚香滑。

指甲花，一名七里香，樹娑婆畧似紫薇，蕋如碎珠，紅色花，開如蜜色，清香襲人，置髮間久而益馥。其葉擣可以染指甲，鮮紅。

清 張聯元《天台山全志》卷四 山礬 一名鄭花，台山處處有之。黃山谷云：「江南山野中有一種小白花，木高數尺，春開極香，野人謂之鄭花。王荆公嘗欲作詩而陋其名，予請名曰山礬。野人採鄭葉以染黃，不借礬而成色，故名曰山礬，又名瑒花，又名玉蕊花。」高齋詩話云：唐人王建《題唐昌觀玉蕊花》詩：「一樹瓏鬆玉刻成，飄廊點地色輕輕。女冠應覓香來處，惟見堦前碎月明。」

清 宋廣業《羅浮山志會編》卷七《品物志·草屬》 含水藤。顧微《廣州記》：「含水藤，狀若葛葉，似枸杞，其中水清美，可潤五臟。山行渴，則斷取汁飲之，瘴癘温疫，丹石發動，皆可服。擣葉傳中水，治人體有損耗，沐則長髮去地一丈斷之，輒更生根至地。」

葛可治爲布，亦可作粉爲丸，供飲食。根小而蔓，可爲絺綌。李賀有《羅浮山人與葛篇》。載《藝文志》。

清 宋長白《柳亭詩話》卷二《菊枕》 《本草》謂：「菊花，明目去風眩，故人多以製枕。馬伯庸有菊花詩：「東籬采采數枝霜，包裹西風入夢凉。半夜歸心三徑遠，一囊秋色四屏香。牀頭未覺黃金盡，鏡底難教白髮長。幾度醉來消不得，卧收清氣入詩腸。」置諸石田山房，何必寒生小甖，廻鸞動香入流蘓，睡鴨移也。

清 雍正《浙江通志》卷一〇一 夾麥青。《四民月令》：「清明時，土人取以擣汁和粉，爲果餌食之。」

又 卷一〇二 薔薇露。朱彝尊《鴛鴦湖櫂歌》注：「蠶月最多野薔薇，開白花，田家籬落間處處有之。蒸成香露，可以澤髮。」

虎箭，嘉靖《安吉州志》：「出孝豐，有無名藥草，土人取草熬膏用，以點鐵箭之首，遇虎發之，無不中者。」

又 卷一〇四 虎杖。《圖經本草》：「越州處處有之，如竹筍狀，上有赤斑點。」《爾雅》云：「蒤虎杖。」郭璞注云：「似葒草，可以染赤。」

茈席。《輿地志》：「茈草，出上虞夏蓋，山地人織以爲席。」《名勝志》：「茈草席，蕭山縣出。」

蒲扇。弘治《紹興府志》：「蒲，水草。可作扇，蕭山鳳儀鄉民以之爲業。」謹按：「會稽陶堰出紙扇，甚潔緻，以密節細竹爲柄，糊以白紙，堪作書畫。陸游詩云：「團扇家家畫放翁。」謂此。」

又 卷一〇五 花蕭。《玉環志》：「花粉紅，結黑子，可染網。網入鹹水不腐。」

南燭。《天台山方外志》：「太極真人青精乾石䭀飯，以山中南燭煮汁，漬米爲之。」

茅。《玉環志》：「土人用以織壁，堅硬勝竹。」

又 卷一〇六 席草。《東陽縣志》：「其體三稜，善織者，價值蘇席之半。」

靛青。《東陽縣志》：「尖葉名蓼兒青，不甚佳。圓葉者，馬蹄靛，山鄉皆種發之，以染絲布，色深碧。另一種名菉豆青，又一種名鴨綽青。」

紫草。萬曆《常山縣志》：「山產紫草，可以染燭。」

又 卷一〇七 紅花。萬曆《溫州府志》：「染絳，亦入藥，頗行遠。」

絡帚草。萬曆《溫州府志》：「土人取以爲帚。」

菅草。隆慶《樂清縣志》：「土人取其幹以織壁。」

蕢草。隆慶《樂清縣志》：「多芒。可爲纜，爲席，爲履。」

黵草。《龍泉縣志》：「插於髻間，可驅汗氣。」

墨草。《龍泉縣志》：「煉之可染鬚髮。」

清 雍正《陝西通志》卷四三 藍。終朝采藍，《詩經·小雅》染草也。《鄭箋》《爾雅》曰：「葴，馬藍。」郭璞曰：今大葉、冬藍。《西京賦註》古云：葴，大藍，又有小藍，葉花似蓼，皆可爲靛。《咸寧縣志》有二種，其葉大如匙，鋪地無梗，俗呼爲藍葉。葉小而圓，莖高一二尺，曰小藍，俱染靛物。《咸陽縣志》居民種藍製澱，或資其用。《華州志》

紫草。此草花紫，根紫，可以染紫，故名。《本草綱目》《一統志》云：「紫草生部陽，一名紫丹，一名紫芙，其根足以染紫，又可以灌紅燭。《馬志》出部陽縣北山，采其根以煎油，沃之色自艷，可染紫衣。《馮志》

清 雍正《江南通志》卷八六《食貨志·物產·揚州府》 五茄皮。一名文章草，今高郵以之造酒。

清 張廷玉《明史》卷三二六《外國傳》 其王敬天朝。聞使者至，遣官具儀物，以千騎來迎。王宮高廣，柱皆黃銅包飾，雕琢花獸。左右設長廊，內列明甲馬隊千餘，外列巨人，明盔甲，執刀劍弓矢，威儀甚壯。丹墀左右，設孔雀翎傘蓋百餘，又置象隊百餘於殿前。王飾八寶冠，箕踞殿上高座，橫劍於膝。朝使入，令拄銀杖者二人來導，五步一呼，至中則止；又拄金杖者二人，導如初。其王拜迎詔，叩頭，手加額。開讀受賜訖，設毯毯於殿，宴朝使；不飲酒，以薔薇露和香蜜水飲之。贈使者金盔、金繫腰、金瓶、金盆，其副則悉用銀，從者皆有贈。厥貢，良馬、金銀琉璃器、青花白瓷、鶴頂、犀角、翠羽、鸚鵡、洗白苾布、兜羅緜、撒哈剌、糖霜、乳香、熟香、烏香、麻藤香、烏爹泥、紫膠、藤竭、烏木、蘇木、胡椒、粗黄。

清　吴儀洛《本草從新》卷二《草部·芳草類·茉莉花》　辛，熱。主治：蒸油取液，作面脂、頭澤、長髮，潤燥、香肌，亦入茗湯。

清　蔣溥《盤山志》卷一五《物産·果木》　木蘭芽，六、七月間采之，可染皂。

清　傅恒《皇輿西域圖志》卷四三《土産·回部·百穀草木之屬》（回部）有草焉，沿地蔓爲藤，花紅白，子細而扁圓，可煮食，亦可飼馬，其名曰「葉斯穆克」。有草實如繭中絲，如細纑，名爲「克頗斯」，國人取織以爲布。《唐書西域傳》：「高昌土沃麥禾皆再熟，有草名白疊，擷花可織爲布。」

清　嵇璜《清朝通志》卷一二五《昆蟲草木略一》　羊草。生山原間，可飼牛羊。西北邊謂之羊鬍草，長尺許，莖末圓勁如松針，黝色油潤，飼馬肥澤。見《盛京通志》。

清　趙翼《陔余叢考》卷三一《金鳳染指》　俗以鳳仙花染指，自宋已然。《癸辛雜識》：「鳳仙花，紅者搗碎，入明礬少許，染指甲用，片帛纏定，過夜。如此三四次，則其色深紅，洗滌不去，直至退甲方漸失之。回回婦人多喜此云云，今俗則不特回回婦人也。

清　王念孫《廣雅疏證》卷一〇　柰莖，澤柰也。柰，与漆同。《神農本草》云：「澤漆，味苦。」《名醫别録》云：「一名漆莖，大戟苗也。生太山川澤。」陶注云：「大戟苗生時摘葉，有白汁，故名澤漆。亦能嚙人肉。」张仲景《金匱玉函要略方》：「咳而脈沉者，澤漆湯主之。」

清　趙學敏《本草綱目拾遺》卷七《佛桑花》　粤語佛桑枝，葉類桑花，丹色，名朱槿，一名福桑，又名扶桑。重臺者曰愛老，多以爲蔬。《綱目》：「木槿，後有扶桑，條止載外，治故補之。」吴震方《嶺南雜記》：「扶桑，粤中處處有之，葉似桑而略小，有大紅、淺紅、黄三色，大者開泛如芍藥，朝開暮落，落已復開。自三月至十月不絶。佛桑與扶桑正相似，而中心起樓，多一層花瓣。今人以扶桑、佛桑混一，非也。紗緞黑退變黄，搗扶桑花汁塗之，復黑如新。潤容補血，（粤語）美顔潤血。陳述《齋瑣語》：「朱槿花蒸醋食之，粤中婦女多以此美姿。」敏按：《兩粤瑣語》載：「朱槿與佛桑皮微有異，云朱槿一名『日及』，亦曰『舜英』，葉如桑，光潤而厚，高止四五尺而枝婆娑。自仲春花至仲冬，一叢之上，日開數百朵，朝開暮落，色深紅，五出，大如蜀葵，瓣捲起，勢若飛颺，層出如樓子，有蕊一條，比瓣稍長，上綴金屑，日光所爍，疑有火焰。粤女多種之，插枝即生。」蘇子瞻詩：「焰焰燒空紅」，佛桑謂朱槿也。然佛桑又有殷紅、水紅、黄紫各色，比朱槿差小，稱小牡丹。四時有花，白者以爲蔬菜，甜美可口，女子食之尤宜。據陳述齋所云，則佛桑與朱槿一類而二物。要其功用，亦不甚遠，故粤語以爲即朱槿。今並附録其功用，以補李氏所未備。

又　卷六《木部·地臘香》　黄夢《珠輪絶句》云：「石火平分地蠟香。」註云：地蠟香出哈密，可辟蚤蝨。

清　趙佑《草木疏校正》卷上《南山有臺》　臺，夫須。舊説：「夫須，莎草也。可爲蓑笠，都人士云：『臺笠緇撮』。」或云：「臺草有皮，堅細滑緻，可爲簦笠以禦雨」是也，南山多有。（《詩》《爾雅疏》並闕或云以下。）

清　道光《廣東通志》卷九七　葛布。産韶州，杜詩云「韶州白葛輕」。（《韶州府志》）

廣葛。粤中恒燠以葛苧爲常服。絺綌俱有，行於四方，所謂廣葛也。以雷葛爲最色，若血牙者，爲錦囊葛，出博羅者爲善。政葛出潮陽者爲鳳葛，出瓊州澄邁、臨高、樂會者爲美人葛，出陽春者爲春葛，出廣州者爲龍江葛，皆絓葛也。其尤細者爲女兒葛，出增城，纖如蟬翼，卷其一端，可入筆管。未字之少女織之，故名然。日曬則皺，水漬則蹙，經年成匹，今絶無僅有矣。（《郝志》）

清　道光《繁昌縣志書》卷一《輿地志·山川》　紅花山澗，在縣西北十五里紅花山下，紙户藉以造紙。

清　道光《榮成縣志》卷九　海上諸山中産葛最良，世謂之文登葛。今爲捕魚用，不復以作布矣。

清　謝堃《花木小志·鳳仙》　一名指甲桃，其形有名龍爪者，有名頂鳳者，有名飛來鳳者。飛來鳳者，其葉緺而成花；頂鳳者，當頭一朵大如月季；

龍爪者，其枝幹若龍形。花有單瓣，有重臺，有並頭者。色有大紅、桃紅、水紅、澹紫、澹緑、潔白、紅白錯雜者。婦女常以此花染指，故名指甲桃。

清 郝懿行《寶訓》卷六《木材》 《淮南畢萬術》酒薄復厚，漬以莞蒲。註：斷蒲漬酒中，即厚。

又 卷七《藥草》 《説文》：「梔木實，可染。」《博雅》：「梔子，楠桃也。」案：《正字通》名越桃，無楠桃名。《史記》「千畝卮茜。」註：其花染繒赤黄也。案：卮同梔。《述異記》：「洛陽有支茜園。」

曬紅花法：摘取即碓擣使熟，以水淘布袋絞去黄汁；更擣，以粟飯漿清而酸者，淘之。又以布袋絞去汁，即收取染紅，勿棄也。絞訖著甕器中，以布蓋上。雞鳴更擣，令均于席上，攤而曝乾。勝作餅，花作餅者不得乾，令花浥鬱也。

清 同治《番禺縣志》卷五四《雜記》 泡花，番禺人採以蒸香，風味超勝。其法以佳沉香薄片劈著浄器中，鋪半開花與香層層相間，密封之。明日復易，不待花萎香蔫也，花過乃已香亦成。番禺人吴宅作心字香及瓊香，用素馨、茉莉，法亦爾。大抵浥取其氣，令自薰陶以入香骨，實未嘗以甑釜蒸煮之。

清 光緒《興寧縣志》卷九《風土志·物産》（舊志）：「里老云，葛有二種：遍體皆細毛者，可績布，曰毛葛；遍體無毛者，曰青葛，不可績，惟以爲束縛，則又毛葛所不逮。又，□毛葛言亦有二種：蔓延於草上者，多枝節而易斷，成布不耐久；惟緣地而生者有葉無枝，成布較勝於苧。」

清 光緒《永定縣鄉土志》卷四《物産志》 葛仙米 本境及他境運入銷行，武漢各處歲計值二千緡。

甘蔗。本境特産，製造紅糖，銷行本境，其稿可爲紙。

柑橘橙柚。本境常産，每歲水運，銷行澹津沙市一帶，計值約三千緡。

五棓子，七棓子，木瓜。本境山産，兼由桑植、永順陸運入境，銷行武漢出洋，歲約計萬緡。

化香，刺皮，涷緑，均本境山産，爲染色必需，歲采約數千捆，水運武漢各岸口。

紀 事

唐 房玄齡《晉書》卷九五《藝術傳》 石季龍時，從西平來，一日行七百里，其一沙彌年十四，行亦及之。至秦州，表送到鄴，季龍令佛圖澄與語，不能屈也。初止鄴城西沙門法綝祠中，後徙臨漳昭德寺。於房内造重閣，高八九尺，於上編菅爲禪室，常坐其中。季龍資給甚厚，道開皆以施人。人或來諮問者，道開都不答。日服鎮守藥數丸，大如梧子，藥有松蜜薑桂伏苓之氣，時復飲茶蘇一二升而已。自云能療目疾，就療者頗驗。視其行動，狀若有神。佛圖澄曰：「此道士觀國興衰，若去者，當有大亂。」及季龍末，道開南渡許昌，尋而鄴中大亂。

宋 洪芻《香譜》卷上《荼蕪香》 王子年《拾遺記》：「燕昭王廣延國二舞人，帝以荼蕪香屑鋪地四五寸，使舞人立其上，彌日無跡。香出波弋國，浸地則土石皆香，著朽木腐草，莫不茂蔚，以薰枯骨，則肌肉皆生。」又出《獨異志》。

宋 陳敬《陳氏香譜》卷四《五香席》 石季倫作席，以錦裝五香，雜以五綵，編蒲皮緣。

明 徐炬《新鐫古今事物原始全書》《饌食卷》一八《椒酒菊酒》 《史記》云：「王莽臘日令進椒酒。」《西京雜記》云：「戚夫人侍兒名賈佩蘭，後出爲段儒之妻，説在宫内時，九月九日佩茱萸而飲菊酒。」

明 王路《花史左編》卷一一《囊佩》 宋時，宫院多採玫瑰花雜腦麝以爲香囊，芬氤裊裊不絶。

又 卷一二《荻毬》 政黄牛冬不擁爐，以荻花作毬，納足其中，客至與共之。

又 卷一四《芙蓉花》 《成都記》：「蓋後主于成都城上種芙蓉，每至秋，四十里如錦繡，高下相照，因名錦城。以其花染繒爲帳幔，名芙蓉帳。」（錦城至今如在勝金谷，錦帳七十里。）

清 汪灝《佩文齋廣群芳譜》卷八六《竹譜·淡竹葉》 彙考增《永嘉郡記》：「青田縣有草，葉似竹，可染碧，名爲竹青。此地所豐草，故名青田。」

又 卷八九《卉譜·紅花》 《集藻》書增晉，《習鑿齒與燕王書》：「山下有紅藍，足下先知不，北方人採取其花，染緋黄；挼取其上英鮮者，作烟支。婦人採將，用爲顔色。吾少時再三過見烟支，今日始視紅藍，後當足致其種。」

又《茜草》 《述異記》：「洛陽有支茜園。」《漢官儀》云：「染園出支茜，供染御服，是其處也。」

清 愛新覺羅·胤禛《世宗憲皇帝硃批諭旨》卷二二上 雍正三年六月初九日，廣西巡撫臣李紱謹奏爲欽奉，上諭事二月二十二日臣齎摺家人回粵，奉到上諭一道，臣恭展捧讀。「上諭廣西巡撫李紱提督韓良輔，近聞貴州諸苗之中狆苗之弩最毒，藥有二種：一種草藥，一種蛇藥。草藥雖毒，熬出兩月之後即出氣，不靈。蛇藥熬成數年可用，然單用蛇汁，其毒止能潰爛，仍有治蛇之藥可醫。更有一種蠻藥，其名曰『撒』，以此配入蛇汁敷箭，其毒遍處迴流，始不可治。聞此撒藥係毒樹之汁，滴在石上凝結而成。其色微紅，産於廣西泗城土府。其樹頗少，得之亦難。彼處蠻人暗暗賣入苗地，其價如金。苗人以爲至寶，爾等可著人密行訪問此樹，必令認明形狀，盡行砍挖，無留遺跡。既有此藥，亦應有解治之方，更加密密遍處訪詢。如有解毒之方，即便寫明，乘驛奏聞，欽此。」臣即於本日密檄行令思恩府知府，泗城同知及泗城土府三處，嚴飭即刻查明毒樹，速令砍挖，仍飭速覓解毒之方。又於次日差標員恭齎，上諭送交提臣韓良輔恭閲，以便協同料理，訪問施行。兹據泗城同知林兆惠禀稱，訪聞狆苗弩箭用藥各别，苗用百草尖所熬，狆用藥母配入蛇汁。查藥母即係毒樹汁曬成。凡樹之汁，土人皆名「撒」，「撒」爲汁之土音，故有汁之樹名「撒」。在狆家，名製弩之藥曰「礦」，漢人名之爲藥母。今此藥已得，其色帶紫，但此藥雖有泗屬土人販買，賣入苗地，其樹實出於左江地方，業經差人徑往太平等處尋訪。今於隆安地方覓得其皮葉枝榦矣。至解藥之方，遍處細訪已得，有解治之方，并敷治之法，但其藥味尚未全得。且係草藥，其名皆土音，其形狀不能辨識。已覓能熬解藥之人，往山中採取。俟藥味齊備，卑職即偕之赴省面禀一切，所有訪得解救之方，先行列單呈電等語。臣伏思解毒之方雖已覓得，而藥物非他處所有，亦非他處人能識，應俟該同知採齊藥物，併帶製藥之人至省，臣再加面試，然後奏聞。

清 光緒《廣豐縣志》卷二《風俗》 四月八日，入山採烏樹葉取汁，漬黏米炊爲烏飯，間亦以饋親友。

清 黄本驥《湖南方物志》卷二《長沙府》 潭州之獨行靈草，唐宋時産茶，名長沙之石楠，采芽爲茶。湘人以四月四日摘楊桐草擣其汁，拌米烝，猶烝糜之類，必啜此茶子，去風也，尤宜暑月飲之。（《茶譜》）（案：石楠一名風藥，能治頭風。楊桐即南天燭，取汁漬米作烏飯，謂之青精飯。）安化縣出茶，（《明一統志》）安化三鄉徧種茶樹，穀雨以前之細茶，先儘引商收買，穀雨以後方給客販。（《省志》）：「唐釋齊《已聞道林諸友嘗茶》詩：『槍旗冉冉緑叢園，穀雨初晴叫杜鵑。摘帶嶽雲烝曉露，碾和松粉煮春泉。高人夢惜藏巖裹，白硾封題寄火前。應念苦吟耽睡起，不堪無過夕陽天。』」

藝文

宋 劉敞《公是集》卷一三《菊花枕》 鮮鮮秋菊花，粲粲黄金錢。採掇時苦晚，棄遺情所憐。道人教爲枕，示可以延年。早昧攝生術，恐爲多病纏。又從省俗事，視聽苦不便。往往發昏憒，未知所除蠲。但使寐無覺，不謂藥可痊。今者誠有遇，祕之慎其傳。愈風得難老，高卧齊古賢。作詩叙終始，物薄戒輕捐。

宋 田錫《咸平集》卷七《菊花枕賦》 粲粲佳人，虹綬朱纓；采采芳菊，霜籬月庭。晞彩日以徵燥，逗輕風而益馨。晝帕開覆，珍盤久停。書閣開開，讀錦囊之藥録；鑪香静爇，披瑶檢之仙經。味甘而豈獨蠲疾，品貴而仍堪續齡。於是，剪紅綃而用貯金蘂，代粲枕而爰寘銀屏。誰羨陳宫，帶黄金以加飾；慵思漢邸，祕鴻寶以稱靈。當平夜炯玉蟬，漏催銀箭，拂芳塵於象榻，展餘霞之綺薦。蘭燈背壁，慘寒熖之九華；珠箔垂軒，掛繁星之一片。於是撫菊枕以安體，憐菊香之入面。當夕寐而神寧，迨晨興而思健。或松醪醒而心頓解醒，或春病瘳而目無餘眩。益知靈效，雖琥珀以奚珍；自悦幽芳，豈珊瑚之足羡。昔也，睥紫菊與白菊，和煙容與露芳，咸見采於玉指，惜徒況於金觴。巧思潛得，重緘有方。錦文緣飾以增麗，彩線彌縫而漏香。價掩槐實，名踰蕙芳。月幌斜開，恨西窻之欲曉；書帷半掩，順東首以延祥。魯國回賢，誰念曲枕之樂；漆園吏傲，空懷化蝶之鄉。每至蘭堂夙興，寶篋朝歛，輕藻繪於芙蓉，勝琢彫之琬琰。香在玄髮，芳留雙臉。致元首之康哉，美馨德兮難掩。

雜録

唐 馮贄《雲仙雜記》卷五《作剪刀》 姑園鐵作剪刀，以苜蓿根粉養之，裁衣則盡成。墨界不用人手而自行。（《搔首集》）

宋　史鑄《百菊集譜》卷三　《抱朴子》劉生丹法：用白菊汁、蓮花汁和丹蒸之，服一年，壽五百歲。

明　王圻《稗史彙編》卷一四九《蕹和膏》　烏衣國有龍爪蕹，煎之有膏，以和紫桂爲丸。服一粒千歲不飢，語曰：「蕹和膏生身也。」

明　余懋學《説頤》卷四《助情醒醉》　唐明皇正寵妃子，安禄山進助情花香百粒，大小如粳米，而色紅。每當寢之際，則含香一粒，助情發興，筋力不倦。興慶池南岸有草數叢，葉紫而心殷，有一人醉過於草傍，不覺酒態遂失。後有醉者摘草嗅之，倏然醒悟，故目爲醒醉草。噫！助情之花何不以助開元之治，醒醉之草何不以醒妃子之迷，不助治而助情，益之亂矣！不醒迷而醒醉，嗟何及矣！

圖　表

明　佚名《花史》夏集《茉莉》　茉莉（一名鬘華，見《佛經》）《格物叢話》：「茉莉花，葉面微皺，無刻缺，性喜地暖，南人畦蒔之。開時在夏秋間，六七月始盛。今人多採以薰茶，或蒸取其液以代薔薇露。東坡目爲暗麝，可謂善平章矣。《南方草木狀》：「那悉茗花與茉莉花皆胡人自西國移植于南海，南人憐其芳香，競植之。」南漢文其名曰：「小南强。」

茉莉

清　吳其濬《植物名實圖考·木類》卷三三《梔子》　《本經》：「中品，即山梔子。以染黄者，以七棱至九棱者爲佳。」

清　何剛德《撫郡農産考略》卷下　物用：幹可爲薪，汁可染布，靛耗折甚，重百斤衹有七十餘斤。靛價較昂，百斤值錢十一二千，濕靛百斤值錢七八千，水靛百斤值錢五六千，角藍靛價常倍之。郡屬售用外，多運往□干、豐城、福建等處。

藍

林產品貿易總部

林産品貿易總部提要

林産品貿易總部共包含三個部，分别爲木材貿易部、林特産品貿易部、海内外交流部。

木材貿易部根據主體不同，主要包含官辦木材貿易、商辦木材貿易和民間木材貿易。木材的品種主要包括檀木、楠木、松木、杉木、毛竹等。因古籍材料的論述是雜糅在一起，爲避免割裂材料，故而未再細分。

林特産品貿易部包括官方林特産品買辦、商辦林特産品貿易以及民間林特産品貿易。林特産品的品種主要包括果品（柑、橘、桃等）、香料（如沉香、甲香）、藥材等。

海内外交流部包括歷代國内和國外林産品的互通有無，其主要目的不僅僅在獲取經濟利益，更是政治交流的工具和手段，故而用來交流的林産品都較稀缺和珍貴，帶有地域特色，如貴重香藥（麝香、龍腦香）、珍稀動物（犀角、貂皮、象牙）等。交流的形式主要體現在地方向政府或國外向朝廷的進貢行爲中。

木材貿易部

論説

明　夏子陽《使琉球録》卷上　先是，撫按及藩司承禮部咨文，後凡編派錢粮、措置船廠木料諸務，區畫已用周。惟採木之役，往例布政司發錢粮貯建、延二府，就委該府推官一員督之，故功有責成而費可稽核。左伯王公思民已發銀千兩，貯福州海防館，移檄建南道劉公毅，令其差官領發，循往例也。有指揮葉重光者，新脱大辟，嫳而且黠，意欲窟穴其中，初謀爲造船總督，即豫領廠塢銀一百七十八兩以去，未饜也。秉王方伯入棘闈，夤緣推阮推官，復掣去採木銀三百五十兩。比劉公委官來，則固已入重光囊，蓋爲結納費矣。重光藉此得計，欲取償民間，故所在獵詐，甚至綑捉人婦女，賣人房屋。而所採木則盡强奪，無分文給也。民間騷然，無異寇攘。而市井無賴之徒效尤者，復趾相錯，民苦封事爲厲，蓋怨聲載道矣。予入境聞之大駭，會重光來謁，詰之，率皆誕謾支吾語。而木主童華等受害最劇，具詞泣訴，予乃批行署延平府徐通判，令其處分查給，以彌民怨。而阮推官者，實翼重光，且又恃有爲己翼者，旋以禮節相抗，而主者復嗔予不從，遂多方掣肘，百端齟齬。予念王事靡盬，姑謹持大體，優容之。而修隙者謀益工，窘困且四面至。蓋半載間，地方之精神智計，不用之奉公而用之私鬬；感令權力，不用之集事而用之僨事。故人心觀玩，事體益弛，所報政和縣合式桅木，遂爲奸民張孫監鑿毁而壞之矣。時悻悻者，陽辭封事不與以抗余，而陰實操阻壞之柄。初牒赴海防郭同知矣，旋即申使署福清篆去。初以錢粮支應屬閩侯二縣矣。

明　楊成《楊莊簡公奏疏·釐正起運板木疏》（《明經世文編》卷三六一引）

屯田清吏司案呈卷查，本部節年准工部咨該司禮等監題，該部覆奉欽依取運司禮、御用、内官三監各板枋竹木，原行龍江、蕪湖二廠抽解，因板木數多，未能合式，不得不召商買辦，每年約用木價銀一萬七千四百九十七兩零，解官腳費銀五千七百三十六兩零，共用銀二萬三千二百三十餘兩。除司禮監杉板六百塊，原無腳費，又杉條木五千根，先因蕪湖價多。至隆慶元年，改行龍江廠辦解，照估算價，無容别議外惟内官監一項，起運板木二萬七千八百八十根塊，御用監一項，起運板木八千六百五十根塊，又本監一項，起用杉條木五千根，以上三項除腳費外，龍江廠一半該木價銀五千七百七十六兩零，蕪湖一半該木價銀九千四百一十八兩零，比龍江廠價共多銀三千六百四十餘兩。夫板木來自上江，蕪湖在上，其價反多，龍江在下，其價反少，且板木相同，而價值互異，蓋緣先年自取解以來，各監承委解官，每年俱自三四月親往蕪湖會印，至九十月間方回南京。彼時因各商籍口供億等費，議價頗浮，相沿至今。得利慣習，故每遇召辨，則有買窩頂名之弊，印烙則有那移更换之弊，減價則有結黨阻撓之弊，臨發則有火光詐騙之弊，諸弊蝟集，難以枚舉。近蒙本部訪查前弊，率由浮冒，將萬曆九年分蕪湖木價批行該廠主事李化龍酌議裁減，時因木料起運在即，量減十分之一訖，亦既少懲其濫矣，但二廠之價，尚未畫一，若非亟行釐正，何以永杜奸欺。合無自今以後酌定畫一之規，申嚴驗印之法。將蕪湖廠該辨御用内官二監板木一半，比照司禮監杉條木前例通行，龍江廠辨解，一體照上江二縣估簿筭給，行本部司屬官，每次會同各監委解官免赴蕪湖，俱在龍江廠公同印烙。仍會同巡視九庫科道官查驗以絶弊端，呈乞議題等因案呈到部。臣等看得本部奸弊，莫甚于召買板木，而板木之弊，莫甚于蕪湖。各商蓋因先年議價過多，是以奸商鑽刺，棍徒詐騙，本部召買之舉，適爲奸宄媒利之端，積弊相仍，已非一日。今聖明在上，百獘盡釐，豈容因循，不爲釐正？況本同價異，委非法紀，既經該司查議前來相應題請伏乞敕下工部，再加查議，覆候命下咨行，本部自萬曆十年爲始，將前御用内官二監三項板木，每年先期行蕪湖廠，主事楝選真正多木商人送部閱認，隨押簰筏赴龍江廠。本部照例委司官一員，會同南京内守備、選委廉幹監官，公驗合式板木印烙，仍會同巡視九庫科道官查驗無弊，通照上江二縣時估簿算價，一半行蕪湖，一半行節慎庫，各支給。倘時價不同，不妨隨時增減，務使上不虧官，下不病商。如有奸商，仍踵前弊，或糾黨抗阻，及火棍生事、詐騙害人者，悉聽本部拏送法司，照例從重究遣。庶委官免跋涉之勞，商人省供億之費，而奸徒無擾害之端矣。再照前項板木，原係上供，本不可缺，但查嘉靖三十一年以前，每年司禮監止取杉板六百塊，近年加杉條木五千根，御用監先年止取板木一千六十根塊，近年增至八千六百餘根塊，又加大杉條木五千根。內官監板木，隆慶元年已奉詔停止，近復取解如前，由此觀之，則今日板木之數，其中豈無可省。或應少緩者乎？況該廠木價，俱借支漕船料銀，歷年拖欠至四萬七千餘兩，年復一年，後將難繼，合無併敕工部查議上請，擇其萬不容已者，每年一運，將可省者停止，可緩者間歲一運，如一年省銀數千，則十年可省數萬，其於聖明節財之一端，未必無小補矣。

明 龔輝《星變陳言疏》 題爲應詔陳言，蘇民困以弭天變。事奉本部劄付，該貴州道監察御史郭弘化，題該本部查議內開合，候命下之日，一面通行原差買木、燒甎郎中等官張淑、龔輝、劉悌、張問之等各查原派木板若干，甎料若干，曾經採買燒造已完若干，未完若干，各以三分爲率，果勾二分，其餘一分未完，即行停免。差去各官，務將已完甎木督同各該司府等官選差的當，官員支給雇覔水手并水陸車船盤費，押發起運，方許回京。先將起運過數目星馳奏報，等因題奉欽依備劄到，臣奉此案照先該臣欽奉敕：「茲以營建仁壽宮及先蠶壇殿，命爾前去四川地方并貴州西路收買楠杉大木，爾可會同彼處鎮巡官選委司府佐貳官員動支應解本部銀兩照數收買，或諭土官進貢，或照事例召商作急起運赴京，以濟急用。務要多方訪求，從長計處。木必擇其圍長合式，堅實不空；價必定擬兩平，不致虧官損民。以致僉解、委官、押運等項事宜，一一議處，務令停當。承委官員中間果有盡心所事，得木數多，地方不擾者，具奏旌擢；違慢沮撓，推托誤事，不服調度者，五品以上官条奏處治，六品以下徑自提問各該地方。敢有官豪勢要并貪利之徒，包攬害人者，聽爾處治，禁革不許寬縱。有妨大事，其餘俱照該部題准事理施行。爾爲部屬，受茲任使，宜持廉秉公，著實幹辦，安靜行事，務使木以時至，而工不遲誤，價從官辦而民不怨嗟，斯爲爾能。如或處置乖方，事誤民怨。責有所歸，爾其欽承之故。勅，欽此。」欽遵并奉本部劄付，爲營建宮殿事內開會同鎮巡等官，先行選委素有才力、守巡等官各一員，分定某官於某處收買，仍各奏疏。知不許別項差委，各官各照分定地方住劄，專一督同。府衛州縣掌印等官查照先年事體，召商差人多方訪求，從長計處，照數收買，運各水次。每月近則三次，遠則二次，開報郎中處驗勘。合式及無空腐，隨便印記編號。定委能幹府州佐貳官員陸續解運接濟，鎮巡郎中等官每三箇月將買過木植數目、日期奏報。遇有二號以上大木，并圍圓六尺以下中材，截長補短，堅實可用者折數充解，等。因計開：四川布政司收買三號楠木五千根，各長四丈五尺至四丈，徑三尺五寸至三尺；三號杉木一千五百根，各長四丈五尺至四丈，徑二尺五寸至二尺；四號杉木一千五百根，各長五丈至四丈五尺，徑二尺至一尺七寸；楠杉木連二板枋各二千五百塊；杉木單料板枋一千五百塊；栢木一百二十根，各長三丈，徑三尺；柚木一百五十根，各長三丈，徑二尺五寸。貴州布政司西路收買三號楠木五百根，各長四丈五尺至四丈，徑三尺五寸至三尺；三號杉木五百根，各長四丈五尺至四丈，徑二尺五寸至二尺；四號杉木五百根，各長五丈至四丈五尺，徑二尺至一尺七寸；楠杉木連貳板枋各五百塊；杉木單料板枋五百塊；栢木三十根，各長三丈，徑三尺；柚木五十根，各長三丈，徑二尺五寸。備劄到臣。已經會行四川、貴州、都布按三司各掌印官查議應行事宜，并委司府佐貳督木官員職名及查見在買木銀兩不敷支用，乞要開例納銀，并請內帑銀兩接濟等項，及據四川布政司經歷司呈報，償完上年楠杉大木一千三百三十八根，板枋三百八十五塊，於嘉靖九年十月十五日差委重慶府衛同知趙淮、知事王經綸、劒州判官楊著、黔江縣主簿戈璪領解赴京交納。各緣由前來會本具題外，又奉本部劄付，爲傳奉事，計開四川收買楠木七十五根，各長四丈五尺至三丈五尺，徑二尺五寸至二尺；杉木二百五十根，各長四丈至三丈五尺，徑一尺五寸至一尺二寸；楠木連貳板枋九十塊，連三板枋二十八塊，杉木連二板枋六十塊，單料板枋五十五塊。備劄到臣，又經案行四川布政司派屬買補呈報類解。又奉本部劄付，該本部題除請給內帑查納事例銀兩，協濟四川買木等因題奉欽依。備劄到臣，俱經會行四川布政司通行所屬召納及差官分投催解接濟，去後續該四川布按二司督木。左条議何鰲、僉事李文忠各陸續呈報，買完堪解大木板枋數目前來，已於嘉靖十年十一月十八日差委夔州府通判黃圖、宜賓、昭化二縣主簿劉秉、俞傑領解楠杉大木七百一十七根，板枋四百三十塊。嘉靖十一年六月二十二日，差委重慶府通判潘雍富、順銅梁二縣主簿馬總、王九臯領解楠、杉、栢木七百六十一根，板枋八百六十六塊。本年十二月十一日差委嘉定州同知姚廷用、江安大昌二縣主簿許侃、于龍領解楠杉栢木一千一十六根，板枋四百七十八塊，連前趙淮等領運共四次，實解過楠杉栢木三千八百三十二根，板枋二千一百五十九塊，俱經各起具數會題。除貴州布政司已經奏有欽依案行，該省欽遵施行外，臣復親詣各該買木衙門往來督併。節據叙州等府木商周洪川等訴稱，先年採木唇齒之下，今次採木俱在深山曠野，懸崖絶澗，人跡罕到之處。洪川等各領官銀不一，雇募夫米不等，各於烏蒙、忙部、馬湖等處採運。每廠用夫不下三五百名，每月食米不下百十餘石，搌架天橋，勞苦萬端，方得一木出水，先次取木八千，因是接濟遷延，故使累年未結。今次取木尤多，二年不能一濟，何以得完等情。又經備行四川布政司通查，庫銀解發接濟隨據該司經歷司呈奉，本司劄付，奉撫按衙門案驗據接管承行典吏張宣、庫吏徐翱吊到卷簿，查得本省原議買木減用價銀共七十一萬六千七百三十八兩，先該本司致仕左布政使徐鉦查報，本司廣濟庫貯先次大木支剩，及順慶叙雅三處解到夔州嘉定二處，解司未收，發回原買木銀，并嘉靖元年起至九年止，各州縣解到工部料價等項銀兩，共一十四萬一千五百四十六兩九錢五分九厘六毫有零。續因放支不敷，呈允撫按衙門借支庫貯户禮二部并南京工部料銀五萬九十四兩，督木何条議呈借本司解發重慶府軍餉銀一萬兩，督木李僉事呈借重慶府賞功銀二千四百一十九兩一錢三分七厘五毫，共銀二十萬四千六十兩八分七厘五毫。嘉靖十年七月起，本省開例續收，并陝西盧鳳淮揚兩淮都轉鹽運使司等處解到例銀，及保寧府解還借過大木銀兩，共四萬二千二百五十六兩八錢九厘七毫七絲七忽。以上通共銀二十四萬六千三百一十六兩八錢九分六厘八毫七絲七忽，尚少四十七萬四百二十一兩有零。該本司左右布政使侯位、劉淑相會同按察使楊淳、署都指揮僉事余承恩看議，得除收支前項銀兩外，近蒙督木工部郎中龔案驗奉本部劄付，動支司庫贓罰缺官柴薪銀兩共一萬六千八百四十九兩六錢七分五厘八毫，通共止有二十六萬三千一百六十六兩五錢，尚少銀四十五萬三千五百七十一兩三錢有零。及查司庫鹽糧一價，僅足備邊茶價，備賞貢番，況原開各項事例已經年終停止，再無別項儲積。又查得往年採買大木俱有借支料價贓罰之例，今司庫止有收貯户禮二部并南京工部料價，自嘉靖五年起，至嘉靖十一年六月終止，所屬陸續解到銀三萬九千二百五十三兩三分六厘六毫四絲七忽四微，并先前支剩各部料價銀四萬六千三百八十九兩，共八萬五千六百四十二兩，及所屬府州縣庫貯。嘉靖八年九年十年，分儲積贓罰金六十七兩五錢九分六厘，銀九萬一千七百一十一兩有零。請降明旨，動支給商，方克濟事等。因到臣，今奉前因，行據叙州等府備將各商採木山場履歷事宜申送前來委，果山川險惡蠻烟瘴雨之所，毒害虎狼蛇虺之所，傷殘係于民命數多，誠可流涕。臣會同巡撫四川等處都察院右副都御史宋、巡按四川監察御史朱議得，營建大木乃皇上仁孝至情，及修復古制以一新天下耳目，敢不竭力盡心。但四川僻處一隅，非若他省商販湊集，今名雖召商，實皆土民給領官銀入山拖運。正德以來，節奉採取相近水次木植，砍伐罄盡。今次採運俱在深山窮谷人跡不到之處，吊崖懸橋，艱難萬倍。比至溪澗，必待夏秋洪水泛漲，方抵大江。使夏秋無水，雖竭力殫財，窮年歷歲，必不可得。查得永樂初年，勅差尚書宋禮等到蜀採取大木，踰尋丈許者僅得數株，然猶以爲賴山川之靈，立祠歲祀，以彰殊異。嘉靖六年，又該工部侍郎黄奉勅前來四川督買楠杉栢木八千一百三十五根，板枋六千七百一十塊，兩年以上，止得大木五百根，板枋五百塊，起解隨該廷。臣建議以爲勞民傷財，即行停止。今甫及二年，共解過木板五千九百九十一根塊，率皆梁棟美材，踰尋丈許者不下五百根數。此豈人力所能，實由皇上聖德格天，雨澤時降，山川協靈，草木協用。故自昔所不可得之材，一時盡出，雖蜀中父老以爲目所未見，懽聲動地，相慶更生。而臣等亦仰賴聖德之休，自以爲可少逭不職之罪。正欲俯順下情，具奏定奪。今若必欲務足二分之數，則更生之喜且復囂然喪其樂生之心矣。何者？雨澤由天，僥倖難再，似此曠世奇絶之遇，似不可以復得。況該省連年兵荒相仍，民窮財盡，遠近徬徨，朝不謀夕，公私俱竭，將何取辦？徒坐困一方之民而已。且天下之事，有緩有急，而民生休戚，係國家安危理亂之機。竊計郊壇靈室，漸次落成，其仁壽一宫，當亦無幾。解過木植，亦足應用。兵革之禍，止於一方，且或出於不得已者，聖人猶慎用之，重民命也。土木興作，派及天下，使前項宫殿財用既敷，而徒以紛紛不急之故，上困公家，下敝萬民，是猶廢日用飲食之養，以侈冠裳之飾。儀觀雖美，元氣恐竭，固不待有識者亦爲之寒心矣。臣等觀漢文帝欲作露臺，其費百金，以爲中人十家之産，遂止不爲，古今以爲美談。臣等又見邸報，該講官吴惠進講節蒙聖諭，輔臣李時等曰：「省無益之費，停不已之役，令其所將指者，開陳以救時務急。」臣等稽首仰而嘆曰：「聖天子明見萬里。無益之費，無過磚木；不已之役，無過營造。我皇上聖學之功，仁民之念，一至於此，真與唐堯夏禹儉德相同，而漢文又不足言矣。海隅蒼生亦復何幸。臣敢倣鄭俠故事，繪圖隨進，伏望陛下軫念民生困苦，採運艱難，合無通查各廠堆放，并今各省買完起解未到木植數目，約筭有無足彀應用？其一應各衙門修造不急之務，俟民生少甦，財用少給，然後徐爲之處。將未完之數暫行停止，再照善經理者，更政而政愈行；善使民者，勞民而民不怨。亦惟在不失民信，不拂民情而已。前項已解大木，因無接濟錢糧，尚未得領前價，商人日夜懸望以需補給。又有已領價銀三分之一，見在追併砍伐在山，將至水次者，若一槩追銀還官，棄其木則可惜，轉相賣則無主。往年拖欠木銀至今未完，可監仍將前項料銀贓罰准其照例借支補給，以全民信。此後欠木商人，有木則委官驗量，陸續起解；無木則照舊追銀，盡數還官，以順民情。似爲官民兩便，情法無失，大工以成，地方攸賴。財無不給之虞，民有更生之樂矣。如蒙乞勑，該部再加查議，以俟遵行。惟復別有定奪，緣係應詔陳言，以蘇民困，以弭天變。事理爲此，具本專差。承差劉徵親賫謹題，請旨。

明　桂蕚《爲修省事》　嘉靖七年四月二十四日，吏部等衙門太子太保尚書兼翰林院學士等官桂等具題，二十九日奉聖旨，災異迭見，委因百姓不安所致。卿等所言具見，體國恤民至意，仁壽宮及顯陵大工，俱不可緩。但不許浪費工力，大木果勾足用，採木官即便取回，招商運木，會計錢糧等項，著工部還議停當。來説陜西修築邊牆係是要務，待豐年著撫按官，即奏舉行，勿得廢置不理。

明　李化龍《李襄毅公撫遼奏稿·議義州木市疏》　題爲黠酋求市隨便撫防敬陳制馭機宜以順夷情，以安邊鎮事。本年四月內，據通事胡以平、于禮稟稱，西夷酋首小歹青，要赴廣寧關市買賣領賞，仍採取木植用車裝運，因山阻赴關市不便，要從大凌河順水放至義州大康堡邊牆開市場，與軍民交易等情。隨經備行分巡道會同錦義將領查議去後，今據分巡遼海東寧道兼理廣寧等處兵備右叅政王邦俊呈稱，行准管義州叅將事、副總兵李如梅手本開稱，行據義州備禦盧得功會同本營中軍楊應元呈稱，查得嘉靖三十年間，小歹青伊祖栢哥帶領達賊二千餘騎，在于大康、大平二堡邊外住牧年久，以爲地方屬夷上邊講易木植買賣。當有前任叅將王重禄，因栢哥原係屬夷，本城尚有三千精健兵馬，足堪防禦，准令軍民人等各馱米糧與栢哥止換木植二三次，原無設立關口市圈，亦無請動官錢。後前夷被大虜達賊頭日得知，怒其內向，帶領衆賊，將栢哥等殺回，至今再無買賣。今照小歹青既要從大康堡凌河放木買賣，似亦舊例，但諸夷入市，不當散亂，須有一定關口。其關口應設大康堡久安臺迤西風口嶺地方，亦當有木塲馬圈，應設本堡正西門河東岸，其駕馭官應添提調官一員，即駐本堡專管木市事務，防範兵馬。本城育馬官軍家丁，除公差塘砲等項外，見在不滿八百，委屬不足，請乞合無于別營量撥勁兵一枝以防不虞。每歲春秋二季，每季按月三五次，准其出入交易，以復先年舊例等因。又准錦州前任遊擊劉仲文手本，開稱查得錦州嘉靖初年夷人互市，在于大鎮堡鎮邊山、大福堡臥佛寺二處通夷買賣，後遇年荒，大虜屢犯，屯民十室九空，夷市禁止。及查錦州各邊山險陡峻，樹木稠密，兵馬單弱，防護不便，似難開市等因，各回復到道，併將緣由回報到臣。又經移文鎮守總兵董一元查議相同，及稱撫賞酒肉等物，責令守堡官備辦，不必另設提調緣由，回复前來。該臣會同總督薊遼保定等處軍務、兼理糧餉經畧、禦倭都察院右都御史、兼兵部右侍郎孫鑛，鎮守總兵官太子太保左都督董一元，巡按山東監察御史宋興祖議照環遼而穴者皆虜也。迤北土蠻種類多不可數，勿論即近邊者，直寧前則長昂，直錦義則小歹青，直廣寧遼瀋則把兔兒粆花大諸酋，直開鐵則伯言兒煖兔諸酋，其在東邊海西，則猛骨孛羅那林孛羅卜寨諸酋，建州則奴兒哈赤、速兒哈赤諸酋，以上酋虜無慮數萬，凡皆與遼地相錯如繡，人項背相望，竝墻圍獵，則刁斗劒戟之聲相聞，蓋肘腋腹心之憂也。自那卜二酋被剿，奴速兩兒受撫，數年來東垂無事。去歲把兎伯言兒戰死，粆花大一敗塗地。今年伯言之子宰賽受罰入市，廣寧遼瀋開鐵間警報漸希，所未馴伏者惟有長昂小歹青耳。而小歹青者，素以兇狡雄長諸酋，且其巢穴當衆虜之中，北結土酋，爲其心腹耳目，西助長昂，東助粆花諸虜，大舉動以數萬，無所不窺，小竊則飛騎出没于錦義之間，如鬼如風，不可蹤跡。該地將領自周之望栢朝翠戰歿，繼之者摇手相戒，無敢以一矢相加遺。年來凌河上下方數百里，野多暴骨，民無寧宇，連阡沃壤，棄爲甌脱。遠慮者每以河西不保爲虞臣化龍在事以來，數爲之輟食而嘆謂小歹青不死，遼左之憂，且未艾也。乃自今歲入春以來，此酋數數遣使叩關求市，每來則獻人口二三十名，最後以其剌麻僧送被虜生員薛天成來。臣與鎮臣庭詰其僧，僧言歹青厭兵矣。今且從佛教，願不復爲賊，第求兩家一家耳。臣等未敢信，復陰詢其生員，言歹青自去冬遣使唁東虜歸，而言東虜帳半空，多寡婦，日攜其胡兒啼，遠近聲相聞也。其妻心動，懼且爲穹廬嫠，日夜垂涕泣而道之和，歹青亦心怦怦怔怔然。進則虞有高平之辱，居恐復有拴道之舉，日夜馳游騎四出偵我，若旦夕加兵者，然其所爲求欵者，即將來不可知，目前似無他矣。於是臣等乃問剌麻虜所願者何，曰：「願無出兵搗其巢，願夷人來降者，留其馬歸其人，願漢人回鄉者，留其人，歸其馬。願得于淩河賣木以養窮夷之不搶則無以爲生者。」臣等謂：「爾無入，則我無出。誰復搗爾巢？恐廣寧降夷多不可勝用矣，且內地所不足非馬也。惟回鄉而歸其馬則無利，恐流人遂不復回鄉，自後降夷來人馬皆無受，回鄉而有馬者馬給其人，不復歸爾，淩河賣木事至重需後命。」虜使唯唯，臣等因謂：「我亦有所願，願自關門以西，錦義沿邊十五堡，爾無以一人一騎入。若他虜從此入者，爾拒之，拒之不得，則以實報，俾得早爲備。大虜來，爾止之，不得亦以實報，俾得早爲備，願爾無陰隨諸虜入犯，而陽爲報以匿其名。願爾無勾連大虜，且爲之嚮導，冀以大舉償零竊。」虜使亦唯唯，因令之赴關，關將吏監之，殺馬牛鑽刀說誓盟於天，因報箭入市，賣馬以去，無何而關西報長昂聚兵三千謀犯寧前，居久之，歹青遣使來報，長昂且犯錦義，既而長昂果犯錦義。以先知，副總兵李如梅待之于邊，擊却之，半日而出。陰遣邏者尾之，全營向西南去，果長昂賊也。于是臣等始信此酋之求欵者，將來不可知，目前果無他矣。始爲行查賣木事，據鎮道將領，皆謂有利無害，可行無疑。臣等猶未敢信，復召彼地居民之有知者，及士人之習邊事者，遍問之，皆曰可。大約謂其便有五，河西無木，木皆在邊外，自屬夷叛亂以來，遼人無敢出邊一步者，材木之費，止仰給河東，道遠又時有虜警，不時至，至亦不多，故河西之材木貴于玉，自市通而河西材木不可勝用也，一。所疑于虜者，犬羊無信耳，第虜重市以爲金路，當市之時，多不肯搶。一日市則一日不搶，一處市則一處不搶，即今日市而明日搶，搶非有加于往日也，而我已收今日不搶之利，即今年市而明年搶，搶非有加于往年也，而我已收今年不搶之利，二。遼東馬市，成祖文皇帝所開也，無他賞，賞即以市稅，無他市本，聽商民與之交易，官第爲之治其争而防其變，故虜以市爲命，而民亦以市爲利。木市與馬市等耳有利于民，不費于官，三。大舉之害酷而希，零竊之害輕而數，小歹青不搶，錦義之零竊少矣，而又西不助長昂，東不助粆花，則虜勢漸分，即寧前廣寧之患亦漸減。且大舉先報，又得以預爲之備，四。所惡于和戎者微獨以多費也，蓋亦弛備之害大焉，今大舉不絶必不至，弛備而零竊頓希益得以脩備，五，此五者利害較然如，白黑一二可指數也。于是臣等乃知木市果可行無疑也。臣等又恐此特其酋長畏死求和，或未必能戢其下，姑少延之。自夏及秋，果無零賊內入者，又恐夷人或假入市有他舉，或即于市中生事，亦未可知，因以便宜與約市期，匿盛兵待之，而令副總兵李如梅、通判俞方策與之爲市，且令虜不許多至，致生他虞，至九月二十日虜果以百餘放木三百五十零，至堡前臨河與軍民交易，不終日而畢，即以市稅市酒食量賞之，市夷與居民各大歡悦而退，于是臣等益信此酋目前果無他，而木市果可行無疑也。其地宜在義州大康堡以近淩河，且先年故處也，其期歲春秋各一，春以三四月，秋以七八月，水方盛便放木，且非大舉之時，無他變也。每季市不過三五次，人不過五六百，便防閑也。守堡官即加以提調銜，聽臣等劄委，不必銓除既便彈壓，又省事且省官也。届市期仍發正兵營勁兵一千防護，畢市而歸去鎮城遠，不盛兵不足以待變也。市夷止犒以酒食不必他賞，賞在馬市不重出，且木稅無多，難浮費也。庶幾乎制馭有完策，而木市無他虞乎。臣等又惟遼左事體，與他鎮不同，他鎮皆貢虜也，市必不搶，搶必不市，盖其費內帑金錢以數萬，計明以此爲餌釣之，彼亦中吾之餌而不敢變，亦不肯變，勢則然也。若遼之馬市止可當他鎮之民市耳，民以爲利，故虜雖有順有逆，市終不爲之罷，費不在官，故市之或開或塞，官亦不任其責。盖犬羊之性喜則人，怒則獸，而制馭之法，來不拒，去不追，戰守和交發而互用。成祖文皇帝所爲經理遼左，法至善也。今之木市與馬市等偶爾虜懾于戰勝之餘威，甘就籠絡，故臣等亦啗以交易之微利，暫與休息。今而後其以爲香餌一吞而不復吐乎，所不敢知；其以爲鷄肋，暫食而旋復棄乎，所不敢知。自山陝諸邊撫賞數萬，不能保其終不渝盟，臣等以郊虛一市，欲其守空約而長無後患，一何其所持者狹，所欲者奢乎。惟是其市也，利可牧于目前；其不市也，害不加于往日。擇福于重，擇禍于輕，臣等固已言之矣。是故，自今以後，虜情少變，則當罷，罷而虜復輸欵，則又當開。開而或陽順陰逆，或東市西搶，則不直罷。或剿其衆，或搗其巢，當惟其所爲而不得謂之啓釁。總之防撫者惟盛兵爲備，不必以市否爲弛張。綜核者惟隨事考成，不必以市否課功罪。一切制馭機宜，皆聽臣等督撫鎮道竟自主張，不必瑣瑣瀆聞，一如馬市故事，庶邊臣得以展意設施，無所疑慮，虜雖悍且黠，當不復出吾籠絡中矣。伏乞勅下兵部查議覆請，行臣遵奉施行，地方幸甚。

明 張養蒙《張毅敏集·爲川民採木乞酌收餘以寬比累事》 竊惟四川採木一役，先後經歷五年，三運就途，原額已足，據撫按類報之疏，似可無他議矣。臣等聞川人言，則謂採木之苦，在召派猶未甚，而在驗收之後，則甚也。在責辦猶可支，而在比併之日，則難支也。蓋召派之始，買運有價，賞夷有格，雇夫有值，毋累之。旨屢申，陸續之期旋定，商民領銀，在手採買自由，有責辦于一年之内者，有責辦于二三年之内者，雖一時估給，未必盡足所費，而目前之利，人猶樂趨之也。雖殷實人户，未必樂于就役，而慣商豪民，猶攘臂争來也。操斧入山，巨材實少，圍圓丈尺，合式爲難，自該部議准通融酌收，而民始安心採運矣。惟幸其可酌取也，則務多採以中之，又慮出險達江之難也，則益多採以備之。原額估銀，十克一二，其間無名之賠販，萬狀之艱辛，有惻然不忍聞者，迨鱗集水次，而收者收，棄者棄矣。收者入運，而棄者比銀還庫矣。夫木非他物等也，商民供應，他物一不中程，貴辦者賤鬻，輕領者重賠，猶云得自便也。惟茲皇木禁用極嚴，既不收之于官，又不敢售之于市。以爲有木也，則尺寸之材，何曾屬己以爲有銀也，則分毫之費盡令還官，始之以監追，繼之以捶楚，于是有傾貲者矣，有破産者矣，有鬻妻子者矣。不則奄奄待斃耳。痛哉，川民何不幸而重罹此酷也。臣等聞嘉靖年間，採木事完，害亦如此，迄今閭左蕭條，僅存殘息，道旁枯朽，悉是良材。毋論遺害堪傷，兼之遺材可惜。皇上持身以儉，恤下以仁，罷不急之工，戒無益之作，非時採辦，料其必無萬一廠儲告虚役非得已。臣等恐罷民不堪重騷，而見材不可輕擲也。合無將已出水次，及在山可出之木，或楠或杉，堪備營構者，酌價揀收，勿以已足額，而漫爲棄損，勿以未合式，而過爲刁減。收一木則民免一木之賠，筭一分，則民受一分之惠。抵除領價，徐俟解京，蓋進之三廠，則合抱干霄，固梁棟之具，即寸長尺短，亦榱棁之資。若罄錙銖而取之，委泥塗而蠹之，又椎膏髓以償之，民其何堪，國亦何賴焉？況杉楠上材，非同樗櫟，伐之甚易，生之甚難，採之甚難，棄之甚易，忙時督辦，孰若閒時鳩惜之爲得哉！該省郡縣之吏，不敢擅抵者，重庫積也。撫按之臣，不敢廣收者，遵部咨也。惟奉有明旨，則公私兩便，臣等于此亦計之審矣，所費者應動之銀，而非損及内帑；所救者無辜之衆，而非惠及奸頑；所集者已伐之材，而非重行採取；所儲者將來之用，而非近見眉睫。倘言有可採取，伏乞敕下工部，覆議施行，一方幸甚，奉聖旨工部知道。

清 宋犖《西陂類稿》卷三二《條議採買竹木疏》 該臣看得江右地瘠民貧，自經兵燹之後，閭閻彫敝已極。臣荷皇上特簡叨膺巡撫重任，亟思興利除弊，以期民安物阜，今據署布政司事陞任督糧道叅政吴延貴詳稱，江省每年奉文採買紫竹一百一十六根，貓竹四千五百根，楠檀木六十根。内惟康熙二十三年初次採買楠檀木已奉部文撥給價值，其餘節年採買竹木，向來以部文未有准動錢糧之語，俱係分派各屬捐解。如紫竹則取給於饒州府屬，貓竹則通派於闔省州縣，楠檀木則係南康、九江二府輪流捐解。名雖官捐，其實累民，議動正項採買，委員運解。請題前來，臣細繹原奉部文雖未開有撥給錢糧字樣，而於初次採買楠檀木部文之内已有價值，行令地方官撥給，毋得濫派小民等語。開載甚明，且既曰採買，自應給與價值，即無撥給錢糧字樣。承辦各官自應具文請明部示，准給價值，方不擾民，何得輒以捐解爲名，致貽民間。歷年重困，此皆以前各官奉行不善之咎也。伏讀康熙二十六年五月初三日恩詔，内開一直省地方有見行事例不便於民者，各該督撫詳察開列，具題該部確議，酌量更正等，因欽遵在案，江右採買竹木一項，名雖各官捐解，實屬累民事之最不便於民者，臣亦何敢緘默。伏乞皇上睿鑒，敕部嗣後採買竹木，准令動支正項錢糧解運報銷，併請天語嚴飭經收人員，毋得借端指勒吹求，則全省之民得免重累，咸沐皇仁於萬世矣。臣謹會同江南、江西督臣傅臘塔合詞具題，伏乞皇上睿鑒，敕部議覆施行。

清 張廷玉《明史》卷八二《食貨志》 採造之事，累朝侈儉不同。大約靡於英宗，繼以憲、武，至世宗、神宗而極。其事目繁瑣，徵索紛紜。最鉅且難者，曰採木。歲造最大者，曰織造、曰燒造。酒醴膳羞則掌之光禄寺，採辦成就則工部四司、内監司局或專差職之，柴炭則掌之惜薪司。而最爲民害者，率由中官。

清 劉錦藻《清朝文獻通考》卷四 論曰：《周禮》太宰以九職任萬民，一曰三農生九穀，二曰園圃毓草木，三曰虞衡作山澤之材，四曰藪牧養蕃鳥獸。其爲天下萬世籌贍足之計者，不獨以農事爲先務，而兼修園圃、虞衡、藪牧之政。故因地之利，任圃以樹事，任牧以畜事，任衡以山事，任虞以澤事，使山林、川澤、邱陵之民得享山林、川澤、邱陵之利。夫制田里，教樹畜，岐周之善政，管敬仲亦云：積于不涸之倉者，務五穀也；藏于不竭之府者，養桑麻育六畜也。如果園圃、虞衡、藪牧之職，以次修舉，於民生日用不無裨益。國家承平日久，生齒日繁，凡資生養贍之源，不可不爲急講。夫小民趨利如鶩，亦豈甘爲惰窳舉山林川澤天地自然之利委爲棄壤哉？良以疏闊之，初豪强既羣起而争管業，之後姦民又多方戕賊，地方有司每視爲貲産細故，不爲申理，此所以寧荒其業耳。督撫大吏身任地方，所當因地制宜，及時經理，其已經開墾成産者，加意保護，或荒墟榛壤以及積水所滙有可疏闢者，多方相度籌畫，俾地無遺利，民無遺力，以成經久優裕之良法。至于竭澤焚林，並山澤樹畜一切侵盗等事，應行禁飭，申理轉飭地方官實力奉行，該督撫不時稽察，務令從容辦理，毋絲毫滋擾，毋日久因循，以仰副朕惠養斯民之至意。

清 乾隆《寶坻縣志》卷一八 金·劉晞顔《寶坻縣記》 河渠左界灤水，右纏潞曲，薊北名山無不委曲而貫通之，雖斧斤不入山林，而材木亦不可勝用也，其富商大賈貨置叢繁，既遷既引，隱隱展展，鱗萃鳥集，鬻者兼贏，求者不匱。

清 乾隆《婺源縣志》卷四《疆域志·風俗》 每一歲，槩田所入，不足供通邑十分之四。乃併力作於山，收麻藍粟麥，佐所不給，而以其杉桐之入易魚稻於饒，易諸貨於休，走饒則水路險峻，僅鼓一葉之舟；走休則陸路崎嶇，大費肩負之力。

清 吴振棫《黔語》卷下《黎平木》 爾疋被煔，郭注：煔似松。邢疏：俗作杉，《説文》作檆，徐鉉云：俗作杉，黔諸郡之富最黎平，實惟杉之利。種之法，先一二年必樹麥，欲其土之疏也。杉歷十數寒暑乃有子，枝葉仰者子乃良。擷而蓄之，其罅而墜者棄之，美其性也。春至糞土束芻覆之，緼火焫之，乃始布子。而以枝莖午交蔽之，固其氣，不使速達也。壯而拳曲，即付翦刈，易以他栽，移而植之，皆有行列，沃以肥壤，欲其茂也。稺者曰杉秧，長尺咫則貴在直也。於是結根竦本，垂條嬋媛，宗生高岡，族茂幽阜，不二十年，而蕣蕣蓑蓑，蔚若鄧林矣。自郡之清水江以下二百餘里，埴堁鱗接，輪囷欗槮，天地純碧，羲娥匿影。或與風飂飀鳴條音響，則琴筑并奏，笙竽合唱。其間棲者擇木，雊者擇音。猿父哀吟，獁子長嘯。幽翳凄迴，殆難爲狀般爾。既集斧斤，日尋其聲。丁丁鏗訇，溪谷枌橑。欒櫨之用，靡有不具。商賈駢坒，齎刀布而治質劑者，歲以數十萬計。其地有三，曰王寨，曰毛坪，曰卦治。歲以一寨人掌其市易，三歲而周，蓋嘗訟之部使者，定爲令甲也。大栰小桴，縱横絙束。浮之於江，經奔處遠口甕洞入楚之黔陽，合沅水而達於東南諸省，無不届焉。昔張平子云：鬻者兼贏，求者不匱。左太沖云：材以工聚，賄以商通。黎人之以木富也，其庶幾乎？

清 同治《城步縣志》卷一〇 因時制宜，必須量入爲出也。查境中並無水陸通衢，外間亦無粮米運至。近來所産穀米，不敷所食，不得不籌之於裸粮。訪聞鄉間富户多係販賣竹木以興家。甚有無耻小人，以重利盤剥而得利。務農發家者，百無一二。果務農不可起家乎？直是有田不耕之所致。且販賣竹木，必待成材方能砍伐，獲利甚遲，何如務農獲利爲速耳？

清 董鍾琪《婺源鄉土志》第六章《婺源風俗》 我婺山多田少，西南稍曠衍，東北則多依大山之麓，墾以爲田，概田歲入不足供通邑十分之四。辛三面與饒接壤，得資其有餘以補不足，然山林之利，我婺獨擅。惜農力不勤，半成荒穢，故今日講求實業，斷以提倡林學爲先。

綜述

明 宋濂《元史》卷九四《食貨志》 山林川澤之産，若金、銀、珠、玉、銅、鐵、水銀、朱砂、碧甸子、鉛、錫、礬、硝、鹻、竹、木之類，皆天地自然之利，有國者之所必資也，而或以病民者有之矣。元興，因土人呈獻，而定其歲入之課，多者不盡收，少者不强取，非知理財之道者，能若是乎。

明 倪涷《船政新書》卷一 議木料，照得船工所用，楠木爲急，而杉木次之，乃杉木無減折之例，又當時給價，故商人貪緣告納，以致買多積久，朽爛不堪，楠木頗爲難得。係查工部稅單，計數派買，而反過爲搸剋，既減其疵病矣，又恐心有麻腐，乃扣價十一，俟用完之日，而後給發，以致商人往往畏避，杉木苦多，楠木苦少，杉木之害在小甲，楠木之害在商人，二者皆弊也。夫木心之蠹，商人亦不得知，乃使之守候于數年之後，已非人情矣。及查每年所減麻心價銀，業亦無幾，而臨朝缺木，則必廣行召買，或減疵病，或寬丈尺，計之常價，十增二三。以其所增，當其所減，何止倍蓰，而拘拿保家，督責經紀，紛紛四出，擾害多端，勢不得已，則在官姑收不堪之物以取盈，小甲强領不堪之物以抵數，料既不備，用亦易朽，公私兩弊，昭然甚明。又小甲陸續告領，本部陸續批查，官役刁難，奸甲貪緣，弊端叢生，莫可殫述。頃該本官，清理見在杉木，三年之内，不復收買，每年所省，何止萬金。合著爲例，以後如遇應用杉木，皆先一年預案呈堂，批准收買，買足之日，即呈堂停止。其楠木除疵病減價外，免其扣留，而量增派買之額，則商人免守候之苦，而本部免召買之累，豈非兩利之道哉？木頭鑿官匠姓名，隱匿疵病者，許本甲呈究，給木之時，查明各船等第，扣算應領木植，并油麻釘鋦等項，總開一單。（略）

一議木料，前件臣等看得楠杉木料，均係船工所需，則給價豈宜過爲低昂，以致杉多楠少之患。且楠木既不易得，而撙剋反過，遂致商人畏避，及其乏木，又寬減召商，何前後之失計也。所據尚書郭等題稱以後如遇應用杉木，先一年預案呈堂收買，買足即行停止。召買楠木，量增額數，免其扣價，誠爲公私兩便。經久可行，相應依擬，合無備咨南京兵部。將收買木料，拈E31E給發等項，悉照所議事理，着實遵行。伏乞。（略）

一杉木利息頗多，姦商鑽求上納，不問應用幾何，合用何項，非惟材料不堪，抑且久積多朽，自萬曆拾貳年捌月本職到任，即停收買拾伍年爲始，每至秋季預查實在杉木要見次年何項缺乏，應買若干，方具揭呈堂，依數召買，其圍量價式，俱照舊刊職掌。

一楠木照工部稅單，派商上納，苦于不足，而舊例恐木心有腐，每價百兩，扣留伍兩，俟用後查給，商人又甚苦之，今免其扣留，而增其買數，使商不苦，而用不乏。

明 何士晉《工部廠庫須知》卷五《木料等價規則》

長梁：

一號長二丈五尺，圍五尺，每根銀五兩。

二號長二丈三尺，圍五尺，每根銀四兩三錢。

十二號長一丈七尺，圍三尺，每根銀一兩五錢。

柁木：

一號長二丈一尺，圍五尺二寸，每根三兩四錢五分。

二號長二丈，圍五尺，每根銀三兩二錢五分。

十三號長一丈五尺，圍二尺五寸，每根銀八錢四分。

散木：

一號長一丈五尺，圍四尺二寸，每根銀二兩二錢六分。

二號長一丈四尺，圍四尺一寸，每根銀二錢一分。

九號長一丈，圍一尺八寸，每根銀三錢□分。

松木：

一號長一丈六尺，圍四尺六寸，每根銀一兩六錢。

二號長一丈六尺，圍三尺六寸，每根銀一兩四錢。

十五號長七尺，圍九寸，每根銀五分五厘。

大杉木：

一號長四丈，圍四尺二寸，每根銀五兩八錢。

二號長三丈五尺，圍四尺五寸，每根銀五兩五錢。

四號長三丈四尺，圍三尺二寸，每根銀四兩六錢。

平頭杉木：

一號長三丈七尺，圍三尺，每根□□□錢五分。

二號長三丈，圍三尺，每根銀三兩六錢。

七號長二丈，圍一尺五寸，每根銀七錢。

鷹架杉木：

一號長三丈，圍二尺一寸五分，每根銀一兩二錢。

二號長二丈八尺，圍一尺七寸，每根銀□□錢五分。

四號長二丈五尺，圍一尺四寸，每根銀□錢。

杉條木：

一號長二丈，圍二尺四寸，每根銀五錢五分。

二號長二丈八尺，圍一尺三寸，每根銀三錢三分。

五號長一丈六尺，圍九寸，每根銀一錢四分。

椅枋：

一號長二丈四尺，濶一尺四寸，厚九寸，每塊銀四兩二錢。

二號長二丈四尺濶一尺二寸七分，厚八寸七分，每塊銀四兩。

六號長二丈一尺，濶一尺，厚七寸，每塊銀二兩六錢。

柁枋：

一號長二丈三尺，濶一尺四寸，厚八寸五分，每塊銀三兩九錢。

二號長二丈二尺，濶一尺三寸，厚八寸，每塊三兩七錢。

五號長一丈八尺，圍一尺一寸，厚六寸，每塊銀一兩八錢。

松板：

一號長一丈八尺，濶一尺二寸，厚二寸五分，每塊銀一兩。

二號長一丈六尺，濶一尺二寸五分，厚二十五分，每塊銀八錢。

十六號長二尺五寸，濶一尺二寸，厚三寸，每塊銀六分。

松木浄板：

一號長六尺五寸，濶一尺，厚二寸五分，每塊銀二錢五分。

二號長六尺五寸，濶八寸，厚二寸五分，每塊銀二錢二分。

五號長六尺，濶一尺，厚三寸，每塊銀八分。
楠木連二板枋：
一號長一丈八尺，濶二尺，厚一尺，每塊銀七兩七錢。
二號長一丈六尺，濶一尺五寸，厚八寸，每塊銀五兩七錢。
三號長一丈四尺，濶一尺二寸，厚六寸，每塊銀四兩七錢。
杉木連二板枋：
一號長一丈六尺，濶一尺七寸，厚七寸，每塊銀一兩九錢。
二號長一丈五尺，濶一尺二寸，厚五寸，每塊銀一兩五錢。
單料板枋：
一號長八尺，濶一尺六寸，厚六寸，每塊銀八錢八分。
二號長七尺，濶一尺五寸，厚五寸，每塊銀七錢。
五號長六尺五寸，濶一尺，厚三寸，每塊銀五錢。
杉木板：
一號長一丈六尺，濶一尺七寸，厚七寸，每塊銀二兩。
二號長一丈四尺，濶一尺五寸，厚五寸，每塊銀一兩七錢。
十一號長六尺五寸，濶一尺，厚三寸，每塊銀五錢。
一號每塊長七尺，濶一尺，厚五寸，每四塊准一號散木一根。
二號每塊長六尺八寸，濶八寸，厚四寸□分，每四塊准二號散木一根。
三號每塊長六尺六寸，濶六寸，厚四寸，每四塊准三號散木一根。
以上俱召買則例運，價在外，但運價亦四塊扣筭，不無虧官仍，各該隨號倍加每八塊折一根筭給爲當。
榆木：
一號長一丈一尺，圍四尺八寸，每根銀八錢五分。
二號長一丈二尺，圍四尺二寸，每根銀七錢八分。
七號長一丈圍三尺，每根銀五錢。
槐木車軸：
一號長二丈五尺，圍三尺五寸，每根銀二兩二錢。
二號長一丈五尺，圍二尺七寸，每根銀□兩。
九號長二尺，圍二尺一寸，每根銀七□。
檀木：
長一丈，圍二尺，每根銀七錢。
檀木捎：
長七尺，圍一尺六寸，每根銀四錢八分。
檀木軸：
長一丈二尺，圍三尺，每根銀九錢。
栗木：
一號長一丈，圍三尺，每根銀一兩四錢。
二號長一丈二尺，圍二尺五寸，每根銀一兩零八分。
四號長一丈，圍二尺，每根銀九錢。
鉄力木：
長五尺，圍一尺五寸，每根銀一兩五錢。
猫竹：
一號長二丈二尺，圍一尺，每根銀一錢二分。
四號長一丈七尺，圍六寸每根銀六分□□□，每斤銀一分三厘。
綿葦席長七尺，濶四尺，每領銀四分。
□楷每百斤銀一錢。
葦箔每見方一丈銀八分。
棘茨每百斤銀二錢六分內工有量加之例。
稻草每百斤銀一錢八分。
泥稔草每百束銀四分。

前件木價內不載楠木以由本地辦解，非召買之物也。餘價或亦隨時低昂，今所載一時會估價值大約可以爲準，止載三號者二號則遞減之式末號則減極之式也。中可類推但尚載木價尚依舊例今萬曆四十三年會估木商苦。稱賠累於長梁柁木松蔽，每價一兩各加銀二錢當照數補算盍時價一二年間多有贏縮不等。故會估之法必須，每年舉行雖不失大常不無小變，不能執□也。

運價規則
張家灣運至神木廠計地五十里，
蘆基廠計地五十七里，
山西廠計地六十里。
楠木：圍一丈以上者，每十兩□□□□。

一號圍一丈四尺長五丈五尺□□，每里銀五錢六分。

二號圍一丈三尺，長五丈四尺，每車一根，每里銀四錢五分。

十二號圍三尺，長四丈，每車一根，每里銀三分五厘。以下照此遞減。

杉木：

一號圍一丈四尺，長五丈四尺，每車一根，每里銀二錢九分八厘。

二號圍一丈三尺，長五丈三尺，每車一根，每里銀二錢五分。

十號圍五尺，長四丈七尺五寸，每車一根，每里銀三分三厘三毫二絲。

大鷹架杉木：

一號圍四尺一寸以上，長六丈一尺，每車三根，每里銀三分。

三號圍三尺七寸以上，長四丈七尺，每車五根，每里銀三分二厘。

小鷹架平頭杉木：

一號圍三尺五寸以上，長三丈七尺，每車七根，每里銀三分二厘。

二號圍二尺一寸，長三丈以上每車十根，每里銀三分二厘。

杉條杉槁木每三十根一車，每里銀三分。

一號圍三尺五寸以上，長三丈七尺以上，與小鷹架一號同。

二號圍二尺一寸以上，長三丈以上，與小鷹架二號同，每車俱比照前定根數，每里銀三分。

楠木板枋每見方一尺重三十三斤。

連四每車每里銀二分三厘三毫。

連三每車每里銀二分二厘三毫。

單料每車每里銀一分九厘三毫。

以上楠木板枋内有長濶厚，比舊則不同，如單料一塊長一丈三尺濶二尺四寸，厚七寸秤重七百斤，每車二千二百斤，照通州運價銀一兩一錢。

杉木板枋，每見方一尺，重二十七斤。

連四每車每里銀二分一厘三毫。

明 余繼登《典故紀聞》卷一六 舊例漕運船松木者，五年一造，給價六十一兩九錢。楠木者七年一造，給價七十七兩五錢，俱軍三民七出辦，乃後則漸求增加，非復當時之例矣。

明 范景文《南樞志》卷六二《車駕》 造修等則

六百料馬船

成造：

鐵釘一千一百三十觔，鐵鍋一百三十觔，桐油五百觔，黄麻五百觔，檾麻二百觔，共銀三十九兩一錢。楠木陸字二根，伍字四根，肆字五根，叁字五根，共銀一百二十七兩三錢。杉木桅稍四根，櫓木十根，頭桅十根，跳木四根，共銀二十三兩六錢。匠作工食銀六十四兩八錢，什物銀二十兩。以上共銀二百七十四兩八錢。

折造：

鐵釘五百五十觔，鐵鍋一百一十觔，桐油五百觔，黄麻三百五十觔，榮麻二百觔，共銀二十八兩三錢五分。

楠木陸字一根，伍字三根，肆字四根，共銀八十二兩四錢五分。杉木桅稍四根，櫓木八根，頭桅六根，跳木四根，共銀一十九兩二錢。匠作工食銀六十四兩八錢，什物銀十兩。以上共銀二百四兩八錢。

大修：

鐵釘三百五十觔，鐵鍋八十觔，桐油四百五十觔，黄麻三百五十觔，檾麻二百觔，共銀二十一兩五錢五分。楠木伍字一根，肆字三根，叁字三根，共銀三十兩五分。杉木、櫓木四根，頭桅四根，跳木四根，共銀八兩四錢。匠作工食銀三十四兩，什物銀拾兩。以上共銀一百四兩。

中修：

鐵釘一百六十觔，鐵鍋三十觔，桐油三百七十觔，黄麻三百觔，檾麻二百觔，共銀一十六兩九錢。楠木肆字一根，叁字二根，共銀十兩五錢。杉木櫓木三根，頭桅一根，跳木二根，共銀四兩六錢。匠作工食銀二十三兩，什物銀八兩。以上共銀六十三兩。

小修：

鐵釘九十觔，桐油二百九十觔，黄麻二百二十觔，檾麻二百觔，共銀一十二兩五錢六分。楠木叁字一根，半銀二兩八錢四分。杉木櫓木二根，頭桅一根，跳木二根，共銀三兩六錢。匠作工食銀一十二兩，什物銀五兩。以上共銀三十六兩。

一黑樓座船

成造：

鐵釘一千一百觔，鐵鍋一百五十觔，桐油五百五十觔，黄麻六百觔，檾麻二百觔，共銀四十三兩六錢。楠木陸字三根，伍字四根，肆字五根，叁字五根，共銀一百三十九兩二錢。杉木桅稍四根，櫓木十一根，頭桅十一根，跳木六根，共銀二十六兩二錢。匠作工食銀六十七兩八錢，什物銀二十兩。以上共銀二百九十六兩八錢。

三百料馬船

成造：

鐵釘八百觔，鐵鍋一百一十觔，桐油四百觔，黄蔴四百觔，綠蔴一百八十觔，共銀三十一兩七錢。楠木陸字一根，伍字三根，肆字五根，叁字五根，共銀一百一十二兩九錢。杉木桅稍四根，櫓木八根，頭桅八根，跳木四根，共銀二十兩四錢。匠作工食銀伍十伍兩，什物銀二十兩。以上共銀二百四十兩。

折造：

鐵釘五百觔，鐵鍋九十觔，桐油四百觔，黄蔴三百觔，綠蔴一百八十觔，共銀二十四兩四錢。楠木陸字一根，伍字二根，肆字三根，叁字三根，共銀六十三兩四錢。杉木桅稍四根，櫓木六根，頭桅六根，跳木四根，共銀一十七兩二錢。匠作工食銀五十五兩，什物銀十兩。以上共銀一百七十兩。

大修：

鐵釘一百八十觔，鐵鍋五十觔，桐油三百七十觔，黄蔴三百觔，綠蔴一百八十觔，共銀一十七兩三錢六分。楠木肆字二根，叁字一根，共銀一十六兩七錢四分。杉木櫓木四根，三桅四根，跳木三根，共銀七兩九錢。匠作工食銀三十二兩，什物銀兩。以上共銀八十四兩。

中修：

鐵釘一百七十觔，鐵鍋二十觔，桐油三百五十觔，黄蔴三百觔，綠蔴一百八十觔，共銀一十六兩二錢六分。楠木肆字一根，叁字一根，共銀九兩五錢四分。杉木櫓木二根，頭桅二根，跳木二根，共銀四兩二錢。匠作工食銀二十六兩，什物銀八兩。以上共銀六十四兩。

小修：

鐵釘一百五十觔，桐油二百八十觔，黄蔴二百四十觔，綠蔴一百八十觔，共銀一十三兩四錢八分。楠木叁字一根，銀二兩五錢二分。杉木櫓木二根，跳木二根，共銀三兩。匠作工食銀二十兩，什物銀五兩。以上共銀四十四兩。

署修：

鐵釘三十觔，桐油一百八十觔，黄蔴一百二十觔，綠蔴一百八十觔，共銀七兩九錢二分。楠木折銀一兩八分。杉木櫓木一根，跳木二根，共銀二兩。匠作工食銀一十四兩，什物銀四兩。以上共銀二十九兩。

油艌：

鐵釘一十觔，桐油七十觔，黄蔴一百觔，綠蔴一百八十觔，共銀五兩五錢。楠木無，杉木櫓木一根，跳木一根，共銀一兩五錢。匠作工食銀一十三兩，什物銀無。以上共銀二十兩。

明 畢自嚴《石隱園藏稿》卷三《洮岷考畧》 岷州東距鞏昌二百四十里，鞏昌西行六十里，即爲漳縣地方，本道屬也。鞏昌自清水縣入境，類不乏高山峻嶺，若漳縣以西達於岷州，則巨山聯接二百餘里，峯巒崒嵂，中道綫路，流泉潺湲出其間。時值隆冬，冰凘滿地，攀援而進，道滑徑險。山上松樹叢生，青翠可挹，即鄉所謂蚰蜒松也。高低映帶，景色奇絶。有過此題詠者，稱爲天開圖畫，不誣矣。地最高寒，山松常與白雲相接，不見樹杪。行時累日，大雪更增一番凜冽。山松有合抱者，有拱把者，修榦亭亭，傍鮮附枝。土人恣意取之，價亦甚廉，商人市作木筏，順流而下，鬻於西安、蒲州、河南、京師等處，皆岷産也。土人率取木板作屋，其上仍以薄板覆之，壓以碎石，盡廢陶瓦。鞏昌境內大都爾爾，惟廟宇官舍始以磚瓦從事，詩人所謂「在其板屋」，西戎之俗，固未改也。抑木賤且多使然歟。松檁一根，界爲兩破，售以爲薪，值僅分許，烏薪亦賤，無煤炭也。山既廣大，山中人烟鮮少，雖旦旦而伐，尚自蓊鬱充斥，恐數十年之後亦漸見濯濯矣。山麓生一種竹，圍圓僅如手指，亦鮮枝柯，取以爲薪，車載擔負，繹絡於塗。春月亦或取笋，滋味差可，而南方片笋、巨竹，絶跡不到。官府刑責率用木板，蠢拙異常，説者謂岷地寒瘠，民貧特甚，非賴山中材木，安望生活，此亦彼蒼嘉惠邊氓之意也。

明 王士性《廣志繹》卷五《西南諸省》 廣東用廣西之木，廣西用廣東之鹽，廣東民間資廣西之米穀東下，廣西兵餉則借助于廣東，廣東人性巧善工商，故地稱繁麗，廣西坐食而已。

明 谷應泰《博物要览》卷一五 新羅松木産新羅國，色白如象齒，内有花紋亦有大料，時從舶上來者，中國罕得，價亦甚貴。

清 顧炎武《肇域志》江南府九《松江府・鎮市》 唐行鎮古稱横溪，在五十保北，控瀱湖爲吴門要衝，昔有大姓唐氏居此，商販竹木，遂成大市。又

稱橫溪者，岸橫泖也。萬曆元年改置青浦縣治。（略）

柘林鎮在十二保，去縣東南七十二里，地連柘山，右距戚睦涇、曹涇，爲海人輻輳之步。凡浙閩客商販海木至柘林、漴缺地方，必繇該保把總官驗放過塘。近年進香普陀者，歲首多從漴缺取道入洋，比之轉入浙江定海者，雖爲便道，海船出没亦禁防疏密之要也。

清 雍正《浙江通志》卷一〇六 杉 崇禎《開化縣志》：開地田少，民間惟栽杉木爲生，三四十年一伐，謂之拚山。邑之土産杉爲上，董漆次之，炭又次之，合董、漆、炭之利，只當杉利五之一，聞諸故老當杉利盛時，歲不下十萬。以故户鮮逋賦，然必仰給於徽人之拚，本盈而吴下之行貨，勿滯也。

又 卷二七九 《鷄肋編》：臨安府城中有七寶山，車駕駐蹕時，御史中丞辛丙、殿中侍御史常同、監察御史魏矼、明震、周綱皆居其上，人遂呼爲五臺山。紹興四年大享明堂，更修射殿，以爲享基。時殿柱大者每條二百四十千，總木價六萬五千餘貫，則壯麗可見。

清 乾隆《海塘新志》卷六 奏特奉聖恩允准，架木每塘一百丈，搭架一百二十五副，每副用柱木四根，橫檔木六根，牮木四根，共用圍圓一尺三四寸、長一丈七八尺木十四根，每根價腳牽給銀三錢三分，計銀四兩六錢二分，一百二十五副共計銀五百七十七兩五錢，每丈計銀五兩七錢七分五厘，工完四分，變抵銀二兩三錢一分，實用銀三兩四錢六分五厘。

跳板每樁架一副用寬九寸、長一丈跳板六塊，一木兩截，對搯用圍圓一尺四寸、長二丈木六根，每根價腳銀三錢六分，計銀二兩一錢六分。每塊搯做匠工銀二分，計銀一錢二分，一百二十五副樁架共計跳板木料匠工銀二百八十五兩，每丈銀二兩八錢五分，工完四分，變抵銀一兩一錢四分。實銀一兩七錢一分二，共銀五兩一錢七分五厘。謹按：架木、跳板各件接准部議新工，每丈照原辦價值加增銀二兩九錢六分零，奉文刪減。臣與在工人員審酌辦理情形，所有架木跳板不能與樁木内通融移用，據實覆。（略）

奏特奉聖恩允准，搭橋每槽一百丈，塘面跨槽搭木橋一座以便往來，巡查計槽寬六丈，兩岸築塊各寬一丈二尺，即用護槽樁、護槽板攔定築實。橋長三丈六尺，寬六尺，中高一丈二尺，用圍圓一尺六寸、長二丈二寸大橋樁八根，每根銀五錢，計銀四兩。橫檔木四根，各長八尺，帮釘小橋樁四根，各長一丈二尺，用圍圓一尺五寸、長二丈木四根，截斷分用，每根銀四錢一分，計銀一兩六錢四分。面鋪橋跳九乘，每乘圍圓一尺二寸木五根，共用木四十五根，每根銀二錢四分，計銀十兩八錢。鐵釘鑻八觔，每觔銀七分三厘五毫，計銀五錢八分八厘。大橋樁每根釘工銀一錢，小橋樁木每根釘工銀五分，共銀一兩。木匠四名，每名銀二分，計銀四錢八分，共計銀十八兩五錢八厘。橋木於釘樁完竣後即折卸安砌條石，其橋樁檔木移於次限六成抵用，應抵除銀三兩三錢八分四厘，橋跳隨時分佈石塘跨槽行走及擡石下槽之用，工完朽壞不能抵變，計實銀十五兩一錢二分四厘，每丈銀一錢五分一厘。

謹按橋木一件，接准部議應照原續辦案内於現辦樁木内通挪應用，奉文全減，臣與在工人員謹將實在情由據實覆。（略）

搬運樁木，挑送雜料，每丈樁木一百五十根，計重九千八百十五觔，石灰八千一百二十觔，米七十觔錁錠一百四觔，塊石一萬一千八百五十八觔，用夫二名三分，每名工銀一錢。

搭蓋篷廠每塘一百丈，搭蓋官廠一座，以備往來查工棲息及監巡員弁避風雨之所，計三間。寬三丈六尺，頂高一丈三尺，進深一丈。用柱木二十根，橫架木四根，頂用樑木十五根，四角牮木四根，前面兩次間用欄木二根，背面三間上下用欄木共六根，共用圍圓一尺二三寸，長一丈三四五尺不等木共五十一根，每根牽計銀二錢四分，共銀十二兩二錢四分。頂用竹片四十五條，用毛竹六枝劈用，每枝銀一錢二分，共銀七錢二分。上蓋細篾墊折方五丈四寸，兩旁釘篾墊折方二丈一尺，背面釘篾墊折方三丈二尺四寸，前面兩次間半截釘篾墊折方一丈二尺，共用篾墊十一丈五尺八寸，每丈篾價匠工銀三錢二分，共銀三兩七錢五厘六毫。平基搭蓋夫十四名，每名銀一錢，共銀兩四錢。紮篾、藤皮、鐵釘等料共銀四錢二分，共計官廠一座，用銀十八兩四錢八分五厘六毫。塘面搭蓋發樁收籌廠二所，寬八尺，頂高九尺，進深六尺，用柱架欄木十二根，每銀一錢六分六厘五毫，共銀一兩九錢九分八厘。頂蓋篾墊折方六尺四寸，三面釘篾墊一丈五尺二寸，共篾墊二丈一尺六寸，共銀六錢九分一厘二毫。平基搭蓋夫三名，共銀三錢。紮篾、蔴皮、鐵釘、竹片等料計銀一錢五分，每所共計銀三兩一錢三分九厘二毫。每塘一百丈，樁夫、石匠計二千餘名。應搭草廠令其棲止塘後。搭夫匠草廠二十二所，每所五間，寬六丈，頂高一丈一尺，進深一丈二尺，用柱木三十根，橫架木六根，樑木二十五根，前後欄木十八根，牮木四根，共用木八十三根，每根銀二錢四分九厘，計銀二十兩六錢六分七厘。頂用竹片、毛竹十枝，計銀一兩二錢。頂蓋草扇三十扇，四面草扇三十三扇，共六十三扇，每扇長一丈二尺，用稻草十二觔，共用稻草七百五十六觔，每觔銀一厘計銀七錢五分六厘。前面一間用竹扉二扇，用毛竹五枝，計銀六錢。平基搭蓋編草扇夫二十八名，計銀二兩八錢。紮篾麻皮等料計銀四錢二分。每所共銀二十六兩四錢四分三厘，除木植一項工完移於次限搭蓋四成抵用，餘皆實用實銷。

清　乾隆《婺源縣志》卷四《疆域・風俗》　婺遠服賈者，率販木。木商以其貲寄一綫於洪濤巨浪中，稱貸措置，極艱難之力，而後達於江至於鬻所。終歲拮据，不足以飽債家，甚且有變產猶不足以償者，蓋在昔已有之矣。今則榷關之外，造舟取給焉。漕船、兵船用巨木如用薪也，木商能不欲輟斤斧乎。

清　江紹蓮《橙陽散志》末卷《歙風俗禮教考》　歙之鉅商，業鹽而外，惟茶北達燕京，南極廣粤，獲利頗賒。其茶統名「松蘿」。而松蘿實乃休山，匪隸歙境，且地面不過十餘里，歲產不多，難供商販。今所謂松蘿，大概歙之北源茶也。其色味較松蘿無所軒輊，故外郡茶客胥販之於歙，而休山轉無過問者矣。又徽多木商，販自川廣，集於江寧之上河，資本非鉅萬不可，因有移家上河者，服食華侈，仿佛淮揚，居然巨室，然皆婺人。近惟歙北鄉村，偶有託業者，不若婺之盛也。典商大都休人，歙則雜商五，鹺商三，典僅二焉。治典者，亦惟休稱能，凡典肆無不有休人者，以業專易精也。

清　乾隆《鄞縣志》卷二八　烏木菸桿新增

按：烏木，從海洋販至，而鄞所製菸桿獨著名四方，京師尤重之。近時更有一種斑色者，曰「虎皮」，桿細斑者曰「芝麻桿」。

清　檀萃《滇海虞衡志》卷一一　杉蓋松之類，故二賦言松不言杉，良以杉統于松也。故滇人曰杉松，故其材中楩榜，南方諸省皆有杉，惟滇産爲上品。滇人鋸爲板而貨之，名洞板，以四大方二小方爲一具，板至江浙，值每具數百金。金沙司收其税，爲滇中大錢糧。古時由金沙江水行，直下瀘州敍府，前明遺牒，所謂安監生放板是也。數百年來，金江阻塞，舟楫不通，人負一板抵省。又自省抵各路，水次腳價之費何如，宜其貴也。

清　何秋濤《朔方備乘》卷二九《木材》　臣秋濤謹案：《志略》曰：加匽五部産木材。總記曰：阿羅義斯多樹，少五穀，仰商販。阿占牙爾糧食俱由商舟運至，舟不回，帆至即拆鬻爲薪，以材木賤也。

清　同治《江華縣志》卷一〇《風土志・風俗》　江華千峯環抱，一線溪流，舟楫惟容三板，富商大賈不至。惟採山出產杉木，祁陽等處人多來採買。

清　同治《祁陽縣志》卷二二《風俗志》　邑中銀錢日艱，所恃者杉木一種。客商編筏販至漢鎮，歲可得數萬金，縣境自歸陽以上，各鄉杉木一望青葱，即問士庶之富者，亦多數此以對。

清　同治《興寧縣志》卷五《風土志・風俗》　居北者祗販煤，往湘、往漢、往蘇，來則買棉花、牛骨、黄豆等等，居西者祗販薑，往德安、孝感、樊城等處，來亦如之。居南者祗販蔴往粤，來則買莊衣洋貨等等，其他或有杉樹出湘茶汕入粤，更無居積，此商賈大凡也。

清　陳懋列《莆田水利志》卷六《公牘・東角遮浪創建鎮海隄文檄》　一運石到隄，離隄根隔浮泥五六丈、七八丈不等，用杉木小船剥運拉至隄根攤護，造船二十隻，每隻錢三千文，發錢六十千文。

一海船載石，墊稻草六十擔，每擔一百二十文，發錢七千二百文。

一上下水扛石，用木槓一百五十枝，每枝五十文，發錢七千五百文。

一扛石用麻繩，大二十四付，每付七百二十文，小八十付，每付二百四十文，共發錢三十六千四百八十文，一定磯用大竹簍裝石深填，每簍連工料錢四百三十文，共用簍五十箇，發錢二十一千五百文。

一釘竹簍用大杉木一百根，每根二百四十文，發錢二十四千文。

一載麻竹、杉木、稻草各項船租及各匠犒工酒食、神福零星雜費，共發錢八十八千六百二十文。

清　光緒《華容縣志》卷三《賦役志・附案》　孫志夫遼禄以責饒，僻故自孝感而暫代之，今堅不可破矣。地不產楩梓，而以大木召商也，是重之困也，京絹絆衣愚民不能自運，領以資奸猾或貪爲利而轉資，以重累民又不大爲病乎。

清　徐加幹《苗疆聞見録》　苗疆木植杉木爲最，產於清江南山者爲更佳，質堅色紫，呼之曰油杉，木商出入，彼此呼爲同年。

清　光緒《秀山縣志》卷一二《貨殖志》　皇朝書言酉陽土產水銀、丹砂、布、桐油四者，秀產爲多，是故辟地不過方百餘里，而物利之饒，歲入錢貨計可百萬，可謂不貧矣。縣四郊盛山舊時材木不可勝用，今墾闢皆盡，無復豐艸長林，然原隰高下之宜條肄萌茁，固可取而驗也。其地雖偏西南，風雨寒暑以時，故土物百産略同列縣，若穀有稻、粱、麥、豆、包茳，俗呼包茳爲包穀，聲轉改字，即《釋名》謂之玉膏粱，山氓以爲常食，縣人磨豆爲乳，賣包茳實爲酒，所在爲恆業，歲利可數千金。菜有薑、芋、蒜、芤、芥、韭、椒、芹、萵苣、萊菔、菘莧、菠、葰、蕪菁、蕓薹、茭筍、蘘荷、蒟蒻、豆瓜、瓜豆之種數十，蒟蒻士人呼爲鬼芋，磨漿食之，薯本菜類，而貧民以代穀食，山原徧種之，土亦最宜。木則枏、杉、楓、杶、梓、桐、松、柏、楊、柳、椶、櫚、槲、烏臼、冬青、楷、柞、桑、柘、皁莢，而杉最盛，亦最良於材，利數千金。近歲官士大植桑過萬株，十年之後利匪細也。艸則茅、蕭、蘆、蓼、蘋、蓱、稂、蕁麻、通艸，蕁麻有刺螫人，山徑多有之，石陧山中尤饒蕙艸，樵人裸蒿薪刈之，花竹之屬，名類細緐，不可勝紀，有謂斑竹者，川南監井常取用之，縣人梱致歲利三四千，金南竹則筍最美，而竹亦中工材，鄉人漚竹爲紙，質理粗澀，利亦數千金。藥有厚朴、黄柏、茯苓、黄精、杜仲、車前、茱萸、栝樓、兔絲、半夏、首烏、萰薁，而厚朴、黄柏歲貨數百金，八面山産杜仲至萬斤，土氓莫知有，吳賈行山下見樵以斧斯木，面惡其綿，佯言此惡木，問所生處，則簇根彌崖，因以四萬錢買山，獲收百倍其利。果則棗、梨、枇杷、橘、柚、柑、榴、桃、杏、楠、李、梟、茈、葡萄、栗、木瓜，處處有之，附郭十里尤饒，柑橘東鄉宜植，梨歲致利並數百金。其他家畜山禽裸獸介鱗昆蟲之屬，卵字胎化無珍奇，殊産未足以驗土性當方物，非載筆之所急也。其樹蓺生植通於利用者，雖地所産不止此而大要具焉。至於居貨成市，競來商賈，千里奔走，爲一都會，其物通行流衍，達乎江漢河泲淮海之鄉，通有餘補不足，因得以孜民俗，明其好惡得失，以爲施政之。

清　倪蜕《滇小紀》　黑濮所居多在威遠、普洱、江界之間，其人多黑色，男女徒跣，不勤洗濯，語言稍似西番，耕山力穡，頗知紡織，多作竹器入市交易。男子椎髮爲辮，短衣着褌，善操弩矢。女子單衣，僅長尺，前不扣合，以彩布爲桶裙，其裙蒙乳以至下體，又用五色燒珠與海貝排串爲飾，束于臍下，耳眼銅錫鐶。婚以牛銀，喪以木槽爲棺，服白布，葬即除之。（略）

山蘇在臨安諸處，潛居深山，板片爲屋，種莜稗爲食，制竹器入市易米，出則持弩，射禽炙食，種麻爲衣，男披髮跣足，婦挽髻蒙頭，最苦夷也。

清　俞正燮《癸巳存稿》卷一一《黄山松》　宋晁貫之《墨經》云：松煙後唐用宣州黄山、歙州黟山及松蘿山松，李氏以宣歙之松類易水之松，黄山、黟山、松蘿山之松品惟上上，穿山石出者，歲所得不過二三株，爲上上。其次曰脂松，曰揭明松，曰紫松，曰籤松，曰黄明松，曰糖松，曰杏松，曰脂片松，凡九等。《老學庵筆記》云：紹興間中官欲用西湖九里松煙作墨。新安墨工戴彦衡力持不可，曰松當用黄山所産，此平地松，豈可用。羅願《新安志》云：黄山朱砂泉旁，近有昔人墨窯數處。又云：「黄山松煤至精者，造墨可比李廷珪。」又云：新安墨以黄山名，衢池工者載他山松往造，亦竟不成。是黄山自古多松，間有穿山石出者以爲奇品，葢多取山陰，木實清瘦，煙自重黑。而葉夢得《避暑録話》謂：「黄山松腴煙黑，乃是脂片松，下品也。」明天啓六年閏六月，山主吳養春家人吳榮在東廠首告八月審明程夢庚賣松銀十三萬六千，兩吳養春賣松銀六十餘萬兩，又官估山場木值銀六十餘萬兩，計賣松得銀百餘萬。時木植甚賤，又山厓深邃，木植尤賤。當刊松萬萬株矣，今所剩者皆刀斧所不及，宜多奇品，又程瑞袥黎牀囈語言。康熙五十七八年間，蒲團、臥龍、破石、迎送、擾龍、倒挂、接引七松化爲鑪炭，其松更寥寥矣。

清　陳作霖《金陵瑣志》之《鳳麓小志》卷三《記諸市弟八》　凡百貨交易之處謂之市，金陵人家素無三日之儲，故每晨必有市。而西南隅得其二，一曰柴市，其自西水關來者爲洲，柴江荻則堅而實，泡蘆則粗而空。葭葦則帶葉而捆，以船運入，沿河求售，至上浮橋而止。其自南門來者爲山柴，有櫟、有樗、有楮、有橡、有松毛，皆不材木也。

清　劉錦藻《清朝續文獻通考》卷三九二《實業十五》　新城縣出産以菸葉爲大宗，各行棧收買刨絲打包裝箱，經客商販運蘇杭滬及九江吳城一帶，出售深山所産大木，每株不過售錢五六千文，搬運甚艱，惟香菰、芸香爲該縣專利之物。（略）

萬安縣出口貨以紙張、茶油及豬爲大宗，惟僅有零星客販來此收買。永甯縣産以茶油、杉木、草子、稻穀爲多，其杉木每遇水漲，居民以數百根紮成木排，運往吉郡銷售。

清　光緒《雄縣鄉土志》卷一五《商務》　筐籮、簸箕由史各莊郭村作坊，銷行本境，並運銷文安，惟柳條則購之白溝固安等處。

清　光緒《靖州鄉土志》卷四《物産志・商務》　杉木，由水路運出本境，在常德及湖北各處銷行，每歲運出之數，約值銀五萬兩，其由貴州、廣西及通道運過本境之木，約值銀十餘萬兩。

松板，由水路運出本境，在常德及湖北各處銷行，每歲運出之數，約值銀三千兩，其由通道運過本境者，約值銀二千兩。

清 光緒《館陶縣鄉土志》卷八 竹貨，自清華水運入衛河販至者，銷行本境。

清 董萬里《婺源地理教科書》第八二課《交通之勢力》 實業者，交通之勢力也。本境以茶、木、墨三種實業爲交通之勢力。茶葉運於上海與漢口，木排泛于揚子江上下及浙江一帶，墨銷售於二十三行省。所至皆開行起棧，設店鋪無數，鄉人食其利益矣。

又 第八十三課《交通之客民》 境外之人與本境交通，而寄食於本境，是曰客民。黟縣人之布葉，涇縣人之菸葉，江西之竹木手工、銀鐵手工、皮漆手工，寄食於本境者，在稍大村落則必有之。蓋本境人之於手工業，殊不注意，故客民聚於斯矣。

清 光緒《永定縣鄉土志》卷四《物産志》 木料以杉爲大宗，餘木次之，每歲入山搜采扎爲牌筏，販運下游湖湘作諸屋料器用，歲以巨萬計。柏梓楠□利作棺槨，其良者每具值數百金，樟亦爲本境特産，可熬取樟腦，其利甚普，有紅白二種，紅者熬腦尤宜，本境曾試辦之，惜其法不精，難廣其傳。（略）

木料，本境所産以杉松爲大宗，兼自永順桑植水運入境銷行，澧州湖鄉每各處歲歲多寡不等，估值約以萬計。

黄楊、青心木、楠木、梓木，以上山産良材，足利器用，歲出無定數，較爲希貴。（略）

竹器，本境産竹所製，簟席、篩筐、几案、盤箸之屬，時有精緻之件銷行本境及他境，歲無定數。

傳記

明 朱珪《名蹟録》卷五《實際川禪師影堂逸事》 余觀永懷重修記，所謂行人道川者，玉峯狄氏子，始爲縣之弓役，聞東齋謙首座爲道俗演法，遂從之習坐。因上元郎官欲空其獄，張燈縱市人遊玩，以罪囚繫于狄家。狄謂囚曰：「汝曹欲入市觀燈乎？」因喜，狄悉縱之，因竟逃去。明日聞于官，尉怒笞之，狄于杖下大悟，去依永懷，剪髮爲頭陀。未幾，主僧遣之至江滸市木建諸天閣。木商問市木何爲？曰：「建法堂諸天閣。」商扣之「玉峰有狄押獄，今在否？」狄笑曰：「我是也。」商羅拜之曰：「公我輩恩人也。」蓋衆商昔日羣因也。商曰：「我當以建閣材木報公之德，一日送至，公歸勿言。」至期，狄出視，寺河左右皆巨木也。閣由是而成。

清 康熙《婺源縣志》卷一〇《人物・義行》 汪大中字叔時，城西人。以塩、筴、杉起家。丙寅築城，起白金百兩。馮別駕署邑旌予嘉義，扁其門。同時孫玠繡溪人，亦捐助百金築城，並蒙馮別駕旌扁。（略）

曹孜學字懋舜，號弘宇，篁嶺人。少有至性，三歲喪父，踴慟如成人，人奇之。甫九齡，伯仲欲析箸，孜泣曰：「奈何忍分手足耶？」伯仲感之，復同居十餘載乃析。孜受産獨取磽。後仲兄文學以販木供上用，緣事繫京師，孜聞涕泣不已，傾産往救之。坐是貧落，終其身無德色，無怨言。妻江氏諱德貞，亦至孝。偕事孀母，俞竭力承懽。母老疾三十餘載，孝養不少衰。垂白執母喪，哀毀骨立。秉心方直，見義必爲，反而縮千萬人吾往取；與是非，雖一介□如也。室無宿儲，樂施不倦。晚年閉户著書，有《尚書宗鏡》、《問心集》、《于野集》數十卷。（略）

程伯光字汝韜，城東人。博學好義。有木商祝公望偕猶子鬻木同僕，携重貲歸，以親故，宿伯光家。翼晨歸速，遺金三百兩臥榻下，兩人各以爲納橐中矣，遂不問。迨核數，乃知缺金。而當時置金僕適暴亡，無所詢，因交疑私匿，幾至訟。後伯光掃榻，駭見金，億爲祝氏物，假他故促至家，詢其售木歸況，果以亡金啓訴。光出前金還之，封識如故。二祝皆起謝，即以女字光子天秀。邑侯敦致賓筵。天秀亦長厚有學行，躋列鄉賓。孫之望以明經□司訓。人咸謂遺德之慶云。

程宗大字仕廣，長徑人。性孝友，憐族侄無寧止，出己田易柿木，頋基地，搆屋棲之。三楚歲祲，捐金賑饑，全活者衆。詔旌尚義。素志高尚，以季子□膺義官。凡要津僻嶺悉建橋、建亭以便行旅，詳具學士程敏政教諭陳簡銘誌，并膺誥命勅書。

清 戴名世《南山集》卷八《程之藩傳》 程之藩，字鎮野，南直隸歙縣人，善擊劍，工騎射，勇力絶人。年少時隨其父行賈於四川。至建昌，主雅州宣慰司董僕家。土司所屬，深谷峻嶺，多巨木，伐之以爲利，役夫嘗數百人，必剛猛有膂力者始勝是役。之藩遂爲之長，結以恩信，役夫無不悦服，悉聽其部署。

清 乾隆《婺源縣志》卷二二《人物・義行》 滕茂棠字怡甫，江灣人。父璞爲皇木商，有重負於豪右，訟部被羈。棠甫弱冠即徒步詣京，稱係南籍，乞發南便以鬻産完負，繼又請以身代，兩部皆允之。豪多其孝，願減償息訟。弟茂本，早殞。姪幼，一時所費，棠獨任之。子灝訓以義方，後仕翰林待詔，諸孫植機等皆籍名澤宮。（略）

黃世權字仲謀，潢川人，在襁而孤。長，佐叔兄三鳳挾貲遊四方。性慷慨，有大度。順治戊子，以厚貲貸故交販木於閩，其人不戒，盡洗其橐，仍以餘貲往接濟之，適八閩兵荒，道殣相望，竟散金市義而還。康熙癸卯，客江右，遇假逃人肆害鄉民。病之，權竟執之，白諸當道，正其辜，羣兇爲之斂迹。甲寅歲，額附石大將軍建營房千間於京口，當事倉皇無措，大將軍知權名，召見之，悉以委權。未匝月而工告竣。將軍嘉其才義，錫之袍帽，待以禮，潤州士民咸德焉。至其孝友性成哭，父早背，敬事孀母，友愛諸昆人，無閒言。邑令劉公光宿王公晟俱禮致賓筵。（略）

齊希憲北山頭人，好施予。國初歲大饑，斗米千錢。憲罄廩賑卹，不繼，至鬻産不惜。有友汪見大貸千金販木荆楚，遇蛟水飄蕩，流落不歸。憲聞，先焚券貽書招之，復資其生計。郡伯藺公有德義之，嘉三子思廉，敦倫重義，克紹父志云。（略）

汪承忠字扶日，清華人。篤於孝友，建祖祠，輸重金董成之。辛丑歲饑，減價售山木，得二百餘金，濟活甚衆。有艱婚嫁者，資助之；死無歸者，代瘞之。嘗舉賓筵，今子姓蕃衍。嫡孫天榮，名列邑庠。

又　卷二三《人物・義行》　江恭壎字開仲，貢生，曉起人。慷慨仗義。嘗購木開化，有王姓兄弟各分一山，兄木價贏于弟，連年構訟。壎戚然曉弟以大義，亦購其木六百金，價與兄等，弟兄感之，式好如初。德清有陳萬年者，與壎合賈。年死仁和，子纔四歲，壎撿市籍并年應得子母千八百餘金，親致其家，謝以金，弗受。生平好E140鑑市肆中，亦手不釋卷。（略）

孫徽五字紫封，號樂山。誥授奉直大夫，讀屋泉人。孝親恭兄，多義舉。嘗販木湖南，抵潯江木盡火，計耗數千金。時同侶貸五金市木者二十餘人，既火，皆謝負五，五慰曰：「是予咎，累公等也。」盡焚其券，並各給歸囊。居里捐金八百，倡建家廟。又力究形家言，徧妥先塋，兼諳岐黃施藥。歲寒多施袍繭，夏煮茗濟渴。輸田十畝爲永久計，餘如修家乘造橋路義舉必先。至今稱德，制憲孫給獎，篤實光輝。（略）

王光柏字松仲，城北人，勤儉立業，積而能散。族某椽邑曹侵逋馬租，積至百四十金，繫獄無措。柏代償之。有私賣祖墓蔭木者，族欲呈置之法，柏贖回，令致奠謝祖。至於捐橐濟兄，更爲兄買妾續嗣，友愛無愧古人。李邑侯禮賓筵，額其閭曰温厚儀型。

清　道光《寶慶府志》卷一〇六《政績録二》　嚴恕，字景用，蕪湖人。洪武二十年任寶慶知府，恕軀幹豐偉，器宇端厚。莅任，時郡方採大木，適沈於淵。恕親臨祭告，木皆浮出。以父艱歸，起知岳州府。時有羅彥章者，望江人，以洪武三十年知府事有善政，均見楚紀。

又　卷一三九《國朝耆舊傳十四・任俠》　鄒懋極，字康侯，新化人。性豪俠而躬行孝弟。父母喪，皆廬墓三年。待宗族有恩禮，推親及疏。由族及隣，凡分財、讓産、振貧、完婚諸善事，汲汲行之，惟恐不力。懋極有才幹，素以信義，爲一鄉所咸服。國朝康熙初年嘗應令採辦大工木料，鄉人醵金助役，而以其事專屬懋極，事辦運木至漢口，會大工停止，懋極貨其木歸，以其值按户分還，鄉人義之，相戒不受，曰：「大差累子多矣，何以償爲」？懋極曰：「暴得多金，不祥，其可專享乎？」乃出所獲，平治道路，自羅洪至奉家山漵浦界，計二百餘里，閱三年而後竣，石工鐫其姓名於巖上。曰：「鄒康侯修。」土人呼曰：「康侯路名其地。」曰：「塹字巖」。懋極卒，年八十有二，相傳爲承熙寺土地神，子養蒙自有傳，今其後裔蕃衍昌熾爲邑中著族所稱羅洪鄒氏者也。

清　同治《新化縣志》卷二〇《人物志三・孝友二》　歐陽珍，字德昌，號寶珊，端謹樸愿，跬步不苟鮮兄弟，事親以孝聞。幼受讀，以母念之甚，遂輟業家居，未嘗一日離左右，年七十，母尚健在，昕夕饍養，起居扶持。母病，彌月不解衣帶。髮種，種而孺慕不衰，同里有以所販木償珍債者，約值三千金，或勸之亟售，免漂没。珍曰：「終養大事也，離老母客他鄉，雖利獲十倍，不以彼易此。」

清　光緒《婺源縣志》卷三一《人物・義行》　胡之震字伯起，清華人。儀觀魁偉，膂力絶倫，舉崇禎壬午武闈副榜，會鼎革，遂不赴試。薄遊江湖，爲木商條陳蕪榷利弊及創立滄港停泊規制。公私交賴焉。又嘗輸義渡清屯佔傾囊橐，爲人解紛，慷慨無倦色，藉以蔭翼者甚衆。胡氏之先，有曰康侯、曰升者，鄉鉅儒也。法應瞽宗，歲久匱祀，震力請於當路，得給章縫承俎豆，族人至今誦之。長子樹熊，豪俠有父風。熊子棐彝，弱冠遊庠序，家聲爲之益振。

又　卷三二《人物・義行》　吳其中錫林人。康熙辛丑歲饑，中輸穀以周閭里。乾隆甲子水災，被湮之家不能舉火，中施粥二日，復計户餽贈銀錢。嘗買山木，登山見古塚不忍伐，價不責還。山木蒼然成蔭至今。

又　卷三三《人物・義行》　俞本逸字占文，西冲人。生有至性，事親友弟無間言，處己廉正，爲親朋所信任。嘗在金陵代孫某經理木業。

又　卷三四《人物・義行》　董邦超字亦吾，城東人，理問銜。少讀書，工詩詞，後就木業。嘗在南康見一舟壞，舟中人抱桅號泣。超購渡拯之，乃南贛兵備道鄧公子也。翼日府官迎去，將厚酬，不受。又在河北口舟中救一米商，商言有金在壞舟內，爲覓善泅者，取而還之。後在六合拯鄉試六人，贈金雇船，送至金陵。卒年八十有三，著有《補笙堂詩》、《露花詞》。子桂山青陽訓導，覃恩勅封修職郎。（略）

李方鈺字其相，理田人。幼隨父業木金陵，性豪爽，爲交游器重。族有與鈺謀枝棲者，隨材荐引，遇同鄉羈旅，給貲斧俾歸。嘗創建紫茸庵，千金弗惜。教子汝梅讀書，獲舉於鄉，人以爲擇師隆禮之報云。（略）

潘　謨字宏遠，坑頭人。國學生。性孝友，兄弟五人，季弟繢幼，謨獨體親心，撫育完娶。業木河垜，施棺賑貧。高盧二暫子孤身無依，謨輸貲德星寺供養。商客周某鬻妻償逋，謨子雲翔廉知以告，隨同勸沮，佽助百金。巨灣嶺路崎嶇，獨力修造。凡祖廟橋亭捐貲，無不踴躍。（略）

黄有貞字幹卿，黄家村人，鄉飲賓捐職從九。業木金陵，精明勤慎，富室多貸貲本。嗣因同事累，虧折不下三千金，貞獨售產抵償。歸里後，備甘旨，日奉慈幃。自高祖支下乏嗣者，獨力捐貲，置產立碑，以時祀之。他如恤孤育嬰、排難釋忿，不惜解囊以濟。遠近多感其德云。（略）

吳泰康字建章，賦春人。登仕佐郎。少家貧，嘗趁金陵，積有微貲，嗣往揚州賣應業木。協造達成橋，輸銀貳伯兩。又設立義渡，輸銀壹佰二十兩，施棺藥、釋紛爭，沾其惠者，均贈匾褒之。（略）

潘光餘字爾昌，桃溪人，國學生。親早世，家極貧，傭趁鹽城。嗣販木業，稍獲贏餘，僑居鹽會。咸豐癸丑，金陵城陷河惠，勸捐踴躍，急公先後，輸數百金。親朋避難鹽會者，居恤空乏，行助盤纏，甚有相依。十餘載，推解始終惟一。迨病彌留，猶以讀書行義爲子孫囑。（略）

單啟泮號三怡，金源人，州同銜。八歲失怙，事孀母得歡心。兄弟四人，友愛無間。比長，業木豫章，家始裕。即見義勇爲。金竹橋渡廢弛已久，倡捐重修。族中户口數不利，堪輿家歸咎村口水碓，泮購地易置之，族賴以安。祠宇將傾，輸己地集衆貲，獨任營造，三年落成。他如學宮、考棚、城垣、邑乘、橋路、寺觀，均有資助。（略）

江巨榮字長鋭，東山人。少孤，母病足十餘年，供養備至。義篤友，于父殁，弟僅九齡，撫育婚教，藉以成立。性樸□，□惻里中不戒於火，榮往休邑購衣散給災户，並佽□□建宗祠，鬻產輸貲，捐數爲最。嘗於宣甯業木，兵燹之餘，白骨載道，雇工瘞埋，更費多金禮佛超薦。妻汪氏賢淑，貧人乞米，無不給與，尤多内助云。子峯青，己卯舉於鄉。（略）

戴振伸字達成，梅澤人，從九銜。素業木姑蘇，資稟奇異，洞悉江河水勢原委。丹徒江口向有横越二閘傾壞，後水勢横流，船簰往來疊遭險阨。道光年間，大興會館，董事請伸籌畫，築二閘並挑唐孟二河，比工告竣，水波不興，如涉平地。董事爲稟鎮江府憲，申詳大憲，題奏奉旨，賞給從九議敘。又楊溼橋爲南北通衢要道，傾圮有年，伸邀同志捐修，行旅至今利賴之。（略）

胡　瑛字懷玉，汪村人，理問銜。少隨父往楚販木，備歷艱辛。後饒裕，見義無慳吝。村有武聖廟，臨溪嫌其湫隘。瑛倡輸金五百，集族人擴造。於廟西隅獨建茶亭，爲行人憩息。至今稱壯觀焉。他如葺路、修橋、周恤煢獨、排解紛糾，難以枚舉。子國楨邑庠。（略）

王學煒字文吉，環溪人，登仕佐郎。少貧，傭工。一日主人命掃舍，煒拾白金一錠，返之主人。因愛其誠慤，以女妻之。比長，業木泰州。值水荒，倡首捐錢三百貫、米五十石。知州金以義行可風褒獎。嗣居家，修廣濟橋，造梘田路茸站坑嶺，俱不惜鉅貲。晚年屢舉鄉飲賓，堅辭不就。邑侯彭額以齒德俱尊。（略）

程嘉滙字立生，香山人。自少持躬有矩度。年念七，舉一子。喪偶不再娶，尤仗義疎財。鄉有負債鬻妻者，揮金慰留；貧不能室者，資助完娶。嘗販木於饒，遇貧民被災，輸木濟之。享年八十有八。兩沐恩榮。邑侯丁贈額曰「履潔型端」。（略）

程文昂號雙石，香山人。業木，造簰以竹製纜，創自巧思，牢固異常，人利賴之。嘗造水口羅星，獨揮重貲，蔭庇一村邑。築城垣，捐貲造瑞虹門。邑侯劉贈聯文嘉獎，其他義舉，亦嘖嘖於人口。（略）

金　照字封亭，延村人，科中書銜。性喜施與。業木金陵，嘗捐貲置義塚一區，以安旅櫬。又修上江考棚府嘉義坊婺邑城垣，共捐壹千數百金。生平重義輕財，多類此。（略）

程肇基字玉書，龍山人，理問銜。性慷慨，喜施與。業木金陵，資饒裕。親朋造寓舍，欲留者，任事給俸；不欲者，歸里餽貲，借券自數百兩至一二千，貧不能償者，悉召其人，面焚之。至於培植根本，興祀置田之舉，指不勝屈。（略）

汪任祖字炳昭，官坑人，從九銜。稟質厚樸。初家貧，嗣業木吳楚間，漸有餘蓄。建東嶺亭及文公嶺亭，并造屋舍亭畔，置租施茶，以濟行旅。秉心仁慈，窘急告貸者，日造其門，無不如意而出。後多爲人負累，家因以落。嘗售田二十餘畝，代族某及邑中程某賠償債逋，卒無怨悔。人皆歎爲不可及云。（略）

張大霧字羽凌，祊源人。幼傭工爲生，長，販竹木售於西江，權子母家漸饒。嘗收債餘邑之古江村，有姚某鬻妻償負，姑媳分離，哭聲載路。霧廉得其實，贈銀四十兩，夫妻復完聚。又於陽村嶺輸百金建亭，施茶以濟行旅。晚年家居，日以排解息訟爲事。（略）

吳文純字聚武，梅溪人，貢生。少時，地無立錐。比長，營趁備極艱辛。嗣業木，家道裕。見義勇爲。支祖未立祠産，純輸房屋入衆以妥先靈，置租二百餘秤以供祀事。又建義倉，置租約三千餘金，以備荒歉。邑侯丁、邑紳王各有贈額。配汪氏性仁慈，尤喜施與，捐貲創濟孤會，及周恤貧窮，計數不下千金。汪歿，殯在中堂，屋被火災，棺骸無恙。僉謂爲善之報云。

又 卷三五《人物·義行》方鍾美字耀華，方村人。幼失恃，隨父往辛塔業木。年十六，父令裝橐金運木於蘇滙，途遇張某夫婦相持泣甚哀，趨問之，知爲債逼鬻妻。美慨然傾囊代償，歸來長跪父前，告以故，請笞。父陰韙之，置□問。後挈眷歸里，有堂兄鍾旺與樊家貧年老，妻子繼逝，靡有所依，美皆招與同居，衣食終其身，并出金爲二人置田祭掃。族人均稱其義，弗置。（略）

施圭錫詩春人，□例授儒林郎。性孝友。佐父業木，比父歸里，孳息倍於前，悉均兄弟，不以自私。生平慕義好施，凡郡邑修志及造文廟、書院、考棚、河西橋，均揮金襄助。木學士曹額以藩垣佐理，太守馬額以義行可風。次子煌字亦宜，國學生，資穎異，工詩。嘗以宗譜久未蒐輯，悉心稽考本支，尋碑覓宅，并咨訪於寄籍乏祀之家，俾無遺佚，其篤於族誼類此。道光己酉，貢入成均。（略）

余桂字瑞符，沱川人，府知事銜。性孝友，事母承順，事兄恭謹，尤多善行。居鄉排解糾紛，陰出貲調釋祠規遠祖墓蔭，準支裔伐大養小，以裕經費，不令客拚族。有欲違禁乾沒者，桂知之，貸千金販其木，事遂寢，後木至杭盡爲潮水漂去，桂賣田償債，卒無怨尤。其母黄氏好施，與值歲饑，親鄰待舉火者數十家，黄資給米穀，不令家人知。人謂「有是母有是子」云。子錫昌，邑庠生。（略）

程鳴岐字得邦，石硯人，登仕佐郎。幼極貧，嗣傭趁木簰，勤慎愿慤，客倚重之。貸貲販木，乃漸饒裕。族鄰有無力婚葬者，多貲助之。宗祠圮壞，捐金修葺。道光年間歲饑，買穀數百石，減價平糶。邑造文廟、修城垣，均量力樂輸。又捐助大營軍餉銀乙千餘兩，及南鄉總局團練本里五美局招勇，捐費不下數百金。皆義行之卓卓者。（略）

胡謙字德民，城南人，國學生，同知銜。性孝友，父業木姑蘇，負債幾三千金，家遂落。謙慨然理舊業，遵父遺命，如數悉償。兄弟友愛，始終無異言。晚值寇難，不惜重貲捐助軍餉。子三皆同知銜，其季嘉禄，尤踈財仗義。（略）

戴鳳岡桂巖人，邑庠生。性剛直，遇事敢爲。祖業木起家，父寡兄弟鮮所分任。遂投筆經商，族中有義舉，量力捐輸，無顧惜。撫內姪如己出，隆師教讀。後給租百餘秤，並金二百兩，俾立室家。鄉隣高其義。子孫多列膠庠。（略）

施德烜字達夫，詩春人，捐職登仕郎。少讀書力學，久困於場屋，遂棄硯就商。嘗業木於江南雲陽，遇水災，賑五百餘金。咸豐間，束裝歸里。值寇擾，創捐團防，傾囊輸助。兵燹之餘，卹貧困、葺祠廟、修道橋，均捐金不惜。子逢癸庠生。（略）

戴　旺字步連，桂巖人，國學生。性篤孝友，幼失怙，事母順志承歡，與兄析産，讓多受少。嗣業木貲裕，必分金函寄，歲以爲常。見支祠傾圮，倡首捐貲重建。道光辛卯，客金陵，值大疫，施藥貲六百金、棺木二千具。凡族中鄉試者並助資斧，人多德之。（略）

戴　炎字炳南，桂巖人，國學生。家貧嘗貸貲本於洪大詩，貨木荊襄間，頗獲贏利。遇人疾苦，周恤彌殷。村外路狹，臨深溪，炎捐金五十兩造石欄以護行人。自是無失足憂。後詩年老，病篤，二子尚幼，悉以家財委託炎經理。十餘載，辭歸時，清釐銀籍，設案焚香，授其家無分毫乾沒。詩長子軒感德爲納粟加貢。享年七十有一。（略）

朱　球字綺琴，羅田人，候補縣丞。四齡失怙，孀母汪鞠養成立。比長，業木於姑蘇之常熟。遇捐修文廟，慨然輸材木值千餘金。蒙憲會奏，給獎議敘。後設茶行於上海，凡思恭、敦梓二堂，有公務均輸金襄助。既而以軍功攝篆縣丞。時克復蘇州，唉兵雜處，民散未歸。知府王素知球習唉語，調補崑山撫輯。球至則設米肆，購藥材食用俱足民。乃旋歸，劉中丞以「樸實勤能」四字飛檄稱獎。惜涖任半載，染疫而終。（略）

程兆樞原名兆逵，字宸中，上溪頭人。少業儒，年十五失怙，棄硯就商。業木奉憲委航海採辦材料，入河套赴都門，由監生考授州同。歸家創祠宇，助祀田，建義倉，督造水口、橋梁及文昌閣，勤勞六載，敬兄撫姪，人無間言。邑侯吳顔其堂曰「孝友」。妻汪賢淑，年六十，以戚友祝儀，醵貲集會，生殖修源頭百丈沖嶺并石欄杆。乾隆甲戌，邑侯俞聘邑紳修志，乘公舉樞總理，堅辭未就。後以內翰王京函特薦復請，乃偕子台奎在局襄校。辛酉得元孫始榦，五世一堂，享年九十有三。（略）

李廣璧一名得春，字延田，理田人，貢生。性嚴重，氣宇軒昂，鬚髯長尺餘。後棄儒服賈，往泰州海門廳業木，艱難起家。會海門新建城垣，所需木料及工費，均係璧助。又建赤山嶺石亭及里中義倉、文社，均輸貲不吝。孫必科業醫，名噪一時。享年八十有五。（略）

俞承惠字養羣，西谷人，詹事府主簿。事繼母胡先意承顔，鄉黨稱孝。業木貲饒。嘗念洞庭空濶，舟行多遇風濤覆溺。曩時，士商公籲上游捐貲建廟於湖心冷飯洲，俾舟子停泊，以避狂瀾。歲久傾圮。道光年間，惠慨然揮千餘金修葺，棟宇鼎新，行旅均稱利濟焉。（略）

俞悠璿字韞山，新源人。少穎悟，生有至性。父患鬲，百計療治，晝夜罔懈。比歿，哀毀骨立。家貧，弟幼，璿一身持家政事，重慈克得歡心。撫諸弟，俾各授室。嘗業木維揚，貲頗饒，輒喜施與族。有宗子累世單傳，無力謀娶，璿慨然贈金，獲生兩男，宗祧賴以不墜。他如捐貲修譜、市米、平糶、好義勇爲，不一而足。（略）

李廣壽字眉山，理田人。少業儒，因家貧乃就商，供孝養。嘗往楚販木，寓居馮姓，聞鄰人哭甚哀，詢知爲負債故將鬻妻。壽憫之，傾囊代償，不受其券。楚人德之。其在鄉也，念祖進士寅賓宦載經濟，未立祀田，籌畫置租，每年供祭，有餘穀，減價平糶，支衆賴焉。享年八十有六。

又　卷三八《人物·質行》　董昌瑗字于玉，城東國學生。年十一，父病没，擗踴哭泣如成人。壯趍姑蘇，益貸金商江右。每歲輒歸省母，極得懽心。後買木南贛，遭水漲漂失過半，抵蘇出售，罄以還人。由是願終養母，杜門不出。生平不妄交，而願與交者衆。年八十卒。（略）

董鴻旂字建維，國學生，城東人。事親孝順，父殁，弟鴻旉甫七齡。旂經營木業，扶幼弟，養之教之，及析居，盡出奇贏所獲者均分之。母欣然喜曰：「吾猶及見幼子成立也。」性質樸寬和，雖練達時務，常恂恂自下，無妄言，無忤色，且樂善不倦焉。惜年四十二而没。

又　卷三九《人物·質行》　洪致暉字耀延，監生，張溪人。幼失怙，壯從兄賈吴楚運木至潯陽，忽心動，急歸，母病篤。躬侍湯藥者累月，母殁，哀毁動人。兄殁金陵，暉理其業，備歷艱辛。稍裕，建敬義堂，造水口石欄。尤喜周急濟貧，人多感德。（略）

王欽乾字易初，中雲人。少隨父就商木業，服勞罔間。聞母病，兼道馳歸，侍湯藥。弟宣三子皆殤，鬻産爲之置妾，終身永不忍析箸。（略）

潘起榜字燦書，龍山監生。業木江南，家漸裕。同居州餘口，一堂雍睦。隆師課子，歲禄平糶。遇有鬻妻者代償其債，俾得完聚。義舉靡不贊成。

俞熙椿字延年，監生，思溪人。嘗業木阜陵，寄金供菽水並給族之貧乏者。父患疽，刲股和藥以瘳之。理家廟，修橋路，習青烏家言。嘗戒人曰：「吉壞須憑心地。」年七十有四，卒。（略）

又　卷四〇《人物·質行》　胡伯仁字曉山，考川從九銜，事親孝。業木江北，聞髮逆竄境，束裝馳歸。奉母避難，備歷艱辛。時辦團防，挨户歛費，遇極貧者，仁密貼遵行。排解濟施，常多善舉。（略）

汪如煒字管夫，監生，城北人。幼業儒，壯就商業木吴下。父殁，奔喪哀毁柴瘠。自是家居，養母壽至八十四。五世同堂，昆季四人，煒最少，克恭厥兄，嫂持家政，煒敬之如母。每事必請命而行，待堂兄弟亦和協。遇讀書者，尤加禮訓，子姪無姑息，恤親朋不吝財。其生平實行，有如此者。（略）

戴振佶字華珍，梅澤人。業木金陵。道光年間上河水災，居民困苦。佶集紫陽公館董事，勸衆商捐輸二萬餘千，查户丁口，賑濟數日，不憚勤勞。衆商請奬議敘，佶辭不受。年老歸家，敬宗睦族，排難解紛，鄉人稟請鄉飲賓，又辭不受。享年七十有八。（略）

李全義字燦卿，嚴田貢生。年十二便習計然術，將及冠，以父六旬勸之歸，而自肩父任五木行并湖廣木業，悉義主之，朝夕不遑，出納唯謹。每歲末必歸省親，晚年訓誨子孫無少懈。壽七十有七，無疾而終。（略）

吕維鼇汾水貢生。幼業儒，喪父，日侍慈闈，力奉甘旨。母殁，後以家貧就商木業。家漸裕，兄弟析箸，受薄讓美。至修祠廟、橋梁，量力輸助，恤貧乏，解紛爭，人尤德之。（略）

李承篚字方甫，甲椿人，監生。兄弟六，篚賈金陵，歲杪必歸省親。中年業鹽木，獲利分潤兄弟及期功親屬。工書畫，尤精技擊。當團練時，嘗帶勇習演陣法，以堉石門。令余貤贈朝議大夫。

清　佚名《婺源縣採輯》第一册《義行》　吕世炡，字允輝，汾水人。家貧，業木於吴，往來交際，鹹以誠篤推。嘗義捐辦宗祠祭器若干，族有貧極鬻妻者，炡憐而贈以金焉。於孤貧無告者，類多周恤。（略）

汪溶，字爾昌，從九銜，太白人。質厚性爽，家貧，傭于木商。跋涉江湖，遠及苗洞。中年稍裕，務培根本，遷婺之次代。願端二祖兄弟皆葬象山，而墓祠傾圮，溶慨然身任其事，督營土木，祠宇焕然。凡祭産遺失，均爲追復。道光年間，創立湖山書院，振興文教，溶與有力焉。（略）

李從姣，字有誠，嚴田人。常游吴楚，木業傭生。聞父疾，路遥千里，七日奔歸，不解衣帶者月余。因就商本裏，嘗有客至姣店市貨，遺一小包囊。次早至詢之，系溪口鹽棧交易，囊内巖票等件，開視合符，姣悉還。他如輸貲修祠譜、建橋梁、立祀産，不勝枚舉。（略）

戴橙字炳南，國學生，桂巖人。家貧貸金洪姓，買木荊梁間，頗獲利。遇疾苦，竭力周恤。村外臨深難行處，捐金五十作石欄，行人德之。後洪姓貸金人年耄，以二幼子及家産托橙，橙維持十載，歸時焚香其堂，將簿籍金幣交洪氏子。子感其德，爲循例報捐貢生。（略）

李瑞材，字翹掄，國學生。年十二父殁，十四祖父殁。材孝養重慈，盡得其歡。祖庶妣生字未育，材亦盡養盡禮。又爲母請旌，俾得親見思榮。承祖經營木業，有羨餘，則分潤族人。本裏水口沖壞，輸金修造，由四都通五都要道，建亭以惠行旅。其他義舉，不可覼述。

紀　事

宋　司馬光《資治通鑑》卷一五七《梁武帝紀》［元慶二年春］上爲文帝

作皇基寺以追福，命有司求良材。曲阿弘氏自湘州買巨材東下，南津校尉孟少卿欲求媚於上，誣弘氏爲劫而殺之，没其材以爲寺。

宋 鄭剛中《北山集》卷二八　某自正月二日感瘴病，中間新除，欣喜至於體輕，但欲略拜，區區亦不能成，止俟安健。而日復一日，病勢有加。今踰七十日，又旬餘不喜食。二月間自羅池買得杉木四片，已治周身之具，雖未至昏迷，而皮骨自覺無神矣。

宋 李燾《續資治通鑑長編》卷一四　［開寶六年五月丙辰］供備庫使李守信受詔市木秦隴間，盜官錢鉅萬，及代歸爲部下所告。守信至中牟縣，聞其事，自剄於傳舍。上命司勳郎中監在京商税務蘇曉按之，逮捕甚衆。右拾遺通判秦州馬適妻，守信女也，守信嘗用木爲筏以遺適，曉獲其私書以進，上將赦之，曉固請寘適於法，適坐棄市，仍籍其家，餘所連及者，多至破産，盡得所盜官錢，上悦。癸亥，以曉爲右諫議大夫，判大理寺事，尋遷左諫議大夫，復監在京商税務。曉無子，有一女甚愛之，亦先曉卒，人以爲深刻所致云。（略）樞密副使沈義倫居第卑陋，處之晏如。當時貴要多冒禁市巨木秦隴間，以營私宅，及主者敗，皆自啟於上前。義倫亦嘗市木爲母營佛舍，因奏其事，上笑謂義倫曰：「爾非踰矩者。」知居第尚不葺，因遣中使案圖督工匠五百人爲治之。義倫私告使者，願得制度狹小，使者以聞，上亦不違其志。

又 卷一八　［太平興國二年三月］契丹在太祖朝，雖聽沿邊互市，而未有官司。是月，始令鎮、易、雄、霸、滄州，各置摧務，命常參官與内侍同掌，輦香藥、犀、象及茶，與相貿易。

又 卷二一　［太宗太平興國五年］宣徽北院使、判三司王仁贍密奏：「近臣、戚里多遣親信市竹木秦、隴間，聯巨筏至京師，所過關渡稱制免算。既至，厚結執事者，悉官市之，多取其直。」上怒，以三司副使范旻、户部判官杜載、開封府判官吕端屬吏。旻、載具伏罔上貴市竹木入官。端爲秦王府親吏喬璉請託執事者。己丑，貶旻房州，載歸州，端商州，皆爲司户參軍。判四方館事程德元、武德使劉知信、翰林使杜彦珪、内侍武德副使竇仁寶、日騎天武四廂都指揮使趙延溥、左衛上將軍祁廷訓皆坐責降。駙馬都尉王承衍、石保吉、魏咸信各罰俸一年。因詔：「自今職官不得輒入三司公署，及不得以書札徃來請託公事。門吏謹察之，違者以告。」信，邢州人，其母，昭憲太后妹。彦珪，審瓊子也。

又 卷二一　［太平興國五年十月］甲午，左拾遺韋務昇責授右贊善大夫。坐爲陝西北路轉運使，日縱程德元等於部下私販竹木，不舉劾故也。

又 卷二八　［太宗雍熙四年］夏四月癸巳朔，以客省使張平爲鹽鐵使。平，臨朐人。初以右班殿直監市木秦、隴，平悉究利病，更立新制，建都木務，計水陸之費，以春秋二時聯巨筏自渭達河，歷砥柱以集於京師，期歲之間，良材山積。上嘉其功，遷供奉官，監陽平都木務兼造船場。

又 卷五七　［景德元年八月］丙午，魯國公主言遣人於華州市木，乞免征算。上曰：「先朝深戒戚里不得於西路市木，蓋慮因緣販易，侵壞法制。魯國公主所請，今且從之。」仍召駙馬都尉柴宗慶戒諭，自今無得復爾。

又 卷七八　［大中祥符五年六月］駙馬都尉柴宗慶言：「自陝西市木至京，望蠲免税算。」上曰：「朕記太宗朝王承衍市木販易規利，當時興訟不已。向已諭宗慶無得復然，今乃尚有此奏。」即令樞密院召宗慶戒飭之。既而，河東提點刑獄言宗慶私使人市馬不輸税，請劾其罪。詔釋不問。

又 卷九一　［天禧二年閏四月］戊申，宫苑使、蔣州團練使李溥坐貪猥，責爲忠正節度副使。初，黄震發溥奸贓，遣御史鞫治，得溥私役兵健，爲姻家吏部侍郎林特起宅，又附官船，販鬻材木，規取利息，凡十數事。未論決，會赦，有司以特故，將不窮治。

又 卷一三五　［慶曆二年正月］自元昊反，聚兵西鄙，並邊入中芻粟者寡。縣官急於兵食，且軍興用度，調發不足，因聽入中芻粟，予券，趨京師榷貨務，受錢若金銀。入中他貨，予券，償以池鹽。由是羽毛、筋力、膠漆、鐵炭、瓦木之類，一切以鹽易之。猾商貪人乘時射利，與官府吏表裏爲姦，至入椽木二，估錢千，給鹽一大席，大席爲鹽二百二十斤，虚費池鹽，不可勝計。鹽直益賤，販者不行，公私無利。朝廷知其弊。戊午，用三司使姚仲孫請，以度支判官、刑部員外郎、祕閣校理范宗傑爲制置解鹽使，徃經度之。詔復京師榷法。宗傑請：凡商人以虚估受券，及已受鹽未鬻者，皆計直輸虧官錢。内地州軍民間鹽，悉收市入官，爲置場，增價而出之。復禁永興、華、耀、河中、陝、虢、解、晉、絳、慶、成十一州商賈，官自輦運，以衙前主之。又禁商鹽私入蜀，置折博務於永興、鳳翔，聽人入錢。若蜀貨易鹽，趨蜀中以售。詔皆用其説。

又 卷一五六　［慶曆五年閏五月］丁酉，邢部郎中、天章閣待制王素知江州，前河東轉運使、司勳員外郎劉京罰銅十斤，與知軍差遣，坐市木擾民故也。事雖在赦前，特貶之。

又 卷二一二 ［熙寧三年六月］壬申，上批：「近聞作坊物料庫官吏，隱下帳管竹箭幹，申乞三司配買。三司並不檢察的實有無即施行，可勘會行遣。」於是三司使吴充言：「箭材凡二百八萬四千，而勘用者止十一萬二千，近商人販至京者凡二百餘萬，故遣官選買。」上疑其非良材，命秘書丞章楶驗視，果非良材，吏皆抵罪。楶，頻孫也。

又 卷二五一 ［熙寧七年三月戊午］上曰：「近臣以至后族，無不言不便，何也？兩宫乃至泣下，憂京師亂起，以爲天旱，更失人心如此。」安石曰：近臣不知誰爲悉力朝廷，有所聞，必考覆事實，欲以開陛下聰明者，但聽諸不逞所説，即以上聞耳。且其用意多端，在陛下聰明考察。陛下但明示姓名，付中書，令對定虚實，即人自莫敢妄言，陛下所聞皆是實事。如其不然，即日昃坐朝，但爲崇長期謾，令政事日壞，有何補？如后族，即向經自來影占行人，因催行免行新法，遂依條收入，經營以牒理會，不見聽從。又曹佾賒買人木植，不還錢，太后殿内勾當修曹佾宅，内臣却僞作曹佾宅幹當人狀，云被市易强買，已定下木植。及勾到客人，乃云但有曹侍中已賒買過木植不還錢，即無，曹侍中已定木植，却賣與市易司。吕嘉問具此牒送開封府，勾曹佾幹當人乃云元不曾過狀。根究得此狀，乃是太皇太后閤臣僞作姓名過狀，誣告市易司官員，開封府但牒市易司照會而已，元不曾行遣此内臣等罪過。陛下試觀此兩事，即后族何緣不結造語言？吕嘉問典領市易司，與開封、三司據法争職事，三司開封皆所不悦。又以職事犯忤都知、押班、御藥非一事，陛下試思吕嘉問如此何意？若爲身計即大不便，但顧禮、義、廉、恥，不欲以利疚於回邪故也，果其用心如此，不知何故却欺罔朝廷，專以害人爲事？且既與内外衆人乖違如此，不知如何却作得欺罔事？凡作欺罔，即先須交結陛下左右，外締朋黨，然後能遏塞人論議；不知如吕嘉問所爲，能遏塞人論議否？

又 卷二四〇 ［治平二年］二月辛丑，權發遣户部副使吕公著言：「古者民勤於力，則工役罕，民勤於食，則百事癈。今京畿諸縣及京東西淮南州軍類多饑歉，民有餓殍。陛下方發粟賑貸，遣使存撫。遠近聞之，皆知陛下有惻然憂民之心。然臣愚以謂凡力役之事，非不得已者皆宜權罷，況修蓋慶寧宫非爲急務，就使功力至微，然作於禁中，恐四方傳聞或致譏議。臣欲乞候將來郊禮成年穀稍豐日徐議修蓋。」從之。先是司馬光亦言，伏見近日以來修造稍多，只大内中幾及九百餘間，以至皇城諸門并四邊行廊及南薰門之類，皆非朝夕之所急。無不重修者役人極衆，費財不少，此蓋陛下纘極之初，禁廷之中誠有破漏不可居者，略命整葺理亦宜然。而左右之臣便謂陛下好興土木之功，遂廣有經度，雖不至損壞之處，亦毁拆重修，務以壯麗，互相誇勝。外以希旨求知，内以營私規利。萬一陛下更因此賞之，則營造之端卒無窮已，國財必竭，民力必殫。臣竊惟陛下初臨天下，惠澤未孚於民，而以好治宫室流聞四方，非所以光益聖德也。修造勞費不可勝數。臣請且言諸州買木一事，擾民甚多，衙前皆厚有産業之人，每遇押竹木綱散失賠填，無有不破家者。先帝躬履節儉，宫室苑囿無有增飾，故諸場材木皆有羨餘，屢因赦恩放免買木，以寬民力。自頃修造倍多，諸場材木漸就減耗，有司於外州科置百端營制尚恐不足，而工匠用之賤如糞土。昔漢文帝惜十家之産，罷露臺而不作，今諸場前後所積竹木，何啻十家之産。陛下至仁，若察其所從來，得不爲之愛惜乎？況即今在京倉廪踈漏甚多，皆上件數處興功占使匠人物料未暇修葺，致粟帛之數大有損失。古者將築宫室宗廟爲先，廄庫爲次，居室爲後。今之所修緩急先後無乃未得其宜乎？又皇子生而富貴，年未及冠，所宜示以樸素，謹其所習。今聞所修三位，規模侈大又復過於祖宗時皇子所居。漢明帝曰：「我子何得與先帝子比，恐非所以納之於義方也。」臣愚伏望陛下特降聖旨，應大内裏外舍屋，即日不至大段損壞之處，及不至要切如南薰門之類，並罷興造。其皇子位只因舊屋夾截修整，早令工畢，不得過爲宏壯，且令那減匠人物料。修倉庫之損壞者，所有諸處監修之官自是本職，更不與減年磨勘及轉官酬奬，以塞泰侈之原。使天下皆知陛下去奢從儉，仁民愛物，不亦美乎。

又 卷二七七 ［熙寧九年八月］巳己，命權同判都水監劉璯提舉賣修置清汴材木、兼衛州界運河同管勾，外都水監丞范子淵同提舉衛州界運河，兼賣河北淤田及材木等事，都水監丞耿琬兼同都大提舉京東、西淤田。

又 卷三一〇 ［元豐三年十二月乙酉］詔：非久修建尚書省等，方今天下，獨熙河山林久在羌中，養成巨材，最爲浩瀚，可以取足即今合用之數。宜專差都大經制熙河路邊防財用事李憲兼專切提舉本路採買木植。其合置官屬并創立約束，並仰畫一條具聞奏，其本路以東涉歷路分，應緣今未職事，他司不得輒干預。

又 卷三一一 ［元豐四年正月］丙辰，提舉熙河路採買木植司言：「乞先支撥經制司息錢二十萬緡，以備本司錢糧和雇水腳之費。候將來回易三二年，所收息既多，可以漸省朝廷應副，及乞添置通遠軍採造兵士。」指揮。」從之，仍令回易近下枋木取息，即不得過合支和雇水腳之數。

又 卷三一八 ［元豐四年十月］己卯，命寶文閣待制、知汝州李承之權管勾陝西都轉運司公事，以上批：「訪聞陝西自朝廷以軍興於四路，各權置轉運使已來，逐人惟以調度軍食爲急。其所取辦金帛，又仰朝廷分頒之數，是以本路經費歲入，全闕官主領。繼又諸道經畧、轉運司辟除文武官屬不少，知、監縣務多是寄居或銜校權攝，即目所在，茶、鹽、酒税常課，率皆虧耗。朝廷雖已命錢勰權領轉運司舊日職事，緣勰非有兼人幹力，慮不可獨倚辦集。況向者兵屯雖解，完葺故壞，費用尚多，若不從今加意經營，深恐異時煩中都供饋。中書可速選所宜佐勰之官。」故以命承之。其汝州兼買木，令承之速舉官以聞。

又 卷三三四 ［元豐六年三月癸卯］荆湖南路提點刑獄司言：「入内供奉官謝禋牒，奉詔本路買桑木弓材五萬，各長三尺八寸，濶二寸五分，厚一寸。已下州縣收買續準禋牒送弓材樣長四尺二寸，濶三寸四分，厚一寸八分。雖即行下緣先降樣，已採斫及數乞下弩作，如亦可用，即乞先上供。」詔止，依元降樣，其續送樣，令問謝禋所被受指揮以聞。

宋 范成大《驂鸞録》 ［乾道］癸巳歲正月三日泊嚴州，渡江上浮橋，遊報恩寺，中有蕭洒軒，取吾家文正公「蕭洒桐廬郡」之句以名。浮橋之禁甚嚴，歙浦杉排，畢集橋下，要而重征之。商旅大困，有濡滯數月不得過者，余掾歙時，頗知其事。休寧山中宜杉，土人稀作田，多以種杉爲業，杉又易生之物，故取之難窮。出山時價極賤，抵郡城已抽解不貲，比及嚴，則所征數百倍，嚴之官吏，方曰：「吾州無利孔，微歙杉，不爲州矣」，觀此言，則商旅之病，何時爲瘳。蓋一木出山，或不直百錢，至漸江乃賣兩千，皆重征與久客費使之。

宋 曾鞏《元豐類藁》卷一八 ［熙宁元年，李公肅］迺請於朝，力取於旁路之羡卒，費取於備河之餘材。又以錢千萬市木於真定。既集，迺築新城，方十五里，高廣堅壯，率加於舊。其上爲敵樓戰屋，凡四千六百間。

宋 周應合《景定建康志》卷一〇《建康表六》 ［梁武帝大同二年丙辰正月］上爲文帝作皇基寺以追福命，有司求良材。曲阿弘氏自湘州買巨材東下，南津校尉孟少卿欲求媚於上，誣弘氏爲刼而殺之，没其材以爲寺。

元 脱脱《金史》卷四九《食貨志》 ［明昌］三年，諭提刑司，禁勢力家不得固山澤之利。又司竹監歲採入破竹五十萬竿，春秋兩次輸都水監，備河防，餘邊刀笋皮等賣錢三千貫，葦錢二千貫，爲額。

元 脱脱《宋史》卷二七四《趙玭傳》 建隆中，入爲宗正卿。乾德初，出爲泰州刺史。二年，改左監門衛大將軍、判三司。玭狂躁婞直，多忤上旨，太祖頗優容之。嘗廉得宰相趙普私市秦、隴大木事，潛以奏白，然懼普知，因稱足疾求解職。五年春，罷使，守本官。自是累獻密疏，皆留中不出，常疑普中傷。六年，詣闕，納所授告命，詔勒歸私第。又請退居鄆州，不許。玭不勝忿，踰年，伺普入朝，馬前揚言其短。上聞之，召玭及普於便殿，面質其事。玭大言詆普販木規利，上怒，促令集百官逐普，且諭其事。王溥等奏玭誣罔大臣，普事得解。上詰責玭，命武士撾之，令御史鞫於殿庭。普爲營救，得寬其罰，黜爲汝州牙校。太平興國三年，卒，年五十八。

明 宋濂《元史》卷九四《食貨志》 竹之所産雖不一，而腹裏之河南、懷孟，陝西之京兆、鳳翔，皆有在官竹園。國初，皆立司竹監掌之，每歲令税課所官以時採斫，定其價爲三等，易于民間。至元四年，始命制國用使司印造懷孟等路司竹監竹引一萬道，每道取工墨一錢，凡發賣皆給引。至二十二年，罷司竹監，聽民自賣輸税。明年，又用郭畯言，於衛州復立竹課提舉司，凡輝、懷、嵩、洛、京、襄、益、都、宿、蘄等處竹貨皆隸焉。在官者辦課，在民者輸税。二十三年，又命陝西竹課提領司差官於輝、懷辦課。二十九年，丞相完澤言：「懷孟竹課，頻年斫伐已損。課無所出，科民以輸。宜罷其課，長養數年。」世祖從之。此竹課之興革可考者也。若夫硝、鹻、木課，其興革無籍可考，故不著焉。

明 王直《抑菴文集》卷四《萬安縣學重修大成殿記》 萬安，文獻之邑也。儒學在縣治東北，而當山川之勝。若金鷰、芙蓉諸山，章、貢諸水，重岡疊嶂，恬波駭浪，不間遠近，巨細皆迥，合拱揖效奇獻秀於此。故昔之作者，有取焉。其所建立，廟在前，學次之。人既鍾其清淑之氣，而益以學問。往往登高科，躋膴仕，有盛名當世，而萬安之學著稱於天下，至於今久矣。繕治不繼，日入於敝，朝廷每下興學之詔，有司以多務鮮克用其力。景泰壬申，都察院右僉都御史姑蘇韓公允熙奉命巡撫江西，得便宜從事政令，修舉威行，惠施而尤以興學爲急。至萬安，謁先聖周覽殿廷而嘆其敝陋，召邑中耆儒秀士富家巨室，欲集衆力而新之。邑之義民曾時望言於衆曰：「公之興學，以聖人之道教敝邑子弟，甚盛心也。爲父兄者，奚可不自勉而以煩公慮乎？學之資用，殿爲大，時望請獨任之，一不以及人。」公大喜，加獎勵焉。時望務遠圖，不惜費市杉木湖湘，必取合抱大材，其他磚瓦鐵石黝堊丹漆等物及諸工匠，皆求其良者，而以財政之。是年九月興工，而以明年四月成爲大成殿五間，高四丈五尺有奇，而深潤稱之。脩梁鉅棟，重檐刻桷，土木采章，極其輪奐。聖賢像貌之居，殿中者，皆塑繪如制，視昔之美有加。

清 張廷玉《明史》卷八二《食貨志》 洪武時，宮禁中市物，視時估率加十錢，其損上益下如此。永樂初，斥言採五色石者，且以温州輸礬困民，罷染色布。然内使之出，始於是時。工役繁興，徵取稍急，非土所有，民破産購之。軍器之需尤無算。仁宗時，山場、園林、湖池、坑冶、果樹、蜂蜜官設守禁者，悉予民。宣宗罷開辦金銀，其他紙靛、紵絲、紗羅、氁緞、香貨、銀硃、金箔、紅花、茜草、麂皮、香蠟、藥物、果品、海味、硃紅戧金龍鳳器物，多所罷減。副都御史弋謙言：「有司給買辦物料價，十不償一，無異空取。」帝嘉納之，諭工部察懲。又因泰安州税課局大使郝智言，悉召還所遣官，敕自今更不許輒遣，自軍器、軍需外，凡買辦者盡停止。然寬免之詔屢下，内使屢敕撤還，而奉行不實，宦者輒名採辦，虐取於民。誅袁琦、阮巨隊等十餘人，患乃稍息。英宗立，罷諸處採買及造下西洋船木，諸冗費多敕省。正統八年，以買辦擾民，始令於存留錢糧内折納，就近解兩京。（略）

世宗初，内府供應減正德什九。中年以後，營建齋醮，採木採香，採珠玉寶石，吏民奔命不暇，用黄白蠟至三十餘萬斤。又有召買，有折色，視正數三倍。沈香、降香、海漆諸香至十餘萬斤。又分道購龍涎香，十餘年未獲，使者因請海舶入澳，久乃得之。方澤、朝日壇，爵用紅黄玉，求不得，購之陝西邊境，遣使覓於阿丹，去土魯番西南二千里。太倉之銀，頗取入承運庫，辦金寶珍珠。於是猫兒睛、祖母碌、石緑、撒孛尼石、紅刺石、北河洗石、金剛鑽、朱藍石、紫英石、甘黄玉，無所不購。穆宗承之，購珠寶益急。給事中李己、陳吾德疏諫。己下獄，吾德削籍。自是供億寖多矣。（略）

永樂中，後軍都督府供柴炭，役宣府十七衛所軍士採之邊關。宣宗初，以邊木以扼敵騎，且邊軍不宜他役，詔免其採伐，令歲納銀二萬餘兩，後府召商買納。四年置易州山廠，命工部侍郎督之，僉北直、山東、山西民夫轉運，而後府輸銀召商如故。

明 席書《漕船志》卷四 料額 料額者何？治艘之需也。夫市材鳩工，匪料胡辦，漕政之所重也。第艘之歲造有常，而料之盈縮弗一，吾恐後之難繼也。振刷以起新，而經畫以善後，於司國計者有深望焉。志《料額》。

國初，漕船派造於諸省及各提舉司，其料價例爲軍三民七。天順六年以後，諸省罷造，止解料赴二司廠。先年，每歲應用運船造於各省者，皆有司自行派料成造。其造於提舉司者，合用杉、楠等木，俱派四川、湖廣、江西出産處所。浙江、江南直隸不出木者，買辦送納。福建亦有油、鐵等料，無災之年全派，有災之年減派。天順六年以後，各司府未有造解船隻，止解物料，赴二提舉司成造。江南漕船歸造原衛者，照例派料，故軍無補貸。江南直隸、浙江、湖廣、江西船隻，除舊船外，民出銀七十兩，軍辦三十兩，每年征解司府收貯，遇造支給。天順間，料價倚辦於各省者，徵解如期，照數給造，故軍所補尚未多也。永樂間起，至天順八年止，俱各處派納杉、松、楠、柏、釘、鐵等料。每船用新杉、篙木六十二根，株、樟、榆、槐二十餘段，油、麻、鐵、炭等料三千餘斤，給軍全造一隻。軍士所（陪）[賠]補者，不過修艌什物而已。成化元年以後，各處災傷，料價日縮，軍士始有（陪）[賠]補之患矣。成化元年起，至十五年止，有司派納物料數少，本廠先盡見在料物撙節支放。每船止得杉、株、樟、榆、槐木十三四根段，枋板二三塊，油、麻、鐵、炭等料二三千斤，止值銀三四十兩。每船約用銀一百二十兩，比（與）[於]天順以前，每船欠價銀六七十兩，其餘皆軍旗自（陪）[賠]完造。成化十五年，停止各處派料，議取抽分木價，以充造船之需。先時，各處解納杉、楠等木，遠自川、廣，經涉江湖，有在途漂流者，有尺寸不及者，監收官拘泥成法，必求合式。致令解户經年往復，不獲實收，至有鬻妻、賣子、捐軀、蕩業者。至是工部會奏，始於荆、杭二處設廠，以充造船之需，民困始蘇。成化十六年，取荆、杭木價銀各四千兩。先於成化十五年，工部會官議奏，本廠該坐派荆、杭前項銀數，至十六年，委官領取回司。每廠造船一隻，給銀二十七兩八錢，人匠銀四兩五錢，小料一分約值銀七八兩。該廠辦料銀六十三兩三錢四分，連舊船一隻，值銀十四五兩，共價銀一百二十兩，成造一隻。旗造船一隻，給銀二十七兩八錢。舊船值銀十五六兩，其餘俱旗軍（陪）[賠]補及該衛運糧官措置，大約不過一百二十兩。此時官給銀料甚少，軍士（陪）[賠]補日甚，以後木價漸增加矣。成化十七年，取荆州木價銀四千兩，杭州木價銀五千五百兩。先於成化十六年，該平江伯陳公鋭會議内開，船料不敷，或照舊全派有司，或盡數變賣。三處抽分銀兩，解送提舉司支用。或照先年舊例，將兑軍民糧每石加耗一斗，準作造船料價。工部會議，準添杭州抽分銀一千五百兩，本年共得銀九千五百兩。成化十八年，議取荆州木價銀六千兩，杭州木價銀七千兩。先於成化十七年，又該平江伯陳公鋭會議，船料不敷，本部議擬，每年又加添杭州抽分銀二千五百兩，荆州銀二千兩，共銀一萬三千兩。成化二十年，荆、杭銀數如故，取蕪湖木價銀二千五百兩。成化二十二年，蕪湖木價銀數如故，議增取杭州木價銀九千五百兩，荆州木價銀七千三百兩。先於成化二十一年，該户部奏差監察御史謝文、工部郎中洪漢，會同漕運衙門，前詣清江提舉司查理船料，回京具奏。運船要行，全領三處抽分銀料，如三處抽分不敷，照依先年坐派有司出辦，或查取直隸府州縣贓罰紙價轉用，務要足原額船數。及要將鹽城、通、泰三所僉補軍餘，一體出辦料銀五兩。工部議得，清江提舉司每年額造船四百七十四隻，每只加添銀一十一兩六錢六分有零，連前官給各項銀，每船共餘四十五兩。原支杭州抽分銀七千兩，今再增二千五百兩；荆州銀六千兩，今再增一千三百兩，蕪湖銀一千五百兩照舊外，通共每年該領銀一萬八千三百兩，連匠銀三千三十兩，通融支給造船。二十二年，領取三處木價並人匠銀，共二萬一千三百兩。按：各衛原額漕船共一萬一千七百七十五隻，自成化二十三年，議減一千二百五十四隻。今各省船隻仍照原額成造，銀料亦未減少。惟清江廠原數五千三百四十二隻，每歲該造五百三十三隻，今成造仍照原數。其議定銀數，止彀造四百七十四隻，每隻給銀五十兩，並歲得抽分人匠銀不等，尚不敷每年額造船料之數也。弘治二年，議增取杭州木價銀一萬八百七十兩，荆州木價銀八千三百兩，蕪湖銀數如故。弘治元年，該都察院左都御史馬題稱：船料不敷，軍士陪補，困苦日甚。每船增木價銀二十兩，共銀六十兩。舊船準銀三十兩外，少銀二十兩，行令空餘丁出辦，其不敷之數，本船軍士出辦，與舊船物料相兼成造。工部議得，每船一隻增銀五兩，通前共銀五十兩。杭州加添銀一千三百七十兩，共一萬八百七十兩，荆州加添銀一千兩，共八千三百兩；蕪湖一千五百兩。弘治二年，共領銀二萬六百七十兩。弘治三年會議，每船一艘，官給木價銀五十兩，軍辦銀五十兩，舊船準銀二十兩，通計銀一百二十兩。本年漕運衙門會同本部議得，每年額取各處抽分銀二萬六百七十兩，人匠銀三千三十兩，通該二萬三千七百兩，並淮安府抽分折收柴席、竹木等銀不等。每年例造船四百七十四隻，每隻給木價銀四十四兩八錢外，淮安抽分竹木、油麻等小料一分，折銀五兩一錢。轄該官給錢五十兩，軍餘出辦減存銀五十兩，舊船算值二十兩，每隻共一百二十兩，議爲定額。

弘治四年以後，銀有定數，船日加多，官軍每有借貸之患矣。按：自宣德以來，清江提舉司廠該原船五千三百二十八隻，每年該造五百三十二隻八分，每只該價銀五十兩，共該給銀二萬六千六百四十兩。成化二十三年，該御史謝文、郎中洪漢奏，爲處置糧儲極濟貧軍事。內查得，各該衛所原額淺船一萬二千一百一十四隻，查點見在船隻一萬八千六十隻，內有遭風失火等項事故船一千二百五十四隻。本部議得，先年歲漕六百萬石，近年議定，止是四百萬石，例該用四百料船一萬隻。今見駕糧船一萬八百六十隻，又有五百料遮洋船在內。今查原少船隻，相應盡數除豁，但恐風火不測，一時造辦不及，合將一萬隻之外多餘船八百六十隻存留備用，所少船一千二百五十四隻行移漕運衙門，斟酌相應衛所照數除豁，以爲定例。仍將除豁過船隻造册查考，轉行各提舉司並各軍衛有司，免其補造。切詳議單內，歲漕四百萬石加四七，該正耗米五百八十八萬石，每船軍丁一十名，每名三十石，每船裝正米三百石，該腳耗米一百四十一石，共正耗米四百四十一石，計該用船一萬二千餘隻。今查江南、江北二提舉司實在船一萬一千七百五十隻，俱係應用船隻，原非多餘之數。緣本部止算正米四百萬石，不曾計算加耗四七之數，因此止議四百料正船一萬隻，餘船八百六十隻通行除豁。清江廠原船數五千三百二十八隻，除豁免造五百九十隻，止存四千七百四十餘隻。每年額造船四百七十四隻，止扣派銀二萬三千七百兩。彼時本部行移漕運衙門，不曾查算明白，亦不曾行文各衛除豁免造，其原額船數照舊未減。每年仍造船五百三十三隻，實領銀料止得四百七十四隻之數。十餘年來，加以遭風失火等項事故船隻，申呈漕運衙門送廠預造，大約自弘治三年起至弘治十四年止，多造過五百五十餘隻。後將見年領到銀兩，補放以前造過船數，其該年船隻俱係官軍借貸料物成造，候下年銀兩到日，方得給領，加利還商。因此，官軍負累，船隻不堅。本部委官，累經備由呈請本部，要行增復料價，及要將累年內多造過船五百五十餘隻，或借衛河提舉司料銀，或追蘇、揚、淮三府人匠拖欠銀，共二萬餘兩，補還前造船隻未領價銀之數，具呈本部案候勘報施行。弘治十四年會議，每船一艘增木價銀五兩，及移荆州木價，悉於蕪湖取用。共增銀二千三百七十兩，通前共銀二萬六千七十兩。弘治十三年，該漕運衙門會議，要照江南軍三民七事例，官再增銀二十兩，共七十兩，軍止辦銀三十兩。及要將荆州原銀八千三百兩，悉於蕪湖領取，免其經涉江湖往返遲誤等因，會同本部議擬，每船增銀五兩，及將荆州原議本價銀兩，悉於蕪湖抽分廠領用。弘治十六年會議，每船一艘增木價銀十兩，軍辦小料銀三十五兩。是年，漕運都御史李因軍餘辦料不前，以致缺銀完造，困苦日甚，漕政漸壞，會同本部尚書曾等奏准，每船令軍餘出辦銀三十五兩，作軍三小料，加木價銀一十兩，通前共計銀六十五兩，作民七大料。又加舊船準銀二十兩，共銀一百二十兩，成造船一隻，以爲永久之額。是年，議杭州增銀二千三百七十兩，共銀一萬三千二百四十兩，蕪湖增銀四千七百四十兩，共銀一萬四千五百四十兩，連蘇、淮、揚三府人匠銀三千三十兩，每歲額該銀三萬八百一十兩。嗣後，軍免陪補，船得堅完，至今行之。嘉靖三年，議將衛河提舉司原額蕪杭木價及人匠班銀，悉歸清江廠，以供造船之需。該本部尚書趙公璜議得，山東、北直隸、遮洋三總運船，既歸清江廠團造，其衛河提舉司原設人匠應辦工價，查照淮、揚等府辦料則例，每年征完，封解清江廠收發支用。其衛河每年額領蕪湖銀四千二百三十兩，杭州銀一千二百兩，就令清江廠逕自行取買料造船應用。

又 卷七 招商收買木料 工部主事朱家相照得，本部督造運船合用楠木，先年俱係商人預領官銀，前去儀真等處收買，往往乘機作弊，買來之木多細小空朽，不堪成造。兼以過期不到，致使官旗久候，遲誤造作，有妨糧運。近日本職拘提各商聶經、黃良等，將領過新舊官銀查算，發縣監追外，其見年缺木糧船尚有二百餘隻，并下年額造船七百餘隻，若不招商收買，不無臨期誤事。爲此出給告示，發去儀真、蕪湖并天寧洲地方張掛曉諭外，江山客如有販到楠木，不拘多寡，盡數拽運抵淮，赴本職告報。照依見定價銀，每船壹隻給木價銀六十兩，並不短少分厘，耽延時日。自告示到日爲始，如有已到山客將木隱匿江港處所，不行告報，意圖抬價私賣者，許彼處牙腳人等赴部首告，以憑拿問。知情通同縱容者，一體治罪不貸。

又 議處造船木料 工部主事朱家相照得，本廠督造各總運船，合用楠木數多。先年，本廠給銀，批差商人前去儀真等處地方收買。比因山客狡猾，將出山之木選揀長大堅實者，撑泊江港處所，抬價私賣，止將遺下細小空朽之木，與差去商人成交，坐索高價，掯勒多端。其差去商人往往乘機爲奸，以致買來木植多不堪用，有妨成造。本職除將前弊痕行禁革外，今查得嘉靖二十二年分尚有減存，缺木船二百六十八隻，并下年額造船七百餘隻，本職已經出給告示，發去儀真、蕪湖等處地方張掛，曉諭山客，將販到楠木盡數拽運抵淮，依憑牙人兩平交易，每船一隻，遵照本院議定本價銀六十兩，隨即給與。豈料山客明知漕船缺木，故意刁難，將販到木植見今住泊蕪湖、南京等處，意在仍前揀選私賣，若不預爲區處，臨期必誤攢造，致妨漕運重計，關係匪輕。如蒙準呈，合無移咨南京工部、都察院，札行監督抽分，御史及蕪湖抽分工部委官，將在彼沿江寄泊楠木已經抽分者，除南京打造馬快船合用木料聽令成買外，其餘剩楠木，不拘多寡，差官查照本商報抽數目，逐一將牌筏封識嚴禁，彼處牙人不許串同私賣。仍差人督催，星夜赴淮，照前議定木價兩平交易。倘山客懷疑，不願赴淮者，聽其灣泊儀真縣地方，與本職差去廠官公同彼處牙人，亦照前定木價交易，并不耽延時日，虧少價值。如山客仍前抗違稽延者，許本職申呈本院提究施行，庶木料不致缺乏，漕船得以完造矣。蒙準咨行部院訖。

又 分處不敷木價 工部主事朱家相查得，先年衛河提舉司每歲額造淺船七十七隻三分，每隻原議木價銀五十兩；遮洋船五十五隻一分，每隻原議木價銀六十一兩三錢三分三厘三毫。每遇改造之年，各衛所委官一員，帶領各該旗甲，給領官銀，前去儀真等處自行買料成造，雖有臨清本部主事監督，但地方寫遠，難以遥制。差去官旗，往往乘機作弊，以致錢糧虚費，船隻不堅。至嘉靖三年，蒙本部題準，將該司船隻併入清江提舉司團造，其船與清江船式樣相同。除遵依遞年差官，前去杭州抽分廠領取該司原議木價銀一千二百兩，并蕪湖抽分廠原議木價銀四千二百三十兩，并各府解到人匠銀兩，僅足成造該年船隻應用。至嘉靖十四年以來，川、湖等處采木日多，楠雜木價騰貴，商人累告虧折。節蒙漕運衙門將該司船價比照清江事體，淺船每隻加增木價銀四兩五錢，共銀五十四兩五錢；遮洋船每隻加增木價銀四兩，共銀六十五兩三錢三分三厘三毫。至嘉靖十八年，又將山東總淺船每隻加增木價銀二兩，共銀五十六兩五錢，每年共該造船一百三十二隻四分，該木價銀七千九百六十七兩三錢一分四厘八毫三絲。除支前項額該木價銀五千四百三十兩外，尚欠銀二千五百三十七兩三錢一分四厘八毫三絲。及查人匠銀兩，近年各府州縣清匠官不行清查，匠役互相影射，解到者十無一二。各衛額造糧船到廠，缺銀支給，本司前任官恐誤裝運，衹得暫將清江提舉司歷年支剩木價銀兩，借給衛河提舉司官軍買料應用，相沿到今。除嘉靖二十二年分該造船隻尚未到齊不開外，嘉靖二十一年止扣算，實借用過清江銀一萬七百五十九兩九錢九分八厘二毫，具載卷册可查，一向未及呈請，若不及今分處，但清江庫藏之積有限，衛河改造之船無窮，年復一年，漸難支持。如蒙準呈，合無將衛河提舉司借用過清江前項銀兩，準將何項官銀照數補還，惟復憫念，即今公私俱困，免令補還，準將借用過前項銀兩作正支銷，造册繳部查考。仍乞將蕪、杭二廠原議衛河總各衛糧船木價，每年於五千四百三十兩之外，加增銀二千五百餘兩，本司依期差官領取，與清江船隻一例成造。再乞行山東濟南、兖州、青州、東昌等府，并河南開封、彰德、懷慶及直隸廬、鳳、揚州等府，滁、徐等州，將該司住坐人匠每年應辦匠銀依期解報。如各處掌印清匠官仍前不行用心清理，以致匠役影射，拖欠班次者，許本職將各官指名參呈本部，重加參究施行。如此庶木料不致缺乏，漕船得以完造矣。

明 楊時喬《兩浙南關榷事書》 一嘉靖十年主事程烈呈本廠客商多帶資本于徽嚴衢處等府地方拚買木植，始者率於通都大邑，則其出水爲便，今則轉之深山窮谷，則其出水爲難，高岡峻嶺，雇人搬馱，小谿曲澗，經年堆垛。一遇洪水驟發，復遭漂流。加以地方豪惡又多，爲壩堰之類，乘機阻當誆騙。所在有司往往分商民爲二，曲爲庇護。近年有等府縣明白出給告示，禁革木商，不許入境。居民如有容留宿歇，俱以窩藏逃軍問罪。本商有先年已曾拚買木植，亦令退還原主。於是客商望風逃散。

明 俞大猷《洗海近事》卷上《書與李培竹公》 浙直來福建造船，每次皆造百隻或八十隻，福建人何嘗阻之？福建造每隻用銀三四百兩，此間造要銀七八百兩乃造得，且取匠於福建，買木於廣西，恐日月又遷延也。林弘仲所説彼間有百餘隻，即猷議中募其五十者。此船小，須得大福船與之相兼，乃可成功也。事至今日，決當立一大規模大振作一番，地方乃得安寧。不然莫知所終也。昔人謂兵間拙速，未覩巧之久。夫速而果拙，何貴於速？遲而果巧，決不可求速也。裁之。

明　張萱《西園聞見録》卷九二《工部六·鈔關》　成化七年，荆州左衛運糧千户汪禮奏稱見得三衛淺船，俱軍三民七辦料，打造積年，累害見及本處上通州湖廣雲貴出杉楠等木，商販數多，要得十分抽一，給與造船，免致軍民受害。該部堂訪察輿情會議得，清江衛河二提舉司打造糧船，光禄寺供應器皿，京城内外蓋造房屋等項，合用一應物料，逐年分派。在外司府州縣，民間出辦前起未輸，後起復至，負累之難，莫此爲甚。一遇災傷，派去物料到者十無一二，以致躭悮供應。合無于湖廣、荆州府、浙江、杭州府、直隸、太平各設抽分，將客商興販竹木牌筏，每十取一，揀選堪中者起解本色，不堪者，變賣銀兩，成造糧船應用。餘剩之數，方纔解部以備年例，修理天地山川等壇，京通二處倉廒成造軍器，光禄寺供應器皿，内府各監局板箱㼜桶，各王府誥匣、木櫃，賜夷人靴襪，各處陵寢冥器等項支用。先是洪武、永樂、天順年間，每年會計應用船隻造于各處者，就彼處有司派料打造，造于提舉司者，合用杉楠等木，俱派四川、湖廣、江西出産去處，浙江、直隸不出木者，買辦送納。福建亦有漆鐵等料，例爲軍三民七，辦納成造。成化元年以後，各處災傷坐派數少，而運船增多，軍民受累，至是因奏，始而從之，載在會典。我朝于凡水下關津去處，設抽分竹木局，抽分客商興販竹木柴炭等物，在京者令軍衛自設場，分貯柴薪，按月給與禁軍孤老等燒用。木植等物，堆垜在塲，令各局按旬奏申知數。遇有用度，以憑計料揀定度量支撥。在外塲局，則用各給所在之用。近年以太平之蕪湖、荊州之沙市、浙江之杭州，徑遣工部屬官親臨其地，抽分變賣，取其價值銀兩解京以供工部營繕之費。免以科徵于民，是誠良策。然商販無常，難爲定數，後來者務踰前人之數，以徼能名，歲增一歲，無有紀極。竊恐後來之難繼，商賈折閲興販者不至，而官與民兩失其利，必定爲中制，因地定額，多者不以爲優，不及數者，不以爲劣，庶幾可以久行。

明　張四維《名公書判清明集》卷九《賣墓木》　照得鄭茂與冷彥哲互爭，初詞止緣鄭文禮兄弟斫伐墳木，賣與冷彥哲，續後冷彥哲父冷濬義供稱鄭茂贖田還錢未盡，鄭茂再狀，論冷彥哲殺牛犒斫木人，此特其枝詞蔓説，官司何必深信，蓋嘗聞諸民間，固有嗜利之家每樂於以輕價典人物業，而又幸其無錢可以收贖者矣。今冷濬義昨所典鄭茂田地，既是正行交易，豈應被鄭茂假寫錢會，脱卸取去。況嘉定八年以來，無復有詞理索，及招鄭茂陳論之後，方始以贖田欠錢爲詞，則其詐難信也，既又見諸條令禁止宰牛，或告或□，皆有不可誣者矣，今鄭茂所訴冷彥哲殺牛，但止憑口述，原無分毫贓證，況去年正月入狀之初，未嘗有此情節，及招冷彥哲鮮論之後，却再以殺牛犒夫爲詞，則其説果足信哉？至如斫伐墓木，□私賣買，以致興訟，此其事頗於風教有傷，在官司不得不加體察。昨經使府召判，亦既灼見，其不孝不仁矣。今准帖命再行審定，據鄭茂狀論鄭文禮兄弟斫賣衆祖墳畔木植，其鄭文禮雖稱係斫他挾户鄭舟山内之木，然既曰親堂叔姪，吾翁即若翁，應墳畔林木，蓋均之不可剪伐。拖照鄭保昨具到山圖，亦有鄭舟墓地一穴，在衆祖墳側分明，鄭文禮姑指之以爲挾户，則是弗顧其乃祖墓木，而故資之，其爲不孝也特甚。又據冷彥哲，賫出原買鄭文禮木植手批，其中聲説自用斫伐，搬檐出賣，不涉買主之事，然車彥超干四，乃兩下所同攀證之人，拖照車彥超稱是冷彥哲昨與鄭茂交争之時，係同在其祖墳山上，則亦明知是鄭氏墳木而故買之，其爲不仁孰甚？爲定驗至此，鄭文禮擅賣墳木之罪，若果不可逃，則冷彥哲知情而買木，亦當與之同坐。所有斫下木植，昨來知縣李宣教雖欲拘椿，然其木並皆兒在，合併申使府，取自旨施行。

明　胡宗憲《籌海圖編》卷七《附録》　近聞寧波勢家每至漳州販木，顧白船往來。海中並無覆溺之患，遠如廣之瓊崖儋萬其至省城也，風順則半月，風阻則一月，甚至浮海三月者有之。他如南洋、西洋諸國其隔閩廣也，近則數千里，遠則數萬里。逋番海舶，無日無之，使其下海，必遭漂没，人亦何苦舍生而求死哉？況東洋有山可依，有港可泊，南北不過三千里，往來不過二十日，非若南洋、西洋一望無際，舟行而再不可止也。

明　項夢原《冬官紀事》　兩宫初興，鑽刺請托蟻聚蜂屯，公一槩峻絶外，至於見之牘奏如四川差内官採木，則有百户李綸；改臨清窰于武清通州，内官監督，則有指揮林朝棟、百户張文學；採五臺山沿邊樹木，則有西河王公。俱具稿呈堂題覆，仰藉聖明，一切報罷。惟有徽州府木商王天俊等千人，廣挾金錢，依托勢要，鑽求劄付，買木十六萬根，勿論夾帶私木，不知幾千萬根，即此十六萬根木逃税三萬二千餘根，虧國課五六萬兩，公深鑒前弊，極力杜絶，天俊等極力鑽求，内倚東廠，外倚政府，先捏洛金源妄奏奉旨工部知道，幸工科給事中徐公觀瀾抄參。公得呈堂立案不行，前商復令吴雲卿出名再奏，而買木之特旨下矣，於時奸商人人意得氣揚，謂爲必得之物，可要挾而取之。傍觀者明知其不可，亦莫能爲公計。部堂亦竊笑曰：「不看賀郎中執到底耶？」公乃呼徽商數十人跪於庭。謂之曰：「爾自謂能難我耶，我如不能制爾，爾則笑我矣。今買木既奉特旨，我何敢違？然須有五事，明載劄付中，今明告爾，勿謂我做暗事也。一不許指稱皇木，希免各關之税，蓋買木官給平價，即是交易，自應行抽分各主事，木到照常抽分。一不許指稱皇木，磕撞官民舡隻，如違照常賠補。一不許指稱皇木，騷擾州縣，派夫拽筏。一不許指稱皇木，攙越過閘，一木到張家灣，部官同科道逐根丈明具題給價，見今不給預支。」於是各商失色僉曰：「必如此，則劄付直一幅空紙，領之何用？」公曰：「爾欲劄，我但知奉旨給劄耳，劄中事，爾安得禁我不行開載。」各商知公不可奪，又懼此事一行，後日路絶，遂皆不願領劄，向東廠倒贓矣。於是東廠大怒，遣緝役緝公事于原籍中，而不悦者，從傍煽禍，必欲置公於危地。此時公禍在不測，未幾東廠死，政府免公，私慶若儌天倖，然而竟不免矣。（略）

一議買杉木，照得鷹平條槁等木，大工必用，見今各廠缺乏，查得通惠河道抽税循環簿内，見有商人販到鷹平等木四千餘根條，槁等木四萬餘根，合行差官照估驗買。第抽税例，圍圓在五尺以上，買木例，圍圓在一尺以上，即行文管河抽分郎中確查抽過鷹平條槁數目，并長圍丈尺，火速呈部，隨即差官照估驗買。如買到杉木，見工收時長圍不及買數，該買官以贓論。如本商以用木急緊，多索價值，即爲停買。一面行浙直採買，一面將通灣舡桅桅段，并在京商民原有買下桅段杉木。嚴禁民間不許買用，盡數告報兩平，照估給價，以濟急用。（略）

一議派採楠杉大木，照得神木廠存貯之木。無論見用不敷，將來别有興作，亦當預備，是採買所不容一日緩者，除見存楠木，先行治辦外，合即行採買。查得舊例，採木俱差本部堂上官一員督理，第川貴湖廣，地方隔越，兼制之則移文往返，動經歲月，分任之則意見不同，每多掣肘，合無即以本省撫按兼採木之任，司道官員，聽其差委，買運錢糧，任其區畫，嚴督各省藩臬諸臣，多方招募採取，應用銀兩，一面動支本部料銀。并贓罰商税契税缺官俸薪等項，木價運價，必須一一出自公帑，毋得派累小民，如各省地方官，但能招徠土官進獻，或能令土夷巨商採辦者，即抵原派定數起運，其宜勞諸臣，遇應陞年資不妨奏請加級以責成，通候木完以優敘。（略）

公既任其事，稍一稽查，即如木商王資一項，漏銀一百零九兩，他可知已。嗣查窰税而中貴王明作梗。公謂中貴不可制，而販户可制，即出示通衢，嚴諭巡軍民人等，敢有買販王明磚瓦者，以漏税論，官吏軍餘賣放者，許諸人訐告，即以漏出磚瓦充賞。王明窰三十餘座，月餘片瓦不售，哀求報税，諸勢要聞風輸税，即一季所收，踰二十餘萬，一歲所積，除勳戚祭葬取用外，該局積無隙地，各衙門小修，胥取給焉。（略）

王資販檜樹千餘株，不報税，且出飛語，公親至該地驗之，該税銀若干，即其地知會東城御史及廠庫科道。比回路而當路求免帖紛至，公曰：「已報各衙門矣，奈何？」蓋此輩皆負大力，故急處之，以絶其謀。金剛牆實土，而在工夫止二十餘名，二人一筐，非三五日不可，公下令曰：「多抬土一筐，加錢二文，以朱木屑爲記。」各夫飛走，不終日而完。（略）

凡木商運到木植，部例會估給價，乃弊端最甚，如一二三爲一號，後復以三四五爲二號，連手到底，歷年以來，漏帑金不知幾千百萬，具題改正，錦衣衛題修補鹵簿，計費萬金，公嫌其濫，監工内臣持毁壞者胥送司，公閲之，謂曰：「此諸弁畏公精明，作此伎倆，以實題疏中語耳。不然，駕閣庫未聞火而銅帶胡由而焦，舊宜腐，胡直斷如切。」某如公言，詰諸弁，且言欲參，諸弁跪泣求免。工完無敢諱，用不足千金，鹵簿焕然矣。

明　夏子陽《使琉球録》卷上　一時所須船塢未備，廠未成，木未至，夫未募，定艆吉期已再易而又迫矣，諸項錢粮既盡，爲葉重光乾没，無從追取。造船各官束手無策，幸而予等前移書與方公謀得市商木五十根應急，塢廠則令督造各官代爲捐貲，日夜經營，夫役則令選募海軍代爲應用。於是稍稍就緒，始得定艆，蓋八月二十二日也。然物不素具，或作或輟，工匠又皆欲解去，余乃愬之於撫院，求委一官再從商人市木。時值起建軍門新第，土木方興，人懼有他禍，又避不應。其一時備急，得杉木八十餘根應用，實余所遺官自選擇之力也。徂冬涉春，木料漸集，如樟木材大數多，次第麕至則福寧守洪君翼聖福安尹金君汝礪寧德尹區君日振實與有力焉。余等夙夜拮据，殫厥心力，船工粗就，冀得遄徃，乃桅木不得，往往懇之當事而竟無爲之，督採者時聞安溪縣多材，而吴欽江之木最鉅，委官驗之，合式已移文撫院求取矣，而竟爲砍鋸作板，且扞罔不出，遂致擔悮。

明　談遷《國榷》卷二〇　〔宣宗宣德三年六月〕内官裴宗漢盜市官木，賄太監楊慶求免。事覺，下行在錦衣衛獄。

又　卷二六　〔英宗正統九年六月〕湖廣貴州苗各蟲鼠傷稼，求伐木販土物易粟，許之，并勑賑恤。

又　卷三八　〔憲宗成化十四年三月〕丁亥，免浙江收買花木，巡按監察御史張鋭等言其病民也。

又　卷四八　〔正德六年二月〕乙酉，四川盜熾，停駕帖，採辦禽鳥大木蜜煎川扇等，詔悉停之。

又　卷五三　〔世宗嘉靖四年三月〕許南京守備太監黄錦等榷蕪湖之木，備御器。（略）

〔世宗嘉靖五年十月〕己未，巡撫陝西右副都御史王藎爲工部右侍郎兼右僉都御史，督買大木修仁壽宮，尋疾辭。

又　卷七三　〔神宗萬曆十四年八月〕丙寅，止益府進獻花木，慮沿途擾民也。

又　卷七六　〔神宗萬曆二十年七月〕，命南京工部所輸司禮監木植，如北部負買給直，毋賈販。

都水司主事王紹先言：「委官陳留永城各縣丞領銀買木，數各短少，所恃太監崔卿主之也，夤緣爲奸，侵欺冒破。」令俟工完，撫按官覈之。

又　卷七八　〔神宗萬曆二十八年六月〕是月，巡撫遼東右僉都御史李植奏，遼東馬市自二十二年以前，費二千四百餘金，至二十三年，委馬政官俞萬策兼管，夷酋詭名重名，比舊增三倍。二十四年，增至四千五百餘金。二十五年，增至六千四百餘金。二十六年，前撫臣張思忠察其弊，裁覈仍舊二千七百餘金，虜反挾宣大之貢，思忠憤而請革，馬市遂罷。此廣寧馬市因革之大略也。義州木市，前撫臣李化龍題，少歹青欲在義州大康堡順河販木，酌許之，止犒酒食。歷三年無譁，後將領多短其直，夷人恨之，焚木而去，不復至，木市遂罷。此義州木市興廢之大略也。二市羈縻，與宣大不同，順之則撫，叛之則罷，此夷方市，彼夷進犯，無歲無之，何忠順之有？而欲撫賞之耶，乞下廷議以決大計。

又　卷八七　〔熹宗天啓六年八月〕甲子，追程夢庚等贜十三萬六千金，吴養春六十餘萬，其黄山木價三十餘萬俱助工，廕魏忠賢世錦衣指揮使。

又　卷八八　〔熹宗天啓七年三月〕直隸巡按御史楊茂春以黄山册上：言黄山介徽寧間，延袤二百餘里，山西北距太平縣八十餘里，細民之業，山東南距歙縣百二十里，共計山七千七百餘畝。其吴養春山三千四百畝，前旨變價三十萬，自養春之山論也。謂多年木植，利不下二十萬。似概山而論也，除養春三千四百四十六畝入官之山，罰其逋税變贜助工外，至原屬百姓容樵採納税，上從之。

清　愛新覺羅・胤禛《世宗憲皇帝上諭内閣》卷七一　〔雍正六年七月〕初三日，諭工部，川省所辦楠木内有與别省丈尺重複者九十三件，部議以其不合定式，不准運送。夫木料既已採辦，若以其不合定式不准運送，恐外間難於發賣更换，或致有累官民。各省所有已經採辦而不合式之楠木，著准其運送進京，其願在本省發賣者，聽之。至於諸省辦理各項，若差委官員果屬廉幹賢能，給發價值，果無侵漁遲滯，使小民得富餘之利，自必欣然樂從，而公事易辦。朕屢頒諭旨，訓飭諄諄。憲德自應董率有司，謹遵奉行。似此草率從事，朕甚不取。將此再行曉諭知之。

清　愛新覺羅・胤禛《世宗憲皇帝硃批諭旨》卷七之二　雍正三年十一月初十日，兩廣總督臣孔毓珣謹奏爲奏明事，竊臣一介庸愚，荷蒙皇上知遇隆恩，臣即捐糜頂踵，難報萬一。奈事出無心，實干重罪，悔愧驚懼，不知所措。緣雍正二年九月内年羹堯遣人至伊兄廣東巡撫年希堯處，託年希堯代買紫檀木二百擔，并託臣代買紫檀木二百擔。臣一時應允，及後年希堯買木之時，臣亦墊銀七百六十兩，買紫檀木二百擔，大小計四十一根，差人運送訖，臣不料年羹堯大負聖恩，罪惡滔天，與之代買代運，罪實難逭，臣愚昧無知，不能預料於事先，理合據實奏明認罪，臣謹奏。

又　卷七之三　〔雍正五年五月二十九應陞〕陛辭出京，一路所過州縣地方，留心訪問，官俱循分供職，民亦相安樂業。惟至闕里廟工處所，臣見有堆貯做就石料并燒成磚瓦，而並無匠作興工。臣細問情由，據曲阜縣知縣孔毓琚口稱，原任巡撫陳世倌差委都司鈕國璽領銀採買木料。將買來木植沿途私賣，現經巡撫發按察司審訊，聞得鈕國璽已將私賣情由供認，所有運到木植與原估之式不合，所以未能興工等語。臣思皇上發帑興修，實萬世之曠典，自應盡心辦理，速行僨工告竣，以垂不朽。都司鈕國璽何得採買木料多不合式，且任意沿途私賣玩誤。（略）

［雍正六年三月二十二孔毓珣］同日又奏爲遵旨稽查採辦木植事，竊臣接怡親王及大學士等寄字，內開雍正五年十一月二十九日奉上諭，各省採辦木植等項，俱著該督撫遴選賢員辦理，照民間價值給發，不許絲毫扣剋。時加察訪，倘稍有不遵，必將該督撫一并從重治罪。欽此。欽遵，寄信到臣，臣查廣東採辦木植係遴委廣南韶道林兆惠敬謹辦理，查廣東木植産於清遠縣之黃華崗、吉河，從化縣之大坪、三丫塘等處深山。據該道禀稱，從化之木係仙娘溪五寨居民公山，清遠之木官山與民山各半，屢喚鄉民領價，俱稱此係萬年吉木，小民受萬歲深恩，報答不盡，斷不肯領受價值。今奉皇上聖諭，又復再三勸導，據稱既然萬歲如此恩典，我們公議俟這地方共採過合式木植若干，一總公領價值等語。其價照時值估計，候給領後册報。至於一切打造器具工匠與砍木運木人夫等項，俱照民間工價給發，並無短少等語。臣留心訪查，果無剋扣。其廣西省採辦木植，尚未據有報到所有。臣欽遵聖諭，并現在採辦無剋扣累民緣由，合行奏覆。臣謹奏。果如所奏甚好，此番採辦木植，若令小民有一人含怨，日後聞於朕耳，卿追悔莫及。一切動用錢糧，寧費毋省。

又 卷一二下 ［雍正五年］聞再查江省每年採辦桅杉木植動正項錢糧四千五百八十四兩，據布政司王承烈詳稱，可節省銀二千兩。經前署撫臣邁柱撥入公用項內，查此項銀兩即係陋規。臣於湖南任內每年辦解桅杉木植動銀四千九百五十二兩，內節省銀一千兩。經臣具題歸入正項，永爲定例。今江省辦木節省銀兩亦應歸還正項，不得留充公用，但尚有辦解猫竹一項水腳之費，亦在此項贏餘銀內支用，臣現在行司將辦解木植內實可節省銀若干之處，詳議到日臣當具疏。此等事朕經諭過必再三詳審籌及永遠可行，方可題明歸項，若圖一時節省美名，後至地方賠辦則斷不可。

卷 三〇中 ［雍正二年六月十三日 石文焯］同日又奏爲恭請，敕選興工吉期以光盛典事。竊曲阜縣聖廟工程所需木植、顔料等物，非山左出産者。臣接准部咨，與兩司會商，委都司鈕國璽等齎銀前往江西、湖廣、江南採辦木植、顔料、桐油，又委濟南府經歷夏禮賢前往江南購買架木，並咨明工部在案，庫閣省各官分別給以養廉，一切公用，悉於司庫支應，於正月內具摺奏聞。

又 卷一二六 雍正八年二月二十五日，河東總督臣田文鏡謹奏爲遵旨行文事，雍正八年二月初七日，准內閣移會內開。本年正月十八日奉上諭，山東青州府設立滿洲駐防官兵所，有建造城垣、營房工程，著御史、偏武候補道員陳豫朋前往會同地方官監督修造。其一應如何修造之處，著都統拉錫亦往青州會同相度經畫定議，交與偏武等辦理。拉錫仍回天津地方。拉錫有素知可以辦工之人，准其帶往青州，留於工所，交與偏武等泒委辦事。偏武所管倉工，著交與御史趙華、監修再著內務府總管常明監管稽查，欽此。欽遵移會到，臣仰見我皇上綏輯海邦，睿謨弘遠，命官分理鉅細靡遺。臣聞命之下，不勝欣幸。臣查青州建造滿城工程浩大，一切估勘、核算、繪圖、造册、查議、採辦、督理各項，頭緒紛繁，均應先爲酌定，當即專委登萊青道孫蘭芬總理其事，青州府知府廣壽經管察核，其餘佐雜等員揀選預備，分頭委用。惟事屬創始，其衙署營房規式竝無舊例，可循隨移咨直隸督臣衙門查取天津建造滿城規式，斟酌確估。至青州府城外舊城基址先據勘報，共計大地一十二頃五十一畝零。今滿城擇建於西南角平坦之處，丈出大地六頃四十六畝，建造衙署營房，竝留大街馬道，止湏大地五頃九畝，尚餘一頃三十餘畝，將來滋生人丁，添蓋房屋，均可足用等情。臣因建造滿營關係永遠，駐防基地最宜詳慎，其城內規模似再湏寬大，其需用磚瓦、土坯、石料、石灰等項有無官地開設窑座，亦令查議明確。招募工匠，承攬置辦。惟有木植一項，初議赴南採買。節據孫蘭芬禀稱需用木植約計十五六萬之多，若盡赴南採辦，必由江南太倉州劉河口出海運至山東膠州，又自膠州陸運至青州，計程三百六十里。路經高密草埸，湖地一遇雨水，泥濘難行，車輛不能輓運，腳價倍費。今查東省民間榆楸槐楊等木俱皆堅實，悉可取材，以資工用。請於附近青郡之各縣就便選購榆楸等樹，先令匠人看定，量材取用，照時價平買。其不敷木植，再行赴南採購。既可省運腳之糜費，又可令匠役先興工作等語。續據山東布政司、今陞湖北撫臣費金吾詳稱，東省榆楸槐楊等木不堪經久，易於朽蛀，兼之隨伐隨做，滋漿尚存，木性不堅，況青萊等郡大木，非係道路、壇塋蔭木，即係老民老婦留以需用者。今聞各縣採號，甚拂民情，無寧少遲時日，赴南採買；其檁椽鋸板小木，應即於青屬附近地方，照依平價採買等情。臣查北省修建衙署，及民間富室蓋造房屋，俱用榆楸槐楊等木，竝無越省遠購之事，亦未有致被蟲蛀不堪經久者。況南木委員採辦，往返期遠。今附近所買樹木，其百姓先自砍伐者，已將乾燥；其現議買伐者，去皮斲削，待至南木到日，亦已堅燥可用，豈復尚存滋漿？至於道路壇塋一切古木蔭樹，臣已明白飭禁，不許買伐。所云蔭木之外，盡係老民老婦留以需用，更爲不經，必無此理。總緣東省百姓向苦官役詐派，一聞選買樹木，唯恐充作官用，不給價值，即或給價，十不償一，反多運交守候之苦，或不免於疑慮相參。迨臣剴切曉示，破其疑團，飭令先買後伐，預給時價，一切雇車運送之事，毫不累及小民。賣樹獲利，何至甚拂其情？且木料需用甚多，一尋一丈必欲出自南産，需時滋費，豈爲良策？臣知費金，吾見聞未確，誤聽人言，當即一一指駁，竝令確議，造送估册，尚未據報到兹。蒙我皇上垂念工程緊要，特遣御史偏武等會同地方官監督修造，竝命都統臣拉錫來青相度。

清　穆文熙《二賢祠置田創建鐘樓記》　二賢祠，祀閔子公西子也，載在邑乘祟報有年，無容言者。顧守祠之人，旋置旋去，門欄不閉，萑苻嘯聚而祠之。侵尋敝壞日不可支矣，南陽朱公適來宰邑，春秋往祠，感而慨嘆，乃思爲置田起樓之計，而會余以嚴親乏木，欲乞祠前美櫝爲之。既爲文告神而復具十金，貽之於公，以爲櫝值。公初不受，往返者數，公乃收之。而復走，謂余曰：「吾知所以養人守祠之法矣。」於是乃以其值市地若干畝，以其餘及贖鍰市木材磚瓦，起鐘樓於東南隅。

清　楊日升《申詳各憲請蠲柳束文稿》　看得牛市屯決口爲山東兗州府曹縣地方，與東明相距往反數百餘里，頃奉河憲檄行到道轉行職，派備柳枝十一萬五千束，事干河工重務，敢不凜遵竭蹶，趨事以應急需。無奈東明丸邑，自罹兵燹之後，又疊經河水洊荒，逃亡殆盡，廬舍傾圮，原野蕭條，寸土皆荊棘之區，百里無盈把之木。即今哀鴻方集，鳩形未甦，嗟嗟孑遺，蒿目腐心，誠鄭圖所難繪而賈淚所不勝墮者也。適聞派買柳枝一事，合邑紳衿黎庶驚悸若狂，奔走如鶩，痛哭流涕，環聚滿堂，泣稱東明地方並無蓄柳，此十餘萬束之柳枝，從何措辦？更值道途遥遠，裝運艱難，若必責以採辦，合邑士民立見有死生矣。再三慰諭，採買柳枝一定銷算錢糧，搬運裝載自有給還腳價，事關河務，未可推諉。其如堅稱本縣四境柳植實稀，此盈千盈萬之數，無處採買。若不及早呈明，即合邑人民累死俱不足惜，恐致遲悞河工，罪更不小。累口一詞，哀號不休。職再四查訪，本縣境内委難採買，實非推諉，況今年旱虐雖不成災，而正供亦難完納。以哀鴻稍集之地方，而責以盈千盈萬之柳束，重以累百累千之車輛凋敝之，口何能堪此重困？職非不知河工緊要，所關甚大，即以遲悞獲罪，固不足惜。第身爲民牧，豈可立視殘黎苦填溝壑，而隱痛壅於上聞，此所以不禁大聲疾呼，爲合邑生靈請命於憲天之前也。以憲臺素軫民瘼，久切痌瘝，伏乞俯察羣情迫切，恩賜轉詳總督河憲，或槩賜蠲免，或速賜減派，則柳束有易協之工，而孑遺免逃亡之嘆。億萬殘喘，皆再生於憲臺之筆端矣。又稟揭稿高天在上，有急必呼。職謭劣匪材，謬任殘邑，待罪兩載，焦勞萬狀。伏見民生之倒懸，與事勢之窮蹙，未有如採買柳枝一事。蓋東明地方，先年兵燹之後，疊遭黄水衝淹，四境盡屬汪洋，草木無不菑翳，樹植最少。年來士民雖稍息喘，驚怖未定，即間有栽插蔭柳，寥寥無幾。兹者奉派柳稍竟有十一萬五千束之多，將通縣遠邇鄉村盡行剪伐，必難足溢萬盈千之數。又況水路不通，無舟可載，計此十一萬五千柳枝，非數千車輛不能裝運。今東明合邑鄉村車輛不上數百，實難速爲神運鬼輸之計。查順治十一年間，前任知縣楊素蘊亦曾奉有估計大王廟決口工程錢糧事一案，時派東明柳枝四千束，楊令曾詳免二千束。查底稿有云：每束通計費銀二兩有餘，通盤打算，總計得銀八千兩等語。職細繹原稿，以四千束柳，稍需費八千兩，則奉派十一萬五千束，不幾費銀二十三四萬兩乎？本縣每年額徵錢糧不過二萬三千餘兩，今計所派柳稍即以十年錢糧尚恐不敷。嗟此孑遺，以十餘年之額賦，責令一旦完納，士民之不容不逃，里催之不得不死者，勢必然也。驚心駭目，慘苦莫甚，此合邑紳衿里老所以同聲疾呼，哀籲而奔控也。職深念億萬生靈繫兹一事，且今歲旱魃肆虐，止有四五分之收成，未敢冒請蠲免。目今錢糧方苦，追呼不前，乃忽奉此掣肘之憲行，士民側耳側目，咸有相率逃亡之意。職情深水火，正搶地呼天之時，故不禁洒淚瀝血泣懇老大人耑爲合邑請命。至職他日或以奉行無狀坐罪違悞，一己功名俱不足恤，但身爲民牧，豈忍視其苦痛而不以上告？憲臺軫念民瘼，素切痌瘝，伏乞大施弘仁恩賜，諄切痛陳地方苦楚，并士民急迫情形，亟爲咨明總督河憲，俯鑒輿情轉懇豁免，改派附近出柳州縣採辦應用，庶俾孑遺不致填溝壑。合邑生命，實憲臺再生之也。詳蒙本府周諱邦彬轉請蠲柳看語，看得牛市屯決口工程緊急，自應凜遵。但查順治十一年間，奉前任總河部院楊分派大名一府河柳數止一十萬束，維時分行十一州縣起運全完，故易爲力。今歲開州元、大、南、清、滑、濬、内、魏八縣秋旱爲災，民不堪命，業經備詳報院彙疏入告。現今鳩形鵠面之民，扶老携幼，告賑告蠲，號泣盈庭。此分派之決不能行也。夫以二十三萬之柳束數倍往昔，責之疲敝不堪之二邑，官民束手，紳士咋舌。況查牛市屯離東明二百里，離長垣二百六十里，途路遥遠，車輛無出，職府徒博一己之功名，而民情壅於上聞，義之所不敢出也。仰懇憲臺軫念民艱，或邀恩免派，或迅賜酌減，庶鳩形鵠面之遺黎，不致立填溝壑。已爾奉總河羅批決工需柳甚多，難以減免，據詳途路遥遠，車輛無出，姑准先運一半，餘俟另檄起解。詳蒙本道孔諱胤樾轉請蠲柳看語，看得時當河決，百姓有陷溺之苦，其派柳築堤爲一勞永逸之計，在憲臺軫惜地方至深切也。初大名府屬長垣、東明各派柳一十一萬五千束，念兩邑凋敝之餘，物力告殫，亦何能膺此重役。此士民皇皇所以有呼天而號父母之請也。繼蒙憲臺重念民瘼，准先解一半數，萬蒼生無一不舉手加額頌仰憲臺之厚澤深仁。勉編氓之急公趨義，疲筋力而鮮怨，雖典鬻而不辭。據各縣申報，業俱解一半如憲諭之下頒矣。但念亂離之後，民生實蹙，節年勤儉稍可存活，如病中新起之人，方且日服參苓，望其漸進於康和，若遽投之以芒黄，將見元氣之不可復充而舊病之當再劇也。倘蒙憲臺垂憐殘邑，并豁其餘，庶二十餘年之休養，不至一旦而盡棄，兩邑赤子免溝壑而登衽席，統在憲臺之開恩矣。奉總河羅批據詳頭運已經解工，其二運柳束如詳免解，以寬民力。

清　雍正《浙江通志》卷六四　臣處照例捐銀，以備修築等，因具題奉旨該部確議，具奏，欽此。臣部覆令浙撫查明具題，到日再議。去後今據該撫疏稱，寧邑海塘委鹽驛道裴倖度督修迄今未完，工程二百餘丈，現在催修，惟查沿塘俱屬浮沙，塘脚空虛，雖有長樁巨石，終難一勞永逸。臣屢至工所，相度情形，再四商確，惟用木櫃之法，實以碎石，以固塘根。乃用大石高築塘身，附塘另築坦水以護塘脚，毋使潮水浸沁。再塘内向有河道名備塘河，居民築壩，遂淤爲陸。今應去壩疏河，即以挑河之土培岸，是亦有備無患之一法。又石塘三十餘里均須防守，不時修築，東西土塘現在坍塌，更宜及時堵禦。但工程浩大，鹽驛道裴倖度一人實難料理，應令布政使段志熙、杭州府知府張爲政等協同修築，其採買木石令糧儲道劉廷琛承辦，臣不時赴工督查。至歲修工程既難估計，所費錢糧亦難豫定，臺臣許惟模所請海寧開例之處應否，令杭嘉湖紹等府將現開常平捐監之例停止，并歸海塘案内捐納監生聽候部議。目前需用錢糧，緊急懇祈暫動庫項四萬兩，俟開捐抵補。再原任金衢嚴道賈擴基情願赴工效力應否？令其分工捐資，修築工完，准予開復。如怠玩悮工，從重治罪等。因前來應如所請暫動庫銀四萬兩，交與劉廷琛一面採買木石，并令布政使段志熙、知府張爲政等協同修築，堅固可也。奉旨依議。

康熙五十七年閏八月，工部爲恭報寧邑海塘工竣等事，議覆浙江巡撫朱軾題前事，該臣等查寧邑海塘關係城社民生，不便遲延。今裴倖度接修，工程雖經告竣，其坍塌塘身坦水土塘及備塘河道俱應疾儹完工。至捐監之處，應如所題暫停杭嘉湖紹四府常平倉捐監之例，俱令赴糧儲道處捐納補還庫銀四萬兩，一年期滿停止，餘剩銀兩存貯司庫，以備修塘之用。再原任金衢嚴道賈擴基該撫既稱情願認修石塘三百丈、土塘五百丈，俱自行捐資修築等語，應准其赴工效力，勒限修築。如限内完工，果能堅固合式，該撫確查保題到日，將開復之處具題請。

清　允祹《大清會典則例》卷二八　[康熙]二十六年，題準古北口徵收木植，該差官以任滿日期，計四月内交完。潘家桃林徵收木植，以任滿日期，計八月内交完，如限内不完者，照拖欠銅斤之例，勒限議處。如差官不收大木而收小木，察出題參將該差官照徇情例，降二級調用。差滿交代，備造清册報部，如有遺漏舛錯，照造册遺漏，例罰俸一年。

又　卷三九　雍正三年，奏準通倉向有席片鋪墊例無板木，京倉以板木鋪墊，十年一换，應將京倉木板展限至十六年一换，所餘木板鋪墊通倉。四年題準京倉舊例，每廒用松板五十塊，楞木五根，給鋸板工價銀八兩四錢。嗣後每廒滿鋪用松板百有十塊，並將松板鋸一爲四，以代楞木。應用松板五十二塊，鋸板工價每廒準給銀十二兩九錢三分七釐。十二年覆準建造京倉看倉旗員兵丁等房舖，共四十一處，定限三年保固，並令倉塲侍郎隨時察驗修補，各廒鋪墊板木定例十六年一换，今皆屬堅固整齊，毋庸拘定十六年之限。統俟每季放空之後，察有朽壞者，動用每年所收板木隨時修理。每廒抽换數片至數十片不等，其工價照滿鋪之例覈算，於輕齎項内給發。又奏準倉中竹席板木向繫收貯各倉空廒，今積貯充實，並無空廒收貯，應於倉廒相間之處，依兩邊廒牆下用柱脚，上加檁椽，蓋瓦前檐砌牆，後檐用牐板，每倉修蓋三五處，以資收貯。七年奏準各倉廒上設氣樓牕槅，每致鳥雀出入，傷耗糧米。嗣後均用竹篾編成，隔孔釘於牕牖之上。（略）

[乾隆]五年，奏準各倉木斛三年一次建造，於解通板木内取用。工匠鐵

葉每張給銀七錢，於通濟庫銀内支用。

又　卷四二　諭江南、江淮興武二衛運軍名下有應追鑽夫底料銀十萬八千一百餘兩，此項自康熙四十二年至雍正元年前後，共二十載，各軍僉替更換不一，見今著追之人未必繫當日領米之人，其力既不能完，未免有所拖累，且今承追接催各官糸罰纍纍，有礙考成，亦可軫念。朕思雍正三年以前拖欠錢糧之各案正在清釐豁免，而運軍効力漕儲尤朕所加恩體卹者，著將江興二衛應追造船夫役及底料銀悉行豁免，以示朕思卹運軍之至意。欽此。又題準應照從前支給之數給發，除鑽夫銀五十兩原無增減，其底料銀以十分計算，每分銀五兩一錢。若無底料者，全給銀五十兩有奇。或有底料不足，則照不足分數補給，在徵收餘丁協濟銀内動支奏銷。又題準河南山東減存七十四船之内，量存三十船，以備兩省升科新漕撥補之需。其餘四十四船停其製造。又揚州衛二幫減存六十六船之内留三十二船，其餘三十四船準其停造。每船追底板銀五十一兩解部。

又　卷四三　［康熙］四十八年，題準各省漕船除帶運鋪墊倉厫楞木、松板及每船土産貨物外，如有民船雜於糧船幫内及將駁船竟造大船夾帶私貨，並船上堆置木植，船尾拴縛木筏過關，又違例多載私貨者，總漕總河及糧道嚴察，將該運弁題糸治罪。（略）

［乾隆］五年，題準江廣等幫漕船多帶土産竹木，沿塗貨賣。其竹木於天篷上裝載，毋得過高二尺，如有違例，多裝令押運官弁勒令起卸，嚴加責懲。竹木入官。如官弁通同徇隱，照例糸處。

又　卷四七　一江蘇海關税七萬七千五百有九兩有奇。凡商販内地貨物出洋，及販外洋貨物進口者，按斤疋箇件連副雙隻條把包簍、木按根按圍、板按塊科税。船料每出洋科税一次，梁頭一丈以外至二丈，每尺徵銀一兩，二丈以外每尺二兩。貿易捕魚船每年徵收二次，梁頭一丈以内，每尺徵銀一錢五分，一丈以外，每尺二錢二分五釐。折收分數，安南商船進口出口均七折徵收，東洋商船進口六折，出口不論貨物，槩徵銀百二十兩。閩廣商船三月至八月進出均七折徵收，九月至二月進出均五折徵收，山東關東商船均八折徵收。優免分數，安南關東山東商船均優免十分之一，東洋閩廣商船均例免五分，優免五分。

又　卷七〇　凡修建宮殿所需物材攻石煉灰，皆於京西山麓；柟木採於湖南、福建、四川、廣東；杉木採於江南、江西、浙江、湖北；金甎取備於江蘇；城甎取備於臨清；琉璃甎甓取備於京窑；五金之用采色之需，悉取給於户部。工竣皆由部覈實題銷。

又　卷七五　詔勅篇箱鎖鑰之屬，均詳具明目，由部覈給。造作器用需用竹木、砂石，由部行直省出産州縣採買解送。

又　卷一二八　［康熙三十四年］重建太和殿應用木料奉，旨停免採取一應工料發帑購買。三十五年題準桅木杉木架木存貯者足用，停其辦解。三十八年題準令江南江西浙江湖南仍照舊，例每年辦解桅木杉木架木。（略）

［順治］六年題準各工需用架木部委官詣江南會同地方官召買。八年題準各工需用木植令正定、山西、江西、浙江、湖廣五處地方購買。十五年題準各工需用架木，水路不能速到，行文江寧巡撫自本年起動支正項歲解二千根備用。仍將木植長徑尺寸及用過錢糧數目報部覈銷。（略）

太和殿令江西、浙江、湖廣、四川督撫訪有採就大柟木或山中見産大柟木，將長徑尺寸根數並所需錢糧確估報部，凡産於民間住屋内及墳塋内之木不得採，非柟木及柟木長徑尺寸不中度者不得採。七年題準太和殿工程需用杉木，委官會同江南督撫動支正項錢糧照時價買辦運工應用。八年諭修理宮殿所用柟木不敷量，將松木間用停止，各省地方採取欽此。十四年題準停止江寧採買架木。十九年題準江寧巡撫動支正項先買架木六千根，解部嗣後仍照舊例，每歲辦解二千根。二十一年具奏重建太和殿委官分往江南、江西、福建、浙江、湖廣、四川、廣東、廣西等省會同督撫尋取合式柟木、杉木及運費一并估報，其官弁商民土司人等有捐助柟木者視所捐多寡大小交部議敘。奉旨該委官及地方官毋藉端生事，苦累土司擾害民人，通行禁飭。二十三年議準採運木植工價脚費該地方官捐輸運京，如有不敷，督撫具題户部撥給正項。其江南等省公署柟木並商販杉木停其運送。二十六年奉旨四川西陽柟木産於崇山懸巖，若必令其挽運恐致有累土司，著免解送。又諭向來各省捐銀輸木名爲急公，不過先報虛數，並無交庫即行，具題希圖利己及至實在支用之時，皆繫科斂民財以充原數，甚至用少徵多，仍侵漁肥己，即此一事，他皆可知。總因沿習陋弊視爲固然，以致滋累民生，殊非實心急公之誼。著通行嚴飭欽此。又題準令江南、江西、湖南動支正項每歲各辦解桅木二十根，杉木三百八十根，江南解架木二千四百根，江西湖南各一千四百根，每省各解桐皮杉槁二百根，浙江省捐辦架木一千四百根，桐皮杉槁二百根。又議準房山縣額存揪棍山地每歲應解揪棍十有九萬千二百九十八根，解部以備各工取用。二十七年覆準嗣後採買竹木等項，準動正項錢糧採買年終奏銷。三十四年重建太和殿應用木料奉旨停免採，取一應工料發帑購買。三十五年題準桅木杉木架木存貯者足用，停其辦解。三十八年題準令江南、江西、浙江、湖南仍照舊例，每年辦解桅木杉木架木。六十年題準木倉監督委本部滿漢司官各一人管理，一年更代。又題準木倉見貯揪棍十萬有奇，嗣後令各管工官於工竣時按數繳回足數各工取用。房山縣額徵揪棍停其辦解。雍正五年覆準行令步軍統領嗣後凡有官房拆卸桁木，驗明報部，委官運貯木倉，以備各工應用。十一年題準木倉滿漢監督一年，差滿如一同更代，恐新委之人一時未能諳練。嗣後一年期滿，新舊滿漢監督互相更代。

一木廠順治初年定通州張灣二處各設木廠，每廠差筆帖式二人驗收運京木植。康熙二十六年題準通州木廠停差筆帖式，將潘桃古北等口運解木植歸通惠河分司管理，造册報部。其張家灣木廠於本部司官内選一人監督管理，一年更代。凡江南、江西、浙江、湖南辦解桅杉架槁等木到日，部委官丈量記印斧號，後交該監督如數暫行收貯，俟部委運木官到廠，即將木植照數點驗交運木倉。額設廠役八名，以資看守。四十年題準裁通惠河分司通州木廠歸通永道管理。（略）

一木價，康熙二十二年題準各項木植按四時貴賤合算定價。二十四年定木植隨時低昂若豫行減定，有累商民，著照時價估給。二十六年，定江南、江西、湖廣辦解桅木，長六丈大徑一尺五寸，小徑七寸，每根價銀二十四兩。杉木長三丈大徑一尺三寸，小徑七寸，每根銀十兩八錢二分二釐，架木長三丈圍圓一尺四五寸，每根銀二錢四分，桐皮杉槁長二丈五尺圍圓一尺二三寸，每根銀一錢六分，浙江照舊例行。又定各工需用苗竹，令江西辦解每咨取以四千五百根爲定數，徑三寸五百根，每根價銀三分；徑三寸五分千根，每根價銀四分；徑四寸四寸、五分五寸各千根，各遞增銀一分。動用正項採買，輸部存貯，無多再行照數咨取。乾隆元年，議準松木，長三丈五尺至一丈一尺，徑二尺二寸至一尺三寸，黄松銀自八十六兩四錢至二兩三錢八分九釐，紅松銀自七十六兩八錢至二兩二錢六分三釐。長三丈五尺至一丈，徑一尺二寸至一尺一寸，黄松銀自十兩四錢四分九釐至一兩七錢三分一釐，紅松銀自九兩八錢九分九釐至一兩六錢四分。長三丈五尺至七尺，徑一尺，黄松銀自五兩四錢九分六釐至七錢九分二釐，紅松銀自五兩一錢六釐至七錢五分一釐。長三丈至八尺，徑九寸至六寸，黄松銀自四兩九錢至四錢一分，紅松銀自三兩七錢九分八釐至三錢八分九釐。長一丈五尺至五尺，徑五寸，黄松銀自九錢三分至二錢七分，紅松銀自八錢八分三釐至二錢五分六釐，均分別徑寸大小按尺遞減。桅木長七丈五尺徑一尺七八寸，每根銀六十八兩。長七丈徑一尺七八寸，每根銀五十四兩四錢。徑一尺五寸，減銀十二兩八錢；一尺三寸，減銀三十六兩七錢二分長六丈五尺徑一尺五寸，每根銀四十一兩六錢一尺四寸，減十三兩四錢四分；一尺三寸，減十八兩八錢四分；長六丈徑一尺四寸，每根銀三十五兩二錢一尺三寸減十七兩二錢八分一尺一寸，減十九兩二錢長五丈八尺徑一尺，每根銀十有四兩四錢；長五丈五尺徑一尺三寸，每根銀十有六兩八錢，一尺二寸，減一兩八錢；一尺一寸減三兩六錢。長五丈徑一尺二寸，每根銀十有四兩，一尺一寸減八錢，一尺減二兩八錢。長四丈徑一尺，每根銀十兩。松墩木濶一尺厚七寸長一丈，每料銀一兩五錢。長九尺至七尺，每料遞減銀一錢五分。榆木長一丈四尺徑五寸，每根銀一兩六錢二分。長一丈徑一尺，每根銀三兩一錢五分。徑八寸減四錢五分。徑六寸，減一兩七錢九分一釐。徑四寸，減二兩二錢二分五釐。長七尺徑七寸，每根銀一兩六錢二分。長五尺徑四寸，每根銀四錢五分。徑三寸，每根銀三錢六分。長三尺五寸，徑二尺，每根銀二兩五錢二分。椵木長一丈五尺，徑一尺一寸，每根銀一兩六錢二分。徑一尺減九分。長一丈三尺，徑一尺二寸，每根銀一兩四錢四分。長一尺，徑一尺，每根銀一錢二釐。紫椵木長一丈，徑一尺二寸，每根銀二兩六錢一釐。徑一尺減六錢五分。栢木小徑一尺六寸，長一丈七尺，每根銀九十五兩二錢六分二釐。一丈四尺五寸減二十兩四錢二分五釐，一丈三尺減三十兩四錢四釐。小徑一尺四寸，長一丈一尺，每根銀二十六兩三錢二分八釐。小徑一尺二寸，長一丈二尺五寸，每根銀十有四兩二錢八分七釐。長一丈一尺減一兩八錢二釐。小徑一尺，長一丈，每根銀七兩三錢四分四釐。小徑九寸，長一丈四尺，每根銀九兩二錢九分五釐。長一丈減三兩四錢六分二釐。長一丈一尺，徑八寸，每根銀六兩四錢六分二釐。如屬北栢照南栢減價五成。栢木椿釘長一丈徑五寸，每根銀二錢四分三釐。架木長四丈大徑七寸，每根銀一兩七錢二分八釐。大徑六寸減七錢二分。長三丈，大徑四寸，每根銀六錢三分三釐。杉木長二丈三尺，大徑一尺三寸，小徑七寸，每根銀七兩四錢七分。柳木長二丈五尺，徑二尺，每根銀一兩四錢四分。楊木長一丈，徑九寸，每根銀五錢四分。檀木長六尺，徑六寸，每根銀三錢六分，如南檀木每根銀一兩二錢。槐木長五尺，徑一尺二寸，每根銀九錢九分。樺木長五尺，徑八寸，每根銀一兩三錢五分。栟木長六尺，徑一尺，每根銀五兩四錢。樠榆木長六尺五寸，徑五寸，每根銀六錢八分二釐。花梨木長一尺三寸，徑一尺，每根銀四兩四錢六分四釐。桐木長七尺，徑二尺，每根銀十兩四錢九分九釐。紫檀木每斤銀二錢四分。見方一尺，桐木銀九錢，槐木銀七錢二分，香椿木銀一兩一錢三分三釐。柳木版濶一尺厚一寸長一丈，每塊銀四錢三分二釐。長五尺，二錢一分六釐。長一丈濶一尺厚一寸，杉木版每塊銀二兩一分六釐，栢木版每塊銀一兩一錢三分三釐。楊木版長七尺，濶一尺二寸，厚二寸，每塊銀四錢五分。鐵梨木長二尺八寸，濶一尺九寸，厚三寸，每塊銀七兩二錢。棗木長三尺，徑四寸，每塊銀三錢七分八釐。花梨木長二尺五寸，見方二尺，每塊銀一兩九錢八分。見方一尺，栟木版每塊銀三兩五錢九分六釐，花梨版四兩八錢七釐，銀杏版二兩一分六釐，樟木版銀九錢，椴木版一錢一分八釐，榆木版五錢八分五釐，梨木版一兩四錢五分八釐，紫椴木版四錢九分，杉木版四錢九分九釐。通梢架木每根長一丈七尺至二丈，銀二錢二分。一丈八九尺至二丈三尺，銀二錢六分。三丈至二丈四五尺，銀三錢五分。架木每根長二丈一二尺，徑三寸，銀四錢五分。三丈二三尺至二丈一尺，徑五六寸至三四寸，銀五錢。爲配搭架木之用桐皮槁每根長一丈五尺至一丈八九尺，銀七分。一丈六尺至一丈九尺，銀八分。一丈七尺至二丈，銀九分。一丈八九尺至二丈一二尺，銀一錢一分。一丈六尺至二丈四五尺，徑三寸，銀一錢八分。二丈八尺至三丈二三尺，太湖槁銀四錢。十二年覆準浙江辦解架木一千四百根，照江南例給木價銀二錢四分，桐皮槁二百根，每根給木價銀一錢六分，按年於司庫備用款內支銷。（略）

各項物料鮎魚頭架木以十有二根，通梢架木以二十根，桐皮槁以四十根，長短架木頭號長二丈至三丈以四十根，二號長一丈五尺至一丈九尺以五十根，三號長一丈至一丈三尺以六十根，四號長五尺至八九尺以七十根，栢木樁釘松椽以七十根，各裝一車臨清甎新樣城甎均三十三塊一車，大方碎甎一方折整城甎五百五十五塊，每塊運價錢三文，以上各物如按件裝載仍照數覈給，或計斤兩給價，每一千三百斤一車。（略）

［雍正］五年諭各省採辦木植等項著該督撫遴選賢員辦理，照民間價直給發，不許絲毫扣剋，務令均沾實惠，仍著該督撫等時刻留心，察訪俾屬官敬謹遵奉，倘不遵諭旨，將該督撫一並從重治罪，欽此。

又 卷一三〇 杉木斛連鐵料每箇銀九錢，斗每箇銀三錢六分九釐，升每箇銀一錢八釐，星每箇銀九分九釐九毫，算盤每面銀一錢八分裝千兩，木鞘鐵箍鐵鋦全每箇銀三錢七分五，釐竹席葦箔苗竹長二丈四尺徑四寸，每根銀三錢。薫竹竿長二丈至二丈五尺，徑一寸五六分，每根銀四分。筀竹長二丈徑寸二分，每根銀八分一釐。細竹竿，每根徑三分，銀一分五釐。岡竹每根銀一錢五分細，紫竹每根銀一錢，黄花竹每根銀八分一釐，實心竹每根銀七分，玉竹每根銀一錢七分，花竿竹徑五分長一丈三尺，每根銀一分九釐有枝，青竹每根銀一錢，風阻竹長二丈徑一寸二分，每根銀六分五釐，薫竹篙長丈七尺，每根銀二錢，纛竿長丈三尺徑一寸八分，每根銀五分。（略）

［康熙］十年題準修理八旗礮車、棉簾車所需木植，行令直隸山東採辦工料，由部給發顔料由户部領給。

又 卷一三二 ［雍正］十一年議準豫省上南河、下南河、上北河、下北河、黄河、歸河、沁河等七廳，東省黄河、運河、捕河、泇河、上河、下河、海贛等七廳需用土方，無論水旱，每方價銀自八分一釐至二錢一分六釐。運河土方附近取土者每方價銀九分六釐，隔河取土者每方價銀一錢二分，隔河用船裝運者每方價銀一錢四分，水内撈土者，每方價銀二錢四分，杉木樁料圍圓一尺一寸至三尺，每根價銀自一錢七分至七錢，永爲定例。

又 卷一三五 又覆準廣東戰船採買桅木於道庫鹽課項下支銀四千兩，遴委文武官弁勘驗估買，如遇修造，聽承修各官選擇配用，將每株實價若干，較原定部價節省若干，每株圍圓長短若干造册報部。（略）

［乾隆］六年，議準閩省戰船桅木仍令各道採辦，除臺灣遠隔海洋仍循舊例外，其興泉永道承修之泉廠，令興泉永三府州協辦，汀漳龍道承修之漳廠，令汀漳龍三府州協辦，鹽法道承修之福廠，令延建邵三府協辦。（略）

［乾隆］十八年，議準海安營雷州協右營戰船更造統歸海口廠辦理，其吴川、電白、□洲三營戰船更造，因高廉産木有限，應仍歸省城河南地方辦理，届期更造將原船變價解省濟用，仍照更造定例報銷，庶免涉險之虞。

又　卷一三六　三陵陸續取用，其不堪應用者隨時變價。大凌河折銀交部，大木每根徵山分銀六分，小木計價一兩二錢，徵山分銀六分，歲徵木植多寡不齊，無定額。

又　卷一三九　又奏準修築江工每砂石長三尺厚一尺，價銀八分六釐。每松椿長七尺，圍圓一尺五六寸不等，銀四分五釐。汁米一石銀一兩二錢，柴每斤銀一釐，化灰槽銀八錢，汁桶銀四錢，水桶銀五分，小灰桶銀二分，土箕銀八釐，篙銀三釐，竹損銀一分五釐，木損撬棍銀三分，灰籮銀五分，灰篩銀四分，木掀銀三分，舀斗銀二分，桷竹每捆銀五分，青竹篾每把銀二分，揪棍銀一釐，蘆席銀一分。每石灰百斤，漢陽腳價銀四分五釐，武昌五分，荊門州八分。每匠一名工銀五分，每夫一名工銀三分五釐。

清　乾隆《直隸秦州新志》卷四《食貨》　宋太祖建隆三年，以吴廷祚爲雄武軍節度。先是，秦州西陽鎮西北接大藪，多材植，古伏羌縣之地。高防知州日建議就置采造務，調軍卒，分番取其材以給京師。西夏酋長尚波干率衆争奪，頗傷役卒，防捕繫其黨以狀聞。上令廷祚代防賫詔赦，尚波干等夏人感悦。是年秋，以伏羌地來獻。

乾德二年，判三司趙玭廉得宰相趙普私市秦隴大木事，潛以奏白。開寶三年，先是朝廷遣供備庫事李守信市木秦隴間，守信盗官錢鉅萬，既受代爲部下所發，守信至中牟自刭於傳舍。

宋初權要多冒禁市巨木秦隴間，以營私宅，及事敗露，皆自赴於上。前判留司沈倫亦嘗爲母市木，營佛舍，因奏其事，太祖笑謂曰：「爾非踰矩者。」

太宗太平興國初，知秦州段思恭坐擅借官庫銀造器，又妄以供奉爲名，賤市猘毛虎皮爲馬飾，爲通判王廷範所發，降授少府少監。

[宋太平興國]五年駙馬都尉石保吉坐遣親吏市竹木秦隴間，矯制渡關。又行宫使劉知信、代州團練使程德玄、左衛將軍張永德皆坐市秦隴竹木，聯筏入京師，所過矯制免筭，又高其估以入官，爲人所發。保吉罰一季俸，知信左授軍器使，德玄謫授閤門使，永德降本位大將軍。

淳化五年，秦州温仲舒以伐木爲蕃户攘奪，驅其部落，徙居渭北，頗致騷動。詔薛惟吉與仲舒對易其任，又使寇準往撫之。

宋時秦隴材木率取課於民，仁宗時包拯爲三司副使，奏罷之。

又　卷一二《雜記》　宋開寶六年，趙普遣親吏詣秦隴市屋材，聯巨筏至京師治第。吏因之竊貨大木，冒稱普市，貨鬻都下。權三司使趙玭廉得之以聞。

清　乾隆《海澄縣志》卷一二《人物》　[明萬曆]壬辰，擢潤州守歷遷四川糸政，再擢右方伯。三殿需材，奉勅董事，念蜀中歲歲採木，兵革之後民困未蘇，何堪巨役。乃募荊商採取而官給以直，躬臨涪渝釐剔姦弊，終事而民無譁。辛亥，擢江西方伯。道經江陵，值巨漲，皇木漂流，楚人刮去蜀中題識，冒爲楚材，運官莫知所出。應麟停舟江滸，多方□獲，以輸上方。癸丑，拜京尹。

清　徐松《宋會要輯稿·食貨》卷一七之二八　大觀四年四月二十一日，工部奏故贈開府儀同三司張康國妻成安郡夫人喻氏狀，本家見就楊州修置夫開府墳塋，欲於淮浙真楊等州收買木植塼瓦釘灰彩色米漆雜物之類，應副裝修使用，欲乞蠲免沿路場務抽觧及构欄和買收税等，工部撿准元符令，諸太中大夫閤門使以上買竹木之類修宅者，許自給文憑，逐處審驗，免和買。今來喻氏所乞内和買一節，本部勘當欲依上條施行，户部勘會元符令止是免和買，所有抽解收税等無文該載，許免令勘當所乞，欲依元符條令施行，詔依喻氏所乞。

又　卷一八之九　[淳熙]五年三月九日，詔諸官司收買木植，依紹興三十年除免如違坐違制之罪。從臨安守臣趙磻老請也。

又　卷三六之一四　[元禧元年四月]二十七日，三司言在京修造合支材木，令陝西出産州軍斫買，外有十八萬九千二百餘條，欲令竹木務許客旅依時估入中，每貫加饒錢八十文，給與新例茶交引從之。

又　卷三六之一五　[元禧]三年九月，三司李士衡言，京師每歲所用材木，舊令陝西州軍給錢配買，頗擾農民，請自今在京置場，許客入中給以交引。從之。因詔前欠官中木植錢者，並除放。

又　卷三七之二　太宗太平興國二年七月，詔華州先籍入陽平市木。吏田宅悉給賜其家□。先是分遣州吏市木，歲供于京師，吏爲姦隱没官錢以鉅萬計，人有訴者，命使按之，得其實，抵罪甚衆，衆盡没其田宅，貲財。至是，而太宗憫之，故有是命。

又　卷三七之一三　慶曆三年正月，三司言在營繕歲用材木凡三十萬，請下陝西轉運司收市之，詔減三分之一，仍令官自遣人就山和市，無得抑配於人。

又　卷五〇之二　[天聖]四年七月，江南西路轉運司言：吉州永新、龍泉兩縣所買造船枋木，每貫五尅下陌子錢六十五文，更依例尅下頭底錢四文，共除六十九文。是致商客虧本，少人興販。令勘會南安軍所買枋木，每貫止依例剋下頭底錢四文外，更不剋陌子錢六十五文。令吉州所剋枋木陌子錢乞行除放事下三司相度，省司勘會，逐年般運斛斗、錢帛、雜物，全籍虔洪州打造舟船應副，今來吉州永新龍泉兩縣買枋木，請依轉運司所奏，依南安軍例，每貫收頭子錢四文，外更不減剋陌子錢六十五文，從之。先是吉州判官徐仲儒言：永新、龍泉兩縣所買船場枋木，每貫於常例除剋錢四文，更剋陌子錢六十五文。致有衡州茶陵縣商人尹海經轉運司狀訴，乞給還所剋每貫六十五文陌錢。轉運司移牒吉州，會問州稱止稱近例定奪，初無朝省，指揮運司同奏請除放。

又　卷五〇之一六　［紹興］四年二月七日，知樞院事張浚言：近過澧鼎州詢訪，得楊么等賊衆多，係羣聚土人，素熟操舟，憑恃水險樓船高大，出入作過。臣到鼎州，親往本州城下鼎江閱視，知州程昌禹造下車船，通長三十丈或二十餘丈，每支可容戰士七八百人，駕放浮泛往來，可以禦敵。緣比之楊么賊船數少。臣據程昌禹申欲添置二十丈車船六隻，每支所用板木材料人工等，共約二萬貫。若以係官板木止用錢一萬貫，共約錢六萬貫，乞行支降及下辰沅靖州，計置板木。如係私下材植，即行支給價錢和買使用。臣已於隨行官兵請受錢物，輒那金三百兩，付程昌禹收管買木。及劄下辰沅靖州多方計置，應付去訖所有少缺錢物，望賜量度應副勘會程昌禹折彥質已降指揮兩次，各降過度牒五百道，依推貨務見買價直，每道一百二十貫，經計價錢各六萬貫，專充打造戰船使用，外詔依其張浚已應副過金三百兩，令程昌禹亦行打造戰船，買板木使用。仍仰辰沅靖州依已劄下事理，疾速計置，不得別致搔擾。四月二十八日辛臣奏呈造船文字，朱勝非等言近來諸路般發綱運大段費力，雖州縣優給雇直，人户少應募者。蓋軍興以後，船户例遭驅虜，民間莫敢置船，欲令兩浙江東西後各造船二百隻，專充運糧使用，尚恐將來造到另有指占。上曰：「須於船上分明雕刻字號，諸處不得指占。」雖奉聖旨，執奏不行。

又　卷五〇之二二　［乾道］四年三月十日，知建康府、充江南東路安撫使、兼沿江水軍制置使史正志言，乞將所樁見錢十萬貫收係制置司水軍赤曆擇買良材。所産毓州軍就建康置場，增造一車十二槳、四百料戰船，相兼使用。從之。

清　黄本驥《湖南方物志》卷一《總紀》　湖南每年額辦解京桅木二十根，各長六丈，大者徑一尺五寸，小者徑七寸。杉木三百八十根，各長三丈，大者徑一尺三寸，小者徑七寸，架木一千四百根，各長三丈，圍一尺四五寸。桐皮杉篙二百根，各長二丈，圍一尺二三寸。均在辰沅靖三府州及黔省采購運，赴工部交收。

清　道光《東安縣志》卷八《山水志》　嶺南一山曰河伯，嶺高三十里，有六十四峯，横廣百里，負天拔地，望若陳雲，自非秋霽霄澄，不見峯末。古樹凝煙狀疑遠黛，寒光虧日，霜生暑路，其土并宜厚朴。乾隆初猶供樵斧，有安化人王上略者，始識其苗，植之原上，十年成林，獲利萬計。一樹率貨錢二三千，富雄一鄉。土人驚羡，乃轉買朴苗，漸及山外，至今百載，彌皋被岡然價益不讎，歲仍捆致通一縣之産，猶可貨數千金耳。其餘雜藥百種，惟沙參、前胡、吉更、木通爲多收利。不及十一也。

清　道光《廣寧縣志》卷一二《風俗》　四民而外，凡貧民婦女率以破竹謀食，其貧而猶有竹業之家。留其大者發賣竹客，日斬其細小之竹，令家人婦子剖破爲篾，即可入市换米食。而其棄餘，又足以供薪火。其貧無竹業者，各舖户買竹常多需人，不少就近男婦多赴焉，以故村落山莊羣聚而破竹者所在多有習於勤勞，不見異而遷，其亦俗之近古者歟。

清　劉獻廷《劉繼莊先生廣陽雜記》卷一　崇禎季年，有言孝陵朽木甚多，恐致火災。有旨蒐芟孝陵朽木，内官因之斬伐無忌，數百年喬木盡罹斧斤。孝陵杉板沿街賤售矣，而百姓遂有皇帝伐賣祖宗墳樹之語，不祥莫大焉。

清　同治《江華縣志》卷一〇《風土志·土産》　按江華之木出九沖，其上伍堡等處，山氣燥烈木理甚疎。咸豐間，兵燹重疊，民困未蘇，問富者惟數此以對。老林已盡，新植遽伐，其值中下木客紮簰轉貨東南。秋冬水涸，下駛輒爲水壩所阻，木客每於無人處拆壩以過，以故農民常厭其行，惡其害壩也。必出錢乃聽去，謂之壩税，今此風大競，或並及於行旅，則皆地棍藉名訛索，非田家所爲也。

清　同治《衡陽縣志》卷一一《貨殖志》　金蘭長樂當乾隆時猶多深林穹谷，舊擅竹木之利。康熙中劉重偉買田杉山，其地巖谷深阻，豺虎居其中，人以爲荒山。重偉兄弟刊木通道，伐大木數千章，多七八圍，未半，粥已足償田價。于是坐致税利，爲萬金之家。至嘉慶時，子孫田至萬畝。其餘諸山異木名材猶不可勝用。自道光已來，百里之境，四望童山，鄉人市木材至從城中逆挽而上。

清 同治《安福縣志》卷一三《人物・隱逸》 ［姚鴻］嘗賣木與人，得定銀十四兩。後其人不來，屢招還，仍不至。存三十餘年，詢其人已歿，乃出以修路。

清 同治《新化縣志》卷二〇《人物志三・孝友二》 ［王室璧］遠祖榮通塋地有松一株，爲風拔，售賣得錢八百，又與族子敬朝同經理銖積寸，累蓄至數百金。置田十餘畝，並結廬墓旁，爲世守塋，兆計至今，撐持門户，胥嘉賴之，卒年六十有四。

清 光緒《零陵縣志》卷五《學校志・風俗》 邑山木利最大，雜木不中屋材者，則爇而爲炭，貧者販以獲利，又漚竹爲紙，轉運他省，獲利尤勝。

清 龍文彬《明會要》卷五七《食貨五》 萬曆二十三年，開遼東義州木市。二十六年，從巡撫張思忠奏，罷之，遂並罷馬市。三十九年，復開馬、木二市。後以爲常。

清 光緒《邵陽縣志》卷九《人物志中・懿行》 陳昌清歲貯藥施貧，病者有遠商患瘍瀕危，招至其家，調治獲痊。嘗筏木貿湖湘間，木户誤入百二十金，即追還之。

清 光緒《寧洋縣志》卷九《人物志》 蕭廷鎡性好施捨，將自買山場二所，杉木數百株，仍捐銀三千餘兩助建青雲橋。

清 陳錦《勤餘文牘》卷三《結筏順清河記》 楩柟杞梓，自楚出也，庀材者麇集。於漢乾嘉以前，閒歲易天壇燈幹，構大材，不於藏則於川，巨筏蔽江，名曰王木。廟工構料，遂襲其名。予詩所謂「王木傳聞驚水驛，楚材聲價重巖廊」是也。然以是知木賈之立法也，精矣。木無大小，無病而根杪具者入選，其中空外裂多節無皮短細曲腫蠹腐者不與焉。用篾畫分寸曰灘尺，任取一木，約距根尺有一把量其圍圓，得若干尺寸爲若干馬，自圍一尺馬，三分起，至六尺止，每半寸則一進馬，以次遞進。尺五分以上，每進半分；尺四寸以上，每進一分；尺五寸五分以上，每進分半；尺八寸五分以上，每進二分；二尺五寸五分以上，每進五分；三尺五分以上，每進一錢；三尺五寸五分以上，每進二錢；四尺一寸以上，每進四錢；四尺五寸五分以上，每進八錢；五尺一寸以上，每進一兩六錢；五尺五寸五分以上，至六尺，每進三兩二錢。統而計之，尺馬三分二尺，而馬且八分矣，三尺而馬已一兩三分矣，四尺則四兩三分，五尺則十六兩三分，六尺則六十四兩三分矣。法用句股，圍徑互乘，方圓遞積，并計寬長，得此倍蓰，是爲龍泉馬數。古人制作之精，百世而不可易者也。一尺六尺以上曰飛馬，言馬不可限量也。尺半以下曰錢馬，言馬不及一錢也。一尺以下曰不等，言馬不列於等也。問值者按馬計錢，名曰貫頭，每馬若干貫，則其值也。每馬馬一兩，每貫錢一千也。時予方奉檄赴袁江順清河接運曲阜廟工木植六萬木，以纜結筏爲三十有七簰，簰四節，節四丈，廣半之，厚當其廣什之二。帆檣林立，塞滿牐河矣。詢之，漢人下長江僅二簰耳。爲板屋其上，家焉。其行動以歲計，顧大風浪作而簰散人溺者，屢矣。予以三月杪發楊莊千夫繫纜，日行數里。抵湖，則隄没無纜道。乃以五舟十帆引一簰行，凡五閱月始全抵濟甯水次。一日簰次台莊，風雨大至，湖口垻水溢下灌，牐河頃刻而漲且丈餘。夜半風甚，人聲鼎沸，則頭簰大纜拔岸橛下駛，遞撞次三簰，各纜俱斷。時水已没牐橋，簰越橋石徑去，人聲漸遠，不知所之。惟兩岸民船叫號不止，推篷駭矚，天黑如漆，選健卒掉扁舟隨之，則已過三牐，達黄林莊，片刻行數十里矣。筏木盡在，而人不傷，并民船亦無撞没者，亦徼倖於萬一也。既抵濟，按照龍泉馬數售木歸款，蓋六年而畢云。

清 光緒《淶水縣志》卷八張士銓《重修西壘子義學記》 甲戌春，監生李廷輔與文生王述曾以興復本村義學，請蓋。其村義學久廢弛，館舍已傾圮。先是，廷輔之祖式倬爲邑生員，曾於道光年間就村北官荒灘地植柳樹一百餘株，立碣載明，俟他日樹株成材，即出售變價，以其資興復義學。余嘉其請，紳董等既以樹價四百五十緡，鳩工葺館舍，兼置良田三十七畝。議每歲收租息三十二緡，又以村西官地樹價百緡，爲延師脩脯及歲修之資。

清 光緒《越巂廳志》卷三《木政》 乾隆五十八年，地壇望杆三根，崇慶州牧楊長森於越巂峩眉邊界夷地福基山採辦杉木正木一根，副木三根，戧木十二根，仍委長森押運行至山東，丁憂兗州府通判汪本中接運抵京，赴部交收。

案曰右志木政特當年一時之事，並非定有常課也，越巂四境皆山非無大木，而夷巢之内人迹所不能至，誰敢有入而採取者，惟西路河道近年時有香杉出土，頗不遜於建昌而數本不多，不足爲出産之大宗也。至每届科場往往奉藩署札文，催解木植銀兩，向由歷任同知查照舊案，此項銀兩久蒙批准停解，在案均得具詳邀免云。

清 趙爾巽《清史稿》卷五二六《屬國傳》 同治元年，昇遣使表賀登極，呈進兩宮皇太后貢物二分，均收受。其賀登極貢物一分，又頒詔賜緞謝恩進皇帝貢物二分，兩宮皇太后貢物四分，均留抵正貢。二年，昇表賀上文宗顯皇帝尊謚，並上兩宮皇太后尊號徽號，暨頒詔賞緞謝恩各貢物五分，收受，其十一分留抵正貢。是年，昇奏稱先世被誣，懇將謬妄書籍刊正。帝諭：「朝鮮國王先系源流，與李仁任即李仁人者，族姓迥別。我朝纂修《明史》，於其國歷次辨雪之言無不備載。今昇因見康熙年間鄭元慶所撰《廿一史約編》，記載其國世系多誣，籲請刊正。《約編》所稱康獻王爲李仁人之子，實屬舛誤。惟係在《明史》未修以前，村塾綴輯之士，見聞未確，不免仍沿明初之訛。今其國奉有特頒史傳，自當欽遵刊布，使其子孫臣庶知所信從。《約編》一書，在中國久已不行，亦無所用其改削。著各省學政通行各學，查明曉諭，凡朝鮮事實，應以欽定《明史》爲正，不得援前項書籍爲據，以歸畫一而昭信守。」三年，禮臣奏准朝鮮國慶源地方官議修兩國交易官房，越圖們江擇偏僻地採取材木。

藝文

宋 林希逸《竹溪鬳齋十一藁續集》卷一七《買木帶巢烏》 買木爲新居，詩翁德不孤。巧當三匝宅，帶得一巢烏。羞澀無多費，槎牙已半枯。却憐棲鵲在，還識主人無。不入山家券，應添畫史圖。從今屋上好，來往聽相呼。

宋 强至《祠部集》卷三《賣松翁》 窮山老松幹百尺，縱有愛者勢難值。小松聳擢未及文，何亦冷落守巖石。由來世眼習繁侈，競事妖紅與爛白。往往破産聚名卉，未見有一號松癖。城中有客賣桃李，美價高下隨意得。咄嗟彼叟何爲者，浪負松本窮九陌。行求善價吻欲燥，力弛還立朱門側。過之千百絶一顧，寧復肯許一錢直。音聲猶帶澗風澀，顔色尚染嵐煙黑。松材雖良人未見，其奈桃李有春色。嗟哉子計信疎矣，豈宜肩入芳菲域。速培舊土養松幹，待棟明堂柱帝宅。予疑叟非鬻松者，無乃矯世爲所特。衆趨時好逞穠艷，何獨子孑銜皴碧。羣雄馳騁尚譎詐，軻以仁義游六國。時乎釋老肆分籍，愈以原道破羣惑。叟乎叟乎予爾知，獨行矯世難爲力。

元 方回《桐江續集》卷一五《泝行回溪三十里入婺源縣界》 軍馬所不到，大山夾長谷。千載幾離亂，不知有殺戮。雞犬何晏然，未羨鄠杜曲。連林望不極，春晚蓊以緑。其大至如椽，謂之貓頭竹。苦竹尤清嚴，翠葆森矗矗。厥土最宜杉，彌嶺亘岡麓。種杉二十年，兒女婚嫁足。杉杪以樊圃，杉皮以覆屋。猪圈及牛柵，無不用杉木。聯筏下浙河，善價不輕鬻。山高高至天，爇灰蓺畬粟。又有茗荈利，商販給南北。憂旱不憂潦，脱如歲不熟。蕨萁與葛粉，槌搗代糜粥。豈若水鄉人，動至售骨肉。醜陋羞冶容，健壽由寡欲。定非私此邑，大言誇美俗。行腳遍海內，久久寓輦轂。萬端墮姦欺，往事杯水覆。曷不歸乎來，於此擅幽獨。崎嶇犖确間，數步一匍匐。猶勝見貴公，膝行受恥辱。寒泉洗塵心，怪石醒醉目。野叟茅廬邊，買鄰願茲卜。

雜録

宋 徐鉉《稽神録》卷三《徐彦成》 軍吏徐彦成恒主市木，丁亥歲往信州汭口場，無木可市，泊舟久之。一日晚，有少年從二僕往來岸側，狀若訪人而不遇者，彦成因延入舟中，爲設酒席賓禮之，少年甚媿焉，將去謝曰：「吾家近此數里別業中，君今肯枉顧乎？」彦成許諾。明日乃往，行里餘有僕馬來迎，奄至一大宅，門館甚盛，少年出延客。酒膳豐備，從容久之。彦成因言：「住此久無木可市。」少年云：「吾有木在山中，明當令出也。」居一二日，果有杉木大至，良而價廉，市易既畢，往辭少年，复出大杉板四枚，曰：「向之木，吾所賣，今以此贈君，至吴當獲善價。」彦成回，始至秦淮會吴帥殂，納杉板爲棺，以求材之尤異者，獲錢數十萬。彦成廣市珍玩，復往汭口，以酬少年。更與交易於市，三往返，獲其厚利。間一歲復往，但見村落如故，了無所見，詢其里中，竟無能知之者。

又 《廣陵賈人》 廣陵有賈人以柏木造牀，凡什物百餘事，製作甚精，其費已二十萬，載之建康，賣以求利。晚至瓜步，微有風起，因泊山下，頃之，有巨舟，其中空，惟篙師三人乘之，亦泊於其側。賈人疑之，相與議：「此必羣盜也，將伺夜而劫我。」前浦既遠，風又益急，逃避無地。夜即相與登岸深避之。俄而，風雨雷電蒙覆舟所，岸上，則星月皎然。食頃，雨止雲散，見巨艘稍前去，乃散歸舟中，所載栢牀什物都不復見，餘物皆在，巨舟猶在。東岸有人呼曰：「爾無恨，當還爾價直。」賈人既失所載，復歸廣陵，至家，已有人送錢三十萬，置之而去，問其故，即泊瓜步之明日也。

又《宋氏》 江西軍吏宋氏嘗市木至星子江，見水濱人物諠聚，乃漁人得大黿，黿見宋屢顧，宋即以錢一千贖之，放於江中。後數年，泊舟龍沙，忽有一僕夫至云：「某長史奉召。」宋恍然不知何長史也，既往欸至一府，官出迎與坐曰：「君尚相識邪？」宋思之，實未嘗識，又曰：「君亦記星子江中放黿邪？」曰：「然。」「我即黿也。頃嘗有罪，帝命謫爲水族，見困於漁人，微君之惠，已骨朽矣。今已得爲九江長，予將有以奉報，君之兒某者，命當溺死，名籍在是。後數日，烏山神將朝廬山，使者行必以疾風雨，君兒當以此時死。今有一人名姓正同，亦當溺死，但先期歲月間耳，吾取以代之。君兒宜速登岸避匿，不然不免。」宋陳謝而出，不覺已在舟次矣。數日，果有風濤之害，死者甚衆，宋氏之子竟免。

宋 李昉《太平廣記》卷三三一《楊溥》 豫章諸縣盡出良材，求利者採之將至廣陵，利則數倍。天寶五載，有楊溥者與數人入林求木。冬夕，雪飛山深，寄宿無處。有大木橫臥其中，空焉可容數人，乃入中同宿。而導者未眠，時向山林再拜，呪曰：「土田公今夜寄眠，願見護助。」如是三請，而後寢。夜深，雪甚近，南樹下忽有人呼曰：「張禮。」樹頭有人應曰：「諾。」「今夜北村嫁女，大有酒食相與去來。」樹頭人曰：「有客在此，須守至明，若去，黑狗子無知，恐傷不宥。」樹下又曰：「雪寒若是，且求飲食，理須同去。」樹上又曰：「雪寒雖甚已，受其請，理不可行，須防黑狗子。」呼者乃去。及明，裝畢撤所，臥穫有黑虺在下，其大若瓶，長三尺而蟄。不動，方驚駭焉。

宋 張君房《雲笈七籤》卷一一七《果州開元觀工匠同夢得材木驗》 果州開元觀接郡城，頗爲爽塏，以形勝之美，選立觀額。雖州使旋具結奏，而制置之，內猶闕大殿。州司差工匠及道流，將泝嘉陵江，於利州上游採買林木。臨行，道流工匠同夢有人云： 朱鳳潭中有木，可以足用。如此者三，因聚議曰： 夢兆如斯，必有大商貨木，沿江而至，可躊躇三五日以伺之，或免遠適，頗以爲便。一匠曰：「吾於朱鳳山下江中尋之，莫有商筏已到來否？」即往山下尋求。潭水澄澈，忽見潭底有木。因使善沈者鉤求，得梓木千段。構成三尊殿，鐘樓經閣、三門廊宇，咸得周足。又市塼甃壇，內有黃赤色者，疑其火力未足，棄而不用，信宿皆化爲金，起觀之費，過於豐資。殿宇既成，將塑尊像，又於白鶴山觀，掘地得鐵數萬斤，鑄三尊鐵像，僅高二丈，今謂之聖像。遠近祈禱，立有徵驗。起觀道流何氏家，世代豐足，今爲胄族焉。至今負販之徒、錐刀求利者，每以三日、五日，必詣聖像前，焚香祈祐。或闕而不精信者，即貿易無利，貨鬻不售焉。

明 朱國禎《湧幢小品》卷四 凡楠木最巨者，商人採之鑿字號，結筏而下，既至蕪湖。每年清江主事必來選擇，買供運舟之用。南部又來爭，商人甚以爲苦。剔巨者沉江干，俟其去，没水取之，常失去一二。萬曆癸酉，一舟飄没，中有老人素持齋守信義，方拍水，若有人扶之。至一潭口，榜曰「水龍府」，殿上人冕旒甚偉，面有黑痕，蘦然所鑿字號也。傳呼曰：「曾相識否？」老人頓首曰：「榜已明矣。惟大王死生之。」又傳呼曰：「汝善人，數尚可延。速歸。」令一人負之而出，俄傾抵岸，則身在大木上，衣服皆不濡。既登岸，一無所見。

清 道光《南海縣志》卷二五《雜録》 佛山鎮舍人廟，甚靈顯，商賈每於月盡之日祭之，神姓梁，前明本鎮人，爲杉商，公平正直不茍取，人皆悦服，一日衆商見海中有杉數千百，逆水而來，梁危坐其上，呼之不應，迎視之已逝矣。移屍岸側，奔告梁族皆不至，衆商以杉易金，買棺斂之至岸側，而羣蟻銜土封之，已成墳矣。遂建廟以祀，禱無不應，唯族人禱之則否，今墓在廟後，然漸荒廢矣。

清 光緒《江西通志》卷五六 上洛山在興國縣西南四十里，山中多木客，乃魅類。言貌似人，能斫杉枋與人交易，嘗就民間飲酒賦詩，自稱太上隱者。

圖表

明 李昭祥《龍江船廠志》卷五木 價 本部諸料，俱從上、江二縣逐年估價造報，隨時增損。唯本部自嘉靖二十六年以後，用兵部尺式量木，亦照兵部書册給價，具録于左，以備稽考。其楠木自圍陸尺以上，杉木圍叁尺伍寸以上，本廠向無收買。及楠木圍不及叁尺，杉木圍不及壹尺伍寸者，兵部原無開載，故皆不録云。

楠木	圍叁尺	圍肆尺	圍伍尺
每長壹尺	該銀玖分玖釐	該銀壹錢柒分陸釐	該銀貳錢柒分伍釐
加圍壹寸	該銀壹錢貳釐叁毫	該銀壹錢捌分肆毫	該銀貳錢捌分伍毫
加圍貳寸	該銀壹錢伍釐陸毫	該銀壹錢捌分肆釐捌毫	該銀貳錢捌分陸釐
加圍叁寸	該銀壹錢捌釐玖毫	該銀壹錢捌分玖釐貳毫	該銀貳錢玖分壹釐伍毫
加圍肆寸	該銀壹錢壹分貳釐貳毫	該銀壹錢玖分叁釐陸毫	該銀貳錢玖分柒釐
加圍伍寸	該銀壹錢壹分伍釐伍毫	該銀壹錢玖分捌釐	該銀叁錢貳釐伍毫
加圍陸寸	該銀壹錢壹分捌釐捌毫	該銀貳錢貳釐肆毫	該銀叁錢捌釐
加圍柒寸	該銀壹錢貳分貳釐壹毫	該銀貳錢陸釐捌毫	該銀叁錢壹分叁釐伍毫
加圍捌寸	該銀壹錢貳分伍釐肆毫	該銀貳錢壹分壹釐貳毫	該銀叁錢壹分玖釐
加圍玖寸	該銀壹錢貳分捌釐柒毫	該銀貳錢壹分伍釐陸毫	該銀叁錢貳分肆釐伍毫
杉木	**圍壹尺**	**圓貳尺**	**圍叁尺**
每長壹尺		該銀壹分壹釐	該銀伍分壹釐
加圍壹寸		該銀壹分壹釐伍毫	該銀伍分肆釐
加圍貳寸		該銀壹分貳釐伍毫	該銀伍分捌釐
加圍叁寸		該銀壹分伍釐	該銀陸分貳釐
加圍肆寸		該銀壹分伍釐伍毫	該銀陸分伍釐
加圍伍寸	該銀肆釐	該銀貳分壹釐	
加圍陸寸	該銀陸釐	該銀貳分柒釐	

續表

杉木	圍壹尺	圓貳尺	圍叁尺
加圍柒寸	該銀柒釐伍毫	該銀叁分壹釐	
加圍捌寸	該銀捌釐	該銀叁分柒釐	
加圍玖寸	該銀玖釐	該銀肆分肆釐	

按：此乃長壹尺之價也，執此法而推廣之，則自尺而丈，以至十佰千萬皆可指諸掌矣。不然，則雖寸寸而列之，亦何益哉！

單板

單板之法，每長一丈、闊壹尺、厚一寸爲一箇。箇者，片也。即今算板之一丈也。木有尖削彎扁空朽者，計其所欠之數而折除之，視板數以減其價。但算時須頭稍相折，大小適中，若止以頭圍爲據，則稍細而少板，又（失）立法初意矣。

楠木	圍叁尺	圍肆尺	圍伍尺
每長壹丈	計柒箇伍分	計拾叁箇叁分叁釐叁毫	計貳拾箇捌分叁釐叁毫
加圍壹寸	計捌箇捌毫	計拾肆箇捌毫	計貳拾壹箇陸分柒釐伍毫
加圍貳寸	計捌箇伍分叁釐叁毫	計拾肆箇柒分	計貳拾貳箇伍分叁釐叁毫
加圍三寸	計玖箇柒釐伍毫	計拾伍箇肆分捌毫	計貳拾叁箇肆分捌毫
加圍肆寸	計玖箇陸分叁釐叁毫	計拾陸箇壹分叁釐叁毫	計貳拾肆箇三分
加圍伍寸	計拾箇貳分捌毫	計拾陸箇捌分柒釐伍毫	計貳拾伍箇貳分捌毫

續表

楠木	圍叁尺	圍肆尺	圍伍尺
加圍陸寸	計拾箇捌分	計拾柒箇陸分叁釐叁毫	計貳拾陸箇壹分叁釐叁毫
加圍柒寸	計拾壹箇肆分捌毫	計拾捌箇肆分捌毫	計貳拾柒箇柒釐伍毫
加圍捌寸	計拾貳箇叁釐叁毫	計拾玖箇貳分	計貳拾捌箇叁釐叁毫
加圍玖寸	計拾貳箇陸分柒釐伍毫	計貳拾箇捌毫	計貳拾玖箇捌毫
楠木	圍陸尺	圍柒尺	圍捌尺
長壹丈	計叁拾箇	計肆拾箇捌分叁釐叁毫	計伍拾叁箇叁分叁釐叁毫
加圍壹寸	計叁拾壹箇捌毫	計肆拾貳箇捌毫	計伍拾肆箇陸分柒釐伍毫
加圍貳寸	計叁拾貳箇叁釐叁毫	計肆拾叁箇貳分	計伍拾陸箇叁釐叁毫
加圍叁寸	計叁拾叁箇柒釐伍毫	計肆拾肆箇肆分捌毫	計伍拾柒箇肆分捌毫
加圍肆寸	計叁拾肆箇壹分叁釐叁毫	計肆拾伍箇陸分叁釐叁毫	計伍拾捌箇捌分
加圍伍寸	計叁拾伍箇貳分捌毫	計肆拾陸箇捌分柒釐伍毫	計陸拾箇貳分捌毫
加圍陸寸	計叁拾陸箇叁分	計肆拾捌箇壹分叁釐叁毫	計陸拾壹箇陸分叁釐叁毫
加圍柒寸	計叁拾柒箇肆分捌毫	計肆拾玖箇肆分捌毫	計陸拾叁箇柒釐伍毫
加圍捌寸	計叁拾捌箇伍分叁釐叁毫	計伍拾箇柒分	計陸拾肆箇伍分叁釐叁毫

續表

楠木	圍陸尺	圍柒尺	圍捌尺
加圍玖寸	計叁拾玖箇陸分柒釐伍毫	計伍拾貳箇捌毫	計陸拾陸箇捌毫
杉木	圍柒寸伍分	圍壹尺	圍貳尺
長壹丈	計肆分陸釐捌毫	計捌分叁釐叁毫叁絲叁忽	計叁箇叁分叁釐叁毫叁絲叁忽
加圍伍分	計伍分叁釐叁毫叁絲叁忽	計玖分壹釐捌毫柒絲伍忽	計叁箇伍分貳毫捌忽
加圍壹寸	計陸分貳毫捌忽	計壹箇捌毫叁絲叁忽	計叁箇陸分柒釐伍毫
加壹寸伍分	計陸分柒釐伍毫	計壹箇壹分貳毫捌忽	計叁箇捌分伍釐貳毫捌忽
加圍貳寸	計柒分伍釐貳毫捌忽	計壹箇貳分	計肆箇叁釐叁毫叁絲叁忽
加貳寸伍分		計壹箇叁分貳毫捌忽	計肆箇貳分壹釐捌毫柒絲伍忽
加圍叁寸		計壹箇肆分捌毫叁絲叁忽	計肆箇肆分捌毫叁絲叁忽
加叁寸伍分		計壹箇伍分壹釐捌毫柒絲伍忽	計肆箇陸分貳毫捌忽
加圍肆寸		計壹箇陸分叁釐叁毫	計肆箇捌分
加肆寸伍分		計壹箇柒分伍釐貳毫捌絲	計伍箇貳毫捌忽
加圍伍寸		計壹箇捌分柒釐伍毫	計伍箇貳分捌毫叁絲叁忽

杉　木	圍柒寸伍分	圍壹尺	圍貳尺
加伍寸伍分		計貳箇貳毫捌忽	計伍箇肆分壹釐捌毫柒絲伍忽
加圍陸寸		計貳箇壹分叁釐叁毫叁絲叁忽	計伍箇陸分叁釐叁毫
加陸寸伍分		計貳箇貳分陸釐捌毫柒絲伍忽	計伍箇捌分伍釐貳毫捌忽
加圍柒寸		計貳箇肆分捌釐叁毫叁絲	計陸箇柒釐伍毫
加柒寸伍分		計貳箇伍分伍釐貳毫	計陸箇叁分貳毫捌忽
加圍捌寸		計貳箇柒分	計陸箇伍分叁釐叁毫叁絲叁忽
加捌寸伍分		計貳箇捌分伍釐貳毫捌忽	計陸箇柒分陸釐捌毫柒絲伍忽
加圍玖寸		計叁箇捌毫叁絲叁忽	計柒箇捌毫叁絲叁忽
加玖寸伍分		計叁箇壹分陸釐捌毫柒絲伍忽	計柒箇貳分伍釐貳毫捌忽

慨自六藝教廢，數學之不講久矣。雖薦紳學士，鮮或習之。殊不知畫象而易道章，推步而乾度著，皆是數之用也，况其小者耶。宋公單板之法，肇制立軌，俾船料之盈縮，物價之增損，咸有準焉，豈直利一時已哉！然考其法，不過圍長相乘、一二歸除，皆昔人之成法也。而寥寥乎莫有倡明之者。噫！豈鄭夾漈所謂小學不傳已久，見者不無疑駭與！

林特產品貿易部

論說

明 林俊《見素集》奏議卷六《正違禁番貨賫緣給主疏》 題爲正大法以杜大奸事，貴州清吏司案呈奉本部。送刑科抄出，南京刑部尚書趙鑑等奏，爲議處贓罰事，該貴州司追問犯人蔣義山等、浙江司追問犯人黃麒等，違禁私販番貨，例該入官，蘇木共三十九萬九千五百八十九斤，胡椒一萬一千七百四十五斤，可值銀三萬餘兩，奏要不候年終先解內府，收貯公用等因該本部覆題奉聖旨這販賣商貨已有旨，給主了，欽此。欽遵抄出到部，送司案查未見，奉到給主明旨，祗該南京刑部先題爲分理事，內開問得犯人李惠招稱廣東市舶司太監牛榮與家人蔣義山等，探聽暹羅、占城等海船番貨到岸，私下收買蘇木、胡椒并乳香、白蠟等貨，裝至南京匿稅，致被盤出，問罪及查，牛榮、趙文魁、濮鉞違法等，因題奉聖旨提了問，欽此。又查該都察院題，該南京刑部貴州清吏司見監犯人蔣義山奏爲乞恩，辯明分豁陷害事，義山等於廣東各備資本收買土紅木并香料等貨告給，批票到於南京，被高賓、陳玖計謀挖告，問擬重罪，貨物入官等，因奉聖旨，都察院看了來說，欽此。該刑科參出蔣義山倚仗官勢，貨賣土紅木、乳香等物，被人告訐，將前貨沒官，必係不法或來歷不明，飾詞奏辯，事屬違罔等因通抄到道，具呈該院，看得蔣義山等倚官市利，欺公玩法，被人告發。貨已入官，罪何能免？明有買囑，通同牽撦掩飾。誠如該科所參，欲將奏詞立案不行，等因題奉聖旨還著南京刑部，查勘應否給還，來說，欽此。欽遵移咨南京刑部未見查報，及查無欽准給主緣由在卷，案呈到部，臣私憂過計方嘉靖之初，元即有此，不意專擅之事，欺公罔上，納賄養奸，其流將有不可禦者，萬一播諸天下，傳諸四方，爲初政之累，不細查得見行條例，通番下海買賣，劫掠有正犯處死，全家邊衛充軍之條。收買蘇木、胡椒千斤以上，有邊衛充軍，貨物入官之條。所以嚴中外之辨，謹禍亂之萌。今義山等倚仗威權，多買番貨，途次騷擾不言可知。天幸匿稅事發，治其罪而沒其贓，將牛榮等參奏提問陛下，方俞正法之，請尋啟用倖之端，忽又於議處贓罰本，內有販賣商貨，已有旨給主之批，夫以勘報之奏，未來處分之旨何出將謂徑批。犯人之奏尤非正大之體所宜，且該科不知部院無至是旨，從何出哉，無惑乎？人人私駭而謀國，永憂也。昔燕昭侯命藏敝袴，侍者惑焉？侯曰：「明主愛一嚬一笑，敝袴豈特嚬笑？吾以待有功者。」今三萬餘兩之物，果一敝袴，比給還罪人，果賜有功，比皆臣之所未喻也。況今府庫匱竭，是贓既足破蟠結之奸，亦足承供具之乏，而畀之匪人棄若餘水，其不深可惜哉，中間必有售術之人，伏望陛下大奮乾剛，立斷是獄，將代爲營救并請託之人下之法司。明正其罪，贓物照舊入官，使讒間不行，矯僞無託。仍望自今以始，凡百章奏斷，自宸衷參之內閣之議，令司禮一二文學老成親謄務從擬票，毋涉輕改庶詞旨，簡嚴政令，純一聖化，協于人心，王言震于人聽，爲世世頌美幸甚，無任激切願望之至，謹題請旨，嘉靖元年六月二十五日奉聖旨，你每既這等說，贓物照舊入官。

清 光緒《永定縣鄉土志》卷四《物產志·商務》 議曰邇來中外言商務者，月異而歲不同，以此和衆豐財富國強兵，雖有伊周之才，不能不讓管商爲獨步。然其要旨，實不外「生衆食寡，爲急用舒」數語，中人託諸空談，西人見諸實事，其成敗遂判然矣。蓋西方以商賈立國，其君臣上下日挾其國權，教力爭出於其途，此奪一口岸，彼踞一市場，其資本家復縱其才力聰明，爭奇角勝，囊括而包舉焉。我從其後而躡之，已證乎其不逮矣。況泄泄沓沓者僅拾其唾棄，而甘爲牛後耶？夫自五口初開，商局大變，彼所爭各岸口，其初亦只以土藥爲毒害我國民耳。迨其後，汽機日巧，創造日工，舉中國日用之所需，無不仿而則之，擴而充之。每創一局制一器，輒鉤取我之所愛，而奪其所恃。徐而力制其死命，而我願榮爲人役，無術以持其短長。而山海之精華涸，閭閻之生計窮矣。然比較其出入進退之數，初非有異術也，姑以土藥一端而論。其始來自彼土，踞爲壟斷，迨我尤而效之，徧中國無不種殖。以中國之物聚中國之財，而戕賊中國之人命，彼固無所牟吾利，遂別廣其途而姑留此唾棄之物，以毒我，而我固冥然也。設我國事事能以土藥之法，肖極彼之所爲，安見資本財力遂落人後，而無如我之不自振厲，何也？永定之商務亦微矣，山川之產只有此數，五金各礦潛秘弗宣。近數十年來，如苧麻、桐茶、油鰜之數，爲出境貨物大宗，歲各巨萬。縣人拙於心計，不善經營，彼攻此詰，格格如水火之不相能，而所號腹賈肥商類出於江西、山西、福建各行省之奇販於此者，千役萬僕，其利三倍。縣人謙謝未遑也，矧能與外洋爭贏絀哉？爲今之務，宜仿公司法，自設商會、公所，兼立工藝製造所，官爲之董正，公舉資本家之品端行正才力恢張者爲之魁，集股招徠，審時開塞，破除自私自利之痼弊，一本公平誠實以行之。財力既富，足以抵拒外商；衆志既同，足以操縱內利。變而通之，固而存之，商務之興，其庶有豸乎。

綜述

漢　班固《漢書》卷二八《地理志》　［粵地］處近海，多犀、象、毒冒、珠璣、銀、銅、果、布之湊，中國往商賈者多取富焉。番禺，其一都會也。

唐　樊綽《蠻書》卷七　麝香出永昌及南詔諸山，土人皆以易交貨幣。

宋　周去非《嶺外代答》卷五《邕州横山寨博易場》　蠻馬之來，他貨亦至。蠻之所賫麝香、胡羊、長鳴鷄、披氊、雲南刀及諸藥物，吾商賈所賫錦繒、豹皮、文書、及諸奇巧之物。於是譯者平價交市，招馬官乃私置場于家，盡攬蠻市而輕其征，其入官場者什纔一二耳。隆興甲申，勝廣子昭爲邕守，有智數，多遣邏卒於私路口邀截商人，越州輕其税而留其貨，爲之品定諸貨之價，列賈區於官場。至開場之日，羣商請貨于官，依官所定價與蠻爲市，不許減價先售，悉驅譯者導蠻恣買，遇夜則次日再市。其有不售許執覆監官減價博易，諸商之事既畢，官乃抽解併收税錢，賞信罰必，官吏不敢乞取，商亦無他縻費，且無冒禁之險，時邕州寬裕，而人皆便之。

宋　何世南《游宦紀聞》卷二　金橘産於江西諸郡。有所謂金柑，差大而味甜。年來，商販小株，才高二、三尺許。一舟可載千百株。其實累累如垂彈，殊可愛。價亦廉，實多根茂者，才直二、三鐶。往時因温成皇后好食，價重京師；然患不能久留。惟藏菉豆中，則經時不變。蓋橘性熱，豆性凉也。

元　王禎《農書》卷九《荔枝》　荔枝，一名丹荔，《嶺南記》云：此木以荔枝爲名者，以其結實時枝弱而蔕牢，不可摘取，以刀斧劙去其枝，故以爲名。生嶺南巴中泉福漳興嘉蜀渝涪，及二廣州郡皆有之。其品閩爲最，蜀川次之，嶺南爲下，樹形團團如帷蓋，葉如冬青，華如橘，朵如葡萄，核如枇杷，殼如紅繒，膜如紫綃，肉白如肪，花於二三月，實於五六月，其根浮必須加糞土以培之，性不耐寒，最難培植，纔經繁霜，枝葉枯死，遇春二三月再發新葉。初種五六年，冬月覆蓋之，以護霜雪，種之四五十年，始開花結實，其木堅固，有經四百餘年，猶能結實者。曬荔法：採下即用竹籬眼曬，經數日色變核乾，用火焙之，以核十分乾硬爲度，收藏用竹籠箬葉裹之，可以致遠。成朵曬乾者名爲荔錦。取其肉，生以蜜熬作煎，嚼之如糖霜，然名爲荔煎，北方無此種。自漢南粵以備方物，於是荔枝始通中國，漢唐時命驛馳貢洛陽，取於嶺南長安，來於巴蜀，雖曰鮮獻，傳置之速，然腐爛之餘，色香味之存者無幾，蓋此果若離本枝，一日色變，二日香變，三日味變，四五日外香色味盡皆去矣。非惟中原不嘗生荔之味，江浙之間亦罕焉。今閩中歲貢亦曬乾者，宋蔡君謨作《荔枝譜》載之，名色詳矣。兹不復録，昔李直方第果實，或薦荔枝曰：當舉之首，魏文帝詔羣臣曰：「南方果之珍異者，有荔枝龍眼焉。」今閩中荔枝，初著花時，商人計林斷之以立券，一歲之出，不知幾千萬億，水浮陸轉，販鬻南北，外而西夏、新羅、日本、琉球、大食之屬，莫不愛好，重利以酬之。夫以一木之實，生於海濱嚴險之遠，而能名徹上京，外被四夷，重於當世，是亦有足貴者。故附之穀譜，是亦卓然爲南北果品之奇者也。

明　王崇之《遼陽時政疏》（《皇明經世文編》卷四九引）　臣又訪得遼陽、山東土人少種出土，專一採取人參、榛、松，圍獵野獸爲生。數年以來，多被本處上司及衛所官員指稱進貢人參等項，或借布疋，或給銀兩。使令部屬官舍到於各寨百般逼迫科擾，土人不勝其苦。近時因見境内人參、榛、松缺少不堪，又多私役附近軍餘，出境採打販賣以規厚利。常被賊人虜殺，互相隱匿不報。各處又有等軍餘土人，潛將鹽米包裹刀箭、甲葉，陰於牆下空野去處，與夷人易换貂、鼠、參、松等物。透泄事情，啟惹邊釁，多由於此。及各衛所官員，又指以打採杉木、買辦皮張爲由，差派餘丁，不下五六百名。查得每年進用杉木，止該十箱，人參三百觔。狐狸皮張暫時買辦不多，衛所官員，却乃多方科擾。目今前項出産地方，被賊搶虜，室廬空廢，田畝荒凉，不能存活，正宜厚恤。伏望將各項供應暫且寬免，以紓民力，以革擾害。

明　姚虞《嶺海輿圖》　廣州舶船出虎頭門，始入大洋。東洋差近周歲即回，西洋差遠兩歲一回。東洋船有鶴頂、龜筒、玳瑁等物，西洋船有象牙、犀角、珍珠、胡椒等物，其貴細者往往滿船，若暹國産蘇木，地悶産檀香，其餘香貨各國皆有之。若沉香有黄沉、烏角沉至貴者蠟沉，削之則卷，嚼之則柔，皆樹榰其根所結，惟奇南木乃沉之生結者。犀角有烏犀、花犀、通天犀、復通犀，花犀者白地黑花，通天犀黑地白花，復通犀則通天犀，白花中復有黑花，此皆希世之貴也。鶴頂、龜筒、玳瑁見説可合，惟犀角不苟合，故公服以玉與犀爲帶，貴其不苟合之義也。凡舟之來，最大者爲獨檣舶，能載一千婆蘭，胡人謂三百斤爲一婆蘭，次曰牛頭船，比獨檣得三之一，又次曰三木舶曰料河泊，遞得之三。紹興十七年，詔三路舶司番商販到龍腦、沉香、丁香、白豆蔻，四色並抽解一分。

明 夏子陽《使琉球録》卷上 造船額派銀三千兩，而今次所費僅二千三十二兩，則實余輩躬自稽覈而節省者也。去時，經海防館許君册報止此數，回時又據藩司吳公移會手本，亦止如許君之數而已。廠中剩料樟、杉諸木，并桐油、荒鐵，皆檄令海防館變價還官，即禾屑、棕邊，督造官俱不敢入私槖，故所省寬然有餘。而指揮葉重光所侵没銀數百兩，至今尚未追還，此則又在所剩之外者也。（略）

瑪瑙、磨刀石、烏木、降香、木香。按琉球貢物惟馬及硫黄、螺殼、海巴、牛皮、磨刀石乃其土産，至於蘇木、胡椒等物，皆經歲易自日本，轉販於暹羅者，所謂櫂子扇即倭扇也，蓋任土作貢，宜其惟正之供，遠取諸物亦其獻琛之意，不必求備焉可也。二年一貢，今以爲常第人役過多，亦不勝糜費，倘每船能省其什之二三，則庶幾無濫矣。夏子陽曰：海島之國，惟琉球最稱貧瘠，蓋地無物産，人鮮精能，商賈又復裹足不入其境，故一切海上奇詭靡麗之珍詘之焉。其貢獻方物寥寥，固宜爾也。然明王慎德不貴異物，彼抵珠投璧，却駿焚裘者至今千載而下，猶艷稱之誠，以王者富有四海所重，在此不在彼耳。故我明於琉球入貢，惟録其效順之悃誠，不責其方物之良窳，毋亦惟是堅其向風慕義之心焉耳。書曰：「不實遠物，則遠人格信哉」，言乎。

明 何士晋《工部廠庫須知》卷三 內官監成造、修理皇極等殿、乾清等宮一應上用什物家伙，會有

甲字庫

紫英石一十斤，每斤銀三分，該銀三錢。硼砂二斤，每斤銀五錢五分，該銀一兩一錢。

乙字庫

高頭紙二十萬張，每百張銀一分九厘，該銀三十八兩。

欒榜紙一千張，每百張銀一錢二分，該銀一兩二錢。

紙觔□二千斤，每斤銀六分，該銀一百二十兩。

黄白錫箔六千張，每百張銀一分八厘，該銀一兩八分。

奏本紙三千張，每百張銀五錢，該銀一十五兩。

丙字庫

荒絲一百斤，每斤銀四錢，該銀四十兩。串五細絲一百斤，每斤銀一兩四分，該銀一百四兩。

丁字庫

川漆五千斤，每斤銀一錢六分，該銀八百兩。

生鐵二千斤，每斤銀六厘，該銀一十二兩。生黄牛皮一千五百五十張，每張銀三錢六分，該銀五百五十八兩。

白麻二萬五千斤，每斤銀三分，該銀七百五十兩。

白硝山羊皮八十張，每張銀三錢七分，該銀一十三兩六錢。

通州抽分竹木局

筀竹二百五十根，每根銀八厘，該銀二兩。長節竹木蔑二十斤，每斤銀一分，該銀二錢。

貓竹二百根，各長二丈圍一尺一寸，每根銀九分，該銀一十八兩。輭竹篾三百斤，每斤銀一分五厘，該銀四兩五錢。

散木一十根，各長一丈二尺，圍三尺五寸，每根銀一兩一錢五分，該銀一十一兩五錢。

杉木六十根，每根折收桅木三根，共一百八十根，每根長一丈八尺，圍四尺八寸，照估四號銀三兩一錢，該銀五百五十八兩。

杉木連二板枋四十塊，每塊折收桅木二根，共八十根，各長一丈八尺五寸，圍四尺八寸，照估五號，每根銀三兩，該銀二百四十兩。

以上二十一項，共銀三千二百八十八兩四錢八分。

召買

天大青十二斤，每斤銀二兩，該銀二十四兩。

天二青十二斤，每斤銀一兩四錢，該銀一十六兩八錢。
天三青十二斤，每斤銀七錢，該銀八兩四錢。
石大青五十斤，每斤銀七錢，該銀三十五兩。
石二青五十斤，每斤銀四錢五分，該銀二十二兩五錢。
石三青五十斤，每斤銀二錢八分，該銀一十四兩。
天大碌二十五斤，每斤銀一錢二分，該銀三兩。
天二碌二十斤，每斤銀一錢一分，該銀二兩二錢。
天三碌二十斤，每斤銀九分二厘，該銀一兩八錢四分。
硇砂大碌五十斤，每斤銀一錢三分，該銀六兩五錢。
硇砂二碌五十斤，每斤銀一錢一分，該銀五兩五錢。
硇砂三碌五十斤，每斤銀九分，該銀四兩五錢。
硇砂枝條碌五十斤，每斤銀九分五厘，該銀四兩七錢五分。
紅熟銅絲一千五百斤，每斤銀二錢一分，該銀三百一十五兩。
石大碌五十斤，每斤銀七分，該銀三兩五錢。
石黄六十斤，每斤銀四分二厘，該銀二兩五錢二分。
燒造土二萬九千斤，每斤銀六厘，該銀一百七十四兩。
雜油一千斤，每斤銀二分三厘，該銀二十三兩。
松香一百斤，每斤銀二分，該銀二兩。
黄藤四百斤，每斤銀三分，該銀一十二兩。
棕毛一千斤，每斤銀四分，該銀四十兩。
雄黄二十斤，每斤銀三錢五分，該銀七兩。
銅青二十斤，每斤銀六分，該銀一兩二錢。
乾胭脂二十斤，每斤銀四錢，該銀八兩。
皮硝四千斤，每斤銀五厘，該銀二十兩。
熟牌鐵七萬斤，每斤銀一分五厘，該銀一千五百兩。
金箔九千貼各見方三寸六分，每貼銀四分五厘，該銀四百五十兩。
水和炭一十萬斤，每萬斤銀一十七兩五錢，該銀一百七十五兩。
石灰三萬斤，每百斤號運價七分三厘，該銀二十二兩伍錢。
蒲草五千斤，每百斤銀三錢，該銀一十五兩。
砂礶一百箇，各高一尺，口徑四寸，每箇銀一分五厘，該銀一兩五錢。
木炭一十三萬斤，每萬斤銀四十二兩，該銀五百四十六兩。
木柴二百三十萬斤，每萬斤銀十八兩五錢，該銀四千二百五十五兩。
榆木八十根，各長一丈三尺，每根銀五千三分，該銀四十二兩四錢。
紫英石一十斤，每斤銀三分，該銀三錢。
硼砂二斤，每斤五錢五分，該銀一兩一錢。奏本紙三千張，每百張銀五錢，該銀十五兩。
川漆五千斤，每斤銀一錢六分，該銀八百兩。
筆竹二百五十根，每根銀八厘，該銀二兩。
長節苦竹篾二十斤，每斤銀一分，該銀二錢。
猫竹二百根，各長二丈圍一尺一寸，每根銀九分，該銀十八兩。
輭竹篾三百斤，每斤銀一分五厘，該銀四兩五錢。
散木一十根，各長一丈二尺圍三尺五寸，每根銀一兩一錢五分，該銀一十一兩五錢。
杉木六十根，每根折收杔木三根，共一百八十根，每根長一丈八尺，圍四尺八寸，照估四號銀三兩一錢，該銀五百五十八兩。
杉木連二板枋四十塊，每塊折收杔木二根，共八十根，各長一丈八尺五寸，圍四尺八寸，照估五號，每根銀三兩，該銀二百四十兩。
以上四十五項共銀八千九百二十兩一錢一分。
内官監苦蓋禁苑竹棚
會有本監屬廠放支，楸棍七千五百箇，每百箇銀一錢二分，該銀九兩。
丁字庫
綵麻四千斤，每斤銀一分六厘，該銀六十四兩。
召買
針席一萬九千四百領，每領銀二分五厘，該銀四百八十五兩。
蘆葦一萬斤，每百斤銀一錢七分，該銀一十七兩。
稻草二萬斤，每百斤銀一錢八分，該銀三十六兩。
以上三項共銀五百三十八兩。
搭材匠工食銀六兩四錢。
内官監成造抹地扒，除該廠節年自行放支，無名異燒造土外，
會有

蘆溝橋抽分竹木局：

松木把柴三千六百二十根，查估止有雜木把柴，每根銀八厘，該銀二分八兩九錢六分，遇閏加三百六十根，每根銀八厘，該銀二兩八錢八分。

連閏共銀三十一兩八錢四分。

召買

木炭四千七十四斤，每萬斤銀四十二兩，該銀一十七兩一錢一分，遇閏加二百七十一斤，每萬斤銀四十二兩，該銀一兩一錢三分八厘二毫。

連閏共銀一十八兩二錢四分八厘，前件查得十餘年未行應停。

內官監成造細草紙二年一行，物料分作兩年送用，每年會有

繕工司取用

白灰四萬斤，每百斤銀七分五厘，該銀三十兩。

召買

紙觔紙五千斤，每斤銀六分，該銀三百兩，外付屯田司買辦木柴四萬斤，每萬斤銀一十八兩五錢，該銀七十四兩。

司設監修理竹簾會有

臺基廠

杉木一十一根，各長三丈五尺，徑一尺五寸，每根銀五兩五錢，該銀六十兩五錢。

山臺竹木等廠

松桅木一十六根，各長一丈八尺，徑一尺五寸，每根銀二兩九錢，該銀四十六兩四錢。

以上二項共銀一百六兩九錢。

召買

松桅木一十六根，各長一丈八尺，徑一尺五寸，每根銀二兩九錢，該銀四十六兩四錢。

前件查得杉木應減三根，每根銀五兩五錢，減銀一十六兩五錢。松桅木共減六根，每根銀二兩九錢，減銀一十七兩肆錢等項，共減銀三十三兩九錢，後口爲例查條例有杉木運價一兩四錢，今亦并裁。

司設監修理氈簾

會有

臺基廠

杉木一十五根，各長三丈五尺，徑一尺五寸，每根銀五兩五錢，該銀八十二兩五錢。

松桅木一十二根，各長一丈八尺，徑一尺五寸，每根銀二兩九錢，該銀三十四兩八錢。

松木枋桅一十二根，各長二丈二尺，濶一尺二寸，厚八寸，每根銀三兩七錢，該銀四十四兩四錢。

以上三項共銀一百六十一兩七錢。

召買

松桅木一十二根，各長一丈八尺，徑一尺五寸，每根銀二兩九錢，該銀三十四兩八錢。

松木枋桅一十二根，各長二丈二尺，濶一尺二寸厚八寸，每根銀三兩七錢，該銀四十四兩四錢。

以上二項共銀七十九兩二錢。

前件查得杉木舊減三根，每根銀五兩五錢，減銀一十六兩五錢。松桅木舊減五根，每根銀二兩九錢，減銀一十四兩五錢。松木枋桅舊減五根，每根銀三兩七錢，減銀一十八兩五錢，今查松木枋桅修簾多屬口開，再減四根，減銀一十四兩八錢，四項共減銀六十四兩三錢，後以爲例，查條例有運價二兩零今裁。

神宮監修理社稷壇，春秋二季辦。

會有

甲字庫

水膠四十斤，每斤銀一分七厘，該銀六錢八分。

丁字庫

黃麻二百斤，每斤銀一分，該銀二兩。

白麻一百斤，每斤銀三分，該銀三兩。

桐油一十五斤，每斤三分六厘，該銀五錢四分。

料磚廠

二尺方磚四箇，每箇銀六分，該銀二錢四分。

繕工司

石灰六百斤，每百斤一錢七厘，該銀六錢四分二厘。

通州抽分竹木局

貓竹四根，每根一錢二分，該銀四錢八分。

松木七根，每根銀一錢六分，該銀一兩一錢二分。

水竹轆篾四十斤，每斤銀一分，該銀四錢。

单料杉板二塊，每塊銀八錢八分，該銀一兩七錢六分。

以上十項共銀一十兩八錢六分二厘。

召買

墨煤四十斤，每斤銀五厘，該銀二錢。

紙觔紙七十斤，每斤銀八厘，該銀五錢六分。

斜席四百領，每領銀一分五厘，該銀六兩。

青坩土一百五十斤，每百斤銀六分，該銀九分。

楸棍二百個，每百個銀一錢二分，該銀二錢四分。

礬紅土一百五十斤，每斤銀五厘，該銀七錢五分。

以上六項共銀七兩八錢四分。

錦衣衛成造

鑾駕庫鳴鞭

黄絨鳴鞭二十把，稍靶全。

麻鞭二十把，稍靶全。

白羊甸皮靴材二十雙，線底襯全。

氊襪二十雙。

合用物料

會有

甲字庫

水花硃一十四兩，每斤銀四錢三分五厘，該銀三錢八分。

丙字庫

中白綿四兩，每斤銀五錢，該銀一錢二分五厘。

白串五絲三十斤，每斤銀七錢，該銀二十一兩。

□絲一斤，每斤該銀□□。

乙字庫

嚴漆一斤，該銀一錢二分五厘。

川白麻一百八十斤，每斤三分，該銀五兩四錢。

□頭鐵七十五斤，每斤銀□分六厘，該銀□兩二錢。

以上七項共銀□十八兩六錢三分。

召買

黄絡絨一百四十斤，每斤銀七錢，該銀九十八兩。

白羊甸皮靴裁二十雙，底裏襯全，每雙銀二錢六分，該銀五兩二錢。

生挣牛皮一張，該銀四錢。

木炭一百斤，每萬斤銀三十五兩，該銀三錢五分。

白羊毛氊襪二十雙，每雙銀八分，該銀一兩六錢。

檀木五根，各長六尺徑四寸折得四根八分，每根銀三錢二厘，該銀一兩四錢四分九厘。

金箔二十四貼，各見方三寸，每貼二分八厘，該銀六錢七分二厘。

以上七項共銀□百七兩六錢七分。

匠工四百七十工，每工五分七厘，該銀二十六兩七錢九分。

成造三法司刑具每年二次。

會有

山臺竹木等廠

散木五根，各長一丈三尺五寸，圍三尺，照估五號，每根銀九錢三分，該銀四兩六錢五分。

竹板三百八十片，每片銀三厘，該銀一兩一錢四分。

以上二項，共銀五兩七錢九分。

召買

榆木六根，每根銀一錢五分，該銀九錢。

拶指八十把，每把銀一分，該銀八錢。

鐵鎖頭四十把，每把二分五厘，該銀一兩。

鐵索四十條，鐵鐐四十副，共重鐵十斤，每斤銀三分，該銀二兩四錢。

麻繩一百八十條，共重四十斤，每斤銀二分六厘，該銀一兩四分。

以上五項共銀六兩一錢四分。

長枷七十六面，每三面准匠一工，計二十二工半，每工銀五分七厘，該銀一兩二錢八分。

方枷二十五面，每三面准匠二工，計一十三工半，每工銀五分七厘，該銀七錢六分九厘。

木肘六十六副，每副准匠一工，計一十三工，每工銀五分七厘，該銀七錢六分九厘。

以上三項共銀二兩八錢八厘。

前件

尚寶司寶緣折送工價銀三兩四錢五分。

欽天監曆日折送匠價銀三十四兩，遇閏加銀二兩二錢。三十年禮部奉　旨傳添五兩六錢

司苑局修理採運船折送工價銀一十兩，□錢准都水司付。

長陵等陵盪晒菓品斜薦，折送價銀五十四兩。

神宮監修理社稷壇正月八月，折送匠價工食銀各一十一兩七錢六分。

臨清磚廠燒價，每年二次據通惠河堂呈丙銀數差官解發運價，該廠長短載銀內支銀半餘節慎庫找給。

通惠河經紀運磚腳價除通惠河自動糧□磚料水腳折缺銀給領外，如不足節慎庫找給，近年僱運停止磚少腳價亦少，俱未找給。

修理京倉萬曆十八年，大修三十六座，內鼎新建造二座。因舊爲新三十四座，遇閏月加三座。二十五年題減一十二座，每年止修二十四座爲額。

會有黄松木等七項共銀一千二百九十二兩六錢二厘，外遇閏加軍餘瓦片銀六十四兩八錢。

召買柁木松椽等十五項，共銀一萬六千八百八十五兩八錢四分八厘七毫。

夫匠工價并運價共銀二千四百四十六兩一錢八分六厘，此係全修三十六座，年分例今議減止修二十四座，其物料夫匠數亦照此減去三分之一，查與近例數目不能盡合難拘爲例。

前件查得修倉一役，每年有鼎新有因舊爲新不同而費之多寡。因之如萬曆三十九年實用銀一萬二百七十五兩零，四十年實用銀一萬五百四十六兩零。四十一年實用銀八千五百八十兩零。其大較也內除户部軍夫米折銀二千七百兩抵作夫匠工價，其舖户物料價銀均派四司協辨，近因木價騰湧，舖商虧賠不堪准，□科院會議每銀一兩遞增二錢，蓋目繫其苦，聊爲矜卹，但以工部官修户部倉件件掣肘，年年爭執不如以銀歸併各倉自修，彼此便利，真不朽之論也，其詳載修倉廠。

二年一辦。

司禮監金箔折價銀五百兩，三年一辦。

司禮監修理經廠子午卯酉年，

會有

大通橋查發

白城磚三千個，查會估每個銀二分九厘，該銀八十七兩，又每個運價四厘五毫，該銀一十三兩五錢。

斧刃磚三千個，照估每二個折白城磚一個，每個銀二分九厘，該銀四十三兩五錢，又每個運價二厘二毫五絲，該銀六兩七錢五分。

竹木山臺等廠，

大松木二百四十根，各長一丈六尺，圍四尺六寸，每個銀一兩六錢，該銀三百八十四兩。

大柁木一百二十根，各長二丈二尺，圍五尺五寸，每根銀三兩四錢五分，該銀四百一十四兩。

大散木二百四十根，各長一丈六尺，圍五尺，每根銀二兩二錢六分，該銀五百四十二兩四錢。

以上五項共銀一千四百九十一兩一錢五分。

召買

大松木二百四十根，各長一丈六尺，圍四尺六寸，每根銀一兩六錢該銀三百八十四兩。

大柁木一百二十根，各長二丈二尺，圍五尺五寸，每根銀三兩四錢五分，該銀四百一十四兩。

大散木二百四十根，各長一丈六尺，圍五尺，每根銀二兩二錢六分，該銀五百四十二兩四錢。

大桁條木七百二十根，各長一丈六尺，圍五尺，每根銀二兩二錢六分，該銀一千六百二十七兩二錢。

石灰一十五萬斤，每百斤銀一錢七厘，該銀一百六十兩五錢。

片瓦六萬片，每百片銀一錢八分，該銀一百八兩。

以上六項共銀三千二百三十六兩一錢。

前件。木價竝無增減應照舊。

四年一辦。

錦衣衛成造象韆酸槳，召買銀四十五兩三錢四分二厘三毫六絲。巳酉五年都水司付查三十九年，内止領一十六兩二錢七分九厘二毫。今六科郎□主事已議裁呈堂兑訖。

供用庫油椿召買銀一百三十兩。甲子辰年都水司付

前件議在水司項下原價四五十兩，□估之額已十倍矣，萬曆十七年又□八十兩則價至一百三十兩矣。該監之監索不大甚乎相應。執争不足爲例者也。

五年一辦

内官監造東西捨飯店家火。乙庚年

會有

本監

竹簸箕十二個，每個銀八厘，該銀九分六厘。

竹刷箒四十把，每把銀五厘，該銀二錢。

竹篩四百把，每百把量給銀二錢，該銀八錢。

笊籬四十把，每把銀五厘，該銀二錢。

竹籮十二個，每個銀一錢，該銀一兩二錢。

本監成造條卓板凳錫湯壺水桶等項。

丁字庫

白圓藤二十五斤，每斤銀四分，該銀一兩。錫八十四斤，每斤銀八分，該銀六兩七錢二分。

熟建鐵五百七十三斤，每斤銀二分，該銀一十一兩四錢六分。

白麻四十斤每斤銀三分，該銀一兩二錢。

桐油三十五斤，每斤銀三分六厘，該銀一兩二錢六分。

通州抽分竹木局

貓竹三十根，各長二丈二尺，圍一尺二寸，每根銀九分，該銀二兩七錢。

筆竹三百八十根，每根銀八厘，該銀三兩四分。

竹木山等廠

杉木連二板枋九塊，各長一丈六尺，濶一尺七寸，厚七寸，每塊銀一兩九錢，該銀一十七兩一錢。

散木二十根，各長一丈四尺，圍四尺二寸，每根銀二兩一錢，該銀二十一兩。

以上十四項共銀六十七兩九錢十分六厘。

召買

杉木連二板枋九塊，各長一丈六尺，濶一尺七寸，厚七寸，每塊銀一兩九錢該銀一十七兩一錢。

散木一十根，各長一丈四尺，圍四尺二寸，每根銀二兩一錢，該銀二十一兩。

木柴一千七百一十九斤，每萬斤銀一十八兩五錢，該銀三兩一錢八分。

木炭一千二百一十九斤，每萬斤銀一十二兩，該銀五兩一錢一分九厘。

以上四項共銀四十六兩三錢九分九厘。

前件

不等年辦。

司設監成造修理細車。巳巳戊寅丁亥年大約十年。

會有

甲字庫

無名異一百一十八斤十二兩，每斤銀四厘，該銀四錢七分五厘。

竹木山臺等廠

松柁木七十五根，各長一丈八尺，徑一尺五寸，每根銀二兩九錢，該銀二百一十七兩五錢。

以上二項共二百一十七兩九錢七分五厘。

寶源局

鐵車穿二百個無估。

鐵車鐗七百五十根無估。

召買

松柁木七十五根，各長一丈八尺，徑一尺五寸，每根銀二兩九錢，該銀二百一十七兩五錢。

榆木二百七十五根，各長一丈六尺，徑一尺二寸，每根銀七錢五分，該銀二百六兩二錢五分。

椴木三百二十五根，各長七尺五寸，徑七寸，每根銀二錢，該銀六十五兩。

檀木車軸五十根，各長八尺，徑六寸，每根銀九錢四分，該銀四十七兩。

榆木轅條一百根，各長二丈，徑一尺二寸，每根銀一兩一錢，該銀一百一十兩。

榆木車頭一百個，各長二尺五寸，徑一尺五寸，照槐木車頭估，每個銀三錢五分，該銀三十五兩。

棗木車輞九百塊，各長二尺五寸，徑六寸五分，厚三寸五分，每個銀一錢五分五厘，該銀一百三十九兩五錢。

青薪木水屑五十根，各長五尺，徑五寸，每根銀一錢五分，該銀七兩五錢。

紅土一百五十斤，每斤五厘，該銀七錢五分。

水和炭一十五萬二千斤，每萬斤銀一十七兩五錢，該銀二百六十六兩。

紅真牛皮七十五張，每張銀五錢，該銀三十七兩五錢。

青薪木輻條一千八百條，各長二尺八寸，徑三寸五分，厚二寸五分，照槐木二號輻條估折九百八十八個，每條銀二分七厘，該銀二十六兩六錢七分六厘。

預備顛損更換。

檀木車軸二十五根，各長八尺，徑六寸每根銀九錢二分，該銀二十三兩。

棗木車輞四百五十塊，各長二尺五寸，徑六寸五分，厚三寸五分，每塊銀一錢五分五厘，該銀六十九兩七錢五分。

青薪輻條九百條，各長二尺七寸，徑三寸五分，厚二寸五分，照槐木二號軸條估折四百八十八條，每條銀二分七厘，該銀一十三兩一錢七分六厘。

以上十五項，共一千二百六十四兩六錢二厘。

前件木價並無增減然亦從來未行。

承運庫織染所酒糟銀五百二十二兩三錢。丁丑甲庚寅年准都水司付

國子監進士題名碑。

會有

虞衡司

白榜紙二千四百張，每百張銀五錢，該銀十二兩。

召買

綿葦席一百三十五領，每領銀四分，該銀五兩四錢。

綵麻七十七斤八兩，每斤銀一分六厘，該銀一兩二錢四分。

木炭五十斤，每百斤銀三錢五分，該銀一錢七分五厘。

匠頭鐫字每科工食五兩五錢一厘二毫，打刷碑文四百張，墨臘工食銀十六兩。

石搭瓦匠并夫工食，共銀六兩九錢五分，外中書科花幣銀一十二兩應刪。辦酒席銀二兩以上，共銀十九兩二錢六分六厘五毫。萬曆十九年，劉主事堂呈爲據。

每碑一座，開價二十五兩，運價一百兩，夫價一十二兩五錢。

以上共銀一百三十七兩五錢，萬曆四十二年本司説堂帖爲據外鐫刻，題名文章及豎碑工食臨期酌給，但逢辰戌丑未年支。

前件看得題名勒碑盛典每年當行而併責於一時則費侈今八科一時備矣，其中開運夫價往例浮濫太甚，本司於萬曆四十二年議有成規減削近半，後可爲例。

禮部鑄印局領匠價銀四兩。

水和炭一千斤該銀一十三兩五錢。

內官監傳造中分棺每次十副。

召買物料銀三百九十五兩一錢九分八厘，夫匠工食銀九十二兩。

運價銀二十兩七錢六分一厘。

司禮監二等太監病故造塟。

又 卷四

修倉廠

會有

通州抽分竹木局并鞏華城等處取用黄松木伍拾柒根，每根銀壹兩捌分，該銀陸拾壹兩伍錢陸分。抵散木用。

長柴伍百根，每根銀貳錢叁分，該銀壹百壹拾伍兩。抵松椽用。

松椽伍百叁拾肆根，每根銀貳錢叁分，該銀壹百貳拾貳兩捌錢貳分。

甲字庫

泥兜布拾貳疋，每疋銀壹錢，該銀壹兩貳錢。

丁字庫

綵麻叁千捌百肆拾斤，每斤銀壹分，該銀叁拾捌兩肆錢。

白麻叁百陸拾斤，每斤銀貳分陸釐，該銀玖兩叁錢陸分。

以上陸項共銀叁百肆拾捌兩叁錢肆分。近時多會無召買。

召買

柁木肆百陸拾伍根，各長貳丈壹尺至壹丈柒尺，圍肆尺至叁尺伍寸，該銀壹千伍百陸拾叁兩陸錢零貳釐。舊料在外

松椽柒千壹百壹拾貳根，該銀壹千伍百柒拾柒兩貳錢陸分陸釐。舊料在外。

黑城磚叁拾玖萬捌千肆百個，每個銀壹分陸釐，該銀陸千叁百柒拾肆兩肆錢，係題增攔土墁地總數逐年奏繳清册存據，如有舊磚在此數內，扣除減角磚叁千捌百肆拾個，每百個銀貳錢壹分伍釐，該銀捌兩貳錢伍分陸釐。

同瓦叁千捌百肆拾個，每百個銀壹錢肆分，該銀伍兩叁錢柒分陸釐。

勾頭捌拾捌個，每拾個銀貳分，該銀壹錢柒分陸釐。

散木捌百玖拾柒根，各長壹丈捌尺至壹丈叁尺，圍叁尺伍寸至貳尺貳寸，該銀柒百伍拾叁兩柒錢捌分叁釐捌毫。舊料在外

白灰柒拾貳萬斤，每百斤銀壹錢壹分伍釐，該銀捌百貳拾捌兩。

青灰捌千伍百玖拾肆斤，每百斤銀陸分，該銀伍兩壹錢伍分陸釐肆毫。

鐵釘叁千柒百壹拾壹斤，該銀壹百壹拾壹兩叁錢叁分。

蘆葦壹拾叁萬貳千斤，每百斤銀壹錢柒分，該銀貳百貳拾肆兩肆錢。

石徑山開運柱頂石叁百貳拾壹塊，該銀肆拾玖兩貳錢伍分叁釐捌毫。

厫門土襯石貳拾肆塊，該銀貳拾捌兩伍錢壹分貳釐。

灣河運價銀貳百捌拾玖兩零貳分，陸大倉瓦係窯軍歲辦肆拾玖萬貳千片，遇閏加叁萬陸千片窯户停辦不出價。

以上壹拾肆項，共銀壹萬壹千捌百拾捌兩伍錢叁分捌釐。

木石瓦搭桶箔等匠計工壹萬壹千肆百貳拾肆工，共該銀陸百捌拾伍兩肆錢肆分，此係長工算數，如遇短工照例扣減。

織箔夫供作夫每厫供作題准玖百陸拾捌工，織箔夫叁拾玖工，共貳萬肆千壹百陸拾捌工，該銀玖百陸拾陸兩柒錢貳分，此係長工算數，如遇短工扣除其木楂舊料照例扣抵。

土坯每厫壹萬伍千個，共叁拾陸萬個，每百個銀伍分該銀壹百捌拾兩。

以上叁項，共該銀壹千捌百叁拾貳兩壹錢陸分。

通共銀壹萬叁千玖百玖拾玖兩零叁分捌釐。

前件一應物料俱照貳拾肆座見行數日，開算已將條例原額逐項減正，其每年修造除額定大匠葦灰無舊可因外，凡木植等項，□舊□多少爲加減，難以拘定成例。大約因舊爲新每座共算銀伍百壹拾柒兩零。若鼎新建造費則倍增，其鼎新規則另開後。

一應木價萬曆肆拾叁年會估，每兩加貳錢。

鼎新建造額則

每厫

金柱柁木拾貳根，雙步梁柁木拾貳根，三架梁柁木陸根，鐧柁木伍根，簷柱并厫門柱散木拾肆根，鐧木隨桁枋厫門板將軍柱下檻散木貳拾肆根，單步梁散木拾肆根，氣樓過梁散木貳根，氣樓松椽叁拾肆根，上掛松椽叁百貳拾根，簷松椽壹百陸拾根，黑城磚壹萬陸千陸百個，減角磚貳百個，同瓦貳百個，勾頭肆個，大倉板瓦叁萬片，白灰叁萬斤，青灰伍百斤，土坯壹萬伍千個，柱頂石貳拾陸個，厫門土襯石壹塊，蘇麻壹百陸拾片，白麻拾伍片，箔拾伍扇用蘆葦伍千伍百斤，泥兆布半疋，肆伍陸柒寸釘壹千叁百個，木匠貳百肆拾工，石匠貳拾壹工，瓦匠壹百肆拾捌工，箍桶匠叁工，搭材匠伍拾伍工，織箔匠玖工，織箔夫叁拾玖工，夫玖百陸拾捌工。

前件係鼎新一定額料，若因舊爲新，□□時勘佑多寡不能預定，其連修□，□座者木植又每遞減，亦在臨時酌量。

料價工價

金柱柁木，每根長貳丈壹尺，圍四尺，價銀肆兩。

雙步梁柁木，每根長壹丈玖尺，圍叁尺柒寸，價銀叁兩。

三架梁柁木，每根長壹丈玖尺，圍肆尺，價銀叁兩肆錢。

鐧柁木，每根長壹丈柒尺，圍叁尺伍寸，價銀貳兩肆錢。

簷柱并厫門柱散木，每根長壹丈肆尺，圍叁尺，價銀壹兩壹錢肆分。

鐧木，隨桁枋并厫門板將軍柱并抱下檻。散木，每根長壹丈肆尺伍寸，圍叁尺伍寸，價銀壹兩叁錢伍分。

桁條并大瓜柱散木，每根長壹丈肆尺，圍貳尺伍寸，價銀柒錢伍分。

出稍桁條散木，每根長壹丈捌尺，圍貳尺伍寸，價銀壹兩叁錢伍分。

厫門桁條散木，每根長壹丈柒尺，圍貳尺陸寸，價銀壹兩。

單步梁散木，每根長壹丈叁尺，圍貳尺柒寸，價銀伍錢。

氣樓過梁散木，每根長壹丈叁尺，圍貳尺貳寸，價銀肆錢貳分。

氣樓椽松木，每根長壹丈圍玖寸，價銀壹錢貳分。

上掛椽松木，每根長壹丈壹尺，圍壹尺壹寸，價銀壹錢玖分。
簷椽松木，每根長壹丈叁尺，圍壹尺肆寸，價銀貳錢玖分。
以上木植如圍圓，大小計寸增減其運價俱照估各色木植算車出給，新議每兩加貳錢。
柱頂石，每個見方壹尺壹寸至貳尺止□。

又　卷六

順天府
翎毛八萬二千五百九十六根，折銀一百三兩二錢四分五厘。
狐皮单年，折色銀二十三兩。
狐皮雙年本色四十六張。
狐皮雙年本色二百七十八張。
狐皮单年折色銀一百三十九兩。
直隸保定府
狐皮单年折色銀一百六十一兩。
直隸河間府
狐皮雙年本色三百二十二張。
翎毛四萬五千一百五十根折銀七十三兩九錢八分。
直隸真定府，狐皮单年折色銀一百四兩五錢。
狐皮雙年本色二百九張。
直隸順德府，狐皮单年折色銀十五兩五錢。
狐皮雙年本色三十三張。
直隸廣平府。
狐皮单年折色銀二百一十三兩五錢。
狐皮雙年本色四百二十七張。
翎毛五萬七千七百八十根，折銀二十二兩一錢七分九厘。
直隸大名府
狐皮单年折色銀一百九十六兩五錢。
狐皮雙年本色三百九十三張。
直隸安慶府
天鵞五十二隻，折銀二十六兩。
□□□□□□折銀二十四兩。
牛筋四十三斤，折銀十兩七錢五分。
牛角一百三副，折銀二十二兩六錢六分。
狐皮单年折色銀八兩五錢。
狐皮雙年本色十七張。
麂皮本色二百一十三張。
直隸寧國府，麂皮本色四千張。
直隸池州府，天鵞五隻，折銀二兩五錢。
狐皮单年折色銀二兩五錢。
狐皮雙年本色五張。
麂皮本色二十七張。
直隸太平府，翎毛七萬六千根，折銀三十四兩六錢八分。
麂皮本色七百八十三張。
直隸松江府，翎毛二萬四千根，折銀十三兩五錢二分。
麂皮本色六百七十一張。
直隸常州府，麂皮本色四百張。
直隸鎮江府，麂皮本色五百三十六張。
直隸廬州府，大鹿五隻，折銀八十兩。
天鵞七十四隻，折銀三十七兩。
虎皮十張豹皮一張，共折銀三十六兩。
翎毛十四萬八千根，折銀七十四兩八錢八分。
牛觔四十八斤，折銀十二兩。
牛角八十四副，折銀十八兩四錢八分。
麂皮本色三百五十八張。
直隸鳳陽府，大鹿三隻，折銀四十八兩。
小鹿十隻，折銀四十兩。
□□□十一隻，折銀一十五兩五錢。
翎毛三萬四千根，折銀十六兩三錢二分。
直隸淮安府，小鹿二隻，折銀八兩。
天鵞六十八隻，折銀三十四兩。

翎毛九萬一千一百九十根，折銀四十三兩七錢六分八厘。
麂皮本色三百十張。
直隸揚州府，小鹿二隻，折銀八兩。
天鵞六十二隻，折銀三十一兩。
麂皮本色二百三十四張。
直隸徐州，天鵞四隻，折銀二兩。
天鵞三隻，折銀一兩五錢。
虎皮三張，折銀九兩。
翎毛五萬根，折銀二十四兩。
麂皮本色二百五十張。
浙江，狐皮单年折色銀七兩五錢。
狐皮雙年本色一十五張。
麂皮本色四千五百三十八張。
江西，天鵞三十四隻，折銀一十七兩。
狐皮单年折色銀六十一兩。
狐皮雙年本色一百二十二張。
□皮本色三千三百十九張。
福建，狐皮单年折色銀七十五兩五錢。
狐皮雙年本色一百五十一張。
湖廣，小鹿一百四隻，折銀四百十六兩。
天鵞二百二隻，折銀一百一兩。
翎毛二十七萬九千二百根，折銀三百八十二兩四錢七分。
狐皮单年折色銀二十九兩五錢。
狐皮雙年本色五十九張。
麂皮本色一萬七千八百八十二張。
河南，大鹿二十八隻，折銀四百四十八兩。
小鹿一百六十九隻，折銀六百七十六兩。
羊皮三十六張，折銀十兩八錢。
狐皮单年折色銀一百一兩五錢。
狐皮雙年本色二百三張。
天鵞六十五隻，折銀三十二兩五錢。
麂皮本色五百八十六張。
缸罈折價銀三百四十三兩三錢四分六厘。
拾瓶罈本色四千二百六十三個。
□□
野味銀四十一兩九錢六分一厘六毫。
大鹿七隻，折銀一百十二兩。
狐皮单年折銀九百八十九兩五錢。
狐皮雙年本色一千九百七十九張。
翎毛二萬六千六百十八根，折銀四兩五錢八厘。
麂皮本色四十二張。
活天鵞二隻。
山西，羊皮三百六十五張，折銀一百九兩五錢。
翎毛五萬八千根，折銀二十八兩六錢五分。
麂皮本色八百九十三張。
廣西，小鹿三隻，折銀十二兩。
順天府
山場地租銀四百七十四兩三錢三分六厘。
瘦地銀一百二十兩三錢五分。
新增山場瘦地銀四十六兩五錢四分六厘八毫。
鐵冶民夫銀六百七十二兩六錢。
□班銀二兩二錢五分。
□平府
山場地租銀三百六兩七錢四分九厘一毫。
鐵冶民夫銀三千二百二十二兩四錢。
真定府，缸罈折價銀一千一百四十兩六錢五分。（略）
虞衡司，掌天下山澤採捕陶冶之事，凡四方一切輸貢及各監局鑄辦，皆由本司統覈出納。分司爲寶源局、驗試廳。盔甲王恭二廠所屬，爲寶源局，大使皮作局大使副使，軍器局大使副使。
年例錢糧，一年一次，

寶鈔司年例灰柴等料。

會有

甲字庫

粗白綿布二十五疋，每疋長三丈二尺，濶一尺八寸，每疋銀三錢該銀七兩五錢。

丁字庫

白蔴六百四十斤，每斤銀三分，該銀一十九兩二錢。

桐油一百二十斤，每斤銀三分六厘，該銀四兩三錢二分。

法司撥囚搬運，石灰一十一萬五千斤，每百斤銀七分五厘，該銀八十六兩二錢五分。

順天府辦送，石碓嘴三條，各長三尺，見方一尺二寸。

荆筐三箇，各長七尺，濶五尺，深三尺五寸。

通州抽分竹木局，貓竹十根，各長一丈五尺，圍三寸五分，照四號折五根，每根銀六分，該銀三錢。

□□十根内

十二根，各長一丈四尺，圍三尺八寸，照三號，每根一兩六錢，該銀十九兩二錢。

九根圍三尺二寸，照五號折九根六分，每根九錢三分，該銀八兩九錢三分。

十九根各長一丈三尺，圍三尺八寸，照四號折得二十根六分，每根銀一兩一錢五分，該銀二十三兩六錢九分。

以上除順天府石碓礲、荆筐係順天府辦送外，八項共銀一百六十九兩三錢九分。今減過銀三十四兩五錢六分五厘。

召買

石灰十一萬五千斤，每百斤銀七分五厘，該銀八十六兩二錢五分。

木柴七十一萬斤，每萬斤銀一十八兩，該銀一千二百七十八兩。

榆木四根各長一丈二尺，内二根徑一尺四寸，照二號，每根銀七錢八分，該銀一兩五錢六分二根，徑一尺二寸，照四號，每根銀七錢，該銀一兩四錢。

栗木二根，各長一丈二尺，圍二尺五寸，照二號，每根銀一兩八分，該銀二兩一錢六分。

柁木一十二根各長一丈八尺，圍四尺七寸，照五號折得一十一根七分，每根銀三兩，該銀三十五兩一錢。

馬尾二斤十二兩，每斤銀三錢二分，該銀八錢八分。

黃棕三十斤，每斤銀三分五厘，該銀一兩五分。

以上七項共銀一千四百六兩四錢。

廣積庫買辦硝黃，召買，盆浄□硝二十萬七千五百斤，每斤銀二分五厘，該銀五千一百八十七兩五錢。

熟硫黃四萬斤，每斤銀四分，該銀一千六百兩。

以上二項共銀六千七百八十七兩五錢。

兵仗局水和炭，

召買

水和炭五十萬斤，每萬斤銀一十九兩五錢，該銀九百七十五兩。外法司撥囚搬運五十萬斤。

酒醋麪局年例成造酒麪柴炭。

召買

木柴八十八萬斤，每萬斤銀一十八兩，該銀一千五百八十四兩。

木炭二萬斤，每百斤銀四錢二分，該銀八十四兩。外間一修理磚竈四座大通橋取城磚四百箇，該運價銀二兩二錢，召買白灰一千斤。每百斤燒運價七分五厘，該銀七錢五分。青灰六百斤，每百斤銀七分，該銀四錢二分。麻筋三百斤，每斤銀五厘，該銀一兩五錢。又寶源局□□□鐵鍋四口，雖經題節年止□□，俱未送，共銀四兩八錢七分。

酒醋麪局拴麯麻繩七百條，

會有

丁字庫

白麻一百二十四斤，每斤銀三分，該銀三兩七錢二分，近止給七十一斤二兩，該銀二兩一錢三分三厘七毫五絲。

尚寶司寶色，

召買

水花硃一百二十斤，每斤銀五錢二分，該銀六十二兩四錢。

前件皆召商辦送該司，今據商稱費累合無免買，即折銀送司自辦，似爲便益。

修倉廠派支協濟料價每年多寡不等。

基廠

杉木九十三丈，圍三尺，照估長二丈五尺，圍二尺五寸，折得四十四根七分，每根銀一兩八錢，該銀八十兩二錢八分。以上三項共銀一百九十六兩八錢三分。

丁字庫

白硝鹿皮一百五十張，每張銀四錢八分，該銀七十二兩。

通州抽分竹木局，貓竹五百七十四根，各長二丈二尺，圍一尺，折得七百四十二根八分，每根六分，該銀四十四兩五錢六分八厘。

以上二項共銀一百一十六兩五錢六分八厘。

召買，金箔四百五貼，各見方三寸六分，每貼銀四分五厘，該銀一十八兩二錢二分五厘。

中青熟絲細線一百一十八斤八兩，每斤銀九錢，該銀一百六兩六錢五分。

木紅熟絲細線八十斤，每斤銀九錢，該銀七十二兩。

梔枝緑熟絲細線二十六斤，每斤銀九錢，該銀二十三兩四錢。

茜紅火把纓一百一十斤，每斤銀一錢三分，該銀一十四兩三錢。

白硝獐皮一百一張，每張銀二錢五分，該銀二十五兩二錢五分。

白硝馬皮八十四張，每張銀三錢五分，該銀二十九兩四錢。

白硝黄牛皮二十四張一分，每張銀四錢五分，該銀一十兩八錢四分五厘。

透油黄牛皮十張，每張銀五錢，該銀五兩。沙魚皮九十四張，每張銀一錢五分，該銀一十四兩一錢。

藍斜皮五十六截，每截銀一錢，該銀五兩六錢。

紅斜皮三十三截六分，每截銀一錢，該銀三兩三錢六分。

黑斜皮五十一截五分，每截銀一錢，該銀五兩一錢五分。

白綿羊毛八十五斤四兩，每斤銀九分，該銀七兩六錢七分二厘。

土城二百五十斤，每斤銀五厘，該銀一兩二錢五分。

小灰二百二十石，每石銀二分，該銀四兩四錢。

麻子油三百五十斤，每斤銀二分，該銀七兩。

熟金漆三百二十四斤，每斤銀二錢四分，該銀七十七兩七錢六分。

木炭三萬二千斤，每萬斤銀四十二兩，該銀一百三十四兩四錢。

水和炭一十二萬五千斤，每萬斤銀一十九兩五錢，該銀二百四十三兩七錢五分。

松椀木一百八十丈，圍四尺，折得八十八根八分，每根銀二兩九錢，該銀二百五十七兩五錢二分。

椴木二十八丈，圍二尺五寸，每丈銀三錢六分，該銀一十兩八分。

榆木一十六丈五尺，圍三尺，每丈銀五錢，該銀八兩二錢五分。

檀木四十丈，圍二尺折得五十七根，每根銀四錢六分，該銀二十六兩二錢二分。木柴一萬七千斤，每萬斤銀一十八兩，該銀三十兩六錢。

□□□皮四百張，内二百張，二□□□銀四兩五錢二分，該銀九百四兩三號二百張，每張銀三兩六錢，該銀七百二十兩，共銀一千六百二十四兩。

以上二十六項共銀二千七百六十六兩一錢八分二厘。

車户運杉木九十三丈，脚價銀一兩五錢二分五厘。

三年一次。兵仗局大修兑換軍器，

會有

盔甲廠

白熟絲細線三十一斤，每斤銀九錢，該銀二十七兩九錢。

臺基廠

杉木一百一十丈，圍三尺，照長二丈五尺，圍二尺五寸，折得五十二根，每根銀一兩八錢，該銀九十三兩六錢。

□字庫

白硝鹿皮一百七十七張，每張銀四錢八分，該銀八十四兩九錢六分。

廣盈庫

黄素綾三疋各長三丈二尺，每疋銀八錢，該銀二兩四錢。

節慎庫

蘇州鋼五千五百一十斤，每斤銀三分六厘五毫，該銀二百一兩一錢一分五厘。

通州抽分竹木局

貓竹七百四十七根，各長二丈二尺，圍一尺，照長一丈七尺，折得八百九十根，每根銀六分，該銀五十三兩四錢。

以上六項共銀四百六十三兩三錢七分五厘。

召買

金箔三千九百二□□□方三寸六分，每貼銀四分五厘，該銀一百七十六兩四錢。
大□沙礶七十箇，每箇銀四分五厘，該銀三兩一錢五分。
中青熟絲細線三百四十二斤，每斤銀九錢，該銀三百七兩八錢。
木紅熟絲細線二百二十八斤，每斤銀九錢，該銀二百五兩二錢。
栢枝緑熟絲細線六十七斤，每斤銀九錢，該銀六十兩三錢。
黄熟絲細線三斤，每斤銀九錢，該銀二兩七錢。
茜紅火把纓四百三十七斤，每斤銀一錢三分，該銀五十六兩八錢一分。
白硝獐皮一百八十張，每張銀二錢五分，該銀四十五兩。
白硝馬皮一百七十張，每張銀三錢五分，該銀五十九兩五錢。
白硝黄牛皮二百一十四張，每張銀四錢五分，該銀九十六兩三錢。
透油黄牛皮一百七十張，每張銀五錢，該銀八十五兩。
藍斜皮五百六十八截，每截銀一錢，該銀五十六兩八錢。
沙魚皮一百六十七張，每張銀一錢五分，該銀二十五兩五分。
黑斜皮八百二十四截，每截銀一錢，該銀八十二兩四錢。
紅斜皮三十三截，每截銀一錢，該銀三兩三錢。
白綿羊毛一百四十六斤，每斤銀九分，該銀一十三兩一錢四分。
黑鵰翎六萬五千六百一十根，每根銀一分五厘，該銀九百八十四兩一錢五分。南針條二千斤，每斤銀六分，該銀一百二十兩。
土堿五百六斤，每斤銀五厘，該銀二兩五錢三分。
□子油五百三十斤，每斤銀二分，該銀一十兩六錢。
熟金漆四百一十斤，每斤銀二錢四分，該銀九十八兩四錢。
水和炭一十五萬三千斤，每萬斤銀一十九兩五錢，該銀二百九十八兩三錢六分。
木炭八萬九千斤，每萬斤銀四十二兩，該銀三百七十三兩八錢。
小灰二百七十五石，每石銀二分，該銀五兩五錢。
柳柴灰二萬五千斤，每百斤銀八錢五分，該銀二百一十二兩五錢。
松桅木四百丈，圍四尺，照一丈八尺，圍四尺五寸，折得一百九十七根，每根銀二兩九錢，該銀五百七十一兩三錢。
檀木七十丈，圍二尺，照長七尺，圍一尺五□□□□九十四根，每根銀四錢六分，該銀四十三兩二錢四分。
□木四十四丈，圍二尺五寸，每丈銀三錢六分，該銀一十五兩八錢四分。
榆木二十丈圍三尺，每丈銀五錢，該銀一十兩。
箭桿竹二萬一千八百七十枝，每百枝銀二錢一分，該銀四十五兩九錢二分七厘。
木柴五萬五千一百斤，每萬斤銀一十八兩，該銀九十九兩一錢八分。
生血水牛皮四百八十一張，内二號二百四十張，每張銀四兩五錢二分，該銀一千八十四兩八錢，三號二百四十一張，每張銀三兩六錢，該銀八百六十七兩六錢，共銀一千九百五十二兩四錢。
以上三十二項共銀六千一百二十二兩五錢七分七厘。
車户運杉木一百十丈，脚價銀一兩八錢三厘七毫。
酒醋麪局剿刀二十把（略）。
召買每把五錢該銀一十兩。已省七兩八錢四分
酒醋麪局酒麪家火。
生絹節麪羅六十副邊布全，拴驢索六百條，
會有
承運庫
甲字庫
潤生絹三十疋一丈一尺，該銀一十六兩七錢七分五厘。
潤機布二十二疋，該銀三兩九錢六分。
丁字庫
白麻六百斤，該銀一十八兩。
以上三項共銀三十八兩七錢三分五厘。
酒醋麪局鐵杓五十把。
召買該銀一兩五錢。
四年一次。
酒醋麪局盛麪竹簍二百個，竹籮三百個。
會有
丁字庫
白圓藤九十斤，該銀三兩六錢。
通州抽分竹木局，青皮貓竹一百二十根，該銀一十八兩。

以上二項共銀二十一兩六錢。
召買
筀竹四千根，每根八厘該銀三十二兩。
工食銀一十五兩八錢。已減七兩
酒醋麪局□麯麻繩一千五百條。
會有
丁字庫
白麻六百斤，該銀一十八兩，無工食酒醋麪局馬連根八百斤。
召買銀二兩四錢。
錦衣衛象房煑料鐵鍋口等件。
會有
甲字庫
明礬三百八十三斤八兩，每斤銀一分五厘，該銀五兩七錢五分二厘。
水膠八十五斤八兩，每斤銀一分七厘，該銀一兩四錢四分五厘。
黃丹一十一斤十兩，每斤銀三分七厘，該銀四錢三分。
苧布六疋二丈，每疋銀二錢，該銀一兩三錢二分五厘。
定粉一十四斤，每斤銀五分，該銀七錢。銀硃九斤八兩，每斤銀四錢三分五厘，該銀四兩一錢三分二厘。
槐子二斤，每斤銀一分，該銀二分。
靛花七斤，每斤該銀八分，共該銀五錢六分。
藤黃三斤，每斤銀五分，該銀一錢五分。
無名異六斤八兩，每斤銀四厘，該銀二分六厘。
水花硃二十二斤五兩二錢，每斤銀五錢二分，該銀一十一兩六錢九分。
二硃九斤二錢，每斤銀二錢，該銀一兩八錢二厘五毫。
馬湖茜草一千六百九十五斤，每斤銀一錢，該銀一百六十九兩五錢。
白礬一斤四兩，每斤銀四厘，該銀五厘。
丙字庫
□□六十五斤十四兩，每斤銀四錢，該銀二十六兩三錢五分。
吐絲四斤六兩，每斤銀四分，該銀一錢七分五厘。
丁字庫
白川線麻六十七斤，每斤銀三分，該銀二兩一分。
桐油八十六斤八兩，每斤銀三分六厘，該銀三兩一錢一分四厘。
白川麻七十一斤，每斤銀三分，該銀二兩一錢三分。
魚線膠六十七斤，每斤銀八分，該銀五兩三錢六分。
檾麻一百八十斤，每斤銀一分四厘，該銀二兩五錢二分。
廣長牛觔五十九斤，每斤銀一錢二分七厘，該銀七兩四錢九分三厘。
檀木三十根，共長六丈，照估每丈銀二分□□，該銀一錢三分八厘。
□□一萬八千七百二十斤，每斤銀六厘，該銀一百一十二兩三錢二分。
生血水牛皮二十二張，每張銀三兩六錢，該銀七十九兩二錢。
黃蠟一斤四兩，每斤銀一錢二分，該銀一錢五分。
節慎庫
熟建鐵一萬四千二百二十斤，每斤銀一分六厘，該銀二百二十七兩五錢二分。
廣盈庫
黃絹二十三丈八尺照估，每疋三丈六尺，折得六疋半，每疋銀五錢五分，該銀三兩五錢七分五厘。
紅綠紵絲二十七丈四尺五寸，每丈銀八錢，該銀二十一兩九錢六分。
黃布四丈三尺五寸照估，每疋長三丈銀二錢，該銀二錢九分。
通州抽分竹木局
杉木心一十二根，每根銀五分，該銀六錢。松木板二塊，每塊銀三錢，該銀六錢。
青皮貓竹五十三根半，每根銀一錢二分，該銀六兩四錢二分。
松木四根照估六號，每根銀六錢，該銀一兩三錢四分。
以上三十四項，共銀七百兩八錢二分五厘。
召買
秋白羊毛一千三百九十七斤八兩，每斤銀九分，該銀一百二十五兩七錢七分五厘。
紅真牛皮一百九十五張二分，每張銀五錢，該銀九十七兩六錢。
木柴一萬六千三百六十十斤，每萬斤銀十四兩五錢，該銀二十三兩七錢二分二厘。

麻線五斤，每斤銀一錢一分，該銀五錢五分。

木炭二萬二千三百三十斤十二兩，每萬斤銀三十五兩，該銀七十八兩一錢五分七厘。

煉城三百八十三斤十二兩，每斤銀八厘，該銀三兩七分。

黄杭細絹五十五丈八尺二寸，照估每疋三丈二尺折十七疋，每疋銀一兩二錢，該銀二十兩四錢。

黄藍熟絲線五兩二錢二分，每斤銀八錢七分，該銀二錢八分三厘。

胭脂八十二個，每百個銀五分，該銀四分一厘。

烟子三兩六錢，每斤銀五厘，該銀一厘一毫。

大碌八斤，每斤銀七分，該銀五錢六分。

廣膠二斤，每斤銀二分五厘，該銀五分。

花綿帶四十八條，每條銀二厘，該銀九分六厘。

金箔三百五十二貼，每貼銀二分，該銀七兩四錢。

黄細絡絨五百一十斤，每斤銀七錢，該銀三百五十七兩。

樟木一丈八尺，照估長六尺圍三尺五寸折三段四分，每段銀四錢五分，該銀一兩五錢三分。

小磨菇釘五千個，雨點釘二百個，鐵環鐵眼錢鐵轉軸鐵葉等件，重三十八斤，每斤銀三分，該銀一兩一錢四分。

茜紅羊毛二百七十八斤，每斤銀一錢三分，該銀三十六兩一錢四分。

白麻線二千五百二條，照估折得五千四百條，每百條銀二分，該銀一兩八毫。

緑斜皮一百二十八截二分，每截銀一錢，該銀一十二兩八錢二分。

□□□九十叚，每十叚給銀二分，該銀一錢八分。

香□七斤二兩四錢，每斤銀二分八厘，該銀二錢。

炸塊四萬四千五百五十一斤八兩，每萬斤銀一十二兩七錢五分，該銀五十六兩八錢三厘。

泡皮大木桶，一個量給銀二錢。

磁末三千五百斤，每百斤銀一錢三分，該銀四兩五錢五分。

青坩土三千斤，每百斤銀六分，該銀一兩八錢。

斜席一百七十領，每領銀二分五厘，該銀四兩二錢五分。

川腸草二千五百斤，每百斤銀二分，該銀五錢。

竹節十把，每把銀一分，該銀一錢。

馬尾羅十把，每把銀一分四厘，該銀一錢四分。

柳木杆四十根，每根銀五厘，該銀二錢。

土坯二千個，每百個銀七分，該銀一兩四錢。

喇叭一對，鎖吶一對，哱囉一對，共重五斤，十二兩，每斤銀一錢三分，該銀七錢四分七厘五毫。

横笛二枝，每枝銀二分，該銀四分。

槐木車頭四個，各長一尺五寸徑一尺四寸，照估長四尺五寸圍四尺五寸，折二個二分，每個銀三錢五分，該銀七錢七分。

槐木輻條七十二根，各長二尺五寸，濶三寸，厚二寸五分，照估二號長三尺二寸濶四寸厚三寸五分折三十根，每根該銀二分七厘，該銀八錢一分。

槐木二根，各長八尺，圍二尺一寸，照估六號，每根銀三錢七分，該銀七錢四分。

槐木水屑七十二根，各長七寸，厚一寸二分，照估長八寸見方一寸，折十五根六分，每根五厘，該銀三錢七分八厘。

榆木一根照估七號，每根銀五錢，該銀五錢。

棗木車輞三十六塊，各長二尺，濶六尺，厚三寸五分，照估二號長二尺五寸濶七寸厚三寸折二十八塊，每塊銀一錢五分，該銀四兩二錢二分。

襍油五十六斤八兩，每斤銀二分三厘，該銀一兩二錢九分九厘五毫。

細石麪二十斤，每斤銀二分五厘，該銀五錢。

二碌四斤八兩，每斤銀五分五厘，該銀二錢四分七厘五毫。

漆黄四斤，每斤銀三分，該銀一錢二分。白麪一十六斤八兩，每斤銀八厘，該銀一錢三分二厘。

石灰一十七斤四兩，每百斤銀一錢二厘，該銀一分七厘五毫。

桑皮紙二百四張，每百張銀三分，該銀六分一厘二毫。

葉銅三塊小釘六十四個，量給銀一錢

以上四十八項，共銀八百四十八兩五錢四分二厘一毫。

工食銀五百九十兩九錢九分六厘。

五年一次。

酒醋麫局竹筅箒二千四百把，竹笊籬二千四百把。
會有
通州抽分竹木局
青皮貓竹三百根，該銀三十二兩五錢。
召買
筀竹三千五百根，該銀三十一兩。
黃蔴二十斤，該銀六錢。
以上二項共銀三十一兩六錢。
工食銀十二兩。
酒醋麫局生絹酒袋二千條。
會有
承運庫
生絹二百七十五疋，該銀一百五十一兩二錢五分。
酒醋麫局蘆葦二萬五千斤。
召買該銀四十二兩五錢。
六年一次。
酒醋麫局麥櫈二座E102櫈四座。
會有
甲字庫，
水膠二斤，該銀三分四厘。
黃丹一斤，該銀三分七厘。
無名異一斤，該銀四厘。
丙字庫
吐絲半斤，該銀貳分。
丁字庫
魚線膠六斤，該銀四錢八分。
桐油七斤八兩，該銀二錢二分五厘。
以上六項共銀八錢。
召買
散木一十六根，內二根每根二兩一錢，該銀四兩二錢一十四根，每根一錢三分，該銀一兩八錢二分。
松木一十四根，內四根，每根銀六錢，該銀二兩四錢，一十根，每根銀一錢，該銀一兩。
三寸釘一百八十個，重三斤八兩，每斤三分，該銀一錢五厘。
兩尖釘三百個，重十斤，每斤銀三分，該銀三錢。
褓油三斤，每斤銀二分七厘，該銀八分一厘。
入油紅土六斤，每斤一分，該銀六分，
以上六項共銀九兩九錢六分六厘。
工食銀一十四兩三錢。
酒醋麫局掇桶二十五個，把桶二十五個，擡酒桶二十五個。
召買該銀三十兩，
酒醋麫局大木桶十隻，
召買該銀一十四兩。
酒醋麫局酒缸蓋五十個，
召買每個銀六錢該銀三十兩。
酒醋麫局布漆篋酒□四十個。
會有
丁字庫
白圓藤三斤，該銀一錢二分。
甲字庫
無名異一斤八兩，該銀六厘。
通州抽分竹木局
水竹軟篋一百二十斤，該銀一兩二錢
貓竹八根，該銀七錢二分。
以上四項共銀二兩四分六厘。
召買
熟黑漆二十二斤八兩，每斤銀一錢五分，該銀三兩三錢七分五厘。
白麫二十斤，每斤銀八厘，該銀一錢六分，斗梁褓木四十根，每根銀二厘，該銀八分，以上三項共銀三兩六錢一分五厘。
工食銀四兩九錢，

七年一次。
酒醋麪局水車二副，錫斗鐵事件全。
會有
甲字庫
黃丹三斤，該銀一錢一分一厘。
水膠二十斤，該銀三錢四分。
無名異三斤，該銀一分二厘。
丙字庫
吐絲一斤，該銀四分。
丁字庫
水膠一百斤，該銀八兩。
桐油一百斤，該銀三兩六錢。
魚線膠六斤，該銀四錢八分。
以上七項，共銀一十二兩五錢八分三厘。
召買
榆木九根，每根銀一錢五分，該銀一兩三錢五分。
棗木車輞三十塊，每塊銀三錢五分，該銀四兩五錢。
槐木二段，每段銀七分，該銀一錢四分。
檀木四根，每根銀四錢五厘，該銀一兩六錢二分。
檀木輻條四十根，照舊卷折六根，每根銀四錢五厘，該銀二兩四錢三分。
栢木一十二根，照估折九根，每根銀八錢四分，該銀七兩五錢六分。
襍油三十斤，每斤銀二分三厘，該銀六錢九分。
入油紅土四十斤，每斤銀一分，該銀四錢。
雙連釘二千個，重十八斤，每斤銀三分，該銀五錢四分。
以上九項，共銀一十九兩二錢三分。
工食銀一百兩九分一厘九毫九絲。
八年一次。
酒醋麪局起酒木杓三十把。
會有
甲字庫
水膠三斤十二兩，該銀六分三厘。
黃丹十兩，該銀二分三厘。
無名異十兩，該銀二厘五毫。
丙字庫
吐絲四兩，該銀一分。
丁字庫
桐油七斤八兩，該銀二錢七分。
以上五項，共銀三錢六分八厘五毫。
召買
杉板十二塊，每塊五錢，該銀六兩。
襍油三斤十二兩，該銀八分六厘。
白麪三斤十二兩，該銀三分。
紅土三斤十二兩，該銀三分七厘。
以上四項共銀六兩一錢五分三厘，工食銀四錢八分。
酒醋麪局大匾簸三十個。
會有
通州抽分竹木局
貓竹二百二十根，各長二丈五寸，頭圍八寸三分，稍圍四寸四分，該銀六兩七錢。
召買
筀竹二百五十根，每根八厘，該銀二兩工食銀三兩六錢。
酒醋麪局麴架松木五百根。
召買每根銀一錢七分，該銀八十五兩，十年一次。
□□□燒造內官監磁缸等件。
會有
承運庫
濶生絹五十疋，每疋銀五錢，該銀二十五兩。
甲字庫
□□□□五十疋，每疋銀一錢八分，該銀九兩。
丁字庫

白麻一千斤，每斤銀三分，該銀三十兩，以上三項共銀六十四兩。
召買
木柴三百九十四萬斤，每萬斤銀一十五兩，該銀五千九百十兩。
廣積庫預備細藥硝黄。
召買
盆净焰硝一百五十萬斤，每斤銀二分五厘，該銀三萬七千五百兩。
熟硫黄五十萬斤，每斤銀四分，該銀二萬兩。
以上二項共銀五萬七千五百兩。
乙字庫年例龍瀝等紙。
召買
大白龍瀝紙四百萬張，每百張銀三錢四分二厘，該銀一萬三千六百八十兩。
小白中夾紙四百萬張，每百張銀一錢，該銀四千兩。
大黄龍瀝紙一百五十萬張，每百張銀三錢四分二厘，該銀五千一百三十兩。
大紅龍瀝紙五十萬張，每百張銀三錢四分二厘，該銀一千七百一十兩。
大緑龍瀝紙五十萬張，每百張銀三錢四分二厘，該銀一千七百一十兩。
大皂龍瀝紙五十萬張，每百張銀三錢四分二厘，該銀一千七百一十兩。
高頭白紙三百萬張，每百張銀一分九厘，該銀五百七十兩。
小開化紙二百萬張，每百張銀四分，該銀八百兩。
以上八項共銀二萬九千三百一十兩。
兵仗局補造神器，
會有，
節慎庫
熟建鐵三萬七千四百斤，每斤銀一分六厘，該銀五百九十八兩四錢。
蘇州鋼二千一百四十六斤，每斤銀三分六厘五毫，該銀七十八兩三錢二分九厘。
南鉛一萬三百二十斤，每斤銀四分五厘，該銀四百六十四兩四錢。
丁字庫
白硝山羊皮二千四百張，每張銀一錢七分，該銀二百三十八兩。
桐油一千一百斤，每斤銀三分六厘，該銀三十九兩六錢。
二火黄銅八萬七千四百六斤，每斤銀八分一厘，該銀七千七十九兩八錢八分六厘。
通州抽分竹木局
貓竹一千八百根，各長二丈二尺，圍一尺，照四號長一丈七尺，折二千三百二十九根，每根銀六分，該銀一百三十九兩七錢四分。
以上七項，共銀八千六百三十八兩三錢五分五厘。
召買
生血水牛皮一百七十張，二號八十五張，每張銀四兩五錢二分，三號八十五張，每張銀三兩六錢，共該銀六百九十兩二錢。
熟南漆二千一百六十六斤，每斤銀一錢五分，該銀三百二十四兩九錢。
透油黄牛皮八百五十張，每張五錢，該銀四百二十五兩。
脂硝黄牛皮四百三十張，每張銀四錢五分，該銀一百九十三兩五錢。
熟金漆三千八百斤，每斤銀二錢四分，該銀九百一十二兩。
大樣砂礶九千四百個，每個銀四分五厘，該銀四百二十三兩。
木炭二十八萬斤，每萬斤銀四十二兩，該銀一千一百七十六兩。
水和炭五十五萬斤，每萬斤銀十九兩五錢，該銀一千七十二兩五錢。
柳柴炭六千斤，每百斤銀八錢五分，該銀五十一兩。
松柁木七百二十丈，圍四尺，照估五號長一丈八尺圍四尺五寸，折得三百五十五根五分，每根銀二兩九錢，該銀一千三十兩九錢五分。
□□□五丈圍二尺，照三號長七尺圍□尺五寸折得一百二十一根，每根銀四錢六分，該銀五十五兩六錢六分。
椵木二百六十丈圍二尺五寸，每丈銀三錢六分，該銀九十三兩六錢。
杉木一百二十丈，圍三尺，照二號折四十根，每根銀三兩六錢，該銀一百四十四兩。
木柴四萬斤，每萬斤銀一十八兩，該銀七十二兩。
桑木一百四十丈，圍三尺，照長一丈圍二尺五寸折一百六十八丈，每丈五錢五分，該銀九十二兩四錢。
以上十四項，共銀六千七百五十六兩七錢一分。
兵仗局修造馬臉尾鏡。
會有

甲字庫

水銀一百七十八斤一十四兩，每斤七錢三分，該銀一百三十兩五錢七分八厘七毫。

銀硃五百四十斤五兩，每斤銀四錢三分五厘，該銀二百三十五兩三分五厘九毫。

水膠三千六百八十四斤，每斤銀一分七厘，該銀六十二兩六錢二分八厘。

明礬四千七十一斤，每斤銀一分五厘，該銀六十一兩六分五厘。

藍靛九千八百二十二斤，每斤銀一分八厘，該銀一百七十六兩七錢九分六厘。黄丹一百八斤一十兩，每斤銀三分七厘，該銀三兩九錢九分八厘三毫。

五棓子三千一百□□，每斤銀三分，該銀九十三兩二錢一分。

光粉一百八斤一十兩，每斤銀三分，該銀三兩二錢五分八厘七毫五絲。

硼砂一百三十九斤一十二兩，每斤銀□錢五分，該銀七十六兩八錢六分二厘五毫。

丁字庫

白硝鹿皮四百七十五張，每張銀四錢八分，該銀二百二十八兩。

白硝山羊皮三千五百六十九張六分，每張銀一錢七分，該銀六百六兩八錢三分二厘。

生漆七千三百五十斤六兩，每斤銀□□五厘，該銀四百七十七兩七錢七分□厘。

白錫四百八十二斤三兩，每斤銀八分，該銀三十八兩五錢七分五厘。

桐油一千四百一十斤，每斤銀三分六厘，該銀五十兩七錢六分。

黑水牛角一千五百七十二隻，每隻銀七厘，該銀一十一兩四厘。

牛觔二千四百五十二斤三兩，每斤銀一錢二分七厘，該銀三百一十一兩四錢二分七厘八毫。

節慎庫

蘇州鋼五萬二千八百一十五斤，每斤銀三分六厘五毫，該銀一千九百二十七兩七錢四分七厘五毫。

熟建鐵二十六萬二百九十斤六兩，每斤銀一分六厘，該銀四千一百六十四兩六錢四分六厘。

通州抽分竹木局

貓竹□千二百四十八根，圍一尺，各長二丈二尺，每根銀一錢，該銀二百二十四兩八錢。

山臺竹木等廠

杉木二百九十二丈，圍三尺，每丈銀一兩一錢，該銀三百二十一兩二錢。

以上二十項，共銀九千二百六兩一錢九□□□□□□。

□箔六百八十九貼六分，各見方三寸六分，每貼銀四分五厘，該銀三十一兩三分二厘。

大紅熟細絨六十四斤三兩二錢，每斤銀九錢，該銀五十七兩七錢八分。

栢枝緑熟細絨四百七十二斤八兩，每斤銀九錢，該銀四百二十五兩二錢五分。

中青熟細絨二千二百六斤，每斤銀九錢，該銀一千九百八十五兩四錢。

木紅熟細絨二千七百四十九斤十二兩八錢，每斤銀九錢，該銀二千四百七十四兩七錢七分九厘五毫。

栢枝緑熟絲細線一千一百五十二斤四兩八錢，每斤銀九錢，該銀一千三十七兩七分。

木紅熟絲細線一千五百七十二斤三兩二錢，每斤銀九錢，該銀一千四百一十四兩九錢八分。

中青熟絲細線二千一百四十八斤四兩，每斤銀九錢，該銀一千九百三十三兩四錢二分五厘。

白熟絲細線一百六十五斤十三兩六錢，每斤銀九錢，該銀一百四十九兩二錢三分四厘六毫。

黄熟絲細線十一斤一兩六錢，每斤銀九錢，該銀九兩九錢九分。

足色金三百九兩五錢六分八厘，每兩銀六兩，該銀一千八百五十七兩四錢八厘。

銀絲四十七兩八錢四分，每兩銀一兩一錢，該銀五十二兩六錢二分四厘。

茜紅火把纓五萬五千八百八十五斤九兩，每斤銀一錢三分，該銀七千二百六十五兩一錢二分三厘一毫。

黑火把纓四千四百二斤，每斤銀一錢二分，該銀五百二十八兩二錢四分。

白綿羊毛一千八百一十五斤十二兩，每斤銀九分，該銀一百六十三兩四錢一分七厘五毫。

脂硝黃牛皮一千三百二張四分，每張銀四錢五分，該銀五百八十六兩八分。

紅真黃牛皮七百五張六分，每張銀五錢四分，該銀三百八十一兩二分四厘。

透油黃牛皮五十二張八分，每張銀五錢，該銀二十六兩四錢。

白硝馬皮一千二十二張四分，每張銀三錢五分，該銀三百五十七兩八錢四分。

白硝獐皮二百六十四張，每張銀二錢五分，該銀六十六兩。

黑真黃牛皮一百八十張，每張銀五錢五分，該銀九十九兩。

沙魚皮六百三十三張六分，每張銀一錢五分，該銀九十五兩四分。

藍斜皮九千四百二十五截六分，每截銀一錢，該銀九百四十二兩五錢六分。

黑斜皮三千三百八十五截六分，每截銀一錢，該銀三百三十八兩五錢六分。

白斜皮二百四十七截二分，每截銀一錢，該銀二十四兩七錢二分。

榆木一百五十二丈二尺圍三尺，每丈銀五錢，該銀七十六兩一錢。

熟金漆五百五十六斤五兩，每斤銀二錢四分，該銀一百三十三兩五錢一分五厘。

麻子油三百二十九斤，每斤銀一分，該銀三兩二錢九分。

紫樺皮一百五十七斤，每斤銀一分五厘，該銀二兩三錢五分五厘。

五色磁末三十六斤，每斤銀五分，該銀一兩八錢。

□□□礶二千一百八個，每個銀四分五厘，該銀九十四兩八錢六分。

土堿一千二百五十二斤，每斤銀五厘，該銀六兩二錢六分。

小灰三百九十二石八斗，每石銀二分，該銀七兩八錢五分六厘。

水和炭一百六十八萬二千七百斤，每萬斤銀十九兩五錢，該銀三千二百八十一兩二錢六分五厘。

木炭六十八萬四千一百一十七斤，每萬斤銀四十二兩，該銀二千八百七十三兩二錢九分一厘四毫。

白炭九千六百斤，每萬斤銀四十九兩，該銀四十七兩四分。

接白鵰翎三百八十根，每根銀一分四厘，該銀五兩三錢二分。

雉雞尾翎一萬六千八百五十二根，每根銀七厘，該銀一百一十七兩九錢六分□厘。

黑□翎一萬一千二百三十五根，每千根銀三錢五分，該銀三兩九錢三分二厘二毫五絲。

黑鵰翎一萬零二百三十二根，每根銀一分五厘，該銀一百五十三兩四錢八分。

檀木八十四丈圍二尺，每丈銀七錢，該銀五十八兩八錢。

椴木一百五十四丈七尺，圍二尺五寸，每丈銀三錢六分，該銀五十五兩六錢九分二厘。

木柴八萬八百八斤，每萬斤銀一十八兩，該銀一百四十五兩四錢五分四厘。

箭桿竹三萬一千四百四十根，每百根銀二錢一分，該銀六十六兩二分四厘。

紅斜皮一百二十二截四分，每截銀一錢，該銀十二兩二錢四分。

白硝鹿皮四百七十六張八分，每張銀四錢八分，該銀二百二十八兩八錢六分四厘。

藍靛九千八百二十二斤，每斤銀一分八厘，該銀一百七十六兩七錢九分六厘。

生漆一萬斤，每斤銀六分五厘，該銀六百五十兩。

以上四十八項，共銀三萬五百五兩一錢七分六厘七毫五絲。

車户運杉木二百九十二丈，該脚價銀四兩八錢七分六厘四毫。

酒醋麪局驢槽二十面。

召買

散木二十根，該銀一十六兩八錢。

松木四十根，每根銀一錢七分，該銀六兩八錢。

松板八十塊，每塊四錢五分，該銀三十六兩。

雙連釘八斤每斤三分，該銀二錢四分。

五寸棗核釘八百個重八斤，該銀二錢四分。

裸油紅土裸料，該銀八錢。

以上六項，共銀六十兩八錢八分。

工食銀十六兩九分五厘。
酒醋麪局石磨二副盤板桿索全。
順天府送辦石磨二副。
營繕所文思院成造盤板桿索。
會有
丁字庫
白麻二百五十斤，該銀七兩五錢。
召買
盤板等料共銀五兩一錢九分二厘。
工食銀三兩一錢二分。
□□□局羅櫃二座框全。
會有
甲字庫
水膠五斤該銀八分五厘。
丙字庫
土絲一斤，該銀四分。
丁字庫
魚線膠四斤，該銀三錢二分。
通州抽分竹木局
貓竹一根，該銀九分五厘。
以上四項，共銀五錢四分。
召買
散木八根，每根一錢一分，該銀八錢八分。
榆木四段，每段一錢五分，該銀六錢。
棗木二段，每段一錢五分，該銀三錢。
雙連釘一百六十個重三斤，每斤三分，該銀九分。
兩尖釘二百個重三斤，該銀九分。
□□□十斤每斤二分三厘，該銀二錢三分。
白麪六斤，每斤八厘該銀四分八厘。
以上七項共銀二兩二錢三分八厘。
工食銀一十八兩七分四厘。
酒醋麪局千斤索六百條庚午乙酉年
會有
丁字庫
白麻六百七十二斤，該銀二十兩一錢六分。
酒醋麪局大鍋蓋四個。
召買每個五兩共銀二十兩。
酒醋麪局飯槽二座，酒榨二副。
會有
丁字庫
桐油六十斤，該銀二兩一錢六分。
魚線膠四斤，該銀三錢二分。
甲字庫
水膠十斤，該銀一錢七分。
黄丹二斤，該銀七分四厘。
無名異三斤，該銀一分二厘。
丙字庫
土絲二斤，該銀八分。
以上六項共銀二兩八錢一分六厘。
召買
散木三根，該銀六兩七錢八分。
榆木四根，該銀二兩二錢。
松板三十六塊，照估折三十五塊，每塊一兩六分，該銀三十七兩一錢。
褳油二十四斤，該銀五錢五分二厘。
四寸棗核釘四百八十個，共重三十二斤，該銀九錢六分。
五寸螞蝗□五百個，共重四十三斤，該銀□□□錢九分。
入油紅□□十斤，該銀二錢。
白麪二十斤，該銀一錢□分。
以上八項共銀四十九兩二錢四分二厘，
工食銀十八兩六錢二分三厘。

酒醋麪局石碓四副

順天府辦送。

丁字庫羊皮等料。

遇缺召買

山羊皮二萬七百五十九張，每張銀二錢，該銀四千一百五十一兩八錢。

執建鐵十九萬三千二百七十五斤，每斤一分六厘，該銀三千九十二兩四錢。

以上二項共銀七千二百四十四兩二錢，前件條例原額，每年題辦不得踰溢。查萬曆四十一年，該庫朦朧題辦熟建鐵十三萬斤，該銀二千八十兩。白硝山羊皮十三萬二千張，該銀二萬二千四百四十兩。羊粉皮四萬五千張，該銀一萬三千五百兩，三項共銀三萬八千二十兩，俟本部題覆第。

明　周嘉胄《香乘》卷九　海南俗以貿香爲業。

明　張大復《梅花草堂集》卷一四《衢橘》　橘之品出衢州、西安者上，味甘如蜜而韻不純恬，膚澤液滿，蔕有凸如花，觸手易解，此品之上也。其次膚不澤，廓不圓穩而味特恬，西安人都販蘇州，所在亦時有，獨吾鄉市上無此。何故？土人云：「霜後採橘藏半月許，始出。」販乃不知味韻俱足，却在冬春之交，先此味不全，入春則易敗。採者利易脱而售者無厚價，吾鄉人不好事，故弗賣也。今日孝若信至，得百二十枚，其大如盂臏，潤厚多液，香甘如乳，入春十五日矣，以寒甚獨不敗。

明　任弘烈《泰安州志》卷二　狐狸皮銀十兩四分。活鹿銀三十二兩。

清　曹溶《倦圃蒔植記》總論　芝草，山中多產，野人或取售之，殊易與耳。曾見有四五十莖者，甚奇，然未覺其香。或云同米蒸飯，其香始升瑞，未敢必姑爲雅玩。

清　允祹《大清會典則例》卷九四　（乾隆）二十四年覆準貿易番船回國，除禁物外，不許附載內地人口及潛運造船大木、鐵釘、油麻等物，糧米止準酌帶口糧，不許多販貿易，畢回國時該督撫委官察禁。

又　卷三八　一顔料庫，凡各省解到銅、鐵、鉛、錫、硃砂、黄丹、沉香、降香、黄茶、白蠟、黄蠟、紙、桐油並花梨、紫榆等木，灼付庫收貯。又專辦成造香燭，以供祭祀，以備內用。直隸布政使司應解黄櫨木二千四百三十斤，芝麻百石。山東布政使司應解黄丹五千斤。山西布政使司應解平鐵七萬斤，毛頭紙四十萬張，呈文紙萬張。河南布政使司應解黑鉛七萬六百八十三斤。江蘇布政使司應解烏梅千斤，明礬六千斤。安徽布政使司應解紅熟銅九千六百二十五斤有奇，鋼萬有六百六十一斤，桐油萬三千二十六斤，銀硃五千八百十有一斤有奇。江西布政使司應解銀硃二千五百八十九斤有奇，桐油二千五百四十一斤，紫草一百六十二斤有奇，五棓子二百九十七斤有奇。福建布政使司應解紅熟銅八千六百有八斤有奇，黑鉛十萬五千百五十七斤有奇，沉速香六百斤。浙江布政使司應解黄熟銅千六十五斤，桐油八千三百二十九斤有奇，芽茶五千斤，黄茶九十二簍，計九千二百斤。湖北布政使司應解黑鉛萬七千六百六十九斤。湖南布政使司應解黑鉛萬七千六百六十九斤。廣東布政使司應解紫降香九百斤，沉香三百斤，紫榆木十四段，每段重二百斤，花梨木十四段，每段重百五十斤，廣膠千斤，廣靛花二千斤。雲南布政使司應解天青二百三十斤有奇，次天青六十六斤有奇。順治初年定直省起解本色物料，守道布政使司差委廉幹官填付勘合，水陸撥夫限程扣送到京，先將批迴赴京畿道挂號，方準投部，部令各司察驗收貯。即判批迴給原解官回銷，仍存案以備考察。九年議準直省解交本色顔料藥材等項，酌議折銀起解。十年諭民間辦解物料籤點解户賠累難堪，其應解本色官收官解，不得仍派小民，欽此。十七年題準顔料等項定限，每歲八月交納。康熙七年題準各省本色顔料本年四月領銀辦買，限十月解部。十一年題準顔料等項，該撫委的當官役批内注定到京月日，赴崇文門挂號，後限五日內交納。由部照批察驗，逾限者將領解官糸處。如已到京不即交納，或姦蠹包攬，及崇文門役需索抑勒者，照侵欺例處分。二十五年奉旨直隸山東河南停解本色狐皮，準以折色解部在京採買。二十六年覆準直省停解芝麻花絨，折色解部，俟庫内用完，再行解送。其梨木板片停其解送，俟需用時，在京購買。如尺寸不符，再行交該撫辦解。又覆準山東等省停解牛角、白芨、紫草、靛花，均折價解部。二十七年覆準蜀道險阻，解送白蠟，恐致累民。著停其解送，將採辦價銀撥充兵餉。二十八年覆準廣東每年解送本色顔料止委府佐二人，分批彙解。又題準各省所解顔料，該督撫計路程遠近，酌給水脚，以杜濫派。三十一年覆準豫省不產牛角，將增辦千五百副改令廣東太平關、粤海關及揚關每關辦解五百副，揚關每年限十一月内到部，太平關、粤海關限次年二月到部。三十三年諭各省解送各項物料内或有無用者，亦有京師可以辦買者，令該部將應解送應停止款項，確議具奏，欽此。遵旨，議準各省解送黃櫨木等九十九項令照舊解送，白銅無應用之處，將此項停解。青粉等三十八項外省價直并腳價合算，比在京時價轉貴，停其外解。如有應用之處，在京照時價採買，或遇時價騰貴，京中闕少，由部具題再令出産省分解送。三十八年議準各省辦解物料，均照賦役全書開載辦解，其辦買價直路費，均動正項。五十一年議準各省應解顔料等項，如不堪應用，將監辦官照侵蝕入已例，嚴加究處。該撫照不行遴委能員例，議處。其辦買價直即著落監辦官及該撫分賠。五十八年覆準顔料庫照銀庫例動支舊存物料，將新收者别行收貯。雍正三年奏準舊定各省解送物料，有非本省所出者，皆停。其解送改於出産省分或貨物聚集之處，令其解送。直隸、山東原解牛角弓面停，其解送竢庫存牛角將用完時，改令出産之江南、湖北、湖南三省分解。陝西所解紫草暫停解送，竢庫内所存將用完時，令其起解。山西增解之毛頭紙百有五萬張，停其解送。每年但將原解十有五萬張解送，數年之後，酌量足用，再停額解。

又 卷九二 凡採伐木材鞍版歲，令古北口外鞍工採送，以百有四具貯北鞍庫，六百具貯南鞍庫。弓幹歲遣司弓一人，弓人、族長每旗各一人，弓人十名，各給官馬，備四十日糧，往牆子嶺採取。

御用弓幹六百具，官用弓幹四千六百具，以二千具貯庫，餘交兵部陸續取用。弓弰、弓靶需用椿樹皮，庫貯者不敷用時，奏派弓匠、族長一名，三旗匠役各三名，會兵部官一人，前往保定府、屬望快等處採取。矢笴由盛京内務府總管歲採送，楊木笴七千收貯氊庫。凡徵納物料，象皮由光禄寺、鹿麀熊豕皮由尚膳房、馬牛駝皮由牧羣隨時交納外，藩歲貢薰皮由理藩院移送，均無定數。張家口税務監督歲納牛皮八百，小牛皮二千，犢皮二百。

盛京將軍歲納上用皂皮十有五。禮部移送朝鮮國歲貢佩刀十，鹿皮百。牧場歲剪羊毛由慶豐司、熟皮羊毛由廣儲司、張家口牧場歲剪羊毛由税務監督，會游牧總管選擇運送，均無定數。寒羊毛行文户部，轉行山東巡撫歲納三千斤，羊羢由院採買。蒙古王公台吉歲貢鵰翎由理藩院、捕户捕取鵰翎由都虞司、孔雀翎由奉宸苑等處移交。鶴翎、雉翎、雁翎於需用時，行都虞司轉飭捕户交送。

盛京將軍歲納鶻鶻等翎，令司矢閱驗，分別等第奏聞折賞有差。牛角由牛羣、鹿角鹿筋鱏鰉由尚膳房隨時交納，魚鰾廣鰾於需用時行户部支取，樺皮由吉林將軍每二歲納呈樣樺皮二百片。

又 卷一六八 御用飾東珠、倭段、櫜鞬以司弓司矢恭奉隨侍一射侯、步射、布侯高四尺七寸，廣一尺，以木爲邊，鞔以素布畫鹿形爲正。氊侯高五尺，廣四尺，虚中，徑三尺，中棲皮爲的，席侯亦如之。皮鵠徑九寸至一寸五分，布鵠徑一尺二寸至四寸，各有差。試武舉，席侯高八尺，廣五尺，槷以朱繪鵠三，上插五色旗。五馬射氊毬圓徑八寸，以白氊爲之，實以駝絨，上綴朱氂鳥槍，設木牌爲的，高二尺，廣半之。

一採伐木材，順治初年定古北口外鞍匠三十五户，間一年採取鞍版一千三百五十具，令驛傳遞送。又定八旗弓匠等每年往大水峪採取上用弓胎六百，官用弓胎三千五百二十有五。又定牆子嶺曹家路北山採取弓胎，差司弓一人，弓匠十有六名，地方官給兵二百四十五名，嚮導人八名，嚮導每名給盤費銀十八兩四錢，所採弓胎，令地方官運送。十八年題準古北口外採取鞍版，間一年採送七百具，停用驛傳，令匠役等自行運送。康熙十八年，議準盛京佐領處每年採送楊木箭杆三千枝，樺木箭杆二千枝，作槳木百根，槍杆三百根，樹黄三倉斗六升，火茸三斤，火石一斗。三十九年奏準盛京佐領處每年額交圓幄柳木椽四百根。四十五年議準牆子嶺採取弓胎，停止該地方官嚮導兵丁，差司弓一人引路，新滿洲八名，每旗弓匠族長一名，弓匠九名，給官馬前往。雍正五年奏準每年採取古北口外弓胎，委出八旗司弓一人，每旗弓匠族長一人，弓匠十名，照例給與官馬，各給四十日口糧，將所採弓胎令驛傳運送，至京如貯庫弓胎有餘，間年採取。又奏準御用弓胎二千具貯庫，官用弓胎三千二百具，交兵部存貯。乾隆十五年議準樺木箭杆二千枝停止交送，楊木箭杆，每歲交七千枝。

一徵收皮張，順治初年定馬牛駝皮由馬牛羣及各莊園交納，鹿麀熊麞豬野豬等皮由尚膳房移送，象皮由光禄寺移送，均收貯備用。又定每年委庫官一人，率領催匠人往張家口，會同税務監督於游牧處倒斃馬駝牛皮内，選取足用，令監督運送至京。十六年題準盛京將軍每年交送鹿皮一百六十張，麀皮一百四十張。十八年題準每年由户部支取朝鮮國青黍皮即緑斜皮一百五十張，鹿皮五十張。康熙七年題準朝鮮國進貢青黍皮二百八十張，鹿皮百張，腰刀十口，每年由禮部移送。十二年定外藩進貢熏皮，啟奏收貯内庫，估價給賞。十八年題準盛京將軍每年止徵鹿皮百張。二十五年題準緑斜皮停止，由户部支取，著本院自行成造。二十六年題準盛京佐領每年交送上用皂皮三十張，官用皂皮七十張，其染造需用五棓子三十斤，由院置買給付。雍正元年免朝鮮國進貢青黍皮。四年奏準牛馬皮停止差官往張家口交税務監督會牧場總管揀選運送至京。又定張家口每年額送馬皮二千張，馬駒皮千張，駝皮百張，牛皮三百張，小牛皮千五百張，犢皮二百張。八年定馬皮、駒皮、駝皮停支交送，俟應用時行文支取。乾隆六年定張家口交送牛皮，每年增五百張。十一年定盛京佐領每年交送上用皂皮十五張，官用皂皮停止交送。又定染皂需用五棓子減去十五斤。

一徵收毛角筋膠，順治初年定每年春秋二季慶豐司剪取羊毛，並廣儲司所有熟皮羊毛，交送收貯。又定各莊園牛羣牛角、尚膳房鹿角鹿筋均隨時交送貯庫。又定鰾膠以庫内存貯朽皮，每年熬煮水膠、鹿角膠盡用，熬煮魚鰾廣膠酌量，所用奏請由户部支取。烏喇捕牲人所得鱏魚鰾，交送貯庫。又定每年差庫官一人率領催匠人往張家口會税務監督於游牧處剪得羊毛内，揀選可用者，令監督運送至京。其寒羊毛、羊絨由户部支取。康熙九年題準游牧場春秋二季所剪之毛，令其交送付沙河氈作。四十八年奏準寒羊毛、羊絨停，於户部支取寒羊毛，交臨清關税務監督。每年辦三千斤，羊絨交河東鹽政，每年辦千斤運送。五十四年定寒羊毛由山東巡撫辦送。雍正元年奏準停止河東交送羊絨，遇用時，動廣儲司庫銀採買。四年議準張家口牧場所剪之毛停止，差官辦理交該税務監督會馬駝牛羊羣總管揀選運送。乾隆三年奏準貯庫黑白羊毛如不敷用，奏交張家口税務監督購買交送。一徵收樺皮木賊草，順治初年定寧古塔將軍每一年一次額交進，呈樺皮二百張，上用樺皮五千張，官用樺皮二萬五千張，暖木皮四百五十斤，木賊草四百五十斤，由兵部移送。又定盛京佐領每年額交木賊草五百斤。又定山海關外莊頭每名歲交茜草五十斤，由會計司移送。乾隆四年奏準山海關外莊頭額交茜草，每斤折銀七分，交廣儲司庫收貯應用。茜草由院委官於廣儲司領銀採買，用過銀數，年終題銷。十年定每二歲額交樺皮萬張。

一徵收翅翎，順治初年定雕翎、鸛翎、鸛筋每年打捕户捕送，由都虞司交送收貯，其鸛翅、雉翅、鴈翅遇用時，行都虞司著捕户捕送。又定奉宸苑所養孔雀等翎，均隨時交送收貯。蒙古王台吉等進貢鳥翎，由内庫給賞，若不足用，由院採買。又定每年奉天將軍等捕送雕鸛等翅無定數，到日，令司矢揀選，分别等第，奏聞。折賞一等虎班雕每副賞銀五兩，二等四兩，三等三兩，四等二兩，五等一兩；一等皂雕每副賞銀七兩，二等五兩五錢，三等四兩，四等二兩五錢；一等芝蔴雕每副賞銀二兩，二等一兩五錢，三等一兩，四等五錢；重尾雕海鸛不分等第，每副均賞銀五錢。所交虎班雕、海鸛等翅，各如數賞銀外，其芝蔴雕、皂雕、重尾雕應賞之銀，每五錢折給毛青布一疋。督捕虎班雕之官，每人賞段二疋，領催每名賞紬一疋，毛青布四疋，捕皂雕、芝蔴雕、重尾雕、海鸛之領催，每名賞毛青布四疋，驍騎每名三疋，所賞銀布均移廣儲司賞給。康熙六十年盛京佐領捕送雕鸛等翅，由院照例議賞具奏，奉旨所議太過，著減半賞給。

一採買物料，康熙四十八年題準造櫜鞬刀鞘皮韊等項，用贏皮拴鞍造韉夾版纏虎槍牛皮熟皮硝五棓子，並造箭青鶴等翎，每年共動用崇文門税務銀千兩採買，所餘銀交廣儲司庫，如不敷用，奏請再取。雍正四年奏準採買皮料箭翎，於原支崇文門税務銀千兩内將五百兩交廣儲司，由院領銀五百兩採買，應用如有餘銀，仍交廣儲司。若遇款項繁多之年，本院存項不能敷用，於廣儲司領取應用，仍將採買物料數目，年終奏聞。乾隆六年奉旨嗣後採買餘銀若至百兩，交送廣儲司，如不至百兩，著收貯備用。

一領用金銀絲葉，上用什物鍍用金銀葉，重一錢五分，官用減五分，儀仗什物如之。賞用鞍勒鐙鍍用銀葉，重一錢，鐙雲鐙鏇眼錢重五分，鐙雲釘頭貼用金葉，重二分。修理舊物上用者，鍍用金銀葉，重一錢，貼減五分。官用者鍍貼均重五分。其應鍍器物，量其廣狹，每長三寸八分，濶二寸六分者，用金銀葉一張，重五分；方二寸五分者，葉重二分；長二尺，濶一分者，用金絲六條；每條重一分。長三尺，濶一分者，用銀絲六條。每條重一分。

一奏銷順治初年定每年將成造用過見存之上乘鞍駕鞍及各甲胄、櫜鞬、槍刀、弓箭、弓面皮張、羊毛氈、翎筋鰾等物，彙覈繕黄册，於次年題銷。馬策鞍、版氈、韂鞍籠、舊鞦轡、官鞍、馱鞍、箭鐵、鷹鈴、樺皮、旱牛角、弓胎、皮絃、槍杆、木賊、草火鏈包等物，各該庫繕藍册，於次年呈結。其各題奏本摺黄册送廣儲司收貯。又定每月將領過廣儲司金銀段布各項數目及題奏咨呈事件彙繕二册，移稽察内務府御史衙門察覈。雍正五年覆準每年黄册定於次年八月題銷，藍册定於次年九月呈堂。七年奏準每年由户部領用魚鰾等項，於次年四月内題銷。乾隆五年奏準圓頂氈幄及黄蓋坐褥等項每年入黄册具題。又定馬步射射侯氈毬，每年入藍册，具呈年終繕册，移稽察内務府御史衙門察覈。一看守庫藏順治十二年奏準各庫鑰匙交送内廷收貯。

清 雍正《井陘縣志》卷一《風俗》 商之大者,民貧乏本,不能爲之。貿易者,不過陶冶、柴薪、菽粟、棗菓之類。

清 乾隆《祁州志》卷七 年年兩會冬初春季,百貨輻輳,商賈雲集,藥材極海山之産,布帛盡東南之美,皮服來島夷而販,日西名駒,竭秦晉而空冀北,今之視昔依然。

清 李斗《揚州畫舫録》卷一一《虹橋録下》 堤上多蟬,早秋噪起,不聞人語。長竿黏落,貯以竹筐,沿堤貨之,以供兒童嬉戲,謂之青林樂。

清 徐本《清律例》卷二四 一山海等關巡查人員,如有搜獲人參、珠子,巡查人等户部按數給賞。該管官兵部議敘,如有搜查不力,以及私帶過關者,將該管官照失察例議處,巡查人等,照不應重律治罪。明知故縱者,該管官革職,巡查人等枷號一個月,杖一百。受賄賣放者,計贓以枉法,從重發落。其失察偷出邊關刨參至一百名者,領催披甲人等,鞭五十。至二百名者,鞭一百。至五百名以上者,枷號一個月,鞭一百。該守禦官亦按失察名數分别議處,如有自行拏獲者,免議。

清 徐松《宋會要輯稿·食貨》卷三六之二二 [天聖] 七年閏二月二日,太常博士張夏言河北沿邊水災,州軍便糴糧草,内三分香藥、象牙,請權給末口,詔付三三集議。遂請其三十千者,於香、藥、象牙内減五千,給以見錢。從之。

又 卷三七之二 淳化二年四月,詔雷化、新白、惠恩等州山林中有羣象,民能取其牙,官禁不得賣。自今許令送官,官以半價償之,有敢藏匿及私市與人者,論如法。

又 卷三七之五 [大中祥符] 四年六月,知澧州劉仁霸言本路溪洞出産黄連、黄蠟,價賤而易得,省司所要上供數目多不依時,預行指揮致成勞擾,乞行條約。從之。

清 吴應逵《嶺南荔枝譜》卷一《總論》 南海東莞多水枝,增城多山枝。每歲估人鬻者水枝七之,山枝三四之,載以栲箱,束以黄白藤,與諸瑰貨向臺關而北,臘嶺而西北者,舟船弗絶也。然率以荔支、龍眼爲正貨,挾諸瑰貨必挾荔支、龍眼,正爲表而奇爲裏。奇者曰細貨,所謂深藏若虚也。廣人多衣食荔支、龍眼,其爲栲箱者、打包者各數百家,舟子車夫皆以荔支、龍眼贍口。

清 嚴如熤《三省邊防備覽》卷九《山貨》 川中財貨之饒甲於西南,而在山中則綺羅、珠璣之類皆無有焉,所産者木耳、香蕈、藥材爲多。木耳、香蕈廠,其蓄樹作架,摘取之方與南山無異。藥材之地道行遠者爲厚樸、黄連兩種,老林入闢,厚樸、黄連之野生者絶少。厚樸樹則係栽成於小坡平壩中,有筆筒厚樸言其小也,樹至數年、十數年,如杯、如盌,則好厚樸矣。黄連於既闢老林山凹山溝中栽種,商人寫地數十里徧栽之,須十年方成,常年佃棚户守連,一廠輒數十家,大抵山口高谷愈深則所産更好。雪泡山、靈官廟一帶連廠甚多。

清 謝堃《花木小志》一卷《娃娃拳》 枝幹横生,葉亦矗矗,春夏之交,花甚細碎,色有黄白,每於八月中旬,其葉似癩,漸如蟲積,漸如桂蕊,攢聚葉上,葉色自碧而所積自黄,婦女簪佩宛如桂也,賣花人頗獲利焉。

清 林溥《古州雜記》 冬筍楚來,市價極廉,春筍細瘦無味,苦筍入夏盈市,大者如甕。

清 何秋濤《朔方備乘》卷二九《皮貨》 臣秋濤謹案:《志略》曰:義爾古德斯科兼産皮貨,每年所得鉛與皮甚多,足助國用。南界有甲他城即内地所稱恰克圖,彼以皮來,我以茶往,亞古德斯科人户稀少,射獵之外無生計,俄人取其所得之皮以當賦税,岣哥德斯科俄設官以賦其皮,岡札德加俄人設口收皮,海中各島皆産皮,俄船往來收皮鬻於中國、北亞、墨利加之西北。隅曰:監札加地寒凍無他産,所得者皮貨而已。

清 同治《歸州志》卷二《建置志鄉鎮》 山貨所産木耳爲貴,而本輕息微,路復荒僻,故商客罕赴焉。

清 同治《番禺縣志》卷五四《雜記》 珠江南岸有村曰莊頭,周里許悉種素馨,亦曰花田,婦女率以昧爽往摘,以天未明見花而不見葉,其稍白者則是,其曰當開者也,既摘覆以溼布,毋使見日,其已開者則置之花客,涉江,買以歸,列於九門。一時穿燈者作串,與瓔珞者數百人,城内外買者萬家,富者以斗斛,貧者以升,其量花若量珠,然花宜夜,乘夜乃開,上人頭髻乃開,見月而益光艷,得人氣而益馥,竟夕氤氲至曉萎猶有餘味,懷之辟暑,吸之清肺氣。廣州有花渡頭,在五羊門南岸,廣州花販每日分載素馨至城,從此上舟,故名花渡頭,花謂素馨也,花田亦止以素馨名也盛,平時花多而價賤,十錢可得素馨升許,家有十餘口簪戴皆足。

清 同治《衡陽縣誌》卷一一《貨殖志》 惟漚竹作帋,猶歲有所利,凡産竹杜長樂及靈川金阬山中，伐竹浸池中，造柢槽䌽及油䌽爲竹簹，供民間常用，歲貨數萬金。靈川富饒次于長樂，竹利歲可萬金，麻三四千金，而田賦畝二升。巡撫趙申喬以丈田親履其地，減其田税，故至今民庶樂業，由趙公也。

清 同治《祁門縣志》卷一三《食貨志》 白蠟五拾壹觔每觔原編價銀四錢，共銀二十兩四錢，扛平銀四錢八分九厘六毫，□查係一年解本，一年解折，如解折色年分將原編正扛銀照數起解，其解本色半分，□價銀照時值採買本色。

清 光緒《道州志》卷一〇《風土志·風俗》 商州境上通兩廣，下達衡湘，四無關隘，富商大賈雲集輻輳，多江浙隣境之人，灘高水急，難容夫船往來，販運止用三四艙杷桿小撥倒划等船。例准借食粵鹽，許肩挑不許裝載，向有給帖之青靛、氊貨、桐油、柿、棗四行，共納課銀七兩五錢，本地逐末者少，惟裝運桐、茶油、木料、白炭等貨發賣。

清 光緒《廣州府志》卷一五《輿地畧》 廣州望縣人多務賈，與時逐以香糖、果箱、鐵器、藤蠟、番椒、蘇木、蒲葵諸貨，北走豫章、吴浙，西北走長沙、漢口，其黠者南走澳門至東西二洋，倐忽千萬里，以中國珍麗之物相貿易，獲大贏利。（略）

佛山人物富庶商賈皁通，故市中出納喧闐白糖、龍眼、乾荔枝、乾陳皮、糖梅、糖欖，皆商販彌市，灰爐、磚爐、土工、木工、石工、金工與各鄉同，惟鈕針、鞋帽，鄉内業此甚多，門神、門錢、金花、蓮花、條香、燈籠、爆竹之屬，皆終歲仰食於此。

清 光緒《秀山縣志》卷一二《食貨志》 秀山擅油利舊矣，故秀油最名。載銷湘、漢、淮、泲之間，而漢口其都會也。其次常德，次湘潭新隄。咸同間，粵寇軼犯，武昌漢口爲墟，秀油滯壟，商賈皆失業。及江南寇平，則油不敷銷，坐獲奇價，或起家至數十萬。秀油者，研膏桐實爲粉入鍋，鈔爽沸膏四溢，則團以稻秸，鐵箍束之；積二三十團，上下夾橫木而加椎焉。油成，佳者如漆膏。桐一名荏桐，又名虎子桐，其樹臃腫拳曲，三月始華，時必肅寒，民間謂之「凍桐花」，楊慎《丹鉛録》引諺語云：「貧兒且莫誇，要過桐子花。」其實纍纍，滿枝有房如胡桃，研則去其外皮以縣産最良，故秀油名一時，其不爲秀油者爲桐油。秀油色黑，故俗呼桐油爲白油，對黑爲稱也。秦吴荆豫大商，皆奔走數千里以爲專業。舊有十號，今惟萬事、義合、同人、瑞泰、正盛、義順、萬興、長茂八號猶盛。桐實，平時斗率千一二百錢，一斗實得秀油十二斤，漢口秀油百斤，率值銀六七兩有奇，同治時至十三四兩，蓋千載一時也。近三十年始别出一種麥煮白油，而染其色，起於一二作僞之徒，其後遂通行之。故今秀油有兩種，僞者謂之水牌，其值百斤，銀率下一二兩。䮄儈狃近習又工費便省，不思變圖矣，秀油歲貨二十餘萬金，白油亦不下七八萬金，又有茶油、木油、菜油亦數萬金，凡木華實終。

清 光緒《金華縣志》卷一二《食貨》 顏料：槐花一百五斤，八兩。梔子六十八斤，一十三兩。烏梅一百七十五斤，二兩。按《府志》顏料折銀一十九兩八分六厘二毫。

清 光緒《容縣志》卷六《物産》 桂油水里出，先是道光間東商在平南以蒸薄荷油法製爲桂油，販賣得值，邑紳韋焕先往師之，盡得其傳。其法實桂葉於釜上，覆以甑，甑穿小孔以筒接之，通於旁甕，燃薪釜底，葉氣上蒸，油附於甑，由筒而注於甕，大率桂葉壹百觔，僅可得油半觔。近鄉人争效之業此，數十家鬻於市，販運出洋，頗獲厚利。

清 光緒《邢臺縣志》卷一《物産》 貨之屬羊皮爲冠，狐狢亦有之，土人習攻皮技者製爲裘，鬻之齊豫吴皖諸省，只牟十一利。近十數年來，津沽之人販走海舶，鬻於泰西諸國，歲恒致百餘萬，金毛毳堆積如邱山，運售之外織氊罽者以之。

清 光緒《雄縣鄉土志》卷一五《商務》 木炭自易州由人力車運入行銷。桃杏梨柿之果品，自西北山由陸路運入行銷。

葦席，自安州運入本境，在各鎮銷行。

藥料由祁州鄭州霸州，通銷本境。

右外境貨物之運銷本境者。

清 光緒《天河縣鄉土志》《商務》本境每歲出口貨物 冬菰陸運至慶遠，約銷二千斤，至羅城思恩板甫約共銷五百斤，乾筍陸運至慶遠，約銷千餘，至羅城約銷千餘斤。

五焙子由水運至柳潯，約銷三千斤，陸運至慶遠，約銷千餘斤，茹莨水運至柳州，約銷二萬斤，陸運至慶遠懷鎮，約銷萬斤，枣子陸運至羅城磨粉，約銷三萬斤。

雪梨由古隆河水運至慶遠，約銷五千斤，陸運至慶遠，約銷二千斤，佛手柑由陸運至慶遠、羅城，約銷五百斤。

藍靛陸運至羅城黃金，約銷四萬斤，至寶壇板甫，約銷二萬斤。

清 光緒《邵陽縣鄉土志》卷四《地理志·商務》 三貨即各獸皮貨，邵陽四境，叢山峻嶺錯峙，獸因以聚售於各處，頗屬銷暢者，內分狐、貛、麞、麂、獺五種，狐皮不及西北方之輕質能經久，貛即貉。北人稱曰南狐，甚以爲美，獺視麞麂特珍，色分烏獺、黃獺，餘獸皮毛，非外方所重，不列。

清 光緒《館陶縣鄉土志》卷八 小藍靛，性不耐旱，非灌溉不可，惟園中種之，有販來外境者，染坊買之。（略）

果實，視土木所宜，有他境之果販賣本境者，亦有本境之果販賣外境者，莫可盤查。（略）

紅棗，北方之棗自用有餘，有販至南方者，爲數不多。靛，間有種者泡煉不得法，功費利廉，無販運者，故少此行。（略）

聞之行貨曰商，行者，通之謂也。易事通功，創自神農，立市窮變通久延及虞世懋遷不獨衛之中，興通商惠工也。五方之風土與物曲人宜，有息息相通之機。試觀釜甑鐵耕來從西土，錦繡纂組，貢自南方。況熊、羆、狐狸之皮，竹箭、松煙之製，璆琳琅玕之器。尤通遐方貿易哉，陶邑雖無大商結駟，富賈居奇，然自牽車服賈以至闤闠羅列，凡人生日用所需缺一不可，即非商不行。嘗考本境商埠遺蹟，在館陶城西南隅有山西會館，碑文所載皆晉省人，凡自鹽當以及鐵貨、布莊、雜行、錢店各生意，固城中一大觀。治城西南三十五里南館陶鎮西偏亦有山西會館，莫非西商所建。由此觀之，知乾嘉以來，商務之盛行可想焉。迨咸豐十一年，忽遭兵燹，衙署倉庫付之一炬，況商埠乎。百年中盛衰興敗皆關氣運，急宜整頓，維持通行無滯，庶不至掏墟株守，故步自封，云爾志商務。

清 顧炎武《日知録之余》卷二《禁番香》 《廣東通志》建文三年十一月，禮部爲禁約事奉聖旨，沿海軍民私自下番誘引蠻夷爲盜，有傷良民，爾禮部出榜去教首人知道不問官員軍民之家，但係番貨番香等物，不許存留販賣。其見有者，限三箇月銷盡；三箇月外敢有仍前存留販賣者，處以重罪。欽此。除覆奏外，今將聖旨事意備榜條陳前去張掛，仰各遵守施行，須至榜者。一祈神拜佛所燒之香，止用我國松香、栢香、楓香、黃連香、蒼术香、蒿桃香水之類，或合成爲香，或爲末，或各用以此爲香以表誠敬。蓋上香之説，上古本無降神之禮，焚蕭艾以展其誠。近代凡有禱祈事，主昇壇動輒然香在前，爲何？恐人身垢穢，香不過辟穢氣而已，何必取外番之香以爲香。只我中國諸藥中有馨香之氣者多，設使合和成料，精緻爲之，其名曰某香某香，以供降神禱祈用，有何不可？一茶園馬牙香雖係兩廣土産，其無籍頑民多有假此爲名者，夾帶番香貨賣。今後止許本處燒用，不許將帶過嶺，違者一體治罪。一檀香、降真、茄藍、木香、沉香、乳香、速香、羅斛香、粗柴香、安息香、烏香、甘麻然香、光香、生結香，并書名不書番香，軍民之家並不許販賣存留。見有者，許三箇月銷盡。《困學紀聞》取蕭祭脂，曰其香始升爲酒爲醴，曰有飶其香，古所謂者如此。韋雝《五禮精義》云：祭祀用香，今古之禮並無其文。《隋志》曰：梁天監初，何佟之議鬱鬯蕭光所以達神，與其用香，其議一也。攷之殊無依據，開元開寶禮不用。實録洪武二十七年正月甲寅，禁民問用番香、番貨。先是上以海外諸夷多詐，絶其往來，唯琉球、真臘、暹羅許入貢。而緣海之人，往往有私下諸番貿易香貨，因誘蠻夷爲市，命禮部申嚴禁絶之，敢有私下諸番以互市者，必寘之重法。凡番香、番貨皆不許販鬻，其見有者，限以三箇月銷盡。民間禱祀止用松香、栢香、楓香、桃香諸香，違者罪之。其兩廣所産香木，聽彼土人自行檢用，亦不許越嶺貨賣。蓋慮其雜市番香故并及之。

永樂十四年十一月禁交趾、安息諸香，不得出境。

清 林佶《全遼備志》卷下《貉子皮》 貉子皮出魚皮國者佳，大與狐等，每皮價四五錢，拔鎗毛爲帽，脊曰鑽草，臀曰坐草，腹曰拉草。鑽草，紺色上也；坐草，黃色中也；拉草，灰色下也。塞外禦寒在貂上，有爲被者，若爲褥則不拔鎗毛，鎗毛鋭黃黑色。

清 康敷鎔《青海志》卷二 鹿茸、鹿角，蒙番各境皆有，近年漸形減少，嫩鹿茸價值不大，時有京師商人來買者，其老鹿角亦多，均係河南人採買。

又 麝香蒙番各境皆有，近年漸少，價亦漲至倍蓰。

清 光緒《永定縣鄉土志》卷四《物産志》 桐油，茶油，木油。三種皆本境特産，桐、茶爲上，木油次之。價值茶木爲貴，桐油次之。每歲出境之桐油約十萬，茶油約十萬，木油約五千，各商設棧收買，販運武漢一帶，獲利特巨。又諸木可取油者，如樟樹子、草口子、木鼈子，皆可取油備用。（略）

毛各野鷄毛尾本境無多製造，近時販運出外，其豢養馴擾者，畜作囮媒，值數千錢，謂之棚雉。須取其雛，家畜之，與家鷄可同羣。（略）

［白鷺］ 毛頂毛純白而長，外洋時購此作冠飾，價值千錢，其翅爲扇。

藍靛，本境染房銷行，外時販至澹津下游，出售約數千簍，價亦近萬金。（略）

藥物，本境諸藥無多收采，如杜仲、萎參、官桂、五棓之屬，時販運出境。（略）

葛仙米，本境及他境運入，銷行武漢各處，歲計值二千緡。（略）

柑、橘、橙、柚，本境常産，每歲水運銷行澹津、沙市一帶，計值約三千緡。

五棓子、七棓子、木瓜，本境山産兼由桑植、永順陸運入境，銷行武漢出洋，歲約計萬緡。（略）

葉煙，本境所産無多，兼運別境，煙捆歲銷行本境，約數千捆。

藥材，本境所産官藥、草藥品類頗多，時運行津沙一帶，歲無定數。

棕，本境山産，銷行本境及他境，歲以數千計。

落花生，紅藷，本境所産二種，銷行本境，歲以數千計。（略）

桐油，本境製造兼運永順、桑植之油，每歲水運銷行武漢各處，估值約十萬緡以上。

茶油，本境製造兼運永順、桑植各鄉，每歲水運銷行津沙及武漢各處，估值約十二萬緡以上，又菜油本境東鄉特産，銷行本境。

木油，本境製造兼運永順、桑植各處，每歲水運銷行津沙及武漢各處，估值約五千緡以上。

鹻水，本境製造兼運永順、桑植各處，每歲水運銷行津沙及武漢各處，歲約值八千緡以上。（略）

漆，本境各山所收歲出無多，時運川漆銷行本境，歲無定數。葛粉、石耳，本境製造，銷行本境及他境，多少不等。

清　金蓉鏡《靖州鄉土志》卷四《物産志·商務》　本境所製之品：茶油。每歲所製約一萬六千石，本境食用並燈油、燭油約銷八千石。其餘運出本境，在會同之洪江銷行，或遇廣西收成歉薄，間亦運銷廣西之長安，皆係水運。惟運廣西，路至坪坦改陸運三十里至林溪，仍由水運。

桐油。每歲所製約二千石，本境燈油並雜用約銷一千石。其由水路運出本境者，在會同之洪江銷行約一千石。

傳記

清　張廷玉《明史》卷二九七《孝義傳》　寄（阿寄）入山販漆，期年而三倍其息，謂寡婦曰：「主無憂，富可致矣。」歷二十年，積資巨萬，爲寡婦嫁三女，婚二子，齎聘皆千金。又延師教二子，輸粟爲太學生。自是，寡婦財雄一邑。

清　康基淵《嵩縣志》卷二三《宦蹟》　徐士訥，字恂若，浙江淳安人，丙辰進士。康熙二十五年任，廉正不媚上官，專意撫民。時承平已四十餘年，明季賦額蠲豁而私派滋煩，地糧則有火耗、滴珠、鮮費、册費名色。又府縣試紙紅供用憲差小禮及修公署、製傘扇，無一不派之里甲，名曰雜差。或定數捆征，或稱年額，不敷借支，明年儹同正供，日事敲撲。訥悉爲剔除，民困以蘓。又嵩境層山索虎、豹、狐、鹿皮角者，歲以爲例。實則山境險遠，猝不能得，用重價購致，而派其值於民。訥據實却謝，人不能奪。自奉儉樸，訖嵩任，主僕惟四人，皆布衣疏食。公餘循歷阡陌，勸課農桑，不自以爲官也。嘗自種園蔬，南瓜結實擇大者四枚，遣役舁致郡伯。中途墮損，役乃於郡中置繳。憲諗其廉直無不嘉。納治嵩三年，以卓薦遷知濟寧州。

紀事

晉　嵇含《南方草木狀》卷下　柑乃橘之屬，滋味甘美特異者也。有黄者，有赬者，赬者謂之壺柑。交趾人以席囊貯蟻，鬻於市者，其窠如薄絮，囊皆連枝葉，蟻在其中，并窠而賣，蟻赤黄色，大於常蟻。南方柑樹，若無此蟻，則其實皆爲羣蠧所傷，無復一完者矣。今華林園有柑二株，遇結實，上命羣臣宴飲于旁，摘而分賜焉。

南朝宋　劉義慶《世説新語》卷下之下《儉嗇》　王戎有好李，賣之，恐人得其種，恒鑽其核。

唐　馮贄《雲仙雜記》卷八《好李花致富》　終南及廬岳出好李花，兩市貴侯富民以千金買種終廬，有致富者。

宋　劉恕《資治通鑑外紀》卷四　[惠王]十九年春，齊桓公帥諸侯城楚丘，衛文公徙都之，其畜散而無育，桓公與之繫馬三百，車三百，乘甲五千。天下知桓公仁，非爲己動，故歸之。桓公輕諸侯之幣，而重其禮。齊以豹皮往，小侯以鹿皮報；齊以馬往，小侯以犬報。使者垂橐而入，捆載而歸，拘之以利，結之以信，示之以武，而莫敢背。通齊國之魚鹽于東萊，使關市譏而不征，以爲諸侯利。築葵兹、晏負、夏領、釜丘以禦戎狄，築五鹿中牟，蓋與牡丘以衛諸夏。定三革，隱五刃，大國慙媿，小國附協。魯梁爲綈，萊莒有柴，田楚鹿代狐白皮，管仲勸桓公皆厚以金幣買之，其民釋農事而作綈、治柴、取鹿狐。已而齊閉關不通使，諸國糴貴。魯、梁、萊、莒、楚、代之民多降齊。管仲嘗會國用三分二在賓客，懼而復之，公曰：「入者説，出者譽。粟盡則生貨散敗。聚君人者，名之爲貴，財安可有。」管仲曰：「此君之明也。」夏，晉會虞伐虢，滅下陽。秋，虢公敗戎于桑田。冬，楚伐鄭。是歲，燕莊王薨，襄公立。

宋　李心傳《建炎以來繫年要録》卷六四　詔自今大軍所過，並令本州通判充錢糧官，自入境隨軍至出境止。西南蕃武翼大夫、歸州防禦使、瀘南夷界都大巡檢使阿永獻馬百有十二匹。瀘州以聞詔，押赴行在。阿永，乞第子也。元豐間，乞第既效順，願歲進馬以見向化之心。官以銀繒償之，所得亡慮數倍，其後阿永所獻之數歲增不已。政和末，始立定額，每歲冬至後，蠻以馬來，州遣官視之，自江門寨浮筏而下，蠻官及放馬者九十三人悉勞饗之帥，臣親與爲禮，諸蠻從而至者幾二千人，皆以筏載白椹、茶、麻、酒、米、鹿、豹皮、雜氊蘭之屬，博易於市，留三日乃去。馬之直雖約二十千，然揆以銀綵之直，則每匹可九十餘千。自蠻長已下所給馬直及散犒之物，歲用銀帛四千餘匹兩，鹽六千餘斤。銀則取於夔之涪州及大寧，物帛則果遂懷安。凡馬之死於漢地者，亦以其直償之，此其大略也。

又　卷八九　［紹興五年］　時神武中軍統制楊沂中遣士卒五十餘人運怪石置之太平樓酒肆，絢遇諸途，奏言：「今邊境多虞，百姓艱食。陛下方且卑宫菲食，焦勞於上，一花一石屏去不顧，痛革京都侈靡之弊。奈何軍中不能上體聖意，乃敢公然運石以爲酒肆游觀之美。豈獨訓練士卒之時，不當勞以無益之役，而衆目所觀，傳播四方，亦非美事。此風漸不可長。兼臣近見村民多取花株竹栽市街貨賣，若不嚴加止絶，亦有棄本逐末之患。欲望特降指揮，令體問今日運石因，依重加行遣以絶後來。仍乞下臨安府，令禁止村民貨賣花竹，庶幾陛下勤儉之德不待家至户曉，而侈泰之俗，一變而爲樸素。實艱難之先務。」詔禁止，沂中坐罰金。

宋　李燾《續資治通鑑長編》卷一六　［開寶八年］　十一月己巳朔，瓊州言：俗無醫，民疾病但求巫祝。詔以方書本草給之，邕州之右江生毒藥樹，宣化縣人常採貨之，知州侯仁寶奏其事，詔盡令伐去。仁寶，益之子也。

又　卷二三九　［熙寧五年十月辛丑］　提舉市易司言：晉州差衙前押進奉蒲萄，而晉非所出，盡買於太原。欲令在京計置，仍令澤州封椿價錢，聽本司移用。中書擬從其請，上批：「蒲萄無用，更勿收買。」

又　卷三二九　［元豐五年八月癸亥］　知安州滕甫言：「内供奉謝禋奉旨買紅花萬斤，今又繼買五萬斤，而一州所産止二萬斤耳，恐不足數。」上亟詔寢之。

宋　葉隆禮《重訂契丹國志》卷二二　又東北至烏舍國，阿里瑪國，博和羅國等國，每國各一萬餘户，西南至生女真國界，衣裝、耕種、屋宇、言語與女真人異，樞密院差契丹或渤海人充逐國節度使管押，不出征賦兵馬，每年惟貢進大馬、蛤珠、青鼠皮貂鼠皮、膠魚皮、蜜、蠟之物，及任便往來買賣，西至上京四千餘里。（略）

又次東至熟女真國，不屬樞密院所管。其地東西八百餘里，南北一千餘里，居民皆雜處山林，耕種、屋宇與熟女真五節度同。然無君長首領統押，精於騎射。今古以來無有盗賊詞訟之事，任意遷徙，多者百家，少者三兩家而已。不與契丹争戰，或居民等自意相率齎金帛布、黄蠟、天南星、人參、白附子、松子、蜜等諸物入貢，或只令於邊上買賣，訖却歸本國，平日商賈人等就入其國買賣，亦無所礙。沿邊亦不以爲防備，西至東京二百餘里。（略）

正東北至鐵离國，南至阿里瑪等國界，居民言語、衣裝、屋宇、耕養稍同阿里瑪等國，無君長，皆雜處山林，不來服屬統押，亦無争戰事，復不進貢。惟以大馬蛤珠、鷹鶻、青鼠、貂鼠、膠、魚皮等物爲交易，西南至上京五千餘里。（略）

又次北至鐵离實保禪國，言語、衣裝、屋舍與韎鞨稍同。無君長管押，不進貢，亦不争戰，惟以羊、馬、牛、駞皮毛之衣爲交易，西南至上京四千餘里。（略）

次東北至韎鞨國，東北與鐵离國爲界，無君長統押，惟有耕種。春夏居屋室中，秋冬則穿地爲洞，深可數丈而居之，以避寒。不進貢，亦不争戰，惟以鷹、鶻、鹿、細白布、青鼠皮、銀鼠皮、大馬、膠、魚皮等爲交易，西南至上京五千里。（略）

正北至蒙果勒國，無君長所管，亦無耕種，以弋獵爲業，不常其居。每四季出行，惟逐水草，所食惟肉酪而已。不來争戰，惟以牛、羊、駞、馬皮毳之物爲交易，南至上京四千餘里。（略）

又次西北至布古魯特國，又西北，又次北近西至達勒達國，各無君長，每部族多者三二百家，少者五七十家。以部族内最富豪者爲首領，不常厥居，逐水草以弋獵爲業。其婦人皆精於騎射，常與我兵争戰，前後屢爲所敗。嘗命親近爲西北路兵馬都統，率番部兵馬十餘萬防討，亦制禦不下。自太祖建國已來，惟此二國爲害，常遣兵攻戰，如暫安静，以牛、羊、駞、馬皮毳爲交易，不過半年又却爲盜。東南至上京六千餘里。

宋 洪邁《夷堅丁志》卷一〇《蜀獮猴皮》 彭仲訥送其兄仲和徃臨安，置餞于鄱江之南天王寺，見村民數十列坐廊下，探籌相向，若有所營。就視之，皆江岸漁人也。問其所議何事，曰：「有川客持一獮猴皮來，售其價十三貫足。我曹恰二十六人，各人出錢五百分買，今將割裂以去。」彭曰：「一猴之直至微，安得買皮而有此價？」漁人曰：「是川中猴皮，以置鈎上用釣白魚，百無一失。一番入水則愈更緊，久而不壞，如吾鄉土産者皮，著水即爛，只堪三兩次用耳。故不惜高價，惟恐失之。」子仲子前歲自夷陵得一猴，高二尺，形狀獰醜可憎，攜歸馬廄踰年而死。馬卒剥其肉烹食，漁者適遇而見之，謂峽蜀相連，遽以五百錢買其皮去，喜不可言。蓋正濟所須難計值也。

宋 談鑰《吴興志》卷一八 漆器。安吉長興武康山多漆，市行漆器，舊頗有名。元豐間，嘗供三十事。今器不迨昔，不充貢。

元 馬端臨《文獻通考》卷二〇 景德四年，夏州納欵於保安軍置榷場，以繒帛羅綺易羊、馬、牛、駝、玉、氈毯、甘草，以香藥、甆、漆器、薑、桂等物易蜜蠟、麝臍、毛褐、羱羊角、硇砂、柴胡、蓯蓉、紅花、翎毛。非官市者，聽與民交易。

紹興十七年十一月，詔三路舶司蕃商販到龍腦、沉香、丁香、白豆蔲四色，並抽解一分，餘數依舊法。先是十四年抽解四分，蕃商訴其太重故也。

元 脱脱《宋史》卷六五《五行志》 熙寧元年三月，簡州木連理。是歲，英州因雷震，一山梓樹盡枯而爲龍腦，價爲之賤，至京師一兩纔直錢一千四百。

又 卷一八五《食貨志》 香 宋之經費，茶、鹽、礬之外，惟香之爲利博，故以官爲市焉。建炎四年，泉州抽買乳香一十三等，八萬六千七百八十斤有奇。詔取赴榷貨務打套給賣，陸路以三千斤、水路以一萬斤爲一綱。

紹興元年，詔：「廣南市舶司抽買到香，依行在品答成套，召人算請，其所售之價，每五萬貫易以輕貨輸行在。」六年，知泉州連南夫奏請，諸市舶綱首能招誘舶舟、抽解物貨、累價及五萬貫十萬貫者，補官有差。大食蕃客囉辛販乳香直三十萬緡，綱首蔡景芳招誘舶貨，收息錢九十八萬緡，各補承信郎。閩、廣舶務監官抽買乳香每及一百萬兩，轉一官；又招商入蕃興販，舟還在罷任後，亦依此推賞。然海商入蕃，以興販爲招誘，僥倖者甚衆。

《明太祖實録》卷二三一 ［洪武二十六年春正月］甲寅，禁民間用番香番貨。先是，上以海外諸夷多詐，絶其徃來，唯琉球、真臘、暹羅許入貢，而緣海之人往往私下諸番，貿易香貨，因誘蠻夷爲盜。命禮部嚴禁絶之，敢有私下諸番互市者，必寘之重法。凡番香、番貨皆不許販鬻，其見有者，限以三月銷盡，民間禱祀止用松、栢、楓、桃諸香，違者罪之。其兩廣所産香木，聽土人自用，亦不許越嶺貨賣，蓋慮其雜市番香，故併及之。

《明太宗實録》卷一九 ［永樂元年夏四月壬戌］朝鮮國王李芳遠遣陪臣李貴齡等奉表朝賀貢方物，貴齡奏芳遠父兄有疾，令齎布五十端求市龍腦、沉香、蘇合、香油諸物和藥，上命太醫院悉賜所須藥而還其布。

明 佚名《皇明詔令》卷一五《寬恤詔》 南北直隸、山東、河南等處，布政司被災，府州縣有拖欠，内外衙門坐派採買松木、長柴、椴木、楊木、榆、槐、雜木、椽子、窑柴、蓊楷、蘆葦、蒲草、荆條、糠麩、麥穗、稻皮、土硝、磁末、墨煤、麻觔、牛觔、金箔、銀硃、貳硃、白綿、羊毛、白硝、羊皮、紅真、黄牛皮、白甸、驢皮、前截藍靛、紅黄熟銅、生漆、青油片、三枝條、西碌硼、砂石、大等青燒造罈瓶、紅土、青土、薰皮草、採辦翎毛、野味、白山羊、角黑、鉛紅、花黄、蜡青、生銅、苗竹、水牛底皮等件料，自成化四年十二月以前，盡行停免，已徵在官者仍令起解，不許因而侵尅。

又 卷一六《寬恤詔》 一各處一應額辦坐派物料，除軍需外，其拖欠皮翎、觔鰾、硃漆、油麻、銅絲、鐵線、梔子、槐花、烏梅、藍靛、翠毛、野味、箬葉、圓藤、芒苗、苕箒、黄穰、稷草、荆條、竹楷、麥穗、稻皮、松香、沙葉、苧麻、茜草、杉松、榆槐、檀根等木、貓笙長節、水苦等竹，軟筏板、枋白硝雜板、驢皮、前截羊毛、羊角、水牛底皮、黄真牛皮、水和炭、煤炸、柴炭、瀛沙、土硝、磁末、毛纓、白豬、鬃雲、母石、瓶罈、高頭等紙缸砷等，土油椿磨板、黑鉛銅鐵、金箔、青緑顔料等項，自成化十九年十二月以前，未徵者悉皆蠲免，已徵者仍令起解，該部另各項收，貯准作下年之數，不許内外衙門朦朧再奏追徵，敢有已徵捏作未徵者，治以重罪。

又　卷一七《登極改元大赦詔》一各處一應歲辦坐派拖欠生漆、桐油、翠毛、藍靛、烏梅、槐花、梔子、魚油、翎鰾，折納黄白麻、銀硃、生熟銅、鐵、金箔、銀絲、鐵線、紅花、茜草、棕毛、圓藤、杉、楠、檀、椴、榆、槐等木，貓竿等竹，軟篋、荆條、箬葉、苧麻、連包芒苗、苕箒、竹掃箒、篾楷、麥穗、稻皮、松香、沙葉、白硝、雜皮、驢皮、前截羊毛、羊角、水牛底皮、黄真牛皮、水和炭、煤炸瀛、沙土、硝磁末、毛纓、白豬鬃、雲母石、野味、缸罈、高頭等紙，黑鉛、青緑等項顔料，并福建、浙江歲辦課鐵，自成化二十二年二月以前未徵者，悉皆蠲免，已徵者照數起解，該部另項收貯以備别用。敢有將已徵捏作未徵者，治以重罪。其明年歲辦之數以十分爲率，量免五分以寬民力。

又　卷一八《即位大赦詔》一弘治十六年十二月，以前一應造作及年例坐派買辦，採辦金、銀、銅、錫等箔，榆、楊、檀、椴、鏵木、楠、棗等木，貓竿、長節、苦水等竹，顔料，生漆、油、麻，銅鐵、銅絲、鐵絲、翠毛、牛觔、羊角，燒造土欒、榜紙、散竹筏、黄藤、白圓藤、松香、胭脂、銅、青石、花菜、黑鉛、水膠、絨線、肥皂、通草、果品、樟腦、黛石、缸罎、土硝、蔔楷、蘆葦、明礬、紙觔、棕毛、綿紗、牛黄、馬尾、麥穗、稻皮、磁末、白絹、無名異、槐花、黄白蠟、蝌殻、課鐵、魚油、翎鰾、藍靛、烏梅、梔子、紅花、茜草、荆條、箬葉、白硝、麂皮、驢皮、前截水牛底皮、黄真牛皮、水和炭、煤炸毛纓、雲母石、野味、高頭紙、黄穰瀛、沙缸油等，土油、椿磨板、馬連根草、針條、青花、綿布、石黄、青甘、土雜草、雜木、鎗桿、綿花等項，民間拖欠未徵者，悉皆蠲免，已徵在官者，仍起解赴部。敢有將已徵捏作未徵者，治以重罪。

明　黄訓《名臣經濟録》卷七　一減造軍器，臣竊惟軍器所以禦戎，固不可不預爲成造，而財力費於無用，尤不可不量爲區處。查得南京兵仗局前廠遞年成造盔甲、鎗刀、弓箭、撒袋、圓牌等項軍器，共七萬六十餘件，收貯南京戍字庫，聽候應用。誠國家思患預防，修武備，禦戎寇，萬世之良策也。但承平日久，軍器少用，未免法出弊生，今計該局歲用生熟鐵一十一萬七千九百餘斤，木炭、木柴四十餘萬，生水牛、黄牛、白硝、麂裸等皮三千三百餘張，翎毛、觔角、箭竹、裸木約二千七八萬，其餘銅、錫、銀、硃、靛青、油漆、魚線、水膠、綿、苧布、絲絹、紙劄等料，動以千百計。軍民、人匠、班匠共六百五十五名，外僱工銀二千八百五十餘兩，然所造前項軍器，大抵多被剋減工料，成造不堪。雖有該部及科道委官按季盤驗，亦不過大略看過，不能一一週悉。況南方地勢卑濕，收貯三五年後，箭翎、弓張多已脱落朽壞，鎗刀、衣甲亦各鏽爛。誠恐一時行軍，卒要應用，有名無實，誤事非細。查得本庫自洪武永樂等年到今，陸續收貯見在軍器共有四五十餘萬件，頗勾應用。及查得先該工部議擬天下軍衛有司歲造軍器數多積久，恐不堪用。題奉欽依，俱自弘治二年爲始，減半成造，誠爲得宜。乞勅該部計議，合無將本局歲造軍器暫且停止，仍將戍字庫原收軍器委官盤驗見數，其間堪用者，如法安置曬晾；不堪者，挨定年分，逐漸修理。有當添補物料，止於各庫，會有糧支應用，待修理完日，仍照減半事例成造。如此則財力不至妄費，軍器皆爲有用矣。

一量停造作，臣竊惟上之供用有缺，固不得不徵取於下；下之財力有限，亦不得不赴愬於上。蓋下有餘力則上無不足之患，而上或過取，則下有不勝之憂。此皆國用之所急，民情之所切者，皆不可不詳思而慎處之也。查得本部先於弘治十年十一月内該南京内官監揭帖一件，爲欽依起運急缺供用物件事，該太監李廣奏取生漆、桐油、肥皂各二十萬斤，銀硃各三萬斤，分派應天等府辦納，續行本部成造，裝盛箱桶瓦罈雨罩共一萬九千八百箇，雙鐵鎖九千二百把，單榜紙三萬一千六百張，黄蠟、白麵、桐油等項共一千六百餘斤。又於本月内准本監揭帖一件，欽依成造急缺供用物件事，亦該太監李廣奏取硃紅漆、戧金雲龍、黄銅、火罩等件共四萬五千六百五十副箇，除該監通行南京丁字庫等衙門將會有銀硃、黄熟銅、生漆、金箔、木炭等料共六十萬五千十二斤塊徑行外，將會無生漆、銀二硃等料共二十一萬九千五百餘斤根塊，亦行應天府鋪行估計支給天財庫錢鈔買辦，及行本部成造，裝盛箱、桶、木匣、鎖鑰，黄氈、黄紅綿布、綿花套、桐油、木杠、雨罩等項共六千八百九十餘件，黄單榜，黄白中夾紙四萬八百五十張。至弘治十一年八月，准南京兵仗局揭帖一件上用供用物件并軍器等項事，該署兵仗局事内官監太監楊穆等奉欽依成造上用象牙、鵓鴿頭哨、彈弓等件八百件，供用竹竿、綿紫、魚叉等件共一萬五千八百四十件，該局料計見有生銅等料一萬五千七百六斤，南京甲字庫關支闕白錦布等料共二十九萬八千七百七十七疋斤，龍江瓦屑垻二抽分竹木局關支煤炭、木炭等料共六百五十八萬四千七百四十斤塊，應天府支給天財庫錢鈔買辦青紵、絲絨線、象牙、銅、鐵、油漆等料共七十萬一千四百四十二疋塊。本月內又准工部咨爲成造神器事，該署兵仗局事內官監太監楊穆等題奉欽依成造各銅將等件共二萬二千六百九十箇把，坐派蘇松等府買辦水黄牛等皮九千五百三十張，應天府支給官錢買辦魚線、膠、紅熟銅、油灰、黄丹、黄麻等料共一十四萬五千四百餘斤等，因節行到部，除欽遵坐派成造外，臣等切詳各監局成造。上用供用器皿物件誠爲浩繁，然天下司府州縣歲辦皮張、油漆、銅、鐵、銀、二硃等料亦爲不少，必須量入爲出，以次成造，方可使國用不缺，民力不困。今一年數月之間各起坐派前項物料，動輒數十百萬，非惟府庫錢糧支給不敷，且使小民出辦何以能堪。況應天府係南京根本重地，而蘇松等府尤百萬京師仰給之處，又兼連年災傷薄收，公私俱困，豈得恝然不加撫恤？其鋪行買辦，名雖關支內庫錢鈔給還，但納料關價出入各門禁及該庫，俱要財物打點使用，及至關出錢鈔，又多爛鈔、低錢，俱不堪使用。以此往往破家蕩産，賣男鬻女，不能賠償。又如各府州縣大户解納生漆、桐油、銀、二硃、紙劄等料，俱有原裝盛箱桶等項，却又剋下，另行本部重造，尤爲煩費。似此假公營私，傷財害民，誠有傷國體，上干和氣之甚者。如蒙乞勅該部，通將前項原坐派供應物料器皿等件逐項查審，將緊急缺用者，再行奏請。行下催趲成造，先行解納；其可緩者，暫即停止。今後在京各監局，若有奏行成造器皿等項，工部務要查看先後，酌量緩急，另行奏請行下，無得并於一年一月之間，致使所司倉猝無措。仍行南京成造監局衙門該用物料，務要會同該部及科道官嚴督各作匠役人等，從公估計，如某器皿合用，某物料若干，及將造完要行裝盛亦要估計某物若干用某樣箱桶，并鎖鑰、扛索、氈片各若干，通估明白，相應方許將會有者，行各庫局關支會無者，行有司買辦。不許各該衙門止憑作頭人等朦朧多估，輒行關支買辦。其解户納料鋪行關支錢鈔，亦要科道官從公隨即收放，不許刁難指要財物。及各司府州縣解納油漆銀硃等料，若有原來箱桶等件，不許又行重造，致費工料。如此庶上用之供應可以不缺，下之財亦無妄費，而民困或得少蘇矣。（略）

一防革宿弊。照得禮部所收，惟藥材及歷日紙劄二件。藥材係湖廣、江西、福建等布政司所屬并應天府所屬州縣解納。歷日紙劄係浙江布政司所屬并直隸府州縣解納。遞年解到本部，俱發太醫院并欽天監上納。今訪得各院監堂上并屬官少肯守法，每收各項藥材紙劄，多般刁難，或本堪中而捏作不堪，或不收本色而揹收折色，或以一倍而收數倍，甚至通同攬納之人，多取價利指，以修理爲名，罰要銀兩，以致經旬累月，不得完納，解人受害。合無今後遇有解到前項藥材紙劄，聽本部委官前去公同監院官員陸續監收，但驗堪中，不拘土産，即便照數收受，不許刁難折納及取罰等項，完就出實收付，解人繳結。如委官扶同容縱不行舉正者，本部糸究，庶前弊少革，解户可甦。

又 卷四〇 一禁採取以杜邊患。臣訪得遼陽山東土人少種田土，專一採取人參、榛松、圍獵野獸爲生。數年以來，多被本等上司及衛所官員指稱進貢人參等項，或撒放布疋，或給與銀兩，便令部屬官舍於各寨百般逼迫科擾，土人不勝其苦。近時因見境內人參、榛松缺少不堪，又多私役，附近軍餘出境採取販賣，以規厚利，常被敵人虜殺，互相隱匿不報。各處又有等軍餘土人不畏法度，潛將鹽米包裹刀箭、甲葉，黑夜於牆下空野去處，與夷人易換貂、鼠、參、松等物。透泄事情，啟惹邊釁，多由於此。及各衛所官員又指以採打影木、買辦皮張爲由，差泒餘丁不下五六百名，通同委官人等將殷實之人受錢賣放，累及貧窮。況採取亦難，查得每年進用影木止該十箱，人參三百斤，狐狸皮張暫時買辦不多，衛所官員却乃多科擾人。目今前項出産地方，被賊搶擄殘破，室廬空廢，田畝荒涼，見在人口驚疑，走入腹裏，不能存活，正宜厚恤。伏望皇上憫念邊方多事，人不聊生，將前項供應人參、影木及買辦皮張暫且寬免，以紓民力，以革擾害。待後邊患稍寧之日，行令照舊採辦。仍乞勅該部轉行本處鎮守巡撫等官，通行所屬，出榜嚴加禁約，及督令地方墩空巡守人員晝夜加謹巡察，今後如有私役及縱容軍餘出境採取參松榛果等物，及將刀箭甲葉與夷人交易，致生邊釁者，許被役及知見人等徑赴巡撫、巡按官處，指實首告正犯旗軍人等，合無量爲枷號。滿日與空臺巡哨甲軍俱照依律例，問擬發落。私役官員并地方該管軍職，一體糸奏拿問。庶官軍知所警懼，下人免得疲勞，亦杜邊患之一事也。

明 慎懋官《華夷花木鳥獸珍玩考》卷九《玉角香》 新羅使者每來，多鬻松子，有數等，玉角香、重堂棗、御家長、龍牙子，惟玉角香最奇，使者亦自珍之。

明 張爕《東西洋考》卷一二 嘉靖三十四年三月，司禮監傳諭户部取龍涎香百斤，檄下諸藩，懸價每斤償一千二百兩。往香山澳訪買，僅得十一兩以歸。內驗不同，姑存之。亟取真者，廣州獄夷囚馬那別的貯有一兩三錢，上之，黑褐色。密地都、密地山夷人繼上六兩，褐白色，問狀，云：「褐黑色者，採在水，褐白色者，採在山，皆真不贋。」而密地山商周鳴和等，再上通前十七兩二錢五分，馳進內辨。萬曆二十一年十二月，太監孫順爲備東宮出講題，買五斤，司劄驗香，把總蔣俊訪買。二十四年正月進四十六兩，再取。於二十六年十二月買進四十八兩五錢一分，二十八年八月買進九十七兩六錢二分。自嘉靖至今，夷舶聞上供，稍稍以龍涎來市，始定買解事例，每兩價百金，然得此甚難。

明　周嘉胄《香乘》卷一《沈香疊旖旎山》　高麗舶主王大世選沈水香近千觔，疊爲旖旎山，象衡嶽七十二峰，錢俶許黃金五百兩，竟不售。

又　卷五《廣購龍涎香》　成化嘉靖間，僧繼曉、陶仲文等競奏方伎，廣購龍涎香，香價騰溢，以遠物之尤供尚方之媚。

又　卷九　成都府十二月中皆有市，六月爲香市。

明　鄧慶寀《閩中荔支通譜》卷一〇　元李京《雲南志》：土獠蠻以採荔支販賣爲業，則滇南亦有荔支也。然蚤摘味酸，殊不堪嚼，余友鄧汝高視滇學時，黔國以餉子道協所嘗啖者，或以爲採荔之枝，誤矣。

明　談遷《國榷》卷三五　［憲宗成化五年八月］　廣西道御史李瑢巡視內庫，言四川儀隴縣去年例輸生漆二斤，五棓子十斤，直不四錢，贖費且十倍。今州縣課程數少者送布政司類解，從之。又內庫弓矢億萬計，多弓脫矢蠹，積于無用，宜額減十之二，徵直，不許。

又　卷四五　［孝宗弘治十七年十二月］　丙午，蠲浙直歲辦果品蠟茶等料，其山東河南湖廣兩畿災輕，免十之五。

又　卷六三　［世宗嘉靖三十九年三月］　癸未，購五色芝。

明　陶珽《説郛續》卷四二　蔣德璟《蘿經・旂貢》　鳳陽府歲辦蘿翎四千根。

清《清太祖實録》卷三　初，國人刨採人參，未諳製法，漬之以水。明人佯不欲市，國人恐朽敗，急售，鮮所利益。

清　郁永河《裨海遊紀》　射得麋鹿，盡取其肉爲脯，并收其皮。日本人甚需鹿皮，有賈舶收買，脯以鬻漳郡人，二者輸賦有餘，然此輩欺番人愚，朘削無厭，視所有不異已物。

清　林佶《全遼備考》卷下《人蓡》　遼東人蓡四月發芽，五月花，花白色如韭，叢大者若碗，小若鍾。六月結實，若小豆而連環，色正紅，久之則黃而扁。初生一椏，四五年兩椏，十年後三椏，年深者四椏，每椏五葉，葉若芙蓉，一莖直上。《扈從東巡日録》所謂百尺杵也。大者高數尺，小者尺餘，陶宏景曰：上黨蓡形長而黃，多潤實而甘，百濟形細而堅白，氣味薄，遼東形大而虛軟。今上黨百濟皆不取，而遼以東所産多黃潤甘實，不盡如陶所云。採取者率二月入山，十月乃盡歸，歲不下萬人。然甲子、乙丑以來，吴喇、寧古塔迤西採取幾盡，走山者非東行數十里入黑金阿機界中，或烏蘇里江外不可得矣。

凡走山刨蓡者，率五人爲伍，而推一人爲長，號曰：「山頭」，陸行乘馬，水行駕威弧。沿松花江至諾尼江口登岸，覆舟山谷間，乃入山相土，山頭坐而指揮。四人者剥樹皮爲窩棚，又擇一人炊三人樵蘇，夜則燎火自衛，曉食已，人攜小刀一、火石包一、四尺長木鑱一、皮袋一，隨山頭至嶺，受方略認徑路乃分走叢木中，尋蓡子及葉。得則跪而刨之。山頭者，時時立嶺上作聲以呼其下，否則迷不能歸矣。日暮歸窩棚，各出所得，交山頭。乃洗剔而煮。按《實録》云：先以水漬蓡。明人佯不欲市，邊人恐朽敗，急售多不得價。乃命煮而售之，煮蓡始此。近又以煮則味薄，變而爲蒸矣。貫以縷懸木而乾之，日惟曉夜，再食糧盡，則五人均分而還。

關東人呼蓡曰貨，又曰根子。肉紅而大者曰紅根，半肉者曰糙重，空皮曰泡。平聲視泡之多寡定貨之成色。《扈從東巡日録》有紫團、白條、羊角、金井、玉蘭諸名色。已巳、庚午間，足色者斤寧古塔蓡以十八兩爲斤，奉天以十九兩爲斤，京師以南以二十兩爲斤。十五兩，八九色者斤十二三兩，六七色者斤九十兩，對沖者六七兩，泡三兩，若一枝重兩以上則價倍，一枝重斤以上價十倍，成人形則無價矣。相傳康熙二年得人形者一枝重二十二兩，獻於朝，後絶不得。

凡走山者，山東、西人居多，大率皆偷採者也。每歲三四月間趨之若鶩。至九十月間乃盡歸，其死於飢寒不得歸者，蓋不知凡幾矣，而走山者日益多，無他利驅之也，新例雖嚴何益哉。新例偷採人蓡頭目財主擬絞監，候秋後處決。

清　黃叔璥《臺海使槎録》卷二　海船多漳泉商賈貿易於漳州，則載絲線、漳紗、剪絨、紙料、煙布、草席、甎瓦、小杉料、鼎鐺、雨傘、柑柚、青果、橘餅、柿餅，泉州則載磁器、紙張，興化則載杉板、甎瓦，福州則載大小杉料、乾筍、香菰，建寧則載茶，回時載米麥、菽豆、黑白糖錫、番薯、鹿肉，售於廈門諸海口，或載糖、靛、魚翅至上海，小艇撥運，姑蘇行市，船回則載布疋、紗緞、枲棉、涼煖帽子、牛油、金腿、包酒、惠泉酒，至浙江則載綾羅、棉紬、縐紗、湖帕、絨線，寧波則載棉花、草席，至山東販賣粗細椀碟、杉枋、糖紙、胡椒、蘇木，回日則載白蠟、紫草、藥材、繭紬、麥豆、鹽、肉、紅棗、核桃、柿餅，關東販賣烏茶、黃茶、紬緞、布疋、椀、紙、糖、麵、胡椒、蘇木，回日則載藥材、瓜子、松子、榛子、海參、銀魚、蟶乾。海壖彈丸，商旅輻輳，器物流通，實有資於內地。

清　金鉷等監修《廣西通志》卷九三《諸蠻・蠻疆分隸》　臨桂縣率皆熟猺居，三鄉男女挽髻，青衣緣繡，嫁娶喪葬，頗近土民。有平地大良高山。過山之別，平地猺散處村落佃田，傭耕大良猺，習漢文字，與民雜作或通婚姻。高山猺架竹木葺茅而棲，種粟芋荳薯，有蜂蜜、黃蠟、香菌、山筍貨以易食。過山猺數年此山，數年又別嶺，無定居也。獞俗丈夫尺帛繚頭，婦人髻綰木梳，短衣長裙，俱貫耳跣足。西南二鄉界連陽永多有之性好剽竊，出沒兩邑間，然近省地畏法，故無大患云。

清　張廷玉《明史》卷八二《食貨志》　天順八年，光祿果品物料凡百二十六萬八千餘斤，增舊額四之一。成化初，詔光祿寺牲口不得過十萬。明年，寺臣李春請增。禮部尚書姚夔言：「正統間，雞鵝羊豕歲費三四萬。天順以來增四倍，暴殄過多。請從前詔。」後二年，給事中陳鉞言：「光祿市物，概以勢取。負販遇之，如被劫掠。夫光祿所供，昔皆足用，今不然者，宜索過額，侵漁妄費也。」大學士彭時亦言：「光祿寺委用小人買辦，假公營私，民利盡爲所奪。請照宣德、正統間例，斟酌供用，禁止買辦。」於是減魚果歲額十之一。弘治元年命光祿減增加供應。初，光祿俱預支官錢市物，行頭吏役因而侵蝕。乃令各行先報納而後償價，遂有游手號爲報頭，假以供應爲名，抑價倍取，以充私橐。御史李鸞以爲言，帝命禁止。十五年，光祿卿王珩，列上內外官役酒飯及所畜禽獸料食之數，凡百二十事。乃降旨，有仍舊者，有減半者，有停止者。於是放去乾明門虎、南海子貓、西華門鷹犬、御馬監山猴、西安門大鴿等，減省有差，存者減其食料。自成化時，添坐家長隨八十餘員，傳添湯飯中官百五十餘員。天下常貢不足於用，乃責買於京師鋪户。價直不時給，市井負累。兵部尚書劉大夏因天變言之，乃裁減中官，歲省銀八十餘萬。（略）

先是仁宗時，令中官鎮守邊塞，英宗復設各省鎮守，又有守備、分守，中官布列天下。及憲宗時益甚，購書採藥之使，搜取珍玩，靡有孑遺。抑賣鹽引，私採禽鳥，糜官帑，納私賂，動以巨萬計。太嶽、太和山降真諸香，通三歲用七千斤，至是倍之。內府物料，有至五六倍者。孝宗立，頗有減省。甘肅巡撫羅明言：「鎮守、分守內外官競尚貢獻，各遣使屬邊衛搜方物，名曰採辦，實扣軍士月糧馬價，或巧取番人犬馬奇珍。且設膳乳諸房，僉廚役造酥油諸物。比及起運，沿途騷擾，乞悉罷之。」報可。然其後靡費漸多。至武宗任劉瑾，漁利無厭。鎮守中官率貢銀萬計，皇店諸名不一，歲辦多非土產。諸布政使來朝，各陳進貢之害，皆不省。（略）

世宗初，內府供應減正德什九。中年以後，營建齋醮，採木採香，採珠玉寶石，吏民奔命不暇，用黃白蠟至三十餘萬斤。又有召買，有折色，視正數三倍。沈香、降香、海漆諸香至十餘萬斤。又分道購龍涎香，十餘年未獲，使者因請海舶入澳，久乃得之。方澤、朝日壇，爵用紅黃玉，求不得，購之陝西邊境，遣使覓於阿丹，去土魯番西南二千里。太倉之銀，頗取入承運庫，辦金寶珍珠。於是貓兒睛、祖母碌、石綠、撒孛尼石、紅刺石、北河洗石、金剛鑽、朱藍石、紫英石、甘黃玉，無所不購。穆宗承之，購珠寶益急。給事中李己、陳吾德疏諫。己下獄，吾德削籍。自是供億寖多矣。

清　張慶長《黎岐紀聞》一卷　山嶺多木棉樹，婦女採實取其棉，用竹弓彈爲絨，足紉手引以爲線，染紅黑等色，雜以山麻及外販賣綵絨織而爲布，名曰吉貝。或劈山麻，紉線織布，搗樹皮汁染爲皁色，以五色絨雜繡其上，名曰黎布。賈者或用牛或用鹽易而售諸市，海南人頗用之。織布法：複其經之兩端，各用小圓木一條貫之，長出布潤之外，一端以繩繫圓木而圍於腰間，以雙足踏圓木兩旁而伸之，於是加緯焉。以漸移其圓木而成疋，其亦自有匠心也。

清　宋景關《乍浦志》卷一《城市》　又赴水陸二口扯掛號放行貨自日本、琉球、安南、暹羅、瓜哇、呂宋、文郎、馬神等處，來者則有金、銀、銅、錫、鉛、珠、珊瑚、瑪瑙、琥珀、水晶、玻璃、龍涎、伽楠、沉檀、速降、安息、黃熟、丁香、紫檀、花梨、鐵力、烏木、蘇木、黃白藤、象牙、犀角、虎骨、羚羊角、牛黃、熊膽、玳瑁、螺殼、孔雀、翡翠、倒掛鳥、紅白鸚鵡、哆囉呢、羽毛、紗、猩猩氈嗶吱緞、嘉文席、燕窩、海參、鯊魚翅、黃蠟、胡椒、荳蔻、檳榔，自閩廣來者則有松、杉、楠、靛青、蘭、茉莉、橘、柚、佛手、柑、龍眼、荔支、橄欖、糖，自浙東來者則有竹、木、炭、錫、魚、鹽，又舊時閩省歲飢，率運漕米自乍浦出口賑濟。

清　吳應逵《嶺南荔枝譜》卷六《雜事下》　東莞峽山西多居人，荔支林蓊鬱蔽日。有高樓二十餘座，下販酥醪、花果之屬者，交錯水上，儼水市焉。

清　黃本驥《湖南方物志》卷四《寶慶府》　邵州開元貢黃蠟，邵陽縣每年采辦白蠟二百九十斤，新化縣二百五十斤，武岡州二百八十斤，城步縣二百二十斤，新寧縣二百一十斤。

清　鄒璟《乍浦備志》卷六《關梁》　初設稅口時，巡查書役率於弔橋南，賃屋以居。乾隆三十二年，遷海塘口，在正街西偏創立查驗總所，號之曰：「臺臺之南。」有巡道按臨公館，平時值年書辦在焉。其北側房屋數間，則巡攔差役居之，又少南有跨街，磚砌環洞一道，濶丈許，高丈四五尺，是爲稅關。關之東，又有稽查口，一在楊衙墳，號東臺，所以查過塘雜貨之由鹽厫街洋貨場一帶出入者。關之西又有稽查口二，一在郭家地，號中臺；一在乍關鎖鑰，號西南臺。二臺率以查木場之木植，而西南臺則又兼以查西行雜貨之過塘焉。公館之後，南距後海頭不二百，武後海頭係海塘。自南轉西處，其南傍海一帶房屋之面街背海相連不斷者，二十餘間，不知始自何年。而此處所謂海塘濶幾不及三尺矣。海船進口各投牙行，牙行爲具報，單將船户所賫，來處縣照赴海防。同知署呈驗照，上開明船户、舵工、水手、姓名、年貌、籍貫。次日領出，赴嘉協右營守備署登簿。續報水陸二口址，然後運貨過塘，將部牌并紅單赴海關稅口報驗，紅單載明某商、某貨在某關、某口報稅若干。單上有各關口鈐記，閩廣諸船，雖已向各關口納稅，隔省道遠到乍仍遵則例額徵，惟浙東船，止用驗票不更納稅。各船所帶之貨，自日本、琉球、安南、暹羅、瓜哇、呂宋、文郎、馬神等處來者，則有金、銀、銅、錫、鉛、珠、珊瑚、瑪瑙、琥珀、水晶、玻瓈、龍涎、伽楠、沉檀、速降、安息、黄熟、丁香、紫檀、花梨、鐵力、烏木、蘇木、黄白藤、象牙、犀角、虎骨、羚羊、角牛、黄熊膽、玳瑁、螺殻、孔雀、翡翠、倒掛鳥、紅白鸚鵡、哆囉呢、羽毛紗、猩猩、氊嗶吱緞、嘉文席、燕窩、海參、鯊魚翅、黄蠟、胡椒、荳蔻、檳榔。自閩廣隔省來者，則有松、杉、楠、靛青、蘭、茉莉、橘、柚、佛手柑、龍眼、荔支、橄欖糖。自浙東本處來者，則有竹木、炭、鐵、魚、鹽、其自乍出口之貨，則無論隔省本省，一皆於關口納稅。隨領部牌紅單，領訖後，牙行爲具報單先赴守備署，次赴同知署，各將縣照呈驗用印領出。又赴水陸二口址掛號放行。海艘放行，各照人口及所至遠近，向官米鋪酌糴食米若干。不准浮帶，恐其接濟匪徒故也。顧或者彼歉此豐，酌運豐處之米，以蘇歉處之困，斯則裒多益寡，例得因時變通。謹按康熙四十九年，閩省歉收，題准江浙漕糧十萬石，浮海接濟。由乍浦出口。雍正四年，再舉奉行。乾隆二年，准運湖南穀十萬石，抵浙浮海，接濟閩省凶饑。七年八年又復兩次舉行，皆由乍浦出口，既而臺灣曠土日益墾闢，每歲所出米數運濟閩省，猶尚贏餘。故自乾隆二十年，浙省歲饑，米價涌貴，准令閩廣商船販運米石陸續汎海抵乍以便接濟。時販運最遠者有暹羅米。嗣後每值乍地米價騰湧，汎海商船曾有於彼處販米出口抵乍銷售者，一時米價賴以畧平，以故海米過塘特免輸稅。比聞近年來帶米抵乍之商船各衙門及稅口胥吏索費無厭，率皆聞風颺去。進口各貨東洋銅係商人奉公採辦，固不輸稅。柴薪等類，爲民間日用所需，亦得免征。其他一應額徵，具有則例。大約逐年進口稅，數木當其五之二，糖及局商所帶洋貨當其五之一，其餘南來無數雜貨當其五之二。木貨自吾浙嘉湖二郡并江南蘇松常等郡，所在棺料、屋料多取給焉。來自福建者什九，來自本省温州者什一。來自福建者，多佳。大率俱係杉木。其大料間有松木，長至八九丈者，一皆建貨。惟松板則來自温州，云：福省之南臺鎮爲木植湊集總所，乍浦木商逐號倩人坐莊彼處，陸續置辦。俟夏秋，兩幫雇船裝載，先於彼處輸稅出口，抵乍土塘復經過塘，木行赴本處稅口報船輸稅。若其雜貨船頭之零星帶至者，是爲小伙貨，則另於過塘時計數輸稅。糖貨係杭嘉湖及江南南偏諸郡通行之物。乾隆朝，廣東糖約居三之二，比來多汎至江南之上海縣收口，其收口乍浦者，較之福建糖轉少其半，廣東糖商皆潮州人終年坐莊。乍浦糖船進口之時，各照包頭斤兩經過塘，行家報關輸稅。福建則多係水客陸續販來，投過塘行家發賣，其輸稅亦與廣東一例。局商洋貨則由乍撥至蘇州，聽兩局商人議價發賣，惟海帶用解煤毒，酌派北路分銷，若洋菜、海參、鮑魚等物隨處通消，不拘地分其額徵，則於進口時各照船數歸過塘，行輸納雜貨中。若靛、炭、筍乾、冰鮮、醃貨、蕃茹等類，俱係偏地通行之物，筍乾來自福建，靛及炭有來自福建者，有來自本省温台者，冰鮮、醃貨、蕃茹等類，則來自本省寧波者居多，或免稅，或輸稅，或按物輸稅，或計船輸稅，各有成規，不及詳載。按蕃茹爲充飢要物，一遇歲歉，蕃茹絲之縱寧波温台來者，大可接濟貧民，故於雜貨中特爲舉出。他如南來之乾果、水果以及足供食用之零星雜物，難可備述。出口各貨布疋外牛骨豆餅較多，其餘不過零星什物，布疋率皆就近女工所出。惟紫白標則來自上洋。豆餅，乃關山東船帶至上洋，乍浦又從上洋辦來，轉售於客商者。牛骨係江北所出，其販至乍浦者，則多往蘇州及無錫縣置辦。出口之裝載布疋者，閩廣船及温台州船俱有之，豆餅、牛骨二物則閩船裝載爲多，而温台州船亦有裝載牛骨者，此二物皆彼處壅田之具。當其由乍出口時，税額各有一定則例。嚴禁進口之物，莫如鴉片小錢，其出口者火藥、硝磺、米豆、緞疋皆所嚴禁。

清 道光《寶慶府志》卷末上《摭談一·談物》 邵州開元貢黄蠟，元和志 邵陽縣每年採辦白蠟二百九十斤，新化縣二百五十斤，武岡州二百八十斤，城步縣二百二十斤，新寧縣二百一十斤。

清 同治《巴東縣志》卷四《賦役·雜稞》 巴東故不産金、銀、銅、鉛、縑幣，止前後八里瘠地間種茶及木桐子售於市，賈人負之走東南路，照引輸税以濟。條編之不足，在明盛時，全書載茶葉、桐油税銀三百六十兩。以二百兩作巴山驛支應，八十八兩作春秋大小祭祀，七十二兩作巴山驛站船夫工食。

又 卷一一《物産志》 聞之父老言，巴東盛時，民有桐、茶、藥、果、蠟、漆之利，野獸竄伏深山不爲民害。迨崇禎壬午以後迄於壬辰十年之間，百姓死於虎至萬餘人。重以寇盜殺掠之慘，而邑遂爲墟。方今土滿人稀，茶荒桐槁，間採檗皮、五棓子貨於市，又爲客兹土者啖，而供子錢值不當物之半，而虎輒觸藩攫牛畜，鹿麋結隊聯羣齧人禾苗，所過如掃，何古之物産爲邑利，而今爲邑害耶？當古之時，百姓星羅棊布，雞犬相聞，故獸蹄鳥跡，不驅自遠，而地無遺利。今則逐目荆榛，盡爲豺虎之場矣。一二殘民供差賦不給，而夜猶樹棲以衛田，其又何心何力以他營哉？若壬午以來，虎禍之慘又氣數之大厄，而不可以常理論者也。舊志

清 同治《城步縣志》卷六《政績志》 石文成，桐城監生，乾隆三十年任，剛正不阿，留心民瘼。城邑貢蠟向係蠟户承辦，後因蠟山俱敗，措辦無出，成準歸官辦。邑又有獵户供買獺皮，每赴粤地捕覓，呈繳賠累難堪。成永禁採買，士民稱惠焉。府志另有簿

清 同治《鄖陽縣志》卷八《祥異》 〔道光〕二十七年十月，竹山櫻桃、新筍鬻於市。

清 同治《淡水廳志》卷四《賦役·腦釐》 淡彰出産樟木，向歸艋舺料館收買；故内山各煎腦竈户，亦歸料館約束。料館爲道署軍工廠料煎腦則傷料。數十年來，樟腦買賣皆料館操縱，腦竈各無賴亦知斂跡。同治五年，臺道吳大廷委司料館者，有不售樟腦與洋人之説，遂爲藉口。同治六年，委興、泉、永道曾憲德，來臺會同議辦。議准洋人自行入山採買樟腦，明定章程，料館遂名存實亡。内山盜匪充斥，同治九年，臺道黎兆棠，查洋人入山採買樟腦，並未按照章程，先完子口半税，札飭委員候補府胡斌，會同淡水同知，設卡抽釐。每樟腦百觔，抽釐銀五角五點，與半税同。初議歸民行代收，旋撤，仍歸各口釐金局員抽收。臺地洋商完半税釐金自此始。

清 吳德煦《章穀屯志略》 深山多産藥，大黄爲最，販者甚夥，濟用良溥。

清 光緒《温宿府鄉土志》之《物産》 查産鹿茸在本城市鎮銷售，歲約四五架，又産稀稀布栽毯，亦在本城銷售，歲約數千匹及數十鋪之譜。

清 曹廷傑《東三省輿地圖説》 一華人貿易俄地宜免税，以廣商路也。内地華人由三姓各處貿易下江，始自嘉道之際，盛於咸豐之初，自貢貂諸部劃歸俄界，於是出境之禁甚嚴。有前往貿易者，各城胥吏即恐以私通外夷之罪，不竭其貲本不止，而三姓爲尤盛，然其時斗米尺布易貂一頭。故冒險爭利，歲不乏人，嗣因俄商日多，貂皮日貴，華人攜貲而往，不過較及錙銖以爲生計，而倖逃胥吏之手者，實無十之一二。前將軍銘釐剔弊端，因弛，禁聽民自往，誠以俄不我禁，而我自禁之。於事已屬不合，且令華商通行各處，可以時覘消息，用意尤爲微至。惟每人給照有費，而又按貨以抽税釐，商人之心殊多不願，蓋俄人止取俄税於華商，向無徵收，去歲東海濱省屢請出示創收，經吉林將軍嚴詞駁回，議遂中止。是俄人尚緩此税，而我又何必亟亟乎？誠使入款甚鉅，亦於餉項有補，乃核計每年不過千金，涓滴之水何益江河？擬請於吉江二省邊俄之區，凡有華商出入，一律免税，但於邊出時，人給護照一紙，仍照前例取中錢百文，或二百文，以作辦公費用，不准勒索加增，庶幾商路日廣，俄情常通似於邊防，尚有裨益，又况貢貂諸部入俄多年，至今眷念中國，不改俄裝，皆賴華商維持，則有事時亦尚堪使用耳。

一三姓貢貂，各族有名無實，宜停賞烏綾以節靡費也。國初收服東海諸部，若赫哲喀喇、若額登喀喇在混同江左右，若木掄在烏蘇哩江左右，若奇雅喀喇在尼滿河源左右，皆令每年至寧古塔人貢貂皮一張，或三年一貢，又有遠在混同江海口之飛牙喀奇勒爾二部，及遠在海中之庫葉，一部不能以時至寧古塔，則以六月期集於寧古塔東北三千里外之普禄，鄉章京舟行如期往受。雍正七年，設三姓副都統遂歸三姓辦理定例，歲貢者宴一次，三年一貢者，宴

三次，皆賜衣冠什器，名曰賞烏綾。自諸部言之，則曰穿官約得貂皮一張，須費銀十餘兩。皇恩浩蕩，原所以羈縻諸部固我邊陲也。自俄人犯境，諸部俱入俄界，於是貢道阻絶，彼不能來，我不能往。貢貂之典已屬虛文，即間有數十人或百餘人，至三姓穿官者，亦皆隨華商入境，藉以自置貨物貂皮，均由華商墊出，非真本人之貢。每人受賞多不過一金，其不足額貂皆在本地購買，如數解京。是所費之數，較之原賞則甚微。而每年春季自盛京解往之烏綾等件，車載馬運，絡繹於途，非數萬金不能辦此，循名核實，甚屬無謂。惟三姓下至烏蘇哩江口，舊有奇勒爾人等貢道未絶。然現已隸富克錦城編伍當差，無貂皮之貢，即無烏綾之賞。今請將賞烏綾之典，暫行停止，有隨華商入貢者造册報部，按名頒賞，其餘無用之烏綾，則於奉天變價買貂以供御用。再有餘費則遷貧苦旗丁於吉江二省，按給牛具籽種，責令墾地，或即招俄界華民與貢貂，各部授以三姓閒荒，均令成熟升科約每年可遷數十百家，合數十年計之曠土漸少，田賦漸多以視烏綾之虛糜鉅款，尚亦有利哉。

清 光緒《秀山縣志》卷一二《食貨志》 漚藍爲靛，農隙所講事也，《通考》云：「種藍一畝，敵穀田一頃。」能自染青者，其利又倍。縣地藍畦相望，葉滿則坎土瀦水爲圓池謂之靛池。刈葉入水，可七八日，以竿耙裸攪之，滲以石灰，其輕重視水色爲程。有如蔚藍者，佳靛也。歲貨亦數千金，鄉人販藍靛、煙艸起家者接踵，但賈視之屑如也。

清 徐宗亮《龍江述略》卷六《業録》 龍江省皮張、茸角亦貿易大宗，然皮張之屬，如貂狐貴品，近産頗稀，亦向不如吉林之佳。惟灰鼠産布特哈、呼倫貝爾兩城境者，號索倫鼠，毛厚色潤，東三省推爲殊，尤有大、小、中毛三色。而市無硝匠，硝料必挈至京都，乃可成裘，購者皆成形。全鼠美裘一領，亦值廿金上下也。鹿多而賤，茸角之屬，歲於七八月時，由黑龍江、興安兩城境捆運至省。茸之佳者，每支可得銀三十餘兩，劣亦七八兩不等。而力薄性燥，不如奉天所産滋益於人。蓋奉天産者梅鹿，江省則馬鹿也。惟由奉天運至廣東，銷路甚暢，煎膠成塊，利至倍蓰，山西人販運者多。九月則收市而回，茸價自三十金至七八金，視茸多寡爲率，角則以斤計值，視同尋常藥品已。

清 姚文棟《雲南勘界籌邊記》卷下《稟總署堂憲》 [新街蔽山] 山中産黄果樹百千萬株，外洋購買其樹中之漿，以爲器皿。

又 卷下《復薛星使書》 [野人山] 山中産黄果樹，百千萬株，多難勝計，俗呼其地爲樹漿廠，外洋購買其樹中之漿，以爲器皿。凡可收放寬緊者，皆是計此樹每株所出之漿，年可得小洋四百餘。

清 光緒《鬱林州志》卷二《山川》 馬鞍山州東十里山産蘆，葩州人取其根切而暴之，往粤東貰焉。

清 林百川《樹杞林志》之《風俗考・商賈》 臺灣商業，各大市鎮皆有水郊；即如臺北府之南北郊、新竹之長和郊類是。樹杞林堡爲新竹轄地，無港口往來船隻，故無郊。然該地所出之樟、茶、米、糖、豆、蔴、苧、菁等項，商人擇地所宜，雇工裝販，由新竹配船運大陸者甚夥，運諸各國者亦復不少；布、帛、雜貨則自福州、泉、廈返配；甚有遠至寧波、上海、乍浦、天津、廣東，亦爲梯航之所及者。各商各爲配運，名曰散郊户。船之中有名「出海」者，司賑及買辦貨物；復有「押載」者，所以監督「出海」也。然主持，皆出自郊户。現金買現貨者，爲「現交關」；物未交而先收金者，爲「賣青」。米、粟有青，糖、油、苧、豆、樟、茶亦有青也；其價較「現交關」者爲稍低。賣買亦有依期收賑者，亦有陸續支收至年末會算收訖者。惟樟腦、茄籐、薯榔、通草、籐、苧等件，樹杞林堡離山未遠，故此物最盛。各商販若遇價昂，争相貿易。所買之貨，各雇工運至港口，乃商自傳，視船先後到限，以若干日滿，以次出口也。

清 劉錦藻《清朝續文獻通考》卷三九二 知縣林品珊等集股稟准在贛縣設立益華樟腦公司，時開時停，自三十年三月開辦起至三十二年十二月止，共出樟腦二萬五千六百五十斤，售得價洋二萬三千一百三十餘元。

清 光緒《靖州鄉土志》卷四《物産志・商務》 黎每歲出産約四千石，本境約銷一千石，其運出本境者由水路運至會同之洪江，銷行約三千石。

楊梅每歲出産約一千石，本境約銷四百石，其運出本境者，由陸路運至會同之洪江銷行約六百石。（略）

樟腦光緒三十二年始創製，由水路運至湘潭銷行，是年運出之數，約一千石，三十三年，約一百石。（略）

白蠟每歲所製，約一百石，本境約銷五十石，其餘由陸路運至黔粤境内銷行。其由沅州運過本境者，約二百石。（略）

五倍子每歲出産，約二百石，由水路運出本境，在會同之洪江銷行，其由廣西及通道運過本境者，約三千石。

清 宣統《呼蘭府志》卷三《財賦略》 樺木箭桿貢，呼蘭每歲額進四百八枝，隨帶備用三百枝，今停辦。

雕翎貢，呼蘭每歲額進四百八皮，今停辦。

清　曹廷傑《西伯利東偏紀要》　一查華人在俄界者，惟伯利、紅土岩、雙城子、海參崴、彥楚河五處，共計大小肆店三百餘家，各立門市坐賈營生。外有自三姓販運貨物通行，松花江至東北海口行烏蘇里江至穆陵河口以上者，共二百餘家，皆於江沿蓋有房舍，以貨物易各處貂皮、鹿茸、魚骨、狐貉、海豹、水獺、灰鼠、黃鼠等，分售伯利三姓等處，名雖坐賈，實則行商。更有自三姓分往二江，以貨易貨，春去秋回者，每年亦約千餘人，此三姓人以販商爲業者也。其餘在俄鎮諸人大半服苦，覓食多有嗜好，賭風最盛，押寶押會各設專局，間有亡命逃匿其中。此游民情形，若夫散入山林，古所謂樹中人，與林木中百姓則有採蓡、定碓、木營、菜營、棒椎營五項。採蓡者專採大山野蓡，曰挖棒椎，定碓者設木爲碓，以捕牲曰定碓。房木營伐木候山水發時，趕放至各處售賣，菜營檢菜於柞木多處，伐倒俟生木耳往收。棒椎營種蓡，取人蓡子種入土中，培養灌溉，不令見日，約十餘年後方可獲利。或有移種野參小苗，俟年久取出者曰頓樹根，此五項或行、或居、每數人爲伴入山甚深，皆稱穿山溝，亦曰跪腿子，辛苦備嘗，存亡靡定，殆以虎口餘生，與木石居與鹿豕遊者乎？至於烏蘇里江以東及南海濱沿一帶，各山溝口諸人各有房舍，半帶室家，皆以務農爲先，夏兼捕鹿，冬則捕貂，以爲生計。各溝俱有頭目曰「溝大爺」，又數溝公立一頭目曰「總大爺」，有事時則以木牌遞傳，不日可以共聚，名曰轉牌。溝中殺人者死，滋事者逐，規矩簡嚴，雖至親亦無所私，皆云此法遺自老把頭，號曰溝規，行不必裹糧，居不必防盜，道不拾遺，夜不閉户，居然別有天地。俄人甚畏，此輩近被奸人識破機關，有逐漸侵佔之勢。

藝文

宋　徐照《芳蘭軒集·猿皮》　路逢巴客賣猿皮，一片蒙茸似黑絲。常向小窗鋪坐處，却思空谷聽啼時。弩傷忽見痕猶在，笛響誰誇骨可吹。古樹團團行路曲，無人來作野賓詩。

明　楊慎《升菴集》卷一《藥市賦》　蓬丘仙伯七刀圭而通神，奈園老宿品千二而稱珍。何如蓉城之日，重開藥市之春。若夫岐摯湯液，和緩瀹滲。采嘉林之嘉草，掇芳洲之芳羞。屏風水發，書帶山抽。人參二椏，來自高句麗之國；桃枝九折，出於嶲昆明之陬。椒聊下虛星之舍，果蓏薦織女之樓。逢茅龍之衛叔，遇木羊之葛由。檢本草之聖録，極山海之冥搜。別有天棘日精，澤葵海藻。火林之蔚炎柯，雪津之濯陽草。款冬叩冰而吐葩，葶藶迎露而先槁。青綸碧組，蒼龍就食於甲辰；素茵皓蔯，白兔騰仙於辛卯。帝休鬼麗蕩邪而蠲憂，神錦仙鹽駐顏而難老。又不若剸犀截角，搴翠删毛。澄禹山之水碧，醢樊桐之金膏。鮫人泣珠而酬價，狼朧鵕金而解橐。神鹿兩頭，飲上池之水；靈烏四翼，歸金匱之韜。莫不攀丹危而陟翠險，賈仙的而下神罍。涉淼淼，馳芊芊，刈翹翹，伐丁丁。香草比於君子，嘉卉方於女貞。藤名簡子，花號長卿。五芝色配乎五嶽，六飲芳冠乎六清。乃延巫彭，招長桑，飛絳雪，擣玄霜。巴戎赤斧，梓谷王昌，蓬州塗定辭，玄武張開光。希夷出崇龕之落真，多棲葛璝之鄉。黃足之鳥，呼季玉而並復；朱頂之鶴，名令威而駢翔。負局磨鏡之翁，籠桶講易之叟。扶龜牀於行阿，策鳩杖於林藪。嚴遵之芳乳平分，王列之香膏共剖。是月也，江波錦落，火井星還。楓瑟瑟而鳴籟，菊英英而綴斑。訪名跡於古昔；啟藥市於重闉。被開明廣都之野，帶杜宇天隳之山。哀危螻於寸陰，矜局黿於井谷。布濩天府之區，蔓衍坤維之域。八萬四千之人煙，五十四州之謡俗。國無夜户之虞，人有春臺之燠。郤公程鄭之倫，驥子魚文之服。乍發劑以鍼龍，奄飛符而擒蜮。黃耇背鮐蒼，崽髫蝸行歌，擊壤羣嬉，聚沙成行。鴈鴈學語，鴉鴉毛姬。餌葉鳳，子藏花。色輝九璧之錦，光漾百潭之霞。採思婦之卷耳，折放臣之疎麻。息風枝之不静，起露蓼之含嗟。崔公之鏡云遠，華陀之囊已遐。既富矣韓康之肆，寧靳乎博望之槎。揚雄夢腸頓醒，滯思於雕篆；相如消渴歙蠲，沈痾於齒牙。豈知西顥之盤露，北方之河車哉。有林間翁孺者，起而爲系曰：黃熊兮休入寢，朱羆兮罷窺屏。永遯兮二豎，載殲兮九嬰分菊潭兮灩灩，宴蓉城兮冥冥。鴻安丘繼而作曰：安期神樓散，扁鵲陷冰丸。銀筒昔誰蘊，金瓶今子殫。謝鷩颷兮駐流電，訪大藥兮浴還丹。邀籛偓兮雀躍，共喬松兮鯇桓。主人聞之，欣然稱藺。修容麗級獻壽，升筵敬緝光，誦奉以周旋。

清　楊同桂《瀋故》　貂鼠曰：「鼠類陰且微，惟貂出班行。臨鬢映飛蟬，珥冠偕金璫。蕭條黑津山，羣衆嬉大荒。日餐松柏實，紫毛爛生光。夜宿銜樹枝，自謂難我傷。豈料見圖者，設伏機潛張。遺矢下觸機，機發洞弩鉒。可憐剥膚慘，非汝能周防。販入五都市，短竈仍薰將。續斥狗尾賤，集等狐腋良。

百金購一裘，價視荒山昂。」

雜録

宋　釋贊寧《筍譜》　唐夏侯彪之上新繁令問里胥曰：「竹筍一錢幾莖？」對曰：「五莖。」取十千，買五萬莖。謂之曰：「吾未要，且寄林中養之，至秋成竹，一竿十丈，遂成五十萬。」貪猥不道，皆此類也。

宋　洪邁《夷堅丁志》卷六《泉州楊客》　泉州楊客，爲海賈十餘年，致貲二萬萬，每遭風濤之厄，必叫呼神明，指天日立誓，許以飾塔廟設水陸爲謝，然纔達岸，則遺忘不省，亦不復紀録。紹興十年泊海洋，夢諸神來責償。楊曰：「今方往臨安，俟還家時，當一一賽答，不敢負。」神曰：「汝那得有此福，皆我力，爾心願不必酬，只以物見還。」楊甚恐，以七月某日至錢塘江下，幸無事，不勝喜。悉輦物貨，置抱劍街主人唐翁家，身居柴垛橋西客館，唐開宴延佇，楊自述前夢，且曰：「度今有四十萬緡，姑以十之一酬神願，餘攜歸泉南，置生業，不復出矣。」舉所賫沉香、龍腦、珠琲、珍異，納于土庫中，他香布、蘇木不減十餘萬緡，皆委之庫外。是夕大醉，次日聞外間火作，驚起走登吴山，望火起處尚遠，俄頃間已及唐翁屋。楊顧語其僕：「不過燒得麄重，亦無害」。良久，見土庫黑煙直上，屋即摧塌，烈焰亘天，稍定還視，皆爲煨燼矣。遂自經於庫牆上，暴尸經夕，僕告官驗實，乃得槀葬云。

清　師範《滇繫》卷四《物産》　阿魏亦出者樂甸，相傳大樹凝脂下洒着物即化，市之鬻者皆其化也，故諺曰：「阿魏無填。」此物極臭，而能止臭殺蟲消痞辟瘟治産，諸鬼物畏之。一曰合昔泥夷人以淹羊肉，甚美。唵叭香不知何物，所製以其國名，氣味稍似阿魏，可和諸香爇之。昔人有賃凶宅者，既知其凶不得便徙，橐中有唵叭香，取焚之數夕，中夜聞鬼物語曰：「彼焚何物，令我頭痛不堪？亟避之。」翌日，宅遂清吉。無患香又有白檀、甘檀、紫榆、青木、降真諸種，而麝爲之最，然土人不知製香，售之估客而已，爇倶皆劈氈榆之屬爇之。

海内外交流部

論説

宋 林之奇《尚書全解》卷七 厥貢漆絲，厥篚織文，浮于濟漯，達於河。兖州之地宜漆林，又宜桑蠶，故貢此二物也。有貢又有篚，乃入貢之物盛於篚，爲貢也。古者幣帛之屬皆盛於篚，蘇氏引「篚厥玄黄」爲證是也。織文者錦繡之屬，曾氏曰：「織文因織而有文者，錦繡之屬不一，故言織文以包之謂之織，則繪畫組繡而有文者，不與矣。」

又 卷八 羽畎夏翟，嶧陽孤桐，泗濱浮磬。夏翟、孤桐、浮磬雖徐州所貢，非謂徐州所産，皆可充此貢也。然其所産必有至美之地，所謂羽畎、嶧陽、泗濱，皆其所産，至美之地也。羽即「蒙羽其藝」之羽。羽畎，羽山之畎，猶云岱畎也。夏翟，雉也，《周禮・天官》「夏采」，鄭氏注曰：「夏翟，羽也。」《禹貢》徐州貢此夏翟之羽，有虞氏以爲緌，後世或無故染鳥羽蒙而用之，又「染人秋染夏」。鄭氏注云：「染夏者，染五色也。」以是知夏翟者，雉之具五色者也。《周官・司常》云：「全羽爲旞，析羽爲旌。」故孔氏以爲夏翟，羽中旌旄之飾。」然古之車服器用以雉爲飾者多矣，不但旌旄也。嶧陽者，嶧山之南也，《地理志》云：「東海下邳縣西有葛嶧山。」古文以爲嶧陽，即《詩》所謂「保有鳧繹」是也。孤桐者，特生之桐，可以中琴瑟也。《詩》云：「梧桐生矣，于彼朝陽。」蓋桐之生，以向日者爲良，必以孤桐者，猶言孤竹之管也。陸農師曰：梧桐性便濕地，不生於岡。引《毛詩傳》曰「梧桐不生高岡，太平而後生朝陽」。以此觀之，則是梧桐生於山之陽，最爲難得，其孤生者又其難得之物也。泗濱者，泗水之旁也。浮磬者，謂石之浮於水上者，可以爲磬也。唐孔氏曰：「石生水旁，水中見石，似石於水上浮焉。」周希聖曰：「浮，過也。與名浮於實之浮同。雖泗濱之石，其高過於水上者，可以爲磬。」據此二説，其意蓋謂石非浮物，故從而爲此辭，要之不必須浮於水上，然後謂之浮。磬之爲器，必聚其石之最輕者，然後其聲清越以長，但以輕，故謂之浮矣。不云浮石而云浮磬者，曾氏曰：「成磬而後貢之。」

又 卷九 厥貢漆枲絺紵 職方氏云：「豫州其利，漆枲則是。」漆枲之類，此州之所宜也，故制以爲貢。絺，葛之精者。紵，顔師古曰：「織紵以爲布而貢，皆不可得而知也。」《周官》載師漆林之征二十有五，《周官》以爲征，而此則貢之者，蓋禹之時豫州在於畿外，故有貢也。推此義則知冀州所以不言貢之意矣。

又 卷二六 於是西方之夷有旅國者致貢，其獒焉，以其獒爲貢者。漢孔氏曰：「犬高四尺爲獒，以大爲異。」此説不然，夫西旅獻之，武王受之太保諄諄而陳之，必其有珍異而可玩者，不但以大爲異也。案許慎曰：「犬知人心而可使者曰獒。」《春秋公羊傳》曰：「晉靈公將殺趙盾，盾躇階而走，靈公有周狗謂之獒，呼獒而屬之，獒亦躇階而從之，祁彌明逆而踆之，絶其頷。」趙盾曰：「君之獒不若臣之獒也。」何休註曰：「周狗，可以比周之狗，所指如意。」《左氏傳》亦謂：「公嗾夫獒焉，明搏而殺之。」盾曰：「棄人用犬，雖猛何爲？」則獒之爲犬，蓋猛而善搏，人進退指揮，能如人意，異夫常犬者也。

清 康熙《臨海縣志》卷三《食貨歲供》 ［漢晉］以來舊貢金漆，木似㯉蔓延成林。乾薑。出章安城門黄杜者佳，齊孔琇之爲郡守，回朝獻以乾薑，亦土産之尤也。

［唐］《元和郡國志》土貢甲香三十斤，鮫魚皮一百張。

［宋］元豐土貢金漆三觔，甲香三十觔，鮫魚皮一十張，紬二千五百三十五匹。

綿二萬八千九百一十四兩一錢，亦和預買

嘉定時，折絹錢四萬五千七百三十六貫六文，每納本色一半，折色一半，每匹折錢四千文。折帛錢二十二萬六千九百九十八貫二十八文，大禮銀六百五十兩，絹五百匹，瑞慶節銀一千兩，絹五百匹。

［元］歲貢柑子二萬三千顆，沙魚皮一百六十七張，魚鰾一百四十觔，猪皮一千一百。二十四張俱係闔郡數目。

［明］洪武初臨海歲供，石首魚，鯔魚，鰻魚，鮸魚，黄鯖魚，龍頭魚，海蜟魚，銀魚，鱸魚，泥螺，鰕米，蚶水母線，螟脯，白蟹茶芽，蜜，黄蠟，叚匹，藥材，皮張，弓矢弦翎。

宏治定額

茶芽九觔，牲口，豬五十九口，價銀一百兩三錢。鵞一百八十九隻，價銀五十六兩七錢。

藥材，骨碎補一十斤，白术一百斤，芎一百四十斤，豬芽皂角三斤，粟穀三十斤，半夏麯三斤，生地黄六十三斤。

段匹價銀二百八十八兩三錢四分五釐一毫，遇閏月加銀二十五兩五錢一分四釐。解使司類造。

農桑絲絹二百八十六匹二丈三尺八寸五分，弓六百一十張，矢五千一百九十枝，弦三千五十條，翎毛八萬根，麂皮二張，牛皮二色，水牛底皮、黄牛熟皮胖襖五百二十三副，五年一造。黄蠟，蓮肉，白蠟，白果，絲線，紙劄，金箔，竹，薪炭。

歷日紙二十四萬四千八百二十九張。黄紙二萬七千七百張，尺九黄紙八百一十六張，狀元黄紙二百四十張，白紙二十萬八千七十三張，白綿紙八十張。

[皇清] 順治初，户部項下，金花銀三千二百二十四兩九錢四分六釐二絲五忽，農桑絹銀二百二十八兩七錢五分三釐一毫六絲，顔料銀一百六十一兩五錢九分五釐五毫二絲，黄蠟銀四百一十八兩四錢六釐九毫九絲三忽，芽茶銀一十二兩八錢六分八釐六毫七絲，二忽，葉茶銀四兩三錢六分二釐五絲。

禮部項下藥材銀一十四兩七錢九分一釐三毫六絲，牲口銀九十三兩，菉筍銀一十五兩四錢三分六釐六毫，薦新茶芽袋袱簍槓路費銀二十兩。

工部項下麂皮銀一兩二錢，匠役銀一十兩，漆木銀五兩六錢七分八釐九毫，牛角銀一千五百一十八兩，箭銀一百六十兩弦銀二百五十三兩，胖襖銀二百八十二兩七錢三分七釐六毫六絲二忽，工料銀七百三十一兩八錢八分八釐，歲造段四銀三百一十九兩五錢四分九釐九毫三絲一忽，軍器軍三銀五百四十兩九錢二分，軍器民七銀二百四十四兩錢一分二釐八絲。

順治十八年裁各項名色，悉徵折色，解布政司充餉。康熙十五年起解黄蠟七十觔四兩，茶芽五十三觔八兩，黄熟銅三觔一十五兩，桐油二十四觔，烏梅三觔三兩，後併台芎、烏藥、白术、豬牙、皂角盡改折色，止解本色茶芽九觔。

論曰貢賦始於夏禹，然考之《禹貢》，冀州賦粟米而不復貢土物，其餘八州貢土物而不復賦粟米，後世賦之外有貢，貢之外復有和買、預買名色，如宋之折帛、折絹，始則買本色，繼又賣本解折，無非借上供名色，以剥取閭閻。民力幾何，而能當此無藝之求乎？明額辦雖有嘗數，而運解立破家貲，富民之家一旦輪弓張胖襖之役，無不男婦呼號，老幼啼哭，合家如喪考妣者。湯火虐政，無代無之。

皇清定鼎，恭行節儉，悉與蠲除。百姓輸糧之外，無所復累，雖與漢孝文詔除天下貢獻，光武勅郡國雖飲食異味勿得復有進供，何以加諸。書之於册，亦以附講德典故之文也已。

清 乾隆《鄧州志》卷九《物産》 舊志《禹貢》則裏定賦，職方氏辨上地之宜，詳誌其九穀五擾之屬，未嘗搜奇獵異也。《通考》云：鄧有白菊花及花蠟之貢。今則白菊花絶少，而花蠟亦不嘗有。按圖而索之，不亦左乎？至于民生日用之需，亦自不乏，從而紀之，昭其實也。

清 乾隆《歙縣志》卷五《食貨志》 張佩芳曰：夏后氏之制，任土作貢，言貢賦必先言物産。五穀、果蔬、鱗介、畜牧以養民生，絲麻、竹箭、骨革、羽毛以利民用。食貨之所出，即貢賦之所出也。歙之爲邑，歉於田而豐於山，地高而土燥。十日不雨則無禾，耕耨之民，手口卒瘏。一畝所入，不及三吴饑年之半。而山林材木、茗栗、桐漆之屬食利無羨，此古之仁人所以取於民有制也。

綜述

晉 嵇含《南方草木狀》卷下 龍眼樹如荔枝，但枝葉稍小，殼青黄色，形圓如彈丸，核如木梡子而不堅。肉白而帶漿，其甘如蜜，一朵五六十顆，作穗如蒲萄然，荔枝過即龍眼熟，故謂之荔枝奴，言常隨其後也。《東觀漢記》曰：「單于來朝，賜橙、橘、龍眼、荔枝。」魏文帝詔羣臣曰：「南方果之珍異者，有龍眼荔枝。」令歲貢焉，出九真、交趾。

漢 司馬遷《史記》卷二《夏本紀》 濟、河維沇州：九河既道，雷夏既澤，雍、沮會同，桑土既蠶，於是民得下丘居土。其土黑墳，草繇木條。田中下賦貞，作十有三年乃同。其貢漆絲，其篚織文。浮於濟、漯，通於河。（略）

華陽黑水惟梁州：汶、嶓既蓺，沱、涔既道，蔡、蒙旅平，和夷厎績。其土青驪。田下上，賦下中三錯。貢璆、鐵、銀、鏤、砮、磬，熊、羆、狐、貍、織皮。西傾因桓是來，浮于潛，踰于沔，入于渭，亂于河。

宋 程大昌《禹貢論》卷下 田賦之外，其貢則金瑶琨、篠簜、齒革、羽毛、木織貝、橘柚，不勝其多也。

宋　吴箕《常談》　杜少陵詩「鸚鵡啄金桃」，金桃始出西域康居國，貞觀間嘗貢之，兼以銀桃，詔植苑中，鸚鵡亦出西域，金桃豈其所嗜哉？

宋　陳敬《陳氏香譜》卷一《薔薇水》　葉廷珪云：大食國花露也，五代時蕃將蒲訶散以十五瓶効貢，厥后罕有至者。今則採末利花蒸取其液以代焉，然其水多僞雜，試之當用琉璃瓶盛之，翻摇數四，其泡自上下者爲真。後周顯德五年，昆明國獻薔薇水十五瓶，得自西域，以之灑衣，衣敝而香不滅。

元　馬端臨《文獻通考》卷二二《土貢考》　《通典》按令文，諸郡貢獻皆取當土所出，準絹爲價，多不得過五十疋。並以官物充市，所貢至薄，其物易供。聖朝常制，於斯在矣。其有加於此數者，亦折租賦不别徵科。

京兆府貢葵草席，地骨白皮，酸棗仁。

華陰郡貢鷂子十聯，烏鶻五聯，茯苓三十八斤，細辛四斤，茯神三十八斤，今華州。

馮翊郡貢白蹙皺文皮三十一領，今同州。

扶風郡貢龍鬚席十領，今岐州。

新平郡貢剪刀十具，蛇膽十斤，蓽豆滎豆五石，白火筯二十具，今邠州。

安定郡貢龍鬚席十領，今涇州。

彭原郡貢五色龍鬚席十領，莞菁，菴蕳子，亭長，假蘇，荆芥，今寧州。

汧陽郡貢龍鬚席六領，今隴州。

中部郡貢龍鬚席六領，今坊州。

洛交郡貢龍鬚席六領，今鄜州。

朔方郡貢白氈十領，今夏州。

安化郡貢麝香二十五顆，今慶州。

靈武郡貢鹿角膠，代赭，花蓯蓉，白鵰翎，今靈州。

榆林郡貢青龍角兩具，徐長卿十斤，赤芍藥十斤，今勝州。

延安郡貢麝香三十顆，今延州。

咸寧郡貢麝香一顆，今丹州。

銀川郡貢女稽布五端，今銀州。

平涼郡貢九尺白氈十領，今原州。

九原郡貢野馬胯皮二十一片，白麥麴印盛鹽，今豐州。

會寧郡貢駝毛褐兩段，今會州。

五原郡貢鹽山四十顆，今鹽州。

新秦郡貢青地鹿角二具，鹿角三十具，今麟州。

單于都護府貢生野馬胯皮總十二斤。

安北都護府貢生野馬胯皮二十一片。

太原府貢銅鏡兩面，甘草三十一斤，礬石三十斤，龍骨三十斤，蒲萄粉屑，栢子仁。

上黨郡貢人參二百小兩，墨三挺，今潞州。

河東郡貢綾絹扇四面，龍骨二十斤，棗八千顆，鳳棲梨三千五百顆，今蒲州。

絳郡貢梁穀二十石，墨千四百七十挺，白穀五百疋，梨三千顆，今絳州。

平陽郡貢蠟燭三十條，今晉州。

西河郡貢龍鬚席十領，石膏五十斤，消石五十斤，今汾州。

弘農郡貢麝香十顆，硯瓦十具，今虢州。

高平郡貢白石英五十小兩，人參三十兩，今澤州。

太寧郡貢胡女布五端，今隰州。

昌化郡貢胡女布五端，今石州。

文城郡貢蠟二百斤，今慈州。

陽城郡貢龍鬚席六領，今沁州。

定襄郡貢豹尾十枚，今忻州。

樂平郡貢人參三十兩，今儀州。

鴈門郡貢白雕翎五具，熟青二十兩，熟緑二十兩，今代州。

樓煩郡貢麝香十顆，今嵐州。

安邊郡貢松子一石，今蔚州。

馬邑郡貢白雕翎五具，今朔州。

河南府貢瓷器十五事。

陜郡貢栢子仁、瓜蔞根各三十斤，今陜州。

陳留郡貢絹二十疋，今汴州。

滎陽郡貢絹二十疋，麻黄二十斤，今鄭州。

臨汝郡貢絁二十疋，今汝州。

睢陽郡貢絹二十疋，今宋州。

靈昌郡貢綾二十疋並方文，今滑州。

潁川郡貢絹十疋，薦心席六領，今許州。

譙郡貢絹二十疋，今亳州。
濮陽郡貢絹二十疋，今濮州。
濟陰郡貢蛇床子二十斤，絹二十疋，今曹州。
北海郡貢棗兩石，仙文綾十疋，今青州。
淮陽郡貢絹十疋，今陳州。
汝南郡貢鸂鶒綾十疋，今豫州。
東平郡貢絹二十疋，今鄆州。
淄川郡貢防風五十斤，進理石五斤，今淄州。
臨淄郡貢絲葛十五疋，今齊州。
魯郡貢鏡花綾十疋，紫英白二十二兩，今兗州。
彭城郡貢絹二十疋，今徐州。
臨淮郡貢綿二十屯，貲布十疋，今泗州。
汝陰郡貢綿二十屯，今潁州。
東海郡貢楚布十疋，今海州。
濟陽郡貢河膠二百小片，鹿角膠三十小片，今濟州。
琅琊郡貢紫石英二十兩，今沂州。
高密郡貢貲布十端，牛黃一斤，海蛤二十兩。今密州。
東牟郡貢牛黃百二十八兩，水蔥席六領，今登州。
范陽郡貢綾二十疋，今幽州。
河內郡貢平紗十疋，今懷州。
魏郡貢白綿紬八疋，白平紬八疋，今魏州。
汲郡貢綿三百兩，今衛州。
鄴郡貢紗十疋，鳳翮席六領，胡粉百團，今相州。
廣平郡貢平紬十疋，今洺州。
清河郡貢氈十領，今貝州。
信都郡貢絹二十疋，綿一十屯，今冀州。
平原郡貢絹二十疋，今德州。
饒陽郡貢絹二十疋，今深州。
河間郡貢絹三十疋，今瀛州。
東萊郡貢牛黃百二十二兩，今萊州。
常山郡貢梨六百顆，羅二十疋，今恒州。
景城郡貢細簟四領，細柳箱八十合，糖蟹二十三坩，鱧鮬三百五十挺，今滄州。
博陵郡貢細綾千二百七十疋，兩窠細綾十五疋，瑞綾二百五十五疋，大獨窠綾二十五疋，獨窠綾一十疋，今定州。
趙郡貢綿五十疋，今趙州。
鉅鹿郡貢絲布十疋，今邢州。
博平郡貢紬十疋，今博州。
文安郡貢綿三百兩，今莫州。
上谷郡貢墨三百挺，今易州。
樂安郡貢絹十疋，今棣州。
北平郡貢蔓荊子四斤，今平州。
密雲郡貢人參五斤，今檀州。
嬀川郡貢麝香十顆，今嬀州。
漁陽郡貢鹿角膠十斤，今薊州。
柳城郡貢麝香十顆，今營州。
歸德郡貢豹尾三枚，今燕州。
安東都護府貢人參五斤。
武威郡貢野馬皮五張，白小麥十石，今涼州。
天水郡貢龍鬚席六領，芎藭四十斤，今秦州。
安西都護府貢硇砂五十斤，緋氈五領。
北庭都護府貢陰牙角五隻，速霍角十隻，阿魏截根二十斤。
交河郡貢氈布十端，今西州。
晉昌郡貢草鼓子，野馬皮，黃礬，絳礬，胡桐淚，今瓜州。
西平郡貢犛牛角十隻，今鄯州。
隴西郡貢麝香十顆，秦艽，今渭州。
燉煌郡貢棊子二十具，石膏，今沙州。
酒泉郡貢肉蓯蓉二十斤，柏脉二十，野馬皮兩張，今肅州。
金城郡貢麝香十顆，鼧鼥鼠六頭，今蘭州。
安昌郡貢麝香二十顆，今河州。
同谷郡貢蠟燭十條，今成州。

安康郡貢麩金五兩，乾漆六斤，杜仲二十斤，椒目十斤，黃蘗六斤，枳實六斤，枳殼十四斤，茶芽一斤，椒子一石，雷丸五兩，今金州。

武當郡貢麝香二十顆，今均州。

房陵郡貢麝香二十顆，雷丸，石膏，蒼礬石。今房州。

漢東郡貢綾十疋，葛五疋，覆盆子，今隨州。

南浦郡貢金五兩，今萬州。

澧陽郡貢柑子四百顆，橘子七百顆，龜子綾十疋，恒山一斤，五入簟四領，蜀漆一斤，今澧州。

雲安郡貢蠟百斤，今夔州。

竟陵郡貢白苧布一端，今復州。

武陵郡貢紵練布十端，今朗州。

夷陵郡貢茶二百五十斤，柑子二千顆，五加皮二斤，杜若二斤，芒硝四十斤，鬼臼二斤，蠟百斤，今峽州。

南賓郡貢蘇薰席四領，綿紬五疋，今忠州。

富水郡貢白苧布十端，今郢州。

巴東郡貢蠟四十斤，今歸州。

漢中郡貢紅花百斤，燕脂一升，今梁州。

通川郡貢綿紬三疋，楓香五斤，藥子二百顆，今通州。

順政郡貢蠟六十斤，今興州。

巴川郡貢牡丹皮十斤，藥子二百顆，今合州。

清化郡貢綿紬十疋，今巴州。

益昌郡貢絲布十疋，今利州。

河池郡貢蠟百斤，今鳳州。

洋川郡貢白樓十疋，今洋州。

咸安郡貢綿紬十疋，今蓬州。

盛山郡貢蠟四十斤，車前子一升，今開州。

始寧郡貢綿紬十疋，今壁州。

南平郡貢葛五疋，今渝州。

符陽郡貢蠟五十斤，藥子二百顆，今集州。

潾山郡貢紬一十疋，買子木十斤，子一升，今渠州。

和政郡貢龍鬚席六領並青黃色，今岷州。

武都郡貢蠟燭十條，蜜蠟，羚羊角，今武州。

臨洮郡貢麝香十顆，今洮州。

懷道郡貢麩金十兩，散金十兩，今宕州。

寧塞郡貢麩金六兩，大黃，戎鹽，今廓州。

合川郡貢麝香二十顆，今疊州。

張掖郡貢野馬皮十張，枸杞子六斗，藥二十斤，今甘州。

伊吾郡貢陰牙角五隻，胡桐淚二十五斤，今伊州。

廣陵郡貢蕃客錦袍五十領，錦被五十張，半臂錦百段，新加錦袍二百領，青銅鏡十面，莞席十領，獨窠細綾十疋，蛇床子七斗，蛇床仁一斗，鐵精一斤，兔絲子一斤，白芒十五斤，空青三兩，造水牛皮甲千領并袋，今揚州。

安陸郡貢青紵十五疋，今安州。

弋陽郡貢葛十疋，生石斛六十斤，今光州。

義陽郡貢葛十疋，今申州。

廬江郡貢絲布十疋，石斛六十斤，今廬州。

蘄春郡貢白苧布十五端，烏蛇脯，今蘄州。

同安郡貢蠟五十斤，石斛六十斤，今舒州。

歷陽郡貢麻布十疋，今和州。

鍾離郡貢絲布十疋，今濠州。

壽春郡貢絲布十疋，生石斛五十斤，今壽州。

齊安郡貢貲苧布十端，虻蟲二斤，今黃州。

淮陰郡貢貲布十疋，今楚州。

漢陽郡貢麻貲布十疋，今沔州。

江陵郡貢白方文綾二十疋，橘皮九十斤，梔子五斤，貝母十斤，覆盆子三斤，石龍芮一斤，烏梅肉十斤，今荆州。

永陽郡貢苧練布十五疋，今滁州。

襄陽郡貢五盛碎古文庫路真二具，十盛花庫路真二具，今襄州。

南陽郡貢絲布十疋，今鄧州。

淮安郡貢絹十疋，今唐州。

上洛郡貢麝香三十顆，今商州。

丹陽郡貢方文綾七疋，水文綾八疋，今潤州。
晉陵郡貢細青苧布十疋，今常州。
吳郡貢絲葛十疋，白石脂三十斤，蛇床子三斤，鯔魚皮三十頭，鮸魚腊五十頭，墜胞七斤，肚魚五十頭，春子五升，嫩藕三百段，今蘇州。
餘杭郡貢白編綾十疋，橘子二千顆，蜜薑十石，今杭州。
會稽郡貢朱砂十兩，白編綾十疋，交梭十疋，輕調十疋，今越州。
餘姚郡貢附子百枚，今明州。
東陽郡貢紙六千張，綿六百兩，葛粉二十石，今婺州。
新定郡貢交梭三十疋，竹簟一合，今睦州。
信安郡貢綿百屯，紙六千張，今衢州。
吳興郡貢苧布三十端，今湖州。
臨海郡貢鮫魚皮百張，乾薑百斤，乳柑六千顆，金漆五升三合，今台州。
永嘉郡貢鮫魚皮三十張，今溫州。
新安郡貢苧布十五端，竹簟一合，今歙州。
長樂郡貢蕉二十疋，海蛤一斤，今福州。
清源郡貢綿二百兩，今泉州。
建安郡貢蕉二十疋，練十疋，今建州。
臨汀郡貢燭二十條，今汀州。
漳浦郡貢鮫魚皮二十張，甲香五斤，今漳州。
潮陽郡貢蕉布十疋，蚺虵膽十枚，鮫魚皮十張，甲香五斤，石井，鈔石，水馬，今潮州。
宣城郡貢白苧布十疋，今宣州。
豫章郡貢葛十五疋，柑子六千顆，今洪州。
鄱陽郡貢麩金十兩，簟一合，今饒州。
長沙郡貢葛十五疋，今潭州。
南康郡貢竹布二十疋，今虔州。
零陵郡貢葛十疋，石鷰二百顆，今永州。
臨川郡貢葛布十疋，箭簳百萬莖，今撫州。
桂陽郡貢白苧布十疋，今郴州。
廬陵郡貢白苧布二十端，陟厘十斤，今吉州。
潯陽郡貢葛十疋，生石斛十斤，今江州。
江華郡貢零陵香百斤，白布十端，今道州。
衡陽郡貢麩金十四兩，今衡州。
江夏郡貢銀五十兩，今鄂州。
宜春郡貢白苧布十疋，今袁州。
巴陵郡貢白苧布十疋，今岳州。
邵陽郡貢銀二十兩，今邵州。
蜀郡貢單絲羅二十疋，高苧衫段二十疋，今益州。
唐安郡貢羅二十疋，今蜀州。
濛陽郡貢交梭二十疋，今彭州。
德陽郡貢彌布十疋，紵布十疋，今漢州。
通義郡貢麩金八兩，柑子不限多少，今眉州。
梓潼郡貢綾十六疋，今梓州。
巴西郡貢雙紃二十疋，今綿州。
普安郡貢絲布十疋，蘇薰席六領，今劍州。
閬中郡貢重連綾二十疋，今閬州。
資陽郡貢麩金七兩，柑子不限多少，今資州。
臨邛郡貢絲布十疋，今邛州。
通化郡貢麝香六十枚，扇香十枚，齊香十枚，顆香三十枚，今茂州。
交川郡貢麝香三十枚，當歸七斤，羌活五斤，野狐尾五枚，今松州。
越巂郡貢絲布十疋，進刀子靶六十枚，今巂州。
南溪郡貢葛十疋，六月進荔枝煎，今戎州。
遂寧郡貢樗蒲綾十五疋，乾天門冬百一十斤，今遂州。
南充郡貢絲布十疋，今果州。
仁壽郡貢細葛五疋，今陵州。
犍爲郡貢麩金五兩，今嘉州。
盧山郡貢金，落鴈木，今雅州。
瀘川郡貢葛十疋，今瀘州。
陽安郡貢綿紬十疋，柑子不限多少，今簡州。
安岳郡貢葛十疋，天門冬煎四斗，今普州。
洪源郡貢蜀椒一石，今當州。

陰平郡貢麝香二十顆，白密一石，今文州。
同昌郡貢麝香十顆，今扶州。
江油郡貢麩金六兩，羚羊角六具，今龍州。
臨翼郡貢麝香三十四顆，氂牛尾五斤，當歸十斤，今翼州。
歸城郡貢麝香六顆，氂牛尾五斤，當歸二十斤，今悉州。
靜川郡貢麝香六顆，當歸十斤，羌活十斤，氂牛尾五斤，今靜州。
恭化郡貢麝香二十顆，當歸十斤，羌活十斤。今恭州。
維川郡貢麝香二十顆，氂牛尾十斤，今維州。
和義郡貢班布六疋，今榮州。
雲山郡貢麝香十顆，墨氂牛尾二斤，今奉州。
蓬山郡貢麝香十顆，當歸十斤，羌活十斤，今柘州。
黔中郡貢朱砂十斤，今黔州。
盧溪郡貢光明砂四斤，今辰州。
靈溪郡貢朱砂十斤，茶芽二百斤，今溪州。
潭陽郡貢麩金八兩，今巫州。
盧陽郡貢光明砂一片，今錦州。
清江郡貢黃連十斤，蠟十斤，黄子二百顆，今施州。
涪陵郡貢連頭獠布十段，今涪州。
寧夷郡貢蠟五十斤，今思州。
義泉郡貢蠟燭十條，今夷州。
龍溪郡貢蠟二十斤，今業州。
南川郡貢布五端，今南州。
南海郡貢生沉香七十斤，甲香三十斤，石斛二十斤，鼊皮三十斤，蚺蛇膽五枚，舊沉香二十五斤，藤簟二合，竹簟五領，今廣州。
始安郡貢銀百兩，今桂州。
安南都護府貢蕉布十端，檳榔二千顆，魚皮二十斤，蚺蛇膽二十枚，翠毛二百合。
普寧郡貢朱砂二十斤，水銀二十斤，今容州。
始興郡貢鍾乳二十四斤十二兩二分，竹子布十五疋，石斛二十斤，今韶州。
臨賀郡貢銀三十兩，今賀州。
連山郡貢綀布十疋，鍾乳十兩，今連州。
高要郡貢銀二十兩，今端州。
平樂郡貢銀二十兩，今昭州。
新興郡貢銀五十兩，蕉五疋，今新州。
南潘郡貢銀二十兩，今潘州。
陵水郡貢銀二十兩，今辯州。
高涼郡貢銀二十兩，蚺蛇膽二枚，今高州。
海康郡貢絲電四疋，今雷州。
臨江郡貢銀二十兩，今龔州。
潯江郡貢銀二十兩，今潯州。
蒙山郡貢麩金十兩，今蒙州。
開江郡貢斑布五端，今富州。
修德郡貢銀二十兩，今嚴州。
臨封郡貢銀二十兩，石斛十小斤，今封州。
南陵郡貢銀二十兩，石斛十小斤，今春州。
招義郡貢銀二十兩，今羅州。
日南郡貢象牙二根，犀角四根，沉香二十斤，金薄黃屑四石，今驩州。
定川郡貢銀二十兩，今牢州。
懷德郡貢銀二十兩，今竇州。
寧浦郡貢銀二十兩，今橫州。
象郡貢銀二十兩，今象州。
開陽郡貢石斛三斤，銀二十兩，今瀧州。
感義郡貢銀二十兩，今藤州。
平琴郡貢銀二十兩，今平琴州。
合浦郡貢銀二十兩，今廉州。
連城郡貢銀二十兩，今義州。
玉山郡貢玳瑁二具，鼊皮六十斤，翠毛三百合，甲香二斤，今陸州。
寧仁郡貢銀一十兩，今黨州。
懷澤郡貢細白苧布十端，今貴州。
龍城郡貢銀二十兩，今柳州。
銅陵郡貢石斛二十小斤，銀二十兩，今勤州。

海豐郡貢五色藤鏡匣一具，蚺蛇膽三枚，甲煎三兩，鯷魚皮三，箬臺二，今循州。

晉康郡貢銀二十兩，今康州。

恩平郡貢銀二十兩，今恩州。

朱崖郡貢銀二十兩，真珠二斤，玳瑁一具，今崖州。

萬安郡貢銀二十兩，今萬安州。

延德郡貢藤盤，今振州。

明　徐溥《明會典》卷九六　一凡進虎豹禽鳥之類到於會同館，就令畜養之人喂養，具數奏聞，送所司收領，至期進內府丹墀內陳設。（略）

一凡進象駝到於會同館，令本館喂飼，次日早進內府御前奏進。如候聖節、正旦、冬至陳設進收日遠，先行奏聞，象送馴象所，駝送御馬監收養。至期令進內府陳設。（略）

一凡進蘇木、胡椒、香蠟、藥材等物數萬以上者，船至福建、廣東等處，所在布政司隨即會同都司、按察司官檢視物貨，封艙完密，聽候先將番使起送赴京，呈報數目。除國王進貢外，番使人伴附搭買賣物貨，官給價鈔收買，然後布政司仍同各衙門官將貨稱盤見數，分豁原報，附餘數目差人起解前來，本部委官及行户部都察院委官，會同差督人夫運進承運等庫，稱盤入庫。本部先期開寫各庫該收貨物手本於午門，關領各門勘合填寫照進并出給長單，今該庫批寫實收數目，回部備照。

明　卜世昌《皇明通紀述遺》卷四《成祖文皇帝》　自古封止中國山川，而獨其時封日本山曰壽安鎮國山，各立御碑，凡北討及迴鑾所至，如靈顯翠秀等山，神應等十二泉，立馬等五峰，諸壑谷，坡甸，岡巘，川圃，磧戍之類，皆賜以加名，勒石垂永久。各國貢物，自金、銀、犀、象、香藥、珊瑚、玳瑁、鶴頂、龜筒諸器皿外，鳥則有孔雀、火雞、紅白鸚鵡，倒挂駝鳥；獸則有麒麟、白虎、白象、紅猴、黑熊、黑猿、白鹿、福禄馬、哈剌六足龜、白獺，而中國亦自兩進騶虞，人則有金衣銀衣，又黑小廝，香則各色龍腦、奇南、蘇合油，布則兜羅綿、紅撒哈剌、八者藍覬木、黑蕪蔓、番沙、紅絞節智、杜花頭、乍蓮花，織人象之類，珍珠寶石奇怪之物，充牣天府。

明　嘉靖《秦安志》卷八《貢·歲納》　蠟八十斤，茜四十斤，土茜七十斤，粉五斤，紅三斤有二兩，五倍子二斤，紅纓七十斤，山羊皮四十張，山羊角七十斤，麂皮四十張，鹿皮五十張，牛觔五斤有八兩，膠百有三十斤，牛皮二張，當歸三百有五五斤，綿羯羊二十有五隻。正德六年加至三十有一隻。

明　徐應秋《玉芝堂談會》卷二六《職貢異物》　職貢之盛，若伊尹爲湯定物貢，正東符婁、仇州、伊慮、漚深、九夷、十蠻，漚鬋文身，貢魚支之鞞，烏鰂之醬，鮫瞂利劍。正南甌鄧、桂國、損子、産里、百濮、九菌，貢琳璣，瑇瑁，象齒，文犀，翠羽，菌鶴，短狗。正西崑崙、狗國、鬼親、枳己、闟耳、貫胸、雕題、離丘、漆齒，貢丹青，白旄，紕罽，江歷，龍角，神龜。正北空同、大夏、莎車、姑他、旦略、貌西、戎翟、匈奴、樓煩、月氏、孅犁、其龍、東方，貢橐駞，白玉，野馬，騊駼，駃騠，良弓。《周書·王會》：青馬、黑鬣，謂之母兒。稷慎貢大麈。似鹿穢人前兒，若獼猴立行聲似小兒良夷在子，揚州禺禺魚，發人鹿，俞人雖馬，青丘九尾狐，周頭煇炫，黑齒白鹿，白民乘黄，東越海蛤，歐人蟬蛇。姑，於越納口，姑妹珍。且甌文蜃，若人玄貝，海陽大蟹，自深桂會稽，鼉義渠兹白，史林尊耳，北戎以閭，閭以喩冠。渠叟以鼩犬，樓煩以星施，十盧以牛，區陽以鼈封，規矩以麟，西申以鳳鳥，丘羌鸞鳥，巴人比翼鳥，方揚皇鳥，方人孔鳥，蠻揚翟鳥，倉吾翡翠，白州以比閭，州靡以費費，不令及以玄模，數楚以每牛，奇幹以善芳，封人獻郘。國朝外方貢物，則朝鮮貢金銀，器皿，螺鈿，梳函，白綿紬，各色苧布，龍文簾席，雜色細花席，豹獺之皮，黄毛之筆，白綿之紙，人參，種馬，馬三年五十匹，凡十二種；日本貢馬盔，鎧劍，腰刀鎗，塗金裝綵屏風，灑金廚子，灑金文臺，灑金手箱，描金粉匣，描金筆匣，抹金銅提銚，灑金木銚角盥，貼金扇，瑪瑙，水晶，數珠，硫黄，蘇木，牛皮，凡二十種；琉球貢馬刀，金銀酒海，金銀粉匣，瑪瑙，象牙，螺殻，海巴，擢子扇，泥金扇，生紅銅錫，生熟夏布，牛皮，降香，木香，速香，丁香，檀香，黄熟香，蘇木，烏木，胡椒，硫黄，磨刀石，凡二十五種；安南貢金銀器皿，犀角，象牙，白絹，薰衣香，降真香，沉香，速香，丁香，黑線香，紙扇，凡十種；真臘貢象，象牙，犀角，孔雀翎，寶石，土降香，蘇木，烏木，黄花木，胡椒，黄蠟，凡十一種；暹邏貢象，象牙，犀角，孔雀，孔雀尾，翠毛龜，筒六足龜，寶石，珊瑚，金戒指，片腦，米腦，糠腦，油腦，紫檀香，速香，安息香，黄熟香，降真香，羅斛香，乳香，樹香，木香，烏香，丁香，薔薇水碗，石丁皮，阿魏，紫梗藤，竭藤，黄硫黄，没藥，烏爹泥，肉豆蔻，胡椒，白豆蔻，蓽茇，蘇木，烏木，大楓子，苾布、油紅布、白纏頭布、紅撒哈刺布、紅地紋節智布、紅杜花頭布、紅邊白暗花文打布、西洋布、織花紅絲打布、織雜絲打布、紅花絲手巾、剪絨絲雜色紅花被面、織人象雜象紅花文絲縵，凡六十種；占城貢象、象牙、犀角、孔雀、孔雀尾、橘皮、抹身香、薰衣香、奇南香、金銀香、土降香、燒碎香、檀香、栢香、花藤香、龍腦、烏木、蘇木、花梨木、蕪蔓、番沙、紅印花布、油紅綿布、白綿布、烏綿布、圓壁花布、花紅邊縵雜色縵、番花手巾、番花手帕、兜羅綿被、洗白布泥，凡三十一種；瓜哇貢火雞、鸚鵡、孔雀、孔雀尾、翠毛鶴頂、犀角、象牙、玳瑁、龜筒、寶石、珍珠、薔薇露、奇南香、檀香、麻藤香、速香、降香、木香、乳香、黃熟香、安息香、烏香、龍腦、丁皮、没藥、肉豆蔻、白豆蔻、藤竭、血竭、蘆薈、阿魏、大楓子、番木鼈子、蓽澄茄、蓽茇、悶蟲藥、黃蠟、番紅、土烏、爹泥金剛子碗、石錫、西洋鐵摺、鐵刀、鐵鎗、苾布、油紅布、蘓木、烏木、胡椒，凡五十一種；彭亨貢金水罐、象牙、乳香、速香、檀香、片腦、胡椒，凡七種；百花貢白鹿、紅猴、龜筒、玳瑁、孔雀、鸚鵡、倒挂鳥、胡椒、香蠟，凡九種；三佛齊貢火雞、五色鸚鵡、孔雀、龜筒、黑熊、白獺、諸香、米腦、苾布、兜羅綿被、肉豆蔻、番油子、胡椒，凡十三種；浡泥貢五色鸚鵡、倒掛鳥、孔雀、鶴頂、犀角、熊皮、生玳瑁、龜筒、寶石、珍珠、金戒指、金縧環、金銀八寶器、梅花、龍腦、米腦、糖腦、降香、沉速香、檀香、丁香、肉豆蔻、黃蠟、螺殼、西洋白布、黑小廝，凡二十五種；其單目用銀須文達邦貢馬幼、苾布、隔著布、八的力布、花滿直地番綿、紬直地兜羅綿、薩喇巴幼賴隔著薩哈勒、薔薇水、降香、沉速香，凡十三種；蘓門答剌貢馬、犀牛、龍涎、寶石、瑪瑙、水晶、石青、回回青、錫、硫黃、番刀弓、薩哈勒梭眼、木香、丁香、降真香、沉速香、胡椒、蘇木，凡二十種；西洋瑣里國貢黃黑虎、馬、兜羅綿被、漫折的花被、皮剔布、槁死布、沙馬打里布，凡七種；瑣里貢馬、紅八者藍布、紅薩哈勒覗木里布、紅番布、白苾布、珠子、項串，凡七種；覽邦貢馬、孔雀、胡椒、蘓木、檀降香，凡五種；淡巴貢苾布、兜羅綿被、沉香、檀香、速香、胡椒，凡六種；蘓禄貢梅花腦、米腦、竹布、綿布、玳瑁、降香、蘓木、胡椒、蓽茇、黃蠟、番錫，凡十一種；古里貢寶石、珊瑚珠、琉璃瓶、琉璃碗、寶鐵刀、拂郎雙刃刀、金繫腰、錫、阿思摸達塗兒氣、龍涎、蘇合油、乳香、檀香、木香、梔子花、胡椒、花氈單伯蘭布、苾布紅絲花手巾、番花人馬象物手巾、線結花靠枕，凡二十一種；滿刺加貢犀角、象牙、玳瑁、瑪瑙珠、鶴頂、金母鶴頂、珊瑚樹、珊瑚珠、金鑲戒指、鸚鵡、黑熊、黑猿、白麂、鎖服薩哈勒白苾布、薑黃布、薩都細布、西洋布、花幔、薔薇露、梔子花、烏爹泥、蘇合油、片腦、沉香、乳香、黃速香、金銀香、降真香、紫檀香、丁香、樹香、木香、没藥、阿魏、大楓子、烏木、蘓木、番鹽、黑小廝，凡四十二種；娑羅國貢珍珠、玳瑁殼、白蕉布、花蕉布、降真香、黃蠟、黑小廝，凡七種；阿嚕貢象牙、熟腦，凡二種；小葛蘭貢珍珠傘、白綿布、胡椒，凡三種；榜葛刺貢馬、馬鞍、戧金琉璃器皿、青花白瓷、薩哈勒者抹黑答立布、洗白苾布、兜羅綿、鶴頂、犀角、翠毛鸚哥、糖霜、乳香、烏香、熟香、麻藤香、烏爹泥、紫膠、藤竭、烏木、蘇木、胡椒、麤黃，凡二十四種；錫蘭山貢寶石、珊瑚、水晶、金戒指、薩哈勒西洋細布、乳香、木香、樹香、土檀香、没藥、硫黃、藤竭、蘆薈、烏木、胡椒、碗石、象，凡十八種；此東南方之貢也。迤北小王子衛拉特三王貢馬、駝、貂鼠皮、海青，凡四種；順義王貢馬鋑、金鞍、轡、撒袋達弓、雕翎箭，凡五種；朵顔衛福餘衛泰寧衛貢駝、馬，凡二種；此北方之貢也。海西諸國貢馬、貂鼠皮、舍列孫皮、海青、兔鶻、黃鷹、阿膠、殊角，凡八種；殊角者，海象牙也。此東北方之貢也。哈密輝和爾貢馬、駝、玉、速來蠻石、青金石、把咱石、金剛鑽、梧桐鹻、鐵器、諸禽、皮等物，凡十種；罕東衛齊勤蒙古貢馬、駝、梧桐鹻，凡三種；吐魯番火州柳陳城貢馬、駝、玉石、鑌鐵刀、鑌鐵銼、各色靶、小刀、金剛鑽、梧桐鹻、羚羊角、鐵角皮、紅絹、道布、柳青薩哈勒禪衣、鞍子撒袋花手巾，凡十五種；賽瑪爾堪貢馬、駝、玉石、阿思馬、亦花珠、賽蘭珠、瑪瑙珠、水晶碗、番碗、珊瑚樹枝、梧桐鹻、鎖服、矮納、鑌鐵銼、磁砂、黑樓石、眼鏡、羚羊角、銀鼠皮、鐵角皮，凡二十種；羅索貢獅子、西牛、玉石、金剛鑽、珊瑚、珠花瓷、珠花瓷、湯壺、銼鎖、服薩哈勒花帳子、羚羊角、舍列孫皮、西狗皮、鐵角皮，凡十五種；天方國貢駝馬、玉石、瑪瑙、鑌鐵銼、花銅鍾、賽蘭石、磁砂、金剛鑽、䩞班兒香、眼鏡、鎖服、鈴羊角、鐵角皮，凡十五種；烏斯藏貢畫佛、銅佛、銅塔、舍利、各色足力麻、各色鐵力麻、各色氆氌、珊瑚、犀角、左髻、毛纓、酥油、明盔、明甲、刀劍，凡十六種；長河、西魚通、寧遠等處雜道長官司貢畫佛、舍利各色足力麻、各色鐵力麻、各色氆氌、珊瑚、犀角、左髻、明盔刀、毛纓，凡十一種；朵甘斯朵甘直管招討司貢各色足力麻、各色鐵力麻、各色氆氌、左髻、明盔、長刀，凡六種；董卜韓胡別賽安撫司加渴瓦寺貢各色氆氌、各色足力麻、各色鐵力麻、珊瑚、明盔、鐵甲、遮甲、麻衣、白毛纓、紅毛纓、黑毛纓、黄左髻，凡十一種；金川寺番僧貢珊瑚、胡黄連、木香、氆氌、足力麻、左髻、毛衣，凡七種；雜谷安撫司貢珊瑚、胡黄連、木香、茜草、海螺、左髻、毛衣、氆氌、足力麻，凡九種；塔喇賽音貢珊瑚、氆氌，凡二種；塔斯蠻長官司貢珊瑚、犀牛角、硼砂、木香，凡四種；長寧安撫司韓胡碉克呼斯貢珊瑚、明盔、明甲、刀、乾松、氆氌，凡六種；洮岷等處番僧族貢銅佛、畫佛、舍利子、馬、駝、酥油、青鹽、青木香、足力麻、鐵力麻、氆氌、左髻、毛纓、明盔、明甲、腰刀，凡十六種；此西戎之貢也。馬、象、犀角、孔雀尾、象牙、象鉤、象鞍、象腳盤、蚺蛇膽、金銀器皿、青紅寶石、玉石、圍帳、金絨索、各色絨線、各色布、手巾、花藤席、降香、黄蠟、檳榔，此湖廣、廣西、四川、雲南、貴州、腹裏土官之貢也。故夫朝鮮之貢，果下之馬、長尾之雞不與焉；日本之貢，白珠、青玉不與焉；琉球之貢，熊羆、豺狼、鬬螻之樹不與焉；安南之猩猩、狒狒、蒙貴、翡翠、白鹿、白雉、蠛子之醢、菴羅波羅之果不與焉；真臘之貢，金篤耨、速暫之香、建同浮胡之魚不與焉；占城之貢，大火之珠、猛火之油不與焉；三佛齊之貢，貓睛之石、膃肭之臍不與焉；蘇禄之貢，徑寸之珠不與焉；古里之貢，駿馬不與焉；婆羅之國，瑪瑙、車渠不與焉；哈密之貢，大尾之羊不與焉；火州之貢，砂鼠不與焉闕。

明 何喬遠《閩書》卷三九《上供》《版籍志》 唐《通典》按令文，諸郡貢獻，皆取當土所出，准絹爲價，多不得過五十疋，並以官物充市。所貢至薄，其物易供，其有加於此數者，亦折租賦，不别徵科。長樂郡，今福州也，貢蕉二十疋，海蛤一升。清源郡，今泉州也，貢綿二百兩。建安郡，今建寧也，貢蕉二十疋，練十疋。臨汀郡，今汀州也，貢蠟燭二十條。漳浦郡，今漳州也，貢鮫魚皮二十張，香五觔。此唐上供之數也。福州貢紅花、蕉布，建寧貢火箭、石乳、龍茶，又貢龍鳳等茶練。泉州貢松子，又貢綿蕉、葛南。劍州貢土茴香，又貢茶。漳州貢甲香、鮫魚皮。汀州貢蠟燭，邵武軍貢紵，與化軍貢綿葛布。此宋上供之數也。其云又者，出元豐中所增。又神宗元年，朝廷出諸州貢物名件，自漳州山姜花萬朵已下，至同州榲桲二十顆，凡四十三州七十種，慮其耗蠹民力，詔罷之。徽宗政和七年，置提舉御前人舡所，時東南監司、郡守、二廣市舶率有應奉，又有不待旨，但送物至都計會宦者以獻。福建有荔枝、橄欖、龍眼，高宗建炎元年，罷其貢。有諸路進奉銀，福建路一萬四千兩，有南郊進奉銀，福建路二萬三千兩。國初，貢物甚少，後以經費所需，始派各色物料，有額辦、歲辦、雜辦。額辦有定額，歲辦不常徵，雜辦則於二辦之外，又有泛雜之辦也。成弘以來，一切倚辦於該年里甲，而名數煩碎，或增或減，或徵或否，自有司莫能詳其來歷，吏胥因之爲奸虚派、侵尅，歲益滋甚。正德十五年，沈御史行八分法，通融諸縣應辦物料，就於八分銀内支解。本府編僉長解買辦木色，解部交納。嘉靖二十六年，議附縣帖徵銀解布政司支應，額歲雜三辦，此即《周官》大府所掌九貢，貨賄之入須其貨于内府，須其賄于外府，以待邦用者也。異時物料，皆徵價令民市所産地以輸，京師大賈，往往設高價待之。物至監司，轉文人吏又責以不中程度，勒取無厭，故有耗折逋欠者。自沈御史行八分法，於内取辦及一條鞭法行併入彙徵矣。

《明世宗實録》卷三八 刑部覆御史王以議福建濱海居民每因夷人進貢交通誘引貽患地方，宜嚴定律例。凡番夷貢船官未報視而先迎販私貨者，如私販蘇木、胡椒千斤以上，例交結番夷；互市稱貸紿財構釁及教誘爲亂者，如川廣、雲貴、陝西例；私代番夷收買禁物者，如會同館内外軍氏例；攬造違式海船私鬻番夷者，如私將應禁軍器出境因而事泄律，各論罪，怙惡不悛者，并徙其家第。前所引例，已足盡法，徒家太重，請勿連坐，仍通行浙江、廣東一體榜諭。從之。

明 俞汝楫《禮部志稿》卷三六 湖廣

桑植安撫司　添平千户所

凡土官差人到京，鴻臚寺即與引見，并投進實封奏本。其方物赴禮部驗進，嘉靖元年議準，聖節止許各宣慰、宣撫、安撫官具方物差人赴京。其餘佐貳官以下及把事頭目、護印舍人止許朝覲。年入貢每司量起的當，通犯三二人齎執方物，多者給與本册咨批，少者給與咨批，各給關文應付，馬匹就彼變賣銀兩貯庫。降香、黄蠟、茶葉等物，要實重五十五斤爲一扛，每扛賞潤生絹二疋，照扛遞加。其不由本布政司起送，或斤重不足、差人過多，不待朝覲之年擅自起貢，禮部不與進收，責諭遣回。賞賜應付，通行停止。二年議準前數項及過限一月，俱屬違例，止減半給賞。若違例多端者，不賞。七年議準湖廣土官襲授宣慰、宣撫、安撫職事者，差人慶賀每司不許過三人。其三年朝覲每司止許二人。大約各司共不過百人，起送到京者，不過二十人。餘俱存留本布政司聽賞。所司辨驗方物，造册給劄，差官拌押到京，禮部驗批相同，方與賞賜應付。

貢物：馬、象、犀角、孔雀尾、象牙、象鈎、象鞍、象腳盤、蚺蛇膽、金銀器皿、玉石、青紅寶石、圍帳、金絨索、各色絨綿、各色布手巾、花藤蓆、降香、黄蠟、檳榔。

朝貢通例

凡朝貢方物

洪武二十六年定

凡諸番國及四夷土官人等，或三年一朝，或每年朝貢者，所貢之物會同館呈報到部。主客司官赴館點檢，見數遇有表箋移付儀司，其方物分豁進貢上位若干，殿下若干，開寫奏本，發落人夫管領。先具手本關領，内府勘合，依數填寫及開報門單。於次日早朝照進内府，或於奉天門或奉天殿，丹陛或華蓋殿及文華殿前陳設，本部正官奏啓進納。若遇慶賀聖節、正旦貢獻之物，初到即以數目具本奏聞，物候至日通進内府陳設交收。凡進馬赢到於會同館，即令典牧所差醫獸辨驗兒騍騸及毛色齒歲明白，備寫手本交收，及令本館放支草喂養，仍撥人夫管領。至期進内府行列于墀東，伺候御前牽過，同手本交付御馬監官收領。

凡進象駝到於會同館，令本館喂飼。次日早進内府御前奏進，如候聖節、正旦、冬至陳設進收日遠，先行奏聞，象送馴象所、駝送御馬監收養，至期令進内府陳設。

凡進虎豹禽鳥之類，到於會同館就令畜養之人喂養，具數奏聞，送所司收領，至期進内府丹墀内陳設。

凡進金銀器皿珍寶段疋之類，須同貢獻之人驗視明白，具寫奏本，仍以器具裝盛，或黄袱封裹，分撥館夫一同貢獻之人收管。先期一日關填勘合開報門單，次日早照進内府于殿前丹墀等處陳設，一一交付長隨内使收管。

凡進蘇木、胡椒、香蠟、藥材等物萬數以上者，船至福建、廣東等處，所在布政司隨即會同都司、按察司官檢視物貨，封舗完密聽候，先將番使起送赴京呈報數目。除國王進貢外，番使人伴附搭買賣、物貨，官給價鈔收買，然後布政司仍同各衙門官將貨稱盤見數分豁，原報附餘數目，差人起解前來禮部，香官及行户部都察院委官會同，差督人夫運進承運庫，稱盤入庫。禮部先期開寫各庫該收貨物手本，於午門關領各門勘合，填寫照進并出給長單入該庫寫實收數目，回部備照。

後續定。

凡外國朝貢，惟朝鮮國所進方物陳設奏進，其餘俱該司驗過，具題得旨開具手本，送右順門即歸極門内府，合該衙門交收。今朝鮮國貢物亦不陳設，止具題開送，歸極門内使交收。

凡進馬，惟朝鮮國先行，面奏引過御馬監交收，其餘俱該司驗過送鴻臚寺，隨本引進。遇慶賀，禮部先行請旨行御馬監，至期陳設。今朝鮮國進馬亦不面奏，止具題送御馬監交收。

凡進象駝虎豹禽鳥之類，俱不陳設，惟具題送内府各衙門交收。

凡進到獅象，禮部題請量留原來送伴四人，與同馴象所軍奴到于御馬監調養，待後馴習，發回光禄寺日給養贍，仍行兵部給與牌面懸帶，以便西安門出入。

凡安南國進金銀器皿之類，引奏進獻，其餘俱具題送歸極門交收。

凡進藥材等物，徑從禮部具題送歸極門交收，蘇木、胡椒、硫黄，近多解南京禮部交收。

《明神宗實録》卷四七七 〔萬曆三十八年十一月〕壬戌，初定朝鮮年例貢參爲把參，以生參浥濫不堪，使其請也。

清 李世熊《寧化縣志》卷五《賦貢》 若所謂額辦、歲辦，輪之司農，輸之司空宗伯者，則謂之貢。本邑歲辦荔枝二百六十五斤，龍眼三百二斤，香蕈一十三斤，白砂糖八百五十一斤，黑砂糖一百九十九斤，黄蠟一百六十六斤，葉茶五十九斤，銀硃二十九斤，土硃一十六斤，靛花青一十二斤，烏梅二十一斤，五倍子二十八斤，紅黄熟銅每一十六斤，生銅一百一十四斤，錫五十八斤，生漆一百九十五斤，桐油一百三十九斤，蜜陀僧四斤，已上派自户部。肥豬二十一口，鵝二十八隻，雞四隻，已上派自禮部。弓三百七十張，弦一千八百五十五條，箭二千七百枝，翎毛九千一百根，黄牛皮二張，翠毛一十六個，雜色皮三百六十三張，已上派自工部。始明祖所定貢額，如太常之牲幣，欽天監之歷紙，光禄之廚科，寶鈔司之桑穰，太醫院之藥材，及諸皮角、翎鰾、銅線、黄白蠟之屬，皆古祀貢、賓貢、物貢、服貢之遺意，非諸珍玩異物也。且其初名品甚少，成弘以來，一切倚辦于該年里甲，而名數煩碎，增減無常，自有司莫能詳其來歷，奸胥緣爲利孔，侵欺逋負，多不可分。

清　屈大均《廣東新語》卷一五《諸番貢物》　諸番之直廣東者曰婆利，曰古麻剌，曰狼牙修，曰占城，曰真臘，曰瓜哇，曰暹羅，曰滿剌加，曰大泥，曰蒲甘，曰投和，曰加羅希，曰層檀，曰赤土，其直安南者曰林邑，曰槃槃，曰三佛齊，曰急蘭丹，曰頓遜，曰州湄，曰浡泥，曰闍婆，曰扶南，曰彭亨，曰毗騫，曰天方，曰錫蘭山，曰西洋古里，曰榜葛剌，曰蘇門荅剌，曰古里班卒，是皆南海中大小島巨，見於明祖訓會典者也。其不可攷者，有葦羅蘭、頓、田、離其、門毒、右笪、羅越、佛逝、訶陵、箇羅、哥谷羅、婆露、獅子、摩逸、佛朗機諸國則未嘗入貢，懋遷有無者也，安南本漢交阯地。洪武初朝貢，其物有金、銀、器皿、熏衣香、降真香、沉香、速香、木香、黑線香、白絹、犀角、象牙、紙扇。占城本古越裳氏界，洪武二年，其主阿荅阿首遣其臣虎都蠻來朝貢，其物有象、犀、象牙、犀角、孔雀、孔雀尾、龍腦、橘皮、抹身香、熏衣香、金銀香、奇南香、土降香、檀香、柏香、燒碎香、花藤香、烏木、蘇木、花梨木、蕪蔓、番紗、紅印花、布、油、紅綿布、白綿布、烏綿布、圓壁花布、花紅邊縵、雜色縵、番花、手巾帕、兜羅綿被、洗白布。泥暹羅，在占城南。洪武四年，其王參烈昭毘牙遣使柰思俚儕剌識悉替等來朝貢，進金葉表，其物有象、象牙、犀角、孔雀尾、翠毛、六足龜、龜筒、寶石、珊瑚、金戒指、銅鼓、片腦、米腦、糠腦腦油腦、紫檀香、速香、安息香、黄熟香、降真香、羅斛香、乳香、樹香、木香、烏香、丁香、丁皮、阿魏、薔薇水、琬石、紫梗、藤竭、藤黄、硫黄、没藥、烏爹泥、肉豆蔻、胡椒、蓽撥、蘇木、烏木、大楓子、苾布、油紅布、白纏頭布、紅撒哈布、紅地絞、節智布、紅杜花頭布、紅邊白暗花布、綿棋子花布、織人象花文打布、西洋布、織花紅絲打布、剪絨絲雜色紅花被面、織雜絲竹布、紅花絲手巾、織人象雜色紅文絲縵。真臘本扶南屬國。洪武六年，其王忽兒那遣使柰亦吉郎等來貢其物，有象、象牙、犀角、孔雀翎、蘇木、胡椒、黄蠟、烏木、黄花木、土降香、寶石。瓜哇本古闍婆國。洪武三年，其王昔里八達剌遣使八的占必等來朝貢，其物有胡椒、蓽茇、黄蠟、烏爹泥、金剛子、蘇木、烏木、番紅土、薔薇露、奇南香、檀香、麻藤香、速香、降香、木香、乳香、黄熟香、安息香、烏香、蓽澄茄、龍腦、血竭、肉豆蔻、白豆蔻、藤竭、阿魏、蘆薈、没藥、大楓子、丁皮、番木、鼈子、悶蟲、藥碗石、寶石、珍珠、錫、西洋鐵、鐵鎗、摺鐵刀、銅鼓、苾布、油紅布、孔雀、火鷄、鸚鵡、瑇瑁、孔雀尾、翠毛、鶴頂、犀角、象牙、龜筒。滿剌加在占城南。永樂三年，其王西剌八兒速剌遣使奉金葉表來朝貢，其物有番小廝、犀角、象牙、珠母殼、瑇瑁、鶴頂鸚鵡、黑熊、黑猿、白鹿、鎖袱金母、鶴頂金廂、戒指、撒哈剌、白苾布、薑黄布、撒都細布、西洋布、花縵片腦、梔子花、薔薇露、沉香、乳香、黄速香、金銀香、降真香、紫檀香、丁香、丁皮琇、胡椒、血竭、烏爹泥、肉豆蔻、没石子、阿魏、窠鉛、片腦、肉果、瑪瑙珠、竹布、蘇合油、烏木、蘇木、大楓子、番錫、番鹽。三佛齊，本南蠻別種，在占城南。洪武四年，其王哈剌札八剌卜，遣使玉的力馬罕亦里麻思，奉金字表來朝貢。其物有黑熊、白獺、火鷄、孔雀、五色鸚鵡、諸香、兜羅綿被、苾在、龜筒、胡椒、肉豆蔻、番油子、米腦。浡泥本闍婆屬國。洪武四年，其王馬謨沙遣使亦思麻逸朝貢，其物有珍珠、寶石、金戒指、金縧環、金銀八寶器龍腦、牛腦、梅花腦、降香、沉香、速香、檀香、丁香、肉豆蔻、黄蠟、瑇瑁、龜筒、贏殼、鶴、熊皮、犀角、孔雀、倒挂鳥、五色鸚鵡、黑小廝。錫蘭山，正統十年，其王遣使耶把剌謨的黑啞等來朝貢，其物有寶石、珊瑚、水晶、金戒指、撒哈剌象、乳香、木香、樹香、土檀香、没藥、西洋細布、藤竭、蘆薈、硫黄、烏木、胡椒、碗石。蘇門荅剌，永樂三年，其王鎖丹罕難阿必鎮遣使阿里來朝貢，其物有馬、犀、牛、龍涎、撒哈剌梭眼、木香、丁香、降真香、沉速香、胡椒、蘇木、錫水晶、瑪瑙、寶石、石青、回回青、硫黄、番刀、弓。大坭稱隸暹羅，助貢國其來貿易，有胡椒、乳香、血竭、没藥、片腦、蓽澄、烏爹泥、土檀黄、檀香、降香、沉香、沉粟香、丁香皮、烏木、蘇木、藤黄木、貪子、龜筒、象牙、番牛角、瑇瑁、珠殼、寶石、打麻、西洋布、竹布、茭張席、灰筒。急蘭丹，正德四年來貿易，有胡椒、烏木、丁皮。已上凡十二國皆嘗來往廣東者。舊例貢舶三艘至粤，使者捧金葉表入京朝貢，其舶市物還國。次年三舶復至迎敕，又市物還國，三年三貢，或五年一貢。一貢則其舶來往三度，皆以澳門爲津市，黄文裕云：「往者番舶通時，公私饒給，其貿易舊例，有司擇其良者如價給之，次則資民買賣，故小民持一二錢之貨，即得握椒展轉交易，可以自肥。廣東舊稱富庶，良以此助國供軍，既有賴，而在官在民又無不給，是因民之所利而利之者也。議者或病外番闖境之爲虞，夫暹羅、真臘、爪哇、三佛齊等國。洪武初，首貢方物，臣服至今。永樂時浡泥入朝，没齒感德。成化間占城被篡，繼絶蒙恩。南方蠻巨，大抵寬柔，乃其常性。百餘年間，未有敢爲寇盜者，邇者佛朗機，來自西海，其小爲肆侮，夫有所召之也。見今番舶之在漳閩者，亦未聞。小有警動則是洩不敢爲害，亦章章明矣。霍文敏云：東南番皆絲廣入貢，因而貿易互爲利市焉。中國不可拒之以自困，惟佛朗機則賊人之桀也，不可不拒，因拒佛朗機並拒諸番，非策也。爲今之計，在諸番之來則受之，在佛朗機則斥之，否則厲兵以防之，示之必誅。

清 李光地《月令輯要》卷二 歲貢榔梅增《本草綱目》：榔梅出均州太和山，相傳真武折梅插於榔樹誓，曰：吾道若成，開花結果。後果如其言。今樹尚在五龍宮北，榔木梅實杏形桃核。道士每歲采而蜜煎，以充貢獻焉。

清 焦應旂《西藏志·朝貢》 藏衛地方乃賞給達賴喇嘛采邑，免其正賦之貢。今達賴喇嘛頗羅鼐爲一班，班禪喇嘛爲一班，各間年一次，遣額爾沁漢云使臣，喇嘛之使又稱堪布，頗羅鼐之使又稱囊貸。進貢繕唐古忒字表，恭請聖安，以伸誠敬。其所進之物乃藏香、藏杏、藏棗、珊瑚、蜜蠟、珠子、木碗、金絲緞、卡契紬、卡契布等物。其木碗有二種，一曰札木札牙，木色微黄堅潤有細文，云能避諸毒。每一個價值十數金以至數十金者；一曰拉庫爾，木色微黄花紋畧大，云亦能避毒，價亦須數金。

清 雍正《廣東通志》卷五八 國朝會典恭載云：「國家一統之盛，超邁前古。東西朔南稱藩服奉，朝貢者不可勝數。進貢之年，有期入朝之人，有數方物，有額頒賞，有等司其職者。禮部主客清吏司并提督會同館蓋柔遠之，典視前代有加焉。今考海外諸國其入貢道路，有由廣東者，有昔由廣東而今由福建者，有由福建廣西而境接廣東者，俱歷志之以備參考。

暹邏國本暹與邏斛二國地，古赤土及婆羅剎也，在占城極南北直廉州，循海北岸連于交趾。暹國土瘠不宜耕藝，羅斛土田平衍而多稼。暹人歲仰給之。隋大業三年屯田主事常駿等自南海郡乘舟使赤土，至今訛傳爲赤眉遺種，後改曰暹元。元正初，暹人嘗遣使入貢。至正間，暹始降於邏斛合爲一國。明洪武，初暹羅斛國王參烈昭毘牙遣使朝貢，進金葉表，詔賜。大統歷七年暹邏斛國使臣沙里拔來朝貢方物，自言本國令其同奈思里儕剌悉識替入貢。去年八月，舟次烏諸洋遭風壞舟，漂至海南，達本處官司收獲漂餘蘇木、降香、兜羅錦等物來獻，省臣以奏，帝怪其無表狀，詭言舟覆而方物乃有存者，疑必番商也，命却之，詔中書禮部曰：「古者中國諸侯於天子，比年一小聘，三年一大聘。九州之外，番邦遠國，則每世一朝，其所貢方物不過表誠敬而已。高麗稍近中國，頗有文物，禮樂與他番異，是以命依三年一聘之禮。若就每世一見，亦從其意。其他遠國如占城、安南、西洋、鎖里、爪哇、浡尼、三佛齊、暹邏斛、真臘等處新附國土，入貢既頻，勞費甚大，朕不欲也。令遵古典而行，不必頻煩。其移文使諸國知之。」後其子參烈實昆牙嗯哩哆囉祿紹封，九年，其王遣子昭祿羣膺貢象方物，賜詔褒諭，授以暹邏之印及襲衣。十六年給文冊，冊號分暹與邏，爲符信，自是世遵用稱暹邏國王。二十八年，詔遣内使趙達、宋福等使暹邏國祭，故王賜嗣王蘇門邦王昭祿羣膺文綺四疋，羅四疋，氁絲布四十疋；王妃文綺四疋，羅四疋，氁絲布十二疋，勅諭之。永樂元年遣使朝貢，賀即位。二年其王昭祿羣膺哆囉諦剌遣使坤文琨貢方物，遣内官齎勅勞之，并賜文綺紗帛。四年復遣使貢方物，詔賜《古今列女傳》且乞量衡爲國中式，從之。七年遣使奉儀物致祭，仁孝皇后命中官以告几筵。九月復遣使修職貢，賜鈔幣遣之。時南海人何八觀等流移海島，遂入暹邏，至是因文琨等歸，帝令諭其國王遣八觀等還，毋納逋逃以取罪戾，并賜其王金織紵絲紗羅絨錦。八年遣使貢馬及方物，悉送中國流移人還。賜勅勞之，并賜綵幣。十年復來朝貢。十三年五月昭祿羣膺哆囉諦剌卒，其子三賴波磨扎剌的賴紹封。十七年遣使諭暹邏國王俾與滿剌加平。十八年遣使入貢，賜之鈔幣，仍遣中官楊敏等護送還國，賜其王錦綺、紗羅等物。十九年，遣使奈懷等六十人貢方物，謝侵滿剌加國之罪，賜鈔幣有差。十九年復入貢。二十一年三月，遣使貢方物，賜之鈔幣。洪熙、宣德間，率三年一貢。正統、景泰間，貢或不常。成化以後，大率六年一貢。至嘉靖三十二年，遣使坤隋離等貢白象及方物，白象已斃，遺象牙一枝，長六尺，首尾鑲金起花，牙首大五寸七分，鑲石榴子十顆，中鑲珍珠十顆，寶石四顆，尾大一寸，鑲金剛鑽一顆，金盒内貯白象尾毛爲証。又象牙一十九枝，共三百五十斤，烏木三十七株，共三千六百斤，樹香六百斤，藤黄四百八十斤，大楓子五百八十斤，紫梗三百斤，速香二十一株，共六百五十斤，木香二十斤，白豆蔻六十斤，胡椒八百一十斤，蘇木一萬四千二百斤。三十七年八月，遣使坤應命等貢方物，象牙三百斤，樹香六百五十斤，藤黄一百五十斤，速香三百一十斤，白豆蔻三十斤，蘇木一萬三千二百斤，胡椒四百五十斤，烏木三千八百斤，大楓子五千斤，其眂舊獻頗似不同。萬歷七年復具金葉表文入貢，自後無可考。

國朝康熙二年十二月遣使朝貢，進金葉表文一道，貢獻方物，龍涎香一斤，象牙三百斤，西洋閃金銀花緞六疋，胡椒三百斤，藤黄三百斤，豆蔻三百斤，蘇木三千斤，速香三百斤，烏木三百斤，大楓子三百斤，金銀香三百斤，貢獻皇后方物龍涎香八兩，西洋閃金銀花緞四疋，象牙一百五十斤，胡椒一百五十斤，藤黄一百五十斤，豆蔻一百五十斤，蘇木一千五百斤，速香一百五十斤，大楓子一百五十斤，金銀香一百五十斤。康熙六年六月，遣使朝賀。萬壽進金葉表文一本，譯字表文一本，貢獻方物：龍亭一座，龍涎香一斤，速香三百斤，蘇木三千斤，象牙三百斤，安息香三百斤，白豆蔻三百斤，大楓子三百斤，藤黄三百斤，孔雀四隻，烏木三百斤，胡椒三百斤，降香三百斤，馴象一隻，犀角六座，六足龜四隻，孔雀尾十屏，翠鳥毛六百張，樹膠香一百斤，沈水香二斤，樹皮香一百斤，兒茶一百斤，胡椒花一百斤，碗石一斤，紫梗一百斤，鮫綃布六疋，雜花色布六疋，幔天四條，紅布一疋，紅撒喇哈喇布六疋，人字花布十疋，花紋人象幔四條，西洋布十疋，大冰片一斤，中冰片二斤，油片二十瓢，樟腦一百斤，黄檀香一百斤，薔薇露六十礶，硫磺一百斤。貢獻皇后齊年方物：龍涎香八兩，速香一百五十斤，蘇木一千五百斤，象牙一百五十斤，安息香一百五十斤，豆蔻一百五十斤，大楓子一百五十斤，藤黄一百五十斤，孔雀二隻，烏木一百五十斤，胡椒一百五十斤，降香一百五十斤，犀角三座，六足龜二隻，孔雀尾五屏，翠鳥毛三百張，樹膠香五十斤，兒茶五十斤，胡椒花五十斤，沈水香一斤，樹皮香五十斤，碗石八兩，紫梗五十斤，鮫綃布三疋，雜花色大布三疋，幔天二條，紅布五疋，紅撒喇哈喇布三疋，人字花布五疋，西洋布五疋，人象雜色花幔二條，大冰片八兩，中冰片一斤，油片十瓢，樟腦五十斤，黄檀香五十斤，薔薇露三十礶，硫磺五十斤。康熙十年十一月貢獻方物：進金葉表文一道，譯字表文一道，龍亭一座，馴象一隻，孔雀四隻，六足龜四隻，龍涎香一斤，碗石一斤，沈水香二斤，犀角六座，速香三百斤，象牙三百斤，安息香三百斤，白豆蔻三百斤，藤黄三百斤，胡椒三百斤，降香三百斤，大楓子三百斤，烏木三百斤，蘇木三千斤，胡椒花一百斤，紫梗一百斤，樹皮香一百斤，樹膠香一百斤，翠鳥毛六百張，孔雀尾十屏，兒茶一百斤，鮫綃布六疋，雜花色大布六疋，幔天四條，紅布十疋，紅撒喇哈喇布六疋，印字花布十疋，西洋布十疋，大冰片一斤，中冰片二斤，油片二十瓢，樟腦一百斤，黄檀香一百斤，薔薇露六十礶，硫磺一百斤。貢獻皇后方物：孔雀二隻，六足龜二隻，龍涎香八兩，碗石八兩，犀角三座，沈水香一斤，速香一百五十斤，安息香一百五十斤，白豆蔻一百五十斤，藤黄一百五十斤，胡椒一百五十斤，象牙一百五十斤，降香一百五十斤，大楓子一百五十斤，烏木一百五十斤，胡椒花五十斤，紫梗五十斤，兒茶五十斤，樹皮香五十斤，樹膠香五十斤，翠鳥毛三百張，孔雀尾五屏，蘇木一千五百斤，鮫綃布三疋，雜花色大布三疋，幔天二條紅布五疋，紅撒喇哈喇布三疋，印字花布五疋，西洋布五疋，大冰片八兩，中冰片一斤，油片十瓢，樟腦五十斤，黄檀香五十斤，薔薇露三十礶，硫磺五十斤；奉詔頒賜暹邏國王：錦四疋，緞六疋，織金緞四疋，紗六疋，織金紗四疋，羅六疋，織金羅四疋。詔賜王妃：緞四疋，織金緞二疋，羅四疋，織金羅二疋，紗四疋，織金紗二疋；正貢使、二貢使、三貢使緞各七疋，羅各四疋，織金羅各二疋，絹各二疋，裏各一疋，布各一疋，連氊襪緑皮牙縫一等靴各一雙；通事賞彭緞袍一件；辦事緞四疋，羅二疋絹一疋，連氊襪獠臉鞘皮靴一雙；從人二十二名，賞絹各二疋，布各五疋，連氊襪牛皮靴各一雙，伴貢官賞彭緞袍一件，其賞賜之物於户工二部移取，在午門前頒給，在部筵宴二次，俟暹邏貢使到省之日，照例設酒一次，遣回。已上貢俱一例頒賞，使同令于廣東布政司管待。康熙二十二年九月，遣使朝貢，進金葉表文一道，進皇上方物：象一隻，孔雀四隻，六足龜四隻，龍涎香一斤，碗石一斤，沈香二斤，犀角六座，速香三百斤，象牙三百斤，安息香三百斤，白豆蔻三百斤，藤黄三百斤，胡椒三百斤，降香三百斤，大楓子三百斤，烏木三百斤，蘇木三千斤，胡椒花一百斤，紫梗一百斤，樹皮香一百斤，樹膠香一百斤，翠鳥毛六百張，孔雀尾十屏，兒茶一百斤，白鮫綃布六疋，紅鮫綃布六疋，紅布六疋，白西洋布十疋，花幔六疋，幔天十條，雜花布六疋，花氊二條，大冰片一斤，中冰片二斤，油片二十瓢，樟腦一百斤，黄檀香一百斤，薔薇露六十礶，硫磺一百斤。進皇后方物：孔雀二隻，六足龜二隻，龍涎香八兩，碗石八兩，犀角三座，沈香一斤，速香一百五十斤，安息香一百五十斤，白豆蔻一百五十斤，藤黄一百五十斤，胡椒一百五十斤，象牙一百五十斤，降香一百五十斤，大楓子一百五十斤，烏木一百五十斤，胡椒花五十斤，紫梗五十斤，兒茶五十斤，樹皮香五十斤，樹膠香五十斤，翠鳥毛三百張，孔雀尾五屏，蘇木一千五百斤，白鮫綃三疋，紅鮫綃三疋，紅布五疋，白西洋布五疋，花幔三疋，幔天四條，雜花布二條，大冰片八兩，中冰片一斤，油片十瓢，樟腦五十斤，黄檀香五十斤，薔薇露三十礶，硫磺五十斤。四十六年十二月，遣使朝貢，齎金葉表文一道，進皇上方物：龍亭一座，速香三百斤，降真香三百斤，豆蔻三百斤，安息香三百斤，藤黄三百斤，胡椒三百斤，龍涎香一斤，檀香一百斤，上冰片一斤，中冰片二斤，薔薇露六十礶，孔雀尾十屏，樟腦一百斤，孩兒茶皮一百斤，硫磺一百斤，紫梗一百斤，象牙三百斤，大楓子三百斤，烏木三百斤，紅木三十擔，沈香二斤，油片二十瓢，犀角六座，翠鳥毛六百張，丁香皮一百斤，椒花一百斤，碗石一斤，棧一百斤，金頭白加紗六疋，金頭紅加紗六疋，大紅西洋布十疋，金頭白西洋布十疋，花西洋布六疋，幔天十疋，小幔天六疋，大花絨氊二領，絨氊二領，猴棗四枚。謝恩禮物，幔天六疋，伽楠香一斤，半鑲珠水晶碗一個，鑲珠水晶盤一個，鑲珠水晶礶一個，花西洋布六疋，鑲金鳥鎗二門。進皇后方物，速香一百五十斤，安息香一百五十斤，降真香一百五十斤，象牙一百五十斤，豆蔻一百五十斤，大楓子一百五十斤，藤黄一百五十斤，胡椒一百五十斤，龍涎香半斤，烏木一百五十斤，紅木一十五擔，沈香一斤，上冰片半斤，中冰片一斤，油片十瓢，檀香五十斤，薔薇露三十罐，金頭白加紗三疋，金頭紅加紗三疋，大紅西洋布五疋，金頭白西洋布五疋，花西洋布五疋，幔天五疋，小幔天三疋，犀角三座，孔雀尾五屏，翠鳥毛三百張，樟腦五十斤，丁香皮五十斤，孩兒茶皮五十斤，椒花五十斤，硫磺五十斤，碗石半斤，紫梗五十斤，棧五十斤。四十七年七月，添進皇上方物馴象二隻，金絲猴二隻。六十年，遣使進貢，表文一道，進皇上方物，龍亭一座，象二隻，白猴一隻，龍涎香一斤，沈香一斤，幼鏍石一斤，犀角六座，速香三百斤，象牙三百斤，安息香三百斤，豆蔻三百斤，藤黄三百斤，胡椒三百斤，降真香三百斤，大楓子三百斤，烏木三百斤，蘇木三千斤，蓽撥一百斤，紫梗一百斤，桂皮一百斤，蠟一百斤，兒茶一百斤，樟腦一百斤，檀香一百斤，硫磺一百斤，翠鳥皮六百張，孔雀尾十屏，織金頭白加紗六疋，織金頭桃紅加紗六疋，潤幼紅布十疋，織金頭白幼布十疋，幼花布六疋，幼花幔天十疋，潤幼花布六疋，大和蘭氈二領，上冰片一斤，中冰片二斤，片油二十瓢，薔薇露六十罐，大西洋潤金緞二疋，大潤幼宋緞一疋。進皇后方物，龍涎香八兩，沈香一斤，幼鏍石八兩，犀角三座，速香一百五十斤，象牙一百五十斤，安息香一百五十斤，豆蔻一百五十斤，藤黄一百五十斤，胡椒一百五十斤，降真香一百五十斤，大楓子一百五十斤，烏木一百五十斤，蘇木一千五百斤，蓽撥五十斤，紫梗五十斤，桂皮五十斤，蠟五十斤，兒茶五十斤，樟腦五十斤，檀香五十斤，硫磺五十斤，翠鳥毛三百張，孔雀尾五屏，織金頭白加紗三疋，織金頭桃紅加紗三疋，潤幼紅布五疋，織金頭白幼布五疋，幼花布三疋，幼花幔天五疋，潤幼花布三疋，上冰片八兩，中冰片一斤，片油十瓢，薔薇露三十罐。六十一年七月添貢皇上方物，犀牛一隻。雍正二年七月，暹邏國前進貢，時奉聖祖仁皇帝諭旨，至是，遣使進獻塗連三十株，望屈十株，暹荔枝四十株，椰颭二十株，香樣二十株，鶯嘴樣二十株，象頭樣二十株，甜暹棗二十株，酸暹棗二十株，暹菖蒲二十株，大西洋菖蒲十株，哆囉蜜十株，大西洋青菓十五株，暹青菓三十株，灑椿三十株，灑圭二十株，木槐三十株，暹肉棗二十株，暹柿二十株，酸子三十株，西洋甜荔枝三十株，西洋酸荔枝二十株，緲皮酸柑二十株，薄皮酸柑二十株，黄菓二十株，三老哆囉蜜二十株，薔薇菓二十株，牽樹子四十瓢，李櫓樹子十七瓢，椰木樹子十八瓢，橙樹子二十七瓢，榆木樹子七瓢，紅木樹子十瓢，獵狗六隻，西洋鹿一隻，穀種十一樣，獨朗七擔，統馬泳七擔，科臘望七擔，更盞五擔，香米一擔，玲玫三擔五十斤，開漳緯三擔五十斤，樂邁菜三擔五十斤，統盼象三擔五十斤，弄抹三擔五十斤，環屢三擔五十斤，木米一擔描覽，烏木米七擔。奉旨暹邏國進貢船隻所帶壓艙貨物，照康熙二十二年例停英徵稅。雍正六年九月，進貢皇上方物，唐番表二道，龍亭一座，寶劍一尊，仗劍一尊，馴象三隻，龍涎香一斤，上沈香二斤，幼鏍石一斤，犀角三對，速香三百斤，象牙三百斤，安息香三百斤，豆蔻三百斤，藤黄三百斤，胡椒三百斤，降香三百斤，大楓子三百斤，烏木三百斤，蘇木三千斤，蓽撥一百斤，紫梗一百斤，桂皮一百斤，樹膠香一百斤，兒茶皮一百斤，樟腦一百斤，上檀香一百斤，硫磺一百斤，翠鳥皮六百張，孔雀尾十屏，織金地交枝柳條大版帶三條，織金頭白加紗六疋，織金頭桃紅加紗六疋，織金頭西洋白幼布十疋，潤幼西洋布十疋，花幼西洋幔天十條，幼花西洋布六疋，潤幼花西洋布六疋，大和蘭氈二領，上冰片一斤，中冰片二斤，冰片油二十瓢，薔薇露六十罐。進貢皇后方物，龍涎香八兩，沈香一斤，幼鏍石八兩，犀角三座，速香一百五十斤，象牙一百五十斤，安息香一百五十斤，豆蔻一百五十斤，藤黄一百五十斤，胡椒一百五十斤，降香一百五十斤，大楓子一百五十斤，烏木一百五十斤，蘇木一千五百斤，蓽撥五十斤，紫梗五十斤，桂皮五十斤，樹膠香五十斤，兒茶皮五十斤，樟腦五十斤，上檀香五十斤，硫磺五十斤，翠鳥皮三百張，孔雀尾五屏，織金頭白加紗三疋，織金頭桃紅加紗三疋，潤紅西洋布五疋，織金頭白幼布五疋，幼花西洋布三疋，幼花西洋幔天五條，潤幼花西洋布三疋，上冰片八兩，中冰片一斤，冰片油十瓢，薔薇露三十罐。七年閏七月添貢皇上方物，火雞一隻，龍涎香一斤，黑軟穀種一十六擔，白粳穀種一十八擔，喂雞人一名。奉旨暹邏國王遣使遠來貢獻方物，具見悃誠，朕念該國遠隔海洋，進獻方物齎送不易，欲酌量裁減，以示恩恤遠藩之意，但此次貢物既已齎送前來，難以帶回，本國照往例收納，其常貢土物，内有速香、安息香、加紗布疋等十件，在内府無必須應用之處，嗣後將此十件免其入貢，永著爲例。該部詳悉行文該國知之，欽此。

西洋國地最大，與僧伽密邇諸番之會也，去中國十萬里。西瀕大海，南距柯枝，北接狼奴兒國，其地產沈香、木香、西洋布、五色布、白雁、胡椒、馬、五色鴉鶻石。明永樂元年，國王馬那必剌滿遣使馬戎朝貢，三年又遣使朝貢，詔封爲古里國王，給銀印誥命。五年令太監鄭和賜王誥幣，陞賞其將領有差。國朝康熙六年十月，内遣使朝貢方物，進金葉表文一函，國王像一幅，全金金剛石飾金劍一持，金琥珀書箱一座，珊瑚樹一枝，珊瑚珠一串，琥珀珠六串，伽楠香二段，哆囉絨二疋，象牙十枝，犀角四座，乳香六桶，蘇合油一桶，丁香一籠，金銀乳香二籠，花露一箱，花幔四端，花氊一鋪。進獻皇后方物，大玻璃鏡一面，珊瑚珠一串，琥珀珠四串，花露一籠，丁香一籠，金銀乳香一籠，花幔四端，花氈一鋪。續據該貢使開報皇恩，賞賜緞疋銀兩，國王雜色錦緞八十疋，銀三百兩；正貢官雜色花緞三十六疋，銀一百兩護；貢官雜色花絹緞一十八疋，銀五十兩；和尚雜色花緞一十八疋，銀五十兩；隨役一十九名，每名雜色緞十疋，每名銀二十兩。使同令廣東布政司照例管待遣還。康熙五十九年七月，進貢皇上辣茶一櫃，計三百枚，露二小匣，每匣計十七瓶，各樣藥水一櫃，計四十瓶，露體三匣內二匣，各十四礶，一匣計十三瓶，哥巴伊呱油一箱，計六瓶，鼻烟兩小箱，每箱計六礶，糖豆一櫃，計六礶，巴爾酥嘛香一小箱，計四瓶，巴爾酥嘛油一匣，即水安息香，計六十個，細香素珠一滿匣，哆囉絨一櫃，計三塊，烏鎗一杆。九月西洋王遣大學士暗博祚進京，隨從人二十四名。同進皇上表章物件。雍正三年六月，西洋教化王聞皇上新嗣位，遣使賫表文，進貢方物，厚福水五十瓶，鍍金緑玻璃鳳壺一執，鑲銀累絲匣一個，鑲銀哩呵嘶波囉盃一隻，蜜蠟盃一隻，小蜜蠟盃一對，蜜蠟小瓶三個，法瑯人物山水小員牌三個，蜜蠟小刀把二個，銀累絲四輪船一隻，小銅日規一個，銀累絲瓶二個，連累絲花二樹，水晶滿堂紅燈一架，鼻烟壺小玻璃鏡瑪瑙扣銀絲小匣玩器共十八件，咖石喻鼻烟礶一對，各色玻璃鼻烟壺十二個，青金石瑪瑙蜜蠟咖石喻各色員球八十二個，銅花漆匣一個，哩阿嘶波囉咖石喻瑪瑙水晶鼻烟壺十六個，銀累絲大小花盤四個，實地銀花盤一個，銀累絲船一隻，連座銀花匣一個，銀累絲小花瓶一對，連鑲寶石花二枝，銀絲小漏盤一個，線花畫五張，皮畫九張，皮扇面畫十二張，繡花紙盤四面，小銀礶二十九個，花石片大小十八塊，阿噶嗟燭臺一對，鐵花盒二個，巴爾薩嗎油一小盒，咖石喻蓋盃一對，鍍金皮規矩一對，鑲牙片鼻烟盒十一個，銀花素鼻烟盒一對，銅花漆匣一個，鑲銀花砂漏一對，咖石喻緑石鼻烟盒各一個，阿噶嗟片四塊，番銀筆一對，咖石喻帶頭片大小二十四塊，瑪瑙刀把一個，瑪瑙鼻烟壺一個，各色石鞭桿頭六個，石小盒一對，珊瑚珠二串，瑪瑙珠四串，珊瑚哩阿嘶波囉咖石、喻石、頭瑪瑙寶石、阿喇喇德間銀累絲素珠十四串，花紙盤七面，香枕囊大小六個，顯微鏡一套，石頭火漆印把二對，大字鏡一個，玻璃碁盤碁子共二盒，火漆八色大紅羽緞四疋，週天球一個，鼻烟五十礶，照字鏡二架。按西洋教化王聞聖主御極，即遣使航海而來，惟我皇上仁德，覃敷所以海外絶域，莫不傾心向慕也。雍正四年五月，復遣使進貢皇上表文、方物，累絲鑲珊瑚花箱一個，大珊瑚珠一串，寶石素珠一串，金鑲口咖石喻瓶一個，金法瑯鼻烟盒一個，金鑲蜜蠟鼻烟盒一個，銀鑲咖石喻鼻烟盒一個，金鑲瑪瑙鼻烟盒一個，銀鑲藍石鼻烟盒一個，銀鍍金鑲雲母鼻烟盒二個，奇様銀鍍金鑲雲母鼻烟盒三個，奇様銀鍍金鑲玳瑁鼻烟盒一個，水晶箱一個，各品藥露五十四個，小玻璃瓶金絲緞一疋，金銀絲緞一疋，金花緞一疋，洋緞三疋，大紅羽毛緞二疋，大紅哆囉呢二疋，異様銀柄武器一具，洋刀一把，長劍一把，短劍一把，絨銀花火器一具，自來火長鎗一口，手鎗二把，上品鼻烟十二玻璃瓶，古巴依瓦油四瓶，聖多默巴爾撒木油四瓶，璧露巴爾撒木油二瓶，伯肋西理巴爾撒木油二瓶，各品衣香十二瓶，巴斯第理十二瓶，葡萄紅露酒十二瓶，葡萄黄露酒十二瓶，白葡萄酒十二瓶，紅葡萄酒十二瓶，咖石喻二大塊，各色法瑯料十四塊，烏木鑲青石桌面二張，烏木鑲黄石桌面二張，烏木鑲各色石花條桌二張，織成各種故事遠視畫九大幅。七年七月西洋國賫奉表文方物入貢，因四年教化王遣使慶祝皇上嗣位，御筆回書教化王感激特具金線袋裝表文一封，紅絨匣一個，恭謝皇上洪恩。

荷蘭國從古未至，其種類曰紅毛。於明萬歷二十九年冬，二三大船頓至濠鏡之口，其人衣紅長身，赤髮深目，藍睛，足踵及趾長尺二寸，狰獰可畏，澳番詰問譯，言不敢爲寇，欲通貢而已。有司以無往例，又訝其無表，拒不納。時税璫李鳳召舶主入見游處會城將一月，始遣還。諸番在澳者尋共守之，不許登陸，始去。繼聞滿剌加伺其舟，同遮殺殆盡。國朝順治十年，荷蘭國遣使請修朝貢。十二年廣東巡撫奏聞，禮部覆准，督撫差官員兵丁護送來京。十三年，貢使嗶嚦哦悦嘢哈哇嚓等到京，禮部議准，五年一貢，世祖章皇帝憫其道路險遠，改八年一貢，貢道由廣東。康熙二年荷蘭國遣出海王領兵至閩安鎮，助勦海逆，并請貿易令，二年來貿易一次。三年又遣出海王助兵勦海逆，賫以銀緞等物。五年入貢貿易，奉旨荷蘭既八年一貢，其二年貿易令停止。六年違例從福建入貢，申令嗣後務由廣東。二十五年復請五年一貢，許之。貿易處所止許廣東、福建，准其貢道改由福建嗣後朝貢，詳《福建志》，茲不載。厥貢舊有銀盤、甲鞍、番花、桂花、被褥、毛纓、薔薇木、白石畫、小車、白小牛、胡椒、織金緞、盛各様油、小箱、腰刀、羽緞、倭緞布、琉璃燈、聚耀燭臺、琉璃盃、肉豆蔻、葡萄酒、象牙、皮帶、夾板、様船。後俱免進，惟貢馬、珊瑚、鏡哆囉絨、織金毯嗶吱緞、自鳴鐘、丁香、檀香、冰片、琥珀、鳥鎗、火石，貢物不詳多少數。

安南國（略）其朝貢詳《廣西志》茲不載。厥貢舊有白絹、降真香、白木香、牛黑線，後俱免。進貢金香爐、花瓶、銀盆、沈香、速香、象牙、犀角，貢道今由廣西憑祥州，貢物不詳多少數。

琉球國（略）定期二年一貢，貢道由福建。凡朝貢詳《福建志》，茲不載。厥貢舊有金銀礶、金銀粉匣、金銀酒海、泥金采畫屏風、泥金扇、泥銀扇、畫扇、蕉布、苧布、紅花、胡椒、蘇木、腰刀、大刀、鎗、盔甲、鞍馬、絲綿、螺盤，後俱免進。惟貢熟硫黄、海螺殼、紅銅，貢物不詳多少數。

占城國（略）厥貢象、象牙、犀、犀角、孔雀、孔雀尾、橘皮、抹身香、龍腦、熏衣香、金銀、奇南香、土降香、檀香、栢木香、燒碎香、花梨木、烏木、蘇木、花藤香、蕪蔓、番沙、紅印花布、油紅綿布、白綿布、烏綿布、圓壁花布、花紅邊縵、雜色縵、番花手巾帕、兜羅錦被、洗白布泥。

真臘國（略）厥貢象、象牙、蘇木、胡椒、黄蠟、犀角、烏木、黄花木、土降香、寶石、孔雀翎。

瓜哇國（略）厥貢胡椒、蓽茇、蘇木、黄蠟、烏爹泥、金剛子、烏木、番紅土、薔薇露、伽倫香、檀香、麻藤香、速香、降香、木香、乳香、烏香、龍腦血竭、肉豆蔻、白豆蔻、藤竭、阿魏、蘆薈、没藥、大楓子、丁皮、番木鼈子、悶蟲、藥碗、石葷、澄茄、寶石、珍珠、錫、西洋鐵摺鐵刀、鐵鎗、苾布、油紅布、孔雀、火雞、鸚鵡、玳瑁、孔雀尾、翠毛、鶴頂、犀角、象牙、龜筒、黄熟香、安息香。

三佛齊國（略）厥貢黑熊、火雞、五色鸚鵡、諸香、兜羅、錦被、苾布、白獺、龜筒、胡椒、肉豆蔻、番油子、米腦，永樂後罕至廣州。

滿剌加國（略）厥貢番小廝、犀角、象牙、玳瑁、鶴頂、鸚鵡、黑熊、白麂、鎖袱、金母、鶴頂、金鑲戒指、撒哈喇白苾布、薑黄布、撒都細布、西洋布、花縵、片腦、梔子花、薔薇露、沈香、乳香、黄速香、金銀香、降真香、紫檀香、丁香、烏木、蘇木、大楓子、番錫、番鹽。

蘇門答剌國（略）厥貢馬犀牛、龍涎香、撒哈喇、梭眼布、寶石、木香、丁香、降真香、沈速香、胡椒、蘇木、錫、水晶、瑪瑙、番刀、番弓、石青、回回青、硫磺。

錫蘭山國（略）厥貢象、寶石、珊瑚、水晶、金戒指、撒哈喇、乳香、木香、土檀香、没藥、西洋細布、藤竭、蘆薈、硫磺、烏木、胡椒、碗石。

古麻剌國地在東南海中（略）厥貢馬、犀牛、龍涎香、撒哈喇、梭眼布、寶石、木香、丁香、降真香、沈速香、胡椒、蘇木、錫、水晶、瑪瑙、番刀、番弓、石青、回回青、硫磺。

錫蘭山國（略）厥貢象、寶石、珊瑚、水晶、金戒指、撒哈喇、乳香、木香、土檀香、没藥、西洋細布、藤竭、蘆薈、硫磺、烏木、胡椒、碗石。

清　允裪《大清會典則例》卷八〇　旨則來覲

凡貢期，喀爾喀、厄魯特、土爾古特、青海各如其朝覲之班，西藏間年一貢。附達賴喇嘛以進貢道，喀爾喀、厄魯特、土爾古特由張家口，獨石口、喜峯口，青海由西寧，西藏由四川之打箭鑪。貢物，喀爾喀、厄魯特以駝馬、湯羊，土爾古特、青海以藏香、氆氌、馬，西藏貢與達賴喇嘛同。詳典屬司凡俸幣，喀爾喀三汗、都爾伯特汗俸各二千五百兩，幣四十。世子俸千五百兩，幣二十。八品官俸二十兩。達爾漢奉旨給俸者，與八品官同，加幣四。游牧察哈爾有職任官，按品給全俸；無職任者，半俸。親王以下俸幣及燕饗賞賚餼廩牧芻均與漠南二十四部落同。汗之賞賚廩芻與親王同。世子與郡王同。凡澤卜尊丹巴胡圖克圖之貢，以九白，白駝一，白馬八。喀爾喀之車臣汗、土謝圖汗隨之。歲一遣使，貢道與喀爾喀同。其番僧入貢者，紅山報恩寺五年一貢，貢道由莊浪衛。圓覺等二十六寺分四班，三年一貢，貢道由岷州衛，貢物各以馬及延壽果、青木香之屬。西寧瞿曇等九寺、西納演教寺、河州弘化等寺，均入貢，貢無常物，亦無定期。或力不能來，即交所在有司官轉進。貢使還，賞澤卜尊丹巴胡圖克圖銀幣，番僧表裏各有差。

清　嘉慶《海州直隸州志》卷一六《食貨》　土貢桑絲二千六十二兩四錢二分，獐五十五隻，鹿二隻，兔二十隻，鵪鶉二十箇，鵓鴿四隻，鴈二十隻，骨碎補十觔，黄芩三十觔，獐皮二百七十八張，麂皮十張，鹿皮三十一張，貉皮十張，山羊皮二十九張，翎毛四萬一千一百九十根，箭枝二千九百八十三枝。

清　道光《承德府志》卷二九《物産》　盛京産爲遜考，《唐書》檀州、營州俱土貢人參，熱河在檀州之北，蓋自昔已産之，《五代史》奚附録曰：奚以别部西涉嬀州依北山射獵，常採北山人參，所云北山者，今豐寧縣西境外諸山皆是也。

清　同治《湖州府志》卷二〇《山》　石梆山在縣西北十里，勞志山有石梆。談志（吴興記）山出楊梅，常以貢御，張華所謂「地有名章，必生楊梅」，蓋謂此也。御覽

清　光緒《零陵縣志》卷一《地輿志·物産》　竹笋湖南土貢有笋片，蓋取諸此。

清　光緒《延慶州志》卷三《物産》　土貢，每歲甘草一百五十觔，黄芩一百五十觔，蒼术一百觔，芍藥一百觔。

每歲楊木長柴八十觔，後改折色。

按延慶物産與他邑無大異，惟八仙洞山坡松柏及居庸關溝香柴内務府委員採取進貢，其餘金剛山金釣如意草治諸毒，金剛參其力不減遼東，八達嶺杏仁俗名叭噠杏仁，張山營王瓜，黄柏寺西瓜，西胡家營甜梨，楊董家莊蘋果、檳子，及木炭、洗緑、刺皮，山貨皆適於用也。

清　西清《黑龍江外記》卷五　交納貂皮，楚勒罕第一事也，選入格者充貢，餘聽布特哈自售，謂之瑪克塔哈色克。譯言：「擲還之貂也。」在因沁屯時入格者，故爲擲還，陰以賤值逼買，無問大小概銀九錢，布特哈怒不敢言而減價之。議未已，後聞奇三入訴朝使，將臨亟瘞所買貂於墟墓間，多爲樵牧拾

去，今則將軍至，貴買貂亦索重價，餘可知。（略）

選貂之制，將軍副都統坐堂上，協領與布特哈總管分東西席地坐，中陳貂皮，詳視而去，取之甲乙既定，鈐小印於皮背，封貯備進。然後印擲還之，皮而皆刖其一爪，如皮背無印而四爪全者，私貨也。事干例禁，人不敢買。貢貂有一等、二等、好三等、尋常三等之分。嘉慶十五年選定一等四十二張，二等一百四十張，好三等二百八十張，尋常三等四千九百四十三張，歲大略如是。而列一等者，皆雅發罕俄倫春及畢喇爾物。（略）

布特哈無問官兵散户，身足五尺者，歲納貂皮一張，定制也。如甲皮不入選多選乙，一張甲出銀三兩償乙，此類甚多。事皆主於總管，故每歲俸餉皆選貂後支放，乘除損益之數至此始明也，若雅發罕俄倫春則不然，其所納皮張較勝別部，故一等足額。入其餘於二等，二等所餘入於好三等，而皆按照定價由庫給銀，以酬其所餘之數。蓋雅發罕俄倫春散處山野，非索倫達呼爾及摩凌阿俄倫春可比。故定制如是，而畢喇爾一部亦然。布特哈交納貂皮先已自定等第，尋常三等之外皆以綾籤標記，紅籤者索倫達呼爾物，綠籤者摩凌阿俄倫春物，黃籤者雅發罕俄倫春畢喇爾物也。歲貢貂皮，先將等第數目六月內奏。

又 卷八 內府纏弓矢金桃皮出齊齊哈爾城東諸山，樹高二三尺，皮赤黑而裏如泥金，故名金桃皮，其實不結桃也，歲折其枝入貢。

歲貢箭笴八千枝，有樺、有柳、有青楊，亦在齊齊哈爾城東，採取其鵰翎、鶻羽，貢之以備製箭者。向皆折價在都購辦，未詳自何年始。

明 光緒《嘉興府志》卷八《貢品》 本府進野味鴈雉共六十隻，黃魚二百九十九尾，歲造黑漆角弓二千張，正副弦一萬條，箭一萬八千二百八十枝，歲辦獐鹿麂羊等皮一千五百張，鴈鵝翎毛四十萬根，歲造叚疋紵絲一千八十六疋串，四紵絲八百八十六疋串，五紵絲二百疋。（略）

嘉興縣進野味鴈雉二十隻，歲造弓一千張，弦正副五千條，箭八千三百八十枝，歲辦皮張獐鹿麂羊皮七百張，翎毛鴈鵝翎二十萬根。

秀水縣進野味鴈鷄各一隻，弓三百一十七張，弦一千五百八十五條，箭二千八百七十九枝，歲辦皮張九張，羊皮七十二張，獐皮一百六十張，翎毛六萬根。

嘉善縣進野味四隻，鴈一隻，野雞四隻，貓竹三百八十七根，獐皮一百二十九張，羊皮五十五張，鹿皮二張，翎毛五萬根，弓箭弦條共二百五十四套。海鹽縣進野味野雞十隻，黃魚二百九十九尾。歲造黑漆角弓二百一十張，正副弦一千九百條，錐箭一千九百八十五枝，歲辦麂皮等皮張鴈鵝等翎毛。

平湖縣進黃魚三百尾，野味野雞一十隻，歲造弓一百六十五張，箭一千二百二枝，弦八百二十五條，歲辦貓竹二百四十根，獐鹿麂羊皮一百二十一張，翎毛四萬根。

崇德縣進野雞五隻，兔子五隻，黑漆角弓二百八十三張，箭二千五百六十九枝，弦一千四百一十五條，獐羊二皮共二百七張，翎毛五萬五千根。桐鄉縣歲辦黑漆角弓二百四十三張，弦一千二百一十五條，箭二千二百九枝，獐羊皮共一百八十七張，翎毛四萬五千根，野味一十隻，曆日黃紙二千張，白紙三萬張。

清 徐珂《清稗類鈔》第一册《朝貢類·冬季進呈冬筍冰鮮》 每屆冬季，崇文門進呈冬筍及冰鮮魚。冬筍來自楚、皖，分年進京，楚筍當年，則入京在秋杪；皖筍當年，則入京必冬初也。冰鮮產於津沽，以總督署前玉帶河所産者爲上品，即銀魚也。

又 《吉林歲貢》 吉林所貢方物，歲有數次。四月，進油炸白肚魚肉丁十罈。七月，進窩雛鷹鷂各九隻。十月，進二年野猪二口，一年野猪一口，鹿尾四十盤，鹿尾骨肉五十塊，鹿肋條肉五十塊，鹿胸岔肉五十塊，曬乾鹿脊條肉一百束，野雞七十隻，稗子米一斛，鈴鐺米一斛。十月，由圍場先進鮮味，計二年野猪一口，一年野猪一口，鹿尾七十盤，野雞七十隻，樹雞五十隻，稗子米一斛，鈴鐺米一斛。十一月，進七里香九十把，公野猪二口，母野猪二口，二年野猪二口，一年野猪二口，鹿尾三百盤，野雞五百隻，樹雞三十隻，鱘鰉魚三尾，翹頭白魚一百尾，鯽魚一百尾，稗子米四斛，鈴鐺米一斛，山查十罈，梨八罈，林檎八罈，松塔三百箇，山韭菜二罈，野蒜苗二罈，柳木鎗鞘八根，柳木綫鎗鞘八根，駭馬木綫鎗鞘八根，駭馬木鎗鞘八根，樞梨木虎鎗杆三十根，樺木箭杆二百根，椵木箭杆二百根，白樺木箭杆二百根，楊木箭杆二百根，海青蘆花鷹、白色鷹俱無額數，窩集狗五條，係奉旨之年賫進。賀哲匪雅喀奇勒哩官貂鼠皮二千五百八十二張。隔一年賫送進御覽。紫樺皮二百張，上用紫樺皮一千四百張，白樺皮改爲紫樺皮一千四百張，隔一年進御覽。官紫樺皮二千張，又交下五旗官紫樺皮一萬二千張，白樺皮三千張，煖木皮四百五十斤，莝草四百五十斤，又交下五旗，每旗煖木皮各五十斤，莝草各五十斤。以上俱賫送武備院查收。接駕及恭賀萬壽進貢物產，貂鼠，白毛梢黑狐狸，倭刀，黃狐貉，梅花鹿，角鹿，鹿羔，麅，麅羔，麞，虎，熊，玄狐皮，倭刀皮，黃狐皮，猞猁皮，水獺皮，海豹皮，虎皮，豹皮，灰鼠皮，鹿羔皮，雕鶴翎，海參，白肚鱒魚肉丁，烤乾白肚鱒魚肚囊肉，油炸鱘鰉魚肉丁，以魚油炸魚，滿語名黑伙。烤乾細鱗魚肚囊肉，草根魚，鯿頭魚，鯉魚，花鰱魚，魚油，曬乾鹿尾，曬乾鹿舌，鹿後腿肉，小黃米，炕稗子米，高糧米粉麪，玉秫米粉麪，小黃米粉麪，蕎麥糁，小米粉麪，稗子米粉麪，和的水餚餑餑，搓條餑餑，豆麪剪子股餑餑，打糕肉夾搓條餑餑，炸餃子餑餑，打糕餑餑，撒糕餑餑，豆麪餑餑，豆䴵糕餑餑，蜂糕餑餑，葉子餑餑，水餚子餑餑，魚兒餑餑，野雞蛋，葡萄，杜李，羊桃，山核桃仁，松仁，榛仁，核桃仁，杏仁，松子，白蜂蜜，蜜脾，蜜尖，生蜂蜜，山韭菜，貫衆菜，蔞蒿菜，鎗頭菜，河白菜，黃花菜，紅花菜，蕨菜，芹菜，叢生磨菇，鵝掌菜。

又《黑龍江貢貂》 貂產索倫東北。捕貂以犬，非犬則不得貂。虞人往還，嘗自減其食以飼犬。犬前驅，停嗅深草間，即貂穴也。伏伺噙之，或驚竄樹末，則人犬皆屏息以待。犬惜其毛，不傷以齒，貂亦不復動，納於囊，徐俟其死。人歲輸一於官，各私識毛色，彙送佐領處。每歲五月，黑龍江將軍至墟場，選以貢。凡三等，官給價有差，不入等者聽鬻。

又《黑龍江貢鷹》 打鷹，黑龍江流人役也。人歲輸二鷹，以海青、秋黃爲最。貢無定數，多不踰二十，常保護之以防道斃。艾渾、墨爾根各三十架，送黑龍江將軍彙選之。江冰始獵，參領以下獵雉，將軍獵野彘，於通鏗河備貢數。通鏗，蒙古地，先期移文告之。

又《藏回例貢》 喀爾喀圖什哲布尊丹巴呼圖克圖有進貢九白之例，札薩克台吉有進貢湯羊、活羊、馬匹、鷹狗、雕翎、貂皮等例，前藏達賴喇嘛、後藏班禪額爾達尼有各間二年遣使呈遞丹書克貢件之例，哈密、吐魯番回子郡王有請安進貢及哈薩克等朝覲貢馬之例，伊犂所屬哈薩克遣使貢伯勒克馬匹之例。

土司、土舍進獻禮物，謂之貢輸。

西藏喇嘛有進呈丹書克之例。

又《東北邊部落入貢》 東北邊部落之入貢於寧古塔者八。每年自四月至六月，俱以次入貢。自寧古塔東北行四百餘里，住虎爾哈河松花江兩岸者，曰孥耶勒，曰革依克勒，曰裕什克哩。此三喀喇，喀喇漢言姓也。役屬已久，各有頭目。其少年精悍者，則漸移家內地，編甲入户，或有爲侍衛者，初服魚皮，後服國朝衣冠，名異齊滿洲；異齊者，漢言新也。其地產貂。自寧古塔東行千餘里，住烏蘇里江兩岸者曰穆連連，俗類窩稽，窩稽疑即古之室韋。《北史》，室韋在勿吉北千里，魏、齊後分爲五部，不相統一，所謂南室韋、北室韋、鉢室韋、深木恒室韋、大室韋。南北室韋皆捕貂爲業，冠以狐貂，衣以魚皮。鉢室韋用樺皮蓋屋，大室韋尤多貂皮青鼠。產貂。又東二百餘里，住伊瞞河源者，曰欺牙喀喇。其人黥面，其地產貂，無五穀，夏食魚，冬食獸，以其皮爲衣。自寧古塔東北行一千五百里，住松花江、黑龍江兩岸者，曰剃髮黑金喀喇，俗類窩稽，產貂。以上皆每年入貢。又東北行四五百里，住烏蘇里、松花、黑龍三江會流左右者，曰不剃髮黑金喀喇。類皆披髮，鼻端貫金環，衣魚獸皮，陸行乘舟，駕以狗，御者持木篙立舟上，若水行攔頭者然，所謂使犬國也。其語與窩稽異，無文字筆墨，以皮條紀事，小大隨之。其地產貂。又東北行七八百里，曰飛牙喀，俗產與不剃髮黑金同，而赤臀無袴，以皮蔽其前。自寧古塔東北行三千里，曰欺勒爾，濱大東海，俗產與欺牙喀喇同。以上各種，皆三年一貢。凡歲貢者，除賜衣冠什器外，宴一次，固山大以下陪宴。三年一貢者宴三次，寧古塔梅勒章京陪宴。東邊部落貢盛京者，曰庫牙喇，俗與窩稽同，產海豹江獺皮。其地在圖們江北岸，與南岸朝鮮之慶遠府城相對，去寧古塔五百里，歲一貢。使鹿部約在使犬諸部之外。崇德丙子五月，額賴達爾漢追毛安部下逃人至使鹿部喀木尼漢，獲男女二十九人來獻。

又《進呈先時後時花果》 諸王福晉，輒於歲首進奉石榴、桃、李、荔枝、枇杷、瓜、豆、花椒之類，餘如丁香、蘭蕙、海棠、茉莉、牡丹、紅綠梅、迎春、黃菊，合先時後時之物，亦紛紛呈進，以爲應運而生，爲熙朝祥瑞也。

又《貢瓜》 瓜以哈密爲上，聖祖常以之頒賜羣臣，皆西陲所貢者。而山右進獻有榆次瓜，閩中則臘月進瓜。

又《廈門貢燕》 廈門貢燕一項，始於乾隆初年，由商人承辦。初祇一百斤，旋添辦六十斤，每年春秋兩季，分送將軍督撫衙門呈進。春貢七十斤，秋貢九十斤。迨巡撫缺裁，而貢額照常。此物出自南洋各島，萃於香港，初非廈產，歷年由商赴港采購。約計燕價及裝潢等費，每斤約需銀七八十圓，以歲貢燕菜百六十斤計之，約需萬圓以上，而貢行開支各項例規，暨用人辦事經費，數且倍之。其用費所出，由進口各貨釐金項下酌抽，名爲貢資，彙交貢商承辦。

又《琉球四年入貢》 故事，琉球國間歲一貢，道光己亥，詔改每四年遣使入貢。是歲，中山國王尚育咨達閩撫，謂琉球地濱海，最患多風，惟朝貢以時，則風雨和順，每遇貢年，歲必大熟。又貢船出入閩疆，歲須時憲書，得以因時趨事，庶務合宜。又琉球不産藥材，賴貢舶載回應用，至航海鍼法，全賴隨時學習，番休更替，若四年一朝，則豐歉不齊，人時莫授，藥品缺乏，鍼盤荒疏，請奏復舊制。時撫閩使者爲吴文鎔，疏聞。宣宗手敕報曰：「據奏情辭真摯，如所請行。」

又《廣東貢化州橘紅》 化州屬廣東高州府，多橘樹，在州署者最著名，其結實與尋常異，皮厚肉酸，不適於口，分其皮爲五角或七角，治痰病如神。相傳橘樹下有礞石，每年結實後，州官循例驗明，遣役駐守，熟後派員督採，入貢者長須七寸。咸、同間，粤寇擾亂，州署被兵，樹爲火逼，大株遂枯，僅留孫枝，結實不及貢式。經大吏入告，嗣後所貢乃不拘分寸。凡近州治，得聞譙樓更鼓者，其皮均佳。橘蒂形凹，賴家園種者，往往亂真，州官每於皮上加印以别之。

又《緬甸貢象》 象房在京師宣武門内，仍明舊也。朝會大典，如獻俘宣赦等事，以馴象駄寶瓶，立朝班前。咸豐以來，越南、緬甸相繼屬於英、法，朝班無象者十餘年。至同治戊辰，雲南底定，緬甸始復貢象七隻。光緒甲申春，一象忽瘋，擲玉輅於空中，碎之，逸出西長安門，物遭之碎，人遇之傷，擲奄人某於皇城壁上。西城人家閉户竟日。至晚，始獲之。從此象不復入仗，而宣武門象坊之象亦多老死，此制遂廢。

又《藩王入貢》 沙木胡索特王因逢孝欽后七旬萬壽，親賫貢物入京，凡三十箱，爲金沙、金豆、珊瑚、瑪瑙、狐豹皮、哈密瓜等物，均呈交理藩院，由理藩院轉交内務府，照單收納。

傳　記

唐　李延壽《北史》卷九七《西域傳》［麴］ 嘉字靈鳳，金城榆中人。既立，又臣于蠕蠕那蓋。顧禮與義舒隨安保至洛陽。及蠕蠕主伏圖爲高車所殺，嘉又臣高車。初，前部胡人悉爲高車所徙，入於焉耆，又爲嚈噠所破滅，國人分散，衆不自立，請王於嘉。嘉遣第二子爲焉耆王以主之。永平元年嘉遣兄子私署左衛將軍、田地太守孝亮朝京師，仍求内徙，乞軍迎援。於是遣龍驤將軍孟威發涼州兵三千人迎之，至伊吾，失期而反。於後十餘遣使獻珠像，白黑貂裘，名馬，鹽枕等，款誠備至。唯賜優旨，卒不重迎。三年，嘉遣使朝貢，宣武又遣孟威使詔勞之。延昌中，以嘉爲持節、平西將軍、瓜州刺史、泰臨縣開國伯，私署王如故。熙平初，遣使朝獻。詔曰：「卿地隔關山，境接荒漠，頻請朝援，徙國内遷。雖來誠可嘉，即於理未帖。何者？彼之甿庶，是漢、魏遺黎，自晉氏不綱，因難播越，成家立國，世積已久。惡徙重遷，人懷戀舊。今若動之，恐異同之變，爰在肘腋，不得便如來表也。」神龜元年冬，孝亮復表求援内徙，朝廷不許。正光元年，明帝遣假員外將軍趙義等使於嘉。嘉朝貢不絶，又遣使奉表，自以邊遐，不習典誥，求借《五經》、諸史，并請國子助教劉燮以爲博士，明帝許之。嘉死，贈鎮西將軍、涼州刺史。

明　楊廉《廣東布政陳公言行録》［陳選］ 擢廣東布政使，廣民疲困，爲除傜役，罷和買，備賑濟，皆務爲惠養，計數洗冤獄。閩人賴克哥等三十九人，溺於海舟，爲風漂至潮州，守者獲之，以通番論，又邑民劉馬住及黄福等十九人被誣爲盗。公察其冤，悉釋之。尤不畏貴倖。中官有弟昌爲武職者，逼娶寡婦，爲奪還之。於是乃有提督市舶司者，倚進貢爲奸利，役户苦於供需，特減三十人。其後番人馬力麻與海商私通販易，詭稱蘇門答剌國使臣，市舶利其貨不問，公發其僞。時又有賽瑪爾堪使臣泊六灣，以獅子入貢。浮海還國云欲往滿剌加更市獅子，公言：「此西域賈人爲圖利耳，使墮其謀，必貽安南諸夷之笑，國體所關，甚非細故。」中官既蓄憾役户之怨，且素利進貢，及是每爲阻抑，怨益深。乃誣奏他事，勘事者求事實不得，必欲文致其罪，竟逮公赴京。廣人數萬擁留之，公在道病作，行至南昌而卒。

清　張廷玉《明史》卷三〇四《鄭和傳》 鄭和，雲南人，世所謂三保太監者也。初事燕王於藩邸，從起兵有功，累擢太監。成祖疑惠帝亡海外，欲蹤跡之，且欲耀兵異域，示中國富强。永樂三年六月命和及其儕王景弘等通使西洋。將士卒二萬七千八百餘人，多齎金幣。造大舶，修四十四丈、廣十八丈者六十二。自蘇州劉家河泛海至福建，復自福建五虎門揚帆，首達占城，以次徧歷諸番國，宣天子詔，因給賜其君長，不服則以武懾之。五年九月，和等還，諸國使者隨和朝見。和獻所俘舊港酋長。帝大悦，爵賞有差。舊港者，故三佛齊國也，其酋陳祖義，剽掠商旅。和使使招諭，祖義詐降，而潛謀邀劫。和大敗其衆，擒祖義，獻俘，戮於都市。六年九月再往錫蘭山。國王亞烈苦柰兒誘和至國中，索金幣，發兵劫和舟。和覘賊大衆既出，國内虚，率所統二千餘人，出不意攻破其城，生擒亞烈苦柰兒及其妻子官屬。劫和舟者聞之，還自救，官軍復大破之。九年六月獻俘於朝。帝赦不誅，釋歸國。是時，交阯已破滅，郡縣其地，諸邦益震讋，來者日多。十年十一月復命和等往使，至蘇門答剌。其前僞王子蘇幹剌者，方謀弒主自立，怒和賜不及己，率兵邀擊官軍。和力戰，追擒之喃渤利，並俘其妻子，以十三年七月還朝。帝大喜，賚諸將士有差。十四年冬，滿剌加、古里等十九國咸遣使朝貢，辭還。復命和等偕往，賜其君長。十七年七月還。十九年春復往，明年八月還。二十二年正月，舊港酋長施濟孫請襲宣慰使職，和齎敕印往賜之。比還，而成祖已晏駕。洪熙元年二月，仁宗命和以下番諸軍守備南京。南京設守備，自和始也。宣德五年六月，帝以踐阼歲久，而諸番國遠者猶未朝貢，於是和、景弘復奉命歷忽魯謨斯等十七國而還。和經事三朝，先後七奉使，所歷占城、爪哇、真臘、舊港、暹羅、古里、滿剌加、渤泥、蘇門答剌、阿魯、柯枝、大葛蘭、小葛蘭、西洋瑣里、瑣里、加異勒、阿撥把丹、南巫里、甘把里、錫蘭山、喃渤利、彭亨、急蘭丹、忽魯謨斯、比剌、溜山、孫剌、木骨都束、麻林、剌撒、祖法兒、沙里灣泥、竹步、榜葛剌、天方、黎伐、那孤兒，凡三十餘國。所取無名寶物，不可勝計，而中國耗廢亦不貲。自宣德以還，遠方時有至者，要不如永樂時，而和亦老且死。自和後，凡將命海表者，莫不盛稱和以夸外番，故俗傳三保太監下西洋，爲明初盛事云。當成祖時，鋭意通四夷，奉使多用中貴。西洋則和、景弘，西域則李達，迤北則海童，而西番則率使侯顯。

紀事

漢 司馬遷《史記》卷五《秦本紀》 [晉成公] 五年，晉獻公滅虞、虢，虜虞君與其大夫百里傒，以璧馬賂於虞故也。既虜百里傒，以爲秦繆公夫人媵於秦。百里傒亡秦走宛，楚鄙人執之。繆公聞百里傒賢，欲重贖之，恐楚人不與，乃使人謂楚曰：「吾媵臣百里傒在焉，請以五羖羊皮贖之。」楚人遂許與之。當是時，百里傒年已七十餘。繆公釋其囚，與語國事。謝曰：「臣亡國之臣，何足問！」繆公曰：「虞君不用子，故亡，非子罪也。」固問，語三日，繆公大説，授之國政，號曰五羖大夫。百里傒讓曰：「臣不及臣友蹇叔，蹇叔賢而世莫知。臣常游困於齊而乞食銍人，蹇叔收臣。臣因而欲事齊君無知，蹇叔止臣，臣得脱齊難，遂之周。周王子頹好牛，臣以養牛干之。及頹欲用臣，蹇叔止臣，臣去，得不誅。事虞君，蹇叔止臣。臣知虞君不用臣，臣誠私利禄爵，且留。再用其言，得脱；一不用，及虞君難：是以知其賢。」於是繆公使人厚幣迎蹇叔，以爲上大夫。

漢 劉珍《東觀漢記》卷二二《匈奴南單于》 單于，北匈奴頭曼十八代孫。十二月癸丑，匈奴始分爲南北單于。單于歲祭三龍祠，走馬鬬橐駝以爲樂事。建武二十六年，南單于遣使獻駱駝二頭，文馬二匹。南單于來朝，賜御食及橙、橘、龍眼、荔枝。

晉 陳壽《三國志》卷四九《士燮傳》 後巨與恭相失，舉兵逐恭，恭走還零陵。建安十五年，孫權遣步騭爲交州刺史。騭到，燮率兄弟奉承節度。而吴巨懷異心，騭斬之。權加燮爲左將軍。建安末年，燮遣子廞入質，權以爲武昌太守，燮、壹諸子在南者，皆拜中郎將。燮又誘導益州豪姓雍闓等，率郡人民使遥東附，權益嘉之，遷衛將軍，封龍編侯，弟壹偏將軍，都鄉侯。燮每遣使詣權，致雜香細葛，輒以千數，明珠、大貝、流離、翡翠、瑇瑁、犀、象之珍，奇物異果，蕉、邪、龍眼之屬，無歲不至。壹時貢馬凡數百匹。權輒爲書，厚加寵賜，以答慰之。燮在郡四十餘歲，黄武五年，年九十卒。

晉 嵇含《南方草木狀》卷下 橄欖樹身聳，枝皆高數丈，其子深秋方熟，味雖苦澁，咀之芬馥，勝含雞骨香。吴時歲貢，以賜近侍。本朝自泰康後亦如之。

南朝宋 范曄《後漢書》卷八六《南蠻西南夷傳》 肅宗元和元年，日南徼外蠻夷究不事人邑豪獻生犀、白雉。和帝永元十二年夏四月，日南、象林蠻夷二千餘人寇掠百姓，燔燒官寺，郡縣發兵討擊，斬其渠帥，餘衆乃降。於是置象林將兵長史，以防其患。安帝永初元年，九真徼外夜郎蠻夷舉土内屬，開境千八百四十里。元初二年，蒼梧蠻夷反叛，明年，遂招誘鬱林、合浦蠻漢數千人攻蒼梧郡。鄧太后遣侍御史任逴奉詔赦之，賊皆降散。延光元年，九真徼

外蠻貢獻内屬。三年，日南徼外蠻復來内屬。順帝永建六年，日南徼外葉調王便遣使貢獻，帝賜調便金印紫綬。（略）

永初元年，徼外僬僥種夷陸類等三千餘口舉種内附，獻象牙、水牛、封牛。永寧元年，撣國王雍由調復遣使者詣闕朝賀，獻樂及幻人，能變化吐火，自支解，易牛馬頭。又善跳丸，數乃至千。自言我海西人。海西即大秦也，撣國西南通大秦。明年元會，安帝作樂於庭，封雍由調爲漢大都尉，賜印綬、金銀、綵繒各有差也。

又　卷八八《西域傳》　至桓帝延熹九年，大秦王安敦遣使自日南徼外獻象牙、犀角、瑇瑁，始乃一通焉。其所表貢，並無珍異，疑傳者過焉。（略）

以金銀爲錢，銀錢十當金錢一。與安息、天竺交市於海中，利有十倍。其人質直，市無二價。穀食常賤，國用富饒。鄰國使到其界首者，乘驛詣王都，至則給以金錢。其王常欲通使於漢，而安息欲以漢繒綵與之交市，故遮閡不得自達。至桓帝延熹九年，大秦王安敦遣使自日南徼外獻象牙、犀角、瑇瑁，始乃一通焉。其所表貢，並無珍異，疑傳者過焉。

又　卷八九《南匈奴傳》　[光武] 二十八年，北匈奴復遣使詣闕，貢馬及裘，更乞和親，并請音樂，又求率西域諸國胡客與俱獻見。帝下三府議酬荅之宜。

又　卷九〇《烏桓鮮卑傳》　[建武] 二十二年，匈奴國亂，烏桓乘弱擊破之，匈奴轉北徙數千里，漠南地空，帝乃以幣帛賂烏桓。二十五年，遼西烏桓大人郝旦等九百二十二人率衆向化，詣闕朝貢，獻奴婢牛馬及弓虎豹貂皮。

南朝宋　劉義慶《世説新語》卷下之下《惑溺》　韓壽美姿容，賈充辟以爲掾。充每聚會，賈女於青璅中看，見壽，説之。恒懷存想，發於吟咏。後婢往壽家具述如此，并言女光麗。壽聞之心動，遂請婢潛修音問，及期往宿。壽蹻捷絶人，踰牆而入，家中莫知，自是充覺女盛自拂拭，説暢有異於常。後會諸吏，聞壽有奇香之氣，是外國所貢，一著人則歷月不歇，《十洲記》曰：漢武帝時，西域月氏國王遣使獻香四兩，大如雀卵，黑如桑椹，燒之芳氣經三月不歇，蓋此香也。充計武帝唯賜己及陳騫，餘家無此香，疑壽與女通，而垣牆重密，門閤急峻，何由得爾。

南朝梁　蕭子顯《南齊書》卷五八《東南夷傳》　交州斗絶海島，控帶外國，故恃險數不賓。宋泰始初，刺史張牧卒，交趾人李長仁殺牧北來部曲，據交州叛，數年病死。從弟叔獻嗣事，號令未行，遣使求刺史。宋朝以南海太守沈煥爲交州刺史，以叔獻爲煥寧遠司馬、武平新昌二郡太守。叔獻得朝命，人情服從，遂發兵守險不納煥，煥停鬱林病卒。太祖建元元年，仍以叔獻爲交州刺史，就安慰之。叔獻受命，既而斷割外國，貢獻寡少。世祖欲討之，永明三年，以司農劉楷爲交州刺史，發南康、廬陵、始興郡兵征交州。叔獻聞之，遣使願更申數年，獻十二隊純銀兜鍪及孔雀毦，世祖不許。叔獻懼爲楷所襲，間道自湘川還朝。（略）

永明二年，闍耶跋摩遣天竺道人釋那伽仙上表稱扶南國王臣僑陳如闍耶跋摩叩頭啟曰：「天化撫育，感動靈祇，四氣調適。伏願聖主尊體起居康(御)(豫)，皇太子萬福，六宮清休，諸王妃主内外朝臣普同和睦，隣境士庶萬國歸心，五穀豐熟，災害不生，土清民泰，一切安穩。臣及人民，國土豐樂，四氣調和，道俗濟濟，竝蒙陛下光化所被，咸荷安泰。」又曰：「臣前遣使齎雜物行廣州貨易，天竺道人釋那伽仙於廣州因附臣舶欲來扶南，海中風漂到林邑，國王奪臣貨易，并那伽仙私財。具陳其從中國來此，仰序陛下聖德仁治，詳議風化，佛法興顯，衆僧殷集，法事日盛，王威嚴整，朝望國軌，慈愍蒼生，八方六合，莫不歸伏。如聽其所説，則化隣諸天，非可爲喻。臣聞之，下情踊悦，若蹔奉見尊足，仰慕慈恩，澤流小國，天垂所感，率土之民，竝得皆蒙恩祐。是以臣今遣此道人釋那伽仙爲使，上表問訊奉貢，微獻呈臣等赤心，并别陳下情。但所獻輕陋，愧懼唯深。伏願天慈曲照，鑒其丹款，賜不垂責。」又曰：「臣有奴名鳩酬羅，委臣(免)(逸)走，别在餘處，構結兇逆，遂破林邑，仍自立爲王。永不恭從，違恩負義，叛主之愆，天不容載。伏尋林邑昔爲檀和之所破，久已歸化。天威所被，四海彌伏，而今鳩酬羅守執奴兇，自專很彊。且林邑扶南隣界相接，親又是臣奴，猶尚逆去，朝廷遥遠，豈復遵奉。此國屬陛下，故謹具上啟。伏聞林邑頃年表獻簡絶，便欲永隔朝廷，豈有師子坐而安大鼠。伏願遣軍將伐兇逆，臣亦自効微誠，助朝廷剪撲，使邊海諸國，一時歸伏。陛下若欲别立餘人爲彼王者，伏聽勑旨。脱未欲灼然興兵伐林邑者，伏願特賜勑在所，隨宜以少軍助臣，乘天之威，殄滅小賊，伐惡從善。平蕩之日，上表獻金五婆羅。今輕此使送臣丹誠，表所陳啟，不盡下情。謹附那伽仙并其伴口具啟聞。伏願愍所啟。并獻金鏤龍王坐像一軀，白檀像一軀，牙塔二軀，古貝二雙，瑠璃蘇鉝二口，瑇瑁檳榔柈一枚。」

唐 李延壽《北史》卷九五《赤土傳》 尋遣那邪迦隨貢方物，并獻金芙蓉冠、龍腦香，以鑄金爲多羅葉，隱起成文以爲表，金函封之，令婆羅門以香花奏蠡鼓而送之。既入海，見緑魚羣飛水上。浮海十餘日，至林邑東南，並山而行。其海水色黄氣腥，舟行一日不絶，云是大魚糞也。循海北岸，達于交阯。駿以六年春與那邪迦於弘農謁帝。帝大悦，授駿等執戟都尉，那邪迦等官賞各有差。

又 卷九六《白蘭傳》 白蘭者，羌之别種也。其地東北接吐谷渾，西北利摸徒，南界那鄂。風俗物産，與宕昌略同。

周保定元年，遣使獻犀甲、鐵鎧。

又 卷九七《西域傳》 先是，朝廷遣使者韓羊皮使波斯，波斯王遣使獻馴象及珍物。經于闐，于闐中于王秋仁輒留之，假言慮有寇不達。羊皮言狀，帝怒，又遣羊皮奉詔責讓之。自後每使朝貢。（略）

迷密國，都迷密城，在者至拔西，去代一萬二千一百里。正平元年，遣使獻一峯黑槖駝。其國東有山名郁悉滿山，出金、玉，亦多鐵。（略）

悉萬斤國，都悉萬斤城，在迷密西，去代一萬二千七百二十里。其國南有山名伽色那山，出師子。每使朝貢。

唐 姚思廉《梁書》卷五四《諸夷傳》 天監十六年，遣使奉表曰：「伏承聖王信重三寶，興立塔寺，校飾莊嚴，周徧國土。四衢平坦，清淨無穢。臺殿羅列，狀若天宫，壯麗微妙，世無與等。聖主出時，四兵具足，羽儀導從，布滿左右。都人士女，麗服光飾。市廛豐富，充積珍寶。王法清整，無相侵奪。學徒皆至，三乘競集，敷説正法，雲布雨潤。四海流通，交會萬國。長江眇漫，清泠深廣，有生咸資，莫能消穢。陰陽和暢，災厲不作。大梁揚都聖王無等，臨覆上國，有大慈悲，子育萬民。平等忍辱，怨親無二。加以周窮，無所藏積。靡不照燭，如日之明；無不受樂，猶如净月。宰輔賢良，羣臣貞信，盡忠奉上，心無異想。伏惟皇帝是我真佛，臣是婆利國主，今敬稽首禮聖王足下，惟願大王知我此心。此心久矣，非適今也。山海阻遠，無緣自達，今故遣使獻金席等，表此丹誠。」普通三年，其王頻伽復遣使珠貝智貢白鸚鵡、青蟲、兜鍪、瑠璃器、古貝、螺杯、雜香、藥等數十種。（略）

孝武孝建、大明中，林邑王范神成累遣長史奉表貢獻。明帝泰豫元年，又遣使獻方物。齊永明中，范文贊累遣使貢獻。天監九年，文贊子天凱奉獻白猴，詔曰：「林邑王范天凱介在海表，乃心款至，遠脩職貢，良有可嘉。宜班爵號，被以榮澤。可持節、督緣海諸軍事、威南將軍、林邑王。」十年，十三年，天凱累遣使獻方物。俄而病死，子弼毳跋摩立，奉表貢獻。普通七年，王高式勝鎧遣使獻方物，詔以爲持節、督緣海諸軍事、綏南將軍、林邑王。大通元年，又遣使貢獻。中大通二年，行林邑王高式律陁羅跋摩遣使貢獻，詔以爲持節、督緣海諸軍事、綏南將軍、林邑王。六年，又遣使獻方物。（略）

［天監］十年，十三年，跋摩累遣使貢獻。其年死，庶子留陁跋摩殺其嫡弟自立。十六年，遣使竺當抱老奉表貢獻。十八年，復遣使送天竺旃檀瑞像、婆羅樹葉，并獻火齊珠、鬱金、蘇合等香。普通元年，中大通二年，大同元年，累遣使獻方物。五年，復遣使獻生犀。又言其國有佛髮，長一丈二尺，詔遣沙門釋雲寶隨使往迎之。（略）

盤盤國，宋文帝元嘉，孝武孝建、大明中，並遣使貢獻。大通元年，其王使使奉表曰：「揚州閻浮提震旦天子：萬善莊嚴，一切恭敬，猶如天淨無雲，明耀滿目，天子身心清淨，亦復如是。道俗濟濟，並蒙聖王光化，濟度一切，永作舟航，臣聞之慶善。我等至誠敬禮常勝天子足下，稽首問訊。今奉薄獻，願垂哀受。」中大通元年五月，累遣使貢牙像及塔，并獻沉檀等香數十種。六年八月，復使送菩提國真舍利及畫塔，并獻菩提樹葉、詹糖等香。（略）

晉武帝太康中，尋始遣使貢獻。穆帝升平元年，王竺旃檀奉表獻馴象。詔曰：「此物勞費不少，駐令勿送。」其後王憍陳如，本天竺婆羅門也。有神語曰「應王扶南」，憍陳如心悦，南至盤盤，扶南人聞之，舉國欣戴，迎而立焉。復改制度，用天竺法。憍陳如死，後王持梨陁跋摩，宋文帝世奉表獻方物。齊永明中，王闍邪跋摩遣使貢獻。

唐 房玄齡《晉書》卷九七《四夷傳·肅慎氏》 周武王時，獻其楛矢、石砮。逮於周公輔成王，復遣使入賀。爾後千餘年，雖秦漢之盛，莫之致也。及文帝作相，魏景元末，來貢楛矢、石砮、弓甲、貂皮之屬。魏帝詔歸於相府，賜其王傉雞、錦罽、緜帛。至武帝元康初，復來貢獻。元帝中興，又詣江左貢其石砮。至成帝時，通貢於石季龍，四年方達。季龍問之，答曰「每候牛馬向西南眠者三年矣，是知有大國所在，故來」云。

唐 李延壽《南史》卷七八《夷貊傳》 晉武帝太康中，尋始遣使貢獻。穆帝升平元年，王竺旃檀奉表獻馴象，詔以勞費停之。其後王憍陳如本天竺婆羅門也，有神語曰應王扶南。憍陳如心悦，南至盤盤。扶南人聞之，舉國欣戴，迎而立焉。復改制度，用天竺法。憍陳如死，後王持梨陁跋摩，宋文帝元嘉十一年、十二年、十五年，奉表獻方物。齊永明中，王憍陳如闍邪跋摩遣使貢獻。梁天監二年，跋摩復遣使送珊瑚佛像，并獻方物，詔授安南將軍、扶南王。（略）

［天監］十年、十三年，跋摩累遣使貢獻，其年死。庶子留陁跋摩殺其嫡弟自立。十六年，遣使竺當抱老奉表貢獻。十八年，復遣使送天竺旃檀瑞像、婆羅樹葉；并獻火齊珠，鬱金、蘇合等香。普通元年、中大通二年、大同元年，累遣使獻方物。五年，復遣使獻生犀。又言其國有佛髮，長一丈二尺。詔遣沙門釋雲寶隨使往迎之。（略）

槃槃國，元嘉、孝建、大明中，並遣使貢獻。梁中大通元年、四年，其王使使奉表累送佛牙及畫塔，并獻沉檀等香數十種。六年八月，復遣使送菩提國舍利及畫塔圖，并菩提樹葉、詹糖等香。（略）

丹丹國，中大通三年，其王遣使奉表送牙像及畫塔二軀，并獻火齊珠、古貝、雜香藥。大同元年，復遣使獻金銀、瑠璃、雜寶、香藥等物。（略）

天監十六年，遣使奉表獻金席等。普通三年，其王頻伽復遣使珠智獻白鸚鵡、青蟲、兜鍪、瑠璃器、古貝、螺杯、雜香藥等數十種。（略）

鄧至國，居西涼州界，羌別種也。世號持節、平北將軍、西涼州刺史。宋文帝時，王象屈耽遣使獻馬。梁天監元年，詔以鄧至王象舒彭爲督西涼州諸軍事，進號安北將軍。五年，舒彭遣使獻黄耆四百斤，馬四匹。其俗呼帽曰突何。其衣服與宕昌同。（略）

梁大同中，子堅遣使獻嗚鹽枕、蒲桃、良馬、氍毹等物。（略）

滑國者，車師之別種也。漢永建元年，八滑從班勇擊北虜有功，勇上八滑爲後部親漢侯。自魏、晉以來，不通中國。至梁天監十五年，其王厭帶夷栗陁始遣使獻方物。普通元年，遣使獻黄師子、白貂裘、波斯錦等物。七年，又奉表貢獻。（略）

宋昇明中，遣王洪範使焉，引之共謀魏。齊建元三年，洪範始至。是歲通使，求并力攻魏。其相國刑基祇羅回表，言「京房讖云：『卯金卒，草肅應王。』歷觀圖緯，代宋者齊。」又獻師子皮袴褶。其國後稍侵弱，永明中，爲丁零所破，更爲小國而南移其居。梁天監十四年，遣使獻馬、貂裘。普通元年，又遣使獻方物。是後數歲一至焉。大同七年，又獻馬一匹，金一斤。

唐 蘇鶚《杜陽雜編》卷上　代宗朝異國所獻奇禽馴獸，自上即位，多放棄之。建中二年，南方貢朱來鳥，形有類於戴勝，而紅觜紺尾，尾長於身。巧解人語，善別人意。其音清響，聞于庭外數百步，宮中多所憐愛，常爲玉屑和香稻以啗之，則其聲益加寥亮。夜則棲於金籠，晝則飛翔於庭廡，而俊鷹、大鶻不敢近。一日爲巨鵰所搏而斃，宮中無不歔欷。或遇其籠自開，內人有善書者，於金華紙上爲朱來鳥寫《多心經》。及朱泚犯禁闈，朱來鳥之兆明矣。又大歷中，澤潞有僧號普滿，隨意所爲，不拘僧相。或歌或哭，莫喻其旨。以言事往往有驗，故時人比爲萬廻。建中初，於潞州佛舍中，題詩數篇，而亡去。所記者云：「此水連涇水，雙珠血滿川。青牛將赤虎，還號太平年。」

又 卷中　順宗皇帝即位歲，拘弭國貢却火雀一雄一雌、履水珠、常堅冰、變晝草。其却火雀純黑，大小似燕，其聲清，殆不類尋常禽鳥。置於火中，火自散去。上嘉其異，遂盛於水精籠，懸於寢殿。夜則宮人持蠟炬以燒之，終不能損其毛羽。履水珠色黑類鐵，大於雞卵，其上鱗皴，其中有竅。云持入江海內，可行於洪波之上下。上始不謂之實，遂命善浮者以五色絲貫之，繫於左臂，遣入龍池。其人則步驟於波上，若在平地，亦潛於水中，良久復出，而徧體略無霑濕。上奇之，因以御饌賜使人。至長慶中，嬪御試弄於海池，上遂化爲黑龍，入于池內，俄而雲煙暴起，不復追討矣。常堅冰云，其國有大凝山，中有冰千年不釋。及賫至京師，潔冷如故。雖盛暑赫日，終不消。嚼之，即與中國者無異。變晝草有類芭蕉，可長三尺，而一莖千葉。樹之，則百步內昏黑如夜。始藏於百寶匣中，其上緘以胡書。上見而怒曰：「背明向暗之物，是何貴也。」遂命并匣焚之於使前。使初不爲樂，及退，謂鴻臚曰：「本國以變晝爲異，今皇帝以向暗爲非，可謂明德也。」（略）

敬宗皇帝寶歷元年，南昌國獻玳瑁盆、浮光裘、夜明犀。其國有酒山、紫海。蓋山有泉，其味如酒，飲之甚美，醉則經月不醒。紫海水色如爛椹，可以染衣。其龍魚、龜鼈、砂石、草木，無不紫焉。玳瑁盆可容十斛，外以金玉飾之。及盛夏，上置於殿內，貯水令滿，遣嬪御持金銀杓酌水相沃以爲嬉戲，終不竭焉。浮光裘，即海水染其色也。以五綵蹙成龍鳳，各一千三百，絡以九色真珠。上衣之以獵北苑，爲朝日所照，而光彩動摇，觀者皆眩其目。上亦不爲之貴。一日，馳馬從禽，忽值暴雨，而浮光裘略無沾潤，上方嘆爲異物也。夜明犀，其狀類通天，夜則光明可照百步，覆繒千重，終不能掩其輝焕。上令解爲腰帶，每遊獵，夜則不施蠟炬，有如晝日。

又 卷下 大中初，女蠻國貢雙龍犀，有二龍鱗鬣爪角悉備。明霞錦，云鍊水香麻以爲之也，光耀芬馥着人，五色相間，而美麗於中國之錦。其國人危髻金冠，瓔珞被體，故謂之菩薩蠻。當時倡優遂製《菩薩蠻曲》，文士亦往往聲其詞。更有女王國貢龍油綾、魚油錦，文彩尤異。皆入水不濡濕，云有龍油、魚油故也。優者亦作《女王國曲》，音調宛暢，傳於樂部。

唐 劉禹錫《劉賓客文集》卷一七《汝州進鷹狀》 汝州防禦使當使進奉籠母鷹六聯。石伏以前件鷹等，學習應期，馴養斯至。列於常貢，有異衆禽。受紲之時，志已存於雲外；下韝之際，思用展於軍前。既懷百中之能，願獻三驅之禮。謹差防禦押衙景再休隨狀奉進以聞。太和九年九月十一日。

唐 樊綽《蠻書》［貞元十年］其年十一月七日，事畢，發陽苴咩城。雲南王蒙異牟尋以清平官尹輔酋十七人奉表謝恩，進納吐蕃贊普鍾印一面，並獻鐸鞘、浪川劍、生金、瑟瑟、牛黄、琥珀、白氎、紡絲、象牙、犀角、越賧、馬統備甲、馬并甲、文金，皆方土所貴之物也。仍令大軍將王各苴、柘東副使杜伽諾具牛羊，領牽馬，及丁夫三百人，提荷食物。其年十一月二十四日，送至石門，從石門更十日程，到茂州，自後南蠻移心向化，遂與吐蕃讎隙。

五代 劉昫《舊唐書》卷一二《德宗紀》［大曆十四年］丙子，詔諸州府、新羅、渤海歲貢鷹鷂皆停。戊寅，詔山南枇杷、江南柑橘歲一貢以供宗廟，餘貢皆停。

又 卷一九五《迴紇傳》［乾元元年］秋七月丁亥，詔以幼女封爲寧國公主出降。其降蕃日，仍以堂弟漢中郡王瑀爲特進、試太常卿，攝御史大夫，充册命英武威遠毗伽可汗使；以堂姪左司郎中巽爲兵部郎中、攝御史中丞、鴻臚卿，副之，兼充寧國公主禮會使。特差重臣開府儀同三司、行尚書右僕射、冀國公裴冕送至界首。癸巳，以册立迴紇英武威遠毗伽可汗，上御宣政殿，漢中王瑀受册命。甲午，肅宗送寧國公主至咸陽磁門驛，公主泣而言曰：「國家事重，死且無恨。」上流涕而還。及瑀至其牙帳，毗伽闕可汗衣赭黄袍，胡帽，坐於帳中榻上，儀衛甚盛，引瑀立於帳外，謂瑀曰：「王是天可汗何親？」瑀曰：「是唐天子堂弟。」又問：「於王上立者爲誰？」瑀曰：「中使雷盧俊。」可汗又報曰：「中使是奴，何得向郎君上立？」雷盧俊竦懼，跳身向下立定。瑀不拜而立，可汗報曰：「兩國主君臣有禮，何得不拜？」瑀曰：「唐天子以可汗有功，故將女嫁與可汗結姻好。比者中國與外蕃親，皆宗室子女，名爲公主。今寧國公主，天子真女，又有才貌，萬里嫁與可汗。可汗是唐家天子女壻，合有禮數，豈得坐於榻上受詔命耶！」可汗乃起奉詔，便受册命。翼日，册公主爲可敦，蕃酋歡欣曰：「唐國天子貴重，將真女來。」瑀所送國信繒綵衣服金銀器皿，可汗盡分與衙官、酋長等。及瑀回，可汗獻馬五百匹、貂裘、白氎。八月，迴紇使王子骨啜特勤及宰相帝德等驍將三千人助國討逆。肅宗嘉其遠至，賜宴，命隨朔方行營使僕固懷恩押之。九月甲申，迴紇使大首領蓋將等謝公主下降，兼奏破堅昆五萬人，宴於紫宸殿，賜物有差。十二月甲午，迴紇使三婦人，謝寧國公主之聘也，賜宴紫宸殿。

又 卷一九七《南蠻·西南蠻傳》 武德六年，其王范梵志遣使來朝。八年，又遣使獻方物，高祖爲設《九部樂》以宴之，及賜其王錦綵。貞觀初，遣使貢馴犀。四年，其王范頭黎遣使獻火珠，大如雞卵，圓白皎潔，光照數尺，狀如水精，正午向日，以艾承之，即火燃。五年，又獻五色鸚鵡。太宗異之，詔太子右庶子李百藥爲之賦。又獻白鸚鵡，精識辯慧，善於應答。太宗憫之，並付其使，令放還於林藪。自此朝貢不絶。頭黎死，子范鎮龍代立。太宗崩，詔於陵所刊石圖頭黎之形，列於玄闕之前。十九年，鎮龍爲其臣摩訶漫多伽獨所殺，其宗族並誅夷，范氏遂絶。國人乃立頭黎之女壻婆羅門爲王。後大臣及國人感思舊主，乃廢婆羅門而立頭黎之嫡女爲王。（略）

訶陵國，在南方海中洲上居，東與婆利、西與墮婆登、北與真臘接，南臨大海。豎木爲城，作大屋重閣，以椶櫚皮覆之，王坐其中，悉用象牙爲牀。食不用匙筯，以手而撮。亦有文字，頗識星曆。俗以椰樹花爲酒，其樹生花，長三尺餘，大如人膊，割之取汁以成酒，味甘，飲之亦醉。貞觀十四年，遣使來朝。大曆三年、四年皆遣使朝貢。元和十年，遣使獻僧祇僮五人、鸚鵡、頻伽鳥并異種名寶。以其使李訶内爲果毅，訶内請迴授其弟，詔褒而從之。十三年，遣使進僧祇女二人、鸚鵡、玳瑁及生犀等。（略）

墮和羅國，南與盤盤、北與迦羅舍佛、東與真臘接，西鄰大海。去廣州五月日行。貞觀十二年，其王遣使貢方物。二十三年，又遣使獻象牙、火珠，請賜好馬，詔許之。（略）

墮婆登國，在林邑南，海行二月，東與訶陵、西與迷黎車接，北界大海。風俗與訶陵略同。其國種稻，每月一熟。亦有文字，書之於貝多葉。其死者，口實以金，又以金釧貫於四肢，然後加以婆律膏及龍腦等香，積柴以燔之。貞觀二十一年，其王遣使獻古貝、象牙、白檀，太宗璽書報之，并賜以雜物。

又　卷一九八《西戎傳》　隋煬帝時，遣裴矩應接西蕃，諸國多有至者，唯天竺不通，帝以爲恨。當武德中，其大亂。其嗣王尸羅逸多練兵聚衆，所向無敵，象不解鞍，人不釋甲，居六載而四天竺之君北面以臣之，威勢遠振，刑政甚肅。貞觀十五年，尸羅逸多自稱摩伽陀王，遣使朝貢，太宗璽書慰問，尸羅逸多大驚，問諸國人曰：「自古曾有摩訶震旦使人至吾國乎？」皆曰：「未有也。」乃膜拜而受詔書，因遣使朝貢。太宗以其地遠，禮之甚厚，復遣衛尉丞李義表報使尸羅逸多遣大臣郊迎，傾城邑以縱觀，焚香夾道，逸多率其臣下東面拜受敕書，復遣使獻火珠及鬱金香、菩提樹。（略）

隋煬帝時，其王屈术支娶西突厥葉護可汗女，遂臣於西突厥。武德十年，屈术支遣使獻名馬。貞觀九年，又遣使貢獅子，太宗嘉其遠至，命祕書監虞世南爲之賦，自此朝貢歲至。十一年，又獻金桃、銀桃，詔令植之於苑囿。萬歲通天年，則天封其大首領篤婆鉢提爲康國王，仍拜左驍衛大將軍。鉢提尋卒，又册其子泥涅師師爲康國王。師師以神龍中卒，國人又立突昏爲王。開元六年，遣使貢獻鎖子甲、水精杯、馬腦瓶、駝鳥卵及越諸之類。十九年，其王烏勒上表，請封其子咄曷爲曹國王，默啜爲米國王，許之。二十七年，烏勒卒，遣使册咄曷襲父位。天寶三年，又封爲欽化王，其母可敦封爲郡夫人。十一載、十三載，並遣使朝貢。（略）

貞觀十七年，拂林王波多力遣使獻赤玻瓈、緑金精等物，太宗降璽書答慰，賜以綾綺焉。自大食强盛，漸陵諸國，乃遣大將軍摩栧伐其都城，因約爲和好，請每歲輸之金帛，遂臣屬大食焉。乾封二年，遣使獻底也伽。大足元年，復遣使來朝。開元七年正月，其主遣吐火羅大首領獻獅子、羚羊各二。不數月，又遣大德僧來朝貢。

又　卷一九九《北狄傳》　烏羅渾國，蓋後魏之烏洛侯也，今亦謂之烏羅護，其國在京師東北六千三百里。東與靺鞨，西與突厥，南與契丹，北與烏丸接。風俗與靺鞨同。貞觀六年，其君長遣使獻貂皮焉。（略）

室韋者，契丹之別類也。居猺越河北，其國在京師東北七千里。東至黑水靺鞨，西至突厥，南接契丹，北至于海。其國無君長，有大首領十七人，並號「莫賀弗」，世管攝之，而附于突厥。兵器有角弓楛矢，尤善射，時聚弋獵，事畢而散。其人土著，無賦斂。或爲小室，以皮覆上，相聚而居，至數十百家。剡木爲犂，不加金刃，人牽以種，不解用牛。夏多霧雨，冬多霜霰。畜宜犬豕，豢養而噉之，其皮用以爲韋，男子女人通以爲服。被髮左衽，其家富者項著五色雜珠。婚嫁之法，男先就女舍，三年役力，因得親迎其婦。役日已滿，女家分其財物，夫婦同車而載，鼓舞共歸。武德中，獻方物。貞觀三年，遣使貢豐貂，自此朝貢不絶。

宋　薛居正《舊五代史》卷一三八《外國傳・回鶻》　周廣順元年二月，遣使并摩尼貢玉團七十有七，白氎、貂皮、犛牛尾、藥物等。先是，晉、漢已來，回鶻每至京師，禁民以私市易，其所有寶貨皆鬻之入官，民間市易者罪之。至是，周太祖命除去舊法，每回鶻來者，聽私下交易，官中不得禁詰，由是玉之價直十損七八。顯德六年二月，又遣使朝貢，獻玉并硇砂等物，皆不納，所入馬量給價錢。時世宗以玉雖稱寶，無益國用，故因而却之。

宋　王溥《唐會要》卷一〇〇《雜録》　貞觀二年六月十六日，勑諸蕃使人所娶得漢婦女爲妾者，並不得將還蕃。四年三月，諸蕃君長詣闕，請太宗爲天可汗，乃下制令後璽書賜西域北荒之君長，皆稱皇帝天可汗，諸番渠帥有死亡者，必下詔册立其後嗣焉，統制四夷，自此始也。二十一年三月十一日，以遠夷各貢方物，其草木雜物有異于常者，詔所司詳録焉。葉護獻馬乳葡萄一房，長二尺，子亦稍大，其色紫。摩伽獻菩提樹，一名皮羅，葉似白楊。康國獻黄桃，大如鵞卵，其色如金，亦呼金桃。伽國獻鬱金香，葉似麥門冬，九月花開如芙蓉，其色紫碧，香聞數十步，華而不實，欲種，取其根。罽賓國獻俱物頭花，其花丹白相間，而香遠聞。伽失畢國獻泥樓鉢羅花，葉類朵荷，圓缺，其花色碧，而蕊黄，芳數十步。達國獻佛土葉，一莖五葉，花亦中心正黄，而蘂紫色。泥婆國獻波稜數紅藍花，實似蒺藜，火熟之，能益食味，又鮮菜，狀如菜，潤而長，味如美鮮苦菜，狀如苣，其葉潤，味雖少苦，久食益人。胡芹狀如芹，而味香，渾提葱其狀如葱而白。辛嗅藥，其狀如蘭，凌冬而青，收乾作末，味如桂椒，其根能愈氣疾。薛延陀獻凌蘭花毛如牛，角大如麕。西蕃突厥獻馬蹄羊，其蹄似馬。波斯國獻活褥蛇，其狀如鼠而色青，身長七八尺，能入穴取鼠。西番咄禄可汗獻金卵雞，轂鳥轂也。雕刻作禽獸，而悉塗以金。西番諸國出石蜜，中國貴之，太宗遣使至摩伽佗國取其法。令揚州煎蔗之汁，于中廚自造焉，色味愈于西域所出者。葡萄酒西域有之，前世或有貢獻，及破高昌，收馬乳葡萄實，于苑中種之，并得其酒法，自損益造酒，酒成，凡有八色，芳香酷烈，味兼醍醐，既頒賜羣臣，京中始識其味。

宋 歐陽修《新唐書》卷三九《地理志》 代州鴈門郡，中都督府。土貢：豹尾。（略）

忻州定襄郡，下。本新興郡，義寧元年以樓煩郡之秀容置。土貢：麝香、蜜、青碌彩、麝香、豹尾、白鵰羽。（略）

石州昌化郡，下。本離石郡，天寶元年更名。土貢：胡女布、龍鬚席、蜜、蠟燭、莁荑。（略）

嵐州樓煩郡，下。本東會州，武德六年更名。土貢：熊鞹、麝香。（略）

太原府太原郡，本并州，開元十一年爲府。土貢：銅鏡、鐵鏡、馬鞍、梨、蒲萄酒及煎玉粉屑、龍骨、柏實人、黄石鉚、甘草、人葠、礬石、礜石。（略）

隰州大寧郡，下。本龍泉郡，天寶元年更名。土貢：胡女布、蜜、蠟燭。（略）

慈州文城郡，下。本汾州，武德五年曰南汾州，貞觀八年更名。土貢：白蜜、蠟燭。（略）

絳州絳郡，雄。土貢：白縠、粱米、梨、墨、蠟燭、防風。（略）

河中府河東郡，赤。本蒲州，上輔。義寧元年治桑泉，武德三年徙治河東。開元八年置中都，爲府；是年罷都，復爲州。乾元三年復爲府。土貢：氈、蜩扇、龍骨、棗、鳳棲梨。（略）

河東道，蓋古冀州之域，漢河東、太原、上黨、西河、鴈門、代郡及鉅鹿、常山、趙國、廣平國之地。河中、絳、晉、慈、隰、石、太原、汾、忻、潞、澤、沁、遼爲實沈分，代、雲、朔、蔚、武、新、嵐、憲爲大梁分。爲府二，州十九，縣百一十。其名山：雷首、介、霍、五臺。其大川：汾、沁、丹、潞。厥賦：布、繭。厥貢：布、席、豹尾、熊鞹、鵰羽。（略）

鎮州常山郡，大都督府。本恒州恒山郡，治石邑，義寧元年析隋高陽郡置。武德四年徙治真定。天寶元年更郡名，十五載曰平山，尋復爲恒山。元和十五年避穆宗名更。土貢：孔雀羅、瓜子羅、春羅、梨。（略）

又 卷四〇《地理志》 峽州夷陵郡，中。本治下牢戍，貞觀九年徙治步闡壘。土貢：紵葛、箭竹、柑、茶、蠟、芒硝、五加、杜若、鬼臼。（略）

澧州澧陽郡，上。土貢：紋綾、紵練縛巾、犀角、竹簟、光粉、柑、橘、恒山、蜀漆。（略）

夔州雲安郡，下都督府。本信州巴東郡，武德二年更州名，天寶元年更郡名。土貢：紵錫布、熊、羆、山雞、茶、柑、橘、蜜、蠟。（略）

江陵府江陵郡，本荆州南郡，天寶元年更郡名。肅宗上元元年號南都，爲府。二年罷都，是年又號南都。尋罷都。土貢：方紋綾、貲布、柑、橙、橘、椑、白魚、糖蟹、梔子、貝母、覆盆、烏梅、石龍芮。（略）

岷州和政郡，下。義寧二年析臨洮郡之臨洮、和政置。土貢：龍鬚席、甘草。（略）

洮州臨洮郡，下。本治美相，貞觀八年徙治臨潭。開元十七年州廢，以縣隸岷州，二十年復置，更名臨州，二十七年復故名。土貢：甘草、麝香。（略）

宕州懷道郡，下。本宕昌郡，天寶元年更名。土貢：麩金、散金、麝香。（略）

疊州合川郡，下。武德二年析洮州之合川、樂川、疊川置。土貢：麝香。（略）

渭州隴西郡，中都督府。土貢：龍鬚席、麝香、秦艽。（略）

河州安昌郡，下。本枹罕郡，天寶元年更名。土貢：麝香。（略）

成州同谷郡，下。本漢陽郡，治上禄，天寶元年更名，寶應元年没吐蕃，貞元五年，於同谷之西境泥公山權置行州，咸通七年復置，徙治寶井堡，後徙治同谷。土貢：蠟燭、麝香、鹿茸、防葵、狼毒。（略）

洋州洋川郡，雄。武德元年析梁州之西鄉、黄金、興勢置，天寶十五載徙治興道。土貢：白交梭、火麻布、野苧麻、蠟、白膠香、麝香。

又 卷四一《地理志》 蘇州吴郡，雄。土貢：絲葛，絲綿，八蠶絲，緋綾，布，白角簟，草席，鞵，大小香秔，柑，橘，藕，鯔皮，鮁，鯌，鴨胞，肚魚，魚子，白石脂，蛇粟。（略）

溪州靈溪郡，下。天授二年析辰州置。土貢：丹沙、犀角、茶牙。（略）

夷州義泉郡，下。本隋明陽郡地，武德四年以思州之寧夷縣置，貞觀元年州廢，四年復以黔州之都上縣開南蠻置，十一年徙治綏陽。土貢：犀角、蠟燭。（略）

辰州盧溪郡，中都督府。本沅陵郡，天寶元年更名。土貢：光明丹沙、犀

角、黃連、黃牙。（略）

邵州邵陽郡，下。本南梁州，武德四年析潭州之邵陽置，并置邵陵、建興二縣，貞觀十年更名。土貢：銀、犀角。（略）

潭州長沙郡，中都督府。土貢：絲葛、絲布、木瓜。（略）

吉州廬陵郡，上。土貢：絲葛、紵布、陟釐、斑竹。（略）

虔州南康郡，上。土貢：絲布、紵布、竹練、石蜜、梅、桂子、斑竹。（略）

洪州豫章郡，上都督府。土貢：葛、絲布、梅煎、乳柑。

又卷四二《地理志》 綿州巴西郡，上。本金山郡，天寶元年更名。土貢：鏤金銀器、麩金、輕容、雙紃、綾、錦、白藕、蔗。（略）

梓州梓潼郡，下。本新城郡，天寶元年更名。土貢：紅綾、絲布、柑、蔗糖、橘皮。（略）

當州江源郡，下。貞觀二十一年，以羌首領董和那蓬固守松州功，析松州之通軌縣置，以地產當歸名。土貢：麩金、酥、麝香、當歸、羌活。（略）

茂州通化郡，下都督府。本汶山郡，武德元年曰會州，四年曰南會州，貞觀八年更州名，天寶元年更郡名。土貢：麩金、丹砂、麝香、狐尾、羌活、當歸、乾酪。（略）

資州資陽郡，上。本治盤石，咸通六年徙治內江，七年復治盤石。土貢：麩金、柑。（略）

簡州陽安郡，下。武德三年析益州置。土貢：麩金、葛、綿紬、柑。（略）

邛州臨邛郡，上。武德元年析雅州置，顯慶二年徙治臨邛。土貢：葛、絲布、酒杓。（略）

眉州通義郡，上。武德二年析嘉州置。土貢：麩金、柑、石蜜、葛粉。（略）

嘉州犍爲郡，中。本眉山郡，天寶元年更名。土貢：麩金、紫葛、麝香。（略）

漢州德陽郡，上。垂拱二年析益州置。土貢：交梭、雙紃、彌牟、紵布、衫段，綾，紅藍，蜀馬。（略）

成都府蜀郡，赤。至德二載曰南京，爲府，上元元年罷京。土貢：錦、單絲羅、高杼布、麻、蔗糖、梅煎、生春酒。（略）

劍南道，蓋古梁州之域，漢蜀郡、廣漢、犍爲、越巂、益州、牂柯、巴郡之地，總爲鶉首分。爲府一，都護府一，州三十八，縣百八十九。其名山：岷、峨、青城、鶴鳴。其大川：江、涪、雒、西漢。厥賦：絹、綿、葛、紵。厥貢：金、布、絲、葛、羅、綾、綿紬、羚角、犛尾。

又卷四三《地理志》 嶺南道，蓋古揚州之南境，漢南海、鬱林、蒼梧、珠崖、儋耳、交趾、合浦、九真、日南等郡。韶、廣、康、端、封、梧、藤、羅、雷、崖以東爲星紀分，桂、柳、鬱林、富、昭、蒙、龔、繡、容、白、羅而西及安南爲鶉尾分。爲州七十有三，都護府一，縣三百一十四。其名山：黃嶺、靈洲。其大川：桂、鬱。厥賦：蕉、紵、落麻。厥貢：金、銀、孔翠、犀、象、綵藤、竹布。

又卷二一七《回鶻傳》 乾元元年，回紇使者多彥阿波與黑衣大食酋閣之等俱朝，爭長，有司使異門並進。又使請昏，許之。帝以幼女寧國公主下嫁，即册磨延啜爲英武威遠毗伽可汗，詔漢中郡王瑀攝御史大夫爲册命使，以宗子右司郎中巽兼御史中丞爲禮會使，并以副瑀，尚書右僕射裴冕送諸境。帝餞公主，因幸咸陽，數尉勉，主泣曰：「國方多事，死不恨。」瑀至虜，而可汗胡帽赭袍坐帳中，儀衛光嚴，引瑀立帳外，問曰：「王，天可汗何屬？」瑀曰：「從昆弟也。」時中人雷靈俊立瑀上，又問：「立王上者爲誰？」瑀曰：「中人也。」可汗曰：「中人奴爾，顧立郎上乎？」靈俊趨下。於是引瑀入，瑀不拜，可汗曰：「見國君，禮無不拜。」瑀曰：「天子顧可汗有功，以愛女結好。比中國與夷狄婚，皆宗室子。今寧國乃帝玉女，有德容，萬里來降，可汗天子婿，當以禮見，安踞受詔邪？」可汗慚，乃起奉詔，拜受册。翌日，尊主爲可敦。瑀所齎賜物，可汗盡與其牙下酋領。瑀還，獻馬五百匹、貂裘、白氎等。乃使王子骨啜特勒、宰相帝德等率騎三千助討賊，帝因命僕固懷恩總之。又遣大首領蓋將軍與三女子謝婚，并告破堅昆功。明年，骨啜與九節度戰相州，王師潰，帝德等奔京師，帝厚賜尉其意，乃還。俄而可汗死，國人欲以公主殉，主曰：「中國人婿死，朝夕臨，喪期三年，此終禮也。回紇萬里結昏，本慕中國，吾不可以殉。」乃止，然剺面哭，亦從其俗云。後以無子，得還。（略）

大漢者，處鞠之北，饒羊馬，人物頎大，故以自名。與鞠俱鄰於黠戛斯劍海之瀕。此皆古所未賓者，當貞觀逮永徽，奉貂馬入朝，或一再至。

又卷二一九《北狄傳》 貞觀五年，始來貢豐貂，後再入朝。長壽二年叛，將軍李多祚擊定之。景龍初，復朝獻，請助討突厥。開元、天寶間，凡十朝獻，大曆中十一。貞元四年，與奚共寇振武，節度使唐朝臣方郊勞天子使者，驚而走軍，室韋執詔使，大殺掠而去。明年，使者來謝。大和中三朝獻，大中

中一來，咸通時，大酋怛烈與奚皆遣使至京師，然非顯夷後，史官失傳。（略）

拂涅，亦稱大拂涅，開元、天寶間八來，獻鯨睛、貂鼠、白兔皮；鐵利，開元中六來；越喜，七來，貞元中一來；虞婁，貞觀間再來，貞元一來。後渤海盛，靺鞨皆役屬之，不復與王會矣。

又 卷二二一《西域傳》 王姓尉遲氏，名屋密，本臣突厥，貞觀六年，遣使者入獻。後三年，遣子入侍。阿史那社尔之平龜兹也，其王伏闍信大懼，使子獻橐它三百。長史薛萬備謂社尔曰：「公破龜兹，西域皆震恐，願假輕騎羈于闐王獻京師。」社尔許之。至于闐，陳唐威靈，勸入見天子，伏闍信乃隨使者來。會高宗立，授右衛大將軍，子葉護玷爲右驍衛將軍，賜袍帶，布帛六千段，第一區，留數月遣之，請以子弟宿衛。上元初，身率子弟酋領七十人來朝。擊吐蕃有功，帝以其地爲毗沙都督府，析十州，授伏闍雄都督。死，武后立其子璥。開元時獻馬、駝、豹。璥死，復立尉遲伏師戰爲王。死，伏闍達嗣，并册其妻執失爲妃。死，尉遲珪嗣，妻馬爲妃。珪死，子勝立。至德初，以兵赴難，因請留宿衛。乾元三年，以其弟左監門衛率葉護曜爲大僕員外卿、同四鎮節度副使，權知本國事。勝自有傳。（略）

隋煬帝時，遣裴矩通西域諸國，獨天竺、拂菻不至爲恨。武德中，國大亂，王尸羅逸多勒兵戰無前，象不弛鞍，士不釋甲，因討四天竺，皆北面臣之。會唐浮屠玄奘至其國，尸羅逸多召見曰：「而國有聖人出，作《秦王破陣樂》，試爲我言其爲人。」玄奘粗言太宗神武，平禍亂，四夷賓服狀，王喜，曰：「我當東面朝之。」貞觀十五年，自稱摩伽陀王，遣使者上書，帝命雲騎尉梁懷璥持節尉撫，尸羅逸多驚問國人：「自古亦有摩訶震旦使者至吾國乎？」皆曰：「無有。」戎言中國爲摩訶震旦。乃出迎，膜拜受詔書，戴之頂，復遣使者隨入朝。詔衛尉丞李義表報之，大臣郊迎，傾都邑縱觀，道上焚香，尸羅逸多率羣臣東面受詔書，復獻火珠、鬱金、菩提樹。（略）

摩揭它，一曰摩伽陀，本中天竺屬國。環五千里，土沃宜稼穡，有異稻巨粒，號供大人米。王居拘闍揭羅布羅城，或曰俱蘇摩補羅，曰波吒釐子城，北瀕殑伽河。貞觀二十一年，始遣使者自通于天子，獻波羅樹，樹類白楊。太宗遣使取熬糖法，即詔揚州上諸蔗，拃瀋如其劑，色味愈西域遠甚。高宗又遣王玄策至其國摩訶菩提祠立碑焉。後德宗自製鍾銘，賜那爛陀祠。（略）

隋時，其王屈木支娶西突厥女，遂臣突厥。武德十年，始遣使來獻。貞觀五年，遂請臣。太宗曰：「朕惡取虚名，害百姓，且康臣我，緩急當同其憂。師行萬里，寧朕志邪？」卻不受。俄又遣使獻師子獸，帝珍其遠，命祕書監虞世南作賦。自是歲入貢，致金桃、銀桃，詔令植苑中。（略）

東安，或曰小國，曰喝汗，在那密水之陽，東距何二百里許，西南至大安四百里。治喝汗城，亦曰籛斤。大城二十，小堡百。顯慶時，以阿濫爲安息州，即以其王昭武殺爲刺史；籛斤爲木鹿州，以其王昭武閉息爲刺史。開元十四年，其王篤薩波提遣弟阿悉爛達拂耽發黎來朝，納馬豹。後八年，獻波斯驢二，拂菻繡氍毬一，鬱金香、石蜜等，其妻可敦獻柘辟大氍毬二、繡氍毬一，丐賜袍帶、鎧仗及可敦袿襹裝澤。（略）

永徽元年，獻大鳥，高七尺，色黑，足類橐駝，翅而行，日三百里，能噉鐵，俗謂駝鳥。顯慶中，以其阿緩城爲月氏都督府，析小城爲二十四州，授王阿史那都督。後二年，遣子來朝，俄又獻碼碯鐙樹，高三尺。神龍元年，王那都泥利遣弟僕羅入朝，留宿衛。開元、天寶間數獻馬、騾、異藥、乾陀婆羅二百品、紅碧玻瓈，乃册其君骨咄禄頓達度爲吐火羅葉護、挹怛王。其後，鄰胡羯師謀引吐蕃攻吐火羅，於是葉護失里忙伽羅丐安西兵助討，帝爲出師破之。乾元初，與西域九國發兵爲天子討賊，肅宗詔隸朔方行營。（略）

總章三年，遣使者來朝。天寶初，王尸羅迷迦再遣使獻大珠、鈿金、寶瓔、象齒、白氎。（略）

貞觀十七年，王波多力遣使獻赤玻瓈、緑金精，下詔答賚。大食稍彊，遣大將軍摩拽伐之，拂菻約和，遂臣屬。乾封至大足，再朝獻。開元七年，因吐火羅大酋獻師子、羚羊。

又 卷二二二《南蠻傳》 〔大曆十五年〕 明年夏六月，册異牟尋爲南詔王。以祠部郎中袁滋持節領使，成都少尹龐頎副之，崔佐時爲判官；俱文珍爲宣慰使，劉幽嚴爲判官。賜黄金印，文曰「貞元册南詔印」。滋至大和城，異牟尋遣兄蒙細羅勿等以良馬六十迎之，金鑁玉珂，兵振鐸夾路陳。異牟尋金甲，蒙虎皮，執雙鐸鞘。執矛千人衛，大象十二引于前，騎軍、徒軍以次列。詰旦，授册，異牟尋率官屬北面立，宣慰使東向，册使南向，乃讀詔册。相者引異牟尋去位，跽受册印，稽首再拜；又受賜服備物，退曰：「開元、天寶中，曾祖及祖皆蒙册襲王，自此五十年。貞元皇帝洗痕録功，復賜爵命，子子孫孫永爲唐臣。」因大會其下，享使者，出銀平脱馬頭盤二，謂滋曰：「此天寶時先君以鴻臚少卿宿衛，皇帝所賜也。」有笛工、歌女，皆垂白，示滋曰：「此先君歸國時，皇帝賜胡部、龜兹音聲二列，今喪亡略盡，唯二人故在。」酒行，異牟尋坐，奉觴滋前，滋受觴曰：「南詔當深思祖考成業，抱忠竭誠，永爲西南藩屏，使後嗣有以不絶也。」異牟尋拜曰：「敢不承使者所命。」滋還，復遣清平官尹輔酋等七人謝天子，獻鐸鞘、浪劍、鬱刃、生金、瑟瑟、牛黄、虎珀、氎、紡絲、象、犀、越睒統倫馬。鐸鞘者，狀如殘刃，有孔傍達，出麗水，飾以金，所擊無不洞，夷人尤寶，月以血祭之。鬱刃，鑄時以毒藥并冶，取迎躍如星者，凡十年乃成，淬以馬血，以金犀飾鐔首，傷人即死。浪人所鑄，故亦名浪劍，王所佩者，傳七世矣。

宋 李石《續博物志》卷九 天寶中，交趾貢龍腦如蟬蠶，老龍腦樹節方，有禁中呼爲瑞龍腦，上惟賜貴妃十枚，香氣徹十餘步。

宋 鄭樵《通志》卷一九六《四夷傳·康居》 唐貞觀二十一年，其國獻黄桃大如鵞卵，其色如金，亦呼爲金桃。（略）

［滑國］ 梁武帝天監十五年，其王厭帶夷栗陁始遣使獻方物，普通初復獻黄師子、白貂裘、波斯錦等。

宋 李心傳《建炎以來繫年要録》卷五三 ［紹興二年］ 四月癸巳，高麗國王楷遣其尚書禮部員外郎崔惟清、閤門祗候沈起入貢，詔祕書省校書郎王洋押伴，楷獻金百兩，銀千兩，帛二百匹，紙二十匹，人參五百斤。詔賜惟清、起金帶，又賜酒食於同文館，辭亦如之，初議遣從官出使，既而不果行。洋資深子也，直祕閣，主管洪州玉隆觀。衍聖公孔端友既卒，詔以其子玠爲右承奉郎，封衍聖公。

宋 葉隆禮《重訂契丹國志》卷二一《南北朝饋獻物·累朝賀宋朝生辰正旦禮物》 宋朝皇帝生日，遣使致刻絲花羅御樣透背御衣七襲或五襲，七件紫青貂鼠翻被或銀鼠鵝頂鴨頭納子，塗金銀裝箱，金龍水晶帶，銀匣副之，錦緣帛皺皮鞾，金玦京皂白熟皮鞾鞵，細錦透背、清平内製御樣合線縷金機綾共三百疋，塗銀龍鳳鞍勒紅羅匣金綉線方韉二具，白楮皮黑銀鞍勒、氊韉二具，緑褐楮皮鞍勒，海豹皮韉二具，白楮皮裹筋鞭一條，紅羅金銀線綉雲龍紅錦器仗一副，黄樺皮纏楮皮弓一，紅錦袋皂鵰翎䴔角骲頭箭十，法漬法麴麪麴酒二十壺，山果十束，櫑椀蜜漬山果十束，櫑芷列山梨二束，櫑柿四束，櫑榛、栗、松子、郁李、黑郁李子、麪棗、楞梨、棠梨二十箱，麪杭香梨炒十碗，蕪荑白鹽十碗，青鹽十箱，牛牛野猪魚鹿腊二十二箱。

又《新羅國進貢禮物》 金器二百兩，金抱肚一條五十兩，金鈔羅五十兩，金鞍轡馬一匹五十兩，紫花綿紬一百疋，白綿紬五百疋，細布一千疋，麤布五千疋，銅器一千斤，法清酒醋共一百瓶，腦元茶十斤，藤造器物五十事，成形人參不定數，無灰木刀擺十箇，細紙墨不定數目。本國不論年歲，惟以八節貢獻人使各帶正官惟稱陪臣。

又《西夏國貢進物件》 細馬二十疋，麤馬二百匹，駞二百頭，錦綺三百疋，織成錦褥被五疋，莅蓉、硇石、井鹽各一千斤，沙狐皮一千張，兔鶻五隻，犬子十隻。

又《諸小國貢進物件》 玉，珠，犀，乳香，琥珀，瑪瑙器，賓鐵兵器，硇砂，薩哈勒貝，克必斯，敏達蘇，博林，克必斯，已下皆細毛織成以二丈爲疋。

宋 梁克家《淳熙三山志》卷三九《土俗類》 荔支乾，大中祥符二年歲貢六萬顆。元豐四年增減價本錢一百七十二緡有奇，歲以銀輸左藏庫。三年條次貢物如祥符之數，元祐元年定爲常貢數，亦如之。崇寧四年增一萬三千顆，大觀元年又增三千，政和增貢一萬，宣和于祥符數外進八萬三千四百，七年損抑貢物減政和之半，建炎三年罷。（略）

生荔支，紹興初始貢，至二十四年因罷貢，温州柑亦令不得供進。（略）

荔支煎，大中祥符二年定額一百三十瓶，丁香、荔支煎三十瓶，元豐三年條次貢物如祥符之數。元祐元年名爲常貢。崇寧四年定歲貢亦如之，建炎三年罷。圓荔支，崇寧四年定歲貢一十萬顆。大觀元年增一萬。宣和中增十萬六百顆，七年減政和歲貢之半，建炎三年罷。

宋 周應合《景定建康志》卷一三《建康表九》 ［南唐建隆四年］ 七月，煜上言：「占城國使入貢，道出臣國，遺臣犀角一株，牙二株，白龍腦三十兩、蒼龍腦千斤，乳香千斤，沈香三千斤，熊香七十斤，石亭脂五十斤，白檀香百斤，紫礦五十斤，荳蔻二萬顆，龍腦三斤，檳榔五十斤，藤花簟四領，占城孤班古縵二段，闍婆禮偃鸞國古縵一段，闍婆紗鵁古縵一段，繡古縵一段，繡水織布五匹，沙剜錦繡古縵一段。」

宋 張端義《貴耳集》卷上 綦内相崇禮在太學前廊，裕陵有進枸杞，根如犬大。作賀表，學官令前廊撰述，皆不下筆，綦欣然當之，其用一句：「靈根夜吠。」舉學皆服，用東坡詩云：「靈厖或夜吠」，又出白樂天枸杞詩，因此後登玉堂。

元 馬端臨《文獻通考》卷二〇 仁宗時，詔杭、明、廣三州置市舶司，海舶至者，視所載十算其一而市其三，海舶歲入象、犀、珠玉、香藥之類，皇祐中總其數五十三萬有餘。陝西榷場二，天聖中并代路亦請置場和市，許之。及元昊反，即詔陝西、河東絶其互市，廢保安軍榷場。後又禁陝西並邊主兵官與屬羌交易。久之，元昊請臣，數遣使求復互市。慶歷六年，從其請，復爲置場於保安、鎮戎二軍，歲售馬二千匹，羊萬口，繼言驅羊馬至無放牧之地，爲徙保安軍場於順寧寨。既而番商卒無至者，朝廷亦不詰。

又 卷六二 吕斌上言，於是茶事司歸建州，而提舉市舶以次復矣。十四年命番商以香藥至者十取其四。十七年詔丁沉香、豆蔻、龍腦之屬，號細香藥者十取其一。乾道二年，詔罷兩浙提舉市舶逐處職事，委知通知縣監官同行檢視，而總其數，令轉運司提督。

又 卷三二三 南漢置咸寧，以湞陽屬英州。宋開寶四年，以含光隸連州，五年廢咸寧，番禺、化蒙、游水四縣。大觀元年，陞爲帥府，領廣南東路兵馬鈐轄，兼本路經略安撫使。貢胡椒、石髮、糖霜、肉豆蔻、丁香、母子零陵香、補骨脂、茴香、没藥、没石子、沉香、甲香、詹糖香、石斛、龜殼、水馬、鼊皮、藤簟，領縣八，治南海。

元 脱脱《金史》卷五〇《食貨志》 泗州場，大定間，歲獲五萬三千四百六十七貫，承安元年，增爲十萬七千八百九十三貫六百五十三文。所須雜物，泗州場歲供進新茶千胯、荔支五百斤、圓眼五百斤、金橘六千斤、橄欖五百斤、芭蕉乾三百箇、蘇木千斤、温柑七千箇、橘子八千箇、沙糖三百斤、生薑六百斤、梔子九十稱，犀象丹砂之類不與焉。宋亦歲得課四萬三千貫。

元 脱脱《宋史》卷八六《地理志》 澤州，上，高平郡。崇寧户四萬四千一百三十三，口九萬一千八百五十二。貢白石英、禹餘糧、人參。縣六：晉城，緊。高平，上。陽城，上。端氏，中。陵川，中。沁水。中下。關一：雄定。舊天井關，屬晉城縣。靖康元年改今名。（略）

隆德府，大都督府，上黨郡，昭義軍節度。太平興國初，改昭德。舊領河東路兵馬鈐轄，兼提舉澤晉絳州、威勝軍屯駐泊本城兵馬巡檢事。本潞州。建中靖國元年，改爲軍。崇寧三年，升爲府，仍還昭德舊節。崇寧户五萬二千九百九十七，口一十三萬三千一百四十六。貢人參、蜜、墨。縣八：上黨，望。屯留，上。襄垣，上。潞城，上。壺關，中。長子，中。涉，中。黎城。中。天聖三年，徙治涉之東南白馬驛。熙寧五年，省入潞城縣。元祐元年復。（略）

太原府，太原郡，河東節度。太平興國四年，平劉繼元，降爲緊州，軍事；毁其城，移治於榆次縣。又廢太原縣，以平定、樂平二縣屬平定軍，交城屬大通監。七年，移治唐明監。舊領河東路經略、安撫使。元豐爲次府，大觀元年升大都督府。崇寧户一十五萬五千二百六十三，口一百二十四萬一千七百六十八。貢大銅鑑、甘草、人參、礬石。縣十：陽曲，次赤。有百井、陽興二砦。太谷，次畿。榆次，次畿。壽陽，次畿。盂，次畿。交城，次畿。寶元二年，自大通監來隸。文水，次畿。祁，次畿。清源，次畿。平晉。中。熙寧三年，廢入陽曲。政和五年復。監二：大通，永利。

又 卷九〇《地理志》 廣州，中，都督府，南海郡，清海軍節度。開寶五年，廢咸寧、番禺、蒙化、游水四縣。大觀元年，升爲帥府。舊領廣南東路兵馬鈐轄，兼本路經略、安撫使。元豐户一十四萬三千二百六十一。貢胡椒、石髮、糖霜、檀香、肉豆蔻、丁香母子、零陵香、補骨脂、舶上茴香、没藥、没石子。元豐貢沉香、甲香、詹糖香、石斛、龜殼、水馬、鼊皮、藤簟。

又 卷一一九《禮志》 建炎三年，占城國王遣使進貢，適遇大禮，遂加恩，特授檢校少傅，加食邑。自後明堂郊祀，並倣此。紹興二年，占城國王遣使貢沉香、犀、象、玳瑁等，答以綾錦銀絹。（略）

紹興七年，三佛齊國乞進章奏赴闕朝見，詔許之。令廣東經略司斟量，只許四十人到闕，進貢南珠、象齒、龍涎、珊瑚、琉璃、香藥。詔補保順慕化大將軍、三佛齊國王，給賜鞍馬、衣帶、銀器。賜使人宴于懷遠驛。淳熙五年，再入貢。計其直二萬五千緡，回賜綾錦羅絹等物、銀二千五百兩。（略）

紹興三十一年正月，安南獻馴象。帝曰：「蠻夷貢方物乃其職，但朕不欲以異獸勞遠人。其令帥臣告諭，自今不必以馴象入貢。」

又 卷四八五《外國傳》 淳化初，與繼遷戰于安慶澤，繼遷中流矢遁去。保忠乞師禦繼遷，遣商州團練使翟守素率兵援之。賜保忠茶百斤、上醞十石。乃獻白鶻，名海東青，以久罷畋獵，詔慰還之。

又 卷四八七《外國傳》 〔天禧〕三年九月，登州言高麗進奉使禮賓卿崔元信至秦王水口，遭風覆舟，漂失貢物，詔遣内臣撫之。十一月，元信等入見，貢罽錦衣褥、烏漆甲、金飾長刀匕首、罽錦鞍馬、紵布、藥物等，又進中布二千端，求佛經一藏。詔賜經還布，以元信覆溺匱乏，别賜衣服、繒綵焉。明州、登州屢言高麗海船有風漂至境上者，詔令存問，給度海糧遣還，仍爲著例。（略）

天聖八年，詢復遣御事民官侍郎元穎等二百九十三人奉表入見於長春殿，貢金器、銀罽刀劍、鞍勒馬、香油、人參、細布、銅器、硫黄、青鼠皮等物。明年二月辭歸，賜予有差，遣使護送至登州。其後絶不通中國者四十三年。（略）

［紹興］二年閏四月，楷遣其禮部員外郎崔惟清、閤門祇候沈起入貢金百兩、銀千兩、綾羅二百疋、人參五百斤，惟清所獻亦三之一。上御後殿引見，賜惟清、起金帶二，答以温詔遣還。是月，定海縣言，民亡入高麗者約八十人，願奉表還國。詔候到日，高麗綱首卓榮等量與推恩。十二月，聞高麗遣知樞密院事洪彝敍等六十五人來貢，議以臨安府學館其使。言者謂雖在兵間，不可無學，恐爲所窺。詔以法惠寺爲同文館以待之。既而卒不至。

又　卷四八八《外国傳》　紹興二年，乾德卒。贈侍中，追封南越王。子陽煥嗣，授静海軍節度使、特進檢校太尉，封交阯郡王，賜推誠順化功臣。八年，陽煥卒，以轉運副使朱芾充弔祭使，贈陽煥開府儀同三司，追封南平王。子天祚嗣，授官如其父初封之制。九年，詔廣西帥司毋受趙智之入貢。初，乾德有側室子奔大理，變姓名爲趙智之，自稱平王。聞陽煥死，大理遣歸，與天祚争立，求入貢，欲假兵納之，帝不許。十七年，詔文思院製鞍韉以賜天祚。二十一年，累加天祚崇義懷忠保信鄉德安遠承和功臣。二十五年，詔館安南使者於懷遠驛，賜宴，以彰異數。進封天祚南平王，賜襲衣、金帶、鞍馬。二十六年，命右司郎中汪應辰宴安南使者於玉津園。八月，天祚遣李國等以金珠、沉水香、翠羽、良馬、馴象來貢。詔加天祚檢校太師，增食邑。隆興二年，天祚遣尹子思、鄧碩儼等貢金銀、象齒、香物。乾道六年，累加天祚歸仁協恭繼美遵度履正彰善功臣。帝自即位，屢却安南貢使。九年，天祚復遣尹子思，李邦正求入貢，帝嘉其誠，許之，詔館於懷遠驛。廣南西路經略安撫使范成大言：「本司經略諸蠻，安南在撫綏之内，其陪臣豈得與中國王官亢禮？政和間，貢使入境，皆庭參，不復報謁。宜遵舊制，於禮爲得。」朝廷從其請。淳熙元年二月，進封天祚安南國王，加號守謙功臣。二年，賜安南國印。三年，賜安南國曆日。天祚卒。（略）

元豐五年，［交阯］獻馴象二、犀角象齒百。（略）

［政和］七年二月，至京師，貢馬三百八十匹及麝香、牛黄、細氈、碧玕山諸物。制以其王段和譽爲金紫光禄大夫、檢校司空、雲南節度使、上柱國、大理國王。朝廷以爲璘功，并其子暉、昨皆遷官，少子暅爲閤門宣贊舍人。已而知桂州周穜劾璘詐冒，璘得罪。自是大理復不通於中國，間一至黎州互市。

又　卷四八九《外國傳》　建隆二年，其王釋利因陁盤遣使蒲訶散來朝。表章書于貝多葉，以香木函盛之。貢犀角、象牙、龍腦、香藥、孔雀四、大食瓶二十。使迴，錫賚有差，以器幣優賜其王。三年，又貢象牙二十二株、乳香千斤。（略）

乾德四年，其王悉利因陁盤遣使因陁玢李帝婆羅貢馴象、粘犀、象牙、白氎、歌縵、越諾，王妻波良僕瑁、男占謀律秀瓊等各貢香藥。五年，又遣使李㸔，李被瑳相繼來貢獻。（略）

自前本國進奉，未嘗有旌旗弓矢之賜，臣今何幸，獨受異恩！此蓋天威廣被，壯臣土疆。臣雖殞身無以上報。兼臣貢使往復，資給備至，恩重山岳，不可具陳。今特遣專使李波珠、副使訶散、判官李磨勿等進奉犀角十株，象牙三十株，玳瑁十斤，龍腦二斤，沉香百斤，夾箋黄熟香九十斤，檀香百六十斤，山得雞二萬四千三百雙，胡椒二百斤，簟席五。前件物固非珍奇，惟表誠懇。（略）

天禧二年，其王尸嘿排摩惵遣使羅皮帝加以象牙七十二株、犀角八十六株，玳瑁千片，乳香五十斤，丁香花八十斤，荳蔻六十五斤，沉香百斤，箋香二百斤，别箋一劑六十八斤，茴香百斤，檳榔千五百斤來貢。羅皮帝加言國人詣廣州，或風漂船至石塘，即累歲不達矣。三年，使還，詔賜尸嘿排摩惵銀四千七百兩并戎器鞍馬。（略）

天聖八年十月，占城王陽補孤施離皮蘭德加拔麻疊遣使李蒲薩麻瑕陁琶來貢木香、玳瑁、乳香、犀角、象牙。（略）

慶曆元年九月，廣東商人邵保見軍賊鄂鄰百餘人在占城，轉運司選使臣二人賫詔書器幣賜占城，購鄰致闕下，餘黨令就戮之。明年十一月，其王刑卜施離值星霞弗遣使獻馴象三。皇祐二年正月，又使俱舍唎波微收羅婆麻提楊

卜貢象牙二百一、犀角七十九。表二通，一以本國書，一以中國書。五年四月，其使蒲思馬應來貢方物。（略）

熙寧元年，其王楊卜尸利律陀般摩提婆遣使貢方物，乞市騾馬。詔賜白馬一，令於廣州買騾以歸。五年，貢瑠璃珊瑚酒器、龍腦、乳香、丁香、蓽澄茄、紫礦。七年，交州李乾德言其王領兵三千人并妻子來降，以正月至本道。（略）

建隆元年九月，其王悉利胡大霞里檀遣使李遮帝來朝貢。二年夏，又遣使蒲蔑貢方物。是冬，其王室利烏耶遣使茶野伽、副使嘉末吒朝貢。其國號生留，王李犀林男迷日來亦遣使同至貢方物。三年春，室利烏耶又遣使李麗林、副使李鵶末、判官吒吒璧等來貢，迴，賜以白犛牛尾、白甆器、銀器、錦線鞍轡二副。開寶四年，遣使李何末以水晶、火油來貢。五年，又來貢。七年，又貢象牙、乳香、薔薇水、萬歲棗、褊桃、白沙糖、水晶指環、瑠璃瓶、珊瑚樹。八年，又遣使蒲陁漢等貢方物，賜以冠帶、器幣。（略）

太平興國五年，其王夏池遣使茶龍眉來。是年，潮州言，三佛齊國蕃商李甫誨乘船船載香藥、犀角、象牙至海口，會風勢不便，飄船六十日至潮州，其香藥悉送廣州。八年，其王遐至遣使蒲押陁羅來貢水晶佛、錦布、犀牙、香藥。雍熙二年，舶主金花茶以方物來獻。端拱元年，遣使蒲押陀黎貢方物。淳化三年冬，廣州上言：「蒲押陀黎前年自京迴，聞本國爲闍婆所侵，住南海凡一年，今春乘船至占城，偶風信不利，復還。乞降詔諭本國。」從之。（略）

先是，宋元嘉十二年，遣使朝貢，後絶。淳化三年十二月，其王穆羅茶遣使陀湛、副使蒲亞里、判官李陁那假澄等來朝貢。陁湛云中國有真主，本國乃修朝貢之禮。國王貢象牙、真珠、綉花銷金及綉絲絞、雜色絲絞、吉貝織雜色絞布、檀香、玳瑁檳榔盤、犀裝劍、金銀裝劍、藤織花簟、白鸚鵡、七寶飾檀香亭子，其使別貢玳瑁、龍腦、丁香、藤織花簟。（略）

太平興國二年，其王向打遣使施弩、副使蒲亞里、判官哥心等賫表貢大片龍腦一家底、第二等八家底、第三等十一家底、米龍腦二十家底、蒼龍腦二十家底，凡一家底並二十兩；龍腦版五、玳瑁殼一百、檀香三橛、象牙六株。表云：「爲皇帝千萬歲壽，望不責小國微薄之禮。」其表以數重小囊緘封之，非中國紙，類木皮而薄，瑩滑，色微緑，長數尺，闊寸餘，横卷之僅可盈握。其字細小，横讀之，以華言譯之，云：「勃泥國王向打稽首拜，皇帝萬歲萬歲萬萬歲，願皇帝萬歲壽，今遣使進貢。向打聞有朝廷，無路得到。昨有商人蒲盧歇船泊水口，差人迎到州，言自中朝來，比詣闍婆國，遇猛風破其船，不得去。此時聞自中國來，國人皆大喜，即造舶船，令蒲盧歇導達入朝貢，所遣使人只願平善見皇帝。每年令人入朝貢，每年修貢，慮風吹至占城界，望皇帝詔占城，令有向打船到，不要留。臣本國別無異物，乞皇帝勿怪。」其表文如是。詔館其使於禮賓院，優賜以遣之。（略）

竊念臣微類醯鷄，賤如芻狗，世居夷落，地遠華風，虛荷燭幽，曾無執贄。今者竊聽歌頌，普及遐陬。恨年屬於桑榆，阻躬陳於玉帛。矧滄溟之曠絶，在跋涉以稍艱。是敢傾倒赤心，遥瞻丹闕。任土作貢，同螻蟻之慕羶；委質事君，比葵藿之向日。謹遣專使等五十二人，奉土物來貢，凡真珠衫帽各一、真珠二萬一千一百兩、象牙六十株、乳香六十斤。

三文等又獻珠六千六百兩、香藥三千三百斤。（略）

明道二年十月，其王尸離囉茶印佗囉注囉遣使蒲押陁離等以泥金表進真珠衫帽及真珠一百五兩、象牙百株，西染院副使、閤門通事舍人符惟忠假鴻臚少卿押伴。蒲押陁離自言數朝貢，而海風破船不達，願將上等珠就龍牀脚撒殿，頂戴瞻禮，以申嚮慕之心。乃奉銀盤升殿，跪撒珠於御榻下而退。景祐元年二月，以蒲押陁離爲金紫光禄大夫、懷化將軍，還本國。（略）

熙寧十年，國王地華加羅遣使奇囉囉、副使南卑琶打、判官麻圖華羅等二十七人來獻豌豆珠、麻珠、瑠璃大洗盤、白梅花腦、錦花、犀牙、乳香、瓶香、薔薇水、金蓮花、木香、阿魏、鵬砂、丁香。使副以真珠、龍腦登陛，跪而散之，謂之撒殿。既降，詔遣御藥宣勞之，以爲懷化將軍、保順郎將，各賜衣服器幣有差；答賜其王錢八萬一千八百緡、銀五萬二千兩。（略）

咸平四年，國主多須機遣使打吉馬、副使打臘、判官皮泥等九人來貢木香千斤、鍮鑞各百斤、胡黄連三十五斤、紫草百斤、紅氊一合、花布四段、蘇木萬斤、象牙六十一株。召見崇德殿，賜以冠帶服物。及還，又賜多須機詔書以敦奬之。

又 卷四九〇《外國傳》 天聖三年十二月，遣使羅面于多、副使金三、監使安多、都監趙多來朝，貢玉鞍轡、白玉帶、胡錦、獨峯橐駝、乳香、硇砂。詔給還其直，館于都亭西驛，别賜襲衣、金帶、銀器百兩、衣著二百，羅面于多金帶。（略）

熙寧以來，遠不踰一二歲，近則歲再至。所貢珠玉、珊瑚、翡翠、象牙、乳香、木香、琥珀、花蕊布、硇砂、龍鹽、西錦、玉鞦轡馬、膃肭臍、金星石、水銀、安息鷄舌香，有所持無表章，每賜以暈錦旋襴衣、金帶、器幣，宰相則盤毬雲錦夾襴。（略）

建隆二年，景瓊遣使朝獻。三年，阿都督等四十二人以方物來貢。乾德二年，遣使貢玉百團、琥珀四十斤，犛牛尾、貂鼠等。三年，遣使趙黨誓等四十七人以團玉、琥珀、紅白犛牛尾爲貢。開寶中累遣使貢方物，其宰相鞠仙越亦貢馬。（略）

天聖元年五月，甘州夜落隔通順遣使阿葛之、王文貴來貢方物。六月，詔甘州回紇外甥可汗王夜落隔通順特封歸忠保順可汗王。二年五月，遣使都督習信等十四人來貢馬及黃湖綿、細白氈。三年四月，可汗王、公主及宰相撒溫訛進馬、乳香。賜銀器、金帶、衣著、暈錦旋襴有差。五年八月，遣使安萬東等一十四人來貢方物。六年二月，遣人貢方物。（略）

太平興國二年，遣使蒲思那、副使摩訶末、判官蒲囉等貢方物。其從者目深體黑，謂之崑崙奴。詔賜其使襲衣、器幣，從者縑帛有差。四年，復有朝貢使至。雍熙元年，國人花茶來獻花錦、越諾、揀香、白龍腦、白沙糖、薔薇水、琉璃器。（略）

昨在本國，曾得廣州蕃長寄書招諭，令入京貢奉，盛稱皇帝聖德，布寬大之澤，詔下廣南，寵綏蕃商，阜通遠物。臣遂乘海舶，爰率土毛，涉歷龍王之宮，瞻望天帝之境，庶遵玄化，以慰宿心。今則雖屆五羊之城，猶賒雙鳳之闕。自念衰老，病不能興，遐想金門，心目俱斷。今遇李亞勿來貢，謹備蕃錦藥物附以上獻。臣希密凡進象牙五十株，乳香千八百斤，賓鐵七百斤，紅絲吉貝一段，五色雜花蕃錦四段，白越諾二段，都爹一琉璃瓶，無名異一塊，薔薇水百瓶。

詔賜希密敕書、錦袍、銀器、束帛等以答之。（略）

至道元年，其國舶主蒲押陁黎齎蒲希密表來獻白龍腦一百兩，膃肭臍五十對，龍鹽一銀合，眼藥二十小琉璃瓶，白沙糖三琉璃甕，千年棗、舶上五味子各六琉璃瓶，舶上褊桃一琉璃瓶，薔薇水二十琉璃瓶，乳香山子一坐，蕃錦二段，駝毛褥面三段，白越諾三段。引對於崇政殿，譯者代奏云：「父蒲希密因緣射利，泛舶至廣州，迨今五稔未歸。母令臣遠來尋訪，昉至廣州見之。具言前歲蒙皇帝聖恩降敕書，賜以法錦袍、紫綾纏頭、間塗金銀鳳瓶一對、綾絹二十疋。今令臣奉章來謝，以方物致貢。」（略）

大中祥符元年十月，車駕東封，舶主陁婆離上言願執方物赴泰山，從之。又舶主李亞勿遣使麻勿來獻玉圭。並優賜器幣、袍帶，并賜國主銀飾繩床、水罐、器械、旗幟、鞍勒馬等。四年祀汾陰，又遣歸德將軍陁羅離進甌香、象牙、琥珀、無名異、繡絲、紅絲、碧黃綿、細越諾、紅駝毛、間金線壁衣、碧白琉璃酒器、薔薇水、千年棗等。詔令陪位，禮成，並賜冠帶服物。五年，廣州言大食國人無西忽盧華百三十歲，耳有重輪，貌甚偉異。自言遠慕皇化，附古邏國船舶而來。詔就賜錦袍、銀帶加束帛。（略）

熙寧中，其使辛押陁羅乞統察蕃長司公事，詔廣州裁度。又進錢銀助修廣州城，不許。六年，都蕃首保順郎將蒲陀婆離慈表令男麻勿奉貢物，乞以自代，而求爲將軍，詔但授麻勿郎將。其國部屬各異名，故有勿巡，有陁婆離，有俞盧和地，有麻囉跋等國，然皆冠以大食。勿巡所貢，又有龍腦、兜羅錦、毬錦襖、蕃花簟，陁婆有金飾壽帶、連環臂鉤、數珠之屬。

又 卷四九二《外國傳》 廝囉地既分，董氊最彊，獨有河北之地，其國大抵吐蕃遺俗也。懷恩惠，重財貨，無正朔。市易用五穀、乳香、硇砂、罽毯、馬牛以代錢帛。貴虎豹皮，用緣飾衣裘。婦人衣錦，服緋紫青綠。尊釋氏。不知醫藥，疾病召巫覡視之，焚柴聲鼓，謂之「逐鬼」。信呪詛，或以決事，訟有疑，使詛之。訟者上辭牘，藉之以帛，事重則以錦。亦有鞭笞杻械諸獄具。人喜啖生物，無蔬茹醯醬，獨知用鹽爲滋味，而嗜酒及茶。居板屋，富姓以氊爲幕，多並水爲鞦韆戲。貢獻謂之「般次」，自言不敢有貳則曰「心白向漢」云。其後，河州、武勝軍諸族寖驕，閉于闐諸國朝貢道，擊奪般次。詔邊將問罪。已而董氊遣使奉貢入謝，上慰納焉。（略）

初，廝囉死，董氊嗣爲保順軍節度使、檢校司空。神宗即位，加太保，進太傅。熙寧元年，封其母安康郡太君，以其子藺逋比爲錦州刺史。三年，夏人寇環慶，董氊乘虛入其境，大克獲。賜璽書袍帶獎激之。王韶既定熙河，其首領青宜結鬼章寇河州踏白城，景思立死焉。帝命邊臣招來之。十年，以鬼章及阿里骨皆爲刺史。董氊貢真珠、乳香、象牙、玉石、馬，賜以銀、綵、茶、服、緡錢，改西平節度使，遣供奉官郭英齎詔書、器幣至其國。

明 宋濂《元史》卷二〇五《外夷傳》 ［世祖中統］三年九月，以西錦三、金熟錦六賜之，復降詔曰：「卿既委質爲臣，其自中統四年爲始，每三年一貢，可選儒士、醫人及通陰陽卜筮、諸色人匠，各三人，及蘇合油、光香、金、銀、朱砂、沉香、檀香、犀角、玳瑁、珍珠、象牙、綿、白磁盞等物同至。」仍以訥剌丁充達魯花赤，佩虎符，往來安南國中。

又 卷二一〇《外夷傳》 大德元年二月，以緬王的立普哇拿阿迪提牙嘗遣其子信合八的奉表入朝，請歲輸銀二千五百兩、帛千匹、馴象二十、糧萬石，詔封的立普哇拿阿迪提牙爲緬王，賜銀印，子信合八的爲緬國世子，賜以虎符。（略）

［大德］三年三月，緬復遣其世子奉表入謝，自陳部民爲金齒殺掠，率皆貧乏，以致上供金幣不能如期輸納。帝憫之，止命間歲貢象，仍賜衣遣還。四年四月，遣使進白象。

《明太祖實録》卷三九 ［洪武二年二月］己巳，占城國王阿荅阿者遣其臣虎都蠻貢虎、象、方物。

又 卷七二 ［洪武五年］丁酉，高麗國王王顓遣其密直副使韓邦彦奉表貢金龍缸、臺盞、蓮花臺、雙盞金龍頭鐙、銀龍頭鐙、六面壺、玳瑁、刀鞘、筆鞘、細布、文席、豹皮之屬。

又 卷一八三 ［洪武二十年］行人唐敬等還自真臘，其國王遣使貢象五十九隻，香六萬斤。暹羅國貢胡椒一萬斤，蘇木十萬斤，其臣坤思利濟剌試職替等獻翠羽香物。

又 卷一九九 ［洪武二十三年春正月庚寅］琉球國中山王察度遣使亞蘭匏等上表賀正旦，進馬二十六匹，硫黄四千斤，胡椒五百斤，蘇木三百斤。王子武寧貢馬五匹硫黄二千斤，胡椒二百斤，蘇木三百斤。山北王帕尼芝遣使李仲等貢馬一十匹，硫黄二千斤。而中山王所遣通事屋之結者附致胡椒三百餘斤，乳香十斤，守門者驗得之以聞，當没入其貨，詔皆還之，仍賜屋之結等六十人鈔各十錠。

又 卷二四五 ［洪武二十九年四月］丁未，琉球國中山王察度遣其臣隗谷結致等表貢馬二十七匹及方物。山南王承察度遣使表貢方物及馬二十一匹，其叔汪英紫氏亦遣使吴宜堪彌結致等貢馬五十二匹，硫黄七千斤，蘇木一千三百斤。

《明太宗實録》卷四一 ［永樂三年夏四月庚辰］朝鮮等國并四夷土官酋長，各遣人奉表貢金銀器、犀、象、馬、方物，賀萬壽聖節。

《明宣宗實録》卷九六 ［宣德七年十一月］辛未，朝鮮國王李祹遣陪臣趙玽、金玉振等貢醃松、菌皮、鷹，上諭行在禮部臣曰：「朝鮮貢獻頻數已非朕所欲，今乃獻松菌及膺菌，食物也，鷹何所用？珍禽奇獸古人所戒，可諭其使自今所貢，但服食器用之物，若鷹犬之類，更勿進獻。」

《明英宗實録》卷九 ［宣德十年九月］己丑，瓦剌順寧王脱歡等遣使臣月魯卜花等貢馬及貂鼠、青鼠皮，賜宴于禮部，及賜綵幣等物有差。

又 卷六〇 ［正統四年冬十月丁亥］瓦剌等處脱脱不花王等遣都督阿都赤等千餘人來朝貢馬三千七百二十五疋，駝一十三隻，貂鼠皮三千四百，銀鼠皮三百，賜宴并衣帽、靴韈、鈔幣有差。

又 卷二三六 ［景泰四年十二月］禮部奏，日本國王有附進物，及使臣自進附進物俱例應給直。考之宣德八年，賜例蘇木、硫黄，每斤鈔一貫，紅銅每斤三百文，刀劍每把十貫，鎗每條三貫，扇每把、火筯每雙俱三百文，抹金銅銚每箇六貫，花硯每箇、小帶刀每把、印花鹿皮每張俱五百文，黑漆泥金灑金嵌螺甸花大小方圓箱盒并香疊等器皿，每箇八百文，貼金灑金硯匣并硯銅水滴每副二貫，折支絹布每鈔一百貫，絹一疋五十貫，布一疋。當時所貢以斤計者，硫黄僅二萬二千，蘇木僅一萬六百，生紅銅僅四千三百；以把計者，衮刀僅二，腰刀僅三千五十耳。今所貢硫黄三十六萬四千四百，蘇木一十萬六千，生紅銅一十五萬二千有奇，衮刀四百一十七，腰刀九千四百八十三，其餘紙扇箱盒等物，比舊俱增數十倍，蓋緣舊日獲利而去，故今倍數而來，若如前例給直，除折絹布外，其銅錢總二十一萬七千七百三十二貫一百文，時直銀二十一萬七千七百三十二兩有奇，計其貢物時直甚廉，給之太厚，雖曰：「厚往薄來」，然民間供納有限，況今北虜及各處進貢者，衆正宜撙節財用議，今有司估時直給之，已得旨從議。有司言時直，生紅銅每斤銀六分，蘇木大者銀八分，小者五分，硫黄熱者銀五分，生者三分。臣等議蘇木不分大小俱給銀七分，硫黄不分生熟俱五分，生紅銅六分，共銀三萬四千七百九十兩。直銅錢三萬四千七百九十貫，刀劍今每把給鈔六貫，鎗每條二貫，抹金銅銚每箇四貫，漆器皿每箇六百文，硯匣每副一貫五百文，通計折鈔絹二百二十九疋，折鈔布四百五十九疋錢五萬一百一十八貫，其馬二匹如瓦剌下等馬，例給紵絲一疋絹九疋，悉從之。

《明憲宗實録》卷三八 ［成化三年春正月］戊子，勑諭朝鮮國毋獻珍異。

先是，朝鮮國王李琛累以海青、白鵲遣使來貢。禮部言：「先有詔，禁天下貢獻，而朝鮮三進異鳥，雖曰小國效順，然遠途勞費，亦多矣。請止絶之，以彰不寶遠物之盛德。」上深以爲然，至是，其陪臣崔景禮、趙瑾等陛辭，乃賜之勑令賫歸諭琛勑曰：「去歲孟冬，王遣金永需進白鵲，季冬遣趙瑾進海青，未幾，又遣崔景禮繼進，三閱月間三次進貢。王之勤誠固爲可見，然朕即位之初，已詔各處不許進貢花木鳥獸，况白鵲瑞異之物，海青羽獵之用，朕以稽古固治爲用，得賢安民爲瑞，於瑞禽、鷙鳥澹然無所好之。得王所獻，徒以置諸閒處而已，王繼今進貢宜遵常禮，勿事珍奇，况王羅致此物，不免勞民，取其嗟怨。昔者周武王慎德四夷，咸賓無有遠邇畢獻方物，然惟受其服食器用，於旅獒則却之。朕所法也。王詩書禮義之國，豈其未知此乎？王其忱念之。」

明 徐溥**《明會典》卷九七《朝鮮國》** 朝鮮，古高麗國。洪武二年，國王遣使奉表賀即位，請封，貢方物。五年，令三歲或一歲遣使朝貢。二十五年，更其國號曰朝鮮。永樂以來，每歲聖節、正旦、皇太子千秋節皆遣使奉表朝賀，貢方物，其餘慶慰謝恩等項，皆無常期。若朝廷有大事，遣使頒詔於其國，其國王請封亦遣使行禮。

貢物：金銀器皿、各色苧布、白細花席、人參、豹皮、獺皮、黄毛筆、白綿紙、種馬每三年五十疋。

又《安南國》 洪武二年，遣使朝貢，因請封爵，詔封爲安南國王。永樂四年，以其臣篡立，發兵討平之。宣德間，遣使來謝罪，請命因宥而封之。今三年一朝貢，別有進中宫、東宫方物，其或以慶慰謝恩等事，來貢者不在三年一貢之例。朝廷有大事遣使頒詔於其國，其國王請封，亦遣使行禮。

貢物：金銀器皿、薰衣香、降真香、沉香、速香、木香、黑線香、白絹、犀角、象牙、紙扇。

又《暹羅國》 洪武四年，遣使來朝貢，進金葉表并方物賀正旦。八年，遣使賫詔及印綬往賜之。十六年，給勘合文册，凡中國使至，必照驗相同。永樂元年，遣使乞量衡爲國中式，自後定例每三年一朝貢。

貢物：象、象牙、犀角、孔雀尾、翠毛、龜筒、六足龜、寶石、珊瑚、金戒指、片腦、米腦、糠腦、腦油、腦柴、檀香、速香、安息香、黄熟香、降真香、羅斛香、乳香、樹香、木香、烏香、丁香、阿魏、薔薇水、丁皮、碗石、紫梗、藤竭、藤黄、硫黄、没藥、烏爹泥、肉豆蔻、胡椒、白豆蔻、蓽撥、蘇木、烏木、大楓子、苾布、油紅布、白纏頭布、紅撒哈剌布、紅地絞節智布、紅杜花頭布、紅邊白暗花布、乍連花布、烏邊葱白暗花布、細棋子花布、織人象花文打布、西洋布、織花紅絲打布、剪絨絲雜色紅花被面、織雜絲打布、紅花絲手巾、織人象雜色紅花文絲縵。

又《琉球國》 洪武間，其國中山王、山南王、山北王，皆遣使奉表箋貢馬及方物。二十五年，中山王遣子姪入國學。永樂以來，國王嗣立皆請命册封，自後惟中山王來。每二年，許朝貢一次，每船一百人，多不過一百五十人。

貢物：馬、硫黄、蘇木、胡椒、螺殻、海巴、刀、生紅銅、錫、牛皮、擺子扇、磨刀石、瑪瑙、烏木、降香、木香。一貢物内象牙等物進收，硫黄、蘇木、胡椒，運送南京該庫，馬就於福建，發缺馬驛站走遞，磨刀石發福建官軍收貯。

又《占城國》 洪武二年，遣使朝貢，詔封爲占城國王。四年，遣使奉金葉表來朝貢。十六年，復遣子來賀聖節，乃遣使賫與勘合文册。二十四年，復來朝貢，以其臣弑，立命絶之。永樂後，其國與諸國皆來朝貢，始定每三年一來，正統後，其國襲封遣使行禮。

貢物：象、象牙、犀、犀角、孔雀、孔雀尾、橘皮、抹身香、龍腦、薰衣香、金銀香、奇南象、土降香、檀香、栢木、燒碎香、花梨木、烏木、蘇木、花藤香、蕪蔓番沙、紅印花布、油紅綿布、白綿布、烏綿布、圓壁花布、花紅邊縵、雜色縵、番花手巾、番花手帕、兜羅綿被、洗白布泥。

又《真臘國》 洪武六年，遣使來貢，後朝貢不常。

貢物：象、象牙、蘇木、胡椒、黄蠟、犀角、烏木、黄花木、土降香、寶石、孔雀翎。

又《日本國》 洪武七年，遣僧人來朝貢，以無表文却之。其臣亦遣僧人貢馬及茶、布、刀、扇等物，以其私貢仍却之。十四年，國王遣使來復却其貢，僧人俱發陝西、四川各寺居住，三十五年復來朝貢，後定爲十年一來貢。

貢物：馬、盔、鎧、劍、腰刀、鎗、塗金粧彩屏風、洒金廚子、洒金文臺、洒金手箱、描金粉匣、描金筆匣、抹金提銅銚、洒金木銚角盥、貼金扇、瑪瑙、水精數珠、硫黄、蘇木、牛皮。

又《爪哇國》 洪武三年，遣使貢方物，并納元所授宣諭。十四年上金葉表來貢及黑奴三百人，後絶其貢。永樂二年，其國東王遣使朝貢，且請印章，命鑄鍍金銀印，遣使賜之。正統八年，定每三年一貢，自後朝貢無常。

貢物：胡椒、蓽茇、蘇木、黄蠟、烏爹泥、金剛子、烏木、番紅土、薔薇露、奇南香、檀香、麻滕香、速香、降香、木香、乳香、龍腦、血竭、肉豆蔻、白豆蔻、藤竭、阿魏、蘆薈、没藥、大楓子、丁皮、番木鼈子、悶蟲藥、碗石、蓽澄茄、烏香、寶石、珎珠、錫、西洋鐵、鐵鎗、摺鐵刀、苾布、油紅布、孔雀、火雞、鸚鵡、玳瑁、孔雀尾、翠毛、鶴頂、犀角、象牙、龜筒、黄熟香、安息香。

又《**瑣里國**》　洪武五年，遣使奉金字表文，朝貢，并圖其土地山川以獻。

貢物：馬、紅撒哈喇、紅八者蘭布、紅番布、覬木里布、白苾布、珠子項串。

又《**西洋瑣里國**》　洪武三年遣使來朝，進金葉表文及方物，永樂元年復遣使來朝。

貢物：黄黑虎、馬。

又　**卷九八**《**三佛齊國**》　洪武四年遣使奉金字表文來朝貢，六年復遣使賀正旦，并貢方物。八年，復遣使從招諭拂菻國朝使來貢，十年，遣使奉表請印綬，命齎駝紐鍍金銀印賜之。

貢物：黑熊、火雞、孔雀、五色鸚鵡、諸香、兠羅綿被、苾布、白獺、龜筒、胡椒、肉豆蔻、番油子、米腦。

又《**浡泥國**》　洪武四年，遣使進金表銀箋及方物。永樂三年，遣使封其國主爲王，給印符誥命。六年，王率其妃及家屬陪臣來朝至福建，遣内臣往宴勞之，令所過諸郡設宴。至京，王奏金字表文及諸珍物，妃進中宫、東宫箋及方物。上御奉天門享王宴。是年王卒，輟朝三日，祭賻甚厚，詔謚恭順，賜葬南京城外石子岡以西南，夷人隸籍中國者守之。樹碑立祠，命有司春秋致祭，復令其子襲封，遣内官及行人護送還國，復從其請，封其後山爲長寧鎮國之山，御製碑文賜之。十二年及洪熙元年俱來朝貢。

貢物單目：用銀：

珎珠、寶石、金戒指、金絲環、龍腦、米腦、梅花腦、降香、沉速香、檀香、丁香、肉豆蔻、黄蠟、犀角、玳瑁、龜筒、螺殼、鶴頂、熊皮、孔雀、倒挂鳥、五色鸚鵡、黑小廝、金銀八寶器。

又《**百花國**》　洪武十一年遣使奉金葉表來朝貢。

貢物：白鹿、紅猴、龜筒、玳瑁、孔雀、鸚鵡、倒挂鳥、胡椒、香、蠟。

又《**彭亨國**》　洪武十一年，遣使奉金葉表貢番奴及方物，永樂十二年復遣使朝貢。

貢物：金水罐、檀香、乳香、速香、片腦、胡椒、象牙。

又《**淡巴國**》　洪武十年遣使奉表朝貢。

貢物：苾布、兠羅綿被、沉香、檀香、速香、胡椒。

又《**古里國**》　永樂三年，遣使朝貢詔封爲古里國王，給印及誥。五年、七年復遣使來朝貢。

貢物：寶石、金繫腰、珊瑚珠、琉璃瓶、琉璃碗、拂郎雙刃刀、寶鐵刀、蘇合油、阿思摸達塗兒氣、龍涎、梔子花、毛氊單伯蘭布、苾布、紅絲花手巾、番花人馬象物手巾、線結花靠枕、木香、乳香、檀香、錫、胡椒。

又《**滿喇加國**》　永樂三年，遣使奉金葉表朝貢，詔封爲國王，給印及誥，使者言王慕義，願同中國屬郡歲效職貢，又請封其國西山，詔封爲鎮國之山，御製碑文賜之。九年國王率其妻子及陪臣五百四十餘人朝貢，命官往勞。上御奉天門宴之。十年遣使來貢十二年國王母來。二十二年宣德九年國王復來，正統十年以後屢遣使來貢。

貢物：番小廝、犀角、象牙、玳瑁、鶴頂、鸚鵡、黑熊、黑猿、白鹿、鎖袱、金母鶴頂、金鑲戒指、撒哈喇、白苾布、薑黄布、撒都細布、西洋布、花縵、片腦、梔子花、薔薇露、沉香、乳香、黄速香、金銀香、降真香、紫檀香、丁香、烏木、蘇木、大楓子、番錫、番鹽。

又《**娑羅國**》　永樂四年，東王、西王各遣使來朝貢。

貢物：黑小廝、花焦布、白焦布、珎珠、玳瑁殼、降真香、黄蠟。

又《**小葛蘭國**》　永樂五年，附蘇門荅喇等國來朝貢。

貢物：珍珠傘、白綿布、胡椒。

又《**阿魯國**》　永樂五年，附古里等國來朝貢。

貢物：象牙、熟腦。

又《**榜葛喇國**》　永樂六年，遣使來朝貢。九年，至太倉，命行人往宴勞之。十二年，又遣使貢麒麟等物。正統三年貢同表用金葉。

貢物：馬、馬鞍金銀事件、戧金琉璃器皿、青花白磁、撒哈喇、者抹黑荅立布、洗白苾布、兠羅綿、糖霜、鶴頂、犀角、翠毛、鸚哥、乳香、鸁黄、熟香、烏香、麻藤香、烏爹泥、紫膠、藤竭、烏木、蘇木、胡椒。

又《**錫蘭山國**》永樂九年以拒絕朝使歸路，破其城，生擒國王及家屬，命釋之，擇其屬之賢者立爲王。十年詔諭其國，正統十年天順三年皆遣使來貢。

貢物：寶石、珊瑚、水晶、金戒指、撒哈喇、象、乳香、木香、樹香、土檀香、没藥、西洋細布、藤竭、蘆薈、硫黄、烏木、胡椒、碗石。

又《**蘇門荅喇國**》永樂三年，遣使來朝貢，詔封爲國王，給印及誥。五年至宣德六年，屢遣使來貢表用金葉。十年復請封其子爲王。

貢物：馬、犀牛、龍涎、撒哈喇、梭眼、寶石、木香、丁香、降真香、沈速香、胡椒、蘇木、錫、水晶、瑪瑙、番刀、弓、石青、回回青、硫黄。

又《**蘇禄國**》永樂十五年，蘇禄三國東王、西王、峒王各率妻子頭目人等來朝貢。十九年遣使來貢。

貢物：梅花腦、米腦、竹布、綿布、玳瑁、降香、蘇木、胡椒、蓽茇、黄蠟、番錫。

又 **卷九九**《**土官**》每三年朝覲，差人進貢一次，限本年十二月終到京

一貢物不等。

馬、象、金銀器皿、降香、黄蠟。

又《**迤北、衛喇特**》永樂七年，封迤北順寧賢義安樂，三王賜印及誥，各遣人來貢，以後貢無定期。

貢物：馬、駝、貂鼠皮、海青。

又《**烏思藏**》洪武七年，賜銀印，給勘合，後每三年一貢，各番王差人填寫原降勘合，闡化、闡教、輔教三王差來人從四川布政司，比號贊善王差來人從陝西布政司，比號并賫有印信番本咨文，方許入貢，每貢各許一百人，多不過一百五十人，大乘、大寶二法王不給勘合，進貢不常，止許差僧徒十人，賫印信番本，隨同四王進貢之人赴京。

貢物：畫佛、銅佛、銅塔、舍利、各色珠勒瑪、各色特爾默、各色氆氌、珊瑚、犀角、左髻、毛纓、酥油、明盔、明甲、刀、劍。

又《**長河西魚通寧遠等處**》洪武十六年，置長河西等處軍民安撫使司，每年一貢，給以勘合。於四川比號雅州入貢，每貢止許五六十人，多不過一百人，方物該守關官員辨驗申送，都布按三司審實起送。

貢物：各色珠勒瑪、各色特爾默、各色氆氌、珊瑚、舍利、犀角、左髻、明盔、刀、畫佛、毛纓。

又《**洮岷等處番簇**》每二年一貢，大簇起送爲首者四五人，小簇起送一二人，存留聽賞者，大簇不過十五人，小簇不過七八人。

貢物：

馬、銅佛、畫佛、舍利子、酥油、青鹽、足力麻、鐵力麻、氆氌、左髻、毛纓、清木香、明盔、明甲、腰刀、賓客。

明 **趙璜**《**歸閒述夢**》**一卷** 永順宣慰進天木，意在希圖陞圖賞，中外厚餽。予以運木頗勞，一日宣慰差頭目持一帖來，内開害杉板一付，白金百兩，黄金十兩以餽予。予正色却之，云：「我平生不受人餽，今爲大臣，叨享朝廷厚禄，不能補報，豈可接受土官餽送，以負國家？本當以餽入官，以事上聞，但恐中外有難，爲者，彰己名，顯人過，妨爾宣慰報効一場好事。我不忍爲也。」頭目數人頓首愧謝而退，但遇士夫，輒自言之。未幾，宣慰具稟回報，前禮物如數領訖。

明 **胡汝礪**《**寧夏新志**》**卷二**《**土貢**》 唐夏州貢氈角弓，拒霜薺；靈州貢紅塩、甘草、蓯蓉、代赭、白膠、青蟲、鵰鶻、白羽麝、野馬、鹿革、野豬、黄吉、莫鞾鞨、氈庫利、赤檉、馬策、印塩、黄牛臆。（略）

國朝歲貢紅花、泊馬。夫任土作貢，王制也。顧馬易貢，而紅花歲役千夫，貢止五百斤，織染又不藉此，徒困民耳。

明 **王稚登**《**虎苑**》**卷下**《**裸志第十四**》 元時外夷貢獅子，虎頭狗身，形色不類，官中以爲非真。夷人牽入虎牢，虎皆帖伏，不敢動，獅遂溺于虎首，虎益懾懼，由是信爲真獅子也。（略）

明 **謝肇淛**《**滇略**》**卷三** 商周西南之獻及於象齒、矩狗，已非邾葵之懿軌矣。（略）

周王會，白民即滇白人貢乘黄，似麒有角卜人即濮人貢砂，丹砂也黑齒即永昌夷貢白鹿。

明 **雷禮**《**皇明大政紀**》**卷二一** ［嘉靖三年］夏四月，魯迷貢獅子。

巡撫甘肅都御史陳九疇，奏言魯迷王遣人貢獅子、西牛、西犬、西馬及河骨刺馬駝、珊瑚、珠玉等物。下禮部覆議，奏獅子等物，係非常貢。帝曰：「既非常貢，該地方應否起送，爾部内仍同兵部會議奏聞。」給事中鄭一鵬上言：

「西旅貢獒，召公作戒；越裳獻雉，周公爲辭。下逮漢唐，猶有却千里馬如文帝，不受林邑珠如太宗，書之史册，足爲美談。今魯迷所貢諸物，陛下所必屏而不溺者，顧肯輕受爲聖德累耶？又聞洪武初，内使奏增虎肉。太祖曰：『養虎何爲而肉以飼之。』命以虎送光禄，他禽悉縱。今乾明門諸處，禽獸尚多，皆仰給大官，日費豆秫，以歲計之，亦且不貲。而魯迷復有此獻。獅牛諸物，俱非土性所宜。受之徒靡國用，却之有光聖猷。乞敕該部行鎮巡官就彼量賞遣回其獅牛等物，一切勿受。庶遠夷知朝廷有不寶遠物之德，而潛消窺伺之言矣。其乾明門禽獸，通行縱放，則皇猷益光，聖德愈隆。」章下禮部併詳，已而議上，竟來京受之。

明 周嘉胄《香乘》卷一《沈香亭子材》 長慶四年，敬宗初嗣位。九月丁未，波斯大商李蘇沙進沈香亭子材。《拾遺》李漢諫云：沈香爲亭，子不異瑶臺瓊室，上怒，優容之。

又 卷四《貢降真香》 南巫里，其地自蘇門答剌西風一日夜可至。洪武初貢降真香。

又 卷五《進龍涎香》 嘉靖四十二年，廣東進龍涎香，計七十二兩有奇。嘉靖聞見録

又 卷一二《安南貢香》 安南貢薰衣香、降真香、沉香、束香、木香、黑線香。

又《爪哇國貢香》 爪哇國貢香有薔薇露、琪楠香、檀香、麻藤香、速香、降香、木香、乳香、龍腦香、烏香、黄熟香、安息香。

明 俞汝楫《禮部志稿》卷三八 凡番貨價值，弘治間定回回併番使人等進貢寶石等項，内府估驗定價例，赤金每兩值鈔五十貫，足色銀每兩十五貫，錫每斤五百文，琉球八貫，鐵每斤三百文，腰刀每把三貫，番弓每張二貫，番箭每枝一百文，鶴頂每箇一貫，玳瑁盒每箇一貫，玳瑁盂每箇一貫，珊瑚枝每斤三十貫，珊瑚珠每兩二貫，大玻瓈瓶椀每箇三貫，小玻瓈瓶椀每箇二貫，玻瓈燈甌每箇二貫，粟米珠每兩五貫，象牙每斤五百文，暹羅十貫，翠毛五斤三百文，古刺水内大合一貫，小合五百文。回回石青每斤一貫，烏爹泥每斤五百文，油血石每兩二貫，番砂每斤二百文，膽礬每斤二貫，妥剔牙每斤一貫，黄蠟每斤五百文，雄黄每斤五百文，阿魏每斤二貫，蓽茇每斤二貫，没藥每斤五貫，滿剌加十貫，肉荳蔻每斤五百文，暹羅白荳蔻十貫，荳蔻花每斤五百文，蓽澄茄每斤一貫，悶蟲藥每斤二百文，大楓子每斤一百文，暹羅十貫，木鱉子每斤三百文，血竭每斤一十五貫，龍涎每兩三貫，蘇合油每斤三貫，乳香每斤五貫，暹羅四十貫，沈香每斤二貫，速香每斤二貫，丁香每斤一貫，木香每斤三貫，金銀香每斤五百文，降真香每斤五百文，暹羅十貫，安息香每斤五百文，梔子花每斤一貫，丁皮每斤五百文，暹羅二貫，蘇木每斤五百文，琉球十貫，暹羅五貫，烏木每斤五百文，暹羅滿剌加俱四十貫，紫檀木每斤五百文，胡椒每斤三貫，琉球三十貫，暹羅二十五貫，滿剌加二十貫，鹽每斤一百文，藤竭裏裏每斤一貫，夕牙吸荅納每斤五百文，八的阿納每斤四百文，三額阿剌必每斤五百文，別模剌每斤五百文，厥枯露每斤二百文，加定每斤五百文，哈都味思每斤五百文，阿思模達塗兒氣每斤五百文，蘇麻達每斤二百文，花氊單每條十貫，大花手巾每條二貫，小花手巾每條一貫，絲手巾每條二貫，紅紋節知被每條五貫，苾布每疋一十五貫，撒哈剌每疋一百貫，兆羅布每段一十貫，油紅布每段一貫五百文，青布每段一貫五百文，花布每段一貫，暗花打布每段二貫，沙連布每段一貫，青查禮布每段一貫，加龍亘布每段一貫，烏連布每段一貫，勿那朱布每段一貫，各樣麤布每段一貫，日本國附進刀劍每把鈔三貫，内一分與錢九分，支絹每鈔一百貫，該絹一疋。其各檀香每十斤銀一兩折錢七百文，暹羅、滿剌加檀香俱每斤鈔十貫，暹羅藤黄每斤鈔十五貫，紫莖每斤鈔三十貫，琉球、暹羅、滿剌加每鈔二百貫，折絹一疋。（略）

木瓜：直隸寧國府宣城縣，歲進木瓜二千三百箇，内上瓜一千八百箇，中瓜五百箇。

藥材：廣西思明府歲進解毒藥五方三十四味，共三十八斤。内錦地蘿一味重二斤，消食藥十味重十二斤，消毒藥十八味重十九斤，大衝藥一味重一斤，塞住藥四味重四斤。四川成都府歲進藥材七味，内天雄二十對，附子五十對，川烏三十對，漏藍二十斤，僊芽二十一斤，補骨脂十五斤，巴豆四斤。

明 徐𤊹《徐氏筆精》卷五《唐貢荔枝》 唐鮑防，襄州人，天寶末舉進士，大歷中爲福建觀察使，時明皇詔馬遞進南海荔枝，七日七夜達京師，防作雜感詩云：「漢家海内承平久，萬國戎王皆稽首。天馬常銜苜蓿花，遠人歲獻葡萄酒。五月荔枝初破顔，朝離象郡夕函關。雁飛不到桂陽嶺，馬走皆從林邑山。甘泉御果垂仙閣，日暮無人香自落。遠物皆重近皆輕，雞雖有德不如鶴。」目擊時艱，一念忠懇可見。是知貴妃所食荔枝，實出南海，已見劉昫《唐

書》并防詩。蔡君謨譜謂愛嗜涪州，歲命驛致。羅景綸以爲一騎紅塵，乃瀘戎之産，恐悮矣。

明 鄧慶寀《閩中荔支通譜》卷四 永元中，交州進荔支，十里一置，五里一堠，奔馳死亡，罹猛獸毒蟲之害者無數。唐羌字伯游，爲臨武長，上書言：「南州炎熱，惡蟲猛獸觸犯死亡。此物升殿，未必延年益壽。」和帝勑大官，勿復受獻。謝承後漢書

明 談遷《國榷》卷四 ［太祖洪武三年七月］甲辰，夏明昇進楠木。

又 卷八 ［太祖洪武二十年七月］行人唐敬等還自真臘，其國王參烈保毘耶甘苦者貢象五十九隻，香六萬斤。暹羅入貢，椒萬斤，蘇木十萬斤。

又 卷二三 ［英宗正統元年三月］命南京運胡椒、蘇木三百萬斤于北京。

又 卷三三 ［英宗天順七年二月］壬午，命真定、浙江貢羊毛、羊羢、水竹、白藤、木料。

又 卷四五 ［孝宗弘治十七年］五月庚寅朔，光禄寺卿艾璞請量減果牲。每祭祀，舊例菓散裝。天順間始黏砌成化初革，今用二尺盤黏砌高二尺，荔枝龍眼至百十斤，棗柿二百六十斤，所費不貲，又量減牲口牛乳免齋醮，上納之。命奉先奉慈奉天殿果品，仍尺四盤，餘盤八寸，俱散裝。

又 卷四九 ［武宗正德十年十二月］逮寧波知府翟唐初，浙江市舶司太監崔瑤以貢奉採茶蜜，又縱海船載貨入港，奸民附之。唐杖其人，尋疾没瑤奏唐阻截貢奉，命下鎮撫司，謫嵩明知州。（略）

［武宗正德十年十二月］湖廣致仕永順宣慰使彭世麒獻大木三十，次木二百助大工。

又 卷五二 ［武宗正德十六年十一月］癸未，河南道御史何棟請停南京貢梨入北。歲四千五百斤。

又 卷七三 ［神宗萬曆十三年十二月］庚午，播州宣慰使楊應龍貢馬三十四，大木六十。（略）

［神宗萬曆十四年九月］貴州宣慰使安國亨進大木，求封誥加銜，賜服色，命工部按例賜大紅飛魚衣一襲，金一鎰。

又 卷七四 ［神宗萬曆十五年四月］庚午，進播州宣慰司楊應龍都指揮使，時進大木七十，求如祖楊斌賜蟒服，工部持不可，乃止。（略）

［神宗萬曆十五年九月］己巳，奪貴州土司安國亨飛魚服，以進大木不至，命戴罪自贖。（略）

［神宗萬曆十五年九月］談遷曰：「土司有功，往例賜金幣，進木又其細者，又木未入而賚先之，旋予旋奪，爲遠人所侮極矣。吳縣淺識，于安國亨則賜服，于楊應龍則進銜，俱非先朝之舊，何可令江陵見也？噫。」

又 卷七七 ［神宗萬曆二十四年八月］播州楊應龍進大木二十。

明 范景文《南樞志》卷六二《車駕》 聖旨取用花卉樹株，就着進貢，官船順運前來，以省擾費，欽此。欽遵。又萬曆四十年間，南京守備廳揭帖開稱本年九月初四日傳奉。（略）

聖旨着南京守備尋大栗菓樹，每年頭春分來進。欽此。隨該本部看得。

清 徐乾學《資治通鑑後編》卷一六三《元紀十一》 ［元武宗至大元年九月］壬戌，太尉托克托奏泉州大商進異木沈檀可構宫室者，敕江浙行省驛致之。

清 允祹《大清會典則例》卷九三 ［雍正七年］七年議準南掌貢道由雲南。

一貢物。崇德二年定朝鮮貢物，年貢黄金百兩，白金千兩，苧布二百疋，各色棉紬四百疋，各色木棉布四千四百疋，龍紋席二，花席二十，鹿皮百，水獺皮四百，豹皮百四十有二，青黍皮三百，佩刀十，大小紙五千卷，米百石。

萬壽聖節禮物：各色苧布三十疋，各色棉紬七十疋，龍紋席二，各色花席六十，豹皮十，水獺皮二十，白棉紙二千卷，厚油紙十部。元旦冬至二節，減棉紬三十疋，及水獺皮油紙二種。

皇后千秋節：苧布三十疋，棉紬三十疋，花席三十。元旦冬至二節加螺鈿梳函一具。（略）

又定貢使到京所貢方物，會同館報部提督該管司官赴館察驗，撥役管領由部奏聞，貢物交進内務府，象交鑾儀衛，馬交上駟院，刀、鹿皮青黍皮等物交武備院，硫黄交該督撫收貯。

十一年琉球國王世子尚質進貢慶賀方物：金飾柄匣佩刀、銀飾柄匣佩刀、金酒缾、銀酒缾、泥金畫屏、泥金扇、泥銀扇、蕉布、苧布、紅花、胡椒、

蘇木，又恭進二年一次常貢方物馬十匹，螺殼三千，硫黄萬二千六百斤。十三年荷蘭國王恭進御前方物：鑲金鐵甲、鍍金馬鞍、鑲銀劍、鳥銃、琉藥袋、鑲銀、千里鏡、玻璃鏡、八角大鏡、珊瑚、珊瑚珠、琥珀、琥珀珠、哆囉絨、嗶吱段、西洋布、花被面、大氊毛纓、丁香、番木蔻、五色番花、桂皮、檀香，恭進。皇后方物：玻璃鏡、玳瑁匣、玻璃匣、烏木飾人物匣、珊瑚珠、琥珀珠、琥珀、哆囉絨、嗶吱段、西洋布、白倭段、花氊、花被面、玻璃杯、花石合、白石畫、薔薇露。十八年安南國王差陪臣奉表投誠，入貢方物：金香鑪、花絣銀盆、沉香、速香、紫降香、白木香、黑線香、白絹、犀角、象牙。（略）

［康熙四年］是年暹羅國王差陪臣入貢御前方物：龍涎香、西洋閃金段、象牙、胡椒、膃黄、荳蔻、速香、烏木、大楓子、金銀香、蘇木、孔雀、龜，凡十有三種。（略）

聖祖仁皇帝康熙三十二年，免黄金百兩，青紅藍木棉布六百疋。五十年免白金千兩，紅豹皮百四十二，視明時貢物已免過半。今惟年貢内可減去青黍皮三百，水獺皮百，木棉布八百疋，白棉紙二千卷，餘貢如常。（略）

［乾隆十四年］暹羅國王遣陪臣朗呵派哌提等奉金葉表文入貢御前方物：象二，龍涎香一斤，犀角六，沉香二斤，土璇石十一兩二錢，象牙、紫降香、大楓子、荳蔻、膃黄、烏木各三百斤，胡椒、花桂皮、檑樸、齒舌皮、樟腦、檀香、硫黄各百斤，蘇木三千斤，上冰片一斤，冰片二斤，冰片油二十瓢，翠毛六百副，孔雀尾十屏，紅布幔十疋，賀南氊二塊。皇后前不貢象，餘物各減半。又附洋船貢到黑熊、鬬雞、金絲猿，令其進獻。

又 卷九四 ［康熙］四十五年，福建商船遭風飄至朝鮮國南桃枝地方沉没。該國王令地方官拯救貨物，給還商人，差官押送，遞發各原籍。嗣該國王報稱募善泅者取得黑角、象牙、蘇木等物，除交該國王獎勵賞賜外，奉旨黑角、象牙解送京師，有累驛遞蘇木，亦不必變價，均令該國王酌量處置。

清 姚之駰《後漢書補逸》卷八《東觀漢記第八·大雀》 永元二年，安息王獻條支大雀，此雀卵大如甕。又永和九年永昌獻象牙、熊子。《案范書》：永元十三年安息國遣使獻師子及條枝大爵，疑即一事，紀年訛耳《郭義恭廣志》：云大爵頸及身膺，蹄都似橐，駝舉頭高八九尺，張翅丈餘，即今之駝鳥也。

清 李光地《月令輯要》卷一九《十一月令·雜紀》 太平瑞聖花。增《玉海》：天聖六年十一月癸卯，益州獻異花，似桃四出，上異之，目爲太平瑞聖花。

清 雍正《山西通志》卷四七《物産·大同府》 白駝：金大同貢白駝。

又《朔平府》 枸杞：金朔州貢枸杞。（略）

荆：金朔州貢荆。

又《物産·澤州府》 人參，唐常貢，高平郡歲貢人參三十斤，味性與潞同，詳見潞産。

又《物産·解州》 栢子仁，唐常貢，陝郡貢栢子仁三十斤。

《清太祖實録》 ［萬曆二十七年］己亥，春正月，壬午朔，東海渥集部之虎爾哈路長王格、張格率百人朝謁，貢黑白紅三色狐皮，黑白二色貂皮，自此渥集部之虎爾哈路，每歲朝謁，其長博濟里，首乞婚。（略）

［萬曆二十七年秋九月］上賜以所御貂帽、豹裘，豢養之。盡服哈達屬城，器械財物無所取，室家子女，完聚如故，悉編入户籍，遷之以歸。（略）

［萬曆十五年］上招徠各路，歸附益衆，環境諸國有逆命者，皆削平之，國勢日盛。明亦遣使通好，歲以金幣聘問。我國産東珠、人參、紫貂、元狐、猞狸猻諸珍異之物，足備服用。於撫順、清河、寬奠、靉陽四關口互市，以通商賈，自此國富民殷云，秋九月辛亥朔。（略）

［天聰七年十一月］壬辰，薩哈爾察部落之頭目費揚古、滿代率四十六人來朝，獻貂皮千七百六十九張，賜布二千六百三十疋。

《清太宗實録》 ［崇德二年］十二月乙未朔，黑龍江地方羌圖禮阿爾哈固穆考等一百二十二人來貢貂皮，命禮部叅政喇瑪往迎宴之。（略）

［天聰八年正月］黑龍江地方羌圖里嘛爾干率六姓六十七人來，朝貢貂皮六百六十八張。（略）

［天聰八年五月］五月丙戌朔，黑龍江地方頭目巴爾達齊率四十四人來，朝貢貂皮一千八百一十八張。

清 張廷玉《明史》卷三《太祖紀》 ［洪武二十一年］是年，高麗、占城、琉球、暹羅、真臘、撒馬兒罕、安南入貢。詔安南三歲一朝，象犀之屬毋獻。安南黎季犛弑其主煒。

又 卷一三《憲宗紀》 ［成化三年］是年，琉球、哈密、占城、烏斯藏入貢。朝鮮獻海青、白鵲，諭毋獻。

又 卷一四《憲宗紀》 ［成化十四年］十四年春正月甲戌，大祀天地於南郊。三月戊辰，免浙江被災秋糧。己卯，賜曾彥等進士及第、出身有差。辛巳，罷烏撒衛銀場。丙戌，復開遼東馬市。丁亥，以浙江饑罷採花木。（略）

[成化十九年]是年，撒馬兒罕貢獅子。

又 卷一五《孝宗紀》 [弘治二年]是年，土魯番入貢。撒馬兒罕貢獅子、鸚鵡，却之。

又 卷一七《世宗紀》 [嘉靖三年]是年，琉球入貢，魯迷國貢獅子、犀牛。

又 卷八二《食貨志》 明初，上供簡省。郡縣貢香米、人參、葡萄酒，太祖以爲勞民，却之。仁宗初，光祿卿井泉奏，歲例遣正官往南京採玉面貍。

又 卷三一〇《土司・永順》 [正德十年]十年，致仕宣慰彭世麒獻大木三十，次者二百，親督運至京，子明輔所進如之。賜敕褒諭，賞進奏人鈔千貫。十三年，世麒獻大楠木四百七十，子明輔亦進大木備營建。詔世麒陞都指揮使，賞蟒衣三襲，仍致仕；明輔授正三品散官，賞飛魚服三襲，賜敕獎勵，仍令鎮巡官宴勞之。時政出權倖，恩澤皆由於干請。

又 卷三一五《雲南土司傳》 嘉靖七年，總兵官沐紹勛、巡撫歐陽重遣參政王汝舟等徧歷諸蠻，諭以禍福。孟養思倫等各願貢象牙、土錦、金銀器，退地贖罪。乃以蠻莫等十三處地方寬廣，諸蠻歷年所爭，屬之騰衝司，檄軍輪守，則烟瘴可虞；屬之木邦，則地勢遼遠，蠻心不順。莫若仍屬孟密管領，歲徵差發銀一千兩，而割孟乃等七處仍歸木邦罕烈，則分願均而忿爭息矣。報可。

又 卷三二一《外國傳》 [洪武]十年，端侵占城，敗没。弟煒代立，遣使告哀，命中官陳能往祭。時安南怙强，欲滅占城，反致喪敗。帝遣官諭前王叔明毋搆釁貽禍，以叔明實主國事也，叔明貢方物謝罪。廣西思明土官訴安南犯境，安南亦訴思明擾邊。帝移檄數其奸誑罪，敕守臣勿納其使。煒懼，遣使謝罪，頻年貢奄豎、金銀、紫金盤、黄金酒尊、象馬之屬。帝命助教楊盤往使，令饋雲南軍餉，煒即輸五千石於臨安。二十一年，帝復命禮部郎中邢文偉齎敕及幣往賜。煒遣使謝，復進象。帝以其頻煩，且貢物侈，命仍三歲一貢，毋進犀象。

又 卷三二二《外國傳》 景泰四年入貢，至臨清，掠居民貨。有指揮往詰，毆幾死。所司請執治，帝恐失遠人心，不許。先是，永樂初，詔日本十年一貢，人止二百，船止二艘，不得攜軍器，違者以寇論。乃賜以二舟，爲入貢用，後悉不如制。宣德初，申定要約，人毋過三百，舟毋過三艘。而倭人貪利，貢物外所攜私物增十倍，例當給直。禮官言：「宣德間所貢硫黄、蘇木、刀扇、漆器之屬，估時直給錢鈔，或折支布帛，爲數無多，然已大獲利。今若仍舊制，當給錢二十一萬七千，銀價如之。宜大減其直，給銀三萬四千七百有奇。」從之。使臣不悦，請如舊制。詔增錢萬，猶以爲少，求增賜物。詔增布帛千五百，終怏怏去。

又 卷三二三《外國傳》 美洛居，俗訛爲米六合，居東海中，頗稱饒富。酋出，威儀甚備，所部合掌伏道旁。男子削髮，女椎結。地有香山，雨後香墮，沿流滿地，居民拾取不竭。其酋委積充棟，以待商舶之售。東洋不産丁香，獨此地有之，可以辟邪，故華人多市易。

萬曆時，佛郎機來攻，其酋戰敗請降，乃宥令復位，歲以丁香充貢，不設戍兵而去。已，紅毛番横海上，知佛郎機兵已退，乘虚直抵城下，執其酋，語之曰：「若善事我，我爲若主，殊勝佛郎機也。」酋不得已聽命，復位如故。佛郎機酋聞之大怒，率兵來攻，道爲華人所殺，語具《呂宋傳》。（略）

其地負山面海，崇釋教，惡殺喜施。禁食豕肉，犯者罪死。王薙髮，裹金繡巾，佩雙劍，出入徒步，從者二百餘人。有禮拜寺，每祭用犧。厥貢玳瑁、瑪瑙、硨磲、珠、白焦布、花焦布、降真香、黄蠟、黑小廝。

又 卷三二四《外國傳》 洪武二年，太祖遣官以即位詔諭其國。其王阿荅阿者先已遣使奉表來朝，貢象虎方物。帝喜，即遣官齎璽書、《大統曆》、文綺、紗羅，偕其使者往賜，其王復遣使來貢。自後或比歲貢，或間歲，或一歲再貢。未幾，命中書省管勾甘桓、會同館副使路景賢齎詔，封阿荅阿者爲占城國王，賜綵幣四十、《大統曆》三千。三年遣使往祀其山川，尋頒科舉詔於其國。（略）

[洪武]六年，貢使言：「海寇張汝厚、林福等自稱元帥，剽劫海上。國主擊破之，賊魁溺死，獲其舟二十艘、蘇木七萬斤，謹奉獻。」帝嘉之，命給賜加等。冬，遣使獻安南之捷。帝謂省臣曰：「去冬，安南言占城犯境；今年，占城謂安南擾邊，未審曲直。可遣人往諭，各罷兵息民，毋相侵擾。」十年與安南王陳端大戰，端敗死。十二年，貢使至都，中書不以時奏。帝切責丞相胡惟庸、汪廣洋，二人遂獲罪。遣官賜王《大統曆》及衣幣，令與安南修好罷兵。（略）

[洪武]十六年貢象牙二百枝及方物。遣官賜以勘合、文冊及織金文綺三十二、磁器萬九千。十九年遣子寶部領詩那日忽來朝，賀萬壽節，獻象五十四，皇太子亦有獻。帝嘉其誠，賜賚優渥，命中官送還。明年復貢象五十一及伽南、犀角諸物，帝加宴賚。還至廣東，復命中官宴餞，給道里費。（略）

真臘貢象，占城王奪其四之一，其他失德事甚多。帝聞之，怒。二十一年夏，命行人董紹敕責之。紹未至，而其貢使抵京。尋復遣使謝罪，乃命宴賜如制。（略）

[永樂]四年貢白象方物，復告安南之難。帝大發兵往討，敕占城嚴兵境上，遏其越逸，獲者即京師。五年攻取安南所侵地，獲賊黨胡烈、潘麻休等獻俘闕下，貢方物謝恩。帝嘉其助兵討逆，遣中官王貴通齎敕及銀幣賜之。（略）

洪武三年，遣使臣郭徵等齎詔撫諭其國。四年，其國巴山王忽爾那遣使進表，貢方物，賀明年正旦。詔賜《大統曆》及綵幣，使者亦給賜有差。六年進貢。十二年，王參答甘武者持達志遣使來貢，宴賜如前。十三年復貢。十六年遣使齎勘合文冊賜其王。凡國中使至，勘合不符者，即屬矯僞，許縶縛以聞。復遣使賜織金文綺三十二，磁器萬九千。其王遣使來貢。十九年遣行人劉敏、唐敬偕中官齎磁器往賜。明年，敬等還，王遣使貢象五十九、香六萬斤。尋遣使賜其王鍍金銀印，王及妃皆有賜。其王參烈寶毗邪甘菩者遣使貢象及方物。明年復貢象二十八、象奴三十四人、番奴四十五人，謝賜印之恩。二十二年三貢。明年復貢。（略）

洪武三年，命使臣呂宗俊等齎詔諭其國。四年，其王參烈昭毗牙遣使奉表，與宗俊等偕來，貢馴象、六足龜及方物，詔賜其王錦綺及使者幣帛有差。已，復遣使賀明年正旦，詔賜《大統曆》及綵幣。五年貢黑熊、白猿及方物。明年復來貢。其王之姊參烈思寧別遣使進金葉表，貢方物於中宮，却之。已而其姊復遣使來貢，帝仍却之，而宴賚其使。時其王懦而不武，國人推其伯父參烈寶毗邪哆哩哆囉祿主國事，遣使來告，貢方物，宴賚如制。已而新王遣使來貢、謝恩，其使者亦有獻，帝不納。已，遣使賀明年正旦，貢方物，且獻本國地圖。（略）

其國，周千里，風俗勁悍，習於水戰。大將用聖鐵裹身，刀矢不能入。聖鐵者，人腦骨也。王，瑣里人。官分十等。自王至庶民，有事皆決於其婦。其婦人志量，實出男子上。婦私華人，則夫置酒同飲，恬不爲怪，曰：「我婦美，而爲華人所悅也。」崇信釋教，男女多爲僧尼，亦居菴寺，持齋受戒。衣服頗類中國。富貴者，尤敬佛，百金之産，即以其半施之。氣候不正，或寒或熱，地卑濕，人皆樓居。男女椎結，以白布裹首。富貴者死，用水銀灌其口而葬之。貧者則移置海濱，即有羣鴉飛啄，俄頃而盡，家人拾其骨號泣而棄之於海，謂之鳥葬。亦延僧設齋禮佛。交易用海肌。是年不用肌，則國必大疫。其貢物，有象、象牙、犀角、孔雀尾、翠羽、龜筒、六足龜、寶石、珊瑚、片腦、米腦、糠腦、腦油、腦柴、薔薇水、碗石、丁皮、阿魏、紫梗、藤竭、藤黄、硫黄、没藥、烏爹泥、安息香、羅斛香、速香、檀香、黄熟香、降真香、乳香、樹香、木香、丁香、烏香、胡椒、蘇木、肉荳蔻、白荳蔻、蓽茇、烏木、大楓子及撒哈剌、西洋諸布。其國有三寶廟，祀中官鄭和。（略）

[洪武]五年又遣使隨朝使常克敬來貢，上元所授宣敕三道。八年又貢。十年，王八達那巴那務遣使朝貢。其國又有東、西二王，東蕃王勿院勞網結，西蕃王勿勞波務，各遣使朝貢。天子以其禮意不誠，詔留其使，已而釋還之。十二年，王八達那巴那務遣使朝貢。明年又貢。時遣使賜三佛齊王印綬，爪哇誘而殺之。天子怒，留其使月餘，將加罪，已，遣還，賜敕責之。十四年遣使貢黑奴三百人及他方物。明年又貢黑奴男女百人、大珠八顆、胡椒七萬五千斤。二十六年再貢。明年又貢。（略）

碟里，近爪哇。永樂三年遣使附其使臣來貢。其地尚釋教，俗淳少訟，物産甚薄。日羅夏治，近爪哇。永樂三年遣使附其使臣入貢。國小，知種藝，無盜賊。亦尚釋教，所産止蘇木、胡椒。（略）

洪武三年，太祖遣行人趙述詔諭其國。明年，其王馬哈剌札八剌卜遣使奉金葉表，隨入貢黑熊、火雞、孔雀、五色鸚鵡、諸香、苾布、兜羅被諸物。詔賜《大統曆》及錦綺有差。户部言其貨舶至泉州，宜徵税，命勿徵。（略）

[洪武]九年，怛麻沙那阿者卒，子麻那者巫里嗣。明年遣使貢犀牛、黑熊、火雞、白猴、紅緑鸚鵡、龜筒及丁香、米腦諸物。使者言：「嗣子不敢擅立，請命於朝。」天子嘉其義，命使臣齎印，敕封爲三佛齊國王。時爪哇强，已威服三佛齊而役屬之，聞天朝封爲國王與己埒，則大怒，遣人誘朝使邀殺之。天子亦不能問罪，其國益衰，貢使遂絶。

又　卷三二五《外國傳》　浡泥，宋太宗時始通中國。洪武三年八月命御史張敬之、福建行省都事沈秩往使。自泉州航海，閱半年抵闍婆，又踰月至其國。王馬合謨沙傲慢不爲禮，秩責之，始下座拜受詔。時其國爲蘇祿所侵，頗衰耗，王辭以貧，請三年後入貢。秩曉以大義，王既許諾，其國素屬闍婆，闍婆人間之，王意中沮。秩折之曰：「闍婆久稱臣奉貢，爾畏闍婆，反不畏天朝邪？」乃遣使奉表箋，貢鶴頂、生玳瑁、孔雀、梅花大片龍腦、米龍腦、西洋布、降真諸香。八月從敬之等入朝。表用金，箋用銀，字近回鶻，皆鏤之以進。帝喜，宴賚甚厚。八年命其國山川附祀福建山川之次。（略）

滿剌加所貢物有瑪瑙、珍珠、玳瑁、珊瑚樹、鶴頂、金母鶴頂、瑣服、白苾布、西洋布、撒哈剌、犀角、象牙、黑熊、黑猿、白鹿、火雞、鸚鵡、片腦、薔薇露、蘇合油、梔子花、烏爹泥、沉香、速香、金銀香、阿魏之屬。（略）

覽邦，在西南海中。洪武九年，王昔里馬哈剌札的剌札遣使奉表來貢。詔賜其王織金文綺、紗羅，使者宴賜如制。永樂、宣德中，嘗附鄰國朝貢。其地多沙礫，麻麥之外無他種。商賈鮮至。山坦迤無峯巒，水亦淺濁。俗好佛，勤賽祀。厥貢，孔雀、馬、檀香、降香、胡椒、蘇木。交易用錢。（略）

淡巴，亦西南海中國。洪武十年，其王佛喝思羅遣使上表，貢方物，賜賚有差。其國，石城瓦屋。王乘輿，官跨馬，有中國威儀。土衍水清，草木暢茂，畜產甚夥。男女勤於耕織，市有貿易，野無寇盜，稱樂土焉。厥貢，苾布、兜羅緜被、沉香、速香、檀香、胡椒。（略）

百花，居西南海中。洪武十一年，其王剌丁剌者望沙遣使奉金葉表，貢白鹿、紅猴、龜筒、玳瑁、孔雀、鸚鵡、哇哇倒掛鳥及胡椒、香、蠟諸物。詔賜王及使者綺、幣、襲衣有差。國中氣候恒燠，無霜雪，多奇花異卉，故名百花。民富饒，尚釋教。（略）

［彭亨］其國土田沃，氣候常溫，米粟饒足，煮海爲鹽，釀椰漿爲酒。上下親狎，無寇賊。然惑於鬼神，刻香木爲像，殺人祭賽，以禳災祈福。所貢有象牙、片腦、乳香、速香、檀香、胡椒、蘇木之屬。

又 卷三二六《外國傳》 王，瑣里國人。崇釋教，重牛，日取牛糞燒灰塗其體，又調以水，徧塗地上，乃禮佛。手足直舒，腹貼於地以爲敬，王及庶民皆如之。不食牛肉，止食其乳，死則瘞之，有殺牛者，罪至死。氣候常熱，米粟豐足，民富饒，然不喜噉飯。欲噉，則於暗處，不令人見。徧體皆毫毛，悉薙去，惟髮不薙。所貢物有珠、珊瑚、寶石、水晶、撒哈剌、西洋布、乳香、木香、樹香、檀香、没藥、硫黄、藤竭、蘆薈、烏木、胡椒、碗石、馴象之屬。（略）

［榜葛剌］其王敬天朝。聞使者至，遣官具儀物，以千騎來迎。王宮高廣，柱皆黄銅包飾，雕琢花獸。左右設長廊，内列明甲馬隊千餘，外列巨人，明盔甲，執刀劍弓矢，威儀甚壯。丹墀左右，設孔雀翎傘蓋百餘，又置象隊百餘於殿前。王飾八寶冠，箕踞殿上高座，橫劍於膝。朝使入，令拄銀杖者二人來導，五步一呼，至中則止；又拄金杖者二人，導如初。其王拜迎詔，叩頭，手加額。開讀受賜訖，設氍毹於殿，宴朝使；不飲酒，以薔薇露和香蜜水飲之。贈使者金盔、金繫腰、金瓶、金盆，其副則悉用銀，從者皆有贈。厥貢，良馬、金銀琉璃器、青花白瓷、鶴頂、犀角、翠羽、鸚鵡、洗白苾布、兜羅緜、撒哈剌、糖霜、乳香、熟香、烏香、麻藤香、烏爹泥、紫膠、藤竭、烏木、蘇木、胡椒、粗黄。（略）

其國東南大海，西北重山，天時常若八九月。五穀、蔬果、諸畜咸備。人體頎碩。王及臣民悉奉回回教，婚喪亦遵其制。多建禮拜寺。遇禮拜日，市絶貿易，男女長幼皆沐浴更新衣，以薔薇露或沉香油拭面，焚沉、檀、俺八兒諸香土罏，人立其上以薫衣，然後往拜。所過街市，香經時不散。天使至，詔書開讀訖，其王徧諭國人，盡出乳香、血竭、蘆薈、没藥、蘇合油、安息香諸物，與華人交易。乳香乃樹脂，其樹似榆而葉尖長，土人砍樹取其脂爲香。有駝雞，頸長類鶴，足高三四尺，毛色若駝，行亦如之，常以充貢。（略）

［忽魯謨斯］其國居西海之極。自東南諸蠻邦及大西洋商舶、西域賈人，皆來貿易，故寶物填溢。氣候有寒暑，春發葩，秋隕葉，有霜無雪，多露少雨。土瘠穀麥寡，然他方轉輸者多，故價殊賤。民富俗厚，或遭禍致貧，衆皆遺以錢帛，共振助之。人多白晳豐偉，婦女出則以紗蔽面，市列廛肆，百物具備。惟禁酒，犯者罪至死。醫卜、技藝，皆類中華。交易用銀錢。書用回回字。王及臣下皆遵回教，婚喪悉用其禮。日齋戒沐浴，虔拜者五。地多鹹，不產草木，牛羊馬駝皆噉魚腊。壘石爲屋，有三四層者，寢處庖廁及待客之所，咸在其上。饒蔬果，有核桃、把聃、松子、石榴、葡萄、花紅、萬年棗之屬。境内有大山，四面異色。一紅鹽石，鑿以爲器，盛食物不加鹽，而味自和；一白土，可塗垣壁；一赤土、一黄土，皆適於用。所貢有獅子、麒麟、駝雞、福祿、靈羊；常貢則大珠、寶石之類。

又 卷三三二《西域傳》 萬曆七年，貢使言闡化王長子札釋藏卜乞嗣職，如其請。久之卒，其子請襲。神宗許之，而制書但稱闡化王。用閣臣沈一貫言，加稱烏斯藏怕木竹巴灌頂國師闡化王。其後奉貢不替。所貢物有畫佛、銅佛、銅塔、珊瑚、犀角、氆氇、左髻毛纓、足力麻、鐵力麻、刀劍、明甲胄之屬，諸王所貢亦如之。

又　卷三三二《西域傳》　成化中，其鎖魯檀阿黑麻三入貢。十九年偕亦思罕酋長貢二獅，至肅州，其使者奏請大臣往迎。職方郎中陸容言：「此無用之物，在郊廟不可爲犧牲，在乘輿不可被驂服，宜勿受。」禮官周洪謨等亦言往迎非禮，帝卒遣中使迎之。獅日啖生羊二，醋、酐、蜜酪各二瓶。養獅者，光禄日給酒饌。帝既厚加賜賚，而其使者怕六灣以爲輕，援永樂間例爲請。禮官議從正統四年例，加綵幣五表裏。使者復以爲輕，乃加正、副使各二表裏，從者半之，命中官韋洛、鴻臚署丞海濱送之還。其使者不由故道赴廣東，又多買良家女爲妻妾，洛等不爲禁止。久之，洛上疏委罪於濱，濱坐下吏。其使者請泛海至滿剌加市狻猊以獻，市舶中官韋眷主之，布政使陳選力陳不可，乃已。（略）

弘治二年，其使由滿剌加至廣東，貢獅子、鸚鵡諸物，守臣以聞。禮官耿裕等言：「南海非西域貢道，請却之。」禮科給事中韓鼎等亦言：「猙獰之獸，狎玩非宜，且騷擾道路，供費不貲，不可受。」帝曰：「珍禽奇獸，朕不受獻，況來非正道，其即却還。守臣違制宜罪，姑貸之。」禮官又言：「海道固不可開，然不宜絶之已甚，請薄犒其使，量以綺帛賜其王。」制可。明年又偕土魯番貢獅子及哈剌、虎剌諸獸，由甘肅入。鎮守中官傅德、總兵官周玉等先圖形奏聞，即遣人馳驛起送。獨巡按御史陳瑤論其糜費煩擾，請勿納。禮官議如其言，量給犒賞，且言：「聖明在御，屢却貢獻，德等不能奉行德意，請罪之。」帝曰：「貢使既至，不必却回，可但遣一二人詣京。獅子諸物，每獸日給一羊，不得妄費。德等貸勿治。」後至十二年始來貢。明年復至。而正德中猶數至。（略）

洪武中，藍玉征沙漠，至捕魚兒海，獲撒馬兒罕商人數百。太祖遣官送之還，道經别失八里。其王黑的兒火者，即遣千户哈馬力丁等來朝，貢馬及海青，以二十四年七月達京師。帝喜，賜王綵幣十表裏，其使者皆有賜。九月命主事寬徹、御史韓敬、評事唐鉦使西域。以書諭黑的兒火者曰：「朕觀普天之下，后土之上，有國者莫知其幾。雖限山隔海，風殊俗異，然好惡之情，血氣之類，未嘗異也。皇天眷佑，惟一視之。故受天命爲天下主者，上奉天道，一視同仁，俾巨細諸國，殊方異類之君民，咸躋乎仁壽。而友邦遠國，順天事大，以保國安民，皇天監之，亦克昌焉。曩者我中國宋君，奢縱怠荒，奸臣亂政。天監否德，於是命元世祖肇基朔漠，入統中華，生民賴以安靖七十餘年。至於後嗣，不修國政，任用非人，致紀綱盡弛，强陵弱，衆暴寡，民生嗟怨，上達於天。天用是革其命，屬之於朕。朕躬握乾符，以主黔黎。凡諸亂雄擅聲教違朕命者兵偃之，順朕命者德撫之。是以三十年間，諸夏奠安，外蕃賓服。惟元臣蠻子哈剌章等尚率殘衆，生釁寇邊，興師致討，勢不容已。兵至捕魚兒海，故元諸王、駙馬率其部屬來降。有撒馬兒罕數百人以貿易來者，朕命官護歸已三年矣。使者還，王即遣使來貢，朕甚嘉之。王其益堅事大之誠，通好往來，使命不絶，豈不保封國於悠久乎。特遣官勞嘉，其悉朕意。」徹等既至，王以其無厚賜，拘留之。敬、鉦二人得還。（略）

〔永樂〕八年，以朝使往撒馬兒罕者，馬哈麻待之厚，遣使齎綵幣賜之。明年貢名馬、文豹，命給事中傅安送其使還，賚金織文綺。時瓦剌使者言馬哈麻將襲其部落，因諭以順天保境之義。十一年，貢使將至甘肅，命所司宴勞，且敕總兵官李彬善遇之。明年冬，有自西域還者，言馬哈麻母及弟相繼卒。帝愍之，命安齎敕慰問，賚以綵幣。已而馬哈麻亦卒，無子，從子納黑失只罕嗣。十四年春，使來告喪。命安及中官李達弔祭，即封其嗣子爲王，賚文綺、弓刀、甲胄，其母亦有賜。明年遣使來貢，言將嫁女撒馬兒罕，請以馬市妝奩。命中官李信等以綺、帛各五百匹助之。十六年，貢使速哥言其王爲從弟歪思所弒，而自立，徙其部落西去，更國號曰亦力把里。帝以番俗不足治，授速哥爲都督僉事，而遣中官楊忠等賜歪思弓刀、甲胄及文綺、綵幣，其頭目忽歹達等七十餘人并有賜。自是，奉貢不絶。（略）

失剌思，近撒馬兒罕。永樂十一年遣使偕哈烈、俺的干、哈實哈兒等八國，隨白阿兒忻台入貢方物，命李達、陳誠等齎敕偕其使往勞。十三年冬，其酋亦不剌金遣使隨達等朝貢，天子方北巡。至明年夏始辭還，復命誠偕中官魯安齎敕及白金、綵緞、紗羅、布帛賜其酋。十七年遣使偕亦思弗罕諸部貢獅子、文豹、名馬，辭還。復命安等送之，賜其酋絨錦、文綺、紗羅、玉繫腰、磁器諸物。時車駕頻歲北征，乏馬，遣官多齎綵幣、磁器，市之失剌思及撒馬兒罕諸國。其酋即遣使貢馬，以二十一年八月謁帝於宣府之行宫。厚賜之，遣還京師，其人遂久留内地不去。仁宗嗣位，趣之還，乃辭去。（略）

宣德二年貢駝馬方物，授其使臣阿力爲都指揮僉事，賜誥命、冠帶。嗣後久不貢。成化十九年與黑婁、撒馬兒罕、把丹沙諸國共貢獅子，詔加優賚。弘治五年，哈密忠順王陝巴襲封歸國，與鄰境野乜克力酋結婚。失剌思酋念其貧，偕旁國亦不剌因之酋，率其平章鎖和卜台、知院滿可，各遣人請頒賜財物，助之成婚。朝議義之，厚賜陝巴，并賜二國及其平章、知院綵幣。嘉靖三年與旁近三十二部並遣使貢馬及方物。其使者各乞蟒衣、膝襴、磁器、布帛。天子不能却，量予之。自是，貢使亦不至。（略）

亦思弗罕，地近俺的干。永樂十四年使俺都淮、撒馬兒罕者道經其地，賜其酋文綺諸物。十七年偕鄰國失剌思共貢獅、豹、西馬，賚白金、鈔幣。使臣辭還，命魯安等送之。有馬哈木者，願留京師。從其請。成化十九年與撒馬兒罕共貢獅子、名馬、番刀、兜羅、鎖幅諸物，賜賚有加。（略）

黑婁，近撒馬兒罕，世爲婚姻。其地山川、草木、禽獸皆黑，男女亦然。

敏真城，永樂中來貢。其國地廣，多高山。日中爲市，諸貨駢集，貴中國磁、漆器。產異香、駝、馬。（略）

宣德七年遣使來朝，貢方物。正統二年，其王沙哈魯鎖魯檀遣指揮哈只馬黑麻奉貢。命齎敕及金織紵絲、綵絹歸賜其王。六年復來貢。景泰四年偕鄰境三十一部男婦百餘人，貢馬二百四十有七，騾十二，驢十，駝七，及玉石、硇砂、鑌鐵刀諸物。天順七年，王母塞亦遣指揮僉事馬黑麻捨兒班等奉貢。賜綵幣表裏、紵絲襲衣，擢其使臣爲指揮同知，從者七人俱爲所鎮撫。成化十九年與失剌思、撒馬兒罕、把丹沙共貢獅子。（略）

宣德五年，鄭和使西洋，分遣其儕詣古里。聞古里遣人往天方，因使人齎貨物附其舟偕行。往返經歲，市奇珍異寶及麒麟、獅子、駝雞以歸。其國王亦遣陪臣隨朝使來貢。宣宗喜，賜賚有加。正統元年始命附爪哇貢舟還，賜幣及敕獎其王。六年，王遣子賽亦得阿力與使臣賽亦得哈三以珍寶來貢。陸行至哈剌，遇賊，殺使臣，傷其子右手，盡劫貢物以去，命守臣察治之。（略）

魯迷，去中國絕遠。嘉靖三年遣使貢獅子、西牛。給事中鄭一鵬言：「魯迷非嘗貢之邦，獅子非可育之獸，請却之，以光聖德。」禮官席書等言：「魯迷不列《王會》，其真偽不可知。近土魯番數侵甘肅，而邊吏於魯迷冊內，察有土魯番之人。其狡詐明甚，請遣之出關，治所獲間諜罪。」帝竟納之，而令邊臣察治。（略）

［嚕默特］五年冬，復以二物來貢。既頒賜，其使臣言，長途跋涉，費至二萬二千餘金，請加賜。御史張祿言：「華夷異方，人物異性，留人養畜，不惟違物，抑且拂人。況養獅日用二羊，養西牛日用果餌。獸相食與食人食，聖賢皆惡之。又調御人役，日需供億。以光祿有限之財，充人獸無益之費，殊爲拂經。乞返其人，却其物，薄其賞，明中國聖人不貴異物之意。」不納。乃從禮官言，如弘治撒馬兒罕例益之。二十二年偕天方諸國貢馬及方物，明年還至甘州。會迤北賊入寇，總兵官楊信令貢使九十餘人往禦，死者九人。帝聞，褫信職，命有司棺斂歸其喪。二十七年、三十三年并入貢。其貢物有珊瑚、琥珀、金剛鑽、花瓷器、鎖服、撒哈剌帳、羚羊角、西狗皮、捨列猻皮、鐵角皮之屬。

又　卷三二九《西域傳》　永樂四年遣官使別失八里，道其地，以綵幣賜之。其萬户賽因帖木兒遣使貢玉璞，明年達京師。六年，其國番僧清來率徒法泉等朝貢。天子欲令化導番俗，即授爲灌頂慈慧圓智普通國師，徒七人並爲土魯番僧綱司官，賜賚甚厚。由是其徒來者不絕，貢名馬、海青及他物。天子亦數遣官獎勞之。（略）

［弘治］三年春，偕撒馬兒罕貢獅子，願獻還城印，朝廷亦還其使臣。禮官請却勿納，帝不從。及使還，命內官張芾護行，諭內閣草敕。閣臣劉吉等言：「阿黑麻背負天恩，殺我所立罕慎，宜遣大將直擣巢穴，滅其種類，始足雪中國之憤。或不即討，亦當如古帝王封玉門關，絕其貢使，猶不失大體。今寵其使臣，厚加優待，又遣中使伴送，此何理哉！陛下事遵成憲，乃無故召番人入大內看戲獅子，大賚御品，誇耀而出。都下聞之，咸爲駭嘆，謂祖宗以來，從無此事。奈何屈萬乘之尊，爲奇獸之玩，俾異言異服之人，雜遝清嚴之地。況使臣滿剌土兒即罕慎外舅，忘主事讎，逆天無道。而阿黑麻聚集人馬，謀犯肅州，名雖奉貢，意實叵測。兵部議羈其使臣，正合事宜。若不停張芾之行，彼使臣還國，阿黑麻必謂中土帝王可通情希寵，大臣諫國，天子不聽，其奈我何。長番賊之志，損天朝之威，莫甚於此。」疏入，帝止芾行，而問閣臣興師、絕貢二事。吉等以時勢未能，但請薄其賜賚。因言飼獅日用二羊，十歲則七千二百羊矣，守獅日役校尉五十人，一歲則一萬八千人矣。若絕其餧養，聽其自斃，傳之千載，實爲美談。帝不能用。

秋，又遣使從海道貢獅子，朝命却之，其使乃潛詣京師。禮官請治沿途有司罪，仍却其使，從之。當是時，中外乂安，大臣馬文升、耿裕輩，咸知國體，於貢使多所裁損，阿黑麻稍知中國有人。四年秋，遣使再貢獅子，願還金印，及所據十一城。邊臣以聞，許之，果以城印來歸。明年封陝巴爲忠順王，納之哈密，厚賜阿黑麻使臣，先所拘者盡釋還。

清 周煌《琉球國志略》卷三《封貢》 [洪武]二十三年，表賀元旦，貢方物，世子武寧亦貢馬五匹，硫磺二千斤，胡椒二百斤，蘇木三百斤。通事屋之結等私攜胡椒三百斤，乳香十斤，爲門者所獲，當入官，詔還之，仍賜屋之結等六十人鈔各十錠。

清 乾隆《歙縣志》卷六《物産》 國朝康熙三十八年，知縣鄭元綬始奉晼撫諭辦櫻桃脯、橄欖脯，歲以爲常，然皆非歙産，必轉購於蕪揚各郡，物微而費不貲。乾隆年間，知縣薩彬阿申稟罷免，嗣是封疆大府循例土宜充貢，總視歙之物産，無定額亦無常品，大要惟硯與墨爲最，其他則北源茶、紫霞茶、掛麪、青螺笋玕、珍珠菜黄精及螺蛳各器，且亦未能預定云。（略）

歙田少土瘠，古所謂荒服也。向無額貢，然攷元制夏税有茶租、地租、絲緜之目，而秋賦惟粟。歲貢之品四，一玉面貍十頭，二貉皮四百六十二張，三上供紙，四上供帛。明初則有活鹿、活兔之供。洪武九年，志載貢物四：曰皮張、曰翎毛、曰上供紙、上供帛。嘉靖中革除，惟歙與休績，共貢紙玖千陸百張，匠户承應。

清 乾隆《甘州府志》卷一《世紀》 宋乾德二年，甘州回鶻遣使入貢，玉百團，琥珀四十斤，犛牛、尾貂、鼠等。三年甘州回鶻遣使趙黨誓等貢團玉、琥珀，紅白犛牛尾，十一月又遣僧獻佛牙寶器。

開寶中累遣使貢方物，其宰相鞠仙越亦貢馬。（略）

宋仁宗天聖元年，甘州回鶻遣使阿葛之王文貴來貢，詔外甥可汗夜落隔歸順，封歸忠保順可汗。按回鶻自五代以訖宋初，頻年入貢，貢玉，貢馬，貢橐駝，貢大尾羊、細白氎，蓋其常也。其異者，有孔雀，有琥珀、珊瑚，有佛牙，有黄湖綿、馬乳香，其酋有王仁美、狄銀、阿咄欲、王仁裕、王景瓊等名，其使人異者，有僧有尼。二年甘州回鶻遣都督智信等來貢。

智信等十四人貢馬及黄湖綿、細白氎。

清 師範《滇繫》第三册《事畧》 和帝永元六年，永昌徼外夷遣使謹獻犀牛、大象。

清 徐松《宋會要輯稿·食貨》四一之四〇 神宗熙寧元年十二月，尚書户部上諸道府土産貢物：開封府麻黄五十斤，酸棗仁伍斗。河南府峭粉八兩。青州仙紋綾一十五匹，棗一萬五千顆，蜜州布二端，海蛤一匣子。齊州陽起石一百兩，白彊蠶二十三兩。沂州茯苓五斤，仙苓脾五斤。萊州七孔決明五斤。濰州綜絲絁一十匹。淄州防風三十斤。兖州雲母粉一斤，白羊石五兩，黑羊石五兩，茯苓七斤半，青礞石一斤，仙苓脾一斤，赤箭草七斤半。曹州絹二十匹，葶藶子三升四合。濮州駝紵布二匹，毛布二匹。襄州大青茅藍十五兩，母獐皮五十張。鄧州絹一十匹，白菊花五十六斤。隨州絹三十匹，滑州絹三十匹。蔡州寅蟲、水蛭各二兩。棣州絹一十匹。德州絹一十匹。廣州絹一十匹。思州綾三十匹。邢州解玉砂一百片。懷州牛膝五十斤。洺州絁子二匹，磁州磁石五十斤，磁玉一十斤。永興軍酸棗仁五斗，地骨皮一十斤。同州纈紋靴材一副，華州茯苓四十四斤，商州麝香二十臍。寧州菴蕳蒿子一十斤。乾州栢實一十斤。儀州弩絃麻皮三十斤，絳州防風二十斤半，黄蠟二十斤半。忻州解玉砂五十斤。澤州白蜜五斗，石英二十五兩。亳州絹一十匹。黄州紵布一十匹。越州綾一十匹，茜緋紗一十匹，祕色甆器五十事，蘇州白墡一十秤。湖州白編布二十匹。明州乾山藥一百斤，烏鰂骨二十斤。台州天壽根三斤，甲香三斤，鮫魚皮三十張，睦州交梭絹一十匹，布五匹，白蜜五十斤。宣州黄連一十片。歙州白滑表紙一千張，大龍鳳墨二百錠。信州白蜜五十斤，用銀瓶二隻，盛虔州白布一十匹。鼎州布一十匹，益州大花羅六匹，高紵布一十匹。眉州麩金三兩。蜀州春羅四匹。嘉州麩金三兩。邛州絲布二匹。黎州紅椒二十斤。簡州綿紬二十匹。樟州白熟綾一十四匹。遂州樗蒲綾一十匹，資州麩金五兩。普州絹一十匹。昌州絹一十匹。渠州買子木二大斤。洋州隔織三匹，麝香五臍。閬州綾一十匹。劍州巴戟三斤。巴州綿紬五匹，木藥子一百顆。蓬州綜絲綾一十匹。龍州附子一斤，側子八兩，羚羊角四具，烏頭八兩。集州木藥子一千顆，山荳根一十兩。達州藍紬五匹。施州木藥子二大斤。開州車前子一斗二升，黄蠟一十斤。涪州絹一十匹，紬五匹。渝州絹一十匹。漳州甲香五斤，鮫魚皮二十張。連州細布一十匹。元豐三年二月十二日，詳定朝會儀注所言，唐尚書户部主貢物大朝會則陳之，國朝舊儀元正朝賀所陳貢物，僅存其名，蓋有司之闕，謹稽按圖誌，推原州郡物産之所，宜輕重多寡稍爲條次，京東路南京絹二十匹；兖州花綾十匹，墨百斤，茯苓、雲母、防風、紫石英各十斤；徐州雙絲綾、紬、絹各一十匹；曹州絹十匹，葶藶子三升；青州綾二十匹；鄆州絹千匹；蜜州絹十匹，牛黄三兩；齊州絹十匹，絹百兩，陽起石、防風各十斤；濟州阿膠三十兩；沂州紫石英、仙靈脾、茯苓各十斤，鍾乳三十兩；濰州紋綾二十匹；登州牛黄三兩，金十兩，石器十；萊州牛黄三兩，牡礪、海藻各十斤，石器十；單州蛇床、防風各十五斤；濮州絹十匹；淄州綾十匹，防風、長理石各五斤；淮陽軍絹十匹；餘十五路稱是見元豐三年。《九域志》又言：《夏書》冀州以帝都入穀不貢，異於餘州，《唐地理志》京兆、河南府皆有貢，今開封府雖不列於諸州，亦宜復土貢，並從之。仍詔貢物，應買者給省錢，偶無者聽以他物代，並遞夫傳送。

清 慶霖等修 戚學標等纂《太平縣志》卷四《賦役》 歲貢闔郡金漆三斤，甲香三十斤，鮫魚皮十張，嘉定錫貢柑子一萬三千顆。

又 歲貢闔郡柑子二萬三千顆，沙魚皮一百六十七張，魚鰾一百四十斤，貉皮一千一百二十四張，和買無定價，但欲買時對物支值民便之。

清 馮甦《滇考》卷下 廣南酋沙奴素强悍，宋時嘗賜以金印。至元，諸部悉平，獨此尚梗化，呼遜遣使誘至，待以禮，留數月不遣，酋請還，呼遜曰：「汝欲還可，納印來。」酋不得已，納之。因置酒宴，勞令偕印入覲，帝大悦。大德五年，緬國主負固不臣，呼遜遣人諭之曰：「我老薩達克齊平章子也，惟先訓是遵。凡官府於汝國所不便事，當一切爲汝更之。」緬國主聞之，遂與使者偕來獻白象一，且曰：「此象古來所未有，今聖德所致，敢效方物。」既入，帝賜緬國主以世子之號。

清 光緒《邵陽縣志》卷十《雜志》 邵州土貢犀角一株。

清 戴焕南修 張粲奎纂《新甯州志》卷四《安南事畧》 朝貢方物，康熙十四年例。每貢沉香九百六十兩，速香二千三百六十八兩，降真香三十株，重二千四百斤，白木香五十件，重一千斤，中黑線香八千株，犀角二十座，每座一斤六兩，共二十七斤八兩。象牙二十枝，每枝十九斤，共三百八十斤。清康熙五十五年，九卿遵旨議覆嗣後將金香爐、花瓶、銀盆俱照數拆金銀進獻。至廣西將金、銀、犀角、象牙、沉香、速香俱照數交布政司貯庫，仍造册送部。奉旨安南國路途遥遠，犀角、象牙俱係重物，解送其實勞苦，嗣後犀角、象牙免其進貢。清康熙五十六年、五十九年兩次歲貢方物。每次金香爐、花瓶四副，該重二百零九兩，折作金子二十一錠，稱二百零九兩，銀盆一十二口，重六百九十一兩，折作銀子六十九錠，稱六百九十一兩，沉香九百六十兩，速香二千三百六十八兩，俱收貯藩庫。謝恩，免獻犀角象牙，册封賜邮三次儀物，每次金香爐花瓶一副，該重五十七兩五錢，折作金子六錠。稱五十七兩五錢。銀鶴、銀臺各一個，該重四十九兩四錢，折作銀子五錠，稱四十九兩四錢。銀香爐花瓶一副，該重五十二兩四錢，折作銀子五錠五十兩四錢，沉香三十斤速香六十斤，漆扇一百把，俱收貯藩庫。

清 光緒《惠州府志》卷一七《郡事》 虞帝命禹定方物，隨揚州入貢。禹平水土分爲九州，則惠爲揚州外徼，雖禹跡未經，而厥貢金三品，瑶琨、篠簜、齒革、羽毛及卉服、織貝、橘柚皆南海物，惠故鮮物産，然多柚三品之金，亦往往有之。

清 西清《黑龍江外記》卷五 將軍副都統等歲獻方物，六月進白麪，七月進鷹鶻，十月進魚雉等野味，曰「進鮮」。十一月進年貢，亦魚、雉、野豬類，而箭、笴、桃皮、木、火茸，附俗謂之走大車，同月進海東青，十二月進春魚，内惟鷹鶻送木蘭行在，餘悉貢京師，往歲恭遇。高宗八旬萬壽，將軍副都統等呈進貢物，有鶴、有鹿、有馬、有堪達漢、有四不像、有貂鼠、有灰鼠，皆沿途謹飼以進，而貂皮灰鼠皮、舍利猻皮、元狐皮、及刮鰾如意。附嘉慶十四年恭進，皇上五旬萬壽，貢敬依往制，惟元狐九張，不備購未得故也。

清 佚名《土默特志》卷二《源流》 詔晉託博克一等条領賚弓矢冠服諸物，六年賜貢使圖們博奇等宴及甲冑冠服，順治元年獻駝馬貂皮。

清 徐珂《清稗類鈔》第一册《朝貢類·錢謙益貢物》 順治乙酉，豫王下江南，明臣皆致重幣，以錢牧齋所獻爲最薄，蓋自表其廉白也。所具柬帖，第一行細書「太子太保禮部尚書翰林院學士臣錢謙益」，末亦如之。其貢品乃鎏金銀壺、法琅銀壺各一具，蟠龍玉杯、天鹿犀杯、葵花犀杯、芙蓉犀杯、法琅鼎杯各一進，法琅鶴杯、銀鑲鶴杯各一對，宣德宫扇、真金川扇、弋陽金扇、戈奇金扇、百子宫扇、真金杭扇各十柄，真金蘇扇四十柄，銀鑲象牙箸十雙。以是爲薄，其厚者可知矣。

又《暹羅進白鼠》 康熙朝，暹羅進白鼠三百頭，聖祖以賜四皇子，即世宗也。乃分四隊，日教之戰，不聽命者殺之。越日，未死者不及半矣。聖祖聞之，謂其自幼嗜殺，惡之。

又《西人貢火雞》 康熙辛亥，西洋人有以火雞入貢者。舟進蘇州閶關，出雞於船頭，令市人聚觀之。赤色，與雞同，飼以火炭，如啄米粒也。

又《西洋貢獅》 康熙乙卯秋，西洋遣使入貢，品物中有神獅一頭，乃繫之後苑鐵柵。未數日，逸去，其行如奔雷快電。未幾，嘉峪關守臣飛奏入廷，謂於某日午刻，有獅越關而出。獅身如犬，作淡黄色，尾如虎，稍長，面圓，髮及耳際。其由外國來時，繫船首將軍柱上，旁一豕飼之，豕在岸猶號，及入船，即噤如無力。解纜時，獅忽吼，其聲如數十銅鉦，一時并擊，某家厩馬十餘騎同時伏櫪，幾無生氣。

又《聖祖卻喇里達貢》 聖祖幸索爾哈濟時，喇里達頭人進青翅蝴蜨一雙，謂能捕鳥，又彩鷂一架，謂能擊虎。上命侍衛毋納，厚賞其人而還之。

又《錢陳羣獻竹根如意》 乾隆庚寅，舉行六十萬壽，錢陳羣獻竹根如意。高宗批云：「未須僧紹之賜，恪致公遠之貢。文而有理，把玩良怡。今賜卿木蘭所獲鹿，服食延年，以俟清晤。」高宗在位六十年而内禪，爲太上皇，至嘉慶己未崩，壽八十有九。

又《外藩進白鷹海東青》 嘉慶庚申冬，卓里克圖親王拉旺進白鷹，科爾沁達爾漢親王丹怎旺布進海東青。上召畫工各繪爲圖，命供奉内廷翰林賦詩以題之。

又《金甡貢萊石菊花》 金海住尚書甡，嘉慶壬戌狀元，直上書房，質莊親王爲其弟子，性直鯁，遇諸皇子嬉笑，即面折之。體肥偉，夏日裸體園中。遇萬壽節，禁廷詞臣皆有貢獻，金貢萊石菊花一枚，號曰「東籬壽友」。同事者誚其弇陋，金曰：「天子富有四海，何所不備，吾輩措大所獻者，聯君臣之情爾。此物吾所珍惜，故貢諸丹陛，亦野人獻芹意耳。」

又《顔檢奏罷福建貢荔》 福建例貢荔枝，道光辛巳，經閩浙總督顔檢奏罷。

又《廣橘貢費十數萬》 同治時，有海軍將領王姓者，談者忘其名字。其所率兵艦自粤至北洋，饋某權要以廣橘數筐。時海道初通，京師素無此物，某以其一筐轉贈恭王。王之少子，袖數枚入宫，穆宗食之而甘，使内監至恭邸索之，會已罄，問所從得，以饋自某對，復索之某處，則亦投贈盡矣。以既經御賞，急遣王以兵艦至粤，盡購市上所有以來，費銀數萬。比上呈，内監索賂，某不應，内監銜之，剖其潰敗者以進。穆宗覺味遜於前，以詢某，某大恐，偵知其故，亟賄内監，乃以良者進。他日見某，偶言及之，某叩頭謝，冠索忽絶，觸階而墜，爲内監所持，將糾其失儀，又賄數萬金，始免。是役也，以一果餌之微，而某之所費已十數萬金矣。

又《豐臺花匠貢盆菊》 光緒中，順天豐臺花匠進呈盆菊，有一枝作深赭色者，名曰壽星袍。孝欽后至爲愛惜，與天津查氏之黄金印並列御榻前。

又《張樵野進人參酒》 德宗體弱，張樵野侍郎嘗進人參酒，飲之甚適。其色如琥珀，香似麝蘭也。

清 趙爾巽《清史稿》卷一二〇《食貨志》 其户之别，曰軍，曰民，曰匠，曰竈。此外若回、番、羌、苗、瑶、黎、夷等户，皆隸於所在府、廳、州、縣。凡民，男曰丁，女曰口。男年十六爲成丁，未成丁亦曰口。丁口繫於户。凡腹民計以丁口，邊民計以户。蓋番、回、黎、苗、瑶、夷人等，久經向化，皆按丁口編入民數。其以户計者，如三姓所屬赫哲、費雅喀、奇勒爾、庫葉、鄂倫春、哈克拉五十六姓，甘肅各土司，及莊浪廳所屬番子，西藏各土司所屬三十九族，烏里雅蘇台所屬唐努烏梁海貢貂户，科布多所屬阿爾泰烏梁海貢貂户、貢狐皮户，阿爾泰諾爾烏梁海貢貂户、貢灰鼠皮户，皆是。至土司所屬番、夷人等，但報明寨數、族數，不計户者不與其數。

又 卷五二〇《藩部傳》 天聰四年，阿嚕諸部長内附，伊爾扎木來獻駝馬貂皮，賜宴，命坐大貝勒代善右以優異之。五年，偕格從征明大淩河，敗錦州援兵，獻俘百餘。賜酒勞飲，給陣獲甲仗。六年，偕格從征察哈爾。七年，索諾木、鄂木佈、伊爾扎木相繼獻駝馬，賚甲冑、雕鞍、鞓帶及幣。八年，鄂木佈、伊爾扎木復獻駝馬，命諸貝勒以次宴之。尋遣大臣赴碩翁科爾定諸藩牧，以都木達都騰格里克、鄂多爾台爲其部牧界。九年夏，伊爾扎木隨大軍收察哈爾汗子額哲，盡降其衆。冬，獻駝馬、貂皮。崇德元年，宣諭朝鮮，其部伊爾遜德齋書從，遇明皮島兵，擊斬二人，還，得優賚。是年，授鄂木佈扎薩克，俾統四子部落。三年，伊爾扎木從征明山東。四年，從征松山。師旋，以前遣兵不及額，又弗朝正，議奪所屬人户。詔從寬罰牲畜。五年，來朝，賚甲冑、弓矢、綵幣。六年，上親征明，圍松山，其部將都爾拜隨大軍設伏高橋及桑阿爾齋堡，追杏山逃卒，獲之。

又 卷五二一《藩部傳》 初，喀爾喀服屬於察哈爾。天聰九年，大軍平察哈爾，車臣汗碩壘偕烏珠穆沁、蘇尼特諸部長上書通好，貢駝馬。崇德元年春，以其部私與明市馬，諭責之曰：「明，朕讐也。前者察哈爾林丹汗貪明歲幣，沮朕伐明，且欲助之，朕故移師往征。天以察哈爾爲非，故以其國予朕。

今爾與明市馬，是助明也。爾當以察哈爾爲戒，其改之！」碩壘遣偉徵喇嘛等來朝，請與明絶市，上嘉之，命察罕喇嘛往賚貂服、朝珠、弓、刀、金幣。二年，獻所産獸曰獺喜。三年，獻馬及甲胄、貂皮、雕翎，俄羅斯鳥槍，回部弓箙、鞍轡，阿爾瑪斯斧、白鼠裘，唐古特玄狐皮。詔歲貢九白，他物毋入獻。

又 卷五二六《屬國志》 會朝鮮叛人韓潤、鄭梅來歸，請爲嚮導，搆兵端。時太宗天聰元年，朝鮮國王李倧嗣位之三年也。正月，命貝勒阿敏等率師征朝鮮。渡鴨緑江，敗文龍兵於鐵山，遁還皮島。遂克義州、定州及漢山城，屠其軍民數萬，焚糧百餘萬。長驅而進，渡青泉江，克安州，進師平壤，城中官民悉遁走。乃渡大同江，次中和。倧惶遽甚，遣使求成，阿敏責數其罪。二月，師次黄州，國中震恐，求成之使絡繹於道，遂逼王京。倧勢蹙，挈妻子遁江華島，來告曰：「敝邑無所逃罪，惟上國命是從。」乃許其和。江華島在開州南海中，遣使赴島諭倧，而駐軍平山以待。倧遣族弟原昌君李覺等獻馬百、虎豹皮百、綿紬苧布四百、布萬有五千，於是遣劉興祚、巴克什庫爾纏往江華島涖盟。三月庚午，刑白馬烏牛，誓告天地。和議成，約爲兄弟之國。（略）

城圍益急。癸丑，倧請成，不許。己未，再請成。庚申，降。敕令出城親覲，并縛獻倡議敗盟諸臣。是日，倧始奏書稱臣，乞免出城。帝命多爾袞以輪挽小船由陸出海，礮沉其大艦三十。小船徑渡入島城，獲王妃、王子、宗室七十六人，羣臣家口百六十有六，客諸别室。甲子，諭倧速遵前詔出城來見。倧乃獻出倡議敗盟之弘文館校理尹集、修撰吴達濟及臺諫官洪翼漢，詣軍前。帝敕令去明年號，納明所賜誥命册印，質二子，奉大清國正朔；萬壽節及中宫皇子千秋、冬至、元旦及諸慶弔事，俱行貢獻禮；遣大臣内官奉表，與使臣相見及陪臣謁見，併迎送饋使之禮，毋違明國舊例；有征伐調兵扈從，并獻犒師禮物；毋擅築城垣；毋擅收逃人；每年進貢一次，其方物黄金百兩、白金千兩、水牛角二百對、貂皮百張、鹿皮百張、茶千包、水獺皮四百張、青黍皮三百張、胡椒十斗、腰刀二十六口、順刀二十口、蘇木二百觔、大紙千卷、小紙千五百卷、五爪龍蓆四領、花蓆四十領、白苧布二百疋、綿紬二千疋、細蔴布四百疋、細布萬疋、布四千疋、米萬包。（略）

［太宗天聰八年九月］是月，世祖即位，頒詔其國，並賚敕往諭，減歲貢内紅緑綿紬各五十疋、白綿紬五百疋、紵絲二百疋、布二百疋、腰刀六口、龍蓆二領，花蓆二十領。十月，倧遣其子淯奉表進香，貢方物。十二月，倧遣陪臣奉表賀登極。順治元年正月，諭倧停解瓦爾喀人民。五月，以破流賊李自成，底定燕京，宣示朝鮮。七月，倧遣陪臣表賀，貢方物。十一月，遣世子湹歸國，敕減歲貢内蘇木二百斤、茶十包、綿紬千疋、各色細布五千疋、布四百疋、麤布二千疋、順刀十把、刀十把，其元旦、冬至、萬壽慶賀貢物，以道遠俱於朝正時附進，著爲令。二年三月，遣倧次子淏歸國。十一月，世子湹卒，封倧次子淏爲世子。三年十月，免貢米。六年正月，以朝鮮年覲，原定閣臣、尚書各一員，書狀官一員代之，此後或閣臣、尚書一員代覲，書狀官仍舊。（略）

［康熙］三年，質遣陪臣吴國用、金正春奉表謝封，貢方物。四年，再遣貢使並賀登極。其貢物至梅花港口遭風漂失，帝諭免其補進。五年，質仍遣貢使補進前失貢物。帝諭曰：「尚質恭順可嘉，補進貢物，俱令齎回。至所進瑪瑙、烏木、降香、木香、象牙、錫速香、丁香、檀香、黄熟香等，皆非土産，免其入貢。其琉璜留福建督撫收貯。餘所貢物，令督撫差解來京。」即給賞遣歸。六年，貢使仍齎表入覲。七年，重建柔遠館驛於福建，以待琉球使臣。是年，王尚質薨。（略）

［康熙］八年，世子尚貞遣陪臣英常春來貢。琉球國凡王嗣位，先請朝命，欽命正副使奉敕往封，賜以駝鈕鍍金銀印，乃稱王。未封以前稱世子，權國事。十年、十三年，世子貞均遣陪臣來貢。十八年，貞遣陪臣補進十七年正貢。舊例貢物有金銀罐、金銀粉匣、金缸酒海、泥金彩畫圍屏、泥金扇、泥銀扇，畫扇、蕉布、苧布、紅花、胡椒、蘇木、腰刀、火刀、鎗、盔甲、馬、鞍、絲、綿、螺盤，加貢之物無定額。十九年，陪臣來貢，帝俱令免進。嗣後常貢，惟馬及熟硫磺、海螺殼、紅銅等物。

又 卷五二八《屬國傳》 ［乾隆］四十三年，暹羅遣民起兵逐緬人復國。五十一年，詔封鄭華爲暹羅國王，於是緬益懼。五十二年，耿馬土司罕朝瑗報言：「滾弄隔岸即緬甸木邦，緬酋孟雲遣大頭目葉渺瑞洞、細哈覺控、委盧撒亞三名，率小頭人從役百餘人，齎金葉表文，金塔及馴象八、寶石、金箔、檀香、大呢、象牙、漆盒諸物，絨氈、洋布四種，懇求進貢。」譯其文，稱孟雲乃甕藉牙第四子，幼爲僧，懵駁其長兄也。懵駁死，子贅角牙立。孟雲次兄孟魯，以甕藉牙有兄終弟及之諭，懵駁死而子襲，非約，乃戕殺贅角牙，欲自立，國人不服，亦殺孟魯，迎孟雲立之。孟雲深知父子行事錯謬，感大皇帝恩德，屢欲投誠進貢，因與暹羅搆釁，且移建城池，未暇備辦。今緬甸安寧，特差頭目遵照古禮進表納貢。」總督富綱等以聞，帝允所請，賚其使而歸之，且賚孟雲佛像、文綺、珍玩器皿。五十四年，孟雲遣使賀八旬萬壽，乞賜封，又請開關禁以通商旅，帝皆從之，封爲緬甸國王，賜敕書、印信，及御製詩章、珍珠手串，遣道員、參將齎往其新都蠻得列，定十年一貢。自是西南無緬患。（略）

［雍正］六十年，緬王遣使祝釐，進緬石長壽佛、貝葉緬字經、福字鐙、金海螺、銀海螺、金鑲緬刀、金柄麈尾、黄緞繖、貼金象轎、洋槍、馬鞍、象牙、犀角，孔雀、木化石、玄猴皮、各色呢、各色花布，都十有八種。時有三緬盜逸入印度，緬人以五千人追之，突入印度之勢他加境，英人領土也。英守將爾斯根詰緬人，以盜付之。嘉慶元年，緬王復遣使朝貢。總督勒保以緬使甫經回國，不宜數來，檄雲南司道拒勿納。事聞，帝諭曰：「緬甸國王以本年國慶，特遣使臣齎表備物申虔稱賀，勒保不據實奏聞，遽行拒絶，致令使臣徒勞跋涉，殊失柔遠綏懷之意。勒保交部嚴議。」命軍機大臣擬旨曉諭緬王，頒賜蟒錦四端。五年，緬甸入貢。十年冬，緬甸復遣使叩關求入貢，以是年暹羅伐緬，有敕諭暹羅罷兵故也。帝以非貢期，卻之。（略）

康熙二年，暹羅正貢船行至七洲海面，遇風飄失護貢船一，至虎門，仍令駛回。三年七月，平南王尚可喜奏暹羅來餽禮物，卻不受。其年，議准暹羅進貢，正貢船二艘，員役二十名，補貢船一艘，員役六名，來京，並允貿易一次。明年十一月，國王遣陪臣等齎金葉表文，文曰：「暹羅國王臣森列拍臘照古龍拍臘馬嘑陸坤司由提呀菩埃誠惶誠恐稽首，謹奏大清皇帝陛下。伏以新君御世，普照中天，四海隸帡幪，萬方被教化。卑國久荷天恩，傾心葵藿，今特竭誠朝貢，敬差正貢使握坤司吝喇耶邁低禮、副貢使握坤心勿吞瓦替、三貢使握坤司敕博瓦綈、大通事揭帝典，辦事等臣，梯航渡海，齎上金葉表文、方物進獻，用伸拜舞之誠，恪盡遠臣之職。伏冀俯垂天聽，寬宥不恭，微臣不勝瞻天仰聖戰慄屏營之至，謹具表以聞。御前方物：龍涎香、西洋閃金緞、象牙、胡椒、藤黄、荳蔻、沉香、烏木、大楓子、金銀香、蘇木、孔雀、六足龜等；皇后前半之。」帝錫國王緞、紗、羅各六；金緞、紗、羅各四，王妃各減二。正副使等賞賚有差。定暹羅貢期三年一次，貢道由廣東，常貢外加貢無定額。貢船以三艘爲限，每艘不許逾百人，入京員役二十名，永以爲例。

著　録

清　永瑢《四庫全書總目》卷七八　《西洋朝貢典録》三卷江蘇巡撫採進本

明黄省曾撰。省曾字勉之，吴縣人，嘉靖辛卯舉人，《明史文苑傳》附見文徵明傳中。是編紀西洋諸國朝貢之事，自占城以迄天方，爲國二十有三，國各一篇，篇各有論。凡道里遠近，風俗美惡，物産器用之殊，言語衣服之異，靡不詳載。考《明史外國傳》，其時通職貢者尚不盡於此録。省曾止就内侍鄭和所歷之國，編次成書，餘固未暇及也。末有二跋，一爲東川居士孫允伽，一爲清常道人趙開美。允伽稱此書初未付梓，得其手稾録之。開美謂其章法句法頗學《山海經》，信爲奇書。錢曾《讀書敏求記》亦載之，然其精華已採入正史，餘亦無他異聞也。

藝　文

唐　張説《進白烏賦》　洛大鈞之播氣，在品物而流形。有莫黑之凡族，忽變白而効靈。感上人於孝道，合中瑞於祥經。若夫事出神妙，理以舒卷。既集王屋，飛隨帝輦。捧日高翥，迎風細轉。識句句於招呼，每啞啞以吻吮。以其雪羽霜毛，氷清玉狀，拔奇緑林之下，賞異紫臺之上。瞰鵶鵲之紗窗，把鳳凰之衣桁。恐同類之見嫉，畏不才之速謗。期委命於渥恩，豈願思於開放？惟聖君之靈囿，物何遠而不臻？有能言而可重，或善舞而取珍。若隨驅而入獻，與寶羽而爲鄰。采朝噪之聲樂，眷夜啼之曲新。無芒距而躍武，不鈎觜以懷仁。謝先容而特達，却假飾以全真；鑒深心於反哺，終報德於君親。

唐　白居易《白氏長慶集》卷二四《揀貢橘書情》　洞庭貢橘揀宜精，太守勤王請自行。珠顆形容隨日長，瓊漿氣味得霜成。登山敢惜駑駘力，望闕難伸螻蟻情。疎賤無由親跪獻，願憑朱實表丹誠。

唐　王顔《京兆府獻三足烏賦》　夫何赫赫之太陽，忽降精於烏鳥。乃呈瑞於皇王。足應乾之三數，目耀日之九芒。降天邑而於我李，浴咸池而自扶桑。嘗空聞於前牒，今實觀於殊祥。天既無私，祥何能隱。昭聖代之有應，亜休徵之無盡。瑞於帝室，表大孝於天衷；獻自尹京，驗長安之日近。始至也，衆羽駭集，伊人驚萃。邁麟鳳之時見，何鷹隼之能畏。如深就日之誠，不效搏風之志。願委質而入貢，終依仁以馴致。入銅籠而戢翼，向金殿而矯翅。將告於休，似對以臆。由是憐楚人之迷鳳，陋越裳之獻翟。小哉棲棘之鸞，蔑矣應風之鶂。未如我陪日馭之出入，遊天居之岑寂。曩有赤而呈美，白以效靈。俱非應乎殊貺，亦或載於祥經。終未如符孝理之永錫，昭寶運之康寧。則如堯舜登極，夔龍夾輔，布政無偏，惟賢是取。故得感陽精於上帝，贊陰陽於下土。光昭萬葉，輝映千古。良史當載美而記時，謏才願賡歌而蹈舞。

唐　王棨《延州獻白鵲賦》　我后君臨九有，仁被諸華。伊炳靈之白鵲，倏效祉於皇家。變爾羽毛，以表恩沾於飛走；生乎邊鄙，是彰澤及於幽遐。羅氏潛藏。且曰：昔聞興詠於召南，今見呈祥於塞北。斯乃發天慶，昭皇德。望雲將獻，鵲歸齊使之籠；拜表初行，雉别越裳之國。既而臻鳳闕，進彤庭，粉煥成橋之羽，霜凝化印之形。奚稽瑞牒，克叶祥經。異丹雀之呈質，同素烏之効靈。帝嘉其賁然斯來，皭爾難及。俾遂性以飲啄，顧無羣而翕習。由是繞樹星飛，依枝玉立。乍捕蟬於上苑，不羨鶯遷；或報喜於丹墀，何慙鳳集？故能彩迥羣類，名超百祥。播休徵於有截，昭聖祚之無疆。月下南飛，過銀河而混色；風前東嚮，映瓊樹以增光。若乃潛下庭隅，遠分林表，迷彼烏之翯翯，奪爾駒之皎皎。狼生殷代，誠福應之未如；魚躍舟中，諒貞符之尚小。曾未若影度簾曙，聲來殿深。美掩條支之獻，珍逾隴坻之禽。昔在遐方，玉每抵於崑岫；今以至德，巢可窺於禁林。是知斯鵲來儀，惟天瑞聖。俾爾羽之潔朗，彰我時之清淨。臣聞鴈有歌而雉有詩，又安得不形於贊詠。

宋　司馬光《交趾獻奇獸賦》　皇帝御天下三十有六載，化洽於人德，通於神邇，無不協遠，無不臻粤。有交趾來獻其麟，其爲狀也。熊頸而鳥噣，豨首而牛身。犀則無角，象而有鱗。甚力其武，其心則馴。蓋遐方異氣之産，故圖牒靡得而詢。於是降軺車之使，發旁縣之民。除塗於林嶺之隘，引舟於江淮之濱。曠時月而涉萬里，然後得入覲乎中宸。與夫雕題卉服之士，南金象齒之珍。欵紫闥而坌入，充彤庭而並陳。於是羣公卿士百僚庶尹，儼然垂紳薦笏旅進而稱曰：「陛下功冠邃古，化侔儀極。恭承神祇，嚴奉宗稷。純孝烝烝，小心翼翼。出入起居，不忘於訓典；進退周旋，必咨於軌則。體文王之卑服，遵大禹之菲食。宮室觀臺，無雕刻之華；輿馬器用，無珠玉之飾。遊必備於法駕，燕不廢於朝夕。此皆帝王所不能爲，而陛下行之尚不忘於怵惕。是以方内乂寧，黎民滋殖。垂髫之童耳，皆習於詩禮；戴白之叟目，不覩夫金革。至於根著浮流，跂行喙息，無不翔舞太和，涵濡茂澤。此殊俗所以嚮臻，靈獸所以來格。雖漢室之初，黑鶡貢於絶徼；周家之隆，白雉通於重譯，殆不足方也。臣等謂宜命協律播之聲歌，詔太史編之簡策，以發揮不世之鴻休，張大無倫之丕績，不亦偉乎。皇帝乃穆然深思，愀然不怡，曰：「吾聞古聖人之治天下也，正心以爲本，修身以爲基，閨門睦而四海率服，朝衆和而羣生悦隨。故務其近不務其遠，急其大不急其微。今邦雖康，未能復漢唐之宇；俗雖阜，未能追堯舜之時。況物尚疵癘而民猶怨咨，朕何敢以未治而忘亂，未安而忘危，享四方之獻，當三靈之釐？且是獸也，生嶺嶠之外，出沮澤之湄。得其來，吾德不爲之大；縱其去，吾德不爲之虧。奈何貪其琛賚之美，悦其鱗介之奇，容其欺紿之語，聽其諂諛之辭，以惑遠近之望，以爲蠻夷之嗤。不若以迎獸之勞，爲迎士之用，養獸之費，爲養賢之資。使功烈烜赫，聲明葳蕤。廢耳目一日之玩，爲子孫萬世之規，豈不美歟？」於是羣臣拜手稽首，咸曰：「此盛德之事，臣等愚戇所不及，陛下誠有意於此，臣等敢不同心竭力，對揚而行之。」皇帝於是御棫樸之篇，覲大畜之繇，延黄髮之儒，顯巖穴之秀。善有可旌，無間於幽遠；言有可采，不棄於微陋。位非德而不升，官無能而不授。使稷契居左，皋夔立右。伊吕在前，周召侍後。相與講經藝之淵源，覽皇王之步驟。求大化之所未孚，訪惠澤之所未究。興民之利，若療夫飢渴；除民之害，若憂夫疾疢。賜予簡而功無所遺，刑罰清而姦無所漏。浮費省而物不屈於求須，苛役蠲而農不妨於耘耨。使之夏有葛而冬有裘，居有倉而行有糗。絲纊之饒，足以養其老；甘脆之餘，足以慈其幼。地不加廣而百姓足，賦不加多而縣官富。道塗之人，恥争而喜讓；閭閻之俗，棄漓而歸厚。户知禮義之方，人享期頤之壽。然後旃裘之長，頓顙而讋服；祝髮之渠，回面而奔走。靡不投利兵而襲冠帶，焚僭服而請印綬。於是三光澄清，萬靈敷佑。風雨時若，百稼豐茂；休氣充塞，殊祥輻輳。甘露霢霂於林薄，醴泉觱沸於嵌竇。華莖羅植於階戺，朱草叢生於庭霤。鳳凰長離駢枝而結巢，黄龍騶虞羣友而爲畜。由是觀之，則彼裔夷之凡禽，瘴海之怪獸，皮不足以備車甲，肉不足以登俎豆，夫又何足以耗水衡之芻，而污百里之囿者哉。

明　李夢陽《空同集》卷三三《柑至》　丹橘黄柑世所珍，年年隨貢走風塵。内庭賜出人人羡，近市收來顆顆勻。翻訝久藏香不逸，迴疑初摘蔕猶新。金盤玉箸真誰事，寂寞文園自病身。

清　愛新覺羅・玄燁《聖祖仁皇帝文集》三集卷四八《題閩粤進貢小香荔枝》　閩粤山川産絳囊，味兼崖蜜色含香。大官先散詞林客，捧出瑶階和玉漿。

雜録

晉　王嘉《拾遺記》卷一　南潯之國有洞穴，陰源其下通地脉，中有毛龍、時蜕骨於曠澤之中，魚龍同穴而處。其國獻毛龍一雌一雄，放置豢龍之官，至夏代養龍不絶，因以命族。至禹導川，乘此龍。及四海攸同，乃放河汭。

又　卷二　［周武王］四年，旃塗國獻鳳雛，載以瑶華之車，飾以五色之玉，駕以赤象，至于京師。育於靈禽之苑，飲以瓊漿，飴以雲實，二物皆出上元仙方。鳳初至之時，毛色文彩彪發，及成王封泰山禪社首之後，文彩炳燿，中國飛走之類不復喧鳴，咸服神禽之遠至也。及成王崩，沖飛而去。孔子相魯之時，有神鳳遊集，至哀公之末，不復來翔。故云鳳鳥不至，可爲悲矣。（略）

［周武王］六年，燃丘之國獻比翼鳥雌雄各一，以玉爲樊。其國使者皆拳頭、尖鼻，衣雲霞之布，如今朝霞也。經歷百有餘國方至京師，其中路山川不可記，越鐵峴，泛沸海，蛇洲，蜂岑。鐵峴峭礪，車輪剛金爲輞。比至京師，輪皆銚鋭幾盡。又沸海洶湧如煎，魚鱉皮骨堅强如石，可以爲鎧。泛沸海之時，以銅薄舟底，蛟龍不能近也。又經蛇洲，則以豹皮爲屋，於屋内推車。又經蜂岑，燃胡蘇之木，此木煙能殺百虫。經途十五餘年，乃至洛邑。成王封泰山禪社首，使發其國之時竝童稚，至京師，鬚皆白。及還至燃丘，容貌還復少壯。比翼鳥多力，狀如鵲，銜南海之丹泥，巢崑岑之玄木，遇聖則來集，以表周公輔聖之祥異也。（略）

［周昭王］二十四年塗脩國獻青鳳、丹鵲各一雌一雄。孟夏之時，鳳鵲皆脱易毛羽，聚鵲翅以爲扇，緝鳳羽以飾車蓋也。扇一名遊飄，二名條翮，三名虧光，四名仄影。時東甌獻二女，一名延娟，二名延娱，使二人更摇此扇，侍於王側，輕風四散，泠然自涼。此二人辯口麗辭，巧善歌笑，步塵上無跡，行日中無影，及昭王淪於漢水，二女與王乘舟，夾擁王身，同溺於水。故江漢之人到今思之，立祀於江湄，數十年間，人於江漢之上猶見王與二女乘舟戲於水際。至暮春上巳之日，禊集祠間，或以時鮮甘味采蘭杜包裹以沈水中，或結五色紗囊盛食，或用金鐵之器竝沉水中，以驚蛟龍、水虫，使畏之，不侵此食也，其水傍號曰「招祇之祠」。綴青鳳之毛，爲二裘，一名煩質，二名暄肌，服之可以卻寒。至厲王流於彘，彘人得而奇之，分裂此裘遍於彘土，罪人大辟者，抽裘一毫，以贖其死，則價直萬金。

又　卷四　秦始皇四事

始皇元年，騫霄國獻刻玉善畫工名裔，使含丹青以漱地，即成魑魅及詭怪羣物之象，刻玉爲百獸之形，毛髮宛若真矣。皆銘其臆前，記以日月。工人以指畫地，長百丈，直如繩墨。方寸之内，畫以四瀆五岳列國之圖，又畫爲龍鳳，騫翥若飛。皆不可點睛，或點之必飛走也。始皇嗟曰：「刻畫之形，何得飛走？」使以淳漆各點兩玉虎一眼睛，旬日，則失之不知所在。山澤之人云：「見二白虎，各無一目，相隨而行，毛色相似，異於常見者。」至明年，西方獻兩白虎，各無一目，始皇發檻視之，疑是先所失者，乃刺殺之，檢其胷前，果是元年所刻玉虎。迄胡亥之滅，寶劒神物，隨時散亂也。

又　卷六　明帝陰貴人夢食瓜甚美，帝使求諸方國。時燉煌獻異瓜種恒山，獻巨桃核瓜名「穹窿」，長三尺而形屈曲，味美如飴。父老云昔道士從蓬萊山得此瓜，云是崆峒靈瓜，四劫一實，西王母遺於此地，世代遐絶其實頗在。又説巨桃霜下結花，隆暑方熟，亦云仙人所食。帝使植於霜林園，園皆植寒菓，積冰之節，百菓方盛。俗謂之相陵，與霜林之聲訛也。后曰：「王母之桃，王公之瓜，可得而食，吾萬歲矣。安可植乎？」后崩，内侍者見鏡奩中有瓜桃之核，視之涕零，疑非其類耳。（略）

章帝永寧元年，條支國來貢異瑞，有鳥名鳷鵲，形高七尺，解人語。其國太平則鳷鵲羣翔集。漢武時四夷賓服，有獻馴鵲，若有喜樂事，則鼓翼翔鳴。按莊周云「雕陵之鵲」，蓋其類也。《淮南子》云：「鵲知人喜。」今之所記大小雖殊，遠近爲異，故略舉焉。

又　卷七　明帝即位二年，起靈禽之園，遠方國所獻異鳥珠獸，皆畜此園也。昆明國貢嗽金鳥，人云其地去燃洲九千里出此鳥，形如雀而色黄，羽毛柔密，常翺翔海上。羅者得之以爲至祥，聞大魏之德被於荒遠。故越山航海來獻大國。帝得此鳥，畜於靈禽之園，飴以真珠，飲以龜腦，鳥常吐金屑如粟，鑄之可以爲器。昔漢武帝時，有人獻神雀，蓋此類也。此鳥畏霜雪，乃起小屋處之，名曰「辟寒臺」，皆用水精爲戶牖，使內外通光。宮人爭以鳥吐之金用飾釵珮，謂之「辟寒金」。故宮人相嘲曰：「不服辟寒金，那得帝王心。」於是媚惑者亂爭此寶金爲身飾，及行卧皆懷挾以要寵幸也。魏氏喪滅池臺鞠爲煨燼，嗽金之鳥亦自翱翔矣。

又　卷九　因墀國獻五足獸，狀如師子，玉錢千緡，其形如環，環重十兩，上有「天壽永吉」之字。問其使者五足獸是何變化，對曰：「東方有解形之民，使頭飛於南海，左手飛於東山，右手飛於西澤，自臍已下兩足孤立，至暮，頭還肩上，兩手遇疾風飄於海外，落玄洲之上，化爲五足獸，則一指爲一足也。」其人既失兩手，使旁人割裏肉以爲兩臂，宛然如舊也。因墀國在西域之北，送使者以鐵爲車輪，十年方至晉。及還，輪皆絶鋭，莫知其遠近也。（略）

惠帝元熙二年，改爲永平元年，常山郡獻傷魂鳥，狀如雞，毛色似鳳。帝惡其名，棄而不納，復愛其毛羽。當時博物者云黄帝殺蚩尤，有貙虎誤噬一婦人，七日氣不絶，黄帝哀之，葬以重棺石槨。有鳥翔其塚上，其聲自呼爲傷魂，則此婦人之靈也。後人不得其令終者，此鳥來集其國園林之中。至漢哀、平之末，王莽多殺伐賢良，其鳥亟來哀鳴。時人疾此鳥名，使常山郡國彈射驅之。至晉初，干戈始戢，四海攸歸，山野間時見此鳥，憎其名，改「傷魂」爲「相弘」。及封孫皓爲歸命侯，相弘之義，叶於此矣。永平之末，舛傷多故，門嗟巷哭，常山有獻，遂放逐之。

南朝梁　任昉《述異記》卷上　周成王元年，貝多國人獻舞雀，周公命返之。（略）

周成王時，東夷送六角牛。（略）

周昭王時，塗修國獻青鳳、丹鵠，各一雌一雄。（略）

三國時，昆明國貢魏㵎金鳥，鳥形如雀色，常翱翔海上，吐金屑如粟。至冬，此鳥即畏霜雪。魏帝乃起温室以處之，名曰「辟寒臺」，故謂吐此金爲辟寒金也。（略）

宋武帝大明五年，廣郡獻白孔雀，以爲中瑞。

王僧辨嘗爲荆南，得橘一蔕三十子，以獻梁元帝。（略）

唐　段成式《酉陽雜俎》前集卷一《忠志》　天寶末，交趾貢龍腦，如蟬蠶形。波斯言老龍腦樹節方，有禁中呼爲瑞龍腦。上唯賜貴妃十枚，香氣徹十餘步。上夏日嘗與親王棋，令賀懷智獨彈琵琶，貴妃立於局前觀之。上數枰子將輸，貴妃放康國猧子於坐側。猧子乃上局，局子亂，上大悦。時風吹貴妃領巾於賀懷智巾上，良久，回身方落。賀懷智歸，覺滿身香氣非常，乃卸幞頭，貯於錦囊中。及上皇復宮闕，追思貴妃不已，懷智乃進所貯幞頭，具奏他日事。上皇發囊，泣曰：「此瑞龍腦香也。」

明　陳繼儒《太平清話》卷二　南渡時，高麗國進陰陽柏二株，僅二尺許。高宗以賜王綯，綯種之永懷寺殿庭之左右。今柏高與殿齊，每歲左花則右實，右花則左實。

明　慎懋官《華夷花木鳥獸珍玩考》卷一《返魂香》　東方朔曰：月氏國使者獻香曰東風入律，百旬不休，青雲千呂，連月不散。意中國將有好道之君，故搜奇藴異而貢神香。乘沈牛以濟弱淵，策驥足以度流沙。今十三年矣，香能起夭殘之死，疾下生之神藥也。疾疫夭死者將能起之，以薰牙及聞氣者即活，明日失使者所在。後元元年，長安疫死者大半，帝分香燒之，死未三日皆活，芳氣三月不歇，餘香一旦失亡。

中華大典·林業典

森林利用分典　引用書目

引用書目

説　明

一、本書目著録《森林利用分典》引用的主要典籍。
二、本書目按作者時代的先後排列。
三、著録順序依次爲書名、時代作者、版本或出版社及出版時間。各書均不著録卷數。

子夏易傳　上海古籍出版社一九八七年四庫全書本，下同
逸周書　四庫全書本
山海經　四庫全書本
周禮　四庫全書本
詩經　四庫全書本
左傳　四庫全書本
墨子　四庫全書本
莊子　浙江人民出版社一九八四年百子全書本，下同
荀子　四庫全書本
禮記　四庫全書本
韓非子　韓非撰　百子全書本
管子　管仲撰　百子全書本
吕氏春秋　秦　吕不韋編　百子全書本
新語　漢　陸賈撰　百子全書本
史記　漢　司馬遷撰　四庫全書本
神異經　漢　東方朔撰　四庫全書本
淮南鴻烈解　漢　劉安撰　四庫全書本
大戴禮記　漢　戴德撰　四庫全書本
鹽鐵論　漢　桓寬撰　四庫全書本
列仙傳　漢　劉向撰　四庫全書本
西京雜記　漢　劉歆撰　四庫全書本
急就篇　漢　史游撰　四庫全書本
越絶書　漢　袁康撰　四庫全書本
吴越春秋　漢　趙曄撰　四庫全書本
论衡　漢　王充撰　四庫全書本
東觀漢記　漢　班固等撰　中華書局一九八五年叢書集成初編本，下同
漢書　漢　班固撰　中華書局一九八六年版
異物志　漢　楊孚撰　叢書集成初編本
説文解字　漢　許慎撰　四庫全書本
蔡中郎集　漢　蔡邕撰　四庫全書本
風俗通義　漢　應劭撰　叢書集成初編本
洞冥記　漢　郭憲撰　四庫全書本
周禮注　漢　鄭玄注　宋刻本
禮記注　漢　鄭玄注　宋刻本
三輔黄圖　不著撰人　四庫全書本
毛詩草木鳥獸蟲魚疏　三國吴　陸璣撰　四庫全書本
博物志　晉　張華撰　四庫全書本
嵇中散集　晉　嵇康撰　四庫全書本
南方草木狀　晉　嵇含撰　四庫全書本
三國志　晉　陳壽撰　四庫全書本

古今注　晉崔豹撰　四庫全書本
抱朴子　晉葛洪撰　百子全書本
肘後備急方　晉葛洪撰　四庫全書本
搜神記　晉干寶撰　四庫全書本
華陽國志　晉常璩撰　四庫全書本
搜神後記　晉陶潛撰　四庫全書本
拾遺記　晉王嘉撰　四庫全書本
鄴中記　晉陸翙撰　四庫全書本
交州記　晉劉欣期撰、曾釗輯　叢書集成初編本
南康記　晉鄧德明撰　引自説郛
竹譜　晉戴凱之撰　四庫全書本
後漢書　南朝宋范燁撰、李賢等注　四庫全書本
異苑　南朝宋劉敬叔撰　四庫全書本
世説新語　南朝宋劉義慶撰、劉孝標注　四庫全書本
金樓子　南朝梁孝元帝撰　四庫全書本
宋書　南朝梁沈約撰　中華書局一九七四年版
述異記　南朝梁任昉撰　叢書集成初編本
南齊書　南朝梁蕭子顯撰　中華書局一九七二年版
荆楚歲時記　南朝梁宗懍撰　四庫全書本
十六國春秋　北魏崔鴻撰　四庫全書本
水經注　北魏酈道元撰　四庫全書本
洛陽伽藍記　北魏楊衒之撰　四庫全書本
齊民要術　北魏賈思勰撰　四庫全書本
玉臺新詠　南朝陳徐陵编　四庫全書本
江總集　南朝陳江總撰　引自漢魏六朝百三家集
魏書　北齊魏收撰　中華書局一九七四年版
颜氏家訓　北齊颜之推撰　四庫全書本
梁書　唐姚思廉撰　中華書局一九七三年版
陳書　唐姚思廉撰　中華書局一九七二年版
周書　唐令狐德棻撰　四庫全書本
隋書　唐魏徵等撰　四庫全書本
春秋谷梁注疏　唐范寧注、楊士勛疏　四庫全書本
毛詩注疏　唐毛亨傳、鄭玄注、孔穎達疏　四庫全書本
尚書注疏　唐孔安國傳、孔穎達疏　四庫全書本
周禮注疏　唐王弼、韓康伯注、孔穎達疏　四庫全書本
春秋公羊傳注疏　唐公羊高撰、何休解詁、徐彦疏　四庫全書本
大唐西域記　唐辯機撰　四庫全書本
晉書　唐房玄齡等撰　四庫全書本
南史　唐李延壽撰　中華書局一九七五年版
北史　唐李延壽撰　四庫全書本
法苑珠林　唐釋道世撰　四庫全書本
孟浩然集　唐孟浩然撰　四庫全書本
王右丞集箋注　唐王維撰、趙殿成箋注　四庫全書本
李太白文集　唐李白撰　四庫全書本
九家集注杜詩　唐杜甫撰、郭知達編　四庫全書本
儲光羲詩集　唐儲光羲撰　四庫全書本
曲江集　唐張九齡撰　四庫全書本
貞觀政要　唐吴兢撰　四庫全書本
教坊記　唐崔令欽撰　四庫全書本
太白陰經　唐李筌撰　四庫全書本
宗玄集　唐吴筠撰　四庫全書本
唐六典　唐李林甫等撰　四庫全書本
茶經　唐陸羽撰　四庫全書本
韋蘇州集　唐韋應物撰　四庫全書本
通典　唐杜佑撰　四庫全書本
張司業集　唐張籍撰　四庫全書本
唐寫本文選集注　唐　上海古籍出版社二〇〇二年續修四庫全書本，下同
白氏長慶集　唐白居易撰　四庫全書本
五百家注昌黎文集　唐韓愈撰、魏仲舉編　四庫全書本
柳河東集　唐柳宗元撰　四庫全書本

會昌一品集　唐　李德裕撰　四庫全書本
唐國史補　唐　李肇撰　四庫全書本
朝野僉載　唐　張鷟撰　四庫全書本
劉賓客文集　唐　劉禹錫撰　四庫全書本
歷代名畫記　唐　張彦遠撰　四庫全書本
酉陽雜俎　唐　段成式撰　四庫全書本
明皇雜録　唐　鄭處海撰　四庫全書本
劉賓客嘉話録　唐　韋絢撰　四庫全書本
膳夫經手録　唐　楊曄撰　續修四庫全書本
李義山詩集　唐　李商隱撰　四庫全書本
因話録　唐　趙璘撰　四庫全書本
甫里集　唐　陸龜蒙撰　四庫全書本
松陵集　唐　陸龜蒙、皮日休等撰　四庫全書本
蠻書　唐　樊綽撰　四庫全書本
北户録　唐　段公路撰　四庫全書本
嶺表録異　唐　劉恂撰　四庫全書本
杜陽雜編　唐　蘇鶚撰　四庫全書本
蘇氏演義　唐　蘇鶚撰　四庫全書本
羅昭諫集　唐　羅隱撰　四庫全書本
浣花集　唐　韋莊撰　四庫全書本
桂林風土記　唐　莫休符撰　四庫全書本
雲仙雜記　唐　馮贄撰　四庫全書本
北夢瑣言　唐　孫光憲撰　四庫全書本
種樹書　唐　郭橐駝撰　叢書集成初編本
資暇集　唐　李匡乂撰　四庫全書本
四時纂要　唐　韓鄂撰　四庫全書本
兼明書　五代　邱光廷撰　四庫全書本
化書　五代　譚峭撰　四庫全書本
開元天寶遺事　五代　王仁裕撰　四庫全書本
舊唐書　五代　劉昫等撰　中華書局一九七五年版
道教靈驗記　五代　杜光庭撰　齊魯書社一九九七年四庫全書存目叢書本，下同
中華古今注　五代　馬縞撰　四庫全書本
稽神録　宋　徐鉉撰　四庫全書本
清異録　宋　陶穀撰　四庫全書本
唐會要　宋　王溥撰　四庫全書本
釣磯立談　宋　不著撰人　四庫全書本
舊五代史　宋　薛居正等撰　中華書局一九七六年版
三禮圖集注　宋　聶崇義集注　四庫全書本
太平廣記　宋　李昉等撰　四庫全書本
太平御覽　宋　李昉等撰　四庫全書本
文苑英華　宋　李昉等撰　四庫全書本
太平寰宇記　宋　樂史撰　四庫全書本
文房四譜　宋　蘇易簡撰　四庫全書本
西昆酬唱集　宋　楊億編　四庫全書本
九國志　宋　路振撰　續修四庫全書本
爾雅注疏　宋　郭璞注、邢昺疏　四庫全書本
雲笈七籤　宋　張君房撰　四庫全書本
范文正集　宋　范仲淹撰　四庫全書本
徂徠集　宋　石介撰　四庫全書本
南部新書　宋　錢易撰　叢書集成初編本
公是集　宋　劉敞撰　四庫全書本
武經總要　宋　曾公亮撰　四庫全書本
桐譜　宋　陈翥撰　農業出版社一九八一年版
新五代史　宋　歐陽修等撰　中華書局一九七四年版
新唐書　宋　歐陽修、宋祁等撰　四庫全書本
文忠集　宋　歐陽修撰　四庫全書本
詩本義　宋　歐陽修撰　四庫全書本
六一詞　宋　歐陽修撰　四庫全書本
景文集　宋　宋祁撰　四庫全書本
益部方物略記　宋　宋祁撰　叢書集成初編本

宛陵集　宋梅堯臣撰　四庫全書本
林和靖集　宋林逋撰　四庫全書本
分門瑣碎録　宋温革撰　續修四庫全書本
湘山野録　宋文瑩撰　四庫全書本
資治通鑑外紀　宋劉恕撰　四庫全書本
邕州小集　宋陶弼撰　四庫全書本
兩漢博聞　宋楊侃撰　四庫全書本
文潞公文集　宋文彦博撰　上海書店一九九四年叢書集成續編本，下同
武經總要前集　宋曾公亮撰　四庫全書本
吴中水利書　宋單鍔撰　叢書集成初編本
筍譜　宋釋贊寧撰　四庫全書本
東坡先生物類相感志　宋釋贊寧撰　四庫全書存目叢書本
臨川集　宋王安石撰　四庫全書本
咸平集　宋田錫撰　四庫全書本
格物麤談　宋蘇軾撰　四庫全書存目叢書本
東坡全集　宋蘇軾撰　四庫全書本
東坡養生集　宋蘇軾撰　四庫全書存目叢書本
東坡詞　宋蘇軾撰　四庫全書本
東坡詩集注　宋蘇軾撰，王十朋注　四庫全書本
仇池筆記　宋舊題蘇軾撰　四庫全書本
欒城集　宋蘇轍撰　四庫全書本
祠部集　宋強至撰　四庫全書本
墨池編　宋朱長文撰　四庫全書本
琴史　宋朱長文撰　四庫全書本
荔枝譜　宋蔡襄撰　四庫全書本
東齋記事　宋許觀撰　叢書集成初編本
證類本草　宋唐慎微撰　四庫全書本
資治通鑑　宋司馬光等撰　四庫全書本
傳家集　宋司馬光撰　四庫全書本
元豐類稿　宋曾鞏撰　四庫全書本

淮海集　宋秦觀撰　四庫全書本
夢溪筆談　宋沈括撰　四庫全書本
續墨客揮犀　宋彭乘撰　叢書集成初編本
唐語林　宋王讜撰　四庫全書本
滹水集　宋李復撰　四庫全書本
日涉園集　宋李彭撰　四庫全書本
論語全解　宋陳詳道撰　四庫全書本
墨譜法式　宋李孝美撰　四庫全書本
青山續集　宋郭祥正撰　四庫全書本
澠水燕談録　宋王闢之撰　四庫全書本
後山談叢　宋陳師道撰　四庫全書本
後山集　宋陳師道撰　四庫全書本
孫公談圃　宋孫升語　四庫全書本
萍洲可談　宋朱彧撰　四庫全書本
埤雅　宋陸佃撰　四庫全書本
營造法式　宋李誡等撰　四庫全書本
香譜　宋洪芻撰　四庫全書本
北湖集　宋吴則禮撰　四庫全書本
眉山集　宋唐庚撰　四庫全書本
宣和奉使高麗圖經　宋徐兢撰　叢書集成初編本
宋朝事實　宋李攸撰　四庫全書本
詩話總龜　宋阮閱撰　四庫全書本
冷齋夜話　宋釋惠洪撰　四庫全書本
藏海居士集　宋吴可撰　四庫全書本
簡齋集　宋陳與義撰　四庫全書本
梁谿集　宋李綱撰　四庫全書本
曲洧舊聞　宋朱弁撰　四庫全書本
陵陽集　宋韓駒撰　四庫全書本
宗忠簡集　宋宗澤撰　四庫全書本
山谷集　宋黄庭堅撰　四庫全書本

墨經 宋晁季一撰 叢書集成初編本
避暑録話 宋葉夢得撰 叢書集成初編本
聞見録 宋邵伯温撰 四庫全書本
西渡集 宋洪炎撰 四庫全書本
古靈集 宋陳襄撰 四庫全書本
嬾真子 宋馬永卿撰 四庫全書本
類説 宋曾慥編 四庫全書本
䌷珠集 宋朱勝非撰 四庫全書本
龜溪集 宋沈與求撰 四庫全書本
學林 宋王觀國撰 四庫全書本
無為集 宋楊杰撰 四庫全書本
事實類苑 宋江少虞撰 四庫全書本
東京夢華録 宋孟元老撰 叢書集成初編本
貴耳集 宋張端義撰 四庫全書本
海録碎事 宋葉廷珪撰 四庫全書本
演繁露 宋程大昌撰 四庫全書本
禹貢論 宋程大昌撰 四庫全書本
竹友集 宋謝薖撰 四庫全書本
松漠紀聞 宋洪皓撰 四庫全書本
聞見後録 宋邵博撰 四庫全書本
能改齋漫録 宋吴曾撰 四庫全書本
六朝事跡編類 宋張敦頤撰 四庫全書本
雞肋編 宋莊季裕撰 四庫全書本
通志 宋鄭樵撰 四庫全書本
爾雅注 宋鄭樵撰 四庫全書本
唐詩紀事 宋計有功撰 四庫全書本
莊簡集 宋李光撰 四庫全書本
珊瑚鉤詩話 宋張表臣撰 四庫全書本
茶山集 宋曾幾撰 四庫全書本
禹貢指南 宋毛晃撰 四庫全書本
候鯖録 宋趙令畤撰 四庫全書本
宋大詔令集 宋中華書局一九六二年版
相山集 宋王之道撰 四庫全書本
横浦集 宋張九成撰 四庫全書本
西溪叢語 宋姚寬撰 叢書集成初編本
續博物志 宋李石撰 四庫全書本
灊山集 宋朱翌撰 四庫全書本
猗覺寮雜記 宋朱翌撰 四庫全書本
建炎以來繫年要録 宋李心傳撰 四庫全書本
涉齋集 宋許綸撰 四庫全書本
尚書全解 宋林之奇撰 四庫全書本
通鑒紀事本末 宋袁樞撰 四庫全書本
寓簡 宋沈作喆撰 四庫全書本
桂海虞衡志 宋范成大撰 四庫全書本
吴郡志 宋范成大撰 四庫全書本
驂鸞録 宋范成大撰 叢書集成初編本
續資治通鑒長編 宋李燾撰 四庫全書本
嶺外代答 宋周去非撰 四庫全書本
紹陶録 宋王質撰 四庫全書本
崧庵集 宋李處權撰 四庫全書本
菊磵集 宋高翥撰 四庫全書本
爾雅翼 宋羅願撰 四庫全書本
羅鄂州小集 宋羅願撰 四庫全書本
欽定重訂契丹國志 宋葉隆禮撰 四庫全書本
韋齋集 宋朱松撰 四庫全書本
淳熙三山志 宋梁克家撰 四庫全書本
獨醒雜志 宋曾敏行撰 四庫全書本
梅山續藁 宋姜特立撰 四庫全書本
東塘集 宋袁説友撰 四庫全書本
坦齋通編 宋邢凱撰 四庫全書本

儀禮集釋　宋李如圭撰　四庫全書本
盤洲文集　宋洪適撰　四庫全書本
三朝北盟會編　宋徐夢華撰　續修四庫全書本
本草衍義　宋寇宗奭撰　四庫全書本
知稼翁集　宋黄公度撰　四庫全書本
夷堅志　宋洪邁撰　四庫全書本
容齋隨筆　宋洪邁撰　四庫全書本
萬首唐人絶句　宋洪邁編　四庫全書本
離騷草木疏　宋吴仁傑撰　四庫全書本
玉照新志　宋王明清撰　叢書集成初編本
成都文類　宋扈仲榮、程遇孫等編　四庫全書本
周禮詳解　宋王昭禹撰　四庫全書本
蕓庵類稿　宋李洪撰　四庫全書本
禹貢説斷　宋傅寅撰　四庫全書本
南唐書　宋陸游撰　四庫全書本
老學庵筆記　宋陸游撰　叢書集成初編本
劍南詩藁　宋陸游撰　四庫全書本
晦庵集　宋朱熹撰　四庫全書本
朱子文集大全類編　宋朱熹撰、朱玉輯　四庫全書存目叢書本
獨醒雜志　宋曾敏行撰　四庫全書本
橘録　宋韓彦直撰　四庫全書本
丹淵集　宋文同撰　四庫全書本
吴興志　宋談鑰撰　續修四庫全書本
湖山集　宋吴芾撰　四庫全書本
梻溪居士集　宋劉才邵撰　四庫全書本
翠微南征録　宋華岳撰　四庫全書本
雲麓漫抄　宋趙彦衛撰　四庫全書本
文忠集　宋周必大撰　四庫全書本
誠齋集　宋楊萬里撰　四庫全書本
絜齋集　宋袁燮撰　四庫全書本
程史　宋岳珂撰　四庫全書本
玉楮集　宋岳珂撰　四庫全書本
赤城志　宋陳耆卿撰　四庫全書本
性善堂集　宋度正撰　四庫全書本
芳蘭軒集　宋徐照撰　四庫全書本
緯略　宋高似孫撰　四庫全書本
剡録　宋高似孫撰　四庫全書本
蒙齋集　宋袁甫撰　四庫全書本
履巉巖本草　宋王介撰　續修四庫全書本
輿地紀勝　宋王象之撰　續修四庫全書本
周禮訂義　宋王與之撰　四庫全書本
景定建康志　宋周應和撰　四庫全書本
竹洲集　宋吴儆撰　四庫全書本
春秋左傳要義　宋魏了翁撰　四庫全書本
洞天清録　宋趙希鵠撰　四庫全書本
六書故　宋戴侗撰　四庫全書本
漫塘集　宋劉宰撰　四庫全書本
鶴林玉露　宋羅大經撰　四庫全書本
事物紀原　宋高承撰　四庫全書存目叢書本
五燈會元　宋釋普濟撰　四庫全書本
易序叢書　宋趙汝楳撰　四庫全書存目叢書本
溪蠻叢笑　宋朱輔撰　四庫全書本
嘉禾百詠　宋張堯同撰　四庫全書本
陳氏香譜　宋陳敬撰　四庫全書本
庸齋集　宋趙汝騰撰　四庫全書本
山家清供　宋林洪撰　四庫全書本
癸辛雜識　宋周密撰　四庫全書本
志雅堂雜鈔　宋周密撰　叢書集成初編本
齊東野語　宋周密撰　四庫全書本
周官總義　宋易祓撰　四庫全書本

鼠璞 宋 戴埴撰 四庫全書本
尚書詳解 宋 夏僎撰 叢書集成初編本
佩韋齋輯聞 宋 俞德鄰撰 四庫全書本
秋崖集 宋 方岳撰 四庫全書本
潛山集 宋 釋文珦撰 四庫全書本
石屏詩集 宋 戴復古撰 四庫全書本
欽定重訂大金國志 宋 宇文懋昭 四庫全書本
密齋筆記 宋 謝采伯撰 四庫全書本
百菊集譜 宋 史鑄撰 四庫全書本
菌譜 宋 陳仁玉撰 四庫全書本
考工記解 宋 林希逸撰 四庫全書本
竹溪鬳齋十一藁續集 宋 林希逸撰 四庫全書本
四明續志 宋 梅應發修、劉錫等續修 續修四庫全書本
蘭臯集 宋 吴錫疇撰 四庫全書本
黄氏日抄 宋 黄震撰 四庫全書本
漢制考 宋 王應麟撰 叢書集成初編本
南華真經義海纂微 宋 褚伯秀撰 四庫全書本
墨莊漫録 宋 張邦基撰 四庫全書本
游宦紀聞 宋 張世南撰 四庫全書本
蕭冰崖詩集拾遺 宋 蕭立之撰 續修四庫全書本
續夷堅志 金 元好問撰 續修四庫全書本
中州集 金 元好問撰 四庫全書本
遺山集 金 元好問撰 四庫全書本
西岳華山志 金 王處一撰 四庫全書存目叢書本
野趣有聲畫 元 楊公遠撰 四庫全書本
梓人遺制 元 薛景石撰 中華書局一九八六年永樂大典本
農桑輯要 元 司農司編 四庫全書本
咸淳臨安志 元 潛説友撰 四庫全書本
瀛奎律髓 元 方回輯 四庫全書本
竹譜詳録 元 李衎撰 四庫全書本

安南志略 元 黎崱撰 四庫全書本
秋澗集 元 王惲撰 四庫全書本
湯液本草 元 王好古撰 四庫全書本
三元延壽參替書 元 李鵬飛撰 四庫全書存目叢書本
大元大一統志 元 孛兰肹等撰 叢書集成續編本
真臘風土記 元 周達觀撰 四庫全書本
飲膳正要 元 忽思慧撰 續修四庫全書本
南海志 元 陳大震、吕桂孫纂修 續修四庫全書本
文獻通考 元 馬端臨撰 四庫全書本
農書 元 王楨撰 四庫全書本
農桑衣食撮要 元 魯明善等撰 四庫全書本
壽親養老新書 元 陳直撰、鄒鉉續編 四庫全書本
吴文正集 元 吴澄撰 四庫全書本
禮記纂言 元 吴澄撰 四庫全書本
論語通 元 胡炳文撰 四庫全書本
清容居士集 元 袁桷撰 四庫全書本
解醒語 元 李材撰 叢書集成初編本
河防通議 元 沙克什撰 四庫全書本
樹藝篇 元 胡古愚撰 續修四庫全書本
元文類 元 蘇天爵撰 四庫全書本
金史 元 脱脱等撰 四庫全書本
遼史 元 脱脱等撰 四庫全書本
宋史 元 脱脱等撰 中華書局一九八一年版
至正集 元 許有壬撰 四庫全書本
文安集 元 揭傒斯撰 四庫全書本
麗則遺音 元 楊維楨撰 四庫全書本
古樂府 元 左克明撰 四庫全書本
荊南倡和詩集 元 周砥、馬治撰 四庫全書本
栲栳山人詩集 元 岑安卿撰 四庫全書本
梅花道人遺墨 元 吴鎮撰、錢棻輯 四庫全書本

五峰集　元李孝光撰　四庫全書本
静修集　元劉因撰　四庫全書本
鹿皮子集　元陳樵撰　四庫全書本
東南紀聞　元不著撰人　四庫全書本
牋紙譜　元費著撰　四庫全書本
盧溝運筏圖　元佚名　國圖藏本
居家必用事類全集　元佚名　北京圖書館藏古籍珍本叢刊
種樹書　元俞宗本撰　叢書集成初編本
周禮補亡　元丘葵撰　四庫全書存目叢書本
山居新話　元楊瑀撰　四庫全書本
詩經疏義會通　元朱公遷撰　四庫全書本
析津志輯佚　元熊夢祥撰　北京圖書館藏古籍珍本叢刊
墨史　元陸友撰　四庫全書本
此山詩集　元周權撰　四庫全書本
宋史全文　元不著撰人　四庫全書本
飲食須知　元賈銘撰　四庫全書本
名蹟録　明朱珪撰　四庫全書本
多能鄙事　明劉基撰　四庫全書存目叢書本
輟耕録　明陶宗儀撰　四庫全書本
説郛　明陶宗儀輯　四庫全書本
酒概　明沈沈撰　四庫全書存目叢書本
元史　明宋濂等撰　四庫全書本
文憲集　明宋濂撰　四庫全書本
鳳池吟稿　明汪廣陽撰　四庫全書本
蘇平仲文集　明蘇伯衡撰　四庫全書本
明集禮　明徐一夔撰　四庫全書本
故宫遺録　明蕭洵撰　叢書集成初編本
槎翁詩集　明劉嵩撰　四庫全書本
霏雪録　明鎦績撰　四庫全書本
詩演義　明梁寅撰　四庫全書本
三華集·緑苔軒集　明錢子正等纂　四庫全書本
西隱集　明宋訥撰　四庫全書本
墨法集要　明沈繼孫撰　四庫全書本
神隱　明朱權撰　四庫全書存目叢書本
元史續編　明胡粹中撰　四庫全書本
唐詩拾遺　明高棅編　四庫全書本
詩傳大全　明胡廣撰　四庫全書本
火龍神器陣法　明焦玉撰　續修四庫全書本
明太宗實録　明中央研究院歷史語言研究所校印本
明太祖實録　明中央研究院歷史語言研究所校印本
歷代名臣奏議　明楊士奇等編　四庫全書本
星槎胜览　明費信撰　續修四庫全書本
明宣宗實録　明中央研究院歷史語言研究所校印本
抑庵文集　明王直撰　四庫全書本
商文毅疏稿　明商輅撰　四庫全書本
菊坡叢話　明單宇撰　四庫全書存目叢書本
襄毅文集　明韓雍撰　四庫全書本
楊文敏集　明楊榮撰　四庫全書本
瀛涯勝覽　明馬歡撰　四庫全書存目叢書本
雲南圖經志書　明郑顒修、陈文纂　續修四庫全書本
讀杜詩愚得　明單復撰　四庫全書存目叢書本
增修埤雅廣要　明陸佃撰、牛衷廣要　續修四庫全書本
新增格古要論　明曹昭撰、王佐增　續修四庫全書本
明一統志　明李賢等撰　四庫全書本
明英宗實録　明中央研究院歷史語言研究所校印本
中州明賢文表　明劉昌撰　四庫全書本
本草集要　明王綸撰　續修四庫全書本
歸閑述夢　明趙璜撰　四庫全書存目叢書本
王端毅奏議　明王恕撰　四庫全書本
明憲宗實録　明中央研究院歷史語言研究所校印本

徽州府志　明彭澤、汪舜民纂修　四庫全書存目叢書本
洹词　明崔銑撰　四庫全書本
漕船志　明席書撰　北京方志出版社二〇〇六年版
三禮圖　明劉績撰　四庫全書本
三餘贅筆　明都卬撰　叢書集成初編本
安老懷幼書　明劉宇輯　四庫全書存目叢書本
菽園雜記　明陸容撰　中華書局一九八五年版
空同集　明李夢陽撰　四庫全書本
明會典　明徐溥等纂　四庫全書本
啟蒙意見　明韓邦奇撰　四庫全書本
竹嶼山房雜部　明宋詡撰　四庫全書本
本草品匯精要　明劉文泰等撰　續修四庫全書本
明名臣琬琰録　明徐紘撰　四庫全書本
五色線集　明闕名　四庫全書存目叢書本
見素集　明林俊撰　四庫全書本
姑蘇志　明王鏊等纂修　四庫全書本
新安學繫録　明程疃撰　四庫全書存目叢書本
家藏集　明吴寬撰　四庫全書本
明孝宗實録　明中央研究院歷史語言研究所校印本
容春堂集　明邵寶撰　四庫全書本
詩説解頤　明季本撰　四庫全書本
禽蟲述　明袁達撰　續修四庫全書本
西洋朝貢典録　明黄省曾編　四庫全書存目叢書本
皇明通紀述遺　明卜世昌、屠衡撰　四庫全書存目叢書本
楮記室　明潘塤撰　四庫全書存目叢書本
西村詩集　明朱樸撰　四庫全書本
野菜譜　明王磐撰　四庫全書存目叢書本
明武宗實録　明中央研究院歷史語言研究所校印本
卯洞集　明徐珊撰　四庫全書存目叢書本
使琉球録　明陳侃撰　續修四庫全書本
[嘉靖]秦安志　明胡讚宗纂修　中國方志叢書本
大復集　明何景明撰　四庫全書本
皇明詔令　明不著撰人　四庫全書存目叢書本
掌中宇宙　明盧翰撰　續修四庫全書本
寧夏新志　明胡汝礪撰　臺灣成文出版社有限公司一九八九年中國方志叢書，下同
大學衍義補　明丘濬撰　四庫全書本
吴都文粹續集　明錢穀撰　四庫全書本
名臣經濟録　明黄訓編　四庫全書本
憑幾集續編　明顧璘撰　四庫全書本
[成化]三原志　明朱昱等纂修、林洪博增补　明成化十七年刻本
易經存疑　明林希元撰　四庫全書本
全蜀藝文志　明周復俊編　四庫全書本
蠛蠓集　明盧柟撰　四庫全書本
卯洞集　明徐珊撰　四庫全書本
汴京遺蹟志　明李濂撰　四庫全書本
濯纓亭筆記　明戴冠撰　續修四庫全書本
西湖游覽志餘　明田汝成撰　四庫全書本
炎徼紀聞　明田汝成撰　四庫全書本
丹鉛總録　明楊慎撰　四庫全書本
升庵集　明楊慎撰　四庫全書本
李卓吾先生讀升庵集　明楊慎撰、李贄輯　四庫全書存目叢書本
嶺海輿圖　明姚虞撰　四庫全書本
義經十一翼　明傅文兆撰　四庫全書存目叢書本
七修類稿　明郎瑛撰　續修四庫全書本
樂經元義　明劉濂撰　四庫全書存目叢書本
宋史新編　明柯維騏撰　續修四庫全書本
書訣　明項穆撰　四庫全書本
古今説海　明陆楫撰　四庫全書本
楮記室　明潘塤輯　四庫全書存目叢書本

禮記日録　明　黄乾撰　四庫全書本
稗史彙編　明　王圻輯　四庫全書存目叢書本
三才圖會　明　王圻等撰　續修四庫全書本
續文獻通考　明　王圻撰　四庫全書存目叢書本
吴興掌故集　明　徐獻忠撰　中國方志叢書本
歷代史纂左編　明　唐順之撰　四庫全書存目叢書本
籌海圖編　明　胡宗憲撰　四庫全書存目叢書本
事物考　明　王三聘撰　四庫全書存目叢書本
蓬窗日録　明　陳全之撰　續修四庫全書本
本草蒙筌　明　陳嘉謨撰　續修四庫全書本
宋元通鑑　明　薛應旂撰　四庫全書存目叢書本
小司馬草　明　項篤壽撰　四庫全書存目叢書本
南船記　明　沈岱撰　四庫全書存目叢書本
秘閣元龜政要　明　不著撰人　四庫全書存目叢書本
清暑筆談　明　陸樹聲撰　叢書集成初編本
西臺漫記　明　蔣以化撰　四庫全書存目叢書本
兩浙南關榷事書　明　楊時喬撰　四庫全書存目叢書本
洗海近事　明　俞大猷撰　四庫全書存目叢書本
攝生衆妙方　明　張時徹撰　四庫全書存目叢書本
名公書判清明集　明　張四維撰　四庫全書存目叢書本
海運新考　明　梁夢龍撰　四庫全書存目叢書本
留青日札　明　田藝衡撰　四庫全書存目叢書本
香宇集　明　田藝衡撰　續修四庫全書本
琴譜合璧　明　楊掄撰　四庫全書本
考工記述注　明　林兆珂撰　四庫全書存目叢書本
三禮纂注　明　貢汝成撰　四庫全書存目叢書本
明世宗實録　明　中央研究院歷史語言研究所校印版
三臺文獻録　明　李時漸輯　四庫全書存目叢書本
本草綱目　明　李時珍撰　四庫全書本
考信編　明　杜思撰　四庫全書存目叢書本
使琉球録　明　蕭崇業撰　續修四庫全書本
白醉瑣言　明　王兆雲撰　四庫全書存目叢書本
湖海搜奇　明　王兆雲撰　四庫全書存目叢書本
欣賞編　明　沈津撰　四庫全書存目叢書本
竇子紀聞類編　明　竇文照輯　四庫全書存目叢書本
華夷花木鳥獸珍玩考　明　慎懋官撰　續修四庫全書本
三吴水考　明　張内蘊撰　四庫全書本
汾上續談　明　朱孟震撰　四庫全書存目叢書本
名義考　明　周祈撰　四庫全書本
文簡集　明　孫承恩撰　四庫全書本
虎苑　明　王穉登撰　續修四庫全書本
煙霞小説十三種　明　不著撰人　四庫全書存目叢書本
籌海重編　明　鄭若曾撰　四庫全書存目叢書本
便民圖纂　明　鄺璠撰　續修四庫全書本
禪寄筆談　明　陳師撰　四庫全書存目叢書本
函史　明　鄧元錫撰　四庫全書存目叢書本
新鐫古今事物原始全書　明　徐炬輯　四庫全書存目叢書本
山堂肆考　明　彭大翼撰　四庫全書本
冬官紀事　明　項夢原撰　叢書集成初編本
戒庵老人漫筆　明　李詡撰　北京書目文獻出版社二〇〇五年北京圖書館古籍珍本叢刊，下同
琅邪代醉編　明　張鼎思撰　四庫全書存目叢書本
老子翼　明　焦竑撰　四庫全書本
廣志繹　明　王士性撰　中華書局一九八一年版
周易集注　明　來知德撰　四庫全書本
四川總志　明　虞懷忠、郭棐等纂修　四庫全書存目叢書本
焦氏説楛　明　焦周撰　四庫全書存目叢書本
見聞録　明　陳繼儒撰　四庫全書存目叢書本
古今韻史　明　陳繼儒撰　四庫全書存目叢書本
太平清話　明　陳繼儒撰　四庫全書存目叢書本

虎薈　明　陳繼儒撰　四庫全書存目叢書本
巖棲幽事　明　陳繼儒撰　四庫全書存目叢書本
季漢書　明　謝陛撰　四庫全書存目叢書本
燕閒四適　明　孫丕顯撰　續修四庫全書本
詩故　明　朱謀㙔撰　四庫全書本
駢雅　明　朱謀㙔撰　四庫全書本
賦苑　明　李鴻輯　四庫全書存目叢書本
百花藏譜　明　江之源撰　萬曆刻本
劉氏鴻書　明　劉仲達撰　四庫全書存目叢書本
歷代内侍考　明　毛一公撰　四庫全書存目叢書本
詩經類考　明　沈万钶撰　四庫全書存目叢書本
茶經　明　張謙德撰　四庫全書存目叢書本
遵生八牋　明　高濂撰　四庫全書本
蕉窗九録　明　項元汴撰　四庫全書存目叢書本
天中記　明　陳耀文撰　四庫全書本
學圃藼蘇　明　陳耀文撰　四庫全書存目叢書本
文具雅編　明　屠隆撰　叢書集成初編本
道具雅編　明　屠隆撰　叢書集成初編本
鴻苞　明　屠隆撰　四庫全書存目叢書本
陳眉公考槃餘事　明　屠隆撰　續修四庫全書本
清秘藏　明　張應文撰　四庫全書本
穀城山館詩集　明　于慎行撰　四庫全書本
穀山筆麈　明　于慎行撰　四庫全書存目叢書本
登壇必究　明　王鳴鶴撰　續修四庫全書本
皇明嘉隆兩朝聞見紀　明　沈越撰　四庫全書存目叢書本
[萬曆]嘉興府志　明　刘应钶修、沈尧中等纂　中國方志叢書本
博物志補　明　游潛撰　四庫全書存目叢書本
昭代典則　明　黄光昇撰　四庫全書存目叢書本
典故紀聞　明　余繼登撰　叢書集成初編本
皇明十六種小傳　明　江盈科輯　四庫全書存目叢書本
皇明大政紀　明　雷禮等輯　四庫全書存目叢書本
新刻徐比部燕山叢録　明　徐昌祚撰　四庫全書存目叢書本
兩浙海防類考續編　明　范淶撰　四庫全書存目叢書本
嚨言　明　范淶撰　續修四庫全書本
鐫五侯鯖　明　彭儼撰　四庫全書存目叢書本
六家詩名物疏　明　馮復京撰　四庫全書本
聞雁齋筆談　明　張大復撰　續修四庫全書本
皇明書　明　鄧元錫撰　四庫全書存目叢書本
新鐫工師雕斫正式魯班木經匠家鏡　明　午榮、章嚴撰　續修四庫全書本
歷代守令傳　明　魏顯國撰　四庫全書存目叢書本
讀易述　明　潘士藻撰　四庫全書本
使琉球録　明　夏子陽撰　續修四庫全書本
樂律全書　明　朱載堉撰　四庫全書本
樂經以俟录　明　瞿九思撰　四庫全書存目叢書本
律吕正聲　明　王邦直撰　四庫全書存目叢書本
説頤　明　余懋學撰　四庫全書存目叢書本
説儲　明　陳禹謨撰　四庫全書存目叢書本
詩雋類函　明　俞安期輯、梅鼎祚增定　四庫全書存目叢書本
太古正音琴經　明　張大命撰　續修四庫全書本
四書湖南講　明　葛寅亮撰　四庫全書存目叢書本
瞿冏卿集　明　瞿汝稷撰　四庫全書存目叢書本
燕閑四適　明　孫丕顯撰　四庫全書存目叢書本
新刻張太岳先生文集　明　張居正撰　續修四庫全書本
本草原始　明　李中立撰　續修四庫全書本
海防纂要　明　王在晉撰　續修四庫全書本
石倉歷代詩選　明　曹學佺編　四庫全書本
書傳會衷　明　曹學佺撰　四庫全書存目叢書本
大明一統名勝志　明　曹學佺撰　四庫全書存目叢書本
西峰字説　明　曹學佺撰　四庫全書存目叢書本
亳州牡丹志　明　薛鳳翔撰　續修四庫全書本

工部廠庫須知　明何士晉纂輯　續修四庫全書本
遁甲演義　明程道生撰　四庫全書本
繕部紀略　明郭尚友撰　續修四庫全書本
弇州史料前集　明王世貞撰　四庫全書存目叢書本
弇州四部稿　明王世貞撰　四庫全書本
異物彙苑　明王世貞撰　四庫全書存目叢書本
彙苑詳注　明王世貞撰　四庫全書存目叢書本
孟子説解　明郝敬撰　四庫全書存目叢書本
周禮完解　明郝敬撰　四庫全書本
廣諧史　明陳邦俊撰　四庫全書存目叢書本
焦太史編輯國朝獻徵録　明焦竑輯　四庫全書存目叢書本
焦氏筆乘　明焦竑撰　四庫全書存目叢書本
清河書畫舫　明張丑撰　四庫全書本
儼山外集　明陸深撰　叢書集成初編本
東西洋考　明張燮撰　四庫全書本
花史左編　明王路撰　四庫全書存目叢書本
珂雪齋外集　明袁中道撰　續修四庫全書本
香乘　明周嘉胄撰　四庫全書本
裝潢志　明周嘉胄撰　續修四庫全書本
閩書　明何喬遠撰　四庫全書存目叢書本
古今譚槩　明馮夢龍撰　四庫全書存目叢書本
汝南圃史　明周文華撰　四庫全書存目叢書本
獅山掌録　明吴之俊撰　四庫全書存目叢書本
獪園　明錢希言撰　續修四庫全書本
桐彝　明方學漸撰　四庫全書存目叢書本
西園聞見録　明張萱撰　續修四庫全書本
彙雅後編　明張萱撰　四庫全書存目叢書本
疑耀　明張萱撰　四庫全書本
龍江船廠志　明李昭祥撰　續修四庫全書本
四禮翼　明吕坤撰　續修四庫全書本
玉芝堂談薈　明徐應秋撰　四庫全書本
高子遺書　明高攀龍撰　四庫全書本
學圃雜疏　明王世懋撰　四庫全書存目叢書本
晉史刪　明茅國縉輯　四庫全書存目叢書本
船政新書　明倪涷撰　續修四庫全書本
説原　明穆希文撰　四庫全書存目叢書本
離騷草木疏補　明吴仁傑疏、屠本畯補　四庫全書存目叢書本
山林經濟籍　明屠本畯輯　北京圖書館古籍珍本叢刊
益部談資　明何宇度撰　四庫全書本
詩經圖史合考　明鍾惺撰　四庫全書存目叢書本
五雜俎　明謝肇淛撰　續修四庫全書本
北河紀　明謝肇淛撰　四庫全書本
文海披沙　明謝肇淛撰　續修四庫全書本
滇略　明謝肇淛撰　四庫全書本
花里活　明陳詩教撰　叢書集成初編本
[萬曆]泰安州志　明任弘烈編輯　中國方志叢書本
清賞録　明包衡張翼輯　四庫全書存目叢書本
[萬曆]嚴州府志　明楊守仁、徐楚纂修　四庫全書存目叢書本
南樞志　明范景文撰　中國方志叢書本
武備志　明茅元儀撰　續修四庫全書本
長物志　明文震亨撰　四庫全書本
涌幢小品　明朱國禎撰　續修四庫全書本
雲邁淡墨　明木增輯　續修四庫全書本
本草彙言　明倪朱謨撰　續修四庫全書本
徐文長逸稿　明徐渭撰　續修四庫全書本
神農本草經疏　明繆希雍撰　四庫全書本
雪廬讀史快編　明趙維寰撰　四庫全書存目叢書本
蘇米志林　明毛晉撰　四庫全書存目叢書本
陸氏詩疏廣要　明毛晉　四庫全書本
香國　明毛晉輯　四庫全書存目叢書本

滇志　明劉文徵纂修　續修四庫全書本
[天啟]海鹽縣圖經　明樊維城撰　中國方志叢書本
博物要覽　明谷應泰撰　四庫全書存目叢書本
露書　明姚旅撰　四庫全書存目叢書本
明史紀事本末　明谷應泰撰　四庫全書本
海槎餘録　明顧岕撰　叢書集成初編本
南中紀聞　明包汝楫撰　叢書集成初編本
禮部志稿　明包汝楫撰　四庫全書本
增定雅俗稽言　明張存紳輯　四庫全書存目叢書本
群芳譜　明王象晉撰　四庫全書存目叢書本
吴侍御奏疏　明吴玉撰　四庫全書存目叢書本
横谿録　明徐鳴時撰　四庫全書存目叢書本
園冶　明計成撰　續修四庫全書本
禮樂合編　明黄廣撰　四庫全書存目叢書本
灌園草木識　明陳正學撰　續修四庫全書本
大樂嘉成　明袁應兆撰　四庫全書存目叢書本
養餘月令　明戴羲撰　四庫全書存目叢書本
名物通　明劉侗輯　四庫全書存目叢書本
皇明經世文編　明陳子龍輯　四庫全書本
墨志　明麻三衡撰　叢書集成初編本
仕學全書　明魯論撰　四庫全書存目叢書本
玉塵新譚　明鄭中夔撰　續修四庫全書本
天工開物　明宋應星撰　續修四庫全書本
農政全書　明徐光啟撰　四庫全書本
四書經學考　明徐邦佐、陳鵬霄撰　四庫全書存目叢書本
師律　明范景文撰　續修四庫全書本
[崇禎]杭州上天竺講寺志　明釋廣賓等纂修　中國方志叢書本
庶物異名疏　明陳懋仁撰　四庫全書存目叢書本
析酲漫録　明陳懋仁撰　四庫全書存目叢書本
漢魏六朝百三家集　明張溥輯　四庫全書本
識大録　明劉振撰　四庫全書存目叢書本
刪補頤生微論　明李中梓撰　四庫全書存目叢書本
本草通玄　明李中梓撰　續修四庫全書本
鐫補雷公炮制藥性解　明李中梓撰　續修四庫全書本
救荒野譜　明姚可成撰　續修四庫全書本
物理小識　明方以智撰　四庫全書本
通雅　明方以智撰　四庫全書本
本草乘雅半偈　明盧之頤撰　四庫全書本
耦耕堂集　明程嘉燧撰　續修四庫全書本
珊瑚網　明汪砢玉撰　四庫全書本
守汴日志　明李光殿撰　四庫全書存目叢書本
石隱園藏稿　明畢自嚴撰　四庫全書本
國榷　明談遷撰　中華書局一九五八年版
説郛續　明陶珽撰　續修四庫全書本
留餘堂史取　明賀詳撰　四庫全書存目叢書本
兵鏡　明吴惟順、吴鳴球編撰　續修四庫全書本
閩中荔枝通譜　明鄧慶寀輯　四庫全書存目叢書本
徐氏筆精　明徐𤊹撰　四庫全書本
詩經考　明黄文煥撰　四庫全書存目叢書本
徐霞客游記　明徐宏祖撰　四庫全書本
梅花草堂集　明張大復撰　四庫全書存目叢書本
梅花草堂筆談　明張大復撰　四庫全書存目叢書本
廣博物志　明董斯張撰　四庫全書本
閱史約書　明王光魯撰　四庫全書存目叢書本
水邊林下五十九種　明湖南漫士輯　北京圖書館古籍珍本叢刊
稽古編　明郭之奇撰　四庫全書存目叢書本
冠譜　明顧孟容撰　四庫全書存目叢書本
藏書小萃　明李如一編　北京圖書館古籍珍本叢刊
花史　明佚名　續修四庫全書本
藥品化義　明賈所學撰　續修四庫全書本

百寶總珍集　明不著撰人　四庫全書存目叢書本
滿洲實録　清官修　中華書局一九八六年版
思辨録輯要　清陸世儀撰　四庫全書本
肇域志　清顧炎武撰　續修四庫全書本
日知録之餘　清顧炎武撰　續修四庫全書本
歷代帝王宅京記　清顧炎武撰　四庫全書本
明文海　清黄宗羲編　四庫全書本
于清端政書　清于成龍撰　四庫全書本
春明夢餘録　清孫承澤撰　四庫全書本
中州雜俎　清汪價撰　四庫全書存目叢書本
古今疏　清朱虚撰　四庫全書存目叢書本
清太祖實録　清官修　中華書局一九八六年版
資治通鑒後編　清徐乾學撰　四庫全書本
讀禮通考　清徐乾學撰　四庫全書本
學餘堂文集　清施閏章撰　四庫全書本
太白山人槲葉集　清李柏撰　北京出版社二〇〇〇年版四庫禁毀書叢刊，
下同
藝林彙考　清沈自南撰　四庫全書本
黔書　清田雯撰　叢書集成初編本
文襄奏疏　清靳輔撰　四庫全書本
宋元詩會　清陳焯編　四庫全書本
[順治]肅鎮志　清高弥高、李德魁等纂修　中國方志叢書本
補農書　清張履祥撰　農業出版社一九八三年版
壽世秘典　清丁其譽撰　四庫全書存目叢書本
田間詩集　清錢澄之撰　續修四庫全書本
[康熙]太倉州新劉河志　清顧士璉等輯　四庫全書存目叢書本
十國春秋　清吴任臣撰　四庫全書本
山海經廣注　清吴任臣注　四庫全書本
[康熙]大成通志　清楊慶輯　四庫全書存目叢書本
明季北略　清計六奇撰　續修四庫全書本

閑情偶寄　清李漁撰　續修四庫全書本
一家言居室器玩部　清李漁撰　上海科學技術出版社一九八四版
宋詩鈔　清吴之振等編　四庫全書本
世祖章皇帝實録　清官修　中華書局一九八六年版
[康熙]益都縣志　清陳食花修、鐘諤等纂　中國方志叢書本
[康熙]肅寧縣志　清王宏翼纂修　康熙十一年刻本
[康熙]太平府志　清黄桂修、宋驤纂　中國方志叢書本
黄山志定本　清閔麟嗣撰　續修四庫全書本
松桂堂全集　清彭孫遹撰　四庫全書本
聊齋志異　清蒲松齡撰　續修四庫全書本
詩經廣大全　清黄夢白撰　四庫全書存目叢書本
清太宗實録　清官修　中華書局一九八五年版
聖祖仁皇帝御制文集　清清聖祖撰　四庫全書本
倘湖樵書　清來集之撰　續修四庫全書本
扈從東巡日録　清高士奇撰　叢書集成續編本
北墅抱甕録　清高士奇撰　四庫全書存目叢書本
金鰲退食筆記　清高士奇撰　四庫全書本
楚風補　清廖元度輯　四庫全書存目叢書本
曝書亭集　清朱彝尊撰　四庫全書本
倦圃蒔植記　清曹溶撰　四庫全書存目叢書本
[康熙]壽寧縣志　清趙廷機修、柳上枝纂　中國方志叢書本
稼圃輯　清王芷撰　續修四庫全書本
[康熙]埔陽志　清來嗣京修、藍應裕纂　上海書店出版社二〇〇三年版中國
地方志集成
毛詩稽古編　清陳啓源撰　四庫全書本
秘傳花鏡　清陳淏子輯　續修四庫全書本
洱海叢談　清釋同揆撰　叢書集成續編本
閱世編　清葉夢珠撰　上海古籍出版社一九八一年版
谷口山房詩集　清李念慈撰　四庫全書存目叢書本
[康熙]武定府志　清王清閑、陳醇纂修　續修四庫全書本

荒政叢書　清俞森撰　四庫全書本
[康熙]上蔡縣志　清楊廷望纂修　中國方志叢書本
經義齋集　清熊賜履撰　四庫全書存目叢書本
式古堂書畫彙考　清卞永譽撰　四庫全書本
池北偶談　清王士禎撰　四庫全書本
香祖筆記　清王士禎撰　四庫全書本
欽定大清會典　清允祹等纂　四庫全書本
讀史方輿紀要　清顧祖禹撰　續修四庫全書本
史緯　清陳允錫輯　續修四庫全書本
增訂本草備要　清汪昂撰　續修四庫全書本
[康熙]婺源縣志　清蔣燦等纂修　中國方志叢書本
[康熙]常州府志　清于琨修、陈玉璂纂　江蘇古籍出版社一九九一年版中國
地方志集成
寄園寄所寄　清趙吉士輯　續修四庫全書本
本經逢原　清張璐撰　續修四庫全書本
湛園集　清姜宸英撰　四庫全書本
學文堂集　清陳玉璂撰　四庫全書存目叢書本
四書釋地又續　清閻若璩撰　四庫全書本
湛園札記　清姜宸英撰　四庫全書本
檇李詩繫　清沈季友編　四庫全書本
文端集　清張英撰　四庫全書本
林蕙堂全集　清吴綺撰　四庫全書本
嶺南風物記　清吴綺撰　四庫全書本
名家詞鈔　清聶先輯　齊魯書社二〇〇一年版四庫全書存目叢書補編，
下同
叢碧山房詩集　清龐塏撰　四庫全書存目叢書補編本
楝亭詩鈔　清曹寅撰　四庫全書存目叢書本
枝語　清孫之騄撰　四庫全書存目叢書本
粵西瑣記　清沈曰霖撰　叢書集成續編本
讀書堂綵衣全集　清趙士麟撰　四庫全書存目叢書本
禹貢錐指　清胡渭撰　四庫全書本
裨海游記　清郁永河撰　叢書集成續編本
廣東新語　清屈大均撰　續修四庫全書本
翁山詩外　清屈大均撰　續修四庫全書本
觚賸　清鈕琇撰　續修四庫全書本
本草品匯精要續集　清王道純、江兆元撰　續修四庫全書本
毛詩稽古編　清陳啟源撰　四庫全書本
南山集　清戴名世撰　續修四庫全書本
居易録　清王士禎撰　四庫全書本
勝飲編　清郎廷極　四庫全書存目叢書本
粵西叢載　清汪森撰　四庫全書本
繹史　清馬驌撰　四庫全書本
御定全唐詩　清曹寅、彭定求編　四庫全書本
御定歷代賦匯、補遺、逸句　清陳元龍等編　四庫全書本
御選歷代詩餘　清沈辰垣、王奕清等編　四庫全書本
柳邊紀略　清楊賓撰　續修四庫全書本
御定佩文齋廣群芳譜　清汪灝、張逸少等撰　四庫全書本
御定佩文齋書畫譜　清孫岳頒等撰　四庫全書本
御選宋金元明四朝詩　清張豫章等撰　四庫全書本
御定淵鑑類函　清張英、王士禎等撰　四庫全書本
西陂類稿　清宋犖撰　四庫全書本
御定全金詩增補中州集　清　四庫全書本
林屋民風　清王維德撰　四庫全書存目叢書本
星餘筆記　清王鉞撰　四庫全書存目叢書本
性影集　清王時憲撰　四庫全書本
御定月令輯要　清李光地等撰　四庫全書本
燕在閣知新録　清王棠撰　續修四庫全書本
梭山農譜　清劉應棠撰　四庫全書存目叢書本
儀禮節略　清朱軾撰　四庫全書存目叢書本
藝菊志　清陸廷燦撰　續修四庫全書本

續茶經　清陸廷燦撰　四庫全書存目叢書本
南村隨筆　清陸廷燦撰　四庫全書存目叢書本
[康熙]鳳山縣志　清李玉煜主修、陳文達等編纂　中國方志叢書本
[康熙]平和縣志　清李鋐、王柏等修，昌天锦等纂　中國方志叢書本
敬業堂詩集　清查慎行撰　四庫全書本
人海記　清查慎行撰　續修四庫全書本
西河集　清毛奇齡撰　四庫全書本
辯定祭禮通俗譜　清毛奇齡撰　四庫全書本
[康熙]懷柔縣志　清吴景果纂修　四庫全書本
歷代詩話　清吴景旭撰　四庫全書本
緯蕭草堂詩　清宋至撰　四庫全書存目叢書本
龍沙紀略　清方式濟撰　四庫全書本
類書纂要　清周魯撰　四庫全書存目叢書本
[康熙]天臺山全志　清張聯元輯　續修四庫全書本
歷朝賦格　清陸棻評選　四庫全書存目叢書本
天臺山全志　清張聯元輯　續修四庫全書本
志壑堂詩集　清唐夢賚撰　四庫全書存目叢書本
羅浮山志匯編　清宋廣業撰　續修四庫全書本
巾箱説　清金埴撰　叢書集成續編本
潯陽蹠醢　清文行遠撰　四庫全書存目叢書本
柳村詩集　清董訥撰　四庫全書存目叢書本
柳亭詩話　清宋長白撰　續修四庫全書本
寒松堂全集　清魏象樞撰　四庫全書存目叢書本
三魚堂四書集注大全　清陸隴其撰　四庫全書存目叢書本
閩小紀　清周亮工撰　續修四庫全書本
兼濟堂文集　清魏裔介撰　四庫全書本
元明事類鈔　清姚之駰撰　四庫全書本
後漢書補逸　清姚之駰撰　四庫全書本
全遼備考　清林佶撰　叢書集成續編本
六藝之一録　清倪濤撰　四庫全書本
蜀都碎事　清陳祥裔撰　四庫全書存目叢書本
嶺南雜記　清吴震方撰　叢書集成初編本
臺海使槎録　清黄叔璥撰　四庫全書本
[康熙]西藏志　清焦应旂撰　中國方志叢書本
硯北雜録　清黄叔琳撰　四庫全書存目叢書本
大清律例　清三泰等修　四庫全書本
清圣祖實録　清官修　中華書局一九九六年版
世宗憲皇帝上諭内閣　清允禄等編　四庫全書本
[雍正]井陘縣志　清鐘文英纂修　中國方志叢書本
[雍正]白鹽井志　清劉邦瑞纂修　中國方志叢書本
[雍正]廣東通志　清郝玉麟修、魯曾煜纂　四庫全書本
[雍正]福建通志　清郝玉麟監修、謝道承等編纂　四庫全書本
[雍正]江西通志　清謝旻等監修　四庫全書本
[雍正]浙江通志　清嵇曾筠修、沈翼機纂　四庫全書本
[雍正]湖廣通志　清邁柱等監修　四庫全書本
[雍正]廣西通志　清金鉷等監修　四庫全書本
工程做法　清允禮等撰　續修四庫全書本
[雍正]陝西通志　清劉於義等監修、沈青崖等編纂　四庫全書本
[雍正]山西通志　清覺羅石麟等纂　四庫全書本
世宗憲皇帝硃批諭旨　清官修　四庫全書本
[雍正]畿輔通志　清唐執玉、李衛等修　四庫全書本
治平勝算全書　清年羹堯撰　續修四庫全書本
[乾隆]四川通志　清黄廷桂等監修　四庫全書本
[乾隆]山東通志　清岳濬監修　四庫全書本
[乾隆]江南通志　清趙弘恩等監修、黄之雋等編纂　四庫全書本
訂訛類編　清杭世駿撰　續修四庫全書本
滇雲歷年傳　清倪蜕撰　叢書集成續編本
滇小紀　清倪蜕撰　叢書集成續編本
欽定授時通考　清鄂爾泰、張廷玉等纂　四庫全書本
明史　清張廷玉等撰　中華書局一九七四年版

御定資治通鑑綱目三編　清張廷玉撰　四庫全書本
清朝文獻通考　清四庫全書本
[乾隆]普陀山志　清許琰編輯　續修四庫全書本
六經圖　清王皓撰　四庫全書存目叢書本
柳南隨筆　清王應奎撰　續修四庫全書本
世宗憲皇帝聖訓　清四庫全書本
修潔齋閑筆　清劉堅撰　四庫全書存目叢書本
宋百家詩存　清曹庭棟編　四庫全書本
[乾隆]滄州志　清莊日榮等纂修、胡淦總修　中國方志叢書本
[乾隆]宣化府志　清吴廷華修、王者輔等纂　中國方志叢書本
直隸商州志　清王如玖纂修　鳳凰出版社二〇〇七年版中國地方志集成
管城碩記　清徐文靖撰　四庫全書本
存研樓文集　清儲大文撰　四庫全書本
[乾隆]寶坻縣志　清洪肇楙等纂修　中國方志叢書本
七十二峰足徵集　清吴定璋輯　四庫全書存目補編本
[乾隆]南召縣志　清陈之熉纂修　中國方志叢書本
[乾隆]烏程縣志　清羅愫、杭世駿等纂修　續修四庫全書本
懷清堂集　清湯右曾撰　四庫全書本
[乾隆]襄城縣志　清汪運正纂修　中國方志叢書本
琉球國志略　清周煌輯　叢書集成初編本
[乾隆]長沙府志　清吕肅高修、張雄圖纂　中國方志叢書本
[乾隆]閿鄉縣志　清梁溥纂修　乾隆十二年刻本
欽定大清會典則例　清官修　四庫全書本
欽定續文獻通考　清嵇璜等編　四庫全書本
今有堂詩後集　清程夢星撰　四庫全書存目叢書補編本
江湖閑吟　清王道撰　四庫全書存目叢書補編本
欽定禮記義疏　清四庫全書本
御制詩集　清乾隆撰　四庫全書本
[乾隆]永福縣志　清陈焱等修、俞荔等纂　中國方志叢書本
日講禮記解義　清清圣祖講　四庫全書本
[乾隆]句容縣志　清曹襲先纂修　中國方志叢書本
水經注集釋訂訛　清沈炳巽撰　四庫全書本
[乾隆]古田縣志　清章竟可、林咸吉等纂　中國方志叢書本
[乾隆]武夷山志　清董天工輯　中國方志叢書本
[乾隆]汀州府志　清曾曰瑛等修、李紱等纂　中國方志叢書本
錫金識小録　清黄印輯　中國方志叢書本
毛詩類釋　清顧棟高撰　四庫全書本
[乾隆]長洲縣志　清李光祚修、顧詒禄等纂　乾隆十八年刻本
[乾隆]福州府志　清徐景熹修、魯曾煜纂　中國方志叢書本
[乾隆]棲霞縣志　清衛莨纂修　乾隆十九年刻本
[乾隆]鄧州志　清姚子琅纂、蔣光祖修　中國方志叢書本
西石梁農圃便覽　清丁曾宜撰　續修四庫全書本
黎岐紀聞　清張慶長撰　叢書集成續編本
[乾隆]東明縣志　清儲元升纂修　中國方志叢書本
[乾隆]祁州志　清王楷等修、张万铨等纂　中國方志叢書本
[乾隆]婺源縣志　清俞雲耕等修　中國方志叢書本
本草從新　清吴儀洛撰　續修四庫全書本
禮記章義　清姜兆錫撰　四庫全書存目叢書本
御制樂善堂全集定本　清蔣溥等撰　四庫全書本
欽定盤山志　清蔣溥等撰　四庫全書本
三農紀　清張宗法撰　續修四庫全書本
[乾隆]合水縣志　清陶奕曾纂修　中國方志叢書本
[乾隆]濟源縣志　清蕭應植纂撰　中國方志叢書本
[乾隆]福寧府志　清朱珪修、李拔纂　中國方志叢書本
[乾隆]任邱縣志　清劉統修、劉炳纂　中國方志叢書本
[乾隆]海澄縣志　清陳锳等修、鄧廷祚等纂　中國方志叢書本
欽定皇輿西域圖志　清傅恒、劉統勳、于敏中等纂　四庫全書本
五禮通考　清秦惠田撰　四庫全書本
[乾隆]樂陵縣志　清莊肇奎等纂修　中國方志叢書本
瀟湘聽雨録　清江昱撰　四庫全書存目叢書本

[乾隆]安邑縣志　清言如泗修、吕瀶纂修　中國方志叢書本
[乾隆]博羅縣志　清陳裔虞纂修　中國地方志叢書本
海塘録　清翟均廉撰　四庫全書本
[乾隆]直隸秦州新志　清費廷珍纂修　中國方志叢書本
[乾隆]柳州縣志　清舒启修、吴光升纂　中國方志叢書本
[乾隆]諸城縣志　清宫懋讓等修、李文等藻纂　中國方志叢書本
[乾隆]晉江縣志　清方鼎等修、朱升元等纂　中國方志叢書本
[乾隆]同官縣志　清袁文觀纂修　中國方志叢書本
周禮節訓　清黄叔琳撰　四庫全書存目叢書本
[乾隆]嵩縣志　清康基淵纂修　中國方志叢書本
[乾隆]修武縣志　清吴映白修、李謨纂、戈雲錦續纂　中國方志叢書本
欽定皇朝通志　清四庫全書本
御批歷代通鑑輯覽　清四庫全書本
欽定續通志　清曹仁虎、嵇璜等撰　四庫全書本
蘭舫筆記　清常輝撰　叢書集成續編本
國朝宫史　清鄂爾泰、張廷玉等纂　四庫全書本
[乾隆]歙縣志　清張佩芳修、刘大櫆纂　中國方志叢書本
雙樹堂詩鈔　清僧湛性撰　四庫全書存目叢書本
[乾隆]安福縣志　清姚浚昌等修、周立瀛等纂　中國方志叢書本
[乾隆]諸暨縣志　清沈椿齡等修、楼卜瀍等纂　中國方志叢書本
小蘭陔詩　清謝道承撰　補編四庫全書存目叢書本
[乾隆]西和縣志　清邱大英等纂修　中國方志叢書本
欽定日下舊聞考　清于敏中、英廉等編　四庫全書本
[乾隆]瓊州府志　清蕭应植修、陈景埙纂　中國方志叢書本
[乾隆]橙陽散志　清江登雲纂、汪紹蓮續修　江蘇古籍出版社一九九二年版
　中國地方志集成
滇南新語　清張泓撰　小方壺齋輿地叢鈔本
關中勝蹟圖志　清畢沅撰　四庫全書本
欽定武英殿聚珍版程式　清金簡撰　四庫全書本
新疆輿圖風土考　清長白椿園氏　中國方志叢書本
南越筆記　清李調元撰　叢書集成初編本
秋燈叢話　清王槭撰　續修四庫全書本
欽定國子監志　清梁國治撰　四庫全書本
欽定滿洲源流考　清阿桂、于敏中等撰　四庫全書本
[乾隆]甘州府志　清鐘庚起纂修　中國方志叢書本
[乾隆]永清縣志　清周震榮修、章學誠續修　四庫全書本
欽定盛京通志　清阿桂、劉謹之撰　四庫全書本
[乾隆]洵陽縣志　清鄧夢琴纂修　乾隆四十八年刻本
欽定南巡盛典　清高晉等編　四庫全書本
[乾隆]新泰縣志　清江乾達撰、牛士瞻等纂　中國方志叢書本
[乾隆]廣豐縣志　清連柱、胡光祖等纂修　中國方志叢書本
[乾隆]竹山縣志　清常丹葵修、鄧光仁纂　中國方志叢書本
晉記　清郭倫撰　四庫全書存目叢書本
皇清開國方略　清阿桂、梁國志等纂　四庫全書本
[乾隆]光州縣志　清楊殿梓修、錢時雍纂　乾隆五十一年刻本
欽定八旗通志　清官修　四庫全書本
過夏雜録　清周廣業撰　續修四庫全書本
[乾隆]永春州志　清鄭一崧修、颜璹纂　中國方志叢書本
[乾隆]彰德府志　清盧崧、江大鍵、程焕纂　乾隆五十二年刻本
[乾隆]婺源縣志　清彭家桂等編纂　中國方志叢書本
欽定平定臺灣紀略　清官修　四庫全書本
新齊諧　清袁枚撰　續修四庫全書本
[乾隆]杞縣志　清周璣纂修　中國方志叢書本
[乾隆]鄞縣志　清錢維喬、钱大昕撰　續修四庫全書本
洴澼百金方　清惠麓酒民撰　續修四庫全書本
四庫全書總目　清永瑢撰　中華書局一九六五年版
[乾隆]乍浦志　清宋景關纂　上海書店出版社一九九二年版中國地方志
　集成
陔餘叢考　清趙翼撰　續修四庫全書本
揚州畫舫録　清李斗撰　續修四庫全書本

廣雅疏證　清王念孫、王引之撰　續修四庫全書本
鳳城瑣録　清博明撰　叢書集成續編本
點蒼山人詩鈔　清沙琛撰　續修四庫全書本
本草綱目拾遺　清趙學敏撰　續修四庫全書本
五石瓠　清劉鑾撰　叢書集成續編本
木棉譜　清褚華撰　叢書集成初編本
濮川詩鈔　清沈堯咨、陳光裕輯　四庫全書存目叢書本
四書逸箋　清程大中撰　四庫全書本
草木疏校正　清趙佑撰　續修四庫全書本
[乾隆]回疆志　清不著撰人　中國方志叢書本
賜書堂詩鈔　清周長發撰　四庫全書存目叢書本
甬上耆舊詩　清胡文學撰　四庫全書本
夏小正注　清張爾岐、黄叔琳輯　四庫全書存目叢書本
蛇譜　清陳鼎撰　四庫全書存目叢書本
質園詩集　清商盤撰　四庫全書存目叢書補編本
[乾隆]中衛縣志　清黄恩錫纂修　中國方志叢書本
梅谷偶筆　清陸烜撰　叢書集成續編
三輔黄圖校注　清孫星衍校注　四庫全書本
[乾隆]海塘新志　清琅玕等纂、富呢扬阿等續纂　中國方志叢書本
黔苗竹枝詞　清舒位撰　叢書集成續編本
[嘉慶]魯山縣志　清董作棟修、武億纂　嘉慶元年刻本
[嘉慶]寧夏府志　清張金城修、楊浣雨輯　中國方志叢書本
元詩選　清顧嗣立編　四庫全書本
閱微草堂筆記　清紀昀撰　續修四庫全書本
[嘉慶]廣西通志　清謝啓昆修、胡虔纂　續修四庫全書本
夢廠雜著　清俞蛟撰　續修四庫全書本
[嘉慶]延安府志　清洪蕙纂修　續修四庫全書本
滇海虞衡志　清檀萃撰　叢書集成初編本
江西詩徵　清曾燠輯　續修四庫全書本
[嘉慶]塔爾巴哈台事宜　清興肇等輯　中國方志叢書本
[嘉慶]三州輯略　清和寧撰　中國方志叢書本
清高宗實録　清官修　中華書局一九九六年版
[嘉慶]如皋縣志　清楊受廷修、馬汝舟纂　中國方志叢書本
[嘉慶]山丹縣志　清黄璟、朱遜志等纂修　中國方志叢書本
説文解字注　清漢許慎撰、段玉裁注　上海古籍出版社一九八一年版
柯家山館遺詩　清嚴元照撰　續修四庫全書本
滇繫　清師範纂　中國方志叢書本
宋會要輯稿　清徐松輯　續修四庫全書本
本草經疏輯要　清繆仲醇撰、吴世鎧增補　華夏出版社一九九九年中國本草全書本
[嘉慶]徽縣志　清張伯魁纂修　中國方志叢書本
[嘉慶]崆峒山志　清張伯魁纂修　中國方志叢書本
白華前稿、後稿　清吴省欽撰　續修四庫全書本
[嘉慶]長垣縣志　清李在垣修、楊元錫纂　中國方志叢書本
[嘉慶]揚州府志　清阿克當阿等修、姚文田等纂　中國方志叢書本
[嘉慶]裏塘志略　清陳登龍編　中國方志叢書本
[嘉慶]長沙縣志　清趙文在等修、易文基等纂　中國方志叢書本
[嘉慶]海州直隸州志　清唐仲冕等修、汪梅鼎等纂　中國方志叢書本
[嘉慶]西安縣志　清姚宝煃等修、范崇楷等纂　中國方志叢書本
[嘉慶]寧遠縣志　清曾鈺纂修　中國方志叢書本
[嘉慶]宜賓縣志　清劉元熙修、李世芳纂　中國方志叢書本
訂譌雜録　清胡鳴玉撰　四庫全書本
[嘉慶]漢南續修郡志　清嚴如熤修、鄭炳然纂　嘉慶十九年刻本
嘯亭雜録　清昭槤撰　續修四庫全書本
傷科彙纂　清胡廷光撰　續修四庫全書本
[嘉慶]雲霄廳志　清薛凝度修、吴文林纂　中國方志叢書本
[嘉慶]松江府志　清宋如林等修、孫星衍等纂　中國方志叢書本
[嘉慶]重修慈利縣志　清李約修、皇甫如森纂　嘉慶二十二年刻本
[嘉慶]扶風縣志　清宋世犖纂修　中國方志叢書本
養吉齋餘録　清吴振棫撰　續修四庫全書本

竹人録　清 金元鈺撰　江蘇古籍出版社一九八六年版美術叢書
天真閣集　清 孫原湘撰　續修四庫全書本
伊江筆録　清 吴熊光撰　續修四庫全書本
本草述鈎玄　清 楊時泰撰　清道光王寅春昆陵涵雅堂刻本
黔語　清 吴振棫撰　叢書集成續編本
頤道堂詩選、外集　清 陳文述撰　續修四庫全書本
竹譜　清 陳鼎撰　四庫全書存目叢書本
三省山内風土雜識　清 嚴如熤撰　叢書集成初編本
滇考　清 馮甦撰　四庫全書撰本
［道光］廣東通志　清 阮元修、陳昌齊等纂　續修四庫全書本
兩浙輶軒録　清 阮元輯　續修四庫全書本
揅經室集　清 阮元撰　叢書集成初編本
三省邊防備覽　清 嚴如熤輯　續修四庫全書本
［道光］鶴峰府志　清 吉鐘穎修、洪光熹等纂　道光二年刻本
金川瑣記　清 李心衡撰　叢書集成初編本
清仁宗實録　清 官修　中華書局一九九六年版
［道光］直隸南雄州志　清 余保純等修、黄其勤等纂　中國方志叢書本
［道光］鳳凰廳志　清 黄應培修，孫均銓、黄元複纂　道光四年刻本
獨漉堂詩集　清 陳恭尹撰　續修四庫全書本
［道光］河内縣志　清 袁通修、方履籛编辑　中國方志叢書本
［道光］晃州廳志　清 张映蛟等修、俞克振等纂　中國方志叢書本
［道光］高要縣志　清 夏修恕、屠英修，何元等纂　中國方志叢書本
玄中記　清 晉郭璞撰、茆泮林輯　續修四庫全書本
［道光］繁昌縣志書　清 曹德赞纂、张星焕增纂　中國方志叢書本
［道光］天河縣志　清 林光棣等纂修　中國方志叢書本
清經世文編　清 賀長齡、魏源等编　中華書局一九九二年版
［道光］婺源縣志　清 黄應昀、朱元理纂修　中國方志叢書本
嶺南荔枝譜　清 吴應逵撰　叢書集成初編本
劉文清公遺集　清 劉墉撰　續修四庫全書本

［道光］永州府志　清 隆庆修、宗绩辰纂　中國方志叢書本
［道光］武陟縣志　清 王榮陛修、方履籛纂　中國方志叢書本
［道光］東阿縣志　清 李賢書裁定、吴怡纂　中國方志叢書本
檳榔譜　清 趙古農撰　清道光九年羊城刻印本
幼學堂詩稿　清 沈欽韓撰　續修四庫全書本
掃紅亭吟稿　清 馮雲鵬撰　續修四庫全書本
［道光］西寧縣志　清 諸豫宗修　中國方志叢書本
［道光］漳平縣志　清 蔡世鈸修、林得震纂　中國方志叢書本
［道光］敦煌縣志　清 蘇履吉等修、曾誠纂　中國方志叢書本
臺灣隨筆　清 徐懷祖撰　四庫全書存目叢書本
［道光］薊州志　清 沈鋭修、章過等纂　中國方志叢書本
［道光］廈門志　清 周凱修、凌翰等纂　中國方志叢書本
西吴蠶録　清 程岱葊撰　續修四庫全書本
［道光］順昌縣志　清 賈懋功修　中國方志叢書本
［道光］蘭州府志　清 陳士禎修、徐鴻儀编輯　中國方志叢書本
［道光］章谷屯志略　清 吴德煦輯　中國方志叢書本
［道光］化州志　清 彭貽蓀修、彭步瀛纂　中國方志叢書本
蜀典　清 張澍撰　續修四庫全書本
養素堂詩集　清 張澍撰　續修四庫全書本
續黔書　清 張澍撰　中國方志叢書本
管子地員篇注　清 王紹蘭撰　續修四庫全書本
［道光］龍巖州志　清 彭衍堂修、陳文衡纂　中國方志叢書本
［道光］南海縣志　清 郑梦玉等修、梁紹献等纂　中國方志叢書本
石雲山人詩集　清 吴榮光撰　續修四庫全書本
［道光］蒲圻縣志　清 勞光泰纂修　中國方志叢書本
尖陽叢筆　清 吴騫撰　叢書集成續編本
［道光］彰化縣志　清 李廷璧主修、周璽總纂　中國方志叢書本
［道光］伊陽縣志　清 張道超等修、馬九功等纂　中國方志叢書本
履園叢話　清 錢詠撰　續修四庫全書本
國朝畿輔詩傳　清 陶樑輯　續修四庫全書本

[道光]榮城縣志 清李天鷺修、岳賡廷纂 中國方志叢書本
癸巳存稿 清俞正燮撰 續修四庫全書本
花木小志 清謝堃撰 續修四庫全書本
[道光]遵義府志 清平翰等修，鄭珍、莫友芝纂 續修四庫全書本
[道光]瓊州府志 清明誼修、張岳崧纂 中國方志叢書本
海國圖志 清魏源撰 續修四庫全書本
大清一統志 清穆彰阿、潘錫恩等纂修 續修四庫全書本
[道光]安陸縣志 清王履謙修、李廷錫纂 中國方志叢書本
[道光]乍浦備志 清鄒璟纂 上海書店出版社一九九二年版中國地方志集成
[道光]循化廳志 清龔景瀚編、李本源纂修 中國方志叢書本
金粟箋説 清張燕昌撰 續修四庫全書本
[道光]膠州志 清張同聲修、李圖等纂 中國方志叢書本
駢雅訓纂 清朱謀瑋撰、魏茂林訓纂 續修四庫全書本
湖南方物志 清黄本驥撰 叢書集成續編本
歸田瑣記 清梁章炬撰 續修四庫全書本
抱真書屋詩鈔 清陸應穀撰 續修四庫全書本
醒世一斑録 清鄭光祖撰 續修四庫全書本
筅谷詩鈔 清查揆撰 續修四庫全書本
植物名實圖考 清吴其濬撰 續修四庫全書本
[道光]定州志 清寶琳等纂修 中國方志叢書本
藥性通考 清太醫院編 續修四庫全書本
[道光]寶慶府志 清黄宅中等修、鄧顯鶴等纂 中國方志叢書本
[道光]粵海關志 清梁廷柟撰 續修四庫全書本
[咸豐]閬中縣志 清徐繼鏞修、李惺等纂 咸豐元年刻本
毛詩名物考 清牟應震撰 續修四庫全書本
古州雜記 清林溥撰 叢書集成續編本
石笥山房集 清胡天游撰 續修四庫全書本
[咸豐]鄧州州志 清蔣光祖修、姚子琅纂 中國方志叢書本
東洲草堂詩鈔 清何紹基撰 續修四庫全書本
爾雅義疏 清郝懿行撰 中國書店一九八二年版
寶訓 清郝懿行撰 續修四庫全書本
清宣宗實録 清中華書局一九八五年版
[咸豐]瓊山縣志 清李文恒修、鄭文彩纂 中國方志叢書本
[咸豐]新疆孚化志略 清欽憲保達彙編 中國方志叢書本
朔方備乘 清何秋濤撰 續修四庫全書本
浪跡三談 清梁章炬撰 續修四庫全書本
[咸豐]深澤縣志 清王肇晉修 中國方志叢書本
古州雜記 清林溥撰 叢書集成續編本
四書翊注 清刁包撰 四庫全書存目叢書本
文選箋證 清胡紹瑛撰 續修四庫全書本
[同治]金鄉縣志 清李壘纂修 中國方志叢書本
煙波漁唱 清張應昌撰 續修四庫全書本
[同治]宜昌府志 清聶光鑾等修、王柏心等纂 中國方志叢書本
[同治]恩施縣志 清多壽等纂修 中國方志叢書本
[同治]房縣志 清楊廷烈纂修 中國方志叢書本
[同治]咸豐縣志 清張梓修、張光杰纂修 中國方志叢書本
遜學齋詩鈔 清孫衣言撰 續修四庫全書本
營田輯要 清黄輔辰撰 續修四庫全書本
[同治]歸州志 清余思訓修、陳鳳鳴纂 中國方志叢書本
劉繼莊先生廣陽雜記 清劉獻廷撰 續修四庫全書本
[同治]桂東縣志 清劉華邦、郭岐勳纂 中國方志叢書本
二知軒詩鈔 清方濬頤撰 續修四庫全書本
[同治]枝江縣志 清查子庚修、熊文瀾等纂 中國方志叢書本
[同治]巴東縣志 清廖恩樹修、蕭佩聲纂 中國方志叢書本
[同治]萬縣志 清张琴修、范泰衡纂 中國方志叢書本
[同治]保康縣志 清林讓昆等修楊世霖纂 中國方志叢書本
[同治]城步縣志 清盛鎰源等修、戴聯璧等纂 中國方志叢書本
[同治]石門縣志 清林葆元修、申正揚纂 中國方志叢書本
[同治]寧化縣志 清李世熊撰 中國方志叢書本

[同治]清泉縣志　清王開運等修，張修府等纂　中國方志叢書本
[同治]鄖阳縣志　清吴葆儀等修，王嚴恭等纂　中國方志叢書本
[同治]茶陵縣志　清梁葆頤等修，譚鐘麟等纂　中國方志叢書本
[同治]會理州志　清楊昶等修，王繼會等纂　中國方志叢書本
[同治]湖州府志　清宗源瀚等修，周学濬等纂　中國方志叢書本
[同治]龍山縣志　清符为霖修，刘沛纂　中國方志叢書本
[同治]江華縣志　清劉華邦纂修　中國方志叢書本
[同治]祁陽縣志　清陳玉祥等修，劉希闗等纂　中國方志叢書本
檇李譜　清王逢臣撰　清同治庚午竹里槐花吟館王氏刻本
[同治]施南府志　清松林修，何遠鑒纂　中國方志叢書本
[同治]番禺縣志　清李福泰修，史澄等纂　中國方志叢書本
[同治]淡水廳志　清陳培桂修，楊浚纂輯　中國方志叢書本
[同治]元城縣志　清吴大鏞等纂修　中國方志叢書本
[同治]桑植縣志　清周來賀纂修　中國方志叢書本
[同治]都昌縣志　清狄學耕修，黄昌藩纂　同治十一年刻本
[同治]新化縣志　清关培钧等修，刘洪泽等纂　中國方志叢書本
[同治]欒城縣志　清陳詠修，張懷德纂　中國方志叢書本
[同治]興國縣志　清崔國榜修，金益谦、蓝拔奇纂　中國方志叢書本
[同治]衡陽縣志　清彭玉麟、殷家雋等纂修　中國方志叢書本
明通鑑　清夏燮撰　續修四庫全書本
蕉軒隨録　清方濬師撰　續修四庫全書本
[同治]西寧縣志　清韓志超等修，楊篤等纂　中國方志叢書本
北山集　清鄭剛中撰　四庫全書本
[同治]祁門縣志　清周溶修，汪韻珊纂　中國方志叢書本
[同治]南城縣志　清李人鏡等修，梅體萱等纂　中國方志叢書本
[同治]鉛山縣志　清張廷珩等修，华祝三等纂　中國方志叢書本
[同治]豐城縣志　清王家傑修，周文鳳李庚纂　中國方志叢書本
[同治]南昌府志　清许应鑅等修，曾作舟等纂　中國方志叢書本
[同治]梧州府志　清吴九齡修，史鳴臯等纂　中國方志叢書本
[同治]遂川縣志　清王肇渭等修，郭崇輝等纂　中國方志叢書本
[同治]玉山縣志　清黄壽祺等修，吴華辰等纂　中國方志叢書本
[同治]廣信府志　清蔣繼洙纂修　江蘇古籍出版社一九九六年版中國地方志集成
[同治]安吉縣志　清汪荣、刘兰敏修，上海書店出版社一九九三张行孚、
丁宝书纂　年版中國地方志集成
[同治]韶州府志　清林述训等修，单兴诗、欧樾华等纂　中國方志叢書本
[同治]九江府志　清达春布修，黄鳳楼纂　中國方志叢書本
[同治]上江兩縣志　清甘紹盘等修，汪士鐸等纂　中國方志叢書本
埋憂集　清朱翊清撰　續修四庫全書本
玉鑑堂詩集　清王曰楨撰　續修四庫全書本
[光緒]寧洋縣志　清董驤修，陳天樞等纂　中國方志叢書本
[光緒]莆田水利志　清陳懋列修　中國方志叢書本
[光緒]吴橋縣志　清倪昌燮等修，施崇禮等纂　中國方志叢書本
[光緒]零陵縣志　清嵇有慶修，劉沛纂　中國方志叢書本
明會要　清龍文彬纂　四庫全書本
[光緒]興寧縣志　清郭樹馨、劉錫九修，黄榜元纂　中國方志叢書本
[光緒]寧洋縣志　清董驤修，陈天枢等纂　中國方志叢書本
[光緒]東安縣志　清黄心菊修，胡元士纂　中國方志叢書本
[光緒]邵陽縣志　清黄文琛纂修　中國方志叢書本
[光緒]會同縣志　清孫炳煜纂修　中國方志叢書本
[光緒]孝豐縣志　清劉濬等修，陈湋辛补跋　中國方志叢書本
[光緒]梅里志　清楊謙纂，李高孫補輯　續修四庫全書本
[光緒]永年縣志　清夏诒钰等纂修　中國方志叢書本
[光緒]道州志　清李鏡蓉修，許清源纂　中國方志叢書本
[光緒]蔚州志　清慶之金纂修　中國方志叢書本
[光緒]新寧州志　清戴焕南修，張燦奎纂　中國方志叢書本
[光緒]泰和縣志　清宋瑛等纂修　中國方志叢書本
苗疆聞見録　清徐加幹撰　叢書集成續編本
[光緒]龍泉縣志　清顾國诏修，张世埴纂　江蘇古籍出版社一九九六年版中國地方志集成

群書札記　清朱亦棟撰　續修四庫全書本
[光緒]廣州府志　清瑞麟、戴肇臣修，史澄等纂　中國方志叢書本
[光緒]長汀縣志　清劉國光、謝昌等纂修　中國方志叢書本
[光緒]鎮海縣志　清俞樾撰　中國方志叢書本
[光緒]靖江縣志　清葉滋森等修，褚翔等纂　中國方志叢書本
勤余文牘　清陳錦撰　續修四庫全書本
[光緒]川沙廳志　清陳方瀛修，俞樾纂　中國方志叢書本
[光緒]永平府志　清游智開修，史夢開纂　臺灣學生書局一九六八年版
[光緒]香山縣志　清張仲弼修　中國方志叢書本
[光緒]北流縣志　清徐作梅修，李士琨纂　中國方志叢書本
湖雅　清汪日楨撰　光緒庚辰刻本
[光緒]延慶州志　清何道增等修，張惇德纂　光緒六年延慶州署刻版
[光緒]續纂江寧府志　清蔣啟勳等修，汪士鐸等纂　中國方志叢書本
[光緒]江西通志　清曾國藩、劉坤一等修　續修四庫全書本
[光緒]宣陽縣志　清謝應起等修，劉占卿等纂　中國方志叢書本
禮記詳説　清冉覲祖撰　四庫全書存目叢書本
樫華館文集　清路德撰　續修四庫全書本
[光緒]咸寧縣志　清陳樹楠修，錢光奎纂　中國方志叢書本
[光緒]婺源縣志　清汪正元等纂修　中國方志叢書本
[光緒]永嘉縣志　清張寶琳修，王棻等纂　中國方志叢書本
桑蠶提要　清方大湜撰　續修四庫全書本
[光緒]懷來縣志　清朱乃恭修，席之瓚纂　中國方志叢書本
[光緒]孝感縣志　清朱希白等修，沈用增纂　中國方志叢書本
[光緒]衢州府志　清楊廷望纂修　中國方志叢書本
[光緒]宜興縣志　清阮升基修，宁櫟山纂　中國方志叢書本
[光緒]華容縣志　清孫炳煜等修，張釗纂　中國方志叢書本
[光緒]周莊鎮志　清陶煦纂修　續修四庫全書本
[光緒]蘇州府志　清李銘皖等修，馮桂芬等纂　中國方志叢書本
[光緒]寧明州志　清黎申產輯　中國方志叢書本
[光緒]華嶽志　清李榕原修，郝永茂補刊　中國方志叢書本
[光緒]五臺新志　清孫汝明、王步墀續修，楊篤續纂　中國方志叢書本
爾雅校議　清刘玉麐撰　續修四庫全書本
[光緒]畿輔通志　清李鴻章等修，黄彭年等纂　續修四庫全書本
[光緒]黄州府志　清英啓等修，鄧琛等纂　中國方志叢書本
[光緒]臨朐縣志　清姚延福修，邓嘉缉等纂　中國方志叢書本
[光緒]福安縣志　清張景祁等纂修　中國方志叢書本
[光緒]興山縣志　清黄世崇纂修　中國方志叢書本
[光緒]光化縣志　清鐘桐山等修，段映斗等纂　中國方志叢書本
[光緒]平樂縣志　清全文炳等修，伍嘉猶等纂　中國方志叢書本
[光緒]湖南通志　清李翰章、卞寶第修，曾國荃、李元度纂　續修四庫全
書本
[光緒]武昌縣志　清钟铜山修，柯逢时纂　中國方志叢書本
[光緒]故城縣志　清丁燦等纂修，張烘等續修　中國方志叢書本
壺天録　清百一居士撰　續修四庫全書本
[光緒]永昌府志　清劉毓珂等纂修　中國方志叢書本
[光緒]日照縣志　清陳懋修，張庭詩纂　中國方志叢書本
[光緒]鉅鹿縣志　清凌燮總修，夏應麟總纂　中國方志叢書本
續廣博物志　清徐壽基撰　續修四庫全書本
[光緒]騰越廳志　清陳宗海修，趙端禮纂　中國方志叢書本
[光緒]桐鄉縣志　清嚴辰等纂修　中國方志叢書本
[光緒]光州志　清楊修田纂修　中國方志叢書本
[光緒]承德府志　清海忠修，林從炯等纂　中國方志叢書本
東三省輿地圖説　清曹廷杰撰　續修四庫全書本
[光緒]德安府志　清賡音布等修，劉國光等纂　中國方志叢書本
[光緒]吉林通志　清長順、訥欽修，李桂林、顧雲纂　續修四庫全書本
[光緒]高州府志　清楊霽修，陳蘭彬等纂　中國方志叢書本
[光緒]順天府志　清李鴻章、萬青黎修，張之洞、繆荃孫纂　續修四庫全
書本
[光緒]定興縣志　清張主敬等修，楊晨等纂　中國方志叢書本
石渠余紀　清王慶雲撰　北京古籍出版社一九八五年版

龍江述略　清徐宗亮撰　中國方志叢書本
[光緒]豐潤縣志　清牛昶煦等纂修　中國方志叢書本
[光緒]秀山縣志　清王寿松等修、李稽勋等纂　中國方志叢書本
[光緒]上虞縣志　清唐煦春等修、朱士黻等纂　中國方志叢書本
夔行紀程　清陳明申撰　小方壺齋輿地叢鈔本
[光緒]盱眙縣志稿　清王錫元撰　中國方志叢書本
秋蟪吟館詩鈔　清金和撰　續修四庫全書本
養和書屋詩集　清郭嵩燾撰　續修四庫全書本
雲南勘界籌邊記　清姚文棟編　中國方志叢書本
荔村草堂詩鈔　清譚宗浚撰　續修四庫全書本
[光緒]臨高縣志　清聂缉庆修、桂文熾纂　中國方志叢書本
[光緒]鎮安府志　清羊複禮修、梁年等纂　中國方志叢書本
[光緒]鳳縣志　清朱子春等纂修　中國方志叢書本
本草簡明圖說　清高硯五撰　清光緒十八年孟夏上海古香閣石印本
[光緒]桃源縣志　清余良栋修、刘鳳苞纂　中國方志叢書本
[光緒]盧氏縣志　清郭光澍總修、李旭春纂修　中國方志叢書本
[光緒]治平通議　清陳虬撰　續修四庫全書本
[光緒]潮州府志　清周碩勳纂修　中國方志叢書本
[光緒]金華縣志　清鄧鐘玉纂修　中國方志叢書本
[光緒]鬱林州志　清馮德材等修、文德馨等纂　中國方志叢書本
[光緒]利川縣志　清黄世崇纂修　中國方志叢書本
[光緒]五河縣志　清賴同宴修、俞宗誠纂　中國方志叢書本
吉林外記　清薩英額撰　續修四庫全書本
[光緒]淶水縣志　清陳杰等纂修　中國方志叢書本
[光緒]四會縣志　清陈志喆等修、吴大猷纂　中國方志叢書本
救荒簡易書　清郭雲陞撰　續修四庫全書本
[光緒]容縣志　清易紹德修、封祝唐纂　中國方志叢書本
[光緒]新竹縣志　清郑鹏云、曾逢辰纂辑　中國方志叢書本
雲南勘界籌邊記　清姚文棟撰　中國方志叢書本
[光緒]嘉應州志　清吴宗焯修、温仲和纂　中國方志叢書本
[光緒]樹杞林志　清林百川、林学源纂辑　中國方志叢書本
[光緒]邵武府志　清王琛等修、張景祁等纂　中國方志叢書本
[光緒]灤州志　清楊文鼎、王大本纂修　中國方志叢書本
茶香室叢鈔　清俞樾撰　續修四庫全書本
春在堂詩編　清俞樾撰　續修四庫全書本
[光緒]上虞縣志校續　清儲家藻修、徐致靖纂　上海書店出版社一九九三年版中國地方志集成
[光緒]杭州府志　清龔嘉儁修、李榕纂　中國方志叢書本
黑龍江外記　清西清纂、蕭穆等重輯　續修四庫全書本
婺源縣採輯　清闕名　安徽省圖書館藏善本
[光緒]海陽縣志　清卢蔚猷修、吴道镕纂　中國方志叢書本
[光緒]樂清縣志　清李登雲修、陳珅等纂　中國方志叢書本
野蠶録　清王元綎撰　續修四庫全書本
瀋故　清楊同桂撰　叢書集成續編本
撫郡農産考略　清何剛德撰　續修四庫全書本
[光緒]順寧府志　清朱占科修、周宗洛等纂　中國方志叢書本
[光緒]京口三山志　清周伯義編、陈任旸訂　中國方志叢書本
清朝續文獻通考　清劉錦藻撰　浙江古籍出版社一九八八年版
[光緒]邢臺縣志　清戚朝卿等纂修　中國方志叢書本
[光緒]雄縣鄉土志　清劉崇本編輯　中國方志叢書本
課民植牧講義稿　清陈宪舜撰　光緒三十四年廣東學務公所代印本
[光緒]分水縣志　清陈常鏵修、臧承宣等纂　中國方志叢書本
[光緒]越雋廳志　清马忠良原纂、孙锵增修　中國方志叢書本
[光緒]邵陽縣鄉土志　清上官廉等修、姚炳奎纂　中國方志叢書本
[光緒]館陶縣鄉土志　清宋金鏡、熊廷猷等輯　中國方志叢書本
[光緒]土默特志　清　中國方志叢書本
[光緒]靖州鄉土志　清金蓉鏡纂輯　中國方志叢書本
[光緒]婺源鄉土志　清董钟琪等纂　中國方志叢書本
[光緒]海城縣志　清楊金庚等纂修　中國方志叢書本
婺源地理教科書　清董萬里撰　光緒三十四年刻本

[光緒]光化縣志　清鍾桐山等修、段映斗等纂　中國方志叢書本
[光緒]温宿府鄉土志　清不著撰人　中國方志叢書本
[光緒]永綏廳志　清董鴻勳纂修　江蘇古籍出版社二〇〇二年版中國地方志集成
[光緒]長白彙徵録　清張鳳臺修、劉龍光纂　中國方志叢書本
柞蠶彙志　清董元亮撰　續修四庫全書本
[光緒]呼蘭府志　清黄維瀚編　中國方志叢書本
[光緒]青海志　清康敷镕纂　中國方志叢書本
[光緒]晉縣鄉土志　清李席纂　中國方志叢書本
[光緒]永定縣鄉土志　清王樹人修、侯昌銘纂　中國方志叢書本
[光緒]天河縣鄉土志　清楊家珍總纂　中國方志叢書本
清稗類鈔　清徐珂輯　中華書局一九八四年版
芙蓉話舊録　清周詢撰　四川人民出版社一九八七年版
[光緒]烏里雅蘇臺志略　清佚名編　中國方志叢書本
[光緒]西伯利東偏紀要　清曹廷杰撰　遼海叢書本
[光緒]輝南縣志　清白純義修、于鳳桐纂　中國方志叢書本
[光緒]新疆小正　清王樹枬撰　中國方志叢書本
四川历代碑刻　高文等編　四川人民出版社一九九〇年版
養心殿造辦處史料輯覽（雍正朝）　朱家溍選編　紫禁城出版社二〇〇三年版

《中華大典·林業典·森林利用分典》編纂委員會

主　編：李　莉

副主編：古開弼　李　飛

編　委：（以姓氏筆畫爲序）

古開弼　李　莉　李　晶　李　飛

袁　嬋　黄蘭秋

編纂人员：金久紅　張　磊

《中華大典》辦公室

主　任：于永湛
副主任：伍　杰
　　　　姜學中
編　審：趙含坤
　　　　崔望雲
秘　書：宋　陽
裝幀設計：章耀達

《中華大典·林業典·森林利用分典》

責任編輯：胡慧斌

圖書在版編目（CIP）數據

中華大典. 林業典. 森林利用分典 / 《中華大典》工作委員會, 《中華大典》編纂委員會編纂. -- 南京 : 鳳凰出版社, 2013.12
ISBN 978-7-5506-1931-9

Ⅰ. ①中… Ⅱ. ①中… ②中… Ⅲ. ①百科全書－中國②森林資源－資源利用－中國 Ⅳ. ①Z227②F326.2

中國版本圖書館CIP數據核字(2013)第294643號

中華大典·林業典·森林利用分典

編　　纂:《中華大典》工作委員會
　　　　　《中華大典》編纂委員會
出版發行:鳳凰出版傳媒股份有限公司
　　　　　鳳凰出版社(原江蘇古籍出版社)
　　　　　發行部電話 025-83223462
　　　　　南京市湖南路1號A樓,郵編:210009
出版社地址:南京市中央路165號,郵編:210009
出版社網址:http://www.fhcbs.com
經　　銷:鳳凰出版傳媒股份有限公司
照　　排:南京展望文化發展有限公司
印　　刷:江蘇鳳凰新華印刷有限公司
　　　　　中國江蘇南京經濟技術開發區堯新大道399號,郵編:210038
開　　本:787×1092　1/16
印　　張:79.75
字　　數:2450千字
版　　次:2013年12月第1版　2013年12月第1次印刷
標準書號:ISBN 978-7-5506-1931-9
定　　價:960.00圓

ISBN 978-7-5506-1931-9

9 787550 619319 >

定價：960.00圓

产品合格证
江苏凤凰新华印务有限公司
凡印装错误请向本厂生产质量部调换
检查员
43
地址：江苏省南京市新港开发区尧新大道 399 号
邮政编码 210038 生产质量部电话：025-68037418

中華人民共和國國務院批准的重大文化出版工程

國家文化發展規劃綱要的重點出版工程項目

新聞出版總署列爲「十一五」國家重大工程出版規劃之首

國家出版基金重點支持項目

中華大典

林業典

鳳凰出版社

《中華大典》工作委員會

主　任：柳斌傑

金人慶

副主任：李　彦　李東生　于永湛　鄔書林　張少春

李衛紅　周和平　陳金泉　李静海

委　員：張小影　伍　傑　朱新均　吴尚之　孫　明

王家新　徐維凡　劉小琴　毛群安　遲　計

曹清堯　彭常新　王志勇　潘教峰　姜文明

王　正　石立英　安平秋　陳祖武　詹福瑞

戴龍基　宋焕起　孫　顒　陳　昕　魏同賢

王建輝　朱建綱　高紀言　莫世行　段志洪

湯漢清　何學惠　甄樹聲　馮俊科　譚　躍

羅小衛　王兆成

《中華大典》編纂委員會

總主編：任繼愈

副主編：席澤宗　程千帆　戴　逸　吳文俊　柯　俊
傅熹年

編　委：卞孝萱　任繼愈　李明富　余瀛鰲　林仲湘
郁賢皓　馬繼興　袁世碩　席澤宗　陳美東
黃永年　章培恒　張永言　張晋藩　葛劍雄
董治安　程千帆　傅世垣　曾棗莊　龐　樸
趙振鐸　劉家和　潘吉星　錢伯城　戴　逸
楊寄林　穆祥桐　吳文俊　金正耀　戴念祖
柯　俊　金維諾　白化文　汪子春　周少川
孫培青　朱祖延　傅熹年　李　申　郭書春
熊月之　柴劍虹　吳子勇　寧　可　江曉原
鄭國光　吳征鎰　尹偉倫　魏明孔

《中華大典》前言

《中華大典》是運用我國歷代漢文古籍編纂的一部大型工具書。其目的是爲學術界及願意瞭解中國古代珍貴文化典籍的人士提供準確詳實、便於檢索的漢文古籍分類資料。

中國是世界文明古國之一，幾千年來纂寫和聚集的文化典籍浩如烟海。我國歷代都有編纂類書的優良傳統，具有代表性的《永樂大典》等大多已佚失，現存《古今圖書集成》編就距今也已數百年。爲了適應今天和以後研究和檢索的需要，一九八八年海内外三百多位專家學者和各古籍出版社同仁倡議，在已有類書的基礎上，用現代科學方法編纂一部新的類書《中華大典》。

國務院在關於編纂《中華大典》問題的批覆中指出，編纂《中華大典》「是我國建國以來最大的一項文化出版工程」。本書所收漢文古籍上起先秦，下迄清末，約三萬種，達七億多字，分爲二十四個典，近百個分典，内容廣博，規模宏大，前所未有。

《中華大典》的編纂工作堅持科學態度和百花齊放、百家争鳴方針。儘量採用古精校精刻本，優先採用我國建國後文獻學和考古學的優秀成果。對傳統文化中重要的不同學派的資料，兼收並蓄。運用現代圖書分類的方法，對收集到的資料，精選、精編，力求便於檢索、準確可信。

這項工作從開始起就受到中共中央、國務院和有關部門的重視和支持。國家主席江澤民、國務院總理李鵬分别爲《中華大典》題詞。江澤民的題詞是：「同心同德群策群力認真編好中華大典爲建設有中國特色的社會主義服務」。李鵬的題詞是：「繼承和弘揚民族優秀傳統文化」。全國政協主席李瑞環、國務委員李鐵映也作了重要指示，要求抓緊辦理。一九九零年五月，國務院批准《中華大典》爲國家重點古籍整理項目。一九九二年九月，正式成立了《中華大典》工作委員會和《中華大典》編纂委員會，召開了《中華大典》工作、編纂會議。自此，《中華大典》的編纂工作由試點轉入正式啓動，逐步鋪開。

編纂《中華大典》，學術性很强，工作量很大，工程十分艱巨，全賴廣大專家學者和全國各有關高等院校、科研院所、圖書館、出版單位的鼎力支持與積極參與。大家本着弘揚中華民族優秀文化的心願，發揚奉獻精神，克服各種困難，團結協作，給這部巨大類書的出版提供了根本保證。在此謹表示誠摯的謝意。

對本書的批評與建議，我們將十分歡迎。

《中華大典》編纂委員會

一九九七年四月

二〇〇六年十一月修訂

《中華大典》編纂通則

一、性質：《中華大典》（以下簡稱《大典》）是對漢文古籍（含已翻譯成漢文的少數民族古籍）進行全面的、系統的、科學的分類整理和彙編總結的新型類書，是在繼承歷代類書優良傳統、考慮漢文古籍固有特點的基礎上，借鑒和參照近代編纂百科全書的經驗和方法編纂而成。編纂《大典》的目的，是爲學術界及願意瞭解中國古代珍貴文化典籍的人士提供各種分門别類的、準確詳細的古代漢文專題資料。

二、規模和體例：《大典》所收古籍的時限，上自先秦，下迄辛亥革命。全書共收各類漢文古籍三萬餘種，七億多字。全書體例，着重汲取清代《古今圖書集成》所採用的經目和緯目相交織這一統一框架結構的模式，同時參照現代科學的學科、目録分類方法，並根據各類學科内容的實際情況，一般將每一大類學科輯爲一典，也有將幾個相關學科共輯爲一典的。對各典名稱，均以現代學科命名，對於所收入的各種古籍資料，亦儘可能納入現代科學分類體系之中。

三、經目：大典共分二十四個典，即哲學典、宗教典、政治典、軍事典、經濟典、法律典、教育體育典、語言文字典、文學典、藝術典、歷史典、歷史地理典、民俗典、數學典、物理化學典、天文典、地學典、生物學典、醫藥衛生典、農業典、林業典、工業典、交通運輸典、文獻目録典。典以下以分典、總部、部、分部分級，分部之下的標目根據各學科特點由各典自行擬定。

四、緯目：共設置九項緯目，用以包容各級經目的具體内容：

① 題解：對有關學科的名稱、概念、涵義、特點等作總體介紹的資料。

② 論説：有關理論部份的資料。

③ 綜述：有關學科或事物的系統性資料，凡有關學科或事物的性狀、制度、範疇、特點及學科地位、發展情況等具體内容均編入此緯目中。

④傳記：有關人物的傳記資料。

⑤紀事：有關學科或事物的具體活動或事例的資料。

⑥著録：重要人物或文獻的有關著作資料，如專集介紹、序跋、藏書題記，以及有關著作的成書經過、版本源流等。

⑦藝文：有關屬於文學欣賞性的散文或韻文。

⑧雜録：凡未收入以上各緯目，而又有較高參考價值的資料，均入雜録。

⑨圖表：根據有關經目的内容需要，圖與表附於相關專題之下，或集中彙總於某級經目之後。

《大典》以内容分類安排各級緯目，各級緯目的正文，一般以原書爲單位，按時代順序排列。每一條資料前標明出處，包括書名或作者名、篇名或卷次，以利讀者核對原書。

五、書目：每分典後附有該分典所收書之書目，書目包括書名、作者、時（年）代、版本等内容。時代以成書時代爲準，成書時代不詳者，以作者主要活動時代爲準，并遵從歷史習慣。

六、版本：《大典》在選用版本時儘量採用古人的精校精刻本，亦採用學術界通用的近、現代整理圈點本及現代學者校點整理本。

七、校點：爲儘可能保存古籍原貌，《大典》祇對底本中明顯的脱、訛、衍、倒進行勘正。古本中的避諱字一般不作改動，祇對缺筆字補足筆劃。後人刻書時避當朝人諱而改動的字，據古本改回。《大典》採用新式標點法。

一九九六年八月

二〇〇六年十一月修訂

《中華大典·林業典》工作委員會

主任：賈治邦

執行副主任：楊繼平

副主任：李育材 趙學敏 江澤慧 雷加富 祝列克
張建龍 印 紅 孫扎根 陳述賢 卓榕生
姚昌恬

委員：彭有冬 劉永範 王祝雄 曹清堯 汪 絢
張希武 張 蕾 杜永勝 封加平 魏殿生
曲桂林 張永利 譚光明 楊建新 樊德新
孫傳玉 王永海 程 紅 柳維河 吴 斌
陳景歡 姜小青

辦公室主任：曹清堯 程 紅

辦公室副主任：柳維河 厲建祝 葉 智

成員：曹 靖 梁成喜 楊玉芳 劉春華 熊鷲峰
鄒國輝 曾正德 沈和定

《中華大典·林業典》編纂委員會

主　　編：尹偉倫
副 主 編：嚴　耕　熊大桐　羅炳良
委　　員：李　莉　閻景娟　林　震　張連偉
學術顧問：沈國舫　施　丁　瞿林東　曹紅軍

《中華大典·林業典》序

森林是人類文明的搖籃。上古之世，先民構木爲巢以避群害，鑽燧取火以化腥臊，從而擺脱野性，走出荒蠻，踏上文明之途。森林是一座資源寶庫，爲人類提供了生活必需的物質資料，林木可以資材、取蔭，爲宫室，爲器用，林中的動植物可以爲衣食供養。森林還是神話的故鄉，原始自然宗教的温床。它引導人類敬畏自然，尊重自然；它滋養了人類質朴的心靈，激發了人的想像力和創造力，使人類健全心智，升華情感，精神世界日臻豐富。

林業是百業之母。人類的原初活動都是在森林中進行的，並逐漸從男人狩獵、女人採摘的自發模式，演進爲自覺的生産行爲（産業）。作爲最早形成和發展的産業之一，中國古代林業發端於新石器時代，與農業的發端幾乎同時。傳説中的神農氏「斲木爲耜，揉木爲耒，耒耨之利，以教天下」，既開創了農業，又引導了森林開發利用之先。之後的黄帝堯舜，刳木爲舟，剡木爲楫，斷木爲杵，弦木爲弧，剡木爲矢，可見先民對森林利用是多方面的。五帝時期，林業發展已見端倪，諸如農具、舟楫等木器製造，木構建築，以及林中狩獵、植物採集、蠶桑技術、紡織與編織、漆的利用等。河姆渡遺址中還發現了珠蘭、夜合花、旱蓮木、九里香、荷花、杜鵑等植物或孢粉，陶片上繪製有種在陶盆中的三葉和五葉植物圖案，説明此時的先民已經從事觀賞植物的栽培及盆栽藝術。對森林動植物的崇拜，形成圖騰，萌生了先民的原始宗教。以龍鳳爲代表的圖騰崇拜，在本族祖先及本族保護神之間確立了想象性關系，通過頂禮膜拜和禁忌約束，對某些類動植物施以保護，在一定程度上扼制了濫砍濫獵行爲。

關於森林資源的利用和保護問題，早在夏商周時期就已有較深刻的認識。王朝的建立，城邑的建設，都在很大程度上構成對森林資源的損害。《禹貢》中的「九州」劃定了中華民族的活動範圍，規定了九州的貢品，其中相當一部分是木材、林産品及林副産品，由此可推知古代森林及動植物資源分布、利用及産出情況。自漢代開始的屯田制對森林資源的損害是毁滅性的，其他毁林因素還包括戰争、洪水、病蟲害、惡劣氣候等等。而另一方面，生態保護、生態倫理思想在春秋時就已成形，數罟不入洿池，斧斤以時入山林，不麛，不卵，不殺胎，不殀夭，不覆巢，體現著鮮明的保護森林動植物及生態資源的可持續利用意識。森林培育技術、林業生産觀念也同時發展，《孟子》的「五畝之宅，樹之以桑，五十者可以衣帛矣」，《管子》的「十年之計樹木」等等，成爲後世動員民衆種樹、改善國計民生的勸世良言。中國園林也起源於殷商末修建台囿之期。後世，無論是帝王宫苑還是私家宅園，疊山理水、植物配置等等都是造園的重要因素，實踐著與山水自然不離不棄的詩意般的棲居旨趣。

一部林業史，是見證中華文明崛起和發展的進程史。森林是陸地生態系統的主體，具有製氧固碳、涵養水源、防風固土、改善氣候、維持生物多樣性等十分重要的生態功能，被譽爲地球之「肺」、大地之衣，承擔著維護地球生態平衡和促進碳、水循環的特殊使命。在自然資源消耗超速、生態面臨危機的今天，森林所擔當的生態調節功能日益爲人們所認知、所重用。新世紀以來，隨著經濟社會發展和人類文明的進步，林業的地位越來越重要，林業發展迎來千載難逢的歷史機遇期。黨中央、國務院高瞻遠矚、科學謀劃，作出了一系列加快林業發展的重大戰略決策，特别是召開了新中國成立以來首次中央林業工作會議，確立了新時期林業的「四個地位」和「四大使命」，明確指出，林業在可持續發展戰略中具有重要地位，在生態建設中具有首要地位，在西部大開發中具有基礎地位，在應對氣候變化中具有特殊地位，並明確要求，實現科學發展必須把發展林業作爲重大舉措，建設生態文明必須把發展林業作爲首要任務，應對氣候變化必須把發展林業作出戰略選擇，解决「三農」問題必須把發展林業作爲重要途徑。國家林業局根據中央的要求，提出發展現代林業、建設生態文明、推動科學發展的指導思想，努力構建完善的林業生態體系、發達的林業産業體系和繁榮的生態文化體系，充分發揮林業的多種功能，滿足社會對林業的多種需求。

在發展現代林業的時代背景下，編纂《中華大典·林業典》，意義尤爲顯著而深遠，主要有四：一是有利於總結林業的歷史經驗和教訓，推動林業科學發展；二是有利於深化全社會對森林的科學認知，提高林業的社會影響力和戰略地位；三是有利於弘揚生態文明，積極促進人與自然和諧；四是有利於學者和有識之士開展學術研究，傳承和弘揚祖國極其珍貴的森林文化遺産。

《中華大典·林業典》下設五個分典：《林業思想與文化分典》、《森林生態與資源分典》、《森林培育與管理分典》、《森林利用分典》和《園林與風景名勝分典》。五個分典互爲彼此、相互支撑，囊括了中國古代森林資源及林業科技與文化的全部重要資料。按照現代學科體系對資料内容進行分類，設分典、總部、部、分部四級經目。經目之内，按資料性質，設三至九個緯目不等。全典約一千伍佰萬字，是歷史上第一部集古代林業經典之大成的類書。

以史爲鑒，可知未來。願讀者開卷，切實受益。

是爲序。

賈治邦

二〇一〇年五月八日

《中華大典·林業典》編纂説明

編纂《中華大典·林業典》是新中國成立以來林業領域最重大的一項文化工程。在《中華大典》工作委員會和國家林業局的高度重視和支持下，《中華大典·林業典》曾於一九九八年立項，成爲《中華大典》計劃編纂的二十四個典之一。工作基地設於北京林業大學林業史研究室，來自國内多所林業院校專家組成的編輯組經多次討論，草擬了《中華大典·林業典》編纂大綱，爲後來者提供了重要參考，但此番編纂工作由於種種原因而擱置下來，成爲《林業典》編纂的一個序曲。

二〇〇六年八月，《中華大典·林業典》重新啓動，由北京林業大學校長、中國工程院院士尹偉倫教授出任主編，編纂機構設於北京林業大學人文社會科學學院，由院長嚴耕教授協助主編負責具體組織和編纂工作。我們堅持《中華大典·林業典》的編纂要與林業史的學科建設結合起來，並將它與林業史學科的人才培養融爲一體，使之成爲一項富有挑戰性的科研工作，一個創新性學科的奠基工程和推進學科可持續發展的工作平臺。這種將學術創新與人才培養有機結合的做法，給予參編者極大的工作動力。

回顧《林業典》編纂的歷程，可用四個特點概括之。一是編纂難度高，首次系統地研究、整理和收録古代林業文獻，其開創性和付出之艱辛可想而知。不同於農業史有歷代大型《農書》、醫學史有歷代《本草》，雖然中國古代林學專著可舉出《南方草木狀》、《植物名實圖考》等等及一些植物譜録類書籍，園林專著首舉《園治》爲巨，但更多的林業資料則散見於浩如煙海的古籍之中，深藏於各類古籍的縫隙、褶皺裏，需要廣泛、深入地查找發掘，摘録專輯。這一初辟草萊、砂裏淘金的編輯工作，因其開創意義而頗具挑戰性，因其浩繁瑣細而要求極高。唯有效組織，通力合作，才能共舉大業。

二是涉及學科衆多，内容豐富，規模宏大。《中華大典·林業典》資料收集採取拉網式普查和有針對性地倒查相結合的方法，盡可能保證資料來源既準確權威，又廣泛豐富，重要資料不被遺漏。普查古籍上萬種，引用典籍幾千種，獲得可用資源近三千萬字。《中華大典·林業典》由《林業思想與文化分典》、《森林生態與資源分典》、《森林培育與管理分典》、《森林利用分典》和《園林與風景名勝分典》共五個分典構成，涉及林業、園林、生態、林産加工、森林文化等等，成稿總字數達一千五百多萬字，堪稱巨著。

三是科學分類，融古貫今。在編纂方面，用心最苦、用力最多的是對大綱的調整修訂。主編們一面檢閲收集上來的古籍資料，一面研讀現代學者的著作或論文，根據材料收集情況和不斷的研究思考，對原始大綱進行了較大幅度的增、删、併、轉，不僅重新確定了現在各分典的名稱，還調整了各分典中的總部、部和分部的設置，使經目名稱更爲準確，更便於資料的分類，更具科學性，並適度體現當今的生態理念。大綱修訂幾經編輯工作會議討論，並呈請中華大典辦公室和數位院士、學科專家審核，得到充分肯定。《中華大典·林業典》的框架、體例均按《中華大典》編輯條例要求執行，編纂工作一直得到中華大典辦公室德高望重的諸位先生的指導和鼓勵。

四是工作量巨大，參與人數多。以北京林業大學爲基地，在山西平定師範學校、揚州大學、華中科技大學、南昌大學、華南農業大學、安慶師範學院組建了六個資料普查點，分别普查不同的古籍。除書中列出的一百多位編纂人員、工作人員外，前後曾參與領導和組織這項工作的人員也有幾十名，他們是王志寶、李昌鑒、董啓昌、黎祖交、封加平、莊義國、湯升享等，在此一並致謝。

文章千古事，得失寸心知。親爲修典盛事，我們既倍感榮耀，又誠惶誠恐，戰戰兢兢。《林業典》重新啓動以來，歷時四年，我們時時以先賢皓首窮經的執著精神鞭策自己，自知功底淺薄而責任重大，未敢有絲毫怠慢。現在，雖然我們竭盡全力完成了《中華大典·林業典》的編纂工作，但由於編者水平有限，加之工作浩繁，參編人員衆多，資料重複、分類可榷、句讀可議的情况在所難免，敬請海内外方家雅正。

尹偉倫

二〇一〇年五月八日

中華大典·林業典

總目

中華大典·林業典

森林培育與管理分典

主　編：熊大桐
副主編：曾正德　王守根
　　　　黄鵬程　林　震

森林生產管理分典

中華大典·林業典

目録

經濟林樹種分部

樹木災害及防止總部

林政與法規總部

森林培育與管理總論總部

森林概念部

林木概念分部

林木與山林

綜　述

《書·洪範》 五行：一曰水，二曰火，三曰木，四曰金，五曰土。

《左傳·襄公二十七年》 天生五材。杜預註：金、木、水、火、土也。

《周禮·地官·司徒》 以土會之灋辨五地之物生。一曰山林，其動物宜毛物，其植物宜皂物，其民毛而方。二曰川澤，其動物宜鱗物，其植物宜膏物，其民黑而津。三曰丘陵，其動物宜羽物，其植物宜覈物，其民專而長。四曰墳衍，其動物宜介物，其植物宜莢物，其民晳而瘠。五曰原隰，其動物宜贏物，其植物宜叢物，其民豐肉而庳。鄭玄註：會，計也。以土計貢税之法。因别此五者也。毛物，貂狐貒貉之屬，縟毛者也。鱗物，魚龍之屬。津，潤也。羽物，翟雉之屬。核物，李梅之屬。專，圜也。介物，龜鼈之屬，水居陸生者。莢物，薺莢、王棘之屬。晳，白也。瘠，臞也。贏物，虎豹貔（貔）（貔）之屬，淺毛者。叢物，萑葦之屬。豐，猶厚也。庳，猶短也。杜子春讀生爲（性）（牲）。鄭司農云：植物，根生之屬。皂物，柞栗之屬。今世間謂柞實爲皂斗。膏物，謂楊柳之屬，理致且白如膏。玄謂膏當爲櫜字之誤也。蓮芡之實有櫜韜。會，古外反。早，音皂。覈，音核。專，音團。莢，音頰。贏，力果反。肉如字，又而樹反。庳，音婢。貒，吐官反。貉，胡洛反。圜，音圓，又音團。臞，音衢。貔，音毗。貔，勑宜反。萑，音九。柞，子洛反。櫜，古毛反。

《穀梁傳·僖公十四年》 林屬於山爲麓。

《爾雅·釋木》 小枝上繚音了。爲喬。郭璞註：謂細枝皆翹繚上向者，名爲喬木。無枝爲檄。檄，櫂，直上。檄音亦。木族生爲灌。族叢。灌木，叢木。《詩》曰：集於灌木。

又 （木）立死，椔。郭璞註：不弊頓。椔，音緇。

又 木自弊，柛。郭璞註：音伸，弊踣。

又 蔽者，翳。郭璞註：樹蔭翳覆地者。《詩》云：其椔其翳。

又 木相磨，槸。郭璞註：樹枝相切磨。

漢 許慎《説文·林部》 平土有叢木曰林。徐曰：叢木，故從二木。平土，故二木齊。

漢 許慎《説文·木部》 木，冒也。冒地而生。東方之行。從屮。下象其根。徐鍇曰：屮者，木始甲坼也。萬物皆始于微，故木從屮。

漢 許慎《説文·木部》 森，木多貌。

清 張玉書《康熙字典·木部》 山木曰林。

晉 戴凱之《竹譜》 植類之中，有物曰竹。不剛不柔，非草非木。小異空實，大同節目。

清 陳大章《詩傳名物集覽》卷一一《集于灌木》 《朱傳》：灌木，叢木也。《爾雅》：木族生爲灌。孫炎註：族，叢也。《説文》：木，冒也，冒地而生，東方之行。《易》：山上有木。鴻漸于木。乘木有功。巽爲木，坎其于木也，爲堅多心。艮其于木也，爲堅多節。離其于木也，爲科上槁。《禮記》：孟夏盛德在木，命虞人入山行木，毋有斬伐，季秋草木黄落，乃伐薪爲炭。《周禮》：山虞仲冬斬陽木，仲夏斬陰木。凡服耜斬季木，以時入之。註：陽木生山南，陰木生山北。服，車材。耜，農器。季，穉也。《尚書》：兖州厥木惟條，揚州厥木惟喬。《洪範》五行，三曰木，其性曲直，其味酸。《左傳》：山有木，工則度之。又，鳥則擇木，木豈能擇鳥。《春秋元命包》：木者陽精，生于陰，故水者，木之母也。木之爲言，觸氣動躍也。其字八推十爲木，八者陰合，十者陽數。《禮斗威儀》：君乘木而王者，其政升平，則草木豐盛。《淮南子》：喬如生幹木，幹木生庶木。《皇極經世》曰：木結實而種之，又成是木，結是實，木非舊木也，此木之神不二也，生生之理也。木在地爲質，在天爲氣，故星次名析木。《爾雅》：析木謂之津。註：自尾十度至南斗十一度爲析木，于十二支爲寅，皆東方之氣也。

清 陳大章《詩傳名物集覽》卷一一《南有喬木》 《朱傳》：上竦無枝

曰喬。《爾雅》：句如羽喬。郭註：木枝拳曲如羽毛，又矛之上句曰喬，所以懸英者。《詩》：二矛重喬。又木楸曰喬。槐棘醜喬，小枝上繚爲喬。趙岐《孟子》喬木註云：高大樹木。《詩緝》：木下蟠則陰廣，上竦則陰少。喬竦之木，其陰不下及，故不可休息。《名物疏·釋草》雖殊，總之翹竦之義。《朱傳》無枝二字，疑傳寫之訛。《箋》云：木高其枝葉，故人不得就而止息，則有枝審矣。無枝者，《爾雅》所謂檄，非喬也。

林木器官

綜述

《左傳·隱公八年》枝布葉分。

《韓非子·解老》柢也者，木之所以建生也。曼根者，木之所以持生也。

【略】柢固則生長，根深則視久。

《爾雅·釋木》櫟，其實梂。郝懿行義疏：櫟實外有裹橐，形如彙毛，狀如球子。

漢 劉向《説苑·善説》山有木兮木有枝。

漢 許慎《説文·艸部》莖，草木幹也。

漢 許慎《説文·木部》枝，木別生條也。

又 柢，根也。徐鍇曰：華葉之根曰蒂，木之根曰柢。

又 株，木根也。徐曰：在土曰根，在地上曰株。

又 本，木下曰本，從木，一在其下。草木之根柢也。

又 果，木實也。從木，象果形，在木之上。

三國魏 曹植《封二子爲公謝恩章》既榮本幹，枝葉並蒙。

明 張自烈《正字通》花，草木之葩也。

清 張玉書《康熙字典·干部》草木莖曰幹。《詩詁》木旁生者爲枝，正出者爲幹。

明 王象晉《群芳譜·果譜首簡·果名》棗、杏之屬爲核果。梨、柰之屬爲膚果。榛、栗、胡桃之屬爲殼果。松柏之實爲檜果。棘實爲棗。杼實爲橡。桑實爲椹。楮實爲任。竹萌謂之筍。

清 阿桂《盛京通志》卷一五　松子生松塔中，其形下豐上鋭，層瓣鱗砌，望之如窣堵，每瓣各藏一粒，熟則瓣開而子落。

清 張宗法《三農紀·柏》（柏）結實若球狀，如小鈴，多瓣，中含子。

清 吴其濬《植物名實圖考·木類·杉》（杉）結實如楓松梂而小，色綠。

清 陳大章《詩傳名物集覽》卷一《伐其條枚》《朱傳》：枝曰條，幹曰枚，斬而復生曰肄。《説文》：條，小枝也。枚，木別生條也。《夏書》：厥木惟條。註：長也。《廣韻》：肄，木嫩條也。《詩》鄭註訓餘，謂斬而復生也，如今之木生。《詩詁》：枿也。《左傳》：晉國不恤宗社之闕，而夏肄是屏。註：杞，夏餘也，韻書通作肄。

清 陳大章《詩傳名物集覽》卷一二《苞有三蘖》《朱傳》：苞，本也。蘖，旁生萌蘖也，言一本三蘖也。《毛傳》，苞，本也。孔疏：《易》稱苞桑謂之桑本，故以苞爲本。蘖，《毛傳》，餘也。《説文》：櫱，伐木餘也，一作蘖。《盤庚》：若顛木之有由蘖，謂根本已顛，更生故餘也。《釋詁》曰：枿蘖同餘也。李巡曰：槁木之餘。《國語》：山不槎蘖，魚禁鯤鮞，鳥翼鷇卵，蟲舍蚳蝝。註：斜斫木曰槎，髡斬之曰蘖。

野生動物概念分部

禽類

綜述

《禽經》鵜志在水，鴷志在木。

《禽經》物食長喙，穀食短咮。

《爾雅·釋鳥》二足而羽謂之禽。

《爾雅·釋鳥》亢，鳥嚨。郭璞註：嚨謂喉嚨。亢即咽。亢音杭。其粻，嗉。郭璞註：嗉者受食之處，別名嗉。今江東呼粻。嗉音素。

《爾雅·釋鳥》鳧雁醜其足蹼。郭璞註：腳指間有幕蹼屬相著。蹼音卜。其踵企。郭註：飛即伸其腳跟企直。

《爾雅·釋鳥》鳥之雌雄不可別者，以翼右掩左雄，左掩右雌。

又 鳥鼠同穴，其鳥爲鵌音徒，其鼠爲鼵。郭璞註：鼵如人家鼠而短尾。鵌似鵽而小，黄黑色。穴入地三四尺，鼠在内，鳥在外。今在隴西首陽縣，鳥鼠同穴山中。孔氏《尚書傳》云：共爲雄雌。張氏《地理記》云：不爲牝牡。鼵，音突。

漢 許慎《説文·肉部》 鳥胃一曰胵。

宋 趙汝楳《周易輯聞》卷五 古者鳥獸蟲魚通曰禽，亦謂獲，爲禽不專指鳥，況鳥不飲於井。莊周曰：埳井之蛙，跳梁乎井幹之上，入休乎缺甃之崖。

明 張自烈《正字通》 鳥嘴曰咮，曰喙。爪曰距。尾曰翠，一作臎，一名尾。嬰膍胵曰嗉嚨，曰亢，曰員官。項畜食處曰嗉。翅曰翮，曰翎。毛曰翁。

又 （鳥）腳短者多伏，腳長者多立。腳近翠者好步，腳近臆者好躑。

獸類

綜述

《周禮·地官·司徒》 以土會之灋辨五地之物生。一曰山林，其動物宜毛物，【略】二曰川澤，其動物宜鱗物，【略】三曰丘陵，其動物宜羽物，【略】四曰墳衍，其動物宜介物，【略】五曰原隰，其動物宜羸物。鄭玄註：毛物，貂狐貒貉之屬，縟毛者也。鱗物，魚龍之屬，津，潤也。羽物，翟雉之屬。【略】介物，龜鼈之屬，水居陸生者。羸物，虎豹貔貙之屬，淺毛者。

《周禮·天官》 庖人主六獸。鄭司農云：六獸，麋、鹿、熊、麕、野豕、兔也。

《爾雅·釋鳥》 四足而毛謂之獸。

《爾雅·釋獸》 麋鹿曰齸。郭璞註：江東名咽爲齸。齸者，齝食之所在。

森林特性部

林木特性分部

論説

漢 陸賈《**新語・資執**》 夫楩楠豫章，天下之名木，生於深山之中，産於谿谷之傍，立則爲衆木之宗，仆則爲萬世之用。浮於山水之流，出於冥冥之野。因江河之道而達於京師之下，因於斧斤之功，舒其文彩之好。精幹直理，密緻博通。蟲蝎不能穿，水濕不能傷。在高柔軟，入地堅强。無膏澤而光潤生，不刻畫而文章成。上爲帝王之御物，下則賜公卿庶賤。不得以備器械，若閉絶以關梁。及隘於山阪之阻，隔於九岏之隄，仆於嵬崔之上，頓於窅冥之溪。樹蒙籠蔓延而無間，石崔嵬嶄巖而不開。廣者無舟車之通，狹者無步擔之蹊。商賈所不至，工匠所不窺，知者所不見，見者所不知。功棄而德亡，腐朽而枯傷。轉於百仞之壑，惕然而獨僵。當斯之時，不如道傍之枯楊，纍纍詰屈，委曲不同，然生於大都之廣地，近於大匠之名工。材器制斷，規矩度量，堅者補朽，短者續長。大者治罇，小者治觴。飾以丹漆，斁以明光。上備大牢，春秋禮庠，褒以文采，立禮矜莊。冠帶正容，對酒行觴。卿士列位，布陳宮堂。望之者目眩，近之者鼻芳。故事閑之則絶，次之則通，抑之則沉，興之則揚。

漢 延篤《**仁孝論**》 草木之二，始于萌芽，終于彌蔓。枝葉扶疏，榮華紛縟，木雖繁蔚，致之者根也。夫仁人之有孝，猶四體之有心腹，枝葉之有本根也。聖人知之，故曰：夫孝，天之經也，地之義也，人之行也。君子務本，本立而道生。孝悌也者，其爲仁之本與。然體大難備，物性好偏，故所施不同，事少兩兼者也。如必對其優劣，則仁以枝葉扶疏爲大，孝以本根充實爲先，可無訟也。

明 方以智《**物理小識**》**卷九**《**草木通理**》 草木感東方春氣而發，梅獨先者。酸爲木性得氣之正。晁迥《客語》曰：釋謂火行爲變化。性如甘草遇火則熱，油麻入火成油則冷，甘蔗蒸糖則熱，揉水成湯則冷，蘭花午時發香，荷花向午則斂。蕨以猿啼盛發，芭蕉聞雷而長。橘以屍榮而彫於北徙，榴因骸茂而鬱於東移。《繁露》曰：蕪荑生於燕，枳棒死於荆，其地氣然也。春分鐵烙梨枝而栽，三月朔種枸杞，四月硫掐茄根，五月斫桑枝，不則來春不生，因乎時也。構汁可以團丹砂，狗骨皮汁可以粘雀，雞腸菜汁可以粘蟬，茯苓碎瓦，薜荔壓樹，杞版受刀復合，柿木畫皮生文。世傳紫薇花畏搔癢，蓋其枝易動也。納鹽落欖，惡鹽也。欖汁泥船隙如漆，入水益乾，蓋欖之膠也。皂角樹以篾箍之，以木砧箍盡落。皂角不實者，鑿孔入鐵泥三斤封之，鐵鍋煮皂莢則爆落。火釘番蕉則茂。梧桐砍皮則大。藤芋畏指，指即落。莧汁拌鼈肉，隔夜即成小鼈。不驗，蓋爲其成鼈瘕也。蜜之忌葱，生萊菔與地黄相反，熟則無害，凡人壯者少食無傷，如孟德啖野葛是也。東坡曰：桃杏花雙仁殺人。其花本五出，六出必雙。舊説草木花皆五出，惟梔子與雪花六出。愚按，水仙、秦椒花、仙茅花亦六出。桃杏六出、雙仁殺人者，失常故也。木實之蠹者必不沙爛，沙爛者必不蠹。而能浮不浮者亦殺人。木望前移植多實，社日杵根實大，社酒澆根實繁。元日火照名嫁果樹，上元著磚樹歧李繁，斧椎樹實不落。

又《**應月而生之通理**》 朱草日生一葉，半月即落，謂蓂莢。此猶芋奶葄實應月生子也。《虚舟子》曰：梧桐遇閏益葉，藕遇閏益節，黄楊遇閏短，謂之厄閏。

又《**藤刺之用**》 蔓草皆左旋，蓋體天左旋也，陰而承陽也。藤能入筋，象筋也。有刺者辛而走竅夜合。楊梅刺，其葉夜合，辛而屬陰，其性破血。

清 崔述《**無聞集**》**卷一**《**救荒策一**》 有天地，然後有水火。有水火，然後有雨暘。有雨暘，然後有愆伏。有愆伏，然後有水旱。有水旱，然後有饑饉。有饑饉，然後有死亡。死亡切於民之身而天下治且安者，自古未之有也。是故聖王之治天下，有雨暘而無愆伏，其次有愆伏而無水旱，其次有水旱而無饑饉，其次有饑饉而無死亡。天地者，猶人之一身也。衆人以秦越視一身，雖其疾痛疴癢，有不能自爲謀者。聖人以一身視天地，故雖寒暑日月之往來、風雨雷霆之過不及，皆能知之而預爲之所。何則？天地之交，水火而已。天地者，陰陽之體也。水火者，陰陽之用也。故火勢升而氣降，水勢降而氣升。火氣盛，水氣伏而不能升，則暘勝雨。水氣盛，火氣浮而不能降，則雨勝暘。雨勝暘者，水之由也。暘勝雨者，旱之由也。【略】天地亦有腠理焉，深山大澤，谿谷高下，林木蓊鬱，此亦天地之腠理也，是以其土常潤，其氣常蒸蒸然升而爲雲。自生聚日蕃，貧富不均，富者連阡陌，而貧者無立錐。其近山者，爭覔利於閒曠之地，於是懸崖幽壑，靡不芟其翳，焚其蕪，而闢之以爲田。鋤犁之所加，風日之所爍，焦枯燥涸，而雲之出漸稀矣。是以古者授田有制，度其人地之數，或百畝，或七十畝、五十畝，不得擅增焉。深山大澤，與民共之，而有厲禁，斧斤之入必以其時，所以培養天地之力而常使有餘，宣導天地之氣而常使易洩，雲之所以時升，而雨之所以時降也。人之氣，欲其易洩又不欲其過洩，過洩則營衛虛，將有當洩而力不能洩者矣。天地之氣亦然。銅鐵之場，地力固已耗矣，然民用不可已也，且其數猶無幾耳。今之所謂煤窟者何衆乎，驢贏之駝，首尾相銜，日日然，處處然，其洩地氣不已甚乎。且窟深則必有水注之，水注之，則必以人力涸之。夫此水非他，是即蘊於地中以升而爲雲、流而爲泉者也。奈何以有用者置之於無用乎。是以古者建國，必多樹木。《詩》云：樹之榛栗，椅桐梓漆。又云：瞻彼中林，侯薪侯蒸。然則古之炊爨，皆取之於林麓，不取之深山重泉之下夫。是以天地之氣完而其力厚。氣完力厚，故常易達，易達則無久鬱，無久鬱，則亦無溢量之達夫。是以時雨時暘，各以其叙，所謂有雨暘而無愆伏者此也。

綜述

《易・解》 雷雨作而百果草木皆甲坼。孔穎達疏：雷雨既作，百果草木皆孚甲開拆，莫不解散也。

《尹文子・四符》 木之爲物，可接異木而生之爲一木。

《國語・晉語八》 拱木不生危，松柏不生埤。

《國語・晉語九》 高山峻原不生草木，松柏之地其土不肥。

《呂氏春秋・音初》 土弊則草木不長。

漢 趙商《與人書詣鄭康成學》 夫學之于人，猶土地之有山川也，珍寶于是乎出。猶樹木之有枝葉，本根于是乎庇也。

漢 桓寬《鹽鐵論・非鞅》 夫李梅實多者，來年爲之衰。

漢 劉安《淮南子・原道訓》 萍樹根于水，木樹根于土。

漢 王充《論衡・道虛》 拔草木之根，使之離土，則枯而蚤死。

又 草木在高山之巔，當疾風之沖，晝夜動搖者，復能勝彼隱在山谷間、障於疾風者乎？按草木之生，動搖者傷而不暢。

漢 王充《論衡・量知》 地性生草，山性生木。如地種葵韭，山樹棗栗，名曰美園茂林。

漢 王充《論衡・效力》 地力盛者，草木暢茂。

晉 左思《蜀都賦》 榹栗罅發。劉逵註：罅發，栗皮坼罅而發也。

唐 羅隱《兩同書》卷上 夫松柏者，有淩雲之操也。若壅之以糞壤，沃之以鹹流，則不及崇朝，已見其憔悴矣。冰雪者，無逾時之堅也。若藏之於陰井，庇之於幽峰，則苟涉盛夏，未聞其消解也。夫松柏之性，非不貞矣，終以速朽。冰雪之性，非不液矣，竟以遐延。此二者，豈天使之然哉。果以養之所致也。況夫人者異乎松柏之永矣。養之失其所，則安可以不朽乎，豈徒冰雪之倏忽也。養之得其道，則安可以不延乎。故壽之有長短，由養之有厚薄也。

宋 陳祥道《禮書》卷三四《九州概述》 冀州土白壤，田中中，其利松柏，其民五男三女，其畜牛羊，其穀黍稷。　兗州土黑墳，田中下，貢漆絲，篚織文，其利蒲魚，其民二男三女，其畜六擾，其穀四種。　青州土白墳，田上下，貢鹽絺海物，篚檿絲，其利蒲魚，其民二男二女，其畜雞狗，其穀宜稻麥。　徐州其赤埴墳，田上中，貢土五色，篚玄纖縞，《周禮》有幽州無徐州。　揚州土塗泥，田下下，貢金三品，瑶琨篠簜，篚織貝，其利金錫竹箭，其民二男五女，其畜宜鳥獸，其穀宜稻。　荆州土塗泥，田下中，貢羽毛齒革，金三品，篚玄纁璣組，其利丹銀齒革，其民一男二女，其畜宜鳥獸，其穀宜稻。　豫州土惟壤下土墳壚，田中上，貢漆枲絺紵，篚纖纊，其利林漆絲枲，其民二男三女，其畜六擾，其穀五種。　梁州土青黎，田下上，貢璆鐵銀鏤砮磬、熊羆、狐狸織皮，《周禮》有並無梁州，《爾雅》無梁並青。　雍州土黃壤，田上上，貢球琳琅玕織皮，其利玉石，其民三男二女，其畜牛馬，其穀宜黍稷。

又《五地所宜》 山林毛物，皂物，民毛而方。　川澤鱗物、膏物，民黑而津。　丘陵羽物、覈物，民專而長。　墳衍介物、莢物，民晳而瘠。　原隰贏物、叢物，民豐肉而庳。

宋 蘇軾《格物麤談》卷上《樹木》 櫻桃接貼梗則成垂絲。梨樹接貼梗則爲西府。　柿接桃則爲金桃。梅接桃則脆。　銀杏雌雄合種則結實。木犀接石榴花必紅。桑以楮接則葉大。李接桃則爲李桃。桑上接楊梅則不酸。棗木作匙不餿、不粘飯。松喜乾。檜喜溼。柏樹向西。火榴愛日。橘畏冷。虎刺愛潔。梨畏熱。林有梓則諸木皆内拱。槐樹無蟲，大豆有收。李樹不蛀，菉豆有收。梅少秋不收。杏花多豆有收。松毛可斷米蟲。枇杷不宜糞。楊桃枝去粘。橘渡江北種化爲枳。橘見屍而實繁。橘樹下埋鼠則結實加倍。山礬葉燒灰可染色。河豚殺樹狗膽能生。荔枝熟時人未採，則諸蟲不敢近，人纔采動，烏鳥、蝙蝠之類無不傷殘，必日中而衆采之。海棠色紅接以木瓜則色白，剪去結子，來年花盛而無葉。竹多年則生米，急截去離地二尺許，通去節以大糞灌之仍茂。梧桐花初生，色赤主旱，色白主水。橄欖野生者子繁而樹峻不可梯緣，將熟時以木釘釘之，一夕自落。葡萄以甘草作鍼，鍼之立死。其藤穿過棗樹，則實味更美。果樹作穴，納鍾乳末少許，固密，則子多而味美。納少許于老樹根皮閒，則復茂盛。皂角樹不結實，樹鑿一孔，入生鐵三五片，泥封之即結莢。林檎樹生毛蟲，埋蠶蛾于下，或洗魚水澆之即止。冬青樹上接梅，則開灑墨梅花。枇杷開花時，將中閒黑心摘去，則結果無核。格樹勿近魚塘，令魚黑且傷魚。銀杏熟時以竹篾箍樹本，擊篾則自落。石榴樹以麻餅水澆則花多，植榴時根下安僵石枯骨，則花實繁茂。橄欖樹高難採，以鹽塗樹則實自落。桃樹生蟲，煮豬頭汁澆之即止。黄梅木必以陰晦夜無一星伐之，則不裂。花樹蟲蛀孔，以硫黄末塞之。橄欖樹脂膏用泥船隙，牢如膠漆，著水益乾。桑木白皮煮汁染褐色久不落。木犀蛀者，用芝麻帶殼懸樹上。皂角樹刺多難采，篾箍其樹一夜自落。楮汁能合硃砂爲團，名爲五金膠漆。績麻骨插竹園四向，竹不沿出，芝麻骨亦可。桑樹下埋龜甲，則茂盛不蛀。桑生黄衣，其木將槁，謂之金桑。葡萄樹用麝香入樹皮内，則葡萄盡作香味。橘樹不宜肥，肥則春分後多死。柘木以酒醋調礦灰塗之一宿，則作閒道烏木文。楊梅樹上生癩，以甘草釘之則已。黄楊歲長一寸，遇閏則不長。桂花作屑布磚階，縫中不生草。桂木釘樹立斃。橄欖樹作舟楫，撥著魚皆浮出。桃樹生蟲，以多年竹燈架掛樹上即落。李樹、石榴，以石安丫中堆根下，則結子繁。種柳先于土坑中置蒜一瓣，甘草一寸，永不生蟲。欲知來年五穀豐登，先視今年五木茂盛者種之。禾生于棗或楊，黍生于榆，大豆生于槐，小豆生于李，麻生于楊或荊。三月上旬取諸果如拇指大，好枝條三尺長者，插大芋或大蘿蔔，蕪菁中種之皆活。三年後成樹。望前栽果則茂，望後栽實少。椰子樹初栽時，用鹽置根下則易發。槿樹作籬須一連插去，若少住手，便不相接。竹性西南行，移竹必擇西南方易盛。竹有雌雄，雌者多筍，根上第一節生雙枝者爲雌。春花半開折枝即插蘿蔔上，花盆内實土種之，灌溉以時，花過則根生，或插大芋頭内。醃肉滚汁徹去浮油，熱入瓶插梅花，可結實。煮鯽魚湯亦可。養梅花用煮肉汁撇去面上肥油，其餘放冷用養，則花盡開而久難謝。牡丹、芍藥、梔子並刮去皮，火燒，以鹽擦，插花瓶中加水養之。用青磁瓶入硃砂四兩，將梅蕊刀割一枝，插入瓶中，常澆水，開花結果可食。栽桂宜高阜半日半陰處，臘雪高壅于根，則來年不灌自發。忌人糞，宜豬糞。冬月宜撏豬湯澆一次妙。死蟹浸水澆花不莠蟲，且肥。養梔子花，將折枝根搥碎擦鹽插入，則花不黃。馬糞調水澆花能早開數日。凡養柔枝花，以滚湯貯瓶，插下塞口，可觀數日。牡丹、芍藥、戎葵、萱花養當燒枝。花被麝沖，急以艾、雄黄于上風燒之，立解。蠹蟲生枝上，以桐油圍梗，自死。海棠花用薄荷水浸之則開。花瓶中欲水不臭，用火燒瓦一片在内，膠泥亦可。

宋 蘇軾《格物麤談》卷上《果品》

食梅牙軟，食藕解之。橄欖與鹽同食則無苦味。銀杏多食能醉人。榧子同甘蔗食則滓軟。食梅齒齼，嚼胡桃肉解。蘿蔔梗同銀杏煮則不苦。豬油炒榧，皮自脱。果得麝則壞，酒得麝則敗。五月五日以麥麪煮粥，入鹽少許，候冷傾入甕中，收鮮紅色未熟桃納滿，外用紙密封口，至冬月如新。十二月洗潔净瓶或小缸，盛臘水，遇時果出，用銅青末與果同入臘水内收貯，顏色不變如鮮。凡青梅、枇杷、林檎、小棗、葡萄、蓮蓬、菱角、甜瓜、緑橙、橄欖、荸薺等果皆可收藏。揀完好橄欖，用好錫打有蓋瓶裝滿，紙封，放净地上，至六月尚好。收一切鮮果，用臘水同薄荷一握、明礬少許，入不津器浸之，色味俱美。一云只近水氣不入水尤妙。霜後取沈水栗一斗，用鹽一斤調水浸栗，令没經宿，漉起晾乾，用竹籃或粗麻布袋掛背日少通風處，日摇動一二次，至來春不損、不蛀、不壞。紅柿摘下未熟，每籃用木瓜兩三枚放入，得氣即發，並無澀味。栗子與橄欖同食，作梅花香而無渣。乾果子顆者夜露之，味如新。爆栗子、銀杏，拳一個在手，勿令人知，則不爆。藏金橘于菉豆中，則經時不變。楊梅核與西瓜子用柹漆渣拌匀曬乾，自裂開。食荔枝多則醉，以殼浸水飲之則解。菱煮過，以礬湯綽之，紅緑如生。　石榴連枝藏瓦新缸内，以紙重封密收。　平底栗二枚，一用香油塗底，一用白水塗底，合作一對置鍋心中。逐旋蓋，栗在上將鍋蓋密燒一飯頃俱熟，不粘殼。　檳榔同扶留藤及瓦壟子灰或蠣蚌灰食，則柔滑甘美，藕以鹽水供食則不損口，同油煠麫米果食則無渣。　胡桃與銅錢共食即成粉。　煮杏仁、栗子，入油紙拈在内，則皮自脱。　煮菱角用石灰水拌過，先洗去灰，煮之則色青。　藕皮與菱米食則軟而香甜。　揀不損大梨，取不空心大蘿蔔，插梨枝在内紙裹，放暖處，至春深不壞。帶枝柑橘，亦同此法。　地上活毛竹挖一孔，揀有蒂櫻桃裝滿，仍將口封固，夏開出不壞。　用一大碗盛橙在内，再以一小碗蓋之，用泥密封固，可至四五月。　每柿百枚用礦灰一升湯調浸一宿，即不澀。若要稍遲，即停湯冷浸之。　地中掘一窖，或稻草或松茅鋪厚寸許，將剪刀就樹上剪下橘子，不可傷其皮，即逐個排窖内，安二三層，別用竹作梁架定，又以竹篦擱上，再安一二層，卻以缸合定，或烏盆亦可，四圍溼泥封固，留至明年不壞。　紅楊梅一斤，白礬二兩，白糖，水四鍾入罐内，放陰處，至冬不損。　梨與蘿蔔相間收藏，或削梨蒂種于蘿蔔上，皆可經年不爛。　佛手柑若安冰片于蒂，而以溼紙圍護，經久不壞，或擣蒜罨其蒂，則香更溢。　食荔枝過多，飲蜜漿一盞便可解。

宋　趙汝楳《周易輯聞》卷三　凡木皆華而實，唯楊華者不實，實者不華。首春生如桑椹者，作五瓣小華，心鬚皆具英華，墜地即槁，不能復生。季春生者亦如桑椹，而桴甲之首頗鋭，暴於日則絮吐，得風乃飄。飛絮之下有實，如斷髮着土，復生一楊。

宋　張世南《游宦紀聞》《泊宅編》云：《越絶書》曰：慧種生聖，癡種生狂。桂實生桂，桐實生桐。沙隨先生云：以世事觀之，殆未然也。《齊民要術》曰：凡種梨，一梨十子，唯二子生梨，餘皆生杜。段氏曰：鶻生三子，一爲鴟。《禽經》曰：鸛生三子，一爲鶴。《造化權輿》曰：夏雀生鶉，楚鳩生鴞。《南海記》曰：鱷生子百數，爲鱷者才十一。餘或爲黿爲鼉。然則堯之有丹朱，瞽瞍之有舜，鯀之有禹，文王之有周公，又有管、蔡，奚足怪哉。　先生又嘗謂：桂生桂，桐生桐者，理之常也；生異類者，理之變也。先儒謂揚雄宜有後，張湯宜無後。然則人之私智，安得必之於天？孟子曰：莫之爲而爲者，天也；莫之致而致者，命也。斯言盡之矣。

宋　蔡卞《毛詩名物解・草木總解》　匏可食，葉苦不可食。葑也、菲也不能常美，人之所不能常善者也。荼，苦也。有曰如薺，有曰如荼，皆甚美而爲之辭也。菽，微而采之，有以員之筐、方之筥者，會諸侯以禮數者也。匏葉以爲葅，微者也。兔首以爲羞，薄甚也。而禮不以微薄廢者也。甘瓠纍樛而上行，成美之實也。瓞，瓜之小者也。而緜緜能大者，文王紹太王而興者也，瓜在疆埸無曠土者也。苹也、蒿也、芩也，鹿之食也。而芩不若蒿之大，而蒿不若芩之美，禮有加也。莪蒿之細則難辨者也，莪蔚之大則易辨者也。蓼莪之思彌深，而易辨者猶難辨也。采芑之菜也，方其始則采於新田，以新田爲不足而及於菑畝也。世未嘗無士也，亦新美其材而拔取之若菑畝之芑可也。有芑之草也，物之微也。豐水有芑，言其順物之理乃能立法也。故曰「皇王維辟」也。豐水有芑，言其順物之理乃能貽謀也。故曰「以燕翼子」也。草木有待於霜而成者，「蒹葭蒼蒼」漸至於「采采」，尤待霜而成者也。國待禮而後固也。葭菼揭揭，亂也，葭也、蓬也，始而生則蒐田時也。葛也、藟也，漘滸潤之而後蕃也。漘也、滸也，葛藟纏而後固者也。王室艱難，不可以相無者也。始河之滸，中河之涘，卒河之漘。地之愈危，彌不可無葛藟之纏固也。葛藟縈於樛木，則衆妾附后妃之仁而進，此逮下者也。葛藟施於條枚，而子孫緣先祖之功而起，此受祖者也。葛寄松柏而生者也，蘿縈松柏而生者也。蔦蘿同姓也，松柏王室也，同其存亡者也。卒曰松上則引之彌高者也。萇楚材之柔不能自立，而可扶掖以成其枝華也。人有不能，以欲故也。子之無家、無知、無室，豈有樂之者，疾其人之欲故也。芄蘭，柔而蔓依以自立者也，人不能者，以驕故也。「佩觿雖文，而不我知」，無知人之道也。「佩韘雖武，而不我甲」，無長人之德者也。知人，君德也。山有扶蘇也、喬松也；隰有荷華也、游龍也。上下各得其宜，而忽之所美，乃非美者也。子都，容之美也；子充，德之美也；茹藘，色之可染者也，以禮則平易，故曰「東門之墠墠」者，男子之所以行禮也。下言「東門之栗栗」者，女子之所以行禮也。棠棣之華、桃之華、蕣之華，凡以喻色也。棠棣之華，華如桃李，華而實者也。桃華而實，有蕡家室之所以成德也。實而蓁蓁，家人之所以庇陂之失道也。蕣朝華而暮隕，非可恃者也。此喻物之無助者也。凡木曰華，草曰榮，榮而無實爲英。蕣先曰華，而後曰英，喻無實也。木生仁者也，林爲君者也，積仁以能蔽者也。樛木屈而下垂，而葛藟得以纍，甘瓠得以纍者，仁之下屈者也。棠棣華所覆者，鄂鄂所承者。華而韡韡然，天性也。兄弟相友，亦天性也。杕杜木大而特生，尚有葉以蔽者也。而杕杜有以刺獨居而無兄弟者也，有以刺不求賢以自輔者，有以叙征夫之情而自傷者。甘棠勿翦至於勿伐，愛之至也。然甘棠者，教也。惟其教之明，是以愛之至。若夫化，則化有所至，而愛有所忘者也。梅先衆木而花實者也，梅先時，則男女不可以不及時者也。蔞於楚則微，而猶可刈者，微者亦成材也。樸樕於林，猶免陵賤者，禮所以自防而不可以微賤薄廢者也。棘堅而木之難長養者，「棘心」至於「棘薪」，則長養劬勞而後成者也。榛所以養也，苓所以治也。養譬則德也，治譬則能也。德在乎上，故曰「山有榛」也。職在乎下，故曰「隰有苓」也。此衛之賢者又多能，而苓之不若者也。「南山有臺，北山有萊」，則前後皆得賢，而其基大者也。臺萊遍於山之上，下以爲蔽者也。此言邦家之基也。其葉有儺而幽且沃者，桑也。其枝下垂，而宛以華者，楊也。以其爲山蔽飾，故以此言邦家之光也。杞之實可以療，李之實可以食，故以此言民之父母也。栲之榦高大，而車以爲輻。杻之名檍，而古以爲弓，其堅以大也，故於此言「遐不黄耇」也。枸則生而茂以堅，楰則久而益不朽，爲其可傳於後世，故於此言「保艾爾後」，此其得賢之效也。凡山之高、隰之下，莫不有材以爲貢也。山之樞、隰之榆，不皆美材，亦足以庇覆。而子之裳衣弗曳弗婁，車馬弗馳弗驅，何也？山之栲即樗而其葉茂，隰之杻即檍而其材堅，猶以爲榮觀。而子之庭内弗洒弗埽，鐘鼓弗鼓弗考，何也？山之漆可以爲器，隰之栗可以爲禮。而子之酒食不鼓瑟而喜樂以永日，何也？車鄰則美有車馬、禮樂、侍御之好，故曰「阪有漆，隰有栗」。漆可以用，栗可以食，而阪隰之賴以爲飾者，不若桑楊之美也。故卒曰「阪有桑，隰有楊」。條所謂稻，梅所謂柟也。條梅，尤終南之文飾者也。若夫錦衣狐裘，顔如渥丹，則雖文以服，飾以容而宜，實以君之德也。故曰「其君也哉」，戒之也。卒使之壽考不忘勸之也。杞、棘，木之堅剛者也。桐、椅，木之柔令者也。君子德欲剛，儀欲柔，故於杞棘言令德，桐椅言令儀。令儀嫌於無實離也，桐椅以譬儀之柔令者也。生於朝陽，則以見君之下賢，不以令之柔，而必以德之温厚也。松柏葉美材茂、本堅而久者也，自天保福禄而下之。至於竹之苞、松之茂，又本久而固者也，自福德澤而下之。至於松柏之茂，無不爾，或承德蔽廣而久也。竹虚而節直而和者也，淇澳德也。绿竹、棫樸，附而生者也。棫樸之爲薪，材微而用大，此官人者也。榛楛者，莖如荆，葉如蓍，木之微者也。而在旱麓濟濟能盛者，以見流澤之遠，此受祖者也。柞、棫，木之堅也，文王之德至於柞棫矣。則柔者可知，故昆夷駾矣。大邦畏其力虞芮質，厥成小邦，懷其德也。柞棫之枝，猶堅以固者矣。王公於諸侯待信義而後固者也。故采菽信以結之，使如柞柔之附於枝；義以制之，使如紼纚之維其舟也。檀，木之堅而美者也。榖，木之散而惡者也。杞不如桑之本固者也，桑不如檀之堅强者也。將仲子里也、牆也、園也，而戒之以無踰，以言無侵我之家事也。杞也、桑也、檀也，而戒之以無伐，以言無害我之兄弟也。始於里，卒於檀，以見養人愈强而愈不可制也。柳之條柔而不可折以樊圃也，椒之實蕃而遠條盛則本衰者也。王之揚之水而不能流，「束薪」至於「束楚」、「束蒲」之彌輕，以見王愈弱不能有爲也。鄭之揚之水不能流，「束蒲」至於「束楚」、「束薪」，以見臣愈强而不可令者也。不能有爲，罪在上，故刺其上也。不可令，罪在下，故閔其上也。聖人言《詩》而終於鳥獸草木之名，蓋學《詩》者始乎此，而由於此以深求之，莫非性命之理，道德之意也。

元 脱脱《宋史》卷三三一《盧秉傳》 林木非培植根株弗成。

明 王象晉《群芳譜·木譜首簡·形性》 凡物闓者爲陽，承者爲陰。剛者爲陽，柔者爲陰。得陽之剛，則爲堅貞之木，得陰之柔則爲附蔓之藤。樹皆有皮也，而紫荆則無。木皆有理也，而川柏獨否。木皆中實也，而娑羅中空。竹皆中空也，而廣藤中實。松爲百木之長，蘭爲百草之長，桂爲百藥之長，梓爲百材之王，牡丹爲百花之王，葵爲百蔬之王。綸組也，紫菜也，海中之草也。珊瑚也，琅玕也，海中之木也。樹木有直根，有曼根。直曰根，曼横曰抵（柢）。固其抵（柢）則生長，深其根則視久。與《老子》「深根固蒂」同。木謂之華，草謂之榮。不榮而實曰秀，榮而不實曰英。凡木，幹曰枚，枝曰條，斬而復生曰肄，病虺傴瘻腫而無枝葉曰瘣木。樹葉曰林衣，兩樹交陰曰樾。斜斫木曰槎，髡斬之曰櫱。《國語》曰：山不槎櫱。

明 季本《説理會編》 以實之大者爲母，則種所轉生其實亦大。以實之小者爲母，則種所轉生其實亦小。豈有母本既死而其枯根所藏之地能蔭子木之實哉。

明 王世貞《彙苑詳註》卷三一 伐木自本，伐木不自其本，必有後生。塞水不自其源，必有後流。除禍不自其本，必有後亂。（《國語》） 灌木，以木族生爲灌。灌木，叢木也。 瘣木謂木病尫、傴、瘻、腫而無枝葉也。 苻婁即瘣木也。 魁瘣，謂樹木叢生，根枝節目皆盤結磈磊。 科喬木下勾曰科，上勾曰喬。曲踡也。（《爾雅》） 調調刁刁，樹木爲風所摇動之形狀。 曾枝，謂重疊也。曾枝剡棘。　萎黄，萎枯死也。柯彷彿而萎黄。　樹輪相糾（纠），輪，横枝也。糾（纠），纏蔓也。　茂骫，枝葉盤行□，林木茂骫。　貞枝正直之木枝也。　南榮，南方冬温，草木常茂，故曰南榮。　岳岳，衆木之植也。林榛兮岳岳。（《楚詞》）　槎櫱，斜斫木曰槎，髡斬之曰櫱。　連抱，言木大連（抱），非一人之所抱者。　蓊薆，蔭蔽貌。衆樹之蓊薆。　鬱蓊薆薱橚爽，專言木之盛美。　京薪，京，高也。言積薪如京也。燎京薪。　槎枿，斫而復生曰枿。山無槎枿。　結根竦本，垂條嬋娟，嬋娟，枝葉相連引也。玄雲重陰，谷風生衰，言林樹茂盛，遇雲合則重其陰，風之起則增其衰也。刺天，言其高盛，上指於天。　攢立叢駢，言林木聚合也。　杳藹　林麓黝黴，皆言茂盛。　扇飛雲，拂輕霄。言樹之高。　峻岐岐，樹奇枝也。義和假道于峻岐。　菲薇扶踈（疏），枝葉茂密。　總莖裛葉，總，叢。裛，重疊也。抗莖敷蕊，瓊枝抗莖而敷蕊。　幽茂玲瓏，枝葉參差之意。　擢本本，根也。又云木身生地也。擢本咸千歲尋，言樹木根深，下達於地千尋也。　垂蔭，言其茂盛，垂蔭萬畝之地。　攢柯，木聚枝也。　高標，高枝也。陽烏迴翼于高標。　輪菌虬蟠，其形屈曲如龍之蟠也。輪菌，屈曲貌。　梢雲，樹之極高。結根列挺挺，樹梢也。結根北景之陰，列挺衡山之陽。　弱蔓，細枝。　陰林，山北之林木也。　夸條，木枝張布。　欐桅，木枝重累。　崔錯，樹枝相交轕也。　瀏莅卉歙，風吹衆木之聲。　陳柯，故枝也。陳柯槭以改舊。　荒榛，深林也。披荒榛之蒙蘢。　樛木長蘿，葛藟飛莖，攬樛木之長蘿，攀葛藟之飛莖。　建木滅景，建木在廣都，天帝所從上下處。此木日中無影，故曰滅景。建木滅景于千尋。　連卷夭矯，盤結之貌。　黝糾（纠），林木相連繞貌。枳句來巢，言木之曲者多鳥巢。　孫枝，樹側生細枝也。　糾（纠）枝，枝曲下垂。　珍木，珍異木。珍木鬱蒼蒼。　秀木，秀茂之木。　卑枝脩條，卑，低。脩，長也。卑枝拂翠蓋，脩條摩蒼天。　攢素，木葉既落，霜封其枝也。攢素既森藹。　葱青，盛貌。林木杳葱青。　梢梢，樹枝勁强無葉貌。梢梢枝早勁。　銷落，庭樹漸銷落。　嘉樹林，上有嘉樹林。　華顛，樹梢也。芳樹發華顛。　榮條，茂枝幹也。萎葉愛榮條。　飛英，直生枝也。飛英秀陵，喬喬高也。　纖枯，纖，細也。枯，槁木也。嚴風振纖枯。　阡眠，遠望貌。阡眠起雜樹。　冥濛葱倩，山樹之色青林結，冥濛丹巘被葱倩。　陽柯，向陽枝柯。　陽葉，陰條，春葉，秋條也。陽葉春青，陰條秋绿。　庭柯，庭前樹也。

眄庭柯以怡顔。　欣欣，春色。木欣欣以向榮。　風柯，風柯静不吟。（《文選》）　華木，華樹，春樹。　霜柯，霜條，秋木。　素木，寒柯，寒條，皆冬樹也。　勁楚，薪也。勁委勁楚。　豐灌，茂林也。隕豐灌於荒澨。　隱岑，木之盛也。幹合抱而隱岑。　擁腫盤坳，樹屈曲貌。　森沉，蒙茂，灌木森沉以蒙茂。　庭樾，樾，樹陰也。既取陰于庭樾。　葱楚樹木荒也。西陵忽其葱楚。列樹，列樹巢維鵲。又，列樹敷丹榮。　榿林，川中所生木也。榿林礙日吟風葉。　闞樹，塞樹也。萬蟬闞樹古槐深。　連理枝，交生木。願爲連理枝。樾蔭，樹如車蓋狀爲樾，言多也。　交蔭，樹木交蔭。（《藝文》）　風摧，木秀於林，風必摧之。　不材，山木以不材得終其天年。　柔脆，木之生也柔脆，其死也枯槁。　生毫末，合抱之木，生于毫末。（《老子》）　十圍，十圍之木，起于一抱。（《文子》）　根柢，樹木有直根，有蔓根，直根曰根，蔓根曰柢。固其柢則生長，深其根則視久。（《韓子》）　直木，直木先伐，甘泉先竭。　根土，木根于土。　制木，賢王之用人，猶巧工之制木，小大脩短，皆得其宜，規矩方圓，各有所苑。（《淮南子》）　漸上，止于下而漸于上者，木也。（《楊子》）蔽日木，千雲蔽日之木必起于青葱。（《丁鴻傳》）　受繩直，木直中繩，輮以爲輪，其曲中規，雖有槁暴不復挺者，輮使之然也，故木受繩則直。　削鐻，梓人削木爲鐻，鐻成，見者驚猶鬼神。（《荀子》）　先撥，枝葉未有害，本實先撥，謂絶也。　行迎偃醉，木勢黨伍兮，行者如迎，偃者如醉，高者如達，低者如跂。（《晚晴賦》）　赤木，出號施命合民心，作樂制禮得天心，則草木有益于人者長以養民，王者得禮之制，澤谷中生赤木。（《籍命録》）　乘木，王君乘木而王，其政升平，則草木豐盛。（《禮斗威儀》）　譬種樹，古人譬之種樹，年紀綿遠，則枝葉扶疏，若種之日淺，根本未固，雖壅之以黑墳，暖之以春日，一人摇之，必致枯槁，今百姓頗類于此。（《岑文本封事》）　芳樹發，芳樹千株發，摇蕩三陽時。氣軟來風易，枝繁度鳥遲。春至花如錦，夏近葉成帷。欲寄邊城客，路遠詎能持。（李爽）　連理頌，相彼神奇，遠見微祥。同根連柯，本枝俱昌。皇基增搆，靈祚維長。運隆周室，道均三王。丕顯弈世，休風載楊。（湛方生）　再三曲，條柯不盈尋，一尺再三曲，隱生寘翳林，控傯自迫速。（劉禎）喬木，喬木千尋直，亭亭欲拂天。　盤結，根株盤結千年固，枝葉扶疏數畝陰。（《古詩》）散木，匠石之齊，見櫟社木，絜之百圍，匠石不顧。弟子曰：材如此其美，先生不肯視，何耶？曰：此散木也。無所可用，故能壽爾。　不材木，

南伯子綦遊于商丘，見木焉有異，結駟千乘隱，將庇其所藾。子綦曰：此何
木也。必有異材。視其枝則拳曲不可爲棟梁，視其根，則軸解不可爲棺槨，舐
其葉，則口爛，嗅之則使人狂醒。子綦曰：此果不材之木，以至於此其大也。
（《莊子》） 嘉木，太宗嘗玩禁中木曰：此嘉木也。（《唐書》） 木葉交墜，唐
玄宗製《秋風高》一曲，每奏之，則清風徐來，木葉交墜。（《羯鼓録》） 紅葉
題詩，唐于祐晚步禁衢，於御溝中流一紅葉，葉上題有詩云：流水何太急，深
宮盡日閒。慇懃謝紅葉，好去到人間。祐因得之，乃宮女韓夫人所題。（《詩
話》） 端正樹，唐帝發馬嵬，行至扶風，道旁花畔，見石楠樹，愛玩之，因自爲
端正詠，蓋有所思者也。（《太真外傳》） 衣錦將軍，錢鏐臨安里中有大木，
鏐幼時與群兒戲木下。光化元年，校校太師號其幼所嘗戲大木曰衣錦將軍。
（《吳越志》） 大樹將軍，馮異每有攻伐，輒坐大樹下，人謂之大樹將軍。 斫
樹，劉漢宏因鴟噪諸庭，命斫樹。或曰：巨木不可伐。怒曰：吾將斬白蛇，何
畏一木。（《六帖》）

明 謝肇淛《五雜組》卷一〇 余在嶧山見禹時孤桐，於曲阜見孔子手
植檜及子貢手植楷木，於閩雪峰見唐時枯木菴，而枯木菴質紋形色政與嶧陽
孤桐相類，色如黄金而皮作斷紋，不問知爲數千年物也。二處寺僧守護甚嚴，
故至今無恙，楷木已朽腐斷折，獨留根幹丈餘，檜非聖人手植者，乃其遺種也。
經金兵火廟宇，樹木盡爲煨燼，而檜復挺一枝於東廡間，經今又五六百年矣，
不生不滅，孑然獨聳。數十年間輒一發生，且其紋左旋而上，無傍枝，此爲異
耳。按孔林十里中雲木參天，上無鳥巢，無鴉聲，下無荆棘、蒺藜刺人之草，聖
人生前不語，恠乃身後著靈異若此，豈亦以神道設教耶，抑或有地靈呵護之也。

明 李卓吾《讀升菴集》卷一八《草木·橘柚蒲桃橄欖》 梁使徐君房
與魏使陳昭各言方物，君房問昭曰：蒲桃味何如橘柚？答曰：津液奇勝，芬
香減之。君房曰：金衣素裹，見苞作貢，向齒自消，良應不及，此南人重橘柚
而輕蒲桃也。魏文帝詔示群臣曰：中國珍果甚多，蒲桃，當末夏涉秋，尚有
餘暑，醉酒宿醒，掩露而食，甘而不飴，脆而不酸，冷而不寒，味厚汁多，除煩
解倦，釀以爲酒，甘於麯蘖，醉而易醒。道之固已流涎，況親食之耶。南方有
橘，正酸裂人牙，時有甜耳，他方之果寧有匹者。此北人譽蒲桃而貶橘曲（柚）
也。北人不喜橄欖，南人語之曰：橄欖回味。北人笑曰：待他回味時，我棗兒
已甜了半日矣。

明 來集之《倘湖樵書》卷一《珍寶之樹》 《中庸》以寶藏之興歸之于
山。夫蒙之以砂，錮之以璞，然後精蘊潛蓄，光彩溢發，故非山不爲功矣。然
滇南有寶井，于闐有玉河，則又在泉水之間。況更有出於山水之外，寓于枝葉
之間者，所當詳考焉。《三輔黄圖》云：雲陽縣界多漢離宮。有樹似槐而葉細，
士人謂之玉樹，楊子雲《甘泉賦》所謂「玉樹青葱」者也。顔師古則云：武帝
集衆寶，而爲樹曰玉樹，用以供神。《漢武故事》：上起甲帳乙帳，前庭種玉
樹，珊瑚爲枝，碧玉爲葉。《拾遺記》：須彌山有九層，第六層有五色玉樹，陰
翳五百里焉。《淮南子》云：崑崙之上有木禾珠樹，玉樹，瓊樹，不死樹。沙
棠、琅玕在其東，絳樹在其南，碧樹、瑶樹在其北。《總龜》云：琅玕生南海石
崖間，狀如筍，質似玉。《列子》云：蓬萊之山，琅玕之樹叢生。《五嶽朝儀》
云：青城山洞周圍二千里，昔洪崖先生服琅玕花隱去，代爲青城真人。古云
珊瑚琅玕，海中之木也。熊太古《冀越集》：予嘗見蛋人入海，取得珠子樹數
担。其樹狀如柳枝，蚌生於樹，不可上下。樹生于石，蛋人鑿石得樹以求蚌，
甚可異也。《山海經》云：開明山北有珠樹。《淮南子》云：曾城九重，有珠
樹在其西，又有文玉樹、琅玕樹。《山海經》云：三珠樹生赤水上，爲樹如柏，
葉皆爲珠。《遊山記》云：于五臺清凉寺下山，飲三珠泉，馨洌異常，其沸正
如珠狀。去泉百步許，觀七寶珠樹，高二丈許，下爲一幹，岐分七條，上復拱合
爲一，然後枝葉衍縱而下。此猶漢宮之所爲玉樹，以樹之珍奇可貴而言，非真
有七寶與珠生于其間也。《説林》云：河伯晏伯禹於河上獻宜士，四時寶花、
珊瑚樹五十株，人間所無奇寶不可勝數。禹悉不受，惟受河圖及大龜、珊瑚兩
株。而行將珊瑚樹之於舜明堂左右。及禹受禪，樹上五色氣，光明燭天。禹
崩，啓踐祚，四時花開如故。及太康荒逸，弗恤國政，樹死。《述異記》：鬱林
郡有珊瑚市，海客市珊瑚處也。珊瑚碧色，一株（株）數十枝，枝間無葉。大
者高五六尺，尤小者尺餘。鮫人云：海上有珊瑚宫。漢元封二年，鬱林郡獻
珊瑚婦人，帝命植于殿前，謂之女珊瑚。忽柯葉甚茂，至靈帝時樹死，咸以爲
漢室將衰之徵。蘇頌云：珊瑚生海底。取珊瑚人先作鐵網沉水底，珊瑚貫中
而生。歲高二三尺，有枝無葉，因絞網出之，故難得完好者。漢積翠池中，有
珊瑚，高一丈二尺，一本三柯，上有四百六十三條，云是南越王趙佗所獻。夜
有光。趙佗謂珊瑚爲火樹。宗奭曰：珊瑚所生盤石上，白如菌。一歲而黄，二
歲變赤，枝幹交錯，失時不取則腐蠹。又云，五七株成林，謂之珊瑚林。 石

桂芝生名山石穴，枝條似桂樹，實石也。高尺許，大徑尺。光明而味辛，有枝條，擣服一片得千歲。李時珍曰：貴州普定分司署内有假山，山間有樹，根幹枝條皆石。而中有葉如榴，裊裊茂翠，開花似桂微黄。嘉靖丁未，僉事熊希程賦詩記之，以比康干斷松化石之事，而不知其名。此即《抱朴子》所云石桂英耳。海邊有石梅，枝幹横斜。石柏，葉如側柏，亦是此類。《名勝志》云：獲鹿縣有海山石柏，在縣東北陰崖間。脉理縱横，不類雕鑿。天然翠柏，枝葉悉具，里人採之以爲玩。又云：普安進山四十里有玲瓏石樹二株，一則绿幹紅花之桃，一則青幹白花之李。顔色絢妍，有若初粧。此豈人巧能爲之耶？《閩書》：霍童山辟支巖巖下寺，辟支佛所棲。辟支佛，閩生佛也。二月三日降生，巖前生成五百天人石，上生成石龜、石桃，能生能落。《邵武府志勝》云：烏君山高二千一百餘丈，其椒有二石，高十餘丈，形皆蒼黑，鬬葉分枝，狀如雙尊，謂之雙石。松陽縣卯山有怪石，如樹之有枝葉。贊寧《筍譜》云：木玄虚著《四明山記》云，雪竇山北巖生石乳，其峰非人可升，有毛竹銀筍。詳其毛竹，自生毛筍若銀筍，即銀鑛如筍然。如池州山穴，曾有懸囚人下窺百餘旬後，見洞明焕，遂手攀之，得三數莖，疑是此。《洽聞記》云：唐永昌中，台州司馬孟詵奏，臨海木工馮義得石連理樹三株，株皆白石天成。《十洲記》：影娥池有生金樹，破之，皮間有屑如金而色青，亦名青金樹。《西京雜記》所載又有白銀樹、黄銀樹焉。《杜陽編》云：元藏機，大業初爲海使判官。遇風，飄於滄洲。洲方千里，有良金池方數十里，水石沙泥皆如金色，有四足魚、金蓮花。洲人研之如泥，竹間彩繪，光影焕燦，與真金無異，但不能入火而已。《山海圖贊・文玉玗琪樹贊》云：文玉玗琪，方以類聚。翠葉猗萎，丹柯玲瓏。玉光争焕，彩艷火龍。《服常琅玕樹贊》云：服常琅玕，崑山奇樹。丹實朱離，绿葉碧布。三頭是伺，遞望遞顧。吴孫皓天璽中，臨海郡吏伍曜在海水際得石樹，高三尺餘，枝莖紫色詰曲，靡麗有光彩。《周南林纂要》：紫鉚樹出真臘國，呼爲勒佉，亦出波斯國，長一丈，枝條鬱茂，葉似橘。經冬而凋，三月開花，白色，不結子。天大霧露及雨霑濡，其樹枝條即出紫鉚。波斯國使又沙利深所説並同。崑崙國者善，波斯者次之。又浄土樹在高陵縣南八里，俗傳西域鳩摩羅什憇此，而覆其履土中，遂生兹樹。二月花如楊花，八月結實如小栗，殼中皆黄玉。

明　來集之《倘湖樵書》卷一《草木雌雄》　雌雄牝牡，此鳥獸之所爲區以别也。草木無情，則亦何雌雄牝牡之有。顧萬物本於陰陽，雖在草木，亦莫不負陰而抱陽，則亦往往分爲雌雄牝牡第，人不能盡辨之耳。《唐本草》云：鷄舌樹有雌雄。皮葉並似栗，其花如梅，結實似棗核者，雌樹也。不入香用、無子者，雄樹也。採花釀以成香。雷斆云：丁香有雌雄，雄者顆小，雌者大如山茱萸，名母丁香，入藥尤勝。觀此二説，則鷄舌與丁香各有雌雄，而其所成之香亦不同而。李時珍則曰：雄爲丁香，雌爲鷄舌，則又混而爲一，何也？更須詳考之。《羣芳譜》云：鷄舌香産崑崙南，枝葉及皮並似罌粟，花似梅，子實似棗核，雌者也。雄者花而不實，釀之爲香，漢以賜侍中。此説與《唐本草》合。《物理小識》云：奇南與沉同類，自分陰陽。沉，牝也。味苦，性利。其香含藏，燒更芳烈，陰體陽用也。奇南，牡也。味辣，沾舌麻木。其香忽發，而性能閉二便，陽體陰用也。雷斆云：五加皮，葉有雌雄，三葉爲雄，五葉爲雌。陽人使陰，陰人使陽。《墨客揮犀》云：楊梅、皂角木皆有雌雄。雄者不實，鑿木幹作方寸穴，取雌木填之，乃實。《本草綱目》云：銀杏經霜乃熟爛，去肉取核爲果。其核兩頭尖，三稜爲雄，二稜爲雌。須雌雄同種，其樹相望，乃結實。成雌樹臨水亦可。或鑿一孔，納雄木一塊泥之，亦結。陰陽相感之妙如此。榧木有牝牡，牡者花，而牝者實。楝樹有雌雄兩種。雄者無子，根赤有毒，服之使人吐不能止，時有至死者。雌者有子，根白微毒，入藥當用雌者。楮樹，雄者皮斑，葉無椏乂（椏叉），三月開花，長成穗如柳花，不結實，歉年人採花食之。雌者皮白，葉有椏乂（椏叉），開碎花，結實如楊梅，半熟時，水揉去子，蜜煎作菓食。《金鑾密記》：九仙殿銀井有梨二株，枝葉交接，宫中呼爲雌雄樹。徐玄扈曰：雄木無用，而衆雌之中間有一二雄者甚妙。諺云：衆雌間一雄，結實飽蓬蓬。菊之無子者，號曰牡菊，燒灰撒地中，可死鼃黽。説出《周禮》。麻黄有雌雄二種。雌者于三月四月開花，六月結子。雄者無花，不結子，至立秋後收莖陰乾。雷斆曰：用澤蘭須别雌雄。大澤蘭莖葉皆圓，根青黄，能生氣調血爲雌。小澤蘭葉上斑，根頭尖，能破血通久積爲雄。陶弘景曰：牛膝其莖有節，莖紫節大者雄，莖青節細者爲雌。寇宗奭曰：木鱉子蔓歲一枯，但根不死。春苗，葉如葡萄，其子一頭尖者爲雄。凡植時，須雌雄相合，麻纏定。及其生也則去，雄者方結實。李翺曰：何首烏赤者雄，苗色黄白。白者雌，苗色黄赤，根遠不過三尺，夜則苗蔓相交。巴豆即剛子，緊小者是雌，有稜及兩頭尖者是雄。雄者峻利，雌者稍緩也。波稜菜有雌雄，就莖開碎紅花，叢簇不顯。雌者結實有刺，狀如蒺藜子。種時須砑開，易浸脹，必過月朔乃生苗，亦一異也。李時珍曰：大麻即今火麻，有雌有雄。雄者爲苴。蘇頌曰：農家擇麻，子之有斑黑文者，謂之雌麻。種之則結子繁，他子則不然也。《齊民要術》云：麻子放勃時，拔去雄者。若未放勃，先拔之則不成子。麻勃者，麻花也。冬瓜，凡瓜蒂彎（彎）曲貼肉者，雌瓜也。取子作種。栝樓一名瓜蔞，圓者色黄皮厚蒂小爲雌，陽人服。長者皮赤蒂粗爲雄，陰人服。《種樹書》云：浙間植桑，斬其枝而植之，謂之嫁桑。即以螺殼覆其頂，恐梅雨侵損其皮故也。二年即盛。凡樹木，當元日日未出時，以斧班駁推敲棗李等樹，謂之嫁樹。種茄子，待其開花，取葉布過路，以灰圍之，結子加倍，謂之嫁茄。《文昌雜録》云：朝議大夫李冠卿言，揚州所居堂前杏一窠，極大，花多而不結子。適一媒姥見如此，笑謂家人曰，來春與嫁了此杏。冬深，忽携酒一樽來，云是婚家撞門酒。索處子裙一腰繫杏上，已而奠酒詞呪再三，家人莫不笑之。至來春，此杏結子無數。江淮亦多有嫁橘法，不知是何術也。

明　來集之《博學彙書》卷六《枯樹復起》　正德十一年丙子二月辛卯，江西寧都縣通天村，有合抱枯樹，偃仆已久。忽風雨大作，隱隱有聲，頓起如故。此則兆世宗嘉靖皇帝，由藩封入繼大統而中興之祥也。漢昭帝時，上林苑中大柳樹斷卧地，一朝起生。眭孟以爲木下民之象，當有從民間受命者。及昌邑廢，乃更立宣帝，自民間起焉。《漢書・五行志》元帝初元四年，王皇后曾祖父濟南東平陵王伯，葬之祖也。墓門梓柱卒生枝葉，上出屋，乃莽生之歲也。劉向以爲王氏貴盛，將代漢之象。漢元帝建昭五年，兖州刺史浩賞禁民私所自立社。山陽橐第鄉社有大槐樹，吏伐斷之，其夜樹復立故處。説曰，凡枯斷復起，皆廢而復興之象。此世祖之應。《晉書・五行志》云：晉成帝咸和六年五月癸亥，曲阿有柳樹枯倒六載，是月忽起復生。至九年五月甲戌，吴縣吴雄家有死榆樹，是日因風雨起生。初，康帝爲吴王，于時雖改封琅邪，而猶食吴郡爲邑，是帝越正體饗國之象也。曲阿先亦吴地，象見吴邑雄之舍，又天意乎。哀帝興寧三年五月癸卯，廬陵西昌縣修明家，有僵栗樹忽復起生。時孝武年始四歲，俄而哀帝崩，海西即位，未幾而廢。簡文越自藩王入篡大業，登祚享國。又不踰二年，而孝武嗣統，帝諱昌明。識者謂西昌修明之祥，帝諱寔應焉。哀帝建平三年，零陵有樹僵地，圍丈六尺，長十丈七尺。民斷其木，長九尺餘皆枯，三月樹卒自立故處。《京房易傳》曰：棄正作淫，厥妖木斷自屬，妃后有顛。木仆反立，斷枯復生，天辟惡之。晉孝武太元十四年六月，建寧郡銅樂縣，枯樹斷折，忽然自立相屬。其後張夫人專寵，帝崩，兆庶歸咎張氏焉。《水經注》云：豫章城南門内有樟樹，高七丈五尺，大二十五圍，垂蔭數畝。晉懷帝六年七月間，此樟樹已久枯，是月忽更榮茂，乃元帝中興之應。《南史》：侯景入臺城，凡廟樹咸見殘毁，惟文宣太后廟四周柏樹獨鬱茂。及景篡修南郊路，伐此樹以立三橋，始砍南面十餘株，再宿悉枿生，便長數尺，時既冬月，翠茂若春。賊乃大驚惡之，使悉砍殺。識者以爲僵柳起于上林，乃表漢宣之興。今廟樹重青，必彰陝西之瑞。《開元天寶遺事》云：明皇遭禄山之亂，鑾輿西幸。禁中枯松再生，枝葉葱蒨，宛若新植者。後肅宗平内難，重興唐祚，枯松再生之祥。又唐景雲二年，高祖故第有柿樹，自天授中枯死，至是復生。睿宗以相王登位而傳玄宗，有開元之盛。又亳州苦縣，太上老君降生之所，有九井曰煉丹井，有三檜曰鍊丹檜。于有唐受命之年，亳州舊宅枯檜再生，其年卿雲現于其上。上元元年，枯檜樹于木枝上有朱書「乾元亨利貞」字，重重分明。大曆九年，晉州神山縣唐興觀枯檜復生。建中末，中書省有枯柳，德宗自梁還復榮茂，人以爲瑞柳。貞元十三年丁丑，禮侍吕渭令貢士試西液瑞柳賦。後唐莊宗初嗣晉王時，長柳巷田家有桃樹，伐已經年，舊坎仍在。其仆木一朝屹然而起，行數十步，復于舊坎。其家驚駭愴惶散走。議者引漢昭帝故事，以爲李氏中興之符。成都劉先主廟側，有諸葛武侯祠，前有大柏，圍數丈，唐相段文昌有詩石刻存焉。唐末漸枯，歷王建、孟知祥二僞國不復生，然亦不敢伐之。至宋乾德五年丁卯夏五月，枯柯再生。時人異焉。三國至乾德丙寅，歷年一千二百餘年，枯而復生，歷及皇祐初守成都又八十年矣。新枝聳雲，並舊枯餘存者，若老龍之形。宋元祐八年，新繁隆道觀大楠，爲暴風所仆。縣令將伐之，忽軋軋自起。此則樹之自爲神異者。汝南府州治東有伯甝祠，棠樹枝葉無存，僅一老幹高可三丈餘，色理堅密如鐵。相傳歷代帝王龍興，則發新枝。明高帝起兵之年，頂上一枝新發焉。嘉靖三十九年七月，台州大雷雨。東門外湖邊大樹忽然拔起，倒一宿，復自植立。有司親往視之。後倒其木爲神像，立廟祀之。《舊志》：濟南新泰縣，縣治儀門内有古槐一株。元時懸省入萊蕪，此槐遂枯，復縣復，槐因復榮。邑人目之曰靈槐。《後山談叢》云：廣濟衙門之上，有石榴木，相傳久矣。元豐末枯死，既而軍廢爲縣，元祐初復生而軍復。

明　來集之《博學彙書》卷六《草木有節義道德》　《聞見雜録》云：楊（揚）州后土廟有瓊花，宋郊搆亭花旁，曰無雙，謂天下無別株也。馮子猶《笑史》云：揚州瓊花天下無雙，隋煬帝移栽金陵，而枝葉枯瘁。帝怒，乃杖八十發回，復活一年而死。仁宗慶曆中，嘗分植禁中。明春輒枯，遂復載還廟中，鬱茂如故。淳熙中，壽皇亦嘗移植南内，逾年憔悴無花，仍送還之。蔣子正《山房隨筆》云：（楊）〔揚〕州瓊花，于紹興辛巳，金亮南寇，揭本而去。小者剪而除之，花頓憔悴。未幾，故株旁復出三蘖。老道士金大寧日加培護，久之暢茂婆娑，不異昔時。德祐乙亥北師至，花遂不榮。趙棠國有絶句弔云：名擅無雙氣色雄，忍將一死報東風。他年我若修花史，合傳瓊妃烈女中。凡花皆艷冶依人，而此獨耿介不回，是花之有節義者矣。李北海《娑羅樹碑》云：娑羅樹者，非中夏物。婆娑十畝，映蔚千人，密幄足以綴飛飆，高蔭足以却流景。惡禽翔而不集，好鳥止而不巢。華葉自奇，榮枯各異。隨所方面頗徵靈應，東瘁則西郊若而歲不稔，西茂則白藏泰而秋有成。惟南匪他。自北常爾。或季春隆發，或仲夏萌生。早先豐隨，晚暮儉若。且稿莖後吐，芬條前秀。差池旬日，奄忽齊同。無今昔可殊，非物理所測。又天寶初，安西道進娑羅狀木，有娑羅樹，不庇凡草，不止惡禽。聳幹無慙于松栝，成陰不愧于桃李。近差官拔汗那使令採得前件樹枝二百莖，如得托根長樂，棲穎建章。布葉垂陰，隣月中之丹桂；連枝接影，對天上之白榆云。凡樹皆以貞樸自立，而此獨神化應物，是樹之有道德者矣。楊〔揚〕州之瓊花，淮安之娑羅樹，並立千古，而予特標其異于凡花凡樹者如此。《香案續》云：秋長山洞穴中，有千歲金蟾蜍。山頂有瓊花，木徑八九尺，葉如白檀，花如芙蓉，香聞數里。人常見之。陳鎏《峨山游記》云：峨眉娑羅坪，娑羅花盛開，凡數十朵爲一叢，遠看如牡丹，深淺紅色及黄白五六種。惟淺紅如玉樓春者最多且佳。《記畧》云：娑羅樹出西番海中。正德中見潯州官圃一株甚巨，每株生葉七片，有花穗甚長，而黄如粟花。秋後結實如栗，可食。所謂七葉樹也。歐陽永叔咏娑羅樹云：伊洛多奇木，娑羅舊得名。常于佛家見，宜向月中生。朱平涵云：興化縣木塔寺殿材皆紫梗，美材也。賈人以木筏載黄梅一株樹之殿旁，胡僧坐其下，忽不見。殿成而梅日盛。偶以占年，東盛則上河豐，西盛則下河豐，俱盛則俱豐，俱衰則俱歉，雀啄之則有蟲鼠之耗。農人多驗之。《羣芳譜》云：武后詔遊後苑，百花俱開，牡丹獨遲，遂貶于洛陽，故洛陽牡丹冠天下。是不特芳姿艷質，足壓羣葩，而勁骨剛心，尤高出萬卉，安得以富貴一語概之。又明時陸成之宅，牡丹一株百餘年矣，朵朵茂盛，顔色鮮明。有李氏者欲得之，既移其花，朵朵皆背主面牆。强之向人不能也。未幾，凋殘零落，無復前觀。《處州名勝志》云：麗水縣三峰山，下曰靈峰，中曰翠峰，上曰岑峰，皆有僧舍。而岑峰爲禪智寺，寺有紫牡丹一本，高丈餘，每開五百餘花，花各十二瓣，值閏年各開十三瓣。宋政和間，宣入御苑栽之，花即不開。詔遣還山，復開如故。周紫芝《竹坡詩話》云：潮州韓文公祠有異木，世傳退之手植。去祠十數步，種之輒死。有題文公祠者云「韓木有情春谷暖，鱷魚無種海潭清」者是也。據《名勝志》相傳爲韓文公手植，名曰韓木。舊株既老，類更繁滋。遇春則花，或紅或白，簇簇附枝如桃狀。而此郡人以此花繁稀，卜科第盛衰。《會稽志》云：雙筍石在釣臺山通澤廟側。石筍雙立，各數百尺。其顛有異花，每杜鵑鳴時，花開爛若霞錦。國朝祖宗三后登格星穹，花枯瘁者各三年。華鎮詩云：鼎湖龍去蒼髯斷，三載叢花不記春。《廣西志勝》云：蒼梧縣南十五里，與封川界屬廣東。有兩廣樹在封梧之間，南北兩柯，驗其榮瘁，以卜兩省之豐凶。《埤雅廣要》云：蜀錦城之南有海棕焉，幹猶龍鱗，枝猶鳳尾，高百餘尺，相傳谿李唐來，閲千稔矣。國朝徙其株于金陵，莖葉披萎，略無生意。勅還蜀植之，護以赤欄，甃以紋石，其枝仍前峻拔，秀薄雲漢，有若曾不知其徙也。邇者其在城南者幹古顛仆，命中貴吴從政視之。惜其材，初未諳他用。既而斵爲五十餘琴以進，異音清發，今秘内帑。李邁庵《滇遊記》云：滇中江川山茶，明神宗移入大内。時已六月，開花極盛。後三年不花，廷杖一百，發還故里。今每年開花百朵，杖痕歷歷可數。

明　來集之《博學彙書》卷六《樹有夫妻兄弟之義》　江西泰和縣南古岡有庵，庵前羅漢樹二株，縈纏糾結，屈曲相如。常年，一樹開花而不結實，一樹結實而不開花。劉子高詩云：東樹開花西樹子，誰從枝葉認雌雄。予謂此樹兩樹合爲一配，有夫妻之義焉。南越有樹名獨根，分爲二枝，其東向一枝是木威樹，南向一枝是橄欖樹。予謂此樹分一幹爲兩家，有兄弟之義焉。按《山川記異》云：翊真觀在南昌府城西南，觀有二松，相去五尺合爲一幹，號曰義松。此亦與尋常之連理木不同，亦似有夫妻之義。《潯陽記》云：黄金山有楠樹，一年東邊榮西邊枯，後年西邊榮東邊枯，年年如此。張華曰：交讓者此也。又楠木植之成行列，枝葉若相廻避然，謂之讓木。江隣幾《雜志》云：橘樹直疎，枝葉不相妨，南人謂之讓木。夫讓美德也，楠惟能讓故施之棟梁。橘惟能讓，故貢之天府。交相讓豈非具兄弟朋友之義者乎。宋高宗時，高麗進陰陽柏兩株，高纔二三尺。高宗以賜王絢。絢種於永懷寺殿庭左右。後柏高與殿齊，每歲左花則右實，右花則左實。寺在崑山玉峰。意外國有此種，羅漢樹與陰陽柏蓋同一類與。《羣談志餘》云：唐太液池有竹數十叢，牙筍未常相離，密密如栽。帝因與諸王閑步于竹間，語諸王曰：人之父子兄弟，尚有離心離意。此竹宗本不相疎，人有懷二心、生離間者，覩此可以爲鑑。諸王皆唯唯。帝呼爲竹義。

明　何三畏《何氏類鎔》卷三一《樹木類・樹總》　樹有歷百千萬年者，其上多棲鬼神。有高六七十丈者，其下不見日月。有聖樹，有神樹，有仙樹，而又有男青女貞之號，所以爲奇。有麵樹，有酒樹，有肉樹，而又有牛筋、狗骨之稱，所以爲異。有一樹而自分條幹，東向一枝木威，南向一枝橄欖，枝枝各別，其樹名爲獨根。有一樹而互相盛衰，東邊一歲枯槁，西邊一歲敷榮，歲歲皆然，其樹名爲交讓。布葉垂陰，隣月中之丹桂。連枝接影，對天際之白榆。珍枝布葉而成珠，返魂聞香而即活。如何隨刀而異味，烽火至夜而欲燃。或名不火不灰。或名無憂無患。或名天上天槁。或名帝座帝休，亦曰扶老生金。亦曰聲風發日。亦曰雕棠迷穀。亦曰木蜜摩厨。若離婁蜀漆，平仲君遷。若慎火雒常，文莖浄土。若丹青綺縞，珊瑚琉璃。若萁母嬰彌，娑羅都句。其類固難以更僕，言縷指數矣。有樹生于姬公之塋中。其葉皆按四時，而各標其色。有樹生于孔子之塚上，其種皆來異國，而莫識其名。秦始皇封禪而登岱，所憩之樹，封以官名者，欲示寵異于山靈。錢武肅既貴而歸鄉，所戲之樹被以文繡者，用表榮華于梓里。木龍寺之樹，梁武帝遣人圖畫者，其垂如帳，其屈曲如虬龍。琉球國之樹，隋煬帝遺使持歸者，其色如金，其盤蹙如美錦。仁壽種于思煙館。木蘭生于潯陽江。君子植于華林園。長生移于上林苑。諸如此類者，皆佳木也。至《無量壽經》所云：行行相植，莖莖相望，枝枝相準，葉葉相向，華華相順，實實相當，爲天宮之寶樹者，則豈塵世間所有哉。

明　何孟春《餘冬序録》卷五〇　草木花皆五出，雪花獨六出，古今莫喻其理，獨朱文公謂：地六爲水之成數，雪者水結爲花，故六出。或言花中巖桂四出之異。史繩祖云：土之生物，其成數在五，故草木皆五出，惟桂乃月中之木。西方地四，乃西方金之成數，故花四出而金色，且開於秋。春聞薝蔔花嘗六出矣，天上瑞葉開花六出，春雪亦嘗五出矣。以物類求之，恐亦不可盡曉。蘇子瞻云：今桃杏花有六出者，必雙仁，皆能殺人，失常故也。雪花六出，至春乃五出，殆亦陰陽之時，或有感而然爾。

又　花木蔬菓以海名者，李贊皇謂悉從海外來，如海棠、海榴之類。春按：亦有以胡名者，胡桃、胡荽之類，當亦由胡地來。衣服器用胡帽、胡床之類，亦是胡製。

明　王圻《稗史彙編》卷二四七《花木門・花木總論・草木別名》　蓂曰曆莢。朱草曰赤草。琥珀曰江珠。薏苡曰簳珠。雲芝、水芝、土芝曰三芝。白芝曰玉芝。凡芝曰石菌。藿香曰管松。香附子曰省頭香。桑寄生曰寓木。□□屑地筋曰青黏，或曰黄芝，可理五臟。菖蒲根曰昌本。天門冬曰顛棘，又曰淫羊。猪苓曰豕苓。人參出名山者曰紫團。何首烏曰支藤。芡實曰鷄頭。木曰山精，又曰山薑。大棗曰壺棗。決明曰英光。芍藥曰可離。鹿葱花曰宜男，亦曰丹棘。又令草出常山，能夜叱户盜，曰護門草，一曰靈草。夜合花曰合昏。櫻桃曰麥英，又曰荆桃，亦曰含桃。夢草曰懷暮。白麻曰瑶華。蘥曰雀麥，又曰燕麥。舊麥曰宿麥。胡麥名曰指星，可作餅，曰菰子。苔曰水衣，曰石髮，曰圓蘚，曰絲錢，曰金苔，曰夜明苔，曰菭葅。竹萌曰筍葅，又曰竹胎。凡竹皆曰明玕。竹實曰練實。蔗餳曰石蜜。荔挺曰馬薤。野蓼曰天蓼，曰澤蓼。蓴曰水葵，曰兔葵。蜀葵曰戎葵。胡豆曰戎菽。芋根曰芋魁，又曰蹲鴟。生下田中，似龍鬚而細。根曰莬茈，可以染紫，曰茈草。茈紫通用。梧桐曰榮木。烏桓草實如葵子，曰東蘠菊，始開曰落英。椶樹曰栟櫚。櫟實曰橡實。松一叢五葉如釵，曰五鬣松。柏曰鬼廷。石榴曰丹若。橄欖曰南威。合歡樹曰青棠，又曰蠲忿。龍眼曰荔枝。奴檍木曰萬歲樹，亦曰萬年枝。種楸于道曰長楸。柳黄色曰麴塵。晝合夜舒曰守宫槐。夏□□斫所傷曰樹創。以瓜博曰賭瓜。以瓜食曰練瓜。出空同曰靈瓜。出崑崙曰玉瓜。甜棗曰木蜜。櫻桃曰石蜜。赤莧苗曰人莧。青莧實曰馬莧。

明　季本《説理會編》　勢將高而未出水時則有菱藻。凡此皆水中之所先化，然必有泥沙以依形，而後水得成生物之功。泥沙漸積，波濤湧推，地形漸出，下者爲原，上者爲山。然後有植物，而走飛之類生焉。

明　劉仲達《劉氏鴻書》卷八七《花木部・總論》　桃三年而實，李四年，梅十二年，銀杏三十年。桃十年而實小。李壽三十年，荔枝壽三百年。柳一歲而丈，三歲而椽。柞十年而椽，二十年而榑。竹六十年一易根。鐵樹六十年而一華。海棗五年而一實。筑陽孤竹三年而一筍。南陵金盤雲草一歲而一節。蓍草七十年而益一莖。奚毒歲爲側子，二歲爲烏喙，三歲爲附子，四歲爲烏頭，五歲爲天雄。人參千歲爲小兒。枸杞千歲爲犬子。松脂千歲爲茯苓。楓脂千歲爲琥珀。蓍草千歲而神。栝根千歲爲□□。

明 沈長卿《沈氏日旦》卷四 花得糞而茂，多培之則蛀。蚓得糞而肥，驟飫之則死。以至浄之品，資至垢之物，如山人之愛錢，以養身之需，爲戕身之具。猶墨吏之褫爵，東方朔饑死飽死之喻，誠然哉。

明 王守仁《王文成全書》卷一 種樹者必培其根，種德者必養其心。欲樹之长必于始生時删其繁枝，欲德之盛必于始學時去夫外好。

清 張貞生《唾居隨録》卷二 天根見。根可見乎？譬之木焉，爲幹爲葉，爲花爲實，可見者也。根不可見也，根見則槁矣，化機息矣。

清 牟應震《毛詩物名考》卷六 草於五行屬木，於干屬乙，於支屬卯。木陽而草陰也。其生也或以子，子孳而不已。或以根，根歷世而不朽。是陽木之剛者或摧，而陰木之柔者無盡也。約畧計之，其類有七：陸生五，水生二也。出土生葉、葉心抽莖者爲一類，植於園者可茹，生於山者亦多可采也。引蔓而長，附物而施者爲一類，佐於蔬者半、品於藥者半也。莖直而實，葉厚而穰者爲一類，有臭焉，爲薰爲蕕，以葉别也。分枝布葉，開花結子者爲一類，有味焉，甘苦辛酸以根用也。細莛生節、逐節生葉、莛末作穟者爲一類，似穀非穀而爲穀害，燎之資也。外實内空、似木非木者爲一類，竹其長也。柔莖附泥、似草非草者爲一類，荷其王也。竹、荷，草之異品。獸之麟、羽之鳳也，而總名之曰卉。根曰荄，曰茇萌，曰芽出土，曰茁附於地，曰麓枝柱曰莛，曰黄延，曰蔓小，曰蔚大，曰荄多，曰薈，曰薋，曰蔇，曰滋茂，曰蕃，曰藹盛，曰芃芃，曰萋萋，曰蓁蓁，曰芊芊。榮曰英，曰華，曰夸。英之茸茸而白者曰荼，垂而鮮者曰葳蕤，柔曰荏苒，老曰蒼敗，曰蔫菸。刈之曰薙，亦曰茀。積之曰垛。飼牛馬曰芻，曰茭。已疾者曰藥，佐食者曰蔌。

清 曹溶《倦圃蒔植記·論木第二》 雜木若女（真）（貞）、石楠、黄楊、丹楓、烏絨、西河柳可以點景。五加芽、金雀花可以點茶。香椿可供素饌。金櫻可充藥材。枸、橘可禦暴客。或栽隙地，或編籬落，但隨人意所便，皆可取用也。天竹亦木之餘裔也，忌糞，宜於雞毛水，别一種，秋開千葉黄花而葉小，異名曰棲鳳竹。

清 龍文彬《明會要》卷四六 洪武元年正月辛丑，天下府州縣官來朝。諭曰：「天下新定，百姓財力俱困，如初飛之鳥不可拔其羽，新植之木不可摇其根。惟廉者能約己而愛人，貪者必朘人以肥己。爾等戒之。」

清 劉堅《修潔齋閒筆·改火》 燧人氏鑽木取火，法五行也。春行爲木，榆柳色青，以象木也。木生火，夏行爲火，棗杏色赤，以象火也。火生土，季夏行爲土，桑柘色黄，以象土也。土生金，秋行爲金，槐檀色白，以象金也。金生水，冬行爲水，柞楢色玄，以象水也。然四季取火，何獨夏季重取之乎？《朱子語録》曰：土旺于未，故再取之。

清 謝文洊《謝程山集》卷六 木在地中，土氣充養，則生氣日滋，由萌蘖以至於干霄蔽日，皆分内事。其間雖爲風雨所飄摇，霜雪所剥落，迨至春時依然榮茂。何也？以木根原具生氣，本有干霄蔽日之理，若能謹慎護養，不使牧以牛羊，伐以斧斤，則勢不至干霄蔽日不止也。

清 謝文洊《謝程山集》卷二 樹木一般隆冬之時生意斂歸根上，枝葉凋枯，氣象慘悴。若或爲非時，浮陽所動，便爾開花，到春夏正發生盛長時，反稀疎遲鈍，不及他樹，何也？以其生意滲漏，全力已減故也。老成人悔不及矣，後生輩又語之不入，奈何。

清 曹溶《倦圃蒔植記·論花第三》 花之以香勝者，蘭也，梅也，菊也，桂也，蓮也，茉莉也，水仙也，玫瑰也，瞻葡（薝蔔）也，百合也，瑞香也。蠟梅附於梅，木香附於玫瑰，山礬附於水仙。以色勝者，牡丹也，芍藥也，海棠也，石岩也，佛桑也，蜀茶、滇茶也，黄白山茶、白綾也，玉蘭、梨花也，各色千葉桃也，各色千葉石榴也，拒霜也。秋海棠附於海棠，夾竹桃附於佛桑，其他雜花若紫白丁香、黄薔薇、各色薔薇、各色月季、紫荆、紅紫粉白四微木筆、郁李、棣棠、錦帶之類皆有可取。惟繡毬以白色無香，吾所獨殿，然嗜好不同，未可以我概人也。杏、李、櫻桃、來禽及單葉桃、石榴之輩，則當别爲果子花一門。

清 朱錫《幽夢續影》 櫻桃以紅勝，金柑以黄勝，梅子以翠勝，葡萄以紫勝，此果之艷于花者也。銀杏之黄，烏桕之紅，古柏之蒼，篔竿之绿，此葉之艷于花者也。亯（亨）蒂生云：果之妙至荔枝而極，枝之妙至楊柳而極，葉之妙至貝多而極，花之妙至蘭蕙而極，枝葉並妙者莫如松柏，花葉並妙者莫如水仙，花果並妙者莫如梅花，葉莖果無一不妙者莫如蓮。

藝文

晉 庾闡《浮槎賦》 有幽巖之巨木，邈結根乎千仞。體洪鈞以秀直，挺環奇而特俊。冠岑嶺以高栖，獨雍容於嵒峻。混全朴於不材，倬凌霄而絶韻。故能紓餘盤骫，森蕭頹靡，陽飄飈結，花裂水灑。遺美賈於翠壁，歷懸根於朽壤。曳紅波於海湄，鼓長風而飄蕩。旦駁波而乘飛潦，夕舉浪而赴奔潮。吹雲霧而出洞穴，灌炎石而過沃焦。江湖不俄晷，萬里不一朝。

北周 庾信《枯樹賦》 殷仲文風流儒雅，海内知名，世異時移，出爲東陽太守。嘗忽忽不樂，顧庭槐而歎曰：此樹婆娑生意盡矣，至如白鹿貞松，青牛文梓，根柢盤魄，山崖表裏。桂何事而銷亡，桐何爲而半死。昔之三河徙植，九畹移根，開花建始之殿，結實睢陽之園。聲含嶰谷，曲抱雲門，將雛集鳳，比翼巢鴛。臨風亭而唳鶴，對月峽而吟猿。乃有拳曲擁腫，盤坳反覆。節竪山連，文横水蹙。匠石驚視，公輸眩目。雕鐫始就，剞劂仍加。重重碎錦，片片真花。若夫松子古度，平仲君遷，森梢百頃，槎枿千年。秦則大夫受職，漢則將軍坐焉。莫不苔埋菌壓，鳥剥蟲穿。低垂於霜露，撼頓於風煙。東海有白木之廟，西河有枯桑之社。北陸以楊葉爲關，南陵以梅根作冶。小山則叢桂留人，扶風則長松繫馬。豈獨城臨細柳之上，塞落桃林之下。若乃山河阻絶，飄零離别。拔本垂淚，傷根瀝血。火入空心，膏流斷節。木魅睭一作睥睒，山精妖孽。横洞口而欹卧，頓山腰而半折。戴癭銜瘤，藏穿抱穴，況復風雲不感，羈旅無歸，既傷摇落，彌嗟變衰。淮南云「木葉落，長年悲」，斯之謂矣。乃爲歌曰：建章三月火，黄河千里槎。若非金谷滿園樹，即是河陽一縣花。桓大司馬聞而歎曰：昔年移柳，依依漢南。今看摇落，悽愴江潭。樹猶如此，人何以堪。

唐 孫秘《散木賦》 窅窅冥冥，至道之精。視之無見，聽之無聲。伊散木其何識，迺沖用而保生。夫其措迹隐深，寓形偏寂，青嵺右聳，紅溪左闢。漱滴瀝之飛泉，枕嵌巖之古石。將含休以處順，不祈禄而自適。故其幹也，間砢盤魄，蟲穿鳥剥。其節大兮，不可以爲桷，擁腫輪囷，抱蠹生津。其軸解兮，不可以爲輪。空心兮若喪，拳枝兮不申。理不中於規矩，才豈任乎斧斤。似支離之有疾，固哀駘之入真日者。秦構鳳凰，漢營鳷鵲，崇臨海之殿，豐冠山之閣。窮宇内之瓌寶，盡域中之衡薄。雖片善之必收，故散木之不作。用能以損之益，居貞而晦，不恃而成，不有而大。白雲至止，雜蘿薜以成帷。清風來兮，協笙竽而吹籟。異鵲宵集，祥鴛曉會。隐士掛瓢，仙人倚蓋。不逆於物，夫何于害。及夫郊暄淑氣，景媚風煙。夭桃變兮穠李發，乍揚芳以競妍。既乎寒露朝變，凝霜夜結。相梨剥兮橘柚摧，澹無情兮何折。動息無撓，榮枯任節。道將契於攖寧，德以庶於朗澈。與夫五柞三槐，仁賓君子。東吴豫章，西蜀蕭杞。文杏聳於千尋，木蘭香於十里。皆虬蟠鱗接，重葩疊葉，杳藹芊眠，拂日摩天。根柢深固，表裏巖泉。並恃材而喪質，咸爲名而夭年。是知明不若昧，語不如默。爲善者離其道，立行者陰於德。社櫟入夢而幾亡，野桑因言而自刻。豈若聖智雙遺，形神兩忘。委不才以居寂，任無用以爲祥。鬱鬱於純冥之界，落落于無何之鄉。與天地而長久，吸日月之明光。蒙子休聞而歎曰：吾且逍遥其旁。

唐 盧話《落葉賦》 衆木森沈，歲暮秋深。日黯黯以斜度，風悄悄而亂吟。喬枝邈以架迥，墜葉槭以辭林。睠彼摇落，夫何蕭索。形宛轉而斷連，狀徘徊以斜却，枝稍高而飛遠，條漸疏而陰薄。逗涼空以伴螢，繞明月而驚鵲。或散漫於原野，或摇颺於樓閣。爾其下自幽谷，高隕山椒，葉何樹而不墜，樹何葉而不凋。擁玉砌以初聚，值金風而復摇。浮於水中，似孤舟之遠泛，落於山際，若斷雲之已飄。悲夫處處園林，紛紛相似，覺絶漠之寒至，聆洞庭之波起。何夏茂而秋落，何先榮而後死。葉之致也，既順陰陽之宜。葉之趣也，誠叶盛衰之理。願歸本而猶未，嗟微脱而不已。别有寂慮卧幽，逸氣無儔。聊賞心以遐望，乃觸目而增愁。見一葉之已落，感四序之驚秋。媿體物之逾拙，思軋軋而空抽者也。

唐 盧照鄰《芳樹》 芳樹本多奇，年華復在斯。結翠成新幄，開紅滿故枝。風歸花歷亂，日度影參差。容色朝朝落，思君君不知。

唐 杜甫《惡樹》 獨繞虚齋逕，常持小斧柯。幽陰成頗雜，惡木翦還多。枸杞固吾有，雞栖奈汝何。方知不材者，生長漫婆娑。

唐 白居易《和杜録事題紅葉詩》 寒山十月旦，霜葉一時新。似燒非因火，如花不待春。連行排絳帳，亂落拂紅巾。解駐籃轝看，風前唯兩人。

唐 韓愈《枯樹》 老樹無枝葉，風霜不復侵。腹穿人可過，皮剥蟻還尋。寄託唯朝菌，依投絶暮禽。猶堪持改火，未肯但空心。

唐 鄭谷《府試木向榮》 園林青氣動，衆木散寒聲。敗葉牆陰在，滋條雪後榮。忻忻春令早，藹藹日華輕。庾嶺梅先覺，隋堤柳暗驚。山川應物候，皐壤起農情。祇待花開日，連棲出谷鶯。

唐 王泠然《古木卧平沙》 古木卧平沙，摧殘歲月賒。有根橫水石，無幹拂煙霞。春至苔爲葉，冬來雪作花。不逢星漢使，誰辨是靈槎。

唐 羅隱《紅葉》 不奈荒城畔，那堪晚照中。野晴霜裛绿，山冷雨摧紅。遊子灞陵道，美人長信宫。等閒俱歲暮，揺落意無窮。

唐 魚玄機《臨江樹》 草色連荒岸，煙波入遠樓。葉鋪江水面，花落釣人頭。根老藏龍窟，枝低繫客舟。瀟瀟風雨夜，驚夢復添愁。

唐 宋文同《紅樹》 萬葉驚風盡捲收，獨餘紅樹擬禁秋。已疑斷燒生前嶺，更共殘霞入遠樓。楓岸最深霜未落，柿園渾變雨初休。勸君莫上青山道，粧點行人分外愁。

野生動物特性分部

綜 述

《莊子・養生主》 澤雉十步一啄，百步一飲，不蘄畜乎樊中。

《莊子・山木》 夫豐狐文豹棲於山林，伏於巖穴，静也。夜行晝居，戒也。雖饑渴隱約，猶旦胥疏於江湖之上而求食焉，定也。

《荀子・致仕》 川淵深而魚鼈歸之，山林茂而禽獸歸之，刑政平而百姓歸之，禮義備而君子歸之。故禮及身而行修，義及國而政明，能以禮挾而貴名白，天下願令行禁止，王者之事畢矣。

《荀子・禮論》 今夫大鳥獸，則失亡其群疋，越月逾時，則必反沿鈆，過故鄉則必徘徊焉，鳴號焉，躑躅焉，然後能去之也。小者是燕爵，猶有啁噍之頃焉，然復能去之也。

《吕氏春秋》卷二 水泉深則魚鼈歸之，樹木盛則飛鳥歸之，庶草茂則禽獸歸之。

漢 劉安《淮南子・齊俗訓》 廣厦闊屋，連闥通房，人之所安也，鳥入之而憂。高山險阻，深林叢薄，虎豹之所樂也，人入之而畏。川谷通原，積水重泉，黿鼉之所便也，人入之而死。咸池承雲，九韶六英，人之所樂也，鳥獸聞之而驚。深谿峭岸，峻木尋枝，猨狖之所樂也，人上之而慄。

漢 劉安《淮南子・説山訓》 山有猛獸，林木爲之不斬。

漢 劉安《淮南子・人間訓》 夫狐之捕雉也，必先卑體彌耳，以待其來也。雉見而信之，故可得而擒也。

唐 吴兢《貞觀政要》卷五《仁義》 貞觀十三年，太宗謂侍臣曰：林深則鳥棲，水廣則魚游，仁義積則物自歸之。

唐 程本《子華子》卷上 大丘陵崇而穴成於上，狐狸藏矣。溪谷深而淵成於下，魚鼈安矣。松柏茂而陰成於材，塗之人則蔭矣。

唐 羅隱《兩同書》卷上 虎豹墜谷，頓爲齏粉。螻蟻隨風，無傷絲髮。

宋 彭乘《墨客揮犀》卷二 鸂鶒能敕水，故水宿而物莫能害。鴆能巫步禁蛇，故食蛇。啄木遇蠹穴，能以觜畫字成符印，蠹蟲自出。鵲有隱巢木，故鷙鳥莫能見。燕銜泥嘗避戊巳日，故巢固而不傾。鸛有長水石，故能巢中養魚而水不涸。燕惡艾，雀欲奪其巢，即銜艾置其巢中，燕遂避去。此皆鳥之有智者也。

宋 蘇軾《格物麤談》卷上《禽類》 鶴聞降真香則降。 鶴骨爲篴甚清越。 燕畏艾葉。 鶴糞能化石。 鳩食桑椹則醉。 羣雞夜鳴主不祥。 竹雞叫可去壁蝨、白蟻。 雄雞黄昏獨啼，主有天恩。 雁食粟足重不能飛。 狗糞中米鴿食則死。 鸜鵒不渡濟水。 燕肉和麪爲餌得魚甚易。 燕能制海東青鶻，故有鷙鳥之稱。 鷹鶻食之則死，入水能致蛇龍。

宋 蘇軾《格物麤談》卷上《獸畜類》 獺飲酒則斃。 熊食鹽則死。 狐貉皮毛見燕則毛脱。 馬厩畜母猴辟馬瘟疫。 猿臂骨作笛甚清亮。 胡麻飯啖犬黑光而駿。 蝟令虎申，蛇令豹止。 虎食狗則醉，豺見狗則跪。 馬食穀則足重。 白犬虎文畜之可致萬石。 黑犬白前兩足，宜子孫。 白犬黄頭，家大吉。 黄犬白尾，代有衣冠。 黄犬白前兩足利人。 黑犬白耳畜令富貴。 養純白犬，家凶。 犬黑色者養之能辟伏尸，青斑者識盗賊則吠。 蝟脂煬鐵中，入少水銀，則柔如鉛錫。 貘齒骨極堅，刀斧火煅不壞，可詐充佛牙。 以羚羊角一擊便碎。 貘糞可爲兵切玉，尿能消鐵爲水。 豺皮燒灰和酒灌解槽，牛馬便馴良附人。 乾蝟皮并刺作刷，治紕帛絶佳。 鹿帶玉而角斑，魚懷珠而鱗紫。 貘膏性利，銅鐵瓦器悉透，惟以骨盛則不漏。 桐梓二樹花葉飼豬並能肥大且易養。

明 何孟春《餘冬序録・鳥類》 鵲有巢，鳩居之。布穀生子，鷦鷯養之。山鷄自愛其毛，終日影水，目眩則溺。《博物志》。人亦有溺於自愛者。芙蓉山有異鳥，其名曰鴸，愛形顧影，不自藏，爲羅者所得。《名山記》。士之罹於世網，皆由其不肯自藏，故爾夜蛾撲繞燈燭，驅去復來，弗至焦爛弗止，利禄聲色之在人，往往甘其心而死之，何以異於是哉。

明 何孟春《餘冬序録・獸類》 虎生三子，則一爲豹。鵲生三子，則一爲鴟。賢子爲豹，不肖子爲鴟。

又 昔人有言，逐麋之犬，豈顧兔邪。《上官桀傳》逐兔之犬，終朝尋兔，不失其迹，雖見麋鹿，不暇顧也。楊泉《物理論》彼其才力志識，大小各有定也，若逐麋而欲兔乎顧，逐兔而又欲得麋，未有不兩失者也。

明 劉倫《正蒙解》卷三 動物本諸天，以呼吸爲聚散之漸。植物本諸地，以陰陽升降爲聚散之漸。物之初生，氣日至而滋息，物生既盈，氣日反而游散。至之謂神，以其申也，反之爲鬼，以其歸也。

動物鳥獸之屬，植物草木之屬。凡物之生皆本諸天地，而曰動物本諸天、植物本諸地者，指其得之多者而爲言也。言天下之物有動有植。動者其本諸天乎，是故以呼吸爲聚散之漸，象天之清而浮也。植者其本諸地乎，是故以陰陽升降爲聚散之漸，象地之濁而載也。此所以爲動植之别也。然究而言之，其本雖有天地之異，而其實莫非鬼神之爲。蓋凡動植之物，方其初生也自少而老，氣日至而滋息，神之屬也。及其生之既盈也，自壯而老，氣日反而游散，鬼之屬也。夫氣至而滋何以爲神，以其伸也。氣反而散，何以爲鬼，以其歸也。鬼神之名，義又如此。夫豈獨以窈冥昏默者爲鬼神哉。朱子曰：至之爲神反之爲鬼固是，然雷風山澤亦有神。今之廟貌亦謂之神，亦以方伸之氣爲言耳。

明 劉侗《名物通》卷一〇 貉不踰汶，鸜鵒不踰濟，鰌鮔不入江，杜鵑不入洛，朱提以南無鳩鵲，蜀郡無兔鴿，江南無狼馬。岳陽之人不獵兔，巴陵之人不弋鳥。楚人惡聞鵩，吴人惡聞鴟，南人惡聞豺，北人惡聞訓胡。巫山有迎船之鳥，彭澤有接食之鳥，蛾眉有佛見之雀，道州有祠舜之狙。蒼梧有象耕，會稽有鳥耘。

明 周琦《東溪日談録》卷八 鳥春至則發聲，秋至則藏舌。草木春至則萌蘖，秋至則歛液。天地非物，物而提撕之，自不能違其時者，氣使之也。鳥獸草木通乎天地之氣者矣。

明 袁達德《禽蟲述》 蟲莫神於龍，龍之鱗九，九，陽數也。鯉爲魚之主，鯉之鱗六，六，陰數也。有鱗曰蛟龍，有翼曰應龍，有角曰虬龍，無角曰螭痴龍。春分而登天，秋分而入川。鳳，火精也，雌曰凰。燕喙，龜頸，龍形，麟翼，魚尾，六像九苞。行鳴曰歸嬉，止鳴曰提扶，夜鳴曰善哉，晨鳴曰賀世。不食生蟲，不履生草。麒麟，木精也，牝曰麟。麕君身，牛尾，狼項，馬蹄，黄色，一角。牡鳴曰遊聖，牝鳴曰歸和，夏鳴曰扶幼，秋鳴曰養綏。音中黄鍾，行中規矩。鸞，一曰鷄趣，體備五色，聲中五音，應頌聲而至，集德輿而鳴。首翼赤曰丹鳳，青曰羽翔，白曰化翼，玄曰陰翥，黄曰土符。十龜異名，神靈攝寶文，筮山澤水火。六龜異室，天玄地黄，東青西白，南赤北黑，各入于室。守簪而咽食，巢蓮而輕身。騶虞，猊首虎軀，白質黑文。食自死之肉，不踐生蒭。有道則見，非時不出。貘，象鼻犀目，牛尾虎足。寢其皮辟瘟，圖其形辟邪。象，肉兼十牛，目不踰豕，鼻爲口役，望頭如尾。馬，一歲爲馬，二歲爲駒，八歲爲馴。性健蹄圓而喜逆風。起先前足，卧先後足。病則卧。牛，二歲曰犕，三歲曰犙，四歲曰牭。性順蹄坼而喜順風，起先後足，卧先前足。病則立。豕腂生三月，豵生六月，一歲曰豵豝，三歲曰豕豣，剛鬣而喜雨。羊，牝一歲曰牝䍮，三歲曰羝。牡一歲曰牸䍮，三歲曰牂。柔毛而畏露。鶴七年小變，十六年大變，六十年變止，千六百年形定。舉則高至，鳴則遠聞，行必依洲嶼，止必集林木。鷹一歲曰黄，二歲曰撫，三歲曰青。生於窟者好眠，巢於木者常立。雙骹長起遲，六翮短飛急。蠶爲龍精而負馬迹，一眠曰蠖，再生曰蠱，自成曰獨。繭二以上曰同功。蜂有君，旋繞如衛，垂芒而致螫。蟻有義，力舉等身，銜土而時術。鳲鳩均佳，鳩孝睢鷙而别。鷺潔而序。雎渠鶺鴒有友悌之義。鴻雁有庠序之儀。雉性介，交有時而别有倫，獭性仁，生相序而死相赴，虎不食斑，鷹不擊伏。鶻有義，燠鳥而見釋。隼有準，憫胎而不戮。鷹祭鳥，獺祭魚，豺貙祭獸，禮也。象埋齒，麝抉臍，狨斷尾，智也。羔狐三德，羔有角而不用，如好仁者。執之不鳴，殺之不謗，類死義者。飲其母必跪，類知禮者。狐其色中和，小前大後，死則首丘。蟬鷄五德。蟬頭上有緌文也。含氣飲露，清也。黍稷不享，廉也。處不巢居，儉也。應候守節，信也。鷄平頭戴冠，文也。足傅矩，武也。敵在前敢鬬，勇也。見食相告，仁也。守夜不失時，信也。猨之德静以恒，夜嘯而風月肅然，王孫之德。躁以躑，所至而林木振響。鷸聿知天時，鷗知風雲，駝知泉脉，獺知水潦，運日鳩雄知晏，陰諧雌知雨，猩猩知往，檮杌知來。鶴水鳥，夜半水位，故知夜半。鷄巽象，日將臨巽位，故鳴五更。犬警司夜，驢鳴應更蜂衙應潮。鵲巢背歲，蛇盤向壬。狐潛上伏，燕避戊巳。蝠忌庚申。猫見寅人而食子，䴥逢申日而過街。狼識虛實。虎奮衝破。蛇曉方藥，鳩善禁咒。狡兔三窟而免。鼯鼠五技而窮。能飛不能上屋，能緣不能窮木，能游不能渡谷，能穴不能淹身，能走不能先人。旨鷊行避草木，恐觸其嗉。翟雉高避雨雪而惜其尾。山鷄照水而自溺，矜其彩也。鰣魚骨網而不動，護其鱗也。鵲善相其地而累巢，安則致其功用，否則不累也。鷊善相其天而吐綬，樂則見其文彩，否則不吐也。鳳之所在，鳥必飛以從。虎之所在，鹿必鳴以告。鹿比其類而環角，外嚮以自防。牛衛其犢而環首，外觸以角。虎貛避害而營曲穴，鷁護雛而徙低巢。鶌鴣夜飛而銜葉以覆背，羚羊夜宿而懸角以掛木。虎食青泥而解箭藥，雉擦地黄以點鷹傷。蚺冉蛇自見金瘡，明無膽也。雄鷄自斷其尾，憚爲犧也。鴈有奴而伺夜，羊有頭而率群。野豕擦松脂曳沙泥以禦矢，猩猩餉酒着木屐而推肥。豺祭方，獺祭圓。鴈銜蘆而捍網，徂伐巧而搏矢。四面網羅，鼅蛛執豸而太巧。兩部鼓吹，蛙聒子以何喧。黄蜂綴窠於屋而銜漆以固其帶。桃蟲巢於葦苕而繫髮紩之以麻。鴽鼢小畫印開穴以出蠹，而鼠竊之。鳩步罡轉，石以出蛇，而鸛如之。鸛擇礜石繞卵以助暖，營小池養魚以飼雛。雀銜艾以爭燕巢，鼃擦茅以解蜂螫。熊蟄舐掌而經冬不食，其行也有舘。豹隱澤毛而十日不食，其死也首山。蠖吐絲而作室，蜂釀蜜而成房。羱羊戴草而自愛，紅蠶結繭而自衣。鰋魚白而偃，鯉魚赤而俯，鱧魚玄而圓，魴魚青而方。鯋性沈，鰷性浮。鱒好獨行，鮒好旅行。鱮似魴而弱鱗，鰌似鱓而無鱗。鱀忌似鱓而鼻在額上，鱣似龍而口在頷下。鯉不食類，鯽不食釣。鮭河豚眼能閉而無膽無腮，蟫蠹魚足而行而有鬚有粉。鰹大鮦小者鮵，奪鮍大鱯小者鮡。吹沙望潮，魚之細者，跋扈吞舟，魚之巨者。文魚八帶，鮻魚四足。龍魚一角，鹿魚二角。鳶魚似鳶，燕魚似燕。鱳如鯉而鷄足，鰫如鯉而大首。修辟如鼁而白喙，飛魚如豚而赤文。陵魚手足人面而魚身，鮯魚六足鯉身而馬尾。冉遺蛇首而六足，目如馬耳，鴽魮鳥首而磬音，狀如覆銚。人魚滑魚皆四足也，茈魚何羅皆十身也。諸魚欲産而鮥魚輒舐其腹，犬魚應死而印魚先封之。點額之鯉不可以化龍也，失水之鯨鱣固將制於螻蟻也。淫莫如蛇，與鼁鼈通氣，與文魚、孔雀交，與雉交生蜃。螌莫如蛇，鷹食之，攝龜食之，鸛鶖鵙鳩食之，蜈蚣喜食其眼。巴蛇吞象，蚺蛇吞鹿，青蛇食麈，螟蛇食木。螝虺一身而兩口，蝸一首而兩身。鼠晝伏而夜動，趾前四而後五，性好弄鬚頬，或藏食鼸。禮鼠拱而立，鼫鼠拱而舞。

行地中者鼢。緣木上者鼫。古役鼷鼠豹首而虎文，大於拳。隱鼠赤胷而白毛，大於牛。鴿頸如癭，鶩頸如瘤，雀頭如顆蒜，目如擘椒。鸚鵡四趾齊分，兩臉俱動。羆熊舉木而引氣，投地而撲臕。蝿醜扇也，成市於朝，其足絞，戴火負金，懷蛆而逐臭，景跡其巨者。蚊白鳥也，成市於昏，其聲雷，長喙細身，咂膚而畏煙。蚋，其細者。虺色如土，小於蛇。蝵拱光如漆，小於蝗。白象六牙，藿蠋五彩。蜉蝣之衣楚楚，螽斯之羽詵詵。蠨蛸在户，伊威在室。蠍虎寓於屋壁，鱏淫魚游於衣書。王鮪賄岫居，山滌水居。蚨蝪湯穴居，布網而有蓋。壁蟢壁居，結幕而如錢。乖龍懼震，常逃古木之中，巧鳥娛人，不出樊籠之内。春鋤鷺低昂於淺水，土龍蚓歌吟於地中。山鳥巖棲，原鳥地處。翡翠各據溪曲，雉飛不越分域。猿不踐土，接臂而下飲。蜼好懸樹，岐尾而塞鼻。

螌斛，天螻。螒汗，天鷄。鴗立，天狗。鸔卞候，天鷁。鸒，山鵲。鷚，山烏。鸐，山雉。麐，山牛。比目之魚曰鰈，比翼之鳥曰鶼。桑鳸竊脂，曰青雀，曲觜食肉，好盜脂膏也。鴉鶘剖葦，曰蘆虎，青斑長尾，好剖葦皮也。莎鷄一名絡緯，其鳴如紡緯也。促織一名投機，其聲如急織也。鵬背負青天，扶摇九萬里，尺鴳下翔蓬蒿騰躍數仞。武陽之魚，一斤千頭，北溟之魚，身横千里。焦溟之蟲，巢於蚊睫。蠻觸之國，戰於蝸角。蚋子之下有螟子，螟子之下有浮塵子。蝮蛇飽毒齧草木而盡死，子規啼血，灑樹枝而皆紅。鷙鳥下擊翅先左側。鼅知鼄布網，絲從右繞。狼駝之糞煙直，龜鳩之溺石透。鳥雀之尾有脂，引觜塗翅毛而雨不濡，鸕鷀之喙有鈎，抱卵得人氣而雛易馴。龍有欲而可豢，蚓無心而可求。率然之勢擊而必應，百足之蟲死而不僵。胎生者眼胞自上而瞑，卵生者眼胞自下而瞑。濕生者眼無胞，化生者眼無竅。蜮無目，蟒圓目，鷃旋目，鳩方目。鵁以睛交，蛇以眼聽。魚目不瞑，鷄好邪視。龍不見石，魚不見水。雀夕瞽，鴟晝盲。猫睛當午歛縱如線。鴞目遇夜，明察毫末。馬夜行，其目光所照三丈。虎夜行，一目放光，一目看物。鶴以怨望，鴟以貪顧，鷄以嗔睨，鴨以怒嗔，雀以猜瞿，燕以狂盱。皆視麋四目，其目下二竅爲夜目。犀三角，其鼻上一角爲食角。無角者膏而無前，肥從前起，一云無前齒。有角者脂而無後。肥從後起，一云無後齒。長角謂之犅，無角謂之牠。牛無角曰犝，角一俯一仰曰觭。羊無角曰犝，角一長一短曰觤。郊社之牛角繭栗，宗廟之牛角握，賓客之牛角尺。角觩蒼色、毛踈而浮水者曰水牛，角直黄色、短項而有胡者曰黄牛。天禄如鹿一角，兩角者辟邪。驨胡圭如馬，一角，不角者騏。羚如羊兩角，一角者朦。蛞蝓二角，蝸牛四角。獬廌一角，識罪而觸邪。角端一角，能言而惡殺。騂馬牛尾，其角一。蟲雕豹狀，其角二。朧疏如馬而一角，土螻如羊而四角。驒如麢，四角而馬尾，閭如驢，歧蹄而麢角。猙如赤豹，五尾而一角獓㹙如牛，白身而四角。五采而多赤色者，鳳。多黄者，鵷雛。多青者，鸞。多紫者，鸑鷟。首有彩毛曰山鷄。頸有彩囊曰避株。背有彩羽曰翡翠。股有彩文曰錦鷄。鷙鳥之善搏者曰鶚，竊玄曰鵰，色淺黑，鵃曰鵢。蒼黄曰鵃鷹，二歲色。骨曰鶻，瞭曰鷂，日明達視。鷐曰鸇，向風展翅。奪曰鵽。如鸇而小，攘奪鳥雀。黄質黑章者，虎。竊毛者，虦。棧毛白者，甝。含黑者，儵育虎。虎經食人，其耳有缺。虎變爲人，其足無踵。純黑而返哺者，烏也。雅烏腹白，燕烏脰白，皆不能返哺者也。叩氣吠以守者，犬也。長喙獫，短喙猲獢，皆田犬也。龍犬四尺曰獒。逐虎之犬曰豣。地中得犬曰地狼，掘地得犬曰賈。在草澤者，蠑螈、蜥蜴。在屋壁者，蝘蜓、守宫。長細五色者名蜥蜴，短大者名蠑螈。蟾蜍皮多痱磊，腹大而跳行舒遲。蝦蟆背有黑點，身小而跳接百蟲。在水者，黽猛，在巖者，石鯩。蒼蠅之聲雄壯，青蠅之聲清聒。越燕胸紫而聲小，胡燕胸斑而聲大。刺端分兩歧者曰蜎，如棘針者曰蝝。虒移類，虎而角能行水中。蜦類蛇而神能興風雨。蠓、桑蠶、蜀葵蠶食苗心，螟食葉，蟘食節，賊食根。蠡甲珠在背，可以飾刀者曰魰，鼻前有横骨如斤者曰鱕鯌。口腹俱大者曰鱯，背青口小者曰鮎。鰬石首小曰踏，水次曰春來。狐口鋭而尾大，狸口方而身文。長尾曰蠆，短尾曰蠍。大曰蝱，小曰蠁，倏曰蠦蒲猛，圓曰蟎貝。陸曰賧，水曰蝒，大曰魧，小曰鰿。嬴羅小者蝸，蜃小者珧遥。鷩似鳳，鷚似凫，鴾似雉，鴷似梟，蝞似蝦，蜮似鼈，蝟似鼠，獨似猨，貙似貍，譽鉉似犬，犀似豕，貔似虎，豹似狐，羱如羊，兕如牛，猛氏如熊，谿邊如狗，桃拔如鹿，靈猫如麝，蝔大如犬，㹧音囷狗如菟，鴖鷄如鶴，鷃鷄如雉，鶡雞如雞，鷍鷃如鵙工役，白鷹如鷹，屬玉如凫，思歸如鳩，木客如鵲，苛嵐如烏，蛅蟖如蠶，猶如麂善登木，騉如馬善陞甗。羌鷲赤身，五色皆備。世樂赤首，五色有冠，騶虞白虎而黑章，渥江文臂而牛尾。鴖如翠而赤喙，黄烏如梟而白首。象蛇如雌雉而五采，䑏那如鼣鼠而文題。葱聾如羊而赤鬣，孟槐如貆丸而赤豪。彴么如豹而文首，天狗如狸而白首。駅駼赤首，鵲鸜白文，皆類烏也。犀渠蒼身，那父白尾，皆類牛也。豪如豚，白毛而黑端。蚳如龜，白身而赤首。竊脂如鴞，赤身而白首。鵸鵌如烏，五采而赤文。鴢么如凫，青身朱目而尾赤。鷂如雉，文首白翼而足黄。鶘如鵲，白首赤尾而六足，

狌狌如禺，白耳伏行而人走。鹿蜀如馬，白首赤尾而豹文。獦狚如狼，其首赤，鼠目而豚音。鬿𩿨雀如鷄，其首白，鼠足而虎爪。黑文赤翁者，櫟黄身赤喙者，肥遺。皆類鶉也。赤喙長尾者，領鸚。黑身赤足者，蝺彫渠。皆類山鷄也。蒼黑而大目者，犛。赤尾而翳頭者，領胡。皆類牛也。白首青身而足黄者，鸓鷵。文首白喙而赤足者，精衛。皆類烏也。青身而目喙皆白者，青耕。白身而目喙皆赤者，嬰勺。皆類鵲也。狒狒如人，灌灌如鳩。朏朏如狸而有鬣，狪狪如豚而有珠。黑獸如熊曰猎猎，素獸如馬曰蛩蛩，青獸如虎曰羅羅，三青獸相并曰雙雙，毗狸。如犬而短足，魋如小熊而黄毛，符拔如鱗而無角，瞎瞳如黄鼠而無目。鵁如鴿而鼠腳。精精如牛而馬尾，嬰胡如麋而魚目，破□如貙而虎眼，庸渠如凫而雞足，秦吉了如鴝鵒而人耳。猛豹如熊而澤毛，舐食銅鐵。虎鷹如牛而廣翼，飛捕虎豹。鵸如鶌，一首而三身。讙如狸，一目而三尾。鵌鳥如梟，三目而有耳。跊踢如獸，三首而有角。瞿如鵁，一首而三面。鸓壘如鵲，兩首而四足。鵃敞休孚如鷄，三首而六足。屏蓬之獸左右有首，并封之彘前後有首。鱅如牛而彘音，鮮如鼈而羊音。蠪蚳類彘，首角而音號。居暨類彙，毛赤而音豚。赤鱬魚形而人面，音如鴛鴦。旋龜鳥首而虺尾，音如判木。諸懷如牛，人目彘耳而四角，音如鴻雁。夔如牛，蒼色，一足而無角，聲如霹靂。長蛇百尋而錐毛，聲如振鼓。蠻蠻鼠身而鼈首，彘虎狀而牛尾，皆音如吠犬也。鮨魚身而犬首，馬腹人面而虎身，皆音如嬰兒也。獜如犬，虎爪而善奮。山膏如豚，火色而善詈。囂如禺，長臂而善按。舉父如禺，文臂而善投。文文如蜂，枝尾反舌而善呼。孟極如豹，白身文題而善伏。幽鴳如禺，文身善笑，見人則卧。天馬如犬，白身黑頭，見人則飛。竦斯人面，見人則躍，其狀如雌雉也。山揮人面，見人則笑，其形如犬也。檮杌如虎，毫長三尺，口牙一丈六尺。猩猩如狗，皆人面也。厭火獼形而色黑，火出口中，行坐皆如人也。猼𧹞施如羊，九尾四耳而目在背上。狍鴞即饕餮，餮音貼。如羊，人面虎齒而目在腋下。鰼如鵲，十翼而鱗在羽端。㺊如羊，一角而一目在耳後。玃如鹿，白色，四角，前人足而後馬蹄。蜚如牛，白首，一目，行水涸而行草枯。欽原如蜂，大如鴛鴦，螫鳥獸則死，木則枯。鵕鷬如鳥而人面，宵飛而晝伏。橐𩇯如梟而人面一足，冬見而夏蟄。鮭如牛而蛇尾，陵居而冬死。猾褢，如人而彘鬣，穴居而冬蟄。琴蟲蛇首而獸身，鰼父魚首而彘身。在子人首而鼈身，海蠻師，虎首而魚身見人輒淚。窮奇牛狀

馬尾而犬聲。食忠信之人而煦好邪者。窫，窳人面蛇身而龍首。孰湖人面馬身，鳥翼而蛇尾。獨狢，虎形大首馬尾而彘鬣。飛廉，鹿身，頭如雀而蛇尾，豹文。仇貐兒身，喙如鳥而蛇尾鴟目。玃如如鹿，四角，白尾，人手而馬足，足訾如禺，文臂有鬣，牛尾而馬蹄。諸犍如豹，一目長尾，人首而牛耳。猨臂通肩，龜腸屬首。象口隱於頤，虎腎懸於股。龜甲裹肉，鼈肉裹甲。虎頭高峙，貉頭尖鋭，鹿頭側長，犀頭高廣。狼腸直，羊腸曲。螺形鋭，蚌形剡。蛟眉連，蝮鼻反，梟陽踵反。鳥之中，鴇無舌。魚之中，鱧有舌。鸚鵡人舌，摩其背而瘖。鸜鵒足交，剪其舌而言。魚無耳，蟬無口，馬無膽，貘無髓，羊無神，蚓無筋，泥無骨。猴兔無脾，蠶螢無胃，猩狒無尾，蟹蟆無腸，蛤蜃無臟，鼷狐無尾，蛣蜣無鼻。鳥無胃肺，虎無小腸，豽無前足。牛羊之齒，有下而無上。鴇之指，有前而無後。牛目有豎瞳而無橫瞳，故見物輒長。贏股有鎖骨，故不能滋息。大骨若臼而口小，小骨若杵而頭大，小口御大頭，故不可以出。鸛以喙鳴，鼉以脰鳴，蜴以胷鳴，蟜以胃鳴，螽斯以股鳴，發皇甲蟲，大如虎豆，绿色。以翼鳴。龍以角聽，牛以鼻聽。蜂蝶之屬以鬚當鼻，蛇豸之屬，以腹當足。蟬蜩調膀鳴響於口。螧螬背行駛於腳。丹熏之山，耳鼠以尾飛。天池之山，飛兔以背飛。中土有枳首之蛇，西方有共命之鳥。康居之鷄，尾長五尺。東夷之羊，尾重十斤。海鳧毛長三丈，峽蝶翅濶四尺。雕陵之鵲翼七尺，條支之雀卵如甕。鶡雉之尾六尺，海蝦之鬚四尺。八尺，馬之龍也。一角，羊之龍也。四距重翼，雞之龍也。騶虞尾長於身，啄木舌長於咮呪。狻猊獅子尾大於斗，鵁鶄澤胡大於囊。雉交不再，雀交不一。鵲傳枝，烏茹洙。鷺目成而受胎，鸛形接而懷卵。龜黿相顧，神交也。鶴鶴相唳，氣交也。蜣蜋丸成而精，思之而有蝡，白者存丸中。俄去殼而蟬蜾，贏負螟蛉而祝之曰類我，七日而化蟠。蛇以聽，白鶂以視。龍卵生而風化，虱氣化而卵生。蝦蟇聲抱，鴛鴦頸交。鯊魚胎生，玄鶴胎化。雀浴沙而受卵，鼈隔津而望卵。鰻以影漫鱧而子附其鬐，鵑寄巢生子而鳥爲之哺。㲋兔望月孕子而口出，科斗聞雷脫尾而腳生。蛟龍水居而卵剖於陵，鵁鶄巢木而子生於穴。蝮蛇生坼副母腹，寒蜩生坼裂母背。鮫魚之子驚入母腹，鵁鶄之子飛銜母翼。雀四時有子，鴿逐月有子。㲉將生，子呼母應，雛既生，母呼子應。蜚飛蟻，其子蚳。蜀大鷄，其子雛。犬生三猣，二師一玂。祈豕生三豵，二師一特。鶉子，鳼。鴽子，鸋。雉子，鷚。麇子，麇。鹿子，麛。麕子，麆。虎子，彪。狼子，徼。兔子，娩芳萬。豕子，豬。貍子，隸。貑乎名子，貆丸。貒子，貗其禹。

貌子，㲉火卜。鼠子，鼢。蟷蠰之子，蜱蛸。蝦蟇之子，活東。風化者，雄鳴於上風，雌鳴於下風。大無腰雄，小腰無雌。鳥翼右掩左雄，左掩右雌。蜂尾有岐者牝，鋭者牡。蟹臍圓者牝，尖者牡。雄曰狼蠪，雌曰博帶蟹。雄曰瑇瑁，雌曰觜蠵。雄曰貆，雌曰貜貑。雄曰鶅，雌曰鵄鶵。雄曰鯨，雌曰鯢。鶉雄曰鶛，牝曰痺。鳩雄曰運日，雌曰陰諧。馬牡曰騭，牝曰騇。鴽雄者斑，雌者褐。猨雄者黑，雌者黃。雄赤爲翡，雌青爲翠。雄鳴曰鶱，雌鳴曰鴛。雄鴨不鳴，牝蟬不咽。鴿，雌乘雄。鸒胡遘，雌負雄。鳩鶵雌前而雄後，舒鴈雄呼而雌和。狐不二雄，麐當十牝。鷙鳥雄小而雌大，庶鳥雄大而雌小。鳥之雄鷙於雌，獸之牝猛於牡。雄兔腳撲速，雌兔眼迷離。雄龍角昂，峭目深鼻，鬐尖鱗密，上壯下殺，朱火燁燁。雌者角靡，鼻直目圓，鱗薄，尾壯於腹。蠻黃之雌雄相儷。蛤蚧之雌雄相隨。兔雖望月而孕，其實雌舐雄毛。孔雖聞雷而孕，其實雌接雄影。鴛鴦之雌雄相匹，得其一，則其一思而死。青蚨之母子相隨，藏其一，則其一飛而至。鰌與魚游，貉與貛穴。偏以猨爲婦，鼉以鼈爲雄。鳥鼠之相爲雌雄，麔蛾之相爲牝牡。麋與鹿交，魚與蜴交。驢交馬而騾生，馬交驢而駃騠生。牛交驢而驕騄生，驢交牛而馲駒生。馬感於龍而生驥，牛感於龍而生麟。夏雀生鶉，桃蟲化鵰。鵲生三子一爲鴟。鸛生二子一爲鶴。鳩生三子一爲鶚。虎生三子一爲豹。騹騮作駒已汗血。駃騠生三日而超其母。虎豹之駒，雖未成文而氣已食牛。鳳雛出㲉，雖未能翔于千仞，竟是真鳳。早鵰二卵，㲉成乃一鵰一狗，玂則鵰戾天而狗走陸。蝢蛣腹蟹，蟹不歸而蝢蛣敗。水母目蝦，蝦驚而水母沈。岠虛、蟨鼠相須以生，草蟲、阜螽相感以化。鳥鼠同穴，鼠在內而鳥在外，相爲牝牡，鳥曰鵌而鼠曰鼵。鶘田吐蝨蚊曰蝨母。蠑螈銜草傅蛇之傷曰蛇醫。周周銜蟲之翼而飲河，寄居爲蠣之奴而求食。魚出水而鼈神守之，蟻爲垤而鸛喜鳴之。虎蛇遊於林澤而鳶鴟號之，以其蓄異心也。牛豕牧於田圃而鳥鵲乘之，以其無異心也。牛有黃，犬有寶，龍有尺木，頭上有物如博山，名尺木。龍無尺木不能升天。虎有威骨，狐有媚珠，兔有建毛。足底有毛。孔雀尾端一寸名珠尾，鶴左右腳裏第一指名兵爪。蛆螢之腹含火而目耀水，麝之臍囊水而自香。雟有勝，螗有冠，蟹有匡，范蜂有緌。鵁鶄有幘，吐綬有角肉，秦吉了有黃肉冠。鳳肉咮，麟肉角，麋肉蹄，鼯肉翼。鷹毛角，貝錦背，鳩繡項，蝶粉翅，螳斧臂，蟹石眼。鸒骨眼在背，魚石腦在首。蛟肉環在尾，駞肉鞍在背。龍馬翼在骼，鯥翼在膊。乘黃角在背，蜉蝣、蛣蜣翅在甲下。悲翡蛭四翼，雄虺九首，神龜六目，能鼈三足。蝌八跪二敖，其行横。蜻蜓六足四翼，其飛停。兩足之美有鷁，四足之美有麃。烏鰂八足，懷板而含墨。射工三足，角弩而氣矢。商羊一足雨則舞。遊女九首夜則飛。犀三蹄，麟五蹄。駝足四節，蠍尾七節。旄馬足有四節，烏蛇背有三脊。蝌殼有深臙脂色十二點，玳瑁之甲十有三片。帶無足，鴹一足，獂三足如牛，從從六足如犬，鼊鼁八足，鱟十二足，海月三十足，蝍蛆四十足，馬蚿百足。三足之蟾氣中人，四足之蝌毒中人。河豚以三爲部，鱖歸以三爲率。鷄崇朝而三唱，羊一歲而三生。虎之搏物，勢止三躍。鼠之易腸，月則三吐。唐仙舊宅。巫峽之猨三聲而斷腸，益州之蠶三熟而充貢。鼋卵如鷄子，一産三百數。丸蝌屬取土作丸，三百而潮至。龍善變，龜善藏，鸞善歌，鳳善舞，鷗善浮，鳧善没，鵠善步，隼善翔，雉善聽，鳶善抄，鷹善揚，鶚善跱，鼉善怒，螘善鬭，蝜蝂善負，猱善緣，騨善旋，玃父善顧，豿豰善睡。狐善濡尾，獺善理髯。豻胡犬善守，兕野牛善觝。虎善擬其前，狼善顧其後。羊性淫而狠，豬性卑而率，鷲性頑而傲，狗性險而出。鶉性淳不越横草。鳩性拙居鵲成巢。麞性驚而喜山，麋性迷而喜澤，鹿性警而喜林。鴽鶉野則義豢，則搏。水鶖澤則群擾，則逐。蹷鼠前而兔後，趨則頓，走則顛。蝸蝓形而螺殼，驚則縮，行則出。騂馬喜前，駑馬喜後。麋喜聲音，麞喜文采。烏喜閒曠，鵲喜稠鬧。龍愛空青，珠玉燒燕肉。鳳飲，砥柱湍，棲梧食竹實。鳸食薦，鷗食草，犀食荆棘，蛇食茱萸。鰻鱧緣樹食滕花，神龜緣樹食鳴蟬。蛟食犀角，蜃食燕子。貘駝鷄食銅鐵，鳩鳧鷹食砂石。鐵味辛害目，魚龍護目，故畏鐵。觸旱龍以生鐵。萵菜有毒，蛇虺誤觸之而目瞑。蠹辟於芸，蠶生於蒿。即且畏海苔，鼊鼁畏蔓菁。昌子去蚤虱而來蛉窮，蛟龍畏楝葉而鳳皇食其實。白兔食茵陳而仙，駏驢食菴閭子而仙。鳩食桑葚則醉，鴞食桑葚則變其音。蠶食礜石則肥，鼠食礜石則死。馬食粟則足重不能行，鴈食粟則翼重不能飛。魚食巴菽則死，鼠食巴菽三年重三十斤。域蟄處氣之所蒸而霜雪不積。麝剔臍落處，香之所觸而草木皆焦。鮭魚塗樹，立致焦枯，而灌以犬膽，榮盛如故。鳥獸飲鴆之水皆死，而醮以犀角，可使無毒。斷絃折劍，塗鸞血而復連。涸海焦川，投游波燕而即汎。孚乳者，鼈以夏，蚌以秋，鷄二十日而化，鶖三十日而化。胎生者，鼠一月，猫二月，犬三月，彘四月。猨兔五月，鹿六月，虎七月，馬十二月，象三歲。行生咀嚼者，九竅而胎生，獨兔雌雄八竅而口吐。蜉蝣三日，蠶二十七日，蟬三十日，蟪蛄不知春秋。鼠壽三百，猨猴八百，狐鯉鹿各千，鶴二千，龜三千六百。燕千年生胡髯，龜千年解人言。虎千年牙蜕而角生。蟾蜍千年頭上有角，頷下有丹書八字。千歲樹精爲青平，萬歲樹精爲青牛。百歲狐精爲美女，百歲蝙蝠爲仙鼠。郤行蟦屬，仄行蝌屬，連行魚屬，紆行蛇屬。鴻行有序，進有漸。鶺鴒飛則鳴，行則摇。象行先以鼻柱地，鸚鵡行先以口喙地。駑駘日行百里，犛牛、犦牛、橐駞、駞鳥三百里，狻猊、野馬五百里，風腳駝七百里，鶤鷄八百里，騏驥、騶虞千里，角端一萬八千里，飛兔神馬三萬里。麋跡纏，鹿跡速，麢跡解，兔跡迒剛，豕跡刻，狐跡瓜鉏。鵲鶪醜，其飛翪。宗竦翅上下。鳶烏醜，其飛翔。布翅翱翔。鷹隼，醜，其飛翬。暈鼓翅疾。鳧鴈之飛，其踵企。烏鵲之飛，其掌縮。鶖醜其足蹼指間有幕。雉醜，其趾疏無幕。歲星散爲麟，玉衡散爲龜，瑶光散爲象鹿，斗星散爲、大彘。樞精爲虎，地精爲馬。踆烏棲於日中，顧兔居於月蝮。蝘移蝓入三十六禽，營室之精。天鼋入二十八宿。自婺八度，至危十六度，日玄枵之次。鼉之肉十二少具，蜴之色十二時變。象肉配十二辰。膽不附肝，隨月轉在諸肉。鱨膽春夏近下，秋冬近上。熊膽春在首，夏在腹，秋在左足，冬在右足。蚺膽隨日轉，上旬近頭，中旬在心，下旬近尾。玄鳥以春分來，秋分去。伯趙以夏至鳴，冬至止。倉庚以立春鳴，立夏止。鷙雉以立秋來，立冬去。宵扈司夜，行扈主晝。兔尾歲生一竅，獺肝月生一葉。科斗大蠱生前兩足，小蠱生後兩足。馬驢之駒，月初生者行先母，月中生者行並母，月後生者行隨母。鼉鳴應更，如初更一鳴而止。鷓鴣飛數隨月，若正月一飛而止。鶖伏隨日，朝首東而暮西。鴈性隨陽，秋賓南而暮北。鵲立順風而東向，鷁乘逆氣而退飛。烏翅重於將雨，蚊喙破於既秋。鳶朝鳴而大風，鳩暮鳴而小雨。月虛而魚腦減，雪盛而蝗子沈。驥步同日，雀化應風。神蚪躍而知將雨，山猈見而占太風。冷蛇却炎暑而不螫，冰蠶覆霜雪而成繭。鴻鴈愛力，遇風迅舉。孔雀愛尾，遇雨高止。鼊皮度水則緊，蜃灰沃水則燃。蛤蜊候風雨能以其殼，飛烏鰂遇風波能以其鬚。矸霜傅彊枝，鳥以武生者少。雪封枯原，鳥以文死者多。蠓蠛雨生，布陽則死。蝸牛濕生，升高而粘。鳥鳴春，蟲鳴秋，獨鳴曉，驢鳴夜。蟪蛄鳴於朝，寒蜇鳴於夕。林鳥朝嘲，水鳥夜唳。鸛仰鳴晴，俯鳴陰。鳩雄鳴晴，雌鳴陰。鷄見同類拊翼鳴，鶖見異類差翅鳴。狼作聲而諸竅皆沸，調狐鳴而後竅應之。鶡以喜囀，烏以悲啼，鳶以饑鳴，鶴以絜唳，梟以凶叫，鴟以愁嘯，鸞鳴如鈴。巒巒然龍吟，若戞銅器。牛之聲曰牟，羊之聲曰芊米，駝之聲曰圖鳥點，孔雀之聲曰都護。鹿鳴呦呦，鳥鳴嚶嚶。鸗鸗以詔咕咕，雉鵠之聲也。嗅嗅啫啫，鵙鶪之聲也。鴳鴳所以協鶩也，啫啫所以協鷄也。竹鷄鳴曰泥滑滑，思歸鳴曰不如歸去。鳩拙於安巢，嘗呼曰無屋住。鳩轉石出，蛇呼曰同力。鷓鴣其雄之鳴行不得哥哥，其雌之鳴鉤輈格磔號。寒蟲春鳴曰鳳皇不如我，冬鳴曰得過且過。力作鳥鳴於蠶候歸去，樂鳥鳴於暮春割麥，度荒鳥鳴於麥秋，有言婆餅焦兒不食鳥者，有言提葫蘆沽美酒鳥者，有言姑惡鳥、簪我鳥脱胯鳥者。喚起鳥、催歸鳥見詠於韓退之，蘄州鬼鳥惡聞於王元之。貙畏虎，虎畏羆，蒲牢畏鯨，鰻鱟畏蚊。獨一鳴而猨散，鼉一鳴而鼈伏。鹿食龜，麝食虵，鸇食雀，鵧食鷄，鵲食猥，猥食鵕鸃，鵕鸃食駮。駮馬鋸牙食虎豹，鸂鶒柁尾食短狐。契火木反食母猴，螢食蚊蚋。獍食父，梟食母。伯勞六月食父，七月食母。顛當掩蠅，度古掩蚓。鶻以拳擊鳩鴿而下承之，鱷以尾擊人畜而就取之。鷺偃絲而窺魚，鷹弭角而搏鳥。螳蜋執葉自翳以捕蟬，烏鰂仰腹自浮而致烏。蠅虎匿形摇股而搏蠅，漫畫烏以觜畫水而致魚。穿山甲張甲致螘而浮食之水面。信天緣開口待魚，終凝立於一處。象伏於鼠，牛死於騕騠，鵞攫於海青，海青撲於燕。蝟使虎甲，蛇令豹止。窮鼠齧狸，群犲窘虎。蚱蜢擁敖而鬭虎，伏雌奮翼而搏人。烏力勝日而服於鵻，狻猊猫食虎豹而伏於狸。即且以氣禁蛇，蝸牛以涎規蝎。鷙鳥中鴞糞而毛脱，螋蛇入鳩口而肉爛。淘河在岸則魚沒，沸河在岸則魚沸。有三物相值而莫敢先動者，蛇、蝦蟇、蜈蚣也。有三物相害而不顧其後者，蟬、螳蜋、黄雀也。有二物生死相報復者，鷄嗜蜈蚣而鷄死，蜈蚣輒入腹，噬之不置。鼈被蚊嘬無不立斃，而埶鼈甲以辟蚊，蚊即避去，不去無能生存者。龍易骨，蛇易皮，蠏易敖，象退齒，蟬退殼，犀退角，麝退香。夏至鹿角解而應陰，冬至麋角解而應陽。雉，火畜也，感於陽而有聲，先鳴而後鼓翼。鷄，木畜也，麗於陽而後有形，先鼓翼而後鳴。融風至而魚上冰，凉風肅而蟲壞户。螻蟈鼃鳴於孟夏，蜻蛚蟋蟀鳴於立秋。霜降五日而鴻鴈來，寒露五日而候鴈來。小暑至而反舌無聲，白露降而鳴鶴相警。仲春鷹化爲鳩而之仁，仲秋駕化爲鼠而反始。猫鼻夏至而氣暖，鵲頭七夕而毛落。立夏黄口之尚穉，而鷹隼不復施其鷙。處暑蝱蠻之既多，而馬牛不能掉其尾。倉庚鳴而蠶生，鶗鴂鳴而芳歇。布穀鳴而農事舉，促織鳴而懶婦驚。龍乘雲，鳳乘風。鶴好霜，鷺畏露。犬喜雪，蠶惡濕。豘湧而江風，虎嘯而谷風。麒麟鬭而日食，鯨魚死而彗出。鮪出鞏穴，日光眩其目。鯉過河津，雷火燒其尾。鱧首戴星，夜嚮北斗。狐首戴髑，夜禮北斗。蠓蠛以磑春爲風雨，魚龍以春秋爲晝夜。七月凉風至，寒蟬感而能鳴。十一月地雷動，野雉聽而先雊。貂皮之毛得風則暖，象牙之文應雷而生。醯鷄發覆而知天之大，坎鼃坐井而視天之小。蚌胎之珠得月而盛，牛魚之毛應潮而起。神牛鬭而海沸，藥犀游而水開。蠶弭絲而商絃絶，鯨入穴而海水潮。吴牛喘月，蜀犬吠日。代馬思北風，越鳥巢南枝。鷓鴣飛先南翥，謝豹杜鵑啼苦倒懸曰謝豹。啼常北嚮。背明鳥棲木，性不向明。龜蛇伏氣，首皆向東。夏蟲不可以語水，篤於時也。蓼蟲不可以語葵，拘於味也。鵲梁螳葉可以蔽形，鶡尾赤鷩可以攘火。縋虎頭骨於龍湫，可以致雨。瘞龜板於棗根，可以召雷。口含蠐蜋之氣而生火，背灑蚯蚓之土而起霧。塗青蚨而還錢，埋蜻蜓而變珠。囊鴻之毛可浮江波，燃犀之角可照水恠。服翼之血滴眼，見夜中物。蒼鷹之精注眼，見碧霄中物。食象胥之横小骨，能令善浮。塗足以丹魚之血，可行水上。土乾生蚤，地濕生蚊。積穀生蠹，腐肉生蛆。喘蝡之蟲，多蛾生也。翹蛸之物，多水蟲生也。鳳死曰靡，鸞死曰吪。羽鳥曰降，四足曰漬。狐死正首丘，虎死不什地，熊死於鹽，獺死於酒，鼢死於日光，鱟死於隙光。死蠅生於灰，死猘生於風。神蛇能斷而復續，馬蚿中斷而首尾各行。鱷魚斬其頭而乾之，去齒而更生，如此者三。屠龜解其肌肉，惟腸連其頭，而經日不死。羽蟲之蟄者，燕鷰也。毛蟲之蟄者，熊黄鼠也。鱗蟲之蟄者，龍蛇也。介蟲之蟄者，龜鼈也。龍噓氣成雲，蜃噓氣成樓臺。蝘蜓噴水爲雹，海鰌吐沫爲霧。雷煥之劒化龍而躍於津，陶侃之梭化龍而起於壁。衛瓘之甑飯化螺，鄭注之篋藥化蠅。晉陽之灶生蛙，范萊蕪之釜生魚。隋煬造舟之夫久立於水，腰以下咸生蛆。李晟靖難之軍久暴於外，而鎧甲生蟣蝨。伊洛而南，素質五采皆備，成章曰翬。江淮而南，青質五采皆備，成章曰鷂。南方曰[illegible]儔，東方曰鶅，北方曰鵗，西方曰鷷，皆中央翬雉之類也。東方曰發明，南方曰焦明，西方曰鷫鷞，北方曰幽昌，皆中央鳳皇之類也。北曰鷹，南曰鷂。鴇鴈以水言，自北而南。鴰亦鴈以山言，自南而北。杜鵑江介曰子規，蜀右曰杜宇。鷓鴣晉安曰懷南，江左曰逐隱。鳳生丹穴，鸞生女牀。孔生南海，鷲生景山，鷂生鬱林，鶡生關西，鶴生崇吾山，比翼生三嵎，鸚鵡生隴西，秦吉了生秦中，倒掛生嶺南，海東青生遼東。贙鉉出西秦，象出交趾。狻猊出西域，貘猛氏出蜀中。嘉魚出於丙穴，越王鳥出於肇慶。三足鼈出於從山，三足龜出於大䜺。流水之魚，背鱗白而味美。止水之魚，背鱗黑而味惡。鹹產者不入於江，淡產者不入於海。江南以東，羊白而豕黑。江南以西，羊黑而豕白。蠏產於濟鄆者紺紫，產於江浙者青白。贏產於廣者蹄輕，產於蜀者蹄重。貉不踰汶，狐不渡江，鸜鵒不踰濟。蜀無兔鴿，江南無狼、馬，朱提以南無鳩鵲。江蠏至潯陽則少，鮒魚至鴨欄磯則少，條魚惟城陵磯冬至前後。則有之。鳩辨鵓故曰班，班次序也。哺子朝從上下，暮從下上。烏反哺故曰慈。馬如練布故曰匹，雀依簷隙故曰瓦。鳳，總衆鳥者也，故曰凡。鴨呼其名者也，故曰甲。鴉以音名，烏以色名，鳦以音名，玄以色名。鵲黑白錯，鶡黑白間。烏或曰白頭，貍或曰玉面。眉白曰畫，觜黃曰蠟。鳳骨黑，蛟骨青。麞膽白，鱧膽甘。鼉血碧，蹶血玄。魚勞則尾赤，鶴立則尾黑。龍肉漬醯而生文章，蝸涎書壁而成銀迹。守宮赤點入體，偶則落。飛頭紅痕匝項，夜則飛。龍血玄黃，戰於乾坤。蠅色青蒼，辨於風雅。螢曰丹鳥，鶴曰白鳥，烏曰玄鳥，鴈曰朱鳥。科斗曰玄魚，蜻蛉曰絳騶。鷹巴隨樹，蠋色隨葉。茅兔必赤，桂蠹自香。虱處頭而黑，鴆食虺而毒。食水者耐寒而苦浮，食土者無心而不慧，食木者多慧而不，食石者肥澤而不老，食草者善走而愚，食桑者有緒而蛾。食肉者勇而悍，食氣者神明而壽。龍食於清，游於清。龜食於清，游於濁。魚食於濁，游於清。蟬飲而不食，蠶食而不飲，蜉游不飲不食。鳩不噎食，魚不咽水。鵜鶘飲水數斗而不足，鱣鮪入口若露而死。麞飲水駭影輒奔，犀惡影常飲濁水。鼷鼠飲河不過滿腹，鷦鷯栖息不過一枝。烏向啼而背棲，燕背飛而向宿。鸝必匹飛，鴟必單棲。駝卧地而腹不帖，鷺步水而足常蹙。螢火燿於宵，龍火熾於水。畢方一足，銜火燒屋。狐尾九節，擊石出火。象畏燧而奔，蛾赴燈而斃。鼠先火而徙，蠏望光而趨。火龜游焰，飛鼯食煙。風生獸積薪而不燃，鴞鳥啄樹而出火。禍斗如犬，食火而遺燬。却火如雀，處火而散焰。鯽如印，帶如帶，鱟如便面，今鱟殼扇。鼉鼊如笠，海扇如扇。比目如鞵底，烏鰂如算囊，章舉如鎖管，海螵蛸如通草。野曰獸，家曰畜。野曰鴈，家曰鵞。野曰鳧，家曰鶩。聚蟲於器，食衆蟲而獨存者曰蠱。養鳥作媒，誘諸鳥而就獲者曰囮。馬曰圉，牛曰牧。豕之寢曰橧，鷄之栖曰榤，兔之息曰窟，鹿之息曰塲。木曰巢，穴曰窠，陸曰棲，水曰宿。出谷曰遷，在桑曰降。獨曰止，衆曰集。高飛曰翱，布翼不動曰翔。牛曰班特處士，猪曰長喙參軍，羊曰鬚髯主簿，鷄曰長鳴都尉，鵞曰兀地奴，龜曰玄衣督郵，鼈曰河泊從使，蟹曰横行介士，鮫曰河伯健兒。燕曰天女，鵲曰神女，蚓曰歌女。螟蛉曰戎女，蜚曰香娘子。鷦曰巧婦，蜮曰射工。烏曰哺公，鴿曰飛奴，鷸曰翠奴，鶡曰功曹，鼉曰長史，雀曰佳賓。於菟曰山君，蟋蟀曰王孫，龜黿曰社公，蝦蟇曰田父。鳶曰風伯，鵻鷄曰雪姑。蚋蚊曰黍民，蟷蠰曰圻父。鴽曰鴾母，蠨蛸曰喜子。鶯曰金衣公子，蜻蛉曰赤矢丈人。鸜鵒曰八哥，烏鰂曰海若白事小吏。山中辰日稱雨師者龍也，山中申日稱人君者猴也，山中未日稱赤吏者麞也，山中卯日稱丈人者兔也。蟲寓屋壁者曰守宮，鳥在川澤者曰澤虞。或名虎爲李父，或呼鳩爲郭公。蟲或名爲主簿，魚或名爲秦皇。杜伯蜈以尾而螫人，縊女蜆懸絲而自斃。烏應泰山役者，或名曰催工。雀自塞北來者，或名曰突厥。蟥衝引演入耳，蛭秋蟣入肉。短狐含沙，射影則瘡。蛷螋遺溺，中影則疾。鼷鼠口甘，所齧不痛。鴞鳥聲惡，所鳴不祥。禺獲人而笑，狒見人而慙。迅頭舉石以擿人，夔羿銜矢而迓射。羆熊直眼而惡人之横目，孔雀文尾而妬人之美衣。天門山之封蟒，以氣而噏人。先提山之鈎蛇，以尾而鈎人。蜀山之玃掠婦人而結室，西方之狪要路人而求合。龍珠在頷，鮫珠在皮，蛇珠在口，鼈珠在足，魚珠在眼，蚌珠在腹。孕環之兔懷於左腋，文毛間色，百五十年轉腦而隱形。懷珠之蛇喜投暗，見人張口而吐氣如燼。鹿戴玉而角斑，魚懷珠而鱗紫。通天之角戴於犀首，明月之珠出於鯨目。鵲喙槐實而結玉於腦，麝啖柏葉而結香於臍。燕識寶而群鵲，龍取珠而拏黿。嗽金如雀而吐金，藏珠如鳳而吐珠。易定之水馬吐珠，劉鋹之苑羊吐珠。蛇報隋侯銜珠而照乘，龍鬬武寧墜珠而如輪。牝馬產石於咸陽，大如升而有綠毛。白龍吐黃金於汾州，廣有尺而長五寸。虎豹之文來射，猨狖之捷來措檻也。蒼鷹鷙而受緤，鸚鵡慧而入寵。鶩以其采斃，鼈以其味斃，象以齒而焚，龜以甲而灼，狐以白而田，鷸以翠而畢。螺飾器，鮫飾刀，蜃飾牆，鵕鸃飾冠，華蟲飾衮。兕皮制鎧，氂尾注干，狼牙柱式，鼉皮冒鼓。明尾透光，鳧羽爲旌，鷺翰爲纛。鴻鴈之羽爲儀，鵜鶘之膏瑩刀。貘糞爲兵可以切玉，黿脂得火可以燃鐵。鵝羽製扇以辟蚊，鸐羽爲裘以辟寒。冬取毛於狐類而裘成，夏取毛於駝類而褐成。鵰羽可以爲箭，臛踈角可錯石。鶴糞化石，鸛石歸酒。蜈蚣之脊骨可爲硯，海魚之腮毛可織屏風。鷄子可作琥珀，文貝可充貨泉。火鼠之毛三寸，爲布而火浣不焚。冰蠶之絲五色，爲衣而入水不濡。豹齒至堅，可假佛牙以誑俗。羚角多蹙，可碎金剛以破幻。倭蚌之淚作畫，畫隱而夜見。烏鰂之墨僞券，暫存而久滅。蜃脂和蠟爲燭，其煙上成樓臺之狀，香聞百步。夔皮冒鼓，而擊以雷獸之骨，聲聞五百里。鹿膠青白，馬膠赤白，牛膠火赤，鼠膠黑，犀膠黃，魚膠餌。麟趾、鳳觜煎膠續絃，奇自見。善苑國名之蠏百足四敖，其爲膠也擬之鸞。獅子糞爲蘇合香，服翼糞爲夜明砂。蘇方木，自然蟲糞爲紫粉，號寒蟲糞爲五靈芝。人氣粉犀，戎鹽累卵。翡翠屑金，鵙血昏金。雉糞枯銀，蟾肪合玉，鵲腦化石，獏溺消鐵。蟹性解漆，獺膽分卮。鰻骨之煙燻蚊蚋爲水，竹鷄之聲化白蟻爲水。雄黄去蛇，水銀去虱。犀角駭鷄，膃肭臍海狗腎。駭犬。生玳瑁甲辟蠱毒取而佩之，鷺毛辟水毒，猴皮辟馬疫。麈尾辟塵蠹而留紅，犀角辟寒暑而解鴆。秦人懸蠏以辟瘧，南人帶螻黿之尾以辟蛇。龍骨着舌而黏，蚺膽浮水而走。魚、鼈螺、蜆治濕氣而生於水，麝香、羚羊治石毒而生於山。虎鬚治齒，蝟皮治胃。貍頭愈鼠，鷄頭已瘻。蟲散積血，斲木愈齲。鼉網落贅疣，鴛鴦肉諧反目。獺爪去魚哽，飛生爪治產難。鶩肉爲羡可以去妬，鼉網縫領可辟健忘。蛣蜣影目而出塵沙，鼠膽滴耳而愈聾疾。紙鳶洩小兒之内熱，鴿粉明童子之痞目。鳲鳩之骨，佩之宜夫婦。伯勞所踏枝，鞭小兒令速語。鴆羽瀝酒飲之死，蛇影侵卮見之疑。食鼠淚所滴之物生黄疾，踏鷄子所遺之殼生白疥。鴞炙，食之珍也。熊白，味之美也。尾屋蠣房，海物惟錯。駝鞍鼈裙肉食惟嘉。麞鹿無魂，道家所食。河豚有毒，子脹死人，眼酸人，油麻人。吴儂所珍。視肉如牛肝而两目，食之旋生。珠鼈如肺而六足，食之已癘。鷩警盜，鵲噪客。鵶鳴異，蟢識喜。蛇吼不祥，梟鳴必死。信鳥兆喜，鸎鳥知來。鷄盜蹄而有赦，乙丙夜啼。猫洗面過耳而勝客至。吏墨起蝗，國淫起蜚。翡政猛於虎，賦毒於蛇。蒼鷹以況酷吏，青蠅以刺讒人。君側有讒，反舌過時而發口。天下將亂，杜鵑得氣而先鳴。豐年多魚，蝗子化而致稔。衰世無鳳，羽孽肖而兆災。鶇鶇旱疫之感，發明喪之感，焦明水之感，幽昌旱之感。合窳之獸見，而其沴爲水。如彘，人面，黄身，赤尾，音如嬰兒，食人，見則天下大水。潔鈎之鳥見，而其厲爲疫。如鳧而鼠尾，善登木，見則國多疫。犰狳之獸見而其災爲蝗。如菟，鳥喙鴟目，蛇尾。見人則眠，其鳴自呼，見則螽蝗爲敗。偹蟰鯈庸之蟲見，而其眚爲旱。狀如黄蛇，鳥翼，出入有光，見則其邑大旱。欽䲹之鳥見，而其祲爲兵。欽䲹化爲大鶚，狀如鵰，黑文白首，赤喙虎爪，音如晨鵠，見則有大兵。㣤移即之獸，如獏，目喙皆赤而白尾，見則邑有火災。畢方之鳥見，章義之山有鳥如鶴，一足，赤文白喙，見則邑有譌火。而其妖爲火。先穰而見，魚曰鰩，鯉身鳥翼，黄文白首赤喙，味甘酸，食之已狂，見則大穰。獸曰狡，如犬，豹文，角如牛，音如犬。曰當庚。如豚，有牙。先水而見，蟲曰化蛇，人面豺聲，鳥翼蛇行，其音如呼，見則邑有大水。鳥曰胜姓遇，如翟而赤，食魚。獸曰軨軨，如牛，虎文，音如吟，其鳴自呼，見則天下大水。曰長右，長右之山有獸，如禺而四耳，其名長右，音如吟。曰夫諸。如白鹿而四角。魚曰蠃，魚身，音如鴛鴦。先旱而見。蟲曰鳴蛇，群山出如蛇，四翼，音如磬，見則其邑大旱。曰大蛇，赤眉白身，音如牛。曰肥遺之蛇。太華之山出，六足四翼，見則天下大旱。鳥曰蚩窇。如鷄而鼠毛。曰鴞人面犬尾而有翼。曰鵕如鴟，赤足直喙，黄文白首，鵠音。獸曰獙獙，敝。如狐而有翼，音如鴻鴈。魚曰薄，如鱣，一目，音如嘔。曰鱄，圍如鮒而彘毛，音如豚鷄，山之黑水出。鳥曰鶚娱。如梟，人面四目，有耳，其鳴自號，今丘之山出，見則天下大旱。先兵而見。鳥曰鳧徯，鹿臺之山，鳥狀，如雄鷄而人面，其鳴自叫，見則有兵。獸曰梁梁（渠），如狸、白首虎爪。曰朱厭，小次之山，獸狀，如猨，白首而赤足，見則有大兵。曰狙如音即蛆，如鼠鼠，白耳白喙。曰狏狼。如狐，白尾長耳。先疫而見，鳥曰跂企踵，如鷄，一足，彘尾，見則國大疫。獸曰猴，如彙，赤如丹火。曰蜚。見上，蛇尾，見則天下大疫。先恐而見，蟲曰酸與。如蛇，四翼，六目，三足，其鳴自呼，見則其邑有恐。先風而見，獸曰聞獜，如彘，黄身，白首，白尾。見則天下大風。曰㺊。如彘，黄身，白首，白尾。邑多放士，則鵗之鳥見。如鴟，人首。國多狡客，則峳峳之獸見。如馬，羊目，牛尾，四角，音如嘷犬。邑有大繇，則猾褢懷之獸見。堯光之山獸，如人面，彘鬣，穴居，冬蟄，音如斲木。國多土功，則鴽鶘之鳥、如鴛鴦，人足，其鳴自呼。狸力之獸見。柜山之獸，如豚，有距，音如吠犬。天犬聲光如雷電，所下有兵。鰼魚出入有光熠，所見則鈎。鉤鵨之鳥所入城空，鶖鶬之鳥所集國亡。委蛇澤鬼也，見之者霸。崇山之蝨吉鳥也，乘之者壽。乘黄如狐，白身而被髮，乘之二千歲。吉量文馬皜身而朱鬣，乘之三千歲。王者有明德而天下平，世樂之鳥至。有孝德于幽遠，比翼之鳥至。鰥寡無棄，比肩之獸至。三才得所，三角之獸至。王道成則騶虞至，獄訟平則獬廌至。能用人則龍馬至，能致太平則黑狐至。道純則白鹿至，德盛而赤兔至。貴人賤馬而白馬朱鬣，集德及幽隱而雙魚白澤臻。妾媵有制白燕巢，政惠不苛白虎仁。刑罰得中，銀麐馴。鍾律和調，玉羊見。德至鳥獸，白烏下。好生惡殺，則烏鵲之巢可俯而窺。不漉池而漁，德達深淵，則黄龍應氣而游池沼。刳胎殺夭，則麒麟不至。摘巢毁卵，則鳳皇不翔。貪虐取民，國多螽。廢正作淫，國多麋。政有苛暴，則虎狼食人。司盜廢職，則猫鼠同處。任邪不聰豕八足，政在私門馬二首。四方兵起，獸四角。武形有缺，猛獸兩足。賊人位貴，鼠巢木。賊臣柄國，燕生爵。專征刼殺，烏鵲鬭。國有兵革，犬彘交。避退有德水鳥集，衆逆同志則河魚逆上。方伯分威，則牡馬生子。上亡天子，諸侯相伐，則馬生人。遠雅頌近倡優，則雄鷄五足。興徭役奪民時，則耕牛五足。鵙不始鳴，號令壅偪。鵀不降桑，政教不行。鵲不始巢，國不平。鴈不北鄉，民不成。鴻鴈不來，遠人叛。蚯蚓不出，嬖奪后。牝鷄雄鳴，主不榮。蟾蜍去月，天下亂。烏如畜形，有大兵。馬生角而天子親兵，犢二首而海内分土。虎鬬死而守臣災，鼠夜去而邑有兵。野鳥入室而主人亡，野獸入第而國君廢。雄鷄化雌，公室卑而私室尊。巨魚數見，邪人進而賢人踈。烏變爲鵲，民從賊之象。鵲變爲烏，賊復爲民之象。黄龍負舟而禹色不變，黑龍負舟而宋文勃興。劉裕微時，行止常有二小龍翼之，及貴而龍形更大。陳武討侯景，龍見水湄，高五丈，而三軍聚觀。魏爲晉制，蘭陵之龍屢見於井中。宋以道神，茅山之龍或騰于幡上。黄龍見譙，單颺知其國後當有王者興，其魏文之禪乎？二龍升自南城，故老知復有建康之亂，其梁陳之際乎？黄山有死龍，奔誅而漢興。野王山有死龍，獻廢而魏代。齊稱木德，伐枯桑而得死黄龍于孔中，其武成之亡也。周色尚黑，黑龍墜於亳州而死其周，武之殞乎。牝鷄爲雄而不鳴不將無距者，漢元妃將立爲后，貴始萌而尊未成也。牝雞爲雄而冠距鳴將者，后父王禁爲侯，成帝爲太子，而尊已成也。雄鷄有角者，明視作威自王鳳始也。牝鷄爲雄不冠不將者，晉三后並以人臣終之象也。牝鷄爲雄八十日而冠萎者，桓玄篡晉八十日而敗也。馬三足者，董賢不勝乎司馬也。馬生角者，新莽之成於司馬也。牛二首者，晉東而天下爲二也。牛一足三尾者，王敦亂政之妖也。五鳳紀元，五侯僭漢之始。二龍見井，二胡篡晉之萌。雄鷄生角，知時者死，京房自以己當之。小雀生鷹，賊臣在國，其司馬懿之將。槃瓠高辛氏犬銜戎將之首，的盧脱檀溪之厄。黄耳繫吴洛之書，群燕填丁姬之壙。烏龍犬名嗾張然之奴，鸚鵡告楊宗之賊。苻堅急難，馬垂繩而出井。郝經拘宋，鴈繫書以通元。鵲規獄門，報景逸詔赦之下。龜浮邾水，濟毛寶孤軍之沉。天寶馴象，努目禄山之使舞。昭宗弄猴，奮擊朱溫之篡唐毛寧。犬噬狄靈慶以報袁粲之孤，群蟻穴獄地以脱董昭　之繫。龍識帝真，朝蓺祖於江亭之戰。虎知正氣，乘卓敬於晦冥之歸。見《革除史》。馬或負賊而返陳，鶴或銜珠而酬恩。熊母負人而出坎，秦吉了戀漢而背胡。犬濡水濕草以斷醉主之火路，鼈銜藻繞體以解厨婢之熱疾。天下之大獸五，曰脂牛羊屬、膏豕屬、臝虎豹貔螭爲獸，淺毛者之屬、羽鳥屬、鱗龍蛇屬。三物曰猳、犬、鷄。四靈曰麟、鳳、龜、龍。五牲曰麋、鹿、麏、狼、兔。六畜曰馬、牛、羊、鷄、犬、豕。六獸曰麋、鹿、狼、麕、野豕、兔。六禽曰羔、豚、犢、麛、雉、鴈。六摯曰羔卿、鴈大夫、雉士、鶩庶人、鷄工商。龍生九子，蒲牢好鳴今鐘鈕之獸是其遺像也，囚牛好音樂器之獸，蚩吻好吞殿脊之獸，嘲風好險殿角之獸，睚眦好殺刀頭之獸，屓贔好文碑旁之獸，狴犴好訟獄門之獸，狻猊好坐佛座之獸，霸下好負重碑座之獸。又曰：瓦猫好險，簷前獸。饕餮好水，橋下獸。蹲蛀好慵，門前獸。憲章好囚，獄門獸。蜥蜴好腥，刀頭獸。蒲牢、霸下、屓贔、蚩吻同。猫有辟疾食之種，聲怒赫，鼠聞之戰栗。眼光夜炯炯直射，鼠見之伏不能動。郎威鼠竭穴去，故曰辟。縮身迅奮如獵鷹，百中無脱遺，故曰疾。盗盒啓藏，饞口飽腹，貪卧呼呼，念誦與鼠相忘，故曰食。蝱有木蜚鹿之種，蛭有石草泥之種，蜻蛉有青赤黄之種，鷄有蜀魯荆越之種，蛇有水草土木之種，螘有黄白赤黑之種，蜂有蜜土蒲盧之種，繭有樗棘欒蕭之種，螺有溪海田池之種。鳩之種五，曰鶨、鸕、鳲、鴗、睢。羊之種五，曰羬、羷、羱、驢、封。牛之種七，曰摩麻、犦犎、犤悲、犪危、犣犝、犝、犑覓。蟬之種八，曰蜋、螗、蛰、蠽、蝒、蜺、蜓（木）（蛛）、螇鹿。蠶之種八，曰蚢蠖三月績、柘四月初績、蚖四月績、愛珍五月績、愛六月末績、寒珍七月末績、四出九月初績、寒十月績。鳸之種九，曰春、夏、秋、冬、棘、桑、行、宵、老。雉之種十有二，曰鷂、鷸、鳲、鷩、秩、鸐狄、鶾汗、翬、䳭、鷂、鶅、鷷。蝌之種十有三，曰蝤蚌、揆棹、子擁、劒蟛、蛸竭、朴沙、狗望、潮停、望石、蜠蜂、江蘆、霓蟛、蜞蠘。鼠之種十有三，曰鼢、鼸、鼷、鼶斯、鼬、鼩、鼭、鼤、鼫、鼥、鼨、鼮、鼰古役。竊脂有三：獸其一也。鴞有三：其二禽也。蜃有二：一似螭，一似蚌也。狻猊有二：一獅子、一龍子也。豻有二：一胡犬，一食虎豹者。螵蛸有二：烏鰂之骨曰海螵蛸，螳蜋之子曰桑螵蛸。類有二：一亶爰之獸，如狸而有髮，名曰師類；一則帶之鳥，如烏而五采，名曰奇類。鵲有三：一鴻鵠、一鳹鵲鄭玄解爲題肩，一鳳，多白色也。鶉有二：一鶴鶉，一赤鳳之名也。夔有二：一獨足之獸；一蜀山之牛，重數千斤者。鸘鷞有三：一羽可爲裘，一西方似鳳者，一唐侯之馬名也。鰌有二：一身䅟，小魚，一海鰌，大魚也。麛有二：一鹿子，一獸子。初生皆曰麛也。犉有二：一黄牛黑脣，一則牛七尺爲犉也。鬼車有二：一鵂鶹，一則胡蝶之名也。鯤有二：一魚子之名，一則化鵬者。肥遺有二：一蛇，一鳥也。鵸鵌有二：一如烏，三首六尾；一如烏，五采赤文也。鼰有二：一如鼠，毛蒼而在樹；一鼠身馬蹄，一歲而千斤者。魚虎有二：一水禽，食魚；一海魚，有變爲虎者。羆有二，一如麋，川在尾上與如熊者别也。猇有二，一浮玉之山獸，狀如虎，自别於家猇也。鵙有二，一三危之山鳥，狀如鵜，自别於鵙梟也。旦有二：一獸，名獦旦；一鳥，名鶡旦也。蜚有二：一負蠜，一如牛者。蜀有二：一葵蟲，一鷄大者曰蜀也。特有三：一豕生，一曰特，又一歲爲特，又一牲亦曰特也。蛩有二：一蛩蛩駏虛；一秦人謂蟬蛻，曰蛩也。蜃有二：一比肩之獸，一井中蟲也。离有二：一猛獸，一山神獸形也。蛤有四：一雀入大水化爲者，一蜯屬，一黿屬，一蛤蚧狀似蜥蜴。猣有二：一豕生三爲猣，又一歲曰猣也。鶺有三：一大鳥，一翠鳥，一赤足黄文者。鵾有二：一鷄鵾，一鴨鵾也。鴇有二：一鳥似鴈而大無後趾，一馬驪白雜文之名。蜍有二：一蟾蜍；一如蠶，一頭數尾，長二三尺，可食者。豝有二：一豕，二歲曰豝；又牝豬牝豕亦曰豝也。蚣有二：一蜈蚣，一蚣蝑也。玃有二：一猴玃，一如鹿而四角者。角端有二：一狀類貊，角在鼻上，中作弓；今鮮卑胡林多國尚或有之。其一麢身而馬尾，獨角而绿文，能曉四夷語，聖人在上，明達方外幽遠，始奉書而至。陽溝，巨鶤古之名。鶤韓盧，宋鵲古之良犬。魯井剖土肝之羊，肅慎來貫矢之隼。羵羊土怪獲於桓井，爰居海鳥祀於魯門。文鶾若綵鷄，周成時來於巴人之貢。雜縣鳥如馬駒，漢元時見於瑯琊之邑。穆王八駿，曰絶地、飜羽、奔宵、越影、踰輝、超光、騰霧、挾翼。秦始皇七馬，曰追風、白兔、躡景、追電、飛翮、銅爵、晨鳧。漢文帝九逸，曰浮雲、赤電、絶群、逸驃、紫燕、绿離、驄龍子、驎駒、絶塵。朽葦爲蛬，拱敗葉爲蝶，腐草爲螢，腐菌爲蜂，朽爪爲魚。稷米爲鯽，芹根爲鉏。烏足之根爲蠐螬，蠐螬爲腹育，腹育爲蟬。蠶爲蛹，蛹爲蛾。老羭爲猨，猨爲玃。伯勞爲鴥，鴥爲駕。鷂爲鸇，鸇爲布穀，布穀復爲鷂。鯤爲鵬，馬爲龍，唐玄宗馬。鯌爲虎，雉爲蜃。雀燕爲蛤，魚卵爲蟲。蝝爲蝶，孑孓蟨爲蚊。兔齧爲蟹，鼠負爲蠍。水蠆爲蟌蜻蛉，老鷃爲鴆。石首爲冠鳧，蝦蟇爲鶉鶉。黄魚爲鸚䳌，紺蝶爲青蝦。胡蝶爲鴝掇，鴝掇爲乾餘骨鳥，乾餘骨之沫爲斯彌，斯彌爲食醯頤輅，食醯頤輅爲黄軦，黄軦爲九猷，九猷爲瞀芮，瞀芮爲腐蠸。泡魚爲豪豕，公蠣蛇爲鱧。老服翼爲魁。陸汝魚之斑者爲鹿。犬爲狼晉太康時，蟛蜞羽鱗爲鼠宋紹興時，鷹爲鴽唐中和四年辟臨淮連水人家，鯀爲黄熊。褒襃同君爲龍，望帝爲杜宇伯奇爲伯。勞牛哀爲虎，范端郴州左史俱變爲虎。戴文爲牛。鼓爲鵕鳥，欽鴀爲大鶚。齊女爲蟬，東郭姜爲蜆，樂浪尉爲魚，懶婦爲奔鯙。浮竊肉爲淘河，雷公採藥吏爲鼾木。齊曹氏之子爲蠐螬，韓朋夫婦之魂爲鴛鴦，宋士宗之母爲鼈。狐稱阿紫，淫婦紫紫之化也。呼鷄曰朱朱，朱氏翁化爲之。女娃溺死化爲精衛，懷王客死化爲楚魂。穆王東征，君子爲猨鶴，小人爲沙蟲。肝榆之尸化爲奢比，越祝之祖化爲冶鳥。王次仲化爲大鳥，落翮山中。丁令威化鶴，來歸華表。蜀女化蠶，掛於桑上。黄母化黿，簪珥尚存。竇武之母産蛇，劉聰之妻産猛獸，抱罕羌妓産一龍一鵞。始皇遺筆袋於海上，化爲墨魚。鯨布覆彭醢於江中，化爲彭蚏。孫權棄殘鱠於中流，化爲王餘銀魚。越王弩弦化爲枳首，江淹文籍蠹魚化爲野繭。蠹魚食仙字化爲脉望，馬鼈食牛血化爲率然。中天之虎，目光落地化爲白石。戰亡之處，人馬積血着地爲燐。狐，鬼所乘也。螻蛄土犬，鬼所使也。干寶記龐氏常祠之。鵂鶹塞耳曰鬼車，白脰烏不祥曰鬼雀。媪在地食死人腦，罔象在地食死人肝。鬼導虎食人，其名曰倀蟚。蜞通人夢，自稱曰長卿。郭索蠏執穗以輸海神，烏鵲填河而渡織女。三青鳥赤首黑目，爲西王母取食，一名曰大鵹，一名曰少鵹，一名曰青鳥。三尸蟲處人腹中，籍記失誤。出讒于帝，上尸曰彭倨，中尸曰彭質，下屍曰彭矯。白龍魚服而困於豫。且龜爲清江使者，而通夢於宋元龍。獻昆明之方，免胡僧之縮水蜃。逃吕湖之逼，祈靈銑之彎弓。猰貐害人，爲貳負臣所殺，黄帝囚之疏屬之山。巫支祈狀類獼猴，禹命庚申制之，鎖之龜山之足。蛟逃許遜之劒，化美少年以惑人。蠅纏苻堅之筆，化黑衣童子而報赦。白帝子化於澤中，斷於漢高之三尺。烏將軍妖於野廟，殲於郭元振之佩刀。衆童子擣藥以傅蛇傷，劉寄奴叱之而散。一小兒自言休留鳥醫，趙王倫閉之而亡。峽山之猨化爲孫恪之婦，閩江之螺化爲謝端之妹。神蛇近人，擊以笏而妖息。孔道輔。黑衣猨擲瓦，射以弧而祟除。謝鯤夜宿野亭，斷黄衣鹿之一臂。張延曉發石龕，悟洞玄龜之真形。獺變女子而乘船，吕球射之斃。魚變老人而赴供，居民射之災。豕人立而啼，從者曰公子彭生也。見物如蒼犬撠高后掖，卜曰趙王如意爲祟也。昌邑王視大熊于宫室，而左右莫見。應璩見白犬於直廬，而衆曰無之。桓玄之鶴穴，路逢老人牽青牛，而易以所乘牛，至零陵而牛入於江水。李林甫晨起，書囊有物如鼠，躍地而化爲犬，雄目張牙視林甫，射之而没。䍺如羊而無口，不可殺。赤獸如馬而無首。名戎宣王尸。螭四足人面而獸身，神陸九首人面而虎身。相柳氏九首人面而虎身，九鳳九首人面而鳥身，開明九首人面而虎身，天吴八首十尾人面而虎身，彊良四蹄長肘人身而虎首。飛虡天上神獸，鹿首而龍身。希有昆侖大鳥左翼覆東王公，右翼覆西王母。渾敦狀如黄囊，赤如丹火，六足四翼，無面目而識歌舞。黑青金睛脩尾，狀如犬狸，負黑氣而來，雖密室亦至。羽民之國生羽，卵民之國生卵。犬國之人生男爲犬，生女爲人。鮫人織綃而泣珠，女子據樹而歐絲蚕之類。有沃之民鳳卵是食。蜮民之國，射蜮是食。君子之國，其人使虎。搏父之國，其人操蛇。玄股之國衣魚皮而食鷗，雨師之國珥蛇而操龜。烏獸之文，春曰孳尾，夏曰希革，秋曰毛毨，冬曰氄毛。土地之宜，山林宜毛，川澤宜鱗，丘陵宜羽，墳衍宜介，原隰宜贏，楊荆宜鳥獸，豫兖宜六擾，馬、牛、羊、犬、豕、鷄。青宜鷄狗，雍宜牛馬，幽宜四擾，馬、牛、羊、豕。冀宜牛羊，並宜五擾。馬、牛、羊、犬、豕。騂剛用牛，赤緹用羊，墳壤用麋，渴澤用鹿，鹹潟用貆，勃壤用狐，埴壚用豕，輕爂用犬。入者糞種之法。魚禁鯤鮞，獸長麛麌。鳥翼鷇殼，蟲舍蚳蝝。昆蟲未蟄，不以火田。鷹隼既擊，始設罻羅。魚不滿尺市不鬻，彘不期年人不食。禁原蠶者爲害馬，禁弋鳹者爲食蝗。迎猫迎虎，食鼠豕以興農。取獸取魚，因豺獺而制禁。三驅之禮，逆則舍而順則取。四校之獵，大獸獻而小禽私。周獵祭豜，漢祭貙。周廟用羸，漢用黿。犬無故不殺而磔以祭風，鷙不入贄而用於祈雨。古於春始用破獍以祠黄帝，漢於午日作梟羹以賜百官。二者皆欲絶其類也。春獻王鮪、鼈、蜃，夏獻麋，秋獻龜、魚，冬獻狼。葵菹蠃醢，脾析蠯醢，蜃蚳醢，豚拍魚醢，芹菹兔醢，菭菹鴈醢，筍菹魚醢。牛宜稌，羊宜黍，豕宜稷，犬宜粱，鴈宜麥，魚宜苽孤。狼去腸，狗去腎，狸去正脊，兔去尻苦高，狐去首，豚去腦，魚去乙，鼈去醜。夷貊掌鳥言，貉貊掌獸言。庖人共牲物，鼈人取互物。獸醫療獸之病瘍，牛人收畜之角齒。羅氏掌烏鳥服，不氏擾猛獸。冥氏爲阱擭毆猛獸，庶民以嘉草攻毒蟲。穴氏以其物攻蟄獸，翨氏以其物掎猛鳥，剪氏以莽草薰蠹物，蟈氏焚牡鞠去毒黽耿，赤友拔氏以蜃灰洒貍蟲，壺涿氏以焚石毆水蟲。庭氏以救日月之弓矢射夭鳥，硩簇氏以歲日月星辰之號去夭巢。易取諸蝪，爻取諸龍，象取諸象，彖取諸豕，尺取諸蠖，引取諸蚓。觀鵖制桅，觀鱟制帆。仿鼃鳌而結網，法螺蚌而閉户。牛耳聾，盟執牛耳，戒不聽也。鶡健鬭，虎夫冠鶡，示死鬭也。射中鵠以爲雋，博成梟而致贏。冠蟬以清高表珍，冠鷸以不衷賈禍。爵以名爵，節飲之淫。兕以爲觥，防飲之觸。豻食虎豹，畫於獄門。饕叨餮貼食人，鑄於鼎足。畫鷁於船以辟水怪，刻鳩於杖以祝不噎。斷蛇之劒火於武庫晉武庫火，化鳧之舄出於尚方。舞絳衣而麇鹿注視，忘機心而鷗鳥不飛，昭明鏡而孤鸞自舞，感其影也。撞洪鐘而野雉皆鳴，象乎雷也。詐徂之術，朝四而暮三。馳駟之法，負一而勝二。游目無全，解牛而悟養生，觸類而長。即兔可以起卦。倉頡之書法昉於鳥跡，右軍之筆法運於鵞頸。科斗名篆，隼尾名隸，蚋腳名書，蠆尾名草。蠻從蟲，貊貊從豸，狄從犬，羌從羊。牛羊之字以形，犬之字如畫。燕尾同乎魚尾，鵬扁文不異鳳文。鹿揚土上而成塵，大逐艸中而作莽。羽白曰習，爪子曰孚，羊大曰美，羔美曰羡。尤犬子，爲母猴。焉鳥名，黄鳳名又鳥，黄色，出江淮之間。角獸名。羊詳也，犬叩也，龜久也，猴候也，豺才也，狼良也，能能也，馬武也，雞佳也，燕燕也，鴳安也，鷲木也，兔吐也，鷗偃也，禽擒也，獸守也。鳳三文成字，首文曰順德，背文曰信義，膺文曰仁智。魚三物成篆，魚枕謂之丁，魚腸謂之乙，魚尾謂之丁。三豕渡河，己亥之訛。五馬渡江，典午之謡。舒鳧舒鴈，言其舒遲也。恙噬蟲食人心，蛇它也，上古草居，故相問曰無恙、無他也。猛獸不如羣狐，鷙鳥累百不如一鶚。鷹鸇不若鸞鳳之仁，燕雀安知鴻鵠之志。蠶食□審乎遠近，蟇鳴何爲乎公私。鷄口牛後所爲則異，馬矢鷄子所出則同。羊享黿羹，靳之而國士怨。鼃怒螳搏，避之而勇士歸。鷸蚌相持而兩屬漁人，犬兔相遇而兩歸田父。食肉不食馬肝，殺人。未爲不知味。問牛喘而不問死人，是曰知大體。武王嗜鮑魚，吴王僚嗜魚炙，公儀休嗜魚，王莽嗜鰒鼊魚，齊王肅嗜鯽魚羹，王右軍嗜鴞炙牛心，宋明帝嗜蜜漬鯅鮧，齊宣王嗜鴨腫，陳後主嗜驢肉，後魏辛紹先嗜羊肝，畢卓嗜蟹螯，馬周嗜鷄。漢宣帝好鬭雞走狗，靈帝好乘蹇驢，唐元宗好鬭鷄，僖宗好鬭鵞，吴孫慮好鬭鴨。齊王祐好畜鴨，宋高宗好畜鴿，支遁好養名馬。曹景宗好逐麞，姚元崇好呼鷹逐獸。趙清獻之一鶴，程伯子之盆魚。李白、宋徽宗之白鷴，王粲、張子厚之驢鳴。猗頓以牧牛名，卜式。以牧羊名，張萬歲、王毛仲以牧馬名，黄直、陳君夫以相馬名，留長孺以相彘名，滎陽、楮氏以相牛名。古人以惡獸號凶人，如檮杌、窮奇、渾敦、饕餮之類。以奇禽狡獸稱名馬。如飛鳥、鸕鷀、六駮、騊駼、騶虞、騰黄、飛兔、麒麟之類。鄭人以璞名死鼠，兖人以名馬稱鯉魚。崔豹《古今注》：兖州人以赤鯉爲赤驥，青鯉爲青馬，黑鯉爲黑駒，白鯉爲白騏，黄鯉爲黄騅。漢諱吕后名改雉曰野鷄，唐諱國姓號鯉曰赤鯶公。龍馬負圖出於河而羲畫立，神龜載書出於洛而禹疇叙。女媧斷鼇足而立四極，黄帝聽鳳鳴而制六律。鳥至而少皞名官，麟獲而孔聖修史。夭馬生渥窪水，武帝作樂以薦廟。黄鵠下太液池，昭帝作歌以紀祥。羊舌氏族駮馬號國，於菟犬子以命兒。赤鳶烏傷而紀縣。金吾名官，烏辟不祥。虎賁名郎，回鶻名夷，騑蹄名苑，屬王、鳷鵲名觀，濯龍、飛兔名門，騶虞、白虎名殿，天禄、麒麟名閣。神雀、黄龍、赤烏以紀元，白雉、赤鴈、朱鷺以協律。鸞入夜而歌，鳳入朝而舞，天勝之也。乾皐斷舌則坐歌，孔雀拍尾則立舞，人勝之也。有其角者去其齒，附之翼者兩其足，天制之也。穿牛鼻而使之耕，絡馬首而使之乘，人制之也。龍虎可馴，豚魚可感，德之孚也。猴可使舞，蟻可使戰，食之教也。騎虎者勢不得下，牽羊者縱之使前。獻禽者拂其首，盜牛者鈎其舌。蹄人者絆其足，齧人者截其耳。黄帝阪泉之戰，虎豹羆熊爲前驅，鵰鶡鷹鳶爲旗幟。堯使夔典樂而百獸率舞，鳳皇來儀。禹濟巨海而黿鼉爲梁。劉累豢龍而中其嗜欲，卞莊刺虎而乘其死傷。伯樂相馬而出於牝牡驪黄之外，梁鴦食虎而達其饑飽喜怒之情。祝翁養鷄呼名字而至，唐玄宗教舞馬銜盃上壽。鯉與鶴仙人之騏驥也，琴高乘之於涿水，王喬跨之於緱山。虎與鱷循吏之所化也，劉昆渡之於弘農，韓愈徙之於南海。陳堯佐命吏而縛噬民之鱷，陳祖移牒而斷吞民之蛇。成湯解祝鳥之網而天下歸仁，無忌罪殺鳩之鷂而烈士嚮義。秦惠食蛭而愈疾，太宗吞蝗而弭災。釁鍾易牛，仁術運於掌上。編竹渡蟻，陰德占乎狀頭。漢代放鳩，感滎陽之厄井。明道愛鳥，析道旁之黏竿。鷄雛可以觀仁，生魚喜其得所。忍食燒羊，恐夜廚之爲例。憫傷蟲蟄，戒冬月之輯居。身爲犧牲者至誠罪已，麫爲犧牲者小忍亂謀。靳準瘞蝗，哭聲聞於十里。楊寶救雀，陰報延于四公。葛介繻聞牛鳴曰是生三犧，高祐識鯪鯉曰是出三吴。證黄熊于羽淵，僑也博物。射蝘蜓于覆器，朔也詼諧。符朗食鵞知蒼白之處，蔡衡識鸞辨青赤之文。竇攸識鼮鼠之豹文，孫亮辨蜜中之鼠矢。鸜鵒爲鸜掠，張茂先教以啄其足而免。駿馬死，郭景純取類獮玃者吸其鼻而甦。黿名元緒，諸葛恪烹之以老桑，始無言而熟。狐化美少年，雷焕照以燕昭墓千年華表柱，莫遁其形。雉出庫中，張華知其爲蛇化。蝶蛻橘上，陸龜蒙賦其爲蠹化。婦刄夫而誣鄰，管輅占鵲聲於縣閤。粟覆車而載道，楊宣知雀語於部行。海將有災，爰居避之而先至，柳下惠之所以詘臧孫也。遠方當來歸義而騶牙先見，其齒前後若一，齊等無牙，東方生所以爲習事也。朱泚之軍猫乳鼠，崔祐甫議其爲失性。董生之家鷄乳狗，韓昌黎美之爲嘉祥。漢五色鳥集殿庭，賈逵以爲胡降之徵。宋野象自來京師，朝臣以爲廣南平之應。蝘鼠出於延陵，郭璞筮爲妖人稱制，不久而滅。犬蛇出芒山，胡僧無畏，知其欲決水瀦洛城，咒以天竺法，數日而裂。會孝秀而麏見，孫盛以爲吉祥，其四科之興乎。漢章末鳳皇百四十九見，何敞以爲羽孽，其帝崩之祥乎。嵐州獻牡獸，徐鉉據圖史以爲麟。契丹産異獸，劉敞證形聲以爲駮。雉集漢署而不止，王音疏成聽之不聰。馬入鄴宫而無見，佛圖澄歎石災之將及。李東陽述龍生九子以對　孝廟之問，張昇名白蟻虎而著異物之論。鶴俛啄而尻益高，滑稽之隱語也。鸕鷀胎生而口吐雛，記述之承訛也。蔡邕以友舌爲蝦蟆，詩義以蝨蛄爲蠓蠛，蔡謨食蟛蜞而吐，讀《爾雅》不熟。淵材誣鶴胎生，爲劉禹錫嘉話所誤。杜預註《春秋》，不知渾敦、窮奇、檮杌、饕餮之爲獸，而以己意疏解。註《本草》者以牡礪爲有牝牡，不知亦牡丹之云爾。鳥鼠共爲雌雄，孔穎達之註《禹貢》，岳正嘗親見之矣，蔡仲默以爲誕者，不知天下亦有理外之事也。燕巢幕上，子思諷衛之君臣。蝨處褌中，阮籍嘲世之禮法。功人功犬，帝也知言。養虎養鷹，登也善譬。張華賦鷦鷯，自喻甚小。李白賦大鵬，寓詞何宏。螓首蛾眉，況莊薑之令色。蜂目豺聲，識商臣之忍人。紫貝如渠，一物以釋西伯。玄蜂若壺，九歌以招靈均。葉公好畫龍，見真龍而色沮。況其不知孔子。紀渻子養鬬鷄，如木鷄其德全。孫叔敖埋兩頭蛇，恐後人之復見。韓昭侯求亡蚤，察左右之不誠。張湯檄盜肉之鼠，而文過老吏。黄霸察攫肉之烏，而治稱神明。僂力主句黿名不余欺，臧會喜徵於借兆。翰音鷄通人語，宋宗長進於玄修。夏后食卵，蒼舒去之。秦人失鹿，劉季掎之。哇鵞充蚓，井上咽螬蠐之殘。夢蝶揄鵬，濠梁知儵魚之樂。祖龍既死，鮑魚亂臭於沙丘。羝乳不歸，白鴈託音於塞北。鷇𪊟者霸秦，放麑者傳子。釣魚渭水，鷹揚兆卜於非熊。探虎穴中，燕頷功成於汗馬。東門黄犬，莫償坑焚。南陽卧龍，終辨漢賊。貼水飛鳶，豈知鄉里之欵段。華亭鶴唳，何如江東之鱸魚。戮虎斬蛟，徙義何勇。羅雀掘鼠，守死何忠。冠鷄服猳，仗仁義而禦侮。飯牛扣角，歌堯舜以興齊。視鴈可行，漫下楚狂之歌鳳。喪馬勿逐，何辭楊貨之蒸豚。羔豚不飾賈魯也，至道之功。豚肩不掩豆嬰也，相齊之儉。葵丘之會，牲而不歃。告朔之禮，羊也而存。執雉者牛，叔孫豹其餒矣。食槽者馬，當塗高其殆諸。探鳥鷇以療飢，食熊蹯而緩死。屍蟲出户，霸不謀身。老驥伏櫪，志存篡漢。狼顧者窺魏，龜息者相唐。靈獒嗾盾，自兆桃園之兵。桀犬吠堯，竟釋淮陰之悔。鴻溝既割，虎患自遺。商山可招，鴻飛何慕。屠狗者啗鴻門之彘肩，騎牛者走昆陽之虎豹。困獸猶鬭，敵斃而喜，可知飛鳥依人。臣忠而主不悟，鳥盡兔死。失時者悲攀龍附鳳，勸進者喜牽羊示辱。秪憐鄭國之君臣，捫蝨談奇。誰識三秦之豪傑，鼠竊狗偷。諛詞而脱虎口，長頸鳥喙，高舉不罹鴟夷。秤象以船者智，放鶴持寵者辯。收老馬懷舊之仁，買死馬致賢之畧。蠏不遺種，謀國者卜焉。雉時方雛，廉俗者異之，呼我者應以爲馬。愛人者必及其烏。屠龍技成，殫千金於無用。畫蛇添足，失盃酒於多方。刻鵠不成，鶩形尚類。續貂不足，狗尾何爲。蛟龍得雲雨，非池中之物。鷹隼聞風飈，有凌霄之志。塞翁之馬，禍與福之伏乎。莊生之鴈，鳴不鳴之間也。越裳來庭，獻黑雉一、白雉二。穆王南征，得白狼四、白鹿四。明主在漢，卻千里馬者二。逐臣在儋蘇軾，來五色雀者再。避蛇當道，晉文之啓霸。射蛟江水，漢武之雄才。食鳧以秕，鄒穆節儉。蒸豚以乳，玉濟奢豪。車胤囊螢夜讀而光照書籍，隋煬聚螢夜放而光遍巖谷。秦王下朱亥於虎圈，竇后下轅固於豕圈。莊生之鮒，取活於升斗之水。陶朱之魚，游息以九島之池。白頭翁不解張昭之疑，雪衣女鸚鵡偏重玉真之愛。夫射雉而妻始笑，叔射牛而兄不聞。母假蜂進讒而逐子，女當閨明節而露筋。殺鹿母而舍鹿子，曹叡託以感父。得後魚而棄前魚，龍陽泣以要君。夏統奉親，拾蟛蜞以資養。阮籍居喪，食蒸豚而忘哀。膳酒炙車螯，嗆義真之棄禮。下箸惜蛤蜊，嘉宋宗之謚仁。堯斷修蛇於洞庭，禽封豨於桑林。禹驅龍蛇而放之菹，周公驅虎豹犀象而遠之。大蠙螻蛄徵軒轅之瑞，赤烏白魚表周武之興。象耕鳥耘，重華德感。龍繞麟紱，宣聖文徵。鸑鷟鳴岐，昭舊邦之新命。朐䏰蚯蚓出土，符江東之合王。非子封而牛馬涷死，呂后生而野雉皆雊。秦以水衰而白蛇斷，漢以土勝而黃龍見。雉雊鼎，高宗豐昵之妖。鼠舞門，漢昭燕蓋之變。牝晨惟索，犢白爲祥。瘈狗逐而華臣奔，鴝鵒巢而魯昭出。陳倉寶鷄，秦穆獲之而霸。韋山石鵲，張顥得之而侯。雀生鸇，兆宋康之亡。雀銜鱣，兆楊震之相。野蠶繭而東，漢昌。海鳧出而西，晉亂。蛇鬭鄭門而厲公以入，龍鬭洧淵而子產不禜。爲命。烏鵲鬭於宮中而黑者死，燕王旦卒伏其辜。黑白烏鬭於野外而白者死，楚王戊自殄其國。赤黑蛇鬭而赤者死，後齊滅而周興。黑赤龍鬭而黑者死，後周亡而隋禪。牛鬭於陽武，赤者勝而黑者傷，楊堅之篡也。龍鬭於黎州，白者走而黑者隨，臺城之難乎。秋鼉與蝦蟆鬭，漢武有南越之師。黃螘與白螘鬭，東魏有宇文之逼。牛足出背上，應梁孝之亡。羊鬭隋雲中，啓楊勇之弒。蟲成文曰病已，立孝宣嗣漢之符。蟲作聲曰韓，屍韓謐夷族之讖。天狗下梁而吳楚攻梁，犬生角於齊而三國圍齊。魚集武庫屋上，魏兵棄甲於東關。龍乳長安人家，孫皓銜璧於西晉。鵜鶘集池，魏文下刺曹之詔。一足畫城，叔寶成獨行之占。鷄非惡聲，祖逖聞之而起舞。騅兮不利，項羽感之而悲歌。反舌入殿，江充爲讒。野狐升座，宋徽亡國。鼠齧馬鞍，倉野深憂其見殺。鵩止座隅，賈誼偏傷於短齡。牛糞金而蠶鳧失國，鹿銜花而聚麀覆唐。商運啓而白狼遊，疏勒庭而犎兕至。蛇妖見屢，不厭梁武之錢。龍龜首示雙，徒佞蔡京之罔象。鶴清禽也，衛懿乘軒而失國。鷄鬭玩也，郈伯金距而亡家。魚腹帛書，陳涉以王。牛腹帛書，欒大以誅。遼索海青而徼釁於女真，宋鬭蟋蟀而玩冠於胡元。黃帝南巡而白澤能言，文王西怙而騶虞不殺。漢宣幸河東而神魚舞，唐昭幸岐陽而神鵶集。兩鹿隨車，鄭弘太尉之應。鸂鶒立灘，牛僧孺中臺之徵。飛蟬集冠，朱異蟬珥之拜。飛蜂集衡，賈萌蠭起之誅。戴縁焚其巢而漢成絶，雀鬭斷頭而靈帝殂。禿鶖集而魏國喪，鵂鶹鳴而侯景敗。九頭如鴨止而蕭琮廢，萬春聚而周師入。鵲巢帆檣而孫和死，雉集相風而海西廢。鵲巢砲機而堯君素敗，烏鵲巢帳而楊廣弒。桓玄封楚而犬便其拜席，侯景受錫而鳥集其册書。鴞聲與贊聲相和，宣和有青城之難。鳶鵶聲與戰聲相亂，陝府有失守之虞。豕冠進賢而劉聰死，禽止朝冠而江伯彦貶。犬冠幘絳衣登於臺而公孫淵以亡，鼠冠幘皁衣語於庭而周南不死。魏元忠之猨執火不忌則不恠，諸葛恪之犬銜衣不出則不誅。梟鳴牙中，張重華之尅敵。烏集庭樹，柳仲郢之遷官。師曠鼓琴而玄鶴來，下瓠巴鼓瑟而游魚出聽。魯僖公思無邪有馬斯徂，百里奚爵禄不入於心飯牛而肥。魯恭爲政而蝗不入境，黃霸治郡而神雀來翔。廬墓而馴白兔者蔡邕，居喪而巢白鳩者涂憲。王介甫託音於鬼車，同聲相應。尹吉甫動心於伯勞，同氣相求。射訓狐，宥蝮蛇，韓柳之趨亦異。兼猛獸，脯神龍，周程之治同歸。茅山龍五色如蜥蜴，明道哺而哺之。韓贊斷手指以祭蝗，君子之過於愛也。姚岳貢死蝗以爲瑞，小人之過於忍也。騶虞見壁山而二鹿隨之。蜀王建三年。五色大鳥見新城而衆鳥隨之。漢靈時。麟見龍州，一鹿引之而羣鹿隨之。唐元和七年。吉祥鳥見代州，四黃鳥導之，四鵲食之。祥符六年。白燕集於盛樂舊都，而玄鳥隨之以千數。魏太和元年。鳳皇集於梁州楓樹，而衆鳥列侍以萬數。周元帝大和元年。宋州有異鳥，色青類鳩鵲，羣鳥翼衛，啣稻粱哺之。唐貞元十四年。鳳凰將九雛見于豐城，而羣鳥隨之。晉穆時。鳳凰集于陳州，衆鳥數萬前後翊從，行列整齊，色別爲群。唐長壽三年。鳳凰集于清遠縣之合懽樹，高六尺，衆鳥隨之而東北去。宋端拱元年。白州有三鳳自南來入城中，羣禽周繞，身長九尺，冠如金杯。宋景德元年。衆鳥性見非常斑駁好聚觀之，至於小爵希見梟者虩見猶聚。武功獲大鳥，狐首肉翅，毛赤如蝙蝠，四足有爪，長四尺餘，羣鳥隨而噪之。唐大曆八年。陝州有雉，二首向背而連頸，羣雉數百來鬭殺之。唐光啓元年。羣烏銜木爲城於魏淄之境，高三尺，方十里。唐貞元四年。羣烏啣柴爲城於滕縣，中有白烏一、碧烏一。唐貞元十八年。兩烏銜鵲墮于東館，孫權使相朱據燎鵲以祭。二大鳥高丈餘，縞身朱足，見于大頓，隋煬命工圖形，立銘頌焉。洛陽地陷而二鵞出，蒼者飛而白者止。晉懷時。瀦縣掘地而二犬出，雌者死而雄者活。晉元時。濟源水碾之柱，中有鮎魚長尺餘。唐如意中。淮陽女垣之下，中有鯉魚長七尺。隋煬時。魚或戴蚓游於江西之溪澗，唐德宗時。龍或捧嬰戲於熙州之灤塘。金廣八年。蛇蝦蟆鬪於朝堂，蛇長踰丈而蝦蟆如盤。先天二年。玄武見於雄州，龜大如錢而蛇若朱漆筋。宣和四年。舒州之甘蟲，人面緑毛紺爪嘴，其聲曰甘。宋真宗時。吴越之大鳥，四目三足，其聲曰羅平。唐懿宗時。羣鳥鳴於陳後主之蔣山曰奈何，羣鳥鳴於劉豫之内庭曰休也。張林之犬人言，曰天下人餓死。晉懷時。張騁之牛人言，曰天下亂乘我何之。晉惠時。死牛頭言于幽州，晉武時。鷄言于陳州，宋高宗時。二豕言于渭南之民舍，避歲水北之姊家。隋文末。感赤龍之精而孕堯，吞玄鳥之卵而誕契。鳥翼后稷，虎乳子文。玄黿感女而生褒姒，鵠倉銜卵而生偃王。南詔生於龍，南蠻生於槃瓠。突厥狼生之，烏孫狼乳之。伏羲人首而蛇身，神農人身而牛首。女媧、共工皆蛇身也，伯禹、勾踐皆鳥喙也。漢高醉卧酒家，其上常有龍恠。隋文幼在母懷，忽見其鱗角。杜預醉卧郡齋而嘔，小吏窺見大蛇垂頭于床。蔡君謨卧病，夢憑鼓而睡，譙卒夜見大蛇盤于鼓上。周詢醉而假寐，園吏見大蛇垂于欄楯。禄山醉卧，化爲異猪而龍首。韓世忠宿直，梁夫人見一黑虎蹲踞。楊大年初生，遍身羽毛，宛然一鶴。岳武穆生，有大鳥飛入于室，因名曰飛。射牛以不中爲奇，驚鴈以鳴弦而落。楚子射虎於石，一發而飲羽。紀昌視蝨如輪，百步而貫心。任公釣鼇，一掣而連六。長孫晟射鵰，一發而貫雙。秦政雄姿，射大魚於海水。越王老手，釣白龍於臺江。養由基矯矢，先號抱樹之猨。桓榮祖探丸，生取穿雲之鵠。鳥起者伏，鳥集者虛。奇嵐盤陳，師或輿尸。蜂蝱繞軍，戎伏于莽。司馬兵機，布於魚麗。田單制勝，突以火牛。幕上有烏，知楚師之遁。井上有鳩，脱沛公之厄。蒙馬皋皮，胥臣啓霸。懸哨家鴿，曩霄運奇。齊桓伐戎取道於老馬，江逌伐羌繫火於家鷄。聞風鶴聲，褫敗秦之士氣。驚鵞鴨池，混襲蔡之軍聲。蚳蚍什柱，蚊蝱失牛。鐵以蠵毁，水以蜎敗，樹以蝎枯，稼以蝝殘。人斃於蠱，國殄於蠹。河潰於蟻孔，山崩於猿穴。小能害大，以諷謹微。城狐不燻，社鼷不灌。狐假虎威而走百獸，蠅附驥尾而致千里。役鼠忌器，君側之惡難除。指鹿爲馬，履霜之漸可辯。高德儒指野鳥而爲鸞鳥，秦檜進青魚以亂子魚。雉頭焚侈，終羊車以導淫。匿鷂懷中，嘗縱鵲於野外。龍有逆鱗而懷讜者批之，虎有威鬚而獻諛者捋焉。立仗馬設壅蔽之端，殿上虎倡彈劾之勇。楚莊好畋，而樊姬不食禽獸之肉。釋之妨賢而漢文不拜禽獸之對，一姬死復一姬進。郅都不援野彘之入厠，猛獸得人而止。馮倢伃所以獨勇於當能。犬捕鼠爲大官不言而小官言之刺，蚉負山爲智小謀大、力小任重之譏。不獵猛獸而獵田彘，誼流涕而建策。豺狼當道安問狐狸，綱抗直而埋輪。外作禽荒，五子興歌。矢魚于棠，僖伯以諫。召公誥旅獒，當慎德於四夷。唐儉對射豕，豈快心於一獸。潘濬諫射雉，而孫權爲之撤翳。辛毗諫射雉，而魏文爲之稀出。密表求鷹，太宗嘉忠乎李亮。諫牧官豕，盧杞徼寵於德宗，諫進海蚶、淡菜，詞甚中正。孔戣物色於憲宗，請貢魚鼈、蝦蚱，謂爲獻替。虞嘯父貽哂於晉武，魚頭參政。魯宗道骨鯁之褒，鳳鳴朝陽。李善感曠時之蹠，貢馬違敕。膽落於温御史，養狗備虞。號醜於宋禧羅江，桓氏一聰。行行且止，臺中三狗。哇咪作蛆，馬瘦而行步工，貴戚爲之斂手。獬廌未嘗識字，胡雛敢爾憑威。畜犬所以防奸，不以無奸而畜不吠之犬。養猫所以捕鼠，不以無鼠而養不捕之猫。物食長喙，穀食短味。搏則利觜，鳴則引吭。山禽尾長味鋭而善喙，水禽尾短味圓而善唼。長腳者多立，短腳者多伏。尾近腳者好步，腳近臆者好躑。陽鳥之飛頭仰而足縮，陰鳥之飛頭縮而足伸。飛而起則仰左翼，飛而下則仰右翼。左顧則怒作，右眄則喜生。食之已久，復出嚼之，牛曰齝，羊曰齥，麋鹿曰齸，鳥曰嗉，寓鼠猴類曰嗛。氣倦體罷所湏，獸曰釁，魚曰湏，鳥曰臭。絶有力者，馬曰駥，牛曰㹌，猳加狗曰狣，豕曰豟，熊虎曰麙，麋曰狄，鹿曰麉，麕曰豣，狼曰迅，兔曰欣，魚曰徽。獸二爲友，貝二爲朋，魚多爲豐，鳥多爲冠。佳者鳥之短尾，奮者禽之有力。小而鷙者皆曰隼，大而鷙者皆曰鳩。蟲之有翼者或亦謂之鳥，獸之未成者或亦謂之狗。有足謂之蟲，無足謂之豸。飛曰雄雌，走曰牝牡。對言之也。《詩》云「雄狐綏綏」，走亦曰雄。《書》云「牝鷄無晨」，飛亦曰牝矣。二足而羽謂之禽，四足而毛謂之獸，對言之也。凡鳥獸未孕曰禽，通言之也。《易》云「即鹿無虞以從禽也」，鹿亦可以言禽。《禮》云：「鸚鵡能言不離飛鳥，猩猩能言不離禽獸。」蓋鳥不可曰獸，獸亦可曰禽，故鸚鵡不曰獸，而猩猩則通曰禽也。嗚呼，胎卵濕化，窮萬類之生生。有無色想，盡萬物之情識。以言乎天地之間則備矣。

明 來集之《博學彙書》卷六《貞鳥》 鳥之貞者，出于天性，非若人之由教習識禮義而然也。大抵惟雁爲甚，他則偶一二見之耳。元裕之好問于金泰和乙丑赴試并州，道逢捕雁者捕得二雁，一死，一脱網去。其脱網者空中盤旋哀鳴，亦投地死。裕之遂以金贖得二雁，瘞汾水傍，壘石爲識，號曰雁丘，因賦《摸魚兒》詞以記其事。同行蒲溪楊正卿果，欒城李仁卿治，皆有和章。顧敬亭先生曰：吾稼圃室傍，有羅者得一雁，鎩其羽縶其足，立之汀畔以爲媒。每見雲中飛者，必昂首仰視。一日其偶者見而下之，特然如土委地，交頸哀鳴，血盡而死。羅者剖其腹，腸寸裂矣。此等義禽而羅者猶剖其腹，曾不得與雁丘同享一壞之土也，惜哉。成化六年十月間，鹽城蹤湖漁父弋一雄鳧，刳剖置釜中煮之。其雌者隨棹飛鳴不去，漁父方啓釜，即投沸湯中死。斯固烈烈以殉，不愧前二雁矣。《朝野僉載》：天后時，左衛兵曹劉景陽使嶺南，得秦吉了二隻，能解人語。至都進之，留其雌者，雄煩怨不食。則天問曰：何乃無聊也。鳥曰其配爲使者所得，頗思之。乃呼景陽曰：卿何故藏一鳥不進。景陽叩頭謝罪，乃進之。此則比于樂昌之破鏡重圓，成一則《禽譜》中佳話耳。《玉堂佳話》云：頃年有人取得黄鶯雛，養于竹籠中。其雌雄接翼，曉夜哀鳴於籠外，則更來哺之。人或在前，略無所畏。忽一日不放出籠，其雌雄繚繞飛鳴，無從而入，一投火中，一觸籠而死。則又夫妻父子，同難相死。不謂金衣公子，有此義烈也。《朝野記畧》云：吴中報恩寺浮屠之顛，有二鸛巢焉，以遊以宿，出返必俱。一日其雄罣脛輪索中，奮翼自擲，空懸弗脱。雄下首大鳴，若籲于人。衆雖憐之，然莫能升，遂宛轉而絶。雌倚其旁不去，羣鳥欲磔之，輒引喙怒逐，不使近，殆毛骨盡化乃已。時高啓居寺東，嘗見其彷佛飛旋，形貌憔悴，風雨之夕，哀唳噭噭，若號慕然，乃爲之讚。　正德間有張姓者，獲一雁置于中庭。明年有雁自天鳴，亭雁和之，久而天雁自下，彼此以頭絞死于樓前。因名樓曰雙雁樓。又，王一槐教諭銅陵，有民舍徐夜燎煙，辟除不祥。一雁偶爲煙觸而下，其家以爲不祥也，烹之。明日，一雁飛鳴屋頂，數日亦撞而死。《記畧》云：正德間，鎮江北固山上有羣蜂擁王出遊，遇鷙鳥攫殺之。羣蜂環守不去，數日俱死。楊邃庵相公一清，令家伻瘞焉，表其上曰義蜂，親作文祭之。　陶石梁《許齋公傳》曰：池州許齋公，家世鳥户。偶張網得雁，籠而置之庭。羣雁過其上，聲相聞也，一雁忽自擲而下，遶籠哀鳴，如不勝情，去爾復來者數四。齋公有女甚明慧，方侍母績其旁，見之愀然曰：此豈其匹耶，請放之。母亦感動，開籠而放，二鳥接頸交翼，若喜若悲，俄而俱墜于地死矣。剖之一獨無膽。女乃歎曰：有生之累，豈不以愛哉。吾已矣，不復嫁矣。父母知不可奪，聽之。身亦改業，賃販江湖，家漸殷，日具齋供僧。女竟家居誦經以老。此父母皆有根器人，而其端寔自二鳥發之。　《江總集》云：盧山遠法師未出家，善弩射，嘗于鶴窟射得鶴雛。後復伺鶴母，見將射之。鶴不動翔，觀之已死于巢中，疑其愛子致死。剖視心腸，皆寸絶。法師于是放弩，發菩提心。《羣芳譜》云：陳州倅盧某，畜二鶴甚馴。一創死，一哀鳴不食，盧勉飼之乃就食。一旦鳴繞盧側。盧曰：爾欲去耶。有天可飛，有林可棲，不爾羈也。鶴振翮雲際，數四回翔，乃去。盧老無子，後歸卧黄浦溪上。晚秋蕭索，曳杖林間，忽一鶴盤空，鳴聲淒斷。盧仰視曰：非我陳州侣耶，即當下。鶴竟投懷中，牽衣旋舞不釋。盧泣曰：我老無血胤，形悲影弔，爾幸留，當如孤山逋老，共此殘年。遂引歸，爲寫《溪塘泣鶴圖》中，繪己像，置鶴其旁。後盧没，鶴亦不食卒，家人瘞之墓左。　《聞見録》云：瀘南有秦吉了，能人言，有彝人欲以錢三十萬買之。其人告以貧將賣爾。吉了曰：我漢禽，不願入彝中，遂不食而死。　《天中記》云：匡山之敗，陸秀夫抱祥興帝與俱赴水。時御舟一白鷴，奮擊哀鳴，與籠墜水中死。　王招之《神境記》云：滎陽郡西蘭巖山，常有雙鶴，素羽皦然，日夕偶形翔集。一日，一鶴爲人所害，其一鶴歲常哀鳴，至今響動巖谷，莫知年歲。　又，元貞二年，雙燕巢于燕人柳湯佐之宅。一夕，家人舉燈照蝎，其雄驚墮，爲猫所食。雌悲鳴不食，朝夕守巢哺雛，成翼而去。明年雌復獨巢其處，人視巢有二卵，疑其更偶，徐視之，則抱雛之觳耳。自是春去秋來。　《渚宫故事》：湘東玉修竹林堂。新陽太守鄭裒送雌鶴于堂，留其雄者尚在裒宅。霜天月夜，無日不鳴，商旅江津，聞者墮淚。時有野鶴飛赴堂中，驅之不去，即裒之雄也。交頸頡頏撫翼，聞奏鐘磬，翻然共舞，婉轉低昂，妙契絃節焉。　徐天池云：曩衛衙梓巢，鸛父死于弩。頃之衆擁一雄來匹其母，母哀鳴百拒之。雄卻盡啄殺其四雛，母益哀頓以死。羣凶乃挾其雄逸去。《南康記》：歸美山有石室，色如黄金，號爲金室。有鸐鳥焉，形色鮮潔，自愛羽毛。其隻者或鑒水向影，悲鳴自絶。方知孤鸞對鏡，不爲虚矣。《文苑英華》云：　武成二年春二月，雙白鶴飛集上林，因大將鄭偉布弋設罝，並皆擒獲。六翮已摧，雙心俱怨，相顧哀鳴，孤雄先絶，孀妻向影。天子愍焉，立使庾信爲讚。《永嘉郡記》：有洣溪，西去青田九里，中有雙白鶴，年年生子，長大便去，只恒餘父母一雙耳，精白可愛。友云神仙所養。浮丘公《相鶴經》云青田之鶴。　元至正間，諸暨吴銓家，犬病瘖，犬子銜食哺之。及死埋山下，有花開如白鳳，人呼孝犬墓，又名桃花犬。楊維禎有《桃花犬》詩。

明　張鼎思《琅邪代醉編》卷八《獸雙名》　獸雙名者，招搖狌狌、姑逢獙獙、空桑軫軫、泰山狪狪、泰獻𤟹𤟹、霍山朏朏、放皋文文，又南海猩猩、北海蛩蛩。余攷《山海經》，譙明之山有獸，狀如貆而赤豪，名曰孟魂，其音如榴榴。然則榴榴亦獸也。又，栒狀之山有獸曰從從，硾山有獸曰彼彼，踇隅之山有獸曰精精，北海又有青獸曰羅羅，南海之外有三青獸相并曰雙雙，叔歜國有黑蟲如熊曰猎猎。若蛩蛩，北海之素獸也，即所謂蛩蛩。距虛者，狒狒。如人，被髮、迅走、食人，見《爾雅》。《大傳》曰成王時周（州）靡國獻之。《周書》曰：州靡髴髴者，人身，反踵，自笑，笑則上脣掩其面。郭璞曰梟羊也。《海內經》謂之贛。今南康有贛水，以有此物，因以爲名。俗呼之曰山都。狌狌，伏行人，走食之，善走。𤟹𤟹，三角一目，目在耳後。從從，如犬，六足。狪狪，狀如豚而有珠。軨軨，音靈，見則天下大水。獙獙，音敝，見則大旱。彼彼，音攸，狀如馬，羊目，四角，牛尾，見則國多狡客。朏朏，如狸，白尾，有鬣，養之可以已憂。文文，狀如蜂，枝尾，反舌，善呼。放皋，或作牧，或作効。《巵言》作枚，似誤。軨軨，作軫軫，亦誤。　狒狒，《王會圖》作費費。《王會圖》又有生生，都郭狌狌，若黃狗，人面，能言。　雲南蠻人呼虎亦爲羅羅，見《天中記》。　禺，善知生死，飲其血則見鬼。《本草》　又《說文》：禺禺，猴屬，獸之愚者。　胥胥，爪哇國山中多猴，不畏人，呼以胥胥之聲。捉以果，大猴二先至，土人謂之猴王。猴夫人食畢，群猴食其餘。出《韻府續編》

明　陳師《禪寄筆談》　傅弘業宰天台縣，有人獵得一獸，形如豕，仰鼻，長尾。有岐，謂之怪。傅識之，曰：蜼，去聲。非怪也。雨則懸於樹，以尾塞其鼻。後果驗。昔子雲別鼫鼠，曼倩識騶虞，殆類之矣。博物之學，君子可少哉。　東南之美，有荊山之麝，急則抉其臍投諸莽，逐者趨焉，因得以逸。令尹子文聞之，曰：是獸也，而人有弗如之者。以賄亡其身以及其家，何其智之不如麝也。

清　牟應震《毛詩物名考》卷二　《淮南子》曰：羽嘉生飛龍，飛龍生鳳凰，鳳凰生鸞鳥，鸞鳥生庶鳥，凡羽者生於庶鳥。毛犢生應龍，應龍生建馬，建馬生麒麟，麒麟生庶獸，凡毛者生於庶獸。介鱗生蛟龍，蛟龍生鯤，鯤生鰻，鰻生建邪，建邪生庶魚。凡鱗者生於庶魚。介蟬生先龍，先龍生元黿，元黿生靈龜，靈龜生庶龜。凡介者生於庶龜。煖濕生容，煖濕生於毛風，毛風生於濕元，濕元生羽風，羽風生煗介。五類雜種興乎外肖形而蕃。日馮生陽閈，陽閈生喬如，喬如生幹木，幹木生庶木。凡根拔木者生於庶木。根拔生若程，若程生元玉，元玉生醴泉，醴泉生皇辜，皇辜生庶草。凡根茇草者生於庶草。海閭生屈龍，屈龍生容華，容華生蕈，蕈生萍藻，萍藻生浮草。凡浮生不根茇者生於萍藻。右此類結撰作俑於《南華》，而《淮南》拾其唾餘，今之註麟鳳者，殆皆拾古人之唾餘耳。

清　牟應震《毛詩物名考》卷四　昆蟲之生不知其凡幾也。生於土石，生於水火，生於草木，生於穀蔬，生於菌穢地，以形用形之所成，無不育也。生於暵，生於濕，生於雨雷，生於風霧，天以氣運，氣之所偏，無不化也。解：飛者靈，能走者蠢，猶禽獸也。飛者之形有首有胸有腹，三才之象也。有口、有目、有鼻而無耳。物之口橫，而蟲口竪，兩牙相對，用以嚙也。物之口方，而蟲口圓，如管中空，用以吸也。目無裏而有光，以光印光也，無鼻形而有竅。蝶之趨香，蠅蜣之逐臭，醯鷄之赴酸，以是知其有竅也。與以聲而不知避，以是知其無耳也。《洛書》之言曰：二四爲肩，六八爲足，蟲得四隅之雜氣，故四羽而六足者居多。蟻生子、子出爲蠶，蠶化爲蛹，蛹脫爲蛾，四變而復其初。凡形之類蠶者視此矣。蟬生子，子長爲復育，復育脫而爲蟬，三變而復其初。凡形之類復育者視此矣。水蠅之子爲孑孑，孑孑脫而爲蚊。蟻之子爲蠶。蠶脫爲蟻蠓。變其本生而歸於盡，凡變其本生者視此矣。走者之形或大腹而無胸，或延長而多節，或圓如彈，或扁如片，或小如蟣，或多足如梳齒，更僕數之不能盡也。其飛曰蠉，動曰蠕，伸行曰趾，曳行曰蚩，紆行曰蚙，藏曰蟄，屈伏曰蟠。

清　鈕琇《觚賸續編》卷四《物觚·蜂君臣》　汝南張生善養蜂。生之言曰：養蜂必先治室，治室必於爽塏向陽之地，上而林木不得翳，下而蟲蟻不得侵。室以板爲之，背穹而旁殺，四周加以堅茨。前後多穿小隙，爲出入之門。蜂王大如人指，首黑腰長，其集有常處，曰蜂臺。王以下有蜂相、蜂將，將相各率其屬以朝於王，曰蜂衙。侍王之側，爲蜂博士，其數十八。寒則擁翅以燠之，熱則鼓翅以涼之。博士與將相皆享蜜俸，不採花。採花之蜂得梅與桂者，倍其糧，惰則刺而舁投室外矣。蜂王之子歲一生，兩王不得並立。老王居室則穉王分封而出，穉王居室則老王遜位而出。其出也有從，其送也有使。從者一去不返，使者送至其所，則仍歸也。王之出或棲屋瓦，或棲樹枝，羣蜂列隊伍以爲環衛。若其所從之王鬚翼有缺，飛息無當，則羣蜂散而他往。故累日不散者，良蜂也。養蜂之家遂收而別爲室以居之。余因嘆蜂有君臣之禮，信然。嘉靖初，楊公一清致政歸，游北固山，見羣蜂擁蜂王而出，遇鷙鳥攫蜂王殺之，羣蜂環守不去，數日俱斃。楊公命家僮瘞焉，而爲文以祭，謂之義蜂。此與海島五百人，從死田橫何異。又豈得以尋常之君臣同類而並視哉。

清 唐甄《潛書·達政》 山林多材，池沼多魚，園多果蔬，欄多羊豕爲上。

清 趙吉士《寄園寄所寄》卷七 鷄鶩惡其類，鴛鴦、玄鳥愛其類。惡其類者，相值則相搏。鶯狀類鵲，長尾丹嘴。鴛鴦，匹鳥也。與燕一鳥，朝奇而暮偶，愛其類也。

又 皃鷺之雜，鸕鷺之潔。皃鷺鴨屬，色不純正，故曰雜。鸕白類山鷄，行止閑暇。鵙鴂鳴而草衰，澤雉啼而麥齊。澤雉如商鶊，季春之月始鳴，麥已平隴也。鵙鴂，《爾雅》謂之鵙，即伯勞也。狀類鸜鵒，而《左傳》謂之伯趙，《方言》曰：孤鷄鳴，則草衰。風翔則風，雨舞則雨，霜蜚則霜，露翥則露。風禽鳶類，越人謂之風伯，飛翔則天大風。一足鳥名曰商羊，天將雨則飛鳴。孔子辨之於齊庭。東方朔曰：商羊聞鐘則鳴，聞鼓則舞。鸛鸖，鳥名，其羽可爲裘，以避極寒。鸛鸖飛則隕霜。露禽，鶴也。《古今注》鶴千年則變蒼，又二千年變黑，所謂玄鶴也。子野鼓琴，玄鶴來舞，露下則鶴鳴也。鶴之馴養於家庭者，飲露則飛去。林鳥朝嘲，水鳥夜掖，山鳥巖栖，原鳥地處。林鳥朝之將翔也，聚而噍啁。山巖之鳥多不巢。原鳥，鷗鷁之屬是也。靈鵲兆喜，怪鵩塞耳。鵲噪則喜。鵩，一名鴞鵩，《廣雅》曰：江東人呼爲怪鳥，聞之多禍，人人惡之掩耳。駕鵞野則義，豢則搏。水鶩澤則羣，擾則逐。《月令》曰：田風化爲駕，關東謂之鴽，蜀隴謂之鶘。在田得食鳴相呼，夜則羣飛，晝則伏於草中。馴養之久，而見食則相搏鬬也。鶩，野鴨也。飛止大澤之中，羣處。既豢擾之，惡其族類而相逼逐也。

又 鶵，籬鷃也，雀屬。衆人之象，言多也。鵪鶉雄高牝庳，鳩鵽雌前雄後。鵪，雀也。鵪鶉二鳥，雄者足高，雌者足短。鳩，鳲鳩也。鵽大如鴿，生關西，爲鳥憨急。二鳥雌飛則隨，雌止則止，雄飛常在後也。鷇將生，子呼母應，雛既生，母呼子應，鳥伏卵將成，子鳴於鷇，母應之，鳥既雛，母呼子應之。《升菴外集》 班鳩辨雛，梟鴟害母，班次第也，凡哺子，朝從上下，暮從下上，他鳥皆否。梟在巢，母哺之，羽翼成，啄母食之，自飛去也。《測微録》

清 王棠《燕在閣知新録》卷一 虎狼有父子而蜂蟻有君臣。雎鳩有夫婦而鴻雁有長幼。物得天之偏，人得天之全。

清 丁其譽《壽世秘典·草木禽獸占》 鸛鳴仰則晴，俯則雨。 鳩鳴有還聲曰呼婦，主晴。無還聲爲逐婦，主雨。 朝鷗晴，暮鷗雨，又，鷗叫一聲晴，二聲雨。 鵓浴風，鵲浴雨，鳩鷗浴斷風雨。 鷄宿遲主雨。 猫食青草主雨。犬爬地并眠灰堆高處主雨，咬青草喫主晴，向河邊喫水主退水。 水蛇高蟠主水，至其處上望來速，下望來遲。 魚浮水面主雨。朱鼈浮波候雨，江豚拜浪迎風。 蜻蜓亂飛主雨。 平地螘成陣主雨。 蟻封穴主雨。蟻徙必雨，乃雨氣感蟻，非蟻能致雨也。 蚯蚓朝出晴，晝出雨，夜叫聲清主晴。

藝文

《詩·大雅·靈臺》 王在靈囿，麀鹿攸伏，麀鹿濯濯，白鳥翯翯。王在靈沼，於牣魚躍。

《詩·甫田之什·車舝》 依彼平林，有集維鷮。

清 愛新覺羅·玄燁《有鳥二十章》 孔子教小子曰：詩可以興。又曰：多識於鳥獸草木之名。鳥獸草木中觸我性情，有興機焉。若徒追琢字句，強裁聲韻，烏可與言詩哉。唐元微之作《有鳥二十章》，備載鴟鴞老烏諸惡鳥之可憎，雖疾世之憤辭，然不失三百詩人之旨。予讀而慕之，倣其體亦成二十章。所詠者皆鳳凰、鵷鷺諸名禽。微之以刺而示戒，予以美而示勸，其有助於性情一也。至於風格之高，錘鍊之雅，予固未能及古人，觀者取其意而略其辭焉。 有鳥有鳥百鳥王，雄爲鳳兮雌爲凰。朝棲崑圃飲玉露，夕宿蓬島餐琳瑯。九苞六德耀文明，恢恢天宇恣翱翔。厥惟聖人修至德，來巢阿閣呈嘉祥。藹藹吉士馳王路，千秋萬載邦家光。 有鳥有鳥名朱鷺，波靜昆明常顧步。漢鼓曾標樂府聲，周舞亦載詩人賦。振振有序羽翮聯，和鳴未許雜孤鶩。玉筍班中識爾名，由來博得人人慕。 有鳥有鳥雙鴛鴦，接翼交頸遊方塘。共宿蘭沼何容與，同飛鏡浦相迴翔。若有人兮翠袖裳，思夫君兮天一方。春朝步兮春池旁，覩佳禽兮增慨慷。 有鳥有鳥在水滸，飛鳴行摇如相語。如相語，相急難，相急難兮食不安。遠羅網兮泛清瀾，啄蘆頭兮心共閒。君不見悌有鶺鴒孝有烏，人稟秀靈如不如。 有鳥有鳥聲綿蠻，遷喬求友出谷間。楚楚金衣緑陰裏，諧鳴玉管叫春闌。高齋日午簾幙悄，側耳徐聽音未了。生平不少素心人，關山迢遞予懷渺。 有鳥有鳥曰靈鵲，羽族本天似先覺。但不告憂惟告樂，惠迪則吉宜忖度。憑兹作喜易舛錯，鳥智人愚非見謔。　有鳥有鳥名布穀，高唤枝頭村柳緑。村老聞聲急荷鋤，趁時耕作還相勗。東隣西舍催耕遍，喉吻苦乾飲水曲。不似籠中雙畫眉，巧言但博主人肉。　有鳥有鳥枝上啼，啼聲風送到深閨。聲聲催織當春日，織女聽罷顰雙眉。飽蠶方作繭，那易成新絲，新絲還要賣，匹帛安可期。我願拖綾曳錦者，常念茆簷忍凍時。　有鳥有鳥如輕舟，毛衣皓潔名沙鷗。穩宿洞庭秋夜月，間泛瀟湘煙水流。將雛命侣頗自得，對爾還似逍遥遊。　有鳥有鳥名鴻鴈，秋去春來期不變。成羣飲宿向沙洲，蘆葦蕭騷波瀲灎。古人重爾信義敦，嘉禮親迎用致奠。如何世人轉不如，糟糠富貴分欣厭。　有鳥有鳥雉將雛，雛兒聲澁學母呼。隴上風摇麥浪緑，引雛拾蟲卻相逐。大堤年少挾金丸，見雉此意不肯彈。彈雉雛兒誰爲哺，彈雛卻憐雉心寒，收弓擲丸不復看。　有鳥有鳥慈烏鴉，飛集庭樹聲啞啞。聲啞啞，引其雛，羽毛翩翩尾畢逋。尾畢逋，雛亦長，烏老更借其雛養。母爲慈兮子爲孝，禽鳥亦識人之道。　有鳥有鳥清秋隼，獨韻金風利爪吻。勁氣猙獰似駿驄，眼疾身輕雙翅敏。晴皐一下萬山青，狐兔燕雀藏伏盡。　有鳥有鳥名黄鵠，軒軒霞舉超凡俗。矯翮躚躚來玉京，卻向太液池邊浴。隨仙去後空餘樓，入琹彈罷猶思曲。冥冥灝氣恣翱翔，引我欲窮千里目。　有鳥有鳥雲錦文，巴山靈禽夙所聞。的的彩色映日麗，煌煌繪羽翻風新。奇姿藻燿欺凡鳥，雕籠飲啄爲君老。卻勝塒頭村鷄鳴，瘦立風霜報天曉。　有鳥有鳥呈符瑞，援毫作歌紀其事。伊昔明皇即位初，貝州飛蝗害苗穗。乃有白鳥凡數千，一一喙啄蝗盡斃。當時姚宋作相公，調和燮理稱郅治。開元天寶易治亂，玉妃擅寵昭陽殿。禄山食人如食禾，嗟此蝗兮可若何。安得白鳥大如蓋，食此蝗兮安内外。　有鳥有鳥志不移，啣石填海無已時。海卻何時滿，石亦何時斷。但見羽毛秃兀爪喙疲。咄哉汝鳥尚有志，人而無志鳥所嗤。　有鳥有鳥雙白鷴，清秋玉立菰蒲灘。踏波緩舞藻文動，澄流照影翩珊珊。性情高潔如其色，自首至尾無點黑，俗眼欲看看不得。　有鳥有鳥金翠斑，厥名孔雀産巴山。産巴山，來帝里，屏張藻耀文明起。羽儀爲國獻嘉祥，不甘戢翼巖阿裏。　有鳥有鳥雲間鶴，萬年枝上欣所託。勁羽梳風意態孤，清聲韻月響深壑。常伴仙家丹鼎煙，不慮虞人施矰繳。有時灑翮一高飛，迢迢天路翔寥廓。

森林效益部

經濟效益分部

論說

清 俞森《種樹説》 余聞之，百歲樹德，十歲樹木。故安邑千樹棗，燕秦千樹栗，渭川千畝竹，其人皆與千户侯等。今豫州歷經闖賊焚掠，人希土曠，雖蓊翳成林之處不可謂無，然極目平原往往而是。嘗召土人問之，椅桐梓漆無不具也，桑柘榛栗無不宜也。棗二歲而實，五歲而得一石。柿五歲而實，十歲而得三石。榆莢一歲而盈丈。柳枝五歲而合圍。土壤之沃如此，是此地樹木之效尚不須十年也。乃熟察四郊，家無儲積，室鮮完廬，豈此邦之民盡屬蚩蚩，抑有司無以導之也？余嘗註，種樹之效其利有八，上之人不肯盡心者其弊有三，下之人相視不前者其源有二也。何謂八利？一畝之地樹穀，得二石足矣。一畝之地而樹木，所入不數十石乎？其利一。歲有水旱，菽麥易傷，榛柿栗棗不俱殘也，年豐販易，歲凶療飢，其利二。貧人無薪，至拾馬糞、掘草根，種樹則落其實而取其材，何憂無樵蘇之具，其利三。造屋無木，十塹覆草，久雨屋頹，率多露處。種樹則上可建樓居，下不同土隅，其利四。樹少則生無以爲器具，死無以爲棺槨。種樹則材木不可勝用，其利五。豫土不堅，瀕河善潰。若栽柳列樹，根枝糾結，護堤牢固，何處可衝，其利六。五畝之宅樹之以桑，宅不毛者有里布，今汴州四野之桑高大沃若，若比户皆桑，大講蠶務，其利七。五行之用不尅不生。今樹木稀少，木不尅土，土性輕颺，人物麤猛。若樹木繁多則土不飛騰，人還秀飭，其利八。夫有此八利而上下恬熙，玩日愒月，則三弊不除而二源不擴也。何謂三弊？在上之人以簿書期會之不遑，常恐因所緩而悞所急，一也。貪婪者每借事而生端，謹慎者每安常而襲故，二也。凡民可與樂成，難與慮始。未蒙章甫之歌，先致麛裘之謗，三也。至於民間，或有廣種之舉，工師求大木，通國皆無而一家獨有，此禍之媒也，一也。鄰右盡蓬蒿而果實離離，雖折柳樊圃，亦衆射之的矣，二也。此所爲二源不擴也。此非上之人不顧三弊擴清二源則利不可得也。一里之内而種樹者止一家，一邑之内而種樹者止一里，則利少而害多，不得不顧慮也。若盡一邑而悉種焉則利廣矣。盡一郡而悉種焉則利更廣矣。闔省而悉種焉則其爲利尤廣矣，而何慮禍之獨鍾乎！闔省者一邑之積也。夫地道敏，樹最易者無如棗、柿、榆、柳。柳樹宜於冬月，棗、柿與榆宜于三月。棗柿之實可以備荒，榆柳之木可以造屋，枝條可以供薪，使衆邑之中各有賢令長下一令曰：户無上下，一家種棗三十株，柿三十株，榆柳各百株，能逾格多種及廣栽雜樹者旌之，不如令者罰無赦。閲三年之後，人不告荒。十年之後，户皆寗處，八利將無不見矣。所慮者但申文告而不稽察，其弊徒文具而無利濟之實耳。爲邑長者下令之後，常以時巡行郊野，則人人驚動，毋敢荒怠矣。語曰「樹德莫如滋」，使數十百年之後，諸父老食以得飽，居以得安，指此參天蔽日者以告子孫曰「某樹某樹皆某令君之所視其灌溉者也」，其德不既滋乎！故詳具委曲，申告諸公，知不以余言爲迂，必爲投袂而起矣。

清 陸次雲《山林經濟策》餘集卷上 問：士人志高不仕，隱處山林，尚矣。然渴不可以無飲，饑不可以無食，交不可以無友，居不可以無室，内不可以無益於己，外不可以無功於世。徵辟若至，何去何從，均不可無策處此。毋曰焉用文之，不我以對。　愚對：愚聞争名於朝，争利於市。處山林者，獨無所争。既無所争，又何所策。然無策之策，未嘗無以處此也，請陳其槩。承問渴不可以無飲，飢不可以無食，飲食何足累人哉。如思止渴，不須鑿井也。若欲療飢，無事耕田也。斷竹續竹，引石髓可以烹茶。上山下山，采黄精可以作餌。況乎仙核千林，無人作主，飛泉百道，任我來觀也哉。承問交不可以無友，居不可以無室，隱處之室何室，山林之交何交哉。有巢氏之民，不可爲也。老死不相往來之俗，無庸效也。就樹爲門，可容茶竈。結茅爲屋，是繫藤牀。白雲入户來，爲不速之賓。明月穿牕，去作息機之友。離索可無悲矣。承問内不可以無益於己，外不可以無功於世，徵辟若至，何去何從。則亦有無益之益，無功之功，去從素所定矣，又何復計哉。參同契於性情之内，何殊道授崆峒，留詩卷於天地之間，足當書傳關尹。至於外臣可作堯許巢山，逋客能爲漢容黃綺。若迫之再四，則南山之南深潛文豹，北山之北高舉冥鴻。仙人猶易見，隱士更難尋矣。豈致貽澗媿林慚，猿疑鶴訝哉，抑更有策焉？市朝山谷，皆形跡之分也。能不去松風之夢，則天子轂下，可以隱居。抱長策者，正不予人以易測也。

清 陳宏謀《巡歷鄉村興除事宜檄》 一廣植林木。種樹地土各有所宜，其廣地利以資民用，則一也。我皇上於勸農教稼之外，更敕令地方有司，時勸樹植，廣收地利，以益民生。陝省山木叢雜之地，砍伐出賣，每難遠運，似屬無用。第此崇山峻嶺，樹木繁茂，其中如藥材、竹筍、木耳、蘑菇、香蕈、核桃、栗子、梭樹、構穰、桐、漆、葛根之類，亦自不少，但可食用，即可賣錢。小民生長山中，田地窄狹，衣食艱難，即此便是恆産，其無木之地，全在轉向學習，以廣生計。延、榆一帶，木植艱貴，民居土窯，現在山麓水涯，可以種樹之地最多，正可種植樹木，十年之後，即可造屋，亦可賣錢，豈不善歟。

清 鄭之僑《農桑易知録》卷一《種竹木》 山坡嶺側，雖不宜於五穀，何嘗不宜於竹木。如毛竹一項，五六年間，根深盤結，萌芽滋盛，便可成林。唯鋤去間草襍柴頑名，俾土氣輕鬆，則竹本愈壯大。約二年一小收，三年一大收。不特挖筍做篾，日用所需，且開槽做紙，其利更溥。做紙之法：將筍竹初開葉，砍入塘内，水浸百日，槌洗竹穰如苧麻様。用石灰化汁塗竹，下鍋，上蓋大楻桶，煮七八日。取出竹絲漂洗，用柴灰漿過，再入釜中，煮水滚沸。取出別桶之中，仍以灰汁淋下。至十餘日，自然臭爛。入臼受舂，如同泥麵，傾入槽内。槽内清水浸浮其面三寸許，入紙藥水汁於其中，則水乾自成潔白。用手持竹簾入水，蕩起浮上者即爲紙，落於板上，積滿揭起，焙乾起出，即其法也。至於桐柏、茶樹，無山不可栽插，隨山坪高低種植成行。桐樹四年，茶樹六年，即開花結子，及時拾取榨油。榨之之法，用合抱樟木，而空其中，以受諸質，名爲平槽，下沿鑿一小孔，剮一小槽，使油出時流入承藉器中。實槽尖與枋，過斧斤而不過飽。蓋欲其澁，不欲其滑，懼報轉也。撞木與受撞之尖，皆以鐵圈裹者，慎破散也。榨其整俻，而後取茶子、桐子入鍋慢炒，以香氣爲度，碾碎而篩，入釜中蒸。取出，束以稻梢，包裹如餅，箍入槽内。兩人對舉而撞之，其油自依法流出。茶子每石得油十七八觔，桐子亦得油每石可三十三四觔。其渣名曰枯餅，壅田甚佳。其獲利甚多如此。至杉松雜木，遍地可栽，培植繁茂。其中如藥材、木耳、茹蕈、栗子、葛根之類，亦附此滋生。則小者可以賣錢食用，大者亦可以造房屋，做家伙，燒鍋竈。特近今山場，除根挖兜，都成濯濯，欲一萌蘖之生而不可得。是惟於無主荒山空地，竭力開種，以廣生業，久之便爲世産。如係有主之山，亦向山主租種，議明生息之後，量納租銀。生計廣而出息多，此因天地自然之利，以作資生之計。十年後，其成效立見。

清 張履祥《農書》 漢文帝詔歲勸民種樹。管子云：一年之計樹穀，十年之計樹木。吾里無山，土亦罕曠，然能於地隙水濱種植良材百株，二十年後，可得百金以外。若種樹成林，大小相替，材木可無乏用矣。每年芟其繁枝，可以爲薪。各以地之所宜，則桐鄉椿梓榆檀，皆上木也。紹興祁氏資送其女，費至千金，人怪其厚，祁曰：吾費不過十金耳。人益駭，問其故，曰：於女生之年，山中人包種杉秧萬株，株費一釐。女十六七而嫁，杉木大小，每株值價一錢，則嫁資裕如矣。此雖山林與平野不同，然智可通也。

綜述

《易·繫辭下》 上古之世，人民少而禽獸衆，人民不勝禽獸蟲蛇。有聖者作，構木爲巢，以避群害，而民悦之，使王天下，號曰有巢氏。

《易·繫辭下》 古之葬者，厚衣之以薪，葬之中野，不封不樹，喪期無數。後世聖人易之以棺槨。

《孟子·盡心上》 舜之居深山之中，與木石居，與鹿豕游。

《孟子·梁惠王下》 爲巨室，則必使工師求大木。

《孟子·盡心上》 五畝之宅，樹牆下以桑，匹婦蠶之，則老者足以衣帛矣。五母雞，二母彘，無失其時，老者足以無失肉矣。百畝之田，匹夫耕之，八口之家足以無飢矣。所謂西伯善養老者，制其田里，教之樹畜，導其妻子，使養其老。五十非帛不煖，七十非肉不飽，不煖不飽，謂之凍餒。文王之民，無凍餒之老者，此之謂也。

《孟子·梁惠王上》 五畝之宅，樹之以桑，五十者可以衣帛矣。雞豚狗彘之畜，無失其時，七十者可以食肉矣。百畝之田，勿奪其時，數口之家可以無饑矣。謹庠序之教，申之以孝悌之義，頒白者不負戴於道路矣。七十者衣帛食肉，黎民不饑不寒，然而不王者，未之有也。

《管子·立政》 一年之計，莫如樹穀。十年之計，莫如樹木。終身之計，莫如樹人。房玄齡注：樹人謂濟而成立之。一樹一穫者，穀也。一樹十穫者，木也。果木過十年漸就枯悴，故曰十穫也。一樹百穫者，人也。人有百年之壽，雖使無百年子孫，亦有嗣之而報德者，故曰百穫也。

《管子·法禁》 行其山澤，觀其桑麻，計其六畜之産，而貧富之國可知也。夫山澤廣大則草木易多也，壤地肥饒則桑麻易植也。薦草多衍則六畜易繁也。房玄齡注：薦茂草也。莊周曰：麋鹿食薦。山澤雖廣，草木毋禁，壤地雖肥，桑麻毋數。薦草雖多，六畜有征，閉貨之門也。

《管子·山國軌》 宮室械器，非山無所仰。

《管子·輕重甲》 山林菹澤草萊者，薪蒸之所出，犧牲之所起也。

《韓非子·五蠹》 當堯之時，水逆行，泛濫於中國，蛇龍居之，民無所定，下者爲巢，上者爲營窟。

《禮記·禮運》 昔者先王未有宮室，冬則居營窟，夏則居橧巢。鄭玄註：寒則累土暑則聚柴薪居其上。未有火化，食草木之實，鳥獸之肉，飲其血，茹其毛。

漢 劉安《淮南子·修務訓》 古者民茹草飲水，採樹木之實，食蠃蛖之肉。

漢 鄭玄《六藝論》 神農斲木爲耒耜，揉木爲耨，始教天下種五穀，故號爲神農也。

漢 司馬遷《史記》卷一二九《貨殖列傳》 凡編户之民，富相什則卑下之，伯則畏憚之，千則役，萬則僕，物之理也。夫用貧求富，農不如工，工不如商，刺繡文不如倚市門，此言末業，貧者之資也。通邑大都，酤一歲千釀，醯醬千瓨，漿千甔，屠牛羊彘千皮，販穀糶千鍾，薪稾千車，船長千丈，木千章，竹竿萬個，其軺車百乘，牛車千兩，木器髤者千枚，銅器千鈞，素木鐵器若巵茜千石，馬蹄躈千，牛千足，羊彘千雙，僮手指千，筋角丹沙千斤，其帛絮細布千鈞，文采千匹，榻布皮革千石，漆千斗，蘖麴鹽豉千荅，鮐鮆千斤，鯫千石，鮑千鈞，棗栗千石者三之，狐鼦裘千皮，羔羊裘千石，旃席千具，佗果菜千鍾，子貸金錢千貫，節駔會，貪賈三之，廉賈五之，此亦比千乘之家，其大率也。佗雜業不中什二，則非吾財也。

漢 司馬遷《史記》卷一二九《貨殖列傳》 諺曰：「百里不販樵，千里不販糴。」居之一歲，種之以穀；十歲，樹之以木；百歲，來之以德。德者，人物之謂也。今有無秩禄之奉，爵邑之入，而樂與之比者，命曰「素封」。封者食租税，歲率户二百。千户之君則二十萬，朝覲聘享出其中。庶民農工商賈，率亦歲萬息二千〔户〕，百萬之家則二十萬，而更徭租賦出其中。衣食之欲，恣所好美矣。故曰陸地牧馬二百蹄，牛蹄角千，千足羊，澤中千足彘，水居千石魚陂，山居千章之材。安邑千樹棗；燕、秦千樹栗；蜀、漢、江陵千樹橘；淮北、常山已南，河濟之間千樹萩；陳、夏千畝漆；齊、魯千畝桑麻；渭川千畝竹；及名國萬家之城，帶郭千畝畝鍾之田，若千畝巵茜，千畦薑韭：此其人皆與千户侯等。然是富給之資也，不窺市井，不行異邑，坐而待收，身有處士之義而取給焉。若至家貧親老，妻子軟弱，歲時無以祭祀進醵，飲食被服不足以自通，如此不慙恥，則無所比矣。是以無財作力，少有鬭智，既饒争時，此其大經也。今治生不待危身取給，則賢人勉焉。是故本富爲上，末富次之，姦富最下。無巖處奇士之行，而長貧賤，好語仁義，亦足羞也。

漢 班固《漢書》卷九一《食貨志》 秦漢之制，列侯封君食租税，歲率户二百。千户之君則二十萬，朝覲聘享出其中。庶民農工商賈，率亦歲萬息二千，百萬之家即二十萬，而更繇租賦出其中，衣食好美矣。故曰陸地牧馬二百蹏，牛千蹏角，千足羊，澤中千足彘，水居千石魚波，山居千章之萩。安邑千樹棗，燕、秦千樹栗，蜀、漢、江陵千樹橘，淮北、滎南河濟之間千樹萩，陳、夏千畝漆，齊、魯千畝桑麻，渭川千畝竹，及名國萬家之城，帶郭千畝畝鍾之田，若千畝巵茜，千畦薑韭，此其人皆與千户侯等。 諺曰：以貧求富，農不如工，工不如商，刺繡文不如倚市門。此言末業，貧者之資也。通邑大都酤一歲千釀，醯醬千瓨，漿千儋，屠牛羊彘千皮，穀糴千鍾，薪稾千車，船長千丈，木千章，竹竿萬個，軺車百乘，牛車千兩；木器漆者千枚，銅器千鈞，素木、鐵器若巵茜千石，馬蹏噭千，牛千足，羊彘千雙，童手指千，筋角、丹沙千斤，其帛絮、細布千鈞，文采千匹，荅布、皮革千石，漆千大斗，蘖麴鹽豉千合，鮐鮆千斤，鮿鮑千鈞，棗栗千石者三之，狐貂裘千皮，羔羊裘千石，旃席千具，它果采千種，子貸金錢千貫，節駔儈，貪賈三之，廉賈五之，亦比千乘之家，此其大率也。

北魏 賈思勰《齊民要術·序》 茨充爲桂陽令，俗不種桑，無蠶織絲麻之利，類皆以麻枲頭貯衣。民惰窳少粗履，足多剖裂血出，盛冬皆然火燎炙。充教民益種桑柘，養蠶織履。復令種紵麻。數年之間，大賴其利，衣履温暖。今江南知桑蠶織履，皆充之教也。五原土宜麻枲，而俗不知績織，民冬月無衣，積細草卧其中，見吏則衣草而出。崔寔爲作紡績織紝之具以教，民得免寒苦，安在不教乎？黄霸爲潁川，使郵亭鄉官皆畜鷄豚，以贍鰥寡貧窮者。及務耕桑節用，殖財種樹。鰥寡孤獨，有死無以葬者，鄉部書言，霸具爲區處：某所大木可以爲棺，某亭豚子可以爲祭，吏往皆如言。龔遂爲渤海，勸民務農桑，令口種一株榆，百本薤，五十本葱，一畦韭。家二母彘，五母鷄。【略】李衡于武陵龍陽汎洲上作宅，種甘橘千樹。臨卒，敕兒曰：「吾州里有千頭木奴，不責汝衣食。歲上一疋絹，亦可足用矣。」吴末甘橘成，歲得絹數千匹，恒稱太史公所謂「江陵千樹橘，與千户侯等」者也。樊重欲作器物，先種梓漆，時人嗤之。然積以歲月，皆得其用，向之笑者，咸求假焉。此種植之不可已也。諺曰：一年之計，莫如樹穀。十年之計，莫如樹木。此之謂也。

北魏 酈道元《水經注·沅水》 又東歷龍陽縣之氾洲，洲長二十里，吴丹陽太守李衡植柑於其上，臨死敕其子曰：「吾州里有木奴千頭，不責衣食，歲絹千疋。」

元 王禎《王禎農書》卷五《農桑通訣》 種桑之次，則種材木果核。按，龔遂爲渤海太守，令民口種一樹榆，秋冬課收斂，益蓄果實菱芡，民皆富實。黄霸治潁川，使民務耕桑種樹，治爲天下第一。後漢樊重欲作器物，先種梓漆，時人嗤之，然積以歲月，皆得其用，向之笑者，咸求假焉。李衡於武陵龍陽洲上種柑橘千樹，敕兒曰：「吾洲上有千頭木奴，不責衣食，歲得絹一疋，亦足可用矣。」橘成，歲得絹數千疋。此栽植之明效也。使今之時上之勸課皆如龔黄，下之力本皆如樊李，材木不可勝用，果實不可勝食矣。《齊民要術》言：種榆者三年之後，便可將莢葉賣之，五年之後，便堪作椽，即可斫賣，十年後，盌、椀、瓶、榼、器皿無所不任。十五年後，可爲車轂。其歲歲科簡剥治之功，指柴雇人，賣柴之利，已自不貲。况諸般器物，其利十倍。斫後復生，不勞更種，所謂一勞永逸。《務本直言》云：近聞諸般材木，比之往年價直重貴，蓋因不種不栽，一年少如一年，可爲深惜。古人云：木奴千，無凶年。木奴者，一切樹木皆是也。自生自長，不費衣食，不憂水旱，其果木材植等物，可以自用，有餘又可以易换諸物，若能多廣栽種，不惟無凶年之患，抑亦有久遠之利焉。

清 趙捂《金石存·唐滎陽縣令盧公清德文》（神龍三年）入其境則田疇盡墾，草木盡茂，此恭敬以信，故其人盡力也。入其邑則牆屋甚完，樹木甚茂，此忠信以寬，故其人不偷也。

清 長順《吉林通志》 山多櫟、柞、椴類。銀杏可爲器，其皮可爲瓦，浸水久之可索綯。柞可爲車。櫟之小者名波羅木，五月土人摘其葉裹糉。大則名櫟，爲薪而已。 吉林木有軟硬，每年官處給票砍運，修造船集。

清《吉林六城志》 木産吉林爲産木之區，家家柴薪堆積成垛，不但蓋房所用，梁柱杦檩，炕沿窗櫺，一切大小木植，即街道圍牆，無不悉資板片。近來生齒日繁，庶民雲集，産木山場愈伐愈遠。

清 王心敬《豐川續集》卷一五 又爲逢公論書院規模 江西白鹿洞書院中，風規獨至，今不廢耶，良以其地在山水之間，幽清閒曠，學者便於静處肄業，兼遠在郊野，當塗不至藉作館舍爾。一凡書院必前有坊，坊後有門有堂有閣。上安聖賢主，旁貯書籍。堂閣前中，兩旁必廣爲號舍，號舍之旁必處處有廚，而其間静處，必就地之窪下，或築水亭，或爲水閣，寬長處又必爲射圃，以寓習射觀德之意。凡門前門内、甬道兩旁、堂前堂後，必廣樹松柏杉槐。於其空閒，又必種植諸竹。凡池皆種蓮植芡，一則培植樹木，使成蔚葱之觀，以增書院氣象，二則春夏藉竹樹之陰，三則誦讀之餘，可玩物適情，以助清逸瀟灑之性耳。

清 朱錫《幽夢續影》 鶴令人逸，馬令人俊，蘭令人幽，松令人古。 華山詞客云：蛩令人愁，魚令人閒，梅令人癯，竹令人峭。

藝文

漢 張衡《西京賦》 上林禁苑跨谷彌阜，東至鼎湖，邪界細柳。掩長楊而聯五柞，繞黄山而款牛首。繚垣緜聯四百餘里。植物斯生，動物斯止。衆鳥翩翻，羣獸駓騃。散似驚波，聚以京峙。伯益不能名，隸首不能紀。林麓之饒，于何不有。木則樅栝椶楠，梓棫楩楓。嘉卉灌叢，蔚若鄧林。鬱蓊薆薱，橚爽櫹槮。吐葩颺榮，布葉垂陰。草則葴莎菅蒯，薇蕨荔苀。王芻莔臺，戎葵懷羊。苯䔿蓬茸，彌皋被岡。篠簜敷衍，編町成篁。山谷原隰，泱漭無疆。乃有昆明靈沼，黑水玄阯。周以金堤，樹以柳杞。豫章珍館，揭焉中峙。牽牛立其左，織女處其右，日月于是乎出入，象扶桑與濛汜。其中則有黿鼉巨鼈，鱣鯉鱮鮦，鮪鯢鱨魦，脩額短項。大口折鼻，詭類殊種。鳥則鷫鷞鴰鴇，駕鵝鴻鶤。上春候來，季秋就温。南翔衡陽，北棲雁門。奮隼歸鳧，沸卉軿訇。衆形殊聲，不可勝論。

唐　李德裕《平泉山居草木記》　余嘗覽《想石泉公家藏書目》有《園庭草木疏》，則知先哲所尚，必有意焉。余二十年間，三守吳門，一涖淮服，嘉樹芳草，性之所耽，或致自同人，或得於樵客，始則盈尺，今已豐尋，因感學《詩》者多識草木之名，爲《騷》者必盡蓀荃之美。乃記所出山澤，庶資博聞。木之奇者，有天台之金松琪樹，嵇山之海棠、榧、檜，剡溪之紅桂、厚朴，海嶠之香檉、木蘭，天目之青神、鳳集，鍾山之月桂，青颸、楊梅，曲房之山桂，温樹，金陵之珠柏、欒荊、杜鵑，茆山之山桃、側柏、南燭，宜春之柳柏、紅豆、山櫻，藍田之栗、梨、龍柏。其水物之美者，荷有蘋洲之重臺蓮，芙蓉湖之白蓮，茅山東溪之芳蓀，復有日觀、震澤、巫嶺、羅浮、桂水、嚴湍、廬阜漏澤之石在焉，其伊洛名園所有，今並不載。豈若潘賦閒居，稱郁、棣之藻麗，陶歸衡宇，喜松、菊之猶存。爰列嘉名，書之於石已。未歲，又得番禺之山茶，宛陵之紫丁香，會稽之百葉木芙蓉，百葉薔薇，永嘉之紫桂簇蝶，天台之海石楠，桂林之俱郍衛，台嶺八公之怪石，巫山嚴湍琅邪臺之水石，布於清渠之側，仙人跡、鹿跡之石，列於佛榻之前。是歲又得鍾陵之同心木芙蓉，剡中之真紅桂，嵇山之四時杜鵑、相思紫苑、貞桐、山茗、重臺薔薇、黄槿，東陽之牡桂、紫石楠，九華山藥樹、天蓼青櫪、黄心栚子、朱杉龍骨。闕二字庚申歲，復得宜春之筆樹，楠稚子、金荊、紅筆，密蒙勾栗木，其草藥又得山薑、碧百合。

明　程良孺《茹古畧集》卷二六《木》　冒地而生，東方之行《説文》。其爲木也歟，陰陽無用《周禮》。曲直相陳《書》，結根而聳木，吐芳而揚榮張平子《南都賦》，火所生也《陰符經》。工則度之《左》，廊廟之材，蓋非一枝之力慎千。巵茜之國，何殊千乘之資《漢書》。從繩則正《書》，積小而升《易·升卦》，從譽合抱《老》，有病瓬瘻《爾雅》。夫其爲蘭橑，爲桂棟《楚辭》，爲藻棁《詩》，爲文榱曹植《七啓》。赤實玄華，搴弱水兮百仞《山海經》。朝暾曉日，遇析木兮生奇《楚辭》。園美華林，經萬年而若動《晉宫閣名》。山高佷麓，更千歲而常持《宜都山川記》。屑米作食《吳録》，甘酒如飴《周書》。無患則邪氛頓逐《古今注》，合歡則情語共披《養生論》。西海方石，笑動之生兒宛似《周書》。十洲聚窟，幽冥之返魄有期《十洲記》。在夕多迷，四部可以索解《山海經》，居嘗積怒，帝休不以相移上。撫茲日戰《搜神》索彼風聲《舊冥記》，不灰而熖《水經》，交讓靡爭《口记》。口嗜以甘辛，金刀之用利爲快《神異經》。嗅爾清馥，玉膏之灌溉多榮《山海》。如是品濟君子《晉宫閣名》，壽紀長生洛陽生。築沙苑之武觀後周，高闕里之兵聲《漢書》。銀實綴于平仲，瓠子結于君遷左思《吳都賦》。倚梧兮，聽鳳鳴而至止顔延年詩。傾虹兮，象龍體以蹁躚《洞冥》。駕茲辛夷之轍《楚辭》，泛彼木蘭之船《述異》。摇玉樹于赤水《博物志》，列九棘于重顛《周禮》。田荊奚自而茂《本》，邵棠奚自而傳《詩》。何日無摧折之患《淮南》，無時有枯朽之憐《符子》。勿盤根而錯節後魏，幾枝并而理連《唐書》。于時也，其保此不才之福《莊》，樹之無用之鄉焉上。天涯雨泣，塵外風吟。喬枝邈以架迥，墜葉槭以辭林，則夫擁玉砌以初聚，值金風而後揺。浮于水中似孤舟之遠泛，落于山際若斷雲之已飄。何如動體物者之牢騷也乎。

生態效益分部

綜述

《管子·度地》　大者爲之堤，小者爲之防。【略】歲埤增之，樹以荊棘，以固其地，雜之以柏楊，以備決水。

漢　班固《漢書》卷七二《貢禹傳》（貢禹）上書言得失。【略】古者不以金錢爲幣，專意於農。故一夫不耕，必有受其飢者。今漢家鑄錢，及諸鐵官，皆置吏卒徒，攻山取銅鐵，一歲功十萬人已上。中農食七人，是七十萬人常受其飢也。鑿地數百丈銷陰氣之精，地臧空虚，不能含氣出雲，斬伐林木，亡有時禁，水旱之災，未必不繇此也。

《唐詔令集》卷七四《典禮·禁驪山樵採詔》（唐玄宗開元四年正月十九日）勑：　驪山特秀峰巒，俯臨郊甸，上分艮位，每洩雲而作雨，下出蒙泉亦蕩邪。

宋　魏峴《四明它山水利備覽》卷上　四明占水陸之勝，萬山深秀。昔時，巨木高森，沿溪平地竹木亦甚茂密。雖遇暴水湍激，沙土爲木根盤固，汙下不多，所淤亦少，閩淘良易。近年以來，木值價高，斧斤相尋，靡山不童，而平地竹木亦爲之一空。大水之時，既無林木少抑奔湍之勢，又無包纜以固沙土之積，致使浮沙隨汧奔下，淤塞溪汧，至高四五丈，綿亘二三里。兩岸積沙侵占溪港，皆成陸地，其上種木有高二三丈者。繇是舟楫不通，田疇失溉。

清 劉錦藻《清續文獻通考》卷三七九《實業考二》〔光緒二十四年〕御史華煇奏：【略】嘉樹密林既能引泉致雨，可免旱災，而根蟠土中，葉蓋地面，當大雨時行，高處泥沙不致隨流而下。凡壅壓田畝、淤塞河流之患，亦可減輕。誠能以水利爲經，種樹爲緯，行之十載，而地利不興，民生不富，國計不豐者，未之有也。

清 魯士驥《魯山木先生文集·備荒管見》 山多田少之地，其田多磽。況夫山無林木，濯濯成童，則山中之泉脈不旺，而雨潦時降，泥沙石塊與之俱下，則田益磽矣必也。使民樵採以時，而廣蓄巨木，鬱爲茂林，則上承雨露，下滋泉脈，雨潦時降，甘泉奔注，而田以肥類矣。【略】凡田地之肥瘠，視山原之美惡。若其山多草木，鬱積磅礴，其泉流必厚，而田受其滋。否則春夏多驟雨，沙石隨之而下，田雖本肥，受害既深，亦從而瘠矣。

清 梅曾亮《柏梘山房文集·書棚民事》 余爲董文恪公作行狀，盡覽其奏議。其任安徽巡撫，奏准棚民開山事甚力。大旨言： 與棚民相告訐者皆溺於龍脈風水之說。至有以數百畝之山保一棺之土，棄典禮，荒地利，不可施行。而棚民能攻苦茹淡於崇山峻嶺，人跡不可通之地，開種旱穀，以佐稻粱，人無閑民，地無遺利，於策至便，不可禁止，以啟事端。余覽其說而是之。及余來宣城問諸鄉人，皆言： 未開之山，土堅石固，草樹茂密，腐葉積數年可二三寸。每每天雨從樹至葉，從葉至土石，歷石罅，滴瀝成泉。其下水也緩，又水下土不隨其下，水緩，故低田受之不爲災。而半月不雨，高田猶受其灌溉。今以斤斧童其山，而以鋤犁疏其土，一雨未畢，沙石隨下，奔流注壑，澗中皆填淤不可貯水，畢至窪田中乃止。及窪田竭，而山田之水無繼者。是爲開不毛之土而病有穀之田，利無稅之傭而瘠有稅之户也。余亦是其說而是之。

清 靳輔《治河工程》〔治河應堅築河隄〕隄成之後，必密栽柳葦茭草，使其茁衍叢布，根株糾結，則雖遇飆風大作，總不能鼓浪衝突，此護隄之最要策也。【略】凡沿河種柳，自明平江伯陳瑄始也。其根株足以護隄身，枝條足以供捲埽，清陰足以蔭縴夫，柳之功大矣。然種柳不得其法，則護隄之用微，且成活者少。惟明臣劉天和《六柳說》曲盡其妙，當倣其法行之。統計每年歲修，需柳不下一百萬束。自康熙二十年，勸令各官種柳，已得若干株，自二十六年以來，所用之柳取諸此。再行各營弁，凡春初防守稍暇之時，每丁計地各課種柳若干，不過三年，沿河成林，一有不測，捲埽搶防，不煩砍運於他處，即以本汛之柳，供本汛之工，力省而工易集，所益非小也。

勸導興林部

綜述

漢 班固《漢書》卷四九《鼂錯傳》 （鼂錯）復言募民徙塞下。陛下幸募民相徙，以實塞下，使屯戍之事益省，輸將之費益寡，甚大惠也。下吏誠能稱厚惠奉明法。存卹所徙之老弱，善遇其壯士。和輯其心而勿侵刻，使先至者安樂而不思故鄉，則貧民相募而勸往矣。臣聞古之徙遠方以實廣虛也，相其陰陽之和，嘗其水泉之味，審其土地之宜，觀其草木之饒。然後營邑立城，製里割宅，通田作之道，正阡陌之界。先爲築室，家有一堂二內，門户之閉，置器物焉，民至有所居，作有所用，此民所以輕去故鄉，而勸之新邑也。爲置醫巫，以救疾病，以脩祭祀，男女有昏，生死相卹，墳墓相從，種樹畜長，室屋完安，此所以使民樂其處，而有長居之心也。

三國魏 司馬芝《奏請崇本抑末》 王者之治，崇本抑末。務農重穀，《王制》：「無三年之儲，國非其國也。」《管子・區言》以積穀爲急。方今二虜未滅，師旅不息，國家之要，唯在穀帛。武皇帝特開屯田之官，專以農桑爲業。建安中，天下倉廩充實，百姓殷足。自黄初以來，聽諸典農治生，各爲部下之計，誠非國家大體所宜也。夫王者以海内爲家，故《傳》曰：「百姓不足，君誰與足。」富足之由，在于不失天時而盡地力。今商旅所求，雖有加倍之顯利，然于一統之計，已有不貲之損，不如墾田益一畝之收也。夫農民之事田，自正月耕種，耘鋤條桑，耕熯種麥，穫刈築場，十月乃畢。治廩繫橋，運輸租賦，除道理梁，墐塗室屋，以是終歲無日不爲農事也。今諸典農各言「留者爲行者宗田計，課其力，勢不得不爾。不有所廢，則當素有餘力。」臣以爲不宜復以商事雜亂，專以農桑爲務，于國計爲便。

晋 石苞《奏課農桑》 州郡農桑未有賞罰之制，宜遣掾屬循行，皆當均其土宜，舉其殿最，然後黜陟焉。

南朝宋 羊希《刊革山澤舊科議》 壬辰之制，其禁嚴刻，事既難遵，理與時弛。而占山封水，漸染復滋，更相因仍，便成先業，一朝頓去，易致嗟怨，今更刊革，立制五條。凡是山澤，先常熂爈，種養竹木雜果爲林芿，及陂湖江海魚梁鰌鮆場，常加功修作者聽不追奪。官品第一、第二，聽占山三頃。第三、第四品，二頃五十畝。第五、第六品，二頃。第七、第八品，一頃五十畝。第九品及百姓一頃，皆依定格，條上貲簿。若先已占山，不得更占，先占闕少，依限占足。若非前條舊業，一不得禁，有犯者，水土一尺以上並計贓，依常盜律論。停除咸康二年壬辰之科。

北魏 蘇綽《奏行六條詔書》 農之隙，及陰雨之暇，又當教民種桑植果，藝其菜蔬，修其園圃，畜育鷄豚，以備生生之資，以供養老之具。

唐 杜佑《通典》卷一《食貨一》 晋武帝泰始八年，司徒石苞奏：「州郡農桑未有殿最之制，宜增掾屬令史，有所循行。」帝從之。苞既明勸課，百姓安之。

唐 杜佑《通典》卷一《食貨一》 （南朝）宋孝武帝大明初，羊希爲尚書左丞。時揚州刺史西陽王子尚上言：「山湖之禁，雖有舊科，人俗相因，替而不奉，熂山封水，保爲家利。自頃以來，頽弛日甚。富强者兼嶺而占，貧弱者薪蘇無託。至漁採之地，亦又如兹。斯實害理之深弊。請損益舊條，更申恒制。」有司檢壬辰詔書：「擅占山澤，强盜律論，贓一丈以上皆棄市。」希以「壬辰之制，其禁嚴刻，事既難遵，理與時弛。而占山封水，漸染復滋，更相因仍，便成先業，一朝頓去，易致怨嗟。今更刊革，立制五條。凡是山澤，先恒熂爈，種養竹木雜果爲林仍，及陂湖江海魚梁鰌鮆。場恒加工修作者，聽不追奪。官品第一、第二品，聽占山三頃。第三、第四品，二頃五十畝。第五、第六品，二頃。第七、第八品，一頃五十畝。第九品及百姓，一頃。皆依定格，條上貲簿。若先已占山，不得更占。先占闕少，依限占足。若非前條舊業，一不得禁。有犯者，水土一尺以上，並計贓，依常盜律論。除晉咸康二年壬辰之科。」從之。

唐 杜佑《通典》卷七《食貨七》 （開元）八年，天下户口逃亡，色役僞濫，朝廷深以爲患。 九年正月，監察御史宇文融陳便宜，奏請檢察僞濫兼逃户及籍外剩田。 融又上言：天下所檢責客户，除兩州計會歸本貫以外，便令所在編附。年限向滿，須准居人，更合所有優矜，即此輩徼幸，若徵課税，即目擊未堪。竊料天下諸州，不可一例處置，且請從寬鄉有曠田州作法。竊計有曠田者減三四十州，取其曠田，通融支給。其曠地者三分請取其一分以下。其浮户，請任其親戚鄉里相就，每十户以上，共作一坊。每户給五畝充宅，并爲造一兩口室宇，開巷陌，立閭伍，種桑棗，築園蔬，使緩急相助，親隣不失。丁別量給五十畝以上爲私田，任其自營種。率十丁於近坊更共給一頃，以爲公田，共令營種。每丁一月役功三日，計十丁一年共得三百六十日。營公田一頃，不啻得之，計平收一年不減百石，便納隨近州縣。除役功三十六日外，更無租稅。

元 脱脱《宋史》卷一七三《食貨上》 （太宗）至道二年，太常博士、直史館陳靖上言： 如授以閑曠之田，廣募游惰，誘之耕墾，未計賦租，許令別置版圖，便宜從事；酌民力豐寡、農畝肥磽，均配督課，令其不倦。其逃民歸業，丁口授田，煩碎之事，並取大司農裁決。耕桑之外，令益樹雜木蔬果，孳畜羊犬雞豚。給授桑土，潛擬井田，營造室居，使立保伍，養生送死之具，慶弔問遺之資，並立條制。候至三五年間，生計成立，即計户定征，量田輸稅。若民力不足，官借糴錢，或以市餱糧，或以營耕具。凡此給受，委於司農，比及秋成，乃令償直，依時價折納，以其成數關白户部。 帝覽之喜，令靖條奏以聞。 靖又言：逃民復業及浮客請佃者，委農官勘驗，以給受田土收附版籍，州縣未得議其差役；乏糧種、耕牛者，令司農以官錢給借。其田制爲三品： 以膏沃而無水旱之患者爲上品，雖沃壤而有水旱之患、埆瘠而無水旱之慮者爲中品，既埆瘠復患於水旱者爲下品。上田人授百畝，中田百五十畝，下田二百畝，並五年後收其租，亦只計百畝，十收其三。一家有三丁者，請加授田如丁數，五丁者從三丁之制，七丁者給五丁，十丁給七丁；至二十、三十丁者，以十丁爲限。若寬鄉田多，即委農官裁度以賦之。其室廬、蔬韭及桑棗、榆柳種藝之地，每户十丁者給百五十畝，七丁者百畝，五丁者七十畝，三丁者五十畝，不及三丁者三十畝。除桑功五年後計其租，餘悉蠲其課。

元 王禎《王禎農書》卷一《孝弟力田篇第三》 當其生也，宅不毛者有里布，田不耕者出屋粟，民無職事者出夫家之征。及其死也，不畜者祭無牲，不耕者祭無盛，不樹者無槨，不蠶者不帛，不績者不衰，加意於養生之本又如此。

元 王禎《王禎農書》卷四《勸助篇第十》 古之循吏，如黄霸之治潁川，勸種樹。樹謂樹藝五穀。龔遂之治渤海，課農桑。何武行部，必問墾田。茨充爲令，益治桑柘。召信臣治南陽，開溝瀆爲民利。

明 朱健《古今治平畧》卷四《宋代農政》 宋初課民種樹，定民籍爲五等，第一等種雜樹百，每等減二十有差。梨、棗半之。令、佐春秋巡視，書其數，秩滿第其課殿最。又詔所在長吏諭民，有能廣植桑、棗，墾闢荒田者，止輸舊租。縣令、佐能招徠勸課，致户口增美、野無曠土者，議賞。諸州各隨風土所宜，量地廣狹。土壤瘠埆，不宜種藝者，不須責課。遇雨不時，若水旱，藝祖輒躬祈禱，憂形于色，召學士咨訪，即田家卜歲，豐凶雨暘有驗者，畢咨之。遇豐歲，則論民謹蓋藏，節費用，以備不虞。民伐桑棗爲薪者，罪之。太宗太平興國中，兩京諸路，許民共推練土地之宜，明樹藝之法者一人，縣補爲農師，令相視田畝肥瘠及五種所宜，蠲稅免役。民有飲、博，怠于農務者，農師謹察之，白州縣論罪，以警游惰。所墾田即爲永業，官不取其租。其後以煩擾罷。【略】按方今天下土田，除外郡邑各在遠處，或廢或開。敢請指以京畿之地，南北東西環遶二三十州，連接數千里，其田之耕稼者，十纔二三。【略】且令不係省司，許臣別置版圖，便宜從事。酌人户之等第，測田土之磽肥，分配必務其得中，課督必使其無倦。除卻耕桑之外，復教植木種蔬。或養蓄牛羊，或孳蕃雞彘。或給授田土之際，潛擬井田。或營造室廬之時，保立保伍。應是養生送死之物，追風立社之資，並令收積經營，防備支用。至纖至悉，必躬必親。使其黎庶樂生，官吏勤勸。待至三五年後，生計已成。有室家物産以可懷，有桑土園林而可戀。即量田收稅，計户定征。以農司新附之人田，合計府舊存之户稅，共成圖籍，置之司存。爲萬古之宏規，乃一勞而永逸。

清 郝懿行《補宋書・刑法志》 時揚州刺史、西陽王子上言： 山湖之禁，雖有舊科，民俗相因，替而不奉，熂山封水，保爲家利。自頃以來，頹弛日甚。富强者兼嶺而占，貧弱者薪蘇無託。至漁採之地，亦又如兹。斯實害治之深弊，爲政所宜去絶，損益舊條，更申恒制。有司檢壬辰詔書： 占山護澤，强盜律論，贓一丈以上皆棄市。希（元保兄子）以壬辰之制，其禁嚴刻。事既難遵，理與時弛。而占山封水，漸染復滋，更相因仍，便成先業，一朝頓去，易致嗟怨。今更刊革，立制五條。凡是山澤，先常熂爐。種養竹木雜果爲林，及陂湖江海魚梁鰌鮆場，常加功修作者聽不追奪。官品第一、第二，聽占山三頃。第三、第四品，二頃五十畝。第五、第六品二頃。第七、第八品，一頃五十畝。第九品及百姓一頃。皆依定格，條上貲簿。若先已占山，不得更占。先占闕少，依限占足。若非前條舊業，一不得禁。有犯者，水土一尺以上並計贓，依常盜律論。停除咸康二年壬辰之科。從之。

清　龍文彬《明會要》卷三一　洪武元年八月，置户部，以楊思義爲尚書，劉誠、杭琪爲侍郎。大亂之後，人多廢業。思義請令民間多植桑麻。四年始徵其税。不種桑者輸絹，不種麻者輸布，如周官里布法。又奉詔設立豫備倉。諸善政，皆其所經畫者。

清　嵇璜等《清文獻通考》卷四《田賦考四》（乾隆六年）户部議定，陝西無主荒地，官爲插標招墾，給照爲業，俟升科之年核明等則，酌定糧額題報。若本地人力無餘，准令鄰近無業之民承墾，給照之後即編入土著保甲之內。令該管保長等稽察。其平衍易收之地，每一壯丁授地五十畝，山岡砂石難收之地，每一壯丁授地百畝。如父子兄弟均係壯丁，酌量加增。又議陝省荒地全無出産者，始招民開墾。其見在割漆、砍竹、採取木耳等項，聽民自便，地方官不得目爲荒地强令墾種，亦不得以見獲微利，勒報升科。

清　羅汝懷《绿漪草堂文集》卷六《種樹説》　今湘中十山而九童，其有柯葉扶疏掩映陵谷者，寥寥也。曲突煙微，炭煤價倍。回視嘉慶時纔十有餘季，而窮鄉生計益蹙矣。問樹何以遽亡，曰以民用益艱，盡取其材以爲財之故。問樹何以不早盡於嘉慶以前，曰以前之種樹者多，而後之種樹者少之故。問後何以種樹者少，曰去者日多，難獨存也。一山之木蔚然，其始也，一境之牛羊躪之，其繼也，一境之斤斧叢之，而重以蟲之，數數爲患也。羅生聞之，乃喟然而歎曰：豈其然乎！豈其然乎！今夫農夫之播穀，未嘗無螟螣之災、旱乾之患也。既皆知盡人事以聽天，而未嘗廢耒耨之事矣。浸假一家之夫力田，而同井七家之夫慮螟蟦之災、旱乾之患而坐視也，則彼一區之青青者，不猶是一境之牛羊躪之，而一境之斤斧叢之也哉。知田之不必廢耕，而不知山之不必廢植，何其蔽也！且今人有大蔽焉，枉不知公利於天下，而私利於一己。羅生嘗思種桐，可以得油，而無買山資，輒擬就他人之地種之，記曰：貨惡其棄於地也，不必藏於己，誠以藏於己者有限，而公之人者無窮，且藏於己者之不能終藏於己也。浸假一家之夫有穀，而七家之夫無穀，一家之夫獨能倉乎？諺曰：家熟不如國熟。誠哉是言也。且夫公其利於天下，而仍可收其利於一己也。穀多則穀賤，油多則油賤。油出辰州以其多桐也，儻長沙之桐與辰州埒，則油不且出長沙乎？出長沙而如取諸宫中矣。今比季以來，油斤幾至百錢，人第相與嗟歎於暗室，而絶無有以求其原而治其本者，則與夫不思播種而坐待穀價之廉者何以異乎？其不思種植而坐歎薪材之盡者，又何以異乎？然則人之積敝、俗之積敝也深矣，反之得無難乎？曰：不難也。賢司牧在位，一旦欲舉而行之，慮民之未喻其故也，先文告以開示之；慮民之難比而同也，集保甲而責成之。令曰而持文告以喻而甲，其不率者以聞而記志之，或因而詰責之，率以行矣。有他事巡鄉棄□而省察之，其不率者乃召而訓迪之，或因而詰責之。詰一人而餘人交勉矣，巡一鄉而四鄉胥警矣。如是者三季之後，或庶幾其無曠土也，而無慮夫牛羊之躪也，家有牛羊家有樹植也。而無慮夫斤斧之叢也，家有斤斧家有山林也。且立法之初，嚴其規，信其罰，懽忻之，鼓舞之，未幾而本固，未幾而枝茂，未幾而榦大。雖有縱其斤斧者，將□同求水火之無弗與矣。即其所被牛羊之躪者，其□又寧敵所得乎？夫爲之則受其利，違之則受其罰，天下諒未有故舍利而甘就罰者，以是知其不難也。□孟子初見梁君，□陳王政三事，而材木與農穀并重，謂民之養生送死而無憾者，斷在於是。若猶或謂非要務，何必爲？爲政之所當亟圖，則請更稽之周官王制。　或曰：子之説種樹則善矣，而人必不免苦其難，何也？圍壕則過費，不圍壕則無功，蓋種之之初，可無慮斤斧而不能禁牛羊也，然則子更有説乎？曰：有。圍壕則過費，不圍壕也。富者或圍之，貧者不可爲，不慮牛羊也。奚爲不慮牛羊？樹木多而牛羊少也。且人之蓄羊也，奚爲也哉？爲口腹乎？抑爲利乎？人必曰爲利也。羊之利能過樹之利乎？均利也。則奚爲不舍羊而取樹也？且羊之爲用也，除大賓、大祭之外終不過口腹之供耳。樹則爲用大矣。羊之利不過一家，樹之利及天下，又奚爲不舍羊而取樹也？且可以蓄羊之家即能種樹，而可以種樹之家類不蓄羊，以羊之有時得不償失也。即羅生所見言之，百户之中實無十户蓄羊者。此無慮羊之説也。若夫牛則誠不能免矣，然禾苗何以不慮？曰：有牧也。禾既穫而牛放矣。然則人可以用三時之牧於田，獨不可用一時之牧於山乎？況用牧於田，家有一牛即家有一牧，用之於山可數家一牧，其費爲倍省矣。曰：自春徂秋，塍間有青艸焉以資牛齕，冬則無之，是牛無可食而不得不入於山矣。曰：苟不種樹，則冬山□黄壤耳，黑壤耳，而牛奚食？曰：有稻艸也，有枯餅也。夫山之爲利無窮，既欲獲利於山，而又靳此些微飼牛之費，以縱牛而敗山林，是其人之專利自私爲天人所其嫉，雖撻其人於市而奪之牛可也。此無慮牛之説也。

清　顧景星《白茅堂集》卷三〇《種樹》　善哉，課民種樹。《管子・地員篇》地一施，再施，五施，五粟，五沃，五蘟。音隱青色，兜上也。五态。音木，密也，初生茁長也。諸土不同，悉有植蓄。《貨殖傳》曰：安邑千樹棗，燕、秦千樹栗，蜀、漢、江陵千樹橘，淮北、常山以南、河濟之間千樹萩，陳、夏千畝漆，渭千畝竹，齊、魯千樹桑，其人與萬户侯等。木千章，竹竿萬個，佗果蓏千鍾，得比素封之家。衛文公復國，樹之榛、栗、椅、桐、梓、漆。董安治晉陽，公宫之牆以蒿、荻、苫楚足用爲矢。龔遂守渤（渤）海，鄭渾守魏郡，課百姓種榆。陶侃鎮武昌，諸營種柳。韋孝寬撤諸堠種槐。諸葛亮成郡八百桑。李衡武陵千樹橘。以是觀之，足以裕國富民。反壤而種深，藝厥□，雨露流泉，濡澌以榮，無耘耔之勤，坐收厥成，可廬可食，可爲材薪。今也童土不知剪植，蓬茅翁鬱，虎狼睢匿，以是觀之，不可惜哉。北魏夫給田二十畝，種桑五十株，棗五株，榆三株。元世祖課丁棗二十株，雜果十株，令下輒行。宋建隆初，令郡縣定民五等，種雜樹百，每等減二十爲差，桑棗半之，令、佐春秋巡視。太平興國七年，立農師勸種樹。熙寧六年，勸種桑不趨，令屋粟里布爲之罰。其河北種桑多者起税，民以爲病，不果行。夫種桑何病，民而不行，蓋樹成起税故也。令下輒行者，不税故也。故善種樹，罰而不税。《會典》不種桑麻雜木，罰出絹布。洪武二十五年，令鳳陽、滁和廬户種桑二百株，棗二百株，詔天下皆相土樹藝，不亦善乎。惜哉其廢也。

清　王心敬《豐川續集・訓子帖》　山窩溝澗，則丈量時，本縣看其情形無幾，即弛以予附近之民，立給以硃批執照，聽其種樹、種桑，永爲本業，日後更不起科，外人更不得借爲口實。但須封土樹石爲界，以杜將來侵漁隱欺之弊。

清　鄂爾泰《授時通考》卷五〇清　愛新覺羅　弘歷《農桑論》　嘗觀王政之本，在乎農桑。虞舜之命棄曰：汝后稷，播時百穀。禹之告舜也，曰政在養民。水火金木土穀惟脩。殷之考績羣辟，亦曰稼穡匪懈。周以農事開基，至成王之世。制禮作樂，典章明備，彬彬郁郁。然周公所作，矇史所歌，若《豳風・七月》之篇，其道于耜舉趾采桑載績之事，反覆不置，何前後聖同一指歟？蓋農者所以食也，桑者所以衣也。農事傷則饑之原，女紅廢則寒之原。小民饑寒迫於身，而欲其稱仁慕義，有無不競，遵路會極，其勢不能。朕嘗躬行三推以率天下農矣，而敦實崇儉之令，繩督有司，靡不加意。宜乎薄海以内，禬襪之衆比肩於野，杼軸之聲相聞於里，庶幾古初醇樸之風，乃逐末者未盡息，而錦繡纂組之文日盛也。中夜求治，惄焉慮之。孟子曰：菽粟如水火，而民焉有不仁。旨哉斯言。使天下之民，咸知貴五穀，尊布帛，服勤戒奢，力田孝悌。而又德以道之，教以匡之，禮以一之，樂以和之，將比户可封，而躋斯世於仁壽之域。故曰：農桑，王政之本也。

清　李鴻章　光緒《畿輔通志》卷九四　（怡賢親王奏）皇恩修舉：水利旱潦無虞，則地利宜盡。除稻粱麥黍之盡屬隨宜播種外，其有畸零閒曠之地，不能播種五穀者，俱宜種植樹木，或薪或果，利用無窮。至各處河堤栽種柳樹，既可保護堤根，亦可資民樵爨，尤爲有益。臣等稽諸往古，凡言燕地之産者，俱云魚鹽棗栗之饒，現今行視京東永平府一帶地方，其民種植棗、栗所在成林。果實所收，貿遷遠邇。夫土性不甚相殊，而樹藝不能皆一。雖百姓之勤惰不齊，亦有司之勸相未力。嗣後請著爲定例，訓飭農民，凡一村一坊之地，務令種樹若干。地方官不時查察，因其勤惰，分别獎懲，將種過樹若干造册報明本管上司，不時查視。再水泉之利既興，凡陂塘淀澤，俱可種植菱藕、蓄養魚鳧，其利尤溥。如此則地無遺利，家有餘財，吏治修而民生厚。

清　李塨《平書訂》　古有晨起出民於田，日暮入民於里之制。宋藝（太）祖、明太祖有課民樹藝及種樹種菜等政，皆鄉畯保長事也。

清　魏裔介《魏文毅公奏議》卷二《請法天以行仁政疏》　農桑，衣食之本也。一夫不耕，或受之饑，一女不織，或受之寒。生之者寡而用無度，則物力必詘。今天下租税百貨，無不取給於農。農工艱難，得不償費，巧偽之民，棄本逐末，有司又不加勸，國家根本何賴。昔明祖初政，凡有司考滿至京者，皆令書其種過桑株數目，違者降罰。今宜仿其舊制，每年春月，令有司督率百姓，及時興作，勿奪其時。桑株榆柳，宜種植者，隨土地所宜，督率種植。務要將種過數目，申報撫按，仍彙報部院，以憑稽察。

清　尹會一《尹少宰奏議》卷六《河南疏二》　樹藝之宜廣也。夫木之佳者，以桑爲尚，其餘如棗、梨、桃、杏、榆、柳、椿、杜等樹，均堪利用。臣查豫省地方，每多鹹鹼飛沙之地，小民因難以墾種，大半荒棄。不可播種五穀者，未始不可栽植樹木。以應令地方官，責成鄉耆、保長，廣爲勸諭，就所宜之木，隨處種植，加意培養。如鄉耆、保長，有能一年之内勸民種桑五百株，梨、棗等樹一千株者，據實册報印官，給以花紅。三年内能每年添種如前數者，給匾獎勵。則地無曠土，而利賴更溥矣。

清　尹會一《尹少宰奏議》卷六《河南疏五》　河南巡撫臣尹會一謹奏，爲奏聞事。竊農田爲生民之本，而樹畜尤王政所先。我皇上重農教稼，一切勸課畜洩事宜，俱已欽遵辦理，實力奉行。查豫小民率多狃於目前，不知種樹爲天地自然之大利。凡路旁田畔，村尾溝頭，籬邊屋角，間隙沙薄之地，頗多荒棄，殊爲可惜。臣於上年欽奉上諭事案內，即將應行種樹之處具奏，荷蒙硃批，令臣酌量試行，欽此欽遵。臣隨飭地方官責成鄉地老農，多方勸諭，自桑柘榆柳以至棗梨桃杏之屬，遇有間隙之地不可種穀者，各就土性所宜，隨處栽植，加意培養。今各府查報，一年之內，實在成活之樹木，共計一百九十一萬三百一十四株。茲當冬末春初，再加申勸，期於遞年加增，所有今歲栽樹成活數目，理合恭摺具奏，伏乞睿覽，謹奏。　乾隆三年十二月十五日，奉上諭：農田爲生民之本，樹畜尤王政所先。《周禮》太宰以九職任萬民，其三曰園圃毓草木，可以知所當務矣。朕御極以來，軫念民依，於勸農教稼之外，更令地方有司，化導民人，時勸樹植，以收地利，以益民生。今覽尹會一所奏，是豫省一年之內，已種樹一百餘萬之多。朕思中州接壤畿輔，爲南北往來之衝，並未聞有教民種植滋事煩擾之處。安見豫省之法，不可倣行於他省耶。可將此傳諭各省撫，善體朕心，勉力爲之，以副朕望。

清　尹會一《尹少宰奏議》卷七《江蘇疏》　樹畜之教宜申也。夫三代而後，籌畫足民，田里難制，惟有樹畜可以講求。今之州縣非不奉行。但種樹非難，成樹爲難。必須立法保守，乃有成功。在古，宅不毛者有里布，不樹者無椁。山林川澤，官爲民守。盜樹木者有罰，取之必以其時。誠以民愚無知，非示以厲禁，則取用者既不待其滋長，而盜竊又復公行。翦伐無時，必至盡耗其利而後已。大抵村落之中，一望平蕪，率多窮困。林木葱翳，定多富饒。此固顯而易見者。雍正年間，奉文行令大路栽樹，於今成行垂蔭者有之，稀疎殘缺者亦有之。總由經理之州縣，或善或不善也。蓋實心經理，則三年成活，十年收效。若經理無術，雖年年驅民補種，而盜竊隨之，徒見其煩，無濟於事。故即樹畜之多寡，可驗州縣之能否。應請責令各州縣，隨時立法，勸諭鄉民。凡遇隙地，各隨土性廣行種植。培養得宜者獎勵之，擅行盜竊者重罰之。仍於歲底，將種過成活數目，册報上司衙門備案。該管道府於因公巡歷之時，就便查驗。如有虛捏情弊，詳報督撫記過，勒限補種。如仍虛應故事，題參議處。是乃樹畜課實，以裕財用之道也。

清　尹會一《健餘先生撫豫條教·勸課農桑》　勸課農桑四事，經本都院奏明，通飭遵照，該州縣亟宜力行料理。即如老農爲勸導之人，曾否選擇，是何姓名。農時爲耕種所先，曾否將所定節候，遍行曉諭。至於量力授田，以盡地利，曾否實力勸諭。多備機杼，以勸女工，曾否設法製造。其最易辦理而刻不容緩者，又莫如種樹一事。大路兩旁，應補楊柳，村尾溝頭，籬邊、屋角並鹹鹼、飛沙之地，不拘桑、柘、棗、梨、椿、杜、榆、柳等樹，當其春氣方動，農務未興，必須及時栽植。過此一往，恐難成活，亦恐不暇，勢將延至來年，坐廢時日。應遵照本都院原奏，責成鄉耆、保長廣爲勸導，各就所宜之木，隨地種植，加意培養。其鄉耆、保長照種成樹木，遞加獎勵。至地方官有能令民種成桑樹五千株，棗梨等樹一萬株者，核實册報，即記功一次，多者照數遞加。如有捏報，加倍罰種，仰司飛飭各屬一体，遵行毋違。

清　尹會一《健餘先生撫豫條教·飭發勸農里語》　牧民之道，不外教養兩端。而勸導之法，全在良有司，感之以誠，要之於人，而後默化漸移，著有成效。而朝令而暮止，作始而輟終，雖有善政，又何裨益。即如勤耕作，備旱潦，廣樹藝，多畜牧，均係足民要務。茲當東作方興，農事伊始，本都院特製簡明里語，以爲勸課。合發該道府州，轉飭所屬，照刊斗方，給發老農鄉地，遍行曉諭。仍於下鄉巡查講社之時，隨便詢問，令其背誦，記則奬之，忘則懲之，務使窮鄉僻壤，罔不周知，婦女兒童亦能領略，庶幾傳聞熟習，互相勸勉，以臻家給人足之美，是所望於循良之吏焉。　計發勸農壹百張：　要種田，莫偷閒，人勤糞大樂豐年。　要吃飯，防天旱，鑿井開渠早打算。　要滿收，通水溝，水來即去澇何愁。　要得富，多栽樹，本錢不費利無數。　要實惠，養畜類，鷄鴨豬羊都好餵。　要如意，行善事，忍耐公平真吉利。

清　余金《熙朝新語》卷九清尹會一《奏豫省農桑事宜》　樹藝之宜廣也。夫木之佳者以桑爲向，其餘如棗、梨、桃、杏、榆、柳、椿、杜等均堪利用。臣查豫省地方每多鹹鹼飛沙之地，小民因難以墾種，大半荒棄。不知鹹鹼之地挖去三尺，必無鹹味。飛沙之地挖去三尺，必有溼氣。而邨尾溝頭、籬邊屋角隙地頗多，雖不可播種五穀，未始不可栽植樹木。似應令地方官責成鄉耆保長，廣爲勸諭，就所宜之木，隨處種植，加意培養。如鄉耆保長有能於一年之內勸民種桑五百株，棃棗等樹一千株者，據實册報，印官給以花紅。三年內能每年添種如前數者，給扁奬勵。則地無曠土。而利賴更溥矣。

清　蔣伊《萬世玉衡録》卷四《裕國法》　嘉靖四年簷事霍韜言：洪武中，令天下多栽桑棗，今六軍萬姓仰食江南，萬一漕河遷徙南土，災荒將安仰給？必興治北方水利，勸課農民栽種桑棗，此今日急務也。一言永樂中，命寶源局鑄農器給山東被兵之民，今若能招集遊民，使耕邊地，則數年後可盡闢也。詔下所司行之。

清　張伯行《正誼堂文集》卷二《諭植桑養蠶示》　爲勸諭蠶桑以敦本計事，照得人生飲食而外，衣服爲先。王道耕稼之餘，蠶桑是務。此五畝之宅，所以有牆下之樹，而不毛之家，難逃於里布之罰也。我皇上念切民依，萬幾之暇，御製耕織二圖，凡所以教蠶教桑者，亦既興稼穡並重矣。矧兹閩邦氣厚風和，繭絲年堪四熟，暑多寒少，桑柘歲復長青，有此自然之美利，竟爾棄置弗收，本都院之所以深爲爾惜也，合行勸諭。爲此，示仰撫屬人民，於凡所在曠土平原，務宜多種桑木。凡各人家婦女，務須操習蠶工，當知勞則生善。古后妃尚爾親繅，寒必須衣，五十者方得衣帛。在昔韋太守牧容州，勸課耕織，而郡無飢寒。沈令君宰建康，教治桑田，而民日富庶。本部於爾閩民，亦深有望焉。特示。

清　賀長齡《清經世文編》卷三八清陳宏謀《種雜糧廣樹植狀》　滇中本係山區，叢岡複箐，草木繁茂，柴薪自來充裕。乃因竈井需柴，廠局需炭，旦旦而伐，幾於舉目童山，薪炭漸已艱貴，即草根樹皮，幾爲民間難得之物矣。滇中四望，山嶺有不能種植糧食之地，斷無不能種樹木之處，且原係崇林密箐，今始斬伐殆盡，正當復行栽種。總由性耽疲玩，僅計目前，不圖久遠，將來日復一日，柴薪艱貴，窮民之苦，又在於兹。

清　賀長齡《清經世文編》卷二八清陳宏謀《巡歷鄉村興除事宜檄》　一廣行蠶桑。陝省爲自古蠶桑之地，今日久廢弛，綢帛資於江浙，花布來自楚豫，小民食本不足，而更賣糧食以製衣具，宜其家鮮蓋藏也。現在城固洋縣，蠶利甚廣，華陰、華州織賣縑子，寧羌則採取槲葉，餵養山蠶，織成繭綢，因係前州劉名棨者教成，遂名「劉公繭」。鳳翔通判張文秸，所種桑樹最多。興平監生楊岫種桑養蠶，遠近效法亦衆。足知陝省未嘗不可養蠶，現今各地方可以種桑者甚多，并有大株野桑之處，其非不宜蠶桑甚明，正宜加意興起，今責成加意治理，即於此奏效之多寡，而分政績之優劣，予以勸懲，如此則利無不興，夷無不格，而吏無不勤，其兵糧無資於外羅，俸餉無損於額賦，固大利於民生，復有益於國計矣。爲此繕摺具奏，伏乞皇上睿鑒施行，謹奏。（硃批）候發廷臣議覆有旨。　各處地方官，多有能種覓桑秧，兼於城內買桑養蠶。凡小民摘取桑葉，或賣於官，或賣給就近養蠶之家，均可得錢。士民雖一時不諳養蠶之法，凡有舊桑，正宜保護培植。其屋旁隙地，更可赴官領取桑秧種植，一二年後，自己便可養蠶。即不能養蠶，亦可摘賣桑葉。若養蠶之家，不能自織，亦可賣絲。向後日久其利愈廣，比之別項營生甚有便益，切不可惑於地土不宜種桑之説，坐失其利。其放養山繭之法，荷蒙上諭，令山東將飼養成法分送各省，陝省已經照刊分發，藉山木以成功，有槲葉、橡葉、椿葉之處，俱可行之。再木棉一項，其利甚廣，陝省宜種木棉之地更多，亦須分別種植。或初種未能即爲長茂，漸次熟習，必有成效。既成之後，士民衣食，永有賴矣。如有倡種桑棉者，地方官量予獎勵，但不可差查滋擾。

清　張我觀《覆甕集刑名》卷八　隙地之宜種植，以取自然之利也。會邑地方山多田少，民間咸種竹木。然而園池屋側每多閒隙之地，卑職於到任之始，屢經出示勸諭，仿杭嘉湖之例，多栽桑以喂蠶，亦以課女工也。至於間曠之山，令多植雜木，不數年間，成把成拱，爲材爲薪，取利無窮。乃愚民似有疑阻，恐有增賦之累，卑職又恐多事擾民，未敢嚴督。上年欽奉上諭，復又實力曉諭，亦各漸知奉行。然而猶有未悉者。仰祈憲臺通行曉諭，使深山窮谷之中，知聖天子與。各上憲併守土者，無不以種植爲本務，未必非興利之一端也。

清　鄭之僑《農桑易知録》卷一《種竹木》　山坡嶺側，雖不宜於五穀，何嘗不宜於竹木。如毛竹一項，五六年間根深盤結，萌芽滋盛，便可成林，唯鋤去閒草褋柴頑名（石），俾土氣輕鬆，則竹本愈壯大。約二年一小收，三年一大收。不特挖筍做篾，日用所需，且開槽做紙，其利更溥。做紙之法：將筍竹初開葉，砍入塘内，水浸百日，槌洗竹穰如苧麻樣，用石灰化汁塗竹下鍋，上蓋大楻桶。煮七八日，取出竹絲漂洗，用柴灰漿過，再入釜中，煮水滚沸，取出別桶之中，仍以灰汁淋下。至十餘日自然臭爛。入臼受舂，如同泥麵，傾入槽内。槽内清水浸浮其面三寸許，入紙藥水汁於其中，則水乾自成潔白。用手持竹簾入水，蕩起浮上者即爲紙，落於板上，積滿揭起，焙乾起出，即其法也。至於桐柏茶樹，無山不可栽插。隨山坪高低，種植成行。桐樹四年，茶樹六年，（即有收益。）【略】至杉松雜木，遍地可栽，培植繁茂。其中如藥材、木耳、茹蕈、栗子、葛根之類，亦附此滋生。則小者可以賣錢食用，大者亦可以造房屋，做家伙，燒鍋竈。特近今山場，除根挖兜，都成濯濯，欲一萌蘖之生而不可得。是惟於無主荒山空地，竭力開種，以廣生業，久之便爲世産。如係有主之山，亦向山主租種，議明生息之後，量納租銀，生計廣而出息多，此因天地自然之利，以作資生之計，十年後，其成效立見。

清　**朱珪**《**福寧府志**》卷一二　清　**李拔**《**請種包穀議**》　寧郡地方，崇山複嶺，均長草木，柴薪宜賤。乃近年以來，米既如珠，而薪復如桂。某到任後，因公巡歷，留心體察，蓋緣閩地多屬官山，砍伐無禁，生長枝柯即被樵採。甚至掘取其根，以供炊爨，不復滋生，遂成童山。至有主之山，其勤儉者俱于山上種植松杉、竹木、桐茶等樹，獲利甚多。其懶惰者，山有小樹即尋斧柯，止顧目前，不爲遠計，遂至美材不生，惟長茂草，有同一山而此青葱可愛，彼零落堪嗟者。勤惰攸分，非山之獨爲石田也。某竊以爲，非時之斧斤宜禁，而荒山之地利宜開，若將官山許民認墾，自行獲畜柴薪，栽插竹木，其有主之山，諭令廣行種植，無許擅行砍伐，將見發生茂盛，數年之後，材木成林，取用不竭，亦足民之一道也。

清　**李本源**《**循化廳志**》卷七　（乾隆八年，甘肅巡撫黄牌飭各道轉行所）屬種植樹木，修濬水渠，教民紡績，修理橋梁道路，凡四條。勤勤懇懇，委曲詳盡，非徒託之空文者，而一時奉行者，亦略有成效。當時大吏，其留心吏治如此，以泛言通省，非循化一廳之事，故不具録。時同知莊某，惟覆栽種樹木□條，稱口外各族寨地方，均重山叠嶺，地氣寒燥，無水澆灌，種植實難成活，其餘概不置議。然今自起臺邊都近城一帶，山上無樹木，其平川之地，均可種植，且近黄河，又有渠水，莊丞之言，毋乃近誣，則其餘亦未必不可行也。

清　**薛凝度**《**雲霄廳志**》卷二〇　近山之民藉種植。管子所謂十年之計在於樹木也。故有種竹者、杉者、松者、茶者，效遲而利大也。如薑如芋，如王梨甘藷，一歲之入亦足以供數口。謹按雲霄自數十年來，潮民導種扶留籐，以竹爲籬，以杉爲蔽，深山窮谷，皆培竹木，以待時需，爲利甚溥。

清　**袁通**《**河内縣志**》卷一三　明　**袁應泰**《**廣濟渠申詳條款**》　栽樹木以固隄岸，各處河堤多植柳樹，以其根株盤結，可以固隄而障水也。相應於春初之時，着令各隣本河居民，遍栽柳椽，數年之後，可以成材，不惟堤岸堅固，而材木不可勝用矣。

清　**呂肅高**《**長沙府志**》卷首　旁田畔以及荒山不可耕種之處，度量土宜，種植樹木，桑柘可以飼蠶，棗栗可以佐食，柏桐可以資用，即榛楛雜木，亦足以供炊爨，其令有司督率指畫，課令種植，仍嚴禁非時之斧斤，牛羊之踐踏，奸徒之盗竊，亦爲民利。

清　**呂肅高**《**長沙府志**》卷一三　清　**王珽**《**勸諭栽植示**》　爲勸民廣栽竹木，多種雜糧，以務根本，以資樂利事。竊照得《周禮》載園廛山澤之利，衛武有椅桐梓漆之詩。孟子以魚鱉不可勝食，材木不可勝用，爲王道之始。樹牆下以桑，兼畜鷄豚狗彘，爲王道之成。是一年樹穀，固爾民日食之急需，而十年樹木，又爲爾民經久之良圖也。瀏邑山深土滿，遍地沃壤，如山原平岡處所，民居牆垣内外，在在皆可種植，若杉松楠竹可取久遠之利。至若梅若桃，若茶若桑，若槐若桐，若椿若棕，若李若梨，若棗若橘等類，以及烏桕之可以取油，冬青之可以取蠟，栽植數年，不用灌溉，工夫歲獲，四時大利。且花香鳥語，可以娱心志悦耳目，菓實成熟可以貨銀錢資日用，何故而不爲此哉。古云：大富由天，小富由勤。爾民止能勤於田禾，此外並無別貨可以資生。故遇凶歲，則饑饉洊臻，苦無米穀，值豐年則穀賤錢荒，無計完糧。豐凶交困，總由閒時不務□□，久遠勤心於栽種，以致如此。本縣叨涖兹土，爲爾父母，不忍見爾民之貧乏無措，急爲喚醒。《大學》云，有土此有財。瀏地有此大山土壤，竟不種植竹木、雜糧，財於何出。目今蚕禾既登，宜將已刈之田即種蕎麥，初冬收穫，庶可少濟菽水之供，頻年勤作，亦或有耕九餘三之積。更宜有土即種薑薯，有溝即植蓮芡，以至諸色豆麥、䅟粟、高粱、油菜、芝麻，暨苧麻、棉花，件件可種。況際秋收之後，時日空閒，必使境無游惰之民，野鮮不耕之土，凡有山有土之家，各當量地制宜，多種竹木，論力不過一時舉手之勞，獲利實爲子孫世守之業。況各鄉河流匯，郡運售易而致商無難，行之五年十年，將見民饒餘利，家臻素封。根本既立，又何患水旱災荒之乏食乎。本縣立一種樹賞罰之法，與爾民相約：自今西成後，限爾民勤力勞心，開墾山地，家家户户廣栽竹木雜糧，每於一家牌上烟民册内，各填某處種樹若干，本縣留心訪察各保甲長，逐一稽查，其不種樹者重懲，種多者記賞。倘遇户婚田土口角微嫌之訟，審實應責者，免其責罰。近爲爾民全一體面，遠爲爾民成此産業，爾民其各遵行毋忽，則富庶盈郊，民歌樂土，帆檣雲集，商賈交通。本縣拭目以俟觀厥成焉。

清 嚴辰《桐鄉縣志》卷七 漢文帝詔歲勸民種樹。管子云：一年之計樹穀，十年之計樹木。吾里無山，土亦罕曠，然能於地隙水濱種植良材百株，三十年後，可得百金以外。若種樹成林，大小相替，材木可無乏用矣。每年芟其繁枝，可以爲薪。各以地之所宜，則桐、鄉椿、梓、榆、檀，皆上木也。紹興祁氏資送其女費至千金，人怪其厚。祁曰：吾費不過十金耳。人益駭問故，曰：於女生之年，山中人包種杉秧萬株，株費一釐。女十六七而嫁，杉木大小每株價值一錢，則嫁資裕如矣。此雖山林與平野不同，然智可通也。

清 孫觀《觀城縣志》卷一〇 邑土瘠，半皆沙壤。沙不宜穀而宜木居之。一歲種之以穀，十歲樹之以木，木者不勞民不傷財，所謂不費之惠也。安邑千樹棗，燕秦千樹栗，蜀漢江陵千樹橘，陳夏千畝漆，淮北常山以南河濟之間千樹（荻）（楸），渭川千畝竹，此其人皆與千户侯等。然是富給之資也。不窺市井，不行異邑，坐而待收，身有處士之義而取給焉。水旱頻，仍穀有不登，則千頭木奴坐食其封，亦可以不饑矣，此捄荒之一奇也，善者因之，其次利導之，其次教誨之，其次整頓之，是固不能無望於循良父母，斯民者矣。

清 施有方《南樂縣志》卷八 清 王培宗《勸民栽植文》 尺地莫非王土，絲毫悉關正供。苟田野不闢，不惟籽食多艱，抑且典揭賠税。是以膏腴之地播種五穀，得以辦供養家，所謂一年之計樹穀。本縣業已勸農在案間，有閒田隙地以及通衢陌路、鋤犁之所不及者，不拘松、柏、榆、柳、梨、柿、桃、李等樹，乘時栽植，不惟列樹表道，習古遺風，而青葱鬱茂，合抱成材，取枝取菓，可以抵課，肯堂肯構，莫非手植，所謂十年之計樹木。一時用力，可以永久，資本甚微，可以厚望，是亦吾民生財大道之一端也。乘此春融和煦，百物生長之候，互相勸勉，遍栽樹木，務使野無餘地，然後可望民有餘儲爾。百姓須知本縣勤懇至意，勿負諄諄告誡可也。

清 周來賀《桑植縣志》卷二 清 張天如《掘壕種樹示》 照得永屬地方山多荒土，儘可種植樹木，已奉督憲檄行示諭在案。查民山土原須廣種雜糧，爲每年食用，豈知種樹之利，數年以後，即可致富。爾等須於近溪河者種杉木，背陰者種蠟樹，平坦者種桐油樹，多沙石者種花椒樹，園角牆邊或種桑養蠶，或種麻紡績，長成之後，無須人力薅鋤，年年可收利息。然亦有明知其利而不肯種植者，本府因公下鄉詢之士庶，俱稱偷竊踐踏之故。查長沙各縣，凡蓄禁樹木之家，俱於本人地界，掘壕築牆，牛馬不得踐踏，隣人不得偷砍，立法最爲妥當。爾等若願種樹，應照長沙式樣，於周圍地界，挖深土壕，築牆三四尺高，則樹本便可蓄禁。即或人力不多，不妨隨時築土，一二年間，土牆成而樹木長，利息亦自此漸大，是又何憚而不爲之。合再出示勸諭，凡於種植雜糧之外，所餘山地及牆邊園角，俱須相度地利，廣種樹木。或恐偷砍踐踏，即須築牆蓄禁。如有縱放牛馬踐食以及進界偷砍者，許即報明該縣，除重責外，立着賠償，斷不姑寬。爾等切勿偷安怠惰，坐失地利。且掘壕年久，豪强不得兼併，竝於爾等有後效，慎勿忽觀望，至十餘年後始信本府之言爲大有益也。

清 羅度《珙縣志》卷四 此地青㭎頗多，而松栢、杉槐、楊柳、椿榆之類尚少。松栢之子，風吹飛散，皆能生出。杉用秧種，長成後，旁芽再生，比初生更好種。一株杉可伐材木三四次。種柳之法，將柳椻砍二三尺長，插入地中八九分，外留一二分，取濕土作小封堆，其芽出到二年後，就地砍伐。第三年發出粗大茂盛，要做大材，止留一二股，不消十年，都可取用。（略）至於柳芽、柳葉、榆錢、榆皮、桑花，槐豆，荒歲皆可救人性命。古人云十年之計樹木，用力少而成功多，豈可怠惰而不種乎。

清 吴宗焯《嘉應州志》卷三二 泰西格致家論，旱乾之故，總由草木稀少。凡草木叢生之區，能引雨下降，一旦砍伐焚燒，則必致旱乾，蓋樹木多則地面空氣常濕，而能生雲，雲中之水不爲乾空氣所收，仍能降雨。且多植有用之木，可備造船築室之材，可以爲藥物之用。如金雞哪可愈瘧療瘴，蜀葵可避瘧之類。即無用之木，亦可備薪蒸。不憚反覆言之，引西事以爲證。余昔里居屢請長官招人樹藝，許不升科。同治丁卯戊辰間，長洲彭南屏牧伯翰孫大張示諭，東廂民李井遵示栽種，逮及二年，林木稍茂，近鄉黠者密招各邨樵採，一日而□，斬伐無遺。官以人衆不之問，而種樹者轉失巨貲。以致遍處童山，無敢復植，良可慨也。

清 鄭觀應《增定盛世危言新編》卷七《旱潦》 泰西數十年來於種樹之事極爲盡心，特設專官，如古者虞人之職。自樹木廣植後，不特名材美木獲利無窮，且樹旁之田，瘠者變而爲腴，因樹根能吸土膏，能爛沙石，故磽确之地悉化膏腴也。無水者變而有水，因樹木能放養氣，能潤本根，故乾熯之區，咸資灌溉也。而且根株盤結，沙石化爲土壤，鬆脆變而堅凝，牆岸益堅，隄防愈固，則禦旱禦水，無所不宜。古所謂一年之計樹穀，十年之計樹木者，非虚言也。

中國種樹，古有專書。漢唐以來，官不過問。自粵捻搆亂，燕齊晉豫諸省所有樹木，斬伐無餘，水旱頻仍，半由於此。即可責水利農田，使相勸督率，於田側隙地廣植林木，以復舊觀。有斬伐者，罰賠不貸。至於蠶桑之利，及松梓果窳一切有利之植，尤必隨時廣種，以厚民生。歲歲增加，十年則官伐而售之，仍以此欵修理川塗，廣興水利，此種樹之法也。夫以上之法，皆中國自有之，且盡人能言之，無所謂高遠難行、神奇莫測也。然而小民不知遠計，各便私圖，非官爲倡率之則苟且因循，年復一年，而荒廢愈甚。遇有災歉則坐待賑濟，或相率逃亡。比户荒涼，滔滔皆是。且開渠則各惜尺寸之地，種樹則謂非旦夕之功，可與樂成，難與圖始，蚩蚩者氓，大抵然矣。或曰，如欵項不足何而？不然也。今日一省告災，捐賑動數百萬，今年之賑甫畢，明歲之災又來，庚癸頻呼，良難爲繼。苟每省歲撥五十萬金，以開渠種樹，西例凡伐一樹即須補種兩株，立法甚美。今各省既興礦務築鐵路，所需木料日多一日，亟宜明定章程，責成地方官，設樹藝局，招致勤廉士紳，專講種植，要使境内無曠土無童山，其利澤溥長何如也。教之樹蓄，本王政之所先，幸勿以事物細微而忽諸。得人而理，合力以成，禦災荒而垂久遠。比及數年成效昭著，中原萬里，雖終古無災可矣。夫焦頭爛額，固不如曲突徙薪也。亡羊補牢，終勝於臨渴掘井也。事有必至，理有固然，所謂大用之而大效，小用之而小效者。幸毋疑爲迂闊忍聽銷沈，長恃此有限之賑捐，欲以救無窮之百姓也。

清 張謇《張季子詩録》卷五《種樹》 不爲江海人，當勤稼圃計。圃逸而稼勞，擇焉力其易。朝繙種樹書，夕即老農獘。商量百畮間，隴畂有餘地。暄之欲通陽，溉之欲瀕溠。荷鋤請自今，永言敦樹藝。 種樹不種籬，樹成無隄防。一舉兩善兼，分畦樹榆桑。桑葉供飼蠶，榆根供作香。移栽二千本，蹂密各相當。愛之如嬰兒，護之如恐傷。期之十載後，桑好榆如墻。 岡桐實可油，厥産盛于蜀。女貞若烏柏，元明始著録。本大云及拱，實石利三斛。緣渠帶倏陂，割地妥諸竹。棗柿桃李梅，枇杷數株足。生用求實際，不取但充腹。嘉木既蕃殖，欣欣有餘歡。衡塘及從渠，井井不相干。呼傭種菱藕，風葉媚幽瀾。婦孺識兹趣，大人時開顔。懇懇與僮約，勿厭督教煩。信能灌園老，何知行路難。

清 胡世安《秀巖集》卷一一《植樹》 環堵也名園，涉趣無小大。作計延禽魚，移陰遠郊外。位置秩初賓，晨夕愜茂對。月白藻空庭，風徐馨地籟。花卉足幽求，水石藉垂績。俛爾隱市闤，原未易大塊。

清 方觀承《述本堂詩續集·燕香二集上》 宣化黄令可潤修城之役，以除積沙爲功。城西緣壕植柳，層疊數萬株，風枝所蔽，沙不得入。因立萬柳亭，引柳川之水相澄映爲勝蹟。余以戊寅初秋至宣化，樹皆成陰，臨觀可樂，題十六韻以表斯亭。 嚴城當朔漠，曠隴合風沙。舊失苞桑固，誰將戍堠加。前政以沙擁城堞增置戍防。爬疏功在野，保障事如家。雉堞排初聳，龍堆剗竟窊。一槐徒鄭重，城有槐龍古蹟。萬柳正周遮。飈起墉飛隼，烟濃樹帶鴉。楯添叢翠列，帚拂亂雲譁。更繞隄重疊，全通水直斜。真宜亭傑立，遂使坐幽遐。昔走狐兼兔，今聞蟬共蛙。初秋無敗葉，暇景到高牙。緬彼輶軒整，欣兹草木華。西風塵不起，北闕路非賒。古衛川名柳，興朝縣是花。人情問桃李，兼種桃李多株。我意種桑麻。欲譜龔黄美，休將一事誇。

清 務農會《農學報》卷一一《華侍御請講務本至計以開利源摺》 自兵燹以來，各省樹木芟伐殆盡，地之腴者忽瘠，民之富者忽貧。蓋果品材木，足以供生人之食用者，其利視五穀爲尤豐，所謂一年之計樹穀，十年之計樹木也。乃上下因循，不知栽培愛護，往往山童壤赤，一望荒涼，小民亦菜色流離，無復承平景象，則官吏之玩視民瘼也，亦已久矣。夫種植之大利，其在南方者二，曰茶曰桑。黄河以南之省份，近水者無不宜桑，近山者無不宜茶，苟能由官籌款，購買桑秧茶子，散給民間，並講求養蠶製茗之方，不數年而風行各省矣。【略】天下無論何土，必有相宜之樹，無論何樹，必有可收之利。此則南北各省皆有之皆宜之，無所容其欺飾者也。今請定一勸民種植之法，民間有能於舊有樹木外，種樹至五萬株十萬株以上者，官爲酌給奬賞，以示鼓勵。並請定一戕害樹木之禁，有無故戕害樹木一株者，貧民罰種兩株，富民罰錢千文，以充公用。

務農會《農學報》卷三《姚志梁觀察請開北方利源總公司稟》 田荒則石，山荒則童。此皆人力之未盡，非地利之難興也。泰西有山林之政，其法甚備，其令甚嚴，與農政相輔而行。凡林木分爲六宗，一曰果，二曰花，三曰矮林，四曰中林，五曰廣葉樹，六曰針葉樹。專設植物苑，以資考察。不但山無遺利，即廬舍之傍，道路之間，凡有隙地，無處不可種植也。

務農會《農學報》卷三《桂撫告諭》 爲出示勸諭事。照得廣西各屬曠土太多，本部院巡閱所目擊，以及平日所訪聞，實深慨惜，業經嚴飭各牧令墾復成田或各因土宜舉辦種植牧養各在案。兹復諭爾紳富商民人等，如有自願備款植種者，植以木一十萬株，種以棉蔗等三十畝爲額，利息歸植種之人全收。均先驗荒地，本年驗種，次年驗活收。如額盡活豐收者，予以獎賞。儻能種桐、茶、樟、橡及諸果木者，每株準抵雜木四株。【略】開辦之後，倘有聽荒不辦之業主，出頭認地撓阻，由地方官查明懲處。所有植種牧養諸法，□開列後。另有土性實在相宜而開未及者，亦准爾等稟明地方官興辦，除札飭各州縣外，合亟出示勸諭，爲此示仰該州縣紳富商民人等知悉。自示之後，務宜各自勤奮，相土所宜，俾無曠廢，以體本部院化瘠爲腴之至意。毋違，特諭。

清 務農會《農學報》卷八《史撫軍奏種植成效摺》 查種植之利，樹木不亞桑麻，蔗靛優於五穀。去冬臣諭飭通省，廣興種植，舉凡桐、茶、松、竹，隨地所宜。先定簡明章程，並於粵湘購運秧子，分發各屬，每屬樹木定以三十萬株爲額，蔗靛聽便。領公款者，利息歸公。自籌款者，利息歸私。民地祇令報驗，官地酌取地租。種成後由牧令繪圖呈報，委員覆勘所活，實在成數，如額者酌獎，不及額者記過，玩抗者撤究。如能逾額數倍，驗明奏請獎勵。至紳民未領公款，所種之樹，但須報驗，有獎無罰。今春陸續據報，除所種棉蔗靛麻應歸入墾荒案內查勘外，截至四月中，合計通省業經委驗者，已其種得桐、茶、松、杉、柳、樛、蜡、竹、桃、李、柚、栗、棕、桂等樹一千七百四十餘萬株，其中桐、茶居十之四五，種類有三年五年之别。從此灌溉得宜，尅期必可獲利。其續報之處，仍即隨時員驗，至官紳咸知庫帑支絀，且以種植之利，雖遲而穩，故盡願籌捐，不願領款繳息。伏查粵民習惰，此次勸諭種植，初不料踴躍如斯，成效立見。惟新種樹木，根蒂未深，初經夏熱冬寒，培植全賴人力。已嚴飭各屬，隨時考察保護。擬明年再分查一次，勸督補舊增新，兼查灌溉勤惰，所有此次勸諭種植之員，實以署平樂府知府趙徠彦。

清 務農會《農學報》卷一八《勸興林利》 蕪湖邑尊吴吉士大令接奉撫憲札飭，勸民收買茶、桐、漆、枳、柏、椿、松、柏、竹、杉各項秧子，於重山曠嶺、荒埔隙地，廣爲栽種，以興利源。如或無産者，亦可租賃廣植，即官地亦可招種。此不獨可使野無曠土，即無業游民，皆得有業可守，不致流爲匪盜，擾害閭閻。此蓋仿甘肅屯茶之法也。大令奉札後，當經出示勸諭，遍貼城厢矣。

清 務農會《農學報》卷六二《高要縣馮大令招民種植示》 現奉本道憲札開，照得墾荒種植乃生命之本務。《周禮》以九職任萬民，一曰三農生百穀，二曰園圃毓草木，又曰虞衡作山澤之材。故勸相皆始於官司。而藝穀恒及乎種樹，原以田疇而外，更當盡力於山場，其用宏，其利溥也。粵省山多田少，米食不足，而民多游惰，好逸惡勞，生齒日繁，生計日窘，强梁者聚而爲盜，良懦者轉填溝壑。而高岡曠野之地，任其荒廢而不思墾闢，良爲可惜。本道往還省肇，每見西江下游兩岸多係童山，絶少茂樹喬柯足爲材用者。一方如此，他處可知。夫豈地果不毛歟，亦人力之未盡而已。本年四月，張前藩司曾通行查報官荒單式，迄今半載，未見一屬稟報。近閲邸抄，安徽巡撫鄧奏陳各屬籌辦農桑種植情形，内稱新種之樹，多者數百萬株，次亦二三十萬株至數萬株不等，是皖省既辦有成效，粵省何不可以仿行。夫樹木十年，其利即見，歲歲增植，則取之無窮。不必論梁棟美材，即以供樵蘇，爲利亦厚。廣天地自然之利，拓生命財用之源，更可使游手無業之人，得以安其生而贍其養，力作者衆，爲盜者稀，一舉而數善備，又何憚而不爲。若慮豪强侵漁，則官爲給照。若慮空納税課，則緩其陞科。但使官勸於前，紳導於後，有力者先爲倡辦，其他罔不樂從矣。大抵爲政之道，不外乎教養兩端，方今民窮則絀之時，非養無以爲教，即孔子之言「因民所利而利之」者。未可視爲緩圖，而置諸度外也。合行札飭，札到該縣，即便遵照出示曉諭鄉民人等。各屬附近官山，相其土地所宜，栽植松、杉、果木。凡不礙墳墓及非侵佔他人物業者，皆許墾種。仍須先行開列土名、四至及頃畝之數，報官領照。不准胥吏藉端需索，並嚴禁土豪地棍勒詐滋擾。照内定以年限，俟其樹木長成，再行納税。仍諭紳耆人等實力勸辦，期於野無曠土，邑鮮游民，人力展而地利興，地利興而民生裕，本道實有厚望焉。一俟辦有端倪，即行稟報，察核毋違等因到縣，奉此除諭飭各局紳實力勸辦外，合行出示曉諭，爲此示仰闔屬軍兵人等知悉。爾等即便遵照，各就附近官山，相其地土所宜，並無干礙田園廬墓，及非侵佔他人物業者，先准開列土名、四至、畝數，稟報本縣，以憑給照。定限開墾種植，俟樹木長成，再行納税。倘有吏胥、土豪、地棍人等勒詐滋擾，許即指名控究，其各凜遵。

清 務農會《農學報》卷三一二《江蘇農務總局查荒招墾詳細章程》

一、種植樹木，宜逐漸講求也。蘇屬土性，極宜桑柏，藝桑之風已覺漸開，惟種柏者尚罕。能於蘇屬各田沿河之岸，一律種柏，不費土地，而利不可量。擬請由局於省城内外，擇一平正寬廣之地，丈墾作柏園。向浙江購柏子數石，逐漸培出柏秧。二三年後，即可分發各州縣，發給農民，領種田岸，所費無多，足以開蘇省未開之利。更擇平易之區，丈墾試驗土宜。如墾成後，民間願領者，繳還柏本，補繳各年租錢，給照，作爲永業，行縣查明，圖分升科。如官墾力有可及，隨時擴充。如有不及，仍招民墾種。

清　務農會《農學報》卷一二八《安徽望江縣何大令勸民種植示》　照得本邑地狹人稠，鄉民生機日絀，欲思補偏救敝，稼穡之外，樹藝尚焉。試就人所共知者考之，茶之用在葉，棉之用在花，椽之用在皮，樟之用在腦，以及竹可以爲紙，蔗可練（煉）糖，靛可作色。桃李則投核即生，梅柳則插枝即活，舉凡藤本、草木、百卉百花製造，無一不可成材懋遷，無一不可得價，所費工本有限，所享利益無窮。兼之屋角牆邊不拘地勢，旱乾水溢不畏天時，春耕夏耘不妨農業，是真開物成務之良圖，抑亦通商惠工之張本也。乃前經剴切示諭，迄未風氣大開。細究其故，或謂土性不宜，空勞無益。詎知本縣於到任時，曾向藩憲衙門領得桑秧千株，督匠如法試種，旋即條達暢茂，蔚然成林。今春已可養蠶繅絲，且喜蠶皆肥碩，絲復白净，與浙省湖郡所産無異。本縣特邀在城紳民來署同閱，莫不眉舞色飛，歎爲得未曾有。土性何嘗不宜，可見事在人爲。無稽讕言，不值識者一哂。邦之人士，如能知所效法，逐漸推廣，舉一反三，將見衣食之源由此開，亦即康樂之基由此立，豈不美哉，豈不休哉。或又謂，吾人懷丈夫志，當展經天緯地之宏猷，讀聖賢書，豈屑胼手胝足之末務。不知古者山有山虞，林有林衡，裡植取材，設官理之。夏書紀貢，鉛松與栝柏交資，周室作人，榛楛偕棫樸並詠。他如渭川千畝竹，江陵千樹橘，南陽五百株桑。自來賢達樹藝兼營，何嘗目爲細民之事。况辦農可與觀成，難與謀始。本縣欲爲閭閻開創風氣，苦未能膏唇拭舌，家喻而户曉，以先知啓後知，以先覺啓後覺。微邦人士，其誰與歸。或又謂地不愛寶，人自棄之，誠屬可惜。其如絀於經費，限於幅幀何。不知本邑各姓皆有公項公山，如果絀於經費，曷不動用公項，如果限於幅幀，曷不開墾公山。有土此有財，有財此有用。誠不解邦人士言諄聽藐，何以畏難苟安，一至於此也。本縣現又稟請藩憲委員赴浙採購桑秧，大約明歲二月，即可頒發來望。此外另有梓樹秧數萬株，桐子一擔，存備邦人士領種。除出示曉諭外，合併諭飭。諭到該董等，立即傳知鄉民，一體遵照。有願領種桑樹、梓樹者，著於年内各備隙地一區，先行翻犁墾熟，一面赴縣報明，聽候彙定數目，届時按户攤給，無容花銷分文。其他不論何木，各聽其便，務須預覓秧子，廣爲栽植，愈多愈妙。如恐蹧蹋偷竊，不難籌款雇人，暫爲照料看守。俟一二年後，根深蒂固，即可永保無虞。若能認真將事懋著成效，本縣定當從優給奬，以示鼓勵，而昭激勸。設有可種之山場地片聽荒蕪，已種之樹聽其枯萎，亦必予以嚴懲。至於愚民無知，尤賴該董等以身作則，導其先路。萬勿視爲具文，束之高閣，用副本縣爲民興利之一片苦心。是所厚望焉，勉之勉之，切切特諭。

清　務農會《農學報》卷五《陝甘總督陶（模）勸種樹木諭》　勸諭各屬廣種樹木預弭災祲而興地利事。照得《周禮》重虞衡之職，孟子論斧斤以時，自古體國經野，樹藝與農功並重。近來東西洋各國，無不以講求林政爲致富之一策。蓋樹木繁滋，有六利焉：山岡斜倚，坡陀迴環，古時層層有樹，根枝盤亘，連絡百草，天然成籬，凝留沙土，不隨雨水而下。後世山木伐盡，泥沙塞川，不獨黄流横隘，雖小川如灞滻諸水，亦多淤塞潰決。故種樹於山坡，可以免沙壓而減水害，一利也。平原旱地，大半荒廢，生氣毫無，泉源日窒。若有密樹，則根深柢固，能收取水氣互相灌輸，由近及遠，土脈漸通。故種樹於瘠土，可以化鹼爲沃，引導泉流，二利也。炎日薰蒸，易成旱暵，惟樹葉披拂空中，能呼吸上下之氣，故塞外沙漠無樹，不雨終年，樹密之區，恒多時雨。衡以格致之理，種樹於曠野，可以接洽霄壤，調和雨澤，三利也。赤地童山，陰陽隔閡，其民多病而弱。惟樹木之性，收穢氣，吐清氣，扶疏匝地，潤澤長滋。種樹遍於僻壤荒村，可以上迓天和，驅疫癘而養民病，四利也。山峻地寒，陰瘴騰起，雨變爲雹，傷敗嘉禾。然雹隨風至，勢必斜行。凡田連阡陌者，每隔數畝，商同種樹，成一長排，可以改風勢而阻冰雹。機礮日奇，飛空懸炸，各國深知城郭無用，皆撤毀垣牆，掘溝種樹，環繞數重，以代堅壁。叢林高矗，混目迷形，測準易乖，飛丸多阻，可以設險而禦彈，五利也。安邑種棗，富比列侯。襄陽收橘，歲易多縑。試觀《貨殖》一篇，大率羨稱千樹。與其博錙銖於異地，何若話桑麻於故鄉，六利也。以故中外通人，籌富國之策，首推樹藝。去年御史華輝奏稱，開利源以種植爲大端。有能增種至五萬株以上者，官給奬賞。有無故戕樹一株者，罰種兩株，富民罰錢一千文。曾奉部咨，通行在案。惟小民昧于遠圖，每謂樹能害田，因噎廢食。甚至不能播穀之荒地，亦任其廢棄，不思酌量種樹，以博無窮之利。本督部堂目擊其弊，心實傷之，除通飭各廳州縣遵照辦理外，應再由本督部堂通行勸諭：凡各屬紳耆鄉民，講求樹藝，有力者種佳果美材，無力者種尋常易生之樹。凡磽确地宜松柏，潮鹼地宜椿、栒、白楊，山坡地宜槐、棗、杏之類，各就土性，辨其所宜。除自有地土外，能將無主官荒各地開種各項樹木者，准其報明本管地方官立案，作爲永業，免納糧銀。其有主荒地，自此勸諭後，應勒令本主隨時種植。如遲至五年尚未種植者，即以無主論，有人取以種植者聽，勿許舊時地主出而阻撓。各地紳民，務須實力講求，以興美利，毋負本督部堂諄諄教誡至意，特諭。光緒二十三年二月。

清 務農會《農學報》卷一八五《福州府程聽彝太守勸民種樹利益章程》 一、炎日熏蒸，易成乾暵。若多樹之區，晚間收取地氣，至天曙醞釀成雲。遇風盪擊，頃刻間引霢霂，自上而下歸地中。雨澤偶或愆期，土脈仍形滋潤。此弭亢旱之利。 一、山水暴發，沙土交流。有樹則根蟠土中，葉蓋地面，能將泥沙凝留，不隨水而下。凡壅壓田畝，淤塞溪流之患亦可稍殺。此減水患之利。 一、樹氣輕清，養氣也。人氣重濁，炭氣也。樹得炭氣以肥其柯葉。人得養氣以暢其形骸。若嘉木成叢，則清氣充溢，一切穢癘之氣不得而乘之。此消疫癘之利。 一、建郡荒山甚多，巒重嶺複，生氣索然，泉源日窒。一植樹木，則根柢深固，能吸取山氣，互相灌輸，由近及遠，土脈漸通。因樹根能吸土膏，能爛砂石，變磽瘠爲腴潤也。此化地質之利。 一、田側隙地，亦宜廣植。小民不致物理，每謂樹能蔽田，無益有損，遂並近田荒地而亦廢之。不知樹葉落地，日炙雨潤，蒸化液汁，滲入田間，功同灌溉。況建郡山多地冷，陰陽之氣相薄，每多風雹，有樹以爲之蔽，則此患稍減。此謂畎畝之利。 一、路旁村畔，尤宜多種，非特便炎熱憩涼，且可增山川險要。近日砲火新奇，飛空炸裂。泰西各國知城郭之無用，皆掘溝種樹，務使濃鬱蓊森，迷形混目，既易設伏，更阻飛彈。此固險要之地（利）。 一、桑柘木棉購秧非易，今種雜樹，原係舊時出産，隨處可以移栽，不煩籌備資本，遠購秧子。五穀須及時耕耨，種樹則每當春夏發生之時，只須闢其草萊，培其根土，一任雨露之施，不待澆灌之力。此省工本之利。 一、上游山木，動輒争訟，不曰越界盜砍，即曰僞契盜賣。因平時不甚愛惜，置之不管，迨樹木長成，遂思争售其利。現今有主者自種，無主者認種，以後此疆彼界，各自愛護，一切紛争攘奪之風或可漸稀。此杜争競之利。 一、民間契管山場聽其自種，如無主官荒，有能開種各項樹木者，准其呈縣立案，以杜争端。 一、有主荒地，自此次開種後，定以五年爲限，勒令本主隨時種植。如五年後尚未種植者，即以無主論，聽憑他人開種管業，舊時地主不得出而阻撓。 一、所種樹木，有力者種美材，無力者種尋常易生之樹。無論松、杉、桐、柏、榆、桃、柳、樟、楠、花梨，悉聽辨土性所宜，分别栽種，並不定種類。 一、樹秧可就近移栽，不給官款購買。將來樹株長成，何人所種即聽何人所賣，官長概不與聞。該業主仍接續補種，不得任其荒廢。 一、各鄉責成聯董切實勸導種樹若干，即令聯董每年秋間報縣，由縣順道查勘報府備核，即由府派員覆勘，以觀成效。 一、民間已種若干株，即就近報知聯董彙報，該聯董不得需索分文。若有以少報多者，查出即將浮報之數勒限加倍補種，違者責究。 一、鄉民有能於一年内種樹一萬株以上者，由官勘驗後酌給獎賞。勸導之聯董，亦一體給獎。 一、新栽樹株如有盜砍一株者，貧民罰種十株，富民罰種百株，以杜戕害。如樹已長大而盜砍者，仍照例計贓科罪。

清《賓州府政書（宣統）·勸諭各區栽種樹木章程》 一、調查荒地。各區荒地多寡不同，各區巡官紳董奉到此次種樹公牘後，即將該區所有荒地若干，查明登册，以便勸導鄉民，令其栽樹。其荒甸爲民間牧場者，准其登明免種，惟應留面積須有限制，以杜推諉之弊。 二、辨别土宜。種樹以辨土宜爲要，地形有原隰高下之别，土質有沙粘燥濕之分。應種何樹，即傳知鄉民使其瞭然。 三、劃分地段。種樹之地先由道旁、河岸、荒甸、山坡及屯堡周圍等處隙地種起，其舊日産木之區現在已經伐盡者，亦應漸次添種，每樹距離以七尺爲度。其前後行列以十尺爲限。 四、區别樹類。松、榆、楸、柳、桑等樹爲尋常類，不論貧富，各户均須一律栽種。菓木葡萄等爲特别類，令富家舖户種之。【略】 十、明定賞罰。賞以明鼓勵，罰以示儆戒，應定賞項如左：（一）各區内能照章程勸種各樹至一十萬株以上者，本廳酌給獎牌。 （二）各區内能勸種尋常樹至一十萬株，菓木樹至一萬株者，本廳賞給匾額。 （三）各區内能勸種尋常樹至二十萬株、菓木樹至二萬株者，稟請督撫憲給獎。 以上賞區長、巡官、紳士者。 （一）有一人能種尋常樹一萬株、菓木樹一千株者，由廳發給獎牌。 （二）有一人能種尋常樹五萬株、菓木樹五千株者，由廳發給匾額。 （三）有一人能種尋常樹十萬株、菓木樹一萬株者，稟請督撫憲給獎。 以上賞種樹各户者。

森林培育總部

森林培育類型部

官府植樹造林分部

論説

清 蔣良驥《東華録・康熙十二年》（河南巡撫兼理河道佟鳳彩）又疏言：豫省沿河地方，雖云産柳，然除堤柳、園柳外，俱民間納糧地栽種，以供採辦。自康熙七年以來，協濟江南河工之柳，已二百七十餘萬束矣，而本省歲修常需百餘萬，去歲開封府屬陽武縣之潭口寺，工險事迫，無柳可用，將民間之桃、李、杏、梨等樹盡行砍伐堵塞，方保無虞，是修防本省河工尚且不敷，難以協運外省。且豫省黄河水勢洶湧，原無商旅巨艦往來，不過各河口寥寥之渡船耳，一遇協濟渡船不敷，將小河民船從陸地挖溝引水拉至大河，每隻約裝柳二三百束，然尚有船可運也。今朱仙鎮市舶見封雇無已，俱各畏縮不前，大河又無片帆往來，百姓運柳至河干者，祇望洋而歎，官吏束手無策，若不急圖變通，將來必至誤運。現在協濟七里溝之柳九十餘萬束，而堤柳、園柳，官給腳價銀一分五釐，民柳連運腳每束給銀四分五釐，向來運本省之柳，修本省之工，每束尚給銀五分，今遠運江南千里之外，止給四分五釐，小民無術飛運，安得不賠累。乞勅河臣于江南雇船到豫，使民止備辦柳束挽運河干，嗣後就江南隣近無河患處，酌辦協濟，留河南有餘不盡之柳，稍以備本省河患，庶百姓稍得蘇息，大工不致遲誤矣。疏下九卿科道議行。

清 余縉《大觀堂文集》卷一《恭陳河防利弊疏》 稽大禹治水首稱疏瀹決排，而未嘗有修堤築塘之事。況河自滎澤以下土疏善潰，苟不順其性而利導之，則雖築堤如山，終不免潰決之患。蓋河流冬春之交，大抵埽灣洄溜，侵刷堤根，其水勢迂緩之處必淤成灘洲，灘南則水射北，灘北則水射南，勢使然也。及夏秋水至，河勢高於平地，前此侵刷之處竟成頂沖，其浩悍洶湧之勢如以鐵騎擣孤壘，焉有不克，所賴先期相度於水汎未發時，鳩集丁衆豫鑿灘洲壅阻之區，引爲支流，俾水勢漸徙，始可於受沖之處下埽加土，以圖堅完。如上年儀封之三家莊，祥符之陳橋河，臣皆用此策以免潰决，其明效也。

又 堤柳之護視宜勤也。臣初因大王廟工程屢患乏柳，細詢土人之耆老者，咸云：前朝承平時，凡堤上俱有合抱大柳，枝幹蔚茂，一望無際，故雖有工程，採取足用。自經寇亂，兵民砍伐悉盡，故今日之柳，採辦至難。臣深味此語，因力率工人沿堤種植，每歲添補守護，今數年之後已成拱把矣。倘使沿河之柳處處皆然，再加十餘年必成圍抱，根株既可護堤，枝條即可捲埽，雖有工程，緩急可恃矣。但恐各州縣栽者固多，旋復毁伐，則奉行亦祇故事耳。請敕河臣令河道河廳時加巡察，專責各縣管河主簿督率堡夫常川守護，務令成長，既可免民間採辦之擾，復可省國家價值之費，似亦於河防有大裨也。

又 採青之弊宜禁也。河工用柳固不能不採辦於民間，然從來定例皆各州縣照地均派，民自運送，官給以價，真甚良法也。自前此工限嚴緊，始令河夫四出採伐，於是不問民户應否出柳，凡有樹木盡皆採取，甚至園圃桑棗之屬，砍伐無遺。其夫役之奸惡者百十爲群，望門索食詐錢，不可勝數。及採伐已畢，又令地方撥夫看守，撥軍運送，以致居民視種樹爲種禍，雖枯根朽株，去之惟恐不盡。若此弊不禁，則將來之種木者益少，而埽料取之何地乎。況以河夫每日之工食准諸所採之柳稍（梢），在朝廷原無節省之益，而在民間已深怨痛之心，亦何事更張古例，以釀此厲階乎。臣謂不若嚴禁採青，仍使照地出柳，民自運送之爲便也。

清 務農會《農學報》卷一三三《運河堤種樹説帖》 一、運河南北約三千餘里，若處種樹其利無限。兹先就淮揚一帶三百里言，每丈種樹二株。河堤寬廣之處，可種二行。其窄處防阻礙行舟縴路，則種一行。計每里三百六十弓，合量地尺一百八十丈。以雙行計之，可種七百二十株。單行則三百六十株。僅以單行計之，則三百里中，可種樹十萬八千餘株。十年以後，以每株值洋一圓計之，可得洋十萬八千圓。又洪澤湖堤尤寬廣，可種樹者不止數十里。若於此種樹，亦可得數萬株。 二、江淮之地低濕，於榆柳爲宜，而種柳生長尤速。每丈約可種樹二株。但三年以外，必行間伐，每丈斫去一株。至十年再行間伐，就舊株之跡，每兩樹之間種小樹三株。再五年，則將第一次所餘之生長十五年老樹悉斫去，再就舊株之跡地，種新樹。以後周而復始，堤樹常新，堤工永固，而收利亦永遠不絶。三、種樹必須看守，且須官爲之保護。必須每十里爲一段，置四棚，派人看守。至每段中若有損傷樹秧者，即令河營兵弁拿交河營汛官究辦。四、此事能由官辦最妙，然究不如招紳民分段認辦以私資種樹者。每逢伐樹之年，每樹一株售價，令繳租十分之一，再以十分之一，爲其冊送官備考，以爲將來收税之地。五、無論官種民種，必須出示禁止損害，並須劄飭地方官及河營汛員，隨時切實保護。每段之棚，可養寒人四家，月給薪米工價，以資津貼。是此舉不但可以興利，且可贍恤窮民。六、近來運河駛行輪船所過之處，水流激急，沖射兩岸，致兩岸之土，日益崩頽，河淤日甚。種柳原可固堤，然沿岸必留縴路。是能固堤面不能固河滑。若能於河岸以下與水切近之處，全種杞柳，則可禦輪舟之沖激，而土不下卸，於河工甚爲有益。且杞柳可作筐筥等器，亦能興利。此事可責看管之棚民爲之，而責承認種樹之業户令出苗木。至三年以後，歲歲可刈。所收之利，將來均分與營弁及棚民，以爲分外之酬勞。所刈之杞柳條，可聘人教濱河居民學製筐筥，以沾餘潤，且隱寓勸工興利之意。

清　務農會《農學報》卷一四〇《江干種樹議》　天下各國繁盛之區，皆在長流巨川貫注之域。蓋地濱川河，灌溉既便，輪運亦捷。中國揚子江東西蜒蜿數千里，灌溉流域及數省。東南之富源，悉鍾於此。瀕江郡縣，入口悉繁密，宜若無棄地矣。乃試由吴淞航行而西，帆檣所指，兩岸平蕪，一望無際，森林密蔭，殆不可見。沃壤膏腴，棄置不顧，可惜孰甚焉。又操奇振贏者遍天下，而目前衝要之區，每歲數十萬人舟楫日夜之所來往，而寞然。竟無加意於此者，可異又孰甚焉。考之泰西各國行道之旁，亦必樹木，既以取蔭，且以阜財。今長江兩岸既寬且廣，若以植樹，可種榆柳十餘行，每里所植，不下萬餘株。若上下游遍植之，十年以後，收利不止數千萬矣。至其辦理之法，又甚易易。江岸之内，皆爲農田，村氓植樹，照料極便。且江干少人跡，較之要津孔道，無攀折之虞。若官府下令招民種植，各認地段，著之冊籍。成林以後，官定伐期。約以十年爲準，以十分之一輸官爲租税，未至伐期而私伐者，罪之。但至伐期，亦不得盡伐，必存其十之五，而取刈株之條枚爲苗木，補植於既伐之隙地。再十年，又伐前所餘之十五，則新株已成林。如是遞種遞伐，收利無窮期，而地力不加耗。若附近都邑之處，農民更能於平林密蔭之中，結茅看守。則更可於此種嘉果上材，利尤厚矣。今市井多徒手之民，朝野有屢空之嘆。若於此加意，益國利民，一舉而數善備，是在賢有司之提倡導誘矣。謹箸末議，世之言理財學者，或不以斯言爲河漢歟。

清　顧炎武《日知録》卷一二《官樹》　《周禮》野廬氏，比國郊及野之道路，宿息井樹。《國語》單襄公述周制以告王曰，列樹以表道，立鄙食以守路。《釋名》曰，古者列樹以表道。道有夾溝以通水潦，古人於官道之旁，必皆種樹，以記里至，以蔭行旅，是以南土之棠，召伯所茇道。周之杜君子來游，固已宣美，風謡流恩。後嗣子路治蒲，樹木甚茂。子産相鄭，桃李垂街。下至隋唐之代，而官槐官柳亦多見之詩篇，猶是人存政舉之效。近代政廢法弛，任人斫伐，周道如砥，若彼濯濯，而官無勿翦之思，民鮮侯旬之芘矣。《後漢・百官志》將作大匠，掌修作宗廟、路寢、宫室、陵園土木之功，並樹桐梓之類，列於道側，是昔人固有專職。《三輔黄圖》長安禦溝謂之楊溝，謂植高楊於其上也。《後周書・韋孝寬傳》爲雍州刺史，先是路側一里置一土堠，經雨頽毁，每須修之，自孝寬臨州乃勒部内當堠處置槐樹代之，既免修復，行旅又得芘蔭。周文帝後問知之曰，豈得一州獨爾，當令天下同之。於是令諸州夾道一里種一樹，十里種三樹，百里種五樹焉。唐王維詩云：「槐陰陰到潼關。」《冊府元龜》唐玄宗開元二十八年正月，於兩京路及城中苑内種果樹。鄭審有奉使巡蘭兩京路種果樹事畢入奏詩代宗永泰二年正月，種城内六街樹。《中朝故事》曰：天街兩畔槐木俗號爲槐衙，曲江池畔多柳，亦號爲柳衙，以其成行排立也。韋應物詩云：「垂楊十二衢，隱映金張室。」《舊唐書・吴湊傳》官街樹缺，所司植榆以補之。湊曰：榆非九衢之玩，命易之以槐，及槐陰成而湊卒，人指樹而懷之。《周禮》朝士注曰，槐之言懷也，懷來人於此。《淮南子》注同。然則前明之官，其無可懷之政也久矣。

清　虞光祚《婁江志》卷下　丘與權《至和塘記》　吴城東闉，距崑山縣七十里，俗稱崑山塘。北納陽城，南吐淞江。繇隄防不立，故風波馳突，廢民田以豬魚鱉。其民病賦入，相從逋徙。姦人緣之，通鹽賈自利刦行旅，吏莫能禁。自唐至今，三百餘年，欲營作而弗克也。皇祐中，發運使許公建言，蘇田膏腴，嘗苦水患，乞置官司以畎洩之，請令舒州通判殿中丞王安石相視，朝廷從之。王君至，訊其鄉人，盡得其利害，度長繩短，順其故道，施之圖繪，疏曰：請議如許公。朝廷未之行也，至和初，今太守呂公下車，問民疾苦。益有意於疏導矣。明年，與權爲崑山簿，始陳五利：一曰便舟楫，二曰闢田野，三曰復租賦，四曰止盜賊，五曰禁奸商。令錢君復太守，喜其謀之叶從，得請于監司。粤十月甲午治役，先設外防，以遏上流。立横埭以限之，乃自下流濬而決焉。畚鍾所至，皆於平陸，其始戒也。猖風號霾，迅雷以雨，乃用牲干神。至癸巳夜半，雨息，逮明休霽，以卒其役，若有相之者，蓋旬有九日而成，深五尺，廣六十尺，用民力一十五萬六千工，費民財若干貫，米四千六百八十石，爲橋樑五十二，蒔榆柳五萬七千八百，其貳河植茭蒲芙蕖稱是。於是陽城諸湖瀼，皆通而及江，田無洿瀦，民不病涉。初治河至唯亭，得古閘，用柏合抱以爲楹。蓋古渠況今深數尺，設閘者以限淞江潮勢耳，耆舊莫詳之。嗚呼，爲民者因循至此乎。是役也。自城東走二十里，曰任浦。崑山治其東，長洲治其西，以俗名非便，更曰至和，識年號也。建亭曰乙未，記歲功也。太守嘉其有成，謂權實區區於其間，其言必詳，命爲記。

綜述

《國語·周語中》 周制有之曰：列樹以表道，立鄙食以守路。國有郊牧，疆有寓望，藪有圃草，囿有林池，所以禦災也。

《吕氏春秋·下賢》 （子産）相鄭十八年，【略】桃李之垂於行者，莫之援也。

漢 班固《漢書》卷五一《賈山傳》 秦爲馳道於天下，東窮燕齊，南極吴楚，江湖之上，瀕海之觀畢至。道廣五十步，三丈而樹。厚築其外，隱以金椎，樹以青松。

三國吴 韋昭《雲陽賦》 八鄉九市，亭侯二六。列樹表塗，路有廬宿。

唐 令狐德棻《周書》卷三一《韋孝寬傳》 孝寬爲雍州刺史，先是路側一里置一土堠，經雨頽毁，每須修之。孝寬敕部内當堠處置槐樹代之，既免修復，行旅又得庇蔭。周文帝見怪問知之曰：「豈得一州獨爾，當令天下同之。」於是令諸州，夾道一里種一樹，十里種三樹，百里種五樹焉。

唐 李延壽《北史》卷九《周本紀》 （西魏文帝大統三年十月，周太祖）還軍渭南，時所徵諸州兵始至，乃於戰所，準當時兵人種樹一株，栽柳七千根，以旌武功。

唐 吴兢《貞觀政要》卷一〇 貞觀初，太宗謂侍臣曰：隋煬帝廣造宫室，以肆行幸。自西京至東都，離宫别館，相望道次，乃至并州、涿郡，無不悉然。馳道皆廣數百步，種樹以飾其傍。

唐 李吉甫《元和郡縣圖志》卷二《同州》 沙苑，一名沙阜，在縣南十二里。東西八十里，南北三十里。後魏文帝大統三年，周太祖爲相國，與高歡戰於沙苑，大破之。其時太祖兵少，隱伏於沙草之中，以奇勝之。後於兵立之處，人栽一樹，以表其功，今樹往往猶存。仍於戰處立忠武寺。今以其處宜六畜，置沙苑監。

宋 王溥《唐會要》卷二一《諸陵雜録》 （唐武宗）會昌二年四月二十三日，勅：節文諸陵柏栽。今後每至歲首，委有司于正月、二月、七月、八月四個月内，擇動土利便之日，先下奉陵諸縣，分明榜示百姓，至時與設法栽植。畢日，縣司與守塋使同檢點，據數牒報，典折本户税錢。

宋 王溥《唐會要》卷八五《街巷》 （貞元）九年八月勅：諸街添補樹，並委左右街使栽種，價折領於京兆府，仍限八月栽畢，其分析聞奏。

宋 王溥《唐會要》卷八六《街巷》 （唐代宗）永泰二年正月十四日，京兆尹黎幹奏京城諸街種植。　大歷二年五月勅：諸坊市街曲，有侵街打牆，接簷造舍等，先處分一切不許，並令毁拆。宜委李勉常加勾當，如有犯者，科違勅罪，兼須重罰。其種樹栽植，如聞並已滋茂，亦委李勉勾當處置，不得使有斫伐，致令死損。並諸橋道，亦須勾當。

宋 王溥《唐會要》卷八六《橋樑》 貞元元年正月勅：宜令京兆府與金吾計會，取城内諸街枯死槐樹，充修灞滻等橋板木等用，仍栽新樹充替。

宋 王溥《唐會要》卷八六《道路》 諸道諸使，及州府長吏，即差官巡檢，各依舊路，不得輒有耕種。并所在橋路，亦令隨要修葺。大歷八年七月勅：諸道官路，不得令有耕種，及斫伐樹木，其有官處，勾當填補。

宋 葉適《習學記言》卷三五 宇文泰用韋孝寬法，令諸州來（夾）道一里種一樹，十里種三樹，百里種五樹。然則此法未行以前，原野尤蕭瑟矣。《詩》云：「有杕之杜，生于道左，彼君子兮，噬肯適我。」又曰：「柞棫拔矣，行道兑矣。」豈變墟莽爲桑麻，自古聖賢以爲難事耶。

宋 司馬光《資治通鑑》卷一八〇 （隋煬帝大業元年）敕宇文愷與内史舍人封德彝等營顯仁宫，南接皂澗，北跨洛濱。《隋志》：河南郡壽安縣有顯仁宫。

《水經註》：洛水徑宜陽縣故城南，又東與黑澗水合，水出陸渾西山，歷黑澗西北入洛。皂，才早翻。發大江之南、五嶺以北奇材異石，輸之洛陽；又求海内嘉木異草，珍禽奇獸，以實園苑。辛亥，命尚書右丞皇甫議發河南、淮北諸郡民，前後百餘萬，開通濟渠。杜佑曰：陳留郡城西有通濟渠，煬帝開以通江、淮漕運，兼引汴水，即莨蕩渠也。《考異》曰：《雜記》作「皇甫公儀」，又云，「發兵夫五十餘萬。」今從《略記》。自西苑引穀、洛水達于河；是歲營建東京，東去故都十八里，南直伊闕之口，北倚邙山之塞，東出瀍水之東，西出澗水之西；其城西面連苑，距上陽宮七里。苑牆周迴一百二十六里，北拒北邙，西至孝水，南帶洛水支渠，穀、洛二水會于其間，故自苑引之爲渠，以達于河。復自板渚引河歷滎澤入汴；板渚在虎牢之東。《水經》：河水東合汜水，又東過板城，北有津謂之板城渚口。又東過滎陽縣，蒗蕩渠出焉。是渠南出爲汴水，漢之滎陽石門即其地也。《隋志》：滎陽郡滎澤縣，開皇四年置，曰廣武，仁壽元年改焉。又自大梁之東引汴水入泗，達于淮；大梁，即浚儀也。引河入汴，汴入泗，蓋皆故道。又發淮南民十餘萬開邗溝，自山陽至楊子入江。春秋吳城邗溝通江淮，此亦因故道也。邗溝，貫今揚州城中。山陽，今淮安州。楊子，今真州。邗，音寒。渠廣四十步，廣，古曠翻。渠旁皆築御道，樹以柳；自長安至江都，江都郡，揚州。置離宮四十餘所。庚申，遣黄門侍郎王弘等往江南造龍舟及雜船數萬艘。艘，蘇遭翻。東京官吏督役嚴急，役丁死者什四五，所司以車載死丁，東至城皋，《隋志》：鄭州滎陽縣舊置成皋郡。北至河陽，相望於道。又作天經宫於東京，四時祭高祖。

宋 司馬光《資治通鑑》卷二四九 （唐宣宗大中十一年至十二年）春，正月，以康王傅、分司王式爲安南都護、經略使。康王汶，上子也。《考異》曰：《舊紀》：式爲安南在二月。今從《實録》。式有才略，至交趾，樹芀木爲栅，可支數十年。史炤曰：芀，都聊切，又音調。余按《廣韻》，芀，都聊切。又音調者，葦華也，其字從艸，從刀。又《類篇》有從艸、從力者，香菜也，歷得切。昔嘗見一書從艸從力者，讀與棘同。棘，羊矢棗也，此木可以支久。深塹其外，泄城中水，塹外植竹，寇不能冒。范成大《桂海虞衡志》：竻竹，刺竹也，芒刺森然。廣東新州素無城，桂林人黄齊守郡，始以此竹植之，羔豚不能徑，號竹城，至今以爲利。傳聞交趾外城亦是此竹，正王式所植者也。竻，盧得翻。

宋 李燾《續資治通鑑長編》卷六一 （宋真宗景德二年）詔緣河官吏雖秩滿，須水落受代。知州、通判每月一巡堤，縣令、佐官迭巡，轉運使勿委以他職。又申嚴盜伐河上榆柳之禁。

宋 李燾《續資治通鑑長編》卷六四 （宋真宗景德三年）（宋真宗）命（謝德權）提總京城四排岸，領護汴河，兼督輦運。先是，歲役浚河夫三十萬，而主者因循，隄防不固，但挑沙擁岸趾，或河水泛濫，即中流復淤矣。德權須以沙盡至土爲限，棄沙隄外，遣三班使者分地以主其役。又爲大錐以試築隄之虚實，或引錐可入者，即坐所轄官吏，多被譴免者。植樹數十萬以固隄岸。

宋 李燾《續資治通鑑長編》卷八二 （宋真宗大中祥符七年六月）己丑，河北緣邊安撫司言於緣邊軍城種柳蒔麻，以備邊用。詔奬之。

宋 李燾《續資治通鑑長編》卷八七 （宋真宗大中祥符九年六月）辛丑，太常博士范應辰言，諸路關係官材木，望令馬遞鋪卒夾官道植榆柳，或隨地土所宜種雜木，五七年可致茂盛。供費之外，炎暑之月，亦足蔭及路人。從之。

宋 李燾《續資治通鑑長編》卷八八 （宋真宗大中祥符九年九月）河北安撫司言，緣邊官地所種榆、柳，望令逐處官籍其數，以時檢校。從之。

宋 李燾《續資治通鑑長編》卷一六七 （宋仁宗皇祐元年十月）戊寅，河北緣邊安撫司請自保州以西無塘水處，廣植林木，異時以限敵馬。從之。

元 脱脱《宋史》卷一七三《食貨志》 （乾道）九年，户部侍郎兼樞密都承旨葉衡言：「奉詔覈實寧國府、太平州圩岸，内寧國府惠民、化成舊圩四十餘里，新築九里餘；太平州黄池鎮福定圩周四十餘里，延福等五十四圩周一百五十餘里，包圍諸圩在内，蕪湖縣圩周二百九十餘里，通當塗圩共四百八十餘里。並高廣堅緻，瀕水一岸種植榆柳，足捍風濤，詢之農民，實爲永利。」於是詔奬諭判寧國府魏王愷，略曰：「大江之壖，其地廣袤，使水之蓄洩不病而皆爲膏腴者，圩之爲利也。然水土鬥齧，從昔善壞。卿聿修稼政，巨防屹然，有懷勤止，深用歎嘉。」

宋 樂史《太平寰宇記》卷二八《關西道四》 西魏文帝大統三年，周太祖爲相國與高歡戰於沙苑，大破之。其時，太祖兵少，隱伏於沙草之中，以奇勝之。後於兵立之處，人栽一樹以表其功，今樹猶有存。

明 宋濂《元史》卷一四《世祖紀》 （世祖二十三年）以亦攝思憐（真）爲帝師。賜皇子奧魯赤、脱歡、諸王朮伯、也不干等，羊馬鈔一十五萬一千九百二十三錠，馬七千二百九十匹，羊三萬六千二百六十九口，幣帛、毳段、木綿三千二百八十八匹，貂裘十四。又賜皇子脱歡所部憐牙思不花等及欠州諸局工匠，鈔五萬六千一百三十九錠一十二兩。命西僧遞作佛事于萬壽山、玉塔殿、萬安寺，凡三十會。大司農司上諸路學校凡二萬一百六十六所，儲義糧九萬五百三十五石，植桑棗雜菓諸樹二千三百九萬四千六百七十二株。斷死刑百一十四人。

明 朱國盛《南河志》卷二　昔秦人聚榆成塞，漢將因柳結營。凡河之種柳，蓋自平江伯始也。根株足以護堤身，枝條足以供捲埽，清陰足以庇縴夫，柳之功利信溥矣。威履任之初即令徧種，三歲之間僅堪拱把，已可沿堤而紀其株。夫蓄艾必宜未病之先，儲穀不在已饑之後，十歲之計猶異後人之培植云。

明 陳子龍《明經世文編》卷一五七　劉天和《治河六·栽柳護堤》　一曰臥柳。凡春初築堤，每用土一層，即於堤内外兩邊各横鋪如銅錢拏指大柳條一層。每一小尺許一枝，不許稀疏。土内横鋪二小尺餘，不許短淺。土面止留二小寸，不許留長。自堤根直栽至頂，不許間少。二曰低柳。凡舊堤及新堤不係栽柳時月修築者，俱候春初，用小引橛於堤内外自根至頂俱栽柳如錢如指大者，縱横各一小尺許即栽一株。亦入土二小尺許，土面亦止留二寸。三曰編柳。凡近河數里緊要去處，不分新舊堤岸，俱用柳椿如鷄子大、四小尺長者，用引橛先從堤根密栽一層，六七寸一株。入土三小尺，土面留一尺許。却將小柳臥栽一層，亦内留二尺，外二三寸。却用柳條將柳椿編高五寸，如編籬法。内用土築實平滿。又臥栽小柳一層，又用柳條編高五寸，於内用土築實平滿。如此二次，即與先栽一尺柳椿平矣。却於上退四五寸，仍用引橛密栽柳椿一層。亦栽臥柳、編柳各二次。亦用土築實平滿。如堤高一丈，俱依此栽十層即平矣。以上三法，皆專爲固護堤岸。蓋將來内則根株固結，外則枝葉綢繆，名爲活龍尾埽。雖風浪衝激，可保無虞，而枝梢之利，亦不可勝用矣。北方雨少草稀，歷閱舊堤，有築已數年而草猶未茂者，切不可輕忽。前法運河、黄河通用。四曰深柳。前三法止可護堤防漲溢之水，如倒岸衝堤之水亦難矣。凡離河數里及觀河勢將衝之處，堤岸雖遠，俱宜急栽深柳。將所造長四尺、長八尺、長一丈二尺、長一丈六尺、長二丈五等鐵裹引橛自短而長以次釘穴，俾深二丈許，然後將勁直帶梢柳枝，如根稍俱大者爲上，否則不拘大小惟取長直，但下如鷄子、上儘枝梢，長餘二丈者皆可用，連皮栽入，即用稀泥灌滿穴道，毋令動摇，上儘枝梢或數枝全留，切不可單少。其出土長短不拘，然亦須二三尺以上。每縱横五尺即栽一株，仍視河勢緩急，多栽則十餘層，少則四五層。數年之後，下則根株固結，入土愈深，上則枝梢長茂，將來河水衝齧亦可障禦，或因之外編巨柳長椿，内實稍草埽土，不猶愈於臨水下埽，以繩繫岸，以椿釘土，隨下隨衝，勞費無極者乎。本院嘗於睢州見有臨河四方土墩，水不能衝者，詢之父老，舉云：農家舊圃四圍柳株伐去而根猶存，彼不過淺栽一層，況深栽數十層乎。及觀洪波急流中，週遭已成深淵，而柳樹植立略不爲動，益信前法可行。凡我治水之官，能視如家事，圖爲子孫不拔之計，即可望成效，將來捲埽之費可全省矣。但臨河積年射利之徒殊不便，此治水者知其爲父老土著之民惟言是聽，而不知機緘之有爲也。凡目今捲埽斧办堤後遠近適中之處尤宜急栽多栽數層，審思篤行，共圖實效。勉之勉之。此法黄河用之，運河頻年衝決，緊要去處亦可用。五曰漫柳。凡波水漫流去處難以築堤，惟沿河兩岸密栽低小檉柳數十層，俗名隨河柳，不畏渰没，每遇水漲，既退則泥沙委積，即可高尺餘或數寸許，隨淤隨長，每年數次，數年之後，不假人力自成巨堤矣。於沿河居民，各照地界，自築一二尺餘縷水小堤，上栽檉柳，尤易淤積成高。一二年間，堤内即可種麥，用工甚省，而爲效甚大。掌印管河等官務宜着實舉行。黄河用之。六曰高柳。照常於堤内外用籠大長柳椿成行栽植，不可稀少。黄河用之，運河則於堤面栽植，以便捧挽。

明 王路《花史左編》卷二《隋堤》　永城煬帝幕揚州瓊花之勝，自汴濬河通舟夾堤種柳。

明 潘季馴《河防一覽》卷三《河防險要》　巡守五湖隄岸運艘全賴於漕渠，而漕渠每資於水櫃。五湖者水之櫃也。止因舊隄浸廢，界址不明，民乘乾旱越界私種，盡爲禾麥之場。先臣兵部侍郎王原建土隄南旺湖週圍隄長一萬九千七百八十八丈三尺。蜀山湖隄自馮家壩起至蘇魯橋止，長三千五百八十丈。自蘇魯橋西至田家樓止，原係收水門户，栽植封界高柳。

明 潘季馴《河防一覽》卷四《修守事宜》　栽柳護隄，臥柳、長柳須相兼栽植。臥柳須用核桃大者，入地二尺餘，出地二三寸許。柳去隄址約二三尺密栽，俾枝葉搪禦風浪。長柳須距隄五六尺許，既可捍水，且每歲有大枝可供埽料，俱宜于冬春之交津液含蓄之時栽之。仍須時常澆灌。長柳宜用棘刺圍護，以防盜拔畜齧。

明 潘季馴《河防一覽》卷八《淮北工程》（萬曆十七年）總管官潁州

兵備道僉事朱東光督鳳陽府通判李光前、廬州府通判查志文、歸德府通判祝可立、泗州守備衛鎬張大德等築完原分睢寧南岸遥隄，自象山起至果字舖止。【略】各隄共栽過低柳三十萬株。

又（萬曆十七年）總管官中河郎中佘毅中督淮安府同知王琰、兖州府同知唐文華、桃源縣知縣郭顯忠、濟寧衛指揮文棟等築完原分桃源縣北岸遥隄【略】共栽過低柳一十六萬一千六百株。

又（萬曆十七年）總管官徐州兵備道參政游季勳督淮安府同知蔡玠、徐州知州孫養魁、靈璧縣知縣張允孚、睢寧縣知縣徐密、桃源縣知縣郭顯忠等築完原分靈睢南岸遥隄，自竇老穀堆起至象山止。【略】各隄共栽過低柳一十五萬一千六百株。

又（萬曆十七年）總管官水利道副使張純督兖州府同知樊克宅、清河縣知縣石子璞等築完原分桃源清河縣北岸遥隄，自關王廟起至護城隄止。【略】各隄共栽過低柳五萬三千株。

又（萬曆十七年）總管官海防兵備道參政龔大器督廬州府通判宋守中、邳州知州張延熙、泰州同知王法祖等築完原分邳州北岸遥隄，自吕梁山麓起至直河止。【略】各隄共栽過低柳五萬二千株。

明　潘季馴《河防一覽》卷八《淮南工程》（萬曆十七年）總管官水利道副使張純督淮安府帶銜同知劉順之、兩淮運副曹銑、寶應縣知縣李贄修完原分淮安府新城北舊隄，自清江浦起至柳浦灣止。【略】各隄共栽過低柳五萬四千株。

又（萬曆十七年）總管官南河郎中張譽督揚州府同知韓相、淮安府同知鄭國彦、王琰、兩淮運副曹銑、東昌府通判王一鳳、中軍都司俞尚志等修築高家堰隄六十餘里。【略】各隄共栽過低柳六萬株。

明　潘季馴《河防一覽》卷一〇《申明修守事宜疏》　護隄之法無如栽柳爲最，而栽柳六法無如卧柳爲佳。蓋取其枝從根起扶蘇茂密，足抵狂瀾也。每隄一丈，栽柳十二株。每夫一名，栽隄三丈。柳橔以徑二寸爲則。離隄以三尺爲準。隄内栽完，方及隄外。如有枯死，隨時補種。年終管河官呈報各該司道，要見本隄原高若干，今加五寸，共高若干，栽過柳株若干。司道官躬親驗覈開報總理衙門覆覈無異，造册奏聞。其不合數及不如式者，指名參究。

明　潘季馴《河防一覽》卷一一《山東工程》（萬曆十七年）總管官南旺任滿，主事蕭雍接管，主事王元命督同兖州府同知陳昌言、東平州知州徐銘、汶上縣知縣劉漢書、濟寧衛指揮文棟、濟寧州同知程子洛築完蜀山湖舊隄，自馮家壩東起至蘇魯橋止。【略】納水處所每丈栽柳三株，共栽完封界柳四千四百一十五株。

又（萬曆十七年）總管官濟寧兵河按察使曹子朝督同兖州府同知羅大奎、鉅野縣知縣殷汝孝、濟寧衛指揮文棟修完馬場湖東面舊隄，并築新隄共長一千六百二十丈，根闊一丈四尺，頂闊六尺，高六尺建完。【略】栽完護隄卧柳一萬六千一百五十株。北面原留入水渠道栽完封界高柳一千六百五十六株。

明　潘季馴《河防一覽》卷一一《修復湖堤疏》　相應修復，自大隄頭至南旺田家樓止。原係受水門户今應密植柳株，以正封界。水至入湖，爲運河之資。水退據柳，爲民田之限。馬場湖地勢南面臨河，窪下出水濟運，北面原係入水渠道，今宜照舊仍留入水，密栽柳樹以爲湖界。

明　潘季馴《河防一覽》卷一二《河工告成疏》　填過水口十一處，築過河口一處，栽過護隄卧柳一萬六千一百五十株，封界高柳六千七十一株，俱於萬曆十七年四月二十五等日通完訖。

明　潘季馴《河防一覽》卷一三《科道會勘河工疏》（萬曆十七年）淮安府知府宋伯華督率府衛縣同知等官劉順之等原分工程，改建福興閘一座，修建清江閘一座。【略】

建過減水石壩四座，共長一百二十丈，修建過新舊閘三座、車壩三座，築過攔河順水等壩十道，建過涵洞二座、減水閘四座。【略】栽過低柳八十三萬二千二百株。

又（萬曆十七年）水利道副使張純督率府州縣同知等官劉順之等原分工程，自淮安新城北修築舊隄起，及清江浦至柳浦灣止。【略】各隄栽過低柳數計五萬四千株。

又（萬曆十七年）管理南河工部郎中張譽督率府衛州縣同知等官鄭國彦等原分工程，高家堰築隄一道。【略】各隄共栽過低柳數計六萬株。

又（萬曆十七年）潁州兵備兼管河道僉事朱東光督率府衛州縣通判等官李光前等原分工程，自象山起至果字舖止遥隄一道。【略】各隄栽過低柳數計二十萬株。

又 （萬曆十七年）水利道副使張純督率府州縣同知等官樊克宅等原分工程，自桃源縣關王廟起至清河縣護城隄止遥隄一道。【略】各隄栽過低柳數計五萬三千株。

又 （萬曆十七年）徐州兵備兼管河道糸政游季勳督率府衛州縣同知等官蔡玠等原分工程，自竇老穀堆起至象山止遥隄一道。【略】各隄栽過低柳數計一十五萬一千六百株。

又 （萬曆十七年）海防兵備兼管河道參政龔大器督率府州縣通判等官宋守中等原分工程，自呂梁山麓谷山頭起至直河止遥隄一道。【略】各隄栽過低柳數計五萬二千株。

又 （萬曆十七年）管理中河工部郎中佘毅中督率府衛州縣同知等官王琰等原分工程，自古城起至關王廟止遥隄一道。【略】各隄栽過低柳數計一十六萬一千六百株。

明 潘季馴《兩河經略》卷三《淮北工程》總管官中河郎中佘毅中，督淮安府同知王琰、兖州府同知唐文華、桃源縣知縣郭顯忠、濟寧衛指揮文棟等，築完原分桃源縣北岸遥隄，自古城起，至關王廟止，長八千六百八十九丈三尺，俱根闊六丈，頂闊二丈，高一丈至九尺不等。塞完崔鎮大決口一處，及劉真君廟等決口共三十六處，共長四百六十一丈五寸。築完古城堰口隄一道，長三百六十丈。造完崔鎮減水石壩一座，壩身連雁翅共長三十丈。又築完續增徐州南岸三山遥隄，長二千四百二十八丈三尺五寸，俱根闊四丈，頂闊一丈六尺，高八九尺不等。又督淮安府同知蔡玠築完桃源縣迤南馬廠坡遥隄，長七百四十六丈，根闊七丈至五丈不等，頂闊二丈，高一丈至八尺不等，以上各隄，共栽過低柳一十六萬一千六百株。

明 潘季馴《兩河經略》卷三 總管官海防兵備道參政龔大器，督廬州府通判宋守中、邳州知州張延熙、泰州同知王法祖等，築完原分邳州北岸遥隄，自呂梁山麓起，至直河止，長九千四百六十四丈一尺，俱根闊六丈至五丈不等，頂闊二丈至一丈五六尺不等。高九尺至七八尺不等，造完續增谷山并匙頭灣函洞各一座。又築完續增徐州南岸三山遥隄，長一千三百九十一丈八尺，俱根闊四丈，頂闊一丈四五尺不等，高八尺。以上各堤，共栽過低柳五萬二千株。

又 總管官徐州兵備道參政游季勳，督淮安府同知蔡玠、徐州知州孫養魁、靈壁縣知縣張允孚、睢寧縣知縣徐密、桃源縣知縣郭顯忠等，築完原分靈睢南岸遥隄。自竇老穀堆起，至象山止，長一萬一千七百五十七丈二尺，俱根闊六丈，頂闊二丈，高九尺。造完徐昇鎮減水石壩一座，壩身連雁翅共長三十丈。又築完續增徐州三山遥堤，二千六百四十七丈一尺六寸，俱根闊四丈，頂闊一丈六尺，高九尺，順水壩一道。又會同南河分司，改建通濟閘一座，并閘外攔河壩一道。以上各隄，共栽過低柳一十五萬一千六百株。

又 總管官水利道副使張純，督兖州府同知樊克宅、清河縣知縣石子璞等，築完原分桃源，清河縣北岸遥隄，自關王廟起，至護城隄止，長九千七百二十一丈，俱根闊六丈，頂闊二丈，高一丈至八九尺不等。塞完張泗沖等決口一十八處，共長二百一十一丈，造完季太鎮減水石壩一座，續增三義鎮減水石壩一座，壩身連雁翅俱長三十丈。又築完續增徐州南岸三山遥隄，二千五百四十九丈，俱根闊四丈，頂闊一丈五尺，高八尺以上。各隄共栽過低柳五萬三千株。

明 潘季馴《兩河經略》卷三《淮南工程》總管官潁州兵備道僉事朱東光，督鳳陽府通判李光前、廬州府通判查志文、歸德府通判祝可立、泗州守備衛鎬張大德等，築完原分睢寧南岸遥隄，自象山起，至果字舖止，長六千九百三十六丈七尺，俱根闊九丈至六丈六尺不等，頂闊二丈一尺，高一丈至八尺不等。又築完續增果字舖起，至李字舖止。遥隄長八百四十八丈六尺，俱根闊六丈六尺，頂闊二丈一尺，高八九尺不等。又築完原分歸仁集遥隄，長七千六百八十二丈八尺，根闊六丈至四丈五尺不等。頂闊三丈至一丈不等，高一丈二尺至八九尺不等，內填塞決口四十七處，共長三百四十九丈。以上各隄共栽過低柳三十萬株。

又 總管官水利道副使張純督淮安府帶銜同知劉順之、兩淮運副曹鉷、寶應縣知縣李贄修完原分淮安府新城北舊隄，自清江浦起至柳浦灣止，共長九千八百五十一丈，幫闊二丈、一丈五尺以至一丈不等，高四尺至一三尺不等。築完新隄自柳浦灣至高嶺止，長六千六百四十丈。俱根闊四丈五尺，頂闊一丈五尺，高六尺。築完西橋壩一座，長十二丈，自水底至頂高二丈，築塞八淺決口一處，長八十五丈六尺，內土隄根闊七八丈不等，頂闊二丈，自水底至頂高二丈至一丈四五尺不等，外包砌石隄一道長八十五丈六尺，高一丈五六尺不等。又石隄兩頭接築舊土堤，共長一百五十丈，俱根闊三丈，頂闊二丈，高一丈三四尺不等。南北攔河壩二道共長五十九丈，西隄一道長二百四十一丈，俱根闊五六丈不等，頂闊一丈三四尺不等，自水底至頂高一丈六七尺不等，以上各隄共栽過低柳五萬四千株。

又 開出閘河口，自甘羅城起至淮河，長二百一十三丈，底闊四丈，面闊六丈，深一丈。兩崖築隄共長四百二十六丈，根闊十丈，頂闊二丈，高一丈。又塞完續分黄浦決口一處，先築南北攔河壩二道，共長四十五丈，根闊一十三丈，頂闊十丈，高二丈。填築正口土堤一道，長九十四丈，自水底至頂高三丈八尺，根闊一十三丈。又會同徐州道改建通濟閘一座，并閘外築攔河壩一道，以上各隄共栽過低柳六萬株。

明 謝肇淛《北河紀》卷六 沿河兩岸栽柳護堤。兖東二府各州縣衛所管河閘官下民，鋪夫每名種二十株，軍鋪十五株，撈淺閘溜隄壩等夫十八株。河間府屬各河官下民，鋪夫每名種二十株，軍鋪十五株，歲以爲常。其卧柳不拘夫數，每鋪三百株，與高柳相兼栽植。卧柳者，出土新柳也。每年冬前本部奉總河檄通行查勘，但有枯損空缺去處，俱責令立春後補栽。不如數者，扣曠工銀入官。盜拔者問罪。

又 隄岸至孤柳樹西界石止，計長四十六里。西自孤柳樹界石起，跨運河由弘仁橋至北界首止，計長三十四里。北自弘仁橋北界石起，跨黑馬溝由苑村至泰晏橋頭東界石止，計長四十里。除豁税糧子粒以杜侵占之端，週圍栽植柳株，以防盜耕。敢有肆行無忌仍蹈前非者，定行照例充軍發遣。

又 總督河道軍門禁約：糧運旗軍及木筏水手，一應官吏船隻，不許盜伐在隄官柳，違者聽巡隄夫役拿送管河官，解赴軍門綑打一百，坐贓究遣，押運官知而故縱者，一併參提重處。

明 謝肇淛《北河紀》卷七 宜令東平汶上管河官督夫培土栽柳，悉如舊制。此係運河第一喫緊關鍵，故首及之。

又 自蘇魯橋西至田家樓止，原係收水門户，栽植封界高柳。

清 靳輔《靳文襄奏疏》卷一《經理河工第八疏》 自宿遷縣至徐州西兩岸，約各長三百里。每里設兵二名，每兵管堤九十丈，五里建一墩，令兵十名住於墩側，每二墩給浚船一隻，鐵掃箒繫繩以三丈爲度，通共設兵一千二百名，守備一員，千總二員，把總四員，浚船六十隻，亦照前法責成之。內河自清口西南至翟家壩南，共長一萬八千餘丈，應共設兵四百名。每兵管堤四十五丈，五里建一墩，令兵二十名住於墩側，堤根栽密柳，坦坡畜茂草，坦坡之外二十丈俱密種茭荷蒲葦菱芡之屬，爲永遠護堤之策。

又 應設守備一員，千總一員，把總三員。運河由清口至邵伯鎮南，約長三百三十里。每里設兵二名，每兵管兩岸堤各九十丈，五里建一墩於西堤，令兵十名住於墩側，其栽柳畜草等項，俱照翟壩一帶之法責成之。

清 傅澤洪《行水金鑑》卷二四 余行中州歷觀隄岸絶無極堅者，且附隄少盤結繁密之草，與南方大異，爲之憂虞，迺審思備詢而施植柳六法。一曰卧柳。凡春初築隄，每用土一層即於隄內外邊箱各横鋪如錢如指柳枝一層。每一小尺許一枝，毋太稀疎。土內横鋪二小尺餘，土面止留二小寸，毋過長。自隄根直栽至頂，不許間少。二曰低柳。凡舊隄及新隄不係栽柳時月修築者，俱候春初，用小引橛於隄内外自根至頂俱栽柳如錢如指大者，縱横各一小尺許，即栽一株，亦入土二小尺許，土面亦止留二小寸。三曰編柳。凡近河數里緊要去處，不分新舊隄岸，俱用柳椿如雞子大、四小尺長者，用引橛先從隄根密栽一層，六七寸一株，入土三小尺，土面留一尺許。卻將小柳卧栽一層，亦內留二尺，外留二三寸。卻用柳條將柳椿編高五寸，如編籬法，內用土築實平滿。又卧栽小柳一層，又用柳條編高五寸，於內用土築實平滿。如此二次，即與先栽一尺柳椿平矣。卻於上退四五寸，仍用引橛密栽柳椿一層，亦栽卧柳編柳各二次，亦用土築實平滿。如隄高一丈，則依此栽十層即平矣。以上三法皆專爲固護隄岸。蓋將來內則根株固結，外則枝葉綢繆，名爲活龍尾埽，雖風浪衝激，可保無虞，而枝梢之利亦不可勝用矣。北方雨少草稀，歷閲舊隄有築已數年而草猶未茂者，切不可輕忽。運河黄河通用。四曰深柳。前三法止可護隄以防漲溢之水，如倒岸衝隄之水亦難矣。凡近河及河勢將衝之處，隄岸雖遠，俱宜急栽深柳。將所造長四尺、長八尺、長一丈二尺數等鐵裹引橛自短而長以次釘穴俾深，然後將勁直帶梢柳枝、如根梢俱大者爲上，否則不拘大小惟取長直但下如雞子、上儘枝梢長如式者皆可用，連皮栽入，即用稀泥灌滿穴道，毋令動摇，上儘枝梢，或數枝全留，切不可單少，其出土長短不拘，然亦須二三尺以上，每縱横五尺即栽一株。仍視河勢緩急，多栽則十餘層，少則四五層。數年之後，下則根株固結，入土愈深，上則枝梢長茂。將來河水衝嚙亦可障禦，或因之外編巨柳長椿，內實稍草埽土，不猶愈於臨水下埽，以繩繫岸，以樁釘土，隨下隨衝，勞費無極者乎。嘗於睢州見有臨河四方土岸水不能衝者，詢之父老，舉云農家舊圃四圍，柳株伐去而根猶存，彼不過淺栽一層，況深栽數十層乎。及觀洪波急流中週遭已成深淵，而柳樹直立，略不爲動，益信前法可行。郡邑治水之官，能視如家事，圖爲子孫不拔之計，即可望成效，將來捲埽之費可全省矣。但臨河積年射利之徒殊不便，此治水者止知其爲父老士著之民惟言是聽，而不知機緘之有爲也。捲埽斧刀隄後遠近適中之處，尤宜急栽多栽數層。此法黄河用之，運河頻年衝決深要去處亦可用。五曰漫柳。凡坡水漫流之處難以築隄，惟沿河兩岸密栽低小檉柳數十層，俗名隨河柳，不畏淹没，每遇水漲既退，則泥沙委積，即可高尺餘或數寸許，隨淤隨長，每年數次，數年之後，不假人力自成巨隄矣。如沿河居民各分地界築一二尺餘縷水小隄，上栽檉柳，尤易淤積成高，一二年間隄内即可種麥，用工甚省而爲效甚大，黄河用之。六曰高柳。照常於隄内外用高大柳椿成行栽植，不可稀少。黄河用之。運河則於隄面栽植，以便牽挽。

清 傅澤洪《行水金鑒》卷四六 隄柳之護視宜勤，一款河防之法，全資柳料。若樹藝不繁，即使錢糧不乏，人力衆多，亦終於束手無策耳。查部覆前河臣楊方興遵諭敬陳河道錢糧一疏，内開河干一帶，有栽柳三萬株及二萬、一萬株者，分别叙録。有栽柳不及三千株并全不栽者，分别条處總河臣題報臣部具覆，請敕吏部查照勸懲。奉有俞旨，臣前者特議建設柳園一疏，濱河州縣各置柳園數處，栽植柳株，秋冬驗明，行以勸懲之例，亦准部覆奉旨在案，但作何叙録，未有定議。廳印各官合無定例。有能自置柳園栽至二萬株以上者，許將柳園地名栽過柳株呈報。該道務於秋冬之時驗明成活確數，具結報臣准與具題紀録其動支官價。置買柳園者務至三萬株方准紀録，如有怠於栽植及柳株枯損不行補栽者，指名題条分别議處，庶勸懲明而鼓勵，争先修防有賴是，亦節帑甦民之一大端也。埸廠之舊制宜復一款，建廠貯料，仍設廠書以資登記，設廠夫以資看守，原係舊例，特緣工食除荒裁革已久。今議廠書即於河官書手内選充，廠夫即於河夫正身内殷實守法者選充，工食不必别議而責成既切稽覈自是倍嚴矣。奉旨工部知道。 是年築祥符王盧集隄、中牟遥隄、儀封楊家堂隄、考城王家道壩。

清 傅澤洪《行水金鑒》卷五一 凡沿河種柳，自明平江伯陳瑄始也。其根株足以護堤身，枝條足以供捲埽，清陰足以蔭縴夫。柳之功大矣。然種柳不得其法，則護隄之用微，且成活者少。惟明臣劉天和《六柳説》曲盡其妙，當倣其法行之。統計每年歲修需柳不下一百萬束，自康熙二十年勸令各官種柳已得若干株，自二十六年以來所用之柳，半取諸此。再行各營弁，凡春初防守稍暇之時，每丁計地各課種柳若干，不過三年，沿河成林，一有不測，捲埽搶防，不煩斫運於他處，即以本汛之柳供本汛之工，力省而工易，集所益非小也。

清 傅澤洪《行水金鑒》卷一三四 康熙九年閏二月十九日，部覆總督河道羅多疏稱：黄運兩河衝決之處，勢必用柳，應如該督所請，委官名色專管栽種，若於栽柳之人，三年後應授何項雜職，應請敕下吏部議覆等語。查黄運兩河所栽之柳，每歲果能如該督疏内所定之數成活者，其栽柳之人，三年後該督造册咨部，俟工部查明過臣部授以巡檢録用可也。奉旨依議。河南管河道治河檔案運河隄岸最宜栽柳，一則取材埽料，一則蔭蔽輓運。故鼓勵栽柳，尤當於運河著力。

清 靳輔《靳文襄奏疏》卷四《加修善後工程疏》 臣屢次題明應動之款，尤屬不應扣除。查臣估計堵塞楊家莊決口疏内開有除動節省錢糧之外，尚缺銀三萬八千一百六十餘兩。擬多用捐栽柳枝，或仍有不敷，則於河庫内通融動支等語。今此工除用捐栽官柳之外，尚多費銀三萬五千四百一十兩有奇，則此原缺之三萬八千一百六十餘兩自應動河庫錢糧，又亟請併修河北運河疏内。臣原估需銀十五萬九千三百餘兩。

清 靳輔《靳文襄奏疏》卷四《請添河員疏》 請將汛長工遠之處，酌量添官。内凡就近有見任官員可用者，即令兼管河工。就近無見任官員可用者，方爲添設分管。至於文武官弁，互相表裏。凡有欽工之處，設一武弁，即應設一文職，蓋武弁專管兵丁栽柳蓄草、填補獾穴狼窩、下埽簽樁等務。其購辦料物，動用錢糧，以及督管歲修人夫皆係文職之事，如一武即有一文，則有首尾之應，手足之孚，彼此同舟，盡力相濟。

清 高晉《南巡盛典》卷三五 乾隆十六年四月初六日，上命軍機大臣傳諭河道總督高斌曰：「朕閲視高堰山盱工程沿堤柳株稀少，著於堤面堤坡寬空之處多爲栽種。該官員加意培植，俾之暢茂。庶堤工既資鞏固而工料亦得有備。」該總督即遵諭行。

清《世宗硃批諭旨》卷二（雍正三年九月初十日總督河道齊蘇勒）奏：爲請立勸懲之法，以節國帑，以裕工料事，竊惟國家需用錢糧多在兵河二項，而治河物料全憑葦柳爲先，查歷年捲埽之葦，俱係動帑購買，每年所費不啻千百萬束，至於柳枝一項，產自官園，伐以濟用，例不動正項錢糧，蓋埽以柳爲骨，柳多則工堅。而帑省若柳不敷用，勢必以葦代之，不惟工不堅固，而且多費帑金。是柳株之廣爲栽種，誠不容緩也，伏查康熙十五年間，曾經題明立有勸栽議叙之法，然舉行不過三五年而止。臣到任以來，親見沿河兩岸，柳株寥寥，歷年雖有栽補之名，每多春報栽植而秋報枯損，終未見有成效。雖近有條陳捐栽議叙之例，至今未見有具呈捐栽之人。臣再四思維，若不亟爲整理，將來不惟工料大虧，而糜費錢糧，恐無底止。臣於去歲冬末，傳集道廳各官，細加籌畫，一面勒令各營弁兵於空閒之地，額定補栽柳秧一百萬株，又勸廳營大小文武官員，自通判守備以上，各出己資，栽種柳秧五千株，州同千總以下，各出己資栽種柳秧一千株，方爲稱職，如果於此額外有能廣行栽種，爲數甚多者，自當照例題請議叙去後今據各官共報捐栽過柳秧三十萬二千餘株，各營弁兵共報補栽過柳秧九十三萬二千餘株。臣經委員查看，並親歷閱視，除枯損之外，現在已經成活者，共有八十九萬二千餘株。再臣往來看工，見山東江南蓄水沮洳之地甚多，似可佈種蘆葦。臣於今春諭令廳員尋買葦根，先種一二處試其物性土脈果否相宜。現據徐屬同知等報稱微山湖邊淺水有泥之處，佈種葦墩，共計八頃七畝零，現今蔓延長發青葱等語，今栽柳種葦既已試有成效，是勸懲之法，不得不急爲之計，除今次道廳等官捐栽之柳葦係各盡職分，毋容置議外。臣請於前後所定捐栽柳秧，議叙之例多寡之中，量爲增減，嗣後附近印河文武員弁於山東河南沿河空閒官地內，果有各出己資捐栽柳秧成活八千株者紀録一次，一萬六千株者紀録二次，二萬四千株者紀録三次，三萬二千株者加一級。有能於各湖內種葦二頃者紀録一次，四頃者紀録二次，六頃者紀録三次，八頃者加一級。至效力各官有情願捐栽葦柳者，亦照此例議叙。再民人如有栽柳二萬株，種葦四頃者，仍照原定議叙之例，給以頂帶榮身。但目前正在工料匱乏，亟宜整理之時，若俟三年後酌量議叙，恐人心退縮不前，仰請仍照舊例，於冬末春初，令其廣爲栽種，於次年春末夏初查驗，成活数目相符者，造册送部題明議叙，以示鼓勵。至於各處河營目兵補栽額柳向無議處之條，今請每兵一名，每年栽柳一百株，務期培養成活。若不能如數栽植者，將專汛之千把總罰俸一年，守備罰俸半年。倘或栽補柳秧成活不及一半者，專汛之千把總降職一級，暫留原任，戴罪栽補。守備罰俸一年，以彰懲戒。如此三五年間，處處柳株成林，遍湖蘆葦叢生，不惟工料充裕，而且節省錢糧，不啻倍蓰矣。臣區區管見，不知有當與否，爲此具摺奏請聖明指示，伏乞皇上睿鑒施行，謹奏。〔硃批〕九卿速議具奏。

清《世宗硃批諭旨》卷七（雍正四年二月十二日兩廣總督孔毓珣奏）

雷州海塘雍正元年被颶風潮漲衝壞三千餘丈，石閘一十五座。臣已委雷瓊道王璠等帶員分界，督修其南海高要等五縣圍基。臣委各地方正雜官，并發粤試用知縣等，分圍督修，照河工之式製備木夯石硪，分發各工，教以使用之法，每挑土一層，必用水濕透，以夯硪築實，使新土舊土粘合一處，層層如是，但雷州海邊土性帶沙，遇大雨亦可傷損，臣令堤上及兩傍掘取帶有草根之土，加上春雨降時，草根生發，草長根結，則堤土可固。又廣東有一種榕樹，其根最多，傍水可生。臣於三水縣圍基險要頂衝地方，委署印知縣喬振先栽植榕樹三處，試驗抵禦水浪，俟有效驗即陸續栽植，各工於十一十二兩月内節次俱報竣工，尚有原未衝決而低薄者，臣亦酌發錢米，幫築高厚。仰賴皇上聖德，格天川瀆安瀾，海潮不至漲溢，自可永保堅固矣。〔硃批〕此係爾熟諳之事，可爲圍工創始之師。　此亦固堤之一法。　栽樹生根更好，但收功不易，未必得實心奉行之人。

清《世宗硃批諭旨》卷二一三　湖廣總督，臣邁柱謹奏，爲敬陳修隄事宜。

一護隄柳荻之宜速栽也。隄身之外，多栽楊柳，近隄沙土，密種蘆荻，久之可以固隄。臣現飭地方河官，令業民乘春插柳，以一弓一株爲準，其蘆荻則接連栽種，河官不時查點，禁止偷竊損踐。不數年間，深根盤結，可爲護隄之一助。如民力不能多栽，臣同撫臣司，道府協力捐種，該管官奉行不力，應以誤工參處。〔此〕係極有益之事，當力爲之。近日於黄河兩岸，准捐栽柳。不三二年間，聞已蔚然成林矣，亦應查倣河柳之例，題請捐栽爲是。

清　潘天成《鐵廬外集》卷二《治河》　古語云：防民之口，甚于防川。當決之使流，高寶以下州邑之地，當如江南圩田法，或方數里數十里，四圍開溝取土築堤，溝之深廣即堤之高闊，堤旁植榆、桑、柘、蠟子樹以固堤，使水不能衝齧，又有材木絲繭之利焉。

清　楊賓《柳邊紀略》　今遼東皆插柳爲邊，高者三四尺，低者一二尺，若中土之竹籬，而掘壕於其外，人呼爲柳條邊，又曰條子邊。

清　乾隆十二年《清會典則例》卷一三五　御道種樹：雍正二年奉旨自西直門、德勝門至暢春園沿途皆著種柳，岔道亦著栽種。皆著動用錢糧。栽完樹木令人看守，遵旨議準，令西北二城、大宛二縣各該地方分爲四段看守。

清 嵇璜《清朝通典》卷二 皇莊并内務府八旗禮部、光禄寺，丈量餘地撥給。此外，又有部寺官莊，分隸於禮部、光禄寺各衙門，自行徵收支放，以給公用，皆不屬於户部。内務府官莊，清初定制每莊壯丁十名，選一人爲莊頭，給田一百三十晌六畝爲一晌，場圃馬館，另給田四晌，壯丁蕃衍則留於本莊，缺則補足量，給牛、種、房舍、口糧。莊有整莊，有半莊，有稻莊，有豆稭莊，有園，又有蜜户，葦户，靛户，瓜園，果園，菜園，牧地，網户地，獵户地。謹按宗室莊田，鑲黄旗宗室，整莊四所，半莊一所，園一所，共地三十六頃六十畝。在大興通武清平谷河間各州縣，正黄旗宗室整莊五所，半莊十二所，莊四所，園三所，共地百有六頃五十六畝。在涿易二州，大興、宛平、三河、寶坻、順義、房山、保定、雄縣任邱，各縣正白旗宗室整莊四所，莊一所，園二所，共地三十六頃，在順天府及通州，香河、寶坻、房山各縣，沙河所等處，正紅旗宗室整莊百四十五所，半莊三所，整園五十所，半園十所，園四所，共地千二百四十四頃十有六畝零。在昌平、涿、遼陽等州及宛平、文安、保定、定興、淶水、海城、蓋平各縣，鑲白旗宗室，整莊百七十六所，半莊五所，莊八所，整園八所，園二十所，果地，靛地，網户，獵户等地七十六處，共地千七百十有七頃十有四畝零在通昌、平霸薊、遵化、灤易、滄、遼陽等州，大興、宛平、良鄉、固安、永清、東安、香河、三河、武清、寶坻、密雲、懷柔、房山、玉田、平谷、豐潤、遷安、臨榆、樂亭、保定、河間、任邱、保安、海城、蓋平、鐵嶺各縣，鑲紅旗宗室，整莊二百九十八所，半莊二十三所，莊五所，整園百十有二所，半園二所，共地二千六百三十頃一畝。在通、涿、昌平、霸、灤、滄、延慶等州，大興、宛平、永清、香河、寶坻、房山、新城、河間、肅寧各縣及張家口外等處，正藍旗宗室，整莊五百四十四所，半莊百五十一所，莊二十二所，整園百有三所，半園十有九所，園七十三所，果園、菜園，牧地五處，共地五千三百十有三頃二十四畝零。在通涿、昌平、霸、薊、遵化、灤、易、遼陽、錦、寧、遠等州，大興、宛平、良鄉、永清、東安、香河、武清、順義、懷柔、房山、保定、玉田、平谷、豐潤、盧龍、昌黎、樂亭、新城、青無極、保安、承德、開原、廣寧、開平各縣，及冷口外等處，鑲藍旗宗室，整莊二百三十一所，半莊六十三所，莊九所，整園百有二所，半園二所，園三所，共地二千二百五十四頃七十四畝零。在昌平、灤安、遼陽、錦等州，大興、宛平、固安、永清、東安、懷柔、蠡、高陽、海城、蓋平、開平各縣。凡整莊、半莊、園地、蜜户等户，各設莊丁，内選一人爲莊頭，給以晌地。

清 孫觀《觀城縣志》卷一〇 吕新吾曰：薄地、鹻地不生五穀。然沙薄者一尺之下常濕。斥鹵者一尺之下不鹻。山東之民掘鹻地一方徑尺深尺，換以好土，種以瓜瓠，往往收成，明年再换，沮濡以栽蒲葦、箕柳。 又曰：沙薄地大路邊，頭三二尺下，有好根腳，鹵鹻之地，三二尺下不是鹻土，掘溝深二尺，寬三尺，將柳橛如雞卵粗者，砍三尺長，小頭削光，隔五尺遠一科，先以極乾桑、棗、杏、槐老木如大饅頭粗者，三尺半長，下用鐵尖，上用鐵束做個引橛拽一地眼，將柳橛插下九分，外留一分，乃將濕土填實，封個小堆。得一兩月芽出，任其幾股。二年後就地砍之，第三年發出粗大茂盛，要做梁檩只留一二股，不消十年，都成材料。其次於正月後二月前或五六月大雨時，將柳枝截三尺長，掘一溝，密密壓在溝内，入土八分留二分。伏天壓桑亦照此法，十有九活。盜賊難拔，牲畜難咬，天旱封堆不乾，天雨溝中聚水又不費澆根，入地三尺又不怕鹻。十年之後沙地鹻地如麻林一般矣。

清 戚朝卿《邢臺縣志》卷二《城池》 萬曆十八年知府張延廷、知縣朱誥復加浚治水，復盈隍，沿河樹柳數千株。

又 司理王君宣化攝府，乃遵隍沿隍樹柳數千株，今視之業已成林矣。

清 洪肇楙《寶坻縣志》卷一六《集説·河堤》 築隄以捍水，尤須栽樹以護隄。誠使樹植茂盛，則根柢日益蟠深，隄岸亦日益堅固。栽樹宜春分，然聞之老圃云：每年十月内將樹枝深埋岸側，以土覆之過冬，木性與土性融，逢春易發，此法之至捷者也。向來邑令屢更，無暇督理，老人又率多，輪當者歲終一換，因循觀望，以致種植不時，防護少具。乾隆六年後知縣洪肇楙之任，即傳諭老人先期栽樹，惰者懲之。數年以來夾岸成林，四圍如蔭，不獨護隄且壯觀焉。

清 韓志超《蠡縣志》卷六《仕蹟》 乾隆乙卯秋，河水漲發城外，居民幾遭湮没，親撫恤撈筏渡入城中，晝夜防守，得免於災。於是修築堤防，多栽柳爲護隄之用。至今居民賴之。

清 王錦林《鷄澤縣志》卷三《建置》 本朝乾隆十六年知縣王光燮重浚，自邢家堤引滏水入焉。余蒞任之次年，相厥形勝，因邢家堤偏閘開溝引水西入，乃將城濠疏濬，培築護城堤爲蓄水之地，又於東關水口建青龍橋閘，以時啓開。内外兩堤植柳三千餘株，庶幾可垂永久云。

清 李淇《虞城縣志》卷八元 張履《黄河堤防記》 聖朝有天下百餘年矣，河之爲患，此之前代至爲鮮矣。然而虞城之南，未及一舍有古河。因經霖雨河，水泛漲，流入民居，勢似有不可枝梧者，瀕河郡縣觀之者，莫不寒心。郡人，陰陽教諭李珪同鄉曲大家寧瑪等合詞訴縣，縣聞之府，府上之朝廷，命隄防之。主簿尹公、縣尹楊公度費料工，同心協力，於是監縣元芹率徒即役，親畚鍤以身先之，作隄若京百有餘里，樹柳萬有八千餘株，不餘月而成，萬杵忘勞，河更不爲潰，以瀕河失業之衆，各得安其生矣。

清 謝旻《江西通志》卷六四 明正德元年，兵備道馮顯築（九江府）城西海天隄，路通瑞昌，約長六里許，植柳數千株，以防崩潰。春夏水漲，若海天無際故名。

又 春口壩在興國縣南二里許，嘉靖二十六年知縣盧亢課民藝松其上。四十二年海忠介瑞知縣事，密種萬松，以護水口。後人思之，呼爲海松壩。

又 瑞州壩在興國縣東門外，明正德間，壩爲水壞，樓亦廢。萬曆中知縣何應彪植櫸柳數十以培之。

又 （九江府）封郭洲隄（乾隆）三十四年大水（知縣吴）文正捐俸保隄，遍植蘆柳，以固隄址。

清 袁通《河内縣志》卷九《山川》 隄之當修築者，西起迴龍廟，東過真武廟，長凡三百一十丈有奇，高約二丈有奇，起工於正德十二年正月，訖工於是年四月。太守公又令沿隄種樹千餘株，蓋亦爲護隄設也。

清 王榮陛《武陟縣志》卷二三 清 王克哲《沁隄栽柳築壩説》 武邑大害，首數沁水，每歲夏秋，塌隄生險，官民憂懼，且埽工數十處，愈脩愈長，愈長愈險，稍有疎忽，衝決難免。災既切膚，籌畫宜詳，竊念沁水，自山右來，憑高瀉下，勢如建瓴。自應沙隨水去，河道净深，何乃日淤日淺，歲歲生險邪。良由郡西天師廟以上，地實山麓，土堅流駛，故水道不淤不徙。自天師廟以下，地已平坦，水流漸緩，及入武境，地勢愈平，其流愈緩，水緩則沙積，沙積則流淺，愈淺愈淤，夏秋水漲，安得不塌隄乎。且武邑之隄，俱係沙築，沙性虚鬆，一被水齧，傾圮立見，故不得不脩埽以護隄，埽本草垛又無大土以壓之，水深則浮，水急則蕩去，空費金錢，難資保障，欲求實用計，惟沿隄栽柳一策。柳之爲物，生意最盛，折其枝，順植之活，横植之活。倒植之亦活，且其木尤易長，植之十年便可成株。其根又最深，不及黄泉不止也。若植之，南北兩隄，下則柳根屈曲盤結，水不能塌，而隄根固矣，即遇洪漲刷隄，守者從容將柳株中折以枝稍捍水，則水爲柳稍所拒，雖大溜亦成漫流矣。迨水退脩埽，則柳稍便是料物，不煩徵收，而埽工告竣矣。況柳根盤結於下，是無形之隄也。柳稍折以禦水，是無形之埽也。沿隄皆柳，是隄爲内城，柳爲外城也。埽用柳枝，是棄易朽之草，而需耐久之柴也。時届春夏，長條舞風，緑影蔭地，是荒煙蔓艸之長隄忽變爲踏青乘涼之勝區也，詎不休哉，雖然是説也，人人皆知，而人人不爲。何也，一以均屬齊民，不能董率。一以地爲民出，耕之則利在目前，樹之則利在身後。一以隄不除糧，賠累已苦，隄外之地再種柳，焉是又加賠累也，誰其甘之。緣此三者，雖有大患不顧也。惟是在上者，大發慈悲，特爲詳請，將隄壓之地，與隄外二十步以内之地，先行除額，然後飭民栽柳，縱横丈之，二步一株，二十步内共栽十株，命附近村莊鄉地看守，盗伐者懲，枯朽者補。每歲正月，具確數稟報，立案備查，如此二十年定有成效焉。至若沁水不循中道，横流齧隄，宜於南北兩隄外多築邪壩以禦之。遇洪漲水爲邪壩所拒，勢不得不歸正道，水入正道則流大，而疾波滚浪湧沙，豈能留沙，既不停水道自深，從此而慶安瀾，則我武之大害去，而栽柳築壩之德，與沁水竝永矣。何善如之。

清 黄壽祺《玉山縣志》卷一《地理·水利》 萬柳洲在西關外三里灘下，萬曆丁丑知縣周日甲植萬柳於其上，名曰萬柳洲，後廢。康熙庚戌冬，知縣唐世徵補植，百餘年來，緑陰繁蔭。咸豐間，髮逆兵興，遂廢。

清 夏詒鈺《永年縣志》卷三七 清 余維樞《東閘洪溝地栽樹記》 古者土會之法，山虞草人之職，辨物生相，土化飭，厲禁貢賦貨賄政令出焉。豈獨備器用哉，今郡縣農桑外，教民植物莢阜膏覈各分等差，未可爲細務而置之，邑東閘洪溝公地一區没於儒家佃者，争訟久不決，余爲按籍質成歸諸官，因歎傳曰：貨惡其棄於地，苟利百姓宜無棄，迺命役求榆柳百餘本植之，非徒樂其易蕃，亦將使民識疆埒戒侵奪也。方始植時，木勢少，黨伍未必遽。扶疏旖旎，高累數尋，足人瞻眺。然業已攢柯比葉，紛錯森列，異日者雖拂雲千霄無難。昔吴湊爲京兆，陼樾殘稀，有司蒔榆其空，湊曰：榆不可陰，易以槐。今溝旁惟榆柳爲宜，非盡古者貢賦貨賄政令所從出，奚擇於榆與柳，如易樾以槐易榆，以槐之紛紛歟。蓋自榆柳既植，豪族咸曉然，知公地無得侵，厲禁不容犯，余髫鬌存古之意云，爾抑余聞字民猶種樹，苟非厚培植亘歲月，雖壅以黑壤，煦以燠日，一摇則立枯，不復救旨哉。是言余故有感於斯，不能無冀幸于後之樹民者，又豈僅課樹藝，遏侵犯爲足以塞責哉。或曰：《詩》詠甘棠，勿翦勿敗，榆柳今甘棠也，余茲愧矣。

清 文聚奎《新喻縣志》卷二《物産》 桑棗園，明洪武二十七年，奉例度地，開設城鄉共二百七十一處，栽桑及棗共得二萬七千八百一十二株，亦古先王授衣剥棗之遺意也。

清 儲元升《東明縣志》卷一《堤堰》 （明）萬曆十八年知縣區大倫栽柳一十四萬餘株，根結盤固。二十九年、三十年河連決，恃堤固無恐。

清 英啓《黄州府志》卷三《疆域志·古蹟》 萬柳隄即曾公隄，明知縣曾維倫築。自濯港至孔隴，長四十里，植柳數萬株，民謡曰，青青柳，勝甘棠，夏日不蓋樹生涼。

清 程啓安《宜城縣志》卷一《方輿志·山川》 潼河對岸爲萬楊洲，舊名中洲。即水經黎邱，城下繕洲，秦豐更名秦洲者是也。康熙中邑令胡无慶，植柳萬株，民因呼胡公柳。嘉慶間署令方策改爲補楊洲。

清 劉焕原《潛江縣志》卷一〇《河防志》 花封隄傍咸植榆柳，夏以蔭行人，冬以蔽冽風，民甚德之，頌聲載道，藩臬大臣，悉嘉與焉。

清 吕肅高《長沙府志》卷二二清《查勘堤垸條議》 護堤柳株宜一律栽種也，查兩邑年久舊垸，其有種柳以攩風浪者，即堅厚無損，其未種者，即不免卑薄。至於近年，民垸則種柳者絶少。細詢其故，蓋種柳一事，向來官雖示諭，未能實力督率，佃民田主各事因循，間或插種。又若牛馬賤踏、民人拔損，遂多有名無實。臣查柳枝非難得之物，插柳又易爲之事，植之三年，即可捍禦風浪，效速而利溥，莫過於此。臣已面加勸諭，令各多插，嗣後令水利之員兼行督率，遍處栽種，將每堤種柳若干，册報查考，責令管理修堤之堤總堤長人等，稽查照看，即交與道府等官。遇便隨時摘抽點驗，嚴禁縱放牛羊及居民侵損，違者予以罰懲，則數年之間堤垸屹然如山等語，查該處堤垸俱係培土修築，風浪油刷，雨水沖激，易致損壞。各處堤土原有栽茅種柳，以固堤根之例，今湖南巡撫楊既請於該省堤垸，勸諭民人遍種柳株之處，事屬應行應令。該撫飭令水利各員督率，栽種柳株以護堤根，並飭地方官出示嚴禁縱放牛羊及居民侵損等情。仍令道府等官隨時點驗，務使成活，如有枯損，即行補栽，以資永久保護。

清 吕肅高《長沙府志》卷五《山川志·安化》 伊水之濱，有柳堤焉。地勢稍下，每逢水溢，民居多湮。明天啓五年，知縣熊之彦，爲堤若干丈，以防之後決。崇禎十年，知縣吴洪募夫役囊沙合土成之，東南兩門，水患以免，後人夾岸植柳，風景甚佳，今復衝潰，急宜補築。

清 馮祚泰《治河後策》下卷《增植榆竹麻》 殷室五遷皆爲河所圮，未審爾時塞決之制云何。漢以後決愈甚，下埽塞決之制亦愈精。《元和志》：彭城導江縣西南二十五里有李冰揵尾堰，作之以防江決。其制破竹爲籠，圓徑三尺，長十丈，以土實中，累而壅水。《漢書·武帝紀》：河決瓠子，帝自臨決河，沉白馬玉璧時，東郡燒草，以故薪柴少而下淇園之竹以爲揵。如淳曰：樹竹塞水決之口，稍稍布插。按樹之水稍弱補令密，謂之揵。以草塞其中，乃以土填之，有石以石爲之。《瓠子歌》曰：「隤林竹兮揵石菑」。師古曰：謂臿石立之，然後以土就填塞之也。菑亦臿耳。《成帝紀》：建始四年秋大水，河決東郡金隄，河隄使者王延世塞以竹絡，長四丈，大九圍，盛以小石，兩船夾載而下之。三十六日河隄成。歐陽元《至正河防記》云：賈魯爲埽臺及推卷牽制薶掛之法，有用土、用石、用鐵、用草、用木、用杙。用絙之方，其法以竹絡實以小石，以蒲葦細腰索徑寸許者從鋪廣可一二十步，長可二三十步，又以曳埽索綯徑三寸或四寸、長二百餘尺者衡鋪之相間，復以竹葦、麻檾大絳長三百尺者爲管心索，就繫綿腰索之端於其上，以草厚鋪于綿腰索之上，槖而納之，推拳成埽，又用大索或互爲腰索轉致河濱，又排大船三十七艘前後連以大桅或長樁，用大麻索竹絙絞縛綴爲方舟，又用大麻索竹絙長七八百尺者繫兩岸大橛上。由是觀之，漢世以竹爲幹，木次之。賈魯以竹爲絙，麻次之，雜木則不可紀矣。近世埽制不聞用竹，止駱馬河有竹絡埧，其餘埽索以蘆纜爲主，麻檾次之，以柳爲骨，以草爲肉，當亦古今之小異乎。然今制抑多取于所植，餘則採買備用。竊嘗心非之，謂地有遺利，人有餘力而鮮所樹植。又塞決倉猝，一時採買者不及應手，率多豁成大口，則何不于植柳之外增植榆、蒔竹、藝麻也。康熙十六年河臣朱之錫疏云：前河臣楊方興題請責成印官各于河干按汛栽柳，仍請于瀕河處所各置柳園數區，或取之荒地，或價買民田，以時灌溉而備料物。 世宗憲皇帝復嚴盜伐隄柳之禁，于是乎柳蔭成林，其根可以固隄，其料可以備埽。然而山榆之性較柳更爲綿硬，怒浪衝突不能折而斷也。根之入土深而鋭，入使與柳同植，其幹之揚起竦上，不啻過之。至于蘆纜之柔，豈若竹絙之健，而麻之爲用尤每場數十斤矣。使推廣柳園之意，而亦有榆園、竹園、麻園，且與盜伐隄柳之禁同一科條，平時遥隄格隄之間森森相望，一旦蟻穴獾洞透漏將潰，取料裕如，未必非河防之一助也。

清 彭衍堂《龍巖州志》卷一《封城志》 博平嶺，嶺距適中驛館十里，巖永交界爲汀漳孔道自牛隴口至永轄嶺下，計程十里許，嶺甚高峻。康熙初，適中民謝玉顯邀鄭國鼎在嶺旁兩面種松約數千株，以爲蔭木，行人稱便。乾隆二十八年，顯裔孫謝之興呈請道憲永禁砍伐。

清 楊霽《高州府志》卷五四《紀述》 郡治西隔鑑水有觀山焉，爲城之右護，宜常蔚茂青葱，昔年知府戴錫綸創建魁星閣於山頂，培風水也。邇來西南角林樹蕭條矣。光緒十四年正月署巡道王之春，補種樹數百株，使秀氣凝聚，歌以紀之，并刻諸石：古來樹人如樹木，百年十年分遲速。即今樹木仿樹人，敏政敏樹皆精神。觀山山上何青葱，一時著手都成春。疏疏密密有條理，生意盎然竟如此。天南對插文筆峯，魁星傑閣矗雲起。循環四麓致周綴，蜿蟺縈拂鑑江水。來龍去脈眇遥深，真氣蟠亘争崎崟。釀化岍嶸，雲嵐重，一草一木皆鬱森。形勝家言至足據，濟濟多士應如林。繞閣輪斜三百樹，轉眼趼蔓當成陰。緑陰十畝入畫裏，攢柯交葉紛纚纚。玨天縈地將有人，豈異公門種桃李。若詢手植伊何人，爲道清泉王氏子。

清 張希京《曲江縣志》卷八《輿地書》 唐丞相張文獻公九齡墓在城西二十里武臨源。宋郡守譚粹公外家十代孫也，歲躬致祭，宣和中郡守陳逸時行奠禮，植松數千株，紹興中舍人朱翌白太守蘇泳以墓在法應祀，歲以爲常，正德間布政吴廷舉重建饗堂，編夫看守。

清 楊霽《高州府志》卷四《輿地》 三台山，縣治主山也。北城跨其上，東連城外白霧嶺，西連城外迴龍嶺，五峯連絡如屏。自謝建穿田來平陽，突起形家以爲鳳形。乾隆間知縣喻實忠種松萬株，登山四望，緑野平疇萬頃在目，爲一邑之勝。

清 余保純《直隸南雄州志》卷一〇《山川》 大庾嶺路唐開元丙辰内供奉張九齡奉詔開鑿。宋嘉祐癸卯廣南東路轉運使蔡抗漕廣兄挺詳刑江西陶甓，各甃其境，署其表曰：梅關元泰定乙丑路，總管赤馬都丁至元戊寅楊益，各增植松梅。明正統丙寅知府鄭述砌嶺路九十餘里，補植松株。正德甲戌布政使吴廷舉知府李吉增植松梅五千餘株。舊志嘉慶戊午春，兩廣總督吉慶飭委平田司巡檢董安祖自雉公崾至黄土斜挨種松樹一百二十株，現在樹身茂盛，行人資其芘蔭。

清 洪肇楙《寶坻縣志》卷一一《人物・名宦》 〔知縣彭鎬〕曾於西門官路遍栽柳，以便行者，後人過之猶攀條歎息曰：此彭侯植也。

清 楊文鼎《灤州志》卷一〇《建置・城池》 嘉靖六年，知州張國維環城植柳，濬池建橋。二十五年知州陳士元復濬之。萬曆四十四年，知州周宇修橋竪坊，東爲興仁坊，西爲遵義坊，南爲循禮坊，北爲廣智坊，易植新柳，一時焕然改觀。

清 賴于宣《藁城縣志》卷三《賦役》 桑棗園每里一所，計十三所，明洪武二十七年，命州縣官督民建設，植桑棗以足衣食。

清 曹鳳來《無極縣續志》卷二《城池》 縣城自知縣黄可潤環植以柳，蔚然可觀，後爲人所乾没。同治九年知縣丁文浚復植，併修城樓，今則緑楊城郭，儼然圖畫。

清 李淇《虞城縣志》卷一《城池》 〔城池〕周圍八里，計長一千四百四十丈，頂寬三丈，高一丈八尺，底寬十二丈。原堤植柳數千株，後無存者。今仍環堤植柳，爰復舊觀，其捐助督工紳士俱見碑文。

清 劉錦藻《清續文獻通考》卷三七八《實業考一》 臣謹案《周禮・太宰》以九職任萬民。曰三農生九穀，曰百工飭化八材，曰商賈阜通貨賄。體國經野，規模宏遠。管子之學淵源，《周官》其《小匡篇》，以農工商爲國之石。民羣萃而州處，相語以事，相示以功。是故父兄之教不肅而成，子弟之學，不勞而能，農之子恒爲農。商之子恒爲商。工之子恒爲工。學有家法，故國有霸才也。今國家侈談變法，凡訓農、惠工、通商，諸大政，廷臣欲議於上，疆臣條對於下。遠師歐美，近法日本，亦亟亟焉。思與列強競争，乃取其貌，而遺其神，得其粗而棄其精。豈所謂伊摯不能言鼎，輪扁不能語斤耶。殆未知實事求是，業廣惟勤歟？昔王符當漢之季譏切時事，曰：「富民者以農桑爲本，游業爲末。百工者以致用爲本，巧飾爲末。商賈者以通貨爲本，鬻奇爲末。」而《叙録・務本》篇，復大聲疾呼曰：「大人不華，君子務實。」然則業精於勤，首在崇實，近時通國皆稱農工商爲實業，有以夫朝廷既設專部推演實業，以厚民生。而前考無可附麗，不得不特立一門，即就恒言名曰實業。分爲四類，首總務，次農，次工，次商。揚搉陳之用昭來祺。 總務：臣謹案《通考》首列田賦子目，粲然畢備，本可賡續。惟光宣之交，尚有樹藝、蠶桑、畜牧、漁業等事未便攙入，不得不歸實業工務，向所罕見，固宜別立一門商務。有雜見市糴征榷者，今斷自光緒二十四年，設農工商局爲始，編歸實業。其從前有關於農商者，仍參觀田賦、市糴、征榷諸考，以分界限。首列總務，凡綜論食貨者具載於篇。按農工商局甫設即罷，雖未實行，而實業之興權於此時，故據以爲斷。 光緒二十四年諭通商、惠工、務材、訓農，古之善政，方今力圖富強，業經明諭。各省振興農政，獎勵工藝，並派大臣督辦沿江等處商務。惟中國地大物博，若不開通風氣，不足以盡地力，而闢利源。圖治之法，以農爲體，以工商爲用。見（現）當整飭庶務之際，著各省督撫，認真勸導紳民，兼採中西各法，講求利弊。有能創製新法者，必當立予優獎。該督撫等務，當仰體朝廷開物成務之意，各於該管地方考察情形。所有頒行農學章程，及製造新器，新藝專利給獎。並設立商務局，選派員紳開辦各節，皆當實力推廣，俾有成效。此外，迭經明降諭旨飭辦事宜，亦均悉心講求次第興辦，毋得徒託空言，一奏塞責，並將辦理情形隨時具奏。【略】 又兩廣總督譚鍾麟奏迭奉 諭旨飭令振興農政，獎勵工藝。查廣東三面濱海，地狹人稠，並無曠土。天氣温和，一歲之收茶、桑、果、木，四處成林，人多無田可耕，野無不耕之地。惟責令多種茶桑，稍獲微利，此農務之大概也。至工商兩業較他省爲盛。近年風氣大開，有以機器仿製洋貨者，有製土貨專銷外洋者，造作日精，行銷日廣。而出洋之工商，惟粵人爲最衆。或挾資營運，或傭趁爲生，但能勤儉自持，鮮不歸囊充牣。粵中所謂殷富者類，皆得自外洋，縱未能抵塞漏卮，亦可稍分餘潤。此工商兩務之大概也。今就省城設立農工商務總局，委候補知府周德溥駐局，經理會商。府縣紳士悉心講求，妥爲勸導，期於由近及遠諸務振興。得旨著認真講求，自闢利源，毋得有名無實。【略】 又閩浙總督許應騤奏：閩省全境皆山，惟福州及興泉三府間有平地。每段祇一二十里，而止餘則灘磧居多。歷來種穀者半藉山麓之梯田。種薯者兼及嶼旁之沙地。居數艱食，端由於此，其峰腰嶺脊不堪阡陌之處，或種竹、種茶、種木，曩年，曾試植桑及棉花，迄未收效。且植桑棉之地，即植茶木之地，損彼益此，利實無多也。今之言農工僉主，用外洋耕具，不知機輪靈捷。原以補人力所不足，必西北平原寥廓，動逾百數十頃者，始展所長。若閩人浮於土，地利已搜剔殆盡，則用之非便。臣惟有切飭各屬認真振興水利，開墾荒田。並曉諭民間講求樹藝新法，以阜物産而增財賦。福建工藝通西洋最早，蓋緣船政設局歷數十年，凡攻金攻木等工，雖洋匠董其成，實華人分其事。平日耳濡目染，諳汽學電學者，頗不乏人。祇因自置一機則取值不貲，獨創一器則曠日持久。是以不求精進。臣現將給照，專利章程，廣行勸諭，冀其互相激勵，百藝俱興。又閩之漆工製造日精，其細緻光澤可駕東洋。而上近泰西諸國販運出口者頗多，仍當極力提倡，以期逐漸推廣。至於商務以茶木爲大宗，木祇行銷於内地，茶則專售於外國。從前印度、日本未諳種法，閩之業茶者獲利甚豐。今則洋茶盛行，銷路減去十分之六七。推原其故，固由種植焙製未盡如法，亦因税釐耗羨，徵款實繁，以致成本增重。動形虧折，茶業繫閩民之生計，實關中國之利權。若不設法挽回，深恐日敝一日。臣當詳慎酌擬再行奏明辦理。得旨即著因地制宜，切實舉辦，勿徒以一奏塞責。

【略】 三十四年農工商部覆奏侍郎楊士琦奏：華商集資創興瓊崖地利辦法，略稱原奏所列一綱十目，應籌全局次第設施，當電囑胡國廉來京面商。茲接函稱瓊崖事件鉅艱，非厚集商力，不足有成。擬先設總公司爲開闢瓊崖根本，一面招致僑商分設各小公司，廣興實業，貲本不足，總公司佽助之。現已招股一百萬元，設立僑興總公司。先辦墾礦、畜牧、匯兑事宜，又招股一百萬元設立僑豐公司，專辦鹽務。見值銀價低落，籌款較難，俟市面稍寬續招鉅股，並令代表來部面陳辦法。竊維瓊崖全島爲古儋耳，珠崖等郡地多炎瘴，數千年未經墾闢。然其地内屏兩粵，外探南洋與香港、小吕宋、西貢等埠，勢若連雞，隱然爲海疆重鎮。而土脈膏腴礦饒衍，尤爲外人所豔，稱未雨綢繆誠爲急務。胡國廉雅負物望，精擅商才，原單所列各條均屬切實可行。惟諸務同時並舉資力，或恐未勝，見與該代表往復推求，就所列綱目參以情勢，證以事理。有宜亟辦者五，宜次第舉行者三，宜暫行緩辦者二。【略】 清荒地一條，振興農業必始查荒。惟清丈稍一不慎，易滋騷擾，應由兩廣總督嚴飭勸業，瓊崖兩道督同該管州縣會商。該公司將全島荒地查勘，分別官荒、民荒。妥籌辦法，總以釐正經界，毋擾居民爲主。勘竣，由該公司領墾，並繪圖訂章報部及兩廣總督會商核奪。此宜亟辦者三廣種植、講畜牧兩條，樹畜爲農政大端，自宜將著手較易者先，爲試辦如棉花、萆麻、甘蔗、蘿蔔、洋薯、樹膠、椰子、胡椒各品，於瓊崖土性適宜。擬先從瓊澄臨儋定安境内先行種植。畜牧則選購牛羊佳種，擇水草佳處爲畜牧場，並製造皮毛，化生爲熟。數年後陸續推廣，滋生蕃衍必有可觀。此宜亟辦者四。長森林一條，林業獲利最優，收效較晚。瓊崖嶂巒層疊，森林本極相宜。惟居民樵採已慣，禁令必有難周。應俟清荒後，陸續興辦。此宜次第舉行者一。【略】又（宣統元年）農工商部奏：遵奉限期將本管事宜，應辦各要政，詳加釐訂，略分四類。曰調查，曰籌議，曰興辦，曰編制。約一百二十八條，分年列表。第一年，調查中外棉業。籌議各省設立農務總分會。籌辦自來水京師工業試驗所。開辦京師農事試驗場。重建京師勸工陳列所。推廣內地及海外各埠商會、各處船會。招致華僑創辦大宗實業。頒佈農會章程。畫一度量權衡制度。修訂商標章程。第二年，清釐全國礦山區域。通飭各省照章檢留最通用之度量，權衡舊器各一種，查核報部。調查各國賽會章程辦法。通飭各省調查商品出入大概數目，商務衰旺情形，編成報告。籌議開墾事宜，林業事宜。通飭各省籌設漁業公司、水產學校，化分礦質局，舉辦各省農務總會，設立蠶業、茶務講習所，開辦京師工業試驗所、勸工陳列所，設立度量，權衡官廠，製造新器。編輯棉業圖説，釐定獎勵棉業章程。修訂礦務新章，編訂畫一度量權衡各種細章。第三年，調查內地絲茶業，及各省出産商品，飭查出入詳細數目，商務衰旺實在原因，編成報告。通咨出使大臣將各埠華商人數、商業册報。通飭各省籌設農林學堂、農事試驗場，推廣保險辦法，舉辦各省農務分會，推廣蠶業、茶務講習所，開辦化分礦質局，施行畫一度量權衡各種細章，頒行度量權衡新器畫一京外度量權衡商務總會，以次設齊，頒棉業圖説，獎勵章程，礦務新章，保險規則，運輸規則，編訂工會規則。第四年，調查絲茶情形，全國礦務品數、産額、銷場，編製統計全國工藝及製造原料，調查全國著名工藝品，通飭各省設專門學堂、工廠研究，改良，各州縣籌設習藝所。各省會各商埠籌設工藝局、勸工陳列所。各省籌設礦務學堂，組織各種工會，研究工業改良法，籌設各省商品陳列館，籌議獎勵海外貿易，通飭商民出洋貿易。海外大埠、華商商會，及商船總會，以次設齊，編定各處酌留度量權衡一種舊器與新器比較表，統計各省歷年商品出入、商務衰旺，分別列表。籌議改良辦法，頒佈商業登記章程。監督交易行政規則，整頓貨棧規則。第五年，通飭農會編輯農務統計列表報部。調查森林區域，籌議改良農業、絲業、茶業事宜。通飭籌議農事半日學堂、農事演説會場。籌議各省勸業會，爲賽會之練習。各省會及通商口岸商品陳列館，以次成立，彙齊各省商務報告，逐年比較列表，統計核定，改良辦法，頒示商民。第六年，通飭各勸業道，編輯畜牧漁業統計列表報部。籌議整理漁界繪具圖説，籌設獸醫學堂，籌辦農林礦務警察，商團及國内賽會。通飭農會改良農具，開拓農業，增殖農産，實行開墾辦法。商務分會、商船分會、各省勸業會，以次成立，釐訂振興絲茶辦法。第七年，通飭各勸業道查明水利事宜，繪具圖説報部。通飭各省籌設美術學堂，實行改良棉業，振興絲茶辦法。外埠商會、各府及大埠商品陳列館，以次成立，編製歷年航業推廣比較表。第八年，考查農會、商會、船會辦理成績，籌議萬國賽會，設立商律講明所，開辦國内賽會，編製實業公司局廠，逐年增進比較表，編製歷年海外貿易比較表。第九年，通飭報告歷年籌辦森林列表統計。調查改良棉絲茶商各業，逐年進步列表統計。各州縣商品陳列館，以次成立。開辦萬國賽會，編製全國農産品，水利、森林、畜牧、漁業、礦産圖志，編訂全國工藝商業志，下憲政編查館知之。【略】（又廣西巡撫張鳴岐奏）桂民貧困，坐於游惰。欲化游惰之習慣，非注重教育不可。臣於光緒三十三年，派員赴日本調查農林、畜牧各事，冬間回桂開辦農林試驗場，並附設農林講習所。去年將講習所改爲中等農業學堂，並派員赴歐訪聘農學技師，以期取法乎。【略】（宣統二年）甘肅、新疆巡撫聯魁奏：遵籌農林工藝要政，見於省城北門外開辦通省農林試驗場，並擬添設實業講習所。各屬亦飭次第舉辦，得旨著即認真籌辦。又安徽巡撫朱家寶奏：辦理農工情形。【略】建德縣紳前長蘆鹽運使周學熙設立之農林公會，及各鄉區分會，墾荒種植頗有成效。餘如宣城、建平、南陵、廣德、休寧、貴池、東流、巢縣等州縣或由獨辦，或集公司。所種桑茶、桐柏、松竹、柞杉、桃李等項多者數十萬株，少亦有數萬株。蠶業一項，桑蠶則有省城蠶業講習所，業於春間養蠶採繭製種。曾將標本呈送農工商部有案。並由該所教員本其經驗所得，輯有蠶桑簡法一編，發給各屬，俾資研究。皖南如青陽、貴池、當塗等縣風氣漸開，可期日臻發達。柞蠶則有鳳陽傳習所，亦於春間放蠶，得繭二十餘萬枚。繭絲標本亦經送部。而懷寧、東流、六安、滁州、霍邱、英山、定遠、建德等州縣亦逐漸推廣。柳蠶，則臣在吉林時頗知其利，蒞皖後每向紳士勸導。近有五河縣教諭朱柏年等赴吉林購蒿柳秧四萬株，租定盱眙縣灘地二百畝，試辦茶葉；爲皖南北向有之利，尤以徽州、六安爲特色。惟北茶並不行銷外洋，南茶雖有洋莊，而培壅焙製不知改良，未能與各國競勝。因飭於徽屬屯溪籌設茶務講習所，撥定經費即行開辦。北茶亦飭於六安州試製紅綠茶兩種，以廣銷路。工藝自光緒三十四年在省城西門外設立工藝廠，分製氈製革、竹器、木器、藤器、髹漆、番布、寧漆等科，聘用技師招徒學習。本年復添柳條一科，仿東洋法編成器具。廠中所出物品漸有進步，竹漆各種經南洋勸業會獎以金牌。見復籌設商品陳列所，先撥銀四千兩於南洋勸業會，閉會後派員往購商品，業已裝運回皖，並採辦醴陵瓷及漢口銅錫器皿以資效仿。此辦理農工之實在情形也。　又東三省總督錫良奏：辦理農工大概情形略稱：【略】奉省柞蠶爲出産大宗，見飭各屬農桑會組織柞絲公會，研究改良擴充事宜。並飭地方官於新添山場，嚴加保護，不准增收捐項阻其進步。故各屬柞蠶日見推廣。【略】林業一項，奉省天然森林多在鴨渾沿江一帶，徒以歷年採伐無節，漸失舊觀。現已將該處森林區域詳悉調查，並立保護章程，輪伐方法，嚴飭地方官實力奉行。又飭勸業道編纂森林警察講義，加入鄉鎮巡警課程之内，俾將來分派各學均有保護森林知識。此外，則人造森林甚少，見由種樹公所採取東西各國籽種，造林一千六百餘畝，作全省模範，民間聞風頗相仿效。本年森林學堂速成班畢業，擬即派赴各屬辦理林業。已有者實行保護，未有者極力擴充。不獨謀地方公共之利，亦係拓國家財政之源。【略】又農工商部奏：彙核各省農林工藝情形略稱：統計各省歷年辦理情形，惟直隸、奉天、黑龍江、山東、四川、廣東等省爲最。吉林、江蘇、湖北、湖南、福建、江西、陝西、浙江、安徽、河南、廣西、山西、雲南、甘肅等省次之。新疆、貴州等省又次之。全國荒地業經報部，有案者約計已墾七千三百七十三萬一千四百二十五畝，又一百二十四處，未墾二千二百四十五萬畝，又一百一十五處種植樹木，已成活者約計二千五百八十萬零八千株又一千六百九十二區，其歸入農林項下者，各學堂、公司、局、廠等計一千一百一十五處，處經濟競爭之會，值帑藏奇絀之時，非振興實業，無以闢利源而塞漏卮。【略】又奏各省見辦農林工藝大概情形。據湖南、湖北、江西、新疆四省咨送官民荒地圖册，奉天、黑龍江、陝西三省咨送造林區域圖册，均隨時咨覆，務期迅速籌辦。惟直隸、江蘇、安徽、山東、山西、陝西、福建、浙江、四川、廣東、雲南、貴州十二省尚未造送到部。至各省辦理情形，如設立農業學堂、農林試驗場，暨墾牧樹藝，凡關農林各項公司、及工藝廠、工業學堂、紡織製造，除上年奏陳外，其续報到部者，農林項下：黑龍江奏准變通沿邊荒務；安徽奏設安阜農務公司；四川奏開辦樂山、汶川、邛州、雷波等處林墾公司；廣西奏設桂林、平樂、梧州、潯州、南寧、太平各屬墾牧公司二十五處，新開水利二百九十處，修浚舊有水利三百六十餘處，新疆奏設農林試驗場、講習所、研究所、水利公司。其林業分南北西路計栽活之樹數百萬株。此外，如江蘇、江西則有紳辦方麓裕農墾牧公司、樹德墾牧公司，並於廬山東林寺籌辦造林區域。【略】三年，兩廣總督張鳴岐奏：籌辦農林工藝略稱：粤省前於省城東郊創闢農事試驗場，上年復開辦農業講習所，添購地畝併試林業，並於增步地方創設工藝局，附設家族工藝傳習所，以樹楷模。自光緒三十四年至宣統元年年底止，據各屬報，關於農林工藝之事者共計七十起，業於統計表内逐項報告。查上年據報，創辦農林局、廠、公司三十二處，承墾荒地二十七處，農業學堂及講習所九處，造林四處，農務分會四十三處，分所十八處。又工藝一項，除工藝局，由道籌設外，據各屬報設者工藝局、廠、公司二十六處，工藝傳習所四處，工業會社三處，學堂五處。此外，尚有興修水利未據報齊，其餘正在籌辦，未據稟報等情。臣維粤省依山濱海，氣候温和，土壤饒沃，山林川澤之美，自昔豔稱，且通商最先，人民精於貨殖，百工居肆出品可觀。徒以服先疇而守舊獲，未能知所改良，力求進步。比年提倡勸導，各屬聞風鼓舞，漸知注重農工。臣到任後，察看情形，財政則異常困難，人民則相習游惰。自非先議禁賭，無以入手，而欲實行禁賭又非廣興實業，無以爲善後之計。前已飭行工藝局内籌設家族工藝傳習所，並通飭各屬擇地籌款延聘技師，趕設家族工藝廠，用資教養，免流匪僻。此外，籌辦森林墾牧，改良製造蠶種，整頓絲業，振興漁業，設立水産學校，調查礦産，化分礦質，開闢市場。凡關於實業之大者，均已擇要次第推廣，實力進行，務使地無棄利，人自謀生，以仰副朝廷振興實業之至意。　又陝甘總督長庚奏：辦理農工暨礦務情形略稱：農工商礦總局詳稱：甘省地廣人稀，加以兵燹頻經，地多荒蕪，童山彌望。自光緒三十二年設局，提倡即酌定墾荒種樹章程，通飭遵辦，年終報局查考。嗣據續報墾荒地共二十餘萬畝，桃李、槐榆、楊柳、桑柘各樹現種成活者共九十六萬六千七百餘株，刻仍分飭推廣。惟開辦伊始，非切實講求不足，以昭信從。當於局内附設農礦學堂，招募學生，分科教授。旋因農林礦務事屬兩端，復將農林學堂畫出獨辦，由山西聘訂農林教習，講求種植，研究肥料，即於農業試驗場按法試種。其省城設立農務總會，每星期必集農民講習。此外，如中衛、張掖、碾伯、會寧、古浪等處均已設立分會。其餘未設各廳州縣，已飭趕籌。【略】查甘省地多荒涼，民尚樸僿，農林工業各要政，原非若東南各省講求有素者可比。經該局總辦，蘭州道彭英甲苦心孤詣，竭數年之精力，創造经營漸有端緒。臣到任後，正值禁煙喫緊之際，復飭將從前種植罌粟地畝各相土宜，勸諭農民一律改種嘉禾，或棉花、藍靛、藥材、樹木等項，爲民生衣食之資，以期各項實業日益發達。　臣謹案光緒初年左宗棠督陝甘奏稱：罌粟既禁，腴田改種草棉，廣植柘桑，關内外設蠶織局，收買桑葉蠶繭，俾民獲利。蘭州織呢局設機器二十具，所成益見精緻。道旁榆樹成林，自嘉峪關至省除鹼地沙磧外，拱把之樹接續不斷。甘涼道鐵珊散佈，羊種孳生蕃息，尤覩成效，似當時農林工藝均有基礎。何以三十餘年未見發達，則創造有人，而鮮實心任事者之繼其後也。　又貴州巡撫龐鴻書奏：辦理農工情形略稱：黔省農林工藝在昔均未講求，固由財力之艱難，亦苦交通之梗塞。自勸業道設立專官年來，農林學堂、蠶桑女學講習所、農事試驗場、勸工商品陳列所、農商各總會，粗具規模。各屬具報，如遵義、都匀、黔西、鎮寧、赤水、羅斛、貞豐等屬之工廠，蠶桑學堂，山蠶講習所，蠶桑、艾粉、百合粉各公司，及他屬之茶業、棉業、漆業，均漸有進步。黔省素種罌粟，用力少而收效速，人民趨之若鶩，是爲實業一大障害。比年叠頒禁令，雷厲風行，果能痼疾全除，於振興勸導之方，較易爲力。但不預籌款項諸事，亦徒託空言。現擬就省城設一普通大工廠，擬分織布、製革、漆工、繅絲、軍裝、木工六廠，招徒學習。先由籌辦實業款内撥銀一萬两作爲基金，餘則勸官紳捐輸，有能捐銀至二千两以上或一萬两者，擬請從優獎叙。商股以五十两爲大股，五两爲小股，嚴訂章程，以資信用。【略】現正飭屬將所管地方官民、荒田，並氣候土宜，切實查報，俟報齊再擬章程，奏咨立案。又山西巡撫丁寶銓奏：辦理農工情形。略稱：上年農工商局會同士紳，照章於省城創設農務總會。其籌辦約分數項，曰：提倡蠶桑，查報荒地，編緝農報，調查土壤，講求水利，保護森林。又催各屬設立分會，已報成立者計太原府，並所屬之文水、興縣、岢嵐州、大同府及寧武府屬之偏關縣等處。又於文水設立水利公司，專司開渠築堰，以資灌溉。至本省林木，向以汾河上源寧武府一帶所産爲多。其次則太原府屬之交城山，沁州屬之沁源山。但因民閒採伐過甚，致林木未能發達。兹由農會酌訂採伐統一規則，分佈各處，俾知保護。飭各屬栽種樹株，並勸紳民於道旁屋角多植楊柳、桑秧，易生各樹。據册報成活樹株自數千至十餘萬株不等。如平定解絳等處頗著成效。惟勸業必先興學。現省城有高等農林學堂，並附設試驗場。河東有中等、初等農業學堂，平定有初等農業學堂。又省城農務總會新設蠶桑傳習所，忻州有林業蠶桑試驗場，廣靈有農林試驗場，保德州、崞縣均有農業試驗場。其餘各屬亦正在籌設，俾實地考驗，乃可次第改良。此辦農林之大概情形也。【略】又農工商部奏：據順直同鄉京官惲毓鼎、李士鉁等呈稱，創設畿輔農工學會，前經奏准開辦，現擬改爲京師農務總會，並附設工業研究所，仍講求農林工藝。範圍較廣，事業可期擴張。前公舉會長劉彭年，擬改爲總理副會長。王毓芝擬改爲協理。公懇援案奏：給關防查。富國本計，端在訓農。京師爲首善之區，四方觀聽所繫。見在各省陸續設農務總會，而京師尚屬闕如，誠不足以樹風聲。而資聯絡該官紳等前設農工學會，並請撥官荒籌辦林業，當經先後奏明。今請改爲農務總會附設工業研究所，係爲力謀進行起見。劉王二員任事已久，改爲總協理，核與定章相符，應請准予立案。由臣部分别派充刊給關防。

清　劉錦藻《清續文獻通考》卷三七九《實業考二》　臣謹案農工商部章，農務掌農桑、屯墾、樹藝、畜牧，並各省水利。兹除屯墾前入田賦者仍舊外，從光緒二十四年後悉編於此，而以樹藝、蠶桑、畜牧、漁業附焉。　光緒二十四年諭：總理各國事務衙門奏議，覆禦史曾宗彦奏請振興農學一摺。農務爲富國根本，亟宜振興。各省可耕之土未盡地力者尚多，著各督撫飭該地方官勸諭紳民，兼採中西各法，切實興辦，不得空言搪塞。須知講求農田種植之道，全在地方官隨時維持保護，實力奉行。如果辦有成效，准其擇尤奏奬。上海近日創辦農學會頗開風氣，著劉坤一查明該學會章程，咨送總理衙門查核頒行。其外洋農學諸書，著各省學堂廣爲編譯，以便肄習。　臣謹案周以九職任萬民，其所以爲小民樂利計者，何嘗不審，降至今日，農學不講，謀生愈隘。下以成法爲經驗，上以空言相督責。卒至民間日用所需，亦無一不仰給於人。吁，仰給於人可惜也，甚而至仰給於外人，又可懼也。　又御史華煇奏：請講求務本至計、以開利源，略稱：自各國通商，每歲出洋之銀爲數甚鉅。近更通商，内地小民生計日艱，而户部出款歲增數千餘萬。内外臣工建議曰：清逋賦核釐金加捐税，皆取財之法也。天下之財止有此數，取之過度，民力不足以供之，則亂端起矣。有變而爲節財之説者，則曰：「裁額兵除中飽汰浮費。」有變而爲通財之説者，則曰：「興工作，振商務，修鐵路，設銀行。」此二説固較勝矣。而原本則不在。是夫國用何出出於民，民財何出出於地，地利何出出於物。故董勸農桑、講求物産，爲古聖王生財之道，即今日養民致富之源。民力不足，須官爲補助者二端，曰廣種植，曰興水利。種植之大利，在南方者二，曰桑，曰茶。黄河以南之省，近水者宜桑，近山者宜茶。苟能由官籌款購買茶秧、茶子，散給民間，並講求養蠶製茗之方，不數年而風行各省矣。在北方者二，曰葡萄，曰棉花。黄河以北之省天寒地燥，惟此爲宜。葡萄可釀酒，棉花可紡綫織布。苟能博求良法，勸導民間，則餘利豐盈。偶有偏災，無虞凍餒矣。此四事辦有成效，立可行銷外洋，自收利權。然地方官吏必將畏難苟安，諉於土性之不宜，民情之不願。天下無論何土，必有相宜之樹，無論何事，必有可收之利。此則南北各省皆有之，皆宜之，無所容其欺飾者也。今請定一勸民種植之法，有能於舊有樹木外，種至五萬十萬株以上者，官爲酌賞，以示鼓勵。並定一戕害樹木之禁，有無故戕樹一株者，貧民罰種两株，富民罰錢千文，以充公用。中國膏腴既廣，寒暑適平，他日物産餘盈，闢一分利源，即增一分税課。天下尚憂貧乏哉。此生財之道，在廣種植者一也。中國水利在江南各省最爲講求。自髮捻搆亂以來，舊日河渠亦多湮塞。陝甘等省田地尤多荒廢，水利之不修，河患所由日亟也。興修水利厥有八事：一曰引泉。兩山之間必有河，建堰引泉，咸資利賴。然一人之力不能成，須董以官紳，乃可集費鳩工，肇興大利。二曰築塘。泉源之大者開泉以引之，細者築塘以蓄之，可購山間高地築塘置閘，派公正紳耆專司啟閉。需水者稍納公費爲購地修塘建閘之資，所謂民財民用耳。三曰開渠。無論江河溪澗，相度高下。於其上流開渠以引之，必須畎澮距川，有經有緯。旱收其利，雨水不災，方爲盡善。四曰通潮。沿海之區鹹地爲多，日炙雨淋，鹹去則草木蕃昌，遂成沃壤。此等海濱漲地棄之可惜，亟宜招墾，興地利，養閒民，增税額。一舉而數善備焉。五曰開井。丁寶楨爲山東巡撫，教民開井汲泉，以資灌溉。民食其利。今外洋開井機器每副僅數百金，一省購數機，則高地居民永免旱熯。惟開井必擇有樹之地，庶用力少而成功多。六曰蓄水。北方溪澗無多，亦有雨水，北人不知蓄耳。誠就低窪之地深濬爲湖，掘出之土，培隄種樹。湖寛至十丈，水深至五尺，日光不能消爍，可積至两月不乾。七曰用車。桔槹汲水，工拙而事勞。惟南方之龍骨車可汲水至十餘丈。苟購置多副，分教北人，事半功倍。八曰填石。西人近得新法，每田十畝四圍掘一深溝，寛一二尺，深三四尺，填以碎石高出地面。石能吸水雨潦，則泥濘皆乾。石能含水，久旱亦土膏脈潤。斯八者有水可引之處，固可因地勢以暢其流。無水可引之處，亦可藉人力以收其用。此生財之道在興水利者又一也。水利之與種植相因爲用，亦相濟而成。嘉樹密林既能引泉致雨，可免旱災。而根蟠土中，葉蓋地面，當大雨時行，高處泥沙不致隨流而下，凡壅壓田畝，淤塞河流之患，亦可減輕。誠能以水利爲經，種樹爲緯，行之十載，而地利不興，民生不富，國計不豐者，未之有也。應請明發諭旨，責成各督撫飭府廳州縣官，將種植水利两端，因地制宜，認真興辦。果其卓著成效，送部引見優予升級。稍次者酌量保舉。其藉端擾民奉行故事者，立行參撤。仍請飭吏部户部妥議考核章程，歸入大計考成。庶幾積習頽風，一時丕變。由是振興工作，開闢商途，出中華不涸之源，易外國無窮之利，是爲生財大道，本源中之本源也。又工部等覆奏：查廣種植，興水利，實裕國要圖。然必地方官平素講求，方能漸收實效。自兵燹後，舊河堙塞，良法廢弛，以致水患日亟。水利不興，兼之種藝不講。地之腴者忽瘠，民之富者忽貧。見當庫款奇絀之時，正宜設法修復以開利源。該禦史所陳自係當務之急。惟各省風氣互異，形勢不同，因地制宜之方，臣等無從懸揣，未敢率行定議。應請鈔行將軍督撫體察情形，奏明辦理。至如何勸懲，請 飭疆吏申明定章，認真考查，於激清鼓舞之中，寓圖匱於豐之意。

臣謹案田功水利，自昔並稱就利病權之水利，尤關田功之命脈。我國北地溝洫失修，率多曠土。南方雖講求樹藝，然大半艱於蓄泄，一雨輒沼，纔旱成枯。坐此因循，富源日涸。此有司之過，未可概責。諸編盳華煇所陳，落落大綱，合全國而亟謀根本。其廣種植項下僅列桑茶葡萄棉花，似乎掛一漏萬。實則四者産品近卅年來，都爲英日各邦所奪，以此争回權利，洵爲當今切要之圖。至其分别水利八條，斟酌古今，參以新理，深得西人格致之精藴，非老生常談可比。何得指爲風氣互異，形勢不同，因地制宜，無從懸揣。然則部臣所覆，殆以爲高遠難行，而輕心掉之矣。泄沓成風，曷勝浩嘆。

又諭瞿鴻璣奏：江陰南菁書院遵改學堂。該書院原有自管沙田一項，據稱擬參用西法樹藝、五穀、果蔬、棉麻等項，將未經墾熟之地，先行試辦。如有實效再行推廣等語。學堂農會相輔而行，洵爲一舉两得之道。

又户部奏：工部郎中唐浩鎮請令各省自闢利源，以贍國用，一摺鈔交到部。據原呈稱：中國膏腴至廣，生産最繁。誠量各省土性之所宜，廣植物産。其已備者擴而充之，未備者購種給之。務使無曠土，無游民而止。一曰蠶桑。中國産絲之區以江浙爲最，江浙以近太湖爲最。蓋湖水澄清，性肥而暖，故以水灌桑則葉茂，以桑飼蠶則絲韌。以太湖例之，鄱陽、巢湖、洞庭、大明、金明、滇池、昆明各省之湖，誠能推廣此意，遍興蠶桑。則絲繭皆光白柔韌，遠勝於日本、意大利諸邦而收大利。二曰葡萄。外國葡萄酒爲貨物之大宗，其酒税爲國庫之大宗。考察奉天、吉林，土性皆宜葡萄，苟能廣植，購機以釀，復能推而行之直隸西山、北山，山西太行，陝西華山，山東泰山，河南嵩山，泉甘土沃之區。則酒産日豐，酒銷日旺，而酒税可以贍國用矣。三曰種棉。中國棉花向推順天平谷，絲長色白，足與美國南海島種相匹。洋棉價貴，每百斤需洋三十三元，華綿價賤至十七八元。故華棉行銷外洋，以之紡紗織布，轉運中國銷售，尚有巨利。今江蘇、兩湖産棉亦旺，宜令各省凡土脈鬆厚、山陸高燥之地，廣爲播種，歲入不可勝計。四曰種蔗。甘蔗爲中國獨有之利，西人試種愛爾蘭之地，而不合土宜，且枯瘦無糖。故中國絲、茶而外，蔗糖爲西人最嗜。雖法人之蘿葡糖，美國之楓脂糖不足比也。惟不用機器提製，色味不潔。若令江西、浙江、江蘇、安徽素常種蔗之地，廣植豐收，購機製造，則歲增之利無算。五曰種竹。竹之爲物，可製器、可造紙，獲利較他産尤速。中國除直隸、山、陝諸省不能豐植，餘皆可種。産紙之區，向以浙江之紹興、安徽之宣城、寧國爲最。惟春煑烘焙，仍未得法。若用洋機製造，和以菅麻，加其堅韌，則成紙速而銷場廣。每年洋紙數百萬之利可以抵制，而竹竿、竹器出口之價亦可廣增。六曰種樟。樟腦爲製炸藥所必須，其漲力可增至五千倍。日本與臺灣所産最旺，中國江西、湖南、安徽、廣西等省苟能廣植，不數年閒即可熬腦。每十斤可值洋五元，其利什伯倍於他産。七曰種橡。西人歲剥橡樹皮熬膠，以製器物。續剥續長，獲利無窮。以之爲物，廣狹屈伸，各通於用。中國各省有之，雲南最多，西人名曰膠樹。今宜專收橡子任民播種，數年即可剥膠。行銷外洋，足奪意大利及旧金山所産之利。八曰種菸與加非。菸性能滌穢化痰。中國關東菸葉味較芳厚，第不善收儲，又不知捲成紙菸，致巨利爲人所侵。如今直隸奉天擇其隙地廣種菸子，收儲地中，一二年後退其火性，購機捲製，亦可行銷外洋。加非一物始於非洲，西人日用必需，銷路大廣，故各國市肆俱設加非之館近通商口岸。華人俱嗜之，與紙煙同。宜令各省添種加非之樹，其利較種茶尤厚。凡此八利，如蒙諭旨，飭各督撫詳查地宜，購種發給，以郡守牧令總其成，以同知通判縣丞等分任其事。各州縣能勸種樹木三十萬株以上，農利三百畝以上，考核得實，立與擢用。奉行故事者罷黜之。按圖立册，就地課税，土産既加，税自益旺。足國之道，權輿於此等語。竊維樹藝與耕耘並興，本天地自然之利，爲農民切要之圖。值此時局艱難，度支奇絀，各省地方有司尤當審量土宜，廣開利源，藉紓國用。上年御史華煇奏令各省講求種植，水利亦由工部會同臣部通行在案。臣部郎中陳熾復編緝《續富國策》一書，内詳種樹富民，種桑育蠶，葡萄造酒，種竹造紙，種樟熬腦，種木成材，種橡製膠，種茶製茗，種棉軋花，種蔗製糖，種煙及加非以供食用，業由坊間刊行。臣等職司農政，凡内外臣工條奏，無不咨行。各省設法振興，無如各省於種植一事。迄未舉行，或土性實有所不宜，抑民情有難以相強見？據該郎中所陳八利，皆陳熾所緝《續富國策》中之言。臣等反覆推勘，亦知地利之可興。惟風土異宜，亦難必成效之可睹。即如蠶桑一事，前據廣西巡撫馬丕瑶奏稱，興辦未及兩載，而桑秧、蠶子靡有孑遺。又如葡萄製酒，前據山東巡撫奏稱，東海關道盛宣懷仿照外洋法製造，價廉味美，准該商專利十五年。又據山西巡撫奏稱，汶水一帶所産葡萄最佳，誠宜設局開辦見在。是否確能釀造，能否行銷出洋？未據該撫等奏咨到部。此外，如軋花、製糖、熬腦、製膠、菸卷各事，非購有外洋機器，則貨物不精。非熟習商務情形，則獲利不厚。且未察物産之多寡，銷路之暢滯，更不講求製造諸法，亦恐未必有益。請旨飭將軍督撫，各就地方情形詳加考察，認真舉辦。如樹藝有合土宜，製造有可抵制外洋之處，應如何定章勸懲，即行奏咨立案，以重國課而開利源？【略】

傅春官《江西農務紀略》江西向不飼蠶，亦無種桑者。光緒二十三年，藩司翁曾桂於省城設蠶桑局，並買城外荒地栽種桑秧，委南昌府經理。二十九年，改隸農工商礦總局，派員辦理，育蠶繅絲，織成緞綢，僅較湖絲略遜一籌。鄉民領取桑秧者日衆，各屬聞風興起。三十年設農事試驗場，在進賢門外租民地百四十畝，赴滬購化學儀器，覓東洋及外省佳種。招募農工，講求播種、培壅之法。並附設畜牧廠，孳養牛、馬、雞、羊，生息頗蕃。三十一年，場内添設實業學堂，先教以農學專科。三十二年添租民地，創辦森林擇地建習藝所，蠶桑事宜，歸併試驗場經理。二十九年開墾南昌縣中洲、南岸洲、三賢洲三處荒蕪洲地，十年升科。以三十年爲始，按畝納租，中洲每畝納租錢三百文，南岸、三賢兩洲每畝四百文。三十一年，南鄉紳士曾秉鈺，在進賢門外自闢荒地試種甘蔗、靛青、苧麻。梅長元等招股創辦永昌樹藝畜牧公司，栽種樹木，開墾荒田。三十二年表稱：縣屬土宜物質稻、麥、蔬、果而外，濱河之地宜柳、宜桑，傍山之地宜桐、柏、茶、榆等物。籌款採購秧種，分發各鄉插種。其濱河各地，刻正修築圩堤，堤上分行植柳。傍堤隙地種桑，既可衛堤，又可興利。　三十年，新建縣黄令錫光勘報七郎廟官荒洲地在章江西岸，東西長一千一百十弓，南北廣二百五弓，積九百四十八畝零，附近劉、萬、胡等姓農民墾種二百十三畝零，其餘荒洲只宜栽種柳、柏。三十一年，吴城樵舍、大塘、極樂寺等處設局於白馬灘，新培坽楓坪、官坪近水洲地，勸令栽蘆，其極樂寺巷口、園曹門八坊等處，由紳集股試種桑麻。　二十九年，進賢縣城内，萬石厫及學宫背一帶，約地四十餘畝，試種桐子三千餘顆，茶子七百餘顆。三十一年，陳令慶綬表稱、除墾種桐樹外，並種苧麻。數雖無多，足敷分種。本年試種贛州糖，種二百餘株，汁多皮堅，與土性相宜，極爲茂盛。並再購茶子數斗，擬照土法播種，春前以水浸透，用刀畫開一線，試種有無成效。三十三年，羅令傳珍表稱：查勘萬壽宮側有官荒隙地一區，籌款闢爲種植試驗場。　三十年奉新縣沈令善謙設立農工商務局，東門外倉前洲荒地二十九畝，南門外橋南洲荒地三十二畝，並南鄉水埠村小路口等處，均種果木、桐、柏等樹。查境内本年新種桐、柏、松、竹等樹約計四萬餘株。三十二年，邑紳宋澍德、徐鍾禔稟稱：北鄉乾河地方有官荒洲地約七八里，擬悉行開墾。招股二千元創辦求新墾牧公司，分種植、樹藝、畜牧三端，請飭縣查明界限，撥給公司爲開墾之用。三十三年，在籍塗紳條陳種植興利各則，擬於同安鄉先行試辦。公地公種，私地私種。並仿雲貴耕種之法，於田畦、塍畔間種豆麥園蔬。靖安縣屬洪屏山封禁年久，自光緒二十年李令用曾稟奉督憲開禁，廩貢項書諺首先報領，張國新等繼之。兩年以來，開墾荒田七百二十畝，並新開水圳一道。餘地種樹，招佃二十八家，註冊給照。三十一年，項報園中栽種枳殼三百餘株，種竹四百餘株。又據舒紳恭溪稟稱：在已業荒山土名迴溪堡中坑地方栽松樹五千餘株，杉樹二千株，竹一千八百餘株，茶樹五千叢。曹仙洞種茶、桐、雜樹六千株，西城清湖橋栽湖桑三百餘株，王家園栽李樹一百餘株，橘樹八十餘株。生員熊德佳等報：在石下、上堡、下堡、山場二十四處栽松樹一萬八千餘株，杉、樟、竹、栢八千餘株。三十二年項報：南門外大井頭荒地栽枳殼三百株，麥冬四百顆。南石、馬口、狐尾嶺集股栽松四萬八千餘株，南石、馬東坑集股種竹三百株，彭家邊地方種茶子樹二千餘株，木坑栽松四萬餘株，羅漢樹下栽松五萬餘株，義字上團大梓口種竹四百株，下團詹坊栽種棉花。　三十年，武寧縣王令濬道將城鄉公局作爲考驗蠶桑公所，函詢杭州蠶學館。館稱：「桑秧，石門、俞家澗之種，每株十五六文。蠶桑由該館改良多年，每種一圈售錢十文。」議撥款一百兩，赴浙購辦桑秧。三十一年，運回二千餘株，分撥各鄉栽種。因在途日久，節候稍遲，天氣乾燥，僅活數成。李令相稱東門外官荒地栽種桑秧，因沙土堅硬，僅活五百餘株。其各鄉領種者，各就屋旁隙地栽種，地土厚潤，成活較多。三十三年，王令稱縣屬産茶豐富，向爲出産大宗。無如山户不加培植，以致色味日低。且採摘愆期，茶片粗老。甚或攙和溼梗，一經到莊，色味霉變。見訪採茶新法八條示諭，山户參酌仿行。焙茶需用柴炭甚夥，近年茶商獲利雖微，但因柴炭價賤，故尚樂此不疲。惟各項樹木有限，何堪旦旦而伐？振興茶業，首宜廣種松杉，數年後森林當有起色。　三十年，義寧州尹牧葆衷稱：縣屬向産苧麻，惟績出麻線色黄粗硬。經前州翟牧鳳儀刊《種麻法》略散給城鄉，及收買絲麻各店，令其如法種製，復諭紳先倡辦。各鄉所種茶樹不知培植之法，已諭山户披削小條旁枝，留其正幹。是年，沈守曾植報：該州地廣人稠，山多田少，穀食不足，代以山薯。山麓之間，亦開阡陌，未墾之土，實不多見。惟層巒疊嶂，未曾樹藝者隨處皆有，尤以銅鼓營一帶爲多。黄岡山亘數十里，苟能芟蕪伐木，火種刀耕，獲利無窮。而倡辦不易，至樹藝則樟樹滿山，而不知煎腦，種竹僅造火紙，而不知改良。【略】　二十八年，東鄉縣拔貢饒正音等，集款創立農會。在南鄉及西門外鳳塘岡等處，開荒種植。山種桐、茶，田種甘蔗，以興榨油、熬糖之利。入股者以四元爲一股。三十年，何令敬釗於校士館設農田水利總局，四鄉設分局六所。並於東門外演武廳舊基設試驗場所，種木棉。其種購自九江，見已結鈴，視本地所産爲壯實。二十三、四年間，購到湖桑數十萬株，散給各鄉栽種。鄉民不知培壅修剪之法，目下僅有存者縣署後園有桑十餘株。向蠶桑局購到蠶種，得絲五十餘兩，寄至省垣考驗。函稱：雖遜湖絲匀滑，視南昌所産已勝數倍。又坪棠鋪農田水利分局新闢隙地種桑，成活一千餘株。　南城縣地足於水，壤盡膏腴。民間頗知講求水利，即舂穀皆用水機。土性所宜爲米穀、豆、麥、松、茶、桑、柳、桐、柏、山薯、栗、蓮、棗、橘、花生、甘蔗、竹、樟爲利。尤大者在菸葉、苧麻。最多者爲山藥、蘿蔔。其墾荒一事，逐年尚有進步就中規模較大者。邑紳謝佩賢報：墾北關外萬年橋一帶荒地，開作試驗場，種植桐、柏、柳樹。在籍紳士饒芝祥等創設厚生公司，開墾西北關外一帶荒地試種苧麻、烏柏。廩生吴可衡於北門外設試驗場、農學館，講求種籽肥料等項，以開風氣。共計城鄉所墾荒地二十六處，多係紳民集股開辦。　新城縣各鄉土性宜種禾、豆、菜蔬、桑、柏、苧麻、竹、木、煙葉、花生等物，十一都農公廟等七處官荒基地，均經先後開墾。三十二年，傅令維新稱：自十九都設農工局後，監生陳善熙等栽種苧麻、菸葉、靛花，種植得法，附近農民仿效，每年增利不下萬金。又設茂生試驗場。又報：墾十九都鍾賢、十坵洲杉山腳下荒地，均種禾稻、菸葉、烏柏、桑樹、棗子等類，約千數百畝。　三十二年，南豐縣方令嘉棟稱：縣屬種植除五穀外，果以橘爲多，其味最美。木部多種松，草部多種麻。　廣昌縣居民多織夏布，而本地産麻無多。三十年，王令瑞同諭民廣種苧麻。早稻收割，向不播種雜糧，諭令趕種，東南兩鄉向産澤瀉，但所産無幾，西北兩鄉則更寥寥。縣城自咸豐四年被蛟水沖決後，至今仍一片荒土，見在城内高阜荒地設試驗場，雇工開墾。白水鎮地方向種梨樹，其接本者質嫩而味甘，名曰紫蜜。每年僅産百餘擔。驛前赤嚴向出澤瀉百餘擔，土固子二三十擔，每擔均值三兩，有奇行銷撫建一帶。　瀘溪縣土宜禾稻、雜糧、桑、麻、松、柏、茶、樟、竹、木及菸葉、蘿蔔，又産香菰，而竹木利爲最大，木炭甚多。惟其地多山，不易出口，穀價甚賤，民無乞丐。故有「富不過萬，貧不討飯」之諺。縣民不諳蠶桑，購秧給種而育蠶仍未講究。將種桑、栽接、育蠶各事宜，摘録簡明節略，並由浙購蠶子桑葚分發各鄉，教以種養。　三十二年，高安縣紳張鴻書集股創設益華公司，租賃二十九都王姓山地種植桐、桑、雜糧，兼事畜牧。三十三年，瑞州府吴守在郡城東門外北岸校場，荒地改作試驗場，擬栽烏柏、桑秧及新昌菸葉，上高苧麻及本地土産之蓖麻子。　新昌縣山多田少，種植以竹爲多，茶次之。本地産麻無幾，向購於湖南。三十二年，馬令肇修勸民赴袁州買運麻兜，廣植城内。曲水園，有荒地，賃作試驗場，種麻種桑，並飭紳士籌資改辦實業公司。二十九年，上高縣向令步瀛申送《種麻法》書，以該縣素産夏布，向不種麻，勸民講求種麻之法。三十年，張令紹良稱：二區斗門種桐，四區黄家洲種木子，長窩學山種松、茶，虎形山種杉、松，城北岸種木子，南岸桑園旁種桑秧。近年徐市熬煎沙糖，又有種蔗者。各鄉所墾荒山，飭令栽種毛竹，爲造紙之用。　宜春縣人煙稠密，山多田少，近河之地全賴水車灌溉，高阜之處專恃塘堰。鄉民祇知種苧麻以織夏布，種茶以榨油，種竹以造紙。柑橘果木間有種者。其山勢高險，不宜種植之處，均開井挖煤以供炊爨。畜鴨甚多，因鴨蛋可以醃製皮蛋，銷路甚廣。三十一年，馬令肇修稱：縣屬向産茶油，開有油行八家，近二十年次第歇業。勸民廣種茶樹，多開油行。　分宜縣各鄉栽種橘柑、茶梓，及各項雜樹，民情勤於耕作，並無不耕之地。惟山場間有荒廢者，如莊岡嶺、袁峰嶺、大義峰等處，荒地無多。集紳就各鄉分畫界限，籌資墾種甘蔗熬糖，鄉民未得其法，種者寥寥。擬於沿河一帶曠地，召人種蔗，再雇糖師煎熬，以裕利源。城鄉有養蠶之户，因桑葉缺少，蠶事不興，擬集資買秧廣種。菜子可以榨油，種者甚少，勸民於刈稻後一律布種。西鄉向産香茹蘗草，由樟樹鎮轉運北直，利息尚厚，惜出産無多，見購種發鄉試種。縣屬略産沙果，爲水果中妙品，小學教員彭開茂善於接插，所接之樹結實倍多，味極甜美，勸其遍傳各鄉，可開利源。　萍鄉縣地狹人稠，各鄉田畝皆有山水下注，足備灌溉種植，竹木、茶梓、柑橘之類向頗繁盛。近來礦路大興，竹木價值較前倍蓰，種植益繁，近且有禁伐雜樹以燒炭者。茶子榨油，礦局煤窿需油甚費，油價漸昂，種茶子者益多。柑橘種五六年即可結實，不但遍地成林，即山頭、屋角栽種殆遍。畜牧亦繁，該縣逐處有塘，故畜養鵝鴨及魚者最繁。鴨蛋可製皮蛋，發販銷售甚廣，茶油歲可出二三萬擔，橘子約出一萬餘擔。　萬載縣西、南、北三面溪澗紛歧，均有筒車足資灌溉。東北土岡最多，時虞乾旱，既不能蓄水，又無處引泉。從前栽種蕃薯、花生，地質虧薄。嗣後改種甘蔗，以熬紅糖，質粗味薄，難以暢銷。見託人雇用贛州糖師，教以煎熬白糖，以求精美。出産以紙炮、夏布爲大宗。二十九年，張令之鋭於西門外西屏山寺，設立農學肄習會，開通智識。該縣種竹，足充造紙原料。種麻以織夏布，不敷太多，由會長辛觀濤等按滁州種麻法，於試驗場酌種，編爲講義，刊發各鄉。百合粉爲縣屬著名佳品，惟所出無多，見勸廣種以裕利源，縣屬向無棉花試驗場，試種地二分許，收得淨花十八九斤，是其土性甚宜，將農學報所載種棉法則刊佈，俾資仿行。　二十九年，清江縣劉令采年詳稱：府城東門外清江縣所屬蘆洲地方有官荒一段，請撥給稟生鄒欽爵試辦，種植、畜牧各事。獲利之日，樹木值百抽十，牲畜值百抽五。縣屬土性所宜，種橘爲最。教習周列爵在文昌宮旁隙地，設農業試驗場，購果樹秧苗，及挖土舂泥器具，集資試辦，規模尚覺可觀。

新喻縣屬土性桐柏隨處可栽，乾地宜種苧麻，沙地宜種棉花，肥土宜種桑，磽地宜種松，茂林之下仍可布種芝麻。惟產麥甚少，已諭各鄉每户種麥數畝，以備春荒而盡地力。苧麻、草本桐子、枳殼，每年約出五六十石及三四十石不等，紅瓜子年出八九十石，烏柏則數百餘石，松杉十餘萬株。　峽江縣各鄉種橘甚多，味甘而售速。西鄉九都已據人民墾荒試種靛青。薄荷一物，取葉蒸油，爲種植良品，有餘干縣種植公司遠來購種百數十斤，勸諭廣種以收厚利。三十三年，周令景祁稱：北門城内節孝坊上，湖東門外沿河一帶，又漕坑村城内北門空地，東西鄉各村栽桑二萬一千餘株，東西兩鄉歲出花生一萬六千斤，瓜子三百石，薄荷葉一千擔，靛青一百五十石，苧麻九十斤，棉花六千斤，桐、茶、柳、橘，莫計其數。城鄉既種有湖桑，即諭鄉民妥爲培壅，並講求育蠶繅絲之法，俾得織造絲綢，藉收美利。　三十年，弋陽鍾令元贊稱：東北兩鄉向以種松，易長利速，種植最多。東鄉間亦產竹，可以造紙，惟紙質不佳，已飭加工製造。民間樹藝，向以種竹作紙，植桐，梓榨油爲務。此外，棉、蔗、桑、麻，種植不多。勸於荒地試各項秧種，苧麻最多，惜不知培壅諸法，見將種麻法略分鄉散給。尚有大禾米一種，係該縣獨有之產，雖不及晚稻之多，收成尚不少減。　鉛山縣屬山多田少，民間私業無不墾種禾稻、雜糧、菜蔬，各自收利。故無荒廢之土，山場亦皆栽茶樹、毛竹。惟松、杉、柳、柏等類，皆因山土瘠薄，長不成材，祇能伐作小件器具。其雜糧如豆粟藷芋，出產無多，僅敷自食，從無運出銷售。茶葉素爲出產大宗，見在紅茶不銷外洋，僅製綠茶以銷浙閩。

廣豐縣山多田少，鄉民於山地遍種菸葉，所產米麥不敷民食，全賴下游運濟，歲出約十餘萬金，幸有菸葉利息足以塞此漏卮。此外，豆粟雜糧遍地皆是，尚無荒土。十五都產青茶、紅茶兩種，販運蘇浙銷售。有教堂洋人赴山採買，價值陡漲。試種草本桐子，雖已長發，未見暢茂，似與土性不宜，勸種苧麻，間有預備栽種者。　饒州府吴守祖椿興辦蠶桑局，十餘年風氣漸開，養蠶樹桑之户日盛，官局成林，桑樹二千餘株，鄉民種成者亦三四千株。近年蠶户日多，產絲約值二千餘元。三十二年，張守捐辦農林勸業場，以道署舊基爲栽種試驗地，府署左右爲桑林場，縣署舊基爲桐林場，放馬洲爲柏柳場。凡境内官荒民荒一律開墾，視土性所宜，分别栽種，以興地利。　三十年，鄱陽縣郭令曾准稱：所種雜糧，以番藷爲大宗。因農人不知用肥，教以多下骨灰等項含燐肥料，今歲收成較豐。足見栽種須講化學。前種苧麻均活，培養亦甚得法。至飼蠶、繅絲、製棉、括綫諸藝，民多習熟，互相教授，將來可以獲利。所種土桑，葉小而薄，遠遜湖桑，見蠶師馳往勸導。趁此冬令剪去繁枝，明春發葉肥大。土貨尚有蓮子一宗，紅白各半，每年約收二、三百至四、五百斤不等。此外，苧麻各種亦有成效，見又勸種茶桐。　三十年，餘干縣俞令省三稱：下鄉洲渚甚多，若能廣種烏柏、藍靛，數年後可取子榨油，採苗成色，其利甚厚。上鄉戴紳書升在荒山試種茶桐，田内改種菸葉、糖蔗，中鄉李紳思沅亦試種糖蔗三千餘株。下鄉各村向種烏柏、菸葉、靛青、豆子，獲利尚豐，本年種者尤多。又招股設廠，於中鄉開辦墾荒牧植公司，試種茶、桐、蔗、棉各品，並籌辦熬腦、製糖、壓花、織布各事。又諭招股租地，於上鄉開辦質進墾牧公司，試種糖蔗，開廠製糖。三十一年，職員孔慶鎏等購縣屬西鄉二十九都三圖荒山荒地一千餘畝，土名天道山。集股招工前往開墾，取名崇實墾牧公司，種植甘蔗、茶、桐，兼備牲畜牧養。　三十年，樂平縣馮令用霖稱：縣屬向不產棉，前縣郭令曾準刊《種棉説》，略勸令仿種，各鄉間有遵辦者。查縣屬沙土相和之地甚多，於棉性最宜，見勸廣種。西鄉沿河一帶多種烏柏，其子可以榨油，惜所出無多。甘蔗爲向有物產，其汁可以熬糖，其稿復可造紙，成本輕而獲利速，勸推廣種蔗，雇吉贛熬糖工人試辦，再考究造紙之法，使無遺利。縣屬向產蘿蔔，除日用外，曬乾行銷，喜食者衆，惜出產無多。見勸依時廣種，講求製法。　浮梁縣山多田少，絶少荒田荒地，其山場多種雜樹，以供景德燒磁之用。而童山亦復不少，諭購所宜種子，一律試種。蠶桑之利甚溥，亦勸於隙地栽種桑秧，購買蠶種，講求喂育之法。但鄉民以事非素習，獲利尚不可必，種秧者寥寥。三十二年，徐令孝泰稱：前任令玉琛曾購桑秧數萬，至今無成活，蓋地氣寒冷，土性不宜故也。惟南鄉洋湖地方有業户布種松秧二千餘株，均經成活。景鎮窑廠需用松柴，常購之數百里外，而景鎮兩岸山場並無栽種松秧者。詢諸土人，或云多係砂石，種樹不發。至各鄉未墾山場，再飭墾種松杉雜木，以供景鎮窑柴之需。　德興縣處萬山之中，地勢甚高，僅有一綫溪河，四鄉田禾賴以資灌。然低窪不免水溢，高阜易遭乾旱，見由邑紳在白沙關青板橋適中村莊開塘數處。黄柏村一帶地高缺水，廣開塘堰，將來農務可望振興。縣境最宜種樹，向以茶葉爲大宗，竹木、茶子次之。此外，果木雜樹，土性均不相宜。三十年，曾令傅泗稱：東鄉銀嶺關西，南鄉濟源嶺、梅溪坂等處，有荒地五十餘頃，責成業主立限開墾。東南鄉鄭家坊壠頭等地，添種杉樹茶子五處。西鄉霧山棗樹嶺，添種苗竹六處。東北鄉青板橋龍岡頭醴泉村等處，添種茶葉、甘蔗十二處，西南鄉重溪華橋等處，添種杉樹、茶子數千株。北鄉楊家隖種茶樹八百餘株，茶子樹三百餘株。查苧麻之性宜溼，似與縣境相宜，見將《苧麻法略》遍貼，勸民於春初多種，以興地利。　三十年，安仁縣馬令振儀稱：縣屬荒山有三十餘處，查山土性潤，種竹最宜，見議廣興種竹。所種甘蔗已設棚開榨，惟所種不多，製法亦不甚精，見諭業户考求贛州熬糖之法仿製。　萬年縣處萬山之中，樹木本極茂密，因屢伐不種，遂致濯濯。北鄉紳民於遥子岡栽種松秧數千株，請示嚴禁盜砍。各鄉種植以茶、桐、桕、蔗、桑、麻爲最，其向未種植者，如粵種花生、棉花、菸葉等類，勸諭覓子試種。東南各鄉向以種竹造紙爲業，見勸補種苗竹，兼種烏桕、茶子等類。演武廳前隙地已開勸農官圃，試種靛青、菸葉、西瓜、花生各項。北門内荒地已種芝麻、緑豆、高粱、木棉等物。三十一年，文令炳堃稱：農民自經勸諭，稍知講求水利、樹藝，惟尚不知畜牧爲最大最速之利。若陶朱倚頓，富擬王公，考其致富之由，不過曰五牸而已。見飭考求漁業，廣牧牛隻，已出示曉諭。此外，如豬、羊、雞、鴨，獲利尤溥，擬在各鄉設勸牧所，講求孳生喂養之法。舉紳二人爲會長，每遇星期邀集村人演講，當可樂從。　德化縣出産以棉花爲大宗，每年約出二十餘萬包。甘泉、仙居等鄉，土瘠民貧，地處水鄉，栽種穀麥，收成不豐，以致荒地甚多。見飭試種蓖麻子、車前子，土性相宜，可期獲利。江北桑落鄉初公堤計長七百四十八丈，沙土鬆浮，非插種樹木不能堅固。三十二年，濮令賢懋捐廉購買桑柳、水竹等樹秧種，發各隄領種，以固堤本。　瑞昌縣出産，以麻與菸葉、桕油爲大宗。三十一年，約出麻五六萬捆，菸葉十餘萬擔，桕油五六千擔。　彭澤縣各鄉專種靛青，每年約出二萬桶。三十二年，添種棉花，年出二萬餘包。九都種粗茶，年出萬斤，烘製不善，就地行銷，間有運至安徽祁門併作洋莊。　建昌縣東南濱湖地勢低窪，隨墾隨淹，西北山地居多，種植松杉，並沿隄各處添植柏樹，計成活七千一百餘株，柳樹一千八百餘株，棉花、土靛兩項較三十年多獲利一千餘串。　蓮花廳向不牧羊，見由萍鄉買羊八隻，發交局紳派人牧養，以開風氣。各鄉向種茶樹八萬餘株，添種二萬餘株，樟百餘株，柏二百餘株，松三萬五千餘株，桑一千餘株。新種桐子約五千餘株，見已摘取榨油。栽種湖桑，成活三千餘株。四都顔姓設立農學會研究種植新法，各鄉漸多仿效。　三十年，廬陵縣潘令敦先稱：各鄉種植，惟麻最旺。多種茶樹，取子榨油，獲利頗厚。惟種桑不知剪法，依《蠶桑輯要》成式教民仿辦，人多樂從。　泰和縣西門龍洲附城一帶、南關外水南等處，桑園蔚然成林。惟土人育蠶不諳，繅絲獲利有限，飭民考求，以興蠶事而補農功。　三十年，安福縣戴令濟清於東門外濱五里馬家洲荒地設樹藝公司，試種瓜豆、花生、蔗、靛等物，各鄉頗能仿辦。西鄉四都沿河廟背村洲地，劉有爵等集股墾種烏桕、桐、橘等事，並植一切雜糧。西鄉周承恩等於茶山、裏磨頭二處種桑秧數千株。城内各絲綫店所飼之蠶多不如法，業將《蠶桑輯要》各法摘取佈告，俾得改良仿辦。萬安縣東南兩鄉山地均種茶、竹、柚、橙等樹，隙地無多。東北兩鄉土宜種桑。三十一年，王令作綍捐廉赴袁州訂購桑秧數千株，令民免繳樹價領種。張傑三等設農務公所，墾闢門上嶺等處荒山六嶂，種活桑秧萬餘株。劉學淵等籌辦蠶桑實業，在瑞州訂購桑秧萬株，相定城廂内外曠地，多處租辦。　三十年，永新縣張令慶霖稱：南鄉多山，向種松、杉、桐、柏、烏桕、茶樹，四鄉産木以杉爲大宗，而東鄉義山官背等處所産尤佳，每年出産不下萬金。三十二年，蕭紳輝錦報稱：西鄉土性宜松，已種松秧二十餘萬株。北鄉小富嶺由劉燦等公商撥款，擬栽松數十萬株。　永寧縣屬多山，居民向以種樹爲本，畜牧爲末。所種金橘、柚子、山楂、柿子諸果木，咸知珍惜，培養合法。胡令嘉銓稱：各鄉樹木，見已添種茶、梓、桐、柏、松、杉、楓、柏、桃、李、石榴、水梨、柚子、枇杷，共十三種。惟柏、桐、桃三項，係前所未有者。計活茶子一萬一千餘株，油桐四千餘株，烏桕七百餘株，各項果木九百餘株，松、杉、楓、柏難悉其數。雜糧則添種洋甘藷一種，菸葉亦與土性相宜，飭民購種多栽。先後修濬水塘一百八十餘口，各鄉田禾均無缺水之虞。　三十一年，贛縣張令學培稱：近城舊有新種各樹約計萬株，以茶樹、杉木出息爲優。所種樟樹，設樟腦公司，亦獲利。　信豐縣向産蘿蔔，今以鹽斤加價，醃製蘿蔔條遂難暢銷。見多改種蔬菜，土産紅瓜子仍暢銷。三十二年，陳令奎齡稱：該縣山多田少，所産祇稻穀、竹木、茶、梓、蔗、薯等物。棉麻猶缺種植，見飭籌資購買，勸民領種。並購到龙眼、荔枝各種，散給試種。　興國縣花生、茶油出産最多，桐、柏均可榨油，樟可熬腦。各鄉産竹製造，貢川、連、泗竹紙三項，貢川僅敷本地銷售，連泗則銷售廣東興寧及贛郡廬陵。惟原料不充，出貨無多。勸民多種毛竹，以充造紙原料。縣屬不産棉麻，並勸多種，紡織棉夏各布。　會昌縣土宜種茶、草本桐子，已發栽種。向産甘蔗。三十三年，劉令炳輝飭雇糖師煉熬成糖，以闢利源。　安遠縣樹藝以桐、杉、茶、松爲最旺，惟向不産棉，勸令採辦棉子試種。　三十二年，龍南縣生員吴鑫等稟設農務局，招股開墾，先在白沙壩試種靛棉，並種柏樹。三十三年，梅令兆璜開辦試驗場，種梓、桐、茶子、烏桕、金橘、枳殼等類八千餘株，並購種分發各鄉，於荒山隙地栽種。　長寧縣山田畏旱，黎令開湘飭多置水車，並勸設樹藝公所，各鄉原種竹、木、桐、茶尚屬茂盛。三十二年，據關守榕祚稱：該縣四面皆山，平坦之地悉種禾稻。此外，桑、麻、棉、麥均與土性不宜，松、杉、桐、茶遍山皆是，莫計其數。　定南廳向産香菰，鄉民每惑於風水，不願造廠多種。章丞家駒籌議擴充，並勸廣種茶樹。大石、小石兩堡有鵝公墟、長阜墟民荒數處，一律開墾，遍種茶桐等樹。其零星隙地，亦播種山薯、高粱雜糧等項。小石堡産竹最盛，居民取以造紙。勸令試種各項果木，惟土性不宜種桑，見添種桐樹。三十三年，章丞稱：西人所售橡皮，即以中國之橡樹熬膠製成。見出示收買橡子，擬在東郊試種，以備熬膠，先派人學習熬膠之法。　虔南廳田地皆賴山水灌溉，全恃開通圳道。諭令隨時開濬，並多置水車，廣開塘堰以備旱乾。新種桐、柏、桑樹日見成林。城外河背仙女古陂，向來灌田不下萬頃，自二十五年，被水沖決，田多受旱，諭紳民通力合作以興水利。向出松杉竹木，每歲約三四萬株，見飭一律栽種。　三十一年，寧都州淩牧祖穀稱：安福鄉劉家山坐落薊坑村，由各姓集股公植，舊種松八千餘株，新栽四千餘株。平陽鄉曾姓山場地名八峰台，羅家地貿篙谷各處，舊種松一萬餘株，杉三百餘株，茶子一百餘株，竹六百餘竿，今新種松、杉、茶子各樹共三百餘株。三十二年，羅平瀾等於懷德鄉釣峰村添種松秧四千株，杉樹二千株，桐、柏、栗各雜樹千餘株。羅鶴鳴等於炭頭嶺添種松樹三千株，杉秧二千株，雜樹一千餘株。羅驥呈等於北關七仙廟後添種榆、柳、柏、橙、冬青等樹一百餘株。泰平鄉廖其彬等於屋旁隙地栽種桃、李、棗、梨、枇杷、林檎、墨竹、榆樹共八千餘株。　瑞金縣田畝每虞旱乾全賴築陂培堰，縣屬多山少田，樹木以松、杉爲最。雲集墟牛券坑所種果樹，因地勢高燥，土性不宜，勸改雜糧。樟樹熬腦，風氣已開，惟樹甚寥寥，見勸廣爲栽種。【略】　三十一年，大庾縣周令寶琦稟：縣屬山田最多，只宜栽種包粟。前飭多種煎糖之蔗，見已長發，與茂竹豐蘆相似。三十二年，陳令守謙稱：勸民種植擬分二法：如茶、竹、蔗、紙，宜保其固有；桑、柏、橘、棉，宜廣其本。無見令覓子購秧廣爲試種，擬於東山嶺隙地栽種樟樹，爲將來熬腦地步。　三十年，崇義縣周令仁壽稱：地處山陬，民情固陋，農務素不講求，以致荒蕪，殊爲可惜。見就《農學叢書》擇其切要可行與該縣土性相宜者編爲一册，名曰：《農學摘要》，印發各鄉，俾家喻户曉。又稱：開墾太平里五處，雁湖里三處，崇仁里一處，隆平里四處，尚德里三處，永安里二處，先後栽種杉樹、苗竹。文英墟産有大小蠟樹數千株，鄉民不知取蠟，坐失利源，諭令遍種，再考求養蟲收蠟之法。三十三年，稟生方慶珊稟：請設嚴湖農業公司，專以墾荒耕熟爲事，農工商礦局飭改農業公會。

清　劉錦藻《清續文獻通考》卷三八〇《實業考三》　紀奉天農業試驗

【略】森林爲農業一大部分，而各國試驗制度，在西曆一千八百四十年後恆别立專場，組織愈精，收入愈厚。奉省林學絶無講求，試驗場内雖有林地，栽植尚少。三十三年，籌辦種樹公所，先勘得城東正白旗界内閑荒一段，毗界地兩段共計一千一百四十二畝，編作第一官林。又續勘得城南正紅、鑲紅兩旗界内官荒地二段，共一百零一畝，編作第二官林。又城南正紅旗界内一段，共計二千六百七十三畝，編作第三官林。延聘德國技師一人，前後由青島及外洋選購樹秧二百餘萬株，分别栽種，以爲森林模範。將來即將樹秧移植各屬官荒，或售與民間，廣爲試種，以期振興全省林業。至若蒐羅佳種從事種植，專以標識名目縱人遊觀，爲益智之助，不專屬農業生産範圍，則各國之植物園辦法是也。乃於西門外鐵道之東，闢地一區，開辦植物研究所，試種棉、蔬、麻、果、花、木等類。考其長養培護之方，任民遊覽，藉資考校。夫勸導之法，愈備則收效愈宏，文明之機日闢，則民力日富，後之論者或將以余爲知言乎？　奉天南路農業情形：【略】新民屯在瀋陽城西約四十英里，在遼河西約五英里。該處四周泄水頗難，大雨時常淹没。城北與西南地多種樹，城西有窪地一區，從未墾種【略】小三家子在京奉鐵路西北約九十里，在新民屯西亦約九十里。該處地平，瀉水不易，土帶沙質，黏壤，每獲豐收。大宗農産爲高粱、豆、粟三種，及棉花少許。並無果木蔬菜，間有零星樹木，楊柳、木棉爲多。【略】廣寧在溝幫子鐵路西北約六十里，此地多屬水積土，出産極豐，有小溪多條，便於泄水。大宗種植爲豆、粟、高粱、棉花、蔬菜、果子等。居民稠密，田疇甚少，農事外無甚工作。其物産用車運溝幫子鐵路，或運青堆子轉營口。據商會報告：光緒三十三年，該處出境穀物約有四萬五千噸。所産果子爲外銷大宗，每年運出約有五萬擔，以梨及葡萄爲大宗，其銷場則北滿洲與西伯利亞也。果、木俱種，山谷間地勢最宜，因北面有山可障寒風，夏令熱度甚高，果易成熟。梨樹種類頗多，惟俱屬硬梨，香味不及美國之改良梨種。該處種果者每歷二年，即將果樹外皮刮去，據云：可以減免蟲災。共實樹大須剪枝，如依法行之，所出必更大而多。葡萄碩大如毬，嘗有重三四磅者，質味頗佳，産量亦盛。土人用一支架緣藤之法，甚屬新式，可稱合用。種果之家多居田間，便於看護，及時摘取。其運果之法係用稈簍裝裹車運鐵路，以青堆子上車者爲多。該處種果甚爲注意，極欲得良好之梨種與葡萄種，以改良果園，更欲輸入蘋果樹以擴張果業。一帶童山，其四面皆年受水衝，深坑甚多。欲救此患，惟有遍植樹木於四旁，高處不能栽種，山石之上尚有土壤可種林木。且此山於栽種必宜，因近山頂處有大松樹甚多，此其明證。

清　劉錦藻《清續文獻通考》卷三八一《實業考四》　又農工商部奏：酌擬《振興林業辦法》略稱：林業爲實業大端，東西各國皆極力經營。其森林種類，有所謂帝室林、國有林、公有林、私有林、社寺林、部分林者，名目甚繁，而究其爲用，不過供用林、保安林二者而已。不禁採伐者謂之供用，所以供國家與人民之用，而爲森林直接之利益，禁採伐者謂之保安，大概於可防風災、飛砂之處則禁之，可防湍流、潮水則禁之，可防砂土崩壞、雪石頽墜，則禁之，可養水源則禁之，可爲航路目標則禁之，可供公衆衛生則禁之，可爲名區風景則禁之，皆所以保國家與人民之安，而爲森林之間接利益也。各國爲此利益，不僅設官立局，又爲特布森林法律，特設森林警察，其重視林業也如此。我國古無林業之稱，然山虞、林衡載在《周禮》，稽其職掌禁令，與各國大略相同。特自阡陌制開，山澤禁弛，取之無節，養之不時，於是場圃之師僅談瓜果，田舍之婦但話桑麻，而濯濯童山遂無復過問者矣。顧其時製作簡陋，工藝未興，材木之用，苟焉取給而已。至今日則不然，就臣部最近調查而論，以言供用，則東三省多松、樺、榆、柞，湖南、江西多松、杉、樟、楠，安徽、江南浙江多松、杉、櫸，陝西、四川、雲南、貴州多杉、樟、桐、漆，廣西多樟、桂花梨、紫檀，直隸、承德多松，而浙江、安徽、江西又多楮，湖南更多竹，天然之産，不可謂不富。近年，各處鐵路所需枕木、建屋所需洋松，大都取之外洋。據海關洋木進口税則計之，五、六年來遞有增加。以税計值，一、二年内洋木輸入每歲必在千萬以上，則森林之不足供用可見矣。以言保安，則全國中森林較盛者惟東三省，而歷來未有水旱、疫癘之奇災，亦惟東三省。自中日木植公司之約成，已有旦旦而伐之勢。其餘各省皆無茂林叢藪，以宣地氣、養水源、消炭氣，故北方多旱，多河患，而南方多疫。近年江北湖南水患尤多，皆於森林關繫甚巨。則森林之不足，保安又可見矣。臣部於光緒三十一年曾通咨各省一律講求種植，並派員前往長白山一帶調查森林，復於會同郵傳部遵議鐵路條陳，摺内奏明，通行各省飭屬課種各在案。現在報部有案者，如奉天設森林學堂，種樹公所，吉林設木植公司，黑龍江設試辦木植局。熱河奏籌辦林業，喀喇沁設林業公司，直隸、江蘇、福建等省設樹藝公司，山西設農林學堂。要皆造端伊始，未能遍及。此外，未經咨報省分尚復不少，蓋林業爲利甚溥，而收效甚遲。若國家無整齊畫一之章程，官府無切實營辦之責任，而全恃民人自爲之能力，則森林之成立必永永無期。臣等公商擬：一面分咨出使大臣調取各國森林專章，一面由部遴選熟習農務之員，就近派往日本考查造林之法。並擬請旨飭各省將軍、督撫，將轄境内適於造林之區域與固有天産之森林限期詳細查明，備具圖説，咨報臣部。再由部訂專章，請旨頒行，俾資遵守。　臣謹案：百穀之播，温帶爲蕃。惟林木寒燠均宜，冰天雪窖之鄉不産嘉禾，未嘗不産嘉木。覽何秋濤《朔方備乘》載，東北窩集喬木參天，有莫知其亘幾千百年者。森林之業，泰東西蔚成科學，國中材木用之無竭，而中土童山彌望，幾遍寰區，虞衡失官，富源之所以日涸也。部臣此奏，關於造林制度標舉靡遺。我華地曠人稠，果能取法鄰封，自當隆隆日起。然禾黍經秋而稔，木則十年爲計，收效綦遲。凡屬高阜大陵，菽粟所不能生殖者，樹木以補苴之庶。農林相爲表裏因時度地，俾域中無尺土之不毛，夫何慮司農仰屋哉？　又奏：御史趙炳麟奏：請推廣農林，奉諭交臣部詳定奏辦。參閲原奏所陳，自應先從查荒入手，俟各省造齊圖册報部，再由臣等定章通咨各將軍督撫遵辦。嗣因限期將届，未據聲覆奏，請飭各省迅速清查。現在又届年餘，除奉天、吉林、黑龍江、河南、廣西、甘肅六省造送外，其餘各省仍未查覆。臣等籌議，以農林爲天地自然之利，富國裕民，動關至計，亟應及時推廣。而各省地方遼闊，頭緒紛繁，調查履勘，致稽時日，自亦實在情形如俟造報完竣再行訂章，未免需時過久。兹就業經送部圖册悉心考核，於該省查荒情形，既已略知梗概。舉此例，彼餘省可約度大凡，自應參酌時宜，於提綱挈領之中，籌執簡御繁之計。先訂專章，俾資遵守，謹擬《推廣農林簡章》二十二條呈　覽。至於振興森林，造端宏大，當另訂辦法，合併聲明。

清 劉錦藻《清續文獻通考》卷三八二《實業考五》 宣統二年，新疆巡撫聯魁奏籌辦農林略稱：新疆本西域游牧之地，欲期農牧，並務必以興學爲先，提倡責在有司，首基尤重。省會已在省城北門外，勘購民地一區作爲通省農林試驗場，並擬添設實業講習所，以備模範。迪化縣另有農務研究所，現並籌設實業學堂，吐魯番廳阜康縣、焉耆府皮山縣、和闐州均有農林試驗場，吐魯番並有水利公司，焉耆、皮山並有農林講習所，皮山並有初等實業小學堂、蠶桑局，和闐並有蠶桑實業學堂，庫爾喀喇烏蘇廳有農業學堂，溫宿府有農林講習所，並購買地段試種桑秧，疏勒府有初等實業學堂，焉耆暨庫爾喀喇烏蘇尚在組合農會，期利進行至蠶事與農林並重。南疆向來産桑，土人但取葚代糧，或備藥料。經前任各撫臣廣興蠶業，頗著成效，惟蠶種購自外洋，久成漏卮。自上年設蠶桑局講求養蠶、煮繭、繅絲、留種諸法，將來可不向外洋購買。森林造端宏大，殊不易言，第以林業論：天山南北雖未到處成林，而天然之樹亦各屬皆有。測驗氣候、土性，南路較勝北路，迭飭廣爲栽種，歲有增加。南路種白楊、榆柳之外，尚有桑、松、桃、杏、沙棗等樹，北路則白楊、榆、柳居多，綜計栽種成活之樹不下數百萬株矣。得旨著即認真籌辦。【略】 又吉林巡撫陳昭常奏：查明水災沖失林業局木植暨窑廠錢文數目略稱：吉省林業向爲商品大宗，本地木商資本微末，不能辦此臣業，致棄天然之厚利。升任督臣徐世昌、調任撫臣朱家寶有見及此，特派記名道宋春鰲由官帖局提款二百萬千創辦林業局，入山砍伐，運省銷售。嗣經該道請於省城設總局，於土山、四合川兩處設分局，購買火鋸機器，修造房屋，僱用工匠入山伐木，計砍巨料五萬五千餘根，悉存山內，未能運出。共需過木本一百餘萬千，迨設勸業道缺，將該局歸道管轄。前任道徐鼎康詳請將存山之木運出，設法售銷。間有商幫木植無力運銷者，由局酌量收買。將各項木料板片運至省城，沿河兩岸停泊，並至長春陶賴昭站等處分銷。另由琿春採木，雇輪運銷津沽。不料宣統元年六月霪雨成災，江水陡發，江邊存積官、商木植悉數沖没，林業總、分各局，並火鋸廠房屋、繩索、器具同付洪流。當飭勸業道及該局員等添雇人夫，分報尋覓。其時，災民露宿風餐，飢寒交迫，就近將沖來木料板片搭棚棲身，作柴供爨，並有售價，以供衣食者。雖經出示禁止，四出搜尋，給價收購，業已毁失過半。現在找尋清楚，收回約在五成五分以上，所有總分三局沖毁大號木植兩萬七千二百餘根，核計木本及火鋸廠房屋器具等項，查照購造原價，共合吉錢七十萬零七千零四十八千五百零四文。又該局附設官窑一處，係光緒三十四年前撫臣朱家寶由官帖局提錢十萬千，在林業局附近接兑商窑舊廠，添築新窑。兩年以來，貨本周轉尚有盈無虧，此次雨水浸灌，坍塌激碎，零落漂没，全廠蕩然。事後核計實值錢七萬四千二百零七千二百二十一文，實係被災損失。據勸業道造册呈請奏咨：查吉省上届奇災爲百十年來所未有，懇恩俯准將林業局被水毁失木植、房屋、器具等項價值錢文，以及收贖木料各項費用，官窑廠沖失資本，均准作正開銷。 三年，農工商部奏：准湖南巡撫楊文鼎咨稱，遵照部章在省城設立農務總會，擬定章程。公舉籍紳候選道龍璋爲總理，廖名縉爲協理。查湘省土厚水深，穀米之豐，甲於海內。餘如桑、麻、竹、木，亦爲出産大宗。洵稱農業繁盛之區，徒以鄉民服守先疇，種植未明新理，偏災偶告，動致歉荒。亟應利導整齊，藉資提倡，請准立案，由部札派以資經理。

清 傅維鱗《明書》卷三《太祖紀》 二十四年辛未，春正月築海堤，免山東税糧，敕穎公友德率列侯備邊。二月改封豫王爲代王，漢王爲肅王，衛王爲遼王，命種桐、棕等樹於朝陽門外各五十萬株。

清 傅維鱗《明書》卷六九《河漕志》 自淮至通州濱河置廬舍五百六十八所，居卒以治淺，緣河堤種樹鑿井，以待暍者。

清 傅維鱗《明書》卷八四《營建志》 京師南海子，周迴一百二十里，設紅門四，内禁樵採，畜禽獸，爲天子遊獵講武之所，取不事遠獵妨民之意。中有行殿行宫及晾鷹臺及苑門。御馬苑在京城外，各有界限，立石標識，牧養御馬凡二十二處。上林苑、蕃育署畜養鵝鴨食禽地千五百二十頃有奇。嘉蔬署栽種蔬菜地一百一十八頃九十九畝有奇。良牧署牧養牲口膳品地二千三百九十九頃一十三畝有奇。林衡署栽種果樹花木地一百三十八頃一十五畝，而太常之牲，尚膳之珍羞，光禄之供具，皆取足焉。南京則有漆園、桐園、椶園，俱在鍾山之陽。洪武初以造海運及防倭戰舡所用油漆椶纜，悉出於民，爲費甚重，乃立三園種各十萬株，以備後世之需，而不斂於民。

清 蔣良驥《東華録・康熙三十一年》 九卿議覆：「靳輔言于黄河兩岸栽柳種草，設立涵洞，應如所請。」

清 蔣良驥《東華録・雍正六年》 湖廣總督邁柱奏隄工八事：【略】一、

護隄插柳，以一弓一株爲準，連種蘆荻。如所司奉行不力，以誤工論。

清　賀長齡《清經世文編》收清裘曰修《治河策下》　輸其土於隄外，遍植官柳雜木。數年，隄高厚如山阜，草木雜根縱横蟠結，雖有異漲，不能爲患矣。

清　黄鴻壽《清史紀事本末·治河之政策》（康熙）三十一年【略】，冬十一月，（河道總督）靳輔奏請於黄河兩岸，栽柳種草。

清　尹會一《尹少宰奏議》卷四《河南疏三》　河南巡撫臣尹會一謹奏，【略】臣隨檄催沿河各州縣，於去冬汛水消退之後，將河灘地畝逐一查明。自隄根起至河邊止，挨次編號，畫爲方區。每區以五百四十畝爲率，其畝數不足者，即爲零區。四圍封立墩，栽植桑柳，以爲經界。

清　嵇璜《清文獻通考》卷二《田賦》（康熙五十二年）江南黄河隄岸至所隔遥隄有二三里者，亦有六七十丈者，其空地先皆植柳，以備河工取用今彼處百姓盡行耕種，亦並未令起課昔黄河泛漲時，水常灌入，遥隄不得耕種。自清水暢流以來，河底刷深水必長至二丈方能及岸遥隄以内皆成沃壤矣。

清　穆彰阿　嘉慶重修《清一統志》卷九六《揚州府》　運河，即古邗溝水，舊曰官河，北自淮安府山陽縣界南流入，經寶應縣、高郵州西，又南經府城東北，繞城而南，至揚子橋三汊口，分爲二支。一支西南流經儀徵縣東，又分爲二，一南流至舊江口入江，一西南流至下江口入江，爲上江運糧入河之口。一支南流，即伊婁河，至瓜洲鎮西南入江，爲江南糧運入河之口。《左傳·哀公九年》吴城邗溝通江、淮。注：吴于邗江築城穿溝，東通射陽，西北至末口入淮，今廣陵邗江也。《漢書·志》：江都有渠水，首受江北，至射陽入湖。《水經》有中清水，酈注謂之韓江。亦曰邗溟溝。自江東北通射陽。《隋書·纪》：開皇七年，開山陽瀆以通漕。《通鑑》：大業元年開邗溝，自山陽至揚子入江。渠廣四十步，渠旁皆築御道，樹以柳。《元和志》：合瀆渠在縣東二里，本吴所掘邗溝水路也。今謂之官河，亦謂之山陽瀆。《唐書·食貨志》：初揚州疏太子港陳登塘，凡三十四陂，以益漕河，輒復堙塞。節度使杜亞，乃濬渠蜀岡，疏句城湖愛敬陂，起隄貫城以通舟。

清　穆彰阿　嘉慶重修《清一統志》卷四二六《福州府》　大義渡，在閩縣東南，唐貞觀中，州帥衛總持見其處商旅賓主有序，因名《三山志》。蔡襄知福州日，自大義渡夾道植松，達於泉漳。人歌之曰：夾道松，夾道松，問誰栽之我蔡公，行人六月不知暑，千古萬古摇清風。

清　穆彰阿　嘉慶重修《清一統志》卷三六《大名府》　附城隄，在大名舊縣城外，環繞縣治。明正德間漳衛二河決溢入境，知縣吴拯增築，植柳千株，亦名吴公柳隄。

清　穆彰阿　嘉慶重修《清一統志》卷一四《保定府》　萬柳隄，在雄縣南，即趙北口官道也。其地爲高陽、新安、諸水匯流處，舊有橋，明正德中築隄。植柳爲固。本朝順治、康熙年閒屢修。

清　穆彰阿　嘉慶重修《清一統志》卷一八一《曹州府》　太行隄，在曹單二縣南，舊名南長隄。西自河南儀封縣界入境，起芝蔴莊，東至江蘇徐州豐縣界。在曹縣境八十里，單縣境七十七里，明弘治十年，都御史劉大夏創築，以防護河流。其後歷年增修，每三里設一鋪，夾隄植柳，遠望如雲山之勢。本朝乾隆十七年，重加修築。

清　廖必琦《莆田縣志》卷一《輿地》　平牀嶺，在新縣西南盤繞十餘里，鄭樵嘗種杉松於道旁，行者德之。

清　崔懋《新城縣志》卷一　青沙堤，舊築以捍小清河之水，長三百六十四步，闊七步，高四尺。嘉靖十三年，臺使者委濟南府同知郜相重修。别有護莊堤，知縣趙文炳築，知縣馬負圖重修，沿堤植楊柳數千株。

清　周壬福《博興縣志》卷三　跨小清、預備二河長逾九里，舊止草橋三座，下列十一空，以木爲柱，高不及尋。每秋水泛漲，橋空隘，不足宣洩，故易圮。今於舊數外添置二橋，凡急流迅湍處，易柱以石，共得橋空一十有七，高廣視舊制增三之一，不續者，聯築長堤，旁植榆柳以資培蔭蔗，幾其或久平。是役也，凡四閲月而工竣。

清　高賡恩《綏遠全志》卷二《城垣》（綏遠）城自建築後考之碑記案卷，經兩次重修，一自同治七年將軍定公來鎮，兹土重建。北城門樓補修，陴倪樓櫓濬濠引水繞護外城，又於道旁夾植楊柳萬餘株，以防濠身沙淤鬧根水齧，至於十年樹木，效猶淺也，迄三十年，將軍貽公下車即諭，以前栽樹株尚多未活，飭令如數補種，仍於各路添栽樹一千一百餘株，西門内起碑樓一城，西南修洩水閘二、四面浚隍仍續築衢路，各工通費足錢一千九百貫有奇。

清　務農會《農學報》卷六六《袁江農政》去歲，知清河縣侯東洲大令。紹瀛於清河設植物局　試種茶桑等物，地約十餘畝，現各物已青葱競秀云。

農民植樹造林分部

綜　述

北魏　賈思勰《齊民要術·種榆白楊》　榆性扇地，其陰下五穀不植。隨其高下廣狹，東西北三方所扇各與樹等。種者宜於園地北畔。秋耕令熟，至春榆莢落時收取，漫散，犁細畤，勞之。榆生其草俱長。明年正月初，附地芟殺，以草覆上，放火燒之。一根上必十數條俱生，止留一根強者，餘悉掐去之。一歲之中，長八九尺矣。不燒則長遲也。後年正月二月移栽之。初生即移者喜曲，故須叢林長之，三年乃移栽。初生三年不用採葉，尤忌捋心。捋心則科茹不長，更須依法燒之，則依前茂矣。不用剝沐，剝者長而細，又多瘢痕。不剝則短粗而無病。諺曰不剝不沐，十年成轂。言易粗也。必欲剝者，宜留二寸。於塹坑中種者，以陳屋草布塹中，散榆莢於草上，以土覆之。燒亦如法。陳草還似（速朽），肥良勝糞，无陈草者用糞糞之，亦佳。不糞雖生而瘦。既栽移者燒亦如法也。　又種榆法。其於地畔種者，致雀損穀，既非叢林，率多曲戾，不如割地一方種之。其白土薄地，不宜五穀者，唯宜榆及白榆。地須近市。賣柴莢葉省功也。梜榆、刺榆、凡榆三種，色別種之，勿令和雜。梜榆莢葉味苦，凡榆莢味甘。甘者春時將煮賣，是以須別也。耕地收莢，一如前法。先耕地作壠，然後散榆莢。壟者看好，料理又易。五寸一莢，稀概得中。散訖勞之。三年春，可將莢葉賣之。五年之後，便堪作椽。不梜者，即可砍賣。一根十文。梜者鏇作獨樂及盞。一個三文。十年之後，魁碗瓶榼、器皿，無所不任。一碗七文，一魁二十，瓶榼器皿一百文也。十五年後，中爲車轂及蒲桃瓨。瓨一口值三百，車轂一具值絹三疋。其歲歲科簡剝治之功，指柴雇人，十束雇一人。無業之人，争來就作。賣柴之利，已自無貲。歲出萬束，一束三文，則三十貫，莢葉在外也。況諸器物，其利十倍。於柴十倍，歲收三十萬。斫後復生，不勞更種，所謂「一勞永逸」。能種一頃，歲收千疋。唯須一人守護、指揮、處分。既無牛、耕（犁）、種子人功之費，不慮水旱風虫之災，比之穀田，勞逸萬倍。男女初生，各與小樹二十株，比至嫁娶，悉任車轂，一樹三具，一具值絹三疋，成絹一百八十疋，娉財資遣，粗得充事。崔寔曰：二月榆莢成，及青收，乾以爲旨蓄。旨，美也。蓄，積也。司部收青莢，小蒸，曝之，至冬，以釀酒滑香，宜養老。《詩》云：「我有旨蓄，亦以禦冬」也。色變白，將落，可作醔𨡕。隨節早晏，勿失其適。醔音牟，𨡕音頭，榆醬。

元　脱脱《宋史》卷一七三《食貨志》　熙寧元年，中書議勸民栽桑。帝曰：「農桑衣食之本。民不敢自力者，正以州縣約以爲貲，升其户等耳。宜申條禁。」於是司農寺諸立法，先行之開封，視可行，頒於天下。民種桑柘，毋得增賦。安肅、廣信，順安軍，保州，令民即其地植桑榆或所宜木，因可限閡戎馬。官計其活茂多寡得差減在户租數，活不及數者罰，責之補種。

明　朱健《古今治平略·明代農政》　（洪武）二十七年，（太祖）令户部移文天下，課百姓植桑、棗，每里百户，種秧二畝。始同力運柴草燒地，巳乃耕，比三燒三耕巳，乃種秧高三尺，分植之，五尺闊爲壠。每百户，初年課二百株，次年四百株，三年六百株。栽種訖，具如目報。違者謫戍邊。以湖廣辰、永、寶、衡等處宜桑而種者少，（太祖）命於淮、徐取桑種二十石給其處民種之。

清　楊永斌《勸民種殖講學疏》　其高亢之區，不宜禾稻者，則令樹藝豆麥，亦可資食用。至附城陸地及山麓偏坡，雖不能播種糧食，尚可栽植樹木，今俱閒棄，實爲可惜。臣令番禺縣買桐樹試種，於土性相宜，已經成活，現在廣購桐子，令地方官倡率捐畫，勸民栽種，可以獲利。其他木植，隨地土之宜，聽民酌種，禁飭兵民踐伐。並將從前欽奉歷次勸民務本力農，及栽種木植諭旨，敬謹刊刻，分發州縣，散給里民，務令家喻户曉，力勤耕植。

清　沈翼機《浙江通志》　崇禎《開化縣志》：開地田少，民間惟栽杉木爲生，三四十年一代，謂之拚山。邑之土産杉爲上，薑、漆次之，炭又次之。合薑漆炭之利，只當杉利五之一。聞諸故老，當杉利盛時，歲不下十萬，以故户鮮逋賦，然必仰給於徽人之拚本盈而吴下之行貨勿滯也。

清　趙弘恩《江南通志·徽州府》　杉與櫹同。婺祁山多田少，民多植此爲材以供賦税，故火禁甚嚴。

清　謝旻《江西通志》卷四九　杉木，山居多種之。州治及瑞金、石城，食其利者衆。

清　務農會《農學報》卷八二《勸種桑啟》　福州山多田少，地狹人貧，

紀事

清 務農會《農學報》卷一《課桑述聞》 江西翁方伯札委沈大使赴浙采辦桑株二萬，南昌守復委蔡少尹購桑株萬七千，饒州守委潘少尹購萬五千株，吉安守委錢參軍購二萬株，均招民領種。

蕪湖關道袁爽秋觀察去冬捐俸派員往湖〔州〕購辦桑株，分給太平、寧國州二府及廣德州三屬各鄉，招民領種。並委管帶保衛營饒守戎，將西湖地後江防府署舊基，派兵丁開墾成田，以便植桑。並委劉參軍會同守戎在河南普濟寺內，設課桑局，以理其事，上月桑株三萬，已由浙運到，農民紛紛領種矣。

松江陳蓉曙太守蒞任以後，日以興利除弊爲事，春間復出示勸民興辦蠶桑，洋洋千餘言，現由地方紳董集資赴浙購桑四千株，種西關外，行見蠶桑之利，遍於婁淞矣。

清 務農會《農學報》卷二《課桑續聞》 江西奉新縣鍾大令同紳士等籌款購買湖桑二萬株，將荒地開墾栽種。每地一畝，約種四五十株，招民領種。如有不諳種法者，至課桑局學習，出示告諭，並附蠶桑事宜六條，以教農民。

清 務農會《農學報》卷二《條陳養民事宜摺》 江浙、安徽、江西、湖南、湖北、雲南各省督撫，先籌款購買桑秧，沿洪澤、巢湖、鄱陽、洞庭、滇池、昆明等湖，廣行栽種。

清 務農會《農學報》卷一六《農學教習白雷耳考察湖北大冶武昌左近山田種植情形報告》 一是處山地僅能見雜樹數種，且甚稀少，餘悉聽其自生一種粗草，皆不過取作柴薪之用，獲利甚微，未免可惜。倘多種有用之種，將來收效必豐。

一山中低平近石處，均可栽種葡萄。凡多石處地中含水氣最足，即天稍旱，而藉石中水氣滋培，不致有乾枯之患。且盤石所受日光，蒸出日氣，能使葡萄易於成熟，既可作乾果，又可作鮮果，又可釀美酒。倘能勸民於山隙多種此果，三四年後獲利必優。

一山之高處可種板栗、胡桃等樹。聞此種果品，中國亦既有之。將來可購外洋同類相宜果種，以廣生產。查英國胡桃一類，早擅天下之利。即板栗亦極有銷場，歐美各洲人嗜栗，幾與中國穀食相侔。倘能多種，可增出口土貨之一宗。一山傍隙小民之家，終歲勤動，猶往往無以爲生。今欲開財之源，求其效速而利溥，力省而舉易者，莫蠶桑若也。福州天時和暖宜於蠶，地土膏腴，宜於桑。生齒繁，工價賤，更宜於養蠶而樹桑。往來左文襄公開府吾閩，設蠶局，闢桑田，未及成功而移節陝甘，事遂中止。夫福州既宜於蠶，所以未收其利者，一在擇種之未善，一在飼法之未精。本學聯合同志試辦蠶事，用法國巴斯陡法以選種，用喝茫法以飼蠶，參江浙之舊章，考福州之土宜，成效漸著。循此行之，蠶業不思不興。獨福州桑樹甚少，採葉甚難，一旦新法既行，利益既見，養蠶者多，桑價即因以遽漲，或且至於斷絕，蠶業雖興，猶不興也。同志諸人欲多種桑樹而力不從心，事難遽舉，計惟有溥告吾福州官紳商民，念閩況之艱難，興地方之公利，同心協力，廣種桑株。官則籌款撥地以爲倡，始昭垂上賞以爲激勸商民有種桑萬株者，成林後宜奬以銜名。紳商則廣集巨資，或購田園，或領官地。即平民之家，亦可於舍傍田隙，山陂水堤，隨地栽種，積少成多。種桑早一日，則蠶户早得一日之利；種桑多一株，則蠶户多得一株之利。世有君子，當亦鑒區區之意，爲福州籌生計，而玉成斯舉也。福州試辦蠶桑公學謹啟。　種桑之法，每間五尺，可種一株，一畝容二百四十株。

清 務農會《農學報》卷九〇《常熟潘穀遠副貢上聶方伯論農事書》 中西學社之傍，西有武廟餘地，東有翏川課院、育嬰堂昭社倉、方塔寺諸公地，均已廢棄，約可種桑千株，業已禀常昭二縣立案給示。今歲擬先築土牆，墾平地基，明春親往湖州購辦桑秧試種。

清 務農會《農學報》卷一一九《福州蠶桑公學庚子年擬辦情形説略》 種桑：一僱浙江桑工一人，料理桑園，並教授接桑、種桑等事。一舊年所購桑秧，或由公學自種，或照原價發售。　甲、扒接大種二千六百十四株，廣秧四千五百三十八株，共計七千一百五十二株。　乙、扒接大種四千五百株，廣秧一萬四千一百二十五株，共計一萬八千六百二十五株。　丙、扒接大種七千六百五十株，廣秧二萬二千五百二十五株，共計三萬一百七十五株。　丁、扒接大種一萬一千二百十四株，廣秧二萬一百五十六株，共計三萬一千三百七十株。　扒接大種共計二萬五千九百七十八株，廣秧共計六萬一千三百四十四株，統〔總〕計八萬七千三百二十二株。　一本年秋冬，仍往浙江購辦各種桑秧，運來閩中，或有〔由〕公學覓地自種，或照價分售各同志。

地，似可種桑，以備養蠶。此項桑樹與以上所列果樹並植，亦甚相宜。

清　務農會《農學報》卷二五《閩省樹桑》　福建蠶桑之利，久已不興。本會陳伯潛閣學，與各紳鳩款託杭州林迪臣太守在石門購桑秧一萬餘株，刻已運到，行即分種各鄉矣。

清　務農會《農學報》卷二六《甬興蠶桑》　慈谿紳士袁君聯青等，以桑蠶之利甚厚，而本地風氣未開，現已籌畫三千金，購湖桑一萬餘株，聘諳習種桑工人至甬栽種。袁君之好義，可爲各省紳士之矜式矣。

清　務農會《農學報》卷三三《推廣種桑》　蕪湖去年設課桑局，由道憲袁觀察委派饒翼卿守戎劉仲爽參軍總理其事，並於河南岸南寺溝北岸棗樹園兩處空隙之地，多種桑條，以便農民來局領種，實爲興利要務，閭閻莫不稱便。今年皖南各屬，來蕪領種者實繁有徒，饒守戎以棗樹園一帶隙地仍多，雖有貧民搭蓋草屋類皆無主者多，守戎乃善爲勸導，給移居費，每家若干，俾可遷住，以便多闢地段，推廣種桑。袁觀察之爲民興利若是，宜乎頌聲日起也。

清　務農會《農學報》卷三三《秦郵興利》　知高郵州章西園刺史，蒞任後，爲地方興利除弊，百廢其舉。現因高郵向無蠶桑之利，爰購湖桑三萬株，課民領種。又因高郵蠶繭遠售爲難，因埶款收買，以爲倡導。並擬購日本坐繅機器，教以繅絲云。

清　務農會《農學報》卷五〇《淮安植桑》　淮安自漕督立局振興農工，各地方官頗聞風興起，山陽縣程仙舫大令，遣人至杭州購桑秧數萬株，刻下已到淮安，分給農民領種矣。

清　務農會《農學報》卷五七《直隸總督奏舉辦蠶桑情形摺》　查直隸原有蠶桑之處，而僅深、易二州，完縣、元氏、邢台三縣。現在清苑、滿城、安肅、束鹿、高陽、安州、定興、望都、定州、深澤、曲陽、冀州、衡水、安平、廣昌、灤州、昌黎、撫寧、豐潤等州縣，在在皆有，加以新領桑株，各處共五十餘州縣。茲據該局開報，自光緒十八年起至二十三年止，前後發出桑（苗）二千一百四十一萬五千株，據報成活八九成六七成不等，本年新種成活桑苗二百五十萬株，並園存五十八萬四千三百五十株，共存三百一十萬四千三百五十株。栽桑之法，以種葚爲上，而蟠根、壓條、移栽，亦可參用。由接桑之法，以根接爲上，而皮接、葉接、靨接各得其宜。計種成桑一株，不過制錢三文。

清　務農會《農學報》卷六三《雲臺種植》　海州分轉徐星槎觀察紹垣於海州雲台山麓闢地百七十餘頃，振興農利，請歐陽君静山炳主其事。現購茶子若干石，及川烏、貝子两千餘株，及各種果樹，均已到朐，一律種植。此舉不僅開海邦利源，且可爲他方矜式矣。

清　務農會《農學報》卷六三《金華植桑》　浙江金華等處，山巒複疊，地土高燥，不宜植（稻），故向來種棉、棗、果樹等物，近更遍植罌粟，希圖厚利。現郡守繼公，查罌粟之害深於所收之利，乃禀請上游設立蠶桑公局，令民改種桑秧，一律育蠶，當奉藩憲札委儲少尹佺赴金華，襄辦局務，並采買稚桑，頒發領種。繼太守此舉，真能興利除弊，功德不小，產鴉片各處，其以繼公爲師法也可。

清　務農會《農學報》卷六六《官植桑茶》　金陵下關封岸之浦口，渡船來往繁若要津。然沿江各區頗多曠土，蔓草荒烟，人跡殊稀，當道以是處土性肥沃，蕪棄可惜，特委員勘定界址，購辦桑茶各秧，遍爲栽植，亦爲地方興利之一端也。

清　務農會《農學報》卷七〇《長沙樹桑》　長沙向少蠶利，現紳士張伯琴太守琳，在湖購稚桑八千株，前往試種，若能栽培得法，風氣不難頓開矣。

清　務農會《農學報》卷七一《採購桑秧》　自翁筱山中丞創辦蠶桑以來，各屬多仿照辦理，去冬進賢、臨川、金谿等縣，各捐廉俸解省，經張筱船方伯委令潘少尉行仁親往浙江採購桑秧五萬株，回江當即分別飭交各該縣，一律栽種。

園圃公司植樹造林分部

論說

明　田藝衡《留青日札》卷三四《墳木》　天子墳高三丈，樹以松，諸侯半之，樹以柏，大夫八尺，樹以欒。士四尺，樹以槐，庶人無墳，樹以楊柳。古者葬之中野，不封不樹。自井田之法行而死徙無田鄉，則欲如今之或千里或數百里外求風水善地不可得也。又立爲墓，大夫以辨葬地，以序昭穆，則欲如今之各自爲墓，以分葬求福利者不可得也。今之庶人惟樹松柏，則僣天子諸侯之制矣。所謂五患者，風水之經也，不爲道路，不爲城郭，不爲溝池，不爲貴勢所奪，不爲耕犁所及。又曰不爲溝渠道避材（村）落，遠井竈是也。仲尼之墓皆楷木。又云遠方弟子各樹以異材，理或然也。至於曲阜古城，顔回墓上石楠二株，大三四十圍，土人相傳云顔子手植之木，郡志皆載之。夫以不幸短命之人，何以預知其少年將死，而即手植此木以爲墓也。蓋顔子實年六十餘耳。欒即木蘭，又橙之別種有五，曰朱欒曰香欒。

清　戴名世《南山集》卷一《種樹説》　余年二十時，作《意園記》，意園者，無是園也，意之如此云耳。其間土田魚稻之豐美，雲煙泉石之幽深，亭池草木之掩映，佳花異卉之芬芳，此仙靈之所棲息，非人間所有也。是時，身在阨窮，不克遂意。浸尋荏苒，復且二十餘年，於今雖遯世之志愈決，而意園之荒久矣。頃余僑居秦淮之上，而城之西北多有閒曠之地，居民多種樹爲生。余欲買地十餘畝，種樹三百六十株，取其易生而多實者。繚之以垣，而搆草屋八九間於其中以居焉。當花開之時，日賞且吟於樹下。及其實之成也，計一株可得錢百餘。若其蕃滋繁多，則可得錢二三百。各貫之以緡，而共置一甒中。竅其上，而深其底。每早起，則信手而採其一，以供終日之所需。蓋每樹一株，給余一日。盡三百六十日而畢，則更用新者之所得以爲常。其恐有菑翳或不實者，則多種二三十株以預備之，而補其數。凡春秋之祈報，一如農家。蓋效林和靖種梅之意，而恢廓之余，藉以自養，無求於世，而得以閉户著書終其身。此雖非名區絶勝，然亦意園之附庸屬國也。余家故貧，又有人倫之患，自少出門爲童子師，以託一日之命。數家之村，牛欄之角，菜畦之圃，傍徨屏營者久之，乃以學使者之貢，入於太學。同學諸生，多見知公卿，得意以去。而余獨徘徊燕市無所遇。而城西種樹之計，非二三百金不克辦，旅況蕭然，且無以爲歸計，又安能爲此是則區區之志，而不克遂，又且爲意園之續也。嗚呼！余少不自量，竊負當世之志，欲盡庇天下之人，使無失其所養。日月逾邁，年且逾壯，不能養其數口之家，復不能自養，而需於種樹以養其身，亦自笑其拙也。顧種樹又無其資，而客遊汗漫不知所底，徒以其迂拙之身，涴京華之塵，而曳侯門之裾，豈其情哉？歲丙子十二月，適與江都費滋衡無錫朱贊皇、同縣劉延譽共飲酒於彰義門內之碧山堂，故徐尚書之別墅也。酒半，爲三子言之如是，三子者皆粲然而笑，悄然而歎曰：有是哉，子之志其可悲也。因歸而記其語，且各書一通以貽之。

清　白胤謙《桑榆集》卷二《種樹説》　余辛丑歸田，于癸卯春獲西谿廢圃，芟治其荒穢，植柳數章，藝以芍藥，謂可備游息已耳。再逾年，丙午經猶子棄地，在先人墳墓近，乃易以旁舍作念園。雜蒔桃李花竹其中。又即園之對河壖散布柳楊。至戊申夏復再逾年，而木遽可蔭，果可食，心甚喜。期以今春多求果木，視其閒隙務滿焉。而會苦重寒以霜，三月半始出詣各地，問其樹者，期則已後，乃悵焉。惜之謂人之不學，胡以異於是。昔柳子謂種樹之法，欲順水之天，以致其性，而實可以通於學。孟子牛山之論亦莫不然。夫當余始歸，年五十六，今六十四，中間相曠九年非躭疲備則樹爲賢人之德業亦既久矣。而徒以豢其朝夕，消其體髮萎乎。若木之內檼不待斧斤之及也。猶尚弗自葆殖將復焉。俟爰書是説，以董吾未盡，俾誠於後。

清　賀長齡《清經世文編》卷二八　黄六鴻《養民四政》　三曰植果木。夫民之當種者，豈獨五穀哉，即果木之樹，亦宜廣爲栽蓄也。昔李衡爲丹陽守，敕兒曰：龍陽洲上千頭木奴，歲千匹絹，亦可足用。木奴，橘也。董奉治病不取錢，但令種杏，數年千數萬株，鬱然成林，杏熟時，買者以穀易杏，悉以所得穀賑救貧窮。秦東陵侯邵平，秦破爲布衣，種瓜長安城東，瓜五色，甚美，世謂之「東陵瓜」。宋處士林逋，甚貧，結廬孤山，種梅三百六十株，梅子熟賣之，日取一株所植爲用。凡此者專資果木之利，即可贍子孫拯貧乏，以自供其高潔，況乎躬耕南畝，兼稼穡之饒乎。然而財不患多，以有餘而後豐，土不患生，以遍植而愈足，爲民司牧者，於方春之時，宜曉諭四方居民，擇其土地所宜果木及實繁而易成者，無論池傍隰畔，悉行栽植，不使地有空閒寸土，較之田畝所種，不納税糧，不煩耕耨，不憂水旱，因其地力而坐收厚利者也。如此蚩蚩愚民，又何憚而不廣栽遍植乎？須令村長莊頭等，嚴飭所在居民，及時栽種。如官長單騎親勘，仍有寸土荒閒者，本主重懲，村長莊頭並責，庶有所責成，而懶民不致自失其資矣。四曰種桑、榆。夫果木所以佐五穀之不足，兼之資五穀之有餘，而桑榆則以供飼蠶之用，且以給炊爨之需，況乎製器用，蔭行路，皆吾民之取益乎？昔諸葛武侯遺表有云：「成都有桑八百株，薄田十五頃，子弟衣食自有餘饒。是又以桑爲子孫衣食之利者也。古者五畝之宅，樹牆下以桑，通衢之傍，植榆、柳以表道，其所由來久矣。爲司牧者，宜出示曉諭，牆閒隙壤，廣種柔桑以供蠶事，於女紅衣服不爲無助，其郭外及莊村，由川塗以及孔道，約通車馬者，中留二丈許，通負販者，中留丈許，左右兩畔，悉栽榆、柳、槐、松之屬，每樹相開五尺，不成者去之，其茂盛者，枝幹挺舒，陰繁而蔭遠，時當炎暑，無風自涼，行者坐憩其下，不忍遽去，其益多矣。周單襄公遇陳，見其田蕪穢不治，道茀不可行，樹不表道，而知陳必亡。然則種植修飭，有關於治道也，顧不重歟！然須立一賞罰，凡所植之樹，令本主勤加灌溉防護，毋爲牲畜損踐，茂盛者量加獎賞，懶不成林者量責，仍令補栽，庶幾有所儆勸。」

清 張英《聰訓齋語》卷一 圃翁曰：「人生不能無所適以寄其意。予無嗜好，惟酷好看山種樹。」昔王右軍亦云：「吾篤嗜種果，此中有至樂存焉。」手種之樹，開一花，結一實，玩之偏愛，食之益甘，此亦人情也。陽和里五畝園，雖不廣，倘所謂有水一池，有竹竿者耶。花有十二種，每種十餘本，循環玩賞，可以終老。城中地隘，不能多植，然在居室之西數武，花晨月夕，不須肩輿策蹇，自朝至夜分，可以酣賞飽看。一花一草，自始開至零落，無不窮極其趣，則一株可抵十株，一畝可敵十畝。山中嚮營賜金園，今購芙蓉島，皆以田爲本，於隙地疏池種樹，不廢耕耘。閱耕是人生最樂。古人所云：「躬耕」，亦止是課僕督農，亦不在沾體塗足也。

綜　述

北魏 酈道元《水經注》卷二五《泗水》 譙周云：孔子死後，魯人就冢次而居者百有餘家，命曰孔里。孔叢曰：「夫子墓塋方一里，在魯城北六里泗水上，諸孔氏封五十餘所，人名昭穆，不可復識。有銘碑三所，獸碣（其）（俱）存。」《皇覽》曰：「弟子各以四方奇木來植，故多諸異樹，不生棘木、刺草，今則無復遺條矣。」

唐 白居易《白居易集》卷七〇《醉吟先生傳》 醉吟先生者，忘其姓字、鄉里、官爵，忽忽不知吾爲誰也。宦遊三十載，將老，退居洛下。所居有池五六畝，竹數千竿，喬木數十株，臺榭舟橋，具體而微，先生安焉。家雖貧，不至寒餒；年雖老，未及耄。性嗜酒，耽琴，淫詩。凡酒徒、琴侶、詩客，多與之游。游之外，棲心釋氏，通學小中大乘法。與嵩山僧如滿爲空門友，平泉客韋楚爲山水友，彭城劉夢得爲詩友，安定皇甫朗之爲酒友。每一相見，欣然忘歸。洛城內外六七十里間，凡觀寺、丘墅，有泉石花竹者，靡不游；人家有美酒，鳴琴者，靡不過；有圖書、歌舞者，靡不觀。自居守洛川洎布衣家，以宴遊召者，亦時時往。每良辰美景，或雪朝月夕，好事者相過，必爲之先拂酒罍，次開詩篋。酒既酣，乃自援琴，操宮聲，弄《秋思》一遍。若興發，命家僮調法部絲竹，合奏《霓裳羽衣》一曲。若歡甚，又命小妓歌《楊柳枝》新詞十數章。放情自娛，酩酊而後已。往往乘興，屨及鄰，杖於鄉，騎遊都邑，肩舁適野。舁中置一琴、一枕，陶、謝詩數卷。舁竿左右，懸雙酒壺。尋水望山，率情便去；抱琴引酌，興盡而返。如此者凡十年。其間日賦詩約千餘首，日釀酒約數百斛。而十年前後賦釀者不與焉。

五代 劉昫《舊唐書》卷一六〇《劉禹錫傳》 大和二年，自和州刺史徵還，拜主客郎中。禹錫銜前事未已，復作《遊玄都觀詩序》曰：「予貞元二十一年爲尚書屯田員外郎，時此觀中未有花木，是歲出牧連州，尋貶朗州司馬。居十年，召還京師，人人皆言有道士手植紅桃滿觀，如爍晨霞，遂有詩以志一時之事。旋又出牧，於今十有四年，得爲主客郎中。重遊茲觀，蕩然無復一樹，唯兔葵燕麥，動搖於春風，因再題二十八字，以俟後遊。」其前篇有「玄都觀裏桃千樹，總是劉郎去後栽」之句，後篇有「種桃道士今何在，前度劉郎又到來」之句，人嘉其才而薄其行。

宋 魏了翁《春秋左傳要義》卷一一《圃植瓜蓏囿養禽獸》 冢宰職云園圃毓草木。鄭玄云樹果蓏曰圃，園其樊也。《詩》云：「折柳樊圃。」成十八年築鹿囿。然則圃以蕃爲之，所以樹果蓏。囿則築牆爲之所以養禽獸。二者相類，故取圃爲囿。

宋 歐陽修《新唐書》卷一一九《白居易傳》 居易被遇憲宗時，事無不言，湔剔抉摩，多見聽可，然爲當路所忌，遂擯斥，所蘊不能施，乃放意文酒。既復用，又皆幼君，偃蹇益不合，居官輒病去，遂無立功名意。與弟行簡、從祖弟敏中友愛。東都所居履道里，疏沼種樹，構石樓香山，鑿八節灘，自號醉吟先生，爲之傳。暮節惑浮屠道尤甚，至經月不食葷，稱香山居士。嘗與胡杲、吉旼、鄭據、劉真、盧真、張渾、狄兼謨、盧貞燕集，皆高年不事者，人慕之，繪爲《九老圖》。

清 李調元《童山文集》卷一八《誥封奉政大夫同知順天府北路事石亭府君行述》 平居暇餘，常率不孝調元及家丁等於場圃較射，曰：此亦運甓之意也。以故所歷之地，無不闢有箭道，喜種花木。自浙歸來，築補過亭以爲優閒之地。以少隘，又於祠堂前購一別業，扁曰醒園丹徒王夢樓先生諱文治所書也。構造迴廊花庭數處，有牡丹臺、天然床、望江亭諸勝。所藝梅、杏、桃、李、梨、栗、柑、橘、松、柏、果幾及萬株，外以土垣圈之，使忠實僕柳發看守澆灌曰：「俟我歸老必成林矣。此吾天年之樂地也。」嗚呼，痛哉。孰知十年之計已成，而萬里之魂未返，悠悠蒼天，此何極哉。

清　務農會《農學報》卷六《公司種樹》　海分司徐星槎分轉蒞任後，見淮揚一帶曠土甚多，乃設立種樹公司，勸民種植。建五股分利之議，計栽種者一股，有園者種花果，平原種桑，高山宜茶、宜桐、宜松，近水宜柳。看守者一股；出貲本一股；地主一股，官地利歸官，民地利歸民；義舉一股，地方應修廟宇善緣等事。議以三年分枝，五年分利，缺一補二，共成活四十餘萬株。其章程已由劉峴帥通行本省矣。

清　務農會《農學報》卷二二《淮興農學》　本會會員孫君駿生，在淮安清河縣購地四十畝，並採購西國葡萄、蘋果種及拉美草湖桑等，已於春初試種矣。

清　務農會《農學報》卷四六《揚州植桑》　揚州本無蠶桑之利，現經善堂紳董購湖桑萬株，分植北門外觀音山長春橋一帶，共桑園二十餘處，編竹爲籬，守以園丁，數年以後，定能沃若矣。

清　務農會《農學報》卷五四《通道縣周大令尚鏞勸辦水利樹藝情形稟》　查此案卑前縣單令任內奉到憲檄，並奉發種植樹木告示，當即照抄遍貼。嗣卑職到任後，隨即敦勸民間廣爲種植，並於到任察看地方情（形）稟內，敘呈憲鑒在案。茲奉前因，卑職查卑縣爲南省邊陲，轄境雖不甚寬廣，惟多係崇山峻嶺，山田多而平地少，民間向以種植杉樹爲業，每於冬季砍伐，春間水漲，紮簰下駛，赴洪江、辰、常一帶發賣。凡宜栽杉之山，其樹易於長發，十七八年即可砍伐一次。其不宜杉之山，必須二十餘年方能伐賣。卑職因公在鄉，查看不宜杉樹之山，亦屬不少，且有未經栽種之曠土。卑職當於地方紳耆籌商，勸其不宜杉之山土及曠地，儘可栽種桐、茶等雜樹，亦可得利。該紳等僉稱，桐、茶本可栽植，且漆樹最爲相宜，獲利亦速，誠如憲諭，地方磽瘠，偶經種植，即被偷砍，及縱畜踐傷等情。卑職當商之正紳，各就地勢，議立團規，官民會查，如獲有竊賊，立即送縣。【略】如此或竊盜之風，藉可斂跡。至新種桐、茶、漆樹之家，栽活至五十株者，一經團保紳耆具報，卑職即輕騎往驗，優給花紅，在百株之上者，加獎匾額，以爲之勸。倘有自管之山土，既不能自行栽種，又不租給他人，任其荒蕪者，即爲惰農，量其田畝之多少，罰捐積穀若干升斗存公。似此勸懲兼施，或可勇於從事。且據紳等面稱，此間漆樹獲利最厚，利之所在，人必趨之。三年後山林之漆樹，當可芃芃矣。刻下校場頭之楊姓栽成漆樹約五百餘株，北鄉下五甲地方劉姓一村共栽成漆樹約百餘株，西鄉八寨莫、黃各姓，栽成桐、茶雜樹約千餘株，數十株者亦有數户，卑職均往查看屬實，各予花紅，以示鼓勵。據稱漆樹兩年後當可獲利，桐、茶兩項，必加以糞草，種植得宜，三年後亦可獲利矣。

清　務農會《農學報》卷六九《永嘉樹桑》　永嘉向無蠶桑之種，本年二月，甌海關司事善化馬君竹村稟請地方官發給官地，種植桑株，以開風氣。因官地不免糾葛，乃集股本千圓，買地四十餘畝，購桑秧八千株，並僱種桑農人前往種植，現已栽培如法，青葱彌望矣。

清　務農會《農學報》卷八一《淮安興農》　淮安農地沃衍，爲稻麥盛産之區，而桑茶之利未闢。茲由農會員上虞羅君叔穎、金匱談君勤生，連平范君子文，及本地紳士方君小樵、王君蓉仙、朱君潞生等，議在城中創設桑茶模範園，從許朗軒太守，請得元代大軍倉舊址約七八畝，現已耕墾開溝，以便種植。許太守並欲捐湖桑一二萬株，以爲之倡。至耕墾及一切經費，羅君獨任之。

清　務農會《農學報》卷八三《集款植桑》　本會會友邵伯藾茂才，現鳩集同志，集款六千金於杭州立種桑公司，請新昌石君麟總其事。石君於蠶桑之學甚精，成效可以預決。現款項已集有成數，即訂章興辦矣。

清　務農會《農學報》卷三《姚志梁觀察請開北方利源總公司稟》（種植樹木）　植種類　植物上等　桐：春時取子種糞土中，俟長後移栽。此樹易長，四年即可結子取油。至少須三十萬株，始可自立榨坊。　茶：可取油，一切與桐相仿。　樟：可熬腦。至少二十萬株，始可延匠自造。　橡：此樹之皮，獲利甚厚，每年可剥一次熬樹膠。西洋各物象皮，皆此熬也。　漆：春分前移栽。六七（月）間以利斧斫其皮，以竹管承其汁。　龍眼荔枝：利厚難活。須察地土相宜與否，未可到處浪（讓）種。惟向有此樹之地，務宜早增新株，恐老樹日凋。　桃：以熟桃子合肉全埋糞土中，春苗出土，移栽實地。若不移仍在糞地中，則實小而味苦。栽法以鍬合土掘移之，其長必速，結實亦肥。　李：臘月中取根上發起小枝，移栽他處，不可密，密則少實。　杏：

取熟杏合肉埋於糞土中，至春苗出土，移栽別地。不移則實小而味苦。亦不可密，密則少實。　橘柚橙：春初取核撒地。長三尺許，忌豬糞。冬月以河泥壅其根。夏時溉以糞水，則葉茂而繁。　枇杷：以核種之，待其長移栽。不宜澆糞，以淋過淡灰壅之。　梨：春分下種，待長三尺許移栽，或分根上下枝栽之。稍大，須以棠梨、桑樹接之，實早而大。　棗：擇味好棗子春間種之，候長移栽，抽行欲相當。候清明節後，蠶入簇時，以杖擊其枝間，振去狂花，則結實肥大。　栗：春初以子種濕地，冬月以草裹之。　植物下等　松：種法：截去大根，唯留四傍小根，一栽便活。又春分前浸子點種，三年後帶土移栽，無不活者。　杉：幹直葉細易長。新伐後放火燒山，驅牛耕轉，則火灰壓下，土氣漸肥，插種最易。　柏：與松相仿。　梓：秋末冬初，摘取子種曝乾，耕地作壟，分行撒之。明年春生，後年移栽。十年後可作屋材。惟此等木須距河較近，將來始便編簰，否則利薄。　楮：即穀皮樹，雲貴種以造紙。春間將子淘漉，間麻子漫撒。秋冬留麻勿刈，爲楮遮護。一歲即長，三年一斫，其利無窮。廣西土性似宜。庭院往往自生也。

清　務農會《農學報》卷二二《皖撫鄧中丞飭屬講求種植札》　照得《周禮》任民九職，園圃虞衡，並於三農廣其養生之道。嗣農書迭作，如後魏賈思勰《齊民要術》，元司農（司）《農桑輯要》，其言藝穀，兼及種樹。無曠土，自少游民。皖省居腹地之中，沃壤千里。乃自兵燹後三十餘年，地廣而荒穢仍多。民貧則饑寒生，上虧正賦，下蹙生機。揆厥由來，皆因民情游惰，官意因循，勸相之事不行，而樹藝之法不講也。近歲奉詔墾荒，迭經轉飭遵辦而污萊不治，民氣蕭條如前。此非爲事而無功，實皆奉行之不力也。自通商以來，利源外溢，民生日蹙，失業日多，然則未盡之田功，固有之地力，可不亟爲之計哉。本部院顧此時艱，軫懷民瘼，知富國以爲民本，開源在節流之先。自古理財大經，未有不以生之者衆爲亟亟也。是惟盡因利而利之心，守民勤不匱之訓。所謂墾荒者，豈必合高原下隰，而盡樹藝五穀哉。貴能相度土宜，講求各項植物，衆材成而工資造作，物産盛而商廣懋遷，致富之道，莫切於此。泰西各國，廣植樹木，民之嗇者豐，莠者良，地之瘠者肥，荒者熟，舉國共享大利。而其化學之士，又謂樹之本能培土脈，爛沙石，蟠根地，磽确可變膏腴，樹之陰能生潤澤，吸水氣。衆木成林，旱潦咸資補救。且長林蔚秀，收濁化清，有益人身，其理碻然可信也。牧令與民最近，勸農職有專司，應各督率紳耆，辨明土性，宜於五穀田畝，固當墾闢力耕，此外則分栽樹木，如茶、桑、松、竹、桐、梓、漆、柏、樟、椶、枌、柳等類，次及麻、棉、蔗、靛，暨一切果實、瓜菓、藥草各物。凡童山曠野，隙地高崗，屋角塍間，堤邊岸側，隨地所宜，聽民自擇業户。或人工不足，則典地而與人自栽。官荒及無主之區，則減租而任人領種。自接札之日，予限兩個月，由該州縣認真查勘，切實規畫，將遵辦大概情形，稟復察核，認定可栽何項，能植若干，無論城鄉，一律選購各項秧子，講求種法，依時遍栽。《農桑輯要》書，福前部院曾經通發。本部院另發《農學報》册，內多新法，皆堪互證參稽。而較之播種稻田，均屬本輕力省，近者一年獲利，遠者數載成材。務使迎機善導，逐漸擴充，行之十年，地無餘利，民生皆裕，自無逋糧，土物日饒，可敵洋産。此本部院爲民興利之要計，所望賢有司相與有成者也，官能推誠勸導，民必合力奮興。所種各樹，每屬以三十萬株爲率，全在該州縣不憚煩瑣，實力奉行，董戒兼施，振興衆志。俟舉報種植數目，半年之後，本院委員查復，以樹之多寡爲勸懲，以事之虛實定功過，果能踴躍從事，自應據實奏明，擇尤請獎，以示鼓勵。至既種以後，應禁毀傷，擅伐一株，責種十株，以資保護，而暢生機。除行知司道各府外，合行通飭遵辦，此札。

清　務農會《農學報》卷四八《吴苑樹桑》　李紫璈大令元和時，勸民種桑，已而移任江陰，遂止。兹有長州陸晉生孝廉，鳩合同志，集貲種桑，並欲集股推廣，已稟請施潤齋大令，出示保護云。

清　務農會《農學報》卷四九《安徽巡撫奏報種植情形摺》　隙地荒區，無論近水依山，一切開曠之處，聽民擇定何項樹木，選購種子秧株，一律分栽，每屬以三十萬株爲率，以樹之多寡爲勸懲，事之虛實定功過，並勖以果能踴躍從事，當予奏請獎敘，以勵勤能。本年交春以來，據該各屬陸續稟覆，大都稱稼穡之事，民所素知，惟釀土不如西陸之精，爰從按月《農學報》册擇要刊示，式擴見聞。其樹藝一事，本有者推廣，本無者擇栽，或由官捐廉購種秧子以倡導，或率紳集款議設土所以講求，或酌定章程，分播鄉保以作則，或開治官地，雇人培植以造端。所報新種樹數，至多者數百萬株，以及一二三十萬株至數十萬株不等，臣皆批飭加意推求，用心培養，俟各長成暢茂，稟請委員勘驗，以期徵實無虛。其間如松、杉、榆、柳之材，梨、榴、棗、栗之果，不待製造，皆可銷行。【略】熟察安省沿江一帶，土質物候，均宜蠶桑。本年春初，先請撥用安慶省城外寬閒官地，闢爲課桑之園，買浙江湖州桑秧，並雇來該處二人，督同如法試栽，枝葉長發肥潤。又取湖州蠶種，飼以本地野桑，成繭抽絲，亦與湖州無異。試辦有效，急宜擴充。議創日新蠶桑公司，約同有志員紳，籌集股分，增購附近田地，廣植桑株，逐漸連造屋廬，力興桑事。每歲採購湖州桑秧，兼爲鄉民代辦。民或樹桑而不諳養蠶，則購其葉。

清 務農會《農學報》卷六九《粵東農政》 去年四月間，粵省張方伯曾頒發查報官地單式，檄局遵行，而吳廉訪復經飭令府、廳、州、縣，勸諭紳民，妥速辦理。現已逾數月，各屬報開辦者寥寥。今藩憲、魁方伯臬司吳廉訪又會銜札行各府，令其轉飭所屬，各就附近官山，相宜植松、杉、果木，先開列土名、四至、畝數，報官領照，定明年限，俟所種之物長大成材，始行納税云云。似此再三札諭，粵農必努力從事矣。

清 務農會《農學報》卷一六六《江督劉奏辦雲台樹藝公司摺》 奏爲在籍紳士創辦海州雲台山樹藝公司以開風氣而興地利。恭摺具陳仰祈聖鑒事，竊於光緒二十三年間，準工部諮議復御史華煇請講求種植水利以開利源一摺。奉旨依議欽此。欽遵咨行到臣，當以民間大利莫過於農功樹藝兩端，而種樹之利，尤豐於種田。是在賢有司各就地方情形多方勸導，因利而利，以開衣食之源。分行各屬遵照在案。兹據在籍紳士廣東候補直隸州知州宋治基等稟稱，該紳前於光緒二十四年，辦理海州贛榆義賑。二十五年，接辦春賑，事竣三後，察看地方元氣未服，經前任海州直隸州知州劉運吉等商留該紳等創設樹藝公司，籌集資本，招募農民，開墾海州所屬之雲台山官荒曠土，講求種植，隱寓以工代賑之意。地方飢民藉此工作糊口，不致流離失所。兩年以來，前山次第墾辦種植茶茗、桐、茶、柏油、棓子、杉、樟、橡、榆、松、柏、雜木一千四百餘萬株，先後生長，出土高至二三尺七八尺者已有六百餘萬株，成效漸著。擬即接辦後山稟請奏咨立案。由官保護，經臣飭據署理海州直隸州知州章邦直查勘明確，繪圖貼説，稟復前來。臣查雲台山在海州城北五十里，從前孤峙海中，周圍約三百里，康熙十六年收歸内地，厥後海水東趨，山遂爲岸，險峻崎嶇，荒廢二百餘年，無人過問。今該紳宋治基等創設樹藝公司。開山鑿嶺，平治道塗，築室成村，隨山栽種，化磽瘠而爲沃壤，用意實屬可嘉。創始艱難，規模畧具，辦理尚屬妥善，考之歐西各國，莫不以種樹爲要務，戕伐有禁，官爲護持。中國地廣人稠，大利未闢，果能漸開風氣，俾民間多設公司，籌集股本，按股分利，聽民自便，官則任其保護，實力維持，紳則鋭意經營。垂諸久遠，庶幾野無曠土，民歌樂利，物産日豐，税厘亦因之日旺，誠於國計民生，兩有裨益。除咨部查照立案外，理合會同漕運總督臣張人駿，江蘇巡撫臣聶緝椝，恭摺具陳。伏乞皇太后、皇上聖鑒，謹奏。奉 硃批該部知道，欽此。

清 務農會《農學報》卷一六七《雲臺樹藝公司集股章程》 一、創辦樹藝公司。開墾雲臺山官荒曠土，講求種植，仿照招商定章，招集股本，通力合作，利益均沾。由本公司精造股票叁千股，每股洋銀壹百元。試辦之初，業經在事同志者籌集銀洋拾萬元，尚需添招股本貳拾萬元，共集股本銀洋叁拾萬元。官商一體，願入股者，自一股起，至數十百股，均聽其便。交到銀洋，填給股票，並給息摺，周年連閏，官利捌釐計息。自收銀之日起，至次年底結算。届期由本公司總局滙寄。經收各原處，定期春三月就近憑摺支付。俟出産見利時，除付股票官利及應支應提外，浄得餘利若干，照股票均分，每年造具徵信清册，分送各股東閲核，以昭信實。 一、本公司見利時，除付股本官利、開支經費外，浄得餘利若干，按拾陸成勻分。總辦、會辦、司事、監工棚頭人等合提花紅叁成，由總辦、會辦察核勤勞，斟酌獎給。又提存公積壹成作爲公司不生息之款，以冀擴充資本。又提壹成作爲附近地方義舉，壹成作雲台山廟宇歲修功德。入股諸公浄得餘利拾成，按股票勻分。每年底總結一次，繕具清册，並登報章，共見共聞。 一、本公司總局設於海州雲台山。其上海、蘇州、江寧、揚州、清江等處，皆有代收股本之所。收到銀洋，先給收條，俟一月後，寄到股票息摺。仍在原處將收條换領股票息摺以昭慎重。認票爲憑，不能認人。如欲更换股票名號，須由本人據實具函，寄候雲台總局對號核辦。 一、開山鑿嶺，平治道途，化險爲夷，取便車馬，阨要之地，建立圃門，斫石圍牆，以固藩籬。圃門内開墾種植，因地制宜，分别圍壕，是爲茶圃。泒武弁一人管帶農工五十名，爲公司巡勇，號衣旗幟與團練同，巡守圃門，遇有外來形跡可疑之人，盤查驅逐，不准逗留。並周歷種植地方，禁止樵採、偷竊及牲畜踐踏、放火燒山等事。約束衆農工作，不准爭競滋事，守望相助，寓兵於農，藉資保衛。 一、本公司次第開墾前雲台沃土凡六十八處，種茶八百萬叢，(榡)(茶)油、桕油、桐油各百餘萬株。樟、杉、橡、榆、棕、竹、柏、松、五棓、果木各種，均已生長出土，漸著成效。擬即接墾後雲台沃土二十處，隨時種植。地方遼闊，廣土尚多。《貨殖傳》云，十年樹之以木，一年種之以穀。現擬墾闢腴壤，添種五穀，以冀歲時收穫，補益經費。 一、雲台山勢，盤迴紆曲，斜坡平地，面面向陽。土性膏腴，星分奎婁，氣蒸雲霧。志載山海之利，以茶爲大宗。考李心傳建炎以來，朝野雜記天下之茶分六榷，而海州居其一。海州產茶之山，以雲台山爲最。土人相傳，明季播遷，茶樹遂廢。格致家言，種茶宜擇有霧之山。茶吸霧氣，色味俱佳。《農學報》云，種茶宜於山地斜坡，及有小石磊塊，能得斜照之日耀者爲上。按錫蘭山不甚高，四面環海，四時有霧，茶味甲於五洲。是種茶於雲台山，與錫蘭無異，天生產茶之美地，舍靈孕秀，冠絕中區。相土之宜，因勢利導，物產日豐，確有把握。　一、已種茶樹，三年內可產新茶。預備創造茶莊篩廠、揀廠房屋，購買機器，精製茶葉，以利外國銷市。自中外通商以來，出口之貨，茶爲大宗。如湖、廣、皖、閩、浙各省產茶之地，歷年既久，地氣衰耗，而茶蔸已老。山户不知易地種植，於培壅採摘之法均不講求。茶商亦散漫無稽勢難合一。叠經湖廣督憲張示諭，改用機器烘製良法美意，未克舉行。蹈常習故，年復一年，遂至銷市大減，價亦大賤，似有江湖日下之勢。兹本公司另樹一幟，鋭意講求，於雲台山多種茶樹，培壅灌溉，及時採摘，山下廣建茶莊多所，隨摘隨做，查照錫蘭用機器烘製，不惜工本，精益求精，務使茶葉大嫩，色濃味厚，庶足以風行海外，挽回利權。　一、已種桐、茶、柏樹，三年後結實，預備創造油坊廠屋，購機器榨油，通行中外。蓋茶油、桐油、柏油三大宗，爲中外民間日用所必需。出自湖南、江西、川蜀内山，距江北、淮海數千里，水陸兼程，沿途盤費甚巨，油價日見翔貴。兹本公司自南方採辦籽種，運至雲台山種植三項油樹數百萬株，高至三四七八尺不等。俟結實時，取予榨油。擬於雲台山毗近之新浦鎮地方，蓋造油坊廠屋，用機器榨油，儲之木桶，由臨洪海船運載出口。南通上海、閩廣，北極燕（煙）台、津沽、鴨緑、牛莊等處，内則運往清淮，四通八達，以廣銷路，而利民用。較之南方運道遠近懸殊，費省而功倍，拓開大利之源，化無爲有，生生不息，當與種茶之利相埒。　一、設醬園作坊，園菜圃一所，廣二百畝，採辦各省瓜菜籽種，隨時佈種，參用化學配合肥料，培壅灌溉，生長蕃茂。募選良工，精製各色瓜菜。此間鹽價極廉。菜從土出，成本尚輕，用窖缸封儲，交海舶運至上海，分赴鎮江、金陵、蕪湖、九江、漢口等處。批發各醬園行銷，利益均沾。　一、聲明第二條内功德義舉两項，爲保護靈山，裨益地方起見，本公司試辦之初，以工代賑。原議酌提餘利，以保雲台山廟宇，及附近地方義舉。所提議提餘壹成，作叢林廟宇歲修功德。應分别界限，以垂久遠。凡前雲台山切近海寧寺荒山種植，出產所提之餘利，歸海寧寺功德。其近切延福觀之荒山種植，所提之餘利歸延福觀功德。後雲台山切近法起寺荒山種植、出產所提之餘利，歸法起寺功德。切近悟正菴荒山種植、出產所提之餘利，歸悟正菴功德。又第二條内，議提餘利一成作地方義舉，以備修理雲台山附近地方橋路、河渠，及卹無告諸義舉。此項廟宇功德及地方義舉，皆由本公司分利時酌提，隨時隨事，酌量辦理，外人不得干預，以杜虚糜而歸實濟。　一、本公司振興地利，講求種植，爲久遠之計。西人凡公司之業，雖遇隣敵，戰争不得攘奪。本公司係奉奏案辦理。平日官爲保護，即遇地方有事，由大憲照會，一體保護。甚願我海内同志共體時艱，多設公司，廣爲墾種，無荒廢不盡之地利，有固結不解之人心。工商由此蕃盛，税課因之充裕，和衆豐財，可大可久。　一、本公司肇興以上各業，需欵甚巨。隨時隨事，酌定的數開支，彙登徵信清册，以昭慎重。經費大綱，約十二端。曰採辦南方籽種，曰招募南方上農，曰雇本地農工，曰創造總局分局，曰蓋造農工莊房，曰平治道塗，曰建立石牆圃門，曰開挖塘池，鑿井引泉，曰創造茶莊，購買機器，曰油坊機器，曰醬園作坊，曰局用薪水。統籌估計，開墾雲台山前後山縱横三百里，隨山種植，集股三十萬元，儘數舉辦，如有不敷，届時再行酌議。創始維艱，守成不易，全賴入股諸君，與在事同人，一心一德，堅持遠大之謀，永享自然之利。中國地大物博，必有聞風興起者。富强之基，肇端於此。

清　務農會《農學報》卷二七二《山西冀寧道連通飭課種樹木札》　爲課種樹木以厚民生事，照得十年之計，惟在樹木。安邑千棗，富等侯封。植木之利，古人能詳言之。民間亦周知之。近來格致之家，推窮物理，謂落葉入地，能潤土脈。緑蔭參天，可致雨雲。自村堡以至鄉邑，樹之多處，民户富饒，樹之少處，風俗凋敝。本道巡閲所至，確有實驗。而況工藝初興，製造所需，悉資地產。尤宜廣栽木植，以待利用。凡山陬水澨，下隰高原，各有合宜之木。既無妨於佔礙稼穡，亦無煩於日勤灌鋤。利既若彼，便又如此，而乃舉目原野，一望蕭條。固由於民無遠慮，實亦官師勸導有所未至。自應定章勒限，通飭督課，以徵實效。查晋省土俗，南北各異。蠶鄉宜於桑柘橡槲，釀造資乎葡萄柿棗。其他木植，無一不資利用。雖不能比五穀雜糧，隨種隨穫，要其成林之後，便可歲收其利。且可省卻耕耘壅灌之費。爲此札仰該府州，查照札内並粘單章程事理，轉飭所屬各牧令實力勸導，限於三月内彙報。該府州察明轉報備案。一俟秋收既畢，按照原册查明，實在成活若干，仍由該府州覆查明確，據實彙報。本道即以種樹之多寡，爲該牧令之殿最，上請撫憲分别懲獎。毋得徒循虚文，以一詳一稟，藉圖塞責。仍將奉札遵辦日期呈報備查。切切特劄。計抄章程六條　一、限期也。凡栽種樹木，宜於春令。或栽或插，終不得遲至夏季。各鄉社所種何項樹木若干株，限二月以内報官。宜於三月内彙齊報明府州，聽候查驗，再俟秋稼已畢，將原種若干，成活若干，照前造報一次。一、責成也。地方官於奉札後，立即傳諭鄉社，凡村中有主曠地，責令本主栽種。無主曠地，以及道路兩旁公共之地，由社廟出資種插。除歲種糧食熟地外，不得有連片累段之曠地。一、勸懲也。凡屋角、田塍、山坡、水濱，皆可種樹。特患人不知種耳，斷無欲種無地之慮。地方官於報齊之日，一面轉報，一面查明某鄉某村某家各勸種遵種若干。爲數多者，先爲存記。俟秋後再查成活株數。分别給予花紅。其尤多者，酌贈匾額。若某鄉某村某家曠地甚多，種植稀少或一株不種，亦擇尤分别懲處。一、隨俗也。晉省土性既殊，民俗亦異。該處與何樹相宜，何樹不宜，或民俗向來養蠶、織布、釀酒，以及各項土産製造，須種何項樹木，悉可聽從民便。大抵擇種有利之樹，獲益較多。如茶桑柿棗之類，歲有所獲。與種糧無異。即可得利。如楊柳松柏等木，歲久成林，亦可收其枝葉根皮，以供製造等用。無勞官役社保人等代爲主張。一、保護也。鄰里滿眼蓬蒿。而此鄉此家果實離離，樹木森森，慚已之無，妒人之有，則毁盜之事隨之。地主慮及種樹之難，毁敗之易，則因循怠惰，勢所必至。地方官必先懸示厲禁，凡毁敗已種之樹，偷摘成熟之果，一經破獲，斷令先加幾倍罰賠本主，再按定例，治以應得之罪。有犯必懲，則地主有所恃，妒嫉者有所畏，踴躍趨種不待董勸矣。一、補栽也。有利枯敗之樹，無利成林之樹，勢不能禁本主之砍伐。惟是革故，必須鼎新。無木之地，尚在栽木，豈有木之地，反使無木。應令地主將砍去之樹，伐一補一或伐一補幾。俾免濯濯，否者量行懲罰。　以上六條，應由地方官查照，酌出示論。其有情形不同者，准其量行增減改易。至於購種雇匠，栽插壓接，壅灌栽培諸法，民間切己之利，自能設法妥辦。毋庸官爲代謀，致滋擾累。現在省城農林教習專門考訂，新法日出，該紳民等有志講求種植之法，儘可來省赴局考查，合併登明。

清　錢謙益《牧齋初學集》卷四二《徑山種樹記》　徑山爲天目東北峯，伽藍在山冢五峯之間，凡有興作取材於千里之外，凌大江冒雙溪歷洪流暴漲，然後逆坂而上，緣絙邪許十里百折，卒，徒顛踣，木石騰藉，是故寺不久輒廢，廢而難復以興也。聞谷禪師印公語其徒某曰：盍買山而樹之，樹可材也。百年之内，其可掄材於山矣乎。於是買山若干畝，樹松杉若干株，循直嶺以至三門又若干株，刻其券而三之，以爲之守禁，而又曰：是不可以不志也。使某書之於石，《詩》有之「樹之榛栗，椅桐、梓漆，爰伐琴瑟，此古之邦君建侯營室者之所有事也，印公學佛之人也，乃能計久遠如是，世之君子慮及于浹歲者亦寡矣。豈或百年嗚呼浮圖之昌其教宜矣。其訓于有官，君子不尤深切哉。夫以印公之願、力後五百年兹山之飛樓湧殿，當有如蘇子瞻之詩，予之言何足以云也。使世之君子過而眡之，則以予言爲厲已而已矣。天啓四年八月記。

清　李福泰《番禺縣志》卷四九《列傳》　［達如字恆贊］尋往華山南返過毘陵時，浄德老人倡道天寧學徒坌集，一見相契《安畀禪堂司記録》，竹林古夾山道場，前住僧無行鞠，爲荒院達如日，荷鍤往來山谷中開荒墾歲，手栽松杉數十萬，葺禪堂安衆坐香齋，厨屢空晏如也。

清　李文烜《清遠縣志》卷三《山川》　瑞峯在城北，舊建學於此。種松數千株，爲城後障。日久樵採傷殘，廩生朱覲曦督工補植，議僱看守。咸豐六年，賊攻城於瑞峯頂，築礮臺。松株砍伐殆盡，解圍後補植。同治四年，重修書院。

清　瑞麟《廣州府志》卷一五《輿地畧》　俗以祠堂爲重大族祠，至二三十區，其宏麗者費數百金而莫盛於碧江。龍津古樓大族亦二三十座，一樓費數千金。以鐵爲門，下有基。高一丈，中有板閣。負郭田爲圃，名曰基，以樹果木、荔枝最多，茶桑次之，柑橙次之，龍眼則樹於宅，亦有樹於基者。圃中鑿池畜魚，春則涸之，種秧大者至數十畝，若築海爲池，則以頃計。

清　戴璐《藤陰雜記》卷六　清初益都相國馮文毅，仿廉孟子萬柳塘遺制，既建育嬰會于夕照寺，傍買隙地種柳萬株，亦名萬柳堂。

清　程芳《金谿縣志》卷三三收　李芳秋《松圃種樹記》　松圃者，學宫之衛也，城以内横岡列障、建縣治於錦繡谷之陽，迤西爲學嶺，學宫踞其上，舊志所謂委靈隤阯、實爲旺地者。前明諸生王立等擴其西坡爲圃，種松萬株，望之蔚然深秀，命曰，「松圃」。其千雲蔽日，蔭地脈而蓄靈氣，實足爲學嶺之護，亦所以衛學宫也。歷年既久，牆垣不修，遂蕩爲芻牧之地。嘉慶十一年余來莅司訓任，見其荒岡曠土，僅存松楓二株，爲之惋歎，亟興畚插築長垣。明年春種樹，迄今十有六載，翳如奥如頓，復松圃舊觀矣。然余念前人而復之，尤望後之君子繼余而守之，歲薙蕪葳葺牆垣，而紳士亦禁約居民毋取土山麓，此其事非小補也。事有小而所係大者，嶺爲建學之地，而圃松爲護嶺之蔭，使樵蘇不禁，變爲童山，豈所以虔恭先聖之意哉，故謹記之。

清　黄汝香《清河縣志》卷一《河渠》（本縣計有柳園）：一牛家嘴柳園一處，南北長二十三丈四尺，東西横十丈二尺五寸。一楊家嘴柳園一處，南北長二十丈一尺，東西横十四丈七尺。一圈裡村東柳園，南北長五丈一尺，東西横五丈。一義和莊柳園一處，南北長八丈五尺，東西横七丈。一南王家莊柳園一處，南北長七丈，東西横二丈。一劉家莊柳園一處，南北長十八丈，東西横五丈。一賈家嘴柳園一處，南北長十五丈，東西横十三丈五尺。一將軍廟柳園一處，南北長十七丈五尺，東西横十四丈。以上各柳園内，新栽柳株如有竊伐失没，隨即補栽。

藝文

北周　庾信《小園賦》　若夫一枝之上，巢父得安巢之所。一壺之中，壺公有容身之地。況乎管寧藜牀，雖穿而可坐。嵇康鍛竈，既暖而堪眠，豈必連闥洞房。南陽樊重之第，緑墀青瑣。西漢王根之宅，余有數畝敝廬，寂寞人外，聊以擬伏臘。聊以避風霜。雖復晏嬰近市，不求朝夕之利。潘岳面城，且適閒居之樂。況乃黄鶴戒露，非有意于輪軒。爰居避風，本無情于鐘鼓。陸機則兄弟同居，韓康則舅甥不别，蝸角蚊睫，又足相容者也。爾乃窟室徘徊，聊同鑿壞，桐閒露落。柳下風來，琴號珠柱，書名玉杯，有棠藜而無館，足酸棗而非臺。猶得欹側八九丈，縱横數十步，榆柳两三行，梨桃百餘樹。撥蒙密兮見窗，行欹斜兮得路。蟬有翳兮不驚，雉無羅兮何懼。草樹溷淆枝格相交。山爲簣覆，地有堂坳。藏狸並窟，乳鵲重巢。連珠細菌。長柄寒匏。可以療飢，可以棲遲。敧嶇兮狹室，穿陋兮茅茨。簷直倚而妨帽，户平行而礙眉。坐帳無鶴，支牀有龜。鳥多閑暇，花隨四時。心則歷陵枯木，髮則睢陽亂絲。非夏日而可畏，異秋天而可悲。一寸二寸之魚，三竿两竿之竹。雲氣蔭于叢著，金精養于穐菊。棗酸梨酢，桃榹李薁。落葉半牀，狂花滿屋。名爲埜人之家，是謂愚公之谷。試偃息于茂林。乃久羨于抽簪。雖有門而長閉，實無水而恒沈。三春負鋤相識，五月披裘見尋。問葛洪之藥性，訪京房之卜林，草無忘憂之意，花無長樂之心。鳥何事而逐酒，魚何情而聽琴。加以寒暑異令，乖違悳性。崔駰以不樂損年，吴質以長愁養病。鎮宅神以薶石，厭山精而照鏡。屢動莊舄之唫，幾行魏顆之命。薄晚閑閨，老幼相攜。蓬頭王霸之子，椎髻梁鴻之妻。燋麥两甕，寒菜一畦。風騷騷而樹急，天慘慘而雲低。聚空倉而雀噪，驚懶婦而蟬嘶。昔草濫于吹噓，藉文言之慶餘。門有通悳，家承賜書。或陪玄武之觀，旹參鳳凰之墟。觀受釐于宣室，賦長楊于直廬。遂乃山崩川竭，冰碎瓦裂，大盜潛移，長離永滅。摧直轡于三危，碎平途于九折。荆軻有寒水之悲，蘇武有秋風之别。關山則風月悽愴，隴水則肝腸斷絶。龜言此地之寒，鶴訝今年之雪。百靈兮倏忽，菁華兮已晚。不雪鴈門之踦，先念鴻陸之遠。非淮海兮可變，非金丹兮能轉。不暴骨于龍門，終低頭于馬坂。諒天造兮昧昧，嗟生民兮渾渾。

南朝宋　謝靈運《山居賦》　昔仲長願言，流水高山，應璩作書，邙阜洛川。勢有偏側，地闕周員，銅陵之奥，卓氏充鈲椀之端，金谷之麗，石子致音徽之觀，徒形域之薈蔚，惜事異於棲盤。至若風叢二台，雲夢、青丘、漳渠、淇園、橘林、長洲，雖千乘之珍苑，孰嘉遁之所游。且山川之未備，亦何議于兼求。仲長子云：「欲使居有良田廣宅，在高山流水之畔。溝池自環，竹木周布，場圃在前，果園在後。」應璩《與程文信書》云：「故求道田，在關之西，南臨洛水，北據邙山，托崇岫以爲宅，因茂林以爲蔭。」謂二家山居，不得周員之美。【略】金谷，石季倫之别廬，在河南界，有山川林木，池沼水碓。其鎮下邳時，過游賦詩，一代盛集。謂二地雖珍麗，然製作非棲盤之意也。鳳臺，秦穆公時秦女所居，以致蕭史。叢臺，趙之崇館，張衡謂趙築叢臺于前，楚建章華于後。楚之雲夢，大中口居《長飲賦》：楚靈王游雲夢之中，息于荊臺之上。前方淮之水，左洞庭之波，右顧彭蠡之濤，南望巫山之阿，遂造章華之臺。亦冗諸史。淮南青丘，齊之海外，皆獵所。司馬相如云：「秋田乎青丘，徬徨乎海外。」漳渠，史起爲魏文侯所起，溉水之所。淇園，衛之竹園，在淇水之奥，《詩》人所載。橘林，蜀之園林，揚子云《蜀都賦》亦云橘林，左太冲謂户有橘柚之園。長洲，吴之苑囿，左亦謂長洲之茂苑，因江海洲渚以爲苑囿，（缺六字）故表此園之珍静，千乘宴嬉之所，非幽人憩止之鄉，且山川亦不能兼茂。隨地勢所遇耳。

明　周是修《芻蕘集》卷一《種樹詩》　生有種樹癖，性稟由孩提。五歲藝菽麥，幪幪輒成畦。七歲讀書暇，封植靡他爲。九歲已悟達，益諳相土宜。百穀暨蔬果，根荄日敷移。行年十三四，把筆耽文詞。朝誦槖駝傳，夕歌生民詩。始祖出姜嫄，艱食肇播施。奄然即郃室，德教萬古垂。嗟哉丁末裔，心好同規規。欣逢堯舜君，委身常恐遲。中原遇龔遂，與爾争先馳。

明　何景明《大復集》卷九《水營墅治田圃種樹》　樵隱安於山，農隱樂耕畔。由來事不同，各以性所玩。倚扉眺南岡，一作園負杖行春岸。時澤冒原隰，遠水增波瀾。方塘菰蒲暎，迴渚凫鶩亂。插柳冀息陰，列竹冀成竿。緣坡引行條，依墉植穎幹。築堤屏莠穢，激流代攜灌。踈慵外經濟，卑賤鮮憂患。諒懷原生恥，庶悟孔父嘆。汲古綴遺言，欣焉秉柔翰。

明　康海《康樹山集》卷七《植樹》　此日春氣和，萬木具含秀。況我山林居，園列頗成就。客自盩厔來，驅車扣圭竇。白楊二百株，紼纚載其後。根繁生意多，幹潤理宜茂。倩人速植之，行列未差謬。雖愜静者心，尚祈后土祐。澆灌分所勤，盤踞晚應覯。結廬謝王役，懷愚負時謬。糊口聊秉耕，舒形得佳岫。即非松菊場，已還榆柳舊。但資歌嘯心，絶勝笙竽奏。

明　宋奎光《徑山志》卷七　李毅《種樹記》　瓶匋聞谷禪師以陶輪智埏埴諸方，一時英俊，蔚然相從，譬之種植已自金鋤不動土，靈苗在處生矣。復念徑山大殿需材實難，嘗見萬曆戊申，吴江沈中丞公鼎新之求木千里之外，已達雙溪，彈指入徑山耳。而溪流横溢飄散，丘陵草莽間運載之費十倍于易，因擇地于山，募植松杉于上曰，百年之計有待也。予聞之爲之三嘆。華嚴五十三叅所在祥河寶樹，散花流香而極樂，土中亦行樹周匝階楯嚴飾，可知寶所變，現刹莊嚴矣。而予謂末法像教，則莊嚴尤第一義也。凡夫見相作佛事，非莊嚴無以啟信，則夫念及于佛刹者，則安得不計及夫莊嚴佛刹之具，昔衛文播遷一方，猶樹之榛栗，椅桐梓漆，詩人之意曰，禮樂不患無具也。矧八十七祖炳中天之耀而後之人，崇隆像教顧艱于堂搆耶。向無慮及此者而師獨秉遠識，預爲善後，不必龍神締造祇陀信施，而徑山佛刹知無窮盡矣。

明　宋奎光《徑山志》卷七　錢謙益《種樹記》　徑山爲天目東北峰，伽藍在山冢五峰之間。凡有興作取材於千里之外，凌大江、冒雙谿，歷洪流暴漲，然後逆坂而上，緣絙邪許十里百折，卒徒顛踣，木石騰藉，是故寺不久輒廢，廢而難復以興也。聞谷禪師印公語，其徒大砙曰，盍買山而樹之，樹可材也，百年之內其可以掄材於山矣乎。於是買山若干畝，樹松杉若干株，循直嶺以至三門。又若干株刻其券而三之，以爲之守禁，而又曰，是不可以不志也。使益書之於石，《詩》有之「樹之榛栗，椅桐梓漆」，爰伐琴瑟，此古之邦君建侯營室者之所有事也。印公學佛之人也，乃能計久遠如是。世之君子慮及于浹歲者亦寡矣。豈或百年，嗚呼，浮圖之昌其教宜矣。具訓于有官，君子不尤深切哉。夫以印公之願，力後五百年，兹山之飛樓湧殿，當有如藴子瞻之詩，余之言何足以云也。使世之君子過而眡之，則以余言爲利已而已矣。

清　梁佩蘭《六瑩堂二集》卷六《種樹》　冬氣先春暖，從人乞樹栽。只求泥土厚，不避雪霜摧。物理元通命，天心解愛材。青青三五尺，看取十圍來。　中庭初種樹，樹小未成了。雪後才培土，雷聲待發芽。緑遲乖户竹，紅傍護寒花。且喜來新鳥，啁啾到日斜。

清　李確《九山遊草·移植羅漢松銀杏樹於山寺前》　余自壬子歲讀書山房，墀中尚有老松古杉數章，婆娑可愛，不三十年遂爾濯濯若此。余簷園中有羅漢松銀杏樹二株，今移植山中。蓋植於園，恐終爲他人物，植於山或可藉山靈以存久也。昔黄山谷手植羅漢松於袁州寶積寺，諸名士多題詠，以垂不朽。余不敢效顰山谷而題記，無聞慮終没没也，聊作小詩二首。並偈一首付之本山住持，庶幾愛而護之，所謂雖無老成，猶有典型者，此也。若參雲摩霄，需之異日，似非余所及睹者矣。己丑臘日記。　羅漢松：自託禪林我亦安，白雲常與護蒼寒。曾因佛記超三果，肯爲秦封愛一官。小影階前朝擁衲，清聲杖底夜臨湍。高枝漫折當談塵，留作空山面壁觀。

清　馮溥《佳山堂詩集》卷一《春日偕兒輩七里溪莊種樹》　村居喜策杖，最愛嘉樹陰。溪色晴添碧，茅徑幽且深。風至聲琳瑯，雨過復蕭森。悠然遠韻來，適符静者心。經春遲種植，孤露等上岑。炎蒸當夏日，瓦赤熱毒侵。如何獲清凉，瀟灑一披襟。果樹不易得，紫李與來禽。乞求數株栽，知故或可尋。灌溉須及時，人力宜專任。移竹問辰日，亦欲成一林。緑雲覆户牖，室中有鳴琴。欣看書卷潤，獨愧德如金。衹覺增曠遠，兼聽啼鳥音。老人語瑣細，情鍾自不禁。雞柵何足重，猶費少陵吟。

清　曹庭棟《産鶴亭詩·種樹》　沃壤方鋤膏雨深，及時種樹待敷陰。槐蟠已作潛虬勢，梅稚終含比雪心。倘假餘年常健在，得偷小暇便攀尋。看梅成拱槐成幄，多費平生幾句吟。

清　張文瑞《六湖先生遺集・夏日灌園戲作》　六湖山人性執拗，偶學灌園仍自擾，手掌之地無井泉，強將盆盎爲池沼，既藝茄瓜又樹粟，澤蘭豇豆相縈繞。香椿間月摘新芽，鄰竹分鞭生細篠。紫荊花是先人種，黄橙樹從外家討，瑣瑣葡萄哈密來，珊瑚細粒供饞鳥，叔度貽我黄山松，青雲滿目舒懷抱，周顒贈我茅山檜，蒼龍特立強哉矯，邇來暑雨復愆陽，五九菊成夏枯草，賴有三株安石榴，熠熠燒天紅碼碯，秋色還餘老少年，珠蘭茉莉亦稍稍，鄭重一株木勺藥，栽向涼臺誇窈窕，我今更欲剪蓬蒿，再種一畦春不老（名菜），年年正月介眉壽，省向安期乞大棗。

清　席鏊《竹香詩集》卷三《種樹》　種樹亦已久，屏居今若何。過牆驚艷透，拂帽覺陰多。稍翦窺崖面，無摇護鳥窠。出林僮始見，迷路客初過。志士懷山隰，幽人賦薜蘿。木奴不求緝，照座尚蹉跎。常欲栽一橘樹未果。

清　江昱《松泉詩集・山莊栽樹偶題》　小山面面水平鋪，種得梅花學裹湖。從此天然擅雙絶，山村句子水村圖。　青青竹樹遍山隈，莫笑經營手自栽。老去菟裘身後塚，他年都要此山來。

森林培育措施部

適時栽培分部

論説

漢 司馬遷《史記》卷一《五帝本紀》 （黄帝）時播百穀草木。

漢 戴德傳《夏小正箋》卷一 正月 李調元註：正月，孟春之月也。《月令》：日在營室，昏參中，旦尾中，營室在亥，娵訾之次也。 啓蟄 言始發蟄也。 蟄，藏也，静也。言藏伏静處也。啓，發也。《月令》：孟春，蟄蟲始振。始者，一歲之始也。蟄，讀作執，見郭象註莊。 鴈北鄉 先言鴈而後言鄉者，何也。見鴈而後數其鄉也。鄉者何也，鄉其居也。鴈以北方爲居，何以謂之，生且長焉耳。九月遰鴻鴈，先言遰而後言鴻鴈，何也。見遰而後數之，則鴻鴈也。何不謂南鄉也。曰：非其居也，故不謂南鄉，鴻鴈之遰也。而一作如不記其鄉，何也。曰：鴻不必當小正之遰者也。《月令》：季冬，鴈北鄉。此于孟春，何也。冬去而春來，時也。大曰鴻，小曰鴈。《月令》：孟春之月，鴻鴈來，鴈夜宿，鴻内鴈外，更相驚避，又名陽鳥。《書·禹貢》：陽鳥攸居。所謂居也，生且長，言生于斯，長于斯也。遰，去也。北來則曰鄉。南去則曰遰。不記其鄉，謂經文九月遰鴻鴈。無鄉之文，以文相比而得其義也。鄉向同。遰，特計反，長數並上聲。 雉震呴 呴也者，鳴也。震也者，鼓其翼也。一本作震也者，鳴也。呴也者，鼓其翼也。正月必雷，雷不必聞，惟雉爲必聞，何以謂之。雷則雉震呴，相識以雷。按正月必雷下。一本多「雷則雉震呴」五字。 雉一名翬，野鷄也。《易》：震爲雷。《月令》：仲春，雷乃發聲。今于孟春者，言雷未發而雉先震呴也。陰陽相薄以生萬物，其聲甚者爲震。震，戰也，言所擊破如戰也。呴與雊同，雄雉鳴也。雷始動，雉鳴而雊其頸。从句者句亦聲也。又見《月令》識，知也。 魚陟負冰 陟，升也。負冰云者，言解蟄也。《月令》：魚上冰。負，背也，言背冰而上也。陟言升，登也。陟音稙。 農緯厥耒 緯，束也。束其耒云爾。用是見君之亦有耒也。 《月令》：孟春，天子親載耒耜，耒之爲言親載也。君亦有耒，即耕耤之耒也。緯，羽鬼切。 初歲祭耒 始用暢一作暘也。其曰，初歲云者暢也。暢也者，終歲之用祭也。言是月之始用之也。初者，始也。一本始用暢作經文，今從《永樂大典》本。 或曰祭韭也。此句疑在下文「囿有見韭」下，錯簡。 祭耒者將有事于田疇，故祭之也。暢與暘同，長也。言通暢也。田不生者，用力以治之也。或曰祭韭謂祭用韭也。暘，丑亮切。 囿有見韭 囿也者，園之燕者也。 韭，種而能久之菜也。其美在黄，春始見也。《内則》：春用韭。有藩曰園，有牆曰囿。燕言居息之處也。 時有俊風 俊者，大也。大風，南風也。何大於南風也，曰：合冰必於南風，解凍必於南風，生必於南風，收必於南風，故大之也。 合冰，冰凍也。解冰，冰解也。《月令》：東風解凍是也。其東南風謂之俊風者，即《尚書大傳》「時有俊風」是也。南風止則冰合，故曰生。南風起則冰解，故曰收。大之，喜之詞，非南風始名大也。 寒日滌凍塗 滌也者，變也，變而煖也。凍塗也者，凍下而澤上多也。澤釋古通用。 滌，言煥風也。塗，泥也。《傳》言澤上多，即《詩》「其耕釋釋」之釋，言凍在下而釋於上者爲多也。 田鼠出 田鼠者，嗛鼠也，記時也。 田鼠生于田間，害稼之鼠也。寓鼠曰嗛。嗛之云者，頰裏貯食處也。嗛，户監反。 農率均田 率者，循也。均田者，始除田也，言農夫急除田也。 均，平也，言相率平田也。 獺獻魚 獺祭魚，其必與之獻，何也。曰非其類也，祭也者，得多也。善其祭而後食之。十月豺祭獸謂之祭，獺祭魚謂之獻，何也。豺祭其類，獺祭非其類，故謂之獻，大之也。 獺如小狗，水居食魚。魚，鱗屬。獺，獸屬。故云非其類。獻，享也。善，亦多也。 鷹則爲鳩 鷹也者，其殺之時也。鳩也者，非其殺之時也。善變而之仁也。故其言之也曰則，盡其辭也。鳩爲鷹，變而之不仁也，故不盡其辭也。 鷹，鷙鳥，以膺擊，故曰鷹。《王制》：鳩化爲鷹，秋時也。故言殺之時。《月令》：鷹化爲鳩在二月，此正月時也。故言非其殺之時，生育氣盛，鷹感之而化，不曰化而曰爲者，反歸舊形也。春乃生氣之始，所謂毋用牝，毋覆巢，毋殺孩蟲、胎夭飛鳥時也，故曰仁。傳謂小正凡言則者，皆盡其辭也。 農及雪澤古通釋。言雪澤之無高下也。 《管子》：所謂正月令農始作服于公田，農耕及雪釋是也。言雪皆釋，而高下皆可耕也。　初服于公田　古有公田焉者，古者先服公田，而後服其田也。　傳言私田，所謂雨我公田，遂及我私也。　采芸爲廟采也。　芸草似目宿，一名芸蒿，似邪蒿而香，可供宗廟，故采之也。其香又可去蚤蝨，辟書蠹。　鞠則見　鞠者，何也，星名也。鞠則見者，歲再見云爾。鞠當作咮。《爾雅》：咮謂之柳。《詩·召南》：鄭康成箋，噣在東方，正月時也。噣與咮同。　初昏參中　蓋記時也。　昏，日冥也。凡日入三刻爲昏，不盡三刻爲明。一云日入後二刻半爲昏。又云日入虞淵爲黄昏，日入蒙谷爲定昏。昏時，參星在南方之中。　斗柄縣在下　言斗柄者，所以著參之中也。　斗柄，北斗杓也。第一至四爲魁，第五至七爲杓，合爲斗。初昏時，斗柄指參，故云參之中。　柳稊　稊也者，發孚也。孚莩。　柳，小楊也，一物二種。楊枝硬而揚起，故謂之楊。柳枝弱而垂流，故謂之柳。稊亦作荑，木之更生者。孚，甲也。孟春，其日甲乙，萬物皆解孚，自抽軋而出，先于柳見之，故曰發孚。　梅杏杝桃則華　杝桃，山桃也。《月令》：仲春，桃始華。此于孟春，節氣有早晚故也。杝一作柂。《爾雅》：柂，椵樹似白楊，而古今字書有杝而無柂，亦無有訓。山桃者，白椵也。《詩》「析薪杝矣」是也。山桃，《爾雅》：旄，冬桃。榹，山桃是也。自是二種。訓杝桃爲山桃者，意即榹，山桃也。榹同杝，音移。榹音思。　緹縞　縞也者，莎隨也。緹也者，其實也。先言緹而後言縞何也，緹先見者也。何以謂之小正，以著名也。按此二句，《儀禮經傳通解》置篇首《夏小正》之下，另爲一行。但《爾雅》疏亦連引此文。蓋何以謂之句應斷，言《小正》書法以緹著而先見，故名緹縞也。　縞與蒿通。蒿，候也，一名候莎，俗名香附子，即《博雅》所謂毛莎蓆也，故曰莎隨。隨與蓆通。緹，糞種土色也。其色縓。《周禮·地官·草人》，糞種赤緹是也，或云緹草名，未詳。　雞桴粥　粥也者，相粥之時也。或曰桴，嫗伏也，粥，養也。按桴與莩通，相粥之時也。舊本作相粥，粥，呼也。粥與祝翐通。　《傳》言桴爲嫗伏者，謂煦。姁，覆育也。雞育雛必嫗而伏，以母其子也。粥粥，雞聲，亦作翐翐。嫗伏則卵發莩也。伏，扶幼反。　以上正月，較《月令》少以立春天氣下降，地氣上騰。天地和同，草木萌動。　二月：仲春之月也。《月令》：日在奎，昏弧中，旦建星中，奎宿在戌，降婁之次也。　往耰黍禪　禪，單也。　耰，覆種也。黍，禾屬而粘者。以大暑而種，故謂之黍。禪言單者。單，盡也。言往耰種黍之田，而盡其力也，或云往耰黍之時，始服單袷，未詳。　初俊羔助厥母粥　俊也者，大也。

粥也者，養也。言大羔能食草木而不食於母也。羊蓋非其子而後養之，善養而記之也。或曰：夏有暑而祭，祭者用羔，是時不足喜樂，善羔之爲生也而記之。與（按）舊本作謂。牛羊腹時也。暑一作貴，牛一作羔。　羊子謂之羔。俊言羔始大也。木，木萌也。言羔食其母，稍長大而後食草木以助之也。子猶字也，非其字，言不爲母所字，而後繼以養之，故善之也。不足喜樂，言羔甫生，尚小，不足以祭，不足喜也，與之爲言猶也，言牛羊皆能自育其子也。《月令》：仲春，天子乃鮮羔開冰，謂獻羔以祭司寒之神，疑即暑祭也。　綏多女士　綏，安也。冠子取婦之時也。按《禮》疏引《傳》作冠子取妻時也。　綏，即《月令》養幼少存諸孤也。存亦安也。冠，去聲。　丁亥，萬用入學　丁亥者，吉日也。萬也者，干戚舞也。入學也者，大學也，謂今時大舍采也。（按）《匡謬正俗》云：古之經史，采菜相通。　丁亥，謂上旬之丁也。萬舞，兼羽籥干戚，省文也。《月令》：上丁，命樂正習舞。釋菜，入學習樂也。舍采與釋菜古通用。　祭鮪　祭不必記，記鮪何也。鮪之至有時，美物也。鮪者，魚之先至者也。而其至有時，謹記其時。《周禮》：獻人春獻王鮪。《月令》：季春薦鮪于寢廟。此于仲春言祭鮪者，先祭鮪而後獻廟也。鮪一名鮥，似鱣而青黑。頭小而尖，似鐵兜，口在頷下。甲可摩薑。大者曰王鮪，小者曰叔鮪。　榮堇采蘩　堇菜也。蘩，由胡。由胡者，蘩母也。蘩，旁勃也。皆豆實也。故記之。　堇，萱屬，生水濱，俗名苔菜、旱芹也。蘩，白蒿也，似細艾，三月采，俗呼蓬蒿。由胡見《爾雅》，北海謂之旁勃。《博雅》，蘩母，旁勃也，皆白蒿別名。豆實者，言皆可充籩豆之實也。　昆小蟲抵蚳　昆者，衆也，由魂魂也。魂魂也者，動也，小蟲動也。其先言動而後言蟲者，何也。萬物至是動，動而後著。抵，猶推也。蚳，螘卵也，爲祭醢也，取之則必推之，推之不必取，故言推而不言取。由魂魂一本作由螺螺，誤。　魂魂猶沄沄也，言猶沄沄行不休也。由與猶通。螘，蟻同。《周禮》醢人掌四豆之實，有蚳醢，推之爲言進也。　來降燕乃睇　疑脱室字。　燕，乙也。降者，下也。言來者何也，莫能見其始出也，故曰來降。言乃睇何也，睇者，眄也。眄者視可爲室者也，百鳥皆曰巢突穴，又謂之室，何也。操泥而就家入人内也。突一作突，操一作摻。　燕言乙者，象鳥舉首也。从乙，不從乙，後人加鳥，作鳦，元鳥也。《月令》：是月也，元鳥至。南楚謂眄曰睇，操泥即御泥也。　剥鱓（按）即鼉字。　以爲鼓也。　鱓一作鮀皮，可爲鼓，剥者取其皮而裂之也。　有鳴倉庚　倉庚者，商庚也。商庚者，長股也。　倉庚，黄鸝也，亦作黧黄，見《月令》註。商庚見《爾雅》，長股，以其股之長也。 榮芸無傳。 前已言芸矣，此復言芸者，前言芸之初生，此言芸之華生也。 時有見稊始收 有見稊而後始收，是《小正·序》也，《小正》之序時也，皆若是也。稊者所爲豆實。 稊，楊之秀也。蕢收爲豆實。 以上二月，較《月令》少始雨水，桃始華。日夜分，又雷乃發聲，始電。蟄蟲咸動，啓户始出，先見正月。 三月：季春之月也。《月令》：日在胃，昏七星中，旦牽牛中，胃宿在西，大梁之次也。 參則伏 伏者，非亡之辭也。星無時而不見，或有不見之時，故曰伏云。 孟春云，昏參中。此云參則伏者，前星已過，故伏而不見也。 攝桑 攝而記之，急桑也。一本攝上衍桑字。 攝，伐也。《月令》：「命野虞伐桑柘」是也。急桑，言莫亟于桑。 萎楊 萎一作委。楊則華而後記之。 萎，柔弱貌。楊將華時，其條柔弱也，一云委落也，非傳意。 䍮羊 羊有相還之時，其類䍮䍮然，記變爾。或曰，䍮，羝也。 䍮之爲言圍也，謂其環聚也。還古通環。䍮䍮，羊相逐貌。牡羊三歲曰羝，或説殆非也。 轂則鳴 轂，天螻也。 天螻，螻蛄也，一曰螜。 頒冰 頒冰也者，分冰以授大夫也。 此非分冰時而言頒者，先言分，後言頒，以授大夫，所謂伐冰之家也。 采識 識，草也。 識當作蘵，《爾雅》作蘵，即苦蔘也。葉似槐，花黄色，結角如蘿蔔子，二三粘如小豆，味苦，除伏熱。《説文》闕蘵，後人加草也。 妾子始蠶 先妾而後子何也。曰：事有漸也，言事自卑者始。 妾子皆統于妻，妾子始蠶，其妻可知。《月令》：后妃齋戒親東鄉躬桑。今不言妻而先言妾子，故言自卑者始。 執養宫事 執，操也。養，長也。 宫事即蠶事也，今謂養蠶是也。執養宫事，即祭義夫人繅三盆手，遂布于三宫夫人世婦之吉者，使繅之事也。 祈麥實 麥者，五穀之先見者，故急祈而記之也。一本麥者作麥實。 《月令》：乃爲麥祈實。孟夏爲麥秋，故此云先見。《詩》所謂貽我來牟，帝命率育也。 越有小旱 越，于也。記是時恆有小旱。 越聿同語詞。田家五行，有三月聽蛙聲占水旱之諺。 田鼠化爲鴽 鴽，鵪也。變而之善，故盡其辭也。 鴽爲鼠，變而之不善，故不盡其辭也。 《月令》同。鴽，鵪鶉也。十二支辰，子水位，鼠屬，午伏乃鶉火之次，豈可移易。蓋三月大辰候，當出火。故田鼠至建辰月化爲鴽。八月辰伏，九月當納火，而鴽于建酉月爲鼠者，辰已伏也。子與午陰陽之極，神交爲變化如此，可類推也。 鴽，善類。鼠，不善類也。八月曰鴽爲鼠，不言化，故曰不盡其辭。 拂桐芭 拂也者，拂也，桐芭之時也。或曰，言桐芭始生，貌拂拂然也。 芭，華也。《月令》：桐始華，或訓芭爲茅，未詳。 鳴鳩 言始相命也，先鳴而後鳩，何也。鳩者鳴而後知其鳩也。 命，鳴也。相命，言相呼也。鳩能自呼其名。 以上三月，較《月令》：少虹始見，萍始生，戴勝降于桑。 四月：孟夏之月也。《月令》：日在畢，昏翼中，旦婺女中，畢宿在申，實沈之次也。 昴則見無傳。 昴，七星，天之耳也。白虎之中星也，昴之爲言留也，言物成就繫留也。 初昏南門正 南門者，星也。歲再見壹正。蓋大正所取法也。《月令》：昏翼中。翼，南方宿名也。即所謂南門也。言天子當陽所取法也。十月但云南門見，不言正也。 鳴札 札者，寧縣也。鳴而後知之，故先鳴而後札。縣懸同。 札，《爾雅》作蚻，似蟬而小，有文，寒蟬也。大者爲馬蚻，寧縣。《爾雅》注引作虎縣。 囿有見杏 囿者，山之燕者也。 禮祭法，夏祠用杏。《小正》：韭則囿，杏則山也。 鳴蜮（按）即蟈字。 蜮也者，或也，屈造之屬也。 蜮當作蟈。□文从國，即蝦蟆別名，非射工之蜮也。《月令》「螻蟈鳴」是也。蜮一作轂屈，或作蛣蝠。蛣蚍，木中蟲也。屬之云者，言皆其類。蜮爲射工，故以或説存之。 王萯秀按秀舊本作莠下竝同。 王萯，即王瓜草蔓也。王瓜色赤，感火之色而生也。《月令》王瓜生。今《月令》云：王萯秀。萯應从刀具，音故，不從力負，音倍。莠秀通用。 取茶 茶也者，以爲君薦蔣也。 茶，苦菜也。《月令》：苦菜秀，感火之味而成也。是月其味苦故也。一名游冬。葉似苦苣而細，斷之白汁，花黄似菊。《周禮》：地官掌茶，言將以爲君薦也。蔣當作將。或云蔣蓋負兹之類，未詳。 秀幽（按）即秀葽。 幽當作葽。謂之幽者，幽陰之義也。四月陽氣極于上，而微陰已胎于下，葽感之而早秀。《豳風》「四月秀葽」是也。《爾雅·釋草》：葽繞棘菀註，今遠志也。 越有大旱 記時爾。 大旱對小旱言之。《羣芳譜》言四月十六日立一丈竿量月影，月當中時，影過竿，夏旱人饑。長九尺、八尺、七尺、六尺主雨水，五尺主夏旱。又《談苑》：江南民于四月一日至四日，卜一歲之豐凶，云一日雨，百草枯，言旱也。二日雨，傍山居，言避水也。三日雨，騎木驢，言踏車取水，亦言旱也。四日雨，餘有餘，言大熟也。《小正》凡言小旱大旱，所以重農事也。 執陟攻駒 執也者，始執駒也。執駒也者，離之去母也。陟，升也。執而升之君也。攻駒也者，教之服車數舍之也。 《周禮》所謂校人執駒攻特也。《月令》：三月，遊牝于牧，犧牲駒犢，舉書其數，此則四月矣。駒已成矣，故言執駒升之君，離之去母，使之服車也。數，入聲。　以上四月，較《月令》少以立夏蚯蚓出。聚畜百藥，靡草死。麥秋至，農乃登麥。　五月：仲夏之月也。《月令》：日在東井，昏亢中，旦危中，東井在未，鶉首之次也。　參則見　參也者，伐星也，故盡其辭也。《漢天文志》：參爲白虎，三星，直者爲衡石。下有三星，鋭曰罰，謂罰在參間，上小下大，故曰鋭。伐與參連體，參爲列宿，統名之若一宿然。參又名實沈，見《左傳》。　浮游有殷　殷，衆也，浮游，殷之時也。浮游者，渠略也，朝生而暮死，稱有何，有見也。　浮游通作蜉蝣。《揚子方言》：蜉蝣，秦晉之間謂之渠略。《爾雅》：蜉蝣，渠略是也，似蛣蜣，身狹而長，有角，黄黑色，大如指，長三四寸。甲下有翅，能飛。聚生糞土中，朝生暮死。夏日陰雨時，地中出。燒炙噉之，美如蟬。猪好啖之。《詩》「浮游之羽，衣裳楚楚」是也。樊光之間謂之糞中蝎蟲。　鴂則鳴　鴂者，百鷯也。鳴者，相命也。其不辜之時也。是善之，故盡其辭也。　《月令》：鶪始鳴。鶪，鴂也，鶗鴂也，一名鵙鶴，即百鷯也，今謂之巧婦，又謂之襪雀是也。辜，負也。于是載績矣。鳴不負其時也。　時有養日　養，長也。一則在本，一則在末，故其記曰有養日云也。（按）一本有作時，日作白。　本末言初終也，一則謂或則也。《月令》鄭注云：辰角見九月，本也。天根見九月，末也。即本末之説也。（按）黄本以瓜爲衣，末句作始創衣也。　乃瓜　乃者，急瓜之辭也。瓜也者，始食瓜也。　《詩·豳風》：「七月食瓜」。此月言乃瓜者，蔬蓏之屬也。按孟夏天子始絺作衣近是。　良蜩鳴　良蜩也者，五采具。　蜩，蟬也。良，當作蜋。《爾雅》蜩，蜋蜩是也。《豳風》：五月鳴蜩。五采，具言其翅有文采也。　匽之興五日翕，望乃伏　其不言生而稱興，何也。不知其生之時，故曰興，以其興也。故言之興五日翕也。望也者，月之望也。而伏云者不知其死也，故謂之伏。五日也者，十五日也。翕也者，合也。伏也者，入而不見也。　匽，《爾雅》作蝘，蟪蛄也，一名蝘虭。《莊子》所謂蟪蛄不知春秋是也。合，聚也。　啓灌藍蓼　啓者，别也。陶而疏之也。灌也者，藂生者也，記時也。　藍，染青草也。有三種：蓼藍染緑，大藍如介，染碧，槐藍如槐，染青，皆可作澱。成勝母、荀子，青出于藍而青于藍，此言藍蓼，即蓼藍也。青乃赤之母，故陶而疏之。《月令》：令民毋刈藍以染，恐傷時氣也。啓灌謂開别其藂雜也。　鳩爲鷹無傳。　《傳》所謂變而之不仁也。　唐蜩鳴　唐蜩者，匽也。　唐當作螗。螗蜩者似蟬而小也，俗呼爲胡蟬，江南謂之螗蛦，江東呼爲茅截，《傳》言匽言蝘之類也，與上匽同名異實。　初昏，大火中，種黍菽糜　大火，鶉火辰次之名。（按）諸本脱此四字。　大火者，心也。心中，種黍菽糜時也。心爲大火，故心屬火。黍註見前。菽，大豆也，糜，赤苗穀也。《詩》「維糜維芑」是也。心中，正中也。糜音門。　煑梅　爲豆實也。　梅似李實，酢者可以和羹，籩實之乾藤也。　蓄蘭　爲沐浴也。　草之一榦一花而香有餘者，蘭也。畜以爲蘭湯，沐浴之用也。　菽糜　已在經中，又言之，是何也。時食矩關而記之。（按）矩關一作短閔，或作豆鬻，皆傳寫之訛。　菽糜，以菽作糜也。糜，粥也。煑米糈爲饘也。矩或解作法，非。矩當爲巨大也。言夏時以菽爲糜，乃所食之大關，故不復著種黍而詳記菽糜也。　頒馬　分夫婦之駒也。夫婦一作大夫。　《月令》：遊牝别羣，班馬政是也。季春，遊牝于牧，至此妊孕已遂，故不使同羣，所謂分夫婦之駒也。夫婦者，牝牡也。頒與班同，布也。言布散其牝牲之馬也。　將閒諸則閒與閑通。　或取離駒納之則法也。　《月令》：摯，騰駒是也。閒防其騰躍，則止其踶嚙也。　以上五月，較《月令》少螳蜋生，反舌無聲。農乃登黍，羞以含桃。日長至，陰陽争。生死分，鹿角解。半夏生，木堇榮。　六月：季夏之月也。《月令》：日在柳，昏火中，旦奎中，柳宿在午，鶉火之次也。　初昏，斗柄正在上　五月大火中，六月斗柄正在上。用此見斗柄之不正當心也。蓋當依，依尾也。一本上依字下有也字。　火大火，心星也。尾，尾星也。　煑桃　桃也者，杝桃也。杝桃也者，山桃也，煑以爲豆實也。　註見正月。　鷹始摯　始摯而言之何也，諱殺之辭也，故言摯云。一本無故言二字。　《月令》：鷹乃學習。此言始摯，言始學擊摯也。不言殺而言摯，故曰諱殺。按六月，《月令》最悉。此月太略，疑有脱文也。摯鷙通。　以上六月，較《月令》少温風始至。蟋蟀居壁，腐草爲螢，土潤溽暑，大雨時行。　七月：孟秋之月也。《月令》：日在翼，昏建星中，旦畢中，翼宿在巳，鶉首之次也。　秀雚葦　未秀則不爲雚，葦秀然後爲雚葦，故先言秀。雚當作萑。　是月，涼風至，白露降矣。萑，菼也。葦，葭也。《豳風》：八月萑葦。此在七月，言始生，故曰秀。　狸子肇肆　肇，始也。肆，遂也，言其始遂也。或曰：肆，殺也。（按）或曰一本作其或曰，狸一作貍。　狸似貓，狐類。《莊子》：卑身而伏，以候敖者。狸音离。　湟潦生苹　湟，下處也。有湟而後有潦，有潦而後有苹草也。　湟潦，積水也。苹，水苹，藾蕭也。葉青白，色莖似箸，今□蒿也。湟音黄。潦，勞去聲。　爽死　爽也者，猶疏也。　爽當作爽，草也。疏與蔬通，言草似蔬也。　荓秀荓《永樂大典》作苹。　荓也者，馬帚也。荓草似蓍，俗謂蓍荓旱苹也，可爲掃帚。荓音餅。　漢案户　漢也者，天漢也。案户也者，直户也，言正南北也。漢一作河。　天漢言天河也，箕斗之間漢津也。直户言天漢當户，如横案然。　寒蟬鳴　寒蟬也者，蝭蠑也。蟬一本作蝗。　蝭蠑，小蟬，一名蛥蚗，自關而東謂之蛁蟧，或謂之蝭蟧。蝭，大兮反。蠑當作蟧。　初昏，織女正東鄉無《傳》。　織女，三星，天女也。　時有霖雨無《傳》。　久雨謂之淫，久淫謂之霖。凡雨自三日以往爲霖。　灌荼　灌，藂也。荼，藋葦之秀，爲蔣褚之也。藋未秀爲菼，葦未秀爲蘆。　荼，萑苕也，一云野菅，一云茅秀。萑葦即蒹葭也，萑初生爲菼，長大爲薍，成則爲萑。藂，聚生也。蔣疑作將。　褚，著也，猶今絮也，言將著絮也。　斗柄縣在下則旦無《傳》。　旦，明也。斗柄縣在下則天明，日至於曲阿北，是謂旦明。　以上七月，較《月令》少涼風至，白露降。鷹乃祭鳥，用始行戮。以立秋，農乃登穀。　八月：仲秋之月也。《月令》：日在角，昏牽牛中，旦觜觿中，角在辰壽星之次也。觜音兹，觿音攜。　剥瓜　剥瓜也者，畜瓜之時也。　剥，削也。七月食瓜之後，又畜瓜爲明年種也。　元校　玄也者，黑也。校也者，若緑色然，婦人未嫁者衣也。姜兆錫《儀禮内外編》讀經文連下作元校剥句。棗栗零句。　校當作絞，蒼黄色。《玉藻》：絞衣以裼之。按校本字見《禮記·祭統》，夫人薦豆執校，謂豆中央直者爲校。《傳》言校爲衣，未詳。　剥棗　剥也者，取也。　剥，擊也。《詩》「八月剥棗」是也。　栗零　零也者，降也，零而後取之，故不言剥也。　栗可充籩實。零，零落也。　丹鳥羞白鳥　丹鳥也者，謂丹良也。白鳥也者，謂蚊蚋也。其謂之鳥者何也，重其養者也。有翼者爲鳥，羞也者，進也。不進食也。蚊一本作閩。　丹良，蟲名，疑即螢也。螢，黄甲蟲。《列子》：蚊蚋生於腐螢。　辰則伏　辰也者，謂心也。伏也者，入而不見也。　辰者，大火也，爲心星，伐爲參星也。　鹿人從　鹿人從者，從羣也。鹿之養也。離羣而善之，離而生，非所知時也。故記從不記離。君子之居幽也不言。或曰人從也者，大者於外，小者於内，率之也。　鹿善聚善散。鹿，人從者，鹿若人之相從也。善之，善走也。大者處外，小者處内，俱指鹿言。鹿于小時必相離乃得生。此時辰成矣，如人之相從矣。故記之。不記離者，如人之幽處亦無可記也，故云君子之居幽也不言。　鴽爲鼠無《傳》。　註見前。　參中則旦無《傳》。　言天明正參中時也。　以上八月，較《月令》少盲風至。鴻鴈至，元鳥歸羣，鳥養羞。日夜分，雷始收聲。蟄蟲壞户。　九月：季秋之月也。《月令》：日在房，昏虚中，旦柳中，房在卯，大火之次也。　内火　内火也者，大火。（按）此下一有也字。大火也者，心也。　大火，鶉火辰次之名也。内者，言向内也。《詩》「九月流火」是也。　遰鴻鴈　遰，往也。　註見正月。　主夫出火　主夫也者，主以時縱火也。　案傅崧卿云：夫當作火，以備寒也。主火，主薪炭之人也。宜納而出何也，于是不出也。　陟元鳥蟄　陟，升也。元鳥也者，燕也。先言陟而後言蟄，何也。陟而後蟄也。或云經文蟄字當連下能羆貉貉爲句。　《月令》：仲秋元鳥歸。此于季秋則歸而蟄矣。　能羆貊貉鼶鼬則穴按能羆一作熊羆。鼶鼬，一作鼬鼪，今從《爾雅》文改鼶，音斯。鼬音袖。　穴也者，言蟄也。　《月令》所謂蟄蟲咸俯在内，皆墐其户也。能古熊字，羆熊屬貊，似熊，如大驢，能食鐵，色蒼白。貉似狸，鋭頭尖鼻，蒼色。鼶，鼠狼也，江東曰黄鼠狼。鼬似鼦，赤黄色，大尾。啖，鼠也，一名地猴。　榮鞠樹麥　鞠，草也。鞠榮而樹麥，時之急也。　鞠與菊通。鞠榮者，菊華榮也。《月令》鞠有黄華。樹麥者，種麥也。《月令》仲秋乃勸種麥。　王始裘　王始裘者，何也，衣裘之時也。　《周禮》：季秋獻功裘是也。《月令》：天子始裘，在十月。　辰繫于日無《傳》。　辰，日月所交會之地，止言繫于日者，日在房所，謂房在卯，大火之次也。　雀入于海爲蛤　蓋有矣，非常入也。　飛物化爲潛物也。雀與爵通。《月令》：爵入大水爲蛤是也。不言水而言海，以水之大者言也。黄雀秋化爲蛤，春復爲黄雀，五百年爲蜃蛤。見《述異記》。　以上九月。較《月令》少豺乃祭，獸戮禽。霜始降，上丁命樂正入學習樂。草木黄落，乃伐薪爲炭。　十月：孟冬之月也。《月令》：日在尾，昏危中，旦七星中，尾在寅，析木之次也，七星見季春。　豺祭獸　善其祭而食之也。（按）而下有後字。　豺，狼屬。長尾，白頰，色黄，身瘦，俗呼瘦豺。《月令》：季秋之月，豺乃祭獸。此言孟冬月者，秋冬之交也。　初昏南門見　南門者，星名也。及此再見矣。　詳見四月。此月南門朝見于東南隅。言昏見，疑文有誤。　黑鳥浴　黑鳥者何也，烏也。浴也者，飛乍高乍下也。　烏，慈鳥也，能反哺，謂之孝烏。又一種脛下白者爲雅。又一種大喙白脛者爲鬼雀，不詳鳥也。烏多羣飛，一起一伏，如浴于水然，故謂之浴。一云沐浴于大化，亦通。　時有養夜　養者，長也，若日之長也。　養夜，言夜之長與日之長等也。見五月。　元雉入于淮爲蜃　蜃者，蒲盧也。　亦飛物化爲潛物也。言元雉，應元冥也。大蛤曰蜃。《月令》：雉入于水爲蜃。按古語謂隨變而成者曰蒲盧。　不專指蜂也。一名蒲盧，水蟲名。　織女正北鄉則旦無傳　孟秋言昏東鄉，此孟冬則旦，時正北鄉矣。　以上十月。較《月令》少水始冰，地始凍，虹藏不見。以立冬天氣上騰，地氣下降，天地不通，閉塞而成冬。天子始裘。　十有一月：仲冬之月也。《月令》：日在斗，昏東辟中，早軫中，斗在丑星紀之次也。　王狩　王狩者，言王之時田也。獵爲狩。　詳見《周禮·大司馬》。《月令》：季秋，天子乃厲飾執工，挾矢以獵，乃秋獵也。此于仲冬，故曰冬獵。大閲時也。　陳筋革　陳筋革者，省兵甲也。　筋革所以包兵甲。　嗇人不從　不從者弗行。　嗇當作穡，農夫也。言大閲之時，農夫不從狩，所以休息也。　於時月也，萬物不通。八字應爲經文。各本誤作小註。　《月令》：天地不通，閉塞而成冬是也。是月曰暢月，言諸蟄皆充暢于內，若大房然。發天地之房，則諸蟄必死。　隕麋角　隕，墜也。日冬至，陽氣至，始動諸向生，皆蒙蒙符矣，故麋角隕，記時焉爾。　《月令》：麋角解，隕亦解也。麋，鹿屬。冬至解其角。符，會合也。言衆生皆與陽氣會合也。　以上十一月。較《月令》少冰始壯，地始坼。鶡旦不鳴。虎始交。芸始生，荔挺出。水泉動，日短至。　十有二月：季冬之月也。《月令》：日在婺女，昏婁中，旦氐中。　鳴弋　弋也者，禽也。先言鳴而後言弋者，何也。鳴而後知其弋也。　弋，鳶也，古通用。或作弋弓也。謂角弓鳴，恐鑿。　元駒賁　元駒也者，蟺也。賁者何也，走于地中也。　元駒，蟻別名也，螘蟻通。賁僨通，義同奔。　納卵蒜　卵蒜也者，本如卵也。納者何也。納之君也。　蒜，葷菜也。大蒜爲葫，小蒜爲卵，或作秝，訓蘇，同謂草木疏貌，與《傳》義不合，且于卵字格礙。　虞人入梁　虞人，官也。梁者，主設罟罟者也。　《月令》：命漁師始漁是也。罟，古罔字。罟罟，結繩爲之，所以取魚。　隕麋角　蓋陽氣且睹也，故記之也。　已見仲冬，此疑衍文。《傳》應別有註也。或云，向始動，今明見，故兩記之。亦通。　以上十二月。較《月令》少鵲始巢，雉雊雞乳，征鳥厲疾。冰方盛，木澤腹堅。命取冰，命有司大難。日窮于次，月窮于紀，星回于天。數將幾終，歲且更始。

漢　崔寔　《四民月令》　謹案《隋志》農家，《四人月令》一卷，後漢大尚書崔寔撰，《舊唐志》同，《新唐志》作崔湜誤。宋不著録。近人任兆麟、王謨，皆有輯本，編次不倫，且多罣漏。王本又誤以《齊人月令》謂即《四民月令》，而所采《齊民要術》，有今本所無者六事，其文不類，未知何據。余既輯崔寔《政論》一卷，因兼及此書，蒐録遺佚，得二百許事，省並重複。逐月分章，爲十二章，定著一卷，有注，疑即崔寔撰。徵用者或以注爲正文，今加注字間隔之。而王本所采《齊民要術》六事，附存俟考。又《齊人月令》一卷，唐孫思邈撰。《宋志》在時令類。本今亡。並附于後，免與崔寔書混。夫農爲邦本，食爲民天。《洪範》八政，一曰食。孔子論政，先足食。自古及今，未有不知稼穡之艱難，而能有國有家者也。惜古書流傳日少，《漢志》農九家，見于《隋志》者，僅氾勝之一家，見于《新唐志》者，僅尹都尉氾勝之二家，而多出《漢志》《范子計然》一家，至宋時著録，乃起《齊民要術》，前此數家，絶無傳本。顧乃增收晚出空疏不適用之書，濫及茶蟹花石不急之務，殊非農家本意，同硯生洪頤暄始輯《范子計然》一卷，《氾勝之書》二卷，及余所輯此書。雖皆殘缺，然而綱羅散失舊聞，竊有力焉。數十百年後，此書存佚，余又不敢知，是在好古者之廣爲傳布也。嘉慶甲戌歲十月。

正月之朔，是謂正旦。一作正日，一作元日，《白孔六帖》四作正月一日，是謂正日。躬率妻孥，潔祀祖禰，及祀日，進酒降神畢，乃室家尊卑，無大無小，以次列于先祖之前。子婦曾孫，各上椒柏酒于家長，稱觴舉壽，欣欣如也。《齊民要術》三，《藝文類聚》七二，又，八九，《初學記》四兩引，《白孔六帖》四，《歲華紀麗》一，《御覽》二九，又九五八。注：正日進椒酒、柏酒。椒是玉衡星精，服之令人身輕耐老。柏亦是仙藥。進酒次第，當從小起，以年少者爲先。《初學記》四，《白孔六帖》四，《御覽》二九。上辛日埽除韭畦中枯葉。《齊民要術》三。上除若十五日，合諸膏小草續命丸，案五月作圓疑此亦圓傳寫變其文耳。散法藥。農事未起，命成童已上入大學，學本不重言學依下句加五經。注：謂十五已上，至二十也。硯冰釋，命幼童入小學，學篇章。注：謂九歲已上，十四已下也。篇章謂六甲、九九、急就、三倉之屬。命女工趣織布，典饋釀春酒。《齊民要術》三，《北堂書鈔》一百四，《藝文類聚》五八，《御覽》六〇五，《事類硯賦》注。雨水中，《御覽》三七地氣上騰。土長冒橛，陳根可拔，急菑彊土黑壚之田。《齊民要術》一，《御覽》三七。糞疇。注：疇，麻田也。《齊民要術》二可種瓜，注：種瓜宜用戊辰日。《齊民要術》二，《事類瓜賦》注。可種瓠。《齊民要術》二又三。可種葵。《齊民要術》三，《御覽》八二三可種蠶韭芥。《齊民要術》三大小葱、蒜，苜宿及雜蒜。注：亦種此二物皆不如秋。《齊民要術》三可種蓼，《齊民要術》三。可蒔芋《齊民要術》二可作諸醬、肉醬、清醬。《齊民要術》八。正月自朔暨晦，可移諸樹：竹、漆、桐、梓、松、柏、雜木。唯有果實者，及望而止。過十五日，則果少實。《齊民要術》四。正月盡二月，可種春麥、豍豆。《齊民要術》二可剥（剝）樹枝。《齊民要術》四自正月以終季夏，不可伐木。必生蠹蟲。注：或曰其月無壬子日，以上旬伐之，雖春夏不蠹，猶有剖析開解之害，又犯時令，非急無伐。《齊民要術》五。

二月祠大社之日，薦韭卵于祖禰。《初學記》三《御覽》一九。陰凍畢澤。可菑美田緩土及河渚水處。《齊民要術》一順陽習射，以備不虞。春分中，雷乃發聲，先後各五日，寢別内外。注：有不戒者，生子不備。蠶事未起命縫人浣冬衣，徹複爲袷。其有贏帛。遂供秋服。注：凡浣故帛，用灰汁，則色黄而且肥，擣小豆爲末，下絹簁投湯中以洗之，潔白而柔肕，勝皂莢矣。可糶粟、黍、大小豆、麻、麥子等。收薪炭。注：炭聚之下碎末，勿令棄之，擣簁，以淅米泔溲之，更擣令熟，丸如雞子，㠯供烘罏御寒之用，輒得達曙，堅實耐久，逾炭十倍。《齊民要術》三。榆莢成，及青收，乾以爲旨蓄。注：旨，美也。畜，積也。司部收青小麥暴之，至冬以釀，滑香宜養老。《詩》云「我有旨蓄」，亦以御冬也。色變白將落，可作醔醶。隨節早晚，勿失其適。《齊民要術》五《藝文類聚》八八，《御覽》九五六。榆莢落時可種藍。《齊民要術》五。別小葱。《齊民要術》三。采术。《蓺文類聚》八一。昏參夕，杏華盛，桑椹赤。可種大豆，可種胡麻，謂之上時，《齊民要術》二。《御览》九八九。可種稹本作植，依《御覽》八三九改。禾，美田欲稠，薄田欲稀。《齊民要術》一。可種苴麻。《齊民要術》二，《御覽》九九五。注：苴麻，麻之有藴者，苧麻是也。一名黂，苴麻子黑，又實而重，可治作燭，不作麻。《齊民要術》二。可種瓜，《齊民要術》二。二月盡三月，可采土苽根。《御覽》九九八。可掩樹枝。注：埋樹枝土中令生，二歲以上，可移種矣。《齊民要術》四。注：孫叔放作期思陂。《御覽》七二，案：此注無所屬，月令仲春無漉陂池，今據附于二月末。

三月三日，以及上除，可采艾及柳絮。注：柳絮治瘡痛。《齊民要術》三、《蓺文類聚》八二，又八十九引注作柳絮可㠯愈瘡《初學記》三、《御覽》九五七，又九九七清明節令蠶妾治蠶室，塗隙穴，具槌持箔籠。《齊民要術》五，《初學記》三。清明節後十日，封生薑，至四月立夏後，蠶大食，芽生，可種之。《齊民要術》三。是月也，杏華盛。《初學記》三，又《齊民要術》盛作勝。可菑又作播。白沙輕土之田。《齊民要術》一、《蓺文類聚》八七。《御覽》九六八，《事類·杏賦》注。可種稹禾。《齊民要術》一《稹本作植》、依《御覽》八三九改《御覽》此上文作三月三日，據《齊民要術》乃二月三月之誤也。可種苴麻。《齊民要術》二。《御覽》九九五。可種瓜，《齊民要術》二。可種胡麻，《齊民要術》二。可種黍穄，此四字依注加。案《齊民要術》云三月上旬種者爲上時，四月上旬種者爲中時，五月上旬種者爲下時。注：□黍之穄熟者，一名穄也。《齊民要術》二。布谷鳴，收小蒜。《齊民要術》三。桃華盛，農人候時而種。《御覽》九六七《事類·桃賦》注。是月也，冬穀或盡，椹、麥未熟。乃順陽布德，振贍窮乏，務施九族。自親者始，無或蘊財，忍人之窮，無或利名，罄家繼富，度入爲出，處厥中焉。蠶晨尚閑，可利溝瀆。葺治牆屋，修門户。警設守備，㠯禦春饑草竊之寇。是月盡夏至，煖氣將盛。日烈暵燥，利用漆油，作諸煎藥，可糶黍買布。《齊民要術》三。可采烏頭。《御覽》九九〇。可種稉稻。《御覽》八三九作多種秔稻。美田欲稀，薄田欲稠。《齊民要術》二。

四月立夏後，作鯛魚醬。《齊民要術》八。蠶入簇，時雨降，可種黍禾。謂之上時。《齊民要術》二。可種胡麻。《齊民要術》二。可種大小豆，美田欲稀，薄田欲稠。《齊民要術》二。可收蕪菁及芥葶藶、冬葵子。《齊民要術》三。《御覽》八二三。可作酢。《齊民要術》八。酢即醋本字。繭既入簇，趣繰剖線，具機杼。敬經絡。草茂可燒灰。是月也，可作棗精，以御又作待。賓客。《齊民要術》三。《北堂書鈔》一四七。《御覽》八六〇。可糴穬。《齊民要術》作麵，依《文選》注改。注：大麥之無皮毛者曰穬。《文選·潘岳》《馬汧督誄》注。及大麥㪚絮。《齊民要術》三。

五月一日可作醢。《御覽》八六六。芒種節後，陽氣始虧。陰慝將萌，煖氣始盛，蟲蠹並興。乃弛角弓弩，解其徽弦，張竹木弓弩，弛其弦，以灰藏□裘毛毳之物，及箭羽。以竿挂油衣，勿辟藏。注：暑溼相著也。是月五日，合止痢黄連圓，霍亂圓。采葸耳。《齊民要術》三。取蟾蜍。注：可以合惡疽瘡藥。《齊民要術》三，《蓺文類聚》四，《御覽》九四九。取東行螻蛄。注：螻蛄有刺，治去刺，治産婦難生衣不下。《齊民要術》三，《蓺文類聚》四。亦可作酢。《齊民要術》八。食粔籹。《御覽》八六〇。霖雨將降，儲米、穀、薪炭。以備道路陷滯不通。《齊民要術》三。可爲醬。上旬䰰楚校切，本又作炒，一切經音義卷一、卷三、卷一四、卷一八，皆云作炒。豆，中庚煮之，以碎豆作末，都至六七月之交，分以藏瓜，可作魚醬。《齊民要術》八。可種胡麻。《齊民要術》二。可多作精，以供家出入之糧，以待賓位。《齊民要術》八，《北堂書鈔》一四七。可菑麥田。《齊民要術》一，五月六月云云。又二作五月一日蓄麥田，一日乃六月之誤，蓄乃菑之誤也。夏至先後各二日，可種黍，蟲食李者，黍貴也。《齊民要術》一。先後各五日，可種牡麻。注：牡麻青白，有華無實，好肥理，两頭鋭而輕浮，一名爲枲也。《齊民要術》二。是月也，陰陽争，血氣散。夏至先後各十五日，薄滋味，勿多食肥醲。《齊民要術》三。距立秋，無食煮餅及水引。《御覽》作溲。餅。《北堂書鈔》一四四。《齊民要術》三、《御覽》八六〇。注：夏月食水時，此二餅得水，即堅强難消，不幸便爲宿食傷寒病矣，試以此二餅置水中，即可驗，唯酒引餅入水即爛矣。《齊民要術》三。可刈藍。《齊民要術》五。可糴大小豆、胡麻，糶穬大小麥。收敝絮及布帛，至後糶𪍿䴷，置甖中密封。注：使不蟲生，至冬可養馬。《齊民要術》三。可别種稻及藍，盡夏至後二十日止。《齊民要術》三。

六月可菑麥田，《齊民要術》一。六日可收葵。《齊民要術》三，《御覽》八二三。案：故《齊民要術》作種誤。可作麴。注：其麴彂多少，與春酒麴同，但不中爲春酒，喜動，以春酒麴作頤酒彌佳也。《齊民要術》七。初伏，薦麥瓜于祖禰。《文選·潘岳在懷縣作詩》注《初學記》四。《御覽》三一，又八三八《事類·夏賦》注。命女工織縑練。注：絹及紗縠之屬，可燒灰，染青紺雜色。《齊民要術》三。可種小蒜。《齊民要術》三。别大葱。《齊民要術》三種冬藍。注：冬藍木藍也，人日用藥也。《齊民要術》五。可蓄瓠。《齊民要術》二。中伏後可種冬葵。《齊民要術》三。《御覽》八二三。可收芥子。《齊民要術》三。可種蕪菁，注：至十月，可收也。《齊民要術》三。大暑後六日，可藏瓜。《齊民要術》九。

七月四日，命置麴室，具箔槌。取净艾。六日饌治五穀磨具。《齊民要術》三。七日遂作麴。《齊民要術》三，又七。《初學記》四，《歲華紀麗》三，《御覽》三一，又八五三。合藍《六帖》四，作藥。丸及蜀漆丸。暴經書及衣裳。《齊民要術》三、《北堂書鈔》一五五、《藝文類聚》四、《初學記》四、《白孔六帖》四、《歲華紀麗》三、《御覽》三一。注：習俗然也。《御覽》三一。作乾糗，采葸耳。《齊民要術》三。設酒脯時果，散香粉于筵上，祈請于河鼓織女。注：言此二星神當會，守夜者咸懷私願。或云見天漢中有奕奕正白雲，如地河之波，輝輝有光曜五色，以此爲徵應見者便拜乞願。三年乃得，《藝文類聚》四。藏韭菁。注：菁韭耙出。《齊民要術》三。别種韲。《齊民要術》三。可種蕪菁。《齊民要術》三。可種大小葱。注：夏葱日小，冬葱日大。《齊民要術》三。可種小蒜。《齊民要術》三。可種芥。《齊民要術》三。可種苜宿。《齊民要術》三。處暑中，向秋節，浣故製新，作袷薄𠀋備始涼，糴大小麥豆。收縑練。《齊民要術》三。收柏實。《初學記》二八《御覽》九五四。

八月暑退，命幼童入小學，如正月焉。清本作涼，依《初學記》二七，《歲華紀麗》三，《御覽》八百十八改。風戒寒，趣織本作練，《初學記》、《御覽》作絹，依《歲華紀麗》改。縑帛染綵色。《齊民要術》三。注：柘染色黄赤，人君所貴。《御覽》九五八。河東染御黄法。碓擣地黄根令孰，灰汁和之，攪（攪）令匀，搯取汁，别器盛，更擣滓，使板孰，又以灰汁和之。如薄粥，爲入不渝釜中，煮生絹數回，轉使匀，舉看有盛水袋子。便是絹孰，抒出著盆中，尋繹舒張，少時拔出，净振去滓，曬極乾，以别絹濾白渻汁和孰，抒出更就盆染之，急舒展令均，汁冷拔之出，暴乾則成矣。治釜不渝法，在醴酪條中，大率三升地黄，染得一匹御黄。多則好，作柴、桑薪、蒿灰等物，皆得用之。《齊民要術》三，案：河東以下，當是賈思勰所説，非崔寔本注，姑録之。擘絲治絮，製新浣故。及《北堂書鈔》一三六。《御覽》六九七作制。韋履賤好豫買，以備冬寒。刈萑葦芻茭，涼燥可上弩。繕治檠鋤，正縛鎧弦，遂以習射。弛竹木弓弧，糶種麥糴黍。《齊民要術》三。凡種大小麥，得白露節。可種薄田，秋分種中田。後十日種美田。唯穬早晚無常。《齊民要術》二。可種大蒜。《齊民要術》三可種芥。《齊民要術》三可種苜宿。《齊民要術》三。可種乾葵。《御覽》八二三。可斷瓠，作菑瓠。瓠中白膚實以養豬致肥，其瓣則作燭致明。《齊民要術》三。采王不留行。《御覽》九九二。收韭菁，作擣齏。《齊民要術》八，收作取《御覽》八五五。

九月九日，可采菊華。《藝文類聚》八一、《御覽》九九六。收枳實，《御覽》九九二。是月也，本作九月，昌意改復。治場圃，塗囷倉，修竇窖，繕五兵。習戰射。以備寒凍窮厄之寇，存問九族孤寡老病不能自存者，分厚徹重，以救其寒。《齊民要術》三。藏茈薑蘘荷。注：生薑謂之茈薑，作葵菹乾葵，其歲若温，皆待十月。《齊民要術》二，又三、又九。

十月。培築垣牆，塞向墐户。注：北出牖，謂之向。《齊民要術》三。上辛命典饋漬麴，釀冬酒，作脯腊，以供臘祀。《齊民要術》三、《北堂書鈔》一四五、《初學記》四、《御覽》三三。農事畢，命成童入大學。如正月焉。五穀《歲華紀麗》作谷。既登家備儲蓄。《齊民要術》作家儲畜積。《文選》注作家有儲稿。《六帖》作家家儲畜、依《歲華紀麗》、《御覽事類》賦改。乃順時令，《齊民要術》三，《文選》藉田賦注，《歲華紀麗》四、《白孔六帖》三，昌爲寔注《御覽》二七《事類·冬賦》注。敕喪紀，同宗有貧窶久喪不堪葬者，則糾合宗人，共與舉之，以親疏貧富爲差，正心平斂。

無相逾越，先自竭以率不隨。《齊民要術》三。先冰凍作涼餳，煮暴飴。《齊民要術》三，又九。《御覽》八五二。可析麻緝。績布縷，《齊民要術》三。作帛履，《齊民要術》三，帛作白《北堂書鈔》一三六。《御覽》六九七。不惜。注：草履之賤者曰不惜。《齊民要術》三。農語曰：河射角，堪夜作，犂星没，水生骨。馮惟訥古詩紀前集十。賣縑帛敝絮，糴粟豆、麻子。《齊民要術》三。平量五穀各一升，小罌盛，埋垣北牆陰下，冬至後五十日，發取量之。息最多者歲所宜也。《齊民要術》一，冬至下十八字本作餘法同上，據上文《氾勝之書》補。

冬十一月。據此，知原書每月有春夏秋冬字，引者删之。陰陽争，血氣散，冬至日先後各五日，寢别内外。《齊民要術》三。買白大（犬）養之。以供祖禰。《齊民要術》三、《初學記》三。冬至之日，薦黍羔，先薦玄冥，以及祖禰，其進酒肴，及謁賀君師耆老，如正旦。《初學記》四、《歲華紀麗》四末句作一如元日，《御覽》二八。硯冰凍，命幼童入小學，讀《孝經》、《論語》篇章。《齊民要術》三、《北堂書鈔》一四〇、《蓺文類聚》五八、《御覽》六五〇、《事類硯賦》注。可釀醢，糴秔稻、粟、豆、麻子。《齊民要術》三。伐竹木。《齊民要術》五。

十二月，請召宗族婚姻賓旅，講好和禮，以篤恩紀。休農息役，惠必下浹，遂合耦田器，養耕牛，選任田者，以俟農事之起、去豬盍車骨。注：後三歲，可合瘡膏藥。《齊民要術》三。及臘日。《齊民要術》二作日，三及《御覽》三三作時。祀祖、《齊民要術》二、又三，皆脱祖字，《御覽》作祠祝，今依注改。注：祖者，道神也。黄帝之子曰累祖，好遠游，死道路。故祀以爲道神，以求道路之福。《宋書·曆志》上《文選》祖餞標目注荊軻《易水歌》注。炙箑，《齊民要術》三云、箑一作蓬《御覽》作蓬、當誤《説文》箑從疌，㠯箑爲古文及字。注：燒飲，治刺入肉中，及樹瓜田。《齊民要術》三有中字術文四角去蝨蟲，《齊民要術》二、又三、《御覽》三三。瓜蟲謂之蝨《齊民要術》二云胡濫反東門磔白雞頭。注：可㠯合法藥。《齊民要術》三、《御覽》九一八。臘明日更新，謂之小歲。進酒尊長。修賀君師。《北堂書鈔》一五五、《御覽》三三，又二九、作過臘一日，是謂小歲，拜賀君親。注：進椒酒，從小起。《御覽》二九以爲正文，今依正月定爲注。

附録：王謨本《六事佚考》。　齊人呼寒食爲冷節。以麪爲蒸餅様，團棗附之，名曰棗糕。　五月五日，取蠅虎，杵碎拌豆，豆自踴躍，可以擊蠅。　七夕祈請牛女，見者便拜。而願乞富、乞壽、乞子。唯得乞一，不得兼求。案：《御覽》三一，引周處《風土記》有此。　京師立秋，滿街賣楸葉，婦女兒童，皆翦成花樣戴之。形製不一。農語曰：蜻蛉鳴，衣裘成，蟋蟀鳴，懶婦驚。案：鄭注《月令》引里語有此。　近古婦人，常以冬至日獻履韈于舅姑，踐長至之義也。案：《初學記》四、《御覽》二八引崔浩《女儀》有此。已上六事，王謨輯《四民月令》云見《齊民要術》，今檢《齊民要術》無此文，不知何據？

附録：唐　孫思邈《齊人月令》四事，免與崔寔書混。　凡立春日，《事類賦》作立春之月。食生菜不可過多，取迎新之意而已。乃進醬粥，以導和氣。《御覽》二〇、《事類賦》春。　春分不殺生，不弔疾，君子齋戒，衣夾衣，導引不食生冷。《御覽》二〇。　四月八日，不宜殺草木，始服生衣，宜進温酒，服温藥，是月也。無壞麛卵，無伐大樹，是月也，宜㠯夙興。《御覽》二二。　重陽之日，必以糕酒，登高眺迴。爲時讌之游賞，以暢秋志，酒必采茱萸甘菊以泛之，既醉而還。《御覽》三二、《事類賦》秋、案，王謨輯本以此前三事當《四民月令》，誤也。重陽事，王本漏落。

宋　闕名《夏小正傳·夏小正經文》

正月：啓蟄，鴈北鄉，雉震呴，魚陟負冰，農緯厥耒，初歲祭耒，囿有韭，時有俊風，滌凍塗，田鼠出，農率均田，獺祭魚，鷹則爲鳩，農及雪澤，初服于公田，采芸，鞠則見，初昏參中，斗柄垂在下，柳梯。《文選》注引。梅杏杝桃則華，緹縞，雞桴粥。　二月：往耰黍，禪，初俊羔助厥母粥，綏多女士，丁亥萬用入學，祭鮪，榮堇，菜色，菜蘩由胡，昆小蟲抵蚳，來降，燕乃睇，剥鱓，有鳴倉庚，榮芸梯始收。　三月：參則伏，攝桑，委揚，羵羊，縠則鳴，頒冰，采識。草也妾子始蠶，執養宫事，祈麥實，越有小旱，田鼠化爲鴽，拂桐芭，鳴鳩。　四月：昴則見，初昏南門正，鳴札，囿有見杏，鳴蜮，王萯莠。《詩箋》七月引之。取荼，越有大旱，執陟攻駒。　五月：參則見，浮游有殷，鴂則鳴，時有養日，乃瓜，良蜩鳴，匽之興五日翕，望乃伏，啓灌藍蓼，鳩爲鷹，唐蜩鳴，初昏大火中，種黍菽糜，煮梅，蓄蘭，頒馬。　六月：初昏，斗柄正在上，煑桃，鷹始摯。　七月：莠雚葦，狸子肈肆，湟潦生苹，爽死，苹莠，漢案户，寒蟬鳴，初昏織女正東鄉。《文選》注引之。時有霖雨，灌荼，斗柄垂在下則旦。　八月：剥瓜，元校，剥棗，（粟）（栗）零，丹鳥羞白鳥。蚊蚋辰則伏，鹿人從，鴽爲鼠，參中則旦。　九月：内火，遰鴻鴈，主夫出火，陟元鳥蟄，熊羆貊貉鼬鼪則大，若蟄而榮鞠鞠榮而植麥，王始裘，雀入于海爲蛤。　十月：豺祭獸，初昏南門見，黑鳥洛（浴），時有養，元雉入于淮爲蜃，織女正北鄉。　十有一月：王狩，陳筋革，嗇人不從，萬物不通，隕麋角。　十有二月：鳴弋，元駒賁，禮也納蒜，虞人入梁，隕麋角。

宋 闕名《夏小正傳・夏小正經文正字》

启《説文》作启，開也。以啟爲教。此假音字。鴈《説文》作雁，鳥也。以鴈爲䳘。此假音字。呴當爲雊。此俗字。暢當爲暘。《説文》：不生也。艸不生者言治田。傳云作暢爲是者非。古無暢字。塗當爲涂。俗加土。鷹此雁字籀文。今又省疒爲广。鞠此咪字假音。咪即柳宿。梯此借字。一作稊。古所無。杝作柂。俗字。桴《説文》作孚，卵孚也。爪从子。此假音字。耰當爲櫌。《説文》摩田器。俗从耒。綏作緌，誤。或綅字。堇此堇假音字。繁當爲蘩。俗作蘩繁，俱增攴，非。羵或疑當爲羠。《説文》羊相羵也。古無羵字。俗从韋。縠當爲蠶。《説文》，螻蛄也。此俗字。識《爾雅》作蘵。俗字。《説文》黄蒢，職也。職識通。鴽當爲鴽。《説文》：翟，牟母也。或作鴽。今从如誤。芭當爲葩。此省文。蜮《説文》：蜮又作蟈，以爲短狐，蓋亦黽也。茶當爲筡。《説文》折竹筤也。隸書多寫竹爲艸。《傳文》蔣亦篛字，謂竹席。幽疑葽假音字。《詩・幽風》四月秀葽。浮游浮作蜉，通。游作蝣，俗字。《説文》以蜉爲蚍蜉，無蝣字，有蟲蜧。即渠畧也。鳩當爲鶌。《説文》：百勞也。以鳩爲寧鳩字。此亦假音。菽當爲尗。俗作菽。糜《説文》糜，穄也。以此爲糜糝字。閒《詩》作閑。此借字。摯《説文》作鷙。擊殺鳥也。以此爲握持字。今假音。藿當爲雈。《説文》蒦也。此藿雀字。辰《説文》作農晨。房星爲民田時者。此省文。貍貍狸皆貍字艸書之誤。《説文》，貍伏獸似貙。肇《説文》作肁，始開也。此假音字。湟《説文》潢，積水池也。此假音字。苹《説文》，萍也，無根，浮水而生。苹莠《説文》作荓，馬帚也。以此爲萍。灌茶《説文》夢灌渝。《爾雅》：其萌蘿蕍，皆即此。《爾雅》字俗。貊傳作豹，是。古無貊字。《説文》作狛，如狼，善驅羊。《韻會》貊同貉。今從傳本作豹。貉集賢本作貉 即此字誤。《説文》作豹，以此爲蠻貉字。鼫古無此字，今從郭注引此作鼶鼬。鞠《説文》作蘜。此省文。駒《方言》作蚼，皆借字。《夏小正》爲三代時古文，秦漢已來，變篆爲隸，遂多誤字，非其本書然也。字有假借，有省文，有俗字，有不知所從之字。假借者：此書若启爲啓，雁爲鴈，咪爲鞠，桴爲孚，菫爲堇，識爲職，筡爲茶，葽爲幽，鶌爲鳩，糜爲糜，某爲梅，閒爲閑，鷙爲摯，雈爲藿，肁爲肇，潢爲湟，荓爲苹，豹爲貉，蘜爲鞠是也。凡若此類所借之字，亦出古文，不必改用本字，以失古人假借之義。如字皆用本義，則六書去假借而五也。省文者若癮爲鷹，葩爲芭，農晨爲辰，是也。凡若此類，隸取其捷，或省于篆。既是正書，不必加增。如其作篆，則增成之。俗書者，若雊爲呴，涂爲塗，杝爲柂，櫌爲耰，蘩爲蘩，蠶爲縠，鴽爲鴽，尗爲菽，游爲蜉，貍爲狸，又爲貍，狛爲貊。凡若此類，古無此文，傳寫之誤，既有依據，必宜改正者也。若羵，若鼫，及闕本綏作緌，集賢本貉作貉，則不知所從，或以羵即《説文》羠字。據《説文》羠次羸後，爲羊相羠羵。《集韻》以爲病疫，似非羵義，鼫則飛生加鼠旁耳。《爾雅》注鼬鼫作鼶鼬，亦知古本不作鼫也。緌與貉蓋誤字。大氏文字之誤，始于正書。正書或變自草書，或變自隸書，漸失古篆之體。如欲考証經義，必求篆法，乃可讀三代時古書。今以篆正夏小正之文，而不正戴氏之傳者。漢時隸書盛行，戴傳本用今文，不必合之于古也。故寫石經以三體二體，其篆書必依古字，不可用隸法爲之，前代或不能盡合，以俟能者。

正月：启蟄，鴈北鄉，雉震呴。闕本脱呴字。魚陟負冰，農緯厥耒，初歲祭耒始用暢。闕本作暘，舊注音韔。案：暘不生也。暢訓達。作暢爲是。囿有見韭，時有俊風，寒日滌凍塗，田鼠出，農率均田，獺獸祭魚。《戴禮》作獺祭魚。以《傳》考之，當作獺獸祭魚。鷹則爲鳩，農及雪澤，初服于公田，采芸，鞠則見，初昏參中，斗柄縣在下則旦，柳稊，梅杏杝桃則華。闕本杝作柂，非是。柂音移，木名也。緹縞，雞桴粥。粥，舊注音育。

二月：往耰黍闕本黍作柔禪初俊羔助厥母粥，綏多女士。闕本作緌丁亥萬用入學，祭鮪，榮堇，菜蘩，昆小蟲抵蚳，來降。闕本自昆小蟲傳脱簡誤列於五月以下承煑梅之下。燕乃睇，剥鱓。《大戴》：鱓作鼉。有鳴倉庚，榮芸，時有見稊始收。

三月：參則伏，攝桑，委揚。舊注委一作苑羵羊，蟄則鳴，頒冰，采識，妾子始蠶，執養宮事，祈麥實，越有小旱，田鼠化爲鴽，拂桐芭，鳴鳩。

四月：昴則見，初昏南門正，鳴札，囿有見杏，鳴蜮，王萯秀，取茶，莠幽，越有大旱，執陟攻駒。

五月：參則見，浮游有殷，鴂則鳴，時有養日，乃衣瓜。舊注一作乃衣瓜。良蜩鳴，匽之興五日翕望乃伏，啓灌藍蓼，鳩爲鷹，唐蜩鳴，初昏大火中種黍菽糜。或曰，種黍菽糜以心中爲節。《傳》因大火中而及之，非小正文。煑梅，蓄蘭，頒馬。

六月：初昏斗柄，闕本曰：注：柄一作杓。正在上。煑桃。鷹始摯。

七月：莠雚葦，狸子肇肆，湟潦生苹，爽死，苹莠。《爾雅》：苹蘋蕭。又曰，萍，蓱。其大者蘋。又曰：荓，馬帚。據此則上苹當作萍，下苹當作荓。《傳》同。漢案户，寒蟬鳴。初昏織女正東鄉，時有霖雨，灌茶，斗柄縣在下則旦。

八月：剥瓜，元校，剥棗，㮚零。《大戴禮》㮚作粟。丹鳥羞白鳥，辰則伏，鹿人從，鴽爲鼠，參中則旦。

九月：内火，遰鴻鴈，主夫出火。夫當作火。《傳》同。陟元鳥蟄，熊羆豹貉鼬鼫則穴。《大戴禮》貉作貉，穴則大。榮鞠樹麥。或曰，樹麥傳文。王始裘。雀入于海爲蛤。

十月：豺祭獸，初昏南門見，黑鳥浴，時有養夜，雉入于淮爲蜃，織女正北鄉則旦。

十有一月：王狩，陳筋革，嗇

人不從，隕麋角。　十有二月：鳴弋，元駒賁，納卵蒜，虞人入梁，隕麋角。《月令》仲冬麋角解，與《小正》十一月記隕麋角合。十二月記之。蓋衍文戴氏因誤爲之傳失之矣。

唐　柳宗元《柳河東集》卷三《時令論上》　《呂氏春秋》十二紀，漢儒論以爲《月令》，措諸禮以爲大法焉。其言有十二月七十有二候，迎日步氣，以追寒暑之序，類其物宜而逆爲之備，聖人之作也。然而聖人之道，不窮異以爲神，不引天以爲高，利於人，備於事，如斯而已矣。觀月令之説，苟以合五事，配五行，而施其政令，離聖人之道，不亦遠乎？凡政令之作、有俟時而行之者、有不俟時而行之者。是故孟春修封疆，端徑術，相土宜，無聚大衆。仲春利堤防，達溝瀆，止田獵，備蠶器，季春合牛馬，百工無悖於時。孟夏無起土功，無發大衆，勸農勉人。仲夏班馬政，聚百藥。季夏行水殺草，糞田疇，美土疆，土功，兵事不作。孟秋納材葦。仲秋勸人種麥。季秋休百工，人皆入室，具衣裘，舉五穀之要，合秩芻，養犧牲，趣人收斂，務蓄菜，伐薪爲炭。孟冬築城郭，穿竇窖，修囷倉，謹蓋藏，勞農以休息之，收水澤之賦。仲冬伐木，取竹箭。季冬講武，習射御；出五穀種，計耦耕，具田器，合諸侯，制百縣輕重之法，貢賦之數。斯固俟時而行之，所謂敬授人時者也。其餘郊廟百祀，亦古之遺典，不可以廢。

綜述

漢　劉安《淮南子》卷九《主術訓》　食者民之本，民者國之本，國者君之本。是故人君上因天時，下盡地利，中用人力。是以羣生遂長，五穀蕃殖。教民養育六畜，以時種樹，務修田疇，滋殖桑麻，肥磽高下，各因其宜。邱陵阪險，不生五穀者，以樹竹木，春伐枯槁，夏取果蓏，秋畜蔬食，菜食曰：蔬，穀食曰食。冬伐薪蒸，以爲民資，是故生無乏用，死無轉屍。

唐　韓鄂《四時纂要・種松柏雜木》　種松柏雜木，正月並是良時。唯果樹從朔及望而止，過即少子。俗云：一年計，樹之以穀，十年計，樹之以木。又云：一日之計在一晨，一年之計在一春。故知時不可失也。

宋　張世南《游宦紀聞》卷六　張約齋種花法云：「春分和氣盡，接不得，夏至陽氣盛，種不得。」立春正月中旬，宜接櫻桃、木樨、徘徊黄、薔薇。正月下旬，宜接桃、梅、李、杏、半丈紅、蠟梅、梨、棗、栗、柿、楊柳、紫薇。二月上旬，可接紫笑、綿橙、匾橘。已上種接，並於十二月間，沃以糞壤兩次，至春時，花果自然結實。立秋後，可接金林檎、川海棠、黄海棠、寒毬、轉身紅、祝家棠、梨葉海棠、南海棠。以上接種法，並要接時，將頭與本身，皮對皮，骨對骨，用麻皮緊纏，上用箬葉寬覆之。如萌茁稍長，即撤去箬葉。無有不成也。

宋　周密《癸辛雜識》續集下《壬日扦種》　芒種後壬日入梅。壬日所種花草，雖至難活者亦皆活，申日亦可。

宋　戴羲《養餘月令》卷二　（正月）栽樹，正月爲上時，二月爲中時，三月爲下時。然棗雞口槐兔目，桑蝦蟆眼，榆負瘤散，其餘雜木，鼠耳虻翅，各有其時。凡栽種並插，皆用此等形象。是月移栽各樹，宜上半月，則茂而結實。凡移樹，多留宿土，大則髡之，小則不髡。記取向南之枝，勿更方位。先掘深坑，用清糞水和土成泥，栽下，添土築實，再以水蔭之。如根無宿土者，深栽於泥中，輕輕提起，樹根與地平，則根舒易活。亦用碎土細築，三四日後，方用水洗灌，勿令動揺。北方法，以磚石砌圈圍之，高三四尺，下空涵洞洩水，此法最妙。卿問以棘刺捆於樹根身數尺，以護人畜，此法亦可。　又（正月）栽柳，是月亦可。諺云，插柳莫教春知。謂宜立春前也。百木惟柳易栽易插，但宜水濕之地尤盛。先于坑中，置蒜一瓣，永不生蟲。常以水澆，俟數條俱發，留好者三四株，自然長茂，其餘皆削去。又一法，揤栽根三四寸許，鑽一竅，用杉木釘拴之，出其兩頭各二三寸，埋深尺餘，杵實，永不生刺毛，且防偷拔之患。　又（正月）是月，諸菓樹，宜削去低小亂枝，勿令分樹氣力，則結子肥大。　凡種菓樹，宜取望前半月，種者多實，忌西南風並火日。　護樹。凡菓樹花盛時，遭霜即無實。預於園中積糞艸，遇天雨初晴，北風之夜，必有霜，宜焚於上風以禦之。　騸諸菓樹，當于春初，根傍寬深掘開，將鑽心釘地根截去，惟留四邊亂根勿動，却用土覆蓋築實，則結菓肥大，勝插接者。　接插樹木。是月內，可削樹枝插土中，即以本樹皮和土包之，以棘刺遮護。接林擒，宜赤梨樹墪。栗宜櫟樹墪。　又（二月）凡移諸般花果，自秋分至春分，月月可移。唯冰雪大凍，不便蔭灌，反爲未宜。止有過冬不落葉，而帶刺者，如柑橘之類，必待芽發，始可移栽，則氣隨芽長，無有不活。又木樨亦不落葉，性又不同，若芽發即移，遇有嚴霜，則嫩芽俱倒，再不能活。必俟枝葉略老，雖春分前一二日無妨。又云，秋社後即可移。　又（二月）是月移植榆、槐、李、杏、杞、柳、梧桐、紫荊、山茶、花紅、玉簪、玫瑰、夜合、荼蘼、月桂、蜀葵、核桃、銀杏、芭蕉、石竹、辛夷、梔子、蠟梅、繡毬、楊梅、橄欖、郁李、頻婆、冬青、夾竹桃、馬檳榔、十姊妹、望江南、及西府、貼梗、垂絲、木瓜、各樣海棠，皆宜春分已前爲之，過此則遲矣。　是月上旬，扦插木香、芙蓉、薔薇、瑞香、木槿、寶相諸種，砍好枝長五寸，削插芋中，或蘿蔔，或蔓青根，即活。各樹枝皆可，用此勝於種核。　接樹，有腰接者，有根接者，如桃、梅、桑、棗、梨、柑、李、杏、橘、柿、栗、花紅，皆可互接。櫟、桐接栗，桑接楊梅，冬青接桂，椐柳根接核桃，枳棘接金橘，楝根接梅花、墨色，石榴接桂樹、紅花，柿接桃成金桃。諸樹皆可隨意爲之。　又（三月）栽棗欲遲，必待葉生雞口，乃移之。蓋其性硬芽緩，若未芽先移，芽不出。勿遽刪除，諺云：棗樹三年不筭死，柳樹三年不筭活。花時，以杖振去狂花，待棗實日，半赤即收，日日撼落之爲妙。凡人家有阜勞之地不任耕稼者，歷落種棗，則任矣。　又（三月）諸果花開時，遭寒即無實。預備亂雜腐艸置園內，遇天雨初晴，北風寒切，是夜必有濃霜，即放火燒爐，少出烟氣，上風薰之，可拒霜威，不損花。《居家必用》　又（四月）種杏，于熟時，併肉核埋糞土中。凡薄地不生，生則不成。至來年春分後，方移實地栽之，不移則實少而味苦。樹下一年不須耕，耕則肥而無實。　又（四月）種芙蓉，於梅雨時，選枝插肥土中即活。石榴、櫻桃皆同。　又（四月）扦移橙、橘、枇杷、梔子、薔薇、木香、荼蘼、菊花、寶相、玉堂春、剪春羅、櫻桃、石榴、瑞香。厭牡丹諸花。以上皆宜梅雨前二三日，以俟梅雨，無雨難活。　又（四月）斫楮皮，必此月，非此月研（斫）者必枯死，其次十二月亦可。　是月伐樹，不蛀。　又（五月）扦杉。先將地耕過，種芝麻一年。至芒種時，截杉樹上好嫩苗頭，一尺二三寸長，先用尖橛一把舂穴，勿翻轉原土，將苗插下一半，築實，離四五寸成行，排密則易長。每年耘鋤，勿離（雜）他木，待高與人齊，則不必鋤。　又（五月）梔子，帶花移可活，梅雨時插嫩枝易生。　又（六月）灌培橙、橘，以茅灰、羊糞壅，多實。埋核桃。【略】　又（六月）生荔枝臨熟時，摘入甕，澆蜜浸之，以油紙封固甕口，勿令摻水，可以致遠。又法。以新芭蕉截斷，連梗插上，亦佳。　又（七月）種桃法。伺桃熟時，牆角煖處，寬深爲坑，收濕牛糞納坑中，取好桃核數十個，尖頭向坑中，厚盖尺許，春深芽生，和泥移種。接杏最大，接李紅甘。先種核須刷洗過，縫中俱要潔淨，仍令處子艷妝種之，他日花麗嚴，而子離核。　又（七月）是月防霧傷棗。棗熟着霧，則多損，宜以檾麻或稭穰四散絓於樹上以避之。　是月宜剝棗。于橙、橘，不須澆糞。　又（八月）種木瓜，法與桃李同。秋社前後移栽，次年便結子，勝於春間栽者。又厭枝亦生，其狀如梨而長，皮光。生不堪食，摘浸醋中，一月方可食。　又（八月）脱果法。木生之果，是月間，以牛羊糞和土包其鶴膝，以紙包裹，麻縛緊密，以木撐住。常用水澆，任其發花結實。明年夏，開一包視之，其根生，聽於梅雨截下，栽之。　又（八月）移栽櫻桃、枇杷、玫瑰、梧桐、梅樹、橙、橘、柑、柚、梔子、雜樹、桃、梅、杏、李、銀杏，此時皆可，即分接亦宜。　又（九月）凡一應花菓樹應移植者，宜於此月爲之。蓋樹漿收斂，不妨刪駁，氣候温和，便於澆蔭，且人工餘閒，前期寬緩，不似春初之逼促也。　又（十月）種桑。桑有地桑、條桑，是月可種於肥地。截其枝謂之稼，止留榦尺許，埋土内，露出寸許，培高泄水。墨其瘢，或覆以螺殼，或塗以蠟，或瀝清油煎封之，以防梅雨。糞其周圍，使根四達，若直溉其本，則聾死不活，如灌，亦以糞和水。二年而活。　又（十月）壑金橘、木瓜、海棠諸樹根上土。又宜月終，以稻艸裹樹身，絓定泥封，以糠秕壅根，勿令凍損。凡畏寒菓木皆然。　又（十月）芙蓉，是月間，將好嫩枝斫下，每枝尺餘長，削尖大頭。隨掘一溝，排密，將尖頭埋之，僅留一二寸在土外。覆土實之，仍蒙以稻艸，至來年二月取出。先以木樁打眼，然後插入，則不損皮，用杵築實。生根，當年有花。一云，不須埋條，只以稻艸灰盦收亦可。【略】　又（十月）梔子。是月選熟子，淘净晒乾。至春來三月畦種，覆灰土，如種茄法。次年三月移栽，第四年結實。　（十月）茉莉花于大江南北之地，不必入窖。只於向南房内，下以綿子裝桶，坐盆其中，覆上花根五寸許，上以篾籠罩之，紙糊不透風爲妙。每過旬日，用一竹筒插入綿子内，直至根處，以冷茶灌之。立夏後三日，方可去罩，漸漸移出。待芽發，和根取起，換土栽過，無不活者。如此收藏，多年可延。　又（十一月）冬至已後至臘盡，凡松、杉、檜、栢、杷、柳、榆、槐、棠、杜、櫨櫟等樹，雖本大土小，移植亦活，交春以後則不及也。但不可蔭水，恐其凍傷。　又（十一月）種核桃。是月揀核桃，殼光紋淺體重者作種。掘地二三寸，鋪瓦一片，入糞一勺，覆土踏實，水澆之。下凍裂殼，來春自生。下用瓦者，使無入地直根，好移栽也。　又（十二月）是月，松、檜、栢、杉，俱可移栽大樹，須廣留土，如一丈高者，留土二尺，樹遞高則土頭遞大。用艸繩纏束根土，記南北，運至栽處，深掘穴，先用水足，然後下樹，加乾土。將樹架起搖之，令土至根底皆遍，乃解繩實土，四圍築緊，然後澆水令足。俟乾，再加碎土寸餘，以防乾裂。勿令風入傷根，百株百活。　插柳宜立春之前。又云，二十四日插楊柳，不生蟲。若移大樹，先去其枝稍，大其根盤，沃以溝泥，無不活者。　檀樹。是月內，分樹傍小株種之即活。　又（十二月）種柿有七絶：一壽，二多陰，三無鳥巢，四無蟲，五霜葉可愛，六嘉實，七落葉肥大。是月下種，待長移栽肥地。接過則核少，三次則全無核。　又（十二月）壓桑。擇指大枝條旺相肥澤者，就馬蹄處擘下，潤土內開溝尺許埋實，自然生根布葉。壓後遇旱，於傍掘口溉之，但取水氣到即足，忌水多。　栽桑。宜掘深坑，潤二尺，卻于坑内以土糞和成泥漿，以桑根埋定，糞土壅培。微提起，使根舒暢，復用土壅與地平。次日築實，切勿動搖。此亦易生之物，逐月皆可栽，唯十一月栽即難活。　條桑，是月爲上，正月次之。蓋以炁脉未上，不損津液。科斫之法有四：一瀝水枝，下垂者，一刺身枝，向裏生者，一駢指枝，相並生者，一冗脞枝，亂叢生者。科斫如法，則來年葉盛。　又（十二月）澆桂樹。以是月撏猪湯淀清，候極冷澆之甚妙。説臘雪高壅於根，則來年不灌自茂。

元魯明善《農桑衣食撮要》　（二月）種銀杏　於肥地內用灰糞種之，候長成小樹。次年移栽時，連土，用草包或麻纏束，栽之則易活。　又（二月）插蒲萄：預先於去年冬間，截取藤枝旺者，約長三尺，埋窖於熟糞內。候春間樹木萌芽發時取出，看其芽生，以藤簽蘿蔔内栽之。埋二尺在土中，則生根，留三五寸在土外。候苗長，牽藤上架。根邊常以煮肉肥汁放冷澆灌，三日後以清水解之。天色乾旱，輕鋤根邊土，澆之。冬月用草包護，防霜凍損，二三月間皆可插栽。　又（二月）嫁樹：元日五更點火把照桑棗果木等樹，則無蟲。以刀斧班駁敲打樹身則結實，此謂之嫁樹。　移栽諸色果木樹：古人云：移樹無時，莫教樹知，多留宿土，記取南枝，宜寬深開掘，用少糞水和之成泥漿，根有宿土者栽於泥中，候水喫定，次日方用土覆蓋。根無宿土者深栽於泥中，輕提起樹根與地平，則根舒暢易得活。三四日後方可用水澆灌。上半月移栽則多實。宜愛護，勿令動搖。　騸諸色果木樹：　樹芽未生之時，於根傍掘土，須要寬深，尋纂心釘地根截去，留四邊亂根勿動，卻用土覆蓋築令實，則結果肥大，勝插接者，謂之騸樹。　移栽諸樹：自朔暨晦，可移松、栢、槐、榆等樹，二三月亦得。（二月）籤諸色菓木：揀好嫩枝條，籤於芋頭，或蘿蔔頭上。栽易活，腦上用箬葉包之。若籤諸般花枝，接頭亦得。　接諸般果木：熟地内打畦成行，用山桃子種，芽出長成小樹。次年分開，相離兩步栽一株。候二年，樹枝削去梢，將桃杏李諸般果木，接頭削尖，似馬耳尖樣。兩枝樹皮相合，着就用本色樹皮一片，長尺餘，闊三分，纏所接樹枝。用桑皮裹縛，以泥封之。輕攀枝梢，埋於地內，用木鉤釘之，土培接頭上，用草標記，以刺棘遮護，則易活。腰接驗其樹身大者，離地一尺，截作木砧，小者離地七八寸。截時須用細齒鋸截，鋸齒粗則傷樹皮。於砧相對側劈開，令深一寸。每砧對接兩枝，俱用兩樹皮相合，以黃泥封之。候活，待發出葉，去一枝弱者。若接梨或林檎，宜杜樹砧上接之。若接栗子，宜於櫟樹砧上插接之。　根接附地截去，劈開接頭，削尖插之，黃泥封固，用糞壅，以草標記，勿令他物動搖，頻澆水即活。　又（二月）栽桑樹：耕地宜熟，移栽時，行須用寬，横行闊八步，長行相離四步，對栽。桑行中間可用牛耕，故田不廢，桑不致荒。二月内移栽亦可，臘月亦得。【略】種舊椹：宜熟耕地，打成畦，以舊椹撒於畦中，常用水澆灌，候芽出時，如法愛護。冬間附地，割去其窠，用柴草薄蓋，以走火燒過，火大則傷根。糞草蓋。至春杷樓去糞草，用水澆灌。每一窠出芽數枝，留旺者一枝，餘枝削去。至秋長五六尺，來春可移於熟地内，相對作大寬行栽之。　修桑：削去枯枝及低小亂枝條，根傍開掘，用糞土培壅，與臘月同。此月不修理，則葉生遲而薄。　又（二月）種茶：宜斜坡、陰地、走水處，用糠與焦土種。每一圈可用六七十粒，覆土厚一寸。出時不要耘草，旱以米泔澆，常以小便，糞水或蠶沙壅之，水浸根必死。三年後可採茶，相離二尺種一叢。　又（二月）摘茶：略蒸，色小變，攤開，搧氣通，用手揉。以竹箬燒烟火氣焙乾，以箬葉收。諺云：茶是草，箬是寶。　又（三月）移石榴：葉未生時，用肥土於嫩枝條上，以席草包裹束縛。用水頻沃，自然生根葉，全截下栽之。用骨石之類覆壓則易活，或於盆内栽亦得。　又（三月）種枸杞：鋤肥熟地，作平畦，紐草稕如臂大。按：原本作細草稕如臂大稕字無考。《博聞録》載：種枸杞法，作紐草稕如臂大。《説文》：稕，束稈也。今並據改正。鋪填於畦中，以泥塗稕上，然後種子，用細土及牛糞覆，令勻。苗出頻澆之，春間嫩芽葉可作菜食。　又（三月）移梔子：帶花移易活，梅雨時，插嫩枝易生，根要鋤淨。　又（四月）收杏子：杏熟時收核，至秋冬間敲取仁，揀去山杏仁及雙仁有毒者，去尖皮，惟取極細，收貯食用。　又（五月）移竹：五月十三日謂之竹迷日，可用馬糞，和糠泥做漿栽之。切忌用腳踏推打，則次年便出笋。　又（五月）種桃、杏、李、梅、核：宜和肉於肥地内種，來年成小樹，帶土移栽。　又（五月）午日嫁棗：用斧於樹上班駁敲打遍，則結實肥大味美。　又（五月）斫桑：斫桑不可留觜角。比及夏至開條，根下可用糞或蠶沙培壅。此時不斫，則枝條來春不旺。收椹：椹子熟時摘取，以水淘過略曬乾便種。同二月法。或畦種之便生。即時多收椹子，以待來春種尤佳。收貯勿近濕壁牆邊，則浥損不生。　又（七月）栽木瓜：秋社前後移栽之，次年便結子，勝如春間栽。壓枝亦生。栽種與桃李法同。霜降後摘取。　又（七月）取漆：以斧斫跛其皮，用竹管承之，滴下則成漆。　又（八月）鋤竹園：以稻糠或麥糠壅，不可雜用，或添河泥蓋之。　又（八月）防霧傷棗：棗熟，着霧則多損。用縈麻散絟於樹枝上，則可辟霧氣。或用稭稈於樹上，四散絟縛亦得。　又（八月）收柿漆：每柿子一升，搗碎，用水半升，釀四五時，榨取漆，令乾。漆水再取亦得。可以供做繖者用度。　又（九月）寒露收茶子：熟時收子曬乾，以濕沙拌勻，筐内盛貯，用草蓋覆。凍損則不生，候來年二月間，依法種之。　又（十月）收栗：和殼收，用沙缸内盛頓。種時，揀大栗埋屋簷下，用糠沙蓋石壓，至二月移，以芽向下栽之。　又（十月）包裹木瓜、石榴諸般等樹：以穀草或稻草將樹身包裹，用草繩或縈麻絟定，泥封，以糠秕培壅其根，免致霜雪凍損。　又（十一月）種松、杉、檜、栢等樹：自冬至後至春社前皆可。　種之，則易得生活。　又（十一月）伐竹木：此月伐竹木，則不蛀而堅。　與七月間斫者同。　（十二月）栽桑：掘坑，深闊約二小尺，却於坑畔取土糞和成泥漿，將桑根埋定，再用糞土培壅，微將桑栽向上提起，則根舒暢，復用土壅與地平。次日築實，切不可動搖。其桑加倍榮旺，勝如春栽。　（十二月）修桑：削去小枝條，則枝葉茂盛。去其枯枝，則不荒。　搗磨乾桑葉：臘月内製者能消蠶熱病搗磨成麵，入潔净甕内收貯。飼蠶。餘剩者，可做牛料，甚美食之。

明　周文華《汝南圃史》卷一《月令》　栽植　正月九焦在辰　地火在巳　天地荒蕪在巳　元旦雞鳴時，以火把遍照一切果樹下，則無蟲災。辰刻將斧班駁敲樹，則結子不落，名曰嫁樹。此月栽樹爲上時，以磚石放李樹歧枝，多結實。凡栽果，上半月多子，忌南風火日。諸果樹宜削去低小亂枝。　下梅、桃核　銀杏　栗子　柑橘子次年分栽。【略】分李樹　木蘭【略】玫瑰　紫薇　金雀【略】臘梅　黃薔薇　半丈紅　繡李已上並雨水後胡桃　木樨　茶蘼　月季　寶相已上宜下旬　扦石榴　蒲萄　梔子　薔薇　木香　楊柳　杉木取嫩枝插芋頭或蘿蔔内，埋土，露枝三寸。長春　接梅、杏、桃、李　梨　林檎　棗　栗　柿　瑞香　海棠　木瓜宜壅狗糞　瑞香　花紅　繡毬　梔子　紫薇　西河柳　迎春　棣棠　佛見笑　金沙　木香　錦帶　長春　轉籬障　澆梅杏桃李　梨　林檎　壓山茶　杜鵑　木樨　桑　移梅杏桃李　石榴　櫻桃　花紅　銀杏　棗　栗　柑橘　山茶　壅石榴　梨　棗　栗　柿　海棠【略】二月九焦在丑　地火在午　天地荒蕪在酉　社日，以杵舂百果根則結子繁而不落，以祭社餘酒及羹潑諸果樹則多子。凡諸花木，遇旱只澆清水，切忌濃糞。移植亦忌南風（大）〔火〕日。石榴發嫩芽即掐去。　下松子　栢子　銀杏　梧桐子　椒子　茶子　榛子　松子　栗子【略】分壽李　石榴　花紅　紫荊　珍珠　玉簪　木筆　杜鵑　榆柳　玫瑰　山礬　虎刺　迎春　金雀　十姊妹【略】扦石榴　梨　葡萄插蘿蔔中栽　瑞香　芙蓉春分日　薔薇　槿樹　杉樹　桑樹　柳樹　西河柳俱春分前後【略】接梅杏桃李　枇杷　林擒春分日　銀杏　棗　栗　胡桃　柿俱春分前　橘　柑　香橼　山茶　西府海棠　木樨俱春分後　壓桑　移松　槐　梧桐　桑　栗【略】鋤橘地　整葡萄棚翦去小枝。天雨初晴，北風寒切，聚亂草煨之，少出烟氣，以拒嚴霜。　芟枇杷　澆林擒　橘柚　橙　壅櫻桃　葡萄用猪糞和土　橘樹　橙樹　木樨　椒樹用糞灰及細土覆根。　看梅杏白頭公吃，須令人驅逐半月乃可。　枸杞頭　收榆槐、桃柳桑皮煎湯，入鹽炒煆擦牙，宜春分日。　三月九焦在戌　地火在未　天地荒蕪在丑　寒食浸糯米做麵作藥，清明縛樹上，不生載毛。又清明子時，於樹上縛稻草一根，不生諸蟲。　下山茶　梔子　桐子　分松樹　石榴　櫻桃　花紅　棗樹　梔子　山丹　芙蓉　天竹　扦櫻桃　瑞香　薔薇　月季　接梅杏桃李　枇杷　楊梅　栗　橘　橙　繡毬　冬青　種梅、桃秧　白萼　山藥上旬【略】移石榴　楊梅　橘　橙　梔子　夾竹桃　桂　茶宜向陽地　椒【略】四月九焦在未　地火在未　天地荒蕪在申　此月伐木不蛀，小滿前後割蜜則蜂盛。【略】下枇杷核　栗子　柿核【略】扦茉莉芒種前後。　壓梔子亦可扦。　木樨亦可移。　薔薇　澆牡丹晴時　櫻桃落後糞水　落杏子　櫻桃　枇杷俱先令人看守　包梨　五月九焦在卯　地火在午　天地荒蕪在子　五日，收百草頭和陳石灰作刀瘡藥。午日稼棗，如元旦法。　移竹十三日爲竹醉日。　澆櫻桃半和水、糞。　柑橘黃梅内糞清水　桑樹夏至掘開根下用糞。　落梅子　李子。　收

菠菜子　竹籜。　芫荽　【略】　六月九焦在子，地火在巳，天地荒蕪在辰。　此月伐竹不蛀。　【略】　移茉莉。　鋤竹園地。　扎闌干、竹屏。　【略】　七月九焦在酉，地火在辰，天地荒蕪在亥。　辰日伐木不蛀。　下牡丹子、臘梅子、蜀葵。　【略】　澆木樨猪泥糞和水。　【略】　收棗、薄荷。三次　【略】　八月九焦在午，地火在卯，天地荒蕪在卯。　【略】　扦薔薇、木香俱秋分前，或壓亦可。　接桃樹、花紅、玉蘭。　【略】　移梅、杏、桃、李、櫻珠、枇杷、銀杏、橘樹、橙樹、梧桐、牡丹秋分前後、芍藥、木瓜、梔子、木樨。　【略】　落石榴、柿白露後。　收梧桐子、鳳仙子、金銀錢。　【略】　九月九焦在寅，地火在寅，天地荒蕪在未。　【略】　分櫻桃、芍藥、貼梗海棠、臘梅、八仙。　【略】　移枇杷、橘、橙、山茶、牡丹、芍藥、茉莉入室內蠟梅、麗春。　【略】　轉橘垛。　澆梅杏、桃李。　落石榴、梨、銀杏、栗、木瓜。　【略】　十月九焦在亥，地火在丑，天地荒蕪在寅。　分榔李櫻桃木筆。　【略】　移橘橙仲冬亦可、臘梅。　澆橙樹落後糞水。　壅竹園用稻管泥。若用河泥，必黃梅熱過者可壅。　【略】　收橘柚柑橙俱小雪前後、梔子。　【略】　藏夾竹桃、芙蓉條，斫長尺許，以濕稻穩，蓋向陽處。來春二月扦插。　葡萄藤截壯藤長三四尺，埋熟糞內。來春二月扦插。　包栗。　十一月九焦在申，地火在子，天地荒蕪在午。　冬至日，用糟水澆海棠根，來春花盛。　貯雪水埋地中，用浸諸色種子，耐寒且不生蟲，兼可醫治小兒熱毒。　取溝泥曬乾，篩淨，以待二三月盆中栽植。　【略】　十二月九焦在巳，地火在亥，天地荒蕪在戌。　貯臘雪取溝泥，一如前月之法。　【略】　扦石榴二十五、楊柳二十四日不蛀，宮柳、薔薇、佛見笑、十姊妹。　修桑。　札闌干、竹屏。六月亦可。非此兩月，則薔薇木香之類，皆生嫩條，不可動搖矣。　澆櫻桃、橘、橙和水濃糞、桑、牡丹狗糞壅亦妙、芍藥。　壅櫻桃、楊梅灰糞遶傍壅根。　以上非立春後則地脉未和，皆不可移動。惟扦柳宜于臘月即澆壅，大率濃糞爲佳。

明　李泰集《四時氣候》卷一　（正月）騸諸色果木樹，芽未生之時，於根傍掘土須要寬深，尋纂心釘地根截去，留四邊亂根勿動，却用土覆盖，築令實，則結果肥大，勝插接者，謂之騸樹。　栽桑樹，耕地宜熟。移栽時行須要寬，橫行闊八步，長行相離四步對栽。　桑行中間可用牛耕，故田不廢，桑不致荒。　移栽諸樹自朔暨晦可移松栢槐榆等樹。　種柳取弱柳枝，大如臂，長一尺半，燒下頭二三寸，埋之，用杵打實，常以水澆之。必數條俱生，留三四條茂者，削去枝稍，其枝必茂。或栽插者長五六尺亦得。　人家若種千樹，足可以供柴。　箕柳，去河邊及下地不堪種五穀之處，耕地數遍，刈取四五寸，漫撒栽之。常引水浸。至秋間收取，可爲簸箕、升斗用度。二月亦可插栽。

明　俞宗本《種樹書》　正月　九焦在辰　天火在子　地火在巳　元旦鷄鳴，以火照桑果無蟲。　辰日將斧駁斫樹，則結子不落。　此月栽樹爲上時。　以磚石放李樹（岐）〔歧〕枝，多結子。　凡栽果，上半月栽者，多結子。南風火日不可栽。　下茄瓜、天蘿子、薏苡仁，諸般花草。　扦楊柳、木香、長春、佛見笑、薔薇、石榴、梔子。　種松、桑、榆、柳、棗、葱、葵、韭、麻、椒、牛蒡子。竹，宜初二日。　種樹木，宜上旬。　木綿花、苦蕒、山藥、冬瓜。　接諸般花果，宜三十日。　移諸般花果樹。已上凡種時，並忌南風火日。　壠瓜地。　移桑樹，高樹，白桑，宜山岡地上牆邊籬畔種之。五月收桑椹，以水淘取略淨後，或畦種之。至冬間燒去梢，明年分開再種，一年後可移。若是矮短青桑，宜水鄉田土水畔種，於正二月用木鉤攀枝着地，以土壓之。明年正月，便可截斷種。每年兩次，用糞或蠶沙，添肥土。宜常鋤去草根，動浮根。樹下宜種蔬菜。依時修則葉茂，削去樹底小者死枝條。開根用糞土培壅。與十二月同。此月上旬不修理，則葉生遲而薄。　種蕈，取爛穀禾截斷埋於水地，圍草蓋。常以米泔澆之，則生。宜用丁開日采。　鋤耘麥，宜用此月，過此則失時。　秧芋，用已熟過糞灰，密排，就生芽。　栽葱、韭、薤，去鬚晒乾，疏行密排，用雞糞蓋。　修果木去低小亂枝條，勿令分力。　二月　九焦在丑　天火在卯　地火在午　此月丙申，埋諸般樹條則活。　下麻子、山藥。　扦芙蓉、石榴、木槿。　種槐、茶、莧、薤、木瓜、桐樹、決明、百合、胡麻子、黃精、竹、茄、瓜、枸杞、萱草、蒼朮、鳳仙、芭蕉、地栗、萵苣、茨菇、生菜。　芋宜雨後；葫芭、王瓜、冬瓜宜清明日中，每日以少糞水澆。分萄宜清明日。下蘿蔔宜六月六。烏頭，豌豆，甘蔗，茱萸宜社前。　移玉簪、石菊、山茶、山丹，桃、李、梅、棗、柑、柿，諸般花果，俱忌南風火日。　舒葡萄上架。　解樹上裹縛。　種椒：候椒十分熟，揀大者陰乾收子，不要手捻。包裹地內，來年此月初種。或當時種濕潤地內，以破草薦蓋上，用泥宜常潤，候生出芽，去薦棚，逐枝分開，以次年多種。用瓦屑、麻餅、糞灰，欹斜種之。二年換嫩條，方結實。　蛇來喫椒，宜種白芷。　或以髮纏樹根，種生菜亦得。　種茶宜斜坡陰地走水處，用糠與焦土種。每一圈用六七十粒，土厚一寸。　出時不要耘草，用米泔水並尿糞常澆，或蠶沙壅之。三年後采取。　壓桑條，濕土壓者條爛；燥土壓之易生根。　月内三卯，有則宜豆；無則宜早禾。　三月　九焦在戌　天火在午　地火在未　種緑豆、早豆、山藥、王瓜、早芝麻、匏瓠、胡蘆、梔子、地黄、藍青、絲瓜。甜瓜甜瓜用水淘子，以鹵水拌和澆壅。（匾）（扁）豆宜清明。芋宜近水。紫蘇在瓜畦上可遮日，得兩利。黄獨、荸薺、木棉、麻子、菱。　移椒、茄秧、芍藥、百合、剪金、茭白、枸杞、蒲上旬中。梔子帶花移則活，梅雨宜扦接梅杏。下豇豆穀雨前種。六月收子便種。八月生子又收一次。　收薺菜花。月内三卯有則宜豆；無則宜麥禾。　四月　九焦在木　天火在酉　地火在申　此月伐木不蛀。　下芝麻。　種夏蘿蔔、秠菜、椒、菘、大豆、紫蘇、晚王瓜、葵、（連）（蓮）、緑豆、白莧。　枇杷忌糞。荷根宜立夏前三日。麻宜夏至前十日。扦梔子、荼蘼、木香。　收蘿蔔子、蠶豆、葱子。　五月　九焦在卯　天火在子　地火在酉　下夏菘菜。　種晚大豆、菖蒲、晚（紅花）。　豆、香菜、桃、杏、梅核。種竹宜十三日，此日是竹醉日。　斬桑採後即斬，不可過夏至節，過則脂漿已上，根無力。忌西南風。　收菜子、大蒜、紅花、槐花、小麥、藍青、蒼耳、罌粟、蘿蔔子、苧麻。　收蠶種：揀簇上硬繭尖細緊小者是雄；圓慢厚大者是雌。收同時出者，卯時放對，未時摘。放子如環如堆者不可留。母蛾在上覆子者，三五日則氣足。用桑皮穿涼處，忌麻、苧、綿，烟熏日久。（若收種）（少）不（子）（仔）細，徒費力養蠶。　浸蠶種：以蒲殳柳、井水略去尿收掛。　月内三卯則宜大小豆，無則宜種早豆。　六月　九焦在子　天火在卯　地火在戌　種小蒜、冬葱、胡蘆、早蘿蔔宜初六日下。晚越瓜收子便種，宜糟。油麻宜上旬。夏松菜上旬種，中旬喫。收椒、紫蘇。斫苧麻抵節即斫，宜薄束，（小）（漚水）宜清，生熟（各）（合）宜。帶骨一斤，可取四兩。　澆甘蔗、柑、橘、橙。　鋤竹園地，苧麻地。　七月　九焦在酉　天火在午　地火在亥　種小蒜、葱、蒿菜、蘿蔔、赤豆、薑、蔓菁、早菜。　喬麥、胡蘿蔔菠菜宜下旬。芥菜宜立秋前。　收藏椒、紫蘇、瓜（種）、芙蓉葉。　八月　九焦在午　天火在酉　地火在子　種大蒜、罌粟、寒豆、生菜、苦蕒、苧麻、諸般菜、葱子、大麥、牡丹、芍藥、韭子、麗春、紅花秋分前後。椒、諸色菜子分作兩三次種，與蘿蔔同。　移早梅、木犀、橙、橘、枇杷、木香。　分牡丹、芍藥根，並諸色花果。　鋤竹園地。　九月　九焦在寅　天火在卯　地火在丑　種椒、茱萸、地黄、蠶豆、柹、蒜、芥菜、藏矮黄菜。　移山茶、臘梅、雜果木。　十月　九焦在亥　天火在卯　地火在寅　種大小豆、春菜、生菜、蘿蔔諸色菜。　接花果。　壓桑條。　澆灌花木。　收茶子、山藥子、桑葉、芋頭、冬瓜。　十一月　九焦在申　天火在午　地火在卯　種小麥、油菜、萵苣、桑、蘿蔔。　種移松、柏、檜。接木。夾籬。澆菜。伐竹木。收藏。　酓芙蓉條。　十二月　九焦在巳　天火在酉　地火在辰　種菊、松、花、樹、桑。大麥宜臘日。扦柳不生戴毛蟲。壓桑條、壓果樹。添桑土。墩牡丹皮。

明　江之源《百花藏譜·十二月百花木訣》　正月　扦插：地棠　梔子　錦帶　木香　紫薇　白薇　石榴　玫瑰　銀杏　金雀　櫻桃　西河柳　移植：木蘭　竹秧宜初二日茲月自朔暨晦雜樹可移，惟生菓實者及望而止，過望則少實矣。　接換：海棠　臘梅　梨子　柿樹　棗樹　梅樹　桃樹　李樹　杏樹　栗樹　黄薔薇以上宜雨水後。　壓條：杜鵑　白茶　木樨凡可扦者皆可壓條　下種：杏子　胡桃　早茄　薏苡　王瓜宜十三日。　澆灌：牡丹　瑞香　芍藥　梅樹　桃樹　杏樹　李樹　林檎凡草木花菓，俱用肥水澆。　培壅：石榴　海棠　梨樹　栗樹　棗樹凡可肥澆等樹，一切皆培壅之。　整頓：元旦雞鳴，將火遍燒一切果木，則無蟲侵之患。是日將斧駁樹皮，則結子不落。月内脩去一切菓木繁枝枯幹。　過貼：月内接換者皆可貼，但取菓相似意相似者尤佳。　凡栽果木宜上旬，南風火日不可栽種松桑榆柳棗，葱葵韮麻椒。竹宜初二日。　二月　分栽：萱花　紫荊　杜鵑　芭蕉　百合　菊花　竹秧　玫瑰　凌宵　迎春　薄荷　茴香　甘菊　苦菜　映山紅　甘露子　扦插：芙蓉　瑞香　梔子　柳枝　接換：木樨　香圓（櫞）　枇杷　柑子　海棠　楊梅　橙樹　橘樹　桃樹　梅樹　杏樹　李樹　梨樹　栗樹　紫丁香宜在春分前後。　下種：秋葵　鳳仙　金錢　山藥　枸杞　葫蘆　藕秧　王瓜　西瓜　十樣錦　老少年　落花生　茶子　決明子　剪春羅　剪秋羅　澆灌：牡丹　芍藥　瑞香　柑子　橙子　橘子　金彈　林檎可培壅，皆可澆。　培壅：木樨　蒲萄用猪糞和土壅。　整頓：社日杵春百菓樹根，則結子不落。　過貼：月内凡可扦可接者皆宜過貼。　三月　分栽：芙蓉　芭蕉　石榴　山藥　香芋　枸杞　紫萼　落花生　是月内有三卯宜種栗　移植：木樨　柑橘　荸薺　茭白　雞頭　芋艿　紫蘇　秋海棠　下種：鷄冠　紫草　綿花　生薑　赤豆　緑豆　整頓：菖蒲出窨剔去垢，無風處深水養之盆，安置房屋，不可缺水。山藥、橘根去盖，夾竹桃、瓜瓠、棕竹出室，虎刺見天。　過貼：玉蘭　石榴　夾竹桃用大竹管實秧内，肥泥灌之，二三年根滿，八月剪下種盆。　四月　分栽：石菖蒲　秋牡丹　翠長草　此月伐木

不蛀　移植：秋海棠　梔子　菊上盆　茉莉換盆　扦插：梔子　木香　錦葵　荼蘼宜雨中口　壓條：木樨　玉蝴蝶　玉繡毬　收種：罌粟子　莞荽子　蘿蔔子　摘實：枇苗　蒜苗　杏仁　整頓：素馨立夏日出窖，菖蒲十四日剪浄或分栽换盆，瑞香小滿日遮，下枇杷核，澆牡丹。　五月　分栽：水仙　素馨　紫蘭　竹宜十三日，謂竹醉日。　扦插：石榴　錦帶　月季　地棠　西河柳　收種：萱花　紅花　艾葉　金銀花　益母草　罌粟子　水仙根　六月　接换：櫻桃　桃樹　梨樹　下種：桃梅李杏，向陽處掘坑，澆糞于内，將核尖頭向上排定，再用糞土覆之。春發可移。臘梅七月亦可。澆甘蔗柑橙橘。鋤竹園地苧地。　七月　接换：海棠　林檎　小春桃　下種：罌粟　蜀葵　臘梅子　水仙猪泥糞澆。　澆灌：桂樹陰處可澆輕糞，和水三分之二，向陽減糞添水。　八月　分栽：芍藥　百合　山丹　水仙　木筆　石菊　海棠　玫瑰並宜在秋分後。　移植：牡丹　枇杷　早梅　丁香　枸杞　竹秧　根橘　木樨須帶雨栽活。以上亦宜秋分後。　扦插：諸色薔薇皆可扦插，雨中更妙。　接换：牡丹　海棠　小春桃　緑萼梅　澆灌：草宜肥，木不宜肥，雖白水亦不宜多澆。牡丹、瑞香、芍藥並宜猪糞。竹園宜用大麥糠或稻穗添河泥。　整頓：牡丹每枝有三四根，脩去餘者。菊加土。芍藥去舊梗。蘭换盆分栽。茉莉入窨。水仙遮護風霜。諸菓木待春移植。　九月　分栽：水仙　桃樹　楊梅　櫻桃俱霜降後。　芍藥　牡丹宜上旬　移植：臘梅　山茶　枇杷可分栽者皆可移植，俱霜降後。　整頓：芭蕉用稻草包梗，明春長盛有花。橘橙香圓(櫞)凡結菓樹，俱用草護，則來年多結。　十月　分栽：荼蘼　棣棠　寶相　錦帶　木香　海棠　牡丹　薔薇　芍藥　萱花俱宜上旬。　移置：蜀葵　柑子　橘子可分栽者皆可移置。　壓條：海棠　桑皮　下種：西瓜　茄子　瓠子　以上止两步外爲坑，坑底築平，以瓜子、大豆合十數枚，並下茄子。盖借豆起土故也。糞土覆之，至春瓜豆俱出，掐出豆苗，每坑留瓜四根，比春下者妙。　收種：枸杞子　芋艿　藏芙蓉條，斫長尺許，用稻草穩盖于向陽處，上盖細泥。來年二月取扦如前法。　澆灌：牡丹　水仙　山茶　楊梅　石榴　芍藥　枇杷　栗樹　柑子　橙橘落菓後用七分糞三分水澆之。　培壅：櫻桃肥土培之。苧牛馬糞培。　整頓：蘭花、菖蒲入窨，夾竹桃入煖室，虎刺入簷，菊入室。　十一月　分栽：臘梅　萵苣　桑樹　移植：□　栢　檜冬至後春社前移之易活。諸花果皆可移。　培壅：牡丹　石榴　芍藥　橘子　柑子　栗　梨　棗　柿俱培厚土。　下種：橙　橘　柑　整頓：荼蘼　薔薇芟去嫩條。木香芟去嫩條。瑞香見日不可見霜。　十二月　移植：山茶　玉梅　海棠　扦插：石榴廿五日妙。薔薇　月季　十姊妹　木香札欄杆，六月亦可，非两月内則薔薇、木香皆生嫩條，不成花矣。　整頓：伐竹木不蛀。晦夜用斧班駁雜斫則子繁不落，或以大石壓生菓樹丫中亦繁生不落。

明　江之源《百花藏譜·藏譜訣》　春初宜早除黄葉，夏旦常宜滿灌漿，秋季更宜沾雨露，冬須煖日避風霜。　春分最忌催花雨，夏畏凉漿熱似湯，秋怕水痕生垢膩，嚴冬更畏見風霜。

明　江之源《百花藏諸·四季訣》　春遲出，春分出窨。夏不惜，可剪二次。秋水深，秋則養之。冬藏密。十月後藏。

明　謝肇淛《五雜組》卷一〇　移花木江南多用臘月，因其歸根不知摇動也。《洛陽花木記》則謂秋社後，九月以前栽之。蓋過此沍寒，亦地氣不同耳。獨竹於盛暑烈日中移，得其法無不成長。蓋其堅貞之性，不獨耐寒亦足敵暑，如有德之士，貧賤不移，富貴不淫也。

明　王象晉《群芳譜·木譜》　《汜勝之書》乃曰：「種樹正月爲上時，二月爲中時，三月爲下時。夫節序有早晚，地氣有南北，物性有遲速，若必以時拘之，無乃不達物情乎。惟留宿土，記南枝，真種植家要法也。」

清　丁宜曾《農圃便覽》　正月。是月也，天氣下降，地氣上騰，陰陽和同，草木萌動。

又　（正月）剥松樹。

又　（正月）修諸果樹。去昨年新發明(萌)條子及低亂小枝，澆水培之。樹根四圍土俱刨鬆，勿荒蕪。

又　（二月）種梧桐。將子拌鋸末少許，或盆或地俱可種，上覆土末寸餘。時時澆灌，令土常濕。

又　（三月）插木芙蓉。先以硬棒打洞，入糞泥灌滿，然後插入。上露少許，勿傷損皮，上遮爛草。插木槿同。

又　（五月）芒種前後貼接花果。

又　（六月）收桑椹，水淘，少曬，畦種之。至冬，焚其頂，明年分植。

又　（六月）是月也，土潤溽暑，大雨時行，樹木方盛，勿有斬伐。

又（六月）葡萄取旺枝如指粗者，就原架下壓盆內，實以肥土，用冷肉汁或米泔水勤澆之，白露前後截下。

又（七月）伐木、修樹。

又（八月）核桃熟時摘下，漚爛皮肉，取核，用粗布袋盛，掛當風處，則不膩。留種者勿摘，俟其青皮裂，自落乃佳。

又（八月）用大柿去皮捻扁，日曬夜露至乾，納甕中，自生柿霜。食柿飲醇酒患心疼。

又（八月）採茴香、花椒。

又（八月）醂柿，用水一甕，置柿其中，數日即熟。或埋河沙水中，二日取食，更甜脆。與蟹同食，令腹疼。

又（九月）熟柿去蒂，入好麯末，蒸酒浸没，封口，來春取用。

又（九月）伐薪爲炭。

又（十月）裹樹頭，培花果根。

又（十月）種核桃，選殼光緻淺體重者，掘地二三寸，鋪瓦，加糞；上種核桃，覆土踏實，澆水。冬月凍裂殼，來春自生。下鋪瓦者，使無入地直根，好移栽也。

又（十月）種桃，淺則出，深則不生。喜向陽暖地。澆以水。

又（十月）種白果，須雌雄相望乃結實。雌者兩稜，雄者三稜。

又（十月）葡萄落浄葉，卸架，以潮潤土培根，修去繁枝，束成圈，上用草覆，不可露水。

又（十一月）培竹、樹、牡丹、芍藥。

又（十一月）修桑樹。陳眉公云：「桑必子月修方茂。」

又（立春）栽竹木花果，以地無老凍，自驚蟄至春分爲得時，若至三月，則太遲矣。凡樹栽深則不茂，最忌西南風及火日。望前栽，則茂而多實。擇晴明日，記南北。根無宿土者，掘深坑，以清糞水和土成泥，栽於泥中，輕提起，使樹根與地平，舒暢不拳屈。四圍用木架縛穩，勿令摇動。俟泥白背，再用水澆。有宿土者，先掘坑，加水飲足，然後下樹，覆土築實。澆水宜多，而不可頻，頻則根爛，上加浮土，免致乾裂。伏天栽樹，百無一活，不可不知二三月樹生新根，澆糞必死。

又（立春）修諸果樹，去昨年新發明條子，及低亂小枝，澆水，培之，樹根四圍土，俱刨鬆，勿荒蕪。

又（立春）插壓薔薇、月季、木槿。折枝連梢梀，插陰肥地內，築實，勿傷，皮外留寸許，長則瘁。凡插壓皆畏日喜陰。

又 雨水中，埋諸般樹枝皆可活。取直好枝，如拇大，長尺許，插大蘿蔔中埋之，頭勿出地太長。恐易瘁，勤澆之。剔諸果樹蟲。凡聚葉腐枝，皆蟲所穴，俱搜去。

又（雨水）種梧桐將子拌鉅末少許，或盆或地，俱可種，上覆土寸餘，時時澆灌，令土常濕。

又（驚蟄）栽各種子，俱於驚蟄後十日澆水，以糞蓋之。

又（驚蟄）插青楊。先挑溝，深尺許，以水飲足。次日，將青楊枝如棗栗者截段，竪埋之，勿顛倒，比地矮寸餘。俟芽出培之。白楊，移小者栽之。

又（驚蟄）插柳，先於坑中置蒜壹瓣，甘草壹寸，永不生蟲。常以水澆，必數條俱發。留好者三四株，削去梢枝，必茂；餘條削去。

又（驚蟄）扦花　以驚蟄爲上時，遲則難活。扦法：取木旁生小株可分者，先就連處分劈，用木片隔開，土培之，令各生根。次年移栽，勝於種核。

又（驚蟄）插梨。於驚蟄後五日，取旺相梨笲如拐樣，截其兩頭，火燒鐵烙定津脉，埋陰地即活。

又（春分）土接花果樹。擇晴明天氣，忌食腥酒。用鋸截斷元樹，以利刃於樹兩旁微啓小罅，深寸許。（却）（取）所接條約寸許，壹頭削作小篦子，先噙口中，以津液助其氣，納之罅中。要快捷緊密，須两皮相對。外用榆根皮搗爛封纏，覆以潤土，培養接頭，勿令見日透風。以棘護之。李接桃，實毛。梅接杏，實甘。

又（春分）海棠，綉毬等花，屈樹枝就地用木鈎攀釘堅牢，燥土壅起身半段，以熟土覆枝四五寸厚，露梢頭半段勿壅，以肥水澆灌區中。至梅雨時，枝葉仍茂，根已生矣。壓時，須枝附相連處斷其半，用土培固。次年新葉將萌，方斷連處。霜降後移栽，來春亦可。

又（春分）分紫薇、紫荊根旁小本栽之。

又（春分）去樹裹、苦葡萄草、苦花草，俱以漸去之。

又（春分）桂花移廳堂內，以漸出屋，恐上凍損葉。夾竹桃同。

又（春分）栽桑。擇初芽桑枝指大肥旺者，就馬蹄處劈下，潤土內開溝尺許，埋實，自生根。壓後遇旱，於旁開溝灌之。但取水氣到，忌多着水。

又　（清明）架葡萄。

又　（穀雨）種松，先將荒地鎊去草根，用碌碡壓極實。再耬溝下種，覆以糞土。畦上搭矮棚蔽日。旱則頻澆，常須濕潤。芽出土後，棚漸墊高，四圍籬護之，免爲蝦蟆所食。種柏亦同，但不用荒地，亦不用碡壓。俱在立夏前三日。

又　（立夏）茉莉立夏前方可去罩。盆中週圍去土一層，填以肥土，用水澆灌。入夏後三日，方可移出露天。最怕春風。

又　（立夏）（插）夾竹桃嫩枝，以大竹筒分兩瓣，合之；實以肥泥。朝夕灌水，月餘便生白根。兩月後即可剪下另栽。栽後用竹幫扶，勿致摇動。兩月後，新根紮土，便不復用。

又　（立夏）此後竹出笋，禁人入園。將竹内桑條除净，恐捋採者踏笋也。

又　（立夏）採松花，遲則落。

又　（小滿）扳木香條入土，木鈎釘住，泥壅壹叚，月餘生根。將本生枝少剪斷，仍留壹半，次年移栽。

又　（小滿）收桑椹，水淘，少曬，畦種之。至冬焚其頂，明年分植。

又　（夏至）香椿，自此勿擘。

又　（夏至）培桑。開掘桑根，以糞壅之。

又　（處暑）核桃熟時摘下，漚爛皮肉，取核用麄布袋盛，掛當風處，則不膩，留種者勿摘，俟其青皮裂，自落乃佳。

又　（秋分）收桐子曬乾，用時微炒，布包少許，磚地上輕輕板之，簡出仁。未破者再板，陸續收取。

又　（秋分）移木瓜、貼梗海棠、蠟梅。

又　（寒露）收松柏子，過時則零落，又易生蛀。各貯曬。籠開子出，覆以絡紗，免爲雀食。見霜則不生。

又　（寒露）移竹、培竹、培葱花。

又　（霜降）百果遇霜，花則不結實。

又　（立冬）種出小柏樹，畦四圍，用秫稭夾籬，中撒麥糠與梢齊。

又　（立冬）修諸果樹繁枝，澆水培之。

又　（立冬）石榴、梔子俱用苫圍。

清　陳淏子《花鏡·花曆新裁·正月占驗》　九焦在辰，天火在子，地火在戌，荒蕪在巳。以上四日所當忌者，每月須當查看。（立春日）晴明少雲，歲熟。陰則蟲傷禾。風從乾來，屬西北方。主暴霜殺物。坎來，北方。主大寒。震來，東方。有暴雷。巽來，東南。多蟲災。離來，南方。旱傷萬物。風來沖方西南。爲逆氣，主寒。六月有大水，無風人安物倍。赤雲在東方，主春旱。黑雲，春多雨水。赤雲在南方，主夏旱。虹見正東，春多雨，夏有火災，秋多水。下雨，主水。雪先春一日，年豐。（元旦日）值丙，主四月旱。值戊，主春旱四十五日。值巳癸，多風雨。值辛，主旱。歲朝東北風，主年豐。西北風，大水。四方有黄雲，主熟。青，主蝗。赤，主旱。東井有雲，歲澇。雨，主春旱。虹見，多旱。霞，主蝗蟲，果蔬盛。天有青氣，主蝗。赤氣，旱。黑氣，水。霜，主七月旱。有雹，人多疾。雷鳴，主七月有霜。霧，主大水，桑賤。大雪年豐，主秋水。（二日）值甲，爲上歲。（三日）得卯，主大水。得辰，晴雨勻，晴明，主上下安，月暈，所宿地小熟。風從東南來，旱。西北，水。（四日）值甲，爲中歲。（五日）值甲，爲下歲，得卯，主大水。得辰，稔。晴明，人安。雨，田地有收，蠶不收。霧大，傷穀。（六日）得辰，大稔。晴明，主大熟。（七日）得卯，春澇。得辰，水。得酉，中歲。晴明，主人安。風雨多，草木災。（八日）得卯，春澇，主全收。得辰，先旱後水。晴暖，宜穀，高田熟。雲掩月，春雨多。是日不見參星，月半看見紅燈，蜀俗以是日踏青。（九日）得辰，主仲夏水災。（十日）得辰，主水。月暈，主大旱。（一二日）得辰，主冬大雪。得酉，大熱。月暈，主飛蟲多死，大冷。（上元日）晴，主三春少雨，百果熟。風吹上元燈，主寒食雨。有霧，主水。雨打上元燈，主秋無收。一法：夜豎一丈竿，候月午影，六七尺，稔。若八九尺，主水。三五尺，必旱。（雨水日）陰多，主水少。高下並吉。（十六）夜晴，主旱。風起西北最良。雨，主歲全收。（十七）爲秋收日。晴，主秋成，百花蕃茂。晦日，有風雨，歲惡。　凡月内有三亥，主大水。日暈丙丁，主旱。戊己，水。庚辛，兵。壬癸，江河決溢。上旬月一暈，主樹木生蟲。二暈，禾穀蟲。三暈，主雷震物。暈多至六七，路多死人。廿三廿四日暈，五穀不成。廿五日暈，梟貴，春雪多。應在一百二十日有大水。

清　陳淏子《花鏡·花曆新裁·正月事宜》　辰御勾芒，木道升於初震。歲推更始，履端造於獻春。繫七十二候之初，二十四番之首。是月也，魚負冰，候雁北，甌蘭芳，瑞香烈，櫻桃將葩，楊柳欲荑，望春先放，百卉發萌，萬花時育，正園主人所當着意之秋也。因輯事宜十條於後，以便園丁從事，豈曰小補之哉。　分栽：木蘭、金雀兒。　移植：松、山茶、楊柳、瑞香、迎春、木蘭、牡丹、蜀葵、桃、梅、李、木香、杏、棣棠、紅花。　扦插：長春、薔薇、錦帶、梔子、葡萄、棣棠花、紫薇、白薇、木香、迎春、石榴、佛見笑、金沙、櫻桃、銀杏、楊柳、素馨、西河柳、玫瑰、菊、珍珠珮。　接换諸般花果，皆可接换：蠟梅、瑞香、海棠、梨、繡球、林檎、柿、木瓜、桃、榠楂、梅、薔薇、杏、李、半杖紅。以上並宜雨水後。寶相、月季、荼蘼、木樨。以上宜中旬。胡桃、橙、橘、桑。以上宜下旬。　壓條凡可扦插者，皆可壓條：杜鵑、山茶、木樨、桑。　下種諸般花子皆可下。松子、杏子、胡桃、榛子、枳殼、山藥、薏苡、橙、橘。次年分栽。萵苣、枸橘。　收種：無。　澆灌凡草木花果，皆可澆肥：牡丹、芍藥、瑞香、林檎、杏、茉莉、略潤。梅、桃、李、梨、葵。　培壅：石榴、梨、海棠、棗、林檎、櫻桃、柿、栗。　整頓：稼樹，元旦早。修剪諸樹枝條，紮花架，蓋葺牆垣，修池塘岸，整理器具，燒荒草，凡屬種植地澆糞，耕鋤地熟候用。

清　陳淏子《花鏡・花曆新栽・二月占驗》　九焦在丑，天火在卯，地火在西，荒蕪在酉。（春分日）天晴煗熱，萬物不成。月無光，有災。風從乾來，多寒。艮來，東北，主水暴出。巽來，草木生蟲，主四月暴寒。離來，主五月先水後旱。坤來，多水。兑來，西方。爲逆氣，主春寒。有青雲，年豐。有霜，主旱。（朔日）值春分，主歲歉。值驚蟄，主蝗火。有風雨，主人災歲歉。（二日）見冰，主旱。閩俗以是日爲踏青節。（八日）東南風，主水。西北風，主旱。夜雨，桑柘貴。（十二）爲花朝。天晴，百果實。最忌夜雨，若得是收晴，一年晴雨調匀。（十三）爲收花日，亦須晴明。（花朝）一云十五，又爲勸農之日。晴明，主百花有成。風雨，主歲歉。月無光，有災異。　凡月内值月蝕，粟賤人饑，虹多見於東，主秋米貴。見於西，主絲貴人災。有霜，主旱。（社日）立春後五戊爲社。社在春分前，主年豐。在春分後，年惡，社日晴明，草木蕃茂，六畜大旺。略有微雨不妨。

清　陳淏子《花鏡・花曆新栽・二月事宜》　花明麗日，光浮竇氏之機；鳥弄芳園，韻叶王喬之管。飄香墮罥，擔風吞宿蝶之花。徙影流衣，握月卧聽鸝之酒。是月也，玄鳥至，倉庚鳴，桃始夭，李方白，玉蘭解，紫荆繁，梨花溶，杏花飾其靨，正花之候也。　分栽：紫荆、凌霄、山礬、萱草、迎春、笑靨花、玫瑰、杜鵑、石榴、芭蕉、甘菊、映山紅、百合、木瓜、榆、木筆、茴香、珍珠珮、木槿、栗、玉簪、山丹、菊秧、金雀兒、石竹、菖蒲、蜀葵、虎刺、茨菰、十姊妹、甌蘭、壽李、錦帶、柳、竹秧、甘露子。　移植餘同正月：銀杏、桃、海棠、杏、葡萄、雪梅堆、芙蓉、玉簪、李、蜀葵、棗、山茶花、梧桐、栗、萱草、槐、蔓菁、蓖麻子、荼蘼、茱萸、桑、漆、椒。　扦插：梔子、瑞香、葡萄、梨、石榴、西河柳、木槿、芙蓉。春分日扦，妙。　接换皆宜春分前後，凡可接者，亦可過貼：香櫞、橘、香橙、金柑、柚、紫丁香、沙柑、銀杏、桃、梅、楊梅、林檎，宜春分日。石榴、李、枇杷、海棠、胡桃、紫荆花、大笑、榅桲、棗、柿，春分前。栗、木樨，宜春分後。桑秧、梨、山茶。　壓條：松、榛、栗、茶、枳、枸杞、榆、槐、椒、楮、桑、葡萄、梧桐。　下種：金錢、鳳仙、黄葵、茶子、山藥、曼陀子、松子、榛子、枳子、楮子、桐子、草决明、槐子、榆莢、茴香、椒核、雞冠、十樣錦、藕秧、花紅、胡麻、銀杏、紫蘇、老少年、麗春、紅花、桑椹、芝麻、皂莢、雁來黄、金雀花、剪春羅、剪秋紗、棉花、千日紅、秋海棠。　收種：無。　澆灌凡可培壅者，皆可澆灌。　牡丹、芍藥、瑞香、柑、橘、林檎、橙、柚。　培壅：木樨、葡萄，皆宜用猪糞土。橘、橙、櫻桃、椒，皆宜糞灰及細土和，覆根。荷花。宜菜餅成麻餅屑壅。　整頓：整葡萄架，扶條幹上棚。修溝渠，築牆垣，去樹裏草。遇社日，以杵舂百果樹下，結實不落。凡諸草木茂而不實者，以祭餘酒灑之即生。社日若芸草捉蟲則不生。

清　陳淏子《花鏡・花曆新栽・三月占驗》　九焦在戌，天火在午，地火在申，荒蕪在丑。（清明日）喜晴，雨則百果損。西南風發，損桑。雷鳴，主麥虚。（朔日）值清明，草木茂。值穀雨，年豐。風雨，草木多蟲傷。雷鳴，主旱。（三日）晴，主桑葉貴。雨，宜蠶。主水旱不時。有雷電，小麥貴。見霜，大冷。（四日）雨，主澇。（六日）大壞牆屋。（七日）南風，主歲歉。雨，主决損堤防。（十一）麥生日，宜晴。（穀雨）前一日有霜，主歲旱。（十六）是日爲黄姑浸種日，不宜起風，若有西南風，主大旱。（晦日）有雨，麥不熟。　凡月内有三卯，宜豆。無，則麥不收。值日蝕，絲米貴，風不衰，主九月霜不降。雲甚厚重，主暴雨將至。暴雨至，名桃花水，主梅雨必多，須料理畏濕花木。電多，歲稔。雪經三日不消，主九月霜不降，歲荒。

清　陳淏子《花鏡・花曆新栽・三月事宜》　景逼三春，氣臨節變。金谷芳塘，無非繡譜。草茵花綺，盡成香國。繁紅鬧紫，相映踏青之履。燕蹴鶯翻，亂點玉人之額。是月也，鳴鳩拂其羽，戴勝降於桑，薔薇蔓，棣萼韡，木筆書空，海棠朝睡，柳絮化萍，雪球解落，花之盛也。　分栽：銀杏、葡萄、櫻桃、石榴、剪金、南天竹、望仙、梔子、玫瑰、罌粟、栗、孩兒菊、松、枸杞、芙蓉、芭蕉、石竹、剪秋紗、山丹、百合、玉簪、杏、決明、紅鉢盂、菊、清明後。箬蘭、棗、藕秧、碧蘆。　移植凡可分栽者，皆可移植：石榴、木樨、冬青、薔薇、木槿、夾竹桃、枇杷、槐、菖蒲、檜、梧桐、醒頭香、芍藥、茱萸、橘、梔子、橙、秋海棠、梨、椒、木香、柑、芙蓉、茶、宜向陽之地。楊梅、木瓜、茨、紫蘇、菱花。　扦插：葡萄、瑞香、薔薇、櫻桃、月季。　接換：梅、杏接佳桃不久。杏、梅接更宜。柿、桃接。桃、梅接。李、桃接。玉蘭、木筆接。栗、桐接。橘、橙、香櫞、柑、楊梅、枇杷、棗、繡球、冬青。　壓條：石榴、梔子、梧桐、茶條、木棉、夾竹桃。　下種：梧桐、梔子、鳳仙、鷄冠、紫草、十樣錦、木棉、紅蓼、山茶、皂角、紅花、小茴香。　收種：櫻桃、榆莢、金雀。　澆灌：凡木並蔬草之未發萌者，皆可澆肥。如已發萌，則不可澆肥。若土燥，只宜清水。　培壅附過貼三種，其法詳十八法內：石榴、玉蘭、夾竹桃，俱宜過貼。萵苣、苧麻。俱宜壅肥土。　整頓：建蘭，出窖，菖蒲，出窖後日添水。橘、橙，俱去裹草。水竹、茉莉、虎刺、天棘、鬧山，俱方出露天，收蠶沙、開溝渠。

清　陳淏子《花鏡·花曆新裁·四月占驗》　九焦在未，天火在酉，地火在辛，荒蕪在申。　（立夏日）天晴，主旱。日暈，主水。有雨，吉。有風，主熱。風從乾來，主霜。坎來，多雨。地動，魚蝦廣。艮來，山崩地動。離來，夏旱。坤來，人不安，草木傷。兑來，有蝗。南方有雲，年豐，虹出正南，貫離位，主旱，有火災。有露，主桑貴。　（朔日）值立夏，主地動，人不安。值小滿，草木災。晴明，歲豐。晴太燠，主旱。日生暈，主水。風，主熱，有重種兩禾之患。大風雨，主大水。（四日）稻生日，宜晴。（八日）夜雨，果實少。（十三）有雨，麥不收。（十四）晴，主歲稔。東南風，吉。　（小滿）有雨，主歲大熱。（十六）宜雨。如日月對照，主秋旱。月上早，色紅，主大旱。遲而白，主水。（二十）俗名爲小分龍日，晴則分嬾龍，主旱。雨則分健龍。主水。一云：二十八日方是。東南風發，謂之烏兒風信，主熱。　凡月内有三卯，宜麻。日暈逢壬癸，主江河決溢。大寒，主旱。諺云：「黄梅寒，井底乾。」

清　陳淏子《花鏡·花曆新裁·四月事宜》　炎氛扇夏，草欲迎涼。丙日烘天，蓮思脱火。篁新籜解，櫻薦盤登。綠暗紅稀，羣芳歛艷。是月也，螻蟈鳴，蚯蚓出，牡丹王，芍藥相於階。罌粟秋，木香升於上，杜鵑啼血，荼蘼香夢，花事闌也。　分栽：松、柏、菊、椒、菖蒲、瑞香、畏梅水浸。秋芍藥、麥門冬。　移植：梔子、帶雨。秋海棠、帶子。菖蒲、櫻桃、枇杷、翠雲草、荷秧。宜立夏前三日，須扶葉出水立。　扦插：石榴、芙蓉、荼蘼、梔子、木香、櫻桃，須雨天。錦葵、茉莉。宜芒種前後。　接換：無。　壓條：木樨、紫笑、繡球、梔子、可扦。薔薇、玉蝴蝶。　下種：枇杷、杏子、槐莢、椒核、鷄冠、紅豆、芝麻、粟子、柿核、菱、芡。俱宜上旬。　收種：罌粟子、紅花子、桑椹、芫荽子、諸菜子。　澆灌：櫻桃、摘實後宜澆肥。諸色草花。皆宜澆肥水。　培壅：無。　整頓：茉莉，如本長大，須換大盆。梨、箬葉包。素馨，出窖。剪菖蒲，宜初八日，或十四亦可。斫竹，不蛀。理蠶砂。

清　陳淏子《花鏡·花曆新裁·五月占驗》　九焦在卯，天火在子，地火在酉，荒蕪在巳。　（芒種）天晴，主歲稔。宜雨，即黄梅雨，但須遲。半月内不宜有雷。　（朔日）值芒種，六畜災。值夏至，冬米貴。晴日，主年豐。雨，主歉。初旬内大風不雨，主大旱。吴楚以芒種後逢丙巳進梅，小暑逢未日出梅，閩人又以壬日進梅，辰日出梅。梅雨中冬青花開，主旱。俗云冬青花不落濕地，故主旱也。（二日）雨，井泉枯。（三日）雨，主水。　（端午）天晴，主水。月無光，主旱，有火災。雨，主絲綿貴，來年熟。霧，主大水。雹，主禽獸死，草木傷。（十一）得辰，主五穀不收。　（夏至）在端午前，主雨水調。在末旬，大歉。日暈，主大水。是夜天河中星密，有雨。星疎，雨多。風從乾來，大寒。坎來，寒暑不時，山水暴發。艮來，湧泉出崩。巽來，主九月風落草木。坤來，主六月有横流水。兑來，秋有寒霜。夏至雨謂之淋時雨，主久雨。後半月名三時。首三日爲頭時，次五日爲中時，後七日爲末時。風發在中時前二日，大凶。有霜，主久雨。十日後雷名送時雷，主久旱。有雲，三伏必熱。是日巳時，東南有青氣，年豐。無，則應在十月有災。（二十）爲大分龍日。占同小分龍，次日有雨，年豐。（三十）不雨，主人多疾。凡月内逢月蝕，主旱。砲車雲起，主暴風拔木。上辰上巳雨，主蝗災。夏至後四十六日内，虹出西南貫坤位，主水，及蝗災，魚少。雷不鳴。主五穀減半。

清　陳淏子《花鏡·花曆新裁·五月事宜》　芙蕖泛水，艷如越女之顋。蘋藻飄風，影亂秦臺之鏡。榴火烘天，葵心傾日。能不畏炎而獨麗者，猶賴有此耳。是月也，鹿角解鵙始鳴，錦葵鮮，山丹赬，簷蒲有香，夜合始交，萱北鄉，花之傑也。　分栽：茉莉、素馨、紫蘭、菖蒲、竹、十三爲竹醉日。香藤。　移植：櫻桃、枇杷、棠棣、橙、香櫞、剪春羅、石榴、瑞香、花紅、金橘、山丹、西河柳。　扦插：木香、荼蘼、棣棠、石榴、橘、簷葡萄、長春、薔薇、錦帶、寶相、月季、珍珠佩、西河柳。　接換：無。　壓條：槐、杏、桃、李、梅、桑。　下種：梅核、桃核、杏核、李核、槐子、芝麻、紅花、桑椹。　收種：罌粟、木棉、杏、梅、桃、水仙根、林檎、槐、藍靛、百草頭。俱宜端午日收。　澆灌凡樹木久旱，止宜清水澆，惟草花宜澆輕肥。　櫻桃、輕肥。茉莉、肥糞。桑、柑、橘。黄梅内略用糞清。　培壅：不宜。　整頓：木竹、鬧山、宜棚護醋日。嫁棗、五日午時。修桑、除草，紮檜柏屏風，端午五鼓，以斧斫諸果木數下，結實多。

清　陳淏子《花鏡·花曆新裁·六月占驗》　九焦在子，天火在卯，地火在巳，荒蕪在辰。　（小暑日）東南風，兼有白雲成塊，主有舶艎。風半月發，必大旱。　（朔日）值夏至，大荒。值小暑，大水。值大暑，人病。得甲，饑。西南風，主蟲傷百卉。雨，主熟。　（三日）晴，主旱，草枯。霧，大熱。（六日）晴，主有收。雨，主秋水。（晦日）值立秋，早稻遲，南風，主蟲災。不雨，人多疾。　凡月内逢日月蝕，主旱。三伏内有西北風，主冬月有冰堅，天氣涼，則五穀不結。虹屢見，主米麻貴。電夜見南方，主久晴。見北方，主即雨。七月亦然。

清　陳淏子《花鏡·花曆新裁·六月事宜》　螢飛腐草，光浮帳裏之書。蟬噪涼柯，影入機中之髩。葉老花殘，蜂愁蝶怨。是月也，鷹始摯，蟋蟀鳴，桐花馥，菡萏爲蓮，茉莉來賓，凌霄發，鳳仙降於庭，鷄冠環户，花皆息也。　分栽：不宜。　移植：茉莉、素馨、蜀葵、林檎。　扦插：不宜。　接換：櫻桃、梨、桃。並宜下旬。　壓條：不宜。　下種：梅核、杏核、桃核、李核、蔓菁、葵、水仙。取根葡和土日曬半月後，任意區種，畦種或盆種，俱用肥土覆蓋。酒糟和水，澆花必盛。　收種：洛陽花、桃、林檎、花椒、剪春羅。　澆灌凡草類可澆輕肥水：牡丹、芍藥、林檎、桃、柑、橘，宜清水。茉莉，肥水。菊，宜輕肥水。堦前草。　培壅：橘、橙、香櫞、麥門冬。　整頓：鋤一切花木地，竹地更要緊。紮花屏。　是月伐竹，不蛀。

清　陳淏子《花鏡·花曆新裁·七月占驗》　九焦在酉，天火在午，地火在辰，荒蕪在亥。　（立秋日）晴，主萬卉少成實。風涼，吉。熱，主來年災旱。秋天雲興，若無風，則無雨。風從乾來，暴寒多雨。坎來，冬多雨雪。震來，秋多暴雨，草木再榮。巽來，凶。離來，旱。坤來，有收成。兑來，秋多濃霜。西方有雲，微雨，吉。西南黄雲如羣羊，坤氣至也，主五穀果蔬有成。黑雲相雜，宜桑麻，如無此氣，主歲多霜。赤雲，主來年旱，西南有赤雲，宜粟，秋後四十六日内，虹出正西貫兑位，主旱，雷損晚禾。　（朔日）值立秋，處暑，人多疾。月蝕，主旱。虹見，主田不收。有霜，損晚禾。（三日）有霧，主年豐，草木榮盛。　（七夕）有雨，名洗車水，吉。（八日）得滿斗，主秋成。　（處暑日）雨不通，白露枉用工，有雨，主熟。（十六）月上早，熟。月上遲，秋雨至。有雨，主來歲荒。是日名爲洗鉢雨，僧家四月十五結夏上堂，七月十五解夏散堂，十六洗鉢有雨，便知下年必荒。停堂，甚驗。凡月内值日月蝕，主人災。水大，日常無光，主蟲災。有三卯，主大熟。雨小，吉，雨大，傷穀。

清　陳淏子《花鏡·花曆新裁·七月事宜》　商風警葉，滿林疑落木之聲。大火西流，四壁起素娥之影。巧遺仙縷，慧乞蛛絲。是月也，寒蟬鳴，鷹祭鳥，玉簪搔頭，紫薇浸月，木槿朝榮，梧桐葉墮，蓼花紅，菱乃實，花之暮也。　分栽　移植　扦插　壓條　培壅：俱不宜。　接換：海棠、林檎、春桃、寒毬、棠梨。　下種：蜀葵、望仙、苜蓿、臘梅子、水仙。猪糞和泥種。　收種：蓮子、芡實、松子、柏子、黄葵、紫蘇子、龍眼、胡桃、楮實、茴香、棗子。　澆灌凡草類皆宜輕肥，獨橘橙不可澆糞。　木樨。陰處可澆猪糞和水三分之二，陽處添水減糞。　整頓：菊叢、剪菖蒲，宜十四。刈草，是月鋤地，最能殺草。伐竹木。宜辰日。

清　陳淏子《花鏡·花曆新裁·八月占驗》　九焦在午，天火在酉，地火在卯，荒蕪在卯。　（白露日）天晴，多蝗蟲。雨，損草木。此日名天收日，若納音屬火，主蟲多物損。　（朔日）值白露，主果穀不登。值秋分，主物貴。晴，主連冬旱。有雨，宜種麥。大風雨，人不安。南風，禾熟。（十一）半晴，吉。是日看水淺深，可卜來年水旱。（中秋）晴，主來年大水。無月，蚌無胎，蕎麥無實。月有光，主兔多，魚少。雨，主來年低田熟，上元無燈。　（秋分日）天晴，主有收。微雨或陰天。最吉，來年大熟。風從乾來，主下年陰雨。坎來，多寒。艮來，風急，主十二月陰寒。震來，爲逆氣，百花虚發。巽來，主十月多暴氣。離來，歲惡。兑來，大熟。酉時四方有白雲，主大稔，黑雲相雜，宜麻豆。赤雲，主來年旱。秋分後四十六日，虹出西北貫乾位，多水，主虎傷人。有霜，主人多病。（十八）爲潮生日，前後必有大雨，名横港水。凡月内日蝕，人多瘡疥。月蝕，主饑，魚鹽貴，人災。有三卯三庚，低處草木盛，浮雲不歸。二月雷不行，是月不宜聞雷。有雷雪，多病人。十三至二十三日，爲詹家天，最忌栽種。

清　陳淏子《花鏡·花曆新裁·八月事宜》　擊土鼓以迎寒，鈞天不耐。建幔亭而張宴，仙露將傾。四時開朗，莫過於浮槎問石。一年快事，端不許嫦娥笑人。是月也，鴻雁來，玄鳥逸，槐黄榮，桂香飄，斷腸始嬌，金錢夜擲，丁香紫，蘋沼白，花盡實也。　分栽俱宜秋分後：牡丹，宜秋分前。芍藥、山丹、佛龕、百合、南天竹、木瓜、石竹、木筆、玫瑰、蔓菁、貼梗海棠、水仙、石榴、櫻桃、紫荆、金燈、剪春羅。　移植：牡丹，秋分。木樨，宜雨。丁香、橘、枇杷、木香、枸杞、橙、木瓜、銀杏、桃、梧桐、李、梔子、杏、柑、梅、剪秋紗。　扦插：木香、薔薇，雨中諸色藤木者，皆可扦活，俱宜秋分前。　接換：牡丹、玉蘭、梨、緑萼、桃，各種。西府海棠。　壓條：玫瑰、木香。秋分前。　下種：罌粟、洛陽花、苜蓿，宜中秋夜。菱、芡，此二物取堅黑色者，撒池內，來歲自生。胡荽，晦日晚下。長春、麗春、石竹、萵苣、紅花。　收種：梧桐、石榴、秋葵、椒核、藍種、剪春羅、夜落金錢、鳳仙。　澆灌草類宜肥，木類忌肥，即清水亦不可多，如橙、橘、柑、柚更不宜澆：牡丹、芍藥、瑞香，俱宜猪糞。剪春羅。宜鷄屎。　培壅：竹、蘭。宜用大麥糠，或稻穗，添河泥壅。　整頓：牡丹，每枝留一二頭，餘盡去之。芍藥，去舊梗。蘘荷，月初踏其苗，否則不滋茂。蘭，可以換盆，亦可分栽。菊，宜加土。花竹科盆。白露後用簾遮。

清　陳淏子《花鏡·花曆新裁·九月占驗》　九焦在寅，天火在子，地火在巳，荒蕪在未。（朔日）值寒露，主冬大冷。值霜降，多雨，來歲稔。晴明，萬物不成。風雨，來年春旱，夏多水。微雨，吉。大雨，傷禾，虹見，主麻貴，人災。　（重陽日）晴，則冬至、元旦、上元、清明四日皆晴。東北風發，主來年豐。西北風，則來年歉。此日是雨歸路，有雨宜禾，又主來年熟。（十三）天晴，主一冬晴。月無光，主蟲傷草木。　凡月内日蝕，主饑疫。月蝕，牛馬災。月常無光，主蟲災，布帛貴。草木不凋，主來年三月傷壞。虹出西方。大小豆貴，有雹，牛馬不利。無霜，主來年三月多陰寒，草木皆傷。雷鳴，主穀大貴。

清　陳淏子《花鏡·花曆新裁·九月事宜》　重陽變序，節景窮秋。霜抱樹而擁柯，風拂林而下葉。金堤翠柳，帶星采以均調。紫塞蒼鴻，追霞光而結陣。是月也，豹祭獸，雀化蛤，菊始英，芙蓉冷，漢宮秋老，芰荷爲衣，橙橘登，山藥乳，諸實告成也。　分栽：蠟梅、櫻桃、萱草、桃、楊梅、柳，俱宜霜降後。牡丹、芍藥，上旬。菊、八仙、玫瑰、貼梗海棠、水仙。宜朔日。　移植凡可分栽者，皆可移：紫笑、枇杷、山茶、玫瑰、橙、橘，俱宜霜降後。竹，移諸果木，俱宜上旬。麗春。　扦插：不宜。　接換　壓條：俱不宜。　下種：罌粟，重陽。柿、水仙、紅花。月終。　收種：桐子、槐子、茶子、栗子、決明、老少年、金錢、蓖麻、鷄冠、薔薇、紫草、十樣錦、秋葵、木瓜、石榴、榧子、茱萸、秋海棠、梔子、枸杞、紫蘇、銀杏、梨、剪秋紗。　澆灌：牡丹、芍藥、林檎、木樨、梅、杏、桃、李、階前草。　培壅：不宜。　整頓：建蘭、茉莉，俱宜霜降後移暖窖。素馨、水仙，俱宜遮蔽置簷下。石榴、芭蕉、葡萄，俱宜用草包。去荷花缸内水，壅甘菊，耕肥地，修窨窖，諸果木轉垛者，待來春方可移栽。

清　陳淏子《花鏡·花曆新裁·十月占驗》　九焦在亥，天火在卯，地火在丑，荒蕪在寅。　（立冬）天晴，主冬暖魚多。風從乾來，歲豐。坎來，多霜。震來，深雪酷寒。巽來，冬温，來年夏旱。離來，次年五月大疫。坤來，水泛溢。雷震，萬物不成。立冬四十日内，虹出正北貫坎位，冬少雨，春多水災。冬三月虹見西方，有青雲覆之，春雨調和。白雲覆之，春多狂風。黑雲覆之，春多雨水。有霧，名沫露，主來年水大。　冬前霜早，禾好，冬後霜晚，禾有收。　（朔日）值立冬，有災異。值小雪，東風，米賤，西風，米貴。天晴，主冬晴。風雨，來年夏多旱。雷鳴，人災。（二日）雨，芝麻不實。（十五）月望，爲五風生日。此日有風，主終年風雨如期，謂之五風信。天晴，主暖。月蝕，主魚貴。（十六）天晴，主冬暖。南風三日，主有雪。雨，主寒。　凡月内日蝕，主冬旱。月蝕，秋穀魚鹽貴。月無光，六畜貴。有三卯，米價平。又一月無壬子，留寒待後春。雷鳴，人災。閩俗立冬後十日爲入液，至小雪爲出液，如液内雨，百蟲飲此而蟄，謂之定液雨。　液内有霧，主來年五月有大水。

清　陳淏子《花鏡·花曆新裁·十月事宜》　節届玄靈，鐘應陰律。寒雲拂岫，帶落葉以飄空；朔氣浮川，映岑樓而疊迥。簷前日暖，暄可護花。嶺上梅先，春堪贈友。是月也，雉入水爲蜃，芳草化爲薪。木葉解，苔蘚枯，蘆飛雪，朝菌歇，花復胎也。　分栽俱宜月初：長春、錦帶、牡丹、芍藥、笑靨、秋芍藥、櫻桃、木香、荼蘼、寶相、徘徊、棣棠花、海棠、薔薇、郁李、金萱、玫瑰、佛見笑、玉簪、天竹、水仙、木筆。　移植凡可分栽者，皆可移：金橘、脆橙、望仙、蜀葵、香櫞、黄柑、梅、菊、蠟梅。　扦插：不宜。接換：不宜。　壓條：貼梗、西府、垂絲。　下種：蔓菁、人參、五味子。　收種：石榴、茶子、枸杞、栗子、皂角、薏苡仁、槐子、椒核、決明、梔子、山藥、金燈。　澆灌：牡丹、芍藥、水仙、石榴、山茶、楊梅、枇杷、橘、菊、橙、柑、柚、香橼、栗。　培壅：櫻桃、肥土。茴香、凡畏寒花木，根主皆宜壅土。竹。　整頓：蘭花、菖蒲、俱入窖。夾竹桃、菊秧、虎刺、俱宜入室。水仙、笆泥圍，搭棚蓋，南向用門，日暖開曝。芙蓉、斫長尺餘段，以稻草蓋向陽土坑内，來春取插肥土。包裹一概畏寒樹木。

清　陳淏子《花鏡·花曆新裁·十一月占驗》　九焦在申，天火在午，地火在子，荒蕪在午。　（冬至日）天晴，主年内多雨，萬物不成。風寒，大吉。風從乾來，明年夏旱。艮來，新正多陰雨。震來，大雷雨不止。巽來，諸蟲害草木。離來，名賊風，人宜避之，吉。坤來，多水。兑來，多雨。冬至後四十六日内，虹出東北方貫艮位，主來春多旱，夏有火災。青雲北起，主歲熟人安。赤雲，主旱。黑雲，水。白雲，災。黄雲，大熟。無雲，歲惡。有露，主來年旱。有赤氣，主旱。黑氣，水。白氣，人多疾。雪大，來年熟。少，則來年旱。冬至前後有雪，主來年水多。（朔日）值冬至，主年荒。有風雨，宜麥。大雪，主來歲凶。（二三日）得壬，主旱。（四日）壬，大熟。（五日至八日）壬，主大水。（九日）壬，大熟。（十日）壬，少收。　凡月内日蝕，人畜俱災，米魚鹽貴。月蝕，米貴。有雷雨，來春米貴。雨多，主年内必晴。冬至後三辛爲入臘。

清　陳淏子《花鏡·花曆新裁·十一月事宜》　日往月來，灰移火變。鴻入漢而藏形，鶴臨橋而送語。彤雲垂回野之寒，霽雪開六花之瑞。鶡鳴不鳴，麋角始解。蕉花紅，枇杷蕊，松柏秀，荔梃出。剪綵時行，花信風至，皆是月事，花之終也。　分栽：蠟梅、蜀葵、茼苣。　移植：松、檜、柏、杉、桑、四時菊、果木。凡轉垛過者，冬至後春社前皆可移植。　扦插　接換　壓條　下種：俱不宜。　收種：橘子、橙子、柑子、香橼、梨子。埋菊秧，龕芙蓉條。　澆灌：牡丹　冬至日，澆糟水。海棠、亦宜糟水。諸色花木，皆宜澆肥，故不細載。　培壅先用肥灰麻餅壅起根高，再以水澆之：牡丹、芍藥、石榴、柑、橘、櫻桃、橙、柚、楊梅、瑞香、芙蓉、木香、栗、棗、椒、諸種竹、桑、階前草。　整頓：薔薇、芟。茶蘼、修。紫笑、避霜。木香、删細嫩條。瑞香、日曬避霜。伐竹木，酵溝泥，收牛馬糞。

清　陳淏子《花鏡·花曆新裁·十二月占驗》　九焦在巳，天火在酉，地火在亥，荒蕪在戌。　（小寒日）有風雨，主損六畜。　（朔日）值小寒，主白兔見祥。值大寒，虎傷人。有風雨，來春主旱。東風，主六畜災。　（大寒日）有風雨，主損鳥獸。（除夜）東北風，主來年大熟。夜犬吠，新年無疫。冷雨暴作，主來年六七月有横水泛溢。　凡月内有日月蝕，主來年水災。月常無光，主五穀貴。有霧，主來年旱。酉日起，尤驗。虹見，主黍穀貴。雷鳴，主來年旱澇不均。雪裏雷鳴，主陰雨百日。雨，主冬春連陰兩月。上酉日雪，主來年荒。冰後水長，主來年水。冰後水退，主來年旱。月内萌類不見，主來年五穀不實。柳眼青，主來年大熟，花果有成。下霧，主旱。

清　陳淏子《花鏡·花曆新裁·十二月事宜》　時值歲終，嚴風遞冷，苦霧添寒，冰堅漢帝之池，雪積袁安之宅。爆竹烘天，寒隨除夜去。屠蘇荅地，春逐百花來。是月也，雁北向，鵲始巢，蠟梅坼，茗花發，水仙負冰，梅蕊綻，寶珠灼，水澤腹堅。歲之終，花之始也。　分栽：水仙、桑。　移植諸般花木，俱可移：山茶、玉梅、海棠、楊柳。　扦插：月季、薔薇、石榴、宜廿五扦。十姊妹、楊柳、廿四扦，不生毛蟲。佛見笑。　接換：不宜。　壓條凡果樹可壓：木香、薔薇。　下種：松子、花紅、橘子、橙子、柑子、榮（橤）麻子、楮子。　收種：無。　澆灌凡一切花木，天氣時和，皆可澆肥：牡丹、狗糞亦妙。芍藥、俱用濃糞。櫻桃。　培壅：桑、添泥。牡丹、墩土。芍藥、橘、橙、楊梅。灰糞遶傍壅根。　整頓：嫁李、是月晦日，正月旦日，五更，以長竿打李樹梢，則結實多。伐竹木，不蛀。石榴，除夕以石塊安榴椏枝間，則結實大，元旦日亦可。貯雪水，剥桑，刈棘，碎河溝泥。來春用。

清　徐石麒《花傭月令·正月》　種松　種桑　種榆　種柳以上四木俱宜上旬。

又　種核桃用草繩纏浸糞坑中，七日取起種之。

又　種橄欖或云其核至堅難出，須磨去尖頭種之方生。芒種後出芽，不磨亦出。

又　種桃子先於暖處爲深坑，納濕牛糞於內，取核將小頭向下埋之，厚蓋鬆土尺許，春深芽生，移栽實地。

又　種枸杞秋冬收（子），於水中挼取曬乾，春間熟地作畦，扎草耙泥塗種之，細土牛糞蓋上，芽出澆水，堪食便翦。

又　扦楊柳大椿，選子（皮）嫩者埋土中二尺許，築實。旱時澆水。梅雨時壅根。不可使梅水浸根。

又　扦櫻桃乾則潤之以水。

又　扦石榴法見二月，如天冷須待春分及梅天。

又　扦薔薇各色俱可翦枝，扦法見二月。

又　扦梔子枝扦鬆土時澆清水可活，如正月天寒，還以二月及梅天爲妙。扳枝壓土，逾年生根。

又　扦錦帶剪五寸長枝插鬆土中，日澆清糞水，二十日即發。

又　扦木香剪條插土亦可活。不如扳枝入土，厚泥壅之，月餘生根，移栽易活。

又　接棗以棘根接佳棗。

又　接李亦宜下旬，以李根接桃則爲桃李。

又　接梨樹用棠梨樹根接好梨。一云桑上接梨脆美而甘。

又　接柿以柿接柿，接過則成方柿，結實大而甘。

又　接梅單瓣梅根接千葉，好花桃根亦可接。楝樹接之則成墨梅。又有以一根劈開接四色梅者。

又　接臘梅用九英梅根磬口枝最妙，或過貼更易活。

又　接櫻桃宜中旬，如天寒尚俟二月。

又　栽松秧立春後帶土栽培，百株百活。俗云正月拔來栽，二月揠來栽，三月莫來栽。柏樹亦然。天乾澆水。

又　栽大竹取西南根於東北角栽之，其鞭自然向西南行，蓋竹性所向也。栽法見五月。

又　移松宜山岡地牆邊籬下種之。

又　移竹秧宜用初二日。

又　分梔子根下遠出者分栽之，但須泥水漿根則易活。

又　移木蘭即玉蘭花放時移栽肥土則茂，最忌水浸。

又　澆瑞香此物忌糞用洗衣灰水澆之能殺蚓，且極肥。

又　壅石榴宜用糞土。

又　揳果樹雄木多不結實，宜鑿方寸孔，將雌木塞之，則結實矣。

又　修樹枝月内修去果樹小枝枯枝，勿令分力。

清　**徐石麒《花傭月令·二月》**　種剔牙松取樹上所結子，以水漉過，種鬆土中，四月間即出。

又　種銀杏三稜者爲雄，二稜者爲雌，兩色合種則結子。

又　種柑肥泥稀種，至冬防冷。

又　種木瓜背陰地佳。

又　種橄欖如正月法。芒種後即出芽，不磨者亦生。

又　種香櫞背陰地鬆土種之。至冬畏冷，須愛護，勿使冰雪浸之。

又　種梅取好梅子種糞地，待長二三尺分栽。鬆土淺種爲妙，夏秋天乾，宜時沃以水。

又　種榴子法用小石子和土種榴子於下，用泥覆之。

又　種石竹鬆潤土稀種。

又　栽松大留原土，泥水漿根。

松柏栽松柏只宜春分前後，三月則難活矣。

又　扦杉枝驚蟄前後各五日，斬新枝埋土中，築實。視天陰則插，插後（過）〔遇〕雨更妙。

又　扦柳枝近水易活。

又　扦櫻桃此物幹上每生根鬚，就其有鬚者翦下埋之。

又　扦石榴翦嫩條如指大者尺許，以指甲刮去一二寸皮，扦背陰處。

又　扦木槿潤土易活。

又　扦金絲桃翦枝扦陰處，嫩者亦易活。

又　扦各色薔薇翦嫩枝長七寸許，扦肥陰處，築實其傍，勿使傷皮，土上止留寸許。

又　扦瑞香翦嫩枝扦背陰處，此花畏日又惡濕，或用盆扦。夜出受露，晝置室中，宜常澆水，不宜停濕高墩，斜坡妙。

又　分石榴根傍小枝有根者，分栽易活。

又　分迎春春分時分種，肥土煏牲，水澆之最好。

又　分凌霄分小者近高樹，旱時澆水，一二年，花開滿樹矣。此物花能墮胎，露能損目，切忌之。分竹宜天雨時，法見五月。

又　分紫荆根傍小根分栽易活，但此物最忌水浸其根。

又　移銀杏此物照影而生，宜栽水邊則盛而結子。

又　移果樹桃李杏棗柑柿皆可移。

又　移杏多留根土爲妙。

又　移郁李宜植向暖處。其性好潔，清水澆，不用糞。

又　移梨樹宜植肥陰地。

又　移梅移大梅樹先去枝，稍大留根垛，沃以溝泥，無不活者。

又　移石榴喜向陽又喜水，日中澆水，無忌。

又　移月季花開過即去其蒂則茂。

又　移山茶性極畏寒，不宜盆栽。初栽時遇大雪，宜遮護。

又　移辛夷即木筆花，一名紫玉蘭。

又　移繡毬性喜陰而畏日，宜植避陰處，又云性喜疏曠。

又　移瑞香此花喜水而惡濕，喜乾而畏日，又惡糞忌麝香，宜作臺栽，不宜平地，恐水氣浸根則萎。

又　移棣棠性喜水，宜陰處。

又　移梔子宜肥宜澆糞，但太多則生白虱。栽時須用泥水漿根。

又　接橙柑橘用棘根接者易活。

又　接梅佳種接桃根上易活。但桃多不壽，因而累梅，不如以賤梅根爲妙。

又　接杏核出者接枝，來年即盛。

又　接石榴以白榴枝接紅榴根上，即成粉紅。

又　接繡毬將八仙根離土七八寸，刮去半邊皮一寸許，繡毬亦刮去一樣。麻纏泥封至十月，皮生截斷，次年即花。

又　接山茶以單瓣接千葉花甚好，冬青樹亦可接，但活者少。

又　接玉蘭用木筆花挨接。

又　接紫丁香木本非瑞香別名者，宜春分前後。

又　澆迎春宜用燖牲水。

又　澆玉蘭花未開時澆以糞水，則花大而香。

又　澆瑞香法見正月，又以人溺澆之亦能殺蚓。

又　壅蒲萄猪糞和土壅之，用米泔水肉汁澆。

又　舒蒲萄是月宜舒藤上架。

又　治果樹社日用杵舂根下則果不落。

清　徐石麒《花傭月令·三月》　種桐子九月收子，二三月作畦種之。治畦須下水。

又　種栗月有三卯宜種栗。

又　栽竹法見正二月。若埋死貓於竹下，其竹鞭向之，此引竹法也。

又　扦瑞香翦嫩枝四五寸，將翦處皮挑起二三分，去其中枝以潤泥捏攏，其皮埋之土中，此法十活八九，梅天尤妙，餘法如前。

又　扦梔子扦水邊極易活，或秧田中亦可。

又　扦芙蓉以硬木棒插地作孔，實以糞及河泥，花椿長尺許扦下，遮以爛草，清明後即可扦。

又　移櫻桃宜植鬆土，不宜黃泥。

又　移橙柑橘以死鼠浸溺缸，候鼠浮起，取埋樹下，來年極盛。

又　移山茶初移者畏凍，須栽向陽處。

又　移杜鵑用山泥揀去粗石，羊屎，浸水澆之，喜陰惡肥，樹下放置則青翠可玩。

又　移梔子泥水漿根栽之，分根下獨枝，大直立之不留根下，繁枝宛如小樹，最可觀。

又　移梔子帶花移者易活，宜漿根栽。

又　接果樹上旬斫取果木好枝，長五六寸，納大芋魁中種之，易成樹。大蔓青根亦可用。俱勝核種者。

又　接蒲萄栽棗樹傍，至春鑽棗作孔，引枝透出。二三年枝長塞滿，便可砍去下根，托根棗樹，肉大而甘。此北方種法。

又　除柑樹蟲柑樹患蟲，取蟻窠繫其上，則蟲自去。

又　去牡丹蘂著蘂如彈子大時試捻之，十朵中必有幾朵不實者，即去之，庶不奪他花之力。

清　徐石麒《花傭月令·四月》　移梧桐宜栽高爽處，根下不宜用水。二三年後鉏其下，令見蔓根，以糞壅之尤妙，蓋其性耐肥也。

又　移纏枝牡丹芽長寸許即可移。若出土早，則三月可移。

又　栽竹正月一日，二月二日，逐月如此皆可栽。或云每月二十日亦可。地廣宜筀竹，亭檻宜筋竹。

又　扦茉莉陰雨時從節摘斷，扦肥陰處可活，燖猪湯澆之則肥。

又　扦梔子陰雨時，扦肥土中。

又　壓梔子土壓小枝，逾年生根移栽肥土易活，性喜肥。

又　接梅或云桑上接梅則子不酸。

又　澆茉莉法見五月。一云皮屑浸水或米泔水皆妙。又云宜糞。

清　徐石麒《花傭月令·五月》　種杏極熟杏子連肉種糞土中，至春擇地疏栽，以後不復屢移，移多不旺。

又　扦梔子秧田爲妙，或扦陰濕處，乾則澆水。

又　扦瑞香梅雨時，就老根節上翦嫩枝，爽水處插，時時澆水。一云破開梢頭皮，去內梗少許，髮纏緊，泥包扦之。

又　扦石榴取直枝如拇指大者，斬尺許條，燒兩頭，作坑插之，以枯骨姜石間土填之。出土一寸，水澆即活。

又 澆蒲萄宜用米泔水，肉汁尤妙。

又 澆茉莉、素馨用燖猪湯澆則肥。

又 治果樹蟲出，以芫花納孔中，或百部葉亦妙，皆能殺蟲。

又 治桃蟲多年燈檠掛梢上，則小蟲如蚊者皆落。

又 竹忌栽竹時，忌用鋤頭打實土，犯則笋生遲。

清 徐石麒《花傭月令·六月》 種李向陽處掘坑澆糞和土，將核尖向上排定，肥土蓋之。春至芽長四五寸時可移栽他處，桃杏亦然。

又 移竹先鋤地深三尺，寬一尺五寸，長任意，將馬糞或糠和土填一尺厚，令人踏熟，移三四竿一墩者栽之，上用河泥蓋覆，無不活者。此法亦不必六月。

又 接李或云桃樹接李枝則甘而紅，亦不必六月。

又 壅柑橘夏日溉以糞壤，則其葉沃而實繁。

又 澆茉莉用魚腥水澆之，初六日尤妙。

又 防竹生花竹久根接則生花結實如稗，謂之竹米，不治則滿林皆然，其竹必死。須擇大者數竿，截去上梢，留三尺許，通其節，以糞實之則止。

清 徐石麒《花傭月令·七月》 種臘梅子取種子水中試之，沈者可種。秋間發芽放葉。澆灌得宜，四五年即花。

又 移竹七月移竹無不活者。掘墩宜密，坑行宜疏。栽根宜淺，培土宜深。舊云疏種、密種、淺種、深種即此。

又 種碧桃熟時連肉種韭菜田，極妙。來年芽出，移栽肥地。

又 接各花木接時須令枝與木身皮對皮、骨對骨，麻皮纏緊，用箬寬裹，俟萌出徹去箬葉。

又 治林禽如生毛蟲，以魚腥水潑根則止，或活埋蠶蛾子根下亦好。

清 徐石麒《花傭月令·八月》 扦薔薇翦當年枝爲五寸段，扦肥陰地，築實其旁，勿令傷根，土上留寸許，帶雨扦更妙。薔薇各種俱用此法。

又 扦錦帶翦五寸長枝，扦鬆土中，日澆清糞水，二十餘日即發。

又 分玫瑰久則根結不旺，須三年一分之，根下小枝不宜久留。

又 壅竹用大麥糠或稻穗添河泥。

又 澆月桂葉爲蟲食者，以魚腥水澆之則止，不拘時。常澆亦宜猪糞。

又 斫篠竹上年所栽新竹根下生叢條，至次年八月方可斫去。

清 徐石麒《花傭月令·九月》 護橙橘香橼以草護之，則結子多。

清 徐石麒《花傭月令·十月》 移梧桐宜向陽，先坎其地而糞之，擇一二年者栽著，又以糞覆之，至春則枝幹青翠，青移不妙。

又 分臘梅根下自出小枝，分栽易活。凡接者根下不可令長小枝，久留則上接好花必萎，宜速去爲妙。

又 壅柑橘以河泥壅其根，一歲中四鋤，去盡草爲妙。

又 澆柑橙橘落果後，用七分糞三分水澆之。

又 壅各花木用猪糞和土，令發熱爲肥土，三冬壅之花必多。

又 壅櫻桃肥土。

清 徐石麒《花傭月令·十一月》 移松柏只要根實，不令摇動自活。

又 扦衆花果冬至後立春前，斫直枝有鶴膝如拇指大者，長二尺許，插於芋魁中，掘地令寬調泥漿，細切生葱一束拌泥中埋之，覆以細土，勿令太實。當年有花，次年結實。

又 壅石榴　壅柑橘　壅梨棗　壅栗　壅柿俱用厚土。

又 芟木香去小枝條。

又 蓋瑞香見日，不可見霜，蓋之過夜。

又 忌種竹冬至前後各半月不可種植，蓋天地之氣至此閉藏，栽竹多死。

清 徐石麒《花傭月令·十二月》 扦石榴二十五日爲妙。

又 扦柳二十四日扦楊柳不生蟲，扦時先用木樁釘土成孔方扦下，庶不損皮，易長。

又 十二月小寒爲十二月節，大寒爲十二月中

移山茶冬寒宜植向暖，如大雪以幕蓋之。恐初移者易凍損也。

又 壅桂臘雪壅根，來年自盛。

又 澆瑞香宜用燖猪湯。

清 曹溶《倦圃蒔植記》卷上 序 小園花木率皆舊栽，年來稍補其缺畧。而種植之法素所未諳，實藉場師指授，因一一識之。李贊皇《平泉之記》殊覺不達，吾所不效。不過偶爾興趣所寄，涉筆及之，畧次其大概，無分品之高下，亦非以所愛者先之，所不愛者後之也。康熙甲子立夏後二日倦圃老人書。

總論第一 凡爲圃之道有二：曰曠如也，曰奥如也。曠宜茂樹長林，森然咸備。奥宜幽馥蟠枝，意到便足。有力者則兼兩美而疊用之，其次則擇一而取給焉，又其次則植寸卉於尺宅，亦奥如也遺意耳矣。　夫色盲聲聾比於斧斤，利逐名馳，徒自斯役，曷若挹露華爲姬姜，聆風竹爲管弦，早

起晏卧，勤施灌溉栽培，以期勳業之成就。春花秋實，玩熟生長收藏，以窺造化之閫閾。蓋通者可以遺榮，而塞者可以忘悶，豈非目前真樂，人人可致者哉。　嘗品列植物，谷有第一。大樹惟松，小物惟菖蒲。花之香勝者惟蘭，色勝者惟牡丹，果惟蜜橘。皆就此地現在者而論，若逵方難致，則弗敢泛及焉。　君子可以寓意於物，而不可留意於物。凡嘉樹奇花，我固有之，誠可朝夕受用。儻他人所質，未易羅致，或大地公共，勿許攜歸，此等但當以雲煙過眼之理處之，則無往而不適其適也已。　聖人爲腹不爲目。凡草木之芬芳，貞固可以比德者，尚矣。此外，則或資其材，或取其蔭，或供爲食，或儲爲藥，末節乃玩其色。雖兼收並蓄，而輕重緩急之閒，詎可無微權也耶？　松栢之霜皮翠黛，自是李成《寒林圖》。梅之冷蕊疎枝，自是花光補之寫意畫。竹之老節直幹，自是篆籀。風篁雨葉，自是草書。葡萄之蔓、衍，自是顛素揮毫。蘭蕙之卷舒，自是子昂波磔。乃知蓮花似六郎，雖佞人之言，而借論物理，却是妙解。　論木第二　松之常品，世人呼爲柴松，然千歲奇古，形偃蓋而聲步虚，此必其選也，固當爲甲之甲。或邂逅成山澤之癯者，則爲天目松。二松質異而種同，皆兩鬣。其五鬣者，一松而名殊，曰五鬚，曰五粒，曰五釵，其葉翠而細。此上無大者，聞雲南及西北諸藩，皆高樹彌山谷，秀大而子多。今之市充果食者，即是物也。當爲甲之乙。栝子松俗名剔牙松，三鬣其葉，蒼而勁，房小子少而亦甘香。此地昔罕而今繁，當爲甲之丙。凡木之結子，無踰周星者。惟松實初年青嫩，明年老足，兩周歲而成，是以性耐歲寒，亦非他樹可及。此通二鬣、三鬣、五鬣皆然，故總爲木之甲品云。　栢當以千頭側栢爲乙之甲。閩種也，繁枝上聳，團如車蓋而蒼翠可愛。其葉可餌，可湯，可藥。別一種曰扁栢，則常品耳。纓絡栢、檜樹之類，其别族也。亦若羅漢、鶖毛皆冒松姓，而未許通譜云。松栢之附庸曰杉。隆冬，栢色暫紅，而松愈蒼翠。一公二伯，木之序爵較然。桑可飼蠶，以衣被天下，當爲木之丙。若不耐養蠶，祗售其葉，亦可爲恒産。嘗遇湖州一筆賈見此地園多雜樹，慨然相勸，何不盡芟去以其地種桑。予深服其言，而未能行也。白桑有花無實，黑桑有實無花。飼蠶須種白桑，欲收紫椹爲藥，明目延年，則黑桑亦可種十分之二也。每歲翦剥冗枝，其薪更可熬藥。　枸杞，一名西王母枝，産甘州者良，扦插易活，種子亦生嫩苗，可茹。子可食，亦入藥。根爲地骨皮。又有一種黄者，亦甘州種也，與紅者顔色照映，真如珊瑚閒木難耳。川椒，真者九葉成簇，嫩芽亦可食。微觸其枝，便覺馩馞，摩頂放踵，無不苾芬，靈均馳彼椒立□。有旨哉，子紅芳而獨蒂，綴二細珠，用勝常品。石甘州枸杞、川椒遠物也，而吾土可植，又佳而適用，定品同爲木之丁。　梧桐棲鳳，書齋蔭之特雅。倪元鎮曰：督童子洗拭宜也，非迂也。顛木之有由孽，名曰桐孫。植根深而壽特永，木品定爲戊。梓材孔良，與相頡頏。　豫樟，一名香樟，參天蒼鬱，凌冬不凋，花葉俱馥，園亭丘壟植之俱宜，定品爲木之己。　吴中茶，虎丘爲聖，天池爲賢。取本山上，堆高，即家園亦可植。摘鮮旋用，便能撮虎丘、天池於掌中矣。花如白玉而心有蜜珠，亦一奇也。定品爲木之庚。雖然，新茶首薦，雖讓本山而常用益人，却宜顧諸生與熟，既殊甘苦，而蒸與炒又分燥潤，如人飲水，冷煖自知。　庭槐緑陰，盛夏翠幕，花實並收，可染可藥，葉製冷淘，杜陵飽嚼。定品爲木之辛。　椐榆相侣，葉辨粗細，初種落落，久成蔭庇，不求近功，十年之計。定品爲木之壬。　金線、銀線，柳之白眉，風流張緒與同姿。定品爲木之癸。　雜疏署於木，故此獨詳定焉。其餘雜木，若女真、石楠、黄楊、丹楓、烏絨、西河柳，可以點景。五加芽、金雀花可以點茶。香椿可供素饌，金櫻可充藥材，枸橘可禦暴客。或栽隙地，或編籬落，但隨人意所便，皆可取用也。天竹亦木之餘裔也，忌糞宜於雞毛水。別一種秋開千葉黄花，而葉小，異名曰棲鳳竹。

清　丁其譽《壽世秘典・物華紀麗》　陽春媚景：晴光　凍解銀塘　杏艶　桃夭　緑茵　濃煙醉柳　翠屏　柳堤鶯囀　海棠含雨　梨花夜月　牡丹始繁　芍藥翻堦　薔薇蔓　紫荆吐紅滿徑　炎夏勝境：新篁敷粉　榴花明　荷香　緑陰清晝　桐陰　樹影閒堦　蕉影　午簟清風　深院槐陰　梧月空堦　雨霽晚涼　樹散蟬聲　蛙鼓喧　素秋清致：桐葉落　紫薇映月　蓼紅　鷄冠環户　桂影扶疏　菊有英　芙蓉曉露　蒹葭蒼　月夜　砌畔蛩吟　疏林　霜葉　白蘋開　芰荷化爲衣　寒冬幽賞：木葉脱　橙黄橘緑　枇杷綴金　楓葉冷　蕭森林樹　明月梅花　庭月清霜　雪夜　萬松叠翠

清　丁其譽《壽世秘典・農家占候》　朝霞不出門，晚霞行千里。言雨後朝晴，尚有雨也，須晚晴乃無（晴）（雨）耳。　朝暮皆霞，無水煎茶。　星密主熱，星摇必風。　春霧晴，夏霧落，秋霧不收雨颯颯。　霧露不收定是雨。諺云：行得春風有夏雨。蓋春之風數爲夏之雨數，大小緩急亦如之。　東閃日頭西閃雨，南閃烏雲北閃風。　東虹晴西虹雨，對日虹無風雨。　無雨虹雨便晴，雨中虹立時晴。虹霓天地之淫氣，隨日所映，故朝西而暮東，雄曰虹，雌曰霓。一曰虹霓雙見，色赤白而鮮盛者雄，色青白而暗者雌也。　虹旦見於西則爲雨，暮見於東則雨止，旦見於西而純赤者則大雨，暮見於東而色黄者則雨止。凡雹皆冬之愆陽，夏之伏陰也，主歲穀不豐。雹有傷人者，有傷物者，有殺燕雀者，有害麥禾及桑者，俱爲災異。　冬不冰爲飢疫，　雨與雪雜下曰霰。　冬雪盈尺來年大豐。

適地適樹分部

論說

《管子·地員》　夫管仲之匡天下也，其施七尺。瀆田悉徙，五種無不宜。其立后而手實。其木宜蚖蓄與杜、松。其草宜楚、棘。見是土也，命之曰五施，五七三十五尺而至於泉。呼音中角。其水倉，其民彊。赤壚歷彊肥，五種無不宜。其麻白，其布黄，其草宜白茅與藋，其木宜赤棠。見是土也，命之曰四施，四七二十八尺而至於泉。呼音中商。其水白而甘，其民壽。黄唐，無宜也。唯宜黍秫也。宜縣澤。行廧。落。地潤數毀，難以立邑置廧。其草宜黍秫與茅，其木宜櫄櫌桑。見是土也，命之曰三施，三七二十一尺而至於泉。呼音中宫。其泉黄而糗，流徙。斥埴，宜大菽與麥。其草宜萯、藋，其木宜杞。見是土也，命之曰再施，二七十四尺而至於泉。呼音中羽。其泉鹹，水流徙。黑埴，宜稻麥。其草宜苹蓨，其木宜白棠。見是土也，命之曰一施，七尺而至於泉。呼音中徵。其水黑而苦。　凡聽徵，如負猪豕，覺而駭。凡聽羽，如鳴馬在野。凡聽宫，如牛鳴窌中。凡聽商，如離羣羊。凡聽角，如雉登木以鳴，音疾以清。凡將起五音凡首，先主一而三之，四開以合九九，以是生黄鍾小素之首，以成宫。三分而益之以一，爲百有八，爲徵。不無有三分而去其乘，適足，以是生商。有三分而復於其所，以是成羽。有三分，去其乘，適足，以是成角。墳延者，六施，六七四十二尺而至於泉。陝之芳，七施，七七四十九尺而至於泉。祀陝，八施，七八五十六尺而至於泉。杜陵，九施，七九六十三尺而至於泉。延陵，十施，七十尺而至於泉。環陵，十一施，七十七尺而至於泉。蔓山，十二施，八十四尺而至於泉。付山，十三施，九十一尺而至於泉。付山白徒，十四施，九十八尺而至於泉。中陵，十五施，百五尺而至於泉。青山，十六施，百一十二尺而至於泉。青龍之所居，庚泥，不可得泉。　赤壤勢山，十七施，百一十九尺而至於泉。其下青商，不可得泉。陛山白壤，十八施，百二十六尺而至於泉。其下駢石，不可得泉。徙山，十九施，百三十三尺而至於泉。其下有灰壤，不可得泉。高陵土山，二十施，百四十尺而至於泉。山之上，命之曰縣泉，其地不乾，其草如茅與走，其木乃樠。鑿之二尺乃至於泉。山之上，命曰復呂，其草魚腸與藭，其木乃柳，鑿之三尺而至於泉。山之上，命之曰泉英，其草蘄、白昌，其木乃楊，鑿之五尺而至於泉。山之材，其草兢與薔，其木乃格，鑿之二七十四尺而至於泉。山之側，其草葍與蔞，其木乃䕼榆，鑿之三七二十一尺而至於泉。凡草土之道，各有穀造。或高或下，各有草土。葉下於蘬，蘬下於莧，莧下於蒲，蒲下於葦，葦下於藋，藋下於蔞，蔞下於荓，荓下於蕭，蕭下於薜，薜下於萑，萑下於茅。凡彼草物，有十二衰，九州之土，爲九十物。每州有常，而物有次。羣土之長，是唯五粟。五粟之物，或赤、或青、或白、或黑、或黄，五粟五章。五粟之狀，淖而不肕，剛而不觳，不濘車輪，不污手足。其種，大重、細重，白莖白秀，無不宜也。五粟之土，若在陵在山，在隫在衍，其陰其陽，盡宜桐柞，莫不秀長。其榆其柳，其檿其桑，其柘其櫟，其槐其楊，羣木蕃滋，數大條直以長。其澤則多魚，牧則宜牛羊。其地其樊，俱宜竹、箭、藻、龜、楢、檀。五臭生之，薜荔、白芷、蘪蕪、椒、連。五臭所校，寡疾難老，士女皆好，其民工巧。其泉黄白，其人夷姤。五粟之土，乾而不挌，湛而不澤，無高下，葆澤以處，是謂粟土。粟土之次曰五沃。五沃之物，或赤、或青、或黄、或白、或黑，五沃五物，各有異則。五沃之狀，剽忞橐土，蟲易全處，忞剽不白，下乃以澤。其種，大苗、細苗，赨莖黑秀，箭長。五沃之土，若在丘在山，在陵在岡，若在陬陵之陽，其左其右，宜彼羣木。桐、柞、枎、櫄，及彼白梓。其梅其杏，其桃其李，其秀生莖起。其棘其棠，其槐其楊，其榆其桑，其杞其枋，羣木數大，條直以長。其陰則生之楂藜，其陽則安樹之五麻。若高若下，不擇疇所。其麻大者如箭如葦，大長以美；其細者如藋如蒸，欲有與名。大者不類，小者則治，揣而藏之，若衆練絲。五臭疇生，蓮與蘪蕪，藁本、白芷。其澤則多魚，牧則宜牛羊。其泉白青，其人堅勁，寡有疥騷，終無痟酲。五沃之土，乾而不斥，湛而不澤，無高下，葆澤以處，是謂沃土。沃土之次曰五位。五位之物，五色褋英，各有異章。五位之狀，不塥不灰，青忞以落及。其種，大葦無、細葦無，秫莖白秀。五位之土，若在岡在陵，在隫在衍，在丘在山，皆宜竹箭，求黽楢檀。其山之淺，有龍與斥。羣木安逐，條長數大。其桑其松，其杞其茸，種木胥容，榆桃柳楝。羣藥安生，薑與桔梗，小辛、大蒙。其山之梟，多枯符榆。其山之末，有箭與苑。其山之旁，有彼黃宝，及彼白昌，山藜葦芒。羣藥安聚，以圉民殃。其林其漉，其槐其楝，其柞其穀，羣木安逐，鳥獸安施。既有麋麃，又且多鹿。其泉青黑，其人輕直，省事少食。無高下，葆澤以處，是謂位土。位土之次曰五蘟。五蘟之狀，黑土黑菭，青怵以肥，芬然若灰。其種，櫑葛，秫莖黃秀恚目，其葉若苑。以蓄埴果木，不若三土，以十分之二。是謂蘟土。蘟土之次曰五壤。五壤之狀，芬然若澤、若屯土。其種，大水腸、細水腸，秫莖黃秀，以慈忍水旱，無不宜也。蓄殖果木，不若三土以十分之二。是謂壤土。壤土之次曰五浮。五浮之狀，捍然如米，以葆澤，不離不坼。其種，忍蘟。忍葉，如藿葉以長，狐茸，黃莖黑莖黑秀，其粟大，無不宜也。蓄殖果木，不如三土以十分之二。凡上土三十物，種十二物。中土曰五忞。五忞之狀，廪焉如壏，潤濕以處。其種，大稷、細稷，秫莖黃秀，慈忍水旱，細粟如麻。蓄殖果木，不若三土以十分之三。忞土之次曰五纑。五纑之狀，彊力剛堅。其種，大邯鄲，細邯鄲，莖葉如扶櫄，其粟大。蓄殖果木，不若三土以十分之三。纑土之次曰五壏。五壏之狀，芬焉若糠以肥。其種，大荔、細荔，青莖黃秀。蓄殖果木，不若三土以十分之三。壏土之次曰五剽。五剽之狀，華然如芬以脤。其種，大秬、細秬，黑莖青秀。蓄殖果木，不若三土以十分之四。剽土之次曰五沙。五沙之狀，粟焉如屑塵厲。其種，大萯、細萯。白莖青秀以蔓。蓄殖果木，不如三土以十分之四。沙土之次曰五塥。五塥之狀，累然如僕累，不忍水旱。其種，大樛杞、細樛杞，黑莖黑秀。蓄殖果木，不若三土以十分之四。凡中土三十物，種十二物。下土曰五猶。五猶之狀如糞。其種，大華、細華，草名。白莖黑秀。蓄殖果木，不如三土以十分之五。猶土之次曰五弘。五弘之狀如鼠肝。其種青粱，黑莖黑秀。蓄殖果木，不如三土以十分之五。弘土之次曰五殖。五殖之狀，甚澤以疏，離坼以臞埆。其種，鴈膳黑實，朱跗黃實。蓄殖果木，不如三土以十分之六。五殖之次曰五觳。五觳之狀，婁婁然，不忍水旱。其種，大菽、細菽，多白實。蓄殖果木，不如三土以十分之六。觳土之次曰五凫。五凫之狀，堅而不骼。其種，陵稻，黑鵝馬夫。蓄殖果木，不如三土以十分之七。凫土之次曰五桀。五桀之狀，甚鹹以苦，其物爲下。其種白稻，長狹。蓄殖果木，不如三土以十分之七。凡下土三十物，其種十二物。凡土物九十，其種三十六。

明 徐光啟《農政全書》卷二《農本》 玄扈先生曰：五地十二壤周官舊法，此可通變用之者也。若謂土地所宜，一定不易，此則必無之理。立論若斯，固後世惰窳之吏，游閒之民，婾不事事者之口實耳。古來蔬果，如頗稜、安石榴、海棠、蒜之屬，自外國來者多矣。今薑荸薺之屬，移栽北方，其種特盛，亦向時所謂土地不宜者也。凡地方所無，皆是昔無此種，或有之而偶絶。果若盡力樹藝，殆無不可宜者。就令不宜，或是天時未合，人力未至耳，試爲之，無事空言抵捍也。第其中亦有不宜者，則是寒暖相違，天氣所絶，無關於地。若荔枝、龍眼，不能踰嶺，橘、柚、橙、柑，不能過淮，他若蘭、茉莉之類，亦千百中之一二。故此書載二十八宿周天經度甚無謂，吾意欲載南北緯度，如云某地北極出地若干度，令知寒暖之宜，以辨土物，以興樹藝，庶爲得之。

明 高濂《遵生八牋》卷七《家居種樹宜忌》 《地理新書》曰：人家居止種樹，惟栽竹。四畔青翠鬱然。不惟生旺自無俗氣。東種桃柳、西種柘榆、南種梅棗、北種柰杏爲吉。又云，宅東不宜種杏，宅南北不宜種李，宅西不宜種柳。中門種槐，三世昌盛。屋後種榆百鬼退藏。庭前勿種桐，妨礙主人翁。屋內不可多種芭蕉，久而招祟。堂前宜種石榴，多嗣大吉。中庭不宜種樹，取陰栽花作闌，惹淫招損。《陰陽忌》云：庭心樹木多閒困，長植庭心主禍殃。大樹近軒多致疾，門庭雙棗喜加祥。門前青草多愁怨，門外垂楊更有妨。宅內種桑並種槿，種桃終是不安康。

綜述

清 王維德《林屋民風》卷七《花果》 花果之木，不可悉數，苟宜于土，無不種植，桑麻掩映，桃李成林，盧橘秋登，楊梅夏熟，園收銀杏。家有黃柑、梨樹成雲，梅花似雪，凡所栽培，不可殫記。非極絢爛之觀，足見勤勞之俗。

《易·離》 日月麗乎天，百穀草木麗乎土。

《易·繫辭下》 古者包犧氏之王天下也，仰則觀象於天，俯則觀法於地，觀鳥獸之文與地之宜。

《管子·形勢》 地生養萬物。

《論語·八佾》（立社樹木）夏后氏以松，殷人以柏，周人以栗。邢昺疏：凡建邦立國必立社也。夏都安邑，宜松。殷都亳，宜柏。周都豐鎬，宜栗。是各以其土所宜木也。

《國語·晉語八》 拱木不生危，松柏不生埤。

《國語·晉語九》 高山峻原不生草木，松柏之地其土不肥。

《周禮·考工記》 橘逾淮而北爲枳，【略】此地氣然也。

《周禮·地官·司徒》 以土宜之灋辨十有二土之名物，以相民宅，而知其利害，以阜人民，以蕃鳥獸，以毓草木，以任土事。鄭玄註：十二土，分野十二邦，上繫十二次，各有所宜也。相，占視也。阜，猶盛也。蕃，蕃息也。育，生也。任，謂就地所生，因民所能。相，息亮反。毓，音育。分，扶問反。辨十有二壤之物，而知其種，以教稼穡樹蓺。壤，亦土也，變言耳。以萬物自生焉，則言土。土，猶吐也。以人所耕而樹蓺焉，則言壤。壤，和緩之貌。《詩》云：樹之榛栗。又曰：我蓺黍稷。蓺，猶蒔也。種，章勇反。榛，側人反。蒔，時至反。以土均之灋辨五物九等，制天下之地征，以作民職，以令地貢，以斂財賦，以均齊天下之政。均，平也。五物，五地之物也。九等，騂剛赤緹之屬。征，稅也。民職，民九職也。地貢，貢地所生，謂九穀。財，謂泉穀。賦，謂九賦及軍賦。騂，雖營反。緹，音低。

又 畿疆而溝封之，設其社稷之壝而樹之田主，各以其野之所宜木。

漢 劉安《淮南子·繆稱訓》 欲知地道物其樹。

漢 劉安《淮南子·主術訓》 丘陵阪險不生五穀者以樹竹木。

漢 許慎《説文·土部》 地之吐生物者也。

三國魏 應璩《與龐惠恭書》 頻見所上利民之術，植濟南之榆，栽漢中之漆。

北魏 賈思勰《齊民要術·種穀楮第四八》 楮宜澗谷間種之，地欲極良。

北魏 賈思勰《齊民要術·種竹第五一》（竹）宜高平之地，近山阜尤是所宜。下田得水則死。黄白軟土爲良。

北魏 劉芳《社稷宜樹木疏》 依《合朔儀注》：日有變，以朱絲爲繩，以繞繫社樹三匝，而今無樹，又《周禮·司徒職》云：「設其社稷之壝，而樹之田主，各以其社之土《魏書》無『土』所宜木」。鄭玄注云：「所宜木，謂若松、柏、栗也。」此其一證也。又《小司徒·封人職》云：「掌設王之社壝，爲畿封而樹之」。鄭玄注云：「不言稷者，王主于社，稷，社之細也。」此其二證也。又《論語》曰：「哀公問社于宰我，宰我對曰：『夏后氏以松，殷人以柏，周人以栗』」。是乃土地之所宜也，此其三證也。又《白虎通》云：「社稷所以有樹，何也？尊而識之也，使民望見即見即，《魏書》作即見敬之，又所以表功也。」案此正解所以有樹之義，了不論有之與無也。此其四證也。此云「社稷所以有樹何」，然則，稷亦有樹明矣（也）原脱「也」字，據《魏書》補。又《五經通義》云：「天子太社，王社，諸侯國社，侯社。制度奈何？曰：社皆有垣無屋，樹其中以木，有木者土，主生萬物，萬物莫善于木，故樹木也。」此其五證也，此最其丁寧備解有樹之意也。又《五經要義》云：「社必樹之以木。」《周禮·司徒職》曰：「班社而樹之，各以土地所生。」《尚書·逸篇》曰：「太社惟松，東社惟柏，南社惟梓，西社惟栗，北社惟槐。」此其六證也。此又太社及四方皆有樹別之明據也。又見諸家《禮圖》，社稷圖皆畫爲樹，惟誡社、誡稷無樹。此其七證也。雖辨有樹之據，猶未正所植之木。案《論語》稱「夏后氏以松，殷人以柏，周人以栗」，便是世代不同。而《尚書·逸篇》則云：「太社惟松，東社惟柏，南社惟梓，西社惟栗，北社惟槐。」如此，便以一代之中，而五社各異也。愚以爲宜植以松，何以言之？《逸書》云《太社惟松》，今者植松，不慮失禮。惟稷無成證，乃社之細，蓋亦不離松也。

宋 陳翥《桐譜·所宜第四》（桐）其地宜黄土之地，則自然榮矣。若沙石之所，雖與時皆昌，其長拔有遲焉。樂肥與熟者惟桐耳。縱桑柘亦無所敵。

元 王禎《王禎農書》卷七 民社，古有里社樹，以土地所宜之木，如夏后氏以松，殷人以栢，周人以栗。莊子見櫟社樹，漢高祖謹理枌榆社，唐有楓林社，皆以樹爲主也。自朝廷至於郡縣，壇壝制度皆有定例，惟民有社以立神樹。春秋社報莫不羣祭於此。考之近代諸祭，儀前一日，社正及諸社人各齋戒。祭日未明三刻，烹牲於厨，掌饌者實祭器，掌事者以席入。設社神之席於神厨之下，設稷神之席於神樹之西，俱北面。質明，社正以下皆再拜讀祝，禮成而退。

藝文

《詩·唐風·山有樞》 山有樞，隰有榆。【略】山有栲，隰有杻。【略】

山有漆，隰有栗。

《詩・秦風・車鄰》阪有漆，隰有栗。【略】阪有桑，隰有楊。

《詩・秦風・晨風》山有苞櫟，隰有六駮。【略】山有苞棣，隰有樹檖。

《詩・大雅・卷阿》梧桐生矣，於彼朝陽。

精心栽培分部

綜述

漢　王褒《僮約》種植桃李，梨柿柘桑，三丈一樹，八尺爲行。果類相從，縱横相當。

晉　陸翽《鄴中記》石虎有華林園，種衆果，民間有名果，虎作蝦蟇車箱，四面掘根，合土載之，植之無不生。

三國　魏文帝《詔羣臣》飲食一物，南方有橘，酢正裂人牙，時有甜耳。【略】真定御梨，大若拳，甘若蜜，脆若菱。可㠯解煩釋渴。南方有龍眼、荔枝。寧比西國蒲萄石蜜乎。酢且不如中國，今㠯荔枝賜將吏，噉之則知其味薄矣。凡棗味莫若安邑御棗也。中國珍果甚多，且復爲蒲萄説，當其朱夏涉秋，尚有餘暑，醉酒宿酲，掩露而食，甘而不餶，脆而不酢，冷而不寒，味長汁多。除煩解渴。又釀㠯爲酒，甘于鞠糵，善醉而易醒，道之固已流涎咽唾，況親食之邪。他方之果，寧有匹之者。

北魏　賈思勰《齊民要術・栽樹第三二》凡栽一切樹木，欲記其陰陽，不令轉易。陰陽易位則難生。小小栽者，不煩記也。大樹髡之，不髡風摇則死。小則不髡。先爲深坑。內樹訖，以水沃之，著土令如薄泥，東西南北，摇之良久，摇，則泥入根間，無不活者，不摇，根虚多死。其小樹，則不煩爾。然後下土堅築。近上三寸不築，取其柔潤也。時時灌溉，常令潤澤。每澆，水盡即以燥土覆之。覆則保澤，不然則乾涸。埋之欲深，勿令撓動。凡栽樹訖，皆不用手捉及六畜觝突。《戰國策》曰：「夫柳，縱横顛到，樹之皆生。使千人樹之，一人摇之，則無生柳矣。」凡栽樹，正月爲上時。諺曰：「正月可栽大樹」，言得時則易生也。二月爲中時，三月爲下時。然棗，鷄口。槐，兔目。桑，蝦蟇眼。榆，負瘤散。(自)(其)餘雜木，鼠耳，蝱翅，各其時。此等名目，皆是葉生形容之所象似。以此時栽種者，葉皆即生。早栽者，葉晚出。雖然，大率寧早爲佳，不可晚也。樹，大率種數既多，不可一一備舉。凡不見者，栽蒔之法，皆求之此條。《淮南子》曰：「夫移樹者，失其陰陽之性，則莫不枯槁。」高誘曰：「失，猶易。」《文子》曰：「冬冰可折，夏木可結，時難得而易失。木方盛，終日採之而復生。秋風下霜，一夕而零。」非時者功難立。崔寔曰：「正月，自朔暨晦，可移諸樹：竹、漆、桐、梓、松、柏、雜木。唯有果實者，及望而止。望謂十五日。過十五日，則果少實。」《食經》曰：「種名果法：三月上旬，斫取好直枝，如大拇指，長五尺，內著芋魁中種之。無芋，大蕪菁根亦可用。勝種核。核，三四年乃如此大耳。可得行種。」凡五果，花盛時遭霜則無子。常預於園中，往往貯惡草生糞。天雨新晴，北風寒切，是夜必霜。此時放火作熅，少得烟氣，則免於霜矣。崔寔曰：「正月盡，二月，可剝樹枝。二月盡，三月，可掩樹枝。」埋樹枝土中，令生，二歲已上，可移種矣。

唐　柳宗元《柳河東集》卷一七《種樹郭槖駝傳》（槖駝）能順木之天，以改其性焉爾。凡植木之性，其本欲舒，其培欲平，其土欲故，其築欲密。既然已，勿動勿慮，去不復顧。其蒔也若子，其置也若棄，則其天者全而其性得矣。

唐　韓鄂《四時纂要・栽樹》凡栽樹，須記南北枝。坑中著水作泥，即下樹栽。摇令泥入根中，即四面下土堅築，上留三寸浮土，埋須是深澆令常潤。勿令手近，及六畜觝觸。凡一切樹，正月十五日已前上時兼多子。

唐　韓鄂《四時纂要・接樹》右取樹本，如斧柯大及臂大者，皆可接，謂之樹砧。砧若稍大，即去地一尺截之，若去地近截之，則地力大壯矣，夾煞所接之木。稍小，即去地七八寸截之。若砧小而高截，則地氣難應，須以細齒截，鋸齒麄即損其砧皮，取快刀子於砧緣相對側劈開，令深一寸，每砧對接兩枝，候俱活，即待葉生，去二枝之弱者。所接樹，選其向陽細嫩枝，如箸大者，長四五寸許。陰枝即小實，其枝須兩節，兼須是二年枝方可接。接時微批一頭入砧處插入，砧緣劈處，令入五分，其入須兩邊批。所接枝皮處插了，令與砧皮齊。切令寬急得所寬即陽氣不應，急即力大夾殺，全在細意酌度插枝了，別取本色樹皮一片，闊半寸，纏所接樹，砧緣瘡口，恐雨入。纏了即以黄泥封之，其砧面并枝頭並令如法泥訖，仍以紙裹頭，麻纏之，恐其泥落故也。砧上有葉生，即旋去之，仍以灰糞擁其砧，根外以刺棘遮護，勿使有物撥動其根枝，春雨得所尤易活。其實、肉子相類者林檎，梨向木瓜，砧上，栗向櫟砧上皆活，蓋是類也。

宋 温革《分門瑣碎録·木總説》 楓肪入地化爲琥魄，如千歲積冰結爲頗黎，鬼血化爲瑪瑙。 木蘭枝葉俱疎，其花裏白表紫，或有四季開者。生於深山者尤大，可以爲船。 楊相，葉細。冬青，臨水生者尤茂。居人遇寒食，採其葉染飯，色青而有光，食之資陽氣，謂之楊相，道家謂之青精飯。 櫟樹。多生岡阜之上，大則偃亞，小則聳岐疎廣而性直。伐爲薪，煆爲炭，其力倍於常木。 冬青樹，枝葉彫瘁，惟以猪糞壅之則茂，一説以粥灌之。 桄榔木。如莎及如櫰木，皮出過食。木理有文，堪爲握槊局。 黄栀子。候其大，逐時摘，青者晒收至黄，熟則消化爲水。 皂莢。既實，如不可攀取，以篾圍其本束數匝，木楔之，一夕自落，如取橄欖法。 皂莢樹。不結，鑿一大孔，入生鐵三五斤，以泥封之，當年開花結子。 皂莢樹。雌者，一年盛一年弱，於中鑿一窟，入木鱉子一箇，當年年生。 皂莢生黄，多不結實者，春社日侵晨用沙木釘釘其樹。先釘一竅，次入木，令一人遠呼曰：「生不生？」釘樹者答曰：「生」。其年果盛。 俗云：「桐大如斗，主人必走。」蓋緣由家種桐木，其幹大則不利主，屢見之驗。 凡種樹，早晚以水沃其下，唧筒唧水其上。 移樹。用□調泥漿於根下，日沃水，無不活者。 插杉枝。用驚蟄前後三日，斬新枝，鋤開坑，入枝下沉杵緊，相視天陰，即插折了。遇雨十分生，無雨即有分數。 草木被羊食者不長。 今移樹者，以小牌記南枝，不若光鑿窟沃水，攬握方栽。築令實，不可踏，仍多以木扶之，恐風動且顛則根摇。根摇，雖尺許之木亦不活。根不摇，雖丈許木可活。更芟其上，無使枝葉驚，則不□風。 木自南而北，多苦寒而不生。只爲臘月去根旁土，取麥穰厚覆之，然火成灰，深培如故，則不過一二年皆結實。若歲用此法，則南北不殊，猶人灼艾耳。 凡樹一移當三年。 貧婆樹，冬花夏子。 種桑。收椹，水淘取子，曝乾。熟耕地，畦種。

宋 温革《分門瑣碎録·種木法》 凡栽樹，記其陰陽，不令轉易。大木髡之，小則不髡。深□内樹，以水沃土令如薄泥。東、西、南、北摇之良久，然後堅築。時時灌澆，埋之欲深，栽訖，不得用手提及六畜觝突。《淮南子》曰：「移木失其陰陽之性則莫不枯槁。」凡移木須愛護，附根地面，土封其根處。此土不動，木即易活。 栽樹。正月爲上時，二月爲中時，三月爲下時。然棗鷄口，槐兔目，桑蝦蟇眼，榆負瘤散，自（其）餘雜木鼠耳、虻翅，各其時。凡種栽并種，皆用此等形象者。 正月自朔暨晦，移諸雜木，無不生者。 凡移樹，不要傷動根，須闊掘，築不可去土，恐根傷。諺云：「移樹無時，莫教樹知。」 種一切樹木，根向南，栽亦向南。 柏松雜木，正月種爲良。 松必用春後社前，帶土栽培，百活。舍此時，決無生理。春分後勿種松，秋分後方可種，不猶松爲然。 種松。大概与竹同，只要根實，不令摇動，自然生也。 栽松時，去松中大根，惟留四旁鬚根，則無不偃蓋。

宋 温革《分門瑣碎録·果木總説》 梅，結實最遲，語曰：「桃三，李四，梅十二。」蓋言桃三年，李四年皆實，惟梅必十二年也，故云。 果中易生者莫如桃，而結實遲者莫如橘。諺云：「頭有二毛好種桃，立不逾膝好種橘」，言桃可待，而橘不可待也。 羅浮有壺橘一種，又有橘子。有兩眼倍，謂之越三頭。楊梅、皂莢，有雌雄（者）之樹，雄者無實。 銀杏樹有雌雄，雄者有叁稜，雌者有二稜。合二者種之，或在池邊，能結子而茂蓋，臨池照亦生也。 桃實自乾不落者名桃梟。 果實異常者根下（根）必有毒蛇，切不可食。

宋 温革《分門瑣碎録·種果木法》凡種果宜望前種，若望後則少實。 三月上旬，取果木，斫取好直枝如大拇指，長五寸，内著芋魁中種之，候芋大。蔓菁根亦可用。盛種核，種三四年，乃如此之大耳。 凡種果，須候肉爛和核種之，否則不類其種。 種果木。月半前則多子，月半後則少子。 種盤榴法。冬間霜下可收歸南簷下，如土乾時，就月色中略用水澆潤。春暖，放露地磚石上，如長嫩苗，隨意剪去，勿令高大。夏間置烈日中或屋上曬，尤佳，免近地氣。長根及有蟻蚓，兼猛日曬則易著花。又須每日侵晨用水一盆或米泔没花斛，浸約半時許取出，日中曬，如覺土乾，又浸。或一兩日一浸，日中不必浸，亦不必添肥土，間用溝泥水澆之不妨，只要浸，别無他法。 種桃。桃熟時，墻面煖處，寬深爲坑，收濕牛糞内坑中。好桃核十數箇，尖頭向坑中，糞上厚蓋一尺深。春芽生，和土移種之。 栽杏。杏熟時，含肉埋糞中，至春既生，則移栽實地，既移不得更移。 栽果木。擇取地低處，候栽接了，用泥深蓋過，令接處生根。着子不見香味倍好。 接果木法： 桃樹，李接枝，則紅而甘。李接桃枝，生子則爲桃。桑樹接楊梅，則爲

（味）酸。　蒲萄。欲其肉實，當栽於棗樹之側，於春間鑽棗樹作一竅，引蒲萄枝入竅中透出。至二三年蒲萄枝既長大，塞滿竅子，便可斫去蒲萄根，令托棗根以生，便得肉實如棗，北地皆如此種。　梅樹接桃則脆，桃樹接杏則大。　柿子接及三次，則全無核。　應點桃、李、銀杏栽，蒂子向上箇箇生，向下生者少。　凡接矮果及花，用好黃泥晒乾篩過，以小便浸之。又晒乾篩過，再浸之又晒，浸凡十餘次。以泥封樹枝，用竹筒破兩片封裹之，則根立生。次年斷其皮，接根取栽之。　柑、橘、橙等，於枳殼上接者易活。　接樹。須取向南，隔年近下接之，則著子多。　脱果法。木生之果，八月間以牛滓和包其鶴膝處。如大杯，以紙裹囊覆之，麻繞令密緻，重則以杖柱之。　其發花結實，明年夏秋間試發一包視之。其根生，則斷其本埋土中。其花實，皆宴然不動，如巨木所結子。頃在蕭山縣見山寺中橘木止高一二尺，實皆如拳大，蓋用此術也。大木亦可爲之，常見人家有老林擒，木根已蠹朽，圃人乃去木本二三尺許，如上法以土包之。一年後土中生根，乃截去近根處三尺許，埋土包入地，後遂爲完木。　雜説：栗，採實時，要得披殘其枝，明年益茂。南圭云：甜瓜生者，以鰲魚骨插頭項上，則蒂落而易熟。　紅柿摘下未熟，每籃將木瓜三兩枚於其中，其柿得木瓜即熟，並無澁味。　生木瓜細切拌小棠梨，入竹籠腌數日，即成「青沙爛」。生柿亦如此法即熟。　炒栗。用少油在手，逐箇揩之，則膜不沾肉。　柿子常生，晒之即熟。　南方柑橘雖多，然亦畏霜，時不甚收。唯洞庭霜雖多，無所損。詢彼人，云：「洞庭四面皆水，氣上騰能閡霜，所以洞橘最佳。」歲收不耗，正爲此尔。　諺云：「橘見尸而實繁，榴得骸而葉盛。」蓋言人戶埋橘樹之下實甚繁，以人骸埋榴樹下生葉必茂，如埋猫引竹相類。　果子生花，花謝時天晴日猛，果子多。遇雨即少。果實，凡經數次接者核小，但其核不可種耳。　吴人忘蒲萄云：「則易主」，信然。　桃者，五行之精，制百鬼，謂之仙桃。　生龍眼，沸湯内淖過，食之不動脾。

宋　陳旉《農書》卷上《財力之宜》　若高田，視其地勢高，水所會歸之處，量其所用而鑿爲陂塘，約十畝田即損二三畝以瀦蓄水。春夏之交，雨水時至，高大其堤，深闊其中，俾寬廣足以有容。堤之上疏植桑柘，可以繫牛。牛得凉蔭而遂性，堤得牛踐而堅實，桑得肥水而沃美，旱得决水以灌溉，潦即不致於瀰漫而害稼。

宋　陳仁子《牧萊脞語》卷一五《種樹説》　有語予移樹之訣者，凡移巨樹，其本築以固，欲其屹然而不摇也，其土篩以膩，欲其穠焉而不膠也。其枝葉稀而或秃，欲其末輕而不張乎風也。其時日冬而昉移欲其液回而足乘乎春也。既種已間一日軼水以滋焉而不可淫，編棘以圍焉而不可近，遲之歲月以俟焉，而不可爪其膚，然後性之傷者，復天之病者，徐而全，精神内固横枝外鬯，生意沛乎其不可閼矣。予曰，是法也，即種學法也。凡學之著乎心亦猶樹之著乎土者也。簡者其功疎以陋慢者，其味淺以短躁且汙者，其質誘以变今夫學也者，非可易而爲也。温故而肆翫味精深猶築之，欲其堅也，韋編而絶程度縝密猶篩之，欲其膩也，靠實以擴之，不事浮華之美，觀猶末之，欲其輕而秃也，及時以操之；不聽歲月之蹉跌，猶春之欲其乘以榮也，澆胸以聖賢之義理而不淫以邪也，去誘以詩書之關鍵而不近以褻也；計功以日新文新之矩度，而不亟以盈也。夫是以養深而不可撼誘，多而不可移行之，而固需之，而成躋之，而聖賢雖富貴臨乎，前而不羨，刀鋸加乎後而不慑，否則涸可立而待也。嗟夫，人之學也而種之，不如法是，不如老圃者，真不如也。

接果。

宋　蘇軾《蘇文奇賞》卷五《接果説》　蜀中人接花果，皆用芋膠合其罅。予少時頗能之，嘗與子由戲用（若）（苦）楝木接李，既實不可嚮口，無復李味。傳云，一薰一蕕，十年尚猶有臭非虚語也。芋自是一種，不甚堪食，名接果。

宋　陳師道《後山集》卷二一《談叢》　晁無咎移樹法：其大根不可斷，雖旁出遠引亦當盡取。如其横出，遠近掘地而埋之，切須帶土，雖大木亦可活也。大木仍去其枝。

宋　張鎡《仕學規範》卷一二《行己》　門人有初見請教者，先生曰：人須先立志，志立則有根本，譬如植木須先有箇根本，然後培养能成合抱之木。若無根本，又培養箇甚。

宋　陳直《壽親養老新書》卷三《脱果》　木生之果，八月間以牛羊滓和土包其鶴膝處彼端幹相摟黄紋處如大柸，以紙裹囊覆之，麻繞令密緻。重則以杖拄之。任其發花結實，明年夏秋間，試發一包視之，其根生，則斷其本埋土中。其花實皆晏然不動，一如巨木所結子。在蕭山縣見山寺中橘木止高一二尺，實皆如拳大，蓋用此術也。大木亦可爲之。嘗見人家有老林檎木，根已蠹朽，圃人乃去木本二三尺許，如上法，以土包之。一年後，土中生根乃，截去近根處三尺許，包入地後，遂爲完木。

元 司農司《農桑輯要》《務本新書》：一切栽，枝記南北。根深土遠，寬掘；上以席包包裹，不令見日。大車上般載，以人捧曳，緩緩而行。車前數百步，平治路上車轍，務要平坦，不令車輪搖擺。於處所依法栽培，樹樹決活。古人有云：「移樹無時，莫令樹知。」區宜寬深，以水攪土成泥，仍糁新粟、大麥百餘粒，即下樹栽。樹大者，須以木扶架；若根不動搖，雖丈許之木可活。仍須芟去繁枝，不可招風。

明 宋詡《竹嶼山房雜部》卷九《樹畜部》通論：凡移種接脱花木等，最貴及時，又不宜使凡草根荄古哀切雜長，以分其肥沃，奪其生意，至於具腓也。 凡果木多生蠹蝎胡葛切、蛣去吉切、蝠丘物切之類，齧之必探其穴，以杉木栽爲針口，塞其氣則自亡。又以焰硝、硫黄，合紙線絍穴口火然，走其臭皆亡。坋百部内穴中，亦能殺蠹治魚腥，水洒蔬果等癩蟲自消滅海魚勝池魚蟲，能飛動者，取江橘藾以膠焉啄本善啄蠹。 凡果木花卉最忌麝香熏，觸則花葉遂皆枯厭，宜多種葱薤則能解之。 凡接寄之木，必用枝體相似與氣味相合者，如桃與李，梅與杏，梨與棠，橘與枸方可接也。如木筆與木蘭，繡逑與八仙，檜與纓絡，方可寄也。牡丹與芍藥方可七頭接也。 凡伐木不宜亂伐，惟視其性之易生者，如桑如柳必伐，而髡且用其肄是也斬而復生曰肄。 有在土之果木畏冷如橘，畏熱如梨，松宜乾，檜宜濕，各適其性，而封護培植之。 有在盆之花卉畏冷，如茉莉愛日，如火榴喜水，如菖蒲無失其宜。 有相害之物，木插桂而枯，烏賊骨而斃，有相益之物，牡丹得鍾乳粉而茂，海棠得糟水而花鮮，宜識其由。一云桂矸木上則茂矸木下則枯 凡果實結一年，至二年自必歇枝。譬如人家有桃李三株，俟其開花結實，悉摘去十五株上者止。留十五株成熟，逮明年乃摘去，今年成熟者，留前年摘去者，結實則本不傷，而常年得其果，實用也。漢大夫曰，李梅實多者，來年爲之衰。

又 凡花卉蔬果所產地，土不同。在北者則耐寒，在南者則喜煖，故種植之時，亦各不同。開花結實先後亦不同，有在高山者，有在平地者，有宜早者，有宜晚者，又有在北者，移於南則盛，在南者，移於北則變，如果木之類在淮南爲橘，淮北爲枳。而蔬菜之屬，在北爲蔓，菁有根，在南則爲菁，菜惟葉。龍眼荔枝之類，生於南方。閩粵南粵榛松之類，盛于北方。胡遼梅李之實，食於初春。南詔皆不能越其地土而長茂，學稼圃者，又如柳子厚云，順木之天以致其性而後壽且孳音字也，斯得乎種植之法矣。

又 移木：凡移種木時，傷動木根，則菑翳開根外，故土須大，上用約繩纏匝，下用潤厚木板襯而扛舉之，雖拱把皆生也。《詩皇矣注》曰，菑木立死者也，翳自斃者也。

又 種木：凡種木先開一坎，比原木根土須寬，以糞水調成濘泥，乃立其根，皆令舒直沾遍方實以乾壤。又使糞水灌透，則活根，宜平其身不得太深，深則不長不活，又不可令風偃人扳之蓋，下生細根，上長萌蘖，細根新得，水土而生，意方回一動必損。若今年欲移，先於去年春前開斷木之四週，謂之轉垛木。大先三年，每年輪開一方，乃可移其果木，種則宜踈，每一丈二尺一株者，方爲適中，惟八月至正月，皆可種之時，所種之地肥瘠不同，惟雜以沙土，最得春氣之先，易於發生。

又 接木陳瑩中曰：色紅可使紫葉單，可使千花小，可使大子少，可使繁。黄庭堅曰：雍也。本犂子仲由元鄙人。 必視其時，或將發生時，或將黄落時，在春分之前秋分之後，是其候也。接之必先舉手定準，執刀端直不至重傷，則易成活。木生至一二年者可接。其接枝宜剪其已生果，發及二年有旺氣者，過脉乃善接法甚多，不能殫述。腰接木之盈把者，近跗一尺或七八寸許間，執細齒鋸截之爲枯，又用利刀裁枯，使之光平，則不沁水遂以枯之一傍裁開，其皮微連，其膜長約一小寸，先取剪下之枝，裁去兩傍，亦僅一寸，置口含之使熱，連唾插掩於所開枯傍，皮膜之間。人忌食飲腥酒先以紙封，次以箬封，務以麻皮緊縛之。每枯對接兩枝相同，外取乾壤以箬載於所接之處，少潤以水，復不宜灌，又以濶箬高跨，其接枝上不容日暴之。俟其成體，而始宜開揭也。 根接木身小者，連跗截去如前法，裁開枯頭中央以木貼，照前插之縛之，以土封之。七頭接取一木枝及一木根，各帶斜裁去使半以人唾，兩相粘掩之，用紙及麻皮緊縛埋根於土，以瓦規定，露枝於上，灌使少潤，雖遇晴陰皆以器覆稍密。 俟成形體而方開也。木液濃者，其幹亦堪接。

又 寄枝：先一年前，移其相似之木，種大木側既盛，活於春分前後，屈大木之枝與新種相方之木，近其根跗間各裁去其皮與膜，如接貼同紐合相定以過其氣，仍用紙及麻皮封縛甚緊，不令顛揭直。俟次年八月，候視膚理已平，乃剪離大木之枝。俟寄下者全活，始宜移種。有取種於盆盎中，立架以就其大木。惟欲深支，勿使摇動，則生也。

又 插木：視木之宜時，用地開一寬穴，斬木幹輕手插入，須深，實以沃土，灌以糞水。或插於芋魁蘿蔔中埋之，蓋幹之上苞發爲體，下苞行爲根，慎勿振掘，烏入切以稿之也。

又 種子：用木子於臘時，先浸於宿糞穢中，半月許取出，於沃壤間播種，比則脅之使直，長則以時而出土移之子，須帶肉者爲良。

又 壓枝：春間或秋間，屈木枝以石壓之於地，用土封之。俟苞間生根，遂移種也，枝跗須斷其半焉。

又 脱木：凡果木於八月間和牛羊之滓，包其鶴膝處，先微傷其膚，使氣流行，取紙麻皮緊縛之，復以杖支之，不令摇振。從其開花結實至明年夏秋間，啟視如根生滓間，則斷其本植之於土，宛然一故木也。

又 善木：臘月間於木下側開坎寬深，探攢心釘地之根，斫斷，止留四散生者，仍以土覆之，以糞水灌透，則生子碩大也。

又 綰木：必視木之已長發萌未久，而枝幹易於轉屈，順其性而攀挽之也。若枝大則用鉗碎而曲折之。取麻皮約寬繩縛，音榻綰不宜太緊，剌斷其膚，氣脉不貫通，亦不能活也。縛以索罥物也綰亦罥也。

明 王象晉《羣芳譜·木譜首簡》 移植：語云：種樹無時，雨過便移，多留宿土，記取南枝。而《汜勝之書》乃曰：種樹正月爲上時，二月爲中時，三月爲下時。夫節序有早晚，地氣有南北，物性有遲速，若必以時拘之，無乃不達物情乎。惟留宿土，記南枝，真種植家要法也。　《齊民要術》云：凡栽一切樹木，欲記其陰陽，不令轉易。大樹（秃）〔髡〕之，小樹則不（秃）〔髡〕。先爲深坑，比原坑寬大，納樹訖，以水沃之，着土令如薄泥，東西南北摇之良久，使根舒直，然後下土，仍以水澆透。至次日土稍乾，然後堅築，埋之欲深，勿令撓動。栽記〔訖〕皆不用手捉，及六畜觝突。凡栽樹要當其生意萌動，如棗雞口，槐兔目，桑蝦蟆眼，榆負瘤，其餘雜木，鼠耳虽翅〔虻翅〕，各有其時。　凡移木時傷動木根則菑翳，開根外故土須大，上用約繩纏匝，下用潤厚木板襯而扛舉之，雖拱把皆生。如今年欲移，先于去年春前，開斷木之四週，謂之轉垜。木大者先三年，每年輪開一方，乃可移，其果木，種則宜疏，每一丈二尺一株者，方爲適中。八月至正月皆可種，陳麋公云：種樹之法，莫妙于東坡曰，大者不能活，小者老夭又不能待，惟擇中材而多帶土磈者爲佳。　凡移植果木，先於九月霜降後鋤掘轉成圓垜，以草索盤定根土，復以鬆土填滿四遭，用肥水澆實。次年正二月移至合種處。宜寬作坑，安頓端正，然後下土。下土半坑，將細木棒斜築，根垜底下須實，上以鬆土加之，高於地面二三寸，度其淺深得所，不可培壅太高，但不露大根爲限。若本身高者，用椿木扶縛，庶免風雨摇動。天晴每朝澆水，半月根實生意動則已。若路遠，不能便種，必須遮蔽日色，垜被日炙則難活。春月移栽松栢槐柳、桑柘橙橘各色樹皆可。北方法：以磚石砌圈圍之，高三四尺，下空涵洞洩水。此法最妙，鄉間以棘刺捆圍于樹根數尺，以護人畜，此法亦可用。《齊民要術》言種榆者歲歲簡剥賣柴之利，已自不貲，況諸般器物，其利十倍。砍後復生，不勞更種，所謂一勞永逸。古人云：木奴千，無凶年。若能多種不惟無凶年之患，抑亦有久遠之利。　附壓插：春間或秋間，屈木枝以石壓於地，用土封之，候苞間生根移種，枝跗須斷其半。　修剔：凡修剔樹木，必於枝葉零落時。大者斧鏟，小者刀剪，視其繁冗，及散逸者，方可去。裁痕向下不受雨漬，自無食心之腐。無顛頂者則取直生向上一枝留使成長，有枯朽摧拉須盡，則不引蛀，以妨盛枝。欲木身之直則從其不足處每年以刀劙，其膚氣行則傷痕先滿，而身漸能直。凡伐木須於四月不蛀。　附綰結：視木之已長，發萌未久而枝幹易於轉屈者，順其性而攀挽之。若枝大則鉗而曲折之，取麻皮約寬，繩縛綰不宜太緊，若剌（折）斷，其膚氣脉不貫通，亦不能活。防衛：有在土之果木，畏冷如橘，畏熱如梨，松性宜乾，檜性宜濕。無失其年，去根面故土一重，加以釀成沃土爲妙。土乾則灌，自與地生者不同。宜，則暢茂條達。有在盆之花卉，畏冷如茉莉，愛日如火榴，喜水如菖蒲，惡穢如虎刺。各適其性，則敷榮滋。遂有相害之物，木以插桂而枯，以烏賊骨而斃。有相益之物，牡丹得鍾乳而茂，海棠得糟水而鮮。能識其繇，則擁護培植，各中其欵。　清明日三更以稻草縛樹上，不生戴毛傷樹蟲。　灌溉：凡木最不宜發萌時多灌，蓋上發萌芽，則下行新根，灌之多易致腐爛。又宜晚涼之候，一切糞及撏猪湯、退雞鵞翎湯皆不宜，親木跗必生蛀。臘前則通灌之，以俟其來春發育。糞必久宿者，必雜以水，亦視其宜乾宜濕，不宜頻灌。

明 王象晉《羣芳譜·果譜首簡》 種果：地不厭高，土肥爲上。鋤不厭數，土鬆爲良。又要各按時節，臨下子時，必日中晒乾，擇浄，然後合浸者浸之，不浸便用，撒入鬆土，子細者撒在上面。下子訖，即用糞蓋，成行與打潭種者亦然。下子曰要晴，雨則不出。三五日後又要雨，旱則不生，須頻潑水。若桃杏之類須擇美而大者作種，待極熟時，望前于向陽暖處，寬掘坑、深尺餘，牛馬糞和土填半坑，取核尖頭向上排定，旋以糞土填平。至春生芽，萬不失一。水浸風吹，則仁腐不生。桃杏宜和肉種，俟成小樹，帶土移栽，大率兩步一株。又云：桃宜稀，李宜密，杏宜近人家。　凡種盆中花、果，須先儲土。夏月取陽溝中泥，晒乾敲細，頻澆糞，旋晒乾數次。後一層土，一層草燒二三遍，收無雨處。入盆栽種，自然茂盛。　栽果：栽果宜望前，茂而多實，望後則實少。栽後時澆水，頻覆土。勿太乾，乾則根不行。勿太濕，濕則根易腐。勿露空隙，有隙則風易入。如根無宿土者，但（但）深掘坑，以清糞水和土成泥，栽於泥中，輕提起，使樹根與地平，則舒暢而不拳屈。三四日後，方用水澆灌。四圍用木架縛穩，勿令搖動，無不活者。栽後以棘茨圍樹四週，則人畜不能損棘，氣暖又可避霜。凡栽種以二月爲上。　扦果：諸果於三月上旬，取直好枝如拇指大，長三尺，插大芋或大蘿蔔蕪菁中，種之皆活。三年後成樹，全勝種核。一說：凡扦插花木，先于肥地熟劚細土成畦，用水滲定。正月間樹芽將動，揀肥旺直條拇指大者，斷長尺餘，每條下削成馬耳狀，以小杖刺土，深約與樹條過半，然後以條插入，以土壅實。每穴相去尺許，常澆令潤，搭棚蔽日。至冬，換作腰蔭。次年去之，俟長高移栽。扦插，須天陰方可。遇雨活多，無雨活少。　接果：凡果樹以接博爲妙，取速肖也。枝條必擇其美，宜宿條向陽者，氣壯而茂，嫩條陰弱難成根枝各從其類。荊桑接魯桑、梅接杏、桃接李、櫟接栗赤梨、棠梨接梨接工必用細齒截鋸一連，厚脊利刃小刀一把，要心手穩又必趁時，春分前後十日爲宜，或取條襯青爲期，然必時暄方可接，蓋欲藉陽和之氣也一經接博，二氣交通，以惡爲美，其利有不可勝言者。接博之法有六：一曰身接。貼大宜高接。先用細鋸截去元樹枝莖作盤砧，高及肩以利刃小刀，際其盤之兩旁微啓小罅（罅），深一小寸，先用竹籤測其深淺，却以所接條約寸許，一頭削作小篦子，先噙口中，假津液以助其氣，內之罅（罅）中，極要快捷緊密，須肌肉相對。插訖，用樹皮封纏，內寬外緊，牛糞和泥斟酌封裹，仍用寬兜盛土培養。接頭勿令透風見日，土乾則洒以水。芽出非接頭上者悉去之，培土，上露接頭一二眼，以通活氣，天晴則易活。二曰根接。貼小宜近地鋸截斷元樹身，去地五寸許，以所取條削篦插上，如身接法。培以土，以棘護之。三曰皮接。用小利刃于元樹身八字斜剉之，小竹籤測其淺深，以所接枝條皮肉相向插之，封護如前法。候接枝條發生，去其元樹枝莖。四曰枝接。如皮接之法而差近。五曰靨接。小樹爲宜。先于元樹橫枝上截去，留一尺許，于所取接條樹上眼外方半寸，刀尖割斷皮肉至骨，併揭皮肉一方片，口噙少時取出，印濕痕于橫枝上，以刀尖依痕刻斷元樹靨處，大小如一以接按之，上下兩頭以桑皮封繫，緊慢得所，仍用牛糞泥塗護。隨樹大小酌量多少接之。六曰搭接。將已種出芽條，去地三寸許，上削作馬耳，將所接條併削馬耳相搭接，以人唾粘連，封繫糞壅如前法。　過貼：壓條、接換俱不能者，乃用過貼，即寄枝也。先移葉相似、性相同之小樹置其旁，可以枝相交合處，以刀各削其半，皮與膜對合，麻皮纏固，泥封嚴密。如欲貼繡毬花，先取八仙栽培于瓦盆中，次年春連盆移就繡毬花畔，將八仙花梗離根七八寸許括去皮半邊，約二三寸，又將繡毬花嫩枝亦括去皮半邊，彼此挨合一處，用麻纏縛。頻澆肥水至十月，候皮生合爲一處，截斷繡毬本身，將盆移開，自然暢茂。周歲斷者尤佳。貼玉蘭花先以木筆同上法。山茶、海棠、桃、李、杏皆可貼寄，俱于二三月間。　壓枝：春間屈樹枝就地用木鈎攀釘堅牢，燥土壅起身半段，以熟土覆枝四、五寸厚，露梢頭半段勿壅，以肥水澆灌區中。至梅雨時，枝葉仍茂，根已生矣。壓時須枝跗相連處斷其半，用土封厚。次年新葉將萌方斷連處。霜降後移栽。　順性：凡果、蔬、花卉地産不同，秉性亦異。在北者耐寒，在南者喜暖。高山者宜燥，下地者宜濕。早苗者發于和煦之時，遲生者盛于寒沍之候。北者移之南則盛。南者遷之北則變。如橘踰淮則爲枳，菁在南則無根。龍眼、荔枝之類盛于南方，榛、松、棗、栗之屬蕃于北土。梅、李、桃、杏當春夏即登筵几，棗、柿、栗、榛俟秋冬方實俎豆。此物性之固然，非人力可强致也。誠能順其天以致其性，斯得種植之法矣。　澆果：諸花木芽時下便行根，此時不宜澆糞。俟嫩條長成，生頭花時，止可澆清糞水，忌濃糞。花開時，又不可澆糞，遇旱只澆清水。初結實，澆糞即落實，大則無妨。大約花木忌濃糞，須用停久冷糞。如水澆新糞止宜臘月，亦必和水三之一。凡用肥，宜審時，如正月須水與糞等。二、三月樹發嫩枝，則下生新根，澆肥則損根而死，未發萌者不妨。五月雨時，澆肥根必腐爛。六、七月發生已定，可輕輕澆肥。八月亦忌澆肥，白露雨至，必生嫩根，見肥則死。惟石榴、茉莉之屬喜肥。柑橘之屬，用肥反皮破脂流，至冬必死。能依月令澆灌，自然發旺暢茂。　果害：果忽有異常者，根下多有毒蛇窟穴，食之殺人。果花六出者，必雙仁，有毒。果落地有惡蟲緣過者，食之患九漏。果未成核者，食之發癰疽，及患寒熱。瓜雙蒂者、沉水者，皆有毒。　果徵：諸果不熟，其名爲荒。桃李多實，來年必穰。

明　周文華《汝南圃史》卷二　下種：凡下種，必擇吉日及天晴爲妙，雨則不茁（出）。三五日後必欲雨。旱則不生，須頻澆水。下種後不得令人足、雞犬踐踏。　核宜排，子宜撒。其法：收枝頭乾實，懸通風處，臨種少曬，擇向陽所，以肥土鋪半，將核尖向上排定，再以肥土蓋之。乾濕得所爲妙。凡果須候肉爛，和核種之。否則不類其種。　分栽：根上發起小條，俱可分栽。先就本身相連處截斷，未可便移，待次年方可移植。或叢生者則不必，然亦須按月分栽則活。　凡花木有直根，一謂之命根。趁小時栽，便盤了，或以甎瓦盛之，勿令生下，則他日易移。以利斧斷之亦可。　扦插：凡扦插花木，須地土肥細。二三月間，萌蘖將動時，選肥嫩發條取下，斬長尺許，每條下削成馬耳狀，即以杖刺土成穴，深五六寸許，以花條插之，半入土内半出土上，仍築令土著木。日用水澆灌，令土常潤澤。夏搭涼棚蔽日。冬作暖棚以禦霜雪。候長成方可移栽。　春花已半開者，用刀剪下，即插之蘿蔔上，却以花盆種之。時時澆溉，花過則生根矣。既不傷生，又可得種，亦奇法也。　接换：凡葉相似，實與核相類者，皆可接换。下向根脚謂之樹砧。如桃砧接梅、接杏，櫟砧接栗之類是也。若本色接本色，尤妙。砧大者宜高截，小者宜近地截。截訖用快刀銛砧上鋸齒痕，將取到接頭斷長四寸許，根頭斜削皮骨成馬耳狀，又將馬耳尖頭薄骨翻轉，割去半分，納口内噙養。然後於砧盤左右皮内木外批豁，或兩道，或三道。納所噙接頭於内，極要快捷緊密，須使老樹肌肉與接頭肌肉相對。用竹箨闊寸許，劈開雙摺，齊砧面包裹，再用竹箨包其砧頂，通以麻皮纏縛牢固，爛泥封其罅隙。再用瓦盛潤土培養。接頭上乾即灑之。上露接頭二三眼，以通活氣。直至秋間，新枝長成，方可去土。　凡接换必須相稱。砧大宜高截，砧小宜低截。對接，上下各正去半爿。偶接，上下各斜去半爿。插接，截平本根，削斜分枝，插皮内。合接，同種兩枝各削去半邊。俱用麻縛、篾箍、泥封、箨裹。四圍扦棘，以防鳥雀。常將水灑，更避日色。若遇狂風大雨，急宜遮護，否則不活。　接法有五：一曰身接。將鋸截去原樹枝莖作盤，砧高可及肩，以小利刃於其盤之兩旁微啓小罅隙半寸。先用竹籤候之，測其淺深。即以所接條約長五寸，一頭削作小篦子，先噙口中，假精溢以助其氣，即納之罅中。皮肉相對插之，即用樹皮封繫桑皮、穀皮之類，寬緊得宜。用牛糞和泥斟酌擁包，勿令透風。外仍留一眼於上，以泄其氣。二曰根接。以鋸截斷原樹，去地五寸許，以所接枝條削皮插之，一如身接之法。就以土培封之，以棘圍護之。三曰皮接。用小利刃於原樹身八字斜劈之，仍以竹籤探著深淺，將所接之枝皮肉相向插入，封護如前。　迨接枝發茂，斬去原樹枝莖，則所接新枝自然條達。四曰枝接。一如皮接之法。五曰搭接。將已種出芽條，去地三寸許，上削作馬耳。將所接枝條併削馬耳，相搭接之，封繫糞擁，悉如前法。　凡接矮果及花，用好黄泥曬乾、篩淨，小便浸之，再曬浸十餘次。以泥封樹枝，用竹筒破作兩片封裹之，則根立生。次年截取栽之。　凡接樹，須其生意已動，未發芽時，不先不後，乃易活。　凡接花樹，雖已接活，内脂力未全，包生未滿，接頭處切勿令梅雨得以浸其皮。　《宦游紀聞》載種花法云：春分和氣盡，接不得。夏至陽氣盛，種不得。立夏以後不可移種。其云春分不可接樹，則妄也。接樹之期，大率先梅杏桃李，次棗栗梨柿，次柑橙橘柚。惟金橘尤宜遲。蓋氣未動，而接者多不能活。　凡接樹，雖活，下有氣條從本身上報者，急宜削去，勿令分其氣力。　壓條：壓黄薔薇法：黄梅中，攀枝着地，用樹鈎釘住，令其貼服，用肥土壅之。明年生根後截斷，再隔一年移栽。因此種最難活，必須用此法。凡壓條倣此。　過貼：凡花木不可分、不可接、不可壓，用過貼法。　凡欲過貼，先移葉相類之小樹於旁。從兩邊樹枝可相交合處，以刀各削其半，對合。著用竹箨包裹，麻皮纏縛牢固，泥封之。大樹所合枝旁截，令斷。小樹所合枝，去其梢，至來春方可截斷連處，待長後移植。　移植：凡移植果木，必先於九月霜降後。搬轉成圓垜，以草索盤縛原土。未可移動，仍以鬆土填滿周遭罅隙，待次年正二月移栽。栽處宜寬作區，安頓端正，然後下土。將木器斜築根底，下以實爲度，上以鬆土覆之。若本身高者，須用竹木扶縛定，勿使風摇動。安頓完，即以肥水澆之。如無雨，每朝灌水，直待半月後，其根實，生意發動乃止。大樹髡其梢，小則不必髡。若路遠未能便種，必須蔽日。若垛碎、日炙，即不活矣。　【略】　凡樹一移當三年。　先記枝之所向，將竹刀掘起，下勿傷根，上勿損葉，如前種之。再加肥土填滿四邊，又以石子鋪面，以防泥濺，如泥一濺葉即黄脱。仍須澆灌得宜，謹避風日，數日即活。　花木接者，或砍移種，須令接頭在外。　移栽果木，宜在望前，則結子繁多。　冬日將樹掘起洗淨，勿傷根芽。當量樹之老嫩，於日中曬數日，乾極則灑水，復用肥泥拌宿壤種之。若天煖，澆糞數次亦可。若止曬一面，則餘三面皆無花矣。 以烏賊魚骨鍼花樹，輒死。 植物去皮則死，氣在外也。 草木被羊食者不長。

又 整頓避忌，祈禳，保護，驅邪附：正月修諸花果樹木，削去低小亂枝，勿令分力。結子自然肥大。 樹木發芽時，於根旁掘土須要寬深，尋直下釘地根截去，留四邊亂根勿動。却用土覆蓋築實，則結果肥大，勝插接者，謂之騸樹。花果樹木有蟲蠹者，務宜去之。其法用鐵線作鈎取之。一法用硫黄、雄黄作煙熏之即死。或用桐油紙撚條塞之亦驗。 凡樹内蛀蟲，入春頭俱向上，難於鈎取，必用煙熏。唯冬則向下，將鐵線一搜立盡。 花果樹木有蟲蠹者，以芫花納孔即除。一云百部葉亦可。又正月間，用杉木作小釘塞之，其蟲立死。 凡種好花木，其旁須種葱薤之屬，以辟麝。花木最忌麝香之觸，瓜尤忌之。若既爲所觸，急於上風燒硫黄氣以解之。【略】 諸般樹木整頓，尤須得法。去瀝水枝向下者、去刺身條向内者、駢紐枝連結者、冗雜枝多亂者、風枝細長者、旁枝新發者。或將大枝截去，以蜜塗之，復以馬糞和泥，罨其潤處。或用魚腥水澆之，便生苔蘚，尤助野趣。如盆中樹，欲其曲折，略割其皮，隨意轉摺，以椶縛之，自饒古意。 種樹時將大蒜一枚、甘草一寸，先放根下，永無蟲患。若有蛀眼，以硫黄塞之。有蟻穴，以香油或羊骨引之。有蚓穴，以鴨糞或灰水澆之。 凡種盆景，保護務要及時。倘風水相侵，寒熱暴至，當以布帳遮之，或箆篁覆之。如遇輕陰、細雨、淡日、和風，出架庭中，勿令著地，恐致根長。 澆灌：澆灌必分早晚。早宜肥水澆根，其法：鋤嫩青草拌溝泥同罨缸内，久則自然流出青水澆之。晚宜清水灑葉，其法：取天落水或河池水，置缸内，投石子數枚，澄過灑之。若晚間驟雨，急宜遮護。恐烈日曬後，熱氣蒸花故也。 凡草木發芽不可澆糞，恐傷其根也。花開時不可澆糞，恐墮其花也。糞須和水，不可太濃。若用停久冷糞，曾經雨露者，尤妙。 草木之性不同，如茉莉、石榴不妨過肥。杜鵑花稍著糞穢，則木立稿（槁）。又五月梅雨時，不宜用肥，肥則根必腐爛。八月白露，雨至必生嫩根，概以肥澆，非獨無益，抑且有害。 澆灌之法，須按月輕重。暑月宜清，臘月宜厚。如正月用糞和水七之三，二月六之四，三月平分，四月四之六，五月三之七，六月二之八，以後月分，例照前月次第加減。 凡花蘂當在數日後開者，用馬糞浸水澆之。次日即開，謂之催花法。 培壅：培壅，先於貯土，須鋤青草以糞澆之，煨過再燒。如此數次。搗碎，篩浄，揀去瓶瓦、草根，收藏缸内，安頓日照雨曬處。或將黄泥浸臘糞中，年餘取出，曬乾用之。或植盆樹，將炭屑及瓦片浸糞窖中，經月取出，以爲鋪盆用。 凡種花欲得花多，須用肥土壅根，高三五寸。但宜在十一、十二、正月，餘月皆不宜壅。 摘實：凡果實未全熟時，不可便摘，恐抽過筋脉，來歲不盛。 又果熟時，勿輕摘採，如動破一枚，飛鳥皆來啄食。【略】 收種：凡收子種，須選其無病而綻者。曬令極乾，以瓶收貯，懸於高所，勿近地氣，恐生白蓸即無用，隔年亦不生。 凡收核種，必待其果熟甚，擘取其核，便於向陽煖處深寬爲坑，以牛馬糞和土平鋪坑底，將核尖向下排定，復以糞土覆之，令厚尺餘。至春生芽萬不失一。忌水浸風吹，皆令仁腐。一法以泥包核如彈丸，曬乾，投前坑中，更妙。

明 徐光啟《農政全書》卷三七《種植》 收種下種法：凡收子核必擇其美者作種，必待果實熟甚擘取。于牆下向陽煖處，深寬爲坑，以牛馬糞和土以半，于坑底鋪平，取核尖頭向上排定，復以糞土覆之，令厚尺餘。至春生芽，萬不失一。忌水浸風吹，皆令仁腐。一切草木種子，俱瓢盛懸掛爲佳。凡取種子，必充實老黑者，曬乾，以瓶收貯高懸，弗近地氣，恐生白摸，則無用。隔年亦不生及時秧子，勿使遲誤，亦不宜太早。地不厭高，土肥爲上。鋤不厭數，土鬆彌良，各要按時及節。臨下子時，必日中曬曝擇浄，然合浸者浸之，不浸便用撒入土内，子細者撒在土面。下子訖，即以糞沃其上，成行與打潭種者亦然。下子者，必要晴，雨則不茁。三五日後，又要雨，旱則不生，須頻澆水。《便民圖（纂）》曰：採果實法，凡果實初熟時，以兩手採摘則年年結實。果子熟時，須一頓摘，其美者遲留之，雖待熟亦不美，勿先摘動。被人盜吃，飛禽就來窺食，切宜謹之。 《遯齋閒覽》曰：用人髮掛枝上，則飛鳥不敢近。 《文子》曰：冬冰可折，夏木可結，時難得而易失。木方盛，雖日採之而復生。秋風下霜，一夕而零，故採摘不可不慎也。 《便民圖（纂）》曰：治蠹蟲法，正月間，削杉木作釘，塞其穴，則蟲立死。正月一日五更，把火遍照一切果樹下，則無蟲災，或清明日亦可。 《農桑輯要》曰：木有蠹蟲以芫花納孔中。

又 移樹者以小牌記取南枝。不若先鑿窟沃水攪泥方栽築令實，不可踏，仍多以木扶之，恐風搖動其顛，若根搖，雖尺許之木，亦不活，根不搖，雖大可活。更莖上無使枝葉繁，則不招風。又曰移樹木，用穀調泥漿水，于根下沃之，無不活者。又曰凡栽植忌西風。又曰凡植果木，先于霜降後，鋤掘轉成圓垛，以草索盤定泥土，復以鬆土填滿四遭，用肥（水）澆實，次年正二月，移至今種處。宜寬作區，安頓端正，然後下土半區，將木棒斜築根垛，底下須實，上以鬆土加之，高于地面二三寸。度其淺深得所，不可培壅太高，但不露大根爲限。若本身高者，必用樁（樁）木扶縛，庶免風雨摇動。灌以肥水，天晴每朝水澆，半月根實生意動則已。大樹（髡），稍小不必（髡）。若路遠未能便種，必須遮蔽日色，垛碎日炙，則難活矣。凡移果樹，宜寬深開掘，先入糞和泥乾，次日用土蓋根。無宿土者，深栽泥中，輕輕提起樹根，使與地平，則其根舒暢易活。必三四日後方可用水澆灌，勿令摇動。

又《種樹書》曰：凡移樹不要傷根鬚，須潤掘勿去土，恐傷根。玄扈先生曰：土封縱小，無絶根鬚。其法宜先寬掘土封，漸用竹木，剔去（旁）土，勿傷細根，約量人力可致者，以繩束之。新坑務措令濶大，令根鬚條直不可捲曲。

又　玄扈先生曰：凡諸木俱宜在下弦後，上弦前移種。地氣隨月而盛，觀諸潮汐，此理易晰矣。方氣盛時，生氣全在枝葉，故移則傷其性，接則失其氣，伐用則潤氣滿中，久而生蠹也。　分栽者，于樹木根傍（傍）生小株，每株就本根連處截斷，未可便移，須待次年，方可移植別處，或叢生，亦必按時月分植，則易活也。　壓條者，身截半斷，屈倒于地熟土兜一區，可深五指餘，卧條于内，用木鉤子攀抅在地，以燥土壅近身半段，露稍（梢）頭半段勿壅，以肥水灌區中。至梅雨時，枝葉仍茂，根必生矣。次年此日，初葉將萌，方斷連處，是年霜降後移栽尤妙。　凡扦插花木，先于肥地熟㔉細土成畦，用水滲定。正二月間，樹芽將動時，揀肥旺發條，斷長尺餘，每條上下削成馬耳狀，以小杖刺土，深約與樹條過半，然後以條插入土，壅入。每穴相去尺許，常澆令潤，搭棚蔽日，至冬換作煖蔭。次年去之，候長高移栽。初欲扦插，天陰方可用手，過雨十分，無雨難有分數矣。大凡草木有餘者，皆可採條種。尋枝條嫩直者，刀削去皮二寸許，以蜜固底，次用生山藥，搗碎塗蜜上，將細軟黄泥裹外，埋陰處，自然生根。　春花以半開者，摘下即插之蘿蔔上，實土花盆内種之。　灌溉以時，花過則根生矣，不傷生意，又可得種，亦奇法也。　立夏日，取交春一個時辰内，扦插各色樹木，入地四五寸，無不活者，當年即便生結。又云于正月上旬取樹木嫩枝扦插勝于種核，五年方大插扦全活，則二年已生矣。《食經》曰：種名果法，三月上旬，斫好直枝，如大母指長五尺，内著芋魁種之，無芋、大蕪菁根亦可用。

又《務本新書》曰：凡桑果以接博爲妙，一年後便可獲利。昔人以之譬螟子者，取其速肖之義也。凡接枝條，必擇其美。宜用宿條向陽者，庶氣壯而茂，嫩條陰弱而難成。根株各從其類。然荆亦可接魯桑，梅可接杏，桃可接李。接工必有用其細齒截鋸一連，厚脊利刃小刀一把，要當心手凝穩，又必趁時。以春分前後十日爲宜，或取其條襯青爲期，然必待時暄可接，蓋欲藉陽和之氣也。一經接博，二氣交通，以惡爲美，以彼易此，其利有不可勝言者矣。接博其法有六。一曰身接，先用細鋸截去元樹枝莖作盤砧，高可及肩，以利刃小刀際其盤之兩旁，微啟小罅，深可寸半，先用竹籤之測其深淺，却以所接條約五寸長，一頭削作小篦子，先噙口中，假津液以助其氣，却内之罅中，皮肉相對插之，訖用皮紙封，繫，寬緊得所，用牛糞和泥斟酌封裹之，勿令透風，外仍上留二眼以泄其氣。玄扈先生曰：開砧宜用老鴉嘴爲妙，高如馬，低如瓦。二曰根接，鋸截斷元樹身，去地五寸許，以所接條削篦插之，一如身接法，就以土培封之，以棘刺圍護之。三曰皮接，用小利刃刀子，於元樹身八字斜剉之，以小竹籤測其深淺，以所接枝條，皮肉相向插之，封護如前法。候接枝發茂，以斬去其元樹枝莖，使之莖茂耳。四曰枝接，如皮接之法，而差近之耳。五曰靨接，小樹爲宜。先於元樹横枝上截了，留一尺許，於所取接條樹上眼外方半寸，刀尖刻斷皮肉至骨，併帶凝揭去皮肉一片，須帶芽心揭下，口噙少時，取出印濕痕於横枝上，以刀尖依痕刻斷元樹靨處，大小如之，以接按之上下兩頭，以桑皮封繫，緊慢得所，仍用牛糞泥塗護之。隨樹大小，酌量多少接之。六曰搭接。將已種出芽條，去地三寸許，上削作馬耳，將所接條，併削馬耳，相搭接之，封繫如前法，糞壅。《農桑輯要》曰：正月，取樹本大如斧柯，及臂者，皆堪接，謂之樹砧。砧若稍大，即去地一尺截之。若去地近截之，則地力太壯矣。若夫所接之木稍小，即去地七八寸截之。若砧小而高截，則地氣難應，須以細齒鋸截，鋸齒麄即損其砧皮。取快刀子於砧緣相對側劈開，令深一寸，每砧對接兩枝，候俱活，即待葉生，去一枝弱者。所接樹，選其向陽細嫩，枝如筯麄者，長四寸許，陰枝即少實，其枝須兩節，兼須是二年枝，方可接。接時微批一頭入砧處，插入砧，緣劈處令入五分，其入須兩邊批所接枝皮處插了，令與砧皮齊，切皮對皮，骨對骨，毫末不差更好。令寬急得所，寬即陽氣不應，急則力大夾煞，全在細意酌度。插枝了，別取本色樹皮一片，長尺餘，濶二三分，纏所接樹枝，并砧緣瘡口，恐雨水入，纏訖即以黄泥泥之，其砧面並枝頭，并以黄泥泥之，對插一邊皆同此法泥訖，仍以紙裹頭，麻繩縛之，恐泥落故也。砧上有葉生，即旋去之，乃以大糞擁其砧根，外以刺棘遮護，勿使有物動撥其枝，春雨得所，尤易活。其實內子相類者，林檎梨，向木瓜砧上，栗子向櫟砧上，皆活，蓋是類也。張約齋種花法，注云：春分和氣盡，接不得，夏至陽氣盛，種不得。玄扈先生曰：春接樹，必待貼頭回青，無有不活。大都在春分前後，亦有宜待穀雨者。何云：春分不接也，種則立夏後便不宜矣。立春正月中旬，宜接櫻桃、木樨、徘徊黃薔薇。正月下旬，宜接桃、梅、杏、李半支紅臘梅、梨、棗、栗、柿、楊梅、紫薔薇。浙人亦云：然宜試之，恐彼中稍暖，故傳早耳。二月上旬，可接紫笑、綿橙、匾橘。已上種接莖於十二月間，沃以糞壤雨，至春時，花果自然結實。立秋後，可接林檎、川海棠、黃海棠、寒球、轉身紅、視家棠梨、葉海棠、南海棠。以上接法，並要將接頭與本身，皮對皮，骨對骨，用麻皮緊緊纏上，用箬葉寬覆之。如萌出相長，即撤去箬葉，無有不盛也。但取實內核相似、葉相同者，皆可接換下向根貼，謂之樹貼。如桃貼接杏，接梅，櫟貼接栗，蓋此類也。枳接柑橘，亦宜本色接換，本色美者最妙。若貼大宜高截，貼小宜近地截。截訖，用利刀刮貼上齒痕（尋）樹木佳者，取到接頭須經二年肥盛。嫩枝如（箸）大者，斷長三四寸以上，根頭一寸半，用薄刀子刻下中半，刻成判官頭樣，削其骨成馬耳狀，又將馬耳尖頭，薄骨翻轉，割去半分，將接頭口內噙養温暖，以借生氣。然後將刀于貼盤左右，皮內膜外，批豁兩道或三道，納所噙接頭于渠子內，極要快捷緊密，須使老樹肌肉與接頭皮肉相對着，或二或三皆了。用竹籜攔寸許，劈開雙口齊貼面于接頭外面所批痕處，包裹麻皮纏，復用竹籜包其貼頂縛定，次用爛泥封其纏處，舊麻縛着，上用寬兜盛土培養，接頭勿令透風見日，土乾則灑水所包土上。條芽長出，非接頭上者，悉令去之，以防分力。培土上露接頭一二眼，通活氣，上用竹籜蔽之，以防日雨。《種樹書》曰：凡接花木，雖已接活，內有脂力未全，包生接頭處，切要愛護。如梅雨浸其皮，必不活。又曰：凡接矮果及花，用好黃泥曬乾篩過，以小便浸之，又曬乾篩過再浸之，凡十餘度。以泥封樹皮，用竹筒破兩半封裹之，則根立生，次年斷其皮截根栽之。又曰接樹須取向南隔年者接之，則著子多。經數次接者，核小。但核不可種。其不可接者，乃用過貼。先移葉相似之小樹于其畔，可以枝相交合處，以刀各削其半，對合著，竹籜包裹，麻皮纏固泥封之。大樹所合枝（旁）截半段，小樹所合枝去稍弱，不必半段，欲花果兩般合色，則勿去其稍（梢），來年春始，截斷，復待長定，然後移栽。貼繡毬花，先取八仙花，栽培于瓦盆中，次年春，連盆移就繡毬花畔，將八仙花梗，離根七八寸許，刮去半邊皮，約二三寸，又將繡毬花嫩枝，亦刮去皮半邊，彼此挨合一處，用麻繩縛，頻用水澆，至十月，候皮生合爲一處，截斷繡毬本身，入土栽培，自然暢茂，周歲斷者尤妙。貼玉蘭花，先以木筆同上法爲之。

又　玄扈先生曰：接樹有三訣：第一襯青，第二就節，第三對縫。依此三法，萬不失一。

明　徐光啟《農政全書》卷三二《蠶桑》　玄扈先生曰：莫如當年條爲妙，二三年之説不然也。且接時必待月暗，自下弦至上弦皆可，晦尤妙，自上弦至下弦皆忌，望尤險。　劈接法，先附地平鋸去身幹，於砧盤傍向下一寸半，皮肉上用快刀子尖，向上左右斜批豁兩道至平面，其下尖，其上濶一指，中間批豁斷者剔去。其批豁了處，如一鴉嘴樣渠子也，兩壁有斜面，無平底，其尖淺，向上漸深，至平面可深至半指許。接頭可長五寸，其粗細如一指許者，於根頭一寸半內，量留一半，將其外一半，左右削兩刀子，成喬麥楞樣，令頭尖，口內噙養温煖，嵌於砧盤傍，所批渠子內，極要緊密，須使老樹肌肉與接頭肌肉相對著於一砧盤上，如此接至數個。斟酌砧盤大小。用新牛糞和土成泥，封泥其接頭周遭，又用新桑皮纏繳牢固，上又用牛糞土泥封泥了所繳桑皮，然後用濕土封堆接頭上可厚五寸。大小斟酌其樹盤。周圍棘刺遮護，接頭生條芽出土，長高一二尺，約量留三二條，用依柱如前。玄扈先生曰：渠子淺深，量樹大小，及接頭粗細。其緊要處，只在皮對皮，骨對骨耳，更緊要處，在縫對縫。　又曰：大桑宜劈接、插接，小桑宜搭接、壓（靨）接。附地接者封泥擁培如前，半身截成砧盤接者，但其縫罅上用紙封，又用破席片包繫，如仰盆子樣，內盛潤土培養，其接頭勿令透風，用無底瓦罐盆子，代席片亦可。土乾則灑水，所包土上條芽長出，其所包土亦休取去，至秋條長成，接處長定，所包土不用也。如接頭都活，則斟量横枝多少，樹之氣力，留之。壓（靨）接者，可就於横枝上，截了留一尺許，然尺寸不可定，惟取樹勢圓也。於接頭上眼外方半寸，刀尖刻斷皮肉，至骨款揭下帶眼皮肉一方片，其眼底骨上，一小心子如米粒，此是一芽生氣之根，揭時用指甲尖鏟起，令其小心子帶於皮肉之上。口噙少時，取出印濕痕於横枝上，復噙養之，用刀尖依濕痕四圍，刻斷皮肉，揭去露骨將接頭上靨皮嵌貼上，其眼向上，勿令顛倒。上下兩頭，用新細薄桑皮繫了。斟酌其緊慢，太緊則生，氣不通。太慢則不相附著，俱難活也。用牛糞和泥，眼四邊泥了其所貼之靨，多少可量其樹之大小。又接小芽條。可用搭接法。就畦内將已種出荆桑隔年芽條，去地二寸許，向上削成馬耳狀，將一般粗細魯桑接頭，亦削成馬耳狀，兩馬耳相搭，細桑皮繫了，牛糞泥封，濕土擁培。其芽條出土，可留一二芽，至秋長如一大人高，明年可移入園中養之，其法如前。全要大小一般，令其縫對縫。取藏接頭側近有接頭者，土中種之，其高原山田土厚水深之處，多掘深坑，中種桑柘者，隨坑深淺，或一丈、丈五，直上出坑，乃扶疏四散，此樹條直異於常材，十年之後，無所不任。

明 徐光啓《農政全書》卷三七《種植》《種樹書》澆灌法。凡木早晚以水沃其上。以唧筒唧水其上，必須用停久冷糞，正宜臘月，亦必和水三之一。草之類宜四季用肥。如正月，則用五分糞，五分水。二月，三分糞，七分水。三四月，二分糞，八分水。五六七八月，十一二月，八分糞，二分水。臘月純糞不妨。遇天旱，只宜白水澆，或加一分糞。二月或用澆肥，多有所忌。假如二月樹上已發嫩條，必生新根，澆肥則根枯而死。如萌未發者不妨。三月亦然。又有一等不怕肥者，如石榴、茉莉之屬，雖多肥不妨。五月夏至梅雨時，澆肥根必腐爛。八月亦不可澆肥。白露雨至，必生細根，肥之則死。六七月花木發生已定者，皆可輕輕用肥，謹依月令等級澆之，及小春時便能發旺。如柑橘之類則不可，但用肥則必皮破脂流，冬必死矣。玄扈先生曰：蘇人種柑樹用肥培壅一切樹木，俱宜十一二月、正月，餘皆不可合用灰糞和土，或麻餅屑和土壅根，高三五寸，澆水實定，不可太過。

又 玄扈先生曰：凡作園，於西北兩邊種竹以禦風，則果木畏寒者，不至凍損。若於園中度地開池，以便養魚灌園，則所起之土，挑向西北二邊，築成土阜，種竹其上尤善。西北既有竹園禦風，但竹葉生高，下半仍透風，老圃家作稻草苫縛竹上遮滿之。若種慈竹，則上下皆隱蔽矣。

又 凡作園籬諸品，冬青，取其幹可作骨，取子作藥，取其葉冬夏不凋。病在二十年後即爛壞，或云以猪糞壅之則久，宜試，二三八九月移。爵梅，取其條葉作刷緑布，取其榦可作骨，取其遠年者根株盤結，可作几杌等器，正二月移。五加皮，取其榦可作骨，取其刺可却奸，取其芽可食，取其根皮作藥，作酒，正月插。金櫻子，取其刺可却奸，取其花香味可翫，取其子可作藥，正月插。梅，取其花香味可玩，取其（幹）可作骨，取其（幹）上微有刺，移種不拘時。枸杞，取其芽可食，取其子作藥，取其根作藥，取其（幹）作骨，正八九月插。飛來子，取其花可食，種不拘時。椒，取其刺可却奸，取其（幹）可作骨，取其實可食，可作藥，取其葉可作味，核可作油，四月種。茱萸，取其榦可作骨，取其實可食，可作藥。梔子，取其（幹）可作骨，取其花香，單臺者取其子作藥，作染色，取其葉不凋。貓奶子，取其（幹）可作骨，取其刺可却奸，取其葉冬夏不凋，取其花香，取其嫩葉可食。名神仙茶，此移種者。迎春花，取其花早，種于籬内。酸棗，取其（幹）可作骨，取其枝可却奸，取其子可食，取其仁藥材。移種不拘時。木筆，取其（幹）可作骨，取其花美。分移於籬内。桑，取其（幹）可作骨，取其葉可飼蠶，取其椹可食，可作藥，壓條。枳，取其（幹）可作骨，取其刺可却奸，取其枝可蓋牆，可賣。取其子可傳生接博，移種。槿，取其（幹）可作骨，取其花不拘時插。野薔薇，取其刺可却奸，取其花可蒸露，可插，可移。穀樹，取其（幹）可作骨，取其汁可作膠書金字，取其子中藥材，取其皮可造紙，取其木可種蕈。楝，取其（幹）可作骨，且速成。榆，取其（幹）可作骨，且速成，莢可食。白楊，取其（幹）可作骨，速成，修取爲薪。且不如楊柳之多蛀也，宜插。刺杉，取其（幹）可作骨，刺可却奸。皂莢，（幹）作骨，且速成，芽可食，有刺可却奸。種山礬不凋，花香易成。插金銀花，花香中藥。移椿樹易成，芽可食。種枇杷易成，冬月開花，花藥材，榦葉俱青。插小葉樹易成，芽可食。木龍易成，葉貼毒瘡，不凋。

明 俞宗本《種樹書·木》 凡木皆有雌雄。雄者多不實，可鑿作方寸穴，取雌木填之乃實。凡木擣（搗）麻餅雜糞灰壅之，則枝葉茂。 冬青樹凋瘁，以猪糞壅之則茂。一説猪溺灌之。 凡木早晚以水沃其上，以唧筒唧水其上。 移樹木：用穀調泥漿水，於根下曰沃（水）（之），無不活者。 插杉枝：用驚蟄前後五日，斬新枝，鋤開坑，入枝，下泥杵緊。視天陰則插，插了遇雨十分（生），無雨即有分數。 草木，羊食者不長。 栽松時，去松中大根，唯留四旁鬚根，則無不偃蓋。一年之計，種之以竹；十年之計，種之以木。 凡移樹，不要傷根鬚，須闊垛，不可去土，恐傷根。諺云：「移樹無時，莫教樹知」。 松必用春後社前，帶土栽培，百株百活。舍此時決無生理也。 春分後，勿種松；秋分後，方宜種。不獨松爲然。 種松法：大概與竹同。只要根實，不令動摇，自然活。今移樹者，以小牌記取南枝，不若先鑿窟沃水攪泥方栽，築令實，不可踏，仍多以木扶之，恐風摇動其顛，則根摇，雖尺許之木亦不活。根不摇，雖大可活。更莖（芟其）上，無使枝葉繁，則不招風。 種一切樹，大枝向南，栽亦向南。 凡樹要移，當三年一樹。得拙（桂）而枯，然未可一概論。若以桂爲丁，在下釘則枯；在上礎則茂。 順插爲柳，倒插爲楊。　木自南而北多枯（苦）寒而不枯（生），只於臘月去根旁土，麥穰厚覆之，燃火深培如故，則不過一二年皆結實。若歲用此法，則南北不殊，猶人炷艾耳。種木無（時）戴（蛓）毛蟲，於根下皮以甘草末擦之亦佳。　種水楊：須先用木樁釘穴方入楊，庶不損皮易長。臘月二十四日種楊樹不生蟲。　斫松樹：五更初斫倒，便削去皮，則無白蟻。又須擇血忌日，以斧敲（敲）之，云：「今日血忌」，則白蟻自出。　黃梔子，候其大時，摘青者晒（曬）收。至黃熟則消化水矣。　元日天未明，將火把於園中百樹上從頭用火燎過，可免百蟲食葉之患。　貧婆樹，冬花夏子。　種桑：取椹子，水淘浄，暴乾，熟耕地畦種。種柳：取青嫩枝條如臂大，長六七尺，燒下二三寸，埋二尺以上。　種青桐：九月收子，二三月作畦種之，治畦下水。

明　俞宗本《種樹書·果》　栗採時，要得披殘，明年其枝葉益茂。　桃樹接李枝，則紅而甘。　柿樹接桃枝，則爲金桃。　李樹接桃枝，則爲桃李。　桃實自乾不落者，名桃梟。　南方柑橘雖多，然亦畏霜不甚收。惟洞庭霜雖多無所損，橘最佳，歲收不耗，正謂此焉以死鼠浸溺缸内，候鼠浮，取埋橘樹根下，次年必盛。《涅槃經》云：如橘得鼠，其果子多。　柑樹爲蟲所食，取螘窠於其上，則蟲自去。　桃、李、銀杏，栽帶（蔕）子向上，個個生，向下者少。　葡萄，欲其肉實，當栽於棗樹之旁。於春鑽棗樹上作竅子，引葡萄枝入竅中透出。至二三年，其枝既長大，塞滿樹竅，便可斫去葡萄根，託棗根以生，便得肉實如棗，北地皆如此法種。　銀杏樹有雌雄。雄者有三稜；雌者有二稜，合二者種之。或在池邊，能結子而茂。蓋臨池照影亦生也。　果樹有蠹出者，以芫花納孔中即（死），或納百部葉。　鑿果樹，納少鍾乳粉，則子多且美。又樹老以鍾乳末和泥於根上揭去皮抹之復茂。　凡接矮果及花，用好黃泥晒乾篩過，以小便浸之。又晒乾篩過，再浸之。凡十餘度（次），以泥封樹皮，用竹筒破兩半封裹之，則根立生。次年，斷其皮，截根栽之。　桑上接梅，梅則不酸。　桑上接梨，則脆而甘。　果實異常者，根下必有毒蛇，切不可食。　果木有蟲蠹處，以杉木削小丁塞之，其蟲立死。　生人髮掛樹上，烏不敢食其實。　凡種（接）樹，宜在望前，在望後少實。　接樹須取向南隔下（年）者接之，則着子多。　花果樹如曾經孝子及孕婦手折，則數年不着花，或不甚結子。　果子先被人盜喫一枚，飛禽便來喫。　凡果木未全熟時摘。若熟了即抽過筋脈，來歲必不盛。　果實凡經數次接者核小。但其核不可種耳。　河陰石榴名三十八者，其中只有三十八粒子。　橄欖將熟，以竹釘釘之，或納少許鹽於皮下，其實盡落。　甜瓜生者，以鰲魚骨插頂上，則蔕落而易熟。　柿子接及三次，則全無核。　桃樹過春，以刀疏斫之，則穰出而不蛀。　桃實太繁則多墜，以刀横斫其幹數下乃止。社日，令人椿（舂）桃樹下，則結實牢。凡果不牢者，宜社日椿（舂）其根。　三月上旬，斫取果木好直枝，如大拇指大，長五寸許，納芋魁中種之，或大蔓菁根亦可用，勝種核者。種核三四年乃如此大耳。　桃李蛀者，以煮猪頭汁冷澆之即不蛀。　桃者，五行之精，制百鬼，謂之仙木。　凡果實初熟，用雙手摘，則年年生果，見麝香熏，則（蔫）花不結子。　種甘蔗，必用猪毛和土（則）長。梅樹接桃則脆；桃樹接杏則大。　桃熟時，牆面暖處，寬深爲坑。收濕牛糞納坑中，收好桃核十數枚，尖頭向上，坑中糞土蓋厚一尺。深春芽生，和土移種之。　果樹生小青蟲，虰蜻（將竹燈）盼掛樹自無。　凡樹木，當元日日未出時，以斧斑駁椎折棗、李等樹，謂之嫁樹。　種石榴，取直枝如拇指大，斬一尺長，八九條共爲一科。燒二（下）頭二寸，作坑深一尺條（餘），口徑一尺。豎枝坑畔，圍布令勻。置枯骨、姜石於枝間，下土令實。一重骨、石，一重土，出枝頭一寸，水澆即生。又以骨石置枝間即茂。杏熟間時合内（含肉）納糞中，至春既生，則移栽實地。既移，不得便移。　移大梅樹，去其枝梢，大其根盤，沃以溝泥，無不活者。生龍眼，沸湯内淖過食之，不動脾。柿子尚生，煞之即熟。　凡果須候肉爛和核種之，否則不類其種。　柑、橘、橙等，於根（枳）棘上接者易活。　林禽（檎）蛀，以鐵線尋竅内鑽刺，用百部杉木丁塞之。如生毛蟲，以魚腥水潑根，或埋蠶蛾於地下。

明　俞宗本《種樹書·花》　花木旺於春，（竹）旺於秋。　凡接牡丹，須令人看視之。如一接活者，逐歲有花。若初接不活，削去再接，只當年有花。牡丹花上穴如針孔，乃蟲所藏處，花工謂之氣倉。以大針點硫黃末針之，蟲乃死。或以百部草塞之。牡丹千葉者，蜀人號爲「京花」，謂洛陽種也。單葉者，只號爲「川花」；又曰「山丹」；又曰「山花」。　菜園中間種牡丹、芍藥最茂。　牡丹、芍藥，不可置木擗中，不耐久，須要避風處。　海棠花欲其鮮而盛，於冬至日早，以糖水澆根下。　立春若是子日，於茄根上接牡丹花，不出一月即爛熳。　初春，掘藕（根）節（藕）頭着泥中種之，當年着花。　以蓮菂投靛甕中，經年移種發碧花。　種蓮，須先以羊糞壤地，於立夏前兩三日種，當年便着花。又法：用五月二十日移深種，蓮柄長者，以竹枝挾之，無不活者。　種藕，以酒糟塗之則盛。　月桂花葉常若蟲食者，以魚腥水澆之乃止。　李贊皇《花木記》云：凡草木以海爲名者悉從海外來，如海棠之類是也。　瑞香花惡濕日，不得頻沃以水。宜用小便，可殺蚯蚓。或從花脚澆之則葉緑。又用梳頭垢膩根上，有日色即覆之。鷄糞壅茉莉則盛，壅百合則甚滋生。　用燖猪湯，澆茉莉、素馨花則肥。　催花法：用馬糞浸水，前一日澆之，三四日方開者次日盡開。　木犀接石榴，開花必紅。　花木接者，移種，須令接頭在土外。　灌溉花木，各自不同。木樨當用猪糞；瑞香當用燖猪湯；葡（蔔）（萄）當用米泔水，肉汁尤妙。花木有不宜用糞穢者甚多，尤宜審問，用之非其宜立槁。　園圃中四旁，宜種決明草，虵（蛇）不敢入。　凡接花木，雖已接活，内有脂力未全，包生接頭處切要愛護。如梅雨浸其皮必不活。　濯洗布衣灰汁澆瑞香，必能去蚯蚓，且肥花。以瑞香根甜，灰汁則蚯蚓不食，而衣垢又自肥也。　芙蓉未開，隔夜以靛水調紙，蘸花蕋（蕊）上，以紙裹（蕋）（蕊）口，花開成碧色。花五色，皆可染。　黄白二菊，各披去一邊皮，用麻皮扎合，其花半黄白。棘能辟霜，花果以棘園中（圍之）即茂。　罌粟：九月九日及中秋夜種之，花必大，子必滿。　凡種花木，須冬至後，立春前，斫直枝，有鶴膝如大拇指者，長二尺許，札于芋魁中，掘令寬，調泥漿，細切生（拌匀），忌一束攬於泥中，以細土覆之，勿令實，當（年）有花，次年結實。　牡丹着蕋（蕊）如彈子大時，試捻（之），十朵中必有三兩朵不實者，去之，庶不奪（其）他花力。　凡種好花木，其旁須種葱薤之類，庶（避）麝香觸也。　種花藥處，栽數株蒜。遇麝香則不損。　種蘭蕙，忌洒水。　凡種花欲得花多，須用肥土。秋冬間壅根，春來着花，自然盛。以猪糞和土令發熱，爲肥土。木樨葉有齒如鋸，其紋亦麄（粗）澀者乃香。有一等葉光澤者，殊無香也。又有一等光（花）極白者亦無香。蘭亦如之。　冬間花瓶多凍破，以爐灰置瓶中則不凍。或用硫黄置瓶内亦得。　芍藥、牡丹摘下，燒其柄插瓶中後入（水），其柄以蠟封之尤妙。苦楝樹上接梅花，則成墨梅。　海棠，候花謝結子剪去，來年花盛無葉。　凡花木有直根一條，謂之命根。趁小栽時便盤了，或以磚石承之。勿令生下，則他日易移。　凡花皆宜春種，惟牡丹宜秋社前後種接。　種水仙詩訣云：「六月不在土，七月不在房。栽向東籬下，花開朵朵香。」

明　俞宗本《種樹書·菜》　張約齋《種花法》：注云：春分和氣盡，接不得。夏至陽氣盛，種不得。立春、正月中旬，宜接櫻桃、木樨、徘徊、黄薔薇。正月下旬，宜接桃、梅、杏、李、半支紅臘梅、梨、棗、栗、柿、楊、柳、紫薔薇。二月上旬，可接紫笑、綿橙、匾（扁）橘。已上種接（莖）（並）於十二月間沃以糞壤兩至（次），春時、花果自然結實。立秋後可接林檎、川海棠、黄海棠、寒球、轉身紅、視（祝）家常梨、葉海棠、南海棠。以上接法，並要（接）時將頭與木身皮對皮，骨對骨，用麻皮緊（緊）纏，上用箬葉寬覆之。如萌出相（稍）長，即撤去箬葉，無有不盛也。

明　方以智《物理小識》卷九　接木法　陳瑩中曰：色紅可使紫，葉單可使重，花小可使大，少可使繁，則人力之用天也。或將發生時，或將黄落時，春分前、秋分後，是其候也。執刀端直，不至重傷，則易成大，生至一二年者可接。其接枝亦翦其已生果二年有旺氣者，過脈乃善。凡腰接木之盈地者，近跗一尺，細齒鋸之爲枯，又以利刀裁枯使光，則不沁水，遂從枯之一旁裁開其皮，微連其膜約一小寸。先使翦下之枝裁去兩旁而置口，含之使熱，連唾插掩。紙封，箬封，麻縛，而以乾壤少潤，復不宜灌。又遮日暴，俟成體乃可開也。匕頭接者，木枝與根各斜截其半，以人唾粘掩之，以瓦規土，灌使少潤，晴陰皆以器覆之。要須同氣味相合，如芍藥與牡丹方可匕頭接也。其寄枝者，先栽其旁，春分交而紐接之，俟活乃各裁其本木之枝。其壓枝者，春秋壓其枝於地封之，俟苞生根則斷半而移焉。脱木者，和牛羊之滓包其鶴膝處，先微傷其膚而縛之，復以杖支之，隔年根生則斷而移焉。善木者，臘月側坎而探釘斷其中根，止留四散生者，覆而灌之，則生子碩大也。修木者亦以秋冬裁，痕向上則雨不食心，盡其枯朽則不引蛀。其欲木直者，視其不足處，以刀劙其膚，氣行則傷痕先滿而身直矣。北人云：以胡桃條接於柳木易活而速實。郎仁寶曰：冬青樹上接梅，則開灑墨梅。桑上接楊梅則不酸。若生癩，以甘草針之則無。約法曰：樹以皮行汁，斜斷相交則生。用泥泥之，或以鋭皮連木者插所砍之木心而泥封之，倒插而生者，析其皮而緒之也。至於性情所宜，畏冷如橘，畏熱如梨，松宜乾，檜宜濕，茉莉喜日，薑苗畏日，桑柳宜髡。且用其肄間年歇枝，多種分半而摘其實可也。南北高下先後早晚各有其宜。北蔓菁有根，南菁菜惟葉，橘逾淮則爲枳矣。榛松子盛於遼陽，龍荔在閩粤，茄子甘草在南有成樹者，南詔梅，李食於初春，梧桐子長大而擕，既末臘之松子大於荔枝。若夫鬱養强熟，京師百菜初春獻焉。不可不知。

插花法　折木花用火燔其折處花不易謝。海棠花束薄荷於折處，梔子花折處搥碎之，以鹽入器中不用水。牡丹用蜜不用水。梅花用煮肉汁去油，俟冷養之插梅。每旦當刺以湯，插芙蓉當以沸湯閉以葉少頃。插蓮當先花而後水。插牡丹、芍藥、蜀葵、萱草皆當燒枝。虚舟子曰：花瓶中水燒瓦片投之不臭。冬月濃灰汁入酒不凍。鮮肉凍汁插花耐久。

枯樹活樹　木插肉桂而枯，以甘草灌之復榮。烏賊骨釘之則翳，狗膽解之復榮。或曰鮭魚乾樹，即墨魚海螵蛸也。或曰河豚骨，或曰邵陽魚刺，日西時樹陰即死。一云桂矴木上則茂，矴木下則枯。大榕樹以蘇木作釘釘其根則死。柚樹以一銖阿魏入其内則立乾。蒲萄以甘草針針之即死。以肉桂屑布地草不生。穴果樹，以鐘乳粉納之，則實多味美，納於老樹根皮，則瘁者復茂。人溺蕁麻即萎。豆汁澆鼠莽根即爛。蕹汁滴野葛即死。暄曰或云，凡樹離根三尺，斧其皮，納巴豆數粒，則汁瀉而死。

移木轉垛法　先一年斷木之四週曰轉垛。若木大者，先三年，每年輪開一方，乃可移種。果木宜疎，當以丈二爲距。八月至正月皆可種之。白下蒔人畜此待好事者之價雖酷，暑中可頃刻成花園也。

伐木留花皮者不裂　凡木筏至蕪揚者，斬木必花其皮，不去皮則不定其性，全去則易裂。清流木皆如是。若在江西以上流，近斬近用，則全去其皮。江楚兜子、橦子鬆久則從内壞出。清流木堅，久則從外爛入，其浸水透者二分而止，久亦不裂。

灌法　發萌時勿灌，灌則菑翳。灌亦宜晚凉之候。其糞及燖猪湯、退雞鵝翎湯皆不宜，親木跗必生蛀。凡雞鵝翎湯投以荔枝、龍眼之核則翎腐，當果實時灌之，摘食後灌之，臘前通灌之。糞必久宿雜以水。澆花用塘中之積水佳於新水，以其水煖而壯故也。凡花蔬宜日未出時澆，惟茉莉與莧菜、蕹菜喜日中澆。中通曰：馬通和水可催花早開幾日。

養花通理　養花木事，當家人以消遣心爲之，故善。不更事者欲以急就心爲之，安得其理。孔子曰：吾不如老圃。修花盤幹者，穴幹納巴豆則枝節柔軟可結。花被麝冲，急用艾、雄黄於上風燒之，立解。盆内欲竹木小者，以溺浸大炭多年，穿穴種之，則活而不長。

草木好惡　牡丹得鐘乳粉而茂，海棠得糟水而花鮮。牡丹花根下置朮，諸種顔色皆是腰金。凡栽花，根下置白蘞末辟蟲，穴中點硫黄殺蠹。海棠花蕊用薄荷水浸則開，養石菖蒲無力而黄者，根下宜鼠糞。惟枇杷不宜糞。凡花紅者令白，以硫黄燒烟熏盞蓋，花則白。建蘭葉喜人捋之，水仙惡人捋之。種果木宜望日前，而月晦日晚可種莧。果熟，人盗其一，則烏來啄之。

治花木蟲　去果木之蠹蝎、蛄蝂者，以杉木爲針，關塞其氣則自亡。或以硫黄末塞之，或以焰硝硫作紙線絍穴中焚之，走其臭皆亡。或以百部納穴中亦能殺蟲。或治魚腥水灑蔬果等癩蟲自消，海魚尤勝池魚。蟲能飛動者，取江橘黐以膠焉。或種蟻以食柑蟲。或順風燒油簍以驅松蟲。或用桐油脚入糞澆菜，果樹掛竹燈架去青蟲。桃樹蛀者煮猪首湯冷澆之。樹有蠹孔，孔邊彈竹篾如蒲蟲聲，蠹自出。可悟啄木取蟲亦此理也。林檎生毛蟲埋蠶蛾於下，或以洗魚水澆之。西風雨能殺毛蟲。槐樹生蟲，擂鼓於下則盡落。芝麻柴掛樹上無蓑衣蟲。中履曰：坑中置甘草、蒜，則種樹不生蟲。

製花耐久法　林洪曰：十月後用竹刀取梅蕊將開者，蘸以蠟，投尊缶中，夏月以熱湯就盞泡之，花即綻香可愛。張邦基《木犀記》曰：擣女貞子汁拌巖桂半開者，入磁瓶中冪之。至無花時，密室置盤，其香襃襃，藏可留久。顧元夢云：花摘半含半放者，三停茶葉一停花，罐甖收之，一層茶一層花間投至滿，紙箬縶固，入鍋重湯煮之，取出待冷，用紙封固裹，置火上焙乾收用。中德曰：幕盛樹下，擊木犀等花收下，石椎令匾，葉實於新瓶内，用乾荷葉數層鋪之，復以枯竹片壓之。乃汲井水浸之，冬月五日一易水，春秋三日，夏一日任意取用，收之如前，經年不壞。

留果法　韓彦直《橘譜》云：金橘，景祐中始至汴，温成嗜之。藏金橘於菉豆中。梨同蘿蔔收皆久。凡梨蒂、香橼蒂，插菜菔上可留。佛手、蒜罨其蒂，蒂壞以蠟彌之。風栗同龍眼懸，芡實同防風貯，山楂同麩炭貯，橙橘同木瓜貯，皆不壞。《異物志》曰：香橼浸汁浣苧，勝似酸漿。

明　巢鳴盛《老圃良言》　生世業緣，芟除殆盡。村居荒僻，祇鄰並一二老圃，相與往還。嘗爲余言種植之事，大要有十。依法試之，罔有不效。嘉蔬美果，實叨其惠。因述爲《老圃良言》，以告世之從事灌園者。

一曰下種：核宜排，子宜撒。其法收投頭乾實，懸通風處。臨種少曬，擇向陽所。以肥土鋪半，將核尖向上排定，再以肥土蓋之。欲種蓮實，亦如此法。子則不然，須以灰泥各半，將子雜拌於中，按法撒之，乾濕得所爲妙。

二曰分插：先築肥地，以水滲定。擇根傍小枝連處截斷，次年移之。或用末鉤，將條釘地，以肥土壅之。或將貓竹一節劈開，納泥於中，合縛枝上。或剪尺許，以濕紙包裹，及插芋蔔内，埋土中。置陰處，勿令乾，即活。

三曰接換：接換必須相稱。貼大宜高截，貼小宜低截。對接上下各正去半片，偶接上下各斜去半片。插接截平本根，削斜分枝插皮内。合接同種兩枝，各削去半邊，俱用麻縛篾幫，泥封籜裹，四圍扞棘，以防鳥雀。常將水灑，更避日色。若遇狂風大雨，急宜遮護，否則不活。　四曰移植：先記枝之所向，將竹刀掘起。下勿傷根，上勿損葉。如前種之，再加肥土，填滿四邊。又以小竹扦定，麻皮縛牢，以防風摇。又以石子鋪面，以防泥濺。如泥一濺，葉即黄脱。仍須澆灌得宜，謹避風日，數日即活。或云：移栽果木，宜在望前，則子繁多。　五曰修補：須得意趣，去瀝水枝向下者，刺身枝向内者，駢紐枝連結者，冗雜枝多亂者，風枝細長者，傍枝新發者，仍將大枝截去，以蜜塗之。蟲窠其上，自饒古意，復以馬糞和泥罨其潤處。或用魚腥水澆之，便生苔蘚，尤助野趣。如欲曲折，略割其皮。隨意轉摺，以椶縛之。　六曰保護：務令適時，倘風日相侵。寒熱暴至，當以布帳遮之，或篾籃覆之。如遇輕陰細雨，淡日和風，出架庭中，勿令著地，恐致根長，及引蟲蟻。盆花之法，莫過於此。或云花果忌麝，當雜種葱蒜。若既爲所觸，急於上風燒硫黄氣以解之。　七曰催養：須於冬日將樹掘起洗净，勿傷根芽。當量樹之老嫩，於日中曬數日。乾極，則灑水後用肥泥拌宿壤種之。若天暖，澆糞數次亦可。但不可曬，一面犯則三面無花矣。又於元旦子時，將斧斑駁擊之，則結子不落，澆社酒則子繁。又以社日杵百果根則子大。　八曰御蟲：每於元旦，將火徧照植物上。或清明子時，將稻草一根縛樹上。或種時將大蒜一枝，甘草一寸，先放根下，永無諸蟲之患。若有蛀眼，以硫黄或芫花塞之。有蟻窠以香油或羊骨引之。有蚓穴以鴨糞或灰水澆之。　九曰貯土：須鋤青草，以糞澆之，煨過再澆，如此數次。搗碎篩净，揀去磚瓦草，收藏缸内，安頓日照雨灑處。或將黄泥浸臘糞中，年餘取出，曬乾用之。復將炭屑及瓦片浸糞窖中，以爲鋪盆用。　十曰澆灌：澆灌必分早晚。早宜肥水澆根。其法：鋤嫩青草，拌陰溝泥，同罨缸内。久則自然流出青水澆。晚宜清水灑葉。其法：取天落水或河池水置缸内，投石子數枚，澄過灑之。若晚間驟雨，切勿令見。恐烈日曬後，熱氣蒸花故也。或云：如欲催花，以馬糞浸水澆之，數日後開者，次日即開。

明　劉宇《安老懷幼書》卷二《脱果》　木生之果，八月間以牛羊滓和土，包其鶴膝處，如大杯以紙□，囊覆之，麻繞令密緻，重則以杖柱之，任其發花結實。明年夏秋間，試發一包視之，其根生則斷其本（理）（埋）土中，其花實皆晏然不動，一如巨木所結子。在蕭山縣見山寺中橘木止高一、二天，實皆如拳大，蓋用此術也。大木亦可爲之。嘗見人家有老林檎木，根已蠹朽，圃人乃去水木二三尺許，如上法以土包之，一年後，土中生根乃截去近根處三尺許，包入地後，遂爲完木。　凡種果木須望前種實多，望後種實少。

明　劉宇《安老懷幼書》卷二　宋　蘇軾《東坡與程全父書》　白鶴峰新居成，從天侔求數色果木，太大則難活，小則老人不能待，當酌中者，又須土碪稍大不傷根者。　柑、橘、柚、荔枝、楊梅、枇杷、松、栢、含笑、梔子。謾寫此數品，不必皆有，仍告書記其東西。

明　衛泳《枕中秘・園史》　灌園一事，其略有十。蓋拈花微笑，妙悟禪機，種樹千言，深藏治理。雖云小道，可質大方。紀總法第一。　一曰下種，核宜排，子宜撒。其法：收枝頭乾寔，懸通風處，臨種少曬。擇向陽所，以肥土鋪半，將核尖向上排定，再以肥土蓋之。欲種蓮實，亦如此法。子則不然，須以灰泥各半，將子雜拌於中，按法撒之，乾濕得所爲妙。　二曰分插，先築肥地，以水滲定，擇根傍小枝連處截斷，次年移之。或用木鈎將條釘地，以肥土壅之，或將貓竹一節劈開，納泥於中，合縛枝上，或剪尺許，以濕紙包裹，及插芋（艿、蘿）蔔内埋土中，置陰處，勿令乾即活。　三曰接换，必須相稱，貼大宜高截，貼小宜低截。對接上下各正去半爿，偶接上下各斜去半爿。種接截平本根，削斜分枝插皮内。合接同種兩枝各削去半邊。俱用麻縛篾篐，泥封□表，四圍插棘以防鳥雀，常將水灑，更避日色，若遇狂風大雨急宜遮護，否則不活。四曰移植，先記枝之所向，將竹刀掘起，下勿傷根上，勿損葉，如前種之。再加肥土，填滿四邊，又以石竹扦定，麻皮縛牢，以防風摇。又以石子鋪面，以防泥濺。如泥一濺，葉即黄脱。仍須澆灌得宜，謹避風日，數日即活。或云移栽果木宜在望前，則子繁多。五曰修補，須得意趣，去瀝水枝向下者，刺身枝向内者，駢紐枝連結者，冗雜枝多亂者，風枝細長者，傍枝新發者，仍將大枝截去，以蜜塗之。蟲窠其上，自饒古意，復以馬糞和泥罨其潤處，或用魚腥水澆之，便生苔蘚，尤助野趣。如欲曲折，略割其皮，隨意轉摺，以椶縛之。六曰保護，務令適時，倘風日相侵，寒熱暴至，當以布帳遮之，或篾籃覆之，如遇輕陰細雨，淡日和風，出架庭中，勿令着地，恐致根長，及引蟲蟻。盆花之法，莫過於此。或云花果忌麝，當雜種葱蒜，若既爲所觸，急於上風燒硫黄氣以解之。七曰催養，須於冬日將樹掘起洗净，勿傷根芽，當量樹之老嫩，於日中曬數日，乾極則灑水，復用肥泥拌宿壤種之。若天暖澆糞數次亦可，但不可曬一面，犯則三面無花矣。又於元旦子時將斧斑駁椎之，則結子不落。澆社酒，則子繁。

又以社日杵百果根，則子大。八曰卻蟲，每於元旦將火遍照植物上，或清明子時，將稻草一根縛樹上，或種時將大蒜一枚、甘草一寸，先放根下，永無諸蟲之患。若有蛀眼，以硫黄或芫花塞之。有蟻窠，以香油或羊骨引之。有蚓穴以鴨糞或灰水澆之。九曰貯土，須鋤青草，以糞澆之，煨過再澆，如此數次，搗碎篩淨，揀去磚瓦草根，收藏缸内，安頓日照雨灑處。或將黄泥浸臘糞中，年餘取出，曬乾用之。復將炭屑及瓦片浸糞窖中，以爲鋪盆用。十曰澆灌，必分蚤晚，蚤宜肥水澆根。其法：鋤嫩青草，拌陰溝泥，全罨缸内，久則自然流出青水澆之。晚宜清水灑葉，其法：取天落水或河池水置缸内，投石子數枚，澄過灑之。若晚間驟雨，切勿令見，恐烈日曬後，熱氣蒸花故也。或云如欲催花，以馬糞浸水澆之，數日後開者，次日即開。

明　陳正學《灌園草木識》卷一《花之屬·千葉英梅》　凡桃李梅杏，俱於立春前後花未放萼未吐時接之，百接百發。凡接花菓，於截處裹以蕉皮，仍絞蕉皮爲繩，極力緄之。視新枝發有數寸急開其緄繩，只留所裹者以禦風日。若不去緄繩遇風新枝便折，枉費工力矣。

明　安世鳳《燕居功課》卷二〇　植木：林下風味大端在木，爲園之法，以此爲難，欲茂欲繁欲掩映，不茂則情思不暢遂，不繁則氣象不圓滿，不掩映則脉絡不委宛，精神不韞藉，此中全係位置非如竹，可以頃畝種之，任其自作趣也。愷木非佳，而子美羨之。榕木最惡，而詩人多詠，則以土之所宜，易于繁且茂也。奇木皆生江南，吾土所宜槐、楝、椿、榆、楊、柳而已。即如木犀在江鄉參天連雲，作花時一株兩株從風香十餘里，來至吾土么麽憔悴，如夷齊餓首陽，蘇武因雪窖對之，可傷心流涕耳。余既乏買山緣，遂一意本土之植，其栽易求，其陰易密，每楝風乍番，槐雨亂滴，柳線垂黄，榆錢飛白，儘可以躊躇永日。其高幹接葉，春可縛秋千索，任村童野媍笑舞花間，夏可繫鋃鐺作小榭，赤日白月之下，一坐卧其上，從風往來蹁躚，如凌霄漢出塵壒。遥望前後左右，鬖鬖一緑，機心既滅，飛鳥自來親人，此真巢居子也。其稍珍者則梧楸合昏、楷檀、栢檜，其最惡者，樗構、枸骨皆不作分别。想乃有濃霜染葉，丹碧交加，枯木扶藤，榮彫各别，及天風下擊，勁幹吼鳴，晴雪綴枝，玉鱗天矯，則晚歲之景，不減春夏，又不但青山爲耐久朋耳追乎。春日再陽，頓還，舊觀，相視一笑，曰：見此非一朝夕矣。　木之態，必嘗以風雨，始備尋常晴暖，品彙各適，揔成一樂境，即有微風夫之，清露濯之，淡烟暴之，葱蒨洽澤，又揔成一喜境，必風雨之交，則掀者如怒髮者，如羞慘者，如悲黯者，如怨千態萬狀，色：俱新。余每于微雨空濛，則衝泥扶杖，登小阜之顛，披蓑倚樹而望之，即長夏雷電亦，必登小閣，憑闌干，遥與林薄相慰藉，霞明虹斷，江山如沐，此中洞空，向來群情逌爾，如失所淂，爲不少矣。若徒以壯觀園亭，則固不忍以終年培灌之，勤易之耳。

又　栽花：栽花之法與植木不同，木必參天聳日，然後爲盡其性。若花則一苞一蕋，極其分量，即爲盡其性矣。故盡物之性者，亦作如是觀。余既不愛植他方之木，而于他方之花，未嘗不愛而栽之。大抵江南之花，惟建蘭、佛桑、素馨、杜鵑，北方尚少見。若辛夷、玉蘭、滇茶、茉莉皆可，養其薝蔔、瑞香、間竹、五色梅，已與家植無異。尚憶官浙東日，四時無不與花對，官舍雖少，乃縉紳先生及好事之家多有之。每一花盛時，向人家連盆盎乞得，扛來斗室，坐卧花光，夢寐花氣之中者，匝旬經月，其初尚多難色，迨花時既過，仍連盆盎。反之，其護惜灌養，與花主人無異。則又各喜，每有奇種皆問而送至，以花之入官牙蒙品題為榮矣。罷官以來，如故人别久，每勤念想間一會晤，如龍劒再合，不覺執手剌，然價甚翔，又善壞，不易多淂也。至若牡丹、芍藥，土之所宜，壅培分種，俗訣相授，亦頗諳之，而又不耐溺，情專力以逐富貴。餘習于旬日之暫，車塵馬嘶之擾，遂聽其自爲盛衰，然固可雄長百卉矣。性惟嗜菊，所畜每百餘種俗情，惟喜其葉多，蕋長大者爲奇，是以諸色鶴翎，亦與西施牡丹争長，不知大以成大，小以成小，各具化工之巧，色：開放規模情性無一同者，而皆有可喜蚤者，自中秋後漸綻，而晚者及長至後方殘紅紫金粉彙成雲錦，而于黄白更繁更奇。邇日花壺尤多雅緻，汰其精者，百餘枚，每種一器，俟其花在枝頭，精神初完，則折而入壺，置之小閣避風處，尚可鮮明數十日，迨水欲結冰，又預備壺之下者，一一易之，圍繞几上下，此林居第一繁華時也。乃知靈均元亮好樂，正自不苟。然其培芽分植摘枝，删蕋視他花，又不啻勤矣，過此則梅花世界，而蠟梅寔接而引之，清香雅淡如山澤之臞，不知羅綺梅，則以草葉結子者爲勝，而緑萼者尤奇，在江南，思而未見，乃小閣前一株，忽作緑萼，不知何自而來，亦可異也。若玉蝶緗紅，則皆作花香，不似此品，方可稱天香耳。葢花以香爲上，蘭之外未有先于梅者矣。至于葵榴、鳳仙、虞美人等，品類更繁。水仙、夜合、金萱玉、簪幽馨，獨擅揔之天地之靈氣，日新之化機，無不可充林間佳客者，長晝閉門披纂之倦，非此無可消遣者，若以鬬勝于平泉，則不足當一吷耳。　古人有爲花九錫九命者，亦山人評隲之權。余往嘗取諸花如九品官，人之法譜爲一圖，可以用骰子，如俗所傳升佛升官諸圖，隨采而殿最之。亦雅妙可喜後遂，益以竹木草穀及數千萬種，于往古今世區別之稱，考咨頗盡，後覺其非急，遂棄去，而篋中之稿尚存，亦多識之一助也。余又欲爲菊花譜一切擬之，以人頗肖似，後亦棄去不存。

又　接果：余既篤嗜種果，乃桃李杏棗，品類繁多，佳種難得，必資插接。若梨柿甜梅五色柰，則又未有不經接而成者。余每手自嘗試，備得其要時，及春仲不遠數十百里，乞插頭密裹，星馳以赴其會，先宵預儲所需，昧爽帶月奔投，訖事未十數株曉矣，既爲至勤亦爲至樂。迨萌蘖之期，日數撫視，閔閔然望其生而恐其萎也。以此知多一嗜則多一繫，多一能則多一累，信無欲無爲之爲難也。　插枝之法更爲簡便，向惟安石榴、蒲桃用之，近以插諸果，皆有活。梨柰尤易，而于銀杏更捷，蓋果惟銀杏晚結，今用結子老枝插活六七載，便可結。若石榴蒲桃，反不如種生之速也。其法取果旺枝下有拐根者，截下兩端，皆用火燒，另用大根商陸一株，掘開將枝緊插入根內，牢培留頂，多活。

明　李詡《戒菴老人漫筆》卷五　凡樹藝只要土暖加肥，壅者釀暖也。向陽處物易生，日光不照，生意便绝。壁土竈土，皆可壅物暖也。耕田南北其隴者，秋夏二熟皆有。收東西其隴者，向陰一半無收。凡春花之木，不宜背陽，秋花者居陰亦無害。蓋以冬日南，至一冬無日，暖氣不充，故春花不發，夏日北至陰處皆有陽光，至秋而花，自無妨也。

明　謝肇淛《五雜俎》卷一〇《物部》　栽花竹根下，須撒穀種升許，蓋欲引其生氣，穀苗出土，則根行矣。

明　劉仲達《劉氏鴻書·花木門》　麻麥之相爲候也，麥黄則藝麻，麻黄則藝麥，禾生于棗，黍生于榆，大豆生于槐，小豆生于李，麻生于荆，大麥生于杏，小麥生于桃，稻生于楊柳。凡栽藝者，各趁其時，棗雞口，槐兔目，桑蝱眼，榆負瘤，雜木鼠耳。粟種而不栽。柰也，林檎也，栽而不種。茶茗移植則不生，杏移植則六年不遂。

明　陳師《禪寄筆談》卷七　橄欖出閩粵炎方。初食時微苦澁，過後則甘美有回味，且可醒酒。用以點茶最宜。故王元之詩曰：「皮肉苦且澁，瀝口復充頤。良久有回味，始覺甘如飴。我食何所喻，喻彼忠臣辭。黄山谷亦云：想共餘甘有瓜葛，苦中真味晚方回。可謂深知此菓之味。喻彼忠臣尤確也。若飲食者長嗽大嚼，視此菓當儹眉矣。　凡物兆異，理有固然。逮後以事應，則有不盡附會者。予西園，先比部公偕予兄弟居業其中。園有香圓樹一株，每歲纍纍結實以百計。至甲午年止結一枚。先比部公云：此何異？至秋，予仲兄思敬應魁選。繼後，予手植瑞香二本，數年寖盛，至壬子年結子二三枚，紅而實真如珊瑚珠大，如龍眼之小者。詢之園丁，向未目見也。是年，予亦中式。云壬辰以前，許冏卿子春亦居業西園，中鄉試時，香圓亦如此兆。夫許冏卿與予仲兄官至内外崇階，華聞不薄，宜有此兆。予僅博一第，少二公一等，又落落無聞，負此花多矣，胡爲乎實哉。姑述其事而志之，爲之三嘆。　山深土厚之處，物產之異，蓋巨靈所鍾，誠有足駭觀者。如天目山老檜，其大可六七人抱。閩中之荔枝樹、榕樹，大亦可數人抱，比天目少差。滇中之巨竹，叢生一堆，非若南方之竹山與園林散蔓。其奇異處，僅數十株一叢，根如虬龍，蟠結出土上，色如石，其大如斗，若截之，可以汲水。又若天目山巔之仙人解鋸石，約一二里。道傍林林無筭，或六七尺，或及丈，自上至下，皆空一寸許，直截如片。虎丘試劍石，又不足言矣。斷非人力所致，即天巧亦是奇事。又若雁山之天柱峯，平地突然崚起，週圍無所緣，如湖南之雷峯塔，然其高與大，則又數倍。皆宇内之奇觀，造化之莫測也。　桂有桂樹之桂，有桂花之桂。桂樹則《楚辭》桂酒、箘桂之類，即今醫家所用。取其氣味辛辣，乃用其皮也。桂花之桂，則詩詞所言，今人家所植。取其香氣馥烈，乃尚其花也。然二桂種類亦自各别。今類所載，通不分别，殊失之矣。南方菓之佳者，莫善於荔枝。梧州火山者，夏初先熟，而味少劣。其高潘者最佳。六月已熟，有無核類雞卵大者，其肪瑩白，不減水晶，性熱液甘，乃奇實也。大抵荔以核小肉厚色白爲貴，反此，則下品也。

清　陳淏子《花鏡·課花十八法·課花大略》　嘗觀天傾西北，地缺東南，天地尚不能無缺陷，何况附天地而生之草木乎。生草木之天地既殊，則草木之性情焉得不異。故北方屬水性冷，產北者自耐嚴寒，南方屬火性燠，產南者不懼炎威，理勢然也。如榴不畏暑，愈暖愈繁，梅不畏寒，愈冷愈發。荔枝、龍眼獨榮於閩粵，榛、松、棗、柏尤盛於燕齊，橘、柚生於南，移之北則無液；蔓菁長於北，植之南則無頭。草木不能易地而生，人豈能强之不變哉。然亦有法焉，在花主園丁能審其燥濕，避其寒暑，使各順其性，雖遐方異域，南北易地，人力亦可以奪天功，夭喬未嘗不在吾儕掌握中也。余素性嗜花，家園數畝，除書屋、講堂、月榭、茶寮之外，遍地皆花、竹、藥苗。凡植之而榮者，即紀其何以榮，植之而瘁者，必究其何以瘁。宜陰宜陽，喜燥喜濕，當瘠當肥，無一不順其性情，而朝夕體驗之。即有一二目未之見，法未盡善者，多詢之嗜花友，以花爲事者，或賣花傭，以花生活者，多方傳其祕訣，取其新論，復於昔賢花史、花譜中參酌考正而後録之，可稱樹藝經驗良方，非徒採紙上陳言，以眩賞鑒者之耳目也。因輯課花十八法於左，以公海内同志云爾。

清　陳淏子《花鏡·課花十八法·辨花性情法》　每見世俗好花，不惜重資購取。有從千里攜歸，未及半載，非枯焦即聾閉，是昧其理而失其性也。苟得其性，萬無不生之木，不艷之花，惟在治圃者亟當詳察耳。如朱草應月而生，日長一葉，月半即落，謂之蓂莢。梧葉隨年而長，每枝十二，立秋解一，謂之知秋。黄楊木遇閏月反短，謂之厄閏。梧桐葉遇閏月獨多，謂之增閏。蔓草皆左旋，順天之左旋也。凡花皆五出，法地之數五也。橘藉尸榮，榴滋骸茂。蕨以猿啼盛發。蕉以雷振頓長。橄欖畏鹽，納鹽實落。番蕉喜火，釘火愈生。紫薇怕癢，皂角怕箍，茯苓碎瓦，薜荔壓枝。杷板受刀復合，柿木畫皮生紋。建蘭葉喜人捋而緑，水仙葉惡人捋而黄。蘭花向午發香，荷花向午香歛。芡開花向日，菱開花背日。蕪菁生於燕，枳榛死於荆。春分鐵烙梨枝而栽，小雪刀段芙蓉而窨。五月斫桑枝，六月吊水仙。物各有性，所必然也。大概早苗者茂於和煦之時，遲發者盛於沍寒之候。古云：畜匏之家不燒穰，種瓜之家不焚漆，避物性之相忤也。苟欲園林璀燦，萬卉争榮，必分其燥、濕、高、下之性，寒、暄、肥、瘠之宜，則治圃無難事矣。若逆其理而反其性，是採薜荔於水中，搴芙蓉於木末，何益之有哉。

清　陳淏子《花鏡·課花十八法·種植位置法》　有名園而無佳卉，猶金屋之鮮麗人。有佳卉而無位置，猶玉堂之列牧豎。故草木之宜寒、宜煖、宜高、宜下者，天地雖能生之，不能使之各得其所，賴種植時位置之有方耳。如園中地廣，多植果木松篁，地隘只宜花草藥苗。設若左有茂林，右必留曠野以疎之。前有芳塘，後須築臺榭以實之。外有曲逕，内當壘奇石以邃之。　花之喜陽者，引東旭而納西暉。花之喜陰者，植北囿而領南薰。其中色相配合之巧，又不可不論也。如牡丹、芍藥之姿艷，宜玉砌雕臺，佐以嶙峋怪石，修篁遠映。梅花、蠟瓣之標清，宜疎籬竹塢，曲欄暖閣，紅白間植，古幹横施。水仙、甌蘭之品逸，宜磁斗綺石，置之卧室幽牕，可以朝夕領其芳馥。桃花夭冶，宜別墅山隈，小橋溪畔，横參翠柳，斜映明霞。杏花繁灼，宜屋角墻頭，疎林廣榭。梨之韻，李之潔，宜閒庭曠圃，朝暉夕靄，或泛醇醪，供清茗以延佳客。榴之紅，葵之燦，宜粉壁緑牕，夜月曉風，時聞異香，拂麈尾以消長夏。荷之膚妍，宜水閣南軒，使薰風送麝，曉露擎珠。菊之操介，宜茅舍清齋，使帶露餐英，臨流泛蕊。海棠韻嬌，宜雕牆峻宇，障以碧紗，燒以銀燭，或憑欄，或欹枕其中。木樨香勝，宜崇臺廣廈，挹以涼飔，坐以皓魄，或手談，或嘯咏其下。紫荆榮而久，宜竹籬花塢。芙蓉麗而閒，宜寒江秋沼。松、柏骨蒼，宜峭壁奇峯，藤蘿掩映。梧、竹致清，宜深院孤亭，好鳥閒關。至若蘆花舒雪，楓葉飄丹，宜重樓遠眺。棣棠叢金，薔薇障錦，宜雲屏高架。其餘異品奇葩，不能詳述，總由此而推廣之。因其質之高下，隨其花之時候，配其色之淺深，多方巧搭。雖藥苗野卉，皆可點綴姿容，以補園林之不足。使四時有不謝之花，方不愧名園二字，大爲主人生色。

清　陳淏子《花鏡·課花十八法·接换神奇法》　凡木之必須接换，實有至理存焉。花小者可大，瓣單者可重，色紅者可紫，實小者可巨，酸苦者可甜，臭惡者可馥，是人力可以回天，惟在接换之得其傳耳。如樹將發生時，或將黄落時，皆宜接换。大約春分前，秋分後，是其脱胎换骨之候也。凡樹生二三年者易接，其接枝亦須擇其佳種，已生實一二年，有旺氣者過脈乃善。接必兩枝，俟其活後生葉，揀弱者删去其一。至於斫木，須執刀端直，不至重傷則易成。截樹砧，須用細齒利鋸斷之，又將快刀裁砧處令光，使不沁水。遂從砧之二傍裁開其皮，微連以膜，約一小寸；先將剪下之枝，裁去兩旁，於口中含熱，連唾插掩，是假人涎以助其氣。用紙封外，再以箬封，然後用麻紥縛。如乾壤，少潤，總不宜灌，須遮日曝，待其成體，方可開也。七頭須木枝與樹砧各斜裁其半，以人唾粘掩之，以瓦規土，灌使少潤，晴陰皆以器覆之。木之佳者，須側坎而探釘，斷其中根，止留四散生者，立覆側，坎而灌之，則生子必碩大。樹以皮行汁，斜斷相交則生。用泥泥之，或以鋭皮連木者，插所斫之木心而泥之。如以倒插而生者，柝其皮而緒之也。凡接須取向南近下枝接之，則着子多。如以本色樹接本色，惟以花之佳，果之美者接，自不待言矣。若以他木接，必須其類相似者方可。如桃、梅、李、杏互接，金柑、橙、橘互接，林檎、棠梨互接，夫人而知之。至於奇妙處，又不可不講也。白梅接冬青或拣（楝）樹上，即變墨梅。西河柳接海棠，極易生長。櫻桃接貼梗上，則成垂絲。貼梗接梨樹上，則成西府。柿樹接桃，則爲金桃。梅接桃則脆，桃接杏則肥。桑接梨則鬆而美，桃接李則紅而甘。桑接楊梅則不酸，李接桃杏則可久之類，亦宜留心。圃人接換之法有六：一曰身接。用細鋸截去原樹枝莖作盤砧。高可及肩，以利刀際其盤之兩傍，微啓小罅，深可寸半，先以竹片探之，測其淺深。却以所接條約五寸長，一頭削作小篦樣，略噙口中，即納之罅內，使皮骨相對。插訖，用樹皮封固得所，再用牛糞和泥，斟酌封裹之，勿令透風。外仍留口眼於上，以洩其氣。二曰根接。如小樹將鋸截去原樹身，離地五寸許，以所接條削尖插之，一如身接法。即以原土培封，外將棘刺圍護之。三曰皮接。用小快刀於原樹身八字斜劈之，以竹籤測其淺深，將所接枝條，皮骨相向插入。封護如前法。候接枝發茂，斷其原樹枝莖，使其莖獨茂耳。四曰枝接。如皮接之法而差近之。一本可發二色或三色花。五曰靨接。只宜小樹，先於原樹横枝上，截下留一尺許，於所取接條樹上眼外方半寸，刀尖劃斷皮肉至骨，併帶膜揭皮肉一方片，須帶芽心揭下。口噙少頃，取出印濕痕於横枝上。以刀尖依痕刻斷原樹靨處，大小如之。以接按之，上下兩頭將桑皮紙封繫，緊慢得宜。仍用牛糞泥塗護之。隨樹大小，酌量多少接之。「俟芭生根，始斷其半而後分植焉。」六曰搭接。將已種出芽條，去地三寸許，上削作馬耳，用所接條，併削馬耳，相搭接之。封繫糞壅如前法。凡接樹雖活，下有氣條從本身上發者，急宜削去，勿令分其氣力。一概種接，須令接頭向外，則易生。

清 陳淏子《花鏡·課花十八法·分栽有時法》 一切草木，分各按其時，栽能得其法，則長成捷於核種多矣。凡根上發起小條俱可分，必先就本根相連處斷而不動，以待次年，當分時移植，仍記其陰陽，不令轉易即活。若陰陽易位，則難生矣。大樹須髡，不髡恐風摇則死。 故國策云：「柳縱横顛倒，樹之皆生，使千人樹之，一人摇之，則無生矣。」至若小樹，可以不記、不髡。每栽必量其樹之大小，先掘深坑，納樹其中，以泥水沃之。著土令加薄泥，東、西、南、北摇之，良久待其泥漿入根間已足，再加肥土，自無不活。若此時不摇實，則根虚多死。其根上土決宜堅築，惟留上面三寸勿築，取其鬆柔易受水也。每澆水過，即以燥土覆之，不然恐易乾涸。埋定後，不可再用手捉動摇，及六畜觸突。正月爲上時，自朔暨晦，可栽大木，如松、柏、桐、梓、茶、竹之類是也。花果樹必須望前，望後栽者，果必少實。二月爲中時，可栽百卉。三月爲下時，不宜栽者多矣。須查逐月條例，如棗雞口，槐兔目，桑蝦蟇眼，榆負瘤散、鼠耳、虻翅等，各有其時，皆從葉生形容之象，似以此時栽種者多生。雖云早栽者葉晚出，究竟宜早爲妙。凡栽樹，將大蒜一枚，甘草一寸，先放根下，永無蟲患。正月盡至二月，可劚樹枝。二月盡至三月，可掩樹枝，埋樹枝土中令生，二年已上，便可移栽。凡栽日，宜六儀、母倉、除、滿、收、成、開，及甲子、己巳、戊寅、己卯、壬午、癸未、己丑、辛卯、戊戌、己亥、庚子、丙午、丁未、戊申、壬子、癸丑、戊午、己未等日。忌死炁、乙日、建、破日、火日。至如栽桃宜密，栽李宜稀，栽杏宜近人家之法，不能枚舉。在有園圃者，隨地活變之耳。且草木或有不見栽時之例者，求之此條可也。

清 陳淏子《花鏡·課花十八法·扦插易生法》 草木之有扦插，雖賣花傭之取巧捷近法，然亦有至理存焉。凡未扦插時，先取肥地，熟劚細土成畦，用水滲定。待二三月間，樹木芽蘖將出時，須揀肥旺發條，如拇指大者，斷長一尺五寸許，每條下削成馬耳狀，另以杖刺土成孔，約深五六寸，然後將花條插入孔中，築令土著木，每穴相去尺餘，稀密相等，常澆令潤澤，不可使之乾燥。夏搭矮棚蔽日，至冬則换煖蔭，仲春方去。候其長成高樹，始可移栽。每欲扦插，必遇天陰方可動手。如遇連雨，則有十分生機；無雨減半。梅雨時儘可扦，晴亦不宜。插須一半入土中，一半出土外。若扦薔薇、木香、月季及諸色藤本花條，必在驚蟄前後。揀嫩枝斫下，長二尺許，用指甲刮去枝下皮三四分，插於背陰之處。四旁築實不動，其根自生。若果木須揀好枝，先插於芋頭或蘿蔔上，再下土時則易活。臘上必須有箬葉裹之。若扦各色花枝，接頭亦得。總之扦插移栽，不外乎「宜陰忌日」四字。至於扦盆花捷法：取春花半開者，用快剪斷下，即插芋頭上或蘿蔔內，立以花盆種之；時加澆灌，不見日色，久久自生根芽矣。

清 陳淏子《花鏡·課花十八法·移花轉垛法》 移花接木，在主人以爲韻事，於花木實繫生死關頭。若移非其時，種不得法，未有能生者也。今述其要，爲圃友知之。凡木有直根一條，謂之命根；趁小時栽便盤屈，或以磚瓦盛之，勿令直下，則易於移動。若大樹稱春初未芽時，或霜降後根旁寬深掘開，斜將鑽心釘地根截去，惟留四邊亂根，轉成圓垛，仍覆土築實，不但移栽便，而實結亦肥大。小樹轉垛後一年即可移，若大樹必須三年，每年輪開一方，乃可移種。轉垛時以稻秸紉成草索，盤縛定泥上，未可移動。復以鬆土填滿，四圍鋤開處，仍用肥水澆實。待次年正二月間移起，就合種處，如種果木，宜寬，當以丈二爲矩。視樹之大小作區，安頓端正，然後下土半區，將木棒斜築根垜下結實，上以鬆土壅，高過地面三二寸，但不露大根足矣。若本身高者，必須樁木扶縛定，勿使風摇動，即以肥水澆之。如無雨每朝澆水，待月半後根實，生意漸萌，便如隨常澆法可也。若遷移遠路，必髡其梢，未能便栽，必須蔽日，雖遲三五日不妨。但若垜碎日曝，則無生理矣。凡種一切果木，望前移枝者多實。在南浙蒔花爲業者則不然。無花不種，無木不移；新啓園亭，而欲速搆者，雖非其時，亦可以植。皆因轉垜得法，少俟天雨即移，頃刻便成林麓矣。古云：「移樹無時，莫教樹知；多留宿土，記取南枝。」此正轉垜後之謂也。

清 陳淏子《花鏡·課花十八法·過貼巧合法》 凡花木分栽、壓條、接换皆不可者，乃以過貼法行之。先將樹相等，葉相類之小木，移於欲貼之木傍。視其可以枝相交合處，以利刀各削其皮一半，相對合之，以竹擰包裹，麻皮纏縛牢固，外以泥封之。如大樹則所合枝傍截半斷，七小樹所合枝發梢。若欲花果兩般合色，則勿去梢，來年春方可截斷連處，復候長定，然後移種可也。脱果木生之果，八月間以牛羊糞和土，包其鶴膝，再用紙包裹麻縛令密，以木撑住，以水頻澆，任其發花結實。次年夏、秋間，始開包視之，其根已生，則斫斷埋土中，其花實自能晏然不動，一如巨木所結。又一法：選嫩樹枝長尺餘者，刮去皮寸許，用有節竹筩劈作兩開，合着樹枝，用篾縛住，内以土築實，其根自生。二年後方可剪開。凡驚蟄前後，并八月中皆可過貼。

清 陳淏子《花鏡·課花十八法·下種及期法》 凡下諸色花卉種時，亦有至理存焉。地不厭高，土肥爲上。鋤不厭數，土鬆爲良。至於下之早晚，已載於月令條下，兹不再贅。但種之之法，不可不知。臨下時，核宜排，子宜撒。必於日中燥曝，潔净。然後合浸者浸之，不浸者，看其子粗則培入土内。細則均撒土面，下訖即以糞沃其上，暖日區種者亦然。下之日必須天晴，雨則不出。下後三、五日，必須得雨，旱則不生。遇旱須頻澆水。若佳果欲種，須候肉爛和核排種之。以尖朝上，將肥土蓋之，否則所生之實，便不類其佳，亦且難生。細子下後，必蓋以灰，恐不蓋必爲蟲蟻所食，則無生種矣。

清 陳淏子《花鏡·課花十八法·收種貯子法》 凡名花結實須擇其肥老者收子，佳果須候其熟爛者收核，則種後發生必茂。其法：在收子時，取苞之無病而壯滿者，與果之長足而不蛀者，摘下日曬極乾，懸於通風處，或以瓶收貯。各號名色，庶臨期收用，不致差錯。將瓶懸於高處，勿近地氣，不生白蛀。如隔年陳者，亦多不生。核種者，當於牆南向陽處鋤一深坑，以牛馬糞和土，平鋪其底。將核尖向上排定，復以糞土覆之，令厚尺許。至春生芽，萬不失一。但忌水浸風吹，皆能腐仁。又一法：以泥包核，圓如彈大，就日曬乾，方投糞土坑中尤妙。凡果實未全熟時不可便摘，恐抽過筋脈，來歲不盛。摘必兩手拿摘，則年年結實自繁。若孝服人摘之，來年不生。故治圃者，能隨時而收，按時而下，遲早不踰，斯得之矣。

清 陳淏子《花鏡·課花十八法·澆灌得宜法》 澆灌之於花木，猶人之需飲食也。不可太饑，亦不可太飽。燥則潤之，瘠則肥之。全賴治圃者，不時權衡之耳。大凡人心喜香艷，而惡枯寂。春夏萬卉争榮，則澆灌之力勤。秋冬草木零落，則澆灌之念弛。孰知來年之馥郁，正在秋冬行根發芽時之肥沃也。及至交春，萌蘗一生，便不宜澆肥。肥能菑翳，即有一二喜肥者，亦須停久宿糞。熱糞只可臘月用，餘月用之有害。若用撏猪毛湯，或退鷄鵝翎湯，不宜親木跗，恐生蛀蟲。湯内若投以荔枝、圓眼核，則翎易腐而蟲不生，亦是善貯肥之一法。當果實時宜澆，摘實後並臘前通宜澆，若宿糞和以塘水，勝於諸水，其以煖而壯也。究竟以黄梅水爲最，當多蓄聽用。但澆肥之法，草與木不同：草之行根淺，而受土薄，隨時皆有凋謝，逐月皆可澆肥，惟在輕重之間耳。如正月則七分糞三分水，二月六糞四水，三月對和，四月四糞六水，五月三糞七水，八月四糞六水，九月對和，十月六糞四水，十一月七糞三水，十二月八糞而止。即十一二月、正月，亦有宜輕肥者，并不宜者，俱載花曆條下，兹不再贅。若遇天旱，每日要澆，只宜清水，肥須隔數日一用，然亦須分早晚。早宜肥水澆根，晚宜清水灑葉；若果木則不然，二月至十月澆肥，各有宜忌，如二月樹已發嫩條，必生新根，澆肥則梢反枯。倘有萌未發者，澆之不礙。三月亦然。凡花開時不宜澆糞，恐墮其花。夏至梅雨時澆肥，根必腐爛，八月尤忌澆肥。白露雨至必長嫩根，一澆即死。六七月花木發生已定，皆可輕輕用肥，至小春時便能發旺。若柑橘之類，又不宜肥，肥則皮破脂流，隆冬必死。杜鵑、虎刺，尤不可肥。至如石榴、茉莉，雖烈日之下，儘肥澆不害。一云社酒澆果根，則實繁。冬至日糟水澆牡丹、芍藥、海棠，則花艷。皂角無實，根旁鑿一孔，入生鐵屑三五斤，泥封之，即結角。如菖蒲無力萎黄，水和鼠糞澆之即盛，此補澆灌之所不及也。每月九焦日，不但忌種，抑且忌澆。

清 陳淏子《花鏡·課花十八法·培壅可否法》 地有高下，土有肥瘠，糞有不同，若無人力之滋培，各得其宜，安能使草木盡欣欣以向榮哉。在植物莫不以土爲生，以肥爲養；故培壅之法，必先貯土。取好土糞澆，草火煨過，再以糞澆復煨，如此數次，曝乾搗碎篩浄，揀去瓦、石草根，收藏缸内，置之日照雨飄處聽用。或取黄泥浸臘糞中年餘，亦有用處。至於各花各有宜壅之糞土，必須預爲料理。如或用灰糞，或麻餅、豆餅屑和土者，或貯二蠶沙靴鼓皮屑和土者鼓皮取其無硝，或以牛馬糞，或以猪羊糞，或以鷄鴨等糞和土，當令發熱過，方爲肥土。又人之櫛髮垢膩，壅花最佳，然不能多得，只可盆花取用耳。壅根宜高三五寸，澆水實定，不可太過。如竹、木、桑、菊根皆土長，每年必添泥覆方盛。各種肥土用法，已詳花曆條下，兹不贅。凡生花果盛時，逢霜則無實；當預於園中，多貯敗草、牛馬乾糞，逢天雨新晴，北風寒切，是夜必霜。此時放火作煴，令花少得煙氣，可免霜威，則實可保。至若盆花，受氣有限，全賴良土培壅，更不可怠忽。所貯花盆，先須炭屑及瓦片浸糞溝中經月，爲鋪盆之用；不可臨期取辦，使不如法。

清 陳淏子《花鏡·課花十八法·治諸蟲蠹法》 凡木有蠹，葉有蛃，果有螬，菽有蝗，穀有螟、螣、蟊、蟹，皆由陰陽不時，濕熱之氣所生。雖有佳木奇葩，一經侵蝕，無生理矣。今特録其可以驅除之法，爲治圃者知之。凡樹内蛀蟲，入春頭俱向上，難於鈎取，必用烟薰，逢冬頭向下，只須鐵線一搜立盡。初春去蠹蝎蛣蝸者，以杉木爲鍼，閉塞其氣則自死，或以硫黄末塞之。如蛀穴深曲，以焰硝、硫黄、雄黄，作紙藥線，紝穴中焚之，走其煙臭則皆死。或以芫花或百部葉納穴中，亦能殺蟲。若在外螬蟲蛃蟲，則以魚腥血水灑其葉上，不久自消。能飛之蟲，取江橘藕以膠之，或畜蟻以食柑蟲。若順風燒油籠，可以驅松蟲。若用多年竹燈架挂果樹上，可以去青蟲或將桐油紙撚條塞蛀眼亦可。桐油脚入糞澆蔬菜，亦能去蟲。樹有蠹孔，彈竹篾於孔邊，如蒲蟲聲，其蠹自出，即此可悟啄木鳥取蟲之理矣。桃生蛀，煮猪頭湯冷澆之，橘生蟲，用修馬蹄屑塞之，林檎，梨樹生毛蟲，埋蠶蛾於下，或用海魚腥水澆之。槐生蟲，擂鼓於樹下則盡落。芝麻梗挂樹上則無簑衣蟲，西風久雨亦能殺毛蟲。桑樹蟲多，用鐵線鈎取。凡樹生癩，以甘草削釘，鍼之自消。凡栽花草，根下置白蘞末，最能辟蟲患。土坑中先置甘草一寸，大蒜一枚，後種樹上，則不生蟲。蓋木實之蠹者，必不沙爛，沙爛者必不蠹，亦性使然也。一法：清明子時，於諸樹上縛稻草一把，則不生蟲。清明前一二日，多取螺螄浸水中，至清明日，以此水灑牆壁甃砌，能去蚰蜒。盆内有蟻穴，以香油或羊骨引出之。有蚓穴，以鴨糞壅之，或灰水澆之，如用灰水，當即以清水解之。又云：以生人髮挂樹上，鳥雀不敢偷啄其實。

清 陳淏子《花鏡·課花十八法·枯樹活樹法》 天生地長，草木之榮枯，豈人得而主之。然人爲萬物之靈，能殺之，復能生之，挽回造化，亦在掌握之間。如木以肉桂作釘，釘之即死，用甘草水灌之復榮。烏賊魚骨釘之則翳，以狗膽解之仍茂。或曰鱗魚乾樹。即墨魚也，一名海螵蛸。又云：河豚骨。若以邵陽魚刺日西时樹陰即死。一云：桂砢木上則茂，砢木下則枯。蘇木作釘，釘其根則死。葡萄樹以甘草鍼針之即槁。柚樹一抹阿魏入其内則立枯。以肉桂屑布地則草不生。人溺焫麻即萎。豆汁澆鼠莽根即爛。韭汁滴野葛上即枯。枇杷、梔子、瑞香、杜若、秋海棠澆糞即萎。凡樹離根三尺，斫其皮，納巴豆數粒，則汁瀉而枯穴。果樹以鍾乳粉納之，則實多味美，納於老樹根皮内，則瘁者復茂。白蘞末置花根下，辟蟲易活。又騸樹法：凡木發芽時，根旁掘土，搜其直下命根截去，則結果肥大易長。

清 陳淏子《花鏡自序》 余生無所好，惟嗜書與花。年來虚度二萬八千日，大半沉酣於斷簡殘編，半馳情於園林花鳥，故貧無長物，只贏筆乘書囊。枕有祕函，所載花經藥譜。世多笑余花癖，兼號書癡。噫嘻，讀書乃儒家正務，何得云癡。至於鋤園藝圃，調鶴栽花，聊以息心娛老耳。淵明有云：「富貴非吾願，帝鄉不可期。」余棲息一廛，快讀之暇，即以課花爲事。而飲食坐卧，日在錦茵香谷中。時而梅呈人艷，柳破金芽，海棠紅媚，蘭瑞芳誇，梨梢月浸，桃浪風斜。樹頭蜂抱花鬚，香徑蝶迷林下。一庭新色，遍地繁華。𪔂讀倦縱觀，豈非三春樂事乎。未幾榴花烘天，葵心傾日，荷蓋摇風，楊花舞雪，喬木鬱蓊，羣葩斂實。篁清三徑之涼，槐蔭兩階之粲。紫燕點波，錦鱗躍浪，𪔂高卧北牕，聽蛙鼓於草間，散步朗吟，靄薰風於澤畔，誠避炎之樂土也。至於白帝徂秋，金風播爽，雲中桂子，月下梧桐，籬邊叢菊，沼上芙蓉，霞升楓柏，雪泛荻蘆。晚花尚留涼蝶，短砌猶噪寒蟬。鷗暝衰草，雁唳書空。同人雅集，滿園香沁詩脾，餐秀啣杯，隨托足供聯咏，乃清秋佳境也。迄乎冬冥司令，於衆芳摇落之時，而我圃不謝之花，尚有枇杷纍玉，蠟瓣舒香，茶苞含五色之葩，月季逞四時之麗。𪔂曝背看書，猶藉簷前碧草，登樓遠眺，且喜窗外松筠，怡情適志，樂此忘疲。要知焚香煮茗，摹榻洗花，不過文園館課之逸事，繁劇無聊之良劑耳。

癡耶，癖耶，余惟終老於斯矣。堪笑世人鹿鹿，非混蹟市廛，即縈情圭組昧藝植之理，雖對名花，徒供一朝賞玩，轉眼即成槁木耳。客曰唯唯，既非花癖，何不發翁枕祕，授我花鏡一書，以公海内，俾人人盡得種植之方，咸誦翁爲花仙可乎。　康熙戊辰桂月，西湖花隱翁陳淏子漫題。

清　俞樾《茶香室叢鈔》卷二八　《種果樹法》　宋黄復初《茅亭客話》云：栽果法，以冬至後立春前，斫美果直枝，須有鶴膝大如母指者，長可二尺，以來劄於芋魁中。掘土令寬，調泥漿，細切生葱一升許，攪於泥中。將芋魁致泥中，以細土覆之，勿令堅實。即當年有花，來年結實，絶勝種核。

清　陳憲舜《課民植牧講義稿・一切播種法》　先選各種之子，至四月初旬，用糞水百分之五，和長流水百分之九五，將子浸此水中，發芽甚齊，收成亦旺。至苞芽點嘴之時，乘浸水未乾之子，和以草灰、磨糠、枯樹葉粉之類，用棍攪勻，以一握置一處，每處離五六寸，以足發土微曬之，否則芽發無力。或將各種肥料，先佈於條地之上，隨將種子點入土中，約七八分深，淺必曬萎。若發芽至二三寸時，用鋤擁旁邊碎土，以覆其根，酌加肥水三分之一，此一定之法也。百果仿此，若果不萌芽，弊非一端，而入土太深，乃其通病，因子在土内，因水鬱積，而天氣不通，易於漚爛，或芽細弱，未經出土，不勝重壓，故敷土宜視子大小，定敷土之淺深。若子細微，則散布土面，畧加灰泥，便可長成。倘露天播種，須加蓋護，如木屑、青苔及殘葉、敗草之屬，敷於土面，其土務令鬆暖，庶能生發，苟濕熱不勻，定難壯旺。凡子之有外包硬殼者，須當年即（樹）〔播〕數日發芽，倘留至來年，則乾透之極，日久方能生芽也。又果樹之横幹愈平者，果多而美，其枝愈直者，樹高果稀。法於冬月將新樹留出壯旺大幹，其細小嫩枝，一律伐去。蓋種樹本意，祇望長速果多，除此剪伐，并無他法，可以助長。若將軟弱枝條，逐年留養，則雖下肥料，祇養無用枝葉，至七八年尚不結實，或久後勉强結成三五劣果，有何益哉。故必若切去空閑之莖，僅留二三生果之枝，使根力堅固，地氣充足，至遲三年，嘉果羅列矣。植又將苞芽小樹，連樹皮帶芽截下一片，以潤濕之青苔裹而（運往園圃，接）之立活。接木宜晴日絶早，避西北風亦多活。

清　陳憲舜《課民植牧講義稿・果樹培植法》　凡果實味酣（甜），由於内多糖質，若灌溉并無此質，酣（甜）味從何得來，故宜下糞，以糞内有糖質也。又宜骨屑，因骨内多磷質也。此外如恭菜、蘿蔔、蘆粟、槭皮、甘蔗渣、榕樹子等。及含有糖質各種植物，或漚爲水以澆之，或化爲灰以培之，然淋於地面，常有推去，故有埋於根下者，若離鬚稍遠，吸送需時，不如挖見命根，及多鬚所在，填以各種酣（甜）質肥料。使此樹之根與鬚，朝夕吸送於枝幹，地面留出小洞，俾此後各料從此流入，一年一次，永不間斷，任憑如何苦酸果樹似此料理，必可轉爲蜜酣（甜）。以是感者以是應，亦種麻得麻，種豆得豆之意也，糖榨蜜廠餅舖等前後溝渠淤泥尤佳，冰果舖漚爛果實亦可。

清　陳憲舜《課民植牧講義稿・插枝》　播種發苗，近於繁難，不無意阻，可於臘盡春回時，砍下肥大樹枝，斷以五寸，入地三寸。至春暖後，已能生芽，如冬日不開，春初照行亦可。生芽之後，一至伏天，多有曬枯者，缺水故也。此時天氣熱極，生根尤壯，每早澆足清水，午後用日曬之，莖葉青葱固妙，否則用篷斜覆，使半受日光，半領空氣，熱力有限，地面不枯，間日一淋亦可。秋來日烈霜高，常用篋篷遮蓋，當可十活八九，一交冬令，用碎葉、木糠、蠶糞、馬屎之類，覆其樹根以防冬雪。春來根已生成，或仍留原地，及移出栽之，酌量情形，挖根看視，以生根之强弱，定其栽植，較之播種，稍爲簡易，而插成苗木必快數年，此亦避難就易之一法。

清　張宗法《三農紀》卷五《果屬》　王古之民以果蓏養腸。自神農出天雨穀，黄帝分其類，后稷治其蓺。《周禮》職方氏辨五土之物，甸師掌野果蓏場，入樹果蓏珍異之物，歲時之觀。《素問》以五果爲五助、五色、五味應五臟。《禮記・内則》列果品之數。古書云：欲知五穀之取否，但卜五果之盛衰。然果蓏田佐，五穀熟可以食，乾可以脯，豐歉可以濟時疾苦，可以備藥輔助養生之物也。　種實：地不厭高，肥土爲上。鋤不厭數，土鬆爲良，須各按時節下種。種時必將子于日中曬乾，于細者宜種淺，面上蓋糞，須擇睛（晴）明日若遇雨難生。三五日得雨良。旱宜頻澆。桃杏之類須擇味美實大者作種，待熟至望前卜向陽軟處，寬掘穴尺餘，用糞和土填平，取核向上排定，加糞土蓋之。至春芽生，候成小樹帶原土移栽。　栽藝：栽時以大蒜一枚，甘草一寸，或百部末一撮，先置根下，永避虫患。根間少填鍾乳石，結實甘美。栽宜望前，茂而多實，望後則實少。若樹根無宿土者，宜鋤穴以清糞水和土成泥，將樹栽泥中，輕提起樹根與地平，則根舒伸而不拳屈。栽後三五日方用水澆。勿太乾，乾則根難行。勿太濕，濕則根易腐。勿露孔竅，則風易入。四圍宜木架縛穩，禁勿動摇，無不生活。栽後以荆棘圍樹四邊，則人畜不能損，氣暖而又可避寒暑。春分和氣將盡栽，不得夏至，陰氣既盛種不得。但壓枝必在秋分，移栽必在春分。惟鑿根不拘時節耳。　栽宜中材樹，今年鋤根半邊，現根留半，根半邊在土。鋤開者掩土，至來年雨水節或吐米芽時令掘移栽，澆水，以杵築實，忌足踏。　扦枝：三月上旬取直美嫩枝，如柑指大，長三尺，或扦大芋或蘿蔔蕪菁中，種之三年成樹，全勝種核者。凡插樹，先以熟土劚熟成畦，以水滲之。正月間木芽將動，揀肥旺枝，餘拇人者，斷長尺餘，每條下削成馬耳狀，又先以小杖插刺成孔，深欲與條過半，然後以條推入，以土壓實。每穴相去尺許，常澆令潤。搭棚蔽日，至冬換作暖棚，次年去之。候長成高條移栽。惟插枝者若遇天陰過雨活多。　壓枝：春開屈樹枝，就地用木鈎攀定，身半斷，以土覆枝露稍，以肥水澆灌。至梅雨時枝葉仍茂，根鬚方生。壓時初枝跗相連處斷其半，用土厚封，次年新葉將萌，力斷連處，霜降後移植。　脱枝：擇佳果于秋分中用牛羊糞和土包其木之鏤膝處，如杯大，上裹以褚苧片密縛定，重則杖撑柱之。常用承（水）澆，任其發花結果。于來年夏間發一包，視生根者，梅雨中斷其本埋土中，花實晏然不動。一年後上中生根，仍截去近根者二三尺許，遂爲完木。又法以罐去底，或以竹筒劈破，將美樹嫩枝投入其中，出稍尺餘許，將枝下斫半，留半邊納土，于中合縛竹筒，筒土枝之，衛以草束。今年治，來年春分，以刀斷其枝，連筒栽之，澆無不生茂。　接博：凡果以接博爲妙，取速肖之義。枝必擇其美條向陽者，不宜背陰枝條，接必難成。須知各從其類，如梅接杏，桃接李，櫟接栗，赤梨棠梨（互）接（質），荆桑接魯桑是也。若形象不似，花實，不時者，難云其活。接必以細齒鋸一連厚。昔小刀利刃一把，須得心靈手穩，又要任機乘時。宜春分前後十日爲上，或取襯青條爲期。然必風和時暄方可以接。蓋，欲得陽和之氣也。一經接博，二氣交通，以惡易美。其法有六：一曰身接。貼大，宜高接。先鋸截去元樹枝莖作盤砧，高及肩，以刀際其盤之兩傍，微啟小罅，深一寸，先以竹籤探其罅之淺深，却以所接條約寸許，十顛（一頭）削作小篦形，先噙口中，假精液以助其氣，禁食鯉酒，（否）則難活。罅中要快捷緊密，須肌肉相封（對），插訖，以樹皮封纏，內寬外緊，用牛糞和泥斟酌封裹，仍用寬筦盛土，培養接頭，勿令透風，曰（日）土乾則灑以水。芽生，非接者之芽盡去之。培土上露接頭二三孔，以通其（和）氣。若逢天陰則易生。二曰根接。貼小，宜近地鋸斷元樹身去（地面）五寸許，以所取條削篦形插入，如身接法。培以土，以荆棘護之。三曰皮接。用小刀于元樹身八字斜剗之，以小竹籤測其淺深，以所接枝條皮肉相內（向）插之，封護如前法。候枝條發生，去其元樹枝莖。四曰枝接。若皮接之法而差返（近）。五曰靨接，小樹爲宜，先于元樹横枝上，截去，留一尺許，于所接條樹上眼外方午（半）寸，刀尖割皮肉至骨，併揭皮肉，須帶芽心生意處揭下，口噙少時，取出，印濕痕于横枝上，以刀尖依痕刻斷元樹靨處，大小如一（之），以接（按）之，上下兩頭，以桑構皮封繫，緊慢得所。仍用（以）牛糞泥塗護。隨樹大小，酌量接之。六曰搭接。將已種出芽條，去地三尺許，主稍削併（作）馬耳，將所接條併削馬耳相搭接，（以人唾貼連）封繫（培）壅，如前法。黄山谷云：雍也。木犁子仲由元。鄙人宗法云：古人因螟蛉而有接博，因接博而有騠駃，是以胎不妊，核不生。　過貼：凡遇樹之壓條、接换俱不能者，乃用過貼法，即寄枝也。先移性相近、葉相同、花實相似之小樹，柿（視）其傍可以枝相交合處，以刀各削其半，皮與膜對合，以麻皮縛固，泥封嚴密。日久相生，去其元枝。　澆樹：樹初生芽時則下生根，此時不宜澆糞水。候嫩條生成放頭花時，只宜澆清糞水。花大開時又不宜澆。倘遇天旱，宜澆以清水。若結實時，澆以糞水，實即落，實大無妨。大約花果忌濃糞，須用停久冷糞和清水澆之。新糞只宜臘月，亦必和水三之一用。肥宜審時，正月須水與糞等，二三月木生嫩芽，下生新根，若澆則傷根。未發萌者，不妨五月。雨水時澆，根必燗（爛）。六七月發生可輕澆，八月忌之。曰（白）露雨至必生嫩根，見糞必傷。能依月令澆其樹茂，正月鏤樹下土以通陽氣，二月鋤樹下草，三月須離樹五步作畦溝，以利水，旱則澆之，水則瀉之。　茸樹：凡小樹嫩弱不耐寒者，宜千（于）臨冬時，以綿軟柔草將身包裹，以麻皮縛定泥封，加以穅秕，護其根免凍損。　衛果：凡果樹于元旦日未出時，用朱旛一幅畫日月七星圖像，每逢風起，竪園内東墻下，即逢大風園中花實無損諸果。樹花盛放時，一遭霜即無實。凡逢三九內有雨，入春百日內必有霜。預先于園中多積亂草敗葉，遇天雨初晴非風寒，（必）此夜（必）有濃霜，須焚草葉于上風頭，使烟氣觸花果令霜氣不得爲害。　治果蠹：凡果樹蠹虫，宜着意看之，用鐵線作鈎以去之，又以雄黄硫黄作烟薰之。《王禎農書》云：用桐油紙撚熔（條）塞之。于虫未出時，凡敗葉腐枝皆虫蛆窩窟，宜盡去之。果樹下常鋤令草净，若有草則引虫蠹，亦分上氣。樹下切勿有坑坎，恐雨後漬根朽葉黄，宜令平滿，比也（地）面高三五寸爲妙。人髮懸樹上鳥獸不敢偷食也。遠蚓蛇元旦子時，將草一把縛樹上則遠虫。清明三鼓以草縛樹不生戴（截）毛虫。二月以核（杉）木針塞樹上虫穴，或以百部末填穴。（或）樹間有虫竅蛀穴以硫黄末或蕘花末塗之，有蟻以清油引之，或以羊骨引之，可除其患。　孕果：元旦及端午日，以斧雜斫諸果樹。又法：（以）春社日以杵椿（舂）諸果樹根下，則實繁不落果，不實者亦用此法。凡果有不結實者，可鑿（去）本木方寸許，另鑿結實（他木）未如鑿方寸許（以）填之，則結實。元旦及端午日鷄未鳴時，以火炤諸果木樹下，則當年結實繁盛，且無虫蠹。　轉樹：凡樹老不結實，以石鐘乳爲末揭根間皮大肌外封膚，則來歲結如初。　制果：木未吐芽時，將根傍寬深掘開，將鑽心定根截去，惟存四邊亂根，以土覆築實，則結實肥美。　辟毒果：初開花時，惡麝香薰觸則實損落，宜于園中種蒜韭葱以辟之。若有所觸，須于上風頭，以硫黄燒烟薰解。　息果：凡果今年結實來年必歇枝。如果樹十株，正開花時止留五株，餘花悉摘去。至來年又摘其今年結實者。年年易換，則本不傷而常得果。　摘果：樹初結果，護至熟時，以兩手拿摘，則歲歲結實美盛，或令小兒女子采之。大忌孝服、孕婦、僧尼竊摘，永難求茂。若被人盜食，多召禽鼠相害。　本性：凡木産北者耐寒，産南者喜暖。産高山者愛燥，産卑澤者愛濕。早茁者發于陽煦之時，晚華者暢于寒冱之候。北移南而盛，南遷北則變，如橘踰淮爲枳，菁種南則無根。荔枝之屬盛于南方，棗柿之類蕃于北上。梅李桃杏當春夏之際即登庭，棗柿栗橙候秋冬之候，方俎豆。此物性故然，天力不可以强致。　果名：梅杏之屬爲核果，梨柰之屬爲膚果，榛栗胡桃之屬爲殼果，松柏之屬爲檜果，棘實爲棗，杼實爲橡，桑實爲椹，楮實爲任。　果徵：諸果不實爲荒，桃李多實來歲必穰。又老農云：猴糧盛則狗糧衰。　果害：果忽生有異常者，根下必有毒虫掘穴，食之殺人。凡花六出者必雙仁。有毒果落地，有惡虫緣過者，食之病心漏。凡果未成核者，食之發疽及患寒熱。　果異：《山海經》南荒有三尺之梨，北荒有七尺之棗。棗荒有三尺之椹。木蘭皮國有五尺之瓜。蘛門答剌之瓜茄一植五歲。儋州之荷四時作花。屯羅島之麻實如蓮菂。暹羅之稻粒盈寸。高番之蕨枝可以扶老。容梧之藁堪作楝梁。雜佩云：粵中氣候多暖，四時常花，殘臘花已發盡，而桃李蘭桂之屬悉紛然盛放。　課果：木奴子無凶年，自長自生，不費衣食，不憂水旱，能廣植多種，不爲無凶歲、歉年之患，亦且有久遠之利。

清　張宗法《三農紀》卷六《小引》　太極生化各俱一性，各有偏長，當審用。偏長以備羣長，乃當其材而知物之性也。達者能任其材各得其所（用），則得行天地之道矣。《周禮》職方掌植樹木。十年之計，樹木得其養則長，失其培則消物之情也。間不容發而雨露萌蘖，斧斤牛羊所關于樹蓺良非細，故其術圓勿助勿亡之心法。蘇東坡云：植樹大者不能活，小者不能待，惟擇中材而帶土礎者惟佳。凡移樹，于霜降後鋤掘轉成圓垛，以草索盤定根土，復加鬆土填滿，四面水澆實。次年春時移至合種處，寬作坑穴，安頓端正，然後下土至半，用細木捧斜築根垛，底下須實，上加鬆土，高于地面二三寸得所，毋培壅太高，毋露大根爲限。若本身高者以椿木扶縛，庶免風摇。天晴每朝澆水，生意動則已。若路遠不能便種者，須遮蔽，日照曬則難活。北方植樹以磚石砌圍之，高三四尺，下空洩洞洩水，此法甚妙。鄉間以棘刺縛圍于根，免致動摇。

清　張宗法《三農紀》卷七《小引》　一物有一物之理，物物有物物之理。格一物之理，物物之理格。萬物者天地之子一氣生，生無不肖之。固蒂深根，無伐，化無違時，必養必和。　《周禮》職方掌山林。《考工記》：取材木。子輿氏云：斧斤以時，材木不可勝用。范（氾）勝之云：種樹以正月爲上時，二月爲中時，三月爲下時。節氣有早晚，地氣有南北，物性有速遲，若必以時拘之，是不達物情也。老農云：種樹無時，雨過便栽，多留宿土，記取南枝，是乃種樹要法。凡栽一切樹木，先記陰陽，勿令轉易，大樹禿（髡）枝，小樹不禿（髡）枝。先爲深坑，比原坑實大，納樹訖，水沃之，着土合加薄泥，四面推摇，良久，使根舒直，然後下土，仍以水澆透。至次日土少乾，然後堅築深埋，勿令摇動。栽後忌手捉及六畜觝突。大凡栽樹皆要當萌動生意時，如棗鷄口，槐兔目，桑蝦（蟆）眼，各有其時。　栽樹傷動本根則生萵翳，宜大留根外固土，稍用繩約纏匝，下用板襯扛舉，雖拱把易生。如今年欲移，先于去年開斷木之四周，謂之轉垛。木大者，先三年每年輪開一方乃可移。凡果木宜疏，每株相離一丈二尺爲適中。

又　天地者萬物之體也，萬物者天地之用也。體而用之，用而體之，體用互得，各自生成。自然之道，相推相盪而變化矣。　《周禮》有艸人，《藥經》，有艸本。古人之制作，虞衡無遺物，是以百姓日用享之。太極之英華散而萬殊，無物不賦，賦陽者鈅，賦陰者柔，人因其賦之質而制用，就其賦之情而栽培。咸歸造化之妙物，亦有願需于人間，不負生于雨露。亦物之天幸，誰肯甘向西風悲嗟，作不偶無聞而湮没于巖林。

清　張宗法《三農紀》卷七《總論》　壓插：春秋時以樹嫩美條枝屈于地，于枝跗須幽其半，用土封之，候苞開生根移植，頻澆即生。　修剔：于葉零落時，其枝之冗繁及散逸，大者斧鏟，小者刀剪，盡去之。宜裁痕向下，不受雨漬，自免心腐。若樹無顛頂者，取直生向上一枝留之。枯朽摧拉，須盡除伐，不引蛀蠹，以防盛枝。欲求木身直，從其不足，每年以刀劃。膚氣行則傷痕，身滿而漸直。木之已長，而萌發未已，枝幹易于轉屈者，攀挽之。若枝大，鉗而屈折者，以麻皮寬繩縟綰，不宜太緊。恐刺膚氣脈不貫。　灌溉：木上生萌氣下行，新根灌之則柢腐。凡灌宜晚涼之候，一切糞水撏猪鷄鵞鴨湯禁近根，恐生蛀虫。冬時臘前宜通灌之，以助來春發育。糞宜久宿，雜以清水，審其宜乾宜濕，不得一概頻澆。　防衛：諸果畏冷，而橘柑畏熱，松、梨喜乾，而柳檜愛濕。木插桂而枯，着海螵蛸而斃，得鍾乳石而旺。生蛀以杉木尖塞其孔，清明日以稻草纏樹上不生㦸毛虫。　形性：凡物闓者爲陽，承者爲陰。得陽之剛者爲堅貞，得陰之柔者爲蔓附。　木下土，直曰根，曼曰柢。木爲華草，爲榮不榮而實曰秀。榮而不實曰英。木幹曰枝，枝曰條。斬而復生曰肄。木樹葉曰林衣。兩樹交陰曰樾。斜斫曰槎。髡斬曰櫱。病，尰傴瘿腫而無枝葉曰瘣。　樹皆有皮，惟紫荆無皮。木皆有理，獨用柏無理。木皆中實，而娑羅中空。竹皆中空而廣藤中實。綸組紫菜，海中之草。珊瑚琅玕，海中之木。　木異：木之理紋有字樣、山水、鳥獸者，有化石者，有忽飛去者飛來者，有歡歌悲鳴者，化影現形者，有結實異常者，不時花果者，有突生突枯者，其間兆地氣災祥之應。　木賦：草木之性，賦乎少陽。其氣在皮，若壞其外，絶其膚必枯。其斬伐猶生，故少陽之氣行于夾空也。

清　張宗法《三農紀》卷九《植木》　順其物之性則生，逆其物之情則死，非物之有愛惡，乃天地理氣，自然而然也。　有自然之性，必有宜忌之情，不悖乎情而和其性，則物必盛而强，自無衰弱之患。切爲植者計，宜忌宜德，曰德合母，倉生旺恩，福明黄道，收開日忌，乙日口厭，破空建執，定平成日。

清　蒲松齡《農桑經殘稿》　凡栽樹，先以樹植坑内，次下土，次下水，埋一半，再下土，再下水，埋平待略干，以土壅根，無不活者。若從俗語，深埋濕砸，即活亦不旺也。

又　凡移樹，先於霜降後鋤掘四周，轉成圓垛，以草索盤定根土，復以鬆土填滿，用肥水澆實。次年正二月間移去。寬作坑，安置端正，然後下土半坑，用細木棒斜築，根垛底下須實。上以鬆土加之，高於地二三寸。度其深淺得所，不可培壅太高，以不露大根爲限。若本高者，用（椿）（樁）木扶縛，以免摇動。每朝晴必澆水，雖大無不活者。樹大宜於三年前，一年開動一方。

又　春社以前，松、柏、杉、槐皆可栽。大樹須廣留土，如一丈大樹，留土三尺，用繩束根土，先潤穴，後下樹，次下土，次下水，令上下四旁無不實，再加土一二寸，以防風裂。若欲偃蓋婆娑，去其大根，止留鬚根。

清　湯來賀《内省齋文集·廣植橋木序》　賀性好修橋，少時有所聞見，必量力助之，謂其可以濟人也。邇來山居日久，目擊民艱，而益嘆橋梁之爲急也。或曰：小溪易涉，可有可無，奚急也。賀曰：不然，乏橋之所，遠商孤客，日暮迷途，因而被掠者往往有之。至如歲或小荒，貧民病涉，其皸足痛楚者，坐困連旬，不能奔走于衣食，老稚嗸嗸待哺，而無以應。然則小溪橋梁，係民間之利害，顧不重哉。雖然閭閻匱矣，物力艱矣。惟吾里陳氏結會修橋，以永其事，外是難多覯矣。今百里之内，缺橋者多，觸目恫心。計將安出，予夙夜思之，惟有植木一法。吾鄉土宜，根利于杉？近境官山，多有可植者，然無人以司之，弗能久也，必不得已，莫若屬之于浮圖。蓋橋梁一事，古者官主之。今也，僧主之矣。僧何以主之，募于衆也。今不煩跋履以募緣，惟藉其視聽以司木，不益易乎。予與鄉鄰約，或借寺菴隙址，或取近寺官山，多植杉木，專爲造橋而設。則二十年後，枝幹挺然不需募衆，而在在可以成橋，又奚有病涉之苦哉。初植數年，必資修剔，予願獨肩其費，而歲時同守，則惟浮圖是託。蓋聞浮圖之説，以利濟爲其道也，故釋子募橋，有持鉢者，有立關者，有屈膝街衢者，不憚勤苦，或馳千百里，以成厥功，况在祇林之側，不勞餘力，可以護維，有不留心顧盼者，豈人情哉。嗟乎，以天地自然之利，廣濟多方，非難事也，亦非一時權宜也，倘有同心，實可以久行而無弊。或曰：官山爲衆樵採之區，今以植木，不幾于厲民乎？曰：杉木之性，根皆歛戢，枝不蔓延，一畝之地，可種數千株，雖屬官山，費不盈掌，何妨于樵採焉。且橋梁用成，樵夫牧豎，亦將利往，誰不鼓舞相成歟。今妙圓、大通二寺，願以寺山植木，以備他日橋梁之用，意良嘉矣。圓通、崇寧二菴暨武陵峯，則植諸左右，願爲護守，皆有同心焉。當爲請諸郡縣給示以護之。然是舉也，專爲建橋而植，異日杉木、蔚葱，橋備有餘，或鄰境需橋，助之可也。若移諸他用，則必不可蓋木之生也，培植難而剪伐易，倘取之不禁，則異日橋梁所需，必至于匱竭。而欲垂諸久遠，豈可得哉。今各給二簿，皆請縣印，一藏黨里，一藏菴寺，必栽植木幾何，植成者幾何。某年某月日，取用幾株，爲某所橋梁，必詳悉書之，以備稽察。期實行也，期可濟也，期可久也，數十年之後，遍處成橋，傳之愈久，所濟愈宏，正子之所禱祀而求焉矣。

清 張國泰《花鏡序》 昔淵明嗜菊，逸氣如雲。茂叔品蓮，清芬若漪。梅花繞砌，和靖高瞑。竹翠盈堦，子猶獨逞。景兹芳韻，適足賞心。緬彼高風，不無遐契。自蛛封燕坅，一室潛虛。迨鶴去猿驚，伊人斯遠。或浮沉金馬，林園之夢未生。或驅策山川，丘壑之情罔熱。任藥欄爛熳，曾教東皇咲人。但花幡寂寥，一聽封姨嗣令。幸覩名花，未解品題之雅。縱當奇樹，安知位置之宜。遂至俗不堪醫，索然減興。不僅情難入勝，黯矣消神也。乃有歸來高士，退老東籬，知止名流，養安北牖。總其著作，大而經濟，微而理學，久已懸之國門。溯厥淵源，遠皇古，近則來兹，靡不搜其閫奧。才稱繡虎，屈宋比肩。筆擅雕龍，潘陸接武。是以太玄經就，履滿揚子之亭，長門賦成，金艷文園之席。羣推祭酒，博雅登壇。競號宗工，典型在望。固應翔步金華，上備清問。庶幾燃藜天禄，徧校遺文，辨魯魚於汲史，定帝虎於竹書。式展鴻才，僉曰允矣。用昭碩學，誰云不然。奈何數奇不遇，空傳伏叟之經，窮乃益工，博極虞卿之論。遨遊白下，著書滿家，終隱西泠，寄懷十畝。淹貫之餘，願學老圃，咏歌之暇，竊附陶朱。因花木而分課，依稀紫媚紅嬌。借禽魚以娱情，彷彿鱗遊羽化。更念栽植之法，古人有書而未備，豢畜之術，時流從事而弗嘉。兹修小史，多識草木之名，兼及餘刊，盡述靈蠢之屬。雖數末技，不減琅函。藉謂若戕，幾同繡谷。如斯清玩，樂我素心。若披幽標，供客雅況。將見是編一出，習家之池館益奇，金谷之亭園備矣。百卉爭喧，別饒花蘂。繁葩競露，倍結英華。勁挺冰雪之姿，芬芳馥郁之質，蓊靄森秀之光，參差掩映之色。從風披拂，弄影飛揚。奚止張公之大谷，梁侯之烏椑，周文之弱枝，房陵之朱仲，珍貴一時，詩耀奕禩而已哉。他若丹穴之精，錦舖碧浪，珠樊之翠，聲度緑𦝫。南華園之蝴蝶入夢，半閒堂之蟋蟀吟秋。罔不各遂其性，各適其天。又若魚躍鳶飛，皆入炎風化日矣。我知花神結袂，競獻奇英，仙鳥連翩，爭相儀舞。仲長統之樂志，不過如兹。張仲蔚之孤蹤，於焉尚已。以消永日，以享高年。展讀斯篇，恍然得之云。時康熙戊辰花朝同學眷小姪張國泰頓首拜題。

清 李調元《童山文集》卷四《醒園花譜序》 譜莫該于《羣芳》，該則該矣，而多舛訛，亦莫簡于《花鏡》，簡則簡矣，而多疎漏。求其無二者之病，而簡而能該，殆其難矣乎。夫托興林泉，寄情芳草，幽人之事亦風雅之助也。然或摭拾舊聞，獨攄己見，採擇未精，搜羅未備，不但不切于日用，亦且遺笑于昔賢，一物不知非儒者之恥乎。吾先大夫舊闢醒園一區，在雲龍山麓。背山臨流，樹木蓊薈，名花異卉，羣蒔其中。歸田已後，即移居醒園之萬花廬，日以花爲事。於亭臺所未建者，經之營之，既苟完矣。於是又檢花木之未備者，培之植之。自日親農圃之事，而後知前二書之尚有遺恨也。於是廣繙祕册，自禦製佩文齋而下，如《月令廣義》、《齊民要術》以及稗官野史，凡《爾雅》、《埤翼》、《本草註疏》，擇其有裨于農圃者，命門人謹録之。冠以花月令，分爲十二門，曰花、曰果、曰木、曰竹、曰卉、曰水草、曰藤、曰穀、曰蔬、曰桑麻、曰茶、曰藥，而統名曰醒園花譜。以花必備果、木、竹、卉、水草、藤，而後花之事全也。穀蔬與桑麻所以崇民事，藥以重民命，而亦無不有花也。觀斯譜也，天時早晚之候，人事種溉之方，地力彼此之殊，物性良楛之異，條分縷析，燦然具陳。雖不敢言簡，而該亦庶幾，無向所言二者之失乎。至于詩賦姑闕而不載，以自有詠物之編，且亦無關播種之事也。然攬羣彙之蕃衍，樂茂對之化機，而才人之歌咏自可油然而生，且掞藻摛詞，亦不外是矣。古語云：近山識鳥音，傍水知魚性。欲種花者其來問輯花譜之人乎。

藝文

唐 孟郊《孟東野詩集》卷九《觀種樹》 種樹皆待春，春至難久留，君看朝夕花，誰免別離愁。心意已零落，種之仍未休。胡爲好奇者，無事自買憂。

宋 釋文珦《潛山集》卷九《種植》 種植有良法，曾聞老圃辭。靈苗如已茂，惡草自然萎。根本須培養，生枯勿顧思。修身亦如此，於理足堪推。

宋 洪邁《盤洲文集》卷六《觀園人接花》 植杖看園吏，揮斤接果栽，奪胎移造化，類我借根荄。一似雀爲蛤，能令桃作梅。天工待人力，信手便春來。

元 歐陽玄《圭齋文集》卷三《接花木》 園丁妙手即花神，換葉移枝僞脱真。刀剪豈能傷化力，色香無復記前身。春深自有鸞膠續，歲久行看鶴膝伸。堪笑微生亦如此，牛爲馬後吕爲秦。

明　鄭嶽《山齋文集》卷一《種樹》　種樹取柔條，人言老難待。所貴適目前，胡爲計身外。

明　陳獻章《陳白沙集》卷八《種樹》　早雨山泥滑屐牙，瘦藤扶路入雲斜。東原緑映西原白，一徑松連兩徑花。寒夜試看殘月掛，春風須著短牆遮。江門亦是東門地，我獨胡爲不種瓜。

長日山齋不弄棋，只憑種樹遣衰遲。小將梅逕分枳殼，不怕松根奪荔枝。帶雨烟光春淡泊，隔牆花影晝離披。等閒俗計休相聒，拄杖來看又有詩。

明　康海《康對山先生集》卷七《植樹》　此日春氣和，萬木具含秀。況我山林居，園列頗成就。客自盩厔來，驅車扣圭竇。白楊二百株，綈纚載其後。根繁生意多，幹潤理宜茂。倩人速植之，行列未差謬。雖愜静者心，尚祈后土祐。澆灌分所勤，盤踞晚應覯。結廬謝王役，懷愚負時謬。糊口聊秉耕，舒形得佳岫。即非松菊場，已還榆柳舊。但資歌嘯心，绝勝笙竽奏。

明　李雲鴻《李秋羽集》卷三《雪中種樹》　雪壓江天白玉堆，呼童荷鍤廣新栽。土中弱本春先到，林下清陰日可來。樊圃空憐三徑小，干霄却望十年材。種槐種柳非無意，要使衡門映緑苔。

清　吴榮光《石雲山人詩集》卷一一《種樹》　種稻三時勞，種橡一鋤力。況土不宜禾，磽瘠橡可植。植成葉泥泥，用以供蠶食。黔民勤且耀，胡弗事紝織。

清　童槐《今白華堂詩録》卷五《移樹也經冬如睡移種易活》　擬將小字唤冬生，聽取長鑱破土聲。尋徧空枝寒螗杳，覺來明月夜烏驚。鶯花節近君休倦，風雪天高我獨醒。移向西堂芳草地，應和詩夢逗春情。

清　方登嶧《述本堂詩集・接活樹》　綺枝爭看葉雲翻，誰入園林識舊根。同是寄生依樹母，儼然奪舍附花魂。高憑幹吐分成勢，巧借泥封合有痕。幻相直從人事見，難將榮瘁問真源。

清　顧嗣立《元詩選初集》卷六六　張雨《種樹》　植梓五十本，移松八百栽。山靈借好雨，佀爲道人來。青意爭鬱勃，細聲亦吹灑。松如稚子長，梓長未盈把。吾衰詎能待，將以蔭來者。

清　李鍇《睫巢集》卷三《接插接插果木也**》**　母爲戀舊林，別假一枝陰。忽鑿自然理，翻知造物心，異根能作合，非種莫相侵。君看芝蘭室，其中漸染深。

細緻撫育分部

綜　述

《韓非子・説林上》　陳軫貴於魏王，惠子曰：「必善事左右。夫楊橫樹之即生，倒樹之即生，折而樹之又生。然使十人樹之，而一人拔之，則毋生楊。至以十人之衆，樹易生之物，而不勝一人者何也。樹之難，而去之易也。子雖工自樹於王，而欲去子者衆，子必危矣。」

漢　氾勝之《氾勝之書》　於葉零落時，其樹之冗繁及散逸，大者斧鐮，小者刀剪盡去。宜截痕向下，不受雨漬，自免心腐。若樹無顛頂者，取直生向上枝留之。枯摧朽拉，須盡除伐，不引蛀蠹，以防盛枝。

北魏　賈思勰《齊民要術・園籬第三一》　凡作園籬法，於墻基之所，方整深耕。凡耕作三壟，中間相去各二尺。秋上酸棗熟時收於壟中概種之。至明年秋，生高三尺許，間斸去惡者，相去一尺留一根，必須稀概均調，行五〔伍〕條直相〔明〕當。至明年春，剥〔劚〕去横枝，剥〔劚〕必留距。若不留距，侵皮痕大，逢寒即死。剥〔劚〕訖，即編爲巴籬，隨宜夾結〔縛〕，務使舒緩。急則不復得長故也。又至明年春，更剥〔劚〕其末，又復編之，高七尺便足。欲高作者亦任人意。匪直姦人慙笑而返，狐狼亦〔自〕息望而迴。行人見者，莫不嗟嘆。不覺白日西移，遂忘前途尚遠，盤桓瞻矚，久而不能去。「枳棘之籬」，「折柳樊園〔圃〕」，斯其義也。其種柳作之者，一尺一樹，初時斜插，插時即編，其種榆荚者，一同酸棗。如其栽榆與柳，斜直高共人等，然後編之，數年長成，共相蹙迫，交柯錯葉，特似房櫳。既圖龍蛇之形，復寫鳥獸之狀。緣勢嶔崎，其貌非一。若值巧人，隨便採用，則無事不成，尤宜作机，其盤紆茀鬱，奇文互起，縈布錦繡，萬變不窮。

唐　韓鄂《四時纂要》卷一《嫁樹法》　嫁樹法。元日日未出時，以斧斑駁，椎斫果木等樹，則子繁而不落，謂之嫁樹。晦日同嫁李樹，則以石安樹丫間。附地刈楮事具，二月種楮門中。若種榆，此月亦同此法。

宋　陸佃《埤雅》卷一四《榲》　木卧死爲翳，立死榲。《荀子》曰：「周公之狀，身如斷菑阜陶之狀，色如削瓜。」以此非相，蓋不足以非之。《詩》曰：「作之屏之，其菑其翳，修之平之，其灌其栵。啓之辟之，其檉其椐，攘之剔之，其檿其柘。」言周公之新民，刊除林木以治田作室。其始作之屏之者，椔翳而已。既又就者衆，民無所居焉，則其修之平之也及於灌栵。其啓之辟之也及於檉椐。至其尤衆也，無以處之，則攘之剔之至於檿柘。檿柘，材之美者，人之所恃以蠶也。蓋論道則木以不材生，議政則木以不材死。故《莊子》言：「散樗以不材終其天年。」而是《詩》又言刊除材木，始於椔翳，不得已而去之，然後及於檿柘。此古之人所以處乎才與不才之間，猶曰似之而非也。

宋 蔡卞《毛詩名物解》卷五《釋木》 栵，栭栗也。叢謂之灌，細謂之栭，二者非可以爲大用，故有害。於營家室則修之平之。檉，河柳也。椐之材可以爲杖而已，去之不爲傷地利，存之不爲利生物，故啓之辟之，則無害於爲室家者，猶或存而不去也。檿，山桑也。其幹，弓車之材也。檿柘爲不去矣，或猶攘之剔之。此有以見周之興，天下之民居之，曾居室之不容矣。

宋 蘇軾《東坡雜記》（種松）五年之内，乃可洗其下枝，使高。【略】七年之後，乃可去其細密者，使大。

宋 陳翥《桐譜・種植第三》（桐）凡植後至於抽條時，必生歧枝。日頻視之，如歧枝萌五六寸許則去之。高者手不能及，則以竹夾折之。至二三年，則勿去其枝，恐其長而頭下垂故也。伺其大，則緣身向上，以快刀貼身去，慎勿留椿，只經一二春，自然皮合也。桐之皮甚脆而易傷，切忌耕鋤之時及牛馬等損之。如有所損，當以楮皮纏縛之，不爾則汁出也。及才一二丈，則多斜曲。亦可以物對夾縛之令直，以木牽之亦可。蓋桐抽條不戴首而出，又虚軟，故耳。仍不喜巨樹所蔭，如此葺之，則長可至十丈者。

宋 陳翥《桐譜・采斫第六》 今山家凡剥樹之枝，悉皆去枝數寸或尺餘，云免雨所灌損，而不知槁椿長則皮不能包矣。迨至材巨，槁椿方没，却反引水自灌。及伐用之時，以斧鋸刃之。及其槁椿腐，而所置器者必爲空穴矣，良由去之不早耳。凡長桐木二三春，其歧枝可以竹夾去之。【略】其去之，務令與身相平，勿留餘枿。不一二春自然皮合矣。至大而用之，則無腐穴之病於其中也。歧枝只候長五寸便折矣，亦無留嫩椿則不萌矣。夫豈爲桐乎，砍諸木者亦可平身而去，但人自昧耳。

元 司農司《農桑輯要》《韓氏直説》：桑樹脚科並浮根，依時皆可斸去——可做栽子者，依法栽之——不妨耕種，其桑自然根深耐旱，葉早生榮茂。

《農桑要旨》云：害桑蟲蠹不一：蠦蛛、步屈、麻蟲、桑狗爲害者，當生發時，必須於桑根周圍封土作堆，或用蘇子油於桑根周圍塗掃，振打既下，令不得復上，即蹉撲之——或張布幅，下承以篩之。 野蠶爲害者，其蟲與家蠶同眠起，小時不爲害。欲大眠時，將應有五六日内飼蠶桑葉併力收斫，連枝積貯，不令日氣曬炙。其野蠶，當斫時自然振落，縱有留者，亦因積貯蒸死。一二日，桑葉萎軟，當旋旋剸下切細，以温鹽水拌飼之，不唯其葉生新，抑鹽性涼，於蠶有益。不然，遲於收斫，三日内，野蠶大眠起，桑葉必盡爲所食，家蠶又何望乎？ 又有蜣蜋蟲，性如蠦蛛，晝潛於上，夜出食葉，必須上用大棒振落，下用布幅承聚，於上風燒之，桑間蟲聞其氣即自去。 以上蟲蓋食葉者也。 又有蠹根食皮而飛者，各（名）曰「天水牛」，於盛夏時生，皆沿樹身匝地生子。其子形類蛆，吮樹膏脂，到秋冬漸大，蠹食樹身，大如蠐螬。至三四月間，化成樹蛃（蛹），却變天水牛。故其樹，方秋先發黄葉，經冬及春，必漸枯死。除之之法，當盛夏食樹皮時，沿樹身必有流出脂液濕處，離地都無三五寸，即以斧削去，打死其子，其害自绝。若已在樹身者，宜以鑿剔除之。 凡諸害桑蟲蠹，皆因桑隔荒蕪而生，以致累及熟桑。使盡修桑下爲熟地，必無此害桑蟲蠹也。 又，桑間可種田禾，與桑有宜與不宜：如種穀，必揭得地脉亢乾，至秋桑葉先黄，到明年桑葉澀薄，十減二三；又招天水牛，生蠹根吮皮等蟲。若種蔨黍，其梢葉與桑等，如此叢雜，桑亦不茂。如種绿豆、黑豆、芝麻、瓜、芋，其桑鬱茂，明年葉增二三分。種黍亦可。農家有云：「桑發黍，黍發桑。」此大概也。

又《士農必用》：樹桑之病：自變革之後，桑田不治，積有歲年。苟就其久荒之葉，爲一時之用，荒葉晚生，其蠶則稺；稺蠶老遲，則科葉亦遲，故明年之葉，其生也又差晚矣。積年愈多，則與蠶生之日，愈不能相及。爲蠶事者，必當開墾其田，科斫其桑，使之滋長成條，其次年所生之葉，與蠶生之時自不相遠也。

又 備霜灾者，三月間，儻值天氣陡寒，北風大作，先於園北，覷當日風勢，多積糞草，待夜深，發火燠煴，假借煙氣，順風以解霜凍。花果仿此。

又《務本新書》：桑隔内修蒔宜淨，使透風日，則桑決榮茂。萬一有步屈等蟲，又易捕打。冬春之際，免野火延燒。

又 《歲時廣記》：《遁齋閑覽》：凡果木久不實者，以祭社餘酒灑之，則繁茂倍常。用人髮挂枝上，則飛鳥不敢近。結實時，最忌白衣人過其下，則其實盡落。

又 《博聞録》：樹不結，鑿一大孔，入生鐵三五斤，以泥封之，便開花結子。既實，以篾束其本數匝，木楔之，一夕自落。

又 凡木皆有雌雄，而雄者多不結實。可鑿木作方寸穴，取雌木填之乃實。以銀杏雄樹試之，便驗。　社日以杵舂百果樹下，則結實牢。不實者，亦宜用此法。

明　王象晋《群芳譜・木譜・杉》〔杉幼林〕每年耘鋤，勿雜他木。或種穀麥，以當耘鋤。高三四尺，則不必鋤。

明　王象晋《群芳譜・果譜首簡》　嫁果：李冠卿家有杏一窠，多花不實，適一媒姥見之，笑曰：來春與嫁此杏。冬深忽携一樽酒來，云婚家撞門酒。索處子紅裙繫樹上。奠酒辭祝再三而去。明年結子無數。辭曰：青陽司令，庶彙維新。木德屬仁，更旺於春。森森柯幹，簇簇繁陰。我今嫁汝，萬億子孫。

果異：南荒有三尺之梨，北荒有七寸之棗，東荒有三尺之椹，木蘭皮國有五尺之瓜，蘇門答剌之瓜茄一植五歲，儋州之荷四時作花，屯羅島之麻實如蓮的，暹羅國之稻粒盈寸，高潘之蕨枝可以扶老，容梧之蒿莖堪爲棟梁。粵中氣候多燠，四時常花，殘臘梅花已落盡，而桃李蘭桂之屬皆紛然盛開。張七澤《梧潯雜佩》

又 衛果衛花同：元旦及端午日，於五鼓以斧雜斫諸果樹，又春社日，以物舂百果樹根下，則子繁而不落。不結實者亦用此法。元旦端午雞鳴時，以火照諸果樹，無蟲且結子繁盛。凡諸果樹花盛時，一遭霜即無實。遇三九内有雨，入春百日内必有霜，預於園中多積亂草，遇天雨初晴，北風寒切，此夜必有濃霜。焚草上風，煙氣所觸，霜不爲害。棗熟，着霧則多損，以檾麻或稭穰四散絓樹上，可避霧。凡樹根下常耘草令净，草多則引蟲蠹，亦能分地力。樹下勿使有坑坎，雨後水漬根朽葉黄，宜令平滿比地面高三五寸爲妙。凡果樹蠹蟲宜盡去之。其法用鐵線作鈎取之。一法用硫黄或雄黄作煙薫之即死。或用桐油紙燃塞之亦驗。《王禎農書》又當蟲未出時，凡聚葉腐枝皆蟲所窟穴，宜盡去之。清明日三更以稻草縛樹上，不生戴〔載〕毛蟲。林檎樹生毛蟲，埋蠶蛾於樹下，或以洗魚水澆之即止。桃樹生蟲，以多年竹燈架掛樹上即落。生人髮掛果樹上，鳥鵲不敢偷食。木瓜石榴等樹，十月後，以穀草或稻草將樹身包裹，用檾麻絓定泥封，以糠粃培壅其根，免致霜雪凍損。　息果：凡果樹結實一年，次年必歇枝。漢人云：梅李實多者，來年爲之衰。此定理也。茲有一法：如有桃李三十株，花時止留十五株，其十五株花悉摘去。至來年則摘其結實者，如古人代田法。如此則木不傷，而常得果矣。　脱果：木生之果，八月間以牛羊糞和土包其鶴膝如盃大，裹以紙蔴索密縛，重則以杖撑柱之。常用水澆，任其發花結實。明年夏間發一包，視其根生者，梅雨中斷其本埋土中，花實晏然不動。嘗見人家有老林禽樹根已蠹朽，圃人去木本二三尺許，如上法包之。一年後土中生根，乃截去近根處三尺許，移入土，遂爲完木。　騙果：春初未芽時，根旁寬深掘開，將鑽心釘地根截去，惟留四邊亂根，土覆築實，則結果肥大。　摘果：凡果實初熟，以兩手拿摘，則年年結實茂盛。若孝服人摘則來年不生，被人盗食則飛禽來食，切宜慎之。　收果：柑、橘、桃、梨之類，七八分熟時，帶枝插蘿蔔或大芋中，仍用紙或乾穰草包護，藏新甓内，勿通風，來年取食如新。凡鮮荔枝、龍眼，將熟時摘入不津器，蜜浸之，油紙封固，勿滲水。又法：芭蕉截斷，連枝插之亦佳。紅棗，以新缸刷乾〔净〕，熟米醋澆缸内，蕩净控乾，又以熟香油勻擦缸口，缸底鋪粟草一層，棗一層，中心、四圍亦令草蓋，不可重壓，久留不蛀。雞頭子煮者，以防風水浸之，經月不壞。生者每斗用防風四兩，换水浸之，可以度年。核桃、松子以粗布袋盛，挂當風處不膩。石榴連枝藏新瓦缸内，以紙重封密收。凡收一切鮮果，用臘水同薄荷一握，明礬少許入不津器浸之，色味俱美。一云只近水氣不入水尤妙，皆忌近油、酒氣及盛油、酒之器。　製果：膠棗，將曬紅棗蒸熟於簾箔上，以雜穰草薫乾。李以朴樹葉搗，同蒸熟，烘乾，名嘉慶子。蓮子曬乾則不蛀。桂花白者尤香，揀净沙盆擂爛，每斤以炙甘草二兩、炒鹽四兩拌勻，置磁瓶内密封，曬七日收。又法：揀桂半開蕊，以鹽梅槌碎，夾花收磁瓶中，用生蜜注浸蓋之。用時旋取點湯，極香鮮。鹽梅用淡醋煮一沸，漉出曬乾，方可與花蜜同浸。又法：一層蜜，一層連枝白桂，一層鹽梅净肉，一層椒葉，如此又一層煉蜜，層層相間，磁瓶封固。若四時有香無毒之花，皆可依此。須帶露剪花，取小枝去葉製，用時輕取之。佛手、柑、香圓，切片用滚湯衝飲，極香美。第二遍更佳。各色果可曬乾收藏。凡煎果，大者切薄片，小者全用水中煮一沸，去熟水，另用清水浸一宿，壓乾，入磁器内，好蜂蜜下鍋文火僅化開，亦入磁器内，候七日蜜漸稀，取出果另貯。將蜜入鍋熬，水氣盡，再加新蜜，方入果。大抵蜜見火，果不見火，如此換蜜二三次，則蜜透功成。收藏蜜煎果，黄梅時換蜜，以細辛末放頂上，蟣蟲不生。《養生雜纂》。　五月五日以麥麵煑粥，入鹽少許，候冷，傾入甕中，收新鮮紅色未熟桃穀甕中，所盛者外用紙密封口，至冬月如新。《便民圖纂》。

明 徐光啟《農政全書》卷三七《種植》　《便民圖纂》曰：修葺法。正月間削去低枝小亂者，勿令分樹氣力，則結子自肥大。又曰：凡樹脚下常令耘草清淨，草多則引蟲蠹，亦能偷力乏樹。弗使下有坑坎，雨後水漬，根朽葉黄，宜令平滿，高如地面三五寸。　玄扈先生曰：凡果木皆須剪去繁枝，使力不分。不信時，試看開花結果之際，凡無花無果細枝，後來亦須發葉，豈不減力。若預先芟去，則力聚於花果矣。又凡果俱三年老枝上所生，則大而甘。又曰：凡樹欲取材，如椐榆杉栢之類，可令挺枝無旁枝，其他取花葉芽實者，皆令枝旁生，剥削令高六七尺，其下得通人行可也。如此便于採掇。凡本樹未發芽前半月以上俱可修理。

又　崔氏曰：衞果法。正月盡二月可剶樹枝，二月盡三月可掩樹枝。埋樹枝土中令生二歲以上可移種矣凡五果花盛時遭霜則無子，常預於園中往往貯惡草糞，天雨新晴。此風寒切，是夜必霜。此時放火作熅，少得煙氣，則免於霜矣。凡花最忌麝香，瓜尤忌之。　牆栽蒜薤之類則不損。又法於上風頭，以艾和雄黄末焚，即如初。

又　《便民圖纂》曰凡果樹茂而不結實者，於元旦五更，以斧斑駁雜砧，則子繁而不落，謂之嫁果。十二月晦日夜同。若嫁李樹，以石頭安樹（了）（丫）中。又曰：正月間根芽未生，於根旁寬深掘開，尋攢心釘地根鑿去，謂之騸樹。留四邊亂根勿動，仍用土覆蓋築實，則結子肥大，勝插接者。《農桑輯要》曰：凡木皆有雌雄，而雄者多不結實，可鑿木作方寸大，以雌木填之，乃實。以銀杏雄樹試之便驗。社日以杵舂百果樹下，則結實牢，不實者亦宜用此法。《種樹書》曰：鑿果樹，納少鍾乳粉，則子多且美。又樹老，以鍾乳末和泥，於根上揭去皮抹之，復茂。　玄扈先生曰：雄木無用，而衆雌之中間有一二雄者更妙。諺云：羣雌間一雄，結實飽蓬蓬。

又　《種樹書》曰：凡果實未全熟時摘，若熟了即抽過筋脉，來歲必不盛。玄扈先生曰：宜少留以養其力，有過不採者甚壞樹。

明 鄺璠《便民圖纂》　騸諸果樹　正月間，樹芽未生，於根旁寬深掘開。尋攢心釘地，根鑿去，謂之騸樹。留四邊亂根勿動，仍用土覆蓋，築實，則結子肥大，勝插接者。

修諸果樹：正月間，削去低邪小亂者，勿令分樹氣力，則結子自肥大。

嫁果樹：凡果樹茂而不結實者，於元日五更，以斧斑駁雜斫，則子繁而不落。十二月晦日夜同。若嫁李樹，以石頭安樹丫中。　治果木蠹蟲：正月間，削杉木作釘，塞其穴則蟲立死。　辟五果蟲：元旦雞鳴時以火把遍照五果及桑樹上下，則無蟲。如年時有桑灾生蟲，照之亦免。　止鴉鵲食果：果熟時，不可先摘，如被人盗喫一枚，則飛禽便來食之，故宜看護。　採果實法：凡果實初熟時，以兩手採摘，則年年結實。

明 方以智《物理小識》卷九《草木類》　灌法　發萌時勿灌，灌則茁翳，灌亦宜晚凉之候。其糞及燖猪湯、退雞鵝翎湯，皆不宜親木，尌必生蛀。凡雞鵝翎湯，投以茘枝、龍眼之核，則翎腐。當果實時灌之，摘食後灌之，臘前通灌之。糞必久宿，雜以水澆花，用塘中之積水佳於新水，以其水煖而壯故也。凡花蔬宜日未出時澆，惟茉莉與莧菜、蕹菜喜日中澆。中通曰：馬通和水可催花早開幾日。

明 宋詡《竹嶼山房雜部》卷九《樹畜部》　修木：必自其秋冬枝葉零落時始，宜修平攘。剔大者，斧鏟小者，刀剪亦視其繁冗及散逸者，可去裁痕，向下不受雨漬，自無食心之腐，無顛頂者，則取其直生向上一枝，留其成長有枯朽，皆宜摧拉，須盡則不引蛀，以妨盛枝。欲木身之直者，則從其不足處，每年以刀劙音離其膚，氣行則傷痕先滿，而身漸能直也。劙說文曰直破也

又　灌木：凡灌木最不宜其發萌時灌之，灌則遂爲茁翳，灌亦宜晚凉之候，其糞及撏猪湯，退雞鵝翎湯，投以茘枝龍眼之核則翎腐皆不宜，親木尌必生蛀，至灌果木結實時灌之以助其長，摘實後灌之以濟，其乏臘前則通灌之，以後其來春發育糞必久宿者，必雜以水，亦視其宜乾宜濕，不宜頻灌也，如松檜之在盆者，土氣淺薄，必每年去根面，故土一重，而加以客沃土則宜，土乾則灌自與，在地生者不同。

明 安世鳳《燕居功課》卷二〇《灌蔬》　山人既不多肉食，時取滋于草木，乃市鬻畦種者，肥膩多而清致少，是肉而不殺者耳，非山家本色也。仙人多食神芝，今不常有，而雜五味酒漿進之，恐亦不得其精意，菌芝類也。故

蔬中以菌爲上，凡木皆可生。以合歡穀桑爲佳，槐柳次之，他木者，不及也。草生時有毒者，其次則槐杞椿菊葵莧，種之有法，一歲皆淂食之。若春深夏永，則凡卉可食，不必自種矣。然其培灌之勤，亦復不易，要以消閒磨躁，不必爲味也。若夫憑小閣登懸樹，四顧籬落蒼然一翠，微風時動翩：如舞，則又真巢居光景，可以悒適煩襟挹取化機，与竹木相倉，至若同業相過，商文覔句之暇，山童瀹而進之，芳甘溢齒，逌然共飽，不知世有天厨也，乃其清心養德之助，則山人又與之相忘，不知其益矣。孔子謂，鳥獸不可與同群。而孟子稱，舜木石與居鹿豕與游者，堯在上也。山人巢居與木莫逆，庶入鳥而不亂行乎。

明 劉基《多能鄙事·種果法》 凡種果，宜望前種者多子，望後種則子少。諸果於三月上旬取直好枝，如拇指大，長五尺，插大芋，或大蘿蔔、蕪菁中，種之皆活。三年後成樹。全勝種核。 治果實不結法：諸果茂而不實者，元日五更，或頭晦夜，以斧班駁斫之，子不落。 李樹以斧班駁斫了，置石於丫中。 石榴多堆石頭於根，併置丫中。 社日春百果樹下，則皆結子不落。 治百果蟲法：凡百果樹中蟲，其孔用杉木作釘釘之，即绝。 又元旦雞鳴時以火把遍照果樹上下，則無蟲，（及）桑樹亦然。

明 朱权《神隱》下卷 修諸色果木樹 削去低小亂枝條，勿令分其氣力則結果自然肥大。

明 江之源《百花藏譜·忌訣》 添水不換水，添者取其鮮，不換存元氣。見天不見日見天沾雨露，見日晒恐黄。宜剪不宜分，用竹剪剪頭，則葉細而短。浸根不浸葉。浸根則滋潤，浸葉則腐爛。

明 竇文照《竇子紀聞類編·花木類编》卷四《取果澆花法》 《神隱記》曰，山野中橄欖樹，高峻不可採，以鹽擦其樹，則其實自落，故詩有「紛紛紅紫落青塩」之句。今人取銀杏，以竹篾箍其本，繫筏自落，有槐樹生青蟲，食葉殆盡，將鼓於樹下，大擂，則其蟲盡落於地。種牡丹，以白芨放根下，則不蛀。種蘭花，以鹿糞拌土中，則花多。種茉莉，以硫黄置根下，則來春復開。種海棠，冬月以糟水沃其根，則繁盛。種菖蒲，以積年溝中瓦片，搥碎植之，則易茂。種水仙，詩云「五月不在土，六月不在房，栽向東籬下，花開朶朶香」。

清 陳大章《詩傳名物集覽》卷三《其菑其翳》 其菑其翳 《朱傳》，菑，木立死者也。《釋木》：立死，菑。李巡曰：以當死害生曰菑。《荀子》：周公之狀，身如斷菑。皋陶之狀，色如削瓜。菑一作菑。孔疏：立死之木，妨他木生長，故曰菑也。菑又音緇。《韓詩》云：反草也。又車輻入轂處爲菑。翳，《朱傳》，自斃者也。或曰，小木蒙密蔽翳者也。《爾雅》：木自斃神蔽者爲翳。《韓詩》作殪，云因也，因高填下也。《釋木》：斃者，翳。郭云：翳，樹陰翳，覆地者也。孔疏：生木自倒，枝葉覆地爲蔭翳，故曰翳也。《埤雅》：木卧死爲翳。

清 乾隆十二年《清會典則例》卷一三五《工部》 （雍正）三年奏準，種樹令保活三年。如三年内有枯焦者，原種樹官補種。如各該地方官不敬，謹看守，以致樹木被人折壞、牲畜嚙傷及偷盗者，並令各該地方官補種。

又 （雍正）四年奏準，西直門至暢春園，栽柳九千二百九十七株，德勝門至孃孃廟，栽柳三千二百三十四株。

又 （雍正）六年，諭沿塗所植樹木已閲四五年矣，看來不甚茂盛，此皆草率所致。圓明園、正陽門前樹木繫敬謹種植，甚覺整齊茂盛。向例道旁樹木有乾枯者，令補種。近日竟不補種，朕所經由之路尚且如此，則他處僻路可知。著内務府工部堂官五城官員察奏，欽此。遵旨議準西直門德勝門至暢春園一帶沿途柳樹枯焦損失，著落原種樹及看守各官，限一月内照數補栽。嗣後令五日澆灌一次，如逾限不完，即指名題条其應賠種樹。官内有不能賠補者，著落本部堂官賠種。種後西直門外石路交西城，西直門外西道交大興縣，西直門外東道交宛平縣，德勝門外一帶交北城，各令人看守。本部仍會同内務府步軍統領順天府尹巡察，遇有枯焦損失，即令補種。違者指条。又奏準種樹價值，每株給銀一錢。

又 （雍正）八年，議準栽樹，高一丈二尺，徑二寸五分，栽深二尺，清明栽完。五日澆灌一次，根下用棗茨圍護。

又 （雍正）十年，諭圓明園石路兩旁樹木應加謹培植，曾屢降諭旨。何以種植年久仍然細小，皆由所司疎忽所致。此項樹木，或繫内務府或繫工部種植之處著察奏，欽此。遵旨察勘清梵寺至圓明園柳樹繫内務府種植，西直門至清梵寺石道兩旁，並各岔道柳樹，繫本部委官承種，嗣後應補樹株，不準各官自行補種。一面勒追樹價，一面別行委官栽種。

清 毛先舒《螺峰説録·二氏説二條》 夫人倫日用而求坐進此道，至於佛氏則尤一切俱掃空之，以爲不如是則道不可得，豈知廢去人倫日用而去道更遠也哉。蓋既不由之，即知亦虚而無益耳。譬諸木然，其生生之機即在根枝華葉之内，但培其根，疏其枝，澤其華葉，勿剪勿伐，而生機自然勃發充長，倘盡棄去其根枝華葉而别求所謂生機者，其生機又安在也？

藝　文

《詩・周南・汝墳》　遵彼汝墳，伐其條枚。**【略】**遵彼汝墳，伐其條肄。

《詩・文王之什・皇矣》　作之屏之，其菑其翳。修之平之，其灌其栵。啟之辟之，其檉其椐。攘之剔之，其檿其柘。

清　曾燠《賞雨茅屋詩集》卷六《芟園樹枝》　愛樹必伐樹，附枝何苦繁。呼僮芟附枝，切勿傷其根。

清　張五典《荷塘詩集》卷一《灌樹篇》　兒童學種樹，澆灌日數次。燥濕須有常，水乞亦爲累。方今春半時，耕深種已穊。鎮日晴風吹，龜坼隴頭地。村村田舍翁，半腹惟糲食。糲食亦何嫌，所慮行告匱。婉娩養蠶婦，含愁理曲植。陌上槲與桑，婆娑尠生意。安得萬頃陂，隨處桔槔置。百昌快一滋，不言忘機事。

清　劉嗣綰《尚絅堂集》詩集　卷三六《芟庭前樹枝有作》　選花當選葉，葉密無好花。選樹當選枝，枝多樹槎枒。化工職生養，要恃人力加。裁成得其用，剪伐非所嗟。心空表孤直，意出矜横斜。繁蕪一以删，始覺清蔭嘉。撫樹三太息，日莫徒棲雅。

主要樹種栽培部

用材林防護林樹種分部

松

綜述

南朝宋　劉義隆《崇孔聖詔》　魯郡上民孔景等五户，居近孔子墓側，蠲其課役，供給灑埽，并種松柏六百株。

唐　段成式《酉陽雜俎》卷一八　松，今言兩粒、五粒，粒當言鬣。成式修竹里私第，大堂前有五鬣松兩根，大纔如碗，甲子年結實，味如新羅、南詔者不別。五鬣松皮不鱗。中使仇士良水磑亭子在城東，有兩鬣皮不鱗者。又有七鬣者，不知自何而得。俗謂孔雀松，二鬣松也。松命根遇石則偃，蓋不必千年也。

唐　段成式《酉陽雜俎續集》卷九　衛公言：二鬣松與孔雀松別。又云：欲松不長，以石抵其直下，根便不必千年方偃。

唐　段成式《酉陽雜俎續集》卷一〇　南康有怪松。從前，刺史令畫工寫松，必數枝衰悴，後因一客與妓環飲其下，經日松死。

唐　段成式《酉陽雜俎續集》卷九　魚甲松　洛中有魚甲松。

宋　陳師道《後山集》卷二一《談叢》　中州松子，雖秕小不可食，然可種，惟不可近手。以杖擊蓬，使子墮地，用探錐刺地，深五寸許，以帚埽入之，無不生者。

宋　吴仁傑《離騷草木疏》卷三《松》　飲石泉兮蔭松柏。王逸注：言己雖在山中，猶飲石泉蔭松柏，飲食居處，動以香潔自修飾也。五臣云：飲清潔之水，蔭堅實之木。仁傑按：《山海經》：錢來之山多松。《本草》松節條，陶隱居云：比來苦腳弱人，釀松節酒，皆愈。松柏皆有脂潤，又凌冬不凋，理爲佳物，但人多輕忽，近易之爾。《唐本草》注云：木皮緑衣，名艾蒳。蕭炳云：有五葉者，一叢五葉，如釵，名五粒松。《嘉祐圖經》云：今松實作果品，其花上黄粉，名松黄，山人及時拂取作湯甚佳，但不堪寄遠。五粒字，當讀爲鬣，音之誤也。言每五鬣爲一葉，或有兩鬣、三鬣者。案：《政和本草》三作七。松久則實繁，中原雖有，然不及塞上者佳。崔寔曰：正月自朔暨晦，可移植松柏雜木。《高麗圖經》云：廣、揚、永三州，多大松，惟五葉者，乃結實。羅州道亦有之，不若三州之富。始生謂之松房，狀如木瓜，青潤緻密，得霜乃折，其實始成，而房乃作紫色，國俗雖果肴羹胾亦用之，不可多食，令人嘔不已。又取松之柔條，細削成縷，搥壓成綫，織而爲扇，上有花紋，不減穿藤之巧。又有杉扇，惟以白杉木劈削如紙，貫以采組，相比如羽，亦可招風。

宋　寇宗奭《本草衍義》卷一三　琥珀，今西戎亦有之，其色差淡而明徹，南方者色深而重濁，彼土人多碾爲物形。若謂千年茯苓所化，則其間有沾着蜾蠃蜂蟻，宛然完具者，是極不然也。《地理誌》云：「林邑多琥珀，實松脂所化耳。」此説爲勝，但土地有所宜不宜，故有能化有不能化者。張茂先又爲燒蜂窠所作，不知得於何處？以手摩熱可以拾芥，餘如經。松黄，一如蒲黄，但其味差淡，治産後壯熱，頭痛頰赤，口乾唇焦，多煩燥渴，昏悶不爽。松花、川芎、當歸、石膏、蒲黄，五物等同爲末每服二錢，水二合，紅花二捻，同煎七分，去滓，粥後温温細呷。松子，多海東來，今關右亦有，但細小味薄，與栢子仁同治虚祕。

宋　謝維新《古今合璧事類備要别集》卷四九《衆木門·松》　《格物總論》松木樹有小大，大者數圍，高十數丈，磥砢多節，皮極麄厚，遠望之如龍鱗，盤根樛枝，四時青青，不改柯葉。春二三月抽蕤生花結子。然數品，或二針，或三針，或五針。三針者謂栝子松，五針者謂崧子松。其脂味苦，入地滿千年爲茯苓，又千年爲琥珀，皆可入藥。

宋　戴羲《養餘月令》卷二　栽松。在雨水前，法同諸樹。士人唯插小苗，不移大樹，謂其難活，不知剔牙松，亦可移植，何有於此？但松在山上，風高易摇，且暑月無雨，不能滋潤，宜擇身矮樹嫩者植之。晴則蔭水，伏裏尤宜殷勤，則百株百活。若雨水之後，植亦難成。一云，栽時去其直下大根，唯留四邊鬚根，則易於偃蓋。

元 司農司《農桑輯要》卷六《博聞録》：栽松，春社前帶土栽培，百株百活。舍此時，決無生理也。斫松木，須五更初，便削去皮，則無白蟻。血忌日尤好。【略】種松柏：八九月中擇成熟松子（子）柏子同去臺收頓。至來春春分時，甜水浸子十日。治畦下水，上糞，漫散子於畦内，如種菜法，或單排點種，上覆土厚二指許，畦上搭矮棚蔽日。旱則頻澆，常須濕潤。至秋後去棚。長高四五寸，十月中夾蘜稭籬以禦北風。畦内亂撒麥糠覆樹，令梢上厚二三寸止。南方宜微蓋。至穀雨前後，手爬去麥糠，澆之。次冬，封蓋亦如此。二年之後，三月中，帶土移栽。先擜區，用糞土相合内區中，水調成稀泥，植栽於内，擁土令區滿，下水塌實。無用杵築、脚踏。次日，有裂縫處，以脚躡合。常澆令濕。至十月，祛倒，以土覆藏，毋使露樹。至春去土。次年不須覆。栽大樹者，於三月中移。廣留根土，謂如一丈樹，留土方三尺，地遠移者二尺五寸；一丈五尺樹，留土三尺或三尺五寸。用草繩纏束根土。樹大者從下剩去枝三二層。樹記南北。運至區所，栽如前法。

元 王禎《王禎農書》卷一〇《穀譜·竹木·松》 山人斫老松根，取松脂燃之，以代油燭，亦貧家之利。

明 宋詡《竹嶼山房雜部》卷九《樹畜部·樹類》 青松鬣葉似松針則粗短而翠，能守歲寒。膚青，内長而外遂浮脱之。諺云：栝子松結一房數十葉，一葉毬一子，子外有殼有皮，仁甚甘香。滇南種子色黑，遼種子色黄。滇音顛。冬月種高阜處，不堪修伐，大枝修後必出脂液，流盡遂爲枯翳。小枝修時，隨然烙鐵通紅烙之，更以人糞調濘泥塗之，能禦其脂液。春間用沃壤篩潔細，取其子種於小盆盎中，以大器蓄水隔離之，停貯於内，杜蟻不能進齧其根。愛乾，雖常灌，使之微潤則止矣。成形體漸以移種。

明 鄺璠《便民圖纂》卷五 松杉檜柏，俱三月下種，次年三月分栽。

明 王象晉《群芳譜》卷六八《木譜·松》 松，百木之長，猶公，故字從公。磥砢多節，盤根樛枝。皮粗厚，望之如龍鱗。四時常青，不改柯葉。三針者爲栝子松，七針者爲果松。千歲之松，下有茯苓，上有兔（菟）絲。又有赤松、白松、鹿尾松，秉性尤異。至如石橋怪松，則巉岩陁石所碍鬱不得伸，變爲偃蹇，離奇輪囷，非松之性也。 松子：實如猪心，叠成鱗砌。子長則鱗裂。遼東、雲南者尤大，食之香美，清心潤肺。 松花：二三月間，抽蕤生花，長三四寸。開時，用布鋪地，擊取其蕊，名松黄。除風，止血，治痢。和沙糖作餅，甚清香。宜速食，不耐久留。 松脂：松之津液精華也。一名松膏，一名松香，一名松膠，一名松肪，一名瀝青。以通明如薰陸香顆者爲勝，老松皮肉（内）自然聚者爲第一勝。鑿取及鍊成者，根下有傷處不見日月者，爲陰脂，尤佳。氣味苦温無毒，潤心肺，强筋骨，安五臟，利耳目，除伏熱，治瘡瘍，消風氣，久服輕身不老。 千年松脂入地化爲琥珀，又千年爲堅，狀如黑玉。蜜蠟金亦多年琥珀所化，屑其末焚之，有松香氣。 松節：松之骨也。質堅氣勁，筋骨間諸病宜之。釀酒已風痺。 松葉：一名松毛。除惡疾，安五臟。生毛去風痛脚痺及風濕瘡。 松白皮：松根下皮也，解勞益氣。 松皮：松樹老皮也，一名赤龍皮。生肌止血，斂瘡口治瘡。三千歲者，皮中有聚芝如龍形，名飛節芝。《抱朴子》 松液：火燒松枝溢出者，治瘡疥及牛馬瘡。 種藝：八月終，擇成熟松子、柏子同收頓。至來年春分時，甜水浸十日，治畦中，下水上糞，漫散子於畦内，如種菜法，或單排點種，上覆土厚二指許，畦上搭短棚蔽日，旱則頻澆，常須濕潤。至秋後去棚，高四五寸。十月中，夾（蘜）〔黍〕稭籬以禦北風。畦内亂撒麥糠覆樹，令稍〔梢〕上厚二三寸止。南方宜微蓋，至穀雨前後手爬净，澆之。次冬封蓋如前。二年後，于三月帶土移栽，先擜坎，用糞土相合納坎中，水調成稀泥，栽于内，擁土令坎滿，下水塌實，不用杵築脚踏。次日，看有縫處，以細土掩之。常澆令濕。至十月以土覆藏，毋使露樹。春間去土。次年不須覆。若果松，須種于盆，仍用水隔，勿令蟻傷根。 移植：過冬至三候以後，至春社以前，松、栢、杉、槐一切樹皆可移栽。大樹須廣留土，如一丈樹留土二尺，遠移者二尺五寸；一丈五尺樹，留土三尺，或三尺五寸，用草繩纏束根土。樹大者，從下去枝三二層，記南北，運至栽處，深鑿穴，先用水足，然後下樹加乾土，將樹架起摇之，令土至根底皆遍，實土如舊，根四圍築實。然後澆水令足。俟乾，再加土一二寸以防乾裂，勿令風入傷根，百株百活。若欲偃蹇婆娑，將大根除去，止留四邊鬚根。

明 王象晉《群芳譜·木譜·松》 典故：千年松樹四邊枝葉披起，上杪不長如偃蓋，其精化爲青人、青牛、青羊、青犬、伏龜，壽皆千歲。《玉策記》。石門澗有松林，仰視之，離離如駢麈尾。西嶺松如馬鬣。俱《盧山記》。 僕骨東北千里，有康于河。投松入水，一二年化爲石，其色青，有松紋，名康于石。《唐書》。建昌冷水觀壽松一株，盤屈奇古，又名掛劍松。相傳許遜故事。又府城東北章山上，喬松修篁，森列交蔭。《南昌志》。都昌柴棚鎮，有古松一株，明太祖征僞諒時，駐蹕其下。萬曆甲申，知縣王廷策即地建亭，掘得白蟹一枚，奮之江。又建前亭，豎梁，有赤鯉從空飛下。《縣志》。偓佺食松實，行及奔馬時，受服者皆至三百歲。《列仙傳》。伏生在湯時爲木正，常食松脂。（同上）泰山上有松五株，始皇封泰山，遇雨避其下，封爲五大夫。《泰山志》。符子與玄子登乎泰山，下臨千仞之淵，上蔭百仞之松，蕭蕭然神王乎一丘矣。《符子》。方山有野人，見一使者，異服，牽一白犬。野人問居何地？答曰：居偃盖山。隨至古松下而没。松形果如盖，意使者乃松精，犬乃茯苓也。《金陵記》。孫興公齋前種松一株，恒自手擁治之。高世遠與隣居謂孫曰：松樹子非不楚楚可愛，但永無棟梁之用。孫曰：楓柳雖合抱，亦何所施。《世説》。晉僧法潛隱剡山，或問勝友爲誰，乃指松曰：此蒼顔叟。秦系結廬于九日山，有大松百餘章，俗傳東晉時所植。《泉州志》。張薦明隱山林，有古松十餘株。謂人曰：予人中之仙，此松木中之仙也。《清異録》。元珪法師坐禪于巖阿下，忽有岳神來拜，請受正，法師付戒畢。神曰：願展小神通。師曰：我東嶺無松，此處多松，汝能移于東嶺乎。神曰：敬聽命，願勿恐，拜辭而去。是夜雷雨交至，次日見巖前松皆移東嶺。李泌嘗取松（膠）（樛）枝以隱背，名曰養和。後得如龍形者，因以獻帝。《唐書》。蔡君謨爲閩部使者，夾道種松，以避歊毒，至今賴之。《閩志》。岳州城南古寺，有洞賓題詩云：獨自行時獨自坐，無眼時人不識我。惟有城南老樹精，分明知道神仙過。説者云：寺有大古松，吕始至時，無能知者，有老人自松巔徐下致恭，故詩云然。崔希真十月一日大雪，遇老父于門，獻松花酒。老父曰：此酒無味。乃于懷中取丸藥置酒中，味極美。後問天師曰：此葛真人第三子，藥乃千歲松醪也。《原化書》。鍾輻建山齋，手植一松。夢朱衣吏曰：松圍三尺，子當及第。後三十年策名，松果圍然。梁吴筠《吴興道中》詩：白雲光采麗，青松意氣多。《三齊略記》：益州獻蜀柳，武帝嗟賞之曰：楊柳風流可愛，似張緒當年。曰意氣，曰風流，足爲松、柳傳神。元祐元年正月十二日，蘇子瞻、李伯時爲柳仲遠作「松石圖」。仲遠取杜子美詩「松根胡僧憇寂莫，龐眉皓首無住着，徧袒右肩露雙脚，葉裹松子僧前落」之句，復求伯時畫此數句爲「憇寂圖」。子由題云：「東坡自作蒼蒼石，留取長松待伯時。只有兩人嫌未足，兼收前世杜陵詩。」因次其韻云：「東坡雖是湖州派，竹石風流各一時。前世画師今姓李，不妨題作輞川詩。」文與可嘗云：老夫墨竹一派，近在徐州，吾竹雖不及，石似過之。此一卷公案，不可不令魯直下一句。支硎山有晉松三十餘章，傳爲支遁所栽。高可巢鶴，大可蔽牛。土人腰斧入山，賴趙凡夫護之，射書關使君馬仲良捐俸買脱，載樹築石爲古公壇。葛震及諸君皆有歌。（陳眉公）松化石，余曾於張雨若清江衙齋見之，大小凡五，松理而石質。云得之古廟中，大是奇物。雨若繪圖而系以詩，好事者咸屬和焉。（張七澤）張譏，字直言。後主幸鍾山開善寺，召從臣（從）敕譏譚議，時索麈尾未至，后主命取松枝，屬譏曰可代麈尾。《陳書》。彭城王勰從幸代都，次銅鞮山，旁有大松十餘，帝賦詩，令人示勰，且令和。曰：比至吾所，當即就。時去帝十餘步，且行且作，未至帝所即就，曰：問（松林，）松（材）（林）經幾冬，山川何如昔，風雲與古同。帝曰：此詩亦責吾耳。《後魏書》。方儲，丹陽人，母喪，負土成墳，種松栢奇樹千株，鸞鳥棲其上，白兎游其下。《漢書》。徐孺子墓在東郡，杜牧爲守，植松墓前。《豫章記》。甄琛喪父，塋兆之内，手植松栢。《後魏書》。梁武帝每拜山陵，涕淚所洒，松爲變色。《金樓子》。東平王歸國，每思京師。後薨，葬于東平，塚上松栢皆西靡。《墳墓記》。山濤年老居母喪過禮，手植松、栢。《晉書》。唐沙門性至孝，母亡，墓前忽生松栢十餘株。人以爲孝感所致。丁固微時，夢松生腹上。占者曰：吉祥也，松於字爲公，當位至三公。後果符占者之言。《解夢書》。新羅使者多携松子來中華，有玉角子、龍牙子。自惠山寺門入，西曰聽松。松在斷岡上，大可十圍，奇曲皆虬枝，入聽松，緣岡皆士大夫家墓隧，松楸白楊，青沾翠洒，其最勝曰卲文莊墓。墓上三松，大逾聽松者二倍，而奇峭不逮。《雨航記》其爲人也，如松栢之有心也。故貫四時，不改柯易葉。《禮記》。冀州其材松栢。《周禮》。襄公二十九年，鄭行人子羽曰：松栢之下，其草不殖。《左傳》。 智襄子爲室美（士）（士）茁，曰記有之，高山峻原，不生草木，松栢之地，其土不肥。今土木勝，臣懼其不安人也。《説苑》。受命于地，唯松栢獨也，在冬夏青青。天寒既至，霜雪既降，吾是以知松栢之茂也。《莊子》。至於松栢，經隆冬而不凋，蒙霜雪而不變，可謂得其貞矣。《荀卿》松栢爲百木長也，而守宮閭。《史記》。歲不寒無以知松栢，事不難無以知君子。《孫卿子》。青松落蔭，白雲誰侶。《北山移文》。援青松而示心，指白水而旌信。《絶交論》。秦爲馳道，厚築其外，隱以金椎，樹以青松，爲馳道之麗一至於此，使後世曾不得斜徑而托足焉。（賈山）撫孤松而盤桓。（陶淵明）有天陵偃盖之松。《抱朴子》。　説：大抵松之爲物，極地氣不能移，歷歲寒不爲改。大類有道君子，顧當其始生，困蓬蒿，阨牛羊，摧折於斧斤者，往往而是惟托根深山大壑，蘇之以風雨，照之以日月，籠之以輕烟薄霧，而又飽飫雪霜，延歷歲時，然後翠蕤摩空，銕（鐵）幹拂漢，蚪掀鱗射，夭矯扶疎，爲故國偉觀，良亦不易矣。愛松者，當如何珍護耶。《愛松説》。

明　徐常吉《事詞類奇》卷二五《松》（經）《書》云：青州厥貢，岱畎絲、枲、鉛、松、怪石。《詩》云：徂徠山名之松。《禮記》云：禮之於人，猶竹箭之有筠，松柏之有心。二者居天下之大端，故貫四時而不改柯易葉。（經翼）《左傳》云：培塿塿，小阜也。無松柏。（子）《吕氏春秋》云：百仞之松，本傷於下，而末槁於上。《尸子》云：荆有長松文梓。《淮南子》云：千歲之松，下有茯苓，上有菟絲。《抱朴子》云：松樹三千歲者，其皮中有聚脂，狀如龍形，名曰飛節芝。又云：天陵偃蓋之松，大谷倒生之柏，此諸木皆與天齊其長，地等其久。又云：夏必長而薺麥枯，冬必雕而松柏茂。又云：成帝時，獵者於終南山見一人無衣服，身皆生黑毛，跳坑越澗如飛，乃密伺其所在，合圍取得，乃是一婦人。問之，言是秦之宫人，開東賊至，秦王出降，驚走入山，饑無所食，洎欲餓死，有一老翁教我食松柏葉實，初時苦澀，後稍便吃，遂不復饑，冬不寒，夏不熱。此女是秦人，至成帝時，三百餘載矣。《符子》云：符子登乎太山，下臨千仞之淵，上蔭百丈之松，蕭蕭然，神往乎一丘矣，言不出乎耒耜，心不過乎俗人，其猶木犬守户，瓦雞司晨矣。（史）《史記》云：松柏爲百木長，而守宫闕。《晉書》云：庾亮見和嶠，歎曰：嶠森（森）如千丈松，雖磥砢多節，施之大厦，有棟梁之用。又云：顧愷之與簡文帝同年，而髮早白。帝問其故，對曰：松柏之姿，經霜猶翠，蒲柳之質，望秋先零。帝悦其對。《齊書》云：張湛好齋前植松柏，時人曰：張湛屋下陳尸。《梁書》云：陶弘景時，愛松風，庭院皆植松，每聞其響，歡然爲樂。有時獨遊泉石，望見者以爲仙人。（埤（稗）史）《穆天子傳》云：天子昇長樹之山。【略】（雜記）《博物志》云：松曰蒼官，松脂淪入地中，千歲爲茯苓，茯苓千年化爲琥珀。琥珀，一名江珠，今太山有茯苓，而無琥珀，益州永昌出琥珀，而無茯苓。《廬山記》云：石門北巖即松林也，有數百樹松，大皆連拱，長近二十丈，攢生绝崖上，南臨石門澗，澗中仰視之，離離如駢麈尾，號麈尾松。於尋陽望聚見之分明。《嵩山記》云：嵩高山有大松樹，或百歲，或千歲，其精變爲青牛，爲伏龜，採食其實，得長生。《金陵記》云：方山有野人，見使者異服牽一白犬。野人問居何地，曰：居偃蓋山。隨至古松下而没，松形，果如蓋。意使者乃松樹，犬茯苓耳。《太平廣記》云：晉大興二年，大雨霖，中山、常山尤甚，滹沱泛溢，衝陷山谷，巨松僵拔，浮於滹沱，東至渤海，原隰之間，皆如山積。石勒下令曰：水出巨材，所在山積，將皇天欲孤繕修宫宇也。咸和六年，勒僭位，如鄴將營宫殿。時大霖雨，中山西北，暴水漂流巨木百餘萬根，集於堂陽。勒大悦曰：諸卿知此不非爲災也，天意欲吾營鄴都耳。【略】《陶朱新録》云：伊陽深山中有黑松，山平高四十里，其上皆大松，有二株尤大，一號大將軍，一號小將軍，大者圍絹三疋，小者圍絹一疋。木客取材於此，皆祭之以絹圍，託造播掛其上。政和間，求明堂柱，而邑官以無中程者聞。既而有人告發曰：大松不可出，小松可取也。乃命告者以官，而令佐皆謫。尋伐之，亦不可出，告者尋死，今獨大將軍尚在，而小者委於山間，惜哉。《杭州志》云：於潛牧嶺上，有古松一本，盤錯奇怪，嘗有兄弟鬩牆，欲訟於有司，夜行憩其下，遲明辯色，相視，乃伯仲也，遂各悔咎，息争而還，因名松爲木長官。（仙釋）【略】《神仙傳》云：偓佺好食松實，能飛行，速如走馬，以松子遺堯，堯不能服，受服者皆三百歲。《釋氏要覽》云：唐武德中，玄奘法師將往西域取經，見松樹，以手摩其枝曰：吾西去求佛教，汝可西長。若吾歸，却即東向。及去，年年西向，一年東向，玄奘東回，衆名曰摩頂松。《高僧傳》云：天台智者院，釋行滿居房檻外有巨松，横枝之上寄生小樹，每滿出坐，其寄生必婀娜向側。時謂此樹作禮，茶頭也。或不信者，專伺滿出，則紛紛然，滿入則屹立亭亭，更無動摇。（幽怪）《神境記》云：滎陽郡南有石室，室後有孤松千丈，常有雙鶴，晨必接翮，夕輒偶影。相傳，昔有夫婦二人，俱隱此室，年既數百，化成爲雙鶴。（詩賦）劉公幹云：亭亭山上松，瑟瑟谷中風。風聲一何盛，松枝一何勁。風霜正慘悽，終歲恒端正。豈不罹霜雪，松柏有本性。陶元亮云：懷此貞秀姿，卓爲霜下烈。傅玄云：飛蓬隨風起，芳草摧山澤。世有千年松，人生詎能百。范雲云：修條拂層漢，密葉帳天尋。凌風知勁節，負霜見直心。許詢云：青松凝素髓，秋菊落芳英。左九嬪云：列翠實之離離，馥幽芳而永馨。沈約云：稍聳振寒聲，青蔥標暮色。疎葉望嶺齊，喬幹臨雲直。謝朓云：修幹垂蔭，喬柯飛穎，望蕭蕭而既閑，即徵微而方静，懷風音而送聲，當月露而留影。吴筠云：根爲石所蟠，枝爲風所碎，賴我有貞心，終凌細草輩。隋煬帝云：古松唯一樹，森疏詎成林。獨留塵尾影，猶横偃蓋陰。雲來聚雲色，風度雜風音。孤生小庭裏，尚表歲寒心。李德林云：結根生上苑，擢秀邇華池。歲寒無改色，年長有倒枝。露自金盤灑，風從玉樹吹。寄言謝霜雪，貞心自不移。

明 何三畏《何氏類鎔》卷三一《樹木·松》 嵩嶽山有大松，歷之千歲，變爲青牛。康干河有斷松，役之三年，化爲文石。【略】羅浮奉宸橋之七松，直上凌霄，常爲仙靈所棲，而有古松之號。南昌翊真觀之二松，忽成合幹，遂爲士人所異，而有義松之名。伐三藏塔前龍骨松之枝，可以祈雨。拂比巖澗上塵尾松之幹，可以聽泉。玄奘嘗摩松樹以記歸，謂之摩頂。鄴侯嘗取松枝以隱背，名曰養和。秦系客泉州而種松樹，常傍嶺以結廬。【略】畫工寫南康之松十數株，無非奇形怪狀。官長種蔣山之松數百樹，盡是罷職還家。鄰人之語，孫興也，謂松無棟梁之用，亦知楓柳之合抱何施。辛毗之誚，劉逖也，謂松有風霜之姿，以視寒木之春華孰勝。至如偓佺之食松實，伏生之食松脂。文賓食松子而長生，赤松遊松坡而得道。漢宫人避亂，上墓食松肪而不饑。秦宫人驚走入山，食松葉而不死。嘗聞仙之上藥，有松膏者，服之可以延年，信矣。

明 慎懋官《華夷花木鳥獸珍玩考》卷三《松化石》 拔野古亦鐵勒之別部，在僕骨東。境勝兵萬，其地豐草，人皆殷富。其酋俟利發屈利失，貞觀二十一年舉其部來降。其地東北千餘里，曰康干河。有松木入水二年乃（花）（化）爲石，其色青。有國人居住，其人謂之康干石。其松爲石以後仍似松文。在永康縣東北延，貞觀前，唐建中間，道士馬自然指庭松曰：「此松已三千年矣。當化爲石。」至夕大風雨，其松果化。近觀山中，松皆化爲石。夫天地間，氣化形化，萬有不齊，松之化石無怪也。但云三千年則化，此未可拘。余嘗過中部之橋山，見古栢凌霄，大可二丈圍，皆軒轅時物，迄今蓋四千三百年矣，盤鬱蒼翠，仍故物也。 吉水縉紳解學士，七歲時，其母居孀，苦於里胥催徵之急，解其訴於縣宰並系以詩。邑宰意其假手於人，即指堂邊小松爲題，令再賦。應聲曰：「小小青松未出欄，枝枝葉葉耐霜寒。如今正好低頭看，他日条天仰面難。」邑宰大奇之，遂蠲其税。 鄭少師於里第植小松七本，號七松處士。嘗曰：異代可對五柳先生。

明 王世貞《彙苑詳註·松》 喬松，山有喬松。蔦蘿，蔦與女蘿，施于松上。施，延也。松桷，松桷是虔。松茂，如松茂矣。 松架，松横生曰架，風散松架險。 松櫝，墓上所植樹也。松櫝成行《文選》。磊砢，森森千丈松，磊砢非一節。 朱松，本名赤松。 含星漏月，含星漏月之奇。 禽踪猿路，高松乃禽猿之所棲處，攀葉斷禽踪，附枝通猿路，言高也。 擢穎荆峰，山有喬松，峻極青葱，既抽榮于岱嶽，亦擢穎于荆峰。 貫四時而不改，超五玉之嘉明，上拂天而獨遠，下流雲而自重。重陰微微，漏景含暉。通霄漢而隱影，集鸞鳳之□飛（王儉）。 風音送聲，修幹垂陰，喬柯飛穎，望蕭蕭而既閑，即微微而方静，懷風音而送聲，當月路而留影。（謝朓）拂層漢修條拂層漢，密葉帳天尋，凌風知勁節，負霜見直心（范雲）。不易葉，不易葉于四時，方偃蓋于千秋。 澗底松，鬱鬱澗底松，離離山上苗。愛彼徑寸莖，蔭此百尺條。

明 王世貞《彙苑詳註·松》 松《説文》云：松，木也，從木，公聲。葉如針狀，多節，皮粗厚，盤根參枝，四時常青。松有二種，惟五葉者結子。李德裕云：三鬣松與鳳雀松別。【略】《神仙傳》曰：偓佺好食松實，能飛行，速如走馬。以松子遺堯，堯不能服。時受服者，皆至三百歲。【略】《抱朴子》曰：松樹之三千歲者，其皮中有聚脂，狀如龍形，名飛節芝。《玉策記》云：千歲松樹，四邊披起，上杪不長，望而視之，有如偃蓋，蓋其中有物，或如青牛，或如青犬，或如人，皆壽萬歲。《廣志》曰：千歲老松子，色黄白，味似栗，可食。《本草》云：松脂出隴西，如膠者善。松枝（脂）一名松肪，味苦温，久服輕身延年。

明 王世懋《學圃雜疏》 木則天目松、栝子松、千頭栢、纓絡栢、金線柳，皆佳品也。次則丹楓、石楠、梧桐、黄楊、西湖柳、烏絨樹，北人謂之馬纓花。皆可植於水次。果則櫻桃、李、枇杷、橘、栗、葡萄，皆可種也，以供盤飣。予所録次者在花。故草木之類從略。竹是吾家子猷所好，園中自當植有。其種類當別有記。

又 栝子松，俗名剔牙松。歲久亦生實，雖小亦甘香可食。南京徐氏西園一株，是元時物，秀色参天，目中第一。山東有文官果，花亦可觀，形味稍似馬金囊。禮部精膳司亦有一株，不知可移植吾地否。若無花果，不獨京師，即吾地種輒生。但惡種摘，而自供食。往在泉州見城中遍地植之，名曰苦瓜，形稍長，子此種耳。

明 傅梅《嵩書》卷七《木部·松》 《嵩高山記》云：嵩嶽有大松，或百歲、千歲，其精變爲青牛，或爲伏龜，採食其實，得長生。今之白鶴觀，初祖菴及絶崖，各處有之。

明 周文華《汝南圃史·松》 松，古人呼爲蒼顏叟。《記》曰：松栢爲百木長。《抱朴子》曰：松之三千歲者，其皮中有聚脂，狀如龍形，名曰飛節芝。《異苑》云：漢末大亂，宮人小黃門上樹避兵，食松栢實，遂不復饑，身生毛長尺許，魏武聞而收養之，還食穀，齒落頭白。唐玄裝法師往西域，手摩靈巖寺松曰：「吾西去求佛教，汝可西長，吾歸即東向，使吾弟子輩知之。」既去，其枝年年西指，一年忽東向，弟子曰教主歸矣，果還。至今謂之摩頂松。凡松之言兩粒、五粒者，粒當作鬣。五鬣松，皮不鱗。又有七鬣者。三鬣松俗謂之孔雀松。《玉策》云：千年松栢枝葉上杪，望如偃蓋，其中有物如青牛、青羊，採食其實得長生。《酉陽》云：欲松不長，以石抵其直下根，必千年方偃。《灌園史》曰：截去松中大根，惟留四旁根鬚，則無不偃蓋。《博物志》曰：松脂入地，千歲爲茯苓，茯苓千歲爲琥珀，琥珀一名江珠。今大山有茯苓而無琥珀，益州永昌出琥珀而無茯苓。《本草經》曰：松脂一名松肪，味苦温，出隴西，如膠者善，久服輕身延年。《本草》曰：松花名松黃。《廣志》曰：千歲老松子，色黃白，味似栗，可食。今松有三種，一名剔牙松，幹青而枝葉疎秀，歲久未得高大種，出杭州。一名天目松，出天目山，幹短而枝葉拳折有古意。柴松隨地皆有，數載便可參天，小時不堪觀，大則結頂，成林覆陰尤妙。剔牙松宜庭際，天目松宜盆玩，柴松宜山及墓上。剔牙松食子味甘，柴松取花和蜜作餅，清香可口，松葉隆冬不彫，唯春秋二時生新葉脱舊葉，生新皮脱舊皮，長數尺，雖微風亦有松濤。種法：於春分前浸子十日，治畦下糞漫散畦內，如種菜法，或單排點種，覆土二指許，搭棚蔽日，旱則以水頻澆。秋後去棚，結籬障北面以禦風寒，仍以麥糠覆樹，令厚數寸，穀雨前後去糠澆之。三年之後帶土移栽，須先掘一區，以糞土填，合水調成稀泥，栽植於内，擁土令滿，下水塌實，勿以脚踏及用杵築，次日開裂，以脚躡合。常澆令濕，十月祛倒，以土覆藏，勿使露樹，至春去之。若栽大樹，亦於社前廣留根土，剸去低枝，用繩纏束，勿使摇動，記其南北，運至區處，栽如前法。天目松不用糞，喜背陰處。柴松飄子落處即出松秧，尤宜山土。剔牙松最忌傷本，稍以指傷皮即松脂成溜，如欲修之，即以火鐵燙止，用糞泥密封方不泄氣。柴松任意修翦，大則可充柴木之用。

明 吴雨《毛詩鳥獸草木考》木考 松 松生高山大谷。木皮緑衣名艾納，每五鬣爲一葉，或有兩鬣三鬣者，今作五粒，蓋鬣之訛也。松久則實繁，出塞上者佳。其花上黃粉名松黃，山人及時拂取，作湯甚佳。高麗國多大松，惟五葉者乃結實。始生謂之松房，狀如木瓜，青闊縝密，得霜乃折，其實始成，而房乃作紫色，國俗雖果肴美餅用之，不可多食，令人嘔不已。又取松之柔條，細削成縷，搥壓成綫，織而爲扇，上有花紋，不減穿藤者。又有杉扇，以白杉木劈削如紙，貫以采組，相比如羽，亦可招風。

明 慎懋官《華夷花木鳥獸珍玩考》卷三《松》 松有二種，惟五葉者結子。唐衛公李德裕言：三鬣松與孔雀松別。保定路松山，山多松木，皆大數十圍，遇風則數十里若笙簧。《武當山記》負欵巖宮前古松數百株，皆參天倚雲，枝葉扶疎，上聳可數，譬如大駕郊行，巨人力士高執雲幢星蓋以從。衡神祠，其徑綿亘四十餘里，夾道皆合抱。松桂相間，連雲蔽日，人行空翠中。而秋來香聞十里。計其數云一萬七千枝。真神幻佳境也。

【略】 周景式《廬山記》曰：石門北巖，即松林也。南臨石門澗，澗中仰視之。離離如駢麈尾，號麈尾松。　壽松在建昌縣北五里冷水觀，一名掛劍松。古老相傳，許遜曾掛劍於此。其松盤屈奇怪。宋寶慶初，知縣曹豳創亭，扁曰「千歲靈根」，又於門外榜曰「煙蘿勝景」。嘉定間，縣丞李鴻漸刻圖於石。　《吴地記》松陽縣在南臨大溪，有松樹大八十一圍。中空可容三十人坐，取此以爲名。　白松　白松如傅粉。一本三幹，高十數仞。本大四抱餘，本畔一竅，常流液甘甚。謂歲兩脱膚。根盤據。枝若擎虬。葉秀翠且硬。世傳漢有閨女僊花葬此，此其塚上物也。在天僊洞殿後，密縣東三里。　金松　台州府境出。垂條如弱柳，結子如碧珠。三年子乃一熟。每歲生者相續，一年上綴於條上，璀錯相間。　塔松　狀似杉而葉圓細，亦不能高。重重偃蹇如浮圖，至山頂尤多。　義松　蓮城縣有義松，郭祥正（云）：古驛森慈竹，蓮城挺義松。　五鬣松　幹本挺矗，略無歧柯，圓鋭而上望，如浮圖。一葉五鬣，膚理綜縝，相傳金地藏，新羅種也，今惟塔前一株。　海松子　海松子生新羅，如小栗三角。其中仁香美，東夷食之當果，與中土松子不同。

明 彭大翼《山堂肆考》卷二〇九 松，《格物總論》：松樹，磥柯多節，皮極粗厚，望之如龍鱗，盤根樛枝，四時青青，不改柯葉。春二三月抽蕤生花結子。然有數品，或二針，或三針，或五針。三針者謂栝子松，五針者謂崧子松。

明　徐光啟《農政全書》卷三八《種植・木部》　松杉柏檜。《爾雅》曰：柏，椈。柀，煔。檜，柏葉松身。李時珍曰：松，百木之長，猶公，故字從公。四時常青，不改柯葉。三針者爲栝子松，七針者爲果松。千歲之松，下有茯苓，上有兔絲。又有赤松、白松、鹿尾松。杉一名煔，一名沙，一名檆。有赤白二種。赤杉實而多油，白杉虛而乾燥，樹類松而幹端直。柏，一名椈，陰木也。凡木皆向陽，柏獨向陰，指西。古以生泰山者爲良。今陝州、宜州、密州皆佳。而乾陵尤異。木之文理多爲雲氣、人物、鳥獸，狀態分明，徑尺。一株可值萬錢。川柏亦細膩，以爲几案，光滑悦目。檜一名栝。今人名圓柏，以別側柏。　《事類全書》云：栽松，春社前帶土栽培，百株百活，舍此時決無生理也。斫松木須五更初便削去皮，後無白蟻。山人斫老松根，取松脂燃之，以代油燭，亦貧家之利。　《農桑通訣》曰：插松用驚蟄前後五日，斬新枝，斸坑入枝，下泥杵緊，相視天陰即插，遇雨十分生，無雨即省分數。種松柏法，八九月中，擇成熟松子，柏子同。去臺收頓。至來春春分時，甜水浸子十日。治畦下水土糞，漫散子於畦内，如種菜法，或單排點種，上覆土厚二指許。畦上搭短棚蔽日。旱則頻澆，常須濕潤。至秋後去棚。長高四五寸，十月中夾薥稭籬以禦北風。畦内亂撒麥糠覆樹，令稍（梢）上厚二三寸止。南方宜微蓋。至穀雨前後，手爬去麥糠，澆之。次冬，封蓋亦如此。二年之後，三月中，帶土移栽。先槪區，用糞土相合内區中，水調成稀泥，植栽于内，擁土令區滿，下水塌實。無用杵築脚踏。次日，有裂縫處，以脚躡合，常澆令濕。至十月，屈倒，以土覆藏，毋使露樹。至春去土，次年不須覆。栽大樹者，於三月中移，廣留根土，謂如一丈樹，留土方三尺，地遠移者二尺五寸；一丈五尺樹，留土三尺，或三尺五寸；用草繩纏束根土。樹大者從下剸去枝三二層。樹記南北。運至區處，栽如前法。　《種樹書》曰：栽松須去尖大根，惟留四邊鬚根，則無不盛。春分後勿種松，秋分後方宜。種法大概與竹同，只要根實，不令動摇，自然活。　《齊民要術》曰：油松法。將青松斫倒去枝，于根上鑿取大孔，入生桐油數斤，待其滲入，則堅久不蛀，他木同。　《本草》曰：松花用布鋪地，擊取其蕊，和沙糖作餠甚清香，不能久留。　又曰：松子出遼東、雲南者尤大，食之香美。　又曰：松脂一名松膏，一名松香，一名松膠，一名松肪，一名瀝青，皆爲物用。　玄扈先生曰：插杉法。江南宣、歙、池、饒等處，山廣土肥，先將地耕過，種芝蔴一年，來歲正二月氣盛之時，截嫩苗頭一尺二三寸，先用橛舂穴，插下一半，築實，離四五尺成行。密則長，稀則大，勿雜他木。每年耘鋤，至高三四尺，則不必鋤。如山可種，則夏種粟，冬種麥，可當耘鋤。杉木斑文有如雉尾者，謂之野雞斑，入土不腐，作棺尤佳，不生白蟻，燒灰最能發火藥，今南方人造舟屋多用之。　又曰：種柏，九月中，柏子熟時採，俟來年二三月間，用水淘取沉者，着濕地，二三日淘一次，候芽出，將斸熟地，調成畦水飲足，以子勻撒其中，覆細土半寸，再以水壓下。二三日澆一次，勿太濕，勿大（太）乾。既生，四圍豎矮籬護之，恐爲蝦螟所食。常澆水糞，俟長高數尺分栽。　又曰：秋時剪小枝二三尺，亦可插活。　《農桑通訣》曰：檜種如松法。插枝者，二三月檜芽蘖動時，先熟斸黄土地成畦，下水飲畦一遍，滲定再下水，候成泥漿，斫下細如小指檜枝，長一尺五寸許，下削成馬耳狀，先以杖刺泥成孔，插檜枝於孔中，深五六寸以上。栽宜稠密，常澆令潤澤，上搭矮棚蔽日。至冬換作暖蔭。次年二三月去後，候樹高移栽，如松柏法。洞庭陸氏曰：移松杉柏檜，冬至及年盡，雖不帶土根亦活。正月九分活，二月七分活，清明後半活。　《便民圖（纂）》曰：松杉柏檜，俱三月下種，次年三月分栽。

明　方以智《物理小識》卷九　松　《埤雅》命根遇石成偃，蓋蘇伯材去中根，留四傍以造之。香花有甘苦二種，皮薄而白者甘，皮黑者苦。巴豆瀉香勿服也。沙漉芽蒸酒煮數十次，如牽糖法，則白矣。五鬣、七鬣爲一朶葉者，剔牙栝子松也，兩鬣而細則常松也。栝子松膚青，内長而外遂浮脱，結一房數十葉，一葉毬一子，子殼内有仁，甘美。滇南種子色黑，遼子色黄，其性喜乾，初種惡蟻。其潤瓣厚葉者羅漢松也，樹老結實長四五分，底平上鋭，色紫黑，乾之味甘補腎，其香益肺。《本草綱目》所未載也。高山石巖水松亦數丈，葉如簪，盤如菊而厚，夏結子如豆大，赭色。亦所未載也。南岳天臺落葉松，一名金錢松。天臺山亦有落葉松，《本草》水松，水中苔也。閩水松乃水楊之類。黄山武功千年松，高寸許，石上草耳。中通曰：種松有流脂不止者，以大糞塗之，即止。中履曰：采臣言遼北松，塔高數尺。履按：既末臘國松子，如荔枝。　茯苓可種。松上結苓則下有茯。《龜策傳》曰：雨霽無風夜，捎兔絲，篝燭而火滅者，明即掘之。《本草》載泰華、終南，而今貴雲南苓。堅折松之橛曰茯苓，撥錐刺地，不可拔者掘之，離根皆生。近有拚松柴種苓者，留樁三尺，切茯苓置根下，其松气液不上則下注，五年遂如拳矣。中履曰：楓之猪苓，竹之雷丸，猶松之茯也。多年則堅，餘气傳精，即此可信。暄曰：採者椿上揭皮易開，內有白膜，則知下已結苓矣。

清 陳大章《詩傳名物集覽》卷一一《檜楫松舟》 松，《書》：青州厥貢鉛、松、怪石。《禮記》：其在人也，如松柏之有心也，貫四時不改柯易葉。《周禮》：冀州其材松柏。《左傳》太叔云：培塿無松柏。又子羽曰：松柏之下，其草不殖。又高山峻原，不生草木。松柏之地，其土不肥。《尸子》：荆有長松文梓。《呂覽》：百仞之松，本傷于下，而末槁于上。《莊子》：天寒既至，霜雪既降，吾是以知松柏之茂，又受命于地，惟松柏獨也，在冬夏青青。《荀卿子》：松柏經隆冬而不彫，蒙霜雪而不變，可謂得其貞矣。《史記》：松柏爲百木長，而守宮闕。《抱朴子》：天陵偃蓋之松，大谷倒生之柏。《穆天子傳》：天子升長松之隥。《玄中記》：松脂淪入地中，千歲爲茯苓。《本草》：松脂一名松膏，一名松肪。松花一名松黄。《太平廣記》：五鬣松皮不鱗，俗謂孔雀三鬣松也，松命根下遇石即偃。《玄中記》：松脂淪入地中，千歲化爲琥珀。《花木考》：松有二種，惟五葉者結子。《木譜》：松百木之長，故字從公，磥砢多節，盤根樛枝，皮粗厚，望之如龍鱗，葉有二針、三針、五針、七針之別。三針者爲栝子松，五針者爲松子松，七針者爲果松。遼東及雲南者，大如巴豆，可食，謂之海松子。千歲之松，下有茯苓，上有兔絲。又有赤松、白松、鹿尾松，又有怪松，則巉巖陁石所礙鬱不得伸，變爲偃蹇離奇輪囷，非松之性也。故李衛公云：欲松偃者，以石抵其直根，不必千年方偃也。《離騷》：山中人兮芳杜若，飲石泉兮蔭松柏。《抱朴子》：松三千歲者，皮中有聚脂，狀如龍形，名曰飛節芝。《本草經》：松脂一名松肪，味苦温，久服輕身延年，出隴西者善。《廣志》：千歲老松子，色黄白，味似粟。《嵩山記》：松千歲其精化爲青牛，爲伏龜、青人、青羊、青犬。《通雅》：《方書》言松爲五粒，粒當是鬣。松每五鬣爲一葉，或兩鬣七鬣。李賀有《五粒小松歌》。又鳳尾松爲杉類，釋家呼爲寶樹，廬山大林寺前大十餘圍者即此。

清 曹溶《倦圃蒔植記》 松柏檜　古人論山中勝友，首指蒼顏叟，峻厲風姿，實與此君而兩矣。種法：於春分前浸子十日，治畦下糞，漫散畦內，如種菜法，或單排點種，覆土二指許，搭棚蔽日，旱則以水頻澆。秋後去棚結籬障北面以禦風寒，仍以麥糠覆樹，令厚數寸，穀雨前後去糠澆之。三年之後帶土移栽，須先掘一區，以糞土填，合水調成稀泥，栽植於內，擁土令滿，下水塌實，勿以脚踏及用杵築。次日開裂，以脚弭合。常澆令濕，十月袪倒，以土覆藏，勿使露樹，至春去之。若栽大樹，亦於社前廣留根土，剸去低枝，用繩纏束，勿使摇動，記其南北，運至區處，栽如前法。或云，截去松中大根，惟留四旁根鬚，則無不偃蓋。三徑之中，何可無此。一受秦封，豈足少哉。栢檜法同，不復贅述。

清 陳淏子《花鏡》卷三《花木類考·松》 松爲百木之長，諸山中皆有之。兩鬣三鬣而細者，常松也。五鬣六鬣爲一朶葉者，剔牙栝子松也。闊瓣厚葉者，羅漢松也。其質磥砢修聳，多節永年。皮粗如龍鱗，葉細如馬鬣，遇霜雪而不凋，歷千年而不殞。其花色黄而多香，但有粉而無瓣。實似豬心，疊成鱗砌，秋老則子長鱗裂，味最甘香可口。滇南子色黑，遼東子色黄。千歲松産於天目、武功、黄山，高不滿二三尺，性喜燥背陰，生深岩石榻上，永不見肥，故歲久不大，可作天然盆玩。又有赤松、白松、鹿尾松之異。惟剔牙松青皮而嫩，稍傷其皮，則脂易溜，須以火鐵燙止，用糞泥密封，方不洩氣。凡欲松偃蓋，必截去松之大根，惟留四旁根鬚，則無不偃蓋矣。種法：於春分前，浸子十月，治畦下糞，漫撒畦內，如種菜法，其苗自生。一切花木皆貴少壯，獨松、柏、梅等，世人多貴蒼老古勁。歲久松能化石，脂能成珀。如上有菟絲，則根下有茯苓，爲仙家服食之藥。其花亦可作粉食。

清 陳昌齊 道光《廣東通志》卷九六《木類·水松》 水松，葉如檜而細長，出南海。土産衆香，而此木不大香，故彼人無佩服者。嶺北人極愛之，然其香殊，勝在南方時。

清 吴其濬《植物名實圖考》卷三七《木類·羅漢松》 羅漢松，繁葉長潤，如竹而團，多植盆玩。實如羅漢形，故名。或云：實可食，又有以爲即竹柏者。考《益部方物記》，竹柏葉繁長而籜似竹，如以籜爲落葉則甚肖，若以爲笋籜，則绝不類，存以俟考。滇南羅漢松實大如拇指，緑首絳跗，形狀端好。跗嫩味甜，飣盤尤雅。俗云食之能益心氣，蓋與松柏子同功。

清 汪灝《廣羣芳譜》卷七〇《木譜·松·杆松》 杆松，一名白松。生塞外汙帖木兒嶺，五臺亦有。其幹直上，枝葉如盤，下枝長，以上漸短。遠望無異浮圖，其體最輕，商人取之運至通州。

清 吴其濬《植物名實圖考》卷三七《木類·杆》 杆木，山西山中極多。

樹亭亭直上，葉如栝松而肥軟，又似杉木而葉短柔。山西架木皆用之，與南方杉木同。按杆即欙字，桾欙，見《吴都賦注》。子如瓠形，今廣東有之。一名羊矢棗，非軟棗也。此木結實與松實同而小，绝非桾欙。欙木字書不載。考《説文》樠字，下云：松心木馬融廣成頌，陵喬松履修樠。《漢書》：烏孫國多松樠。松樠並稱，自是一類。小顔注，樠木名其心似松。今杆木有赤白二種。土人亦云：松杆，杆樠音近，或即樠木也。《水經注》武陵有樠溪，俗作朗溪。《廣韻》有㭼字。今湘中㮾木應作㭼，作志者或作樠，其樹非松類，誤合樠爲一字耳。樠溪字亦當作㭼，彼處㮾木最繁，應即以此名溪也。《左傳正義》：木有榆者，俗呼㮾榆，蓋爲樠也。以樠爲㮾榆未見所出，郎榆、姑榆俗或作㮾榆。段氏《説文注》謂，認樠爲㭼，未别其字而强説其音也。

清　汪灝《廣群芳譜》卷七〇《木譜・落葉松》　落葉松，塞外興安嶺多有之，五臺亦有。其皮蒙古無茶時，可以當茶。木性最堅，其刺有毒，入肉即爛。入水即沈，所以木商不取。其幹直挺參天，枝葉蔚然，恍若九霄羽蓋，以塞北高寒，經秋葉脱，至春復生。松上寄生白脂，厚五六寸，光潔似玉，微軟而堅，有用之爲靴底者。

清　李鴻章　光緒《畿輔通志・物産・木屬》　落葉松，口外興安高寒之地，有樹名落葉松，枝幹與松杉無異，而針亦青葱如蓋，經霜雪後，則葉盡脱。其木質甚堅，有微毒，所伐時誤入肌膚，驟難平復。根株歴久不朽，沈埋水中則變爲石，可供磨礪之需，亦松杉之别種也《格物論》。塞外興安嶺多有之，其皮蒙古無茶時，用以代茶。木性最堅，其刺有毒，入肉即爛，入水即沈，所以木商不取。其幹直挺參天，枝葉蔚然，恍若九霄羽蓋，經秋葉脱，至夏復生《廣羣芳譜》。松葉杉身，生興安嶺北，質極堅緻。入水土中，年久化爲石松，上寄生白脂，厚五寸，光潔如玉《熱河志》。生獨石口外黑龍山中，其葉至冬輒落。《口北三廳志》

清　常順《吉林通志・物産・木屬》　依奇松，生吉林北依奇甸子。質瘦勁少枝，葉色青如松。土人不知何名，因所生地呼爲依奇松。伐爲材木，分性燥易裂，入土則裂縫復合，堅如石。《盛京通志》

清　常順《吉林通志・物産・木屬》　黄蒿松，枝葉如蒿，生寧古塔石甸子上，他處所無。又有刺兒松，其松多刺《盛京通志》。黄樺松，直幹參天，圍合三尺，鋮則寸餘。至冬則凋，材可爲棺。刮去皮，紋理斑爛，紅黄相間。《東華輯要》

清　張宗法《三農紀》卷七《松》　松，《圖經》云：始生泰山。磥砢多節，盤根樛枝，皮粗肌潤，四時常青，望之若龍鱗。葉三針者爲（栝）〔栝〕松，七針者爲果松。又有赤白鹿尾之松。喜生深壑巉崖。樹生千年，下有茯苓，上有菟蕬。脂入土千年化爲琥珀。《墨玉玉策》云：千年松四邊枝起，上杪不長如偃蓋，其精化爲青人、青牛、青羊、青犬，壽皆千歲。採脂可然燈，收烟可製墨。伏生餌葉得仙偓佺，服胖永壽。《説文》名寀，爲百木之長，故字從公。《史記》云：秦封爲大夫。此木愈老愈美，不幾春秋有蒼蒼象，其壽延於衆木，故加公也。　植藝：白露後收子晒乾，至春分用水浸十日，治畦，以松子漫種畦内，或排點，上覆以細肥土，搭篷蔽日，頻澆常令潤澤，苗高二三尺，至秋後去篷，十月夾梗稭籬以蔽北風，畦内漫撒糠麩覆苗，令梢上厚二三寸。至穀雨後手爬浄澆之，次冬復如前法。二年後，三月帶土移栽。先掘穴，穴中用水和泥漿，以樹栽内，壅土令滿，下水，築實。次日看有縫處，拿細土掩之，常澆令濕。只畦邊獨根者難長。凡移植遇三候，春社以前松柏杉槐，一切樹木皆宜植。宜黄壤土，最忌傷根，根若斷者烙鏟鎔過，不令汁出，否則難生。　本性：味澀氣厚，葉可延年，子可填精。《博物志》云：松脂、茯苓、棗仁、棗肉等分食，後服五十丸，令不饑。　效方：辟穀方：松脂十斤，桑柴灰淋汁一石，煮五七沸，撈入新汲冷水中，旋復煮，凡七次，乃自爲末，每服一二錢，米粥飲調下，日三服，至十兩不饑。一年以後目明夜視，久服延年。松葉切碎陰乾搗末，每晨以無灰酒下二錢，久服難老，绝穀不饑。初服覺難，久則自便。

清　吴其濬《植物名實圖考》卷三三《木類・松》　松脂，《本經》上品。花爲松黄，樹皮緑衣爲艾蒳，燒汁爲松湽。松節、松心皆入藥。關東松枝幹凌冬翠碧，結實香美，子爲珍果。永平亦有之。凡北地松難長，多節質堅，材任棟梁，通呼油松，盛夏節間汁即溢出。南方松僅供樵薪，易生白蟻，惟水中椿年久不腐。雩婁農曰：《爾雅》：樅，松葉柏身。注：今大廟梁材。《尸子》所謂「松柏之鼠不知堂密之有美樅」。樅，蓋松類而異質耳。今匠氏攻木者，有灰松、黄松二種。灰松易生，質輕速腐，爲藉爲薪皆是物也。黄松亦曰油松，多脂，木理堅，多生山石間，北地巨室非此不能勝任。余常至盧龍試院觀所謂古松者，皆數百年物，竦身矗幹，碧潤多節，與老松龍鱗里不相屬，而長風謖謏，巨浪撼空，審其叙股，則皆七鬣，意謂即美樅也。湘中方言謂松爲叢，簡牘中或作樅，則松樅果一類歟，結實之松葉同，而木駁凸凹如刻畫，惟燕遼及滇有之。《滇繁露》以樅爲絲杉松，杉葉迥異。《爾雅》兩載，恐非類也。園庭古寺有麈尾松、栝子松，即剔牙松。金錢松、鵝毛松，皆盆几之玩，非棟梁之用，五大夫之庶孽耳。塞外五臺有落葉松，蒙古取其皮以代茶，高寒落木異乎後凋，又其木堅，有刺毒能腐人肉。寄生，白脂，厚五六寸，光潔似玉，微軟而堅，或有用爲韉底。又有白松，直幹盤枝，上短下長，望如浮圖，質體獨輕，非木公之別族，則因地而異其形性矣。

清　吴其濬《植物名實圖考》卷三四《果類・海松子》　海松子，《開寶本草》始著録。生關東及永平等府。樹碧實大，凌冬不凋。

植物名實圖考・海松子

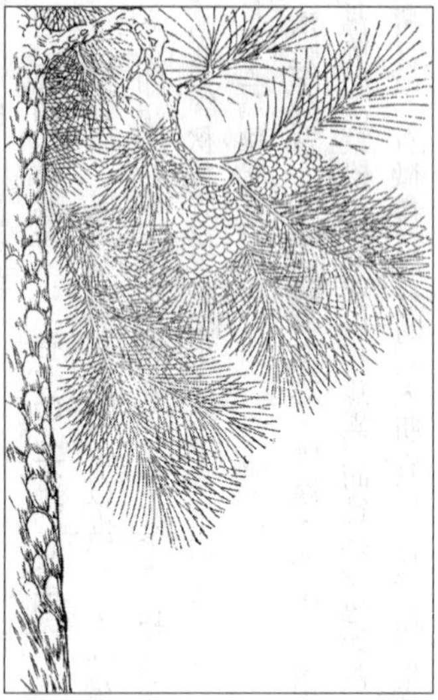

清　吴其濬《植物名實圖考》卷三一《果類・水松》　水松，産粤東下關。種植水邊，株多排種，水浸易長。葉碧，花小如柏葉狀，樹高數丈。葉清甜可食，子甚香美。按《南方草木狀》水松葉如檜而細長，出南海，土産衆香，而此木不大香，故彼人無佩服者，嶺北人極愛之，然其香殊，勝在南方時植物無情者也。不香於彼，而香於此者，豈屈於不知己，而伸於知己者歟。物理之難窮如此，蓋即此松。又《南越筆記》水松者，櫻也。喜生水旁，其幹也得杉十之六，其枝葉得松十之四，故一名水杉，言其枝葉則曰水松也。東粤之松，以山松爲牡，水松爲牝。水松性宜水。蓋松喜乾，故生於山。檜喜濕，故生於水。水松，檜之屬也，故宜水。廣中凡平隄曲岸皆列植，以爲觀美。歲久蒼皮玉骨礧砢，而多癭節，高者坒駢，低者蓋漫。其根漬水輒生鬚鬣裊娜，下衆葉清甜可食，子甚香。

植物名實圖考・水松

清　檀萃《滇海虞衡志》卷下《志果》　松子，爲滇果第一，中國所産，細不中噉。必資于關東，三稜而黄。滇所産色黑面圓而底平。其松身似青桐，葉五鬣七鬣而深濃，高不過一二丈，此結松子之松也。毬長一尺，火煨而剥之，兒童争啗如包穀。迄至成熟，大擔而塞于街，值不甚高，市升僅數十錢。

清　闕名《名花譜・松》　山松之外，有括子松、虎鬚松、羅漢松，而天目爲第一。峻骨奇姿，婆娑萬狀。花可以充幽人之饌，而香味绝塵。以此偃仰園林，庶幾雖無老成人，尚有典型。　移法：社前剕去低枝，帶土移栽，仍去松下大根，止留旁鬚，則枝生偃蓋。　法潛隱剡山，或問勝友爲誰，乃指松曰：「此蒼顔叟也。」天寶末，秦系避亂泉州，安南有大松百餘章，系結廬其上，穴石爲硯，注《老子》，彌年不出。陶弘景愛松風，庭院皆植之，每聞其聲，欣然自樂。鮮于伯機于廢圃中得怪松一株，移置齋前，呼爲支離叟。

清　鍾山逸叟《致富奇書》卷一　以松葉細切更研，每日食前以酒調服二錢，令人輕身不老，久服辟穀不饑，又能辟瘟疫。　截去大根，惟留四旁根鬚，春分前浸子點種。三年後，帶土移栽，百株百活，法與種竹同。天目松不用糞，喜背陰處。柴松落子即出，松秧尤宜山土。剔牙松最忌傷木，修法以烙鐵燙，糞土密封。《博物志》曰：松脂入地，千歲爲茯苓，茯苓千歲爲琥珀。

清　陳憲舜《課民植牧講義稿・松》　松有數種，葉分二針、三針、五針、七針。兩廣山峒，多種作柴。前詢土人，自種秧至伐賣，需年幾何，以至快十五年對。生長遲而幹材不大。緣土俗，凡種松秧，由賣秧人代種既活，始行給價，似此皆未經選過之種也。蓋松子以四十年以上，百年以内之樹爲宜，若届八十年左右尤妙，約計一升松子，得一十五萬之譜。點子宜用菜地，上鋪以草，至生芽次第去草，撒以磨脚之糠。乾則淋水，如種菜然。第二年擇肥大松秧，掘大穴栽之，使樹鬚舒展。其餘以次移之，剷草化灰，以培其根。如見枯枝，按年打落。倘樹過密，間年伐之，留數百株，以作大樹。此樹山頂溪谷皆可遍種，寒地熱地俱挺立。根喜横生，淺土無害。葉自落下，掃以代薪。日久生脂，松香尤旺。埋於水底，千年不朽，造作橋梁，經久不壞。　凡屬木器，無有不宜。計一畝地可種二三百株，須種三角形，直五行，左右斜各四行，便成三角之形，每三角種一株。

清　陳憲舜《課民植牧講義稿·金松》　金松極老者，周圍丈餘，高八九丈，層層爲節，枝梢向下。葉長四寸餘，簇簇如傘，經冬不凋。清明節後開花，花謝有粉，粉落球内，感觸便結爲實，長二寸許。九十月收子，蓋藏妥處。待來年四月，先鋪青苔於已耕地上，然後播子。此子經數月始發芽，晝宜蔽日，免至枯萎，夜則揭去，使通天氣。長至尺餘高，移栽山之陰面，與陽光不到之地，久則參天蔽日矣。取子於四十年以上、百年以内之樹爲宜。外人將此松葉之網絡，織成敷地之毯，美麗如毛織，頗得重價，可見天下無廢物也。

清　陳憲舜《課民植牧講義稿·赤松》　葉與黑松，同爲二針。三四月開花，至來年十月始結子。其子有翼，飛散頗遠，一升約十一萬粒，發芽者得百之九五，可以二三年陳種播之。苗生一年，長四五寸不分枝，二年生如車輪，枝及幹，已漸長高。自三年至二十年，每年長二三尺，必自幹頂開枝如車輪，可數枝出之處，以定年歲。其一年之根，即長七八寸至尺餘，漸長則有命根，至六尺以上，已經老大，又生側根。苗經三年，其命根有長五尺，側根有長八尺者。無論何種瘠地，皆能生成。其效用，可供各種材炭薪料等之用。松蕈松脂，亦有餘利。凡採實，宜將松球之未開帶青者，攤蓆上乾一週，用手揉之，一球内可出子六七十粒，連翼置乾燥無鼠與蟲之處。播時上覆厚草，或蕎麥之殼，以竹壓之三週即發芽，去多草酌留少許。芽之尖端，往往附着小殼，此時易被鳥啄，須僱人隨時追鳥。四五日後，即發出苗，不須用人，亦不必覆日遮霜，聽其生長。至次年五月拔起，截去半根植之。常加肥料。滿三年後，亦切根離三四尺種一株，用力重踏根際。次年去近樹之艸，而下稀水之肥，則松林成矣。至八九年，間伐以爲薪，亦有十年後，即全伐燒炭賣柴，並挖根鬚燒陶器者。此松林較他樹效早利大。雖極劣地，亦可種此。故東西人，皆注意植此。此外有姬小松、五鬚松、偃松，種法應用皆同。

清　陳憲舜《課民植牧講義稿·黑松》　二葉，與赤松同，然剛尖刺掌，幹皮黑褐，全體剛勁。結子黑粒稍大，一升約八九萬粒。發芽較赤者遲四五日，然長成剛健，則此優於彼。種於海岸風濕、潮激水鹹之處爲宜。此木外白内紅，體重，氣乾脂膏頗多，氣質堅硬，爲橋梁、枕木、船底、土台、水栅等用，極稱得價。爲柴與炭尤優，此樹脂油最多，可以爲炬，向來多用挖取。近則入圓鑿於樹身，使樹脂流出，以取松油。中國謂爲水松。本大末小，不中繩墨。性易生根，難生根幹。十年後結子如甘草欖，内夾子數片，肉白色，有油與臘，以爐焚殼，可解濁氣。聞此子百斤，價值不菲。以殼熬水，可代藷莨，水面浮油，取作松油，撈臘去粕，可得白臘。其仁食之，味如棗仁。種於堤岸，永遠不崩。

清　王鳴盛《西莊始存稿》卷二八《鳳凰山種松記》　具區爲東南巨浸，中有東西洞庭兩山，最奇東山之麓，別名「鳳凰山」。其村曰官莊，東接廄里，西距莫釐峰，南爲錦鳩峰，而其北則三萬六千頃風濤浩淼，彌望無際。蓋山之奇盡於此。云宋元以來，吳氏世居鳳凰山，明處士某因山勢之蜿蜒起伏，植松數萬株，景色益奇，而行者亦得所休憩焉。康熙三十年水溢，松漸凋，姦民緣以爲利，斬伐殆盡，過者咸惜之。上舍某處士耳孫也，敏而篤於義。復捐貲植松，未幾皆作龍鱗蒼皮黛色，蔚然改觀矣。憶予昔戊辰之秋，挐舟入五湖，沿查灣至碧螺峰，人煙、水石、枇杷、橘柚掩映，層崖叠巘間，振衣登莫釐峰，長瀾蕩潏，亂山回合，遥望西山，在煙水空碧中，若十丈青蛟盤舞而來，信乎，爲吳中奇境之最而獨未至鳳凰山。今聞吳君之居復有數萬長松，錯植林麓，爪甲之而盤拏雲表，他日儻復過此山，撫兹松以盤桓，其爲奇，又當何如也。吳君是舉也，承先志，全奇勝，庇行人，三善備焉。懼其事堙鬱不彰，將復被斬伐，俾予大書於石而鑱之，封植嘉樹，以無忘先志，尚有望於後之人。

清　阿桂《盛京通志》卷一五　松子　諸山皆産，而遼東所産更勝，蓋林多千年之松，高率數丈，枝幹既茂，故結實大而芳美，亦足徵地氣滋培之厚也。

窩集林中各種松中生菓者亦稀逢，大雲遥望舖一色，實近瞻湧幾重。松子生松塔中，其形下豐上鋭，層瓣鱗砌，望之如窣堵。每瓣各藏一粒。既熟則瓣開而子落。

清 李鴻章 光緒《畿輔通志·物産·木屬》 鳳尾松，松葉如鳳尾，故名。柟檀林階，砌間有石孔尺許，乾隆乙未歲植鳳尾松於此。《熱河志》

清 長順《吉林通志·物産·木屬》 松，山中最多，以種子者爲菓松，無子者爲沙松，脂多者爲油松。《盛京通志》大烏稽松樹槎枒突兀，皆數千年之物。緜緜延延，横亘千里，不知紀極。《寧古塔紀略》

又 赤白松，理細氣香。木之貴者以爲棺，其價甚昂。《盛京通志》針長一寸，圍僅八九寸。材可爲棺，佛龕神主尤宜。《東華輯要》

清 陳昌齊 道光《廣東通志·木類·五鬣松》 五鬣松，世言五粒松，粒當作鬣。今山上多五鬣松，松脂入地千年，變爲茯苓。《羅浮山志》

清 陳昌齊 道光《廣東通志·木類·水松》 水松，葉如檜而細長，出南海。土産，衆香而此木不大香，故彼人無佩服者。嶺北人極愛之，然其香殊勝在南方時。《南方草木狀》

清 何剛德《撫郡農産考略·松》 松直幹干霄，枝杈層出，其葉如针，其皮皴裂如龍鱗，其實長圓，似疊鱗所成，日炙火爇，則鱗甲皆張。撫屬六縣山谷之木，惟松最多。 天時：春社前栽，每年春二三月抽蕤生花，秋後結實，栽時宜得雨。初栽三四年，每年長不及二尺，再閲三四年，則高逾尋丈。故諺言：「三年人不見，三年不見人。」忌東風，東風生蟲。百物經霜雪則萎，松獨蒼翠如故。 地利：岡巒壑谷皆可種，最宜黄壤肥潤之地。 人事：種松築土宜實不宜鬆，不須肥料。種後得雨全生，久晴則枯。殺蟲無藥，西風起，則蟲盡死。 物用：大松合抱以上，一株值錢數千或十數千不等。其幹可以鋸板，爲舟車器具之用。松板從廣一丈，值錢四五千。其雜枝與松毛可以爲薪，每百斤值錢二百。其皮與子可以入藥。其脂可爲松香。脂墮入地，久之化爲琥珀，然不易得。薪之有脂者，可以代燭。樹小者置地窖中燒去煙，即爲木炭，炭百斤值錢三百。有奇烟之净而嫩者可以製墨。

清 穆彰阿《清一統志》卷一五九《遼州》 清涼山，在榆社縣東十五里，廣植松柏，盛夏無著，故名。

清《雲南通志》 松子大如柏子，惟遼海及雲南者子大如巴豆，可食，謂之海松子，其樹與中國松樹同，唯五葉一叢者球内結子，大如巴豆，而有三稜，惟一頭尖耳。久收亦油。《格物總論》：松子二種，海松子生新羅，如小栗，三角，其中仁香美，東夷食之當果。雲南松子，巴豆相似，味不及也。《滇海虞衡志》：松子爲滇果第一，中國所産，細不中噉，必資於關東，三稜而黄。滇所産色黑面圓而底平。其松身似青桐，葉五鬣、七鬣而深濃，高不過一二丈，此結松子之松也。球長一尺，火煨而剥之，兒童爭啗如包穀。至成熟，價不甚高，市升僅數十錢。

清 李福泰《番禺縣志》卷五四 水松，檜之屬也，故宜水。廣州凡平堤曲岸皆列植以爲觀美。歲久蒼皮玉骨，礧砢而多瘿節。高者麈駢，低者蓋偃其根，浸漬水中，輒生鬚鬣，嫋娜下垂。葉清甜可食，子甚香。又嘗有木生其旁，崒起於地，與相抱，若寄生然，名曰抱木，甚香，亦曰抱香。質柔弱，不勝刀鋸，乘濕時，刳而爲履，易如削瓜，既乾則韌不可理矣。

清 廖必琦、宫北麟《莆田縣志》卷二四 郡自張九齡奏開庾嶺植松數十餘里，多有摧枯。（南雄知府鄭）述補植之。人懷遺愛，比之棠陰云。

清 馬家鼎《壽陽縣志》卷一一 史秉正《方山種松碑後記》 方山之松，大者干霄，小者櫛密，蔽嶺緣岡，莫窮其數。觀者謂泉甘土潤，宜乎植物叢生，而其原實前明雒善士官之所培植也。咸豐辛酉夏，祁春圃相國休暑山居，訪得種松碑記，剜苔剔蘚，字頗有殘蝕漫漶者，相其文義，録以遺雒氏，後人俾重鐫之，以垂永禩。時聶君子惠適至山寺，亦慫慂之。善士七世孫，得咨持古碣文，並其家乘示余，因請補前記所未及焉。按天啓五年張統撰記，謂獨壁村雒公諱官者，生平修道路，施義塚，救災荒，建學社，善行指不勝屈，而方山種松尤所竭力殫精，足傳久遠者也。公嘗於萬曆癸卯秋夜，夢至一山，樹木蓊茂，蔚然可觀，因言方山有此嘉植，亦可稱名勝矣。越數日，復夢如是，遂詣方山周覽，宛然夢境，特樹少耳，於是會衆醵錢，役工栽植。甫三載，而事幾寢。公乃慨然曰：「行善由己，何必資之人也。」爰步椒陟頂，遍種松子，灌溉時勤，芻牧是戒。閲數歲，而松林蓊鬱矣。復慮守護，無資躬自節儉，令四子明高、明興、明顯、明望，輸金共佽買山田三十餘畝，爲守衛蒼官者所贍養。噫，公之好善，何誠而圖功何速哉。維時推官邑宰儒學，贈以善士匾者凡七，其爲士大夫所景仰，若此其盛，而公之孫璧讀書繼志，制行卓然，補明經貢入成均。曾孫本源、茂源、元孫揚標，皆補博士弟子員。迄今支裔數十家，俱敦樸老成，安居樂業，亦可見公之貽擇長矣。登斯山者，聆濤聲之競作，覩寒翠之紛飛，逌然有出塵之想。而琳宫梵宇，掩映於青林碧樹間，看山讀畫，何快如之，顧此猶流連光景耳。若夫樾蔭蕭森，神龍出没，得以興雲降雨澤及生民，未必非髯叟聚族，有以壯厥山靈也。則公之種松，其有裨於萬家之膏澤者甚深，有關於一邑之風水者甚鉅，功德直與名山不朽云。

清 謝堃《**春草堂集**》**卷二五**《**花木小志・松**》　松之大者，余於泰山及孔聖陵見之，蒼古極矣，真秦漢間物。松之小者，余於黄山朱子偉家見之，秀潤極矣，真圖書有所不能到者。居揚時，天台山行僧方智來訪，偶譚松之秀潤蒼古，莫過泰山、孔聖陵及朱子偉家。僧笑曰：「它日當爲居士置之。」越明年，方智果來，攜一松，約長二尺許。旋植於石盆，於傍點綴小石。初亦不甚奇，三五年，勢若蟠拏，龍鱗斑剥。陳穆堂見之，呼曰小青虬。未幾，有閲牆之釁，爲有力者奪之。至今往往形諸夢寐。居魯時，有孫叟嘗爲購一柏，天然五臂，不假人工，原主名之曰五鳳樓。倘使小青虬對峙，真堪匹敵。

清 高士奇《**北墅抱瓮録・偃松**》　蘭渚前古松七株，皆黄山所產。又得偃松一本，亦自黄山來，蓋百餘年物矣。而高僅三尺許，攫拏夭嬌，幹若屈鐵，旁倚怪石，儼然畢宏韋偃畫本，絶可珍也。

清 王士禎《**隴蜀餘聞**》　劍州南武連驛，武連廢縣也，本名武功。郭璞《讖記》云：縣路翠，武功貴。縣路青，武功榮。宋慶元丁巳，縣令何琰治路種松，刻石紀之，名「種松碑」。今碑尚完好。

雜録

唐 房玄齡《**晉書・孝友傳**》：許孜二親没，建墓於縣之東山。列植松柏，亘五六里。時有鹿犯其松栽。孜悲嘆曰：「鹿獨不念我乎。」明日忽見鹿爲猛獸所殺，置於所犯栽下。孜悵惋不已，乃爲作塚埋於隧側。猛獸即於孜前自撲而死。孜益嘆息。又取埋之。自後樹木滋茂而無犯者。

唐 魏徵《**隋書・隱逸傳**》：徐則，東海郯人也。入天台山，絶穀養性，所資惟松水而已。

唐 李延壽《**南史・孝義傳**》：庾沙彌母亡，晝夜號慟，墓在新林，忽生梀松百許株。枝葉鬱茂，有異常松。

宋 歐陽修《**新唐書・儒學傳**》：褚無量廬墓左，鹿犯所植松柏。無量號訴曰：山林不乏，忍犯吾塋樹耶。自是羣鹿馴擾，不復棖觸。無量爲終身不御其肉。

藝　文

漢 劉楨《**贈從弟**》　亭亭山上松，瑟瑟谷中風。風聲一何盛，松枝一何勁。冰霜正慘悽，終歲恒端正。豈不罹凝寒，松柏有本性。

晉 張華《**擬古**》　松生隴阪上，百尺下無枝。東南望河尾，西北隱崑崖。剛風振山籟，朋鳥夜驚離。悲凉貫年節，葱翠恒若斯。安得草木心，不怨寒暑移。

晉 陶潛《**飲酒**》　青松在東園，衆草没其姿。凝霜殄異類，卓然見高枝。連林人不見，獨樹衆乃奇。提壺掛寒柯，遠望時復爲。吾生夢幻間，何事紲塵羈。

晉 謝道韞《**擬嵇中散詠松**》　遥望山上松，隆冬不能彫。願想遊下憩，瞻彼萬仞條。騰躍未能升，頓足俟王喬。時哉不我與，大運所飄颻。

晉 左九嬪《**松柏賦**》　何奇樹之英蔚，記峻岳之嵯峨。被玄澗之透迤，臨緑水之素波。擢修本之丸丸，萃緑葉之芬葩。敷纖莖之蘢蓯，布秀葉之葱青。列疏實之離離，馥幽藹而永馨。紛翕習以披離，氣肅肅以清冷。應長風以鳴條，似絲竹之遺聲。稟天然之貞勁，經嚴冬而不零。雖凝霜而挺幹，近青春而秀榮。若君子之順時，又似乎真人之抗貞。赤松游其下而得道，文賓餐其實而長生。詩人歌其榮蔚，齊南山以永寧。

晉 庾肅之《**松贊**》　流潤飛津，沈精幽結。貞蕤含芳，仰拂素雪。

北朝魏 温子昇《**常山公主碑**》　永厝中野，終掩窮泉。蕭瑟神道，荒凉墓田。松檟徒列，琬琰空傳。

南朝宋 謝惠連《**松贊**》　松惟靈木，擬心雲端。跡絶玉除，形寄青巒。子欲我知，求之歲寒。

南朝梁 沈約《**高松賦**》　鬱彼高松，棲根得地。託北園於上邸，依平臺而養翠。若夫蟠株聳幹之懿，含星漏月之奇。經千霜而得拱，仰百仞而方枝。朝吐輕煙薄霧。夜宿迷鳥羈雌。露雖滋而不潤，風未動而先知。既捎雲於清漢，亦倒景於華池。輕陰蒙密，喬柯布濩，葉斷禽蹤，枝通猿路。聽騷騷於既曉，望隱隱於將暮。曖平湖而漾青緑，拂繒綺而籠丹素。於時風急壟首，寒浮塞天。流蓬不息，明月孤懸，檀欒之竹可詠，鄒枚之客存焉。清都之念方遠，姑射之想攸然。擢柔情于蕙圃，涌寶思於珠泉。豈徒爲善之小樂，離緻之短篇，若此而已乎。

北周 庾信《周太子太保步陸逞神道碑》 原夫人郁久閭西，遇王姬愛敬肅恭，言容令淑，有聞箴鞶，無廢紘綖。爰在盛年，先從大夜。今節婦聞墳，松柏已拱。季孫成寢，丘陵始同。況復圖畫賢妃，方在甘泉之室，瘞埋才子，即用高陽之原。

北周 唐瑾《華嶽頌並序》 前代曾創祠宇，兼植柏樹，歷年茲多榱棟崩褫，樹亦往往殘缺。太祖文皇帝固天攸縱，誕膺符命，道邁三分，功超九合，將欲寧一區，寓納之仁壽，而餘雰尚梗，燕趙未並，治戎河上，志圖廓埽。每以講閱之暇，親履陰晉，眷言舊所，良用依然。以大統六年歲在旃蒙，乃謁諸天子，命車騎大將軍儀同三司西兗州，大中正華山郡守城陽縣，開國公恒農楊子昕，經始締構，別更列植青松二千餘根，堂廟顯敞，房廊肅穆。芬哉，薜席赫矣！

隋 楊廣《北鄉古松樹》 古松唯一樹，森疎詎成林。獨留塵尾影，猶横偃蓋陰。雲來聚雲色，風度雜風音。孤生小庭裏，尚表歲寒心。

隋 李德林《松樹》 結根生上苑，擢透迴華池。歲寒無改色，年長有倒枝。露自金盤灑，風從玉樹吹。寄言謝霜雪，貞心自不移。

唐 符載《植松論（論）》 楚國主人嗜材寡異。有樹美松於庭者，培沃土，灌甘澤，根柢深固，柯葉暢達。居二三年，起盈尺，挺於累丈，始筳筳大於拱抱，高姿傑然，若陵重芬（雰）。主人方凝睇結意曰：「是可採之矣。」將行斧焉，客有遇之者曰：「噫其甚也，是木有戛雲之姿，有構厦之材，繩墨大（太）速，恐夭其理。今植於庭除之間，充耳目之玩，尚見狎近，氣色不振。若徙於嵩岱之間，沆瀣之華注於內，日月之光薄於外，祥鸞嗷嗷戲其上，流泉湯湯鳴其下，岩岫重複，漠漠然清凈，靈風四起，聲掩竽籟。是時也，當境勝神王，拔地千丈，根實黄泉，枝摩青天，則可以柱明堂而棟大厦也。豈暇曠之旨，捨此而取其榱桷棼橑哉。」主人曰：「客言雖潤而無岸，然余終能大之矣。」

唐 王勃《寒松賦》 磊落殊狀，森梢峻節。紫葉吟風，蒼條振雪。嗟英覽之希遇，保貞容之未缺。攀翠崿而形疲，指丹霄而望絶。已矣哉，蓋用輕則資衆，器完則施寡。信棟梁之已成，非榱桷之相假，徒遠志而心屈，遂才高而位下。斯在物而有焉，余何爲而悲者。

唐 李紳《寒松賦》 松之生也，於岩之側，流俗不顧，匠人未識。無地勢以衒容，有天機而作色。徒觀其貞枝肅矗，直幹芊眠。倚層巒則捎雲蔽景，據幽澗則蓄霧藏烟。穹石盤薄而埋根，凡經幾載，古藤聯縁而抱節，莫記何年。於是白露零，涼風至，林野慘慄，山原愁悴，彼衆盡於元黄，斯獨茂於蒼翠。然後知落落高勁，亭亭孤絶。其爲質也，不易葉而改柯。其爲心也，甘冒霜而停雪。叶幽人之雅趣，明君子之奇節。若乃確乎不拔，物莫與隆。陰陽不能變其性，雨露所以資其豐。擢影後凋，一千年而作蓋。流形入夢，十八載而爲公。不學春開之桃李，秋落之梧桐。亂（辭）曰：負棟梁兮時不知，冒霜雪兮空自奇。諒可用而不用，固斯焉而取斯。

唐 李德裕《金松賦並序》 廣陵東南，有顔太師猶子舊宅，其地即孔北海故臺，予因晚春夕景，命駕遊眺，忽睹奇木，植於庭際，枝似檉松，葉如瞿麥，迫而察之，則翠葉金貫，粲然有光。訪其名，曰金松。詢其所來，得於台嶺，乃就主人，求得一本，列於平泉。今聞封植得地，枝葉茂盛，叙其所自，作此賦焉。

青春已暮，白日將夕，經顔子之故巷，訪孔公之舊宅。美珍木之在庭，得嘉名於樵客。曩擢本於台嶺，近徙根於簷隙。其柯肅肅，可比於貞松；其葉纖纖，實侔於瞿麥。風入葉而成韻，露垂柯而流液。不受命於嚴霜，諒同心於寒栢。含春靄而葱蒨，映夕陽而的皪。疑翠尾之羣翔，若金潭之旁射。雜爽籟於篁竹，混晶光於瑶碧。奇樹以垂珠而擅名，金松以潛穎而莫覿。亦猶處子在於隱淪，奇才遺於草澤。我有衡宇，依山岑寂。類仲長之清曠，如蕭宰之窮僻。託根此地，似在崖壁。殊橘柚之不遷，同甘棠之可惜。庶封植於園林，永愛玩而無斁。

唐 于邵《吴使君廳鄭華原壁畫松樹讚》 貴之者真，得之者難。松有勁質，匠乎筆端。森踈空倚，挺拔上干。如出絶壑，若生大寒。枝蟠龍變，皮折龜攢。青蘿若掛，白鷺愁看。美華原之墨妙，能入室而思殫。願主人之此壽，從君子之静觀。

唐 符載《江陵府陟屺寺雲上人院壁張璪員外畫雙松讚》 世人丹青，得畫遺跡。張公運思，與造化敵。根如蹲虬，枝若交戟。離披慘淡，寒起素壁。高秋古寺，僧室虚白。至人凝視，心境雙寂。

唐 陸龜蒙《甫里集》卷一八《怪松圖讚並序》 有道人自天台來，示予怪松圖，披之甚駭人目。根盤於巖穴之內，輪囷偪側而上，身大數圍，而高不四五尺。礧硊然，蹙縮然，幹不暇枝，枝不暇葉，有若龍攣虎跛壯士囚縛之狀。道人曰：是何物怪如是耶，子能辨之乎？予曰：草木之生，安有怪耶？苟肥瘠得於中，寒暑均於外，不爲物所淩折，未有不挺而茂者也，況松栢乎？今不幸出於巖穴之內脞脆者，則磑然之牙伏死其下矣，何自奮之能爲。是松也，雖稚氣初拆，而正性不辱，及其壯也，力與石鬬。乘陽之威，怒己之軋，拔而將升，卒不勝其壓。擁勇鬱遏，坌憤激訐，然後大醜彰於形質，天下指之爲怪木。吁，豈異人乎哉。天之賦才之盛者，蚤不得用於世，則伏而不舒，薰蒸沉酣，日進其道。摧擠勢奪，卒不勝其阨，號呼呶拏，發越赴訴，然後大奇出於文彩，天下指之爲怪民。嗚乎！木病而後怪，不怪不能圖其真。文病而後奇，不奇不能駭於俗。非始不幸而終幸者耶。道人曰：然，爲我贊之。贊曰：

松生薩隘，岩獄穴械，病乎不怪，卒以爲怪。擁腫支離，神羞鬼疑。道人咨嗟，筆傳其奇。或怪乎形，或奇於辭。自爲怪魁，是以贊之。

唐 王棨《麟角集·松柏有心賦》 彼木雖衆，何心可持。惟松柏其生矣，禀堅貞而有之。所以固節千歲，凝芳四時。積翠森疎，見冒雪停霜之性。攢空蕭瑟，無改柯易葉之期。懿夫外聳森稜，内扶剛直。或盤根於幽磵之畔，或挺資於高山之側。豈儕蘭桂，何慚荆棘。葉殊而可謂不同，節厚而盡云難測。相連夾路，在成城而稍侔。未可爲薪，比死灰而莫得。娩匪石而枝勁，叶懸旌而影搖。苟無懼於早落，亦何憂於後凋。聳幹山巔，且甚長於衆植。成行陵上，終不亂於驚飈。矧乎萬樹含秋，千林向晚，方見夫鶴棲之所彌茂，麝食之餘不損。天台溪畔，若有意以垂陰。太華峯前，豈無情於固本。既立端操，寧驚大寒。似蓋而秦封翠斂，如愁而殷社煙攢。勢迴蒿萊，競高標於塵外。時當搖落，爭秀出於林端。豈無井上之梧，亦有園中之柳。當春色以自得，在歲寒而則否。曾未若方寸斯抱，層空可淩。藿雖傾而莫比，蓬非直而何稱。至如嚴氣方勁，翠色猶增。亦何異君子仗誠，處艱危而愈厲。志人高道，當顛沛以彌宏。是知斯木惟良，因心所貴。各固結其修幹，共青蒼於四氣。然則喻禮於人，欲舍此而何謂。

唐 孫逖《幽松賦》 惟天地之覆載，屬日月之貞明，幸雲雨之廣潤，及草木之滋榮。代何材而不用，材何代而不生，若乃地勢卑而路修迴。有孤山曲澗之幽松，挺百尺而敷其狀，聳千仞而擢其容。柯幹夭矯，花葉芊茸，枝橫栖鶴，蓋偃盤龍。蹙皮膚而文疊嶮，宏磊砢而谷深重。代人之所未見，匠者之所未逢。抱雅操兮積年載，持概節兮佇時雍。梢森乎巖之畔，扶疎兮山之足。稟二儀而自清，居四時而常緑。其孤高也，則排煙而蕩霧。其貞堅也，則超代而越俗。偏睹日而疏陰，邃自然而孤直。起喻有叔夜之材，入夢表丁君之職。澗底幸左思之詠，歲寒蒙孔子之識。偉哉盛矣，屬時代兮多杞梓，其用無隔，窺幽澗兮茂松柏，梓待構而見須，松堪棟兮希擇。其文理也奇绝，可以雕楹架棁，其雅操也昂藏，可以振雪淩霜。向日貞心擢，臨風古氣揚，深谷如蒙顧，此地有材良。王爾經過而歎曰：「帝德咸亨，此松挺生。」公輸俯仰而顧曰：「王道利貞，大厦用成。」希皇鑒之留盼，感鬱鬱之餘情者也。

唐 釋齊己《白蓮集》卷一《新栽松》 野僧教種法，苒苒出蓬蒿。百歲催人老，千年待爾高。静宜兼竹石，幽合近猿猱。他日成陰後，秋風吹海濤。

唐 李嶠《松》 鬱鬱高巖表，森森幽澗垂。鶴棲君子樹，風拂大夫枝。百尺條陰合，千年蓋影披。歲寒知不及，類詩作終不改勁節幸君知。

唐 顧況《華陽集》卷中《蕭寺偃松》 凄凄百卉病，亭亭雙松迫。直上古寺深，橫拂秋殿冷。輕響入龜目，片陰栖鶴頂。山中多好樹，可憐無比並。

唐 李端《觀隣老栽松》 雖過老人宅，不解老人心。何事殘陽裏，栽松欲待陰。中書相公任兵部侍郎，日後閣植四松，逾數年澣忝此官，因獻拙什。

丞相當時植，幽襟對此開。人知舟檝器，天假棟樑材。錯落龍鱗出，驪褷鶴翅迴。重陰羅武庫，細響静山臺。得地公堂裏，移根澗水隈。吴臣夢寐遠，秦嶽歲年催。轉覺飛纓謬，何因繼組來。幾尋珠履跡，願比角弓培。栢悦猶依杜，星高久照台。後凋應共操，無復問良媒。

唐 杜甫《四松》 四松初移時，大抵三尺强。別來忽三載，離立如人長。會看根不拔，莫計枝凋傷。幽色幸秀髮，疎柯已昂藏。所插小藩籬，本亦有隄防。終然振撥損，得媿千葉黄。敢爲故林主，黎庶猶未康。避賊今始歸，春草滿空堂。覽物歎衰謝，及茲慰淒凉。清風爲我起，灑面若微霜。足爲送老資，聊待偃蓋張。我生無根蒂，配爾亦茫茫。有情且賦詩，事蹟可兩忘。勿矜千載後，慘澹蟠穹蒼。鄭澣中書相公任兵部侍郎，日後閣植四松，逾數年，澣忝此官，因獻拙什：丞相當時植，幽襟對此開。人知舟楫器，天假棟梁材。錯落龍鱗出，襹褷鶴翅迴。重陰羅武庫，細響静山臺。得地公堂裏，移根澗水隈。吴臣夢寐遠，秦嶽歲年催。轉覺飛纓謬，何因繼組來。幾尋珠履跡，願比角弓培。柏悦猶依社，星高久照台。後凋應共操，無復問良媒。

唐　劉禹錫《劉賓客文集·外集》卷六《奉和》　右相歷中臺，移松武庫栽。紫茸抽組綬，青實長玫瑰。便有干霄勢，看成構厦材。數分天柱半，影逐日輪廻。舊賞台階去，新知谷口來。息陰常仰望，玩意（集作境）幾徘徊。翠粒晴懸露，蒼麟雨起苔。凝音助瑶瑟，飄藻泛金罍。月桂光摇（集作花遥）燭，星榆葉對開。終須似鷄樹，榮茂近昭回。

唐　唐扶《奉和》　幽抱應無語，貞松遂自栽。寄懷丞相業，因擢大夫材。日射蒼鱗動，塵迎翠箒廻。嫩茸含細粉，初葉泛新杯。偶聖爲舟去，逢時與鶴來。寒聲連曉竹，静氣結陰苔。赫弈鳴騶至，榮煌洞户開。良辰一臨眺，憩樹幾徘徊。恨發風期阻，詩從綺思裁。還問舊凋契，凡在此中培。

唐　姚合《奉和》　四松相對植，蒼翠映中臺。擢幹陵空去，移根斸石開。陰陽氣潛照，造化手親栽。日月滋佳色，煙霄長異材。清音勝在澗，寒影遍生苔。静遶霜雲履，閑看酒滿杯。同榮朱户際，末日白雲隈。密葉聞風度，高枝見鶴來。賞心難可盡，麗什妙難裁。此地無因到，循牆幾百回。

唐　雍陶《奉和》　右相歷兵署，四松皆手栽。斸時驚鶴去，移處帶雲來。根倍雙桐植，花分八桂開。生成造化力，長作棟梁材。豈羨蘭依省，猶嫌栢占臺。出樓終百尺，入夢已三台。幽韻和宫漏，餘香度酒杯。拂冠枝上雪，染履影中苔。高位相承地，新詩寡和才。何由比蘿蔓，攀附在條枝。

唐　元稹《元氏長慶集》卷六《西齋小松二首》　松樹短於我，清風亦已多。况乃枝上雪，動摇微月波。幽姿得閑地，詎感歲蹉跎。但恐厦終構，藉君當奈何。　簇簇枝新黄，纖纖攢素指。柔苔漸依條，短莎還半委。清風日夜高，陵雲意何已。千歲盤老龍，修鱗自兹始。

唐　白居易《白氏長慶集》卷一〇《栽松二首》　小松未盈尺，心愛手自移。蒼然澗底色，雲濕煙霏霏。栽植我年晚，長成君性遲。如何過四十，種此數寸枝。得見成陰否，人生七十稀。　愛君抱晚節，憐君含直文。欲得朝朝見，堦前故種君。知君死則已，不死會凌雲。

唐　白居易《白氏長慶集》卷一一《庭松》　堂下何所有，十松當我階。亂立無行次，高下亦不齊。高者三丈長，下者十尺低。有如野生物，不知何人栽。接以青瓦屋，承之白沙臺。朝昏有風月，燥温無塵泥。疎韻秋瑟瑟，凉陰夏凄凄。春深微雨夕，蒲葉珠蓑蓑。歲暮大雪天，壓枝玉皚皚。四時各有趣，萬木非其儕。去年買此宅，多爲人所咍。一家十口，移轉就松來。近松有何得，但得煩襟開。即此是益友，豈必須賢才。顧我猶俗士，冠帶走塵埃。未稱爲松主，時時一愧懷。

唐　白居易《白氏長慶集》卷九《寄題盩厔廳前雙松》（雨松自仙遊山移植縣廳）　憶昨爲吏日，折腰多苦辛。歸家不自適，無計慰心神。手栽兩樹松，聊以當嘉賓。乘春日一溉，生意漸欣欣。清韻度秋在，緑茸隨日新。始憐澗底色，不憶城中春。有時晝掩關，雙影對一身。盡日不寂寞，意中如三人。忽奉宣室詔，徵爲文苑臣。閑來一惆悵，恰似别交親。早知煙翠前，攀玩不逡巡。悔從白雲裏，移爾落囂塵。

唐　白居易《白氏長慶集》卷一七《題遺愛寺前溪松》　偃亞長松樹，侵臨小石磎。静將流水對，高共遠峰齊。翠蓋煙籠密，花幢雪壓低。與僧清影坐，借鶴穩枝棲。筆寫形難似，琴偷韻易迷。暑天風槭槭，静夜雨淒淒。獨憩依爲舍，閑行遶作蹊。棟梁君莫採，留着伴幽棲。

唐　施肩吾《翫手植松》　卻思毫末栽松處，青翠纔將衆草分。今日散材遮不得，看看氣色欲凌雲。

唐　劉希夷《孤松篇》　蠶月桑葉青，鶯時柳花白。澹豔煙雨姿，敷芬陽春陌。如何秋風起，零落從此始。獨有南澗松，不歎東流水。玄陰天地冥，皓雪朝夜零。豈不罹寒暑，爲君留青青。青青好顔色，落落任孤直。羣樹遥相望，衆草不敢逼。靈龜卜真隱，仙鳥宜棲息。恥受秦帝封，願言唐侯食。寒山夜月明，山冷氣清清。凄兮歸風集，吹之作琴聲。松子卧仙岑，寂聽疑野心。清泠有真曲，樵採無知音。美人何時來，幽徑委緑苔。吁嗟深澗底，棄捐廣厦材。

唐　宋之問《題張老松樹》　歲晚東岩下，周顧何悽惻。日落西山陰，衆草起寒色。中有喬松樹，使我長歎息。百尺無寸枝，一生自孤直。

唐　張宣明《山行見孤松成詠》　孤松鬱山椒，肅爽凌清霄。既挺千丈幹，亦生百尺條。青青恒一色，落落非一朝。大厦今已構，惜哉無人招。寒霜十二月，枝葉獨不凋。

唐　儲光羲《石子松》　盤石青巖下，松生盤石中。冬春無異色，朝暮有清風。五鬣何人採，西山舊兩童。

唐　李白《與南陵常贊府遊五松山》　安石泛溟渤，獨嘯長風還。逸韻動海上，高情出人間。靈異可並跡，淡然與世閑。我來五松下，置酒窮躋攀。徵古絶遺老，因名五松山。五松何清幽，勝境美沃州。蕭颯鳴洞壑，終年風雨秋。響人百泉去，聽如三峽流。翦竹掃天花，且從傲吏遊。龍堂若可憩，吾欲掃精修。

唐　李白《贈韋侍御黄裳》　太華生長松，亭亭凌霜雪。天與百尺高，豈爲微飈折。桃李賣陽豔，路人行且迷。春光掃地盡，碧葉成黄泥。願君學長松，慎勿作桃李。受屈不改心，然後知君子。

唐　顧況《蕭寺偃松》　淒淒百卉病，亭亭雙松迴。直上古寺深，橫拂秋殿冷。輕響入龜息，片陰棲鶴頂。山中多好樹，可憐無比竝。

唐　盧綸《孤松吟酬渾贊善》　深山荒松枝，雪壓半離披。朱門青松樹，萬葉乘清露。露重色逾鮮，吟風似遠泉。天寒香自發，日麗影長圓。陰郊一夜雪，榆柳皆枯折。迴首望君家，翠蓋滿瓊花。捧君青松曲，自顧同衰木。曲罷不相親，深山頭白人。

唐　柳宗元《酬賈鵬山人郡内新栽松寓興見贈二首》　芳朽自爲別，無心乃玄功。夭夭日放花，榮耀將安窮。青松遺澗底，擢蒔兹庭中。積雪表明秀，寒花助葱蘢。幽貞夙有慕，持以延清風。　無能常閉閤，偶以静見名。奇姿來遠山，忽似人家生。勁色不改舊，芳心與誰榮。喧卑豈所安，任物非我情。清韻動竽瑟，諧此風中聲。

唐　柳宗元《商山臨路有孤松，往來斫以爲明，好事者憐之，編竹成楥，遂其生植，感而賦詩》　孤松停翠蓋，託根臨廣路。不以險自防，遂爲明所悞。幸逢仁惠意，重此藩籬護。猶有半心存，時將承雨露。

唐　孟郊《品松》　追悲謝靈運，不得殊常封。縱然孔與顔，亦莫及此松。此松天格高，聳異千萬重。抓拏巨靈手，擘裂少室峯。擘裂風雨獰，抓拏指爪牖。道入難抱心，學生易墮蹤。時時數點仙，嫋嫋一線龍。霏微嵐浪際，遊戲顥興濃。品松徒高高，雌鳴詎噰噰。賞異尚可貴，賞潛詎能容。名華非典實，翦棄徒纖茸。刻削大雅文，所以不敢慵。

唐　元稹《松樹》　華山高幢幢，上有高高松。株株遥各各，葉葉相重重。槐樹夾道植，枝葉俱冥蒙。既無貞直幹，復有罥掛蟲。何不種松樹，使之摇清風。秦時已曾種，顛頹種不供。可憐孤松意，不與槐樹同。閒在高山頂，樛盤虬與龍。屈爲大厦棟，庇蔭侯與公。不肯作行伍，俱在塵土中。

唐　姚合《松壇》　盤盤松上蓋，下覆青石壇。月中零露垂，日出露上溥。山翁稱絶境，海嶠無所觀。

唐　皮日休《小松》　婆娑只三尺，移來白雲徑。亭亭向空意，已解凌遼夐。葉健似虬鬚，枝脆如鶴脛。清音猶未成，紺彩空不定。陰圓小芝蓋，鱗澀修荷柄。先然被鷃搶，預恐遭蝎病。結根幸得地，且免離離映。磦砢不難遇，在保晚成性。一日造明堂，爲君當畢命。

宋　王安石《臨川文集》卷二八《蔣山手種松》　青青石上歲寒枝，一寸巖前手自移。聞道近來高數尺，此身蒲柳故應衰。

宋　王曾《矮松賦並序》　齊城西南隅矮松園，自昔之閒館，此（北）邦之勝概。二松對植，卑枝四出，高不倍尋，周且百尺。輪囷偃亞，觀者駭目。蓋莫知其年祀，亦靡記夫本源。真造化奇詭之絶品也。聊爲賦云：惟中齊之舊國，乃東夏之奥區。有囿游之勝致，直廛閈之坤隅。偉茂松之駢植，軼衆木而特殊。上輪囷以夭矯，旁翳薈而紛敷。廣庭廡之可蔽，高尋常之不逾。枝擁閼兮横亘，根蹙縮兮盤紆。徒觀其前瞻林嶺，卻枕康衢。宅寶勢兮葱鬱，據右地兮膏腴。類蟠蟄兮蝳（神）蜧，訝騰倚兮虎貙。將挐攫兮未奮，忽伏竄兮爭趨。色闘鮮兮欲滴，形詭俗兮難圖。遠而望之，蔚兮若團，鵬之出滄海，迫而察之，默兮若方輿之承寶蓋。矗洞壑之歸雲，堆巖阿之宿靄。談揮麈兮何多，被集翠兮增汰。度朔吹兮颼飀，含陽暉兮晻藹。吾不知其幾千歲，起毫末而碩大。

宋　王十朋《巖松記》　友人有以巖松至梅溪者，異質叢生，根銜拳石。茂焉匪枯，森焉匪喬。柏葉松身，氣象聳焉。藏參天覆地之意於盈握間，亦草木之英奇者。子頗愛之，植以瓦盤，置之小室。稽古之暇，寓陶先生鄭處士之趣焉。是日與同舍飲，談故事，因共覩之，咸有欲得之色。余曰：有能續之以言者，予非敢吝。俄而篇章争先而並至，皆佳作也。余不暇品第之，莫知所贈，因徙置於會趣堂，與一齋之衆共之，且告之曰：諸友講於斯，食於斯，遊息於斯，是松也。常在眼焉，奚必几案間，然後爲吾物耶。

宋　王十朋《東坡詩集註》卷八《戲作種松》　我昔少年日，種松滿東岡。初移一寸根，瑣細如插秧。二年黄茆下，一一攢麥芒。三年出蓬艾，滿山散牛羊。不見十年餘，想作龍蛇長。夜雨波浪碎，朝露珠璣香。我欲食其膏，已伐百本桑。人事多乖迕，子仁杜詩：人事多錯迕。神物竟渺茫。朅來齊安野，夾路須髯蒼。會開龜蛇窟，繽松脂入土，千年爲茯苓，狀如龜蛇、鳥獸者良，杜甫《寄揚員外》云：翻動神仙窟，封題鳥獸形。不惜斤斧創。縱未得茯苓，且當拾流肪。釜盎百出入，皎然散飛霜。槁死三彭仇，次公三彭，《道書》所謂彭質、彭蹻、彭居也，《神仙傳》曾契虛造仙境，仙官謂之曰：子能伐三彭之仇乎。澡換五穀腸。青骨凝緑髓，丹田發幽光。白髮何足道，要使雙瞳方。却後五百年，騎鶴還故鄉。厚王子晉騎鶴還緱氏山頭，與世人相別。

宋 蘇轍《欒城第三集》卷二《種松》 城郭人家歲寒木，檜柏森森映華屋。青松介僻不入城，野性特嫌塵土辱。中庭冉冉盈尺苗，條幹雖短風霜足。培根不用糞壤厚，插竹預防雞犬觸。他年期汝三丈高，獨立仙翁毛髮緑。老翁自分不及見，子孫見汝知遺直。

宋 孔平仲《官松》 我行九江南，曠野圍空山。道傍何所有，高松立巑岏。藏標隱雲霧，秀氣凌岡巒。橫騫卻與走，怪狀千萬端。中有清風發，能令朱夏寒。流金五六月，方苦行路難。騎者欲顛沛，負者面如丹。氣息幾斷絶，至此方少寬。消歇飲甘露，涸轍投長瀾。乃知古人意，爲惠無窮年。亦有被翦伐，行列頗不完。豈非風雷變，或者盜賊繁。土人對我歎，云有縣長官。爲政猛於虎，下令走如丸。取此爲宮室，將以資宴歡。良工操斧斤，睥睨長林間。擇其最高大，餘者棄不觀。千夫擁一柱，九年力回旋。至今空根悲，泣淚尚未乾。彼令誠何心，緩急迷後先。毫末至合抱，忍以頃刻殘。萬衆所庇賴，易爲一身安。居上恬莫問，在下畏不言。世事類若斯，嗚呼一摧肝。

宋 洪邁《容齋續筆》卷三《栽松詩》 白樂天《栽松詩》云：「小松未盈尺，心愛手自移。蒼然澗底色，雲濕煙霏霏。栽植我年晚，長成君性遲。如何過四十，種此數寸枝。得見成陰否，人生七十稀。」予治圃於鄉里乾道，己丑歲正年四十七矣。自伯兄山居手移穉松數十本，其高僅四五寸，值之雲壑石上，擁土以爲固，不能保其必活也。過二十年蔚然成林，皆有干霄之勢，偶閲白公集，感而書之。

宋 崔敦禮《宮教集》卷一《種松賦》 崔子居山間，種松於東岡之上。地曠而平，培土而密築。其殖之也，若穉秧之插。其憂之也，若嬰兒之育。戢乎黄茅之底，眇眇乎蒼岑之麓。有客過而歎曰：勤矣，子之種松也。吾聞天施地生雨露，則一草木之長，於松爲嗇，經年僅益於毫末，再歲尚湮於蓬棘。蓋屢補而莫齊，或百枚而得一。形如偃蓋兮，待千歲之久；化爲茯苓兮，由百歲之積。今子施種藝之功，竭壅培之力，以附土之寸根，待干雲於異日，不其迂哉。余曰：噫嘻，客之言過矣。夫植之微者本必固，長之吝者末必榮，木有亟茂而先顛，物有速蕃而驟零。栽桃李者早華，種榆柳者易陰。柞薪析而愈盛，櫄櫍剪而還生。然皆摧折於飛雪之後，憔悴於嚴霜之辰，隨寒暑以同化，與糞壤以俱淪。迺若松之茂也，幹排風雷，根裂崖石，鱗甃百丈，髯蒼千尺。其柯參天，則鸞鳳棲其巔。其肪入地，則龍蛇伏其窟。凜高節兮，四時不能易其操。建大厦兮，萬牛不得輕其力。茲豈衆木之凡姿，與夫百草之弱質者，所能比哉？嗚呼！在物固然，於人亦爾。殖德者，不貴其苟種。學者，匪圖其易。濇禮義之華，實毓性情之根柢。養其小以成大，蓄諸微而至著。若曰，名以暴集爲榮，行以速成爲貴，謂片善爲無益，以寸長爲可棄。是猶冀合抱之林而不養其拱把之時，望十圍之木而不植於徑寸之際者也。

宋 徐鉉《騎省集》卷一四《九疊松贊并序》 同安郡南二十里，古城南隅有松焉，拳曲擁腫，勢若九疊，交柯聳幹，無不蟠屈者。其地高迥，旁無壅閼，莫知其何由如是。或曰：下有頑石，根不得舒，氣脈債興，故爲此狀。好事者以爲盛觀焉，余始聞其名。今至其下，睹之而眙曰：嗟夫！草木麗地，稟天之和，條暢秀茂，固常也。若乃原隰之宜失，陰陽之候違，柔脆之姿，則離披枯瘁，貞勁之質，則抑鬱盤錯。生理乖矣，獨有瓌奇之貌。嗚呼！失其所乎。昔在太古，君臣强名，賢愚同域，洪洪洞洞，是謂太和。降及後代，聖人有作，顯仁義，建功名，扶衰拯敝，不得已也。於是有愛惡則象生焉。其甚者，飾行以矯時，執方以違俗，考槃閭巷，聲重王公。上德喪矣，獨有高世之譽。嗚呼！荀孟屈賈之徒，豈斯松之類邪。感物徘徊，因爲之贊。 吁嗟彼松，孰爲而生。天枉其性，屈折其形。人實我貴，我非所營。噫嘻！淳風曷歸，大道安行，吾欲與汝，各全其真。作此好歌，以告騷人。

宋 李復《潏水集》卷一〇《種松》 移松自南山，昔種十三株。連歲苦久旱，十一已彫枯。兩株偶得生，踰年未自如。近覺稍得地，翠柯漸扶疎。乘春抽芳心，歲長二尺餘。漸有干雲勢，軒昂出楸梧。對立聳奇姿，秀髮動吾廬。紛紛視衆木，雀鷇望鳳雛。清風爲我來，飄爽灑我裾。足爲送老資，日待偃蓋舒。予今亦已老，顧步良躊躇。想當千載後，黛色淩天衢。

宋 謝邁《竹友集》卷二《種松》 清晨課僕奴，遶舍誅蒿蓬。身非郭橐駝，學作種樹翁。胡不種杞柳，但種青青松。念汝受命獨，勁氣淩三冬。明年見汝生，何年矯蒼龍。種德亦吾願，穆如松上風。安知百載後，無人思角弓。麦陰行可賴，不必荒茅中。唯當護以棘，養視如嬰童。此法豈浪傳，聞諸玉局公。

宋 謝邁《竹友集》卷七《移松二首》 古貌蒼髯十八公，巍巍獨出衆材中。朝來挽致苑堂下，爲我商量送好風。

河出崐崘派九州，屹然砥柱立中流。蒼松若比丘山重，豈但回頭費萬牛。

宋 張嵲《紫微集》卷九《種松》 壽張種漆將爲器，假用終能及里閭。我植青松期偃蓋，蒼然相對雪霜餘。

紛紛羣木望秋零，獨喜新松五鬣音。他年城郭人非舊，我始携鋤斵茯苓。

宋 史浩《鄮峰真隱漫録》卷一《栽松》 童童蒿艾間，拱把力尚微。托根一得所，勢隘天四圍。春煙滋蒼髯，朔雪被羽衣。他年大夫封，風雨良足依。

宋 陳耆卿《篔窗集》卷四《植松記》 木之無芬香艷美而無益於人之觀者，莫松若也。然有三異焉，其心可以獨立，其色可以受變，其氣幹可以延年。是則木之可以益乎人之觀者，其有過於松乎。嗟乎，世以芬香艷美取人者多矣，予於觀松得觀人之法焉。辛未春得二本於圃人，植諸堂下。予謹記且頌曰：伊松之心，匪鐵而堅，一日獨夫，千年比干。伊松之色，可霜可雪，汲黯立朝，聳慄在列。伊松之幹，終古弗畔，夷齊卧山，呼之不返。夫松之有是三者，初不假乎藻飾之功。人之不能然者，寧不有愧於此松。

宋 張元《緑筠軒詩》卷四《孤松》 孤松凌地起，突兀見離奇。偃蓋風霜古，盤迴雨露滋。羞爲秦氏植，獨挺漢封枝。坐見參天色，蒼蒼五鬣披。

宋 曾鞏《高松》 高松高干雲，衆木安可到。湯湯鳴寒溪，偃偃倚翠纛。側聽心神醒，仰視目睛眊。風雨天地動，一葉不敢倒。豈同澗中萍，上下逐流潦。豈同牆根槐，卷卷秋可掃。鳳凰引衆禽，此木陰可纛。君求百常柱，星日此可造。般匠世有無，方鍾野人好。

宋 孔平仲《詠道上松》 長松高落落，積雪白皚皚。鱗鬣凍且僵，鬱結久不開。觀其纏壓意，直使同枯荄。鴈帶寒光去，鳥傳春信來。微陽入直幹，生意忽已回。豁若醉初醒，整頓出塵埃。秀色媚山腹，孤標摩斗魁。時至自當復，安得長摧頹。若非根本壯，何能異草萊。

宋 黄庭堅《道中聞松聲》 蟠空作風雨，發地鳴鼓吹。日晴四無人，聲在高林際。伊優兒女語，塞淺市井議。我欲抱七絃，寫此以卒歲。

宋 秦觀《題雙松寄陳季常》 遥聞連理松，託根黄麻城。枝枝相鉤帶，葉葉同死生。雖云金石姿，未免兒女情。想應風月夕，滿庭合歡聲。

宋 陸游《秋夕大風松聲甚壯戲作短歌》 人生不自憐，坐受外物械。榮華難把玩，俄頃皆變壞。山棲亦何有，耳目差曠快。秋郊多烈風，夜壑起松籟。初聞尚蕭瑟，彷彿聽嚴瀨。忽如倒巨浸，便欲翻大塊。又疑楚漢戰，澒洞更勝敗。不然六月雨，雷電奔百怪。三更勢稍斂，鐵馬歸入塞。孰能從吾游，洗汝胸次隘。

宋 楊萬里《小松》 小松如小兒，能坐未能立。亂髮覆地皮，勁氣排雪汁。誰將救暍手，種此青戢戢。秋陽暴行人，清蔭何時及。

金 黨懷英《和張德遠伐松之什》 社櫟賦散財，乃遭匠石嗤。高梧中宫徵，不能保孫枝。全傷隨用否，理固不可移。堂堂十八公，端勁出天姿。蟠根借餘潤，茂鬱清溪湄。雨師夜失律，偶此遺神螭。煙鱗漬寒雨，霧鬣明朝曦。騰拏困愈壯，偃蹇僵不疲。未能走沆漭，聊與草木嬉。長風動頭角，吟嘯舒鬱伊。塵埃詎能久，雷電會有時。昨宵卧溪月，老影閒横攲。天明竟不舉，俯仰益怪奇。拏拳攀半崖，渴喙吞清漪。希珍價不售，復病樵柯危。材高輒爾耳，咄彼造化兒。樛枝飽霜雪，遽與蓬蒿衰。孤標挽萬牛，未爲廊廟知。窈窕桃李春，奈爾千歲期。枯桑豈自賈，取敗以老龜。茲非爨下材，梁棟終見施。長短歸自然，勿爲鳧鶴悲。

金 元好問《遺山集》卷一《種松》 百錢買松栽，植之我東牆。汲井浣塵土，插籬護牛羊。一日三摩挲，愛比添丁郎。昨宵入我夢，忽然變昂藏。昂藏上雲霄，慘澹含風霜。起來月中看，細鬣攢針芒。惘然一太息，何年起明堂。鄰叟向我言，種木本易長。不見河畔柳，顧盼百尺强。君自作遠計，今日何所望。

元 劉鶚《惟實集》卷六《栽松》 分司無事日徘徊，移得新松手自栽。直幹行看龍夭矯，清陰留待鶴歸來。冰霜此日存高節，廊廟他年獲大材。寄語樵夫休剪伐，要看百尺接天台。

元 劉因《静修集》卷一《種松》 萬牛來丘山，大厦高崔嵬。當年誰苦心，遺此千歲材。手持百松子，與之備傾頹。殷勤囑造物，爲護荒山隈。今來見豪末，喜溢蒼煙堆。十年望根立，百年排風雷。自此千萬年，再見明堂開。東家十年計，戢戢千頭栽。豈不早有望，求此良悠哉。

元 黄庚《月屋漫稿·種松》 去年種松樹，未有蒿與蓬。今年松漸長，埋没蓬蒿中。老髯何蒼蒼，歲華不改容。回視蒿與蓬，零落悲秋風。

元 傅若金《奉題仇工部壁間古松圖歌》 蒼松在山自奇古，灌木翳之人不驚。忽然圖向堂上壁，滿坐歎息長風生。交柯崛走森晝晦，其下將疑鬼神會。霧雨寒霏虎豹毛，雷霆怒折蛟鼉背。乃知巨筆老且神，力斡造化雄千鈞。皇天不夭棟梁具，後土潛回霜雪春。爾松已爲人愛惜，見爾爲爾生顔色。山中豈無材木倚絶壁，未逢匠石嗟何益。

元 王冕《題夏迪雙松圖》 我昔曾上五老峯，白雲盡處看青松。中有兩樹如飛龍，正與夏迪畫者同。夏迪畫松得松趣，箇箇乃是廊廟具。貞固不特凌雪霜，偃蹇猶能吐煙霧。蒼髯獵獵如有聲，鐵甲半掩苔花青。六月七日炎火生，對此似覺形神清。丈人兀坐誠有道，豈比商山采芝皓。有琴有琴不須彈，而今世上知音少。

元 劉詵《賦小松樹》 何時始移根，今日已映坐。沐露欲五寸，出草先幾箇。林深帶宿潤，涓涓垂白唾。欣然千丈意，鬱勃不可挫。我無定居地，此計恐成蹉。他年欲待陰，日月當已過。桑麻要生養，文字迫寒餓。柳傳未可學，氾書真足課。如何抱空疎，矧復習癡惰。嗜飲此山水，五歲飽高卧。君看重來時，風雨夜相和。

明 彭大翼《山堂肆考》卷二〇九 施女蘿 《詩·小雅》蔦與女蘿施于松柏。 千歲材：東坡《種松》詩：孤根裂山石，直幹排風雷。我今百日客，養此千歲材。 鸞倚：韓詩：青鸞倚長松。 落釵：唐韓偓詩：長松夜落釵千股。 蔭山：宋王介甫因道傍大松，人取爲明，作詩云：虬角龍鬚不可攀，亭亭千丈蔭南山。應嗟無地逃斤斧，豈願争明爝火間。 勁節直心：梁范雲詩：凌風識勁節，負霜知直心。 蒼顔瘦甲：宋劉彦沖詩：風韻颼颼遠更清，蒼顔瘦甲聳亭亭。 奏笙簧：杜詩：疎松隔水奏笙簧。 鳴鼓吹：黄山谷詩：盤空作風雨，發地鳴鼓吹。 聲清心耳：李白詩：南窗蕭瑟松聲起，憑誰一聽清心耳。 影動龍蛇：石曼卿詩：直氣森森恥屈盤，鐵衣生澀紫鱗乾。影摇千尺龍蛇動，聲撼半天風雨寒。 棲日幹：孟郊《衰松》詩：近世交道喪，青松落顔色。人心忘孤直，木性隨改易。既摧棲日幹，未展擎天力。終是君子材，還思君子識。

明 張鳳翼《處實堂集》卷五《西山種松二绝》 萬壽神宫紫氣重，廷臣交疎辨來龍。金臺桃李無人植，盡向西山學種松。 明詔採松期六尺，庭前丈五作龍鱗。須知種樹猶如此，莫笑馮唐易老身。

明 錢子正《三華集》卷五《種松》 道人種松苗，紛紛遍田里。遮藏庇先塋，一一列行趾。坐看已青青，生意似可喜。二年即蒙茸，戢戢摇狗尾。應待十年强，便須把握比。旁人向我笑，癡計不自恥。爾景已逼迫，爾髮朝夕委。持此凋壑姿，悠悠歷年齒。曷不種榆柳，歲月幸無幾。區區一寸根，何日堪料理。我憐凌雲質，苦遭齷齪擬。安知棟梁材，必從膚寸始。截承金露盤，曩曩孰敢比。功名在遲暮，襁褓勿輕鄙。

明 趙釴《無聞堂稿》卷一七《種松》 牢落山中學種松，帶鉏常上最高峯。他年猿鶴來相就，虬幹叅天翠萬重。

明 劉永澄《劉練江先生集》卷七《與人乞松栽》 旖旎翩嫌五柳枝，青葱卻憶石門奇。北窓枕簟堪逃暑，只少松風謖謖吹。 素脂成飽葉成陰，散髮青天恣獨吟。莫道熱時須偃蓋，主人實有歲寒心。

明 邵寶《容春堂前集》卷三《次孫司勳種松》 觀樹如觀民，豈不試故藝。勳曹庭中松，植難果誰厲。公爲百年謀，乃徇一朝計。知乎向來非，勤搔動浮柢。揠苗信軻書，免歸僮僕戾。元氣天地間，萬木未嘗敝。吾心有妙機，到此深造詣。況當春雨時，點點荷嘉惠。一培一灌之，緩急在調劑。新梢隱孤高，短葉露修麗。雖無虬龍姿，白日弄陰翳。主人退自公，往往成小憩。奇哉拔地材，卓爾倚天勢。作詩告方來，植也自兹歲。桃李正芳華，何心較堅脆。請公看歲寒，雪餘晚峰霽。

明 邵寶《容春堂續集》卷九《見松子》 手種雙松樹，直我庭前楹。一年松花開，三年松子生。松子初辭花，青青復青青。日看日漸長，匀圓自天生。一粒成一樹，森然遍郊坰。

明 孫一元《太白山人漫稾》卷二《種松》 種松蒲崑丘，眼中生蒼鱗。松根化爲石，松葉不受塵。中有結廬者，長年事隱淪。入雲荷長鑱，劚苓青澗濱。木石有奇志，乃與天爲隣。放歌白雲裏，去去空山春。

明 劉春《東川劉文簡公集》卷二四《種松》 本性應於百木强，種來便不畏風霜。直教培植需時用，聳壑昂霄豈論章。

明 高啓《偃松行》 龍門西岡魏公祠，祠前有松多古枝。長身蜿蜒横數畝，巨石作枕相撑持。春泥半封朽死骨，凍蘚全聚皴生皮。無心昂聳上霄漢，偃仰獨向荒山垂。蟄雷振岳撼不動，一載一萝醒何遲。政如卧龍未起日，深意有待風雲期。太湖月出照夜白，天峯雪積埋寒姿。濤聲時吼若鼾息，野老驚起山僧疑。左仰右屈各異態，天自出巧非人爲。畫師安能把筆寫，稚子豈敢操斤窺。杜陵枯楠已顛頽，蜀相老柏非瑰奇。何如此樹怪且壽，呵衛定想煩靈祇。

不知已閲幾人代，遊客過盡今存誰。明堂屢興不見取，得全正愛同支離。我嘗來觀忍遽反，醉坐其上高吟詩。葛陂筇竹亦騰化，神物終去可久羈。何當一叱使飛起，載我萬里遊天池。他年還訪舊城郭，正是白鶴歸來時。

明　劉基《遊松風閣記》　松風閣在金雞峯下活水源上。予今春始至，留再宿，皆值雨。但聞波濤聲徹晝夜，未盡閲其妙也。至是往來止閣上，凡十餘日，因得備悉其變態。蓋閣後之峯，獨高於羣峯，而松又在峯頂，仰視如幢葆臨頭上。當日正中時，有風拂其枝，如龍鳳翔舞，離褷蜿蜒，轇轕徘徊。影落簷瓦間，金碧相組繡。觀之者目爲之明。有聲如吹塤篪，如過雨，又如水激崖石，或如鐵馬馳驟，劍槊相磨戛。忽作草蟲鳴切切，乍大乍小，若遠若近，莫可名狀。聽之者耳爲之聰。予以問上人。上人曰：「不知也。我佛以清淨六塵爲明心之本，凡耳目之入皆虛妄耳。」予曰：「然則上人以是而名其閣，何也？」上人笑曰：「偶然耳。」留閣上又三日乃歸。

明　劉基《題趙文敏公畫松》　吳興昔王孫，能畫世莫及。觀其二松圖，矯若龍出蟄。蟠根破坤輿，拔萃淪原隰。膠加各軒翥，嵲岃相倚立。鼉鱗撐空青，豕鬣振颯飁。高藏日月氣，清滴雲霧汁。垂釣者何人，短棹非安集。五湖多風濤，蛟蜃頭角觬。不如洿澤間，取足鯖與鰼。倦眠松影下，百竅清涼入。慎勿驚松枝，天寒衣袂濕。張羽《戴山石上聽松》　溷耳俗諠久，茲晨一清聽。長松遞解飈，哀壑互相應。奔騰駭濤瀨，窈渺韻笙磬。至音不假器，始覺自然勝。緣觸故成聲，動極還歸静。此時憩石坐，默然待其定。乃知棄瓢者，未悟聞中性。

清　愛新覺羅・弘歷《御制詩集》卷四〇《移松》　去歲山莊雨後，有移松之作。茲御園假山林丞初種時，圖美觀，所植益密，楓柏之類已長，而松猶低伏，雨露風日之恩，率彼速成者，侵之不可，聽其然亦所以惜良材也。真山最易霑，地氣所宣傲。假山不易霑，夏霖乃滋溽。叢樾蔚真山，高低喜並育。植林於假山，高暢低委曲。物物有至理，會心則在獨。而何後凋質，受屈速成族。值此土碚濕，移彼虬枝縮。雨潤與日暄，誰復侵爾禄。凌雲應有日，寧數楓柏簇。自謂得佳趣，弗俾良材伏。任人詎異哉，其難益增恧。

清　愛新覺羅・弘歷《御制詩集》卷三二《移松》　松在褋林下，屈抑弗得長。雨潤及日晅，莫被天恩蕩。沮然色半黄，恧矣顔如强。上伏地溽濕，草木咸資養。乘暇課移植，出蔽遷佳壤。本跮培欲平，擇向取高敞。會看放喬枝，童童緑陰廣。所懼不在茲，樹人因可想。

清　愛新覺羅・玄燁《見桃樹下栽松感而有作》　園中種樹羣芳滋，幾年榮長紛葳蕤。或列山側或傍池，同蒙雨露争參差。阿誰位置失其宜，山桃下植青松枝。蜿蜒未放拏空奇，甘爲翳蔽嗟何辭。春日抽條緑葉披，勢高獨占陽和私。蒽籠待到歲寒遲，吁哉已過煦嫗時。我欲借問場圃師，種植顛倒意何爲。青松磊落龍鳳儀，山桃弱質人所嗤。胡居松上茂蔭垂，因循坐令虬枝萎。自古掄才還若茲，坐對感慨抒幽思。安得橐駝妙手移，或棄山桃付芟夷。良材俾沐三春曦，他年梁棟誠堪期。

清　愛新覺羅・玄燁《御制詩初集》卷二三《青松行》　髫髻山行宫内，構書室數楹，青松七株，森翠當户，留連撫吟，興在徂徠之麓矣。　冬來萬木辭芳華，暗撫時序驚逝波。有翁矯矯異凡他，不與桃李争嫮姱。乃今本色露些些，幾楹書室架嵯峨。適看虬影當窗紗，怒濤謖起青雲霞。岩楓坂榆禁不譁，或側而立或坐跏。竹林賢者一來過，比秦大夫猶爲多。我來徘徊撫且摩，汝誠逸民爲我羅。會心有在理則那，皎皎白駒詩人歌。

清　愛新覺羅・玄燁《萬年松》　勁幹挺森森，窗前滴翠深。依然臨水石，即此是山林。香氣濛春霧，華枝覆午陰。瓶梅與盆竹，聊結歲寒心。

清　愛新覺羅・玄燁《韻松軒三首》　是松山林中物，而畫室適建此，暮把朝吟，且以名軒，誠得遇矣。夫不有瑰奇，卓犖之材，君門萬里，不能自進者乎，觸目警心，非有愛於是松也。

拏空露遠岑，蒼翠復陰森。静是有聲畫，動爲無操琴。何須泉咽石，自有鶴棲林。悟對寥天一，悠然獲我心。讓竹稱君子，無松不大夫。豈隨春作態，直與古爲徒。勁幹天邊倚，真聲静裏輸。不因人作止，信矣德充符。書齋結構新，黛色罨窗頻。每顧消塵念，興言得好鄰。伊誰知樹性，爲我種龍鱗。寄語如松者，林中漫隱淪。

清　愛新覺羅・玄燁《瀛臺觀木變石》　異質傳何代，天然挺一峰。誰知三徑石，本是六朝松。苔點猶疑葉，雲生欲化龍。當年吟賞處，借爾撫遐蹤。

清　丁耀亢《丁野鶴先生遺稿》卷三《種松得雨》　南山出雲煙縷縷，昨日種松今夜雨。山靈愛山喜我至，故灑松根帶濕土。鹿尾離離不改青，龍髯落落何年古。須防野火護新條，更爲牛羊及樵斧。種者甚易守者難，戒令兒童頻看取。不憂歲暮多雪霜，但恐時移變陵谷。加我十年可作林，卧聽松風青謏。

清 丁耀亢《丁野鶴先生遺稿》卷三《丁未三月望日清明入山同在茲孫種松一萬》 老人種松因好奇，旁人皆笑老翁痴。眼昏頭白七十歲，鹿尾三寸終何爲。拄杖自往深山裏，三十年前種松子。風吹雨濕長兒孫，接嶺連山密如指。憶昔買山五十年，空山濯濯若一拳。至今喬木遍山谷，松花滿地生雲煙。人生樂事在謀始，享受何必皆長年。呼童移松根帶土，荷鍤提筐遍山塢。想見松根化作龍，安知老子非彭祖。達者作事多曠觀，古往今來誰是主。

清 吴雯《别本蓮洋集》卷二〇《種松》 生平不諳種松法，偶爾栽成三四株。晨興過看含露色，雲霄仗爾各撐扶。根下曾聞有茯苓，劚來可以制頽齡。衰顔相對翻增笑，八百春來待草亭。

清 釋本晝《直木堂詩集》卷六《栽松》 英英欲上異蒿萊，牽引春風遶屋栽。未至凌霄聽子落，先從著地看花開。石梁青可霜前摘，鹿洞涼教雨後來。誰遣多情林際鶴，暮忘歸去立蒼苔。

清 王心敬《全豐川續集》卷三四《種松》 生平愛青松，欲覓無由栽。歲月閲二紀，買得此株回。爲擇芳園植，憐珍同嬰孩。顧此眇眇質，豈易排風雷。矧余雙蓬鬢，白髮日漸催。何能待千歲，坐見聳徂徠。殫滋栽培意，後代遺良材。

清 馬家鼎《壽陽縣志》卷一二 佚名《種松歌》 方山山人煙霞徒，手植飛節三千株。方山頂松明雒官所植，今稱雒善人。天風落子滿巖谷，至今蒼翠成畫圖。霜皮黛色龍鍾老，世間未許探鱗爪。野火晴疑霹靂飛，空潭夜有蛟虬繞。自昔意氣矜華年，蠟屐徑造層峯巔。穿林越澗窮鳥道，撟捷力爭猿猱先。是時六月新雨霽，石磴幽滑苔紋細。須臾巖腰嵌冰輪，波濤萬頃翻水銀。陰厓慄慄下無地，亂葉森森上有人。夢回仙境無緣入，茯苓香凍靈脂泣。支離底事重相逢，三尺緑雲壓肩濕。松兮松兮非凡才，移根且向北原栽。世人棄爾如薪柴，凌霄枝幹須豐培，故山鸞鶴應歸來。

清 湯來賀《内省齋文集·長朽賦》 吾廬前後，有松數株。閒居無事，嘗盤桓於其下，思昔年聲氣固不乏人，今歲月已深，天下之大，所稱品望卓然足爲師表者，僅數人而已。一葦莫航，安得不繫吾思也。爰即長松，漫成一賦。惟初夏之方永，撫緑樹之陰濃。環繞吾廬，惟竹與松。忽聞濤聲，若奔騰于太空。審其音韻，既非雷霆之迅，又弗類乎鼉鼓之逢。客曰：「茲何聲歟？」湯子曰：「大塊噫氣，與木相遭，古名厥聲，是謂松濤。」客曰：「盍往觀乎。」于是攜手而行，緩步而蹬，惟見飄颻，形動成聲，如波濤之驟湧，如潮汐之乍盈，若使聞者皆惕，而見者咸驚。須臾風止，松枝斂戢。予亦翹然而瞻，竦然而立。客曰：「茲木耳，曷爲乎敬諸，豈其有大夫之號，遂不可以恒窺歟。」湯子曰：「匪慕其名，惟重其實。彼貞幹之垂休，亦奚需乎顯秩。蓋松之稟質也，無紫萼之可觀，無丹葩之可悦。惟當歲寒，其心如結。然觀其斂飭之形，不與衆芳而相頡。同茲雨潤而日暄，亦曷敢凌霜而傲雪。諒封號于秦皇，亦長松之所不屑。當其少小，貌與羣同，必歷年滋，久然後見。其肅穆而雍容，雖近人以平易，而實寓奇偉於中庸。其凜然而不放也，翼翼兢兢，若濂洛考亭之敷教，動履端嚴而弗輕。其儼然而莫犯也，昂霄聳壑，鱗甲森焉，如王沂公之立朝，又如韓忠獻范文正之臨邊。其蒼然而既老也，扶蘇蓊鬱，偃蓋重重，又如四朝元老，天下異人之文潞公，若彼枯枝倒掛依乎峭壁。又如子陵之釣臺，可遠觀而不可近。即其膏澤之流足助仙鼎，而功德日隆于斯世。又如趙清獻之救越，富鄭公之賑青。有以弘，推其利濟，至若蔦與女蘿，聽其攀附而不辭。又如郭林宗之接引，必委曲多方以爲之誨導而扶持。猗歟休哉，茲木之榮，奕奕其貞。根荄所綴，厥有茯苓，取而茹之，可以延齡。奚特一時之譽，允爲百世之馨。予是以心焉敬之，而有以由釋其性情。客于是大悦。予乃爲之歌曰：吁嗟松兮，百卉之首兮，千齡之壽兮。洵不朽兮，可要之以久兮。松兮松兮，其亦許吾爲友兮。 謝秋水曰：寫其大夫之實，多舉宋諸大臣爲言，作者襟懷祈向，可得其一班矣。 蔡九霞曰：得其性情神骨，而鴻聲偉調，光彩陸離，亦如松濤之入耳，松脂之照目矣。 黄從生曰：曲盡長松情狀，按其音節，實在秋聲赤壁之間。

清 潘奕雋《三松堂集》卷四《孤松》 孤松挺奇節，偃蹇深谿傍。雨露不及施，樵牧時相戕。縱抱楨幹材，無由至廟廊。裊裊凌霄花，結根依長楊。垂條善攀附，新枝日披猖。修幹攢叢葩，蔚蔚揚其光。此榮彼乃悴，物理不可詳。賦命既懸殊，由來豈意量。凌霄意自得，孤松不改常。非有堅貞心，何以歷冰霜。

清 黄永年《匡遊草·六朝松》 虬枝馬鬣紛離披，龍拏虎攫何碓奇。蒼根竄土萬琥珀，斷紋氷裂千霜皮。數株幽修夾廣路，蒙密凝雲雲不度。前横六七倚山腹，障蔽嵩嵐晝欲暮。其一亭亭稱最高，下盤深澗上摩霄。十手圍抱不及半，短梢一插跨長橋。唳鶴九皋杪巢鶴，團空跳躑紫茸貂。咄嗟傑觀有如此，争説六朝諒非遥。劉宋蕭梁歸何有，松聲謖謖朱顔憔。嗚呼！先王法物久不接，商周彝鼎且沉銷。故國所重非喬木，請以此松還六朝。

清　陳景元、陳石閭《松化石歌》　天目山泉百道瀉，古松連蜷蟠其下。柳州太守贈奇石，云是此山松化者。或如蒸栗或如鐵，或如截肪或噀血。一夕雷鳴赤電飛，斧鑿餘痕皆迸裂。老怪潛蛟曾隱身，半身猶帶蒼龍鱗。盤旋大澤生風雨，竄伏幽岩惑鬼神。韞匵珍藏待時駕，每作金聲鳴子夜。萬物鍾靈會感通，吁嗟人生獨不化。

清　盧存心《白雲詩集》卷四《九里松懷古》　亭亭離立色蒼蒼，九里虬松夾道長。青鎮紆行多塔寺，皂林曲轉盡池塘。朱華競起新歌榭，金鏃猶埋古戰場。獨有白長衫父老，門前團坐話斜陽。

清　高鳳翰《南阜山人詩集類稿》卷六《題松化石》往在江寧見此石，凡數段，皆全體老松皮骨皴節，毫末不異，特其質化爲石耳。閑中追憶圖其意，并爲小詩。　何年墮崩岸，蒼骨化氤氲。氣復含風雨，情偏逐水雲。砌荒依仄徑，苔冷卧斜曛。拂影留清籟，還宜伴首君。

清　胡慶豫《東坪詩集》卷六《松》　謝廣文手植花竹，森然成林，賦詩六章，以誌風雅。　蕉竹平分處，西偏好種松。有聲風自遠，勿翦翠常濃。未作條天勢，先培耐歲容。爲吟坡老句，十載養髯龍。

清　唐文鳳《天香閣詩集》卷四《北山草堂九松歌寄沈未公表叔》　麟溪北山有九松，樹樹千尺摩碧空。霜皮古幹數十圍，拏攫恍似蟠蛟龍。趙宋南渡五百載，世家喬木依然在。風雨呼號泣鬼神，日星晦冥生靈怪。高人晨夕草堂居，九松相對静有餘。幽澗危峯閑異境，藥爐丹竈讀奇書。世上桑田變滄海，此松柯幹常不改。鱗甲離奇每欲飛，雷霆交作愁雲靉。盤根裂石影重重，恍疑身到徂徠峯。静夜輕颸戛金石，小窗蕭瑟月朦朧。

清　閻循觀《西澗草堂詩集》卷四《種松》　一寸一年新，百丈見輪囷。山間不貲風，好贈千載人。

清　史夔《樵夫詞》　勿剪松樹枝，勿伐桃花林。桃花好顔色，松栢多貞心。惟彼樗與櫟，可以礪斧尋。東薪送山店，濁酒獨自斟。醉枕澗邊石，醒披風際襟。滿身帶巖翠，晚唱餘清音。

清　俞正燮《癸巳存稿》卷一一《黄山松》　宋晁貫之《墨經》云：松煙，後唐用宣州黄山、歙州黟山及松蘿山松。李氏以宣歙之松類易水之松，黄山、黟山、松蘿山之松品惟上上，穿山石出者，歲所得不過二三株，爲上上。其次曰脂松，曰揭明松，曰紫松，曰籛松，曰黄明松，曰糖松，曰杏松，曰脂片松，凡九等。《老學庵筆記》云：紹興間，中官欲用西湖九里松煙作墨，新安墨工戴彦衡力持不可，曰：松當用黄山所産，此平地松豈可用。羅願《新安志》云：黄山朱砂泉旁近，有昔人墨（窯）（窑）數處。又云：黄山松煤至精者，造墨可比李廷珪。又云：新安墨以黄山名，衢池工者載他山松往造，亦竟不成。是黄山自古多松，間有穿山石出者，以爲奇品。蓋多取山陰木實清瘦，煙用重黑。而葉夢得《避暑録話》謂，黄山松腴煙黑，乃是脂片松，下品也。明天啓六年閏六月，山主吴養春家人吴榮在東廠首告，八月審明程夢庚賣松銀十三萬六千兩，吴養春賣松銀六十餘萬兩，又官估山場木值銀六十餘萬兩，計賣松得銀百餘萬。時木植甚賤，又山厓深邃，木植尤賤，當刊松萬萬株矣。今所剩者，皆刀斧所不及，宜多奇品。又程瑞祊《黎牀囈語》言，康熙五十七八年間，蒲團、卧龍、破石、迎送、擾龍、倒掛、接引七松，化爲爐炭，其松更寥寥矣。

清　汪紱《双池文集》卷一〇《黄山松賦》以凝嵐積翠傾澗懷煙爲韻　緊龍嵸之勁植，鍾靈異以挺生。每根底於危石，亦盤踞乎山陵。幹崔莪而佶倔，椏突兀以枝樛。佇幽巖而託潔，依绝澗以懷貞。豈人力之可殖，寔軼氣之所凝。是以鼎湖舊蹟，丹石名巖，地蒸雲而作海，天鑿石以成龕。松生其間，鬱鬱毿毿。高騫羽蓋，斜抱山嵐。或苳苳而積立，或孑孑以孤嵌，則有若迎送迎送松竦立，踟躕飛柯。高共垂桁，遠槭儼肅。揖以迎賓，亦鞠躬而送客。長延佇以小心，類悃忱之素積。有若卧龍卧龍松偃蹇贔屓。蚴蟉蜿蜒，夭蟜佁儗，將赳蝹以登天，尚躨踀而倚地。横緑徑以紆蒼，引白雲而流翠。至若登雲臺而宁望，指連峰以上行，石磴股栗，懸梯魄驚。極俊蹬以百折，初倜儻其寬平。則有孤松，緣石垂青，孫根上指，巨幹衺横。擬虬龍之行空，位雖亢而不傾。是曰倒掛，名稱其情。倒掛松爾乃攀硨研以登雲，歷谽谺而俯澗。引天光之一線，詣丹臺而顛頇。一峰迎面近依紫玉之屏，羣岫摩雲，遠掇青蓮之辨，則有偃松，平臨古矸。皮皵龍鱗，葉披鳳翰。蔭周一畝之田，高不及身之半。是謂蒲團，可坐而翫。蒲團松返卧雲而偃息，陟獅子以徘徊。泛晨熹於海中，拔遠嶼於雲堆。仙子召予於天半，欲登使信以抒懷。則見夫雙巖對峙，一木緣涯，自東達西，横跨山垓。遂沿松而逕渡，得覽勝乎崔嵬。是謂接引之松，詎西來之所栽。接引松此皆有名之可紀，非徒梅竹之爲儕。他若孤株聳秀，密樹冥煙。香凝九葉，苔壓千年。膏挹瓏瑜，則琥珀結於根下。光承天乳，則甘露綴乎枝巔。菟蔓高蒙，閃爍金烏之色。茯苓深掩，希蹤白犬之仙。倘移植於岱宗，豈受秦皇之嬖號？縱披離於石上，難容山客之高眠。雖棟梁其可任，終歷歲寒以自全。若乃怪奇之萬狀，則非一賦所能盡言。

清 黎簡《五百四峰堂詩鈔》卷二三《松栽》 再熟膏田熟六回，不如松莳一回栽。三年黠子今年賣，黠松子以腴田三年可賣細雨深花細艇來。陵谷幾時才尺咫，雲霄何處養風雷。先生三徑盤桓地，松自誰移徑自開。

柏

綜述

《爾雅·釋木》：柏，椈。郭璞註：《禮記》曰：鬯臼以椈。椈音匊。

《神農本草經》卷一 柏實，味甘平，主驚悸，安五藏，益氣，除濕痹。久服令人悦澤美色，耳目聰明，不飢不老，輕身延年。生山谷。《名醫》曰：生太山柏葉尤良，田四時各依方面采，陰乾。 案《説文》云：柏，椈也。《廣雅》云：栝，柏也。《爾雅》云：柏，椈。郭璞云：《禮記》曰：鬯臼以椈。《范子計然》云：柏脂出三輔，上升價七千，中三千一斗。

唐 段成式《酉陽雜俎續集》卷九 太常博士崔碩云：汝西有練溪，多異柏。及暮秋葉上斂，俗呼合掌柏。

宋 謝維新《古今合璧事類備要别集》卷四九《衆木門·栢》 《格物總論》栢樹大者數圍，高數丈，皮光滑，枝幹修聳，葉香烈，所在深山中有之。一種名側栢，葉大不相類，如鋪茸，細細相比。檜亦光皮，然葉尖硬如芒刺。檜栢相半者名檜栢。皆能結子，柯葉青青，四時不彫也。

宋 吴仁傑《離騷草木疏》卷三《柏》 飲石泉兮蔭松柏。仁傑按：《山海經》：丹熏之山，其上多柏。《爾雅》：柏，一名椈。《本草》柏實條。陶隱居云：柏葉實亦爲服餌所重。《唐本（草）注》云：枝節煑以釀酒，主風痺。《蜀本（草）圖經》云：此用偏葉者，今所在皆有。《嘉祐圖經》云：二月開花，九月結子。其葉名側柏，出密州者佳。雖與他柏相類，而其葉皆側向而生。道家多作柏葉湯。古柏葉尤奇，今益州諸葛孔明廟中有大柏木，相傳是蜀世所植，人多採服，其味甘香於常柏也。

宋 陸佃《埤雅》卷一四 柏，一名椈。《雜記》所謂「暢臼以椈」者是也。柏性堅緻，有脂而香，故古人破爲暢臼，用以擣鬱。《詩》曰：「汎彼柏舟，在彼中河。」言柏非不可以爲舟，特非柏之所宜。故共姜守義，引以自況也。共姜守義，所以自誓如此，則欲奪而嫁之者，特牽於天性之愛而已。故曰：「母也天只，不諒人只。」《傳》云：「天謂父也。」蓋毛讀《序》者，所謂父母欲奪而嫁之之誤也。且女子從母而已，故稱母焉，何必言父然後如序？王文公曰：槐，黄中其華，又黄懷其美，以時發者也。故公位焉。松，華猶槐也，而實亦玄，然華以春，非公所以事上之道。柏，視松也，猶伯視公。伯用詘，所執躬圭者以此。公用直，所執桓圭者以此。檜，柏葉松身，則葉與身皆曲。樅，松葉柏身，則葉與身皆直。樅以直而從之，檜以曲而會之。世云：「柏之指西，猶磁之指南也。」

明 宋詡《竹嶼山房雜部》卷九《樹畜部·樹類》 柏體香，葉細。《埤雅》曰：世云：「柏之指西，猶磁之指南也。」蓊烏孔切柏葉密，又名側柏。材最利於造舟，歲久不能磷力忍切敝苓堪爲合香者所需。宜以子種。

明 宋詡《竹嶼山房雜部》卷九《樹畜部·樹類》 纓絡形體皆檜，條弱倒垂如線，風動裊娜。裊奴鳥切，娜奴可切。宜寄枝，用檜體。有子亦可種爲木。

明 王象晉《群芳譜·木譜·柏》 柏，一名椈。樹聳直，皮薄肌膩。三月開細瑣花。結實成球，狀如小鈴，多瓣。九月熟，霜後瓣裂，中有子，大如麥，芬香可愛。柏，陰木也。木皆屬陽，而柏向陰指西。蓋木之有貞德者，故字從白。白，西方正色也。處處有之，古以生泰山者爲良，今陝州、宜州、密州皆佳，而乾陵者尤異。木之文理大者，多爲菩薩、雲氣、人物、鳥獸，狀態分明，徑尺一株可值萬錢。川柏亦細膩，以爲几案，光滑悦目。柏子仁：子熟，採蒸曝，舂礧取仁用。柏葉：色緑不凋，夏秋採者良。種類非一。入藥，惟取葉扁而側生者，名側柏。功効殊别。古柏尤奇。孔明廟大柏，蜀漢時植，人多採入藥。其味甘香，大異常柏。他如花柏，葉濃郁成朶，無子。叢柏樹緑色，並不入藥。枝節：法製柏枝，嫩柏枝洗浄控乾，入梅滷，曬乾，甘草、桂心爲細末，入浄磁器中。一層藥，一層柏枝，緊封藏之。久不開則上塩花，可玩，可食。煑汁釀酒，去風痺，歷節風。柏脂：身面疣目，同松脂研匀，塗數日，自失。柏液：瘡瘍疥蟲癩良。根白皮：火灼瘡，臘脂煎油調敷良。種植：九月中，柏子熟，採收。俟來年二三月間用水淘過，取沉水者，着濕地，二三日淘一次。候芽出，將劚熟地調成畦，水飲足，以子匀撒其中，覆細土半寸，再以水壓下。二三日澆一次，常使土潤，勿太濕、太乾，既生出土，四圍竪矮籬護之，恐爲蝦蟇所食。常澆水，亦宜糞。俟長高數尺分栽。灌溉：性喜晒，一年中，用晒過糞水澆三四次，則青翠蓊鬱，秋時剪小枝二三尺可插活。收子：熟時，頓採之易得，過時則零落，又易生蟲。附録：檜：柏葉松身，葉尖硬。亦謂之栝。今人名圓柏，以別側柏。曲阜孔廟殿前一株，相傳宣聖手植。紋皆左紐上聳，無枝而不死。每遇一代興，或聖君出，則發一枝。我朝太祖龍興，世宗繼統，曾兩見，真大異事。亳州太清宫有八檜，老子手植。根株枝榦皆左紐。《石曼卿集》：此檜不知年代，李唐之盛，一枝再生，至聖朝復有此異。《太清記》。常州列帝廟有獨孤檜，潁州靈壇觀，有再生檜。七星檜，在常熟縣西致道觀，南朝梁天監中所植，奇古特甚，爲虞山之勝。松葉柏身，爲樅檜。樅樹皆高丈餘，花葉皆同，但實稍大，而色黄緑，肉虚爲異耳。初甚酸澀，經霜乃可食，採藥者不收。

明 王象晉《群芳譜·木譜·柏》【略】漢武帝造柏梁殿、柏梁臺，香聞十里。漢武帝宴未央前殿，雨新止，東方朔執戟在殿（陛）獨語。上呼問之，答曰：殿後柏樹有鵲立枯枝上，向東鳴。上遣視如朔言。上問何以知之。朔曰：以人事知之。風從東方來，鵲尾長背風，則蹶必當向風而立，是以知東向鳴。新雨生枝滑，枯枝澀，是以知立枯枝。上大笑。　陳留虞延爲郡督郵，光武巡狩至外黄，問園陵柏樹株數。延悉曉之。由是見知。《後漢書》。御史臺列植柏樹，號曰柏臺，又曰柏府。　桑道茂居有二柏甚茂，曰：人居而木蕃者，去之木盛則土衰，土衰則人病，乃埋鐵數十斤。（曰：）後有發其地死者。太和中，温造居之，發鐵而死。《異聞録》。孤山有陳廟柏二株，其一爲人所薪，僧志詮作堂其側，名曰柏堂。東坡爲作詩。《燕談》。田鸞入華山，見黄冠師，語曰：柏葉，長生藥也。因教以服食之法，後得道仙去。《雜説》。泰山廟種柏千株。　晉華林園有柏樹二株。　王儉字仲寶，司徒袁餐見之，曰：宰相材也。栝，柏，豫章雖小，已有棟梁之器。《齊書》。王宴爲員外郎，父譜耀齋前柏樹忽變梧桐。論者以爲梧桐雖有棲鳳之美，而失後凋之節。宴後果不能善終。

予來汝南，地平無山，清潁之外，無以娱予者。而地近亳社，特宜檜柏，自拱把而上，輒有樛枝，細紋，治事堂前二柏，與薦福兩檜，尤爲殊絶。孰使予安此寂寞而忘歸者，非此君歟！汝南檜柏。（蘇軾）粤西藩臬二司外守巡道俱無衙宇，余間入會城，嘗憩于兩廣公署。前庭有榕、檜二樹駢生，蟠根合體，互相糾結，異枝交蔭，蒼翠成帷，每婆娑其下，玩之不忍去。　嘗游孔林，獲觀夫子手植檜，挺然獨立，其色如鐵，雖枝幹已萎而神理内含，隱隱若有生氣。（俱張七澤）

明 傅梅《嵩書》卷一〇《木部·柏》 嵩陽宫前有古柏三樹，其大者，七人合抱，量之得三丈，二樹稍次之，各亦不下二丈。相傳漢武帝封爲三將軍，然不見書傳也。盧元明云，嵩山長松。緑柏生於澗嶺。

明 慎懋官《華夷花木鳥獸珍玩考》卷三 乾陵木　謹按陶隱居説，柏忌取塚墓上者。今云出乾州者最佳，則乾州柏葉茂大者，皆是乾陵所出。他處皆無大者。但取其州土所宜，子實氣味豐美可也。乾陵之柏，異於他處。其木未有無文理者。【略】天齊淵在臨淄縣。魏永平中出木五。齊天保中出木四。皆五采類柏木。

孔明廟前有老柏，柯如青銅，根如石。霜皮溜雨四十圍，古幹參天二千尺。

騎駮柏　騎駮柏在鳳凰山，有紫柏十圍。根盤石，上如騎駮。

合掌柏　唐太常博士崔石云：汝西有練溪，多異柏。及暮秋，葉斂，俗呼合掌柏。

塞外奇觀　峽之南山皆土，而北山盡石，巉岩峭削，有小石戴大石，層疊高低，宛如人所爲者。自興和至此，地無寸木，但荒草而已。惟峕壁之半生柏樹一株，甚青翠可愛，如江南人家花圃所植者。幼孜呼光大曰：此亦塞外奇觀。

樹發異聲　宋余尚書靖慶曆中知桂州，州境窮僻處，有林木延袤數十里。每月盈之夕，輒有笛聲發于林中，甚清遠。士人云：聞之已數十年，不詳其何怪也。公遣人尋之，見其聲自一大柏樹中出，乃伐取以爲枕，笛聲如期而發，甚寶惜之。凡數年，公之季弟欲窮其怪，命工解視。但見木之文理，正如人在月下吹笛之像，雖善畫者不能及。重以膠合之，則不復有聲矣。

柏柱　在白帝城西，大十圍，高三丈。世傳爲公孫述時棲柱，斫之出血，枯而不朽。

明 何三畏《何氏類鎔》卷三一《樹木・柏》　有柏生于孔子墓者，歷漢晉諸代而成合圍連抱之形。有柏移于通靈臺者，見海水三枯而有赤鴈翻雲之勢。陳留縣之雙柏，在老子祠前者，歷數百年，久已枯槁，忽生東枝南枝，而鬱鬱之形，異于常樹。高麗國之兩柏，種永懷寺内者，纔二三尺，名爲陰陽，每歲右實左實，而亭亭之狀，高于殿庭。興國寺之古柏數本，俗傳爲神禹之所栽，泰山廟之大柏千章，世謂爲孝武之所植。孔明廟前之大柏數株，乃種之蜀世。巴東縣裏之蒼柏二樹，乃種之萊公。嵩山嵩陽觀有古柏五株，積翠而婆娑可愛者，遂錫將軍之封號。汝西練水溪有異柏數種，及暮而枝葉盡斂者，輒加合掌之嘉名。閩嶺古時柏已無枝，披圖而御筆加點，忽復一枝再榮。平泉珠子柏皆結子放葉，而香風遠聞，又復一房同實。成都日就殿上，皆綺柏之材。廣漢梁泉縣中，多紫柏之坂。天后登嵩，輒撫柏而賜爵。封禪之後，樹益敷榮。王裒廬墓常攀柏而悲號，泣涕之時，樹皆動色。衛家婦之守節十六歲，種柏而成連理之枝。徐伯珍之隱居九巖山，望柏而呈五采之色。至乃乾陵柏樹之上，每多文理蔚然，雲物分明。桂州柏林之中，每至月盈，悠然笛聲清遠。此又天地間之異物，不知何怪何祥，未可以常理論者矣。

明 周文華《汝南圃史》卷二　柏，一名蒼官。《爾雅》曰：柏，椈也。《廣雅》曰：一名汁柏。《廣志》曰：有續柏，有計柏。崔寔《月令》曰：七月收柏實。《列仙傳》曰：赤松子好食柏實，齒落更生。今柏有四種。扁柏，葉扁質黄，一名黄柏。檜柏，葉尖質赤，一名檜尖，又名血柏。側柏，葉俱側如掌，香味清涼，摘可炮湯。瓔珞柏，枝葉如瓔珞。側柏種貴，唯園圃中植之。檜柏體堅，難長亦難萎。扁柏易長易萎，山地丘隴竝相宜。瓔珞柏亦難長，可植庭際。俱無花有子，色至冬天愈翠。春分下子，清明或秋後移栽。大抵松柏時時可植，止不宜於夏月。極喜糞澆。檜柏小時可翦縛作盆玩，亦可就其軟枝紮屏闌，材大者伐解造橱卓甚佳，較勝於黄柏。

明 彭大翼《山堂肆考》卷二〇九　柏與松不同。松皮粗厚，柏皮光滑。柏葉曲身直，松葉直身曲。柏性堅緻有脂而香，古人破爲暢臼用以搗鬱。柏，一名椈。《雜記》所謂「暢臼以椈」是也。

明 方以智《物理小識》卷九　柏，《埤雅》曰：柏性指西，猶磁之指南也。擦柏葉小而歧。蓊柏即側柏。瓔珞杉，柏可寄枝。刺者檜也。柏利於造舟。潎苓爲合香用，宜以子種。

明 吴雨《毛詩鳥獸草木考》木考　柏，《邶風》曰：「汎彼柏舟。」《傳》：柏木，宜爲舟。柏，一名椈。葉頗似柳，與松不同。松皮粗厚，柏皮光滑。松葉直身曲，柏葉曲身直。子如楝，可食，著酒中飲之，辟惡氣，浣衣去垢。核堅正黑，可以聞香，性堅緻牢。實有脂而香。古人破爲臼以搗鬯。《禮記》曰「鬯臼以椈」是也。有側柏、叢柏、花柏三種。側柏，三月開花，九月結子，而圓葉成片如大片雲，母葉皆側向上，有微赤毛，道家多作柏葉湯，出密州者佳。花柏，其樹濃葉，成孕無子。叢柏，其樹緑色。

清 陳淏子《花鏡》卷三《花木類考・柏》　柏，一名蒼官，一名椈，與松齊壽。有扁柏、檜柏、黄柏、瓔珞柏之異。惟扁柏爲貴，故園林多植之。因其葉側向而生，又名側柏。其味微澀而甘香，道人多採作服食，用點茶湯。諸木向陽，柏獨西指。其性堅緻，有脂而香，故古人破爲暢臼用以擣鬱。三月間，開細鎖花，不甚可觀。結實成球，狀如小鈴，霜後四裂，中含數子，大如麥粒，亦自芬香。仁亦道家所服食者。檜柏體堅難長，亦難萎黄。木聳直而皮薄肌細，葉至冬更青翠。瓔珞柏枝葉俱垂下，宜栽庭際，皆無花有子。峨嵋山有竹葉柏身者，名竹柏，稟堅凝之質，不與群卉同凋，其小者止一二尺，可作盆玩。又乾陵有柏，木之紋理大者，多爲菩薩、雲氣、人物、鳥獸狀態分明，徑尺一株可值萬錢。柏性喜曬，每年中用曬過糞水澆三四次，則色鮮潤。秋時剪小枝二三尺者，插肥地亦活。或收子至二三月間，用水淘，取沉者着濕地，隔兩日再淘。候芽出，將劚熟地成畦，以子勻撒其中，覆以細土。二三日亦澆。苗出土後，須圍以短籬，防蝦蟆所食。

清 陳憲舜《課民植牧講義稿》　柏爲樹中之王。四月開花，十月結子，大二分許，内含種子三個，一升約六千粒，發芽得十分之四，幹常拳曲。經數十年高不過二丈，選子後播種發芽料理，如已成秧，可於四年後移之東方，以障畏寒之樹，因此樹枝葉西指，慣傲嚴冬也。其樹直聳，皮薄肌膩，嫩枝可爲鉛筆之桿，最老之樹，價已不菲。枝與樹根，可賣作柏木香，俗稱柏檀。此外有側柏，葉直立如掌，又有柏葉松身者，名爲檜，即栝樹。有松葉柏身者，名爲樅。有松檜相半者，名檜柏。仍有竹葉柏身者，名竹柏，雲貴最多。凡見此等大樹，將子收藏，春日以肥地發秧，至稍大移于園地，四年後植之，易於出水之處，自能吸地養質，收天空氣，可以貽之子孫，可以藉養暮年，種樹無異積財也。或於春初選肥枝，斬長一尺餘，斜插一尺入土，時常照料亦生。

清 張宗法《三農紀・柏》 柏，《圖經》云：始生泰山。性堅緻，有脂而香，木聳直，皮薄肌細。葉青枝長，四時不彫，歲寒更茂。孔子稱之。三月開細絨花，結實若毬狀，如小鈴，多瓣，中含子。遇霜降則實裂瓣，子大如麥。材質有山水雲彩紋理。無紋理者光滑芬香。老者入水土，年久難朽。葉脂服之可永壽。《爾雅翼》云椈。《六書積緼》云：萬木皆宜陽，而柏獨西指，蓋陰木而有貞德者，西方木也。故字從白。《埤雅》云：柏之指西，猶針之指南也。其木堅直可作棟梁，材有乾剛之性，故古人任之。植藝：九月收實，晒乾取子，候來春，以水淘取流者着濕地。二三日淘一次，或淋，候芽發，劚土調畦，水飲，以子勻撒，覆細土半寸，再以水壓下。二三日澆一次，常使土潤，勿過濕乾。既苗生，竪矮籬護之，恐爲蝦蟇所食。常澆以清糞水。待苗高二三尺，移栽畦邊。獨根者難長，取其中苗者栽易茂。又法，剪苗上嫩枝種濕土亦活，成條移栽。本性：味苦辛氣馥，葉可辟穀，實可養氣，脂可益年。效方：柏子沉水者爲末，每服一寸匕，漸增三五合。欲絕穀則恣意食取飽，渴則飲水，久服延年。春季采新生嫩枝葉三四寸許，並花蘂陰乾爲末，煉密丸如小豆大，日未出焚香面東（特）（服）八十一丸，服一年，却百病，延壽十年。服十年可延生。

植物名實圖考・柏

清 蒲松齡《農桑經殘稿》（種植柏樹） 取子，於水中浮去粃者，調畦如種菜法，覆土二指許，乾則潤之。三年可栽。栽時，入坑填土澆水，聽其自塌，勿以杵築。

清 吴其濬《植物名實圖考》卷三三《木類・柏》 柏，《本經》：上品。葉脂實俱入藥用。有圓柏、側柏。圓柏即栝。有赤心者俗名血柏。

清 吴其濬《植物名實圖考》卷三三《木類卷・刺柏》 刺柏，葉如針刺人。圃人多翦其葉，揉其幹爲盆玩，或亦曰刺松。《説文》：樱，細理木也。段氏注：樱，見《西山經》、《南都賦》。郭曰：樱似松，有刺細理。劉淵林注《蜀都賦》：楔似松，有刺。楔，蓋樱之譌。按此木理極堅緻，但葉如刺耳。五臺有落葉松，有刺，能毒人肉。今志中失載。

植物名實圖考・刺柏

清 王念孫《廣雅疏證》卷一〇上《釋木》 栝，柏也。栝與檜同。《爾雅》云：檜，柏葉松身。是栝即柏之別種，故以栝爲柏也。對文則栝與柏異。《禹貢》云：杶榦栝柏。馬融注云：栝，白栝也。栝可以爲舟楫。《衛風・竹竿篇》：檜楫，松舟是也。又可爲屋材。《齊書・王儉傳》云：栝柏，豫章雖小，已有棟梁气是也。《爾雅翼》云：檜，今人謂之圓柏。

清 陳大章《詩傳名物集覽》卷一一《汎彼柏舟》 《朱傳》：柏，木名。《爾雅》：柏，椈。疏：柏，一名椈。《禮記》：如松柏之有心。《尚書》：荆州厥貢杶幹栝柏。《國語》：高山峻原，不生草木，松柏之地，其土不肥。《周禮》：冀州其利松柏。《尚書・逸篇》：大社惟松，東社惟柏，南社惟梓，西社惟栗，北社惟槐。《孫卿子》：松柏經冬不彫，蒙霜不變，可謂得其正矣。《抱朴子》：大谷倒生之柏，皆與天齊其長，地等其久。《列士傳》：延陵季子解寶劍，掛徐君墓柏上。《穆天子傳》：甲申，天子升于大北之隥，休于兩柏之下。《埤雅》：柏性堅緻，有脂而香，故古人破爲暢臼，用以擣鬱，《雜記》所謂「暢臼以椈」者是也。《廣志》：柏有汁柏，有續柏。《山海經》：土山多柏。《四民月令》：七月收柏實。《漢武內傳》：藥有松柏之膏，服之可長生。《宋書》：孔子廟舊有柏二十四株，歷漢、晉，其大連抱，莫敢犯也。江夏王義恭，悉遣人取之。《洞冥記》云：泰山廟中柏，皆三十餘圍，赤眉嘗斫一樹，見血而止，今斧印猶在。《三水小牘》：柏曰蒼官。《地理志》：華山多文柏。傳云：柏生指西，猶磁石之指南也。《本草》：柏生數種，有扁葉側生者曰側柏，入藥，柏子仁，肝經藥也，味甘而補，辛而能潤。《五經通義》：諸侯墓樹柏。《漢書·東方朔傳》：柏者，鬼廷也。師古注：鬼神尚幽暗，故以松柏爲之廷府。

清 闕名《名花譜·柏》 柏之上品有二，曰千頭，曰纓絡。盤旋曲折，氤氳襲人。山居採松花作飯，拾柏子合百和香燒之，迥非人境。移法：如松。但取鹹汁洒之，易生苔蘚。東坡嘗拾柏子和蒼朮、棗實、龍眼殼同燒，名曰「百和香」。漢武有柏梁殿。六朝新之時，文詞靡麗，競作柏梁體。

清 李鴻章 光緒《畿輔通志·物產·木屬》 柏：惠州土產柏。《元一統志》府西北，清白口社柏山，四旁多產柏。《明一統志》顯靈宮折枝柏，雷披一枝，屏於山中折而不殊，二百年蔥蔥。平谷縣城東，延祥觀柏，古質而葉幽光，再生柏也。《帝京景物略》今塞外有之，其大者亦可爲器用。《熱河志》天城、少林、龍泉、香水諸寺，柏皆千年物。《薊州志》

清 長順《吉林通志·物產·木屬》 柏，高句麗俗厚葬，積石爲封，亦種松柏。多生於西北邊外，葉仁入藥。《盛京通志》

清 穆彰阿《清一統志》卷二二八《西安府·二》 說經臺，在盩厔縣東，《寰宇記》、《華陽子録記》云：秦始皇好神仙，於尹喜先生樓南立老子廟，即此也。晉惠帝元康五年，更修葺，蒔木萬株，連亘七里，給户三百供灑掃。隋開皇元年復修。《縣志》：在縣樓觀南，亦名昇天臺，臺門外有古柏。

清 黃易《嵩洛訪碑日記》 遊嵩陽書院【略】。進書院，瞻大將軍柏，大七八人圍，扶踈古茂，南面木潔白，余題名一行于上，以志欣幸。二將軍柏，大三人圍，亦蒼鬱可觀。庭心紫薇一本，殊秀雅。【略】遊會善寺。門外銀杏，大可四圍，古柏亦相等，蒼茂可愛。

又 再遊中岳廟，古柏廿餘，比曲阜孔廟之柏大而矮，東一柏最大，過於嵩陽書院之二將軍。殿後偃柏二，亦古峭，惜萎其一。

藝文

北齊 申嗣邕《隴東王感孝頌》 慨賢勝之多弊，嗟至德而無紀。蘭溪儻不見松，穀城何以知石。于時開府中兵參軍梁恭之，盛工篆隸，騎兵參軍申嗣邕，微學擒藻。並應命旨，俱營頌筆，以大齊武平元年正月廿二日，權輿雕瑩，表建庭宇，棟刻蒼文，檐栽翠柏，庶令千葉之下，彌振金聲，九原之中，恆浮玉樹。

北周 庾信《周大將軍司馬裔碑》 夫人襄城公主，魏獻帝之曾孫，趙穆王之季女王姬肅恭褕翟典禮，四教競莊，三星令淑，有光隆慮之賢，足表平陽之盛。生則從夫以秩，死則同穴以禮。建德元年八月十二日合葬于武功，三時原大夫墓樹以柏。

北周 庾信《周隴右總管長史贈少保豆盧公神道碑》 天和元年二月六日，葬于咸陽洪瀆川大夫墓，樹以柏。

北齊 魏收《庭柏》 古松圖偃蓋，新柏寫鑪峰。凌寒翠不奪，迎暄綠更濃。茹葉輕沉體，咀實化衰容。將使中臺麝，違山能見從。

唐 温庭筠《晉朝柏樹集作法雲雙檜》 晉朝名輩此離群，想對濃陰去住分。題處尚尋王內史，畫時應是顧將軍。長廊夜静聲疑雨，古殿秋深影勝雲。一下南臺到人世，晚泉清籟更難聞。

明 丘濬《丘文莊公集》卷五《柏庭記》 增城有隱居之士，廖其姓，植柏滿庭，日哦其間。客至，則曰：子姑去，母（毋）亂吾吟思，徐徐于于，樂以忘憂，亦猶崔丞之於松也。客有來京師，舉其事語予者，請優劣之。予曰：「廖君則優矣。」客曰：「何也？」予曰：「君隱者也。不事事而自適，其適宜矣。彼食君禄佐其長，以牧其民，顧乃窮日力以吟哦，漫不可否事，自爲計得矣。如民何是，則君爲優矣。」客拜曰：「先生之言韙矣。敢請一言以記其所謂柏庭者，可乎？」予曰：「古人所謂記者，所以載其建置之規制，紀其歲月之始末。今廖君植數柏於庭除之間，非有規制可載，歲月可紀也，焉用記爲哉？子意不過欲推明其志，操之所在而已。君乎，得無欲厲其堅貞之節，以守其歲寒之操矣乎？若然，可謂有得也已矣。彼其百花之豔冶，衆木之敷榮，非不可愛也。人皆競之，而君獨不之取焉，謂非有所得不可也。然則何得乎？禮不云乎？禮之在人也，如松柏之有心也。志其在此歟？傳不云乎，歲寒然後知松柏之後凋也，操其在此歟？請以是記之，如何？」客曰：「他人有心，予忖度之。先生之謂也，請書之。」遂次第其與客言者，以爲《柏庭記》。廖君名某，所謂客者，其甥太學生顧華也。

明　程良孺《茹古累集》卷二六《柏》　夫受天地之正氣者，惟柏而已矣。李德裕賦春日自芳霜下爲盛，衝風不能摧其枝，積雪不能改其性。于絳修柏賦積翠婆娑，聯數人而合抱。《少林集録》籠陰熳爛，爵五品而名官。《河南志》登御史之臺，烏頭有象。《未博傳》立未央之殿，鵲尾從看。方朔入貢得之楚俗《書》上壽美自漢儀。《月令》魍象之所却走，《風俗》鐵藏之所經時。《異聞録》井底盤根，試過漢陽之野，《紀異》霜皮溜雨，仰瞻諸葛之祠。杜詩忽一枝而在手，《寰宇》若五采而揚鬚。《南齊》谷以長傲，《述異》菴以滋疑。後周餉冊簡于淄華，傳載托瘡斧于赤眉。《從征》再宿枏生，雖冬日而更翠。《梁書》忽然掌合，直暮夜以無歆。《酉陽》狀似荷花，不爲王敦佳事。《南史》實如珠子，那稱德裕芳規。《談録》重以孝思則庾蹇。《晉書》李充《陳留耆舊》之流洵爲濟美，衡以大義則掛劍。史汎舟《詩》之事，何弗相師則夫甘棠與比。《燕説》文欆並資，《成都記》仲寶英材，早具棟梁之器。《齊書》王鋒素志，動把蘭蕙之悲。《南史》泱泱乎，堂堂乎，登寢臺而飲泣。韓水火耶，刀兵耶，過終里而競遺。《洛陽記》滋連理之有會，《南史》看點枝之多奇。《春渚紀聞》感山陵其變幻，《金樓》顧日影其參差。《閒話》食實則神仙與益，《漢武帝内傳》採葉則羽士所劑。説經年已過夫漢晉，《宋書》延算不短于期頤。《漢武内傳》紀以左花右實，右花左實之異，《志》訂以東南回抱，西北漸指之期。《北史》月下笛聲，不堪窮之以怪，《閒覽》雲中文理，時或競償以奇。《本草》扶桑三枯，海水告竭之年，誰看鸗落，《洞冥》若羊非羊，若猪非猪之物，疇並虎犀。《宋符瑞志》割削無餘，俗傳經千年而瘵心痛，《封氏見聞記》生理有別，日後撫舊趾而發所私，《異聞集》所以含輕烟于夕景，泫零露于朝曦，遠而象之，聳幹參差，疑翠旌之陸離。迫而玩之，布葉低垂，若孔蓋之威甤。李德裕賦《楚辭》云：山中人兮芳杜若，飲泉石兮飯松柏。余如是其傲梁臺之上座漢，而誦新甫之鴻詞也哉。《詩》

明　劉春《東川劉文簡公集》卷二四《種柏》　亭亭翠色欲參天，植向庭除自可憐。任是四時風景異，貞心不改本來堅。

明　薛瑄《敬軒文集》卷五《臨朐分司四小柏二首》　解是平生獨愛材，新移四柏後堂栽。懸知數百年來後，應有清陰滿憲臺。四柏移來拱把餘，一行分植傍階除。故應雨露均培養，直榦争看聳碧虚。

明　方孝孺《遜志齋集》卷二三《栽柏》　迂拙乖世用，每藴無窮思。取效非目前，遠與千載期。翠柏信良材，成長計功遲。兹晨屬烟雨，移動盈尺姿。清廟嚴潔地，聖靈會於斯。豈無杞柳輩，不足當堦墀。殷社夙所尚，古制非人爲。先師實殷人，植此理固宜。但恐枝幹弱，不耐風霜欺。培護苟無失，終見盛大時。五年過人長，十年齊桷榱。百年必合抱，根深柯葉滋。青霄泊鸞鳳，厚土蟠蛟螭。豈特傲寒暑，將堪閱興衰。所托況得所，永免斤斧危。既膺顧盼榮，復與翦伐辭。寥寥百世後，神物相扶持。何必爲棟梁，乃見才氣施。流光若飛翰，時代易推移。行看好古士，追説種者誰。我生素多病，中歲早孱羸。待爲鶴髮翁，見女凌雲枝。志士用心者，濩落爲世嗤。何如羣兒巧，插槿紛成籬。

清　石韞玉《獨學廬初稿・周瑜手植柏歌》　吴趨萬井相蟬聯，中有蔚藍古洞天。城市之中搆林壑，繞植花木疏清泉。太乙壇西有古柏，森森翠盖撑檐前。孫吴都督手所植，秋霜春雨經千年。其身兩人不能抱，高枝曲屈排蒼煙。蒼龍蟠空鱗甲動，欲飛不飛勢蜿蜒。昔公天生梁棟器，樹功誰敢先著鞭。帳下名材亦林立，唯杞與梓楠與楩。赤壁一戰收衆力，摧枯拉朽無迍邅。乃知樹人如樹木，是唯良材節乃堅。豈曰卷曲臃腫者，不材之木天始全。將軍大樹今已矣，此樹婆娑今尚傳。

清　胡天游《石笥山房集詩集・岳祠開元柏》　開元八分覓不得，止賸開元一株柏。枯朽鍛鐵心盡空，直下孤根千幾尺。壯夫布肘合幾輩，尚道摩圍失邊側。非常不敢翦伐論，盗賊豈爲神明惜。江東布衣孤劍客，見似開元舊相識。劍南窮愁夜郎謫，文章但飽烏獲力。梅梁禹廟雷電空，秦騎恍忽髦頭雄。勿道憔悴病赤髓，生意閑盡無春冬。精靈日月久自取，變化轉應消息同。不見夜呼陰黑天地失，黄河怒裂洪濤風。

清　趙懷玉《亦有生齋集》卷八《岱廟雙樹詩・漢柏》　泰山廟中多古柏，歲月尤誇七株久。何年玉衡淪入地，位按蒼龍形北斗。接根宛似火繢薪，一株其本已枯，旁一枝重茂。連理或如指在手。一株雙柏並生龍葱偃蹇無不奇，相傳植自金卯時。得非真源遞榮瘁，應與魯郡同留貽。茂陵劉郎好封禪，到此想值初生枝。夾階合抱空追憶，指點斧創痕莫識。怨嗟無預衆人事，運用不煩萬牛力。是時日夕東風急，靈之來兮鬼延集。青虬黑虎争攫拏，寒翠侵人滿衣濕。横空幾拒霹靂摧，倒卧肎容螻蟻來。貞心不嫌蔭芘少，曾費魏晉人栽培。等是芸生忽殊態，受封偏羨秦松貴。嵩陽觀亦有將軍，大隱只君能久耐。

清 蔣士銓《忠雅堂文集》卷二二 喬柯老作無名氏，古柏新稱入社人。八扇溜雨皮乾香在骨，參天力大鐵爲身。移栽得地垂青蓋，瀟洒如龍長細鱗。紗檽半庭月，偷閒來與話前因。 減卻南鄰小院陰，添來東牖緑沈沈。避檐枝側收雲淺，落蔭窗處宿雨深。闌迴正宜資掩護，樓高應不礙登臨。杯浮細葉餐花實，我與松筠共此心。

檜

綜述

元 司農司《農桑輯要》卷六 檜，種如松法。插枝者，二三月檜芽孽動時，先熟斸黄土地成畦，下水飲畦一徧，滲定，再下水。候成泥，將斫下細如小指檜枝，長一尺五寸許，下削成馬耳狀，先以杖刺泥成孔，插檜枝於孔中，深五七寸以上。栽宜稠密。常澆令潤澤。上搭矮棚蔽日。至冬，換作暖廕。次年二三月去之。候樹高移栽，如松柏法。

明 吴雨《毛詩鳥獸草木考》木考 檜，一名栝。《禹貢》：荆州貢杶榦栝柏。榦，柘也。栝，檜也。故檜兼有栝音。柏葉而松身，則葉與身皆屈曲，性能耐寒，其材大可爲舟及棺槨。《左傳》稱棺有翰檜。今人謂之圓柏，以别於側柏。又有一種，别名檜柏，不甚長，其枝葉乍檜乍柏，一枝之間屢變，人家庭宇多植之以爲玩。

明 宋詡《竹嶼山房雜部》卷九《樹畜部·樹類》 檜體香同柏，葉細短而或鋭刺。《爾雅》曰：柏葉松身。子種之。大材甚堅，宜爲舟。

明 彭大翼《山堂肆考》卷二〇九 檜，《格物論》：檜皮光，葉尖硬如芒刺，四時不凋。【略】列帝獨孤。常州列帝廟有獨孤檜，潁州靈臺觀有再生檜。

明 劉仲達《劉氏鴻書》卷八七《花木門·總論》 孔廟有夫子手植檜，歷周秦漢晉幾千年，至懷帝永嘉三年而枯，枯三百有九年。子孫守之，不敢毁。至隋恭帝義寧元年，復生，生五十一年。至高宗乾封二年再枯，枯三百七十有四年。至宋仁宗康定元年再榮，至金宣宗貞祐二年，罹于兵燹無遺。後八十一歲，是爲元世祖三十一年，故根重發。至皇朝洪武二十二年巳巳，凡九十六年，其高三丈，有奇圍，僅四尺根本，枝葉陵雲而盛，與故本無異。其始枯也，晉兆五胡之亂。其復生也，有唐貞觀之治。再枯，乾封丁卯，武后竊政之兆，興自後玄宗幸蜀，亂亡相繼，以及五代再榮於康定。有宋三百餘年，九儒之興，罹於貞祐之火，胡運將更。重發於至元甲午七十四年。中原文物兆開，是爲洪武之治。廟中古種數多異色糸天，惟此本異於尋常。萬萬聖人手澤，蓋有係綱，常名教花覆。斯文甄陶，萬品國運，污隆如此。

明 郎瑛《七修類藁》卷四五《岳墳檜樹》 西湖岳墳前植檜樹，自根以上劈分爲兩枝，至梢全其生，中格以木，所以示裂奸檜，以報岳之死也。乃天順間杭州府同知馬偉爲之耳。

清 張英《淵鑑類函》卷四一三 增：《爾雅》曰：柏葉松身曰檜。《書》曰：杶榦栝柏。《詩》曰：檜楫松舟。《澠水燕談》曰：亳州法相寺矮檜，高纔數尺，偃亞蟠屈，枝葉繁茂，不可圖。唐大中年李待價《石記》云：圓蔭三丈陰，距今凡三百餘年，廣袤五六丈，爲一郡之珍玩，士人目其寺曰矬栝。《中吴紀聞》曰：白樂天爲蘇州守時，恩信及民，皆敬而愛之。嘗植檜數本于郡圃，後人目之爲白公檜，以況甘棠焉。【略】《老學菴筆記》曰：亳州太清宫檜至多，檜花開時，蜜蜂飛集其間，作蜜極香，而味微苦，謂之檜花蜜。 增：太清左紐 靈壇再生。《太清記》：亳州太清宫，有八檜，老子手植，枝榦皆左紐。《石曼卿集》：此檜不知年代。李唐之盛，一枝再生根株，至聖朝復有此異。潁州靈壇觀有再生檜。雁翅【略】李德裕《平泉花木記》：有雁翅檜，檜葉婆娑如雁翅也。

清《名花譜·檜》 古幹危柯，如蛟如螭。園林多紅粉佳人，何可無一二醜奴環侍。但貌古而奸，不無睥睨耳。冬葉亦多紅，本大者可十圍。金谷園多蒼松古檜，石季倫呼爲二老。武林岳廟有雙檜，上合下分，中可通行，世傳爲雷神所分，因名分屍檜。忠邪二氣，千古凛然。

清 吴寶芝《花木鳥獸集類》卷上《檜》 《草木真詮》：檜，刺柏也，葉乾而不華，禦冬而滋翠，木中之仙品，人中之英傑也。

清 吴其濬《植物名實圖考》卷三三《木類卷·檜》 檜即栝。《書疏》：栝，柏葉松身，與《爾雅》檜同。《爾雅翼》：今人謂之圓柏，以别於側柏。其一種刺柏，木理亦相類。《老學菴筆記》謂，有海檜、土檜二種。海檜難致，不知其葉有别否。檜柏一枝之間或檜或柏，庭院多植之爲玩。又有三友柏，一株而葉有圓、側、刺三種。

清 李鴻章 光緒《畿輔通志·物産·木屬》 檜，柏葉松身。《爾雅》碧雲寺殿前二栝松十圍，日出映之山中，蓊鬱如青雲起。《西山遊記》塞山多有之，與落葉松相似而非。《熱河志》

清 穆彰阿《清一統志》卷一六六《兖州府·二》 孔廟古檜在曲阜縣孔廟前大成門左。《闕里志》：夫子手植檜三株，兩株在贊德殿前，高六丈餘，圍一丈四尺，其文左者左紐，右者右紐。一株在杏壇東南隅，高五丈餘，圍一丈三尺，其枝蟠屈如龍形，世謂之再生檜。晉永嘉三年枯，隋義寧元年復生，唐乾封二年復枯，宋康定元年復生。金貞祐甲戌，寇犯闕里，焚及三檜，無復孑遺。元至元甲午産東廡頹址甓隙間，茁焉其芽，時張頲爲三氏學教諭，取而植之故所，漸矯如龍形，高一丈，圍四尺。迨宏治己未，孔廟災，復燬，至今百餘年間，雖無枝葉，而直幹堅挺，狀如銅鐵，皮生苔蘚，生意隱然，不見朽腐。本朝康熙二十三年，聖祖仁皇帝躬祀闕里畢，至樹前撫觀良久，稱其神異，有御製《闕里古檜》詩賦。雍正十年，廟工告竣，復生新條，今高一丈許矣。乾隆十三年、二十一年、三十六年，高宗純皇帝幸魯，俱有御製《手植檜》詩。

清 陸次雲《析疑待正》卷四《孔子手植檜》 學釋者成佛，學道者成仙，謂能長存于天地之間，故人慕而入于二氏也。學儒者雖至于聖，似乎殁則已焉。抑知其存于天地間者，更異于仙佛乎。不觀之孔子之手植檜乎。夫檜不過一木爾。自周至晉懷帝永嘉三年而枯，至隋廢帝羲（義）寧元年而復生。至（唐）高宗乾封二年又枯，至宋仁宗康定元年而復生。至金宣宗貞祐二年兵火推折，至元世祖（至元）三十一年故根復生。至明初其高偪漢，至弘治時又爲火所焚。傍無枝葉，挺然不折，生意自存也。又聞每當易代，本上必發一枝一木也。植于聖人之手尚異如此，況大聖人之神明不與乾坤同不朽乎？不特此也，顔子墓上亦有手植石楠二株，大三四十圍，至今尚在，則賢者之精靈亦同于聖矣，何必慕仙佛哉。

清 李銘皖《蘇州府志》卷三五 白公檜，唐刺史白居易手植，在州宅後池光亭前。《水中石林避暑録》：政和初已槁瘁，高不滿二丈。後爲朱沖姑蘇志作朱勔取獻京師，死道中，乃以他檜易之，禁中初不知也。

藝文

《詩·衛風·竹竿》 淇水滺滺，檜楫松舟。

唐 温岐《再生檜賦》 檜有再生之瑞，天符聖運之興。挺松身而鱗皴迴出，布柏葉而杳藹相承。隋道既窮，則没身於亂土。唐朝將建，故發德於休徵。原夫日將興而幽暗皆明，君應期而纖微必表。生於枯朽，證受命於敗德之時。長則繁華，示賓祚於延慶之兆。想夫拔陳根而已茂，聳脩幹以方妍。凌朝而還宜宿露，向晚而尤稱新煙。以狀而方，生，荑之枯楊若此。以理而喻，易葉之僵柳昭然。効殊祥以示後，願衆瑞而居先。嘉其擢本傍榮，抽條迥秀。歷朱夏而彌盛，冒霜雪而不朽。應昌業於龍潛之際，豈曰無心。彰聖德於虎視之前，孰云虚受。徒觀夫載光紫府，効祉皇家。竦亭亭之柯葉，擢鬱鬱之輝華。可以播之於萬古，可以流之於四遐。是知曆數歸唐，禎祥啓聖。何厚地之朽木，報上天之明命。殘陽未落，宫庭之林藪忽生。明月初懸，王砌之桂華復盛。矧夫貞節獨異，高標自持。散芳氣而微風乍動，入重陰而宿鳥猶疑。蓋天所賛也，亦神以化之。客有生遇明時，身蒙至德。窮勝負於朕兆，慕休祥於邦國，敢獻賦以揚榮。遂布之於翰墨。

唐 張祜《楊州法雲寺雙檜》 謝家雙植本南集作圖榮，樹老人亡地變更。朱頂鶴知深蓋偃，白眉僧見小枝生。高臨月户集作殿秋雲影，静入風簷集作廊夜雨聲。縱使集作從此百年爲上壽，緑陰終借暫時行。集作終是借君行

宋 陳師道《後山集》卷二《次韻德麟植檜》 種木待成材，聊爲十年事。日中趨百里，寧問萬牛費。植檜三尺强，已有凌雲氣。生世能幾何，擬作千歲計。衆人笑拍手，君子用其意。蕭蕭孤竹君，忌言理相契。名以金石交，椿楊豈奴婢。緬懷萬仞顛，千丈蔚蒼翠。蟠根泉石底，用意霜雪外。寧須大厦才，坐待斧斤至。散爲風雨聲，密作牛馬蔽。

宋 王十朋《東坡詩集註》卷二五 汝陰多老檜，處處屯蒼雲。地連丹砂

井，繽抱朴子葛稚川祖爲臨沮縣，有廖氏，世居百歲，云井水赤，葛疑有丹瀋，井果得丹砂數斛，次公汝陰潁州也。潁州之東與亳州接境，亳州老君觀有丹砂，旁有檜，其文左紐，其枝枯而再生。物化青牛君。厚《玄中記》：千歲之樹精化爲青羊，萬歲之樹精化爲青牛。秦始皇使人伐大樹，有青牛躍出走入豐水。又《嵩山記》：嵩山有大松樹千歲，其精化爲青牛爲伏龜。時有再生枝，還作左紐文。王孫有古意，書室延清芬。應憐四孺子，次公杜甫有《種四小松詩》，又管子對齊侯問苗曰：苗始其少也，眗眗乎何其孺子也。今栽檜亦適有四，故云。不墮凡木羣。體備松柏姿，厚《爾雅·釋木篇》：柏葉松身曰檜。氣含芝朮薰。初扶鶴骨立，未出龍纏筋。巢根白蟻亂，網葉青蟲紛。乃知蔽芾初，援《詩》蔽芾甘棠甚要封植勤。繽《左傳》韓宣子聘魯，宴於季氏，有嘉樹焉，宣子譽之。武子曰：宿敢不封植，此樹以無忘角弓。他年皮三寸，厚前漢晁錯上書胡貉之地積陰之處，木皮三寸，冰厚六尺。狐鼠了不聞。

明　張大復《梅花草堂集筆談》卷六《栽檜》　先壠檜柏爲大風所拔，先君偶有觸樹以杉，不數年挺而茂，先君大喜，已焦然，枯色如赭，殆不曉何故，通客野曰：「杉性高不宜水壤，然須水而發，宜其不數年挺茂，不數年焦枯也。」其說有理，今年春予受豫章王先生之惠，召山人顧璵栽檜柏如初，而又以其餘建風木軒，左松右藤，玉峰在望，憩者歡甚，亡何巨浸稽天舟，人破涯而渡，棲泊軒下，洶洶不知所爲，予橐且盡工亦停止。

明　吳國倫《甔甀洞稿》卷一六《植檜》　帶雨移雙檜，培之藥圃中。短梢新出檻，密刺已成蘗。不受風霜色，真於栝柏同。怪來河上老，先植太清宮。

清　張豫章《宋金元明四朝詩》卷六三收　趙鼎《題手植檜》　擢秀真儒宅，垂陰數仞牆。封培因聖力，茂悅得靈長。根踞龍蛇蟄，枝延鸑鷟翔。勞功施禹稷，蔓草薙韓莊。偃蹇明堂幹，蕭森岱嶽場。圍欺漢武柏，愛掩召公棠。日月成塵劫，乾坤屢戰場。恩仁感樵牧，忠厚及牛羊。不有神明護，寧逃剪伐傷。歲寒千古色，宜並子孫昌。

明　徐有貞《武功集》卷二《孔子手植檜贊》　孔氏闕里宅庭之前有老檜焉，高數十丈，枝葉扶疎，竦然特立，偃若車蓋，相傳爲先聖之所親植者。愚以其有聖人之手澤存焉，謹爲之贊曰：偃乎其若蓋，天之象也。軒乎其若輿，地之德也。冬夏青青，無改色也。五行之精，其鍾而不蝕也。四時之氣，其運而不息也。於乎是檜也者，實先聖之所植也。先聖之道，愚未之能盡識也，伊心之所欽矢靡釋也，於萬斯年尚存先聖之手澤也。

清　孔毓圻《幸魯盛典》卷七　上前至大成門門左觀，先師手植檜。上問：「此樹未朽，何以無枝。」衍聖公孔毓圻奏曰：「自故明弘治十二年，廟燬於火，御贊殿大成門俱被焚，檜在門殿之間，經火枝葉盡脫，孤幹獨存。今又二百年矣，不枯不榮，其堅如鐵，色亦如之，俗呼爲鐵樹。」上命侍衛入欄撫摩良久，稱其神異。

清　愛新覺羅·玄燁《闕里古檜》　幹聳朱甍外，根盤碧殿阿。奇文成左紐，元氣挺孤柯。瑞與龜龍并，傳來歲月多。徘徊看手澤，不共刼灰磨。

清　愛新覺羅·玄燁《闕里古檜賦》　孔子手植檜在杏壇之側，金貞祐間無復存矣。元至元三十年再茁故處，明弘治間又燬於火，今所遺者，不枯不榮，屹立霜露而秀色獨異，撫摩久之，乃作賦曰：維槎枒之靈質，實鈞化之所鍾。標扶輿之奇特，峙先聖之故宮。涵元氣以不朽，與至道而俱崇。爾其黛幹蒼蒼，孤柯濯濯。鶴骨初扶，霜鱗未作。儼茁軋以方舒，類鴻荒之忽鑿。謝縟彩於春華，完淳風於太樸。夭矯拂勃，星臨露滴。枝無取於樛樛，葉全稀於摵摵。夕飈度兮弗驚，朝旭烘兮如滌。伊間氣之潛滋，惟神爽之咸集。徘徊延却，宛轉斷連。蟠屈兮若佾羽之在列，聳削兮若簨簴之待懸。則有築以崇封，沃以膏壤。方以周闌，角以文磉。足縮心歛，目給神賞。蘿烟奪翠，松籟失響。於是楷因之而擢穎，蓍感之而抽莖。爭葳蕤於絃誦之里，齊扶疏於禮樂之庭。朝菌慚兮一旦，大椿讓兮千齡。上泝真宰之功，遠契無爲之代。均雲行兮雨施，等乾始兮坤載。疇則出混茫之中，而居耳目之外。與三才以並植，緜歷祺其長在。亦有扶桑海表，若木山巔。東瀛西極，揭日摩天。迹雖誇於神異，植非出於文宣。宜瞠乎其後矣，邈無得而稱焉。

清　盧存心《白雲詩集》卷六　白公手植蒼皮檜，曾對池光日醉吟。嘉樹難忘千載意，甘棠猶戀一州心。凋零無復存吳館，《吳中紀聞》載，樂天爲蘇州守時，恩信及民，皆敬而愛之。嘗植檜數本於郡圃，後人目之爲白公檜以況甘棠焉。類書載，吳王池館花樹盡凋，惟雙桂猶存。二條不載志書內，故及之。徙倚何堪托艮岑。共識高懷看此樹，芳名留得到於今。

清　張元《綠筠軒詩》卷一《聖廟古檜》　老檜挺立如裹鋏，直上雲霄無枝葉。蒼堅突兀旋螺紋，斑駁繡錯凝筋節。乍看猶疑蛟龍僵，微叩反訝金石越。歲月綿歷幾千年，雷霆震撼雨風齧。摧殘剝蝕知何恨，依然孤幹凌霜雪。

始知神物蘊光怪，元精貫注精華結。所以運會應貞元，杈枒往往萌芽茁。嗚呼聖澤如日月，終古□翳賴生蕻。況乎此檜手所活，源遠流長胡有竭。千秋萬歲不足道，直與天地無銷歇。

樅

綜述

《爾雅·釋木》 松葉柏身曰樅。

《尸子》 松柏之鼠，不知堂室之有美樅。王室無柱。

明 慎懋官《華夷花木鳥獸珍玩考》卷三《樅》 《字説》：檜，柏葉松身，則葉與身皆曲。樅，松葉柏身，則葉與身皆直。樅以直從，檜以曲會。

明 王世貞《彙苑詳註》卷三一《樅檜》 樅，檜《爾雅》：檜，柏葉松身，則葉與身皆曲。樅，松葉柏身，則葉與身皆直。樅以直從，檜以曲會。兩蒼龍當年變檜是雙童，相對無言老更恭。庭雪到腰埋不死，如今化作兩蒼龍。**【略】**凌空凜然相對敢相欺，直幹凌空未足奇（東坡）。盤根似石凋遭松檜漫爲鄰，翠碧婆娑未出羣。但願盤根堅似石，不憂枝幹不凌空（郭功父）。**【略】**手植檜大不能抱，枯幹無枝，縷紋左向，色理甚古。讀其碑始知再榮異代，生理猶存，爲之吐舌。子不語怪，胡此變相，無殊二氏耶（古詞）。陳朝檜在山之西，南朝陳天嘉二年所植。二株其一株爲人所薪，其一至今尤存。**【略】**宣和檜宣和後四年始成御製記文，凡數千言，有金枝產於萬歲峰，改名壽岳，旁有兩檜，一夭矯者名曰朝日昇龍之檜，一偃蹇者名曰臥雲伏龍之檜，皆玉牌填金字，書之岩曰：玉京獨秀（《花木考》）。枝幹左紐太清宫檜，老子手植，銀（根）株枝幹皆左紐（《太清宫記》）。**【略】**風木孔子聞哭聲甚悲，至則皋魚也。問其故。曰：樹欲靜而風不息，子欲養而親不待。立哭而死（《韓詩外傳》）。

清 陳憲舜《課民植牧講義稿·樅》 來自短軸，三尖聚於一處，發生如傘骨，外人名傘樅。夏開花，冬結實，實内含子四百餘顆，一升約二萬三千粒。發芽有早有遲，可生十分之五。至十年後，長無止息，有周圍七八尺者。以肥大枝，插之亦活。但須極力看視，方能成樹。此木外雪白，内淡黃色，輕軟而有一種脂氣，能耐水濕，爲備船及水底橋柵，經久不朽。播後月餘，始能萌芽，至秋葉生，最畏霜雪。生長二年，僅高二寸許。次第酌用換地之法，至六年後長一尺外，乃可出山野植之。有嫌過遲者，多以大枝五六寸長，逐一插之，常加肥水，亦成樹林。日本東京，賣樅樹秧，每百本長一尺者，價銀式元五角。種成樹林極多。此外有茨樅、刺樅、竹樅、臍樅，皆變種也，性質作用畧同。

杉

綜述

《爾雅·釋木》 柀，煔。郭璞註：煔似松，生江南。可以爲船及棺材，作柱埋之不腐。煔音杉。

爾雅·柀

宋 戴羲《養餘月令》卷二 杉木，取好嫩枝，插芋頭，或蘿蔔内，埋土，露枝三寸，自活。

宋 寇宗奭《本草衍義》卷一五《杉》 其幹端直，大抵如松，冬不凋，但葉闊成枝。廬山有萬杉寺，即此杉也。作屑煑汁，浸洗脚氣腫滿。今處處有。

元 司農司《農桑輯要》卷六 插杉：用驚蟄前後五日。斬新枝，斸坑，入枝，下泥杵緊。相視天陰即插；遇雨十分生；無雨即有分數。

明 彭大翼《山堂肆考》卷二〇九《格物論》：杉樹大者數圍，高十餘丈，紋理條直，皮粗厚，葉尖，附枝生，若針刺然，青青不彫。種時宜在山窠深處。南方人造屋爲船多用之。出于東海中。倭國者尤佳，名曰倭木。

明 張萱《彙雅後編》卷二六《柀》 羅願曰：柀似樧而異杉，以材稱。

柀又有美實，而材尤文彩。《釋木》云：柀，煔。蓋以類相附也。其樹大連抱，高數仞，葉似樅，其木如柏作松理而絕難長，肌理細軟，堪爲器用。古所謂文木。柏堅緻有文彩而色黄，銀杏色瑩白而太輭易損成跡，惟柀既有文彩又勁於銀杏，實良木也。其木自有牝牡，牝者華而牝者自實，理有相感不可致詰。其實有皮殼，大小如棗而短，去皮殼可生食，亦僰而收之，可以經久。以小而心實者爲佳。《本草·木部》有榧實，又有彼子，皆出永昌，而誤在蟲部。蓋彼字當從木，即是榧也。陶弘景注榧實出東陽諸郡，而不識彼子，惟蘇恭能辨其爲一物，今彼子退入有名無用中矣。

明 宋詡《竹嶼山房雜部》卷九《樹畜部·樹類》 温杉葉細刺杉葉麤。《爾雅》曰：柀杉身皆竦直。一種杸木似杉而硬。柀，碑詭切。材理不腐，可爲居室，爲器用。芒種時遇雨，只斬其肄以插之。

明 王象晉《群芳譜·木譜·杉》 杉，一名樅，一名沙，一名檆。類松而幹端直，大者數圍，高十餘丈，文理條直。南方人造屋及船多用之。葉粗厚微扁，附枝生，有刺，至冬不凋。結實如楓。有赤白二種。赤杉實而多油，白杉虚而乾燥。有斑紋如雉尾者，謂之野雉斑。入土不腐，作棺尤佳，不生白蟻，燒灰最發火藥。　杉皮，燒灰存性，雞子清調，敷金瘡及湯火傷。　葉：同芎藭、細辛，酒煎含漱，治風蟲牙痛。子：治疝氣，一歲一粒，燒研酒服。　扦插：江南宣、池、歙、饒等處山廣土肥，堪插杉苗。先將地耕過，種芝麻一年。來歲芒種時，截嫩苗頭一尺二三寸長，先用尖橛一把舂穴，勿番（翻）轉原土，將苗插下一半，築實，離四五寸成行排密則易長。每年耘鋤，勿雜他木，或種穀麥以當耘鋤。高三四尺，則不必鋤。

明 周文華《汝南圃史》卷一一《杉》 杉，幹直葉細。易長，二十年後便可參天。其形古，其色翠，望之可愛。江浙間最盛，而徽州婺源者質最堅。紋理豎粗，又名徑木，自棟梁以至器用小物，無不畢需。他木久生蟲蛀，此則性乾燥，千年不朽，即水浸雨淋亦比他木遲毀。山中植者鬻價斬伐，明年放火燒山，驅牛耕轉，則火灰壓下，土氣漸肥，然後插種。今吴中專植杉於丘墓園圃中，土山曲徑亦間植之。法宜驚蟄前後，斬取新枝，鋤坑，入枝，下泥，杵緊，天陰即插，遇雨尤妙。大者伐取亦可充用，但鬆嫩，不如山中者堪施斧鋸。

明 方以智《物理小識》卷九 杉，黏。不宜水壤，種之亦發，然挺茂不久焦枯也。温杉葉細，刺杉葉粗。一種椏木似杉而硬。宜芒種時遇雨斬肄插之。廬山大林寶樹即杉松也。暄曰：閩有水杉，葉似垂柏。其材剥之可卷作甑盤等器，名曰捲木，甚輕。

明 王世貞《彙苑詳註》卷三一《杉》 杉，木名，插杉，用驚蟄前後五日。獨秀青崖，桐梓舊麗，松栝稱奇。馬如茲品，獨秀青崖。羣木欽望，雜卉不闕。長入煙氛，永駿鸞螭。　紫杉，華子崗上，紫杉千仞，被在崖側。白猿棲，全州山西面杉疎偏，爲白猿所棲，竟夕哀鳴，行人所惡《名山志》。七星杉，在麻姑山殿後嶺上，圍二三丈，高切雲漢，横列七株，故以星名。　兩杉覆谷，南野巘山，有漢太傅陳蕃墓，遥望兩杉樹，聳柯出嶺，垂蔭覆谷《南康記》。　請收陵令，侍御史秦武奏平陵前道杉樹一株，萎死，以備預柏栽補之，請收陵令推劾《咸康起居注》。　葉隨風入洛，合浦東二百里有杉樹，葉落隨風入洛陽城内，漢時善相者云：此休徵，當出王者。故遣人伐樹，役夫多死《交州記》。　古杉花宋，淳熙年間，古杉生花在九座山，其香如蘭蕙。　杉木刀，龍標武陽山有仙人，每土人聚即來，入衆莫辨，惟脚趾向後，踵向前，以刀斫之，不死，唯以杉木爲刀，礙之即去《杭州郡國志》。

明 慎懋官《華夷花木鳥獸珍玩考·樅柀》 柀小而美者，出於黟。古稱柀，出玉山。世以爲上饒。而《漢志》歙有玉山，未知孰是。其木爲什器、几案，則明潔而宜漆。《爾雅》曰：樅，柀。按二物葉甚相類，但樅聳而柀垂。柀又有佳實。此爲不同耳《徽州府志》。

明 蔣鐄《九疑山志》卷六 周子恭《古杉記》 舜陵有古杉十五，左十一連理而三者一，連理而二者二，各植者四，右四連理而二者二，各植者二。圍可八尺，稍次六七尺，高可三百尺，勢俱忝天。先是凡十六寧遠以修孔廟伐其一。伐之日，天地昏黑，雷風震怒，聲聞數十里。工師奔訃欲絕。嗚呼，杉亦靈異哉。夫舜孔德相似，以舜杉用孔廟然且不可，况其他哉。是杉宜與天地同壽不朽矣。嘉靖二十四年乙巳夏五月三十日書。

明 慎懋官《華夷花木鳥獸珍玩考》卷三《七星杉》 七星杉在麻姑山殿後嶺上，圍二三丈，高切雲漢，横列七株，故以星名。宋淳熙年間，古杉木生花，在九座山，其香如蘭。龍標武陽山有仙人，每土入聚即來。入衆莫辯，惟脚趾向後，踵向前，以刀斫之不死。唯以杉木爲刀礙之方去出。《杭州郡國志》

明 谷泰《博物要覽》卷一五《杉木》 杉木，産江西及徽州婺源諸山。木理黄白，鋸開有一種清香，性柔軟，可以彫刻，堪爲果柱，歷久不朽蠹云。

明 谷泰《博物要覽》卷一五《杪木》 杪木，産湖廣、長沙、武陵諸山谷。有長至數十丈，大至十圍者。木理有紋如野鷄毛者，名雉雞班。爲木有霜鋸削之時，木氣酷烈，多致昊眡，匠人每用絹帛窒鼻，方敢治之。富貴家多用作棺，云：「雖戀年久，其屍不腐。」以此爲貴。亦有假者，或用楠木以藥畫就雉班愚人者，須細辨之。

清 厲荃《事物異名録》卷三〇《樹木部·杉》 柀，煔。《南方草木狀》：杉，一名柀煔。　沙木、倭木，《本草綱目》：杉一名沙木，出倭國者謂之倭木。　煔木、椴木，《格古要論》：杉木俗呼曰煔木，又曰椴木。　赤水樹，《事物紺珠》：赤油杉色赤而堅，有油，又名赤水樹。　野雞斑，《本草綱目》：杉有赤白二種。赤杉實而多油，白杉虚而乾燥，有斑文如雉者，謂之野雞斑。

清 張宗法《三農紀》卷七《杉》 杉，《圖經》云：葉萃幹直，青聳軒昂，葉扁排生有刺，狀若鳳尾，四時不彫，臨冬更茂。夏月結實，果如小桃。開花白者材虚，赤者材實，質輕膏潤，理起羅緻，入土不壞，可遠蟲甲。作孟夏中盛食不敗。《爾雅翼》云椴。《通志》云：椴象其葉，故爲杉象，其材故爲椴。臨霜不彫，歲寒不變，伐而復生，剪而又茂，不榮不枯，品爲木中高士。植蓺：土肥處易長，忌水浸。荒蕪山坡嶺先種脂麻二季，來歲芒種時，用尖橛一把舂穴，勿翻轉原土，將杉傍生嫩苗分采插下築實，離三五尺成行排密則易生。每年耘鋤，勿雜他木，或種麥粱稷以當耘鋤。高三五尺則止耘，禁牛馬踐踏易茂。白露時收杉毬晒，盛蒲簟中，令毬乾，打落子。子如茄米狀而微小。擇黄壤土鋤起，以草葉鋪面火焚之再三，然後作畦，將子勻撒畦上，以細土糞薄掩之，頻水洒苗生。臨冬作篷以避霜寒，至來年暖時去之。畦中薅草浄。至冬又蓋苗至一三尺許，芒種後白露前移植畔邊生。及獨根者難長，須得畦中多根者易茂。成林，伐而又生萌蘖，分萌蘖傍枝而復插之，轉易無窮。本性：味辛、氣利，快氣，止痛，殺蟲，去濕。效方：柳州救死方。元和十二年得脚氣，夜半痞絶，脇下塊大如石，且死，搐搦上視，家人號哭。滎陽鄭洵傳杉木湯，服半時，頓大下三行氣通，塊散。方用杉木節一大升，橘葉一大升，大檳榔七枚碎之，無橘葉以皮代之，童便三大升，共煎一大升半，分兩服，一服得快即停。後服此方者多效。

清 吴振棫《黔語》 〔杉〕種之法，先一二年必樹麥，欲其土之疏也。杉歷十數寒暑乃有子，枝葉仰者子乃良，擷而蓄之，其鏬而墜者棄之，美其性也。春至糞土，束芻覆之，緼火焫之，乃始布子，而以枝莖午交蔽之，固其氣，不使速達也。稚者曰杉秧，長尺咫則移而植之，皆有行列，沃以肥壤，欲其茂也。壯而拳曲，即付剪刈，易以他栽，貴在植也。

清 愛必達《黔南識略·黔南職方紀略》 山多戴土，樹宜杉。土人云，種杉之地必預種麥及包穀一二年，以松土性，欲其易植也。杉閲十五六年始有子，擇其枝葉向上者，擷其子乃爲良，裂口墜地者棄之，慎木以其選也。春至則先糞土，覆以亂草，既乾而後焚之，而後撒子於土面，護以杉枝，厚其氣以御其芽也。秧初出謂之杉秧，既出而復移之，分行列界，相距以尺，沃之以土膏，欲其茂也。稍壯，見有拳曲者則去之，補以他栽，欲其亭亭而上達也。樹三五年即成林，二十年便供斧柯矣。

清 吴其濬《植物名實圖考》卷三三《木類卷·杉》 杉，《别録》：中品。《爾雅》：柀，煔。《疏》：俗作杉，結實如楓松梂而小，色緑。有油杉可入藥。胡杉性辛，不宜作櫬，又沙木亦其類。有赤心者，《本草拾遺》謂之丹桎木。雩婁農曰：「吾行南贛山阿中，嶇嵚蒙密，如薺如簪而丁丁者，衆峯皆笞，蓋不及合抱，而縱尋斧矣。按志皆曰杉，而土語則曰沙，疑俚音之轉也。閲《嶺外代答》知，杉與沙爲一類而異物。《南城縣志》謂杉有數種。有自麻姑山來者，持山僧所折杉枝，似榧似松，葉細潤而披拂。余始識杉與沙果有異。然江湘率皆沙也。及莅滇，夾道巨木，森森竦擢，絲葉如翼，苔膚無鱗。蓋蔭暍而中樿傍題湊者，皆百餘年物。視彼瘦幹短蹙，亂葉攫拏，如尋人而刺者，真有雞冠佩劍未遊聖門時氣象。夫物有類，而一類中又有鉅細精粗，孔翠鸑鷟五采煥矣，見鳳皇而暗然無文也，駃騠騊駼四蹄輕矣，遇騻駃而瞠乎其後也。

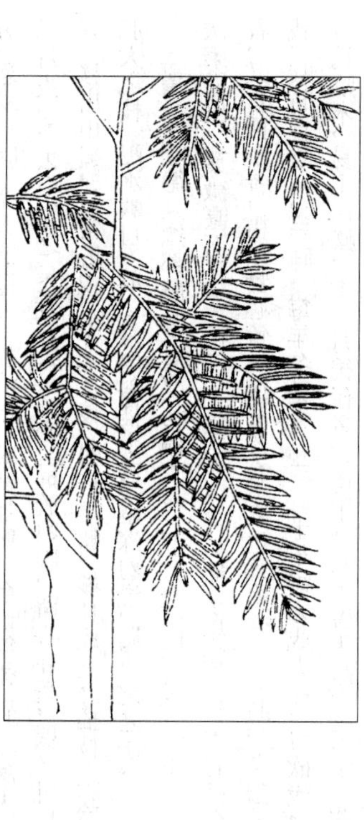

植物名實圖考·杉

約牌筏商販皆沙木。其木理稍異者則杉木耳。

清　吴其濬《植物名實圖考》卷三三《木類卷・沙木》　沙木，《嶺外代答》謂與杉同類，尤高大，成叢。穗小與杉異。今湖南辰沅猺峒亦多種之。大

植物名實圖考・沙木

清　鍾山逸叟《致富奇書》卷一　杉，幹直葉細易長。江浙間最盛，徽州婺源者質最堅。自棟梁以至器用小物，無不需之。山中植者，斬伐後，放火燒山，驅牛耕轉，則火灰壓下，土氣漸肥，然後插種。吴中但植於丘墓園圃中。法宜驚蟄前後，斬取新枝插土中，天陰即插，遇雨尤妙。

清　陳憲舜《課民植牧講義稿・杉》　杉不擇地，長成亦易，凡潤澤凹地，尤爲相宜。四月開花，冬月結實，收取依法，留於來春播之，生發者十之六七。經一年後，又枯過半，實在得十之二三而已，一發芽次日即生子葉，至七日生旁葉，數月即生枝。由初生至七八月，本年已高四五寸，二年七八寸，三年高至二尺，從此每年長高三尺以外。經數十年，必周圍三四尺，高十餘丈。其初生一年之根，已長約四寸至八寸，彼大樹之根，已可想見。凡種出山之後，宜防旱與風雪，及虫鼠兎鹿牛馬猪羊等，剥食根苗樹皮。此木紋理通直，剛柔得宜，用途最廣，凡世界所有器具，由一箸之微起，至棟梁橋艦止，無不用此。其枝葉與根皆有用處，葉可爲線香、抹香之粉，皮能葺屋，香可附酒。就中分爲數種，一紅杉，心材稍紅；又花杉，開花極多；及實杉，則結子茂；黑杉，心材暗黑；又有萌芽杉、柔杉二種，插條即生。採種宜秋分後，選樹經五十年至百年而壯健者，約五六升，春來開行播種之後，緊防鳥雀，地面篩之以灰，厚四五分，恐受日晒，覆以篾篷，旱加清水，葉黄加肥。至二年後，其秧漸大，於翌年三月拔起，去根鬚之長者，酌量稀密，種於熟圃，留心灌溉，秧必日長。四年春，移出山嶺，常常看視，生葉之後，料理不輟，杉林成矣。插枝之法，取多年肥大之枝，浸水數日，於三月内斜插土内，寧深勿淺，屬一定之法。

清　何剛德《撫郡農産考畧・杉樹》　杉，一名沙樹，直幹挺生，上開旁枝，次第横出。葉微匾而長，青色，尖利刺人。實與楓子相類。杉木有高至三五丈者，又有種小者，粗如實心竹。撫屬皆有，宜邑爲多。　天時：驚蟄前後五日栽，栽時宜陰雨，忌晴。每年冬結實。二三十年後方成大樹，可砍伐。清明伐者爲陰木，易生白蟻，十一月後伐者方適用。其小者生叢木中，不見風日，故高而不大。　地利：土地滋潤則易長大。　人事：取老杉兜上新枝，連根劚起移栽之。新枝下截原在土中處，必須築在土中，不可露，築土宜實不宜鬆。初年宜鋤土去草，久旱宜以水灌溉之，不須肥料。逐年宜剪其附枝，只留上三層，餘俱去之。去杉枝宜從下剗上，如剗鳥臼子，不可順砍。凡栽樹木花果，初時最畏風吹，必須以竹條、木杙扶之，尤忌用手撥動。　物用：杉樹大者可爲棟樑之用，以平心圍圓幾尺爲準，上下如一更佳。最大者一株值洋銀數十圓，中者值錢數千，小或數百錢，最小數十錢。撫郡杉木中小之材居多，運往南昌售之。杉樹皮堅厚，可代瓦。其小杉，破圍木桶能耐久，與鐵箍無異。

清　陳昌齊　道光《廣東通志・木類・杉》　杉，一名柀樧，合浦東二百里有杉一樹。【略】至今猶存。多出增城，可作屋柱、船料。

清　陳昌齊　道光《廣東通志・木類・沙木》　沙木。與松同類，尤高大，葉尖成穗，少與杉異《桂海虞衡志》。

清　李鴻章　光緒《畿輔通志・物産・木屬》　杉，塞山有之，蒙古謂爲「楚古爾蘇」，圍塲中地有稱爲「楚古爾蘇者」，以杉樹得名《熱河志》。

藝　文

南朝梁　江淹《杉頌》　桐梓舊麗，松栝稱奇。焉如兹品，獨秀青崖。羣木斂望，雜卉不闚。長入煙氛，永駿鸞螭。

唐　白居易《白氏長慶集》卷七《栽杉》　勁葉森利劍，孤莖挺端標。纔

高四五尺，勢若干青霄。移栽東窗前，愛爾寒不凋。病夫卧相對，日夕閒蕭蕭。昨爲山中樹，今爲簷下條。雖然遇賞翫，無乃近塵囂。猶勝澗谷底，埋没隨衆樵。不見鬱鬱松，委質山上苗。

唐·韋應物《郡齋移杉》（《文苑英華》卷三二四引） 擢幹方數尺，幽姿已蒼然。結根西山寺，來植郡齋前。新含野露氣，稍静高牕眠。雖爲賞心遇，豈有嵒中緣。

元 范梈《古杉行》 丹陵觀前有古杉，屹如雙闕當雲門。云是鍾君之手植，君去此樹餘空邨。尾摇翡翠梢八表，根結蛇蛟行九原。幽邊豈是鬼神護，深處直形天地恩。一方折裂引穿溜，猶是百年燒火痕。蒼皮樹裏漸欲合，始知草木有道存。或云下有丹火伏，四時地底皆春温。神還復壯此其驗，疑是自此無傳喧。平生政坐嗜奇古，來看適值寒冬昏。長歌沈思遶其下，夜半月高松露繁。飄飄葉縣舄影，牢落豐城龍劍魂。何當唤起博物者，共騎黄鵠淩崑崙。

楊

綜述

《爾雅·釋木》 楊，蒲柳。郭璞註：可以爲箭，《左傳》所謂「董澤之蒲」。

北魏 賈思勰《齊民要術·種榆白楊第四六》 白楊，一名高飛，一名獨摇。性甚勁直，堪爲屋材，折則折矣，終不曲撓。奴孝切。榆性軟，久無不曲，比之白楊，不如遠矣。且天性多曲，條直者少，長又遲緩，積年方得。凡屋材，松柏爲上，白楊次之，榆爲下也。　種白楊法：秋耕地熟。至正月二月中，以犁作壟，一壟之中，以犁逆順各一到。畤中寬狹，正似作葱壟。作訖，又以鍬掘底一坑，作小壍。斫取白楊枝，大如指，長三尺者，屈着壟中。以土壓上，令兩頭出土，向上直竪。二尺一株。明年正月中，剗去惡枝。一畝三壟，一壟七百二十株，一株兩根，一畝四千三百二十株。三年，中爲蠶樀，都格反五年任爲屋椽，十年堪爲棟梁。以蠶樀爲率，一根五錢，一畝歲收二萬一千六百文。柴（又作）（及棟）梁（掃住）（椽柱）在外。歲種三十畝，三年九十畝。一年賣三十畝，得錢六十四萬八千文。周而復始，永世無窮。比之農夫，勞逸萬倍。去山遠者，實宜多種。千根以上，所求必備。

唐 段成式《酉陽雜俎續集》卷九《青楊木》 青楊木　出峽中，爲床卧之無蚤。

唐 韓鄂《四時纂要》卷一《種白楊》 秋耕熟地，正二三月，犁壟中逆順一正一倒，使寬。斫白楊枝如指大，長二尺，屈壠中，壓上，令兩頭出，二尺成株，明年正月剪去惡枝。一畝三壠七百二十株，六畝四千二百二十株。三年堪爲蚕椽，五年堪作屋椽，十年堪作棟樑。歲種三十畝，三年種九十畝，歲賣三十畝，永世無窮矣。

宋 陸佃《埤雅》卷一三《釋木》 《爾雅》曰：楊，蒲柳。所謂「董澤之蒲」是也。今有黄、白、青、赤四種。白楊葉圓；青楊葉長；赤楊霜降則葉赤，材理亦赤；黄楊木性堅緻難長，俗云：「歲長一寸，閏年倒長一寸。」世重黄楊，以其無火。或曰：「以水試之，沉則無火。」取此木必於陰晦夜無一星則伐之，爲枕不裂。楊之孚甲早於衆木，昏姻失時則曾木之不如也。故《詩》曰：「東門之楊，其葉牂牂。」牂牂，盛也。「東門之楊，其葉肺肺。」肺肺，衰也。以言嫁娶之暮如此。《莊子》曰：「大聲不入於里耳，《折楊》皇華，則嗑然而笑。」《折楊》，逸詩。皇華，即《詩》所謂「皇皇者華」是也。蓋送之以禮樂，言遠而有光華，則其即人情也近矣。詩之近於人，情非其至者也。《記》曰：「清廟之瑟，朱絃而疏。越一倡而三嘆，有遺音者矣。」若此者，《詩》之至也。《中庸》曰：「上天之載，無聲無臭至矣。」《易》曰：「枯楊生華。」「枯楊生稊。」蓋楊性堅勁，雖生棟不撓。《齊民要術》曰：「白楊性勁直，堪爲屋材，寧折終不曲撓。榆性懦軟，久無不曲，比之白楊，不如遠矣。」正言枯楊，義取諸此象曰：「大過棟橈，本末弱也。」

宋 蔡卞《毛詩名物解》卷五《釋木》 夫先王之於百物爲人用則貴之。《易》稱：「百穀草木麗乎土，得土之灌以厚者其質剛，得土之虚而薄者其性柔。」楊濕生，故材爲下，松檜之木至剛，而不爲四時風雨之所遷也。檜堅實而理直，則宜以爲楫，松剛直而不變，則宜以爲舟。楊非堅實之材，故《菁菁者莪》之卒章言：「汎汎楊舟，載沈載浮。」僅可以載任而已。《采菽》言：「君子之信義，足正諸侯。」故曰：「汎汎楊舟，紼纚維之。」言紼纚維之則固，制下之道也。「東門之楊，其葉牂牂。」牂從羊，言美而未大也。「東門之楊，其葉肺肺。」肺爲金臟，言其已成，所以刺昏姻之失時也。

宋 寇宗奭《本草衍義》卷一五 白楊，陝西甚多，永耀間居人脩蓋，多此木也。然易生根，斫木時碎札入土，即下根，故易以繁植。非止墟墓間，於人家舍前後，及夾道，往往植之，土地所宜爾。風纔至，葉如大雨聲，葉梗故如是。又謂「無風自動，則無此事。」嘗官永耀間，熟見之。但風微時，當風逕者，其葉孤，絶處則往往獨摇，以其蒂細長，葉重大，微風雖過，故往來卒無已時，勢使然也。其葉面青光，背白，木身微白，故曰白楊，非如粉之白。

宋 沈括《補筆談》卷下 扶移，即白楊也。《本草》有白楊，又有扶移。扶移一條本出陳藏器《本草》，蓋藏器不知扶移便是白楊，乃重出之。扶移亦謂之蒲移。《詩疏》曰：白楊，蒲移是也。至今越中人謂白楊只謂之蒲移。藏器又引《詩》云：棠棣之華，偏其反而。又引鄭注云：棠棣，移也，亦名移楊。此又誤也。《論語》乃引逸詩云：棠棣之華，偏其反而。此者自是白移，小木，比郁李稍大，此非蒲移也。蒲移乃喬木耳。木只有棠棣，有唐棣無棠。《爾雅》云：棠棣，棣也。唐棣，移也。常棣即《小雅》所謂「常棣之華，鄂不韡韡」者，唐棣即《論語》所謂「棠棣之華，偏其反而」者。常棣今人謂之郁李。《豳詩》云：六月食鬱及薁。注云：鬱，棣屬，即白移也。以其似棣，故曰棣屬，又謂之車下李，又謂之唐棣。薁，即郁李也。郁薁同音，注謂之蘡薁，蓋其實似薁。薁，即含桃也。《晉宮閣名》曰：華陰園中有車下李三百一十四株，薁李一株。車下李即鬱也，唐棣也，白移也。薁李即郁李也，薁也，常棣也，與蒲移本無交涉。《本草》續添，郁李，一名車下李。此亦誤也。《晉宮閣名》引華林所種車下李與郁李，自是二物。常棣字或作棠棣，亦誤耳。今小木中却有棣棠，葉似棣，黄花緑莖而無實，人家亭檻中多種之。

元 胡古愚《樹藝篇·木部·楊柳》 楊之類亦多。白楊，曰高飛，曰獨摇。人多種於墟墓間，故曰：「白楊多悲風，蕭蕭愁（殺）（煞）人。」水楊，曰楊柳，《詩》云「楊柳依依」。又云蒲柳，《爾雅》云：楊，蒲柳。其條可爲箭幹，故《左傳》云：「董澤之蒲」。崔豹云：水楊，蒲楊，任矢用。或言萑苻亦水楊也。移楊曰扶移，其木大數十圍，無風葉動，華反復合，所謂唐棣之華偏其反。而崔豹云：「移楊，圓葉弱帶，微風大摇，故又一名高飛，一名獨摇。」與白楊之名相近，故郭璞曰「移似白楊」。柳之類亦多。柳，曰天棘，南人呼爲楊柳。楊與柳實兩種，《説文》：「前蒲柳也，柳小楊也。」斬其枝，横倒曲直插皆生。洵按：插之皆生，楊柳皆然，不獨柳也。其花謂之絮，隨風如飛雪，落地如鋪氈，故騷人之所取興也。杞柳亦曰澤柳，可爲桮棬者。《爾雅》曰：旄，澤柳。《草木畧》楊柳多種，易生。大葉楊，細葉柳，夏取其蔭，然多生蝛，不可近。又無垂絲者，可薙供爨。《吴邑志》

元 胡古愚《樹藝篇·木部·白楊》 白楊葉圓，青楊葉長。赤楊霜降則葉赤，材理亦赤。黄楊木性堅緻，難長，俗云「歲長一寸，閏年倒長一寸」。世重黄楊，以其無火。或曰以水試之，沉則無火。取此木必於陰晦夜無一星則伐之，爲枕不裂。楊之孚甲，早於衆木，性堅勁，雖爲棟不橈。《齊民要術》曰：「白楊性勁直，堪爲屋材。榆性儒軟，久無不曲，比之白楊，不如遠矣。」柳，柔脆易生之木，與楊同類。雖縱横顛倒植之，皆生。然使十人植之，一人摇之，則無生柳矣。《大戴禮》曰：「正月柳稊。」稊者，謂發孚也。《本草》曰：「柳葉，一名絮。」《枹朴子》曰：「柳柞速朽，燎以爲炭，則億載不敗。」【略】 水楊葉圓闊而赤，枝條短硬，多生水岸。柳葉狹長而青，枝柯長軟。又有一種，皮如槐檀，葉如樗而狹長，亦生水側，名欅柳。《八閩通志》 柳花與柳絮迥然不同，生於葉間成穗作鵞黄色者，花也。迨其花既褪結實。實熟亂飛如綿，絮也。古今吟咏往往以絮爲花，以花爲絮，畧無分別，可發一嘆。杜工部詩有「雀啄江頭黄柳花」，又有「生憎柳絮白於綿」之句，則花與絮不同，顯然可見。又曰「糝徑楊花舒白氈」，得非一時鹵莽而然耶？ 柳有垂絲柳，有楊柳，有秬柳，通名之柳。雖縱横顛倒植之，但近水即生。《建昌府志》 楊柳所在有之，以垂絲者爲貴。別一種曰白楊，葉粗質細，宜雕刻。一種曰水楊，類白楊而不畏水，陂塘間多植之。《松江府志》 楊柳二種，楊樹葉短，柳樹葉長，花即初發時，黄蕊，子爲飛絮，今絮中有小青子，着水泥灘上，即生青芽，乃柳之苗也。東坡謂絮爲浮萍，誤矣。《西溪叢語》 凡扦楊柳，先於其扦下鑿一竅，用沙木削釘，釘竅中而後栽，則永不生毛虫。或云竅内用杉木楔埋之，更用硫黄，可免蛀。《瑣碎録》 順插爲柳，倒插爲楊。 種柳無刺毛蟲，先於根下種大蒜一枚，即不生蟲。又云：微刮去根下皮，以甘草末擦之亦佳。 種水楊，先用木樁釘穴，方入楊木，庶不損皮，易長。凡扦種皆當如此。 臘月二十四日種楊，不生蠹子。 種柳，取青嫩枝如臂長六七尺，燒下三二寸，埋二尺以上。已上俱《瑣碎録》 【略】柳以垂者爲貴，吴下士大夫家有得鳳州種者，其半拂地復堆如，太湖綺川兩旁亦有之。白樂天《蘇州柳》云：「金谷園中黄嫋娜，曲江亭畔碧婆娑。老來處處游行遍，不似蘇州柳最多。絮撲白頭條拂面，使君無計奈春何。」《吴郡志》 杞柳出城西楓橋及横塘者佳，其條柔，爲栲栳，細者爲箱篋《姑蘇志》。 【略】《曾地里志》：山多赤柳，故名丹楊。又一種枝弱下垂者，名垂柳。《鎮

江府志》江東人通名楊柳，楊葉短，柳葉長。《續博物志》

明 宋詡《竹嶼山房雜部》卷九《樹畜部・樹類》 青楊膚青 白楊膚白材善雕刻。伐其木則根能再發條肄移而種之。諺云：一株死有百株楊。

又 赤楊即水楊材同楊。臘月宜斬小條為栵音例而插之於河壖，而緣切根深耐水，藉以護堤。《詩・皇矣》注曰：栵，行生者也。

明 王象晉《群芳譜・木譜・楊》 楊有二種。一種白楊。葉芽時有白毛裹之。及盡展，似梨葉而稍厚大，淡青色，背有白茸毛。蒂長，兩兩相對，遇風則簌簌有聲。人多植之墳墓間。樹聳直圓整，微帶白色，高者十餘丈，大者徑三四尺，堪棟梁之任。一種青楊。樹比白楊較小，亦有二種。一種梧桐青楊，身亦聳直，高數丈，大者徑一二尺，材可取用，葉似杏葉而稍大，色青緑。其一種身矮，多歧枝，不堪大用。北方材木全用楊、槐、榆、柳四木，是以人多種之。楊與柳自是二物。柳枝長脆，葉狹長；楊枝短硬，葉圓闊，迥不相侔。而諸家多將楊柳混稱，甚至稱爲一物者，緣南方無楊故耳。柳性耐水，楊性宜旱。諸書所言水楊，蓋水柳之譌也。惟垂柳作垂楊，據小説，係隋煬賜姓，未知信否。至於春月飛絮，落水作萍，亦與柳同，但其毬頗粗大耳。性苦平無毒。飢歲小民取其葉煑熟，水浸去苦味，用以充飢。 種植：白楊，伐去大木，根在地中者，遍發小條。候長至栗子、核桃粗，春月移栽。勤澆之。栽青楊於春月，將欲栽樹地挑溝，深一尺五六寸，寬一尺，長短任意，先以水飲透。次日將青楊枝如棗栗粗者，利刀斫下，仍截作二尺長叚（段），密排溝内，露出溝外二三寸，加土與平，築實。數日後方可澆水。候芽長，常澆爲妙。長至五六尺，擇其密者刪之，既可作柴，又使易長。種十畝，歲不慮乏柴。及長至徑四五寸，便可取作屋材用。留端正者，長爲大用。每年春月仍可修其冗枝作柴，而樹身日益高大。 附録：黄楊：木理細膩，枝幹繁多。性堅緻難長，歲長一寸，閏月年反縮一寸。葉小而厚，色青微黄。世重黄楊，以其無火。以水試之，沉則無火。取此木必于陰晦夜無一星伐之，爲枕不裂。東坡詩曰：「園中草木春無數，只有黄楊厄閏年。」考之《爾雅》，桐、茨菰皆厄閏，不獨黄楊。

明 周文華《汝南圃史》卷一一 楊柳，在在有之。《説文》曰：楊，蒲柳也。檉，河柳也。柳，小楊也。《通志》云：柳曰天棘。《大戴禮》曰：正月柳稊。稊，發芽也。崔寔《月令》曰：三月三日及上除採柳絮，可以愈瘡。張敞爲京兆尹時，罷朝，會過走馬章臺，街有柳，終唐時號章臺柳。《南史》云：劉俊之爲益州刺史，獻蜀柳數株，枝條拂披裊如絲縷，武帝以植太昌靈和殿前，常咨嗟歎曰：「此柳風流可愛，似張緒當年。」《隋書》云：煬帝自板渚引河築道，植以柳，名曰隋堤，一千三百里。《毛詩義疏》曰：蒲柳之木二種，一種皮正青，一種皮紅。又曰：杞柳也，生水旁，葉粗而白，木理微赤，今人以爲轂。《古今注》曰：白楊葉圓，青楊葉長。柳葉亦長細。移楊圓葉弱蒂，微風則大摇。一名高飛，一名獨摇。蒲柳生水邊，蒂似青楊，亦曰蒲移，亦曰移（栘）柳，亦曰水楊，枝勁而韌，可任大用。又有赤楊，霜降則葉赤，材理亦赤也。今村居野畔俱植白楊、赤楊。唯園圃中植青楊、移楊及柳三種，枝榦皆入畫景。扦插須帶嫩條方活，然十必死其二三。白楊、赤楊隨手攀折，或老根着地即生發，伐以爲薪。有云「順插爲楊，倒插爲柳」，此謬語，不可信。法宜臘月扦插，交春犯蛀。扦時削尖大頭，以利刀劈開其皮，夾甘草一片入土，亦不生蟲。扦喜實土，浮則多凍死。

明 吴雨《毛詩鳥獸草木考》木考 蒲楊，楊柳。《王風》曰：揚之水，不流束蒲。《傳》：蒲，草也。《箋》：蒲，蒲柳。《陳風》曰：東門之楊，其葉牂牂。《小雅》曰：楊柳依依。《傳》：楊柳，蒲柳也。蒲，蒲柳也。一名楊，一名楊柳，一名蒲楊，一名移柳。生水邊，似青楊，枝莖勁韌可爲箭苛。《世説》：蒲柳之質，望秋先零。蒲，水楊也。《三齊地記》：無棣縣有秦王擊馬蟠蒲，堪爲箭也。《爾雅》：楊，蒲柳是也。今有黄、白、青、赤四種。白楊葉圓，青楊葉長，赤楊霜降則葉赤，材理亦赤。惟黄楊木性堅緻難長，俗云：「歲長一寸，閏年倒長一寸。」世重黄楊，以其無火。或曰以水試之，沉則無火。取此木，必於陰晦夜無一星則伐之，爲枕不裂。毛以爲草，鄭以爲蒲柳，皆通。蒲草，見《草部》「陳澤之陂」是也。《正義》曰：以首章言薪，下言蒲楚，則蒲楚是薪之木名，不宜爲草，故《易傳》以蒲爲柳。孫毓云：蒲草之聲，不與成許相協，《箋》義爲長，今則二蒲之音未詳其異耳。陸璣云：蒲柳有兩種，皮正青者曰小楊，其一種皮紅者曰大楊。其葉皆長廣似柳葉，皆可以爲箭幹。故《春秋傳》曰：「董澤之蒲，可勝既乎。」今又以爲箕鑵之楊也。

明 徐光啟《農政全書》卷三八《種植》 楊柳，《爾雅》曰：楥，柜柳。檉，河柳。旄，澤柳。楊，蒲柳。又曰：桑柳醜條。郭璞注曰：檉，今河傍赤莖小楊。旄，生澤中者楊，可以爲箭。《説文》曰：柳，小楊，易生之木也。柳，一名雨師，一名赤檉，一名人柳，一名三眠柳，一名觀音柳，一名長壽仙人柳。性柔脆，北土最多。枝條長軟，至春晚葉長成。花中結細子，上帶白絮如絨，名柳絮，又名柳絨，隨風飛舞，着毛衣即生虫，入池沼，隔宿化爲浮萍。楊有二種，白楊、青楊。白楊一名高飛，一名獨搖，微帶白色，高者十餘丈。青楊又有二種，一種梧桐青楊，身聳直高大。一種身矮多岐枝，不堪用。楊與柳自是二物。柳枝長脆，葉狹長，楊枝短硬，葉圓闊。

明 謝肇淛《五雜組》卷一〇 古人墓樹多植梧楸，南人多種松柏，北人多種白楊。白楊即青楊也，其樹皮白如梧桐，葉似冬青，微風擊之，輒淅瀝有聲，故古詩云：「白楊多悲風，蕭蕭愁殺人。」余一日宿鄒縣驛館中，甫就枕即聞雨聲，竟夕不絶。侍兒曰：雨矣。余訝之曰：「豈有竟夜雨而無簷溜者。」質明視之，乃青楊樹也。南方絶無此樹。

明 方以智《物理小識》卷九 楊柳，喬者楊，弱者柳。楊有青、白、赤，赤近水生，根須可栵，以護燸堤。柳有大葉、長葉，倒垂者曰宫柳。臘月斬大幹，燔下焦而深插之，稊則歲可髡而復條肆也。諺云：根宜焦，埋到腰。一株死，有百株。楊，青白、髡頭、赤須、長膚，青白者，材可雕刻，又名櫸。杞柳白，皂葉，亦似楊，材供剞劂。櫸葉染皂，材中切板。

清 厲荃《事物異名録》卷三〇《樹木部·楊柳》 鞞鐸 《詞林海錯》：陸龜蒙詩：手携鞞鐸佉，若在中印國。鞞鐸，唐言楊柳也。 女兒腰：杜甫詩：隔溪楊柳弱嫋嫋，恰似十五女兒腰。 蒲柳、萑苻：《本草綱目》：楊枝硬而揚起，故謂之楊，多宜水涘蒲萑之地，故有水楊蒲柳萑苻之名。 扶移、蒲移：《補筆談》：扶移即白楊也，亦謂之蒲移。《詩疏》曰：白楊，蒲移是也。按：扶移或作夫移，爲唐棣名。 義孫：《清異録》：劉靖家兄弟不異居，墳中白楊生檜，鄉人號白楊爲義孫。 天棘：《通志》：柳曰天棘。王元之詩：天棘舞金絲。 漏春和尚：《清異録》：新栽柳樹必用泥封其顛，頗類比邱頂。元伯玉宅前插柳，初春吐芽，伯玉曰，且得漏春和尚，一一無恙。蓋取杜子美詩有「漏洩春光有柳條」之句。 尼俱律陀木：《本草綱目》：寇宗奭曰：釋家謂柳爲尼俱律陀木。 凉木：《本草綱目》：松楊其材如松，其身如楊，故曰松楊。《爾雅》云椋，即來也，其陰可蔭凉，故曰椋木，江西人呼爲凉木。 河柳、三眠柳、觀音柳、長壽仙人柳、三春柳：《羣芳譜》：檉柳一名河柳，一名三眠柳，一名觀音柳，一名長壽仙人柳，即今俗呼謂三春柳也。以下檉柳 赤楊、雨師、垂絲柳、人柳：《本草綱目》：檉柳一名赤楊，一名雨師，一名垂絲柳，一名人柳。羅願《爾雅翼》云：天將雨，檉先知之，起氣以應。又負霜雪不凋，乃木之聖者也，故字從聖。又名雨師，或曰得雨則垂垂如絲，當作雨絲。又《三輔故事》云：漢武帝苑中有柳，狀如人，號爲人柳，一日三起三眠，則檉柳之聖，又不獨知雨負雪而已。 鬼柳、柜柳：《本草綱目》：欅柳一名鬼柳，郭璞註《爾雅》作柜柳。欅柳

清 厲荃《事物異名録》卷三〇《樹木部》 夫移 《爾雅》：唐棣，移。《疏》：唐棣一名移。郭云：似白楊，江東呼夫移。按：唐棣與棠棣異。棠棣，郁李也，入藥部。 移楊、高飛、獨搖：《古今注》：移楊，江東呼爲夫移，微風則大搖，故名高飛，又曰獨搖。又金燈草亦名獨搖。

清 陳大章《詩傳名物集覽》卷一二《隰有楊》 《爾雅》：楊，蒲柳。注：莖可爲箭。《易》：枯楊生稊，老夫得其女妻。枯楊生華，老婦得其士夫。《淮南子》：正月其木楊。《古今注》：白楊葉圓，青楊葉長，蒲楊葉長細，移楊葉圓蔕弱。微風則大搖，一名高飛，一曰獨搖。《埤雅》：楊有黄、白、青、赤四種。赤楊霜降則葉赤，材理亦赤，其孚甲早于衆木。又楊櫨皮白空中，子似枸杞子，冬月熟，赤色，一名空疏。李當之《樂録》謂之溲疏，非今人籬援之楊櫨也。黄楊木性堅緻難長，俗云：歲長一寸，閏年倒長一寸，謂之厄閏，然考之《爾雅》，桐、茨菰皆有厄閏之名，不獨黄楊也，世之重黄楊，以其無火。或曰必于陰晦夜一星不見伐之，爲枕不裂。《齊民要術》：白楊勁直，堪爲屋材，寧折終不曲撓，榆性燸輭，久無不曲，比白楊不如遠矣。《國策》：楊樹之生，倒之生，折而樹之又生。《列子》：虚則夢楊，實則夢溺之反也。《木譜》：楊有二種。一種白楊，芽時有白毛裹之，及盡展，似梨葉而稍厚大，遇風則簌簌有聲，高者十餘丈，徑三四尺。一種青楊，比白楊較小，亦有二種，其一青聳，直高數丈，徑二三尺，葉似杏而大。一種矮身，多歧枝，不堪大用。北方全用楊、柳、榆、槐四木，人皆種之。楊柳亦是二物。柳枝長脆，葉狹長。楊枝短硬，葉圓闊，迥不相侔。諸家多混稱之，甚且以爲一物，蓋南方無楊故耳。柳性耐水，楊性宜旱。諸書所言水楊，皆水柳之譌也。惟垂柳作垂楊，每至春月，飛絮落水作萍，亦與柳同，但其穗頗麤大耳。崔正熊云：水楊葉似青楊，青楊出峽中，爲牀卧之無蝨，別一種，非蒲柳也。白楊株大葉圓，如梨，皮白，多種墟墓間。故古詩曰：白楊多悲風，蕭蕭愁（殺）〔煞〕人。黄楊葉細難長，人家庭中多植之以爲玩。又蒲柳一種，有皮青、皮紅之别，亦名楊柳。《本草》：柳華其葉狹長青緑，枝條長輭者。然蒲柳亦曰蒲楊，移楊亦曰移柳，河柳亦曰小楊。陳藏器云：江東通名楊柳，北人都不言楊，楊樹葉短，柳樹枝長。《朱傳》云：柳楊之下垂者。楊，柳之揚起者。《説文》云：柳，小楊也。欲知楊與柳之别，以三説參之。

清 汪灝《廣群芳譜》卷七八《木譜・白楊》《本草》：一名獨摇寇宗奭曰：本身似楊，微白，故名。李時珍曰：鄭樵《通志》言白楊一名高飛，與柪楊同名，今俗通呼柪楊爲白楊，且白楊亦因風獨摇，故得同名。蘇頌曰：今處處有之，北土尤多。株甚高大，葉圓如梨，皮白色，木似楊。李時珍曰：葉面青而光，背白色，有鋸齒，木肌細白，性堅直，與柪楊乃一類二種也。 附録 柪楊：《爾雅》：唐棣，柪。《注》：似白楊，江東呼夫柪。《埤雅》：其花反而後合，凡木之花皆先合後開，惟此花先開後合。《爾雅翼》：柪生江南山谷，大十數圍，無風葉動。崔豹《古今注》：柪楊圓葉弱蔕，微風大摇，一名高飛，一名獨摇，一曰柪楊，亦曰蒲楊。《本草》：柪楊與白楊是同類二種，今南人通呼爲白楊。

清 郝懿行《寶訓》卷一〇《木材・楊》語曰：世有兩俊，白楊何妥，青楊蕭賁。史：何妥住白楊巷，蕭賁住青楊巷。《夏小正》：三月萎楊。註：楊則華，而後記之。萎，一作委。《爾雅》：楊，蒲柳。註：可以爲箭。崔豹《古今注》：白楊葉圓，青楊葉長，柪楊圓葉弱蔕，微風大摇。案：此種，今俗謂之響楊。《酉陽雜俎》：青楊出峽中，爲牀卧之無蚤。《博雅》：白楊，刀也。馬融《廣成頌》：珍林嘉樹，建木叢生。椿、梧、栝、柏，柜、柳、楓、楊。《齊民要術》：白楊一名高飛，一名獨摇。性甚勁直，堪爲屋材，折則折矣，終不曲撓。凡屋材，松柏爲上，白楊次之，榆爲下也。種白楊法：秋耕令熟，至正月二月中，以犁順逆各一到，塲中寬狹正似葱壠。作訖，又以鍬掘底一坑作小塹，斫取白楊枝大如指，長三尺者，屈著壠中。以土壓上，令兩頭出土向上直竪，二尺一株。明年正月剥去惡枝，一畝三壠，一壠七百二十株，一根兩株，一畝四千三百二十株。

清 張宗法《三農紀》卷七《楊》 楊，《圖經》云：浮甲早于衆木。白楊發芽時有白毛茸，及盡展似梨葉而稍厚大，淡青色，背有白茸，蔕長，兩兩相對，遇風則簌簌然有聲。青楊葉比白楊葉稍長而色緑，但楊性耐旱，不喜水，與柳異，其飛絮作萍與柳同。《古今注》云：圓葉弱蔕，微風則大摇，一名高枝，一名獨摇。楊乃陽木也，遇陽而茂，逢陰而衰。故其葉得風而動，戴霜而落。《虞衡志》云：江東人通稱楊柳。柳葉細長，楊葉圓大，自是二物。植藝：曰：楊伐去本，遍地隨根生苗，春間雨後移栽易活。青楊于春將欲栽時，以地排溝深尺餘，寬一尺，長短任意。先以水飲溝，次日將枝如鐮柄者斫下，截二尺長段密排溝內，露出溝二三寸，加土與（地）平，築實，頻澆，候芽長至五六尺高，擇密者刪之爲薪又易長。及長大可作材用。若種十畝，歲不乏柴。本性：味苦澀氣沉，可化否而除凝。白皮可瑩顔，緑葉可卻風。

清 吴其濬《植物名實圖考》卷三五《木類・白楊》 白楊，《唐本草》始著録。北地極多，以爲梁棟，俗呼大葉楊。《救荒本草》：嫩葉可煠食。又《本草拾遺》有扶柪，即此。

植物名實圖考・白楊

清 吴其濬《植物名實圖考》卷三五《木類・青楊》 青楊，《救荒本草》：葉似白楊葉而狹小，色青皮亦青，故名青楊。葉可煠食，味苦。今北地呼小葉楊。

植物名實圖考・青楊

清 吴其濬《植物名實圖考》卷三五《木類・水楊》 水楊，《唐本草》始著録。與柳同，而葉圓闊，枝條短硬。

清 吴其濬《植物名實圖考》卷三五《木類・水楊柳》 水楊柳，叢生水瀕，高二三尺。長葉對生，似柳而細莖，柔可編筐筥。光州謂之簸箕柳，水農種之。

清 李鴻章 光緒《畿輔通志・物産・木屬》 楊有二種。一種白楊，聳直圓整，高者十餘丈，大者徑三四尺，堪棟樑之任。一種青楊，比白楊較小，亦聳直高數丈者，大徑一二尺。北方材木，全用楊、槐、榆、柳，人多種之。明時宫中用馬口柴，取給於蔚州、昌平諸州縣。其柴長四尺許，整齊日潔，兩端刻兩口，以繩縛之，故謂之馬口柴。康熙初年，炊爨還用此，今惟天壇焚燎用之。楊木長柴，産寶鳳山，柴烟直上，郊壇焚燎用之。每年四月入山斫伐，九月編筏起解，務於冬至前交納。《懷來縣志》：元 袁桷《楊花曲》上都楊花瘦且堅，葉葉不展圓如錢。年年飛花作端午，遠客乍見心茫然。上都飄雪不知數，此花與雪相旋舞。黄鸝聲絶孤雁鳴，萬騎千車互相乘。手攀短條心欲絶，宛轉成毬恨初結。寒風飛蓬卷車輪，點點相亞隨相滅。南鄰蕩子衣夜單，曉望日出如黄綿。辛勤掇拾不敢棄，願刮毫毛同作氊。

清 陳憲舜《課民植牧講義稿・白楊》 葉圓似梨，蒂小而尖，無風自動。宜種於高燥山嶺。其法於清明前十日，砍此樹枝一二擔，斬作三尺長，屈放壠邊，中壓以土，兩頭向上。清明後將三尺斬爲兩段，離二尺五寸種一株，計一畝地可種九百六十株，十畝照算。初下土時，須查看之，嗣後毋須料理。祗種三年，便如碗粗。七八年後，可作棟梁，木器一切之用。若種一畝之地，每年砍賣一百株，十畝可賣一千株，砍至十年，楊樹將盡，又再插之，週而復始，子孫何有窮期也。以近水近城爲合，柴價昂貴，易於發賣，且省運費。凡楊類甚多。此外有青楊，葉長。移楊，葉圓而弱。赤楊，樹遇霜紅。皆楊類之可插種者。赤楊植水濕地，長成最速，樹皮可爲染料，木材可爲箱筐，或伐枝條，以爲薪炭，亦爲世利。

清 阿桂《盛京通志・物産・木屬》 白楊葉微小，皮白，宜爲箭竿。一種生於澤者，多合抱，刳爲槽盆，性不燥裂。

又 青楊，葉大而圓，其材可爲箭竿。

藝文

漢 孔臧《孔叢子》卷下《楊柳賦》 嗟茲楊柳，先生後傷。蔚茂炎夏，多陰可涼。伐之原野，樹之中塘。溉浸以時，日引月長。巨本洪枝，條修遠揚。夭繞連枝，猗那其房。或拳局以逮下，當脱士字。或擢迹而接穹蒼。緑葉累疊，鬱茂翳沈。蒙籠交錯，應風悲吟。鳴鵠集聚，百變其音。爾乃觀其四布，運其所臨，南垂大陽，北被玄陰，西奄梓園，東覆果林。規方冒乎半頃，清室莫與比深。於是朋友同好，几筵列行。論道飲燕，流川浮觴。殽核紛雜，賦詩斷章。合陳厥志，考以先王。賞恭罰慢，事有紀綱。洗觶酌樽，兕觥並揚。飲不至醉，樂不及荒。威儀抑抑，動合典常。退坐分别，其樂難忘。惟萬物之自然，固神妙之不如。當有譌字。意此楊樹，依我以生。未丁一紀，我賴以寧。暑不御箑，淒而涼清。内蔭我宇，外及有生。物有可貴，云何不銘。乃作斯賦，以敘斯情。

元 馬祖常《楊花宛轉曲》 空中遊絲已無賴，宛轉楊花猶百態。隨風撲帳拂香奩，度水點衣縈錦帶。輕薄顛狂風上下，燕子鶯兒各新嫁。釵頭燼墜玉蟲初，盆裏絲纅銀繭乍。欲落不落春沼平，無根無蒂作浮萍。纈波繡苔總成媚，人間最好是清明。清明艷陽三月天，帝里煙花匝酒船。石橋横直人家好，小海白魚跳碧藻。榆莢荷錢怨别離，不似楊花宛轉飛。楊花飛盡緑陰合，更看明年春雨時。

柳

綜述

北魏 賈思勰《齊民要術》卷五《槐柳楸梓梧柞第五〇》 種柳：正月二月中，取弱柳枝，大如臂，長一尺半，燒下頭二三寸，埋之令没，常足水以澆之，必數條俱生。留一根茂者，餘者斫（悉掐）去。别豎一柱，以爲依主。每一尺以長绳柱欄之。若不欄，必爲風所摧，不能自立。一年中，即高一丈餘。其旁生枝葉即掐去，令直聳上。高下任人取足，便掐去正心，即四散下垂，婀娜可愛。若不掐心，則枝不四散，或斜或曲，生亦不佳也。六七月中，取春生少枝種，則長倍疾。少枝，葉青氣而壯，故長疾也。楊柳：下田停水之處，不得五穀者，可以種柳。八九月中，水盡，燥濕得所時，急耕則鐲棲之。至明年四月，又耕熟，勿令有塊。即作畤壟，一畝三壟，一壟之中，逆順各一到，畤中寬狹，正似葱壟。從五月初盡七月末，每天雨時，即觸雨折取春生少枝（長一尺已上者，插著壟中，二尺一根，數日即生。少枝）長疾，三歲成椽，比如餘木，雖微脆，亦足堪事。一畝二千六百六十根，三十畝六萬四千八百根，根直八錢，合收錢五十一萬八千四百文。百樹得柴一載，合柴六百四十八載，載直錢一百文，柴合收錢六萬四千八百文。都合收錢五十八萬三千二百文。歲種三十畝，三年種九十畝，歲賣三十畝，終歲無窮。《陶朱公術》曰：種柳千樹則足柴。十年以後，髡一樹得一載，歲髡二百樹，五年一週。　憑柳可以爲楯、車輞、雜材及椀。　種箕柳法：山澗、河旁及下田不得五穀之處，水盡乾時，熟耕數遍。至春凍釋，于山坡河坎之旁，刈取箕柳，三寸絶（截）之，漫散即勞，勞訖，引水停之。至秋任爲簸箕。五條一錢，歲收萬錢。山柳赤而脆，河柳白而韌。

唐 韓鄂《四時纂要》卷一《種柳》 種柳，取青嫩枝如臂大，長六七尺，燒下頭三二寸，埋二尺（已）來，常以水澆。苗俱出，留一茂者，豎一木作依，以繩縛定，勿令風動，一年便大，但旋去傍枝。尤宜濕地。

宋 陸佃《埤雅》卷一四 柳，柔脆易生之木，與楊同類。雖縱横顛倒植之皆生，然使十人植之，一人摇之，則無生柳矣。立賢之道何以異此，又況植之之人寡，而摇之之人衆乎。松柏醜茂，桑柳醜苑。《詩》曰「苑彼桑柔」，又曰「苑彼柳斯」是也。蓋凡物發而成暢茂，積而成苑結。故桑柳醜條，而其《詩》謂之苑也。《苑柳》曰有苑者，柳不尚息焉。言柳之苑，非若松柏之茂，未幾而衰矣，然人尚庶幾息焉。以言幽王之不可朝事，曾苑柳之不如也。《東方朔集》曰：「首陽爲拙，柳下爲工。」一作「柱下爲工」。柱下老子，柳下展禽也。二説皆通。《大戴禮》曰：正月柳梯。梯者，發乎也。《本草》曰：柳華一名絮。《抱朴子》曰：柳柞速朽，燎以爲炭，則億載不敗。此言養生之經，有益如此。故廣成子以謂：我修身千二百歲矣，而吾形未嘗衰也。《中朝故事》云：天街兩畔槐木，俗號爲槐衙。曲江池畔多柳，亦號爲柳衙。意謂其成行列如排衙也。今言宫腰細瘦謂之柳腰。

宋 寇宗奭《本草衍義》卷一五 柳華，《經》曰：「味苦。」即是初生有黄蘂者也。及其華乾，絮方出，又謂之柳絮。收之，貼灸瘡，及爲茵褥。絮之下連小黑子，因風而起，得水濕處便生，如地丁之類，多不因種植，於人家庭院中自然生出。蓋亦如柳絮兼子而飛。陳藏器之説是。然古人以絮爲花，陶隱居亦曰：「花隨風，狀如飛雪。」誤矣。經中有實及子汁，諸家不解，今人亦不見用。釋氏謂：「柳爲尼俱律陀木，其子極細，如人妄因極小妄果至大。」是知小黑子得因風而起。

宋 蔡卞《毛詩名物解》卷五《釋木》 柳，柔木也。蕃所以禦寇，柔不足以濟難。故曰：「折柳樊圃，狂夫瞿瞿。」以柳爲樊而生之，不足以爲固，故折柳者柔之至也。猶之兎爲饔飧，體微不足以爲厚，而斯首則微之至也。《小弁》之詩曰：「菀彼柳斯，鳴蜩嘒嘒。」夫蜩鳴於菀，然之柳至衆之民而不能使其有所附焉。此《小弁》之所由怨也。

宋 文同《丹淵集》卷二五《種柳詩序》 樂蟠地切邊，其土燥澀磽礫，雖春陽震憤剖發以導仁氣，亦疎散不演潤。凡草樹託殖，生意結結無人許，長大柯幹局然，皮葉礫然，抱節起癭，不中材用。豈和理近，戎落不霑浹，抑西北性條洌舄鹵，與中州相絶至是耶。楊君灝巨川爲令，之明年暇日，乘高窺臨，笑此童秃曰：宜物之術，人常與天地相比儗，寧有施力顓致不可斂。遂種柳殆千根，表絡諸道，既自指閲各任其地闌迾灌浸，期以必活，生脉通定，一無殭者，春條森森，夏陰團團，禽弄蜩唱，蓊翳蕃茂。於是彼人乃能識榮落以記時節，行者得休蔭，無懼暍乏爾，變此川谷一若闠舖巨川，爲政之大抵也，乃作三詩記其事，且欲俾後人相增成，和者連章，以至大軸巨川，擕入都下，示余屬以序。予曰：事有利於用，求成於本，無或不謂爲難，既成而嗣守之，能不毀乃難矣。蓋人皆喜善自己出，若名于他，則萬計沮礙，無少假貸者，十常八九。今巨川營此，亦已勤矣。來者能爲撫摩而不樵薪之，是亦賢君子之所爲也。詩將刻石於縣，故余因以告後人云。嘉祐庚子人日安静文同序。

元 司農司《農桑輯要》卷六《四時類要》：種柳：取青嫩枝如臂，長六七尺，燒下頭三二寸，埋二尺以上。

元 王禎《王禎農書》卷三五《穀譜·竹木·柳》 陶朱公曰：種柳千樹則足柴，又堪屋材。十年以後，髡一樹得一載。每歲髡二百樹，五年一周其材用，柴薪不可勝用。

明 朱權《神隱》下卷 柳，取弱柳枝如臂大者，長一尺五寸，燒下頭三二寸，鑽一竅，用杉木丁釘入埋之，用杵打實，永不生刺毛。先於坑中置蒜一枚，甘草一寸，永不生虫。常以水澆之，必數條俱生，留三四條茂者，削去枝梢，其枝必茂。或栽插者，長五六尺亦可。人家若種千樹，足可以供柴箕。柳可漫插於河邊及平地，至秋間收取，可爲籔箕、升斗用，度二月亦可栽插。垂楊最可愛，或於門前小橋邊，或於柴門之外，多種數株，到春來又可知春色深淺，到秋來又可先知秋意，垂條柔軟可愛，又可爲行人繫馬，這是粧點春色好處。

明 宋詡《竹嶼山房雜部》卷九《樹類》 大葉柳，似楊。長葉柳，枝弱有線。倒垂柳，長線麴塵旖旎火曰官柳。旖於蟻切，旎女綺切。材同於楊。臘月斬大榦燔下焦而深插之。稊音題則歲可以髠而復條肄也。諺云：根要焦，埋到腰。陶朱公云：可髠以足柴。

明 吳雨《毛詩鳥獸草木考》卷一七《木考》 柳，《齊風》曰：折柳樊圃。《傳》：柳，柔脆之木。柳，小楊也。一名天棘。柔脆易生之木，與楊同類。斬其枝幹，雖縱横顛倒，插之皆生。枝條長軟，遠望之若垂絲，花即初發時黄蘂。子爲飛絮，隨風如飛雪，落地如鋪氊。今人以絮爲花，誤也。南人呼爲楊柳，楊與柳實兩種。《說文》云：楊，蒲柳也。柳，小楊是也。插之法，北方諺云：根要焦，埋到腰。

明 王象晉《群芳譜》卷七六《木譜·柳》 柳，易生之木也。性柔脆，北土最多。枝條長軟。葉青而狹長。春初生柔荑，粗如筋，長寸餘，開黄花，鱗次荑上，甚細碎。漸次生葉。至晚春葉長成，花中結細子，如粟米大，細扁而黑，上帶白絮如絨，名柳絮，又名柳絨，隨風飛舞，着毛衣即生蟲，入池沼隔宿化爲浮萍。其長條數尺或丈餘，嫋嫋下垂者名垂柳，木理最細膩。又一種幹小枝弱，皮赤，葉細如絲縷，婀娜可愛，一年三次作花，花穗長二三寸，色粉紅如蓼花，名檉柳，一名雨師，一名赤檉，一名河柳，一名人柳，一名三眠柳，一名觀音柳，一名長壽仙人柳，即今俗所稱三春柳也。春前以枝插之易生。《草木子》云：大者爲炭，復入炭汁，可點銅成銀。《酉陽雜俎》言，梁州有赤白檉。則檉不特有赤，又有白者矣。唐曲江池畔多柳，號爲柳衙，謂成行列如排衙也。柳條柔弱嬝娜，故言細腰娬媚者謂之柳腰。 種植：正二月皆可栽。諺云：插柳莫教春知。謂宜立春前也。百木惟柳易栽易插，但宜水濕之地尤盛。一法：柳栽近根三二寸許，鑽一竅，用杉木釘拴之，出其兩頭各二三寸，埋深尺餘，杵實，永不生刺毛蟲，且防偷拔之患。先於坑中置蒜一瓣，甘草一寸，永不生蟲。常以水澆，必數條俱發。留好者三四株，削去（稍）〔梢〕枝必茂，其餘皆削去。 製用：柳花：味苦寒無毒。主治風水黄疸，四肢攣急，膝痛。收之貼灸諸瘡甚良。 柳絮：主治惡瘡、金瘡、潰瘻，逐膿血，止血療痺。柔軟性涼，作褥與小兒卧甚佳。葉：治天行熱病，骨蒸勞，服金石人大熱悶，湯火瘡毒入腹，熱悶疔瘡。煮汁洗惡瘡，膝瘡，煎膏續筋骨，長肉止痛。枝及根白皮：煮湯洗風腫瘙痒，煎服治黄疸、白濁，煎酒漱牙痛，熨諸腫毒去風。 附録：柳寄生：狀類冬青，亦似紫藤，經冬不凋。春夏之間作紫花，散落滿地。冬月望之，雜百樹中榮枯各異。出蜀中。欅〔柜〕：一名欅〔柜〕柳，一名鬼柳。多生溪澗水側。木大者高四五丈，合二三人抱。葉似柳非柳，似槐非槐。材紅紫，作箱案之類甚佳。鄭樵《通志》云：欅〔柜〕乃榆類，其實亦如榆錢，鄉人採其葉爲甜茶。

明 朱國盛《南河志》卷二《樹株》 昔秦人聚榆成塞，漢將因柳結營。凡河之種柳，蓋自平江伯始也。根株足以護堤，身枝條足以供捲埽，清陰足以庇縴夫，柳之功利信溥矣。盛履任之初，即令徧種，三歲之間僅堪拱把，已可沿堤而紀其株。夫蓄艾必宜未病之先，儲穀不在已饑之後。十歲之計，猶異後人之培植云。

明 何三畏《新刻何氏類鎔》卷三一《柳》 漢時内苑之柳，一日三眠三起，所以有人柳之稱。吕渭中書之柳，經年再枯再榮，所以有瑞柳之號。太昌靈和殿之蜀柳數株，不覺風流奕奕，酷似張緒之少年。高熲孩孺時之高柳百尺，真如車蓋亭亭，預占貴人於他日。陸慧曉與張融並宅，而二株柳共拂于池頭，此樹名爲交讓。王敬則與李錫異時，而兩地柳各榮于行道，此樹俱是甘棠。有鳳州柳者，惟見青絲拂地垂。有雨師柳者，常看地氣行天上。嘗聞漢上林苑偃卧斷柳于地中，俄生葉而蟲食一爲字，是以稱異，而孝宣受命應期。忽聞夜風雨聲，湧出雙柳于河畔，皆帶石而樹高十丈餘，是以爲奇，而刺史繪圖進上。孫敬之到洛，編柳爲簡以寫經。稽康之居家，據柳激泉以戲鍛。韋虚心爲郎官時，所蒔省中之柳，至當再入，對之悚然歛容。桓司馬爲瑯琊時，所種金城之柳，皆已十圍，撫之泫然流涕。顧悦早衰而白髮，自謂蒲柳之姿。王恭年少而美容，渾如春柳之質。桓玄之以柳葉蔽身，而紿顧長康也，遂稱癡絶。宗元之夢柳樹什地，而得柳州牧也，乃爲佳徵。若隋煬帝種柳于堤上，而謂之隋堤柳。辛仲甫種柳于道間，而謂之補闕柳。陶淵明種柳于門前，而謂之五柳先生。則又皆以柳而得名者矣。

清 張岱《夜航船》卷一六 楊柳，隨隋煬帝開河成，虞世基請于堤上栽柳。一則樹根四出，鞠護河堤。一則牽舟之女，搜其陰樾。三則牽舟之羊，食其枝葉。上大喜，詔：民間進柳一株賜一縑。百姓競獻之，帝自種一株，羣臣次第種之。栽畢，上御筆賜垂柳姓楊曰楊柳。

清 曹溶《倦圃蒔植記·柳》 古來名士風流，往往寄之花柳。予以花落眼前，柳生肘左，殊可觀化。種法：正二月間，取臂大枝，長尺有半，燒頭三寸，埋土令没。以水灑澆，數條俱生，留一茂者，豎木爲依，以繩攔之。一年之中即高丈餘，掐去旁枝，務令直聳。復去正心，則四散下垂，婀娜可愛。或云：倒插爲楊，順插爲柳。先用杪木削釘，釘地作穴，然後插之，永不生蟲。或於根下埋蒜一枚，取候臘月廿四，插之亦可。然聞北方楊柳絶無此害，多因羸馬溲氣所殺，近亦有用以填土者。鼷鼠食牛，巴蛇吞象，氣之所使，何獨不然。

清 陳淏子《花鏡》卷三《花木類考·柳》 柳，一名官柳，一名垂柳。本性柔脆，北土最多。枝條長軟，葉青而狹長，初春生柔荑粗如筋，長寸許，開黄花，鱗次荑上，甚細碎。以漸生葉，至暮春葉長成。花中結細子，如粟米大，扁小而黑，上帶白絮如絨，俗名柳絮，隨風飛舞。凡着毛衣即生蛀蟲，入池沼即化浮萍，此乃官柳也。若叢葉成陰，長條數尺或至丈餘，嫋嫋下垂者，此爲垂柳，雖無香豔，而微風摇蕩，每爲黄鶯交語之鄉，吟蟬托息之所，人皆取以悦耳娱目，乃園林必需之木也。種法：在臘月斫大幹，皤其下焦而扦之。如劈開其皮，夾甘草一片入土，則不生蟲。壅土宜實，種後若不動摇，雖縱横顛倒插之盡活，乃最易生之物也。昔人因其花似絮，故有「飛棉飛絮寒無用，如雪如霜暖不消」之咏。

清 李光地《月令輯要》卷七 插柳，原乾淳《歲時記》：清明前三日爲寒食節，都城人家皆插柳滿簷，雖小坊幽曲，亦青青可愛，大家則加棗餇於柳上，然多取之湖堤。有詩云：「莫把青青都折盡，明朝更有出城人。」《通考》：清明日所插簷柳，可止醬醋潮溢。劉克莊清明詩：「寂寂柴門村落裏，也教插柳記年華。」

清 陳大章《詩傳名物集覽》卷一二 《朱傳》：柳，楊之下垂者，柔脆之木也。《説文》：楊，蒲柳也。從木，易聲。檉，河柳也。從木，聖聲。柳，小楊也。從木，卯聲。《本草》：柳華一名柳絮。《唐本注》：柳與水楊，全不相似。水楊葉圓闊而赤，枝條短硬，柳葉狹長青緑，枝條長軟。陶云柳即水楊，非也。《青史子》：柳，南方之草，夏木也。《夏小正》：正月柳稊。稊，發孳也。《埤雅》：柳柔脆易生，與楊同類，雖縱横顛倒植之皆生。諺云：插柳莫教春知。謂宜立春前也。百木惟柳易栽，但宜水溼之地耳。《通志》：柳曰天棘，南人呼爲楊柳。一種欅柳乃榆類，其實亦如榆，鄉人採其葉爲甜茶。《古今合璧》云：樹高二三丈許，嫋娜枝條，葉細而長者曰柳樹，低枝立葉小者曰楊。《山海經》：魔山之西有谷焉，名藋谷，其木名柳。《木譜》：柳，北土最多，枝條長軟，葉青而狹長，春初生柔荑，麤如筯，長寸餘，黄花鱗次荑上，甚細碎，漸次生葉，花中結細子如粟米大，細扁而黑，上帶白絮如絨，名柳絮，又名柳絨，隨風飛舞，著毛衣即生蟲，入池沼隔宿化爲浮萍。其長條嫋嫋下垂者，名垂柳，木理最膩。又一種幹小，枝弱，皮赤，葉細如絲縷，婀娜可愛，一歲三作花，花穗長二三寸，色粉紅如蓼花，名檉柳。唐曲江池畔多柳，號爲柳衙，謂成行如排衙也。柳條柔曼嫋娜，故言細腰者謂之柳腰。又柳可爲炭。《抱朴子》曰：柳柞速朽，燎以爲炭，則千歲不敗。蓋以喻養生者。陳藏器曰：《本草經》以柳絮爲花，誤甚。花即初發時黄蘂，其子乃絮也。又楊與柳同類分爲二，許慎謂柳爲小楊，陶弘景謂柳爲水楊，朱子謂柳即楊之下垂者，不知古詩南楊北柳，本屬二物，其合稱楊柳者，蓋兼楊與柳言之，非謂楊即柳，柳即楊也。舊注錯互，乖物性矣。

清 陳大章《詩傳名物集覽》卷一一 《朱傳》：蒲，蒲柳。《毛傳》：水草。《左傳》云：董澤之蒲。杜注：蒲，楊柳之可以爲箭者是也。《毛傳》：蒲，草也。鄭箋：蒲，蒲柳，水楊也，可爲箭幹，葉圓樹闊，與柳相似，故名楊柳，《采薇》所謂「楊柳依依」。《説文》：楊，蒲柳也。從木，易聲。杜預注：蒲今人以爲柳，其萑可爲矢。董澤在今山西聞喜縣。《三齊記略》：臺城東南有蒲臺，高八丈，始皇所築，至今蒲猶上榮，似水楊，可爲箭。《爾雅》：楊，蒲柳。陸璣：蒲柳有兩種，皮正青者曰小楊，其一種皮紅者曰大楊。其葉皆長廣于柳葉，皆可以爲箭幹，所謂「董澤之蒲」也，今又以爲箕鑵之楊。《本草圖經》：蒲柳其枝勁韌，可爲箭笴，又謂之萑蒲，即水楊也。《本草注》：水楊葉圓闊而赤，枝條短硬，多生水岸。《古今注》：蒲柳生水邊，葉似青楊，一名蒲移，一曰移柳，一曰水楊，一名蒲楊。枝勁韌，任矢用。《世説》顧悦云：蒲柳之姿，望秋而落。《詩緝》：毛以爲草，鄭以爲木，説者以爲上章言薪言楚，則蒲亦木名，不宜爲草，誤矣。夫芻亦草也，而《綢繆》之詩曰：束薪、束芻、束楚。則豈以言木妨草哉，第以束蒲言，則作木于義爲允耳。

清 高士奇《北墅抱瓮録·柳》 柳性易生，横栽倒插皆可活。早春時，嫩綠初荑，柔絲委鬌，非煙非霧，濃媚迎人。又一種赤幹細枝，葉青如縷，粉紅色，名三河柳，《爾雅》之所謂檉也。天將雨，檉先起，風以應之，故又稱雨師，亦婀娜可愛。

清 汪灝《廣群芳譜》卷七六《木譜·柳》 《本草》：柳，一名小楊，一名楊柳。陳藏器曰：江東人通名楊柳，北人都不言楊。楊樹枝葉短，柳樹枝葉長。李時珍曰：楊枝硬而揚起，故謂之楊。柳枝弱而垂流，故謂之柳。蓋一物二種也。

清 張宗法撰《三農紀》卷七《柳》 柳，《圖經》云：性柔脆，枝條長軟，葉青狹長。春初生柔荑，粗如箸，長寸餘，開黄芽，鱗甚細碎，潮次生葉，至晚春葉長成。花結子如粟，細扁而黑，上帶白絮如絨，隨風舞飛，着毛爪即生蟲，入池沼隔宿化爲萍。垂柳、人柳、三春柳可玩賞。王象晉云：楊、槐、榆、柳，北方之材木，人多植之。垂柳爲楊者，據小説，隋煬賜姓也。柳者，留也，湯生物也，秉日文木，故卯月而青。古者春取火于柳。《古書》云：元旦折柳枝插門上以辟百邪。 植蓺：喜溼潤土，植宜大寒後，擇碗大者，斷五六尺長，下鑽竅，以杉木拴之，出兩頭各一二寸許，掘深坑二尺餘，入柳，杵實，以防摇拔。先于坑中置蒜一瓣、甘草一節避蟲。常以水澆，芽生留壯者四五枝，餘盡去之。椿頭塗泥，不令日晒。初活未准，三年始信生。種弱小者，幹鋪溼土，留枝掩土自生。老農云：植柳莫法高，過馬底覆瓦。本性：味苦、氣陽，嘔血、衄血，以絮爲飲。爛痘蛆生，以葉作席。效方：反胃，柳生蕈菰、木耳煎湯溫服。足多汗，以柳花襯足下三五次即解。

清 徐乾學《資治通鑑後編》卷八《宋紀》 （宋太祖開寶九年十一月，郭）進在洺州日，嘗於城四面悉令種柳，壕中雜植荷芰蒲葦，後益繁茂。州人見之有泣者，曰此郭公所種也。

清 鍾山逸叟《致富奇書》卷一 楊柳，陶朱公云：種柳千株，可足柴炭。□取青嫩枝，高如馬，低如瓦。隨地扦插即活。喜實土，浮則凍死。春初生黄蕤。春晚葉長。花老絮出，因風而飛，著衣物則化爲蟲，入池沼則化爲萍。又一種箕柳，宜栽河坎之所。冬月水涸時，灌以麩麪之黄泔。春凍釋，刈取三寸長枝條栽之，引水停蓄。至秋收之，可爲簸箕。山柳赤而脆，河柳白而韌。

清 吴其濬《植物名實圖考》卷三三《木類·柳》 柳，《本經》下品。華如黄蕊，子爲飛絮。前人以絮爲花，殊誤。陳藏器已辨之。但絮有飛揚者，亦有就枝團簇者，俗以爲雌雄。又種生與插枝生者，莖幹亦不同云。

植物名實圖考·柳

清 郝懿行《寶訓》卷六《木材·柳》 蜀人語云：有三千官柳，四十琵琶。陸游詩自註云：柳亦名官柳。《夏小正》：正月柳稊。註：稊也者，發孚也。《爾雅》：檉，河柳。註：今河旁赤莖小楊。陸璣《疏》云：一名雨師，枝葉如松。案：一名觀音柳，西河柳，又名三春柳。旄，澤柳。註：生澤中者。《說文》：柳，小楊也。本作桺，从木，丣聲。《堯典》：宅西曰昧谷。徐廣云：柳谷。案宋祁《筆記》：古文卯本柳字，後借爲辰卯之卯。北本別字，後借爲西北之北。虞翻笑鄭元不識古文，以卯爲昧，訓北曰北。猶別也。《陶朱公術》曰：種柳千樹則足柴，十年以後，髡一樹得一載，歲髡二百樹，五年一周。《博聞録》：楊柳根下先種大蒜一枚，不生蟲。案一法：劈開其下皮，夾甘草一片，入土，則不生蟲。《齊民要術》：種柳：正月二月中，取弱柳枝大如臂，長一尺半，燒下頭二三寸，埋之令没。常足水以澆之，必數條俱生，留一根茂者，別豎一柱以爲依主，以繩攔之。一年中即高一丈餘，其旁生枝葉即掐去，令直聳上高。下任人取足，便掐去正心，即四散下垂，婀娜可愛。六七月中，取春生少枝種，則長倍疾。少枝葉，青氣壯，故長疾也。案：種柳法，亦一畝三壠，治壠寬狹與種白楊法同。柳性耐水，楊性宜旱。

清 陳憲舜《課民植牧講義稿·柳》 古人言順插生柳，倒插生楊，姑勿深辨。總之欲插旱地，則取陸柳。如近溪澗，則取水楊。插活後催肥一年，植後即成大樹。至春初，生蕪荑，即開黄蕊花。葉一長成，花中結子，蕊落絮出，色白如絨，因風而飛，着於衣物，最易生蟲。入於池沼，化爲浮萍。陶朱言插柳千樹，可足柴炭。嫩芽可作飲湯。以今驗之，將葉飼雞，雞爭取食。以喂他畜，或能助料。其枝以火烘軟，可爲箱篋、油簍、酒罈等用。至木材則凡世界上之器具，皆能應用。近

日製作火柴枝盒，銷流尤旺。據《齊民要術》言，於六月内取本年新枝插之，生長倍速，又言一畝可插二千六百六十株。種植不拘土質，生長格外迅速。天下見效之捷，與收利之大，無有出其右者，生菌尤佳。此外有檉柳，即觀音柳。若櫸柳，則葉既不同，樹心多空。種法、用途與此無異。又杞柳，分大中細葉三種，大葉莖青色，收成不及中；中葉莖藍色，收成多而樹枝稍次；細葉收最少，而樹枝極佳。凡沃地耕耘之後，斜切木苗八九寸，入地六七寸，露天約三寸，離五六寸一株。次年將兩株中間之土堆起，使日光射根。四月下肥水一次。五月破碎前堆之土，以培樹根。嗣後澆肥去草，每月一次，至十一月留根際三寸，餘則刈去，根旁生出之三四枝，即新苗木，亦刈下待插，免爲雪損。次年春，又發新枝，仍將兩株中間之土堆起，一切皆如舊年。至十一月可割第一次杞柳枝，三年春必發出七八枝，或十二三枝不等，擇大者刈而用之，切勿傷根。所有嫩芽弱枝，皆留之第四年用。凡刈枝後，浸水一夜，次日取枝爲一束，插植地中，等發芽五六成時，方拔起浸剥。夏刈者宜於日没刈之，浸剥宜隔一宿，漂以清水，晒以日光。若漚變赤色，必損本質，故剥柳皮，必須好天氣也。其收成年勝一年，八九年後漸少。至十年後，挖去更插，其葉可以喂畜作蔬。其枝可以製器代籐，他國人民，處處種此，謂爲較之樹桑，尤無損失，四季采用，確有把握也。

清 琅玕《海塘新志》卷六 乾隆四十九年，聖駕親臨閲視，諭將塘上土牛即填入積水溝槽之内，仍將柴塘後之土順坡斜做，祗需露出石塘三四層爲度，並於其上栽種柳樹，俾根株蟠結，塘工益資鞏固。又經督臣富勒渾撫、臣福崧面奉諭旨，取用老土塘之土，將溝漕一律填平。當即凜遵聖訓，分段委員填築，栽種柳株，今已垂蔭，陰濃根之繞者益繁，土之浮者漸實。自此民竈之安恬，塘工之堅實，皆荷大聖人宵旰求寧，周詳籌畫之所致也。

清 闕名《名花譜・柳》 葉初稊淡黄，久之漸緑，裊娜風流，柔若不勝，而藏鶯滯燕，帶雨棲煙。種種丰神，足供幽人韵賞。大葉者名榆柳，尖葉者名楊柳，别有遠神者爲宫柳，倒樹者成垂柳，而西河其别種也。雨中可扦。漢宫有人柳，狀如人形，每一日三眠三起。王維别業在輞川，遍植楊柳水際，猗猗緑縟，名曰柳浪。

清 穆彰阿 嘉慶重修《清一統志》卷二五《天津府》 海光寺在天津縣南五里，本朝康熙四十四年建，初名普陀寺。五十八年，聖祖仁皇帝賜今額，殿宇宏敞，四圍植柳萬株。乾隆三十二年，高宗純皇帝巡幸天津，有御製海光寺詩，又御書額曰普門慧鏡，寺前平曠，高宗純皇帝巡幸天津，嘗閲武於此，有御製閲武詩。

清 穆彰阿 嘉慶重修《清一統志》卷二二八《西安府》 柳塘在鄠縣南山下，元楊奂隱居教授，其徒植柳千株。

清 李鴻章 光緒《畿輔通志・物産・木屬》 柳，滄州土貢柳箱。《唐書・地理志》大定四年，命都門外夾道重行植柳各百里。《金史・地理志》北土最多，枝條長軟，葉青而狹長。春初生柔荑，開黄花，鱗次荑上。晚春葉長生花，中結細子如粟米大，細扁而黑，上帶白絮如絨，名柳絮。隨風飛舞，着毛衣即生蟲，入池沼隔宿爲浮萍。其長條數尺，娟娟下垂者，名垂柳。又一種幹小枝弱，皮赤，葉細如絲縷，婀娜可愛，一年三次作花，即所稱「三春柳」也。春前以枝插之即活。《羣芳譜》塞外驛道官柳最多，伐者有禁。烈日暑歊，可以蔭暍。又有沙柳，高不過六尺，圍不過五寸，有紅、黄二色，間亦作花絮，生沙灘中，如荆棘然《熱河志》。元 王士熙《上京柳枝詞》：惹雪和煙復帶霜，小東門外萬條長。君王夜過五花殿，曾與龍駒繫紫繮。偏嶺前頭樹樹逢，輕於蒼檜短於松。急風捲絮悲遊子，永日留陰送去儂。今門嶺上雪淒淒，小樹雲深望欲迷。何日汶陽尋故里，緑楊陰裏聽鶯啼。

清 長順《吉林通志》卷三三《物産・木屬》 柳，烏舍寨枕混同江湄，寨前高岸有柳樹。時當仲夏藉樹陰，俯瞰長江，涼飈拂面。《奉使行程録》栝棬之屬，多用之。《盛京通志》今遼東皆插柳爲邊。高者三四尺，低者一二尺。掘濠於其外。《柳邊紀略》

清 謝堃《春草堂集》卷二五《花木小志・觀音柳》 古有陽柳、陰柳。陽柳有花，入水爲萍。陰柳則無花。後人改陽爲楊，復又改楊爲楊，遂有垂楊、青楊、白楊、長楊等號。改柳爲柳，遂有垂柳、水柳、紅柳、巴柳等號。其實皆陽柳也。陰柳因陰音相混，遂加觀字爲觀音柳矣。嘗植一株於盆，枝葉下垂，春碧夏翠，秋亦蕭疎，頗有幽緻，且爲小兒痧疹要藥。

藝文

漢 枚乘《柳賦》 忘憂之館，柔條之木。枝逶遲而含紫，葉萋萋而吐緑。出入風雲，去來羽族。既上下而好音，亦黄衣而絳足。蜩螗厲響，蜘蛛吐絲。階草漠漠，白日遲遲。于嗟細柳，流亂輕絲。君王淵穆其度，御羣英而玩之。小臣瞽聵，與此陳詞。于嗟樂兮，于是罇盈縹玉之酒，爵獻金漿之醪。庶羞千族，盈滿六庖。弱絲清管，與風霜而共彫。鎗鍠啾唧，蕭條寥寂（寥）。雋人（乂）英髦，列

襟聯袍。小臣莫效于鴻毛，空銜鱗而嗽醪。雖復河清海竭，終無增景于邊撩。

漢　王粲《**柳賦**》　昔我君之定武，改天届而徂征。元子從而撫軍，值嘉木于兹庭。歷春秋以逾紀，行復出于斯鄉。覽兹樹之豐茂，紛旖旎以修長。枝扶疏而覃布，莖槮梢以奮揚。人情感于舊物，心惆悵以增慮。行游目而廣望，睹城壘之故處。悟元子之話言，信思難而存懼。嘉甘棠之不伐，畏取累于此樹。苟遠迹而退之，豈駕遲而不屢。

漢　陳琳《**柳賦**》　偉姿逸態，英艷妙奇。緑條縹葉，雜遝纖麗。龍鱗鳳翼，綺錯交施。蔚曇曇其杳藹，象翠蓋之葳蕤。

漢　繁欽《**柳賦**》　有寄生之孤柳，託余寢之南隅。順肇陽以吐芽，因春風以揚敷。交緑葉而重葩，轉紛錯以扶疏。鬱青青以暢茂，紛冉冉以陸離。浸朝露之清液，曜華采之猗猗。

漢　應瑒《**楊柳賦**》　赴陽春之和節，植纖柳以承涼。攄豐節而廣布，紛鬱勃以敷陽。三春條其奄過，景日赫其垂光。振横條而遠翳，迴雲蓋於中唐。

晉　傅玄《**柳賦**》　美允靈之鑠氣兮，嘉木德之在春。何兹柳之珍樹兮，稟二儀之清純。受大角之禎祥兮，生濛汜之遐濱。參剛柔而定體兮，應中和以屈伸。長莖舒而增茂兮，密葉布而重陰。夾通塗與廣庭兮，環清沼而成林。于是玄雲被岳，素景含暉，泰液渥流，朝露未晞。是精靈之所鍾兮，蔚鬱鬱以依依。居者覿而弭思兮，行者樂而忘歸。夫其結根建本，則固於泰山；兼覆廣施，則均於昊天。雖尺斷而逾滋兮，配生生於自然。無邦壤而不植兮，象乾道之屢遷。紛猗靡以從風兮，若將往而復旋。若乃豐葩茂樹，長枝夭夭，婀娜四垂，凱風振條。同志來遊，攜手逍遥。

三國魏　曹丕《**柳賦并序**》　昔建安五年，上與袁紹戰于官渡，是時余始植斯柳。自彼迄今，十有五載矣，左右僕御已多亡，感物傷懷，乃作斯賦曰：伊中域之偉木兮，瑰姿妙其可珍。稟靈祇之篤施兮，與造化乎相因。四氣邁而代運兮，去冬節而涉春。彼庶卉之未動兮，固肇萌而先辰。盛德遷而南移兮，星鳥正而司分。應隆時而繁育兮，揚翠葉之青純。修幹偃蹇以虹指兮，柔條阿那而虵伸。上扶疏而施散兮，下交錯而龍鱗。在余年之二七，植斯柳乎中庭。始圍寸而高尺，今連拱而九成。嗟日月之逝邁，忽亹亹以遄征。昔周遊而處此，今倏忽而弗形。感遺物而懷故，俛惆悵以傷情。于是曜靈次乎鶉首兮，景風扇而增煖。豐弘陰而博覆兮，躬愷悌而弗倦。四馬望而傾蓋兮，行旅仰而迴睠。秉至德而不伐兮，豈簡卑而擇賤。含精靈而奇生兮，保休體之豐衍。惟尺斷而能植兮，信永貞而可羡。

三國魏　曹植《**柳頌序**》　余以閑暇，駕言出遊。過友人楊德祖之家，視其屋宇寥廓，庭中有一柳樹，聊戲刊其枝葉，故著斯文，表之遺翰。遂因辭勢，以譏當今之士。

晉　成公綏《**柳賦**》　宅京宇之西偏，濱犢鼻之清渠。啟横門于大路，臨九達之通衢。愍行旅之靡休，樹雙柳于道隅。彌年載而成陰，紛嬋娟而扶疏。

南朝宋　伍輯之《**柳花賦**》　步江皋兮騁望，感春柳之依依，垂柯《初學記》作絲葉而雲布，颺零華而雪飛。或風迴而遊薄，或霧亂而颺零，野净穢而同降，物均色而齊明。

南朝梁　蕭綱《**折楊柳**》　楊柳亂如一作成絲，攀折上春時。葉密鳥飛礙，風輕花落遲。城高短簫發，林空畫角悲。曲中別無一作無別意，併爲一作是一相思。

南朝梁　蕭繹《**折楊柳**》　巫山一作山高巫峽長，垂柳復垂楊。同心且一作宜同折，故人懷故鄉。山似蓮花艷，流如明月光。寒夜猿聲徹，遊子淚沾裳。

南朝梁　徐陵《**折楊柳**》　嫋嫋河堤樹，依依魏主營。江陵有舊曲，洛下作新聲。妾對長楊苑，君登高柳城。春還應共見，蕩子太無情。

南朝梁　岑敬之《**折楊柳**》　將軍始見知，細柳繞營垂。懸絲拂城轉，飛絮上宫吹。塞門交度葉，谷口暗横枝。曲城攀折處，唯言怨別離。

南朝梁　王瑳《**折楊柳**》　塞外無春色，上林柳已黄。枝影侵宫暗，葉彩亂星光。陌頭藏戲鳥，樓上掩新粧。攀折思爲贈，心期別路長。

南朝梁　江揔《**折楊柳**》　萬里音書絶，千條楊柳結。不誤一作悟倡園花，遥同故里一作天嶺雪。春心自浩蕩，春樹聊攀折。共此依依情，無奈年年別。

南朝梁　蕭繹《**詠雲陽樓簷柳**》　楊柳非花樹，依樓自覺春。枝邊通粉色，隙裏暎紅巾。帶日交簾影，因吹掃窗塵。拂簷應有意，偏宜桃李人。

南朝齐　吴均《**柳**》　細柳生堂北，長風發鴈門。秋霜常振葉，春露詎濡根。朝作離蟬宇，暮成宿鳥園。不爲君所愛，摧折當何言。

南朝陳　張正見《**垂柳映斜溪**》　千仞青溪險，三陽弱柳垂。葉細臨湍合，根空帶石危。風翻夾浦絮，雨濯向流枝。不分梅花落，還同横笛吹。

隋　杜之松《**敬和衛尉于卿柳**》　漢將本屯營，遼河有成城。大夫曾取姓，

先生曾得名。高枝拂遠鴈，疎影度遥星。不辭攀折苦，爲入管絃聲。

唐 李世民《春池柳》 年柳變池臺，隋堤曲直迴。逐浪絲陰去，迎風帶影來。疎黄一鳴哢，半翠幾眉開。縈雷臨春岸，參差間早梅。

唐 許景元（先）《柳》 春色東來渡渭橋，青門垂柳百千條。垂疑作長楊西連建章路，漢家枝苑紛無數。縈花始遍合歡真，一作宫遊絲半罥相思樹。春樓初日照南隅，柔條垂緑掃金鋪。寶釵新梳倭墮髻，錦帶交垂連理襦。自憐柳塞淹戍幕，銀燭長啼愁夢着。芳樹朝催玉管新，春風夜染羅衣薄。城頭楊柳已如絲，今年花落去年時。折芳遠寄相思曲，爲惜容華難再持。

唐 王泠然《題河邊枯柳》 隋家天子憶揚州，厭坐深宫傍海遊。穿地鑿山開御路，鳴笳疊鼓泛春流。流從鞏北河分口，直到淮南種官柳。功成力盡人族亡，運謝年移樹空有。當時彩女侍君王，帳殿旌門對柳行。青葉交垂連幔色，白花飛散染衣香。今日摧殘何用道，數里曾無一株好。驛騎江帆損更多，山精野魅藏應老。凉秋九月露爲霜，日夜孤舟入帝鄉。河畔時時聞一作時間有落水，客中無箇不霑裳。

唐 吉中孚妻張氏《柳絮》 靄靄芳春朝，雪絮起青條。或值花同舞，不因風自飄。過罇浮緑醑，拂幌綴紅綃。那用持愁玩，春懷不自聊。

唐 姚係《庭柳》 裊裊柳楊枝，當軒雜珮垂。交陰總共密，分條各自宜。因依似永久類詩作夕，攬結更傷離。愛此陽春色，秋風莫遽吹。

唐 楊巨源《賦得灞岸柳留辭鄭員外》 楊柳含煙灞岸春，年年攀折爲行人。好風倘借低枝便，莫遣青絲掃路塵。

唐 楊巨源《楊花落》 北斗南迴春物老，紅英落盡緑尚早。韶風澹蕩無所依，偏惜垂楊作春好。此時可憐楊柳花，縈盈艷曳滿人家。人家女兒出羅幙，静掃玉庭待花落。寶環纖手捧更飛，翠羽輕裾承不着。歷歷瑶琴舞金陳，菲紅拂黛憐玉人。東園桃李芳已歇，獨有楊花嬌暮春。

唐 白居易《白氏長慶集》卷一九《勤政樓西老柳》 半朽臨風樹，多情立馬人。開元一株柳，長慶二年春。

唐 白居易《白氏長慶集》卷一五《雨中題衰柳》 濕屈青條折，寒飄黄葉多。不知秋雨意，更遣欲如何。

唐 白居易《白氏長慶集》卷三一《楊柳枝詞》 陶令門前四五樹，亞夫營裏百千條。何似東都正二月，黄金枝暎洛陽橋。

唐 李紳《柳二首》（一）千條楊類詩作垂柳拂金絲，日暖牽風葉學眉。愁見花往飛類詩作飛往不定，還同輕薄五陵兒。（二）陶令門前罥接籬，亞夫營裏拂朱旗。人事推移無舊物，年年春至緑垂絲。

唐 杜牧《柳長句》 日落水流西復東，春光不盡柳何窮。巫娥廟裏低含雨，宋玉宅類詩作門前斜帶風。不嫌榆莢共争翠，深感杏類詩作深與桃花相暎紅。灞上漢南千萬樹，幾人遊宦别離中。

唐 温庭筠《柳》 楊柳千條拂面絲，緑烟金穗不勝吹，香隨静婉歌塵起，影伴嬌嬈舞袖垂。羌管一聲何處曲，流鶯百囀最高枝。千門九陌花如雪，飛過宫牆兩自知。

唐 李商隱《李義山詩集》卷上《柳二首》 動春何限葉，撼曉幾多枝。解有相思否，應無不舞時。絮飛藏皓蝶，帶弱露黄鸝。傾國宜通體，誰來獨賞眉。爲有橋邊拂面香，何曾有敢占流光。後庭玉樹承恩澤，不信年華有斷腸。

唐 李商隱《李義山詩集》卷上《謔柳》 已帶黄金縷，仍飛白玉花。長時須拂馬，密處少藏鴉。眉細從他斂，腰輕莫自斜。琇梁誰道好，偏擬暎盧家。

唐 薛逢《評柳》 弱植驚風急自傷，暮來翻遣思悠揚。曾飄綺陌隨高下，敢拂朱欄競短長。縈砌乍飛還乍舞，撲池如雪又如霜。莫令岐路頻攀折，漸擬垂陰到畫堂。

唐 薛陶《柳絮》 二月楊花輕復微，春風飄蕩一作蕩漾惹人衣。他家本是無情物，一向南飛又北飛。

唐 薛能《新柳》 輕輕須重不須輕，衆木難成獨早成。柔性定勝剛性立，一枝還引萬枝生。天鍾和氣元無力，時遇風光别有情。誰道少逢知己用，將軍因此建雄名。

唐 薛能《詠柳花》 浮生失意頻，起絮又飄淪。發自誰家樹，飛來獨院春。朝容縈斷砌，晴影過諸鄰。亂掩空中蝶，還一作繁衝陌上人。隨波應到海，霑雨或依塵。會向慈恩日，輕輕對此身。

唐 韓琮《柳》 折柳歌中得翠條，遠移金殿種青霄。上陽宫女吞聲送，不念先歸學舞腰。

唐 韓喜類詩作溉《柳》 雪入青雲類詩作雪盡青門弄影微，暖風遲日早鶯歸。如憑細葉留春色，須把長條繫落暉。彭澤有情還鬱鬱，隋堤無主自類詩作亦依依。世間惹恨偏饒此，可是行人折贈稀。

唐　鄭谷《雲臺編》卷中《竹》　半煙半雨江橋畔，暎杏暎桃山路中。會得離人無限意，千絲萬絮惹春風。

唐　顧雲《柳二首》　帶露含烟處處垂，綻黄摇緑嫩參差。長堤未見風飄絮，廣陌初憐日暎絲。斜傍畫筵偷舞態，低臨粧閣學愁眉。離亭不放到春暮，折盡拂簷千萬枝。　閑花野草總争新，眉皺絲乾獨不匀。乞取東風殘氣力，莫教虚度一年春。

唐　羅隱《羅昭諫集》卷四《柳》　灞岸晴來送别頻，相偎相倚不勝春。自家飛絮猶無定，争解垂絲伴路人。

唐　楊炯《折楊柳》　邊地迷一作遥無極，征人去不還。秋容凋翠羽，别淚損紅顔。望斷流星驛，心馳明月關。藁砧何處在，楊柳自堪攀。

唐　盧照隣《折楊柳》　倡樓啓曙扉，園柳正依依。鶯一作鳥鳴知歲隔，條變識春歸。露葉凝愁黛一作疑啼臉，風花落一作亂舞衣。攀折將安一作聊將寄，軍中音一作書信稀。

唐　沈佺期《折楊柳》　玉窗朝日映，羅帳春風吹。拭淚攀楊柳，長條踠地垂。白花飛歷亂，黄鳥思參差。妾自肝腸斷，傍人那得知。

唐　李德裕《李衛公别集》卷二《柳柏賦并序》　夫受天地之正者，惟松柏而已。故聖人稱其有心，美其後凋。豈無他木，莫可儔匹。予嘗嘆柏之爲物，貞苦有餘而姿華不足，徒植於精舍，列於幽庭，不得處園池之中，與松竹相映。獨此郡有柳柏，風姿濯濯，宛然荑楊，而冒霜停雪，四時不改，斯得爲之具美矣。惜其生而遐遠，人罕知之，偶爲此賦，以貽親友。惟天地之生物，均覆載而不私。雖草木之殊性，皆榮落之有時。感松柏兮一作之。得真，一作自得。經隆冬而乃知。常集霰於窮節，終秉心而不移。觀夫竹嬋娟以挺秀，松英茂以含滋；可蔭蔚於臺榭，故封植於園池。嗟緑柏之貞苦，爰自託於幽崖。或森森於寒壠，或肅肅於江一作神。祠。何炎徼之僻陋，或珍木而在兹。齊蓊蔚於蘭若，儷芬芳一作貞姿。於桂枝。遠而象之，聳幹參差，疑翠旌之陸離。迫而玩之，布葉低垂，若羽一作孔。蓋之威蕤。又似翠列巢以羣棲，鸞奮翼而來儀。含輕煙於夕景，泣零露於朝曦。待一作逮。秋實之繁衍，綴青珠以纍纍。嗟乎，材不可備，人亦如斯。子張之容雖盛，柳惠之貞則虧。有長孺之正色，無思曼之風姿。嘆此物之具美，以幽深而見遺。非欲企瓊林於塵外，方玉樹於前墀。望舊國兮無際，思故人兮未期。曾不得倚樹而一作瓊樹。泛瑤瑟，攀條而獻蘭芝。慨路遠而莫致，抑毫端而孔悲。顧謂稚子煜，起爲謡曰：楚山側兮湘水源，美斯柏兮託幽根。條總翠兮冬轉茂，實垂珠兮秋始繁。彼變化兮不測，焉知非張緒之精魂。

唐　白居易《白氏長慶集》卷一一《東澗種柳》　野性愛栽植，植柳水中坻。陳知切乘春持斧斫，栽截而樹之。長短既不一，高下隨所宜。倚岸埋大幹，臨流插小枝。松柏不可待，楩楠固難移。不如種此樹，此樹易榮滋。無根亦可活，成陰況非遲。三年未離郡，可以見依依。種罷水邊憩，仰頭閒自思。富貴本非望，功名須待時。不種東溪柳，端坐欲何爲。

唐　白居易《白香山詩集》卷四《隋堤柳·憫亡國也》　隋堤柳，歲久年深盡衰朽。風飄飄兮雨蕭蕭，三株兩株汴河口。老枝病葉愁殺人，曾經大業年中春。大業年中煬天子，種柳成行夾流水。西至黄河東至淮，緑影一千三百里。大業末年春暮月，柳色如煙絮如雪。南幸江都恣佚遊，應將此柳繫龍舟。紫髯郎將護錦纜，青蛾御史直迷樓。海内財力此時竭，舟中歌笑何日休。上荒下困勢不久，宗社之危如綴旒。煬天子，自言福祚長一作垂無窮，豈知皇子封酅公。龍舟未過彭城閣，義旗已入長安宫。蕭牆禍生人事變，晏駕不得歸秦中。土墳數尺何處葬，吴公臺下多悲風。二百年來汴河路，沙草和煙朝復暮。後王何以鑒前王，請看隋堤亡國樹。

唐　郭炯《西掖瑞柳賦》　乾坤至誠，草木無情。神靈乘化而致理，枯朽効祥而發生。當聖澤未沾，故兀然枯瘁。及天光廻照，遂藹爾敷榮。因萬物以咸，遂與百祥而畢呈。故得垂陰鎖闥之中，固本鳳池之側。始孤標而穎拔，乍苒弱而條直。長充西掖之佳玩，廻奪東門之秀色。芬數自異，永垂不朽之名。變化無一作殊常，用表好生之德。懿其荑生漸蔚，幹聳惟條。拂瑞景而增麗，裛祥風而獨摇。可以彰聖主之玄感，可以見昊天之孔昭。舒卷以時，陋梧桐之半死。榮祐順理，鄙松柏之後凋。且春布發生之慶，秋行肅殺之令。於天地而不失其常，在金木而各得其性。衆皆畢出盡達，我則向日而衰。衆皆黄落萎腓，我則感時而盛。不然何以知至德之動天，運神功而瑞聖者矣。翠色牂牂，異酒泉嘉棯之祥。輕陰澹澹，同鄗郡枯梓之感。烟銷雨霽，霏素雪於宸居。日宴疑作晏春深，雜繁花於睿覽。青翠葳蕤，垂軒拂墀。在日月偏臨之處，當鴛鴦一作鸞集苑之時。至矣哉，天降靈貺，聖爲明證。既得地而不雜衆流，常託根而獨標美稱，是知天聽自人而應者也。

唐　陳詡《西掖瑞柳賦》　柳變西掖，瑞彰聖時。感廵遊之未至，失榮落於先期。雨露所均，常比中國一作園之鬱鬱。宫闈暫閉，若無春日之遲遲。所

以望車塵之行幸，慰都人之怨思。物或有憑，神固難宰生。植不易地而孤影，忽同秋而異色。豈上天之降鑒，俾下民之是則。于以激忠臣之心，于以彰大君之德。初斯柳之失常，人未知其爲祥，秦原之煙景明媚，漢苑之草樹芬芳。獨孤彫而槁瘁，似永隔於風光。無絮花之似雪，意膏露之凝霜。及夫天迴舊步，木得其性。千官捧日以輸忠，萬騎從龍而翊聖。彼衆芳之已歇，我得秋而始盛。豈固異於常材，實願貞乎景命。偉夫瑞發匪遥，成天意之孔昭。德惟可覽，結人心之幽感。不然抑且無情，曷枯而生。其枯也，當煙塵之晦。其生也，表氛沴之情。與時不偶，叶聖斯呈。政或可持疾風，始知夫草勁。節無所立，歲寒徒稱乎柏貞。宜其俯鳳池而灑潤，接鷄樹以連榮。儒有因物比興，屬詞揣稱。聞瑞柳於春宫，遂榆楊於天塵。

唐 鄭愔《折楊柳》 青柳映紅顔，黄雲蔽紫關。傳聞邊信出，枝葉爲君攀。舞腰愁欲斷，春心望不還。風花亂成雪，羅綺淚斑斑。

唐 喬知之《折楊柳》 可憐濯濯春楊柳，攀折將來就纖手。妾容與此同盛衰，何必君恩能獨久。

唐 張九齡《折楊柳》 纖纖折楊柳，持取寄情人。一枝何足貴，憐是故園春。遲景那能久，流芳不及新。更愁征戍客，容鬢老邊塵。

唐 敬括《枯楊生稊賦》 柔得乎剛，則變化無方，故能令老者以安分，使衰者而再芳。不然爻之均，奚獨殊其楝橈？木之衆，奚獨舉其枯楊？徒觀其枝葉滋潤，色帶韶光。發枯槁，擢豪芒，直幹森梢，欻浮於青翠。高柯偃蹇，漸變於蒼黄，豈比夫顛木貴枿、壞材稱良而已哉？至如和風稍吹，遲日久照，淡清烟而羃麗，合晚靄而凝耀，苟非懷蠹，狀雖死而猶生。忽應鳴禽，類先號而後笑，是知心動於內，氣變於形，以類相感，因時則冥。或叢生落落，或孤峙亭亭。映平林而迥秀，倚長空而半青。爰有翰林墨客，懿此維新，覩物生興，與時爲春。在陽當榮於枯木，理代實資於哲人。遂稽大道，將期小伸。相長楊以體物，希百中於兹辰。

唐 魚玄機《折楊柳》 朝朝送别泣花鈿，折盡春風楊柳煙。願得西山無樹木，免教人作淚懸懸。

唐 白居易《白氏長慶集》卷三二《栽楊柳》 白頭種松桂，早晚見成林。不及栽楊柳，明年便有陰。春風爲催促，副取老人心。　從君種楊柳，夾水意如何。準擬三年後，青絲拂緑波。仍教小樓上，對唱柳枝歌。　更想五年後，千千條麴塵。路傍深映月，樓上暗藏春。愁殺閒遊客，聞歌不見人。

王貞白《折楊柳三首》 枝枝交影鎖長門，嫩色曾沾雨露恩。鳳輦不來春欲盡，空留鶯語到黄昏。　水殿年年占早芳，柔條風裹御爐香。如今萬乘多巡狩，輦路無陰緑草長。　嫩葉初齊不耐寒，和寒時拂玉闌干。征人去日曾攀折，泣雨傷春翠黛殘。

宋 周紫芝《太倉稊米集》卷一七《正月二十九日種柳三十五株》 故國兵火餘，壞地日窘蹙。千里無雞豚，遺禍及草木。火攻阨焚巢，雲棲急新卜。尺地無寸荄，山腰見茅屋。小徑卧修蛇，縈迂繞山麓。垂楊剪孫枝，封殖勤養育。正須清陰成，門巷森結曲。微風惱春絮，細雨滋淺緑。悲涼聽殘蟬，徙倚捫飽腹。種德須百年，種木十年足。十年吾已老，光景日夜速。吾事倘復濟，亦足快所欲。何必羡張緒，風流標簡牘。

宋 張詠《乖崖集》卷四《曲湖種柳》 曲湖連曲接平蕪，前事因循好欲吁。不見有源堪濬鑿，便來此地費工夫。蛙能聚響難停息，蓮本含香舊已無。夾岸近教多種柳，少延春色到城隅。

宋 宋伯仁《西塍集·清明插柳》 清明是處插垂楊，院宇深深緑草藏。心地不爲塵俗累，不簪楊柳也何妨。

宋 王十朋《梅溪後集》卷六《柳》 何幸先人有敝廬，不妨同種柳千株。垂陰覆地寧無日，作雪漫天肯似榆。

明 秦夔《五峯遺稿》卷九《門外柳》 白頭司馬當朝傑，家住茂陵西復西。舊種三槐今尚茂，新栽五柳亦看齊。長條未許隣人折，秀色偏承雨露低。報道春風榮晝錦，當門驄馬再三嘶。

明 程良孺《茹古略集》卷二六《柳》 余過隋堤之故蹟，史考尼拘之别名，《高僧》而竊有賦于柳也。沃土斯茂，《管子》正月始荑，《大戴》絮或經宿，《瑣碎録》花且從醎。南蠻歌東門之洋洋，嘆昔日之依依。《詩》其和尚之偏青，得幸無恙，《清異》其女兒之嫋娜，斷挽以幾。杜乃若展禽之家，傳其姓字，《淮南子》注陶潛之宅，挹彼芳踪，《南史》風流推之張緒，《南史》濯茂擬之王恭。《世説》笑顧愷之痴絶，上慕稽康之煉工。《晉書》昔種虜中，比甘棠之遺愛，《南齊》出知彭邑，多補闕之名封。王仲甫一時顯要同朝，可憐摧折。《隋書》並宅意氣相許，具美芳隆。《齊書》離懷翠色，《系述》想見高風，《南史》虞城因之頌作，李集《去思頌》省署對之愁共。韋維驚雷雨之驟至，《舊唐》看車蓋之摩空。《隋書》多所值于振武，《舊唐》異所遇于盧公。《宣室》全忠之殺機有萌，生憐游客，《摭紳舊聞》桓温之感年已極，泣下在躬。劉義慶記乃若公孫之食葉，《漢書》天錫之化松。本事期射于百步，左剩眠于朝終。《温叟詩話》編簡以從苦茹素志，《世說》結帶以乞妙絶治容。《麗情集》望秋而零，曾何怪于弱質，《世說》登臺而詠，遮莫侈于花叢。韓翃想女手之荑，妙稱三絶，《揮犀》顧子衣之爛熳，料匪長窮。《三峰集》其作賦而非非是是，《舊唐》其入夢而吉吉凶凶。《因話録》無爲兵革苦辛之嘆，王隱《晉書》無爲金雞鳴祇之逢。《隋書》唱小蠻于樂府，《詩話》刺有宛于山宫。《詩》檉河旄澤，《爾雅》鳳伯直陵，《山海》合一則人官之巧，《暇日記》將雨則地氣之靈。天中勿益樊圃以折，《詩》誠向汶水而榮。《詩疏義》嗟哉參剛柔以立體，應中和以屈伸，長莖舒而增茂，柔條那而孛紳，傅玄賦無土壤不植，雖尺斷逾滋，賦斯楊蒲之爲物，益民用之所宜。《三齊畧記》

明　夏鍭《夏赤城先生文集》卷六《種柳》　溪邊種柳今幾尺，山蟬來號鴉可宅。主人愛柳仍愛溪，聽溪尚怪垂陰窄。柳枝可斷沙可穿，見事不爲非計得。揭來餝奴具行銚，人課幾株留簿責。緑蓑晨起聽雞聲，白帽曉來冲鷺翩。大枝如椽帶烟傾，小枝如杖和露瓶。穿沙欲下防水深，附土欲高恐風搖。欲看厺蔭滿青沙，須臾溪邊如列栅。君不見六月火珠燒天紅，行人兩手常在額。浣沙之女撻水夫，君看居士施恩澤。

清　鄭江《殘柳》　畫橋斜去水東流，落日西風澤國秋。樹下彩雲都散盡，夜來明月尚勾留。碧蹄馬老憐荒驛，白髮人閒倚酒樓。六代離宫鴉數點，滿天疎雨不勝愁。

清　劉廷璣《折楊柳歌辭》　含淚送君行，送君到南浦。楊柳最無情，不知離別苦。折取煙中枝，千絲與萬絲。人從此時去，卻向何時歸。有言未盡中心曲，長條難繫斑騅足。望中不見遠行人，河橋摇曳傷心緑。

清　繆日芑《秋柳》　摇落西風裏，垂條浪不生。本非攀折候，猶有別離情。凉露成清滴，寒鴉噪晚聲。吾生饒短髮，愁對淡煙横。

清　周瓚《柳絮曲》　點點覺春深，飛飛恨不禁。露沾疑妾淚，風散比郎心。曉月隋堤畔，殘陽灞水陰。年年飄蕩處，腸斷白頭吟。

清　周志蕙《柳》　歲歲逢春春可憐，争禁三起又三眠。絲絲愁緒隨風亂，濯濯豐姿著雨妍。古渡欲牽遊子棹，離亭留贈旅人鞭。一聲長笛河橋晚，回首蒼茫幾樹煙。

清　汪煛《秦淮秋柳》　内橋南去水平蕪，處處秋煙似畫圖。惆悵千絲殘照裏，不堪重問舊棲烏。拂地西風起白門，幾枝寒碧襯煙痕。不知何處吹横笛，漠漠江南烏夜村。

清　許虬《折楊柳歌》　柳條三尺長，明日清明節。江南小兒女，采作流蘇結。千樹宫牆柳，萬朵道旁花。折柳在儂手，花飛到誰家。居邊四十年，生兒十歲許。偶聽故鄉音，問爺此何語。

清　吴綃《楊柳枝詞》　宫柳初開一抹眉，武昌城下乍逢時。春來樹樹煙條緑，欲認何枝是舊枝。寒食東風已滿城，小枝纖弱拂啼鶯。東君不惜離人苦，又向前年折處生。

清　曹庭棟《産鶴亭詩》八稾《柳洲種柳歌十首并引》　恒齋梁邑侯公暇，過訪柳洲，慨柳之無存也，命種柳以復舊觀，既竣，余往來經此，披清風而懷雅化，成斷句十首，辭不尚文，俾漁童牧豎咸得慢聲而歌之，希聞者和焉。時癸未春仲。　破殿荒隄對郭門，柳洲名久惜空存。何期雅化分餘澤，草木都沾長養恩。　沿溪短短種成行，噓拂風多生氣揚。記取一年高一尺，明年便見似人長。　膏雨宵方潤細荄，尋春早有榜人催。種來不定枝多少，閒立船頭數一回。　織浪行看影漸稠，踏青裙屐鬧春遊。緑憎憎裏三層閣，何似南湖煙雨樓。　爲愛夭桃倚水開，枝枝緑更間紅栽。卻教舊景添新景，若箇遊人曾見來。　一帶繚垣選佛場，疎條隱約弄斜陽。何時也得重丹頀，垂蔭還看及上方。　謙湖北去勢難收，横截中流策最優。待此成陰驗他日，野航不繫繫驊騮。　文坫雄風渺繫思，堂空愁見草生墀。於今不負題環碧，賞勝懷賢此一時。　吾莊梅植百千叢，咫尺洲西路恰通。客倘問梅先問柳，停舟樹下挹清風。　佇見絲絲吐嫩黄，鋪張春色暢晴光。魏塘從此留佳話，便是風詩召伯棠。

清　曹庭棟《産鶴亭詩·題柳堂耕讀圖》　屋前秧乍千畦種，屋裏書還萬卷堆。爲是課耕兼課讀，蒲葵障日過橋來。本分生涯不費謀，溪邊柳下儘優游。讀書食報他時事，且喜耕田歲有秋。

清　曹庭棟《産鶴亭詩·柳絮和許幼青》　如雪瀰漫不住飛，隨風蕩漾欲何依。一痕點水渾無意，浮出青萍識化機。

清　張應昌《清詩鐸·種柳行》　二月農民事農畝，官府下來催種柳。吏持白挺横驅民，民來稍遲吏怒嗔。入口辛勤仗牛力，欲避鞭笞惜不得。柯條露載千車馳，牛行不前民涕垂。種柳年年竟成例，柳苦難爲一歲計。塗朱置堡空無人，夜寒守望還需民。豪猾連雲近城住，公然晝伐道旁樹。村童拾屑供厨煙，奪還還詐童父錢。民業拋荒吏蹂躪，禿柳無枝官不問。吁嗟乎，安得一官常十年，坐看柳色青到天。

清　愛新覺羅・玄燁《柳色》　嫩緑柔黄取次添，勾留韶色細眉尖，池塘日暖初臨水，庭院烟濃半映簾。綺句只愁歌謝韞，銷魂誰解賦江淹。禁烟已近頒新火，好向村傍拂酒帘。

清　愛新覺羅・玄燁《柳絮五首》　緑雲紅雨日逡巡，又見楊花點玉津。未譜豳風歌七月，却看北地殿三春。紛如道韞詩中雪，污比元規扇上塵。每對清和賦雲漢，長空宛轉越愁人。　沿塘回首憶生稊，倏忽輕棉黯欲迷。試看逐風真蕩爾，可知辭幹渺愁兮。煙中絲裊宋家殿，浪裏鶯流蘇氏堤。誰似參寥遊物外，禪心灰盡喻沾泥。　簇砌鋪阿色似霜，從知駒影迅堂堂。披裘無郙王恭老，泣路應憐阮籍狂。灑雨飄飖迷蝶舞，入池喁唼惹魚忙。花天月地粘還滯，白白紅紅雨不妨。　簾櫳亂撲恁雱霏，王謝應勞麈尾揮。瓦雀半啣書案膩，河豚欲上玉刀肥。團風湘浦疑柑點，映月秦樓訝雪飛。獨有村民思麥雨，好將迷谷擬天衣。　春回南國恨何窮，別緒離情滿碧空。未必猖狂如浪子，每看搖落讓雄風。下幃雅稱覩周易，縛帚應須命越童。不似武陵源畔樹，糝波餘得一溪紅。

清　唐之鳳《天香閣詩集》卷四《垂柳篇》　江南二月柳條緑，裊娜臨風碧似玉。斜映瑶窗紫燕飛，半遮金屋黄鸝宿。朝籠輕烟翠欲流，夕含纖雨青如沐。籠烟含雨幾晨昏，傍水依山正可人。壩陵橋畔絲絲恨，京兆街中没淺春。玉樓萬縷侵珠幌，花巷千條拂錦茵。錦茵珠幌誰家院，少婦凝粧踏芳甸。歲歲天涯人不歸，年年陌上柳常見。欲描淺黛彷青絲，更綰同心採金線。紫騮玉勒白面郎，楊鞭挾彈章臺傍。東風淡蕩飄絮起，亂點壚前春酒香。酒香對景愁難遣，嫩枝攀處腸欲斷。柔弱移根太液池，輕盈分種靈和殿。靈和碧樹想當年，張緒風流尚宛然。杏花桃蕊無情思，惟有纖腰最可憐。

清　方登嶧《述本堂詩集・初插柳》　分行根長暖膏時，細細條融旭日遲。踏醉路尋高士眼，倚粧人待畫樓眉。偏添灞水橋邊影，纔吐靈和殿上絲。何處一聲明月笛，玉關横吹折新枝。

清　王芑孫《淵雅堂全集》卷一七《和同年邵芝樵〈種柳〉詩》　昔人先種花，吾今更栽柳。花好紅一春，柳碧陰數畝。時有好風俱，亦與流鶯受。未攜柳枝伎，聊學柳江守。豈無楩柟材，力蔽松柏壽。循髮屢躊躇，十年計殊久。矧此一盞緣，挂塔乃其偶。庶藉邵堯夫，風流遠貽後。

清　許瑶光《雪門詩草》卷四《諸暨縣湖種柳》　桐廬廳事前，曾種蠟梅樹。逾年過訪之，已被後人鋸。常山卧閣雙桂枝，澆泉刷蠹秋風知。今年卻又被兵燹，香風能否如當時。甘棠不伐古時有，桃李河陽今在否。種花人少看花多，玩花時淺澆花久。世事榮枯那可期，黄鸝勸爾一杯酒。後來培植知爲誰，多情仍種浣溪柳。

清　樂鈞《青芝山館集》卷二《栽柳三首》　主人市髡柳，列植書齋前。上無黄金條，下無青玉根。經旬稍晴燥，春意殊索肰。願言乞雨師，布雨彌田原。分膏及此柳，不日當華鮮。開窗睇濃雲，蘢蓯停高天。　長安道旁柳，扳折何離披。四株植階下，託地幸其宜。物生寡自遂，灌溉當及時。本根倘未固，雨露無由施。隔牆有高樹，睍睆鳴黄鸝。静言揆至理，拂拂東風吹。　成絲復作絮，佳蔭垂中庭。所望固非奢，事理恒無憑。樹木計十年，客居難久停。松柏負勁姿，或遭蕭斧刑。况兹柔靡質，詎保遂其生。剪紅挂樹端，祝樹秀且榮。

檉

綜述

《爾雅・釋木》　檉，音稱。河柳。郭璞註：今河旁赤莖小楊。

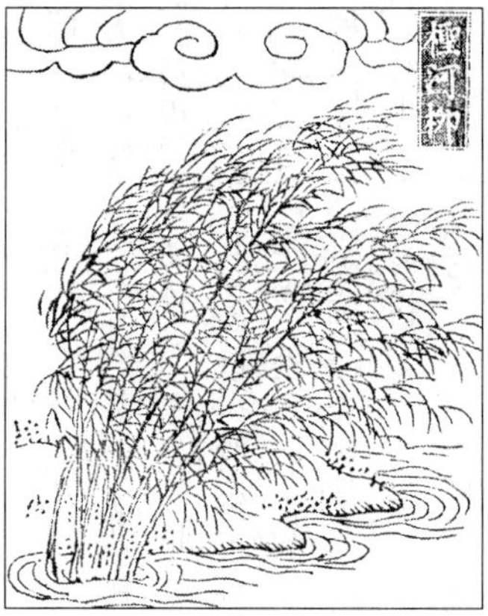

爾雅・檉

三國吳　陸璣《毛詩草木鳥獸蟲魚疏》卷上《其檉其椐》　檉，河柳，生水旁，皮正赤如絳，一名雨師，枝葉似松。椐，樻，節中腫似扶老，今靈壽是也。今人以爲馬鞭及杖宏農，共北山甚有之。

宋　謝維新《古今合璧事類備要别集·衆木門·檉》　檉葉甚細條，花粉紅，枝弱下垂，風中裊娜，又名西河柳。春前斬其榦插之。

元　胡古愚《樹藝篇·木部·檉》　檉，河柳，郭璞以爲河旁赤莖小楊也。其皮正赤如絳，而葉細如絲，婀娜可愛。天之將雨，檉先起氣以應之，故一名雨師，而字从聖。《字説》曰：知雨而應與於天道。木性雖仁，聖矣，猶未離夫木也。小木既聖矣，仁不足以名之。音頳，則赤之貞也，神降而爲貞。云檉，非獨能知雨，亦能負霜雪。大寒不凋，有異余柳。蓋莊子以松柏獨受命於地，冬夏青青，比舜之受命於天。檉之從聖，亦以此歟。【略】然則，檉亦良木矣。《漢書》：「鄯善國多檉柳」，段成式云：「赤白檉出涼州，大者爲炭，復入灰汁，可以煑銅。」《南都賦》注：「檉似柏而香」。今檉中有脂，號檉乳。《爾雅翼》　檉葉細而枝柔，夏着花，粉紅如粟，一名西河柳。《八閩通志》《圖經》曰：柳華葉實，生琅玕川澤，今處處有之，俗所謂楊柳是也。《本經》以絮爲花。陳藏器云：花即初發黄蘂也，子乃非絮也。採無時。其枝皮及根赤入藥。葛洪治癰疽、腫毒、妬乳等多用之，韋宙《獨行方》主丁瘡及反花瘡，並煎柳枝葉作膏塗之。今人作浴湯、膏藥，齒牙藥亦用其枝，爲最要之藥。按：楊柳異類，今人謂柳爲楊柳，非也。《説文》：「楊，蒲柳也。柳，小楊也。」其類非一，蒲柳其枝勁韌，可爲箭笴，《左傳》所謂「董澤之蒲」，又謂之「雚苻即上條水楊」是也。今河北沙地多生此，又生水傍，葉麄而白，木理微赤，曰杞柳。《鄭詩》云「無伐我樹杞」，陸璣曰：杞，柳也。其木人以爲車轂。共山淇水傍，魯國汾水傍，純生杞也。又《孟子》云「告子曰：以人性爲仁義，猶以杞柳爲桮棬」是也。今人取其細條，火逼令柔韌，屈作箱篋，河朔尤多。又下有赤檉木，生河西沙地，皮赤葉細，即是今所謂檉柳。陸璣題《詩》云：皮正赤如絳，一名雨師，枝葉似松是也。其木中脂，一名檉乳，醫方稀用，故附於此。　赤檉木無毒，主剥驢馬血入内毒，取以火炙，用熨水亦可煑汁浸之。其木中脂，一名檉乳，入合質汗用之。生河西沙地。皮赤色，葉細。今附臣禹錫等謹按《爾雅》疏云：「檉，一名河柳。」郭云：「今河旁赤莖小楊。」陸璣云：「生水傍，皮正赤如絳，一名雨師，枝葉似松。」《衍義》曰：赤檉木，人謂三春柳，以其一年三秀也。花内紅色，城細穗。河西者戎人取滑枝爲鞭，京師亦甚多。赤白檉出涼州，大者爲炭，復入灰汁，可以煑銅爲銀。」《酉陽雜俎》　檉，《爾雅》：河柳也。俗呼天杉，其樹似松，皮赤葉細，性温。其材可以捲胚，鋸板舖樓無履聲，遇火燒透不延。《興化府志》　西河柳，《宋志》云：一名善薩柳。葉如青蘿，花繁碎，如蓼花。同上　檉，曰河柳，曰雨師，曰春柳。木中脂曰檉乳，《本草》謂之赤檉木，以其材赤故也。大槩杉松之類，而意態似柳，故謂之檉柳。《爾雅》曰：檉，河柳。其材可卷爲盤合。又曰：樓落。郭云：可以爲桮器。素此赤檉也。又有一種名赤楊，又名水松，與此相似，而植之水邊。其葉經秋盡紅，人多植於門巷。杜詩「頳檉曉夜稀」即此也。《草木畧》《爾雅》：檉，河柳也。註：今河旁赤莖小楊。疏：「檉，一名河柳。陸璣疏云：生水旁，皮正赤如絳，一名雨師，枝葉如松。

明　宋詡《竹嶼山房雜部》卷一〇《樹畜部·樹類》　三春柳苞生。花細紅而穗長。春雨時分其勾萌種之。

明　慎懋官《華夷花木鳥獸珍玩考·檉》　《説文》：河柳一曰赤莖柳，葉細如絲，似柏而香。《詩》：其檉其椐。注疏云：河旁赤莖小楊。陸璣云：一名雨師。《爾雅翼》云：天將雨，檉先起氣應之。故名雨師，而字以聖。《前西域傳》：鄯善國出檉柳。段成式云：赤白檉出涼州。大者無炭，人以炭汁煮銅，可以爲銀。《通志》云：材可卷盤合。《前西域傳》：「奄蘇國檉松。」《爾雅》：河柳也。俗呼天杉。其樹似松，皮赤葉細，性温，其材可以捲胚，鋸板鋪樓無履聲。遇火燒透不延。赤檉木，人謂之三春柳，以其一年三秀也。

明　王象晉《羣芳譜木譜·檉》　赤檉，幹小枝弱，皮赤，葉細如絲縷，婀娜可愛。一年三作花，花穗長二三寸，色粉紅如蓼花。名檉柳，一名雨師，一名河柳，一名人柳，一名三眠柳，一名觀音柳，一名長壽仙人柳，即俗所稱三春柳也。春前以枝插之易生。

清　陳淏子《花鏡》卷三《花木類考·檉柳》　檉柳，一名觀音柳，一名西河柳。幹不甚大，赤莖弱枝，葉細如絲縷，婀娜可愛。一年作三次花，花穗長二三寸，其色粉紅，形如蓼花，故又名三春柳。其花遇雨即開，宜植之水邊池畔，若天將雨，檉先起以應之，又名雨師。葉經秋盡紅，負霜不落，春時扦插易活。

清 陳大章《詩傳名物集覽》卷一二《其檉其椐》《朱傳》：檉，河柳也，似楊赤色，生河邊。《爾雅》：檉，河柳。郭云：今河旁赤莖小楊。鄭注：檉也，生水畔，其葉經冬變紅。《陸疏》：生水旁，皮正赤如絳，一名雨師，枝葉如松。《漢書》：鄯善國多檉柳。段成式云：赤白檉出涼州，大者爲炭，復入灰汁，可以煑銅。《本草》：赤檉木皮赤色，葉細，其中木脂一名檉乳。《衍義》：人謂之三春柳，以其一年三秀也。花肉紅色，成細穗，河西者，戎人取滑枝爲鞭。《南都賦》注：檉似柏而香。《雅翼》：檉葉細如絲，婀娜可愛。天將雨，檉先起氣以應之，故一名雨師。亦能負霜雪，大寒不彫，有異餘柳。《通志》：大概松杉之類，而形態似柳，故謂之檉柳，其材可卷爲盤合。又有一種名赤楊，又名水楊，與此相似，而植之水邊，其葉經秋盡紅，人多植于門巷。杜詩：楨檉曉花希，即此。《木譜》：漢苑中柳，狀如人形，一日三眠三起，檉柳也，一名人柳，一名三眠柳，一名觀音柳，一名長壽仙人柳，即俗所稱三春柳也。春前以枝插之易生。

清 吳其濬《植物名實圖考》卷三五《木類・檉柳》檉柳，《開寶本草》始著録。俗呼觀音柳，亦云三春柳。

植物名實圖考・檉柳

清 李鴻章 光緒《畿輔通志・物産・木屬》檉葉細如絲，婀娜可愛。天之將雨，檉先起雲以應之，故一名雨師。《爾雅翼》俗名西河柳，性浮，可以負重。《雍正志》

藝 文

《詩・大雅・皇矣》啟之闢之，其檉其椐。

南朝梁 蕭綱《詠檉詩》淩寒競貞節，負雪固難虧。無慙雲母柱，詎減珊瑚枝。

南朝梁 江淹《檉頌》碧葉菴藹，頳柯翕赩。方陋筠櫝，遠笑荆棘。

唐 李頎《魏倉曹東堂檉樹》愛君雙檉一樹奇，千葉齊生萬葉垂。長頭拂石帶烟雨，獨立空山人莫知。攢青蓄翠陰滿屋，紫穗紅英曾斷目。洛陽墨客遊雲間，若到麻源第三谷。

杞柳

綜 述

《爾雅・釋木》旄，澤柳。郭璞註：生澤中者。

爾雅・旄

三國吳 陸璣《毛詩草木鳥獸蟲魚疏》卷上《無折我樹杞》杞，柳屬也。生水傍，樹如柳，葉粗而白色。木理微赤，故今人以爲車轂。今共北淇水旁，魯國泰山汶水邊，純杞也。

三國吳　陸璣《毛詩草木鳥獸蟲魚疏》卷上《揚之水不流束蒲》　蒲柳有兩種，皮正青者曰小楊，其一種皮紅正白者曰大楊。其葉皆長，廣似柳葉，皆可以爲箭幹，故《春秋傳》曰：董澤之蒲，可勝既乎。今人又以爲箕鑵之楊也。

明　徐光啓《農政全書》卷三八《種植・木部》　《便民圖纂》曰：種杞柳，二月間先將田用糞壅灌，戽水耕平，以柳鬚斷作三寸許，每人一握，隨田廣狹併力一日齊種。頻以濃糞澆之，有草即用小刀剜出。田勿令乾。八月斫起，刮去柳皮，曬乾爲器。根旁敗葉掃浄則不蛀。至臘月間，將重長小條復斫去，長者亦可爲器，舊根常留。

明　宋詡《竹嶼山房雜部》卷一〇《樹類》　杞柳葉如柳，條長五六尺，去膚形似木而色白，實中。二月間用糞壅田，水耕平之，取柳鬚斷爲三寸許條分種。頻以濃糞壅，有草茠去，田勿令水竭。八月刈以爲筬笥杯棬丘圓切等品之材。掃去敗葉不蚛。音仲欲細者則宜密種，取糞滯膏壅，則能不蚛幹。　凡木竹之類出於他國者見家規。《漢書》曰：山居千章之材，安邑千樹棗，燕秦千樹栗，蜀漢江陵千樹橘，淮北滎南河濟之間千樹楸，陳夏千畝漆，齊魯千畝桑麻，渭川千畝竹，其人皆與千户侯等。

明　吳雨《毛詩鳥獸草木考》木考・杞　《鄭風》曰：無折我樹杞。《傳》：杞，木名也。又：無折我樹檀。《傳》：檀，强韌之木。　杞，一名柜柳，一名澤柳，柳屬。生水傍岸邊，葉圓如梨，肥大而尖，白色，葉邊鋸齒狀，木理赤。今人取其細條，火逼令柔韌，屈作箱篋。河朔尤多。陸璣云：生水傍，樹如柳，葉麄而白。木理微赤，故今人以爲車轂。今共北淇水傍，魯國泰山汶水邊，純杞也。《孟子》云「性猶杞柳」是也。

清　陳大章《詩傳名物集覽》卷一二《無折我樹杞》　《朱傳》：杞，柳屬，生水旁，樹如柳，葉粗而白色，理微赤，蓋里之地域溝樹也。《爾雅》：旄，澤柳。邢疏：柳生澤中者，別名旄。鄭注：杞，柳也，生澤中，如蘆荻，可編爲棬箱。陸疏：杞，柳屬也。生水旁，樹如柳，葉粗而白色，理微赤。其材堅韌，故人以爲車轂。今共北淇水旁，魯國太山汶水邊，純杞也。《本草圖經》：今人取其細條，火逼令柔韌，屈作箱篋。河朔猶多。告子以人性爲仁義，猶以杞柳爲桮棬是也。《通志》：杞柳亦曰澤柳。《先賢傳》：鄭敬以蒹葭爲席，隨杞柳之陰。

清　張宗法《三農紀》卷六《水柳》　水柳，《圖經》云：葉與柳同，其條枝柔長，一年一芟，可織箕筐籠笥之屬。《草木狀》云：大者爲炭，復入灰汁中，可點銅成銀。清明日以柳枝補簷，可止醬醋潮溢。《雅翼》云：檉，《詩》云：其檉其椐。一名檟，一名雨師，天將雨，葉先起風以應之，亦占木也。

植藝：天寒後以條植潤澤土，宜密排，至春吐青即活。三年成林，待高三五人（尺）芟之，去皮爲織器。

藝文

《詩・小雅・北山》　陟彼北山，言採其杞。

附：櫸柳

綜述

《爾雅・釋木》　楥，音袁。柜桏。郭璞註：未詳。或曰桏當爲柳。柜桏似柳，皮可以煮作飲。桏，音邛。

爾雅・楥

宋 寇宗奭《本草衍義》卷一五 柜木皮，今人呼爲柜柳，然葉謂柳非柳，謂槐非槐。木最大者，高五六十尺，合二三人抱，湖南北甚多。然亦下材也，不堪爲器用，嫩皮取以緣栲栳與箕脣。

清 陳憲舜《課民植牧講義稿・欅》 葉小而有鋸齒，其形在似柳非柳之間，材質粗而堅韌，可爲器具、椅、案板、梯之用。日久者高數丈，大數圍，夏開花，冬結實，鄉人采其實爲甜醬。春夏葉茂，至冬一葉不留。收其實如法發秧，至一尺餘，移出山嶺，或插枝亦生。

清 吳其濬《植物名實圖考》卷三三《木類・欅》 欅，《别録》下品。材紅紫，堪作什品，固始呼胖柳。

植物名實圖考・欅

清 長順《吉林通志・物産・木屬》 欅柳，《爾雅》：楥，柜柳。柜柳即欅柳，聲又轉爲杞柳。《爾雅義疏・釋木》大者可刳爲舟，根可爲䑰頭。《盛京通志》

榆

綜　述

《爾雅・釋木》 榆，白枌。郭璞註：枌，榆。先生葉，卻著莢，皮色白。枌，音墳。

爾雅・榆

《爾雅・釋木》 無姑，其實夷。郭璞註：無姑，姑榆也。生山中。葉員而厚，剥取皮合漬之，其味辛香，所謂無夷。

爾雅・無姑

《爾雅・釋木》 藲，音歐。荎。郭璞註：今之刺榆。荎，音迭。

爾雅・藲

三国魏 吴普《神農本草經》卷一 榆皮【略】一名零榆。生山谷。《名醫》曰：生潁川，三月采皮，取白暴乾。八月采實。案《説文》云：榆，白枌。枌，榆也。《廣雅》云：柘榆，梗榆也。《爾雅》云：榆，白枌。郭璞云：枌，榆。先生葉，卻著莢。皮色白。又：藲，荎。郭璞云：今云刺榆。《毛詩》云：東門之枌。《傳》云：枌，白榆也。又：山有藲。《傳》云：樞，荎也。陸璣云：其鍼刺如柘，其葉如榆。瀹爲茹，美滑。如白榆之類有十種，葉皆相似，皮及木理異矣。

三國吴 陸璣《毛詩草木鳥獸蟲魚疏》卷上《山有樞》 樞，其針刺如柘，其葉如榆，瀹爲茹，美滑於白榆。榆之類有十種，葉皆相似，皮及木理異爾。

三國吴 陸璣《毛詩草木鳥獸蟲魚疏》卷上《無浸穫薪》 穫，今椈榆也。其葉如榆，其皮堅韌，剥之長數尺，可爲絙索，又可爲甑帶。其材可爲栝器。

晉 陳壽《三國志・魏志・鄭渾傳》 渾爲山陽魏郡太守，以郡下百姓苦乏材木，乃課樹榆爲籬。並益樹五果，榆皆成藩，五果豐實。

南朝梁 沈約《宋書・符瑞志》 晉孝武帝太元十一年四月壬申，琅邪費有榆木，異根連理，相去四尺九寸。

晉 陳壽《三國志・魏志・昭帝紀》 帝曾中蟲，嘔吐之地，仍生榆木。參合陂土無榆樹，故世人異之，至今傳記。

晉 陳壽《三國志・魏志・太祖紀》 建國三十四年生太祖於參合陂北，明年有榆生於埋胞之坎，後遂成林。《南史・劉善明傳》：善明除海陵太守，郡境邊海無樹木，善明課人種榆櫝雜果，遂獲其利。

北魏 賈思勰《齊民要術》卷五《種榆白楊第四六》 《爾雅》曰：榆，白枌。注曰：枌，榆。先生葉，却著莢，皮色白。《廣志》曰：有姑榆，有朗榆。案今世有刺榆，木甚牢肕，可以爲犢車材。枌榆可以爲車轂及器物。山榆，人可以爲蕪荑。凡種榆者，宜種刺、梜兩種，利者（益）爲多，其餘軟弱，例非佳好之木也。 榆性扇地，其陰下五穀不植。隨其高下廣狹，東西北三方，所扇各與樹等。種者宜於園地北畔，秋耕令熟，至春榆莢落時，收取漫散，犁細耕勞之。明年正月初，附地芟殺，以草覆上，放火燒之。一根上必十數條俱生，止留一根强者，餘悉掐去之。一歲之中，長八九尺矣。不燒則長遲也。後年正月、二月移栽之。初生即移者，喜曲，故須叢林長之三年乃移植。初生三年，不用採葉，尤忌捋心。捋心則科茹不長，更須依法燒之，則依前茂矣。不用剥（剶）沐。剥（剶）者長而細，又多瘢痕；不剥（剶）雖短粗而無病。諺曰：不剥（剶）不沐，十年成轂。言易粗也。必欲剥（剶）者，宜留二寸。於壍（塹）坑中種者，以陳屋草布壍（塹）中，散榆莢於草上，以土覆之。燒亦如法。陳草（還根）（速朽），肥良勝糞。無陳草者，用糞糞之亦佳。不糞，雖生而瘦。既栽移者，燒亦如法也。又種榆法：其於地畔種者，致雀損穀，既非叢林，率多曲戾，不如割地一方種之。其白土薄地不宜五穀者，唯宜榆及白榆。種地須近市。賣柴、莢、葉，省功也。梜榆、刺榆、凡榆，三種色别種之，勿令和雜。梜榆，莢、葉味苦。凡榆，莢味甘，甘者春時將賣，是以須别也。種（耕）地收莢，一如前法。先耕地作壠，然後散榆莢。壟者看好，料理又易。五寸一莢，稀概得中。散訖，勞之。榆生，共草俱長，未須料理。明年正月，附地芟殺，放火燒之。亦任生長，勿使掌上兩（杜康）反近。又至明年正月，斸去惡者，其一株上有七八根生者，悉皆砍去，唯留一根粗直好者。三年春，可將莢、葉賣之。五年之後，便堪作椽。不梜者，即可砍賣。一根十文。梜者鏇作獨樂及盞。一箇三文。十年之後，魁、椀、瓶、榼、器皿無所不任。一椀七文，一魁二十，瓶、榼、器皿一百文也。十五年後，中爲車轂及蒲桃㼚。㼚一口值三百。車轂一具值絹三疋。其歲歲科簡剥（剶）治之功，指柴雇人，十束雇一人，無業之人争來就作。賣柴之利，已自無貲。歲出萬束，一束三文，則三十貫；莢、葉在外也。況諸器物，其利十倍。於柴十倍，歲收三十萬。斫後復生，不勞更種，所謂一勞永逸。能種一頃，歲收千疋。唯須一人守護，指揮，處分，既無牛、犂、種子、人功之費，不慮水、旱、風、蟲之災，比之穀田，勞逸萬倍。男女初生，各與小樹二十株，比至嫁娶，悉任車轂。一樹三具，一具值絹三疋，成絹一百八十疋。聘（娉）財資遣，粗得充事。 《術》曰：北方種榆九根，宜蠶桑，田穀好。 崔寔曰：二月，榆莢成，及青收，乾以爲旨蓄。旨，美也。蓄，積也。司部收青莢，小蒸，曝之，至冬以釀酒，滑香，宜養老。《詩》云：「我有旨蓄，亦以御冬」也。色變白將落，可作醔醃。隨節早晏，勿失其適。醔，音牟，醃，音頭，榆醬。

唐 韓鄂《四時纂要・種榆》 榆性好陰地，其下不植五穀。種者宜於園北背陰之處，秋熟耕其地，以榆漫散澇之。明年正月附地，刈却草覆，放火燒之。一根上必數十莖條生，只留一根強者，餘悉去之，一年便長八九尺。後年移栽之，叢長直而且速，故三年乃可移。初生三年，勿採葉，亦勿斫，剥之須留距二寸許。三年外賣葉，五年堪作椽，十五年堪作車轂。年年科揀，爲柴之利，已自無算，况堪充諸器物，其利十倍。斫而復生，不勞更種。一頃地，歲收千匹，只用一人守護，既省人工，又無水旱、蟲蝗之災。比之餘田，勞逸萬倍。男女初生，各乞與小樹二十株，種之，洎至成立，嫁娶，所用之資，粗得充事。梜榆、刺、榆，三種種養之法略同。

宋 陸佃《埤雅》卷一四 枌，白榆。先敷葉，後著莢。榆性扇地，所扇各與木等。故其陰下五穀不植，而古之人就以息焉。《東門之枌》一章曰：「東門之枌，宛邱之栩，子仲之子，婆娑其下。」言風化之所行，大夫氏之子道舞也。二章曰：「穀旦于差，南方之原，不績其麻，市也婆娑。」言風化之所行，大夫氏之女市舞也。男子道舞尚非所宜，女子市舞尤非所宜矣。且東門人所出入，宛丘之道人所往來，國之交會也。於是有枌栩之陰焉，則人之所趨而聚也。《管子》曰：「桓公之時，而衢之民，桑麻不種，繭縷不治，衣多弊，屨多穿。管仲請沐途旁之枝，使無尺寸之陰。」爲是故也。《内則》曰：「堇荁枌榆，免薨滫瀡以滑之。」免，新生者。薨，其乾也。堇荁枌榆初生，其葉蓋象兔目，故謂之兔也。《淮南子》曰：「槐之生也，五日而兔目，十日而鼠耳。」《字説》曰：「榆，瀋滑故謂之俞。莖，俞而有刺所以爲至。枌，俞而已，安可長也。以俞爲合，乃卒乎分。夫根如粉，俞如枌，皆分之道。」

宋 謝維新《古今合璧事類備要別集》卷五三《衆木門・榆》 《格物總論》：榆曰枌，生山中。葉圓厚。三月莢落如小錢，剥取皮，合瀆之，味辛苦，所謂燕夷者即此。

宋 寇宗奭《本草衍義》卷一三 榆皮，今初春先生夾者是。去上皺澀乾枯者，將中間嫩處，剉、乾、磑爲粉，當歉歲，農將以代食。葉青嫩時收貯，亦用以爲羹茹。嘉祐年，過豐沛，人闕食，鄉民多食此。

又 蕪荑，有大小兩種。小蕪荑即榆莢也，揉取仁，醞爲醬，味尤辛。入藥當用大蕪荑，別有種。然小蕪荑醞造多假，以外物相和，切須擇去也。

宋 蔡卞《毛詩名物解》卷五《釋木・榆》 榆，瀋滑，故謂之榆。莖，榆而有刺，所以爲至。枌，榆而已，安可長也。以俞爲合，乃卒乎分。夫根如粉，榆如枌，皆分之道。

宋 蔡卞《毛詩名物解》卷五《釋木・樞》 樞爲之區，受户壯焉。天自爲區，又有受也，闔闢因之矣。莖謂之樞，有俞有制，知闔闢矣。

元 王禎《王禎農書》卷三五《穀譜・竹木・榆》 榆，白枌也。又曰：蓲，莖。

元 胡古愚《樹藝篇・木部・榆》 榆類有數種，葉皆相似，皮與理則異。臘月取葉大而幹直者，盡去其枝梢，用葉包裹，連根埋之。茂盛可以障陰。《便民圖纂》 榆，白枌也。榆曰蓲莖（蓲莖），直之切。《詩》所謂「山有榆」是也。榆性扇地，其陰下五穀不植。隨其高下廣狹，東西北三方所扇各與樹等。種者宜於園北地畔，秋耕令熟，至春榆莢落時，收取，漫散，犁細勞之。明年正月初，附地芟殺，以草覆上，放火燒之，一根必十數條俱生，止留一根強者，餘悉掐去之。一歲之中，長八九尺矣。不燒則長遲也。後正月、二月移栽之。初生即移者，喜曲，故須叢林長之三年乃移種。初生三年，不用採葉，尤忌𢫬（捋）心，捋心即科茹不長。更須依法燒之，則依前茂矣。不用剝沐，剝者長而細，又多瘢痕。不剝，雖短麄而無病。諺曰：不剝不沐，十年成轂，言易麄也。必欲剝者，宜留二寸許。於壍坑中種者，以陳屋草布壍中，散榆莢於草上，以土覆之，燒亦如法。陳草速朽，肥良勝糞。無陳草者，用糞糞之亦佳，不糞，雖生而瘦。既栽移者，燒亦如法也。又種榆法：其於地畔種者，致雀損穀，既非叢林，率多曲戾，不如割地一方種之。其白土薄不宜五穀者，惟宜榆及白榆。地須近市。賣柴、莢、葉省功也。挾榆、刺榆、凡榆，三種色別種之，勿任和雜。挾榆、刺榆味苦，凡榆莢味甘，甘者春時將煮賣，是以須別也。耕地收莢，一如前法。先耕地作壟，然後散榆莢。壟者看好，料理又易。五寸一莢，稀穊得中。散訖，勞之。榆生，共草俱長，未須料理。明年正月，附地芟殺，放火燒。亦任生長，勿使棠杜康反。近。又至明年正月，斸去惡者。其一株上有七八根生者，悉皆砍去，惟留一根麄且好者。三年春，可將莢葉賣之。五年之後，便可作椽。不挾者即可斫賣，挾者，鏇作獨樂及蓋。十年之後，魁、椀、瓶、榼、器皿，無所不任。十五年後，中爲車轂及蒲萄瓮。崔寔曰：二月，榆莢成，及青收乾，以爲旨蓄。旨，美也。蓄，積也。收青莢，小蒸，曝之，至冬以釀酒，滑香，宜養老。

《詩》云：我有旨蓄，亦以御冬。色變白將落，可作醔䤋。醔音廿，䤋音偷。即榆醬也，能助肺，殺諸蟲，下氣。隨節早晏，勿失其適。榆葉曝乾，擣羅爲末，鹽水調勻，日中炙曝，天寒於火上熬過，拌菜食之，味頗辛美。榆去上皺澁乾枯者，將中間嫩處挫乾，磑爲粉，當歉歲亦可代食。昔豐沛歲飢，民以榆皮屑煑食，人賴以濟焉。《王氏農書》　榆有二種，一名郎榆，一名姑榆，郎榆無矣。《聞見後録》。矣疑作實，當考。　榆皮可合香。《九江府志》　《圖經》曰：榆皮生潁川山谷，今處處有之。三月生莢仁，古人採以爲糜羹，今無復食者，唯用陳老實作醬耳。然榆之類有十數種，葉皆相似，但皮及木理有異耳。白榆先生葉，卻著莢。皮白色，剥之，刮去上麤皵，中極滑白，即《爾雅》所謂「榆，白枌也。」此皮入藥，令孕婦滑胎，方多用之。小兒白禿，髮不生，擣末，苦酒調塗之。刺榆有針刺如柘，則古人所茹者，云美於白榆，《爾雅》所謂「樞，荎」，《詩·唐風》云「山有樞」是也。二月採皮取白，暴乾。四月採實，並勿令中濕。榆皮荒歲農人食之以當糧，不損人。　《衍義》曰：榆皮，今初春先生莢者是。去上皺澁乾枯者，將中間嫩處剉乾，磑爲粉，當歉歲，農將以代食。葉青嫩時，收貯亦用以爲羹茹。嘉祐年過，豐沛人缺食，鄉民多食此。　榆，北方所産。榆莢、榆皮皆可食。其材文理絶細，都下人取以爲帶。今本地所有者謂之溪榆，其性最剛，莆人取爲交椅。《興化府志》　榆，即樞也，今稱椐榆。又有砂榆，其葉可磨物光澤。《太倉州志》　榆，《詩》曰「樞」，《爾雅》云：「樞，荎。」春生莢，古人採以爲糜羹。張文潛詩云：「修柯遏雲日，老枿干雲霄。」《毘陵志》　榆，曰零榆，曰白枌，曰白榆，其類有十數種，榆即大也。榆生莢如錢，古人採其初生者作糜羹食之，令人多睡，故嵇康謂榆令人瞑也。今不復食者，唯用作醬，取陳者良。其皮至粘滑，可膠瓦石，北人用膠磑背。儉歲農人食之以當糧。有一種刺榆，有鍼刺如枳，其葉如榆，瀹而爲茹，則滑美勝於白榆。《爾雅》云：「樞，荎。」《唐風》云「山有樞」，即刺榆也。《草木畧》　榆有數種，惟細理者質韌宜爲農器，謂之綿榆。《松江府志》　榆，白枌。先敷葉，後着莢。榆性扇地，所扇各與木等。故其陰下五穀不植，而古之人就以息焉。「東門之枌」是也。《内則》曰：堇荁枌榆，免薨，滫瀡以滑之。兎，新生者。薨，其乾也。堇荁枌榆初生，其葉蓋象兔目，故謂之兔也。《字説》曰：榆，瀋滑故謂俞。荎，俞而有刺所以爲至。枌，俞而已，安可長也。以俞爲合，乃卒乎分。夫狼如羒，俞如枌，皆分之道。《埤雅》　《爾雅》曰：「榆，白枌。」《註》：枌榆先生葉，却著莢，皮白色。《疏》榆之皮色白，名枌。《陳風》云「東門之枌」是也。　《爾雅》曰：「藲，音歐。荎大結反。」《註》：今之刺榆。《疏》：別二名也。《詩·唐風》云「山有樞」，陸璣疏：其針刺如柘，其葉如榆，瀹爲茹，美滑於白榆。榆之類有十種，葉皆相似，皮及木理異矣。《詩》「山有樞，隰有榆」，樞荎蓋榆之類，今之刺榆也。《爾雅》疏：樞之類有十種，葉皆相似，皮及木理有異耳。而刺榆有針刺如柘，其葉如榆，瀹爲蔬羹，滑於白榆。《内則》曰：堇荁枌榆，免薨，修瀡以滑之。蓋榆之類皆滑。免讀若問。孫愐《唐韻》：菟，新生草。則薨乃是久者。已上四物，新舊之名，皆滑利之名也。嵇康謂榆令人瞑，《齊民要術》稱，挾榆、刺榆、凡榆，三種色別種之，勿令雜。以爲挾榆，莢葉味苦，凡榆莢味甘，甘者春時將煑賣，是以須別也。《廣志》曰：有姑榆，有郎榆。郎榆無莢。《管子》曰：五粟五沃之地，其榆條直以長。按：陳藏器云：江南有刺榆，無大榆，蓋大榆北方有之。秦漢故塞其地，皆榆塞。榆，北方之木也。《淮南子》曰：「槐榆與橘柚合而爲兄弟，有留與三危通而爲一家。」言槐榆北方，橘柚南方也，是以江南無榆，但有樞耳。若《晉風》則山隰兼有之，然而有材不能用，則不如其亡也。《爾雅翼》

元 胡古愚《樹藝篇·木部·六駁》

六駁，木名。其皮青白駁犖，遠而望之似六駁之獸，因以爲名，其木則梓榆也。《秦風》曰「山有苞櫟，隰有六駁」，又曰「山有苞棣，隰有樹檖」。毛氏直以爲獸之六駁，則與苞櫟、棣檖不相類，故陸璣不從也。六駁，倨牙之獸，能食虎豹者。其狀如馬，亦名駁馬。此木既以六駁爲號，故亦兼駁馬之名。又曰：馬梓，今之檀木，皮正青而澤，與莢蒾及此木相似。故里語曰：斫檀不諦得莢蒾，莢蒾尚可得駁馬。夫鳥獸草木之類，特爲難窮其形之相似者。雖山澤之人，朝夕從事，有不能別其名之相亂者。雖博物君子，習於風雅，有不能周。故野人伐檀而得駁。先儒訓駁而爲獸，其去本遠矣。崔豹《古今注》曰：「山中有木，葉似豫章，皮多癬駁者，名曰六駁。」蘇子曰：「其皮青白如駁，言六未詳。」《爾雅翼》　梓榆，南人謂之朴，齊魯間人謂之駁馬，即梓榆也。南人謂之朴，朴亦言駁也，但聲之訛。《詩》「隰有六駁」是也。陸璣《毛詩疏》：「檀木皮似繫迷，又似駁馬。」又云：「斫檀不諦得繫迷，尚可得駁馬。蓋三木相似也。」今梓榆皮甚似檀，以其班駁似馬之駁者，今解《詩》用《爾雅》之説，以爲獸，倨牙，食虎豹，恐非也。獸，動物，豈常止於隰者？又與苞櫟、苞棣、樹檖非類，直是當時梓榆耳。沈存中《續筆談》　六駁，山中有木，葉似豫章，皮多癬駁。《古今注》　《爾雅》注引諺云：採檀不諦得莢蒾，莢蒾尚可得駁馬。言三樹相似也。駁馬，今北方言報馬，生輝縣山中。見《救荒本草》。《丹鉛揔録》　《毛詩·秦風·晨風》篇『隰有六駁』，《傳》：『駁如馬，倨牙，食虎豹。』疏陸璣疏云：『駁馬，梓榆也。其樹皮青白。駁犖，遙視如駁馬，故謂之駁馬。』下章云：『山有苞棣，隰有樹檖』，皆山隰之木，相配不宜云獸，此言非無禮也。《詩經注疏》、沈存中、陸農師、羅鄂州俱本此說。

明　宋詡《竹嶼山房雜部》卷九《樹畜部・樹類》　榆葉細，膚內長而外脱種多，皮細者佳。《字説》：榆濡滑，故謂俞。濡，充甚切。倒垂榆枝柔材堅，可爲家具。子可種。

明　宋詡《竹嶼山房雜部》卷九《樹畜部・樹類》　椐榆，枌屬材理甚細，可爲居室，爲家具。宜斬大幹插之。

明　周文華《汝南圃史》卷二《榆》　榆有三種，黄榆、青榆、野榆。葉俱細密，色緑，覆陰。諺云：「種榆柳者，夏得其蔭。」野榆又有沙、棉二種。黄榆質堅潤，可作器用，青榆則性劣，野沙榆亦可混入黄榆，而野棉榆劣更甚。今園圃門牆皆植黄榆，青者間亦雜之。野榆唯鄉村野畔最多，非特栽者。各種俱有子，春分下子，喜肥土，頻澆糞，兩三年便可移栽。栽時截去上枝，用箬包裹，下土踐實，身縛荆棘以防人畜旋繞摇動。或云春間收莢漫手撒之，明年春初附地芟殺，以爛草覆其上，放火燒草，數條俱生，留一強者，三年乃移，不用剝沐。野榆，鳥啄子出糞，背陰地即生。

明　王象晉《群芳譜・木譜・榆》　榆，一名零，一名藲（莖）（荎）。有數十種，今人不能別，惟知莢榆、白榆、刺榆、榔榆數種而已。莢榆、白榆，皆大榆也，有赤、白二種。白者名枌，木甚高大。未葉時，枝上先生瘤，纍纍成串。及開，則爲榆莢，生青熟白，形圓如小錢，故又名榆錢，甚薄，中仁有殼。榆莢開後方生葉，似山茱萸葉而長，尖䚡潤澤。　種植：榆莢落時收取，作畦種之。令與草俱長，不必去草。明年正月附地割除，覆以草，放火燒之，一歲中可長八九尺，不燒則長遲。一根數條者，止留粗大條直者一株，餘悉去之。三年後，正月移栽，早則易曲。三年內若採葉戕心，則不長。宜更燒之，則依前茂盛。附枝切勿剝。性喜肥，種宜糞，陳屋草亦佳。種非叢林則易曲。如白土薄地不宜穀者，取一方純種榆，則易長。種榆田畔，防鳥雀損穀。諸榆性皆扇地，其下五穀不植。樹影所及，東、西、北三面穀皆不生。宜於近北牆處種之。　取用：三年春莢可賣，五年堪作椽，十年後可作器用，十五年後可作車轂。嫩葉煠浸，淘净，可食。榆錢可羹，又可蒸糕餌，收至冬可釀酒。瀹過曬乾，擣羅爲末，鹽水調勻，日中曝曬，可作醬，即榆仁醬也。《崔氏月令》。榆皮去上皺澀乾枯者，取嫩白皮剉乾磨粉，可作粥備荒。採其白皮爲麵，水調合香劑，粘滑勝膠漆。榆皮濕擣如糊，粘瓦石極有力。汴、洛以石爲碓觜，用此膠之。

明　王象晉《群芳譜・木譜・榆》　典故：司爟掌行火之政，令春取榆柳之火《周禮》。鵲上高城之垝，而巢於高榆之巔，城壞巢折，凌風而起。故君子之居世也，得時則蟻行，失時則鵲起《莊子》。楚莊王將伐晉，令曰：敢諫者死。叔孫敖諫曰：臣園中有榆樹，上有蟬方奮翼悲鳴，飲清露，不知螳螂之在其後也《韓詩外傳》。漢成帝時旱傷麥，民食榆皮《漢・天文志》。鄭澤爲魏郡太守，乏材木，課百姓植榆爲籬《魏志》。金鄉路邊一老榆，行人於樹下易鞋屨，以其舊者懸而去，時人指爲韓鞋樹《清異録》。襄鄴間千里，夾道植榆，盛暑之月，人行其下《鄴中記》。昔豐沛歲飢，以榆皮作屑煮食之，民賴以濟《王氏農書》。唐陽城隱中條山，歲飢，屑榆爲粥。

明　傅梅《嵩書》卷一〇《木部・榆》　榆，《本草經》曰：榆皮生潁川山谷。今各處俱産，而獨言潁川，豈地氣有異耶？

明　徐光啟《農政全書》卷三八《種植》　榆，《爾雅》曰：榆，白枌，又曰：藲，荎。註曰：枌榆先生葉，却著莢，皮色白。藲荎，今之刺榆。《廣志》曰：有姑榆，有郎榆。案今世有刺榆，木甚牢韌，可以爲犢車材，梜榆可以爲車轂及器物，山榆可以爲蕪荑。凡種者宜種刺、梜兩種利者爲多。其餘軟弱，例非佳好之木也。

明　吴雨《毛詩鳥獸草木考》木考　枌，一名白榆，榆類。先敷葉，後著莢，皮色白，剥之，刮去上麄皮，中極滑白是也。榆先著莢，後生葉，此是所以異也。《釋木》：榆，白枌。孫炎云：榆白者名枌，《傳》以枌爲白榆是也，陸璣《釋榆》云「白枌。」誤矣。《爾雅》謂「榆白爲枌」，璣誤謂「榆爲白枌」也。枌乃榆之白者，無緣榆又爲枌之白者。《內則》曰：「堇荁枌榆，兔薧，滫瀡以滑之。」兔，新生者。薧，其乾也。堇枌榆初生，其葉蓋象兔目，故謂之兔。

明　吴雨《毛詩鳥獸草木考》木考　榆，一名零榆。其樹高大，春時未生葉，其枝條間先生榆莢，形狀似錢而薄小，色白，俗呼爲榆錢。後方生葉，似山茱萸葉而長尖，稍潤澤。葉及錢以爲糜羹，其仁可作醬，食之甚香美，有少辛味。皮取中間軟嫩爲粉，至粘滑，可膠瓦石。京東、西、北人以石爲碓觜，每用此以膠之。食之令人多瞑。《廣志》有姑榆，有榔榆。榔榆無莢也。

又　樞，《唐風》曰：山有樞，隰有榆。《傳》：樞，荎也。又：山有栲，隰有杻。《傳》：栲，山樗杻檍也。樞，一名荎，一名刺榆，榆類。陸璣云：其針刺如柘，其葉如榆，瀹而爲蔬，則滑美勝於白榆。二月采皮，四月采實，並勿令中濕。荒歲，農人服之以當糧。榆之類有十種，葉皆相似，皮及木理異耳。

又　駁，梓榆也，一名駁馬。皮甚似檀，以其斑文似馬之駁，故名。南人呼之爲朴，齊魯謂之駁馬，與梓楸同名異種。陸璣云：駁馬，梓榆也。其樹皮青白如駁犖，遥視似駁馬，故謂之駁馬。《毛傳》云獸，從《爾雅》爲説，但與隣章「苞棣」、「樹檖」非類。蓋直是梓榆耳，所以《箋》不言。王肅云：言六者，據所見而言也。崔豹云：山中有木，葉似橡樟，皮多癬駁者，名曰六駁，似亦有六駁之名。駁，獸也，如馬倨牙，食虎豹。《山海經》云：中曲山有獸名駁，狀如馬而身黑，二尾一角，虎牙爪，音如鼓，食虎豹，可以禦兵。

明　鄺璠《便民圖纂》卷五　榆類有數種，葉皆相似，皮與理則異。臘月，取葉大而幹直者，盡去其枝稍，用箬包裹，連根埋之。茂盛可以障陰。

明　方以智《物理小識》卷九《榆》　榆長則皮脱，甚潔。其材綿而堅，其汁滑，有倒垂者。椐榆，則枌屬也，北方食其莢。有小樹似烏飯葉而背白潤，其紋可照，啖之最滑，如犁頭草，嶺北號曰小榆。盧氏曰：南方無榆而有杉。愚按無北方之大榆耳。椰榆、山榆皆有，山榆即梗，其實曰無荑。

明　何三畏《新刻何氏類鎔》卷三一《榆》　榆者，降以玉衡之精種來天上，而栽于五沃之土，植在人間。其條則長，其心則赤。憑榆而望雲氣，在二千里之外。植榆而置行宫，在五十里之中。啖榆則飽，不能飢。食榆則眠，不欲覺。舍此而種榆樹，可以得蠶。年荒而嗽榆皮，可以救死。渤海之民，每一口則種榆一株。襄國之路方千里，而種榆夾道。鄭澤之課百姓，種榆樹以爲籬。梁暉之祈山神，執榆鞭以竪地。或剥榆皮于塞上，或採榆葉於夢間。彼有榆生於藏胞之坎，既而成林；有榆生於嘔吐之時，後亦成樹，則已異矣。論者以榆爲臃腫之材，而見遺于大匠；以榆非蔭玩之所，而請易于有司，固其宜也。至謂鵲巢於榆之巔，將凌風而起，有似君子之待時。蟬鳴于榆之上方，奮翼而飛，不虞螳螂之在後。人亦取義於此樹，而鑒觀于斯言也夫。

清　曹溶《倦圃蒔植記》卷下《榆》　諺云：「種橘柚者，冬得其實。種榆柳者，夏得其陰。」予謂榆能耐久，尤宜多植。其法：宜於園北秋耕令熟，至春收莢漫散勞之。明年正月初附地芟殺，以爛草覆其上，放火燒之。數條俱生，留一強者。三年乃移，不用剥沐，其息十倍。他如皂莢，亦於春間布種。如不結子，鑿一大孔，入生鐵數觔，以泥封之。既實難採，以篾纏樹數匝，用木楔之，一夕自落，亦猶敝欖之以鹽實其根也。

清　高士奇《北墅抱瓮録》　榆樹類枌，春初緑枝生莢，纍纍成串，未熟色青，已熟色白，結子爲榆錢。崔氏《月令》謂榆錢可羹，兼可蒸作餻餌。收至冬可釀酒，瀹過搗羅爲末，調以鹽水，日中曝曬，可作醬。

清　陳大章《詩傳名物集覽》卷一二《東門之枌》　《朱傳》：枌，白榆也。先生葉，卻著莢，皮白色。《爾雅》：榆，白枌。孫炎曰：榆，白者名枌。郭璞曰：枌榆先生葉，後著莢，皮色白。莢狀似錢而小，色白成串，俗呼榆錢。二月剥皮，刮去粗皵，中滑白，荒歲以爲粉食之。《埤雅》：枌先敷葉，後著莢，其葉初生，蓋似兔目。榆性扇地，所扇各與木等，故其陰下五（種）（穀）不植，而古人就以息焉，《陳詩》「東門之枌，婆娑其下」是也。男子道舞，尚非所宜，女子市舞，尤非所宜矣。《管子》曰：桓公之時，五衢之民，桑麻不種，繭縷不治，衣多敝，履多穿。乃請沐途旁之枝，使無尺寸之陰，爲是故也。《内則》云：堇荁枌榆，兔薨，以滑之。兔，新生者。薨，其乾也。《博物志》：食枌榆則眠不欲覺。《木譜》：榆有赤白二種，白者名枌，赤者榆也，樹甚高大。

清　陳大章《詩傳名物集覽》卷一二《隰有榆》　《朱傳》：榆，白枌也。陸疏：榆之皮色白者名枌。郭璞云：枌榆先生葉，卻著莢，皮白色。《内則》：堇荁枌榆，兔薨，以滑之。注：兔，新生者，薨，其乾也。堇荁枌榆初生，其葉蓋象兔目，故謂之兔也。《淮南子》：槐之生也，五日而兔目，十日而鼠尾。《周禮》：司烜氏春取榆柳之火。《元命包》：三月榆莢落。《運斗樞》：玉衡星散爲榆。《管子》：五沃之土，其榆條直以長。《淮南子》：五月其樹榆。《畢萬術》：八月榆檽，令人不飢。《四民月令》：二月榆莢成者，收乾以爲旨蓄，色變白將落，收爲醔醶。注：音牟豆，榆仁醬也。河平元年，旱傷麥，民食榆皮。《廣雅》：山榆，毋估也。柘榆，梗榆也。《齊民要術》：梜榆，凡榆，三種色別種之，勿令雜。梜榆，莢葉味苦，凡榆莢味甘，甘者春夏時將煑賣，是以須别也。《惠子》：吾有大樹，人謂之樗，其本擁腫不中繩墨，小枝拳曲不中規矩，至于逢匠者不顧。陶弘景曰：榆性滑，初生莢，仁作糜，食之多睡，稽康「榆令人瞑」是也。《淮南子》：榆槐與橘柚合而爲兄弟，有苗與三危通而爲一家。言槐榆北方，橘柚南方也，是以江南無榆，但言樞耳。若《晉風》則山隰兼有之，然有材不能用，不如其亡也。《氾勝之書》：漢時鑄榆莢錢，如榆莢也，又豐有枌榆社。注：以此樹爲社神，因名。《本草衍義》：榆皮磑爲粉，歉歲農以代食，葉青嫩時收貯，亦用爲羹茹。《雅翼》：陳藏器云：江南有刺榆，無大榆，秦漢故塞，其地皆大榆。戴侗云：榆木堅韌，皮汁滑理，及醫方皆取其滑以爲用。或曰，大榆其莢飄零，一曰零榆，又曰莢榆。《名物疏》陸氏云：榆類有十種，而不詳其狀。《爾雅》：無姑，其實夷。注：無姑，姑榆也，生山中，葉圓而厚，剥取皮合漬之，其味辛香，所謂蕪荑。《本草》云：味辛平，生晉山川谷，此一種也。樞，今之刺榆，即《廣雅》所謂梗榆，其二種也。《本草》：榆皮味甘平，一名零榆，生潁川山谷，其三種也。朗榆皮味甘寒，生山中，如榆皮有滑汁，秋生莢，如北榆，其四種也。《爾雅》：榆，白枌，其五種也。《廣志》云：有姑榆，有郎榆。郎榆無莢，又任車用。姑榆即無姑，朗榆有莢。郎榆無莢，則郎榆別一種矣。《齊民要術》：有梜榆，凡榆之別，未知莢榆復如何也。陸璣又云：駮馬梓榆，或亦一種。嚴坦叔云：此言隰有榆，總言榆耳。《木譜》：榆一名零，一名藲荎，有數十種，人不能別，惟知莢榆、白榆、刺榆數種而已。莢榆、白榆，皆大榆也。有赤白二種。白者名枌，木甚高大，未葉時，枝上先生瘻瘤，纍纍成串，及開則爲榆莢，生青熟白，圓如小錢，又名榆錢，甚薄。莢開後方生葉，似山茱萸葉而長，尖艄潤澤。

清 陳大章《詩傳名物集覽》卷一二《隰有六駮》 《朱傳》：駮，梓榆也，其皮青白如駮。《陸疏》：駮馬，梓榆也，其樹皮青白駮犖，遥視似駮馬，故謂之駮馬。下章云「山有苞棣，隰有樹檖」，皆山隰之木相配，不宜云獸。《古今注》：六駮，山中有木，葉似豫章，皮多癬駮。《毛傳》：駮如馬，倨牙，食虎豹。《爾雅疏》：駮亦野馬名。《山海經》：中曲之山有獸焉，其狀如馬，而白身黑尾，一角，虎牙爪，音如鼓音，其名曰駮，是食虎豹，可以禦兵。故馬之色相類者，以駮名之。《雅翼》：《周書·王會》正北方，義渠以兹白，兹白若白馬，即此物也。古之名馬有曰六駮者，有曰騶虞者，有曰騰黄者，有曰飛兔者，有曰麒麟者，六駮者，必其白身黑尾，如獸之六駮耳。駮，音博。

清 陳大章《詩傳名物集覽》卷一二《山有樞》 《朱傳》：樞，荎也，今刺榆也。《爾雅》：藲，荎。郭云：今之刺榆。邢疏：別二名也。鄭注：刺榆有針刺如柘，葉似榆，瀹爲蔬，美于白榆。《廣雅》：柘榆，梗榆也。陸疏：其針刺如柘，其葉如榆，瀹爲茹，美滑于白榆。榆之類有十種，葉皆相似，皮及木理異耳。《字説》：榆瀋滑，故謂之俞至。俞而有刺，所以爲至。陳藏器：江南有刺榆，無大榆，刺榆秋實。

清 張宗法《三農紀·榆》 榆，《圖經》云：木高大。未生葉時，枝上先生瘤，纍纍成串，及開則爲莢，生青熟白，形圓如小錢狀，故名曰榆錢，甚薄，中有仁。莢開後方生葉，似山茱葉而長，尖艄潤澤。葉生莢落。故云萬物生時榆莢落，萬物死時麥芽生。二物得天地消長之氣。《爾雅》名樞，《廣雅》名零。陸璣云：榆類十餘種，葉皆相似，皮及理異。《周官》：春取火木也。《詩》云：山有樞，隰有榆。古人擬材可作舟。　植藝：莢落收，作畦種之，令與草並長。明年春附地割除，覆草放火燒之，發一根發數條，止留大條直者一株，餘悉去之，三年後可移栽。若采葉戕心難茂，宜更燒之。白土薄地不宜穀者，宜純種榆易長。若栽田畔，防鳥雀損穀。又樹影所及東西北三面，五穀不植。宜于近北牆植之，三年結莢，五年材可椽，十年可作器，十五年可作車轂。　製用：榆錢可羹，可蒸餻餌，可釀酒，瀹過曬乾搗羅爲末，鹽調勻曝曬，可作醬。《本草》云：榆仁作羹糜，令人多睡。《月令》云：榆皮去粗皮取瓤銼乾磨粉可作粥，皮末水調合香料，粘滑勝膠漆，汴洛人以榆皮溼搗粘瓦石作石碓。　本性：味甘，氣滑，利關，通滯，除淋，消痰。　效方：斷穀不饑，榆皮、檀皮爲末，日服。臨月易産，榆皮焙爲末，臨月日三服。方寸匕胎死腹中，或母病欲下胎，榆白皮煎汁服二升。

清 鍾山逸叟《致富奇書》卷一 榆有幾種，葉俱細密覆陰。白榆未生葉時，枝間先生莢，形似錢而小，俗呼榆錢。又名枌。春分種于肥地，三年可移栽。栽時截去上枝，用箬包裹，下土踐實，身縛荆棘，以防人畜旋繞摇動。

清 陳憲舜《課民植牧講義稿·榆》 榆有挾榆、刺榆、凡榆三種，撒子宜分別，大葉小葉，不可混雜。此樹山野最多，凡地不宜五穀與瓜菜，又近城市者，春初覓榆莢種來，向青草坪上撒之，使與草同生，本年已高至八九尺，不須料理。二年正月，連榆帶草，向地面芟伐，縱火燒之，亦勿料理。第三年三月，必每株生出八九枝，留粗大壯實者一條作本，餘斬作柴。四年可賣莢爲菜。五年木大如椽，可雕器皿，並作火柴枝盒之料。砍伐之後，其生愈壯。種下之後，亘古不磨，雖種百畝，不需肥料，不勞人工，不怕水旱蟲蝗，不費牛力耔種。凡生男女，予以小榆二十株，及至長成，榆樹同大，伐以發賣，嫁娶有資。榆樹永遠不絶，子女享受不窮。據賈思勰説：「插枝皆活。一畝地可插二千六百六十株。」插活之後，其樹漸大，須移栽山嶺，造成樹林。至過密時，從兩樹中間伐去一株，爲疏通法。

清 郝懿行《寶訓》卷六《木材·榆》 諺曰：不剝不沐，十年成轂。　陸璣《草木疏》：榆有十種，葉皆相似，皮及木理異。《爾雅》釋榆者三，一曰：藲，荎。藲音歐，荎大結反。郭註：今之刺榆。疏：《詩·唐風》「山有樞」是也。一曰：無姑，其實夷。郭註：無姑，姑榆也。生山中，葉圓而厚，所謂「蕪荑」是也。案《詩疏廣要》有姑榆，榔榆。榔榆無莢。一曰：榆，白枌。案註：枌榆，先生葉，卻著莢，皮白色。疏：《詩・陳風》「東門之枌」是也。嵇康《養生論》：榆令人瞑。《博物志》：啖榆則眠不欲覺。崔寔曰：二月榆莢成，及青收，乾以爲旨蓄，收青莢小，蒸曝之，至冬以釀酒，滑香宜養老。色變白將落，可作醔醶。醔音牟，醶音頭，榆醬。隨節早晏，勿失其適。《務本新書》：榆葉曝乾擣羅爲末，鹽水調勻，日中炙曝，天寒于火上熬過，拌菜食之，味頗辛美。案：荒歲榆皮磨粉可食。又榆麪如膠，用黏瓦石，極有力。《齊民要術》：榆性扇地，其陰下五穀不植。隨其高下廣狹，東西北三方所扇，各與樹等。種者宜于園地北畔，秋耕令熟。至春榆莢落時，收拾漫散，犁細畤勞之。明年正月初，附地芟殺，以草覆上，放火燒之。一根上必十數條俱生，止留一根强者，餘悉掐去之。一歲之中，長八九尺矣。不燒則長遲也。後年正月、二月移栽之。初生即移者，喜曲，故須藂林長之，三年乃可移種。初生三年，不用採葉，尤忌捋心。捋心則科茹不長，更須依法燒之，則依前茂矣。不用剶沐。剶者，長而細又多瘢痕，不剶，雖短粗而無病。必欲剶者，宜留二寸。于塹坑中種者，以陳屋草布壍中，散榆莢于草上，以土覆之，燒亦如法。陳草速朽，肥良勝糞。無陳草者，用糞糞之亦佳。不糞，雖生而瘦。既栽移者，燒亦如法。

清 吴其濬《植物名實圖考》卷三三《木類・榆》 榆，《本經》上品。種甚多，今以有莢者爲姑榆，無莢者爲郎榆。南方榆秋深始結莢，不可食，即《拾遺》之梛榆也。其有莢者爲莢榆，質堅。其皮白者爲枌榆，北方食之。又《別録》中品有蕪荑，説者謂即榆莢仁醞爲醬者。李時珍又云：有大蕪荑，別有種，不知何物。

植物名實圖考・榆

清 厲荃《事物異名録》卷三〇《樹木部・榆》 枌 《爾雅》：榆，白枌。《疏》：榆之皮色白，名枌。 零 《羣芳譜》：榆，一名零。又《本草綱目》名零榆。 義祖 《清異録》：劉靖家兄弟不異居，宅旁榆樹生桑，鄰人號榆爲義祖。 無姑 《爾雅》：無姑，其實夷。註：無姑，姑榆也。按《廣志》：榆有姑榆，有梛榆。 蕪荑 藴荎 《説文》：榆有刺莢曰蕪荑，曰藴荎。

清 李鴻章 光緒《畿輔通志・物産・木屬》 榆，江南有刺榆，無大榆，蓋大榆北方有之。《爾雅翼》大寧路富庶、和衆、龍山三縣，惠州、建州皆土産榆。高州有榆山，以其山多榆木，因名。《元一統志》北方種榆尤多，宜蠶桑，好田穀。《典術》天壇□榆，榆春錢，天壇榆之錢以秋。《帝京景物畧》有數十種，今人不能別，惟知莢榆、白榆、刺榆、梛榆數種而已。《羣芳譜》熱河諸境，稱榆樹溝及榆樹林者甚多，蒙古謂爲海拉蘇，圍場中地有稱海拉蘇台者，亦以有榆處得名。其堅老者，可任車軸。又有榆瘿生榆樹上，鋸爲片，色黄，紋細密，可以飾器，土人稱爲「疙疸榆」。《熱河志》白榆，皮可充饑，其錢甚美。漢龔遂治渤海，令民種千株備饑。《河間府志》堅韌可作器物。《交河縣志》

清 長順《吉林通志》卷一〇八《物産・木屬》 榆，鴨子河濼在長春州東北，四面皆沙堝，多榆柳杏林。《遼史》三十二烏稽中皆喬松及樺柞樹，間有榆椵。鱗接虬蟠，纓山帶磵。《扈從日録》其類不一，皆美材。刺榆、花榆尤佳。刺榆大者中爲車軸，一名軸榆。《唐風》所謂「山有樞」，即此花榆。理細宜爲几案。凡榆臃腫處，花紋尤勝，可飾器用，人多珍之。小刺榆，葉初生，鮮可茹，長丈餘，質細而堅，槍桿多用之。《盛京通志》女真食生狗血芼以蕪荑。《北盟會編》三《爾雅》蕪荑，郭注：姑榆也。剥取皮合漬之，其味辛香，所謂蕪荑。蕪荑，用山榆莢作醬食之。《爾雅義疏・釋草》《説文》：梗，山枌榆有束莢，可爲蕪荑也。按《齊民要術》分枯（姑）榆、刺榆、山榆爲三云。刺榆木甚堅肕，山榆可以爲蕪荑。依許説則刺榆、山榆一物也。《説文段注》六

清 陳昌齊 道光《廣東通志》卷九六《木類・紫榆》 紫榆。來自海舶，似紫檀，無蟹爪紋。剞之，其臭如醋，故又名酸紫。《舟車聞見録》

藝　文

《詩・唐風・山有樞》 山有樞，隰有榆。【略】山有栲，隰有杻。【略】山有漆，隰有栗。

唐 施肩吾《戲詠榆莢》 風吹榆錢落如雨，繞林繞屋來不住。知爾不堪還酒家，漫教夷甫無行處。

唐 僧皎然《寓興》 天上生白榆，白榆直上連天根。高枝不知幾萬丈，世人仰望徒攀援。誰能上天採其子，種向人間笑桃李。因問老仙求種法，老仙嗤我愚不答。始知此道終無成，還如瞽夫學長生。

宋 蘇轍《次韻子瞻賦獄中榆詩》 秋風一何厲，吹此山中緑。可憐凌雲條，化爲樵夫束。凜然造物意，豈復私一木。置身有得地，不問直與曲。青松未必貴，枯榆還自足。紛然落葉下，蕭條媿華屋。

宋 孔平仲《榆錢》 鏤雪裁綃箇箇圓，日斜風定穩如穿。憑誰細與東君說，買住青春費幾錢。

元 王逢《梧溪集》卷三《張參政手植榆歌有引》 榆本高出羣木上，會兵興山盡童。曾孫守中去其半，蔽以藂篠，然生意委菀，廊廟具固無恙。逢一日獲讌樹下既醉，歌之非但歌榆也。感參政忠憤嘉守中孝敬云耳。參政名瑄，開海漕征爪哇有大功，于朝中當廢祖文龍都水監職，得七品官，隱居讀書，尤善畫。歌曰： 春光堂前蘭坂側，孤榆根固亭亭立。翦截猶全大厦具，培封敢忘前人德。至今蘢葱陰滿庭，在昔昂藏枝百尺。海窺黑水龍伯宫，地瞰炎風爪哇國。老槐並去天尺五，披拂星辰長雷雨。寶樹方圍錦絲障，虬枝忽斷黄姑渚。野雉由來是鳩媒，樓船悔不將童女。萬國帡幪歸帝業，半頃苔基系民土。玆辰客會鵷鷺羣，麟趾公族皆能文。莼邊膾落鑾刀雪，花下酒灩紅矼雲。地有踹虹矼新烟迢遞近臣火，餘景低徊西晻曛。興酣墨汁飲一斗，弗嗔書涴羊欣裙。

明 程良孺《茹古畧集》卷二六《榆》 夫玉衡之散而爲榆也乎《運斗樞》，結隣于柳，聯名于桑，蕪夷筴刺《爾雅》，沃土條長《管》。其爲行人之至止《風土記》，里社之徬徨《漢記》，那不濟南利用應璩《書》而秋塞得當庾信《謝啓》。指彼無情，始信仙學多謬《新論》。相偕語笑，從教賊子來同《魏傳》。設色以白，種有成于天上，詩閲歷以境，望有收于隅東《馮異傳》。若者爲錢，無當青鈇之選《爾雅》。不教而令，長輸高卧之風《養生論》。延所舉之鵬，搶枝莫附《莊》，中已成之蠱，敷幹幾重《魏書》。值羣羌圍迫之秋，于鞭幾幸《水經》。當民生處乏之日，似羅有封《魏志》。樹之爲寨《韓安國傳》，把之爲珠，古詞夢而得官，夢而薦福《夢書》，稱何以郎，稱何以姑《廣志》，則榆事亦幾窮歟。

明 彭大翼《山堂肆考》卷二一〇 覆屋 東坡《御史臺榆》詩：我行汴堤上，厭見榆陰緑。千株不盈畝，斬伐同一束。及居幽囚中，亦復見此木。蠹皮溜秋雨，病葉埋牆曲。誰言霜雪苦，生意殊未足。坐待秋風至，飛英覆空屋。 干虹 張右史詩：脩柯遇雲日，老枿干虹霓。嗟爾擁腫材，大匠何見遺。 飛雪 韓退之詩：楊花榆莢無才思，也解漫天作雪飛。 拋錢 白樂天詩：榆葉拋錢柳展眉。又：隔牆榆葉散青錢。 短貫穿 白樂天詩：錢穿短貫榆。

明 吳寬《榆》 始我種三榆，近在亭之左。西日待隱蔽，陰成客能坐。七年長漸高，密葉已交鎖。生錢聞可食，貧者當果蓏。其一忽憔悴，嚙腹緣蟻蜾。持斧欲伐之，材未中船舵。藤蔓方附麗，不伐亦自可。古人無棄物，守圃常用跛。

附：杻

綜述

《爾雅·釋木》 杻，檍。郭璞註：似棣，細葉，葉新生可飼牛。材中車輞。關西呼杻子，一名土橿。檍，音億。

爾雅·杻

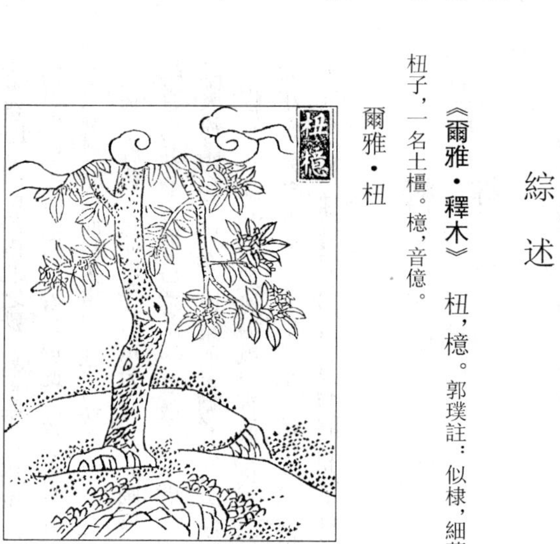

三國吳 陸璣《毛詩草木鳥獸蟲魚疏》卷上《隰有杻》 杻，檍也。葉似杏而尖，白色，皮正赤，爲木多曲少直，枝葉茂好。二月中葉疏，華如楝而細，蕊正白。蓋此樹今官園種之，正名曰萬歲。既取名於億萬，其葉又好，故種。共汲山下人或謂之牛筋，或謂之檍。材可爲弓弩幹也。《詩·山有樞》疏、《爾雅·釋木》疏。

明 慎懋官《華夷花木鳥獸珍玩考·檍》 《周禮·考工記》：弓人取材，檍次之。《爾雅》：杻，檍。徐按《草木疏》：此木枝葉可愛。二月華白，子似杏。今官園種之，取億萬之義，改名萬歲樹。南朝齊謝朓詩「風動萬年枝」是也。

清 陳大章《詩傳名物集覽》卷一二《隰有杻》 《朱傳》：杻，檍也。葉似杏而尖，白色，皮正赤。其理多曲少直，材可爲弓弩幹者也。《爾雅》：杻，檍。注：似棣，細葉，葉新生可飼牛，材中車輞。關西呼杻子，一名土橿。陸疏：葉似杏而尖，白色，皮正赤，爲木多曲少直，枝葉茂好。二月中葉疏，華如練而細，蕊正白。蓋此樹今官園種之，名曰萬歲枝，既取名于億萬，其葉又好，故種之。或謂之牛筋木，或謂之檍，材之堅韌者。《山海經》：崌崍之山，其木多楢杻。

清 厲荃《事物異名録》卷三〇《樹木部·杻》 檍，土橿。《爾雅》：杻，檍。《疏》：杻，一名檍。郭云：關西呼杻子，一名土橿。 萬歲 牛筋 《詩疏》：杻，檍也。此樹今宫園種之，正名曰萬歲，既取名於億萬，其葉又好，故種之。或謂之牛筋，或謂之檍材，可爲弓弩幹也。又，南燭草亦名牛筋。

清 張英《淵鑑類函》卷四一六《杻》 增：《爾雅》曰：杻，檍。郭注曰：似棣，細葉，材中車輞。關西呼杻子，一名土橿。《詩》曰：隰有杻。又曰：北山有杻。陸璣《疏》曰：葉似杏而尖，白色，皮正赤。多曲少直。二月中開（葉）疏，花如練而細，蕊正白。宫園種（之），名曰萬歲，既取名于萬億，其葉又好，故種之，或謂之牛筋，可爲弓弩幹。《山海經》曰：崌崍之山，其木多楢杻。

清 長順《吉林通志·物產·木屬·杻》 杻，《爾雅》謂之檍。皮理糾結，質最堅。俗呼杻筋子。木大者爲車軸，次於軸榆。《盛京通志》

藝文

清 程恩澤《程侍郎遺集初編》卷一《杻賦並序》 澂懷園食筍齋後土阜，有嘉樹三，居者過者皆罔識其名。予初亦瞢焉，繼綜其華實枝葉，審諦之，定爲北山之杻。按：杻兩見《詩》，一見《周禮》，一見《爾雅》，屢見《山海經》。《詩毛傳》云：「杻，檍也。」即用《爾雅》文。《疏》云：「葉似杏而尖，白色，皮正赤，按，木皮少正赤者，恐是子正赤之訛。爲木多曲少直，枝葉茂好。二月中葉疏，華如楝而細，蕊正白。正名曰萬歲，或謂之牛筋，或謂之檍。材可爲弓弩幹也。」郭注《雅》云：「似棣，細葉，材中車輞。關西呼杻子，一名土橿。」其注《山海經》從同，同《説文》作檍，別有檍，乃杶也。《三輔黃圖》曰枍詣，《晉宫》曰萬年樹，《太平御覽》同。皆杻也。而《本草經》及李氏《綱目》不載，豈以其非藥味歟？《廣雅》、《埤雅》、《爾雅翼》亦不載。審此杻，非難識之物。自三代以來，書屢見，則無古今之異；《西都》、《南都》皆賦之，則無南北之殊。然自宋以後，著録漸少，豈非顯隱有時，人與物忽不相值耶。遂作賦曰：有物於此，蔭於堂背。其枝羽喬而句，其榮釽析以碎。曼理文身，若錯繒綺而被繪畫也。子有棱而方，一裹一縣，四核一房，生青纍纍，孰赤煌煌，將零坼苞，若蓋束囊。臣愚不識，敢詢圃場。或儳言於側曰：此夫藹似楝而素纖者歟？葉似杏而益纖者歟？萬歲之名，聞者頌者所意忺者歟？共汲之山、華林之園，枍詣之宫，周秦漢以來所具瞻者歟？或揉車輞，致遠而利往；或奠弓幹，揚武而捍患。有虬其條，琅然振風；有倩其景，月宵瓏瓏。瞢一世而匙知，則不相尋於斧鋻。外多曲而委蛇，梱剛柔而積中。願託根於魁父之邱，懼指名之洶洶。故夫梓以爲羣，棣以爲友，橿以爲偶，聞諸北山樵者之口，夫是之謂杻也。

梓

綜述

《爾雅·釋木》 椅，音依。梓。郭璞註：即楸。

爾雅·椅

三國吴　陸璣《毛詩草木鳥獸蟲魚疏》卷上《梓椅梧桐》　梓者，楸之疏理白色而生子者爲梓，梓實桐皮曰椅，今人云梧桐也。《詩疏》無此六字。則大類同而小别也，《詩·定之方中》疏桐有青桐、白桐、赤桐。白桐宜琴瑟，今雲南牂牁人績以爲布，似毛布。《御覽》桐引，《證類本草》引作「似毛服」。

北魏　賈思勰《齊民要術》卷五《槐柳楸梓梧柞第五〇》　楸梓，《詩義疏》曰：「楸梓，楸之疏理色白而生子者爲梓。」《説文》曰：「檟，楸也。」然則楸梓二木相類者也。白色有角者名爲梓。似楸有角者名爲角楸，或名子楸。黄色又無子者爲柳楸，世人見其(根)(木)黄呼爲荆黄楸也。亦宜割地一方種之。梓楸各别，無令和雜。　種梓法：秋耕地令熟。秋末冬初，梓角熟時，摘取曝乾，打取子。耕地作壟，漫散即再勞之。明年春生，有草拔(拔)令去，勿使荒没。後年正(五)月間斸移之，方步兩步一樹。此樹須大，不得概栽。楸即(既)無子，可於大樹四面掘坑，取栽移之。一(亦)方兩步一根，兩畝一行，一行百一(二)十株，五行合六百株(樹)。十年後，一樹千錢，柴在外。車板、盤合、樂器，所在任用。以爲棺材，勝於松柏。《術》曰：「西方種楸九根，延年百病除。」《雜五行書》曰：舍西種梓楸各五根。子孫孝順，口舌消滅也。

宋　陸佃《埤雅》卷一四《梓》　《傳》曰：「橋者父道也，梓者子道也。」舊説椅即是梓，梓即是楸。蓋楸之疏理而白色者爲梓，梓實桐皮曰椅。其實兩木大類同，而小别也。今呼牡丹謂之華王，梓爲木王。蓋木莫良於梓，故《書》以《梓材》名篇，《禮》以梓人名匠也。《書》曰：「若作梓材，既勤樸斲，惟其塗丹雘。」言王者造始作爲典，則以授諸侯，則既勤樸斲之譬也。諸侯致飾嗣其功而終之，則惟其塗丹雘之譬也。《詩》曰：「樹之榛栗，椅桐梓漆。」言其宫中所植，皆能預備禮樂之用。語曰：「一年之計莫如種穀，十年之計莫如種木。」故文公於初作宫室之時，早計如此。又曰：「維桑與梓，必恭敬止。」言桑梓父之所植，尚或敬之也。《禮》曰：「見君之几杖則起。」其類是乎？《尸子》曰：「荆有長松文梓。」

宋　蔡卞《毛詩名物解》卷五《釋木·椅》　椅，梓實桐皮，非梓之正，非正而外若同焉，有椅之意。樲若棗而小，非棗之正，棗甘而樲酸，棗屬而樲貳者也。羊棗謂之遵，則不貳者也。

宋　羅願《爾雅翼》卷九《木部·梓》　梓爲百木長，故古者名制器之工爲梓人。商人尚梓，用此故也。郭氏「犄梓」云「即楸」，又解「楸榎」云：大而皵，楸。小而皵，榎。《説文》亦曰：「椅，梓也。梓，楸也。楸梓也，檟楸也。」然則椅、梓、楸、檟一物而四名。然《定之方中》既言椅又言梓，故《詩義疏》曰：「楸之疏理色白而生子者爲梓，(梓)實桐皮曰椅。」而《齊民要術》稱「白色有角爲梓，或名角楸，又名子楸。黄色無子者爲柳楸，世呼荆黄楸」云。然則是數者又以有子爲辨耳？《管子》「五沃之地宜白梓」，楚地尤多此木。故《尸子》曰：「荆有長松文梓」，而聲子亦曰：「杞梓皮革自楚往也。」屈原《九章》「望長楸而太息」，屋室之間有此木，則餘材皆不復震。其葉可以飼豕，肥碩三倍。《雜五行書》曰「舍西種梓楸五，令子孫順孝。」莢細如箸，其長僅尺。冬後葉落而莢猶在樹總總然。其實一名豫章。崔豹曰：「梓實曰豫章」。魯季孫植檟於蒲圃東門之外，子胥曰植吾墓檟，任昉云：山中有楸，户掌楸木者，楸可爲什器。

元　胡古愚《樹藝篇·木部·梓》　梓，土人謂之木梓，又謂之木王。俗傳凡造新屋者爲梁桷，或以梓木少許置於門楝間，則不響。《匡山志》

元　胡古愚《樹藝篇·木部·梓》　梓，葉大，有雌雄，雌生莢，雄否。《吴邑志》　梓似桐而葉小，花紫。《八閩通志》　陸璣云：「梓，楸之屬，疏理白色而生子者。其木最堅，今人用作琴底。」《衛風》「椅桐梓漆，爰伐琴瑟」是也。《興化府志》《圖經》曰：「梓，白皮，生河内山谷，今近道皆有之。木似梧桐而葉小，花紫。」《爾雅》云：「椅，梓」。郭璞注云：「即楸也」。《詩·鄘風》云「椅桐梓漆」，陸璣云：「梓者，楸之疏理白色而生子者爲梓，梓實桐皮曰椅，大同而小别也」。又一種鼠梓，一名楰，亦楸之屬也。江東人謂之虎梓。《詩·小雅》云「北山有楰」，陸璣云：「其葉枝木理如楸，山楸之異者，今人謂之苦楸，是也。鼠李一名，鼠梓或云即此也。然鼠花之實都不相類，恐别一物而名同也。梓之入藥，當用有之者，爲使楸梓，宫寺及人家園亭多種之。

明　李時珍《本草綱目》卷三四《木部》　梓木有三種：木理白者爲梓，赤者爲楸梓，梓之美文者爲椅。

明　王象晉《群芳譜·木譜·梓》　梓，或作杍，楸類。一名木王，植於林，諸木皆内拱。造屋有此木，則群材皆不震。處處有之。木莫良於梓，故《書》以《梓材》名篇，《禮》以「梓人」名匠。木似桐而葉小，花紫。陸璣《詩義》謂「楸之疏理白色而生子者爲梓」。賈思勰《齊民要術》以白色有角者爲梓，即角楸也，又名子楸。角細如箸，長近尺，冬後葉落而角不落。其實亦名豫章。梓以白皮者入藥，味苦寒無毒。治熱毒，去三蟲，療目疾，吐逆反胃，及一切温病。又有一種鼠梓，名楰，《詩》所謂「南山有楰」是也。今人謂之苦楸。江東人謂之虎梓。鼠李亦名鼠梓，別是一種。　種藝：春月斷其根，瘞於土，遂能發條，取以分種。

明　吴雨《毛詩鳥獸草木考》木考　梓，百木之長，古者名制器之工爲梓人。似桐而葉小，花紫。木理如楸，以色紅者爲上，俗呼羊肝梓，可作琴瑟、楝梁。色白者爲下，其皮入藥。莢細者其長僅尺，冬後葉落而莢猶在，樹揔揔然。其實一名豫章。梓與楸相似，《爾雅》云以爲一物，誤矣。陸璣云：「楸之疏理白色而生子者爲梓。」《齊民要術》云：「白色有角者爲梓，或名角楸，又名子楸。黄色無子者爲楸。」是皆不辨楸、梓也。梓與楸自異，生子不生角。《說文》：楸與梓本同末異，若柏葉有松身。牡丹爲花王，梓爲木王。室有梓木則餘材不復震，或位置在他木下則有聲，其異如此。以黄心者爲上。

明　慎懋官《華夷花木鳥獸珍玩考》卷三《梓》　爲木之長，故材曰梓材，匠曰梓人。室有此木，則餘材不復震。或位置在他木下，則有聲。其異如此。土以黄心者爲上。　梓潭　昔有梓樹，巨圍，葉廣丈餘，垂柯數畝。吴王伐樹作船，使童男女挽之。船自飛下水，男女皆溺死。至今中時有歌唱之音。　南山橋梓　伯禽與康叔見周公，三見三笞之。三子乃問商子，商子曰：「南山之陽，有木名橋。南山之陰，有木名梓。何不往觀之。」二子往見，橋木高而仰，梓木實而俯。還告商子。商子曰：「橋者，父道也，梓者，子道也。」

明　徐常吉《事詞類奇》卷二五《梓》　《埤雅》云：梓爲木王，蓋木莫良於梓，故《書》以《梓材》名篇，《周禮》以「梓人」名匠史。《史記》云：伍胥將死，曰：「樹梓吾墓，梓可爲器，吴必亡。」　埤史　《古史考》云：太姒夢太子發取周庭之梓樹，於商闕化爲松柏。《帝王世本》云：鄭客入函谷，見素車白馬，曰：吾華山君，願以一牘致滈池。見一大梓樹，有文石，取以扣樹，當有應者，書以與之。鄭客如其言，見宫門如王者居，謁者出，受書入。有頃，書曰：「今年祖龍死。」雜記《玄中記》云：秦文公造長安宫，終南山有梓樹，大數百圍，蔭宫中。公惡而伐之，連日不尅，輒大風雨。夜有鬼問，梓樹曰：「豈奈乎吾？」鬼曰：「若使三百人披頭以絲繞樹，豈不敗汝？」樹默然。明日，人上言，文公依此伐之。時梓樹神化爲青牛，文公命騎擊之，騎不勝，或墮地，髻解披髮，牛畏之，入灃水。秦因是置旄頭使先驅。又云：凡梓木爲檻，居下則木鳴，謂之争位。曹子建云：斬泗濱之梓，以爲箏。　必樹吾墓上以梓，梓可爲器，而抉吾眼於吴之東門上，以觀越兵入吴也。《帝王世本》云：鄭客入函谷，見素車白馬，曰：吾華山君，願以一牘致滈池。見一大梓樹，有文石，取以扣樹，當有應者，書以與之，鄭客如其言，見宫門如王者居，謁者出，受書入。有頃，書曰：今年祖龍死。原：《漢書》曰：元帝初元四年，皇后曾祖父濟南東平陵王伯墓門，梓柱卒生枝葉，上屈劉向疏云：王氏先祖墳墓在濟南者，其梓柱生枝葉，扶疎上出屋。根垂地中，雖立石起柳，無以過此之明也。增：《後漢書》曰：應順爲冀州刺史，廉直無私，遷東平相，賞罰必信，吏不敢犯。有梓樹生於廳，事後母至孝，衆以爲孝感之應。《豫章記》曰：松陽門内有大梓樹，四十五圍，樹先枯，永嘉中，一旦忽更榮華。太興中，元帝果繼大業。

明　方以智《物理小識》卷九《梓楸》　梓種於林則令諸木内拱，斷根瘞之遂長條枚，取以分種。或曰檟即榎也。《爾雅》：大而皵，楸。小而皵，榎。臘月種之，材理有雲朵紋。物理所云「梓木爲柱，在下則有聲」，云木争位。又曰：梓木爲舟起屧，造船不用。

明　宋詡《竹嶼山房雜部》卷九《樹畜部·樹類》　梓楝身大葉，即檟。《埤雅》曰：梓爲木王。琴瑟材也。種於林則令諸木皆内拱之，斷其根瘞於土能遂長條枚，取以分種。

明　慎懋官《華夷花木鳥獸珍玩考》卷三《梓》　爲木之長，故材曰梓材，匠曰梓人。室有此木，則餘材不復震，或位置在他木下則有聲，其異如此。土以黄心者爲上。

清　張英《淵鑑類函》卷四一五　原：《爾雅》曰：楰，鼠梓。郭注曰：楸屬也，今江東有虎梓。椅，梓。郭注曰：即楸。增：《爾雅翼》曰：《說文》言：椅，梓也。梓，楸也。楸，梓也。檟，榎同。楸也。然則椅、梓、檟、楸一物四名，而陸璣《詩疏》以楸之白理生子者爲梓，梓實桐皮爲椅。《齊民要術》又以白色有角者爲梓，即角楸也，又名子楸。黄色無子者爲椅楸，又名黄荊楸。但以子之有無爲別，其角細長如箸，其長近尺，冬後葉落而角猶在。《本草》蘇頌曰：木似桐而葉小，花紫。又一種鼠梓，即《小雅》云「北山有楰」是也。又李時珍曰：梓有三種：木理白者爲梓，赤者爲楸，梓之美文者爲椅。楸之小者爲榎，桐亦名椅，與此不同，此椅即《尸子》所謂「荆有長松文椅」

者也。原：《詩》曰：北山有梓。又曰：維桑與梓，必恭敬止。增：《孟子》曰：拱把之桐梓。原：《禮斗威儀》曰：君乘火而王，其政和平，梓爲長生。增：《山海經》曰：玉山、碧山多梓，雞山美梓。《埤雅》曰：梓爲百木長，故呼爲木王，木莫良于梓，故《書》以梓名篇，《禮》以梓人名匠。《爾雅翼》曰：屋室有梓木，則餘材皆不震。《古今注》曰：梓實曰豫章。《齊民要術》曰：種梓法，秋末冬初，取梓角暴乾，播種一年𦔳之，二年移之。《玄中記》曰：凡梓木爲楹，居下則木鳴，謂之争位。原：《文選》曰：斬泗濱之梓以爲箏。

清　陳大章《詩傳名物集覽》卷一一《椅桐梓漆》　《朱傳》：梓實桐皮曰椅。《毛傳》：椅，梓屬。《爾雅》：椅，梓。注云：即楸。鄭云：今亦謂之梓木，良材也。陸璣云：梓實桐皮曰椅。《雅翼》郭氏解「椅梓」云：即楸。《説文》椅、梓、楸、檟，一物四名。然《定之方中》既言椅，又言梓，明是二物矣。陸璣云：楸之疏理色白而生子者爲梓，梓實桐皮曰椅。《齊民要術》云：白色有角曰梓，無子曰楸。此皆不辨楸梓者也。梓與楸自異，楸生子不生角。又《爾雅》：槐小葉曰榎，大而皵楸，小而皵榎。郭注：槐當爲楸，榎即今之山楸。樊光曰：皵，錯皮也，樹老皮粗。皵者爲楸，小而皮皵者爲榎，不知楸之爲槐，或是字音之譌，楸之與梓，疏理既别，名目各殊，椅之不可爲桐，猶楸之不可爲梓也。郭注謂椅梓即楸，亦未可深信。皵之爲楸，此自方俗以皵皮者爲楸之稱耳，非楸木之本義也。槄之爲山楸，此亦槄有楸名耳，非謂楸之即槄也。《日華子》云：椅樹皮有數般，惟楸梓佳。《埤雅》：楸梧早晚，故楸謂之楸。《史記》：千章之楸，其人與千户侯等。董子曰：木名三時，草命一歲。若椿從春，楸從秋，榎從夏，所謂木名三時。芓從子，䕅從寅，茆從卯，茜從酉，荄從亥，艼從丁，茂從戊，芑從己，莘從辛，葵從癸之類，命以一歲支幹，故曰草命一歲也。《夢書》：榆爲人君，楊爲使者，楸爲讃謁。楸有行列，莖幹喬聳淩雲，華高可愛，至秋垂條如線，謂之楸線。《述異記》：越人多橘柚園，歲出橘税，謂橙橘户，山中又有楸户，著名楸籍者也。

清　陳大章《詩傳名物集覽》卷一一《椅桐梓漆》　梓，《朱傳》：楸之疏理白色而生子者。《齊民要術》：白色有角者爲梓，或名角楸，又名子楸。黄色無子者爲柳楸，世人見其木黄，呼爲荆黄楸。蕭炳云：樹似桐而葉小，花紫。《雅翼》：梓爲百木長。《管子》：五沃之土宜白梓。楚地尤多此木。故《尸子》曰：荆有長松文梓。室屋之間有此木，則餘材皆不復震。其葉可以飼豕，肥碩三倍。莢細如箸，其長僅尺，冬後葉落，而莢猶在樹總總然。其實一名豫章。《十道記》：越人多種豫章樹，梓即豫章也。《禮記·威儀》：君乘火而王，其政和平，楸梓爲長生。《古今注》：棘實曰棗，梓實曰豫章。《文選》：斬泗濱之梓以爲箏。《尚書大傳》：伯禽康叔見周公，三見而三笞，商子與二子觀乎南山之陰，見橋木高而仰，梓木晋然實而俯。商子曰：橋者，父道也。梓者，子道也。吴正傳曰：《家語》山有梓實而俯，楸屬亦多喬聳，但以實而俯者求之，則得之矣。《埤雅》：舊説椅即是梓，梓即是楸，其實兩木亦大同而小别，今呼牡丹爲華王，梓爲木王，木莫良于梓，故《書》以梓材名篇，《禮》以梓人名匠也。《詩》曰：樹之榛栗，椅桐梓漆。言皆預備禮樂之用。語曰：一年之計樹穀，十年之計樹木，百年之計樹人。又曰：維桑與梓，必恭敬止。言桑梓父之所植，尚敬之也。蘇穎濱云：種木者求用于十年之後，漢樊仲初植桐梓，人皆嗤之，十年之後，人皆賴其用。文公治國，正此類矣。《通志》：梓與楸相似。《爾雅》以爲一物，誤矣。又《爾雅》有椋鼠梓。《山海經》：玉山碧山多梓木，雞山有美梓。《詩疏》：永昌人謂之鼠梓，木理如楸，今人謂之苦楸，江東人謂之虎梓，漢人謂之椋。《齊民要術》：種梓法：秋末冬初，取梓角曝乾播種，一年𦔳之，二年移之。李氏《本草》曰：梓有三種：木理爲梓，赤者爲楸，梓之美文者爲椅，楸之小者爲檟。桐亦名椅，與此椅不同。又桐梓分二種，故詩既言桐又言梓，舊説皆以爲一木之名，誤。

清　厲荃《事物異名録》卷三〇《樹木部·梓》　木王　《埤雅》：梓爲木王。蓋木莫良於梓，故《書》以梓材名篇，《禮》以梓人名匠也。　相思樹　《九域志》：韓憑自殺，妻投臺而死。有梓木生於二家，根交于下，人號曰相思樹。又韓憑，《搜神記》作韓朋。

清　陳淏子《花鏡》卷三《花木類考·梓》　梓，一名木王，林中有梓樹，諸木皆内拱。葉似梧桐，莖小而無歧，春開紫白花如帽，極其爛熳。生莢細如箸，長尺許，冬底葉落，莢猶在樹。種法：秋末冬初，取莢曝乾播種，一年𦔳之，二年方可移植。或交春斷其根瘞於土，亦能發條。其葉飼豕最肥。

清　張宗法《三農記》卷七《梓》　梓，《圖經》云：木似桐而理白，葉小花紫。《詩義》謂楸之疏生子者爲梓。《齊民要術》云：生子有角者爲梓，一名杍。角細如箸，長近尺，臨霜葉落，獨角不落。梓爲木中之王，植林則衆木皆拱，造室則諸材不震，制琴瑟則聲韻堪佳，木莫良于梓，故《書》以梓名篇，《禮》以梓人爲匠。又刻書曰繡梓鍥梓。古者五畝之生樹桑梓，二木于牆給蠶食器用，故《詩》云：維桑與梓。其木質堅固，可以立成，得陰陽正氣，故字從之，是以喻爲子道者是也。　植藝：春斷其根瘞，溼土即生，取以分植。子可種生成條，春中移植根傍可，亦可栽。　本性：味辛、氣通，可退熱去溼。　效方：一切瘡毒采葉煎湯浴效。

清　鍾山逸叟《致富奇書》卷一　梓　木似桐而葉小，花紫，其角細長。冬後葉落，而角猶在樹。秋冬子種，三年移栽。爲百木之長，又名木王。蓋木莫良于梓，故《書》以梓名篇，《禮》以梓人名匠，朝廷以梓宮名棺也。

清　陳憲舜《課民植牧講義稿・梓》　其子名角，猶槐角也。二月耕地之後，將梓角散漫鈀平，春末即生，草多芟去。一二年後，離五尺種一株，計一畝可種三百株。十年之後，伐作器具，其價可觀。二十年後，賣作壽器，勝於杉木數倍，其值尤貴。按梓有二種，一名鐵梓，即青皮梓，葉歧而鋭，理堅色黑；一名杉梓，即黄皮梓，狀如鐵梓，而肌色紫。古人謂有角爲梓，無實（無）（爲）椅。又有謂鐵梓即楸者，姑勿深辨，但有子者皆可種，其無子者必可插。凡能種成，俱有利也。

清　吴其濬《植物名實圖考》卷三三《木類・梓》　梓，《本經》下品。有角長尺餘，如箸而黏，餘皆如楸。

植物名實圖考・梓

清　吴其濬《植物名實圖考》卷三三《木類・梓榆》　梓榆，即駮馬，又名六駮。皮色青白，多癬駮。詳《詩疏》。

植物名實圖考・梓榆

清　郝懿行《寳訓》卷六《木材・楸梓》　《爾雅》：槐，小葉曰榎。註：槐當爲楸，楸細葉者爲榎。榎同檟。大而皵，楸。註：老乃皮粗皵者爲楸。皵音鵲。小而皵，榎。註：小而皮粗皵者爲榎。《説文》：楸，梓也。《埤雅》：楸梧早脱，故楸謂之秋。楸，一作萩。《述異記》：中山有楸户，著名楸籍者也。案《史記》：淮北常山已南河濟之間千樹萩。陸璣《草木疏》：楸之疏理白色而生子者梓。案《説文》：梓，楸也。或作檕梓。《埤雅》：梓爲百木長，故呼梓爲木王。羅願云：屋室有此木，則餘材皆不震。案：林中有梓樹，諸木皆内拱。

清　李鴻章　光緒《畿輔通志・物産・木屬・梓》　梓，大（寧）路和衆縣土産梓。又和衆縣有梓木山，其中最多梓。《元一統志》楸類，一名木王。植於林，諸木内拱。造屋有此木，則羣材皆不震。《羣芳譜》

清　陳昌齊　道光《廣東通志》卷九六《木類・梓》　梓，大至合抱，則爲虎梓，惟嶺南有之。葉似桐而小，木理如楸，多産四會，以色紅者爲上，俗呼羊肝梓。可作琴瑟、楝梁，其色白者爲下。《廣志》

藝文

唐　梁洽《梓材賦以理材爲器如政之術爲韻**》**　立政施教，能簡則理。爲器擇材，惟良是視。政有孚而可大，器自斵而稱美。學古入官，斯可已矣。故周公設誡，取鑒梓材。百工飭化以物作，萬勢曲成而象開。柏之可伐而取諸新甫，松之可斷而美於徂徠。何備用之徵要，信崇功而大哉。觀夫良匠掄木，知無不爲，盡力以獻藝，因材而合規，勤樸斵而去夫濫竊，尚儉素而昭於軌儀。知者相物，後人述器。得成風之妙，窮運斤之利。或經緯乎陰陽，亦法象乎天地。上棟下宇，資丹雘之餘飾，從有之無，通舟車乎遠致。嘉茲義之可分，而發昭乎在位。是尋是尺，其樫其椐。每從繩而則正，異投刃而皆虛。觀梓匠之斵矣，吾是知爲政之所如。材之既度，可施於政，若意匠以合則，必由庚而在詠。俟其禕而念茲在茲，政有善人則不欺，山有木工則度之。材有常質，政則匪一。每呈器而受用，亦相時而陳術。夫如是，諧利貞，保元吉，信前賢之濟代，豈小人之能悉。

清 陳景元《陳石閭詩》卷二〇《梓樹》 滿院碧沉沉，婆娑梓樹陰。青蟲求食飽，孤鳥坐鳴深。日月扶高幹，風霜見苦心。他年中琴瑟，何處問知音。

楸

綜 述

《爾雅·釋木》 大而皵，楸。郭璞註：老乃皮粗，皵者爲楸。

爾雅·楸

《爾雅·釋木》 小而皵，榎。郭璞註：小而皮粗，皵者爲榎。《左傳》曰：「使擇美榎。」

爾雅·榎

《爾雅·釋木》 梠，音叨。山榎郭璞註：今之山楸。榎，音賈。

爾雅·梠

《爾雅・釋木》　楰，音庾。鼠梓。郭璞註：楸屬也。今江東有虎梓。

爾雅・楰

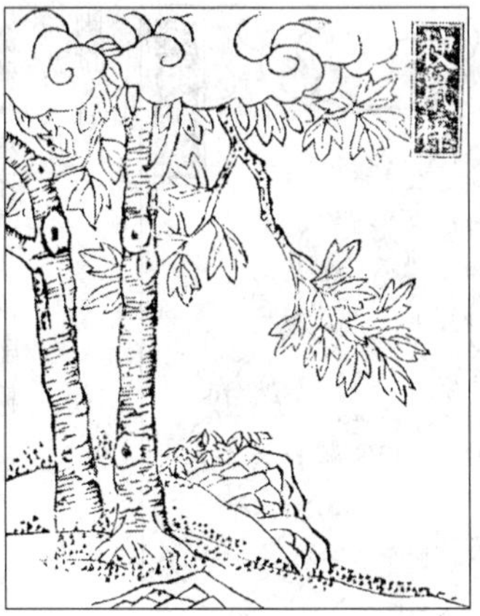

三國吳　陸璣《毛詩草木鳥獸蟲魚疏》卷上《北山有楰》　楰，楸屬。其樹葉木理如楸，山楸之異者，今人謂之苦楸。《詩・南山有臺》疏：《爾雅・釋木》：楰，鼠梓。溼時脆，燥時堅。今永昌又謂鼠梓，漢人謂之楰。《御覽》(梓引)

三國吳　陸璣《毛詩草木鳥獸蟲魚疏》卷上《有條有梅》　條，槄也，今山楸也。亦如下田楸耳。皮色白，葉亦白，材理好，宜爲車板，能溼，案：能讀爲耐。又可爲棺木。宜陽共《詩疏》作其北山多有之。梅樹皮葉似豫章，《詩疏》作豫樟葉大如牛耳。一頭尖，赤心，華赤黃，子青不可食。柟葉大，可三四葉一蘩，木理細緻於豫章，子赤者材堅，子白者材脆。《爾雅・釋木》疏荆州人曰：梅，終南《詩疏》作江。南及新城、上庸《詩疏庸》下有蜀字。皆多。樟柟，終南與上庸、新城通，故亦有柟也。《詩終南》疏

唐　韓鄂《四時纂要・移楸》　楸無子，亦大樹掘坑取栽，兩步一樹種之。楸作樂器，亦堪作盤合，堪爲棺材，更勝松柏。

宋　陸佃《埤雅》卷一四《楸》　《釋木》云：「大而皵，楸。小而皵，榎。」楸梧早脱，故楸謂之秋。楸，美木也。故曰：「山居千章之楸，其人與千户侯等。」《董子》曰：「木名三時，草命一歲。若椿從春，楸從秋，榎從夏，所謂木名三時。芧從子，黃從寅，茆從卯，莤從酉，荄從亥，芋從丁，茂從戊，芑從己，莘從辛，葵從癸之類，命以一歲支榦，故曰草命一歲也。」《夢書》曰：「榆爲人君，楊爲使者，楸爲讚謁。」今柳謂之絲，楸謂之線。按楸有行列，莖榦喬聳凌雲，華高可愛，至秋垂條如線，俗謂之楸線。《述異記》云：「越人多橘柚園，歲出橘税，謂之橙橘户。中山又有楸户，著名楸籍者也。」

宋　吳仁傑《離騷草木疏》卷三《楸》　「望長楸而太息。」王逸注：長楸，大梓。言己顧望楚都大梓木而悲歎。仁傑按：《山海經》虖勺之山，其上多梓。又堇理之山，多美梓。郭璞注云：山楸也。又陽華之山，多苦辛，其狀如橚。郭注：橚即楸字也。《爾雅》：小葉曰榎，大而皵楸。郭注：楸，細葉者爲榎。樊光云：木老而皮麤皵者爲楸，木小而皮麤皵者爲榎。又「椅梓」注云：即楸也。又「楰鼠梓」注云：楸屬也。陸璣云，其枝葉木理如楸，山楸之異者，今謂之苦楸。《本草》「梓白皮」條，蕭炳云：木似桐而葉小，花紫。《日華子》云：梓皮有數種，惟楸梓佳。《圖經》云：鼠李，一名鼠梓，然鼠李花實都不相類，恐别一物而名同也。梓之入藥，當用有子者。楸梓，官寺及人家園亭多植之。賈思勰云：楸梓二木相類，白色有角生子者爲梓，或名子楸，或名角楸。黃色無子者爲柳楸，亦呼荆黃楸也。楸既無子，可於大樹四面，掘坑取栽移之，兩步一根，兩畝一行也。《韻語陽秋》云：楸，色香韻勝，見於杜子美、梅聖俞詩。「要把楸花媚遠天」，言其色也。「楸木馨香倚釣磯」，言其香也。「圖出帝宫木，聳向白玉墀。高豔不近俗，直許天人窺」，言其韻也。又採其葉傅瘡立愈云。

元　胡古愚《樹藝篇・木部・楸》　楸木，皮味苦，小寒，無毒，主吐逆，殺三蟲及皮膚蟲，煎膏粘。敷惡瘡，疽瘻，癰腫，疳，野雞病，除膿血，生肌膚，長筋骨，葉擣敷瘡腫，亦煑湯洗膿血，冬取乾葉，湯揉用之。范汪方：「諸腫癰潰及内刺不出者，取楸葉十重貼之。」生山谷間，亦植園林以爲材用，與梓樹本同末異，若柏葉之有松身。蘇敬以二木爲一，誤也。其分折在解，紛條中矣。　梓，良木也。其材可爲器用，且作禦櫬。園中有此樹，則衆木皆向之，故俗謂之木王。樹有雌雄，雄不結子，其花白色。其子細而紅，甘美可啖。予舊宅在望山橋，宅前有一株，少時常啖之。洞庭山人云：「衆樹能捐花菓，惟梓樹植花紅中，夏月雨露皆涼，可以庇焉。」其異如此。　梓，《埤雅》：梓爲木王，東北鄉種，名香梓。《松江府志》　楸子，其色赤，味甘而酸。居人取其汁，熬爲果單。《一統志》　一人患發背，腸胃可窺，百藥不差，一醫者教用楸葉膏傅其外，又用雲母膏作小丸子，服盡四兩。不累日，雲母透出膚外，與楸葉膏相粘着，瘡口遂平，功亦奇矣。其方：立秋立日太陽未升之時，採取楸葉熬爲膏傅瘡瘍，一切惡瘡腫毒立愈，謂之楸葉膏云。葛常之《韻語陽秋》《十

道志》云：越人多種豫章樹。梓即豫章也。《吴越春秋》曰：吴王好起宫室，越王使工入山伐木。天生神木一双，大二十圍，陽爲文梓，陰爲梗柟。《山陰縣志》　梓，《爾雅》曰：椅，梓。郭璞註云：即楸也。《詩》曰：「椅桐梓漆，爰伐琴瑟。」陸璣云：「梓者，楸之疏理，白色而生子者爲梓，梓實桐皮曰椅，大同而少别也」。蓋椅、桐、梓三木皆琴瑟之材，而梓木最堅，今人用作琴底者也。」《邵武府志》【略】《爾雅》曰：槐小葉曰榎。註：槐當爲楸，楸細葉者爲榎。又曰：「大而皵，楸。註：老乃皮粗皵者爲楸。又曰：小而皵，榎。註：小而皮粗皵者爲榎。《左傳》曰：使檡美榎。《疏》：别榎楸之名也。楸之小葉者名榎。樊光云：「大者，老也。皵，豬皮也。謂樹老而皮粗皵者爲楸，小少也，樹小而皮粗皵者爲榎。」《左傳》：「襄公二年夏，齊姜薨，初穆姜使擇美榎，以自爲櫬，與頌琴。季文子取以葬」。是其事也。

明　宋詡《竹嶼山房雜部》卷九《樹畜部・樹類》　楸，似梓長大。《釋名》云：楸梧早脱，故謂楸，美木也。《爾雅》云：大而皵，楸。小而皵，榎。皵音昔，榎音檟。臘月種。材可爲器物，理有雲朵紋。

明　王象晉《群芳譜・木譜・楸》　楸，生山谷間，今處處有之，與梓樹本同末異。周憲王曰：楸有二種：一刺楸，樹高大，皮色蒼白，上有黄白斑點。枝間多大刺，葉薄。《埤雅》云：楸有行列，莖幹喬聳凌雲，高華可愛。至秋垂條如線，謂之楸線。其木濕時脆，燥則堅，良木也。白皮及葉味苦，小寒無毒。主治吐逆，殺三蟲及皮膚蟲，傅惡瘡、疽瘻腫，除膿血，生肌膚，長筋骨，有拔毒排膿之功，爲外科要藥。　典故：有人患發背，潰壞，腸胃可窺，百方不效，一醫用立秋日未出時采楸葉熬爲膏，傅其外，内以雲母膏作小丸服，盡四兩，遂愈。一切瘡瘍並治。　製用：木可作棋枰。葉味甘，嫩時取以煠熟，水淘浄拌食。《周憲王本草》　附録：榎：榎，檟也，亦楸屬。葉大而早脱，故謂之楸。葉小而早秀，故謂之榎。《爾雅》云：葉小而皵，榎。葉大而皵，楸。《董子》曰：木名三時，草命一歲。若椿從春，榎從夏，楸從秋，所謂木名三時也。芓從子，蕒從寅，茆從卯，茜從酉，苧從丁，茂從戊，芑從己，莘從辛，葵從癸之類，命以一歲支干，故曰草命一歲也。《埤雅》

明　徐光啓《農政全書》卷三八《種植》　楸、梓、榎，《爾雅》曰：槐小葉曰榎。大而皵，楸。小而皵，榎。椅梓，鼠梓。又曰：如木楸，曰喬。郭璞注曰：槐當爲楸。楸細葉者爲檟，老乃皮粗皵者爲楸，小而皮粗皵者爲檟。椅梓即楸，梗楸屬，今人謂之苦楸，江東人謂之虎梓。《詩義疏》曰：楸梓之疏理色白而生子者爲梓。《説文》曰：檟楸也，然則楸梓二木相類者也。白色有角者名爲梓，似楸有角者名爲角梭（楸），或名子根（楸）。黄色無子者爲柳楸。世人見其色黄，呼爲荆黄根（楸）也。楸之與梓，本同末異。梓名木王，植于林，諸木皆内拱。造屋有此木，則羣材皆不震。楸木溼時脆，燥則堅，良材也。榎檟也，亦楸屬。葉大而早脱，故謂之楸。葉小而早秀，故謂之榎。玄扈先生曰：春月斷其根，瘞于土，遂能發條，取以分種。又曰：花葉飼猪，並能肥大，且易養。

明　慎懋官《華夷花木鳥獸珍玩考》卷三《楸》　《釋木》云：大而皵，楸。小而皵，榎。楸梧早脱，故楸謂之秋。楸，美木也。故曰：山居千章之楸，其人與千户侯等。今柳謂之絲，楸謂之線。按楸有行列，莖幹喬聳凌雲，華高可愛，至秋垂條如線，俗謂之楸線。楦材難得十全，魏州石屋林多有之。楊師厚時賜鎗效節軍，皆采于此。團典所用多是絶品。聖龍筯餘軍，不過四五等，托地僊，長腰奴，范陽嬌，金稍梟兒是也。更有風火枝，聖蚰蜒，頗曲弱，軍中不取。

明　吴雨《毛詩鳥獸草木考》木考・楰　楰，一名鼠梓，一名椑，一名山李，楸類。其木濕時脆，燥時堅。今永昌人謂之鼠梓，漢人謂之楰，即鳥莫子也。大至合抱者，江東呼爲虎梓。鼠李，亦名鼠梓，或云即此。然此花之實，都不相類，恐别一物，而名同也。陸璣云：其樹葉、木理如楸，山楸之異者，今人謂之苦楸是也。

明　吴雨《毛詩鳥獸草木考》木考・條　《秦風》曰：有條有梅。《傳》：條，槄也。條，一名柚。似橙而大於橘，碧幹而冬青，丹實而味甘，出於江南。食其皮汁，已憤厥之疾。齊州珍之。渡淮而北，化爲枳，亦如梅之變杏也。《本草》云：「橘皮味苦，柚皮味甘。」此誤也。柚皮極苦，不可向口，皮甘者乃橙爾。陸璣云：槄，山楸也。亦如下田楸耳。皮葉（色）白，色（葉）亦白，材理好，宜爲車板能濕，又可爲棺木。宜陽共北山多有之。《爾雅》：槄山榎。郭云：今之山楸也。又：柚，條。郭云：似橙，實酢，生江南。而《爾雅》二其文，況槄又無條名，毛、陸混而釋之，誤耳。本又作樤。

清　厲荃《事物異名録》卷三〇《樹木部・楸》　榎椅，《爾雅》：槐小葉曰榎。註：槐當爲楸，楸細葉者爲榎。又：椅梓即楸也。按：桐亦名椅，與此不同。

清 厲荃《事物異名録》卷三〇《樹木部・楰》 鼠梓、虎梓，《爾雅》：楰，鼠梓。《疏》云：鼠梓一名楰。郭云：楸屬也今江東有虎梓，其樹葉木理如楸，今人謂之苦楸是也。《説文》：椅、梓、楸、檟，一物四名。

清 陳大章《詩傳名物集覽》卷一二《有條有梅》 《朱傳》：條，山楸也。皮葉白，色亦白，材理好，宜爲車版。《爾雅》：槄，山榎。孫炎曰：《詩》云：有條有梅。條，槄也。郭璞曰：今之山楸。陸疏：槄，今山楸也，亦如下田楸耳，白色，堪作車版，能溼，又可爲棺木，宜陽共北山多有之。《本草》：楸與梓本同末異。一種無刺者，一種有刺者，溼時脆，燥則堅，良木也。榎亦楸屬，葉大而早脱，故謂之榎。葉小而早秀，故謂之楸。《史記》：淮山常山滎南河濟之間，有千樹楸與千户侯等。《別賦》：望青楸之離霜。曹植詩：走馬長楸間。

清 張宗法《三農記》卷七《楸》 楸，周憲王云：楸有二種，其樹高大，皮色蒼白，斑點小，則身生刺，入則枝間生刺，刺名丁皮，可入藥。有種質紋雲水材，堪稱器。《齊民要術》云：白色有角曰梓，無子曰楸。《埤雅》云：楸有行列，莖幹喬聳，凌雲高華。臨秋葉落，故字從之，得宮商之今，是以樂工取材爲器。其音清和，楸屬之中有榎。《爾雅》云：葉小而散曰榎，葉大而散曰楸。早脱葉曰楸，早秀華曰榎。《草木狀》云：楸與梓本同末異。 植藝：實熟收種熟土中，成條移栽易生。或于樹下取傍生者植之。 本性：味苦，氣利，消熱理氣。 效方：《（群）芳譜》云：一人患背發，遇老醫，用立秋日未出土時采楸葉熬膏敷，雲母石膏作小丸服盡，遂愈。又可治一切瘡瘍。

清 陳憲舜《課民植牧講義稿・楸》 幹木直聳可愛，樹上垂條如線，士人呼爲楸線。其木濕時頗脆，晒乾極堅，可備大材之用。每年十月間收子，如法種之，移植山嶺。歷十數年，即屬棟梁上品，造作木器猶小也。

清 陳大章《詩傳名物集覽》卷一二《北山有楰》 《朱傳》，楰，鼠梓。樹葉木理如楸，亦名苦楸。《爾雅》：楰，鼠梓。郭璞曰：楸屬也，今江東有虎梓。《圖經》云：鼠梓一名楰，亦楸之屬也。《小雅》「北山有楰」是也。鼠李一名鼠梓，或云即此。然花實都不相類，恐二物而同名。《陸疏》：其樹葉木理如楸，山楸之異者，今人謂之苦楸，溼時脆，燥時堅，今永昌又謂鼠梓，漢人謂之楰。曹氏云：宮室之良材。《通志略》：鼠李曰牛李，曰鼠梓，曰椑，曰山李，曰楰，曰苦楸，即烏巢子。

清 李鴻章 光緒《畿輔通志・物産・木屬・楸》 楸，中山有楸户，掌楸木可作什物。《速興記》玉田楸樹山，行五里，楸樹紛拔。《雍正志》

清 長順《吉林通志・物産・木屬・楸》 楸類核桃樹。其木可爲槍桿及船槳，每歲採取備用。皮堅韌，亦可束物。《盛京通志》

藝文

唐 韓愈《庭楸》 庭楸止五株，共生十步間。各有藤繞之，上各相鉤聯。下葉各垂地，樹巔各雲連。朝日出其東，我常坐西偏。夕日在其西，我常坐東邊。當晝日在上，我在中央間。仰視何青青，上不見纖穿。朝暮無日時，我且八九旋。濯濯晨露香，明珠何聯聯。夜月來照之，蒨蒨自生煙。我已自頑鈍，重遭五楸牽。客來尚不見，肯到權門前。權門衆所趨，有客動百千。九牛亡一毛，未在多少間。往既無可顯，不往自可憐。

宋 梅堯臣《和王仲儀楸花十二韻》 春陽發草木，美好一同時。桃李雜山櫻，紅白開繁枝。楸英獨婗媚，淡紫相參差。大葉與勁榦，簇萼密自宜。圖出帝宮樹，聳向白玉墀。高絶不近俗，直許天人窺。今植郡庭中，根遠未可移。但欣東風來，不恨和煦遲。山禽勿蹙踏，蜂蝶休掇之。昔聞韓吏部，爲爾作好詩。愛陰無纖穿，就影東西隨。公今亦牽此，端坐曾莫疑。

金 元格《楸樹》 道邊楸樹老龍形，社酒澆來漸有靈。只恐等閒風雨夜，怒隨雷電止青冥。

元 段克己《楸花》 楸樹馨香見未曾，牆西碧蓋聳孤稜。會須雨洗塵埃盡，看吐高花一萬層。

桐

綜述

《爾雅・釋木》 榮，桐木。郭璞註：即梧桐。

爾雅·檠

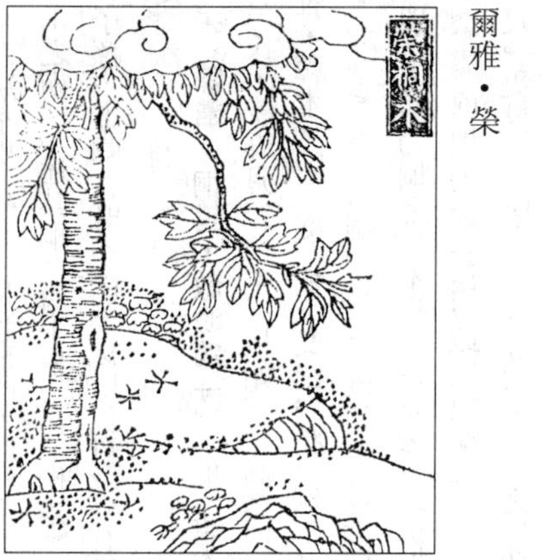

《爾雅·釋木》櫬，梧。郭璞註：今梧桐。

爾雅·櫬

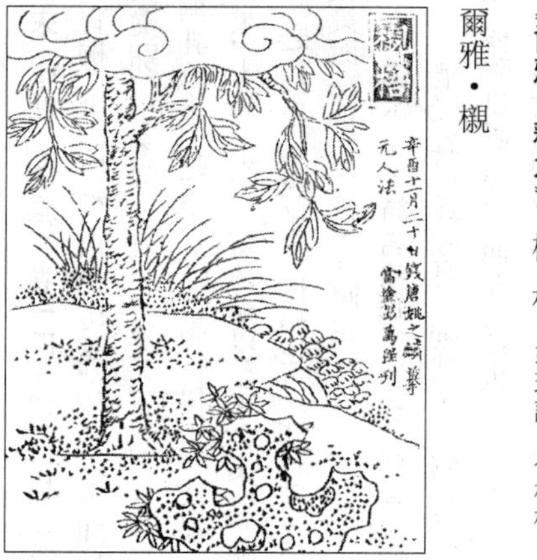

漢 應劭《風俗通·梧桐》 梧桐生于嶧山陽巖石之上。采東南孫枝爲琴，聲甚雅《御覽》。　柘材爲弓，彈而放快《御覽》。

北魏 賈思勰《齊民要術·槐柳楸梓梧柞第五〇》 是知榮、桐、櫬、梧，皆梧桐也。桐花而不實者曰白桐。實而皮青者曰梧桐。案今人以其皮青號曰青桐也。青桐九月收子，二三月中作一步圓畦種之。方大則難裹，所以須圓小。治畦下水，一如葵法。五寸下一子，少與熟糞和土覆之。生後數澆，令潤澤。此木宜溼故也。當歲即高一丈。至冬豎草於樹間令滿，外復以草圍之。以葛十道束置。不然則凍死也。明年三月中移植於廳齋之前，華净妍秀（雅），極爲可玩（愛）。明（後）年冬，不須復裹。成樹之後，樹別下子一石，子於葉上生，多者五六，少者二三也。炒食甚美。多噉亦無妨也。白桐無子，冬結似子者，乃是明年之花房。亦遶大樹掘坑，取栽移之，成樹之後任爲樂器。青桐則不中用。於山石之間生者，樂器則鳴。青白二桐（材），並堪車板、盤合、木屧等用。

唐 韓鄂《四時纂要·種桐》 青桐，九月收子，二月、三月作畦種之。治畦下水，種如葵法。五寸一子，熟糞和土覆，生則數數澆令潤，性至宜濕。當年高一丈。至冬豎草樹間令滿，中外復厚，加草十重束之。明年二三月植廳堂前，雅净可愛。大則不用草裹。已後每樹收子一石，其子生於葉上，炒食之甚良。白桐無子，繞大樹掘坑取栽，其木堪爲樂器、車板、盤合等用。

宋 王讜《唐語林·言語》 司稼卿梁孝仁，高宗時造蓬萊宫，諸庭院列樹白楊。將軍契苾何力，鐵勒之渠率也，於宫中縱觀。孝仁指白楊曰：「此木易長，三數年間，宫中可蔭影。」何力一無所應，但誦古人詩云：「白楊多悲風，蕭蕭愁殺人。」意此是冢墓間木，非宫室中所宜種。孝仁遂令拔去，更種梧桐。

宋 陸佃《埤雅》卷一四《桐》 此即白桐，華而不實。賈思勰曰：「白桐無子。冬結似子者，乃是明年之華房。」《爾雅》曰：「榮，桐木。」即此是也。桐木華而不實，故曰榮桐木也。今亦謂之華桐，華則以其華而不實。賈思勰曰：「桐葉華而不實者曰白桐，實而皮青者曰梧桐。」今炒其實噉之，味似菱芡。桐有三輩，青、白之外復有岡桐，即油桐也。生於高岡，今亦謂之岡梧。蓋梧性便濕，不生於岡，故此桐有岡之號。《毛詩傳》曰：「梧桐不生山岡，太平而後生朝陽。」陶氏云：「桐有四種：青桐，葉皮青似梧而無子。梧桐，色白，葉似青桐而有子。白桐，與岡桐無異，唯有華子爾。岡桐無子，是作琴瑟者皆不足據。」按青桐，即今梧桐。白桐又與岡桐全異，白桐無子，材中琴瑟。岡桐，子大有油，與陶氏之説正反。《詩》曰：「湛湛露斯，在彼杞棘。愷悌君子，莫不令德。其桐其椅，其實離離。愷悌君子，莫不令儀。」杞棘剛木，故《詩》以況令德；椅桐柔木，故《詩》以況令儀。《淮南子》曰：「梧桐斷角，馬氂截玉。」言柔弱之勝剛強如此。《論衡》曰：「楓桐速長，故其皮肌不能堅也。」《老子》曰：「大器晚成，豈不信哉？」《孟子》曰：「豈愛身不若桐梓哉？」又曰：「舍其梧檟，養其樲棘，則爲賤場師焉。」梧雖桐輩也，而梧下桐上。櫝雖梓輩也，而櫝下梓上。故桐梓者，愛身之譬也，梧櫝以況眉背而已。蔡邕《月令》云：「桐始華。」桐，木名，木之後華者也。穉之，故曰始。《易緯》曰：「桐枝濡毳而又空中，難成易傷，須成氣而後華。」《淮南子》曰：「桐木成雲。」言其升氣可以造雲云。《遁甲》曰：「梧桐不生則九州異（主）。」名之曰桐，似本於此。桐，柔木也，而虚其心，若能同者。父喪杖竹，母喪杖桐。竹有節，父道也，桐能同，母道也，母從子者也。舊説梧桐以知日月正閏，生十二葉，一邊有六葉，從下數一葉爲一月，有閏則生十三葉，視葉小者則知閏何月，不生則九州異君。

宋 陸佃《埤雅》卷一四《梧》 梧，一名櫬，即梧桐也。今人以其皮青，號曰青桐，華浄妍雅，極爲可愛，故多近齋閣種之。梧橐鄂皆五焉，其子似乳，綴其橐鄂，生多或五六，少或二三，故飛鳥喜巢其中，《莊子》所謂「空穴來風，桐乳致巢」是也。今亦謂之梧子。《詩》曰：「鳳皇鳴矣，于彼高岡。梧桐生矣，于彼朝陽。」蓋梧桐以譬才之柔令，朝陽以譬德之温厚。《莊子》曰：「師曠之枝策也，惠子之據梧也。」此言精大用則竭，神大用則弊。故二子疲，或枝策而立昏，或據梧而瞑也。

宋 蔡卞《毛詩名物解》卷五《釋木·桐》 桐，木之良利者也。其性虚以柔，故能受聲以爲琴瑟。則其木以堅實爲上，以虚柔爲下。故椅也，桐也，梓也，皆強良以爲器，而非桐梓也。

宋 陳翥《桐譜》 古者《氾勝之書》，今絶傳者，獨《齊民要術》行於世，雖古今之法小異，然其言亦甚詳矣。雖茶有經，竹有譜，吾皆略而不具，植桐乎西山之南，乃述其桐之事十篇，作《桐譜》一卷，其植桐則有紀誌存焉，聊以示於子孫。庶知吾既不能干禄以代耕，亦有補農之説云耳。皇祐元年十月七日夜。

宋 陳翥《桐譜·敘源第一》 桐，柔木也。《月令》曰：清明桐始華。又《吕氏·季春月紀》云：桐始華。高誘曰：梧桐也，是日生葉，故云始華。《爾雅·釋木》曰：櫬，桐。又曰：榮，桐木。郭璞云：即今梧桐也。《疏》引《詩·大雅》云「梧桐生矣，于彼朝陽」是也。《書》云：嶧陽孤桐。《釋木》所謂櫬榮者，乃桐之一木耳。古詩云：椅桐傾高鳳。又曰：井桐栖雲鳳。故《詩》《書》或稱桐，或云梧，或曰梧桐，其實一也。初生葉脆而易長，一年可聳七八尺。更糞之，圍五六寸。萌子采伐之巨椿者，或可尺圍。毳其萌，至二月三月方漸，向陽者尤早，背陰差遲。其枝幹濡脆而嫩，又空其中，皮膚葉薄，易爲風物所傷，必須成氣而後花，是故幹穉嫩者先榮，葉茂盛者先榮。其花開有先後，先者未有葉而開，自春徂夏乃結其實。實如乳尖，長而成穟，《莊子》所謂「桐乳致巢」是也。後者至冬葉脱盡後始開，秀而不實，其蕊萼亦小於先時者。是知桐獨受陰陽之淳氣，故開春冬之兩花，而異於羣木也。其葉味苦寒無毒，主惡蝕瘡，蔭皮主五痔，殺三蟲，療賁豚氣病。其花飼豬，肥大三倍。然其皮葉亦有効於人也。或者謂鳳凰非梧桐而不栖，且衆木森森，胡有不可栖者，豈獨梧桐乎。答曰：夫鳳凰仁瑞之禽也，不止強惡之木。梧桐葉軟之木也，皮理細膩而脆，枝幹扶疏而軟，故鳳凰非梧桐而不栖也。又生於朝陽者多茂盛，是以鳳喜集之，即《詩》所謂「梧桐生矣，於彼朝陽。鳳凰鳴矣，于彼高岡」者也。《詩》稱「椅桐梓漆」，後之人不別椅桐之異，以爲是一木。古詩云：椅桐傾高鳳。嵇叔夜《琴賦》云：惟椅桐之所生。注云：椅，梧桐也。又陶隱居云：梧桐一名椅桐也。是不知椅與桐別耳。故《毛傳》云：椅，桐屬也。孔氏引《釋木》云：椅，梓合而曰一名椅。郭云：即楸也。《湛露》曰：其桐其椅。既爲類，而梓一名椅，故云椅桐爲梓屬。言梓屬，則椅梓別，而《釋木》椅梓爲一者。陸云：梓者，楸之疏理白色而生子者，梓實桐皮曰椅，則大類同小別也。定本椅梓屬，無桐字，於理是也。是知椅與桐，非一木也。夫桐之爲木，其異於羣類卓矣。生則肌骨脆而嫩，死則材體堅而韌，燥之所加而不坼裂，濕之所漬而不腐敗，雖松柏有凌霄冒雪之姿，苟就以燥濕，則與朽木無異耳。王氏謂受氣淳矣，真不虚也，於桐可獨見之矣。其體濕則愈重，乾則愈輕，生時以斧斫之甚易，乾乃軟而拒斧。故鄙諺云：輕是桐，重是桐，難斫亦是桐。此之謂也。

宋 陳翥《桐譜·類屬第二》 桐之類非一也，今略志其所識者。一種，文理粗而體性慢，葉圓大而尖長，光滑而毳穉者，三角，因子而出者，一年可拔三四尺，由根而出者可五七尺，已伐而出於巨椿者，或幾尺圍。始小成條之時，葉皆茸毳而嫩，皮體清白，喜生於朝陽之地。其花先葉而開，白色，心赤內凝紅。其實穟先長而大，可圍三四寸，內爲兩房，房中有肉，肉上細白而黑點者，即其子也，謂之白花桐。一種，文理細而體性緊，葉三角而圓大，白花，花葉其色青，多毳而不光滑。葉硬，文微赤，擎葉柄毳而亦然，多生於向陽之地。其茂拔，但不如白花者之易長也。其花亦先葉而開，皆紫色，而作穟有類紫藤花也。其實亦檖如乳而微尖，狀如柯子而粘，《莊子》所謂「桐乳致巢」，正爲此紫花桐實，而中亦兩房，房中與白花實相似，但差小，謂之紫花桐。其花亦有微紅而黄色者，蓋亦白花之小異者耳。凡二桐，皮色皆一類，但花葉小異，而體性緊慢不同耳。至八月俱復有花，花至葉脱盡後始開，作微黄色。今山谷平原間惟多有白花者，而紫花者尤少焉。一種，枝幹花葉，與白桐花相類，其聳拔遲小而不侔，其實大而圓，一實中或二子或四子，可取油爲用，今山家多種成林，蓋取子以貨之也。一種，文理細緊而性喜裂，身體有巨刺，其形如欓樹，其葉如楓，多生於山谷中，謂之刺桐。晉安《海物異名志》云：刺桐花，其葉丹，其枝有刺云。凡二桐者，雖多榮茂，而其材不可入器用，乃不爲工匠之所瞻顧也。一種，枝不入用，身葉俱滑如榛之初生，今兼并之家，成行植於階庭之下，門牆之外，亦名梧桐，有子可啖，與《詩》所謂梧桐者非矣。一種，身青，葉圓大而長，高三四尺便有花，如真紅色，甚可愛，花成朵而繁。葉尤疎，宜植於堦壇庭榭，以爲夏秋之榮觀，厥名真桐，亦曰頳桐焉。凡二種，雖得桐之名，而無工度之用，且不近貴色也。

宋　陳翥《桐譜・種植第三》　凡種其子，當先糞其地，然後匀散之，一春可高三四尺，瘠地只一二尺耳。土膏腴，則莖葉青嫩而烏黑。土瘦薄，則成蒼黄之色。至冬便可易而植之。易之則獨根者不深，而又易蔓，苟從小而易至大，則多爲疾風之所倒拆，以其一根不能自持故也。凡桐之子，輕而喜颺，如柳絮飛，可一二里。其子遇地熟則出，在林麓間則不生矣。夫種子所長猶遲，不如倒條壓之，覆以肥土，自然節節生，條之上又多散根，莖大，斷而植之，勝於種者。又種子之地，宜高原之處，低濕則不能萌矣。或要其栽之速者，當於桐處耕鋤其下，使蔓根寸斷，則其根斷自萌而茂，與夫子種者又相萬矣。凡植之法，於十月、十一月、十二月、正月，葉隕，汁歸其根，皮幹未通之時，必先坎其地，而復糞之，擇植一二。春者全其根，勿令凍損，經久爲霜雪所薄。掘後，即時以内坎中，厥坎惟寬而深，先糞之，以栽著其上，又復以糞覆其上，以黄土蓋焉。一無爪爬，二無振摇，至春則榮茂，而木又易於傑榦，其新莖可抽五六尺者。迨又至春，則根行而蔓，其發乃尤愈於初春時也。如用春植，則皮汁通，葉將萌，根一傷，故枝葉瘁矣。至來春則齊土斫去矣。忌其空心者，免爲雨所灌。令别抽心者，不然至别下栽時，更斫去植，則尤妙於春斫也。蓋春斫則破損其椿，又摇其根故也。桐之性不奈低濕，惟喜高平之地，如植於沙濕低下泉潤之處，則必枯矣，縱抽茂不如高平之所。凡植後，至於抽條時，必生歧枝。日頻視之，如歧枝萌五六寸則去之，高者手不能及，則以竹夾折之，至二三年，則勿去其枝，恐其長而頭下垂故也。伺其大，則緣身而上，以鐵刀貼身去，慎勿留椿，只經一兩春，自然皮合也。桐之皮甚軟脆而易傷，切忌耕鋤之時，及牛馬等損之。如有所損，當以楮皮纏縛之，不爾則汁出也。及才一二丈則多斜曲，亦可以物對夾縛之令直，以木牽之亦可。蓋桐抽條不戴首而出，又虚軟故耳。仍不喜巨材所蔭如此，葺之其長可至十丈者，故枚乘《七發》云：龍門之桐，高百尺而無枝，信哉。凡桐之茂大，尤速於餘木，故鄙語云：相訟好栽桐，桐樹好做甑，訟方興。言其易大也。

宋　陳翥《桐譜・所宜第四》　桐，陽木也，多生於崇岡峻嶽、巉巖盤石之間，茂拔顯敞高煖之地。卽嵇叔夜所謂榮綺季之疇，乃相與登飛梁，越幽壑，拔璚枝，陟峻嶽，以游乎其下是也。今桐之所生，未必皆茂于崇岡峻嶽，但平原幽顯之處，向陽之地，悉宜之。其性喜虚肥之土，植者，其下當常鋤之令熟，無使草之滋蔓，爲諸藤之所纏縛，致形材曲而不滑，及其有竹木根侵之，盡鋤去，更用諸糞擁之，則其長愈出野者數倍，十餘年間可幾也矣。其地宜黄土之地，則自然榮矣，若沙石之所，雖與時皆昌，其長拔有遲焉，樂肥與熟者惟桐耳，縱桑柘亦無所敵。夫肥熟則葉圓而大，條虚而嫩，葉圓而大則皷風矣，條虚而嫩則易折矣。凡欲避皷折之患，則以竹竿破其葉，令作三片，又摘之令疏，則雖遇疾風，不能損也，以其葉破故耳。至三四春，乃自堅成，不必然也。桐之性，皆惡陰寒，喜明煖，陰寒則難長，明煖則易大，故《詩・雅》云「梧桐生矣，于彼朝陽」是也。或陰濕之地植之，終不榮矣。夫陰濕則枝榦曲而斜，漬濕則根葉黄而槁。凡植于高平黄壤，經三兩春後，鋤其下令見蔓根，以糞擁之尤良，蓋厥性耐肥故也。

宋　陳翥《桐譜・所出第五》　夫桐之所出，豈獨蜀之爲美，植之亦可以爲器。《詩》不云乎：樹之榛栗，椅桐梓漆，爰伐琴瑟，斯可知矣。江南之地尤多，今略志其書傳所出堪美材者。嶧山，《書》曰：嶧陽孤桐。注云：嶧山之陽特生桐，中琴瑟。龍門山，《周禮・春官・大司樂》云：龍門之琴瑟。注云：龍門，山名也。枚乘《七發》云：龍門之桐，高百尺而無枝，中鬱結之輪囷，根扶疎以分離，上拂千仞之峰，下臨百丈之谿，湍流遡波，又澹淡之。其根半死半生，冬則冽風漂霰飛雪之所激也，夏則雷霆霹靂之所感也。朝則黄鸝鳱鳴鳴焉，暮則羈雌迷鳥宿焉。獨鵠晨號乎其上，鵾雞哀鳴翔乎其下。是言龍門所生之桐也。雲和山，《周禮·大司樂》云：雲和之琴瑟，以禮天神。注云：雲和，山名也。空桑山，又《大司樂》云：空桑之琴瑟。注云：空桑，山名也。此言雲和、空桑山之桐耳，可爲琴瑟，以禮天神地祇也。寒山，張協《七命》云：寒山之桐，出自太冥，含黄鍾以土幹，據蒼岑而孤生。又云：晞三春之溢露，遡九秋之鳴飆。零雪寫其根，霏霜封其條。木既繁而後緑，草未環而先凋。剪葳蕤之陽柯，剖大吕之陰莖。注云：太冥，北方也，其有驃國吹臺所生之類。備十雜説篇中，此不具也。

宋 陳翥《桐譜·采斫第六》 夫別地之肥瘠，辨木之善否，明長育之法，識栽接之宜者，惟山家流能之。然至其長養剥斫之術，多不能盡之。蓋只知其長養之道，而不詳乎器用所妨者。今山家凡剥樹之枝，悉皆去枝二寸或尺餘，云免爲雨所灌損，而不知槁椿長，則皮不能包矣。迨至材巨，槁椿方没，卻反引水自灌，及取用之時，以斧鋸刃之，即槁椿腐，而所置器者必爲空穴矣，良由去之不早耳。凡長桐木三二春，其歧枝可以竹夾去之。竹夾不能及，則緣身而上，用快刀去之。其去之，務令與身相平，勿留餘枿，不二三春，自然皮合矣。至大而用之，則無腐穴之病于其中也。歧枝只候長五寸，便可折矣，亦無留嫩椿則萌矣。夫豈惟桐乎，斫諸木者，亦可平身而去。但人自昧耳，桐材成可爲器，其伐之也，勿高留焉，齊上而取之。若在山岩險絶之地，邃塢坑崖之處，其倒之則必抝驚折裂，撲傷體理，以其勢不可以絜故也。如法之伐，宜當所伐之下，斧破之上，用巨繩纏縛一尺有餘，則免折裂之虞矣。復用繩牽之，俾向上山而從，仍先去其臨險之枝，則亡撲損之害矣。不然，則周鋤其下，以斧悉斷其根，則其倒也無二者之患。然臨事籌計，知出於匠氏，但貴其勿傷爲善者也。凡諸材之用，其伐必當八九月，伐之爲良，不爾，必多蛀蟲，惟桐木無時焉。

宋 陳翥《桐譜·器用第七》 古今匠氏爲小大之器，度而用之，其可貴者，則必云：烏裨、白楊、梓榛、圭構、山桃、白石、檮栗、梗柟、松柏、椅棐之類，善則善矣。然而采伐不時，則有蛀蟲之害焉。漬濕所加，則有腐敗之患焉。風吹日曝，則有圻裂之釁焉。雨濺泥淤，則有枯蘚之體焉。夫桐之材，則異於是，采伐不時，而不蛀蟲。漬濕所加，而不腐敗。風吹日曝，而不圻裂。雨濺泥淤，而不枯蘚。乾濡相兼，而其質不變。楩柟雖類，而其永不敵與。夫上所貴者卓矣。故施之大廈，可以爲棟梁桁柱，莫比其固，但雄豪侈靡，貴難得而尚華藻，故不見用者耳。今山家有以爲桁柱地伏者，諸木屢朽，其屋兩易，而桐木獨堅然而不動，斯久効之驗矣。又世之爲棺槨，其取上者，則以紫沙榇爲貴，以堅而難朽，不爲乾濕所壞，而不知桐木爲之，尤愈於沙木，沙木鑿釘久而可脱，桐木則粘而不銹，久而益固，更加之以漆，措諸重壤之下，周之以石灰，與夫沙榇可數倍矣。但識者則然，亦弗爲豪右所尚也。凡用琴瑟之材，雖皆用桐，必須擇其可堪者。《周禮》取雲和、龍門、空桑之桐爲琴瑟。陶隱居云：惟岡桐與白桐堪作琴瑟。《書》曰：嶧陽孤桐。《風俗通》云：生岩石之上，采東南孫枝以爲琴，是擇其泉石向陽之材，自然其聲清雅而可聽。蔡伯喈聞爨下桐聲，取以爲琴，號曰焦尾，則知桐之材，有賢不肖，皆混而無別，惟賞音者識之耳。凡白花桐之材，以爲器，燥濕破而用之則不裂，今多以爲甑杓之類，其性理慢之故也。紫花桐之材，文理如梓而性緊，而不可爲甑，以其易圻故也，使尤良焉。餘桐之材，但有名耳，不入棟梁棺槨器具之用矣。今之僧舍，有刻以爲魚者，亦白花之材也。匠氏之用，尤喜紫花者，白花澀而難光凈，紫花緊而易光滑故也。

宋 陳翥《桐譜·雜説第八》 魏明帝《猛虎行》曰：雙桐生枯井，枝葉自相加。通泉溉其根，玄雨潤其柯。王逸少曰：木有扶桑、梧桐、松柏，皆受氣異於羣類者也。《莊子》云：空門來風，桐乳致巢。注：門户空，風喜投之。桐子似乳者，葉而生，鳥喜巢之。《易緯》曰：桐枝濡毳而又空中，難成易傷，須成器而華。《新論》曰：神農皇帝削桐爲琴。《風俗通》曰：梧桐生於嶧陽山岩石之上，采東南孫枝爲琴，聲清雅。《莊子》曰：外子之神，勞子之精，則椅樹而吟，據梧而瞑。注云：勞困故耳。《吕氏春秋》曰：成王與唐叔虞燕居，翦桐葉以爲圭，曰以此封汝。《淮南子》曰：智者有所不足，故桐不可以爲弩。《遁甲》曰：梧桐不生，則九州異君。梧桐以知日月正閏，生十二葉，一邊有六葉，從下數一月，有閏則十三葉，視葉小者，則知閏何月也，不生則九州異君。崔綺《七蠲》曰：爰有梧桐，生於亥溪，傳根朽壤，託險生危。《淮南子》曰：桐木成雲。注云：取十石瓮，滿以水，置桐其中，蓋之三四日，氣如雲作。《莊子》曰：鵷鶵發南海，而飛于北海，非梧桐不止，非竹實不食。《名山志》曰：吹臺有高桐，皆白圍，嶧陽孤生，方此爲劣。《淮南子》又曰：以巨斧擊桐薪，不待利日良時後而破之。加斧桐薪之上，而無人力之奉，雖順招摇刑德而不能破，無其勢也。《論衡》曰：李子長爲政，欲知囚情，刻桐象囚形，鑿地爲坎，臥木囚其中，囚若正，木囚不動，若有冤，木囚動出。蓋人之精誠，着木人也。古詩曰：井梧栖雲鳳。又曰：椅梧傾高鳳。《孟子》曰：拱把之桐梓，人苟欲生之，皆知所以養之者，至於身而不知所以養之者，豈愛身不若桐梓哉，弗思甚也。今有場師，舍其梧檟，養其樲棘，則爲賤場師矣。《廣志》曰：驃國有白桐木，其葉有白毳，取其毳淹漬，緝織以爲布。《齊地記》曰：齊城有梧臺，即梧宮也。《齊書》曰：豫章王於郡起山，列種梧桐，武帝幸之，置酒爲樂。《瑞應圖》曰：王者任用賢良，則梧桐生於東廂。《禮·斗威儀》曰：君乘火而王其正平，梧桐長生。《述異記》曰：梧桐園在吳夫差蕉國，一名琴川，梧園在句容縣。《傳》曰：吳王別館有楸梧成林焉。《古樂府》云「梧宮秋，吳王愁」是也。《秦記》曰：初長安謠曰：鳳凰鳳凰止阿房。苻堅遂於阿房城植桐數萬株以待之，其後慕容沖入阿房城而止焉，沖小字鳳也。《晉書》：武帝時，臨平岸崩出一石鼓，打之無聲。張華曰：可以蜀中桐木刻魚形，扣之則鳴。如其言，果聲聞數十里。《後漢書》：蔡邕在吳，吳人有燒桐以爨者，邕聞火裂之聲，知其良木也，因請裁爲琴，果有美音，故詩人名之曰焦尾琴。《齊書》曰：王晏爲員外郎，父普曜齋前松樹忽成梧桐，論者以爲梧桐雖有栖鳳之美，而失後彫之節，晏後果不終。《高僧傳》曰：僧瑜幼入釋門，擔薪欲焚身，以宋孝建中，集薪爲龕，請僧設齋禮，別而入火中，經三日而瑜房內忽生雙桐樹，根枝豐茂，欝翠非常，道輩異之，號爲雙桐沙門。

宋 陳翥《桐譜·記誌第九》《西山植桐記》云：咸聱子陳翥子翔，少漸義方，訓涉孤哀，淪于季孟，悍疾否滯，十有餘年。蝎蠹木虛，根枝不附。志願相畔，退而治生。至慶曆八年戊子冬十有一月，於家後西山之南，始有地數畝，東止陳翊，西止柴檥，凡東西延二十丈有奇；南止弟翊，北止兄翦，凡南北袤十丈有奇。自十二月至于皇祐三年辛卯冬，澆而植之，凡數百株。南栽戟榆以累翊，北樹槿籬以分翦，餘桐皆布於內，靡有列也。未植前，斫其地，有圃者至而問曰：「將胡爲乎？」余答曰：「植桐于其中。」圃者笑曰：「得利之速，植桐不如植桑之博矣。」余應之曰：「吾非不知衣食之源，爲世所急，但足而已。夫仲尼豈不能明老圃之業乎，（柳）下惠豈不能爲盜跖之事乎？苟議利而後動，誠聖賢之所不取，亦吾心之所未能也。」翌日將植，撫而祝之曰：「爾其材森森，直而理，敷榮朝陽，立而不倚，梧將激清風，將其聲聽之，以爲古琴之操焉。爾其葉萋萋綠而繁，應時開落，不爲物頑，吾將招君子游其下，樂之以待靈鳳之栖焉。」又曰：「吾今四十，以傒我數十年，當蘄爾爲周身之具，斯吾植之心也。」因書爲《植桐記》。《西山桐竹志》云：慶歷八年冬十有一月，咸聱子陳翥，治地數畝于山之南，其下舊有水竹之苗，陳子以厥土惟黃壤，非桑之宜，堪桐與竹耳，始其謀而童氏謂曰：「吾謂植數畝桐竹，不如植桑，且以桑一年一葉，質之以買桐竹，可數倍矣。桐竹豈爲生之急務乎。」陳子默然不對，卒皆植桐與竹而已。自謂曰：農圃之事，余豈不能爲哉，苟有白圭陶朱之術以致富，而亡白圭陶朱之心，誠一聚裀之林藪窟宅耳。昔齊豫章王於郡起山，列種桐竹，號桐山。武帝幸之，置酒爲樂。吾雖布衣，孤而且否，亦心有所好焉。夫竹歲寒不彫，所以堅志性之摻也。桐識時之變，所以順天地之道也。俟桐茂竹盛，則當列坐石，命交友，談詩書，論古今，以招涼乎其下，豈有期我桑中之刺哉。俾後之好事者觀之，知陳子雖無桑子起家之能，亦有虛心待鳳之意，其豫章子猷之儔乎。乃自號桐竹君，既爲《植桐記》，又作《桐竹誌》以盡之云。

宋 陳翥《桐譜·詩賦第十》《植桐詩并序》：《書》曰：嶧陽生桐。《詩》云：椅桐梓漆。謂其可以爲清廟之雅器，含太古之正音也。然自非蔡伯喈之奇識，張茂先之博物，亦竈下之勞薪，林中之常木耳。慶曆八年冬，予手植兩行八十株于西山之南，因爲《植桐詩》云。《桐竹君詠并序》：吾年至不惑，命乖強仕，塤篪不合，遂成支離，始有數畝之地于西山之南，乃植桐與竹，伯仲皆竊笑之，以爲不能爲農圃之事，而不知吾無錐刀之心，不迫於世利，但將以游焉而至其中，休焉而坐其下，可以外塵紛，邀清風，命詩書之交，爲文酒之樂，亦人間之逸老，壺中之天地也。乃自號桐竹君，又爲之詠云：高桐臨紫霞，修篁拂碧雲。吾常居其間，自號桐竹君。不解倣俗利，所希脫世紛。會友但文學，啟談皆典墳。噓嗟機巧徒，反道是胡云。《西山桐十詠并序》：吾始植桐于西山之陽，議者誚其治生之拙，及數年，桐茂森然，可愛而玩，復私羨之，始知桐之易成耳。因作《西山桐十詠》，識所好也。《桐栽》曰：吾有西山桐，植之未盈握。所得從野人，移來出喬嶽。節凝去聲葉尚祕，根凍土自剝。匪爲待籬鷃，庸將栖鸑鷟。異日成茂林，論材誰見擢。巨則爲棟梁，微亦任楹桷。仍堪雅琴器，奏之反淳朴。大匠如顧伶，委軀願雕斫。《桐根》曰：我有西山桐，蚤隣桃與李。得地自行根，受芘踰高壘。上濯春雲膏，下滋醴泉髓。

盤結伴循環，歧分類肢體。乘虛肢體大，憤漲土脈起。扶疎向山壤，蔓衍出林址。願偕久深固，無爲伴生死。死議大廈材，合抱由滋此。《桐花》曰：我有西山桐，桐成茂其花。香心自蝶戀，縹縹帶無遮。華白含秀色，粲如凝瑶華。紫者吐芳英，爛若舒朝霞。素奈未足擬，紅杏寧相加。世但貴丹藥，天豔姿驕奢。歌管繞庭檻，玩賞成今誇。倘或求美材，爲爾長吁嗟。《桐葉》曰：吾有西山桐，下臨百丈溪。布葉雖遲遲，庇本亦萋萋。密類張翠握，青堪翦封圭，滑澤經日久，濡毳隨幹躋。迎風帶影動，墜雨向身低。寧隱凡鳥巢，自蔽儀鳳栖。松柏徒爾頑，蒲柳空思齊。但有知心時，應候常弗迷。《桐乳》曰：吾有西山桐，厥實狀如乳。含房隱緑葉，致巢來翠羽。外滑自爲穗，中犀不可數。輕漸曝秋陽，重即濡綿雨。霜後感氣裂，隨風倒煙塢。雖非松柏子，受命亦於土。誰能好琴瑟，種之向春圃。始知非凡材，諸核豈余伍。《桐孫》曰：高梧已繁盛，蕭蕭西山隴。毳葉竟開展，孫枝自森聳。擅美惟東南，滋榮藉萋奉。不能容燕雀，只許棲鸞鳳。寧入吳人爨，堪隨伯禹貢。雨露時加潤，霜雪胡爲凍。況有奇特材，足任雅琴用。中含太古音，可奏清風頌。《桐風》曰：分材植梧桐，桐茂成翠林。日日來輕風，時時自登臨。拂榦動微毳，吹葉破圓陰。虛涼可解愠，皷拂如調琴。莫傳獨鵠號，願送棲鳳吟。豈羞楚襄王，蘭臺堪披襟。亦陋陶隱居，高閣聽松音。無爲摇落意，慰我休閒心。《桐陰》曰：枝軟自相交，葉榮更分茂。所得成清陰，仍宜當白晝。陰疑翠帟展，翳若繁雲覆。日午密影疊，風摇碎花漏。冷不蔽空井，高堪在庭甃。吾本閒野人，受樂忘罃疚。亭亭如張蓋，翼翼如層構。月夕獨徘徊，猶思一重覆。《桐徑》曰：時人羡桃李，下自成蹊徑。而我愛梧桐，亦以成乎性。中平端隧道，還往非遼敻。直入無欹斜，横延亦徑挺。月夕照影碎，春暮花光映。清朝濛露濕，落日隨煙暝。不使草蔓滋，任從根裂迸。堪詣蔣詡徒，惟任蓬蒿盛。《桐賦并序》：始吾植桐與竹于西山南，見誚乎天倫間，以謂拙難於生計，不如桑柘果實之木有所利，吾決而遂其志，乃自號桐竹君，以固而拒之。又作西山桐詩十二首，復掇其詩之餘，次而爲賦，所以伸植之之心也。其辭曰：伊梧桐之柔木，生崇絶之高岡。盜天地之淳氣，吐春冬之奇芳。借濡潤於夕阯，藉和煖於陰陽。緜歲月之久持，森鬱茂而延昌。爾其溪臨千仞，岩空百丈。層巘岌以周列，重峯巃其相向。勢崔嵬而峭且峻，形嶇嶮而不可上。崖巘巇以無土，壑嶒嵫而弗敞。枝上拔而雖榮，根下朵而不長。迅雷疾風之所飄擊，湧濡飛溜之所滌蕩。蒙苦霧而含瞑，鏁愁雲於寫望。霏霜封條而欲折，積雪擁根而致強。枝蠹則中間，節傷則液滿。同枌棶以溷殽，雜樞榆而蒼莽。於是哀狖晨吟，飢梟夜啼，熊狐傍宿，麏麂下蹊。悲號叫嘯，回惶慘悽。勇夫聞之而心碎，山鬼尋之而晝迷。寒鵰啄鷹，以之游集。妖烏怪鵬，以之安栖。蓋人迹罕履，故物類來萃。材雖具，不見用於匠氏。根已固，故不可以移陟。其或春氣和，木向榮。飛子結孕，其柢抽萌。條毳毳以嫩聳，葉茸茸而緑成。水再離而自茂，氣猶缺而未英。當斯時也，吾孤且否。人無我諳，既支離而不煖。始有地于西山之南，遂忘刻鋭，任情意，命鏤以薙草，向陽以避地。列行行之坑坎，有鱗鱗之位次。庸以梧桐，植而異羣類也。由是召山叟，訪場師，披榛棘之叢薄，陟峰巒之險危。望椅梓以相近，求拱把而見移。全根本之延蔓，擇材榦之珍奇。乃等地以森植，亦分株而對之。侔底道之矢直，鄙左右之器欹。邁夾道之細柳，類通衢之高椅。累歲時而茂盛，發花葉之繁滋。上膏泉液，以澤乎根。春風夏雨，以長其枝。晨霞暮雨，以蔭其榦。清露薄霧，以潤其肌。陽烏舒煖以條布，陰兔飛光而影垂。佳庭雪之難積，噱岩霜之易晞。是以其上則鶻鷹鶩鵝之所不敢栖也，其下則騰猿飛獵之所不獲息也。結藤垂蔓，莫得而依也。犇泉依瀨，亡由而及矣。故遠而望之，而列戟與排矛。即而憩之，若緑幄與翠裯。將以集鸑鷟，鳴飄鸐，玩之以興詠，聽之以消憂。於是招直諒之賓，命端善之友。坐萋萋之陰蔭，論詩書之盛否。逍遥乎志氣，宴樂以文酒。賞茲桐之森森，玩桑柘之黝黝。彼槐嘆婆娑，樗傷擁腫。一則爲盡其生意，一則嗟無其器用。未若葉中藥餌，材堪梁棟。雲和曾入於周制，嶧陽乃隨於禹貢。有名實以相副，豈虛僞以動衆。吾將采東南之孤枝，創疏白之雅琴。絃以檿桑之絲，徽以雙南之金。同夔牙以揮皷，並鍾期而側聆。追淳風於先德，寫太古之遺音。使紂桀之樂慚靡，鄭衛之聲愧淫。非鏗鏘也，不足以傾鄙夫之耳。有幽静也，自可以悦君子之心。桐竹君，乃神魂清，心志和，以道自任，孰知其它。據高梧以釋俗，申素臆以長歌。歌曰：蒿艾茂郁兮，芝蘭不馨。柞櫟芬芳兮，楩楠不亨。苟毀方以趨勢兮，雖械樸而見稱。儻容援之云依兮，雖楸梓而弗名。且斥遠於匠石兮，終見委於林衡。自樂天以知命兮，故無慮而自營。歌卒，瞬目周玩，沉吟自斷，復以餘音，系而爲亂。曰：貴遠賤近時之宜兮，衆咸去朴爭華僞兮，花葉不能資耳目兮，子實無堪充口腹兮，人誰采用到林麓兮，雖材還同不材木兮，無願終身老林泉兮，器與不器居其間兮，梓桐放懷事都捐兮，優游共得，終天年兮。

宋 寇宗奭《本草衍義》卷一五《桐葉》 桐葉，《經》注不指定是何桐，致難執用。今具四種桐，各有治療條，其狀列于後。一種白桐，可斫琴者。葉三杈，開白花，亦不結子。《藥性論》云：「皮能治五淋，沐髮，去頭風生髮。」一種荏桐，早春先開淡紅花，狀如鼓子，花成筒子。子或作桐油。《日華子》云：「桐油冷，微毒。」一種梧桐，四月開淡黄小花，一如棗花，枝頭出絲，墮地成油，霑漬衣履。五六月結桐子，今人收炒作果，動風氣。此是《月令》清明之日桐始華者。一種崗桐，無花，不中作琴，體重。

宋 謝維新《古今合璧事類備要别集》卷五三《衆木門·桐》 《格物總論》：桐樹大者數圍，空中。枝榦森竦，葉大圓而尖。梧桐樹葉大如掌，所謂椅者是也。梓，《爾雅》「椈，鼠梓」也，其材皆中琴瑟。此美木也。

明 宋詡《竹嶼山房雜部》卷九《樹畜部·樹類》 梧桐枝竦而疎，葉大而歧，膚青而細。《爾雅》曰：櫬，桐。材中琴瑟。有子小，堪食，可種。莊子以子爲桐乳。

明 何孟春《餘冬序録·櫬》 櫬，木名，桐也。古者桐棺，故謂棺爲櫬。猶天子用梓，曰梓宫也。而今人例指旅殯者爲櫬，何哉。

明 彭大翼《山堂肆考》卷二一〇 爰伐琴瑟已下梓木《詩·國風》：樹之榛栗，椅桐梓漆，爰伐琴瑟。注云：榛、栗二木皆可供籩實，椅、桐、梓、漆四木皆琴瑟之材也。

明 何三畏《新刻何氏類鎔》卷三一《桐》 桐晞二春之溢露，遡九秋之鳴飈，蔽陰濬之南臯，覆陽阿之北牖。丹霞奕其上，白水浸其陂，靈雪寫其根，霏霜封其幹。華暉掩映，鳳羽披離，俯結玄陰，仰成翠屋。豈慚光於若木，將齊采於碧林。遇閏而知年，故當閏則增一葉。本虚而末實，故垂實則長孫枝。神農削之以爲琴，牂牁績之以爲布。而茂先刻之作魚狀，扣臨平之石而使鳴。嘗聞龍門之桐，高以百尺；吹臺之桐，大至百圍；寒山之桐，出自太冥；玄谿之桐，傅根朽壤。此王義方所謂佳樹，非他物比也。有桐君者，采藥而結廬于山曲。有桐郎者，披衣而走匿于帳中。有桐廬者，偃蓋而垂蔭于龍間。有桐宫者，含秋而成林於館下。歷城房家園之桐，胡然而折枝，應歎鳳條之不可伐。京兆興禪寺之桐，胡然而發汗，乃同惡木之不可休。梧桐忽生于沙門火龕之中，觀者謂爲不壞之身，原稱神異。梧桐忽生于第宅柏樹之上，論者謂失後凋之節，豈曰禎祥。他若長安謡所云，鳳凰止阿房者，慕容以小字而應其兆。空中歌所云，死樹今更生者，吴平以尋歸而應其謡。斯亦奇矣。周成王欲封唐叔，而剪一桐葉也，史佚以爲天子之尊無戲言，而曰封之是。唐德宗欲赦懷光，而破一桐葉也，鄴侯以爲君臣之分不復合，而曰赦之非。

明 徐常吉《事詞類奇》卷二五 《書》云：徐州貢嶧陽孤桐。嶧山之陽，材中琴瑟。鄒山，古之嶧山。魯穆公改爲鄒山。今鄒山嶧陽猶多桐樹。《詩》云：梧桐生矣，于彼朝陽。《周禮》云：春官大司樂，圜丘用雲和之琴瑟，方澤用空桑之琴瑟，宗廟用龍門之琴瑟。雲和、空桑、龍門，皆山名也。以三山所産之桐而斵琴瑟，異其用也。《詩義疏》云：梓實桐皮曰椅，今人曰梧桐也。有白桐，有青桐，有赤桐。雲南牂牁人織以爲布。又云：桐葉華而不實者曰白桐，實而皮青者曰梧桐。二種外又有岡桐，即油桐，生於高岡。《埤雅》云：梧一名櫬，即梧桐也。今人以其皮青號曰青桐。又云：桐，柔木也，而虚其心，若能同者。父丧杖竹，母丧杖桐。竹有節，父道也。桐能同，母道也，母從子道也。《易緯》云：相枝濡毳，而又空中，難成易傷，須成氣而後華。【略】《管子》云：五沃之土，其木宜桐。蘇子云：夫人生若曉露，寄桐葉其與幾何。王逸子云：木有扶桑、梧桐、松柏，皆受氣淳矣，異於羣類者，松柏冬茂，陰木也，梧桐春榮，陽木也，扶桑日所出，陰陽也。《唐書》云：德宗在奉天，李泌召赴行在。時李懷光叛，歲又蝗旱，議者欲赦懷光。帝博問羣臣，泌破一桐葉附使者進曰：陛下與懷光，君臣之分，不可復合如此葉矣。由是不赦。《南史》云：齊豫章王嶷於邸起土山，列種桐竹，號爲桐山。武帝幸之，置酒爲樂，顧臨川王映：王邸亦有嘉名不？映曰：臣好栖静，因以爲稱。又問武陵王曅，曅曰：臣山卑不曾棲靈昭景，惟有薇蔗，直號首陽山。帝曰：此直勞者之歌也。又云：會稽孔珪家起園，列植桐柳，多構山泉，殆窮真趣。齊衡陽王蕭鈞往遊之。珪曰：殿下處朱門，游紫闥，詎得與山人交耶。答曰：身處朱門而情游江海，入紫闥而意在青雲。鈞，齊高帝子也。《後魏書》云：彭城王勰與帝昇金墉，顧見堂後桐竹，曰：鳳凰非梧桐不棲，非竹實不食，今桐竹並茂，詎能降鳳凰？勰曰：鳳凰應德而來，豈桐竹能降。帝曰：朕亦望降之。《北史》云：元魏孝文宴侍臣於清徽堂，日宴移于流化池芳林下，帝仰觀桐葉之茂，曰：其桐其椅，其實離離，愷悌君子，莫不令儀。今林下諸賢，足敷歌詠。遂令黄門侍郎崔光讀暮春羣臣應制詩，至彭城王勰詩，帝爲改一字。稗史：《古史考》云：清明之日，桐始華，不華則歲有大寒。又云：桐木後華，故曰始。雜記：《遁甲》云：梧桐不生，則九州異君。梧桐知月，每年生十二葉，一邊有六葉，一葉爲一月。有閏月則生十三葉。視葉小者，知閏何月。宋人《閏月表》曰：梧桐之葉十三，黄楊之厄一寸。《草木狀》云：梧桐子似乳，綴其囊多或五六，少或二三，故飛鳥喜巢其中。昔人謂空穴來風，桐乳致巢是也。《華陽國志》云：益州有梧桐木，其葉綵如絲，人績以爲布，名曰華布。《齊民要術》云：梧桐山石間生者，爲樂器則鳴。又云：吹臺有高桐，皆百圍。嶧陽孤桐，方此爲劣。《齊地記》云：城北十五里有桐臺，即梧宫。《北夢瑣言》云：王義方初拜御史，置宅，酬直訖，數日宴，對賓客指庭中青桐一雙，曰：此忘酬直，召宅主付錢四千。《述異記》云：梧桐國在吴，吴王夫差舊都也，一名琴川梧國，宫在句容縣。傳曰：吴王别館有楸梧成林焉。搢紳脞説云：顧況嘗於御溝水上得桐葉，上題曰：一入深宫裏，年年不見春，還憑一片葉，寄與有情人。況復題葉，於流泛之。後十餘日，況又得一詩，其詩若答況者。又云：蜀侯繼圖倚大慈寺樓，飄一桐葉，上有詩曰：拭翠斂蛾眉，爲鬱心中事。搦管下庭除，題作相思字。書向秋葉上，願逐秋風起。天下有心人，盡解相思死。後數年，繼圖卜任氏爲婚。張協云：寒山之桐，出自大冥。含黄鍾以吐幹，據蒼岑而孤生。晞三春之溢露，遡九秋之鳴飆。零雪寫其根，霏霜封其條。崔琦云：爰有梧桐，生于玄谿。傅根朽壤，托險生危。枚乘云：龍門之桐，百尺無枝。其中鬱結，輪菌扶疏。傅咸云：停公子之龍駕，息旅人之行裝，瞻華實之離離，想儀鳳之來翔。魏明帝云：雙桐生空井，枝葉自相加。通泉浸其根，玄雨潤其柯。沉葉云：秋還遽已落，春曉猶未黄。微葉雖可賤，一翦或成珪。梁簡文帝云：季月雙桐井，新枝離舊株。晚葉藏棲鳳，朝花拂曙馬。鮑照云：桐生叢谷裏，根孤地寒陰。未霜葉已肅，不風條自吟。不願見雕斵，爲君堂上琴。沈約云：龍門百尺時，排雲少孤立。分根蔭玉池，欲待高鸞集。蕭子良云：植椅桐於廣囿，嗟倏忽而成林。依層楹而吐秀，臨平臺而結陰。乃抽葉於露始，亦結實於星沉。聳輕條而麗景，涵清風而散音。

明王世貞《彙苑詳注》卷三一《梧桐》　梧桐，《圖經》曰：桐生桐柏山谷，今處處有之，其類有四種。舊《注》云：青桐枝葉俱青而無子。梧桐皮白葉青而有子，子肥美可食。白桐有華與子，其花二月舒，黄紫色，一名椅桐，又名黄桐，則藥中所用華葉者是也。崗桐似白桐，惟無子，即是作琴瑟者。陸璣《草木疏》云：有白桐，有青桐，有赤桐。白桐宜爲琴瑟，雲南牂牁人績以爲布，是作琴瑟宜崗桐白桐二種也。《華陽國志》曰：益州有梧桐木，其花采如絲，人績以爲布，名曰華布。《南越志》曰：青桐華頗似木棉而輝熏迥之。《詩義疏》曰：梓實桐皮曰椅。今人云梧桐也。《爾雅》謂之櫬，又謂之榮。是白桐、梧桐二種俱有椅名也。或曰梧桐知日月正閏。故梧桐不生，則九州異君。賈（思）勰云：崗桐即油桐，生于高崗，今南人壓油者是也。此桐亦有子，頗大于梧桐耳。江南有赬桐，秋開紅花，無實。有紫桐，花如百合，實堪糖煑以噉。嶺南有刺桐，葉如梧桐，花側敷如掌，枝幹有刺，花色深紅。又泉州刺桐，初夏花開，極鮮紅，如葉先萌芽而花後發，則五谷大熟。丁晉公詠云：聞説鄉人説刺桐，葉先花發始年豐。我今到此憂民切，只愛青青不愛紅。徽宗目極桐花曰珊瑚。林按：桐山二所，一名張公山，在邑北。一名嶁峮山，在邑西。二山高大磅礴，西北相雄峙，土最宜桐，結實勝于他山，計二山幹枝所産，歲收桐實數萬石。凡木本實而末虚，惟桐反之。試取小枝，削皆實堅，其本皆中虚。故世所以貴孫枝者，貴其實也。《南方草木狀》云：梧桐子似乳綴，其囊多或五六，少或二三，故飛鳥喜巢其中。《莊子》曰：「空門來風，桐乳致巢」是也。《齊民要術》曰：梧桐岩間生者，爲樂器則鳴。《瑞應圖》曰：王者任用賢良，則梧桐生于東廂。劉會曰：鄒山，古之嶧山。魯穆公改爲鄒山。今鄒山嶧陽猶多桐樹。伐琴瑟，椅桐梓漆，爰伐琴瑟。生朝陽，梧桐生矣，于彼朝陽。菶菶萋萋，雝雝喈喈。鳳凰非梧桐不棲。離離長，貌。其桐其椅，其實離離。（《詩經》）　嶧陽，徐州貢嶧陽孤桐。注：嶧山之陽特生桐。林中琴瑟（《書》）。始華，清明之日，桐始華。注：桐若不華，歲有大寒。《月令》　傍生，天有洞庭之椅桐，依峻崖而傍生（崔駰）。含黄鍾，寒山之桐，出自大冥，含黄鍾以吐幹，據蒼岑以孤生（張協）。玄溪託根，爰有梧桐，産乎玄溪，傅根朽壤，託險生危。（崔琦）鳳翔停公子之龍駕，息旅人之行有，瞻華實之離離，想儀鳳之來翔（傅咸）。龍門桐，龍門之桐，百尺無枝。中鬱結之輪菌，根扶踈以分離（枚乘《七發》）。　雙桐，雙桐生空井，枝葉自相加。通泉溉其根，玄雨潤其柯（明帝）。　桐之良，琴莫良于桐，桐之良莫良于生石上（柳宗元序）。　非梧不棲，鵷鶵發南海而飛于北海，非梧桐不棲。　據梧瞑，「外子之神，勞子之精，則倚樹而吟，據梧而瞑」，言勞困故爾（《莊子》）。　難爲弩，智者有所不足，故桐不可以爲弩。成雲，桐木成雲（《淮南》）。　託葉，夫人生若曉露，託桐葉其能幾何（蘇老泉）。　摧琅玕　霜雪侵梧桐，浄若摧琅玕（韓愈）。

侯鸞鷟，處身狄且危，於何托余足。昔也植朝陽，傾枝侯鸞鷟。今者絶世用，倥偬見迫束。班匠不我顧，牙曠不我録。焉得琴瑟成，何由揚妙曲（司馬彪）。虚心，桐，柔木也，而虚其心。若能桐者。父喪杖竹，母喪杖桐。竹有節，父道也。桐能同，母道也，母從子道也（《埤雅》）。扣瓊，爲君布緑陰，當暑蔭軒楹，爲君發清韻，風來如扣瓊（樂天）。　無附枝，四面無附枝，中心有通理（李白）。銀床，井梧花落盡，一半在銀床。注：銀床，井闌也（古詩）。高桐，吹臺有高桐，皆百圍。嶧陽孤桐方此爲劣（靈運）。梧宮，城北十五里有桐臺，即梧宮《齊地記》。　成氣後華，桐枝濡毛而又空中，難成易傷，湏成氣而後華（《易緯》）。　宜桐五沃之土，其木宜桐（《管子》）。　採孫枝，梧桐生于嶧陽山巖石之上，採東南孫枝爲琴，聲甚清雅（《風俗通》）。　青桐君，龍門古寺，庭多古桐，桐花盛開，有異蜂甚大，其聲如人微吟花間。僧異之，網取一枚置籠中，中夜聞歎息之聲。翌日，大蜂群集（《述異記》）。剪珪，成王與唐叔虞燕居，拾梧葉剪珪，告曰：以此封汝。虞喜，以告周公。公請封虞，王曰：余與虞戲。公曰：天子無戲言。乃遂封叔虞於唐（《吴氏春秋》）。　焦尾琴，蔡邕居吴，見吴人燒桐以爨者，聞其爆聲，曰：良材也。因請削爲琴，尾尚焦，號焦尾琴（《吴志》）。　刻魚，晉武帝時，吴郡臨平岸出石鼓，扣之無聲，以問張華，曰：取蜀中桐材刻魚形，扣之則鳴矣。於是如言，音聞數里（《異苑》）。　題葉，顧況嘗於御溝水上得桐葉，題云：一入深宫裡，年年不見春。還憑一片葉，寄與有情人。況讀之恍如有失，亦取葉題詩，擲之上流曰：花落深宫鶯亦悲，上陽宫女斷腸時，帝城不禁東流水，葉上題詩寄與誰。後十餘日，又得一詩若答況者（《搢紳脞説》）。　飄葉，蜀侯繼圖倚大慈寺樓，飄一桐葉，上有詩云：拭翠斂娥眉，爲鬱心中事。搦管下庚除題作相思字。書向秋葉上，願逐秋風起。天下有心人，盡解相思死。後數年，繼圖卜任氏爲婚焉。　鳳止阿（房），初，長安謡云：鳳凰止阿房。（符）（苻）堅遂於阿房城植桐數萬株待之，至慕容冲入阿房而居。冲，小字鳳凰（《秦記》）。破葉，德宗在奉天，李泌召赴行在。時，李懷光叛。歲又蝗旱，議者欲放懷光，帝博問群臣。泌破一桐葉附使者進曰：陛下與懷光君臣之分，不可復合如此葉矣。由是不赦（《唐書》）。鳳條，歷城房家園，齊博陵浩豹之山也。其中雜樹森竦，或有人拆其桐枝者，公曰：何爲傷吾鳳條。自是，人不敢復拆其枝（《酉陽雜俎》）。青桐，王義方初拜禦史，置宅酬值，訖數日，忽對賓朋指庭中青桐一雙曰：此忘酬直，召宅主付之錢四千（《北夢瑣言》）。　胡桐，車師國多檉柳，胡桐，白草。孟康曰：胡桐似桑而多曲。師古曰：胡桐亦似桐，不類桑也。蟲食其樹而沫出下流者，俗名爲胡桐淚，言似眼淚也。可以汗金銀，工匠皆用之（《西域傳》）。知正閏，梧桐知日月正閏，生十二葉，一邊有六葉，從下數一葉爲一月，有閏則十三葉，視葉小者則知閏何月也。不生，則九州異君。《遁甲》又梧桐之葉十三，黄楊之元一十（宋人四六）。

明王象晉《群芳譜·木譜·梧桐》　典故：吹臺有高梧皆百圍。《游名山志》。　永昌有梧桐子，比中州者形頗長，大者幾可當蓮實。過永昌亦不可得《滇南雜記》。　唐德宗在奉天，召李泌赴行在，時李懷光叛，歲又蝗旱，議者欲赦懷光。帝博問群臣，泌破一桐葉附使以進，曰：陛下與懷光君臣之分，不可復合如此葉。繇是不赦《唐書·李泌傳》　蜀人侯繼圖倚大慈寺樓，偶飄一大桐葉，上有詩云：拭翠斂蛾眉，爲鬱心中事。搦管下庭除，書作相思字。此字不書石，此字不書紙。書向秋葉上，願逐秋風起。天下有心人，盡（害）（解）相思死。天下負心人，不識相思意。有心與負心，不知落何地。後數年，繼圖（上）（卜）任氏爲婚，始知字出任氏《本事詩》。　（苻堅擊慕容冲于灞上，爲冲所敗，冲遂據防房城。初）長安謡曰：鳳凰鳳凰止阿房。苻堅（以鳳凰非梧桐不棲，非竹實不食，）遂於阿房植桐數萬株以待之。（其後慕容）冲（小字鳳凰，至是）入阿房城而止焉（冲小字鳳）《苻秦紀》。　温陵城留從效重加板築，植刺桐環繞之。其樹高大而枝葉蔚茂，初夏開花極鮮紅，如葉先萌而花後發，主明年五穀豐熟。《清異録》。　歷城房家園，乃齊博陵君豹之山也。其園雜樹森列，或有折其桐枝者，君輸曰：「何爲傷吾鳳條。」《雜記》。

明王象晉《群芳譜·木譜·梧桐》　梧桐，一名青桐，一名櫬。皮青如翠，葉缺如花。妍雅華净，賞心悦目，人家齋閣多種之。其木無節，直生，理細而性緊。四月開花，嫩黄，小如棗花，墜下如醭。五六月結子，莢長三寸許，五片合成，老則開裂如箕，名曰櫜鄂。子綴其上，多者五六，少者二三，大如黄豆，雲南者更大。皮皺，淡黄色。仁肥嫩可生噉，亦可炒食。《遁甲書》云：梧桐可知月正閏。歲生十二葉，一邊六葉，從下數一葉爲一月，有閏則十三葉，視葉小處則知閏何月。立秋之日，如某時立秋，至期，一葉先墜。故云：梧桐一葉落，天下盡知秋。　種植：正二月内，以黄土拌（鉅）（鋸）末少許，或盆或地上俱可種上，覆土末寸半許。時時用水澆灌，使土長濕。待長尺餘移栽。冬間不用苦蓋。　製用：桐子微炒，布包少許，磚地上輕輕板之，簡出仁未破者，再板，陸續收取。　附録：白桐：一名華桐，一名泡桐。葉三杈，大徑尺，最易生長。皮色粗白，木輕虚，不生蟲蛀，作器物、屋柱甚良。二月開花，如牽牛花而色白，華而不實。賈（思）勰云：桐葉華而不實者曰白桐，無子，冬結似子者，乃明年華房。《爾雅》曰：榮，桐木。即此華而不實，故曰「榮，桐木」也。木之榮者多矣，獨桐名榮者，桐以三月華。蔡邕《月令》曰：桐始華。桐木之後華者也。穉之，故曰始。《周書・時訓》曰：清明之日，桐始華。桐不華，歲有大寒。蓋不華則陽氣微，陽氣微則寒可知也。造琴瑟以華桐生山間者，爲樂器則鳴，孫枝爲琴則音清。岡桐：一名油桐，一名荏桐，一名罌子桐，一名虎子桐。樹小，長亦遲。早春先開淡紅花。實大而圓，每實中二子或四子，大如大楓子，肉白味甘，食之令人吐。人多種之，取子作桐油，入漆及油器物、艌船，爲時所須，人多僞爲之。惟以篾圈撣起，如鼓面者爲真。海桐生南海及雷州，近海州郡亦有之。葉大如手，作三花尖，長青不凋。皮若梓，白而堅韌，可作繩，入水不爛。花細白如丁香，而嗅味不甚美，遠觀可也。人家園内多植之。皮堪入藥，采取無時。刺桐：葉如梧桐。其花附幹而生，側敷如掌，形若金鳳。枝幹有刺。花色深紅。嵇含《南方草木狀》云：九真有刺桐，布葉繁密，三月開花，赤色照映，三五房凋則三五房復發。陳翥《桐譜》云：刺桐生山谷中，文理細緊，而性喜折裂。體有巨刺如欓樹，其實如楓。頳桐身青葉圓，大而長，高三四尺便有花，成朵而繁，紅色如火，爲夏秋榮觀。迷榖：出招摇山，亦名鵲山。樹如梧，又如楮。其花四照，佩之令人不迷。　占候：梧桐花初生，色赤主旱，色白主水。　製用：雲南牂牁人取花中白毳，淹漬績以爲布，似毛服，謂之華布。桐花可敷猪瘡，飼猪肥大三倍。

明　周文華《汝南圃史》卷一一　梧桐梧桐不貴食子，故不列果部。梧桐，直幹，葉稍似芙蓉而大。《爾雅注》：榮木，梧桐也。櫜鄂皆五。陶淵明詩「冉冉榮本，結根於兹」是也。或以爲榮華，失之矣。《禮記》云：季春之月，桐始華。《周書》曰：清明之日，桐始華。桐若不花，歲有大寒。《詩義疏》曰：有青桐、赤桐、白桐。白桐宜琴瑟。《遁甲》曰：梧桐生十二葉，一邊有六葉，從下數一葉爲一月，至上十二葉，有閏則十三葉，視葉小者則知閏何月也。王逸曰：松柏冬茂，陰木也。梧桐春榮，陽木也。《風俗通》曰：梧桐生於嶧山之陽，巖石之上，採東南孫枝爲琴，聲極清麗。孫枝，枝之生於根者也。唐王義方買宅既定，見青桐二株，曰：此忘酬直。或謂無別酬例，王曰：此佳樹，非他物比。急召宅主付之錢三千。蓋古人喜據梧而吟也。然易栽植。春間種子治畦，下水即生，稍長可移栽，亦在春時，其根甚脆不得損折。地喜實，不喜浮，喜清不喜濁，栽背陰處方盛。三月盡四月初發芽，漸放葉成緑蓋，五月始花即結子。八月方可擊下，子去殼香而有味。立秋之刻必脱一葉，以後漸脱，至冬則一葉無存。

明　吴雨《毛詩鳥獸草木考》木考・桐　桐，柔木也。一名榮，一名白桐，無子，冬結似子者乃明年之葉房，俗謂之花桐。今造琴瑟者以花桐木，是知桐爲白桐也。亦有皮青似梧而無子，華似木綿，可作被絮，而渾重過之，曰青桐。又有皮、葉似青桐而有子，曰梧桐。生于山岡，子大而有油者曰油桐。《周書・時訓》：清明之日，桐始華。桐不華，歲有大寒。惟桃桐之花爲衆木之先，其榮可紀，故名爲榮。堪作琴瑟，若生石間，其聲則鳴。《書》「嶧陽孤桐」是也。陸璣云：有青桐，有白桐，有赤桐。白桐宜爲琴瑟，牂牁人織以爲布。陸佃云：此即白桐，花而不實。《爾雅》「榮，桐木」即此是也。以其花而不實，今亦謂之花桐。

明　慎懋官《華夷花木鳥獸珍玩考》卷三《桐》　《圖經》曰：桐生桐柏山谷，今處處有之。其類有四種。舊注云：青桐，枝葉俱青而無子。梧桐，皮白葉青而有子，子肥美可食。白桐，有華與子，其花二月舒，黄紫色，一名椅桐，又名黄桐，則藥中所用華葉者是也。崗桐，似白桐，惟無子，即是作琴瑟者。陸璣《草木疏》云：白桐宜爲琴瑟。【略】又曰：梓實桐皮曰椅。今人云：梧桐也。《爾雅》謂之櫬，又謂之榮。是白桐、梧桐二種俱有椅名也。【略】或云今南人作油者，乃崗桐也。此桐亦有子，頗大如梧子耳。江南有頳桐，秋開紅花，無實。石紫桐花如百合，實堪糖煑以噉。嶺南有刺桐，葉如梧桐，花側敷如掌，枝幹有刺花，色深紅。泉州刺桐，初夏花開極鮮紅。如葉先萌芽，而花後發，則五穀大熟。丁晉公詠：「聞説鄉人説刺桐，葉先花發始年豐。我今到此憂民切，只愛青青不愛紅。」徽宗目榿桐花曰珊瑚林。清明之日，桐始華。桐山二所，一所名張公山，在邑北；一所名𡾊崂山，在邑西。二山高大磅礴。西北相雄峙，土最宜桐，結實勝於他山。計二山幹支所産，歲收桐實不下數萬石。　【略】何遜《遊山記》曰：吹臺有高桐，皆百圍。嶧陽孤桐方此爲劣。　梧桐，岩間生者，爲樂器則鳴。

明　陳詩教《灌園史》　唐王義方買宅既定，見青桐二株，曰：此忘酬直。

或謂無別酬例，王曰：此佳樹，非他物比。急召宅主付之錢四千。古人花癖，迺復如是，雖然百錢，買瓜千金，購樹苟得，據梧而吟。阿堵誠可廢矣。種法，秋後收子，春間種之，治畦下水，無不即生。擊子剥之，真秋爽也。聞南中桐樹花時，有鳥飲啄其間，名桐花鳳。太華山復有護花鳥，每歲春時，奇花盛發，人有攀折者，輒盤旋其上，鳴曰：莫損花，莫損花。得爲此鳥，吾願足矣。

明 吴雨《毛詩鳥獸草木考》木考・梧　《大雅》曰：梧桐生矣，于彼朝陽。《傳》：梧桐，柔木也。梧，梧桐也。青皮白骨，似青桐而多子。今人以其皮青，亦號曰青桐。華淨妍雅，極爲可愛，故多近齋閣種之。梧橐鄂皆五，其子如箕，子相對似乳，綴其橐鄂，生多或五六，少或二三，食之味如芡，今人謂之梧子。故飛鳥喜巢其中最易生，鳥啣墜者輒隨生（植）（殖）。其畦種者，是歲可高一丈。又知日至正南。生十二葉，一邊有六葉，從下數一葉爲一月，至上十二葉，有閏十三葉，餘者視之則知閏何月也。此木雖不中樂器，然堪車板、盤合、木碟等用。葉春晚乃生，至秋輒槁。《釋木》云：櫬，梧。郭璞曰：今梧桐。又云：榮，桐。郭璞曰：即梧桐也。然梧桐一木耳。

明 戴羲《養餘月令》卷二《種梧桐》　種梧桐子法：以黄土種之，時時用水澆灌，使土常濕，待長尺餘移栽。冬間不必覆蓋，唯忌水漬。

明 徐光啟《農政全書》卷三八《種植》　梧桐，《爾雅》曰：榮，桐木。又曰：櫬，梧。郭璞注曰：即梧桐也。今人以其皮青。號曰青桐。又名櫬皮。其木無節直生，理細而性緊。四月開花，五六月結子，莢長三寸許。五片合成，老則開裂如箕，名曰橐鄂子，綴其上，大如黄豆。雲南者更大，可生噉，亦可炒食。《遁甲書》云：梧桐可知月正閏歲。生十二葉，一邊六葉，從下數一葉爲一月，有閏則十三葉，視葉小處則知閏何月。立秋之日，如某時立秋，至期一葉先墜。又有白桐，一名華桐，一名泡桐，華而不實。蔡邕《月令》曰：桐始華，桐木之後華者也。岡桐一名油桐，一名荏桐，一名罌子桐，一名虎子桐，實大而圓，取子作桐油，入漆及油器物、艙船，爲時所須，人多僞爲之，惟以篾圈撣起，如皷面者爲真。海桐生南海及雷州，白而堅韌，可作繩，入水不爛。玄扈先生曰：正二月內以黄土拌（鉅）（鋸）末少許，或盆或地上俱可種，上覆土末寸半許，時時用水澆灌，使土長溼，待長尺餘移栽，冬間不用苫蓋。又曰：江東江南之地，惟桐樹、黄栗之利易得。乃將旁近山場，盡行鋤轉種芝麻。收畢，仍以火焚之，使地熟而沃，首種三年桐。其種桐之法，要在二人並耦，可順而不可逆，一人持桐油一瓶，持種一籮，一人持小鋤一把，將地劉起，即以油少許滴土中，隨以種置之。次年苗出，仍要耘耔一遍。此桐三年乃生，首一年猶未盛，第二年則盛矣。生五六年亦衰，即以栗檝剥之，一二年其栗便生，且最大，但其味畧滯耳。首種三年桐，爲利近速。圖久遠之利，仍要樹千年桐。法亦如前。種黄栗之法，候秋季落子，多收，擇高厚之處，掘地爲坑。下用礱糠鋪底，將種放下，上用稻草蓋定，以土覆之。俟來年春氣盛時，治地成畦，約一尺二寸，成行分種。空地之中仍要種豆，使之二物争長，又可使直而不曲。待長一二尺，即將山場，依前法燒鋤過，約闊五尺成行，移苗栽之，次年耘耔。

明 衛泳《枕中秘・桐》　秋後收子，春間種之，無不即生，婆娑直上。擊子剥之，真秋爽也。

明 李卓吾《讀升菴集》卷一八《草木・桐木》　東坡云：凡木本實而末虚，惟桐反之。試取其小枝削之，皆堅實如蠟，而其本皆虚，故世所以貴孫枝者，貴其實也。

清 張習孔《雲谷卧餘》卷一八《桐花》　《月令》：季春桐始華。今作油之桐則然，若梧桐未嘗季春花也。《月令》所言者，豈油桐乎？然觀元微之《桐花》詩云：麗月上山館，紫桐垂好陰。滿院青苔地，一樹蓮花簪。自開還自落，暗芳終暗沉。爾生不得所，我願裁爲琴。白樂天詩云：山木多蓊鬱，茲桐獨亭亭。葉重碧雲片，花簇紫霞英。受君封植力，不獨吐芳馨。君爲長高枝，鳳皇上頭鳴。夫曰爲琴、集鳳，則皆梧桐也。且明言其花紫色，今梧桐未嘗有紫花，何歟？其曰：梧桐作花于山木蓊翳時，碧雲重葉，紫霞簇花，皆不合《月令》，此豈與今桐別爲一種，抑古今木性亦異耶？詞人言刺桐花者多矣，此花亦未之見，獨見晉嵇含著《南方草木狀》記南越交阯植物有曰刺桐，其木爲林。三月三時布葉繁密，後有花赤色，間生葉間，旁照他物，皆朱殷三五房，凋則三五復發，如是者竟歲。九真有之。所謂桐花者，豈此花耶？然三代帝王皆都北土，其不取南徼未入版圖之樹，以志《月令》明矣。且言九真始有，則非中國恒産。而詞人所言刺桐花，又何樹耶？言刺桐者或嚮附之詞，若元白所見，則葉與花並皆盛夏，始有不可解也。

清 陳淏子《花鏡》卷三《花木類考・梧桐》　梧桐，一名青桐，一名櫬。木無節而直生，理細而性緊。皮青如翠，葉缺如花，妍雅華淨，新發時賞心悅目，人家軒齋多植之。四月開花嫩黃，小如棗花，墜下如醭。五六月結子，蒂長三寸許，五稜合成，老則開裂如箕，名曰橐鄂，子綴其上，多者五六，少者二三，大如黃豆（雲南者更大）。皮乾則皺而黃，其仁肥嫩而香，可生噉，亦可炒食點茶。此木能知歲時，清明後桐始華，歲必大寒。立秋是何時，至期一葉先墜，故有「梧桐一葉落，天下盡知秋」之句。每枝生十二葉，一邊六葉，從下數一葉爲一月，有閏則十三葉，視葉小處，即知閏何月也。二三月畦種，如種葵法。稍長移種背陰處方盛。地喜實，不喜鬆。凡生岩石上或寺旁，時聞鐘磬聲者，採東南大枝爲琴瑟，音極清麗。別有白桐、海桐、刺桐、赬桐、紫桐之異，惟梧桐世人皆尚之。又一種最小者，因取其婆娑暢茂，堪可盆玩。

清　陳大章《詩傳名物集覽》卷一一《椅桐梓漆》　桐，《朱傳》：梧桐也。《爾雅》：榮，桐木。《詩·義疏》：梓實桐皮曰椅，今人云梧桐也。《禮記》：季春之月，桐始華。《書》：嶧陽孤桐。注：特生也，材中琴瑟。嚴坦叔云：陸璣言有青桐、白桐、赤桐。此中琴瑟者，白桐也。「椅桐梓漆」之桐爲白桐，「梧桐生矣」之桐爲青桐。羅願云：桐有數種，有子可取油者，有華而不實可作琴瑟者。若生石間其聲鳴，《書》「嶧陽孤桐」是也。又一種，牂牁人績以爲布，其葉飼豕，肥大三倍，至秋後亦用以飼魚，鄉人養魚者，每春以草養之，頓能肥大，秋後食以桐葉，以封魚腹，則不復食，亦不復瘦也。《華陽國志》：益州有梧桐，其華采如絲，人績以爲布，名曰華布。《本草衍義》：桐有四種，白桐可斲琴者，葉三杈，開白華，不結子。荏桐早春先開淡紅花，子作桐油。梧桐四月開淡黃小花，一如棗花，枝頭出絲，墮地成油，五六月結桐子，今人取炒爲果，此是《月令》「清明之日，桐始華」者。岡桐無花，不中作琴，體重。桐乳，桐子也，似乳著葉而生。《埤雅》：桐即白桐，華而不實。《爾雅》云：榮，桐木是也，今亦謂之華桐。桐有三輩，青白之外，復有岡桐，即油桐也，生于高岡，蓋梧性便溼，不生于岡，故此桐有岡之號。青桐即今梧桐，白桐又與岡桐全異。白桐無子，材中琴瑟，岡桐子大有油也。《雅翼》：桐，植物之多陰最可玩者，青皮而白骨，其生莢如萁，子相對，食之味如芡，鳥銜墜輒生，歲可高一丈。蓋有青白赤。而青桐又有有實無實之辨。桐與梧既異，而桐之中又有數種。《通志》《左傳》云「桐棺三寸」，《爾雅》云櫬是也。注疏家不能別椅是岡桐，桐是梧桐，梓是楸，別是一物，徒執《爾雅》椅、梓之説，誤矣。又一種赬桐，夏月繁花如火。又有紫桐，花如百合。又有刺桐，其花側敷如掌，枝幹有刺，花色深紅。又一種實如罌子粟，可作油，陳藏器所謂罌子桐也。賈（思）勰云：桐葉花而不實者曰白桐，實而皮青者曰梧桐。白桐無子，冬結似子者，乃是明年之花房。《易緯》：梧桐濡毳而又空中，難成易傷，須盛氣而後華。《周書》：清明之日，桐始華，桐不華，歲有大寒。《禮·斗威儀》：君乘火而王，其政和平，梧桐爲常生。《遁甲經》，梧桐不生，則九州異主。注云：梧桐以知日月正閏，生十二葉，一邊有六葉，從下數一葉爲一月，有閏則十三葉，視葉小者則知閏何月也。《管子》：五沃之土，其木宜桐。《論衡》：楓桐速長，故其皮肌不能堅。《桐譜》：桐體溼則愈重，乾則愈輕，生時以斧斫之，甚易乾，乃軟而拒斧。《花木考》：凡木本實而末虛，惟桐反之。試取小枝削，皆實堅，其本皆中虛。故世所以貴孫枝者，貴其實也，實故絲中有木聲也。《齊地記》：去城十五里有桐臺，即梧宮。賈誼《新書》：懸弧之禮，東方之弧以梧。梧者東方之草，春木也。南方以柳，柳者南方之草，夏木也。中央以桑，桑者中央之木也。西方以棘，棘者西方之草，秋木也。北方以棗，棗者北方之草，冬木也。《莊子》：桐乳來巢。注：桐子似乳，鳥喜巢之。《淮南子》：桐木成雲。注：取十石甕滿著水，置桐其中，蓋之三四日，氣如雲作。晉武帝時，嘗得一石鼓，擊之無聲，張華取蜀桐材刻魚形叩之，音聞數里。董仲舒請雨，以桐魚九枚，莫曉其義。王逸曰：木有扶桑、梧桐、松柏，皆受氣浮矣，異于羣類者，松柏冬茂，陰木也。梧桐春榮，陽木也。扶桑日所出，陰陽之中也。《漢書》：西域鄯善國有胡桐，亦似桐，蟲食其木則沫出，可以汙金銀。《七發》：龍門之桐，高百尺而無枝，中鬱結以輪囷，根扶疏以分離。又《七命》云：寒山之桐，出自大冥，含黃鍾以吐幹，據蒼岑而孤生。唐詩「刺桐花下莫淹留」，即罌子桐也。嶺外多生，又自外國來者曰海桐。與刺桐相似。

清　陳大章《詩傳名物集覽》卷一二《梧桐生矣》　《朱傳》：梧桐生之盛也。《釋木》云：櫬，梧。注：今梧桐。《禮》：東方之弧以梧。《青史子》：梧，東方之草，春木也。王逸云：梧桐春榮，陽木也。《埤雅》：梧，一名櫬，即梧桐也。今人以其皮青，號曰青桐，華浄妍雅可愛，故多近齋閣種之。梧橐鄂皆五，其子似乳，綴其橐鄂，生多五六，少或二一，飛鳥喜巢其中，《莊子》

所謂「空閣來風，桐乳致巢」。又師曠之枝策也，惠子之據梧也，言精大用則竭，神大用則弊，故二子疲，或枝策而立昏，或據梧而瞑也。《雅翼》：梧木易生，鳥銜墜者，輒隨生殖。其畦種者，是歲可高一丈。《遁甲書》：梧桐知月正閏，立秋之日，一葉先墜，故曰：「梧桐一葉落，天下盡知秋。」《方書》：桐有四種，一名梧桐，《禮》有桐棺，故誤訓櫬，《爾雅》所謂櫬或本《方言》，非謂梧定可爲櫬也。《莊子》據梧，指褎柱言，非梧桐之梧。舊注或以爲几，或以爲琴，非是。《通雅》引《史記・項籍傳》，莫枝梧。注：小柱爲枝，邪柱爲梧，則據梧者，如倚柱之義耳。李氏《本草》曰：樹似桐，皮青不皴，木直生無節。葉光滑有尖角，莢老裂開如箕，謂之櫜鄂。子如胡椒，皮皺，春晚乃生，望秋輒凋。或曰世言「金井梧桐」，以葉有黄圈文如井，故曰金井，非井欄也。

清　張宗法《三農紀》卷七《白桐》　白桐，《圖經》云：葉三尖徑尺，最易生長。皮色粗白。木質輕虚，造匣箱，避煙塵，遠溼蠹。二月開花如牽牛花而色曰柴。《爾雅》云：榮，桐華而不實故曰華桐。賈（思）勰云：冬終似子者乃來年華房也。蔡邕《月令》云：桐始華。桐乃木之後華者也。木之榮者多矣，獨以桐名榮者，爲三月華故也。穉之，故云。《周書・時訓》曰：清明之日，桐始華。不華，歲有大寒。蓋陽氣微則寒，可知天。《詩》云：其桐其椅。一名泡桐，一名琴桐。桐者，通也。能通天地之氣也。故造樂器者同之造琴，以生山石間者爲最（佳）材。取孫桐，其音清明。《周禮》云：龍門之琴于宗廟奏之。植藝：春初掘根埋潤土中，現頭頻澆即生。樹伐後遍地生苗，可移植。諺云：家有一千桐，一生不受窮。言其伐而易長茂。

清　張宗法《三農紀・梧桐》　梧桐，《圖經》云：其木葉缺若花，直身青膚，理細性緊，皮可爲麻製絞繩索。四月開嫩小花如棗花狀，墜中如□花，初開赤，主旱，曰主水。夏中結莢，長三四寸許，五片合成，老則開裂如箕，名曰櫜鄂，子綴其上，多者五六粒，少者三四粒，大如豆皮皺，色黄堪□，生熟佳。農人植之取皮爲麻。《博物志》云：花飼猪易肥。《遁甲書》云：梧桐葉能知日月，正閏生十二葉，一邊有六，從下數一葉爲一月，年有閏，葉生十三，葉小者則知閏何月也。不生則九州異君。《雅翼》云：櫬桐一名麻桐、青桐。王象晉云：妍雅華静，賞心悦目。王逸子云：木有梧桑松柏，秉氣純美，異乎群類。《莊子》云：鵷雛發南海于北海，非梧桐不棲，非竹實不食也。　植藝：實熟采種，苗生，待長成圍，盡芟之，入水泡青膚腐，剥皮爲麻堪堅。芟後加糞水澆，來年長三四尺，高至碗盃大，又伐剥麻。

清　吴其濬《植物名實圖考》卷三三《木類・桐》　桐，《本經》下品，即俗呼泡桐。開花如牽牛花，色白。結實如皂莢子，輕如榆錢。其木輕虚，作器不裂，作琴瑟者即此。其花紫者爲岡桐。

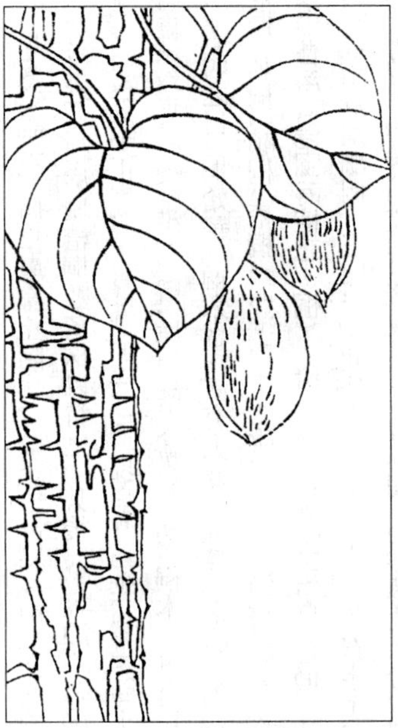

植物名實圖考・桐

清　吴其濬《植物名實圖考》卷三五《木類・梧桐》　梧桐，《爾雅》：櫬，梧。春開細花結實曰櫜鄂以爲果。《本草綱目》始收入喬木。俗亦取其初落葉煎飲催生，又煑葉薰治白帶。

植物名實圖考・梧桐

清　鍾山逸叟《致富奇書》卷一　梧桐　二三月畦種，如種葵法。稍長移栽背陰處。地喜實，不喜浮。子生于葉，大如胡椒，多者五六粒，少或二三粒。八月方可摘下，香而有味。立秋之刻，必脱一葉。王逸曰：松柏冬茂，陰木也。梧桐春榮，陽木也。《風俗通》曰：桐生于岩石之上，採東南孫枝爲琴，聲極清麗。古詩云「葉茂正宜棲鳳侶，孫枝尤好長琴材」，善言梧桐者也。《遁甲書》云梧桐生十二葉，邊有六葉，從下數一葉爲一月，有閏則十三葉，視葉小者即知閏何月也。

清　陳憲舜《課民植牧講義稿・桐》　無論白桐、青桐、崗桐、刺桐，點子、插枝皆活。法於九月後收子置灰罈內，至來年清明前後，取出點之。離五寸點二三顆，發芽後若遇春寒，以草斬碎，撒於地面，免至凍壞。當年即高數尺或一丈。若插枝，無論枝如碗大，插下即活，較點子尤快。但於三伏烈日中，宜先種包穀以遮日光，又勿被風摇動，方能成樹。蓋此物性最怕寒，立秋則落葉。夏至始生葉，子出者如遇嚴冬，須以稻草束其樹幹，三年之後則無妨。種至五年以後，木徑數寸，高一丈餘，賣作洋琴、鼓板、琵琶等樂器之用，價值頗貴。宜將樹身發賣，留出樹枝再插，即砍置地下，由冬至春，削尖斜插亦活。老樹伐後，新枝怒發，若僅留一株，當年即高一丈。其樹生菌極香，子炒食甚美。葉燒灰尤妙，皮内有絲可織布，具有光澤，不沾塵埃，又可作繩索等之用。製法：春日將皮浸水三十日，潤以灰水，取出用水洗净，爲繩極耐用。世界上樹木之生長最速者，以此爲最。有心林業者，宜先從事於此。又一種名罌子桐，文理粗而體性慢，凡殼内四子者爲雌，命根最長者爲雄，喜生當陽處。子出者一年起三四尺，根出者年起五七尺。其葉圓大而尖長有角，光滑而毳，先花後葉，花開白色，花心微紅。其實大二三寸，内爲兩房，房内有肉，肉上有薄片，即其子也。可以搾油，用途極廣。凡結子少或油不多，以動物及麵水淋之。又一種名紫花桐，文理細而體性堅，亦生當陽地，不如他桐易長。葉三角而圓大，如白桐色青，多毛而不光，且硬微赤。亦先花後葉，花紫色。其實亦同白桐微尖，狀如訶子而粘，房中之肉黄色。以上二桐，皮色同而花葉小異，亦有冬月復花者。種法、用途與此相同。木質白色稍糙而輕軟，造琴瑟、案椅、箱簏皆宜。

清　何剛德《撫郡農産考畧・桐》　桐有二種：一名週歲桐，其樹易朽；一名百年桐，年久不枯。枝葉均與梧桐樹相類，花白色，實一苞數子。週歲桐子樱黑色，百年桐子灰色，其外苞有紋，故亦名花桐子，内仁俱白而膩。撫屬俱有之，臨之西鄉較多。　天時：驚蟄前後種，週歲桐次年即試花。百年桐則六七年後方試花。俱每年清明揚花，小滿後結實，霜降後收子。老熟乃取之，嫩則少油。　地利：桐喜濕，必擇屬陰之山谷、近水之溪岸、肥澤之平地，方可種植。鬆土易生，堅壤難長。　人事：種桐宜縱横相距各六尺，每窠二粒。鋤地宜深，下種宜淺。宜鋤深溝洩水，無爲水所漬，漬則不生。宜常鋤草。桐實熟而墮地，乃取之，不必摘收。初種時宜以鳥灰墊底，宜常用木葉草根蓋覆。桐樹生蟲，用錐挖開，撒石灰入内治之。

清　陳昌齊　道光《廣東通志・木類・青桐》　青桐，《南越志》：青桐華頗似木棉，而輝重過之。《太平御覽》

清　李鴻章　光緒《畿輔通志・物産・木屬・桐》　桐：荏桐多生楚粤，椅桐宜於北地。《燕京賦注》中峯庵先有老梧桐數株，游人詩多成其下，摘桐葉書之。《帝京景物畧》有椅桐、青桐、梧桐。《雍正志》

清　郝懿行《寶訓・木材・梧桐》　吴童謡云：梧宫秋，（吴）王愁。《述異記》（吴）王有别館在句容，楸梧成林，故名梧宫。或云即館娃宫，宫有梧桐園。　長安童謡云：鳳皇鳳皇止阿房。《秦記》曰：初長安謡云：鳳皇鳳皇止阿房。苻堅遂於阿房城植桐數萬株以待之。其後，慕容沖入阿房城而止焉，沖小字鳳。　《夏小正》：三月拂桐芭。註：拂也者，拂也，桐芭之時也。或曰：言桐芭始生，貌拂拂然也。　《爾雅》：櫬，梧。註：今梧桐。榮，桐木。疏云：桐木一名榮。《周書》：清明之日，桐始華。桐不華，歲有大寒。陳翥《桐譜》列六種：紫桐、白桐、膏桐、刺桐、頳桐、梧桐。《淮南子・説山訓》：梧桐，斷角。註：柔勝剛也。

清　曹溶《倦圃蒔植記・桐》　唐王義方買宅既定，見青桐二株，曰：「此忘酬直。」或謂無别酬例。王曰：「此佳樹，非他物比。」急召宅主，付之錢四千。古人花癖乃復如是。雖然百錢買瓜，千金購樹，苟得據梧而吟，阿堵誠可廢矣。種法：秋後收子，春間種之。治畦下水，無不即生。擘子剥之，直秋爽也。聞南中桐樹花時，有鳥飲啄其間，名桐花鳳。太華山復有護花鳥，每歲春時，奇花盛發，人有攀折者，輒盤旋其上，鳴曰：「莫損花！莫損花！」得爲此鳥，吾願足矣。

清　鄒一桂《小山畫譜》卷下《梧桐》　直幹横枝，四面對節，樹老則枝下垂，緑皮無皺，横抹數筆而已。葉如盤大五出長柄。花五出，結實如杓子綴於邊，熟則皮皺。皆堪入畫。

藝文

《詩·大雅·卷阿》 梧桐生矣，於彼朝陽。

晋 夏侯湛《愍桐賦》（《全上古三代秦漢三國六朝文·全晋文》卷六八） 有南國之陋寢，植嘉桐乎前庭。闡洪根以誕茂，豐修幹以繁生。納谷風以疏葉，含春雨以濯莖。濯莖夭夭，布葉藹藹。蔚童童以重茂，蔭蒙接而相蓋。蔽陰澹之南表，覆陽阿之北外。于是詰朝之暇，步趾前廡。春以遊目，夏以清暑。昔詩人之所稱，美厥生之攸奇。植匪岡其不滋，識非條其不儀。

晋 郭璞《梧桐贊》 桐實嘉木，鳳凰所棲。爰伐琴瑟，八音克諧。歌以永言，噰噰喈喈。

南朝宋 劉駿《孤桐贊》 珍無隱德，産有必甄。資此孤幹，獻枝楚山。梢星雲界，衍葉炎廛。名列貢寶，器贊虞絃。

南朝宋 袁淑《桐賦》 越衆木之薰徇，勝雜樹之藻縟。信爽幹以弱枝，實裏素而表緑。若乃根荑條茂，跡曠心冲，貞觀于曾山之陽，抽景于少澤之東。被藉兮烟霞，懷珮兮星虹。儀丹丘之瑞羽，棲清都之仙宫。

南朝宋 劉義恭《桐樹賦》 伊梧桐之靈材，蔚疏林而擢秀。玄根通徹于幽泉，密葉垂藹而增茂。挺修干，蔭朝陽，招飛鸞，鳴鳳皇。甘露灑液于其莖，清風流薄乎其枝。丹霞赫奕于其上，白水浸潤乎其陂。

南朝宋 吴均《同詠庭中桐》 龍門有奇價，自言梧桐枝。垂暉實掩映，細葉能披離。不降周王子，空將歲月移。《初學記》作空待歲時移。嚴風忽交動，遂使無人知。

晋 傅咸《梧桐賦》 美詩人之攸貴兮，覽梧桐乎朝陽。蔚蓁蓁以萋萋兮，鬱株列而成行。夾二門以駢羅，作館寓之表章。停公子之龍駕，息旅人之肩行。瞻華實之離離，想儀鳳之來翔。

南朝宋 南朝齊 蕭子良《梧桐賦》 植椅桐于廣囿，嗟倏忽而成林。依層楹而吐秀，臨平臺而結陰。乃抽葉而露始，亦結實于星沈。聳輕條而麗景，涵清風而散音。發雅詠于攸昔，流素賞之在今。必鸞鳳而後集，何燕雀之能臨。匪伊楚宫側，豈獨嶧山岑。邈蒿萊之難儷，永配道于仙琴。

南朝齊 王融《桐樹賦》 梧桐生矣，于邸岫之曾限。儀龍門而插幹，佇鳳羽以抽枝。縱楚宫而留稱，藉溜館以翻聲。直不繩而特秀，圓匪規而天成。同歲草以萎暮，共辰物而滋榮。豈遠心以自外，寧有志于孤貞。

南朝梁 沈約《桐賦》 龍門之桐，遠望青葱。專巖擅嶺，或孤或叢。枝封暮雪，葉映晝虹。抗蘭橑以棲龍，拂雕牕而溥露。喧密葉于鳳晨，宿高枝于鸞暮。合影陽崖，標峯東陸。俯結玄陰，仰成翠屋。乍髣髴于行雨，時徘徊于丹轂。遶齊綵于碧林，豈慚光于若木。

隋 虞世基《零落桐》 零落三秋幹，摧殘百尺柯。空餘半心在，生意漸無多。

隋 陸季覽《詠桐》 摇落依空井，生死尚餘心。不辭先入爨，惟恨少知音。

唐 王起《焦桐入聽賦》 聽之微者，不必五音。伊焦桐之逸韻，契伯喈之明心。氣逐炎炎，始將隨於槁木；聲飛烈烈，終見用於雅琴。當其大匠未收，樵人所利，圭葉零落，孫枝殘瘁，以薪見迷，以竈求媚。聲連而丹燄乍飛，響送而紅星忽墜。聞之者徒謂木之槁，火之熾，殊不知八音之珍，佇五絃之至。彼美中郎，神妙無方。樂無不審，音無不詳。聽執爨之間，克諧律吕。聞就燥之處，乍合宫商。乃言曰：惜乎斯桐，韻實天假。可以加雕斲，可以暢韶雅。何混彼樗林，而棄於薪者。於是收質燄燄，求音泠泠。撲滅其色，鱗皴其形。被之以絃，佇水流而山立。鼓之爲操，必鶴舞而魚聽。則知桐之成器，待其人而克定。桐之有聲，非其人而靡聽。向若清耳不傳，瓌材遂捐，希聲率爾，聾俗猶然。則半死之根，誰一收其餘燼。孤生之幹，將久滅於青烟。桐之爇兮，人之德焚。身之缺兮，躬忽見屈。殊不知焦尾爲珍，竟獲伸於多識。至矣哉！感知音者願是傚而是則。

唐 李嶠《桐》 孤秀嶧陽岑，亭亭出罩題詩作萋萋衆林。春花雜鳳影，秋月弄珪陰。忽被夜風激，遂逢霜雪侵。罩題詩「作高映龍門迥，雙依玉井深」。不因將入爨，誰爲作鳴琴。

唐 王昌齡《段宥廳孤桐》 鳳凰所宿處，月映孤桐寒。稿葉零落盡，空柯翠仍殘。虚心誰能見，直影非無端。響發調恒苦，清商勞一彈。

唐 戴叔倫《梧桐》 亭亭南軒外，貞幹修且直。廣葉結青陰，繁花連素色。天資韶雅性，不愧知音識。

唐 雍陶《孤桐》 疏桐餘一幹，風雨日蕭條。歲晚琴材老，天寒桂葉凋。已悲根半死，復恐尾全燋。幸在龍門下，知音肯寂寥。

唐 李商隱《蜀桐》 玉壘高梧拂玉繩，上含霏霧下含冰。枉教紫鳳無棲處，斲作秋琴彈壞《雜録》作廣陵。

唐 崔鎮《尚書省梧桐賦》 惟皇立極，建都河洛。會府疏庭，珍木咸若。偉梧桐之嘉遇，竟因人以勝託。傾鳳翼于朝陽，偶鴛行于祕閣。貴有常尊，靜爲躁君。豈與花繁翼子，幹直謀孫。履素至潔，體柔常存。揭日月以曜穎，含雨露以流根。豈與夫龍門半死，嶧陽孤植。齊萬籟而混吹，合千巖以共色。勁質冰摧，而杼人莫識；高標風折，爲樵人所得。求知音于爨燃，論分理于繩墨。且問之以生死，又焉議夫通塞。故至人以全身遠害，君子以自強不息。失其理，山林不足以攝生；順其道，朝市何妨乎育德。梧桐生矣，自遠而至。輕去無何之鄉，不居有過之地。謂繁華兮，國人服媚，吾獨後春而翠；謂搖落兮，物情共棄，吾亦先秋以悴。不改節以邀利，不立名而自異。必居常以待終，將百慮而一致。大年椿幹，梢雲豫章。箘簵貞勁，桂椒信芳。百果甲坼于金谷，千林花發于河陽。實繁者皆折，材用者先亡。我異于是，于何不臧？布清陰于仙署，棲白雲于帝鄉。旁連杞梓，俯接琳瑯。蔚金蟬之氣色，耀錦帳之輝光。我封我樹，無臭無香。後天年于社櫟，用當代于甘棠。得喪齊致，語默兩忘。吾不知夫支離之德，何獨攘而自出？蘧瑗之智，何獨卷而自藏？復有翦刻爲圭，琢磨成器。龍章鳳軫，金符玉瑞。平君子之心，戒王者之戲。晉侯得之，諸侯麏至；子野得之，玄鶴來暨。雖信美于疇日，未若茲辰之佩仁履義。我求懿德，于是乎在。疏相比，遠相待。以其彙征，成而不宰。譬諸草木，生植有時。除惡務本，樹德務滋。引之斯至，權之斯離。角弓兮有什，杕杜兮陳詩。敢告在位，如何不思？念茲在茲，恕事順施。苟求夏陰與秋實，無拔楊以樹茨。【略】

明 程良孺《茹古畧集》卷二六《桐》 菶菶萋萋，寔惟梧桐《詩》。濯靈滋于玄雨魏明《猛虎行》，含奇律于黃鍾《七命》。葉閏餘而有數《遁甲》，花清明而應風《禮》。托臉生危，每過玄谿之側崔琦《七蠲》，成音中律，相看孤嶧之峰《書》。毿毛淹漬《廣志》，華采如絲《國志》，淳氣獨稟王逸，太冥乘時張協《七命》。吹臺累闈而獨聳《遊山石志》，龍門百尺而非危《七發》。間赤色之映發《南方草木狀》，多三葉之交垂《古今注》。白帢偕緑，驚渡江之未半《志怪》，緇衣立誓，故僻院之多知宋高僧傳。胡爾斗樣紛披，主人不利《瑣碎》，將無雲煙鬱勃，物類九宜《淮》，而不見長滋沃土《管》，堪取孫枝《琴賦》，其鳳雛之至止莊。抑春鳥之巢斯，上再稽其事，種列土山，情懷于薇蕨《南史》，形入紫闥，意在于青雲《衡陽王傳》。吴平應兆而歸，何必嗔歌聲見伐《異苑》，慕容先謡而至，夫何植阿房相文《秦記》。吴宫秋怨《述異》，楚使代争《説苑》，省院繼枯《僉載》，僧舍忽榮《高僧傳》，看木囚之偃卧《論衡》，聽石鼓之繁吹《異苑》。對佳樹兮酬直王義方，宴芳林兮秘思《北史》，破之，分義已悉《新書》，剪之，戲謔何爲《史》。矯語枯薪，洽比之情既屬《吕》，應聲焦尾，賞識之遇乃登《蔡中郎傳》。但詠悲風之詞，自當驚悟《天中》，豈失後凋之節，作彼咎徵《南部新書》。勿求作弩《淮》，有蔭似廬《十道志》，其濡毳而空中者也《易緯》。其乾輕而濕重者歟《桐譜》，履素至潔，體柔常存，花繁異子，幹直謀孫《隹鎮賦》。直不繩而特美，圓匪規而天成，謂繁華兮國人服媚，吾獨後春而翠，謂搖落兮物情若棄，吾亦先秋而悴《英華》。噫嘻所居然也，世不受摧拉之患《韻府》，代有王者計，惟堪任用之才《瑞應圖》。夫但乘茲火德矣《禮斗威儀》，緣何傷此鳳柯哉《酉陽》。

明 楊宛《種桐》 静居無寄懷，種桐廣除内。桐高盈丈餘，風露相吸逮。本以遲鳳棲，鳳棲不可再。我聞古良士，往往思其外。預愁斵爲琴，知音復誰在。

清 愛新覺羅·玄燁《梧桐賦》 撫萬彙之生成，攬植物之暢茂。見藹藹之梧桐，爲良材之僅覯。當綺閣而結柯，臨玉階而吐秀。既託根以得地，亦含靈而迎候。扇淑景於春陽，振英華於清畫。揚蕤瑶樹，布葉金鑾。碧滋密綴，翠纈深攢。散澄暉於幃幄，濯鮮色於琅玕。被光華於日月，耀羽儀於鳳鸞。廼有芝雲上覆，瓊泉下浸。長浥潤於丹穹，永敷榮於紫禁。雨滴疎聲，風吹籟鳴。乍響廻於環珮，已樂合於竽笙。若夫新條始引，清露初流，如潔清之士邈焉而寡儔；挺節無撓，陵虚欲上，如謇直之臣介然而不黨。菶菶者其陰可以矢卷阿之頌音，離離者其實可以廣湛露之雅什。韻虞氏之文琴，絙軒皇之素瑟。信天地之嘉生，非凡材之能匹。彼夫桃李之佳蔭，松柏之貞心。甘棠蔽芾於南國，玉樹青葱於上林。雖留詠於在昔，詎埒美於斯令。至於嶧山孤立之姿，龍門百尺之幹。或擢本於丘樊，或漸色於巖畔。豈若茲樹之曜穎朝陽，植枝霄漢。負聳壑之遐標，增麗城之榮觀也哉。

清 朱休度《梓廬舊稿·種桐》 詒安堂前商種樹，松桂榆槐類難長。那能朝種暮成陰，趂我生前一瞻仰。計惟梧桐肌理疎，發幹抽條易騰上。呼花兒匠擇高本，種出透簷東西兩。新枝踰歲果起擡，翠葉滴雨便流響。堂何人築何年始，里老茫昧失稽曩。椓椳礎楹制近古，雖無華飾頗深廣。我購之胡榜書陸，聊取吉語名仍往。詒安堂舊榜陸東村老人書，仍之。先人敝廬故多梓，我實自號非寄想。桐梓貴皆琴瑟材，樲棘賤寧丈夫養。我今對桐如對梓，夢裏碧雲雙滉瀁。桐兮速大陰速稠，蔭我暑堂滿張幌。安排石几鋪竹簟，脱襪涼陰坐搔癢。

清 王文清《鋤經餘草·春日於院庠門内手植梧桐四本》 中院四梧桐，清陰滿牕户。前軒翳獨無，墀空三十武。我來手植斯，東西近廊廡。厥數凡四株，繩直方如矩。高纔三尺餘，青青幹色古。弱枝當春半，方苞已欲吐。雨露正及時，不畏秋風侮。扶杖望干霄，掩映後庭樹。此地即高岡，好作鳳凰主。

清　祝德麟《**悦親樓詩集**》**卷二〇**　種草當種萱，樹木當樹桐。萱草能忘憂，桐材用不同。長成伐琴瑟，天子彈薰風。一彈民愠解，再彈民財豐。不然延鳳皇，棲集來雌雄。此木令人敬，非徒蔭簾櫳。去年蓺一本，柯葉青蓁蓁。主人無定居，旋轉如飄蓬。累爾亦移徙，水灑兼泥封。浹旬土性習，萌蘖方茸茸。舊顛脱萎葉，新機發稚葼。晨昏顧之喜，佇盼清陰濃。翾翾彼何物，有螫者黄蜂。去來不須臾，頻繞孫枝中。意欲掇其秀，以作餱糧充。驅除焉可後，護視戒僕僮。蜂乎吾告汝，汝食胡勿供。前有藤花架，後有樗樹叢。葉密陰亦繁，恣汝啖齧兇。慎勿肆侵暴，賊善罪不容。此木閲十年，當獻蓬萊宫。縱余不及待，豈無後來儂。

清　姚文田《**邃雅堂集**》**卷八**《**移桐**》　託根只合近芳池，小院梧桐帶露移。多恐良材歸爨竈，肯遺嘉植誚場師。脱身爨火柴烟外，結伴疎花秀石宜。待得一番新雨足，森森早見鳳皇枝。

槐

綜述

《**爾雅・釋木**》　守宫槐，葉晝聶、宵炕。郭璞註：槐葉晝日聶合，而夜炕布者，名爲守宫槐。

爾雅・守宫槐

《**爾雅・釋木**》　櫰，槐。大葉而黑。郭璞註：槐樹葉大，色黑者名爲櫰。

爾雅・櫰

《**爾雅・釋木**》　槐小葉曰榎。郭璞註：槐當爲楸。楸細葉者爲榎。

爾雅・榎

三国魏　吴普《**神農本草經**》**卷一**　槐實，【略】，生平澤。《名醫》曰：生河南。案《説文》云：槐，木也。《爾雅》云：櫰，槐。大葉而黑。郭璞云：槐樹葉大，色黑者名爲櫰。又守宫槐，葉晝聶宵炕。郭璞云：槐葉晝日聶合，而夜炕布者，名爲守宫槐。

北魏　賈思勰《**齊民要術**》**卷五**《**槐柳楸梓梧柞第五〇**》　《爾雅》曰：守宫槐，葉晝聶宵炕。注曰：槐葉晝日聶合，而夜炕布者，名守宫。孫炎曰：炕，張也。　槐子熟時，多收擘取，數曝，勿令蟲生。五月夏至前十餘日，以水浸之。如浸麻子法也。六七日，當芽生。好雨種麻時，和麻子撒之。當年之中，即與麻齊。麻熟刈去，獨留槐。槐既細長，不能自立，根別樹木，以繩欄之。冬天多風雨，繩欄宜以茅裹，不則傷皮，成痕瘢也。明年，斸地令熟，還於（槐）下種麻。脅槐令長。三年正月，移而植之，亭亭條直，千百若一。所謂「蓬生麻中，不扶自直」。若隨宜取栽，匪直長遲，樹亦曲惡。宜於園中割地種之。若園好，未移之間，妨廢耕墾也。

唐 段成式《酉陽雜俎續集》卷九　夏州槐，夏州唯一郵有槐樹數株，鹽州或要葉，行牒求之。

唐 段成式《酉陽雜俎續集》卷一〇　三枝槐，相國李石河中永樂有宅，庭槐一本，抽三枝，直過堂前屋脊，一枝不及。相國同堂兄弟三人，曰石，曰程，皆登第宰執，唯福一人歷七鎮使相而已。

宋 陸佃《埤雅》卷一三　《春秋説》曰：「槐者，虚星之精。」槐性暢茂上棘。《爾雅》所謂「如槐曰茂」，又曰「槐棘醜喬，桑柳醜條」是也。《周官》外朝之法：「左九棘，孤卿大夫位焉；右九棘，公、侯、伯、子、男位焉；面三槐，三公位焉。」蓋槐取黄中外懷，又其華黄，其成實玄故也。棘取赤中外刺，又其花白，其成實赤故也。蓋聖人取義簡博植一物而衆善舉。故曰：禮樂法而不説。《詩》曰：「駟騵彭彭。」《傳》云：「駵馬白腹曰騵。」言上周下殷也。西方之書以蓮華取義，蓋以如此。蓮華有白，有青，有赤。其所表示則白浄也，青善也，赤覺也，能隨衆緑，應時開敷，悦可衆心，而非實也。然實亦因此是之，謂妙蓮華。舊云：「弱槐初生，不能自立，即於槐下種麻，脅槐令長。既植移而蒔之，亭亭若一，所謂『蓬生麻中，不扶自直』者也。所以君子居必擇鄉，遊必就士。《天玄主物簿》曰：「槐木生丹，不復凋殘也。木身潤滑，常有香氣如焚松風。」由是觀之，内丹之益豈虚言哉？

宋 謝維新《古今合璧事類備要别集》卷五〇《衆木門·槐》　《格物總論》：槐樹極高大，生河南平澤，今所在（而）〔皆〕有。四月五月開花，六月七月結實。（有）數種，葉大而黑者名櫰槐，晝合而夜開者名守宫，惟葉細而青緑者但謂之槐也。

宋 戴羲《養餘月令》卷二　種槐芽：以槐子和䅟黍種畦中，至冬放火燒過。明年取苗食，如取枸杞苗法，入土深割，上糞澆，遍遍如此。至秋末，常取芽食，又且無蟲。若根大即斸去，併以利鍬鋤深剗遍，便上糞，待春初雨過種之。

宋 戴羲《養餘月令》卷一〇　種槐子法：先于去秋熟時，收下曝乾，勿令生蟲。及今夏至前十日，水浸六七日生芽，勿傷其皮。遇好雨，和麻子撒種，當年與麻齊，以木繩欄，刈麻留槐。明年再於下種麻助長。三年以後，即可移栽。

宋 寇宗奭《本草衍義》卷一三　槐實，止言實，今當分爲二，實本出莢中，若擣莢作煎者，當言莢也。莢中子，大如豆，堅而紫色者，實也。今本條不析出莢與莢中子，蓋其用各别，皆疎導風熱。　槐花，今染家亦用，收時折其未開花，煑一沸，出之釜中，有所澄，下稠黄滓，滲漉爲餅，染色更鮮明。治腸風熱、瀉血甚佳，不可過劑。

宋 莊綽《雞肋編》卷上　宣和壬寅歲，自京師至關西，槐樹皆無花。老農云：「當應來年之旱，與二麥不登。」已而，信然。諺云：「槐宜來歲麥，棗熟當年禾。」

元 胡古愚《樹藝篇·木部·槐》　《爾雅》又云：槐大而皵，楸小而皵。然楸梓類也，櫃桐類也，不可謂之槐。　槐，花黄可染，實可入藥，村巷多植之。一種天然膠，屈枝，葉皆倒垂，蒙密如幄，名盤槐，俗尤貴之。《松江府志》　丁翹服槐實法：每歲八九月或十月上巳日，取槐莢，就地覆以新盆，泥固其外。百日皮爛，以浄水淘去，收其實，暴乾。每月旦，以井花水空心服一粒，隨日增之，至望後，日減一粒。周而復始，久服明目，益氣，黑鬚髮。　盤槐乃天生者，非人力所爲，須以槐樹接之。　大隈山，即莊子所謂具茨山也，有具茨寺，其中産一種木，身幹枝葉皆如槐。三二月開花，色紅而細，俗呼爲槐三香，亦有種園圃者。《曲洧舊聞》

明 宋詡《竹嶼山房雜部》卷九《樹畜部·樹類》　槐葉細，色青緑，結子角如豆。《春秋説》曰：槐者，虚星之精。倒垂槐枝脆。《爾雅注》曰：槐有數種，葉大而黑者名櫰槐。葉晝日聶合而夜炕布者名爲守宫櫰。槐，石回反。　材堅宜爲器。倒垂宜接，用植槐體，其芽可芼，其子可種，其花蕊和石灰蒸之可以供染。《埤雅》曰：弱槐初生不能自立，即於槐下種麻，脅槐令長，既植移而蒔之亭亭若一。

明 王象晉《群芳譜·木譜·槐》　槐，虚星之精也，一名櫰。有數種。有守宫槐，一名紫槐，似槐，幹弱花紫，晝合夜開。有白槐，似柟而葉差小。有櫰槐，葉大而黑。其葉細而色青緑者，直謂之槐。功用大略相等。木有極高大者，材實重，可作器物。有青、黄、白、黑數色。黑者爲猪屎槐，材不堪用。四、五月開黄花，未開時狀如米粒，採取曝乾炒過，煎水染黄甚鮮。其青槐，花無色，不堪用。七八月結實作莢如連珠，中有黑子，以子多者爲好。槐之生也，季春五日而兔目，十日而鼠耳，更旬而始規，二旬而葉成。味苦平無毒。久服明目，益氣，烏鬚，固齒，催生，治丈夫、女人陰瘡濕癢。 種植：收熟槐子曬乾。夏至前以水浸生芽，和麻子撒，當年即與麻齊。刈麻留槐，別豎木以繩攔定，來年復種麻其上。守宮槐，春月從根側分小本移種。

明 周文華《汝南圃史》卷二 槐，葉細，皮粗，質鬆脆，非貴種，只取槐陰。昔齊景公種槐令云：犯槐者刑，傷槐者死。王祐嘗手植三槐於庭，謂「吾子必有興者」，生子王曾爲丞相。六月開小花，花形彎轉，花謝收取煎汁染紙布，色深黄，可入藥。結子至明年春盡方落，自生小槐，正二月移栽。《灌園史》曰：收熟槐子曬乾，夏至前以水浸生芽，和蔴子撒，當年即與蔴齊，刈蔴留槐，別豎木以繩欄定，來年復種蔴其上，三年後移植，則亭亭條直可愛。別有盤槐，膚理葉色俱與槐同，而枝從頂生，下垂盤結，蒙密如罩。性難長，雖百年者高不盈丈餘。植門牆外或廳署前，齊整可觀，不宜種於參差林木處。

明 徐光啓《農政全書》卷三八《種植》 槐，《爾雅》曰：櫰，槐。大葉而黑。守宮槐，葉晝聶宵炕。又曰：槐棘醜喬。郭璞注曰：槐葉大，色黑者名櫰；葉晝聶合而夜炕布者名守宮槐。槐有青、黄、白、黑數色。黑者爲猪屎槐，材不堪用，花可染黄。槐之生也，季春五日而兔目，十日而鼠耳，更旬而始規，二旬而葉成。諸槐功用，大略相等。有極高大者，材實重，可作器物。 玄扈先生曰：收取花可染黄，並可入藥。 又曰：初生嫩芽，煠熟，水泡去苦味，可薑醋拌食。曬乾亦可代茶飲也。

明 王世貞《彙苑詳註·槐》 槐《春秋説題辭》曰：槐木者，虚星之精也。《元命苞》曰：樹槐而聽訟其下者，槐之言歸也。情見歸實。《廣志》曰：槐材有青、黄、白、黑也。《爾雅》云：槐有數種，葉大而黑者名櫰，其葉可薦茶，其花黄可染色，其根又可作神燭。《西京雜記》云：上林苑有槐六百四十株，守宮槐十株。

明 方以智《物理小識》卷九 槐 材堅，其芽可芼。結子角如豆，可種。其花蕊和灰蒸之供染。初生槐弱，以麻脅之。其倒垂槐曰龍爪槐，枝脆，靈谷寺門者是也。《爾雅》註：葉大而黑者曰櫰槐，葉晝聶合而夜炕布者曰守宮槐。《雜記》曰：老槐生火膠撓水則清。

明 李中立《本草原始·木部》 槐始生河南平澤，今處處有之。其木有極高大者。《爾雅》：槐有數種：葉大而黑者名櫰槐，晝合夜開者名守宮槐，葉細而青緑者但謂之槐。其功用不言有別。四月五月開黄花，六月七月結實。七月七日采嫩實擣汁作煎。十月采老實入藥。皮根采無時。葉密而黑，晝合夜開，故從鬼。

明 何三畏《新刻何氏類鎔》卷三一《樹木·槐》 甘泉谷有槐樹，此謂玉樹，而揚子雲所賦青葱者也。司馬府有槐樹，此謂老槐，而庾仲堪所歎婆娑者也。槐據文陛以培本，觀朱馆以振條。花以四月五月而開，季春初茂。實以六月七月而結，末夏始繁。色采采其鮮明，形禕禕其暢達。上拂華宇，下臨修渠，帶以通街，奏以夷逕。烏願棲而投翼，人望庇而披襟。湛霽豐融，扶疎蓊鬱。蓋陰垂建始之殿，而森列睢陽之園者耶。故燧人鑽之以取火，雲物因之以作屯。姬公樹之以待神。鉏麑觸之以死義。三公面之以爲位。諸生坐之以談經。王氏植之以兆興。淳于卧之以致夢。齊景公愛槐，勑吏卒聽晏平仲言，而令罷守槐之役，廢傷槐之法，出犯槐之囚。漢文帝置槐當堠，每用韋孝寛法，而令一里種槐一，十里種槐三，百里種槐五。京兆吴公所莳道上之榆，悉易槐樹，以此係懷思於後人。長安孫氏所居堂前之柱，忽生槐枝，以此占朕兆。于公輔曾聞晉陽奇事，有槐于一日之内三悴三榮，亦知蕭佑義門有槐于一歲之中再枝再葉，床前槐枝叢生，而忽作蒙茸狀，則知登科之祥。省中槐條垂蔭，而夜聞絲竹聲，則知入相之慶。若李相國所居之堂，有庭槐一本，其兩枝甚長而並爲執政，其一枝稍短而弟爲鎮臣，可謂家禎之應。祖士雄所廬之墓，有庭槐一株，其枝忽枯死而正當居喪，其枝忽敷榮而正當闋服，亦可謂孝感之徵矣。

明 程良孺《茹古略集》卷二六《槐》 余讀《周禮》：朝士面槐，三公位焉。槐者，歸也。情見歸實《元命苞》。槐者，懷也，言懷來人《周禮》。則試看兔目鼠耳之狀《淮》，晝聶宵炕之倫《爾雅》，相傳以玉《三輔》，其應以星《説題辭》，于柳並衙《中朝故事》，與榆爲兄《淮》。作南河而燭有事《本草》，叶東方而火乃生《莊》，徘徊司馬之亭，每嘆婆娑之盡《晉書》，坐憩新都之監，時差行列之横《隋書》。即廢法而出囚，情深所嗜《晏》，九求援而或繫，欲故巳盈《晉語》，雅念先皇，馳道之薪樵何賴《唐書》，易從刺史，一路之土堠有成後周。墓側徵其鬱秀《隋書》，僦舍表其滋蕃《閒談》。懷京兆之街樾《本傳》，觸大夫之寢門《左》，忽而通體上衝，秘藏不及《玉堂閒話》，未幾抽枝見過，抱恨有奇。《玉泉子》配以公，配以鬼，捷可獠面《劉賓客佳話録》。瘦以雄，瘦以雌，辨且揚首《盧氏雜記》。乃若夜聞絲竹之響《因話》，曉如煙色之焚《筆録》，塔戟中其理解《酉陽》。冷陶冶其新聞杜詩註，語次瑶芳。餘尊尚湛于東牖淳于棼，陪趨崔鳳。手板相憶干後時《清異》，西夏之有煩移牒《酉陽》，酒泉之長恨賦詩晉。一日之間，三榮三悴《玉箱雜記》，同居之代，一本再枝《唐書》。仙方補腦《抱朴》，藥用明神庾肩吾。取以一陽上巳之日《草木狀》，掌以烜氏司冬之人《周禮》。庾信曰：建始開華後周。曹植曰：文昌結根《魏書》。其鼓柯而振葉虞摯賦，其市列淮而畝敦傳選賦。興後有在《言行録》，累德如斯《宋書》。余索感衮衣之夢《伽藍記》，而何滋衆寶之疑顔師古。

明 傅梅《嵩書》卷一〇《木部·槐》 槐，少林寺經閣後，有大槐一株，相傳秦時所植。宋文潞公詩，有「五品樹槐今尚在」之句，不知何考。今經閣既廢，而閣後槐已枯。惟寺門東南一株，亦似數百年物。僧人即指此爲秦槐，姑聽之耳。

明 王世貞《彙苑詳註》卷三一《槐》 觸槐死，晉靈公不君，趙宣子驟諫，公患之，使鉏麑賊之。麑退嘆曰：不忘恭敬，民之主也。賊民之主，不忠。棄君之命，不信。有一於此，不如死也，遂觸庭槐而死（《左傳》）。取火燧人氏秋取槐檀之火。槐棘，朝士掌建邦外朝之法，左九棘孤卿大夫位焉，右九棘公侯伯子男位焉，面三槐，三公位焉。蓋槐取黄中外懷，又其華黄、其實玄故也。棘取赤中外刺，又其花白，其實赤故也（《周禮》）。兔目，槐之生也於季春，五日而兔目，十日而鼠耳，更旬而始規。生火老槐生火，久血爲燐。（《淮南》）守宫槐槐葉晝聶宵炕，謂晝日聶合而夜炕布也（《爾雅》）。合婚槐葉細而青緑者謂之槐。江東有樹與此相反，俗名合婚槐（《廣志》）。藹雲覆，修幹紛其灌錯，緑葉凄而重陰，上幽藹而雲覆，下莖立而擢心（魏文）。蔭途，槐以蔭途（《魏都賦》）。二幹一心，東宫正德之内，承華之内，槐樹二枝，連理而生，二幹一心，以蕃本根（摯虞）。致涼，龍升南陸，火集正陽，鼓柯命風，振葉致涼（王濟）。披陛，嗟良木之華麗，爰獲貴于至尊，憑文昌之華殿，森列峙于端門，觀朱欀以振條，披文陛而結根（曹植）。願棲望庇既立本于殿省，植根柢其弘深，鳥願棲而投翼，人望庇而披襟（王粲）。作兩龍，庭槐似識天顔喜，舞破清陰作兩龍（杜甫）。舉子忙，百尺亭亭曉色蒼，西風開處蒲林黄。高低密映公庭浄，零落能催舉子忙。槐令，齊景公有所愛槐，使人守之，令曰：犯槐者刑，傷槐者死，有醉而傷槐者且加刑焉。其女説晏子曰：妾聞仁君不爲禽獸以殺人，今君以樹木之故，殺妾父，妾恐害明君之政，損明君之義，隣國聞之，謂君愛槐而賤人。晏子入言于公，罷守槐之役，出其囚《晏子春秋》。待神，太王請武王植槐於王門，待天下之神，有益者入，無益者距之《金匱書》。三槐王氏，宋王祐願以百口保符彦卿無異志，太祖怒，貶華州安置，親朋送於都門，謂曰：意公作王溥官職矣。祐笑曰：祐不及做，二郎當得之。指文正公旦也。祐素知其必貴，手植三槐于庭，曰：吾子孫必有爲三公者。已而，旦果然。天下謂之三槐王氏《聞見録》。還宅槐茂，祖鈕以孝聞，及卒，子士雄廬墓側。其庭前有槐，先甚榮茂，及士雄居喪，槐忽枯死，服闋還宅，枯槐復茂，高祖嘉之，名其里爲累德里《南史》。柱生槐，朱倨始家，第堂柱生槐，枝期而茂，既而倨秉政。街樾易槐，吴湊爲京兆尹，葉兵部尚書先是街樾稀殘，有司蒔榆于其空，湊曰：榆非人所蔭，乃悉易以槐。及槐成而湊已亡，行人指樹懷之《六帖》。槐市，事詳太學。夢倚槐，廣陵王克淵夢着衮衣倚槐樹立，問於湯元慎，曰：三公之祥。退曰：廣陵死矣。槐字木傍鬼，死後當得三公，因討葛榮而死《洛陽伽藍記》。聽事槐，隋大將軍高熲員坐朝堂，北槐下聽事，其樹不依行列，有司請栽之，上令勿剪，以示後人《韻府》。雀集槐，武帝執政日，白雀集于庭槐（曹子建）。聲音樹，唐尚書省南門，有古槐垂陰至廣，或夜深有絲竹之聲，則省中有入相者，俗謂之聲音樹《南部新書》。取槐爲薪，貞元中，度支欲取兩京道中槐樹爲薪，先下符牒。華陰縣尉張造判牒曰：召伯所憩，尚勿剪除，先皇舊遊，豈宜斬伐。乃止《唐書》。王庄陸槐，王庄吴世登與朱廷佩交素莫逆，忽世登夜坐室中，聞鼓門聲，啟視，六人皆長鬚者老。揖曰：千輩六槐是也，與朱廷佩爲隣有年，邇信讒人之言，欲害子輩，知君素善，願乞解之。澄允諾，六人謝去。翌日，備述所求于佩，佩曰：吾鄰不識六槐。久之，驚曰：門有槐六株，恰欲伐去，作室於上，何事物亦愛生如是。遂舍之。瘦槐，華川三家店西北道邊有槐甚大，葱鬱周廻，可蔭數畝。槐有瘦形如二猪相趁奔走，其廻顧口耳頭足，一如塑成者。矮槐，在臨淮縣西北二十里郵亭處，有古槐十株，高五尺許，相傳宋藝祖未帝時過此，常掛袍於上。四女槐，山東東昌府四女樹在恩縣西北五十里，有古槐一株，俗傳爲四女同植者。僊槐，在汾州治西，年久朽如刳舟。金皇統中，有異士貨藥投樹，樹復活，因號僊槐。《華夷花木考》服實長生槐，乃虚陽之精，以十月上巳日，取子服之，令人好顔色，長生通神。梁庚肩吾常服槐實，年九十餘，目能看細字，鬢髮皆黑《梁書》。南柯郡，淳于棼家廣陵，宅南有古槐，棼豪飲其下，醉歸卧，夢二使者曰：槐安國王奉邀。棼隨二使入穴中曰大槐安國。王曰：吾南柯郡，政事不理，屈卿爲守，至郡累年。既寤，乃夢也。尋古槐下穴，洞然明亮，可容一塌，有二大蟻，又尋一穴直上南枝，乃南柯郡也《異聞録》。

明 謝肇淛《五雜俎》卷一〇 北人於居宅前後多植槐柳之類，南人即不爾，而閩人尤忌之。

清 曹溶《倦圃蒔植記·槐》 齊景公《種槐令》云：「犯槐者刑，傷槐者死。」當時雖或非之，然好尚如此，亦可謂花樹中金湯矣。種法：收熟槐子曬乾，夏至前以水浸生芽，和麻子撒，當年即與麻齊。刈麻留槐，別豎木以繩欄定，來年復種麻其上。三年正月種之，則亭亭條直可愛。予里真如寺八景，有石梅槐龍等。明末寺僧苦於應酹，竟付爨材。安得景公復生，盡殺此禿也。

清 張宗法《三農紀·槐》 槐，《圖經》云：葉細色青，王巠排生，枝緑，桿靛，本極高大，材實重堅。五六月開黄花，秋作實結莢中，子如豆。《古今注》云：槐之爲言懷也，（懷）來（遠）人于此也。《周禮》云：面三公三槐位焉。又云：老槐生火。《莊子》云：老槐生丹。《爾雅》云：櫰。《春秋説題》云：槐乃靈星之精。《淮南子》云：槐之生，季春五日兔目，十日鼠耳，更旬始規。《管子》云：五沃之土，木宜槐。乃娑婆樹也。人家宅前多植之以召祥。　植藝：莢老收子，季春水浸生芽，和麻子種。當年生苗，刈麻留槐秧，竪竿繩定，勿令風摇。來年又以地鋤熟，仍種麻子，三年可栽。收花宜正苞未開時，采之曬乾作染色，半開者只堪入藥。　本性：味苦，氣涼，治肺中積熱，皮止涎住痒。　效方：《梁書》：庾肩吾常服槐實，年七十餘，目見細字，鬢髮皆黑。其法：十月上巳日收槐，采及五實者納黑牛膽内，百日後空心服，初一服一粒，二日增二粒，至十六日以後日減一粒。

清 吴其濬《植物名實圖考》卷三三《木類·槐》 槐，《本經》上品。《救荒本草》：芽可煠食，花炒熟亦可食。

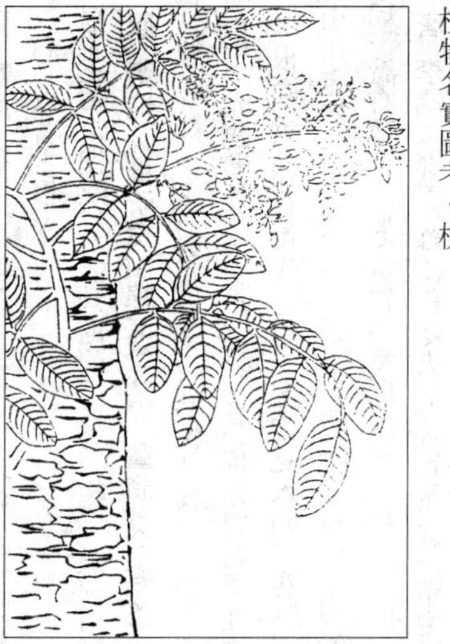

植物名實圖考·槐

清 陳憲舜《課民植牧講義稿·槐》 槐樹生長最速。十月收角微晒，風乾，藏於土中，免受虫與潮濕。來年五月，將槐角和麻子，以水浸過，取其沉者，同撒於耕過條地之上，漸次發芽成苗，至冬麻與槐俱長高，刈麻留槐，用繩欄之以禦風，次年槐之中間仍舊種麻，可催槐長。至季春候，五日即生葉如兔目，十日如鼠尾，二旬始如規，三旬葉成，其嫩芽用水淘過，可以代茶，清涼解毒，熱地最宜。其子炒過染黄色，亦極鮮明。莢有黑子，撒於田間，以苗當菜，嘉美可口。子上之房，七月采之，可染皂色。　第三年將槐移植定處，離五尺一株，時常修剪樹枝，使千百若一，自無拳曲空心惡劣之幹，種以數株，利己不小。此樹較他（樹）生長尤爲迅速。花與實可爲藥，枝與葉可代薪。煑漿粥浸於伐下槐木之上，即生槐蕈。種成樹林，永垂不朽。

清 謝堃《春草堂集·花木小志·槐》 槐花皆黄色，獨四季槐開紫花，花且不斷。

清 李鴻章等 光緒《畿輔通志·物産·木屬》 槐，有極高大者，材實重，可作器物。有青、黄、白、黑數色。開黄花，未開時，狀如米粒，採取曝乾，炒過煎水，染黄甚鮮。結實作莢如連珠。《群芳譜》有青槐、白槐二種。《熱河志》又一種曰龍爪。《雍正志》　清　宫夢仁《槐龍篇》：夙駕重關外，言瞻巨□雄。山川資壁壘，鎖鑰奠鴻濛，勝蹟多標異，奇觀更不同。每因遇柳幕，喜得仰槐公。□駐先朝蹕，傳呼□國嵩。老枝宜□火，疎幹逼蒼穹。盤攫存龍性，翱翔擬□□。雲霞千載護，雨露四時通。歲淋青無改，□蟠節愈隆。侵霜金錯落，碎月玉玲瓏。路夾青陰滿，群遊碧蔭中。□州唱好句，朔塞□遺風。石甃□堪把，苔碑字未蒙。從來超物表，必自藉神工。蔽芾司刑□，飛揚振武宫。主人真俊傑，隹氣鬱青葱。□徑開新□，□亭拓舊弓。撫軍祇德耀，揖客每春融。縱洒秋檜緑，分題夜蠟紅。□蓬忻御李，大樹卻歌馮。

清《盛京通志·物産·木屬》 槐，今山中皆有之。花入藥，子染色。

清 王棠《知新録》卷三一《玉樹》 《甘泉賦》云：玉樹青葱。《三輔黄圖》云：甘泉宫有槐樹，今謂玉樹。《隋唐嘉話》、《國史纂異》、《長安記》、《聞見録》等書，皆言漢宫以槐爲玉樹。晉人所謂「芝蘭玉樹」，正指槐也。師古與向注《文選》以碧玉爲葉，集衆寶爲之，則謬矣。然考《漢武故事》，有「上起甲帳乙帳」、「前庭種玉樹」、「以珊瑚爲枝」、「碧玉爲葉」等語，却非甘泉宫事。（王）棠按：後代作詩，形容白色往往用玉樹，不知碧玉爲葉，則非白色，玉樹青蒠（葱），亦不言白，況又爲槐樹乎？

清 陳作霖《養龢軒隨筆》 孟子所謂故國者，非謂有喬木之謂也，有世臣之謂也。案《爾雅》：槐棘醜喬。《周禮》：外朝三槐九棘爲三公九卿之位。則以喬木專指槐，棘言與世臣尤有關合。蓋古人樹木各視所宜，如道上之槐，宅畔之桑，社壇之松柏，皆非泛爲種植也，彼喬木安得僅訓爲高耶。

藝文

晉 摯虞《連理槐頌》 東宮正德之內，承華之外，槐樹二株，連理而生，二幹一心，以蕃本根。

晉 王濟《槐賦》 龍升南陸，火集正陽。鼓柯命風，振葉致涼。

唐 張造《批斫槐樹牒文》（清 董誥《全唐文》卷六三引） 近奉文牒，令伐官槐。若欲造車，豈無良木？恭惟此樹，其來久遠。東西列植，南北成行，輝映秦中，光臨關外。不唯用資行者，抑亦曾蔭學徒。拔本塞源，雖有一時之利；深根固蒂，須存百代之規。況神堯入關，先駐此樹。元宗幸蜀，見立豐碑。山川宛然，原野未改。且召伯所憩，尚自保全，先王舊遊，寧宜翦伐？思人愛樹，詩有薄言。運斧操斤，情所未忍。

唐 李嶠《槐》 暮律移寒火，春宮長舊栽。葉生馳道側，花落鳳庭隈。烈士懷忠觸，鴻儒訪業來。何當赤墀下，踈幹擬三台。

唐 白居易《白氏長慶集》卷一一《庭槐》 南方饒竹樹，唯有青槐稀。十種七八死，縱活亦支離。何此郡庭下，一株獨華滋。蒙蒙碧烟葉，嫋嫋黄花株。我家渭水士，此樹蔭前墀。忽向天涯見，憶在故園時。人生有情感，遇物牽所思。樹木猶復爾，況見舊親知。

清 孫奇逢《夏峯集》卷三《留村古槐記》 兵燹以來，廬舍已非，雲樹改色，數百里相望，喬木之存焉者寡矣。高君似斗謂其鄉留村之北嶽廟有古槐一株，歷年不知幾百。相傳其初，廟僧自袖中攜來，手植祠前。日蕃月盛，漸至十餘圍，高可數丈，蔭可數十丈，儼然稱邑中盛槩焉。一日，攜壺榼邀余偕友人坐飲其下，夷猶磅礴，既不苦日氣之侵，又偏覺清風之動。倏爾飛雲過雨，令人忘暑，且令人忘倦。乃知古來達人曠士，風景可樂，置酒言詠，終日留連而不忍去，其中之所得，必有深焉者矣。因憶此樹幾歷歲月，幾經風霜，而枝繁葉潤，如蓋如帷。諸君子之高曾飲於斯，憩於斯者，不知凡幾。今日之孫，曾復飲於斯，憩於斯者，又不知凡幾。則此槐也，蓋不啻召伯之棠，世世護惜，勿忍傷也。王晉公植三槐於庭，謂子孫必有三公，是猶以一家私之也。孰如此槐，留村人人借其蔭，渥城人人借其蔭。吾黨士，凡百里而聚，千里而聚於斯者，莫不人人借其蔭。區區一喬木云乎哉？獨是余行年六十，兵戈烽燹，聚散興衰，身之所歷而目之所擊者，已不堪彈指而數，況數百年海田之變換，人心風俗之遷流，其能一一問諸古槐否？

清 趙懷玉《亦有生齋集》卷八《唐槐》 婆娑影合晝欲昏，道人導入延禧門。謂言槐亦李唐物，一千餘歲深蟠根。根深枝幹四旁散，廣蔭周遭畝之半。近從承德傲東宮，遠陋甘泉誇北岸。我來春淺雪乍消，寒雲一片低封條。東陽太守若相見，應歎生意何寥寥。豈知玉樹判華槁，蟲坑還須逢夏好。即看樹碣半題名，更設鈎欄爲扶老。詩歌不足畫圖繼，萬歷間人表石樹根，崇禎間人繪槐刻石。萬物從來爭得地。光輝肯因神獨顯，隣近況結蒼官契。徘徊小憩環詠亭，其樹其人皆古意。君不見都堂入夜占音聲，崔鳳洛南意未平。槐兮忽輕復忽重，誰醒淳于廣陵夢？

清 胡慶豫《東坪詩集》卷六《槐》 綠陰滿素坪，好鳥哢南榮。兔目無多日，錦心獨擅名。花飛黏客座，子落點棋枰。清夜頻來此，如聞絲竹聲。

樟

綜述

唐 段成式《酉陽雜俎》卷一八《樟木》 樟木，江東人多取爲船，船有與蛟龍鬭者。

宋 謝維新《古今合璧事類備要别集》卷五〇《衆木門·豫章》 《格物總論》：豫章，大木也。樹身數十圍，高十餘丈。根盤枝錯，幹聳校樛，皮厚而麄，葉硬而滑，香烈味辛，紋理斕斑。南方多有之。

元 胡古愚《樹藝篇·木部·豫章》 豫章大木，生七年乃可知。《漢官》曰：凡郡或以所出金城，城下得金酒泉，泉味如酒。豫章，樟木生庭。雁門，雁之所育是也。楚子期抉豫章以殺人。《吴都賦》曰豫章。《尸子》曰：水積則生吞舟之魚，土積則生楩楠豫章。漢上林有豫章觀，《西京賦》：豫章珍館。薛綜謂豫章木爲臺館。以上出《爾雅翼》 樟亦名豫章，木高大，葉似楠而尖長，其氣極辛烈。爲大舟及諸器皿多用之。禽鳥含種所生曰鳥樟。《八閩通志》 豫章性烈，能辟温氣。古幹蟠屈如龍蛇，大至數百圍，蔭令數畝。或中□外榮者，空洞可容百人。《温州府志》豫章材木最難長，初生時雜於草萊，未易辨識，故《淮南子》曰：豫章生七年而可知也。《霏雪録》豫章城南門曰松陽門，門内有樟，高七丈五尺，大二十五圍，垂陰數畝。《漢官儀》曰：豫章樹生庭中，因以爲名。《續博物志》樟木，江東人多取以爲船，船有與蛟龍鬬者。《酉陽雜俎》豫章，其木甚大，南都之郡因以得名，今人謂之樟木。《草木畧》

元 胡古愚《樹藝篇·木部·樟》 樟，木香，文理細澤，可縷器用。《九江府志》 樟樹極高大，葉冬夏不凋，可解爲桌面及爲船。莆人多解爲碑板。有潤四五尺者。其氣辛烈，熬其汁爲腦，以火燃之，置水上不熄。其子可榨油。又有一種曰烏樟，《本草》作釣樟。宋《莆陽志》云，謂烏含樟種而生者。其樹比樟而小，性與樟同。《邵武志》豫章俗名樟木，産於雁山者最鉅，土所宜也。四十九盤嶺内外十里皆樟木，以爲路蔭，道惕者得以休息。今寺貧鬻盡，止遺枯枿。靈岩寺前數十百株，亦以糧差償訖。其木盛時，九月間子熟，獼猴自高崖下摘食。居人嗾犬逐之，墜茅中，輒不能跳，每爲人所獲。子又可以作油，代膏爉，爲燈燭用。新昌人榨油與婦人澤髮。《雁山志》樟，一名豫，其文理細澤，可縷刻器用。《建昌府志》 樟皮色碧，葉似石楠，寺觀、村落間有之。上澳黄氏有九株，號九樟老人，蓋其盛者。《松江府志》

明 宋詡《竹嶼山房雜部》卷九《樹畜部·樹類》 樟體甚香，葉似楊。陳藏器云：縣名豫章，因木爲名。相如賦註：豫章二木生至七年乃可分别。材可爲居室、器物。易長，根側分小木種之，老則出火自焚，種不宜近家室。

明 王象晉《群芳譜·木譜·樟》 樟樹高丈餘，小葉似楠而尖長，背有黄赤茸毛，四時不凋。夏開細花，結小子。肌理細膩有文，故名樟。可雕刻，氣甚芬烈。大者數抱。西南處處山谷有之。可爲居室器物，又可製船。易長，根側分小木，種之老則出火，種勿近人家。辛温無毒。霍亂及乾霍亂須吐者，樟木屑煎濃汁吐之甚良。中惡鬼氣卒死者，樟木燒煙熏之，待甦用藥。此物辛烈香竄，能去濕氣，辟邪惡故也。宿食不消，常吐酸臭水，酒煮服。煎湯浴脚，疥癬風癢。作履除脚氣。豫章二木生七年乃可辨。豫一名烏樟，又名釣樟。李時珍曰：釣樟即樟之小者，莖葉置門上辟天行。 樟腦：樟樹脂也，似龍腦，色白如雪。出韶州、漳州。辛熱無毒，通關竅，利滯氣，治中帶邪、血寒濕脚氣、霍亂、心腹痛、疥癬、風瘙、齲齒、殺蟲辟蠹。 修治：煎樟腦法：新樟木切片，井水浸三日三夜，入鍋煎之，柳木頻攪，待汁減半，柳上有白霜，濾去滓，傾汁入新瓦盆，經宿，自然結成塊。錬樟腦法：用銅盆，以陳壁土爲粉糝之，糝樟腦一重，又糝壁土，如此四五重，以薄荷安土上，再用一盆覆之，黄泥封固。火上欵欵炙之，須以意斟酌，不可太過，不及勿令出氣，候冷取出，則腦皆升於上盆，如此兩三次，可充片腦。凡用每一兩以二碗合住，濕紙糊口，文武火煬之，半時許冷定，取出用。 製用：燒煙熏衣篋席簟，能辟壁虱、蟲蛀。

明 王世貞《彙苑詳註》卷三一《樟》 樟，《正義》云：豫，今枕木。章，今樟木。二木生，至七年二木乃可分别。又豫章，郡名。應劭曰：有豫章生于庭中，故以名郡。按此樹最大，可鋸爲桌面及爲船，其氣中烈，熬其汁可爲腦，置水上火燃不熄，結子可榨爲油，俗取其木以塑像，江南多生之。 壽樟在建昌縣治，項安世作壽樟亭。初，邑人李左司公懋仕于朝，高宗嘗問：樟公安否？奏以「枝葉婆娑，四時常青，何萬幾之暇，眷眷乎遐方之一樟哉」。必間閻纖悉，轉而上聞，抑念世家，仁及此木也。紹定間縣令陳文孫刻圖于石焉。南宋黄庭堅記。 樟扁頭神木廠所苦大木，皆永樂中肇建宫殿之賸物也。其最巨有樟扁頭者，圍二丈長，卧四丈餘，騎而過其下，高可以隱。近年覆芘不時，風雨震淋，朽腐已侵半矣。當時殿閣之用，如扁頭類，吾不知其歲。注樟木其頭扁者，蓋當時穿之以施拖拽力也。廠中惟此木最鉅，守廠者特以樟扁頭呼之，故入者必觀焉。《明興雜記》

明 谷應泰《博物要覽·樟木》 樟木，所産處甚廣，惟湖廣四川爲多。木類楠，而有赤白之色。赤者名血樟，白者名牙樟。以赤者爲最。木理堅緻，可爲器皿。

明 慎懋官《華夷花木鳥獸珍玩考》卷三《樟》 《正義》云：豫，今枕木。章，今樟木。二木生至七年，枕樟乃可分别。又豫章，郡名。應劭曰：有豫章生於庭中，故以名郡。按此樹最大，可解爲卓面及爲船，其氣中烈，熬其汁可爲腦，置水上火燃不熄，結子可笮油。神木廠所存大木，皆永樂中肇建宫殿之賸物也。其最巨有樟扁頭者，樟木其頭扁，蓋當時穿之以施拖曳力也。廠中木惟此最鉅，守廠者特以樟扁頭呼之，入者必觀焉。圍二丈長，卧四丈餘，騎而過其下，高可以隱。近年覆芘不時，風雨震淋，朽腐已侵半矣。當時殿閣之用，如扁頭類，吾不知其幾。

明 方以智《物理小識》卷九《樟樹》 樟樹 春易葉，初秋復發葉。子見霜黑，可作香。韶州鋸之升腦。江右名豫章而不取腦，其土別乎豫章，老則出火自焚，種不宜近家室。矮脚樟即烏藥，冬不凋，結紅子名雪裡紅。

清 曹溶《倦圃蒔植記·論木第二·豫樟》 豫樟一名香樟，參天蒼鬱，凌冬不凋，花葉俱馥，園亭、丘壟植之俱宜。定品爲木之已。

清 張宗法《三農紀》卷七《樟》 樟，《圖經》云：木高，葉小如柟而尖長，背有赤黄茸毛，四時不彫。夏間開花，結小子。肌理細膩有紋，質氣芬香，故名樟。《博物志》云：老樟出火，勿近人家。脂可入藥。木作履，除足氣，造牀榻，卧令人生風。《占書》云：莖葉冥門辟天行。《南都賦》云：楈枒、栟櫚、楔、柘、樟、檀，結根聳（竦）本，垂條嬋（嬋）媛，其功抵祝由符章，或者以是名之乎。　植藝：取傍生小樹，春秋時雨後移植。《草本狀》云：豫章二木生七年可辨。　本性：味辛氣香，理氣豁痰，殺蟲遠鬼。　效方：中惡鬼氣卒死者，樟木燒煙薰之可蘇。凡一切怪病服藥不效者，以樟木火煎服。

清　吴其濬《植物名實圖考》卷三三《木類·樟》　釣樟，《別録》下品。《本草拾遺》：有樟材，江西極多，豫章以木得名，南過吉安則不植。李時珍以豫爲釣樟，即樟之小者，又有赤白二種，作器不蠹。滇南樟尤香，而木質堅緻。　雩婁農曰：豫章，以木名郡。今江西寺觀叢祠及衙署，婆娑垂蔭者皆豫章也。《明興雜記》謂神木廠有樟，扁頭者圍二丈長，卧四丈餘，騎而過其下，高可以隱。雖不易觀，而合抱參天，萬牛迴首，則村墟道塗間皆遇之不足異也。顧南至章貢，北抵彭蠡湯沐之邑，方千里逾境，則淮與濟汶矣。其質有赤白，不知何者爲豫，何者爲樟？師古謂豫即枕木，今亦無是名也。爲器，爲舟，爲鼓顙，爲几面，煎汁爲腦，熬子爲油。江右賴之祠，其巨者爲神，無敢烹彭侯者。見《搜神記》樟公之壽幾閲大椿，見《花木考》社而稷之，洵其宜也。其寄生曰占斯，別入藥，顧桑柳諸蔦皆葉瘁，而獨榮豫章之木冬不改柯，鬱鬱蔥蔥。惟見骨碎補一物，長葉赭莖浸淫，其上不及尋，其皮如厚樸，而色似桂者良足惜已。

植物名實圖考·樟

清　吴其濬《植物名實圖考》卷三八《木類·野樟樹》　野樟樹，生長沙嶽麓。叢生小木，高尺餘。葉極似樟，面緑背淡。夏結紅實纍纍可玩，惟移植即枯。圃盎弗録，僅供樵薪。

植物名實圖考·野樟

清　陳昌齊　道光《廣東通志·木類·樟樹》　樟樹，高者五六丈，大者十圍。木性直，有紋而香。長短大小無不適用。每造一屋之材，樟居其半。《雷州府志》

清　陳憲舜《課民植牧講義稿·樟》　老樹高至丈餘，大亦數圍。葉似楠而尖長，背有黄赤茸毛，四時不凋。夏日開細花，秋中結子。其木肌理細而錯縱有文，有赤與黑青色之別，氣亦芳烈。凡收子後，依法點於菜地之上，發芽成秧，逾三四年栽之。迨已成樹，覓樟樹蠶繭繭繫樹上，如楓樹、槲樹與烏桕之法，取繭繅絲亦同前，此爲樟葉之利。近能將葉製造樟腦，尤爲出洋大宗。按製腦土法於秋冬日，用樟木或根切片，水浸三晝夜，入鑊煮之，傾出，用柳木棍攪之，待質減半，柳棍沾上有霜，即濾去渣，傾汁於瓦盆之内，經一宿便結成塊，即爲樟腦。又用銅盆，以陳壁土爲粉，先鋪盆内，加樟腦一層，又加陳壁粉，如是四五層，以薄荷漿鋪灶上，再以盆覆之，黄泥封固於火上，欵欵炙之，須以意度，不可太過（或）不及，亦勿令氣息，候冷取出，則腦升盆上。如此三兩次，即成片腦，此土法也。外人用樟之葉芽製腦，與樟木所得腦質分兩，不爽絲毫。此外有釣樟即豫樹，生長七年之後，始能分別爲樟與豫，皆可養蠶作器製腦與蠟。一樹而二名也。此樹長成稍遲，種後數十年，或百年外，始能就用，故腦與油皆貴。然兩粵山峒，則老樹不少，尚未遍伐也。按樟腦爲防蟲香料，人造象牙及無煙火藥尤要之物，用途甚廣。如嫌點子，生長遲延，可伐如茶鍾粗之枝，一尺二寸，共若干條，下端砍如錐形，於大寒後，或夏至前，插於鬆泥土中，以足踏實浮泥。一經生活，可快數年。取腦以根下爲最多，漸上至枝葉尤少，約計其數，以得木質百分中之二十爲上。收成之後，置於桶內，而斜放之，油自流出，皆以瓦器封密發售。

清　何剛德《撫郡農產考畧・樟樹》　樟樹，枝繁葉細，四時不凋。花淡黃色，六瓣。實形如鈕釦，有黑光。樟樹大者十數圍，高五六丈，遠望之童童如車蓋，氣芬烈觸鼻。樹老心空，枝葉仍復茂密。撫屬皆有之。　天時：立夏後芒種前揚花，夏至後結實。百年後可用材，百五十年可製腦。樟樹冬季腦多於油，夏季油多於腦。　地利：岡阜山谷均可種。宜黏土，宜煖土，土質宜厚，故村落之樟無不茂盛者。　人事：種樟之法，鄉人不之知，聽其自生自長而已。或云秋間子熟時，陰乾去其外皮，至來年春間，水浸三兩日，俟其潤透，揉而剥之，擇其沉者曬乾，貯之箱桶。春分前二三日，以米泔水浸子二日許，取出漉之，次日撮種，覆以嫩土，或以稻稈及礱糠、鋸屑加覆之。四十日即發芽，一株有數芽，留其肥碩高出之一芽，餘悉掐去。逐年須洗伐其枝條如杉樹然。又云，截樟枝長約一尺二三寸，圍自二寸至五寸者，削其下端如錐，用槌打地成孔，約九寸餘，種植之。如遇陰雨，十活六七。樟性畏寒，幼時必留四旁之樹以庇蔭之。易罹火災，防護宜得法。　物用：樟樹之材，可爲居室、器皿、車船之用。樹大者，每株值錢數十千，中下者則數千數百不等。樂邑多鋸板發售，每板一方，值洋銀三圓數角。樟子有仁，可取油。東邑人於霜降後收置大桶中，用水浸之，其殼自落，碾碎蒸熟，以之榨油，樟子一石可得油四十斤。油能辟蟲毒，每斤值錢三百有奇。樟樹有腦，恒結晶於樹身節孔中，鄉人採之，以供藥劑之用，每斤值一千三四百錢。泰西人則取腦製造火藥，歲收大利。或云赤樟多腦，或云樹有青條血條者適於製腦，或云以刀削之能成捲片者可製腦，或云腦多聚於根上。製腦之說，亦言人人殊。今春將樟木截成小段，寄閩試煎。以歷時太久，油多腦少。據廈門匠云，熬樟須就山場結茅而居，就老幹刨成小片煎熬之，近根者腦尤足。議雇兩匠，薄給月束，得腦後議，分紅利酬之，並派人往金谿、樂安各處考求樟質，議樟價。嗣因招股未定，事暫擱。現在建昌已經雇匠看樹，知贑樟遜於台樟，台樟每灶日可得腦十斤，贑樟僅能得半。俟樹價定後，即可開灶試熬。

藝　文

南朝梁　江淹《豫章頌》　伊南有材，匪桂匪椒。下貫金壤，上籠赤霄。盤薄廣結，捎瑟曾喬。七年乃識，非曰終朝。

唐　敬括《豫章賦》　東南一方，淮海維揚。爰有喬木，是名豫章。根坎窞，彗天綱。鬱四氣，焕三光。矗縮雲聳，離披翼張。一擢而其秀穎發，七年而其材莫當。懿夫倚荊衡，連楚越。廻合湘沅之浦，芬敷吴會之闕。點彭蠡而煙垂，汩滄浪而吹發。清輝黯黯，朝灑陽臺之雲；翠影亭亭，名皓巫山之月。爾其孤榦直指，交莖亂傾。紺葉煙緑，朱華日明。掩蓂靈之光價，奪若木之芳榮。卉不暇植，蔓不及縈。總此衆美，疇之與京。其下則啼飛猱逐，暴武突兀，鹿麌爪牙，鈎挐盤遊其下，蓋難勝數。其上則陸鴻漸谷，鶯遷孔翠，曳曳鸞鵠，翩翩翼翳，日聲聞天，巢集其顛，動盈百千。嗟乎！不困不輪，有典有則。闕四字其材也直。空懷寶以自棄，諒斤斧之未識。日者龍宫是搆，鵲觀云修。磐山林之木，應榱桷之求。何獨不見千金而留爲媒紹也闕，爲出處也幽。爲爾不任大爲賢，而致尤今叢木之所忽，吾亦爲之心憂。借如將趙括於上軍，秩長卿於下令。良驥爲鹽車所伏，谷松爲山苗所映。以曼倩而等侏儒，肖俳優而輕雅正。雖物情之共爾，固君子之攸病。向若廓君之林池，充君之苑囿。膏澤既沐，鴻休亦覆。門柳不可齊華，庭梧不能獨秀。已矣夫，用之則哲，抑之則沈。隨取捨之攸措，何棟梁之所任。梓匠之瞻望靡及，江潭之歲月空深。誰當徙植天池畔，終冀成君桃李陰。

宋　祝穆《南溪樟隱記》　余卜居南溪上流溪之滸，有喬木二，蓋古之豫章，而今俗以樟名者也。其壽當三百餘載，而大且二十圍，團欒偃蹇，庇及數畝，老根盤踞，高突地面，如巨石礧砢。余因墓上畚土，厚培其根，使平若一臺，可坐數客。久焉根入土深，得所滋養，枝葉益敷暢，亭午日不穿漏。夏五六月，清蔭覆地，暑氣不入，涼颸時來。方春稚緑競秀，靄若雲屯，及玄冥凍沍，此獨挺秀。余愛護封殖，每爲賦《甘棠》之詩。余聞昔商山之老，戲於橘中者，謂之「橘隱」；後世效山陰之種竹者，謂之「竹隱」；慕彭澤之採菊者，謂之「菊隱」；擬孤山之詠梅者，謂之「梅隱」。余愛此古樟，遂名吾廬以「南溪樟隱」。暇日披閲書篋，得晦庵朱子所書四大字，適契余所命名，若有天相，亟摹勒揭於廳之楣。即其右闢一小室，取朱子所書「歲寒」二大字爲扁，以表古樟之高致。室僅容膝，處勢最高，平挹翠嵐，下臨緑浸。隔岸擔簦負笈之行人，中流披簑鼓枻之漁父，皆可坐見於几席之上。市廛雖近，而一塵不侵。余蓋於此讀書，以求聖賢爲己之學。涵養體察，私淑吾身，庶幾不負朱子教育之意。且日有餘力，則編輯古人嘉言善行，類成巨帙。窮年矻矻，皆手自抄録，樂而忘疲。今一二書行於世者，行有揚子雲不以一醬瓿之。可爲坐久神倦，起而欠伸，則信手拈取前輩詩文一二帙，緩誦微吟，戰睡魔而卻之，此則樟隱之成趣也。其西則築小樓四楹，與廳對峙，又取南軒張子所書「藏書閣」三大字，揭匾樓上。雖余無資，聚書不能多，視鄴侯插架，特泰山之毫芒。然余性健忘，不可無書，舊所讀不獲盡記，必藉檢閱，積久抽取，簡帙散亂，則必決其甲乙，使如舊序。剔去蠹魚，燥以風日，蓋茲樓也。檢書則登，整書則登，曝書則登。當此之時，窓櫺四敞，不妨眺望以舒暢心目。至於秋霄爽豁，月鑑澄鮮，朔風怒號，雪絮飛舞，乘興一登，便覺水晶宮闕，瓊樓玉宇，去人不遠，此又樟隱之勝槩也。噫，余晨興而啟吾扉，出入而涉吾庭。仰而瞻吾巨匾，銀鉤鐵畫，動有法度，則思其人，儼若先儒之臨其上。顧而見吾古樟，龍身虬柯，昂霄聳壑，則愛其木，凜然歲寒之友在吾側。是則吾廬雖甚湫隘卑陋，而雄麗偉特之觀，固不在於輪奐之美也。

清 沈德潛《清詩別裁集·龔鼎孳〈樟樹行〉》 古樟輪囷異枯柏，植根江岸無水石。風霜盤互不計年，枝榦扶疎詎論尺。望中轉柁愁易過，道旁掉臂真可惜。其下蕭瑟楓林青，其側參差茅宇白。十年躍馬桑乾東，雙松詰曲慈仁宮。紫鴿翔舞避偃蹇，蒼龍蜒蜿回虛空。今來荒野忽有此，數畝陰雪爭天風。當時萬幕駐金甲，大樹颯沓開神功。勿言將壓煩榱棟，傲睨高原川谷重。寒翠寧因晚歲凋，孤撐不畏狂瀾送。地近軍城耀水犀，天開阿閣巢雲鳳。自古全生貴不材，樟乎匠石憂終用。

附：檮

綜述

清 吴其濬《植物名實圖考》卷三七《木類·檮》《新化縣志》：檮，《山經》：虎首山多檮。《説文》：木也。《類篇》：寒而不凋。今俗名梁山。樹多枝，葉亭亭如蓋，葉青黑，冬榮。《邵陽縣志》：檮，有紅白二種。紅爲上，白次之。質堅而性柔，作器須浸水，經歲方堅實，否則移時即裂而翹。《辰谿縣志》：檮，有紅白二種。白者呼蒿荊檮，紅者爲巖檮。性直而堅，可扛輿，大者可作油榨。按江西之樟，湖南之檮，所爲什器，幾徧遐邇。然樟木江南多有，惟不逾嶺而南。檮木則湖南而外無聞焉。字或作檮。《新化縣志》據《山經》作檮，較爲確晰。其木質重而堅，耐久不蛀。葉亦似樟，稍小。亦似山茶，枝幹皮光而灰黑。木紋似栗而斜。《邵陽縣志》謂，必浸水，經歲而後堅實。否則，風燥而生蝕，濕蒸而生菌。植物皆然，不獨檮也。不知凡竹木作器，皆宜浸之。以水使其生氣盡，而汁液洩，然後可任斧鑿。《永順府志》：土紙，四縣皆出。檮樹皮爲之，佳者稍白，然粗澀，不中書。則檮亦可爲紙。

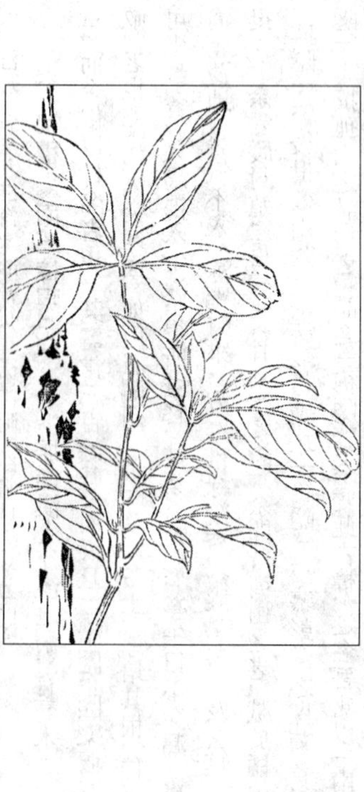

植物名實圖考·檮

楠

綜述

宋 寇宗奭《本草衍義》卷一五 楠材，今江南等路造船場，皆此木也。緣木性堅而善，居水久則多中空，爲白蟻所穴。

元 胡古愚《樹藝篇·木部·柟》 柟，大木也，可以爲舟，又可以爲棺，故古稱楩楠豫章，以爲良木之類。任昉《述異記》曰：黄金山有柟木，一年東邊榮西邊枯，一年西邊榮東邊枯。張華云交讓木，宋子京云讓木，即柟也。其木直上，柯葉不相妨，蜀人號讓木。《南史·陸慧曉傳》亦云此木，便是交讓。顔師古云：柟，今楠木。以上出《爾雅翼》 柟，郡人作宫室，多以爲棟梁，亦美材也。字亦作楠，古稱楩楠豫章，其所謂即此。《八閩通志》 香楠當東天門，大可蔽牛，根株如石，枝條糾結，敷葉如砌，蒼翠可玩。首夏花開，香遍崖谷，遥望之，如精悍之士伺於洞口。張旭詩：「老幹挐雲去，孤根倚石生。青山撑地軸，緑幕障天京。曾種蘧君手，空留杜甫情。風雷知愛護，千載尚峥嶸。」《雲岩志》 楠木材巨而良，其枝葉亦清秀可玩。成都人家庭院多植之。有成行列者，其枝葉若相廻避然，謂之讓木。文潞公詩所謂「移植虞芮」者，以此。《蜀都雜抄》 楠有水楠、香楠二種。《九江府志》 楠木深年向陽者，結成花紋，俗呼爲鬭柏楠。《一統志·馬湖府》 枏木枝葉味苦温無毒，主霍亂，煎汁服之。《證類本草》 骰柏楠木出西蜀馬湖府。紋理縱横不直，中有山水人物等花者價高，四川亦難得，又謂之骰子柏楠，今俗云鬬柏楠。近歲户部員外叙州府何史訓送桌面，是滿面葡萄，尤妙。其紋脈無間處，云是老樹千年根也。《格古要論》 香楠出四川、湖廣。色黄而香，故名好刊牌匾。又有紫黑色，皆貴。白者不佳。同上 楠木甚高大，肌理淺黄色而氣芳烈。閩人作宫室多以爲棟梁。《邵武府志》 楠春生白花成簇，秋結細實。蜀人謂之讓木，言其生直上，枝葉不相妨。明皇明呼端正樹。《毘陵志》 今上好作宫室，大木幾竭。崐人有姚者，爲嘉定州判，云：蜀中王木多香楠及沙枋，徑一二丈，大者爲異材，每棵值銀壹千貳百兩。九百兩者爲上材，六百兩者爲中材，三百兩者爲下材，值百金者皆常材。凡大木皆在深山中，既斫後必須山水發，乃得抵河。木既大，有神，聞之土人云，能作聲，樹汁如血，運之者必祭焉。允應

明 宋詡《竹嶼山房雜部》卷九《樹畜部·樹類》 枏木最長大。《爾雅疏》曰：木理細緻。故豫樟子赤者材堅，子白者材脆。年深向陽結成旋紋者，爲鬬楠柏。

臘月種。材宜爲居室，亦宜於爲舟及家具。

明 王象晉《群芳譜·木譜·枏》 枏，生南方，故又作楠，黔蜀諸山尤多。其樹童童若幢，蓋枝葉森秀不相礙，若相避然，又名交讓木。文潞公所謂「移植虞芮」者，以此。葉似豫章，大如牛耳，一頭尖，經歲不凋，新陳相换。花黄赤色。實似丁香，色青，不可食。幹甚端偉，高者十餘丈，粗者數十圍。氣甚芬芳，紋理細緻，性堅，耐居水中，今江南造船皆用之。堪爲梁棟，製器甚佳，蓋良材也。子赤者材堅，子白者材脆。年深向陽者，結成旋紋，爲鬬柏楠。

明 王象晉《群芳譜·木譜·枏》 典故：交讓木，即楠木，兩樹相對，一枯則一生，故曰交讓。岷山有之。其木直上，柯葉不相妨。又有云：黄金山楠木一年東榮西枯，一年西榮東枯。 成都國寧觀有古楠四，石刻云：仙人蘧君手植。 凡楠木最巨者，商人採之鑿字號，編筏而下。既至蕪湖，每年清江主事必來選擇，買供運舟之用。南部又來争，商人甚以爲苦，剔巨者沉江于，俟其去，没水取之，常失去一二。萬曆癸酉，一舟飄没，中有老人素持齋，守信義，方拍水，若有一人扶之至一潭口，榜曰：木龍府。殿上人冕旒甚偉，面有黑痕，宛然所鑿字號也。傳呼曰：曾相識否？老人頓首曰：榜已明矣，惟大王死生之。又傳呼曰：汝善人，數尚可延，速歸。令一人負之而出，俄頃抵岸，則身在大木上，衣服皆不濡。既登岸，一無所見。 海虞王之稷通判貴陽運木，渡黄河，其最大梓木二忽陷泥中，千人不可出。爲文祭之，乃見夢曰：吾三千年，爲群木領袖，今乃逐逐，隨其後，終當別去。必欲相煩，應天子命，非巨舟載不可。如其言，拽而登舟，舉纜一呼如躍，舟行甚疾，絶無阻滯。

明 慎懋官《華夷花木鳥獸珍玩考·楠樹》 黄金山有楠樹，一年東邊榮西邊枯，後年西邊榮東邊枯，年年如此。張華云：交讓樹也。

明 慎懋官《華夷花木鳥獸珍玩考》卷三《楠》 蠻地多楠，有極大者，刳以爲舟。 其地多山，産美材，銕栗木居多。有力者，任意取之。故人家治屋，咸以銕栗、臭楠等良材爲之，方堅日久。若用雜木，多生蛀蟲，大如吴蠶。日夜齧梁柱中，磔磔有聲，不五年間，皆空中，遂至傾倒。其銕栗有參天徑丈餘者，廣州人多來採製椅桌，食韻樂器，鬻於吴浙間，可得善價。吾吴浙最貴此木。

明 陸深《儼山外集》卷三〇 楠木材巨而良，其枝葉亦森秀可玩。成都人家庭院多植之。有成行列者，其枝葉若相廻避然，謂之讓木。文潞公詩所謂「移植虞芮間」者，以此。

明 方以智《物理小識》卷九《枏》 枏 枏宜臘月種。子赤者材堅，子白者材脆。年深向陽結成旋紋者，曰鬬柏楠。又一種曰石枏，可辟白蟻。

明 谷應泰《博物要覽》卷一五《楠木》 楠木，産豫章及湖廣、雲貴諸郡。至高大，有長至數十丈，大至數十圍者，鋸開甚香。亦有數種：一曰鬬楊楠；即影子木 一曰含絲楠，木色黄燦如金絲，最佳；一曰水楠，色微緑，性柔，爲下。今内宫及殿宇多選楠材堅大者爲柱梁，亦可製各種器具。質理細膩可愛，爲群木之長。

清 陳大章《詩傳名物集覽》卷一二《有條有梅》 梅，《爾雅》：梅，枏。陸疏：梅，樹皮、葉似豫章。豫章，葉大如牛耳，一頭尖，赤心，華赤黄，子

青不可食。枏，葉大，可三四葉一叢，木理細緻于豫章，子赤者材堅，子白者材脆。荊州人曰梅。終南及新城、上庸，蜀，皆多樟枏。終南山與上庸、新城通，故亦有枏也。《爾雅翼》：枏，大木，可爲舟，又可爲棺，故古稱梗楠豫章，以爲良木之類。《本草》：枏近根年深向陽者，結成草木山水形，呼骰柏枏，俗名鬬柏枏，因聲而訛。《魏王花木狀》言，石枏野生，二月開花。曲阜顔回墓有二株，大三四十圍，顔子手植物。 任昉《述異記》：黃金山有枏木，一年東邊榮西邊枯，一年西邊榮東邊枯。張華云交讓木，宋子京云讓木，即枏木，生南方，故又作楠。黔蜀諸山尤多。其樹童童然，若幢蓋直上，柯葉不相妨，蜀人號交讓木。《莊子》：騰猿得杉楠。《山海經》：摇碧山、朝歌山、脆山多枏，負霜停翠。陸文裕曰：成都庭院植成行列，枝葉若相迴避，實似母丁香。粵中分香楠、青楠，又有石楠，淩冬不凋。楠即枏，今作枏。《六書故》曰：梅之爲果，《書》《傳》所同，惟《終南》之詩「有條有梅」，毛氏以爲枏，蓋本《爾雅》。《爾雅》以梅爲枏，是以一字名兩木也。《説文》既以梅爲酸果，又謂梅枏爲可餐，是又合二字爲一物也。《名物疏》：陸所釋梅，自是枏木似豫章者。豫章大樹，所謂生七年而可知者。陳文帝嘗出枏材造戰艦，即此。若今之所謂梅，乃古和羹之籩，邊實之乾𧀬。郭璞云「似杏實酢」者，若《爾雅》之梅枏，乃陸云似豫章者。景純不當以「似杏實酢」解之，草木同名異種者甚多，如山榎名條，柚亦名條，豈可以上文之條爲柚邪。《朱傳》于「摽有梅」既具釋，此章不復云，似合二梅爲一矣。《廣要》曰：條是榣，梅是枏。《爾雅》與《陸疏》合，此乃秦人誇美其君，故借巨材以起興。陸農師指條爲柚，梅爲杏，取渡淮變化之義，甚無謂。《通雅》云：《爾雅》三釋梅，時英梅，注以爲雀梅。正言梅花之梅，與摽梅同，蓋古梅作某，而枏則稱梅，故又曰梅枏。其言朹繫梅，則今之山查糖毬耳。按《爾雅》「梅，枏」，即陸璣所謂「木似豫章」者。郭璞《注》誤云「似杏實酢」，陶弘景《本草》因之，後人遂以枏木爲梅果，非也。孫炎云：荊州曰梅，揚州曰枏。世説：謝安搆室，有梅梁之名。則枏亦可稱梅，非今之所謂梅也。

清 厲荃《事物異名録》卷三〇《樹木部·柟》 交讓樹，《詩疏廣義》：柟木東邊榮西邊枯，張華云交讓樹，即柟也。一作交讓木。

端正樹《太真外傳》：上發馬嵬，行至扶風，道旁見石楠樹，愛玩之，因目爲端正樹。《石楠》

清 張宗法《三農紀·楠》 楠，《爾雅》云柟，其樹童童然，歲寒不彫，形若幢蓋。枝葉森秀，無相疊礙如避。喜生山南向陽之處，故字從南。葉若女貞而長。開黃赤花。實似丁香色青。木偉幹端，質氣芬香，細理性堅，耐居水土。不宜作牀，令人病風，爲其香開竅也。子赤者材堅，子白者材脆。質有羅紋雲水，惟癭緻奇異，乃文章木也。《西京賦》云：木則樅栝稯楠，梓棫梗楓，嘉卉灌聚，蔚然鄧林。 植藝：實熟收種，蔭潤土中即生，待苗高一二尺，春時移植頻澆。

藝文

宋 蒲咸《臨新繁古楠木記》 周公賦「鴟鴞之年，大風拔木」，乃命邦人起而築之，最爲異事。然大風拔木，天也；起而築之，人也。大木所偃，因人而起之，當無足怪者。孔子定書，從而記之，示訓戒也。元祐八年，繁江隆道觀玉帝殿，庭有古楠二章，分列左右，如輔如弼。一夕風雷大作，偃其左偏者。邑宰命匠石取之，方執柯伐其枝，忽聞軋軋聲。乃稍稍起立，匠石皆在上，如猿猱然。觀者驚駭，邑宰降階俯伏謝罪。君子以是知天道之不可誣也。較諸金縢，兹尤爲異，蓋以不待人力而自起也。今五十有一年矣，縉紳先生尚能言之。若不鑱諸石以永其傳，則無以訓戒後代。余被命尉兹邑，道士詹次淵請書其事，因從《春秋》記異之法，月而日之，以警不能寅畏上帝者。

宋 宋祁《蜀楠贊》 在土所宜，亭擢而上。枝枝相避，葉葉相讓。繁陰可庇，美幹斯仰。

宋 宗澤《古柟賦有序》 巴城之南山，有寺曰南龕，寺之外有大木曰楠，其生甚久。唐刺史嚴武、御史史俊，皆有詩謌刻於巖腹。嚴曰：「臨溪插石盤老根。」史曰：「結根幽壑不知歲。」自時迄今，又數百年，邦人謂之古楠，宜矣。僕到官之三月，兩至巖下，讀史巖之清什，感是楠之老於巖谷而可憐也。因慨然操筆而賦之曰：楠之生兮，層崖之中巔。詢之人兮，不知幾何年。包堅根而下蟠兮，貫頑石而徹沈淵。竦修幹以上淩兮，並孤岑而參蒼天。大枝崛起兮虎豹拏攫，小枝回屈兮蛟螭蜿蜒。黃葉敷陰，白晝沈沈。輪廣十畝，蓋窮百尋。衆鳥托宿，鄧林非深。諸卉仰芘，荊雲非陰。雨濯瑩兮一塵不染，風振響兮海潮同音。露下兮鶴唳，月明兮猿吟。擅此清致，亙古迄今。有客戾止，惻然動中。吁嗟斯木之異兮，有不遇之窮。爾胡不生於泰山之側，秦帝東封，會風雨之是避，豈以「五大夫」之號而封松；爾胡不生於周成之宫，禁林九重，顧親賢之是戲，豈以封國之瑞而翦桐；爾胡不生於分陜之域，舍彼召公，未必以甘棠之蔽芾，流詠於國風。抑亦豈無工師之良，識爾材之非常。用之爲棟梁，則足以建九重之明堂；用之爲舟楫，則足以濟巨川之汪洋；用爲宗廟社稷之器，則足以參鼎鼐，交神明，薦至德之馨香。夫何默默而甘老於窮山寂寞之鄉。徘徊其下，恍若夢兮，心駭而目眙。蒼髯偉人，瞋目視曰：「噫，謂子知我，乃不吾知。吾生於斯長於斯，始於毫末，至於十圍。雨露不吾遺，霜雪不吾欺。春兮秋兮，吾不知代謝之有期。漢兮唐兮，吾不知興亡之幾時。柯葉顔色，曾無改移。過者千百，睥睨焉不以吾爲樸。樕蕈待之，斧斤之害，亦幸不罹。吾受天地造化之恩，孰有等夷。子之不智，而乃我悲，使子處此，復將奚爲。吾非不知強自取，藏器以待時而動，老當益壯，自任以天下之重。儻匠人斲而小之，能不浼然而悔痛。乃所願比不材之樗，同乎無所用。若曰不遇，自有物主之，非吾所能爲，姑亦付之一夢。」客聞之釋然悟曰：「達矣夫，斯言可書紳而詠誦。」

宋　范成大《寄題郫縣遽仙觀四楠》　沉犀浦上舊仙蹤，老木長春翠埽空。敢請丹光來萬里，爲扶雲嶠駕飛鴻。

附：鐵力木

綜　述

元　胡古愚《樹藝篇·木部·鐵力》　鐵力木一名石鹽木。《一統志·廣東》　石鹽木即鐵力、柁木也。《廣州府志》　鐵力木出廣東，色紫黑，性堅硬而沉重，東莞人多以作屋。《格古要論》　土鐵索、鐵索木本出廣南，質堅而皮黃，剥落如榆樹。靈岩寺前一大株與龍湫菴後一小株，土人不識，呼爲土黄木，以其色類土黄也。此木無種，在温州不多見，惟瑞安仙岩寺、太平楓林奥與龍湫靈岩數處有之。相傳元時海舶通番廣，此木自海舶上來也。《雁山志》

明　谷應泰《博物要覽》卷一五《鐵梨木》　鐵梨木，一名鐵栗木，如紫檀。堅實沉重，色紫黑，内紺色，鷹爪紋。產雲貴廣西爲多。有極大者，長至十餘丈。大十餘圍者，最宜作大几臺椅几榻之類，以其性堅耐用故也。用之既久，光采紫黑，可比紫檀。

清　張英《淵鑑類函》卷四一六《鐵力木》　蠻地多山産材，而鐵力木居多。有力者取之治屋。其木有參天徑丈餘者，廣州人多採製椅棹等器，鬻於吴浙間。

清　陳昌齊　道光《廣東通志》卷九六《木類·鐵力木》　鐵力木出廣東，色紫黑，性堅而沉重，東莞人多以作屋。《格古要論》　蠻地多産鐵栗木，故人家治屋咸以鐵栗爲之。若用雜木，多生蛀蟲。有參天徑丈餘者，廣州人多製椅桌、食隔等器，鬻於吴浙間，得善價。《格致鏡原》　鐵力一名石鹽，一名鐵稜。《嶠南瑣記》　言，鐵力上水，僅可百餘年，惟黄連木最能久。

附：石楠

綜　述

宋　謝維新《古今合璧事類備要别集》卷五〇《衆木門·石楠》　《格物總論》：石楠葉如枇杷，有小刺，凌冬不彫。春生白花，秋結細紅實。人多移植庭宇間，陰翳可愛，不透日氣。字亦作柟。

宋　寇宗奭《本草衍義》卷一五《石南葉》　石南葉，狀如枇杷葉之小者，但背無毛，光而不皺。正二月間開花，冬有二葉，爲花苞，苞既開，中有十五餘花，大小如椿，花甚細碎，每一苞約彈許大，成一毬。一花六葉，一朵有七八毬，淡白緑色，葉末微淡赤色。花既開，蕊滿花，但見蕊不見花。花纔罷，去年緑葉盡脱落，漸生新葉。治腎衰，脚弱，最相宜。但京洛、河北、河東、山東頗少，人以此故少用。湖南北、江東西、二浙甚多，故多用。南實今醫家絶可用。

元　胡古愚《樹藝篇》卷二《木部·石楠》　石楠，葉如枇杷，有小刺，凌冬不凋。人多植庭宇間，陰翳可愛，不透日氣。其木堅勁，可爲斧柯。《八閩通志》　《圖經》曰：石南生華陰山谷，今南北皆有之。生於石上林，極有高大者。江湖間出者，葉如枇杷葉，有小刺，凌冬不凋。春生白花成簇，秋結細紅實。關隴間出者，葉似莽草，青黄色，背有紫點，雨多則併生，長及二三寸。根黄細紫色，無花實，葉至茂密。南北人多移以植庭宇間，陰翳可愛，不透日氣。入藥以關中葉細者良。二月、四月採葉，四月採實陰乾。《魏王花木記》曰：南方石南木，取皮中作魚羹，和之尤美，今不聞用之。下有楠村條，其木頗似石南，而更高大，葉差小，其材中梁柱。今醫方稀用之。《衍義》曰：石楠，葉狀如枇杷，葉之小者，但背無毛，光而不皺。每二三月間開花。冬有二葉，爲花苞。苞既開，中有十五餘花，大小如椿，花其細碎。每一苞約彈許大，成一毬。一花六葉，一朵有七八毬，淡白綠色。葉末微淡赤色，花既開，蕊滿花，但見葉不見花。花纔罷，去年綠葉盡脱落，漸生新葉。石楠，《宋志》引《閩中記》云：「其樹婆娑，楊妃謂之端正木。」按：石楠乃楠生於石上者，《本草》謂石楠，味辛苦平無毒，主養腎氣内傷陰衰，利筋骨，療脚弱、五藏邪氣。女子不可久服，令思男。其中梁柱者，别是一種。蜀中大者可數十圍。予官四川日，朝廷取大楠木七百根，每根出山費銀八十兩。閩中所産者小。《興化府志》石楠，吾鄉亦惟墳墓間植之。清明時紅葉墮地，小兒拾以爲冠帶嬉戲。箕按唐權德輿詩，「石楠紅葉透簾春」，則當時不特墳墓間有之矣。《太倉州志》石楠堅而脆，材亦可爲居室。《雁山志》石楠曰鬼目。《草木畧》石楠亦多植丘隴。《松江府志》

明 慎懋官《華夷鳥獸珍玩·石楠》《南方記》曰：石南樹野生。二月花開，仍連著實。實如燕卵，七八月熟。人採之，取核，乾，其皮中作肥魚羹，和之尤美。出九真。

清 吴其濬《植物名實圖考》卷三三《木類·石南》 石南，《本經》下品。詳《本草衍義》、毛文錫《茶譜》。湘人四月採石南芽爲茶，去風，暑月尤宜。桂陽呼爲風藥，充茗浸酒能愈頭風。

植物名實圖考·石南

檀

綜 述

《爾雅·釋木》 魄，榽音奚橀。郭璞註：魄，大木，細葉，似檀。今江東多有之。齊人諺曰：「上山斫檀，榽橀先殫。」

爾雅·魄

元 胡古愚《樹藝篇·木部·檀》 檀葉似槐。《八閩通志》 檀性堅實，有黄白二種。又有至夏始生葉者，俗呼傲春檀。《九江府志》 石倉嶺之旁有檀木一株，其大合抱，高十餘丈。年豐則發葉早，年凶則發葉遲。農人以占候，多驗。《武義志》 檀，秦皮。註：「蘇云，檀似秦皮。」按：檀樹取其皮和榆皮食之，可斷穀。《爾雅》云：檀，苦茶。其葉堪爲飲。樹體細，堪作斧柯。至夏葉不生，忽然葉開當有大水，農人候之以占水旱，號爲水檀。又有一種，葉如檀，高五六尺，生高原，花四月開，色正紫，亦名檀，根如葛，極主瘡疥、殺蟲，有小毒也。《爾雅》無「檀，苦茶」，唯言「檟，苦茶」。郭註：樹小似梔子，冬生葉，可煮作羹。今早採者爲茶，晚採者爲茗，一名荈，蜀人呼茗之苦茶。前面已有「茗，苦茶」。又引《爾雅》，疑此誤矣。檀，按《本草》引《爾雅》云：檀，苦茶。其葉堪爲飲。其樹體細，堪作斧柯。今考《爾雅》，只言「檟，苦茶」，無言「檀，苦茶」者，蓋是檟苦作檀耳。以註疏考之，即今所謂茶也，然則檀當别是一樹。蓋檀木堅宜爲車，其色黑，故《魏風》伐檀爲車。《月令》冬日改火用檀，其義可見。《興化府志》　檀色黃而性堅，或云黃檀。《毘陵志》　檀，土人呼爲黃檀，質堅難朽。《雁山志》　檀性堅實，有黃白二種。《建昌府志》　檀最堅，有黃白二種。别種農時以其放葉及冬青，開花爲雨候，雨不至則葉不放，俗謂等水檀。《松江府志》　《毛傳》云檀，堅韌之木。疏正義曰：檀材可以爲車，故云彊韌之木。陸璣疏曰：檀木皮正青，滑澤，與繫迷相似，又似駁馬。駁馬，梓榆。故里詩云：斫檀不諦得繫迷，尚可得駁馬。繫莈，一名挈橀，故齊人諺曰：上山斫檀，挈橀先殫。

元　胡古愚《樹藝篇·木部·榽橀》　《爾雅》曰：魄，榽橀。註：魄，大木，細葉，似檀。今河東多有之。齊人諺曰：上山斫檀，榽橀先殫。《疏》：魄，一名榽橀。殫，盡也。

元　胡古愚《樹藝篇·木部·紫旃》　紫旃木出扶南，色紫，亦謂之紫檀。《古今注》　紫檀木出交阯、廣西、湖廣，性堅。新者色紅，舊者色紫，有蟹爪紋。新者以水濕浸之，色能染物，作冠子最妙。近以真者揩粉壁上，果紫，餘木不然。黃檀木最香。今人多以作帶。《格古要論》

明　宋詡《竹嶼山房雜部》卷九《樹畜部·樹類》　檀葉似槐。《詩》曰：「坎坎伐檀兮。」注曰：檀可爲車者。材最堅。臘月分根側小木種之。

明　王象晉《群芳譜·木譜·檀》　檀，善木也，其字從亶，有黃、白二種。江淮、河朔山中皆有。葉如槐，皮青而澤，肌細而膩，體重而堅，狀與梓、榆、莢蒾相似。材可爲車輻及斧鎚諸柯。臘月分根傍小枝種。　製用：皮和榆皮爲粉食，可救荒斷食。　附録：望水檀：江南有一種木至夏不生葉，忽然葉開，當有大水，農人候之以占水旱。又一種高五六尺，生高原。葉如檀，四月開花，正紫。其根如葛。亦名檀。

明　王象晉《群芳譜·藥譜·檀香》　檀香，一名旃檀，一名直檀。出廣州、雲南及占城、真臘諸國。今嶺南諸地亦皆有之。樹葉皆似荔枝。皮青色而滑澤。有三種：黃檀、皮實色黃。白檀、皮潔色白。紫檀。皮腐色紫。其木並堅重清香，而白檀、黃檀尤盛。宜以紙封固，則不洩氣。紫檀新者色紅，舊者色紫，有蟹爪文。白檀辛温，氣分之藥，故能理胃氣，調脾肺，利胸膈。紫檀鹹寒，血分之藥，故能和營氣，消腫毒，治金瘡。中土所産之檀有黃白二種，葉皆如槐，皮青而澤，肌細而膩，體重而堅，與梓榆相似，亦檀香之類。但不香，則地氣使然也。　種植：臘月分木旁小株種之。　附録：降真香，一名紫藤香，一名雞骨杏。生南海及大秦國，今兩廣、雲南皆有。不甚佳。舶上來名番降。紫而潤者良，焚之氣勁而遠，可以降神，故名降真。望水檀其樹春如枯，夏方萌，梅雨過方舒葉。葉既開則水定，以之候水極準。　典故：周宓被海寇刀傷，血出不止，筋如斷，骨如折，軍士李高掩以紫金散，血止痛定。明日結痂如鐵，遂愈，且無瘢痕。扣其方，用紫藤香，瓷瓦刮下，研末，即降真之最佳者，曾救萬人，甚效。

明　吳雨《毛詩鳥獸草木考》木考·檀　檀，樹高二三丈，葉似槐葉而長大，開淡粉紫花，葉味苦。初生嫩芽可食。其材可以爲車轂，故云彊韌之木。陸璣云：檀木，皮正青，滑澤，與繫迷相似，又似駁馬。駁馬，梓榆也。里語曰：斫檀不諦得繫莈，繫莈尚可得駁馬。繫莈，一名挈橀，故齊人諺曰：上山斫檀，挈橀先殫。蓋三木相似也。

明　谷應泰《博物要覽》卷一五《紫檀木》　紫檀木，生廣東、廣西諸郡。木質堅重，色紫。燒之有香，磨水，其汁可以染帛。有絶大，長二三丈，大可二三圍者，堪爲天然几及床椅之用。新者色紅，用久色黑，内有麻櫟紋，亦有無紋者。

明　傅梅《嵩書》卷一〇《木部·檀》　檀，少室有檀香峰，相傳山多檀樹，色紫而香，今也則亡。

清　陳大章《詩傳名物集覽》卷一二《無折我樹檀》　《朱傳》：檀皮青，滑澤，材強韌可爲車。陸疏：檀木皮正青，滑澤，與繫迷相似，又似駁馬。駁馬，梓榆。其樹皮青白駁犖，遥視似馬。故名。繫迷，一名挈橀，故齊人諺曰：上山斫檀，挈橀先殫。挈橀，《爾雅》作榽橀。《論衡》：楓桐之樹，生而速長，故其皮肌不能堅剛。樹檀以五月生葉後，彼春榮之木，其材強勁，車以爲軸。《雅翼》、《淮南子》：十月檀。檀，陰木也。《木譜》：檀字從亶。有黃白二種。葉如槐，皮青而澤，肌細而膩，體堅重，狀如榆梓莢蒾。又江南有一種望水檀，至夏不生葉，忽然葉開，當有大水，農人以之占旱澇。又一種高五六尺，生高原，葉如檀，四月花開，正紫，其根如葛，亦名檀。

清　厲荃《事物異名録》卷三〇《樹木部·檀》　㩲檀，《漢書註》：㩲檀，檀别名。

清　張宗法《三農紀》卷七《檀》　檀，《圖經》云：葉若槐，嫩時皮青澤，老則皮白起鱗。肌細膩，體重堅，乃強勁之木材，可爲車。《詩》云：無伐我好檀。一種望水檀，至夏不生葉，忽然葉生，當有大水。農人候之以古（占）。其種有香檀、白檀、紫檀、黄檀之屬。《説文》云：亶者，善也。善於作柄以製物，故字從之。　植藝：冬分栽（根）傍小條，掘根見日，次年即發苗。雨後移。植子亦生。　本性：味苦甘氣爽，皮能殺蟲，葉可解肌。　效力：救荒斷食，檀白皮爲粉食。

清　吴其濬《植物名實圖考》卷三五《木類・檀》　檀，《本草拾遺》始著録。皮和榆皮爲粉，食可斷穀。《救荒本草》：葉味苦，芽可煠食。

植物名實圖考・檀

清　吴其濬《植物名實圖考》卷三三《木類・檀香》　檀香，《别録》下品。《廣西通志》：考據明晰，嶺南有之。

植物名實圖考・檀香

清　吴其濬《植物名實圖考》卷三七《木類・野檀》　野檀生袁州，大樹亭亭，與檀無異。土人云：秋時結實如梨，不可食，色黄可染。檀類多種，其黄檀耶。

植物名實圖考・野檀

清　陳昌齊　道光《廣東通志・木類・紫檀》　紫檀性堅，新者色紅，舊者色紫，有蟹紋。《格古要論》出嶺南，來自外舶。《通雅》紫梅，出扶南，亦謂之紫檀。《古今注》

清　李鴻章　光緒《畿輔通志・物産・木屬・檀》　檀，淶水之山，峯巒秀麗，中多檀木。《名勝志》葉如槐，皮青而澤，肌細而膩，體重而堅，材可爲車輻及斧鎚諸柯。臘月分根旁小枝種。《群芳譜》

清　長順《吉林通志・物産・木屬・檀》　檀，色紫赤，紋細潤，中車轅及箭笴。其交枝處花紋尤細，可爲小刀柄。《盛京通志》

櫟

綜　述

《爾雅・釋木》　櫟，其實梂。郭璞註：有梂彙自裹。梂，音求。

爾雅・櫟

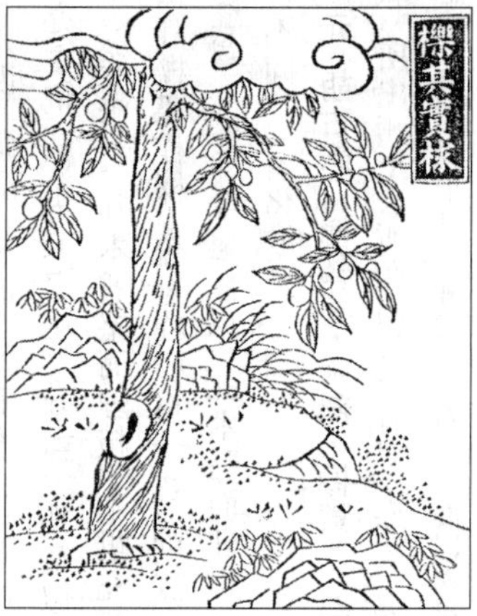

《爾雅・釋木》 栩音許，杼。郭璞註：柞樹。杼，音柱。

《爾雅・釋木》 樕樸，心。郭璞註：槲，樕別名。

《爾雅・釋木》 栵音列，栭。郭璞註：樹似槲樕而庳小，子如細栗可食，今江東亦呼爲栭栗。栭，音而。

爾雅・栵

三國吳 陸璣《**毛詩草木鳥獸蟲魚疏**》**卷上**《**山有苞櫟**》 苞櫟，秦人謂柞爲櫟，河內人謂大蓼爲櫟。椒，椒之屬也。其子房生爲梂，木蓼子亦房生。

三國吳 陸璣《**毛詩草木鳥獸蟲魚疏**》**卷上**《**集于苞栩**》 栩，今柞櫟也。徐州謂櫟爲杼，或謂之爲栩。其子爲皂，或言皂斗，其殼爲汁，可以染皂。今京洛及河內多言杼汁，或云像斗。讀櫟爲杼，五方通語也。

三國吳 陸璣《**毛詩草木鳥獸蟲魚疏**》**卷上**《**柞棫拔矣**》 柞棫，《三蒼》說，棫即柞也。其材理全白，無赤心者曰桵。直理易破，可爲犢車軸，又可爲矛戟鍛。

三國吳 陸璣《**毛詩草木鳥獸蟲魚疏**》**卷上**《**山有栲**》 栲葉似櫟。木皮厚數寸，可爲車輻，或謂之栲櫟。許慎正以栲讀爲㮠今人言栲，失其聲耳。

三國吳 陸璣《**毛詩草木鳥獸蟲魚疏**》**卷上**《**其灌其栵**》 栵，栭。葉如榆也。木理堅韌而赤，可爲車轅。《詩・皇矣》疏、《爾雅・釋木》：栵，栭。疏釋文又引今人謂之芝栭也。

北魏 賈思勰《**齊民要術・槐柳楸梓梧柞第五〇**》 柞《爾雅》云：「栩，杼。」郭璞註云：「柞樹。」(案俗)人呼杼爲橡子，以橡殼爲杼斗，爲像椀形(以剜剜)似斗故也。橡子儉歲可食以爲飯，豐年牧(放)猪食之，可以致肥也。宜於山阜之曲，三遍熟耕，漫散橡子，即再勞之。生則薅治，常令净潔，一定不移。十年中椽，可雜用。一根值十文。二十歲中屋槫，一根值百錢。柴在外。斫去尋生，料理還復。凡爲家具者，前件木皆所宜種。十歲之後，無求不給。

唐 韓鄂《**四時纂要・種櫟**》 種櫟宜山阜地，三遍熟耕，漫撒橡子，再遍耪，生草則耨治令净。十年中作椽，二十年作屋棟，伐而復生。凡有家者，向來之木皆宜植。十年後，無求不給。

宋 寇宗奭《**本草衍義**》**卷一五**《**橡實**》 橡實，櫟木子也。葉如栗葉。在處有，但堅而不堪充材，亦木之性也。山中以椿仁爲糧，然澀腸。木善爲炭，他木皆不及。其殼堪染皂，若曾經雨水者，其色淡，不若不經雨水者。槲亦有殼，但少而不及櫟木所實者。

宋 寇宗奭《**本草衍義**》**卷一五**《**橡若**》 槲若，亦有斗，但不及櫟木，雖堅而不堪充材。葉微炙，炒槐花，減槲葉之半，同爲末，米飲調服，治初得腸風及血痔熱多者尤佳。亦堪爲炭，但不及櫟木。

宋 蔡卞《**毛詩名物解**》**卷五**《**釋木**》 柞之性堅強而不爲霜露之遷，得土之正氣也。故《詩》以喻信，性堅剛難長。柞棫之木猶且拔然以大矣，則柔者可知矣。

元 胡古愚《**樹藝篇・木部・櫟**》 《管子》：五粟之土，其柘其櫟，條直以長。《淮南子·時則訓》十二月之木：正月其木楊。楊，蒲柳也，楊木春先。二月其木杏。有竅在中，象陰布散在上。三月其木李。李亦有核。李後杏熟，故主四月。五月其木榆。六月其木梓，説未聞也。七月其木楝。楝實，鳳凰所食者。今雒城旁有樹，練實秋熟。八月其木柘，未聞。九月槐。槐，懷也，可以懷來遠人。十月其木檀。檀，陰木也。十一月其木棗，取其赤也。必十二月其木櫟。櫟可以爲車轂，木不出火，惟櫟爲然，亦應陰氣也。《秦風》：山有苞櫟，《草木疏》云：秦人謂柞櫟爲櫟，河内人謂木蓼爲櫟。此秦詩也，宜從其方土之言，爲柞櫟是也。徐州人謂櫟爲杼，或謂之爲栩。其子爲皁，或言皁斗。《莊子》：匠石見櫟杜樹，其大蔽牛，絜之百圍。《上林賦》註：應劭曰：櫟，采木也。顔師古以爲木蓼。葉辛，初生可食。《本草圖經》曰：柞，櫟也，杼也，栩也，皆橡櫟之通名。出《爾雅翼》　櫟樹多生岡皁之上，大則偃亞，小則聳歧，踈廣而性直，伐爲薪，燒爲炭，其力倍於常木。《瑣碎録》　櫟，《詩》云苞栩。註：柞，櫟也。其子爲皁斗，殼可以染。陸機云：徐州人呼爲杼。《爾雅》曰：櫟，其實梂。釋曰：梂，盛實之房，其實橡也。然則柞，櫟也，杼也，栩也，皆橡櫟之通名也。《八閩通志》　櫟，土人以充薪，實曰橡。　槲與櫟類，實名像斗。一種小而叢生，土人呼爲李落。同上　櫟木皮味苦平，無毒。根皮主惡瘡、中風，犯毒露者助。汁煎洗瘡，當令濃血盡止。亦治痢。南北揔有作柴。亦云櫪，音同也。《證類》　櫟，《爾雅》曰：櫟，其實梂。孫炎曰：櫟實，橡也。按《本草》：橡實味苦，微温，無毒，主下痢，厚腸胃，肥健人。其殼爲散，及煑汁服，亦主痢，並堪染皁用。註云：其葉似栗，其實爲皁斗，煑食之可度歉年，然澀腸。其木質堅而理粗，不堪充材，惟善爲炭，他木皆不及也。陸機呼櫟爲柞櫟，蓋合柞櫟爲一物，則誤矣。《邵武府志》　槲與櫟相類。《毘陵志》　櫟即今皁斗也，此木堅而理粗，不可以作器用。又有柞似櫟，其實不同。《興化府志》

元　胡古愚《樹藝篇·木部·橡實》　《圖經》曰：橡實，櫟木子也，本經不載。所出州土云所在山谷皆有，今亦然。木高二三丈，三四月開黄花，八九月結實，其實爲皁斗。槲、櫟皆有斗，而以櫟爲勝，不拘時採其皮並實用。《爾雅》云：櫟，其實梂。釋曰：櫟似樗之木也；梂盛實之房也。其實橡也，有梂彙自裹。《詩·秦風》云「山有苞櫟」，陸璣云：今柞櫟也，徐州人謂櫟爲杼，或謂之栩。今京洛及河内謂櫟，亦爲杼，五方通語也。然則柞櫟也，杼也，栩也，皆橡櫟之通名也。　櫟曰橡，亦曰槲。其實作梂，曰皁斗，曰像斗。然有二種，南土多槲，北土多櫟。《爾雅·釋木》云：櫟，其實梂。《詩·秦風》云「山有苞櫟」，並此也。其《釋木》云「栩杼」與《唐風》云「集于苞栩」，並是柞木，而陸璣誤謂是此耳。橡實之類極多，大體皆栗屬也，可食。有似栗而圓者，大小有三四種，《周禮·籩人》所謂榛實是也。二三實作一梂，正似栗而小者，大小有三四種，《爾雅》所謂栵栭是也。注云子如細栗，江東人亦呼爲栭栗，今俗謂之爲茅栗、猴栗、柯栗，皆其類也。或曰棫之實似櫟而小，可食。《草木畧》　《爾雅》曰：櫟，其實梂。註：有梂彙自裹。疏：櫟似樗之木也。梂，盛實之房也。孫炎曰：櫟實，橡也。《詩·秦風》云「山有苞櫟」，陸璣疏云：秦人謂柞櫟爲櫟，河内人謂木蓼爲櫟椒。椴之屬也，其子房生爲梂，木蓼子亦房生。故説者或曰柞櫟，或曰木蓼，璣以爲此秦詩也，宜從其方土之言柞櫟是也。

元　胡古愚《樹藝篇·木部·柞》　柞，《本草》云：柞類櫟，其實不同，柞木性細堅理膩。《宋志》云：《傳》曰：柞之性堅強，而不爲霜露之所遷，得土之正氣也。今人取以爲梳材。《興化府志》　柞木曰棫，曰栩，曰杼。《爾雅》云：栩，杼。《詩》：析其柞薪，又曰：柞棫斯拔。陸璣云：柞棫，櫟也。王蒼云：棫即柞也，其葉繁茂，其木堅韌，有刺。今人以爲梳，亦可以爲車軸。《草木畧》　柞生南方，葉細而密，今人爲梳用之。詩雅道柞爲尤多，方周之興，大姒夢商之庭産棘，小子發取周庭之梓植之於闕間，梓化爲松柏、柞棫，驚覺以告文王。文王曰：勿言冬日之陽，夏日之陰，不召而物自來，以爲宗周興王之兆。《齊民要術》稱，柞斫去尋生，料理還復。蓋良木之易成者，然亦非人力料理有不可復。又言：柞宜種於山阜之曲。十年中椽，二十年中屋樽，薪樵不在此數，然則爲利亦博矣。《管子》：五沃五粟之土宜柞。《風土記》：舜所耕多柞。又漢有五柞之宫。《爾雅翼》　柞，《傳》曰：柞之性堅強，而不爲霜露之所遷，得土之正氣。今人取以爲梳材。《八閩》　柞木皮味苦平，無毒，治黄疸病，皮燒末服，方寸匕。生南方，葉細。今之作梳者是。《本草》　柞，此木葉細，性堅，理膩。宋《莆陽志》云：《傳》云柞之性。云云。《邵武志》　《爾雅》曰：栩，杼。註：柞樹。疏：栩，一名杼。《詩·唐風》云「集於苞栩」，陸璣疏云：今柞櫟也。徐州人謂櫟爲杼，或謂之爲栩。其子言皁，或言皁斗，其殼爲汁，可以染皂。今京洛及河内多言杼汁。謂櫟爲杼，五方通語也。

明 宋詡《竹嶼山房雜部》卷九《樹畜部·樹類》 櫧小葉似茶，木色似柟，少黑，結實小，狀似栗。梂蝟自裹，味有甘苦。 材最堅，白蟻不能齧而房之，利爲居室。實甘苦，皆可食可種。

明 宋詡《竹嶼山房雜部》卷九《樹畜部·樹類》 栩音許。即柞櫟。木身長大，伐則灌生而葉大。《爾雅》曰：其實梂。釋曰：梂盛實之房也。其實橡也。 子可種。其斗爲染皂材。其葉大，用以苴物。

明 何孟春《餘冬序録》卷五〇《櫧》 吾州制字郴，以多木名。其木櫧爲貴。其爲樹，四時無改，柯易葉，質性堅於檜柏，伐而材之，雖百歲雨淋日炙，弗蠹弗腐。作屋置以當風雨之衝，棺在土與石槨敵，此櫧之所以爲貴也。櫧樹歲結子，其子小者，小於榛，味如之。大者，大如榛，而味苦。土人取爲果實，謂小實者爲圓珠櫧，大者苦珠櫧，以此分二種，其材固無異也。按《山海經》：前山其木多櫧。音諸《注》謂其樹作子可食，冬夏恒青，作柱難腐。櫧豈即此櫧邪？

明 吴雨《毛詩鳥獸草木考》木考·櫟 《秦風》曰：山有苞櫟，隰有六駁。《傳》：櫟，木也。駁，如馬倨牙，食虎豹。又：隰有樹檖。《傳》：檖，赤羅也。 櫟實一名橡。高二三丈。葉似栗葉而大。開黄花。實苦澀，熟食之，厚腸不饑。材可爲車轂，木不出火，惟櫟爲然，亦應陰氣也。《爾雅》云：櫟，其實梂。釋曰：櫟，似樗之木也。梂，盛實之房也，其實橡也。有梂彙自裹。陸璣云：秦人謂柞櫟爲櫟，河内人謂木蓼爲櫟，椒㯣之屬也。其子房生爲梂，木蓼子亦房生。故説者或曰柞櫟，或曰木蓼。璣以爲此秦詩，宜從其方土之言柞櫟是也。

明 吴雨《毛詩鳥獸草木考》木考·栩 《唐風》曰：集于苞栩。《傳》：栩，杼也。 栩，一名杼。春生少枝。長一尺以上者，插著土中，數日即生枝葉。及三歲成橡。其實爲皂斗，堪染皂。曾經雨水，其色淡。今槲木亦有殼，但少不及此也。

明 吴雨《毛詩鳥獸草木考》木考·柞 《小雅》曰：析其柞薪。《傳》：柞，櫟也。 柞，其葉繁茂。其木細，堅韌有刺。今人以爲梳，亦可以爲車軸。《齊民要術》云：柞，斫去尋生，料理還復。蓋良木之易成者，然亦非人力料理有不可復。又言：柞宜種於山阜之曲。十年中椽，二十年中屋柱，薪樵不在此數，然則爲利亦溥矣。《釋木》云：櫟，其實梂。不言櫟是柞。陸璣云：柞，棫櫟也。周秦人謂柞爲櫟，蓋據時人所名而言之。《風土記》云：舜耕歷山。而在寧、剡二縣界上，舜所耕田在於山下，多柞樹，吴越之間名柞爲櫪，故曰歷山。

明 吴雨《毛詩鳥獸草木考》木考·樸樕 《召南》曰：林有樸樕。《傳》：樸樕，小木也。 樸樕，小木也。一名淋樸樕。高丈餘，葉似兜櫨樹葉而大厚，邊如鋸齒，或三葉、五葉排生一莖。開白花，結子大如豌豆，熟則紅紫色，味酸可食。《釋木》云：槲樸，心。孫炎云：樸樕，一名心。某氏曰：樸樕，槲樕也。有心能濕江河，間以作柱。能，音耐。是樸樕爲木名，而《爾雅》作樕樸，此作樸樕。文雖倒，其實一也。或者傳寫之誤。言小木者，以林有此木，故言小木也。

明 徐光啓《農政全書》卷三八《種植》 柞，《爾雅》曰：栩，杼。郭璞註曰：柞樹，俗人呼杼，爲橡子，以橡殼爲杼斗，以剜剜似斗。 玄扈先生曰：橡子，儉歲可以爲飯，豐年牧猪食之，可以致肥。

明 方以智《物理小識》卷九《栩》 栩即柞櫟。伐則灌生而葉大，可包物也。其斗爲染皂材，俗名黄栗，可爲腐。夏統采梠，杜甫食橡，皆一物也。又或書爲櫧，而後分之櫧，平聲。

明 方以智《物理小識》卷九《櫧》 櫧 小葉似茶，木色似栩，少黑。結實小，狀似栗，梂蝟自裹。味有甘苦二種，可作腐食。材最堅，白蟻不能齧。《中履》曰：江北呼圓櫧，金陵人呼爲椐。

清 厲荃《事物異名録》卷三〇《樹木部·櫟》 木蓼 柞 栩 杼 陸璣《詩疏》：秦人謂柞爲櫟，河南人謂木蓼爲櫟。又：栩今櫟也，徐州謂櫟爲杼。

清 厲荃《事物異名録》卷三〇《樹木部·槲》 樸樕 大葉櫟 《本草綱目》：槲名樸樕，俗名大葉櫟。 金雞樹 《唐書》：登封壇南有槲樹，大赦日於其杪置金雞，改名金雞樹。

清 厲荃《事物異名録》卷三〇《樹木部·棫》 白桵 白梂 白柘 《詩疏》：棫即柞也，材理全白，無赤心者爲白桵，今人謂之白梂，或曰白柘。

清 陳大章《詩傳名物集覽》卷一二《集于苞栩》 《朱傳》：苞，叢生也。栩，柞櫟也，其子爲皂斗殼，可以染皂者是也。《爾雅》云：栩，杼。

郭註：柞樹。又云：櫟，其實梂。孫炎曰：物叢生曰苞，齊人曰稹。櫟實橡也，有梂彙自裹。邢云：櫟似樗之木也。陸疏：栩，今柞櫟也。徐州人謂櫟爲杼，或謂之栩。其子皂或言皂斗，其殼爲汁，可以染皂。今京洛及河内多言杼斗，或像斗。謂櫟爲杼，五方通語也。《秦風》：山有苞櫟。秦人謂柞櫟爲櫟，河内人謂木蓼爲櫟，椒樧之屬也，其子房生爲梂。木蓼子亦房生，故説者或曰柞櫟，或曰木蓼，此秦詩宜從其方土之言柞櫟是也。東海及徐州謂之木蓮，其葉始生，食之味辛，其梂子八月中成，摶以爲燭，明如胡麻燭，研以爲羹，肥如胡麻羹。《莊子》：匠石之齊，至曲園，見櫟樹，曰：是不才，故若是之壽。《本草》：槲櫟皆有斗，以櫟爲勝，所在山谷中皆有。《圖經》云：木高二三丈，三四月開黄花，八九月結實，柞櫟也，杼也，栩也，皆橡櫟之通名。《枕中記》：橡子非果非穀，最益人服食，無氣而受氣，無味而受味，消食止痢，令人強健。《本草衍義》：櫟葉如栗葉，堅而不堪充材。《風土記》：吴越之間，名柞爲櫪。《古今注》：杼實曰橡。《齊民要術》：柞砍去還生，宜種于山阜之曲，十年中椽，二十年中屋樽，薪樵不在此數。《爾雅翼》：《管子》：五粟之土，其柘其櫟，修直以長。《淮南子·時則訓》：十二月之木，可以爲車轂，木不出火，惟櫟爲然，亦應陰氣也。鄭漁仲云：栩杼爲柞木，《秦風》苞櫟，更是一物，即今之像斗樹也。《綿詩》朱子解柞云：枝長葉盛，叢生有刺，與像斗樹不同。按《爾雅》郭注及邢陸諸疏，皆以栩櫟爲一物，故《朱傳》于「山有苞櫟」，更無釋文。張爾公云：橡樣杼柔一也，櫟別爲一種，櫟實亦有斗，或謂之像斗，然橡實大于櫟，葉冬彫，櫟不冬彫，實二物也。

清 陳大章《詩傳名物集覽》卷一二《柞棫拔矣》 《朱傳》：柞，櫟也，枝長葉盛，叢生有刺。《爾雅翼》：柞生南方，葉細而密，今人爲梳用之。《詩》二雅：道柞尤多。石鼓文亦云：柞棫其特。《周書》：方周之興，大姒夢商庭産棘，小子發取周庭之梓，植之闕間，化爲松柏柞棫。《齊民要術》言：柞斫去旋生，科理還復，蓋良木之易成者。又柞宜種山阜之曲，十年中椽，二十年中屋，樵柴在外，爲利博矣。嚴粲云：柞，櫟也，即唐風所謂栩也。《廣要》據《陸疏》，柞棫、苞栩、苞櫟一物，嚴氏亦云。然鄭漁仲謂栩杼爲柞，謂櫟爲槲，別是一種，《本草》以槲櫟稍有差別。《朱傳》解柞云：枝長葉盛，叢生有刺，與櫟葉如栗葉者不同，况柞中椽中屋，而《朱傳》云小木，相去甚遠，可見棫是小木，所謂「無赤心，實如耳璫」者是也。柞栩櫟是大木，所謂「栗屬，大蔽牛」者是也。鄭氏認棫是山柘，恐未然，《詩緝》解「維柞之枝」，亦曰：堅韌之木，新葉將生，故葉乃落，附著甚固，故曰蓬蓬然也。《周禮》：柞氏掌攻草木。《漢書》有五柞宫。《風土記》：舜所耕地多柞樹。 《朱傳》：棫，白桵也，小木，亦叢生，有刺。《爾雅》郭註云：桵實如耳璫，紫赤可啖。鄭云：即山柘也。《陸疏》：《三倉》説即柞也，其材理全白，無赤心者爲白桵，直理易破，可爲櫝車輻，又可爲矛戟矜，今人謂之白梂，或曰白柘。矜，音芹，柄也。張爾公云：《爾雅》棫白桵與柘殊類，詩合舉二木，非棫即柞也。《陸疏》「棫即柞」，鄭註「即山柘」，鄭樵《通志》「柞木曰棫，曰栩」，並非。

清 陳大章《詩傳名物集覽》卷一二《其灌其栵》 《朱傳》：灌，叢生者也。栵，行生者也。《爾雅》：栵，栭。郭註：樹似槲樕而庳小，子如細栗可食，今江東亦呼爲栭栗。鄭註：茅栗也。《陸疏》：葉如榆木，理堅韌而赤，可爲車輮。《内則》：芝栭蔆椇。鄭云：人君燕食所加庶羞也。《通志》：橡實之類極多，有似栗而小者，大小三四種。註云：子如細栗，江淮亦呼栭栗，俗謂之茅栗、猴栗、柯栗，見其類也，栵一作機，沈存中以《莊子》賦芧爲茅栗。《韻書》：機，茅栗也，趙魏間栗小者爲機。

清 吴其濬《植物名實圖考》卷三五《木類·柞木》 柞木，《嘉祐本草》始著録。江西、湖南皆有之。又有一種相類而結黑實。

植物名實圖考·柞木

清 吴其濬《植物名實圖考》卷三五《木類・柞樹》 柞樹又一種，江西山坡有之。黑莖，長刺，葉長而圓。秋結紫黑實，圓如大豆。俗呼爲柞，以爲藩籬。

植物名實圖考・柞樹

清 張宗法《三農紀・櫟》 櫟，《圖經》云：葉厚而青，皮粗質勁。三四月開絮花如栗。結實蒂刓剜如斗，若荔枝含半吐，顆圓而尖，殼中仁如老蓮肉，名像斗，名櫟梂，盛實房，曰鑿首。《詩》云：山有苞櫟。結實者名杼，不結實者名棫。秦人呼爲櫟，徐人呼爲杼，京洛河内人呼爲槲，越人呼爲橡，齊人呼爲樸樕，楚人呼爲梛樹，蜀人呼爲青岡。實可浸磨造腐，農家收實造酒，染人取斗作色。豐年子飼猪易肥，凶歲可救饑。材大者可作屋料，枝小者可爲薪炭，其炭冬至後下從上炎，夏至後土從下炎。灰可煮綵、葛、苧。枯木生黑耳，可爲蔬食甚佳。葉飼山蠶爲繭，取綿織紬甚堅固。霜後葉自根落，其年穀漸貴，自稍落，其年穀漸賤，盡落者價平。《周禮》職方氏掌山林，宜皂物，柞橡之屬，評材者以爲無用之物也吁。 植藝：宜山坡石磽，高阜土，惡卑濕。實熟收停濕處，或以砂合，不蛀。點種者藏土窖中，春芽生，以錐斜鑽竅，相離三五尺，每竅只宜一二粒，槌封竅口，不懼畜耗。當年苗高尺餘，留草並長。次年苗長，臨冬焚之易茂。漫種者用猪血塗染勺撒，地蟻壘成堆，生茂木如肘時伐之，年餘成林。爲槲樕樸樕，愈伐愈茂。林葉飼山蠶一過，遍林盡黑，名曰黑樹。即伐之令生，不伐木必枯。 本性：味苦澀，氣寒涼。黑耳，可去膩，刮毛，炭汁能消滯除積。 效方：目病翳久不瘥者，用木耳炒存性，木賊去節，等分爲末茶調服。

清 吴其濬《植物名實圖考・木類・青岡樹》 《救荒本草》：青岡樹，舊不載所出州土，今處處有之。其木大而結像斗者爲橡櫟，小而不結像斗者爲青岡。其青岡樹枝葉條幹皆類橡櫟，但葉色頗青而少花，又味苦，性平，無毒，採嫩葉煠熟，以水浸漬，作成黄色，换水淘净，油鹽調食。按青岡樹與橡櫟雜生岡阜，蓋一類而無花實者，其梢頭往往結一緑球，細如棕絲頗硬。貴州土綢即此樹蠶繭也，其利溥矣。桑有葚，橡有栗，皆不宜蠶，一理耳。今以《橡譜》附於後。湖南俚醫呼爲白栗球，又呼矮脚栗，以其絲球至秋圓白如去殼之栗，用治紅痢白濁。

清 李鴻章 光緒《畿輔通志・物産・木屬・櫟》 櫟似樗之木也。《爾雅注》秦人謂柞爲櫟，河内人謂木蓼爲櫟。《蟲魚草木鳥獸疏》□山谷生之。薊州上方寺者最古。子曰像斗，可以染皂。《雍正志》

清 李鴻章 光緒《畿輔通志・物産・木屬・柞》 柞，色黑而有紋，亦謂之文木《古今注》堅韌之木，新葉將（脱）（出），故葉及落，附著甚固。《詩緝》有刺，不結實。《正定府志》

清 李鴻章 光緒《畿輔通志・物産・木屬・橡》 橡，遍山有之，上方寺者最古。實可爲粉，中秋前後熟即墮地，居人拾之，以水漬數日，曬乾去殼，復漬數日，磨濾去滓，水渟成粉，不澀爲度，或云可愈痢。《盤山志》産阜平，其蒂如斗，可染色。《正定府志》

清 李鴻章 光緒《畿輔通志・物産・木屬》 槲，山中不材木，而其葉宜蠶，正定近山各屬多有之。《正定府志》

清 李鴻章 光緒《畿輔通志・物産・木屬・孛羅木》 孛羅木，橡屬。山中皆有之。可燒（灰）（炭），葉攤麪蒸餅佳。《永平府志》

清 長順《吉林通志》卷三三《物産・木屬・櫟》 櫟，《爾雅》：栩，杼。郭註：柞樹。陸璣疏云：今柞櫟也。徐州人謂櫟爲杼，或謂之栩。其子爲皂，或言皂斗。其殼爲汁，可以染皂。杼或作芧。司馬彪注《莊子》：芧，橡子也。杼又名采。徐廣注《史記・李斯傳》：采，一名櫟。《爾雅義疏・釋木》櫟，土人多以燒炭。《盛京通志》山多櫟。柞櫟之小者名波羅木。五月土人摘其葉裹粿，柞可爲車，大則名櫟，可爲薪。《柳邊紀略》

清 何剛德《撫郡農産考畧・櫟》 櫟有二種。大葉者名板櫟，又名矮櫟，其樹不高。小葉名楮櫟，高三四丈，圍數尋。撫蜀均有之。　天時：七月揚花，十月結實。板櫟初年即結實，比楮櫟結實較速。　地利：荒山、曠野均可種植。　人事：不須人力，不須肥水。　物用：可研粉，其粉可以爲羹，并可爲膠。櫟粉每斤五六十錢，櫟粉膠每斤五六錢。取櫟粉法：曬乾去殼，浸水中數日，磨研成粉，用布袋澄去渣滓，提中層結白者爲佳。

藝　文

《詩·大雅·皇矣》 帝省其山，柞棫斯拔，松柏斯兑。

《詩·秦風·晨風》 山有苞櫟，隰有六駮。【略】山有苞棣，隰有樹檖。

《詩·小雅·車舝》 陟彼高岡，析其柞薪。

附：蔡木

清 吴其濬《植物名實圖考》卷三七《木類·蔡木》 蔡木，生山西，五臺山志書載之。枝葉全類槲櫟，疑即橡栗之屬。考段氏《説文解字註》：蔡，草丰也。丰讀若介。丰字本無，今補四篇曰：丰，艸蔡也。此曰：蔡，艸丰也。是爲轉注艸生之散亂也，丰察疊韻。此木葉密枝枓，或以此得名爲蔡歟。《集韻》有檫字，云木名，梓屬。蔡與檫或音形相近而訛，但此木殊不類梓。又古人作字或訓爲柞櫟，或祇訓柞木。橡醜實繁多，供薪槱。柞蔡一聲之轉，西音呼蔡爲詫，柞亦爲槎之假借，殆作志者就土音書爲蔡，而不知其即柞木耳。《霍州志》：柞，新葉生，故葉落。堅忍之木，可爲車軸。

楓

綜　述

《爾雅·釋木》 楓，欇欇。郭璞註：楓樹似白楊，葉（員）〔圓〕而岐，有脂而香。今之楓香是欇，音輒。

爾雅·楓

晉 嵇含《南方草木狀》卷中《楓香》 楓香，樹似白楊，葉圓而歧分，有脂而香，其子大如鴨卵。二月華發，乃著實，八九月熟，曝乾可燒。惟九真郡有之。

宋 陸佃《埤雅》卷一三《楓》 《釋木》云：「楓，欇欇。」楓似白楊，有脂而香，今之香楓是也。木厚，葉弱，枝善摇，故字从風，作音从風也。葉作三脊，霜後色丹，所謂丹楓。其材可以爲式，《兵法》曰「楓天棗地。置之槽則馬駭，置之轊則車覆」是也。舊説楓之有癭者，風神居之。夜遇暴雷驟雨，則暗長數尺，謂之「楓人」。天旱，以泥封之，即雨。故造式者以爲蓋，又以大霆擊棗木載之。所謂「楓天棗地」，蓋其風雷之靈在焉，故能使馬駭車覆也。楓尊棗卑，故式覆以風，楓載以雷。棗，古者王禁被以楓槐，外朝之位，樹九棘焉。《賦》曰：「蘭若充庭，槐楓被宸。」此之謂也。

宋 寇宗奭《本草衍義》卷一三《楓香》 楓香與松脂，皆可亂乳香，尤宜區别。楓香微黄白色，燒之尤見真僞。兼能治風癱疹癢毒，水煎熱燥洗。

宋 謝維新《古今合璧事類備要别集》卷五二《衆木門·楓》 《格物總論》：楓樹似白楊，大數圍，高亦數丈，枝幹修聳，葉圓而歧分三角，有脂而香。每至秋抄，其葉皆赤，簇簇如錦，爛然可觀，在在有之。

元 胡古愚《樹藝篇·木部·楓》 楓人，五嶺之間多楓木，歲久則生瘤癭。一夕遇暴雷驟雨，其樹贅暗長三五尺，謂之楓人。越巫取之作述，有通神之驗。取之不以法，則能化去。《南方草木狀》楓香樹似白楊，葉圓而岐分，有脂而香，其子如鴨卵。二月華發，乃着實，八九月熟，曝乾可燒。惟九真郡有之。同上　楓似白楊，甚高大，厚葉弱枝而善摇，葉圓而歧，霜後丹色可愛。字从風，又擇木。「楓攝攝」説者，天風則鳴，故曰攝攝。案：《説文》「木葉摇白謂之彙」，則彙與風同義矣。《招魂》云：「湛湛江水兮，上有楓。目極千里兮，傷春心。」至漢，宫殿中多植之。魏景福殿賦，猶稱「楓槐被宸」。有寄生枝，高三四尺，生毛，一名楓子。天旱，以泥泥之，即雨。或云樹老有癭瘤，忽遇暴雷驟雨，癭上聳出一枝，夜暗出三五尺，形如人鬼，口眼備，南中謂之楓人，亦謂之靈楓。越以取爲神事之。舊説云，黄帝殺蚩尤於黎山之上，擲其械於大荒之中，化爲楓木之林。此猶夸父之杖，棄爲鄧林也。其子可以爲式，式，局以楓木爲天，棗心爲地。其脂甚香，謂之楓香脂，一名白膠香，入地千歲則爲琥珀。楓上有菌，食之令人喜笑不止。《爾雅翼》《釋木》云：「楓，欇欇」。楓似白楊，有脂而香，今之香楓是也。木厚葉弱，枝善摇，故字从風，作音从風也。葉作三脊，霜後丹色，所謂丹楓。其材可以爲式，《兵法》云「楓天棗地，置之槽則馬駭，置之轅則車覆」是也。舊説楓之有癭者，風神居之。夜遇暴雷驟雨，則暗長數尺，謂之楓人。天旱，以泥封之，即雨。故造式者以爲蓋，又以霆擊棗木載之，所謂楓天棗地。蓋其風雷之靈在焉，故能使馬駭車覆也。楓尊棗卑，故式覆以風楓，載以雷棗。古者王禁被以楓槐，外朝之位，樹九棘焉。賦曰：「蘭若充庭，槐楓被宸。」此之謂也。《埤雅》《圖經》曰：楓香脂，舊不載州郡所出。云所在太山皆有，今南方及閩陝多有之。似白楊，甚高大，葉圓而作歧，有三角而香。二月有花，白色，乃連着實，大如鴨卵，八九月熟，暴乾可燒。《南方草木狀》曰：楓實惟九真有之，用之有神，乃難得之物。其脂爲白膠香，五月斫爲次，十一月採之。其皮性澀，止水痢，水煎飲之。《爾雅》謂楓爲攝攝，言天風則鳴攝攝也。《説文解字》云：楓木厚葉，弱枝，善摇。漢宫殿中多植之。至霜後，葉丹可愛，故騷人多稱之。任昉《述異記》曰：南方有楓子鬼。楓木之老者爲人形，亦呼爲靈楓，蓋瘤癭也。至今越巫有得之者，以雕刻鬼神，可致靈異。下沉香條，有楓香云，療風癮瘮癢毒，與此相類，即一物也。　江東江西山中多有楓木人，於楓樹下生，似人形，長三四尺，夜雷雨即與齊，見人即縮依舊。曾有人合以笠子，明日看笠子，掛在樹上。土人旱而欲雨，以竹束其頭，禊之，即雨。人取以爲式，樹極神驗，楓木棗地是也。《朝野僉載》《格物論》：楓香樹似白楊，大數圍，亦高數丈，枝幹修聳，葉圓而歧，分三角。有脂而香。至秋抄，其葉皆赤如錦，爛猶可愛。《詩学大全》　楓，莆人擣其皮爲末香，其實名蘻，可燒或作湯，亦香。《興化府志》　楓似白楊，有脂而香，謂之香楓。厚葉弱枝，善摇，故字从風。葉作三脊，霜時色丹，又謂丹楓。崔信明詩：「楓落吴江冷」。《姑蘇志》　楓似白楊，葉圓而歧，有三尖。取其脂可以爲香。《八閩通志》　土人於上巳日採其葉漬米爲青飯。方翥詩云：「年年此日嘗青飯，路傍山楓卻憶家。」同上《興化府志》　按《八閩通志》第三卷風俗内一條云：「民俗，上巳日取南燭木莖葉搗碎，漬米爲飯，染成紺青之色，謂日進一合，可以延年。南燭木者，冬夏常青。《本草》云吴越多有之。《爾雅》曰：「楓，攝攝」。註：「楓樹似白楊，葉圓而岐，有脂而香，今之楓香是也。」疏：《説文》云：「楓木厚葉弱枝，善摇，一名攝攝。」案：《本草》唐本注云「樹高大，葉三角。商洛之間多有之」是也。又《山海經·南荒經》云：「有宋山者，本生山上，名曰楓木。楓木，蚩尤所棄其桎梏，是謂楓木。」注云：「即今楓香樹也」。

明　宋詡《竹嶼山房雜部》卷九《樹畜部·樹類》　楓《格物論》曰：樹似白楊。其脂爲白膠香。易長，根側分其小木種之。

明　慎懋官《華夷花木鳥獸珍玩考》卷一《楓》　《説文》：木厚葉弱，枝善摇，一名攝攝。似白楊有脂而香者謂之香楓，其脂名楓香。楓樹菌食之，令人笑不止。惟飲土漿皆差。廣西南寧府所屬有横州，其地楓始生葉，有蟲食之，蟲形侣蠶而赤黑。四月間熟，亦如蠶之將絲。州人擘取其絲，光明如琴絃。海濱蜑人鬻之作釣緡，甚適於用。謨按楓木連抱，大者甚多，並結毬而不結子。《本經》以爲大楓子内附，但載主治，餘無一言，誠可怪也。今詢市家所得，咸云海舶貿來，疑必外番楓木別有一種生者，不然何獨指此爲名而不言他木耶。姑述之，以俟識者再教。

明　王象晉《群芳譜·木譜·楓》　楓，一名香楓，一名靈楓，一名攝攝（欇欇）。江南及關陝甚多。樹高大似白楊，枝葉修聳，木最堅。有赤白二種。白者木理細膩，葉圓而作歧，有三角而香，霜後丹。二月開白花，旋着實成球，有柔刺，大如鴨卵，八九月熟，曝乾可燒其脂爲白膠香。十一月采，微黄白色。五月斫爲次。氣味辛苦平，無毒，治一切癮瘮、瘋癢、癰疽、瘡疥、金瘡、吐衄、咯血，活血生肌，止痛解毒。燒過指牙，永無齒疾。近世多以松脂之清瑩者爲楓香，又以楓香松脂爲乳香。總之二物功雖次於乳香，諒亦彷彿不遠。皮性澀。

明 彭大翼《山堂肆考》卷二一〇《楓》 宫殿植 漢宫殿中多植楓，故曰楓宸。至霜後葉丹可愛，騷人多稱之。

鳳集 後周武帝時，梁州上書：鳳集于楓上，群鳥列侍以萬數。

明 袁仲儒《離騷草木疏補·楓》《招魂》曰：湛湛江水兮，上有楓。王逸注：言巳湛湛江水浸潤楓木，使之茂盛。傷己不蒙君惠而身放棄，曾不若樹木得其所也。

楓似白楊，甚高大。木肌理硬，葉厚枝弱而善摇。葉圓作歧，有三角而香。二三月有花，白色，乃連著實，大如鴨卵，八九月熟，暴乾可燒。惟九真有之。用之有神，乃難得之物。其脂甚香，謂之楓香，又名白膠香。入地千歲爲琥珀。其皮性澀，止水痢。至霜後丹色可愛，楓上有苗，食之令人笑不止。

明 何三畏《新刻何氏類鎔》卷三一《楓》 楓樹大至數圍，高亦數丈。有幹而聳，有脂而香。石徑雲中，坐看風林之晚。長江水上，喜看烟樹之深。鳥叫猿啼，忽來遠徑飄狂葉。山寒露冷，争渡行人簇暮沙。故一夕高飈，而千林亂墜，亦其時序然矣。在昔黄帝殺蚩尤，其械盡棄于大荒，化爲楓木。五嶺多雷雨，其枝暗長于一夜，謂之楓人。江南有寄生之高枝，故楓子取材于車式。霜後有可愛之丹色，故楓林發詠于騷壇。楓在巖穴間，謂之楓谷。楓在殿庭内，謂之楓宸。或遇天風而自鳴，有馬駭奔其下。曾聞鳳鳥之來集，有烏環列其傍。楓樹之在山也，百年則生瘤癭。楓脂之入地也，千歲則成琥珀。泥封樹杪，能祈久旱之霖。葉灑帆前，堪作遠行之别。老楓久能仙去，忽化。羽人靈楓幻作人形，渾疑鬼物。若烏傷陳氏之女，倚楓樹爲神，臨訣時，有左蒼右黄之語，而其家春秋時，每從樹下以蒼狗黄犬設祀者，亦足異哉。

明 彭大翼《山堂肆考》卷二一〇《楓》 楓樹似白楊，葉圓而岐分三角，有脂而香。每至秋杪，其葉皆赤，簇簇如錦，爛然可觀。其子如鴨卵，二月花發著實，九月熟，曝乾可燒。《説文》：木厚，葉弱 枝善摇，一名欇欇。蓋楓欇天風則鳴，故云。

明 方以智《物理小識》卷九《楓》 分根、側條種。脂爲白膠香。忽生瘤，爲楓人。深山傳有不落葉之楓，則樹似楓而開椏者，其中仍多兩椏或不開椏者。韓雨公曰：楓松皆可造乳者。鑽入蓖巴菽可令成癭。張程曰：箕峯有楓，開兩歧紅花，其葉莖亦紅。

清 陳憲舜《課民植牧講義稿·楓》 老樹枝幹修聳，木性甚堅，有赤白二種，點子插枝皆可。其子如球，而有柔刺。冬月孕蠶於中，交春變蛾，名楓木蠶。取繭五六枝，繫新樹上。至四五月即可出蠶，雖經風雨，可不料理，能自生長。惟樹宜多留枝葉，使蠶有避風雨之處。結繭後連枝取下，用家蠶繅絲之車，取絲織綢，極其耐用。若有枝頭難取之繭，即留作種。見蠶將熟之時，樹旁地面挖一小水池，儲清水一坑，水少復加，以此蠶將熟之時，必蟬聯下樹，千百爲群，至離一二里路之溝，去飲清水。備此小池，飲畢即仍上樹，不遠去也。曾經試驗，親眼見來，一年兩造或一造，不需人力，較種他樹，尤爲利大。至樹身價值，與各樹同。伐置地下，逾年生菌。

清 闕名《名花譜·楓》 一名紅樹。秋半楓葉漸紅，凌冬愈艷，霜雪中醉顛仙也。本古者極大，子可治疾。古詩云：「燕坐楓林晚，紅于二月花。」覺山林生色。【略】鄭虔爲博士寓慈恩寺，日以紅葉學書，歲久殆遍。

清 陳淏子《花鏡》卷三《花木類考·楓》 楓，一名欇，香木也。其樹最高大，似白楊而堅，可作棟梁之材。葉小有三尖角，枝弱善摇，二月開白花，旋即着實，圓如龍眼，上有芒刺，不但不可食，且不中看，惟焚作香，其脂名白膠香。一經霜後，葉盡皆赤，故名丹楓，秋色之最佳者。漢時殿前皆植楓，故人號帝居爲楓宸。一云：楓脂入地千年即成琥珀。又有一種小楓樹，高止尺許，老幹可作盆玩。

清 謝堃《春草堂集·花木小志·楓》 此樹大可合抱，小僅尺餘。其葉三棱，其枝幹盤拏屈曲，生成畫意。好事者以大石盆點綴十數小株，高下成林。霜初葉黄，霜重葉赤。故詩人孅之曰：「霜葉紅如二月花。」以余觀之，尚不若纖月西垂之際，一曲清琴，數聲長笛。恐神仙之樂不能過此。

清 陳昌齊 道光《廣東通志·木類·楓香》 楓香。樹似白楊，葉圓而歧分，有脂而香，其子大如鴨卵。二月華發乃著實，八九月熟，曝乾可燒《南方草木狀》。按《羅浮志》云：今所燒乃其皮，非子也，子亦無如卵者《鄰志》。

清 陳昌齊 道光《廣東通志·木類·楓》 楓人。五嶺之間多楓木，歲久則生瘤癭。一夕遇暴雷驟雨，其樹贅暗長三五尺，謂之楓人。越巫取之作術，有通神之驗。取之不以法，則能化去。《南方草木狀》

清 李鴻章 光緒《畿輔通志·物産·木屬·楓》 楓樹，似白楊，葉圓而歧《爾雅疏》。北方原無楓樹之名，自南邇見楓樹，方知北方之梌木即是楓樹。但南方厥木維喬，所以直生，北方厥木維叢，故矮短耳，其枝葉則相同也。熱河北嶺多楓葉而美蔭，其色油然《御製文集》。塞山多有之，初未經霜已有紅葉，秋深則全赬紅，山莊内北嶺尤多。《熱河志》

清 長順《吉林通志・物産・木屬・楓》 楓，雞林哈答，至秋深，楓葉萬樹，紅映滿江。《寧古塔紀略》

清 吴其濬《植物名實圖考》卷三八《木類・刺楓》 刺楓，一名八角楓。圓莖密刺，葉生莖端，形如棕櫚，葉如楓而多歧至七八叉，又似黄蜀葵葉而短肥。江西山坡有之。

清 吴其濬《植物名實圖考》卷三七《木類・八角楓》 《簡易草藥》：八角楓，其葉八角，故名八角楓，五角即五角楓。有花者其根亦名白龍鬚，無花者即名八角風，二樹一樣。花葉八角，味温無毒，能治筋骨中諸病。按《本草》：從新八角金盤苦、辛温、毒烈，治麻痺、風毒、打撲瘀血，停積其氣猛悍，能開通壅塞，痛淋立止，虚人慎之。植高二三尺，葉如臭梧桐而八角，秋開白花細簇，取近根皮用，即此樹也。江西、湖南極多。不經樵採，高至丈餘。其葉角甚多，八角言其大者耳。

清 吴其濬《植物名實圖考》卷三八《木類・丫楓小樹》 丫楓小樹，江西處處有之。緑莖有節，密刺如毛，色如虎，不挨長葉，微似梧桐葉，或有三叉，横紋糙澀。《進賢縣志》作鴉楓。俚醫以治瘋氣，去紅腫。

清 厲荃《事物異名録》卷三〇《樹木部・楓》 欇欇 《説文》：楓木善摇，一名欇欇。蓋楓攝天風則鳴，故云。

清 張宗法《三農紀》卷七《楓》 楓，郭璞云：木高大，葉似白楊圓而岐，秋後色丹，生脂而香，入土千年化爲琥珀。二月開白花，旋着實成毬，有柔刺，大如鴨卵，八九月熟曝乾燒其脂爲膠。《述異記》云：南中有老楓生癭瘤，狀若人形，遇暴雷驟雨暗長，爲之楓人。故云：老楓化爲羽人，越巫得之，刊鐫鬼神，可致靈異。其葉善摇，故《草木狀》名攝攝，乃楓之名所由也。風能變化其木有靈，是以楓從之。　植藝：實熟收種肥熟土中，至春生苗一二尺許植之。　本性：味辛，氣香，止風去穢。　效方：金瘡傷筋骨者，楓香末敷。骨筋疼，楓寄生煑酒飲，染痘以楓脂燒薰解穢氣，患家宜常焚。

清 吴其濬《植物名實圖考》卷三五《木類・楓》 楓，《爾雅》：楓，欇欇。楓香脂，《唐本草》始著録。楓子如梂。《南方草木狀》謂，楓實有神，乃難得之物，恐涉附會。江南凡樹葉有叉歧者多呼爲楓，不盡同類。

植物名實圖考・楓

清 吴其濬《植物名實圖考》卷三八《木類・三角楓》 三角楓，一名三合楓。生建昌。粗根褐黑，叢生緑莖，葉如花楮樹葉而小，老者五叉，嫩者三缺，面緑背淡，筋脈粗澀。土醫以治風損。按《本草綱目》有名，未用三角楓，一名三角尖。生石上者尤良，主風溼，流注疼痛，乃癰疽腫毒。未述形狀，治證頗同。

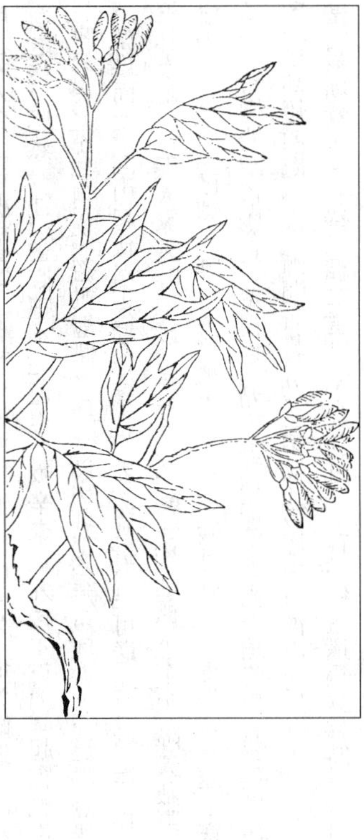

植物名實圖考・三角楓（又一種）

清 吳其濬《植物名實圖考》卷三八《木類・三角楓（又一種）》 三角楓（又一種），江西山坡多有之。樹高七八尺。葉似楓，三角而窄，面青背淡。秋時結子作排如椿樹，角長而子在角下。與前一種同名異物。

植物名實圖考・三角楓（又一種）

藝文

唐 錢起《江行》 遠岸無行樹，經霜有伴紅。停船披好句，題葉贈江楓。

唐 姚合《楓林堰》 森森楓樹林，護此石門堰。杳堤數里餘，楓影覆亦遍。鸕鷀與釣童，質異同所願。

宋 劉儗《楓樹》 楓葉不耐冷，露下臙脂紅。無復戀本枝，槭槭隨驚風。向來樹頭蟬，去盡不見蹤。日落秋水寒，哀哀鳴征鴻。

明 李東陽《諸生有作紅葉詩者，愛其末句，戲爲補之》 碧樹凋餘老更紅，強將顔色慰飄蓬。濃霜未著愁先醉，返照初回望欲空。唐苑情多何足問，吴江句好更誰工。晚來蟻穴無歸路，應恨蕭蕭匝地風。

明 彭大翼《山堂肆考》卷二一〇《楓》 猿吟　元次山詩：千里楓林烟樹深，無朝無暮有猿吟。　露凋　杜詩：玉露凋傷楓樹林。　霜墜　《名賢集》：一夕起霜風，千林墜曉紅。無端逐流水，更向武陵東。

明 鍾人傑《過楓林記》 楓林在城西南隅，枕岡帶郭，境頗幽迥。際秋老霜新之後，悠然一往，會心正不在遠也。岁辛未重九後二百，晨起霜風肅然，日氣爽潔。不知何從，忽動登眺之興。欲出郭，念無可與遊者，遂獨登候潮城。循雉而西，因山起伏，不復規規壅整，委蛇旋折，足可送遠目適遊履也。將近楓林女牆，竟與人家菜畦坦接，穿籬度莽，轉一扨則楓木千本，障天蔽野，了無雜樹。時夕照已轉林腰，横射葉上，光彩如潑丹砂者。正坐吟「遠上寒山」之句，希微間踽踽影動，定視之，乃一野衲掃落葉爾。迫晚風景蒼涼，凜不可留，望龕燈明處亟投，漸聞石磬，乃三茅福地，遂由石徑出而歸。

清 愛新覺羅・玄燁《楓二首》 乍見新紅三五枝，停鞭還爲立移時。吟丹自我償詩債，近作有楓林槲阪遲詩約「塞上重吟一片丹」之句。突綠看伊入畫姿。松柏有心原共秀，李桃無色敢争奇。千秋知己應誰是，只有司勳杜牧之。　匪同烏鵲歎無枝，一例寒林卻耐時。絶勝衰楊翻葉態，還如老菊傲霜姿。嫣紅不數江花好，赬紫惟應塞樹奇。自是山靈儀衛肅，樵蘇誰得斧斯之。

又《詠楓再疊前韻二首》 朔地依然越烏枝，恍如霜落洞庭時。滑稽重憶吳江句，衰謝誰知漢苑姿。百歲爲人應是幻，千年成虎已標奇。丹青天巧能渲染，不藉名工顧愷之。　最喜重吟絳雪枝，酣紅猶讓昔年時。詎因改綠訾無節，卻爲施朱發妙姿。平抹如看霞外影，常酡似飲米中奇。千林秋色知多少，欲向山靈一問之。

清 愛新覺羅・玄燁《楓香阪》 清吟步修阪，衣袂泛秋涼。金風颯然過，微聞山楓香。

楮

綜述

北魏 賈思勰《齊民要術・種穀楮第四八》 《説文》曰：「穀者，楮也。」按今世人有名之曰角楮，非也。蓋角穀聲相近，因訛耳。其皮可以爲紙者也。 楮宜澗谷間種之，地欲極良。秋上，楮子熟時，多收，浄淘，曝令燥。耕地令熟，二月耬耩之，和麻子漫散之，即勞。秋冬仍留麻勿刈，爲楮作煖。若不和麻子種，（卒）（率）多凍死。明年正月初，附地芟殺，放火燒（之）。一歲即没人，不燒者瘦，而長亦遲。三年便中斫。未滿三年者，皮薄，不任用。斫法：十二月爲上，四月次之。非此兩月而斫者，則多枯死也。每歲正月，常放火燒（元）。自有乾葉在地，足得火然，不燒，則不滋茂也。二月中，間（斫）（斸）去惡根。斸者，地熟楮科，亦（可）以留潤澤也。移栽者，二月蒔之，亦三年一斫。三年不斫者，徒失錢，無益也。指地賣者，省功而利少；煮剥賣皮者，雖勞而利大。柴足供然。自能造紙，其利又多。種三十畝者，歲斫十畝，三年一遍，歲收絹百疋。

三國吴　陸璣《毛詩草木鳥獸蟲魚疏》卷上《其下維穀》　穀幽州人謂之穀桑，或曰楮桑，荆揚交廣謂之穀，中州人謂之楮，殷中宗時桑穀共生是也。今江南人績其皮以爲布，又擣以爲紙，謂之穀皮紙。長數丈，潔白光輝，其裏甚好。其葉初生可以爲茹。《詩·鶴鳴》疏

唐　段成式《酉陽雜俎》卷一八《構》　穀田久廢必生構，葉有瓣曰楮，無曰構。

宋　陸佃《埤雅》卷一三《穀》　穀，惡木也。而取名於穀者，穀，善也。惡木謂之穀，則甘草謂之大苦之類也。《詩》曰：「樂彼之園，爰有樹檀，其下維蘀。樂彼之園，爰有樹檀，其下維穀。」蓋檀堅厚，蘀脆薄，其別之易也。穀則惡木也，而疑於美散木也，而疑於才，其別之則難矣。故一章言：「尚其樹檀，而下其蘀。」二章言：「尚其樹檀，而下其穀。」以誨宣王分別善惡，有隆於後，且箴規者友道也，誨誘者師道也。《記》曰：「能博喻，然後能爲師。」故《衡門》三章章四句，《鶴鳴》二章章九句，皆比而不賦，則以誨誘故也。然僖公愿而無立志，故作《衡門》者以誘掖之。宣王則高才之主，特不能以有終爾，非愿而無立志者也。故《鶴鳴》一、二以曉教之，又與誘掖之詩異。《本草》曰：楮，一名穀。陶氏云即今構木，誤矣。先賢以爲，皮斑者是楮，皮白者是穀；有瓣者曰楮，無瓣者曰構。按，此非一種。《物類相感志》云：其膠可以團丹砂，《語》曰「構膠爲金石之漆」是也。《列子》曰：宋人有爲其君以玉爲楮葉者，三年而成，亂之楮葉中不可別也，遂以巧食宋國。列子聞之曰：使天地之生物，三年而成一葉，則物之有葉者寡矣。故聖人恃道化，而不恃知巧。《老子》曰「輔萬物之自然，而不敢爲」，此之謂也。

宋　謝維新《古今合璧事類備要別集》卷五〇《衆木門·楮》　《格物總論》：楮一名穀樹，高丈餘，大者數圍。枝條脩聳，葉刻缺而澀，有毛。剥其皮可以爲紙。取其實又可以練絹。又爲面藥，以米泔灑楮，亦能生菌也。

元　王禎《王禎農書》卷三五《穀譜·竹木·楮》　《說文》云：「穀者，楮也。」有二種。一種皮有斑花文，謂之「斑穀」，今人用爲冠者。一種皮白無花，枝葉相類。或云斑者是楮，白者是穀。

元　胡古愚《樹藝篇·木部·穀》　《說文》曰：穀者，楮也。案：今世人乃有名之曰角楮，非也。蓋角穀聲相近，因訛耳。其皮可以爲紙者，楮也。宜澗谷間種之，地欲極良。《說文》云：穀者，楮也。有二種。一種皮有班花文，謂之班穀，今人用爲冠者。一種皮白，無花，枝葉相類。或曰班者是楮，白者是穀。王禎《農書》　京師中太乙宫道士房有楮結子，如楊梅。徽宗車駕臨觀之，曰擬梅軒。吴正仲詩云：「陰陰緑葉不勝垂，着子全多欲壓枝。知是君王一留顧，故應雨露亦饒滋。」其二：「五月霏霏雨不開，若邪溪畔摘楞梅。朱丸忽向雲窓見，疑是雲根越嶺來。」其三：「雖將蜜漬借微酸，小摘曾聞飣玉盤。爭似江南風致在，瓶紅初向緑陰看。」越州楊梅最佳，士人謂之楞梅。又北人以梅汁漬楮實，益以蜜，作假楊梅，故正仲及之。《能改齋漫録》　穀，惡木也，易生之物。一説穀田久廢，則生穀，此聲所以通於穀。其實正赤，如楊梅而無核。《鶴鳴》之詩：園之所有，木不同而其下皆穀，則以穀易生故也。伊陟相大戊亳，有祥桑穀拱生於朝。劉向以爲桑猶喪也，穀猶生也，殺生之柄失而在下，則是以桑穀爲二物也。而陸璣以爲，穀幽州謂之穀桑，或曰楮桑，然則蓋一物也。《論衡》曰：楓桐之木，生而遠長，故其皮肌不能堅剛。樹檀以五月生葉後，彼春榮之木，其材彊勁，車以爲軸。商之桑穀七日大拱，長速大暴，故爲變怪。穀雖易生，至於七日而拱，則已速矣。宋人刻玉爲楮葉，三年乃成。孔子曰：使地三年而成一葉，則物之有葉者寡矣。江南人績其皮以爲布，又擣以爲紙，長數丈，浄白，光澤甚好。其葉初生可茹。又取班穀之皮以爲冠，裴淵《廣州記》曰，蠻夷取穀皮，熟搥爲揭裏布，舖以擬氊。然則雖惡木，用亦博矣。《爾雅翼》　楮，《詩》謂之穀，生子如楊梅，皮可績爲布，亦可擣爲紙。陸璣云：樹皮班者爲楮，白者爲穀。《八閩通志》　楮皮可造紙，實堪入药。《九江府志》《圖經》曰：楮實生少室山，今所在有之。生有二種，一種皮有班花文，謂之班穀，今人用爲冠者。一種皮無花，枝葉大相類，但取其葉。似葡萄葉作瓣而有子者爲佳。其實初夏生如彈丸，青緑色，至六七月漸深紅色，乃成熟。八九月採，水浸去皮穰，取中子日乾。　構，穀田久廢則生構，有瓣曰楮，無瓣曰構。《酉陽雜俎》　穀樹汁調輕粉，用生姜切平，蘸藥擦之，汗班自退。戴章甫《濯纓雜録》　穀樹，一名楮樹，材不中用，生子紅如楊梅，不堪食，皮可作紙。《雁山志》　楮即穀也，其皮可擣以

爲紙。郡人因取製紙衾，極粗而厚，貧家亦可以禦冬。《郡武府志》　褚即穀樹也，江東所産者結實，本地者不結實，其皮可搗爲紙，亦可治爲衣，爲衾。《興化府志》　楮亦謂之穀，其實入藥，其皮造紙，濟世之用也。桑穀並生者即此也。《草木畧》《詩·小雅·鶴鳴》篇：其下惟穀。《傳》：穀，惡木也。疏正義曰：以上檀籜類之取其上善下惡，故知穀惡木也。陸璣疏云：幽州人謂之穀桑，荆揚人謂之穀，中州人謂之楮，殷中宗時桑穀共生是也。今江南人績其皮以爲布，以擣以爲紙，謂之穀皮紙，潔白光輝，其裏甚好。其葉初生可以爲茹。《詩經註疏》

明　宋詡《竹嶼山房雜部》卷九《樹畜部·樹類》　楮葉大而歧，漏膚中有液能粘。一名穀。子可種。惟膚爲造紙材。

明　王象晉《群芳譜·木譜·楮》　楮，一名穀，一名穀桑。有二種：一種皮斑而葉無椏叉，謂之斑穀，三月開花，成長穗如柳花狀，不結實。一種皮白無花，葉有椏叉，似葡萄葉，開碎花，結實如楊梅。用時但取葉有椏叉，有子者爲佳。其實初夏生，青緑色，六七月成熟，漸深紅，八九月采。實名楮桃，一名穀實，甘寒無毒，治陰痿，水腫，壯筋骨，補虚勞，益顔色，健腰膝，克肌明目，久服輕身，不飢不老。　葉治小兒身熱，食不克飢。作湯浴，刺風身癢。利小便，去風濕、腫脹、白濁疝氣、瘡癬、生肉。　種植：熟時取子淘浄曬乾，同麻子種熟地。至冬，留麻取暖。明春放火燒芟之。三年可斫其皮抄紙。斫以臘月爲上，四月次之，非此月損其樹本。

明　吴雨《毛詩鳥獸草木考》木考·穀　《小雅》曰：其下維穀。《傳》：穀，惡木也。　穀，一名楮，一名構。有二種，一種皮有斑花文，謂之斑穀，今人用以爲冠者。一種皮無花文，枝葉大相類，其葉似葡萄葉作瓣，又上多毛澀。實名楮桃，大如彈丸，青緑色，後漸變深紅色，食之甘美，久食令人骨軟，俗謂之穀。一説木高一二丈，穀田久廢必生構葉，有瓣曰構，無曰楮。皮可作紙，南人呼穀紙爲楮紙。武陵人作穀皮衣，甚堅好耳。陸璣云：幽州人謂之穀桑，或曰楮桑，荆揚交廣謂之穀。江南人績其皮以爲布，又擣以爲紙，長數丈，光澤潔白甚好。其嫩芽可爲茹。殷中宗時，桑穀並生是也。《花木志》：楮子如梅實，二月花，色如蓮。實七八月熟，土人鹽藏之，味辛。陸佃云：取名於穀者，穀，善也。惡木謂之穀，則甘草謂之大苦之類。

明　慎懋官《華夷花木鳥獸珍玩考》卷三《楮穀》　皮斑者是楮，皮白者是穀。皮可作紙，實味甘。其皮可擣以爲紙，江南人或漬以爲布。《廣州記》曰：蠻夷取穀皮熟搥以擬氈，汁能寫金。葉初生亦可茹。

明　方以智《物理小識》卷九《楮》　楮易生，其汁最黏，其實補人，其皮作紙。一名穀，或呼爲構。舊説：雄葉無椏。愚者曰：葉肥則圓，瘦則椏。然一樹而有椏圓何耶？當以結實皮白爲雌，皮斑無實爲雄。或呼穀桑。《中通》曰：楮子、麻子同撒，秋冬留麻爲楮作煖，來春刈麻，放火燒之，楮乃盛發。臘月斫皮，其梗可薪。

明　傅梅《嵩書》卷一〇《木部·楮》　楮《本草經》曰：楮實生少室山，所在有之。《詩疏》云：構即楮也。《雜俎》云：葉有瓣曰楮，無曰構。

清　陳淏子《花鏡》卷三《花木類考·楮》　楮，一名穀樹，有二種。一雄，皮斑而葉無椏叉，三月開花，即成長穗，似柳花而無實。一雌，皮白，中有白汁如乳，葉有椏叉，似葡萄，開碎花，結實紅似楊梅，但無核而不堪食，皮可作紙，汁可克膠。十二月内將子淘曬過種即生，亦可佐服食。

清　陳大章《詩傳名物集覽》卷一二《其下維穀》　《朱傳》：穀一名楮，惡木也。《廣雅》：穀，楮也。《陸疏》：幽州人謂之穀桑，荆揚交廣謂之穀，中州人謂之楮。今江南人績其皮以爲布，又擣以爲紙，謂之穀皮紙，潔白光澤，其裏甚好。葉初生可以爲茹。《管子》：五位之土，其柞其穀。《酉陽雜俎》：構，穀田廢，久必生構。葉有瓣曰楮，無曰構。《本草圖經》：楮有二種。一種皮有斑花文，謂之斑穀，今人用爲冠。一種皮無花，但葉似葡萄，作瓣而有子者爲佳。其實初夏生，如彈丸，青緑色，至六七月，漸深紅色乃成熟，八月九月採。《抱朴子》：楮實赤者，餌之一年，老者還少。《本草》曰：楮亦名穀。陶氏以爲今構木，誤矣。先賢以爲，皮斑者是楮皮，白者是穀，有瓣者曰楮，無瓣者曰構，按此非一種。《物類相感志》云：其膠可以團丹砂。《語》曰「構膠爲金石之漆」是也。《列子》：宋人有爲其君以玉爲楮葉者，三年而成，亂之楮葉中，不可別也，遂以巧食宋國。列子聞之曰，使天地之生物，三年而成一葉，則物之有葉者寡矣。《爾雅翼》：《書》「桑穀共生」，劉向以爲桑，喪也。穀，生也，殺生之柄失而在下，是以桑穀爲二物也。陸璣以爲，幽州人謂之穀桑，或曰楮桑，然則蓋一物矣。《廣州記》：蠻中取穀皮熟搥爲揭裏布，鋪以擬氈，漢周黨被徵，不得已著短布單衣，穀皮綃頭待見。《尚書注》：以穀樹皮爲綃頭也。《山海經》：招摇之山有木焉，其狀如穀而黑裏，其華四照，名曰迷穀，佩之不迷。《木譜》：斑穀葉無椏叉，三月開花，成長穗如柳花，不結實。白皮穀皮有椏叉碎花，實如楊梅而無核，八月九月採，一名楮桃，一名穀實。《埤雅》：樂彼之園，爰有樹檀，其下維蘀。檀堅厚，蘀脆薄，其別之易也。又曰：其下維穀。穀，惡木也，而疑于美，散木也，而疑于才，其別之難矣。故以誨宣王分別善惡，有隆于後也。許東陽曰：穀字從㱿從木者，木名也。從㱿從禾者，百穀之總名，亦善也。此詩集于穀者，木也，我肯穀者，善也。二字當辨。《正字通》：構穀楮三物、三名、三字、三音，非讀穀爲構也。李氏《本草》：楚人呼乳爲穀，穀本是㝅，字從子從㱿。《説文》甚明，陸佃《埤雅》訓穀爲善，如戩穀、式穀之義，誤矣。然其以穀爲穀，則傳寫之訛，非佃之過也。米襄陽云，古法黏經，以構汁和白芨，飛麪爲糊，接紙永不脱解。

清 王念孫《廣雅疏證》卷一〇上《釋木・穀》 穀，楮也。《説文》云：穀，楮也。從木，㱿聲。今江淮之閒謂之㱿樹。音苦角反。《小雅・鶴鳴篇》：其下維穀。《傳》云：穀，惡木也。陸璣《疏》云：幽州人謂之穀桑，荊揚人謂之穀，中州人謂之楮，殷中宗時桑穀共生是也。今江南人績其皮以爲布，又搗以爲紙，謂之穀皮紙，潔白光煇，其裏甚好，其葉初生可以爲茹。《韓非子・喻老篇》云：宋人有爲其君以象爲楮葉者，三年而成，豐殺莖柯，豪芒繁澤，亂之楮葉之中，而不可別也。則穀之稱楮，其來久矣。《管子・地員篇》云：五位之土，其林，其漉，其柞，其穀。《西山經》云：鳥危之山，其陰多檀楮。蓋此樹，雖處處田野有之，而其疇生之地，又各有宜焉。穀、構古同聲，故穀一名構。陶宏景《別録》注云：穀，即今構樹也。《埤雅》引《物類相感志》云：其膠可以團丹砂，《語》曰「構膠爲金石之漆」是也。今人亦取其漿，以書竹帛，歲久不落，如膠漆焉。《齊民要術》云：今世人名之曰角楮。蓋角、穀聲相近，因訛耳。蘇頌《本草圖經》云：楮有二種。一種皮有斑花文，謂之斑穀，今人用爲冠者。一種皮無花，枝葉大相類，但取其葉似葡萄葉，作瓣而有子者爲佳。其實初夏生，如彈丸，青緑色，至六七月漸深紅色，乃成熟也。楮即是穀。而《酉陽雜俎》乃謂，葉有瓣曰楮，無曰構。日華子《本草》又謂，皮斑者是楮，皮白者是穀。皆强爲區別耳。

清 厲荃《事物異名録》卷三〇《樹木部・楮》 穀桑 楮桑 《詩疏》：穀，幽州人謂之穀桑，或曰楮桑。荊揚交廣謂之穀，中州人謂之楮。

清 鍾山逸叟《致富奇書》卷一 楮即穀，音媾，亦作構。浙人擣皮造紙，用之甚廣。種法，春間將子淘曬，同麻子漫撒。秋冬留麻勿刈，爲楮遮護，明春放火燒之。一歲即長大，三年可斫。樹有雌雄，雌者皮白而葉有椏。又開碎花，結實如楊梅。種三十畝者，歲斫十畝，三年一遍，歲收絹百匹。

清 張宗法《三農紀》卷六《楮》 楮，《圖經》云：皮斑，葉無椏，開花不實者雄。皮白無斑，葉椏結實者雌。《爾雅翼》云：葉有瓣曰楮葉，無瓣曰構葉，生澀毛。三月開花成穗，若柳花狀。歉年能充饑，收淘拌粉蒸熟可爲蔬。結實如楊梅，生青熟紅，半生半熟時可蜜煎作果，紅熟淘子名楮實子。《字説》云：本作檸楮乃構也。一名穀。《詩》云：其下維穀。楚人呼乳爲穀，其木有白汁如乳，故以楚音名也。《博物志》云：楮膠團丹，願金石之漆。葉可飼畜，子可入藥，皮甎可緝毡，又造紙堅柔。蔡敬仲取樹膚及敝布、魚網爲之，今以穀皮、竹造者多矣。 植藝：實熟收種熟地中即生。收實淘子曬乾，同麻子種。臨冬留麻取煖，來春火燒，芟其苗，待另發。至二年苗成，可芟。收皮抄紙宜十二月，四月次之，餘傷木本。根傍發苗移栽可速利。 本性：味甘性平，實益氣補陰，葉除風去濕。 效方：目翳，三月三日采楮，嫩芽陰乾爲末，入射少許，每以黍大入目皆內，其翳自落。兒身熱，食不允口，葉煎湯浴。頭風白屑，構木作(杭)(枕)，六十日以易所枕木久自愈。

清 吴其濬《植物名實圖考》卷三三《木類・楮》 楮實，《別録》上品。《詩疏》：幽州謂之穀桑，荊揚交廣謂之穀。《酉陽雜俎》：葉有瓣曰楮，無曰構。按穀構一聲之轉，楚人謂乳穀，亦讀如構也。皮爲紙，亦可爲布。葉、實可食。皮中白汁以代膠。《救荒本草》謂之楮桃。

植物名實圖考・楮

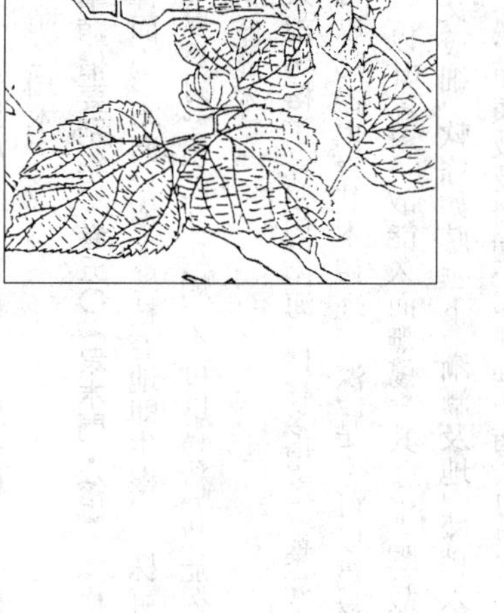

清 陳憲舜《課民植牧講義稿・楮》 楮有二種。斑皮者爲楮，白皮者俗

稱爲穀。又雄爲楮，雌爲穀。楮皮斑葉無椏叉，三月開花如柳絮，不結實，歉年可采花食之。穀皮白葉開椏叉，出碎花結實如楊梅。半熟時，用水洗，去其子，蜜煎果食俱可。宜種於近水之處，凡收子留待暮春，和麻子共撒之，秋冬麻成刈刈，留以爲楮作援，否則霜雪凍壞。至明年正月，速予附地鋤之，放火燒於地面，其宿根發出新芽，至年底即如人高，酌加肥料，翌春生長尤旺。至十二月即可砍伐，剥皮造紙。砍後每逢正月常用火燒，其生愈茂。凡杆插、壓條、分株、接木、分根皆可。移栽宜二月，砍宜四月、臘月。若火燒移栽砍伐不按月，必瘦劣遲長，而且枯槁，物性然也。嫩葉可爲菜，朽株埋於濕地，澆米泔能生菌，其汁書字，成黄金色，皮可爲衣，奇荒攙糠造餅，可以充饑。他國造透寫紙，用密蒙花，名雁皮，或瑞香花。

清 郝懿行《寶訓·木材·楮》《説文》：楮，穀也。陸璣《詩疏》：幽州人謂之穀桑，或曰楮桑，荊揚交廣謂之穀，中州人謂之楮。江南人績其皮以爲布，又擣以爲紙。《酉陽雜俎》：葉有瓣曰楮，無曰構。

清 李鴻章 光緒《畿輔通志·物産·木屬·楮》 楮，幽州人謂之穀桑。《蟲魚草木鳥獸疏》有二種。一種皮斑而葉無椏，謂之斑穀，開花成長穗，如柳花狀，不結實。一種皮薄無花，花葉有椏，又似葡萄葉，開碎花，結實如楊梅。《群芳譜》皮可作紙，今永平出。《雍正志》楮皮浸之造紙，出響水、亮東、武任等村。《磁州志》，詳《方言》。

清 陳昌齊 道光《廣東通志·木類·穀樹》 穀樹，裴淵《廣州記》曰：蠻夷取皮熟搥爲褐裹髻布，鋪以擬氊。《太平御覽》木高一二丈，葉初生可茹，長大可造紙，實正赤如楊梅。《廣志》

明 李中守《本草原始·木部》 楮實始生少室山，今所在有之。其葉似葡萄，作瓣而有子者爲佳。其實大如彈丸，生青熟紅。八九月采實，水浸去皮穰，取中子入藥。俗呼楮桃，《本經》一名穀實。楚人呼乳爲穀，其木中白汁如乳，故以名之。今人呼爲楮實子。

榕

綜述

唐 劉恂《嶺表録異》卷中《榕樹》 榕樹，桂廣容南府郭之内多栽此樹。葉如冬青，秋冬不凋。枝條既繁，葉又蒙細，而根鬚繚繞，枝幹屈盤。上生嫩條如藤，垂下漸及地，藤梢入土根節成。一大榕樹三五處有根者，又横枝著隣樹則連理。南人以爲常，不謂之瑞木。

宋 謝維新《古今合璧事類備要别集》卷五〇《衆木門·榕》《格物總論》：榕樹大十數圍，葉如樟而小，不凋。樹上懸枝着地即生根，一株可以芘蔭數畝。然樹拳曲臭惡，不可以爲材。燒之亦無焰，不可以爲薪。故能久而無傷惟全。福交廣間於近水處多産此木。

元 胡古愚《樹藝篇·木部·榕》 榕樹，南海、桂林多植之。葉如木麻，實如冬青，樹幹拳曲，是不可以爲器也。其本稜理而深，是不可以爲材也。燒之無焰，是不可以爲薪也。以其不材，故能久而無傷。其蔭十畝，故人以爲息焉。而又枝條既繁，葉又茂細，軟條如藤垂下，漸漸及地，藤梢入土便生根節。或一大株有根四五處，而横枝及隣樹，即連理。南人以爲常，不謂之瑞木。《南方草木狀》 予於嘉靖乙酉從先公宦游閩中，彼處有此樹。樹大而多根，役夫往來者皆休息其下。柳子所謂「榕葉滿城鶯亂啼」者指此也。 槦字亦作榕。《海物異名記》云：材擁腫不中繩墨，故謂之槦。或曰其蔭覆寬廣，故謂之榕。宋熙宗中，郡守程師孟多命植此，自爲詩云：「三樓相望枕城隅，臨去重栽木萬株。試問國人行住處，不知還憶使君無。」此木自州以南爲多，劍建則不復産矣。《八閩通志》 宋慶歷中，郡有一株，三十七根附於一幹。太守錢尚因繪爲圖，以示知福州王逵。逵遂以嘉木名之，有詩云：「清陰隨日遠，翠影共烟浮。避暑疑無夏，當風别有秋。」同上興化 榕樹最大，其陰最密。幹及三人圍抱者，則枝上生根，綿綿垂地，得土力又生枝。如此數四，其幹有闊至三四者持，中通不圓實。陰覆重重，六月不知暑。木理粗惡，不堪器用。《海槎》 榕易生支之木，又易高大，其陰一株可覆數畝者暑最多。根出半身，附幹而下以入土，故有榕木倒生根之語。禽鳥啣其子寄生地木上，便蔚茂。根下至地，得者土氣，久則過其所寄。《桂海虞衡志》 榕有赤榕，有青榕。《漳州府志》 榕葉密多陰，附樟木而生根，纏木盡，則樟朽而榕茂。茂者屯陰可畝許，山中少有，惟温州南塘路最盛。《雁山志》《南州異物志》曰：榕木初生少時，緣摶他樹，如外方扶芳藤形，不能自立根本，緣繞他木傍作連結，如羅網桐絡然，彼理連合，鬱茂扶疏，高六七丈。《齊民要術》

明 宋詡《竹嶼山房雜部》卷九《樹畜部・樹類》 榕柳宗元詩云：榕葉滿庭鶯亂啼。鳥銜其子寄生他木，初如葛藟緣之根鬚，沿木自垂，得土氣則過所寄，卷曲臭惡，不可爲材，然多清樾。

明 慎懋官《華夷花木鳥獸珍玩考》卷三《榕》 《宋志》引《海物異名記》云：榕或作樠。言材不中梓人也。有二種。一種矮而盤桓，其鬚著地，復生爲樹。一種名赤榕，最爲高大。此二樹者爲蔭最濃。人家於東北方空閑處，及院落有餘地，或於道路傍，往往栽之，以障風蔽日。此樹生至福州而止，因呼福州爲榕城云。瀘州寶山之址，有古榕盤結，如龍山谷題榜。

明 方以智《物理小識》卷九《榕》 閩廣多榕，垂條及地則復成根，久則擁腫，因名不死木。桂林有榕樹門，長溪有榕樹菴。爲薪無焰，但細枝爆乾可爲火繩。范正敏曰：衛西榕幹大如屋。韓少卿爲郡樹爲吐烟，蓋樹老生火耳。久亦結香。《中通》曰：蕭伯云年祖移植春浮園，遇雪則槁。

清 王士禛《皇華紀聞》卷四《榕樹》 嶺南多榕，其樹支離輪囷，不爲匠石所取，往往有數百年者。韶州府署儀門内有二株，大可十圍。太守唐君宗堯云：樹中時有烟氣，人以爲神。舟中偶閲《遊宦餘談》云：慶遠右江道署古榕樹，大餘十圍，樹根有竅，出烟如縷，晝夜不絕，伐之得毒蛇數十，殺而棄之，怪自此息，則烟乃蛇虺所爲，非神也。

清 鍾山逸叟《致富奇書》卷一《榕》 閩廣多植之。葉如木麻，實如冬青，樹幹拳曲，不可以爲器也。其木稜理而深，不可以爲材也。燒之無焰，不可以爲薪也。以不材，故能久而無傷。其蔭十畝，故人以爲息焉。而枝條既繁，葉又茂細，軟條如藤，垂下漸及地。藤稍入土，便生根節。或一大株，有根四五處，而橫枝及鄰樹即連理。土人以爲常，不謂之（瑞）木。

清 吳其濬《植物名實圖考》卷三七《木類・榕》 榕樹，兩廣極多，不材之木。然其葉可蔭行人，可肥田畝。木歲久則成伽南香，根大如屋。江西南贛皆有之。稍北遇寒即枯，故有榕不過吉之諺。或以爲即蜀之榿木。但蘇子美蜀人在惠、在瓊無一語及之。李調元《南越筆記》叙榕木甚詳，亦不謂即榿。李亦蜀人也。

植物名實圖考・榕

清 陳憲舜《課民植牧講義・榕》 此樹生長最速，而歷年最久。幹材不中繩墨，其葉微帶酸味。每年結子三次，食之味帶微酣，雞最喜食。播之不生，多於石縫，自然生出，插即生根，亦如楊柳，於遮陰之處，其下多石塊磚頭瓦片者植之，與之化合，結子尤夥。子落於地多多收之，晒乾研粉，可拌雞糠，以爲飼料。取其樹漿，亦有用處，如穀樹漿汁，可以書字，馬齒莧汁，可取水銀。膠樹漆椷之類，皆取其漿以爲用者，榕樹何獨不然。

清 陳昌齊 道光《廣東通志》卷九六《木類・榕樹》 有大葉、細葉二種。細枝即地，遇水即生，亦異品也。《柳亭詩話》

清 黎簡《種榕詩》 嶺海多大榕，大者逾十畝。下疑雲雷屯，上有日月古。菩提得根柯，社櫟資液乳。不祥與其壽，有畏莫予侮。鬼庭黑張幔，叢祠冷燃炬。神鴉暮杳杳，望雲呌風雨。風雨夜窈冥，以膏此鄉土。往往原上屋，中夕咤田父。浩然山海靈，集以烟霧語。曉來杳無跡，但見青膴膴。南俗好奇怪，曰是神洞府。沈沈幕烟靄，呟呟隱鐘鼓。今年於廟瓦，西指斮一股。村人目瞠瞠，怖畏舌爲吐。明晨猿猴杙，倒插我溪滸。十日雨霢霂，小甲初破黍。十年水深黑，大庇若縣寓。春村二三月，流花澹容與。垂陰賦樛木，拾翠有游女。清夏宜老夫，肺病枕風渚。調調聽竽籟，潑潑得魴鱮。無由附魑魅，足以障炎暑。忽憶壅腫友，香山老主簿。嗜石昔米黻，愛竹今鄭簠。主簿之衙齋，榕根作門户。

清 袁翼《邃懷堂文集》卷二《榕説》 天之生人，有無用於世者矣。未有生物而無用於世者也。説榕者曰：幹枝拳曲，不可以爲棟。木理橫坼，不可以爲器。燒之無焰，不可以爲薪。故得以不材全其天年，輪輪囷囷，陰翳數畝，憩行道之人而已。羊城寓舍西齋後，有老榕踞焉。刳其腹，可坐十人。濃緑既稠，曦影全蔽。暮則烏鴉棲其上者數百。予酒酣耳熱，夜涼人静，明月在天，倚樹嘯詠。一厮養詢予曰：「三江有是樹乎？」予曰：「無。」曰：「有樹大若是者乎？」予曰：「無。」則若駭若惜。予曰：「是不材之木，若珍之奚爲？」則笑曰：「何三江人之陋也！南方草木，翫其英而啖其果，與夫一葉一莖可儲藥籠者，載諸方書，而吾子其知之矣。若夫棹以汁，橘以皮，椰以瓢，香樹以香，桄榔以麪，菩提以紗，用其一而用已盡，而人貴之者，何也？天時地利人力，三者失一而物病。榕寸寸而栽之，寸寸而活，無水旱，無山隰，踰年而挺然，踰年而樛然，又踰年而把者拱，拱者抱，抱者數圍。人以是賤之，而謂其無用也。物之易植累之也。」予曰：「若言有用矣，其用之者如何？」曰：「葉細枝軟，垂梢入土，枝復萌枝，抱其故垠，膠粘爲一枝之樛者，旁縈他本，合成連理，懸如車蓋。故上可以爲巢，下可以爲門。閒尋丈而植二三株焉，或四五株焉，離披下垂，束縛其枝以編籬落，功省於牆垣，而風雨不能拔，貧賤者之所用也。曲房繚室，高軒廣廈，纍石爲臺，引泉爲池，植榕其閒，以垂條布蔭，炎日當空而清風徐來，若忘溽暑，富貴者之所用也。鬚細而韌，長逾數尺，可爲筐筥，兼及蠶薄，深山幽谷不足於竹木之器者之所用也。製鬚爲藥，固齒牙而拔疔痔，病者之所用也。脂乳若漆，貼金黏翠，助鬟飾、髹器皿者之所用也。子落溪中，魚食而肥，且多鯤鰤，畜魚者以爲用也。細枝曝乾，塗以膏油，爇之爲炬，風雨不滅，夜行者之所用也。瘿瘤如斗，雨漬成穴，蜂蜜其中，蜜與脂融，千年之久，結成伽倆，是以臭腐爲用，而神奇獨絶也。子第知有用之用，而不知無用之用。彼有用之用，其用於世者幾何哉。」予退而思其言，類於有道者之託物以諷也。作《榕説》。

藝文

宋　**薛士隆《大榕賦》**　越甌而南，嶺山東麓，有七閩之會焉。厥都維福，福都中閩。城山塹水，修逵孔直。麗譙南指，粤有喬木。根乎此堂，青蒽映帶。經五門而之合江夾經途者，凡十有五里。其爲根也，盤桓詰曲，勢浮平陸。隱丘陵，斡坤軸。如山如坻，崟岑蔽虧。列岫奇峯，幻然默爲。蜿蜒糾紛，虵蟠鹿奔。卷舒連蜷，油如出雲。樹無全株，萬木同植。榮連擁腫，鑽堅露隙。儔引儔緣，自陵空碧。和氣鬱，贅疣生。衆醜備，百怪形。岌如神山，冬無落木。蒼蒼九夏，森其翠幄。枝柯離敧，橫從出奇。翕如其合，判如其離。嗟如其往，欻如其來。夭蟜驪龍，摩天切空。雛翼雲垂，扶摇下風。輪囷無心，隨之有本。孔綜根元，誰分混沌。軒然而大廈成，蚴然而怪螭怒。駢爪紛拏，矗其八柱。飛鳥千群，而咸棲有所。綢繆束薪，不堪以火。盤根錯節，而摧斤缺斧。其圓也，不中乎規，不成乎矩。樵夫視而弗斫，大匠行而弗顧。以無堪而保其天，斯所以邇乎人而壽莫之數也。若夫景升之牛，主人之雁，不善其鳴，服箱孔屯，以不才而烹者何哉？蓋豐肌而蠹，夫人之芻豢也。斯榕木則不然，承天之施，得生於地。不假乎人，不離乎類。不以直節爲高，不以孤生爲異。凌寒而不改其操，連理而不稱其瑞。無庸而庸無尚焉，爲其全虚愚之義也。至於交柯旁薄，分根合枝。異生同命，縈繚相維。倚天成蓋，蔽野成帷。迷雲而零雨不下，畏日而炎天改色。邑人之依，行人之得。不才而才無似焉，斯其爲大通之德也。夫惟有大通之德，全虚愚之義，守不才之位，處無庸之地，爲物而物，固莫之陵。比人而人，適當其意。其事也無施，其生乃克遂。是生乎通邑大都之間，尚亦躐千齡而幾萬歲也。走嘗聞諸西方之人曰：「尼俱律陀之木，其子芥三之一，及其成材，蔭車將五百乘。」所榕木者不幾於是乎？今夫閩中之木榕爲大，其萌也微物莫之害。有蕞其芽，翁然天蓋。走不知命之者誰耶，庸以劣其形而不文其内。無文於内，將或容於外而以成其大。

宋　**李綱《榕木賦有序》**　閩廣之閒多榕木，其材大而無用。然枝葉扶疎，芘蔭數畝，清陰人實賴之，故得不爲斧斤之所翦伐，蓋所謂無用之用也，感而爲之賦。其辭曰：南有巨木，其名曰榕。下蟠據於厚地，上盪摩於高穹。雨露之所霶潤，雷霆之所震聳。日月之所照燭，乾坤之所含容。與衆木均，夫何賦形稟氣之獨不同也？爾其擢幹敷條，輪囷離奇。結根植本，拳曲擁腫。口鼻百圍之竅穴，龍蛇千尺而飛動。仰視俯察，何規矩繩墨之不中也？高明之麗，非棟梁之資；斲削之工，非俎豆之奉。以爲舟檝則速沈，以爲棺槨則速腐，以爲門户則液，以爲楹柱則蠹。薪之弗焰，無爨鼎之功；燎之弗明，無熘火之用。蓋枵然之散木，徒萬牛之嗟重。宜匠石之不顧，同櫟社而見夢。然而修枝翼布，密葉雲濃。芘結駟之千乘，象青蓋之童童。夏日方永，畏景馳空。垂一方之美蔭，來萬里之清風。靚如帷幄，肅如房櫳。爲行人之所依歸，咸休影乎其中。故能不夭斧斤，棓擊是免。雖不材而無用，乃用大而效顯。異文木之必折，類甘棠之勿翦。立乎無何有之鄉，配靈椿而獨遠。不然則雁以不鳴而烹，漆以有用而割，犀象以齒角而斃，樗櫟以惡木而伐。處夫材與不材之間，殆未易議其優劣也。

宋 唐庚《雙榕》 水東雙榕間，有叟時出遊。清風衣履古，白雪鬚髯虯。吟哦明月夕，藝弄寒江秋。驚傳里中兒，不泊岸下舟。君看鬼趣中，有此風味否。安知非黄石，但恨無留侯。此生鋤犁手，誤入簪紳流。無功折毫髮，負罪平山丘。政爾求澡濯，聞之歎綢繆。摳衣倘可親，跪履安敢羞。得聞半偈語，一解終身憂。性不喜伐國，兵書非所求。

宋 張栻《榕溪》 寒溪淡容與，老木枝相樛。其誰合二美，名此景物幽。太師昔南騖，於焉曾少休。想當下榻時，清與耳目謀。品題得要領，亦有翰墨留。我來訪遺地，密竹鳴鈎輈。稍令舊觀復，還與佳客遊。樹影散香篆，水光泛茶甌。市聲不到耳，永日風颸颸。所喜簿書隙，有此足夷猶。平生丘壑願，如痼不可瘳。雖知等喧寂，終覺静理優。更思濯滄浪，榕根浮小舟。

明 吴寬《榕江記》 木之産於地者，曰松，曰柏，曰栝，曰檜，曰豫章，曰桐梓，皆良材也。其用于世，大者爲棟爲梁，小者爲桷爲棁，各隨其材以爲用。夫以材之良，不用於什器，而於宫室，亦不枉其材矣。然而數木也，其生遍於天下，而亦足天下之用。惟五嶺之南，有木曰「榕」，臃腫離奇，偃蹇蓊鬱，横柯曲幹，間有綵焉，垂地輒復爲根，歲久叢生成林。其高且大，過松柏栝檜豫章。其不黄落而凋，桐梓所不及也。榕既偏生一隅，中原之人，初不之識，故《詩》三百多草木之名，而篇皆不載。後世如郭璞、陸佃之博物，著書復遺之，僅一見於柳子厚之詩而已。余嘗讀子厚之詩，而識其名，詢之土人而知其狀，曰：「此可取，以譬乎人矣。」蓋榕之材，雖不若松柏之類之堅，可用之於宫室。而其高大不黄落而凋，足以蔭庇乎人。嶺南春夏之交，日氣酷烈，行旅負載之徒，跋履勞苦，争息其下，或風雨暴至就而避之，亦何異夏屋之帡幪也。故雖不爲宫室之用，而其功與宫室等。豈不猶鄉里巨人，厭爵禄謝民社，而浮沈乎閭井之間，一旦里之人有急焉，投之無不周卹者，豈惟僅全其身以自足而已。潮陽隱士陳孔誠甫，淳朴恭謹，兼通陰陽樹藝之説。家邑之華里村，宅前有榕數十株，數邀賓友攜子弟，往遊其間，彈瑟賦詩，意甚樂也。有水自西山來，折而東環其宅，又東注於海，而榕適際水，水日夜漱其根，濯其條，更茂密可愛。孔誠或坐盤石，投竿而釣，悠然有會於心，因自號「榕江」。或謂之曰：「子其終老於是而忘斯世耶？」則對曰：「吾已有子出而仕矣。」於是使其子吴江教諭顥來，乞余記所謂榕江者，蓋孔誠記此以自譬者，意實有在。豈惟追涼風弄明月，以爲供賓友子弟之樂之計耶。且江之廣不足以爲負舟，然抱甕者即之，亦可以灌畦，孰謂孔誠無意於此？江本出岷山，《禹貢》所謂「岷山導江」是也。此亦曰江南人指水之急流者，多藉以名之爾。

清 黎簡《五百四峰堂詩鈔》卷二一《種榕》 嶺海多大榕，大者逾十畝。下疑雲雷屯，上有日月古。菩提得根柯，社櫟資液乳。不祥與其壽，有畏莫予侮。鬼庭黑張幔，叢祠冷燃炬。神鴉暮杳杳，望雲叫風雨。風雨夜窈冥，以膏此鄉土。往往原上屋，中夕吒田父。浩然山海靈，集以烟霧語。曉來邈無跡，但見青膴膴。南俗好奇怪，曰是神洞府。沈沈幕煙靄，呟呟隱鐘鼓。今年於廟瓦，西指斮一股。村人目瞠瞠，怖畏舌爲吐。明晨猿猴杙，倒插我溪滸。榕以倒插易長大。十日雨霡霂，小甲初破黍。十年水深黑，大庇若縣寓。春村二三月，流花澹容與。垂陰賦樛木，拾翠有游女。清夏宜老夫，肺病枕風渚。調調聽竽籟，潑潑得魴鱮。無由附魑魅，足以障炎暑。忽憶壅腫友，香山老主簿。嗜石昔米黻，愛竹今鄭篁。主簿之衙齋，榕根作門户。

椿

綜 述

宋 謝維新《古今合璧事類備要別集》卷五〇《衆木門・椿》《格物總論》：椿樹枝葉與樗形相似，然樗木疎而氣臭，椿木實而葉香。無花不結子，木身大，其幹端直。其有花而莢，木身小幹多夭矯者，樗也。

宋　寇宗奭《本草衍義》卷一五《椿樗》　椿樗皆臭，但一種有花結子，一種無花不實。世以無花不實、木身大、其幹端直者爲椿，椿用木葉。其有花而莢，木身小、幹多迂矮者爲樗，樗用根葉莢，故曰未見椿上有莢者，惟樗木上有。又有樗雞，故知古人命名，曰不言椿雞，而言樗雞者，以顯有雞者爲樗，無雞者爲椿。其義甚明。用椿木葉，樗木根、葉、夾者，宜依此推窮。

元　司農司《農桑輯要》卷六　椿：木實而葉香，有鳳眼草者，謂之椿；木疎而氣臭，無鳳眼草者，謂之樗。皆可於春分前後栽之。又云：有花而莢者謂樗，無花不實謂椿。

元　胡古愚《樹藝篇·木部·椿樗》　椿有二種。葉初生而紅，多芒者，不可食。色白者香美可茹。材堪爲棟。古詩：「草有靈木，有椿」。《九江府志》《圖經》曰：「椿木、樗木，舊並不載所出州土，今南北皆有之。」二木形幹大抵相類，但椿木實而葉香可啖，樗木疎而氣臭，膳夫亦能熬去其氣。北人呼樗爲山椿，江東人呼爲鬼目，葉脱處有痕如樗蒲子，又如眼目，故得此名。其木最爲無用。《莊子》所謂「吾有大木，人謂之樗，其本擁腫，不中繩墨。小枝曲拳，不中規矩。立於途，匠者不顧」是也。並採無時。《爾雅》云「栲，山樗」，郭璞注云：「栲似樗，色小白，生山中因名，亦類漆也。」俗語云「杶、樗、栲、漆相似如一」。《詩·唐風》云「山有栲」，陸璣《疏》云：「山樗與下田樗無異，葉似差狹耳，吴人以其葉爲茗。」許慎以栲讀爲糗，今人言栲失其聲耳。然則樗類之别種也。《衍義》曰：椿木葉椿樗皆臭，但一種有花結子，一種無花不實。世以無花不實、木身大、其餘端直者爲椿。椿用木葉。其有花而莢、木身小、幹多迂矮者爲樗。樗用根、葉、莢，故曰未見椿上有莢者。樗木上又有樗雞，故知古人命名，曰不言椿雞而言樗雞者，以顯有雞者爲樗，無雞者爲椿。其義甚明。用椿木葉，樗木根、葉、莢者，宜依此推窮。《格物論》：「椿枝葉與樗相似，然樗木疎而氣臭，椿木實而葉香，無花不結子，身大而幹端直。」《詩學大全》　樗，《宋志》引《詩》云「採荼薪樗」，註：「樗惡木也，可以爲薪。」《興化府志》　樗，《爾雅》「栲，生樗」，北人謂之山椿，木疎而氣臭，莊子所謂「擁腫曲拳，不中繩墨規矩」是也。椿與樗相似，木實而葉香。《昆陵志》　椿有香椿，嫩葉可食。《建昌府志》　樗似椿，北人呼爲山椿，江東人呼爲虎目，葉脱處有痕，如樗蒲子，又如眼目，故有其名。其材易大而不中器用。又有一種山樗，極似此。《詩·唐風》所謂「山有栲」是也，故《爾雅》云「栲，山樗」，注謂「栲似樗，色小白，生山中，亦類漆。俗櫄、樗、栲、漆相似如一。」杶即椿也。《草木畧》　椿樹高疎聳而枝葉疎，與樗不異，葉香者椿，臭者樗也。《松江府志》　《爾雅》曰「栲，山樗」，註：「栲似樗，色小白，生山中，因名。云亦類漆樹。」疏：「舍人曰栲，名山樗。俗語曰櫄、樗、栲、漆相似如一。」《詩·唐風》云「山有樗」，陸璣疏云：「山樗與下田樗畧無異，葉似差狹耳。吴人以其葉爲茗。」方俗無名，此爲栲者，似誤也。」今所云爲栲者，葉如櫟木，皮厚數寸，可爲車輻，或謂之栲櫟。許慎正以栲讀爲糗。今人言栲，失其聲矣。

明　王世貞《彙苑詳注》卷三一《椿》　椿《本草》有椿木、樗木，舊不載所出州土。今處處有之。二木形幹。枝葉大抵相類。椿木實而葉香可啖。樗木疏而氣臭，膳夫熬去其氣，葉亦可啖。北人呼樗爲山椿，江東人呼爲虎目，葉脱處有痕，如樗蒲子，又如眼目，故得此名。夏中生莢。樗之有花者無莢，有莢者無花。莢常生臭樗上，未見椿上有莢者。然世俗不辨椿樗之異，故俗名爲椿莢，其實樗莢耳。椿無花不結子，木大而幹端直，樗有花而莢，木小幹枝多迂矮。　類引：靈椿燕山竇氏郎，五子俱第，馮道贈曰靈：椿一株老，丹桂五枝芳。《五代史》。夢庭椿盧攜夢人贈句曰：「若問登庸日，庭椿不染風。」初不解其語。後九年，携拜相。庭下，古椿一株，雖狂風驟雨，樹則不濕不摇。《鳳池編》。

明　宋詡《竹嶼山房雜部》卷九《樹畜部·樹類》　椿葉長而疎。《格物論》曰：椿與樗相似，然樗木疎而氣臭，椿木實而葉香。身大而幹端直有壽。根側分小木種之。弱芽可蒸爲茹，亦可生食。

明　王象晉《群芳譜·木譜·椿》　椿，一作櫄，一作杶，一作橁，今俗名香椿。易長而有壽，南北皆有之。木身大而實，其幹端直，紋理細膩，肌色赤，皮有縱紋易起。葉自發芽，及嫩時皆香甘，生熟鹽醃皆可茹。世皆尚之。無花，莢葉苦。温無毒。多食動風熏經絡，令人神昏。和猪肉熱麵頻食，則中滿。椿用葉。　附録：樗：亦椿類，氣臭，俗名臭椿，一名虎目樹，一名大眼桐。皮粗肌虚而白。其葉臭惡。荒年人亦採食，膳夫采取瀹熟，另用冷水浸去氣息，亦可油醋拌食，但無味耳。有花者無莢，有莢者無花。藥中用根及莢葉。栲：山樗也。似樗，色小白，葉差狹。吴人取以爲茗。木虚大，梓人亦或用之。然(瓜)〔爪〕之腐朽，故古人以爲不材之木。

明 周文華《汝南圃史》卷一一《椿》 椿樹高聳而枝葉疏，與樗不異。香者曰椿，臭者曰樗，俗亦呼臭椿。圃中沿牆宜多植椿。春夏之交，嫩葉初放即摘之，淖熟點茶，味絶香美。或拌鹽鋪鐵篩內，下燃炭火炙乾，秋冬時取出以滚水冲泡，其味稍遜於鮮者，卻可致遠。根旁出小樹，春秋二分栽即活。五月開花，着子落地亦出。

明 慎懋官《華夷花木鳥獸珍玩考》卷三《楮樹芽》 《本草》有椿木、樗木，舊不載所出州土。今處處有之。二木形幹大抵相類。椿木實而葉香，可啖。樗木疏而氣臭，膳夫熬去其氣，亦可啖。北人呼樗爲山椿，江東人呼爲虎目，葉脱處有痕如樗蒲子，又如眼目，故得此名。夏中生莢，樗之有花者無莢，有莢者無花。莢常生臭樗上，未見椿上有莢者。然世俗不辨椿樗之異，故俗名爲椿莢，其實樗莢耳。其無花不實，木大端直爲椿。有花而莢，木小幹多迂矮者爲樗。

明 徐光啓《農政全書》卷三八《種植》 椿，《禹貢》曰杶。一作櫄，一作橁，今名香椿。《農桑輯要》曰：木實而葉香，有鳳眼草者，謂之椿。木疎而氣臭，無鳳眼草者，謂之樗。又云：有花而莢者謂樗，無花不實謂椿。玄扈先生曰：椿宜于春分前後栽之。　又曰：其葉自發芽及嫩時，皆香甘，生熟鹽醃皆可茹。

明 方以智《物理小識》卷九《椿》 樗櫟疎而臭，其葉脱處有臼，故樗蒲錦以此稱之。椿木實色赤而葉香，芽可茹，亦可生食。根側分小木種之。其材爲船底不利，爲船臘則稱爲梁燕不來虛。舟子曰：以柏作東户，而椿楣其上，則爭位有聲。

清 陳淏子《花鏡》卷三《花木類考·椿》 椿，俗名香椿。樹高聳而枝葉疏，無花而不結莢者是也。其根上孫枝，春秋二分日移植即活。其嫩葉初放時，土人摘以佐庖點茶，香美絶倫。一種似椿而葉臭，有花而結莢者，俗呼爲臭椿，是樗非椿也，江東人呼爲虎目，葉脱處有痕似柘也。

清 張宗法《三農紀》卷七《椿》 椿，《圖經》云：樹易長，材高大，質堅理細有縱紋，色赤。葉幹皮俱赤。春發芽頂生若纂，嫩時香美，采作蔬可食。結莢。《本草》名鳳眼草，《禹貢》爲杶，《爾雅翼》名櫄，似樗。材可爲弓幹，一名橁。《莊子》云：斷其橁以爲公琴。馬融《廣成頌》云：珍林嘉樹，建木叢生，椿、梧、栝、柏，柜、柳、楓、楊。椿者壽木也。從春者義取賦陽和之氣，得開泰之象，乃秉南極之木。　植藝：春時微吐紅芽，鋤根下小嫩條移植，水澆即活。　本性：味苦性滯，子可清頭目，根可止洩痢。　效方：鳳眼草燒灰淋水洗頭，經一年，目如童子，加椿皮灰更妙。正月七日、二月八日、三月四日、四月五日、五月二日、六月四日、七月八日、八月三日、九月二十日、十月二十三日、十一月二十九日、十二月十四日，照日洗之。

清 鍾山逸叟《致富奇書》卷一 椿苦温微毒，煮水洗疥瘡風疽，樗之根葉尤良，白秃不生髮，取椿桃楸葉心，搗汁塗之。香者名椿，實而無莢。臭者名樗，踈而有莢。今人莫辨，槩謂之椿，非也。根旁出小樹，春秋二（季）分栽即活。

清 吳其濬《植物名實圖考》卷三五《木類·椿》 椿，《唐本草》始著録，即香椿。葉甘可茹。木理紅實，俗名紅椿。

植物名實圖考·椿

清 陳憲舜《課民植牧講義稿·椿》 椿有二樹，一葉香可食，一葉臭難聞。木粗而疏者臭椿，木堅而實者香椿。其木可供器具之用。開花結子，可以榨油。樹於冬臘或春三月，取把大之枝，長尺餘，斜插屋之前後，深八九寸。一經插活，加以料理，開枝生葉，可賣椿芽。冬日仍鋸去頂枝，如前法，插於別處，舊樹必生旁枝，留壯去弱，使矮樹易折，新樹又發椿芽，一同出售。似此則樹皆矮胖，木料大佳，造作檯椅，價值加倍，一舉兩得也。插法或削尖，或下端破開兩下，縫中夾麥粒或小豆，尤能迅速長大也。

清《名花譜·椿》 張茂卿嘗於椿樹杪接牡丹，飄摇雲表，花時延賓於樓頭賞焉。

藝文

元 任士林《庭椿賦》 燕山之陽，南冥之濱，有大木焉，其名曰椿。蓋抗歲時而聳立，揭造化之蹲蹲者與。相彼奇亭，夷庚掌平。迺睠筲村，甍椽列星。維陋巷之蕭蕭，兀幽人之柴扃。有椿喬然，鬩乎中庭。玄雲構其堂宇，秀色結乎軒楹。觀其崇根碩本，挺柯稠葉。蓊蓊焉，蕁蕁焉。青冥黯黯，皮溜雨而胼胝，幹拂霓而兀還。奪日月之氛陰，控雪霜之飄颯。千尋引而表端，萬鳥棲而影接。蓋根柢之擁腫，性也，豈不美乎？莊生之櫟，枝葉之榮暢，時也，又何歆乎王氏之槐耶？盼老人之豫章，訪歲寒之松柏。或輪囷以爲奇，或偃蹇以爲傑。孰與夫謝萬牛而崔嵬，卻匠石而鬱茀者乎？爾則稚竹株連弱松肺附，結緒根於地軸。藉沫濡於雨露，想其簇幹骿幪。列萬間之廈屋，不足以喻。宗條鱗轃，雖千社之枌榆，又何足以同年而語耶？於是天翊其貞，地隆其植，寒暑節其涼温，鬼神呵其峻特。醴泉夜注，而人不能挹以草木之滋；卿雲晨覆，而人不能衣以青黄朱緑之絲。人不足以扶持，而終風不移；人不足以悦懌，而陽春色怡。此所以俯視君遷，傲睨平仲，而永爲斯庭之瞻依也耶？彼尋常之喬梓，亦何足以與乎斯？

附：樗

綜述

三國吳 陸璣《毛詩草木鳥獸蟲魚疏》卷上《采荼薪樗》 樗樹及皮皆似漆，青色耳。其葉臭。《御覽》樗引作嗅，其葉臭。

宋 謝維新《古今合璧事類備要别集》卷五〇《衆木門・樗》《格物總論》：樗大木，數十圍。世傳其樹擁腫而枝拳曲，其殆不材之木歟。

明 王世貞《彙苑詳註》卷三一《樗櫟》 樗櫟，《釋文》云：樗，惡木也。《莊子》曰：樗櫟散材。《爾雅》云：櫟，其實梂，椒之屬。其子房生爲梂。《詩疏》云：周秦謂柞爲櫟，河内謂蓼爲櫟。　其樗，蔽芾其樗。《詩》盡天年，香檀文杏若雕鐫，生理何能得自全。知有無材老樗否，一枝不損盡天年。（樂天）擁腫，吾有大樹，人謂之樗。其木擁腫，不中繩墨。小枝拳曲，不中規矩。至於逢，匠者不顧。今子之言，大而無用，衆所同知。（惠子）文木匠，石之齊，至曲園，見社樹，曰：是不才，故若是之壽。□見夢曰：若此木，乃文木也。楂梨橘柚之轎，一熟則剥，故不終天年。《莊子》

明 吳雨 元《毛詩鳥獸草木考》卷一七《木考・樗》 樗與椿極相類，二木形幹大抵相類。但椿木實而葉香可噉，樗木疏而氣臭，膳夫熬去其氣，亦可噉。北人呼樗爲山椿，江東人呼爲虎目，葉脱處有痕如樗蒲，子又如眼目，故得此名。夏中生莢，樗之有花者無莢，有莢者無花。莢常生臭樗上，未見椿上有莢者。然世俗不辨椿、樗之異，故俗名爲椿莢，其實樗莢耳。其無花不實，木大端直爲椿，有花而莢，木小，幹多迂矮者爲樗。椿味苦，樗亦苦，唯嫩芽可食。其木最爲無用，《莊子》所謂「其大本擁腫不中繩墨，小枝拳曲，不中規矩」是也。陸璣云：樹及皮皆似漆，青色，其葉臭，惟堪爲薪。

明 李時珍《本草綱目》卷三四《木部》（樗）北人呼爲山椿，江東呼爲虎眼，謂葉脱處，有痕如虎之眼目，又如樗蒲子，故得此名。

清 吳其濬《植物名實圖考》卷三五《木類・樗》 樗，《唐本草》始著録，即椿之氣臭者。根、莢皆入藥。木理虚白。生山中者名栲。《爾雅》：栲，山樗。陸璣《詩疏》：山栲與下田樗無異。其木稍堅，可作器。

植物名實圖考・樗

清 陳大章《詩傳名物集覽》卷一二《采荼薪樗》《朱傳》：荼，苦菜也。樗，惡木也。孔《疏》：樗惟堪薪，故毛稱惡木。樗音樞。陸《疏》：樗樹及皮皆似漆，青色，其葉臭。《本草圖經》：樗木根葉尤良。《唐本注》：椿樗二木相類，但椿木實而葉香可啖，樗木疎而氣臭，膳夫亦能熬去其氣。北人呼樗爲山椿，江東呼爲虎目，葉脱去有痕，如樗蒲子，又如眼目，故名。俗云：櫄樗栲漆，相似如一。《衍義》：世以無花不實，木身大其幹端直者爲椿，其有花而莢，木身小，幹多迂矮者爲樗。樗用根葉莢，故曰未見椿上有莢者。又有樗雞，故知古人命名，不言椿雞而言樗雞，顯以有雞者爲樗，無雞者爲椿也。《木譜》：樗俗呼臭椿，一名大眼桐，皮粗肌虚而白，荒年可採食，有花者無莢，有莢者無花。《莊子》：吾有大樹，人謂之樗，其大本臃腫而不中繩墨，其小枝拳曲不中規矩。

《盛京通志》

清 李鴻章 光緒《畿輔通志·物産·木屬·樗》 樗，樹及皮皆似漆，青色，嗅其葉臭。《蟲魚草木鳥獸疏》陳藏器曰：北人呼樗爲山椿。《本草綱目》俗名臭椿，荒年人亦採食。有花者無莢，有莢者無花。《群芳譜》，詳《方言》

清 長順《吉林通志·物産·木屬·樗》 樗似椿，而葉臭。土人呼爲臭椿。

附：栲

綜述

《爾雅·釋木》 栲，山樗。郭璞註：栲似樗，色小白，生山中，因名云。亦類漆樹。

樗，音樞。

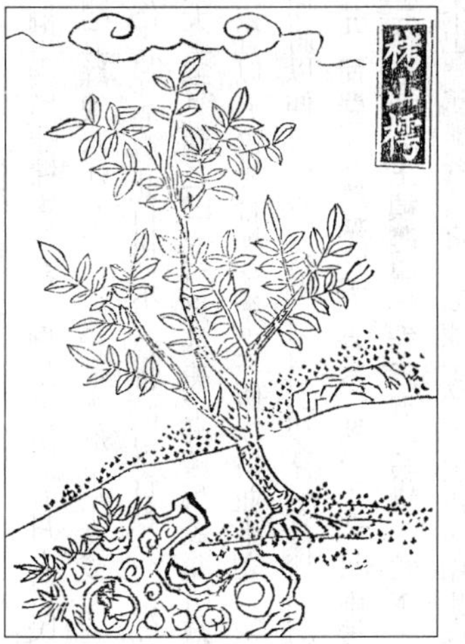

爾雅·栲

明 吴雨元《毛詩鳥獸草木考》卷一七《木考·栲》 栲，山樗也。似樗而小，色白，生山中，因名山樗，亦類椿。俗語云：櫄樗栲椿，相似如一。櫄即椿也。陸璣云：山樗與下田樗略無異，葉似差狹耳。吴人以其葉爲茗。方俗無名此爲栲者，似誤也。今所云爲栲者，葉如櫟木，皮厚數寸，可爲車輻，或謂之栲櫟。許慎正以栲讀爲糗，今人言栲，失其聲耳。然則樗類之别種也。《説文》本作柷。

清 陳大章《詩傳名物集覽》卷一二《山有栲》 《朱傳》：栲，山樗也，似樗，色小白，葉差狹。《爾雅》：栲，山樗。郭璞曰：栲似樗，亦類桼樹。俗語曰：櫄樗栲桼，相似如一。陸《疏》：山樗與下田樗無異，葉差狹，吴人以其葉爲茗，方俗無名此爲栲者，《爾雅》似誤。今所云栲者，葉如櫟木，皮厚數寸，可爲車輻，或謂之栲櫟。許慎云：栲讀爲糗，今人言栲，失其聲耳。鄭註：山樗葉似椿，江東呼爲虎目，葉脱處有痕，如樗蒲子，又如眼目。應作糗，讀丘，上聲，故與杻叶，南山有臺，亦與杻叶。《名物解》：栲，輻材也，南山有栲，言堅久也。故曰：樂只君子，遐不眉壽。栲从考，與蓍从耆同意。又栲栳盛物器，即古之簝，屈竹木爲之。《元志》：玉輅用栲栳。蓋言其形曲也，亦作筹笔。

三國吴 陸璣《毛詩草木鳥獸蟲魚疏》卷上《蔽芾其樗》 山樗與下田樗略無異，葉似差狹耳。吴人以其葉爲茗。

楝

綜述

宋 羅願《爾雅翼》卷九《楝》 楝木高丈餘。葉密如槐而尖。三四月開花，紅紫色，芬香滿庭。其實如小鈴，至熟則黄，俗謂之苦楝子，亦曰金鈴子，可以練，故名楝。《淮南子》記十二月之木：正月其木楊，許叔重以爲楊於春爲先。二月其木杏，杏有竅在中，象陰布散在上。三月李，四月桃，李、桃有核，與杏同，故先後熟耳。五月榆，六月梓，其説未聞。七月其木楝，楝實秋熟故也。八月其木柘，亦未聞。九月槐，槐懷也，可以懷來遠人。十月檀，檀陰木也。十一月棗，取其赤心也。十二月櫟，可以爲車轂，木不出火，惟櫟爲然，亦應陰氣也。然則古以楝實應七月之氣。《管子》：五位之土種楝。又鳳凰非梧桐不棲，非楝實不食。荆楚之俗，五月五日民並斷新竹筍爲筒糉，楝葉插頭，纏五綵縷入江水中，以爲辟水厄。士女或楝葉插頭，五綵纏臂，謂爲長命縷。俗言屈原以此日投水，百姓競以食祭之。漢建武中，長沙人有見人自稱三閭大夫者，謂之曰：所祭甚美，常苦爲蛟龍所竊。蛟龍畏楝葉五色絲，自今見祭，宜以五色絲合楝葉縛之，所以俗並事之。宗懍引《風俗通》以爲獬豸食楝，原將以伸其志也。然則鳳凰、獬豸皆食楝，而蛟龍特畏之，是亦異矣。

元 司農司《農桑輯要》卷六 楝：子熟時，雨後種，如種桃李法。成樹移栽。

元 王禎《王禎農書》卷三五《穀譜·竹木·苦楝》 楝，《説文》云：苦楝，木也。鵷雛食其實。以楝子於平田耕熟作壟移之，其長甚疾，五年後可作大椽。北方人家欲構堂閣，先於三五年前種之，其堂閣欲成，則楝木可椽。

元 胡古愚《樹藝篇·木部·楝》 楝有二種。青皮楝堅韌，可爲器，其皮肉俱青。一種火楝，性質輕脆不及青皮者，其皮肉皆紅。秋間有鳥專食楝實，味至此時尤佳，謂之龠練子。又江南藏冬春米，取楝實散置米中，不知何謂。 楝，《東皋雜録》：江南自春至夏有二十四風信，梅花最先，楝花最後。唐人詩云：楝花開後風光好。《八閩通志》 《圖經》曰：楝實即金鈴子也，生荆山山谷，今處處有之，以蜀川者爲佳。木高丈餘，葉密如槐而長。三四月開花，紅紫色，芬香滿庭間。實如彈丸，生青熟黄。十二月採實。其根採無時。此種有雌雄。雄者根赤無子，有大毒。雌者根白有子，微毒。當用雌者，俗間謂之苦楝子。 楝，《爾雅翼》：楝木高丈餘，可以練，故名。《唐詩》：「二十四番花信風。」楝花風其終也。今按：練高不止丈餘，其實亦不以練。《太倉州志》 苦楝，樹似槐，子苦者名苦楝，根能殺人。子不苦者，土人取其根煎湯，治氣痛。鳥食其子者爲甘，鳥不食其子者爲苦。《雁山志》 楝似榆而疎，幹易長，質輕而堅。其根、枝多自然樛曲，宜爲犂轅、牛牽，農家多植以充用。《松江府志》 楝，《説文》云：苦楝，木也。鵷鶵食其實。以楝子於平田耕熟作壟種之。其長甚疾，五年後可作大椽。北方人家欲構堂閣，先於三五年前種之，其堂閣欲成，則楝木可椽。《王氏農書》

明 宋詡《竹嶼山房雜部》卷九《樹畜部·樹類》 楝細葉疎幹。《圖經》曰：楝實即金鈴子也。材可爲器，不裂。取其子聯栵而密種之，長則駢部田切。結如垣墻然。其本芒種時始種，則每本有成紫花者爲佳種也。收子浸臘水，貯甕中，至夏月滌器，蠅永不近。取其子曬乾，雜冬春米內，不生蛀，能殺百蟲。

明 徐光啓《農政全書》卷三八《種植·木部》 楝，《爾雅翼》曰：楝葉可以練物，故謂之楝。《説文》曰：苦楝，木也。一名金鈴子。有雌雄兩種。雄者無子，根毒，食之使人吐不止。雌者有子，可入藥，以蜀川者爲佳，今處處有之。樹高丈餘，易長。三四月開花，實如圓棗。《農桑通訣》曰：子熟時，雨後種，如種桃李法，成樹移栽。

明 慎懋官《華夷花木鳥獸珍玩考》卷三《楝》 花開芬香滿庭，其實如小鈴，可以練，故名。《爾雅翼》謂鳳凰獬豸皆食楝，而蛟龍特畏之。其材宜板，槹桔中尤宜之。

明 方以智《物理小識》卷九《楝樹》 楝爲器不裂。聯子密種則駢結如垣墻然，宜芒種時。有成紫花者，其子浸臘水，貯甕中，至夏月滌器，蠅永不近。取其子曬乾，雜冬春米內，不生蛀蟲。居家必用，曰黄楝芽可爲木蓼。《乘雅》曰：獬豸食之，火獸也，喜其潔。蛟龍畏之，木蟲也，激其怒。

清 陳淏子《花鏡》卷三《花木類考·楝》 楝樹有二種。青皮楝堅韌可爲器具，其皮肉俱青色。火楝性質輕脆，其皮肉皆紅。樹高一二丈，葉密如槐而尖。夏開紅花紫色，一蓓數朵，芬香滿庭。實如小鈴，生青熟黄，又名金鈴子，鳥雀專喜食之，故有「鳳凰非楝實不食」之語。江南自春至夏，有二十四番花信風，梅花爲首，楝花爲終。實熟鳥不食者，俗名苦楝子也。木有雌雄，雄者根赤無子。

清 吴其濬《植物名實圖考》卷三三《木類卷·楝》 楝，《本經》下品。處處有之。四月開花，紅紫可愛，故花信有楝花風。《湘陰志》：苦楝，掘溝埋之，可成楝城，植當風處，可辟白蟻。

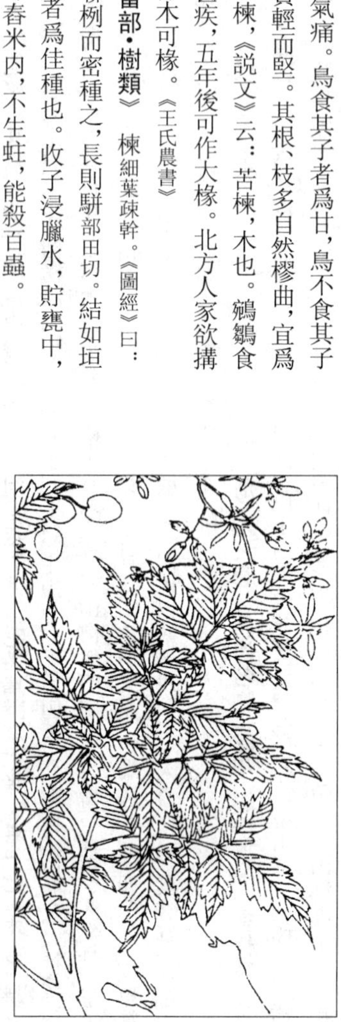

植物名實圖考·楝

清　郝懿行《寶訓》卷六《木材・楝》《爾雅翼》：楝木高丈餘，葉密如槐而尖。三四月開花，紅紫色，實如小鈴，名金鈴子，可以練，故名。案《淮南子》注云：楝實，鳳凰所食。《東皋雜録》：花信風，梅花風最先，楝花風最後。凡二十四番，以爲寒絶。《農桑輯要》：子熟時，雨後種，如種桃李法。成樹移栽。

清　長順《吉林通志・物産・木屬・楝》　楝，赤者葉細，中爲車軸。白者葉圓，木理堅緻，其木亦中器皿之用。《盛京通志》

清　陳昌齊　道光《廣東通志・木類・苦楝樹》　苦楝樹，最易生，三月開花，細如魚子，色兼紅白。有雌雄，雌者實，雄者不實。實肖棗，不可食。

椵

綜　述

《爾雅・釋木》（椵）（椵），柂。郭璞註：白（椵）（椵）也。樹似白楊。柂，音夷。

爾雅・椵

元　胡古愚《樹藝篇・白椵》《爾雅》曰：椵音段。，柂音夷。。註：白椵也。樹似白楊，疏：「椵，一名柂，其材能濕。」《禮記・檀弓》云：「柂，椵。」鄭注云：「所謂椑棺也。」

明　徐光啟《農政全書》卷五四《荒政》（椵）（椵）樹，生輝縣太行山山谷間，樹甚高大，其木細膩，可爲卓器。枝叉對生。葉似木槿葉而長大，微薄，色頗淡綠，皆作五花，椏叉邊有鋸齒。開黃花，結子如豆粒大，色青白。葉味苦。　救飢：採嫩葉煠熟，水浸去苦味，淘洗淨，油鹽調食。

清　吳其濬《植物名實圖考》卷三四《木類・椵樹》《爾雅正義》：椵，柂。註：白椵也。樹似白楊。《正義》：椵一名柂。《檀弓》云：柂棺一。（梓棺二。）鄭註云：所謂椑棺也。凡棺因能溼之物。又云：椑謂柂棺，椑堅著之言也。鄭君所見《爾雅》本柂作柂。註白椵至白楊。《正義》、《玉篇》云：椵木似白楊。《釋文》引《字林》云：木似白楊，一名柂。今白楊木高大，葉圓似梨，面青而背白，肌細性堅，用爲梁栱，久而不橈。椵木與白楊相似也。　按：椵木質白而少文，微似楊木，風雨燥濕不易其性。北方以作門扇、板壁。其樹枝葉不似白楊。　《說文解字》註：椵，椵木可作牀几。牀鍇本作伏，疑誤。《釋木》曰：欇，椵。《本草》：陶隱居說人參曰：高麗人作《人參讚》曰：三椏五葉，背陽向陰。欲來求我，椵樹相尋。椵樹葉似桐，甚大陰廣。《圖經》亦言人參。春生苗，多於深山背陰，近椵漆下潤溼處，是則椵爲大木，故材可牀几。郭云：子大如盂者未知是不也。從木段聲，讀若段，徒玩切五部。

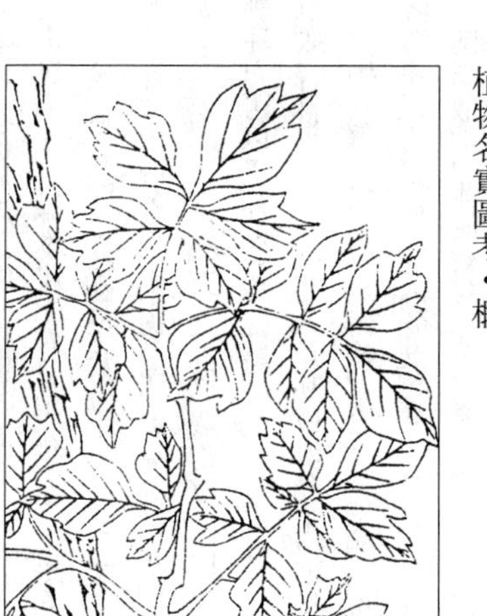

植物名實圖考・椵

清　李鴻章　光緒《畿輔通志・物産・木屬・橛》　橛，燕之東北，朝鮮洌水之間，謂之椵。《方言》木可作杖机。椵木。《元一統志》木葉最大，類團扇，其皮可以當麻，取爲魚網之綱，牢固殊常。《群芳譜》今灤平縣境內有椵樹嶺，蒙古謂「椵」爲「多們」，圍場中地有稱多們者，亦以椴樹得名。《熱河志》大白楊堡有椴樹山，上有古椴樹。《宣化府志》：清 查慎行《山莊雜詠詩》青楓烏柏自喬柯，映日多成錦繡窠。片片丹砂開障扇，就中椴葉得霜多。

謹案：椴音段。《雍正志》作椴，據《爾雅注》「椴似白楊」，與此合。椴，柚屬也，當另是一木。

清 長順 《吉林通志·物産·木屬·椴》 椴，葉大黑皮，紋細微赤者曰紫椴。人參多生於下。高麗《采參贊》云：三椏五葉，背陽向陰。欲來求我，椴樹相尋。椴音段，葉似桐。質白者曰糠椴。其皮可製繩引、火槍，軍中需之。椴類銀杏，可爲器。其皮可代瓦，浸水久之可索綯。又有一種白椴木，葉大如團扇。初生時可蒸冷淘。霜後則鮮赤如楓。其皮可治繩，爲魚網之用。烏喇網大魚常用之。

樺

綜述

宋 謝維新《古今合璧事類備要别集》卷五〇《衆木門·樺》《格物總論》：樺，按《本草》木似山桃，皮上有紫黑花，匀者用以裹鞍及弓鐙，又可以入藥用。字亦作檴，大小未聞也。

宋 寇宗奭《本草衍義》卷一五《樺木皮》 樺木皮，燒爲黑灰，合他藥，治肺風毒。及取皮上有紫黑花匀者，裹鞍弓鐙。

元 胡古愚《樹藝篇》卷二《木部·樺》 樺木，似山桃。《上林賦》「樺楓枰櫨華」，即今之皮貼弓者。鉢室韋國用樺皮蓋屋。隋大業中，汾州起汾陽宮。宮南外平林率是大樺木，高百餘尺。行從文武，皆剥取皮覆菴舍。又堪爲燭，取脂燒，辟鬼。枰，即平重木也，實白如銀。櫨，即黄櫨木也。《爾雅翼》 樺木皮，味苦平，無毒，主諸黄疸，濃煑汁飲之良。堪爲燭者，木似山桃，取脂燒，辟鬼。 韃靼樺皮木，出北地，色黄。其班如米大，微紅色。能收肥膩，甚難得。裹刀靶爲最，今人以樺皮飾弓，名樺皮弓。又以靿靴。《格古要論》 瘦木出遼東、山西。樹之瘿有樺樹瘿，花細可愛，少有大者。柏樹瘿，花大而麄。瘿，音影，須瘤也，蓋樹之生瘤者也。口北有瘿子木，多是楊柳木，有紋而堅硬，好作馬鞍、鞽子。同上

清 谷應泰《博物要覽》卷一〇《樺木》 樺木生遼東及臨洮、河州、西北諸地。木色黄，有小斑點紅色，能收肥膩。其皮厚而輕虚柔軟，皮匠家用以靿靴裏及爲刀鞘之類，謂之暖皮，胡人尤重之。以皮卷蠟，可作燭點。 樺皮，畫家以其皮燒烟薰紙，作僞古畫字，故名檴，俗省作樺字也。 樺木似山桃，皮堪爲燭。 樺木皮上有紫黑花匀者，可裹馬鞍、弓鐙。

清 吴其濬《植物名實圖考》卷三七《木類·樺木》 樺木，《開寶本草》始著録。山西各屬山中皆産，關東亦饒。湖北施南山中，剥其皮爲屋。古有樺燭，今罕用。考《説文》：榑，或從蒦。段氏注云：俗作樺。《爾雅》：檴，落。郭注：可以爲杯器素。《詩經》：無浸檴薪。今五臺人車其木以爲椀盤，色白無紋，且易受采。雁門人斧其枝以爲柴，則杯器素及檴薪之用，今猶古矣。《詩疏》引陸璣《疏》以爲梛榆，云其葉如榆。按此木葉圓如杏，密齒，殊不類榆。陸蓋不以檴爲榑，與《説文》異。《爾雅正義》引《説文》以檴爲樗之或體，且云樗爲散木，雜於薪蘇，非所見。《説文》本異，即是誤記。樗皮及木其用皆與樺不類。

植物名實圖考·樺木

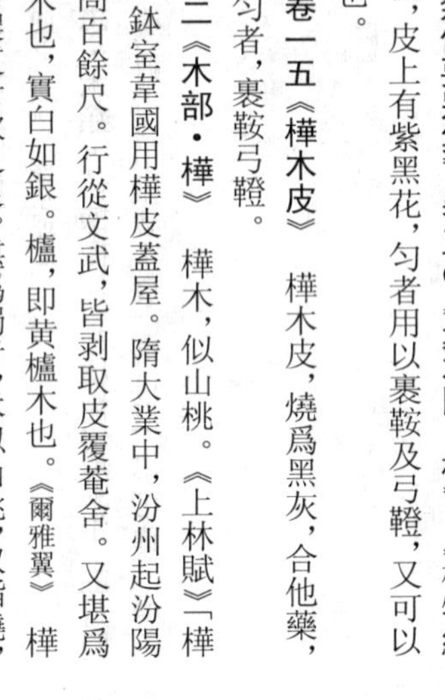

清 李鴻章 光緒《畿輔通志·物産·木屬·樺》 樺，媯州土貢樺皮，《唐書·地理志》大寧土産鵲樺皮，《元一統志》三衛土産鵲樺皮。《明一統志》李時珍曰：生遼東，胡人尤重之。以皮卷蠟，可作燭點。《本草綱目》今灤平縣境，有大小樺榆溝，蒙古謂「樺」爲「威遜」。平泉州諸山多有稱爲威遜圖者，皆以有

樺處得名。凡弓矢諸器，多取資焉。《熱河志》張家口出皮，有紫黑花者可裹弓，皮厚者爲煖木，可鑲器物。《宣化府志》

清 長順《吉林通志》卷三三《物産・木屬・樺》 樺，醬瓣樺者，謂樺皮斑文色殷，紫色如醬中豆瓣也。弓以皮爲弦，箭削樺爲簳。《契丹國志》二十三 樺樹狀有類白楊，皮似山桃，有花紋，紫黑色，可裹弓及鞍鐙諸物。諸山中皆有之，而嫩江、混同江之閒尤多。烏拉有樺皮屯，設壯丁採皮，亦可作箭竿。其木癭紋極細，作椀亦佳。《盛京通志》樺木遍山皆是，狀類白楊。春夏閒剥其皮，入污泥中，謂之糟糟。數日乃出而曝之，地白而花成形者貴。拉發北數十里，特設樺木廠，有章京，有筆帖式，有打樺人。每歲打樺皮入内務府。遼東樺皮遂有市於京師。《柳邊紀略》吉林各處，有以樺皮作船，大者能容數人，小者挾之而行，遇水輒渡，游行便捷。又以樺皮蓋窩棚，并有剥薄皮，紉綴爲油布單，大雨不濡。《吉林外紀》七

清 嘉慶《吉林六城志》 樺皮厚盈寸許，取以爲室，覆可代瓦，旁作墻壁户牖，即以山中所産之木用之，費不勞而工省，滿洲舊風，無殊周之陶復陶穴也。

清 陳昌齊 道光《廣東通志》卷九六《木類・樺木》 樺木，出安南及南海，用作床几，似紫檀而色赤。《本草綱目》

檗木

綜述

三國魏 吴普《神農木草經》卷一《檗木》 檗木，味苦寒，主五藏，腸胃中結熱，黄疸，腸痔，止洩利，女子漏下赤白，陰陽蝕創。一名檀桓，生山谷。《名醫》曰：生漢中及永昌。 案《説文》云：檗，黄木也，蘗木也。司馬相如賦有蘗，張揖云：檗，木可染者。顔師古云：蘗，黄薜也。

宋 寇宗奭《本草衍義》卷三《蘗木》 蘗木，今用皮，以蜜匀炙，與青黛各一分，同爲末，入生龍腦一字，研匀，治心脾熱，舌頰生瘡，當摻瘡上，有涎即吐。又張仲景「蘗皮湯」，無不驗，《傷寒論》中已著。

元 胡古愚《樹藝篇・木部・蘗》 蘗木如石榴，皮黄子赤，兩頭尖，如枸杞子，皮可剉以染黄。生山石間，一名山石榴，《本草》謂之小蘗。

明 王象晉《群芳譜・藥譜・黄蘗》 黄蘗，一名蘗木，一名黄柏。出邵陵者輕薄色深爲勝，出東山者厚而色淺。樹高數丈，葉似吴茱萸，亦如紫椿，經冬不凋。皮外白裏深黄，厚二三分。二月五月採皮陰乾。性苦寒無毒，洩伏火，補腎水，堅腎壯骨。治衝脉氣逆，不渴而小便不通，消五臟腸胃中結熱、黄疸，女子漏下赤白，陰傷蝕瘡，男子陰痿及傳莖上瘡。除骨蒸，瀉膀胱相火，得知母滋陰降火，得蒼朮除濕清熱，爲治痿要藥。得細辛瀉膀胱火，治口舌生瘡。元醫陳元素曰：黄蘗之用有六：瀉膀胱龍火，一也；利小便結，二也；除下焦濕腫，三也；痢疾先見血，四也；臍中痛，五也；補腎壯骨髓，六也。凡膀胱腎水不足，諸痿厥、腰無力，黄芪湯中加用，使兩足膝中氣力涌出，痿厥即去，乃癱瘓必用之藥。李時珍曰：知母佐黄柏滋陰降火，有金水相生之義。黄柏無知母猶水母之無蝦。蓋黄柏能制膀胱命門陰中之火，知母能清肺金，滋腎水之化源。氣爲陽，血爲陰，邪火煎熬則腎水漸涸。故陰虚火動之病須之，非陰中之火不可用，又必少壯氣盛能食者，用之相宜。若中氣不足，邪火熾甚者，久服有寒中之變。近時虚損及縱慾求嗣之人，用補陰藥以二味爲君，久服降令大過，脾胃受傷，真陽暗損，蓋不知此物苦寒滑滲，有反從火化之害也。

明 李中立《本草原始》卷一二《木部》 檗木，即黄蘗也。始生漢中山谷及永昌，今處處有之。以蜀中者爲佳。木高數丈。葉類茱萸及紫椿，經冬不凋。皮外白裏深黄色。根如松下茯苓。二月五月采皮日乾。《别録》名黄蘗。俗作黄柏者，省寫之謬也。

清 吴其濬《植物名實圖考》卷三七《木類・蘗（檗）木》 蘗（檗）木，《本經》上品。根名檀桓。《别録》謂生漢中永昌山谷。今山西、湖南山中至多，俗以染黄。《説文》：蘗（檗），黄木也。俗加艸作蘖，誤。 雩婁農曰：小説家有謂投黄蘗（檗）水中，能毒蛟龍者温嶠然，犀鬼神惡之。但深山中忽遭沸流，俗曰蛟水。當其衝者，山裂木拔，豈無一蘗（檗）木隨流，而泛者哉。夫洚水離析，害難言矣。近世有刊伐蛟説者，其意甚壯，然不聞有試之者。《周禮》壺涿氏掌除水蟲，若欲殺其神，則以牡橭午貫象齒沈之，其神死淵爲陵，與後世禁祝何異？然則捍大患禦大災，而有益於民，雖巫覡小術，亦聖人之所作也。檗木殺蛟，其説若信，則依澗負崖之氓，家置户蓄，或

遇一綫逆湍，争相迎擲，獨非臨時救恤之一法乎。

植物名實圖考・櫱木

清 長順《吉林通志》卷三三《物產・木屬・暖木》 暖木，或云即黄蘗木。皮温厚可墊鐙心及包弓靶。細者中爲鞭桿。又烏拉出小暖木。形類杉松，木質尤堅。

皂莢

綜述

元 司農司《農桑輯要》卷六 皂莢：種者，二三月種。 不結角者，南北二面，去地一尺鑽孔，用木釘釘之，泥封竅，即結。

元 王禎《王禎農書》卷三五《穀譜・竹木・皂莢》 皂莢有二種，生雍州川谷及鄒魯縣，今處處有之，如猪牙者良。其角亦有長尺一二寸者。種者二三月種，不結角者，南北二面去地一尺鑽孔，用木釘釘之，泥封竅，即結。或因樹不結，鑿一大孔，入生鐵三五斤，以泥封之，便開花結子。既實，以篾束其本數匝，木楔之，一夕自落。用以洗垢滌膩，最良。角與刺俱堪入藥，亦物之利益於世者。

元 胡古愚《樹藝篇》卷二《木部・皂莢》 皂莢樹，雌者一年盛一年。若於中鑿一窟，入木釐子一箇，當年不生。《瑣碎録》 皂莢既實，如不可攀取，以篾圍其本，束數匝，木楔之，一夕自落，如取橄欖法。同上 皂莢生莢，多不結實者，春社日侵晨，用沙木釘釘，其實先釘一竅，次入木，令一人遠呼曰「生不生」，釘樹者答曰「生」，其生果驗。同上 二月種皂莢，有不結實者，鑿一孔，入生鐵三五斤，用泥封之，便開花結子。或於樹身南北二面，離地一尺各鑽一孔，用木釘釘之，泥封其竅，便結實。《農桑撮要》 皂莢，《南史》云：黄塵污人衣，皂莢相料理。又一種曰肥皂，亦可浣衣。《八閩通志》 皂莢，一種小者曰猪牙皂莢，主治油膩污穢。《漳州府志》 《圖經》曰：皂莢出雍州川谷及鄒魯縣，今所在有之，以懷孟州者爲勝。木極有高大者。此有三種，《本經》云形如猪牙者良，陶諸云長尺二者良。唐注云：長六寸，圓厚，節促，直者皮薄多肉，味濃大好。今醫家作疎風氣丸，煎多用長皂莢，治齒及取積藥多用猪牙皂莢。所用雖殊，大抵性味不相遠。九月、十月採莢陰乾用。 鐵砧以鍛金銀，雖百十年不壞。以搥皂莢，則一旦破碎。《證類本草》 唐華清宫，今靈泉觀也。有皂莢一株，合數人抱，枝幹頗瘁。相傳云明皇洎貴妃，共植於此。每歲結實必有十數莢合歡，京兆尹命老卒數人守視之。移接於他枝，則不復合歡也。《墨客揮犀》 皂莢樹高丈餘，細葉長刺。其樹有雌雄，雌者作莢，雄者不作莢。利滌垢穢。《本草》云：味辛鹹温，有小毒，主風痺、肌死、邪氣、風頭淚出，利九竅，殺精物，療腹飽滿消穀，除欬嗽、囊結、婦人胞不落，明目，益精。可爲末藥，不入湯，如猪牙者良。《興化府志》 皂莢又一種，樹頗相類，亦有雌雄。其作莢圓厚，節促直，皮微赤而薄，多肉，長三四寸，土人謂之肥皂。《邵武府志》

明 宋詡《竹嶼山房雜部》卷九《樹畜部・樹類》 肥皂子形短而肥，色紫。皂角子形長如刀，色黑。木有長刺，名天丁。猪牙皂角子形小如猪牙，色黑。香皂子形圓小而香，色白。四木形葉不相似，惟子氣味同。

子可種。材可爲器。子可洗油膩，甚益粉黛。

明 宋詡《竹嶼山房雜部》卷九《樹畜部・樹類》 白皂葉似楊，子可種。其材中鏤刻。

明 朱权《神隱》卷下 種皂莢肥皂 有不結莢者，於樹鑿一孔，入生鐵三五斤，用泥封固，便開花結子。或於樹身南北二面，離地一尺，各鑽一孔，用木丁釘之，以泥封其孔，便結實如莢，熟欲取，以篾束其樹數遭，用木楔之，一夕自落。

明 王象晉《群芳譜・木譜・皂角》 皂角，一名皂莢，一名烏犀，一名懸刀，一名鷄棲子，所在有之。樹高大，葉如槐葉，瘦長而尖，枝間多刺，夏開細黄花。結實有三種。一種小如猪牙。一種長而肥厚，多脂而粘。一種長而瘦薄，枯燥不粘。以多脂者爲佳。不結實者，鑿一孔，入生鐵三五斤，泥封之，即結。性辛鹹温，有小毒。通關節，破堅癥，通肺及大腸氣，治咽喉痺塞、痰氣喘咳、風癘疥癬，下胞衣墮胎。　子：辛温無毒，導五臟風熱。仁：治風熱、大腸虚秘，瘰癧、腫毒瘡癬。黄心：治膈痰，吞酸能消人腎氣。刺：辛温無毒，治癰腫，妬乳、風癘惡瘡，殺蟲，下胎衣。　採取：樹多刺難上，采時以篾箍其樹，一夕盡落。修製：莢：取赤肥不蛀者，新汲水浸一宿，銅刀削去粗皮，以酥反復炙透，去子弦。每一兩，酥五錢。又有蜜炙絞汁燒灰之異用者，照本方。子：揀圓滿堅硬不蛀者，瓶煑熟，剥去硬皮，取向裡白肉兩片去黄，以銅刀切，晒用。禁忌：皂角與鐵有相感處。鐵砧槌皂角既自損，鐵碾碾久則成孔，鐵鍋爨之，多爆片落。

明　王象晉《群芳譜》卷二《木譜·皂角》　典故：元祐五年，自春至秋，蘄黄二郡人患喉痺，十死八九，速者半日一日而死。黄州推官潘昌得黑龍膏方，救活數十人。其方治九種喉痺：急喉痺、纏喉、風結、喉爛、喉遁蟲、蟲蝶、重舌、木舌、飛系入口，用大皂莢四十挺，切末，三斗浸一夜，煎至一斗半，入人參末半兩，甘草末一兩，煎至五升，去滓，入無灰酒一升，釜煤二七煎如餳，入瓶封埋地中一夜。每温酒化下一匙，或掃入喉内，取惡涎盡爲度，後含甘草片。《傷寒總病論》。凡人卒中風，昏昏如醉，形體不收，或倒或不倒，或口角流涎，斯須不治，便成大病。此證風涎潮於上胸痺氣不通，宜用救急稀涎散，吐之。皂莢肥實不蛀者四，挺去黑皮，白礬光明者一兩爲末，每用半錢，重者三字，温水調灌，不大嘔吐，只是微微稀冷涎，或出一升二升，當待惺惺，乃用藥調治。不可，便大吐之，恐過劑傷人。累效不能書述。《家傳秘寶方》。左親騎軍崔言，一旦得大風惡疾，雙目昏盲，眉髮自落，鼻梁崩倒，勢不可救。遇異人傳方：用皂角刺三斤，燒灰蒸一時，久日乾爲末，食後濃煎大黄湯調一七飲之，一旬，眉髮再生，肌潤目明。後入山修道，不知所終。《神仙傳》。

明　徐光啟《農政全書》卷三六《種植》　皂莢，《廣志》曰雞棲子。一名皂角，一名烏犀，一名懸刀。有三種：一種小如猪牙。一種長而肥厚，多脂而粘。一種長而瘦薄，枯燥不粘。以多脂爲佳。今所在有之。樹高大，枝間有刺，夏開花秋後實。玄扈先生曰：猪牙者良，其角亦有長尺一二寸者。種者二三月種，不結角者，南北二面去地一尺，鑽孔用木釘釘之，泥封竅即結。或曰樹不結，鑿一大孔，入生鐵三五斤，以泥封之，便開花結子。既實，以篾束其本數匝，木楔之，一夕自落。用以洗垢滌膩最良。角與刺俱堪入藥，亦物之利益于世者。

明　方以智《物理小識》卷九《皂角》　肥皂，子短而肥，色紫。皂角長如刀，色黑。木有長刺，名天丁。猪牙皂，小如猪牙，色黑。香皂子圓小而香，色白。四木形葉不相似，惟子气味同。取皂以篾箍樹加楔之，則皂角盡落。《中履》曰：皂角不結實，則鑿孔入鐵五斤，泥封之，次年實倍，悟知皂角入鍋爆落，固相感相制而用也。

明　周亮工《書影》卷九　取皂角者患刺，篾箍其幹令緊，則角落。

明　錢穀《吴都文粹續集》卷一八　吴之練祁，有隱君子家爲恕齋强氏，其先八世祖賫自汴居吴，遂爲吴人。手植嘉木一本在中庭，俗名皂角者。其根柢貫堂背，枝葉輪囷，蔽風暑，實挺然。資澡雪服食之用，色理堅緻而不爲螻蟺所近。其越歲已二百餘幹，益碩大，枝葉花實益茂美。

清　張宗法《三農紀》卷六《皂莢》　皂莢，《圖經》云：皂角，木高大，葉似槐瘦長而尖，枝間多刺梓枝甚鋒。開細黄花，結實秋熟。向陽者莢大，可洗垢澣污。向陰者莢小，可入藥。木爲薪炊釜鐵自碎。一種樹無刺，葉圖（圓）尖，結實壯大，名肥皂，入香料，洗浴可汙馥膚潔日新，近貴者珍之。《易林》云：莢果，屬離得秋之氣，故所能革故也。　植藝：收子種熟土中，苗生二三尺移植。采角時以篾箍樹，用木尖之，一夕盡落。樹不結實，鑿孔入生鐵片數枚，渥封，當年即結。　本性：味辛氣温，通竅利關，能吐痰，可敷腫疼，與鐵相感，以鐵碾皂角則鐵碎成空，以釜爨皂角則釜爆片自落。　修製：皂角一斤煑熟，去黑皮及子，和白麪入排草令香，各一兩，檀沉、丁芷各三錢，細辛、羌活各一錢爲丸，如彈大，浴身去垢。　效方：傷寒初得，不分陰陽，以肥皂莢一枚燒赤爲末，水調服之。陰病更妙。叐蜂（蟄）（螫），皂角鑽孔貼叮處，艾炙孔十三五□即安。

清　厲荃《事物異名録》卷三〇《樹木部·皂角》　烏犀　懸刀　《群芳譜》：皂角，一名皂莢，一名烏犀，一名懸刀。　雞棲，《急就篇》註：皂角樹一名雞棲。　忽野簷默，阿梨去伐，《酉陽雜俎》：皂莢，波斯國呼爲忽野簷默。拂林國呼爲阿梨去伐。　元房仲長統《清異録》。侯寧《極藥譜》：元房仲長統，皂莢也。

清　鍾山逸叟《致富奇書》卷一　皂莢枝間多刺，開細黃花。結實有三種。一種小如猪牙。一種長而瘦薄，枯燥不粘。惟六七寸長而肥厚者，多脂而粘，洗垢甚佳。採時以篾箍其樹，一夜自落。若不結角，于南北二面，去地一尺鑽孔，用木釘釘之，泥封竅，即結。

清　吴其濬《植物名實圖考》卷三三《木類·皂莢》　皂莢，《本經》中品。有肥皂莢、猪牙皂莢。剋爲癧疽要藥。《救荒本草》：嫩芽可煠食，子去皮糖漬之亦可食。滇南皂角樹至多，角長尺餘，秋時，懸垂樹末如結組綸。每塑廟像將成，必焚皂角以除穢。歲首亦或爇於門外。考《五國故事》，蜀王衍好燒沉檀蘭麝之類，芬馥氤氳，晝夜不息，既而厭之，乃取皂角燒之，則以皂角爲香者，蓋始於蜀，而滇亦染其俗耳。又《湖南志》謂，無論諸惡瘡，但以皂角末醋調敷即愈云。

植物名實圖考·皂莢

清　郝懿行《寶訓》卷一〇《木材·皂莢》　《周禮》：其植物宜莢。註：莢物，薺莢，王棘之屬。疏云：即今人謂之皂莢是也。《博聞録》：樹不結，鑿一大孔，入生鐵三五斤，以泥封之，便開花結子。既實，以篾束其本數匝，木楔之，一夕自落。《農桑輯要》：種者二三月種。不結角者，南北二面去地一尺鑽孔，用木釘釘之，泥封竅，即結。

清　陳昌齊　道光《廣東通志·木類·皂莢樹》　皂莢樹，羅浮極多。《神仙傳》云：葛仙翁斬皂莢樹爲杯以盛酒，酒味益妙。《羅浮山志》

清　李鴻章　光緒《畿輔通志·物產·木屬·皂角》　皂角，正定府産皂角。《金史·地理志》樹高大。結實有三種。一種小如猪牙。一種長而肥厚，多脂而粘。一種長而瘦薄，枯燥不粘。以多脂者爲佳。《群芳譜》

清　長順《吉林通志·物產·木屬·皂角樹》　皂莢樹刺長，結角如猪牙，入藥。《盛京通志》

相思

綜　述

元　胡古愚《樹藝篇·木部·相思》　相思，木堅而有文，可旋爲器，亦可作几案、棋局之類。《八閩通志》　相思，木堅有文理，堪作器皿。《宋志》引《搜神記》云：昔有文梓，生於宋大夫及其妻之冢，已而合抱，屈曲相交，號爲相思樹云。《興化府志》

明　方以智《物理小識》卷九《相思木》　即紅豆樹，大者鋸版有花文，其近皮數寸無文也。南京以作扇邊骨。多年數圍者可爲書案。亦稱雞翅木，猶香榔之呼鸂鶒木也，以紋似耳。匠斜鋸之，其花較顯，或以黄紫分稱。

明　方以智《物理小識》卷九《紅豆樹》　滇南紅豆，鮮紅堅實，或嵌骰子，或留銀囊，俗以爲吉祥。嶺南樹似槐，材有細花雲。秋，開花二三月莢枯子老。《千金方》：治猫鬼病吐之。《乘雅》：以紅豆與高良薑、紅豆蔻爲一物，則非矣。半截紅、半截黑爲相思子。段公路云：蔓生，其别見一種乎。嶺南北婆羅樹高大，皮青，葉似大青，對生而厚，八月結角如刀豆，裂開有紅豆，永久不壞，非高座寺門之婆羅也。《中通》曰：望春樹子亦紅，而久則黑。

清　谷應泰《博物要覽》卷一〇《相思紅豆木》　相思子生嶺南，樹高丈餘，白色。其葉似槐，花如皂莢。其莢似扁豆，其子大如小豆，半截紅色，半截黑色，彼人以嵌首飾。段公路《北户録》言：有蔓生。用子收龍腦香相宜，令香不耗也。

清　吴其濬《植物名實圖考》卷三五《木類·相思子》　相思子，即紅豆，詩人多詠之。《本草綱目》始收入喬木類，爲吐藥。今多以充赤小豆。

植物名實圖考・相思子

清　闕名《天禄識餘》卷四《紅豆》　紅豆一名相思子，花白色，葉如冬青。蜀人採其實以爲果飣。古詩：「紅豆生南谷（國），秋來發幾枝。贈（勸）君勤（多）採擷，此物最相思。」

清　謝堃《春草堂集》卷二五《花木小志・紅豆》　一名相思子，江浙多有之。花穗纍然下垂，色頗嬌艷，葉較葦菼而瘦。江南風俗，夫婦凡寄書札，必緘封紅豆數枚，以表相思之意。近日優伶倡伎亦多斆之。

雜　録

明　郭子章《黔類》卷一五《相思木》　戰國時，魏國苦秦之難，有民從征戍秦，久不返，妻思而卒，既葬，塚上生木，枝葉皆向夫所在而傾，因名相思木。今秦趙間有相思草，狀如石竹而節節相續，一名斷腸草，又名愁婦草，亦名霜草，人呼爲寡婦莎，蓋相思之流也。《述異記》

明　郭子章《黔類》卷一五《相思樹》　宋康王以韓朋妻美而奪之，使朋築青凌臺，然後殺之。其妻請臨喪，遂投身而死。王令分埋臺左右，期年各生一梓樹。及大，樹枝葉相交，有二鳥哀鳴其上，因號之曰相思樹。《搜神記》

竹

綜　述

《爾雅・釋草》　簜竹，竹別名。《儀禮》曰：簜在建鼓之間，謂簫管之屬。

三國吴　陸璣《毛詩草木鳥獸蟲魚疏》卷上《唯笱及蒲》　笱，竹萌也，皆四月生，唯巴竹笱八月、九月生。始出地，長數寸，鬻以苦酒豉汁浸之，可以就酒及食。

晉　戴凱之《竹譜》　植類之中，有物曰竹。不剛不柔，非草非木。《山海經》《爾雅》皆言，以竹爲草，事經聖賢，未有改易。然則稱草良有難安，竹形類既自乖殊，且經中文説，又自背伐。經云：其草多族。復云：其竹多篃。又云：雲山有桂竹。若謂竹是草，不應稱竹，今既稱竹，則非草可謂知矣。竹是一族之總名，一形之偏稱也。植物之中有草、木、竹，猶動品之中有魚、鳥、獸也。年月久遠，傳寫謬誤。今日之疑，或非古賢之過也。而此之學者，謂事經前賢，不敢辨正，何異匈奴惡郅都之名，而畏木偶之質耶。　小異空實，大同節目。　夫竹之大體多空，中而時有實，十或一耳，故曰小異。然雖有空實之異，而未有竹之無節者，故曰大同。　或茂沙水，或挺巖陸。　桃枝篔簹，多植水渚。篁篠之屬，必生高燥。　條暢紛敷，青翠森肅。質雖冬蒨，性忌殊寒。九河鮮育，五嶺實繁。　九河即徒駭、太史、馬頰、覆釜、胡蘇、簡、絜、鉤盤、鬲津，禹所導也，在平原郡。五嶺之説，互有異同。余往交州，行路所見，兼訪舊老，考諸古志，則今南康、始安、臨賀爲北嶺，臨漳、寧浦爲南嶺。五都界内，各有一嶺，以隔南北之水，俱通南越之地。南康、臨賀、始安三郡通廣州，寧浦、臨漳二郡在廣州西南，通交州，或趙佗所通，或馬援所并，厥跡在焉。故陸機請伐鼓五嶺，表道九真也。《徐廣雜記》以剡、松、陽、建安、康樂爲五嶺，其謬遠矣。俞益期與韓康伯，以晉興所統南移大營九岡爲五嶺之數，又其謬也。九河鮮育，忌隆寒也。五嶺實繁，好殊温也。　萌笋苞籜，夏多春鮮。根幹將枯，花䈏乃縣。　竹生花實，其年便枯死。䈏，竹實也。䈏，音福。　箹必六十，復亦六年。　竹六十年一易根，易根輒結實而枯死。其實落土復生，六年遂成町。竹謂死爲箹，箹音紂。　籦龍之美，爰自崑崙。　籦龍，竹名。黄帝使伶倫伐之於崑崙之墟，吹以應律聲。譜云：籦龍大竹，此言非大小之稱。《笛賦》云：籦龍非也，自一竹之名耳。所生若是大竹，豈中律管與笛。　員丘帝竹，一節爲船。巨細已聞，形名未傳。　員丘帝竹，一節爲船。

郭注云：一節爲船，未詳其義，俊即舜字假借也。　桂實一族，同稱異源。　桂竹，高四五丈，大者二尺圍闊節大，葉狀如甘竹而皮赤，南康以南所饒也。《山海經》云：靈原桂竹，傷人則死。是桂竹有二種，名同實異，其形未詳。　簩尤勁薄，博矢之賢。　簩，細竹也。出《蜀志》。薄肌而勁中，三續射博箭。簩，音衛，見《三倉》。　篁任篙笛，體特堅圓。　篁竹堅而促節，體圓而質堅，皮白如霜粉。大者宜行船，細者爲笛。篁，音皇，見《三倉》。　棘竹駢深，一叢爲林。根如椎輪，節若束針。亦曰笆竹，城固是任。篾筍既食，鬢髮則侵。　棘竹生交州諸郡。叢初有數十莖，大者二尺圍。肉至厚，實中。夷人破以爲弓，枝節皆有刺。彼人種以爲城，卒不可攻。萬震《異物志》所種爲藩落，阻過層墉者也。或卒崩根出，大如十石物，縱橫相承如繆車。一名笆竹，見《三倉》。筍味落人鬢髮。　單體虛長，各有所育。　單竹大者如腓，虛細長爽，嶺南夷人取其筍未及竹者灰煑，績以爲布，其精者如縠焉。　苦實稱名，甘亦無目。　苦竹有白有紫，而味苦。甘竹似篁而茂葉，下節味甘，合湯用之。此處處亦有。　弓竹如藤，其節郄曲。生多卧土，立則依木。長幾百尋，狀若相續。質雖含文，須膏乃縟。　弓竹出東垂諸山中，長數十丈，每節輒曲，既長且軟，不能自立，若遇木乃倚。質有文章，然要須膏塗火灼，然後出之，篾卧竹上出也。　厥族之中，蘇麻特奇。脩幹平節，大葉繁枝。凌群獨秀，蓊茸紛披。　蘇麻竹，長數丈，大者尺餘圍，概節多枝。叢生四枝，葉大如履，竹中可愛者也。此五嶺左右遍有之。　篔簹射筒，篏篣桃枝。長爽纖葉，清肌薄皮。千百相亂，洪細有差。　數竹皮葉相似，篔簹最大，大者中甑，笋亦中射筒，薄肌而最長，節中貯箭，因以爲名，篏篣葉薄而廣，越女試劍竹是也。桃枝是其中最細者，並見《方志賦》桃枝皮赤，編之滑勁，可以爲席，《顧命篇》所謂篾席者也。《爾雅·釋草》云：四寸一節爲桃枝。郭注云：竹四寸一節爲桃枝。余之所見，桃枝竹節，短者不兼寸，長者或逾尺，豫章遍有之，其驗不遠也。恐《爾雅》所載草族，自別有桃枝，不必是竹。郭注加竹字，取之謬也。《山海經》云：其木有桃枝劍端。又《廣志·層木篇》云：桃枝出朱提郡，曹爽所用者也。詳察其形，寧近於木也。但未詳《爾雅》所云，復是何桃枝耳。經雅所説二族，决非作席者矣。《廣志》以藻爲竹，是誤。後生學者，往往有爲所誤者耳。　相繇既戮，厥土維腥。三堙斯沮，尋竹乃生。物尤世遠，略狀傳名。　禹殺共工相繇二臣，膏流爲水，其處腥臊，不植五穀，禹三堙皆沮，尋竹生焉。在崑崙之北，有嶽之山，見《大荒北經》中。　般腸實中，與笆相類，於用寡宜，爲筍殊味。　般腸竹，生東郡緣海諸山中，其筍最美，云與笆竹相似，出閩中，並見《沈志》，其形未詳。　筋竹爲矛，稱利海表。槿仍其幹，刃即其杪，生於日南，别名爲簝。　筋竹長二丈許，圍數寸，至堅利，南土以爲矛，其筍未成竹時，堪爲弩絃，見徐忠《南中奏》。劉淵材云：夷人以史葉竹爲矛，余之所聞，即是筋竹，豈非一物而二名者也。　百葉參差，生自南垂。傷人則死，醫莫能治。亦曰簩竹，厥毒若斯，彼之同異，余所未知。　百葉竹，生南垂界，甚有毒，傷人必死，一枝百葉，因以爲名。《沈志》劉淵材云：簩竹有毒，夷人以刺虎豹，中之輒死，或有一物二名，未詳其同異。　簹與由衙，厥體俱洪。圍或累尺，簹實衙空。南越之居，梁柱是供。　簹實厚肥，孔小，幾於實中。二竹皆大竹也，土人用爲梁柱。簹竹安成以南有之，其味苦，俗號簹。由衙竹，交州《廣志》云：亦有生於永昌郡，爲物叢生。《吴郡賦》所謂由衙者篁。簹音雹，性柔弱，見《三倉》。　竹之堪杖，莫尚於筇。磥砢不凡，狀若人功。豈必蜀壤，亦産餘邦。一曰扶老，名實縣同。　筇竹，高節實中，狀若人刻，爲杖之極。《廣志》云：出南廣邛都縣。然則邛是地名，猶高梁菫。《張騫傳》云：於大夏見之，出身毒國，始感邛杖，終開越嶲。越嶲則古身毒也。張孟陽云：邛竹出興古盤江縣，《山海經》謂之扶竹，生尋伏山，去洞庭西北一千一百二十里。《黄圖》云：華林園有扶老三株。如此則非一處，賦者不得專爲蜀地之生也。《禮記》曰：五十杖於家，六十杖於鄉者，扶老之器也。此竹實既固，杖又名扶老，故曰名實縣同也。　篩簩二族，亦甚相似。杞髮苦竹，促節薄齒。束物體柔，殆同麻枲。　篩簩二種，至似苦竹，而細軟肌薄。篩筍亦無味，江漢間謂之苦篩，見《沈志》。篩音聊，簩音禮，齒有文理也。　蓋竹所生，大抵江東。上密防露，下疎來風，連畝接町，竦散崗潭。　蓋竹亦大，薄肌白色，生江南深谷山中，不聞人家植之，其族類動有頃畝。《典録·賀齊傳》云：討建安賊洪明於蓋竹，蓋竹以名地，猶酸棗之邑，豫章之名邦者類是也。　雞脛似篁，高而筍脆，稀葉梢杪，類記黄細。　雞脛，篁竹之類，纖細，大者不過如指，疎葉黄皮，彊肌無所堪。施筍美，青斑色緑，沿江山崗所饒也。　狗竹有毛，出諸東裔。物類衆詭，于何不計。　狗竹，生臨海山中，節間有毛，見《沈志》。　有竹象蘆，因以爲名。東甌諸郡，緣海所生。肌理匀浄，筠色潤貞。凡今之篪，匪兹不鳴。　此竹膚是蘆，出揚州東垂諸郡，浙江以東爲甌越，故曰東甌。蘇成公始作篪，似於今篪，故曰凡今之篪。　會稽之箭，東南之美。古人嘉之，因以命矢。　箭竹，高者不過一丈，節間三尺，堅勁中矢。江南諸山皆有之，會稽所生最精好。故《爾雅》云：東南之美者，有會稽之竹箭焉，非總言矣。大抵中矢者雖多，此箭爲最，古人美之，以首其目，見《方言》。是以楚俗□□伯細箭五十，跪加莊王之背，明非矢者也。　箘簬載籍，貢名荆鄙。　箘簬二竹，亦皆中矢，皆出雲夢之澤，《禹貢篇》出荆州，《書》云：底貢厥名，言其有美名，故貢之也。大較故是會稽箭類耳，皮特黑澀，以此爲異。《吕氏春秋》云：駱越之箘，然則南越亦産，不但荆也。　篃亦箘徒，概節而短。

江漢之間，謂之𥳇竹。《山海經》云：其竹名篃，生非一處，江南山谷所饒也，故是箭竹類，一尺數節，葉大如履，可以作篷，亦中作矢，其筍冬生。《廣志》云：魏時漢中太守王圖，每冬獻筍，俗謂之𥳇筍，𥳇苦恠反。根深耐寒，茂彼淇苑。北土寒冰，至冬地凍，竹根類淺，故不能植。唯𥳇根深，故能晚生。淇園衛地，殷紂竹箭園也，見《班彪志》。《淮南子》曰：烏號之弓，貫淇衛之箭也。《毛詩》所謂「瞻彼淇奥，緑竹猗猗」是也。䈽篠蒼蒼，接町連篁。性不卑植，必也嵓崗。逾矢稱大，出尋爲長。物各有用，掃（帚）之最良。䈽篠中掃。篲，細竹也，特異他篠，見《廣志》，至大者不過如箭，長者不出一丈，根杪條等下節，生惟高陰。動有町畝，廬山所饒也。掃篲之選，尋陽人往往取下都貨焉。又有族類，爰挺嶧陽。懸根百仞，竦幹風生，簫笙之選，有聲四方。質清氣亮，衆管莫伉。魯郡鄒山，有篠形色不殊，質特堅潤，宜爲笙管，諸方莫及也。《笙賦》云：所謂鄒山大竹，嶧陽孤桐，此山竹，特能貞絶也。亦有海篠，生於島岑。節大盈尺，幹不滿尋。形枯若筋，色如黄金。徒爲一異，罔知所任。海中之山曰島山，有此篠，大者如筋，内實外堅，拔之不曲，生既危埇，海又多風，枝葉稀少，狀若枯筋，質雖小異，無所堪施。交州海石林中遍饒是也。赤白二竹，還取其色。白薄而曲，赤厚而直，沅澧所豐，餘邦頗植。頗，少也，俗曰：白鹿竹，亦可作簟。潯陽郡人呼爲白木竹燥時皮肉皆赤，武陵溪中是所豐是也。肅肅䈉䉒，叜叜攢植。擢筍於秋，冬乃成竹，無大無小，千萬脩直。篔幕内冐，繡文外艴。䈉䉒竹，大如腳指，堅厚脩直。腹中白幕闌隔，狀如濕麵生衣。將成竹，而筍皮未落，輒有細蟲齧之。隕籜之後，蟲齧處往往成赤文，頗似繡畫可愛。南康所生，見《沈志》也。𥬆箂誕節，内實外澤。作貢漢陽，以供輅策。𥬆箂竹，生於漢陽，時獻以爲輅馬策。見《南郡賦》。浮竹亞節，虛軟厚肉。臨溪覆潦，栖雲蔭木。洪筍滋肥，可爲旨蓄。浮竹，長者六十尺，肉厚而虛軟，節闊而亞，生水次。彭蠡以南，大嶺以北，遍有之。其筍未出時，掘取以甜糟藏之，極甘脆，南人所重。旨蓄，謂草萊甘美者，可蓄藏之以候冬。《詩》曰：我有旨蓄，可以禦冬。厥性異宜，各有所育。篾植于宛，笭生于蜀。篾竹，見《南郡賦》。笭竹，見《蜀都賦》。細篠大簜。《書》云：篠簜既敷。鄭玄云：篠，箭。簜，大竹也。竹之通目，玄名統體，譬牛與犢，人之所知，事生軌躅。車迹曰軌，馬迹曰躅。赤縣之外，焉可詳録。臆之必之，匪邁伊矚。鄒子云：今四海謂之瀛海。瀛海之内，謂之赤縣。瀛海之外，如赤縣者，復有八，故謂之九州，非《禹貢》所謂九州也。天地無邊，蒼生無量，人所聞見，因軌躅所及，然後知耳。蓋何足云。若耳目所不知，便斷以不然，豈非愚近之徒者耶。故孔子將聖，無意無必，莊生達邁，以人所知，不若所不知，豈非苞鑒無窮，師表群生之謂乎。

北魏 賈思勰《齊民要術·種竹第五一》 中國所生，不過淡苦二種。其名目奇異者，列之於後條也。宜高平之地，近山阜尤是所宜。下田得水則死。黄白軟土爲良。正月、二月中，斸取西南引根并莖，芟去葉，於園内東北角種之。令坑深二尺許，覆土厚五寸。竹性愛向西南引，故於園東北角種之。數歲之後，自當滿園。諺云：東家種竹，西家治地，爲滋蔓而來生也。其居東北角者，老竹種不生，生亦不能滋茂，故須取西南引少根也。稻麥糠糞之。二糠各自堪糞，不令和雜。不用水澆，澆則淹死。勿令六畜入園。二月，食淡竹筍，四月、五月，食苦竹筍。蒸、煑、炰、酢，（在）（任）人所好。其欲作器者，經年乃堪殺。未經年者，軟未成也。筍：《爾雅》曰：筍，竹萌。《説文》曰：筍，竹胎也。孫炎曰：初生竹謂之筍。《詩義疏》云：筍皆四月生。唯巴竹筍八月生，盡九月，成都有之。篃，冬夏生，始數寸，可煑，以苦酒浸之，可下酒及食。又可采藏及乾，以待冬月也。《永嘉記》曰：含隋竹，筍六月生，迄九月，味與箭竹筍相似。凡諸竹筍，十一月掘土取，皆得長八九寸。長澤民家，盡養黄苦竹。永寧南漢，更年上筍，大者一圍五六寸。明年應上今年十一月筍，土中已生，但未出，須掘土取。可至明年正月出土，訖五月。方過六月，便有含隋筍。含隋筍迄七月、八月。九月已有箭竹筍，迄後年四月。竟年常有筍不絶也。《竹譜》曰：棘竹筍，味淡，落人鬚髮。篔、笷二筍無味。雞頸竹，筍肥美。篃竹筍，冬生者也。《食經》曰：淡竹筍法，取筍肉五六寸者，按鹽中一宿，出拭鹽令盡。煑糜一斗，分五升與一升鹽相和。糜熱，須令冷，内竹筍醎糜中一日，拭之，内淡糜中，五日，可食也。

唐 段成式《酉陽雜俎》卷一八《竹》 竹花曰獲，一曰篗。死曰箹，六十年一易根，則結實枯死。䈉䉒竹，大如脚指，腹中白幕闌一曰闌。隔，狀如濕麪。將成竹而筒皮未落，輒有細蟲齧之。隕籜後，蟲齧處成赤跡，似繡畫可愛。棘竹，一名芭竹，節皆有刺，數十莖爲叢。南夷種以爲城，卒不可攻。或自崩根出，大如酒瓮，縱横相承，狀如繅車，食之落人齒。筋竹，南方以爲矛。筍未成時堪爲弩絃。百葉竹，一枝百葉，有毒。《竹譜》竹類有三十九。慈竹，夏月經雨，滴汁下地，生蓐似鹿角，色白，食之已痢也。

唐 段成式《酉陽雜俎續集》卷九《桃枝竹》 東宫郡，漢順帝時屬南海，西接高涼郡。又以其地爲司諫都尉，東有蕪地，西隣大海，有長洲，多桃枝竹緣岸而生。

唐 段成式《酉陽雜俎續集》卷九《支植上》 童子寺竹，衛公言，北都惟童子寺有竹一窠，纔長數尺。相傳其寺綱維每日報竹平安。

唐 段公路《北户録》卷二《斑皮竹笋》 湘源縣十二月食斑皮竹笋，滋味與北中七八月笋牙小類，但甜脆過之，諸笋無以及之。《吴録》云：馬援至茘浦見冬笋，名曰苞笋，其味美於春夏笋也。即鷄脛竹笋。《博物志》曰：斑皮竹，洞庭之山，堯帝之二女以涕揮竹，竹盡斑也。《爾雅》曰：笋，竹之萌。《説文》曰：笋，竹胎。《詩義疏》：笋皆四月生也，巴竹笋八月生，篃音媚。竹，笋，冬夏生。《永嘉記》：含墮竹笋六月生。篃《竹譜》：棘竹落人鬚髮。愚按《山海經》：竹生花，其年便枯。六十年一易根，必結實而枯死，實落土復生，六年還成町也。《竹譜》曰：「竹不剛不柔，非草非木，箹必六十，復亦六年」是也。凡種竹正二月斸取西南根，東北角種之，竹性向西南引也。《齊民要術》曰：諺云「東家種竹，西家治地」故也。南中有以竹爲刀錯子者，錯子即篦簩竹皮爲之，錯指甲利勝於鐵機巧。李商推昉云：如小鈍復以漿水洗之如初。刀子竹，裴淵《廣州記》云：石林竹勁利，削爲刀，切截象皮如截芋也。公路襄州宜城縣木香村有莊，咸通初忽生異竹，第一年生九竿，第二年生七竿，爾來歲歲有也。作深梔黄色，每節及枝上並抹緑鮮澄，其笋甚美。按顧凱之譜中亦無説處。《異苑》曰：東陽留道德，元嘉四年筋竹林忽生連理，野人無知，謂爲禍祟，伐煞之。公路乾符初，經過夏口時，有人獻合歡笋於韋公尚書者，自一本分爲兩歧，長二尺餘，乃笋之瑞也。公命公路爲七字句歌之，詞繁不載。愚傳聞貞元五年秋，番禺有海户犯鹽禁者，避罪於羅浮山，深入至第十三嶺，山有十五嶺，四百三十二峰，九百八十三飛泉洞府也。遇巨竹百千萬竿，連亘岩谷，竹圍二十一尺，有三十九節，節長二丈，即由梧類也。海户因破之爲篾，會罷吏捕逐，遂挈而歸。時有軍人獲一篾以爲奇者，後獻於刺史李復，復命陸子羽圖而記之，亦資耳目之一事也。舊記云李公顧謂門生廣州桑苧翁曰：夫視聽之外，經籍未録，不合有而有者，不知其極，況兹竹載在圖記，不足奇也。漢太尉許慎《説文》有長節竹，謂之筂，音鐘，一本作籦。得非羅浮山龍鍾之義耶！桑苧翁前席而言曰：頃天寶末有韋長史虚舟寓於廬山瀑布泉時，夏月多雨，見瀑布之中流出一桃葉，闊五寸，長一尺二寸。至德初，徐正字熲於海鹽縣白塔山沙渚之上，得一桃核片可貯一升，則知草木在山海之間，有瑰形殊狀者多矣。又若決明慎火在中原爲蘇蓼，葵莧之屬，若生嶺嶠南山澗，無非高樹。蕨有千歲者，徑二尺，圍與彼不異。

唐 段公路《北户録》卷三《方竹杖》 澄州産方竹，體如削成，勁健堪爲杖，亦不讓張騫筇竹杖也。其融州亦出，大者數丈。《正聲集》云：南方有方竹杖，白蟬噪其上。陳貞節嘗詠之。又海晏地名出蘆，堪爲拄杖。高潘州出千歲蕨拄杖，小類貝多。更有踈節竹，五六尺一節僧道多以爲杖。皆奇物。又按會最云：溱川通竹直上，無節空心也。

唐 韓鄂《四時纂要》卷一《種竹》 宜高平處，取西南引根者，去梢葉，院中東北角栽種之。坑深二尺許，作稀泥於坑中，即下竹栽。以土覆之，杵築定，勿將脚踏，踏則笋不生，土厚五寸。竹忌手把及洗手面肥水，澆著即枯死。竹性好西南，故於東北種之。

唐 劉恂《嶺表録異》卷中 篦簩竹皮薄而空多。大者徑不逾二寸，皮上粗澀，可爲鎖子錯甲，利勝於鐵。若鈍，以漿水洗之，還復快利。石林之竹勁而利，削爲刀，割象皮如脂。按《太平廣記》四百十三卷同。

唐 劉恂《嶺表録異》卷下《竻竹笋》 竻竹笋，其竹枝上刺，南人呼爲刺勒。自根横生，枝條展轉如織。雖野火焚燒，只燎細枝嫩條。其笋叢生轉復牢密。邕州舊以爲城，蠻蜒來侵竟不能入。

唐 劉恂《嶺表録異》卷下《峯摩笋》 峯摩笋，桂廣皆殖。大若茶椀，竹厚而空小。一夫止擎一竿，堪爲茆屋椽梁柱。其種者，彭其竿，每截二尺許打入土，不逾月而生根葉，明年長芽笋，不數歲成林。其笋，南人亦藏之爲簕笴。

宋 贊寧《笋譜·一之名》 笋者，竹之萌也。竹根曰鞭，鞭節之間乳贅而生者。竹屬兼草而木，偕少陽之氣歟。故初種，根食土而下，求乎母也。 母，水也，而潤下，得水而生也。 及擢笋冒土而上，愛乎子也。 子，火也，而炎上，鑽竹而生火也。 皆自然之性也。竹盛高平之地，黄白息壤即是所宜也。 得山阜良，下田傷水則死矣。 凡植竹，正月、二月引根鞭，必西南而行，負陰就陽也。 諺曰：東家種竹，西家理地。謂其滋蔓而來生也。其居東北隅者，老竹也。老種不生，生亦不滋茂矣。宜用稻麥糠糞之，不可饒沃。植之開坑深二尺許，覆土厚五寸，除瓦石，軟柔之土爲嘉。大抵竹八月俗謂之小春，熱欲去，寒欲來，氣至而涼，故曰小春。往往木有花，草有荂。竹得是氣也，根伸而達，亦謂爲鞭行。鞭頭爲笋，俗謂之傿笋。言傿者，音訛也。二笋也。亦如花再生花也。二果二葉亦同也。 今吴會間八月，鄉人往往掘土採鞭頭爲笋，向市而鬻，然終傷損春笋，而且害竹母。凡百穀各以其初生爲春，熟爲秋。若筍，以鞭行時分芽露白月爲春，始生也，用夏正。及乎外苞内實，冒土而生，當二三月爲秋，爲成熟時也。然有四時之筍，則春秋不定也。許慎《説文》云：竹冬生也。《釋草》云：筍，竹萌。郭璞注：竹初生也。孫炎云：竹初生曰萌，生謂之筍。詳孫之説：始冒土者爲萌，萌芽也，生長挺挺然爲筍也。《尚書·孔傳》：筍，篛竹也。詳孔之説：篛竹，白篛也，白篛之類越多。《爾雅》説芙蕖莖下本蔤。郭注曰：蔤莖下白，亦可食，篛在泥中也。《周禮》説：蒲菹亦蒲之篛也。謂蒲始生，取其中心入地。篛，大如匕柄，正白，噉之甘脆也。凡草木有白篛，嫩而堪食者，皆曰白篛也。今孔安國曰：篛竹，爲筍已過，爲竹未勁，故謂爲篛竹也。合言竹之篛篛即見白也，所言篛者幼弱也，加草者蒻濫也。蒠，箭萌。郭注：萌，筍也。《周禮》「蒠菹鴈醢」，蒠菹即以箭筍鹽藏爲菹，實於籩豆中也，虇，蘆筍也。《爾雅》：炎虇，其萌虇。郭注：江東呼蘆筍爲蘆虇。然則萑葦之類，其初生者皆名虇也。如是者只有多名也。　一名筍，生成謂之筍。一名萌，初生謂之萌，言絶篛也。一名篛竹，土内皮中謂之篛也。　一名蒠，箭竹萌，即會稽箭筍也。　一名虇，蘆葦之初生総名虇萌。今沙岸潮濤汩漱，蘆葦菼薍，根露白皙然，濯而食之，味甜且脆。詳虇名芽也。今江東人言虇牙之事是也。　一名竹胎，出《説文》。然筍芽之時，卷葉左右重重，然旋露節而實終露，外際撐苞裹而生堅勁爲竹，故謂之竹胎也。　一名竹牙，即牙目之牙也。　一名茁，謂竹萌初生茁茁然，故殊方音訓之名也。　一名初篁，初始也，篁竹也。見《南朝梁簡文帝集》。　一名竹子，張華《神異經》注：子筍也。　前之諸名，别同異，分少長也，厥狀可尋而識也。字體《説文》云：凡竹屬皆從竹。今筍二形，下聲，或作筍笋悉通，蓋旬尹聲相濫耳。

宋 贊寧《筍譜·二之出》《周易》震主蒼筤竹，所生蒼筤筍。若然者，既得木少陽之氣，而弱亦負陰，而就陽爲草，則勁而彊耳。《周禮》揚州之利竹箭。亦有蒠萌之别名矣，舉成數實物也。惟筍，竹萌也。皆四月生也。　此據洛陽土中嵩少之間，四月方生，及秦、隴、終南，皆四月生也。　笆竹筍　八月生，盡九月，成都蜀地有别受氣類。一云笆竹，而竹與筍俱有刺芒也。　鄖竹筍　長節而深根，筍冬夏皆生，鄉人掘土取筍。《廣志》作篔竹，可作屋椽。《山海經》同也。　箭筍　十二月生。會稽以來諸山絶多，或叢生，或蔓延可如筯大，長三四寸。　簵簬筍　自甌越以南，七月生，至八月盡。　鶩筍　錢唐多生，其色紫，苞當其鶩至時生，故俗謂鶩筍。　天目筍　五月生，盡六月，其筍色黄，出天目山，端午後方採鬻。旱歲則無。　竹王林筍　漢武世，一女浣於勝水，見竹節隨流近，女子推去又來，聞有音聲，持歸破之。得小兒男也。及長，以竹爲姓，立以爲王，其竹棄之於野，化生成林，其筍密密冒土。南地熱，其筍多冬生。　桃竹筍　涪陵相思崖生此竹。昔有童子在崖下吹竹，神女見悦之，投以桃竹釵，童子報之以簾。今桃枝與竹皆生崖畔，其筍生亦柔弱有異，因號崖爲相思也。　孤竹筍　襄陽薤山下有孤竹，三年方生一筍，及筍成竹，竹母已死矣。代謝如春秋焉。又《周官》曰：孤竹之管，孫竹之管，陰竹之管。鄭注曰：孤竹特生者，孫竹根之末生者，陰竹生山北者。今詳孤竹特生獨生筍者，即子母不相同；孫竹根鞭生筍者；陰竹山北引鞭晚生筍者也。　旋味筍　一名苦蒲筍。福州南一日程，多生苦竹，春則生筍，鄉人煮食甚苦而且澀，及停久則味還可食，故曰旋味筍。　篥竹筍　出交趾。其爲竹也，實中，勁彊有毒，彼土人鋭以刺虎，中之則死，筍亦内實。　桂竹筍《山海經》云：桂竹甚毒，傷人必死。戴凱之《竹譜》云：同《山海經》。今未詳桂竹狀貌，筍亦難識。今恐篥疑箹筍異名實也。堅不同此例。然箹與篥，信譜而録，即應今可食者。早晚桂筍所以不同也。　簹竹筍　生海畔山，而竹與筍悉有毛，傷人則死。泊船海嶼，慎勿取毛筍食。又有筀筍同此毒。《廣志》云：簹竹堪作笛。既有毒，豈可作笛。此同名而殊實也。　篔竹筍　竹本根長千丈，斷節爲大船，生海畔山，其竹萌可數丈，猶爲筍也。　篣竹筍　其竹皮薄而空多，大者徑不過二寸，皮上有粗澀文，可爲錯鑢物并爪甲，利於鐵作者。若用久鈍，則漿水洗，還復快利。其筍無肉。今詳，微疑多毛，猶或殺人，豈況粗可鑢，筍皮亦澀，理而可食乎？一云：篣竹一枝百葉，有毒。　篠簜筍《尚書》曰：揚州厥貢篠簜。孔注云：篠，竹箭。簜，大竹。《禹貢》揚州任土。或曰今揚州絶少篠簜竹。箭中爲矢者臨川、會稽爲良。非也，曾不知夏禹時揚州土疆南極交廣，皆不分墟，近代分撫越也。篠箭易識，簜筍名，詁訓故未詳。　笙筍　七月生至十月間，縉雲以南多出，然味苦而節踈。筍可大於箭筍少許，山人採剥，以灰汁熟煮之，都爲金色，然後可食，苦味減而甘，食甚佳也。　篻筍　出温、處、建以來，竹如苦竹，長節而薄，可作屋椽。筍則春生可食。　釣絲竹筍　南越多之。竹本大如鼓形，上節漸小，高三四丈者，若釣絲然。筍下廣上鋭，味甘可食。發病。　木竹筍　今靈隱山中亦出。中堅，亦通小脉，節内若通草中也。筍堅，可食。今人採竹作杖，可愛。或與簩同類耳。　邛竹筍　出蜀中臨邛，故曰邛竹。其筍春生。《羅浮山記》曰：邛竹本出邛山，張騫西至大宛所得歸。而此山左右時有之。鄉老多以爲杖。今羅浮山有筍，生又早，時候與蜀不同，其竹節横出，中間練杵形，爲杖如木刻。竹筍中實，食美。《山海經》云：龜山扶竹。注：筇也，節高，實中。扶，也，名之扶老行（竹）也。與扶竹並節者不同。　赤竹筍　出閩中。大者如椽，堪作彈織箔扇。筍不毒。　衛丘竹筍　《山海經》云：衛於山丘南帝俊借音舜字。竹林在焉，大可爲舟。郭注云：舜林中竹一節可以爲船。筍可知矣。　廬竹筍　其爲竹也，葉闊而利，可用割物。實，箬類也。筍苦，亦可食。出廬州。　對青竹筍　竹則一邊青一畔紫，二色相映可愛。筍萌可食。出成都，近孟昶據蜀，作對青竹亭焉。　慈母山筍　《丹陽記》：江寧縣南，慈母山竹，可以爲簫管。王褒《洞簫賦》所稱即此也。其筍圓緻，異於餘處。自伶倫採竹嶰谷，其後惟此簳見珍。俗呼鼓吹山，常禁伐者。筍則三月生，可食。　鍾龍竹筍　戴凱之《竹譜》云：此竹伶倫所伐也。其筍生可食。　漢竹筍　《譜》云：大者一節受一斛，小者受數斗，可爲樽榼。其筍一節可受二三斗，味雖甘而澀。　利竹筍　其竹蔓生，若藤蔓屬，實中而堅韌。筍隨竹蔓而生，亦實韌也。　簢筍　《爾雅》云：簢，祭中。郭注：其中空。今詳竹皆空中，或自根至梢空中，則無節竹也。疑簢竹一名祭中。一云其中叓曰祭，可以爲席。如此者，則其竹内隔叓，與常竹不同，故云祭中，爲筍嫩而節叓薄也。　鄰竹筍　《爾雅》郭注：堅中謂貞實中。與平常竹不同，筍味同木竹筍。　雲母筍　郭義恭《廣志》云：雲母，大竹也。其筍亦相稱。　箘筍、簵筍　伊二本竹生荆楚間。《尚書》：荆州厥貢箘簵。孔注：箘簵，美竹也，出雲夢之澤，三國常致貢焉。天下稱美。蓋堪爲矢。大者爲筆。本母既曰美竹，厥萌可曰美筍也。　蔓筍　《廣志》：蔓竹皮青，肉白如雪，軟韌可爲索。字或從草、從竹不定。其筍皮青，而筍肉皙白。王子年《拾遺記》有蔓竹作簾。　少室竹筍　《河圖》曰：少室之山，大竹堪爲甑器。其筍長偉，堪食。　渭川筍　《史記》曰：渭川千畝竹，其人與千户侯等。今詳《史記》舉其本而不言筍。筍利利人，厥富可儕等王侯也。筍晚四月方盛。　鄠杜竹筍　《漢書》曰：秦地有鄠杜竹林，南山檀柘，號陸海也。鄠杜多竹，而勁小。西夏結乾筍，豈不是乎？　鏞竹筍　出廣州。此本竹絶大，内空，容得三升許米。交廣以來人將此作升子，量出納。其内出黄，可療風癎疾，名天竹黄。案竹黄名天竹，言此竹天也。亦猶天麻、天蓼言天大，如云雀麥、鼠莧言小也。或曰天竺之竺，非也。詳其竹亦療風，筍功可見也。一説竹黄是南海邊竹内塵沙加於竹凝結成致，竹兼筍皆療風疾。　相迷竹筍　生廣州已來，竹狀與鏞竹少異，其洪長亦同。内空生黄，堪作丸，筍減鏞筍少分。　桃枝竹筍　其竹勁直，柔弱可爲篾爲席。《尚書·顧命》竹席是也。其筍叢生，其皮生毛，聚蟲蟻而不可食。人觀此竹是處有之。王彪之《閩中賦》亦見矣。　新婦竹筍　出武林山陰。其竹圓直，韌可爲篾。筍三月而生，可食。　篁竹筍　《竹譜》曰：篁竹似桂，而概節，其筍可食。　簞竹筍　沈懷遠《南越志》曰：博羅縣東蒼州足。（《簞竹銘》曰：）簞竹，既大，薄且空中，節直二丈，其直如松。詳其竹直二丈，猶爲筍而可食。　雞頭竹筍　《竹譜》曰：雞頭竹似篁而細。筍亦可食，堪茹。　斑竹筍　《博物志》云：舜死，二妃淚下，染竹成斑。妃死，爲湘水神，故曰湘妃竹。詳其筍脱其殼，乃爲篛，竹方生斑，筍不可食。　篃筍　《竹譜》云：篃竹，江漢間謂之竿散，一枝數葉，葉大如履，可以作篷。今詳葉如履，即王彪之《閩中賦》云湘箬也。其筍亦不大，止是箬葉異諸竹耳。又此竹與鄗竹同也。　篔簹筍　曹毗《湘中賦》云：其竹則篔簹。今詳其筍亦洪大，竹節長四尺。　沛竹筍　《神異經》云：南方荒中有沛竹，其長百丈，圍二丈五六尺，厚八九寸，可以爲大船。其子美，羨而食之。　白烏筍　湘中有此竹，生是筍，見魏曹毗賦。又有實中竹，即有實中筍，簩屬也。　魚腸竹筍　南朝梁簡文帝《修竹賦》中，見「魚腸、雲母之名，曰日映花靡」等。今詳魚腸爲名，必像實而作。其竹細而屈，筍亦可以識矣。　篁筍　八月生筍，止十一月。竹，閩溫已來多，節疏，鄉人候抽長成竹，梢弱，正月時便斷之，以火燎之，逐重起之，可爲條而柔韌，謂之竹麻。泉州已去，路傍多生，彼土人取逐節可八九尺，堅捺之，青皮纔爆，内白肉便爲麻，即不見火，謂之麻竹。南中轉高長，節疏。其筍皮黑紫色，其心實，人取細切，鹽漬少頃，以漿水漬，再宿瀝乾，瓿藏泥封，謂之筍奇。此亦古之筍菹也。筍義未詳。　㧛摩筍　《嶺表録異》云：桂廣皆殖，大若茶椀，竹厚而空小。一夫止擎一竿。堪爲茆屋椽、梁柱。其種者，欽其竿，每截二尺許，打入土，不逾月而生根葉，明年長芽筍，不數歲成林。其筍，南人亦藏之爲筍笴。　簕竹筍　《嶺表録異》云：其竹枝上刺，南人呼爲簕，自根横生，枝條展轉如織。雖野火焚燒，只燎細枝嫩條。其筍叢生，轉復牢密。邕州舊以爲城。蠻蜒來侵，竟不能入。　羅浮筍　羅浮山，貞元中有人遊第十三嶺，見巨竹有三十九節，二丈餘圍，筍甚牖直。　雲丘帝筍　《竹譜》云：帝陵上所生竹，一節可以爲船。筍大如本。　匾竹筍　匡廬山中多。其筍初冒土便匾薄，及成竹，匾而長。今諸山中，是處皆有之。　箖箊筍　左思《吴都賦》曰：竹則篔簹箖箊。今詳其筍可食。　篛筒筍　見《吴都賦》。吴越有之。筍可食。　簡簩竹筍　竹節疏而筍可食也。　篻竹筍　其竹實中，篳屬。見《吴都賦》中。筍堅大可食。篻出韶州，徑五六寸，中爲弓弩。筍堪食。自秋生至於冬末，春即不生矣。　簕竹筍　《天台圖經》云：五縣皆有。言其竹韌也。日南、九真炙生，可作彈弓絃也。　服傷筍　竹大者五六寸圍，長二丈，其中實滿。筍至四月已後方出，味甚美。　狗竹筍　寧海已來多。三寸圍，節間有毛。筍三月生，可食。諸邑皆有之。　笙竹筍　今春二月已去，吴越多生。　扶竹筍　今武林山西，舊謂雙竹院中所産。條篁嫩篠，皆對抽並胤。相傳云：茲竹自永泰已來有之。馮翊嚴諸爲其記。王子敬《竹譜》云：會稽箭竹，錢塘扶竹。蓋此雙竹即扶竹也。譬猶東之地産桑，兩兩並生，謂之扶桑矣。今詳是竹，爲筍便有合歡貌，並出。愚曾著《扶竹賦》。　慈竹筍　四月生。江南人多以灰煑食之。其爲竹也，内實而節疏，性弱而可代藤，用其形緊而細。又蘄黄生叢竹，一叢數竿，筍不外迸，只向裹生，如多，只可删科内。五六月長筍，明年方成竹，其筍不堪食。　玳瑁竹筍　薛翊《異物志》曰：弓竹似簕藤，斑駁如玳瑁。其筍脱殼而微有斑文也。　龍牙竹筍　出永嘉大羅山。其竹長四五尺，稀節。人取必有大風雨、雷電，人下山則止。近故節惠公令取種，遇風而止。其筍則春二月生也。　棘竹筍　《竹譜》曰：其筍味肥，食之落人鬢髮。　笰竹筍　《齊民要術》云：筍無味。　雞脛竹筍　食之肥美。　檳榔竹筍　見杜臺卿《淮賦》。　毛竹筍　出武陵洞口，人斫竹隨生。土俗云：仙人入洞，故生此竹以隔浮世也。　篁竹筍　疑其狀類字或是笙。竹筍皆無味。　由梧竹筍　《南方草木狀》云：由梧竹民間種之，長百尺，徑一尺八九寸。交趾人作屋柱。筍澀不可食。　方竹筍　出澧州西游川鐵冶辰山之陽。其筍莖方二寸已來。彼封人多爲臺、卓、衣架等。其筍硬，不堪食。其竹節平，其性堅，其心實。　丹竹筍　出道州瀧中峭壁之上。竹每節可一丈或八尺，徑不大，裊裊摇空，粉節上似有丹色，心空肉薄，舟人多劈爲百丈繂。　毛斑竹筍　出蘄州。初伐竹即無斑，以灰汁洗之即斑見。彼人多作簾席，或笛管。筍絶不堪食。與二妃祠者不同矣。　沙麻竹筍　《南粤志》中，此竹人削爲弓，弓似弩也。或曰蘇麻竹，或云粗麻竹。此疑與斯摩同耳。若斯摩筍，一人只可擔兩莖耳，亦堪爲笴筍。　白竹筍　連州抱腹山多生此竹。莖徑白，節心少許緑。彼土人出筍之後，落籜撒梢時，採此竹以灰煑水浸，作竹布鞋。或搥一節作箒，謂曰竹拂。若貢布一疋只重數兩也。　匾竹筍　出廬山，莖匾。傳云：釋惠遠使鬼神，號辟蛇行者，捻此竹爲匾竹。筍出皆匾，堪食之。　拂雲箒竹筍　出廬山。莖大如指，竹杪細，葉密翠如箒。彼人採爲方物贈人，謂之拂雲箒，作纖長也。　雙梢竹筍　出九疑山第二重麓臺側。筍長獨莖，及生枝葉，即分爲兩梢，葉密而細，亦謂爲合歡竹。與象扶桑者少同。　箖竹筍　出襄州卧龍山諸葛亮祠中。筍堪食，甚美。漸長，長百尺，只梢上有葉。土人作幡竿承落。　木竹筍　韶州多生。成竹一莖如萬歲藤，一節長四尺，無花而實，實如草豆蔻，土人鹽之爲果實。筍初生時，礧磈然不堪食，與今吴會間木竹筍，雖如筍食美而甘，味不同。　水竹筍　出黔南，管内或巖下潭水中生。其筍隨水深淺以成節，若深一丈則筍出水面爲一節。蠻蜒採取以爲食。　古散竹筍　節似馬鞭，葉似桐樹而小，皮似栟櫚，柔韌，筍亦堪食。　秋蘆竹筍　其竹似蘆，身如荻蔗，冬天不凋，插枝如生。筍可食也。　鶴膝竹筍　竹狀節下大小似苦竹，而閩中士人呼爲搥竹。亦堪作柱杖。詳此同笻竹也。筍可食。　石篻竹筍　一名篻簩。生閩中。竹似石而小。《吴都賦》曰：篻簩有叢。筍可食也。　合歡竹筍　出南嶽下諸州山溪間，郴州最多。其筍初生合歡形勢，及成竹也，或三莖合、或兩莖合。斷其間有竅。竹皮或斑點文。僧斷作針筒用也。　紫竹筍　成都府人家庭心多。苞叢而生。其色沈紫可愛，抽筍且稀，心實。筍不宜食。　月竹筍　竹狀輕短，叢生，每月抽筍謂之月竹筍。如箭竹萌。人不食也。　三稜竹筍　其狀若椶櫚，葉莖柄三脊然。筍細。初抽，川中人家竹林中忽有，云吉兆也。

宋 贊寧《筍譜・三之食》　李績《本草》云：竹筍味甘無毒，主消渴，利水道，益氣，可久食。又陳藏器云：諸筍皆發冷血及氣，不如苦筍不發病。今詳諸説，皆冷，久食亦發風，苦筍冷毒尤甚，陳説非也。以親驗爲證。諸筍以豉汁漬之，能解酒毒。又《本草》云：淡竹葉味辛平、大寒，主胸中痰熱，欬逆上氣。又堇竹、吹苦竹、淡竹，甘竹葉又實中。竹並以筍爲佳。是知筍食去前病，當葉、根茹一半明矣。若丹石熱渴，煮淡竹根汁以療之。筍汁亦可除丹砂毒。噦嘔、逆氣、鬼氣，可取筍中酒服之，謂糟中筍，節中水也，最止小兒嘔吐。又食簞桂等筍或中簞桂之刺，毒發，唯草犀根能療之。草犀解諸毒，生嶺南及睦、婺、洪、饒間。生苗高二三尺，獨莖對葉，根如細辛。生研服之，以功如犀，故名草犀。陳藏器云也。次則麻油薑皆殺筍毒。凡食筍之要，譬若治藥，修煉得門，則益人，反是則損。採筍之法，可避露，日出後掘深土取之，半折取鞭根旋得，投密竹器中，以油單覆之，勿令見風，風吹旋堅。以巾紛拭土，又不宜見水。含殼沸湯瀹之，煮宜久。　按：煮筍實可一周時，已熟，或見生，水還重煮一周時。　驗知筍不可生，生必損人。苦筍最宜久，甘筍出湯後去殼，澄煮筍汁，爲羹茹，味全加美，然後始可與語爲食筍者矣，此外不足筭也缺。　不然，蒸最美，味全。煻灰中煨後入五味尤佳。採筍，一日曰蔫，二日曰篜，見風則觸本堅，入水則浸肉硬，脱殼煮則失味，生著刃則失柔。採而停久非鮮也，盛而苦風非藏也，揀之脱殼非治也，淨之入水非洗也，蒸煮不久非食也。筍萌之味或甘，或苦，甘則脾藏食，苦則肝藏食。原其木性實酸，蓋本性也。食甘多則損脾而逆胃，何耶？竹實少陽之氣，終尅於脾土也。食苦多則補肝而助膽，何耶？與肝同類，木也。二味都利大小腸。　民間有煮苦筍，方入出水，自貽伊毒。竹内一周時，臨熟，爲水濺，食可以皮膚爆裂。苦筍與竹實同氣而降一等也。　一説滑利大腸，無益於肺也。俗或謂之刮腸篦是也。凡物，過度而食，益少而損多，豈止筍耶。殺筍之毒，吴蜀薑麻油。如竹叢欲敗，以油滓沃，明年則凋踈矣。　菹法。《周禮》云：加豆之實，筍菹魚醢。注：箈，箭萌。筍，竹萌。今詳鄭注不言菹法，如南人筍鲊是也。此久藏法。鹽出水後，加鹽糯米粥藏，可以過暑月。到無筍時食，暴藏或鹽酢而已，如蒲菹亦爾。古加於豆籩中以享賓客，用薦鬼神也。　鮓法。煮用鹽米粥藏之，加以椒辛物，或炒熟。油藏爲醯，食極美矣。　藏法。《食經》云：淡竹安鹽中一宿，煮糠令冷，藏之。再出別煮糠，加鹽藏之，五日可食。　生藏法。將陶器一口可受一石者，選肥筍覆之，密泥塞之，勿令風入。到無筍時揭器，則宛轉器中取其弱處剪之，勿令見風，入湯便瀹，後方脱皮。一將筍截其尖鋭，用鹽湯煮之，停冷入瓶，用前冷鹽湯同，封瓶口令密，後沈於井底。至九月井水暖旱，取出如生。五味治之而食。　乾法。將大筍生去尖鋭頭，中折之，多鹽漬，停久，曝乾。用時，久浸，易水而漬，作羹如新筍也。　脯法。作熟脯，搥碎薑酢漬之，火焙燥後盎中藏，無令風犯。　會稽箭筍乾法。多將小筍蒸後以鹽酢，焙乾。凡筍宜蒸味全。今越箭乾爲美啖也。　結筍乾法。秦隴已來，出筍纖長，土人用土鹽，鹽乾結之，市於山東，道浸而爲曜菜，甚美。　取麻法。南方作踈，作扇，作鞋。取篁竹、麻竹。當其正月新竹上表，獨是筍下已成竹，逐節斷，重重起已，入湯煮，柔韌作績，纖踈作鞋，隨意可也。

宋　贊寧《筍譜·四之事》　竹之與筍，蓋草木中之殊名，親屬一物。則其根葉密而堅，其莖心空而直，其枝背戾而褭，其葉玲瓏而繁，貞而不剛，柔而不屈，居天下之大端，貫四時而不易葉，蓋得氣之本也。是故君子愛之，壯者謂之竹，弱者謂之筍。厥譬母子焉，少慕長焉，言其濟人之利博矣。歷代文士名而志之，久則滋蔓，以廣於後：

神農　周成王　周公
尹吉甫　子夏　莊周
列禦寇　漢高祖　東方朔
張平子　馬援　漢樂安相李尤
三國魏侍中王粲　王子年　晉潘岳
左太冲　王宣　葛洪
陸雲　丘道護　吴孟宗
王彪之　郭璞　劉殷
丁固　木玄虚　江逌
戴凱之　劉虚哲　沈道虔
何隨　南朝齊陳后　明僧紹
王儉　南朝梁簡文帝　劉孝綽
范元琰　南朝梁元帝　宗懍
陳江揔　陰鏗　蕭大圜
杜臺卿　北齊蕭慤　唐楊師道
李淳風　道士吴筠　段成式
白居易　陳藏器　釋志徽
陸龜蒙　劉恂　夏侯彪之
沈如琢　五代後梁高祖　林諝
何光遠　程崇雅　范旻

宋 蘇軾《東坡志林》卷九　竹有雌雄，雌者多笋，故種竹常擇雌者。欲識雌雄，當自根上第一枝觀之。雙枝是雌，種即出笋。若獨枝者是雄，不甚繁茂。又冬至前後各半月，不可種植。蓋天地閉塞而成冬，種之必死。若遇火日，及西南風，亦不可。

宋 沈括《夢溪筆談》卷二六　淡竹對苦竹爲文，除苦竹外悉謂之淡竹，不應別有一品謂之淡竹。後人不曉，於《本草》内別疏淡竹爲一物。今南人食筍，有苦筍、淡筍兩色，淡筍即淡竹也。

宋 沈括《補筆談》卷下　嶺南深山中有大竹，有水甚清徹。溪澗中水皆有毒，惟此水無毒。土人陸行多飲之。至深冬則凝結如玉，乃天竹黄也。王彦祖知雷州日，盛夏之官，山溪間水皆不可飲，唯剖竹取水，烹飪飲啜皆用竹水。次年被召赴闕，冬行，求竹水不復可得。問土人，乃知至冬則凝結，不復成水。遇夜野火燒林木爲煨燼，而竹黄不灰，如火燒獸骨而輕。土人多於火後採拾以供藥品，不若生得者爲善。

宋 沈括《夢溪忘懷録》　竹宜高平之地，黄白軟土爲良。春初，斸取西南向陽者莖并引根，大掘科本，芟去梢葉，於園中東北角種之。以東北根老，西南根嫩，而竹性又喜向西南行也。掘坑深二尺許，覆土厚五寸，以稻麥二糠，各自糞之，不用和雜。只宜連陰雨中栽之，不用水澆，水澆則淹死。勿令六畜入園。恐風摇動，須著架縛之。余比見五月種者亦佳。留莖種者，被風摇動，多不滋茂。但去根一尺餘截斷，準上法埋栽，令露竹頭。當年生笋，踐殺之，明年轉益大，又踐殺之，至第三年長出粗大，一抽數丈。

宋 陸佃《埤雅》卷一五《釋草·竹》　竹，物之有筋節者也。故蒼史制字，筋、節皆从竹。《爾雅》曰：「東南之美者，有會稽之竹箭焉。」今竹性亦喜東南引生，故古之種法云：「斸取東南引根，於園角西北種之，久之自當滿園。」語曰：「西家種竹，東家治地。」言其滋引而生來也。《易》曰：方以類聚。竹引東南，則以卦推之，巽爲竹矣。震，東方也，故震爲蒼筤，竹而已。蒼筤，幼竹也。今人穿沐叢竹，芟其繁亂，不使分其勢，然後枝榦茂擢，俗謂之洗。洗竹第如洗華例，非用水也。《傳》曰：「淇衛箘簬。」又曰：「淇衛之箭。」又曰：「下淇園之竹以爲楗。」又曰：「伐淇園之竹以爲矢。」蓋淇之産竹，土地所宜，故風人以此美武公之德也。《詩》曰：「瞻彼淇奥，緑竹猗猗。瞻彼淇奥，緑竹青青。」竹之初生其色緑，長則緑轉而青矣，故是詩如此。然其卒章又曰：「如簀如簀。」言盛也。且曰如簀，則又以明其爲竹矣。《禮器》曰：「禮器是故大備，大備盛德也。其在人也，如竹箭之有筠。」蓋曰如切如瑳，如琢如磨，則禮至於器矣。禮器是故大備，大備盛德也。故《詩》曰：「有匪君子，終不可諼兮。」道盛德至，善民之不能忘也。《國語》曰：「及其没也，謂之睿聖武公。」然則武公其殆聖矣乎？《爾雅》曰：「如竹苞曰苞，如松柏曰茂。」苞言其本，茂言其末。竹性叢生，行鞭深遠，故曰苞。《詩》曰：「秩秩斯干，幽幽南山。如竹苞矣，如松茂矣。」干言原流之長也，山言基址之固也。竹言根本叢緻，松言枝葉繁衍。蓋不如是，雖有室，豈足樂哉？故《考室》之詩，首章如此。《竹譜》曰：「北方寒冰，至冬地凍。竹根類淺，故不能植。」爲是故也。《爾雅》又曰：「莽數節，桃枝四寸有節，粼堅中，簢笨中。」凡此皆竹之類：一疏、一數、一虚、一實。《爾雅》又曰：「簜竹。」孫炎以爲闊節爲簜，按《儀禮》：「簜在建鼓之間。」簜蓋簫屬，明非數節者也。舊説：「竹率六十年根輒一易，即華實而枯死。實落於土復生，六年成畽。」稽聖賦曰：「竹布實而根枯，蕉舒花而株槁。」《禮》：「斬衰杖竹，齊衰杖桐。」説者以爲竹圓效天，桐方法地。又曰：「竹者蹙也，桐者痛也。」竹外節，桐内節。《喪禮》以壓於父，故爲母朞。則其節有不得達於外矣。且桐削杖，亦以明其告禮。夫父不可亢也，然母亦豈可略哉？故齊衰杖桐，削之使勿充而已。《檀弓》曰：「竹不成用，瓦不成味，木不成斲。」竹言用，瓦言味，木言斲，相備也。竹曰不成用，主其質言之。木曰不成斲，主其文言之。其曰瓦不成味，則言以受飲食又不足以成味也。《荀子》曰：「木器不成斲，陶器不成物，薄器不成内。」變味言物，變用言内，其義一也。《説文》云：「竹，冬生草也。象形，下垂者箬箬也。」蓋竹从倒草，竹，草也。而冬不死，故从倒草。一曰竹倒種，故从倒草。其萌曰筍，筍从勹从日，勹之日爲筍，解之日爲竹。一曰从旬，旬内爲筍，旬外爲竹。今俗呼竹爲妬母草，言筍，旬有六日而齊母。

宋 謝維新《古今合璧事類備要别集》卷五四《竹木門·竹》　《格物總論》：竹中虚，白膜。外皮青緑色，或黄或紫或班駁文，或小或大，或長或短，種族最多，未易枚數也。大抵皆自根而莖，莖皆有節，莖間節處生枝。每兩之枝亦有節，枝間節處生葉。葉每三之，然初出地爲筍，節即有籜包之。及成莖抽之，而籜遂漸次脱落處自然有粉。歲久而茂，茂則成林，葱翠交加，最爲可愛。至於雪霜摧壓不改也。按《山海經》：竹六十年一易根，易根必經生花，生花必結實，結實必枯死。及實落土，又復生之。此言諒爲不妄。

宋 周密《癸辛雜識後集·種竹法》 嘗聞九曲寺明闍黎者言種竹法云：「每歲當於笋後，竹已成竿後即移。先一歲者爲最佳，蓋當年八月便可行鞭，來年便可抽笋，縱有夏日，不過早晚以水澆之，無不活者。若至立秋後移，雖無日曬之患，但當行鞭之際，或在行鞭之後，則可僅活，直至來秋方可行鞭，後年春方始抽笋。比之初夏所移，正爭一年氣候。」此説極爲有理。

宋 温革《分門瑣碎録·種藝》 種竹法欲移竹，先掘坑令寬，下水調細土作泥，如稀煎餅泥。即掘竹，須四面鑿斷，大作土科，連根以繩繞下科，舁之勿令動。看竹動則損根，多不活。掘乾舁入泥坑中，令泥周匝填滿。如泥少，更添土，着水以物勻攪令實。其竹根入坑，不得埋過本根。　又法。取截去苗，只留三兩節，乃緩緩尋根取之，連數十竹作一條，握取勿令断，其根唯長爲善。令人力可勝，然後須用一二十人魚貫舁之。先掘溝，可容此竹，乃倒覆竹頭，入地埋之令稍實。所以倒種者，竹苗無所虫，其力盡入鞭節中，又無竹水灌損根也。　種竹。以五月二十日爲上，是日過丙則尤佳。或月不必五月，但每月二十日皆可。又一説：正月一日、二月二日、三月三日皆可種竹，無不活者，四月以後準此。　種竹之法。用舊舁茅茨夾土，則竹根尋地脉而生。《志林》云：竹有雌雄者多筍，故種竹常擇雌者。物不能違於陰陽，可不信哉？凡欲識雌雄，當自根上第一根觀之，有雙枝者爲雌，即出筍。若獨枝者，是雄竹耳。　種竹法。擇大竹，就根上去土三四寸許截斷之，去其上不用，只以竹根截處打通節，實以硫黄，本顛倒種之。第一年生小竹，隨即去之。次年亦去之。至第三年生竹，其大如所種者。　月庵種竹法。種竹須三四莖作一叢，叢者淺栽爲佳。上面多用河泥蓋之，斫去竹梢，裝架护之。地廣宜種篠竹，而亭檻之間宜種筯竹。至次年八月後，方可去篠竹。種竹處當積土，令稍高於旁地二三尺，則雨潦時不浸損。錢塘人謂之竹脚。　禁中種竹，一二年間無不茂盛。園子云：初無他術，只有八字：疎種、密種、淺種、深種。若疎種，謂三四尺地方種一窠，欲其土虚行鞭。密種，謂種得雖疎，每窠却種四五竿，欲根密。淺種謂種時入土不甚深。深種謂種得雖淺，却用河泥壅培令深。　宋子京《種竹詩》：除地墻陰植翠筠，疎枝茂葉與時新。賴逢醉日元無損，政以得全於酒人。種植家云：五月十三日號「竹醉日」，是日栽之，無不茂盛。又云用辰日良，山人所謂根須辰日斸，筍看上番成。又云：用臘日之法大謬，見《石林避暑録話》。　種竹法。開掘溝，用礱糠和泥抱根，然後用浄土傅其上，或鋪少大麥於其中，令竹根著麥上，以土蓋也，其根易行。　道軒檻植竹，恐竹鞭侵堦砌，先埋麻（骨）（萁）以限之，或以竹栽於瓦盆中，底通小竅，則竹小而不侵堦砌也。　竹園留三玄四，蓋三年者留，四年者伐去。　秋分後，春分前，方可移竹木。　竹與菊根皆向上長，常添泥覆之爲佳。　種竹以油麻梗縛成小把，向南埋地中，則根不穿過。　竹雜説　竹之滋澤，春發於枝葉，夏藏放於幹，冬歸於根。如冬伐竹，經日一裂，自首至尾，不得全盛。夏伐之最佳，但於林有損尔。盛夏伐竹，則根色皆紅，而鞭皆爛。好竹非盛夏伐之不可，七八月亦可。自此滋澤日退，不中用矣。如竹要不蛀，取五月前，以仍用血忌日。但此月斫前竹不生，皆根爛。　竹以三伏内及臘月中斫者不蛀。俗傳竹畏蘆堆，竹以蘆養由重圍於土下即不牢攬。箰竹根多，妨害街砌，堆聚皂剌，堆土以障之，根即不過。栽油麻萁，作小把埋之，亦妙。　間壁盗笋，隔籬必埋狸或貓於墻下，明年笋自迸出。竹有六十年数便開花。　《岳州風土記》：以五月十三日謂之龍生日，移竹栽，宜用此日。或陰雨土虚則鞭行，明年筍莖交出，即竹醉日是也。　凡種竹，正月二日斸取西南根於東角根種之，其鞭自然行西南，盖竹性向西南行也。諺云：「東家種竹，西家治地。」若得死貓埋其下，其竹尤盛。　種竹。若用鋤頭打實泥則不生筍，打一下一年不生，兩下則兩年不生。　種竹。不篠，則林外向陽者二三年間便有大竹。諺曰：「栽竹無時，雨下便移。多留宿土，记取南枝。」如要不間年出笋，用本命日，謂正月一、二月二之類是也。　種竹。不拘四時，凡遇雨皆可。若遇火日及有雨風則不可。移花木亦然，移時須是大其根盤，維以草繩，仍記元向背爲佳。　大率種竹須向北，盖根無不向南也。仍須土鬆淺種，不用增土於窠株之上乃佳。《夢溪忘懷録》之法用尤妙，冬至前後各半月，不可種梢，盖天地閉塞而成冬，種之必死。　種竹之法。斬去稍，仍爲架扶之，使根不摇，易活。又云：三兩竿作一本移，盖其根自相持則尤易活也。或云：不須斬梢，只作兩重架爲妙。　竹林中有樹，切勿去之，盖竹爲木枝所礙，雖風雪不復歌倒。　種竹須將竹母斬去，只留四五寸，尺長仍斜削之。　竹有花，輒稍死。花結實如稗，謂之竹米。一竿如此，則久之舉林皆然。其治之法：初於米時，擇一竿稍大者，或去近根三尺許，通其節，以糞實之則止。

宋 寇宗奭《本草衍義》卷一四　天竹黄，自是竹内所生，如黄土着竹成片。凉心經，去風熱，作小兒藥尤宜，和緩故也。

宋 葉夢得《避暑録话》卷下 山林園圃但多種竹，不問其他景物，望之自使人意瀟然。竹之類多。尤可喜者，筀竹蓋色深而葉密，吾始得此山，即散植竹，署有三四千竿，雜衆色有之意。數年後，所向皆竹矣。戊申已酉間，二浙竹皆結花而死，俗謂之米竹，于是吾所植亦槁盡。今所存惟介竹數百竿，爾方其初花時，老圃輒能識之告吾，亟盡伐去，存其根，則來歲尚可復生。而余終不忍，至已槁，而後伐，則與其根俱朽矣。比雖復補種，而竹種已難得，不能及前五之一。然猶更須三五年，始可望其干雲蔽日。今日有告余種竹法者，但取大竹，善掘其鞭無使殘折，從根斷取其三節，就竹林燒其斷處，使無泄氣，種之一年即發。細筍掘去勿存，次年出筍便可及母，此良有理。插柳者，燒其上一頭，則抽條倍長。鬻牡丹者，燒其柄，或蠟封，即不蔫。蓋一術也。當即試之，然種竹須當五六月，雖烈日無害，小瘁久之復蘇。世言五月十三日爲竹醉可移，不必此日，凡夏皆可種也。杜子美詩云：西窗竹影薄，臘月更須栽。余舊用其言，每以臘月種，無一竿活者。此亦余信書之弊，而見事遲也。

宋 葉夢得《巖下放言》卷上 山中有竹數千竿，皆余累年手植，初但得數十竿耳。一旦觀之，既久不覺成林，無一處不森茂，可喜嘗自戲善種竹無如余者。頃過吴江，以語王份。秀才份云：竹殊易種，但得肥地，盡去瓦礫荆棘，深根頻以水沃，取糞壤使壅培，無不可活，不必擇時，然取美觀則可。如欲爲用，不如瘦瘠地磽确，非人力所營，或崖谷間自生者，其質堅實而肉厚，斷之如金石，以爲椽。常竹十歲一易者，此倍之。吾居前後多竹椽，既歸，一一驗之，無不如其言，乃知余三十年種竹，初未嘗得真竹微份，余不聞君子哉若人。

宋 贊寧《筍譜·四之事》 《神農本經》中，竹筍味甘主疾等居。李英公《本草》同而廣。今詳神農作《本草經》，非也。三五之世，樸略之風，史氏不繁，紀録無見。斯實後醫工知草木之性，託名炎帝耳。周成王將崩，命召畢率諸侯相康王，作《顧命篇》云：敷重筍席。玄粉純席仍几孔注：篛竹，云私宴之坐，故席机質飾也。說筍席者多，或云以篛竹爲席。今詳篛竹，筍新成，豈堪起而爲篾？非篾安能織席？此恐不然。知用筍皮殼破而編箽也。故《尚書正義》云：「取筍竹之皮以爲席」是也。其《正義》中不取筍皮，皮短，故連言筍竹之皮，即筍成竹時，其皮長而勁，可破織席，明矣。若取篛竹破以爲篾而織者，即同前篾席也，今尚質，取筍皮織也。一云：如取長節筍新成竹者起皮，亦通，而織但弱脆耳，亦異前篾席，此合質素之義也。　周公作《周禮》云：加豆之實，筍菹魚醢。鄭玄注：凡菹醢皆以氣味相成，其狀未聞。「箈菹鴈醢」注：箈，箭萌。　尹吉甫作《韓奕》詩以美宣王能錫命諸侯。其三章：韓侯出祖，顯父餞之曰：清酒百壺，其殽維何？炰鼈鮮魚，其蔌維何，維筍及蒲。　子夏作《爾雅》云：「筍，竹萌」，「簜，箭萌」等。按張揖諸儒說，周公作《釋詁》以訓成王，一云子夏作《釋訓》，叔孫通作《釋言》，今云皆子夏作前三篇，後諸篇續加糅罔知也。如言昌獸，豈可新制禮以諱事鬼神，自犯父名而能訓子姪耶？《金縢》云「惟爾元孫某」，不言發是也。郭璞云「興於中古」，而注：張仲，周宣王時賢臣，自爲函矢。陸羽說茶引《釋草》而列周公，非也。今筍列子夏亦未全是，不知《釋草木》何人作，且引卜商爲是。　《莊子》說，萬物皆出於機，皆入於機，一氣萬形有變化，云爲死生互質者也。故曰：羊奚比乎不筍，久竹生於青寧。《列子》云：羊奚比生乎不筍，久竹生青寧。文意同《莊子》。漢高祖爲亭長，乃以竹皮爲冠。令求盗卒往薛縣治冠。應劭注：以竹始生皮作冠，今鵲尾冠是也。薛，魯國縣，有竹冠師，故高祖令往修治舊冠也。賤而冠之，及貴常冠，所謂劉氏冠是也。　東方朔著《神異經》，記周巡天下所見，《山海經》所不載者列之，雖有而不論者亦列之。說笷竹可以爲船，其子美，煑而食之，可以亡創厲。張茂先注：子，筍也。惡厲，創也。張平子作《南都賦》，述南陽光武舊都也，云春卵、夏筍、秋韭、冬菁。　東漢馬援至荔浦，見冬苞筍，上言《禹貢》「厥包橘柚」，疑謂是也。　漢樂安相李尤，字伯仁，作《七疑》云：橙醢筍菹。　魏侍中王粲作釋云：越鱊凉拘，全筍菹菁。　王子年《拾遺記》云：蓬萊山有浮筠之簳，葉青莖紫，子如大珠，有青鸞棲其上。下砂礰細如粉，暴風至，竹條翻起，拂細砂如雲霧，仙者來觀戲焉，風吹竹折如鐘磬之音，竹既如彼。今詳，萌謂仙筍矣。　潘岳爲河陽懷令，頻宰三邑，勤於政績，爲尚書郎廷尉評免官，作《閒居賦》云：青筍紫薑。按筍不過縹緑，賦言青筍，今是處竹萌多作青緑色，非青碧色也。　左太冲《吴都賦》云：苞竹抽節，往往縈結。注：苞謂筍苞皮，抽節謂長也。　王宣居宇堂前有筍兩莖，一日盗折而亡，宣顧而不言。　葛洪云：吴景帝時，戍將廣陵發一塚，有人體如生人，共輿出，死人懷中頽然出筍。　陸雲字士龍，爲性喜笑，作《笑林》云：漢人有適吴，吴人設筍。問是何物，語曰竹也。歸煑其床簀而不熟，乃謂其妻曰，吴人轣轆欺我如此。　丘道護誄龐道士曇諦曰：

梨柚薦甘，蒲筍爲蔌。　孟宗字恭武，江夏人，爲性至孝。從李肅學。其母爲作厚褥大被。人問，其母曰：小兒無德致客，學者多貧，故與爲廣被，庶可氣類相接，讀書不懈。及長，爲朱據軍吏，將母在營，既不得志，遇夜雨屋漏，因泣以謝母，母勉之。遷吴縣令，在官得物，未寄母不先食。及母卒，母性嗜筍，冬節將至，宗乃入林哀泣，筍爲之生，得以供祭。　王彪之作《閩中賦》曰：竹則苞甜亦苦，縹箭班弓，員當函矢，桃枝育蟲，緗箬素筍，彤竿緑筒。　郭璞字景純，博物多識，世謂無比，作《爾雅》：簢，箭萌。注云：筍。《周禮》「簢菹、鴈醢」，又作「菼亂，其萌虇」。注云：今江東呼蘆筍爲虇，虇音繾綣之綣。　晉劉殷，年甫九歲，孝性自然，爲曾祖母冬思筍，殷泣而獲供饋焉。　丁固仕吴，性敦孝敬。母嘗思筍，因遂泣竹生筍。母子俱大賢，位至封公，貴極人望。　木玄虚著《四明山記》云：雪竇山北嵒生石乳，其峰非人可升，有毛竹銀筍。詳其毛竹自生毛，筍若銀筍，即銀鑛如筍然。如池州山穴，曾有懸囚人下窺，至百餘尋後見洞明焕，遂手搴之，得三數莖，疑是此耶。或云：毛竹筍白如銀。未詳。　戴凱之作《竹譜》搜括竹類，言有六十一焉，筍類附在此也。又云：篃篛竹大如脚指，蟲食其筍，皮類繡，甚可愛。　宋劉虛哲性孝謹。母疾篤，禱祈備遍。夢一黄衣翁曰：汝可取南山竹筍食之，病立瘥。驚覺，俱依夢采南山竹筍，饋母食之病愈。　齊孝宣陳皇后，性嗜筍、鴨卵。永明九年，詔太廟祭后，薦筍、鴨卵云。　齊王儉贈高士宗测蒲褥筍席。　齊明僧紹字真承，隱江東攝山。齊太祖謂其弟慶符曰：「卿兄高尚，朕雖不相接，時通夢中焉。」遺紹竹根如意，筍籜冠。太祖聞紹出遊定林寺，囑沙門僧遠欲相接，竟不諧。永明中，徵不就而卒。　范元琰家有竹圃，每見人盜筍苦於過溝，元琰伐樹爲橋與盜者過。盜人感其情而息意不盜。　梁宗懔作《荆楚歲時記》云：五月，民並斷竹筍爲粽，揀葉抽頭五絲繫臂，謂爲長命縷。　段成式者，唐相文昌之子，著《酉陽雜俎》云：張芬曾爲南康行軍，曲藝過人，力舉七尺碑，趯鞠高過半塔，彈力五斗。常揀向陽巨筍，織以籠之，隨長以土培之，常留寸許，度計高四尺，數長久，方除籠伐之，一尺十節，其色如金，塗壁方長，彈子作天下太平字。　唐陳藏器明草木性《本草》拾神農，陶弘景、李世績之遺事，多説筍療治發害之性也。　釋志徹，會昌年中，於上元縣瓦官閣南，有雙籠閉之，忘記歲月。及詔折浮圖，開之，徹得筍筆一作筴千餘。頭中藏者則《大業拾遺藁》也。　唐僖宗朝陸龜蒙處士，隱蘇臺甫里村，亦號甫里先生，著《筍賦》云：洪殺靡定，方圓不均。自注曰：南方有方竹。今澧州遊川鐵冶多方竹，竹内實微通心若釵股許，筍可食，亦實。湘川人取竹作床椅，有四稜，上穿孔入當耳。　劉恂，唐昭宗朝出爲廣州司馬，官滿上京擾攘，遂居南海作《嶺表録（異）》云：邕溪箣筍，交廣斈摩筍。　沈如琢，成都人，有孝行。母患渴，非時思桑椹，苦求不遂，家東一樹生，摘以奉母，母渴愈。及亡，負土成墳，廬於側，白鵠二棲於廬，冬筍抽十莖。天寶二年詔旌表。　朱梁高祖開平二年冬，商州進筍，以爲瑞品，詔賜太守幣帛。　林諝著《閩中記》，述風土，所生竹二十許類，筍附而云。　何光遠作《廣政録》，記孟氏有蜀時，翰林學士徐光溥、劉侍郎羲度分直，忽睹庭中筍迸出，徐因題之。劉性多譏誚。徐託土本是蜀人，徐詩曰：「迸出班犀數十株，更添幽景向蓬壺。出來似有淩雲勢，用作丹梯得也無。」劉詩曰：「徐徐出土非人種，枝葉難投日月壺。爲是因緣生此地，從他長養譬如無。」二學士從兹不睦。　程崇雅者遂州蓬山縣人，有孝譽。母患，冬月思筍，焚香入林中哭泣，感生大筍數株。　范旻著《邕管記》，有鹿頭筍諸色，筍名類甚多，不能備述其名。　南朝梁劉孝綽、謝建安、王餉米等啓，傳教李孟孫宣教旨垂賜米酒、瓜、筍、葅、脯、鮓、茗，至味芳雲，杜潭抽節等。

宋　贊寧《筍譜·五之雜説》　凡草木受陰陽之氣，從元化之主，苟無範圍，何大鈞鑄形而相肖。故云：木實從核以求其種，相爲梨屬，枳爲橘屬。草莩從秀以求其醜。葦醜苕。竹之醜節種。同蔗屬也。厥性弱於木而强於草，知非木，實草木中之别類。故《爾雅》曰：如竹箭曰苞。見《釋木》也。篠箭。見《釋草》也。亦言菜。筍爲人之所採取也。民間説竹有生日，即五月十三日也。移竹栽取宜此日。或陰雨土虚鞭行，明年筍萌交出。偷筍，閭閻人隔垣籬必埋貓於家墻下，明年筍迸過矣。　筍皮扇，今江東人取苦竹筍皮，厚可三分，礫開一尺五寸，杉木爲柄，漆紙飾緣，内書畫適意，止不受彩耳。　筍皮，僧家多取苦筍殼，裁爲鞋屐中屧，可隔足汗耳。　昔王子猷暫寄人家，便令種竹。或問暫居何煩。子猷笑曰：何可一日無此君。後代人謂竹都爲此君。今作譜者，可命筍爲此君之子也。　或問筍有五色章采否？對曰：江東黄筌《閒居賦》有青筍，《閩中賦》有素筍、赤筍，錢塘多紫桂筍。自餘班狸緗縹不可勝言，大約不過青緑色。　《本草》木性甲乙氣。

宋　張世南《游宦紀聞》　卷八　雪峰爲刹，與徑、蔣諸山相甲乙。（唐）

懿宗咸通十一年，僧義存開山創寺。乾符二年，賜號真覺禪師。傳道德山五祖寺有木毬，相傳謂常受真覺役使，呼僕招客，（毬）（毬）皆自往來。嘉泰間寺災，毬忽滾入池中，得不壞。　山周遭百里間，皆叢音豁竹笋，味極甘美。寺衆自三月至五六月猶饜飫，亦覺所植也。

元 司農司《農桑輯要》卷六《竹木·種竹》　《博聞録》：月菴種竹法：深闊掘溝，以乾馬糞和細泥，填高一尺。無馬糞，礱糠亦得。夏月稀，冬月稠。然後種竹。須三四莖作一叢。亦須土鬆淺種，不可增土於株上。泥若用钁打實，則不生笋。【略】《志林》云：竹有雌雄。雌者多笋，故種竹常擇雌者。物不逃於陰陽，可不信哉。凡欲識雌雄，當自根上第一枝觀之，有雙枝者，乃爲雌竹，獨枝者爲雄竹。　竹有花，輒槁死。花結實如稗，謂之「竹米」。一竿如此，久之則舉林皆然。其治之法，於初米時，擇一竿稍大者，截去近根三尺許，通其節，以糞實之，則止。　《瑣碎録》云：引笋法：隔籬埋貍或貓於墻下，明年笋自迸出。　竹以三伏内及臘月中斫者不蛀。一云用血忌日。

元 李衎《竹譜詳録》卷四《竹品譜·全德品》　筀竹，出江浙，河南北、湘漢兩江之閒俱有之。凡六種，有黄筀、綿筀、早筀、晚筀、石筀、操筀。節葉枝幹皆同，但筍出時無斑花者名黄筀，劈開柔韌者名綿筀，筍出早者名早筀，筍出晚者名晚筀。早筍出三月，晚筍出五月。都城北堪城山中者，筍出四五月。河南亦有筍出三月者。石筀竹筍出時，斑花一同晚筀，但其節促密，竹性甚柔韌，雜用又勝於晚筀，以其有石地中，偏宜栽植，故名。操筀筍出四月，其竹性燥烈，不堪劈篾，全用甚堅。《山海經》云：丙山多筀竹。南陽人名爲李竹，取筎入藥，其皮曝乾可照夜。《新安志》云：筀有甜筀，有苦筀。凡竹之雄者，體質不堅，不堪爲篾，於筀爲尤多。《會稽續志》云：筀竹，越中剡爲多，有早竹、晚竹、綿竹。　三月竹，生衡陽山中，比筀竹差細瘦，三月出筍，甘脆異常，或云此名瘦筀竹。　淡竹，處處有之。凡三種。南方者高二尺許，大概與筀竹相類，但節密皮薄，節下粉白，甚多葉差小。筍籜上有細紋理，無斑花。北方者止高丈許，葉入藥，爲良筍，食亦佳。醫方用竹瀝，唯出此竹者最妙。筍出土，正墨色者，名爲烏花淡。沈内翰存中《筆談》云：淡竹對苦竹爲文，除苦竹外，悉謂之淡竹，不應別有一品謂之淡竹。後人不曉，於《本草》内別疏淡竹爲一物。今南人食筍，有苦筍、淡筍兩色，澹筍即淡竹也。以今考之，亦恐未盡然也。竹品雖多，各有名色，淡竹自有此三種，豈可一概云爾。竹嫩時可造紙也。　清宴竹，枝葉大似筀竹，竿節如淡竹。筍極早出，味尤珍美。江浙之閒多有之，大者亦中雜用，蓋筀竹之下品者。　篁竹，處處有之。大似淡竹，堅而促節，體圓而質勁，節下粉白如霜。大者最宜爲船篙，細者亦中雜用。或云用作篳，不潮汗鹵。鄭樵《通志》略云：竹之良者，惟有篁竹。《新安志》云：篁竹，古之篛，爲用甚佳，其筍類紫筍，不可食。　硬殼竹，生浙東山閒或村落，處處有之。大概如篁竹，但節稍密，堅硬不堪劈篾，惟大者宜爲屋椽。筍硬，無味，不堪食。　苦竹，處處有之。其種凡二十有二。北方有二種：一種節稀而堅厚，叢生，枝短葉長；一種與淡竹無異，但筍味差苦。江西及豁洞中出者，本極大，筍味甚苦，不可食。浙西出者，筍微苦，可食。廣西山中一種散生，每節閒生三枝葉，長如筀竹，色深緑，瑩浄婆娑，極可人意，筍味苦，病積熱者，煮食之甚良。或云：亦可生食。黄休復云：蜀川滕昌祐家有苦竹，葉穠多陰，筍高之時，粉香籜翠。《孝經河圖注》曰：安思縣多苦竹。竹之醜有四：有青苦者、白苦者、紫苦者、黄苦者。謝靈運《山居賦》曰：竹則四苦齊味。注與上同。黄苦，土人亦曰金竹，又名蠟竹，筍大而短，狀似馬蹄，又以黄筍爲第一，故謂之黄鶯苦。又有拜苦竹，《新安志》云：本大末鋭，與釣絲竹相似，而釣絲筍味甘。今越州亦有此四種。又有頓地苦，堅中可以爲矛。又掉顙苦，節頗疎。又湘潭苦，節疎，宜爲篳。又油苦、石斑苦、烏末苦、山苦。又有高苦竹，名曰青蛇，枝各有用處，然嘗見越人多煮。烏末苦，爲紙，但堪作寓錢，不堪印書寫字。婺州山中有長筒苦，一節有數尺者，人多取爲輦竿最妙。輦竿，即轎杠也。又塞苦竹，長實勁韌，可爲鎗幹。僰道苦竹，出僰侯國，在馬湖江古敘州也，竹無用，筍甚美。《山谷賦》云「僰道苦筍冠冕兩州」者是也。廬山苦竹，《江州圖經》云陸修静所植，筍苦而甘。陳舜俞記云：春筍初出，其味甘美。相傳詩云：簡寂觀中甜苦筍。《海物記》云：越人以苦毒竹爲槍，中虎即斃。　甜竹，生河内，衛輝、孟津皆有之。葉類淡竹，亦繁密。大者徑三四寸，小者中筆管，尤細者可作掃箒。筍味極甘美。以司竹監禁制，故人罕得而食。又名笪竹。戴凱之云：下節味甘，宜入湯劑。　筆管竹，出廣右山中，節長圓正，一如苦竹。大者止中筆管。作火砲者，取爲焠火之筒。　壽竹，出湘全、衡、永閒，大概一似筀竹，但竿色差白，不甚光浄，節稍密而葉差短。筍味甘，又且堅實。《寰宇記》云：昭州多産壽竹。　白眼竹，出廣州山中，大概類淡竹，大者徑三二寸，節密且高，幹圓而瘦。中作椽柱，性脆不可作篋，枝葉婆娑可愛。　綿竹，生淇州之綿竹縣，今延平後山及永州、全州山中皆有之。叢生，節稀圓正，有長三尺六寸者。道家魚鼓，惟此有聲。葉小一如淡竹，作篋甚良，又爲櫛篋之最。客旅往往販至江上，作船繫纜，收束絞縛，極筋韌。　㘬竹，出浙東，類淡竹，節差遠。越人煮以爲紙，多此竹也。　篌竹，江南、兩浙有之。節稀，枝葉短少，生道邊水次，一叢止三五竿，或一二竿，筍與常竹不同。　筋竹，江、浙、閩、廣之間，處處有之。凡二種，大概與篌竹相類差，匀細，皮薄，深緑色，但可作篋用，甚堅韌，他無所宜。筍未與篌竹不同。安南呼爲小竹。生浙東山中者，肉厚，竅中可爲弩。《説文》云：物之多筋者也。婺州蘭谿山中有一種，長二三丈，身如筆竹，筍如貓頭，竹色不甚緑，斑花隱然不甚明。劈篋、織篋笥皆可，亦名筋竹。竺法真《登羅山疏》云：嶺南道無筋竹，惟羅山有之。其大尺圍細者，色如黄金，堅貞疏節。或云：筋竹長二丈許，圍數寸，至堅利，南土以爲矛。其筍未成竹時，可錘作弩弦，故名筋竹。又云：夷人名爲史葉竹，戴凱之以爲即日南簟竹也。張得之云：賀州俚人削爲箭，以葉羽之，名曰筀黎。筍能止渴。僕謂此二説皆簟竹，非今之所謂筋竹者也。　瀟湘竹，凡二種，出七閩山中。一種圓而長節，大者可爲繖柄，小者爲簫笛之材。一種細小，高不過數尺，人家移植盆檻中，芃芃可愛。　水竹，凡二種。一種出黔南管内，或生巖下潭水中，其筍隨水深淺以成節，若水深一丈，則筍出水面爲一節，蠻蜑採以爲食。一種江廣處處有之，多生水邊及道傍下溼處，形狀與筋竹相同，人取劈篋雜用皆可。謝靈運《山居賦注》云：水竹依水而生，甚細密，吴中亦有宅援。《新安志》云：水竹柔韌可爲篋。　還味竹，生福州以南，大類水竹。春生筍，人煮食，甚苦澀，停久，則味還甘可食，故名。一名苦伏竹，一名苦蒲竹。　四季竹，出浙東慶元山中，浙西亦或有之。高不過八九尺，節如苦竹，筍如笄箭，枝生節閒，叢密。小籜亦隨生節閒，不脱落。葉長細而柔媚，甚宜圖畫。又名四時竹，以四時生筍，故名。冬春筍大，夏秋筍小。　秋竹，生七閩山中，大者不過拇指許，枝幹柔弱，葉長細大，概如四季竹。興化軍尤多，析爲篋，耐溼而遲腐。　笻竹，生天台雁蕩、樂清諸山中。形狀類水竹，但葉稍尖似桃李，作篋柔韌，雜用亦佳，俗名笆籬竹。　陀笣竹，生安南山中。春出筍，味苦，亦可煮食。節高而密，類淡竹，葉稍長，中屋椽，雜用亦可。　陀嬰竹，生安南乍陵山中。比苦竹差薄，可開作簫笛。　陀買竹，生安南山中，平陸亦有之。竿如筀竹，葉如簜竹，可雜用，筍味甘美。　慈竹，又名義竹，又名孝竹，兩浙江廣處處有之。高者至二丈許，叢生。一叢多至數十百竿，根窠盤結，不引他處，四時出筍，經歲始成竹，子孫齊榮，前抱後引，故得此名。漢章帝三年，子母竹生白虎殿前，謂之孝竹。群臣作《孝竹頌》。唐明皇後苑有竹叢密，筍不外出。顧諸王曰：父子兄弟相親，當如此竹。因號義竹。《天寶遺事》：太液池岸有竹數十叢，并筍未嘗相離。帝與諸王閒步於竹閒，曰：「人世父子兄弟，尚有離心離德，此竹宗本，未嘗相疎。人有懷二心、生離閒之意者，睹此可以爲鑒勖也。」帝因呼爲義竹。又名紫雲，蓋任昉《述異記》云：南中生子母竹，慈竹是也。《酉陽雜俎》云：慈竹，夏月經雨，滴汁下地，生蓐，似鹿角，色白，食之已痢。王勃《慈竹賦》曰：如母子之鈎帶。喬琳《慈竹賦》曰：類宗族之親比。晉安《海物記》云：義竹亦曰兄弟竹，秋叢生曰秋竹。注云：其筍叢生，俗謂之兄弟竹，筍味不中食也。《新安志》云：慈竹，叢生不離母，四時有筍，裊裊如釣竿，一名四季竹。今秋竹、四季竹別見。　順竹，生宜春。與慈竹大同而小異，蒲脆無所用。　簧竹，出江淮閒。叢生，與慈竹大同，但比慈竹差稀疎，節頗長，枝葉少，可作笙簧，故名。大者亦可開作長笛。《廣志》云：任作笛。　籚䈁竹，一名蘆栖竹，出揚州東垂諸郡及江浙閒。大同簧竹，可以爲筅。處州青田縣盧栖溪有洞，廣數丈。唐時，道士姓盧者栖其中，洞旁多筍，鄉人以爲佳味，亦號盧栖筍。事見《圖志》，未審異同。《廣韻》注：蘆栖竹，出會稽。《會稽續志》云：蘆栖竹，嵊縣嶀山有蘆栖灣。宋景文公《蘆仙竹贊》曰：弱竿近節，籜與蘆類。緑葉纖長，葶葶而概。注云：生山澗中，大抵若篠蘆，仙字音與蘆栖稍近。附見於此，以俟考證。　笋竹，出廣右安南，大概類慈竹。性甚易活，雖六月盛暑，移植不瘁。　篁竹，又名麻竹，出兩廣、兩江。枝葉一如笋竹，節長可作細篋織笠，筍甘可食。僧贊寧謂篁竹生浙東，節稀，八月生筍，待來年正月成竹。稍弱時便斷，取以火燎之，每重起之，爲條而柔韌，謂之竹麻。泉州以往，路旁多有之。每節可八九尺。堅捺之，青皮纔爆，内白肉便爲麻，即不見火，謂之麻竹。南中轉高長節疎。其筍皮黑紫色，其心實。《文選》注：向日竹，叢生，曰篁。　簝竹，亦名篩竹，出江、廣、兩浙，齊魯之閒亦有之。大者止如箭幹許，小者中描筆，高不過五七尺，葉長尺許，闊一二寸，促節體柔。筍無味，人亦不食。　雞頸竹，又名雞脛竹，篁之類，大者不過指許。疎葉黄皮，强脆無所堪施。筍美，有青斑，色緑。江口山岡之所，饒也。贊寧謂雞脛竹。《博聞録》云：狀似蛇雉。皮日休詩：雞頭竹下開危徑，鴨腳花中擿廢泉。雞頭竹未詳。　箭竹，又名䈼竹，即《書》所謂箘簬也，浙閒及兩廣皆有之。凡二種：一種葉小如四季竹，每節長二三尺餘，秋筍香脆可食者，名笄箭竹；一種葉大如簝竹，節亦許長。亦有黑紫色者，名箬箭竹。二種皆細小而勁實，通幹無節，可作箭用，故名。謝靈運《山居賦》云：二箭殊葉。注曰：「箬箭大葉，笄箭細葉」者是也。《周禮·夏官·職方氏》：東南曰揚州，其利金錫竹箭。鄭氏注云：箭篠也。《山海經》：竹山其陽多竹箭。《爾雅》：東南之美者，有會稽之竹箭。郭氏注皆云：箭，篠也。又《爾雅·釋草》「篠，箭」，疏：篠，一名箭。《尚書·禹貢》：篠簜既敷。孔氏云：篠，竹箭。今考，篠與箭若同而異，篠竹已別見後。　燕竹，與箭竹同類，但此竹以燕來時作筍，因以爲名。嘉興在處生，一種與簕竹相同，亦以燕來時作筍而名。其苞紫。王梅溪詩云「龍孫初迸日，燕子却來時」者是也。　簟竹，大概與簝竹相同，但節葉差密耳。戴凱之《竹譜》曰：簕簟二族，亦甚相似。肥象苦竹，促節薄齒。束物柔韌，殆同麻枲。《番禺志》：南海煎鹽，以簟竹編爲鼎，韌而耐久，他竹莫敵。　篃竹，或作郿，或作鏞，又名箴竹。枝葉與簝竹同，但每節止長五七寸。根深耐寒，夏秋出筍，可食。節長者名媚竹。戴凱之《竹譜》曰：篃亦箘徒，概節而短。江漢之閒謂之䈉竹。《太平御覽》云：䈉，音蒯，恐即箴字之訛。《韻書》：箴，竹箭也。《山海經》：英山其陽多箭鏞，壯山其下多竹鏞，暴山其下多竹箭。鏞箘，郭氏云：今漢中郡出鏞竹，厚裏而長節，根深。筍，冬生地中，人掘取食之。《廣志》曰：篃竹，可以爲屋椽。恐非二種，然余未之見，俟別考。　石龕竹，出同慶府，宜爲箭。杜詩云「伐竹者誰子，悲歌上雲梯。爲官采美箭，五歲供梁齊。皆云直幹盡，無以充提攜」是也。　箬竹，又名篛竹，出江浙及閩廣，處處有之。葉類簝竹，但多生傍枝，幹如箭。竹高者不過五七尺。江西人專用其葉爲茶罨，云不生邪氣，以此爲貴。福州西鄉安樂村有箬竹一種，葉大長三尺，廣六寸餘。《新安志》云：箬竹羅生，葉大可以苴褁。《書·顧命》：敷重筍席。鄭氏云：筍，篛竹。《正義》謂：取筍竹之皮爲席。則又非此篛竹也。　簹竹，生廬州，形狀亦如箬竹。葉稠而利，可用割物，筍苦。　桃枝竹，一名蒲葵竹，一名赤玉脂，出江浙兩淮，處處有之。叢生，形如慈竹，節長二尺許，差薄。《魏志》云：倭國有桃枝竹。《山海經》謂：嶓嵱之山，嚻水之上，多桃枝。今蘄人批取，摽皮作簟，滑浄可人，《禮》所謂「冬虎皮，夏桃枝」者是也。《書·顧命》：篾席黼純。孔安國云：篾，桃枝竹。《周禮·春官》：司几筵，畫純次席。鄭氏云：次席，桃枝席，有次列成文。《爾雅》云：桃枝，四寸有節。張得之云：桃枝竹，葉如棕櫚，節四寸，皮黄滑，可爲簟。柳子厚謂之桃笙。《唐志》，合州土貢桃枝竹箸。石虎造桃枝竹扇。筍叢生，皮毛聚蟲蟻，不可食。或云桃枝竹出海南番中，如棕櫚，其皮作簟如竹，又紅紫色如桃枝皮，故云。今作簟者，非也。兩浙謂之桃絲竹，衡湘閒謂之桃笙竹。《方言》曰：簟，謂之笙。戴凱之云：桃枝竹，皮滑而黄，可以爲席。即今之蘄竹也。廣中一種，好生石上，葉如棕櫚，膚色黄紫，大者可爲杖，留其根，削作虬螭帶角之狀。小者可爲馬箠。損折處，其刺有毒，破人手則難療。東坡云：葉如棕，身如竹，密節而實中，犀理瘦骨，蓋天成拄杖也。嶺外人多種此，而不知其爲桃竹。流傳四方，視其端有眼者，蓋自東坡出也。今蜀中亦以此爲桃枝竹，北人謂之柴藤。併記於此，以待知者。　笙竹，出會稽卧龍山。云樂部中取此竹作笙，爲最貴。今無之。　觀音竹，兩浙江淮俱有之。一種與淡竹無異，但葉差細瘦，彷彿楊柳，高止五六尺，婆娑可喜，亦有紫色者。永州祁陽有一種，止高五七寸，人家多植之水石之上，數年不凋瘁，彼人亦名觀音竹。張得之云：近道有一叢之中至有盈萬竿者，灑灑可愛，宜植拳石之上，筍必倒垂而下，吸水氣及其長也。根鈎而幹直。即此竹也。　哺雞竹，又名雞筩竹，出蘇湖山中，人家庭院亦或植之，不甚高大。凡八種，大槩相似，節葉差異。筍出亦有早晚，食之極甘脆。嘉禾人以莽竹之筍爲哺雞筍。湯與權云：春雞哺出時，此筍出，故名。非也。《吳郡志》：哺雞竹，葉大多濃陰，雖圍徑难得極大者。而至易種，其筍蔓延滿地，若雞之生子衆多，故名。吳人謂雞鶩伏卵爲哺。《番禺志》云：雞筩竹。　雞窠竹，江南處處有之。爲篾柔韌，秋生筍，每一竿有十數筍，繞之如雞抱子。　窈竹，生金永山中，道傍水傍皆有之。高不過一丈二三尺，葉細而長，四月出筍，極柔嫩而甘脆。寶慶生者，筍出初春。　雷竹，生浙東山中，人家園圃亦有之。大概與常竹不異。始聞春雷即發筍，故名。　䈕竹，生衡陽山中。高有二三丈者，節平而又匀長，皮膚滑浄，劈篾爲椽，編箱織籠無不宜。枝葉稀疎，筍味甘美。　油䈕竹，出湘潭山中。高二三丈，葉與䈕竹少異，節差高，堅厚端直，宜作弩箭，筍亦甘脆。　朱簾竹，生湖州山中。與常竹不異，但枝葉細長，垂下摇摇如垂簾之狀。又節閒頗長，條析之，柔韌不折，尤宜織簾，故名。　篠竹，凡四種。一出江浙閒，喜生山岡之上，連延數十畝。高不過七八尺，大不踰指，枝繁勁細，爲掃箒最良。戴凱之《竹譜》曰：簹篠蒼蒼，接畦連篁。性不卑植，必也叢岡。《廣志》曰：簹篠，中掃箒細竹也。一出魯郡鄒縣嶧陽，形色與他篠不殊，質特堅潤，宜爲笙管，諸方莫及。戴凱之《竹譜》曰：又有族類，爰挺嶧陽。懸根百仞，竦幹風生。簫笙之選，有聲四方。一出海島上，内實外堅，援之不曲，枝葉稀少，狀若枯箭，名爲海篠。戴凱之《竹譜》曰：亦有海篠，生于島岑。節大盈尺，幹不滿尋。形枯若箭，色如黄金。注云：交州海石林中，偏饒此竹。一出姑蘇靈巖山中，極短，高者不過二尺，一枝三葉，冗細可玩，土人呼爲趁篠。《山海經》曰：中次四經釐山之首，又西有三十里，曰牡山，其上文石，其下多竹箭竹䉋。又云：永山多䉋。注云：篠屬。又云：暴山多竹箭、䉋箘。注：箘，亦篠類，中箭。　篠竹，出温、處、建、寧諸郡。叢生如苦竹，長節而薄，可作屋椽。春生筍可食。《後漢書·哀牢夷傳》云：其竹節相去一丈，名曰濮竹。見《華陽國志》。　支竹，《水經注》：定陽縣夾岸緣溪，悉生支竹。定陽，今衢州常山。　新婦竹，出武林山陰。圓直且韌，可爲篾。以柔韌易使，故名。三月出筍，可食。　秀竹，出上黨。叢生，人家庭院植之。葉如淡竹差細，小莖如箭竹。　笙竹，生浙東，縉雲以南多有之。自七月生筍，至十月味苦而節疎。筍大於箭，筍，土人採剥，以灰汁熟煮之，節爲金色，然後苦味減而甘味出，食之甚美。竹亦中雜用。　晉竹，《吴越春秋》：吴王聞越王盡心自守，賜之以書，增之以封越王。乃使大夫種索葛布十萬、狐皮五雙、晉竹十廋，以答封禮。　種龍竹，《廣志》曰：任作笛。戴凱之《竹譜》曰：籦龍之美，爰自崑崙。吴良輔《竹書》曰：籦龍，竹名，黄帝使伶倫伐之崑崙之陰，吹以應律。按籦籦字與音皆相似，疑即一物，但後又有鍾龍竹，未詳。　桂竹，《山海經》云：中次十二，經洞庭山之首，又東南五十里，曰雲山，有桂竹甚毒，傷人必死。郭璞注：今始興郡桂陽縣出筀竹，大者圍二尺，長四丈。戴凱之《竹譜》曰：桂實一族，同稱異源。注云：桂竹高四五丈，大者二尺圍闊，節大，葉狀若甘竹而皮赤，南康以南所饒也。《渚宫故事》曰：竹林堂，宋臨川王義慶所作，庭前有竹名桂竹。　中母竹，出處未詳。孟詵云：中母筍雖美，而能發痼疾。　素竹，出五嶺。王彪之云：閩中素筍苦無多。　篃竹，戴凱之《竹譜》云：篃植于宛。　莖竹，戴凱之《竹譜》云：莖竹，似桂而概節，其筍可食。　笫竹，《齊民要術》云：簹笫二筍無味。　檳榔竹，生南海，見杜臺卿《淮賦》云：賓郎之筍，盛冬所育。　籠葱竹，生羅浮山，因名羅浮竹。《茅君内傳》云：洞曰朱明，耀真天山，有洞房七十二所，有巨竹皆十圍。杜詩謂之籠竹。《惠陽志》：籠葱竹，産於羅浮，有鸞鳳棲宿其上，山東有溪曰羅陽，偶溪漲，有竹葉流出，如芭蕉大，長及一丈，蓋籠葱竹也。《番禺志》：籠葱竹，葉大如手，徑二三尺，兩節相去丈餘，産羅浮山，採藥者深入諸嶺時或見之。予嘗遇一羅浮道士，爲予言中閣寺南廊下有小井，彼僧以此竹一節爲欄，僅六七尺，厚三二寸，人呼爲籠葱竹。初甚不信，後有僧至，試問之，一如道士之説。　簳竹，見《南都賦》，又見《洞簫賦》。《文選注》云：簳，小竹也。　睢園竹，出江州大孤山及柴桑里。見晁補之《九江志》。　砂竹，生處州山溪傍砂土。高不過二三尺，彼人移入盆檻中，置几案上爲雅玩。　天目竹，出於潛天目山。五月筍，色黄，早歲則無。　陰江竹，出峽郡。《峽程記》云：瀘、合、遂、蜀四州，皆峽之郡。凡江會於此前者非一，如大江、中江、北江之水，又自峽下荆州。北江即陰江也。其竹凌雲，而葉婆娑，影氣寒凉，故杜子美移種萬竿於浣花草堂。詩云：我有陰江竹，能令朱夏寒。陰通積水内，高映浮雲端。　嘉竹，出建寧府天柱峰南一隅，團欒可愛，故名嘉竹。　筤山竹，出黎州前筤山後，筤山竹無用，春筍甚美。　港竹，出益陽縣廣法寺莊，正月出筍。　柔竹，《祥符圖經》所載，未詳。　籦竹，僧神珙云：小竹也。

元　李衎《竹譜詳録》卷五《竹品譜·異形品上》

方竹，兩浙、江廣處處有之。枝葉與苦竹相同，但節莖方正，如益母草狀。深秋出筍，經歲成竹，高者二丈許，無甚大者，爲拄杖最佳。《番禺志》云：竹方而實心，編織不及他竹，止以方爲異矣。《武陵圖經》云：方竹出桃源山，四方而不觚，其材中杖。《會稽續志》云：方竹，中堅而外方，玉峰山所植。贊寧云：澧州辰山方竹，其方二寸，出天台玉霄峰者最妙。或云人家忌種，指爲不祥。筍亦不中食。常德節推廳植之，韓魏公作記。　六稜竹，出都梁山。一如方竹，而六稜，高六七尺，節密有刺，甚蕭灑。　浄瓶竹，江浙、閩廣俱有之。枝葉與淡竹不異。但去地一二節便擁腫，有項有腹，宛如一瓶，以上幹節仍如常竹。其質極堅，人取爲拄杖。　實竹，枝葉、節莖、出處，一如浄瓶竹，但無腹項，心不空虚，枝葉差少。今人好斷取作馬箠，幹甚堅韌。　石竹，出興化路瀨溪，生宜近石，故名。石竹，其高大、長短與筀竹無異，但節頗長，色頗淡，葉扶疎，質堅韌，無施不宜。土人伐之，浮海以貨江浙。筍可食。今兩浙傍海諸山亦有之，但不柔韌。謝靈運《山居賦注》云：石竹，本科叢大，以充屋榱。當是別種也。　石篠竹，一名篻簩竹，生閩中。似石竹而小，筍中食。《會稽續志》云：石竹小而密，人家植之以爲籬援。《吴都賦》云：篻簩有叢。劉淵林注：以篻、簩爲二種。已别見後。　箛築竹，亦石竹之類，生漢陽山谷之間。比石竹節差稀。舊任土貢，爲軺馬之策。戴凱之《竹譜》曰：箛築誕節，内實外澤。作貢漢陽，以供軺策。　鶴膝竹，又名木槵竹，生杭州西湖靈隱山中。節密而内實，略如天壇藤，間有突起如鶴膝，人亦取爲拄杖。生于閩嶠者，俗名鼓槌竹，節篛擁腫而莖管削，宛如鶴膝，筍可食。葉世程《閩中記》云：鶴膝竹，出古田縣，似靈壽杖，不須治削，人多取以扶老。高續古似孫有《次韻陳校書送鶴竹筍詩》云：竹如鶴脚瘦交加，驚識英英玉露沙。一見已知仙骨健，高於越箭更無差。　般腸竹，生東郡緣海山中，其筍最美。或云出閩中，與笆竹相似。其竹中實。但聞其説而未之見也。戴凱之《竹譜》曰：般腸實中，與笆相類。於用寡宜，惟筍殊味。《晏公筆鈔》：班腸竹，出東海。　銀鋌竹，又名高節竹，色如金。其節隆起，莖旋彎削，節密處宛如銀鋌之狀，非鶴膝人面之類，别爲一種。筍可食。七閩處處有之。　石大頭竹，生餘杭山中，狀與常竹不異。四五月間出筍，上細下大，其籜澹黄色，無斑花。惟上截甘美可食，下截木硬，但可煮汁，以此得名。　木竹，閩浙山中處處有之。叢生，堅實，中間亦通小脈，節内如通草。其筍堅，可食。福建生者心實，筍硬，不可食。土人呼爲柴竹。又一種生於韶州，山中最多，莖如萬歲藤，中實如木，可爲杖。《海物異名記》云：靈壽木，其節竹。《漢書》賜三老靈壽杖者，此也。無花而實，如草豆蔻，味酸。　人面竹，又名鬼面竹，又名佛面竹，又名佛眼竹，兩浙、江、廣俱有之。去地上一二節，皆左右邪正，兩節相對，中間突起長圓，宛然如人面。或多至十數節之上，始平正如常竹。筍亦可食。人多採以爲拄杖。福建人呼爲佛眼竹。東坡送與羅浮長老者，即此竹也。或云天竺國所産者，形似尤奇。　董竹，生兩浙山中。園丁植盆檻中，爲人清玩。亦人面竹之類，但竿下尺許，節密如此。　多般竹，亦人面竹之類。去土一二節之上，生節短長，斜正不等，或如人面，或如鶴膝，或如鱗甲，或如蠐螬，或如縮頸之鼈，或如藏六之龜。五七寸節後方如常竹，故名。東陽金華山中尤多。　龍鱗竹，江東西及湘潭之閒俱有之，亦人面之類。徑三五寸，兩節曲屈相對，中間突起如龍鱗狀，三十餘節之上即如常竹矣。　象牙竹，出會稽山中。大槩與常竹不異，但筍出肥壯，微彎屈且純白，狀如象牙，故名。筍味甚佳。嘉禾境内亦時或有之。　菩薩竹，生西蜀峨嵋山中。結花於節外之枝，茸密如毬。周侍郎端朝《峨嵋山行記》云：菩薩竹者亦常竹，以綴蘚故，節有一靨似佛面，取而炙熨之以爲杖。　篠竹，出襄州卧龍山諸葛孔明祠中。長百尺，只梢上有葉。土人多取作幡竿承落，筍甚美。　江南竹，江浙、閩廣閒皆有之。大概與淡竹相同，但一面出三小枝，葉頗繁盛。安南生者枝葉頗長大，筍亦可食。然每歲必於初種之月生，筍味甚美，葉色嫩緑，水不染塵也。　雙葉竹，江浙、兩廣俱有之。枝幹一如常竹，節差高，但他竹一枝杪生五七葉，此竹只生兩葉，故名。今俗工所畫，率皆類之。其筍亦可食。包籜生作兩段，與他竹不同。　台竹，一名剛竹，一名鬼角竹，生江南蘇湖等處，山中往往有之。大者至一尺圍，小者如拇指，色黲褐。其性至堅硬，俗呼鋼鐵頭竹。每節間生四五枝，圓直條暢，葉稀疎而薄小，形類苦竹，作棚棧最佳。若作篾條，則脆不堪用，可爲弓材，其筍中食。初出土時，色紅紫而有斑花如鬼角，故又名鬼角竹。　拂雲箒竹，出盧山。莖大如指，竹杪細，葉翠密如箒，彼人採爲方物，以相遺贈。張得之云：名篲篠竹，根杪條等。特異他篠，中爲掃箒。　百葉竹，生南垂界。有毒，傷人必死，夷人以刺虎豹，中之輒死。一枝百葉，因以爲名。筍不可食。劉淵林云：簩竹有毒，夷人以爲觚刺獸，中之必死。是或一類耶。戴凱之《竹譜》云：百葉參差，生自南垂。傷人則死，醫莫能治。亦曰簩竹，厥毒若斯。　蘆竹，出閩越山中，沿海諸郡皆有之。形如蘆，故名。戴凱之《竹譜》云：有竹象蘆，因以爲名。東甌諸郡，緣海所生。肌體勻淨，筠色潤貞。凡今之篪，匪兹不鳴。今作簫篪之類，聲最清亮。又堪爲矛戟之幹，又堪爲筆管。但葉闊而利，筍苦而可食。　秋蘆竹，其竹似蘆，身如荻蔗。冬月不凋，插之如生。　駢竹，一根數節之上分爲兩竿，各生枝葉，别無種類，特常竹之變，猶連理木、並蒂蓮之屬，故亦罕有。揚州焦太易招討家一株纔有數尺。玉泉山樸翁和尚贈予一拄杖甚妙，後轉贈廉庭臣都運。今姑蘇東季博提舉家園怡老堂有一株，高五尺餘。吕端明園中亦有一株，是董竹之駢生者，高約七八尺，園丁屈折作葫蘆形，枝葉茸細可愛。予官嘉禾，後圃亦得一株，兩節之上分爲三幹，枝葉敷榮，是筆竹之變者，尤奇特。　合歡竹，出南嶽下諸州山溪閒，柳州尤多。其筍初生便有合歡形勢，及成竹時，或三莖合，或兩莖合。斷其閒有竅，竹皮或斑點紋，彼中僧人斷取作鍼筒。　雙梢竹，出九疑山第二重麓臺側。筍本獨莖，及生枝葉即分爲兩梢，葉密而細。　匾竹，處處有之，廬山尤多。筍出土時，即匾薄。及成竹，匾而長。傳云釋惠遠住此，鬼神號避辟蛇行者，捻此竹爲匾也。　扶竹，出武林山中。與他竹無異，但生筍時皆對抽，並胤有合歡之意。司馬温公云：杭州廣嚴寺有之。相比而生，舉林皆然。故有「龍騰雙角立，鯨噴兩鬚長」之句。僧惠律詩云：饑殘夷叔風姿瘦，泣盡娥英粉淚乾。贊寧云：武林山西雙竹寺中所産，自永泰以來有之，馮翊嚴諸爲之記。王子敬《譜》云：會稽箭竹，錢塘扶竹，猶東方之扶桑，兩兩並枝而生，謂之扶竹。《山海經注》又以扶竹爲節竹，未詳。　服傷竹，江南諸郡往往有之。大者五六寸，圍長二丈許，其中實。四月以後出筍，味甚美。枝葉與他竹亦類。服傷之義未聞。贊寧云：大者五六寸，圍長二丈，中實，古人用以削弩箭，四月筍美。　扶南竹，見《番禺志》。　簜竹，《書·禹貢》：篠簜既敷。孔安國云：簜，大竹。《爾雅·釋草》：簜竹。郭璞注：竹別名。《儀禮》曰：簜，在建鼓之閒，謂簫管之屬。《爾雅疏》李巡曰：竹節相去一丈曰簜。孫炎曰：竹闊節者曰簜。笙簫之屬，固非大竹。今此竹不同。生嶺南，江廣之閒俱有之。叢生，極高，葉大且密，一蔈有生至十八九葉者。節上每茁小筍三，籜破成枝，中閒一枝彷彿與本身等，傍二枝亦麄大，皆横出，尤易植。至秋，根旁出大筍，綿綿不絶，隔年成竹。或云擘下節閒筍，植之亦活。江西人呼爲横枝竹。筍色甚白，味甚佳，名玉版筍，過母梢極細長，彎曲垂下，如柳絲摇曳。東坡自注其詩云：海南勒竹，每節生枝如竹竿，大蓋竹孫也。今後卷有澀勒竹，別見。　他里竹，生安南。節如笙竹，節閒出筍。又如簜竹，葉差細薄。　鏞竹，出廣南。絶大，内空節，可容二升。交廣人持此以量出納。中有水，甚清澈。溪洞四月後，水皆有毒，惟此無毒。土人陸行，多飲用之。至深冬，則凝結如玉，即天竹黄也，療風癎疾。按竹黄名天竹者，言其大也，亦猶天麻、天蓼。如兔葵、燕麥，言其小也。今人或寫作天竺之竺，非也。　相迷竹，生廣州。狀與鏞竹大同小異，中亦有黄，堪作丸，治病力減于鏞竹。　竻竹，一名簕竹，一名苔黎竹，一名欐竹，一名筥竹，出廣右、兩江，安南尤多，即刺竹也。南方呼刺爲竻。叢生，大者二尺圍，肉至厚，幾於實中。彼人破以爲弓材。枝葉喜下垂，自根至梢，每枝節閒對生二刺尖杪，彎曲若鈎，人家環植以爲垣墻。初植數莖作一叢，三五年後枝蔓自相糾纏，又多鈎刺，雖雞犬羔豚不能徑入。戴凱之《竹譜》曰：棘竹駢深，一叢爲林。根如椎輪，節若束針。亦曰笆竹，城固是任。篾筍既食，鬢髮則侵。《南方異物志》曰：棘竹有刺，長七八丈，大如甕。《酉陽雜俎》：棘竹，一名笆竹，節皆有刺，數十莖爲叢。南夷種以爲城，卒不可攻。或自崩，根出大如酒瓮，縱横相承，狀如繰車。筍，食之落人齒。按此棘竹即竻竹、刺竹是也。《廣志》名欐竹。《嶺表録異》云：筣竹，枝上有刺，南人呼爲刺勒。自根横生枝，展轉如織，野火焚燒，只燎細枝嫩葉，至春復生，轉復牢密。邕州舊以刺竹爲墻，蠻蜑來侵，竟不能入。又如新州舊無城，紹興閒，黄濟來爲守，以竻竹環植之，號竹城。　由衙竹，又名籬竹，又名笆竹，又名梧竹，生安南。一如貓頭竹，葉小如淡竹。筍夏生，可食。每節閒生三枝，皆圓長堅厚。初年上半散枝生，亦自婆娑可喜。漸漸年深，近下生横枝，皆作刺，老則至梢皆有之，齷齪可惡。亦有小者，徑寸許，筍與筍俱有刺，可種爲笆籬，故名。八九月筍生，淡澀不可食。《南方草木狀》曰：山梧竹，吏民家種之，長三四丈，圍一尺八九寸，作屋柱，出交趾。按此或即由衙竹也。左思《吴都賦》曰：柚梧有篁。柚音由。注云：由梧竹，出交趾、九真。　篔竹，與由衙一種，但實厚孔小，爲梁柱佳。筍味苦，不可食。《異物志》云：篔，其大數圍，節閒相去局促，中實滿堅强，以爲柱榱。斷截以爲棟梁，不加斤斧也。　苔竹，出安南。節幹如苦竹，堅厚圓正，歲久則變黄色，生枝處亦不凹窳，小枝圓長，葉如淡竹，有刺，筍味苦，不堪食。　青皮竹，一如苔竹，但差輕薄，老亦有刺，筍味苦，不堪食。　釣絲竹，二種。生廣右、兩江、安南者。《祥符圖經》謂之箣竹，大概亦如簜竹，但節閒横枝細弱柔和，垂下數尺，飄然摇曳，宛如釣絲，故名。又名摇枝竹，又名摇絲，亦深秋出筍，隔年成竹。筍過母時，稍極細弱，彎曲垂下。葉世程《閩中記》云「箣竹初生未抽葉，其稍垂下，狀如釣絲」是也。《山海經》所謂「囂水之北多釣端竹」者，疑即此種。成都簡州謂之垂絲竹。筍有毒，不可食。生浙東者，節葉一如桃枝竹，但稍極細弱，作篾編織，一如番藤，愈細愈妙。温州最多。《嶺外代答》云：釣絲竹，筍瘦而白，於食品最佳。或云無毒，但能發痼疾。黄休復云，蜀川滕昌祐家有釣絲竹，以其弱杪低而垂至地也，亦可爲釣竿。　筤簹竹，出廣西、兩江，安南亦有之。形狀與簜竹同，但無大横枝，葉差小。鎚破，少肉多筋，紉如麻枲，可索繩織屨。　篻竹，出廣西、兩江，安南俱有之。亦與簜竹大同，枝葉細小。其質堅厚，堪爲弓材及鎗榦。左思《吴都賦》云：篻簩有叢。劉淵林註云：篻竹，大如戟槿，中實勁强，交趾人鋭之爲矛，甚利。《吴録》曰：「日南有篻竹，勁利堪爲矛。」《山海經》注：篥竹，實中勁强，有毒，鋭以刺虎，中之則死。篥此作篥，未詳。吴良輔《竹書》：篥讀若摽，有梅之摽，方言以爲篴竹。或又云即笏竹，一物而二名者也。戴凱之《竹譜》曰：笏竹爲矛，稱利海表。用仍其幹，刃即其杪。生于日南，別名惟篥。已互見前笏竹下，亦略著其同異矣。　滿心竹，生廣西陽朔山中。枝葉一如篥竹，但幹實無心，故名。湖湘之閒亦有之。筍味佳。《雲南記》曰：雲南有實心竹，文采斑駁，可爲器用。唐僧清晝有實心竹杖詩，按此或即滿心竹是也。　簑竹，出處、形狀與簜竹同。但横枝差小，葉大，陰密略如萑葦，最堅大，可爲屋柱。筍味甘，可食。　篣竹，出廣右安南，又名澀竹。節長二尺餘，每節上半截麄澀，如世所用沙紙，人或削成錯子，可磨爪甲，用久刓滑。以好醋，浸少頃，火炙乾，復澀矣。其半即常竹，江船篷箬多用之。老者彌澀。《廣志》云：篣竹任作笛。筍味苦，無肉，不中食。亦有止如筆管大者。初成竹時，亦可鎚作麻用。嵇含云：出大秦國。《桂海虞衡志》云：兩江有此類，名思簩竹。皮日休詩：退公衹傍蘇簩竹，移宴多隨末利花。蘇簩，或音訛也。劉淵林云：簩竹有毒，夷人以刺獸者。同異未詳。《廣韻》：簩竹，一枝百葉，有毒，今百葉竹。已別見。崔德符有澀竹詩。　烏計竹，生安南。形狀頗同篣簩竹，但不澀，節差短。質堅而脆大者，以充屋材，止可爲柱。老者亦生刺。　沙麻竹，又名蘇麻竹，又名麄麻竹，又名沙摩竹，又名篣□竹，桂廣之閒處處有之。大者圍六七寸，甚堅厚，可作屋梁柱，亦可爲弓材。種者戔其竿，每截二尺許，釘入土，不逾月即生根，明年長芽筍，不三五年即成林。或但斫節閒茁筍，植之亦生。《南粵志》曰：沙麻竹，可爲弓作弩，謂之溪子弩。戴凱之《竹譜》曰：厥族之中，蘇麻特奇。倏幹平節，大葉繁枝。注云：蘇麻竹，長數丈，大者尺餘圍，概節多叢生，葉大。《嶺表録異》云：沙摩竹，大如茶碗，厚而空小，一人擎一莖，可爲屋椽。正此竹也。土人又訛爲司馬竹。嵇含《南方草木狀》曰：思摩竹，大筍生其節，筍既成竹，春而筍復成節。交廣有之。按思摩與沙摩稍近，特其品異同，未詳。　長枝竹，出漳州山中，叢生，葉長，絲之可爲器皿。　浮竹，生湘全山中。大者圍約五六寸，一節約長五尺許，圓厚而虚軟。土人斷取，浄淘米裝入，以木塞之，加於火上，以蒸米熟爲飯，甚香美。筍未出土時，掘取以甜糟藏之，可餉遠，極甘脆。戴凱之《竹譜》曰：浮竹亞節，虚軟厚肉，臨溪覆潦，栖雲蔭木，洪筍滋肥，可爲旨蓄。注云：長者六十尺，肉厚而軟，節闊而亞，生於水次，五嶺以北、彭蠡以南遍有之，筍甘脆。顧夷《義訓》曰：篿竹有文。　籟竹，一名絃竹，出湘全閒。其大與浮竹等，節密而厚，堅壯可作屋椽柱。八月採者不蛀。亦微有斑花。張得之云：韻竹中有自然絲絃，扣之則應，促節聲短，闊節聲長，猶篁之韻。　狸頭竹，一名貓彈竹，處處有之。江淮之閒生者，高一二丈，徑五六寸。衡湘之閒者，徑二尺許。其節，下極密，上漸稀，枝葉繁細，筍充庖饌絶佳。此筍出時，若近地堅硬或礙磚石，則無閒遠近，但遇可出處即穿土而出。猶狸首鑽隙無不通透也，故寓此名。亦有高止一丈許者，下半特無枝葉，人家庭院栽植，枝葉扶踈，清陰滿地，殊可愛悦。然竹身下麄上細，竿大葉小，不宜圖畫。廣中出者，筍味不佳。江西及衡、湘閒人，入冬視其下地縫裂處，掘食之，謂之冬筍，甚美。留不取，至春亦腐朽，別生春筍爲竹。福州人謂爲麻頭竹。　靈竹，生蜀中大面山。竹根如龍首，耳角眉目，天然而成。見《輿地紀勝》。

元　李衎《竹譜詳録》卷六《竹品譜·異形品下》　龍鬚竹，生兩浙山谷閒，與貓頭竹無異。根下節不甚密，析爲篾，平細柔韌。筍籜微紅色，斑點差少，味甚美，但筋滓頗多，日乾可致遠也。　龍孫竹，亦名龍須竹，生辰陽山谷閒。高不盈尺，細僅如鍼。凡所以爲竹者無不具。張得之《譜》云：予頃過一朋舊家，見盆池崑石上有小竹一竿，長六寸許，枝葉蒼翠，根旁別生二白須，盤屈水中，伸則長於幹五倍。龍鬚之稱，疑出於此。張南軒亦嘗移寘石斛中，暮春生筍，森然可喜，因賦詩云「小竹如鍼龍具體，方春茁筍又堪憐」者是也。　茅竹，一名鬼竹，在處有之。似茅而小，概節分明，宜與菖蒲並植於水石閒。　沈竹，生延平山谷，質重易沈。削爲小弩箭，投水亦沈，遇風不爲欹側，射者取焉。　鳳尾竹，生江西。一如筀竹，但下邊枝葉稀少，至梢則繁茂，摇摇如鳳尾，故得此名。　節竹，又名挾竹，又名扶老竹，又名慈悲竹。凡二種，出西蜀。《廣志》云：出廣南邛都縣近地，一兩節多屈折如狗脚狀，節極大而莖細瘦，高節實中，狀若人剡，俗謂之扶老竹。《山海經》：龜山多扶竹。注云：邛竹也。高節實中，名扶老竹，南中僧人取作拄杖，甚佳，然不可擊掊，擊則隨節斷折，故此亦謂之慈悲竹。枝葉與常竹無異。昔張騫西至大夏所見者也。峨嵋山中一種，細如箭幹，人呼爲佛拄杖竹，游人携歸，置于佛所。《蜀都賦》爲□竹，又作笨竹。《硯譜》云：西域以此竹節爲硯。　龍尾竹，出雲南，每節止長二三寸，枝短葉密，觀之狀如龍尾，故名。　筰竹，出筰都，今黎州是也。其高參天，常起嵐霧。邛筰人穴山數十丈，用此竹去節，牝牡相銜爲井，謂之卓筒，牝者爲筧，牡者爲篔，以取鹹泉煮鹽。張得之《譜》別出篔竹者，恐非。　毬竹，每于杭州街市人家見之，植盆檻中。高不過一二尺，下獨竿，上叢密。別無種類，人力爲之。以筍初解籜時，折去上梢，則竿杪雜出，小枝無數，三二年後枝葉轉密，盤葉團圓如毬之狀，繁細可愛，故名。　寸金竹，生鬱林等處山中。枝葉一如淡竹，但節節勻密，相去二寸許。從根至梢，圓正衝直，作釣竿、黏竿最妙。　胡孫竹，生江西吉贛閒，在處有之。與常竹同，但節稍平，中無隔礙，兒童戲取作角吹之，嗚嗚有聲，空通故也。　羅漢杖竹，生紹熙府，即古榮州也。東有榮黎山，山中產此，屈曲如龍蛇之狀。　吊根竹，又名扶根竹，出溫州沿海山中。蓋取釣絲竹根上有小枝葉者，漸漸出土，移入盆檻中，以竹杖扶持懸起，爲几案之玩，非別有種也。　曲竹，叢生，每個必存曲勢，無有直者。朱丞相勝非《閑居録》云：太學感化齋堂後廳廊東西，各有叢竹，勢無不曲。自是一種也。郭仲產《湘中記》云：昭州平樂縣榮山多曲竹。《臨安志》云：安隱院在桐扣，地有曲竹，竹根有數節曲處，僧多取以爲杖。林公麟詩云：直節稜稜是此君，耳孫却以曲爲名。首陽山下知難種，亦可斜封向管城。　雪竹，生江西，枝葉似笙竹而稀疎。每節長二尺許，其薄比江蘆差堅厚，筍色純白，故名。或云，孟宗冬月哭而生筍者，即此竹也。張得之《譜》云：出清源，深冬生筍冒雪。一云，即江南竹筍之早出者。　嫣竹，生賓州遷江縣山中，湖湘閒亦有之。大如筆管，高不過五七尺，節平，色黃如藤梢杪，枝葉叢生，葉短如桃。劈篾織簟，極細滑，不減藤簟。士人亦甚貴重。細篾亦可織笠。　篻竹，生廣西、安南、邕州、崑崙，關中尤多。張得之《譜》云：篻竹，黑皮有文，每節生三枝。枝葉秀媚，婆娑可愛，一如苦竹。大者可爲柱，小者亦堪雜用。　篗竹，生廣西山中。大概如篻竹，其用亦與之同。　篠竹，生安南山中。亦如篻竹，但枝葉圓長，綠淨可愛。　簞竹，生賔象山中及浙東諸郡。枝葉如常竹，每節長四五尺或倍之，圍至一尺許。出博羅縣者，節及二丈，作篾最韌，且色白，人取織笠。五月出筍，甘可食。未成竹時，亦可鎚作麻。《西京雜記》曰：會稽竹簞，號曰流黃簟。即此竹也。　笣竹，廣州平鄉縣有此竹，土人煮以爲布。《吴都賦》云：笣筍抽節。　簞竹，出交趾、九真。葉疎而大，每節相去六七尺。土人取嫩者鎚浸，紡績爲布，名竹疎布。或云，彼中亦名簞竹。戴凱之《竹譜》云：單體虛長。注云：單竹，大如腓，虛細長爽，嶺南夷人取其筍未及竹者灰煮，績以爲布，精者如穀。《番禺志》云：簞竹，每天旱竹上有蟲蛀眼子即死矣。中有物，青白相雜如骨灰狀，是謂天竹黃。按天竹黃本出于鏞竹，雖相迷，竹亦有黃，作丸力減，則知此竹所出，當亦不及鏞竹也。　翁孫竹，生江西。正紫色，一莖下節復生三五竿，芃芃而起，比中莖差細，土人取以爲扇柄。生浙閒者，高不盈尺，爲几案之翫。張得之《譜》云：翁孫竹，在處有之。初種時，因地肥磽而長，以次生者不敢高過于祖。　廣竹，又名利竹，生永州祁陽山中。莖類苦竹，葉類莖竹，梢細長。每節長二尺許，作笛材甚佳，亦可破篾織簟。篾尤快利，削成刀子，即可裂紙。《廣志》云：利竹出西南者，是春生筍，微苦，須用清灰水煮熟可食。僧贊寧《筍譜》謂：利竹，蔓生若藤，實中而堅韌，隨竹蔓而生。恐非此竹類也。張得之引《周禮》謂揚州之利竹箭者，亦恐誤。　石麻竹，出廣州，交真、九趾皆有之。其勁利他竹莫及，人削爲刀，切象皮如截芋。或云即利竹也。姑兩存之，以待別考。嵇含云石林竹也。　篥竹，出安南。叢生如簟竹，實中勁強。有毒，土人銳以刺虎，中之必死。筍內實，不中食。　漢竹，出交趾、九真，廣中亦有之。大者一節受一斛，小者受數㪷，可爲尊榼。其筍二節亦可受二三升，味甘而澀。《廣志》云：永昌有漢竹，圍三尺餘。　越王竹，出海南。《嶺表録異》曰：根生石上，如細藤，高尺餘。南中愛其青色，用爲酒籌菜筯，云是越王棄餘籌生此竹。《番禺志》云：越王筯竹細如箭幹，每一節可爲一筯，故呼越王筯竹。《藝苑》云：越王行海，作籌有餘，棄于水中而生。　毛竹，出閩廣閒，浙東諸郡亦或有之。《四明洞天記》云：毛竹，叢生澗邊。《剡中金庭記》曰：毛竹，洞天有毛竹，又名銀筍竹，以筍白，故名。建寧武夷山有毛竹洞，去山百餘里，遍生此種。每節出一簳，其麄細與根等，枝弱而毛髯，人以爲蛻。登仙李義山詩云：只得流霞送一杯，空中簫鼓當時回。武夷洞裏生毛竹，老盡曾孫更不來。武夷君，自秦漢始列祀典後，仙人結字山上，與鄰俗往來，悉呼村人爲曾孫。少年慢之。一日，山中忽生毛竹如刺，中者成疾，衆莫敢犯。武夷洞人每斫竹，隨即生。土俗云：仙人入洞生此竹，以隔浮世也。　少室竹，亦名爨器竹。《孝經河圖》曰：生少室山中，其大者堪爲釜甑，筍可食。　羅浮竹，大竹也。貞元中，有鹽户犯禁，逃羅浮山，至第十三嶺，見巨竹千萬，連亘巖谷，竹圍皆二丈餘。有三十九節，節二丈許。逃者伐一竿爲篾，會赦，逐挈以歸。人奇之，獻于太守李復，乃圖而記之。　鍾龍竹，《南越志》曰：羅浮山生竹，皆七八寸圍，節長一二丈，謂之鍾龍竹。馬融《笛賦》：惟籦籠之奇生兮，于終南之陰崖。張衡《南都賦》：其竹則籦籠箽篾。江總《横吹曲》曰：簫聲鳳臺曲，洞吹龍鍾管。陳子昂《脩竹篇》：鍾龍生南嶽，孤翠鬱亭亭。未詳此與羅浮所産異同。　右上二竹，類書中有記之者，疑即一種，未敢削去，姑存之以待別考。　沛竹，又名涕竹。東方朔《神異經》曰：南荒中有沛竹，長百丈，圍二丈五六尺，厚八九寸，可以爲船。其子美，食之可以已瘡癘。張茂先註曰：子，筍也。　篔簹竹，一名簞竹，生湘中，蜀廣閒亦有之。每節可長四五尺。《廣州記》云：節長一丈，今曲江縣及蜀中俱有此竹，圍尺五六寸，節相去六七尺。夷人煮以爲布，始興以南尤多。王彪之《閩中賦》曰：篔簹幽人。《異苑》曰：篔簹竹，節中有物，長數寸許。政似世人形，俗説相傳云竹人，時有得者。　瘻竹，東洛勝境有張又規莊，近溪竹一竿有瘻，其大如李。見《酉陽雜俎》。麻知幾有《竹瘻冠賦》。　射筒竹，《吴都賦》云：其竹射筒，弋人有脩竿通其節，箭安其内，從本吹之。古人所謂筆筒以射鳥者也。筍可食。謂此竹可作箭房者，非。吹筒之法，始于武后置馬射、步射、手射、筒射。今番舶上多用射人，取中其面，非以箭力能傷人，蓋有射筒，毒於箭鏃。南方此竹，其直如繩，以法去節。今中通長二丈餘。箭則以輕竹削成，幾三尺，以鳥翎纏遶其上，欲以受氣，人猛吹之，則著物最易。吴地之筒竹差劣也。劉淵林云：出交趾、九真。　簡管竹，節疎而筍可食，又名笳簡竹。　籌竹，生濵海山中，本根千丈，斷一節可爲船。竹萌數丈猶是筍。《山海經》：大荒之中，有山名曰成都，在崑崙之北。有岳之山，尋竹生焉。注云：尋，大竹名。　箎竹，《字林》云：大，高百丈，狀類籌竹。　莽竹，生浙右諸郡，嘉禾境内尤多。形葉與淡竹無異，但竿色稍白，近根一二節須有裂璺。土人云：昔王莽死，魂魄無所歸，竄入此竹，撐裂其下，故名。《爾雅》云：莽數節。疏云：凡竹節閒促數者名莽。《爾雅》已有其名，知土人之説妄也。其筍味極珍美。竹雖硬，肉薄，作篾不成，屈折即斷。大者可作椽，小者可作藥欄衣竿而已。亦呼哺雞竹。　婆娑羅竹，昔人自外國移植於廣州猊山，在增城東二十里，多有此竹。其大圍三四尺，至堅。里人取以爲弓。　篦竹，生海畔山中。其筍與竹悉有毛，傷人即死，故船商不敢取毛筍食，恐中其毒也。　衛丘竹，《山海經》曰：東北海之外，大荒之中，衛於山丘，南帝俊林竹在焉，大可爲舟。郭氏云：言舜林中一節，則可以爲船。戴《譜》云：員丘帝竹，一節爲船，注云「員丘帝俊」。九疑山有九丘，員丘、雲丘、衛丘之類。嵇含《草木狀》云：衛丘，即雲丘，竹一節可以爲船，出扶南。《晉安海物記》曰：番禺有舜林之竹曰天竹，注云：其節大，中汲桶。然今交廣中，竹節長一丈、圍一二丈者，往往有之，即此竹也。　狗竹，出臨海郡，圍三寸，節閒有毛，三月筍可食。大同篃竹，但無毒也。戴凱之《竹譜》曰：狗竹有毛，出諸東裔。《筍譜》曰：寧海巴東，狗竹生筍有毛。　篃尤竹，勁而薄，可以爲博矢，即今之投壺箭也。《蜀志曰》：篃，細竹。戴凱之《竹譜》曰：篃尤勁薄，博矢之賢。《招魂》曰：箟蔽象棊有六博。朱文公注曰：箟，竹名也。蔽，行博箸也。投六箸，行六棊，故爲六博。象牙爲棊，箟簬爲箸。此楚人用之。如晉制，則以犀角爲棊，箸則用篃，不用箟也。或云堪爲博局，行棊之箸也。　弓竹，蜀中人謂之倒生竹。舟師取之以爲百丈。戴凱之《竹譜》曰：弓竹如藤，其節郄曲。生多卧土，立則依木。長幾百丈，狀若相續。質雖含文，須膏乃縟。注云：弓竹生東垂諸山，長數十丈，每節輒曲。既長，且軟，不能自立，若遇木乃倚。質有文章，然要須膏塗火灼，然後出之。　澀勒竹，出嶺南，中心堅實。坡詩云「倦看澀勒暗蠻村，亂棘孤藤束瘴根」者，即此竹也。　古散竹，節似馬鞭，葉似桐樹而小，皮似栟櫚而柔韌，筍亦可食。建人呼慈竹爲古散竹者，非。　菜竹，新安多有，長不過三四尺，四月出筍，至秋乃已。常爲菜茹，故名。土人云，種時不宜根密。　孟灘竹，出雲南長滂。其節長三尺，柔細可爲索，人亦取其皮爲麻。見唐樊綽《雲南志》。　簹竹，生温州，瑞安、平陽俱有之。或野生，或栽種。叢生。秋出筍，經年始成竹，大者徑二三寸，節長肉薄，劈篾良，土人細縷之，編織箱篋。柔韌尤宜作枕，一如番藤也。　木簹竹，温州諸縣俱有之。亦叢生，極高大，有徑三寸一尺圍者，肉厚，土人取爲彈弓材最妙。五月出筍，味微苦，性涼可食，煮熟時色淡黄，至秋筍絶。　丹山竹，出夷陵。《括地圖》曰：丹山之竹長千仞，而鳳食其實。丹山在峽州遠安縣，時有赤氣，鳳之居也。　麻竹，在處有之。皮嫩質厚，葉廣而薄。六月筍，可淹笴。《晉安海物記》曰：麻竹，夏晚而生，可鍛爲麻者曰麻竹。注曰：其筍可爲笴。謂麻者，取其瓤煅灰，治經緯爲布，爲華練。陳宣明殿學士姚察嘗有送華練一匹。今呼曰竹練布。《閩中記》云：麻竹，筍夏生，可作鹹篘。　交隷竹，在處有之。體韌不甚直，止可爲笮麻之圈。　鐵峽竹，出秦州三峽。《九域志》言：上峽、下峽、鐵峽也。其中多竹，小而長，地寒常雪，竹至堅。子美詩云「脩纖無限竹，嵌空大始雪」者，謂此也。　泣珠竹，生密州咸通縣。唐神龍元年，哥舒擇移密州，刺史多植此竹，後人伐之。其節中有聚如雪。　忠節竹，出象郡。節環隱隱而闊，稍遠視之，若無節然。　葛散竹，《博雅》云：葛箣，桃枝竹。或云葛有節，此竹形色似之，因以爲名。撫州舊歲貢葛竹箭。《顧夷義訓》有葛竹、箣竹，或即一種也。　仲竹，《爾雅》云：仲，無笐。注云：亦竹類。僧神珙云：笐似琴，有。絃實未詳其説。　簶簩竹，戴凱之《竹譜》注云：林於竹，葉薄而廣，越女試劍者也。　鄰竹，《爾雅》曰：鄰，堅中。郭璞注曰：其中堅實者名鄰。謂貞實與常竹不同。與木竹筍味無異。《顧夷義訓》：簬竹實中。「簬」音「磷」，疑即鄰竹也。　簢竹，《爾雅》曰：簢，筡中。郭璞注曰：其中空者名筡。贊寧云：其竹内隔㮟，與常竹不同，故云「筡中」。筍嫩而節㮟薄。　百丈滑竹，見《番禺志》。　高節竹，出瓊管黎母山。大而節闊，丈餘節又高也。漢《張騫傳》注瓚曰：邛山名此竹，高節可作杖。《齊民要術》引《漢書》乃云：邛都高節竹，可爲杖。與此不同。　多枝竹　大頭竹　已上二種見《廣南志》。　倭竹，《魏志》云：倭國竹，有條幹。見《齊民要術》。今《魏志》云「其竹篠簳桃支」，與此不同。　篃竹，見謝靈運《山居賦》曰：石竹細者，蕪篃之流。《廣韻》：篃，青竹。　箻竹，僧神珙云：一名檀纂竹。　䇭竹，《清源志》云：番船上嘗有䇭篾來貨。　笭竹，僧神珙云：笭，長節。　篴竹，出漢篴人縣，屬太原郡。　籲竹，有毛，見張得之《譜》。《齊民要術》引《字林》：籲，音感。　篘竹，生海邊。　簺竹、篌竹，《玉篇》云：小竹。　鹿頭竹，見《范旻邕管記》。　篁竹，戴凱之《竹譜》曰：篁，任篙笛，體特堅圓。《埤蒼》曰：篁竹堅而促節，體圓而質堅，皮白如霜粉，大者宜行船，細者爲笛。　巢竹，《寰宇記》云：臨賀縣有巢竹，叢生，大如戟，堅中，俚人以爲矛。　苦伏竹，《閩中記》云：苦伏竹，筍冬生，人採食之，味尤珍美。　簫管竹，《丹陽記》曰：江寧縣慈母山生簫管竹。王褒賦云：干江南之丘墟，即此處也。自伶倫採竹嶰谷後見此奇，故歷代常給樂府，而呼鼓吹山。按：慈姥山，在今太平府當塗縣。　鉤端竹，《山海經》曰：嶓冢之山，其上多桃枝鉤端。郭氏云：鉤端，桃枝屬。　蒙簹竹、白夾竹，《青城山記》云：青城山有簝簹白夾之竹。　篾竹、箴竹，《寰宇記》云：昭州龍平縣齕鼠山多篾竹、箴竹，池澤中多，鼠齕食之。　玄竹，實中。　太極竹，長百丈。　篣竹。　箷竹。　笭竹。　簡竹。　胥竹。　鸖系竹。　篰竹。　篾篛竹，《玉篇》：簾，竹篾也。《廣韻》：篛，篾竹。　篾簸竹，《篇》、《韻》並云：簸篾也。《集韻》：簸，籛，竹名。又云：簸答竹笓。　筡竹，《高氏竹略》云：自篾下，並出《顧夷義訓》。　莩竹，出常德桃源莩竹村。　笛竹，《蘄春地志》云：笛竹生羅田縣山中，蘄竹亦生于此，用以爲篴。按謝靈運《山居賦》注云：崑山之竹任爲笛。黄帝時，伶倫斬其厚均者，吹之爲黄鐘之宫。今蘄春所産固後出也。　龍公竹，羅浮山第三峰有，竹大徑七尺，圍長丈二，謂之龍公竹，常有鸞鳳棲宿。《圖志》云。

元　李衎　《竹譜詳録》卷七《異色品》　紫竹，出江浙、兩淮，今處處有之。如笙竹、淡竹、苦竹，或大或小，但色有淺深，通名紫竹。有初緑而漸紫者，有筍出即紫者，世共謂之紫竹。用之織柄拄杖甚佳，亦有製簫笛者。根亦紫色，節節勻停，於馬箠尤宜。《新安志》曰：紫竹，斫之益繁。諺云：一年青，二年紫，三年不斫，四年死。行省掾蘇善卿云：静江義寧縣猺洞中有一種，懸崖而生，每節有一白距，大者可作杖，小者中馬箠。生至下端，却有三葉。今湖湘間吹笛者，取紫竹膜貼之，聲最清亮。越上人家紫方竹拄杖尤奇特。宋景文公《益郡方物贊》曰：竹生三歲，色乃變紫，伐幹以用，西南之美。蘇子由詩「紫竹暗生岷岫筍」，此指蜀産而言。周益公《紫竹詩》云：曾到蓬山驗異聞，浮筠翻動雪披紛。紫莖緑葉騷人句，不在秋蘭在竹君。王子年《拾遺記》：蓬萊山有浮筠之幹，葉青莖紫，下有砂礫細如粉，風至葉條翻起，拂細砂如雪霰。益公自注：用其事也。　穿竹，出七閩山中，漳州尤多。形如澹竹，正黑色。大者爲繖柄，爲杖，小者爲扇柄絶佳。其根能穿遠，故名。　角竹，出越州諸山，亦紫竹之類，但色淡如牛角，故名。其質堅硬。　篤竹，一如紫竹，但色正黑耳。　暈竹，出湘全間，嶺南、安南俱有之。竿類苦竹，節長大小不等。初，竹青上生白苔花，漸漸著竹上成斑，及洗去，苔靨紫褐，斑暈層層間錯，殊可人意。筍不入食，品若他斑竹，止一沁痕無疊暈也。全州西猺洞中及鬱林山中出者。竹色正白，斑花尤分明，最爲上品。《桂海虞衡志》謂之斑竹，云桂林屬縣皆有之，所記略同。　赤籛竹，真珠竹，雨點竹，雲竹，清白竹，龜紋竹。　右已上六種，皆暈竹之類，彼人但以斑花之似者，輒取以名耳。　冕竹，出冕國中。一節長二三尺，大者如雞鵝卵，黄白二色，天性圓直，不待矯揉，生枝處亦不凹窊，斑花紫褐色，疊暈重重，中又有白暈。彼人取爲標鎗，勁挺無比，小者中爲拄杖。梁貢甫尚書奉使回，嘗將出三五莖，予親見之。　斑竹，處處有之。其類最蕃，凡生斑花者皆是。然斑花或大或小，或勻或細，或不等，或重暈，或單暈色，或深淺，各隨出産風土變易。今越又以斑竹作牀椅及他器用，頗雅，士大夫多喜愛之。　舍利王斑竹，幹有虺文。《六帖》云：昔西域舍利王獻樂，有大小匏琴，皆以虺文斑竹爲之，而取聲於匏以合律。　道州斑竹，生高巖，小於箭，文如螺旋不雜。　顧家斑竹，《述異記》云：姑蘇之境有陸家白蓮、顧家斑竹，亦猶花，有魏紫姚黄之稱。　雷斑竹，出雷州。《地理志》云：雷州貢雷斑竹。即此物也。　筡竹，出湖州，亦斑竹也。斑花不等，極有佳者。　苔竹，《寰宇記》云：信州貴溪水南流上源數十里，生苔竹，苔痕點暈狀如琢玉，幹直可爲杖。　黄竹，叢生，與慈竹一類，但成竿即黄色，故名。越州蕭山縣東三十里有黄竹山，上有林，竹色微黄，狀如刀削。《志》云是范蠡遺鞭於此山，生筍爲林，即此竹也。《晉安海物志》曰：黄竹，節紫而色黄，筍可爲葅。　緑竹，叢生，浙東及七閩多有之。極高大，其色深緑，竹不堪用，筍味極甘美，日乾餉遠，人亦貴重之。今漳州建寧浦城作緑筍乾，漳州者最佳。　青竹，與緑竹無異，但色深青，古譜名紅鵲尾，因筍得名。樊宗《師園記》云：一曰青士，一曰紅鵲尾。《東宮舊事》云：皇太子初拜，供青竹、簟竹扇各有差。　白竹，生江東西，兩廣、安南俱有之。枝葉與淡竹同，但筍出時籜葉純白，無赤色，及斑花，邊根甚長，節又白密，作馬箠尤韌。濟源一種與淡竹同，破作篾條，色正白，堪織笠，亦名白竹。《晉安海物記》曰：白竹，節白。戴凱之《竹譜》曰：赤白二竹，還取其色。白薄而曲，赤厚而直。沅澧所豐，餘邦頗植。注：尋陽人呼爲白木竹，俗曰白鹿竹。今白鹿竹別見。　赤竹，出沅澧閒。大同白竹，但以其厚而堅，筍籜正赤色，故名。或云即白木竹也，燥時皮肉皆赤，故名。《晉安海物記》曰：赤竹，橫槙節直，其本徑尺。　紅竹，赤竹之類，色差淡紅耳。　烏竹，生慶元等處山中。大者五七寸圍，形狀與龍須竹大同，但筍出時烏紫色，日乾致遠，味珍，他筍不可及也。　烏筋竹，大同筀竹，性不柔韌。筍出時正黳色，肉薄，味美可食。　黄侯竹，即水竹之類。無甚大者，色淡黄，中作篾，筍可食。　煙竹，出江廣閒。形狀一如水竹，亦有如淡竹者，但節高而葉密，竿色淡緑，成竹時節葉閒便生墨煤苔，若氣煙熏灼然，故名。或亦名黑色。濟源一種無黑煤色，但破作篾，色雜青黄，不純白，故亦名煙竹。　雜用，惟筍可食。　金竹，生江浙閒。一如淡竹，高者不過一二丈。其枝幹黄净如真金竹，故名。竺法真《羅浮山疏》曰：羅浮山有竹，色如黄金。　金絲竹生湘潭閒，一名白絲竹，一名刷絲竹，本筍竹之類。以其易活，人多植於盆檻中，久久不瘁。竿上細黄數道，如刷絲然，故名。《志書》：撫州歲貢金絲竹布。　黄金閒碧玉竹，一與金竹同，但枝節閒凹處一道，深緑。越産以是名者又異，詳見後對青竹。　碧玉閒黄金竹，亦同上，但竿色金緑，枝節閒凹處一道深黄。　對青竹，出西蜀，今處處有之。其竹節閒青紫各半，二色相映，甚可愛。昔蜀主孟昶作對青竹亭於蜀。今嘉興崇德縣寺中亦有之，僧呼爲二色竹。黄休復云：蜀川滕昌祐家有對青竹，身黄色，有一脈青，節節相對，故謂之對青也。《會稽續志》云：對青竹，每節青黄左右相閒，越俗呼爲黄金閒碧玉，又曰閃竹，又曰閒竹。或云越閃竹，即宋景文、黄太史所謂對青竹。宋公贊曰：翠溝如畫。太史賦曰：金碧其相。　閒青竹，生江浙、二廣閒，處處有之，歷陽尤多。竹不甚大，青黄節節閒色，故名。　露青竹，生蜀中，節幹修直，色正青。顧況有《露青竹杖歌》云：亭亭筆直無皺節，摩挲形骸一條鐵。　斑鱖竹，建安有之。其斑花如鱖魚之狀。春夏之交出筍，美可食。　白鱖竹，建安城北沙洲所産。夏筍甚美，竹色微白，以對斑鱖竹，故得此名。　青長枝竹，七閩在處有之。色青，裊裊成叢，爲篾丈餘，必假火氣，則韌如藤，涇則易腐。　黄長枝竹，亦出七閩。實而叢卑，箬香可飲，茹可入藥，功與淡竹葉同。　黄陶竹，見《廣南志》。　文竹，生邵陵高平縣。色正緑，扶疎，常隨風委拂石牀。　絲竹，生蜀川，滕昌祐家有之。葉細而青，莖瘦而紫，亦謂之墨竹。　蔓竹，生江廣閒。皮青，肉白如雪，軟韌可爲索。筍赤，皮青，肉白，嘉禾人呼爲蔓芽竹。王子年《拾遺記》云：岑華山在西海之西，有蔓竹可爲簫管，吹若鳳鳴。《禮斗威儀》曰：君乘水而王，其政太平，蔓紫脱爲長生。紫脱，筍名也。　大竹，生浯溪山中。形葉即與壽竹同。但成竹時竿變焦黄色。性剛利，可削作刀子用。《汲冢周書》曰：成王時路人獻大竹。《孝經河圖》曰：少室山大竹堪爲甑釜。此云大者，或以形質，而言非必浯溪所産同也。　丹竹，出海南道州龍中峭壁之上。每節長可一丈，或八九尺，徑亦甚大，裊裊摇空，粉節上似自丹色，心空肉薄，舟人劈爲百丈繂。　毛斑竹，出蘄州。初伐時無斑花，以灰汁漬之即見。土人織爲簟篰或笛管，筍不堪食。　白鹿竹，亦名白竹，又名遺竹，出連州抱腹山，爲多莖色白，節閒微有緑。土人待出筍後，隕籜放梢乃採之，以灰煮水浸作竹布糫，或槌一節作箒，謂之竹拂。成布一匹，纔重數兩。　小白竹，全似秋竹，而色差白，篾亦如之。韓丕詩云：風韻曉生泉細細，月華宵泛玉差差。　玳瑁竹，出湖州諸山中。薛翊《異物志》曰：竹似筋篠，斑駁如玳瑁。　篴篖竹，戴凱之《竹譜》曰：肅肅䈄䉏，叜叜攢植。擢筍於秋，冬乃成竹。今浙東沿海山中處處有之。大如足指，堅厚修直，腹中白膜闌隔，狀如湮㢠生衣。初生時正紫色，漸漸變紅，年老則色白也。枝葉一如四季竹，亦四季生筍，可食。生南康者，未解籜時輒有細蟲食其筍，籜脱之後蟲食處成赤紋，類繡畫者。浙東人家多取爲籬，勻整可愛。七閩山中尤多，或名鹹竹，恐聲訛也。《閩中記》曰：含築竹，圓如指大，可編藩籬。含築，即䈄䉏也。　蓋竹，戴凱之《竹譜》曰：蓋竹所生，大抵江南。上密防露，下疏來風，連畝接町，竦散岡潭。今産江浙山谷間。肌薄而色白，去地七八尺，枝葉婆娑如蓋，故名。此竹動連頃畝，人家庭院罕植之者。　白篛竹，在處有之，莖小於箸，葉如掌，大而長。　紫篛竹，亦同，但莖色黑紫耳。　實心竹，生雲南。《記》云：實心竹，斑駁殊好，可爲器用，土人取以爲鎗幹胡牀。永泰生者，精於玳瑁，可飾器物。　錦竹，生蜀中。顔色錯雜如錦。杜工部卜居濯錦江，就韋續覓錦竹，有「錦竹亭亭出縣高」之句，即此竹也。其修竦可見矣。　箄竹，在處敷紛，頭有父文。《字林》云：箄竹，頭有父文。父文猶花文也。　蒸竹，《竹記》云：箄之醜也，其文焕然。　白馬竹，亦有實心者，蓋篺之屬，見《湘中賦》。　閒道竹，生兩浙山中。人家庭院亦有植之者。竿如水竹，節差密，葉如毛頭竹，頗瘦長，葉上有淡黄間緑細勒道五七行。每叢或至十四五葉。吴興周公謹密有别業在杭，一叢數本。沈竹真家亦有之。　魚腸竹，贊寧云：今詳魚腸爲名，必像實而作。其竹細而屈，筍亦可食。梁簡文《竹賦》有魚腸、雲母之名，謂竹色如雲母者名雲母竹，色如魚腸者名魚腸竹。昔歐冶子鑄劒，其四曰魚腸，蓋精鍊之鐵闇白而微青，故以魚腸之色比之。贊寧以像竹之細屈，恐非立名本旨也。　雲母竹，簩竹之巨者也。《濠梁圖經》曰：出鍾離南四十里雲母山，山有雲母石，竹皮之色似之，因以爲名。《廣志》云：大竹也，生於交廣。梁簡文《竹賦》有魚腸、雲母之名。　浮筠竹，王子年《拾遺記》曰：生蓬萊山，葉青莖紫，風折之，如鐘磬之音。

元　李衎《竹譜詳録》卷八《神異品》　化龍竹，後漢費長房隨壺公入山，以竹杖與騎至家，長房以杖投葛陂中，顧見化爲龍。　萊公竹，宋寇萊公準貶死於雷，詔還葬洛陽，過公安縣，民皆迎祭，哭其喪，斬竹插地，以挂紙錢焚之，竹遂不根而生，尋復成林，邦人神之，號曰相公竹，因立其廟奉祀甚嚴。劉貢父、王樂道嘗爲刻石以紀其事。《倦游録》所載與此略同。《東軒筆録》云：公赴雷州，道出公安，翦竹插於神祠之前，而祝之曰：準之心若有負朝廷，此竹必不生；若不負朝廷，此枯竹當再生。其竹果生。子謂萊公宋賢相，非罪而貶死，百姓哀之，喪還迎祭，折竹懸紙，忽爾成竹，人以爲忠貞之感，故異而祠之。如《筆録》所載，凡人之稍有知者，亦必不爲，况萊公乎。今不取。李承之有詩云：已枯斷竹再成林，既殁賢公帝念深。仆木偃禾如不起，至今誰識大忠心。　冬生竹，宋朱道誠，字信中，幼喪父，事母俞氏至孝。俞多病，道誠截髮求醫。俞卒，葬於湘山景德寺之左，結庵墳側，感冬生瑞竹，以蓋其墳。父老以狀聞於州，州聞於朝。景祐四年，有詔賜道誠絹十匹、米一斛，仍令本州存恤。　瑞竹，生洛陽司馬温公獨樂園中。竹一本，去地二尺分爲二幹，並生六節，節間容線，復合爲一。　無骨箬，出餘杭洞霄宫。漢武帝元封三年，創宫壇於大滌洞前，爲投龍祈福之所。唐高宗時遷於前谷，爲天柱觀。光化二年，錢王更建。大中祥符五年，賜洞霄宫額。峰之下多生紺箬。昔許先生邁將上昇，語弟子曰：吾有金丹，藏無骨箬下，他日有緣者遇耳。樵人間有得箬者，及尋採則不復見。　掃階竹，唐僧全真姓周氏，郴縣人，元和中，居湘縣之覆釜山，修道，山頂極高。入寂後，生掃階竹。高不過五七尺，枝繁葉密，柔韌芬芳，游山之人折去，留數月葉不脱落，特異於常竹。　神翁竹，神翁姓徐，字守素，宋宣和間在泰州萬壽觀備灑掃之役，常持竹箒游市肆，間言人吉凶，頗驗。死後墓園竹出，每竿節間芃芃生細枝無數，惟一根窠束之即成掃箒，相傳爲神翁之箒爲種而生。或云懸於室中能辟塵，然嘗試之，無驗。今泰州城内外亦或産此，土人以充方物餽送。　墨竹，傅給事崧卿題越州戒珠寺竹堂詩，有云：色帶墨痕迷舊沼，響隨鐘韻下層樓。注云，山中有墨竹，下有墨池，父老相傳皆云逸少遺跡。今寺在蕺山，即王右軍故宅。雖有墨池，而堂已廢，墨竹亦未之見也。　墨點竹，生茅山墨池上。葉生墨斑，或一二點，或三五點，如灑墨之狀，池石亦然。　歧竹，生慶元會丰所居。出土纔一節，別爲霜暈，連旋而上者四，復爲節者三，長爲寸者九。蓋一苞也。忽歧爲二長苞成竹，曾自作銘。　點砂竹，生大聖關南山中。竹細如匕箸，高不過五六尺，葉大而疎，上有朱砂細點如麻豆許。彼人云杜天師書符筆灑之，遂有此種。　星竹，生太平當塗縣青山李太白冢上。枝幹一如常竹，但葉上有細黄白點，狀如天星，説者謂太白長庚之精，故墓上之竹如此。其狀與點砂竹無異，但其點止黄白二色，無朱紅色者。　淚竹，生全湘九疑山中。《博物志》云：舜南巡狩不返，葬於蒼梧之野。堯二女娥皇、女英，追之不及，至洞庭之山，淚下染竹成斑。妃死，爲湘水神。《述異記》云：舜南巡，葬於蒼梧，堯二女娥皇、女英淚下沾竹，文悉爲之斑。亦名湘妃竹。　旂公竹，生福州雪峰山中。《別山上人説》云：五代巖頭禪師名旂，一日來訪雪峰，禪師憫其山中無菜，而此竹散生，多筍，其味又美，持爲栽之。迨今連延百十里間皆此種。大者過三寸圍，枝葉與江南竹不異。其節長勻，可作簫笛。俗音訛爲發竹。　蟲竹，生七閩山中，叢生，如蘆，每節生一蟲，如新蟬之未翼者。外無竅隙，隨竹而生，竹將老，乃穴其傍而出。今婺州東陽山中亦有之。　魚尾竹，西蜀邛州西十里許白鶴山白鶴觀，古者仙人四月老翁得道之所。其山生細竹，葉上每一梢末有細籜，左右相對一二寸許，二籜亦對生如魚尾狀，視之宛如細魚。人傳四月老翁釣魚其下，折竹貫之，遂成此種，又名穿魚。　笳竹，《永嘉郡記》云：陽興去安固江口六十五里，有仙石山，頂上有平石壁，方丈餘，名爲仙壇，陬有一笳竹，凡有風來動，音自成宮商。又東隱劉道先元嘉四年，笳竹林忽生連理，野人無知，謂爲禍祟，斫殺之。　長生竹，出南嶽後洞，高尺許，和根取而枯之，經久見水復生。　香竹，生洞庭君山，一名洞庭君生竹，高五六尺，遇風雨則清香襲人。靜夜或聞陣香如水腦之臭，移過湖則稿。　夜合竹，出涪陵，高二三尺，日開葉開，夜則卷如鍼。　桃竹，涪陵相思崖生此竹。昔有童子在崖下吹竹，神女悦之，投以桃竹釵，童子報之以簾。今桃枝與竹皆生崖畔，即梓潼使君章彝贈杜工部雙杖者。杜詩云：江心磻石生桃竹，蒼波噴浸尺度足。新根削皮如紫玉。　孤竹，襄陽薤山下有孤竹，三年而生一筍，及成竹，母已死矣，代謝如春秋焉。任昉《述異記》云：東海畔，孤竹生焉，斬而復生，中爲管。周武王時，孤竹人獻筍一株。《文選笙賦》云：有汶陽之孤篠。《竹譜》：汶篠生筍，欲存其母即折之，如筍成竹，即母竹枯死。　龍牙竹，出永嘉大羅山。其竹長四五尺，稀節，人取必有大風雨雷電之異，人下山即止。二月筍。　月竹，叢生，狀輕短。每月抽筍，故謂之月竹。筍如箭竹，不堪食。宋景文公贊曰：茲筍可嘉，歲十二萌。　三稜竹，狀若棕櫚，葉莖柄三脊，然筍初抽。川中人家竹林中忽有之，吉兆也。　符竹，廣中惠州羅浮山中生，葉長七八寸，闊一寸許。每一葉上有白道如蟲行迹，屈曲如篆書文。士人云：昔天師爲雨暘愆期，嘗臨海岸作法，書符於竹閒，故有此種。今茅山亦有此種，云是三茅君書符於此，故生。　篆文竹，《夷陵志》云：出遠安縣清溪寺之仙居洞，狀似箭竹，葉上多蟲篆文如古籀，俗云鬼谷子遺跡也。與符竹相似，而大小差異。瀘州安樂山有天符，葉類荔枝葉而長，上亦有篆文。　尋竹，《山海經》云：禹湮洪水，殺共工臣相繇，其血腥臭，不可生穀。其地多水，不可居也。禹湮之三仞三沮，乃以爲池，群帝是因以爲臺。在崑崙之北有岳之山，尋竹生焉。注云：尋，大竹名。戴凱之《譜》云：相繇既戮，厥土維腥。三湮斯沮，尋竹乃生。　射的竹，小竹也，輕直勁利，世罕逢之，仙人取爲箭。《會稽記》曰：射的山南有白鶴山，漢太尉鄭弘嘗採薪，得一箭，奇之，頃有白鶴神人至，取箭問何所欲，弘曰：常患若耶溪載薪爲難，願旦南風，暮北風。後果然。　不死竹，《齊民要術》云：《外國圖》云：高陽氏有夫婦相抱而死，神鳥以不死竹覆之七年，男女皆活。注云，不死人國在海極東，其人不死，居圓丘上，有不死竹，木亦猶《楚辭》所謂木蘭宿莽之不死也。　雲夢竹，甘澤謡曰：許雲封言，雲夢南鑾在柯亭之下，其竹出笛。以今年七月望前生，明年七月望前伐，過期不伐，則其音塞，未期而伐，則其音浮。初秋生筍。　鸞竹，生開封之進德里。昔孔希葵縱雙鸞其上，後鸞去而孔亦歸真。每疾風起，竹常作鸞鳴。　連理竹，梁天監《起居注》曰：十六年，連理竹生。《異苑》曰：東陽留道先笳竹林忽有連理。　木竹，唐萬敬儒父母亡，廬墓五年，嘗插柳枝於墓左，條變爲竹，木心竹表。今尚有之，在廬州合肥縣西北三十里公成鄉西公村。　爆竹，出袁州仰山爆竹巖，節疎鬆脆，除夕人家率取然之，爆響異於他竹。　騈筍，永州學正劉學海，名洄洙，云：昔居眉山，淳祐乙巳，家園忽産騈筍，識者以爲祥。未幾，其父果登甲辰進士第。　石筍，宋政和間，延州永寧開大河岸崩，入地數十尺下得筍一林，凡數百莖，根幹相連，悉化爲石。沈存中云：延郡素無竹，此竹乃在數十尺土下，不知其何代物，毋乃曠古以前地卑氣溼而宜竹耶。　石竹，未詳所出。近李容齋總管至宣城，與江東廉訪丁本初盧疎齋訪鼇峰宮，道録嵇秋山當軒，石上盛栽菖蒲。其閒乃有二竹並生，高二尺許，枝葉下垂，視之石也。云得之山中背陰處。附見於此，以廣異聞。

元　李衎《竹譜詳録》卷一〇《有名而非竹品》　棕櫚竹，兩浙、兩廣、安南、七閩皆有之。高七八尺，葉是棕櫚而尖小如竹葉，自地而生，每一葉脱落即成一節，膚色青青，一如竹枝。《十道志》曰：巴蜀紙惟十色，竹則九種，棕竹其一，棕身而竹葉。宋景文公《益部方物贊》曰：葉棕身竹，族生不漫，有皮無枝，實中而幹。注云：叢産，葉似棕，有刺。陸務觀有《占城棕竹拄杖詩》。　石竹，京都人家好種之階砌傍，叢生，葉如竹，莖細亦有節，暮春花開枝杪，或白或紅，或粉紅色，或有紅紫暈，或重葉多葉不等。惟深朱殷色者，最爲難得。花盡有子成房，刈去再生，至秋又花，仍如春盛。亦有野生者。今處處有之，一名瞿麥。　石松竹，出陽朔，幹似松，高二尺，春筍如蕨菜，味極辣。　萹竹，南北在處下溼地俱有之，布地而生。莖緑紫，有節，葉似竹，醫家用爲利水道藥。廣西、安南者葉大，可煮爲菜。韓詩作菉薄云。《爾雅·釋草》：竹，萹蓄。《疏》曰：孫炎某氏引《詩·衛風》曰：緑竹猗猗。郭云似小藜，赤莖節，好生道旁，可食，又殺蟲。按陶隱居《本草注》云：節間白華，葉細緑，人謂之萹竹，煮汁與小兒飲，療疣蟲。又《爾雅翼》云：《蜀本圖經》云，葉如竹，莖有節，細如釵股，生下溼地。其微既似竹，則宜謂之竹爾。　菉竹，又名菉蓐，又名王芻。《毛詩注》引《草木疏》云：草似竹，高五六尺，生淇水側，人謂之菉竹。《爾雅·釋草》：菉，王芻。《疏》曰：舍人云：菉，一名王芻。某氏云：菉，鹿蓐也。郭云：菉，蓐也，今呼鴟腳莎。《詩·衛風》云「瞻彼淇奥，緑竹猗猗」是也。洪氏《隨筆》云：毛公解《衛詩》，分緑竹爲二物，諸説皆北方不見竹之語耳。熙寧初，吴安度試舍入院，有司以所賦緑竹詩，皆王芻古説而直以爲竹，遂黜不取。富韓公爲相，言《史記》敘載淇園之竹，正衛産也。安度語有據，遂賜進士出身。《爾雅翼》：《本草》名藎竹，俗亦呼澹竹葉，所謂終朝采緑者。按諸説或以爲草，或以爲二物，或又直言竹而已，姑並存之。　篛竹，生江浙，廣右永湘閒甚多。枝閒有節，其葉似桃，其花如石竹差大，丹紅一色。人家亦有盆檻内種者，俗名翦春羅。　觀音竹，生南嶽熊湘山中。衡州花藥山報恩寺方丈後有一叢，數莖，如水中草狀，高五七尺。其葉尖細，有三勒道，大者有五勒道。春暮葉下開花紅紫色，亦結實。其莖無節，有小籜。浙東温、處人家亦有之。　水竹，生河閒將陵，今處處有之。人家種者，其莖圓直，根如紫河草，葉如冬青草，每相去二寸許，周圍生五葉。高三五尺，無花不實。至冬即死，明年筍出如初。陳藏器《本草拾遺》云：水竹，葉如竹葉而短小，生水中，能去風，人取其葉生食之。是又別種，與此不同。　千歲竹，生安南、七閩、兩廣。初生從地如牛蕨狀，放開時葉葉對生，一枝長三五尺。每年漸生，多近下枝，葉漸退，數十年木身方尺許長。其形擁腫似棕櫚，歲饑，人煮食之，可療飢。　椒竹，生七閩、兩廣、浙東山野閒，人家庭院亦有植之者。其狀一如千歲竹，每葉可高五六尺，但根不出土，無木身。葉閒有刺如椒木上者，故名。《志書》云：成臯諸山閒，有竹葉椒。陸璣云：樹似茱萸，有對刺，葉堅而滑，蜀人作茶，吴人作茗。未詳與此異同。　莠竹，喜生池塘及路傍，莖細節高。近下曲屈，狀若狗腳。南土多茅少草，馬見此物必欲食之。　藍田竹，在處有之，人家喜栽花圃中。木身，上生小枝，葉葉相對，而頗類竹。春花穗生，色白微紅，結子如豌豆，正碧色。至冬，色漸變，如紅豆顆，圓正可愛，臘後始凋。世傳以爲子碧如玉，取藍田種玉之義，故名。或云此本自南天竺國來，自爲南天竺人訛爲藍田竹。人取此木，置鳥籠中作架，最宜禽鳥。《本草注》謂之青精。又有一種，族類絶相似，但結子，至冬深紅，叢生深山中，竹林中亦有之，其高丈餘。　玉竹，生滁州、淮西等處，山谷及丘陵俱有之。一名地節，一名馬薰。葉似竹，大者如箭。幹有節，葉狹而長，表白裏青，根可食，或云即葳蕤也。　錦竹，江淮近水平地多有之。《本草》云：似竹而斑花。梅聖俞《錦竹詩》云：雖作湘竹紋，還非楚筠質。化龍徒有期，待鳳曾無實。本與凡草俱，偶親君子室。又注云：草也。　桃竹，廣西静江府城外千峰觀前有桃一本，其葉絶類竹，但不勁利，捋之可以横斷，他處未之見也。　鹿竹，一名菟竹，處處有之。高不過一尺二三寸，二月始生，一枝多葉，葉狀如竹而短，根如荻及菖蒲，槪節而平直。或云即黄精之別種。　木竹，生安南婆律山中。木身麄澀，成樹止生。枝有節，緑色如竹，葉如胡桃。《嶺外代答》云：木竹，子皮色形狀全似大枇杷，内甘微爛，核亦似枇杷。秋冬間實半青黄時採實，收藏至三四月不壞。江廣閒一種，竿如紫藤，根下擁腫榾柮，亦名木竹。取爲杖，忌筆馬，能傷馬骨也。　懸竹，生福建山中崖陰，叢生，傍垂細根數尺，下著土。其端輒茁根苗，類虎耳草。好事者翦取用麻線懸簷閒，借風露而活。每至夏半生花，色淡黄，形如鳳兒花，一枝多至五六花。春時抽筍，夏乃成竿，秋尤盛。其葉不凋，培養可五六年。或云即金釵石斛，亦名長生竹。石斛産春州，即今南恩是也。括蒼山中亦産此，其俗因謂長生竹云。　久竹，生淮北下溼處，成叢，每枝生三葉如竹，雖大旱亦不枯。林氏注：莊子云，筍可食。　夾竹桃，自南方來，名拘那夷，又名拘拏兒。花紅類桃，其根葉似竹而不勁足，供盆檻之玩。　茅筍，《諸集拾遺》云：嶺南山谷茅地中，叢生，筍甚大，籜皆竹，根皆茅。人食之。名聖筍。

元　王禎《王禎農書》卷三五　筍，陸佃云：字從旬，從日，包之日爲筍，解之日爲竹。又曰，字從竹，從旬，旬内爲筍，旬外爲竹也。採筍之法：視其叢中斜密者芟取之，竹鞭方行處不宜採，採則竹不繁。採時可避露，日出後，掘深土取之，半折取鞭根，旋得，投密器中，以油單覆之，勿令見風，風吹則堅。

元　胡古愚《樹藝篇・竹部》　先截去竹梢，仍縛架護之爲妙。五月十三日，謂之竹迷日，可用馬糞拌土栽之，不用作泥漿，水栽之，又忌脚踏、用椎打，則次年便出笋。山家多種笋，又可食可賣，竹又可賣養家。《神隱》　茅竹踈節□幹，山中人製几榻，率用之。水竹小幹粉節，距葉而林立，吟風作泉佩聲。　慈竹子母盤結，叢生，后上者可製管笛。　苦竹山中漫有之，叢卑味苦，虫蠹弗侵。《雲山志》　天竹實幹敷枝，葉於頂，雪中結紅實。當入草類。　方竹山中處處有之，秋間生笋，肉薄而味甚美。　毛竹産洞旁，每竹生數節，旁出一幹，幹之巨細與相等。《武夷志》　南天竹虚中踈節，叢生如竹，稠密不凋，春青夏碧，秋丹冬紫，澗旁岩麓有之。《九華志》　茨竹大如指，逾長二丈，節節生枝，文采，土人家用植于居之周遭，以代垣墻，雖雞犬不能踰越。陰森柔嫩，緑潤如沃可愛也。《海槎》　余見彼中竹有數十種，與吴浙不同。　衮竹節踈幹大，体厚，截之可作汲桶。筍生七八月間，味微苦。土人誇之，余以爲不逮。湖州棲賢貓竹，竹筍與杭之杜園远甚，彼中莫知其味，不可與語。　釣絲竹亦踈節幹，視衮竹差小，枝梢細而長葉繁，可織爲器。筍亦可餐，一名蒲竹。人取栽爲屋瓦，并編屋壁，最堅美。　艻竹大如釣絲，自根至梢皆密節，節有刺，長寸許。山野間每數十家成一村，共植山竹，環之以爲屏幹，則蛇鼠不能入，足可爲備禦計。聞猺賊亦皆恃山爲金湯，官軍亦無可奈何。後見《續竹譜》云：南人呼刺爲葪，音勒。邕州舊以爲城，蠻蜑來侵，不能入。今鬱林州種此，十年成轂，言易蘼也，必欲剥者，宜留二寸於壍坑中。種者以陳屋草布壍中，散榆莢於草上，以土覆之，燒亦如法。陳草速朽，肥良勝糞。無陳草者用糞糞之亦佳，不糞，雖生而瘦。既栽移者，燒亦如法也。

明　宋濂《元史》卷九四《食貨二》　竹之所産雖不一，而腹裏之河南、懷孟，陝西之京兆、鳳翔，皆有在官竹園。國初，皆立司竹監掌之，每歲令稅課所官以時採斫，定其價爲三等，易于民間。至元四年，始命制國用使司印造懷孟等路司竹監竹引一萬道，每道取工墨一錢，凡發賣皆給引。至二十二年，罷司竹監，聽民自賣輸稅。明年，又用郭畯言，於衛州復立竹課提舉司，凡輝、懷、嵩、洛、京襄、益都、宿、蘄等處竹貨皆隸焉。在官者辦課，在民者輸稅。二十三年，又命陝西竹課提領司差官於輝、懷辦課。二十九年，丞相完澤言：「懷孟竹課，頻年斫伐已損。課無所出，科民以輸。宜罷其課，長養數年。」世祖從之。此竹課之興革可考者也。若夫硝、鹻、木課，其興革無籍可考，故不著焉。

明　俞宗本《種樹書・竹》　冬至前後各半月，不可種植。蓋天地閉塞而成冬，種之必死。　種時斬去（稍）〔梢〕，仍爲架扶之，使根不摇，易活。　又法：三兩竿作一本移。蓋其根自相持，則尤易活也。或云：「不須斬（稍）〔梢〕，只作兩重架尤妙」。　種竹處，當積土，令梢高於傍地二三尺，則雨潦不侵損。錢唐人謂之「竹脚」。　竹有花，輙稿死。結實如稗，謂之竹米。一竿如此，則久之滿林皆然。其治法：於初米時，擇一竿稍大者，截去近根三尺許，通其節，以糞之，則止。　竹林中有樹，切勿去之。蓋竹爲樹枝所礙，雖風雪不復欹斜。　筀竹根多穿害堦砌，唯聚皂筴刺埋土中障之，根則不過。栽油麻箕尤妙。　凡種竹，正二月斸取西南根於東北角種，其鞭自然行西南，蓋竹性向西南行也。諺云：「東家種竹，西家種地」。若得死貓埋其下，其竹尤盛。　竹有醉日，即五月十三日也。《齊民要術》謂之竹醉日。《岳州風土記》謂之龍生日。移竹栽，宜用此日。或陰雨，土虚則鞭行，明年筍莖交出。　種竹以五月十三日爲上，是日遇雨尤佳。或曰：不必五月，但每月二十日皆可。又一云：正月一日、二月二日、三月三日皆可種，無不活者。每月倣此。　種竹若用鋤頭打實土，則笋生遲。　種竹不去條，則林外向陽者三二年間便有大竹。諺云：「栽竹無時，雨過便移。多留宿土，切記南枝」。如要不開年，不出筍，用本命日，於正月一日、二月二日也。　種竹不拘四時，凡遇雨皆可。若遇火日及西南風則不可。花木亦然。移時須是根垛大，維以草繩，仍記向背不（致）〔失〕其舊爲佳。　大率種竹須向北，蓋根無不向南也。仍須土鬆淺種，不用增土於窠株之上乃佳。《夢溪忘懷録》之法尤妙。　種竹須將竹母斬去，只留四五尺，仍斜植之。又云：種竹須闊掘溝，用蘁（礱）糠和泥抱根，然後用浄土傅其上，或鋪少大麥於其中，令竹根着麥上，以土蓋之，其根易行。《志林》云：竹有雌雄，雌者多笋，故種竹常擇雌者。物不逃於陰陽，可不信歟。凡欲識雌雄，當自根上第一枝觀之。雙枝是雌即出笋，若獨枝者是雄。　種竹法：擇大竹就根上去三四寸許截斷之，去其上不用，只以竹根截處打通節，實以硫黄末，顛倒種之。第一年生小竹隨即去之，次年亦去之，至第三年生竹，其大如所種者。　種竹用舊茅茨夾土，則竹根尋地脈而生。竹有六十年數便生花。　竹以三伏内及臘月斫者不蛀。　竹留三去四。蓋三年留，四年者伐去。　月菴種竹法：先鋤其地，深三尺，闊一尺五寸。將馬糞乾者和細泥并水填二尺高，令人於其上踏熟，或無馬糞，以礱糠代之。夏月令稀，冬月令稠。然後種竹，須三四莖作一叢者，淺栽爲佳，上多用河泥蓋之。斫去竹梢，裝架。地廣宜種笙竹。亭檻間宜種筋竹。至次年八月，方可去篠竹。　禁中種竹，一二年間，無不茂盛。園子云：初無他術，只有八字：疏種，密種，淺種，深種。疏種，謂三四（步）地方種一棵，欲其地虚行鞭。密種，謂種雖疏，每窠却種四五竿，欲其根密。淺種，謂其種時不甚深。深種，謂種時雖淺，却用河泥壅之。　宋子京種竹詩云：「除池墻陰植翠筠，疏枝茂葉與時新。賴逢醉日元無損，政是得全於醉人。」種植家云：五月十三日號竹醉日，栽之無不茂盛。又云：用辰日。山谷所謂「根雖辰日斸，筍看上番成」。又曰：宜用臘日。杜少陵詩：「東林竹影薄，臘月更宜栽」。然臘月之説大謬。　竹之滋澤，春發於枝葉，夏藏於榦（幹），冬歸於根。如冬伐竹，經日裂，自首至尾，不得全盛。夏伐之最佳，但於林有損。夏伐竹，則根色（紅）而鞭皆爛，然要好竹，非盛夏伐之不可，七八月尚可。自此滋澤歸根，而不中用矣。如要竹不蛀，取五月以前，仍用血忌日。但此月和前竹不生皆根爛。秋分後，春分前，皆可移竹木。　竹與菊根皆長向上，添泥覆之爲佳。　七月間移竹，無不活者。

明　陶宗儀《説郛》五　卷七四上　林洪《山家清事》　又有二秘法，迎陽氣則取季冬，順土氣則取雨時，若慮風則去梢而縛架，連數根種，則易生筍，過此謂有他法者，難矣哉。

明　陶宗儀《説郛》卷七四上　陸泳《吴下田家志》　種竹忌子丑月，又忌地隔。

明　宋詡《竹嶼山房雜部》卷一〇《樹畜部·樹類》　凡竹壅便人糞不便猪糞。有祖竹生花者已不筍矣，則斫之灌溉以人糞，或盡斫之重以其苞根種，或薙之壅以稻稈下泥皆能致茂。桃鬉鋤銜切去筍時遂以腐草覆盖，又灌以糞，則竹不能衰。畏水又畏火旱。凡沿入别地則開深溝斷禦，或溝中卧之以芝麻稈，盖竹所忌也。瘞以死貓則能引根過鄰墻。《釋書》云：如竹見貓。晉戴凱之有《竹譜》，已備竹之名狀性質。此但記所植之竹有此數等耳。大概種法亦不異於此也。劉寬夫《剌仔》詩云：有清風澡慮之效，無蔽日明姦之譏。檀欒風生，韻合宫徵。黄山谷《種竹》詩云：程嬰杵臼立孤難，伯夷叔齊食薇瘦。剌古火切。薇，陟里切。

明　宋詡《竹嶼山房雜部》卷一〇《樹畜部·樹類》　貓竹體甚大，色青，有節。枝葉生節間，葉尖長，青筠可愛。凡竹之生隨筍而長大，一去籜即見稈葉，遂無俗思。　作器用材甚廣。筍可食。　潭筍、沙筍，皆此竹也。　台竹體大。　作器用材甚廣。筍可食。　斑竹體大。《博物志》云：舜崩，娥皇女英二妃淚下，染竹成斑。作器用材，小大皆宜。　笙古惠切。皮厚。竹作器用材。筍可食。　貓筋竹皮韌。作器用材。　篾竹，用材甚廣。　水筋竹皮韌厚。作器用材。　黄孤竹皮韌厚。作器多用材。　石淡竹節疎。作器用材居多。　大箕竹竿長皮薄。材宜爲器。筍宜食。　碧玉間黄金竹色青。每節間一道黄色。作器用材。筍遲晚，宜食。　黄金間碧玉竹色黄，每節間一道色青。材脆不堪作器。筍可食。　紫竹初年色青，二年色改紫黑。作器用材，大小皆宜。筍味薟。　方竹體方，葉長而密。材不大，無用於器。宜蒸土種之充玩。　燕竹春社時燕來即有筍，故名。有紫白籜二種。材脆薄，無用於器。筍皆可食。　慈孝竹夏筍出於竹内，冬筍出於竹外，有夏清冬温之情。故陸璣《草木疏》曰：慈竹又曰孝竹。《述異記》：漢章帝三年，子母竹生白虎殿前，時謂之孝竹。密種爲籬，能絶人行迹。用大缸先實以土幾半，取石墊平，又實土種之。經十餘年後，其根縱横貫結錯綜子米切盈缸，鋸解爲臺面，其紋可愛。　已上竹如種木法，自八月至正月皆堪移。移須記南枝，不改其向，則易茂。有以五月十三日爲竹醉日，可移竹。然難過暑月。移則帶其故土，殆數人舉之者易生也。諺曰：十人種竹，一年成林。一人種竹，十年成林。此之謂也。　箭竹節長三尺，堅韌。春雨時移種。　觀音竹形細小。春雨時移種庭除間，以供清翫。　椶竹形狀椶櫚，大者徑寸，長者過一丈許，即漢賜孔光靈壽杖也。又曰桃竹。出南粵。畏寒，怯春風。芒種時從根側分析之，或一竿或二三竿，須根盛者，種盆盎中，置陰所，則葉青柔可翫。　鳳尾竹形甚小，葉甚細，長丈許。每春未筍前伐去，計二三竿爲一本，分種之。出筍則細幾尺者入盆中，可供翫。　東坡竹形細小，葉如大竹，長者三四尺，儼然有長竿秀麗之態。同鳳尾種法，宜入盆供翫。　箬竹形細小，葉甚長大。雨中移種近河壖，能防岸不虧。葉材可爲舟篷等禦雨之具。造茶所尤珍寶之。

明　王世貞《彙苑詳注》卷三一《竹》　《説文》云：竹冬生也。象形。下者，笞箬也。凡竹之屬皆從竹。竹性堅剛，經霜雪而不改柯易葉，及斬斷而不能接續，未出土先有節虛中《史記》曰：渭川千畝竹，其人與千户侯等。《漢書》曰：秦地有鄠杜竹林，南山檀柘，號陸海也。《晉書》曰：元康二年，巴西界竹生花紫色，結實如小麥。《徵祥記》云：王者德至於天，和氣一感而甘露降。尊賢容衆，不失細微，則竹葦受之。《拾遺記》云：蓬萊山有浮筠之簳，葉青莖紫，子如大珠，有青鸞集其上，風吹竹折，聲如鍾磬之音。《山海經》云：衛丘山南，帝俊（注：俊，舜字假借者）竹林在焉，大可爲舟。言舜林中竹一節則可以爲船。《丹陽記》云：江寧縣南二十里慈姥山生簫管竹，其竹圓緻異于餘處，作簫笛有妙聲。自伶倫採竹嶰谷，其後唯此篠見珍，而俗呼曰最吹山。王褒《洞簫賦》所稱者即此。《羅浮山記》：卭竹本出卭山，張騫西至大夏所見也，而此山左右時有之，鄉老多以爲杖。又云：嶓冢之山，嚣水之上，多桃枝竹。又云：東南之美有會稽之竹箭焉。戴凱之《竹譜》云：竹之別類有六十一焉。有桂竹，甚毒，傷人必死。有箭竹，節間三尺堅勁中爲矢。箘簬亦皆堪爲戈，箭大者爲筆。鍾龍竹，伶倫所伐也。《廣志》云：雲母竹，大竹也。欓竹，細而多刺也。篃竹，堪作笛。簹竹，宜爲屋椽。蔓竹，皮青，内白如雪，輭韌可爲索。漢竹，大者一節受一斛，小者數升，爲椑榼。利竹蔓生，實中，堅韌。《說文》：竹節曰約。《本草》：竹葉名升。斤竹，花名，草葦。竹得風，其體夭屈，謂之竹笑。《齊民要術》云：五月十三日謂之竹醉，又謂竹迷。《風土記》謂之龍生，種竹以是日爲上，如其日遇雨尤佳。冬至前後各半月不可種，蓋天地閉塞而成冬，種之必死。若遇火日及西南風，則不可，花木亦然。種竹以竹斫去本，止留二三寸，填土硫黄在管内，覆轉，根反居上，用土覆，當年生笋。竹留三去四，蓋三年者留，四年者伐去。竹以五月前血忌日三伏内，及臘月斫者，不蛀。《山海經》曰：竹生花，其年便枯。竹六十年易根，易根必花結實而枯死。實落復生，六年而成町。其治法：於初米時擇一竿稍大者，截去近根三尺許，通其節，以糞灌之則止。竹復死曰箹。贊寧《筍譜》曰：竹根曰鞭，以根行時，八月爲春，二三月爲秋。凡百穀皆以始生爲春，成熟爲秋。笋自根而上二節發者爲雌。

明 劉基《多能鄙事》卷七《種竹》 正月中，斷取西南引根并莖，芟去梢葉，於園中東北角栽之。竹性愛向西南行根，掘坑深二尺許，覆土厚五寸，以稻麥糠糞各自堆，勿雜及水澆，澆則淹死。須着架縛之，勿令風搖動。當年生芽，輒踐殺之，次年稍大又殺之，後年則成竹矣。又云，種竹無時，但連陰中皆活。又五月十三及十八栽必活。

明 高廉《遵生八箋》卷一六《竹譜》（戴凱之）《竹譜》曰：竹之品類六十有一，述其常品記之。《志林》云：竹有雌雄，雌者多笋，故種竹半擇雌者。物不逃於陰陽，可不信歟？凡欲識雌雄，當自根上第一枝觀之，雙枝是雌即出笋，若獨枝者是雄。冬至前後各半月不可種植，蓋天地閉塞而成冬，種之必死。若遇火日及西南風則不可，花木亦然。凡種竹處，當積土令稍高於傍地二三尺，則雨潦不侵損，錢塘人謂之竹脚。竹有醉日，即五月十三日也，《齊民要術》謂之竹醉日，《岳州風土記》謂之龍生日。種竹以五月十三日爲上，是日遇雨尤佳。一云用辰日，山谷所謂「根須辰日斸，笋看上番成」。又一云宜用臘日，杜少陵詩：東林竹影薄，臘月更宜栽。子觀諺云：栽竹無時，雨過便移。多留宿土，須記南枝。則三説皆拘也。又法：三兩竿作一本移種，其根自相扶持，尤易活也。凡竹與菊根皆長向上，添泥覆之爲佳。竹留三去四，蓋三年留，四年者伐去。竹以五月前血忌日三伏内，及臘月斫者不蛀。竹之滋澤，春發於枝葉，夏藏於榦，冬歸於根。如冬伐竹，經日一裂自首至尾，不得全完。夏伐之最佳，但鞭皆爛。然要好竹，非盛夏伐之不可。七八月尚可，自此滋澤歸根而不可用矣。《說文》：竹節曰約。古云：渭川千畝竹，其人與千户侯等。《史記》：竹得風，其體夭屈，謂之竹笑。竹筍。陸佃云：字從旬，從日。包之曰爲筍，解之曰爲竹。又曰字從竹，從旬。旬内爲筍，旬外爲竹也。其上番下番，言竹有上番下番，即今言大番小番也。番去聲，謂大年生笋多，小年生笋少也。杜詩：會須上番看成竹。蔡夢弼注不知此義，乃云上番音上貧，蜀名竹叢曰林貧，誤之甚矣。既不識竹，又不識詩，真瞎子也，何以注爲？非萬玉主人不知此妙。 竹復死曰箹。觀《山海經》曰：竹生花，其年便枯。竹六十年易根，易根必花，結實而枯死。實落復生，六年而成町，子作蕙似小變。其治法：於初米時，擇一竿稍大者，截去近根三尺許，通其節以糞實之，則止。又一種法：先將竹斫去本，止留二三寸，填土硫黄在管内，覆轉根反居上，用土覆之，當年生笋。又種竹訣曰：深種、淺種、稀種、密種，謂之四法。深種者，土要培厚。淺者，以墩置地上種之，不必掘潭。稀者，每墩排開。密者，須擇竹叢三五枝一墩者移來。此亦巧妙語，乃善種法也。 蘄竹。 蘄竹，黄州府蘄州出，以色瑩者爲簟，節疎者爲笛，帶鬚者爲杖。唐韓愈詩：蘄州笛竹天下知，鄭君所寶尤瓌奇。攜來當晝不得臥，一府爭看黃琉璃。　斑竹湘妃竹。　斑竹甚佳，即吳地稱湘妃竹者，其斑如淚痕。杭產者不如。亦有二種，出古辣者佳，出陶虛山中者次之。土人裁爲箭，甚妙。余攜數竿回，乃陶虛者，故不甚佳。　方竹。　澄州產方竹，杭州亦有之。體如削成，勁挺可堪爲杖，亦不讓張騫笻竹杖也。其隔州亦出大竹數丈。　孝竹。　杭產孝竹，冬則筍生叢外以衛母寒，夏則筍生叢内以凉母熱。其竹榦可作釣竿，叢生可愛。　黃金間碧玉竹。　杭產，竹身金黃，每節直嵌翠緑一條，不假人爲，出自天巧也。　碧玉間黃金。　杭產，竹身全緑，每節直嵌金黃一條，亦天成也。二竹絶妙。　雪竹。　廣西產者，斑大而色紅如血，有暈。　鈸竹。　西蜀所產，下有尺許花文可愛，即邛竹也。　椶竹。　廣之東西咸產之，葉如椶櫚，畏寒，不宜於南。　桃竹俗名桃絲竹也。　古姚有之，似棕竹而花紋粗，質鬆，色淡於椶竹。　紫竹。　杭產，色紫黑，可作笙、簫、笛、管，諸用俱可，故雅尚者多畜之。　異竹一十一種。　涕竹。　南荒有涕竹，長數百丈，圍三丈六七尺，厚八九寸，可以爲船。其笋甚美，可療瘡癘。　棘竹。　一名笆竹，節皆有棘，數十種爲叢。南夷種以爲城，堅不可攻，或自崩。根出大如酒甕，縱横相承，狀如繅車，食之人髮盡落。　篃簩竹。　篃竹，皮薄而空，徑不餘二寸。皮上有粗可爲銼子，銼甲利勝於鐵。若鈍，以漿水澆之，如舊快利。　箘簬竹。　落，輒有細蟲齧處成赤跡，似繡畫可愛。　慈竹。　夏月，經雨滴汁下地，生蓐似鹿角，色白，食之止痢。　筋竹。　南方以爲茅刃，笋未成竹，堪爲弩弦。　百葉竹。　一枝百葉，有毒。　桃枝竹。　東官有蕪地，西接大海有長洲，多桃枝竹，緣岸而生。　癭竹。　東洛近溪忽有竹生癭，大如李。　羅浮竹。　羅浮有巨竹，萬千竿連至岩谷，圍二丈有餘，有三十九節，節二丈許。南方以竹爲甑類，見之矣。　童子寺竹。　唐李衛公言：北都童子寺有竹，二窠纔長數尺，相傳其寺綱每日報竹平安。

明　王世懋《學圃雜疏·竹疏》　竹類最繁，其載在《竹譜》者，今不可盡憑矣。姑就耳目所睹記者述之。竹其名而種絶不類者曰椶竹，曰桃絲竹。產於交廣，質美色斑，可爲扇管者曰麋緑竹，曰湘妃竹。產於沅湘間，名高而實不稱，色亞二竹者曰雲根竹。產於西蜀，雜篁叢生，而筍味絶美可上供者曰笋尖竹。產於武當山，大可爲椽爲器者曰貓竹。小而心實可編籬曰籬竹。最小而美，可爲箭者曰箭竹。皆產於諸山。吾地海濱無山，種不可致，其餘則吾圃中無所不備矣。　竹之小而美者曰紫竹，曰金竹。而金竹中尤美者曰黃金間碧玉，色澤殊常，中界一道緑尤可愛。有一種大者曰碧玉間黃金，稍不逮。然與黃金竹相對，廢一不可。余圃中俱不乏。　斑竹笋不中食，大而鮮澤者，色用可亞湘妃，亦佳竹也。　土竹之大者，無如笙竹。笙有二種，一曰護雞笙，大可視貓竹，而笋味佳，然絶無用，園林中供玩而已。次曰綿笙，小於護雞而筍味尤佳。　諸笋皆初夏所生。而獨嘉定之燕來筍既早而味絶佳，與新茶鬭勝。吾地尚堪種，郡城不可得，遠貽之以爲殊味。　竹之僅可爲篾者曰篾竹。　慈孝竹叢生笋。以冬生皆在叢外，若護其母，故曰慈孝。江閩間皆以編籬，閩種尤極長大。閩竹無他佳者，大都此種也。　竹之最小者曰鳳尾，曰瀟湘。其最小而可置几案間者曰水竹。以上皆余圃中所有。

明　陳全之《輟耰述》卷一　種竹多用辰日，山谷所謂「竹須辰日斫，笋看上番成」是也。又用臘月，杜陵所謂「東林竹影薄，臘月更須栽」是也。非此時移之不活。五月十三日，古人所謂竹迷日，栽竹多盛茂。或陰雨則鞭行，明年笋莖交出，然又不特此者。晏元獻詩云：「苒苒渭濱族，蕭蕭塵外姿。如能樂封植，何必醉中移。」此數詩可試用之。余好竹，録此以栽驗。又云：五六月時舊笋已成竹，新根未行之時可移之，忌火日西風，忌脚踏，只用搥打，則次年便出笋。種須向陽。又云：種竹無時，雨後便移。多留宿土，記取南枝。諺云：東家種竹，西家種（治）地。

明　何三畏《新刻何氏類鎔》卷三一　《竹》　竹有雌有雄，以雙枝獨枝而别。竹有笄有苦，以細葉大葉而分。有青有紫，有紅有緑，有赤有黑，有斑皮紺族，有素筍彤竿。有龍種雞腔，有函人雲母，有文箖文簳，有合莖合歡，有檀欒嶰谷。臨賀山陽，有鄠杜龜山，雷州南岳。或長十尋，而其大如甕。或高一丈，而其直如松。或徑至三四圍，且至數十圍。或節懸六七尺，且懸十數尺。河源竹可以爲杖。南越竹可以爲籌。棘竹可以爲城。篃簩竹可以爲甲。會稽竹、淇園竹可以爲箭。舜林竹、衛丘竹可以爲管。鄒山竹、華山竹可以爲笙、爲簫。金門竹、沙門竹可以爲管、爲節。柯亭竹可以爲笛。永昌竹可以爲盤。冷冀竹可以爲屋梁。少室竹可以爲釜甑。文成竹佩之可以辟患。不死竹覆之可以活人。鄜延麥雲竹剖之而仙翁出其中。蓬山浮筠竹拂之而青鸞集其上。吳郡桐廬遺竹伐之而蛇與雉變幻其間。則異矣。

有湘妃竹者，因湘江之濱，二女倚竹而灑淚，其竹遂以成斑。有王祠竹者，因遯水之上，一女剖竹而得兒，其竹遂以爲姓。補陀落伽山有佛座，後旃檀竹削之有光，老叟遂易簟珠之寶。江寧慈母山有江水邊簫管竹，按之有韻，土人遂加鼓吹之名。白虎殿之竹新舊叢生，帝詔群臣皆作孝行頌，此則情憐子母而美以孝竹之稱。太液池之竹根芽交結，帝語諸王毋懷離間心，此則意切弟昆而褒以義竹之號。王猷寄居空宅，而便令種竹者一日惟恐其無。庾詵被火臨池，而第令護竹者一時惟恐其損。袁尹不通主人，而直造竹所，惟知嘯詠爲佳。蘇公不貴肉食，而惟營竹居，但欲瀟疎不俗。蓬萊之竹幹，莖紫葉青，輒集彩鸞之羽。東陽之竹林，葉叢節密，忽生連理之枝。山陽城畔嵇中散之竹址猶存。雷州道中寇萊公之竹叢如故。齊景公樹竹而守吏犯罪，即聽晏大夫之諫而釋斬竹之囚。宋高宗採竹而中使虐民，卒納蘇長史之疏而下棄竹之令。褚瑶致政，惟從船上抽竹一竿贈人，所以爲廉吏。張薦隱居，第於屋邊種竹數頃頤志，所以爲高人。北都寺有日報竹一窠，纔長數尺以報每日之平安。嘉定州有月生竹一叢，常發數枝，以供每月之肴脯。若王子罕之爲親祈禱以竹爲燈纘。而此竹忽發柯條，人以爲孝。而母病旋瘳。郭仲産之營建齋居，以竹爲窓□而此竹遂生枝葉，自以爲祥，而禍機隨及。即此兩人者，幸則爲王，不幸則爲郭。所謂禍福無門，惟人所召者，非耶。

明　俞安期《唐類函》卷一八九

《說文》曰：箭，矢竹也。《易》曰：震爲倉琅竹。　《毛詩》曰：如竹苞矣。又曰：籊籊竹竿，以釣于淇。《竹竿》篇名，衛女思歸也。適異國而不見答，思而能以禮也。《尚書・禹貢》曰：荊州厥貢惟箘簵楛，揚州厥貢篠簜。孔安國注曰：篠，竹箭。簜，大竹。箘簵，美竹。出雲夢之澤，三國常致貢之，其名天下稱善。又曰：篠簜既敷。水已去，布生也。《禮記》曰：禮之於人如竹箭之有筠，松柏之有心。二者居天下之大端也，故貫四時而不改柯易葉。竹箭篠也，瑞木也。二物夫地氣之本，故不變也。又曰：日短至則伐木取竹箭。《爾雅》曰：東南之美者有會稽之竹箭焉。　又曰：桃枝竹，四寸有節。《家語》曰：山南之竹，不搏自直。斬而爲箭，射達犀革。《禮斗威儀》曰：君乘木而王，政太平，蔓竹紫脱爲之長生。《莊子》曰：鵷鶵非練實而不食。練實，竹實，取其潔白也。《韓詩外傳》曰：黄帝時，鳳皇棲帝梧桐，食帝竹實。《吕氏春秋》曰：昔黄帝令伶倫爲律，伶倫自大夏之西，阮隃山之陰取竹之嶰谷，斷兩節，間長六寸九分而吹之，爲黄鍾之宫律之木也。《穆天子傳》曰：天子西征，休于玄池之上，乃奏廣樂三日而終，是曰「樂池」，乃樹之竹，是曰「竹林」。《吴越春秋》曰：越王問范蠡用兵，對曰：「越有處女，願君王問之。」處女北行見王，道逢老人，自稱袁公，即杖箖箊竹。末折墮地，處女即接其末，公操其本而刺處女，處女舉杖擊之，公飛上樹變爲白猿。《史記》曰：汧渭川千畝竹，其人與千户侯等。《漢書》曰：高祖爲亭長，乃以竹皮爲冠。及貴，常冠之。應劭注曰：以竹始生皮作冠，今鵲尾冠是也。　又曰：武帝發卒塞瓠子河，令群臣將軍以下皆負薪，而下淇園之竹。衛之地多脩竹。　又曰：張騫至大夏，見邛竹杖。問之，云：「賈人市之身毒國。」《魏志》曰：倭國有桃枝竹。《三輔舊事》曰：竇將軍有青竹田。《楚國先賢傳》曰：孟宗母嗜笋，及母亡，冬節將至，笋尚未生。宗入竹哀歎，而笋爲之出，得以供祭，至孝之感也。《文王傳》曰：蔡邕經會稽高遷亭，見椽竹可以爲籥，取用，果有異聲。《山海經》曰：雲山有桂竹，傷人必死。始與木桂縣出桂竹也。　又曰：嶓冢之山，嚻水之上多桃枝竹。又曰：長石山之西有共谷，其中多竹。　又曰：衛丘山南，帝俊郭璞曰：俊，舜字，假借音。竹林在焉，大可爲舟。言舜林中竹一節間可爲船也。《永嘉記》曰：陽嶼有仙石。山頂上有平石方十餘丈，名仙壇，壇陬輒有一筋竹。凡有四竹，葳蕤青翠，風來動音，自成宫商。石上净潔，初無麤籜，相傳云：曾有却仙者於此羽化，故謂之仙石。　竺法真《羅山記》曰：嶺南道無筋竹，惟此山有之。其大尺圍，细者色如黄金，堅貞疎節。《丹陽記》曰：江寧縣南三十里有慈母山，積石臨江生簫竹，王褒《洞簫賦》所稱即此也。其竹圓緻，異於餘處。自伶倫采竹嶰谷其後，唯此簳見珍。故歷代常給樂府，而俗呼曰鼓吹山。今慈湖戍常禁採之。《博物志》曰：洞庭之山，帝之二女啼以涕揮竹，竹盡斑，今下雋有斑皮竹。《湘中記》曰：邵陵高平縣有文竹山，上有石牀，四面緑竹扶疎，常隨風委拂此牀。盛弘之《荊州記》曰：臨賀東山中有大竹，數十圍，高亦數十丈。有小竹生其旁，皆四五圍。下有盤石，徑四五丈，極方正，青如彈棋局。兩竹屈垂拂掃石上，初無塵穢。未數十里，聞風吹此竹，如簫管之音。《述征記》曰：山陽縣城東北二十里，魏中散大夫嵇康園宅竹林，時有遺竹也。《異苑》曰：東陽留道德家中，筋竹林忽生連理。　裴氏《廣州記》曰：廣州有桃枝竹。《竹譜》曰：桃枝竹，皮滑而黄，可以爲席。又曰：邛竹，高節，實中，狀如人，剡俗謂之扶老竹。《離騷・七諫》曰：便娟之脩竹，寄生于江潭。上葳蕤而防露，下泠泠而來風。　竹二《初學記》。《說文》曰：竹冬生，草也象形，下者箁箬也。凡竹之屬皆從竹。《周官》曰：孤竹之管，孫竹之管，陰竹之管。鄭玄注曰：孤竹，持生者。孫竹，枝根之末生者。陰竹，生山北者。《河圖》曰：少室之山大竹俻爲甑器。《漢書》曰：秦地有鄠杜竹林，南山檀柘號陸海也。謝靈運《晉書》曰：元康二年，巴西界竹生花，紫色，結實如麥。《徵詳記》曰：王者德至於天，和氣感而甘露降，尊賢容衆，不失細微，則竹葦受之。　王子年《拾遺記》曰：蓬萊山有浮筠之簳，葉青莖紫，子大如珠，有青鸞集其上。下有砂礰細如粉。暴風至，竹條翻起，拂細砂如雪霧，仙者來觀戲焉。風吹竹折，聲如鐘磬之音。　戴凱之《竹譜》曰：竹之別類有六十一焉。有桂竹，甚毒，傷人必死。有箭竹，節間三尺，堅勁中爲矢。箘簬，亦皆堪爲矢箭，大者爲筆。鍾龍竹，伶倫所伐也。　郭義恭《廣志》曰：雲母竹，大竹也。欉竹，細而多刺也。篃竹堪作笛。篔竹，宜爲屋椽。蔓竹，皮青，內白如雪，軟韌可爲索。漢竹，大者一節受一斛，小者數升爲椑榼。利竹，蔓生，實中，堅韌。《爾雅》曰：筍，竹萌。粼，堅中。簡，筡中。其中空。仲，無笐。《本草》曰：竹葉一名升斤，竹花一名草華。《羅浮山記》曰：邛竹本出邛山，張騫西至大夏所見也。而此山左右時有之，鄉老多以爲杖。

明　王象晉《群芳譜·竹譜小序》《鶴林玉露》云：松柏之貫四時，歷霜雪，皆自拱把以至合抱。惟竹生于旬日之間，而干霄入雲，其挺持堅貞與松柏等，此草木靈異之尤者也。是以名人達士往往尚之。自一竿以至千萬竿，自瀟湘鳳尾，以至毛台海桃，多寡巨細不同，趣味則一。子瞻云：寧可食無肉，不可居無竹。有味乎言之哉！作《竹譜》。

明　王象晉《群芳譜·竹譜》竹，植物也。非草非木，耐溼耐寒，貫四時而不改柯易葉，其操與松柏等第。雖喜溼惡燥，亦不宜水淹其根。根之發生，喜向上行，其性又與菊等，宜添河泥覆之。每至冬月須厚加土爲佳。每長至四年者即伐去，庶不碍新笋而林亦茂盛。戴凱之《竹譜》云：竹之品類，六十有一。黃魯直以爲竹類至多，《竹譜》所類皆不詳，欲作竹史不果成。今按其種有方竹，產澄州，體如削成，勁挺，堪爲杖。桃源山亦有方竹，隔州亦出，大者數丈。《寧波志》云：葛仙翁煉丹于定海靈峰，植竹筯化爲竹而方。斑竹甚佳，即吳地稱湘妃竹者。其斑如淚痕，杭產者不如。亦有二種，出古辣者佳，出陶虛山者次之。土人裁爲筯，甚妙。亦有大如甌者。棕竹有三種。上曰筯頭，梗短葉垂，堪置書几。次曰短栖，可列庭階。次曰樸竹，節稀葉硬，全欠溫雅，但可作扇骨料耳。性喜陰，畏寒風，冬月藏不通風處。三月方可見天，原不見日。秋分後可分，須出盆視其根鬚不甚牢固處，劈開栽盆。欲變化多盆，則盆大更旺。灌用浸豆水極肥，舍此俱不堪用。他如貓竹一作茅竹，又作毛竹。榦大而厚，異于衆竹。人取以爲舟。《四明洞天記》：毛竹叢生澗邊。又金庭山洞天皆有。　雙竹修篁嫩篠，對抽並胤。王子敬謂之扶竹，猶海上之扶桑也。扶竹之筍名合驩，武林山西院中產。蘄竹出黃州府。蘄州，以色瑩者爲簟，節踈者爲笛，帶鬚者爲杖。唐·韓愈詩：「蘄州笛竹天下知，鄭君所寶猶環奇。携來當晝不得臥，一府爭看黃琉璃。」　慈孝竹生作大叢，長榦中聳，群篠外護。向陽則茂，宜種高臺。柯亭竹生雲夢之南。以七月望前生，明年七月望前伐，過期伐則音滯，未期伐則音浮。觀音竹每節二三寸。產古城國。　黃金間碧玉產成都。青黃相間。　龍公竹其大徑七尺，一節長丈二尺，葉若焦，出羅浮山。　龍孫竹生辰州山谷間，高不盈尺，細僅如針。　徑尺竹可爲甑，出湖湘。　四季竹節長而圓，中管籥，生山石者，音清亮。　月竹每月抽笋，狀輕短，叢生如箭，筍不堪食。產嘉定州。　十二時竹產蘄州。其竹繞節凸生子丑寅卯等十二字，安福周俊叔得此，植之家庭。十餘年筍而竹者十之三。　篵竻竹出篵竻國。可礪指甲。新州有此種，製成琴様，爲礪甲之具。用久微滑，以酸漿漬之，過宿快利如初，亦可作箭。李商隱所謂「篵竻弩箭磨青石」是也。《異物志》大夫竹凌雲圍三尺，《幽怪録》云：鄺延一人伐此竹，見內二仙翁，相謂平生勁節，惜爲主人所伐，遂騰空去。鳳尾竹高二三尺，纖小猗那，植盆中可作書室清玩。龜文竹崇陽縣寶陀岩產，僅一本，製扇甚奇。聞今亦絕種矣。　人面竹出剡山。竹徑幾寸，近本逮二尺，節極促，四面參差。竹皮如魚鱗，面凸頰類人面。　黑竹如藤，長丈入（八）尺，色理如鐵。　思摩竹筍自節生，筍既成竹，至春節中復生筍。出交廣。無節竹出瓜州。　大節竹一節一丈，出黎母山。　疎節竹六尺一節。通竹直上無節而空洞，出溱州。　扁竹竹、筍出皆扁。　藤竹出占城。　船竹出員丘。弓竹長百尋，却曲如藤，得木乃倚，出東方。　質有文章，須膏塗火灼乃見。　沛竹長百丈，出南荒。丹青竹葉黃、碧、丹相間。出熊耳山。　十抱竹出臨賀。　慈竹內實而節疎，性弱，形緊而細，可代藤。　桂竹高四五丈，圍二尺，狀如甘草而皮赤，出南康以南。《山海經》：靈源桂竹，傷人即死。　桃竹葉如棕，身如竹，密節而實中，厚理瘦骨，蓋天成柱杖也。出巴渝間。出豫章者細文，一節四尺，北人呼爲桃絲竹。　相思竹出廣東。兩兩生笋。八月爲竹小春，竹之萌曰筍，竹之節曰箹，竹之叢曰篢。竹之得風而體天（夭）屈曰笑。竹死曰箹。　竹實：陽山所生竹實大如雞子，竹葉層層包裹，味甘勝蜜，食之令人心膈清凉。生山林深茂處，日久汁枯而味尚存。此鸞鳳之所嗜也。　移竹：先期離竹本一二尺，四圍斸斷旁根，仍以土覆，頻澆水，俟雨後移致即活，亦不換葉。移時須尋其西南根，勿斸斷，照舊栽植，竪架扶之尤妙。竹中有樹，不須去，雖風雪不復欹斜，亦一助也。若將死貓狗埋其下，竹生尤盛。埋之邊傍，亦能引竹。宋時內苑種竹，一二年即茂盛，詢之園子，云只有八字：疏種、密種、淺種、深種。疏種者，謂三四尺方種一顆（棵），欲其土虛，易于行鞭。密種者，大其根盤，每顆（棵）須四五竿一堆，欲其根密，自相維持。淺種者，入土不甚深。深種者，種得雖淺，却用河泥厚壅之。鋤竹園以稻糠或麥糠或河泥皆可壅，只用一樣，勿雜。移竹多帶宿土，勿蹈以足。若換葉，勿遽拔去。又有一法，迎陽氣則取，季冬順土氣則取，雨時連數根種，則易生筍。一法擇大竹，截去上段，留近根三四寸通其節，以土硫黄末填實倒種之。第一年、二年生小筍，隨去之，至第三年生如舊竹，甚有過之者。　擇竹：竹有雌雄，雌者多筍，故種竹當擇雌者，物不能逃于陰陽也。欲識雌雄，當自根上第一節觀之，雙枝者爲雌。宜取西南根栽向東北隅。蓋竹性西南行，西南乃嫩根也。其東北老根，種亦不茂。　審時：種竹之法，要得天時。五六月間舊筍已成，新根未行，此時可移，又須醉日。宋子京云：除地墻陰植翠筠，疎枝茂葉與時新。賴逢醉日原無損，政自得全于酒人。五月十三日爲竹醉日，《岳陽風土記》謂之龍生日。栽之勿用脚踏椎打，遇陰雨更妙。一云：八月初八日。又五月二十日爲上時，遇雨尤佳。一云：用本命日，謂正月一日、二月二日、三月三日之類。一云：每月二十日皆可。或云：凡七月間栽竹，無不活者，須記向背。諺云：種竹無時，雨過便移。多留宿土，記取南枝。冬至前後各半月，栽竹難活。蓋天地閉塞無生意也。至有謂臘日宜栽竹者，至引杜少陵詩云：「東林竹影薄，臘日更宜栽。」乃栽培之栽，即今人冬月加馬糞、糠土之意，非栽種也。忌火日及西南風，花木皆同。　別地：凡栽竹須向陽爲妙，先鋤地令鬆且闊，沃以河泥，臨時用馬糞拌溼土栽，不用作泥漿水，最忌猪糞。勿用脚踏及鋤杵築實，則筍生遲，蓋土虛鬆則鞭易行也。種竹處須當積土令高于旁地一二尺，則雨潦不能浸損。錢塘人謂之竹脚，用舊茅茨夾土，則竹根尋地脉易生。　護竹：竹滿六十年便開花，輒枯死，結實如稗，謂之竹米。一竿如此，滿林皆然。法於初米時，擇一竿稍大者，近根三尺許，截斷，通其節，灌以犬糞，即止。鋤竹園宜用厚河泥及灰壅最肥。　伐竹：《月令》：日短至則伐木取竹箭，臘月砍竹做器則不蛀，一云六月。竹要留三去四。諺云：公孫不相見，母子不相離。謂隔年竹可伐也。凡竹未經年不堪作器，若老竹不去，竹亦不茂。但伐之有時。竹之滋澤，春發于枝葉，夏藏于榦，冬歸于根，冬月伐竹，經日一裂自首至尾。五月以前發（伐）竹，則根紅而鞭爛。盛夏伐不蛀，但于林有損。七八月猶可，過此不堪用矣。如要竹堅而不蛀，須盛夏辰日、庚午癸卯日，血忌日。　取筍：山谷云：根須辰日斸，筍看上番成。凡筍一番、兩番出者成竹，至第三番者，止可供食，不成竹矣。故曰筍看上番成也。凡筍蒸煑包（炰）酢，惟人所好，又可乾藏。雞豆筍肥美。篁節筍無味。棘竹筍味淡，食之落眉髮。淡竹筍二月食。苦竹筍五月食。簥（簩簥）竹筍六月生，迄九月味與箭竹筍同。巴竹筍八月生，盡九月，成都有之。箭竹筍九月生至來年四月。篃竹筍冬生。採筍過一日曰蔫。過二日曰篜。取宜避露，每日出掘深土取之，半折取鞭根，旋得旋投密竹器中，覆以油革，見風則觸本堅，入水則浸肉硬，脱殼煑則失味。生著刃則失氣。採而久停非鮮也，盛而苦風非藏也，揀之脱殼非治也，浄之入水非洗也，蒸熟停久非食也。如此，然後可與語食筍矣。此外不足數也。　附録：別有草本數種。一曰淡竹，開花青翠，設色不殷。或曰即《詩》菉竹，性最凉，其葉煎湯可治一切熱病。一曰碧竹，一曰石竹，俱有小花文彩，可玩。劉恂《嶺表録（異）》云：南海岸邊沙中生沙箸，一名越王竹，相傳越王棄餘筭而生。若細荻，高尺餘，春吐苗，箕心茗骨，青而且勁。南海人愛其色，以爲酒籌。凡欲采者須輕步向前拔之，聞行聲遽縮入沙中，不可得。滇之新化州山中生細竹，長者十餘丈，本粗而末細，其上有蟲蝕處，去之則斑痕如湘竹，斷以爲箸甚雅。（張七澤）　製用：麻油、姜皆殺筍毒。凡食筍之法，譬若治藥，修煉之得法，則益人，反是則損。取得以巾拭去土，連殼沸湯淪之，煑宜久，生必損人。苦筍最宜久，甘筍出湯後去殼，煑筍汁爲羹茹，味全加美，不然蒸最美味全，煻灰中煨，後入五味尤佳。（僧贊寧）做筍乾：筍肉一百斤，用鹽五升，水一小桶，候沸涌掬出汁，候乾旋添筍汁煑熟，撈出壓之，或用手揉。在鍋隔夜則黑，熱晒則枯，一日晒乾則硬，火焙則不軟。臨食時取浸筍汁煑筍則有味。煑新筍：以沸湯煑，則易熟而脆，味尤美。若蔫者，少入薄荷煑則不蔫。與猪、羊肉同煑，則不用薄荷。夏初筍盛時，掃葉就竹邊煨熟，其味甚鮮。筍鮓：切作片子，沸湯淪過，候乾入葱絲、蒔蘿、茴香、花椒、紅麯併鹽拌勻，同醃一時。食筍去殼，煑熟切片，搾乾鹽醃，過宿晒乾貯食。慈竹筍四月生，江南人多以灰煑食。唐贊寧《筍譜》云：筍利大腸，無益于脾，俗謂之刮腸篦，食者審焉。

明 周文華《汝南圃史》卷一一 竹，幹淩青雲而直上，枝葉瀟疎，開色青翠，風來有聲。東坡居士曰：可使食無肉，不可居無竹。無肉令人瘦，無竹令人俗。人瘦尚可肥，士俗不可醫。傍人笑此言，似高還似癡。若對此君成大嚼，世間那有楊州鶴。《竹譜》所載竹類甚詳，今止就吴地所種者而次之。一曰毛竹。遍身毛刺，其本堅厚，需用最多。其葉大，即青箬，取作笠及舟蓋諸用。筍冬初即生，名潭筍，味最鮮，出荆溪、苕溪、剡溪一帶山中。過玉山，入江右，東粤所産則味苦，以石灰醃過方食，其味失矣。此竹非種山土不活。一曰護基竹。本高大而葉粗，種易盛，宜於圍宅，故名護基。四月生筍，肥而甘。一曰燕竹。三月初燕來生筍，故以燕名。其本青細，筍味鮮，喜潮鹵地，故嘉定、上海獨盛。一名貴竹。五月生筍，又名五月貴，即淡竹，又名五月淡。可劈篾，又名篾竹。亦易茂，筍苦不可食。一曰紫竹。高可丈餘，大僅手握。相傳紹興中，有商泛海阻風山下，見一僧背後有竹，斬之作杖，隨刃有光，倏忽即是落伽山觀音座後旃檀林紫竹，又名觀音竹，可作簫笛。一曰斑竹。《博物志》云：洞庭之山，帝二女揮涕於竹，竹盡生斑。又名斑皮竹。長短大小不等，可作扇邊。又與紫竹竝取充文房諸具之用。一名金竹，幹色純黄似金。一名黄金間碧玉，幹青黄色，間節或一節半青半黄。一曰方竹。本方可徑寸，而長似紫竹，種出天台，近有移至吴中亦活。一曰慈竹。《述異記》曰：漢章帝三年，子母竹筍生白虎殿前，時謂之孝竹，群臣作《孝行頌》。李太白《姑孰十詠》有《慈姥行》。《海録》曰：紫雲蓋慈竹也。其本叢生，其色與形俱與他竹迥別。冬夏俱出筍，冬繞於母竹之外，夏生於母竹之内。人取其慈孝名義，多植之，種極易生。一曰鳳尾竹。高五六尺，本細葉多，形如鳳尾，庭砌可種。一曰水竹。作盆中清玩，喜瘦不喜肥，宜澆水及冷茶。《委齋百卉志》曰：竹有雌雄，雌者多筍。凡物（竹）欲辨雌雄，當自根上第一枝觀之，雙枝者爲雌，獨枝者爲雄。《酉陽雜俎》曰：竹六十年易根，則結實枯死。沙門贊寧《竹（筍）譜》曰：竹根曰鞭，以鞭行時，八月爲春，二三月爲秋。凡百穀皆以始生爲春，成熟爲秋也。種法：須俟五月十三日，《岳州風土記》謂之龍生日，《齊民要術》謂之竹醉日，又謂之竹迷日。宋子京《種竹》詩：除地墻陰植翠筠，疎枝茂葉與時新。賴逢醉日元無損，政自得全於酒人。一云宜用辰日。黄山谷詩：根須辰日劚，筍看上番成。一云宜用臘月。杜少陵詩：東陵竹影薄，臘月更宜栽。一云宜每月本命日，如正月一日、二月二日之類。然諺云：種竹無時，雨過便移。多留宿土，記取南枝。凡大暑大寒中必不能活，宜忌之。種須掘闊溝，鋤治令熟，以馬糞和泥填高尺許，如無馬糞以礱糠代之，候至雨霽，劚取向南枝，斬去竹梢，舁以草繩，移種東北角，每數竿一叢，以河泥壅之，勿以足踏及用鋤築實，如慮風摇須作架扶之。蓋竹性向西南，故須種東北。諺云「東家種竹，西家治地」是也。若生竹米，滿林輒枯。法於初時，擇一大竿截留二三尺，鑽通其節，以犬糞實之。或云如欲引竹，於隔籬埋貍或死貓於墻下，明年筍自迸出。唯聚皁筴刺或芝麻萁埋之土中，可以障之。每年冬初，宜用田泥壅根。筍殼名花箬，收取覆瓿。毛竹筍箬外毛内光亮，質硬不卷，與他筍箬異，可作鞋底。

明 謝肇淛《五雜俎》卷一〇 栽竹無時，雨過便移。須留宿土，記取南枝。此妙訣也。俗説五月十三爲竹醉日，不特此也，正月一日、二月二日、三月三日直至十二月十二日皆可栽。大要掘土，欲廣不傷其根，多砍枝稍，使風不摇，雨後移之，土濕易活，無不成者，而暑月尤宜蓋土，膏潤而雨澤多也。

又 竹太盛密則宜芟之，不然則開花而逾年盡死，亦猶人之瘟疫也。此余所親見者，後閲《避暑録》亦載此。凡遇其開花，急盡伐去，但留其根，至明春，則復發矣。

明 吴雨《毛詩鳥獸草木考》木考·竹 《衛風》曰：籊籊竹竿。又：檜楫松舟。《傳》：檜，柏葉松身。 竹，物之有節節者也。性喜東南引生，故古之種法云：斸取東南引根於園角西北種之。久之，自當滿園。語曰：西家種竹，東家治地。言其滋引而生來也。舊説：竹率六十年根輒一易，即花實而枯死。實落於土復生，六年成疃。今俗呼竹爲妬母草，言筍旬有六日即齊母也。其種不一。有桂竹傷人以死。箭竹可爲矢。桃枝竹可爲席。篁竹似桂而概節。筋竹長二尺，圍數尺。鈎端竹、笻竹，高節實中。鍾龍竹可作笛。云母竹、擁竹，細而多刺。篦竹、狗竹，節間有毛。篃竹一尺數節。由梧竹堪爲梁柱。斑竹、篔簹竹、大可竹、甑苦竹、射筒竹、沙摩竹、石麻竹，爲刀切象皮如脂。笣竹堪爲布。雞頸竹、菡竹、莽竹、𥯖竹、篻竹、仲竹、蔓竹、漢竹、利竹、林於竹、箸竹、沛竹、棘竹、篙竹、弓竹、簩竹。

明 傅梅《嵩書》卷一〇《竹部・竹》 竹，《河圖》云：少室之山，大竹堪爲甑器。今山中絶無竹，惟人家園囿有之，僅可作笙簫耳。

明 安世鳳《燕居功課》卷二〇《種竹》 江北土所宜竹無多種，惟淡竹一品而已，即江南所云烏竹也。笋最珍清泉，少淪了不戟喉，並其汁可飲。而培灌得法，五六年後，梢亦作拂雲長離立緑粉，如杯盂大者有之，乃江南如此大者率又皆苦竹笋，必用灰煮，易水浸之始可食，不知又何也。如百畝爲園，可得二十許畝，種竹每鑵龍及母稺色，可人手一編。古人詩，叩竿而歌之聲，與葉上風相俞，不知身之爲鸞皇鸑鷟也。其筍之太密者，出非其地者，則稍稍芟之，爲山人清饌，即歲歲有壅培澆灌爬疏之勤，亦政可借以消日，長夏夕陽，小閣憑檻，平而揖之，清飈凉露，先後俱集，破月半吐，長影凌亂，此巢居之第一樂事也。洗其陳根，又足備釣竿籬落帚拂之用。若夫幽禽交交長育其中，清曉午夜時一喧聒，又似人世之外耳。至於方幹扶老對太慈□湘斑箭箬刺鉤等奇品，植即難繁，土復不宜，咫尺盆盎，比于兒戲，非山人所蓄也。 古人言，栽竹日尚未悉其奥，定以日者既拘，云雨過者太泛。大抵竹以筍爲節，栽有二時，一笋初成竿，一鞭初抱笋，二者而已。然須一根相連，一新一舊則十活八九。如獨根或皆新或舊，則多枯。故曰，子不離母。不但洗竹法也，其培亦各有法。

明 郭子章《黔類・涕竹》 南方荒中有涕竹，長數百丈，圍三丈五六尺，厚八九寸，可以爲船。其筍甘美，煮食之可以止創癘。張茂先注曰：子，筍也。《神異經》

明 徐光啓《農政全書》卷三九《種植》 竹，《爾雅》曰：莽，數節。桃枝，四寸有節。粼，堅中。簢，筡中。仲，無笐。篙，箭萌：篠，箭簜。《禹貢》曰：揚州厥貢篠簜。荆州厥貢箘簵。《竹紀》云：竹之品類六十有一。黄魯直以爲竹類至多，《竹紀》所類皆不詳，欲作《竹史》不果成。方竹産澄州，體如削成，勁挺堪爲杖，桃源山亦有方竹，隔州亦出，大者數丈。《寧波志》云：葛仙翁煉丹于定海靈峰，植竹筯，化爲竹而方。 斑竹，即吳地稱湘妃竹者。其斑如淚痕，杭産者不如，亦有二種，出古辣者佳，出陶虚山者次之。土人裁爲筯甚妙，亦有大如甌者。 棕竹，有三種，上曰筯頭，梗短葉垂，堪置書几，次曰短栖，可列庭階，次曰樸竹，節稀葉硬，全欠温雅，但可作扇骨料耳。性喜陰畏寒風，冬月藏不通風處，三月方可見天。原不見日，秋分後可分，須出盆視其根鬚不甚堅固處，劈開栽盆。欲變化爲盆，則盆大更旺，灌用浸豆水極肥，舍此，俱不堪用。 貓竹，一作茅竹，又有毛竹，幹大而厚，異于衆竹，人取以爲舟。 雙竹，筱篁嫩篠對抽並胤，王子敬謂之扶竹。 蘄竹，生蘄州，以色瑩者爲簟，節疎者爲笛，帶鬚者爲杖。 慈孝竹，大叢長幹，中聳群篠外護，向陽高臺種茂。 柯亭竹，生雲夢南。以七月望前生，明年七月望前伐，未期伐則音浮，過期伐則音滯。 觀音竹，每節二三寸，産占城。黄金間碧玉，産城都，青黄相間。 龍公竹，大徑七尺，一節長丈二尺，葉若蕉，出羅浮山。 龍孫竹，生辰州山谷間，高不盈尺，細僅如針。 徑尺竹，可爲甑，出湖湘。 四季竹，節長而圓，中管籥，生山石者音清亮。 刀竹，每月抽笋，不堪食，出嘉定州。 十二時竹，産蘄州。其竹繞節凸生地干十二字。 篻簩竹，出篻簩國，可礪指甲，新州有此種，製成琴様，爲礪甲之具，用久微滑，以酸漿漬之，過宿快利如初，亦可作箭。 大夫竹，凌雲圍三尺，鄘延一人伐此竹，見内二仙翁，相謂平生勁節，惜爲主人所伐，遂騰空去。 鳳尾竹，纖小猗那，植盆可作清玩。 龜文竹，産陽縣寶陀岩，製扇甚奇。 人面竹，出剡山，節極促，四面參差，竹皮如魚鱗，而凸頗類人面。 黑竹，如藤，色如鐵。 思摩竹，出交廣，筍自節生，既成竹，至春節中復生筍。 無節竹，出瓜州。 大節竹，出黎母山，一節一丈。 疎節竹，六尺一節。 通竹，出溱州，直上無節。 扁竹，出濡須。 藤竹，出占城。 船竹，出員邱。 弓竹，長百尋，却曲如藤，得木乃倚，出東方，質有文章，須膏塗火灼乃見。 沛竹，出南荒，長百丈。 丹青竹，葉黄碧丹相間，出熊耳山。 十抱竹，出臨賀。 慈竹，内實節疎，性弱形緊而細，可代藤。 桂竹，高四五丈，圍二尺，狀如甘草而皮赤，出南康以南，傷人即死。桃竹，葉如棕，身似竹，密節而實中，厚理瘦骨，蓋天成拄杖也。出巴渝間。出豫者細文，一節四尺，北人呼爲桃絲竹。 相思竹，出廣東。兩兩生笋。始興郡有笙竹，大者圍二尺，長四丈。交趾有簝竹。八月爲竹小春，竹之萌曰笋，竹之節曰約，竹之叢曰筤，竹之得風而體夭屈曰笑，竹死曰箹。 【略】《農桑通訣》曰：種竹宜去稍葉，作稀泥於坑中，下竹栽以土覆之，杵築定，勿令脚踏，土厚五寸，竹忌手把及洗手面脂水，澆著即枯死。《月庵種竹法》：深闊掘溝，以乾馬糞和細泥填高一尺，無馬糞，礱糠亦得，夏月稀，冬月稠，然後種竹須三四莖作一叢，亦須土鬆淺種，不可增土於株上，泥若用钁打實，則筍不生。種時斬去梢，仍爲架扶之，使根不搖易活。又法：三兩竿作一本，移其根自相持，則尤易活也。或云不須斬梢，只作兩重架尤妙。《夢溪》云：種竹，但林外取向陽者，向北而栽，蓋根無不向南，必用雨下，遇有西風則不可，花木亦然。諺云：栽竹無時，雨下便移。多留宿土，記取南枝。《志林》云：竹有雌雄，雌者多筍，故種竹常擇雌者。凡欲識雌雄，當自根上第一枝觀之，有雙枝者乃爲雌竹，獨枝者乃爲雄竹。　《種樹書》曰：種竹處當積土，令稍高於傍地二三尺，則雨潦不浸損，錢唐人謂之竹脚。移時須是根垛大，維以草繩，仍向背不失其舊爲佳。種竹須將竹母斬去，只留四五尺，仍斜植之，用礱糠和泥抱根，然後用净土傅其上。或鋪少大麥於其中，令竹根着麥，上以土蓋之，其根易行。一法擇大竹，就根上去三四寸許截斷之，去其上不用，只以竹根截處打通節，實以硫黄末，顛倒種之。第一年生小竹，隨即（取）（去）之。次年亦去之。至第三年生竹，其大如所種者。種時以舊茅茨夾土，則竹根（尋）（尋）地脈而生。禁中種竹，一二年間無不茂盛。園子云：初無他術，只有八字：疎種，密種，淺種，深種。疎種，謂三四步種一棵，欲其地虚行鞭。密種，謂種雖疎，每窠却種四五竿，欲其根密。淺種，謂其種時不甚深。深種，謂種時雖淺，却用河泥壅之。竹林中有樹，切勿去之，蓋竹爲樹枝所礙，雖風雪不復欹斜。筀竹根多穿害堦砌，惟聚皂莢刺埋土中障之，根則不過，或用鐵屑栽油麻其尤妙。玄扈先生曰：筀竹根强，能害他竹，不宜雜種，必須障之。其法：莫如深溝耳，或云以炭屑實之太費，或云以煤灰實之。移竹，惟五月十三日謂之竹醉日，又謂竹迷日，又謂龍生日，栽竹則茂盛。玄扈先生曰：五月實竹笋已出，生氣内歛，故可移栽，竹以六月爲臘也。龍生竹醉，無理可通。或曰不必五月，但每月二十日皆可。又一云：正月一日、二月二日、三月三日，皆可種，無不活者，每月倣此。如要不間年出笋，用正月一日、二月二日。又云用辰日，山谷所謂「根雖辰日斸，笋看上番成」。又曰宜用臘日，杜少陵詩：東林竹影薄，臘月更宜栽。然臘月之説大謬。少陵所謂臘，正指夏月，少陵通達，非業所及也。麥以五月爲秋，竹以六月爲臘，冬伐竹不蛀，夏伐必蛀，正謂潤澤在焉，故也。此論大謬矣。竹之滋澤，春發於枝葉，夏藏於幹，冬歸於根，如冬伐竹，經日一裂，自首至尾，不得全盛。夏伐之最佳，但於林有損。夏伐竹則根傷而鞭皆爛，然要好竹非盛夏伐之不可，七八月尚可，自此滋澤歸根，而不中用矣。如要竹不蛀，取五月以前，但此月以前，竹不生皆根爛，竹與菊根皆長向上，添泥覆之爲佳。　晉《起居注》曰：惠帝二年，巴西郡竹生紫色花，結實如麥，皮青，中米白，味甜。玄扈先生曰：此恒有，萬歷辛丑余鄉亦有此，余嘗目見其米實與稗麥不異耳。　玄扈先生曰：移竹泥垛須厚，所云多留宿土是也。平地止掘深尺許，將泥垛移置其上，四週以鬆泥蓋之，不用脚踏槌打，日日以水澆之，度其實乃已。又須搭架以防風摇。又法，移竹種離生枝節上四五節斫斷，即不帆風，不須用架尤簡便。若竹有花，輒槁死。花結實如稗，謂之竹米，一竿如此久之則舉林皆然。其治之之法，於初米時，擇一竿稍大者，截去近根三尺許，通其節，以糞入之，則止。《瑣碎録》云：引竹法。隔籬埋狸或貓於墻下，明年筍自迸出。竹以三伏内及臘月中斫者不蛀。竹有六七年便生花，所謂留三去四，蓋三年者留，四年者伐去。諺曰：一人種竹十年盛，十人種竹一年盛。言須大科移植，方不傷其根也。若只二三幹作一科，四面根皆斸斷，安得有生氣耶。　又曰：浙中人代園種竹甚有理，所謂祖孫不相見也。余别有圖説，此法甚得利，而工人用竹者則以平園爲勝，謂山間代園之竹，嫩而不堅，不如平地園林者，竹老而堅韌也。蓋事不能兩利如此。　又曰：竹生花生實，輒滿林枯死。此有二病。其一私者，竹園既久，根多蟠結故也。治之之法，將園地分段，掘起宿根，間一段，起一段，使其根舒展，次年還復盛矣。其一公者，遍地皆然，此必水澇之年，或水災之後也。此則無法可治，但不可因其枯瘁遽起竹根，只須留以待之，一二年後，自然復發，依然故林。倘是老園，亦宜用間段掘根。彼拙者不知此理，逕自掘盡，謂復栽之。無論因循不栽，即復栽，豈能一二年遽盛耶。　又曰：簕竹爲藩，可禦大寇。余謂南中宦遊者言之禦寇長策，惟有村居者家有此藩而已。今南土苗亂，或至村落無居人，而不知作此，何哉。此竹亦可移至北土，而無人爲我致之，徒有舌敝脣焦耳。簕竹實中，勁强有毒，鋭似刺虎，中之則死。　又曰：種簕竹以禦寇，余曾爲廣西大叅張叔翹言之。渠寇至廣右賫捧入都，大以吾言爲然。後安南之寇來侵土司，沿江有簕皆不能渡，當益信余言不誣耳。筍，《爾雅》曰：筍，竹萌也。《説文》曰：笋，竹胎也。孫炎曰：初生竹謂之筍。《詩義疏》云：筍皆四月生，唯巴竹笋八月生盡九月，成都有之。篃冬月生，始數寸，可煮以苦酒漫之，可下酒及食，又可米藏及乾，以待冬月也。陸佃云：字從旬從日，包之日爲筍，解之日爲竹。又曰：字從竹從旬，旬内爲筍，旬外爲竹也。　《農桑通訣》曰：採筍之法，視其叢中斜密者芟取之。竹鞭方行處不宜採，採則竹不繁。採時可避露，日出後掘深土取之，半紫竹，斑竹先青後變。《齊民要術》筅竹黑皮，竹汗有文。澄州有黑竹，道州瀧中多丹竹，宜都飛魚口有紅竹，黔陽有赤岡竹，雷州電斑竹。瑞筠山竹色如爛銀。茸竹頭有文。廣西雪竹，大斑紅暈梅露細斑也。菡簫竹，蟲蝕镡如綉。咸都黄竹，溝青安思苦竹四色，當塗縣慈姥山簫管竹皮白如霜，蓋竹亦白，皆以色名。廣州相迷竹，鏞竹，皆生黄。甘竹殼薄，即江南竹，簡箕竹，無錫篌如苦竹。永嘉大羅山龍牙竹，稀節，箘簬，篎筍，射筒皆劄篠也。九嶷有雙稍竹，翊記蘇麻竹。桃枝可爲席，簾竹可爲笛，箪竹筍煮爲布，顧微所云，包竹也。浙有天親竹，末皆兩岐。臨海狗竹，毛在竹間。雪峰有龕竹，漢陽有籋竹，薛會稽公孫竹高不盈尺，奉化新嶺五寸白竹，辰州龍絲竹盈尺如針。鳳栖崖小墨竹，皆瀟湘、鳳尾類也。越王竹乃沙箸。石竹、碧蟬凝波竹，花如榴，皆葉似耳。《暘谷漫録》安福有十二時字竹，殆藥書之乎。

明　劉仲達《劉氏鴻書・花木門・總論》　李畋《該聞集》云：舊稱竹實爲鸞鳳所食。近見花開如棗，結實如麥，江淮號爲竹米，以爲荒年之兆，其竹即死。陸龜蒙詩「青篠未成孤鳳餓」，唐詩「老屋茅生菌餞年」。竹有花信，非鸞鳳之食也。有餘干人來言，彼有竹實，大如雞子。竹葉層層包裹，味甘勝蜜，食之令人心肺清凉，生深林茂密處。頃因得之。雖日久枯乾，而味常存，乃知鸞鳳所食，必非常物。

明　俞安期《唐類函》卷一八九　事對：鳴鳳　棲鸞　王子年《拾遺記》曰：岑華，山名也，在西海之西，有蔓竹，爲簫管，吹之若群鳳之鳴。　謝靈運《山居賦》曰：其竹則二箭殊葉，四苦齊味。水石多名，巨細各彙。企山陽之游篾，遲鸞鷟之棲託。意崑圃之悲調，慨伶倫之哀籥。　翠實　紫筠　劉楨《魯都賦》曰：竹則填彼山陔，根彌阪域。蒙雪含霜，不渝其色。翠實離離，鳳鸞攸食。下詳敘事。紫花　素筍　上詳敘事。王彪之《閩中賦》曰：竹則粉苞赤箬，縹箭斑弓。篔簹函人，桃枝育蟲。緗箬素筍，彤竿緑筒。繡皮　緑葉　戴凱之《竹譜》曰：簵墮竹，大如脚指，蟲食其笋，皮類繡，甚可愛。左思《吴都賦》曰：竹則苞筍抽節，往往縈結。緑葉翠莖，冒霜停雪。似桂　如松　戴凱之《竹譜》曰：筮竹似桂而稀節。沈懷遠《南越志》曰：博羅縣東蒼州足簞竹銘曰簞竹，既大薄且空中，節長一丈，其長如松。　湘妃　雲母　張華《博物志》曰：舜死，二妃淚下染竹即斑，妃死爲湘水神，故曰湘妃竹。下詳敘事。雉頭　鷄頸　劉敬叔《異苑》曰：有吴郡桐廬，人嘗伐餘遺折取鞭根旋得，投密器中，以油單覆之，勿令見風，風吹則堅。筍味甘美有毒，惟香與薑能殺其毒。煮宜久熟，生則損人。然食品之中，最爲珍貴。故《禮》云：加豆之實，筍菹魚醢。《詩》云：其蔌伊何，維筍及蒲。蓋貴之也。　《永嘉記》曰：箁篛竹笋，六月生迄九月，味與箭竹笋相似。凡諸竹笋，十一月掘土取，皆得長八九寸。張澤民家盡養黄苦竹。永寧南漢，更年上笋，大者一圍五六寸。明年應上今年十一月笋，土中已生，但未出，須掘土取，可至明年正月出土訖。五月方過，六月便有箁篛筍。箁篛筍迄七月、八月。九月已有箭竹笋，迄後年四月。竟年常有筍不絶也。《種樹書》曰：陰雨土虚則鞭行，明年筍莖交出也。　《竹譜》曰：棘竹筍，味淡，落人鬚髮。笣節出筍，無味。雞頭竹筍，肥美。篃竹筍，冬生者也。　《食經》曰：淡竹筍法。取筍肉五六寸者，按鹽中一宿，出鹽令盡，煮糜一斗，分五升與一升鹽相和，糜熟，須令冷，内竹筍鹹糜中一日，拭之，内淡糜中，五日可食也。

明　方以智《物理小識》卷九　竹初節岐枝者，雌孕筍也。記其南枝，宜雨種之。或去枝，或架扶，便人糞不便豕通，其生花者斫而灌糞可也。結實斑文兩兩相比，謂之竹米。亦可下積。趙德麟曰：六十年䈞復，斫而以子種，六年而復。瘞以死貓，能引過墻。防過則溝之，卧芝蔴稈，以竹忌也。周子充曰：以雜細糖和土種竹茂，或以麥拌土，宜椎之，忌足踏。冬宜掘旁行筍，則直根遠行，挑出筍時腐草覆之，又灌以糞則茂。畏水又畏大旱。山種苗竹向下，坡種里竹向上。糞壤筍美，瘠地質堅。簞苦淡三種入藥。戴凱之《譜》六十一，後人侈載，頗有名異實同者。員丘簕竹、崑崙籌竹、《神異》篩竿、扶南雲母，竹節可爲船。羅浮龍公竹、臨賀竹，有十抱者。漢竹節受一斛，交趾梧竹爲甑，皆大簜空簡類也。黄濟植笏竹，東坡詠澀勒，即笆籬竹有刺者。服傷竹、斧摩竹、海南木竹、箛箖竹，皆實心者。蹄衞叢生，蜱蛸根截案面，則慈孝類也。定海、靈峰、澧州、成都、安成、奉新、澄州皆産方竹。八月出筍，節圖小刺。又有三棱竹、人面竹。廬山有匾竹。交趾簝竹刺虎，南方篔簩爲矛，即筋竹簝簩之類。閩有古散竹，皮似椶。杜臺卿《灌賦》有檳榔竹，即棕竹類。羅陽竹似芭蕉，蕉椶本一類也。《吴都賦》「篔簹箖箊」，即越女試劍竹，葉廣遼，箬類也。建安篔簹，一名篳竹，中似人形。《北户録》溱州通竹無節。馬觀曰：占城觀音竹如藤，長丈八尺，色如鐵，每寸二三節，利竹亦竟生若藤，弓竹不能自立。雲南有垂絲竹，襄州卧龍山武侯祠篠竹，百尺稍上生葉，狹竹即邛，腫節遼葉。

竹，見一宿竿雉頭蛇身猶未變，此亦竹爲蛇，蛇爲雉也。戴凱之《竹譜》曰：鷄頸竹似竹而細。　莽蕁　檀欒　王彪之《閩中賦》曰：竹則細箬素筍，彫竿緑筒，攢岡柢之莽蕁，漫原澤之蓊蒙。枚乘《梁王兔園賦》曰：脩竹檀欒夾池水。　變蚳　飛鵠　上詳雉頭。《墨子》曰：公輸子削竹木以爲鵲，鵲成而飛之，三日不下，自以爲巧。　葉履　皮冠　戴凱之《竹譜》曰：篃竹，江漢間謂之竿，篛一尺，葉大如履，可以衣篷。下詳類衆。　朱書　青簡　《史記》曰：智伯率韓魏攻趙，襄子奔晉陽。原過後至於王澤，見三人，自帶以上可見，自帶以下不可見，與原過竹二節，要過曰：「爲我以是遺趙無恤。」原過告襄子，襄子齋三日，親自剖竹，有朱書曰：余霍太山陽侯天吏也。應劭《風俗通》曰：殺青書可繕寫。謹案劉向《别録》曰：殺青者，直用青竹簡書耳。　十尋　百尺　沈懷遠《南越志》曰：宋昌縣有棘竹，長十尋，大如甕。其間短者輒六七丈也。爲竹叢，薄葉下有鈎刺，或在條末如芒針也。東方朔《神異經》曰：南方荒中有沛竹，其長百丈，圍二丈五六尺，厚八九寸，可以爲船也。　蔓重谷　掃員池　曹毗《湘表賦》曰：其竹則篔簹白烏，實中紺族。湄縈幽渚，繁宗隈曲。萋蒨陵丘，蔓逮重谷。鄭緝之《東陽記》曰：崑山去蕪城山十里，山峰嶺高峻常秀雲表。故老傳云：嶺上有員池，魚鼈具有。池邊有竹極大，風至垂屈掃地，恒浄潔如人掃也。鳳食鳳非竹實不食。　七賢　世説嵇康、阮籍等七人嘗集於竹林之下，世謂之竹林七賢二女帝之二女，以涕揮竹盡斑。　冬青　選脩竹冬青。　夏彩　見江淹《竹賦》。　擢本　十尋。　垂英　見王儉賦。　掃壇《永嘉記》：小江緣岸有仙石壇，有竹嬋娟青翠，風來枝動掃石壇，壇上無塵也。　拂石　梁園　梁孝王有脩竹園。

明　王象晉《群芳譜・竹譜・竹》　典故：黄帝使伶倫伐竹于崑崙之陰，以作笛。《前漢志》。立春日，取弘宣陽金門山竹爲管，河内葭草爲灰，以灰實律管之端，以候陽氣，氣至則飛。《續漢書》。　梁孝王東苑方三百里即兔園也。多植竹，中有修竹園。《地道志》。　漢人有適吴，吴人設筍，問是何物？曰：竹也。歸煑其床簀而不熟，乃謂其妻曰：吴人轣轆欺我如此。《笑林》。　甘竹實出天臺山，閑閑真人致元帝。　晉嵇康拜中散大夫，常與阮籍輩爲竹林之遊，號竹林七賢。《晉史》。　山濤治鄴時，刳大竹釀酴醾作酒，兼旬方開，香聞百步外，故蜀人傳其法。　蔣詡舍中竹下開三徑，惟羊仲、(求)〔裘〕仲從之遊。《三輔決録》。　辛居士名宣仲，家貧，春月鬻筍充觴酌，截竹爲罌，用充盛貯。人間〔問〕其故，宣仲曰：我惟愛竹好酒，欲合二物常相並耳。《南府州記》。　臯城张鷹隱居頤志，家有苦竹數十頃，在竹中爲屋，常居其中。王右軍聞而造之，鷹避之竹中，不與相見，一郡號爲竹中高士。《永嘉郡記》。

明　王象晉《群芳譜・竹譜》　頓丘帝竹一節，可爲船。《韻府》。　費長房從壺公遊，壺公與一竹杖騎而歸。即以杖投葛陂中，顧視乃青龍也。《神仙傳》。　離婁公服竹汁、餌桂得仙。《笑林》。漢時有女浣紗水濱，見三節大竹中有聲，剖開得一兒，因以竹爲姓，及長爲中郎將，通西夷，破夜郎，後封爲夜郎侯。至今卬州有竹夜郎廟。　孟宗，江夏人。性至孝，母卒，冬節將至，宗乃入林哀泣，筍爲之生，得以供祭。　晉劉殷年九歲，爲祖母冬思筍，殷泣而獲供饋。《晉史》。羅浮第三峰有大竹，徑七尺圍，節長丈二，謂之龍竹。常有鸞鳳棲宿，東有溪曰羅陽溪，暴漲，有竹葉流出，大如芭蕉。　馬均大巧，能削竹作人語，時天下大旱，人皆將酒與此竹人語，天下須臾雨也。《五色線》。南荒生笻竹，長百丈，圍三丈五尺，可以爲大船，其味美。張華注：子筍煑而食之，可以已創厲。《物類相感志》。

又　袁燦尹丹陽，部内一家有竹，燦不通主人率爾竹下嘯詠。《洛陽名園記》：董氏西園一堂竹環之。盛夏不見畏日，清風忽來，留而不去，幽禽静鳴，各誇得意。數語，摹寫園林銷暑之境，讀之覺爽氣襲人。宋沈道慶隱居武康，人有〔人〕拔屋後筍，令人止之，曰：惜此筍欲成林，更有佳者相與。乃令人買大筍送與之。盗者慙不取，使置門内而還。　何隨，人有盗其園筍，隨見挈屐而歸，恐盗者見也。　范元琰家有竹圃，每見人盗筍，苦于過溝，元琰伐樹爲橋，與盗者過。盗感琰情而息竟不盗。唐・夏侯彪之上新繁令，問里胥曰：筍一莖幾錢？曰：一錢五莖。取一千買五萬莖，謂之曰：吾未要，且寄林中養之。至秋冬成，一竿十千，遂成五十萬。貪猥不道皆此類。　杜子美居蜀，于浣花里種竹植木，結廬枕江縱酒吟詠，與田畯野老相狎。（孔毅夫《續世説》）　太液池岸有竹數十叢，牙筍未嘗相離，密比如栽。明皇與諸王閑步竹間，謂諸王曰：人世父子兄弟尚有離心離意，此竹宗本不相疏，人有懷二心生離間之意者，覩此可以爲鑑。因呼爲義竹。《天寶遺事》。　桂東萬王城，世傳王曾寓此，階砌尚存，旁有脩竹數竿，日夕自仆掃其地而復立。　《竹譜》：溜勒，竹之有芒者，一名思簩。今兩江有竻竹，笣生叢密，節間多刺，民居植之以當藩籬，疑即此種。宋新州守黄濟以州治無城，募民環植山竹，雞犬不能徑。所謂山竹，必笋也。　東坡邀劉器之同条玉版和尚，器之每倦山行，聞見玉版，欣然從之。至廉景寺，燒笋而食，覺笋味勝，問何名？東坡云：玉版也。此老師善說法，能令君得禪悦之味。器之乃悟其戲爲之，大笑。《冷齋夜話》。　文與可以所畫篔簹谷竹遺予云：此竹數尺耳，而有萬尺之勢。篔簹（谷）在洋州，與可嘗令予作洋州三十韻，篔簹谷，其一也。予詩曰：漢川脩竹賤如蓬，斤斧何曾赦籜龍。料得清貧饞太守，渭川千畝在胸中。與可是日與其妻遊谷中，燒笋供晚食。發函見予詩失笑，噴飯滿案。（蘇子瞻《偃竹記》）昔時與可墨竹，見精練良紙，輒奮筆揮灑，不能自已。坐客争奪持去，與可亦不甚惜。後來見人設置筆研（硯），即逡巡避去，人就求索至終歲，不可得。或問其故，與可曰：吾乃者學道未至，意有所不適，而無所遣之，故一發于墨竹，足病也。今吾病良已可若何。然以予觀之，與可之病亦未得爲已也，獨容有不發乎。予將伺其發而掩取之，彼方以爲病，而吾又利其病，是吾亦病也。熙寧庚戌七月二十一日，子瞻書。　東坡嘗題郭祥正壁云：枯腸得酒芒角出，肺肝槎牙生竹石。森然欲作不可回，吐向君家雪色壁。此詩語意奇甚，亦見此老生平作畫多在酒酣興發之後，所以毫端有神。（張七澤）昔人以海苔爲紙，今無復有。今人以竹爲紙，亦古所無有也。付子過。　風篁嶺多竹，風韻淒清，至此林壑深沉，廻出塵表，流淙活活，自龍井而下，四時不絶，嶺故叢薄荒密。元豐中，僧辨才淬治潔楚，名曰風篁。予訪辨才龍井，送至嶺上，左右驚曰：遠公過虎溪矣。辨才笑曰：杜子有云：與子成二老，來往亦風流。遂作亭嶺上，名曰過溪，亦曰二老，作詩記之。日月轉雙轂，古今同一丘。惟此鶴骨老，凜然不知秋。去住兩無碍，人士争挽留。去如龍出水，雷雨捲潭湫。來如珠還浦，魚鼈争駢頭。此生暫寄寓，常恐名實浮。我比陶令愧，師爲遠公優。送我過虎溪，溪水當逆流。聊使此山人，永記二老遊。大千在掌握，寧有别離憂。宋時，西湖多詩僧。熙寧間，有清順字怡然，可久自逸老所居皆湖山勝處，而清順尤約介不妄交人，無大故，不入城市，士大夫有以米粟餽者，受不過數斗，盎貯几上，日取二三合啖之，蔬笋之供，恒缺乏也。東坡一日遊西湖僧舍，壁間見小詩，云：竹暗不通日，泉聲落如雨。春風自有期，桃李亂深塢。問誰所作，或以清順對，即日求得之，聲名頓起。　嶺南人當有媿于竹。食者竹笋，庇者竹瓦，載者竹筏，爨者竹薪，衣者竹皮，書者竹紙，履者竹鞋，真可謂一日不可無此君也耶。元豐六年十月十二日夜解衣欲睡，月色入户，欣然起行，念無與爲樂者，遂至承天寺尋張懷民。懷民亦未寢，相與步于中庭，庭下如積水空明，水中藻荇交横，蓋竹柏影也。何夜無月，何處無竹柏，但少閒人如吾兩人耳。　古氏南坡脩竹數千竿，大者皆七寸圍，盛夏不見日，蟬鳴鳥呼，有山谷氣象。竹林之西，又有隙地數畝，種桃李雜花。今年秋冬，當作三間一龜頭，取雪堂規模，東蔭脩竹，西眺江山，若果成此，遂爲一郡之嘉觀也。　子瞻贈會通詩云：語帶煙霞從古少，氣含蔬笋到公無。嘗語人曰：頗解蔬笋語否？爲無酸餡氣也。聞者皆笑。（俱蘇東坡）近世有婦人曹希蕴者，頗能詩。雖格韻不高，然時有巧語，嘗作墨竹詩云：記得小軒岑寂夜，月移疎影上東墻。此語甚工。　文湖州竹，生平僅見真跡一帖，在横册上。乃折竹也。其題者二人。柯九思題云：湖州放筆奪造化，此事世人那得知。跫然何處見生氣，彷彿空庭月落時。金粟道人阿英題云：湖州昔在陵（湖）州日，日日逢人寫竹枝。一段枯梢作三拆（折），分明雪後上窗時。　張芬曾爲韋南康親隨行軍，曲藝過人，力舉七尺牌，定雙輪水磑。常于福感寺趯鞠，高及半塔，彈力五斗。常揀向陽巨笋，織竹籠之，隨長旋培，常留寸許，度竹籠高四尺，然後放長，深方去籠伐之。一尺十節，其色如金。

明　彭大翼《山堂肆考》卷二〇二　嶰谷生。　《吕氏春秋》：黄帝使伶倫自大夏之西、崑崙之陰，取竹於嶰谷。生其竅厚薄均者斷兩節，長六寸九分，而間吹之以爲黄鍾之宫，是爲律之本也。　《穆天子傳》：天子西征，休於玄池之上，乃奏廣樂三日而終，是曰樂池。乃樹之竹，是曰竹林。　舜林。　《山海經》：附禺之山，舜竹林在焉，大可爲舟。注云：舜林中竹，一節可爲一舟。　娥皇染斑。　《博物志》：舜南巡不返，葬於蒼梧之下。堯二女娥皇、女英追之不及，至洞庭之山，淚下染竹即斑。　密葉。　九疑山第二重麓臺側，笋生獨莖，及生枝葉即分爲兩稍，葉密而細，謂之合歡竹。　實中。　蜀江心繙石上有桃竹，可爲杖。竹本中虚，此竹獨實如木。　龍牙。　龍牙竹出永嘉大羅石，其竹長四五尺，稀節。人取之，必有大風雨、雷電。　鳳尾。　出嶺南，形似鳳尾，故以名竹。

明　彭大翼《山堂肆考》卷二〇三《廷秀作經》　楊廷秀記張定叟《煑笋經》：江西貓笋未出尖，雪中土膏養新甜。先生别得煑簀法，丁寧勿用醯與鹽。岩下清泉須旋汲，熬出霜根生蜜汁。寒牙嚼作冰片聲，餘瀝仍和月光吸。菘羔楮雞浪得名，不如來參玉版僧。醉裏何須酒解醒，此羹一碗爽然醒。大都羹菜皆如此，淡處當知有真味。先生此法未要傳，爲公作經藏名山。

明 程良孺《茹古略集》卷二六《竹》 植類之中，有物曰竹。不剛不柔，非草非木。《竹譜》 余視其節，凛然而孤也；視其貌，欣然而癯也；視其中，洞然而虚也。楊誠齊《此君軒》 堅可配松柏，勁可凌霜雪，密可泊青煙，疎可漏宵月。劉寬夫《穎竹記》 賦吴都者曰鐘籠，《南越志》 賦閩中者曰篔簹。《異物志》 西南攷其生性，《齊民要術》 左右引其班行。《羅浮山記》 曰箬，《説文》 曰簩，《本草》 曰个，《釋名》 曰庾。《吴地志》 此君不俗，《世説》 千户焉居。《青史記》 其妬母耶，其護孫歟。《譜》 雞舌得似，《清異》 蚱狀相如。《清異》 余極其形，作可舟楫，《草木狀》 任可棟梁，《南征八郡志》 而抑累寸以成象，《續竹譜》 受解以彌量，《廣志》 紀其用，聲諧鐘磬，《拾遺》 試利劍芒。《竹譜》 而抑局促兮，生多卧土，《異物志》 摇曳兮，老不耐狂。杜詩註如是玳瑁之班駮，《異物》 霜雪之瑩芳。《竹譜》 錯甲可爲曾，何比于頑鐵。《嶺表録異》 齧齒有當遮，莫著夫錦章。《竹譜》 節凸繞來，似點畫以成字。《陽谷漫録》 中實象處，具頭足而爲人。《異苑》 千百成株，縈結踰乎咫尺，《英華》 十六名掾，聲響送于逡巡。《文士傳》 鋭可刺虎，《山經》 狀或化蛇。《異苑》 間月以出，《嘉定》 乘雷而輝。《地理》 則索之東海之畔，《述異》 南岳之巍。《天中》 二箭葉異，《宋書》 四苦味宜。《要術》 實心殊好，《雲南志》 宗本莫離。唐照夜而茂，《南史》 迎冬更滋，譜 疎節可矣。《北户録》 芒刺胡爲，《廣新出志》 從爲之説，曰：三稜葉吉，《天中記》 一符傳真。《瑣碎録》 浣到水濱，知嬰兒之有種。《國志》 柱看雲氣，識仙侣之前因。《幽怪録》 擇用良辰日，則有迷有醉。《異苑》 雌黄 識先枝上類，則有雄有雌。《志林》 交州之阻過曾墉，從看藩落。譜 杖林之遍滿山谷，幾度佛疑。《西域》 則請博稽竹事而無遺焉，溪號六逸，唐史 林稱七賢。晉史 造其下主，人莫問。《世説》 詣其所令，尹誰先。宋史 成茂林，王羲之 置修園。《漢書》 隆暑赫曦，但有凉風徐至。《寰宇記》 分流越澗，那無仙杖高騫。《遊名山志》 若其金姑發響，《海録》 衛女懸竿，《詩》 瓠子與塞，漢慈母從看。《丹陽記》 紀遊云何迷没，《葆光録》 剛維日報平安，《酉陽》 甲或有需其户，《世説》 冠豈無藉干皮。《漢書》 儻篁珠于老叟，《睽車志》 嗟圓漆于沙彌。《桂苑叢話》 户外净瑩，夜發比丘之夢。《清異》 窻欞聳翠，徒附義宣之悲。《渚宫故事》 于以佐學人之攻苦，《晉書》 賈隊將之威儀，《宋書》 高張薦之行，惟言依苦，《永嘉郡記》 表褚瑶之潔，第曰匪伊，《傳》 擬王濬之討吴，迎刃以解，《晉書》 進子路之好學，括羽如斯。《家語》 善哉善哉，不慘而直，不規而圓裁，六律以協氣也，調八風而順常焉。余以擬蓬萊之璀璨，廣漢之嬋娟。賦實勝蜜甘，若爲兆荒年而形解，莫資鸞鳳，《□□集》 義從芯得，豈謂絶嶺石而破篾，有異禺番，《北户》 試問守官，何恃而不恐。《晏》 諭從長吏，其況也永歎。《唐新語》 奈何歲月滋久，蔓衍浸淫，日光雖透，陰氣常凝，剕竹之説，安得緩于植竹之文也。並見《英華》

明 柯潛《竹巖集》卷下《移竹記》 置小居植花卉數十品，光翠可人。然猶以無竹爲未快。乃就丁仙官與明處移數莖，植于軒後，開北牕以臨之。又就童内翰大章處移數莖，植於軒前，前後相峙，皆當花卉之中。竹之清標雅韻，類大賢君子，他植物宜環拱承順，無或抗也。移之日，適煙雨霏微，柯葉鮮潤。翼日，輒揚蕤布緑，欣欣然意。若以爲托根得所而予因之滌去。凡累益增曠懷，蓋人物兩相得也。昔人謂移竹必用辰日，又以五月十三日爲醉竹日，移之多蕃殖。以予觀之，高山出雲而雨澤降，此移竹時也。若必濡滯於日而適遇旱魃爲虐，水涸土焦幾何能蕃殖也。矧士者之居，不可一日無竹，方意之所欲得，而猶趦趄以待日時。猶欲用賢者，旌帛已具，而曰：時未可也。姑徐徐云爾，其可乎哉。若夫席珍待聘，進必以時，在賢者不可不自重也。作《移竹記》以自觀省，亦欲以聞於操用賢之柄者云。

明 焦周《焦氏説楛》卷五 《唐書》子美于成都浣花里種竹植樹，結廬枕江，縱酒嘯詠，與田夫野老相狎，嘗有詩：「奉乞桃栽一百根，春前爲送浣花村。」

明 潘塤《楮記室》卷一五 《竹醉便移》種竹者，多用辰日，山谷所謂「竹須辰日斸，筍看上番成」是也。又用臘月，杜陵所謂「東林竹影薄，臘月更須栽」是也。非此時移之，多不活。唯五月十三日，古人謂之竹迷日，栽竹多盛茂，或陰雨則鞭行，明年筍莖交出。然又有不拘此者。晏元獻詩云：「苒苒渭濱族，蕭蕭塵外姿。如能樂封殖，何必醉中移。」

清 曹溶《倦圃蒔植記》卷下《竹》 東坡居士云：可使食無肉，不可居無竹。無肉令人瘦，無竹令人俗。人瘦尚能肥，士俗不可醫。傍人歎此言，似高還似癡。若對此君還大嚼，世間那有揚州鶴？竹能清人如此。種法：須俟五月十三日，《岳州風土記》謂之龍生日，《齊民要術》謂之竹醉日，又謂之竹迷日。宋子京《種竹》詩：「除地墻陰植翠筠，疎枝茂葉與時新。賴逢醉日元無損，政自得全於酒又〔人〕。」一云宜用辰日，黃山谷詩：「根須辰日劚，筍看上番成。」一云宜用臘月，杜少陵詩：「東陵竹影薄，臘月更宜栽。」一云宜每月本命日，如正月一日，二月二日之類。然諺云：種竹無時，雨過便移，多留宿土，記取南投〔枝〕。山中無曆，莫此爲便。須掘闊溝，鋤治令熟，以馬糞和泥填高一尺許，如無馬糞，以礱糠代之。候至雨後，劚取向南枝，斬去竹梢，畀以草繩，移種東北角。每數竿一叢，以河泥壅之，勿以足踏及用鋤築實。如慮風搖，須作架扶之。蓋竹性向西南，故須種東北。諺云「東家種竹，西家治地」是也。若生竹米，滿林輒枯。法於初時，擇一大竿截留二三尺，鑽通其節，以大糞實之。或云如欲引竹，於隔籬埋貍或死貓於墻下，明年笋自迸出。惟聚皂莢刺或芝蔴箕埋之上，中可以障之。別有草本數種，一曰淡竹，開色青翠，設色不殷，或云即《詩》箓竹。一曰碧竹，一曰石竹，俱有小花，文采可玩。并入杜陵詩囊，尤堪此君作伴耳。古詩有云：「三畝水邊竹，一床琴畔書。」能副此願，便堪謝絶世紛，稱竹中高士矣。

清 王士禛《皇華紀聞》卷四《小説家類》 廣州多竻竹，其節多刺，田家僧舍植爲藩籬。《酉陽雜俎》以爲棘竹，或曰笆竹。南夷種以爲城。根大如酒甕，縱横相承，根如繰車，是此竹也。

清 屠粹忠《三才藻異》卷二七 倒插竹閩德化普明祖師，倒插牛稍成竹林，名蓋竹，生水澤中，末大本小。 物有本末，爾胡倒顛，臨風傾蓋，偷日談禪。

清 高士奇《北墅抱瓮録·毛竹》 毛竹大者，圍徑二尺許。刳其根爲筆牀酒盞等器，諸用畢給。林中多野雉，鳴鴝之聲，極其清越，與竹籟相應。昔人謂園居者，須是三分水，二分竹，一分屋，庶幾近之矣。

清 高士奇《北墅抱瓮録·慈竹》 慈竹心實而節疏，灌生上挺，鞭不旁行。其筍於八月間發，窗前陰闃不宜樹木之處，即種之。其下培莳秋海棠、鳳仙諸卉，甚覺相宜。

清 高士奇《北墅抱瓮録·鳳尾竹》 巖畊堂外，小院數弓，有白石遶墻下，堆疊有法。上植鳳尾竹一叢，長不盈丈，纖枝婀娜，翠葉森發，晚晴風過，洒然絶塵。

清 高士奇《北墅抱瓮録·斑竹》 斑竹碧幹紫紋，娟净莫比，修篁塢中，皆植此種。新梢乍放，殘粉未消，對之令人神遠。

清 高士奇《北墅抱瓮録·筍》 春日發者爲園筍。新苞初迸，嫩美罕匹，真勝於芻牛之腴，焙之作脯，經年可用。夏月竹鞭四行，其穿土而出者爲鞭筍，作羹特佳。竹忌狂鞭，截去之，則次年竹更茂。冬日生者爲團筍，伏蟄地中，短而節密，所謂蜩腹蛇蚹者是也。京師惟團筍可以攜致，然亦珍貴，不能飽啖，不若此間之不論錢也，年來千畝在胸，不減饞太守矣。

清 吴任臣《十國春秋》卷一一五《荆南·拾遺》 荆南判官劉彧，棄官游秦、隴、閩、粵，篋中收大竹拾餘顆，每有客，則斫取少許煎飲，其辛香如雞舌湯。人堅叩其名，謂之丁香竹。

清 王念孫《廣雅疏證》卷一〇上《釋草》 箭、䈶，𥳑也。《爾雅》云：篠，箭。《説文》云：箭，矢竹也。《御覽》引《字統》云：箭者竹之別。大身小葉曰竹，小身大葉曰箭。箭竹主爲矢，因謂矢爲箭。《竹譜》云：箭竹高者不過一丈，節間三尺，堅勁中矢，江南諸山皆有之，會稽所生最精好。故《爾雅》云：東南之美者，有會稽之竹箭也。劉逵《吴都賦》注云：箭竹細小而勁實，可以爲箭，通竿無節，江東諸郡皆有之。據此則箭竹有二種，一種節間三尺，一種通竿無節也。《西山經》云：英山其陽多箭。䈶，郭注云：今漢中郡出䈶竹，厚裏而長節，根深。筍冬生地中，人掘取食之。《中山經》云：求山多䈶。郭注云：篠屬。《竹譜》引《山經》䈶作篃。云：篃亦箘徒，概節而短。江漢之閒謂之䉛笱。又云：篃生非一處，江南山谷所饒也。故是箭竹類，一尺數節，葉大如履，可以作蓬，亦中作矢，其筍冬生。《廣志》云：魏時漢中太守王圖每冬獻筍，俗謂之䉛笱。據此則䈶亦有二種，一種長節，一種概節而短也。《初學記》引《廣志》云：篃竹宜爲屋椽。此於二種中未知屬何種。𥳑，各本譌作籔。字書、韻書無籔字。《集韻》《類篇》竝引《廣雅》：箭、䈶，𥳑也。今據以訂正。

清 張能照《爾雅注疏考證·釋草》 竹，萹蓄。石經《詩·衛風·淇澳篇》緑薄如簀薄，音竹，今作竹。《韓詩外傳》緑薄猗猗，薄，萹筑也。《玉篇》萹筑作萹茿。臣照（張能照）按《詩》、《爾雅注疏》所言，淇澳、菉竹，皆非竹也。如今淡竹葉之類，在竹與草之間。然漢武伐淇陽之竹以塞河，見于《史記》、《漢書》，則明是竹矣。諸儒異議，只因不思菉與緑通，菉者竹色，非別有菉竹也。即此「竹萹畜」亦祇是竹，言竹又名萹畜耳。萹畜猶言林立竹無孤生故也，豈別有物耶。

清 吳其濬《植物名實圖考》卷三五《木類・竹花》 竹花，湖南圃中細竹。秋時矮笋不能成竹，梢頭葉卷成長苞，層層密抱，從葉隙出一長鬚，端有黄點大，如粟米而長，累累下垂。每歲爲常，乃知開花之竹，自有一種，非盡老瘁。昔人議竹華實所見，皆殊别爲竹實，考雜緝各説焉。

植物名實圖考・竹花

清 陳大章《詩傳名物集覽》卷一〇《維筍及蒲》 《朱傳》：筍，竹萌也。《爾雅》：筍，竹萌。《説文》：竹胎也。《天官・醢人》：箈菹鴈醢，筍菹魚醢。邢疏：竹初萌生謂之筍。凡草木初生謂之萌。又《爾雅》云：簢，萌。郭注：萌，筍屬也。鄭注：箭竹筍也。《通志》：凡筍惟箭筍爲美，故會稽竹筍有聞焉。陸疏：筍皆四月生，惟巴竹筍八月九月生，始出地長數寸，鬻以苦酒豉汁浸之，可以就酒及食。《吕覽》：味之美者，越駱之菌。注：越駱，山名。菌，竹筍也。筍亦曰菌。箭蔽笴，《禹貢》之篠。《爾雅》：禮器之竹，箭也。《本草》，筍木性，甲乙氣。《筍譜》：竹初種，根食土而下，求乎母也。及擢筍，冒土而上，愛乎子也。筍青緑色。萌篛篧笛篁皆筍别名。杭州筍大如桶，墮地即碎。南岳筍黑而肥，多汁。天目、廬山多黄竹拳筍。甌越篬篟笋七八月生。雲南筀筍七月生，至十月稍苦。巴州筍九月生。雪竹筍五月生。方竹筍八月生。浙閩以南，四時皆有之。又酸筍出越南，桃竹筍出川廣，四寸一節，可爲席。李英公《本草》：竹筍性甘無毒，主消渴，利水道，益氣，可久食。《道書》：筍者，日華之胎也，一名大明，服日月之精華，欲得常食。蘇子瞻曰：竹之始生，一寸之萌耳。《埤雅》：其萌曰筍，竹芽也，从勹从日。解之曰：旬内爲筍，旬外爲竹。今俗呼竹爲妒母草。言筍旬有六日而齊母，其自死筍爲仙人杖。唐人食筍詩：「稺子脱錦綳，駢頭玉香滑。」注：稺子，竹筍也。以竹稱孫，故有龍孫稺子諸號。贊寧《雜志》云：竹根有鼠，大似貓，名竹豚，色類竹，亦名稺子，俗謂竹溜子。《玉篇》云：䶉也，色深褐，與竹色别。《新知録》謂泰順縣竹豚生林中，食筍根，形似猪掘食，味美。三説各異，好奇者遂引此爲唐人稺子之證，謬矣。

清 蒲松齡《農桑經殘稿》 種竹必養雞，竹得雞矢而茂。

清 梁清運《雕丘雜録》卷一二 北土竹未易養，蓋天寒每損枝葉耳。然惟静處養之，則多條茂。記先祖爾耳軒前種竹數竿，久益黄落，及先祖就養都門，經年未啓户，旋家則翠色如沐，笋穿墻，籬而出矣。其時尚謂偶然。余弟玉立齋中，亦經年無人到，竹更茂盛，可知竹之性惡人煙而喜寂寞，且凡物惟静養則能長久，亦理之必然也。

清 張宗法《三農記・竹》 植物之中有竹，非艸非木，不剛不柔，小異虚實，大同節目。《竹紀》云：竹之品類六十一種。黄魯直以爲竹數甚繁，所類恐不切詳，欲作《竹史》不果。《説文》云：竹乃冬生艸也。故字得倒艸書。貫四時不改柯易葉，其操與松柏相第等。質之萌曰笋。竹之節曰約。竹之叢曰筤。竹之得風體天曰笑。小曰篠，大曰簜。實曰䈽。枯曰箹。《廣志》云：廣人以竹絲爲布甚柔美。蜀人以竹製麻織履可剖篾編笆，爲籬藩斷材，爲柱爲棟，爲舟楫，爲桶斛，爲弓矢，爲笥匣盒盃，爲箈席枕几，爲笙簧樂器。實可服食，汁可療病，筍可作蔬，箬可封瓶，嫩竹可造紙，根可製器，葉可爲新。其用恒多，莫可枚舉。離婁胍脉得長生，詩人吟題能發懷。 恭詳：《竹譜》云：實竹産滇廣，即無心竹也。高節竹産蜀中，即碟砢竹也。無節竹空心直上名通竹。篬竹一丈四節。篔竹一節近丈。箬竹高半百尺，肉薄可作柱。簹竹大至數圍，肌厚可作棟。篊竹可爲桶斛。篣竹可爲舟楫。篁竹可作簫笛。越竹高千尺。絲竹細若針。鳳尾竹葉若鳳尾。龍頭竹根如龍頭。公竹藥同芭蕉。龜竹身紋刻畫。思摩竹笋自節生。扁竹、方竹、藤竹、舩竹、弓竹、月竹、季竹、雙竹、孤竹、柱竹、桃竹、棕竹、丈夫竹、慈孝竹、茅竹、毛竹、荆竹、苦竹、□竹、水竹、葱竹、葦竹、簾竹、籠竹、人面竹、相思竹、柯亭竹、白甲竹。灊者可以錯甲，謂之篦簩竹。滑者可以織席，爲柔竹。勁者可以弋矢，謂之箭竹。柔者可爲繩索，謂之蔓竹。黄者若金碧者，若玉紫者，若硃黑者，若墨赤者。厚而直白者，薄而曲斑者。有蛀形點者，有箓絞笏竹。節有苦刺。簩竹箬生毫毛。竹類甚繁，産地不同，呼名各異。畧舉一二，以言其目。　圖考：竹者，著也。古者削竹記事，刻竹書言，乃至重之物也。竹種雖多，不過二種。以兼之曰鞭生，曰叢生。鞭生者根有節，節生笋，笋生成竿，竿旋落箬，旋生枝。枝有節，節有葉。葉必三三，枝必兩兩。六十年生花結實枯死，實落土復生，六年又成竿。叢生者笋生竹，傍依母而發。笋生高過竹方落籜生枝，枝生葉不華不實，四時青茂。鞭竹多生笋于春，叢竹多生笋于秋，二種最喜上行，惡卑濕。《淮南子》云：竹以水生，不可得水也。　植鞭竹：種鞭竹宜舊笋已成新笋未行。《風土記》云：五月十三日爲竹醉日，宜植。黄山谷云：宜辰日。一云用竹本命日正月一日、二月二日之屬。每月二十日亦可。種竹無時，雨過便栽。惟冬月各半月難活，蓋天地閉塞無生氣也。　植藝：植宜向陽地，先劚土鬆，臨時用馬糞拌濕，不宜作泥漿，最忌猪糞、蔴稭，勿用足踏，以鋤築土，鬆則鞭易生。種竹處當積土令高，則雨潦不浸。舊茅茨土壅，則根尋地脉易生。老農云：栽時令小兒笑笑哭哭于傍則茂而旺。竹有雌雄。有近根節，有雙枝者爲雌，單者爲雄。選雌者于西南鋤根栽東北隅，謂竹性西南乃嫩根生機之處。所謂東北老根，種亦不茂。然物理亦不逃陰陽之妙也。　移栽：移時先于本根離一二尺劚斷傍枝，仍以覆土，頻澆。候雨後移栽即活。移時須尋西南根勿劚斷，照舊栽植，以架扶之。但竹中有樹本勿去，雖風雨不復倚斜。貓犬屍埋根傍，生笋更茂，若埋邊傍可引竹。種竹有四法：密、疏、淺、深是也。密種者大其根盤，每棵用五六竿一堆，根密自相約持。疏種者離三四尺種一棵，土虚易于行鞭。淺種者入土不甚深。深種者栽雖淺却用糞土厚壅。一法：擇大竹去上段留近根三四寸，通其節以硫黄填實倒種之，第一年二年生小笋隨去之，至三年生笋若舊竹，甚有過之者。　鋤園：法將園地分三段，今年盡伐竹一段，鋤去根，必來年引鞭發笋。明年又伐鋤一段，再年又伐鋤一段，三年畢盡，其土换移成新日，竹茂而不枯，以馬糞糠粃舊苫草壅之。　瘵竹：竹到六十年便開花輒枯死，結實如稗。一竿生花相連，滿園皆然。于初花時擇一竿稍大者，截去近根二三尺許，灌以尤糞汁，即止。　種叢竹，須以新生笋成竿微吐苞時，取雌者以斧斷根削去上梢，留五六尺長，將小杖通其内節，栽宜勢斜，兩竹交加，又中用篾縛定，竹内灌水合滿，毋使乾枯，生笋爲度，窠中填以馬矢腐草，勿足踏，勿着豕糞、蔴稭。又云：鋤爲溝，將嫩竹連頭埋，並梢直卧澗土中，節節生笋。　伐竹：伐竹有二要。一要留三去四，二要公孫不相見，子母不相離。隔年竹可伐也。伐須知時竹之滋澤，春發于葉，夏藏于幹，秋寄于笋，冬歸于根。故冬日伐竹，經日一裂，五月以前伐竹，則根紅而鞭爛，盛夏伐竹不蛀，于林有傷，七八月伐亦可。又云伐竹忌血刃日損林。又云：血刃日伐竹不蛀。《月令》云：短至伐竹取竹箭，臘月伐竹做器免蠹。几辰日癸卯庚午伐竹林不蛀損林。　護笋：引竹生笋，將貓犬屍埋于彼處，雖數丈亦生。凡竹發笋，一番兩番生者可成竹，至第三番生者只可供食。凡笋生連宿不長稍帶黄枯者即攀而俱食，留亦難成于上番。黄山谷詩云：「根雖辰日據，笋着上番成」是也。笋可乾可鹽醃、蒸煮、炮酢，爲人所好。藥性云：笋快大腸，無益脾胃，俗謂之刮腸篦。凡煮新笋以桑葉雜煮，則無苦味而脆美。　木性：氣清、味淡，根通絡，實益壽，箬却風，葉除熱，笋發痘，茹止嘔，汁消痰，蛀止血。　效方：大熱大渴不止，小便赤、目紅、脉數，竹葉百个、石膏一兩煎服之效。

清　**丁宜曾《農圃便覽》**　栽竹木花果，以地無老凍，自驚蟄至春分爲得時。若至三月，則太遲矣。凡樹，栽深則不茂，最忌西南風及火日。望前栽，則茂而多實。擇晴明日，記南北，根無宿土者，掘深坑，以清糞水和土成泥，栽於泥中。輕提起，使樹根與地平，舒暢不拳屈。四圍用木架縛穩，勿令摇動。俟泥白背，再用水澆。有宿土者，先掘坑，加水飲足，然後下樹，覆土築實。澆水宜多，而不可頻，頻則根爛。上加浮土，免致乾裂。伏天栽樹，百無一活，不可不知。二三月樹生新根，澆糞必死。

清　**謝堃《春草堂集》卷二五《花木小志・竹》**　竹之種類不一，大者如椽，小者似草。《譜》載六十一種，可謂詳備。然友人從遼東來，遺余一種，名脆竹。長尺餘，節葉蕭疏。長養於繫水石上，置石於盆，盆貯净水供於案頭。每當清風徐來之際，颯颯然有天外真人之想。

清　**黄輔辰《營田輯要・雜植》**　竹類至多，其適用甚廣。種法：掘坑尺許，移植其内，四圍以鬆土壅之。不用脚踏搥打，並忌手把及洗手面水，澆之即枯死。其根喜向上行，與菊同性，故築其根則筍不生。每歲添河坭覆之最佳。長至四年即（發）（伐）去，庶不礙新筍而林亦盛。竹之精澤，春發於枝葉，夏藏於榦，冬歸於根。須用好竹，非盛夏伐之不可，但於林有損。五月前取者，竹不蛀而根易爛，須添覆之。採筍須視叢中斜密者芟取之，竹鞭行處不宜採，採時避露，筍味甘有毒，惟香與薑能制之，煮宜熟，生食損人。

清 俞樾《茶香室叢鈔》卷二五 《種竹法》清朝王士禎《居易録》云：周益公《二老堂襍志》云：種竹正月用一日，二月用二日，隨月定日，無不活。又云：以糟襍細糠和土，種竹甚茂，明年生筍成林。又云：臨安貴人家種竹木以麥拌土置根下，雖盛夏亦生。

又 杜詩《種竹》之説不可用。明張萱疑耀云：種竹必以五六月，凡夏月雨天皆可也。杜少陵詩：西窗竹影薄，臘月更須栽。《石林避暑録》所載，嘗依少陵詩於臘月種竹，卒無一生，豈地有不同邪。

清 藍鼎元《鹿洲初集》卷二《與吴觀察論治臺灣事宜書》 臺地未有城池，緩急無以自固，磚石圍築費重事繁，錢糧無從出辦，惟有種植莿竹爲城，而竹城亦需工本，欲以白手空拳，爲國家設險守禦，不勞民，不傷財，此大難事。然肯以實心行之，亦無難也。先定其規模，量明大數，不動聲色，凡庭審輕罪應責者，每一板准種竹五株自贖，廿板則百株矣。應枷者種二百株，亦准免。但必於臨刑時，親詢其有力情願，然後罰之，不願勿强也。無求速成，無立意要罰，只是常存此心，順其自然。守令俱皆如此，不半年城可成也。城門各築敵樓，如力有未及植木柵，暫蔽内外，亦可守禦。若有餘力，更於竹外留夾道三五丈，另植莿桐一週，廣尺密布，又當一重木，城外挖一濠限之，濠外採山蘇木子撒種，當春發生，枝堅莿密，又當一層保障，再於莿桐城邊，量築窩鋪數十座，以當砲臺，爲登陴守禦之所，砲臺相離以左右砲力管到之處爲準，接連建築，使敵不得近，城西面人家臨海，無地可容竹桐，築灰墻爲雉堞，便施鎗砲，不啻金湯之固也。臺竹之性，與内地不同，内地竹無根不活，臺竹一根，可截三段植之，雖罰多種，不以爲病也。莿桐一樹，可斫作百十株，插地皆活尤易。易者，惟敵樓土墻，頗費人力，由此擴充以漸致之可耳。天下事成於有心人，無難爲也。

清 朱奇齡《拙齋集·種竹説》 竹之爲物也，中虚而直，外節而通，貫四時而不改柯易葉。殆有君子之德乎。其始也，猗猗而美秀，叢篁茁然，日舒而月長，猶夫君子之精進而不已也。其繼也，菁箐而堅剛。琅玕直上，不可屈撓，猶夫君子之德成而卓立也。其終也，如櫛如墉，枝蕃而葉茂，鬱鬱葱葱，猶夫君子之光輝發越積于中而肆于外也。詩人詠之，良不誣耳。且其繁盛也宜于春，其蔭庇也宜于夏，其蕭瑟也宜于秋，其傲日凌霜也又宜于冬，此其時中之德，不較著歟。古之君子比德于玉，無故則玉不去身。予故于南軒種竹數竿，以庶幾佩玉之意云爾。

清 陳憲舜《課民植牧講義稿·種竹法》 幹有大小，節有疏密，色有青、黄、白、赤、烏、紫、斑之不同。雖《竹譜》亦難盡載，兹就一經種植，有利於人者言之。凡種之法，不外疏、密、深、淺四字，與挖根插枝等。如分根，宜取三兩相連者，帶泥向西北角種起，斬去竹尾，勿使風摇，以糠和泥敷其根處，再填以泥，用足踏之。插枝亦然。但能近水，不必灌溉。數年之後，當竄往東南角一帶，雖有墻阻，亦能穿過。如移栽，以正二三月初一二三日爲合，成林之後，如見開花而枯，結子如稗，有一竿似此，必滿林皆然，赶取稍大者截去三尺，通其節以糞壅之即止。否則通園伐盡，多用人工挖去宿根，令新種竹根有地可容，庶不開花結子。此物生成之後，一年一度愈斬愈生，笋可爲乾，葉可燒灰，枝能作柴，斬竹發賣，價亦不薄。近日如竹籠、竹柄杓、竹篙、竹竿、竹纜、竹繩、竹箍、竹床、竹壁、竹檯、竹椅、竹箱、竹杠、竹輿、竹筏，及傘骨、扇骨、燈籠骨、竹帚、竹釘之類。古人謂不可一日無此，非無見也。凡造苦竹、淡竹林之法，取連根新竹，斬去竹尾，其斬口包以竹皮，以避雨水，離五尺種一竿，至第二年即生筍。過密則竹竿必細，過疏則日光射地，不免乾枯。去此諸弊，久則成林。又造孟宗竹林法，此竹之竿，圓大直上，高三四丈，徑有數寸餘者，質美肉厚，筍味尤佳。選已生二年老竹，連根挖來，開二尺深之穴，先放糞艸於内，去尾留根以上之三四節種之，栽植得宜，三年外即多新筍，漸以成竹。至七八年，堆樹葉塵草於林内，一律斬去，老竹以存二百内外爲率。根有出地面者，於八月内埋之，如見惡劣之根，則斬而棄去。肥料不缺，竹筍俱多，無他法也。兹將竹類約畧言之於左。

清 謝旻《江西通志》卷三〇九 竹深亭，傅若金記：新淦之鵬溪，有廖隱君叔敏，性嗜竹，自號竹窗。其孫中山，嗜竹猶其祖。故屋旁多植美竹，而築亭其中，名以竹深。

清 何剛德《撫郡農産攷畧·竹》 竹有茅竹、筀竹、紫竹、斑竹、苦竹、簩竹、淡竹、箭竹、水竹、慈竹、實竹、觀音竹、桃竹、篁竹、白竹各類。諸竹撫郡皆有之，以茅竹爲最多。竹近兆節，密者爲雌，疏者爲雄，枝葉下垂者爲雌，上竦者爲雄。　天時：立春前後移栽，次年發笋，又次年成小竹，高七八尺，以後愈大，可以砍伐。竹每年立春萌笋，春分出土，穀雨上林，以後可日高一尺。

竹之大小，在出土後辨之。出土後其末大者，後日之大如之，其末小者，後日之小亦如之，不稍增減。種竹宜雨後，竹忌大風雪，易致壓倒。冬令陽和則生笋，嚴寒則無。凡竹，本年當年，次年爲忘年。當年之竹，前歲冬間多冬笋，本年仍有春笋，本年冬及次年春則無笋。多笋則多竹，故謂之當年，無笋則無竹，故次年謂之忘年。當年、忘年，民間俗語也。黄皮竹三届當年，青皮竹兩届當年，白皮竹本届當年，俱可用。本年者可以做紙。　地利：喜潤惡燥，宜大山窠，窠大而深尤好。宜栽於東北隅，竹性趨西南，東北隅有竹，其西南隅不種自長。然土鬆之地，竹鞭即趨赴之，不專在西南也。　人事：種鞭生竹，以舊笋已成新笋未行之雌竹，劚向陽地使鬆，用馬糞和土實之，積土稍高，令雨潦不浸。種叢生竹，以新笋成竿之雌竹，斧其根，去其梢，留六尺長，洞其節使穿，宜斜栽，使兩竹交加，中用篾縛，竹内灌水無乾，生笋即止。或掘新竹根莖，去葉與梢，窩地中，窩深尺餘，闊倍之，每窩下樹杙作品字格，竹居其中，四圍縛以篾，則本固而不摇。引笋之法，鋤地溝，將嫩笋連頭梢卧土中，則節節生笋。伐竹宜將餘兆砍破，積久自爛，所剩之竹亦不致氣壞。肥料宜塘沙、馬糞、腐草、宰猪毛血水。竹生實則滿林枯死，初生時，擇大竹，於近根三尺許截斷，通其節，灌以人糞，即止。　物用：筀竹，幹小穰薄，可織器，可爲篳。篛竹，葉可造篷，可裹粽，幹可爲筆管、箬箸。淡竹可入藥。箭竹可作釣竿。實竹可作杖。觀音竹可供盆玩。桃竹可爲簟。篁竹可爲笛。白竹可爲紮篾，爲筐籃。茅竹幹最大，其用最廣，大者每株值二百餘錢，小者亦值錢數十。竹始生爲笋，冬月生者爲冬笋，立春後生者爲春笋。冬笋每斤值二三十錢，春笋半之。笋曬乾，上者爲玉蘭片，次合笋，再次明笋。竹與笋均可造紙。金邑斷笋，杪造毛邊紙，中節造表心紙，挨根者最老，造粗紙，紙坊、各村多以種竹造紙致富。宜邑亦以山糧户爲富户，樹竹多故也。樂邑毛邊紙分上、次兩色。崇仁、宜黄斗方紙，有廠紙、薄紙、户紙三種。凡紅竹參用禾稈者爲粗草紙，新竹未發枝葉者爲白玉泉紙，有枝葉而竹尚嫩者爲毛邊紙。新老竹四六摻用者爲膏紙，老竹皮摻用禾稈者爲爆竹紙，新老竹摻用者爲小竹庄紙。毛邊紙每擔，上者貴時值錢七千，賤亦六千；　次者貴時值錢六千，賤則五千。草紙每綑值錢二百有餘。爆竹紙八九塊可售英洋壹元。小竹庄紙五塊可售英洋壹元。崇邑工造紙，宜邑供販運。宜黄紙蓋多購自崇邑。崇邑所産，每歲約四十萬塊，值銀八萬餘兩。宜邑所産，每歲十餘萬塊，值銀二萬兩。樂邑所産，歲入約四千兩。臨、東二邑，不能造紙。造紙之法，取竹皮放泉水中，用石灰壓浸約五六個月，竹即成絲，仍放活水中挪浄。在空山挖大窠，用頂大土鍋，上放木桶。置竹絲桶中，火蒸半日。復放活水中挪浄，以水碓打之，細爛成粉，傾放紙槽内，清水攪勻，用竹簾撈取。凡竹簾式，紙之長短廣狹，即因之。挨次撈放架上，積至尺許，壓乾而曬之。金邑截竹入土窖，不必取皮，石灰壓浸約二十天，融爛如泥。不用水洗，煮之鍋中，火烈水沸，竹如豆漿。鍋上有無底木桶，置木簾桶中，竹漿浮於簾上，即便提出，攤貼墻上，冬則置火墻下以烘之。紙之粗嫩不同，故其做法亦不一律。然非有山泉可用水碓之地，不能造也。

清　劉國光《長汀縣志》卷三一《竹屬》　慈竹，吴筠曰：慈竹生必内向，示不離本。《述異記》所謂南中子母竹也。漢章帝時，子母竹生白虎殿前。宋子京《方物贊》曰：根不他引，是得慈名。中實外堅，筍不時萌。未或下垂，苒弱緑榮。唐明皇詔諸王曰：人世父子兄弟觀此可爲鑒者。一名孝竹，又名義竹，故以此列群竹之首云。其瀝性寒，能療熱風。　筀竹，性堅色蒼白，可破絲織器。《廣東新語》：筀竹，葉細節疎，宜作密絲。《山經註》曰：筀竹，大者圍二尺，長四丈。石介詩：斷霞半赭燕安木，零露偏留筀竹叢。又名防露，言其上密防露，下疎來風。　貓竹，葉細幹大，春時生筍可食。其性極堅勁，可爲器及治室。有大近斗者，編以爲筏，器用多需之。一名矛竹，亦曰毛竹，當是貓音之訛耳。　箭竹，細小而堅實，通竿無節。《爾雅》曰：篠，箭。謝靈運《山居賦》：二箭殊葉。自註云：苦箭大葉，笄箭小葉，用爲箭幹最宜。《月令》曰：短至則伐木取竹箭。《周禮・夏官》：東南曰揚州，其利金錫竹箭。　苦竹，《圖經》曰：出閩中者本極麤大，筍味殊苦。孟浩然詩：風霜苦竹餘。《齊民要術》：有青苦、白苦、紫苦、黄苦。《山陰賦》曰：四苦味齊。杜甫詩云：青冥亦自守，輭弱强扶持。味苦夏蟲避，叢卑春鳥疑。軒墀曾不重，翦伐欲無詞。幸近幽人屋，霜根結在兹。其性柔輭，可爲繩索。又有一種名苦伏，其筍冬生，土人以爲珍味。　苦油竹，肉厚而葉長闊，可爲鎗，中虎即斃。　赤竹，節長質勁，肉厚而直，亦可爲箭。　江南竹，深根勁節，可爲轎輿。其筍冬生，食之味美。　筋竹，戴凱之《竹譜》云：長二尺許，圍數寸。性至堅利，南土以爲矛。其筍未成竹時，堪爲弩弦。舊志云：肉厚而竅小，其大次於貓竹，可爲弓矢。或訛爲箕竹。又一名筯竹。筯通作竻。　石竹節疎而平，可爲器用。　箬竹幹低小而葉大於他竹，長近尺，廣寸餘。斗篷、船篷皆取其葉爲之。舊志作箬竹，則恐有悞。　方竹外方内圓，體如削成，可爲煙（幹）（竿），作杖尤佳。　紫竹此物之生二年色乃變，三年而紫。園池種之，亦可供玩，取其中繩者作簫尤雅緻也。　人面竹即佛眼竹也。離地數節而凹，宛如人面，二三尺間亦有凸者。人取之爲杖甚雅。　含竹《通志》曰：含孕竹大如手指，士人常以之編藩籬。　黄竹小而色黄，一名界金竹。其筍季夏方生。　鳳尾竹梢葉森秀，宛如鳳尾。高二三尺，纖小可玩。　斑竹皮有黑斑，古傳湘妃灑淚成痕，因以爲名。劉禹錫詞云：漢湘神，斑竹枝。斑竹枝淚痕點點，寄杷思楚客。欲聽瑶瑟怨漢湘。深夜月明時。一種斑竹，羅紋疎密相間，蒙以青膜，拂拭之（加）（更明）顯，名小斑竹。　觀音竹細葉蕭疎。幹如簪股，每寸二三節，如籐。其色黑，高只尺餘。植之盆中，可以供玩。若種於地，又能高大。　車竿竹幹不甚大，可爲車竿，因以名之。　定光杖竹一名倒插竹。下小而上稍大。相傳定光插杖而生，故名。　粉竹《閩部疏》曰：粉竹春絲爲佳紙料者，美於江南之白芒。邑間有之。　黑竹質如藤，長丈餘。色理如鐵。　緑竹舊志誤緑作菉。按《説文》引《詩》作菉竹。《韓詩》作菉薄。菉既非色，而薄又非竹，不可合爲緑色之竹箭。《爾雅》云：菉，王蒭竹，萹蓄，故毛氏以爲二草。《杭邑志》云：緑竹，其根蔓延，其幹挺秀，其葉繽紛，比他竹更青葱可愛，分明是言其色緑也。今從之。　療弔竹叢生，大如釵股，高不盈尺。根似細辛，味辛性烈，治痧症最佳。　樱竹幹如人指，每節有皮裹之，其形如櫻，錯綜若織。中虚如鐵，孔大，高二三尺，植之盆中可玩也。地莳之。亦有大如蔗，長五六尺者。湯志堯詩云：此君抱質實貞堅，節概絲綸兩並全。亦自猗猗三五夜，琅玕弄影對明蟾。　篁竹筍八月生，皮黑紫色。其心實長而成竹，節促體圓，質堅皮白如霜粉。大者宜作筏，細者可爲笛。縣北五十里有山與江西瑞金界者，常産此竹，因以篁竹名其嶺焉。

清　李鴻章　光緒《畿輔通志·物産·木屬》　竹之品，甜竹、苦竹、緑竹。《析津志》燕故難竹至水盡頭，林林畝畝。竹杖始枝，筍丈猶獐，竹粉生於節，筍梢出於林，根鞭出於籬，孫大於母。《帝京景物畧》城東麻子港甚繁，筍亦可食。《昌平州志》棘北嶽之山，多枳棘剛木。《山海經》心赤而外有刺，有赤、白二種。其刺亦有直者、鈎者。《爾雅翼》

清　陳昌齊　道光《廣東通志》卷九七《輿地略十五·竹類》　雲丘竹。一節爲船，出扶南。然今交廣有竹，節長二丈，其圍一二丈者，往往有之。《南方草木狀》　篔簹竹。皮薄而空多，大者徑不過二寸。皮麤澁以鎊犀象，利勝於鐵。同上《嶺表録異》曰：篔簹竹可爲錯子錯甲，利勝於鐵。若鈍，以漿水洗之，還復快利。《太平御覽》出陽江、新興、陽春、德慶。《肇慶府志》　石林竹。似桂竹，勁而利，爲削切割象皮如刀。《南方草木狀》　揭陽、大埔、普寧頗多。《潮州府志》　思摩竹。如竹大，而筍生其節。筍既成竹，春而筍復生節焉，交廣所在有之。《南方草木狀》　越王竹。根生石上，若細荻，高尺餘，南人愛其青色，用爲酒籌，云越王棄餘算而竹生。同上謹案：與草部之餘算名同而實異。　桃枝竹。裴氏《廣州記》曰：有桃竹，《太平御覽》　皮滑而黄，可以爲席。　篔簹最大。大者中甑。射筒薄肌，而最長，節中貯箭，因以爲名。　箖箊葉薄而廣，越女試劍竹是也，桃枝是其中最細者。《竹譜》謹案：即今之桃絲竹也。　無筋竹。竺法真《登羅山疏》曰：嶺南道無筋竹，惟羅浮山有之。其大尺圍，細者色如黄金，堅貞疏節。　卭竹。《羅浮山記》曰：卭竹本出卭山，而此山左右時有之，鄉老以爲杖。　䈽竹。顧微《廣州記》曰：一名員當，節長一丈。《吴録》曰：始興曲江縣有篔簹竹，圍尺五寸，節相去六尺，夷人以爲布葛。俱同上丹竹，一名簞竹。《韶州府志》　沙麻竹。《南越志》曰：人削以爲弓。《嶺表録異》曰：沙摩竹，廣、桂皆植。大如盆碗，竹厚而空小，一人止擎一莖，堪爲茅屋之椽檁也。其種者多釤其竿，每截二尺許釘入土，不逾月而生根葉，明年長芽筍，不三載而爲林。南人淹以鹽爲筍笴。《太平御覽》　笣竹。顧微《廣州記》：平鄉縣有笣竹，堪作布。　棘竹。沈懷遠《南越志》曰：宋昌縣有棘竹，長十尋，大如瓮，其間短者輒六七丈也。竹叢薄，葉下有鈎刺，或有條末如芒針。《嶺表録異》曰：南土有棘竹，枝上有刺，南人呼「棘」爲「勒」，自根横生，枝條展轉如織。雖野火焚燒，只燎細枝嫩葉，春叢生，轉復牢密。邕州舊以棘竹爲墻，蠻蜓來侵，竟不得入。俱同上謹案：即今之竻竹也。　阮俞竹。番禺山一名禺山，或云黄帝二庶子善音律，採崑崙竹制黄鐘宫，隱此山。一云採阮俞竹。《南海古蹟記》《南征紀畧》云：磵中遠近悉生菖蒲及阮俞竹，藻川瀆石，芳風交馥。《精華録訓纂》　斑竹。《唐書·地理志》：嶺南雷州土貢斑竹。今潮地亦有之。《潮州府志》　封川海康有之。《黄志》　鳳尾竹，出封川，笋大肥美，爲諸笋冠。　箭竹，出高明新興，堅勁疏節。　筆竹，出高明、新興山中，輕堅不蠹，勝於斑管。石竹，堅勒如石，出陽江恩平、高明。大者徑二寸，老而堅者刀斧不能入，可禦倭刀。　馬蹄竹，出封川，榦如馬蹄。牛角竹，本大末小，出開建。白耀竹，出陽春西山，如白象牙。平南竹，新興陽春、陽江、封川、開建皆有之，種出平南，故名。佛肚竹，出陽江、封川，俗呼人面竹，節小而中大，堪作杖。澧竹，種自封川，根鬚纏糾，取筍最難。花竹，出四會、廣寧，作器頗雅。折尾竹，一名櫂竹，出陽春。《肇慶府志》謹案：瓊州亦産人面竹。　木竹。《竹譜》：韶州多生竹，一莖如萬歲藤，一節長四尺。無花而實，實如草豆蔻，土人鹽之以爲果，筍生時礧礧，然不堪食。《黄志》　方竹，出乳源。蓼竹，出英德。《韶州府志》謹案：羅浮山亦出方竹。　龍鍾竹。《南越志》云：羅浮山生竹皆七八圍，節長一二丈，謂之龍鍾竹。《齊民要術》貞元五年，番禺有海户犯鹽禁，避罪羅浮山。至第十三嶺遇巨竹，百丈，萬竿，竹圍二十一尺，有三十九節，節長二丈。海户因破之爲篾，會罷吏捕，遂挈而歸。時有軍人獲一篾，以爲奇貨，後獻於刺史李復，復命陸子羽圖而記之。許氏《説文》有長竹、節竹，謂之「笭」，音鍾得非羅浮山龍鍾之義乎？《北户録》嘗有鸞棲宿。《自孔六帖》謹案：笭，許氏《説文》無此字，疑是「篛」字之誤。《惠州府志》以此竹即石林竹，未知孰是。　竹葉符。羅浮有竹葉符，片片有篆文，可以辟書中蠹。《嶺南雜記》　符竹生劉仙壇左右，葉上有文如篆籀，蓋蟲行之文。《羅浮山志》　桂竹。《圖經》：今之刺船者多用桂竹。按：桂竹，古之筀竹。石介詩：「斷霞半赭燕支木，零露偏留筀竹叢。」蓋其葉密防露，故又名防露竹。今揭陽人多取以制器，甚精巧。黄竹，小而色黄，一名界金竹，生海陽、揭陽、普寧諸山谷中。赤竹，出潮州，竹圍二尺而皮赤。緑竹，葉生繁茂，揭陽、大埔人珍之。《潮州府志》鑒竹，出雷州。《黄志》　粉竹。因其皮有白粉而名，大者徑二寸以上，節長及二尺，肉薄。俗用作精緻器，粗器則用青篙竹。《潮州府志》　大茆竹，出崖州。青竹，出樂會。横枝竹，出樂會。　大頭竹，圍二尺許，高三四丈，居民以爲梁棟。《黄志》　藤竹，堅實耐久，長踰尋丈。瓊南與諸花雜種以爲園林雅玩。《粤東筆記》　雲母竹，大竹也。樕竹，細而多刺者。篋竹，堪作笛。篙竹，宜爲屋椽。蔓竹，皮青，内白如雪，軟韌可爲索。　漢竹，大一節受一斛，小者數升爲椑榼。利竹，蔓生堅韌。郝志　箘、簵二竹亦皆中矢，出雲夢之澤，皮特黑澁，以此爲異。《吕氏春秋》云：「駱越之箘。」然則南越亦産，不但荆也。《竹譜》　百葉竹。生南垂界，甚有毒，傷人必死。一枝百葉，因以爲名。劉淵林云：「篣竹有毒，黎人以刺虎豹，中之輒死。」或一物二名，未詳其同異。《本草綱目》　蘇麻竹。長數丈，大者尺餘圍，概節多，枝叢生四枝。葉大如履，竹中可愛者也。五嶺左右遍有之。同上　簜竹。葉大且密如蘆葦。《桂海虞衡志》　釣絲竹。類簜竹，枝極柔弱。同上　棕竹。幹如竹而實心，密節，皮青色，外有棕皮節包之。葉與竹無異，最難長，可爲杖。《嶺南雜記》　鶴膝竹。可爲杖，其節如雞腿，亦名雞腿竹。同上　放杖竹。似竹而非竹，亦木類也。浸酒服之理腰脚，老人服之，一月放杖，故名，出羅浮。《羅浮山志》

清　董天工《武夷山志》卷一九《物産・篁屬》

毛竹，生一曲毛竹洞，每節旁生枝，枝之巨細與幹等，異種也。　方竹，遍山皆有之，幹正方，八月生笋，味甚甘。　雙幹竹，生七曲城高巖寺後，出土尺許，分兩枝置上，亦名同根竹，今無。　元謝宗可《同根竹》詩曰：競秀亭亭一種奇，駢頭曾脱錦綳兒。西山二子情依舊，湘浦雙娥影自隨。高節元非連理樹，虚心共是傲霜枝。莫教移作仙人杖，恐化雌雄下葛陂。　笻竹，一名鶴膝竹，又名浄瓶竹，節大而莖細，最宜杖。生山北章堂巖一帶。　明丘雲霄《湛翁攜鶴膝竹杖贈别藍原之上》詩曰：鶴膝逢仙授，龍笻得舊傳。葛陂憐往事，藍澗紀何年。登眺交盟重，煙霞引興偏。從來神物異，不敢渡延川。

清　穆彰阿《清一統志》卷四〇三《雅州府二》

邛竹《元和志》：邛來山竹，高節實中，堪爲杖。

清　張英《淵鑑類函》卷四一七《竹二》

《三輔舊事》曰：武帝作延陵及廟，竇將军有青竹園在廟南，恐犯蹈之，言作陵不便。增：《後漢書》曰：寇恂爲河内太守，講兵肄射，伐淇園之竹爲矢百餘萬。《三輔決録》曰：蔣詡舍中竹下開三徑，惟羊仲求仲從之遊。《五色線》：馬均大巧能削竹作人語，時天下大旱，人皆將酒與此竹人語，天下須臾雨也。《晉書》曰：杜預討吴州郡，多望風歸附，或曰：百年之寇未可盡剋，候來冬更爲大舉。預曰：今兵威已振，譬如破竹數節之後，皆迎刃而解，無復著手處也。《彙苑詳註》曰：阮籍遊薊門山，見一隱者，莫知姓名，惟有竹實數斛杵臼而已。《南史》曰：齊南海王子罕母尚容華嘗寢疾，子罕晝夜祈禱，于時以竹爲燈纘照夜，此纘宿昔枝葉大茂，母病亦愈，以爲孝感所致。《隋書》曰：明克讓年十四，　釋褐爲湘東王法曹參軍時，舍人朱異在儀賢堂講《老子》，克讓預焉堂邊有修竹，異令克讓詠之，克讓攬筆輒成。其卒章曰：非君多愛賞，誰貴此貞心。異甚奇之。《異苑》曰：東陽留道德家中，筋竹林忽生連理。【略】《唐書》曰：大中四年，党項内掠邠寧詔鳳翔李業，河東李拭合節度兵討宰相白敏中爲都統，帝出近苑，或以竹一個植舍外，見纔尺許，遠且百步，帝屬二矢曰：党羌窮寇，仍歲暴吾鄙，今我約射竹中，中則彼當自亡，不中我且率天下兵翦之，一發竹分矢徹諸外，左右呼萬歲。閲月羌果破殄。《玉堂閑語》曰：唐天復甲子自隴而西亢暘竹皆結子，饑民采食，珍於粳糯，味更馨香。　又曰：李從儼有竹千畮在鳳翔，懼侵民利，未嘗省理。《宋史》曰：乾道七年，池州竹生穗，實如米，饑民采之以食。守臣魯謽爲野竹生穀圖以獻。　又曰：寇準在雷州踰年，既卒，衡州之命乃至，遂歸葬西京，道出京南，公安縣人皆設祭哭於路，折竹植地，掛紙錢逾月。視之枯竹盡生筍。金《世宗紀》曰：帝見宫中竹有枯瘁者，欲令更植，恐勞人而止。《金史·五行志》曰：至寧元年，宣宗彰德故竹園，竹開白花如鷺鷥，藤紫雲覆城上，俄而入繼大統。以上竹。【略】蘇軾記曰：文與可嘗令余作《洋州三十詠》，篔簹谷其一也。予詩曰：「漢川修竹賤如蓬，斤斧何曾赦籜龍。料得清貧饞太守，渭濱千畮在胸中。」與可是日與其妻游谷中，燒筍晚食，發函得詩失笑，噴飯滿案。【略】《南府州記》曰：辛居士名仲宣，家貧。春月鬻笋充觴酌，截竹爲甖，用充盛貯曰：我惟愛竹好酒，欲令二物常相並耳。以上笋。　《竹三》：七賢　六逸《晉書》：嵇康所與交者阮籍、山濤、向秀、劉伶、阮咸、王戎爲竹林之遊，世稱竹林七賢。《唐書》：李白與孔巢父、韓準、裴政、張叔明、陶沔居徂徠日沉飲，人號竹溪六逸。共谷梁園　《山海經》：長石山之西有共谷，其中多竹。下見竹二《漢書》。　玉潤　碧鮮　上見下五南朝：梁簡文帝賦。《五代史》：扈載遊相國寺，見庭竹可愛，作《碧鮮賦》題其壁，世宗聞之，遣小黄門就壁而録之，覽而稱善。　原：既四時之不改　豈一日之可無。《禮記》：禮之於人如竹箭之有筠，故貫四時而不改柯易葉。《世説》：王徽之字子猷，時吴中士大夫家有美竹，欲觀之，便乘輿造竹下詠嘯良久，主人灑掃請坐，不顧而去，嘗借居空宅，便令栽竹，或問之，徽之但指竹曰：「何可一日無此君耶。」　增：漢高爲冠　魏武作甲　上見竹二《漢書》。《世説》：魏武有數十斛竹片，咸長數寸，衆並謂不堪用，太祖意甚惜之，謂可以作竹甲而未顯言，馳問楊德祖，德祖意正同。　鄠杜　檀谿　《漢書》：秦地有鄠杜竹林，南山檀柘號陸海。《梁書》：武帝臨雍州多伐材竹沉於檀谿，積茅蓋之，若山阜然，皆不之用，及起兵悉取檀谿竹木裝爲船艦，葺之以茅，立時取辦。　報平安　問無恙《酉陽雜俎》：李衛公守北平，唯童子寺有竹一窠纔長數尺，相傳其寺綱維每日報竹平安。《翰苑叢話》：潤州甘露寺僧元

耆李德裕贈以方竹杖，杖出大宛，堅實而正，節眼鬚牙，四面對出。公後鎮浙右問僧曰：竹杖無恙否。曰已規圓而漆之矣。　抱貞心　分苦節沈約詩：無人尚高節，徒自抱貞心。柳宗元詩：迸籜分苦節，輕筠抱虚心。　錦衣半著　粉節新塗　楊萬里《新竹詩》：東風弄巧補殘山，一夜吹添玉數竿。半脱錦衣猶半著，籜龍未信怯春寒。又曰：青士何年下太荒，羽儀禁省立如墻。錦綳半脱娟娟玉，粉節新塗拂拂霜。帶雨小酣三日後，出墻忽喜一梢長。今年秋露防多暑，刺借先生格外凉。以上竹。　拆錦　拋簪　白居易《食筍》詩：紫籜拆故錦。王禹偁《笋》詩：田文死去賓朋散，拋擲三千玳瑁簪。　馬蹄　犢角　唐詩：新笋初嘗嫩馬蹄。黄魯直詩：竹笋初生黄犢角。　玉版師　錦綳兒　《冷齋夜話》：東坡邀劉器之同參玉版師，器之每倦山行，聞之欣然至廉景寺燒笋而食，器之覺味勝，問何名。東坡曰：「名玉版，此老師善説法，能令君得禪悦之味。」器之始悟其戲，爲之大笑。張于湖謝笋脯方詩得君新法也，大奇且復從遊錦綳兒。廷秀作經　贊寧爲譜　楊廷秀記張定叟《煮笋經》：江西貓笋未出尖，雪中土膏養新甜。先生别得煮簣法，丁寧勿用醯與鹽。岩下清泉須旋汲，熬出霜根生蜜汁。寒牙嚼作冰片聲，餘瀝仍和月光吸。菘羔楮雞浪得名，不如來參玉版僧。醉裏何須酒解醒，此羹一碗爽然醒。大都煮菜皆如此，淡處當知有真味。先生此法未要傳，爲公作經藏名山。麈史僧贊寧爲《筍譜》甚詳，其掎摭古人詩詠，自梁元帝至唐楊師道皆詩中言及笋者，非專爲題詠也。惟孟蜀時、徐光溥等二人詩句乃在《筍譜》，然退之和侯協律詩獨不見收，何耶。以上筍。　《竹四》：青士，《三水小牘》：竹曰青士。　竹笑，《説文》：竹得風，其體大屈，謂之竹笑。　竹醉，《四民月令》：五月十三日謂之竹醉，又謂竹迷。是日栽竹多盛。《岳陽風土記》又謂之龍生日。　剛柔忠義，《文苑英華》：勁本堅節不受雪霜，剛也。緑葉萋萋，翠筠浮浮，柔也。虚心而直，無所隱蔽，忠也。不孤根以挺聳，必相依以擢秀，義也。　雌雄，《仇池墨記》：竹有雌雄，雌者多笋。自根而上至生梢一節發者爲雄，二節發者爲雌。　祖孫，《竹譜》：凡竹最初種者曰竹祖。唐詩：竹祖護龍孫。　孝竹，《述異記》：漢章帝三年，子母竹筍生白虎殿前，謂之孝竹，群臣作《孝竹頌》。　柯亭，晉伏滔《長笛賦序》：蔡邕避地江南，宿于柯亭。柯亭之觀以竹爲椽，邕仰而眄之曰：「良材也。」取以爲笛，音聲獨絶。　竹中高士，《永嘉郡志》：張鷹隱居頤志，家有苦竹數十頃，爲屋其中。王右軍聞而造之，鷹避之竹中，不與相見，一郡號爲竹中高士。　直造竹所，《宋書》：袁粲爲丹陽尹，郡南一家頗有竹石，粲率爾步往，不通主人，直造竹所，主人出，語笑款然，而車騎羽儀至門，方知是尹　義竹，《天寶遺事》：帝遊後苑，有竹叢密筍不出外，帝顧諸王曰：「父子兄弟相親當如此。」因謂義竹。　竹中有兒，《華陽國志》：有竹王者興于遯水，先是有女

子浣于水濱，有三大竹流入足間，推之不去。聞竹中有兒聲，持歸破竹得男，長有武才，遂雄夷狄，以竹爲姓。植所破竹于野遂成林，今王祠竹林是也。　節中有人，《異苑》：建安篔簹竹節中有人，長尺許，頭足皆具。　香如雞舌，《清異録》：荆南判官劉彧棄官遊秦隴閩粤，篋中藏大竹十餘頭，每有客至斫取少許煎飲，其辛香如雞舌，人叩其名，曰謂之丁香竹，非中國所産也。　葉如蟲狀，《清異録》：江湖間有一種竹，其葉糾結如蟲狀，山民曰此蚱蜢竹也。　圓通居士，《清異録》：比丘，海光住廬山石虎菴，夜夢人長清瘦而衣斑衣，自言捨身爲菴中供養具，俄窗外竹生一笋，花紫㩳如夢者之衣，及成竹高六尺餘，無節。其色黄緑，瑩淨可愛，光用爲拄杖，目曰直兄。後來都下因言夢中之，人自稱圓通居士。　瑞竹，李方叔《西遊記》：司馬公獨樂園有竹一本，去地二尺，分爲二幹，並生六節，節間容線復合爲一，洛中號爲瑞竹。以上竹。　簸筍，《廣志》：魏漢中太守王圖每冬獻筍俗謂之簸筍。　上番黄庭堅詩：竹須辰日斸，笋看上番成。　大如臂，《海槎録》：酸筍出粤南，大如臂，沸湯泡去苦汁，投井水中二三日，縷如絲繩，醋煮可食。　稚子唐人食筍詩：稚子脱錦棚，騈頭玉香滑。稚子即筍也。　仙人杖，《本草》：自死筍名仙人杖。以上筍

清　汪灝《廣群芳譜》卷八二《竹譜》　《易·説卦》：震爲蒼筤竹。《疏》：竹初生之時，色蒼筤，取其春生之美也。《書·禹貢》：　禮器：其在人也，如竹箭之有筠也，如松柏之有心也，二者居天下之大端矣，故貫四時而不改柯易葉。《周禮·春官》：孤竹之管，冬日至，於地上之圜丘奏之。《注》：孤竹，竹特生者。　孫竹之管，夏日至，於澤中之方丘奏之。《注》：孫竹，竹枝根之末生者。　陰竹之管，於宗廟之中奏之。《注》：陰竹，生於山北者。《夏官》：東南曰揚州，其利金錫竹箭。《史記·河渠書》：天子自臨决河，沈白馬玉璧於河，令群臣從官，自將軍已下，皆負薪寘决河。是時東流郡燒草，以故薪柴少，而下淇園之竹以爲楗。《注》：樹竹塞水决之口，稍稍布插接樹之，水稍弱，補令密。《漢書·地理志》：秦地有鄠杜竹林，南山檀柘，號稱陸海，爲九州膏腴。《晉書·紀瞻傳》：瞻立宅於烏衣巷，館宇崇麗，園池竹木有足賞玩焉。《王徽之傳》：吴中一士大夫家有好竹，徽之欲觀之，便出坐輿造竹下，諷嘯良久，主人灑掃請坐，徽之不顧，將出，主人乃閉門，徽之便以此賞之，盡歡而去。嘗寄居空宅中，便令種竹，或問其故，徽之但嘯詠指竹曰：「何可一日無此君耶！」《梁書·處士傳》：阮孝緒所居室惟有一鹿牀，竹樹環繞。《南史·袁粲傳》：粲家居負郭，每杖策逍遥，當其意得，悠然忘反。郡南一家，頗有竹石。粲率爾步往，亦不通主人，直造竹所，嘯詠自得。主人出，語笑款然。俄而車騎羽儀並至，方知是袁尹。《沈約傳》：約孫衆，字仲興。好學，頗有文詞，仕梁爲太子舍人。武帝召見於文德殿，帝令衆爲竹賦，賦成，奏之，手敕答曰：「卿文體翩翩，可謂無忝爾祖。」《北史·楊愔傳》：愔一門四世同居，家甚隆盛，昆季就學者三十餘人。學庭前有柰樹，實落地，群兒咸争之，愔頹然獨坐。其季父暐適入學館，見之，大用嗟異。宅内有茂竹，遂爲愔於林邊別葺一室，命獨處其中，常銅盤具盛饌以飯之。因以督厲諸子曰：「汝輩但如遵彦謹慎，自得竹林別室、銅盤重肉之食。」《唐書·文藝傳》：王維別墅在輞川，有竹里館。《五代史·周臣傳》：扈載，字仲熙，少好學，善屬文。因遊相國寺，見庭竹可愛，作《碧鮮賦》題其壁。世宗聞之，遣小黄門就壁録之，覽而稱善。《宋史·五行志》：太平興國八年十月乙酉，蜀州獻瑞竹，一本十六節，上分兩枝。　雍熙三年四月，眉山縣獻《異竹圖》。　淳化二年二月，射洪縣安國寺竹二莖同木（本）。　六月，舒州竹連理，知州樂史以聞。　至道元年十一月，潭州監軍廨生竹一本，長二尺許，枝葉萬餘，尤爲殊異。　景德三年十二月，蓬州上《瑞竹圖》。　大中祥符八年四月，開元寺桃竹一莖，上分十八節，皆相對。《寇準傳》：準歸葬西京，道出京南公安縣，人皆設祭，哭於路，折竹植地，掛紙錢。逾月視之，枯竹盡生笋，衆因爲立廟，歲時享之。《山海經》：英山其陽多箭䉋。　竹山其陽多竹箭。　踰次之山其下多竹箭。　翠山其下多竹箭。　高山其草多竹。　京山多竹。　蟲尾之山其下多竹。　軒轅之山其下多竹。　渠猪之山其上多竹。　蔓渠之山其下多竹。　牡山其下多竹箭、竹䉋。　長石之山其西有谷焉，名曰共谷，多竹。　夸父之山，其木多竹箭。　荆山其草多竹。　大堯之山，其草多竹。　師母之山，其草多竹。　求山其木多䉋。　從山其下多竹。　雲山有桂竹，甚毒，傷人必死。　龜山多扶竹。　丙山多筀竹。　大夫之山，其草多竹。　暴山其木多竹箭、䉋箘。　附禺之山有丘，方圓三百里。丘南，帝俊竹林在焉，大可爲舟。《注》：俊，舜字假借音。言舜林中竹一節，則可以爲船也。《汲冢周書》：路人大竹。《注》：路人東方蠻，貢大竹。【略】《家語》：山南之竹，不揉自直，斬而爲箭，射達犀革。《戰國策》：薊丘之植，植於汶篁。《注》：竹田曰篁。《索隱》云：言燕薊丘之植，植齊王汶上之竹。漢水重安而宜竹。丘陵坂險不生五穀者，以植竹木。《禮斗威儀》：君乘木而王，其政太平，蔓竹紫脱，爲之

長生。《孝經河圖》：少室之山，有爨器竹，堪爲釜甑。《三輔黄圖》：竹宫，
甘泉祠宫也，以竹爲宫，天子居中。《三輔舊事》：竇將軍有青竹田。【略】
增：《湘中記》：文竹山上有石牀，方高一丈。四面緑竹扶疎，常隨風委
拂此牀。【略】《洛陽伽藍記》：永寧寺僧房樓觀一千餘間，翠竹香草布濩堦
墀。《述異記》：東海畔有孤竹焉，斬而復生，中爲管。　衛有淇園，出竹在
淇水之上，詩云「瞻彼淇澳，緑竹猗猗」是也。《高士春秋》：王徽之以菖蒲
映竹曰：「菖蒲止以九節爲貴，而此君面目聳然，正當再拜此君，而此君亦安
得不受之耶？」《述征記》：山陽縣城東北二十里，魏中散大夫嵇康園宅，竹
林時有遺竹也。《清異録》：江湖間有一種野竹，其葉糾結如蟲狀。山民曰：
此蚱蜢竹也。《獨樂園記》：沼北横屋六楹，前後多植美竹，命之曰種竹齋。
《夢溪筆談》：近歲延州永寧關大河岸崩，入地數十丈，土下得竹筍一林，凡
百莖，悉化爲石。延郡素無竹，此入在數十尺土下，不知其何代物。無乃曠
古以前，地卑氣濕而宜竹耶？【略】《冷齋夜話》：鄒志完南遷，自號道鄉居
士，在昭州江上爲居室，近崇寧寺。因閲《華嚴經》於觀音像前，有修竹三
根生像之後，志完揭茅出之不可，乃垂枝覆像，有如今世畫寶陀山巖竹。今
猶在，昭人扃瑣之，以俟過客遊觀。　西湖僧清順，怡然清苦，多佳句。嘗
賦《十竹》詩云：「城中寸土如寸金，幽軒種竹只十个；春風慎勿長兒孫，
穿我階前緑苔破。」《洛陽名園記》：富鄭公園，自其第東出探春亭，登四
景堂，則一園之景勝可顧覽而得。南渡通津橋，上方流亭，望紫筠堂而還，右
旋花木中，有百餘步，走蔭樾亭、賞幽臺，抵重波軒而止。直北走土筠洞，自
此入大竹中。凡謂之洞者，皆斬竹丈許，引流穿之，而徑其上，横爲洞一，曰
土筠；縱爲洞三，曰水筠、曰石筠、曰榭筠。歷四洞之北，有亭五，錯列竹中，
曰叢玉、曰披風、曰猗嵐、曰夾竹、曰兼山。　苗帥園北，竹萬餘竿，皆大滿
二三圍，疎筠琅玕，如碧玉椽。　董氏西園有一堂，竹環之，中有石芙蓉，水
自其花間湧出。開軒窗，四面甚敞，盛夏燠暑，不見畏日，清風忽來，留而不
去，幽禽静鳴，各誇得意。此山林之景，而洛陽城中遂得之。《武夷山記》：
峰山頗有佳竹，多虯屈如龍蛇狀。《華陽宫記》：循壽山而西，移竹成林，
復開小徑，至百數步，竹有同本而異幹者，不可紀極，皆四方珍貢，又雜以對
青竹，十居八九，曰斑竹麓。《艮嶽記》：景龍江北岸，萬竹蒼翠蓊鬱，仰不
見天，有勝雲庵、躡雲臺、消閒館、飛岑亭，無雜花異木，四面皆竹也。《避
暑録話》：山林園圃，但多種竹，不問其他景物，望之，自使人意瀟然。竹之
類多，尤可喜者筀竹，益色深而葉密。吾始得此山，即散植竹，略有三四千
竿，雜衆色有之，意數年後所向皆竹矣。戊申、己酉間，二浙竹皆結花而死，
俗謂之竹米，於是吾所植亦槁盡，今所存惟介竹數百竿爾。方其初花時，老
圃輒能識之，告吾亟盡伐去，存其根，則來歲尚可復生，而余終不忍，至已槁
而後伐，則與其根俱朽矣。比雖復補種，而竹種已難得，不能及前五之一，然
猶更須三五年，始可望其干雲蔽日也。《西溪叢話》：李義山《崇讓宅讌
詩「風過廻塘萬竹悲」。洛陽有崇讓坊，有河陽節度使王茂先宅，李即茂先之
婿。　韋氏《述征記》云：此坊出大竹及桃。《却掃編》：蘇黄門子由南遷
既還，居許下，多杜門不通賓客。有鄉人自蜀川來見之，伺候於門，彌旬不得
通。宅南有叢竹，竹中爲小亭，遇風日清美，或徜徉亭中。鄉人既不得見，則
謀之閽人，閽人使待於亭旁，如其言。後旬日果出，鄉人因趨進，黄門見之大
驚，慰勞久之曰：「子姑待我於此。」翩然復入，迨夜竟不復出。西京一僧
院，後有竹林甚盛，僧開軒對之，極瀟灑，士大夫多遊集其間。一日文潞公亦
訪焉，大愛之，僧因具榜乞命名，公欣然許之，攜榜以歸。數月無耗，僧往請，
則曰：「吾爲爾思一佳名，未之得也，姑少待。」後半年方送榜還，題曰：
「竹軒」。余觀士大夫立所在亭堂名，當理而無疵者極少，潞公之語雖質，然
不可破也。《研北雜志》：朱希真常言山陰富水竹，有洛陽許下氣象。《臨
漢隱居詩話》：竹有黑點，謂之斑竹，非也。湘中斑竹方生時，每點上苔錢，
封之甚固，土人斫竹浸水中，用草穰洗去苔錢，則紫暈斕斑可愛。此真斑竹
也。《揮麈餘話》：紹興中趙元鎮爲左相，一日入朝，見自外移竹栽入内，奏
事畢，亟往視之，方興工於隙地，元鎮詢誰主其事，曰内侍黄彦節也。元鎮即
呼彦節詬責之曰：「頃歲艮嶽花石之擾，皆出汝曹，今將復蹈前轍耶？」命
勒軍令狀，日下罷役。彦節以聞於上。翼日，元鎮奏事，上諭曰：「前日偶
見禁中有空地，因令植竹數十竿，非欲以爲苑囿。然卿能防微杜漸如此，可
謂盡忠爾。後倘有似此等事，勿憚以警朕之不逮也。」《邵氏聞見後録》：
仁皇帝嘉祐七年十二月庚子，幸天章閣，召兩府以下觀瑞物十三種，其一爲
瑞竹，一節有二紘並生其中。《吴興園林記》：章氏水竹塢，章農卿北山別
業也，有水竹之勝。《五色線》：竹名魚腸。南朝梁簡文帝蕭綱《修竹賦》：
玉潤桃枝之麗，魚腸金母之名。《丹鉛總録》：竹亦有香，人罕知之。杜詩：

傳》：齊高帝賜僧紹竹根如意筍籜冠，隱者以爲榮焉。《唐書·南蠻傳》：戰以竹籠，頭如兜鍪。　環王以竹爲弓。《風俗通》：殺青書可繕寫，謹按劉向《别録》曰：「殺青者，直用青竹簡書耳。」《南部烟花録》：臨池觀竹既枯，后每思其響，夜不能寢。帝爲作薄玉龍數十枚，以縷線懸於檐外，夜中因風雨相擊，聽之與竹無異。《在窮記》：廣南以竹爲硯。《夢書》：竹爲處士，夢者當歸隱也。《常新録》：宗測樂閑静，好松竹。嘗見日篩竹影上窗，以筆備描之。《尚書故實》：崔魏公説有王修能變竹葉爲黄金。《桂苑叢談》：太尉朱崖公，兩出鎮於浙右。前任罷日，遊甘露寺，因訪别於老僧院，啜茗既終，將欲辭去，公曰：「昔有客遺筇竹杖一條，聊與師贈别，亟令求之。」須臾而至，其杖雖竹而方，所持向上，節眼鬚牙，四面對出，天生可愛。别後不數歲再領，朱方復因到院，問前時拄杖何在，曰：「至今寶之。」公請出觀之，則老僧規圓而漆之矣。公嗟歎彌日，自此不復目其僧矣。《成都古今記》：山濤治郫時，刳大竹，釀酴醾作酒，兼旬方開，香聞百步外，故蜀人傳其法。《畫史》：蘇軾子瞻作墨竹，從地一直起至頂。余問：「何不逐節分？」曰：「竹生時何嘗逐節生？」運思清拔，出於文同與可。自謂與文拈一瓣香，以墨深爲面淡爲背，自與可始也，作成林竹甚精。　朝議大夫王之才妻，南昌縣君李尚書公擇之妹，能臨松竹木石畫。　與可每作竹貺人。一朝士張潛迂疏作謹，文作紆竹以贈之，如是不一。又作横絹丈餘，著色偃竹，以貺子瞻。南昌過黄，借得以倣臨之，後數年會余真州求詩，非自陳不能辨也。余曰：偃蹇宜如季，揮毫已逼翁。衛書無曲妙，琰惠有遺工。乍覩虯如物，初披颯有風。顧藏惟謹鑰，化去或難窮。《老學庵筆記》：北方多石炭，南方多木炭，而蜀又有竹炭，燒巨竹爲之，易然無烟，耐久奇物。王荆公於富貴聲色，略不動心，得耿天騭憲竹根冠，愛詠不已。拄杖，斑竹爲上，竹欲老瘦而堅勁，斑欲微赤而點疏。賈長江詩云：「揀得林中最細枝，結根石上長身遲。莫嫌滴瀝紅斑少，恰是湘妃淚盡時。」善言拄杖者也。筇竹杖，蜀中無之，乃出徼外蠻洞，蠻人持至瀘、叙間賣之，一枝纔四五錢。以堅潤細瘦、九節而直者爲上品。《酒譜》：老杜詩云「醉倒終同卧竹根」，蓋以竹根爲飲杯也。【略】《圖繪寶鑑》：李夫人，西蜀名家，未詳世胄。善屬文，尤工書畫。郭崇韜伐蜀得之。夫人以崇韜武弁，常鬱悒不樂，月夕獨坐南軒，竹影婆娑可喜，即起揮毫濡墨，横寫窗紙上。明日視之，生意具足。自是，人間往往效之，遂有墨竹。　宋徽宗作墨竹，緊細「風吹細香。」　李賀詩：「竹香滿幽寂，粉節塗生翠。」《閩部疏》：延福以南，有竹叢生，涉冬抽萌，慈竹類也。而長刺雲，大者拱把。吴越慈竹，迥出其下。粉竹春絲，爲佳紙料者，美於江東白苧。《荆溪疏》：金沙寺在湖汊東南一里，唐陸希聲舊宅，今尚有讀易臺，遶寺竹竿可數萬箇。《居山雜志》：美竹高者至數丈，其名曰毛竹，並山左右皆有之。三伏蔭其下無暑氣，然獨宜山岡則生，移之平陸則弗活，其餘竹數甚多，無踰此品。遊人多愛刻名其上，題蹟可經數年不壞，久之，益若蟲書古篆可觀。《玉堂漫筆》：衡山後生竹最大，名曰南竹。土人截取其筒以爲甑，節處可製盥盆，然在深山中人跡不到之處。《月河梵苑記》：聚景亭東隙地，植竹數挺，曰竹塢。《遊台宕路程》：玉京洞天前蔭美竹，從竹間見晚煙，野色甚媚。《越遊雜記》：太平菴看竹，俱大如汲桶，而毛葉離離，不啻雲鳳之尾。《燕都遊覽志》：駙馬都尉萬公白石莊，在白石橋北，臺榭數重，古木合抱，竹色葱蒨，盛夏不知有暑，附郭園亭爲第一。　《四川志》：邛州南八里有邛崃山，漢張騫奉使西域，得高節竹，植於邛山。漢竇誼居蜀之峨眉，放浪不羈。月夜子規啼竹上，誼曰：「竹裂吾可歸。」峨峰是夕竹裂，黎明遁於峨峰，武帝三徵不起。《福建志》：古田縣有馬山，多竹，可爲楮。　武彝山白雲巖下爲寒巖，右爲毛竹洞，唐李商隱詩：「武彝洞裏生毛竹，老盡曾孫更不來。」《廣東志》：清遠縣五十里曰峽山，相傳黄帝二庶子，南採阮俞竹，爲黄鍾之管，與二臣俱隱此山。祠在廣慶寺東廡，今山上小竹，節間長九寸，圓徑三分，疑此山即阮俞，舊志誤爲崑崙耳。東安縣之東南五里，曰雲浮嶺，上産異竹。

清　汪灝《廣群芳譜》卷八五《竹譜》《史記·西南夷傳》：元狩元年，博望侯張騫使大夏來，言居大夏時見蜀布、邛竹杖。《注》：邛，山名。此竹節高實中，可作杖。《漢書·高祖紀》：高祖爲亭長，乃以竹皮爲冠，令求盜之薛治，時時冠之，及貴常冠，所謂「劉氏冠」也。《注》：應劭曰：「以竹始生皮作冠，今鵲尾冠是也。求盜者，亭卒。薛，魯國縣也，有作冠師，故往治之。」韋昭曰：「竹皮，竹筠也。今南夷取竹幼時，績以爲帳。」師古曰：「竹皮，笋皮，謂笋上所解之籜耳，非竹筠也。今人亦往往爲笋皮巾，古之遺制也。」【略】《南齊書·高逸傳》：徐伯珍少孤貧，書竹葉及地學書。《南史·齊武帝諸子傳》：南海王子罕字雲華，母樂容華嘗寢疾，子罕晝夜祈禱，於時以竹爲燈纘照夜，此纘宿昔枝葉大茂，母病亦愈，咸以爲孝感所致。《明僧紹不分濃淡，一色焦墨，叢密處微露白道，自成一家，不蹈襲古人。　端獻王頵越國夫人吴氏，以淡墨寫竹，整整斜斜，曲盡其態。見者疑其影落縑素。　程堂，字公明，眉人。善畫墨竹。宗文湖州，好畫鳳尾竹，其梢極重，作回旋之勢，而枝葉不失向背。李誕，河間人，多畫叢竹。笋籜鞭節，色色畢具，此宣和體也。莊靖王迺裕，孝宗之弟也。工墨竹。喜作掛屏長竿，枝梢旁出，如檐底乍見，濃墨獵獵，頗具掀舞之態。艾淑，字景孟，建寧人，號竹坡，善畫竹。時又有茅汝元，號静齋，善墨梅。人以「艾竹茅梅」爲稱。陳虞之，字雲翁，號止所。作墨竹，每見竹，折小枝，就日影視之，皆欲精到。《群碎録》：宋魏之間，方言謂「簟」爲「笙」，桃笙以桃竹爲簟也。《雲林遺事》：元鎮嘗自題其畫竹云：以中每愛予畫竹。余之竹聊以寫胸中逸氣耳，豈復較其似與非、葉之繁與疏、枝之斜與直哉？或塗抹久之，他人視以爲麻、爲蘆，僕亦不能强辨爲竹，真没奈覽者何，但不知以中視爲何物耳。《西吴枝乘》：管道昇畫傳者絶少，在吴興者，《錯龍殿畫竹》耳。然志不言管氏作，又以爲子昂讀書其中所作，則真否固未辨也。

清　闕名《名花譜·竹》　湘夫人淚下，洒竹上成斑，因號湘妃竹。　王子猷居必種竹，人問之曰，何可一日無此君。　張薦有修竹數頃，常于竹中爲屋，隱居其中，人造之，遁竹中不得一見。　山濤諸人日縱飲竹林，時號竹林名士。

清　宋犖《筠廊偶筆》卷上　余弟子昭爲司勳郎，冢宰黄公機問曰：「淇園之竹自古稱之，余數過其地，絶無一竹，何也？」子昭對曰：「淇竹自漢已無之矣。」公曰：「有據乎？」曰：「有，昔漢武時，河决瓠子，令群臣自將軍以下，皆負薪置决河。以薪柴少，下淇園之竹以爲楗。」歌曰：「薪不屬兮衛人罪，燒蕭條兮噫乎何以禦水。頽林竹兮楗石菑。」蓋明驗也。公爲嘆服。

雜録

唐　段公路《北户録》卷三　嚴州産越王竹，根於石上，狀若荻枝，高尺餘，土人加其色，用代酒籌。次有沙箸産於海島間，狀如蓴菜，春吐黄花，其心若骨，可爲籌箸。凡欲採者，須輕步扳之，不爾聞人行聲則縮入沙中，了不可取。陳藏器云：越王餘筭味醎，生南海。筭子長尺許。《異苑》云：晉安有越王餘筭菜，白者似骨，黑者似角。古云越王行海中作籌有餘，棄之於水遂生焉。《臨海水土志》曰：越王筭如笄大正白，長尺餘，生海邊沙中，見便取之即可得，心中存來取則入土中。又遠飛云：東海中箸洲，洲上故箸無極，連船取之不盡。世中好失箸，言天下箸，悉歸於此。乃驚耳之説也。

唐　劉恂《嶺表録異》卷下　唐貞元中，有鹽户犯禁，逃于羅浮山，深入第十三嶺。《南越志》云：本只羅山，忽海上有山浮來，相合是謂羅浮山。有十五嶺，二十二峰，九百八十瀑。泉、洞穴，諸山無出其右也。曾有詩曰：四百餘崖海上排，根連蓬島蔭天台。百靈若爲移中土，嵩華都爲一小堆。遇巨竹萬千竿，連亘巖谷。竹圍皆二丈餘，有三十九節，長二丈許。逃者遂取竹一竿，破以爲筏。會赦，宥遂挈以歸。有人得一筏奇之，獻于太守李復，乃圖而紀之。予嘗覽《竹譜》曰：（雲）（員）邱帝竹，帝陵上所生竹。一節爲船，又何偉哉。南海以竹爲甑者類見之矣。皆羅浮之竹也。

清　吴任臣《十國春秋》卷一一五《閩·拾遺》　僧楚照居岐山，刳竹引泉，竹節間生筍，遂成叢竹，後名瑞竹岩。

藝文

《詩·衛風·淇奥》　瞻彼淇奥，緑竹猗猗。【略】瞻彼淇奥，緑竹青青。【略】瞻彼淇奥，緑竹如簀。

晉　江淵《竹賦》　有嘉生之美竹，挺純姿于自然。含虚中以象道，體圓質以儀天。托宗爽塏，列族圃田。緣崇嶺，帶迴川。薄循隰，行平原。故能淩驚風，茂寒鄉。藉堅冰，負雪霜。振葳蕤，扇芬芳。翕幽液以潤本，承清露以濯莖。拂景雲以容與，拊惠風而迴縈。

南朝梁　蕭繹《竹》　嶰谷管新抽，淇園節復脩。作龍還葛水，爲馬向并州。柯亭臨絶澗，桃枝夾細流。冠學芙蓉勢，類作梯花堪威鳳遊。卭王若有獻，張騫應拜侯。

南朝梁　劉孝先《竹》　竹生荒野外，稍雲起類集作聳百尋。無人重類集作賞高節，徒自抱貞心。耻染湘妃淚，羞入上宫琴。誰能制長笛，當爲作類集作土龍吟。

南朝梁　蕭放《竹》　懷風枝轉弱，防露影逾濃。既來丹穴鳳，還作葛陂龍。

南朝陳　陰鏗《侍宴賦得夾池竹詩》　夾池一叢竹，青翠不驚寒。葉醞宜城酒，皮裁類詩作治薛縣冠。湘川染別淚，衡嶺拂仙壇。欲見葳蕤色，類集作凌冬質當來兔苑看。

南朝陳　張正見《賦得山中翠竹》　脩竹映巖隈，類詩作垂乘風異夾池。複澗藏高節，重林隱勁枝。雲生龍未止，花落鳳將移。莫言棲嶰谷，伶倫不復吹。

南朝陳　賀循《賦得夾池竹》　緑竹影參差，嬋娟帶曲池。逢秋葉不落，經寒色詎移。來風韻晚逕，集鳳動春枝。所欣高節類聚作蹈客，來待伶倫吹。

唐　白居易《白氏長慶集》卷四三《養竹記》　竹似賢，何哉？竹本固，固以樹德；君子見其本，則思善建不拔者。竹性直，直以立身；君子見其性，則思中立不倚者。竹心空，空以體道；君子見其心，則思應用虛受者。竹節貞，貞以立志；君子見其節，則思砥礪名行，夷險一致者。夫如是，故君子人多樹之爲庭實焉。貞元十九年春，居易以拔萃選及第，授校書郎，始於長安求假居處，得常樂里故關相國私第之東亭而處之。明日，履及于亭之東南隅，見叢竹於斯，枝葉殄瘁，無聲無色。詢于關氏之老，則曰：此相國之手植者。自相國捐館，他人假居，由是筐篚者斬焉，篲箒者刈焉。刑餘之材，長無尋焉，數無百焉。又有凡草木雜生其中，菶茸薈鬱，有無竹之心焉。居易惜其嘗經長者之手，而見賤俗人之目，翦棄若是，本性猶存；乃芟蘙薈，除糞壤，疏其間，封其下，不終日而畢。於是日出有清陰，風來有清聲，依依然，欣欣然，若有情於感遇也。嗟乎！竹，植物也，於人何有哉？以其有似於賢，而人猶愛惜之，封植之；況其真賢者乎？然則竹之於草木，猶賢之於衆庶。嗚呼！竹不能自異，惟人異之；賢不能自異，惟用賢者異之。故作《養竹記》，書于亭之壁，以貽其後之居斯者；亦欲以聞於今之用賢者云。

唐　白居易《白氏長慶集》卷九《新栽竹》　佐邑意不適，閉門秋草生。何以娱野性，種竹百餘莖。見此溪上色，憶得山中情。有時公事暇，盡日遶欄行。勿言根未固，勿言陰未成。已覺庭宇內，稍稍有餘清。最愛近牕卧，秋風枝有聲。

唐　白居易《白氏長慶集》卷二七《問移竹》　問君移竹意如何？慎勿排行但間窠，多種少栽皆有意，大都少校不如多。

唐　白居易《白氏長慶集》卷三六《洗竹》　布裘寒擁頸，氈履温承足。獨立水池前，久看洗霜竹。先除老且病，次去纖而曲。剪棄猶可憐，琅玕十餘束。青青復籊籊，頗異凡草木。依然若有情，迴頭語僮僕。小者截魚竿，大者編茅屋。勿作篲與箕，而令糞土辱。

唐　杜荀鶴《唐風集》卷一《新栽竹》　劚破蒼苔色，因栽十數莖。牕風從此冷，詩思當時清。酒入盃中影，棊添局上聲。不同桃與李，瀟洒伴書生。

唐　王建《王司馬集》卷四《杜中丞書院新移小竹》　此地本無竹，遠從山寺移。經年求養法，隔日記澆時。嫩緑卷新葉，殘黄收故枝。色經寒不動，聲與静相宜。愛護出常數，稀稠看自知。貧家緣未有，客散獨行遲。

唐　釋齊己《白蓮集》卷一《移竹》　蒨溪千萬竿，風雨夜珊珊。白首來江國，黄金買歲寒。乍移傷粉節，終遶著朱欄。會得承春力，新抽錦籜看。

唐　陳子昂《陳拾遺集》卷三《爲朝官及岳牧賀慈竹再生表》　臣等言：臣聞天視自我人視，天聽自我人聽。故堯臣放命，降震怒之災。姬聖尊仁，受昭事之福。先王所以恭畏上下，祇奉天人。於是有昭德塞違，懲惡勸善，所以明枉直，正典刑。一昨伏奉恩勅，宣示司農卿宗晉卿所奏，日者王德壽等承使失旨，虐濫無辜，災感蝗蟲，毒痛慈竹。寧歲爲之饑饉，甿庶以之流離。寃魄冥呻，元感上惻，乃降明制，發德音，恤淫刑，蠲虐典，於是幽魂雪憤，遺噍昭蘇。枯竹由其再生，蝗蟲爲之韜眚。一作隕跡牂蠻動色，瘴癘收氛，當天札之凶年，致昇平之稔歲，非夫聖靈昭感，天人合符，何吉凶之徵，報同影響，天下幸甚。臣等聞聖人法天，所以順物，小人違道，則必亂常。故虞稱欽明，嚴四凶之罪，魯有仁義，正兩觀之誅，所以邦家用昌，苛慝不作。王某等色厲内荏，心僻行堅，弄措一作指刑之文，爲商夷之法，以訟受服，同惡自尤，竟招殛竄之辜，允肅政刑之序。今日蒼鷹斂翼，乳虎含牙，朝廷無腹誹之憂，天下有刑措之頌。信可以懲殘創酷，誘善旌寃，永清侮弄之階，共登仁壽之域。臣等謬贊臺閣，忝守藩維，實思仰奉大猷，以穆中典。幸屬至聖崇德，小人勿用，凡在庶品，實百恒歡。雖成康頌聲，文景默化，刑清政肅，曾何足云。伏乞書之國經，頒示天下。使四方風動，萬國歸仁。垂範後昆，以爲炯戒。無任慶抃之至。

唐　喬琳《孤竹賦》　有斐君子兮將以自怡，藝孤篠於前墀。玩以時，愜所思，且面陛則陽，笑猗猗而處渭，向砌則燠，祕青青之在淇。問君何事生乎茲，嬋娟抱節而無詞。借而東南之美，會稽千里，阻江阻河，所貴則那，至乃柯葉不二，吁嗟此地，彼其之子，賤目貴耳，豈知孤者取稀，物莫之依。含混元之休氣，吸太陽之清暉。長則尺準，大可寸圍。有美遊兮忘其歸，更憶朝霞露未晞，懸明月而影短，帶疏雨而聲微。覿乎裊娜容與，風生其處，應知默定洪鐘律，幾日能令童子悟，實方就而孤鳳食來，枝或成而一龍飛去。天造自然，含虛佩堅，堅以保名，虛以戒盈。瞻彼標兮人之程，萬類則改，千竿森在，其在伊何？增冰峩峩，瞻彼磷兮不可磨，則知天籟奇兮由我起，道生一兮得我始，得之者非取玩物而已。

唐 喬琳《慈竹賦》 維竹稱慈，幾乎有知。九族敦敘，孝友威儀，是竹必滋。五服相殘，骨肉攜離，是竹必衰。苟自家而刑國，亦觸類而增思，苯蓴固護，檀欒櫛比，如束之稠，如插之密，勁節中聳，攢根內實。聲唯戞風，影不透日，類宗族之親比，同朋友之造膝。至若暮歲窮律，霜凝雪霏，陶鈞無發生之理，松柏有後彫之期。是竹也，叢篁劈開，芽筍怒長，紫籜連披，青筠紛上。有偕老之情，感饋親之養。如受制於籬界，不旁侵於土壤。雨露之澤，謝爾衆芳，細葉未吐，貞心已長。恥高標而迥出，斯裹曲而不揚。匪趨時於律候，寧隨韻於笙簧。保無用而以道自將，愧不才而與物俱昌。苟成陰於隙地，作盛景之清涼。重曰：夫緜緜瓜瓞兮如有子母，邕邕鴻雁兮如次弟兄。於家則疏附禦侮，於國則磐石維城。田氏不分庭之荊，陳家則應天之星。莫不鬱映棠棣，急難鶺鴒。斯竹也，共根連茹，一本千莖。年深轉密，歲晚彌榮。一可以厚骨月，一可以敦友生。於靈臺而莫非信性，彰慈孝而感通神靈。

唐 劉岩夫《植竹記》 秋八月，劉氏徙竹凡百餘本，列於室之東西軒，泉之南北隅，克全其根，不傷其性，載舊土而植新地。煙翠靄靄，寒聲蕭然。適有問曰：樹椅桐可以代琴瑟，植樝梨可以代甘實。苟愛其堅貞，豈無松桂也。何不雜列其間也。答曰：君子比德於竹焉，原夫勁本堅節，不受霜雪，剛也。緑葉凄凄，翠筠浮浮，柔也。虛心而直，無所隱蔽，忠也。不孤根以挺聳，必相依以林秀，義也。雖春陽氣王，終不與衆木鬬榮，謙也。四時一貫，榮衰不殊，恒也。垂蕢實以遲鳳，樂賢也。歲擢筍以成幹，進德也。及乎將用，則裂爲簡牘，於是寫詩書象象之命，留示百代，微則聖哲之道，墜地而不聞矣，故後人又何所宗歟。至若簇而箭之，插羽而飛，可以征不庭，可以除民害，此文武之兼用也。又劃而破之，爲篾席，敷之於宗廟，可以展孝敬。截而穴之，爲篪爲簫，爲笙爲簧，吹之成虞韶，可以和人神，此禮樂之並行也。夫此數德，可以配君子，故岩夫列之於庭不植他木，欲令獨擅其美，且無以雜之乎，竊懼來者之未諭，故書曰《劉氏植竹記》。

唐 劉寬夫《剈竹記》 左史院邇宸居之正地，直日華之東偏，俗塵不飛，人意自遠，閟邃幽閴，似非官曹。有竹一叢，翠接階所，其虛中潔外之操，蔭座祛煩之能，紫微郎高公嘗賦之，固以備盡。然而歲月滋久，蔓衍浸淫，大小相依，高下叢茂，俾日光不透，陰氣常凝，暝色爲之早來，陽春爲之減煦。四序不正，一庭常昏，蚊蝱曹飛，雀鷃自遂，披圖散帙，觀覽不快。二年冬，侍軒之暇，載筆之餘，偶步庭除，病其蔽翳，因命斤斧，將治其蕪，沉吟即時，乃用申誡，且謂其徒曰：礪爾器用，端爾瞻視，謹爾操執，慎爾區分。有其質微而葉環苯蓴者去之，從風而不能自正者去之，大而倚者去之，聚而曲者去之，窳而不能備笙簧之用者去之，挺而不能棲鸞鳳者去之，其有群居不亂，獨立自持，振風發屋，不爲之傾，大旱乾物，不爲之瘁，堅可以配松柏，勁可以凌雪霜，密可以泊晴煙，疏可以漏宵月，嬋娟可玩，勁挺不迴者，爾其保之。既而芟剪成功，繁蕪立盡，去者存者，邪正乃分。不浹旬，扶疏一林，歷歷可見。有清風澡慮之效，皦日明奸之機。檀欒風生，韻合宮徵，君子是以知竹箭之美，尚科別之功，即其他不俟言而詳矣，或以斯爲小，可以伸之，因記一時之妙，廣而述之。

唐 闕名《竹賦》 總群籟以擇音，歷衆材而簡質。惟茲竹之珍勁，獨懷貞而守一。若洗文濃露，濯影華池，離離嘉實，冉冉纖枝。含夕氣而掩翠，照晨旭以舒猗。凌積霜而莫改，因虛心而不虧。上橫桂暉，下拂松蓋。抗修莖於雲表，脱輕花於霞外。千仞未極其高，十圍寧伸其大。既絶群以標傑，亦冠叢而稱最。連星影而類珠，晚虹掛而猶帶。蒙密柔柯，布濩繁葉，白日朝映，素輪夜接，色浄潭深，影沈攢疊。洎乎層陰結，長飆起，清徵奏，鳴弦理。金罍溢而未傾，玉山儼而猶峙。詆訶六籍，咀嚼三史，窮元熙之根柢，極天地之終始。此乃至人勝集。七子碌碌，則安足齒。故語其用也，則五離十折，絲剖毫分，縈九華於紈扇，結雙雉於簟文，乍摇紈褎，時拂湘裙，掩凝鉛之豔逸，籠流麝之氤氲。若夫取象制儀，激商流雅，圓徵有素，清亮非假。信鳳鳴之可習，實龍吟而可寫。乃曲絶而和微，非韻高而調下。豈知分光綺殿，散影華軒，淡雲霞之遠色，霑雨露之餘恩。嘉庭樹之蠲忿，跂桃李之無言，庶歲寒而無易，常耀節於梁園。

唐 虞世南《賦得臨池竹》 葱翠稍雲質，垂彩映清池。波泛含風影，流摇防露枝。龍鱗漾嶰谷，鳳翅拂漣漪。欲識凌冬性，唯有歲寒知。

唐 李嶠《竹》 高幹楚江濆，蕭條含翠氛。集作嬋娟含曙氛白花摇鳳影，青節動龍紋。葉拂集作掃東南日，枝梢西北雲。誰知湘水上，流淚獨思君。

唐 蔣涣一作盧象《奉和徐侍郎中書叢篠》 中禁夕沉沉，幽篁別作林。色連鷄樹近，影落鳳池深。爲重凌霜節，能虚爽一作應物新。年年承雨露，長對紫庭陰。

唐 王維《沈十四拾遺新竹生讀經處同諸公作》 閑居日清静，脩竹復集作自檀欒。嫩節留餘籜，新叢出舊欄。細枝風響亂，踈影月光寒。樂府裁龍笛，漁家伐釣竿。何如道門裏，青翠拂山壇。

唐 李白《李太白文集》卷一九《慈姥竹》 野竹攢集作攅石生，含煙映江島。翠色落波深，虚聲帶寒早。龍吟曾未聽，鳳曲吹應好。不學蒲柳凋，貞心常自保。

唐 柳宗元《柳河東集》卷四三《茅簷下始栽竹》 瘴茆葺爲宇，溽暑恒侵肌。適有重膇疾，蒸鬱寧所宜。東鄰幸導我，樹竹邀凉颸。欣然愜吾志，荷鍤西巖垂。楚壤多怪石，墾鑿力已疲。江風忽云暮，輿曳還相追。蕭瑟過極浦，旖旎附幽墀。貞根期永固，貽爾寒泉滋。夜窓遂不掩，羽扇寧復持。清泠集濃露，枕簟淒已知。網蟲依密葉，曉禽棲迥枝。豈伊紛囂閒，重以心慮怡。嘉爾亭亭質，自遠棄幽期。不見野蔓草，蓊蔚有華姿。諒無凌寒色，豈與青山辭。

唐 劉長卿《同郭參謀題崔令公廳前竹》 不學媚清瀾，能依上將壇。蒙籠低晃過，青翠捲簾看。得地移根遠，經霜抱節難。閑花成鳳實，嫩笋長魚竿。肅肅軍容静，蕭蕭郡宇寬。細音和角暮，踈影上門寒。阮巷何人在，梁園幾樹殘。空餘軒屏側，歲晚伴任安。

唐 劉長卿《晚春歸山居題窗前竹》 溪上殘春黄鳥稀，辛夷花盡杏花飛。始憐幽竹山窗下，不改清陰待我歸。

唐 釋皎然《杼山集》卷六《寒竹》 裹裹孤生竹，獨立山中雪。蒼翠摇勁風，嬋娟帶寒月。往花不相似，還共凌冬發。

唐 張南史《竹》 竹竹被山連，谷出東南殊。草木葉細枝，勁霜停露宿。成林處處雲，抽笋年年玉。天風乍起爭，韻池水相涵。更緑却尋庾，信小園中閑。對數竿，心自足。

唐 戴叔倫《竹》 卷籜正離披，新枝復蒙密。脩脩月下聞，裹裹林際出。豈獨對芳菲，終年色如一。

唐 朱放《竹》 青林一作竹何森然，沉沉獨曙前。出墻同淅瀝，開户滿嬋娟。籜卷初呈粉，苔侵亂上錢。踈中思水過，深處若山連。疊夜常栖露，疑作鷺清朝乍有蟬。砌陰迎緩策，簷翠對歌眠。进笋雙分箭，繁稍一向偏。月過驚散雪，風動極聞泉。幽谷添詩譜，高人欲製篇。蕭蕭意何恨，不獨住湘川。

唐 楊巨源《池上竹》 一叢嬋娟色，四面清冷波。氣潤晚煙重，光閑秋露多。翠筠入踈柳，清影拂圓荷。歲晏琅玕實，心期有鳳過。

唐 楊巨源《和令狐舍人，酬峰上人題山欄孤竹》 蒲院冰姿粉籜殘，一莖青翠近簾端。離叢自欲親香火，抱節何妨共歲寒。能讓繁聲任真籟，解將孤影對芳蘭。范雲許訪西林寺，枝葉須和彩鳳看。

唐 劉禹錫《劉賓客文集》卷二五《庭竹》 露滌鉛粉節，風摇青玉枝。依依似君子，無地不相宜。

唐 令狐楚《郡齋左偏栽竹百餘竿，炎凉已周，青翠不改，而爲墻垣，所蔽有乖愛賞，假一作暇日命去齋居之東墻，由是俯臨軒階，低映帷户，日夕相對，頗有翛然之趣》

齋居栽竹北窗邊，素壁新開映一作見碧鮮。青藹近當行樂處，緑陰深到卧帷前。風驚曉葉如聞雨，月過春枝似帶煙。老子憶山心暫緩，退公閑坐對嬋娟。

唐 劉禹錫《劉賓客外集》卷一《和宣武令狐相公郡齋對新竹》 新竹修修韻曉風，隔窗依砌尚朦朧。數間素壁初開後，一片清光入座中。欹枕閑看知自適，含毫朗詠與誰同。此君若欲長相見，政事堂東有舊叢。

唐 白居易《白氏長慶集》卷二六《和汴州令狐相公新於郡内栽竹百竿，折壁開軒，旦夕對玩，偶題七言五韻》 梁園修竹舊傳名，久廢年深竹不生。千畝荒凉尋未得，百竿青翠種新成。墻開乍見重添興，窗静時聞別有情。煙葉蒙籠侵夜色，風枝蕭颭欲秋聲。更登樓望尤堪重，千萬人家無一莖。汴州人家並無竹。

唐 白居易《白氏長慶集》卷一五《題盧祕書夏日新栽竹二十韻》 湘竹初封植，盧生此考槃。久持霜節苦，新託露根難。等度須當砌，疎稠要滿欄。買憐分薄俸，栽稱作閒官。葉剪藍羅碎，莖抽玉琯端。幾聲清淅瀝，一簇綠檀欒。未夜青嵐入，先秋白露團。拂樓集作肩搖翡翠，熨手弄琅玕。韻過集作透窗風起，陰鋪砌月殘。炎天聞覺冷，窄地見疑寬。稍動勝搖扇，枝低好掛冠。碧籠煙幕幕，珠灑雨珊珊。曉籜晴雲展，陰牙蟄虺蟠。愛從抽馬策，惜未截漁竿。松韻徒煩聽，桃夭不足觀。梁慚當家杏，臺陋本司蘭。古詩云：盧家蘭室杏爲梁。又祕書府即蘭臺也。撑撥詩人興，勾牽酒客歡。靜連蘆簟滑，涼拂葛衣單。豈止銷時暑，應能保歲寒。莫同凡草木，一種夏中看。

唐 元稹《元氏長慶集》卷七《和東川李相公慈竹十二韻》 慈竹不外長，密比青瑶華。矛攢有森束，玉粒無蹉跎。纖粉妍膩質，細瓊交翠柯。亭亭霄漢近，靄靄雨露多。冰碧寒夜聳，蕭韶風晝羅。煙涵朧朧影，月泛鱗鱗波。鸞鳳一已顧，燕雀永不過。幽姿媚庭實，顥氣爽天涯。峻節高轉露，貞筠寒更佳。託身仙壇上，靈物神所呵。時與天籟合，日聞陽春歌。應憐孤生者，摧折成病疴。

唐 元稹《元氏長慶集》卷八《郵竹》 庭有蕭蕭竹，門有田田騎。囂靜本殊途，因依偶同寄。亭亭乍干雲，裊裊亦垂地。人有異我心，我無異人意。

唐 許渾《丁卯詩集》卷下《秋日衆哲館對竹》 蕭蕭陵雪霜，濃翠異三湘。疎影月移壁，寒聲風滿堂。卷簾秋更早，高枕夜偏長。忽憶南溪路，萬竿今正涼。

唐 方干《玄英集》卷七《越州使院竹》 莫見陵風飄粉籜，須知礙石作盤根。細看枝上蟬吟處，猶是笋時蟲蝕痕。月送綠陰斜上砌，露疑寒色濕遮門。列仙終日逍遥地，鳥雀潛來不敢喧。

唐 鄭谷《雲臺編》卷中《竹》 宜煙宜雨又宜風，拂水藏村復間松。移得蕭騷從遠寺，洗來疎淨見前峰。幽堦蘚坼春芽迸，繞徑莎微夏蔭濃。無賴杏花多意緒，數枝穿翠好相容。

唐 羅隱《羅昭諫集》卷四《竹》 籬外清陰接藥欄，曉風交戛碧琅玕。子猷歿後知音少，粉節霜筠漫歲寒。

唐 李程《竹箭有筠》（宋 李昉《文苑英華》卷一八七引） 常愛凌寒竹，堅貞可喻人。能將先進禮，義與後彫隣。冉冉猶全節，青青尚有筠。陶鈞二儀內，柯葉四時春。待鳳花仍吐，停霜色更新。方持不易操，對此欲觀身。

宋 黃庭堅《山谷外集》卷三《和師厚栽竹》 大隱在城市，此君真友生。根須辰日斸，笋要上番成。龍化葛陂去，鳳吹阿閣鳴。草荒三徑斷，歲晚見交情。

宋 司馬光《傳家集》卷三《種竹》 種竹南墻陰，竹生皆北嚮。苟非陽在北，竹性安可强。乃知就陽意，草木皆有情。園葵最柔弱，獨取傾心名。

宋 黃庶《伐檀集》卷上《署中新栽竹》 移作亭園主，栽培霜雪姿。不辭桃李笑，只待鳳凰知。少已留風住，疎宜待月篩。相看時一醉，誰道小官卑。

宋 黃庶《伐檀集》卷上《栽竹》 小檻栽培得此君，綠陰疎韻似相親。從來風月爲三友，吟社新添客一人。

宋 呂陶《淨德集》卷三八《植竹》 爲憐高節聳寒林，擇地培根我意深。千畝封侯雖未必，且憑霜雪試虚心。

宋 劉攽《彭城集》卷一五《種竹重寄子瞻》 官曹何獨異吾廬，修竹成林手種初。未必七賢皆縱逸，因從三昧得無餘。風聲似水還成韻，日影填金尚覺疎。舊事喜君能記憶，興來當復埽墻書。

宋 劉攽《彭城集》卷一五《西省種竹偶書呈同省諸公並寄鄧蘇二翰林》 五月十三竹迷日，今年仍自晏陰初。分將池籞千竿翠，就得楓槐一雨餘。紅葉蒼苔相映帶，南榮北户頓蕭疎。欲爲林下諸君詠，便是濤戎亦盡書。

宋 鄭剛中《北山集》卷二二《栽竹》 信綠移老竹，觸暑種瓜根。小雨回生意，蒼苔覆斸痕。影還隨舊葉，凉已到清尊。相對如佳友，何妨儘閉門。

宋 程俱《北山集》卷二《灌竹》 户樞不容蠹，展轉夕與朝。死水不赴壑，淺於杯所膠。人生戒甚逸，起我少自勞。呼僮續長綆，落落鳴桔槔。攜瓢傍脩竹，灌灑繞百遭。念此十二君，竹十二竿手種離群自江皐。移栽一年餘，已長數尺梢。齋前雨霜叢，歲久根已交。交根纏籜龍，卷葉不復搖。聊蘇夏日畏，未謝春雨膏。蕭蕭便生涼，霍若雲霧消。却坐井邊石，清泉濯雙骹。官閒但數數，聽以老圃嘲。豈敢運甓比，漫欲滋枯焦。

宋 程俱《北山集》卷六《野人致紫竹栽手植方丈後》 名山昔遠遊，老罷無復覲。永懷避世士，往往寄農圃。移家白雲根，及此未春雨。桃梅足新栽，把玩喜欲舞。可無紫琅玕，葉作翠鳳羽。寵光松菊徑，蕭散煙霞聚。雌雄比嶰谷，顔色蓋南浦。龍鞭雖未行，玉茁亦已吐。咄嗟勿留情，萬物乃吾府。

宋 王之道《相山集》卷一三《和呂子梅題陳倅廳前新栽竹二首》 封殖要當同種玉，翱翔端復見停鸞。此君不是塵中物，豈減樊川十萬竿。 自是清陰能借潤，不應積雨尚流寒。先生端的皤溪裔，乞與滄溟作釣竿。

宋 郭印《雲溪集》卷七《五月十三日種竹偶成二首》 開拓無多地，栽培只數竿。雲分千畝潤，風送一窗寒。坐上清陰罩，墻邊野色團。課奴勤灌溉，日日報平安。 園夫扶出徑，元是醉爲媒。密葉疎疎理，纖根細細栽。捲簾斜日避，倚杖好風來。佳客如相顧，還能伴酒盃。

宋 劉克莊《後村集》卷五《移竹》 借居未定先栽竹，爲愛疎聲與薄陰。一日暫無能鄙吝，數竿雖小亦蕭森。窗閒對了添詩料，郭外移來費俸金。自笑明年何處在，虚簷風至且披襟。

宋 陳思《兩宋名賢小集》卷三〇九 俞桂《種竹》 門前槐已長，庭前草自生。所欠園中竹，多種渠幾莖。此君真可愛，非獨王猷情。有時吟詠暇，入園得閒行。所幸筍萌出，次第陰可成。頓使神宇爽，漸覺眼界清。最是秋雨夜，風來簌簌聲。

宋 吳龍翰《古梅遺稿》卷四《栽斑竹》 竹母初分種屋頭，斑斑淚點帶詩愁。他時看取成林玉，遥剪湘江一片愁。

宋 陳與義《簡齋集》卷三《種竹》 種竹不必高，摇緑當我楹。向來三家墅，無此笙簫聲。皇天有老眼，爲閟十日晴。護我蕭蕭碧，偉事鄰翁驚。同休偶落此，相向意甚平。何須俟迷日，可笑世俗情。明年萬夭矯，穿地聽雷鳴。但恨種竹人，南山合歸耕。他時夢中路，留眼記所更。蒼雲屯千里，不見陳留城。

宋 鄒浩《道鄉集》卷三《馬叔寶寄種竹詩次其韻》 窮年不揮斧，歎息無妙質。誰知深眇中，環堵以爲室。紛筆如萬牛，力挽未曾出。論交餘此君，聊爲拂巾幘。人間方好竽，蕭蕭乃鳴瑟。兹焉得所投，陳雷信難匹。昨來面墻心，舉倡有風日。莫似白樂天，殷勤在兜率。

宋 鄒浩《道鄉集》卷七《洗竹》 欣欣花草不關心，絶倒宫庭一畝陰。夏籜隕風裁幾日，秋筠要月擬千尋。携持斤斧從他恠，繚繞欄干著意深。全是吳中舊瀟灑，過門應喜伴龍吟。

宋 鄒浩《道鄉集》卷八《種竹》 去年今日常種竹，今年此日還添栽。豈論傳舍不吾有，但願清陰遺後來。

宋 李處權《崧菴集》卷二《次韻翁子秀移竹》 嘗讀東坡詩，不可居無竹。況此真琅玕，一一溫如玉。得非瑶池種，阿母所愛育。一日三封植，近之誰敢觸。山僧不知貴，遣送如薪束。坐成阮家林，色映兵厨醁。主人何必問，抱琴來就宿。此君不須多，瀟灑數竿足。却笑陶元亮，但採東籬菊。

宋 吳可《藏海居士集》卷下《養竹》 渭川分一種，親植隱嵩東。有實終來鳳，無心自化龍。疎陰留夜月，清韻起秋風。待養龕竿就，滄溟作釣翁。

宋 張鎡《南湖集》卷二《移石種竹橘》 野性樂閒寂，況值秋氣清。旋即東墻隈，削苔方甃平。石立稍退步，薜荔纏珠纓。橘香湖海趣，竹翠山林情。二物昔所嗜，未暇同經營。環種近百竿，葉葉琴筑聲。對植纔兩樹，顆顆金玉明。交枝與叢稍，拂巾須緩行。其間兩席地，幽致吾主盟。静極坐累刻，焉有世慮縈。人生會心處，小大景不争。長年興無涯，風月隨陰晴。抽萌及吐蘂，預喜春林榮。客來開茗鑪，禮意固匪輕。作詩漸忘言，此語亦老成。杜門安蹇拙，何急謀虚名。

宋 張嵲《紫微集》卷三《種竹》 屏居倦幽獨，出門無所適。種竹滿前庭，坐玩凌寒色。森森密陰浄，竦竦條幹直。晴日借景光，霜風時蕩析。自我來此居，三見歲華易。小孫漸成童，長楊憶初植。雜花亦紛然，似欲娱闃寂。世慮久已忘，況乃頭半白。舊鄉喪亂後，城郭滿荆棘。藉使能北歸，亦不異作客。獨懷首丘念，未易忘日夕。讀書計誠謬，習静理何益。萬事鳥過空，何處留遺跡。世故漫酬酢，迢遥混今昔。

宋 張元《緑筠軒詩》卷二《新竹》 拔地錦方脱，穿籬緑已攢。色分三徑碧，風入一庭寒。自得虚中意，誰從静裏看。祇應移枕簟，長此對檀欒。 新篁交嫩緑，映蔚半庭陰。對此無人態，因生出世心。嬋娟經雨重，萋蒨入花深。永日抛書坐，群勤爲爾吟。 薄蔭臨幽幌，便娟浄緑浮。稱詩憐杜甫，入畫想湖州。露浥清逾碧，風驚夏似秋。人間凉燠意，應爲此君羞。 叢篠静疎煙，娟娟亦可憐。無心翻灑落，疎節更安便。但許藏高士，休教近俗緣。無人能徑造，應自託幽偏。

宋 張元《緑筠軒詩》卷四《竹徑》 曲徑緣清流，彎環見修竹，幽人時往來，相與入寒緑。

宋 張元《綠筠軒詩》卷一《新竹詩爲朱篠園作》 昨過君湖堂，邀我賦新竹。此君本絶塵，況初迸綠玉。含粉凈氛埃，解籜委林樕。乍驚拔地起，旋見拂雲矗。瀟洒漾疎枝，歷落散清馥。風過檀欒偃，月上玲瓏簇。高軼林樾杪，横過闌干曲。運帚青嵐翻，掃烟碧空逐。入詩競清新，對酒涵清淥。爲挹幽蔭爽，坐消溽暑觸。泠然肌骨凉，懷哉心神肅。豈惟遠俗緣，兼可希芳躅。願更與君期，續詠篔簹谷。

宋 薛季宣《浪語集》卷三《種竹賦》 沔鄂之都，牙堂之背，久廢弗治，汙萊有穢，徙脩竹而蒔焉。地不改闢，堂不改舊，蕭蕭然鬱鬱然，不改時而有拂雲之意矣。方其竹之始生，自彼空谷，頎然而脩，猗然而緑，葉秀卿雲，雲興翠筠，直節虛中，羌來細風，春生凜冬，森然萬叢。及其應人而出，樹之庭陛，翛直依然不回，不易葳蕤之態，困頓美人之春睡，灑落之韻，謫仙頽乎其尚醉。清飈時來，振葉淩柯，積翠招摇，瀟洒交加，夜風冽揭，朦朧素月。瑣碎兮清陰，横斜兮錯節，吾不知前日之蒼凉，與如今之煩熱也。若乃天旻得助，繁陰變暑，蔭之以油雲，沐之以時雨，翠幹盤根，安安爾所，稚子承承，方流振古，斯又類物之攸裁，固非人之所處也。至若淵明之林，潘岳之花，好樂不齊，咸宜厥家，至人遐觀，匪同匪異，沈酗清芬，各從爾志，則夫是竹之清風，斯子猷之遠致也。

元 吾丘衍《竹素山房詩集》卷一《種竹》 近種墻陰竹，幽人此見分。已添瀟灑趣，不礙往來雲。書帙光能映，林泉志頗欣。秋風生意好，翠氣日氤氳。

元 釋善住《穀響集》卷一《種竹》 閒房少幽致，移竹近牕栽。白日何人到，清風滿坐來。亂聲鳴晚雨，寒影掃秋苔。却憶香巖叟，寥寥去不回。

明 王世貞《萬玉山房記》 司先生顔其讀書之舍曰：萬玉山房，而屬世貞爲之記。夫萬玉者，萬竹也。竹何以稱玉也，曰：君子比德于玉，已而比玉于竹。今夫玉中實，竹中虛，竹磊何（砢）而多節，玉渾淪而已，胡以比也。然玉温潤而澤，縝密以栗，竹之質同也。玉有禮地之珪，日琅玕之青碧，竹之色同也。叩之清越以長，竹之音同也。音之在樂有八，而各居其一，又同也。玉稱君子，竹亦稱君子，又同也。胡弗比也。始司先生之問舍于江陵也，謀所樹，客或進曰：公不聞之腐史，江陵千樹橘乎哉，苞可噉也。市之入與千户侯等。先生笑曰：不爾，吾且樹竹。客曰：渭濱之千畝入與江陵等歟？先生曰：非是之謂也。吾生平慕君子之佩玉，而居貧不可致，則有竹在，令斤傍舍之隙，悉移竹而加培溉焉。既成，臨風而聽之，琮琮琤琤，與天籟合攸（悠）然若韶濩之入耳。過雨而撫之，青葱峭蒨，與天並色，濯濯若璆琳之寓目，暑而就之，驕陽翔舞而不敢下，枕流而玩之，蔚藍之光下上相接。吾安知夫竹乎玉乎。吾適吾宇而神吾境，暢吾五官，濯吾心腑而已，且去吾舍數百武，則悍王之宫也。其横行若掃矣。又去之，則大相之府也，其熱可炙手矣。又去之，故郢都西通巫巴，東有雲夢之饒，其市囂若蜩螗矣。然竟不能越吾所謂萬玉者，而闌入吾之山房，交于吾之視聽而蕩吾志，吾豈以渭濱千畝爲千户侯計哉。不然，吾何不因地之宜，而樹之橘也。司先生居民部，以見推擇天官數遷選部郎，至容臺卿，于是不得長有兹舍，而命工貌其凡，恒挾以自隨，諸通人名士，皆爲詩歌詠之，而今宗伯徐公子言序之，司先生意猶未已，以書屬世貞俾爲記。世貞治弇中，有竹萬个，然不能守，舍而去之金陵，安能爲先生記。雖然，使余能如司先生，貌之而又詠歌之序之，其亦可以無係（繫）于舍已。或曰：子之言甚得司先生意，其比竹于玉甚辯（辨），不然，楚之玉也，不且以爲周之璞也耶？

明 方清《清虛居士傳》 先生姓竹名幹，字子直，號清虛居士。始祖名鐘，黄帝時避蚩尤亂，隱居嶰谷。帝平涿鹿，治定，將作咸池之樂，訪律吕材于群臣，伶倫以鐘對，帝命使持節鉞召之，鐘甘山谷，不肯應詔，使者肩曳以行，詣闕猶僵仆不起。帝慰諭再四，乃就斷制，敷宣徵角，含嚼羽宫，樂大成，絪緼和群生樂。文鳥巢閣，瑞獸遊郊，帝奇其功，欲封之。鐘聞而嘆曰：寵利居成功，非臣之福，況以口舌得官乎？乃上疏乞骸骨歸嶰谷，帝不允。留樂府。封同姓居嶰谷者以萬計。鐘卒，帝思悼不已，蔭其子爲湘江侯。至有虞，舜陟方崩蒼梧野，二妃慟哭，候（侯）扶持嬛疚，身染血淚痕，不可洗，人嘉其忠，號斑氏。二妃卒，湘人廟于江湝，曰湘君。侯不自安，徙淇澳，子孫玉立，根盤而固，支繁而衍，世以清潔自勵，耿耿之操，直與氷雪爭衡。有猗猗子者，文學斐然，虛懷待物，衛武公托爲布衣交。武公晚年進德，皆其切磋，事載國風。孫枝散處四方，皆以鐘裔得賜氏，不可一一數。其尤著者，曰山陰氏、渭川氏、毛氏、苦氏、淡氏、筀氏、爆氏、箭氏、篠氏。至晉有林氏、渭川所居，延蔓千畝，人稱萬户侯。山陰孤介寡同，獨王（子）猷延之三徑，呼以君而不名。毛有名楚者，好申韓刑名之學，嫉惡如仇。名紙者受學蔡倫，雅好筆墨，官秘書著作郎。篠之顯者，曰竿，曰杖，竿好漁隱釣磯，杖能扶人之顛危。國老多賴之，後遇鍊師授刃圭，化爲龍箭曰：矢者，有武才，能致遠，蓋其造詣有的也。爆事神荼，能以火作霹靂聲，驅山魈，頗自重，今除夕多以（楮）〔褚〕生代。篁淡苦三子者，好軒岐術，善療瘋痰渴熱，遇病者輒解衣爲劑，吐液爲湯，急於救人如此。林生于兩晉間，清而不隘，和而不流，士大夫傾慕之。山阮康伶輩，競爲風流，蕩廢禮法，日就林觴詠風月，林不能拒。然屹立溪壑，未嘗少亂。識者知爲節介君子也。林數傳而爲筠，孤高絶俗，好空寂之學，於潛上人構軒禮之。東坡詩云：無竹令人俗，指筠也。竹氏之宗，代多聞人如此。筠又數傳而生節，節生榦，是爲先生。疎暢洒落，神采若飛，羽儀如鸞鳳，欣然而形，蒼然而色，下實上虛，中通外直，有君子操拂雲沖霄玉立風塵之表，翩翩飄飄，真神仙侣也。所居或深山窮谷，雲溪月徑，或困守籬落，或飄泊舍宇，要之隨寓而安，時則臨風而舞，掃月而眠，意適如也，趣向甚正。獨好儒者之學，率其徒徃從方子，方子與之處，其徒數十人，皆衣緑，飡風吸露以爲食，環繞門墻，布列階下，風雪不退，雖夜未嘗就寢，烟雨中，時或垂頭而睡，風觸之輒省，擊節微吟，聲入枕畔，鏘然可愛。本根雖固，惜枝葉或被纏繞，每以篤實語與之，榦能虛心聽受，輒作點頭狀。與徂徠木公，孤山梅先生友善。一日從容問榦曰：梅生木公與子孰優？曰：含英咀華，流芳百世，吾不如梅生。挺然獨秀，壁立萬仞，吾不如木公。至于有主則虛，秉直不回，吾于二子，亦有微長。若乃寧耐歲寒，不以盛衰改，此吾三人之所同也。願屈至軒下，合公爲四，幸堪歲寒。方子曰：梅生有寒酸氣，木公自立太峻，不免假秦封以驕士，孰若吾子勁節凌寒，而文采外見，清氣襲人，今且與子爲歲寒交。也〔他〕日立玉堦寸地，隨議二子之任使耳。榦不豫，退乃上書力疏二子材可用，推引弗置。方子頷之，明日命使徃孤山，梅生辭曰：聞江城有玉笛者，欲褫吾魄，俟少過夏五，當徃就東閣。徃徂徠，木公辭曰：以吾從大夫之後，不可徒行也。方子惡其迂，不復召，遂專與榦爲忘形交。

明 洪璐《管若虛傳》 管若虛字直節，號中虛子。其先衛人也。先世有事軒轅者，製律呂，協月簫，以明君德，以通八風。天下大服，遂爲宗廟官，專門傳子孫。經事歷代功成之君，若堯大章，舜大韶，禹大夏，湯大濩，文武清廟之樂，皆管氏所調也。故王者有事太廟，必先召之。否則衆音殘缺，神人弗和。衛有居淇上者，其人美丰姿，多德度，蚤與武公同學，切磋琢磨，以成有斐之德，衛人思之。其先又有同太公釣隱渭川者，族至千餘家。當時稱其與千户侯等，漢有産鄠杜間者，名陸海。客蔣氏舍下者名三徑，皆渭川人，風流瀟洒，人鮮及之。至晉有曰林者，以放曠鳴江左，常從（稽）〔嵇〕康輩七賢游林，第號此君，王子猷深重之，高風清節，至今在人耳目。此君歷數世至溪，居徂徠山，薄勢利，尚豪邁，日設酒肴，召李白輩六逸士飲，白後入翰林，薦之朝，名顯于唐。後有名龍者，官金陵，多才榦，遷署鎮江，因家丹陽，宋尹袁燦公餘造宅下，與厥子石嘯詠竟日。其龍孫曰玉版師，少謝塵俗，虛心禪理。東坡同劉器之叅焉。因贈以詩。其胄歷宋迄元，以迨明朝。南自閩、廣，北極幽陵，族屬蕃衍，若虛性質堅剛，姿容美盛，自始生已有高節，心無私曲，既長吟詠，風晨月夕，有所激即清吟琳瑯。聞者嘆曰：洋洋乎盈耳哉！此管氏子聲詩也。誠所謂鏗金戛玉陽春寡和者矣。且器宇弘敞，襟度瀟洒，世之避煩熱者，多徃依之。蜀人葉恒盛，大庾人白知春，素重其節，求與之交，每接遇，二人私語曰：有若無，實若虛，犯而不校，管氏子有之。吾與若有愧焉。若虛聞之，益虛巳〔己〕遜碩膚，恒盛嘗曰：吾慨天下物直而才者多夭折，枉而不才者恒保貞固，是以椅桐梓漆，未嘗成大拱，樗櫟桑穀，更歲月而恒存。天耶人耶？若虛曰：不然，物之生以天，而遇以時，顧所養若何耳。得其養則無物不長，失其養不伐于斧斤，害于牛羊者幾希，又烏望其才且壽哉。今子謂不才而壽，才而夭，豈其然哉。竊試評之，狀貇〔貌〕魁梧，挺挺大節，天下稱才稱壽者，莫如恒盛。神姿清徹，素有丰采，則知春獨擅其才，惜玉質易衰，風韻不耐耳。如若虛者，翠氛可掬，清味婉如，用舍隨緣，修短安命。所謂夭壽不貳者，吾于二子，亦有微長。二子服其確論。

明 邱濬《重編瓊臺藁》卷一九《竹坡記》 竹之爲物，取象於《易》，任土貢於《書》，播詠歌於《詩》，具儀物聲音之制於《禮》、《樂》，植物之見録於經也，莫備焉。是以《大雅》君子寓志於物者恒有取於斯。安成吴先生掌教南雝時，齋居之旁有積土如坡然。坡之上有竹十數竿，散陰覆軒墀間。先生退自彝倫堂，諸生執經問難者，日造齋下，憩竹之陰，以俟先生之誨。當天日晴明之時，清風徐來，緑陰滿庭。先生布席於茲，横經其前。諸生雁行立，以序進而質所疑。讀《易》者以蒼筤問，讀《書》者以篠蕩箘簵問，讀《詩》者以菁菁籊籊之義問，讀《禮》者以箭筠笏本管籥簫簧之類問，先生一一答之，盡其詳。諸生充充然，各有所得也，乃揖而退。先生語侍者曰：向者之問，殆有啓於吾心矣乎。吾平生於物百無好也，獨於竹焉。嗜之不翅，義理之悦，我心六經者，義理之所自出也，而竹之用備焉。吾之所以取于竹，正以是耳。向者之問非徒啓於吾心，殆有所契矣乎。小子識之，於是以竹坡二字揭諸齋居之楣，因而以自號焉。明日諸生聞而歎曰：先生六經之宗師，天下學者所取正焉者也，本六經以取竹，一洗晉唐以來詞人墨客之陋，其諸異乎人之愛之與。自是相率咸以竹坡先生稱先生焉。未幾，朝廷以纂脩事召先生來史館。予忝在執筆之末，先生問以語予且曰：竹無處無之，南雝吾不復往矣。兒曹輩知吾所愛在此也，乃於家居壺丘之東，營齋居，築土坡植脩竹，與南雝等，以待吾之歸老也，幸子爲我記之，予不敢以弗文辭。因次第先生與諸弟子答問以爲《竹坡記》，俾天下後世知以六經取竹者，自先生始。

明 邱濬《重编瓊臺藁》卷一九《愛竹居記》 古之人以竹爲用，至後世始以竹爲玩焉。自黄帝命伶倫取竹於嶰谷，以爲律吕虞庭之韶，笙簫與焉。至周則竹之用備矣，或以爲簡，或以爲笏，或以爲籩，無非以爲用也。漢魏以來猶然。晉世始以風流相尚，不事實用，於是有竹林之遊。然猶未聞有愛之者。愛之者，實權與於王子猷，自是厥後騷人達士聞風相尚，取以爲號，用以比德。慕其虚者，有之，尚其節者有之，而愛之者益多矣。廬陵劉君，隱居不仕，他無所好。性酷愛竹環其所居間，植竹數百竿。命其里曰「金竹」。至其孫章，不忘先祖之所好，因自扁其所居之室曰「愛竹」。蓋以先祖手澤所存，非若晉人之愛也。昔蘇長公有云：「醉翁行樂處，草木皆可敬。」夫慕其人者，於其所行之處一草一木，尚且加敬之，知爲其後，而於其先人之所親植者乎。章之愛竹也宜矣，公之敬草木者尊其師也。章之愛竹者念其祖也，於師也，則敬之。於祖也，則愛之。愛之，仁也；敬之，義也。然則章之愛是竹也，其亦出天理民彝之不容已者乎。章之季父郡博先生掌教吾郡，今來京師，命予爲記，故不辭而爲之云。

明 楊巍《存家詩稿》卷八《醉日移竹八韻》 曾讀田家譜，竹宜醉日栽。新從濟南乞，正及此時來。雨好忽連夜，風輕不動埃。清音應入户，疎影欲浮苔。逸士攜琴至，幽懷對爾開。覔竿防稚子，留葉固新醅。詩向溪邊得，人疑淇上回。成林如可望，甘老白雲隈。

明 邵寶《容春堂前集》卷三《次喬考功種竹》 考功憶南曹，新竹舊所藝。歲寒凡兩經，不見霜雪厲。虚懷效前修，淺薄諒非計。斐然淇水涯，千秋一根柢。獨立良可嘉，群居亦何戾。體疑墨君誣，用笑楮生敝。城中地如金，省庭更難詣。植之固由人，長養荷天惠。醴酒散餘酣，醫俗得妙劑。等閒供聽觀，淡中有真麗。風清玉聲流，月暗金影翳。結實雖未成，鳳鳥或來憩。主人道眼明，許與松齊歲。豈無一視心，餘卉直柔脆。我將節下題，相過及春霽。

明 范景文《文忠集》卷九《種竹》 自公有小暇，闢地時栽竹。豈無草與花，偏愛此君獨。疎疎挺數竿，高可齊於屋。遥擬碧成陰，定招雲來宿。風定妙香生，時聞静中馥。幽韻雜松濤，支枕如聽瀑。片石斜置傍，糊點畫半幅。蕭森官舍裏，何異篔簹谷。

明 高攀龍《高子遺書》卷六《種竹》 自將山竹種，豈望便成林。一竿明月裏，聊爾步清陰。

明 邵寶《容春堂續集》卷二《移竹》 醉日堪移竹，南枝記得真。寸金還有土，片玉已無塵。挺挺數君子，巖巖一丈人。明年春雨後，請看獰龍鱗。

明 邵寶《容春堂續集》卷四《謝馮僉憲移竹用李文正公韻》 茅竹曾聞避市塵，十年兩地不輕分。平生直節真吾道，何處清風不此君。自保霜筠青似玉，須留雨葉翠如雲。數挑山土勤輿力，西向梁溪望夕曛。

明 文洪《文氏五家集》卷一文洪《三荒逕》 種竹滿東原，清陰接隣壤。三逕未全荒，秋風吹灌莽。不容車馬過，幽人自來往。

明 文林《文温州集》卷一《栽竹》 帶雨移來玉數竿，清風亭館散輕寒。誰云君子遷喬似，我作僊人跨鳳看。落日便能摇瑣碎，殘年還待報平安。新稍細粉嬌須護，可忍題詩節下刊。

明 李東陽《懷麓堂集》卷一〇《種竹》 剩買城中地，多應爲此君。凉生別院雨，緑滿後溪雲。秋至不改色，夢醒時一聞。廛居或未免，聊爾洗塵氛。

明 李東陽《懷麓堂集》卷五四《種竹》 種竹復種竹，屋西還屋東。都城十日雨，長夏一林風。宿土得餘潤，團陰分小叢。高秋想鳴珮，側耳向晴空。

明 王紱《王舍人詩集》卷五《種竹》 喜得栽時及早春，宿泥獨帶鮮痕新。擔頭挑取來城市，一路清風掃俗塵。　昨夜春雷始發聲，翠鞭應有玉芽生。老夫自笑衰年近，尚欲階庭看錦棚。　節間常帶粉痕香，玉立亭亭鳳尾長。最喜客來吟嘯處，茶煙飛度翠陰涼。　節擦堅貞耐歲寒，客窓相對結清歡。夜深風起珊然響，猶復蕭疎入夢看。　翠影生陰雨露新，泠泠如玉浄無塵。衡門自此休教閉，待取清狂直造人。　密葉初抽鳳尾齊，紛紛蒼雪點春泥。遥知客到應非俗，好句無妨節上題。

明　于謙《忠肅集》卷一一《移竹》　移得琅玕近畫堂，歲寒心事兩相當。高枝直擬凌霄漢，勁節還期傲雪霜。夜静攜琴伴幽獨，晝閑移榻就清涼。明時持汝朝天去，吹向虞廷引鳳凰。

明　陳獻章《陳白沙集》卷七《雨中栽竹》　心被清虚引，非關索竹看。檐前纔數個，淇上已千竿。微雨土初覆，北風天正寒。昆丘有孤鳳，何處喙琅玕。

明　朱之蕃《盛明百家詩選》卷三四引　駱文盛《種竹》　南園種竹已成蹊，新竹抽梢忽復齊。風檻乍看青鳳翥，雨簷翻愛緑雲低。炎天小簟時堪展，野客清尊日與攜。興到不須供翰墨，錦聯隨意節間題。

明　劉春《東川劉文簡公集》卷二四《種竹》　渭川千畝本同根，枝葉青青帶雨痕。何用醉迷方可種，只看封殖便生孫。

明　孔天胤《漁嬉稿·栽竹》　虚心直節者，比類合同群。地左池堪夾，園蕪徑可分。移叢偵酩酊，植本厚殷勤。南向道應長，深資德已薰。鳳條翛蔭石，龍種翠含雲。詎望伶倫采，惟存嶰谷芬。歲寒誰復見，形影獨憐君。

明　吳寬《家藏集》卷二八《雨後移竹》　人言種竹須雨過，何況移來雨仍大。此君此日縮吾家，攜酒客來争作賀。早年憶與竹相親，到此頻栽凡百箇。晨澆暮灌常不活，猶怪園丁何懶惰。其密如簀今兩叢，東鄰分得肩難荷。長鑱依然白木柄，手種任爲泥所涴。虚亭掩映翠色新，使我對之終日坐。簷前有地繞丈餘，覆以清陰誰敢唾。尋常豈乏涼飈生，日午風清俄遠播。歐公曾云涼竹簟，酷暑可逃當此卧。頗似吳中顧辟疆，獨許獻之登上座。望塵不作金谷趨，高節應甘首陽餓。平生何故取於斯，正爲冰霜莫能挫。京都百物皆有之，自笑當居此奇貨。敲門只恐人借看，林下蒼苔輕踏破。從今草木俱等閒，當以竹題爲日課。試將竹榜揭園居，客到先將此篇和。

明　趙釴《無聞堂稿》卷一七《種梅》　姑射仙人自愛寒，幾番驛使故相殘。于今移入深山裏，不是騎驢不去看。

明　趙釴《無聞堂稿》卷一七《種竹》　擬返長林製籜冠，一綸占盡白鷗灘。呼兒早種篔簹竹，莫向山僧乞釣竿。

清　胡慶豫《東坪詩集》卷六《竹》　謝廣文手植花竹，森然成林，賦詩六章以誌風雅。　旭日射叢篁，輕陰覆古墻。疎聲如帶雨，勁節可凌霜。斜暎書籤緑，微分茗椀香。渭川千畝意，迸入小窗涼。

清　胡慶豫《東坪詩集》卷三《題伴竹居》　聖湖清淺紋如縠，幽人小築湖之曲。開軒面面青瑯玕，掠雨梢風態自足。湘蘭九畹蕙百畦，菊綴東籬摘霜蕊。梅影横斜處士妻，污泥不染蓮君子。古來賢達脱塵網，寓意于物聊爾爾。何可一日無此君，合於世外稱知己。容臺學士白石樵，或貽短什或長謡。舊貯牙籤十八卷，卷中字字虯龍跳。秋燈玩此三歎息，劍在牀頭身在客。軟紅香土居誠難，苦愛幽尋蔣詡宅。何時歸艇指西泠，閒看千竿萬竿碧。

清　高鳳翰《南阜山人詩集稿》卷四《自題西亭詩思圖小照》　頗憶西亭路，尋詩踏雨回。斷雲猶在竹，濕草半垂苔。白衿山中適，清懷物外開，桐陰兼石氣，吹緑上衣來。

清　席鏊《竹香詩集選》卷三《新竹》　兩年手自種檀欒，眼望孫枝綴數竿。夜雨忽看争地出，春泥始訝有龍蟠。籜開重裹黄衫卸，節露輕痕緑玉剜。便已紛披同老幹，一叢烟月颯蕭寒。

又《冬晚行園竹》　掩卷直無事，行園聊一歌。南枝花信早，晚樹鳥聲多。竹杪臨華月，松根上淺莎。爾來親灌溉，端不恨蹉跎。

又《雷雨之明日行園見新筍》　昨有驚雷奮，真看挾雨飛。龍孫争自出，山客見猶稀。搣搣離柯冷，森森裹籜肥。年年新故换，眇爾溢天機。

清　江昱《松泉詩集·雲岩學士座間屬賦方竹》　名材不分老瀟湘，正直應須玉尺量。莫笑竿梢露圭角，由來簡策重端方。模棱恐損平生節，美質偏餘四面光。長伴蓬壺仙史壽，元音何事覓中郎。

清　曹庭棟《産鶴亭詩·竹所》　宋吳弘道得異授子午流注《針灸法》，每治輒效，其母戒勿索酬，惟令種竹一竿，積久至數千，遂名其地，曰竹所。明宣德五年，大理卿胡概，奏請析嘉興，東北境爲嘉善，分設知縣，闢竹所爲縣治基。　翠圍丹竈竹成林，辛苦良醫折臂深。今見刀圭換刀筆，可能同此活人心。

清 曹庭棟《産鶴亭詩·題石搨梅花道人畫竹》 雨雨風風四壁寒，淋漓潑墨寫千竿，於今片石傳清影，渾似深宵雪裏看。

又《題陳音初黄岡竹樓圖》 菉竹看猶昔，風流悵久湮，萬重煙水裏，一個倚樓人。

清 曹庭棟《産鶴亭詩·題畫竹》 幹巨節彌峻，勢若無所容。只此幾片葉，蕭蕭淩清冬。鬖髿葉如箒，埽盡塵氛跡。老幹得春融，也會换新色。葉勢受風斜，幹立何孑孑。幾經霜雪來，於兹驗老節。

清 王乃礽《竹花》 爲愛臨流鳳尾斜，不將丹粉鬬春華。貞姿已放千梢翠，修幹深垂萬籜花。月影忽篩紋錯落，風莖未改骨槎枒。多應預兆江郎夢，班管紛披五色霞。

清 程祖慶《吴郡金石目·平江路嘉定州集仙宫瑞竹記》 （元）皇慶元年窳月，張與才玄。署銜同前，草書，額正書。徑五寸，記十二行。字徑八九分，錢氏跋尾云：「元時集仙宫道士孫應元，嘗於齋前倒插竹一枝，已而得活，後遂成林，因以名軒。」《吴禮部集》又有嘉定黄氏瑞竹詩云：「練州誇瑞竹，黄氏見高門。富貴應如此，時來豈有根。」則同時有兩瑞竹事。邑志惟載集仙宫竹，黄氏竹鮮有知之者。

清 方登嶧《述本堂詩集·和李蒼存種竹》 北園新筍生，君家有昌谷。青光寫楚辭，春粉落盈掬。燕地長苦寒，草木寡樹蓄。花市古僧院，擔頭森削玉。探囊一竿價，旅食五升粟。覔鋤破閒雲，汲井代凉霔。細韻到石枕，清陰上書簏。自是瀟灑人，藉以媚幽獨。行看洛陽吏，脱卸芰荷服。城中休種花，叢篁印床緑。

清 王澤弘《鶴嶺山人詩集》卷三《種竹》 琅玕幾畝倚山隈，竹影東偏更補栽。我結茅齋深竹裏，南窓纔閉北窓開。

清 僧湛性《雙樹堂詩鈔·種竹》 或恐荒三徑，移來竹幾科。摇風聲瑣碎，篩月影婆娑。高不居檐下，陰偏得地多。柴門今莫掩，好待子猷過。

清 僧通門《嬾齋别集》卷九《删竹》 素性愛丘壑，烟郊無半峰。少留林間意，惟此竹一叢。入夏取凉便，嫌彼枝葉濃。斜陽自披剪，于以利其鋒。運斤值新霽，寒翠衫袖封。坐石矚高蔭，約略欲無重。清風應手至，幽韻如吹松。生成聳秀榦，亭亭無秋冬。問起有數枝，培土同厚鬆。立節甚不直，謾嗟難見容。快哉當西北，剪擇空蒙茸。忽見天一方，高明曠心胸。

又 種竹非遺俗，竹中自無塵。虚心持特操，待老完其真。豈欲故伐汝，縛去同柴薪。昨者北牕下，所黜皆非珍。况爾當前軒，耳目之所親。到門無爽氣，何以慰嘉賓。昏昏但蒙密，卑身風雨晨。中豈無卓立，或難前自陳。信哉物因混，君子慚經綸。吾今選於衆，孰曰無其仁。疇昔一擊士，知非等閒人。

清 方登嶧《述本堂詩集·分叢竹》 横斜隨徑曲籬栽，露筍移根自籜胎。夜月垂青猶共影，曉風浮翠各成堆。千莖瀟灑心原直，幾處平安信總猜。莫向諸孫堂外過，蓄枝霜壓已同摧。

清 釋讀徹《蒼雪和尚南來堂詩集》卷三《種竹》 解道龍孫莫可分，園丁吩咐亦須勤。蚤移根脚全歸土，不翦寒梢半拂雲。暮暮朝朝秋至近，風風雨雨夜初聞。只因眼底無容俗，除却松梅便是君。

清 周篆《艸亭先生集》卷二《種竹》 問誰重旅寓，他日住山房。見此王猷竹，憐如召伯棠。淺深看地脈，生發聽年光。勞勩先童稺，提攜土一筐。

清 屈大均《翁山詩外》卷一三《種竹》 春時即是竹秋時，雨過鞭行更不遲。種向西南成筍易，求魚待取最柔枝。竹性喜西南，竹鞭行時，以八月爲春，二三月爲秋。

清 王士禛《帶經堂集》卷六二《蘇圃種竹》 曾識三洲圃，西城地更偏。初凉宜種竹，斜日急鳴蟬。忽過碧天雨，争流幽澗泉。春來聞謝豹，新筍出林煙。

清 劉大紳《寄庵詩文鈔》卷一《種竹》 常恐秋雲薄，空庭種竹根。浸泉滋土脉，移石破苔痕。高節終名世，清風已到門。尚嫌城市近，不似水邊村。

清 周壽昌《思益堂集》卷四《種竹》 種竹頻年葉尚稀，今年栽趁雨霏霏。蕭疏月上虚窗影，帶著桐陰緑亦肥。老圃遂根并土遷，也隨花擔唤街前。青銅五百枝千個，名士從來直幾錢。幾日陰成緑滿墀，快看烟篠並風枝。分明一幅湖州畫，潑墨淋漓透雨時。夢返家園筍味香，孤篷聽雨泊瀟湘。怪來午睡清如許，一枕窗前竹影凉。曉汲泉澆葉上塵，夜培膏壤護疏筠。此君似感殷勤意，齊茁孫枝答主人。

清 曹寅《楝亭詩鈔》卷六《使院種竹》 泉南有遺址，委積成荒壖。墾除昔未力，草蘁紛糾纏。疇能翦其根，廓蕩存中邊。嗟非太古土，溲涬空人煙。昨宵值雷雨，洗滌開芊眠。頗思篬筤君，卧起相周旋。井甃既加甓，小徑通軒前。雖無匝檻花，即景多娟娟。褰衣各致手，逸事由今傳。　園丁劚玉來，弛擔露猶藉。戞戞窗户間，影已暈寒碧。攢笴或三五，築柢必千百。長恐顛風摇，動遭猛雨坼。藥闌布春泥，意亦謹主客。人生幾逆旅，投足每蹋迹。時無王子猷，兀坐豈終夕。明年抽新萌，會見穿我壁。　藝植非耑師，愛好率天性。詎鮮肉食人，攻苦亦難併。个中廊宇深，水暖兩幽暎。可以緩帶游，時復理談柄。序當春夏交，野鳥漸堪聽。呼兒掃緑苔，隨意列几凳。孰云膺門勞，能此白日静。比鄰得羊求，來逆數乘興。　夕月凌春煙，吹墮古亭右。流光上琅玕，婠嫿如刺繡。仙人叱青鸞，俗目罕能覯。驚風一飄飖，逸氣不可囿。帝丘杳何期，埃壒彌宇宙。所賴素心侶，洗伐脱泥垢。世占利執徐，此語益悠繆。惟有君子貞，周防庶長茂。

清　查慎行《敬業堂詩集》卷三七《種竹》　潦退庭宇凉，奇懷赴幽獨。規將尋丈地，遠景收淇澳。佳人來何方，笑齒瑳冰玉。欣然肯相就，陋室空於谷。上承槐高清，下蔭苔嫩緑。未應供客看，或取藥我俗。我俗庶可醫，齋厨久無肉。

清　梁佩蘭《六瑩堂二集》卷六《種竹》　纖纖新稚笋，長大即駢頭。生意從今日，成陰待隔秋。没泥竿自出，經雨節應抽。相對移珍簟，閒庭盡日留。

清　愛新覺羅・弘曆《御制詩二集》卷七九《移竹》　趂伏教移緑竹栽，疏軒延得好清陪。雨中最易和根長，月裏常看帶影來。踈密葉多防露態，高低枝盡嘯風材。梓州臘月稱堪種，南北暄凉有是哉。種竹必於伏中，入秋即不可，而杜甫詩云：「東林竹影薄，臘月更須栽。」南北風氣異，宜有如此者，然《群芳譜》已辨其謬。

清　顧嗣立《元詩選》卷二四　許有士《雨中移竹》　山人聚景作池臺，移得龍孫帶雨栽。頃刻雲間晴日上，便教陰過酒尊來。

清　朱古科《順寧府志》卷三三　清　陳璠《初夏種竹》　慶雲張永日，樹澤老青筠。點綴心忘俗，遷移日已新。名園增好友，列卉速嘉賓。幹直蜆爲貫，根盤石作民。滋培飡鳳粒，珍重化龍身。煮茗煙籠夕，披襟露浥晨。蕭疎仍嫵媚，信宿倍精神。削杖嘔鮐叟，持竿憶虎臣。不知淇水遠，巧結渭川鄰。細葉鋒疑劍，微痕淚似鱗。徜徉三徑古，笑傲七賢真。勁節同高蹈，孤標迥絶塵。風摇驚倦客，月襲舞騷人。對此寧甘瘦，從今豈效顰。吹之詞一律，沃以酒千巡。衹叟如君少，何辭問主頻。伶倫堪取截，冠簭足娱貧。

清　王昶《湖海詩傳》卷三七　清　曾燠《種竹》　舊日叢生竹，清陰亦頗饒。場師嫌養小，春鳥欲遷喬。鋤出三弓地，移來百尺條。護根纔累土，立節已干霄。門逕全疑碧，樓臺更覺遥。響令風有韻，影待月來描。柳拂新添態，花穿越助嬌。帶霜猶矯矯，無雨亦蕭蕭。借爾能招鳳，求鄰莫瘞貓。種竹者多於隔墻埋死貓，則笋過墻矣。爲竿經幾歲，成町即今朝。鞋底防萌觸，衣邊看粉飄。敢言千户等，庶其七賢邀。當暑休愁晝，聽秋好度宵。安排碁局坐，添得酒香澆。儻惠風人詠，從教律吕調。

清　徐倬《全唐詩録》卷一四　唐　岑參《范公叢竹歌》　職方郎中兼侍御史范公，乃於陝西使院内種竹。新製叢竹詩，以見示美范公之清致雅操，遂爲歌以和之。　世人見竹不解愛，知君種竹府庭内。此君託根幸得地，種來幾時聞已大。盛暑翛翛叢色寒，閒宵槭槭葉聲乾。能清案牘簾下見，宜對琴書牕外看。爲君成陰將蔽日，迸笋穿堦踏還出。守節偏凌御史霜，虚心願比郎官筆。君莫愛南山松樹枝，竹色四時也不移。寒天草木黄落盡，猶自青青君始知。

清　陳廷敬《清文穎》卷九三　湯右曾《栽竹》　碧篠生孤徑，幽姿抱一蕺。春移膏旋動，晴種雪初融。低小茆簷稱，葱青蘚砌同。枝疎常得月，葉密暗生風。羅户森相束，窺窗影欲籠。静摇金瑣碎，微戞玉玲瓏。引蔓朝縈翠，欹花晚亞紅。每疑烟羃羃，時見雨濛濛。底用論千畝，惟須拓半弓。不凋思古節，特立愛虚中。宫徵徐流韻，檀欒漸拂空。鮮苞攢石隙，抽笋短墻東。粉洗娟娟静，香流細細通。瑯玕雲肆植，箘簵貢包充。長養資元化，栽培仰歲功。龍吟栽嶰谷，鳳實下樊桐。

清　吳之振《宋詩鈔》卷三三　韓駒《次韻何文縝種竹》　杜陵窮老覓榿栽，不似何郎種笛材。三徑莫憂荒草合，一樽如與故人開。未堪急雨枝枝打，便有幽禽日日來。坐誦東坡食無肉，詩腸日午轉饑雷。

清　潘鍾麟《深秀亭詩集》卷一九《種竹二絶》　青園十畝望龍孫，有道先生植此根。高節乍看新雨後，蒼髯香雪並乾坤。　儘放鞭稍不礙冠，干霄挺挺問平安。七賢尚覺清狂誤，六逸詩文耐歲寒。

清 黎士弘《託素齋詩集》卷一《種竹》 香草不芳蘼，蕪充佩玄都。桃樹盡荒道，士之庭湘浦。竹竿欲赭夫，人之廟特鋤。荒徑爲補龍，材并斧繁柯。言疎鳥路通，中闊節惟此。子絶少膏肓，濕粉團煙若。乃公真能倔强耳。 叢叢疎密手經裁，不寫《離騷》破碧胎。直待龍孫千尺長，成竿去上釣魚臺。

清 劉嗣綰《尚絅堂集》卷一六《種竹》 食竹不厭肥，種竹不厭瘦。抱此一寸心，何妨節疎漏。堦前三兩竿，尺土亦自茂。雖無淩雲勢，聊取拂窗牖。時時上寒緑，映此鬚眉透。鶴夢歸未歸，翛然憂清晝。

清 潘衍桐《兩浙輶軒續録》卷二二 清 范廷懋《種竹》 捒取篠簜著意栽，園林滿眼覺春來。他年成就干霄節，盡是宫墻出類材。

清 潘安禮《東山草堂集·竹賦》 攬列植之嘉生，有嫕娟之修竹。色凝翠而不卉，氣含芬而異馥。秀邁仙芝，(李商隱詩)：青辭木奴橘，紫見地仙芝。潔踰靈木。《鮑照賦》超四照於靈木。吐真籟於碧虛，擢清陰而橚矗。《潘岳賦》既蓊茸而葳蕤，且參差而橚矗。爾其晶天霽爽，淑景融和，露床柔蔓，暄路軟莎，挺縹枝之玉立，掠緗幹之雲波。漏朝陽而暑薄，低夕照而烟多。及夫梧井飄風，槿籬過雨斜拂沙亭，微翻藥圃。簌簌而響苔琅玕，娟娟而潤添媚嫵。珠遺神女之濱，淚浥湘妃之浦。《博物志》：舜死，蒼梧二女，啼於洞庭，以淚揮竹，竹痕盡斑。若乃輕籠素魄，淡送明蟾，佳人翠袖，達士氷髯。或上堦而臨幌，或入户而窺檐。乍乘霧以裊娜，時抽影以脩纖。至若大漠凌陰，回崖積雪，芳樹彫殘，筠資茂悦。縞鶴舞以排空，青鸞翔而厲節。踏元圃之瓊瑶，聽寒林之騷屑。是以軒開鳳尾，《越游雜記》：太守庵竹大如汲桶，毛葉離離，不啻靈鳳之尾。逕遶龍孫，馬莊文詞：龍孫脱穎破苔痕。緑侵書帙，涼蔭琴尊，檀欒秘野之畔，王維詩：修竹自檀欒。葱蘢仙禁之門，易贊蒼筤，詩歌淇水。嵇康則素侶神交。《晉書·嵇康傳》：康所與神交者，惟陳留阮籍，河内山濤與其流者，河内向秀，沛國劉伶籍兄子咸瑯琊王戎，遂爲竹林之遊。徽之則此君嘯指。《晉書·王徽之傳》：嘗寄居空宅，便令種竹或問其故，徽之嘯指曰：何可一日無此君。汗簡而鴻文在兹，《後漢書·吴祐傳注》殺青者以火炙簡，令汗取其青，易書復不蠹。吹律而龍吟，是似馬融《笛賦》：近世雙笛從羌起，龍鳴水中不見已截竹，吹之聲相似。信天産之殊材，偉聖哲之所美。況復虛中脉脉，勁節亭亭。不扶自直，歷久常青，固宜冐朱霞於栢舘，徐陵序：椒房宛轉，梳舘陰岑。曖白日於槐庭。《宋史》：王祐手植三槐於庭。緬含章而有斐，諒比德而斯馨。

清 湯來賀《内省齋文集·慈竹賦》 嘗聞所居不可無竹，敝廬之旁，植竹爲多，盤桓其際，可與晤歌。蓋竹之爲物也，兼剛柔而得體，秉正直而可欽。隱顯一致，勁骨森森。不卑乎藪澤，不憚乎遥深，不辭乎高岡，不避乎巍岑。應候方萌而已備其節，陵雲捧日而猶虚其心。有時爲笙簧，爲簫管也，則聲能立會，而克諧乎八音。有時爲簡策，爲管城也，則天禄石渠之所重，如璧如琛。足以摛華掞藻，扶持世教，而大有功于詞林，挹其風韻，固翛然而自立，亦翹然而自任。非塵埃之所能染，非霜雪之所能侵。故足與蒼鱗氷姿者，相友歲寒，而令名特著乎古今。吾嘗静觀而有得焉。其披拂翩躚，如鳳羽之摇曳，其整肅雍容，如鴈行之相繼。居者可玩，行者可憩。是竹皆然，而吾所取者，則惟慈竹之最異，見其多歷年所，曷不遷乎其地，豈其色之黄中，得天地之正氣。胡爲乎與衆耦俱，而其根相綈，揆厥深情，悦叢生而弗忍離。是以所居雖隘，栢膠固纏綿而不屑寫杕。嗟彼玫瑰兮稍不分而憔悴，叢菊幽芬兮，待壤移而後麗。桄榔高潔兮恒孤立而無契。豈若斯竹兮，結盤根以自衛，卉木之中，鮮有其儷。然曷爲命之曰慈？而不名之爲孝悌。噫嘻！慈之爲義大矣夫，《記》曰：慈以甘旨，其即親之，所以育我者，轉而奉之于乎。雖寸草有心，而春暉浩蕩。奚能稍盡其區區，然而繼志者曰慈孫，反哺者曰慈烏。是稱名雖異，而意則靡殊。吁嗟乎！物各有性，不能皆比。榕樹濫交，豈如棠棣。惟荼茗之不分，庶與兹而相類。昔田氏之紫荆，因人事爲榮瘁。今嶰谷之殊姿，彌敦睦而可貴。讀《西銘》之胞與兮，當一體而同視。乃植物之情深兮，流千秋之芳懿。孰爲萬物之靈兮，寧不睹斯而自勵。 謝秋水曰：此竹又名慈孝竹，先生發明慈字之義，又引慈孫慈烏爲證，始知慈即孝也。創獲殊快，一小題耳，自仁人寫來便足益人至情。 描寫此君神情，慈孝之旨，動盈墨表。讀其賦者，可想見其爲人。弟敦實。

清 湯來賀《内省齋文集·苦竹賦》 聞故人中高士，類多衣食不足者，予爲之憮然，乃作斯賦以慰之。 植物之英，厥名爲竹。擢秀敷榮，如金如玉。劍枚十尋，始於蜩腹。初以天籟之鳴，聿飛聲于嶰谷。既隆君子之譽，緣歌詠于淇澳。垂休乎墨君之堂，標異乎篔簹之族。中有紫者斑者，因狀殊而可録。其或榦之方者，又以形奇而稱淑。乃予之所深嘉，則專之乎苦竹。蓋其節勁，其中虛，亦偕翠竹而無異，惟其味之獨苦，不受制于庖厨。則超焉出乎其類。其方芽也，雖有□□，莫之能嘗。雖有躁物，莫之敢戕。其既長也，不輕爲人用，而惟筆之成撰，惟箭之克襄。度其性情殆恥隣乎闤闠而思見重于芸窗。厥號中書，厥德惟剛。能探奇于河洛，發天地之秘藏。能衛道于一時，且傳道于萬世，而爲有用之文章。能代綵綸于黄閣，弘德化于蒼生，而流愷澤之汪洋。能成筆削于春秋，正是非于南董，而存萬古之綱常。出其餘緒，又能楷隸行草，而展騷人墨客之所長。或以爲矢，亦孔之良。固諸膠漆，鋭弗可當。俾威行于中國，而名震乎遐荒。噫嘻，其色不殊，其貌不揚。托錞處後，不露鋒鋩。然推功于毛頴而頴雖英鋭，非得兹堅，束而曷臧。抑讓能于金鏃，而鏃雖銛利非藉兹貞榦而奚强。斯則具文武之全材，饒退讓之謙光。是令德與鴻猷，足以亘千載而流芳。曷爲乎獨苦其味，而不同膾炙與膏粱。嗚呼，我知之矣。凡天下之奇物，未嘗不淪于苦，爲君子之所珍，必爲庸流之所比。爲後世之所瞻，□爲當時之所侮。斯竹也，始淪落于林泉，亦不禁乎貧□。既摛珪璋之翰，敷文命于寰宇，又勷弧矢之威，奏殊勳于天府。而傳其績者，遂覺爲可歌而可舞。嗟嗟，天惟畀以美材，不得不堅其心志，如質之剛潤者。非煆煉磨礱，無以俾其精純，而爲天下之重器，故惟茹檗既深，集蓼多慮，斯可膺盤錯而立馴，投艱難而不惴。吾知斯竹有心，當亦不願爲甘，而自安于苦以克善。承乎天意。美哉斯竹兮，不登于俎，早全其籜。人以爲苦，己以爲樂。瀟灑樸茂，瓌瑋卓犖。依稀乎海中之龍，與夫雲中之鶴，有時風動厥聲，響若鳴珂。雖當栗烈，不改其柯。賢人志士，偶一相過，徘徊吟詠，其樂如何。惟其澹泊之質，久賦于天。是以弘敷教鐸，而拯黎庶之□連，廣育英才，而爲世道之仔肩。其味不適乎口，其用不居于前。正所以優游静重，而永其年。　謝秋水曰：寓託宏深，裁搆卓偉。彼習蕭蕭細響，以寫文人之逸興者，望之而色沮矣。　彭恭菴曰：至苦節中，尋出兩種大用。此真掄才巨眼也。蔡邕柯亭，馬融笛賦，夫何足云。　自甘澹泊，人以爲苦。彼自爲樂，雖慰友人，不覺自寫照矣。文之工美，不減廣平之賦梅花。弟敦實。

清　唐之鳳《天香閣文集》卷一《方竹賦有序》　天香閣庭中，方竹一叢，來自赤城。稜稜圭角，有高人逸士之致。僕甚愛之，因作賦曰：維方竹之異質，操孤介而特立。既瀟灑之出群，亦堅貞之莫匹。幹面面以有稜，葉亭亭而加密。空違時以寂處，獨拔俗而挺出。結根赤城之阿，移植野人之室。觀夫傍長軒，倚曲檻篠影方池，枝侵清漢，風裊裊以離披，雨絲絲以紛亂。拂錦石之低雲，蔭芳園之修坂。映翠色於簾櫳，延秀姿於几案。月明觀滿地之琅玕，雪集挹一庭之璀璨。爾其質本越類，體不尋常，初辭曲而就□，漸避規以成方。形盈丈其若削，節如針而生鋩。性不趨夫炎熱，意自傲乎雪霜。王徽之未必見此，袁丹陽如何敢望。若乃豔陽之天，芳菲之節，東郊南壠，争妍鬥色。唯謝却夫鉛華，更忘情于修飾。至于青女朝飛，素娥夕郎。覩簇簇之龍孫，咸矗矗而方茁。經隆冬而益茂，遭嚴寒其不折。騷人掃葉以煨爐，韻士瀹笋而供客。勝淇澳之便娟，過渭川之秀潔。更有雞皮野叟，鶴髮老翁，登山臨水，藉以作笻。邁萬年之藤杖，扶百歲之龍鍾。截之吹嶰谷之鳳，擲之化葛陂之龍。清風摇兮聲瑟瑟，斜日照兮影重重。若夫羅浮之幹，巨可作舟，附禺之篠，堅可搆樓。唯此娟娟，伴我清幽。蔭長條于芳甸，感勁節乎高秋。聽天籟以抒懷，托哀響以寫愁。實峭厲以超俗，非摸稜之可儔。是以幽庭護持，清齋珍惜。得雨露之所滋，宜剪伐之莫及。想七賢之高蹤，懷六逸之奇迹。偕琴書而可樂，友松梅以共寂。主人獨愛玩以悦性情，常徘徊以永朝夕。

清　愛新覺羅・玄燁《竹》　緑染竿竿潤，青籠个个陰。節高寒愈勁，氣潔暑難侵。密雨驚龍起，清風引鳳吟。幸邀君子號，爲爾解虚心。　闕名《恭和御製詠竹原韻》　藻砌紛青籜，芳園滿緑陰。最宜時雨洗，不碍歲寒侵。宸暇方遊豫，皇情暢詠吟。年年常近日，清節與虚心。

清　愛新覺羅・玄燁《墨竹》　我亦愛修竹，手植滿萬竿。春叢抽新碧，夏葉生嫩寒。更宜當秋蕭，舞檐端乃至。入元冬蒼然，秀可餐帶露。裊晨光遲月，弄夕爽烟雨。快逸情風雪，聽幽響能備。四時好永結，平生賞搆屋。豁軒墀面面，曳風枝開窗。張素琴鑿池，懸釣絲爲緣。情好篤寤寐，懷清姿寫真。驚墨妙灑然，涵幽芬似我。園中籜緑霧，凝蒼雲爲詩。歌此君聊以述所忻。

清　愛新覺羅・玄燁《墨竹》　玉个个，翠重重，一灣流水北，雙板小橋東。竿短竿長皆入畫，枝疏枝密總含風。

清　愛新覺羅・玄燁《題墨竹》　會聞渭川千畝竹，露梢霜節連雲緑。又聞湘江竹最佳，龍形鳳尾凌空矗。自昔江南好事家，白樓謝館分苗族。竿竿碧玉戛吟窗，枝枝濕翠侵書屋。風晨雨夕韻堪聽，月色烟痕清可掬。蕭閒自不染塵氛，浄掃浮華娟幽獨。東坡居士會有言，不可無竹寧無肉。畫師惟數湖州翁，興來愛寫篔簹谷。對此長莖復短莖，寒碧精神光奪目。葉不因風長欲動，恍然有聲溢紙幅。頓覺爽籟發衣襟，舉觴一酌春生腹。

清 潘奕雋《三松堂集》卷四《種竹》 修篁秉峻節，結根依碧潯。蕭蕭不受暑，肅肅含遠音。移來植高齋，趁此三日霖。莫言數竿少，已覺陰森沉。直道固余仰，虚中尤我箴。閒攜書傍讀，或引杯孤斟。午榻清風摇，夜軒凉露侵。恍疑湘江雨，泠然披素襟。又如坐故園，三徑吾廬深。誰知塵土客，有此蕭踈心。

又《修竹》 修竹産淇園，森森碧於玉。謂此似君子，種之令不俗。一叢種廣庭，一叢種墻曲。廣庭地踈豁，瀟瀟風露足。雨葉出檐清，風梢拂雲緑。一幹日以長，一幹日相續。墻曲頗清幽，所苦地局促。有枝抽不揚，有根行處觸。豈無干霄心，何由展遐躅。亦抱作箭材，苦節誰復録。託地既已殊，菀枯判榮辱。回看廣庭前，千夫擁大纛。

清 袁昶《于湖小集》 前年在京邸園中老松曝枯，葉赤色，屹立狀益崛奇近於吏舍，種竹頗不法，十日而半萎黄，栽涽十數竿耳，作詩獻潮。黄竹不作實，赤松不作花。松殊棄我久，西笑空煙霞。郊居白板扉，今屬隱侯家。（子培比部居之）竹甫迎門至，勁梢無一斜。月夕今粟影，風簾戛交加。如何三十輩，半悴如枯杈。餘者含生意，陶公憐孟嘉。失爲清嘯侣，倚玉少蒼葭。豈如紹聖初，党籍賢人嗟。子瞻儋耳飢，器之新州瘕。難參玉版味，但制南冠椰。抑迓西王母，穆蒲棄雲車。黄竹宴降雪，瘦鞭穿素沙。鈞天曲未終，竹醉不知耶。尚憶赤松子，隨風雨爲家。不知所如往，辟穀待踈麻。道逢黄石公，借問路何賖。天師不告吾，窅若仙源槎。赤松與黄竹，各嫌弊居窊。故金玉爾音，相約遯荒遐。諸君不我客，光風遭蘭擲。（階下藝蘭數本甚茂）。屈平適藥國，嵇生困鍜篏。空谷嘲林下，虚名懺浮華。予亦從兹隱，另闢徑之叉（淩云寫來賓主序次有法）。

清 王允禧《詠竹四首》 愛此千竿碧，能消盛夏威。濃陰深護榻，清影半籠扉。粉節含香雨，煙梢淡暮暉。日長高卧穩，紈扇未勞揮。 擢秀自成隣，風竿閒舊新。交加難論個，散布欲無垠。穿徑枝妨帽，行吟翠繞身。會裁青玉甬，持贈白雲人。 静碧連書幌，輕凉蔭食單。撲空香翡翠，繞地紫琅玕。遮莫侵蘭沼，偏宜近藥欄。山童能解事，日日報平安。 舊根求水國，移種近香茆。雨洗穿籬幹，風梳拂牖梢。色添杯酒緑，聲逐局棋敲。落落凌寒意，松梅足舊交。

清 謝道承《冬笋》 蒼巖鬱寒姿，先雷蓄孤勁。硃崖凍壑中，氣盛萌欲迸。譬諸君子心，虚直含至性。胚胎何堅貞，節目自苞孕。長鑱雪外攜，劚取雪没脛。清幽蘭比德，潔白玉同瑩。品格遠膏腴，烹飪戒飣餖。莫嫌滋味薄，能使襟懷浄。試看山林人，蕭然祛俗病。

清 秦時昌《方竹》 舉世尚圓通，爾形獨合矩。不同睢園種，亦殊嶰谷侣。直方坤之德，鍾秀天特與。雖驚世人眼，實爲君子許。稜稜霜氣凝，矯矯峻節舉。宿土移數竿，歲久森圃墅。堅竹豎爲杖，登臨藉撑拄。毋令柔媚人，一朝削圓女。

清 許迎年《新竹》 乍與僧參玉版禪，旋看解籜裊新煙。斑龍驚蟄多争地，翠鳳修翎欲上天。鳥坐叢枝歌晛晥，月摇虚幌影連娟。此君相對殊瀟灑，不厭秋聲攪夜眠。

清 唐之鳳《天香閣詩集》卷五《竹里舘》 别開竹里舘，面面翠如城。終日無人跡，唯聞幽鳥鳴，風來葉自落，月上影偏横。道侣閒相過，時聽梵誦聲。

清 顔時普《竹醉日移竹》 端午未匝旬，急雨滌煩熱。乘凉此君軒，修枝挺高節。萬个青扶踈，下有龍孫列。園丁前致詞，平安報真訣。日惟十有三，轉垜易萌茁。醖釀土膏厚，勝于醇醪冽。生意兹其蘇，發榮功可决。形卜貓頭攢，根免口口齧。木接術從同，花移法何别。堅定比君子，遷地仍秀傑。他時齊簷牙，清颸響玉屑。詩酒祛俗氛，雅遊憶前哲。安得文與可，寫真特奇絶。

清 黄鉞《壹齋集》卷一八《種竹》 露葉烟梢翠一擔，移栽三徑利西南。深根好待明年筍，快雨剛逢昨夜酣。對飯難邀饞守笑，入林如與阿戎談。故山萬个孫枝緑，孤負秋聲俗不堪。

清 白胤謙《東谷集》卷一《移竹簡石子約》 小齋宿雨坐樊籠，竟日沉吟恨枯槁。偶憶曩昔青林遊，千頃琅玕秀巖表。萬石郎君雅我曹，誤將尾礫當瓊瑤。瀑布凌虚瀧蒼靄，年華廻首興滔滔。可喜郎君愛人不惜物，輸情滿意應人乞。四僮力負十一根，根根青幹直如筆。樹之茅墻亂雲日，入耳早有蕭琤聲。不飲不餐愈我疾。美哉，此君愈我真我藥，欲報郎君無好作。

經濟林樹種分部

漆

綜　述

《神農本草經》《名醫》曰：生漢中，夏至後采，乾之。案《説文》云：桼木汁可以髹物。象形，桼如水滴而下，以漆爲漆水字。《周禮·載師》云：漆林之征。鄭玄云：故書漆林爲桼林。杜子春云：當爲漆林。

晉　陳壽《三國志·魏志·方技傳》　樊城樊阿從華佗學，求可服食益於人者。佗授以漆葉青黏散，漆葉屑一升，青黏屑十四兩，以是爲率，言久服去三蟲，利五藏輕體，使人頭不白。阿從其言，壽百餘歲。漆葉處所而有，青黏生於豐沛彭城及朝歌云。

南朝宋　范曄《後漢書·雷義傳》義舉茂才，讓於陳重，刺史不聽，遂佯狂披髮走不應命。鄉里爲之語曰：「膠漆自謂堅，不如雷與陳。」

宋　寇宗奭《本草衍義》卷一三《漆》　乾漆，若濕漆，藥中未見用，凡用者皆乾漆耳。其濕者，在燥熱及霜冷時則難乾。得陰濕，雖寒月亦易乾，亦物之性也。若霑漬人，以油治之。凡驗漆，惟稀者，以物蘸起，細而不斷，斷而急收起。又塗於乾竹上，蔭之速乾者並佳，餘如經。

宋　謝維新《古今合璧事類備要别集》卷五一《衆木門·桼》《格物總論》：桼樹身如柿，葉亦近似。其汁可以髹物。以竹筒釘入木中取之。人多種於山谷間云。

元　司農司《農桑輯要》　漆：春分前後移栽。後樹高，六七月，以剛斧斫其皮開，以竹管承之，汁滴則成漆。

明　宋詡《竹嶼山房雜部》卷一〇《樹畜部·樹類》　漆長葉身短。朝鮮國有黄漆樹似棕，六月取汁漆物如金。臘月種。取液以飾器物，失取其液，液滿則菑翳，惟取於霜降後者爲良。樊重欲作器，先種漆樹，人嗤之。後皆得用，向之笑者咸求假焉，貲至鉅萬。

明　吴雨元《毛詩鳥獸草木考》木考·漆　漆，樹高三二丈，皮白，葉似椿樗，花似槐，子若牛李，木心黄。六七月間，以竹筒針入木中取滋汁。崔豹《古今注》云「以剛斧砍其皮開，以竹管承之，汁滴則成漆」是也。其髹物，在爆熱及霜冷時則難乾，陰濕雖寒月亦易乾，亦物之性。舊云：血投藕，而不凝，漆得蟹而即散。

明　李中立《本草原始》卷一四《木部》　乾漆始生漢中川谷，今蜀漢金峽襄歙州皆有之。木高三二丈，皮白，葉似椿，花似槐，子若牛李，木心黄。夏至後，以竹筒針入木中取之。舊云用漆桶中自然乾者，狀如蜂房孔孔隔者，今多用筒子内乾者，以黑如瑿堅如鐵石者爲佳。許慎《説文》曰：漆本作桼。木汁可以髹物。其字象水滴而下之形也。

明　王象晉《群芳譜·木譜·漆》　漆，一名桼，似榎而大，樹高二三丈餘，身如柿，皮白，葉似椿，花似槐，子似牛李子，木心黄。生漢中山谷，梁益陝襄歙州皆有，金州者最善，廣州者性急易燥。辛温，有小毒。乾漆去積滯，消淤血，殺三蟲，通經脈。李時珍曰：漆性毒而殺蟲，降而行血，主證雖煩，功只在二者。　種植：春分前移栽易成，一云臘月種。

明　徐光啓《農政全書》卷三八《種植》　漆，《秦風》曰，山有漆。《説文》云：木汁可以髹物，一作桼。如水滴而下。生漢中山谷，梁益陝襄皆有，金州者最善，廣州者性急易燥。今廣浙中出一種漆，六月取汁漆物，黄澤如金，即《唐書》所謂黄漆也。廣南漆，作飴糖氣，沾沾無力。樹似榎而大，高二三丈，身如柿，皮白，葉似椿，花似槐，子似牛李子，木心黄，六七月刻取滋汁。春分前移栽，易成有利，一云臘月種。取用者，以竹筒釘入木中取汁。或以剛斧斫其皮開，以竹管承之，滴汁則爲漆也。凡取時，須荏油解破，故淳者難得，可重重別制拭之，色黑如瑿，若鐵石者，爲上等，黄嫩若蜂窠者不佳。凡驗漆，惟稀者，以物醮起，細而不斷，斷而復收。更又塗于乾竹上，蔭之速乾者並佳。試訣有云：微扇先如鏡，懸絲急似鉤。撼成琥珀色，打着有浮漚。　《農桑通訣》曰：用漆在燥熱及霜冷時則難乾，得陰溼雖寒月亦易乾，物之性也。若苦霑人，以油治之。凡漆器不問真僞，送客之後，皆須以水浄洗，置牀薄上，於日中半日許曝之使乾，下晡乃收，則堅牢耐久。若不即洗者，鹽醋浸潤，氣徹則皺，器便壞矣。其朱裹者仰而曝之，朱本和油，性潤耐日，故盛夏連雨，土氣蒸熱，什器之屬，雖不經夏用，六七月中各須一曝使乾。俗人見漆器暫在日中，恐其炙壞，合著陰潤之地，雖欲愛慎，朽敗更速矣。　又曰：凡木畫服玩箱碗之屬，入五月盡，七月九月中，每經雨，以布纏指，揩令熱徹，膠不動作，光浄耐久。若不揩拭者，地氣蒸熱遍上生衣，厚潤徹膠便皺，動處起發，颯然破矣。

明　慎懋官《華夷花木鳥獸珍玩考》卷一　海漆　瓊山縣出花如芍藥，俗名「倒粘子」。漬爲膠，可代柿油。宋蘇軾命以此名。　黃漆樹　百濟西南海中有三島，出黃漆樹，似小櫰樹而大。六月取汁漆器物，若黃金，其光奪目。陰柘木　南海商人齎火浣布三端，帝以雜布積之，令杰公以他事召至於布所。傑公遥識曰：此火浣布也。一是緝木皮所作。一是續鼠毛所作。以詰商人，具如杰公所説。因問木鼠之異。公曰：木堅毛柔，是何別也。以陽燧火，山陰柘木爇之，木皮改常。試之果驗。　白萮　侖者之山有木焉。其狀如穀而赤理，其汗如漆，其味如飴。食者不饑，可以釋勞。其名曰白萮。可以血玉。

明　王象晉《群芳譜·木譜·漆》　彭城樊阿少師事華佗，投〔授〕以漆葉青黏散方，云服之去三蟲，利五臟，輕身益氣，使人頭不白。阿從其言，年五百餘歲。漆葉所在有之。青黏生豐、沛、彭城及朝歌，一名地節，一名黃芝，主理五臟，益精氣。木出於迷人，入山見仙人服之，以告佗，佗以爲佳，語阿。阿秘之。近者人見阿之壽，而氣力强盛，問之。因醉誤説，人服多驗。後無復人識青黏，或云即黃精之正葉者也。李時珍曰：按葛洪《抱朴子》云：漆葉、青黏，凡藪之草也。樊阿服之，得壽二百歲，而耳目聰明，猶能持鍼治病，此近代之實事，（良）〔爲〕史所記注者也。洪説猶近於理。前言阿年五百歲者，誤也。或云青黏即葳蕤。漆樹其汁可以髹物。《格物論》

明　方以智《物理小識》卷九《漆》　漆，不取液則自斃。惟霜降後取者良。樊重先爲人嗤，後得其用者也。種宜臘月。朝鮮國有黃漆樹似棕，六月取汁，漆物如金。今廣漆則黃，江漆則黑。中德曰：舊説五更露中取漆可以多得，日出則無漆矣。凡取漆者耗神。

清　陳大章《詩傳名物集覽》卷一一《椅桐梓漆》　漆，《朱傳》：木有液，黏黑，可飾器物。《周禮·載師》：漆林之征，二十有五。《漢書》：陳夏千畝漆。《説文》：桼木汁可以髹物。象形，桼如水滴而下。《古今注》：漆樹以剛斧斫其皮開，以竹管承之，汁滴管中，即成漆也。《本草圖經》：木高二三丈，皮白，葉似椿，花似槐，子若牛李，木心黃。《書》：兗州厥貢漆絲，豫州厥貢漆枲。《木譜》：似榎而大，樹高二三丈餘，身如柿，生漢中，梁、益、襄、陝、歙州、金州者最善。廣浙一種漆樹，六月取汁，漆物如黃金，《唐書》所謂黃漆也。廣漆性急燥，有小毒。春分前易栽，臘月亦可種。蜀本注：上等清漆，色黑如瑿若鐵石者好，黃嫩若蜂窠者不佳。漆本作桼，從水者，漆沮也。《淮南子》：蟹見漆而不乾。《物類相感志》云：漆得蟹而成水，蓋物性相制也。《莊子》：桂可食，故伐之。漆可用，故割之。又石漆，又《博物志》陝西延壽縣有漆脂，初黃後黑。又《廣輿記》瓊州有海漆，出海上，花似芍藥，曰倒黏子，浸爲膏，可代柿漆。

清　高士奇《北墅抱甕録·漆》　漆樹高二三丈，柿幹椿葉，當暑多陰，佳木也。吾浙桐江以上，山居之民，以採漆爲業，利最饒沃。《莊子》云：「桂可食，故伐之。漆可採，故割之也。」今植於吾園者，止取其蔭，而不以爲利，遂得免於斤斧。蓋散人所樹，即爲散木，猶愚公所居，即爲愚谷也，天下物豈有常哉。

清　鍾山逸叟《致富奇書》卷一《漆》　嚴州諸處皆産，金州者良，故名金漆。春分前移栽，葉如椿、花如槐。六七月間，以利斧斫其皮，以竹管承其汁。

清　張宗法《三農紀》卷六《漆》　漆，異汁也。《禹貢》云：厥貢漆絲。《説文》云：下從水，象桼如水滴下也。漆者水名也。樹似榎，身似柿，皮葉如椿，花若槐，實若牛李，其木肌白心黃，作材易朽。乃木中之有液者。黏黑可餙器汁，入土千年不壞，乾者可入藥。有人聽之身癢，見之目腫，近之發疹，異乎其架也。　植藝：于熟時收種，待苗高二三尺，于春時襯青移前成園，或植空落處，至碗大收汁。　收漆：野生者，樹大汁多，植者木至碗大方割。至秋霜降時，用利刀鏇皮勿斷，須留骱路，若割斷則木枯，收時先放木水，然後以竹管插入皮中納其汁液，須曬乾生水收用。山農云：桼無足色，割之時已點桐油入内，再貨而又點，難以求真。識者須以物蘸起，細而不斷，斷而急收，便塗于竹板上陰之，速乾者佳。訣云：微扇光如鏡，懸絲急若鈎，撼，成琥珀色，打著有浮漚。　本性：味辛、氣温，殺蟲攻積。受其毒而生瘡者，以紫蘇湯洗或浴，以活蟹湯即解。嚼花椒，塗口鼻，可避毒。　效方：婦人血氣不調，乾漆炒煙盡，牛膝末各一兩，牛地汁一斤入磁器，漫火熬爲丸如梧子，每服一丸至三五丸，酒飲令通。〇凡蟲積，鷄子一枚開口去黄留青，入生漆一錢二分，令病者張口吞之，下蟲即效。

清　吴其濬《植物名實圖考》卷三三《木類・漆》　漆，《本經》上品。山中多種之。斧其木以蛤盛之，經夜則汁出。

植物名實圖考・漆

清　吴其濬《植物名實圖考》卷三八《木類・野漆樹》　野漆樹，山中多有之。枝幹俱如漆。霜後葉紅如烏臼葉，俗亦謂之染山紅。結黑實亦如漆子。按《爾雅》注，櫄㮕栲漆相似如一，或即櫄樹耶。字亦作杶，作橁，野人樵採之。

植物名實圖考・野漆樹

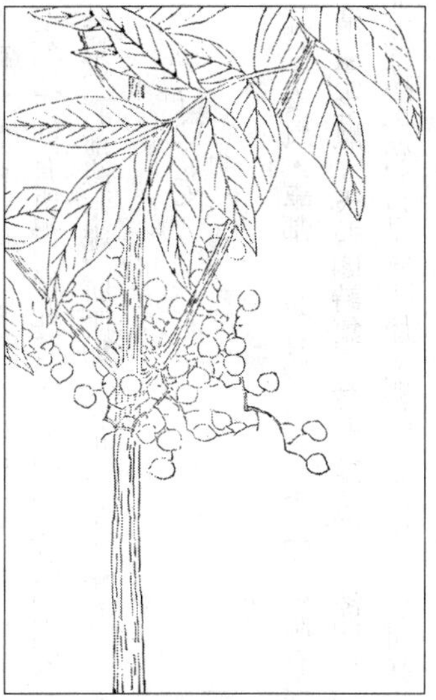

清　陳憲舜《課民植牧講義稿・漆》　漆樹分雌雄，在植苗時已可分別。凡發芽速，長成茂盛者雄也。雄花不能明見。至秋始發芽者雌也，雌木花小結實。又葉細長者爲雄，圓厚者爲雌。採漆以雄木爲貴，採蠟以雌木爲貴。必雌雄同植，乃爲有利。播種以温熱水和少許柴灰攪拌種子於桶中，取下沈者，蒔於秧地，常加肥水，次年拔起。排勻約離一尺植一株，注意去草，至二尺以外，移出山林植之。亦有插枝分根之法，切取多根，斜插被土，亦易生芽。　凡種於沙礫當陽之地，則漆汁濃厚，若河邊沙地，則漆汁稀薄。有種田間者其生長速，子與漆並多。其種沙地者，子與汁並少。然蠟色則純白透明，若專取漆，宜選雄木，一畝植二十五或三十苗。如專取子收蠟，一畝衹十株以内。春夏鬆根，便易行鬚，地上堆以塵草廐肥，冬扶以木，以防風雪。　凡雌木三四年即結實。但二三年之後，夏時多生蟲枯朽，可以麻皮緊縛根側，即從旁生芽。至取漆年限，在於栽培勤惰，快則四五年，次六七年，亦有十二三年者。以高一丈四五尺，徑七八寸爲合，取後從根伐去，生出新芽，留二三條，長至五六寸徑，亦可再取。凡收漆，下雨與正午不宜，貴於早出晚歸。其法於根下七八寸處，横切七八分之口，由此上一尺二寸處，又切如前，每上一尺二，皆切口至分枝處止。又於反面兩切口之中，横切七八分之口，由此上一尺二，又切如前，至分枝處止，又一面亦是如此，凡三面則前後刀口，恰相交錯。然許多切口，非一時並切，是輪流切之。如每樹一次切一刀，至切完二十株樹，則初切之口已流出漆，乃以鐵篦入搯壺受之。則一日每株可切口五六處，至二十樹皆切五六處後，乃置之。四日後，鑿傷口於舊傷二分之上，廣一寸，且於最下之傷口，開爲一寸之口，上下兩個。五六日後，又離二分處，切口一寸二分，最下者上下兩個如前，至刀口漸增，至繞周圍四分之一乃止。又有苗搯法，在木幹之半處，切數傷口，汁即流出。後二三日，又出一次，大約前所出者，是自下升上之漆。此則自上流下也，又有砍樹枝擔運回家，以枝頭浸河水中，入夜以爐火暖其枝，用小刀切口取漆者，知枝上亦有汁也。取蠟則將雌樹之子，以臼搗碎用箕分其粉與核，粉即包核之外皮也。如搗時蠟易飛散，則於紙帳内搗之。搗畢，於釜上置横木，鋪薦，置粉餅於上蒸之，盛以麻袋，再蒸於釜上之後，以榨油之榨木榨之，先流出者爲一次蠟，將粕更蒸又榨，再出者爲二次蠟，至榨三次而止。凡七年至十年之樹，得子一斗四升，每子一石，得蠟約九斤有奇。又櫨樹子亦有蠟，取法同。

清　郝懿行《寶訓・木材・漆》　語曰：膠漆自謂堅，不如雷與陳。

清　陳昌齊　道光《廣東通志》卷九六《木類・漆樹》　漆樹，梁州最盛。廣州漆性急易燥，《政和本草》樹高二三丈，皮白。葉似椿，花似槐。其子如牛李。六月七月刻取滋汁。《本草綱目》漆色甚光明，而不甚粘。出陽春新興德慶。《郝志》《南越志》曰：綏寧白水山多漆樹，高十餘丈。刻漆常上樹端，雞鳴日出之始便刻之，則有所得，過此時，陰氣淪陽氣升，則無所獲也。凡刻漆，别有氏族以爲業。膺前緣木處，胼胝如人脚也。《太平御覽》

藝文

《詩·秦風·車鄰》 阪有漆，隰有栗。【略】阪有桑，隰有楊。

清 唐之鳳《天香閣詩集》卷五《漆園》 漆園　聞昔南華子，微官寄漆園。非關遺世務，自是愛川原。弱幹咸資用，空崖可托根。徘徊幾樹下，斗祿不須論。

椒

綜述

《爾雅·釋木》 椴，音毀。大椒。郭璞註：今椒樹，叢生，實大者名爲椴。

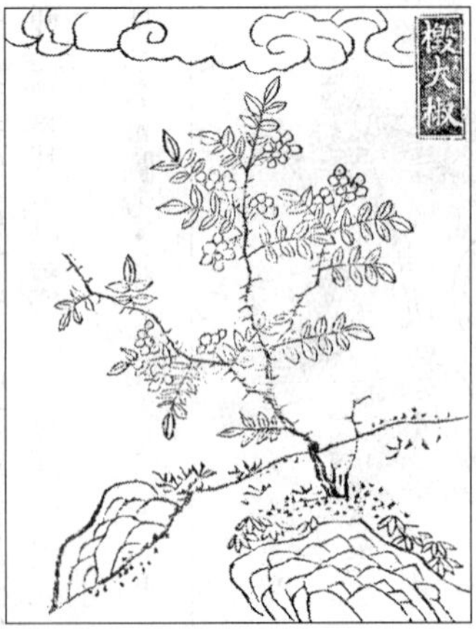

植物名實圖考·椴

三國吴 陸璣《毛詩草木鳥獸蟲魚疏》卷上《椒聊之實》 椒聊，聊，語助也。椒樹似茱萸，有針刺，莖葉堅而滑澤。蜀人作茶，吴人作茗，皆合煮。其葉以爲香。今成皋諸山間有椒，謂之竹葉椒。其樹亦如蜀椒，少《御覽》作小。毒熱不中合藥也，可著飲食中，又用蒸雞豚最佳者。《爾雅》疏《御覽》者作香。東海諸島上亦有椒樹，枝葉皆相似，子長而不圓，甚香，其味似橘皮，島上麞鹿食此椒葉，其肉自然作椒橘香也。《詩·椒聊》疏《爾雅·釋木》椴大椒疏

北魏 賈思勰《齊民要術》卷四《種椒第四十三》 《爾雅》曰：「椴，大椒。」《廣志》曰：「胡椒出西域。」《范子計然》曰：「蜀椒出武都，秦椒出天水。」案今青州有蜀椒種，本商人居椒爲業，見椒中黑實乃遂生意種之。凡種數千枚，止有一根生。數歲之後便結子。實芬芳，香，形、色與蜀椒不殊，氣勢微弱耳。遂分布栽移，略遍州境也。　熟時收取黑子。俗名椒目，不用人手數近，捉之則不生也。四月初畦種之。治畦下水，如種葵法。方三寸一子，篩土覆之，令厚寸許，復篩熟糞以蓋土上。旱輒澆之，常令潤澤。生高數寸，夏連雨時可移之。移法：先作小坑，圓深三寸，以刀子圓劚椒栽，合土移之於坑中，萬不失一。若拔而移者率多死。若移大栽者，二月三月中移之。先作熟糞泥，掘出即封根，合泥埋之。行百餘里者亦得生。此物性不耐寒，陽中之樹，冬須草裹。不裹（則）（即）死。其生小陰中者，少稟寒氣，則不用裹。所謂習以性成。一木之性，寒暑易容，若朱藍之染，能不易質，故觀隣識士，見友知人也。候實口開，便速收之。天晴時摘下，薄布曝之，令一日即乾，色赤椒好。若陰時收者，色黑失味。其葉及青摘取，可以爲菹。乾而末之，亦足充事。《養生要論》曰：臘夜令持椒卧房牀傍，無與人言，内井中，除瘟病。

唐 段成式《酉陽雜俎》卷一八《胡椒》 胡椒　出摩伽陁國，呼爲昧履支。其苗蔓生極柔弱。葉長寸半，有細條與葉齊。條上結子兩兩相對。其葉晨開暮合。合則裹其子於葉中，形似漢椒，至辛辣，六月採。今人作胡盤肉食皆用之。

唐 段成式《酉陽雜俎》卷一八《椒》 椒可以來水銀，茱萸氣好上，椒氣好下。

明 王世貞《彙苑詳註》卷三一《椒》 椒，《埤雅》云：椒似茱萸而小，赤色，内含黑子如黜。今謂椒目本有針刺，葉堅而滑澤。【略】《范子計然》云：蜀椒出武都，赤色者善。秦椒出天水隴西，細者善。《酉陽雜俎》云：椒可以來末，茱萸氣好上，椒氣好下，蓋其性不上達也。《花木考》云：胡椒出摩伽陁國，呼爲昧履支，其苗蔓生，莖極柔弱，葉長寸半，有細條與葉齊，條上

結子，兩兩相對。其葉晨開暮合，合則裹其子于葉中，子形似漢椒，至芳辣，六月採。今作胡盤肉食皆用之，又云：胡椒蔓生，延蔓附枝。葉如扁豆，花間紅白，結椒纍垂。

明　**王世貞《彙苑詳註》卷三一《椒》**　其馨有椒其馨，謂能脩其政，然其馨香下達而已。貽握貽我握椒。《詩經》【略】蠲百疾嘉哉芳椒，載繁其實，厥味惟珍，蠲除百疾，肇惟歲始，月正元日，永介眉壽以祈初吉。《成公綏》【略】韋哀椒韋以哀椒，雖踰絺綌，然久則臭，故天下之理，有物雖甚佳，後更爲害，不可不察。《莊子》山椒菊流芳於山椒。又云：謂申椒其不芳。《離騷》焚椒煙斜霧横焚椒蘭。《阿房賦》行椒根生成行者。塹地行椒卻背村。《唐詩》【略】塗室皇后稱椒房，取其實蔓延盈升。以椒塗室，亦取其温煖之義。《漢官儀》【略】致噤鍾繇嬖庶子會之母，黜其夫人。文帝命繇復焉。鍾繇恚忿，食椒致噤，帝乃止焉。魏氏《春秋同□》籍胡椒元載家籍得鍾乳五百兩、胡椒八百石。《本傳》

明　**愼懋官《華夷花木鳥獸珍玩考》卷五《胡椒》**　胡椒出摩伽陁國，呼爲昧履支。其苗蔓生，莖極柔弱，葉長寸半。有細條，與葉齊。條上結子，兩兩相對。其葉晨開暮合，合則裹其子于葉中。子形似漢椒，至芳辣，六月採。今作胡盤肉食，皆用之。一云：胡椒蔓生，延蔓附樹枝，葉如扁豆，花間紅白，結椒纍垂。

明　**徐光啟《農政全書》卷三八《種植》**　椒，《爾雅》曰，椴，大椒。椒，椴帥。醜荥。郭璞注曰：今椒樹叢生，實大者名爲椴。范子計然曰：蜀椒出五都，秦椒出天水。案今青州有蜀椒，種本商人居椒爲業。見椒中黑實，乃遂生意種之。凡種數千株，有一根生，數歲之後，更結子實，芳香形色與蜀椒不殊，氣勢微弱耳。遂分布種移署通州境也。陸機《詩疏》云：椒樹似茱萸，有針刺，葉堅而滑澤，味辛香，蜀人作茶，吴人作茗，皆以其葉合煮爲香。今成皐諸山，有竹葉椒，其木亦如蜀椒，小毒熱不中合藥，可入飲食中，及蒸雞豚。東海諸島上亦有椒，枝葉皆相似，子長而不圓，甚香。其味似橘皮。島上麞鹿食其葉。其肉自然作椒橘香。今南北所生一種椒，其實大於蜀椒，與陶氏及郭陸之説正相合。當以實大者爲秦椒，即花椒也。崖椒俗名野椒，不甚香而子灰色，野人用炒雞鴨食。出施州，彼土四季採皮入藥。蔓椒，蔓生，氣臭如狗彘。生雲中山谷及邱塚間，采莖根煮釀酒。地椒出北地，如蔓椒之小者，煮羊肉香美。胡椒，出摩伽陁國，呼爲昧履支，今南番諸國及交趾、滇南、海南諸地皆有之，已遍中國，爲日用之物矣。番椒亦名秦椒，白花，子如禿筆頭。色紅鮮可觀，味甚辣。椒樹最見繁衍，四月生花，五月結實，生青熟紅。《齊民要術》曰：熟時收取黑子，俗名椒目。不用人手數近，促之，則不生也。四月初，畦種之，治畦下水，如種葵法。方三寸一子，篩土覆之，令厚寸許，復篩熟糞以蓋土上。旱輒澆之，常令潤澤，生高數寸，夏連雨時可移之。移法，先作小坑，圓深三寸，以刀子圓劚椒栽合土移之，於坑中，萬不失一。若拔而移者率多死。若移大栽者，二月三月中移之。先作熟穰泥掘出即封根，合泥埋之。行百餘里，猶得生之。此物性不耐寒，陽中之樹，冬須草裹。不裹即死。其生小陰中者少稟寒氣則不用裹。所謂習以性成，一木之性，寒暑易容，若朱藍之染，能不易質，故觀鄰識士，見友知人也。候實口開便速收之，天時晴摘下，薄布曝之，令一日即乾，色赤椒好。若陰時收者，色黑失味。其葉及青摘取，可以爲菹，乾而末之，亦足充食。《務本新書》曰：三鄉椒種，秋深熟時，揀粒，秋深摘下蔭乾，將椒子包裹，掘地深埋，春暖取出，向陽掘畦種之。二年後，春月移栽。樹小時，冬月以糞覆根，地寒處以草裹縛，次年結子，椒不歇條，一年繁勝一年。　玄扈先生曰：中伏後，晴天帶露收摘。忌手捻，陰一日，曬三日，則紅而裂。遇雨薄攤當風處頻翻，若罨則黑不香。若收作種，用乾土拌和，埋于避雨水地内，深一尺，勿令水浸生芽，其自開口者殺人。　又曰：椒子爲油亦可食，微辛甘，晉中人多以炷燈也。造油如小油法。

明　**屠本畯《離騷草木疏補・椒》**　《離騷》曰：馳椒丘且焉止息。五臣注行息依蘭椒不忌芳香，以自潔也。

椒，叢生。木似茱萸，有鐵刺。葉堅而滑。實大者名椴。今成皐山間有之，謂之竹葉椒，可著飲食中。東海諸島上亦有椒，枝葉皆相似，子長而不圓，甚香，其味似菊葉。椒於三月移之，先作熟穰泥，掘出即以泥封根埋之。又熟時收取黑子，四月初畦種之，方三寸一子，篩土蓋其上。常澆令闊（潤）。生高數寸，連雨時移之。性不耐寒，若生陽中之樹，冬須草裹，不裹即死。其生陰中者，少稟寒氣，則不用裹。又有蜀椒，秦椒。出武都者爲蜀椒，一名巴椒，一名唐藙。樹高四五尺，四月結子，無花，但生于葉間，如小豆顆而圓，皮紫赤色。江淮及北土皆有之，但不及蜀中者皮肉厚，氣味濃耳。出天水隴西者名秦椒，葉及莖、子都似蜀椒，但味短實細。又施州有崖椒，閩中及江東有欓子，醃藏作果品。《山海經》：「景山之草亦名秦椒，子似椒而葉細。」

明 方以智《物理小識》卷九《椒》 椒氣下達。無花而實。精勝在膚。須燒地潑醋，隔紙鋪椒，以盆覆之，謂之出汗。孟詵曰：五月食椒令人多忘。而生地椒紅丸服三年則精自秘。吴猛有訣，局方有詩證之。但今江廣土椒閉氣，川椒口白，其目黑光如漆。有蔓生者，《爾雅》所謂「椒椴醜莍」也。秦椒大如指，開六出白光，椴也。胡椒出番國，亦係蔓生。有白色者，或曰即畢澄茄。《酉陽》言，胡椒結子相對，葉晨開暮合，合則卷其子於葉中。中通曰：椒喜麻籸灰糞土，忌水浸根。以髮纏樹根或種白芷、生菜皆避蛇食椒。中履曰：中秋後，晴天帶露收椒，陰一日，曬三日，則紅而裂。

清 曹溶《倦圃蒔植記·論木第二·川椒》 川椒真者，九葉成簇。嫩芽亦可食。微觸其枝便覺馣馞，摩頂放踵，無不苾芬。靈均馳，彼椒丘，厥有旨哉。子紅芳而獨蒂，綴二細珠，用勝常品。右甘州枸杞，川椒遠物也，而吾土可植，又佳而適用，定品同爲木之丁。

清 陳大章《詩傳名物集覽》卷一二《椒聊之實》 《朱傳》：椒，樹似茱萸，有針刺，其實味辛而香烈。《爾雅》：椴，大椒。郭云：今椒樹叢生，實大者名爲椴。又云：椒椴醜莍。李巡曰：椴，茱萸也，椒、茱萸皆有房，故曰梂。梂，實也。孔疏，郭璞曰：茱萸子聚生成房，是椒之房裹名梂也。今椒實一裹之内，唯有一實，間有二實者，甚少。今言一梂滿升，假多爲喻，非實事也。陸疏：椒樹似茱萸，有針刺，葉堅而滑澤，蜀人作茶，吴人作茗，皆合煑其葉以爲香。今成皋諸山間有椒，謂之竹葉椒。其樹亦如蜀椒，少毒，熱不中合藥用。烝雞豚最佳。東海諸島上，亦有椒樹。枝葉皆相似，子長而不圓，味似橘皮，島上獐鹿食此椒葉，其肉自然作椒橘香。聊，語助也。王氏《字説》：以爲薄略之辭，似鑿。《埤雅》：椒似茱萸而小，赤色，内含黑子如點，今謂椒目。《爾雅》言，椒椴醜莍，桃李醜核，言桃李之屬皆内核，椒椴之屬皆外莍也。《酉陽雜俎》：椒可以來水銀，茱萸氣好上，椒氣好下，蓋椒氣性不上達，故《詩》以譬沃也。《莊子》，韋以裛椒，雖踰絺綌，然久則臭椒，故天下之理，有初雖若佳，後更爲害者，不可不察也。《本草經》：秦椒生泰山川谷及秦嶺上，或琅琊。八九月採實。蜀椒一名蓎藙，生武都川谷及巴郡。八月採實。蔓椒生雲中川谷及丘塚間，採莖根煑釀酒。胡椒生西戎，形如鼠李子，調食用之，味甚辛辣。《范子計然》云：蜀椒出武都，赤色者善。秦椒出天水隴西，細者善。《孝經·援神契》：椒薑禦溼，菖蒲益聰，物各用其所長也。《蔬譜》：椒秉五行之氣，葉青皮紅，花黄膜白，子黑氣香，最易蕃衍，凡椒閉口者殺人，番椒亦名秦椒，白花，子如禿筆頭，紅鮮可觀，味甚辣。《通志》：椒曰蓎藙，曰陸撥，曰南椒，生漢中者曰漢椒，蜀中者曰蜀椒，巴中者曰巴椒，廣東者曰廣椒。又《山海經》：鼓琹之山，其木多椒。又《真臘風土記》：胡椒子生而青者尤辣，又《續漢書》，天竺出胡椒。《異域志》：入不國出胡椒。段柯古云：胡椒蔓生，兩兩相對，畢澄茄其類也，今番舶來者，有玉椒，白色。此詩作于晉人，晉地近秦，歌其土物，當指秦椒。《山海經》云：景山多秦椒，則秦椒之著久矣。《漢官儀》：皇后宫以椒塗殿，稱椒房，取其生子蔓衍，亦尚其煖也。孫卿子云：民之親我，歡若父母，好我芬若椒蘭。又楚俗正月元日，以椒盤進椒酒。崔寔《月令》，過臘一日，謂之小歲，拜賀君親進椒酒，從小起。《離騷》：申椒醑與菌桂，又播芳椒兮成堂，奠桂酒兮椒漿。按《爾雅》：椒椴醜莍，莍者，裹實之房，椒與茱萸皆曰莍，栗松楓之類亦曰莍。舊注謂莍即椒，復以椒實訓莍，誤。

清 張宗法《三農紀》卷六《椒》 椒，《圖經》云：樹不甚高大，枝間生刺，刺扁而大。葉青對生，形尖，南刺堅而滑澤。夏初開細黄花。結實，生青熟紅，子黑，氣香。秦産者皮皺，色紅，顆粒均勻，味香烈，可入味。川産者顆粒大小相依，皮厚，色紫，味辛烈，可入藥。方志名華椒，言其與胡椒别也。一名大椒。《雅翼》云：椴，一名蓎藙，始生秦嶺，秉玉衡之精，受五行之氣。名椒者取其氣有清湛之和而善于理也。　植藝：粒熟收黑子和牛糞内塗壁間，待次年碎糞種高燥地。苗生去草浄。冬被蓬，苗長一二尺，春分時移植相離三步一株，雨過便栽。栽時令人自言叫駡盜采可護，不然反枯萎。忌水澆，上以麻籸灰糞，若旱久可少澆。三年後换新枝方結實。以人髮纏（根）根下或下種白芷、生菜以辟蛇虮。凡蔬果香者皆用此法。　采收：中伏紅熟，清晨待露摘采，忌手捻。須知陰一日曬三日則紅而裂，遇陰雨則薄攤當風處頻翻，若熗則黑不香。秦人云：采收鋪地上蓋以箔，待果粒有露珠則可曬味佳，藏以新磁停燥所不致敗味走色，黑了可□油香美。　本性：味辛氣混，除邪寒凝滯，補命門真火，殺蟲魚毒。《本草》云：閉口者有毒，受其毒者麻仁湯解之，卒然閉氣，飲以冷水。五月食椒，令人多忘。　效方：《養生篇》：臘日令人持椒卧井畔，毋與人言納井中，免疫一歲。川紅椒去目及閉口者，炒出汗，搗末。地黄自然汁入磁器中熬膏，和末調所爲丸如梧子大。每空心酒下，久服卻病延年。和藥時勿令婦人、鷄犬見。

清　吴其濬《植物名實圖考》卷三三《木類・秦椒、蜀椒》　秦椒，《本經》中品。《爾雅》檓，大椒。又蜀椒。《本經》中品。今處處有之，以蜀産赤色者佳。川中用絲結爲念珠等物是也。

植物名實圖考・秦椒

清　吴其濬《植物名實圖考》卷三三《木類・崖椒》　崖椒，宋《圖經》收之。李時珍以爲即椒之野生者。

植物名實圖考・崖椒

清　吴其濬《植物名實圖考》卷三七《木類・野胡椒》　野胡椒，湖南長沙山阜間有之。樹高丈餘。褐幹密葉，幹上發小短莖，大小葉排生如簇。葉微似橘葉，面緑背青灰色，皆有細毛，捫之滑軟附莖。春開白花，結長柄小圓實如椒，攢簇葉間，青時氣已香馥。土人研以治氣痛，酒沖服。又一種枝幹全同，葉微小無實，俗呼見風消。按《唐本草》山胡椒，所在有之，似胡椒，色黑，顆粒大如黑豆，味辛，大熱無毒。主心腹冷痛，破滯氣，俗用有效。《廣西通志》「山胡椒，夏月全州人以代茗飲，大能清暑益氣，或以爲即畢澄茄。有一種野生，不堪食，皆未述其形狀，未審是否一物。長沙別有一種山胡椒，大葉，秋深結實，與此異種。

植物名實圖考・野胡椒

清　陳憲舜《課民植牧講義稿・胡椒》　胡椒蔓生，莖極柔弱。葉長寸半，有細條與葉相齊，條條結子，兩兩相對。其葉晨開暮合，合則裹其子於葉。取子之黑者去皮賣之，凡撒子經過人手，斷斷不生。傳種須用壓苗之法，逾年生出新根，切斷老根移植。搭棚引上，未免費事。每苗之旁，種梧桐一株，去其樹頂，使生旁枝，胡椒之藤，蔓於枝上。數年之後，花開一日一夜，即結子纍纍，生青熟紅，皮起皺紋，去外皮，始見白色，今所用之白胡椒是也。

清　陳憲舜《課民植牧講義稿・花椒》　其性畏寒，冬雪以草護根，來年方旺。兩廣惟潮州、瓊州最宜。種後收利，可五十年，若川椒則木高四五尺而有刺。葉堅且滑，可爲飲食。子生於枝葉之間，少見開花，暗中結子，圓如小豆，色黑而光。點子發芽、插條、壓枝皆生。花椒即秦椒，各省種植，蕃衍最易。葉尖有刺，四月開細花，五月結實，大於川椒。以上各種，較胡椒稍能禦寒，五六年後，即能結子。

清　郝懿行《寶訓》卷七《藥草・椒》　《爾雅》：檓，大椒，又椒，檓，醜莍。註：莍，萸子，聚生成房貌，檓，似茱萸而小，赤色。檓音毀。《説文》茮，莍也。徐鍇曰：茮即今之椒。案《説文》無椒字，茮同椒，或作梂，俗作楙。　陸璣《詩疏》：

椒葉，蜀人作茶，吳人作茗。【略】《禮·内則》：三牲用藙。註：藙，煎茱萸也。《水經注》：邵陵水逕流三峽，名茱萸江。《唐書·王維傳》：輞川別墅，有茱萸沜。《本草》：馬蘄，一名野茴香，蒔蘿，一名小茴香。案：小茴香，又名慈謀敕。嵇康《茴香賦》：仰眺崇岡，俯察幽坂，乃見茴香生蒙楚之間。《務本新書》：春暖向陽掘區，糞土相和，區先下水，子用新香，不浥者，量地下子，糝土微蓋。區南約量種穄以遮夏日。長高三四指，旱則澆之。或霖雨時就新子種之亦可。十月斫去條梢，糞土覆根，三月去之。案：蒔蘿，生佛誓國。

清 陳昌齊 道光《廣東通志》卷九五《果類·胡椒子》 胡椒，今南番諸國及交趾、海南皆有之。蔓生，附樹柵引之。葉如扁豆，正月開黄白花。結椒纍纍，纏藤而生，狀如梧桐子。《本草綱目》 畢澄茄。珣曰：「胡椒生南海。向陰者爲澄茄，向陽者爲胡椒」。按《廣州記》云：澄茄生諸海國，乃嫩胡椒也。同上 謹案：《本草》所謂胡椒者，山胡椒也。

桂

綜述

《爾雅·釋木》 梫，音寖。木桂。郭璞註：今南人呼桂，厚皮者爲木桂。桂樹葉似枇杷而大。白華，華而不著子。叢生岩嶺。枝葉冬夏常青，間無雜木。

爾雅·梫

《神農本草經》卷一 牡桂，案《説文》云：桂，江南木，百藥之長。梫，桂也。《南山經》云：招摇之山多桂。郭璞云：桂，葉似枇杷，長二尺餘，廣數寸。味辛，白花。叢生山峯，冬夏常青，間無雜木。《爾雅》云：梫，木桂。郭璞云：今人呼桂皮厚者爲木桂，及單名桂者是也。一名肉桂，一名桂枝，一名桂心。

《神農本草經》卷一《菌桂》 《名醫》曰：生交阯、桂林巖崖間，無骨，正圓如竹，立秋采。 案《楚辭》云：雜申椒與菌桂兮。王逸云：菌、桂皆香木。《列仙傳》云：范蠡好服桂。

唐 段成式《酉陽雜俎續集》卷九《牡桂》 葉大如苦竹葉，葉中一脈如筆跡，花蒂葉三瓣，瓣端分爲兩岐，其表色淺黄，近岐淺紅色，花六瓣，色白，心凸起如荔枝，其色紫。出婺州山中。

宋 陸佃《埤雅》卷一四《桂》 蘇秦曰：「楚國食貴於玉，薪貴於桂。謁者難見於鬼，王難見於帝。」蓋桂，藥之長也。凡木，葉皆一脊，惟桂三脊。桂之輩三：一曰菌桂，葉似柿葉而尖滑鮮浄，《蜀都賦》所謂「菌桂臨崖」者，即此桂也。二曰牡桂，葉似枇杷而大，《爾雅》所謂「梫木桂」者，即此桂也。菌桂無骨，正圓如竹，故此云木桂也。三曰桂，舊云「葉如柏葉」者，即此桂也。皆生南海山谷間，冬夏常青，故桂林、桂嶺皆以桂爲名也。《本草》言：「桂宜導百藥，無所畏」。又云：「菌桂爲諸藥先聘通使」。故《説文》以爲百藥之長也。《莊子》曰：「桂可食，故伐之。漆可用，故割之。」言此皆以其能苦其生者也。桂猶圭也，久服通神若服以祀；宣道諸藥，爲之先聘若執以使。又謂之梫，能侵他木斃之。《談苑》記江南後主患清暑閣前草生，徐鍇令以桂屑布磚縫中，宿草盡死。《吕氏春秋》云：「桂枝之下無雜木」。蓋桂味辛螫故也。然桂之殺草木，自是其性，不爲辛螫也。《雷公炮炙論》云：「以桂爲丁以釘木中，其木即死。一丁至微，未必能螫大木，自其性相制爾。」《越絶書》曰：「人固不同，慧種生聖，癡種生狂，桂實生桂，桐實生桐。以鯀生禹考之，殆不然矣」。《異書》云：「月中有桂，下有一人常斫之，木瘡隨合。」

元 胡古愚《樹藝篇》卷三《木部·桂》 桂，南方奇木，上藥也。桂林以桂名也，地不産而出於賓宜二州。凡木葉心皆一縱理，獨桂有兩紋，形如圭，製字者亦或出此。葉味辛甘，與皮無別，而加芳美，故人喜咀嚼之。《桂海虞衡志》桂，江南木，百藥之長。屈原《遠遊》曰：嘉南州之炎德兮，麗桂樹之冬榮。《周書》：王會自深桂。《山海經》：桂林八樹在賁隅東，招摇高塗之山多桂。《本草》：桂有三種：菌桂生交阯桂林，正圓如竹，有二三重者，葉似柿，花白蕊黄，四月開，五月結實。《離騷》雜申椒與菌桂、矯菌桂以紉蕙是也。今有筒桂、筒菌，字近或傳寫之誤。或云即肉桂也。牡桂生南海，葉似枇杷，皮薄香黄，少脂，肉氣如木蘭，削去皮名桂心，所謂官桂也。桂生桂陽，是半卷多脂者，所謂板桂也。陳藏器云，同是一物，《爾雅》但言梫，木桂。郭璞云：南人呼桂厚皮者爲木桂。蘇恭謂牡桂即木桂，及單名桂者是也。《廣志》曰：桂出合浦而生必於高山之巔，冬夏長青。《尸子》乃云春華秋英曰桂，《吴都賦》云，丹桂灌叢。古者薑桂爲燕食，庶羞和之，美者招摇之桂。切桂置酒中，謂之桂酒。列仙有桂父，服桂葉，以龜腦和之。《吕氏春秋》云：桂枝之下無雜木，辛螫故也。南越有桂蠹，此蟲食桂，味辛，漬以蜜，食之。漢帝以獻陵廟，載以赤轂小車。《春秋運斗樞》曰，椒桂連名士起。桂性堅，秋始華，華有白、紅、黄三色。合抱者冬無積雪，性熱故也。《九江府志》《圖經》曰：菌桂生交阯山谷，牡桂生南海山谷，桂生桂陽。舊經載此三種之異，性味功用亦别，而《爾雅》但言梫木桂一種。郭璞云，南人呼桂厚皮者爲桂，蘇恭以謂牡桂即木桂，及單名桂者是也。今嶺表所出，則有筒桂、肉桂、桂心、官桂、板桂之名，而醫家用之，罕有分别者。舊説菌桂正圓如竹，有二三重者，即今所謂筒桂也。筒菌字近，或傳寫之誤耳，或云即肉桂也。牡桂皮薄，色黄少脂，肉氣如木蘭，味亦相類，削去皮名桂心，今所謂官桂疑是此也。桂是半卷、多脂者，今所謂板桂疑是此也。今觀賓、宜、韶、欽諸州所圖上者，種類亦各不同，然皆題曰桂，無復别名。參考舊注，謂菌桂葉似柿葉，中有三道文，肌理緊薄如竹，大枝小枝皮俱是筒，與今賓州所出者相類。牡桂葉狹於菌桂而長數倍，其嫩枝皮半卷，多紫，與今宜州、韶州者相類，彼土大謂其皮爲木蘭皮，肉爲桂心，此又有黄紫兩色，益可驗也。桂葉如柏葉而澤，黑皮色，心赤，今欽州所出者葉密而細，亦恐是其類，但不作柏葉形，爲疑耳。皮厚者名木桂，即板桂是也。蘇恭以牡桂爲單名桂，爲一物，亦未可據。其木但高三四丈，多生深山蠻洞中。人家園圃亦有種者，移植於嶺北，則氣味殊少辛辣，固不堪入藥也。三月、四月生花，全類茱萸。九月結實，今人多以裝綴花菓作筵。具其葉甚香，可用作飲，香尤佳。二月、八月採皮，九月採花，並陰乾，不可近火。中品又有天竺桂，云生西胡國，功用似桂，不過烈，今亦稀有，故但附於此。今按陳藏器《本草》云：菌桂、牡桂、桂心，已上三色，並同是一物。按桂林、桂嶺因桂爲名，今之所生，不離此郡。從嶺以南際海，盡有桂樹，惟柳、象州最多。味既辛烈，皮又厚堅。土人所採，厚者必嫩，薄者必老。以老薄者一色，以厚嫩者爲一色。嫩既辛香，兼又筒卷者必味淡，自然板薄，板薄者即牡桂也，以老大而名焉。筒卷者即菌桂也，以嫩而易卷。古方有筒桂，字似菌，似後人誤而書之，習而成俗，至於書傳亦復因循。桂心即是削除皮上甲，錯取其近裏，辛而有味。【略】《别説》云：謹按諸家所説，桂之異同幾不可用考。今交廣商人所販及醫家見用，惟陳藏器一説最近。然筒厚實、氣味重者宜入治藏及下焦藥，輕薄者宜入治豆目、發散藥。故《本經》以菌桂養精神，以牡桂利關節。仲景《傷寒論》發汗用桂枝。桂枝者，枝條非身幹也，取其輕薄而能發散。今又有一種柳桂，乃桂之嫩小枝條也，尤宜入治上焦藥用也。

桂有桂樹之桂，有桂花之桂。桂樹則《楚辭》桂酒、菌桂之類，即今醫家所用，取其氣味辛甘，乃用其皮也。桂花之桂，則詩詞所言，今人家所植，取其香氣馥烈，乃尚其花也。今類書載桂，通不别白，雖《白孔六帖》亦然。《南園漫録》桂，《本草》有桂、菌桂、牡桂三條，云菌桂無骨，正圓如竹。牡桂一名梫，一名木桂，古云丹桂者，謂其皮赤耳，其花實似吴茱萸，藥中之靈物。而薑桂之滋，爲食物所重。《吕氏春秋》云桂枝之下無雜木。雷公云，桂枝爲丁入木中，其木即死。江南李後主患清暑，閣前草生，徐鍇令以桂屑布堦縫中，宿草盡枯。《爾雅》云：梫，木桂。《草木畧》《爾雅》曰：梫，音寢。木桂。註：今南人呼桂厚皮者名木桂，桂樹葉似枇杷而大，白華，華而不著子，叢生巖嶺，枝葉冬夏常青，間無雜木。疏：梫，一名木桂。按《本草》謂之牡桂者是也。

明　宋詡《竹嶼山房雜部》卷一〇《樹畜部・樹類》　桂葉豐厚，凌冬不凋。枝條甚繁，木無直體。又曰木犀，以其材理有花如犀角也。丹色、黄色、白色，古詞云：狀元紅是，黄爲榜眼，白探花郎。早花、晚花、四季花，結子種。種宜高阜，不宜灌以糞穢。花時堪移，屈其條壓土中，能自生根。得取種之子，可種。不如壓者。亦宜以冬青體接。花甚香遠。多所須於食物。材亦巾爲器。

明　屠本畯《離騷草木疏補》卷三《桂》　《離騷》曰：矯菌桂以紉蕙，屠本畯按：言已矯直菌桂，托芬香以見性也。桂。有菌桂、牡桂、板桂三種。菌桂，生交趾，桂林。正圓如竹，葉似柿葉，其香可作飲，中品。葉有三道文，表裏無毛，尖狹而光澤。人家園圃亦有種者，多植于嶺北，則氣味少辛辣。三月四月生花，花白蕊黄，九月結實，木皮青黄，肌理緊實，其卷若筒，故曰筒桂。一名肉桂，今稱菌桂者，「筒」、「菌」字譌也。今人多以裝綴花果作筵。牡桂，木桂也。一名梫，生南海。葉如枇杷而大，白華，華而不著子，叢生岩嶺。冬夏常青，間無雜木。皮薄色黄，少脂肉，氣味如木蘭。其嫩枝名桂枝，削去皮名桂心，即官桂也。板桂，生桂陽及合浦。半卷多脂，生高山巔。冬夏常榮，春華秋英。三桂之外有天竺桂，生西胡國，今亦希有。丹桂，樹如冬青，幹或糾曲，葉似橘葉而狹，尖長，光澤。九月開花，花五辧而細，有紅、黄二色，味苦而香，一名金粟。人家多種於園庭，芬香滿逕。是月，人取花入鹽梅汁内浸一宿取起，去其苦水，以蜜和鹽梅浸之，入瓷器内固封數日，謂之桂梅。可按酒，又可作湯。近時好事春其花作餅，謂之桂餅。其花白者，名木犀花。

明 李中立《本草原始·木部》 箘桂生交趾桂林山谷巖崖間。葉似柿葉而尖狹光净。花白蕊黄，四月開。五月結實。樹皮青黄。三月七月採皮日乾，三重者良。箘者，竹名。此桂正圓如竹，故名箘桂。嫩而易卷如筒，即古人所用筒桂也，故一名筒桂。筒箘字近，後人誤書爲箘。今《本經》作從草之菌，愈誤矣。

又牡桂生南海。葉似枇杷。皮薄色黄，味淡，少脂肉，氣如木蘭。一名木桂。

明 王路《花史左編·桂花》 四月間將枝攀著地，以土壓之，至五月自生根。一年後截斷，八月含蕋時移種，來年尤茂。

明 王路《花史左編·桂花》 桂花喜陰，不宜人糞。

明 傅梅《嵩書》卷一〇《木部·桂》 《異物志》云：桂之灌生必粹。其族柯葉不渝，冬夏長緑。在乎嵩嶽，今山中無桂，惟少林毘盧閣東一株也。

明 郭子章《黔類閫河桂》卷一五《閫河桂》 閫河之北有紫桂成林。其實如棗，羣仙餌焉。韓終《採藥》四言詩曰：「閫河之桂，實大如棗。得而食之，後天而老」。《拾遺記》

明 徐渭《刻徐文長先生秘集》卷一二《桂》 栽桂之法，須俟夏初，攀枝著地，以土壓之，逾年截斷，含蕋移栽。灌以猪糞，蠶沙壅之。如患蛀損，取芝麻梗懸之樹間，能殺諸蟲。《種樹書》云，木犀接石榴，其花必紅。別有草本名朮木犀，二月分種，香味不減。又有月桂一種，實非同族，法於花謝摘去其蒂，亦如鳳僊花發無已。如遇蟲食，魚腥澆之，次第栽培，真堪鼻□矣。

明 徐常吉《事詞類奇》卷二五《桂》 《吕氏春秋》云：伊尹説湯曰「物之美者，招摇之桂」。又云：桂生南隅，拔萃岑嶺，氣王百藥，森然雲挺。《韓詩外傳》云：宋玉因其友見楚襄王，王待之無以異，讓其友。其友曰：「夫姜桂，因地而生，不因地而辛。女因媒而嫁，不因媒而親」。〔史〕《戰國策》云：楚國食貴於玉，薪貴於桂。《史記》云：尉佗獻桂蠹二器。《晉書》云：郄詵爲雍州刺史，武帝於東堂會送，問詵曰：「卿自以爲何如？」對曰：「臣舉賢良，對策爲天下第一，猶（郄）桂之一枝，崑山之片玉。」《五代史》云：燕山竇諫議五子，馮道贈曰：「丹桂五枝芳」。〔埤史〕《世説》云：客問陳季方：「君家太丘有何功德，而荷重名？」答曰：「家君譬如桂樹，生太山之阿，上有萬仞之高，下有不測之泉。上爲甘露所霑，下爲川泉所潤，當斯之時桂樹焉，知太山之高，川泉之深。」〔雜記〕《山海經》云：臯塗山有桂木八樹，在賁禺東。八樹成桂，言具大也。賁禺，即番禺。又云：招摇之山，其上多桂。《酉陽雜俎》云：山桂，葉如麻細。花紫色，黄葉簇生，如護火草花，出丹陽山中。《地理志》云：桂陽郡有桂嶺，放花偏白，林嶺盡香。《臨海記》云：右山望之如雪，山有湖，傳謂「金鵞之所集，八桂之所植」。韓終曰：閫河桂，實大如栗，得而食之，後天而老。《廬山記》云：山有三石梁，長數十丈，廣不盈尺，俯盼無底。吴猛將弟子過此梁，見一老翁坐桂樹下，以玉杯盛甘漿露與猛。〔仙釋〕《列仙傳》云：范蠡好食桂，飲水，賣藥，世常見之。又云：桂父，象林人。常服桂皮葉，以龜腦和之。《神仙傳》云：離婁公服竹汁餌桂得仙。許由父箕山得丹砂石、桂英，服之。《禪林備覽》云：天竺山昔有梵僧，從天竺鷲山飛來，八月十五夜常有桂子落。〔幽怪〕《洞冥記》云：武帝使董謁乘琅霞之輦以昇壇，至三更，西王母駕玄鸞之輿至壇。壇之四面列種軟條青桂。風至，桂枝自拂堦上遊塵。〔詩賦〕漢武帝云：氣潛以棲戾兮，桂枝落而銷亡。神縈縈而遥思兮，精浮遊而去疆。淮南王云：桂樹叢生兮寂幽幽。王褒云：歲餘彫晚葉，年至長新圍。月輪三五映，烏生八九飛。沈約云：秋風生桂枝。宋之問云：桂子月中落，天香雲外飄。庾肩吾云：新叢入望苑，舊幹别層城。請視今移處，如何月裏生？王維云：山中有桂枝，莫待花如霰。李德裕云：瓊葉潤不凋，珠英粲如織。柳子厚云：謫官去南裔，清湘繞靈嶽。晨登黄葭岸，霜景霽紛燭。離披得幽桂，芳本欣盈握。久耕因煙燼，新採久摧剥。道旁且不顧，岑嶺況悠邈。白樂天云：仙花桂子落紛紛。

明 何三畏《新刻何氏類鎔》卷三一《桂》 桂生泰山之北，亦在賁禺之東。上爲甘露所沾，下爲淵泉所潤。歲餘雖凋晚葉，年至忽長新圍。桂之味辛，其下曾無雜木。桂之實赤，其上常集彩鸞。閭河之紫桂成林，皆標異色。龍門之紅桂挺秀，獨擅芳姿。朱桂樹于靈光黝儵南北之地。叢桂生于別墅，紛披小大之山。岱輿有丹桂，白桂之枝，百尋直上。平泉有真桂，牡桂之本，羣卉謝榮。漢時芳林苑之中，有桂婆娑，而成列林邑。城隍塹之外，有桂參錯，而際天原。夫王母之來壽靈，壇風至而桂枝自拂。武帝之禦淩波，殿風來，而桂柱自香。天台有桂嶺以淩霜。孝宣起桂臺以望氣。若九微之燈，惟取桂膏燃之以照夜。即羣仙之餌，常採桂實食之以延年。吳猛之過石梁，老翁盛丹桂露與之。袁高之遊杼山，陸羽折青桂花寄之。良非偶而已也。世俗傳蟾宮月中之影，爲婆羅樹。而白公稱靈隱寺中之種，爲紫陽花。幸當清秋之時，徧布黄金之粟，或拾桂皮于地下，或落桂子于天邊，倘如離婁公者，餌桂而得長生之訣。如淮南王者，攀桂而賦，招隱之辭，斯亦不負此桂矣。

望白石之山高，而八桂森挺。羡靈椿之枝老，而五桂留芳。疢疾可防，則芝桂備籠中之藥。天帝可見，則薪桂干謁者之門。人有造舟者，以文桂爲航客。有學釣者，以香桂爲餌。尉佗之所獻者，桂蠹二器。郄詵之所占者，桂林一枝。

明 闕名《栽花總録・桂》 凡三種惟深黄者，花繁而香尤烈，俗呼毬子木樨。早開者，爲早黄。有結子者，子如青蓮子，核甚大，不發苗。予在閩省，目覩，法於初夏，攀枝著地，以土壓之，逾年截斷，含蕋移栽，灌以猪糞，壅以蠶沙。如蛀損，取芝麻梗懸之樹間，能殺諸蟲。《汝南圃史》云，木樨接石榴，其花必紅，即丹桂也。古詩云：「月宮移就日宮栽，引得輕紅入面來。好向煙霄承雨露，丹心一點爲君開。」又云：「秋入幽巖桂影團，香深粟粟照林丹。應隨王母瑶池宴，染得朝霞下廣寒。」別有草本一種，名水木樨。春間分種，花色如蜜，香味不減。又有月桂一種，別名月季，俗呼月月紅。《韓魏公詩》云：「牡丹殊絶委春風，露菊蕭疏怨晚叢。何似此花榮艶足，四時常放淺深紅。」花謝時□，去其蒂亦如鳳仙花發無已，葉被蟲蝕，以魚腥水，澆之。

清 王士禎《皇華紀聞》卷四《桂樹》 粵東有桂樹，與木樨花之桂、桂皮、桂枝之香桂不同，木理似樆格而稍粗，不皴不蠹。匠石以爲美材，樆亦作黎，有數種，惟石斑、硃血二種作室最良。生子名毛錐子。格俗作槁、有桂格，黑骨格，皆美材。

清 厲荃《事物異名録》卷三〇《樹木部・桂》 梫木 《格物叢話》：桂，梫木也。

圭木 《清異録》：韓恭叟離合巖桂二字爲嚴山圭木，圭木，謂桂也。

幽隱樹 唐于《武陵山中桂》詩：忽逢幽隱樹。

詵枝、蟾枝 羅隱詩：宦署詵枝老。林寬詩：蟾枝交影侵蘭署。按，詵枝，蟾枝，皆謂桂也。

清 吳其濬《植物名實圖考》卷三三《木類・巖桂》 巖桂即木犀。《墨莊漫録》謂古人殊無題詠。不知舊何名？李時珍謂即菌桂之類而稍異，皮薄不辣，不堪入藥。

植物名實圖考・巖桂

清 吳其濬《植物名實圖考》卷三三《木類・桂》 菌桂，《本經》上品。牡桂，《本經》上品。《別録》又出桂一條，牡桂即肉桂。菌桂即筒桂，因字形而誤。今以交趾産爲上。湖南猺筒亦多，不堪服食。桂子如蓮實，生青、老黑。

清 吳其濬《植物名實圖考》卷三三《木類・蒙自桂樹》 桂之産，曰安邊，曰清化，皆交阯境。其産中華者獨蒙自桂耳，亦産逢春里土司地。余求得一本，高六七尺。枝幹與木樨全不相類，皮肌潤澤，對發枝條，緑葉光勁，僅三直勒道，面凹背凸，無細紋，尖方如圭。始知古人桂以圭名之説的實有據，而後來辨別者，皆就論其皮肉之臘，而並未目睹桂爲何樹也。其未成肉桂時，微有辛氣，沉檀之香，歲久而結，桂老愈辣，亦俟其時。故桂林數千里，而肉桂之成如麟角焉。江南山中如此樹者殆未必乏，惜無識其爲桂者。爨下梢柮，馨氣滿坳，安知非留人餘叢同泣其豆間耶？玉蘭著而木蓮微，木犀詠而山桂歇，古之賞者其性，後之賞者其華，草木名實之淆，亦世變風移之一端也。雖然人不至滇，亦烏知桂之爲桂哉。

清 吴其濬《植物名實圖考》卷三八《木類・山桂花》 山桂花，長沙嶽麓極多。春時，開小黄花如桂，故名。叢生小木，高二尺餘。褐莖勁細。葉微似榆而疏齒，面緑潤，背淡白。土人以治氣脹。按《宋氏雜部》，水槿樹可放蠟，春開黄花，形頗相類。

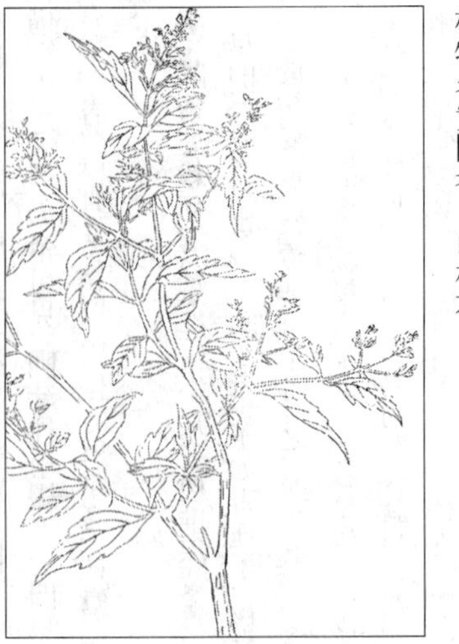

植物名實圖考・山桂花

清 陳憲舜《課民植牧講義稿・桂》 桂有二種，一名柿葉桂，一名枇杷葉桂。味皆辛烈，間有回甘，十餘年後，即開花結子，春分前後，方能成熟，乘時摘下，洗去外面黑皮，祇留内核，以竹器盛置水缸之側，毋使乾枯，枯則不生。至清明前後，撒於菜圃肥地，不得過密。二十日左右，即秧出如針，日烈須覆，雨大須棚，並通空氣而避炎熇，當年祇高四五寸，次年六七寸，至第三年底，必高至一尺或尺餘，翌春掘出，斬去正藴二三寸，以黄泥封之，移出山場，量藴之長短，入根之淺深，每距離二尺。如難覓種，潯梧二州，有桂秧賣，千株數元，酌買若干種之亦可。桂旁餘地，種山薯、山薑、山芋等，澆灌繁茂，桂反有益，草亦難生。至桂已長大，即停種他物，時常除草，自移栽之日起，歷四五年，即可分夏秋二季，摘取黑色老葉，風乾熬油，或售與香粉廠，酒麯舖，每百斤值銀數錢。再歷二三年，樹高五尺餘，徑約一寸以外，至春後雨足之時，用利刀將樹横劃四段，每段尺二，又直劃一刀，粗大者二刀三刀，即用竹與骨之薄片，起下桂皮，曬乾卷縮，名桂通。其難剥之細枝，鎚作桂碎，整枝發售，即爲桂枝。枝頭之葉，名桂頭葉，可以熬油，留至二十年，便開花結子，子可發秧，花可製糖，其剥過之樹，就地伐去，必萌芽怒發，留肥旺之二枝，則一樹變成兩樹。六七年後，又剥桂通，去草不遺餘力。二三十年，即成油桂。凡清花、緑水、玉桂、神桂等名，皆視年代久遠，以定名目價值也。至開甑熬油，四季可行，頭葉百斤，可得油三十餘斤，枝葉得四十斤以内。平南、桂平兩縣，及羅定州，多熬油之專工也。日本近出蒸油銅器，上海仿造有賣，以取薄荷油，各花露最便，一器十數元耳，此物南北省、五大洲銷流無限，最宜多植。

清 陳昌齊 道光《廣東通志》卷九六《木類・桂》 桂，《别録》：「桂出桂陽」。牡桂生南海山谷。二月、八月、十月采皮陰乾。《政和本草》《廣志》曰：桂出合浦，而生必以高山之顛，冬夏常青。自爲林，無雜樹。《羅浮山記》曰：羅山頂有桂。《山海經》所謂：「賁隅之桂，賁隅即番禺也。」《太平御覽》

清 江昱《瀟湘聽雨録》卷八 羅書憲，明府，蒼梧人。嘗言肉桂向以安南之花園坪所産爲最。今童然無餘。枘貨於楚者，皆花園坪近地所産。土人號，安邊桂，價極昂，餘則粵東，西内地皆植之。又有桂子，形如吴茱萸，味香如肉桂。粵人置夾袋中，時食之。云可祛寒順氣，然檢《本草》則謂功同桂枝，蓋又辛散云。

清 俞正燮《癸巳存稿》卷一一《桂》 桂之屬不一，晉以後説即雜出。《莊子・人間世》云：桂可食，故伐之。古人鹽梅、薑、桂，所以調和。又食藥若桂皮、桂心、桂枝，故云可食。是中土常木，不曾遠求之交趾也。陶宏景云：齊武帝時，湘州送桂樹，植芳林苑中。葉如柏葉，澤黑，心赤，皮黄，此又别是一種。《神農本草》則惟牡桂、菌桂二種，而宏景亦未嘗見，言並宜研訪。嵇含《南方草木狀》則云：皮赤者爲月桂，葉似柿者爲菌桂，葉似枇杷者爲牡桂，葉鋸邊表裏白毛者爲肉桂。唐 段成式《酉陽雜俎》云：山桂葉如麻，細花，紫色，黄蕊，簇生。月桂花淺黄色，四瓣，青蕊。牡桂葉如苦竹，花六瓣，蕊凸起。宋 范成大《桂海虞衡志》云：桂，南方奇木，上藥也。出賓、宜州。凡木，葉蕊皆一縱理，獨桂有兩紋，形如圭，製字者意或出此。葉味辛甘，與皮無别，而加芳美，人喜咀嚼之。周去非《嶺外代答》云：桂開花如海棠，色淡而葩小，結子如小橡子，花蕊爲食品所須，葉比木樨稍大，背有直文三道，如古圭製然，此《本草》所謂桂也。《藝文類聚》引《尸子》云：春華秋英，其名曰桂。唐王維詩云：人間桂花落，夜静春山空。于《武陵山中桂》云：日煖上山路，鳥啼已知春。《酉陽雜俎》云：李衛公言，桂花三月開，黄而不白。《楚辭》：美桂樹之冬榮。庾肩吾詩稱桂花耐日。依此諸條，桂以春華、秋英、冬榮也。亦有以秋華者，或謂之木犀。晉　王子年《拾遺記》言岱輿旁有丹桂、白桂。《爾雅・釋木》：梫，木桂。晉　郭璞注云：桂樹葉似枇杷而大，白花，花而不著子。唐　張九齡《感遇》詩云：蘭葉春葳蕤，桂花秋皎潔。此則秋花木犀，亦名桂也。《酉陽雜俎》云：桂花三月開，黄而不白。言秋花者妄。不悟秋日銀桂，白花皎潔，晉人已謂之桂，非妄也。宋　張邦基《墨莊漫録》云：木犀，一種花黄深而大，一種花白淺而小，湖南呼九里香，江東曰巖桂，浙人曰木犀。古人殊無題詠，不知舊何名。張芸叟詩云：駐馬欲尋無入路，問僧曾折不知名。陸游詩序云：《楚辭》所謂桂，數見於唐人詩句及圖畫間，今不復見矣，屬山僧野人求之，作絶句云：丹葩緑葉鬱團團，消得嫦娥種廣寒，行盡天涯年八十，至今未遇一枝看。張陸之詩，一云不知名，謂巖桂木犀也。一云未遇看，謂丹桂也。姚寬《西溪叢語》以木犀爲巖客。史繩祖學齋佔畢，謂巖桂四出而金色，且開於秋，象見月中。各就所見一種言之，不必相訾也。明　王世懋《閩部疏》云：福南四郡，桂四時皆花，有子，其秋花無子者，木犀也。

藝　文

清　陳玗《時用集・冬日種四季桂花》　四時桂花樹，瓦盎窗前種。蕭晨芳不歇，凜夜香仍送。疏疏能耐寒，粟粟猶燦凍。舊蕚枝未辭，新苞蓝旋縫。敷榮日循環，繁華靡缺空。似専造物私，豈獨天香重。而我久勾留，四載糜廩俸。有如枝頭乾，未得迎風弄。涉候正淒厲，看花驚暖烘。歎此薿薿姿，生意四時動。仕宦古亦有，相對吟自諷。

椶

綜　述

宋　宋維新《古今合璧事類備要别集》卷五三《衆木門・椶櫚》《格物總論》椶櫚，一名栟櫚，高一二丈，無枝榦。葉長而歧生枝頭狀如車輪。皮相重裹，一行一皮，各有節。皮可爲索也。

宋　寇宗奭《本草衍義》卷一五《椶櫚木》　椶櫚木，今人旋爲器，皮燒爲黑灰，治婦人血露及吐血，仍佐之他藥。每歲剮取椶皮，不爾束死。花如魚子渫熟，淹爲果。

明　宋詡《竹嶼山房雜部》卷九《樹畜部・樹類》　椶櫚木膚爲椶，一節生一匝。葉從頂起甚堅靭而散頭，杈枒周出如張。蓋子生於葉底。《漢書》曰并閭。　春月取子種，任其椶自纏匝，俟木大方裁脱之，遂發而長，且大若裁之早，形雖長而不復大矣。木盛時止宜春分裁其六葉，秋分裁其六葉，其子未透而苞者名木魚，肥穉堪葅。畏雞糞，經之則朽。椶與木材皆利於用。東坡云：贈我木魚三百尾。

明　鄺璠《便民圖纂》卷五《椶櫚》　椶櫚二月間撒種，長尺許，移栽成行，至四尺餘，始可剥。每年四季剥之，半年一剥亦可。

明　王象晉《群芳譜》卷二《木譜・椶櫚》　椶櫚一名栟櫚，俗作椶釐，皮中毛縷如馬之鬃鬣，故名。出嶺南西川，今江南亦有。種之最難長。初生葉如白芨，葉長，高二三尺，則木端數葉大如扇，上聳四散歧裂，大者高一二丈，葉有大如車輪者。其莖三稜，稜邊如刺。四時不凋，榦正直無枝，近葉莖處有皮裹之。每長一層即爲一節，榦身赤黑，皆筋絡，可爲鍾杵，亦可旋爲器物。其皮有絲毛，錯綜如織，剥取縷解，可織衣帽、褥椅、鍾盂之屬，大爲時利。每歲必兩三剥之，否則樹死或不長。剥之多亦傷樹。三月於木端莖中出數黄苞，苞中有細子成列，乃花之孕也，狀如魚腹孕子，謂之椶魚，亦曰椶筍。漸長，出苞則成花穗，黄白色。結實纍纍，大如豆，生黄熟黑，甚堅實。木有二種：一種有皮絲，可作繩。一種小而無絲，惟葉可作帚，以爲王篲者，非也。王篲乃落帚之别名，即地膚也。　筍及子花：苦濇有小毒，生食戟人喉。主濇腸，止瀉痢、腸風、崩中帶下。　皮：止鼻衄，吐血，破癥，治腸風、赤白痢、崩中帶下，主金瘡、疥癬、生肌止血。　附録：櫚木：性堅，紫赤色，似紫檀。亦有花紋者，謂之花櫚。木可作器皿，床几、扇骨諸物。俗作花梨者非。出安南及南海。辛温而熱。治産後惡露衝心、癥瘕結氣，赤白漏下，剉煎服，破血塊冷嗽，煮汁温服。

明　王象晉《群芳譜・木譜・椶櫚》　典故：其皮作繩，入水千年不爛。昔有人開塚得一索已生根。杜甫因朝廷以李林甫瑣瑣之材，代張九齡爲相。

作《椶櫚拂》詩寓意。蜀錦城之南有海棕焉，幹猶龍鱗，枝猶鳳尾，高百餘尺，相傳繇李唐來，閲千稔矣。（國）（明）朝徙其株於金陵，莖葉披萎，䆫無生意，勅還蜀植之，護以赤欄，甃以紋石，其枝仍前峻拔，秀薄雲漢，有若曾不知其徙也者。邇者，其在城南者，榦古顛仆，命中貴吴從政視之，惜其材，初未諳他用。既而斲爲五十餘琴以進，異音清發，雖爨下之桐未可儗也。今秘内帑士之嗜音者，恒企慕焉。

明 周文華《汝南圃史》卷一一《椶櫚》　椶櫚，一名䰄葵，又名蒲葵。《廣志》曰，椶，一名并櫚。葉如車輪，有皮纏之，二旬一採，轉復上生。《山海經》曰：腕山，其木多椶。八月開黄花，九十月結子，墮地即生小樹，或鳥雀食子出糞牆下亦生。秋分移栽，性喜鬆土。先掘大穴，純用狗糞鋪底，種樹入穴，再用肥土填滿。初種月餘以河水間日一澆，既活，永不須澆灌。剥椶縛花枝，絞細繩，紥竹屏，闌粗繩，扛樹垛盆石，雖經雨不朽爛，園圃中最不可缺此。近吴中又取色紫圓亮者結鞋著之，甚雅，且不染塵。其樹本造戽水車轂，最能堅久。

明 慎懋官《華夷花木鳥獸珍玩考》卷三《椶》　《説文》：椶，櫚也，以木椶聲。可作萆。《廣雅》并閭，椶也。《玉篇》一名蒲葵。張揖曰：木高一二丈，傍無枝葉。如車輪，皆萃於木杪。其下有皮，重疊裹之。每皮一匝爲一節。花黄白。結實作房，如魚子狀。　蓪草　玉叡《迎神歌》云：蓪草頭花柳葉裙，蒲葵樹下舞蠻雲。今作蓪草。蒲葵即椶櫚也。

明 徐光啟《農政全書》卷三八《種植》　椶櫚，《山海經》曰：石翠之山，其木多椶。一名栟櫚，出嶺南西川，今江南亦有之。木高一二丈，無枝條，葉大而圓，有如車輪。萃于樹杪，其下有皮，重疊裹之，每皮一匝爲一節，二旬一采皮，轉復生上，六七月生黄白花，八九月結實作房如魚子，黑色，九月十月采其皮用。《便民圖纂》曰：椶櫚，二月間撒種長尺許，移栽成行，至四尺餘始可剥。每年四季剥之，半年一剥亦可。其皮作繩入水千歲不爛，昔有人開塚得一索已生根。　李時珍曰：椶櫚葉大如扇，上聳四散岐裂，其莖三稜，四時不凋。其幹正直，身赤黑皆筋絡，宜爲鍾杵，亦可旋爲器物。其皮有絲毛，錯縱如織，剥取縷解，可織衣帽褥椅之屬。每歲必兩三剥之，否則樹死，或不長也。

明 方以智《物理小識》卷九《椶》　椶，栟櫚。春種子，勿栽之太早，木盛時春秋二分各栽六葉。其子未透而苞者名曰木魚，肥穉堪葅。東坡云：贈我木魚三百尾。畏雞糞，經之則朽。

清 厲荃《事物異名録》卷三〇《樹木部·椶櫚》　《格物總論》：椶櫚一名栟櫚，又栟櫚，或作並閭。　䰄葵　蒲葵　《丹鉛總録》：椶櫚一名䰄葵，一名蒲葵。　椶䰄　《羣芳譜》：椶櫚俗作椶䰄，皮中毛縷如馬之鬃䰄，故云。　椶魚　椶笋　《本草綱目》：椶櫚木三月於木端莖中出數黄苞，苞中有細子成列，狀如魚腹孕子，謂之椶魚，亦曰椶笋、椶子。

清 高士奇《北墅抱甕録·椶櫚》　瀛山蘭渚之地，皆疊亂石爲短垣，不加粉堊，於牆角植椶櫚三四本，高可齊簷，微風乍拂，輕涼自生，極瀟灑之趣。皮有絲縷，錯綜如織，取爲冠屐簟拂等物，大稱山居。三月間，莖内生黄苞，狀若魚子，可食，名曰椶笋，亦曰椶魚，蒸熟後以蜜醋製之，即千里可致也。

清 鍾山逸叟《致富奇書》卷一　椶櫚【略】秋分移栽，宜園亭、塚墓内。葉如車輪，有皮纏之，二旬一剥，轉復上生。八月開黄花。九十月結子，墮地即生小樹。種法：先掘地作坑，用狗屎鋪底，再用肥土蓋之，初種月餘，以河水間日一澆，以後不須澆矣。吴人取其色紫圓亮者結鞋甚牢。其樹又可造戽水車轂。

清 張宗法《三農紀》卷六《椶》　椶，《圖經》云：其材難長，初苗如白芨狀，漸長聳散歧裂成材。木直無枝，身赤有疊節痕，至頂發莖，莖青而扁稜生刺。葉鋤形集如車輪，遠望之昂昂如傘狀，四時不凋。春三月木端中出黄苞，初生如魚腹孕子。蘇東坡云：采之可蔬。漸出苞成花穟，黄白色。結實纍纍，如岡豆相聯，生黄熟黑，甚堅。葉莖連皮裹之，一月生一皮，每長一層爲一節，其皮絲毛綜錯若織形，解縷可織履、笥、盂、薦、犄簑笠、麈絣。繩索之屬，又即書作刷帚。木可鏇器作杵。葉可繫物帚地。子可入藥。一種小者無絲可作帚。傳曰：慈母之怒子，折椶笞之，其惠存焉。《本草》云：梡。《爾雅》云：栟。《通志》云：夜叉樹。《山海經》云：石翠之山，其木多椶。椶者，取䰄皮中毛如馬鬃也。　植藝：實熟時斫下，力捶石上，或木扮落其子，種于肥潤林間即生。春移植，頻澆易生。高二三尺須，剥根皮，易長成林。每歲雨剥其皮，每剥只五六片。不剥，則木因剥多則傷本。　本性：味苦澀，氣涼，皮可透經通絡，實可禁痢止泄。　效方：凡血症，衄崩漏、痢，椶皮燒灰存性，少加枯礬末，酒調二錢半服見效。

清　吴其濬《植物名實圖考》卷三五《木類・椶櫚》　椶櫚，《嘉祐本草》始著録。江西、湖南極多，用亦極廣。花苞爲椶魚可食，子落地即生，燒椶灰爲止血要藥。

植物名實圖考・椶櫚

清　吴其濬《植物名實圖考》卷三五《木類・櫚木》　櫚木，《本草拾遺》始著録。俗呼花梨木。《南城縣志》東西鄉間有之。不宜爲枕，令人頭痛。

清　陳憲舜《課民植牧講義稿・椶》　極其易生。至二三尺後，葉大如扇，上聳四散，歧裂。其莖三稜，四時不凋。幹直無枝，以皮裹之，每長一層，即爲一節。其皮有絲毛錯縱，可爲椶箱、椶褥、椶繩、椶鞋等用，大爲時利。每歲剥皮宜三兩次，否則枯槁，或不長也。三月於木端莖中生出黄包，漸長出包成花，穗黄白色，結子大如豆，先黄後黑而甚堅，將子風乾以蓆包之，埋入土中，上覆以草，時以米水灌之，至次年三月取出點種，固易長成，且樹身强壯。如不及點，而樹子落地，風捲鳥啄，隨處皆生，即爲椶樹之秧。祇將秧高二尺者，移於平原山場，勤加肥料，再二三年高四五尺，即可剥皮以收利益，每年收取兩次，亦有三次者。植此一次，可收利六十年，爲櫚類之雄樹，此科凡百餘種。

清　陳憲舜《課民植牧講義稿・櫚》　木材臃腫，不中繩墨，人多取作柴炭之用。但生長速，而結子亦多。其熟即落者，氣不旺也，不能留種。選不落者藏之，春來播於沃地，次年拔起，視其根鬚，根之長大，與莖同者良苗也。斬短合二本爲一科，以移植之，其短弱者，隨意處置，三五年後，柴炭有餘矣。

清　何剛德《撫郡農産攷畧・椶》　椶即椶櫚。初生時葉如小劍，色青，出土二三寸，即有椶包裹。葉自椶包裹内發出，剥取一層椶，即去其一層葉。葉如蒲扇，惟蒲扇皆相連續，此則葉葉分張耳。花黄白色。實大如豆。撫屬皆有之，然出産不多。　天時：三月結苞吐花，十月實結。　地利：宜園圃。　人事：椶樹難長，移栽多不活。鄉人種椶，椶下多墊瓦片或砌瓦片約二三寸高如屋式，蓋附會「宗子維城」語也。若徑置之土中，成長自當較易。棕一歲可剥三四次，數剥則傷其心，不剥則其樹易枯。便民圃椶櫚三月間撒種，長尺餘，移栽成行。至四尺餘始可剥，每年四季剥之。　物用：椶一張三錢，一斤約可值錢六十，有販運至南昌者，可縫簑衣，可絞繩索，可襯鞋底。東邑椶簑、椶繩，爲本地土貨之一宗。

清　陳昌齊　道光《廣東通志》卷九六《木類・櫚木》　櫚木，出安南及南海，用作床几，似紫檀而色赤，性堅好。陳藏器《本草》木性堅，紫紅色，有花紋者謂之花櫚木，可作器皿、扇骨諸物。俗作花梨，誤。《本草綱目》花梨木。産崖州、昌化、陵水。紫紅色，與降真香相似，有微香。《瓊州府志》　謹案：花櫚木，色黄、白。藏器、時珍所見者乃廣南工人漬染成赤紅色者，非花櫚之本色也。

藝文

宋　劉敞《栟櫚賦》　圓方相磨，純粹精兮，剛健專直。交神靈兮，馮翼正性。栟櫚榮兮，中立不倚。何亭亭兮，受命自天。非曲成兮，外無附枝。匪其旁兮，密葉森森。劍戟鋩兮，温潤可親。廉而不傷兮，雪霜青青。不畏僵兮，壽比南山。邈其無疆兮，被髮文身。何佯狂兮，沐雨櫛風。蹇無所妨兮，苦身克己。用不失職兮，摩頂至踵。尚禹墨兮，黄中通理。類有德兮，屹如承天。孔武且力兮，懍其無華。不尚色兮，遁世無悶。曷幽嘿兮，明告君子。

明　彭大翼《山堂肆考》卷二一《椶》　椶筍　東坡詩注：椶筍狀若魚子而加甘芳，蜀人以饌佛，僧甚貴之。筍生膚毳中，蓋花之方孕者。正二月間可剥而取之。過此則苦澀不可食矣。取之無害于木而宜于飲食。法當蒸熟，以竹筍同蜜煮醋浸，可致千里外。南朝梁江淹有頌：異木之生，疑竹疑草，攢叢石徑，森蓰山道。煙岫相珍，雲壑共寶。不錦不縟，何遜工巧。

明　彭大翼《山堂肆考》卷二一《椶》如車輪：梅聖俞詩：青青椶櫚樹，散葉如車輪。擁箨交紫髯，歲剥豈非仁。用以覆彫輿，何憚剋厥身。　夜叉頭：李羣玉與王璘聯句：棕櫚葉散夜叉頭。　仙人掌：唐庚《椶花》詩：砍破夜叉頭，取出仙人掌。鮫人滿腹珠，鮰魚新出網，一云劉貢父詩。　贈木魚：東坡《送椶筍與殊長老》詩：贈君木魚三百尾，中有鶵黄子魚子。夜叉剖癭欲分甘，箨龍藏頭敢言美。願隨蔬果得自用，勿使山林空老死。問君何事食木魚，烹不能鳴固其理。

枸杞

綜述

《爾雅·釋木》杞，枸檵。郭璞註：今枸杞也。檵音計。

爾雅·杞

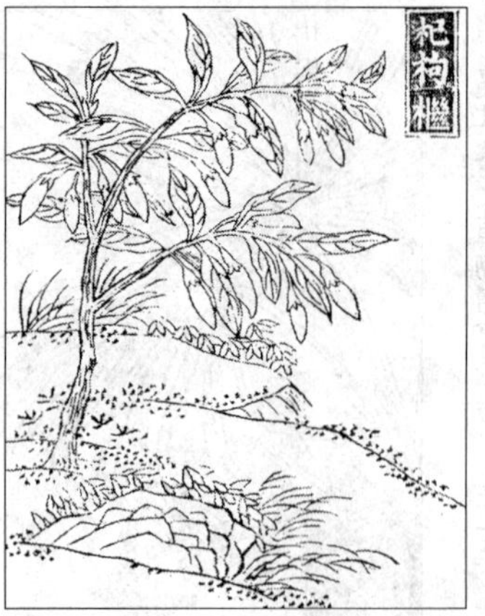

《神農本草經》卷一《枸杞》　吴普曰：枸杞，一名枸己，一名羊乳。《御覽》《名醫》曰：一名羊乳，一名卻暑，一名仙人杖，一名西王母杖。生常山及諸邱陵阪岸。冬采根，春夏采葉，秋采莖實，陰乾。　案《説文》云：檵，枸杞也。杞，枸杞也。《廣雅》云：地筋，枸杞也。《爾雅》云：杞，枸檵。郭璞云：今枸杞也。《毛詩》云：集于苞杞。《傳》云：杞，枸檵也。陸璣云：苦杞秋熟，正赤，服之輕身益氣。《列仙傳》云：陸通食橐盧木實。《抱朴子·仙藥篇》云：象柴，一名托盧，是也。或名仙人杖，或云西王母杖，或名天門精，或名卻老，或名地骨，或名枸杞也。

宋　沈括《夢溪筆談》卷二六《枸杞》　陝西極邊生者，高丈餘，大可作柱。葉長數寸，無刺。根皮如厚朴，甘美異於他處者。《千金翼》云：甘州者爲真，葉厚大者，是大體出河西諸郡。其次江池間圩上者，實圓如櫻桃，全少核，暴乾如餅，極膏潤有味。

宋　寇宗奭《本草衍義》卷一三《枸杞》　枸杞，當用梗皮，地骨當用根皮，枸杞子當用其紅實，是一物有三用。其皮寒，根大寒，子微寒，亦三等。此正是《孟子》所謂「性由杞柳」之杞，後人徒勞分別。又爲之枸棘，兹強生名耳。凡杞未有無棘者，雖大至有成架，然亦有棘。但此物小則多刺，大則少刺，還如酸棗及棘，其實皆一也。今人多用其子，直爲補腎藥，是曾未考究經意，當更量其虚實冷熱用之。

宋　謝維新《古今合璧事類備要别集》卷六一《衆木門·枸杞》　《格物總論》枸杞□生。稜莖高三四尺許。葉春生可作羹茹。子秋熟正赤色。葉微苦及子服之輕身益氣。然最多名。一名杞根，一名地骨，一名枸忌，一名地輔，一名枸檵，一名仙人杖，皆此物也。

宋　陳直《壽親養老新書》卷三《枸杞》　揀好地熟斸加糞訖，然後逐畦長開壟深七八寸，令寬，乃取枸杞連莖剉長四寸許，以草爲索，慢束如羹盌大，於壟中立種之，每束相去一尺，下束訖，別調爛牛糞稀如麵糊灌束子上令滿，減則更灌。然後以肥土壅之滿訖。土上更加熟牛糞，然後灌水，不久即生。乃如翦韭法，從一頭起首割之。得半畝，料理如法，可供數人。其割時與地面平，高留則無葉，深翦則傷根，割仍避熱及雨中，但早朝爲佳。　又法：但作束子，掘坑方一尺，深於束子三寸，即下束子訖，著好糞滿坑填之，以水沃糞，下即更著糞，填以不減爲度，令糞蓋束子一二寸即得生。後極肥嫩，數鋤壅，每月一加糞尤佳。　又法：但畦中種子如種菜法，土糞下水，當年疏瘦，二年以後悉肥。勿令長苗，即不堪食。如食不盡，即剪作乾菜，以備冬中，常使如此。從春及秋，其苗不絶，取甘州者爲真。葉厚大者是有刺，葉小者是白棘，不堪服食。　又法：枸杞子於水盆內，挼令散訖，暴乾。斸地作畦，畦中去卻五六寸土，勿作壟，縛草稕作稕，似臂長短，即以泥塗稕令徧，以安壟中，即以子布泥上一面，令稀稠得所，乃以細土蓋之令偏。又以爛牛糞蓋上令偏，又布土一重，令與畦平。待苗出，時時澆灌。及堪採，即如翦韭法，更不要煮鍊。每種用二月初一，每年但五度，翦不可過也。凡枸杞生西河郡谷中及甘州者，其味過於蒲萄。今蘭州西去鄴城、靈州、九原並大，根莖尤大。

元　司農司《農桑輯要》卷六　枸杞：秋收好子，至春畦種，如種菜法。　又三月中苗出時移栽如常法。伏内壓條，特爲滋茂。　一法：截條長四五指許，掩於濕土地中，亦生。　又　種枸杞法：秋冬間收子，净洗，日乾。春耕熟地，作町，闊五寸。紐草稕如臂大，置畦中，以泥塗草稕上，然後種子以細土及牛糞蓋令偏。苗出，頻水澆之。　又可播種。

又《務本新書》　枸杞宜故區畦種。葉作菜食，子、根入藥。

元　胡古愚《樹藝篇·木部·杞》　《詩·小雅》：南山有杞。《草木疏》云：「其樹如樗，一名狗骨。」《詩經註疏》杞見《武義縣志》，狗骨見《瓊州府志》，殆一物也。

明　宋詡《竹嶼山房雜部》卷一〇《樹畜部·樹類》　枸杞小葉紅子。　春間分根側小本種。緣於他木，其枝最多曲折。子可爲金髓煎。有截短莖束把爲畦種之，漸刈其頭芼以爲茹。

明　慎懋官《華夷花木鳥獸珍玩考》卷五《枸杞》　枸杞，陝西極邊生者高丈餘，大可作柱。葉長數寸，無刺，根皮如厚朴，甘美異於他處者。

明　商濂《遵生八箋》卷一六《枸杞子》　諸山中有之，老本虯曲可愛，結子紅甚，點點若綴雪中，可觀。

明　李中立《本草原始·木部》　枸杞古以常山者爲上，今以甘州者爲佳。春生苗葉如石榴葉。而軟薄堪食，俗呼爲甜菜。其莖幹高三五尺作叢。六月七月生小紅紫花。隨便結實，形微長如棗核。其根名地骨。《詩·小雅》云：集于苞杞。陸璣《詩疏》云：苦杞。《爾雅》名枸檵。《衍義》名枸棘。《綱目》曰：枸杞二樹名。此木棘如枸之棘，莖如杞之條，故兼名之。其根最長，故曰地骨，俗呼地骨皮。

明　王象晉《群芳譜·藥譜·枸杞》　枸杞一名枸檵（檵），一名枸棘，一名天精，一名地仙，一名卻老。枸杞（杞）二木名。此物棘如枸之刺，莖如杞之條，故兼二名。處處有之。春生苗，葉如石榴葉而軟薄堪食，俗呼爲甜菜。其莖幹高三五尺，叢生。六七月開小花，淡紅紫色。隨結實微長，生青熟紅，味甘美。根名地骨，根之皮名地骨皮。枸杞（杞）子、地骨皮，古以韋山者爲上，近時以甘州者爲絶品，今陝之蘭州、靈州以西並是。大樹葉厚根粗，河西及甘州者子圓如櫻桃。曝乾緊小，紅潤甘美，可作果食。沈存中《筆談》言：陝西極邊生者，高丈餘，大可作柱。葉長數寸，無刺，根皮如厚朴，亦其地脈使然也。花、葉、根、實並用。益精，補氣不足，悦顔色，堅筋骨，黑鬚髮，耐寒暑，明目安神，輕身不老。或云有刺者名白棘，宜辨。　葉甘涼，除煩益志，壯心氣，助陽事，解熱，補五勞七傷，去皮膚骨節間風，消麪毒，散瘡腫，去上焦心肺客熱，和羊肉作羹益人，忌與乳酥同食。　皮甘淡寒，解骨蒸肌熱，消渴風溼，痺，堅筋骨，涼血。　子挫拌麪煑熟吞之，去腎家風，益精氣，治金瘡，神驗。去下焦肝腎之虚熱。　子味甘而潤，性滋而補，不能退熱，止能補腎潤肺，生精益氣，乃平補之藥，所謂精不足者，補之以味也。諺云：去家千里，莫食枸杞（杞）。言補益精氣强盛陽道也。　莖堅硬者可作拄杖。一名西王母杖，一名仙人杖。　移植揀好地熟斸加糞，逐畦開深七八寸，取枸杞（杞）連莖剉四寸長，以草索束如碗大，壟中立種，相去尺許。調爛牛糞如稀糊，灌束上，令滿，減則更灌，以肥土壅滿，更加熟牛糞，然後灌水。不久即生，極肥嫩。從一頭割如剪韭法。種半畝，料理如法，可供數人。割時以早朝爲佳，避熱及雨，須與地面平，高留則無葉，深剪則傷根。要數鋤壅灌。每月一加糞尤妙。　種子取枸杞（杞）于水盆内挼去皮，取子曝乾，斸肥地作畦，畦中去土二三寸，仍深斸熟加糞用。二月初一日撒子，如種菜法。又以爛牛糞蓋之，又蓋土一層，令與畦平。苗出頻澆之。當年疏瘦，二年以後悉肥。可作菜食。割如上法。一年但五度，不可過，勿令長不堪食，如食不盡，即剪作乾菜，以備冬用。如此從春及秋，其苗不絶，其根年年生發，可備常用。

辨訛葉厚而長，梗上無刺者，枸杞（杞）。葉圓，梗有刺者，名白棘，味辛苦麻，人不堪服。慎之。

明　王象晉《群芳譜·藥譜·枸杞》　典故：蓬萊縣南丘村多枸（杞）（杞），高者一二丈，其根盤結甚固，村人多壽考。《續（神）仙傳》蜀青城山老人村，有五世孫者，道極險遠，生不識鹽醯，而溪中多枸（杞）（杞）根如龍蛇，飲其水，故壽。近歲道稍通，漸能致五味，而壽益衰。（東坡）

明　徐光啓《農政全書》卷五六《荒政》　枸杞（杞），一名杞（杞）根，一名杞忌，一名地輔，一名羊乳，一名卻暑，一名仙人杖，一名西王母杖，一名地仙苗，一名托盧，或名天精，或名卻老，一名枸檵，杞同。一名苦杞，俗呼爲甜菜子，根名地骨。生常山平澤，今處處有之。其莖幹高三五尺，上有小刺。春生苗。葉如石榴葉而軟薄。莖葉間開小紅紫花。隨便結實形如棗核，熟則紅色，味微苦。性寒。根大寒，子微寒，無毒。白色無刺者良。陝西枸杞，長一二丈，圍數寸，無刺。根皮如厚朴，甘美異於諸處。生子如櫻桃，全少核，暴乾如餅。救飢：採葉煠熟，水淘净，油鹽調食。作羹食皆可。子紅熟時亦可食，若渴煮葉作飲，以代茶飲之。　玄扈先生曰：嘗過子本勝藥，葉亦嘉蔬。

明　俞宗本《種樹書・菜》　枸杞可以插種。　種枸杞法：秋冬間，收子於水盆中，挼取曝乾。春，熟地作畦。畦中去五寸土，勾作壟，壟中縛草稕如臂長與壟等。即以泥塗草稕上，以枸杞子布於泥上，以細土蓋令遍，又以爛牛糞一重，又以土一重令畦平。待苗出水澆；堪喫便剪。

明　方以智《物理小識》卷九《枸杞》　種枸杞：西寧子少而味甘，它處子多。惠安堡枸杞偏野，秋熟最盛。今各處可種，以三月朔截作段，先以草糞，而牛糞蓋之，又土蓋之，出則勤澆，一年可五翦。枸檵言易生也。

明　吴雨《毛詩鳥獸草木考》木考・杞　《小雅》曰：集于苞杞。《傳》：杞，枸檵也。　杞，枸杞也。一名枸檵，一名枸忌，一名地輔，一名羊乳，一名托盧。高三五尺，春生苗，葉如石榴葉，而軟薄，堪食。俗呼爲甜菜。莖葉間開小紅紫花，隨便結實，形如棗核，熟則紅色可食。枸杞與枸棘二種相類，其實形長而枝無刺者，真枸杞也。圓而有刺者枸棘也。陸璣云：一名苦杞，一名地骨。春生作羹茹，微苦。其莖似苺，子秋熟，正赤。莖葉及子服之，輕身益氣爾。

又　《小雅》曰：南山有杞。〇又：南山有枸，北山有楰。《傳》：枸枳，枸楰鼠梓。　杞，一名狗骨，樹如杜仲，木體白如骨，故以名。南人取以旋作合器甚佳。陸璣云：杞，一名狗骨，山木也。其樹如樗，理白滑可爲函及檢板。其子爲木蝱，可入藥。木蝱在葉中，捲葉如子，羽化爲蝱，非木子。《詩》中杞有三：「無折我樹杞」，柳屬也；「集于苞杞」，言采其杞；「隰有杞、桋、枸、檵也」。此杞《傳》無文，陸云「狗骨」是也。

明　闕名《栽花總録・甘州枸杞》　花紫色，清晨澆水則子不落。春間分種，長至半尺時，摘去其頭。

清　曹溶《倦圃蒔植記・論木第二・枸杞》　枸杞一名西王母杖，産甘州者良。扦插易活，種子亦生。嫩苗可茹。子可食，亦入藥。根爲地骨皮。又有一種黄者，亦甘州種也，與紅者顔色照映，真如珊瑚間木難耳。

清　陳大章《詩傳名物集覽》卷一二《集于苞杞》　《朱傳》：杞，枸檵也。《爾雅》：杞，枸檵。注：今枸杞也。《廣雅》：地筋，枸杞。《陸疏》：一名苦杞，一名地骨。春生，作羹茹微苦，其莖似苺，子秋熟正赤，莖葉及子服之，輕身益氣。《本草》：枸杞味苦寒，久服堅筋骨。一名地輔、羊乳、卻暑、仙人杖、西王母杖，生常山平澤，及諸丘陵阪岸。冬採根，春夏採葉，秋採莖實。《抱朴子》家菜一名托盧，或名天精，卻老、地骨。《日華子》曰：地仙苗即枸杞。《道書》，枸杞千歲，其形如犬。《圖經》：春生苗，葉如石榴葉，而軟薄堪食，俗呼爲甜菜。莖幹高三五尺，作叢，六七月生小紅紫花，隨結紅實，形微長，如棗核。其根名地骨，與枸棘相類。其實形長而枝無刺者，真枸杞也。圓而有刺者，枸棘也。世傳蓬萊縣南丘村多枸杞，高者一二丈，其根蟠結甚固，鄉人多壽考，亦飲食其水土之品使然耳。陳藏器云：仙人杖別有兩種，一種是枯死竹竿之色黑者，一種是菜類，並此爲三物，而同一名也。沈存中云：陝西極邊生枸杞，高丈餘，大可作柱，葉長數寸，無刺。根皮如厚朴，甘美于諸處。實圓如櫻桃，少核，暴乾如餅，極膏潤有味。寇氏《衍義》云：凡杞未有無刺者，但此物小則多刺，大則少刺，如酸棗及棘，其實一也，後人分别杞、棘，強生名耳。《藥譜》：枸杞二木名，此物棘如枸之刺莖條，故兼二名，處處有之。根名地骨，根之皮名地骨皮，古以韋山者爲上品，以甘州爲絶品。子圓如櫻桃，曝乾可作果食。一種辛苦麻人者名曰棘，多誤以入藥。《詩詁》曰：枸木子生枝端，横折歧出，狀如枅栱，土人謂之枅栱木。此木誤入酒，能化酒爲水。一名木蜜，一名木餳，一名木珊瑚。《續仙傳》，朱孺子少事道士王延且。居大若巖，一日汲于溪，見二花犬，因逐之，入枸杞叢下，掘之，根形如二犬，烹而食之。《通雅》：枸杞爲檵，謂棘如枸，莖如杞也。寇宗奭知别刺枸，而引杞柳。郭璞以楰爲杞，毛公以枳椇爲枸。《説文》以枸木可爲醬。楊升菴、鄧潛谷以蒟蒻爲蒟醬，皆誤也。

清　陳大章《詩傳名物集覽》卷一二《南山有杞》　《朱傳》，杞樹如樗，一名狗骨。《陸疏》：杞一名狗骨，山材也。其樹如樗，理白而滑，可爲函及檢板。其子爲木虻，可合藥。曹氏云：梓，杞也。嚴氏《詩緝》曰：詩有三杞，「無折我樹杞」，柳屬也。「南山有杞，在彼杞棘」，山木也。「集于苞杞，隰有杞桋，言采其杞」，枸杞也。據此南山有杞之杞，與集于苞杞之杞，分明二種。朱子注南山有杞云：樹如樗，極肖其形。顧野王曰：枸榾木中箭，謂其有刺。《通雅》曰：即今之貓刺，冬不彫，大者可充黄楊製器。李時珍言：

狗骨與冬青相亂，枸榾葉長，四方有八稜，稜有刺，與冬青遠甚，若云冬不彫，則不彫者多矣。按《通雅》所言，亦其一種，俗呼貓兒刺。又有云枸榾樹者，其葉比冬青略薄，其皮中有絲，一謂之絲綿樹，正時珍所云也。今刻工多以之代梨棗。

清 鄂爾泰《授時通考・木・枸杞》 枸杞，一名枸棘，一名天精，一名地仙，一名卻老，一名苦杞，一名甜菜，一名地節，一名羊乳。枸杞二木名，此木棘如枸之刺，莖如杞之條，故兼稱之。處處有之。春生苗葉軟薄堪食。其莖幹高三五尺，叢生。六七月開花，紅紫色。隨結實，微長，生青熟紅，味甘美。根皮名地骨皮。古以韋山爲上，近以甘州者爲絶品。今陝之蘭州、靈州以西，並是大樹，子圓如櫻桃，乾時可作果食。 《爾雅》：枸杞，檵。（注）今枸杞也。 陸璣《詩疏》：一名苦杞，一名地骨。春生。作羹茹微苦。其莖似莓。子秋熟正赤。莖葉及子，服之輕身益氣耳。 《種樹書》：收子及掘根種於肥壤中，待苗生翦爲蔬食甚佳。 《博聞録》：種枸杞法。秋冬間收子，浄洗日乾。春耕熟地，作町闊五寸，紐草稕如臂大，置畦中以泥塗草稕上，然後種子，以細土及牛糞蓋令遍，苗出頻以水澆之。又可插種。 《務本新書》：枸杞宜於故區畦種。葉作菜食，子根入藥。秋時收好子，至春畦種。一如種菜法，又三月中苗出時，移栽如常法。伏内壓條特爲滋茂。一法截條長四五指許，掩於溼土地中亦生。 《農桑通訣》：春夏採葉，秋採莖實，冬採根。朱孺子幼事道士王元正。居大石巖，汲於溪。見二花犬，因逐之，入於枸杞叢下，掘之，根形如二犬，食之忽覺身輕。諺云：去家千里，勿食蘿摩枸杞，言其補精氣也。

授時通考・枸杞

清 吴其濬《植物名實圖考》卷三三《木類・枸杞》 枸杞，《本經》上品，根名地骨皮。陸璣《詩疏》苞杞，一名地骨是也。嫩葉作蔬，根實入服食家用，故有仙人杖之名。又洩疏，《本經》下品。代無識者。《唐本草》注，子似枸杞。

雜 録

清 謝堃《春草堂集》卷二五《花木小志・枸杞》 余蓄二盆，皆老本虬曲，壯而短之，蕭疏枝葉。一盆其色紅若硃砂瑪瑙，一盆其色黄若澹金蜜蠟，子實離離，絶可愛。於霜雪之際，羣花消歇，渠竟巍然獨存，顔色不少衰。且可浸酒、入藥，爲補劑功臣。豈可以易生而忽之耶。

藝 文

明 王象晉《群芳譜・藥譜・枸杞》 潤州開元寺，大井旁生枸杞（杞）。歲久飲其水甚益人。朱孺子，幼事道士王延正，居大若岩。一日汲于溪，見二花犬，因逐之，入枸杞（杞）叢下，掘之，根形如二犬，烹而食之，忽覺身輕飛于峯上，雲氣擁之而去。《續（神）仙傳》

清 史夢蘭《爾爾書屋詩草》卷二 《植枸杞》 淩晨坐南窗，花徑無人掃。中有枸杞生，棄置同幽草。瓦礫相蔽虧，枝葉成枯槁。移來石畔栽，灌溉酌寒燠。人言此靈根，仙家祕爲寶。千年化靈厖，食之多壽考。我生無仙姿，修短憑大造。不讀養生書，不識長生道。漢武與秦皇，誰見升蓬島。但乞仙人杖早成，三十年後扶我老。

杜 仲

綜 述

《神農本草經》卷一《杜仲》 吴普曰：杜仲，一名木緜，一名思仲。《名醫》曰：一名思仲，一名木緜，生上虞及上黨、漢中。二月、五月、六月、九月采皮。案《廣雅》云：杜仲，曼榆也。《博物志》云：杜仲，皮中有絲，折之則見。

明 王象晉《群芳譜·藥譜·杜仲》 杜仲，一名思仲，一名思仙。漢中、建平、宜都者佳，脂厚潤者良。豫州山谷及上黨、商州、陝州亦有之。樹高數丈，葉類柘，又似辛夷。江南謂之櫋。初生嫩葉可食，謂之櫋芽。花實苦澀，亦堪入藥。木可作屐，益脚。皮色紫而潤，狀如厚朴而更厚，折之多白絲相連如綿，二、五、六、九月皆可采。味甘微辛，氣温平甘，温能補微，辛能潤，故能潤肝而補腎。主補中益精，治腰膝痛，堅筋骨，强志，除陰下癢溼，小便餘瀝，療腎腰脊攣，潤肝燥，補肝經風虛。葉作蔬，去風毒脚氣，久積風冷，腸痔下血。亦可煎湯，腎虛火熾者忌用。子名逐折。

明 王象晉《群芳譜·藥譜·杜仲》 一年少新娶後，得脚軟病，痛甚，作脚氣治不效。路鈐孫琳診之，用杜仲一味，寸斷片拆，每以一兩用半酒半水一大盞煎服，三日能行，又三日全愈。琳曰：此腎虛，非脚氣也。杜仲能治脚膝痛，以酒行之，則爲效易矣。

清 吴其濬《植物名實圖考》卷三三《木類·杜仲》 杜仲，《本經》上品。《湘陰志》一名木棉。樹皮中有白絲如膠。芽葉可食。花、實苦澀，亦入藥。杜仲，皮粗。如川産，而肌理極細膩，有黄白斑文。

植物名實圖考·杜仲

清 吴其濬《植物名實圖考》卷三六《木類·金絲杜仲》 金絲杜仲，一名石小豆，生雲南山中。小木葉長末團，夏抽細柄開花，旋結實，殼色粉紅，老則四裂，宛似海棠花，内含紅子，大如小豆，朱皮黑質的皪不隕。

植物名實圖考·金絲杜仲

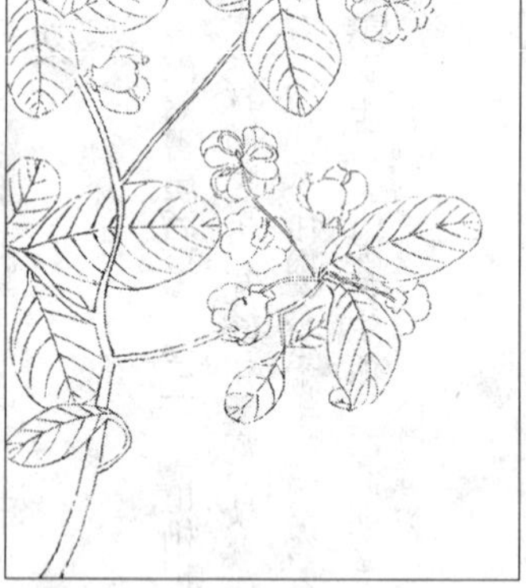

又 金絲杜仲，一名石小豆，生雲南。矮木，厚葉，葉長寸許，本瘦末團，面青背黄。結實如棠梨而小，實裂各銜紅豆不脱。

清 陳憲舜《課民植牧講義稿·杜仲》 老樹則高數丈，大亦數圍，葉似辛夷，初生可食。開花結實，其味苦澀，其皮以手剥開，銀絲相連，藥名呼爲杜仲，可治腰膝。如種此樹，取其子，如法播種，當年可取葉作菜，或助畜料。二年秧漸長高，其葉尤旺，至第三年已高一二尺不等，於春初掘起，開鬆山嶺地底之泥種之。年施肥料一次。如果太高，去其頂皮，則生樹幹。至七八年後，樹高約一丈，皮厚約一分，於春末將樹伐下，用利刀離一寸劃一刀，至樹皮止，又直劃一刀，再用竹片起下樹皮，乘濕捲成一筒，多則一餅，如小年糕樣。以上藥肆，價值不菲。其存留之老樹頭，翌年必發多枝，留肥大者二本，其餘削尖如錐，插於他處，入土一尺，過七八年，又可剥皮。如無種託親友向四川寄來，如法種之便得。

清 長順《吉林通志·物産·木屬·杜仲》 杜仲，山中有之。皮薄不堪入藥。《盛京通志》

厚朴

綜述

宋 寇宗奭《本草衍義》卷一四　厚朴，今西京伊陽縣及商州亦有，但薄而色淡，不如梓州者厚而紫色，有油，味苦，不以薑製，則棘人喉舌，平胃散中用，最調中。至今此藥盛行，既能温脾胃氣，又能走冷氣，爲世所須也。

清 吴其濬《植物名實圖考》卷三三《木類卷·厚朴》　厚朴，《本經》：中品。《唐書》龍州土貢厚朴。《本草綱目》謂葉如槲葉，開細花，結實如冬青，子生青熟赤，有核，味甘美。滇南生者，葉如楮，葉亂紋深齒，實大如豌豆，謂之雲朴。亦以冒川産。川中人云：凡得朴樹，輒掘窖以火煨逼，名曰出汗，必以黄葛樹同納窖中，及出汗後則二物氣味糅雜不能辨矣。《説文》：朴木皮也。段氏注《洞簫賦》秋蜩不食抱朴以長吟。顔注《急就篇》、《上林賦》厚朴，曰：朴木皮也。此樹以皮厚得名。《廣雅》重皮厚朴也。今朴皮重卷如筒，厚者難致。滇南呼朴爲婆桂。馥札璞以爲駮樹，殊欠考詢。

植物名實圖考·厚朴

清 吴其濬《植物名實圖考》卷三六《木類·滇厚朴》　滇厚朴，生雲南山中。大樹、粗葉，結實如豆，蓋即川厚朴樹，而特以地道異，滇醫皆用之。

植物名實圖考·滇厚朴

清 吴其濬《植物名實圖考》卷三八《木類·土厚朴》　土厚朴，生建昌，亦大樹也。葉對生，粗柄長幾盈尺，面綠背白頗（脃）（脆）。枝頭嫩，葉卷如木筆。味辛氣香。土人以代厚朴亦效。

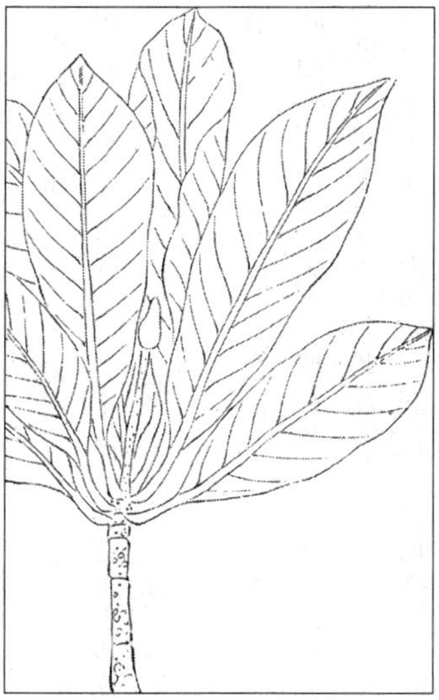

植物名實圖考·土厚朴

油茶

綜述

元 司農司《農桑輯要》卷六 櫨子□西川、唐、鄧，多有栽種成就。北地不見此種，若於附近地面訪學栽植，甚得濟用。

明 王象晉《群芳譜》卷二《木譜・楂》 楂，橡栗之屬。生閩廣江右山谷間。樹易成。材亦堅韌。實如橡斗無刺，子或一二，或三四，似栗而殻薄。仁皮色如榧，肉如栗，味苦，多膏油。　種植：秋間收子時，揀取大者，掘地作小窖，勿及泉，用沙土和子置窖中。次年春分取出畦種。秋分後分栽。三年結實。

明 徐光啟《農政全書》卷三八《種植》 楂，玄扈先生曰：楂木生閩廣江右山谷間，橡栗之屬也。其樹易成，材亦堅韌，若修治令勁挺者，中爲扛(杠)。實如橡斗。斗無刺，爲異耳。斗中函子，或一或二，或三四，甚似栗而殻甚薄。殻中仁皮色如榧，瓤肉亦如栗。味甚苦，而多膏油。江右閩廣人多用此油燃燈，甚明，勝于諸油。亦可食。楂在南中爲利甚廣，乃字書既無此字，而偏方雜記亦未之見，或直書爲茶，尤非也。獨《本草》有櫧子，云小于橡子，味苦澀，皮樹如栗或者櫧楂聲近，土俗音訛邪，其不言子可爲油，或昔人未食，其利如烏柏女貞之類耶，不敢傅會，姑志之以俟再考。　玄扈先生曰：種楂法。秋間收子時，簡(揀)取大者，掘地作一小窖，勿令及泉，用沙土和子置窖中。至次年春分取出畦種。秋分後分栽，三年結實。　又曰：作油法。每歲于寒露前三日收取楂子，則多油，遲則油乾。收子宜晾之高處，令透風，樓上尤佳。過半月則罅發，取去斗，欲急開，則攤曬一兩日盡開矣。開後取子曬極乾，入碓磑中碾細，蒸熟，榨油如常法。　又曰：楂油能療一切瘡疥，塗數次即愈。其性寒，能退溼熱，用造印色，生者亦不沁。或云以澤首，尤勝諸膏油，不染衣，不膩髮。其查可爨。用法：每餅作四破，先于冷竈中罨架起，下用乾柴發火。發火後，用餅屑漸次撒入則起燄，燒熟者可以宿火，勝用炭塹。

清 鄂爾泰《授時通考・木・楂》 楂木生閩廣江右山谷間，橡栗之屬也。其樹易成材，材堅韌。勁挺者中爲杠。實如橡斗，斗無刺爲異耳。斗中含子，或一或二或三四，甚似栗而殻甚薄，殻中仁皮色如榧，瓤肉亦如栗，味甚苦而多膏油。江右閩廣人多用此油燃燈，甚明，勝于諸油，亦可食。《農政全書》楂在南中爲利甚廣，乃字書既無此字。而偏方雜記，亦未之見。或直書爲茶，尤非也。獨《本草》有櫧子，云小于橡子，味苦澀，皮樹如栗。或者櫧楂聲近，土俗音訛邪，其不言子可爲油，或昔人未食其利，如烏臼、女貞之類耶。不敢傅會，姑志之以俟再考。

清 張宗法《三農紀》卷六六《楂》 《圖經》云：葉如茗稍長而厚，凌冬不凋，但味澀苦不堪入茶。開白花，結實如小桐樣，殻内有子分瓣，或三五粒或二四粒，可笮油然燈。百越産者味甘可入□，荆楚産者味苦，可然燈。潤髮不染衣。餅作炊，宿火勝炭，能毒魚(楚近池塘)。《山海經》謂之員木，南方油實也。《通志》云：南方山土多植，其木堅挺，可爲杠，乃南方油實木也。　植藝：白露前後收實則易生。采其美者，掘地作小窖，勿過深，用砂土和實置窖中。次年春分時開窖，畦種。生秧高尺許，雨水春分時移栽，頻澆即生。性喜黄壤，惡卑濕。春種每穴須多粒，十生一二，須稠稀成行。生三年移植，須將林下治淨，易收拾且實美。　收法：白露收子即種肥熟土。苗生三年始華結實。又穫：實未熟敲落則損祓。又費人工，油難停久，宜旋落旋收。收實晾透風處，半月則罅發取子。如欲急去殻，攤晒(曬)三四日即盡開，去殻揀子，晾極乾治油。老農云：寒露植後治油則多，過時則少。　本性：味甘，氣涼養血，滋膚潤腠，澤表。　效方：肌膚搔癢如蟲行者，收藝煎湯洗，或以油搽妙。

清 何剛德《撫郡農産攷畧・楂》 楂樹。俗呼爲槻樹，楂、茶音相近，故亦書爲茶。枝幹淡黄色，葉青色，四季不彫，花白瓣黄心。實大如胡桃，一苞數粒，殻栗色，内仁白而膩。粒小者名珍珠子，亦曰寒露子，大者名霜降子。撫屬皆有之，以臨邑之裹西鄉、堯山下、宜邑之崇鄉及樂邑之忠義、雲蓋二鄉爲多。臨之東路、崇之西下鄉、卯春亦種，有三四萬株。　天時：驚蟄後種，七八年方結實。每年九月内揚花，十二月結實，蓄至次年寒露後摘取之，則其實氣足而油多。寒露子先摘，霜降子後半月摘。楂子收成有大小年之别，豐收之歳爲大年，歉收之歳爲小年。甲年爲大年，則乙年爲必歉收。蓋楂子在樹，將近期年，甲年結實纍纍，則枝幹間無隙處可以著花，花少則實少，故乙年必歉收；乙年結實既稀，則甲年遍樹皆花實，又爲大年。然楂實長圓不一，種類甚多，種時擇各項楂實置之一窟，則成樹後，此種不結實，別種又可結實，歲歲有收，無所謂大小年矣。結實十年，舊枝漸老，花實不繁，伐其老枝，使重生新枝，則結實又多。忌嚴寒大凍，六月六日忌雨，七月七日忌風，忌七八月雨水過多，忌黄霧。　地利：高阜曠野均宜，肥地尤佳。種楂之地，宜背陽向陰，忌山有嵐瘴氣。　人事：種時取楂種，未見太陽，其内實與外殼緊湊，未離倉者，用水浸泡，待其出芽乃種之。鋤地宜深，下種宜淺，宜六七粒，宜每科相去五六尺，下宜墊以烏灰，若以麻枯墊之，生長尤速。如先窖楂秧，其法與種菜相似，鋤地作小溝，撒子溝内，以嫩土和烏灰覆之。秧芽高二三寸時，可以移栽，每科四莖。樂邑人恒種楂子於桐樹地中，桐樹十餘年即朽，楂樹方大，則去桐留楂，而地無棄時。楂實既熟，當摘取，勿令墮地。蓄種宜候其氣足時摘下，貯之陰處，不可見日，見日則不生。　物用：寒露子結實不多而多油，子一石有油廿七八斤。霜降子大樹，每株可收實八升，小者四五升。子一石有油二十一二斤。楂油味最佳，可食，可然燈，可搽髮，可治癬疥。油百斤，貴時值錢十三四千，賤時八九千。臨川歲出楂油，四五千石，每石通以八十斤計，約有油三四十萬斤；癸卯春，油百斤值銀八兩二錢，計共有銀三千餘兩。樂安稱是，崇仁所出稍減。臨、崇之油銷售南昌、建昌各郡，樂邑又西□永豐各縣，皆肩運而去。撫郡楂油色較濁，不如河口所産者之白，故河口油方舟而上，每年灌入郡境者，正復不少。楂枯，每餅十錢，可治衣垢，可罨火。楂子，殼可取碱。

油桐

綜述

明 宋詡《竹嶼山房雜部》卷九《樹畜部·樹類》　桐，大葉，疏榦，子若胡桃。《埤雅》曰：岡桐。　臘月種子。榨油爲黏舟飾器之材甚多。其木材中爲琴瑟。一種矮身，止長四五尺。生子三年即斃，用子再種。

明 方以智《物理小識》卷九《桐》　剛桐，油桐也。櫬桐，青梧桐也。宋詡謂二者作琴，非也。琴用白桐，乃泡桐也。世傳桐斷地脈，乃油桐也。油能殺蟲、枯木。有多年結子者，有三年結子者。南方有頳桐、刺桐，泉州號刺桐城。海桐可爲籓障，可接楊梅，別一種也。

明 吴雨《毛詩鳥獸草木考》木考·椅　椅，岡桐也，一名油桐。似白桐而子大，可爲油。其木理、皮色似桐，其實似梓。舊説椅即是梓，梓即是楸。鄭夾漈曰：注疏家不能別椅是岡桐。桐是梧桐，似楸，別是一物。《爾雅》謂之「椅、梓」，誤矣。舍人曰：梓，一名椅。郭璞曰：即楸也。湛露曰：其桐其椅，桐椅既爲類，而梓一名椅。故以椅桐爲梓屬，言梓屬則椅別。而《釋木》椅梓爲一者。陸璣云：梓者，楸之疏理白色而生子者爲梓。梓實桐皮曰椅，大同而小別也。定本椅，梓屬，無桐字於理是也。

清 張宗法《三農紀》卷六《桐》　桐木，實之有油者。《圖經》云：三月開淡白花，五瓣，紅蕊繁黄，滿樹望之若積雪狀，花初開時天寒，花謝後漸温。花後生葉，三尖，大如掌，深緑，梗微赤。實大而圓，如鴨卵狀，中懷子三五顆，或二四顆不等，硬殼白仁，或其味甘美，食之令人吐。子可出油，熬煉刷器光澤，入漆製熟運器成紫色，艌舟不離，和石灰爲泥，堅固耐久。然燈甚明，但氣臭不堪，熖煙薰煤可以製墨。《埤雅》名岡桐。《爾雅翼》名荏桐。《草木狀》名罌桐，言其形也。《方土記》云：虎桐，言其毒也。古書云：桐實稀轂賤，桐實稠穀貴，農人下之。　植藝：種桐之法，宜兩人並耦，一人持桐油一瓶，持種一籮，一人持小鉏一把，將地剢起，即以油少許滴穴中，隨以桐子種穴内，將土覆之。次年芽出耘耡。首一年生猶未茂，二三年成叢，五六年則樹衰，即以栗籤剥之，二三年栗生更茂，但味罯滯首種桐。三年桐爲利近速。欲圖久遠，(則)種千年桐。種黄栗，候秋熟子落多收。擇高厚地掘土爲窖，下用粃穀糠鋪底，將黄栗放下，上以草蓋定，用土覆。候來年春治地成畦，約一尺二寸，成行分種，一畦使二物，並長二三尺。即將山地斫伐，燒過治熟，先以桐苗種後，植此黄栗苗，約闊五尺成行，移苗栽之。次年耘耡。此江南、江东之山農善于此二木奴也。山地不堪禾者，須種以桐。每掘一穴著桐子一枚，苗生毋令荒蕪。成林，芟草蔓令净。　收穫：霜後敲落收，浥漚去外殼，存内實，水淘净，曬乾，治油可貨。但油市多僞，以篾圈如鼓面者佳，餅爲薪勝炭，壅田遠蟲，以餅還壅桐根，則結實繁多。　本性味甘氣臭，吐痰、解毒，消熱去濕。　(效方)：治凍瘡皮裂，桐油一碗，髮一撮，熬化收存。每以温水洗令軟敷。解砒石毒，以桐油一杯飲之吐。

清 吴其濬《植物名實圖考》卷三五《木類・罌子桐》 罌子桐，《本草拾遺》始著録。即油桐，一名荏桐，湖南、江西山中種之。取油其利甚饒，俗呼木油。

植物名實圖考・罌子桐

烏桕

綜述

宋 寇宗奭《本草衍義》卷一五《烏桕》 烏桕，葉如小杏葉，但微薄而緑色差淡。子八九月熟，初青後黑，分爲三瓣。取子出油，然燈及染髮。

元 胡古愚《樹藝篇・木部・烏桕》 烏桕樹高大，葉可染皂，子可取臘，子中細核，又可笮取油。今延建所種者顆粒大，莆中所産者顆粒小，蓋野生也。《興化府志》 柏本名烏桕，俗呼丫柏。秋來葉先紅，結子亦可食。《太倉州志》烏桕樹高大，葉如梨葉而小花黄白，子黑色。其葉可染皂，其子可取臘爲燭，其子中細核可笮油。《邵武府志》 柏樹，子可爲油作燈燭用，浙東山間皆有之。《雁山志》 烏桕，冬月結白實，可以壓油，俗名木油。《建昌府志》 烏桕木根，皮味苦，微温，有毒，主暴水癥、積結，聚生山南平澤。《唐本草注》云：「樹高數仞，葉似梨杏，花黄白，子黑色。」今按陳藏器《本草》云：「烏臼葉好染皂，子多取壓爲油，塗頭，令白變黑，爲燈極明。服一合，令人下痢，去陰、下水。」《唐本草》附。臣禹錫等謹按：《日華子》云，烏臼皮根涼，治頭風，通大小便。以慢火炙，令脂汁盡黄，乾後用。又云：「子涼無毒，壓汁梳頭可染髮，妙作湯，下水氣。」 斗門方：治大便不通，用烏桕木，方停一寸來劈破，以水煎取小半盞，服之立通。不用多喫，其功神聖，兼能取水。《衍義》曰：「烏桕葉如小杏葉，但微薄而緑色差淡。子八九月熟，初青後黑，分爲三辦，取子及油燃燈及染髮。」 烏桕曰椵曰柜栁，田人謂之栁。葉炊臭而可染皂，子可壓油。《爾雅》云：「椵，柜栁。」《草木畧》 烏桕，秋晚葉紅可愛，在處有之。《松江府志》 種桕必須接，否則不結子，結亦不多。冬月取桕子，舂於水碓。候桕肉皆脱，然後篩出核，煎而爲蠟。其核磨碎入甑，蒸軟壓取青油，可燃燈，或和蠟澆燭，或雜桐油置傘。但不可食，食則令人吐瀉。其渣名油餅，壅田甚肥。《菽園雜記》 烏桕葉似梨杏，花黄白，子黑色。土人多取其葉以染皂。子可壓油，即桕油也。《八閩通志》 烏桕，木堅而葉厚，子經霜綻白者，可壓油爲燭。《九江府志》

明 宋詡《竹嶼山房雜部》卷九《樹畜部・樹類》 桕，緑葉似杏，經秋發頳色可愛。木無直幹。《本草》曰：烏桕頳。音蟶。 子可種，亦可接，接於本體。其子外白膜蒸熔之凝爲燭材。其子内肉杵榨之爲清油，可然燈、飾器。又用其材也。

明 王象晉《群芳譜》卷二《木譜・烏臼》 烏臼，一名鵶臼。樹高數仞。葉似小杏葉而微薄，淡緑色。五月開細花，色黄白。實如雞頭，初青熟黑，分三瓣。八九月熟，咋之如胡麻子，汁味如猪脂。南方平澤甚多。根皮味苦，微温有毒。治頭風，通二便，慢火炙，令脂汁盡，黄乾後用。子涼無毒，壓汁梳頭變白爲黑。炒作湯，下水氣。易生易長。種之佳者有二，曰葡萄臼，穗聚子大而穰厚；曰鷹爪臼，穗散而殼薄。臨安人每田十數畝，田畔必種臼數株，其田主歲收臼子便可完糧。如是者租輕，佃户樂種，謂之熟田。若無此樹于田，收糧租額重，謂之生田。江浙之人，凡高山、大道、溪邊、宅畔無不種，亦有全用熟田種者。樹大者或收子二三石。忌近魚塘，令魚黑，且傷魚。 接博：子種者須接之乃可。樹如杯口大即可接，大至一兩圍亦可接。但樹（水）（小）低接，樹大高接耳。接須春分後數日，法與雜果同。聞之山中老圃云：臼樹不須接博，但于春間將樹枝一一捩轉，碎其心，無傷其膚，即生子，與接博者同。試之良然。若地遠無從取佳貼者，宜用此法。此法農書未載，農家未聞，恐他樹木亦然，宜逐一試之。

明　徐光啟《農政全書》卷三八《種植》　烏桕，《玄中記》曰：荆陽有烏桕。烏桕，樹高數仞，葉似梨杏。花黄、白、紫、黑色，極易生長。　玄扈先生曰：烏桕樹，收子取油，甚爲民利，他果實總佳，論濟人實用無勝此者。江浙人種者極多，樹大或收子二三石。子外白穰，壓取桕油，造蠟燭。子中仁壓取清油，然燈極明，塗髮變黑，又可入漆，可造紙用。每收子一石，可得白油十斤，清油二十斤，彼中一畝之宫，但有樹數株者生平足用，不復市膏油也。臨安郡中，每田十數畝，田畔必種桕數株，其田主歲收桕子，便可完糧。如是者，租額亦輕，佃户樂于承種，謂之熟田。若無此樹，要當于田收完糧，租額必重，謂之生田。兩省之人既食其利，凡高山、大道、溪邊、宅畔，無不種之，亦有全用熟田種者。用油之外，其查仍可壅田，可燎爨，可宿火。其葉可染皂，其木可刻書及雕造器物，且樹久不壞。至合抱以上，收子逾多，故一種即爲子孫數世之利。吾三吴人家，凡有隙地即種楊柳，余逢人即勸，令之拔楊種桕，則有難色。凡所利于楊者，歲取枝條作薪耳。取桕子者，須連枝條剥之，亦何嘗不得薪也。凡他方美利不能相通者，其故有二種植力，本人罕出途路，江湖客游人無意種植，若夫殊方異種，偶爾流傳，遂成土利，未有不從客游人攜來者。余生財賦之地，感慨人窮，且少小游學，經行萬里，隨事咨詢，頗有本末。若力作人，能相憑信，無論豐凶，必或補于生計耳。　又曰：桕不須種，野生者甚多，若收子即佳種，種出者亦不中用，必須接博乃可。未接者，江浙人呼爲草桕，種草桕，幹如酒杯口大，便可接，大至一兩圍亦可接。但樹小低接，樹大高接耳。接須春分後數日，接法與雜果同。其種之佳者有二：曰葡萄桕，穗聚子大而穰厚；曰鷹爪桕，穗散而殼薄。又聞山中老圃云：桕樹不須接博，但于春間將樹枝一一捩轉，碎其心，無傷其膚，即生子，與接博者同。余試之良然。若地遠無從取佳貼者，宜用此法。此法農書未載，農家未聞，恐他樹木亦然，宜逐一試之。　又曰：採桕子在中冬，但以熟爲候。採須連枝條剥之，但留取指大以上枝。其小者總無子，亦宜剥去，則明年枝實俱繁盛。其剥刀長三四寸，廣半寸，形如卻月，鉤刃在鉤内，以竹木竿爲柄，刀著柄端，令刃向上，剥時向上鑱之，不傷枝幹。剥下枝仍充燎爨。揀取浮子曬乾，入桕舂落外白穰，篩出之，蒸熟作餅，下榨取油如常法，即成白油如蠟，以製燭。若穰少不滿一榨者，即作餅，入他油餅雜榨之，榨下盛油瓶中，置一草帚，候油出冷定，桕油即凝附草帚，不雜他油矣。其篩出黑子用石磨粗礲碎，簸去殼，存下核中仁，復磨，或碾細蒸熟榨油如常法，即成清油。凡製燭，每桕油十斤，加白蠟三錢則不淋，蠟多更佳。常時肆中賣者，白油十斤，雜清油十斤，白蠟不過一二錢，其燭則淋。　又曰：養魚池邊勿種桕，落葉入水變黑色，令魚病。又曰：種烏桕，取白油、清油，種女貞樹取白蠟，其利濟人，百倍他樹，古來遂無人曉此。北魏賈思勰撰《齊民要術》既不著女貞，獨有烏桕一則，乃雜入殊方異物中。陳藏器，唐人也，日華子，五代人也，各言烏桕油可染髮，亦止是清油，不及白油。藏器説女貞，亦言木䖟在葉中，卷葉如子，羽化爲䖟，亦不知䖟之爲蠟。至元人開局撰《農桑輯要》，王禎著《農書》，二書是千年以來農家之裒然者，亦絶不及二物，又何望近代俗書也。白蠟之利，今世最盛于蜀，其次浙。烏桕最盛于江浙，豈元人修書，詳于北産，聞見所限，未及遠徼吴蜀耶。抑邇年始食其利，前此未著耶。若吴蜀舊有，爲元人所遺，可見他方嘉種，亟宜遷貿，若宋元未有，近代始食其利，可見生財無盡，亟宜講求，恒農士著，安知頃畝之外，必求利物活人者，其責不在冥冥之民也。又曰：烏桕樝之屬，但取膏油，似不入救荒品中，但膏油不可闕而民間所用，多取諸麻菽荏菜。麻菽非穀耶，荏菜非穀也，藝荏菜者，非穀田耶。烏桕之屬，比諸麻菽荏菜有十倍之收，且取諸荒山隙地，以供膏油，而省麻菽以充糧，省荏菜之田以種穀，其益于積貯，不爲少矣。

明　方以智《物理小識》卷九《桕》　烏桕宜接。其子外白膜蒸熔之，凝爲燭材，其子内肉杵榨之，爲清油，然不宜食，以之逐水則可。

清　厲荃《事物異名録》卷三〇《樹木部・桕》　桕，鵶桕。《羣芳譜》：烏桕，一名鵶桕，或作鵶舅。

清　高士奇《北墅抱甕録・烏臼》　烏臼亦稱鵶舅，深秋葉赤，最可眈賞。至冬葉落，結子作十字裂，色白似梅花，纍纍不墜。

清　張宗法《三農紀》卷六一《椈桕》　椈桕，《圖經》云：樹高數初〔仞〕，葉似杏而微薄，嫩紅老緑，霜後變赤，望之如火樹然。五月開細黄白毬花。結實偶而並房，嫩青老黑，冬熟。此黑殼分口，內吐白子。一種葡萄柏，穗聚實大而瓤厚。一種鶯爪柏，穗散而殼薄。其木易茂，耐老合抱，可收實更多。油可然燈，入蠟治燭，梳鬢變白成黑，渣燎㸑。若炭，壅田殺蟲。《南方草木記》云：烏柏葉可染黑，實可治油。《方土記》鵶柏，言鵶喜啄食也。秦楚人呼模子，川黔人呼券子，取其木可能刳劂也。　植藝：實熟收種，來年苗生長二三尺，春中移植宜稀，長成樹以生子，柏枝換接之，樹茂子繁。宿有老樹，劚根斷見天日，則生條易茂，亦可移植。木大如杯可接，一兩圍者亦可接。忌近塘邊，若葉落水中，令魚黑且有傷。或春間將樹枝一一捩轉，碎心毋傷膚，此乃轉摶之法，生子與接者同。若地遠無從佳貼者宜用此法，他果樹亦然。　收穫：秋熟收實，連枝剥之，須留指大以上枝，餘小者悉盡剥之，令樹無繁枝可茂。將剥下枝上實浄取之，曬乾，去黑殼，留白子治油。若實少，不滿一笮，可作餅入他餅並雜笮之。笮下盛油器內置一草帚，候油冷定柏油即凝附草帚，不雜他油。柏樹上生蠋似山蠶而有角，又如雀甕蟲而不毒。漁人取老蟲酣浸抽絲作釣線。廣人育其蟲成繭製紬。《浙志》云：畝土但有柏數株，主平膏油足用。臨安之俗，田畔有柏者爲熟田，其田主歲收實可納賦，如是租輕，佃者樂種。如無柏植畔收，租頗重，爲之生田。江浙之處，凡高山、大道、田畔、屋邊無不植之。　本性：味甘，氣降，下痰，利水，消毒，蕩滯。　效方：小便不通，根煎湯服。水腫，徐徐服即效，勿過下。

清　吴其濬《植物名實圖考》卷三五《木類・烏臼木》　烏臼木，《唐本草》始著録，俗呼木子樹。子榨油利甚薄。根解水莽毒效。

清　鍾山逸叟《致富奇書》卷一　柏名鵶白。葉似梨杏，五月開細花，黄白色，子黑色。冬月取子水確，肉脱之後，篩出核，煎成爲蠟。仍將核蒸煮，取脂澆燭，或和桐油内製傘。存渣打油餅，可壅田。子上皮脂，勝于仁也。種法，必須接，否則不結子，雖結亦不多。

清　陳憲舜《課民植牧講義稿・烏柏》　葉形如桃，經霜則紅。郊外多有。取回種離四尺一株。欲高則削旁枝，欲矮則去上杪。生長成樹之後，向老樹上，取烏柏蠶繭繫其上，令其變蛾生子，自眠自食。熟時取繭；繅如家絲，價值加倍，以外洋近日珍重也。其葉可染青，經久則脱色，宜染後拖以鹽水，則色不脱。其子可搾油，點燈明亮。樹枝可備柴薪，樹身可作器具，一植而衆善備焉。按此樹有兩種，一名葡萄柏，穗聚瓤厚。一名鷹爪柏，穗散殼薄。天生之樹則結子少，惟接過之樹，則結子多。

清　何剛德《撫郡農産攷畧・烏柏》　烏柏，一名木子，臨之西鄉人呼爲子樹。葉圓而緑，花淡黄色，實大如衣釦，内白外黑。撫屬均有之。　天時：春日播種，次年高二三尺，可移栽，三年即結實。每年四月揚花，七月結實，九十月可鑱收。　地利：田塍、溝畔、澤水所聚處均宜，不畏水浸。　人事：或種子，或移栽，均可。收時用鐵鐮連其小枝劖之，鐵鐮刃向上，管在下，貫以長竹柄。種柏不用肥料，然肥厚處結實多，瘠薄地結實少。田塍有烏柏，其田收穀必減，以烏柏根深力大，能吸取田内之肥與水故也。　物用：烏柏樹大者，可收子二分石之一，小者或不足一斗。柏子一石值錢三千。其内仁可榨水油，燃燈極亮，又可入漆。水油一斤值錢一百。子外白瓤可榨皮油造蠟燭，皮油一斤值錢一百七八十。計柏子一石，可得水油十六斤，皮油十八斤。本地榨油多粗工，不能别瓤與仁，而二之混雜打油，故色濁而價賤。水油不可食，食之易泄，食熟豆便止。枯肥田，葉可染皂。柏樹二重皮，煎飲，可解煙毒。

清　務農會《農學報》卷二四〇《勸種烏柏説》　放翁詩：「紅樹碧山無限情」。所謂紅樹者，指烏柏，非丹楓也。其樹秋經霜色殷紅，遠望如桃。最宜水邊堤岸，或土山荒地。植後四五年，便開花結子，逐年增多。十年後，子垂垂成球形，其色先青後黑。其柏肉白色，在黑殼內，可打柏油。肉内又有黑子，可打芯油。皆充造蠟燭用。芯油亦可燃燈，視〔似〕棉子油較明。灌種之法，先下子預選長四五年之樹，長數尺者，用接木法接換之。後如是結子者，謂之家柏。其木〔未〕接換者亦結子，但粒小油量減，謂之野柏。灌澆宜用污泥水或糞清水，均可開花。在六月間，畏大風及毛蟲。又種宜疏不宜密，則樹易長。收子在立冬前後，察表面黑殼裂，然後可採。大樹或倚高梯，或援木而上，或用長竿，以鐵鉤鉤取之。其枝脆，倘援木而上，宜留心枝折。此在老農隨時當用心者也。浙江一省中，嚴州蘭溪等處出産甚廣，嘉興府七縣中惟桐、石兩邑出産較多，其餘嘉、秀、善、平、海五邑則甚稀，即有亦野柏耳。豈農人以利薄不喜種耶。但即吾兩邑論，每年上市，價售每石三四千文，約得價三四十萬金。彼嚴州蘭溪、湖北荊州等處，當百倍於此。近游蘇州、無錫一帶，則此樹更寥寥。訊之鄉人，率不知接木之法，野柏畧有所見，然子小，每斗約售價二百文。詢之農家，言野柏子每歲出數約千石耳。大利不興，殊爲可惜。爰作《勸種烏柏説》，以備采擇。若有起而行之者，則不但地方增一種農産，且可利廢壤隙地，其益豈不溥哉。

清　務農會《農學報》卷六六《淮安種柏》　種柏之利甚大，而江北如淮安一帶則稀有植者。高郵陳君厚卿實精於樹藝，爰在淮安購地數十畝試種，頗能茂生。三數年後，種柏之風當可漸開矣。

藝　文

清　萬光泰《柘坡居士集》卷六《自錢塘至常山汪行雜詠》　柏樹緣江岸，江青岸照紅。殘霞千片似，隆火一山同。收子耕童集，披圖畫史工。前灣灣未已，再摺幾屏風。

棗

綜　述

《爾雅・釋木》　棗，壺棗。郭璞註：今江東呼棗，大而鋭，上者爲壺，壺猶瓠也。

爾雅・棗

《爾雅・釋木》　邊，要音腰棗。郭璞註：子細腰，今謂之鹿盧棗。

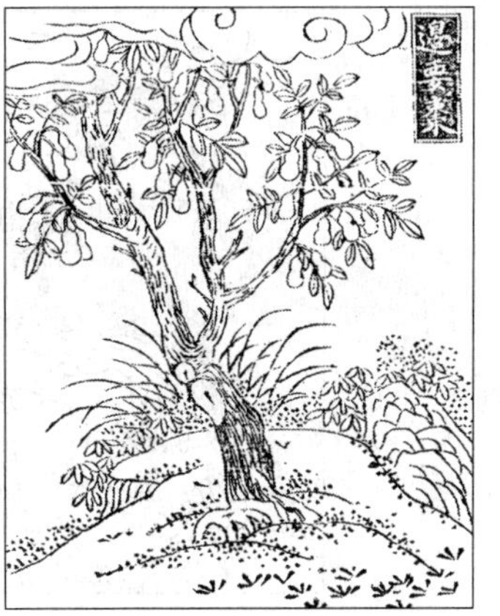

爾雅・邊

《爾雅・釋木》　櫅，白棗。郭璞註：即今棗。子白熟。

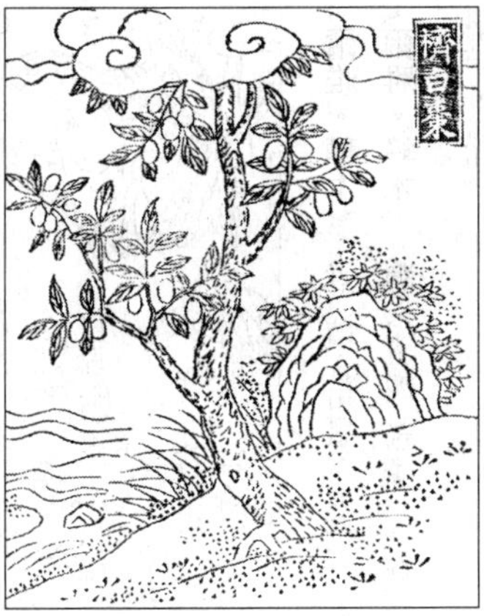

爾雅・櫅

《爾雅・釋木》 樲音二，酸棗。郭璞註：樹小，實酢。孟子曰：養其樲棗。

爾雅・樲

《爾雅・釋木》 遵，羊棗。郭璞註：實小而員，紫黑色。今俗呼之爲羊矢棗。孟子曰：曾皙嗜羊棗。

爾雅・遵

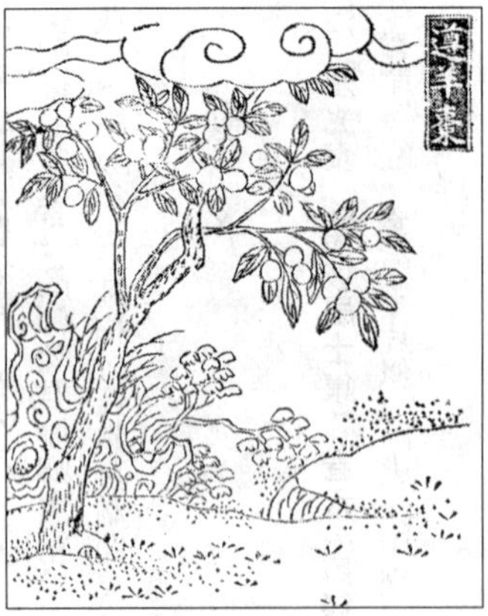

《爾雅・釋木》 楊徹，齊棗。郭璞註：未詳。

《爾雅・釋木》 洗音跣，大棗。郭璞註：今河東猗氏縣出大棗，子如雞卵。

爾雅・洗

《爾雅・釋木》 煮，填音田棗。郭璞註：未詳。

《爾雅・釋木》 蹶洩音屑。苦棗。郭璞註：子味苦。

爾雅・蹶洩

《爾雅·釋木》晳，無實棗。郭璞註：不著子者。

爾雅·晳

《爾雅·釋木》還音旋味，棯音稔棗。郭璞註：還味苦短。

爾雅·還味

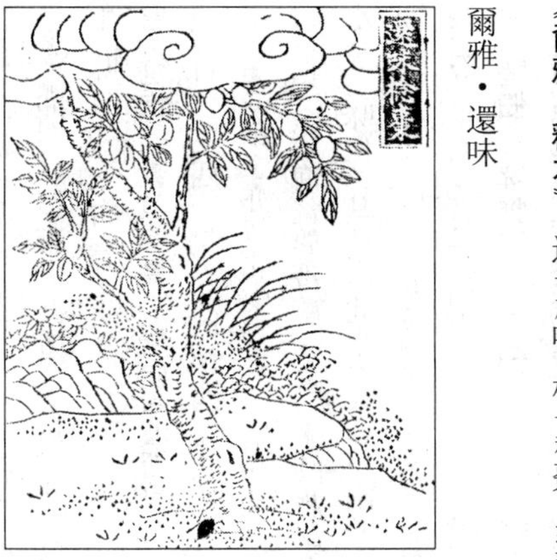

北魏　賈思勰《齊民要術·種棗第三三》《爾雅》曰：「壺棗。邊，要棗。櫅，白棗。樲，酸棗。楊徹，齊棗。遵，羊棗。洗，大棗。煮，填棗。蹶泄，苦棗。晳，無實棗。還味，棯棗。」郭璞注曰：「今江東呼棗大而銳上者爲『壺』，壺猶瓠也。要，細腰，今謂之『鹿盧棗』。櫅，即今棗子白熟。樲，樹小實酢。《孟子》曰：「養其樲棗」。遵，實小而（且）圓，紫黑色，俗呼羊矢棗。《孟子》曰：曾子嗜羊棗。洗，今河東猗氏縣出大棗，子如雞卵。蹶泄，子味苦。晳，不著子者。還味，短味也。楊徹，煮填，未詳。

《廣志》曰：「河東安邑棗。東郡穀城紫棗，長二寸。西王母棗，大如李核，三月熟。河內汲郡棗，一名墟棗。東海蒸棗，洛陽夏白棗，安平信都大棗，梁國夫人棗，大白棗，名曰蹙咨，小核多肥（肌）。三星棗，駢白棗，灌棗。又有狗牙、雞心、牛頭、羊矢、獼猴細腰之名。又有氐棗、木棗、崎廉棗、桂棗、夕棗也。《鄴中記》曰：「石虎苑中有西王母棗，冬夏有葉，九月生花，十一（二）月乃熟，三子一赤（尺）。又有羊角棗，亦三子一尺」。《抱朴子》曰：「堯山有歷棗」。《吳氏本草》曰：「大棗者，名良棗。」《西京雜記》曰：「弱枝棗、玉門棗、西王母棗、棠棗、青花棗、赤心棗。」按：潘岳《閒居賦》有「周文弱枝棗。丹棗」。青州有樂氏棗，豐肌細核，多膏肥美，爲天下第一。父老相傳云：「樂毅破齊時，從燕齎來所種也」。齊郡西安、廣饒二縣所有名棗即是也。今世有陵棗、幪弄棗也。　常選好味者，留栽之。候棗葉始生而移之。棗性硬，故生晚。栽早者，堅垎生遲也。三步一樹，行欲相當。地不耕也。欲令牛馬覆（履）踐，令浄。棗性堅强，不宜苗稼，是以耕。荒穢則蟲生，所以須浄，地堅饒實，故宜踐也。正月一日，日出時，反斧班駮椎之，名曰：「嫁棗」。不椎則花而無實；斫則子萎而落也。候大蠶入簇，以杖擊其枝間，振落狂花。不打，花繁，不實不成。全赤即收。收法：日日撼而落之爲上。半赤而收者，肉未充滿，乾則黄色而皮皺，將赤，味亦不佳。赤久不收，則皮硬，復有鳥啄之患。曬棗法：先治地令浄。布椽於箔下，置棗於箔上，以椽（杌）聚而復散之，一日中二十度乃佳，夜仍不聚。得霜露氣，乾速。成陰雨之時，乃聚而苫蓋之。五六日後別擇，取紅軟者，上高廚而曝之，廚上者已乾，雖厚一尺亦不壞。擇去胮爛者。其未乾者，曝曬如法。其阜勞之地，不任耕稼者，歷落種棗則任矣。棗性燥（炕）故。凡五果及桑，正月一日雞鳴時，把（杷）火遍照其下，則無蟲災。《食經》曰：「作乾棗法：新菰將（蔣）露於庭，以棗著上，厚三寸，復以新蔣覆之。凡三日三夜，撤覆露之畢，日曝取乾，入屋中。率一石，以酒一升，漱著器中，密泥之，經數年不敗也。」棗油法：鄭玄曰：「棗油，擣棗實，和以塗繒上，燥而形似油也。」乃成之。　棗脯法：切棗曝之，乾如脯也。《雜五行書》曰：「舍南種棗九株，辟縣官，宜蠶桑。服棗核中人二七枚，辟疾病。能常服棗核中人及其刺，百邪不復干矣。」　種楰棗法：陰地種之，陽中則少實，足霜，色殷，然後乃收之。早收者澁（澀），不任食之也。《說文》云：「梬，棗也，似柿而小。」作酸棗麨法：多收紅軟者，箔上日曝令乾。大釜中煑之，水僅泊（自）淹。一沸即漉出，盆研之。生布絞取濃汁，塗盤上或盆中。盛水暑，日曝使乾，漸以手摩挲取爲末，以方寸匕投一椀水中，酸甜味足，即成好漿。遠行用和米麨，飢渴俱當也。

晉 嵇含《南方草木狀》卷下《海棗樹》 海棗樹，身無閑枝，直聳三四十丈，樹頂四面共生十餘枝，葉如栟櫚，五年一實，實甚大，如杯盌，核兩頭不尖，雙卷而圓，其味極甘美，安邑御棗，無以加也。泰康五年，林邑獻百枚。昔李少君謂漢武帝曰：臣嘗遊海上，見安期生食臣棗，大如瓜，非誕説也。

唐 段成式《酉陽雜俎》卷一八《波斯棗》 波斯棗，出波斯國，波斯國呼爲窟莽。樹長三四丈，圍五六尺。葉似土藤不凋。二月生花，狀如蕉花，花有兩甲漸漸開，罅中有十餘房，子長二寸，黄白色，有核，熟則子（紫）黑，狀類乾棗，味甘如飴，可食。

唐 劉恂《嶺表録異》卷中《波斯棗》 波斯棗，廣州郭内見其樹。樹身無閑枝，直聳三四十尺，及樹頂四向共生十餘枝，葉如海棕。廣州所種者或三五年一番，結子亦似北中青棗，但小耳。自青及黄，葉已盡，朶朶著子，每朶約三二十顆。劉恂曾於番酋家食。本國將來者，色類沙糖，皮肉軟爛，餌之乃火爍水蒸之味也。其核與北中棗殊異，兩頭不尖，雙卷而圓，如小塊紫礦。恂亦收而種之，久無萌芽。是蒸熟也。魏文帝詔羣臣曰：南方龍眼、荔枝，寧比西國葡萄、石蜜乎。酢且不如中國凡棗味，莫言安邑御棗也。

宋 陸佃《埤雅》卷一三《棗》 棘大者棗，小者棘，蓋若酸棗所謂棘也。於文重朿爲棗，並朿爲棘。一曰：「棘實曰棗」，蓋棗性重喬，棘則低矣。故其制字如此。《詩》曰：「八月剥棗，十月穫稻。」剥，擊也。棗實未孰，雖擊不落，已孰則爛，不擊自墮，蓋收棗擊而落之。故《齊民要術》所謂「全赤即收，收法撼而落之爲上」是也。且棗全赤即收，故乾則紅皺，復無烏鳥之費，半赤而收者，肉未充滿，乾復黄皺，將赤，味亦不佳，故於全赤之時，剥而落之。《夏小正》曰：「剥棗栗零。剥也者，取也。零也者，降也。零而後取之。」今採華藥亦各有時。《筆談》云：如紫草，未華時採則根色鮮澤，華過而採則根色黯惡。故用葉者取葉初長足時採，用華者取華初敷時採，用實者取成實時採。緣土氣有早晚，天時有愆伏。如平地三月華者，深山中則四月華是也。《孟子》曰：今夫麰麥播種，而耰之其地，同樹之時又同浡然而生，至於日至之時皆熟矣。雖有不同，則地有肥磽雨露之養，人事之不齊也。」世云：「噉棗令人齒黄」。《養生論》曰：「齒居晉而黄。」晉齒食此故也。

宋 羅願《爾雅翼》卷一〇《棗》 其實晉人尤好食棗。蓋安邑千株棗比千户侯，其人實之懷袖，食無時，久之齒皆黄。故《養生論》云：齒居晉而黄，謂棗故也。

宋 寇宗奭《本草衍義》卷一三《酸棗》 酸棗，微熱，經不言用仁，仍療不得眠，天下皆有之。但以土産宜與不宜。嵩陽子曰：「酸棗縣，即滑之屬邑。其木高數丈，味酸，醫之所重。今市人賣者皆棘子。」此説未盡，殊不知小則爲棘，大則爲酸棗。平地則易長，居崖塹則難生，故棘多生崖塹上，久不樵則成榦，人方呼爲酸棗，更不言棘。徒以世人之意如此，在物則曷若是也。其實一本，以其不甚爲世所須，及礙塞行路，故成大木者少，多爲人樵去。然此物纔及三尺，便開花結子，但窠小者氣味薄，本大者氣味厚。又有此別。今陝西臨潼山野所出者，亦好，亦土地所宜也。並可取仁。後有白棘條，乃是酸棗未爲大時枝上刺也。及至長成其刺亦少，實亦大。故棗取大木，刺取小窠也。亦不必強分別爾。

宋 謝維新《古今合璧事類備要别集》卷四八《果門・棗》 《格物總論》 棗實大者如雞卵，小者亦如雞心大。赤核小者爲佳。初淺碧色微白，七八月方熟漸紅，生噉清甘且脆。取以日乾香味尤勝。然其種不一，所産亦有土宜。又有一種可入藥用，嘉實也。

元 柳貫《打棗譜》卷一五 事 《埤雅》云：棘，大者棗，小者棘，蓋若酸棗所謂棘也。于文重朿爲棗。《詩》曰：八月剥棗，十月穫稻。剥，擊也。棗實未熟，雖擊不落也。《孟子》曰：養其樲棘。樲，酸棗也。世云，噉棗多，令人齒黄。《養生論》曰：齒居晉而黄，晉食此故也。《爾雅注》曰：今江東棗大而鋭上者呼爲壺棗。壺猶瓠也。細腰者，今鹿盧棗。盧諶祭法：春祠用棗油。蘇秦説燕文侯曰：北有棗栗之利，民雖不由田作，棗栗之實足食於民矣。潘岳賦曰：周有弱枝之棗。《唐本草註》云：棗噉服使人瘦，久即嘔吐，揩熱疿瘡良。《食療》云：棗和桂心、白瓜仁、松樹皮爲丸，久服之令人香身。 名 鹿盧棗，子細腰者。 雞冠棗，出睢陽，宜作脯。 樲，酸棗，樹最小，實酢。 醍醐棗，出睢陽，宜生噉。 櫅，白棗，核白也。白棗，即鹽官棗也。 羊棗，實小而圓，紫黑色。 無實棗，不著子者。 邊，腰棗。 楊徹，齊棗，《爾雅》未詳。 煑，填棗，《爾雅》未詳。 波斯棗，生波斯國，長三寸。 牛頭棗。 上皇棗。 赤心棗。 崎廉棗。 駢白棗。 灌棗。 細腰棗。 西王母棗，三月熟。 桂棗。 雞心棗。 弱枝棗。　狗牙棗。　玉門棗。　蹙婆棗。　青華棗。　穀城紫棗，長二寸。　棠棗。　獮猴棗。　棣棗。　三心棗。　紅棗，出山東，紅色。　紫紋棗。　香棗，出哈密。　圓愛棗。　火棗，見《穆天子傳》。三寸棗。　金槌棗。　御棗，出青州。　鳳眼棗。　涷棗。　沙棗，出赤斤蒙古衛。　凡棗，出《本草圖經》。　嶗嵣棗，漢嶗嵣山獻，萬年一實。　糯棗，出《北夢瑣言》。　安平棗，出何晏《九州論》。　大棗，出河東猗氏。　天蒸棗，乾紅於樹上。　溟海棗，李少君食之，大如瓜。　玉文棗，西王母食之，大如瓶。　細核棗，《拾遺記》：出陰岐峰，其核細。　羊角棗，石季龍園所種，十子二尺。　仙人棗，長四寸，其核如針。　魏山棗，色甚美。　膠棗。　南棗，大惡，不堪噉。　團棗。　美棗。　匾棗。　良棗。　卧棗。　鹽官棗，出海鹽，紫色，味佳。　菟棗，高尺許，實如棗，出丹陽。　七尺棗，見《述異記》。　牙棗，先熟，亦甘美。　青州棗。　金城棗，形大而虛，少脂。　赤棗，子色赤，棗味酸。　萬歲棗，出三佛齊國。　西王棗，出崑崙山。　密雲棗，出密雲縣，味最甘。　山棗，狀如棗而圓，色青黃，而味甘酸，出廣州。

明　宋詡《竹嶼山房雜部》卷九《樹畜部・樹類》　棗，實熟甚甘。《太平廣記》曰：木蜜，棗子也。哈烈有巴旦杏，似棗而甜，又名忽鹿麻。種多，名之著者瓢棗即壺棗。甜棗、梭棗、雞心棗、細核棗、長棗又曰三寸棗。圓棗、大棗、小棗五熟。龍棗枝幹卷曲如攀束然，結實不堪食。　種宜高阜。不接者壽。根側分小木種之。《詩》曰：八月剥棗。

明　鄺璠《便民圖纂》卷五《棗》　將根上春間發起小條移栽。候幹如酒鍾大，三月終，以生子樹貼接之，則結子繁而大。又法，選種好者於二月間種之。候芽生高，則移栽，三步一株。至花開，以枝擊樹，振去則結實多。端午日，用斧於樹上斑駁敲打，則實肥大。

明　王象晉《群芳譜・果譜・棗》　棗，一名木蜜。皮粗葉小，面深緑色，背微白，發芽遲。五月開小花，淡黃色，花落即結實。生青不堪食，漸大漸白，至微見紅絲，即堪生啖。熟則純紅，味甚甘甜。《王禎農書》云：南北皆有，然南棗堅燥，不如北棗肥美，生于青齊晉絳者尤佳。《齊民要術》云：旱澇之地不任稼穡者，種棗則任矣。種類甚多，有壺棗，大而鋭。上猶瓠。　轆轤棗，細腰。　御棗，味最美。出安邑。　樂氏棗，豐肌細核，多膏肥美。舊傳樂毅自燕携來。　遵，羊棗。實小而圓，紫黑色。　窑坊棗，味佳。出應天府窑坊門内。　大棗，實如雞卵。出猗氏縣。　蹶洩棗，味苦。　晳，無實棗。　還味，短味。　蹙咨棗，一名大白。核小而肥。　穀城紫棗，長二寸。　西王母棗，大如李核。三月熟。　脆棗，實小而圓。生食脆美，不能久留。出章丘縣。　無核棗，實小，核僅有形，食之不覺，出青城縣。又有擠（櫅），白棗、楊徹，齊棗、洗，大棗。　夏白棗，出洛陽。　墟棗，出汲郡。　信都大棗、梁國夫人棗、三星棗、駢白棗、灌棗、狗牙棗、雞心棗、牛頭棗、羊角棗、獮猴棗、氏棗、夕棗、木棗、桂棗、棠棗、丹棗、崎廉棗、玉門棗，種類頗多。能開胃健脾，可久留，生熟皆可食。多食生熱，令人齒黃，病齲齒。《清異録》云：百益一損者棗，故醫氏目爲百益紅。　分栽：選味佳者留作栽，候葉始生，取大樹旁條二三尺高者移種，棗性硬，其生晚，芽未出，移恐難出。三步一行，行欲相當。如本年芽未出，勿遽删除。諺云：棗樹三年不算死，亦有久而復生者。　修樹：每元旦日未出時，反斧斑駁椎之，名曰嫁棗。不椎則花而不實。斫之則子萎而落。候大蠶入簇，以杖擊其枝間，振去狂花，則結實多。

收棗：棗全赤即收，撼而落之爲上。半赤而收者肉未充滿，乾則色黃而皮皺，將赤味亦不佳。全赤久不收則皮硬，復有鳥雀之患。一法將纔熟棗乘清晨連小枝葉摘下，勿損傷通風處晾去露氣，簡新缸無油酒氣者，清水刷净，火烘乾晾冷，取净稈草曬乾候冷。一層草一層棗入缸中，封嚴密，可至來歲猶鮮。　曬棗：先治地令净，有草，則令棗臭駕箔椽上，以無齒木扒聚而散之，日二十度乃佳。夜不必聚，得霜露氣速成。如有雨，則聚而苦之。五、六日，選其紅軟者上高廚暴之。胮爛者去之，不（否）則恐壞餘棗。其未乾者，曬曝如法。　作乾棗：新菰蔣露于庭，以棗鋪上，厚三寸，覆以新蔣，凡三日撤。覆露之畢，日曝，取乾納房中，每一石以酒一升漱著器中，密泥之，可以經數年不壞。　棗油擣棗實，和以（匀）塗繒上，燥而形似油。　棗脯切棗曝乾如脯。　棗米：棗煑熟爛，將穀微碾，畧去糠，和棗匀作一處，曬七八分乾，石碾碾過，再曬極乾，收貯聽用。臨時石磨磨細，作粥作點心任用。純穀、黍、稷、蜀秫、麥麪俱可作。　製用：十月内，取大棗中破之，去皮、核，文武火翻覆炙香。煑湯飲，健脾開胃，甚宜人。五月五日，用熨斗燒棗一枚，置床下，辟狗蚤。　附録：天棗，在蕭縣天門寺，春時吐華結實，如酸棗可食。每四月七日其實皆熟，次日遂空。　糯棗，葉如柳，實似杏而小，味亦甘美。　酸棗，一名樲棘，棗小而圓如芡，無大樹。實生青熟紅，皮薄核大，仁堪入藥。生用令人不眠，炒熟令人眠。雙仁者勿用，取紅軟者箔上曬乾，納釜中，水僅掩棗，煑一沸，即漉出入盆，研布絞取濃汁，塗器上，日曝使乾，取爲末，一碗投方寸七，遠行用。以和米炒，其味酸甜，解飢渴，最妙。　木蜜、一名木屈律，一名樹蜜，一名木餳，一名枳椇子，一名白石，一名木石。形拳曲，合體皆嫩枝。肪在實外，枝及葉皆可生噉，味如蜜，解悶止渴，醉甚者食其葉則醒。木作枕能醒酒。其老枝及幹根堅不可食。細破煑之，煎以爲蜜，味倍甜，濃能壞酒。作酒處近其木，則酒必不成。

明　周文華《汝南圃史》卷三《棗三》　棗，樹高二三丈。木堅實，可刻字，勝於梨木，爲書坊之用。而紋理極細，每刻人物畫像必需之。葉細而有光，四五月開細白花，甚香。結實長可二寸許，亦有上狹下闊如壺形者。八月而熟，味甘。《詩》云：「八月剥棗」是也。《埤雅》云：「棗實未熟，雖擊不落，已熟不擊自墮。」《筆談》曰：「棗與棘相類，皆有刺。棗獨生，高而少横枝。棘列生，痺而成林，以此爲別。其文皆從朿，音刺，木芒刺也。朿而相戴立生者，棗也。朿而相比横生者，棘也。」《圖經本草》曰：「大棗，乾棗也。棗竝生河東，今近北州郡皆有。而青、晉、絳州者特佳。江南出者堅燥少脂。棗之類最多。」郭璞注《爾雅》有壺棗，云「今江東呼棗大而鋭上者爲壺，壺猶瓠也」。有邊，腰棗，云「子細腰，今謂之鹿盧棗」。有櫅，白棗，云：「即今棗，子白乃熟」。有樲，酸棗，云「木小實酢者」。有遵，羊棗，云「實小而圓，紫黑色，俗呼羊矢棗」。楊徹，齊棗，云「未詳。」有洗，大棗，云「今河東猗氏縣出，大如雞卵。」有煑，填棗，云「未詳。」有蹶泄，苦棗，云「味苦者。」有皙，無實棗，云「不著子者。」有還味，捻棗，云「還味短味也。」今園圃皆種蒔之，亦不能別其名。又其極美者，則有水菱棗、御棗之類，皆不堪入藥。蓋肌實輕虚，暴服之，則枯敗。唯青州之種最佳。蓋晉、絳，實大不及青州者之肉厚。相傳爲樂毅來齊所種，又名樂氏棗。按今鮮棗，吴越通謂之白蒲棗。其乾者，率自河南、山東等處來。有大棗、紅棗、膠棗，或蒸熟，或生致，或熟而撚去其皮。惟大棗尤多。密雲棗，核細，形小。紹興出南棗，甘膩似密雲，而形長大。南都姚坊門棗最有名，皆棗中之佳品也。種法，選味好者，春間種之。候葉始生而移栽。棗性硬，故生晚栽早者生遲也。三步一樹，行欲相當。地不耕也。欲令牛馬踐履令净，棗性堅强，不宜苗稼。若耕荒穢，則蟲生。須净地堅饒實，故宜踐也。元旦日出時，反斧班駁椎之，名曰嫁棗。不椎則花而無實，斫則子萎而落也。候大蠶入簇，以杖擊其枝間，振去狂花。不打，花繁而實不成。全赤即收。收法，日日撼而落之爲上。半赤而收者，肉未充滿，乾則色黄，而皮皺將赤，味亦不佳。全赤久不收，則皮硬，復有烏雀啄之之患。曬棗法，先治地令净，有草萊令棗臭。布椽於箔下，置棗於箔上，以扒聚而復散之。一日中二十度，夜仍不聚。得霜露，氣速成。陰雨時乃聚而苫蓋之。五六日後，別擇去紅軟者，上高廚而暴之。廚上者已乾，雖厚一尺，亦不壞。擇去□爛者，□，溥江切。○□者永不乾。畱之徒汙棗。其未乾者曬暴如法。《便民圖纂》曰：「棗，將根上發起小條移栽，俟榦如酒鍾大。三月終，以生子樹貼接之，則結子繁而大。」昔秦饑，應侯請發五苑之果、蔬、橡、棗、栗，以活民。孔融爲東萊賊所攻，治中左承祖，以官棗賦戰士。我太祖高皇帝，令民種桑棗，不種者有罰，亦以備凶荒之用云爾。

明　徐光啟《農政全書》卷二九《樹藝》　棗，《爾雅》曰：壺棗。邊，要棗。櫅，白棗。樲，酸棗。楊徹，齊棗。遵，羊棗。洗，大棗。煑，填棗。蹶泄，苦棗。皙，無實棗。還味，棯棗。郭璞注曰：今江東呼棗大而鋭者爲壺。壺、猶瓠也。要，細腰。今之鹿盧棗。櫅即今棗子，白熟樲酢。遵、實小而圓，紫黑色，俗呼羊矢棗。即羊棗也。洗今河東猗氏大棗，子如雞卵。蹶泄，子味苦。皙、不著子者，還味，短味也。陸佃《埤雅》曰：大曰棗，小曰棘。棘，酸棗也。河東安邑出御棗，今名落蘇。樂氏棗，豐肌細核，多膏肥美，舊傳樂毅自燕攜來。蹙咨棗即大白，核小而肥。穀城紫棗，長三寸。章邱脆棗，實小而圓，生食脆美，不能久留。西王母棗，冬夏有葉，九月生花，十一月乃熟，大如李，核三子一赤。又云名玉文棗，其實如瓶。羊角棗，亦三子一赤。青城無核棗，實小核僅有形，食之不覺。窑坊棗，味佳，出應天府窑坊門。洛陽夏白棗，汲郡墟棗。信都大棗。梁國夫人棗。堯山有歷棗。又有三星棗，駢白棗，灌棗，狗牙棗，雞心棗，牛頭棗，獮猴棗，氐棗，夕棗，木棗，桂棗，棠棗，丹棗，崎廉棗，玉門棗，水菱棗。《説文》云：梬棗也，似柿而小。陶弘景曰：出青州者，形大而核細，多膏甚甜，鬱州玄市者亦好，微不及耳。李時珍曰：棗本赤心，有刺，四月生小葉，尖觥光澤，五月開小花，白色微青。《本草衍義》曰：南北皆有之，然南棗堅燥，不如北棗肥美，生于青、晉、絳者尤佳。《齊民要術》曰：常選好味者留栽之，候棗葉始生而移之。棗性硬，故主晚栽，早者堅垎，生遲也。三步一樹，行欲相當。如本年芽未出，勿□删除。諺云：三年不算死，亦有久而復生者。令牛馬覆，踐令净。棗性堅強，不以苗稼，是以耕荒穢，則蟲生，所以須净地堅饒實，故宜踐也。正月一日，日出時，反斧班駁椎之名嫁棗。不椎花而無實，斫則子萎而落。玄扈先生曰：北方棗木，歲歲嫁之。結實繁盛而木俱内傷，不堪作材。候大蠶入簇，以杖擊其枝間，振落狂花。不打花繁，則實不成。全赤即收。收法：日日撼落之爲上。人家凡有阜勞之地，不任耕稼者，歷落種棗則任矣。棗性燥收，故任阜勞之地。　太史公曰：安邑千樹棗，其人與萬（千）户侯等。　《羣芳譜》曰：棗全赤即收。撼而落之爲上，半赤而收者，肉未充滿。乾則色黃而皮皺，將赤味亦不佳，全赤久不收，則皮破，復有鳥啄之患。一法將纔熟棗，乘清晨連小枝葉摘下，勿損傷，通風處晾去露氣，揀新缸無油酒氣者，清水刷浄火烘乾，晾冷取浄稈草曬乾，候冷，一層草、一層棗，入缸中封嚴密，可至來歲猶鮮。《齊民要術》曰：先治地令浄，布椽於箔下，置棗於箔上，以椽聚而復散之。一日中二十度乃佳，夜仍不聚，得霜露氣乾速成，陰雨之時，乃聚而苫之。五六日後別擇取紅軟上高廚上曝之，廚上者已乾，雖厚一尺，亦不壞。擇去胖爛者，其未乾者曝曬如法。　《食經》曰：作乾棗法，須治浄地，鋪菰箔之類，承棗日曬夜露，擇去胖爛，曝乾收之。切而曬乾者爲棗脯，煮熟榨出者爲棗膏，亦曰棗瓤。烝熟者爲膠棗，加以糖蜜拌烝則更甜，以麻油葉同烝，則色更潤澤。搗棗膠曬乾者爲棗油。其法取紅軟乾棗入釜，以水僅淹平，煑沸漉出，砂盆研細，生布絞取汁，塗盤上曬乾，其形如油，以手摩刮爲末，收之。每以一匙投湯碗中，酸甜味足，即成美漿，用和米麨，最止飢渴，益脾胃也。盧諶祭法云：春祀用棗油即此。　寇宗奭曰：青州人以棗去皮核，焙乾爲棗脯，以爲奇果。

明　慎懋官《華夷花木鳥獸珍玩考》卷二《棗》　《地理志》，河中府貢龍骨棗，洗犬棗名出《爾雅》。拂菻千年棗，耆舊説周秦間，河南雨酸棗，遂生野棗，今酸棗縣是也。西王棗出崑崙山，北方有七尺棗。《述異記》六府皆有之，東昌屬縣獨多，種類不一，土人製之。俗名曰膠棗。曰牙棗。商人先歲冬計其木，夏相其實。而直之貨於四方。

明　吴雨《毛詩鳥獸草木考》木考・棗　棗。大者棗，小者棘。葉似榆，開淡黃白花，實可食噉。棗令人齒黃，故云「齒居晉而黃」，以此。《爾雅》云：大而鋭上曰壺，細腰曰邊，白熟曰櫅，樹小實酢曰樲，實小而圓，紫黑色曰遵，大如雞卵曰洗，味苦曰蹶泄，不著子曰晳，味短苦曰還味。棗實未熟雖擊不落。已熟則爛不擊自墜。蓋收棗擊而落之。《齊民要術》所謂「全赤即收。收法，撼而落之爲上」是也。且棗全赤即收，故乾則紅皺，復無烏鳥之費；半赤而收者，肉未充滿，乾復黃皺；將赤，味亦不佳。故於全赤之時，剥而落之。《夏小正》云：剥棗。注云：剥取也。

明　方以智《物理小識》卷九《棗》　山東棗園，至白露日，根下遍堆草焚之，以辟露氣也。不爾，則多乾落。正月元旦日出時，反斧斑駁椎曰嫁棗。候大蠶入簇，以杖擊其枝，其年實多。紅棗，樹上熟而曬乾者也。黑棗，烝熟而曬乾者也。有摘青而曬乾者。濟南府齊河縣有無核棗。棗不接者壽，有瓢棗、酸棗、雞心、細核長棗、圓棗、大小棗。龍棗卷曲，結實不堪食。南棗出蘭溪，摇而知之，其肉離核。木細中剞劂。贊寧曰：棗木爲匙，取其不餿不粘飯也。

清　曹溶《倦圃蒔植記・棗》　棗雖極多，樂氏爲上。相傳樂毅來齊，所種之法，選味好者，春間種之。見葉移栽，三步一樹。於端午日用斧斑駁敲打樹上，復於花時以杖擊樹間，振去狂花。如子熟時遇霧，即用檾蔴拴樹障之，以防傷損。

清　陳大章《詩傳名物集覽》卷一二《八月剥棗》　《爾雅》：棗，壺棗。注：大而鋭上。邊，要棗，注：子細腰。櫅，白棗。注：子白乃熟。樲，酸棗。注：樹小實酢。楊徹，齊棗。煑，填棗。注：未詳。遵，羊棗。注：實小而圓。紫黑色，俗呼羊矢棗。洗，大棗。注：河東猗氏縣棗，大如雞卵。蹶洩，苦棗。注：子味苦。晳，無實棗。注：樹不著子。還味，棯棗。注：還味短味也。還，音旋。又云：棗，李曰疐之。《周禮》：饋食之籩其實棗。《禮記》：婦人之摯，脯、修、棗、栗。又棗曰新之。又棗栗飴密以甘之。又食棗、桃、李，不致于核。《左傳》：女贄不過榛、栗、棗、修以告虔。《青史子》：棗，北方之草，冬木也。鄒子：燧人氏夏取棗杏之火。《韓子》：秦飢，應侯請以五苑棗栗發與之。《本草》：大棗味甘平，安中養脾，助十二經，平胃氣，通九竅，補少氣少津液，和百藥，八月採暴乾，梨百損一益，棗百益一損。《圖經》云：棗極美者，有水菱棗，御棗之類，盧諶《祭法》曰：春祠用棗油。《淮南子》：十一月棗，棗取其赤心。《埤雅》：棘大者棗，蓋若酸棗，所謂棘也。于文重朿爲棗，竝朿爲棘。一曰棘實曰棗，蓋棗性重喬，棘則低矣。故其制字如此。《詩》曰：八月剥棗。剥，擊也。棗實未熟，雖擊不落，已熟則爛，不擊自墮。《齊民要術》：所謂全赤即收，收法撼而落之爲上是也，且棗全赤即收，故乾則紅皺，復無烏鳥之費。半赤而收者，肉未充滿，乾復黃皺，將赤味亦不佳，故于全赤之時，剥而落之。世云：噉棗令人齒黄。倪彦及云：太原人好食棗，無貧賤老少，嘗置棗懷袖間，探取食之，《稽叔夜書》：齒居晉而黄以此。《木譜》：棗一名木蜜。《農書》云：南北皆有，然南棗堅燥，不如北棗肥美，生青、齊、晉、絳者尤佳。《齊民要術》：旱澇之地，不任稼穡，種棗則任矣。《本草》：無漏子即波斯棗，番人名其木曰窟莽，名其實曰若魯麻棗。杜甫海椶，即此樹也。《函史・物性志》曰：有紫棗、玄棗，實入藥。生密雲者，實小而甘。天棗産徐州蕭縣，實如酸棗。欒民棗，生山東青州，多膏味美，爲棗之冠。南棗出浙之浦江。又嶺南波斯棗，木直聳十餘丈始開枝，葉似椶櫚，三五年一結子，似北方青棗，但小耳。《史記・李少君》曰：臣嘗至海上見安期生，食棗大如瓠。又楚莊王愛馬噉棗脯。《水經注》：酸棗縣，古者名都或以山林，故曰酸棗。《洞冥記》今軟棗笮之有膏，膏可然燈。王安石初解剥棗，不用《毛傳》曰剥者，剥其皮而進之以養老也。後從蔣山步至民家，問翁安在，曰去剥棗，始悟其非，即具奏乞除前説。又蜀酸棗肉，山萸別名。

清　鍾山逸叟《致富奇書》卷一　城州郡皆有，而青晉絳州者佳。今鮮棗通謂之白蒲棗，其乾者，率自河南、山東諸處來。密雲棗，核細形小。紹興出南棗，甘膩似密雲而形長大。南都姚坊門棗最有名，皆棗中之佳品也。種法，擇味好者，春間種之。候葉始生而移栽。行欲相當。候蠶入蔟時，以杖擊其枝間，振去狂花，則結實繁，赤大。

清　王芷《稼圃輯》　棗山東青州者良，取根旁發生者移栽。俟如小鍾大貼接之，結子繁大。又法，選味好者，二月間種之。候芽生高移栽。三步一棵。開花時，以杖擊樹，則結實多。端午日，用斧於樹上斑駁敲扛，則結實肥大。元旦日未出時，以斧斑駁椎擊，謂之嫁棗。

清　張宗法《三農紀・果屬・棗》　棗，《圖經》云：木皮黑粗。葉細小而深緑，背微白。發芽畧遲。五月開小淡黄花，落即結實，生青漸白至微見紅絲即堪啖，熟則純紅。棗種甚多，《方輿記》南産者堅燥，北産者肥美，《埤雅》云：棗，茨屬也。大爲棗，小爲棘。棗性高故重，棘性底故輕。《草木狀》云：木蜜。《爾雅》云：還味，言味十美也。《本草》云：百益紅有益百病也。《方術》云：雷擊棘木作符篆，可驅鬼神。《五代記》云：其木可刊文字，甚于梨桂。　植藝：《要術》云：旱潦之地不任稼穡者蓺之，則任矣。棗核性堅，芽難生。揀味實佳者，大樹傍生條一二尺高者移栽。相離三步一行，初植者本年芽未生，勿劇去。諺云：栽棗三年不算死。　修棗：元旦日未出時，以斧背斑駁椎之，名曰嫁棗，不椎則花不實，斫則實萎而落。又花大放時，以杖擊其枝間振去繁花，則結實繁大。　曬棗：棗全赤即收，摅而落者爲上。半赤而收者肉未充滿，乾則色黄而皮皺，將赤味亦不佳，全赤久不收則皮硬，復召鳥鼠耗。曬棗：治一大場，敞令浄，收河砂于内，令日曝熱，鋪棗于間，以鍁聚壘，久之，復散，一日再三，夜則合聚。待曬乾篩去砂收棗。《群芳譜》云：先治地令草浄，若有草能令棗臭。架箔椽上，以無齒杴聚而復散，散而又聚，日以二十度爲佳。夜逢陰亦不必聚收。待霜露氣可速成。如有雨須聚而苫蓋。至五六日，選其紅軟者至高廚暴之，膖爛者去之，否則恐爛餘棗，其乾者曬曝如法。　藏棗：方熟時乘清晨連小枝葉摘下，勿損傷，於透風處晾去露氣。簡新磁一口，無油酒氣，清水刷洗浄，火薰乾晾涼，采青稈草曬乾候冷，一層草一層棗入缸中，嚴封，可致來年尤鮮。　製棗：《食經》云：治乾棗須鋪箔上，晝曬夜露，擇去胖爛曝乾收之。切開曬乾者爲棗脯，熟笮去渣皮者爲棗膏，蒸熟者爲膠棗，加餹蜜拌蒸則甜，加麻油和蒸則潤。將紅潤乾棗入釜内，以水平煮沸濾出，盛磁盆内細研，用生布絞取汁，塗盤上曬乾，其形以油爲棗膏，候乾，以手摩刮下爲末收停。每用一匙投湯碗中即成美漿，合米炒食最宜。　占應：《占書》云：棗盛來年禾豊。　本性：味甘、氣平、堅志强力，補中益氣。熟者過食疾齒，生者多啖腹滿中滿。齒疾者忌食，小兒禁食。同葱食令臟腑不和，同魚肉食患腰腹疼痕。《清異録》云：百益一損者棗也。劉根云：棗核中仁，常服之百病不生。　效方：久服身馥洋香，棗肉、桂心、冬瓜仁、松白皮煉蜜爲丸一和臟腑。紅棗去核，緩火逼熟焙乾爲末，量多少，入生薑少許，白湯下。《典術》云：咒棗能治瘧，須執棗一枚向日咒云：吾有棗一枚，一心歸大道，優他或優降或劈火燒之，念七遍與患者食之。

清　周魯《類書纂要・果蔬類・棗》　棗，大者棗，小者棘。蓋若酸棗，所謂棘也于文重束曰棗，並束爲棘。木曰棘，實曰棗。蓋棗惟重喬，棘則低。

清　吴其濬《植物名實圖考》卷三二《果類・棗》　棗，《本經》上品，《爾雅》詳列數種。乾者爲大棗，入藥，核中仁木心，葉、根、樹皮皆有主治。

植物名實圖考·棗

清　吴其濬《植物名實圖考》卷三二《果類·無漏子》　無漏子，《本草拾遺》始著録。即海棗也。廣中有之。

植物名實圖考·無漏子

清　吴其濬《植物名實圖考長編》卷一五《果類·棗》　《爾雅》：棗，壺棗。註：今江東呼棗大而鋭上者爲壺。壺，猶瓠也。邊，要棗。註：子細腰，今謂之鹿盧棗。櫅，白棗。註：即今棗，子白乃熟。樲，酸棗。註：樹小實酢。《孟子》曰：養其樲棘。楊徹，齊棗。註：未詳。遵，羊棗。註：實小而圓，紫黑色，今俗呼之羊矢棗。《孟子》曰：曾皙嗜羊棗。洗，大棗。註：今河東猗氏縣出大棗，子如雞卵。煮填棗，註：未詳。蹶泄，苦棗。註：子味苦。皙，無實棗。註：不著子者。還味，棯棗。註：還味，短味也。

清　吴其濬《植物名實圖考長編》卷一五《果類·棗》　《本草綱目》，李時珍曰：棗木赤心，有刺。四月生小葉，尖觥光澤。五月開小花，白色微青。南北皆有，惟青晉所出者肥大甘美，入藥爲良。其類甚繁，《爾雅》所載之外，郭義恭《廣志》有狗牙、雞心、牛頭、羊角、獼猴、細腰、赤心、三星、駢白之名。又有木棗、氐（氏）棗、桂棗、夕棗、灌棗、墟棗、蒸棗、白棗、丹棗、棠棗及安邑、信都諸棗。穀城紫棗長二寸，羊角棗長三寸，密雲所出小棗，脆潤核細，味亦甘美，皆可充果食，不堪入藥。入藥須用青州及晉地曬乾大棗爲良。

清　吴其濬《植物名實圖考長編》卷一五《果類·棗》　《别録》：大棗無毒，補中益氣，强力，除煩悶，療心下懸腸澼，久服不飢。神仙，一名美棗，一名良棗。八月採暴乾，三歲陳核中仁，燔之味苦。主腹痛邪氣。生棗味甘辛，多食令人多寒熱，羸瘦者不可食。陶隱居云：舊云河東猗氏縣棗特異，今青州出者形大，核細多膏，甚甜。鬱州元市亦得之，而鬱州者亦好，小不及爾。江東臨沂金城棗，形大而虚，少脂，好者亦可用。南棗大惡，殆不堪噉。道家方藥以棗爲佳餌，其皮利肉補虚，所以合湯皆擘之也。

清　吴其濬《植物名實圖考長編》卷一五《果類·棗》　《圖經》：大棗，乾棗也。生棗並生河東，今近北州郡皆有，而青晉絳州者特佳，江南出者堅燥少脂，種類非一。今園圃皆種蒔之，亦不能盡别其名。又其極美者，則有水菱棗、御棗之類，皆不堪入藥，蓋肌肉輕虚，暴服之則枯敗。惟青州之種特佳，雖晉絳大實亦不及青州者之肉厚也。並八月採暴乾，南郡人煮而後暴，及乾，皮薄而皺，味更甘於它棗，謂之天蒸棗，然不堪入藥。又有仲思棗，大而長，有一二寸者，正紫色，細文，小核，味甘重。北齊時有仙人仲思得之，因以爲名。隋大業中信都郡嘗獻數顆，近世稀復有之。又廣州有一種波斯棗，木無傍枝，直聳三四丈至巔，四向共生十餘枝，葉如椶櫚，彼土亦呼爲海椶木。三五年一著子，都類北棗，但差小耳。舶商亦有（擕）〔攜〕本國生者至南海，與此地人食之，云味極甘，似此中三蒸棗之類，然其核全别，兩頭不尖，雙卷而圓，如小塊紫礦，種之不生，疑亦蒸熟者，近亦少有將來者。

清　王念孫《廣雅疏證》卷一〇上《釋木·梬棗檡也》　各本梬譌作栲，又脱「也」字。《玉篇》云：檡，梬棗也。今據以訂正。《説文》云：梬，棗也，似柿。《漢書·司馬相如傳》云：梬棗，楊梅。又云：樝梨，梬㮚。張氏注云：梬，梬棗也。顏師古云：今之軟棗也。《御覽》引《古今注》云：軟棗，葉如柿，實亦如柿而小，味甘美。又引《廣志》云：軟棗，味如柿。晉陽軟肌細而厚，以供禦是也。軟又作報。賀氏《内則》疏云：軟，報棗也。蘇頌《本草圖經》云：小柿謂之報棗，俗呼牛奶柿，一名㮕棘。《士喪禮》云：決，用正王棘，若㮕棘。鄭注云：王棘與㮕棘善理、堅刃者，皆可以爲決。世俗謂王棘，砥鼠。《釋文》云：砥劉音託，周官繕人注引《士喪禮》㮕棘。《釋文》云：㮕一音徒洛反，然則砥㮕聲近，砥鼠或即㮕棘之别名耳。

清　陳憲舜《課民植牧講義稿・棗》　大曰棗，小曰棘。棘，酸棗也。棗類有狗牙、雞心、牛頭、羊矢、獼猴、細腰、赤心、三星、駢白、南棗、紅棗、黑棗等之不同，不拘何種，選味甘可口者，本年連肉並核點之。二年後始發芽，未免過遲，故多有分其萌蘖，插枝壓條，以成林者，凡樹秧一年爲栽子，二年移出養樹園，三四年修整樹幹，至高二三尺外，乃栽出定處，距離一丈八尺，其結實多在新枝，凡已經結棗舊枝，須剪去以養新枝。收後賣棗及脯與膏，聽人自便，惟收取宜待全熟，未熟者肉未滿，將熟者味不佳，曬用竹簟，以手攜簟，日翻十次，庶免上乾下濕，傳染濕胖之弊，此木堅實，異於尋常，量材大小，以爲器具，價頗不菲，防守烏鵲之法，多設機檻之籠，發賣烏鵲之資，即以充園丁之費，亦一舉兩全，如花太繁，則振落之，不振不結子也。

清　吴其濬《植物名實圖考》卷三三《木類・酸棗》　酸棗，《本經》上品，《爾雅》樲，酸棗，《注》以爲即樲棘。又白棘，《本經》中品。李當之云：「白棘是酸棗樹針。」又别録有刺棘，花亦即棘花也。

植物名實圖考・酸棗

清　李鴻章　光緒《畿輔通志・物産・果屬・棗》　棗，大寧路富庶縣，惠州、興中州、建州皆土産棗。《元一統志》北方荒中有棗樹，其高五丈，敷結枝條一里餘。子長六七寸，乾之不縮，氣味甘潤，味殊於常棗。《神異經》北方有七尺棗。《述異記》宣帝時，幽州刺史李宣尚范陽公主，公主憶長安，於易州築一城象長安。城中有棗樹，花而不結，皆向南而引，俗謂之「思鄉棗」。《太平寰宇記》邢州城東十餘里，周世宗莊也。門側有井，上有大棗一株，柯葉茂盛，垂蔭一畝。《括地志》安平好棗。《冀州論》信都縣東北五十里，漢煮棗侯國。六國時，於此煮棗油。《元和郡縣志》南棗堅燥，不如北方棗肥大。《農書》旱潦之地不任稼穡，種棗則任矣。《齊民要術》棗五：纓絡棗、賽梨棗、合兒棗、密雲棗、無核棗。《客燕雜記》北方有無核棗，有大如鷄卵者，其肪瑩白如水晶。《香祖筆記》明　黄湻耀《賣棗兒行》燕山棗樹深，棗生纍纍懸。赤心懸赤心，人不喜請言。南方棗如瓜，仙種傳來勝於此。市兒狡猾生大貪，即將北棗呼爲南。剾皮脱核開生面，北人得棗皆稱善賣兒，誰言爾□爾更癡，安得終身挾詐不使旁人知。

清　長順《吉林通志・果樹屬・棗》　棗，北地所産，色青味甘，可蜜漬。

清　陳昌齊　道光《廣東通志》卷五五《果類・無漏子》　無漏子，即波斯棗，陳藏器《本草》《嶺表録異》云：廣州有波斯棗，木無旁枝，直聳三四丈，至巔四向，共生十餘枝。葉如椶櫚，彼土人呼爲海椶。木三五年一著子，每朵三二十顆，類北方青棗。舶商攜至中國，色類沙糖，皮肉軟爛，味極甘。《政和本草》　謹案：無漏子，即海棗也，亦名夫漏子。

清　何剛德《撫郡農産攷畧・棗》　棗樹高丈許，葉圓而尖，花淡黄色。實初青，漸大漸白，至純紅乃熟；有大棗、小蜜棗二種。蜜棗較小，味極甜，故謂之蜜棗。與大棗做成之蜜棗，大小不同。金谿西、南二鄉近，河洲地多種棗，臨川亦有之。　天時：二三月栽種，四五年可成樹。每年四月揚花，五月結實，七月實熟可食。棗根散漫遠長，由根發新枝芽，春二三月可以移栽。　地利：宜近河淤洲，凡旱澇之地不任稼穡者，均可種。　人事：樹棗以三步一行爲率，未發芽者勿遽删去，久後仍可復生。實熟時，撼而落之爲上，久則皮皺而汁乾。《群芳譜》：「元旦日未出時，反斧斑駁椎之，謂嫁棗。不椎則花不結實，候大蠶入簇，以杖擊其枝間，振去狂花，則結實多。」不須壅溉。　物用：大棗做成密棗，每斤價約二百錢。蜜棗曬乾，是爲紅棗、黑棗，每斤價約八十錢。製蜜棗法，當未剝棗之先，預向産棗處購定，俟棗赤時收取，就草地曬之，用無齒木扒攤開，不使成堆，夜間亦然，使得露氣。間日取回，用刀細劃，以缸分貯，一層棗，蓋一層糖，糖棗拌勾，旬日，後變成黑色，即爲蜜棗。味甘而實大。臨邑每年計得四五千斤，用木桶裝貯。每桶八九斤，或四五斤，由商人販運南昌、饒州各府銷售。

清 高士奇《天禄識餘》卷四《檽棗》 檽棗，俗作軟棗，一名牛奶柿，一名丁香柿。《文選·蜀都賦》所謂梬。蜀中製扇以此果榨油，染紙爲之。

清 章大來《偁陽雜録·香棗》 海陽有香棗，蓋取二棗刓剥疊成，中屑茴香，以蜜漬之。好事者持爲遠餉，詢其始則商人婦所爲，寄其夫者，義取早早回鄉云。

清 周魯《類書纂要》卷四〇二《果蔬類·棗》 剥棗八月剥棗。婦贄婦人之贄，貝榛、脯、脩、棗、栗。新之棗曰新之。籩食饋食之籩其實棗。纂纂棗下纂纂，朱實離離，宛其落矣，化爲枯枝，人生不行樂，何以寍謐爲。攢攢棗下何攢攢。榮華各有時，棗初欲赤時，人從四籩來。棗通□朝熟，誰能仰視之。夏珍繁枝四合，豐茂蓊鬱，斐斐素華，離離朱實。脆若霜雪，甘如含蜜。脆者宜新，當夏之珍。堅者宜乾，薦羞天人。有棗苦瓜，出自海濱。全生益氣，服之如神。弱枝周文弱枝之棗。香棗出哈蜜衛。握棗錯金握棗與錯金以示嬰兒，嬰兒必取棗而不取金，故物之于人，小者易知也。桑棗饒冀州户口最大，又有桑棗之饒，國家徵求之府。棗棘有棗棘之有裘狐之有，食棘之棗，衣狐之裘，先王固用，非其有而已有之。丹棗□安平産安平好棗，地産不爲無珍。七尺棗北方有七尺棗，食之爲仙。九棘建國辨方，外朝九棘，因心制義。赤心鯁直，藹藹卿士，亮此衮職。玉門垂風摇羊角樹，日映鷄心枝。已開安邑美，永茂玉門垂。懷赤心北園有一樹，布葉垂重陰。外雖多棘刺，内實懷赤心。細棗山房□之山，山臨碧海，萬年一實，笮之有油，可用燃燈。岐峯棗北極有岐峰之陰多棗樹，高百尋，其枝莖皆空，實長尺，核細而柔，百歲一實。赤如朱北方荒中有棗樹，其高五丈，敷枝一里，餘子長六七寸，□過其長，熟赤如朱，乾之不縮，氣味甘潤殊于常棗，食之可以安軀益氣力。上林獻初修上林苑，羣臣各獻名果，多製美名，故有青□棗，赤心棗、棠棗、火棗、西王棗、玉門棗七種。隋死煬帝死，中有金槌棗、牙様棗。高唐棗高唐縣甘棗溝水側多棗，故俗取名。安邑棗安邑千樹棗，其人與千户侯等、又凡棗味之美莫如安邑之御棗也。服核仁劉根云：今年春人當病，可服棗核中仁二七枚，百邪不能干。火棗仙果。鷄心棗大如鷄卵，小者如鷄心，核小者佳。羊棗出河南，又宜陽。狗牙□羊角□獮猴□牛尾已上皆棗名。洗犬棗河東倚氏大棗如鷄卵。蹶洩苦棗味苦。無核棗永樂有無核棗，道士侯道華獨得之。三種花大元中南郡丹陵縣有棗樹，一年或生桃、李、棗三種花實。玉文棗尹喜共老子西遊省太真王母，共食玉文之棗，其實如□。如瓜棗李火君以卻老方見上曰：臣嘗遊海上見安期生，食以巨棗大如瓜。玉門棗七月七日，西王母嘗下爲帝設玉門之棗。佯問佯對景公謂晏子曰：東海之中有赤水，中有棗花而不實，何也。晏子曰：昔秦繆公乘龍理天下，以黄布裹蒸棗至海而投其布，故水赤，蒸棗故花不實。公曰：吾佯問子耳對曰：嬰聞之佯問者，亦佯對。請發棗秦飢，應侯曰：秦有五苑之棗，栗，足以活人，請王發與之。惠王從之。鷇城紫棗長二寸。烏集傳增時有白烏羣集棗樹。【略】酸棗周秦間河南雨酸棗，遂生野棗，今酸棗縣是也。鮑焦嘔【略】鮑焦耕田而食，穿井而飲，常于山中食棗。或曰：此棗子所植耶。鮑焦遂强嘔吐，立枯而死。毒弟魏文帝忌弟任成王，因在卞太后所共圍棊啖棗，帝毒棗蒂中，王既中毒，太后索水救之。帝預敕破器，太后自趨井，不能汲，遂卒。蘇氏食河中永樂縣出棗，無核，相傳食之可度世，里有蘇氏女，自小獲而食之，不食五穀，年五十，顔如處女（子）。【略】孟節含核孟節能含棗核不食，可至十年後。茹葉充饑馮愔反，鄧禹征之，爲愔所敗，糧盡無以犒，軍士飢餓，皆食棗葉。吞棗核信安縣有懸室坂，晉時有民王質伐木至石室中，見童子四人彈瑟而歌，質倚柯聽之，童子以一物如棗核與質，質吞之便不復飢。頃童子令其歸，質承聲而去，斧柯□然爛盡，質去家已數十年，其親舊零落無復昔時矣。斫樹同盟胡昭與晉宣帝爲布衣之交，同郡周士欲殺帝，昭止之不肯，昭泣以示誠，士感其意乃止，昭斫棗樹共士盟而别，昭復見帝，口終不言。蔣輗棗正德間崇德民蔣輗，素事鍾吕，好植果木，一日晚有老人過門，我有棗枝可種也，輗受而植之，逾時爲童本矣，明年即生佳棗，形色氣味浙地無可比者，肉且離核，墜地即碎，至今存焉，人亦以爲仙種也。

清 翟灝《通俗編》卷八 禮昏義，婦見舅姑，執棗栗腶脩。何休云：執腶脩者，取其斷斷自修飾也。班固云：棗取其朝，早起，栗取戰栗自正也。《北史·奚康生傳》：梁直閤將軍徐元明内附，賜棗柰果，面勑曰：棗者，早遂朕意；果者，果如朕心。《癸辛雜志》：太學除夜各齋祀神，用棗子、荔支、蓼花三果。蓋取早離了之識。

藝文

晉 傅玄《棗賦》 有蓬萊之嘉樹，值神州之膏壤。擢剛莖以排虚，誕幽根以滋長。北陰塞門，南臨三江，或布燕趙，或廣河東。既乃繁枝四合，豐茂蓊鬱。斐斐素華，離離朱實。脆若離雪，甘如含蜜。脆者宜新，當夏之珍。堅者宜干，薦羞天人。有棗若瓜，出自海濱。全生益氣，服之如神。

南朝陳 後主陳叔寶《棗賦》 芳園列幹，森梢繁羅，蕊餘莖少，葉暗枝多。復有奇樹，風間臨闕二字夜影來。未若丹心美實，絳質嘉枝。重鹹共暗，枝瓠同瑰。羞金盤于氷水，薦玉案于深杯。此歡心之未已，方夢腸而屢迴。

明 傅梅《嵩書》卷一〇《木部·棗》 棗，嵩山諸果與五穀並重者，柿之外，則棗與胡桃二者而已。連山被畝，林樹甚繁。予親見饑民，資三物以爲命，遂並紀之，旌其功也，兼爲作贊。棗贊曰，爰有佳棗，嵩陽蔭術，花揚素芬，子茂朱實，剥而膠之，其甘如蜜，邁稻超粱，儉歲奏績。

明 陳完《皆春園集》卷二《種棗》 家居海上近安期，仙種分培好護持，卻老不須尋藥物，秋來朱果壓高枝。

清 陳景元《陳石閭詩》卷八《剥棗》 八月剥棗出我室，郎當□實垂白日。八月剥棗下我堂，竹竿婀婀秋風涼。□樹踰牆逞顏色，東家剥棗西家得。西家婦子咲語喧，卷袖牽裾拾掇還。世間萬物非我有，結根多爲人周旋。

栗

綜述

三國吴 陸璣《毛詩草木鳥獸蟲魚疏卷上樹之榛栗》 榛栗屬有兩種：其一種之皮葉皆如栗，其子小，形似杼子，味亦如栗，所謂「樹之榛栗」者也。其一種枝葉如木蓼，《齊民要術》作葉如牛李。色。生高丈餘，作胡桃味，遼東《齊民要術》作漁陽遼。上黨皆饒。《御覽》榛引「山有榛」之榛，枝葉似栗樹，子似橡子，味似栗。枝莖可以爲燭。《齊民要術》作枝莖生樵爇燭明而（無）煙。五方皆有栗。周秦吴揚特饒，吴越被城表裏皆栗，唯漁陽、《證類本草》作濮陽，吴淑《事類賦》注作漁陽。范陽栗甜美長味，他方者悉不及也。倭韓國諸島上栗大如雞子，亦短味不美。桂陽有亲栗，《本草》作亲、《説文》亲果，實小如栗，一作莘，誤。聚生大如杼子，中仁《御覽》栗引《本草》作杏子中仁。皮子形色與栗無異也，但差小耳。又有奥栗皆與栗同，子圓而細，或云即亲也。今此惟江湖有之。又有茅栗、佳（錐）栗，其實更小，而木與栗不殊，但春生、夏花、秋實、冬枯爲異耳。《證類本草》栗引。又茅栗《埤雅》芧栗。

晉 嵇含《南方草木狀》卷下《石栗》 石栗樹與栗同，但生於山石罅間。花開三年方結實，其殼厚而肉少，其味似胡桃仁。熟時，或爲羣鸚鵡啄食略盡，故彼人極珍貴之，出日南。

北魏 賈思勰《齊民要術·種栗第三八》 《廣志》曰：「關中大栗，如雞子大。」蔡伯喈曰：「有胡栗。」《魏志》云：「有東夷韓國出大栗，狀如梨。」《三秦記》曰：「漢武帝栗園有大栗，十五顆一升。」王逸曰：「朔濱之栗。」《西京雜記》曰：「榛栗，塊（瑰）栗，嶧陽栗，嶧陽都尉曹龍所獻，其大如拳。」 栗，種而不栽。栽者雖生，尋死矣。栗初熟出殼，即於屋裏埋著濕土中。埋必須深，勿令凍徹。若路遠者，以韋囊盛之，停二日已上，及見風日者，則不復生矣。至春二月，悉芽生，出而種之。既生，數年不用掌近。凡新栽之樹，皆不用掌近，栗性尤甚也。三年内，每到十月，常須草裹，至二月乃解。不裹則（還）（凍）死。《大戴禮·夏小正》曰：「八月，栗零而後取之」，故不言剥之。

《食經》藏乾栗法：「取穰灰，淋取汁漬栗，出日中出曬，令栗肉焦燥，可不畏蟲，得至後年春夏。」 藏生栗法：著器中，曬細沙可煨（燥）以盆覆之。至後年二月，皆生芽而不蟲者也。

唐 段成式《酉陽雜俎續集》卷一〇 猴栗 李衛公一夕甘子園會客，盤中有猴栗，無味。陳堅處士云：虔州南有漸栗，形如素核。

唐 段成式《酉陽雜俎續集》卷九《栗》 東荒栗 東方荒中有木，名曰栗，有殼，徑三尺三寸，殼刺長大餘，實徑三尺，殼亦黃。其味甜，食之令人短氣而渴。

唐 劉恂《嶺表録異》卷中《石栗》 廣州無栗，唯勒州山中有石栗，一年方熟。皮厚而肉少，味似胡桃仁。熟時或爲羣鸚鵡啄食略盡。只此石栗亦甚稀少。

宋 宋維新《古今合璧事類備要别集》卷四八《果門·栗子》 栗子附榛

《格物總論》：栗子苞生，大不止如杯，刺多如蝟毛，每枝不下五七個。其中著實或單或雙，或三或四，數之少者，其實大，多者其實小。苞青黄赤三色。苞内實有殼，殼紫黑色，殼内膜黄白，膜内肉亦然。九月方收。成熟時苞自發罅而實隨隕矣。榛二種，圓實壯下鋭上，大者徑寸，小者中指大。味甘勝於栗也。

宋 陸佃《埤雅》卷一四《栗》 栗，味鹹，北方之果也。有莍蝟自裹，故先賢云：「皂者柞栗之屬，膏者楊柳之屬，覈者李梅之屬。」《國語》曰：「婦摯不過棗栗，以告虔也。」先儒以爲棗取早敬，栗取恂栗。《東觀書》曰：「栗駭蓬轉。」蓋今栗房秋孰，罅發其實，驚躍如爆，去根榦甚遠，所謂「栗駭」，其以此歟？《詩》曰：「山有樞，隰有榆。山有栲，隰有杻。山有漆，隰有栗。」言國君有財而不能用，猶之山隰不能自用其材，故人卒取之以爲用也。然則《秦詩》曰：「阪有漆，隰有栗」，何以爲美？曰是《詩》也，非是之謂也。秦仲既見君子有禮樂之好，故道此以爲戒。言宜並坐鼓簧，今不能及時以自虞樂，則壯者其耋，老者其亡矣。此其所以爲美也，耋之爲言跌也。《易》曰：「日昃之離，不鼓缶而歌，則大耋之嗟凶。」與此同義。《傳》曰：「其言一也。言者異則人心變矣，自母言之則爲賢母，自妻言之則未免爲妬妻。」蓋言之異有如此者。《相法》曰：「白如截肪，黄如烝栗。」今黄玉謂之栗玉，義蓋取此。《内則》曰：「棗曰新之，栗曰撰之。」按《儀禮》曰：「棗烝栗擇。」蓋烝之之謂新，撰之之謂擇。

元 闕名《居家必用事類全集》卷戊 種栗法：及時收下，去外毛，於屋下著濕土埋之，須深。莫交凍損，二月芽生種之，冬多以草裹。候二月節解放，又須別著籬隔之。三年不得人觸著，忌之。

明 宋詡《竹嶼山房雜部》卷九《樹畜部·樹類》 栗其實捄有刺如蝟，實有殼有皮，肉甘，有大小。《埤雅》云：北方之栗也。 二月種子，亦可接於本體。子種其在捄中而方扁者，他日生子豐滿。

明 王象晉《群芳譜》卷三《果譜·栗》 栗，苞生外殼，刺如蝟毛，其中著實，或單或雙，或三四，少者實大，多者實小。實有殼，紫黑色。殼内膜甚薄，色微紅黑，外毛内光。膜内肉，外黄内白。八九月熟，則苞自裂而實墜。宣州及北地所産小者爲勝。陸璣疏曰：栗五方皆有，周秦、吴揚特饒，漁陽及范陽生者甜美味長。《本草圖經》云：兗州、宣州者最勝。燕山栗小而味最甘。《蜀本圖經》曰：板栗、佳〔錐〕栗二木皆大，又有茅栗似栗而細，子美。所謂錦里先生烏角巾園收芋栗未全貧者是也。《衍義》云：湖北一種栗，頂圓末尖，謂之旋栗。栗之爲果，種類頗多。總之，味鹹，氣温無毒。主益氣，厚腸胃，補腎氣，治腰脚無力，破痃癖，理血當中。一子名栗楔，治血更效。生則動氣，熟則滯氣。惟曝乾或火煨汗出食之良，百果中最有益者。小兒不宜多食，難剋化。患風水病者忌，以味鹹也。 收藏：藏生栗法，霜後取生栗投水中，去浮者，餘漉出布拭乾，曬少時，令無水脈爲度。先將沙炒乾放冷，取無油酒器新罈罐裝入，一層栗，一層沙，約八九分滿，用箬葉扎嚴。掃一淨地，將器倒覆其上，略以黄土封之。勿近酒器，可至來春不壞。又法：栗子一石，鹽二斤，水泡開浸栗一二宿，漉出曬乾，同芝蔴二石拌匀，盛荆囤中，永遠不壞，食之軟美。藏乾栗法：霜後取沉水栗一斗，用鹽一斤，調水浸栗，令没。經宿漉起，眼乾，用竹籃或粗麻布袋，掛背日少通風處，日摇動一二次，至來春，不損不蛀不壞。 種藝：《齊民要術》曰：栗種而不栽，栽雖活，尋死。栗初熟離苞，即於屋内埋濕土中，埋須深，勿令凍。路遠者以革囊盛之。停三日以上，及見風日，則不可作種。至二月芽生，出而種之，芽向上乃生，根既生，數年不用掌。近三年内，每到十月，常須草〔褁〕（裹），至二月漸解，不褁〔裹〕則易至凍死，仍用籬圍之。其實方而扁者，他日結子豐滿，樹高四五尺，取生子樹枝接之。

明 周文華《汝南圃史》卷三《栗》 栗，四月開花，其花與他花特異。枝間綴花，長二三寸許。山人云：「俟其落，收之，點火風雨不滅。」《圖經本草》曰：「栗生山陰，今處處有之。而兗州、宣州者最勝。木極類櫟。花青黄色似胡桃花。實有房，彙若拳，中子必三五。小者若桃李，中子唯一二。將熟，則罅拆子出。凡栗之種類亦多，栗房當心一子，謂之栗楔。治血尤效。果中栗最有益。治腰脚，宜生食之，仍略暴乾，去其木氣。惟患風水氣，不宜食，以其味鹹故也。」《衍義》曰：「栗欲乾，莫如曝。欲生收，莫如潤。沙中藏至春末夏初，尚如新收。小兒不可多食生者，難化。熟即滯氣、隔食、生蟲，往往致病。所謂補腎氣者，以其味鹹，又滯其氣耳。」《爾雅翼》云：「有患足弱者，坐栗木下多食之，至能起行。」《日用本草》云：「嚼生者，塗瘡及罨刺不出。」《吴郡志》曰：「頂山栗出常熟縣，比常栗獨小，香味勝絶，號麝香囊，以其香而軟也。微風乾之尤美。每歲所出極少，土人得數十百枚。則以綵囊貯之，餽送佳客。此栗與朔方易州栗相類，但易栗殼多毛，頂栗殼瑩淨耳。」《瑣碎録》云：「栗採實時，要得披殘其枝。明年益盛」。又云：「炒栗須染油，手指逐枚揞之，則膜不沾肉。風栗法，曬乾置麻布袋中，或竹籃内，懸當風處，常常簸弄之，久之極清甘，有風味。」《齊民要術》云：「栗種而不栽，栽者雖生尋死。栗初熟出殼，勿令見風，即於屋内深埋溼土。若路遠以韋囊盛之，停二日以上及見風者，則不復生矣。至春二月芽生，出而種之。既生數年不用掌近。凡新栽樹皆然，惟栗尤甚。十月天寒，以草裹之。二月乃解。」《便民圖纂》云：「栗，臘月及春初，將種埋溼土中。待長六尺餘移栽。二三月間取别樹生子大者接之。尤宜以櫟樹接。」或云：「與橄欖同食，作梅花香味。宋人呼爲梅花脯。」

明 徐光啓《農政全書》卷二九《樹藝》 栗，附榛。《爾雅》曰：櫟其實梂。郭璞注曰：有梂彙自裹。《廣志》曰：關中大栗如雞子大。蔡伯喈曰：有胡栗。《魏志》云：有東夷韓國出大栗，狀如梨。《三秦記》曰：漢武帝栗園有栗，十五顆一升。王逸曰：朔濱之栗。《西京雜記》曰：榛栗、（瑰）（塊）栗、嶧陽都尉栗，都尉曹龍所獻，其大如拳。栗之大者爲板栗，中心扁子爲栗楔。稍小者爲山栗。山栗之圓而末尖者，爲錐栗。圓小如橡子者爲莘栗。小如指頂者爲茅栗，即所謂栭栗也，一名栵栗，可炒食之。劉恂《嶺表録異》云：廣中無栗，惟靳州山中有石栗，一年方熟，圓如彈子，皮厚而味如胡桃。《衍義》曰：湖北一種栗，頂圓末尖，謂之旋栗，或云即榛栗也。奧栗，子圓而細，惟江湖有之，或云即莘也。陸機《疏》曰：栗五方皆有。周秦吴揚特饒，漁陽及范陽生者，甜美味長。梵書名篤迦。《本草圖經》云：兗州宣州者最勝，治腰脚之疾。燕山栗，小而味最甘，樹高二三丈，苞生多。刺如蝟毛。四月開花，青黄色，長條似胡桃花。實有房彙，大者若拳，中子三四，小者若桃李，中子惟一二。《便民圖纂》曰：栗，臘月或春初，將種埋溼土中，待長六尺餘移栽。二三月間，取别樹生子大者接之。《齊民要術》曰：栗，種而不栽。栽者雖生尋死矣。要初熟出殼，即裹埋著溼土中，埋必須深，勿令凍徹，若路遠者以韋囊盛之，見風日則不復生矣。至春三月悉，芽生出而種之，既生數年不用掌近。凡新栽之樹，皆不用掌近栗性尤甚也。三年内，每到十月常須草裹，至二月乃解。不裹則還死，大戴禮夏小正曰八月零，而後取之，故不言剥之。玄扈先生曰：凡裹樹俱須三月解之。《種樹書》曰：栗採時要得披殘，明年其枝葉益茂。九月霜降乃熟，其苞自裂而子墜者，乃可久藏。苞未裂者易腐也。其花作條，大如箸頭，長四五寸，可以點燈。玄扈先生云：古賦云：榛栗罅發，栗熟自開殼落子。寇宗奭曰：栗欲乾收，莫如曝之。欲溼收，莫如潤沙藏之，至夏初尚如新也。藏乾栗法，取稻灰淋取汁漬栗，日出曬令栗肉焦燥，不畏蟲，得至後年春夏。藏生栗法，著器中細沙可煨，以盆覆之，至後年二月皆生芽而不蟲者也。太史公曰：秦饑，應侯請發五苑之棗栗。由是觀之，《本草》所謂栗厚腸胃，補腎氣，令人耐飢，殆非虛語。附榛，《周官》曰：似栗而小。《説文》曰：榛似梓，實如小栗，《衛詩》曰：山有榛。陸機《詩蔬（疏）》云：榛有兩種，一種大小枝葉皮樹皆如栗而子小，形如橡子，味亦如栗，枝莖可以爲燭。《詩》所謂樹之榛栗者也。一種高丈餘，枝葉如水蓼子作胡桃味，遼、代、上黨甚多，久留，亦易油壞。栽種與栗同。其枝莖生樵爇燭，明而無煙。太史公曰：燕秦千樹栗，其人與千户侯等。栗之利誠不減於棗矣。《本草》言遼東榛子，軍行食乏當糧。榛之功亦可亞於栗也。

明 鄺璠《便民圖纂》卷五《栗》 栗臘月或春初，將種埋濕土中，待長六尺餘，移栽。二三月間，取别樹生子大者接之。

明 吴雨 元《毛詩鳥獸草木攷》卷一六《木攷·栗》 栗《鄘風》曰：樹之榛、栗、椅、桐、梓、漆，爰伐琴瑟。《傳》：椅、梓，屬篓。樹此六木於宫者，曰其長大可伐，以爲琴瑟，言預備也。又：降觀于桑。《傳》：地勢宜蠶，可以居民。《衛風》曰：無食桑椹。《傳》：椹，桑實也。《豳風》曰：爰求柔桑，《傳》：柔桑，穉桑也。蠶始生，宜穉桑。又：猗彼女桑。《傳》：女桑，荑桑也。又：徹彼桑土。《傳》：桑土，桑根。栗，樹高二三丈，極類櫟。花青黄色，似胡桃花。實下垂，極謹密，三顆爲房，其房爲蝟毛，當心一子謂之栗楔，尤益人。將熟，則罅坼子出。陸璣云：五方皆有之，周秦吴楊特饒，吴越被城表裏皆栗，惟濮及范陽栗，甜美味長，他方者悉不及也。倭韓國諸島上，栗大如雞子，亦短，味不美。桂陽有栗而叢生，實大如杏子，中仁、皮、子形色與栗無異也，但差小耳。又有茅栗、錐栗，其實更小，而木與栗不殊，但春生、夏花、秋實、冬枯爲異耳。

明 王世懋《學圃雜疏·栗》 栗 山果也。植之平地亦生。懸殼如蝟，亦堪備一種佳實。

明 方以智《物理小識》卷九《栗》 房駭栗零，種其栗楔，中枚方匾。他日生栗豐滿。一曰和梂種之，易結而大，芽茁，三年即實。成樹後根下原栗尚在。橡栗亦然。他木之核則爛矣。當取去原栗。諸暨栗大如拳，必接乃大。茅栗錐栗皆可接也。埋栗臍向下，彼自生而向上，故眉抹其臍，掐臍吹氣則不爆，而臍易脱，固其理也。

明　慎懋官《華夷花木鳥獸珍玩考・栗》《東觀書》栗駭蓬轉。今栗房杕鋍，實躍如爆，去根幹甚遠。所謂栗駭，其質縝密，故稱玉縝密以栗。黄栗謂之栗玉，又戰栗，敬謹也。栗至鋍發之時，將墜不墜，尤有戰栗之象。驛陽都尉，曹龍所獻大如拳。《酉陽雜俎》處州南有漸栗形如棗核。桂陽有栗叢生，大如柿子。

清　王芷《稼圃輯》栗樹臘月春初，將種埋土中，六尺餘移栽。二三月取別樹生子大者枝條接之。採實時，要批殘其枝，明年益茂。二月中櫟樹接，十月間常須草裹之，二月解去。不可用手摩摸，凢樹皆然，栗尤甚也。

清　曹溶《倦圃蒔植記・栗》昔杜甫寓蜀，採栗自給。山家窶窮，莫此爲愈。種法：栗初出殼，勿令見風，即於屋内，深埋濕土。至春芽生出而種之。數年之内不用掌近。凡樹皆然，獨栗尤甚。十月天寒，以草裹之，二月乃鮮。復於採實時披殘其枝，則來年益茂。或云以橄欖同食，作梅花香。宋人名爲梅花脯，試之良是。惜我地難栽，不堪大嚼也。

清　周魯《類書纂要》卷二九《果蔬類・栗》栗上林苑有侯栗、瑰栗、霜栗、榵栗、榛栗、嶧陽栗。嶧陽都尉曹龍所獻，大如拳，終南山、葛山、銅山、中山多栗。《魏志》三韓大栗如梨。《本草》云：栗能愈疾，人有脚弱者，啖數升即健能行，凡門以栗爲□，夜可遠盜。

清　鍾山逸叟《致富奇書》卷一　栗生山陰，今處處有之，而兖州宣州者最勝。春初，種濕地，冬月以草裹之。枝間綴花，青黄色。實有房，中間子必三五，小者若桃李，中間子惟一二。霜降將熟。其苞自裂而子出。一云：花落收之點火，風雨不滅。《衍義》云：栗欲乾，莫如曝，欲生收，莫如潤沙中藏，至春末夏初，尚如新收。

清　張宗法《三農紀・栗》《圖經》云：葉如杼櫟，樹亦相似，木有大小二種。四月開花，長條青黄色，農人收花爲繩，留火風雨不滅。苞生外殼如猬，其中着實，或單或雙或三四粒，實殼紫色，仁上有紅黄膜，肉外黄内白，八九月熟，殼開花落。故《大禮戴》云：八月栗霍則苞自裂實墜。《説文》云：栗象花實下垂之狀。《呂氏春秋》云：果之美者箕山之栗。《梵書》名篤伽。原生山陰，五果之中惟葉屬水，水潦之年則不熟。《漢書》云：燕秦有千樹栗，其人與千户侯等。其木堅耐，入土水可經久，作神主益子孫逄？門閫遠盜。植藝：《要術》云：栗可種不可栽，栽雖活易尋死。初熟離包即收，埋濕土中，路遠者合砂以囊盛之。久停及風日枯者難生。窖者至二月微吐芽，種之即生。既生，近三年内冬須以芷莫裹之，至春漸解其裹。樹高三五尺取生子樹接之，或以橡樹接亦可，實大而佳。北方難植，南方易生物也。藏栗：《衍義》云：取生栗投水中，去深者，餘漉出晾乾，令將河砂炒乾候冷，取新罇裝入一層栗一層沙，欲九分滿，用箸札定，上署加黄土封之，禁酒氣。至來年不壞。霜後取沉水栗一斗，用鹽一斤調水浸栗，經宿漉起晾乾，或盛竹籃，或裝麻布袋掛皆日通風處，日日摇動兩三次，至來年不壞蛀。本性：味酸、氣温，厚胃益腎，楔粒活血。生食難消，動氣，熟食帶氣，曝乾火煨者良。小兒多食難消。患風疾水病者忌食，爲味酸故也。效方：李時珍云：風乾者勝於日曝火煨，油炒者勝于蒸煮。細嚼連液吞咽有益。若頓食至飽則傷胃。蘇子由詩云：老來自添腰足病，山翁服栗舊傳方。客來爲説晨與晚，三咽徐收白玉漿。金傷、獸咬、人噛、小兒疳瘡、馬汙毒俱以栗嚼敷。

清　吴其濬《植物名實圖考》卷三五《果類・栗》栗，《別録》上品。一棣三顆，中扁者爲栗楔，栗内薄皮爲栗荴，花爲栗綟。樹皮、根、殼、棣彙皆入藥。

植物名實圖考・栗

清 吴其濬《植物名實圖考・果類》卷三二《茅栗》 茅栗，野生山中。《爾雅》栵，栭。注：樹似槲，樕而卑小，子如細栗，可食。今江東亦呼爲栭栗。《詩》其灌其栵。陸璣疏：木理堅韌而赤，可爲車輞即此。

植物名實圖考・茅栗

清 吴其濬《植物名實圖考》卷三一《果類・天師栗》 天師栗，《益部方物記》載之。李時珍以爲武當山所産娑羅子即此，《通志》從之。湖北園圃有種植者，亦呼娑羅果。

植物名實圖考・天師栗

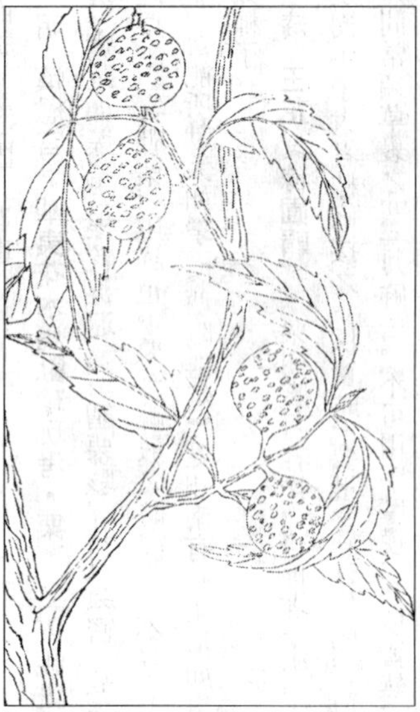

清 吴其濬《植物名實圖考》卷三七《木類・寶樹》 寶樹，生廬山佛寺。亭亭直立，葉如松杉而有歧枝。相傳明時開一花如蓮。考《酉陽雜俎》，巴陵僧房忽生一木，外國僧見曰：此娑羅也。元嘉初開一花如蓮，或即此類。《華夷花木考》娑羅樹，每枝生葉七片，有花，穗甚長而黄，如栗花。秋後結實如栗，可食。此乃天師栗，非娑羅樹，李時珍亦云然。

植物名實圖考・寶樹

清 吴其濬《植物名實圖考長編》卷一五《栗》 《詩經》：樹之榛栗。陸璣疏：栗，周秦吴揚特饒，吴越被城表裏皆栗，惟濮陽、范陽栗甜美長味，他方者悉不及也。倭韓國諸島上，栗大如雞子，亦短，味不美。桂陽有莘栗，叢生，大如杼子，中仁、皮子形色與栗無異也，但差小耳。又有奥栗，皆與栗同，子圓而細，或云即莘也。今此惟江湖有之。又有茅栗、（佳）〔錐〕栗，其實更小，而木與栗不殊，但春生夏花秋實冬枯爲異耳。

清 吴其濬《植物名實圖考》卷一五《果類・栗》 《爾雅翼》：栗，其實下垂，故從卤。卤者，草木實垂卤卤然，蓋象形也。古文卤從西從二卤。徐巡説木至西方戰栗，言木，則凡木皆然。而栗至罅發之時，將墜不墜，尤有戰栗之象。故天子五社，西社植栗。而宰我對栗社之義，亦以爲使民戰栗也。栗之生極謹密，三顆爲房，其房爲蝟毛，其中顆匾者號爲栗楔，尤益人。大率栗味鹹性，温而宜於腎。有患足弱者坐栗木下多食之，至能起行。其質縝密，故稱玉質，縝密以栗。

又 《秦風》阪有漆，隰有栗。燕秦千樹栗，是其出處也。秦饑，應侯請發五苑之果蔬、橡、棗、栗以活民，昭王不許。《苑子計然》曰：栗出三輔。《詩》云：山有嘉卉侯栗。侯，梅侯，助辭也。《西京雜記》稱：漢上林苑中有侯栗，又有侯梅。此吴均之語，不可取信。《廣雅》云：有石栗，其樹與栗同。但生於山石罅中，花開三年方結實。其殼厚而肉少，其味似胡桃，熟時或爲羣鸚鵡所啄，故彼人極珍貴之。出日南。又頻婆子者，其實紅色，大如肥皂核，如栗，煨熟食之，味與栗無異。《清異録》：晉王嘗窮追汴師，糧運不繼，蒸栗以食軍中，遂呼栗爲河東飯。《西溪叢語》杜甫詩云：嘗果栗皺開。或作皺字，殊不可解。《集韻》：皺，側尤切，革紋蹙也。漢上《題襟周繇詩》云：開栗弋之紫皺。貫休云：新蟬避栗皺。又云：栗不和皺落，即栗蓬也。

又 《别録》：栗味鹹温無毒，主益氣，厚腸胃，補腎氣，令人耐飢。生山陰，九月採。陶隱居云：今會稽最豐，諸暨栗形大，皮厚不美，剡及始豐，皮薄而甜。相傳有人患脚弱，往栗樹下，食數升便能起行。此是補腎之義。然應生噉之，若餌服故宜蒸暴之。

又 《圖經》：栗舊不著所出州土，但云生山陰。今處處有之，而兗州、宣州者最勝。木極類櫟。花青黄色，似胡桃花。實有房彙若拳，中子三五小者，若桃李中子，惟一二將熟則罅坼子出。凡栗之種類亦多。栗房當心一子謂之栗楔，治血尤效，今衡山合活血丹用之。果中栗最有益。治腰脚宜生食之，仍畧暴乾，去其木氣。惟患風水氣不宜食，以其味鹹故也。殻煮汁飲，止反胃及消渴。木皮主瘡毒，醫家多用之。

又 《本草綱目》：李時珍曰：栗但可種成，不可移栽。按《事類合璧》云：栗木高二三丈。苞生多刺如蝟毛，每枝不下四五箇苞，有青、黄、赤三色。中子或單或雙，或三或四，其殼生黄熟紫，殼内有膜裹仁。九月霜降乃熟，其苞自裂而子墜者，乃可从藏，苞未裂者易腐也。其花作條，大如筯頭，長四五寸，可以點燈。栗之大者爲板栗，中心扁子爲栗楔。稍小者爲山栗。山栗之圓而末尖者爲錐栗。圓小如橡子者爲莘（亲）栗。小如指頂者爲茅栗，即《爾雅》所謂栭栗也。一名栵栗，可炒食之。又曰：栗於五果屬水，水潦之年則栗不熟，類相應也。

又 按蘇子由詩云：「老去自添腰脚病，山翁服栗舊傳方，客來爲説晨興晚，三咽徐收白玉漿。」此得食栗之訣也。《王禎農書》云：《史記》載：秦飢，應侯請發五苑棗栗。則《本草》栗厚腸胃，補腎氣，令人耐飢之説，殆非虛語矣。　陸疏廣要《大戴禮》云：八月栗零。零也者，降也。零而後取之，故不言剥也。《周禮・天官》云：饋食之籩其實栗。《禮記・内則》云：栗曰撰之。疏云：栗，蟲好食，數數布陳撰省視之。《本草註》云：栗作粉勝於菱芡。《蜀本（草）》云：樹高二三丈，葉似櫟，花青黄色，似胡桃。

又 陳士良云：栗有數種，其性一類。三顆一毬，其中者栗楣也，理筋骨風痛。《衍義》曰：湖北路有一種栗，頂圓末尖，謂之旋栗。《西京雜記》：上林苑有侯栗、瑰栗、魁栗、榛栗，嶧陽都尉曹龍所獻，大如拳。《埤雅》云：栗味鹹，北方之果也，有莍蝟自裹。《東觀書》曰：栗駭蓬轉，蓋今栗房，秋熟罅發，其實驚躍如爆，去根幹甚遠，所謂栗駭也。《相法》曰：白如截肪，黄如蒸栗。今黄玉謂之栗玉，義蓋取此。

清　蒲松齡《農桑經殘稿》（板栗）種而不栽。初出蓬，即於屋内埋濕土中，須深勿凍。二月芽生，出而種之，芽令向上。路遠，盛以革囊，勿見風日，勿出三日，（否）則不可作種。

清　陳大章《詩傳名物集覽》卷一一《樹之榛栗》《朱傳》榛栗二木，其實榛小栗大，皆可共籩實。《大戴禮》：八月栗零。零者降也。零而後取之，故不言剥也。《禮記》：虞主用桑，練主用栗。《周禮・天官》：饋食之籩其實栗，《内則》，栗曰撰之。疏云：栗，蟲好食。數數布陳，撰省視之。《吕氏春秋》：果之美者，箕山之栗。《國策》：燕北有棗栗之利，此謂天府，民不佃作而足。《左傳》：女贄不過榛栗棗修，以告虔也。《詩疏》：桂陽有栗，叢生，大如杼子。《唐本草》注：栗作粉，勝于菱芡。《蜀本》云：樹高二三丈，葉似櫟，花青黄色，似胡桃花。《圖經》云：兗州宣州者最勝。實有房彙若拳，中子三五，小者若桃李，中子惟一二，將熟則暴開子出。有茅栗，（佳）（錐）栗，其實更小，而木與栗不殊，但春生夏花，秋實冬枯爲異耳。栗房當心一子，謂之栗楔，治血尤効。陳良士云：栗有數種，其性一類，三顆一毬其中者，栗楣也，理筋骨風痛。湖北路有一種，頂圓末尖，謂之旋栗。陸疏：栗五方皆有，周、秦、吴、揚特饒，吴越被城，表裏皆栗，惟濮陽及范陽栗，甜美味長，他方者悉不及也。倭韓國諸島上，栗大如雞子，亦短味不美。《漢書》：燕秦千樹栗其人與千户侯等。《西京雜記》：上林苑有侯栗、瑰栗、魁栗、榛栗、嶧陽栗，嶧陽都尉曹龍所獻，大如拳。《埤雅》：栗味鹹，北方之果也。有莍蝟自裹，秋熟罅發，其實驚躍如爆，去根幹甚遠，《東觀書》所謂栗駭蓬轉也。《相法》：白如截肪，黄如烝栗。今黄玉謂之栗玉，義蓋取此。《爾雅翼》：栗其實下垂，故從卤。卤者，草木實垂卤卤然，蓋象形也。古文，㮚從西，徐巡説木，至西方戰臬，凡木皆然。而栗至鋍發之時，將墜不墜，尤有戰臬之象，故天子五社，西社植栗，而宰我亦以爲使民戰臬也。《雅翼》：栗味鹹性温，補腎，有患足弱者，坐栗樹下多食之，至能起行。其質縝密，故記稱玉縝密以栗。又百穀實不粃謂之栗。《大雅》實穎實栗，《周頌》積之栗栗是也。《考工記》：栗氏爲量注：以栗名量工者，取堅實義也。秦饑，應侯請發五苑之果蔬橡栗以活民。計然曰：栗出三輔。詩云：山有嘉卉，侯栗侯梅。侯，助詞。《西京記》稱上林侯栗，此吴均傅會詩語，不足信。《莊子》，狙公賦芧，暮四朝三。芧音序，小栗也。《廣要》：有石栗生山石鋍中，花開三年方結實，殼厚肉少，味似胡桃，熟時鸚鵡所啄，彼人極珍貴之，出日南。又頻婆子實紅，大如肥皂，核如栗，煨熟食之，味與栗無異。

清 董輔辰《久營田輯要·雜植》 栗種而不栽，栽雖活而不久。八九月子熟，苞自裂而子墜，即於屋内埋溼土中，勿令凍。停三日以上，見風日者，不可種。至二月芽生。擇芽向上者種之，乃生數年不近掌。三年内，十月以草裹之，二月解之，仍用籬圍之，樹高四五尺。取結子之樹接之，始結實。

清 陳憲舜《課民植牧講義稿·板栗》 栗有錐栗、茅栗、辛栗、山栗、石栗之不同，此名板栗，祇可種成，或用嫁接之法。種此，宜秋末取其包自裂，子自墜者，挖深坑連壳種之，離一尺一株，至來年春深發芽，淋稀肥，手不宜近，漸次以碎糞艸壅之。二年嫁接，即移種堅實乾燥之處，離三丈種一株。三年後樹高丈許，開花作條，大如筯頭，可以點燈，枝頭結包，刺如蝟毛，用火烘開，賣果作菜，俱屬上品。若從遠處覓種，須以布袋盛之，勿久見風日，否則難生，初生一二年，以草裹之，三月解去，收栗之後，以沙養之，上覆以盆，至二三年，猶發芽也。樹幹歧曲者多雄，其花柔荑，穗長三四寸。雌花如球，花後生棘毛，晚秋長熟，必自開裂。木質灰色，而稍粗糙，然堅硬能耐水濕，若在土中，歷久不朽，造作檯椅等器，堅實耐久。

清 郝懿行《寶訓·果實·栗》 《夏小正》：八月栗零。註：零者，降也。零而後取之，故不言剥也。《韓詩》曰：東門之栗，有靖家室。註：靖，善也。言東門栗樹之下有善人。《西溪叢話》：釋貫休詩云：「栗不和皺落。」又云：「新蟬避栗皺。」皺即栗蓬也。【略】《説文》：亲。註：今《五經》皆作榛。左思《蜀都賦》：樼栗罅發。註，樼同榛。《詩》曰：「山有蓁，《詩義疏》云：蓁，栗屬。或從木，有兩種。」

清 李鴻章 光緒《畿輔通志·果屬·栗》 栗：燕秦千樹栗。《史記·貨殖傳》幽州土貢栗。《唐書·地理志》廣信軍貢栗。《宋史·地理志》薊州産栗。《金史·地理志》固安之栗，天下稱爲御栗。《括地志》五方皆有栗，惟漁陽范陽栗甜美，長味。《蟲魚草木鳥獸疏》中山好栗，地産，不爲無珍。《冀州論》北燕薦朔濱之巨栗。王逸《荔支賦》良鄉，燕山屬邑，驛中供金栗、梨、天庄子，皆珍果。又有易州栗，甚小而甘。《石湖集》栗園在固安縣界，北魏孝昌三年，上谷賊杜洛周遣其黨曹紇真掠薊州南幽州，刺史常景遣將干榮擊破之於栗□是也。《方輿紀要》燕山栗，小而味甘。《本草圖經》蘇頌曰：范陽栗，甘美味長，他方者不及也。《本草綱目》幽州棗栗千，子可食數口。《石□記》北地所産，小者爲勝。《羣芳譜》燕京肆市及秋，以錫雜石子曝之，比南中者差小，而味頗甘。《析津日記》今京師炒栗最佳，四方皆不能及。《陔餘叢考》

清 長順《吉林通志·果樹屬·栗》 栗可炊食之有數種。大者爲板栗，稍小者爲山栗。小如橡子者爲莘（亲）栗，小如指頂者爲茅栗。《本草綱目》今北地出者，實小而味佳。《盛京通志》

清 長順《吉林通志·果樹屬·烏禄栗》 烏禄栗。似橄欖，緑皮，小核，味甘而鮮，木本小樹也。《寧古塔紀略》

清 陳昌齊 道光《廣東通志》卷九五《果類·石栗樹》 石栗出仁化，他處無也。《猗覺寮雜記》

清 何剛德《撫郡農産攷畧·栗》 栗俗謂之大栗，以其大於茅栗也。苞生，外壳，刺如蝟毛。栗在壳内色白，開壳墜地，色近朱墨。或三瓣，或二瓣，亦有獨股者。每瓣外包小壳，壳之内，實之外，尚隔薄膜，色紅而黑，外毛内亮。臨邑之營山、崇邑縣城及九都枯樹下，陽陂皆樹栗，樂邑亦有之。　天時：栗種二月生芽，每年清明發葉，四月開花，黄白色，八月結實，九月實熟，苞漸裂口，風吹自墮。開花時忌狂風大雨，花英殘落不能結實。　地利：燥濕沙土均宜，崇邑多種於園圃内。　人事：栗種須由樹摘下開口毛核，勿令鬆瓣，用篾籮藏貯，毋受風。次年春間，核自開口萌芽，種入土，芽口務須向下，以期芽根入土漸長，樹高數丈，閲數十年，根下之瓣尚在。若移栽時，悮掐落根下之栗瓣，他日樹雖長成而不結實。故諺云：「栗樹子，不離母。」樹高三四尺，取生子樹枝接之，結實多而大。栗實收歸，須懸空處，令風吹乾，可數日不爛，若俟苞微開時擊下，留外苞，用籮藏貯，則過冬不壞。畏酒氣，近酒即變味，醉人持竿擊栗，則此後全樹之栗皆帶酒味。《授時通考》：「種時芽口向上。」《種樹書》：「采栗時要得披殘，明年其枝葉益茂。」　物用：栗樹大者，一株可得栗四五十斤，小者十餘斤或僅數斤。

每百斤值錢三千餘。崇邑價較賤，樂邑尤賤。栗粉每斤值錢一百七十文。銷售南昌各處。《客燕雜記》：「栗生食則動氣，熟食則滯氣，唯曝乾或火煨汗出食之良。」其外層毛殼煮汁和墨染衣，作朱墨色；伏天煎湯服之，可去暑熱。

清 周魯《類書纂要》卷二九《果蔬類·栗》 榛栗，作于楚室，樹之榛栗。 東門栗，東門之栗有踐家室。 侯栗，山有嘉卉，侯栗侯梅。 隰栗，阪有漆，隰有栗。 練主，虞主用桑，練主用栗。 燕薦，西旅獻崑山之葡萄，北燕薦朔濱之巨栗。 秋實，貨見珍于有漢，木取貴于隆周，英肇萌于朱夏，實方落于素秋。 刺同拱棘，四時迭盛，百果呈芳，綠梅春馥，紅蓮夏香，何羣品之浮脆，惟此質之，久長。外刺同夫拱棘，内潔甚于米霜。 豐美，何根莖之豐美，嗟夭折以摧傷。 箕山伊，尹曰：果之美者，箕山之栗。 有巢氏，古者獸多民少，皆巢居以避，晝拾橡栗，夜栖樹上，故命曰有巢氏。 咽玉漿，老去自添腰脚病，山翁服栗舊傳方，客來爲説朝和晚，三咽徐收白玉漿。 羅生，山果多瑣細，羅生雜橡栗。 霜栗，酤酒提盤飲霜栗。 作粉，栗作粉勝干菱芡。 三時用，春秋冬三時祀，皆用栗。 如李，長慶三年十一月，成都栗樹結實如李。不取栗光武詔嚴遵詣行在，遇蜀郡獻橘栗，上賜公卿以下，使各以手所及取之。遵獨不取。上問之，對曰：君賜臣以禮，臣奉君以恭，今賜無所主，臣是以不敢取。 散栗，王泰幼敏悟，年數歲時，祖母散栗于家，羣見競採之，泰不取，人問其故。荅曰：不取當自得賜，中外皆異之。 朔濱巨栗王，逸賦云：元燕薦朔濱。 中山好栗，何晏《九州論》。 上栗，出□韓國，大如鷄卵，味不美。 擲柱，初，劉秀之從叔穆之爲丹陽尹，與子弟宴廳事，前柱有一穿，穆之戲曰：汝等試以栗遥擲柱入穿者，後必得此郡，惟劉秀之栗獨入焉，後果驗。【略】 寸半栗，沈約嘗侍宴，會豫州獻栗，經寸半，奇之，帝問栗事多少，與約各疏所知，約少帝三事，約出，謂人曰：此公讓短不讓即羞死，帝以其言不遜，欲抵其罪，徐勉固諫，乃止。鳳冠栗謝玄卿遇神仙，設鳳冠栗以食。 籩實，《周禮》：饋食之籩其實栗。 女贄，《左傳》曰：女贄不過，榛栗束修。 桂陽栗，叢生大如柿。 漸栗虔州南有漸栗，形如棗核。 如拳，諸暨産，如拳之栗。【略】 茅栗，江南小栗也。

藝 文

《詩·小雅·四月》 山有嘉卉，侯栗侯梅。【略】山有蕨薇，隰有杞桋。

漢 蔡邕《蔡中郎集》卷四《胡栗賦》 人有折蔡氏祠前栗者，故作斯賦。 樹遐方之嘉木兮，于靈宇之前庭，通二門以征行兮，夾階除而列生。彌霜雪之不凋兮，當春夏而滋榮。因本心以誕節兮，挺青蘖之綠（緑）英，形猗猗以豔茂兮。似碧玉之清明，何根莖之豐美（兮），將蕃熾以悠長，適禍賊之災人（兮），嗟夭折目（以）摧傷。

陸玢《詠栗雜言》（宋 李昉《文苑英華》卷三二六引） 貨見珍於有漢木，取貴於隆周。葉肇萌於朱夏，實方落於素秋。委王盤雜椒糈，將象腐《初學紀》作席糅珍羞。

榛

綜 述

北魏 賈思勰《齊民要術·種栗第三八》 榛，《周官》曰：「榛，似栗而小。」《説文》曰：「榛，似梓，實如小栗。」《衛詩》曰：「山有榛。」，《詩義疏》云：「蓁，栗屬，或（所謂）從木。有兩種，其一種，大小、枝葉皆如栗，其子形似杼子，味亦如栗，所謂『樹之榛栗』者。其一種，枝莖如木蓼，葉如牛李色，生高丈餘，其核心悉如李，生作胡桃味，膏燭又美，亦可食噉。漁陽、遼、代、上黨皆饒。其枝莖生樵爇燭，明而無煙。」栽種與栗同。

宋 陸佃《埤雅》卷一四《榛》 榛，似梓，實如小栗，栗屬也。先王以爲女摯。《詩》曰「營營青蠅，止于樊，止于棘，止于榛」者，言圃有樊，園有棘，山有榛，明欲遠而止之彌遠也。又曰：「鳲鳩在桑，其子在梅，其子在棘，其子在榛」者，蓋先實者梅，後實者棘；先實者棘，後實者榛，故其序如此。亦其榛卑，小於棘，棘卑小於梅。《詩》以刺之，故每況愈下也。《賦》云：「榛栗罅發。」江南有小栗，謂之茅栗此讀「芧」爲「茅」之誤也。《莊子》曰：「狙公賦芧，朝三而暮四，衆狙皆怒。」芧，小栗也。

宋 蔡卞《毛詩名物解》卷五《釋榛》 榛，小木也，所以爲禮實則貴矣。植之榛、栗、椅、桐、梓、漆，先禮實而後工器也。然亦伐之以爲藩，則賤者，人之所忽而不治。「瞻彼旱麓，榛楛濟濟。」雖人所不治之材，然猶潤澤蕃息之盛者。非有陰陽和調自然之正氣而無所暴利，則萌孽莫之，遂達而有所夭折。雖然，二詩所以不同，何也？蓋衛國有狄人之敗，露居處於曹，無城市宮室。君臣上下，冠婚喪祭，無以爲禮實，則於是不可不先。周至太王傳世已久，德澤之加乎民，非特若不治之榛楛能濟，然盛也。故舉其微小者，則强大者可知矣。舉其人力不治者，則勤治者可知矣。二者之意不同，各有所當也。

明　宋詡《竹嶼山房雜部》卷九《樹畜部·樹類》　榛灌生。大葉。其實梂。實外有殼有皮，仁甘美。宜北地，南方間有之。子可種。

明　王象晉《群芳譜·果譜·榛》　榛，古作亲。生遼東山谷。樹高丈餘，子如小栗。李時珍曰：榛樹低小如荆，叢生。冬末開花如櫟。花成條下垂，長二三寸。二月生葉，如初生櫻桃葉，多皺文而有細齒及尖。其實作苞，三五相粘，一苞一實。實如櫟實，上壯下鋭，生青熟褐。殼厚而堅，仁白而圓，大如杏仁。亦有皮尖，然多空者。諺曰：十榛九空。陸璣《詩疏》云：榛有兩種：一種大小、枝葉、皮樹，皆如栗而子小，形如橡子，味亦如栗，枝莖可以爲燭。《詩》所謂「樹之榛栗」者也。一種高丈餘，枝葉如水蓼，子作胡桃味，遼代上黨甚多。久留亦易油壞。味甘平無毒，益氣力，實腸胃，調中不饑。健行甚驗。遼東榛軍行食之當糧，榛之爲利亦大矣。　種植，種榛與種栗同。

明　周文華《汝南圃史》卷三《榛》　榛，叢生。葉如麻而闊大。四月花開，色白如栗花。結實作毬，毬中有核，即榛也。核中有仁，白色，甘味，本出北地，今吳中園圃間有之。《齊民要術》曰：「《周官》曰，榛似栗而小。」《説文》曰：「榛似梓，實如小栗。」《衛詩》曰：「山有蓁。」《詩義疏》云：「蓁，栗屬。或從木。」有兩種，其一種大小枝葉皆如栗，子形似杼子，味亦如栗，所謂樹之蓁栗者。其一種枝莖如木蓼，葉如牛李色。生高丈餘。其核中（心）悉如李。生作胡桃味，膏燭又美，亦可食噉。漁陽、遼代、上黨俱饒，其枝莖生樵爇燭，明而無煙。栽種與栗同。按賈説，後一種即今所謂榛子也。《爾雅翼》曰：「鄭注云，榛似栗而小。關中鄜坊甚多。然則其字從秦，蓋此意也。」《邶詩》曰：「山有榛，云誰之思。西方美人，旱麓之。」《詩》曰：「瞻彼旱麓，榛楛濟濟。」説者以榛可爲贄，爲文事。楛可爲矢，爲武事。是不然，榛楛皆用之武事。《説文》：「榛，木也。一曰菆也。」《春秋傳》所謂「致師者左射以菆。菆蓋矢之善者」。《傳》云：「女贄不過榛栗棗，修則又兩者皆可用。」《本草》曰：「榛子味甘平無毒。主益氣力，寬腸胃，令人不饑，健行。生遼東山谷，樹高丈許，子如小栗。軍行食之當糧。中土亦有。」

明　慎懋官《華夷花木鳥獸珍玩考》卷二《榛子》　榛子生遼東山谷。樹高丈許，子如小栗。軍行食之當糧。中土亦有。

明　吳雨《毛詩鳥獸草木攷》卷一六《木攷·榛》　《邶風》曰：山有榛。《傳》：榛，木名。　榛，枝莖如木蓼。葉如牛李，四時不凋。高丈許。花紅色。子如小栗，核中悉如李，生作胡桃味，膏燭又美，亦可食噉，與栗無異，但差小正圓耳。軍行食之當糧。中土亦有，關中、鄜坊、漁陽、遼代上黨皆饒有。奥栗皆似栗子，圓而細，即榛栗也。陸璣云：栗屬，其子小，似柿子。表皮黑，味如栗是也。榛或作蓁。又云：榛有兩種。其一種，大小枝葉皆如栗，其子小，形如杼子。味亦如栗，所謂「樹之榛栗」者也。《蜀都賦》：欘栗罅發。注云：欘與榛同。《釋文》曰：榛木，叢生也，似梓，實如小栗。

清　郝懿行《寶訓·果實·榛》　《説文》：亲。註：今《五經》皆作榛。左思《蜀都賦》：欘栗罅發。註：欘同榛。《詩》曰：山有蓁。《詩義疏》云：蓁，栗屬。或從木，有兩種。《齊民要術》：栽種與栗同。

清　陳大章《詩傳名物集覽》卷一一《山有榛》　《朱傳》：榛似栗而小。《毛傳》：榛，木名。《説文》：亲，果實如小栗。榛，木也。今《書傳》通作榛。《詩·義疏》：榛，栗屬。有二種，其一種之皮葉皆如栗，其子小，形如杼子，表皮黑，味亦如栗，所謂「樹之榛栗」者也。其一種枝莖如木蓼，生高丈餘，作胡桃味，遼、代、上黨皆饒。《周禮·籩人》云：饋食之籩，其實榛。《曲禮》：婦人之摯，椇榛棗栗。《内則》：棗栗榛柿。《爾雅翼》：榛枝莖如木蓼，葉如牛李色，高丈餘，子如小栗，核中悉如李，胡桃味，膏燭又美，亦可噉。鄭注《禮》曰：似栗而小，關中鄜坊甚多，然則其字從秦，蓋此意也。又一種大小枝葉如栗，其子形如杼，味亦如栗，所謂樹之榛栗者，是大木，非榛楛之榛，若女摯則宜兩者皆可用。《本草圖經》：桂陽有亲而叢生，實大如杏子中仁，皮子形色，與栗無異，但差小耳。又有奥栗，皆與栗同，子圓而細。或云，即亲也。今此色惟江湖有之。《埤雅》：榛似梓，實如小栗，先王以爲女贄。賦云：榛栗罅發。江南有小栗，謂之芧栗。讀芧爲茅，誤也。《左傳》：女贄不過榛栗棗修，以告虔也。榛有臻至之義，栗有戰栗之義，棗有早作之義，修有修飾之義，皆以其名告己之虔共也。《通志》：榛有三四種，栗類也，似栗而小，正圓。李氏《本草》：榛樹低小如荆，叢生。冬末開花如櫟花，成條下垂，長二三寸。二月生葉，如初生櫻桃葉，多皺文而有細齒及尖。其實作苞，三五相黏，一苞一實。實如櫟，上壯下鋭，生青熟褐，殼厚而堅，仁白而圓，大如杏仁，亦有皮尖，然多空者。諺曰：十榛九空。久留亦易油壞，遼東軍行，食之當糧。《名物疏・說文》：以榛爲木，而亲爲果，然則「山有榛」之榛當作亲，而「樹之榛栗」宜爲榛矣。諸家皆云有二種，但莖如木蓼，既似櫟樹之形，子形如杼，復似櫟樹之實，羅氏以樹榛之榛爲大木，而所云生高丈餘者，又非小木，兩榛俱有實如栗，今之榛實，較胡桃與栗並自不同，未知何以別異。《廣要》曰：許慎以亲爲榛。張揖又云：辛栗也。《圖經》又以莘爲栗之一種，可見草木形質，易以相亂，但亲字從辛從木，責辛切，音臻。而《廣雅》作辛，失木字，《本草》及元恪諸家作莘，從草，至于陸佃云似梓，直認爲梓字，點畫間毫釐千里，誤人不小。張爾公云：亲榛宜合作一字，或傅會《說文》，以榛實當作亲，然則《曲禮》婦摯棋榛，《左傳》女贄榛栗，《周禮》籩實榛，皆木也，非果也。木豈可爲贄，豈可實籩乎。

清 吴其濬《植物名實圖考》卷三一《果類・榛》 榛，《開寶本草》始著録。《禮記》：女贄榛栗。《說文》作亲。《詩義疏》謂：有二種，遼東上黨皆饒。鄭注《禮》云：關中鄜坊甚多，今直隸東北所産極多，販市天下。《山西志》：出長治、壺關、潞城，而大同屬之，廣靈與宣化界産尤美。太原山阜間叢生，樹高丈餘，俱如李時珍所述。其實周匝有圓葉，似畫家作雲托日狀。殼甚堅，多不實，十榛九空，非虚語也。《爾雅翼》以鄜坊多産，遂謂其字從秦，以此不知。《說文》本作亲，假借作榛，而燕晉皆饒，何獨秦也。北人謂有鼠如鼦，聚榛爲糧，貯之穴中，山氓多掘取之，其即鼠果之類歟。

植物名實圖考・榛

清 鍾山逸叟《致富奇書》卷一 榛，多生葉如麻而闊大。四月開花，色白如栗花。結實作毬，毬中有核，即榛也。核中有仁，白色甘味。種法與種栗同。《本草》云：主益氣力，寬腸胃，令人不飢。生遼東山谷間，軍行食之當糧。

清 李鴻章 光緒《畿輔通志・果屬・榛》 榛大寧土産榛。《明一統志》馬志曰：榛生遼東山谷，樹高丈許，子如小栗，軍行食之當糧。李時珍曰：「遼代上黨甚多，久亦易油壞者也。」《本草綱目》鎮有禮鼠，冬取榛實爲糧，於穴中貯之，皆美好。價倍於常，山氓多掘取之。《黄花鎮記》今塞外多有之，實極美好。土人每收藏鬻於關内常山峪。《熱河志》

清 陳昌齊 道光《廣東通志》卷九五《果類・榛》 榛。桂陽有榛栗叢生，實大如杏子。《政和本草》 阿月渾子。一名胡榛子。徐衷《南州記》：無名木，生嶺南山谷。其實若榛子，號無名子，波斯家呼爲阿月渾子也。無名木皮。《海藻本草》：氣味辛温。《本草綱目》

藝 文

《詩・大雅・旱麓》 瞻彼旱麓，榛楛濟濟。

《詩・鄘風・定之方中》 樹之榛栗，椅桐梓漆，爰伐琴瑟。

核桃

綜 述

唐 段成式《酉陽雜俎》卷一九《蔓胡桃》 蔓胡桃出南詔，大如扁螺兩隔，味如胡桃，或言蠻中藤子也。

唐 劉恂《嶺表録異》卷中《山胡桃》 山胡桃，底平如檳榔，皮厚而堅，多肉少仁。内殼甚厚，須椎之方破。此南方出者，殊不見佳。

唐 劉恂《嶺表録異》卷中《偏核桃》 偏核桃，出畢占國，肉不堪食。胡人多收其核遺漢官，以稱珍異。其形薄而尖，頭偏如雀嘴。破之食其桃仁，味酸似新羅松子。性熱入藥，亦與北地桃仁無異。

唐 段公路《北户録》卷三《山胡桃》 山胡桃，皮厚底平，狀如檳榔，其仁如扶容頭，味次。陰平樂遊，胡桃别作杏膏香，但不耐停耳。《廣志》云：陰平胡桃皮脆，急投之即碎，其蝦蟇背見。柳世隆《謝樂遊胡桃》云：胡羯奔逃，吉之先見者也。鄭虔又云：山胡桃無穰，實心，磨之可爲印子。據説，即非南山中胡桃也。

唐 段公路《北户録》卷三《偏核桃》 占卑國出偏核桃，形如半月狀。波斯取仁食之，絶香美極。下氣力比於中夏桃仁，療疾不殊。《會最》云：偏桃仁，勃律國尤多。花殷紅色。郎中解忠順使安西，以蘿蔔插接之而生。桃仁肥大，其桃皮不堪食。解忠順郎中使安西，以異方枝插蘿蔔，至此皆活。又吐谷渾有桃，如一石甕大者。貞觀二十一年三月十一日，以遠夷各貢方物，其草木雜物有異於常者，詔所司詳録焉。華護獻馬乳蒲桃，一房長二尺，子亦稱大，其色紫。康國又獻金銀桃，詔令植於苑圃。

宋 宋維新《古今合璧事類備要别集》卷四五《果門・胡桃》 附 崧（松）子 《格物總論》：胡桃生北土，今陝洛間多有之。大株厚葉多陰。實青，皮有房，瓤白、味甘，殼薄者爲佳。食之令人肥健。秋冬熟時採之。又一種皮厚而堅底，斧搥之方破，此山胡桃也。崧（松）子二種，海崧（松）子生新羅，如小栗，三角，其中仁香美，東夷食之當果。雲南崧（松）子巴豆相似，其味不及也。

明 戴羲《養餘月令》卷一〇《核桃》 核桃，埋牛糞泥中種之。

明 宋詡《竹嶼山房雜部》卷九《樹畜部・樹類》 胡桃實有肉，核有仁，仁有皮，去肉用仁甘香。《博物志》張騫使外國還始得種。十月種子，宜大石重壓其根，使實生子不脱落。

明 李時珍《本草綱目》卷三〇《胡桃》 釋名：羌桃，《名物志》核桃頌曰：此果本出羌胡，漢時張騫使西域，始得種還，植之秦中，漸及東土，故名之。時珍曰：此果外有青皮肉包之，其形如桃，胡桃乃其核也，羌音呼核如胡，名或以此，或作梵書，名播羅師。

集解：頌曰：胡桃生北土，今陝洛間甚多。大株，厚葉多陰。實亦有房。秋冬熟時采之。出陳倉者，薄皮多肌，出陰平者大而皮肥，急捉則碎。汴州雖有，而實不佳。江表亦時有之。南方則無。時珍曰：胡桃樹，高丈許，春初生葉，長四五寸，微似大青葉，兩兩相對，頗作惡氣。三月開花如栗花，穗蒼黄色。結實至秋，如青桃狀。熟時漚爛皮肉，取核爲果。人多以櫸柳接之。案劉恂《嶺表録（異）》云，南方有山胡桃，底平如檳榔，皮厚而大堅，多肉少穰，其殼甚厚，須椎之方破，然則南方亦有，但不佳耳。

明 王象晉《群芳譜・果譜・核桃》 核桃，一名胡桃，一名羌桃。張騫自胡羌得其種，故名。樹高丈許，春初生葉，長二三寸，兩兩相對，厚而多陰。三月開花如栗，花穗蒼黄色。結實如青桃，九月熟。漚爛皮肉取核，内仁爲果。北方多種之。以殼薄仁肥者爲佳。味甘氣熱，皮澀仁潤。治痰氣喘嗽、醋心及厲風諸病。今往往以之下酒，則昔人所云食多動風動痰，令人惡心脱鬚眉，及同酒多食咯血者，妄也。或素有痰火積熱者，不宜多食耳。大抵留皮則消滯，去皮則養血潤血，微和鹽食更佳。大抵人之一身，三焦者，元氣之别使。命門者，三焦之本原。命門爲藏精繫胞之物，三焦爲出納腐熟之司。一以體名，一以用名。其體非脂非肉，白膜裹之，上通於腦，下通於腎，爲相火之主、精命之府，生人、生物皆因此出。核桃仁頗類其狀，而外皮水汁皆黑，故能通命門，利三焦，益氣養血，與破故紙爲補下焦腎命之要藥。夫命門氣與腎通，藏精血而惡燥，若腎命不燥，精氣内充，則飲食自健，肌膚自澤，腸腑潤而血脈通，此所以有黑髮、固精、調血、治燥之功也。上通於肺，而虚寒喘嗽除，下通於腎，而腰脚虚痛愈。内而心腹諸痛止，外而瘡痍腫痛散，稱爲要藥，不虚已。 種植，選平日實佳者留樹上勿摘，俟其自落，青皮自裂。又揀殼光紋淺體重者作種，掘地二三寸，入糞一碗，鋪片瓦，種一枚，覆土踏實，水澆之。冬月凍裂殼，來春自生。下用瓦者，使無入地直根，異日好移栽也。收藏以粗布袋盛，掛風面處，則不膩。收松子亦用此法。《便民圖纂》附録：山胡桃，底平如檳榔，皮厚而堅，多肉少仁，内殼甚厚，須椎之方破。此南方出者，殊不見佳。

明 周文華《汝南圃史》卷三《胡桃》 胡桃，一名核桃，又名羌桃。《博物志》曰：「張騫使西域還得胡桃。」實圓而青，如銀杏，剖之乃得核。核内有肉白色，肉外有膜黄色。有小者大者，有脱肉不脱肉者，味脆美與榛子相近。蓋佳果也。《圖經本草》曰：「胡桃生北土，今陝洛間多有之。大株厚葉多陰，實亦有房。秋冬時熟採之。性熱不可多食。初張騫植之秦中，後漸生東土。」《本草》曰：「胡桃味甘平，無毒。食之令人肥健、潤肌、黑髮，多食利小便，能脱人眉。外青皮，染髭及帛皆黑。其樹皮可染褐。其木春斫皮中出水，承取沐頭至黑。」《忠雅》曰：「力能銷銅。今試以其肉和錢同嚼，錢亦可噉。」又曰：「胡桃入火中燒，半紅埋灰中。經三五日不燼。」《山東通志》云：「胡桃出濟、兗、青三郡。青州者爲佳。今商賈販鬻，悉從彼。焙乾頗能致遠。吴中園圃間亦有之。樹亦易長，高至三五丈，下種可出，數年乃生。」《水雲録》曰：「種核桃，將桃平埋土中即生。若以尖縫向上，則水浸仁壞不生。接用本色。別有山核桃。」《八閩通志》云：「山核桃木高數丈，葉翠如梧桐。其實堅。」《三輔黄圖》謂之萬歲子。《北户録》曰：「山胡桃皮厚，底平，狀如檳榔。」又占卑國出偏核桃，形如半月狀。波斯人取食之，絶香美。

明　慎懋官《華夷花木鳥獸珍玩考》　胡桃，此果本出羌胡，漢張騫使西域還，始得其種，植之秦中後，漸生東土，故曰陳倉胡桃。薄皮多肌。陰平胡桃。大而皮肥，急捉則碎。江表亦嘗有之。南朝梁《沈約集》有《謝賜樂遊園胡桃啓》，乃其事也。今京東亦有其種，而實不佳，南方則無。

明　王世懋《學圃雜疏·核桃》　核桃　北果，而宜山種。吾地絶少，然亦可種。

明　方以智《物理小識》卷九《胡桃》　胡桃十月種，宜大石重壓其根使實，生子不脱落。其核外肉最爛手皮。其核分二瓣者山核桃也。占卑國出偏核桃，形如半月。

清　張宗法《三農紀》卷五《核桃》　核桃，《圖經》云：樹高丈許，春初生葉，長二三寸，兩兩對生，厚而多陰。三月開花成穗，收焯水浸可蔬。結實似梨狀，秋末杖下漚去外膚，收取内核，匕殼堅硬，上有皺紋，敲開内仁二瓣，中隔黄膜，仁形陷起，上有紫膜，脱之色黄白膏潤。《本草》云：羌桃。《方輿志》云：胡桃，始自漢張騫得種於羌胡。北産者佳，南産者差等。其木堅柔，造器甚良。　植藝：揀殼薄無紋者收作種，掘地一穴，深五六寸，入糞一碗，下鋪一瓦片，種一枚，覆土踏實，水澆之，自生用瓦片者使無定柢，異日好移栽也。法以實熟者埋濕土中，常澆水，使芽生方種。宜稀，每一穴一枚。每穴中先安(一)牛脊骨一節，着實于骨碗中，令芽在上，以土覆之，後結實肥大。但移種易活難長，惟點種者佳。于元旦日，或開花時，以斧順斫出汁則實不落。　收採：秋季果熟時或摘下，或杖敲積堆，微漚去皮取核爲果，晒乾停透風處可久。宜常晾，恐濕浥。否則，油膩，仁黑不堪食用。　本性：味甘、氣温，益水滋金。多食動痰動氣，同酒食令人路血素。有痰火及積熱者禁多食。《藥性註》云：留皮可消滿，去皮可潤血，微合鹽食則佳。　效方：風寒、無汗、發熱、頭疼，核桃肉連鬚葱、細茶、生薑各等分，水一杯煎七分熱服取汗。眼目昏暗，四月内取風落小桃，每日午食飽以無根水吞下數粒，偃臥覺鼻中有泥鯷氣效。食物醋心嚼核，生薑湯下。宋洪邁痰疾，上遣使令胡桃三枚，生薑三片臥時嚼服，即飲湯三呷，再嚼胡桃如前數，即静臥。如日服之，旦而疾消除。溧陽洪輯少子病喘甚危急，其妻夢神人授一方，服人參胡桃輯，急取煎湯一蜆殼忤飲之，即喘定。又剥皮服，喘復作，仍連皮服，信宿而愈。

清　鍾山逸叟《致富奇書》卷一　胡桃一名羌桃，又名核桃。出羌胡，故名之。漢張騫植之秦中，漸及東土，今陝洛間甚多。大株厚葉，多陰花，如栗花。實亦有房。秋冬時熟採之。出燕齊者，殼厚味澀，不脱肉。産荆襄者，殼薄味甘，脱肉。

清　汪灝《廣群芳譜》卷五九《果譜·核桃》　味甘氣熱，皮澀仁潤，治痰氣喘嗽醋心及厲風諸病。今往往以之下酒，則昔人所云食多動風動痰，令人惡心脱鬚眉，及同酒多食咯血者，妄也。或素有痰火積熱者，不宜多食耳。大抵留皮則消滞，去皮則養血潤血，微和鹽食更佳。能通命門，利三焦，益氣養血，與破故紙爲補下焦腎命之要藥。

清　吴其濬《植物名實圖考》卷三一《果類卷·胡桃》　胡桃，《開寶本草》始著録。北方多有之，唯永平府所産皮薄，謂之露穰。核桃木堅，作器物良。

植物名實圖考·胡桃

清 吴其濬《植物名實圖考長編・果類・胡桃》《開寶本草》胡桃味甘平無毒，食之令人肥健，潤肌黑髮。取瓤燒令黑，未斷煙和松脂研，傅瘰瀝瘡。又和胡粉爲泥，拔白鬚髮，以内孔中，其毛皆黑。多食利小便，能脱人眉動風，故也去五痔，外青皮染髭及帛皆黑。其樹皮止水痢，可染褐。仙方取青皮壓油，和詹糖香塗毛髮，色如漆。生北土，云張騫從西域還得種。將其木春，研皮中出水，承取沐頭至黑。《廣志》：陳倉胡桃薄皮多肌，陰平。胡桃大而皮脆，急捉則碎。《酉陽雜俎》：胡桃仁曰蝦蟆。樹高丈許。春初生葉，長三寸，兩兩相對。三月開花，如栗花，穗蒼黄色。結實如青桃，九月熟時漚爛皮肉，取核内仁爲果。北方多種之，以殼薄仁肥者爲佳。

清 陳憲舜《課民植牧講義稿・核桃》核桃，喬木，生長最速。夏天葉間綴黄花，結果如桃而緑色，漚爛皮肉，取核碎之，食其仁，内含有油，生食炒食俱佳，或榨仁取油，以製石鹼而塗器物，亦稱光澤。木質堅硬，造器極佳。種法不外實生、嫁接二法，收得全熟之實，埋藏土中，來年三月取出，於沃地離一尺下二核，淋水下肥之後，漸次生成樹秧。又明年春，於未發新芽之前，掘此樹秧，見命根太長，則剪短之，更植沃地，離二尺一株，至第四年乃植定處，離二丈四尺一株，待樹身徑約八分一寸，始可嫁接。

清 董輔辰《久營田輯要・雜植》核桃，一名胡桃。葉長三寸，兩兩相對。三月花，九月子熟，漚去皮肉取核仁爲果。種植選實之佳者，留樹上，俟其自落，青皮自裂。又揀殼光紋淺者，掘地二三寸，入糞一碗，鋪瓦一片，種一枚，覆土踏實，水澆之。來春自生。下用瓦者，使根不深入，易於移栽也。

清 檀萃《滇海虞衡志》卷下《志果》核桃以漾濞江爲上，殼薄，可捏而破之。

清 郝懿行《寶訓・果實・胡桃》《博物志》：張騫使西域還得胡桃。《名物志》謂之羌桃。《酉陽雜俎》：胡桃，人曰蝦蟆瓜，瓠子曰犀。《格物論》：味甘殼薄者佳，食之令人肥健。案：多食恐發熱。《羣芳譜》：宋洪邁有痰疾，上諭令以胡桃肉、生薑臥時嚼服，數次即愈。晉鈕滔母《答吴國書》：胡桃本生西羌，外剛樸内柔甘，質似古賢，欲以奉貢。陳氏《花鏡》：下種，須擇其佳。

清 李鴻章 光緒《畿輔通志・果屬・羌桃》羌桃。一名胡桃，北方多種之，以殼薄仁肥者爲佳。《羣芳譜》蘇頌曰：胡桃生北土。《本草綱目》王平曰：山坳多核桃。《長安可遊記》北果，而宜山種。《學圃餘疏》宋楊萬里《核桃詩》：三韓萬里半天松，方丈蓬萊東復東。珠玉鏈成千歲實，冰霜吹落九秋風。酒邊脂膊牙車響，座上須臾漆檑空。新果新嘗正新暑，繡衣使者念山翁。

清 長順《吉林通志・果樹屬・核桃》核桃，吉林用以充貢。《竹葉亭雜記》又一種山核桃，生楸樹上，形似胡桃而長，殼堅厚，肉味頗勝。《盛京通志》

文官果

綜　述

明 慎懋官《華夷花木鳥獸珍玩考・文官果》出青州德州。四稜，内有仁如螺，外蔽以房。唐德宗出狩，道旁有以是果獻者，遂官其人。故名。或曰：其種類自文官得之。

清 陳淏子《花鏡》卷三《花果類考・文官果》文官果産於北地，樹高丈餘，皮粗多礧砢，木理甚細。葉似榆而尖長，周圍鋸齒紋深。春開小白花成穗，每瓣牛微凹，有細紅筋貫之。蒂下有小青托，花落結實，大者如拳。一實中數隔，間以白膜，仁與馬檳榔無二，裹以白軟皮，大如指頂，去皮而食其仁甚清美。如每日常澆，或雨水多則實成者多。若遇旱年，則實秕小而無成矣。

清 汪灝《廣群芳譜》卷六七《果譜・文官果》其果一苞，中藏多子，子多白色。紋旋轉如卷蕉，味甘香如嫩蓮菂。

清 吴其濬《植物名實圖考》卷三一《果類・文冠果》《救荒本草》：文冠果生鄭州南荒野間。陝西人呼爲崖木瓜。樹高丈許，葉似榆樹葉而狹小，又似山茱萸葉，亦細短。開花彷彿似藤花，而色白，穗長四五寸。結實狀似枳殼，而三瓣中有子二十餘顆，如肥皂角子。子中瓤如栗子，味微淡，又似米麪，味甘可食。其花味甜，其葉味苦，採花煠熟，油鹽調食，或採葉煠熟，水浸淘去苦味，亦用油鹽調食，及摘實取子煮熟食。

植物名實圖考・文冠果

清　謝堃《春草堂集・花木小志・文官果》　此果狀如銀杏，花色純白。然銀杏不可生食，此果生食，其味若新蓮實，産齊魯者佳。

清　李鴻章　光緒《畿輔通志・果屬・文官果》　北方有文官果，如小栗之乍乳，而加嫩似蓮實之，初目而尤甘。咀則雪甜徧貝，含則露醴廣長。加以房中心密若規楊梅之通體。横陳室内，神清如誚荔子之將膚都豔。誠山中之白雪，亦寰宇之介士也。《閩小紀》形如無花果，肉味如栗，五月成熟，出景州。《羣芳譜》國朝・郭棻《文官果詩》：大于椰子翠于玕，密葉繁花鳥不殘。豈有蕉心抽緣卷，遂同虬鬣拜蒼官。落霞影裏珠千綴，曉色林中玉一攢。倘遇好文如漢武，凌雲應作上林看。

榧

綜　述

宋　謝維新《古今合璧事類備要别集》卷四五《果門・榧子》《格物總論》：榧子樹生實有皮殼，肉黄白，味甘無毒。主五痔，去三蟲。産信州玉山縣，以懷玉得名。熟之時每一樹可下數十斛。

宋　寇宗奭《本草衍義》卷一五《榧實》　榧實，大如橄欖，殼色紫褐而脆，其中子，有一重粗黑衣，其仁黄白色，嚼久，漸甘美。五痔人常如果食之愈，過多則滑腸。

明　宋詡《竹嶼山房雜部》卷九《樹畜部・樹類》　榧，實有肉殼皮仁，用仁。東坡云，玉山果。《本草》云，去三蟲。木大甚，材爲器，甚滑。二月種子。

明　王象晉《群芳譜・果譜・榧》　榧，一名玉榧，一名柀子，一名赤果，一名玉山果。生永昌，以信州玉山者爲佳，本地人呼爲野杉木。大者連抱，高數仞。雄者華而雌者實。其木形如栢木，理似松，細軟堪爲器用。葉似杉，冬月開黄圓花。結實如棗，核長如橄欖，無稜而殼薄，黄白色，其仁肉白，外有一層黑粗衣，小而心實者尤佳。一樹可下數十斛。味甘平濇無毒，治五痔，去三蟲。治咳嗽，助陽道，輕身明目。祛蠱毒鬼，疰惡毒，殺腹中大小諸蟲。煑素羹，味更甜美，同甘蔗食，其滓自軟。猪脂炒榧，黑皮自脱。性熱，同鵝肉食令人上壅，生斷節風，同菉豆食殺人，忌火氣。收藏以盛茶舊磁甕收之，經久不壞。欲種，以二月下子。

明　慎懋官《華夷花木鳥獸珍玩考》卷二《榧》　樹大連抱，葉密類杉實生，與橄欖同形。秋熟，色紫褐而脆。

清　周魯《類書纂要・果蔬類・榧子》　榧子樹大連抱，葉密類杉，實生與橄欖同形，秋熟，色紫褐而脆。

清　高士奇《北墅抱瓮録・榧》　榧木，紋理細緻，製器極雅。其葉類杉，黄花紫實，逃禪閣檐廊之下，偶得一本，結子甚多。舊有玉山果之名，殆以堅潤之性，比德於玉耶。

清　檀萃《滇海虞衡志》卷一〇《志果・榧》　榧實，一名玉山果，由坡公發明之也。《爾雅》柀，煔。柀轉爲棐，棐轉爲榧。煔省爲杉，其有實也，曰榧子。《陶公别録》曰：榧實生永昌，柀子生永昌山谷。予于滇筵每食榧子，詢之，則自永昌販來者也。其木栢本，杉葉而松理，肌細軟，堪爲器用。乃思古人之棐几，用此木爲之也。實殼薄，不似松子堅硬，可生啖，亦可焙。收一樹可收數十斛，江西玉山有之。能治小兒蟲疾。坡公詩：「彼美玉山果，餐爲金盤實。駈出三彭蟲，已我心腹疾。」玉山果由此名也。柀葉似杉，絶難長結榧實，而木理有文采，爲特異杉耳。金沙江峒板，皆杉板也，想即柀木也歟。柀生于荒谷，人跡罕到，鋸其板内？有龍腦香，則其外之發爲榧子，歲收數十斛，又何足奇。以江鄉習見之木料，絶不經意，今乃于邊遠紀載而得之，甚哉。爲學之道，不可不隨處留心也。

清 吴其濬《植物名實圖考》卷三五《果類・榧實》 榧實，《别録》下品。樹似杉，實青時如橄欖，老則黑。玉山與浙江交界處多種之。

植物名實圖考・榧實

清 周魯《類書纂要》卷二九《果蔬類・榧子》 玉山果，彼美玉山果，餐爲金盤實。石乳根其中一樹斷崖直，石乳蔭根多歲寒。玉榧斷腸吴姬指如笋，欲剥玉榧將何如。

藝文

宋 劉子翬《答人寄榧》 老坡文中吼鬭聲，凜凜常如對英峙。琅然諷詠興凌雲，瞠若追攀顙流泚。玉山妙唱久寂寥，可與言詩有我子。裁箋遠餉風露新，坐我千尺黄山底。初挼玄殼出冰霜，小嚼清香泛牕几。已輕魏帝眠蒲萄，肯許唐賢魁緑李。極知入口無正味，苦淡酸甘各矜美。不經真識爲品題，此物初焉幾不齒。青青有用拔蒿萊，白粲無酬腐糠粃。士懷瓌瑞勿自神，邂逅飛沉同一理。子才超然會曄然，外澤中貞期是似。味果固已驅煩邪，味道更須淪骨髓。

宋 葉適《蜂兒榧歌》 平林常榧啖俚蠻，玉山之産升金盤。其中一樹斷崖立，石乳蔭根多歲寒。形嫌蜂兒尚麤率，味嫌蜂兒少標律。昔日取急欲高比，今我細論翻下匹。世間異物難並兼，百年不許贏栽添。餘甘何爲滿地澀，荔子正復漫天甜。浮雲變化嗟俯仰，靈芝醴泉成獨往。後來空向玉山求，坐對蜂兒還想像。

桄榔

綜述

唐 段成式《酉陽雜俎續集》卷一〇《桄榔樹》 古南海縣有桄榔樹，峯頭生葉。有麪，大者出麪百斛，以牛乳啖之甚美。

唐 劉恂《嶺表録異》卷中《桄榔樹》 桄榔樹 枝葉並蕃茂，與棗、檳榔等小異。然葉下有鬚如粗馬尾，廣人採之以織巾子。其鬚尤宜鹹水浸漬，即粗脹而韌，故人以此縛舶，不用釘線。木性如竹，紫黑色有文理而堅。工人解之以制博奕局。此樹皮中有屑如麪，可爲餅食之。案《政和本草》十四卷引此條。「以制博奕局」句下有「其木剛作鏺鋤，利如鐵，中石更利。惟中蕉椰致敗耳」四句。

唐 段公路《北户録》卷二《桄榔》 桄榔莖葉與波斯棗、古散古散堪爲柱杖。椰子、檳榔小異，其木如莎樹皮、穰木皮，出麪可食。《廣志》云莎樹出麪。《華陽國志》云：郡少穀，取桄榔麪以牛酪食之。《吴録地志》云：交趾望縣有穰木，皮中有如白米屑者，乾擣之，水淋，似麪可作餅。《臨海志》：桄榔木作鋘鋌利如鐵，中石益利，唯中蕉根致敗，物之相伏，如此。皮中有如米粉，中作餅餌會最。又云，都句樹似栟櫚，木中出屑如麪可啖。出交州。《洛陽伽藍記》云：昭儀寺有酒樹、麪木，得非桄榔乎？《南史》云：扶南國有酒樹似安石榴。採其花汁停著瓮中數日成酒，醉人也。木理有文，堪爲握槊局。《兼石苑》云：其戲阿育王弟善客造，梁天監中始來中土，然《雙六賦》云：諸葛恪開館延賓分曹並戲，此則吴時已有，賦内警句云：若乃位占列星，城分偃月或七縱而七擒，或百犯而百伐。又崔令欽六，博云：握槊胡戲，後魏等《術藝傳》云：胡王有弟一人遇罪，將殺之，弟從獄中爲此戲以上之，意言，孤則易死。其後遂入中國，世宗以後大盛時，有趙國李幼序、洛陽丘阿奴皆善之。梁武謂之婆羅塞戲，胡謂六爲堰數二爲鷺鷺，今言握槊么么皆轉聲也。或妄云曹子建爲。蓋以俱是魏同得罪，於是事迹相似，因此，疑誤。其心似藤心，爲炙滋腴極美。其鬚可爲帚，香潤絕勝棕柟。《山海經》云一名栟櫚也。《書》云：縛唱國納縛伽藍唐，言新也有佛帚，迦奢草作也。郭義恭又云：醜尉叟可爲帚。《陶勝力集記》：説鳥帚一名豐賢當。

元 胡古愚《樹藝篇・木部・桄榔》 桄榔樹似栟櫚樹。其皮可作綆，得水則柔韌，胡人以此聯木爲舟。皮中有屑如麵，多者至數斛，食之與常麵無異。木性如竹，紫黑色，有文理。工人解之以製奕枰。出九真交阯。《南方草木狀》 桄榔樹似椶櫚而高大，外堅中虛，斫其間有麵。子作穗生，木端葉下有鬚。木紫黑色，有文理，可以製器。《八閩通志》郡人方明之詩云：「密葉剪開青鳳尾，柔條綴盡碧龍鬚。」同上□化 桄榔樹類紵櫟，樹樹抄挺出數枝，每枝必綴青珠數條，每條不下百余顆，計一樹可得青珠百余條。團團：懸掛，若傘蓋然，可爱也。其木最重，番舶用爲鎗，以代鐵。其鍾重鋒鋩，侔於鐵也。色類花梨而多紋綜。《海槎餘録》 桄榔木身直如杉，又如棕櫚，有節如大竹，一幹挺上，高數丈，開花數十穗，緑色。《桂海虞衡志》 桄榔莖葉與波斯棗、古散、古散堪爲拄杖。椰子、梹榔小異。其木如莎樹皮，釀木皮出麵可食。《洛陽伽藍記》云，昭儀寺有酒樹麪木，得非桄榔乎？其心爲炙，滋腴極美。《北户録》 桄榔樹如棕櫚樹而葉長，結子纍然，一名桄榔竹。《廣州府志》 桄榔木廣南皆有之，可爲拄杖，其株徹頂而後有葉。又夜郎句町有桄榔木，可爲麵。註：桄榔木外皮有毛似棕櫚，而生其木剛利，木中有屑如麵，可食。皮襲美詩：清齋浄溲桄榔麵。《霏雪録》《圖經》説：桄榔木，牛嶺南山谷，今二廣州郡皆有之，人家於庭除間。其木似栟櫚而堅硬，斫其間有麵，大者至數石，食之不飢。其皮至柔堅韌，可以作綆。其子作穗生木端，不拘時月採之。桄榔此樹，廣東多，本地間有之。《宋志》謂葉似竹，有節殊孟浪。《本草》謂木性似竹者，近之大槩，其樹與棕櫚相類，葉在樹端，其子作穗生。木最堅硬，斫之，其中有麪可食。皮可爲綆，廣人取其鬚作巾或用以縛船，及鮮其木以爲博奕局。《圖經》又以其木作鋤，利如鐵，中石更利，惟中蕉根則破。物性相制伏有如此。《興化府志》

明 慎懋官《華夷花木鳥獸珍玩考・桄榔樹》 古南海縣有桄榔樹，峰頭生葉。有麪，大者出麪乃至百斛，以牛乳啾之甚美。

清 吴其濬《植物名實圖考・果類・桄榔子》 桄榔子，《開寶本草》始著録。一名麪木，廣中有之。木爲車轅不易折。以爲箭，鏃中人則血沸。

植物名實圖考・桄榔子

清 陳憲舜《課民植牧講義稿・桄榔》 此樹中空有粉，點子必生，至樹如碗大，則葉下有鬚如馬尾，得鹽水浸過，即粗脹而韌，可爲棕繩、纜索、紗帽等用。入夏開黄花，九、八月結子如指頭大，生於葉端，至來年二月成熟。樹胸有粉，一樹小者數斗，大者數石，以之煑粥作餅，細膩可口。木則紋理細膩，大者可爲轎杠，小可作抱柱對等。

清 屈大均《廣東新語》卷二五《木語・桄榔》 桄榔。似椶櫚而多節，巨者徑二三尺，幹長五六丈，至杪乃柯條相比。葉生於杪，不過數十百葉，葉下有鬚，長短如鹿馬尾，微風動之，蕭疏可愛。花開成穗，緑色。子如青珠，每一樹輒有青珠百餘條。鬚多於葉，珠又多於鬚，風飄颺之，若水簾繽紛而下垂也。廣人遇旱，每以其珠結香亭，舁之祈禱，謂可致雨。子紅熟者，連瓢食之，頗甜。皮中有白粉曰桄榔麵，故海南人有「檳榔爲酒，桄榔爲飯」之語。其心似藤心，以爲炙亦滋腴極美。南方奇木故多，椶蕉本而皆可食，桄榔蓋其一云。桄榔一名麵木，語云「毋言天涯可以爲家。食有麵木，飲有酒花」，謂此木。色類花梨而多綜紋，珠暈重重，紫黑斑駁，可以車鏇作器。鬚可織巾及掃帚，肌甚剛，可作鋘鋤及鎗以代鐵，番人多用之。下四府人以其小者爲屋椽，爲梁柱，然多空心，與檳榔、椰、蒲葵三種皆號「木中之竹」。檳榔葉小椰葉大，二種取其實，桄榔取其材，蒲葵取其葉。一種南椰，取其粉，皆南天之奇植也。諸祠宇多植桄榔、蒲葵、木棉。佛寺多植菩提，里社多榕，池塘堤岸多水松，荔支。廣州訶林舊多訶子、頻婆，其菩提樹植自蕭梁年間，爲諸寺菩提之祖。南海廟波羅蜜樹亦爲十郡波羅蜜祖。廣州屯田道署有梡樹，若榕非榕，榕冬時葉不萎落，梡則盡落。亦數百年物，爲諸梡之祖。故廣州城中老樹以訶林菩提及此梡並稱，而桄榔則最古者少矣。

清 陳昌齊 道光《廣東通志》卷九六《木類・桄榔樹》 桄榔樹。枝葉並蕃茂，葉下有鬚如粗馬尾，廣人採之以織巾子，其鬚尤宜，鹹水浸漬即粗脹而韌，故人以此縛舶，不用釘線木。性如竹，紫黑色，有文理而堅，工人解之以制博奕局。此樹皮中有屑如麫，可爲餅食之。《嶺表録異》桄榔木似椶櫚，有節如大竹，青緑聳直，高十餘丈。有葉無枝，蔭緑茂盛。結子葉間，數十穗下垂，長可丈餘，翠緑點綴，有如纓絡。其根皆細鬚，堅實如鐵，鏇以爲器，悉成孔雀尾斑，世以爲珍木。身外堅内腐，南人剖去其腐，以爲盛溜，力省而工倍。溪峒取其堅以爲弩箭，沾血一滴則百裂於皮裏，不可撤矣。不惟其木見血而然，雖木液一滴著人肌膚即徧身如鍼刺，見殆，木性攻行於氣血也。《嶺外代答》

附：欀木

綜述

明 慎懋官《華夷花木鳥獸珍玩考》卷二《欀木》 欀木，樹皮中有如白米屑者，乾擣之，以水淋之，可作餅似麵。交趾盧亭有之。

明 慎懋官《華夷花木鳥獸珍玩考》卷二《莎木》 莎木，謹按《蜀記》云：生南中八郡。樹高數十餘丈，闊四五圍，葉似飛鳥翼。皮中亦有麵，彼人作餅食之。《廣志》云：作飯餌之，輕滑美好。白勝桄榔麵，味平温無毒，主補虚冷消食。彼人呼爲麨麵也。

清 吴其濬《植物名實圖考》卷三五《木類・莎木》 莎木，《本草拾遺》始著録。木皮内出黄色麫，生嶺南。具詳《海藥》。字本作麨。李時珍據《唐韻》作莎，以爲即欀木。又以《交州記》「都句樹出屑，如桄榔麫，可作餅餌」，恐即此欀木。今瓊州謂之南榔。

植物名實圖考・莎木

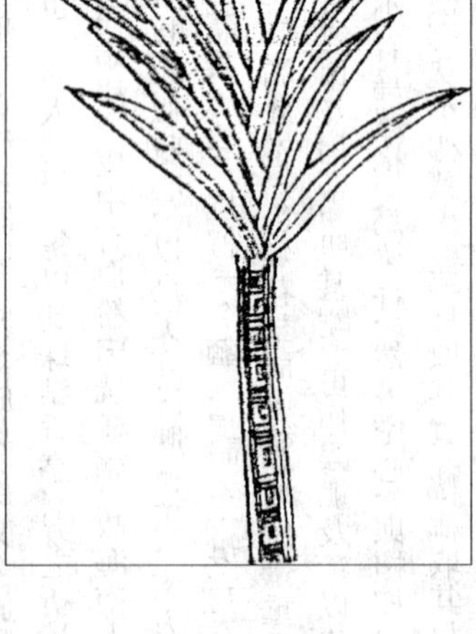

清 陳昌齊 道光《廣東通志》卷九六《木類・莎木》 莎木，生嶺南山谷。大者木皮内出麫數斛，色黄白。

梅

綜述

《爾雅・釋木》梅，柟。郭璞註：似杏，實酢。柟音南。

爾雅・梅

《爾雅·釋木》時，英梅。郭璞註：雀梅。

爾雅·時

三國吳　陸璣《毛詩草木鳥獸蟲魚疏》卷上《摽有梅》　梅，杏類也。樹及葉皆如杏而黑耳。（曝）乾爲腊，置羹臛（齏）中，又可含以香口。《初學記》梅引

北魏　賈思勰《齊民要術·種梅杏第三六》　《爾雅》曰：「梅，枏也。時，英梅。」郭璞注曰：「梅，似杏，實酢。」「英梅，（未聞）」。《廣志》曰：「蜀名梅爲藤，大如雁子。梅杏皆可以爲油脯。黃梅以熟藤作之。」《詩義疏》云：「梅，杏類也。樹及葉皆如杏而黑耳。實赤於杏而醋，亦生噉也。煑而曝乾爲工蘇，置羹、臛、齏中，又可含以香口。亦蜜藏而食。」《西京雜記》曰：「（侯）梅、朱梅、同心梅、紫蔕梅、燕脂梅、麗枝梅。」按梅花早而白，杏花晚而紅，梅實小而酸，核有細文，杏實大而甜，核無文采。白梅任調食及齏，杏則不任此用。世人或不能辨，言梅、杏爲一物，失之遠矣。《廣志》曰：「滎陽有白杏，鄴中有赤杏，有黃杏，又有柰杏。」《西京雜記》曰：「文杏，材有文彩。蓬萊杏，東海都尉于台獻，一株花雜五色，云是仙人所食杏也。」　栽種與桃李同。　作白梅法：梅子酸。核初成時摘取，夜以鹽汁漬之，晝則日曝。凡作十宿、十浸、十曝便成矣。調鼎和齏，所在多（入）也。　作烏梅法：亦以梅子核初成時摘取，籠盛，於突上薰之，令乾，即成矣。烏梅入藥，不任調食也。　《食經》曰：「蜀中藏梅法：取梅極大者，剥皮陰乾，勿令得風。經二宿，去鹽汁，內蜜中。月許更易蜜。經年如新也。」　作杏李麨法：杏李熟時，多取爛者，盆中研之，生布絞取濃汁，塗盤中，日曝乾，以手摩刮取之，可和水爲漿，及和米麨，所在入意也。　作烏梅欲令不蠹法：濃燒穰，以湯沃之，取汁。以梅投之，使澤，乃出蒸之。　《釋名》曰：「杏可以爲油。」《神仙傳》曰：「董奉居廬山，不交人，爲人治病不取錢，重病得愈者，使種杏五株，輕病愈，爲栽一株。數年之中，杏有十數萬株，鬱鬱然成林。其杏子熟，於林中所在作倉。宣語買杏者：『不須（來）報，但自取之，（具）一器穀，便得一器杏。』有人少穀往，而取杏多者，即有五虎逐之。此人怖遽擔傾覆，所餘在器中，如向所扶持穀多少。虎乃還去。自是以後，買杏者皆於林中自平量，恐有多出。奉悉以前所得穀，賑救貧乏。」《潯陽記》曰：「杏在北嶺上，數百株，今猶稱董先生杏。」（《嵩高山記》曰：「東北有牛山，其山多杏。至五月，爛然黃茂。自中國喪亂，百姓飢餓皆資此爲命，人人充飽。」　史游《急就篇》曰：「園菜果蓏助米糧。」按杏一種，尚可賑貧窮，救飢饉，而況五果，蓏，菜之饒，豈直助糧而已矣。諺曰：「木奴千，無兇年。」蓋言果實可以市易五穀也。）　杏子人，可以爲粥。多收賣者，可以供紙墨之直也。

宋　陸佃《埤雅》卷一三　梅，一名柟，杏類也。其實酢，子赤者材堅，子白者材脆。華在果子華中尤香。俗云：「梅華優於香，桃華優於色。」故天下之美，有不得而兼者多矣。若荔枝無好華，牡丹無美實，亦其類也。《記》曰：「蘡其窮與，梅先桃李而華，女失婚姻之時。」則感巳之不如亦。梅華雖先桃李，然其著實乃更在後，則婚姻之年或未慊也。故詩人以興焉。《詩》曰：「摽有梅，其實七兮。摽有梅，其實三兮。摽有梅，頃筐塈之。」言梅盛極而落，存者十七已，而十三則已失婚姻之時矣。頃筐塈之，則婚姻尤晚矣，得及男女之時而已。蓋始於季秋終於仲春者，婚姻之時也。三十而娶，二十而嫁者，男女之時也。《周南》婚姻以時，《召南》則男女得以及時而已。且及者，汲汲之詞，此其所以淺迫而爲《召南》。然則魯衛之政兄弟也，周召之化其父子歟？《詩》曰：「墓門有梅，有鴞萃止。」言墓門之隧，既非梅之所宜生，而鴞之爲物，食甚而甘之以自美，非梅之所能養而美之者也。猶之陳佗無良師，傅養成其質以至於不義。且鴞所鳴，民有禍，則惡加於萬民之譬也。今江、湘、二浙，四五月之間，梅欲黃落，則水潤土溽，礎壁皆汗，蒸鬱成雨，其霏如霧，謂之「梅雨」，沾衣服皆敗黦。故自江以南，三月雨謂之「迎梅」，五月雨謂之「送梅」。轉淮而北則否，亦梅至北方多變而成杏。故人有不識梅者，地氣使然也。《傳》曰：「五月有落梅風，江淮以爲信風，亦華信風之類。」賈思勰曰：「按梅華早而白，杏華晚而紅。梅實小而酸，杏實大而甜。梅可以調鼎，杏則不任此用。世人或不能辨，言梅杏爲一物，此則北人不識梅也。」《詩》曰：「終南何有，有條有梅。君子至止，錦衣狐裘。」條，柚也。蓋柚渡淮而爲枳，梅變而

成杏。今終南之所生有條有梅，而材實成焉，則山之所以美化乃在乎此。以譬，則人君之道化也。《書》曰：「若作酒醴爾惟麴糵，若作和羹爾惟鹽梅。」蓋□而始之者麴糵也，調而成之者鹽梅也。高宗之於傅説《始命之》曰：「用汝作礪。」言命汝作此而已。所謂「格則庸之者也。」《終命之》曰：「爾惟麴糵，爾惟鹽梅。」則其所以待之厚矣。蓋麴糵所以作酒故也，鹽梅所以作和羹故也。《七命》云：「燀以秋橙，酤以春梅。」正言春梅者，春實尚青，味酢故也。《淮南子》注曰：「一梅不足爲百人酸」，喻少不能有所勝。故曰：「金重於羽者，豈謂一鉤金與一輿羽之謂哉？」舊説，大庾嶺上梅，南枝落北枝始華。故文二人向陽爲从，向陰爲比。士之趨嚮不可不慎也。

宋 謝維新《古今合璧事類備要別集》卷四一《果門・梅子》 《格物總論》梅子大者如小兒拳，小者如彈丸，枝頭碧。顆初熟帶胭脂色，熟甚黄而隕。凡數種，一種負小鬆脆多液無滓者名消梅，一種結實多雙名重葉梅，一種一蒂結雙實名鴛鴦梅。又一種蠟梅亦生子者，名狗蝇梅，味酸甘，噉之過多能使人齒弱。人多用以煎造，最耐久藏。惟消梅不宜熟，亦不耐日乾，止堪青噉也。

元 胡古愚《樹藝篇・木部三・雀梅》 《爾雅》曰：時，英梅。註：雀梅。疏：時，一名英梅。郭云，雀梅而大者也。

明 宋詡《竹嶼山房雜部》卷九《樹畜部・樹類》 梅實青酢黄甘。花甚香。種有鶴頂梅實大而紅消梅實青可啖，雖酢甚鬆脆無滓。白花，重者小，單者大。冠城梅花白。實甚大，五月熟。時梅花白。實大，五月六月皆有。早梅花白。實四月熟。冬梅花白。實小，十月可用，用不能熟。緑萼梅花白萼緑。實大，五月熟。紅梅花紅，重葉二種，或結並蒂。小實不堪啖。方子通詩云：紫府與丹來換骨，春風吹酒上凝脂。韓无咎詩云：錯認夭桃有暗香。玉蝶梅春分前秋分後可接，接用桃杏體及其本體。

明 鄺璠《便民圖纂・種梅》 春間取核埋糞地，待長二三尺許移栽。其樹接以桃根，則實脆。若移大樹，則去其枝梢，大其根盤，沃以溝泥，無不活者。

明 王象晉《群芳譜・果譜・梅》 梅，似杏，一名藾。先衆木花。花似杏甚香，杏遠不及。老幹如杏，嫩條緑色。葉似杏有長尖，樹最耐久。實大者如小兒拳，小者如彈。熟則黄，微甘酸，可啖，古人用以薦饋食之籩。生純青，酸甚，多食泄津液生痰，損筋蝕脾，傷腎弱齒。爲脯含之口香，造煎堪久。性潔，喜晒，澆以塘水則茂，最忌肥水。子赤者材堅，白者材脆。種類不一。白者有：緑萼梅。凡梅花跗蒂皆絳紫色，惟此純緑。枝梗亦青，實大，五月熟，特爲清高，好事者比之九疑仙人。萼緑華，宋時京師艮嶽有萼緑華堂，其下專植此本，人間亦不多有，爲時所重。吴下又有一種，萼亦微緑，四邊猶淺絳，亦自難得重葉梅花頭甚豐，葉數層，盛開如小白蓮，梅中奇品也。結實多雙，尤異消梅花與江梅、冠城梅相似。實甘青，止可生啖，雖酢甚鬆脆，多液無滓。玉蝶梅，花甚可愛冠城梅實甚大，花重者實少，單者大。不宜熟，亦不堪煎造。時梅，實大，五六月熟。早梅，四月熟。冬梅，實小，十月可用，不能熟。紅者有：千葉紅梅，來自閩湘，故有福州紅、潭州紅、邵武紅等號。鶴頂梅，實大而紅。鴛鴦梅，多葉，花輕盈，葉數層。凡雙果必並蒂，惟此一蒂而結雙梅，尤異。雙頭紅梅，葉重，或結並蒂，小實不堪啖。杏梅，色淡紅，實扁而斑，味似杏。異品有：冰梅，實吐自葉罅，不花，色如冰玉，無核，含之自融如冰。佳品也。墨梅，花黑如墨，或云以苦楝樹接者。他如千葉黄蠟梅、侯梅、朱梅、紫梅、同心梅、紫蒂梅、麗枝梅、臙脂梅尚多。今人争上重葉、緑萼、玉蝶、百葉、緗梅。賈思勰曰：按梅花白而早，杏花白而晚。梅實小而酸，杏實大而甜。梅可以調鼎杏則不任此用。乃知天下之美，有不得兼者。梅花優於香，桃花優於色，若荔枝無好花，牡丹無美實，亦其類也。梅實少，秫亦少。諺云：樹無梅，手無盃。接法：春分後接，用桃、杏體，杏更耐久。移種：去其枝，稍大其根盤、沃以溝泥即活。瓶插：醃肉滚汁徹去浮油，熱入瓶，插之可結實，煑鯽魚湯亦可。陳眉公云：以乾鹽貯瓶插梅，鹽梅相和，尤覺清韻，熱水插之，耐久。　製用：取大青梅以鹽漬之，日晒夜漬十晝十夜便成。白梅調鼎和虀所在任用。青梅籃盛，突上薰黑即成烏梅。以稻灰淋汁潤濕蒸過，則肥澤不蠹。亦可糖藏蜜煎作果用。笮汁晒收爲梅醬。夏月調水鮮渴，烏梅洗浄搗爛水煑滚，入紅糖，使酸甜得宜，水内泡冷，暑月飲甚妙。梅醬：熟梅十斤，爛蒸去核，每肉一斤，加鹽三錢，攪匀，日中晒，待紅黑色收起。用時加白豆蔻仁、檀香些少，飴糖調匀，服涼水極鮮渴。烏梅搗爛，加蜜適中，調湯微煑飲。水瀉發渴，梅加沙糖、薑米飲。冰梅丸治喉閉。五月五日合青梅二十箇，鹽二十兩。先於初一日醃至初五日，取梅汁拌白芷、羌活、防風、桔梗，各二兩，明礬三兩，猪牙皂角三十條，俱爲細末拌梅，磁瓶收貯。《居家必用》。糖脆梅：青梅每百箇，以刀劃成路，將熟冷醋浸一宿，取出控乾，別用熟醋調沙糖一斤半浸没入新瓶内，以箬紮口，仍覆碗藏地深一二尺，用泥上盖，過白露節取出換糖浸。《癸辛雜誌》云：折梅花插鹽中，花開酷有肥態，試之良然。已與家仲乙未正月十四舟過鍾賈山，大雪探梅，僧院僧出酒相餉，因論前事。僧言以醃豕滾汁熱貯瓶，梅卻能放葉結子。余始知古人鹽梅和羹，故自同調。（陳眉公）。冬月後，用竹刃取欲開梅蕊，上下蘸以蠟，投蜜缶中。夏天以熱湯就盞泡之，花即綻清香可愛。《山家清供》。一法：梅將開時，清旦摘半開花頭帶蒂置瓶中，每一兩用炒鹽一兩灑之，不可用手觸壞，以厚紙數重密封置陰處。次年取時，先置蜜於盞内，然後取花二三朵滾湯一泡，花頭自開，香美異常。《多能鄙事》。衣物爲梅雨所裛，梅葉煎湯洗。清水揉梅葉，洗焦葛衣，經夏不脆。　附録：茶梅花開十一月中，正諸花凋謝之候，花如鵝眼錢，而色粉紅，心黄，開且耐久，望之雅素。無此則子月虚度矣。

明　周文華《汝南圃史》卷三《梅》　梅，一名柟，杏之類。樹及葉皆如杏，樹比杏稍黑，葉比杏稍青。北人不識，故賈（思）勰曰：「梅花早而白，杏花晚而紅。梅實小而酸，核有文。杏實大而甜，核無文。梅任調食及齏，杏則不任此用。世人或不能辨，言梅杏爲一物，失之遠矣。」花香先百花開，結實至五月而熟。范石湖《梅譜》曰：梅天下尤物，無問知愚賢不肖，莫敢有異議。學圃之士必先種梅，且不厭多。又曰：梅以韻勝，以格高。故以横斜疏瘦與老枝怪奇者爲貴。其新接稺本，抽嫩枝直上，或三四尺，如酴醿薔薇類者，謂之氣條。此直宜取實規利，無所謂韻與格矣。又有一種糞壤力勝者，於條上茁短，横枝狀如棘鍼。花密綴之，亦非高品，其叙梅類。有江梅遺核，野生不經栽接者，又名直脚梅，或謂之野梅。凡山間水濱，荒寒清絶之趣，皆此本也。花稍小而疏瘦有韻，香最清，實小而硬。有早梅，花勝直脚梅，吴中春晚二月始爛熳，獨此品於冬至前已開，故得早名。錢塘湖上亦有一種尤開早，予嘗重陽日親折之。有横枝對菊開之，句行都賣花者争先爲奇。冬初折未開枝，置浴室中，熏蒸令拆强名早梅，終瑣碎無香。有官城梅，吴下圃人以直脚梅，擇他本花肥實美者接之，花遂敷腴，實亦佳，可入煎造。有消梅，花與江梅官城梅相似，其實圓小鬆脆，多液無滓，多液則不耐日乾，故不入煎造，亦不宜熟，惟堪青噉。有古梅，其枝樛曲萬狀，蒼蘚鱗皴封滿花身，又有苔鬚垂於枝間，或長數寸，風至緑絲飄摇可愛。有重葉梅，花頭甚豐，葉重數層，盛開如小白蓮，梅中之奇品。花房獨出而結實多雙，尤爲瑰異。極梅之變化，工無餘巧矣。有緑蕚梅，凡梅花跗蒂皆絳紫色，惟此純緑，枝梗亦青，特爲清高。好事者比之「九疑仙人蕚緑華」。又有一種蕚，亦微緑，四邊猶淺絳，亦自難得。有百葉緗梅，亦名黄香梅，亦名千葉香梅，花葉至二十餘瓣心色微黄，花頭差小而繁密。别有一種芳香，比常梅尤穠美，不結實。有紅梅，粉紅色，標格猶是梅，而繁密則如杏，香亦類杏。詩人有「北人全未識，渾作杏花看」之句。與江梅同開，紅白相映，園林初春絶景也。梅聖俞詩云：「認桃無緑葉，辨杏有青枝。」當時以爲著題。東坡詩云：「詩老不知梅格在，更看緑葉與青枝。」蓋謂其不韻，爲紅梅解嘲云。有鴛鴦梅，多葉紅梅也。花輕盈，重葉數層。凡雙果必並蒂，唯此一蒂而結雙梅，亦尤物。有杏梅，花比紅梅，色微淡，結實甚匾，有斕斑色，全似杏味，不及紅梅。《吴邑志》云：「梅花疏瘦有韻，山家多種之。光福山中尤多，花時香雪三十里，物外奇賞也。」又云：「梅子其味仍在，熟時青黄餖飣，歷時最久。」《埤雅》曰：「子赤者材堅，子白者材脆。」俗云：梅花優於香，桃花優於色，天下之美，不得而兼者。若荔枝無好花，牡丹無美實，亦其類也。今江湘四五月間，梅欲黄落，則水潤玉溽，礎壁皆汗，蒸鬱成雨，其霏如霧，謂之梅雨，沾衣服皆敗黦。故自江以南，三月雨謂之迎梅。五月雨謂之送梅。梅食之生津液，能止渴而損齒。《本草衍義》曰：「食梅則津液泄，木生水也。津液泄，故傷齒。腎屬水，外爲齒故也。」其熟者以火熏之，爲烏梅。以鹽殺之，爲白梅。其青者以糖和之，作糖梅。以蒜醋和之，作蒜梅。或又杵白梅和以紫蘇，作梅醬。古人用以調羹，疑即此也。《齊民要術》作白梅法，梅子酸核初成時摘取，夜以鹽汁浸之，晝則日曝。凡十曝十浸便成。調鼎和齏所在多入也。作烏梅亦以核初成時摘取，籠於突上薰之，令乾即成矣。烏梅入藥，不任調食也。春間取核埋糞地，待長二三尺許移栽。亦有野出者，必數年始著花。今人取佳種接桃樹上，或用本色，春秋皆可接。唯在春分前後則易活。二三年便有花，此捷法也。九月間用糞澆溉。又云：移大梅樹，去其枝梢，大其根盤，沃以溝泥，無不活者。或云：於苦楝樹上，則成墨梅。然詢之老圃，獨宜江梅，餘俱不然。《灌園史》曰：瓶中插梅花，將醃肉汁撇去浮油，入瓶插之，可至結實。或用煑鯽湯亦可。陳眉公曰：「以乾鹽貯瓶，插梅其中，鹽梅相和，尤覺清韻。」

明　徐光啓《農政全書》卷二九《樹藝》　梅，《爾雅》曰：梅，柟。時，英梅。郭璞注曰：梅似杏，實醋。英子，雀梅。《廣志》曰：蜀名梅爲蘛，大如鴈子。緑蕚梅、凡梅、花跗蒂皆絳紫色，惟此純緑，枝梗亦青。實大，五月熟，特爲清高。重葉梅，花葉數層，如小白蓮結實多雙。消梅，實圓鬆脆，多液無滓，落地必碎，惟有生噉，不入煎造。玉蝶梅，花甚可愛。冠城梅，實甚大，五月熟。時梅，實大，五六月熟。早梅，四月熟。冬梅，實小，十月可用，不待熟。千葉紅梅，出湘閩，有福州紅、潭州紅、邵武紅。鶴頂紅，實大而紅。鴛鴦梅，花輕盈，葉數層，凡雙果必並蒂，惟此一蒂而結雙梅。雙頭紅梅，葉重或結並蒂小實，不堪啖。杏梅，色淡紅，實扁而斑，味似杏。冰梅，實吐自葉罅，不花，色如冰玉無核，含之自融如冰。墨梅，花黑如墨，或云以苦楝樹接者。又有千葉黄臘梅、侯梅、朱梅、紫梅、同心梅、紫蒂梅、麗枝梅、胭脂梅、百葉梅、湘梅。梅花衆木而花，子赤者材堅，子白者材脆。接本葉皆如杏，實赤于杏而酸，亦生噉。《便民圖纂》曰：春間取核埋糞地，待長二三尺許，移栽。其樹接桃則實脆。若移大樹則去其枝，稍大其根盤，沃以溝泥，無不活者。接法，春分後用桃杏體，杏更耐久。《梅譜》云：江梅野生者，不經栽接，花小而香，子小而硬。《齊民要術》曰：栽種與桃李同。梅實采半黄者，籠盛於突上，熏乾者烏梅。濃燒穰以湯沃之，取汁以梅投之，使澤，乃出烝之，則不蠹。烏梅入藥，不任調食。青者以鹽漬之，日曬夜漬，十晝夜爲白梅。亦可蜜煎糖藏，以充果飣。白梅調鼎和虀所在多任。熟者笮汁曬收爲梅醬。夏月，可調水飲。陸璣《詩疏》云：其實酢，曝乾爲脯，入羹臛虀中，又可含以香口。《食經》曰：蜀中取梅極大者，剥皮陰乾，勿令得風，經二宿去鹽汁，内蜜中，月許更易蜜，經年如新。一糖脆取青梅，每百個以刀劃成路將熟，冷醋浸一宿，取出控乾，別用熟醋調，沙糖一斤半，浸没入新瓶内，以箬紮口，仍覆碗藏地深一二尺，用泥上蓋，過白露節，取出换糖浸。

明　王世懋《學圃雜疏》　梅，種殊多，既花之後青而如荳。可食者曰消梅、脆梅、緑蕚梅。消梅最佳，以其入口即消也。熟而可食者曰鶴頂梅。且霜梅、梅醬梅供一歲之咀嚼，園林中不可少。

明　慎懋官《華夷花木鳥獸珍玩考》卷二《梅栽培法》　梅結實最遲。諺曰：「桃三李四梅十二。」必十二年方結實。和泥移種，接桃最大，接李紅甘。《爾雅》曰：「梅，柟也。」梅上接冬青，開梅花茶，或冬青上接亦然。苦楝樹上接梅花，則成墨梅。

明　吴雨元《毛詩鳥獸草木考·木·梅》　《召南》曰：摽有梅。《傳》：梅，柟也。　梅，先春而花，似杏。其實赤而酢，多食則濺齒，果中惟此花香。俗云：「桃花優於色，梅花優於香。」和泥移種，接桃，結實最大，接李，紅甘。或言：「梅、杏一物。」北人不識梅也。江南三月雨，謂之「迎梅」。五月雨，謂之「送梅」。渡淮而北則否。亦梅至北方多變，而爲杏。《傳》云：五月有落梅風，江南謂之「信風」，亦花信風之類。《夏小正》云：正月梅杏則花。又：五月煑梅。注：爲豆實也。《格物論》：梅子大者如小兒拳，小者如彈丸。枝頭碧顆，初熟帶胭脂色，熟甚黄而落。《詩義疏》云：杏類也。樹及葉皆如杏而黑耳。其子赤而酢，亦可生噉。暴而乾爲腊，可著羹臛中，又可含以香口。梅既爲腊，故又稱乾腊。《山海經》云：雲山之上，其實乾腊也。《釋草》：梅，柟。孫炎云：荆州曰梅，揚州曰柟。郭氏云：似杏而實酢。沈氏云：揚州人不聞名柟者。陸璣云：梅樹皮葉似豫樟，豫樟葉大如牛耳，一頭尖，赤心，花赤黄，子青不可食。柟葉大，可三四葉一藂，木理細緻於豫樟。子赤者材堅，子白者材脆是也。江南及魏興、新城、上庸、蜀皆多樟柟。終南山與上庸、新城通，故亦有柟也。按：《爾雅》：梅，柟。夫梅之曰柟，猶鯉之曰鱣也。柟即楠木，細緻於豫樟，一名交讓木。《傳疏》因《爾雅》「梅柟」之文，遂謂「柟」爲「梅」。雖許慎、孫炎，亦不復知有楠矣。猶鱣本鱣鮪，大魚鯉亦謂之鱣，不應遂謂鱣獨爲鯉也。

明　方以智《物理小識》卷九《梅》　梅，有鶴頂梅、消梅、冠城梅，皆實大，五月熟，時梅有六月熟者。早梅四月熟。冬梅花白實小，有玉蝶梅、緑蕚梅。紅梅再接即重臺，春分前秋分後接，用桃杏體及本體。紅梅白葉，一花三子曰品字梅，紫梗疏條。蠟梅別一種，其磬口者佳，芒種時種其子。

明　彭大翼《山堂肆考》卷二〇四　含以香口　《詩疏義》：梅，杏類也。煮乾爲蘇，置羹虀中，可含以香口。　望以止渴　《世説》：魏武帝行失道。三軍皆渴而無水。帝令曰：前有梅林，饒子甘酸，可以解渴。士卒聞之皆口中出水。　孫亮漬蜜　《吴志》：孫亮出西苑，食生梅。使黄門就中藏。吏取蜜漬梅。蜜中有鼠屎，侍中請付獄推問。亮曰：「此易知耳。」令破鼠屎，屎裏燥亮。大笑曰：「久在蜜中，中當濕。今中燥，必黄門所爲。」乃首服。

清　陳大章《詩傳名物集覽》卷一一《摽有梅》　《朱傳》：梅，木名，華白，實似杏而酢。《爾雅》：梅，枏。郭云：似杏，實酢。孫炎云：荆州曰梅，揚州曰柟。又曰，時英梅。郭注：雀梅。《詩義疏》：梅，杏類也，樹及葉皆如杏而黑，耎後曝乾爲蘇，置羹臛虀中，且可含以香口。又賈思勰云：梅華早而白，杏花晚而紅，梅實小而酸，杏實大而甜，梅可以調鼎。陸農師云：梅在果中華尤香，梅優于香，桃優于色，天下之美，有不得兼者多矣。梅先桃李而華，至北方多變成杏，故北人有不識梅者，地氣使然。今江湘四五月梅欲黄落，蒸鬱成雨，其霏如霧，謂之梅雨。三月有迎梅雨，五月有送梅雨，又有落梅風，江淮以爲信風，亦花信風之類。《爾雅翼》：古者以梅實薦饋食之籩，所謂乾穣。《蜀志》云：蜀名梅爲穣，大如鴈子，梅穣皆可爲油，梅黄以熟穣作之，其實既酸，故以爲和，《商書》所謂爾惟鹽梅。《禮記》則獸用梅而已。《夏小正》：正月梅杏杝桃則華，五月煑梅爲豆實。《管子》：五沃之土，其梅，其杏，其桃，其李。《西京雜記》：漢初修上林苑，羣臣各獻名果，有朱梅、紫華梅、紫蒂梅、同心梅、麗枝梅、燕梅、侯梅。《七命》：燀以秋橙，酤以春梅，正以春梅者，實青味酢故也。《書》曰：若作酒醴，爾惟麴糵；若作和羹，爾惟鹽梅。蓋造而始之者麴糵也，調而成之者鹽梅也。舊説：大庾嶺上，梅南枝已落北枝花，風氣異也。《説苑》曰：越使諸發執梅一枝遺梁王。《本草》：梅核能明目益氣，不飢。《淮南子》注：一梅不足爲百人酸，喻少不能勝衆也。《名物疏》：郭璞云：梅似杏，實酢，正是江南之梅，而邢昺引《陸璣疏》：與江南之梅花葉不同，蓋陸自説秦風之梅耳。范石湖云：梅，天下尤物，無問智賢愚不肖，莫敢異議，其作《梅譜》凡九十餘種。按《爾雅》凡三釋梅，一梅，柟。柟木與梅，名同實異。一時英梅，即雀梅，似梅而小。一朹，槼梅。狀如梅子，赤色，似小柰，可食。其和羹之梅，可含以香口者，未有釋詁，蓋《爾雅》釋草木多闕漏，非獨譌文，不足信也。或疑時英之梅，即今所謂暗香疏影者。然《詩・摽有梅》其實三，其實七，即指今梅子，非如朱英緑萼之類，則時英當從郭注雀梅爲正。

清　張宗法《三農紀・梅》　梅，《圖經》云：形類杏，枝葉畧同，其榦枝交加多成女字形。先衆花，而華臘月開，白花五瓣。花謝生葉。果生青熟黄，若杏實狀，但核異。五月實熟，收製焙乾爲烏梅，取汁可入染色者，金銀器去垢。又可入藥鹽醃者爲白梅，實可糖可醋造藏，以充果飣。熟可笮汁爲漿。《説文》云：梅者，媒也。媒合衆味。古人取以調羹。《埤雅》云：杏入北方爲梅。古文作果，乃杏屬，反杏爲梅。始生漢中山谷，今江南江北無地不勝。植藝：核種肥熟土。苗生長三尺許移栽。移傍條則速利。若移大樹則去枝梢，大者盤根，沃以溝泥無不活。以桃接則圓脆，以杏接則耐久。《化書》云：李接桃而本强者其實毛，梅接杏而本强者其實甘。山坡不任稼穡者宜收熟實點之，十二年樹成結實且耐久。梅熟時以杖敲落收實，火炕煙薫，以乾爲度。又以稻草灰淋水潤蒸過則肥澤。若久枯者亦用此法。每生果三十斤而乾十斤。造白梅，梅微嫩時摘下晾揉，鹽醃透，碎其核，日晒以乾爲度。《多能鄙事》：梅花半開時，清且帶蒂收摘，每花一兩，炒鹽一兩納瓶中，不可手犯，以紙密封。至次年取出，置蜜于盞，取花兩三朶滚湯一泡，香美異常。《辛癸集》拆梅花插鹽中開美態，可見物性之相知。《梅譜》云：梅有五種。緑萼照水，玉蝶紅梅。苦楝接梅則色黑爲墨梅，紅桃接梅則色赤爲朱砂梅，此乃高人韻士玩賞之屬，農夫無識其妙，不敢續尾。　占應：《占書》云：梅實多，其年秋收。農諺云：樹無梅子手無（杯）。　本性：味酸氣温，生津歛氣，安邪和中，多食損齒傷筋。《相感志》云：梅同韶粉食則不酸，不軟齒。食梅齼者嚼胡桃肉解。　效方：刺人肉難出，白梅肉口嚼之敷即出，又治初疽休息。痢及霍亂，烏梅肉建茶乾薑爲丸，每服三十妙。

清　吴其濬《植物名實圖考》卷三二《果類・梅》　梅，《本經》中品。烏梅以突煙薫造，白梅以鹽汁漬晒，皆入藥，核、仁、根、葉亦皆主治。

植物名實圖考・梅

清　宋犖《筠廊偶筆》卷下　榔梅出均州太和山，相傳真武折梅枝插榔樹，誓曰：「吾道若成，開花結實。」後果如其言。今樹在五龍宫北，榔木，梅實，杏形，桃核，道士每歲采而蜜煎，充貢獻焉。黄州郡丞張秀升登舉前爲其郡司李，收榔梅最多，曾以餽余。味甚甘美。

清　王應奎《柳南隨筆正續》卷三《梅醬》　今世村家，夏日輒取梅實打碎，和以鹽及紫蘇，赤日晒熟，遇酷暑，輒用新汲井水，以少許調和飲之，可以解渴。按《周禮》，漿人掌六飲，其五爲醫，醫當讀倚。鄭註：以爲梅漿能生津止渴者，想即今之梅醬也。但古爲王者之飲，而今爲村家之物，有不入富貴人口者，故特表而出之。

清　陳昌齊　道光《廣東通志》卷九五《果類・梅》　嶺南之梅少於江左，居人採之，雜以朱槿花，和鹽漬之，梅爲槿花所染，其色可愛。又有選大梅刻鏤，取棹葉汁漬之，亦甚甘脆。《北户録》粵中以糖梅爲禮果。《郝志》

清　姚衡《寒秀草筆記》卷四《崔梅》　崔梅一名爵梅，葉如薔薇，結實如梅而小。按雀梅葉，浩黄疸神效。

清　王棠《知新録》卷二九《䕩》　梅、桂、杏、菊、芍藥等，古人取以調食。《夏小正》云：五月煮梅爲豆實。《周禮》籩人八籩乾䕩與焉。䕩即梅也。生於蜀者謂之䕩。又古人以薑、桂和五味，莊子曰：桂可食，故伐之。菊則爲夕餐，芍藥亦以調味香之。一字皆不言及，徒以口腹，累及花木冤哉。

藝　文

唐・李嶠《梅》　大庾斂寒光，南枝獨早芳。雪含朝暝集作紫花色，風引去來集作上林單題詩作上春香。舞袖集作粧面迴青徑，歌塵起畫梁。若能遥止渴，何假泛瓊漿。

唐　羅隱《紅梅》　天賜臙脂一抹腮，盤中磊落笛中哀。雖然未得和羹便，曾與將軍止渴來。

宋　梅堯臣《送紅梅行之有詩依其韻和》　綴綴紅梅肥似蠟，濛濛飛雨灑如絲。吴郎齒軟食不得，翻憶張公大谷梨。

宋　黄庭堅《戲答晁適道乞消梅》：　青莎徑裏香未乾，黄鳥陰中實已圓。蒸豆作烏鹽作白，屬聞丹杏薦牙盤。北客未嘗眉自顰，南人誇説齒生津。磨錢和蜜誰能許，去蔕供鹽亦可人。

又《以梅餽晁深道戲贈二首》帶葉連枝摘未殘，依稀茶塢竹籬間。相如病渴應須此，莫與文君蹙遠山。渴夢吞江起解顔，詩成有味齒牙間。前身鄴下劉公幹，今日江南庾子山。

宋　楊萬里《梅熟小雨》：　風從獨樹忽然來，雨去山前遠却迴。留許枝間慰愁眼，兒童抵死打黄梅。

元　張弘範《梅雨》：　輕雲薄薄暗江干，幾陣紗窗送嫩寒。濃醉呼童新摘得，未黄梅子已微酸。

元　顧瑛《謝静遠惠蜜梅》：　江南煙雨未全黄，誰使青酸墮蜜房？斌媚已能知魏證，典刑時復見中郎。

元　馬臻《西湖即事》：　園丁花木巧栖棬，萬紫千紅簇綺筵。折得青梅小如豆，獻來還索賞金錢。

杏

綜　述

唐　段成式《酉陽雜俎》卷一八《漢帝杏》　漢帝杏　濟南郡之東南有分流山，山上多杏，大如梨，黄如橘，土人謂之漢帝杏，亦曰金杏。

宋　宋維新《古今合璧事類備要别集》卷四一《果門・杏子》　《格物叢話》杏子葉似梅。差大而微紅，味香於梅而酸不及。核與肉自相離。其仁可入藥，然世所見梅多杏少，故其仁不易得也。

元　胡古愚《樹藝篇》卷二《杏》　栽杏：杏熟時，含肉埋糞土中，至春既生，則移栽實地，既移不得更移。

明　宋詡《竹嶼山房雜部》卷九《樹畜部・樹類》　杏花粉紅。實熟紅甘。名之著者沙杏、油杏、文杏、金杏、小杏、梅杏一名交和子。《埤雅》曰：梅至北方多變而成杏。晚杏春分前秋分後接於本體及梅桃體。《化書》曰：梅接杏而本强者，其實甘。

明　鄺璠《便民圖纂》卷五《杏》　杏　春間埋核於土中，待長四尺許，移栽。

明 彭大翼《山堂肆考》卷二〇四《杏子》 《典術》：杏者，歲星之精。《管子》曰：五沃之土，其木宜杏。

明 王象晉《群芳譜・果譜・杏》 杏，一名甜梅。樹大，花多實多。根最淺，以大石壓根，則花盛子牢。葉似梅差大，色微紅，圓而有尖。花二月開，未開色純紅，開時色白微帶紅，至落則純白矣。實如彈丸，有大如梨者，生酢熟甜。種類不一，有金杏圓而黃，熟最早，味最勝。一名漢帝杏，謂武帝上林范（苑）遺種也。大如梨，黃如橘，出濟南。白杏熟時色最白，或微黃，味甘淡而不酢。出（滎）陽沙杏甘而多汁，即世所稱水杏也。梅杏黃而帶酢柰杏青而帶黃，出鄴中。金剛拳赤大而扁，肉厚，味甚佳。又名肉杏木杏形扁，色青黃，味酢，不堪食山杏肉薄，不堪食，但可收仁用又有赤杏、黃杏、蓬萊杏。南海有杏園洲，相傳爲仙人種杏處。今處處有之。性熱生痰及癰疽，不宜多食。小兒產婦尤忌。花五出，其六出者必雙仁有毒，千葉者不結實。　種杏：與桃同。取極熟杏帶肉埋糞中。至春芽出，即移別地，行宜稀，宜近人家。樹大戒移栽，移則不茂。正月钁樹下地通陽氣。二月除樹下草，三月離樹五步作畦以通水。旱則澆灌。遇有霜雪，則燒煙樹下，以護花苞。　接杏：桃樹接杏結果紅而且大，又耐久不枯。杏仁：有毒。如用，須煑極熟，令中心無白，仍以水泡，日日換水，至水無氣味爲度。否則毒。人中其毒者，迷亂將死。取杏枝切碎，煎湯服即解。　附録：巴旦杏：一名八丹杏。出回回地，今諸處皆有。樹如杏，而葉差小。實小而肉薄，核如梅。皮薄而仁清甘，鮮者尤脆美，稱果之佳者。　製用：弄色金杏，新水浸没，生姜、甘草、丁香、蜀椒、縮砂、白豆蔻、鹽花、沉檀、龍麝皆取末，如麪攪拌晒乾，候水盡味透，更以香藥鋪糝，名爽團。宿酲未解，一枚爽然。《清異録》。杏熟時，多取爛者，盆中研之，生布絞取濃汁，塗盤中晒乾。取下可和水爲漿，又和麨用。李同此法。（王禎《農書》）　杏花多宜豆。杏仁五月採，破核，去雙仁者，自朝蒸之，至午便以慢火微烘之。七日乃收貯。每旦腹空時，不拘多少，任意嗽之，積久不止，駐顏延年。杏仁能使人血溢，少誤之，必出血不已，或至委頓，故近世少有服者。《本草》

明 周文華《汝南圃史》卷三《杏》 杏葉如梅而圓大，花先赤後白，豔麗可愛。栽種之法與桃李同，但宜近人家，不得移動耳。二月開花，五月實成，其仁有毒，須煑令極熟，以中心無白爲度。此果多花少實，實多亦爲農祥。師曠《占術》云：「杏多實不蟲者，來歲秋禾善。」《文昌雜録》云：「揚州李冠卿所居堂前，杏一株極大，多花而不實。一老嫗曰，來春爲嫁此杏。冬深，忽攜尊酒，云是婚嫁撞門酒。索處子裙繫樹上，已奠酒辭祝再三，家人咸哂之。明年結子無數。」《瑣碎録》云：「杏熟時，合肉埋糞土中，至春既生，則移栽實地。既移不得更動。用桃樹接，或本色接。」《興化府志》云：「杏，北地所產，移種至此不生。生亦不蕃，不久隨絶。亦猶南橘北枳，其性各有所宜也。」今陝西出八丹杏，杏肉多查不可食。惟取其仁食之，亦名杏榛。與今所食杏，又自不同也。

明 徐光啟《農政全書》卷二九《樹藝》 杏，《釋名》曰甜梅。《廣志》曰：有黃杏，有（李）（柰）杏。《西京雜記》曰：文杏，材有文采。濟南金杏，大如梨，黃如橘，熟最早，味最勝，一名漢帝杏。滎陽白杏，熟時色白，或微黃，味甘淡而不酢。沙杏，甘而多汁，世稱水杏。梅杏，黃而帶酢。鄴中柰杏，青而帶黃。金剛拳赤大而扁，肉厚味佳，一名肉杏。木杏，形扁，色青黃，味酢不堪食。山杏不堪食，可收仁用。玄紫杏，蓬萊杏，赤杏。《齊民要術》曰：梅花早而白，杏花晚而紅，梅實小而酸，核有蠹文。杏實大而甜，核無文采，世人或不能辨，言梅杏爲一物，失之遠矣。花六出者必雙仁，有毒，千葉者不結實。葉似梅差大，色微紅，圓而有尖。花二月開，未開色純紅，開時色白微帶紅，至落則純白矣。實如彈丸，有大如梨者，生酢熟甜。　《便民圖纂》曰：熟杏，和肉埋核於糞土中，待長四尺許，大則移栽，不移則實小而苦。凡薄地不生，生亦不茂。至春生後，即換地移栽，不移則實小而味苦。若種下，一年不可種，種則肥而不實矣。　《四時類要》曰：既移不得更於糞地，必致少實而味苦。移須含土三步一樹，概即味甘，服食之家，尤宜種之。樹大花多實，根最淺。以長石壓根，則花盛子牢。　種杏宜近人家。樹大戒移栽，移則不茂，正月钁樹下地通陽氣，二月除樹下草，三月離樹五步作畦，以通水，旱則澆灌，遇有霜雪，則燒煙樹下，以護花苞。　桃樹接杏，結果而且大，又耐久不枯。　《釋名》曰：杏梅皆可以爲油。　生杏可曬脯，作乾果食之。杏熟時，榨濃汁塗盤中，晒乾以手摩刮收之，可和水調麨食。　《齊民要術》曰：杏子仁可以爲粥。多收賣者，可以供紙墨之直也。　《嵩高山記》曰：牛山多杏，自中國喪亂，百姓飢餓，皆資此爲命，人人充飽。

《神仙傳》曰：董奉居廬山，爲人治病，不取錢，重病得愈，使種杏五株，輕病一株，數年中杏有十數萬株。杏熟於林中所在作倉，宣語買杏者，不須求報，但自取之，其一器穀，便得一器杏，奉即以前所得穀賑救貧乏。

明 戴羲《養餘月令》卷二《種杏核》 種杏核法同桃樹。如以桃根接杏，則結實紅而且大，又耐久。

明 王世懋《學圃雜疏・杏花》 杏花 江南雖多實，味大不如北。其樹易成，實易結。林中摘食可佳。

明 傅梅《嵩書》卷一〇《木部・杏》 《嵩高山記》云：嵩山東北有牛山，其中多杏。至五月爛然黃茂。自中國喪亂，百姓饑饉，皆資此爲命，人人充飽而杏不盡。

明 慎懋官《華夷花木鳥獸珍玩考》卷二《杏》 巴旦杏，有似棗而酣者，名忽鹿麻。 杏譜。《典術》曰：杏者，東方歲星之精也。杏類梅者，味酢。類桃者，味甘。《西京雜記》曰：文杏材有文彩。蓬萊杏，東郭都尉于吉所獻。一株花，雜五色出。云：是僊人所食。北方有一種杏甚佳，赤色，大而稍扁，肉厚，謂之肉杏。又謂之金剛拳，言其大也。《述異記》：洲中有冬杏。《武功山圖》：坪菴，一名小桃源，有二杏樹，逼簷對峙，各大丈餘。東花西實，至明年花實易向矣。此植物所無也。 金杏。《酉陽雜俎》云：金杏種出濟南郡東南之分流山。盖其上飲天漿，下嗫地沫，故其生繁大於梨，黃於橘，而味爲獨美。昔漢武帝訪蓬瀛，有獻是者。帝嘉之，故今人猶呼爲漢帝果。《山東通志》 二花。阮文姬插鬢用杏花，淘浦呼爲二花。 爭春館。揚州軍迹曰：太守園中有杏花數十株，每至爛開，張大宴，一株令一娼倚其傍立，館曰爭春，開元中宴罷，夜闌人或聞花大歎聲。 還杏。《後周書》張元性廉潔，南隣有杏二樹，杏熟多落元園中，悉以還主。 栽杏子法：杏須熟者，口中銜過，種肥土中。及牛馬糞擁之，出後不宜更移動則易生。一移則五六年不生。此良法也。《杏花》垂楊一逕紫苔封，人語蕭蕭院落中。獨有杏花如喚客，倚牆斜日數枝紅。《遊園不值》應嫌屐齒印蒼苔，十扣柴扉九不開。春色滿園關不住，一枝紅杏出牆來。次韻《杏花》只愁風雨劫春回，怕見枝頭爛熳開。野鳥不知人意緒，啄教零亂點蒼苔。

明 王象晉《群芳譜・果譜・杏》 典故：夏祠用杏。《盧諶祭法》。三月杏花盛，可播白沙輕土之田。《月令》。賴鄉老子祠前，有縹杏。《述異記》。范蠡宅在湖中，有海杏大如拳。《地志》。天台山有杏花，六出而五色，號仙人杏。《述異記》。孔子遊淄帷之林，坐杏壇之上，弟子讀書，孔子弦歌鼓琴。《莊子》。仙人有三玄紫杏。《南岳夫人傳》。上林苑有蓬萊杏，又有文杏，謂其樹有文彩也。漢東海都尉于台獻杏一株，花五色，五出，云：仙人所食。《西京雜記》。乾陽殿前杏六株，含章殿前杏四株。《洛陽宮殿簿》。光武墳邊杏甚美，今送其核。（朱超石《與兄書》）。唐進士杏花園初會，謂之探花宴。擇少俊二人爲探花使，遍遊名園，若他人先折得花，二人皆受罰。《摭言》。董奉居廬山治病，重者種杏五株，輕者一株，號董仙杏林。《神仙傳》。馬燧子晜以第中大杏，餽竇文場，文場以進德宗，未嘗見，頗怪晜，令中使就封其樹，晜懼，進宅爲奉誠園。《桂苑叢談》。孫楚祭介子推云：餳一盤、醴酪二盂，今寒食有杏酪，麥粥，即其類也。《玉燭寶典》。今寒食人家研杏仁爲酪，以餳沃之。衛倫過予言及于味，稱魏故侍中劉子陽食餅，知鹽生精味之至也。予曰：師曠識勞薪，易牙識淄澠，子陽今之妙士也，識之何難？倫因命僕取糧糗以進，予嘗之曰：麥也，有杏、李、柰味，三果之熟不同時，子焉得兼之。倫笑而不言，退告人曰：士安之識過劉氏。《玄宴春秋》。魏郡有好杏，地産不爲無奇。（盧毓《異州論》）。裴晉公午橋庄有文杏百株，其處立碎錦坊。《曹林異景》張元性廉潔，南隣有杏兩株，杏熟多落元園中，元悉還主者。《後周書》。太平園中有杏數十株，每至爛開，太守大張宴，一株命一娼倚其傍立，館曰爭春。開元中宴罷，或聞花有嘆息之聲。《揚州志》。徐州古豐縣朱陳村有杏花一百二十里，近有人爲德慶户曹過此村，花尚無恙。《詩話》。銅陵昔傳葛仙翁嘗留此種杏。下有溪，落英飛堰上，名花堰。杏花無奇，多種成林則佳。城中朱氏園中百株，偃仰水傍，予嘗携榼賞之。今當于廣圃荒池別置一林。（王敬美）。

明 江之源《百花藏譜・杏花譜》 花先赤後白，此果多花多實，本有梅杏、沙杏之分。根生最淺，以大石壓根，則花盛子牢。杏仁有毒，須令極熟，中心無白爲度。帶肉埋其核于糞中，至春則换地移栽。杏以核出者接枝，來年即生。今陝西出八丹杏，杏肉多，查不可食，惟取其仁。

明 衛泳《枕中秘・園史・杏》 栽種之法，與桃李同，但宜近人家，不得移動耳。又聞宋時揚州李冠卿家，堂前一株杏，花多而不實，一老嫗曰，來春與嫁此杏。冬深忽携一樽酒來，云是婚家撞門酒，索處子裙繫樹上已奠酒辭祝，再三而去。家人咸哂之，明年結子無數。

清 王芷《稼圃輯》 杏樹種勿密，宜近人家，有損無益，小兒尤不宜食。

樹上爛熟者，連肉埋如種桃法，長三四尺，和土移栽，既移不得再移。梅接杏曰杏梅，不接曰沙杏，用桃樹接，杏樹根生最淺，以大石壓根，則花盛實繁。杏實繁，秋禾有收。以核出者接枝，來年即實。以婚家鷄鳴酒澆奠，處子裙繫樹上，不結者即結，臘中以酒奠而祝之。

清　張宗法《三農紀》卷五《杏》　杏，《圖經》云：葉似梅，微紅，差大，圓而有尖。二月開花，未開色紅，開時色微紅，至落純白。結實生酢熟酣。品類不一，形似梅者味酸，如桃者味甜。名有金杏，白杏，沙杏，梅杏，柰杏，木杏，山杏，赤黄杏，金剎杏，蓬萊杏。始生晉州山谷，南人呼爲甜梅。《篆友》象子在木枝之形。《典術》云：杏乃東方歲星之精，乃靈木也，可致鬼神。《風鑑》云：植來脈處，令地運昌旺。　植藝：《管子》云：五沃之土宜杏。擇味美、實大，熟時帶肉種之，春芽生即移他土，行須稀，宜近人家，不喜移和？栽則難茂。其木大，花多，實繁，根淺難持，須用大石壓根。若久不結實，以女子裙帶掛枝上其年即結。桃接則果紅大，梅接則脆美，本木接則耐久。　占應：《占書》云：杏花實多，其年豆收，大麥熟。　本性：味酸氣熱，多啖生痰，生食發疸。小兒、産婦禁食。仁苦氣温，潤肺，滋腸雙仁者有毒。　效方：《秘書》云：婦人無子，二月丁亥日，取杏花、桃花陰乾爲末，遇戊子日和井（花）水服之效。小兒臍風，杏仁研敷臍效。犬傷，杏仁嚼敷犬肉，不消者煎汁服，以下爲度。

清　鍾山逸叟《致富奇書》卷一　杏，此花先赤後白，此樹多花少實。將核帶肉埋于糞土中，至春移栽。不移則實少味苦。栽宜近人家。不可密，少實，將處子裙繫樹上，結子無數。陝西出者爲八丹杏，惟取其仁。又一種金杏，大如梨，黄如橘。李時珍曰：「凡杏桃諸花皆五出，若六出必雙仁。以其反常，故有毒也。」

清　黄輔辰《營田輯要・雜植》　杏，産於西北者佳。仁入藥而脆美，以桃樹於五月接之，實尤大。

清　丁宜曾《農圃便覽》好杏取極熟者，帶肉埋糞中，至春芽出，即移別地。行宜稀。宜近人家。樹大移栽多不茂。

清　吴其濬《植物名實圖考》卷三二《果類・杏》　杏，《本經》下品。核仁入藥。回部關東出者仁大，充果實，即巴旦杏仁也。

清　吴其濬《植物名實圖考長編》卷一五《果類・杏》　《本草綱目》：李時珍曰：諸杏葉皆圓而有尖，二月開紅花。亦有千葉者，不結實。甘而有沙者爲沙杏。黄而帶酢者爲梅杏。青而帶黄者爲柰杏。其金杏大如梨，黄如橘。《西京雜記》載：蓬萊杏花五色，蓋異種也。按《王禎農書》云：北方肉杏甚佳，赤大而扁，謂之金剛拳。凡杏熟時，榨濃汁塗盤中晒乾，以手摩刮收之，可和水調麨食，亦五果爲助之義也。

植物名實圖考・杏

清　吴其濬《植物名實圖考長編》卷一五《果類・杏》　又曰：巴旦杏出回回舊地，今關西諸土，亦有樹如杏，而葉差小，實亦尖小而肉薄，其核如梅核，殼薄而仁甘美，點茶食之，味如榛子，西人以充方物。　《說文》注：杏，杏果也。《内則》桃李梅杏。从木，向省聲。向各本作可誤，今正莕以杏爲聲。亦作莕，從行聲。則知杏莕字，古皆在十部也，今何梗切。《六書故》云：《唐本草》曰：从木，从口。柰，柰果也，假借爲柰。何字，見《尚書》、《左傳》。俗作奈，非从木，示聲奴帶切，十五部。

清　陳憲舜《課民植牧講義稿・杏》　杏有數種，皆葉圓而尖，二月花開紅色，不外播種、嫁接二法，多有用桃、李。巴旦杏爲椿木者，外國以巴旦杏爲椿木，根之上接以桃枝，經二三年，又接杏枝。一樹之中，根則巴旦，幹爲桃樹，枝則杏枝，果質極佳。每樹約離一丈一二，使一幹矗立開四枝，由四開八，至十而止，去草澆灌不懈，即開花結實，去肉碎殼，核即杏仁。如種秧不接，則子小而味苦，但能種一二畝，當能致富，以杏仁價值較昂也，酒席之中藥材之店，動輒需此，本地有出，何暇外求。　杏形似桃而扁平，有甘苦二種，甘可生食，苦備藥料，果皮有毛，肉薄核大，有硬殼者鐵錘碎之，有軟殼者指頭碎之，軟硬兼者齒牙碎之。種法先收杏子，冬埋土中，至春季已經發芽，即種於沃地，離二丈或三丈，至秋可行嫁接之法。如欲高接，須植定之後，樹幹長大，然後接之，如樹尚小，中間可種他物。每於九月，整頓樹身，除去枯廢之枝，使地氣充足，結子乃多，至杏子熟時，皮肉皺裂，往往自落，急宜收之，去肉得核，立予晒乾，免生褐色黑點，有碍價值。法國由馬耳塞，至里昂城，鐵路兩旁，數百里皆植此樹。中華鐵路之側，尚少樹木，種此爲宜，以地脈動彈無防也。

清 郝懿行《寶訓》卷五《果實·杏》 俗云：桃三、杏四、李五年。《夏小正》：四月，囿有見杏。註：囿者，山之燕者也。《格物叢話》：杏實味香於梅而酸不及，核與肉自相離。《師曠占》曰：杏多實不蟲者，來年秋善。《風俗通》：五月有落梅風，江淮以爲信風。《風土記》：夏至之雨名爲黃梅雨，沾衣服皆敗黦。音鬱《四時類要》：熟杏和肉埋糞土中，至春既生，三月移栽實地。既移，不得更於糞地，必致少實而味苦。移須含土，三步一樹，穊即味甘。服食之家，尤宜種之。王羲之帖：青李、來禽、櫻桃、日給、藤子，囊盛爲佳，函封多不生。案：來禽即林檎，一號文林果，俗云頻婆果。潘岳《閑居賦》：二柰耀丹白之色。《齊民要術》：柰，林檎。不種，但栽之。種之，雖生而味不成。取栽如壓桑法。此果根不浮薉，栽故難求，是以須壓也。又法。栽如桃李法。林檎樹，以正月、二月中，反斧斑駁椎之則饒子。案：此木非接不結，多以柰接之，與接梨同。若樹生毛蟲，埋蠶蛾於樹下，或澆魚腥水可除。

清 李鴻章 光緒《畿輔通志·物産·果屬》 杏，大寧路大寧、富庶、金源三縣，惠州、興中州、建州皆土産杏。又富庶縣土産杏仁。《元一統志》魏郡好杏，地産，不爲無珍。《冀州論》北方肉杏甚佳，赤大而扁，謂之「金剛拳」。《農書》房山車營嶺環十數里，峯頭澗底皆是杏林。又東一小嶺，樹尤奇古，高者三丈，低者丈餘，狀如垂柳，繁花綴之。《北遊紀方》杏仁皆味苦，有一種甘者名巴旦杏，或謂之「八達杏」。《長安客話》今關外多杏，山中有老杏根，文理細密可飾器。《熱河志》《異物彙苑》：巴旦杏出哈烈國，今北方皆有之，京師者實大而甘。《香祖筆記》

清 陳昌齊 道光《廣東通志》卷九五《果類·杏》 杏、梅，出樂昌，花紅實甜。《韶州府志》謹案：自韶以南，有桃無杏。

藝文

晉 郭太機《果賦·杏》 杏或冬而實。

明 彭大翼《山堂肆考》卷二〇四《廷秀攀條》 廷秀攀條 宋 楊廷秀《折杏子》詩：輕風動高枝，可望不可摘。聳肩跂一足，偶爾攀翻得。攀條初亦喜，折條還復惜。聊將插鬢歸，空樽有餘瀝。

三玄 《南嶽夫人傳》：仙人有三玄紫杏。

六出 《西京雜記》：上林苑有蓬萊杏，東海都尉于台獻一株，花雜、五色、六出。云是仙人所食者。

師曠占秋 《師曠占》：杏多實不蟲，來年秋熟。

盧諶祠夏 盧諶《祭法》夏祠用杏。

張隣後周 張元性廉潔，南隣有杏兩株，杏熟多落元園中，元悉以還主。

朱超送核 朱超石與兄書，光武墳邊杏甚美，今奉送其核。

桃

綜述

《爾雅·釋木》 旄，冬桃。郭璞註：子冬熟。

爾雅·旄

《爾雅·釋木》 榹音斯桃，山桃。郭璞註：實如桃而小，不解核。

爾雅·榹桃

北魏 賈思勰《齊民要術·種桃柰第三四》 《爾雅》曰：「旄，冬桃。榹桃，山桃。」郭璞注曰：「旄桃，子冬熟。山桃，實如桃而小，不解核。」《廣志》曰：「桃有冬桃，夏白桃，秋白桃，襄桃，其桃美也，有秋赤桃。」《廣雅》曰：「抵子者，（桃）也。」《本草經》曰：「桃梟，在樹不落，殺百鬼。」《鄴中記》曰：「石虎苑中有句鼻桃，重二斤。」《西京雜記》曰：「（榹）桃，櫻桃，緗核桃，霜桃，言霜下可食，金城桃、胡桃，出西域，甘美可食，綺（蒂）桃，含桃，紫文桃。」桃柰桃欲種法：熟時合肉全埋糞地中。直置凡地則不生，生亦不茂。桃惟（性）早實，三歲便結子，故不求（栽）也。至春既生，移栽實地。若仍處糞地中，則實小而味苦矣。　栽法：以鍬合土掘移之。桃性易種難栽，若離本土，率多死矣，故須然矣。又法：桃熟時，於牆南陽中煖處，深寬爲坑。選取好桃數十枚，擘取核，即內牛糞中，頭向上，取好爛糞和土厚覆之，令厚尺餘。至春桃始動時，徐徐撥去糞土，皆應生芽。合取核種之，萬不失一。其餘以熟糞糞之，則益桃味。桃性皮急，四年以上，宜以刀豎劚其皮。不劚者，皮急則死。七八年便老，老則子細。十年則死。是以宜歲歲常種之。又法：候其子細，便附土斫去，枿上生者，復爲少桃，如此亦無窮也。桃酢法：桃爛自零者，收取，內之於甕中，以物蓋口。七日之後既爛，漉去皮核，蜜封閉之。三七日酢成，香美可食。　《術》曰：「東方種桃九根，宜子孫，除凶禍。（胡）桃，柰桃，種亦同。」

唐 段成式《酉陽雜俎續集》卷九《王母桃》 王母桃　洛陽華林園內有之。十月始熟，形如括蔞。俗語曰：王母甘桃，食之解勞。亦名西王母桃。

宋 謝維新《古今合璧事類備要別集》卷四二《果門·桃實》 桃實　《格物總論》桃實大如小兒拳，小者如雞卵。形圓稍匾，起尖有毛。夏五六月方熟。炎黃色間出斑斑紅點膩脂樣。核大如拇指，有自然刻紋。每一枝或三五顆，味甘香不酸澁，亦果中之珍也。

宋 陸佃《埤雅》卷一三《桃》 桃有華之盛者，其性早華，又華於仲春，故《周南》以興女之年時俱當。諺曰：「白頭種桃。」又曰：「桃三，李四，梅子十二。」言桃生三歲便放華果，早於梅、李。故首雖已白，其華子之利可待也。然皮束莖幹頗急，四年以上宜以刀劚其皮，不然，皮急則死。故《周南》復取少桃以興，所謂「桃之夭夭」是也。一章曰：「灼灼其華。」灼灼者，其華之紅而麗也，言女以盛時而嫁。二章曰：「有蕡其實。」蕡，大貌。蓋桃性更七八年便老，老則子細。此言少桃，故曰：「有蕡其實。」言非但有華色，又嫁而有子，夫婦之道成焉。三章曰：「其葉蓁蓁。」蓁蓁，盛也。言能成其家，又以芘其所賴也。且桃性華葉齊生，至於有蕡其實，然後其葉蓁蓁，故其序如此。抑陰青繁合，休息者賴之又在夏之時也。魏之《詩》曰：「園有桃，其實之殽。園有棘，其實之食。」言國君有一國以爲養今也。資園桃以爲殽，賴園棘以爲食，而園之外莫理焉，則徒儉以嗇而不能用其民可知也。《禮》曰：「王弔，則巫祝以桃茢前王。」桃，鬼所惡，而茢以祓除不祥，所以異於生也。《本草》云：「桃梟，主殺百鬼，精物。桃梟，木乾如梟，磔首木上，故曰梟也。」《典術》曰：「桃者，五木之精，故能厭伏邪氣。服其華，令人好色，蓋仙木也。」《賦》曰：「桃華靧面。」《家語》曰：「六果，桃爲下，祭祀不用，不登郊廟。」此言祭祀不用而已。《周官饋食之籩》曰：「其實棗、栗、桃乾，蓘、榛實，則桃用其乾爾。」棗、栗、桃言乾，蓘榛言實，則先儒謂蓘乾梅也，非是蓘爲梅而已。《漢武帝故事》云：「海上有蟠桃，三千霜乃孰。一千年開華，一千年結子。東方朔嘗三盜此桃矣。」按：仙家日月長，其果之華實自然久也。《南華真經》曰：「北冥有魚，其名爲鯤。化而爲鳥，其名爲鵬。鯤鵬之大，不知其幾千里也。」郭象以爲此，豈好奇哉？直以大物必自生於大處，大處亦必自生此大物。

宋 陸佃《埤雅》卷一三 舊云：桃李種法大率欲方兩步一根，密則陰，輒相扇，不惟子細，味亦不佳也。

宋 蔡卞《毛詩名物解》卷五《釋木·桃》 桃，先百果而華，故從兆。其時則春而陽中也，故以記婚姻之時正。

明 宋詡《竹嶼山房雜部》卷九《樹畜部·樹類》 桃，《家語》孔子曰：果屬有六而桃爲下。種多，名之著者金桃，實皮肉色如金，上有朱點，味甚香甘。實大時用油紙護之。銀桃，實色白甘。王母桃，實圓大甘。襄陽桃，實圓大甘。半斤桃，實圓大甘。鷹嘴桃，實大香甘。瑞香桃，木矮，不宜澆糞。其實香甘。綿桃，實甘。匾桃，實甘，宜油紙護。墨桃，實皮黑而肉如胭脂，甘。亦有匾者。早桃，實甘，五月可用。晚桃，實甘。八月十二月皆有。杏桃，實甘。無毛，亦有匾者，有曰油桃。緋桃，千葉，鮮紅花，不結實。暫結雙實不堪用。碧桃，千葉，白花，不結實。單葉者有實。孩兒桃，亦曰芙蓉桃。千葉，肉紅，花不結實。瑪瑙桃，千葉，紅白相間花，不結實。 春分前秋分後接，接於本體。畏水。十年後則脂凝而木枯，以刀直劃其膚而流去之，又延生有十年盛也。《化書》曰：李接桃而木强者其實甘。

明 宋詡《竹嶼山房雜部》卷九《樹畜部·樹類》 玉桃實似櫻桃而大，肉紅色，熟甘。

宜燕薊。

明 鄺璠《便民圖纂》卷五《桃》 桃於暖處爲坑，春間以核埋之，蒂子向上，尖頭向下，長二三尺許，和土移種。其樹接杏最大，接李紅甘。

明 王世懋《學圃雜疏·桃》 桃 有金桃、銀桃、水蜜桃、灰桃、匾桃。澹圃中已備金蜜二種，皆佳品也。

明 王象晉《群芳譜·果譜·桃》 桃，西方之木也。乃五木之精，枝幹扶疏。處處有之。葉狹而長。二月開花，有紅、白、粉紅、深粉紅之殊。他如單瓣大紅，千瓣桃紅之變也。單瓣白桃，千瓣白桃之變也。爛熳芳菲，其色甚媚，花早易植，木少則花盛。實甘子繁，故字從木從兆。性酸甘熱，可食。多食令人有熱，能發丹石毒。生桃尤不宜多食，有損無益。性早實，三年便結子，五年即老，結子便細，十年即死，以皮緊也。若四年後，用刀自樹本豎劃其皮至生枝處，使膠盡出，則多活數年。江南稱五月桃最佳。種類頗多，有崑崙桃一名王母桃，一名仙人桃，一名冬桃。出洛中，形如栝蔞，表裏徹赤，得霜始熟，味甘美。日月桃一枝二花，或紅或白。扁桃出波斯國。形扁、肉澀，不堪食。核狀如盒。樹高五六丈，圍四五尺。葉似桃而闊大。三月開白花，花落結實如桃，彼地名波淡樹。仁甘美，番人珍之。新羅桃，子可食，性熱。方桃，形微方，餅子桃狀如香餅，味甘。油桃小於衆桃，有赤斑點，光如塗油，《月令》中桃始華，即此。花多子小，不堪啗，惟取仁。《文選》所謂「山桃發紅萼」是也。出汴中，巨核桃，霜下始花，盛暑方熟。出常山，漢明帝時獻。緋桃，俗名蘇州桃，花如剪絨，比諸桃開遲，而色可愛。瑞仙桃，色深紅，花最密。絳桃，千瓣。二色桃，色粉紅，花開稍遲，千瓣，極佳。金桃形長，色黄如金，肉粘核，多蛀，熟遲。用柿接者味甘，色黄。銀桃形圓，色青白，肉不粘核，六月中熟。千葉桃，花色淡，結實少。美人桃，花粉紅，千葉，又名人面桃，不實。鴛鴦桃，千葉，深紅，開最後，結實必雙。李桃，花深紅，形圓，色青，肉不粘核，其實光澤如李，一名光桃。十月桃，花紅，形圓，色青，肉粘核，味甘酸，十月中成熟。一名古冬桃，又名雪桃。毛桃，即《爾雅》所謂褫桃。小而多毛，核粘味惡，不堪食。其仁充滿多脂，可入藥。水蜜桃，獨上海有之，而顧尚寶西園所出尤佳，其味亞於生荔枝。雷震紅，每雷雨過輒見一。紅暈，更爲難得（張七澤）。他如紅桃、緗桃、白桃、烏桃，皆以色名。五月早桃、秋桃、霜桃，皆以時名。胭脂桃、絡絲桃，皆以形名。王敬美有言：桃花種最多，若金桃、蜜桃、灰桃之類，多植園中取果。其可供玩者，莫如碧桃、人面桃二種。緋桃乏韵。即不種亦可。壽星桃樹矮而花能結大桃，亦奇種可玩，桃殊不堪食。 種桃擇向陽暖地，寬深爲坑，先納溼牛糞，將熟桃連肉全埋其中，尖頭向上，覆熟糞土尺餘。春深芽長，帶土移栽別地。離本土多不活。若仍置糞中，則實少而味苦。或云：種時將桃核刷浄，令女子豔粧種之，他日花豔，而子離核。《種樹書》云：柿接桃，則爲金桃。李接桃，則爲李桃。梅接桃，則爲脆桃。諺云：白頭種桃。又曰：桃三李四梅子十二。言桃生三歲，便放花果，蚤于梅李，耐久，故首雖已白，其花子之利，可待也。凡種桃，淺則出，深則不生，故其根淺，不耐旱而易枯。近得老圃所傳云：於初結實次年，斫去，其樹復生，又斫又生，但覺生虱即斫，令復長，則其根入地深而盤結，固百年猶結實如初。衛桃：桃實太繁則多墜，以刀横斫其幹數下乃止。又社日舂根下土，持石壓樹枝，則實不墜。桃子蛀者，以煑猪首汁，冷澆之，或以刀疏斫之，則穰出而不蛀。如生小蟲如蚊，俗名蚜蟲，雖桐油洒之，不能盡除。以多年竹燈檠掛懸樹稍間，則蟲自落，甚驗。 製用：三月三日採桃花，酒浸服之，除百病，好顔色。一云：桃李花服之可卻老。《太清方》。玉桃服之長生。桃膠用桑木灰漬過，服之愈百病，久服體有光，能絶穀。《抱朴子》。高丘公服桃膠而得仙。《神仙傳》。取爛熟桃納甕中，蓋口七日，漉去皮核，密封二十七日，酢成，香美可食。三月三日，取桃花陰乾爲末，收至七月七日，取烏雞血和塗面，光白潤色如玉。《家塾事親》。三月三日取桃葉搗取汁七升，以醋一升同煎至五六分服之，蟲俱下。根亦可。收東向桃枝于五月五日正午，東向斫成三寸木人，著衣帶中，能補心虛，健忘，令人耳目聰明。又云：戊子日取東引者二寸，枕之兼用，尤妙。桃忌：生桃多食，令人膨脹及生癰癤。食桃飽入浴，令人成淋及生寒熱病。與鱉肉同食，患心痛。服术及丹石人最忌。　附録：羊桃福州産，其實五瓣，色青黄金絲桃花如桃，而心有黄鬚鋪散，花外若金絲，然以根下劈開分種易活。

明　王路《花史左編》卷二七《種桃法》　宜於暖處寬深爲坑，先納濕牛糞其内，核不拘多少，小頭向下，厚蓋鬆土尺許，春深芽生，帶土移植實地，若仍置糞中，則實小而苦。桃性早實，三年便結子，桃性皮急，四年以上宜以刀豎劚其皮，否則皮急而死。一法取核刷浄縫中肉，令女子豔粧下種，則他日花豔而子多。一説過春月以刀疏斫之，則穰出而不蛀。桃實太繁則多墜，以刀横斫其幹數下乃止。社日令持石壓樹枝，則結實牢。桃子蛀者，以煮猪頭汁冷澆，則不蛀桃，上生斗蟲如蚊，俗云蚜蟲，雖桐油洒之亦不盡，除以多年竹燈檠掛之樹稍間，則紛上墮下，此物理不可曉，然試之即驗。

明　周文華《汝南圃史》卷三《桃》　桃　桃之品不一，其花繁麗，仲春之月始開，木少則花盛。《詩》云「桃之夭夭，灼灼其華」是也。五六月實成，亦有至十月始熟者。《爾雅翼》云：「桃能去不祥。」桃之實在木上不落者，名桃梟，一名桃奴。及莖葉毛皆去邪。故古植門以桃梗，出兵以桃弧，臨喪以桃茢。《典術》云：「桃者，五木之精，仙木也。」故厭伏邪氣，制百鬼。又云：「桃，西方之木，味辛氣惡，物或惡之。木之不用桃，猶菜之不用辛也。」今桃仁、桃花、桃梟、桃葉、桃毛、桃蠹、桃膠皆入藥。而桃花服之，能令人好顔色，神仙家植之。《圖經本草》云：「大都佳果，多是圃人以他木接根上栽之，遂至肥美。殊失本性。此等藥中不可用之，當以野生者爲佳。」桃之花實並茂而尤易生。諺云：「頭白可種桃。」又曰：「桃三李四，梅子十二。」【略】或云：種時以桃核刷浄，令女子豔粧種之。他日花豔而子離核。桃性皮急，四年以上宜以刀豎劚其皮，不劚者皮急則死。七八年便老，老則子細。是以宜歲歲種之。三月中，掘取野生者，雖小勿動其根上之土，根一離土，栽亦不活。待長成小桃樹，以二八月中，求佳種接之。不過二三年，即食其實。聞之洞庭山人云：「諸果下種皆不變，唯桃不然。」實雖大，種之則小。故不如接也。且桃易生之木，不唯可接本色。而梅、杏、李無不賴之，故以多植爲美。其種甚多，有金桃，形長，色深黄如金，肉粘核多蛀，不蛀者乃佳。味甘，酸如柿，綽有風致，以七月盡熟。有銀桃，形圓，色青白，肉不粘核，味甘，以六月中熟，大可四寸許。金桃、銀桃俱淡紅色，又名水蜜桃。有灰桃，即崑崙桃，又名墨桃。花色比金銀桃尤淡，形長，肉深紫紅色，而皮色似灰。核肉不相粘，味在銀桃之上，以七月中熟，大可四寸許。有襄桃，開淡紅花，形圓，色青白，肉不粘核，味甘，以五月中熟，大可二寸，俗名楊桃。云接楊樹而生，非也。有十月桃，形圓，色青，花紅，肉粘核，味甘酸，以十月中熟，大徑寸半。諸品中惟此最後，疑即古冬桃也。有李桃，花深紅色，形圓，色青，肉不粘核，味甘。花、葉、形、味皆桃也，但其實光澤如李故名，大徑寸半，一名柰桃，又名光桃。有胭脂桃，花如緋桃，而單葉，形圓，色青，肉粘核，味甘酸，以七月中熟。有緋桃，花色深紅，一種多葉，結子皆雙。一種千葉有四心，結子或三或四，多不成實。有碧桃，花色純白微碧。一種單葉，結實以七月中熟，大可寸許。一種千葉，花色雅淡豐腴，結實少，與夗央桃同開最後。有瑞香桃，又名孩兒桃，又名矮桃。高一二尺，實如金桃而圓，秋熟。《建昌志》所謂道州桃也。蓋道州出侏儒，而此桃形矮，故名。有美人桃，花粉紅色，千葉，又名人面桃，取「人面桃花相映紅」之義，最妖冶，特不結實。有夗央桃，千葉，深紅，開最後，而輕盈婉麗，在緋桃之上。結實必雙，味亦酸甜可口。有匾桃，又名餅桃，又名盒盤桃。有尖嘴桃，亦謂之京桃，花色紅麗，味亦甘美。

明　戴羲《養餘月令》卷二　栽桃宜密，栽李宜稀，可南北爲行。栽杏宜近人家，亦不可密。桃三年結實，五年盛，七年衰，十年枯萎。至第六年，以尖刀劃破桃樹皮，直長五七條，令膠出，則多有十餘年，且結子繁多。《居家必用》

明　戴羲《養餘月令》卷一〇　桃、杏、李、梅，將核不留皮肉，須刷浄縫中，令豔妝女子種之，則花豔而實。離核種桃尤驗。宜煖處寬深爲坑，濕牛糞培，以尖頭向下，厚蓋尺許封深，芽生和泥移栽。

明　徐光啓《農政全書》卷二九《樹藝》　桃，《爾雅》曰：旄，冬桃。榹桃，山桃。郭璞注曰：旄桃，子冬熟。山桃，實如桃而不解核。《羣芳譜》曰：榹桃一名毛桃，味惡不堪食，其仁充滿多脂，可入藥。《鄴中記》曰：石虎苑中有句鼻桃，重二斤。洛中崑侖桃，一名王母桃，一名仙人桃，一名冬桃。形如栝蔞，表裹徹赤，得霜始熟，味甘美。日月桃，一枝二花或紅或白。波斯國扁桃，形扁肉澀，不堪食。核狀如盒，樹高五六丈，圍四五尺。葉似桃而闊。三月開白花，花落結實如桃，彼地名波淡樹，仁甘美，番人珍之。新羅桃，子可食性熱。方桃，形微方。餅子桃，狀如香餅，味甘。油桃，小於衆桃，有赤斑點，光如塗油。《月令》中桃始華即此。花多子小，不堪啗，惟取仁。出汴中。常山巨核桃，霜下始花，盛暑方熟，漢明帝時獻。緋桃，俗名蘇州桃，花如剪絨，比諸桃開遲而色可愛。積石桃，大如斗斛器，漢武帝上林苑有相桃，紫文桃，金城桃，瑞仙桃，色深紅，花最密。絳桃千瓣。二色桃，色粉紅，花開稍遲，千瓣，極佳。金桃，形長，色黄如金，肉粘核多蛀，熟遲，用柿接者味甘，色黄。銀桃，形圓，色青白，肉不粘核，六月中熟。千葉桃，花色淡，結實少。美人桃，花粉紅，千葉，又名人面桃，不實。鴛鴦桃，千葉，深紅，開最後，結實不雙。李桃，花深紅，形圓色青，肉不粘核，其實光澤如李，一名光桃。十月桃，花紅，形圓，色青，肉粘核，味甘酸，十月中成熟，一名古冬桃，又名雪桃。水蜜桃，上海有之，其味亞於生荔枝。雷震紅，每雷雨過，輒見一紅暈，更爲難得。絡絲桃，開時垂絲一二尺，採之煉以松脂，纏織成履，甚輕。壽星桃，樹矮，而花能結大桃，然不堪食。盧山有山桃，大如檳榔。又有白桃，烏桃，五月桃，秋桃，胭脂桃，灰桃，秋白桃，秋赤桃，綺帶桃，合桃。《農桑通訣》曰：早熟者謂之絡絲白，晚熟者謂之過雁紅，夏秋咸有，食之不匱。

《齊民要術》曰：種法：熟合肉全埋糞地中，直置。凡地則不茂，桃性早實，三歲便結子，故不求栽也。至春既生，移栽實地。若仍糞中，則實小而味苦矣。栽法：以鍬合土掘移之。桃性易種難栽，若離本土率多死，故須然矣。又法：桃熟時，牆南陽中暖處，深寬爲坑，選取好桃數十枚擘取核內，牛糞中，頭向上，取好爛糞和土厚覆之，令厚尺餘。至春桃始動時，徐徐撥去糞土，皆因生芽，合取核種之，萬不失一，其餘以熟糞糞之，則益桃味。桃性皮急，四年以上宜以刀豎劚其皮，不劚者皮急則死。七八年便老，老則子細。十年則死。是以宜歲歲常種之。《便民圖纂》曰：於暖處爲坑，春間以核埋之，蒂子向上，尖頭向下，長二三寸許，和土移種，其樹接杏最大，接李紅甘。《種樹書》曰：柿接桃則爲金桃，李接桃則爲李桃，梅接桃則爲脆桃。《羣芳譜》曰：或云種時，將桃核刷淨，令女子豔妝種之，他日花豔而子離核。凡種桃淺則出，深則不生。故其根淺，不耐旱而易枯。近得老圃所傳云：於初結實次年，斫去其樹復生，又斫又生，但覺生虱，即斫令復長，則其根入地深，而盤結固，百年猶結實如初。桃實太繁，則多墜，以刀橫斫其幹數下，乃止。又社日春根下土，持石壓樹枝，則實不墜。桃子蛀者，以煮猪首汁冷澆之，或以刀疏斫之，則穰出而不蛀。如生小蟲若蚊，俗名蚜蟲，雖桐油灑之，不能盡除，以多年竹燈檠掛懸樹梢間，則蟲自落，甚驗。李時珍曰：生桃切片，淪過曝乾，可充果食。又酢法：取桃爛自零者收去內之於甕中，以物蓋口七日之後，既爛，漉去皮核，密封閉之，三日酢成，香美可食。三月三日，採桃花酒浸服之，除百病，好顏色。又三月三日，取桃花，陰乾爲末，收至七月七日，取烏雞血和塗面，光白潤色如玉。

明 吴雨《毛詩鳥獸草木考》木考·桃 桃《周南》曰：桃之夭夭，灼灼其華。《傳》：桃，有華之盛者。桃，果木也。仲春始華，開極繁麗。能卜歲，開向地則豐，向天則饑。實食而甜，酒漬其花，飲之除百病，好顏色。皮橫而急，四年以上宜以刀劚其皮，七八年即老，十年即死，是以宜歲種之。經冬不落者，名桃梟，一名桃奴。諺曰：「白頭種桃。」又曰：「桃三李四，梅子十二。」言桃生三歲便放華，早於梅李。故首雖已白，其華子之利可待。莖、葉、毛皆去邪，古者植門以桃，厭邪氣也。桃子冬熟者名旄桃，生山中者名榹桃，亦名山桃，實如桃而小，不鮮核耳。

明 吴雨《毛詩鳥獸草木考》木考·木桃 木桃，樹高五尺餘，枝條上氣脉積聚爲疙瘩狀，類小桃兒，極堅實，故名木桃。其葉似楮葉而狹小，無花入卻有細鋸齒。又似青檀葉，梢間別開淡紫花。結子似梧桐子而大，熟則淡銀褐色，味甜可食。陸佃云：「木桃圓而小於木瓜，食之酢而澀，而木者謂之木桃。」《述異記》曰：「桃之大者，謂之木桃。」非也。

明 方以智《物理小識》卷九《桃》 桃 金桃，金色，上有朱點。銀桃白。王母桃、半斤桃、鷹嘴桃、綿桃皆甘。其矬者曰瑞香桃。皮黑肉脂曰墨桃。無毛曰杏桃。有扁者緋桃。正紅孩兒桃。肉紅瑪瑙桃。紅白間碧桃。白皆有千葉。千葉者不實。春分前秋分後接於本體，畏水，十年脂凝而枯，刀劚而流之，又延十年。深山有山桃，四月花。燕有玉桃，則實似櫻桃而肉紅色者。外域有桃大如斗者，其核充蟠桃核。謝肇淛曰：黔中日月桃，一枝分紅白。

明 慎懋官《華夷花木鳥獸珍玩考》卷二《桃》 《春秋運斗樞》曰：「王衡星散爲桃。」《易·通卦驗》曰：「驚蟄大壯。初九，桃始華，不華食庫多火」。桃枝四寸有節。今桃枝節間，相去多四寸。《拾遺記》：漢明帝世有獻巨核桃者，霜下結花，隆暑方熟。使植於霜林園。

又《金桃》 康居大唐貞觀二十一年，其國獻黄桃，大如鵝卵，其色如金，亦呼爲金桃。日本國有金桃，其實重一觔。太原有金桃色，深黄。柿樹接桃枝，則爲金桃。早熟者謂之絡絲白。晚熟者謂之過雁紅。

又《油桃》 京畿油桃，小於衆桃。有赤斑點，而光如塗油。

又《一石桃》 吐谷渾桃，大如石甕。

又《句鼻桃》《鄴中記》曰：「石虎苑中有句鼻桃，重二觔」。

又《玉桃》 崑崙山有玉桃，先明洞，徹而堅瑩，洗以玉井泉，洗之便軟可食。

明 慎懋官《華夷花木鳥獸珍玩考》卷二《仙人桃》 景陽山百果園有仙人桃，其色赤，表裏照徹，得霜乃熟。 《郡國志》：靈臺山天柱巖有一桃樹，高五尺，皮是桃，心肉似栢。張陵與王良、趙升試法於此。日百餘年，桃迄今不朽，有小碑記之。 磅礴山去扶桑五萬里，日所不及。其地甚寒，有桃樹千圍，萬年一實。

明 闕名《栽花總録・金絲桃》 金絲桃，高二三尺。五月初開花，花六出，中有長鬚，花瓣大於桃，狀如桃花，但色黄耳。春分時候分栽。又一種似梅者。

清 張宗法《三農紀》卷五《桃》 桃，《圖經》云：枝幹扶疏，葉狹而長。二月開花，有紅、白、深、淺，單瓣千葉之變，爛熳芳菲，其態堪媚，木少花盛多繁。實甘不甚耐老，有金絳、銀緗。曰烏以其色名者也，有早秋霜雪。以其時名者也。有胭脂、絡絲、日月、鴦鴛、美人、巨方餅。以其形名者也。有樹矮、花繁、實大、色紅、名壽星，可以玩當《運斗樞》云：玉衡之精化爲桃，乃西方之木，五木之精。始生太行山谷。《典術》云：桃之精生鬼門，故取之以壓邪。桃乃易生之物，花早而實繁，故字從木兆十億。曰兆言其多也。 植藝：擇向陽地爲穴，納糞于内，連肉全埋，尖頭向上，春深芽生，帶土移栽。能移栽數次，實大味甘。種術云：將核刷洗浄，令女子盛粧種之，他日花美果味甘可作種。《書》云：桃接桃成金桃，李接桃成蜜桃，梅接桃成脆桃。諺云：白髮種桃。言桃三、李四、梅十二年。雖年已老，其利可得。老農云：種桃淺則易生，深則難生，故桃根淺不耐久，而易枯。須于初結時斫其樹，復生，又斫再三。若樹生虫即斫令復生，則其根深而盤固，至年久花實如初。桃長三年花實，五年便衰，結實細小，十年輒枯。爲其花繁實多，本少泄甚，而皮緊故也。于四年後用刀自樹根竪劃其皮，直至梢處，令膠出，可活數年，須伐之使另生新條。又法先種一行，稀，留空所待，于三年空中另種一行，如此伐老生新，新茂伐老。 衛桃：實太盛則多墜，宜以刀斫其枝幹數下乃止，社日挸曰根土，持石壓枝，則實不墜。若生虫以猪首汁（候）冷澆之。 若生蛔者名蚜，須得多年燈檠懸梢，其虫自落。 占應：桃實盛，主歲小麥收。 本性：味甘酸氣温，除鬼祟，益顔色。肺病者宜之，多食生熱，食未熱者病□疽。食後入浴成淋，及病寒熱。與鱉肉同食患心痛。服术丹石者禁之。花能下三尸。仁可化瘀血。雙仁有毒，桃梟乃自枯枝上之實臨冬不落者。能殺鬼。效方：《大清方術》云：三月三日收桃花浸酒服去百病、美顔。冢塾云：三月三日收桃花陰乾爲末，至七月七日取烏雞冠血塗面可瑩潔。《方士書》云：三月三日收桃葉，挸取汁七升，醋一升同煎至六七分，服之下諸虫。《抱朴子》云：桃膠以桑灰汁漬過服之，可愈百病，久服遍體生光絶穀。《典術》云：東向桃枝于五月五日正午時面東斫成二寸木，入着衣帶中能補心虚健忘，耳目聰明，又云：戊子日取東引者三寸枕之，並用尤妙。

清 吴其濬《植物名實圖考》卷三二《果類・桃》 桃，《本經》下品。桃花、桃葉、莖、皮、核仁、桃毛皆入藥。實在樹經冬不落者爲桃梟。一曰桃奴，汁流出爲桃膠，以木爲橛，爲符，皆辟鬼氣。

植物名實圖考・桃

清 吴其濬《植物名實圖考長編》卷一五《果類·桃》 《爾雅》：旄，冬桃。註：子冬熟。榹桃，山桃。註：實如桃而小，不解核。 《南越筆記》：香桃花與中州桃花不異，獨於九月盛開，有微香。 《曲洧舊聞》：冬桃，密縣有一種冬桃，夏花秋實，八九月間桃自開，其核墮地而復合，肉生滿其中，至冬而熟，味如淇上銀桃，而加美亦異也。 《侯鯖録》：桃實經冬不落者，俗謂之桃奴。

清 吴其濬《植物名實圖考長編》卷一五《果類·桃》 《本草綱目》：李時珍曰：桃品甚多，易於栽種，且早結實。五年宜以刀劙其皮，出其脂液，則多延數年。其花有紅、紫、白、千葉二色之殊。其實有紅桃、緋桃、碧桃、緗桃、白桃、烏桃、金桃、銀桃、胭脂桃，皆以色名者也。有綿桃、油桃、御桃、方桃、匾桃、偏核桃，皆以形名者也。有五月早桃、十月冬桃、秋桃、霜桃，皆以時名者也，並可供食。惟山中毛桃，即《爾雅》所謂榹桃者，小而多毛，核粘味惡，其仁充滿多脂，可入藥用。蓋外不足者，内有餘也。冬桃一名西王母桃，一名仙人桃，即崑崙桃。形如苦蕫，表裏微赤，得霜始熟。方桃形微方。匾桃出南番，形匾肉澀，核狀如盒，其仁甘美，番人珍之，名波淡樹，樹甚高大。偏核桃出波斯，形薄而尖，頭偏，狀如半月，其仁酷似新羅桃，子可食，性熱。又楊維楨《宋濂集》中並載：元朝御庫蟠桃核大如碗，以爲神異。按王子年《拾遺記》載漢明帝時常山獻巨核桃，霜下始花，隆暑方熟。《元中記》載：積石之桃大如斗斛器。《酉陽雜俎》載：九疑有桃，核半扇可容米一升。及蜀後主有桃核杯，半扇容水五升，良久如酒味，可飲。此皆桃之極大者。昔人謂桃爲仙果，殆此類歟。生桃切片瀹過，曝乾爲脯，可充果食。又桃酢法：取爛熟桃納甕中，蓋口，七日漉去皮核，密封二七日，酢成，香美可食。《種樹書》云：柿接桃則爲金桃，李接桃則爲李桃，梅接桃則脆桃。樹生蟲，煮豬頭汁澆之即止，皆物性之微妙也。又曰：千葉桃花結子在樹不落者，名鬼髑髏。

清 吴其濬《植物名實圖考長編》卷一五《果類·桃》 《典術》云：桃乃西方之木，五木之精，仙木也。味辛氣惡，故能厭伏邪氣百鬼。今人門上用桃符以此。《玉燭寶典》云：户上着桃板辟邪，取《山海經》神荼鬱壘，居東海蟠桃樹下，主領衆鬼之義。許慎云：羿死於桃棓。棓，杖也。故鬼畏桃。而今人用桃梗作杙橛，以辟鬼也。《禮記》云：王弔則巫祝以桃茢前引以辟不祥。茢者，桃枝作帚也。《博物志》云：桃根爲印，可以召鬼。《甄異傳》云：鬼但畏東南枝爾。據此諸説，則《本草》桃之枝葉、根核、桃梟、桃橛，皆辟鬼祟疰忤。蓋有由來矣。

清 吴其濬《植物名實圖考長編》卷一五《果類·桃》 《説文》注：桃，桃果也。从木，兆聲，徒刀切，二部。楙，冬桃。《釋木》曰：旄，冬桃。郭云：子冬熟，按作旄者，字之假借，二部三部合韻，取近也。《釋文》曰：字林作楙，今本譌爲字林作楙，從木，敄聲讀若髦，莫候切，三部。按《釋文》及《篇韻》皆音毛。鼎臣蓋檢《唐韻》無此字，因以楙字當之，故音茂也。

清 陳憲舜《課民植牧講義稿·桃》 花有紅、紫、白三色、千葉之殊，名有紅、緋、緗、碧、金、銀、胭脂之别。宜取極大而熟者數斤，秋初連肉，埋肥地中，來春成苗，移栽於熟土，須帶本身之土，此物易種難栽也，此後去草下肥，樹必漸上，第三年即結子，五六年則皮臃而枯，須以刀豎劃其皮，使出樹液而紓其氣，至七八年，樹漸老桃亦漸小，十年必枯，以柿接上爲金桃，李接爲李桃，梅接爲脆桃，其杏接者，子大多墜，以刀砍幹即止，如樹生虫，淋猪頭骨汁則無，以糞澆之則苦。最妙以李樹，或巴旦杏爲椿木，上接桃枝，實大而甜，或將桃李巴旦店，三種之核，分爲桃三月、李八月、杏九月下種，次年於發芽時接之，謂之芽接法，可成極旺之栽子，移植定處，每離一丈五尺，以後常用接枝之。果樹接經三次，味必甘美，無論名爲金桃、李桃、脆桃，皆可變爲蜜桃也。

清 嘉慶《廣西通志》卷九〇 脆桃西林出，蓋以梅而接桃者。

清 厲荃《事物異名録》卷三〇《樹木部·桃》 桃 仙木，《説文》：仙木，桃也。 五木精，《典術》：桃者，五木之精，能厭伏邪氣。 五行精，《荆楚歲時記》：桃者，五行之精，厭伏邪氣，制百鬼。

清 檀萃《滇海虞衡志》卷下《志果》 桃以富民白皮爲上品，榴則重乎阿迷，梅杏李柿棗栗雖多，不聞有所著名也。著名則地方官民之累矣。

清 褚華《水密桃譜》 種法：用枝上自熟桃連肉埋糞地中，尖頭向上，止須覆土尺餘，太深則不出。爆芽長時，宜帶土移栽別地，然後接換。如不接換，則結實小而味稍劣，邑謂之直脚水蜜桃。 樹生二三年可接，多在春分前秋分後，離樹根一二尺許鋸去，以快刀修光，使不沁水，又向靠皮帶膜處，從上切下一寸餘，却以水蜜桃東南北枝，兩邊削作馬耳狀者，在口中噙熱插下，用紙封固，外塗以泥，再加箬葉護之。待其活後乃去箬葉之縛，聽其所封之泥，與紙漸漸自脱。 樹既活其根，又生嫩枝，急宜截去，否則接枝無力而不能暢達，如任其自生，則所結實還爲本質而接枝悴矣。古法云：當以兩枝接一本，活後乃擇其弱者翦去一枝，今種桃者或不盡然。　凡果木結實時宜乎澆灌，獨水蜜桃結實時灌之其實即落。雖遇大旱之年，經月不雨亦不灌水，枝葉憔悴，或有用薄河泥壅蓋根下。可異者，經赤日之後，旋遇傾盆大雨則不妨。性所獨也。　種桃之家有樹連數十畝，苟遇淫雨，其根易爛，故卑濕者中多爲溝以瀉水。諺云：「種李宜稀，種桃宜密。」密之云者，謂成行列而枝不相礙，非交柯接葉之謂也。　結實熟時，至早須交立秋節，遲則處暑，遲早不過二十日後即自落，不能至白露者。或前或後者，均非水蜜桃也。　桃皮甚緊，數年以後，樹既壯盛，則膏脹易枯，須以刀劃破，流出便能久活。或云桃根托地，較他果獨淺，故年遠輒枯。法以初生時，將樹砍去，次年俟發芽時又砍，砍至三次，則根入地深而耐久矣。倘以此根接水蜜，當更佳耳。

清　務農會《農學報》卷二八〇《肥城縣王大令上農工商局呈送肥桃嘉種清摺稟並批》　謹將卑縣肥桃栽種灌溉三法逐一查明，開摺呈電。　栽種之法。每年九十月間，將桃核種入地內，深三四寸許，再於相離二丈餘之地，如前布種。次年二三月萌芽。至二三年，樹長二三寸，即於春分前後，將樹幹留寸餘用鋸截斷，用刀劈爲兩開，揀選肥桃嫩旺枝，長三四寸，削爲鋒刀樣，填入刀劈之口。每科可插兩枝。封二三年用嫩枝時，再請札飭。卑縣揀選若干呈候備用而用紙封固，再封以潮潤之土，名爲土接。接成即係肥桃，不接便接小桃。三四年後可以開花結實。每年二三月間開花，白露節前後成熟。　灌溉之法。初種時忌用肥料。如春雨愆期，須不時用水灑潤。桃芽發生，尤須及時灌溉。其旁生之枝，可以盡行删去。迨結桃時，四外握土五六寸，灌以糞料，或用豆餅搗碎，攙以毒物如信石之類，恐其生虫傷根。匀入土內。每日以水灌之。至四月間花謝後，每日在桁中揀老幹枝與嫩枝所結者摘去之，惟留中等枝幹所結者。如每枝結桃百餘枚，僅可留二三十枚。不可多留，多則桃小。如枝葉生蟲，用坑洞磚浸水灑之，其蟲自消。又生長時怕霧，於未霧之先，多備麥稭，一遇霧天，即將麥稭分於各樹旁，用火燃着，用煙燻之。霧見煙自散，桃不受傷。

清　屈大均《廣東新語》卷二五《木語・山桃》　山桃　山桃大於尋常桃。陸賈云：「羅浮山頂有楊梅，山桃。海人時登採拾，止於飽食，不得持下。」羅浮固多異果，不知賈當時何自知之，豈嘗一至羅浮耶。廣中又有冬桃，似橄欖而圓，色緑味甘酸。有匾桃，似桃而匾，一曰「偏桃」。大者若鴨卵，色青黃，味酸微甜，皆山桃之屬。

清　屈大均《廣東新語・木語・蜜望》　蜜望，樹高數丈，花開繁盛，蜜蜂望而喜之，故曰「蜜望」。花以二月，子熟以五月，色黃味甜酸，能止船暈，飄洋者兼金購之。一名望果，有夭桃者與相類，樹高亦數丈，巨者百圍。正月花，六七月子，熟大如木瓜，味甜酢，以羹魚尤善。凡渡海者食之不嘔浪，然年荒乃多結實。粵謠云：「米價高，食夭桃。」故廣人貴望果，而賤夭桃。貴之故望之，蜜望其花，人望其果也。

清　陳昌齊　道光《廣東通志》卷九五《果類・蒲桃》　蒲桃。樹高二三丈，其葉如桂，四時有花，叢鬚無瓣，長寸許，色兼黃緑。結實如蘋果，絶香甜，核與殼不相連屬，搖之作響。羅浮間中多有之，猿鳥含啄之餘，隨流而出，取之動盈數斛，以之釀酒曰蒲桃春，經歲香不減，作膏尤美。《羅浮山志》此非花土之蒲桃也。

清　李鴻章　光緒《畿輔通志・果屬・桃》　桃，大寧路大寧縣、惠州、興中州，皆土産桃。《元一統志》金桃、玉桃皆上林苑出。《明一統志》漢明帝時，常山獻巨桃核，其桃，霜下花，至暑方熟。《西京雜記》桃花有白者，亦上苑異種。《六街花事》京師佳果入：紅桃、白桃、銀桃、山桃、蟠桃、合桃、霜下桃、肅寧八月桃。《客燕雜記》今豐寧縣之白雲洞，平泉州之鳳凰嶺諸處尤多。又一種名山桃。《熱河志》肅寧縣人多種桃爲業，如藝稼然。花時，望之火蒸霞浮。秋落其實，市於四方。銀桃味最佳，絡絲桃紅白相間，金桃色紅，扁桃形如小餅，秋桃熟遲。《河間府志》梨兒桃最佳，《長垣縣志》枝幹勁直，色紫滑可以裹鏃。《盧龍縣志》

清　何剛德《撫郡農産攷畧・桃》　桃有紅桃、白桃、鶯嘴桃、石桃、臙脂桃、櫻桃諸種，以如雞蛋大者爲佳。石桃質硬，櫻桃樹矮而結實少。花俱粉紅色，實內有仁曰桃仁。撫屬皆有之。　天時：春初種，三年便結子。每年二月揚花。花後結實，六月初可食。　地利：高岡、平壤皆可種植，然根本浮淺，不耐旱，宜擇肥潤之土種之。　人事：桃秧易生，多移栽者，不甚費力。《種樹書》：「種時尖頭向上。」《羣芳譜》：「種桃淺則生，深則不出，故其根淺，不耐旱，而易枯。開初結實，次年斫去其樹。復生，又斫。但覺生虱，即斫。則其根入地深，而盤結固，百年猶結實如初。」宜糞土。初生時，天旱則以水灌溉，勿令枯槁。《羣芳譜》：「樹有蟲如蚊，俗名蚜蟲，以多年竹燈檠掛懸樹間，則蟲自落。」物用：桃實可食，桃仁可入藥。桃每斤值錢十七八文，桃仁每斤值錢三四十文。

清 穆彰阿 嘉慶重修《清一統志・承德府》　白雲洞，在豐寧縣西大閣兒東南七十五里，亦名朝陽洞。洞頂有雙瀑對懸，飛流樹杪。洞内有神像，鐫額曰寶華臺，不知何時書。外種山桃百餘株，春時霏紅掩映，尤增勝致。

藝　文

晉 傅玄《桃花賦》卷四五引　有東園之珍果兮，承陰陽之靈和。結柔根以列樹兮，豔長畝而駢羅。華落實結，與時剛柔。既甘且脆，入口消流。夏日先熟，初進廟堂。辛氏踐秋，厥味益長。亦有冬桃，冷侔冰霜。放神適意，恣口所嘗。華升御于内庭兮，飾佳人之令顔。實充虚而療飢兮，信功烈之難原。嘉放牛于斯林兮，悦萬國之義安。望海島而慷慨兮，懷度朔之靈山。何兹樹之獨茂兮，條枝紛而麗閑，根龍虬而雲結兮，彌千里而屈盤。御百鬼之妖慝兮，列神荼以司奸。辟凶邪而濟正兮，豈唯榮美之足言。

晉 陶淵明《桃花源記》　晉太元中，武陵人捕魚爲業，緣溪行，忘路之遠近，忽逢桃花林。夾岸數百步，中無雜樹。芳草鮮美，落英繽紛。漁人甚異之。復前行，欲窮其林，林盡水源，便得一山。山有小口，髣髴若有光，便舍船從口入，初極狹，纔通人，復行數十步，豁然開朗。土地平曠，屋舍儼然，有良田、美池、桑竹之屬，阡陌交通，雞犬相聞，其中往來種作，男女衣着，悉如外人。黄髮垂髫，並怡然自樂，見漁人，乃大驚。問所從來，具答之。便要還家，設酒殺雞作食。村中聞有此人，咸來問訊。自云先世避秦時亂，率妻子邑人來此絶境，不復出焉，遂與外人間隔。問今是何世，乃不知有漢，無論魏晉。此人一一爲具言，所聞者嘆惋。餘人各復延至其家，皆出酒食。停數日，辭去。此中人語云：不足爲外人道也。既出，得其船，便扶向路，處處志之。及郡下，詣太守説如此。太守即遣人隨其往，尋向所誌，遂迷不復得路。南陽劉子驥，高尚士也，聞之，欣然欲往，未果，尋病終。後遂無問津者。

晉 伍輯之《園桃賦》　嗟王母之奇果，特華實兮兼副，既陶煦之夏成，又凌寒而冬就。嗟異植兮難拔，亦晚枯兮先茂。農黄品其味，漢帝驚其珍。林休反耕之牛，宅樹同惡之神，景毙勇于不足，彌增罪于甘分，雖無言兮成蹊，亘充肴于魏君。時令載始，周南申章。瞻擇有制，藥齊惟良。魯拂樞以悔荆，楚供弧以事王。

南朝陳 張正見《衰桃賦》　巖巖秀峰，吐桂榮松。獨夭桃之灼灼，輕擢采於寒蹤。爾乃萬株成錦，千林似翼，苔畫波文，花然樹色。發秦源而逸氣，飄漢綬而流芳。譬蘭缸之夜炷，似明鏡之朝妝。成蹊列徑光崖，艷氾間真定之蒼梨，雜房陵之縹李，芬芳難歇，照耀無儔。舒若霞光欲起，散似電彩將收。既而風落新枝，霜飛故葉。歎垂釣之妖童，怨傾城之麗妾。

唐 王維《桃花源行》　漁舟逐水愛山春，兩岸桃花夾去津。坐看紅樹不知遠，行盡清溪忽見人。山口潛行始隈隩，山開曠望旋平陸。遥看一處攢雲樹，近入千家散花竹。樵客初傳漢姓名，居人未改秦衣服。居人共住武陵源，還從物外起田園。月明松下房櫳静，日出雲中雞犬喧。驚聞俗客争來集，競引還家問都邑。平明閭巷掃花開，薄暮漁樵乘水入。初因避地去人間，及至成仙遂不還。峡裡誰知有人事，世中遥望空雲山。不疑靈境難聞見，塵心未盡思鄉縣。出洞無論隔山水，辭家終擬長游衍。自謂經過舊不迷，安知峰壑今來變。當時只記入山深，青溪幾度到雲林。春來遍是桃花水，不辨仙源何處尋。

唐 白居易《白氏長慶集》卷一八《種桃杏》　無論海角與天涯，大抵心安即是家。路遠誰能念鄉曲，年深兼欲忘京華。忠州且作三年計，種杏栽桃擬待花。

唐 李嶠《爲納言姚璹等賀瑞桃表》　臣某等言：伏見内出靈桃，四實共同一蒂，禁園芳果，仙庭奇樹。名珍杏柰，族茂櫻胡。鮮花發於上春，嘉實成於早夏。四而爲一，表四夷之一君。異而爲同，明異方之同貫。漢宫留核，曾所未窺，衛國報瓊，何能竊似，殊祥靈應，叠貺駢臻。凡在見聞，孰不歡躍，臣等謬當樞近，累覩休符，喜抃之情，實萬恒品，無任欣慶之至，謹奉陳賀以聞。

唐 獨孤授《蟠桃賦》　東海神木，是曰蟠桃。可得聞其廣而未量其高，蓋蒼龍之所臨據，白日之所先照，結根於凌（比）（北）之峯，稟氣乎衡星之耀，其生植也，與乾坤始，其蟠縈也，至三千里。上鳴天鷄，下宅鬱壘，徒駭於説，莫原其以配，若木以相望，冠扶桑而特起，爾乃焕物陽之杲杲，壓巨海之漫漫。太皞司方以流眄，羲和策御而上千。傾高柯而飛鳥罕及，隨巨葉而青雲共蟠。何帝休之名誌，豈姑繇而變觀。窮海陸以標奇，抗蓬瀛而争聳。疑蒸林之相合，乃一木之所擁，照溟海則攀其若浮，昇日輪則遠視如捧。霜雪莫能以凋換，風濤庸得其震傾。拂垂雲之脩翼，蔭吹潦之長鯨。非有歲之可紀，每先晨之效明。拂青桂于陰魂，掩白榆於太清。信植物之神秀，壯元化之曲成。木無與儔其誰聘兩鬬之術，子不可獲安，有被三竊之名。是知瑰異之説，或處明而若晦。區域之心多玩小以疑大，天無所不育，地無所不載，莫出混茫之中，咸居耳目之外。偉蟠桃之遐絶，宜列仙之遊會。安得探神物而駐韶顔，涉滄海而登朔山。驂素虬之夭嬌，駕綵鳳之廻環。庶因此以捧日，願倏脩而一攀。

又 彬州蘇躭仙壇出仙桃。有人誠心祈之，輒落壇上。或至五六顆，似石塊，赤黄色。破之如有核三重。研飲之，愈衆疾，尤治邪氣。太倉南有翟泉，泉西有華林園，園有仙人棗，長三寸，核細如針，菘甜無賽。祁連山有仙樹，行旅得之，可濟饑渴。其實如棗，以竹刀剖則甘，鐵刀剖則苦，木刀剖則酸，蘆刀剖則辛，時人稱爲四味木。

唐 段成式《酉陽雜俎》卷二 史論在齊州時，出獵至一縣界，憩蘭若中，覺桃香異常。訪其僧，僧不及隱，言近有人施二桃，因從經案下取出獻論，大如飯碗。時饑盡食之。核大如雞卵。論因詰其所自。僧笑向實謬言之。此桃去此十餘里，道路危險，貧道偶行脚見之覺異，因掇數枚。論曰：今去騎從與和尚偕往。僧不得已，導論北去荒榛中，經五里許，抵一水。僧曰：恐中丞不能渡此。論志決往，乃依僧解衣戴之而浮，登岸又經西北涉二小水，上山越澗數里。至一處，布泉怪石非人境也，有桃數百株，幹掃地，高二三尺，其香破鼻。論與僧各食一蒂，腹果然矣。論解衣將盡力苞之。僧曰：此或靈境，不可多取。貧道嘗聽長老説，昔日有人亦嘗至此，懷五六枚，迷不得出。論亦疑僧非常，取兩個而返。僧切戒論不得言，論至州，使招僧，僧已逝矣。

唐 皮日休《桃花賦》 伊祈氏之作春也，有艷外之艷，華中之華。衆木不得融爲桃花，厥花伊何，其實美多。臺隸衆芳，緣飾陽和。開破嫩萼，壓低柔柯。其色則不淺不深，若素練輕茜，王顔半酡。若夫美景妍時，春含曉滋，密如不幹，繁若無枝，妖妖婉婉，夭夭怡怡。或俛者若想，或閉者如癡。或向者如步，或倚者如疲。或温馨而可熏，或婑媠而莫持。或幽柔而旁午，或撦冶而倒披。或翹矣如望，或凝然若思。或奕傑以作態，或窈窕而騁姿。日將明兮似喜。天將慘兮若悲。近榆錢兮妝翠靨，映楊柳兮顰愁眉。輕紅拖裳，動則裊香，宛若鄭袖初見楚王。夜景皎潔，閑然秀發。又若嫦娥欲奔明月，蝶散蜂寂，當閨脈脈。又若妲己未問裂帛、或開故楚，艷艷春曙。又若息嬀含情不語，或臨金塘，或交綺井。又若西子浣紗見影，玉露厭浥，沃紅墮濕。又若驪姬將譖而泣，或在水濱，或臨江浦。又若神女見鄭交甫，或臨廣筵，或當高會。又若韓娥將歌斂態，微動輕風，婆娑煖紅。又若飛燕舞於掌中，半需斜吹，或動或止。又若文姬將賦而思，丰茸旖旎，互交遞倚。又若麗華侍宴初醉，狂風狂雨一陣紅去。又若褒姒初隨戎虜，滿地春色，階前砌側。又若戚姬死於鞠域。花品之中，此花最異。以衆爲繁，以多見鄙。自是物情非關春意，若氏族之斥素流品秩之卑寒士，他目則目，他耳則耳。或以眤而稱珍，或以疎而見貴。或有實而花乖，或有花而實悴。至若實可充腹，花可娱目，匪乎玆花，他則碌碌。我欲品花，此爲第一。懼俗情之横議，惟獨斷之一已。我目我目，吾耳吾耳。妍媸決於我口，取舍決於我志。豈爲草木之獨然，信爲國兮如是。

宋 李復《潏水集》卷一一《種桃》 西郊移桃園散植，東風一吹高數尺。開花滿樹亂蔫綿，結實壓枝雜紅碧。初年採摘不知幾，三年花稀實少得。陰蟲食根膠自流，今歲春餘愁寂歷。須知花多必易朽，人間顔色安能久。寒松森嚴少媚嫵，回視衆木爾何有。不作羣花十日紅，欲獻主人千歲壽。

元 楊瑀《山居新語》卷二 大都長春宫有桃核半個，其大如掌，至今以爲常住鎮庫之物。余嘗觀之，誠希有也。蟠桃之説，寧或有之乎。古者王琮遇仙，與桃核，大如斗，磨而服之，愈疾延年。今則未聞也。桃核扇之説是其類耳。

明 釋正勉《古今禪藻集》卷二八 明·僧悦《栽桃柳偶成三首》不學黄梅老種松，桃花猶惜一時穠。偶移春色青蒼下，笑殺磐陀石上容。 灌木還同抱甕人，不將機事亂吾真。雲中一色桃源路，風景依稀似避秦。 一枝一葉柳如煙，妬殺桃花色可憐。正是春光好時節，無人問字到門前。

明 鄒迪光《調象菴稿》卷一〇《種桃》 移得綏山種，參差洞口開。舞裙分綺繡，歌扇與徘徊。不學嬴秦避，寧煩劉阮栽。春明霞萬片，爲爾劇銜杯。

清 董訥《柳村詩集·種山桃》 桃花卻得以山名，别有煙霞樹上生。好種一株山腳下，花光山色逗春情。

清 高士奇《清吟堂集》卷四《花發沁園春 和容若種桃》 冷露凝香，暖煙拖艷，穠華一簇誰主。倩榆妝靨，映柳顰眉，做出幾多妖嫵。移根繡户，卻不是，武陵溪渡。淺白乍染柔風，嫣紅更透酥雨。還向闌干深處，慣倚輕盈弄色，把人偷覷。粉腮半醉，玉面微酡，脈脈芳情誰語。蜂窺蝶靚，生怕落英滿路。記當日天寶宮中，曾有助嬌新語。

李

綜述

《爾雅・釋木》休，無實李。郭璞註：一名趙李。

爾雅・休

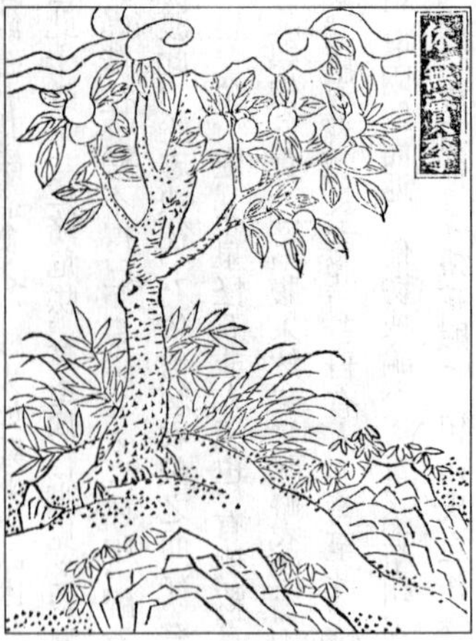

《爾雅・釋木》痤音矬，接慮李。郭璞註：今之麥李。

爾雅・痤

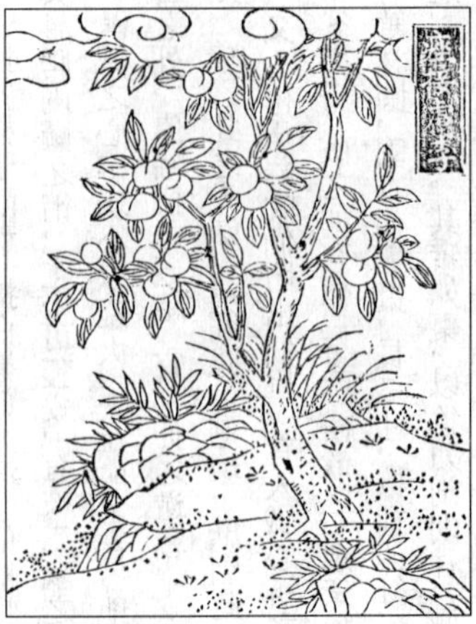

《爾雅・釋木》駁，音剥。赤李。郭璞註：子赤。

爾雅・駁

《爾雅・釋木》唐棣，栘。郭璞註：似白楊，江東呼夫栘。音移。

爾雅・唐棣

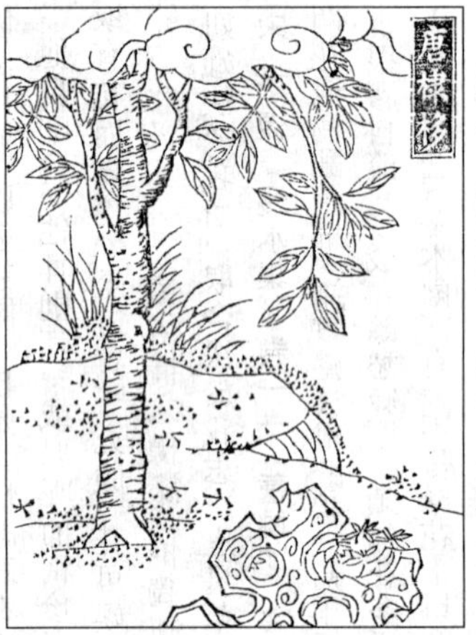

《爾雅・釋木》 常棣，棣。郭璞註：今山中有棣樹，子如櫻桃，可食。

爾雅・常棣

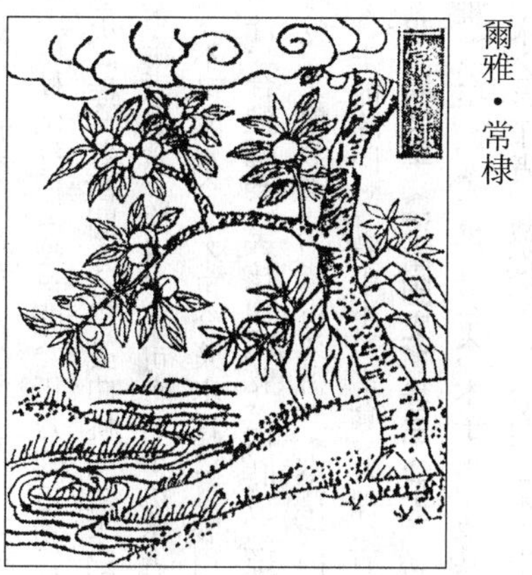

晉 陸機《果賦》（仲）山之縹李。

北魏 賈思勰《齊民要術・種李第三五》 《爾雅》曰：「休，無實李。痤，接慮李。駁，赤李。」《廣志》曰：「赤李，麥李，細小有溝道。有黄建李，青皮李，馬肝李，赤陵李。有（糕）李，肥黏似糕。有柰李，離核，李似柰。有劈李，熟必劈裂。有經李，一名老李，其樹數年即枯。有杏李，味小酸，似杏。有黄扁李。有夏李，冬李十一月熟。有春季李，冬花春熟。」《荆州土地記》曰：「房陵、南郡有名李。」《風土記》曰：「南郡細李，四月先熟。」西晉傅玄《賦》曰：「河沂黄建，房陵縹青。」《西京雜記》曰：「有朱李，黄李，紫李，緑李，青李，綺李，青房李，（車下）李，顔回李，出魯。合枝李，羌李，燕李。」今世有木李，實絶大而美。又有中植李，在（芒種）（麥後穀）前而熟者。李欲栽，李性堅，實（晚），五歲者始子，是以藉栽。栽者三歲便結子也。李性耐久，樹得三十年。老雖枝枯，子亦不細。嫁李法：正月一日，或十五日，以磚石著李樹（歧）中令實繁。　又法：臘月中，以杖微打（歧）間。正月（晦）日復打之，亦足子也。　又法：以煮寒食醴酪火㮇著樹枝間，亦良。樹多者，故多束（枝），以取火焉。李樹桃樹下並欲鋤去草穢而不用耕墾。耕則肥而無（衍）實，樹下犂撥亦死之。桃李大率方兩步一根。大概連陰，則子細而味亦不佳。《管子》曰：五沃之土，其木宜梅李。《韓詩外傳》云：「簡王曰：『春樹桃李，夏得陰其下，秋得食其實。春種蒺藜，夏不得採其實，秋得刺焉。』」《家政法》曰：「二月（徙）梅李也。」　作白李法：用夏李。色黄便摘取，於鹽中挼之。鹽入汁出，然後合鹽曬令萎，手捻之令褊。復曬更捻，極褊乃止。曝使乾。飲酒時，以湯洗之，漉著蜜中，可下酒矣。

宋 謝維新《古今合璧事類備要别集》卷四三《果門・李實》 李實　附來禽子、嘉慶子、人面子　《格物總論》：李實數種，或朱或黄或緑或紫或班點。大者如杯，小者如雞卵。核小。味甘脆，食之肉自離核。熟之時自能吐核，皆果中之珍也。彼有且酸且澁且苦，不足録矣。又一種實大如小黄胍，色白如玉，間以朱點三數，又如纈狀，食之其肉粘茹，此來禽也。

宋 陸佃《埤雅》卷一三《李》 《素問》曰：「李韭皆酸。」李，東方之果，木子也。故其字从木、从子。性頗難老，老雖枝枯，子亦不細。其品處桃上，故果屬有六，桃最爲下。孔子飯黍不以雪桃。而《詩》曰：「投我以桃，報之以李。」又曰：「丘中有麻，彼留子嗟。丘中有麥，彼留子國。丘中有李，彼留之子。」言麻以衣之，麥以食之。又有李焉，且皆丘中植之，則留子之政修矣。此人之所以思之。《法言》曰：「男子畝，婦人桑之謂思。」《吕子》曰：「子産相鄭，桃李之垂於（街）者莫之援也。然則丘中有李，又能使人不盜也。」《爾雅》曰：「桃曰膽之，棗、李曰疐之。蓋棗、李之臍，去疐而已。」舊云：「桃李種法，大率欲方兩步一根，密則陰輒相扇，不惟子細，味亦不佳也。」《論語》曰：「朋友數斯疏矣，有是哉化。」《書》曰：「李接桃而本強者其實毛，梅接杏而本強者其實甘。」此明造化之權，有以知巧而移矣。《莊子》曰：「接子之或，使此之謂也。」《爾雅》曰：「休，無實李，言可休息而已，無實可食也。」

宋 莊綽《雞肋編》卷上 京師賣生果，凡李子必摘其蒂，不敢觸其實，必留上衣，令勃勃然，人方以新而爲好。至食者須雪去之。元祐中，有李閎待制字子光，朝中戲以爲謎云：「賣者不識買者識。」蓋以「識」爲「拭」也。

宋 陸佃《埤雅》卷一三 《化書》曰：李接桃而本強者，其實毛。梅接杏而本強者，其實甘。此明造化之權，有以知巧而移矣。

宋 蔡卞《毛詩名物解》卷五《釋木・李》 李，以純白之華如雪。桃李，紅白相間也。桃李之成實，其時偕也。投我以桃，報之以李，言施報之道也。李實之爲用微矣，周之賢人闕所以種藝之道。故雖磽确之丘中，有麻之可衣，有李之可食；貴衣絲，賤衣麻；穀實重，果實輕。言賤者有以爲衣，則貴者可知矣。言輕者可以爲修，則重者可知矣。

明 宋詡《竹嶼山房雜部》卷九《樹畜部・樹類》 李李肇《國史補》云：李直方嘗第果實多如貢士者，以緑李爲首。今美者曰嘉慶子。種多，名之著者御黄李實熟肥甘。金沙李實熟甘。蜜李實熟甘。青脆李實青甘脆。白李實熟甚甘。緑李實甘脆。紫李實熟甘。早李實熟甘。晚李實熟甘。根側分其小木種之。亦宜春分前秋分後接，接於本體、桃杏體，壅便猪糞《埤雅》云：性頗難老，老雖棘枯，子亦不細。

明 王象晉《群芳譜》卷二《果譜·李》 李，一名嘉慶子。樹之枝幹如桃。葉緑而多花，小而繁，色白。結實有離核、合核、無核之異。小時青，熟則各色，有紅，有紫，有黄，有緑，又有外青内白、外青内紅者。大者如杯如卵，小者如彈如櫻，其味有甘酸苦澀之殊。性耐久，樹可得三十年，雖枝枯，子亦不細。種類頗多，有麥李麥秀時熟，實小有溝，肥甜。一名痤，一名椄慮。南居李解核如杏，堪入藥。季春李冬花春實。木李絶大而美。御黄李形大而味厚，核小而甘香。李中佳品也。均亭李紫而肥大，味甘如蜜。南方李此爲最。擘李熟則自裂。糕李肥粘如糕。中植李麥前熟。趙李無核，一名休。御李大如櫻桃，紅黄色。先諸李熟。赤駁李其實赤。冬李十月、十一月熟離核李似柰有劈裂。皆李之特出者。他如經李一名老李。樹數年即枯杏李味小酸似杏。黄扁李、夏李、名李出南郡。縹青李出房陵。建黄李出河沂。青皮李、赤陵李、馬肝李、牛心李、紫粉李、小青李、水李、扁縫李、金李、鼠精李、合枝李、柰李、晚李之類，未可悉數。建寧者甚甘。今之李乾皆從此出。　移栽：春月取近根小條栽之。離大樹遠者不用，待長，移之别地。性喜開爽。宜稀栽，南北成行，率兩步一株。太密聯陰，則子小而味不佳。樹下勤去草令浄。不用耕，耕則肥而無實。　嫁李：正月一日或十五日，以磚石着李樹〔歧〕中，令實繁。又臘月中，以杖微打樹〔歧〕間。正月晦日復打，可令足子。又法，以煑寒食醴酪火〔拯〕着樹間亦良。或曰桃樹接李，則生子甘紅。　禁忌：李多食腹脹，苦澀者忌食。服术人不可食。不沉水者不可食。不可合雀肉食。不可合蜜食。不可臨水食。不可合漿水食。　製用：鹽曝法，夏月李黄時摘取，以鹽挼去汁，合鹽曬萎，去核復曬乾。用時以湯洗浄，薦酒甚佳。嘉慶子取朱李蒸熟曬乾，又糖藏蜜煎，皆可久留。《本草》曰：李根可治瘡。服其花令人好顔色。食李能除固熱，調中不可多食。《保生月録》。

明 周文華《汝南圃史》卷三《李》 附李榔：李之品見於傳記者甚多。《埤雅》云：「李，東方之果，木子也。故其字從木，從子。」《爾雅翼》云：「李，木之多子者。故從子。」又云：「李，南方之果也。火者，木之子，故名。」與《埤雅》説異。其花白而細，比桃尤繁。楊誠齋常疑韓退之詩，不見桃花，唯見李花。後登碧落堂，望隔江桃李，則桃暗而李明，乃悟其妙。蓋《炫晝縞夜》云：「蕭瑀、陳士達於龍昌寺看李花，相與論李有九標，謂香、雅、細、淡、潔、密宜月夜、宜緑鬢、泛酒無異色。」其實以五月熟，甘脆可啖。有微澀且酸者，亦隨其品之上下而已。青李，外青内白。嘉慶李，外青内紅。俱核小，味甘。而嘉慶李尤勝。韋述《兩京記》云：「東都嘉慶坊有李樹，其實甘鮮，爲京都之羨。」故稱嘉慶李。今人但言嘉慶子，蓋稱謂既熟不以李名也。建寧李，亦甚佳。土人乾之，貨賣四方。聞北地有御黄子，亦李之類，而味甘美。【略】《便民圖纂》云：「臘月中，取根上發起小條，移種别地，待長行栽。栽宜稀，不宜肥地。取桃樹接之，則生子紅甘。或以本色接之，亦易活。」榔李，俗名壽李。高五六尺，叢生，開細花，或紅，或白，繁褥可愛。陸龜蒙《榔李花賦》云「一枝上能萬其膚萼，一萼中自參其丹白」是也。花有三種。一種開細白花，單葉，結子如櫻桃，甘酸可食。二月開花，六月中熟，即榔李也。一種開細白花，千葉，俗名喜梅，又名玉蝶。一種開細紅花，千葉，俗名玉梅。皆榔李之類。而千葉者結實多雙，此爲異耳。《本草》：「郁李仁取單葉者，十月中分栽。」陸璣《草木疏》云：「唐棣，即奥李也。奥音郁一名雀梅，亦曰車下李。其花或赤或白，六月中熟，大如李子，可食。」《埤雅》云：「棠棣如李，而小子如櫻桃。正白花萼，上承下覆，甚相親爾。《采薇》所謂『彼爾維何，維常之華』是也。」據此則今之郁李，即古之所謂唐棣。然郭璞註《爾雅》以唐棣似白楊，《爾雅翼》又以唐棣爲今移楊，非白楊，皆不以郁李爲唐棣，未知何故。

明 吴雨《毛詩鳥獸草木考》木考·李 李，花與桃尤繁密。服其花，令人好顔色。性頗難老，老雖枝枯，子亦不細。舊云，桃李種法：大率欲方兩步一根，密則陰輒相扇，不惟子細，味亦不佳。李接桃而本強者，其實毛梅。接杏而本強者，其實甘，品處桃上。故果屬有六，桃爲最下。孔子黍飯，不以雪桃。《鹽銕論》曰：桃李實多者，來歲爲之穰。《爾雅》有三種，座接慮李，即今之麥李，與麥同熟者。爲果肉厚，而乾、核相離。駁赤李，則李之赤者。休無實李，一名趙李，言可休息而已。

明 鄺璠《便民圖纂》卷五《李》 取根上發起小條，移栽别地，待長，又移栽成行。栽宜稀，不宜肥地，肥則無實。其性耐久，雖枝枯，子亦不細。此樹椄桃，則生桃李。以上俱臘月移。

明 徐光啟《農政全書》卷二九《樹藝》 李，即棠棣。《爾雅》曰：休，無實李。痤，接慮李。〔駁〕，赤李，《荆州記》曰：房陵、南郡有名李。《風土記》曰：南郡細李，四月先熟。《西京雜記》曰：有朱李、黄李、紫李、緑李、青李、綺李、青房李、車下李、顔回李、合枝李、羌李、燕李、猴李。武帝修上林苑，羣臣獻木李，實大而美。麥李，麥秀時熟，實小有溝，肥甜，一名痤，一名接慮。南居李解核如杏，堪入藥。季春李，冬花春實。御黄李，形大而味厚，核小而甘香。均亭李，紫而肥大，味甘如蜜。擘李，熟則自裂。餻李，一名離李，肥粘如餻。中植李，麥前熟。趙李，無核，一名休。御李，大如櫻桃，紅黄色，先先諸李熟。赤駁李，其實赤。冬李，十月、十一月熟。離核李，似柰有劈裂。經李，一名老李，樹數年即枯。杏李，味小酸似杏。縹青李，出房陵。建黄李，出河沂。又有黄扁李、夏李、青皮李、赤陵李、馬肝李、牛心李、紫粉李、小青李、水李、扁縫李、金李、鼠精李、晚李、赤李之類。今建寧者甚甘，李乾皆出焉。李時珍曰：李名嘉慶子，出東都嘉慶坊，今人呼乾李爲嘉慶子，稱謂既熟，不復知其所自矣。梵書名李曰居陵迦。琳國玉華李，五千歲一熟。員邱紅李，鍾山李，大如瓶，食之生奇光。天台水晶李。　《便民圖纂》曰：取根上發起小條，移栽別地，待長又移栽成行，栽宜稀，不宜肥地，肥則無實，宜臘月移栽。玄扈先生曰：李接桃梅易活，且耐久，亦耐糞。　《齊民要術》曰：樹下欲鋤去草穢，而不用耕墾。耕則肥，而無衍實樹下，犂撥即死。桃李大率方兩步一根。大概連陰，則子細而味不佳。管子曰：三沃之土其木宜梅李。《韓詩外傳》云：簡王曰：春樹桃李夏陰其下，秋得食其實，春種蒺藜，夏不得採，其實秋得刺焉，家政法。日二日從梅李也。　李性耐久，樹得三十年。老雖枯枝，子亦不細。嫁李法，正月一日或十五日，以磚著李樹歧中，令實繁。又臘月中以杖微打歧間，正月晦日，復打之，亦足子也。又以煑醴酪火掭著樹枝間亦良，樹寒實多者，故多束之以取火焉。　李時珍曰：用鹽曝糖藏蜜煎爲果，惟曝乾白李有益。其法用夏李，色黄便摘取於鹽中，挼之鹽入汁出，然後合鹽曬令萎，手捻之令褊，復曬更捻極褊乃止。曝乾飲酒時，以湯洗之，漉著蜜中，可酒矣。　附棠棣：如李而小，子如櫻桃，熟食美。北方呼之林思，又名郁李。

明　戴羲《養餘月令》卷二《李》　嫁李樹，以石頭安丫中。石榴不實亦如之。或以磚石堆於根，更以長竿打其樹梢，則結子甚繁。

明　江之源《百花藏譜・李花譜》　李之品多，有外青内白者，有黄者、紅者。嘉慶者，外青内紅，建寧者甚甘，今之李乾皆從此來。李性耐久，又喜開爽，連陰則子細而味不佳。臘月中取根上發起小條，移種別地。待長又栽成行，栽宜稀不宜肥地。

明　方以智《物理小識》卷九《李》　李有御黄李、金沙李、蜜李、青脆李、白李、紫李、早李、晚李、苦李。李直方以緑李爲首，號曰：嘉慶。今嘉興有醉李，古云檇李，以是名耶。分根種，接與桃同，壅宜豕通。《埤雅》云：性頗難老，老雖枝枯，子亦不細。大名府南樂縣有枝頭乾如李，而乾熟於樹。肇慶有沙棠果，則如李而無核者也。徐𤊹曰：惟李核無仁，古謂王戎鑽李核，殆冤。

明　王世懋《學圃雜疏・李》　李，種亦殊多。北土盤山麝香紅妙甚，江南絶無，然亦有一種極大而紅者，味可亞之。亦有王黄、青翠、嘉慶子，俱稱佳品。吾圃中僅有粉李一種，餘當致之。

明　彭大翼《山堂肆考》卷二〇五《羲之帖求》　羲之帖求　王右軍帖：青李、來禽、櫻桃、日給、藤子皆囊盛爲佳，函封多不生。足下所疏云：此果佳，可以致子，當種之。吾篤喜果，今在田里速爲致此子，則大惠也。按：洪玉父云，來禽以味甘，來衆禽也。又日給亦果名，其花似柰子。

明　彭大翼《山堂肆考》卷二〇五《杜陵》　杜陵，《述異記》：杜陵有金李，大者夏李，小者鼠李。　又朱仲：潘岳《閒居賦》：房陵朱仲之李。注云：房陵朱仲有李園二十六所。　又嘉慶坊：唐韋述《兩京記》：東都嘉慶坊有李樹，其實甘鮮，爲京都之美，故人稱爲嘉慶子。白樂天詩：東都緑李萬州栽，君子封題我手開。把得欲嘗先悵望，與渠同別故鄉來。　又沈寒水：魏文帝《與吴質書》：浮甘瓜于清泉，沈朱李于寒水。　又東苑：張華《真人篇》：朱李生東苑，甘瓜出西郊。　又直方品第：《國史補》：李直方嘗第果品，以緑李爲首，楞梨、荔枝、櫻桃爲三，柑子爲四，蒲桃爲五，或薦荔枝曰當舉之首。

明　慎懋官《華夷花木鳥獸珍玩考》卷二　李　《春秋・運斗樞》曰：「玉衡星散爲李。」瀨鄉老子祠有紅標李，一李二色。顧淵李出魯。　均亭李：江南建寧有一種名均亭李，紫色，極肥大，味甘如蜜。南方之李，此實爲最。　《叙聞録》：憲宗以鳳李花醸換骨醪賜裴度。　韓終李：《洞冥記》：琳國有玉葉李，五千年一熟。仙人韓終服之，一名韓終李。

明　慎懋官《華夷花木鳥獸珍玩考》卷二《棠》　鳳止棠　陜州陜石縣山中有棠一株，甚偉。古老傳云：鳳止棠。正觀初，有鳳止此

木，其後結實，尤大，如合掌狀，團團婉轉，有赤黄之色。其馨香脆美，乃諸果之王，職貢之珍也。刺史韋堅爲銘刻於石。《紀異記》

清　王芷《稼圃輯》　李樹種宜稀，桃樹接則紅甘，樹下宜鋤去草穢，不用澆溉，肥則不結實，元旦四更，以火把照樹上下四旁，謂之嫁李。又以斧斑駁斫了，置石樹杈中，以長竿擊樹梢。青翠李，御黄李，上品也。紫粉小青，下品也。一種麥李，紅者是麥熟可食，花實俱小，種核如種桃法，長尺即移栽，不移則實少味苦。以杏接之，來年即生，桃接則佳。嘉慶子肉脆而甘，外青内紅。臘月中以杖微打椏枝間，正月晦復打之。臘月取根上起條分栽。連陰則子細而味不佳。

清　鍾山逸叟《致富奇書》卷一　李樹能耐久，臘月中，取根上發起小枝移種別地。《種樹書》云：「李接桃，則爲李桃，結實紅甘。」諺云：「種桃宜密，種李宜稀。」少實，於元旦五更，以火把四面照之，當年便生，謂之嫁李。

清　張宗法《三農紀》卷五《李》　李，《圖經》云：枝幹如桃而黑。葉亦如桃而緑。花小而繁白，二月開放，先花後葉。《爾雅翼》云：李乃木之多子者，故字從木子。《鹽鐵論》云：李曰疐。《史補》云：李直方常第果品，以緑李爲首。韋述云：李爲嘉慶子者，東都之産地名。《西京記》云：漢武初，修上林苑，遠方各獻名果，惟李有名，朱、黄、紫、緑、青、綺、羌燕猴，及于車下、青房、合枝之屬，其類近百，實有大小、圓扁、早晚之分，味有甘酸苦澀之別，色有青、緑、黄、赤、紫、朱、縹、綺、胭脂、青皮、紫灰之殊，形有牛心、馬肝、柰、杏、水李、離核、合核、無核、扁鋒之異。樹可耐久，雖經三十年，枝枯子亦不細，故《素問》以李爲東方果也。　植藝：《管子》云：三沃之土宜李。種核如桃杏法，不如植條之速利耳。春取美樹下近根條小者栽之。李性爽宜疏，須南北成行，率兩步一株，太密則聯陰，實不佳。樹下草宜浄，不宜耕，耕則土肥而無實。宜土堅而瘠瘦，根下藏以牛馬畜骨則甘美，諸樹皆然。以梅接生子甘紅，以木樹接則實美奇。　嫁李：元旦日或元宵日，以磚石着李枝歧中，可令實繁，或夜以火炤之，當年結實美盛，或十二月中以杖敲樹中，正月晦日復微敲，可令子足。又法：以寒食醴酪火着掭樹間妙。占應古書云：李實繁主小豆。　本性：味甘酸，氣温，有小毒。乾者去痼疾，卻骨中勞熱，肝痛者宜之生啖，生熱發痰，服朮人禁食，不可合雀肉、合蜜，合漿水食，臨水食，沉水者有毒。　效方：痘出有毒，李花、桃花、杏花、梨花共爲末，每一錢白湯下。

清　吴其濬《植物名實圖考》卷三二《果類・李》　李，《別録》下品，種類極多。《別録》有名未用，有徐李。李時珍以爲即無核李云。

植物名實圖考・李

清　吴其濬《植物名實圖考長編》卷一五《果類卷・李》　《爾雅》：休，無實李。註：一名趙李。痤，接慮李。註：今之麥李。駁，赤李。註：子赤。《別録》：李核仁味苦平，無毒，主僵仆蹊折瘀血骨痛。根皮大寒，主消渴，止心煩，逆奔豚氣。實味苦，除痼熱調中。陶隱居云：李類又多，京口有麥李，麥秀時熟，小而甜脆，核不入藥，今此用姑孰所出。南居李，解核如杏子者爲佳。凡實熟食之皆好，不可合雀肉食，又不可臨水上噉之。李皮水煎含之，療齒痛佳。《圖經》：李核仁舊不著所出州土，今處處有之。李之類甚多，見《爾雅》者有休，無實李，李之無實者，一名趙李。座，接慮李。即今之麥李，細實有溝道與麥同熟故名之。駁，赤李。其子赤者是也。又有青李、緑李、赤李、房陵李、朱仲李、馬肝李、黄李，散見書傳，美其味之可食。陶隱居云：皆不入藥用，用姑孰所出南居李，解核如杏子者爲佳，今不復識此。醫家但用核，若杏子形者，根皮亦入藥用。崔元亮海上方，治面皯黑子，取李核中仁，去皮細研，以鷄子白和如稀餳塗，至晚，每以淡漿洗之後，塗胡粉，不過五六日有效，避風。《本草衍義》：李核仁其窠大者高及丈，今醫家少用。實合漿水食，令人霍亂澀氣而然。今畿内小窑鎮一種最佳，堪入貢。又有御李，子如櫻桃許大，紅黄色，先諸李熟，此李品甚多，然天下皆有之，所以比賢士大夫盛德及天下者，如桃李無處不芬芳也。別本注云：有野李，味苦，名郁李。子核仁入藥，此自是郁李仁，別是一種，在木部中第十四卷，非野李。《本草綱目》：李時珍曰：李，緑葉白花，樹能耐久，其種近百，其子大者如杯如卵，小者如彈如櫻，其味有甘酸苦澀數種。其色有青緑、紫、朱黃、赤、縹綺、胭脂、青皮、紫灰之殊。其形有牛心、馬肝、柰李、杏李、水李、離核、合核、無核、匾縫之異。其産有武陵房陵諸李。早則麥李、御李，四月熟，遲則晚李、冬李，十月十一月熟。又有季春李，冬花春實也。按《王禎農書》云：北方一種御黃李，形大而肉厚，核小甘香而美。江南建寧一種均亭李，紫而肥大，味甘如蜜。有擘李，熟則自裂。有餻李，肥粘如餻，皆李之嘉美者也。今人用鹽曝糖藏蜜煎爲果，惟曝乾白李有益，其法：夏李色黃時摘之，以鹽挼去汁，合鹽曬萎，去核復曬乾，薦酒作飣皆佳。《説林》：立夏日，俗尚啖李。時人語曰：立夏得含李能令顔色美，故是日婦人作李，會取李汁和酒飲之，謂之駐色酒，一曰是日啖李，令不疰夏。《西溪叢語》：潘岳《閒居賦》：房陵朱仲之李。李善云：朱仲李，未詳。按《述異記》云：房陵定山有朱仲李三十六所。許昌節度使小廳是故魏景福殿。董卓亂，魏太祖挾令遷帝自洛都許。許州有小李，子色黃，大如櫻桃，謂之御李，子即獻帝所植，至今有焉。王逸《荔枝賦》云：房陵縹李。《説文》注李，李，果也，从木子，聲良止切，一部。古李理同音通用，故行李與行理並見，大李與大理不分。杍，古文。《尚書音義》曰：杍材音子，本亦作梓。馬云：古作梓字，治木器曰梓。《正義》曰：此古杍字今文作梓，按《正義》《本經》作杍，音義《本經》作梓。據二家説，蓋壁中古文作杍，而馬季長易爲梓，匠之梓也。如馬説，是壁中文假，借杍爲梓匠字也。

清　吴其濬《植物名實圖考》卷三二《果類・南華李》　南華李，産廣東南華寺。古有緑李，今北地所産多紫黃色。此李色青緑。繪以備一種。

植物名實圖考・南華李

清　王逢臣《檇李譜》　栽種：樹性清潔，灌溉亦宜清水，最忌糞土及一切穢惡之物。朱竹垞大史《檇李詩》云：瘦地翻宜嫁，此其證也。

又　接換：結實之樹，初生二三年，都要於春分前後接換枝幹，則實大而味美，惟檇李無煩接換也。然以檇李接他種，李亦能結實，但其味稍遜耳。

又　分植：分植須俟根下旁生枝以石壓之，三四年後細根已出，枝葉暢茂，約丈許長，方可於臘月中分而植之，根上必連胎土。

又　遠移：檇李雖嘉興土産，總以浄相寺爲第一，其餘各邑亦不少佳者，然寺中之種分移寺外，其味即遜，若遠移別郡必欲變種，橘踰淮而化枳，梅渡江而成杏，土宜使然也。

清　李鴻章　光緒《畿輔通志・物産・果屬》　李，北方一種御黃李，形大而肉厚核小，甘香而美。《農書》李五：紫李、緑李、黃李、麝香李、盤山李。《客燕雜記》

清　長順《吉林通志・果樹屬・李》　李，渤海所貴者，九都之李。《唐書》二百十九寧江州地苦寒，多草木如桃李之類，皆成圍。至八月則倒置地中，封土數尺覆其枝幹。季春出之，厚培其根，否則凍死。《大金國志》十三

清　長順《吉林通志・果樹屬・歐李子》　歐李子。柔條叢生，高二尺許。花白，實如小李，色紅味酸，一名烏拉柰。《盛京通志》歐栗子，似櫻桃，味甘而酸，木本小樹。《甯古塔紀略》歐李子，色赤而澀。《絶域紀略》烏拉納紅果，烏拉一帶之地尤多，實如楊梅而大，味甘酸。《皇朝通志》一百二十六

清　陳昌齊　道光《廣東通志・果類・李》　李，有紅心，珍珠，鵞膏，胭脂。《南雄州志》

清　董天工《武夷山志・果屬・小李》　小李，生大王峰頂，形如小鳥卵稍長，而色赤，味甚美。

清　何剛德《撫郡農産考畧・李》　李，葉緑而密，花白而繁，四瓣。實有内紅、外紅、麥黃、柿餅、茅包錦諸名，柿餅李最大，茅包錦李味最佳。撫屬皆有之，臨川之嵩湖出産最多。　天時：春初種，四年便結實。每年三月揚花，花後結實，五月實熟可食。李樹揚花在桃後，實熟在桃前。　地利：隨地皆可種。　人事：移秧、種核俱可生，或春月取近根小枝栽之亦可。栽時宜疏不宜密，密則實小而味不佳。樹下宜勤去草，不用耕，耕則肥，而無力。以桃樹接之，則實大而紅。不用肥。殺蟲用膽礬十兩，熟水五升調勻；另用未融石

灰十餘兩，漬以水，以收乾爲度，飾成細粉；再加清水一斗，膽礬調和。尋蟲穴噴入，則蟲盡死。如患癰病，治法亦同。　物用：可作脯，以蜜煎之極佳。每斤值錢十六七文。運售省城各處。

清　郝懿行《寶訓·果實·李》　語曰：李下無蹊徑。《春秋·運斗樞》：玉衡星散爲李。《爾雅》：休，無實李。註：一名趙李。疏云：李之無實者名休。座，接慮李。註：今之麥李。疏云：與麥同熟，因名。駁，赤李。註：子。赤。《素問》：李，東方木也。

藝文

晉　傅玄《李賦》　植中州之名果兮，結修根于芳園。嘉列樹之蔚蔚兮，美弱枝之爰爰。既乃長條四布，密葉重陰。夕景回光，傍蔭蘭林。于是肅肅晨風，飄飄落英。潛實内結，豐彩外盈。翠質未變，形隨運成。清角奏而微酸起，六宮動而和甘生。既變洽熟，五色有章，種别類分，或朱或黄。甘酸得適，美逾蜜房。浮彩點駁，赤者如丹，入口流濺，逸味難原。見之則心悦，含之則神安。乃有河沂黄建，房陵縹青，一樹三色，異味殊名。乃上代之所不睹兮，咸升御乎紫庭。周萬國之口實兮，充薦飧于神靈。昔怪古人之感貺，乃答之以寶瓊。玩斯味之奇瑋兮，然後知報之爲輕。

唐　賀知章《望人家桃李花》　山源夜雨度仙家，朝發東園桃李花。桃花紅兮李花白，照灼城隅復南陌。南陌青樓十二重，春風桃李爲誰容。棄置千金輕不顧，踟躕五馬謝相逢。徒言南國容華晚，遂歎西家飄落遠。的皪長奉明光殿，氤氲半入披香苑。苑中珍木原自奇，黄金作葉白銀枝。千年萬歲不凋落，還將桃李更相宜。桃李從來露井傍，成蹊結彩矜艷陽。莫道春花不可樹，會持仙實薦君王。

唐　韓愈《詠李花》　平旦入西園，梨花數株若矜夸。傍有一株李，顔色慘慘似含嗟。問之不肯道所以，獨繞百匝至日斜。忽憶前時經此樹，正見芳意初萌芽。奈何趁酒不省録，不見玉枝攢霜葩。泫然爲汝下雨淚，無由返旆羲和車。東風來吹不改顔，蒼茫夜氣生相遮。冰盤夏薦碧實脆，斥去不御慚其花。當春天地争奢華，洛陽園苑尤紛拏。誰堆平地萬堆雪，翦刻作此連天花。日光赤色照未好，明月暫入都交加。夜領張徹投盧仝，乘雲共至玉皇家。長姬香御四羅列，縞裙練帨無等差。静濯明妝有所奉，顧我未肯置齒牙。清寒瑩骨肝膽醒，一生思慮無由邪。

宋　司馬光《詠李》　嘉李繁相倚，園林澹泊春。齊紈翦衣薄，吴紵下機新。色與晴光亂，香和露氣勻。望中皆玉樹，環堵不爲貧。

郁李

綜述

三國吴　陸璣《毛詩草木鳥獸蟲魚疏》卷上《唐棣之華》　唐棣，奥李也。一名雀梅，亦曰車下李。所在山中皆有，其花或白或赤，六月中成，實大如李子，可食。

三國吴　陸璣《毛詩草木鳥獸蟲魚疏》卷上《常棣》　常棣，許慎曰：白棣樹也。如李而小，如櫻桃正白。今官園種之。又有赤棣樹亦似白棣，葉如刺榆葉而微圓。子正赤如郁李而小。五月始熟，自關西天水、隴西多有之。

三國吴　陸璣《毛詩草木鳥獸蟲魚疏》卷上《食鬱及薁》　食鬱及薁，鬱，其樹高五六尺，其實大如李，色赤，食之甘。

宋　宋詡《竹嶼山房雜部》卷九《樹畜部·樹類》　郁李灌生，子如櫻桃，甘若李。《爾雅疏》云：常棣，一名棣。春月分小木種之。

宋　陸佃《埤雅》卷一三《釋木》　唐棣，一名栘，其華反而後合。《詩》曰：「唐棣之華，偏其反而。豈不爾思，室是遠而。」子曰：「未之思也，夫何遠之。」有此《詩三百》，所以無此篇歟。然則孔子删《詩》，蓋若此類。凡木之華皆先合而後開，惟此華先開而後合。《詩》曰：「山有苞棣，隰有樹檖。」苞棣以況可與權之臣，樹檖以況可與立之臣。可與權者在上，可與立者在下，穆公之業也。又曰：「何彼襛矣，唐棣之華。何彼襛矣，華如桃李。」蓋棣華偏而後合，桃李則皆有華之盛者。故《詩》以況王姬下嫁，其衣之襛，如此且偏然反。故車服不繫其夫，下王后一等。《爾雅》曰：「唐棣，栘。」郭璞云：「似白楊。江東呼夫栘偏然反，夫之事也。」竹林曰：「郯之戰，偏然反，何也？」曰：「春秋無通辭，從變而移。今晉變而爲夷狄，楚變而爲君子。故移在其辭，以從其事。」陸璣《疏》云：「唐棣，奥李也。一名雀梅，亦曰車下李。其華或赤、或白，六月中孰，大如李，子可食。」《華品序》云：「洛陽亦有芍藥、緋桃、碧桃、千葉李、紅郁李之類，皆不減它出者，而洛陽人不甚惜，謂之果子。華曰某華，至牡丹則名直曰華。其意謂天下真華獨牡丹，其名之著不假，曰牡丹，而自可知也。其愛重之如此。」

宋　宋詡《竹嶼山房雜部》卷九《樹畜部・樹類》　桬棠果如李而無核。　宜肇慶。

宋　蔡卞《毛詩名物解》卷五《唐棣》　唐棣，栘也。其葉相向而開，相反而合。或向或反，文繡之巧麗也。故言王姬車服之盛，則曰何彼襛矣，唐棣之華。襛，厚貌。夫文繡之巧麗而謂之厚，何也？曰：「得禮之正則爲厚，失禮之正則爲薄。」

宋　寇宗奭《本草衍義》卷一五《郁李仁》　郁李仁，其子如御李，子至紅熟堪啗，微澀。其仁、湯去皮，研極爛，入生龍腦，點赤目。陝西甚多。根煎湯，渫風蚛牙。

明　慎懋官《華夷花木鳥獸珍玩考》卷一《沙棠》　槐江之山有木焉，其狀如棠，華黄，赤實，其味如李而無核，名曰沙棠。可以禦水，食之使人不溺。漢成帝常與趙飛燕游太液池，以沙棠木爲舟。其木出崑崙山。人食其實，入水不溺。詩曰：安得沙棠木，刳以爲舟船。

明　王象晉《群芳譜・果譜・棣棠》　棣棠：栘也。似白楊，江東呼爲夫栘，一名郁李，一名爵梅，一名雀梅，一名車下李。其花反而後合。凡木之花，先合而後開。惟此花先開而後合。花正白，亦或赤。花萼上承下覆，有親愛之義。故以喻兄弟，周公所爲賦常棣也。子如櫻桃，六月熟可食，仁可入藥。高濂云：花若金黄一葉一蕊，生甚延蔓，春深與薔薇同開，可助一色。有單葉者名，金碗喜水。　典故：常棣，燕兄弟也。周公憫管蔡之失道，故作常棣焉。

明　傅梅《嵩書・木部・栯》　《山海經》云：太室之山，其上有木焉。葉狀如梨而赤理，名曰栯木。服者不妬。郭璞贊曰：爰有嘉樹，厥名曰栯。薄言采之，窈窕是服。君子維歡，家無反目。

明　闕名《栽花總録・郁李》　一名喜梅、千葉繁花有純紅、純白、粉紅各種。結子如芡實，微酸。春間移栽高燥處，又名郁李。

又　常棣，如李而小，子如櫻桃，正白。華萼上承下覆，甚相親爾。《采薇》所謂「彼爾維何，維常之華」是也。唐棣之華，反而後合，《詩》以譬權，則此華上承下覆，甚相親爾者常而已矣，故曰常棣也。栘从移，棣从隸，隸言華萼相承，輝榮相隸也。隸，仁也。移，義也。兄弟尚親親。親，仁也，故常棣以燕兄弟。《詩》曰：「常棣之華，鄂不韡韡。」凡今之人，莫如兄弟。《傳》曰：「聞常棣之言爲今也。」聞常棣之言爲今，則管蔡之所以失道者，以不聞乎此而已。故《序》曰：「閔管蔡之失道，故作『常棣』焉。」《鴟鴞》曰：公乃爲詩以遺王，名之曰《鴟鴞》。而是《詩》云故作常棣焉，變爲言作者，蓋周公之於詩，其道在《鴟鴞》，而其事在《常棣》故也。《孟子》曰：「《詩》云迨天之未陰雨，徹彼桑土，綢繆牖户。」今此下民或敢侮予孔子，曰：「爲此詩者其知道乎？」此以道乃爲《鴟鴞》之證也。《左傳》曰：「周公弔二叔之不咸，糾合宗族於成周而作詩曰：『常棣之華，鄂不韡韡』凡今之人，莫如兄弟。」此以事故作常棣之證也。然則道在《鴟鴞》，事在《常棣》，周公也。志在《春秋》，行在《孝經》，孔子也。蓁子曰：「作人當如常棣，灼然光發。」

明　吴雨《毛詩鳥獸草木考》木考・唐棣　《召南》曰：唐棣之華。《傳》：唐棣，栘也。又華如桃李。《秦風》曰：「山有苞棣。」《傳》：棣，唐棣也。　唐棣，一名栘。《釋木》：唐棣，栘。郭璞云：似白楊，江東呼夫栘。崔豹云：移楊圓葉弱蒂，微風大遥。一名高飛，一名獨摇。故郭璞云：栘似白楊是也。陸璣云：奧李也。一名雀梅，亦曰車下李。所在山皆有。其花或白或赤，六月中成熟，大如李子，可食。嚴粲云：唐棣，薁李也，蘡郁也，即七月之薁也。陸佃云：唐棣，一名栘。其花反而後合，凡木之花先合而後開，惟此花先開而後合。故毛公傳《詩》，皆據《爾雅》，如陸與嚴之言，是《豳詩》之「薁」，非《唐棣》之「栘」。

明　吴雨《毛詩鳥獸草木考》木考・木李　木李，大於木桃，似木瓜而無鼻，其品又下木桃。亦或謂之木梨，梨蓋聲之誤也。鼻即瓜之脱華處，里俗呼之爲咮，其著華處乃臍也。《魚龍河圖》曰：「瓜有兩蒂兩鼻者殺人。」則鼻與蒂異矣。木瓜性脆，木李性堅。今人以蜂飴漬之者，取木瓜。煎之者，取木李。徐氏曰：瓜有瓜瓞，桃有羊桃，李有雀李，此皆枝蔓也。故言木瓜、木桃、木李以别之也。

明　吴雨《毛詩鳥獸草木考》木考・薁　薁，一名蘡薁，亦是鬱類，而小別耳。《晉宫閣名》云：「華林園中有車下李，薁李。」車下李即鬱，薁李即薁也。《疏》既云「鬱是車下李，薁是薁李」。則薁李非車下李矣。陸璣以唐棣爲薁李，又云「薁李一名車下李」。《本草》有郁李仁，亦云「一名車下李」。則薁李，又有車下之名。蓋由二者相類，故名稱相亂。《廣志》曰燕薁即《詩》所謂「七月食薁也。」似梨而小，早熟。《花木志》云：燕薁實如龍眼，黑色。《説文》謂之「蘡薁」，則薁又別爲一種。《韓詩》：「六月食鬱及藿。」薁，作藿。藿，山韭也。形性與韭相類，但根白，葉如燈心苗，其音羊六切。羅願曰：《毛詩》藿作薁，以鬱爲棣屬。薁，蘡薁。《鄭箋》云：「食鬱薁及葵菽棗，皆以助男功。」蓋豳土務農所植，皆百穀百蔬，有益於民者。然七月所述不及一二，若果蔬之屬，唯瓜足以去時暑，棗足以救歲乏。故重而記之。鬱薁等果，不登於籩，不用於贊，正以食之，何補饑渴？似兒戲耳。不若鬱菜及藿之可以食養老也。然齊、韓、毛、鄭其詩異説，故並存之。

明　吴雨《毛詩鳥獸草木考》木考・常棣　《小雅》曰：常棣之華。《傳》：常棣，棣也。　常棣，一名白棣，一名棣。高五六尺，枝條、葉、花皆若李，而惟子小若櫻桃，赤色，可食，而味甘酸。今人謂之玉李，此與唐棣異木。華萼上承下覆二相親爾，所謂「維常之華」是也。《詩義疏》云：實如櫻桃，薁，麥時熟，食甜美。北方人呼爲林思。陸璣云：許慎曰：「白棣樹也。」如李而小，如櫻桃正白，今宫園種之。又有赤棣樹，亦似白棣，葉如刺榆葉而微圓，子正赤如郁李子而小，五月始熟。今關西、天水、隴西多有之。嚴粲云：常棣，玉李也。

明　慎懋官《華夷花木鳥獸珍玩考・鬱》　《豳詩義疏》曰：其樹高五六尺，實大如李，正赤色，食之甜。

明　吴雨《毛詩鳥獸草木考》卷一七《木考・鬱》　《豳風》曰：六月食鬱及薁。《傳》：「鬱，棣屬。薁，蘡薁也。」又：采荼薪樗。《傳》：樗，惡木也。　鬱，棣屬，一名雀李。枝莖作長條，花極繁密，而多葉，其子如御李，至紅熟堪啗，微澀。今人亦謂之郁李，此是常棣之類也。劉禎《毛詩義問》云：樹高五六尺，實大如李，色正赤，食之而甜。《本草》云：「鬱，一名雀李，一名車下李，一名棣。生高山川谷或平田中，五月時實。」言一名棣，則與棣相類。

清　陳大章《詩傳名物集覽》卷一二《常棣之華》　《朱傳》，棣也，子如櫻桃，可食。李氏云：何彼襛矣，言唐棣之華。《爾雅》所謂移也，此常棣，與采薇維常之華。《爾雅》所謂棣也。《爾雅》：常棣，棣。郭云：今山中有棣樹，子如櫻桃可食。孔疏：此與唐棣異木，故《爾雅》別釋。《陸疏》：許慎曰：白棣樹也，如李而小，如櫻桃正白，今宫園種之。又有赤棣樹，葉如刺榆葉而微圓，子正赤，如郁李而小，五月始熟，自關西、天水、隴西，多有之。高濂云：常棣花若金黄，一葉一蕊，生甚蔓延，春時與薔薇同開。程子《經説》云：常棣今所謂玉李，花萼相承甚力，故以興兄弟。《埤雅》：華萼上承下覆，甚相親爾。移從多，棣從隸，言華萼相承，輝榮相隸也。唐棣之華，反而後合，《詩》以取譬，則此華上承下覆，甚相親爾者，常而已矣，故曰常棣也。隸，仁也，多義也，兄弟尚親親也。周公之于詩，其道在兄弟，其事在常棣也。

清　陳大章《詩傳名物集覽》卷一一《投我以木桃》　《埤雅》：江左故老，視其實如小瓜而有鼻，食之津潤不木者，謂之木瓜，圓而小于木瓜，食之酸澀而木者，謂之木桃。木李大如木桃，似木瓜而無鼻，其品又下。木李亦或謂之木梨，梨蓋聲之誤也。鼻即瓜之脱華處，里俗呼之爲味，其著華處乃臍也。按《魚龍河圖》曰：瓜有兩蔕兩鼻者殺人，則鼻與蔕異矣。木瓜性脆，木李性堅，今人以蜂飴漬之者取木瓜，煎之者取木李。徐氏云：瓜有瓜瓞，桃有羊桃，李有雀李，此皆枝蔓也，故言木瓜，木桃、木李以別之。《述異記》：桃之大者謂之木桃。《果譜》：李之大者曰木李。

清　陳淏子《花鏡》卷三《花果類考・郁李》　郁李，一名棠棣，又名夫移，喜梅，俗呼爲壽李。樹高不過五六尺，枝葉似李而小，實若櫻桃而赤，味酸甜可食。其花反而後合，有赤、白、粉紅三色。單葉者子多，千葉者花如紙剪簇成，色最嬌艷，而上承下覆，繁縟可觀，似有親愛之義，故以喻兄弟。周公昔賦棠棣即此。性潔喜暖，春間宜栽高燥處，澆以清水，不用大肥。仁可入藥。

清　吴其濬《植物名實圖考》卷三三《木類・郁李》　郁李，《本經》下品。即唐棣。實如櫻桃而赤。吴中謂之爵梅。固始謂之秧李。有單瓣、千葉二種。單瓣者多實，生於田塍。千葉者花濃，而中心一縷連於蒂，俗呼爲穿心梅花，落心蒂，猶懸枝間。故程子以爲棣萼甚牢，《圖經》合常棣爲一，未可據。

清　長順《吉林通志・果樹屬・郁李》　郁李，多生山原間，子如櫻桃，仁入藥。同上收實多者，歲必大熟，農人常視爲占候。《採訪册》

清　陳大章《詩傳名物集覽》卷一一《唐棣之華》　《朱傳》：唐棣，移也，似白楊。《爾雅》：唐棣，移。郭云：似白楊，江東呼夫移。陸《疏》：唐棣，奥李也，一名雀李，亦曰車下李，所在山皆有。其華或赤或白，五月中成實，大如李子，可食。《埤雅》：凡木之華，皆先合後開，惟此華先開後合。《詩》曰：唐棣之華，偏其反而。《本草》：扶移木皮味苦，燒木皮置酒中令味正，經時不敗。生江南山谷，樹大數十圍，無風葉動，華反而後合。《古今注》：移楊圓葉弱蒂，微風大搖，一名高飛，一名獨搖，一名移楊，一名移柳，亦曰蒲移。《爾雅翼》云：《齊民要術》以高飛、獨搖，爲白楊之別名。沈存中云：夫移即白楊。《本草》：陳藏器分爲二條，謂夫移生山谷間，樹大數圍，唐棣郁李並弱小，生庭除間，其不同如此。蓋未詳夫移、白楊之爲一物也。夫移一作扶移，亦謂之蒲移。今越人謂白楊爲蒲移。藏器又引《論語》唐棣之華，鄭注移也，亦名移楊，此又誤也。逸詩，唐棣乃白移小木，比郁李稍大，非此蒲移，蒲移乃喬木也。戴侗曰：白楊似楊而白，多種墟墓間，存中辨之已明。棣小木，高五六尺。其種不一，花或紅或白。亦名錦帶，白者結實似小李，與李同時熟，大僅如嬰薁，故謂郁李。存中誤以此爲郁李，非也。又曰：常棣、唐棣、棠棣，特一物。猶夫移，扶移、蒲移之爲一物也。棠、常、唐、夫、扶、蒲，皆聲相邇，故通用。自《爾雅》分常棣、唐棣爲二，遂啓後誤。《爾雅》以移爲唐棣，移必棣類也，特不可考耳。《名物疏》：唐棣、常棣是二種。《爾雅》云：唐棣，移。所謂白楊也。又云：棠棣，棣。《小雅》所謂棠棣之華也。陸璣知唐棣、常棣各一種，卻不當以名奧李、車下李。五月成實者爲唐棣，故孔仲達《七月》疏，俱不明了。《本草》注于郁李仁下，即引陸氏《釋常棣》之文，《圖經》又引《釋唐棣》之文，而常、唐二字俱作棠，混甚矣。唐棣自是楊類，雖得棣名，而實非棣也。按唐棣一物，紛紛至此，獨張爾公謂戴氏之説差爲近理。且云：考《詩・常棣之華》、子夏《傳》、左氏《路史》，常皆作棠，益信郭注之誤。然草木名稱隨方各別，魚蟲醜類，萬有不同，自許、郭、鄭、孔，諸家疑不能明，學者欲于千百世之下臆度力爭，以歸一是，適滋聚訟之誚耳。華本作蕚，通作蘤，象蕊蕚聯綴形，蕚蘤並古花字，俗譌爲花。《爾雅》：華，荂也，華荂，榮也，兼草木言。又曰：木謂之華，草謂之榮，按草木皆有華，華皆可謂之榮。精蕴曰：華向榮上敷，將結乃垂，華落而實離離矣，不象其上敷，而象其垂下之形，示人斂華就實也。歐陽云：洛陽諸華皆不減他方，而洛人不甚惜，謂之果子華，曰某華，獨牡丹則直曰華，意謂天下真華獨牡丹耳，其愛重如此。

清　陳大章《詩傳名物集覽》卷一二《六月食鬱及薁》　《朱傳》鬱，棣屬。《毛詩義問》其樹高五六尺，實大如李，正赤，食之甜。孔疏，《晉宮闕名》云：華林園中有車下李三百一十四株，薁李一株，車下李即鬱，薁李即薁，三者相類而各一物，同時熟。　薁，《朱傳》，蘡薁也。《本草》，郁李一名爵李，一名車下李，一名棣，生高山川谷及丘陵上，五月六月採根。《陸疏》：唐棣，薁李也，一名雀李，亦曰車下李，所在山皆有。其華或赤或白，五月中成，實大如李子，可食。《本草圖經》：郁李木高五六尺，枝條葉花皆若李，惟子小若櫻桃，赤而味甘酸，核隨子熟，六月採根并實，取核中仁用。《藥譜》：郁李，山野處處有之，樹高五六尺，花千葉，雪白粉紅二色，如紙翦成，甚可觀。李赤色，五月熟，可食，核仁可入藥。《果譜》：蘡薁，蔓生，六月熟，甌越諺云：蘡薁熟，食新粥，正《詩》六月所食也。《名物疏》：薁、郁李、薁李、蘡薁、燕薁、棣、爵李、車下李，《廣雅》謂之蘡舌，與鬱俱棣屬也，故同得車下李之名。陸璣以唐棣爲薁李，非也，而以爲實大如李，則得之。《本草圖經》：謂郁李子如櫻桃，則似説常棣，非郁李也。郁李雖棣屬，然非《爾雅》所謂唐棣常棣也。古之説者，惟不知唐棣爲扶移木，而以爲薁，又不知薁別是一種，而以爲常棣，故《本草》注及《詩緝》諸説俱誤。《魏王花木志》云：燕薁實如龍眼，黑色。《説文》謂之蘡薁。《詩疏》，一名車鞅藤，《豳詩》六月食薁者，此也。《廣志》曰：燕薁似梨，早熟，據此又非郁李，而二説亦相矛盾，殆不足取證。韓詩：薁字作藿，是《爾雅》所謂藿山韭者，非《毛詩》之薁。《爾雅翼》云：山韭形性，與韭相類，但根白，葉如燈心苗。一説燕薁蘡舌，宜是草屬。按《果譜》：蘡薁一名山葡萄，蔓生，苗葉花實與葡萄相似，但實小而圓，不甚紫，亦堪爲酒。《正字通》：薁果名，俗名山蒲萄，藤名木龍。時珍曰：蘡薁可插植，花實與蒲萄無異，實小而圓，不甚紫，其莖吹之氣出，有汁如通草。韓詩薁作藿。《説文》引《詩》食鬱及藿，彼此錯互矣。

清　吴其濬《植物名實圖考長編》卷一五《蘡薁》　《詩》：六月食鬱及薁。《傳》：鬱，棣屬。薁，蘡薁也。《疏》：鬱，棣屬者，是唐棣之類屬也。劉真《毛詩義問》云：其樹高五六尺。其實大如李，正赤，食之甜。《本草》云：鬱，一名雀李，一名車下李，一名棣。生高山川谷或平田中。五月時實。言一名棣，則與棣相類，故云棣屬。蘡薁者，亦是鬱類而小別耳。《晉宮閣名》云：華林園中有車下李三百一十四株，薁李一株。車下李即鬱，薁李即薁，二者相類而同時熟，故言鬱薁也。《本草注》曰：葡萄即蘡薁，生隴西五原山谷。《齊民要術》《説文》曰：薁，蘡也。《廣雅》曰：燕薁，蘡薁也。《詩義疏》曰：蘡薁實大如龍眼，黑色。今車鞅藤實是。《豳詩》曰：六月食薁。陸璣《詩疏》：鬱，其樹高五六尺，其實大如李，色正赤，食之甘。《廣要毛詩》云：鬱，棣屬。《本草圖經》云：郁李木高五六尺，枝條葉花皆若李，惟子小若櫻桃，赤色而味甘酸，核隨子熟。六月採根並實，取核中人用。《名物疏》云：薁一名郁李，一名薁李，一名蘡李，一名燕薁，一名棣，一名爵李，一名車下李。《廣雅》謂之，蘡舌與鬱俱棣屬也，故同得車下李之名。陸璣以唐棣爲薁李，非也。而以爲實大如李則得之。《本草圖經》謂郁李子如櫻桃，則似説常棣，非郁李也。郁李雖棣屬，然非《爾雅》所謂唐棣常棣也。古之説者惟不知唐棣爲扶移木，而以爲薁，又不知薁別是一種，而以爲常棣。故《本草注》及《詩緝》諸説俱誤，今由陸璣，崔豹，鄭樵及《本草》諸説參詳之，始知其別如此。《魏王花木志》云：燕薁實如龍眼，黑色。《説文》謂之蘡薁。《詩疏》一名車鞅藤。《豳詩》六月食薁者，此也。《廣志》曰：燕薁似梨，早熟。據此又非郁李，而二説亦相矛盾，殆不足取證。《韓詩》：薁字又作藿，是《爾雅》所謂藿山韭者，非《毛詩》之薁。《爾雅翼》云：山韭形性與韭相類，但根白，葉如燈心苗。按《陸疏》題列二物，止釋一物者，如榛楛濟濟，止釋楛，六月食鬱及薁，止釋鬱之類是也。豈以薁即是唐棣，故存而不論耶。其實常棣與唐棣，與鬱與薁，原是四種。毛氏云：鬱，棣屬，則非棣。可知孔氏云：薁鬱類則非鬱，可知馮嗣宗辨之甚詳。但燕薁蘡舌是草，大概與下文葵相似，恐不應與木類相混。《救荒本草》：野葡萄俗名煙黑，生荒野中，今處處有之。莖葉及實俱似家葡萄，但皆細小，實亦稀疎，味酸。採葡萄顆紫熟者食之，亦中釀酒飲。《説文》注：薁，嬰薁也。嬰，鍇本作蘡，俗加艸頭耳。《豳風》六月食鬱及薁。《本草》：鬱，一名棣，則與棣相類。蘡薁亦是鬱類。玉裁按《説文》李棣皆在木部，薁在艸部。毛公但云，鬱，棣屬。未嘗云，薁，鬱屬。《廣雅•釋艸》：燕薁，蘡舌也。《釋木》云：山李，雀李，二字今正未知是否鬱也，然則薁之非木實明矣。《晉宮閣名》所謂車下李，薁李，皆非毛許之蘡薁也。《齊民要術》引《詩義疏》曰：櫻薁實大如龍眼，黑色，今車鞅藤實是。按賈氏凡引《詩草木蟲魚疏》皆謂之。《詩義疏》陸璣本有釋薁云云，今本脱之耳。《魏王花木志》引《詩疏》亦同从草，奥聲，於六切三部。

清　王念孫《廣雅疏證》卷一〇上《釋草》　燕薁，蘡舌也。即蘡薁也。蘡，燕聲之轉。《豳風•七月篇》六月食鬱及薁。《傳》云：薁，蘡薁也。《正義》云：蘡薁者，亦是鬱類，而小別耳。《晉宮閣名》云：華林園中有車下李三百一十四株，薁李一株。車下李即鬱薁，李即薁，二者相類，而同時熟。是《正義》以薁爲樹名也。今案：薁李樹，不名蘡薁。蘡薁，自是葡萄之屬，蔓生結子者耳。《齊民要術》引陸璣《詩義疏》云：櫻薁實大如龍眼，黑色，今車鞅藤實是。又引《疏》云：櫐似燕薁，連蔓生。《御覽》引《毛詩題綱》云：藟一名燕薁藤，郭璞《上林賦注》云：蒲陶似燕薁，可作酒。《廣韻》云：蘡，蘡薁，藤也。是蘡薁有藤，蒲陶之屬，故謝靈運《山居賦》云：野有蔓草，獵涉蘡薁也。《唐本草注》云：蘡薁與葡萄相似，然蘡薁是千歲櫐。宋《開寶本草》注云：蘡薁是山葡萄，亦堪作酒。毛公《釋詩》正謂此草也。蘡薁之子滑澤，故人食之。《中山經》云：泰室之山，有草焉，白華黑實，澤如蘡薁。郭注云：言子滑澤也。

清　陳昌齊　道光《廣東通志》卷九五《果類•沙棠果》　沙棠果。今嶺外瀧水、羅浮山中皆有之，木狀如棠、黃花赤實。同上廢瀧州土産沙棠果，其味如李，無核，食之使人不溺。《寰宇記》

梨

綜　述

《爾雅・釋木》　梨，山樆。郭璞註：即今梨樹。樆音離。

爾雅・梨

北魏 賈思勰《齊民要術・插梨第三七》《廣志》曰：「洛陽北邙，張公夏梨，海內唯有一樹。常山（鎮）（真）定，山陽鉅野，梁國睢陽，齊國臨淄、鉅鹿，並出梨。上黨楟梨，小而加甘。廣都梨，又云鉅鹿（膏）（豪）梨，重六斤，數人分食之。新豐箭谷梨。弘農、京兆（又）（右）扶風郡界諸谷中梨，多供御。陽城秋梨，夏梨。」《三秦記》曰：「漢武果園一名『御宿』，有大梨如（斗）（五升）落地即破。取者以布囊盛之，名曰『含消梨』。」《荆州土地記》曰：「江陵有名梨。」《永嘉記》：「青田村民家有一梨樹，名曰『官梨』，子大一圍五寸，常以貢獻，名曰『御梨』。實落地即融釋。」《西京雜記》曰：「紫梨，芳梨，實小。青梨，實大。大谷梨，細葉梨，紫條梨，瀚海梨出瀚海地，耐寒不枯。東王梨出海中。」別有朐山梨。張公大谷梨，或作「糜雀」梨也。種者，梨熟時，全埋之。經年，至春地釋，分栽之，多著熟糞及水。至冬葉落，附地刈殺之，以炭火燒頭，二年即結子，若穞生及種而不栽者，則著子遲。每梨有十許子，唯二子生梨，餘皆生杜。插者彌疾。插法：用棠、杜。棠，梨大而細理。杜次之。桑梨大惡。棗，石榴上插得者爲上梨，雖治十，收得一二也。杜如臂已上，皆任插。當先種杜，經年後插之。至冬（主客）俱下亦得。然俱下者，杜死則不生也。杜樹大者插五枝，小者或三或二。梨葉微動爲上時，將欲開莩爲下時。先作麻紉，汝珍反纏十許匝，以鋸截杜，令去地五六寸。不纏恐插時皮披。留杜高者，梨枝葉茂，遇大風則披。其高留杜者，梨樹早成，然宜高作蒿箄盛杜，以土築之令没。風時以籠盛梨，則免披耳。斜攕竹爲籤，刺皮木之際，令深一寸許。折取其美梨枝陽中者，陰中枝則實少。長五六寸，亦斜攕之，令過心，大小長短與籤等。以刀劃梨枝斜攕之際，剥去黑皮。勿令傷青皮，青皮傷即死。拔去竹籤，即插梨，令至劃處，木邊向木，皮還近皮。插訖，以綿幕杜頭，封熟泥於上。以土培覆，令梨枝僅得出頭。以土壅四畔。當梨上沃水，水盡以土覆之，勿令堅固（涸）。百不失一。梨枝甚脆，培土時宜慎之，勿使掌撥，掌撥則折。其十字破杜者，十不收一。所以然者，梨（木裂）皮開，虛燥故也。梨既生，杜旁有葉出，輒去之。不去勢分，梨長必遲。凡插梨，園中者用旁枝，庭前者，中心。旁枝，樹下易收，中心上聳不妨。用根蒂小枝，樹形可喜，五年方結子。鳩腳老枝，三年即結子，而樹醜。《吴氏本草》曰：「金創，乳婦，不可食梨。多食則損人，非補益之物。産婦蓐中，及疾病未愈，食梨多者，無不致病。欬逆氣上者，尤宜慎之。」凡遠道取梨枝，下根即燒三四寸，亦可行數百里猶生。藏梨法：初霜後即收。霜多即不得經過夏也。於屋下掘作深廕坑，底無令潤濕，收梨置中，不須覆蓋，便得經夏。摘時必令好接，勿令損傷。凡醋梨，易水熟煑，則甘美而不損人也。

北魏 賈思勰《齊民要術・種棠第四七》《爾雅》曰：「杜，甘棠。」郭璞注曰：「今之杜梨。」《詩》曰：「蔽芾甘棠。」毛云：「甘棠，杜也。」《詩義疏》云「今甘棠梨，一名杜梨，如梨而小，甜酢可食」也。《唐詩》曰：「有杕之杜。」毛云：「杜，赤棠也。」「與白棠同，但有赤、白、美、惡。」子赤白色者爲白棠，甘棠也，酢滑而美。赤棠，子澀而酢，無味。俗語云：「澀如杜。」「赤棠，木理赤，可作弓幹。」按今棠葉有中染絳者，有惟中染土紫者。杜則全不用。其實三種別異，《爾雅》，毛、郭以爲同，未詳也。棠熟時，收種之。否則春月移栽。八月初，天晴時，摘葉薄布，曬令乾，可以染絳。必候天晴時，少摘葉，乾之，復更摘。慎勿頓收，若遇陰雨則浥，浥不堪染絳也。成樹之後，歲收絹一疋。亦可多種，利乃勝桑也。

唐 段成式《酉陽雜俎續集》卷九《夏梨》 曹州及揚州、淮口出夏梨。

宋 謝維新《古今合璧事類備要別集》卷四五《果門・梨》 梨附柤 《格物總論》：梨數種，大者幾如盌，有青黄紫三色，肉白於雪，核少，食之甘脆無查滓者爲佳品。另有一種，熟時糜爛可口，謂之金鳳梨，亦其次也。

宋 周密《癸辛雜識續集》上《梨酒》 仲賓又云：「向其家有梨園，其樹之大者，每株收梨二車。忽一歲盛生，觸處皆然，數倍常年，以此不可售，甚至用以飼猪，其賤可知。有所謂山梨者，味極佳，意頗惜之，漫用大甕儲數百枚，以缶蓋而泥其口，意欲久藏，旋取食之。久則忘之。及半歲後，因至園中，忽聞酒氣熏人，疑守舍者釀熟，因索之，則無有也。因啓觀所藏梨，則化而爲水，清冷可愛，湛然甘美，真佳醖也，飲之輒醉。回回國葡萄酒止用葡萄釀之，初不雜以他物。始知梨可釀，前所未聞也。」

元 王禎《王禎農書》卷三二 梨樹可種，亦可插。

元 闕名《居家必用事類全集》 栽梨法以春分日將旺梨笋作枴樣，砍下兩頭，用火燒紅鐵器，烙定津脉，栽之入地二尺許，春分前後一日皆不可，只春分日可用。

明 宋詡《竹嶼山房雜部》卷九《樹畜部・樹類》 梨花白。實甘香有漿。《埤雅》曰：百損一益。朱子曰：梨名快果。安南有菴羅果似北梨，四五月間熟，多食無害。一種柤梨，味酢澁，故張敷曰柤何比梨。種之著者香梨、青消梨、瓶梨、綿梨、鵞梨、紫梨、水梨、金花梨、黄梨、紅梨、雪梨、寒梨。春分前接，接用桑體，過時則桑液濃融浮其貼而不能固矣。亦宜棠梨體。摘去繁實，實大顆用油紙護之，則皮薄而不踳駁。實時旱，喜恒灌水。

明 鄺璠《便民圖纂》卷五《種諸果花木》 梨春間下種，待長三尺許移栽，或將根上發起小科栽之亦可。俟榦如酒鍾大，於來春發芽時，取別樹生梨嫩條如指大者，截作七八寸長，名曰梨貼。將原榦削開兩邊插入梨貼，以稻草緊縛，不可動。月餘自發芽，長大就生梨。梨生，用箬包裹，恐象鼻蟲傷損。在洞庭山用此法。或用身接根接尤妙。春分可插。

明 戴羲《養餘月令》卷四《接梨法》 接梨法：取野棠、杜樹如拱把者，去其幹，苦接。將好梨樹旺枝，以梨葉微動爲上時，欲開莩爲下時。先以利刃劃開原幹三四口。次以梨枝削如馬耳，口含少時，一一插入幹皮中。仍將麻紉纏緊，箬葉裹泥封其頂，勿令雨淋。外將土壅四畔，少沃以水。待其芽既生葉，仔細防護，毋令傷損。如棠杜根出葉即去之，勿令討力。三年即可結實。　春分日，將旺梨笋作拐樣，斫下兩頭，用火燒紅烙鐵，烙定津脉，卧栽於地，深一尺許，即活。只宜是日，不宜先後。

明 戴羲《養餘月令》卷八《包梨》 包梨，南方梨，每顆一紙袋包護之，則不傷損而口嫩。北方樹廣，不必用此。　收鮮果，枇杷、林檎、楊梅等類，用臘水同薄荷一握，明礬少許，入瓶浸果，色味俱美。

明 劉基《多能鄙事·種梨》 種梨：春分日，將旺梨條作拐樣，斫下兩頭，以火燒，又燒紅鐵器烙定津脉，栽之入地二尺許，春分一日可用。

明 王世懋《學圃雜疏·梨》 梨如哀家梨、金華紫花梨，不可見也。今北之秋白梨，南之宣州梨，皆吾地所不能及也。聞西洞庭有一種佳者，將熟時以箬就樹包之，味不下宣州。當覓此種植之，亦一快也。

明 王象晉《群芳譜·果譜·梨》 梨：一名果宗，一名快果，一名玉乳，一名蜜父。北地處處有之。樹似杏，高二三丈。葉亦似杏，微厚，大而硬，色青光膩，老則斑點。二月間開白花如雪，六出。上巳日，無風，則結梨必佳。有二種：瓣圓而舒者，果甘。缺而皺者，味酸。果圓如榴，頂微凹，無尖瓣。性甘寒無毒。潤肺涼心，消痰降火，解瘡毒酒毒。　乳梨出宣城，皮厚肉實而味長。鵞梨出河之南北，皮薄漿多，味頗短，香則過之。二梨皆入藥。其餘水梨、赤梨、青梨、茅梨、甘棠梨、禦兒梨、紫糜梨、陽城夏梨、秋梨，種類非一。　他如紫梨植瑶光樓前、香水梨出北地最爲上品、張公夏梨出洛陽北邙，海内止一樹、廣都梨、鉅野豪梨重六斤、新豐箭谷梨、京兆谷中梨率多供御、味色香、種種奇絶，未可悉數。一種桑梨，止堪同蜜煮食，生食冷中不益人。　種梨：梨熟時全埋之，經年至春生芽，次年分栽，多着熟糞及水，至冬葉落，附地刈之，以炭火燒頭，二年即結子。若穭生及種而不栽，則結子遲。每梨有十餘子，惟二子生梨，餘皆生杜。　栽梨：春分前十日，取旺梨笋如拐樣，截其兩頭，火燒鐵器，烙定津脉，卧栽於地即活。　接梨：取棠杜如臂以上者，大者接五枝，小者二三枝。梨葉微動爲上時，欲開莩爲下時。先作麻紉纏十數匝，以小利鉅截杜，令離地五六寸，將原幹用利刃貼皮劃開，尖竹籤刺入皮木之際，令深一寸許。預取結梨旺嫩枝向陽者，長五六寸，削如馬耳，名曰梨貼。用口含少時，以借其氣，插入杜樹孔中，大小長短削與所刺等。拔出竹籤即插梨貼，至所探處縛緊勿動摇，以綿裹杜樹頂，封熟泥於上，以土培覆，令梨僅出頭，仍以土壅四畔，當梨上沃水，水盡以土覆之，務令堅密。梨枝甚脆，培土時須謹慎，若着掌，則芽折。梨貼須去黑皮，勿傷青皮，傷青皮，則不活。梨既生，杜傍有葉即去之，勿分其力。月餘自發長即生梨。梨生用箬包裹，勿爲象鼻蟲所傷。又云：凡接梨園中用旁枝，葉得四散庭前，用中心取其枝幹直上，用根邊小枝樹形可喜，五年方結子。用鳩腳老枝，三年即結子，但樹醜。若遠道取貼，根下燒三四寸可行數百里猶生。　藏梨：初霜即收，多經霜不能至夏。於屋下掘深窨，坑底無令潤濕，收梨在中，不須覆蓋，便可經夏。摘時須好接，勿令損傷。梨與蘿蔔相間收，或削梨蒂種於蘿蔔内藏之皆可，經年不爛。《物類相感志》。就樹上以囊包裹，過冬乃摘亦妙。《本草綱目》。

明 周文華《汝南圃史》卷三 梨木堅實，枝葉扶疏，高二三丈。二月中開白花，花較李花而大，有二種，瓣舒者佳。最宜月下，所謂「梨花院落溶溶月」也。洛陽風土，梨花時人多携酒，曰「爲梨花洗粧」。別有紅梨花，司馬温公詩云：「繁枝細葉互低昂，香敵酴醿艷海棠。應爲窮邊太寥落，併將春色付穠芳。」又曰：「蜀江新錦濯朝陽，楚國纖腰傅薄粧。何事白花零落早，同時不敢鬭芬芳。」八月實始成，外黄内白，脆美香甘，真快果也。《清異録》謂梨爲百損黄。《圖經本草》曰：「梨種類殊別，醫家相承用乳梨、鵝梨。乳梨出宣城，皮厚而肉實，其味極長。鵝梨出都中，及近都州郡，皮薄多漿，味差遜於乳梨，其香則過之。」《衍義》曰：「梨多食則動脾。唯病酒煩渴人宜食，然終不能卻疾。」梨亦可釀酒。《癸辛雜識》云：「李仲賓家有梨園，一歲倍收不能盡售，漫用大甕儲數百枚，以缶掩蓋，泥封其口。過半歲忽聞酒氣，因啓視，藏梨皆化爲水，清泠可愛，竟成佳醞。飲之亦醉。」今廣安州出紫梨，到口即化。遵化縣出綿梨。山東六府竝出其種，曰紅消，曰秋白，曰香水，曰鵝梨，曰瓶梨。唯東昌、臨清、武城三處者爲最。而宣城梨，國（明）初歲貢五千餘斤，及都北平尚不輟貢。後言者以河間遷安梨不減宣城，乞罷之。《姑蘇志》云：「梨出洞庭者十種，蜜梨、臨梨、張公梨、白梨、黄梨、消梨、喬梨、鵝梨、大柄金花梨、太師梨。」又云：「常熟韓丘出者名韓梨，皮褐色，肉如玉。每歲所生不多，價極貴。凡梨削皮切片不移時變色，唯韓梨經日不變，所以獨貴。」【略】《居家必用》云：「以春分日，將旺梨笋作拐樣，斫下兩頭，用火燒紅鐵器，烙定津脉。栽之入地二尺許，只用春分日，前後一日俱不可。又云：梨子最怕凍，安頓煖處，又不宜與酒相近。」《便民圖纂》曰：「梨，春間下種，待長三尺許移栽。或將根上發起小科栽之，俟幹如酒杯大，於來春發芽時，取別樹生梨嫩條如指大者，截長七八寸，名曰梨貼。將原幹削開兩邊，插入梨貼，稻草緊縛，不可動摇。月餘自發芽長大，即生梨。梨生用箬包裹，恐象鼻蟲傷損。洞庭山梨俱用此法。」或云：接梨桑上，生子甘脆。然《齊民要術》獨殿桑梨，似未可盡信。《爾雅翼》云：「櫨梨日鑽之。」蓋櫨梨爲蜂所喜，被螫輒不可食，故鑽去之。今人皆就木上大作油囊裹之，梨滋長大而無傷。

明　徐光啟《農政全書》卷二九《樹藝》　梨，《爾雅》曰：山樆。郭璞注曰：即今梨。樆一名快果，一名果宗，一名蜜父，一名玉乳。《廣志》曰：洛陽北邙張公夏梨，海内惟有一樹，常山、真定、山陽、鉅野、梁園、睢陽、齊國臨菑、鉅鹿嚢梨，上黨椁梨，小而加甘。廣都梨，又云鉅鹿嚢梨，重六斤，數人分食之。新豐箭谷梨，弘農京兆及扶風郡界諸谷中，梨多供御。陽城秋梨、夏梨。《三秦記》曰：漢武東園一名御宿，有大梨如斗落花即碎，取者以布囊盛之，名曰含消梨。《荆州風土記》曰：江陵有石梨，永嘉青田村民家有一梨樹，名曰官梨樹，大一圍五寸，常以貢獻，名曰御梨，實落地即融釋。《西京雜記》曰：上林苑有青玉梨、金柯梨、縹蔕梨、紫條梨、紫梨、芳梨，實小青梨，實大大容梨，細葉梨。瀚海梨，出瀚海地，耐寒不枯。《本草圖經》曰：乳梨，又名雪梨，出宣州，皮厚而肉實。鵞梨，出近京州郡，及北都皮薄而漿多，味差短於乳梨，香則過之。其餘有水梨、消梨、紫煤梨、赤梨、甘棠梨、禦兒梨之類。又有桑梨，惟堪煑食，今北地有香水梨、最爲上品。太上之藥玄光梨，塗山有梨大如斗，紫色。　太史公曰：淮北滎河南濟之間十株梨，其人與千户侯等。　魏文帝曰：真定郡梨大如拳，甘若蜜，脆若菱，可以解煩熱。參之《神農經》中療病之功，亦爲不少。西路産梨處用刀去皮，切作瓣子，以火焙乾，謂之梨花。嘗充貢獻，實爲佳果。上可以充歲貢，下可以奉盤珍。張敷稱百果之宗，豈不信乎。

明　方以智《物理小識》卷九《梨》　梨有香、青、消梨，瓶梨、綿梨、鵝梨、金花、寒雪、紫水、黄紅諸名。張子賢所云：厭沙寺梨，謂之御園。其接，以棠梨接棗樹上。按：今用春分前接，接用桑體或棠梨其實大，以油紙護之。梨名快果，百損一益。梨核中子多，種之，少生梨多生杜。安南有菴羅果，似北梨，四五月間熱，多食無害。

明　慎懋官《華夷花木鳥獸珍玩考》卷二《梨》　梨，《本草》名快果。《地理志》：河中府上貢鳳棲梨。梨六府皆有之。其種曰紅消，曰秋白，曰香水，曰鵝梨，曰瓶梨。出東昌臨清武城者爲佳。漢武帝園梨大五升，落地則碎，名含消梨。洛陽報德寺，梨重六觔，金葉梨出琅玡王野家，太守王唐所獻。東王梨出海中。瀚海梨出瀚海北，耐寒不枯。紫花梨消心熱，《本草》唐武后患此疾，青城山邢道人進此，即愈。三藏梨在舊梨州治小廳東。世傳唐三藏游西域，經行植梨杖於此，云：「他日州治在此。」後果遷如其言，其後梨成株，高五丈，圍九尺。西路産梨處，用刀去皮，切作瓣子。以火培乾，謂之梨花。嘗充貢獻，實爲佳果。絳雪堂在楚塞樓，前宋知州朱慶基會飲紅梨花盛開。歐陽修賦詩。桑上接梨則脆而甘。岑樓慎氏曰「灼艾集桑梨」之論大謬，故不録。種梨春分日，將旺梨條作枴樣。斫下兩頭以火燒，又燒紅鐵器，烙定津脉，栽之入地二尺，只春分一日可用。　又楂梨：張敷小名楂，父邵小名梨，帝戲曰：「楂何如梨？」敷答曰：「梨百果之宗，楂何敢比。」　又洗粧酒：《唐餘録》曰：「洛陽梨花時，人多携酒其下，曰爲梨花洗粧。」　李昇本徐氏，家有梨大如升，會隣里共食。剖之，有赤蛇在實中，大驚走母榻下。未幾母孕，生知誥。《吴越備史》僅見於此。徐一□《吴越國考》云：吴越舊有備史，今□不存。　又江岸梨：梨花有思緣和葉，一樹江頭惱殺君。最似孀閨少年婦，白粧素袖碧紗裙。

明　陳詩教《灌園史》　洛陽風土，梨花時，人多携酒，曰爲梨花洗粧，予謂不獨爲梨花洗粧，更足爲俗人洗胃，春風庭院，安可無此瀛洲玉雨也。花有二種，瓣舒者佳。春間下種，三尺移栽，或將旺梨笋，取作拐樣，斫其兩頭，火燒鐵器，烙定津脉，卧栽於地，來春發芽，別取嫩條，截長八寸，名曰梨貼，削開原幹，插入梨貼，稻草緊縛，不可動摇。月餘自發，長即生梨，梨生用箬包裏，勿爲象鼻蟲所傷。洞庭山梨俱用此法。或云接梨桑上，生子甘脆，然《齊民要術》獨殿桑梨，未可盡信也，一説接梨以春分前十日，接柿以春分後十日。白樂天《杭州春望》詩，「紅袖織林誇柿葉，青旗沽酒趁梨花。」果於此時，得少佳趣，便覺天子燒梨，尤爲多事矣。

清　鍾山逸叟《致富奇書》卷一　梨　二月開白花如雪，六出。春分下種，三尺許移栽，或分根上小稞栽之。其核每稞有十餘子，種之惟一二子生梨，餘皆生杜，杜即棠梨也。必須棠梨、桑樹接過者，結子早而佳，上巳無風則結實好。古詩云：「上巳有風梨有蠹，中秋無月蚌無胎。」《史記》云：「淮北滎南河濟之間千株梨，其人與千户侯等也。」

清　張宗法《三農紀・梨》　梨，《圖經》云：樹似杏，高丈餘，葉亦若杏，微厚大而硬，色青光或毛加斑點。二月開白花若雪，故古人稱陽春白雪者是也。上巳日無風，其年實佳。花瓣圓舒者生果甘美，決皺者生果酢堅。色有黄白青紫，形有大小圓扁錘直，熟有秋夏，味有酸甜，名或呼産地，或稱色象。梨者，利也，甘美利於口也。《廣志》云：快果。《本草》云：吹乳。《果譜》爲蜜父，又名果宗。《爾雅疏》：在山曰樆，人植曰梨。《五季紀》云：馮道始製剞劂以木鐫文字，劃書圖，勝（于）他木也。　植藝：擇味美、樹頂者果熟收，全埋潤土，至春生芽苗成。至春分移栽，多移更佳。至冬附土（刈）之，以火燒頭，三五年茂。若（穭）生及種而不栽者則結子遲。每梨有十餘子，惟一二子生梨，餘皆成杜。又法：于春分前後十日，取田梨筍如拐樣，截去兩頭，火燒，用器烙精脈，卧栽于地可活。梨性喜接，味美無渣。取棠杜如臂以上者接之，大者三四枝，小者一二枝，取美果向陽嫩枝貼之。若路遠取貼枝，枝根下燒三四寸，可三五日猶生。所接之枝生苞須用箬護裹，恐遭象鼻蟲爲蠹。　藏梨：初霜即收，于屋下掘窖，底令無濕潤，入梨（其）中，不許覆蓋便可。經夏摘時，勿令損傷，但梨身頗有微痕易腐，須揀去之。《綱目》云：梨就樹上以囊包裹過冬摘佳。《物類相感志》云：梨與蘿蔔相兼收，或削梨蒂插蘿蔔内藏可經年不壞。王禎云：産處取甜梨去皮作厚片，火烘乾謂之梨花，充爲佳果。凡味酸者澀者换水煮，味甘不損人。本性：味甘，氣寒，凉膈潤肺，消痰降氣，胃寒人禁食。　效方：傷寒瘟疫已發，用梨皮、甘草各一兩，秫米鍋底煤各一錢共爲末，每服三錢白湯下，日三服效。反胃轉食諸物不下，大美梨一枚，丁香十五粒，刺梨八丁，香重紙包裹濕煨食。《長樂集》：一士人慪慪無聊，往醫診曰：子三年當發疽殞，士人懷憂去，乃僕衣詣茅山，願執薪水役，道人留置弟子列，久之，道人乃命診，笑曰：「子爲病來。」士以實告。道人曰：「日啖梨一顆。如無生梨，以乾梨煎汁飲並渣食，病自當平。」士如其戒，經一歲復見老醫診，脈息平和，驚曰：「必遇異人，不然豈有痊理。」士告以故，醫拜服。

清　黄輔辰《營田輯要・雜植》　棠梨，即棠杜，赤者爲杜，白者爲棠，實小而酸澁，以之接梨則美。

清　陳憲舜《課民植牧講義稿・梨》　梨有乳梨等五十餘種，外國共一千餘種，分爲春熟、夏熟、秋冬熟，種法難罄。爲利起見，祇取最好者二斤，於冬日合肉置肥土中，尖頭向下，春初取出看視，如已發芽，成苗，移栽熟地。冬至葉落，則附地刈之，留根在土，就其地面樹葉草根，燒爲火土，以覆梨根，酌量淋以肥水。至次年生出旺枝，祇留一本，即當結子。收果之後，砍去樹頂，使樹身矮，免至招風。花開易落，砍下之枝，用火燒過，復插於地，去頂枝，勿使樹高，冬去根枝，勿使氣散。凡種梨樹，愈矮愈佳。插老大枝，三年結子。插嫩弱枝，五年始結。生熟可食，能榨汁釀酒。凡壓條、插杆、點子、嫁接，皆可。接於榲桲椿上，及萬壽果樹之上，結出之梨，碩大味佳。又一種鳳梨，味酸難食，惟樹皮内有絲，可作釣絲及入水之繩索等，以性能耐水也。求種用分芽之法，便可擴充。

清　吴其濬《植物名實圖考》卷三二《果類・梨》　梨，《别録》下品。《北夢瑣言》著其治風疾之功。今亦以爲膏治咳。北地宜之。

植物名實圖考・梨

清 吴其濬《植物名實圖考》卷三二《果類·淡水梨》 淡水梨，産廣東淡水鄉，色青黑，與奉天所産香水梨相類。南方梨絶少佳品。土人云：此梨可匹北産。姑繪以備考。

清 吴其濬《植物名實圖考長編·果類·梨》 《別録》：梨味甘微酸寒，多食令人寒中，萎困金瘡，乳婦血虚者尤不可食。陶隱居云：梨種殊多，並皆冷利，俗人以爲快果，不入藥用，食之多損人也。　《圖經》：梨舊不著所出州土，今處處有之，而種類殊別，醫家相承用乳梨、鵝梨。乳梨出宣城，皮厚而肉實，其味極長。鵝梨出近京州郡及北都，皮薄而漿多，味差短於乳梨，其香則過之，咳嗽熱風痰實藥多用之。其餘水梨、消梨、紫煤梨、赤梨、甘棠禦兒梨之類甚多，俱不聞入藥也。梨葉亦主霍亂吐下，煮汁服，亦可作煎治風。徐玉經驗方，主小兒腹痛，大汗出，名曰寒疝濃。煮梨葉七合，以意消息，可作三四服，飲之大良。崔元亮海上方，療嗽單驗方，取好梨去核搗汁一茶碗，著椒四十粒，煎一沸去滓，即内果餳一大兩消訖細細含嚥立定。又治卒患赤目弩肉，坐卧痛者。取好梨一顆，搗絞取汁，黄連三枚，碎之以綿裹漬，令色變，仰卧注目中。又有紫花梨療心熱。唐武宗有此疾，百醫不效，青城山邢道人，以此梨絞汁而進，帝病遂愈，後復求之，苦無此梨。常山忽有一株，因緘實以進，帝多食之，解煩燥殊效。歲久木枯，不復有種者，今人不得而用之。又江寧府信州出一種小梨，名鹿梨，葉如茶，根如小拇指，彼處人取其皮治瘡，煎洗疥癩云甚效。八月採，近處亦有。但採其實作乾，不聞入藥。　《北夢瑣言》：有一朝士見梁奉御，診之曰：風疾已深，請速歸去。朝士復見鄜州馬醫趙鄂者，復診之言：疾危與梁所説同矣，曰只有一法，請官人試喫消梨，不限多少，咀齕不及，絞汁而飲。到家旬日，惟喫消梨，頓爽矣。　《本草綱目》：李時珍曰：梨樹高二三丈，尖葉光膩有細齒。二月開白花如雪，六出，上巳無風則結實必佳，故古語云：上巳有風梨有蠹，中秋無月蚌無胎。賈思勰言：梨核每顆有十餘子，種之惟一二子生梨，餘皆生杜，此亦一異也。杜即棠梨也。梨品甚多，必須棠梨、桑樹接過者，則結子早而佳。梨有青黄紅紫四色。乳梨即雪梨，鵞梨即綿梨，消梨即香水梨也，俱爲上品，可以治病。禦兒梨即玉乳梨之訛，或云禦兒，一作語兒，地名也，在蘇州嘉興縣，見《漢書註》。其他青皮早穀，半斤沙糜諸梨，皆粗澀不堪，止可蒸煮，及切烘爲脯爾。一種醋梨，易水煮熟則甜美，不損人也。昔人言：梨皆以常山、真定、山陽、鉅野，梁國睢陽、齊國臨淄鉅鹿、宏農、京兆、鄴都、洛陽爲稱。蓋好梨多産於北土，南方惟宣城者爲勝，故司馬遷《史記》云：淮北滎南河濟之間千株梨，其人與千户侯等也。又魏文帝詔云：真定御梨大如拳，甘如蜜，脆如菱，可以解渴。釋悁辛氏《三秦記》云：含消梨大如五升器，墜地則破，須以囊承取之。漢武帝嘗種於上苑，此又梨之奇品也。《物類相感志》言：梨與蘿蔔相間收藏，或削梨蒂種於蘿蔔上藏之，皆可經年不爛，今北人每於樹上包裹過冬乃摘，亦妙。　又曰，《別録》著梨止言其害，不著其功。陶隱居言：梨不入藥，蓋古人論病多主風寒，用藥皆是附桂，故不知梨有治風熱，潤肺，涼心，消痰，降火解毒之功也。今人痰病火病居六七，梨之有益，蓋不爲少，但不宜過食爾。按《類編》云：一士人狀若有疾，厭厭無聊，往謁楊吉老診之。楊曰：「君熱證已極，氣血消鑠，此去三年當以疽死。」士人不樂而去，聞茅山有道士，醫術通神，而不欲自鳴，乃衣僕衣詣山拜之，願執薪水之役。道士留置弟子中，久之以實白道士，道士診之笑曰：「汝便下山，但日日喫好梨一顆。如生梨已盡，則取乾者泡湯，食滓飲汁，疾自當平。」士人如其戒，經一歲復見，吉老見其顔貌腴澤，脈息和平，驚曰：「君必遇異人，不然豈有痊理。」士人備告吉老，吉老具衣冠望茅山設拜，自咎其學之未至此，與瑣言之説，彷彿觀夫二條，則梨之功，豈小補哉。然惟乳梨、鵝梨、消梨可食，餘梨則亦不能去病也。　《廣雅疏證》：樝，楟梨也，樝之言酢也。《説文》云：樝果似梨而酢，亦作楂，《内則》：楂梨薑桂。鄭注云：楂，梨之不臧者。《正義》云：楂，梨屬，其味不善，故云不臧也，亦作柤。《莊子·天運篇》云：柤梨橘柚，其味相反，而皆可於口。《齊民要術》引《風土記》云：柤，梨屬，肉堅而香。陳藏器《本草拾遺》云：樝子小於榅桲而相似。王氏《農書》云：樝似小梨，西山唐鄧間多種之，味劣於梨與木瓜，而入蜜煮湯則香美過之。《漢書·司馬相如傳》云：亭柰厚朴。張氏注云：亭，山梨也。《史記》亭作楟。《索隱》引司馬彪注云：上黨謂之楟。《初學記》引《序志》云：上黨楟梨小而甘是也。左思《蜀都賦》云：橙柿梬楟則亦生蜀中，楟一名。

清 檀萃《滇海虞衡志》卷下《志果》 梨，兩廣無而滇最多。楚雄之梨黑似壞者，乃繫本色，味佳也。

清 謝堃《春草堂集》卷二五《花木小志·梨》 梨有白花，有粉紅花者，開時光景，莫名其妙。嘗置石筍一具於其側，銘十六字云：「閑門雨後，月色溶溶。攜罇花下，其樂無窮。」其實有酸，有脆，有香甜者，種種不一。

清 郝懿行《寶訓》卷五《果實・梨》 語云：旱棗澇梨。《爾雅》：梨，山樆。《疏》云：在山曰樆，人植曰梨。案：《爾雅》又云：杜，甘棠。註：今之杜梨。又云：杜，赤棠。白者棠。《詩》云：上巳有風梨有蠹；中秋無月蚌無珠。陶宏景《別録》：梨性冷利，多食損人，謂之快果。《本草》：紫花梨消心熱。金創、乳婦不可食梨。産婦蓐中及疾病未愈食梨多者，無不致病。咳逆氣上者，尤宜慎之。

清 屈大均《廣東新語》卷二五《木語・梨》 予所居覆船山下曰沙梨園，地皆黃細沙，多井氣，掘地尺許，水沄沄上溢。天大雨，水迸出，庭際有似瀵泉。所食井深四尺許，水嘗汎濫至眉，冬不乾涸，味甘洌。上有梨一株，根得美泉滋沃，結實獨異。以二月花者八月熟，九月花者正月熟。歲凡兩熟，正月熟者曰雪梨，稍小，味益清。果凡二落，落於七月者深紅，於正月者色微紫，予齋中煮茗多用之。樹甚古，作五大柯。橫直者、半直者，高出簷端，月夕布影扶疎，葉丹花白，離離相間，若在羅浮老梅之下。予詩云：「春來始落葉，葉盡梨花開。」又云：「先秋葉半紅。」又云：「兒小方垂髫，能爭掌上梨。」謂此。

清 李鴻章 光緒《畿輔通志・果屬・梨》 梨。常山土貢梨。《唐書・地理志》大名府産梨肉。《金史・地理志》大寧路大寧富庶二縣，惠州，與中州、建州，皆土産梨。《元一統志》常山郡貢梨六百顆。《通典》定州土産槾梨。《太平寰宇記》真定梨大如拳，甘若蜜，脆若菱，可以解煩消悁。《魏文帝詔》常山好梨，地産不爲無珍。《冀州論》奉使北遼，至松子嶺。舊例：互置酒，三行時方窮臘。北京，壓沙梨冰凍不可食，接伴使耶律。均取冷水浸良久，冰皆外結，已而敲去，梨已融釋。《文昌雜録》李時珍曰：好梨皆産於北土，今北人每於樹上包裹，過冬乃摘。《本草綱目》北地處處有之，二月開白花如雪。上巳日無風，則結梨必佳。《羣芳譜》過仰山、村山多梨樹，秋深，紅葉如燒。《燕山紀遊》山莊内有梨樹峪，蒙古謂梨爲阿里瑪，建昌縣有阿里瑪，圖谷，亦以有梨處得名。一種名罐梨，味甘而小。一種名山梨，亦作酸梨，味酢而多水汁，經鍊成膏，其味鮮美。《熱河志》元楊允孚《灤京雜詠》：買得香梨鐵不如，玻璃碗裏凍潛蘇。書生半醉思南土，一曲□前唱鷓鴣。耶律楚材《綿梨詩》：石門九月西風高，縣梨萬樹金垂梢。清谿千里攜贈我，藤筐初發香盈包。國朝查慎行《山莊雜詠》：山梨微齚杞漿酸，崖密煎從翠釜頒。珍重蓬萊金醴味，不傳方法向人間。李漁《真定梨賦并序》：梨之佳者有五美，不則具四惡。四惡維何。曰酸，曰齚，曰有渣、曰多核。美則甜也，鬆也，大也，汁多，而皮薄也。存五美而去四惡，其惟真定之梨乎。不可謂他處絶無，但偶然一見，不似真定之遍地皆然耳。菓之生也，亦有幸不幸焉。凡物皆以早登爲幸，梨獨幸於最遲。遲則可久而能致遠，梨之鮮者可達數千里外，不似荔枝，楊梅，葡萄諸果。若婦人稗子，不能去其故鄉，此早熟遲登之別。寒則可久，熟則難藏，故耳。使荔枝，楊梅，葡萄諸果亦熟於寒，生暑退之侯，則使海内千人亦見，萬人亦見，奚止僅以枯形示天下，使人抱駿骨難馳之恨哉。大器晚成，一語移贈此君，知亦無慚而樂受矣。賦曰：梨爲百菓之宗，兹殿五臣之後，非儂位置之失宜，怪汝榮華之太驟，秋深乃熟，既讓羣少以爭先，暮齒方登，何遽頻遷而至右，名愈屈而才愈彰，德彌謙而用彌厚。而乃靈□至味，玄□奇葩，金桃媲美，火棗同誇。到處有佳梨，而入貢必需真定。世間無美種，而此本出自哀家。其大如升，其甘勝蜜瓊漿，滿腹而剖之不流，玉腋填胸而吸之不出。纔入口兮輒蘇，未經嚼兮成汁。詢諸喉，而喉曰潤。質之口，而口曰可，無微不鉅。孔融取小，而無所用其□。見熟即潰，肅宗欲燒，而難以投諸火。不識字者，誤認爲伐，□之斧斤。稍知書者，皆識爲太上之靈果。

清 長順《吉林通志・果樹屬・梨》 梨。寧古塔梨子雖小，味極美，與葡萄作餻，色味俱精，此二種内地所無也。《寧古塔紀略》又有酸梨，皮黑。《盛京通志》天寒凍結，其堅比石，浸之以水，寒氣内融，冰屑外結。以手振之，裂如脱殼，去其繫而吮之，甘洌無比。

清 長順《吉林通志・果樹屬・白梨》 白梨、紅杏參差掩映。《寧古塔紀略》

清 何剛德《撫郡農産考畧・梨》 梨樹高大，青葉，花白如雪，實大者如拳，小者如杯。有數種，皮黃者名秋露白，皮青者名禾花梨，皮麻赤色者名麻梨，肉俱白色。秋露白味甘而質脆，比諸梨爲佳。梨實内有子黑色，其形長圓而微匾。撫屬均有之，以崇邑之九都沙港爲多。　天時：初春下種，或移他處野生者栽之，二三年成樹。取美梨枝條接之，又數年即著花實。禾花梨，麻梨二月揚花，五月結實，六七月收。秋露白揚花結實，均遲，八月始收。　地利：宜低濕地，宜近塘並水圳地，易於灌蔭。　人事：鋤土，種子入土，便生成樹。後於離土上距七八寸處鋸斷之，劈開兜木。預取佳梨嫩枝插入兜内，勿破皮。紮以小索，外加棕皮包裹，實之以土。宜常蔭肥水。　物用：梨味甘潤，可以解熱止渴。取汁熬膏，可治消渴之症。梨百斤價三千，歉收之年倍之，樂邑價較賤。

清 王棠《知新録》卷二九《棗梨》 《清異録》云：百益一損者棗，一益百損者梨。醫家目棗爲百益紅，目梨爲百損黄。

清　王棠《知新録》卷二九《消梨》　《南齊記》：宋廢帝太始年既失彭城，江南始盛傳種消梨。先無此樹，百姓争欲種植，識者曰：當有姓蕭而來者，後齊受禪。舊説：秣陵有哀仲家梨甚美，入口即消，是以謂之消梨也。

藝　文

晉　王讚《梨樹頌并序》　太康十年，梨樹四枝，其條與中枝合生于園圃，皇太子令侍臣作頌。　嘉木時生，瑞我皇祚。修幹外揚，隆枝内附。翌翌皇儲，克光其敬。神啟其和，人隆其盛，降自玄圃，合體連性。時惟令月，躬親北林。樂在同人，如蘭如金。木之期應，乃同其心。同心之生，啟自神明。在心斯動，于言斯形。先民有則，稱詩表情。惟永作歌，以休厥靈。

附：檖

綜　述

《爾雅·釋木》　檖，音遂。蘿。郭璞註：今楊檖也。實似梨而小，酢可食。

三國吴　陸璣《毛詩草木鳥獸蟲魚疏》卷上《隰有樹檖》　檖一名赤蘿，一名山梨，今人謂之楊檖。其實如梨，但實甘小異耳。一名鹿梨，一名鼠梨，齊郡廣饒縣堯山、魯國河内共北山中有。今人亦種之。極有脆美者，亦如梨之美者。

宋　陸佃《埤雅》卷一四《檖》　《釋木》云：「檖，羅。檖一名羅，其文細密如羅，故曰羅也。」又有白者。赤羅文棘，白羅文緩。雖皆所謂文木，然而赤羅爲上，故穆公植之。《秦詩》初曰晨風卒，曰樹檖者，言人君所以用賢之道始於能致之，終於能立之。棟謂之綾，杉謂之紗，檖謂之羅。羅亦有華者，俗謂之羅錦。羅錦猶言杉錦，棟綾也。羅錦明，杉錦暗。今外域有棟綾器，其文如綾綺狀，又下於杉錦矣。《爾雅》曰：「桋，赤棟。白者棟。」

宋　羅願《爾雅翼》卷一〇《樝》　《莊子》曰：夫柤梨橘柚果蓏之屬，實熟則剥，則辱。大枝折小枝，泄以其能，苦其生者也。今柤樹乃復易壤。宛陵人植木瓜者，亦就此木上接之，得柤之餘。氣則澁而不美。

元　胡古愚《樹藝篇·木部·檖》　檖即欏木。《釋木》云：檖，羅檖，一名羅。其文細密如羅，故曰羅也。又有白者，赤羅文棘，白羅文緩。雖皆所謂文木，然而赤羅爲上。故穆公植之棟，謂之綾杉，謂紗檖，謂之羅羅。亦有華者，俗謂之羅錦，猶言杉錦、棟綾也。羅錦明，杉錦暗。今虜人有綀綾器，其文如綾綺狀，又下於杉錦矣。《爾雅》曰：桋赤棟白者棟。《埤雅》　欏木可爲器，極耐久遠。《八閩通志》　欏木出湖廣及江西南安萬羊山，木色白，紋理黄，花紋粗，亦可愛，謂之倭欏。不花者多，有一等稍堅，理直而細，謂之草欏，俗呼曰梌木。《格古要論》　《爾雅》曰：檖，蘿。註：今楊檖也。實似梨而小，酢可食。疏：檖一名蘿。《詩·秦風》云：「隰有樹檖」。陸璣疏云：檖，一名赤蘿，一名山梨也，今人謂之楊檖。實如梨但小耳，一名鹿梨，一名鼠梨。今人亦種之，極有脆美者，亦如梨之美者。

明　吴雨《毛詩鳥獸草木考》木考·檖　檖，山梨也，一名羅。實似梨而小，酢可食，今楊檖也。陸璣云：檖，一名赤羅，一名山梨，今人謂之楊檖。實似梨，但小耳。一名鹿梨，一名鼠梨。齊郡廣縣堯山，魯國河内共北中皆有，今人亦種之。極有脆美，亦如梨之美者。陸佃云：其文細密如羅，故曰羅。又有白者，赤羅文棘，白羅文緩，皆所謂文木，赤羅爲上。棟謂之綾，杉謂之紗，檖謂之羅。羅亦有花者，俗謂之羅錦。

明　徐光啟《農政全書》卷三〇《樹藝》　樝子，《爾雅》云：似梨而酢澀。《埤雅》曰：木桃。陶隱居《本草注》云：木瓜利筋脛，又有榠樝大而黄可進酒去痰，樝子澀斷痢。《禮記》曰：樝梨曰攢之，鄭公不識樝，乃云是梨之不臧者。雷公《炮炙論》：和圓子即此也。李時珍曰：樝子乃木瓜之酢澀者小，於木瓜，色微黄，蒂核皆粗，核中之子小圓也。《淮南子》曰：樹柤梨橘食之則美，嗅之則香。《莊子》曰：樝梨橘柚皆可於口者。蓋古人以樝列於名果，今人罕食之耳。西川唐鄧多種此，亦足濟用然。樝味比之梨與木瓜雖爲稍劣，而以之入蜜作湯，煎則香美過之，亦可珍也。榠樝《詩經》曰：木李。《埤雅》曰：木梨。鄭樵《通志》曰：蠻樝。《拾遺》曰瘙樝。李時珍曰：榠樝乃木瓜之大而黄色，無重蒂者也。

可浸酒去痰，置衣箱中殺蠹蟲。

清　陳大章《詩傳名物集覽》卷一二《隰有樹檖》　《朱傳》，檖，赤羅也，實似梨而小，酢可食。《釋木》：檖，羅。陸疏：檖一名赤羅，一名山梨，今人謂之楊檖，實如梨，但小耳。一名鹿梨，一名鼠梨，今人亦種之，極有肥美者，亦如梨之美檖。《説文》作檖。《埤雅》：其文細密如羅，故曰羅。又有白者。赤羅文棟，白羅文綏。雖皆文禾，赤羅爲上。秦詩初曰晨風，卒曰樹檖，言用賢之道，始能致之，終能立之。棟謂之綾，杉謂之紗，檖謂之羅，羅亦有華者，俗謂之羅錦，猶言杉錦也。羅錦明，杉錦暗，今有棟綾器，其文如綺，又下于杉錦。

清 厲荃《事物異名録》卷三〇《樹木部・檖》 檖，赤蘿、山梨、鹿梨、鼠梨。《詩》：隰有樹檖。陸璣疏：檖一名赤蘿，一名山梨，一名鹿梨，一名鼠梨。

羅錦《埤雅》：檖，一名羅，亦有花者，俗謂之羅錦，猶言杉錦、棟綾也。

附：杜梨

綜 述

《爾雅・釋木》 杜，甘棠。郭璞註：今之杜梨。

爾雅・杜

《爾雅・釋木》 杜，赤棠。白者棠。郭璞註：棠色異，異其名。

三國吴 陸璣《毛詩草木鳥獸蟲魚疏》卷上《蔽芾甘棠》 甘棠，今棠梨，一名杜梨，赤棠也，與白棠同耳。但子有赤白美惡，子白色爲白棠，甘棠也。少酢滑美。赤棠子澀而酢無味。俗語云，澀如杜是也。赤棠木理韌，亦可以作弓幹。【略】疏：《御覽》：杜，棠。《齊民要術》引同。

宋 陸佃《埤雅》卷一三《甘棠》 甘棠，《釋木》云：「杜，甘棠。甘棠，今之杜梨也。」又曰：「杜，赤棠，白者棠。」樊光云：「赤者爲杜，白者爲棠。」陸璣《草木蟲魚疏》以爲，赤棠與白棠同爾，但子有赤白美惡。子白色爲白棠，甘棠也，赤棠子澁而酢無味。俗語曰：「澁如杜」是也。《字説》云：「《詩》言『蔽芾甘棠』，以杜之美；言『有杕之杜』，以棠之惡。」説《詩》者以意逆志，乃能得之《甘棠》之詩。一章曰：「勿翦勿伐。」二章曰：「勿翦勿敗。」三章曰：「勿翦勿拜。」伐將以絶之也，敗殘之而已，拜屈之而已。於公所茇戒以勿伐所憩，戒以勿敗所説，戒以勿拜，言人思召公之德久而彌，深愛其棠彌至也。孫子曰：「吾於甘棠見宗廟之敬也。」劉歆《廟議》以爲思其人，尚愛其木，況宗其道而毁其廟乎？故曰：「苟有功德則宗之，不可預爲設數。」故於殷太甲爲太宗，太戊曰中宗，武丁曰高宗。由是言之，宗無數也，然則所以勸帝者之功德博矣。

宋 蔡卞《毛詩名物解》卷五《釋木・杜》 杜，赤棠也。而多特生，故《詩》有杕杜者，昭公之杕杜。言其葉生湑，幹生枝，枝生葉。枝譬則兄弟，葉譬則族也。昭公不能強本以兼族，獨居而無兄弟，曾杕杜之不如也。武公之杕杜，言生于道左。弼居君之右，輔居君之左。道譬則君，左譬則輔。武公有兼宗族之強，而無求賢自輔之德，曾杕杜之不若也。文王之杕杜，言有睆其實，其葉萋萋。睆者，實大而可見。萋者，葉齊而已成。其實可見，其葉已成，則木之氣定而止息之時而已。征夫勞于王事而不知息，曾杕杜之不若也。

明 王象晉《群芳譜・果譜・棠梨》 棠梨，野梨也。樹如梨而小，葉似蒼朮，亦有圓者、三叉者，邊皆有（鋸）齒，色黲白。二月開白花。結實如小楝子，霜後可食。其樹接梨甚佳。處處有之。有甘酢赤白二種。陸璣《詩疏》云：白棠，甘棠也。子多酸美而滑，赤棠子澁而酢，木理亦赤，可作弓材。實甘酸濇，寒無毒，燒食止滑痢。葉：味微苦，嫩時煠熟，水浸淘净，油鹽調食，或蒸曬代茶。霍亂吐瀉不止，轉筋腹痛，取一握同木瓜二兩煎汁細呷。油炒去刺爲末，每旦酒服一錢，治反胃。花：可煠食，曬乾磨麵作燒餅可濟飢。《丹鉛録》云：尹伯奇採楟花而食。

明 吴雨《毛詩鳥獸草木考》木考・甘棠 甘堂，杜。《召南》曰：「蔽芾甘棠。」《傳》：甘棠，杜也。《唐風》曰：有杕之杜。《傳》：杜，赤棠也。甘棠，一名杜梨，一名棠梨。如梨而小，味酢可食也。《釋木》：杜，甘棠。郭云：今之杜梨也。又云：杜赤棠，白者棠。郭云：棠色異，異其名。樊光云：赤者爲杜，白者爲棠。舍人云：杜赤色者名棠，白色者亦名棠。然則白者棠，赤者杜。棠爲甘棠，杜爲赤棠也。或云：牡名棠，牝名杜。陸璣云：赤棠與白棠同爾，但子有赤白、美惡。子白色爲白棠、甘棠也，少酢滑美。赤棠子澁而酢，無味。俗語云：「澁如杜」，是也。赤棠，其木堅緻，亦可以作弓幹。按：今棠葉有中染絳者，有中染土紫者。杜則全不用。其實三種，則其《爾雅》：毛、郭以爲同，未詳也。至秋天晴，摘葉曬乾可用，若遇陰雨，則浥浥不堪染。《字説》云：《詩》言「蔽芾甘棠」，以杜之美。言「有杕之杜」，以棠之惡。

明　李卓吾《讀升菴集・草木・甘棠》　焦氏《易林》云：大樹之子，百條共母，當夏六月，枝葉盛茂，鸞鳳以庇，召伯遊暑。遊暑者，避暑也。遊暑憩甘棠，蓋古説如此。今注謂召伯聽訟于甘棠之下，成周之時，制度文物備矣，豈有以召伯之貴，而坐於甘棠樹下，如老人、里長斷爭雞之訟者哉。

明　王象晉《群芳譜・果譜・棠梨》　典故：召伯在朝，有司請召民，伯曰：不勞一身而勞百姓，非吾先君之志也。於是舍於棠下聽訟，百姓大悦，詩人歌焉。

明　闞名《栽花總録・棣棠》　叢生三月，開花如小菊，色深黃，遇風雨即凋。以發條時分栽，或春分斫嫩枝，扦于肥地即活。

清　陳大章《詩傳名物集覽》卷一二《有杕之杜》　《朱傳》：杕，特也。杜，赤棠也。《爾雅》：　杜，赤棠。詳見《召南甘棠》。又《方言》：　杜，澀也。注：　杜梨子澀，故名。《毛傳》，杕，特貌。疏：木獨生也。《唐史》：李林甫不識杕杜字，謂韋陟曰，此言杕杜何也，陟俯首不敢言。

清　陳淏子《花鏡》卷三《花果類考・棠梨》　棠，一名棠毬，即棠梨也。樹如梨而小，葉似蒼朮，亦有圓者，三叉者邊有鋸齒，色黲白。二月開小白花，實如小楝子，生青熟紅，亦有黃、白者，土人呼爲山查果。味酸而澀，採之入藥，兼可製爲糖食。取花日乾，瀹之亦能充蔬，若以此接換梨或林檎與西府海棠，氣質極其相宜。

清　吳其濬《植物名實圖考》卷三一《果類卷・棠梨》　棠梨，《爾雅》杜，赤棠，白者棠。《本草綱目》始收入果部。《救荒本草》葉花皆可食。

植物名實圖考・棠梨

清　高士奇《北墅抱瓮録・棠梨》　棠梨樹如梨而小，又謂之野棠。花淺紅色，結實如楂。有赤白二種；白棠子多酸美而滑，赤棠子澀而酢。花亦可食。《丹鉛録》曰：尹伯奇採葶花而食，葶即棠梨也。

清　李鴻章　光緒《畿輔通志・物産・木屬・杜》　杜，杜梨。《詩》稱「甘棠」，其木可接梨。《盤山志》清　釋智朴《甘棠辨譌》，《爾雅》云：「杜，甘棠。」郭璞注云：「今之杜梨，杜梨即甘棠也。花統白叢開最繁，結實黃黑，大如指，酸澀不可食。」朱注謂：「白者爲棠，赤者爲杜。」蓋本樊光之説。非是赤者爲棠，或有之鐵梗木瓜是也。因有赤白之説，故人以蘋果、檳子實之。夫蘋大如拳，其色紅白相兼而甘；檳大如卵，其色紫而酸。皆清香可食，爲果實之尤者。珍惜□拧之不暇，豈有剪伐之理乎？惟其酸澀，無所用，故人多剪伐。《詩》云：「勿剪勿伐。」意有在焉。棠杜二名，本一種，無煩曲解。

清　長順《吉林通志・物産・木屬・杜》　杜一名甘棠，移接梨樹，結實甚佳。《盛京通志》

柰

綜　述

北魏　賈思勰《齊民要術・柰林檎第三九》　《廣志》曰：「㮛、掩、蘆，柰也。」

又曰：「柰有白、青、赤三種。張掖有白柰，酒泉有赤柰。西方例多柰，家以爲脯，數十百斛以爲蓄積，如收藏棗栗。」「魏明帝時，諸王朝，夜賜（東）（冬）城柰一（區）（匳）。陳思王謝曰：『柰以夏熟，今則冬生，物以非時爲珍，恩以絶爲厚。』詔曰：『此柰從涼州來。』」《晉宮閣簿》曰：「秋有白柰。」《西京雜記》曰：「紫柰，緑柰。別有素柰，朱柰。」《廣志》曰：「理琴（似）赤柰。」柰，林檎不種，但栽之。種之雖生，而味不佳。取栽如壓桑法。此果根不浮薉，栽故難求，是以須壓也。又法：於樹旁數尺許掘根，洩其根頭，則生栽矣。凡樹栽者皆然矣。栽如桃李法。林檎樹以正月、二月中，翻斧班駁椎之，則饒子。　作柰麨法：拾爛柰，内瓮中，盆合口，勿令（風）（蠅）入。六七日許，當大爛，以酒（淹），痛（抨）之，令如粥狀。下水，更（抨），以羅漉去皮子，良久清澄，瀉去汁，更下水，復抨如初，嗅看無臭氣乃止。瀉去汁，置布於上，以灰飲汁，如作米粉法。汁盡，刀劚，大如梳掌，於日中曝乾，研作末便成。甜酸得所，芳香非常也。　作林檎麨法：林檎赤熟時，擘破去子、心、蔕，日曬令乾。或磨或擣，下細絹篩。粗者更磨擣，以細盡爲限。以方寸匕投於碗中，即成美漿。不去蔕則太苦，合子則不度夏，留心則太酸。若乾噉者，以林檎麨一升，和米麵二升，味正調適。　作柰脯法：柰熟時，中破，曝乾，即成矣。

唐　段成式《酉陽雜俎》卷一八《白柰》　白柰出涼州野豬澤，大如兔頭。

唐　張鷟《朝野僉載》卷三　貞觀中，頓丘縣有一賢者，於黄河渚上拾菜，得一樹栽子大如指，持歸。蒔之三年，乃結子五顆，味狀如柰，又似林檎多汁，異常酸美。送縣，縣上州，以其味奇，乃進之，賜綾一十疋。後樹長成，漸至三百顆，每年進之，號曰「朱柰」，至今存。德、貝、博等州，取其枝接，所在豐足。人以爲從西域來，礙渚而住矣。

宋　謝維新《古今合璧事類備要別集》卷四四《果門・柰子》　《格物總論》：柰子或白或丹或紫，是不一種，考之前載或以爲重七斤，或以爲大如升，或以爲大如兔頭。夏熟固其時矣，而或冬熟時亦有不同焉。此柰之大概也。

明　李時珍《本草綱目》卷三〇　柰，《別録》下品。　釋名：頻婆音波，時珍曰，篆文柰字象子綴於木之形，梵言謂之頻婆。今北人亦呼之，猶云端好也。　集解：弘景曰：柰江南雖有，而北國最豐，作脯食之，不宜人。林檎相似而小，俱不益人。士良曰，此有三種。大而長者爲柰，圓者爲林檎，皆夏熟。小者味澀爲梣，秋熟，一名楸子。時珍曰，柰與林檎，一類二種也。樹實皆似林檎，而大西土最多，可栽可壓。有白、赤、青三色。白者爲素柰，赤者爲丹柰，亦曰朱柰。青者爲緑柰，皆夏熟。涼州有冬柰，冬熟，子帶碧色。《孔氏六帖》言，涼州白柰，大如兔頭。《西京雜記》言，上林苑紫柰，大如升，核紫花青，其汁如漆，著衣不可浣，名脂衣柰，此皆異種也。郭義恭《廣志》云，西方例多柰，家家牧切，暴乾爲脯，數十百斛，以爲蓄積，謂之頻婆糧。亦取柰汁爲豉用。其法取熟柰納瓮中，勿令蠅入，六七日待爛，以酒醃痛拌，令如粥狀，下水更拌，濾去皮子，良久去清汁，傾布上，以灰在下，引汁盡，劃開日乾爲末，調物甘酸得所也。劉熙《釋名》載，柰油以柰擣汁塗繒上，暴燥取下，色如油也。今關西人以赤柰楸子，取汁塗器中，暴乾，名果單是矣。味甘酸，可以饋遠。杜恕《篤論》云，日給之花，似柰，柰實而日給零落，虚僞與真實相似也，則日給乃柰之不實者，而王羲之帖云：「來禽日給，皆囊盛爲佳果」，則又似指柰爲日給矣。木槿花亦名日及，或同名耳。

明　李時珍《本草綱目》卷三〇　林檎，宋《開寶》校正，併入《拾遺》文林郎果。　釋名：來禽，《法帖》文林郎果。藏器曰：文林郎生渤海間，云其樹從河中浮來，有文林郎拾得種之，因以爲名。珣曰：文林郎，南人呼爲榅桲是矣。時珍曰：案洪玉父云，此果味甘，能來衆禽於林，故有林禽來禽之名。又唐高宗時，紀王李謹，得五色林檎似朱柰以貢，帝大悦，賜謹爲文林郎，人因呼林檎爲文林郎果。又《述征記》云，林檎實佳美，其榅桲微大，而狀醜，有毛而香，關輔乃有，江南甚希，據此則林檎是文林郎，非榅桲矣。　集解：《志》曰，林檎在處有之，樹似柰，皆二月開粉紅花，子亦如柰，而差圓，六月七月熟。頌曰，亦有甘酢二種，白者早熟而味脆美，酢者差晚，須爛熟乃堪噉。今醫家乾之，入治傷寒藥，謂之林檎散。時珍曰，林檎即柰之小而圓者，其味酢者，即楸子也。其類有金林檎、紅林檎、水林檎、蜜林檎、黑林檎，皆以色味立名。黑者色似紫柰，有冬月再實者。林檎熟時曬乾，研末點湯服甚美，謂之林檎麨。僧贊寧《物類相感志》云，林檎樹生毛蟲，埋蠶蛾於下，或以洗魚水澆之即止，皆物性之妙也。

明　宋詡《竹嶼山房雜部》卷九《樹畜部・樹類》　柰，北方曰火刺賓。實甚甘。《一統志》云：紅黄白三種。陳子良云：大長者柰，圓者林檎。刺，膚達切。　秋分後接，接用林檎體及本體。

又　林檎，花似鐵梗海棠，子半熟甘有漿。又名來禽，俗名花紅。一種多紅者曰海紅。秋分後接，接用棠梨體。春間一草稕之閏切，懸於枝端，復支昂其條，使長而下俯，生子繁盛。最易生蠹，秋前皆善藏於木杪，剖之可得。過時則避入根跗間矣。子將肥時得糞氣則熟遲久。

又　頻婆似林檎而大。南粵一種形如肥皂，其核亦可煮食。梵書以色之鮮紅者爲頻婆。　接用林檎與棠梨體。

又　楸子熟甘酸，似柰而小。　宜陝西慶陽府及各衛所，同林檎，擣其汁熬之以爲果單。

明 鄺璠《便民圖纂》卷五《花紅》 （花紅）將根上發起小條，臘月移栽。其接法與梨同。摘實後，有蛀處，與修治橘樹同。三月開花結子，若八月復開花結子，名曰林檎。

明 王世懋《學圃雜疏·花紅》 花紅一名林禽，即古來禽也。郡城中多植之。覓利味苦，非佳而特可觀。北土之蘋婆，即此種之變也。吾地素無，近亦有移植之者，載北土以來，亦能花能果，形味俱減，然猶是奇物，王相公及政僮園俱有之。二種雖貴賤，難易迥别。吾圃中各植三兩株足矣。來禽種雖易，然與桃性俱多蟲而易敗。種者苦於剔蟲。若桃則數年一易可耳。

明 王象晉《群芳譜·果譜·柰》 柰，一名頻婆，與林檎一類而二種。江南雖有，西土最豐。樹與葉皆似林檎，而實稍大，味酸微帶澁。可栽可壓，可以接林檎。白者爲素柰，赤者爲丹柰，又名朱柰，青者爲緑柰，皆夏熟。性寒，多食令人肺寒膨脹，病人尤甚。 製用：西方多柰。收切曝乾作脯，蓄積爲糧，謂之頻婆糧。（郭義恭《廣志》）又取熟柰納甕中，勿令蠅入，六七日待爛以酒醃，（攪）拌如粥，下來再拌，濾去皮子，良久，去清汁傾布上，以灰在下引汁盡，劃開，日乾爲末，調食物甘酸可食。（同上）以柰搗汁，塗繒上，曝燥取下，色如油，名柰油。（劉熙《釋名》）今關西人以赤柰、楸子取汁塗器中，曝乾名果單，味甘酸可以饋遠。（《本草綱目》）

明 王象晉《群芳譜·果譜·林檎》 林檎，一名來禽，一名文林郎果，一名蜜果，一名冷金丹。生渤海間。此果味甜，能來衆禽於林，故有林檎、來禽、蜜果之號。又唐高宗時，紀王李謹得五色果，似朱柰，以貢，帝大悦，賜爵文林郎，人因呼爲文林郎果。以柰樹搏接，二月開粉紅花，子如柰，小而差圓。六七月熟，色淡紅可愛，有甜酸二種，有金、紅、水、蜜、黑五色。甜者早熟而脆美，酸者熟較晚，須爛方可食。黑者如紫柰。有冬月再實者，熟時脯乾，研末點湯服甚美名。林檎性甘温，下氣消渴，多食脹滿。臨邑邢茂材，名王路食之多，遂至殞命。或云，食多覺膨脹，並嚼其核即消。一云食其子令人心煩，生者食多，生瘡癤。 製用：林檎百枚，蜂蜜浸十日取出，别入蜂蜜五斤，細丹砂末二兩，攪拌封泥。一月出之陰乾。飯後酒時食一兩枚甚妙，名冷金丹。《清異録》 收藏：林檎每百顆取二十顆，搥碎入水同煎，候冷納淨甕中浸之，密封甕口，以浸着爲度，可久留。《家塾事親》枇杷、林檎、楊梅等果用臘水同薄荷一握，明礬少許入甕內，投果于中，顏色不變，味更凉爽。《便民圖纂》

明 彭大翼《山堂肆考》卷二〇五《七實》 七實，《晉起居注》：嘉柰一蒂或十五實，或七實，生于酒泉。又《廣志》：酒泉有赤柰，張掖有白柰。

又 紫緑，《西京雜記》：上林苑有紫柰花紫，緑柰花緑。

又 春秋，《虎丘山疏》：山下三面有春秋柰。

又 寒熟，劉孝儀曰：太冲噓其夏成，子建悵其寒熟。

又 白馬寺，《伽藍記》：白馬寺柰實重七斤，至熟時常取之，或以賜宮人。宮人轉遺親戚，以爲奇異。

明 王象晉《群芳譜·果譜·蘋果》 蘋果，出北地，燕趙者尤佳。接用林檎體。樹身聳直。葉青似林檎而大，果如梨而圓滑。生青，熟則半紅半白或全紅，光潔可愛玩，香聞數步，味甘鬆。未熟者，食如棉絮，過熟又沙爛不堪食。惟八、九分熟者最美。 收藏取略熟者，收冰窖中，至夏月味尤甘美。秋月切作片曬乾，過歲食亦佳。

明 周文華《汝南圃史》卷三《柰三》 柰林檎蘋婆附 柰俗名花紅。晉成帝時，三吴女子相與簪白花，望之如素。柰，謡言天公織女死爲之著服，則柰花當白色。而南土花紅，花作粉紅，黄精鉤吻，豈是耳鑒耶。別有一種，曰林檎，一名來禽。洪玉父云：「以其味甘來衆禽也。」王右軍有《來禽青李帖》。而周興嗣所編《千字文》亦云：「果珍李柰，則柰與李俱非常品。」《本草》曰：「林檎味酸，甘温，不可多食。其樹似柰，其形圓亦如柰。陳士奇云：「此有三種。長大者爲柰。圓者林檎，夏熟。小者味澀，爲梣，秋熟。」《本草》又曰：「柰味苦寒，多食令人臚漲。病人尤甚。」陶隱居云：「江東乃有，而北地最豐，皆作脯，不宜人。有林檎相似而小，亦恐非益人也。」《齊民要術》曰：「柰有白、青、赤三種。張掖有白柰，酒泉有赤柰，西北方多柰。家家作脯，數十百斛以爲蓄積，如收藏棗栗。作柰脯法，於奈熟時，中破曝乾即成。」《王氏農書》曰：「柰與林檎，形相似也。氣味相近也。然柰性寒，林檎性温，則有不同。」按《洛陽花木記》，林檎之别有六，蜜林檎、花紅林檎、水林檎、金林檎、操林檎，轉身林檎。柰之别有十，蜜柰、大柰、紅柰、兔鬚柰、寒毬、黄寒毬、蘋蒲、海紅、大楸子、小楸子。今吴下總名花紅，不知林檎與柰何別。花紅以二月開花，花如海棠，結子至六月中熟，有極大者甘鬆可食。《吴郡志》云：「蜜林檎，味極甘，如蜜。雖未大熟，亦無酸味。本品中第一。北都尤貴之。他林檎，雖硬大，且酣紅，亦有酸味。鄉人謂之平林檎，或曰花紅林檎，皆在蜜林檎之下。然則花紅之名，在宋已然矣。」《蘇州志》

云：「好事者以枝頭向陽未熟時，剪紙爲花鳥，貼其上。待紅熟乃去紙，則花紋燿燦。入盤飣可愛。」《便民圖纂》云：「花紅將根上發起小條，臘月移栽。然此木非接不結，接用本色。二月八月皆可接。其樹多蟲有蛀，蛀屑即爲蟲穴。時時以鐵線鈎取，用百部或杉木釘塞其竅。生毛蟲，則以魚腥水潑根，或埋蠶蛾於地下。別有金林檎，花尤勝，而實比花紅爲最小，熟亦最遲。」《吴郡志》云：「金林檎以花爲貴，紹興間有，南京得接頭。至行都禁中接成，其花豐腴艷美，百種皆在下。風始時折賜一枝，惟貴戚諸王家方得之。其後流傳至吴中。今所在園亭皆有此花。雖多而貴自若，亦須至八九月始熟，是時已無夏果，人家亦以飣盤。」此花知者以爲金林檎，而不知者以爲西府海棠也。若蘋蒲，則出北直山東等處，其味甘香細膩。《山東通志》云：「林檎出章丘、益都。兖亦有之。有甘酢二種，甘者早熟，酢者差晚。」又云：「蘋婆大如柑橘，色青，山東多有之。」亦曰：「苹坡，蘋婆。夏初亦未可啖，秋深味全。別有呼刺賓沙果，皆其類也。而形味差減。」

明 徐光啟《農政全書》卷二九《樹藝》 柰，《廣志》曰：橏、掩、葍，柰也。與林檎一類而二種。白者爲素柰，赤者爲丹柰，又名朱柰。青者爲緑柰。張掖白柰，酒泉有赤柰。魏明帝時諸王朝京，賜東城柰一區。陳思王謝曰：柰以夏熟，今則冬生，物非時爲珍，恩以須爲厚。詔曰：此柰從涼州來。晉宫閣簿曰：秋有白柰。《西京雜記》曰：紫柰，別有素柰朱柰。涼州有冬柰，色微碧，大如兔頭。上林苑紫柰，大如升，核紫、花青，汁如漆，著衣難浣，名脂衣柰，樹與葉皆似林檎而實稍大，味酸帶澀，梵言謂之頻婆。《齊民要術》曰：不種但栽之。種之雖生，而味不佳。取栽如壓桑法，玄扈先生曰：此果最多蟲，宜勤勤修治。栽之如桃李法，亦可接林檎。《便民圖纂》曰：花紅將根上發起小條，臘月移栽，其接法與梨同，摘實後有蛀處，與修治橘樹同。三月開花結子，若八月復開花結子，名曰林檎。 西方多柰，家以爲脯，數十百斛，以爲蓄積，如藏棗栗法，謂之頻婆糧。 柰麨，其法：拾爛柰内甕，盆合〔口〕，勿令風入，六七日許，當大爛，以酒痷〔淹〕痛拌之，令如粥狀，下水更拌，以羅漉去，受子良久，澄清瀉去汁，更下水復拌如初，看無臭氣乃上瀉去汁，置布於上，以灰飲汁，如作米粉法，汁盡刀剔，大如梳掌，於日中曝乾，研作末，便甜酸得所，芳香非常也。 柰油，其法以柰搗汁，塗繒上曝燥，取下色如油。 李時珍曰：今關西人以赤柰取汁，塗器中曝乾，名果單，味甘酸，可以饋遠。又曰：柰有冬月再實者。 陶隱居云：江東有之，而北國最豐，皆作脯。 林檎，一名來禽，一名文林郎果，一名蜜果。此果味甘，能來衆禽于林，故有林禽來禽之名。唐高宗時，紀王李謹得五色林檎似朱柰以貢，帝大悦，賜謹爲文林郎。人因呼林檎爲文林郎果。又云其樹從河中浮來，有文林郎拾得種之，因以爲名。《本草圖經》曰：木似柰，實比柰差圓，亦有甘酢二種。甘者早熟而味脆美，酢者差晚，須熟爛堪噉。陳士良云：大長者爲柰，圓者爲林檎。夏熟小者味澀爲梣，又名楸子，秋熟。林檎樹二月開粉紅花，六七月熟，又有金紅水蜜黑五種。李時珍曰：其味酢者即楸子也。 栽壓法與柰同。此果根不浮薉栽，故難求是以須壓也。又法：於樹旁數尺許，掘坑洩其根頭則生栽矣，凡樹栽者皆然。 《物類相感志》云：林檎樹生毛蟲，埋蠶蛾于下，或以洗魚水澆之即止。 林檎麨林檎赤熟時劈破去子心蒂，日曬令乾，或磨或搗，下細絹篩，粗者更磨搗，以細盡爲限。以方寸匕投於椀中，即成美漿。不去蒂則大苦，合子則不度夏，留心則大酸。若乾噉者，以林檎麨一升，和米麨二升，味正調適。 冷金丹，林檎百枚，蜂蜜浸十日取出，別入蜂蜜五斤，細丹砂末二兩，攪拌封泥，一月出之陰乾，飯後、酒時，食一二枚甚美。

明 慎懋官《華夷鳥獸珍玩花木考·林檎》 林檎一名來檎，似柰而小。洪玉父曰，以味甘來衆禽也。觀王羲之，不見《來禽青李之帖》豈非古人之所重哉。 句曲山房熟水法，削沉香，釘數個插入林檎中，置瓶内，沃以沸湯，密封瓶口。久之，乃飲，其妙莫甚。

明 慎懋官《華夷花木鳥獸珍玩考·蘋婆》 蘋婆大如柑橘，色青，山東多有之。出青州者，獨佳。亦曰平坡。見藏經。

明 慎懋官《華夷花木鳥獸珍玩考》卷二《柰》 白柰，紫柰花紫色，緑柰花緑色。烏哀國有紫柰，大如鬥〔斗〕，甜如蜜，核紫，花青。研之有汁如漆，可染衣，其汁着衣不可湔浣。亦名闇衣柰。

明 陳詩教《灌園史》 西北多柰，家以爲脯。崑山張應文《老圃一得》云，即南地花紅。予謂晉成帝時，三吴女子，相與簪白花，望之如素柰，謡言天公織女死，爲之着服，則柰花當是白色，而我土花紅花作粉紅，黄精鈎吻，豈容耳鑒耶。別有一種曰林檎者，以其味甘，來衆禽食，又名來禽，似柰而小，味非常品。王右軍有來禽青李帖，而周興嗣所編《千字文》，亦云果珍李柰」則二果以味稱勝，均當與李伯仲耳，法不宜種，但須栽之，種之雖生，其味不佳，取栽如壓桑法，或如栽桃李法，復於正二月中，翻斧斑駁椎之，則饒子矣，若蛀則以鐵線鑽竅，用百部杉木釘塞之，生毛蟲則以魚腥水潑根，或埋蠶蛾於地下。昔唐大帝時，王方言嘗以林檎一樹，進階文林，若能多植，豈直其人與千户侯等。

明　方以智《物理小識》卷九《柰》　柰、林檎、頻婆、榅桲　柰有紅黄白，北方呼火刺賓。陳子良曰：大長者柰，圓者林檎，一名來禽，俗名花紅。紅多曰海紅。頻婆果似花紅而大，燕地如拳，可留至夏。此種秋分後接以棠梨，春以草稕懸於枝端。樹易生蠹，秋前藏木杪可剖之，過時則入根跗矣。關陝榅桲木如林檎、鐵梗棠，而花白緑色，其實似樝，但膚慢而多毛。慶陽楸子似柰而小，同林檎，搗汁熬爲果單。

清　陳淏子《花鏡》卷三《花果類考・奈》　奈，一名頻婆，係梵音，猶言端好也。江南雖有而北地最多。與林檎同類。有白、赤、青三色。白爲素奈，凉州有大如兔頭者。赤爲丹奈，青爲緑奈，皆夏熟。凉州又有一種冬奈，十月方熟，子帶碧色。又上林苑有紫奈，大如升，核紫花青，其汁如漆，著衣便不可浣，名脂衣奈，此皆異種也。西方奈多，家家收切，曝乾爲脯，數十百斛以爲蓄積，謂之頻婆糧。

清　陳淏子《花鏡》卷三《花果類考・林檎》　林檎，一名來禽，因其能來衆鳥於林，一名冷金丹，即柰之類也。二月開粉紅花，似西府，但花六出。實則圓而味甘，非若柰之實長而味稍苦，果之香甜可口。五月中熟者，蜜林檎爲第一。金林檎以花爲重。唐高宗時，李謹得五色林檎以貢，有金紅水蜜黑五色之異。，帝悦，賜謹以文林郎，因名爲文林郎果。但此木非接不結，多以柰樹搏接之。其法與接梨同。臘月可將嫩條移栽。若樹生毛蟲，埋蠶蛾於樹下，或澆魚腥水可除。好事者以枝頭向陽好實，於未熟時剪紙爲花，貼於其上，待紅熟時猶若花木瓜樣，入盤飣可愛。又四月收林檎一百，内取二十枚搥碎，入水同煎候冷，納甕中浸之，密封其口，久留愈佳。

清　曹溶《倦圃蒔植記・柰》　西北多柰，家以爲脯。崑山張應文《老圃一得》云即南地花紅。予謂晉成帝時，三吴女子相與簪白花，望之如素柰。謡言天公織女死，爲之着服，則柰花當是白色。而我土花紅花作粉紅，黄精鈎吻，豈容耳鑒耶？別有一種曰林檎者，以其味甘，來衆禽食，又名來禽。似柰而小，味非常品。王右軍有來禽者李帖。而周興嗣所編《千字文》亦云：果珍李柰則二果，以味稱勝，均當與李伯仲耳。法不宜種，但須栽之。種之雖生，其味不佳。取栽如壓桑法或如栽桃李法。復於正二月中，翻斧斑駁，椎之則饒子矣。若蛀，則以鐵絲鑽竅，用百部杉木釘塞之。生毛蟲則以魚腥水潑根，或埋蠶蛾於地下。昔唐大帝時，王方言嘗以林檎一樹進階。文林若能多植，豈直其人與千户侯等。

清　周魯《類書纂要》卷二九《果蔬類・林檎》　林檎似柰而小　佳果右軍好佳果。墨客求來禽。微馨實如脆李帶微馨，却把輕紅著美人。林家果珍奇自是林家果，聲價從今值萬金。致子王右軍帖云：青李來禽，可爲致子，當種之，吾篤喜果，速爲致此子，則大惠也。來禽林檎以味甘，故來衆禽。花紅林檎別名。

清　高士奇《北墅抱瓮録・林檎》　林檎花與蘋果相似，開亦同時。園中約及百樹，新花滿隖，佳實出林，俱可耽愛。《右軍帖》：青李來禽子，皆囊盛爲佳，函封多不生。可知古人於此果，珍重護惜，不視爲常産也。

清　鍾山逸叟《致富奇書》卷一　林檎俗呼爲花紅。唐高宗時，李謹得五色林檎以貢，帝悦，賜謹爲文林郎果。臘月將嫩條移栽。接法與接梨同。樹似柰，二月開粉紅花，子亦如柰而差圓。五月中熟，《物類相感志》云：林檎樹生毛蟲，埋蠶蛾于樹下，或澆以魚腥水即止。

清　張宗法《三農紀》卷五《柰》　柰，《圖經》云：葉似梨而尖小。二月開白花成攢。結實白者爲素柰，赤者爲丹柰，青者爲緑柰。夏熟爲楟子，秋熟爲楸子。有冬熟者祭法，曰夏祀用白柰，秋用赤柰。《西京雜記》云：上林有紫柰。紫柰緑柰緑花。《山海經》名樠。陽華之山有樠，其實如瓜，食之甘美。柰字象子綴于木下之形也。　植藝：冬取樹下小傍枝條栽滋土，至春芽生，雨水移栽易生，壓枝脱枝更妙，以蘋果林檎接佳美。　製收：果熟收納瓮中，勿令蠅入。六七日待爛，以酒淹浸，拌如粥再拌，濾去皮子，澄去清水，傾布上，以灰襯引汁盡，劃開，日曬乾爲末，可以治果，能致遠。家塾云：每百枚取二十枚搥碎，入水煎，候冷納器中，入此八十枚浸之，密封甕口，以浸着爲度，可留久。　本性：味有甘酢，氣寒，多食寒肺，反滿病人尤忌。　效方：熱痢腹疼者，以柰取汁和生蜜飲。

清　張宗法《三農紀》卷五《林檎》　林檎，《圖經》云：葉似梨，樹不高大。仲春月開粉紅花。結實若柰而差圓，六七月熟，淡紅可愛，稱爲花紅。甜者早熟脆美，酸者晚熟較脆。色有水蜜、金紅、五色果，可脯乾研末點湯。《方士記》名蜜果。《本草》云：冷金丹。《通典》云：始生渤海間，其味甘，能召鳥，謂之來禽，又名林禽。　植藝：雨水前後取根下條栽，頻澆易活。以柰接更美。《相感志》云：林檎生毛蟲，以蠶蛾埋樹下，或以洗魚水澆之。生蛀蟲鑽樹，以鐵線鈎之。着百部末，或埋□狗屍于下不生蛆蟲。凡果樹皆然。　藏收：《便民圖纂》云：桃、杷、楊梅、林檎等果，用臘月水、薄荷葉一握，明礬少許，入瓮内，投果于中，顔色不變，味更清凉。　本性：味甘氣温，下氣消渴，生食發疽，多食腹脹，得嚼其核即消。　效方：《清異録》云：林檎百枚，蜜浸十日取出，別入蜜五斤，丹砂末二兩拌攪泥封，一月出之，陰乾。或飯後、酒時食一枚甚益，名冷金丹。

清 張宗法《三農紀》卷五《蘋果》 蘋果乃柰也。西北産者最豐。樹身聳直，葉與林檎相似。果似梨而圓滑，生青熟紅，或半紅半白，光澤可愛，流香數步，味甘鬆。未熟者若棉，過熟者沙爛，惟八九分熟者最佳。《廣志》云：西方收，切片爲脯，數十斛以爲蓄積。名蘋婆糧，充食以代穀。 植藝：春初，分樹根下小枝條植土中，以潤爲準即生。檎、榙、楸換接則佳。 收藏：秋果取署熟者收水窖中，至夏月味凡美，秋月切作片曬乾食亦佳。又云：凡果連枝葉留寸餘，（入）香油瓮内，經久出油如新。 本性：味氣與柰同。不過別其大小色象，稱名之異。

清 吴其濬《植物名實圖考》卷三二《果類・柰》 柰，《別録》下品，即頻果。

清 王棠《知新録》卷二九《頻果》 頻果，即柰也。俗云：頻婆果，今世謂之頻果，古人謂之林檎，或謂之聯珠果。《廣記》謂之來禽，言味甘熟而禽來也。《本草》云：此有三種：大者爲柰，圓者林檎，小者味澀爲梣。《廣記》云：柰有白赤青三種。《洞仙傳》云：福鄉之柰，可以除災癘。《西京雜記》云：上林苑有白柰、紫柰、緑柰，貞觀時有朱柰，亦號爲文林果。

清 檀萃《滇海虞衡志》卷下《志果・蘋婆果》 蘋婆果，南中最少而滇出盈街。花紅林禽亦然。

清 吴其濬《植物名實圖考》卷三一《果類・林檎》 林檎，《開寶本草》始著録，即沙果。李時珍以爲文林郎果，即此。

植物名實圖考・林檎

清 吴其濬《植物名實圖考長編》卷一七《果類・林檎》 《開寶本草》：林檎味酸，甘温無毒，多食發熱，澀氣令人好睡，發冷痰，生瘡癤，百脈不行。其樹似柰子，亦圓如柰，六月七月熟，今在處有之。《圖經》：林檎舊不著所出州土，今在處有之，或謂之來禽。木似柰，實比柰差圓，六七月熟。亦有甘酢二種，甘者早熟而味肥美，酢者差晚，須爛熟乃堪啖，病消渴者宜食之，亦不可多，反令人心中生冷痰，今市間醫人亦乾之入治傷寒藥，謂之林檎散。《本草綱目》李時珍曰：林檎即柰之小而圓者，其味酢者即楸子也。其類有金林檎、紅林檎、水林檎、蜜林檎、黑林檎，皆以色味立名。黑者色似紫柰，有冬月再實者。林檎熟時曬乾研末點湯服甚美，謂之林檎麨。僧贊寧《物類相感志》云：林檎樹生毛蟲，埋蠶蛾于下，或以洗魚水澆之即止，皆物性之妙也。《洽聞記》：唐永徽中，魏郡臨黄王國村人王方言嘗於河中灘上拾得一小樹，栽埋之，及長，乃林檎也。實大如小黄瓠，色白如玉，間以珠點，亦不多三數而已，有如纈實爲奇果，光明瑩目，又非常美。紀王慎爲曹州刺史，有得之獻王，王貢於高宗，以爲朱柰。又名五色林檎，或謂之聯珠果，種於苑中，西域老僧見之云：是奇果，亦名林檎，上大重之，賜王方言文林郎，亦號此果爲文林郎果。俗云頻婆果。河東亦多林檎，秦中亦不少，河西諸郡亦有林檎，皆小於文林果。

清 陳昌齊 道光《廣東通志・果類・柰》 禾綠柰，可蜜漬，出陽江。《肇慶府志》

清 李鴻章 光緒《畿輔通志・果屬・柰》 柰。陶宏景曰：江南雖有，而北國最豐，作脯食之。《本草綱目》 韋公寺後五里，柰子樹花開時，柰旁人家負幾案酒肴具以待遊者賃賈，旬日卒。歲爲桑樹，旁枝低亞，入樹中，曠然容十數席。花陰暗日，花光明之看花，日暮多就宿韋公寺者。《帝京景物畧》 韋公莊里許有柰子古樹，婆娑數畝。春時花開，望之如雪。至夏葉特繁密，列坐其下，烈日不到。袁宏道謂：「戒壇老松顯，靈官柏域南。」柰子可稱卉木三絶。《長安客話》

清 李鴻章 光緒《畿輔通志・物産・果屬・烏刺柰》 烏刺柰，塞外紅果也。實似櫻桃而大，味甘酸，不可多食。《廣羣芳譜》 一名歐柰子，土人稱爲酸丁。《熱河志詩》 叢間嫩葉先枯，歐李駢晴似火球。長路微甘供解揭，馬鞭爭挂紫珊瑚。

清 陳昌齊 道光《廣東通志・果類・林檎》 林檎，粤人名爲花紅，即中州頻果之小者也。《郝志》

清 陳昌齊 道光《廣東通志・果類・蘋婆果》 蘋婆果，樹高，其莢如皁角長二三寸，子生莢間兩旁，老則莢迸開，内深紅色，子皮黑肉黄，熟食味甘，蓋要栗也。相傳三藏法師自西域移至，梵語曰蘋婆。《廣州府志》按：此與北方蘋婆果絶不相類，而名與林檎相混。本名羅望子，又曰羅晃子，其皮七重，故俗謂顔厚者爲蘋婆。《郝志》

清　李鴻章　光緒《畿輔通志・果屬・林檎》　林檎，一名來禽，一名文郎果，生渤海間。此果味甜，能來衆禽，故名。又唐高宗時，紀王李謹得五色果，似朱柰，以貢，帝大悦，賜爵文林郎，因呼爲「文林郎果」。《羣芳譜》宋蘇軾《林禽詩》云：東坡居士未歸時，自種來禽與青李。五年不踏江頭路，夢還東風泛蘋芷。

清　李鴻章　光緒《畿輔通志・果屬・蘋婆》　蘋婆。出北地燕趙者尤佳，葉似林禽而大，果如梨而圓滑。《羣芳譜》燕地蘋婆果味雖平淡，夜置坑邊有香氣。《采蘭雜志》上方兜率寺有蘋婆果園，園中蘋婆果二株，入秋結實甚繁，山僧不忍摘。果既熟，暈青紅色，絶可愛。《韞光樓雜志》韋公寺南觀音閣，蘋婆一株，高五六丈，花時鮮紅新緑，五六丈皆花葉光。實時早秋，果著日色，焰焰於春花時，實成而葉竭矣。但見垂累紫白，凡九五六丈也。帝京景物畧　清朝李漁《蘋婆果賦并序》：是物皆有典故可考，蘋婆獨無至美難名乎？抑有其書，而予未之讀也？欲以空疎藏拙慮，其施以責備之詞，謂我物於諸公，而獨疎一婆，豈以名之近老而遂怨其多情及容之嬌且媚乎？舍蘋弗賦，賦其婆焉可也？賦曰：燕有佳果，字曰蘋婆。名同老媪，實類嬌娥。色先可取，無論其他。白也如黄，西子病容可擬；嬌而不赤，楊妃酒面難酡。物之所棄者皮，此則皮堪當肉。果之廣有者核，此則有而不多。祇有液之堪吞，並無渣之可去。剖之則鬆難置，削如捏雪以成團。嚼之則軟不勝牙，似飛花而作絮。謂有香而香不聞，覺其甜而甜不遽。備衆美于一身，讓其功而不興。若是則堪稱果内之佳人，而爲少年所争娶者矣。奈何老其名曰婆，異其姓曰蘋。降陸樹而爲水草，謗旭日以作斜曛者何哉？或者謂蘋肖其潔，味亦相等。異類同呼，是猶可忍。至若婆之爲名迂而欠好，呼之似覺口强聽者，爲之興掃。若曰始種此者爲老媪，因其婆而婆之。又曰德種此者貽佳樹，愛其婆而婆之。若是則生我者父母，知我者讐家矣。果亦何讐於老媪，而貽以千古不美之名哉？吾謂以數言慰之曰：食子者多，知子者寡。聽其指鹿爲麞，只當呼牛唤馬。

清　李鴻章　光緒《畿輔通志・果屬・檳子》　檳子。一名虎喇檳同上似蘋婆而小，色紅紫。《灤州志》

清　長順《吉林通志》卷三三《果樹屬・檳子》　檳子。似花紅而大，同上小於蘋果而稍長，色紫，味甘微澀。《採訪册》

清　李鴻章　光緒《畿輔通志・果屬・沙果》　沙果，綿而沙者曰沙果，又楸子，似沙果而小。《雍正志》

清《吉林通志・果樹屬・沙果》　沙果，似蘋果而小。《盛京通志》

清　吴仁臣《十國春秋・南唐・拾遺》　光州檢田官蔣舜卿，行山中，見一人方採林檎一二枚，與之食，因爾不飢。家人以爲得鬼食，不治將病，求醫甚切，而不能愈。後聞壽春有叟善醫，乃往訪之。始行一日，宿一所旅店，有老父問以所患，具告之，父曰：「吾能救之，無煩遠行也。」出藥方寸，匕服之，此二林檎如新，父收之去，舜卿之飲食如常。既歸，他日復訪之，店與老父俱不見矣。

櫻　桃

綜　述

《爾雅・釋木》　楔音戛，荆桃。郭璞註：今櫻桃。

爾雅・楔

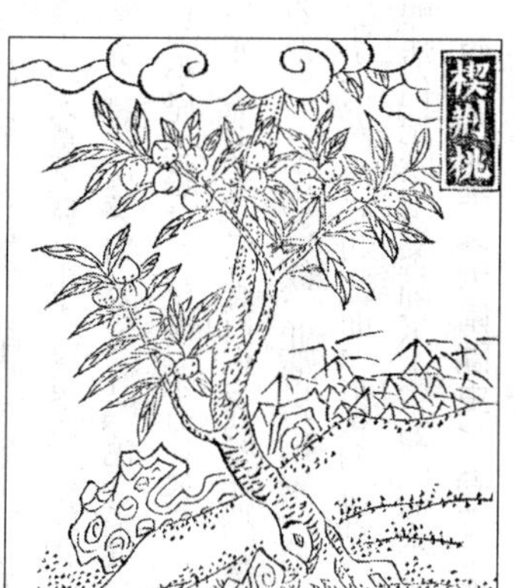

北魏　賈思勰《齊民要術・種桃柰第三四》　櫻桃：《爾雅》曰：「楔，荆桃。」郭璞曰：「今櫻桃。」《廣雅》曰：「楔桃，大者如彈丸，子有長八分者，有白色肥者，凡三種。」《禮記》曰：仲夏之月，天子羞以含桃。鄭玄注曰：「今謂之櫻桃。」《博物志》曰：「櫻桃者，或如彈丸，或如手指。春秋冬夏，花實竟歲。」《吴氏本草》曰：「櫻桃，一名（朱）桃，一名英桃。」二月初，山中取栽，陽中者還種陽地，陰中者還種陰地。若陰陽易地則難生，生亦不實。此果性生陰地，既入園囿，便是陽中，故多難得生。宜堅實之地，不可用虛糞也。

唐 段成式《酉陽雜俎續集》卷九 衛公言，滑州櫻桃，十二枚長一尺。

宋 謝維新《古今合璧事類備要別集》卷四一《果門・櫻桃》 櫻桃《格物總論》櫻桃 按《爾雅》名楔，荆桃。樹多陰，先百菓熟。大如拇指，圓而色朱，味甜，核如豆大。每一朵不下一二十顆。以鶯鳥所含，故亦名含桃。今有一種正黄明色者謂之蠟櫻，味不及也。

宋 陸佃《埤雅》卷一四《櫻桃》 櫻桃爲木多蔭，其果先熟，一名荆桃，一名含桃。許慎曰：「鸎之所含食，故曰含桃也。」謂之鸎桃，則亦以鸎之所含食，故謂之鸎桃也。《月令》：「仲夏之月，天子羞以含桃。」言薦新也。其顆大者或如彈丸，小者如珠璣。南人語其小者謂之櫻珠。《字説》云：「櫻主實，么稺柔澤如嬰者。栲主材，成就堅久如考者。」

元 楊瑀《山居新語》卷三 《酉陽雜俎》載，齊日昇養櫻桃，至五月中，皮皺如鴻柹，不落，其味數倍。人不測其法。今西京每歲冬至前後進花紅果子，色味如新。其地酷寒，比之内地尤難收藏，誠可珍也。余屢拜賜焉。

明 宋詡《竹嶼山房雜部》卷九《樹畜部・樹類》 櫻桃，一名含桃。子肥甘也。深紅子，早熟。深紫子，早熟。淺紅子，遲熟，曰蠟桃。枝幹節目間有根鬚常下垂。春前帶枝插之。子將肥時得糞氣則易甘熟。《月令》：仲夏天子羞以含桃，先篤寢廟。

明 彭大翼《山堂肆考》卷二〇七《櫻桃》 櫻桃 櫻桃一名含桃，以爲鶯鳥所含也。一名朱櫻，一名牛桃，一名麥英，一名荆桃。李直方第果品，以櫻桃爲第三。

明 鄺璠《便民圖纂》卷五《櫻桃》 櫻桃三四月間折樹枝有根鬚者，栽於土中，以糞澆之即活。

明 王世懋《學圃雜疏・果疏》 百果中櫻桃最先熟，即古所謂含桃也。吾地有尖圓大小二種，俗呼小而尖者爲櫻珠，既吾土所宜。又萬顆丹的，掩映緑葉，可玩。澹圃中首當多植。

明 王象晉《群芳譜・果譜・櫻桃》 櫻桃，一名楔，一名荆桃，一名英桃，一名鸎桃，一名含桃，一名朱櫻，一名朱桃，一名牛桃，一名麥英。《西京雜記》列櫻桃、含桃爲二種。處處有之，洛中者爲勝。其木多陰，不甚高。春初開白花，繁英如雪，香如蜜。葉團有尖及細齒。結子一枝數十顆，圓如珊瑚。極大如彈丸，小時青，及熟，色鮮瑩。深紅者爲朱櫻。紫色皮内有細黄點者爲紫櫻。核細而肉厚者爲崖蜜，味甚甘美，尤難得。結實時須張網以驚鳥雀，更置葦箔以護風雨。若經雨則蟲自内生，人莫之見。用水浸良久，則蟲皆出，乃可食。味甘無毒，調中益氣美志，止洩精水(穀)(穀)痢，令人好顔色。多食令人吐。有暗風及喘(漱)(嗽)濕熱病人忌食，小兒尤忌。一富家二小兒日食一二升，半月後長者發肺痿，少者發肺癰，相繼而死。邵堯夫云：爽口物多終作疾，信哉。正黄者爲蠟櫻，小而紅者爲櫻珠，味皆不及。

葉搗汁飲，並傅治蛔咬。根用東行者煑汁服，下寸白蛔蟲。枝同紫萍、牙皂、白梅研和洗面，治雀卵斑點。種植：二三月間，分有根枝栽土中，糞澆即活仍記陰陽，否則不生，即生亦不結實。

明 周文華《汝南圃史》卷三《櫻桃》 櫻桃，古名楔桃，一名荆桃，一名朱桃，一名含桃，一名英桃，又名鸎桃。《禮記》曰：「仲夏之月，以雛嘗黍，羞以含桃，先薦寢廟。」《埤雅》云：「爲木多陰，其果先熟。」許慎曰：「鸎之所含食，故曰含桃，亦謂之鸎桃云。」《圖經本草》曰：「櫻桃處處有之，而洛中南都最勝。其實熟時，深紅色曰朱櫻，正黄色者曰蠟櫻。極大若彈丸，核細而肉厚者，爲難得。食之調中益氣，美顔色。雖多無損，但發虛熱。」《衍義》曰：「此果三四月間熟，得正陽之氣，故性熱。」《吴郡志》曰：「自唐巳有吴櫻桃之名，今之品高者出常熟縣。色微黄，名蠟櫻者味尤勝。朱櫻不能尚之。」白樂天《吴櫻桃詩》云：「含桃最説出東吴，香色鮮濃氣味殊。」《松江府志》曰：「初熟時，烏雀羣飛就啄，白頭翁尤好食之。故種此樹者，聚作一所，可便料理。或用網覆樹頂，或用鈴索看護。又遇雨則皆零落，仍用葦箔遮覆。」《齊民要術》曰：「此果性生陰地，既入園圃便是陽中，故多難得。性宜堅實之地，不可虛糞。」《便民圖纂》曰：「三四月間，折樹枝有根鬚者，栽於土中，以糞澆之則活。八月中亦可分栽。臘月以糞澆灌，再取熱過河泥壅之，方得茂實肥大。」《浣花雜志》曰：「黄梅雨内插之即活。」《三才圖令》曰：「其葉可搗傅蛇毒，亦搗汁服，東行根可殺寸白蟲。」

明 陳詩教《灌園史》 櫻桃古名楔桃，一名朱桃，一名英桃，爲鳥所含，亦名含桃，其法：二三月間，折有根枝，栽於土中，糞澆即活，仍記陰陽，各遂其性，否則難生，且復不實矣。又聞之古語云，鳥鵵食而便墮，雨薄灑而皆零，如遇結實，即張繒網遮之，以驚鳥雀。更貯葦箔覆之，以庇風雨。記予兒時，曾讀一古詩，亦載此法，暇須尋出補之，以證予不妄語。

明 徐光啓《農政全書》卷三〇《樹藝》 櫻桃，附山嬰桃。《爾雅》曰：楔荆桃，郭璞注曰：今櫻桃。《廣雅》曰：楔桃，大者如彈丸子，有長八分者，有白色者，凡三種。孫炎云：大而甘者謂之崖蜜。櫻桃一名楔、一名荆、一名英桃、一名鸎桃、一名含桃、一名朱櫻、一名牛桃、一名麥英。《西京雜記》列櫻桃、含桃爲二種。蘇頌曰：櫻桃處處有之，洛中者最勝。其實深紅者謂之朱櫻。紫色、皮裏有細黄點者謂之紫櫻，味最珍重。又有正黄明者謂之蠟櫻，小而紅者謂之櫻珠，味皆不及極大者。《齊民要術》曰：二月初，山中取栽，陽中者還種陽地，陰中者還種陰地。若陰陽易地則難生，生亦不實。此果性生陰地，既入園囿，便是陽中，故多難得生。宜堅實之地，不可用虛糞也。又法：二三月間，分有根枝，栽土中，糞澆即活。 李時珍曰：三月熟時，須守護，否則鳥食無遺也。其法以二。破竹相擊，鳥聞聲自去，或以網張其上，鳥亦不至。熟時，以糞置其下，則一樹齊熟。鹽藏蜜煎，皆可久食，或同蜜搗作餻，唐人以酪煎食之。櫻桃經雨，則蟲自内生，人莫之見，用水浸良久，則蟲皆出，乃可食也。試之果然。 附山嬰桃，《本草》釋名朱桃、麥櫻、英豆、李桃。孟詵曰：此嬰桃俗名李桃，又名柰桃。前櫻桃名櫻，非桃也。《别録》曰：嬰桃，實大如菽，多毛。四月採陰乾。陶弘景曰：櫻桃即今朱櫻，可煑食者，嬰桃形相似，而實乖異，山間時有之。李時珍曰：樹如朱嬰。但葉長尖不團，子小而尖，生青熟黄赤，亦不光澤，而味惡不堪食。

明 方以智《物理小識》卷九《櫻桃》 櫻桃深紅紫者早熟，淺紅遲熟，曰蠟桃。《月令》仲夏含桃薦寢廟，則早熟也。枝節間有根鬚下垂。春前插之，子漿時得糞氣則易熟。潤州櫻桃核而不仁，其曰脆櫻桃，則郁李也。信陽州有半紅白者，曰瑪瑙櫻桃。

明 張萱《彙雅後編》卷二五《櫻桃》 陸佃曰：櫻桃爲木多廕，其果先熟，一名荆桃、一名含桃。許慎曰：鸎之所含食，故曰含桃也。謂之鸎桃，則亦以鸎之所含食，故謂之鸎桃也。《月令》仲夏之月，天子羞以含桃，言薦新也。其顆大者或如彈丸，小者如珠璣，南人語其小者謂之櫻珠。《字説》云：櫻主實么穉柔澤如嬰者，栲主材成就堅久如考者。 羅願曰：櫻桃朱實甘美，飛鳥所含，故又名含桃。《爾雅》謂之荆桃，其葉在梅後，至果熟，則最先放，仲夏之月，以雛嘗黍，羞以含桃，先薦寢廟。漢惠帝時，叔孫通亦以爲禮，春有嘗果，因取櫻桃獻。宗廟諸果獻，由此興矣。或云：此果雖禽鳥所嗜，然人未采，鳥終不敢先食。《蜀都賦》曰：朱櫻春熟。《廣志》：櫻桃有長八分者、有白色多肌者。凡三種。今櫻桃有大而色紫，亦有如蠟色者。潘岳賦三桃，表櫻胡之别。

明 衛泳《枕中秘・園史・櫻桃》 櫻桃，古名楔桃，一名朱桃，一名英桃，爲鳥所含，亦名含桃。其法：二三月間，折有根枝，栽於土中，糞澆即活，仍記陰陽，各遂其性，否則難生，且復不實矣。又聞之古語云：鳥鵵食而便墮，雨薄灑而皆零。如遇結實，即張繒網遮之，以驚鳥雀。更貯葦箔覆之，以庇風雨。

清 曹溶《倦圃蒔植記・櫻桃》 櫻桃古名楔桃，一名朱桃，一名英桃，爲鳥所含，亦名含桃。其法：二、三月間折有根枝栽於土中，糞澆即活。仍記陰陽，各遂其性，否則難生，且復不實矣。又聞之古語云：爲鵵食而便墮雨，溥灑雨皆零。如遇結實即張繒網遮之，以驚鳥雀。更貯葦箔覆之，以庇風雨。記予兒時曾讀一古詩亦載此法。暇須尋出補之，以證予不妄語。

清 李光地《月令輯要》卷一〇 養櫻桃增：《酉陽雜俎》：道流陳景思説敕使齊日昇，養櫻桃，至五月中，皮皺如鴻，柿不落，其味數倍，人不測其法。

清 張宗法《三農紀》卷五《櫻桃》 櫻桃，《圖經》云：木蔭不高。春初生葉圓尖而細齒，門山花繁若雪，氣馨如蜜。結子一枝數十顆，如珊瑚。《博物志》云：大者如彈丸，生青熟鮮瑩，深紅者爲朱櫻，又名茱果紫，而肉内有紕。黄點者爲紫櫻，黄者爲蠟櫻，小而紅者爲櫻珠。諸果之中惟櫻先熟。《禮記》謂之含桃。《月令》謂之荆桃。《爾雅》謂之楔。《吕氏春秋》鸎鳥所含，故謂含桃。《吕氏本草》謂麥英。《鬼谷子》謂崖蜜。櫻者實小而可愛，故字從嬰也。 植藝：春初分樹下冗條栽潤土中，頻澆即生。須知陰陽向，皆核種亦生，不若植條之速利。 護防：熟時須張羅網以驚鳥雀，更置葦蒲以障風雨，若經雨蟲自内生，人莫得見，須以水浸良久，蟲自内出。本性：味甘、氣溫，美志，固精。多食令人吐，招濕熱病喘嗽者忌食，小兒更禁。　效方：一面生班黑者，櫻枝浮萍、牙皂、白梅共煎洗。

清　陳淏子《花鏡・花木類考・櫻桃》　櫻桃，一名楔，又有荊桃、含桃謂鳥喜含、崖蜜、蠟櫻色皆黄、朱英色赤、麥英數名。此木得正陽之氣，故實先諸果而熟，禮薦宗廟，亦取其先出也。本不甚高而多蔭，春初開白花，繁英如雪，其香如蜜。葉圓有尖，邊如細齒，結子一枝數十顆，有朱、紫、蠟三色。又有千葉者，其實少。但果紅熟時，必須守護，否則爲鳥雀、白頭翁所食無餘也。枝節間有根鬚垂下者，二月間取栽於肥土中，常以糞澆之即活。若陽地種者，還種陽地，陰地種者還種陰地，不可用糞。實熟時常張葦箔以護風雨，一經雨打，則蟲自内生，人莫之見，須用水浸良久，候蟲出方可食。

清　吴其濬《植物名實圖考》卷三二《果類・櫻桃》　櫻桃，《别録》上品，《爾雅》謂之楔，即含桃也。有紅白數種，潁州以爲脯。

植物名實圖考・櫻桃

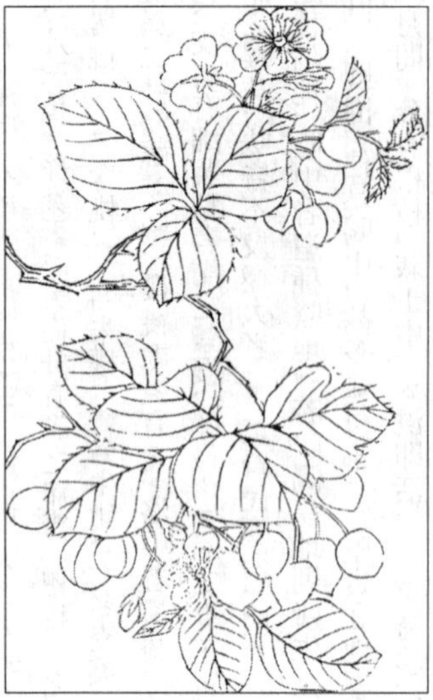

清　吴其濬《植物名實圖考》卷三二《果類・山櫻桃》　山櫻桃，《别録》上品。野生，子小不堪食。

清　吴其濬《植物名實圖考》卷三六《木類・野櫻桃》　野櫻桃，生雲南。樹紋如桃，葉類朱櫻。春開長柄粉紅花，似垂絲海棠，瓣微長多少無定，内淡外深，附幹攢開，朵朵下垂。田塍籬落，絳霞彌望，園丁種以接櫻桃。《滇志》云：紅花者謂之苦櫻，或云此即山海棠，阮相國所謂富民縣多有者，俗以接櫻桃樹，故名。其苦櫻以小雪節開。諺云櫻桃花開治年酒，蓋滇櫻以春初熟也。

植物名實圖考・野櫻桃

清　吴其濬《植物名實圖考長編》卷一五《櫻桃》　《别録》：櫻桃味甘，主調中，益脾氣，令人好顏色。陶隱居云：「此即今朱櫻。味甘酸可食，而所主又與前櫻桃相似，恐醫家濫載之，未必是今者爾。」又胡頹子凌冬不彫，子亦應益人，或云寒熱病不可食。　《圖經》：櫻桃，舊不著所出州土，今處處有之，而洛中南都中最勝。其實熟時深紅色者謂之朱櫻，正黄明者謂之蠟櫻。極大者有若彈丸，核細而肉厚，尤難得也。食之調中、益氣、美顏色，雖多無損，但發虚熱耳。惟有闇風人不可噉，噉之立發。其葉可擣傅蛇毒，亦絞汁服。東行根亦殺寸白蛔蟲。其木多陰，最先百果而熟，故古多貴之。謹按《書傳》引吴普《本草》曰：櫻桃，一名朱茱，一名麥甘酣。今《本草》無此名，乃知有脱漏多矣。又《爾雅》云：楔，荊桃。郭璞云：今之櫻桃。而孟詵以爲櫻，非桃類。未知何據。　《本草衍義》：櫻桃孟詵以爲櫻，非桃類。然非桃類，蓋以其形肖桃，故曰櫻桃，又何疑焉。謂如沐猴梨、胡桃之類，亦取其形相似爾。古謂之含桃，可薦宗廟。《禮》云先薦寢廟者是此。唐　王維詩云：「纔是寢園春薦後，非關御苑鳥銜殘。」小兒食之纔過多，無不作熱。此果在三月末四月初間熟，得正陽之氣，先諸果熟，性故熱。今西洛一種紫櫻，至熟時正紫色，皮裏間有細碎黄點，此最珍也。今亦上供朝廷，藥中不甚須。　《齊民要術》：櫻桃。《爾雅》云：楔，荊桃。郭璞注曰：今櫻桃。《廣雅》曰：楔桃，大者如彈丸，子有長八分者，有白色者，凡三種。鄭（玄）注曰：今謂之櫻桃。

《博物志》曰：櫻桃者，一名牛桃，一名英桃。二月初山中移栽，陽中者還種陽地，陰中者還種陰地。若陰陽易地則難生，生亦不實。此果性生陰地，（既）入園圃，便是陽中，故多難得生。宜堅實之地，不可用虛糞也。　《廣志》：櫻桃有大者，有長八分者，有白色多肌者，凡三種。鄭望之云：櫻桃其種有三，大而殷者曰吴櫻桃，黃而白者曰蠟珠，小而赤者曰水櫻桃，食之皆不如蠟珠。　鼠璞，東坡《橄欖詩》云：「待得微甘回齒頰，已輸崖蜜十分甜。」注：引杜詩「崖蜜松花落」。《本草》：崖蜜蜂黑色，作房於巖崖高峻處。然坡詩與橄欖對説，非真蜜也。鬼谷子曰：崖蜜，櫻桃也。他無經見。予讀《南海志》，崖蜜子小而黃，殼薄味甘，增城、惠陽山間有之。雖不知與櫻桃爲一物與否，要其類也。注坡詩者引小説橄欖與棗争棗曰：待爾回味我已甜。特坡公換崖蜜作對耳。山谷《詠橄欖》云：想共餘（甘）有瓜葛，苦中真味晚方回。坡公取其味相反，山谷取其味相投。李義山詩：紅壁寂寥崖蜜盡。此但作蜜用非是。《冷齋夜話》謂事見鬼谷子崖蜜櫻桃也。漫叟、漁隱諸公引《本草》石崖間蜂蜜爲證。余謂坡詩爲橄欖而作，疑以櫻桃對言。世謂棗與橄欖争曰：待你回味，我已甜了，正用此意。蜂蜜則非其類也。固自有言蜂蜜處，如張衡《七辨》云：沙飴石蜜乃其等類。閩王遺高祖石蜜十斛，此亦是石蜜也。嘗考石蜜有數種，《本草》謂崖石間蜂蜜爲石蜜，更又有謂乳餳爲石蜜者。《廣志》謂蔗汁爲石蜜。其不一如此。崖石一義，又安知古人不以櫻桃爲石蜜乎。觀魏文帝詔曰：南方有龍眼、荔枝，不比西園葡萄、石蜜。以龍眼、荔枝相對而言，此正櫻桃耳。豈餳蜜之謂邪。坡詩所言當以此爲證。　《廣雅疏證》：含桃，櫻桃也。《月令》：仲夏之月，天子乃以雛嘗黍，羞以含桃，先薦寢廟。鄭注云：含桃，今之櫻桃也。《正義》云：《月令》無薦果之文，此獨羞含桃者，以此果先成，異於餘物，故特記之。其實諸果於時薦也。《史記・叔孫通傳》云：孝惠帝曾出遊離宫，叔孫生曰：古者有春嘗果方，今櫻桃孰可獻，願陛下出，因取櫻桃獻宗廟，上乃許之。諸果獻由此興，則此禮至漢猶行。但漢春獻櫻桃正當始熟之時，而《月令》仲夏始薦者，本因嘗黍而薦含桃，非特獻，故不嫌遲也。《月令》釋文云：含本又作函，函與櫻皆小之貌。函若《爾雅》云：羸小者蝁櫻，若小兒之稱嬰兒也。櫻或作鸎。高誘注《吕氏春秋・仲夏紀》云：含桃，鸎桃也。蓋櫻鸎同聲，古字通用耳。而高誘乃謂鸎鳥所含，故言含桃，失之於鑿矣。諸説含桃者，皆即是櫻桃。而《西京雜記》説上林苑桃十種，有含桃，又有櫻桃，則是分爲二物，所未審也，一名荆桃。《爾雅》：楔，荆桃。郭注云：今櫻桃也，又名朱櫻。《蜀都賦》云：朱櫻春孰。《御覽》引吴普《本草》云：櫻桃味甘，主調中益脾氣令人好顔色，美志氣。一名朱桃，一名麥英也。又引《廣志》云：櫻桃大者如彈丸，有長八分者，白色多肌者，凡三種。

清　陳憲舜《課民植牧講義稿・櫻桃》　此果屬陰，先百果而熟，深紅色者爲朱櫻，紫色皮有黃點爲紫櫻，正黃亮者爲蠟櫻，小紅者爲櫻珠。或點子、或分芽、或嫁接，其樹皆不甚高，春間開花最豔，爲花中之覇，五六月結子，一枝數十顆，鳥最喜食，以籠裝之，所得鳥雀，分類發售，收果乘時發賣，或以鹽浸蜜炙，味美得價，惟雨多生蟲，聚於果内，微於纖忽，肉眼不見，以水浸之，逾刻蟲出，食之無礙，宜陰濕處，糞艸壅之，不須糞水。廣東種之尤爲相宜，潮濕故也。采摘須盛以筐，筐底先鋪樹葉，放果一層，果蒂向下，更布樹葉，再放一層，用紙掩蓋，以便發賣。此樹木材堅硬，可雕圖章印板，或造器具，光澤華美，大者能充柴檀黑檀等木，如樹己老，於四月用小刀劃其皮則多花結實。

清　黃輔辰《營田輯要・雜植》　櫻桃，二三月間，分有根之枝植之，糞澆即活。歲初惟此果先成，故《月令》先薦寢廟。

清　汪灝《廣群芳譜》卷五六《果譜・櫻桃・（附録）山櫻桃》　增《本草》：山櫻桃，一名朱桃，一名麥櫻，一作英。一名英豆，一名李桃。孟詵曰：又名柰桃。樹如朱櫻，但葉尖長不圓，子小而尖。生青熟黃赤，亦不光澤，而味惡不堪食。味辛平無毒。

清　李鴻章　光緒《畿輔通志・果屬・櫻桃》　櫻桃，平州貢櫻桃，大名府産櫻桃。《金史・地理志》興中州土産櫻桃。《元一統志》結子一枝數十顆，圓如珊瑚，極大如彈丸。密葉，圓有尖及細齒。《羣芳譜》白櫻桃。生京師西山中，微酸，不及朱櫻之甘碩。《因樹屋書影》有赤白二種，白者尤難得，今山莊内有之，平泉州有櫻桃溝。又一種名山櫻桃，子小而尖，亦可食，而味遜。《熱河志》唐》李白《櫻桃詩》：紅羅袖裹分明見，白玉盤中看卻無。疑是老僧休念誦，腕前推下水晶珠。國朝湯右曾《避暑行官恩紀事詩》：青絲籠裹盛猶早，白玉盤中看不殊。每向上□宫樹望，勻圓萬顆水晶珠。

清　李鴻章　光緒《畿輔通志・物産・果屬》　櫻額樹叢生，果形如野葡萄而稍小，味甘澀，性温補脾。古北口外亦有之，山莊之干秋島遍植此種。每當夏日則纍纍□枝，遊觀其下，殊堪娱目，不獨秋實之可採也。《□製文集》

藝　文

晉　傅咸《黏蟬賦·并序》　櫻桃其爲樹則多蔭，其爲果則先孰，故種之于廳事之前。時以盛暑逍遥，其下有蟬鳴焉。仰而見之，聊命黏取，以弄小兒退，惟當蟬之得意于斯樹，不知黏之將至，亦猶人之得意于富貴，而不虞禍之將來也。

有嘉果之珍樹，蔚弘覆于我庭。在赫赫之隆暑，獨肅肅而自清。遂寓目以周覽，見鳴蜩于纖枝。翳翠葉以長吟，信厥樂之在斯。苟得意于所歡，曾黏住而莫知。匪爾命之遵薄，坐偷安而忘危。嗟悠悠之耽寵，請兹覽以自規。

唐　蕭穎士《伐櫻桃樹賦·并序》　天寶八載，予以前校理罷免，降資參廣陵大府軍事。任在限外，無官舍是處。寓居於紫極宫之道學館，因領其教職焉，廟庭之右，有大櫻桃樹，厥高累數尋，條暢薈蔚，攢柯比葉，擁蔽風景，腹背微禽，是焉棲託，頡頏上下，喧呼甚適，登其喬枝，則俯逼軒屏，中外斯隔。余實惡之，懼寇盗窺窬，因是爲資遂命伐焉，聊託興兹賦以儆夫在位者爾。賦曰：古人有言：芳蘭當門，不得不鉏。眷兹櫻之攸止，亦在物之宜除。觀其體異修直，材非棟幹，外陰森以茂密，中紛錯而交亂，先羣卉以效謟，望嚴霜而彫換。綴繁英兮霰集，駢朱實兮星燦。故當小鳥之所啄食，妖姬之所攀玩也。赫赫閟宇，元之又元，長廊霞截，高殿雲褰，實吾君聿修祖德，論道設教之筵。宜乎莳以芬馥，樹以貞堅，莫匪夫松篠桂，檜莒若蘭荃，猗具美而在兹，爾何德而居焉。擢無用之璅質。蒙本枝而自庇。汨羣林而非據，專廟庭之右地。雖先寢而式薦，豈和羹之正味。每俯臨乎蕭牆，姦回得而窺覬，諒何惡之能爲，終物情之所畏。於是命尋斧，伐盤根，密葉剥，攢柯焚，朝光無陰，夕鳥不喧。肅肅明明，蕩乎階軒。嗟乎草無滋蔓，瓶不假器，苟恃勢而將偪，雖見親而益忌。譬諸人事也，則翼吞并於潛沃，魯出逐於強季，緋峻擅而吴削，倫冏專而晉墜。其大者虎遷趙嗣，鸞竊齊位，由履霜而莫戒，聿堅冰而洊至。嗚呼！乃終古覆車之軌轍，豈尋常散木之足議。

南朝梁　蕭綱《奉答南平王康賚朱櫻》　倒流映碧叢，照類聚作點露擎朱實。花茂蝶争飛，類聚作京枝濃鳥相失。已麗金釵瓜，仍美玉盤橘。寧異梅似丸，不羨萍如日。末植平臺垂，長與雲桂蜜。徒然奉推甘，終似初學記作以愧操筆。

唐　李世民《賦得櫻桃春字韻》　華林滿芳景，洛陽偏宜初學記作遍陽春。朱顔含遠日，翠色影長津。喬柯囀嬌鳥，低枝映美人。昔作園中實，今來席上珍。

唐　崔興宗《和勅賜百官櫻桃》　盤傾玉鮮，明籠透銀。内園題兩字，西掖賜三臣。熒惑晶華赤，醍醐氣味真。如珠未穿孔，似火不燒人。杏俗難爲對，桃頑詎可倫。肉嫌盧橘厚，皮笑荔枝紋。瓊液酸甜足，金丸大小勾。偷須防曼倩，惜莫擲安仁。手擘纔離核，匙抄半是津。甘爲舌上露，暖作腹中春。已懼長尸禄，仍驚數食珍。最慙恩未報，飽餵不才身。

唐　温庭筠《自有扈至京師已後朱櫻之期》　露圓霞赤數千枝，銀籠誰家寄所司。秦苑飛禽諳熟早，杜陵遊客恨來遲。空看翠幄成陰日，不見紅珠滿樹時。盡日徘徊濃影一作蔭下，祇應重作釣魚期。

唐　孫逖《和詠廨署有櫻桃》　上林天禁裏，芳樹有紅櫻。江國今來見，君門春意生。香從花綬轉，色繞珮珠明。海鳥銜初實，吴姬掃落英。切將稀取貴，羞與衆同榮。爲此堪攀折，芳蹊處處成。

唐　權德輿《酬裴傑秀才新櫻》　新果真瓊液，來應宴紫蘭。圓疑竊龍頷，色已奪鷄冠。遠火微微辨，殘星隱隱看。茂先知味易，一作好曼倩恨偷難。忍用烹騂酪，從將玩玉盤。流年如可駐，何必九華丹。

唐　張籍《張司業集》卷五《朝日勅賜百官櫻桃》　仙果人間都未有，見朝忽見下天門。捧盤小吏初宣勅，當殿群臣共拜恩。日色遥分廊下座，露香纔出禁中園。每年重此長集作倫先熟，願得千春奉至尊。

唐　韓愈《和張員外集作水部勅賜百官櫻桃》　漢家舊種明光殿，炎帝還書本草經。豈似滿朝承雨露，共看傳賜出青冥。香隨翠籠擎初到，集作重色照銀盤瀉未亭。食罷自知無所報，空然慚汗仰皇扃。

清　楊大鶴《櫻桃賦》　時惟朱夏，百果含榮，而櫻桃獨以先時而熟，稱爲嘉植。故古者往往樹於芳林，薦之寢廟，其見珍也宜矣。竊效昔賢體物之意，裁爲小賦，以寫其致。其辭曰：緬時物之應候，有朱實之離離。方辭春而吐秀，乃迎夏以標奇。陋成陰之桃李，效傾陽之露葵。圓瑛綴顆，密葉成帷。非徙植於西京之園，即移根於含章之殿。乍抽條以似藍，俄凝實而若茜。銜來御苑之鶯，棲共上林之燕。自大官之採擷，供寢園之春薦。染懸黎以垂樹，琢珊瑚以成丸。盛有金絲之籠，供惟赤瑛之盤。映日而繁星不散，研朱而清露猶團。乃其圓勻質美，酸甜味足。比若木則多滴歷之珠，擬紅蓮詎遜玲瓏之玉。信飽食其不妨，有蔗漿之可欲。夫物以應候爲榮，非時則失。冬何取乎枇杷，夏何思乎盧橘。沉碧李而情怡，浮翠瓜而美溢。彼朱柰與安榴各逢時而不一，况當清和而曜采，先百穀而揚英。就丹宮而早熟，出筠籠而見擎。若兹櫻之爛漫，固奇葩之挺生。既羅羞於王公，亦待聘於席珍。惟嘗新之足貴，洵夏淺之勝春。顧樗櫟之陋質，徒負愧於良辰。撫嘉果而體物，取繼響於昔人。

柹

綜　述

南朝宋　劉義恭《**謝敕賚華林園柹啟**》　敕旨，垂賚華林園柹，出自神苑，滋味殊絶。

北魏　賈思勰《**齊民要術・種柹第四〇**》　《說文》曰：「柹，赤實果也。」《廣志》曰：「小者如小杏。」又曰：「梬棗，味如柹。晉陽梬，肌細而厚，以供御。」王逸曰：「苑中牛柹。」李尤曰：「鴻柹（苦）（若）瓜。」張衡曰：「山柹。」左思曰：「湖畔之柹。」潘岳曰：「梁僕烏椑之柹。」　柹，有小者，栽之。無者，取枝於梬棗根上插之，如插梨法。柹有樹乾者，亦有火焙令乾者。《食經》藏柹法：柹熟時取之，以灰汁澡再三。度乾，令汁絶，著器中，經十日可食。

唐　段成式《**酉陽雜俎續集**》**卷九**《**柹**》　木中根固柹爲最，俗謂之柹盤。

宋　謝維新《**古今合璧事類備要別集**》**卷四八**《**果門・柹**》　《格物總論》柹，朱果也。數種，大者如楪圓，八稜稍匾。次者如拳。又有如牛心者，有如鴨卵雞卵者。又有名鹿心者。又一種至小如折二錢大，號爲猴柹。然皆以少核者爲佳。皆八九月後方熟，有如南劍尤溪柹。處州松陽柹最爲奇品，其餘皆不及之。

宋　張世南《**游宦紀聞**》**卷二**《**柹**》　唐、鄧間多大柹。初生澀，堅實如石。凡百十柹，以一榠樝置其中，則紅爛如泥而可食。榲桲亦可代榠樝用，此歐公《歸田録》所載。但江南人不識榲桲，世南侍親官蜀，至梁、益間，方識之。大者如梨，味甜而香，用刀切，則味損而黑。凡食時，先以巾拭去毛，以巾包，於柱上擊碎，其味甚佳。蜀人以榲桲切去頂，剜去心，納檀香、沈香末，並麝少許。覆所切之頂，線縛蒸爛。取出俟冷，研如泥。入腦子少許，和勻，作小餅燒之，香味不減龍涎。

明　宋詡《**竹嶼山房雜部**》**卷九**《**樹畜部・樹類**》　柹俗作柹，實熟甚甘。《格物論》曰：柹，朱果也。種多，名之著者海門。其蒂經久雨即脱，用油紙護，體重大，立竹木以支之。銅盆、方蒂、匾花、火珠、圓珠、牛奶、步帶、杵頭、蓋柹有蓋如盤，皆朱色。緑柹耐久藏。《陰居賦》云：梁侯烏椑之柹。脆柹生而不澀，可啖，皆緑色。春分前接，接於本體。白露時柹生繁而摘下者，碎擣，每升水半升釀四五時，柹液爲造雨蓋材。實時雨多，從跗至尺許，以膚間横栽斷之不脱。

明　李時珍《**本草綱目**》**卷三〇**　柹，音士，《別録》中品。　釋名：時珍曰：柹從㭒，音滓，諧聲也。俗作柹，非矣。柹音肺，削木片也。胡名鎮頭迦。　集解：頌曰：柹南北皆有之。其種亦多，紅柹所在皆有。黄柹生汴洛諸州。朱柹出華山，似紅柹而圓小，皮薄，可愛味更甘。珍椑柹，色青可生啖，諸柹食之皆美而益人。又有一種小柹，謂之軟棗，俗呼爲牛奶柹。世傳柹有七絶，一多壽，二多陰，三無鳥巢，四無蟲蠹，五霜葉可玩，六嘉實，七落葉肥滑，可以臨書也。宗奭曰：柹有數種，著益柹於蒂下，別有一重。又有牛心柹，狀如牛心，蒸餅柹狀如市賣蒸餅。華州朱柹小而深紅。塔柹大於諸柹，去皮挂木上，風日乾之佳，火乾者味不甚佳，其生者可以温水養，去澀味也。時珍曰：柹高樹大，葉圓而光澤，四月開小花，黄白色，結實青緑色。八九月乃熟，生柹置器中，自紅者謂之烘柹，日乾者，謂之白柹。火乾者，謂之烏柹。水浸藏者，謂之醂柹，其核形扁，狀如木鼈，子、仁而硬堅，其根甚固，謂之柹盤。案《事類合璧》云：柹，朱果也。大者如楪，八稜梢扁，其次如拳，小或如雞子、鴨子、牛心、鹿心之狀，一種小而如折二錢者，謂之猴棗，皆以核少者爲佳。

明　彭大翼《**山堂肆考**》**卷二〇七**《**八稜**》　《地理志》：梁園有烏椑柹八稜。

明　王象晉《**群芳譜・果譜・柹**》　典故：鄭虔好書，苦無紙，慈恩寺貯柹葉數屋，虔日取隸書，歲久殆遍。溈山禪師與仲山遊行，烏啣紅柹葉墜前，仲山洗净與溈山分半。

明　傅梅《**嵩書**》**卷一〇**《**木部・柹**》　柹二室之下多種柹，森蔚相望，實小而有核，遠遜宛産。戊巳大旱，五穀不登，百姓倚柹爲生。初冬削皮作餅，鬻錢完賦，即以其皮曝乾，雜橡實、荆子，磨而作餬啖之，遂免流移。予叨牧一方，不忍忘柿之功也，特録於此。仍作贊曰：嵩山佳柿，盈田塞谷，秋莫霜凝，丹朱奪目，摶餅供租，磨膏代穀，丕濟凶荒，功超金玉。

明 王象晉《群芳譜·果譜·柹》柹朱果也。樹高大，枝繁葉大，圓而光澤。四月開小花，黄白色。結實青緑，八九月熟。紅柹所在皆有。黄柹生汴、洛諸州。朱柹出華山。似紅柹而圓小。皮薄可愛，味更甘珍。塔柹大于諸柹，去皮掛木上，風日乾之佳。着蓋柹蒂下別有一層。牛心柹狀如牛心。蒸餅柹狀如市賣炊餅。八稜柹大而稍扁。南劍尤溪柹、處州松陽柹尤爲奇品。種類甚多，大者如楪，其次如拳，小者如鹿心，鴨子雞子。生者澀不堪食。其核形扁，狀如木鱉子而堅。根甚固，謂之柹盤。世傳柹有七絶：一多壽，二多陰，三無鳥巢，四無蟲蠹，五霜葉可玩，六佳實可啖，七落葉肥（大）可以臨書。多食引痰，日乾者多食動風。同蟹食腹痛作瀉。食柹飲熱酒，令人易醉，或心痛欲絶。　附録：椑柹：一名漆柹，一名緑柹，一名青椑，一名烏椑，一名花椑，一名赤棠柹。乃柹之小而卑者，生江淮宣歙、荆襄、閩廣諸州。雖熟亦深緑色，大如杏，味甘可生啖。服丹石家宜之，而人弗之貴。搗碎浸汁謂之柹漆，可染罾扇諸物。軟柹一名梬棗，一名槫棗，一名紅藍棗，一名丁香柹，一名君遷子。其木類柹，葉長，實小而長，乾熟紫黑色。一種小而圓如指頂，味尤美。其樹接柹甚佳。《廣志》云：梬棗，小柹也。肌細而厚，味甜可以供御。蕃柹一名六月柹。莖似蒿，高四五尺。葉似艾，花似榴，一枝結五實，或三四實。一樹二三十實。縛作架最堪觀，火傘火珠，未足爲喻。草本也。來自西蕃，故名。　製用：烘柹，生柹置器中，自然紅熟，澀味盡去，其甘如蜜，如火烘成，原非以火烘也。醂柹，水一甕，置柹其中，數日即熟，但性冷。亦有鹽藏者，有毒。又有用灰汁澡三四度，去汁（着）器中十餘日即可食，但不宜治病。烏柹，火薰乾者。柹糕，糯米一斗洗浄，乾柹五十，同搗成粉，如乾煑棗泥和拌之，蒸食佳，止小兒下痢。柹餅，大柹去皮，捻扁，日曬夜露至乾，納甕中，待生白霜取出。一名白柹，又名柹花。柹霜，即柹餅所出霜也，乃柹中精液，入肺病上焦藥尤佳。生津化痰，定嗽，治咽喉口舌最良。

明 鄺璠《便民圖纂》卷五《柹》 柹，《酉陽雜俎》云：柹有七絶，一壽，二多陰，三無鳥巢，四無蟲，五霜葉可愛，六嘉實，七落葉肥大。冬間下種，待長，移栽肥地。接及三次，則全無核。接桃枝，則成金桃。

明 王世懋《學圃雜疏·柹》 柹種多，吾地特宜。若海門柹、罐柹、無核火珠柹，皆甘冷可食，宜植墻隙。

明 周文華《汝南圃史》卷三《柹》 柹，木實根固，葉大而肥似山茶葉。四月結實，花綴實臍，或紅，或黄，甘凉可食。其品不一。《姑蘇志》云：「柹出常熟東鄉者名海門柹。出虞山，蒂正方，色如鞓紅者，爲方蒂柹。九月中皮黄即摘下，以漸自熟。慮將熟時有白頭翁來啄。如必欲久留樹上，用箬包裹。」《聞見後録》云：「種柹有七絶。一壽，二多陰，三無鳥巢，四無蟲蠹，五霜葉可愛，六嘉實，七落葉肥大。」又柹葉多蝟，而枯葉則潤澤。古人取以臨書。《歸田録》云：「唐鄧間多大柹，其初生澀，堅實如石。凡百十柹以一榠樝置其中，榅桲亦可。則紅熟而味極甘。」《食經》曰：「以灰汁澡柹再三，度乾，令汁絶著器中。經十日可食。」《瑣碎録》云：「紅柹摘下未熟，每籃置木瓜兩三枚，柹無澀味。」《山東通志》云：「柹餅出青州，柹以大方名，蓋肖形也。又有名圓蓋柹者，青人取之製爲餅，漸生霜。」《王氏農書》作柹乾法：生柹撛其厚皮捻匾，向日曝乾，内於瓮中。待柹霜俱出可食，甚凉。其霜收之，甘凉如蜜。可醫口瘡及咽喉熱積。《圖經本草》曰：「柹不可與蟹同食，令人腹痛作瀉。」別有一種椑柹，葉毛，實青黑，所謂梁王烏椑之柹是也。八月收柹漆，每柹子一升擣碎，用水半升釀四五時，榨取漆令乾。添水再取亦得。可供做傘之用。《便民圖纂》云：「冬間下種，待長移栽，肥地，接用椑柹。接及三次則全無核。接桃枝則成金桃。今按：佳種核自少，不須接。然金桃亦別自有種，不必柹本接也。」

明 徐光啟《農政全書》卷二九《樹藝》 柹，附椑柹、君遷子。《説文》曰：柹，赤實果也。《廣志》曰：小者如小杏，王逸曰苑中牛柹。李亢曰：鴻柹苦瓜。張衡曰山柹。《本草》云：黄柹，出近京州郡。紅柹南北通有之。朱柹，出華山，似紅柹而皮薄，更甘珍，諸柹食之皆善而益人。《衍義》曰柹有著蓋，柹於蒂下別生一重，有牛心柹，蒸餅柹，皆以形得名。華州有一等朱柹，比諸品最小，深紅色。有一種塯柹，又有椑柹，生江淮南，似柹而青黑。潘岳《閒居賦》云：梁侯烏椑之柹是也。《酉陽雜俎》云：柹有七絶：一壽，二多陰，三無鳥巢，四無蟲，五霜葉可愛，六嘉實，七落葉肥大。其樹高大，四月開花，黄白色，八九月熟。玄扈先生曰：今三晉澤沁之間多柹，細民乾之，以當糧也，中州齊魯亦然。　附椑柹，一名漆柹，一名緑柹，一名青柹，一名烏柹，一名花柹，一名赤棠椑。椑乃柹之小而卑者，故名椑。他椑至熟則黄赤，惟此雖熟亦青黑色，擣碎浸汁，謂之柹漆，可以染層扇諸物。出宣歙荆襄閩廣間，大如杏，惟堪生啖不可乾也。《閒居賦》所謂梁侯烏椑之柹是也。　君遷子，一名梬棗，又作軟棗。一名槫棗，一名牛奶柿，一名丁香柿，一名紅藍棗，生海南，樹高丈餘，子中有汁如乳汁，甜美。《吴都賦》平仲君遷是也。其木類柿而葉長，實亦尤佳美。《救荒本草》以爲羊矢棗，亦誤矣。　種軟棗法，陰地種之，陽中則少實，足霜色殷，然後乃收之，早收者澀，不任食之也。　《荒政要覽》曰：三月間秧黑棗備接柿樹，上户秧五畦，中户秧三畦，下户秧二畦，凡坡陡地内，各密栽成行。柿成做餅，以佐民食。　《便民圖纂》曰：冬間下種，待長移栽肥地。接及三次則全無核。接桃枝則成金桃。玄扈先生曰：樹無再接之理，况三次乎。　藏柿，柿熟時取之，以灰汁澡再三，令汁絶。著器中，經十日可食。　烘柿，生柿置器中，自然紅熟，澀味盡去，其味如蜜。　醂柿，水一甕，置柿其中，數日即熟，但性冷，亦有鹽藏者，有毒。　烏柿，火熏乾者。　柿餻，糯米一鬥，洗净乾柿五十，同搗成粉，如乾煑棗泥和拌之，烝食乃佳。　柿餅，大柿去皮捏扁，日曬夜露，至乾，納甕中，待生白霜取出，一名白柿，又名柿花。　柿霜，即柿餅所出霜也，乃柿中精液。

明　方以智《物理小識》卷九《柿》　柿，《歸田録》云：百十柿以一榠樝置其中，則紅而熟爛，榅桲亦可。土人謂之烘柿，今但取青者入甕中，自然紅熟。其曰海門、銅盆、方蒂、匾花皆其名也。海門經久雨則蒂脱。緑柿耐久藏。即《閒居賦》梁侯烏椑之柿也。春分接於本體。白露時摘下，碎搗每升水半升釀四五時，柿液造雨蓋及紙扇用之。當結實時雨多，從跗至尺，以膚間横裁之不脱。

清　鍾山逸叟《致富奇書》卷一　柿葉似山茶，四月結實。九月中，皮黄即摘下，以漸自熟。冬間核種移栽，不如春分後，用椑柿接，接三次，則全無核。接桃枝則成金桃。《聞見後録》云：柿有七絶，一壽、二多陰、三無鳥巢、四無蟲蠹、五霜葉可玩、六嘉賓、七落葉肥大。《本草》云：不可與蟹同食。

清　周魯《類書纂要・果蔬類・柿》　柿上林苑有三青椑，赤葉椑，烏椑。

清　曹溶《倦圃蒔植記・柿》　冬間下種，待長衫栽。接反三次，則全無核。且葉堪代紙，功比芭蕉。一經秋容，不啻種側釐千番矣。

清　張宗法《三農紀》卷五《柿》　柿，《圖經》云：樹高大，皮黑。枝繁葉大圓而光澤。四月開白黄小花。結實生青緑熟黄紅，形有大小、圓扁、尖直。有朱柿、搭柿、着蓋、牛心、蒸餅、八稜、鹿心、鶏子之稱。大者如硃，次者如拳。核扁，若木鱉子而堅實，故謂之柿盤。采之烘淋作果造製，可以致遠。《酉陽雜俎》云：柿有七絶，一壽、二實、三無鳥雀，四無蟲蠹，五霜葉可玩，六佳實可啖，七落葉光大，可以臨書，柹乃朱果也。故字往弔。韓詩謂之虬卵，張仲殊謂之絳蠟，梵書謂之鎮頭遊，乃北方滋甘果也。　植藝：實生者爲椑柿。《本草》謂烏椑。《草木狀》云：漆柿又名赤棠椑，乃柿之小而卑者。實大如杏，生青熟黄緑，用石人宜食之。青者搗碎浸汁謂之柿漆，可染耷傘蓋扇諸物。以美枝柿接，其味佳美。《廣志》云：軟柿一名，軟棗，小柿也。肌細而味厚，其木類柿葉長實小，生青熟成紫黑，可接柿。又種實小圓。如指頂者接柿尤美。冬初以軟棗、椑柿下種，待長移栽。連接兩次者無核，三棱者爲主。《花書》云：桃枝接則成金桃。　製柿：柿雖紅熟，澀味猶存。摘下置器中自然澀除味甘，如火烘成。淋柿，用水一瓮置柿于内，數日即熟。亦有鹽藏者。又有灰汁澡三四次，去汁着器中，可入食。造柿餅，擇大而美者刻去皮捻扁，日曬夜露至乾，納甕中待生白霜，一名白柿，一名柿花。烏柿者置炕上以火燻熟而成。造柿糕，糯米一斗淘净，乾柿五十枚，如乾煮棗泥法去核和拌之，蒸熟食甘美。造柿酒，糯米合柿蒸熟入麯（蘗）（蘗），亦同造酒法，水酒火酒皆宜。　本性：味甘氣寒，潤燥生津，去熱化痰。柿霜治喉（舌）最良。生者多食引痰，乾者多食動風。同蟹食腸疼作瀉。食柿飲熱酒令人易醉，或心疼欲絶。　效方：痘入目，白柿日日服之。解桐油毒，以乾柿餅食之。胃弱食難消化，面起黑暈者用乾柿二斤，酥一斤，蜜（半）斤，酥蜜煎匀下柿者十千沸，以磁器停之，每日空心食三五。

清　吴其濬《植物名實圖考》卷三二《果類・柿》　柿，《别録》中品。有烘柿、醂柿、白柿、柿霜、柿餻，皆以法製成。柿

植物名實圖考・柿

清 吴其濬《植物名實圖考長編》卷一五《果類卷・柿》

柿 《別録》：柿味甘寒無毒，主通鼻耳氣腸胃不足。陶隱居云：柿有數種云：今烏柿火熏者，性熱，斷下又療狗齒瘡，火焆者亦好，日乾者性冷，鹿心柿尤不可多食，令人腹痛。生柿彌冷，又有椑，色青，惟堪生噉，性冷甚於柿，散石熱，服石家噉之，亦無嫌，不入藥用。《唐本草註》《別録》云：火柿主殺毒，療金瘡、火瘡、生肉止痛，軟熟柿解酒熱毒，止口乾，壓胃間熱。　《本草拾遺》：柿本功外，日乾者温補，多食去面皯，除腹中宿血。剡縣火乾者名烏柿，人服藥口苦及欲吐逆，食少許立止，蒂煮服之止噦氣。黄柿和米粉作糗蒸，與小兒食之，止下痢。飲酒食紅柿，令人心痛，直至死，亦令易醉，陶云解酒毒失矣。　《圖經》：柿舊不註所出州土，今南北皆有之。柿之種亦多，黄柿生近京州郡，紅柿南北通有，朱柿出華山，似紅柿而皮薄，更甘。珎椑柿出宣歙、荆襄、潤廣諸州，但可生噉，不堪乾。諸柿食之皆美，而益人，椑柿更壓丹石毒耳。其乾柿火乾者，謂之烏柿，出宣州、越州，性甚温，人服藥口苦欬逆，食少許當止，兼可斷下。日乾者爲白柿，入藥微冷。又黄柿可和米粉作糗，小兒食之止痢。又以酥蜜煎乾柿食之，主脾虚薄，食柿蒂煮飲亦止噦。木皮主下血不止，暴乾更焙篩末，米飲和二錢七，服之不已，上衝下脱，兩服可止。又有一種小柿謂之軟棗，俚俗暴乾，貨之謂之牛奶柿，至冷不可多食。凡食柿不可與蟹同，令人腹痛大瀉。其枯葉至滑澤，古人取以臨書，俗傳柿有七絶一壽，二多陰，三無鳥巢，四無蟲蠹，五霜葉可玩，六嘉實，七落葉肥大。　《齊民要術》：柿有小者，栽之無者，取枝於軟棗根上插之，如插梨法。食經藏柿法柿熟時取之，以灰汁燥再三，令汁絶，著器中可食。《本草綱目》：李時珍曰：柿高樹大，葉圓而光澤，四月開小花，黄白色，結實青緑色，八九月乃熟。生柿置器中，自紅者謂之烘柿，日乾者謂之白柿，火乾者謂之烏柿，水浸藏者謂之醂柿。其核形扁狀如木鼈子，仁而硬堅。其根甚固，謂之柿盤。案《事類合璧》云：柿，朱果也，大者如楪，八棱稍扁，其次如拳小或如雞子、鴨子、牛心、鹿心之狀，一種小而如折二錢者謂之猴棗，皆以核少者爲佳。　又曰：白柿即乾柿生霜者，其法用大柿去皮捻扁，日曬夜露至乾，内瓮中待生白霜，乃取出，今人謂之柿餅，亦曰柿花，其霜謂之柿霜。　又曰：柿乃脾肺血分之果也。其味甘而氣平，性濇而能收，故有健脾澀腸治嗽止血之功。蓋大腸者，肺之合而胃之子也。真正柿霜乃其精液入肺病上焦藥尤佳，按方《勺泊宅編》云：外兄劉掾云，病臟毒下血，凡半月自分必死，得一方只以乾柿燒灰，飲服二錢遂愈。又王璆百一方云：曾通判子病，下血十年，亦用此方，一服而愈。爲散爲丸，皆可與本草治腸胃，消宿血，解熱毒之義相合，則柿爲太陰血分之藥，益可徵矣。又經驗方云：有人三世死于反胃病，至孫得一方，用乾柿餅同乾飯日日食之，絶不用水飲，如法食之，其病遂愈，此又一徵也。　《閩小記》：閩南郊外二十里曰齊坑，齊氏聚族其間，旁有潭夾種桃花，相傳唐陳處士隱地，舊名道者巖，巖前有柿一株，根如斗，結實如佛手，柑指屈伸層疊，有長五六寸者，皮穰色味則皆柿也。余偶得其一，笑謂友人曰：大力如佛，菩薩到此地，亦化爲繞指柔。

清 郝懿行《寶訓・果實・柿》

《説文》：柿，《集韻》：俗作柿，非。赤果實。左思《吴都賦》：平仲君遷。註：君遷，柿之小者。案：司馬光名苑即今牛奶柿也。《爾雅翼》：柿有七絶：一壽、二多陰、三無鳥巢、四無蟲蠹、五霜葉可玩、六佳實可啖、七落葉肥大可以臨書。《酉陽雜俎》：木中根固，柿爲最，謂之柿盤。《羣芳譜》：柿霜即柿餅所出之霜，能定嗽。椑柿，一名漆柿。搗碎浸汁，謂之柿漆，可染繪扇諸物。《齊民要術》：柿有小者，栽之。無者，取枝于梗棗根上插之，如插梨法。

清 陳憲舜《課民植牧講義稿・柿子》

即柿子。樹有兩種，一果青，一果黄。青不能食，可以榨油，以作雨傘紙扇之用。黄則味甘，大如茶杯，或賣鮮果，或壓爲餅，即柿蒂亦屬要藥。凡點子插枝，成秧之後，移出山場，須離七尺二寸一株，計一畝可種一百八十株。四五年後，樹大五六寸，即能結實，無庸肥料，衹將糞草攏擁，傾於樹下，一樹多者可生數担，賣果賣餅皆宜。木則色白紋植，與榆柳同，宜爲火柴枝盒木器之用。又一種木心黑色而堅硬，造作器具，光澤美麗。若種二畝之地，已得三百餘株。十年前賣果，十年後賣木，通盤計算，利益不菲，況又有樹枝與葉二可供柴薪也。按以上距離稍近，原爲斬枝省地起見，蓋側出旁枝，少結果實，不如去之，使結實之枝氣壯也，留種除早熟晚熟外，取中熟之肥大者，藏於濕地，翌春取出點之，或以子埋肥地，春初發芽，至七八寸時，以數莖繩束爲一植之，再看幹之接合，則椿木已成。又三月初摘去小枝尖頭，果多一倍，如防墜落，以淡鹽水澆根，肥灰料敷根，則風摇不墜。

清 李鴻章 光緒《畿輔通志・果屬・柿》

柿。水盡頭春之花，尚不蔽其秋之柿，葉葉紫紫實丹丹，風日流美，曉樹滿屋，夕野皆火。《帝京景物畧》經霜早熟，其一種軟柿，實小而長，亦名牛奶柿。《熱河志》。明倪元璐《秋入水源詩》：

山將枯去晚煙肥，茅屋人家紅葉飛。我説是秋都不信，此間春卻未曾歸。

清　何剛德《撫郡農產考畧·柿》　柿樹。枝繁葉大，花黄白而小。初結實青緑，熟則變黄，其形有正圓扁圓之别。撫屬俱有之，崇邑尤多。　天時：十月後種，每年四月揚花，八九月實熟可食。　地利：宜高燥地。　人事：十月天氣暖時，埋柿地中，來春發芽，移栽他處。或取樹傍小枝，接以桃樹，亦可。連接三次，則無核。《種樹書》："柿樹接桃枝，便爲金桃。"肥料宜石灰，宜以糞少許壅根下。　物用：可製脯，可做柿餅，柿霜，可爲凍柿，可做柿糠。用石羔粉拌白糖併柿壓之，曬乾，是爲柿餅，味清美。取柿餅放瓦缸内，便結成霜，名曰柿霜，其甘如飴。凍柿之法，以芝麻梗插柿肉内，藏以穀殼，肉朽似腐，名曰凍柿，味亦不澁。又或取腐爛之柿，積置大缸内，和以米糠，攪爛，作團如梨大，曬乾，藏之十餘年不壞。可以乾食，可以調糊。有未乾者，糊於墻壁，更可久留。生柿每枚五六文，柿餅每斤八十文，販運省城銷售柿糠，山西省人常爲之。光緒戊寅，晉省大饑，黎城縣民賴柿糠全活，無一餓斃者。

清　周魯《類書纂要》卷二九《果蔬類·柿》　烏椑張公大谷之梨，梁侯烏椑之柿。金衣懸霜照采，淩冬挺潤。甘清玉露，味重金衣。色中黔秋林黄葉脱霜嚴，熟帶甘香味獨兼。火傘順虬浪褰拂，風標卻似色中黔。一林霜紅葉曾題字，烏椑昔擅場。東乾千顆蜜，尚帶一林霜。頳虬卵燃雲燒樹火實駢，金烏下啄頳虬卵。緑陰合柿樹緑陰合。被實椑柿被實于長浦。合條吴令顧修期言：縣西鄉有柿樹殊，本令條。取葉肄書鄭虔好書，常苦無紙，慈恩寺貯柿葉數屋，遂日往取葉肄書，歲久殆遍。枯死復生。景雲二年，高祖故第有柿樹，自天授中枯死，至是復生。朱果柿名。奇品《雜俎》曰：處州松陽之柿稱奇品。鹿心柿名。猴柿小柿名。赤實果柿名。

藝　文

唐　韓愈《遊青龍寺呈崔大補闕》　秋灰初吹季月管，日出卯南暉景短。友生招我佛寺行，正值萬株紅葉滿。光華閃壁見神鬼，赫赫炎官張火傘。然雲燒樹大實駢，金烏下啄頳虬卵。魂翻眼倒忘處所，赤氣沖融無間斷。有如流傳上古時，九輪照燭乾坤旱。二三道士席其間，靈液屢進玻璃盌。忽驚顔色變韶稚，卻信靈仙非怪誕。桃源迷路竟茫茫，棗下悲歌徒纂纂。前年嶺隅鄉思發，躑躅成山開不算。去歲羈帆湘水明，霜楓千里隨歸伴。猿呼鼯嘯鷓鴣啼，側耳酸腸難濯澣。思君攜手安能得，今日相從敢辭嬾。由來鈍騃寡參尋，況是儒官飽閒散。惟君與我同懷抱，鋤去陵谷置平坦。年少得途未要忙，時清諫疏尤宜罕。何人有酒身無事，誰家多竹門可款。須知節候即風寒，幸及亭午猶妍暖。南山逼冬轉清瘦，刻畫圭角出崖竅。當憂復被冰雪埋，汲汲來窺戒遲緩。

宋　孔平仲《詠無核紅柹》　林中有丹果，壓枝一何稠。爲柹已軟美，嗟爾骨亦柔。風霜變顔色，雨露如膏油。大哉造化心，于爾何綢繆。荆筐載趍市，價賤良易求。剖心無所有，入口頗相投。爲栗外屈強，老者所不收。爲棗中亦剛，飼兒戟其喉。衆言咀嚼快，惟爾無所憂。排羅置前列，圓熟當高秋。且以悦一時，長久豈暇謀。咄哉潰爛速，棄擲將誰尤。

宋　張藴《朱柹》　慈恩分種遠，騈實渥如丹。垂野華星大，然雲火樹寒。蟹螯徵有忌，猩血訝難搏。七絶雖堪賞，無勞把核鑽。

清　胡天游《石笥山房集詩集》卷三《柹林紅葉》　昨尋煙寺披中條，春物未著句芽迸。渡谿志里平田椒，秃樹乾梢相刺迎。時時顧見萬蛟瘦，揺振搬撥筋爪破。奴户誰教甘竹似，材行躐列無畦塍。清和已過肥衆檖，出游久謝城南徑。海勢遥思緣無地，巢禽不到呼難證。爾來秋節走趯趯，坐歎冷姿力方倞。果葉先占爲大赤，火鳳卵丸爭拖掟。朋友招攜使君約，佳探巧覯祈慵病。朝餔向午未及飽，野騎逡逡促相命。珪稜石出山刻厲，劒鈲水掣沙磨鋥。清虚爛漫忽迴換，惝怳俄愁瑩視聽。空騰野閃盡照發，與共擬似難施評。遠訝昆吾冶初熱，傍猜同日論陳鄭。蚩尤晝旗忽滿展，刷絳拖緋迷綽經。羲和泰雒助噴爍，山鬼暗吟泣潛偵。手把燭龍揺九子，張煬流燒無止諍。氣象昭融肝膽入，刺斷乾坤失邪佞。烽火徒羞漢宮樹，赤城始識仙人訂。寒門憑斂莫取狃，句芒欲付謝讒請。詩成未許簞抽客，榼倒還宜涽邀聖。窈窱欺遮梵扉敞，沿緣惜乏谿船榜。連山眩谷晚逾難，隔水迴驂忍孤瞪。明朝取興能復來，字葉滿窗端可贈。

附：君遷子

綜　述

明　宋詡《竹嶼山房雜部》卷九《樹畜部·樹類》　君遷子有汁如乳汁，

味甘平。《吴都賦》云：平仲君遷皆木也。南粵呼爲牛奶子。宜南粵。

又 羊棗實如小柿。今人謂之羊矢棗。

春月取子種之。

明 張萱《彙雅後編》卷二六《梬》 羅願曰：梬，今之楰棗也。結實似柿而極小，其蒂四出。枝、葉、皮、核皆似柿，秋晚而紅，乾之則紫黑如蒲萄，其大小亦然，今人謂之丁香柿，又謂之牛乳柿。《子虚賦》所謂櫨梨梬栗者也。《上林賦》梬棗、楊梅。《南都賦》梬、棗若留。《蜀都賦》橙、柿、梬楟。《説文》曰：梬，棗也，似柿而小。崔豹《古今注》亦曰：楰棗，葉如柿，實似柿而小，味亦甘美。《釋木》云：遵，羊棗。《郭氏》曰：實小而圓，紫黑色，今俗呼之爲羊矢棗。引孟子曰：曾晳嗜羊棗。按曾晳嗜羊棗而曾子不忍食羊棗，文王嗜昌歜屈到嗜芰之類，則宜爲果屬，然公孫丑稱膾炙與羊棗孰美，又似是封羊爲飲食之名，未知其審。《齊民要術》云：楰棗宜陰地種之，陽中則少實，足霜色殷然後收，早收則澁，不任食。《内則》人君燕食，所加庶羞有芝栭、蔆、椇、棗、栗、榛、柿、瓜、桃、李、梅、杏、樝、梨等。庾蔚云：無華葉而生者曰芝栭。盧氏云：芝，木芝也。王肅云：無華而實者名栭，皆芝屬。賀氏則云：芝木，椹栭，軟棗。蓋鄭氏言三十一物，先儒以爲合芝而數之，乃當三十一之數，故皆不用賀氏之説，然栭既甘果，亦安可廢。

明 慎懋官《華夷花木鳥獸珍玩考・君遷子》 君遷子生海南。樹高丈餘。其實中有乳汁，甜美香好。

清 吴其濬《植物名實圖考》卷三二《果類・軟棗》 軟棗即牛奶柿。《救荒本草》以爲即羊矢棗，段玉裁《説文》解從之。《名苑》云即君遷子，《本草綱目》從之。引《本草拾遺》云：生海南，今嶺南有羊矢棗。《南越筆記》述之甚詳。蓋同名異物也。《禮記・内則》：芝栭（蔆）（菱）椇。《疏》引賀氏説以栭爲軟棗。《爾雅》以栭爲栭栗。釋經者多以郭説爲長。郭注遵羊棗云：實小而圓，紫黑色，俗呼羊矢棗，狀與軟棗符。

清 吴其濬《植物名實圖考》卷三二《果類・椑柿》 椑柿，《開寶本草》始著録。色青以作漆。

清 王芷《稼圃輯》 丁香柿，名梬棗，即羊棗，亦名牛奶柿。有方柿，緑柿，銅盆柿。春分秋分後十日俱可接，用椑柿。出常熟東鄉，曰海門柿，虞山者名方葉柿。用糞酵草河泥壅，糞廁相近則萎敗。

清 陳昌齊 道光《廣東通志・果類・君遷子》 君遷子。君遷之樹，子如瓠形。《文選》劉淵林《吴都賦注》樹如甘蕉，即柿也。其子如馬乳而小，中有美漿。《廣州府志》 青皮柿。出東安縣，無核。《舟車聞見録》

清 何剛德《撫郡農産考畧》卷下《椑》 椑，花白葉緑，其實似柿而小，色碧味澁。或云柿之未剥者爲椑。崇、樂交界之地多有，東邑亦有之。 天時：四月揚花，五月結實，霜降後色漸黄，可食。 地利：隨地皆宜。 人事：不甚費肥料。 物用：可爲油，油可漆傘，質軟能耐日，不過雨；亦能解洋煙毒，悮服者灌椑油少許，即吐無害。

葡萄

綜述

漢 班固《漢書》卷九六上《大宛國傳》 大宛（古）以葡萄爲酒，富人藏酒至萬餘石，久者至數十歲不敗。俗嗜酒，馬嗜苜蓿。宛别邑七十餘城，多善馬。馬汗血，言其先天馬子也。張騫始爲武帝言之，上遣使者，持千金及金馬，以請宛善馬。宛王以漢絶遠，大兵不能至，愛其寶馬，不肯與。漢使妄言，宛遂攻殺漢使，取其財物。於是天子遣貳師將軍李廣利，將兵前後十餘萬人，伐宛連四年。宛人斬其王毋寡首立毋寡弟，（禪）封爲王，與漢約歲獻天馬二匹。漢使采葡萄、苜蓿種歸。天子以天馬多又外國使來衆，益種葡萄苜蓿，離宮館旁極望焉。

北魏 賈思勰《齊民要術・種桃柰第三四》 葡萄：漢武帝使張騫至大宛，取葡萄實，於離宮别館旁盡種之，西域有葡萄，蔓延，並多實。《廣志》曰：葡萄有黄、白、紫三種者也。蔓延性緣，不能自舉。作架以承之，葉密陰厚，可以避熱。十月中，去根一步許，掘作坑，收卷葡萄悉埋之。近枝莖薄安黍穰彌佳，無穰直安土亦得。不宜濕，濕則冰凍。二月中還出，舒而上架。性不耐寒，不埋即死。其歲久根莖粗大者宜遠根作坑，勿令莖折。其坑外處亦掘土並穰培覆之。 摘葡萄法：逐熟者一一零疊一作摘取。從本至末，悉皆無遺。世人鮮能如法者。 作乾葡萄法：極熟者一一零疊摘取，刀子切去蒂，勿令汁出。蜜兩分脂一分和内葡萄中，煑四五沸，漉出陰乾，便成矣。非直滋味倍勝，又得夏暑不敗壞也。

藏葡萄法：極熟時全房折取，於屋下作廕坑，坑內近地鑿壁爲孔，插枝於孔中，還築孔使堅。屋子置土覆之，經冬不異也。

唐 段成式《酉陽雜俎》卷一八 庾信謂魏使尉瑾曰：「我在鄴，遂大得蒲萄，奇有滋味。」陳昭曰：「作何形狀。」徐君房曰：「有類軟棗。」信曰：「君殊不體物，可得言似生荔枝。」魏肇師曰：「魏（文）有言，末夏涉秋，尚有餘暑，酒醉宿酲，掩露而食，甘而不飴，酸而不酢。道之固以流味稱奇，況親食之者。」瑾曰：「此物實出於大宛，張騫所致。有黃白黑三種，成熟之時，子實逼側，星編珠聚。西域多釀以爲酒，每來歲貢。在漢西京似亦不少。杜陵田五十畝中，有蒲萄百樹。今在京兆，非直止禁林也。」信曰：「乃園種户植，接蔭連架。」昭曰：「其味何如橘柚。」信曰：「津液奇勝，芬芳減之。」瑾曰：「金衣素裹，厥包錫貢，向齒自消，良應不及。」

又 貝丘之南有蒲萄谷，谷中蒲萄可就其所食之。或有取歸者，即失道。世言王母蒲萄也。天寶中，沙門曇霄因遊諸岳至此谷，得蒲萄食之。又見枯蔓堪爲杖，大如指（長）五尺餘持還本寺，植之遂活，長高數仞，蔭地幅員十丈，仰觀若帷蓋焉！其房實磊落，紫瑩如墜，時人號爲草龍珠帳。

唐 杜佑《通典》卷一九二《邊防八》 大宛左右以蒲陶爲酒，富人藏酒至萬餘石，久者至數十年不敗。人嗜酒，馬嗜苜蓿。多善馬，汗血，言其先天馬子。大宛國中有高山，其上有馬，不可得，因取五色母馬置其下與集，生駒，皆汗血，因號曰天馬子。【略】漢軍取其善馬數十匹，中馬以下牝牡三千匹，而立宛貴人昧蔡爲王，約歲獻馬二匹，遂採蒲陶、苜蓿種而歸。

宋 謝維新《古今合璧事類備要別集》卷四一《果門・蒲萄》 《格物總論》：蒲萄，按《本草》：苗作藤蔓而極長大，盛者一二本綿被山谷。開花極細而黃白色。其實紫白黑三色，而形之圓銳亦二種。其汁可以釀酒。一名馬乳或亦名水晶，皆此物。

宋 周密《癸辛雜識續集》卷上《種葡萄法》 有傳種葡萄法，於正月末取葡萄嫩枝長四五尺者，捲爲小（圈）令緊。先治地土鬆而沃之以肥，種之止留二節在外，異時春氣發動，衆萌競吐，而土中之節不能條達，則盡萃華於出土之二節。不二年，成大棚，其實大如棗，而且多液，此亦奇法也。

元 司農司《農桑輯要》卷五 《博聞録》：蒲萄：宜栽棗樹邊。春間，鑽棗樹作一竅，引蒲萄枝從竅中過。蒲萄枝長，塞滿竅子；斫去蒲萄根，托棗根以生。其肉實如棗。北地皆如此種。

明 宋詡《竹嶼山房雜部》卷九《樹畜部・樹類》 蒲萄，張騫遺種。劉禹錫詩云：繁葩組綬結，圓實珠璣蹙。紫實水精實皆有圓有長，甚甘有漿。 二三月之間，斬其藤，插於芋頭或於萊菔頭中種之，造高架以承受其藤葉。一日以冷茶灌，間兩日復以水灌，一度茶二度水。又宜灌以肥肉汁，同於灌茶。生子逼側亦爲酒材。宜根接。

明 彭大翼《山堂肆考》卷二〇七《葡萄》 按《本草》：苗作藤蔓而極長，開花極細，葉密多陰。其實有紫青黑三色，而形之圓銳亦有二種。其汁可以釀酒，一名馬乳，一名黑水精。李直方第果品，以葡萄爲第五。

明 鄺璠《便民圖纂》卷五《葡萄》 蒲萄二三月間，截取藤枝插肥地，待蔓長引上架根邊，以煮肉汁或糞水澆之，待結子架上，剪去繁葉，則子得承雨露肥大。冬月將藤收起，用草包護，以防凍損。又法：宜栽棗樹邊，春間鑽棗樹作一竅，引蒲萄枝從竅中過，候蒲萄枝長塞滿竅，即斫去蒲萄根。托棗以生，其實如棗。

明 王世懋《學圃雜疏・葡萄》 葡萄雖稱涼州，江南種亦自佳。有紫、水晶二種。宜於水邊設架。一年可生，纍垂可玩，不但以供餖飣也。

明 王象晉《群芳譜・果譜・葡萄》 葡萄，一名蒲桃，一名賜紫櫻桃。生隴西五原燉煌山谷。今河東及江北皆有之，而平陽尤盛。苗作藤蔓，極長。春月萌苞生葉，似括蔞葉而有五尖。生鬚蔓延，大盛者一二本綿被山谷間，延引數十丈。三月開小花成穗，黃白色。旋着實，七八月熟。有水晶葡萄，暈色帶白如着粉，形大而長，味甚甜。西番者更佳。馬乳葡萄，色紫，形大而長，味甘。紫葡萄，黑色，有大小二種，酸甜二味。緑葡萄，出蜀中。熟時色緑，至若西番之緑葡萄，名兔睛。味勝糖蜜，無核，則異品也。其價甚貴。瑣瑣葡萄，出西番。實小如胡椒。云小兒常食，可免生痘。又云痘不快，食之即出。今中國亦有種者，一架中間，生一二穗。雲南者大如棗，味尤長。《唐史》云：波斯國所出。大如雞卵，可生食，可釀酒。最難乾，不乾不可收。今（太）原、平陽皆製乾，貨之四方。西北人食之無恙，東南（人）食之多病熱。其根莖中空相通，暮溉其根至朝，而水浸其中，澆以米泔水最良。以麝入其皮，則葡萄盡作香氣。以甘草作針針其根則立死。《三元延壽書》云：葡萄架下不可飲酒，恐蟲屎傷人。 分植：取肥旺枝如拇指大者，從有孔盆底穿過，盤一尺于盆內，實以土，放原架下，時澆之。候秋間生根，從盆底外面截斷，另成一架，澆用冷肉汁或米泔水。又法，棗樹穿竅，葡萄枝穿過，俟長滿截斷，甚佳。收藏：北方天寒，初冬須以草裹，埋地中尺餘。俟春分後取出，卧置地數日，然後用木架起。子生時，去其繁葉，使霑風露，則結子肥大。最忌人糞。附録：野葡萄一名蘡薁，一名山葡萄。蔓生。苗、葉、花、實與葡萄相似，但實小而圓，色不甚紫，亦堪爲酒。

明 周文華《汝南圃史》卷三《葡萄》 葡萄，胡種。漢武帝使張騫至大宛携歸，於離宫别舘盡種之。有黄、白、黑三種。《圖經本草》云：「葡萄生隴西、五原、燉煌山谷。今河東及近京諸郡皆有。苗作藤蔓而極長大。盛者一二本，綿亘山谷。花極細，黄白色。其實有紫白二色，而形有圓鋭二種。又有無核者。七八月熟，取其汁可以釀酒。」魏文帝詔云：「醉酒宿酲，掩露而食，甘而不餶，酸而不酢，冷而不寒，除煩解悁。他方之果，寧有匹者。」今有二種，紫者名馬乳，白者名水晶。《吴邑志》云：「葡萄熟時，紫黑有漿。然其顆不大，又雜以青紅。江南産終不如北。」《農桑撮要》云：「二月插葡萄，先於去年冬間，截取藤枝旺者，約長三尺，埋窨於熟糞内。候春間樹木萌芽時取出，看有芽生，以藤扦蘿蔔内。埋二尺在土中，生根，留三五寸在土外。苗長蔓延作架承之，須以煑熟肥汁放冷澆灌，三日後以水解之。旱則輕鋤根旁，沃以清水。至結子時剪去繁葉，使受夜露。冬月收藤，用草包護，二三月間皆可插栽。」《癸辛雜識》云：「正月將盡，取葡萄枝長四五尺者，卷爲小圈，令緊。先治地令土肥鬆種之，止留二節在外。異時春氣發動，衆萌盡吐。而土中之節不能條達，則盡瘁。英華於出土之二節，不二年，成大棚，大如棗而多液。」《居家必用》云：「栽葡萄於棗樹邊，於春間鑽棗樹作一竅，引葡萄枝入竅内透出。伺二三年，其枝長大塞滿斫去。葡萄根托棗爲生，其實如棗。復用麝香入其根皮，以米泔和黑豆汁澆，更有香味。」元遺山《葡萄酒賦序》云：「劉光甫爲予言：安邑多葡萄，而人不知有釀酒法。少日常摘其實并米炊之，釀雖成而不佳。貞祐中，鄰里一民家避寇，自山中歸，見竹器所貯葡萄在空盎中者，枝蒂已乾，而汁留盎中。薰然有酒氣，飲之良酒也。蓋久而腐敗，自然成酒。不傳之秘，一朝而發之。予亦嘗見還自西域者云：大石人絞葡萄漿，封而埋之，未幾成酒，愈久愈佳。有藏至千斛者。其説正與此合。」岳季方云：《酉陽雜俎》、《白氏六帖》皆載：葡萄由張騫自大宛移來。按《本草》已具神農九種，當塗熄火，去騫未遠。而魏文之詔實稱中國名果，不言西來。自唐以前無此論，乃知大宛之種，必與中國異。故博望取之，比戍酒泉，嘗販胡之乾，名瑣瑣，比中國者差小。形圓，而色正赤，甘美非中國可敵。則予所見庶或得之。張芳洲亦有詩：聞道乘槎客，相攜到漢庭。何緣嘗草日，先自入醫經。瑣瑣葡萄形甚細，如胡椒大，出土魯番，性熱可發痘疹。蓋葡萄之别種耳，亦云蒲萄。

明 戴羲《養餘月令》卷二《葡萄》 先于去冬，取枝埋窨熟糞内，候春樹發萌時取出。芽生，以蘿蔔插栽，埋二尺在土生根，留三五寸在外。候苗長上架後，常以冷肉汁澆之，又宜米泔水澆。

明 戴羲《養餘月令》卷四《葡萄》 又：分植葡萄，用盆底有孔者，將好嫩枝穿過盆，扭一轉於盆内，實以土，任梢在外，仍留原架下。時澆之。候秋間生根，截去盆底外根，則樹成矣。以冷肉汁澆之，甚茂。大凡藤本貴花，皆用此法分之，甚妙。扦葡萄。春分前數日，將藤枝截取，插肥地。待根生蔓長，引上架，以煑肉汁，或糞水澆之。及結子日，則剪去繁葉，多承雨露，子又肥大。冬夏仍以艸裹根，則不凍壞。但截枝須早，若遲至春分，則漿出，不唯不活，并原本亦損矣。又一法，以棗樹並截，候俱活時，將棗樹鑿一竅，引葡萄枝穿過，令長滿相合，上去棗枝，下去葡根，長成一樹，甚佳，且肉實如棗。《便民圖纂》

明 于慎行《谷山筆麈》卷一四《雜考》 陝西近西域處有一種小蒲桃，號瑣瑣蒲桃，中土甚珍之，常疑其名所自起，以爲必有正音，呼者傳訛，直作瑣瑣。及觀《西京羽獵賦》，漢離宫有娑駁殿娑駁與瑣瑣音相近，當是武帝得西域蒲桃種之離宫别苑，有娑駁之名，至今相沿，遂傳爲瑣瑣耳。

明 徐光啓《農政全書》卷三〇《樹藝》 葡萄，附野葡萄。張騫使大宛，取葡萄實，於離宫别館旁盡種之。一名蒲萄，一名賜紫櫻桃。《廣志》曰：有黄、白、黑三種。水晶葡萄，暈色帶白如著粉，形大而長，味甘。紫葡萄，黑色，有大小二種，酸甜二味。緑葡萄出蜀中，熟時色緑至苦。西番之緑葡萄名兔睛，味勝糖蜜，無核，則異品也。瑣瑣葡萄出西番，實小如胡椒，小兒常食可免生痘，又云痘不快食之即出。今中國亦有種者，一架中間生一二穗。雲南者大如棗，味尤長。波斯國所出大如雞卵，可生食，可釀酒，最難乾，不乾不可收。《齊民要術》曰：蔓延性緣，不能自舉，作架以承之，葉密陰厚，可以避熱。《便民圖纂》曰：二三月間，截取藤枝插肥地，待蔓長引上架，根邊以煮肉汁或糞水澆之，待結子架上剪去繁葉，則子得霑雨露肥大。冬月將藤收起，用草包護，以防凍損。其根莖中空相通，暮溉其根至朝而水浸其中，澆以米泔水最良，以麝入其皮則葡萄盡作香氣，以甘草作針，針其根則立死。《三元延壽書》云：葡萄架下不可飲酒，恐蟲屎傷人。玄扈先生曰：須春分便插，太遲則有漿出損本。 又法，宜栽棗樹邊，春間鑽棗樹作一竅，引葡萄枝從竅中過，候葡萄枝長塞滿竅子，斫去葡萄根，托棗以生，其實如棗。十月中去根一步許，掘作坑收卷葡萄悉埋之。近枝莖薄安黍穰彌佳，無穰直安土亦得，不宜濕，濕則冰凍。二月中還出舒而上架，性不奈寒，不埋即死。其歲久根莖粗大者宜遠根，作坑勿令莖折，其坑外處亦掘土並穰陪覆之。玄扈先生曰：北方必須舒卷年遠亦難，南方竟以穰草裹根可也。 正月末，取嫩枝長四五尺者，卷爲小圈。先治地令鬆，沃之以肥。種時止留二節在外，春氣萌動，發芽盡萃，于出土二節不一，年成大棚。實大而多液，生子時去其繁葉，遮露則子尤大，忌澆人糞。 《齊民要術》曰：摘葡萄法，逐熟者一一零疊一作摘取，從本至末悉皆無遺，世人全房折殺者，十不收一。 作乾葡萄法，極熟者，一一零疊摘取，刀子切去蒂，勿令汁出。蜜兩分和內葡萄中，煮四五沸漉出，陰乾便成矣。滋味倍勝，又夏月不敗。 藏葡萄法，極熟時全房折取，於屋下作廕坑，坑内近地鑿壁爲孔，插枝於孔中。還築孔使堅。屋子置土覆之，經冬不異也。 玄扈先生曰：葡萄作酒極有利益，然非西種不可，亦可作醋、作糖。今山西亦作酒，然不真也。 附野葡萄，一名蘡薁，一名山葡萄，蔓生苗，葉花實與葡萄相似，但實小而圓，色不甚紫，堪爲酒。

明 方以智《物理小識》卷九《葡萄》 蒲萄，三五月斬其藤，插於芋、菔種之。一日灌冷茶，間兩日復以水，又以肥肉汁蒲萄穿棗木而生最甘。入麝於其皮，則蒲萄盡作香味。陝有白、緑、瑣瑣三種，西番以釀甚妙。白大而緑無核子，瑣瑣至細，兒食痘稀。

明 周亮工《書影》卷一〇 偶閲于文定《筆麈》：「西域一種小蒲桃，號瑣瑣，中土甚珍之。常疑其名所自起，必有正音，呼者傳訛。及觀《西京》、《羽獵》賦，漢宮有娑駊殿，與瑣瑣音相近，當是武帝得西域蒲桃，種之離宮别院，有娑駊之名，至今相傳爲瑣瑣耳。」余按賦中原是駊娑，非娑駊也，或是文定誤記耳。然西域之音亦非正字，强以宮名實之，未免附會。此種葡萄形質最小，正不如從俗以瑣瑣爲當也。

清 曹溶《倦圃蒔植記・葡萄》 葡萄，胡種，張騫攜歸。結實纍垂，奇嬌可愛。温庭筠以黄葵爲鍍金木槿，葡萄爲賜紫櫻桃，信不誣也。栽種之法：二三月間，截取藤枝，扦插肥地。既至蔓延，作架承之，澆以糞水或煮肉汁。至生子時，翦去繁葉，使得承露，無不肥大。冬月收藤以草包之。北地種法，栽於棗傍，於春間鑽棗樹上作竅子，引葡萄枝入竅中透出。至二三年，其枝既長大塞滿樹竅，斫去其根，令托棗以生，肉實如棗。復用麝香入其根皮，以米泔水澆之，更作香味。凉州刺史何足易之。别有胡桃一種，亦生西羌，仁雖柔甘，終帶苦味。

清 王芷《稼圃輯》 葡萄有紫白二種，白者名水晶萄，紫者名馬乳，用米泔和黑荳皮澆之茂，二月以豬糞河泥壅，二三月截取藤枝插肥地，待蔓長引上架，根上用煮肉汁，或清水糞澆，結實後剪芟繁葉，則子得承兩露肥大。冬收藤，稻草蓋之，勿沾溼。溼則冰凍而死。宜堆棗樹邊避霜雪，【略】以死貓犬埋根邊，生子肥太，冬月截藤枝長三尺，埋窖於熟糞内，候春初發芽，插入蘿蔔内栽之，埋二尺在土中則生根，留三五寸在土外，常以煮肉汁澆，三日以水解之，天色乾旱，輕鋤根邊土鬆，澆之。

清 李光地《月令輯要》卷五 種葡萄。《癸辛雜識》種葡萄法：於正月之末，取葡萄嫩枝長四五尺者，捲爲小圍令緊，先治地，土鬆而沃之以肥，種之，止留二節在外。異時春氣發動，衆萌競吐，而土中之節不能條達則盡萃，花於出土之二節，不二年成大棚，其實大如棗，而且多液，此亦奇法也。

清 謝堃《春草堂集・花木小志・葡萄》 余有三株，皆植於盆。春花纂纂，秋實纍纍，風味佳甚。其一碧色而長者，馬乳蒲萄也。其一紫色尖而下垂者，西藏蒲萄也。其一澹緑色，細圓無核者，瑣瑣蒲萄也。葉亦小異。

清 汪灝《廣群芳譜》卷五七《果譜・葡萄》 今塞外有十種葡萄：伏地公領孫、哈密公領孫、哈密紅葡萄、哈密緑葡萄、哈密白葡萄、哈密黑葡萄、哈密瑣瑣葡萄、馬乳葡萄、伏地黑葡萄、伏地瑪瑙葡萄。

《種樹書》葡萄欲具肉實，當栽於棗樹之旁，於春鑽棗樹上，作竅子，引葡萄枝入竅中透出。至二三年，其枝既長大，塞滿樹竅，便可砍去葡萄根，托棗根以生，便得肉實如棗。北地皆如此法種。 製用：《清供録》葡萄渴水：生葡萄不計多少，擂碎濾去滓，令净，以慢火熬，以稠濃爲度，取出收貯净磁器。熬時弗犯銅鐵器。葡萄熟者不可用，止可造酒。臨時斟酌入煉過熟蜜及檀香末腦麝少許。

清 黃輔辰《營田輯要・雜植》 葡萄，壓藤易生，栽於棗樹之旁，春月鑽棗樹作竅，引藤枝穿過。二三年後，枝大塞竅，皮相連屬，便可斫斷，葡萄托棗根以生。實大如棗，天寒宜以草裹之。北地盤結其藤，以土掩之，春分後取絡架上，子生時，去其繁葉，使霑風露。

清 於敏中《日下舊聞考》卷一四九 《聖祖御製文集》：近得哈密各種葡萄，植於苑籞中。結實有白者緑者，長如馬乳者。又一種大蒲萄，中間有小者，名公領孫，又一種小者名瑣瑣葡萄。種類雖殊，食皆甘美。移植南方便失本味，大約其性於北方沙石水土相宜。

清 吴其濬《植物名實圖考》卷三二《果類・葡萄》 葡萄，《本經》上品，有圓長二種。西北極多，江南亦間有之，實多圓，而色紫，味亦遜。

清 吴其濬《植物名實圖考》卷三二《果類・蘡薁》 蘡薁，即野葡萄。李時珍收入果部，以爲《詩》六月食薁即此。舊附葡萄下，從之。 雩婁農曰：江南少蒲萄，而蘡薁極賤，但不食。西域馬乳亦烏知蒲萄野生外尚有異種乎。陶隱居以蒲萄即當是蘡薁，正緣未見西園佳實解渴消餶也。今北種漸徙於南，或飛騎致之，不比荔支色香易變，富貴者望西風而大嚼，彼大如豆而色紫黑者，牧豎與烏雀口就而齧啄之矣。雲南所出大如棗，不能乾而貨於遠地接西藏，故應佳。又有一種石蒲萄，生於石壁，能發痘瘡，疑即野蒲萄，而回回所謂瑣瑣者歟。

清 吴其濬《植物名實圖考長編》卷一五《果類・葡萄》 《齊民要術》：漢武帝使張騫至大宛，取葡萄實，〔於〕離宮別館旁盡種之。西域有葡萄蔓延以生。《廣志》曰：葡萄有黃白黑三種者也。蔓延性緣，不能自舉，作架以承之。葉密陰厚，可以避熱。十月中去根，一步許掘作坑，收卷葡萄悉埋之。近枝莖薄安黍穰彌佳，無穰直安土亦得。不宜濕，濕則冰凍。二月中還出，舒而上架。性不耐寒，不埋即死。其歲久根莖粗大者，宜遠根作坑，勿令莖折，其坑外處，亦掘土並穰培覆之。摘葡萄法：逐熟者一一零疊一作摘，取從本至末，悉皆無遺，勝世人全房折殺者。作乾葡萄法：極熟者一一零〔疊〕摘取，刀子切去蒂，勿令汁出，蜜兩分和內葡萄中，煮四五沸，漉出陰乾便成矣。非直滋味倍勝，又得夏暑不敗壞也。藏葡萄法：極熟時全房折取，於屋下作廕坑，坑內近地鑿壁爲孔，插枝於孔中，〔還〕築孔使堅。屋子置土覆之，經冬不異也。

清 吴其濬《植物名實圖考長編》卷一五《果類・葡萄》 《唐本草注》：蘡薁與葡萄相似，然蘡薁是千歲虆。葡萄作酒法：總收取子汁，煑之自成酒。蘡薁，山葡萄，並堪爲酒。陶云：用藤汁爲酒，謬矣。

清 吴其濬《植物名實圖考長編》卷一五《果類・葡萄》 《蜀本草圖經》：蔓生，苗葉似蘡薁而大，子有紫白二色，又有似馬乳者，又有圓者，皆以其形爲名。又有無核者。七月八月熟。子釀爲酒及漿，别有法。謹按蘡薁是山葡萄，亦堪爲酒。

清 吴其濬《植物名實圖考長編》卷一五《果類・葡萄》 《别録》：無毒，逐水利小便。生隴西五原燉煌山谷。陶隱居云：魏國使人多齎來，狀如五味子而甘美，可作酒，云用其藤汁殊美好。北國人多肥健耐寒，蓋食斯乎。不植淮南，亦如橘之變於河北矣。人説即此間蘡薁，恐如彼之枳類橘耶。

清 吴其濬《植物名實圖考長編・果類・葡萄》 《安邑縣志》：明朝洪武六年前，太原歲進葡萄酒。至六年間，太祖謂省臣曰：「朕飲酒不多，太原歲進葡萄酒，自令其勿進，國家以養民爲務，豈宜口腹累人哉。」嘗聞宋太祖家法，子孫不得於遠方取珍味，甚得貽謀之道也。相傳本縣陶村前代設專官督進葡萄酒，本省他縣葡萄蓋寡，未有可造酒者，所進即陶村産也。《蒙泉雜言》《酉陽雜俎》與《六帖》皆載：葡萄由張騫自大宛移植漢宮。

清 張宗法《三農紀》卷五《葡萄》 葡萄，《圖經》云：蔓本，極長。春苞萌生，葉似栝蔞，葉大而有五尖，蔓葉赤色，莖傍生鬚。三月開小花成穗，背白色旋着。實九月熟。《方工記》云：蒲桃。《廣志》各賜紫蘡，字從草也。始生隴西五原墪坙山。《漢書》云：可造酒，入脯飲之則酶然而醉。圓者名草龍珠，長者名馬乳，白者名水晶，黑者爲紫艷。造酒緑色芳香甘烈，味兼醍醐。根有羅紋可製器甚奇。 植藝：春間截取嫩枝壓肥土中，頻澆易活。或以肉汁灌，或以糞水澆。待結實引架上，剪去繁葉，子得雨露可肥大。冬月以茸草護之。最忌人糞，澆以米泔水最良。根莖俱通，暮以水澆根，至朝而水浸。《物類相感志》云：將麝香入其皮作香氣，以甘草刺其根立萎。每畝地種葡萄兩行。相離三四尺遠掘溝如行，深三四尺，冬時收蔓莖在內，被以草茸護之。至春起架引蔓發生，收實，澆以糞水。中間空地亦可流穀。陳眉公《致富奇書》云：傍植棗樹令大，將棗樹近根鑽一孔引葡萄蔓入過孔中，長尺餘，候蔓長滿孔，然後斷去葡本，截去木梢，結實大如棗而甘美。瑣瑣葡萄産西域，實如胡椒，可快痘。中土亦有産者，一架間生一兩穟。本性：味甘，氣涼，强志，生津。西北人食之無□，東南人食之生病。《延壽書》云：葡萄架下不宜飲酒，恐蟲溺毒人。效方：胎氣冲心，葡萄實煎湯飲即止，根葉亦可。渴煩，葡萄搗汁入磁器熬稠，入熟蜜少許收停，點湯飲。目中熱翳赤白障，取蔓中水煎過，吹氣取汁滴目即去。

清　阮葵生《茶餘客話》卷九　北地葡萄種最美，客問南中何以敵此，汪鈍翁云：「橘柚秋黄，楊梅夏紫。」

清　陳憲舜《課民植牧講義稿・葡萄》　有插枝、壓枝、點核三法。成樹之後，次年二月，留生壯苗，而有兩孔之幹，約一二尺，餘皆剪盡。至五月除留孔中生出之枝外，餘仍剪去。第三年留幹三四尺外，餘再剪去。藤生過餘蕊摘去，否則劣弱，不能得價。取子之後，將蕉樹斬倒，曬乾待用。一切敗葉，漚作糞料。下肥於摘蕊後一次，以催結子。十一月一次，以催結胎。一遇天寒，立即凋謝，宿根須裹稻草，或壅以馬屎、蠶屎、石灰，以三者性熱，能禦寒也。其中綱絡，除作繩織布外，兼可造紙、製袋，袋雖粗糙，頗稱堅固。其法將老莖切開，攤於板上，先去内面之肉，外面亦然，浸入水中，以足踏揉，使自相磨擦，以去莖内汁液，入石灰煑沸，取出以軟石礆洗之，風乾，不令見日，至極燥時，始用日曬，以備製造器具等用。

清　陳憲舜《課民植牧講義稿・蒲桃》　老樹高一二三丈，四時開花，叢鬚無瓣，如剪出絨球，色兼黄緑。結實如蘋果而稍小，肉厚半指，奇香而甜。核與肉不相連，摇之作響，去其核可作酒杯，飲畢食果，毫無酒味，俗稱爲水蒲桃。與蔓生之葡萄同音，果實不同。凡果之内，核二三粒，有一核者，選老樹核若干，當年於肥地點之，數日即發芽，先紫紅，變爲青色。葉尖長，一叢五六莖，年内高一尺餘。來春種之，去艸淋肥一次，至三四年後結實，以釀酒名蒲桃春，經年香味不減，作膏尤佳，特出之仙品也。子實種出，已美如此，再能加以接枝之法，當尤有進。

清　李鴻章　光緒《畿輔通志・物産・果屬・葡萄》　葡萄。白葡萄出興中州城西北隅《元一統志》。三衛土産白葡萄《明一統志》。《别録》曰：「甘美可作酒。」云「用藤汁殊美」。北人多肥健耐寒，蓋食斯乎《本草綱目》。近得哈密各種，植於苑□中，結實有白者、緑者，長如馬乳者。又一種大葡萄，中間有小者，名領孫。又一種小者，名瑣瑣葡萄。種類雖殊，食皆甘美。移置南邊，便失本味，大約其性於北方沙石、水土相宜《御製文集》。清　李漁《燕京葡萄賦并序》：葡萄無他長，衹以不酸爲貴，酸而帶澁，不值半文錢矣。燕地所産，非止不酸不澁，且肥而多肉，值得一吞。吞後餘甘尚戀齒頰，産他處者悉與相反。見則喜食，食後常令人悔覺舌本之上若有一物搔爬者。然似癢不癢，由於是澁非澁，此其所以爲賤也。然予自燕入秦，假道平定州，食所産葡萄較京師更美大，亦倍之。嘗吸一顆而吐出，其肉幾乎盈掌。予思歸與人言，必無信者。因以其殼曬乾，收入行笥。及歸，漬以沸水，然後吹而大之，儼然一鮮葡萄矣。始知天地間有此妙物。睹外而知内，未有體胖而虚其中者，然則此一賦也，當爲平定設。奈何復曰燕京曰：此春秋尊王之義也。荔枝、楊梅與橘，京師不産，他處得以擅名。葡萄既出帝鄉，則帝鄉物矣。子不先父，臣敢上其君乎？平定葡萄雖美，衹可甲於四方，不敢與居中御外者較短長也。賦曰：王者之都，萬物所聚。即不産而自來，矧長生以不去。爰有聖菓名曰葡萄，但有不多，富而未流於侈。雖尊易購，貴亦不至於驕。原有所自移來大宛，帶土連沙植諸上苑。近皇天則沾露，維多託后土而馳根自遠。此是漢家舊事，不聽謬入新篇。衹爲皇都數徙種，亦隨至幽燕中。自戚里下抵民間，莫不升棚而沿架，以之幕地而席天。若乃枝密多陰，葉繁當瓦。避其間者，小雨如晴。飯其下者，涼風若酒。水晶珠顆之號既善形容，馬乳龍鬚之詩亦工摹寫。味雖濃而不濁，性似涼而實温。多食則益氣强身，久服而延年輕身。既足登筵，復堪釀酒。善醉易醒和衷適口。孟陀持以换涼州，漢帝斟而酌王母。茍非至美存焉，斯物於人何有。

又　奇石密食，緑葡萄也。結實無子，本布哈爾種，自回部移置《熱河志凡葡萄皆有子，此獨無子，截條植地而生。回中古亦無此種，云數百年前自布哈爾始得之。《御製詩序》

清　李鴻章　光緒《畿輔通志・物産・果屬・山葡萄》　山葡萄，紫黑色，味酸，七、八月間山家採之款客。《盧山志》枝頭乾，南欒縣出。《明一統志》

清　長順《吉林通志・果樹屬・葡萄》　葡萄，有紫、碧、圓、長之别。一種山産者，實小味酸，有黑白二種，其尤小而深黑者，即《詩》之「薁」。吉林用以充貢。《竹葉亭雜記・一》今裁。

清　陳昌齊　道光《廣東通志・果類・山葡萄》　山葡萄，莖細，而花紫白

不恒。實如葡萄，小而赤。八九月熟，味酢可食，亦堪爲酒莖主嘔逆，斷其兩頭吹之有汁，仙家浴丹用之。《羅浮山志》

石榴

綜述

北魏 賈思勰《齊民要術·安石榴第四一》 陸機曰：「張騫爲漢使外國十八年，得塗林。」塗林，安石榴也。《廣志》曰：「安（石）榴有甜、酸二種。」《鄴中記》云：「石虎苑中有安石榴，子大如盂碗，其味不酸。」《抱朴子》曰：「積石山有苦榴。」（周景式《廬山記》曰：「香爐峯頭有大磐石，可坐數百人，垂生山石榴。（三）（二）月中作花，色如石榴而小，淡紅敷蕚，煒煒可愛。」）《京口記》曰：「龍剛縣有石榴。」《西京雜記》曰：「有甘石榴也。」栽石榴法：三月初，取枝大如手大指者，斬令長一尺半，八九枝共爲一窠，燒下頭二寸。不燒則漏汁矣。掘圓坑深一尺七寸，口徑尺。竪枝於坑畔，環口（圓）布枝，令匀調也。置枯骨、礓石於枝間，骨石此是樹性所宜。下土築之，一重土，一重骨石，平坎止。其土令没枝頭一寸許也。水澆常令潤澤。既生，又以骨石布其根下，則科圓滋茂可愛。若孤根獨立者，雖生亦不佳焉。十月中，以（蒲）藁裹而纏之。不裹則凍死也。二月初（乃）解放。若不能得多枝者，取一長條，燒頭，圓屈如牛拘而横埋之亦得。然不及上法根强早成。其拘中亦安骨石。其斸根栽者，亦圓布之，安骨石於其中也。

唐 段成式《酉陽雜俎》卷一八《石榴》 石榴一名丹若。梁大同中，東州後堂，石榴皆生雙子。南詔石榴，子大、皮薄如藤紙味，絶於洛中。石榴甜者謂之天漿，能已乳石毒。

宋 謝維新《古今合璧事類備要别集》卷四二《果門·石榴》《格物總論》 石榴包如杯大，赤色（有）黑斑點。中如蜂窠，窠數子如人齒，帶淡紅色光皎琥珀然。又有潔白如雪者，有甜酢二種，甜者爲佳。熟時其苞自裂。名果也。

元 王禎《王禎農書》卷三四 陸機云：張騫使西域，得塗林安石榴種。今人稱爲「海榴」，以其從海外來也。

明 宋詡《竹嶼山房雜部》卷九《樹畜部·樹類》 安石榴實有百數子成毬，紅子甚明潤，白子名水晶榴，皆甘美。《酉陽雜俎》曰：丹若。陸機《與弟書》云，張騫爲漢使外國十八年，得塗林安石榴。紅花、結子甘。黄花、肉紅花、四季花、並蒂花、白花。芒種時取小枝插之宜深，能灌生。亦可分小木種，宜伐盡留一榦則茂。暑月烈日中亦宜淖音鬧以水糞，又喜旱喜肥，以石置於枝間則宜結實，視其花苞底尖者不實，惟可摘而簪戴。其實以油紙護之，雖經霜日不能開裂。《詩·皇矣》注曰：灌，叢生者也。

明 宋詡《竹嶼山房雜部》卷九《樹畜部·樹類》 餅子榴黄花、紅花，王禹偁詩云：誰家巧婦殘針線，一摎生紅熨不開摎子葛切。白花、肉紅花、樓子花。芒種插其條。宜肥澆，法同火榴。

明 宋詡《竹嶼山房雜部》卷九《樹畜部·樹類》 火榴宜入盆翫。五六月間置烈日中以水日浸日曬，間以糞穢淖之，則花恒開不絶。畏寒。芒種以小條插，俟活，遷入盆。子酸細不堪食。可種。

明 鄺璠《便民圖纂》卷五《石榴》 石榴三月間將嫩枝條插肥土中，用水頻沃，則自生根。

明 朱權《神隱》卷下 移石榴：葉未生時，用肥土於嫩枝條上，以蓆草包裹束縛，用水頻澆，自然生根葉，方截下栽之。用碎石之類覆壓則易活。

明 劉基《多能鄙事·種石榴》 取其直枝如拇指大者，截長一尺，以八九條爲科，燒下頭二寸，深坑，竪枝坑畔，置礓石雜骨於枝間，實下土，出枝頭一寸，水澆即生。

明 王世懋《學圃雜疏·安石榴》 安石榴，無如京師，致之南方多死，即生多化爲叢狀。不若求富陽種種之，須實大子綻，即不甘，亦足供玩。

明 李時珍《本草綱目》卷三〇 安石榴《别録》下品 釋名：若榴《廣雅》、丹若《古今注》、金罌。時珍曰：榴者，瘤也。丹實垂垂，如贅瘤也。《博物志》云：漢張騫出使西域，得塗林安石國榴種以歸，故名安石榴。又按《齊民要術》云，凡植榴者，須安僵石枯骨於根下，即花實繁茂，則安石之名義，或取此也。若木乃扶桑之名，榴花丹赬似之，故亦有丹若之稱。傅玄《榴賦》所謂「灼若旭日棲扶桑」者是矣。《筆衡》云，五代吴越王錢鏐改榴爲金罌。《酉陽雜俎》言，榴甜者，名天漿。道家書謂榴爲三尸酒，言三尸蟲得此果則醉也。故范成大詩云：「玉池咽清肥，三彭跡如埽。」 集解：弘景曰：石榴花赤可愛，故人多植之，尤爲外國所重。有甜酢二種，醫家惟用酢者之根殼，榴子乃服食者所忌。頌曰，安石榴本生西域，今處處有之，木不甚高大，枝柯附幹，自地便生，作叢種，極易息。折其條盤土中，便生也。花有黃赤二色，實有甘酢二種，甘者可食，酢者入藥。又一種山石榴，形頗相類，而絶小，不作房生青，齊間甚多，不入藥，但蜜漬以當果，甚美。宗奭曰，石榴有酸淡二種，旋開單葉花，旋結實，實中紅，孫枝甚多。秋後經霜，則自坼裂。一種子白瑩澈如水晶者，味亦甘，謂之水晶石榴。惟酸石榴入藥，須老木所結，收留陳久者乃佳。時珍曰，榴五月開花，有紅、黃、白三色，單葉者結實，千葉者不結實，或結亦無子也。實有甜、酸、苦三種，《抱朴子》言，苦者出積石山，或云即山石榴也，《酉陽雜俎》言，南詔石榴，皮薄如紙。《瑣碎録》言，河陰石榴，名三十八者，其中只有三十八子也。又南中有四季榴，四時開花，秋月結實，實方綻，隨復開花。有火石榴，赤色如火。海石榴高一二尺即結實，皆異種也。案《事類合璧》云：榴大如盃，赤色有黑斑點，皮中如蜂窠，有黄膜隔之，子形如人齒，淡紅色，亦有潔白如雪者。潘岳《賦》云，榴者，天下之奇樹，九州之名果，千房同膜，千子如一，禦飢療渴，解酲止醉。

明 王象晉《群芳譜》卷三《果譜·石榴》 石榴，一名若榴，一名丹若，一名金罌，一名金龎，一名天漿。本出塗林安石國，漢張騫使西域得其種以歸，故名安石榴。今在處有之。樹不甚高，大枝柯附幹，自地便生作叢，孫枝甚多。種極易息，或以子種，或折其條盤土中便生。葉緑，狹而長，梗紅。五月開花，有大紅、粉紅、黃、白四色。實有甜、酸、苦三種。單葉者旋開花旋結實，花托即榴。不結者托尖小。千葉者不結實。甜者甘溫澀，無毒，可食，潤燥。制三尸蟲，理乳石毒。但性滯戀膈，多食生痰，損肺，黑齒，服食家忌之。酸者酸溫澀，無毒，兼收斂之氣，只堪入藥。陳久更良，止瀉痢、崩中、帶下。榴實圓如球，頂有尖瓣，大者如杯，皮赤色，有黑斑點，皮中如蜂窠，有黃膜隔之，子如人齒。白者似水晶，淡紅者似水紅寶石，紅者如硃砂，淡紅潔白者味甘，紅者味酸。秋後經霜，則實自裂。有富陽榴，實大者如碗。海榴來自海外，樹僅二尺，栽盆中結實亦大，直垂至盆，堪作美觀黃榴色微黃帶白，花比常榴差大，結實甚多，最易傳種。河陰榴名三十八，中間止有三十八子。四季榴四時開花，秋結實。實方綻，旋復開花。火石榴其花如火。樹甚小，栽之盆頗可玩。又有細葉一種，亦佳。餅子榴花大，不結實。番花榴出山東，花大於餅子。移之別省終不若在彼大而華麗，蓋地氣異也。《酉陽雜俎》言：南詔石榴皮薄如紙。燕中有千瓣、白千瓣、粉紅千瓣、黃千瓣。大紅單瓣者，比別處不同，中心花瓣如起樓臺，謂之重臺石榴。花頭頗大，而色更深紅。苦石榴，出積石山。榴花：陰乾爲末，和鐵丹服，一年，白髮變黑。子葉者，治心熱吐血，研末吹鼻，止衄血，又傅金瘡出血。皮及根，用酸者，東行者。止目淚，下蛔蟲，止瀉痢、下血，脱肛、漏精。　扦插：三月初，取指大嫩枝，長尺有半，八九枝共爲一窠，燒下頭二寸，勿使瀋失。先掘圓坑，深尺七寸，廣徑尺。竪枝坑畔，環布令匀，置殭石枯骨於枝間，一層土，一層骨石，築實之，令没枝頭寸許。以水澆之，常令潤澤。既生之後，復以骨石布其根下。十月天寒以藁裹之。一云葉生時，折插肥土，用水頻澆，自然生根。又葉未生時，從鶴膝處用脱果法，候生根，截下栽之。開花結實與大樹無異。種子：石榴熟時，於樹上留數枚記定上下南北，霜降後摘下，用稀布逐個袋之，照樹上朝向懸通風陰處。先於六七月間取土之鬆而美者，敲細，篩去瓦石，攤浄地上。澆潑濃糞，曬乾再潑、再曬，如此五六次，仍敲極細，篩過，收藏缸内，勿經雨。次年二月初，取家用火盆以所製土鋪盆内，厚三寸許，數寸按一淺潭，取榴子去肉，每潭種三四粒，用土蓋半寸許，灑水令微濕，置有風露向陽處。每日灑水，勿令乾。候長寸許，每潭止留一大株，日澆肥水。候長分種極小盆内，不宜深，放有風露向陽處。每日用肥水澆三四遍，日午最要澆。每一盆做一木蓋，破兩片，中剜一竅。如樹大，中高四面低，遇有雨蓋盆面，免致淋去肥味。至七八月，滿樹皆花，甚大。又明年，換畧大盆，依前法澆，妙不可言。或云，盆榴根多則無花，三四月間便上盆則根不長，只須浸曬得法，冬間露下收回南簷。土乾畧將水潤。至春深氣暖，可放石上，剪去嫩苗，勿令高大。盛夏日中曬屋上，免近地氣，致令根長及爲蚓蟻所穴。每朝用米泔沉没。花乾浸均，半時取出。日曬如覺土乾，又復浸，殆良法也。澆灌：性喜肥，濃糞澆之無忌，當午澆花更茂盛，蚕沙壅之佳。又雞鴨毛浸水中，加皮屑，去毛，以水澆之，毛不肥故也。嫁榴：不結子者，以石塊或枯骨安樹叉間或根下，則結子不落。藏榴：選大者連枝摘下，安新瓦缸内，以紙十餘重密封蓋之。　修製：凡使榴皮根葉，勿犯鐵器，不計乾濕，皆以水漿浸一夜，取出用之，水如墨汁。

明 王路《花史左編》卷八 火石榴，其嫩頭長出即摘去。烈日當午，以水澆之則花茂肯蕵。

明 周文華《汝南圃史》卷三《石榴》 石榴一名安石榴，一名丹若，又名天漿。五月間開紅花。此花附蕚皆真紅色。瓣如撮丹，鬚黃粟密。唯單葉者結實作房，子甚多。《圖經本草》曰：「安石榴本生西域。」陸機《與弟書》云：「張騫出使絶域十八載，得塗林安石榴，從安石得之故名，亦名海榴。」李贊《皇花木記》所謂「凡花以海名者，皆從海外來也。」今處處有之。木不甚高大。枝柯附幹，自地便生作叢，種極易息，折其條盤土中便生。花有黄、赤二色。實亦有甘、酢二種。甘者可食，酢者入藥。又一種山石榴，形頗相類而絶小，不作房，青齊間甚多，不入藥。但蜜漬以當果，疑即今之火榴也。《齊民要術》種石榴法：「三月初，取指大枝，長尺有半，八九枝共爲一窠，燒下頭二寸。不燒則漏汁先掘圓坑深尺有七寸，廣徑尺。竪枝坑畔，置枯骨、礓石於枝間，骨、石樹性所宜。一層土，一層骨石，築實之，令没枝頭寸許。水澆常令潤澤。既生，又以骨石布其根下，則柯圓枝茂。若孤根獨立，雖生亦不佳。十月天寒，以蒲藁裹纏。不裹則凍死。二月初解放。」《瑣碎録》云：「種石榴，先鋪一重石子，次鋪少泥。又鋪石子，安根方著根在其上，用泥覆蓋。平地多用大石壓之。」《水雲録》云：「三月移石榴，其栽插取嫩枝如指大者，斬長一二尺，枝頭以指甲刮去一二寸皮，深插於背陰地中，無有不活。若以白榴枝插於紅榴枝上，其花粉紅。粉紅亦另有種。又臘月二十五日，取嫩枝如小指大者，插肥土中即活。梅雨中亦活。」又有種子法：先於樹頭號定向背，霜後摘下，以稀布囊貯之，仍依舊號懸掛通風處。復敲竪細土，篩去瓦石，潑糞數次，收貯缸內。至次年二月初，取家用火盆，鋪土三寸，不得太厚。每隔數寸按一小潭，納榴子數粒，蓋土半寸許，灑水令溼，置向陽處。候長寸許，每潭揀留一大株。肥水再澆。既長，分種盆內。盆須極小，種不宜深，仍令向陽。日澆數次，有雨即蓋，勿使淋去土味。或以麻餅浸水，當日午澆之，則花茂盛。或云：盆榴無法，只須浸曬。冬間霜下收回南簷。如土乾時，略將水潤。至春深氣煖，可放石上，翦去嫩苗，勿令高大。盛夏置日中，或曬屋上，免近地氣，致令根長及爲蚓蟻所穴。每朝用米泔水沉没花斛，浸約半時，取出日曬，如覺土乾又復浸之。殆良法也。《長佩花史》曰：「榴品不一，必以千葉紅榴爲正。」然就千葉中亦自迥别。如吾蘇種，則枝葉俱粗，花瓣密綴黄粟，五月盛開，至七八月花事未闌，較他榴爲特。久有數花攢聚并成一朵者，謂之餅榴。有一花纔謝蒂中，更發一花者，謂之臺榴，俗呼翻花石榴。又有一種紅白相間，比常花最鉅，謂之瑪瑙榴。總之非京種也。京榴有二種。葉細者，枝亦柔，裁翦之即多曲折，而花瓣較粗。粗葉者，花特細整，而枝硬直少。致二美實難兼也。近有一種花葉俱細者，從古幹吐奇葩，兼擅其美，稱獨步矣。大抵榴不難生息，而難培養。插寸枝於土中，灌水即活，不三年成樹。稍失灌溉，蛀即隨之，前功盡失。故養榴之法，無問寒暑，以肥澆爲上。大暑中尤宜頻澆。常令土潤澤，則蛀不生。往寓山中，寓主植榴數本，甚奇。古時三月，既望新緑滿枝，紅英菽發，忽一日皆掐去。問其故，云是無庸留，留即枝葉冗長，花蕊亦終脱落，必稍遏其生機。迨四月間長新枝，即短茁如老幹，花亦耐久。因悟，南人修之既長，不若北人挫其方萌者之爲得也。

明　慎懋官《華夷花木鳥獸珍玩考》卷二《石榴》　榴本名若榴。初來安石國，故曰石榴，亦曰安石榴。張騫使大夏所得。又云從海外新羅國來。故名海榴。想爾時（惟）紅色一種，故又名丹若。今則有千葉深紅結實者，名寶珠榴。有千葉深紅不結實者。又有一單葉樹甚小，長不逾尺，可供盆几之玩，名火石榴，甚能開花。亦有千葉者。此外有一種白花（者）曰白石榴。黄花者名黄石榴。藍花者曰青石榴。古人所不載者。莊布詩云：「鸚鵡啄殘紅豆顆。」此言子赤也。皮日休詩云：「嚼破水晶千萬粒。」此言子白也。子有甜酸。詳《格物總論》。　段成式曰：白馬甜榴，一實直牛，甘者名天漿。河陰石榴名三十八者，其中只有三十八粒子。注云：中原河陰者，最佳是也。南詔石榴子，皮薄如藤子，味絶於洛中。　劉後村（詩）：「炎州氣序異，十月榴始華。」煬帝令朱寬征留仇國，還獲男女口千餘人，并雜物産，與中國多不同。緝木皮爲布，甚細白，幅闊三尺二三寸，亦有細斑，布幅闊一尺。又得金荆榴數十觔，木色如真金，密緻而文彩盤蹙，有如美錦，甚香極精。可以爲枕及案面。雖沉檀不能及。

明　戴羲《養餘月令》卷四　石榴最宜多種，又宜痛剥。須於春分，剪去繁枝及樹梢，則實大。其不結子者，以石塊或枯骨安樹丫間則實。所謂榴得骸而葉茂也。《農遺雜疏》

明　陳詩教《灌園史》　石榴，張騫使西域從安石得之，故名安石榴，亦名海榴者。李贊皇《花木記》，所謂凡花以海名者，從海外來也。栽花之法，於三月初，取指大枝，長尺有半，八九餘枝共爲一窠，燒下頭二寸，勿使瀋失，先掘圓坑，深尺七寸，廣徑尺，竪枝坑畔，環布令匀，置殭石枯骨於枝間，一層土一層骨石，築實之。令没枝頭寸許，以水澆之，常令潤澤，既生之後，復以骨石布其根下。十月天寒，以藁裹之。又有種子之法。先於樹頭號定向背，霜後摘下，以稀布囊貯之，仍依舊號，懸掛通風處。復敲堅細土，篩去瓦石，潑糞數次，收貯缸内，至次年二月初，取家用火盆，鋪土三寸，不得太厚，每隔數寸，按一小潭，納榴子數粒，蓋土半寸許，灑水令濕，置向陽處，候長寸許，每潭揀留一大株，肥水再澆。既長，分種盆内，盆須極小，種不宜深，仍令向陽，日澆數次，有雨即蓋，勿使淋去土味。或以麻餅浸水，當日午澆之，則花茂盛。或云，盆榴無法，只須浸曬，冬間霜下，收回南簷，如土乾時，畧將水潤，至春深氣暖，可放石上，剪去嫩苗，勿令高大，盛夏置日中，或曬屋上，免近地氣，致令根長及爲蚓蟻所穴，每朝用米泔水沉没花斛，浸約半時，取出日曬。如覺土乾，又復浸之，殆良法也。但此花既有石癖，復多水淫，未知何米見之，作何面目耳。

明　闕名《花史・種盆榴》　《花經》曰：預于樹上留實三二枚。霜降後先記號定上下南北，摘下用稀布逐個袋之。依樹上朝向掛陰處，先于六七月間取堅土，其土取尋常鬆而且美者，敲細篩去瓦石，攤浄土地上，澆潑濃糞曬乾。再澆潑再曬，再篩五六次，收藏缸内，不可經雨。次年二月初二日，取家用缸或火盆，以其有火氣也。無則新者不妨。將所製之土鋪内厚三四寸許，不要太厚了。卻將所採石榴破開取子于大盆土内，隔三四寸許按一淺潭，内安榴子三四粒，安完用土蓋半寸厚，灑（水）令土微濕，置有風露向陽處，每日灑水不令乾。候其生出長寸許，每一潭擇長大者留一株，其餘都摘去。每日卻用肥水澆。再候長三寸許，逐株帶土分開，每一株用小花盆一個種之，排放有風露向陽處。每日用肥水澆三四遍，于日午最要澆。每一盆做一本，掐破兩片中剜一竅，遇有雨時則蓋盆面，免到雨淋去土中肥味也。到七八月，内滿樹皆着花，其花甚大。又明年換畧大盆，依前法澆灌，其妙不可言也。肥水用雞鴨毛水加皮屑浸，不用毛，毛不肥故也。　栽盆榴將大枝分本栽之，嫩枝頭長出即摘去。烈日當午以水澆之，則花茂肯發樹矮可愛。　嫁：石榴狂花多而不結子實者，石塊安樹叉間，或堆積其根頭，則實結不落。　壓：《神隱》曰：三月葉未生時，用肥土于嫩枝條上以蓆草包裹束縛，用水頻澆，自然生根葉，方截下栽之，用碎石覆壓則易活。　插：於四月霉雨時，選好枝如指大者，肥土中插之最易活。插芙蓉、櫻桃同。刮去枝干皮三分易活。以白榴枝插紅榴枝上，其花粉紅。

明　衛泳《枕中秘・園史・石榴》　栽花之法，於三月初，取指大枝，長尺有半，八九餘枝，共爲一窠，燒下頭二寸，勿使瀋失。先掘圓坑，深尺七寸，廣徑尺，竪枝坑畔，環布令匀，置殭石枯骨於枝間，一層土一層骨石，築實之，令没枝頭寸許。以水澆之，常令潤澤。既生之後，復以骨石布其根下。十月天寒，以藁裹之。又有種子之法，先于樹頭號定向背，霜後摘下，以稀布囊貯之，仍依舊號懸掛通風處。復敲堅細土，篩去瓦石，潑糞數次，收貯缸内。至次年二月初，取家用火盆，鋪土三寸，不得太厚，每隔數寸按一小潭納榴子數粒，蓋土半寸許，灑水令濕，置向陽處。候長寸許，每潭揀留一大株，肥水再澆。既長分種盆内，盆須極小，種不宜深。仍令向陽，日澆數次。有雨即蓋，勿使淋去土味。或以麻餅浸水，當日午澆之，則花茂盛。或云盆榴無法，只須浸曬。冬間霜下，收回南簷。如土乾時，畧將水潤。至春深氣暖，可放石上，剪去嫩苗，勿令高大。盛夏置日中，或曬屋上，免近地氣，致令根長及爲蚓蟻所穴。每朝用米泔水沉没花斛，浸約半時，取出日曬。如覺土乾，又復没之。殆良法也。

明　徐光啟《農政全書》卷二九《樹藝》　安石榴，《博物志》曰：張騫出使西域，得塗林安石國榴種以歸，故名安石榴。一名若榴，一名丹若，一名金罌，一名金龐，一名天漿。有富陽榴，實大如碗。梅榴，來自海外，樹僅二尺，栽盆中，結實亦大，直垂至盆。黄榴，色微黄帶白，花大于常榴，結實甚多，最易傳種。河陰榴，中間有三十八子。四季榴，四時開花，秋結實，實方綻旋復開花。火石榴，其花如火。餅子榴，花大不實。番花榴，花大于餅子，出山東移他省便不若。《抱朴子》曰：積石山有苦榴。《廬山記》曰：香鑪峯頭有大磐石，可坐數百人，垂生石榴，二月中開花，色如石榴而小，淡紅敷紫萼，煒煜可愛。《京口記》曰：龍岡縣有石榴。《西京雜記》曰：有甘石榴。《酉陽雜俎》云：南詔有榴，皮薄如紙。《農桑通訣》曰：出河陰者最佳，其樹不甚高大，枝柯附幹，自地便生，五月開花，有大紅、粉紅、黄、白四色，實有甜、酸、苦三種，果大如盃，皮赤有黑斑，皮中如蜂窠，有黄膜隔之。玄扈先生曰：石榴須于春分前剪去繁枝及樹稍，則實大。《便民圖纂》曰：石榴三月間將嫩枝條插肥土中，用水頻澆，則自生根，根邊以石壓之，則多生果，又須時常剪去繁枝，則力不分。玄扈先生曰：此果最宜多種，又宜痛剥。　喜肥濃，糞澆之無忌，當午澆，花更茂盛，鹽沙壅之佳。　不結子者，以石塊或枯骨，安樹叉間或根下，則結子不落，所謂榴得骸而葉茂也。《農桑通訣》曰：藏榴之法，取其實有稜角者，用熟湯微泡，置之新磁瓶中，久而不損。若圓者則不可留，留亦壞爛。榴房比它果最爲多子。北齊高延宗納妃，妃母宋氏，薦石榴，蓋取其房中多子之義。北人以榴子作汁，加蜜爲飲漿，以代盃茗，甘酸之味，亦可取焉。《道家書》謂榴爲三尸酒，言三尸蟲得此果，則醉也。

明　方以智《物理小識》卷九《石榴》　石榴有紅花、肉紅花、四季花、並蒂花、黃花、白花者。芒種取小枝插之，雖深暑烈日中亦宜淖以水糞，以石置於枝間則結實。虛舟曰：榴宜骨磊其下。《五色線》曰：石榴宜石膏糞，恐是骨石之訛。火榴則宜盆玩者也。曹州岡榴圍尺餘，晶榴内止十八子。

明　彭大翼《山堂肆考》卷二〇七《石榴》　《格物論》：石榴，中如蜂窠，子如人齒，帶淡紅色，光皎若琥珀。又有潔白如雪者。漢，張騫使西域，得塗林安石榴種，中國有石榴始此。安石，國名。

明　慎懋官《華夷花木鳥獸珍玩考》卷二《取斧伐樹》　秦檜爲相日，都堂左揆前有石榴一株。每著實，檜嘿數焉。忽亡其二，檜佯不問。一日將排馬，忽顧左右，取斧伐樹。有親吏在旁，倉卒對曰：「樹佳甚，去之可惜。」檜反顧曰：「汝盜食吾榴。」吏叩頭服。

清　王芷《稼圃輯》　石榴名丹若，一名天漿，一名楉榴，一名塗林，葉未生時，以大竹管對合於嫩枝條上，朝夕灌水，一月便生根，半年後便可剪下另栽。初時用竹幇扶，恐風摇動，一二月後，新根托土，便不用扶，以大石壓根上，則多實。扦嫩枝於肥陰地，無不活。凡扦宜先插一孔，然後扦之，不然損皮矣。富陽榴結實如碗，河陰榴名三十八者，中止三十八粒。

榴性喜肥，儘澆不忌，喜日中澆，宜以麻餅浸水日午澆。臘月廿五或梅雨中扦，紅接白即作粉色，木樨接花更紅。有餅榴、臺榴、瑪瑙榴、諸種，盆榴不要着地。二月三月嫩苗芟去莫留。至四月發者方留，夏置日中，每朝米泔水沉没其盆，少時取出曬之，土乾又復浸，不可得地氣，致使根長。性喜熱，故畏寒，立冬即以稻穰包護之，二月初解開。山東有番花榴，燕中有千瓣白，千瓣粉紅，千瓣黃，千瓣大紅中心花瓣如樓臺。

清　陳淏子《花鏡・花果類考・石榴》　石榴，一名丹若，一名金罌。又一種味最甜者，名天漿。其種自安石國張騫帶歸，今隨在有之。樹高一二丈，梗紅葉緑而狹長。其花單葉者結實，千葉者不結實。性宜砂石，柯枝附幹，自地便生作叢。孫枝甚繁，種極易息。惟山種者實大而甘，千房同膜，千子如一。花有數色，千葉大紅，千葉白，或黃或粉紅，又有並蒂花者。南中一種四季花者，春開夏實之後，深秋忽又大放。花與子並生枝頭，碩果罅裂，而其傍紅英燦爛，併花折插瓶中，豈非清供乎。又一種中心花瓣，如起樓臺，謂之重臺榴，花頭最大，而色更紅艶。海榴花跗萼皆大紅，心内鬚黃如粟密。又有紅花白緣、白花紅緣者，亦異品也。其實可禦飢渴。釀酒漿，解酲療病。栽以三月初取嫩枝如拇指大者，斫令長一尺半，八九枝共爲一窠，燒下頭二寸許，不燒恐漏汁難活，掘圓深坑一尺七寸，口徑尺，豎於培壅，環布枝令匀正，置枯骨殭石於枝間骨石乃樹性所宜也，下肥土築之，一重土間一重骨石，至平坎乃止。其土令没枝頭過一寸許，水澆常令潤澤，若已生芽，又將骨石布其根下，則柯圓枝茂可愛，其孤根獨立者，雖生亦不佳。十月終，以蒲稿裹其本而纏之，不致凍壞，至二月初解放。若以大石壓其根上，則實繁而不落。性喜暖，雖酷暑烈日中，亦可澆以水糞。

清　陳淏子《花鏡・花木類考・火石榴》　火石榴，以其花亦如火而得名，究不外乎榴也。樹高不過一二尺，自能開花結實，以供盆玩。亦有粉紅、純白者，皆可入自。若嫌其葉多花少，嘗摘去嫩頭，偏於烈日中以肥水澆之，則花更茂，亦物性使然也。大抵盆種土少力薄，更不耐寒，逢冬必須收藏房簷之下，庶不凍壞。養盆榴法，無間寒暑，以肥爲上，盛夏置之架上或屋上，使不近地氣，則枝不大長。若蟻蚓作穴，用米泔水沉没花盆，浸約半時，取出日曬，如土乾又復浸之，則無矣。倘發蓋太密，須掐去其半，則花開時有精神，結實不至半大便落。又有一種細葉柔條者更佳，多産揚州。

清　郝懿行《寶訓・果實・石榴》　《京師語》曰：白馬甜榴價值一牛。《洛陽伽藍記》：白馬寺有大榴。《酉陽雜俎》：檳榔扶留，可以忘憂。白馬甜榴，一實值牛。草木暉暉，蒼黃亂飛。《本草》：安石榴有酸、淡兩種。道家謂之「三尸酒」，云三尸得此酒則醉。《埤蒼》曰：河陰榴中止三十八子。左思《吴都賦》：蒲萄亂潰，石榴競裂。《酉陽雜俎》：石榴甜者爲天漿，能已乳石毒。張協《安石榴賦》：素粒紅液，金房緗隔。

清　張宗法《三農紀・石榴》　石榴，《圖經》云：樹不甚高，阿附幹自地便生作叢，葉緑梗紅。夏間開花，有大紅，粉紅，黃，白四色。有酸、甜、苦三種。千葉者不結實，單瓣者旋開旋實，花投成實，實圓若毬，頂有尖瓣。大者如杯，小者如卵。皮色班點經節則實，自裂，中如蜂窩，有黄膜分隔，子列排牙，白者如水晶，紅者如寳珠。淡紅潔白者味甘，深紅者味酸。《廣雅》名茌榴。《廣志》云丹榴，一名金罌，一名金龐。《本草》：天漿始産塗林安石國，漢張騫使西域得種入華，故名安石榴也。　植藝：榴子可植，不若植枝易。當春生芽時，折嫩枝長二三尺者以火煨折頭，環屈爲一窠，掘穴納内，留枝梢尺餘，填以牛馬骨土，覆之，築令堅。性喜肥姞，以濃糞澆即生。當花實時，至午對烈日澆之佳。　嫁榴：不結實，或結而復落者，須以石塊安枝杈中，或壓根即結實可不落。　留榴：此時揀美者，連枝摘下，安新磁缸中，以紙密封十餘重蓋之，至春取出猶新。　本性：味甜、氣寒、潤燥。多食生痰，損肺，黑齒，服餌家忌之。味酸者能歛氣殺蟲，陳者佳。　效方：疔毒以針刺四畔，用石榴皮着患處，麵圍炙之，以疼爲度。仍納榴末覆上急裹，經宿連根自出。　衄血，榴花爲末吹鼻，血自止。又敷金瘡出血。

清　吴其濬《植物名實圖考》卷三二《果類・安石榴》　安石榴，《别録》下品。實有甘、酸、紅、白、瑪瑙數種。

植物名實圖考・安石榴

清　吴其濬《植物名實圖考》卷三一《果類・雞矢果》　雞矢果，産廣東。葉似女貞葉而有鋸齒。果如小石榴，一名番石榴，味香甜，極賤，故以雞矢名之。按：《南越筆記》：番石榴又名秋果，《嶺外代答》：黄肚子如小石榴，皮乾硬如没石子。枯莖如棘，其上點綴布生，不甚噉食，當即此樹。小花，黄白。果如梨大，生青熟黄，連皮食香甜。六月熟。

清　陳憲舜《課民植牧講義稿・石榴》　孤生獨立，果必不佳，或不結實。須斬大如手指者，長一尺五六，約八九枝，用火燒下頭二寸，挖一尺七寸之坑，坑口約一尺之譜，將燒過之八九枝，週圍圓布坑側，先投打碎磚石或瓦礫於坑中，約一二寸厚，又放舂碎之骨屑一二寸，次加泥土、磚石、骨屑，輪流填之，上面覆土，令没過石榴之枝一寸。常澆清水。頭一年以草裹之，方免凍壞。入夏去根旁之艸。成樹之後，多堆打碎瓦礫與骨灰於根下。第二年即結實，多而且大，從此年年砍樹，插枝，挖坑，輪放石骨泥土如前，積至一畝，大有用矣。石榴性與磚石相近，骨屑内含有燐，與之化合，果實碩大，若下糖料及糞清，味尤酣美。凡骨質，火煆則失性，水蒸亦走油，惟研碎舂碎爲宜。

清　鄒一桂《小山畫譜》卷上《石榴》　五月花，色大紅，六出重臺。枝葉對節，瓣微縐而薄，曜日鮮明，黄心千葉者少，露蒂六出，紅黄色，狀如軍帽。葉狹長，枝間有刺。種類不一，以迸子石榴爲佳。又三臺石榴，千葉極大，開足，心出一蕊，又開能三重，然開至三臺，則初臺乾矣，上二臺連蒂脱下，一臺結子甚大。又有黄色、粉紅、灑金、純白者，其子如松子大，色如其花，砌小碟甚佳。又線香石榴，枝柔，花小而多，樹不高。又火石榴，更小，單葉，皆花於頂，宜盆植。

清　李鴻章　光緒《畿輔通志・物産・果屬・石榴》　石榴，張騫使西域還，得安石榴。《博物志》深州、趙州土産石榴，《太平寰宇記》燕中榴花有千瓣粉紅、千瓣白、千瓣黄、千瓣大紅。單瓣者比他處不同，中心花瓣如起樓臺，謂之「重臺石榴」。《遵生八箋》山家有之。其一種名海榴，植以供盆玩，能結實。

清　何剛德《撫郡農産攷畧・石榴》　石榴有雪榴、飯榴兩種，雪榴汁多而味甜，飯榴汁少而味酸。榴葉狹而長，緑色，花有大紅、粉紅、黄、白各色。撫屬皆有之。　天時：五月揚花，七八月結實，經霜後則實自裂，其味更佳。　地利：宜肥地，園圃中皆可種。　人事：三月初，取指大嫩枝，長尺有半，八九枝共爲一窠，燒其末，勿使（漏）瀋（水）。先掘圓坑深尺七寸，廣徑尺，竪枝坑畔，環布停匀，築以堅土，令没枝頭寸許。以水澆之，常令潤澤。既生之後，十月天寒，則以稾裹之。一云葉初苞時，折肥嫩枝插肥土内，用水頻澆，自然生根。又葉未生時，從鶴膝處用脱果法，俟生根截下栽之，揚花結實，□大樹無異。澆以米泔水極佳。《廣羣芳譜》：石榴不結子者，以石塊或枯骨安樹叉間或根下，則結子不落。　物用：石榴百斤價三千七八百。臨川有運至南昌銷售者。皮可入藥，子可釀酒。

藝文

晉 庾儵《安石榴賦》（并序） 于時仲春垂澤，華葉甚茂。炎夏既戒，忽乎零落。是以君子居安思危，在盛思衰，可無懼哉，乃作斯賦：綠葉翠條，紛乎葱青。丹華照爛，暐暐熒熒。遠而望之，粲若摛繢被山阿；迫而察之，赫若龍燭耀綠波。

晉 傅玄《安石榴賦》 烏宿中而纖條結，龍辰升而丹葉繁。其在晨也，灼若旭日棲扶桑。其在昏也，奭若燭龍吐潛光。苞玄黄之烈輝，緣煒曄而焜煌。發朱榮于綠葉，時從風而飄揚。

晉 張協《安石榴賦》 考草木于方志，覽華實于園疇。窮陸産于苞貢，差英奇于若榴。耀靈葩于三春，綴霜滋于九秋。爾乃飛龍啟節，揚飈扇埃。含和澤以滋生，鬱敷萌以挺栽。傾柯遠擢，沈根下盤。繁莖篠密，豐榦林攢。揮長枝以揚綠，披翠葉以吐丹。流暉俯散，迴葩仰照，爛若百枝並燃，赫如烽燧俱燎。皦如朝日，晃若龍燭。晞絳采于扶桑，接朱光于若木。爾乃赬萼挺蔕，金牙承蕤。蔭佳人之玄髻，發窈窕之素姿。遊女一顧傾城，無鹽化爲南威。于是，天漢西流，辰角南傾。芳實壘落，月滿虧盈。爰采爰收，乃剖乃拆。素粒紅液，金房緗隔。此二句從《初學記》補內憐幽以含紫，外滴瀝以霞赤。柔膚冰潔，凝光玉瑩，漼如冰碎，泫若珠迸。含清冷之温潤，信和神以理性。

晉 張載《安石榴賦》 有石榴之奇樹，肇結根于西海。仰青春以啟萌，晞朱夏以發采。揮光垂綠，擢榦曜鮮。熻若羣翡，俱栖爛若。百枝並然。煥乎郁郁，焜乎煌煌，仰映青霄，俯燭蘭堂。似西極之若木，譬東谷之扶桑。于是天迴節移，龍火西夕，流風晨激，行露朝白，紫房既熟，赬膚自拆，剖之則珠散，含之則冰釋。充嘉味于庖籠，極醉酸之滋液。上薦清廟之靈，下羞玉堂之客。

晉 潘尼《安石榴賦并序》 安石榴者，天下之奇樹，九州之名果。是以屬文之士或叙而賦之。蓋感時而騁思，睹物而興辭。余遷舊宇，爰造新居。前臨曠澤，卻背清渠。實有斯樹，植于堂隅。華實并麗，滋味亦殊。可以樂志，可以充虛。朱芳赫奕，紅萼參差。含英吐秀，乍含乍披。遥而望之，煥若隨珠耀重川。詳而察之，灼若列宿出雲間。湘涯二后，漢川遊女。攜類命疇，逍遥避暑。託斯樹以棲遲，遡祥風而容與。爾乃擢纖手兮舒皓腕，羅袖靡兮流芳散。披綠葉于脩條，綴朱華兮弱幹。豈金翠之足珍，實兹葩之可玩。商秋授氣，收華斂實。千房同蔕，十子如一。繽紛磊落，垂老曜質。（已上四句從《初學記》二八補）滋味浸液，馨香流溢。

晉 范堅《安石榴賦》 縈紅根以磐峙，擢修幹而扶疏。荑應春以吐綠，葩涉夏而揚朱。

晉 陳玢《石榴賦》 惟木之珍，莫美石榴。擢鮮葩于青春，結芳實于素秋。

南朝梁 王筠《摘安石榴枝贈劉孝威》 中庭有奇樹，當户發華滋。素莖表朱實，綠葉厠紅蕤。既標大冲賦，復見安仁詩。宗生仁壽殿，族代疑作茂河陽湄。有美清淮北，如玉又如龜。退書寫蟲篆，進對多好辭。我家新置側，新置側已隣居可求不難識。相望阻盈盈，相思滿胷臆。高枝爲君採，請寄西飛翼。

南朝梁 蕭繹《石榴》 塗林未應發，春暮轉相催。然燈疑夜火，連珠勝早梅。西域移根至，南方釀酒來。葉翠如新剪，花紅似故裁。還憶河陽縣，映水珊瑚開。

隋 孔紹安《石榴》 可惜庭中樹，移根逐漢臣。只爲來時晚，開花不及春。

隋 魏彦深《石榴》 分根金谷裏，移植廣庭中。新枝含淺綠，晚萼散輕紅。影入環階水，香隨度隙風。路遠無由寄，徒然初學記作念春閨空。

唐 宋之問《翫郡齋海榴》 澤國韶氣早，開簾延霽天。野禽宵未囀，山蜚晝仍眠。目兹海榴發，列映巖楹前。熠爚禦風靜，葳蕤含景鮮。清晨綠堪佩，亭午丹欲然。昔忝金闕籍，嘗見玉池邊。未若宗族地，更逢榮耀全。南金雖自貴，留一作質賞詎一作誰能遷。撫躬萬里絶，豈染一朝妍。從祿滯遐郡，賞疑作常是惜流年。越俗鄙章甫，捫心空自憐。

唐 孫逖《同和詠樓前海石榴二首》 客自新亭郡，朝來數物華。傳居妓樓好，初落海榴花。露色珠簾映，香風粉壁遮。更宜林下雨，日晚逐行車。

海上移珠木，樓前詠所思。遥聞下車日，正在落花時。舊綠香行蓋，新紅灑步綦。疑作綦從來寒不易，終見久逾滋。

唐 李嘉祐《題韋潤州後亭海榴》 江上年年小雪遲，年光獨報海榴知。

寂寂山城風日暖，謝公含笑向南枝。

唐 皇甫丹《韋中丞西廳海榴》 海流争讓候榴花，犯雪先開内史家。末客朝朝鈴閣下，從公步履翫年華。

唐 白居易《白氏長慶集》卷一六《題山石榴花》 一叢千朵壓闌干，剪碎紅綃卻作團。風嫋舞腰香不盡，露銷粧臉淚初一作新乾，薔薇帶刺攀常懶，菡萏生泥玩亦難。不及此花簷户下，任人採弄盡上聲人看。

明 彭大翼《山堂肆考》卷二〇七 丹暉緗葯，潘岳《河陽庭前安石榴賦》丹暉綴于朱房，緗葯點乎紅鬚。若琉璃之棲鄧林，若珊瑚之映淥水。

明 彭大翼《山堂肆考》卷二〇七 錦香囊，莊布《石榴歌》：霜風擊破錦香囊，鸚鵡啄殘紅豆顆。 王母庭，王禹偁詩：王母庭前親見栽，張騫偷得下天來。 珠骨玉漿，楊廷秀《石榴》詩：霧縠作房珠作骨，水晶爲醴玉爲漿。

清 唐之鳳《天香閣詩集》卷一〇《石榴》 西域攜來道路難，碎敲紅玉映晶盤。鮫人流下鍾情淚，化作明珠粒粒丹。

枇杷

綜述

宋 謝維新《古今合璧事類備要别集》卷四二《果門·枇杷》《格物總論》枇杷樹高丈餘，枝肥，葉大，有毛。冬華夏實，大如雞子，小者如梅，子味甜酢，黄熟方可喫。核如指頭大。

明 彭大翼《山堂肆考》卷二〇七《供廟》 唐建中元年，詔山南歲貢枇杷，取一次以供廟享。

明 宋詡《竹嶼山房雜部》卷九《樹畜部·樹類》 枇杷，實味甘有漿，古名盧橘。按：司馬相如《上林賦》，盧橘與枇杷並列。又郭璞注云：蜀中有盧橘，通歲食之。非一種也。《韻府》云：盧橘皮厚，大小如柑。九月結實正赤，明年二月更青黑。 不接者壽。接者結實核少。接於本體。宜水淋淡草灰以壅於根側，糞穢非其所便。

明 李時珍《本草綱目》卷三〇 枇杷《别録》中品 釋名：宗奭曰：其葉形似琵琶，故名。 集解：頌曰：枇杷，舊不著所出州土，今襄、漢、吴、蜀、閩、嶺、江西南、湖南北皆有之。木高丈餘，肥枝長葉，大如驢耳。背有黄毛，陰密婆娑可愛，四時不凋，盛冬開白花，至三四月成實。作梂生，大如彈丸。熟時色如黄杏，微有毛。皮肉甚薄，核大如芋栗，黄褐色，四月采葉曝乾用。時珍曰：案郭義恭《廣志》云，枇杷易種，葉微似栗，冬花春實，其子簇結，有毛，四月熟，大者如雞子，小者如龍眼，白者爲上，黄者次之。無核者名焦子，出廣州。又楊萬里詩云：「大葉聳長耳，一枝堪滿盤。荔支分與核，金橘卻無酸。」頗盡其狀。註《文選》者以枇杷爲盧橘，誤矣。詳金橘。

明 王象晉《群芳譜·果譜·枇杷》 枇杷，一名盧橘。樹高丈餘，易種。肥枝。長葉微似栗，大如驢耳，背有黄毛，形似琵琶，故名。陰密，四時不凋，婆娑可愛。冬開白花，三四月成實，簇結有毛。大者如雞子，小者如龍眼。味甜而酢，白者爲上，黄者次之。皮肉薄，核大如茅栗。相傳枇杷秋萌冬花，春實夏熟，備四時之氣，他物無與類者。建業野人種枇杷，誇其色曰蠟兄。襄、漢、吴、蜀、淮揚、閩嶺、江西、湖南、北皆有。無核者，名焦子，出廣州。附録：山枇杷，山枇杷，花似牡丹殷潑血。往年乘傳過青山，正值山花好時節。壓枝凝艷已全開，映葉香苞纔半裂。緊摶紅袖欲支頤，慢解絳囊初破結，金線蕤飄繁蕊亂，珊瑚朵重纖莖折。因風旋結裙片飛，帶日斜看目精熱。亞水依巖半傾側，籠雲隱霧多愁絶。緑珠語盡身欲投，漢武眼穿神漸滅。穠姿秀色人皆愛，怨媚羞容我偏别。（唐元稹）。典故：建中元年，詔南山歲貢枇杷，取一次以供宗廟。《唐史》。枇杷寒暑無變，負雪揚花，余植之庭圃《周祇》。枇杷五月開結主水。《田家五行》

明 周文華《汝南圃史》卷三《枇杷》 枇杷，葉似琵琶故名，一名盧橘。唐子西云：「枇杷、盧橘，一也。」而《上林賦》曰：「盧橘夏熟。」又曰：「枇杷、橪柹則顯然二物。」吴曾引張勃《吴録》云：「建安郡中有橘，冬月於樹上覆裹之。至明年春夏色變青黑，味尤絶美。」魏主《花木志》云：「蜀土有給客橙，亦名盧橘。乃知枇杷不當冒盧橘之名矣。唯廣人呼盧橘爲枇杷，遂以枇杷爲盧橘。」《圖經本草》曰：「枇杷，木高丈餘，葉作驢耳形，背有毛。其本陰密，枝葉婆娑，四時不凋。盛冬開白花，至三四月成實。」故謝瞻賦云：「禀金秋之青條，抱東陽之和氣，肇寒葩於結霜，成炎果乎纖露。其作實，毬如黄梅，皮肉甚薄，中核如小栗。四月採葉暴乾，治肺氣止渴疾。」《漳州志》云：「春果已過，夏果未成，此果適熟。」故諺有「枇杷黄，果子荒」之説。《蘇州志》云：「枇杷肉厚，味甘，或有核者小如椒，故名椒子枇杷。春三月宜用本色接。」按《果經》謂此本初接則核小，再接則無核。《便民圖纂》云：「以核種之即出，待長移栽。宜用淋過淡灰壅根。若澆糞，則葉謝本死。」

明　徐光啟《農政全書》卷三〇　枇杷《上林賦》曰：盧橘，枇杷易種，葉微似栗，冬夏不凋。冬花春實，夏熟大者如雞子，小者如龍眼。白者爲上，黃者次之。無核者名焦子、出廣州。李時珍曰：枇杷非盧橘也。《便民圖纂》曰：以核種之即出，待春移栽，三月宜接。

明　彭大翼《山堂肆考》卷二〇七《枇杷》　樹高丈餘，枝肥，葉大而有毛。冬華夏實，一名盧橘。然觀司馬相如《游獵賦》：盧橘與枇杷並列，則盧橘似非枇杷，未知孰是。《清異録》，建業野人種枇杷，誇其色曰蠟兄。

明　鄺璠《便民圖纂》卷五《枇杷》　枇杷一名盧橘，其色寒暑無變。負雪開花，春間結子，至夏成熟。以核種之即出，待長移栽，三月宜接。

明　慎懋官《華夷花木鳥獸珍玩考》卷二《枇杷樹》　無論國，隋時聞焉，在扶南西二千餘里，其國大道，左右夾種枇杷樹及諸華果，行其下，常有玄陰。十里一亭，亭皆有井，食麥飯，飲蒲桃酒如膠。若飲，即以水和之，味甚甘美。枇杷葉一名無憂扇。　蘆橘：今：東呼枇杷爲蘆橘。知府龐公振卿言之。　種枇杷：尋常以淋過淡灰擁根頭，則花多而實大。　山枇杷：深山老去惜年華，況對東溪野枇杷。火樹風來翻絳艷，瓊枝日出曬紅紗。廻看桃李都無色，映得芙蓉不是花。爭柰結根深石底，無因移得到人家。　建業野人，種梨者，詫其味曰：蜜父。種枇杷者，恃其色曰：蠟兄。

明　王世懋《學圃雜疏·枇杷》　枇杷出東洞庭大，自種者小，然卻有風味。獨核者佳。蓋它果須接乃生，獨此果直種之亦能生也。

明　方以智《物理小識》卷九《枇杷》　枇杷以味長而名。接則核少，不接者壽。壅宜水淋淡草灰，不宜糞穢。向以爲盧橘，按相如賦，盧橘與枇杷並稱，則非一物矣。肇慶優曇鉢似枇杷，無花而實。粵閩黃彈則似枇杷而無核。枇杷核能去黴垢，故能化痰。

明　盧之頤《本草乘雅半偈》卷八《枇杷》　枇杷核下地即生，亦易長。近十年開花結果。性喜高疎，最便山土，秋英冬花，春實夏熟。核多于肉，葉盛于枝，花繁成蓓，一叢約三五十枚。春半删除十之七，則果大肉肥，否則無肉且小矣。青時有毛而酸，發白轉黃，甘滑可口，望夏布葉末倍于本，雖並列園林，同登樽薦，而生榮成美迥異。時芳，處天地閉藏，獨露英華，值萬物蕃茂陰森，肥遯。世知葉充藥物，未知核仁兩瓣，即將成兩葉，木之胞闇也。然核與葉較尤多醖畜枝莖，皮肉各有所施，統體專精，他果所不及也。

清　高士奇《北墅抱瓮録·枇杷》　園中枇杷，樹皆數拱，貫霜雪而愈茂。秋萌冬花，春實夏熟，備四時之氣，果色正黃，昔人稱爲蠟兄。廣州產，無核者曰名焦一作椒子。其花今多目爲款冬，非也。按《本草圖經》：款冬乃《爾雅》所謂菟奚，顆生冰雪中，枝莖不大。款冬，枇杷，皆凌冬而花，故訛爲一耳。

清　曹溶《倦圃蒔植記·枇杷》　司馬相如《上林賦》云，盧橘夏熟。復云，枇杷撚柿。而建安有橘，至夏始熟，色變青黑，謂之盧橘。則盧橘之與枇杷亦必有分矣。或者因廣人以盧橘名枇杷，遂以枇杷爲盧橘。然則揚州人呼白楊梅爲聖僧，亦將以楊梅爲人乎。法以子種，待長移栽，以淡屎壅根，切勿澆糞。薦之果奩，其堪充蠟也。

清　王芷《稼圃輯》　枇杷寒暑不變色，負雪開花，春間結子，夏間成熟，秋發蕋，備四時之氣。核種即出，待長移栽，三月本色接過貼嫩枝上則易生，且少核多實，再接核小。用淋過淡灰壅根方茂，着糞即死。

清　吳其濬《植物名實圖考》卷三二《果類·枇杷》　枇杷，《別録》中品。葉爲嗽藥，浙江産者實大核少。

清　吳其濬《植物名實圖考長編》卷三五《果類卷·枇杷》　《別録》：枇杷葉味苦平，無毒，主卒啘不止，下氣，陶隱居云：其葉不煮，但嚼食亦差，人以作飲則小冷。　《圖經》：枇杷葉舊不著所出州郡，今襄漢、吳蜀、閩嶺皆有之。木高丈餘，葉作驢耳形，背有毛，其木陰密婆娑可愛，四時不彫，盛冬開白花，至三四月而成實，故謝瞻《枇杷賦》云：「稟金秋之清條，抱東陽之和氣。肇寒葩於結霜，成炎果乎纖露」是也。其實作梂如黃梅，皮肉甚薄，味甘，中核如小栗，四月採葉暴乾，治肺氣，主渴疾。用時，須火炙布拭，皮上黃毛去之難盡，當用粟稈作刷，刷之乃盡，今以作飲則小冷，其木白皮，止吐逆不下食。　《廣志》：枇杷易種，葉微似栗，冬花春實，子簇結有毛，四月熟，大者如雞子，小者如龍眼，白者爲上，黃者次之，無核者名蕉子，出廣州。　《冷齋夜話》：東坡詩曰：客來茶罷空無有，盧橘微黃尚帶酸。張嘉甫曰：盧橘何種果類，答曰：枇杷是矣。又問，何以驗之，答曰：事見相如賦。嘉甫曰：盧橘夏熟，黃甘橙楱，枇杷橪柿，楟柰厚朴，盧橘果枇杷則賦，不應四句重用。應邵注曰：伊尹書曰：箕山之東，青鳥之所有，盧橘常夏熟不據依之何也？

東坡笑曰：意不欲耳。

植物名實圖考・枇杷

明 張大復《梅花草堂集筆談》卷七《枇杷》 《文選》：盧橘夏熟。註云：盧橘，枇杷也。色正黃，味甘而差小，一核，曰金丸。瓤作鵝黃色，膚冷白，液多，味蜜，曰白沙。二種爲異。吴閶市上多白沙，而少金丸。吾鄉王氏清夢軒旁，有金丸一株。以啖，客多懷其核而去，然不聞有他本。豈亦貴重之徵歟？或云，秋蕚、冬花、春果、夏熟，備四時之氣。東坡枇杷，多核以爲恨，至與文字雅俗並稱，蓋貴之也。昨食枇杷而酸，客有進者置之，都不復作甘。想今日啖，可三十許枚。瓤如飴，核亦纍上。然笑語若曰，此雅俗間文字，政未俗下耳。

清 黃輔辰《營田輯要・雜植》 枇杷，四時不凋，秋萌，冬花，春實，夏熟，備四時之氣，種不宜糞。

清 陳昌齊 道光《廣東通志・其他果類・木竹子》 木竹子。俗名山竹子，形如大枇杷。皮厚多脂，沾物如漆，味甘酸。核十字拆，每子四核，食者和核吞之。《雷州府志》

又 櫓罟子。葉如劍，寬寸餘，長三五尺，兩邊及脊各有刺如鋸齒。子似波羅子，近心一半有微肉，甘膩可食，婦人不孕者多食之。可以種子，園圃籬落多種之。其葉可以代薪，其子可以代炭。同上

又 坡果。莖如芥，花紅時根實如柿，味類蓮子，出瓊州。《黃志》

又 昌漢子。樹多棘刺，鮮紅，圓如數珠，出瓊州。鳳皇子亦出瓊州。同上

清 何剛德《撫郡農産攷畧・枇杷》 枇杷一名盧橘，花白，葉極長，形如琵琶，背有黃毛。實大如龍眼，味酸。郡城有之，臨川西南鄉亦有之。 天時：春分時種，四五年即成樹。每年冬揚白花，四月結實熟可食。相傳此果秋萌芽，冬揚花，春結實，夏成熟，備四時之氣。 地利：宜園圃燥亢地。 人事：取子陰乾，春分時鋤地作窠，一窠一粒，窠相距五六寸。次年春間可移栽。此樹易種，亦不必以他樹接之。初種時以灰覆之，長芽後時時蔭水，不宜糞。 物用：可蜜煎。葉可入藥，刷去黃毛，可代茶。熬實爲膏，化痰潤肺。每斤值錢二十餘。

楊梅

綜述

晉 嵇含《南方草木狀・楊梅》 楊梅，其子如彈丸，正赤五月中熟，熟時似梅，其味甜酸。陸賈《南越行紀》曰：羅浮山頂有胡楊梅，山桃繞其際，海人時登採拾，止得於上飽啖，不得持下。東方朔《林邑記》曰：林邑山楊梅，其大如杯椀，青時極酸，既紅味如崖蜜，以醖酒，號梅香酎，非貴人重客，不得飲之。

唐 李延壽《南史・任昉傳》 昉爲新安太守，郡有蜜嶺多楊梅，舊爲太守所採，昉以冒險多物故，即時停絶，吏人咸以爲百餘年未之有也。

唐 段公路《北録・白楊梅》 楊梅，葉如龍眼，樹冬青，一名朹。音求 潘州有白色者，甜而絶大。鄭公虔云：「越州容山有白熟楊梅。」兼《名苑》云：「東興縣有大如鷄卵楊梅。」《博物志》云：「地有章名，則多楊梅。」得非誤耶！《南越志》：安章縣白蜀里多楊梅，求之曰白蜀，去章遠矣。《吴興記》曰：故章縣北有石柳山，出楊梅，常以貢御。張華所謂「地名章，必生楊梅」，蓋謂此也。

宋 謝維新《古今合璧事類備要別集・果門・楊梅》 《格物總論》楊梅其子如彈丸，五月中熟時似梅子，其味酸甜。然有紅白紫三種，紅者味勝於白，紫者又勝於紅，顆大而核細，尤天下之奇也。

明 宋詡《竹嶼山房雜部・樹畜部・樹類》 楊梅實熟甚甘。紫色楊誠齋

詩云：玉肌半醉生紅粟，墨暈微深染紫裳。白色晚，揚州曰聖僧。　春分前接，接用海桐及本體。壅便水淋淡草灰。

明　王象晉《群芳譜・果譜・楊梅》　楊梅，一名杋子，生江南嶺南山谷間，會稽産者爲天下冠。吴中楊梅種類甚多，名大葉者最早熟，味甚佳。次則卞山，本出苕溪，移植光福山中尤勝。又次爲青蒂、白蒂及大小松子。此外味皆不及。樹若荔枝，葉細青如龍眼及紫瑞香。二月開花，結實如楮實子，肉在核上，無皮殼。五月熟，生青，熟則有白、紅、紫三色。紅勝白，紫勝紅。顆大核細，鹽藏、蜜漬、糖製、火酒浸皆佳。可致遠。東方朔《林邑記》云：邑有楊梅，大如盃盌，青時酸，熟則如蜜，用以釀酒，號爲梅花酎，甚珍重之。揚州呼白者爲聖僧。張華《博物志》言：地瘴處多生楊梅。信然。多食令人傷熱，食核中仁可解。　實：酸甘微熱，滌腸胃，除煩憒惡氣。久食損齒及筋，發瘡致痰。忌與生葱同食。核仁：以棟漆拌核，暴之則自裂，可治脚氣。皮及根：煎湯洗惡瘡、疥癬，漱齒痛，解砒毒。燒灰油調塗湯火傷。　種法：性宜山地。核投糞池中浸六月取出，收潤土中，二月鋤地種之。待長尺許，次年移栽。三四年後以生子枝接之。次年二月仍移栽山地，多留宿土。臘月内離根四五尺，於高處開溝，灰糞壅之，不宜着根。每遇雨，肥水滲下，則結子大而肥。《物類相感志》云：桑樹接楊梅則不酸，樹上生癩，以甘草釘釘之則去，皆物理之妙也。

明　徐光啓《農政全書・樹藝》　楊梅，《博物志》云：地瘴處多生楊梅。一名杋子，生江南嶺南山谷間，會稽産者爲天下冠。楊梅種類甚多，大葉者最早熟，味甚佳。次則卞山。本出苕溪，移植光福山中尤勝。又次爲青蒂、白蒂及大小松子。揚州呼白者爲聖僧樹。若荔枝葉細青如龍眼。二月開花，結實如楮，實子肉在核上，無皮殼，五月熟，生青熟則有白、紅、紫三色。　《便民圖纂》曰：六月間，取糞池中浸過核收盦。二月鋤地種之，待長尺許，次年三月移栽，三四年後，取別樹生子枝條接之，復栽山地，其根多留宿土，臘月開溝於根旁，高處離四五尺許，以灰糞壅之，不宜著根，每遇雨肥水滲下，則結子肥大。　《物類相感志》云：桑樹接楊梅則不酸，樹上生癩以甘草釘釘之則去。　鹽藏蜜漬糖製，火酒浸皆佳。　《林邑記》云：邑有楊梅，大如杯碗，青時酸，熟則如蜜。用以釀酒，號爲梅花酎，甚珍重之。

明　鄺璠《便民圖纂・楊梅》　楊梅六月間取糞池中浸過核收盦，二月鋤地種之。待長尺許，次年三月移栽。三四年後，取別樹生子枝條接之，復栽於地。其根多留宿土，臘月開溝於根旁，高處離四五尺許，以灰糞壅之，不宜著根。每遇雨，肥水滲下，則結子肥大。

明　周文華《汝南圃史・楊梅》　楊梅如楮，實有紅、紫、白三色，以五月中熟。《圖經本草》曰：「楊梅亦生江嶺南。其本若荔枝，而葉細陰厚。其實生青熟紅，肉在核上，無皮殼。核中有仁，甚香。」王蕤守會稽，童貫患脚氣，或云楊梅仁可療。蕤獻五十石，因擢待制。《忠雅》云：「楊梅樹不甚高大，實如彈丸。始青，中紅，終紫。味酸而甜，多生包山等處。江南佳果也。揚州有一種白者，土人呼爲聖僧梅。張司空言地瘴生楊梅，恐非至論。」《吴邑志》曰：「楊梅爲吴中名品，出光福山。銅坑第一，聚塢次之。洞庭所産尤多，唯宜醃以行遠。其他蜜漬、礬收、火燻、糖浸皆有法。」《西湖游覽志》曰：「楊梅，諸山多有之。而煙霞塢、東墓嶺、十八澗、皋亭山者，肉鬆核小，味尤甜美。閩廣人盛稱荔枝無物可比。或以西凉蒲萄當之，然總不若吴越楊梅也。」柯正平詩云：「五月楊梅已滿林，初疑一一價千金。味方河朔蒲萄重，色比瀘南荔子深。」則古人已有舉而方之矣。《便民圖纂》云：「六月間，糞池浸核取出收盦，二月鉏種。待長尺許，次年三月移栽。三四年後接以別樹生子枝條，復栽山地，多留宿土。臘月開溝於根旁高處，離四五尺許，以灰糞壅之，不宜著根。每遇雨，肥水滲下，則結子肥大。楊梅種宜山地，平土雖可移植，子小不肥，結亦甚少。」或云：「以青石屑拌黄土種之，糞以羊矢則盛。」又云：「桑上接楊梅，生子不酸。樹或生癩，以甘草釘之。」

明　王世懋《學圃雜疏》　楊梅須山土。吾地沙土，非宜種之，亦能生，但小耳。　樹極婆娑可愛。今當種澹圃高岡上，與山礬相覆蔭。

明　方以智《物理小識》卷九《楊梅》　楊梅　紫者，楊誠齋所謂「玉肌半醉生紅粟，墨暈微深染紫裳」者也。白者，揚州所呼聖僧也。春分前接用海桐。壅宜水淋淡草灰。吴下者大，贊寧曰：楊梅核碎必八塊。《北户録》曰：潘州有白楊梅，俗以火酒浸之。

清　陳淏子《花鏡》卷三《花果類考・楊梅》　楊梅，一名杋音求，爲吴越佳果，樹若荔枝而小，葉細陰厚，至冬不凋。隔年開花，結實如穀樹子而有核與仁。生青熟紅，如鶴頂狀，亦有紫、白色者。肉在核上，無皮殼而有仁可食以柿漆拌核，曝之則自裂仁出。大略生太湖杭紹諸山者，實大肉鬆，核小而味甘美。餘雖有實小而酢，止堪鹽（醃）、蜜漬、火薰而已。種法：六月間，將子於糞坑內浸過收盒，待來年二月，以青石屑拌黃土，鋤地種之。待長尺許，於次年三月移栽，澆以羊糞水自盛。四年後，取別樹生子好（枝）接之，復栽山黃泥地。移時，根下須多留宿土，臘月開溝，於根旁高處，離四五尺，以灰糞壅之，不可着根。每遇雨肥水滲下，則結實必大而甜，若以桑樹接楊梅則不酸。如樹生癩，以甘草削釘釘之即愈。春分前海桐可接。

清 高士奇《北墅抱瓮録・楊梅》 江南諸果，以楊梅爲冠，有紅、白、紫三種。河朔蒲萄，瀘南荔子，與此差堪鼎足。晚花軒前所種，乃出項里者，陸放翁所謂：項里楊梅鹽可撤是也。放翁自注：楊梅酸者，乃薦以鹽，佳品，未嘗用。因謂太白玉盤楊梅，爲君設吴鹽，如花皎白雪，未諳物理，果然。

清 曹溶《倦圃蒔植記・楊梅》 《清異録》載，杭人盛稱楊梅，或以荔枝折之。予按楊梅，甘液迸流，宛如降雪，釘坐真人，恐難盡奪也。其法：於六月間糞池浸核，取出收盦。春時鋤種，尺許移栽。三四年後，接以別枝，復栽於地，多帶宿土。臘月（開）溝離根五尺許，以灰糞壅之，不使着根，遇雨滲下，則結子肥大。或云桑上接之，生子不酸。樹或生癩，以甘草釘之。

清 王芷《稼輔輯》 楊梅曰楞梅，六月間，取糞池中浸過核收盦，二月鋤地種之。待尺許長，次年三月移栽。三四年後，別樹生子枝條接之，復栽山地。其根多留宿土，臘月開溝於根旁高處，離四五尺以灰糞壅之，不宜着根，遇雨肥水滲下，則結子肥大。桑樹接楊梅則不酸。壅以十二月，樹癩以甘草釘之。

清 張宗法《三農紀》卷五《楊梅》 楊梅，《圖經》云：樹若荔枝，葉若龍眼，結實如楮。實無皮殼，肉生核上，生青，熟有紅白紫三色，紫勝紅，紅勝白。五月熟或蜜漬、糖製、鹽藏、火酒浸皆佳。《方士記》云：朹子。《異物志》云：火實如彈丸，正赤，五月中熟，其味甘酸。《博物志》云：地有章名則生楊梅。《潛確類》云：揚州人呼白者爲聖僧，亦乃方果也。 植藝：性喜山土，實熟收核，浸糞池內一月取出，入潤土中。至明年春中苗生，待長尺餘，二月移栽，多留宿土易活。至三四年生子。冬間離根三四（尺）開溝，以灰糞壅，結實大而肥。《相感志》：三桑接味甘，擇本樹佳者接亦美。 治樹：樹間生癩以甘草釘之即去，生蛀蟲用百部末填蟲自死。 本性：味酸氣温，逐痰止嘔，仁可除疝，多食生熱，久食傷齒，忌與生葱同食。 效方：風蟲牙痛，楊梅根、韭根、案上垢等分提勺貼兩腮上，其蟲自目角出。頭疼不止，楊梅爲末噴鼻取嚏效。

清 鍾山逸叟《致富奇書》卷一 楊梅爲吴中名品，光福山銅坑出者第一，聚塢次之。洞庭所産尤多。《西湖志》云：煙霞塢東墓嶺，十八澗，皋亭山者，肉鬆核小，味尤甜美，閩廣人盛稱荔枝無物可比，或以西凉葡萄當之，然總不如吴越楊梅也。柯正平詩曰：「五月楊梅已滿林，初疑一一價千金。味方河朔葡萄重，色比瀘南荔枝深。」則古人已有舉而方之矣。種法：六月間糞池浸核，取回收罨。二月鉏種，待長尺許，次年三月移栽，三四年後，接以別樹生子。枝條復栽山地，多留宿土。臘月開溝于根旁，離四五尺許，以糞土壅之，不宜着根。每遇雨，肥水滲下，則結子肥大，或云：桑上接楊梅，生子不酸，樹若生癩，以甘草釘之。

清 黄輔辰《營田輯要・雜植》 楊梅，種宜山地，西北無此樹。取核糞池中浸，六月取出，收潤土中，三月種之，待尺許移栽。三年後，以枝子接之。復移栽山地，壅以灰糞，結子大而肥。

清 陳憲舜《課民植牧講義稿・楊梅》 有紅、白、紫三種。顆大而核細，鹽浸蜜製皆佳。其法於九月初旬，選極熟楊梅，擠子去漿，攤於紙上曬乾。以竹簸箕，鋪細泥於上，將子埋入，灑水置陰濕處，以木板濕水，斜覆其上，微以日曬之，至發芽爲止。長至寸餘，於番薯收後，耕地植之。至來春已成樹秧，如以園種，每離一尺八寸。留種，則離三尺一株。此後常常去草，密加糞肥，至夏季即能結果。

清 吴其濬《植物名實圖考・果類・楊梅》 楊梅，《開寶本草》始著録，吴中産者佳，可爲粽，即醬也，廣信以釀酒。《汀州志》鹽藏可治傷破。

植物名實圖考・楊梅

清 吴其濬《植物名實圖考長編》卷一六《果類·楊梅》《開寶本草》：楊梅味酸，甘温無毒，主去痰止嘔噦，消食下酒，乾作屑，臨飲酒時服，方寸匕止吐酒，多食令人發熱。其樹若荔枝樹而葉細陰青，其形似水楊。子而生青熟紅，肉在核上，無皮殼。生江南嶺南山谷，四月五月採。《齊民要術》《臨海異物志》曰：其子大如彈子，正赤，五月熟似梅，味甜酸。《食經》：藏楊梅法，擇佳完者一石，以鹽一斗（醃）之，入鹽肉中，仍出曝令乾熇，取杬皮二斤，煮取汁漬之，不加蜜漬，梅色如初美好，可堪數歲。

《劍南詩註》：太白《梁園吟》云：玉盤楊梅爲君設，吴鹽如花皎白雪。不知楊梅酸者，乃薦以鹽，佳品未嘗用也。

藝文

南朝梁 江淹《楊梅頌》寶跨荔枝，芳軼木蘭。懷蕊挺實，涵黄糅丹。鏡日繡壑，照霞綺巒。爲我羽翼，委君玉盤。

宋 岳珂《楊梅》湆歷三家市，梅垂萬顆酸。雲池看火樹，蜒室試金丹。風露盈籃重，冰霜透齒寒。他楊應不類，留與子雲看。

宋 方岳《詠楊梅》五月梅晴暑正袢，楊家亦有果堪攀。雪融火齊驪珠冷，粟起丹砂鶴頂殷。并與文園消午渴，不禁越女蹙春山。略如荔子仍同姓，直恐前身是阿環。

宋 郭祥正《楊梅》紅實綴青枝，爛熳照前塢。不及杏繁時，林間有仙果。顆顆龍睛濕，深深映石門。自憐非荔子，不得薦堯閽。

宋 方岳《楊梅》筠籠帶雨摘初殘，粟粟生寒鶴頂殷。衆口但便甜似蜜，寧知奇處是微酸。

明 吴寬《楊梅》五月果初熟，枝頭鶴頂丹。欲知甘冷好，千顆薦冰盤。

明 楊循吉《初食楊梅》楊梅本是我家果，歸來相對歎先作。往來南北數十年，久不餐汝幾忘卻。憶從年少在吴中，食以成傷難療藥。年年端午即有之，街頭賣折先附郭。初間生酸對青色，次見熟從枝上落。吴儂好奇不論錢，一味饞逢傾倒橐。生時熏蒸喜烈日，所怕狂風陰雨虐。有紅有白紫者佳，大如彈丸圓可握。生芒刺口易破碎，到牙甘露先流腭。黄船奉供晝夜走，數枚出賜惟臺閣。其餘官小那得預，説著江南懷頗惡。吴人鹽蜜百計收，不知本味終枯涸。肉存液去但有名，奪以酸甜無可嚼。我今到家又遇夏，正是高林雨方濯。滿盤新摘恣狂啖，十指染丹如茜著。細思口實亦小事，其來乃以微官縛。使余不有故山歸，安得香鮮列惟錯。人生百年有適意，忍口勞勞何所樂。

清 張文瑞《六湖先生遺集》卷六《楊梅二絶句》葉似支離樹石楠，山枝争似水團甘。荔枝以山枝爲絶，楊梅以水團爲妙。蕭山風物都堪愛，一味楊梅壓嶺南。顔如木李麝香紅，麝香紅，李之最美者哈蜜葡萄臭味同。若把楊梅比妃子，風流正在肉肥中。

荔枝

綜述

晉 嵇含《南方草木狀》卷下《荔枝》荔枝樹，高五六丈餘，如桂樹，緑葉蓬蓬，冬夏榮茂，青華朱實，實大如雞子，核黄黑似熟蓮，實白如肪，甘而多汁，似安石榴，有甜酢者，至日將中，翕然俱赤，則可食也。一樹下子百斛。《三輔黄圖》曰：漢武帝元鼎六年，破南越，建扶荔宫。扶荔者，以荔枝得名也。自交趾移植百株于庭，無一生者，連年移植不息。後數歲，偶一株稍茂，然終無華實，帝亦珍惜之。一旦忽萎死，守吏坐誅死者數十，遂不復茂矣。其實則歲貢焉，郵傳者疲斃於道，極爲生民之患。

唐 劉恂《嶺表録異》卷中《荔枝》荔枝 南中之珍果也。梧州江前有火山，上有荔枝，四月先熟。以其地熱，故曰火也。核大而味酸。其高新州與南海産者最佳。五六月方熟，形若小雞子，近蒂稍平。皮殼微紅。肉瑩寒玉。又有焦核者，性熱液甘，食之過度即蜜漿制之。又有蠣荔枝，黄色，味稍劣於紅者。

唐 段公路《北户録》卷三《無核荔枝》南方果之美者有荔枝。衛洪《七問》曰：蒲桃、龍目、椰子、欐支。欐同荔。梧州火山者夏初先熟，而味小劣。其高潘州者最佳，五六月方熟。有無核類雞卵大者，其肪瑩白不減水精，性熱液甘乃奇實也。又有蠟荔枝，作青黄色，亦絶美。《南越志》云：荔枝洲有焦核、黄蠟者爲優。故《廣州記》曰：荔枝如雞卵大，殼朱肉白，五六月熟，核若雞舌香。陳藏器曰：荔枝樹冬青，實如雞子，核黄黑似熟蓮子，實白如肪，甘而多汁，百鳥食之爲肥，極宜人。《廣志》云：焦核胡楣此最美，次有鼈卵焉，其樹自合抱至數圍大者，材中梁棟，其堅即柹陁等木無以加也。嶺中荔枝纔盡，龍眼子方熟，大如彈丸，皮褐肉白，而味過甜，俗呼爲荔枝奴，非虛語耳。《修文殿御覽》云：龍眼子一名龍目。左思《蜀都賦》云：旁挺龍目，側生荔枝也。又《西京雜記》曰：尉佗獻高祖鮫魚、欐枝，高祖報以蒲桃錦四（疋）。

五代　李珣《海藥本草・荔枝》　謹按《廣州記》云：生嶺南及波斯國，樹似青木香，味甘酸，主煩渴頭重心躁，背膊勞悶，并宜食之，嘉州已下渝州并有。其實熟甘美。荔枝熟，人未採，則百蟲不敢近，人才採之。烏鳥、蝙蝠之類無不殘傷，故採荔枝者，必日中而衆採之。荔枝子一日變色，二日味變，三日色味俱變。古詩云：色味不逾三日變。員安宇荔枝詩云：香味三日變。今瀘渝人食之，多則發熱瘡。

宋　謝維新《古今合璧事類備要別集》卷四〇《果門・荔枝》　《格物總論》荔枝，樹高五六丈，大如桂樹。緑葉蓬蓬，冬夏榮茂青萃，朱實大如雞子，核黃黑似熟蓮子。肉白如肪，甘而多汁，似安石榴。有酸甜者，至日將中翕然俱赤，則可食也。一樹下子數斛，性熱，有人日啗千顆未嘗作疾，即少熱，以蜜漿解之。民間以鹽梅鹵浸，佛桑花爲紅漿，投荔枝漬之，曝乾，色紅而甘酸，可三四年不蛀。南人多以核之細者爲珍，謂之焦核。然此樹最忌麝香，或遇之，花實落盡也。

宋　樂史《太平寰宇記》卷七九　劍南西道八　《郡國志》云：僰，住施夷中最賢者。古所謂僰僮之富，多以荔枝爲業。園植萬株樹，收一百五十斛。

宋　沈括《夢溪筆談》卷二四《荔枝》　閩中荔枝，核有小如丁香者，多肉而甘。土人亦能爲之，取荔枝木去其宗根，仍火燔令焦，復種之，以大石抵其根，但令傍根得生，其核乃小，種之不復芽。正如六畜去勢，則多肉而不復有子耳。

宋　張世南《游宦紀聞》卷五　三山荔子，丹時最可觀。四月味成曰「火山」，實小而酸。五月味成曰「中冠」。最後曰「常熟中冠」。品佳者，不減莆中。二十年來，始能用掇樹法。取品高枝，壅以肥壤，包以黃泥，封護惟謹。久則生根，鋸截移種之，不逾年而實，自是愈繁衍矣。日乾致遠者，皆次品。

宋　蔡襄《荔枝譜》　第一：荔枝之於天下，唯閩粵、南粵、巴蜀有之。漢初南粵王尉佗以之備方物，於是始通中國。司馬相如賦上林云：答遝離支。蓋夸言之無有是也。東京交趾七郡貢生荔枝，十里一置，五里一堠，晝夜奔騰，有毒蟲猛獸之害。臨武長唐羌上書言狀，和帝詔太官省之。魏文帝有西域蒲桃之比，世譏其謬論，豈當時南北斷隔，所擬出於傳聞耶。唐天寶中，妃子尤愛嗜，涪州歲命驛致時之，詞人多所稱詠。張九齡賦之以託意，白居易刺忠州既形於詩，又圖而序之，雖髣髴顏色，而甘滋之勝，莫能著也。洛陽取於嶺南，長安來於巴蜀，雖曰鮮獻而傳置之速，腐爛之餘，色香味之存者亡幾矣，是生荔枝中國未始見之也。九齡、居易雖見新實，驗今之廣南州郡與夔梓之間所出，大率早熟，肌肉薄而味甘酸，其精好者僅比東閩之下等。是二人者，亦未始遇夫真荔枝者也。閩中唯四郡有之，福州最多，而興化軍最爲奇特，泉漳時亦知名，列品雖高而寂寥無紀，將尤異之物，昔所未有乎，蓋亦有之，而未始遇乎人也。予家莆陽再臨泉福二郡，十年往還，道由鄉國，每得其尤者，命工寫生稡集既多，因而題目以爲倡始。夫以一木之實，生於海濱巖險之遠，而能名徹上京，重於當世，是亦有足貴者。其於果品卓然第一，然性畏高寒，不堪移植，而又道理遼絶，曾不得班於盧橘江橙之右，少發光彩，此所以爲之嘆惜而不可不述也。　第二：興化軍風俗，園池勝處，唯種荔枝。當其熟時，雖有他果，不復見省，尤重陳紫。富室大家歲或不嘗，雖别品千計不爲滿意。陳氏欲采摘，必先閉户，隔牆入錢，度錢與之，得者自以爲幸，不敢較其直之多少也。列陳紫之所長，以例衆品。其樹晚熟，其實廣上而圓下，大可徑寸有五分，香氣清遠，色澤鮮紫，殼薄而平，瓤厚而瑩，膜如桃花，紅核如丁香母，剥之凝如水精，食之消如絳雪，其味之至不可得而狀也。荔枝以甘爲味，雖百千樹莫有同者。過甘與淡失味之中，唯陳紫之於色香味自拔其類，此所爲天下第一也。凡荔枝皮膜形色（一一），有類陳紫則已爲中品，若夫厚皮尖刺，肌理黃色，附核而赤，食之有渣，食已而澀，雖無酢味，自亦下等矣。　第三：福州種植最多，延貤原野，洪塘、水西尤其盛處，一家之有至於萬株。城中越山，當州署之北，鬱爲林麓，暑雨初霽，晚日照曜，絳囊翠葉，鮮明蔽映數里之間，焜如星火，非名畫之可得，而精思之可述，觀攬之勝無比。初著花時，商人計林斷之以立券，若後豐寡，商人知之不計美惡，悉爲紅鹽者，水浮陸轉以入京師，外至北戎、西夏、東南，舟行新羅、日本、琉球、大食之屬，莫不愛好，重利以酬之。故商人販益廣，而鄉人種益多，一歲之出，不知幾千萬億，而鄉人得飫食者，蓋鮮以其斷林鬻之也。品目至衆，唯江家緑爲州之第一。　第四：荔枝食之有益於人。《列仙傳》稱，有食其華實，爲荔枝仙人。《本草》亦列其功。

葛洪云，蠲渴補髓。所以唐羌疏曰：未必延年益壽。蓋云雖有其傳，豈果能哉，亦諫止之詞也，或以其性熱，人有甘噉千顆，未嘗爲疾，即少覺熱，以蜜漿解之。其木堅理難老，今有三百歲者，枝葉繁茂，生結不息，此亦其驗也。　第五：初種畏寒，方五六年，深冬覆之，以護霜霰。福州之西三舍曰水口，地少加寒，已不可殖。大畧其花春生，蔌蔌然白色，其花多少在風雨時與不時也。有間歲生者謂之歇枝。有仍歲生者，半生半歇也。春雨之際，旁生新葉，其色紅白，六七月時色已變緑，此明年開花者也。今年實者，明年歇枝也。最忌麝香，或遇之，花實盡落。其熟未經採摘，蟲鳥皆不敢近，或已取之，蝙蝠蜂蟻爭來蠹食。園家有名樹，旁植四柱小樓，夜棲其上，以警盜者。又破竹五七尺，摇之答答然，以逼蝙蝠之屬。　第六：紅鹽之法，民間以鹽梅滷浸佛桑花爲紅漿，投荔枝漬之，曝乾色紅而甘酸，可三四年不蟲，修貢與商人皆便之，然絶無正味。白曬者正爾烈日乾之，以核堅爲止，畜之甕中，密封百日，謂之出汗。去汗耐久，不然踰歲壞矣。福州舊貢紅鹽、蜜煎二種。慶曆初，太官問歲取之狀，知州事沈邈以道遠不可致，減紅鹽之數而增白曬者，兼令漳泉二郡亦均貢焉。蜜煎剥生荔枝，笮去其漿，然後蜜煎之。予前知福州用曬及半乾者爲煎，色黄白而味美可愛，其費荔枝減常歲十之六七。然修貢者取之於民，後之主吏，利其多取之責賂，曬煎之法不行矣。　第七：陳紫已下十二品有等次，虎皮已下二十品無等次。陳紫。因治居第，平窳坎而樹之，或云厥土肥沃之故。今傳其種子者皆擇善壤，終莫能及。是亦賦生之異也。　江緑。大較類陳紫而差大，獨香薄而味少淡，以故次之。其樹已賣葉氏，而民間猶以爲江家緑云。　方家紅。可徑二寸，色味俱美。言荔枝之大者，皆莫敢擬。歲生一二百顆，人罕得之。方氏子名蓁，大理寺丞。　游家紫。出名十年，種自陳紫，實大過之。　小陳紫。其樹去陳紫數十步，初一家并種之，及其成也差小，又時有穉核者，因而得名。其家別居，二紫亦分屬東西陳焉。　宋公荔枝。樹極高大，實如陳紫而小，甘美無異，或云陳紫種出。宋氏世傳，其樹已三百歲，舊屬王氏，黄巢兵過欲斧薪之，王氏媪抱樹號泣，求與樹偕死，賊憐之不伐。宋公名諴公者，老人之稱，年八十餘，子孫皆仕宦。　藍家紅。泉州爲第一。藍氏兄弟，圭爲太常博士，丞爲尚書都官員外郎。　周家紅。獨立興化軍三十年，後生益奇，聲名乃損，然亦不失爲上等。　何家紅。出漳州。何氏世爲牙校，嘗有郡將全樹買之。樹在舍後，將熟，其子日領卒數十人，穿其堂房，乃至樹所，其來無時，舉家伏藏，欲即伐去而不忍，今猶存焉。　法石（白）。出泉州法石院。色青白，其大次於藍家紅。　緑核。頗類江緑，色丹而小。荔枝皆紫核，此以緑見異。出福州。　圓丁香。丁香荔枝，皆旁蒂大而下鋭，此種體圓，與味皆勝。　虎皮者。紅色，絶大，繞腹有青紋，正類虎斑。嘗於福州東山大乘寺見之，不知其出處。　牛心者。以狀言之，長二寸餘，皮厚肉澀。福州唯有一株。每歲貢乾荔枝，皆調於民，主吏常以牛心爲準，倍直購之以輸，予嘗黜而不用。　玳瑁紅。荔枝上有黑點，疏密如玳瑁斑。福州城東有之。　硫黄。顔色正黄而刺微紅，亦小荔枝，以色名之也。　朱柹。色如柹，紅而扁大，亦云樸柹出福州。　蒲桃荔枝。穗生一朵至一二百，將熟多破裂。凡荔枝每顆一梗，長三五寸附於枝，此等附枝而生。樂天所謂朵如蒲桃者，正謂是也。其品殊下。　蚶殼者。殼爲深渠，如瓦屋焉。　龍牙者。荔枝之變怪者。其殼紅，可長三四寸，彎曲如爪牙而無瓤核，全樹忽變，非常有也。　水荔枝。漿多而淡，食之蠲渴。荔枝宜依山或平陸有近水田者，清泉流溉，其味遂爾。出興化軍。　蜜荔枝。純甘如蜜，是謂過甘失味之中。　丁香荔枝。核如小丁香，樹病或有之，亦謂之穉，（核）皆小實也。　大丁香。出福州天慶觀。厚殼紫色，瓤多而味微澀。　雙髻小荔枝。每朵數十，皆並蒂雙頭，因以目之。　真珠。剖之純顆圓白如珠，荔枝之小者止於此。　十八娘荔枝。色深紅而細長，時人以少女比之。俚傳閩王王氏有女第十八，好噉此品，因而得名。其塚今在城東報國院，塚旁猶有此樹云。　將軍荔枝。五代間有爲此官者種之，後人以其官號其樹，而失其姓名之傳。出福州。　釵頭顆。紅而小，可間婦人女子簪翹之側，故特貴之。　粉紅者。荔枝多深紅，而色淺者爲異，謂如傅朱粉之飾，故曰粉紅。　中元紅。荔枝將絶纔熟，以晚重於時，予嘗七月二十四日得之。　火山。本出廣南。四月熟，味甘酸而肉薄，穗生梗如枇杷。閩中近亦有之。　右三十二品，言姓氏尤其著者也，言州郡記所出也，不言姓氏州郡，四郡或皆有也。

宋　吳曾《能改齋漫録》卷一五《荔枝譜》　蔡君謨守福唐以閩中荔枝著譜，而鄭熊亦嘗記廣中荔枝。凡二十二種：玉英子荔枝，如玉之英。　燋核荔枝，核小肉多。　沈香荔枝，以其香似。　香荔枝，以其核似。　紅羅荔枝，甚細而紅，其紋如羅。　透骨荔枝，其他者，皮皆外白，此內外皆紅。　大蠟荔枝、小蠟荔枝，子有大小者，皆熟而黄。　松子荔枝，像其形也。　蛇皮荔枝，紋如蛇皮。　青荔枝，熟而青。　銀荔枝，熟而白。　不憶子荔枝，一食而不復思。　火山荔枝，火山在梧州，既大而早，三月已可食。　野山荔枝，野山子，小而酸澀，人少食。　五色荔枝，出海南。　牂牁荔枝，形似牂牁帽。　僧耆頭荔枝，皮皺，堅如僧耆、國人首髮，皆成叢脞。　水母子荔枝，漿多，如水母子。　蒺藜荔枝，皮上皺紋尖如蒺藜。　大將軍荔枝、小將軍荔枝，其樹葉俱大小亦然。

宋　謝維新《古今合璧事類備要別集》卷四〇《果門·荔枝》　交趾移植，漢武帝破南越，於上林苑中起扶荔宮，以植所得龍眼、荔枝、菖蒲，皆百餘本。土產南北異宜，時多有枯悴者。荔枝自交趾移植于庭者無一生焉，猶移而不息，偶一株稍茂，終無華實。《三輔黃圖》嶺南生獻，漢永元間，南海生獻荔枝，十里一置，五里一堠，晝夜傳送。唐羌上書諫，上詔敕大官勿復受獻。《後漢本紀》南方珍果，魏文帝詔曰：南方有龍眼荔枝。蓋南方果之珍異者，令歲貢焉。《魏史》閩中紅錦，唐玄宗正月十五夜於殿中撒出閩中紅錦荔枝，令宮人拾之。《開元遺事》呼丁香子，明皇命方士以藥傳荔枝根得核小，宮人呼爲丁香子。同上。進新曲名，貴妃生日，長生殿新曲未有名，會南海進荔枝，因名荔枝香。《外傳》涪州進入，唐天寶中取涪州荔枝，自子午谷路進入。《蜀志》南海飛馳，楊妃生於蜀，好荔枝。南海荔枝勝蜀者，故每歲飛馳以進，然方暑而熟，經宿輒敗。《唐書》樂天圖寄，白樂天在忠州，爲荔枝圖寄朝士劉崇，姻舊或干以財率不答，但畫荔枝圖與之。《杜陽編》文惠手植，本朝胡相陳文惠公祠堂下有手植荔枝，郡人謂之將軍樹坡。《詩序》

元　王禎《王禎農書》卷三三　（三國魏）文帝詔羣臣曰：南方果之珍異者，有荔枝、龍眼焉。

明　宋詡《竹嶼山房雜部》卷九《樹畜部·樹類》　荔枝，子殼紅鮮，肉甚甘美。蔡襄譜有紅鹽白曬之法。　宜閩粵南粵。楊誠齋《三山生荔枝》詩云：甘露落來雞子大，曉風凍水晶團。

明　曹蕃《荔枝譜》　序　閩中果實推荔枝爲第一，即巴蜀所產，能挾一騎紅塵博妃子笑者，亦未得與之雁行。自蔡君謨學士著譜，聲價頓起，時運遞遷，種植蕃衍，品格變幻，月盛日新，閩人士爭哆口而艷談之，即永嘉之柑，洞庭之楊梅，宣州之栗，燕地之蘋婆果，似俱爲荔枝壓倒，噲等曾不敢與爲伍。余驟聞其說，竊致疑其然豈其然乎，遂於今歲暮春之初，馳入閩中，謂閩人士：「不佞素惡負虛聲者，此來將爲荔枝定品。」乃閩人士之言曰：「閩八郡延建汀邵地屬高寒，時降霜霰，不堪樹藝。漳不及泉，泉不及福興，君請自試之。」余遂棲遲於二郡間，泛蒲觴，渡鵲橋，逾兩月矣，饕飧稍歇，無非咀嚼此果，津津乎其有味，不敢妄肆譏彈而品遂定。一日閩人士造余邸而問曰：「聞君日啖三百顆，曾與荔枝評月旦乎。」余曰：「今乃知閩人之譽言非誇也。」綠葉蓬蓬團圓如蓋，扶疏插天，赫曦若避。吾愛其樹，纍纍丹實，槎頭掛星，晴光掩映，照耀林藪。吾愛其色，絳囊乍剖，蠙珠初薦，瓊漿玉液，絕勝醍醐。吾愛其味，濕帶露華，寒凝絳雪，薰風暗度，疑對檀郎。吾愛其香，幸白長慶之敘事傳神，張曲江之賦語如畫，此果已蒙九錫，產類實非八閩。唯端明蔡學士興化軍人也，生長於扶荔之鄉，聞見既真，殿最不爽，一經品題，遂爾增價。但今據譜牒中所載三十二品而索之，陳紫、江綠尠矣，即彼稱中駟十亦不得二三，豈其名號之鼎新，抑或今昔之異態，余如未及大嚼而漫曰某佳某佳，幾於耳食，恐寓內爭嘲，吳人乃爲閩人左袒，致楊家果便覺無色，余滋赬矣。遂僅舉曾嘗試其風味者二十餘種列於左，自稱荔枝小乘云。萬曆壬子秋譔。　狀元紅。顆極大，味清甘。福州產爲上乘。方伯邕園亭中有一株，摘數百顆相贈，且曰：不敢獨享此名也。余謂檢蔡譜當稱方家紅。　星毬紅。扁者如橘，圓者如雞卵。核如丁香，間亦有無核者。食之甘脆，有韻神品也。出靈岫里。　磨盤。皮粗厚味甘，大如雞卵，近蔕處甚平，七月熟。　玳瑁紅。殼上有黑點，疎密如玳瑁，故名。蔡譜。　桂林。皮粗厚，大如雞卵，味甘。　中冠。體圓核小，皮光味清。成熟時香聞樹下。惟鳳岡環水內者肉裏其核過半，他處肉薄核露便當少讓。　金鍾。形如鍾，皮稍粗厚，色如辰砂，味甘，大類桂林。　勝畫。皮厚刺尖，味甘肉豐，七月熟。出長樂縣六都者佳。余留省士紳陸續見貽可五千顆，日啖不能盡，曝日乾之，風味大勝於火焙。　綠珠。一名綠羅袍，味最清。熟時實與葉色無辨。惟鳳岡有之，異品也。鳳岡村附郭種類最繁，不下數百萬株，大者十圍，高二十丈，名曰天柱，五代時民間所植也，至今猶存。　紅繡鞋。實小而尖，形如角黍，核如丁香，味絕甘美。傳即十八娘遺種。蔡譜謂閩王王氏有女第十八，好噉此品，因而得名。其塚今在福州城東報國寺旁。　白蜜。皮粉紅，甘如蜜。　狀元香。舊名延壽紅。皮薄肉厚，核小味香，莆陽產爲第一。宋元豐間狀元徐鐸所植，楓亭薛弈文武兩魁也，與鐸結秦晉，因得傳其種。而楓亭地稍汙邪宜荔，遂擅名。彌山被野，所產最盛，楓亭驛荔枝遂甲天下。　霞墩。以地名，即陳紫種也，狀巨味甘，林謙伯園在霞墩中，有荔數百株，主人邀酌樹下，飽噉而歸。　星垂。殻紅實如鴨卵，荔枝之最大者，俗呼秤錘。　雙髻。狀絶小，每穗必並頭雙蒂，故名。　火山。五月初先熟，肉薄味酸，品最下，驟食之能損絳囊生聲價。　勝江萍。殻光味甘。以後四種乃山枝之佳品也。　滿林香。色微黄，味甘，甫及樹下，芬芳迎鼻。　牛膽。顆絶大。出水西銅坑。　中秋緑。殻色緑，味微酸，最晚熟，因其時遂名中秋。　大將軍。後四種泉州品也。　丁香核。　緑衣郎。　椰鍾。　虎皮班。後四種漳州品也。　中冠。　金鐘。　黑葉。　余足不入泉漳，口亦不及啖泉漳品，然大都荔枝所産，泉已不如福興，漳又遠不如泉。側生一派，幾墜箕裘。姑詢二郡之負名高者爲狗尾續，俟他日驗焉。

明　徐𤊹《荔枝譜》總序　荔枝自宋蔡忠惠公譜録，而其名益著，世代既遐，種類日夥，騷人韻士題品漸廣，然散逸不收，則子墨之失職，而山林之曠典也。惟時朱夏側生，斯出名題於西川，貢珍於南海，吾閩所産實冠，彼都可謂盧橘慚香，楊梅避色者矣。爰倣蔡書別搆兹譜，狀四郡品目之殊，陳生植制用之法，旁羅事蹟，雜采詠題，品則專取吾閩，事乃兼收廣蜀，物匪舊存品，惟今疏深媿，聞見未殫，筆札荒謬，博雅君子將廑挂漏之譏，予小子其何敢辭焉。

福州品：一品紅。福州産之極品者，故名。　狀元紅。顆極大，味清甘。福州産爲第一，種與莆中異。江家緑皮　緑刺紅。大如雞子，味極清美。蔡譜所記之樹已絶，其種永慶里猶有傳者。　虎皮。蔡譜謂出大乘寺，今寺廢樹絶，惟靈岫里山前有之。　牛心。詳出蔡譜。今歸義里，三圖方南鋪有此種。　蚶殻。以狀言之已見蔡譜，今亦出歸義里。　駞蹄。長大甘柔。　金稜。上鋭下方，色深黄。　粟玉。似金棕而圓，味差勝。　洞中紅。出宿猿洞，因名。　星毬紅。枝條生葉，葉比他種差厚，色紅而不絳，扁者如橘，圓者如雞子。核皆如丁香，亦有無核者。食之甘脆有韻，蓋神品也。奪其枝而植者，竟莫能逮焉。出靈岫里，今永慶里亦有之。　饅頭。皮粗厚，味甘，大如饅頭，故名。　磨盤。皮粗厚，味甘，大如雞子，近蒂處甚平，七月熟。　金線。實圓刺尖，有金線界其中。出永慶里。　鳳池超。實圓味甘，出尚幹鄉御史林公釴家，故名。　中冠。亦呼中觀。體圓核小，皮光味清，大不如桂林。成熟時香聞數里，惟鳳岡環水内者，肉裹其核過半。他處肉薄、核露，風味頓減。　桂林。皮畧粗厚，大如雞子，味甘。　金鐘。形如鍾，皮畧粗厚，色如硃砂，味甘，大類桂林。　勝畫。皮厚刺尖，味甘肉豐，大似桂林。七月熟。出長樂縣六都者最佳，他種不及。　鐀玉。皮粗厚，味甘濃，實似金鍾。鳳岡産爲最。　緑珠。一名結緑，俗呼緑荔枝。實如山榛，無核，味最清。至熟時實與葉無辨。惟鳳岡有之，此異品也。　紅繡鞋。實小而尖，形如角黍，核如丁香，味極甘美，傳即十八娘種。今惟歸義里，枕峰山有之。　龍牙。色紅，長二寸許，上下俱方。出永慶里。蔡譜獨載興化軍一種，與此稍異。　雞引。子一朵數十枚，大小錯出，其大者核小，小者無核。七月熟。宋侍郎鄭文肅公湜墓前一株，今四百餘年其樹猶存，墓在城門山。　天柱。樹極高大，出鳳岡。　山中冠。實大而圓。餘荔將盡，此荔始熟。味微酸澀。　馬先白。實類海山，其熟最早，味不甚甘。　山金鐘。實大微長。荔之中等者。　中秋緑。色緑，亦山枝種，味微酸，熟最後，故名中秋。　松柏蕾。皮厚而粗，味澀，大如松子，故名。　勝江萍。以味甘得名。皮光，山枝中之最佳者。或呼爲勝江陳，浄江瓶俱此種。　勝江陳。　浄江瓶。　滿林香。實絶類桂林，皮微黄，味甘，其香倍於衆品。　鵝卵。皮光無刺，色紅，出歸義里。　蜜丸。味甘肉厚，俗呼肉丸。　鵲卵。皮薄實圓，斑如鵲卵，味微酸。山枝中之佳者。七月熟。　白蜜。皮粉紅，甘如蜜。　醋甕。色微黄，味酸，品之最下。　將軍帽。實如松蕾，皮厚肉澀。　雞肝。實扁，味甘，色紅，俱無核。出清廉里。　牛膽。顆極大，一握僅三四枚。山枝品之異者，出水西銅坑。　火山。亦呼海山，廣南種。肉薄味酸，四月熟。品最下。　郡西自閩清、古田皆不可種，蓋此二邑厥土高寒也。北自連江、羅源近海之處，間亦有之。實小味酸，色不深紅。其熟差晚半月。郡之附郭獨鳳岡一村，其種類甚夥，不下數百萬株。大者十圍，高二十丈，名曰天柱，皆五代時居民所植者，至今蕃盛不絶，更長樂一邑尤爲奇妙。蔡譜自江家緑以下十九種，與今時所産品目各異。按譜索之，十不得三四，豈即當時之種而異其名耶。今所最重於時者，中冠、勝畫、狀元紅，次則桂林、金鍾，大抵閩中之産，可弟視南粤，僕視瀘戎，君謨譜爲果中第一，信非虚也。

興化品：皺玉。　郎官紅。　游丁香。　紫璃。　百步蘭壽香。　西紫。　黄香。　大小江緑。　瑞堂紅。　公紅。　麝囊紅。　百步香。　黄玉。　玉堂紅。　延壽紅。出延壽里。實比狀元紅差大，肉厚核小，宋徐鐸所植之樹猶存。　狀元紅。即延壽紅種。皮薄肉厚，核小味香，莆産此爲第一。　緑紗。一名緑羅袍，味甘。　白蜜。色白味甘。　青甜。　霞墩荔枝。實類狀元紅，出霞墩，故名。　蔡宅紅。出蔡君謨故居，因以爲名。　陳紫，詳見蔡譜第二篇。今下林尚有二株，即當時物。　松蕾。　水溜。　宋家香。核小味甘，傳自宋公樹者，因名。今宋氏宗祠後有一樹。　黄石紅。出穀城山。樹高三十餘丈，大可十一二圍，其陰可蔭十畝。傳云即君謨譜中宋公樹，王氏老媪抱泣者，至今猶存。　星垂。皮紅，實如鴨卵，荔枝之最大者，俗呼秤錘。出莆田吴塘村。大七八圍，腹空可容五六人，盤根如山，蓋數千年之物。　火山。肉薄味酸，四月熟。　莆中荔枝，蔡譜謂名家不過十餘品。今譜中所載亦不多見，如玉堂紅一種在南廂下林，乃宋名臣陳大卞手植居第之果也。狀元紅出於楓亭者，珍於時舊名。延壽紅，宋元豐間狀元徐鐸所植。鐸與楓亭薛弈，以文武雙魁，遂結姻媾，故授其種於弈。而楓亭之地宜荔枝，擅其名。今鐸舍中庭六株，樹皆參天，其外數十里，紅翠掩映，一望如錦，皆此種也。至於初夏先熟，厥名火山者，莆中惟黄卷有之，蔡譜謂其品殿嚴，有翼嘗詆。東坡四月食荔枝，謂莆中狀元香不如長樂之勝畫，而勝畫乾之不如狀元香風味，此評殊當。

泉州品　：大將軍。　七夕紅。　桂林。　中冠。俗以光皮者爲上。　金鐘。　早紅。　白蜜。　狀元紅。　張官人。　馬家緑。　百步香。　松蕾。　火烟。　鼈卵。皮紅，大如鼈卵，核如米粒。　丁香。核小得名。　緑衣郎。皮緑如瓜皮，實如鴨卵，味甘澀。出晉江。　黑葉。皮紅，比狀元紅稍大，味甘。　麻餅。實如黑葉，味甘酸。　火山。肉薄味酸。四月熟。　椰鐘。顆極大，實類興化秤錘。　進貢子。其熟最先，實如黑葉，味甘不似火山。　泉中荔枝，蔡譜惟推藍家紅、法石白二品。紹興初郡守葉廷珪植二株於郡圃，王十朋第之以大將軍爲第一，今大將軍尚有存者。而藍家紅、法石白在宋時已不可識矣。他邑如南安、同安、惠安諸種，以桂枝、緑衣郎、黑葉爲上。安溪雖產，不及南同惠三邑之名，若永春德化種，遂寥寥矣。

漳州品：火山。　中半。　虎皮（斑）。　南海。　緑羅袍。出平和琯溪張氏者佳。　陳紅。　冰團。　大緑。　小緑。　余家緑。　中冠。　金鐘。　黑葉。　漳中荔枝，蔡譜惟載何家紅一品耳，茲且歲久，其品遂絕。今龍溪諸邑多植中冠，間有金鍾得種，佳者瓤厚，核小味甘。其次唯火山爲盛，肉薄味酸，頓減聲價。太抵漳郡不及泉中遠甚，漳平、龍巖二邑不產。

一之種：荔枝入土種者，氣薄不蕃，雖蕃不結實，間有成樹者，經十餘歲稍稍結顆，肉薄澀無味。鄉人於清明前後十日内，將枝梢刮去外皮一節，上加膩土，用棕裹之，至秋露枝上生根，以細齒鋸從根處截下，植之他所，勿令動摇，三歲結子纍然矣。接枝之法：取種不佳者，截去原樹枝莖，以利刀微啟小隙，將別枝削針插固隙中，皮肉相向，用樹皮封繫寬緊得所，以牛糞和泥斟酌裹之。凡接枝必待時暄，蓋欲藉陽和之氣，一經接轉，二氣交通，則轉惡爲美也。若近海魚鹽之處，斥滷土鹹，其味微酸不佳，縱奪接之，終不能以彼易此也。

二之培：荔枝宜熱，最畏高寒。古樹歷數百年者，枝柯詰屈，根幹盤旋，其陰可蔽數畝。此歲久根深，縱霜雪侵壓，不過葉瘁，無損於樹，當春仍發新葉，開花結實。至於新種，不歷十數年者，樹穉根淺，一遇霜霰隨即枯萎，明年不復花實。鄉人有愛其樹者，當極寒時，樹下以稻草煨火蘊之，寒氣不侵，葉無凋損。秋冬之際，以淤泥和糞壅壓其根，仍伐去枯條，不令礙樹，逢春尤易發生，更有歇枝之樹，隔一年而實者。詳見蔡譜。

三之啖：蔡譜引《列仙傳》《本草經》謂食荔有益於人，可以得仙。當盛夏時，乘曉入林中，帶露摘下，浸以冷泉，則殼脆肉寒，色香味俱不變，嚼之消如絳雪，甘若醍醐，沁心入脾，蠲渴補髓，啖可至數百顆。或畏其飽，點鹽少許，噉之即消。其鄉民鬻於市者，積擔盈筐，離其本枝，暑氣薰觸，香色稍減，較之就食林中者，味亦不逮，非必如白傅所云，一日二日三日而後變也。鄉人常選鮮紅者，於林中擇巨竹，鑿開一竅，置荔節中，仍以竹籜裹泥封固其隙，藉竹生氣滋潤，可藏至冬春，色香不變。若紅鹽、火焙、曬煎者，俱失真味，竟成二物矣。

四之曬：占風日晴霽時，摘下於烈日中晾曬至乾，以核實爲準，風味殊勝於焙，用竹籠箬葉密封，可致久遠。若風雨暴至，則肌肉潰爛，反不如焙矣。蔡譜有紅鹽之法，今貢獻不行，其法鮮傳。

五之焙：擇空室一所，中燔柴數百斤，兩邊用竹箕各十，每箕盛荔三百斤，密圍四壁，不令通氣，焙至二日一夜，荔遂乾實。過焙傷火，則肉焦苦不堪食。乾者狀元香最佳。鄉人多焙桂枝、金鍾，以其實大美觀，尤易於粥。矖仙收乾荔法：藏於新瓷瓮，每鋪一層即取鹽梅三五個，箬葉裹如粽子狀，置其內，密封瓮口，則不蛀壞。誠意伯劉伯温先生謂，乾荔枝變者，先於殼上刺十許孔，用蜜水浸之，以銀盂盛於湯罐頭上蒸透，即肉滿可食。

六之煎：荔初熟時，乘露連蔕摘下，以黄蠟熬匀封點蒂上，勿令脱落，盛之罐中，將冬蜜煮熟得宜，俟蜜冷浸之，蜜過於荔，始不洩氣，藏至來春，開視如鮮。若浸過熟，則漿滿肉腐，不能久藏。取蜜當以荔枝花釀者爲第一，羅仙謂，臨熟時摘入瓮中，澆蜜浸之，以油紙封固瓮口，勿令滲水，投井中雖久不損。

七之漿：取荔初熟者，味帶微酸時，榨出白漿，將蜜勻煮，蜜熟爲度，置之瓷瓶，箬葉封口完固，經月漿蜜結成香膏，食之美如醴酪。荔肉仍以白蜜緩火熬熟，浄瓷器收之，最忌近鐵。又法：取生荔曬至一日，頻翻令勻，去殼，每肉取一斤，白蜜一斤半，於砂銚内慢火熬百千沸，又以文武火養一日，瓷鉢攤於日中，曬至蜜濃爲度，盛於瓷瓶。

明　鄧道協《荔枝譜》序　荔枝一物，種類實繁。君謨摘辭簡古，列品明備。興公採集羣書，争奇扼勝。合此二譜，誠難贅言。不揣末學，輒爲蛇足者亦有説焉：一以君謨墨本與印本之頗異也，二以各郡聲稱之不一也，三以興公蒐採之未盡也，四以詩家錫名之未安也，五以嶺南品第之當定也，六以古人比擬之實遠也，七以畫手寫生之失真也。輒抒所聞，聊爲博笑，其佐議未敢鍼徐砭蔡，若集録或可步王踵張云爾。時崇禎改元夏日。

第一：忠惠以莆陽近産作郡，福泉各距其家，未盡百里，督課稍嚴，民實向化風流，儒雅迥異羣倫。元夕則出教張燈端陽，則與民競渡成俗，寓偕樂之意。予嘗再役泉州，每渡萬安拜公遺像，考公舊蹟，思慕公之爲人。而公之書法已妙，唐室宋朝諸公，自當斂手。渡口石碑，韻高鋒正，千秋不磨，百世可師。荔譜七章，竟分虞手，歐褚而下，難與鴈行。惟寂與家主與生家與冢謬誤滋甚，使後世而下，尊金石乎，信梨棗乎。余嘗數爲訂正，參考異同，疑信相半。公之舊跡，獨見此二刻記，得友人林異卿見公手書，劉氏墓碑久卧，榛莽大爲賞識，乃手自印搨傳之。海内獨荔譜傳摹漸失其真。今安得初本，而品題印證之，庶幾不負忠惠作譜至意。

第二：荔枝雖各土宜，尤在培塿。余嘗新正三日往鳳岡，見土人俱肩沃土堆積樹根，地本以種植爲事，故荔子獨甲諸處。陳紫、游紫本爲同生，方紅、周紅未甚區别。將軍即爲天柱，野鍾實是椰鍾。七夕何異中元，黄玉原乎皺玉。鼈卵、鵲卵一物異名，火山、海山仍是早熟。因其速化第見微酸，若稍待時不嫌早慧。余嘗食得熟者，未見作醋。

第三：荔子原無用核種者，皆用好枝刮去外皮，以土包裹，待生白根如毛，再用土覆一過，以臘月鋸下，至春遂生新葉。他木栽時皆去枝葉，獨荔枝樹要留宿葉承露，若葉去露槁，則無生機。余嘗六七月鋸荔枝蘆，新葉方生，無不存活。最怕日曬，必求稍陰涼處，時時灌之，方易生葉。嘗在水西嶺東黄氏，見池塘植山枝一林，云係核種。土人言山枝皆用核種，無有鋸蘆者。蘆之義，果木非核種者稱蘆，蓋福州方言也。余嘗以龍目作蘆，今已生植。又以梅樹裹蘆，次年花實。凡樹之堅者皆可作蘆。凡果核堅者，方可爲種。惟李無仁則否。古人以王戎賣李鑽核，千古負冤。李一名夫人者，皮多帶粉，故云。今曰核中無仁，何用鑽核也。徐譜以荔枝種不佳者，以好本接之。龍目有接法，荔枝恐無接法，余前接數株皆不活。

第四：《蜀都賦》云：旁挺龍目，側生荔枝。側生者，對旁挺而言，何嘗以荔枝即名側生也，果爾，則龍目當稱旁挺矣。王敬美先生文章，博識一代冠裳，其爲陳玉叔作序，稱側生吐氣。蔣中葆太史少年作賦，名滿燕都，且産自温陵，亦稱側生聲價，則側生之名，乃文人賜。予在閩未嘗有此説也。荔子本正出，爲果中之王，牡丹爲花中之王。若一立賤字，榮辱所關，奈何以側生名之？久懷扼腕，未敢遽爲聲説，秣陵僑寓，詳閲舊譜，考究蜀賦，而斷側生即旁挺之類，殊非荔子之别名，後之作者，毋蹈襲其繆誤。

第五：五嶺七閩，鄰封比境，風土既近，氣韻攸同，荔子高下未能甲乙。大抵此種爲美，不特閩美而粤亦美。此種爲下，不特粤下而閩亦下。從來宦遊二士者，皆未悉其真味。著《本草圖經》者謂，此木以荔爲名，而蒂牢甚不可摘取，乃以利斧砍劚其枝，故名爲利枝。此説不經不特，不知物性，又且不知物情。余向客粤，食之甚甘，可比漳泉上品。大抵五嶺過暖，時多失候，物亦宜然。福州寒暖適中，物自純美。嶺南縱不得與延壽、勝畫争雄，乃列蜀川之後，實爲厚誣。嘗從先子宦游滇南，見沐國餉丹荔數枚，盛以金縷雕盤，其酸不可入口，大抵摘之太早，正味未全，即福州佳種亦以早摘作酸，豈皆生質之過耶。

第六：古人有以盧橘比荔子，又有以荔子比楊梅，又有以香櫞争勝，又有以櫻桃並妍，又有尊之太過，以龍眼爲之奴，古今人皆未真識荔枝趣也。凡物各具一種之妙，安得倫比，惟時當盧橘則盧橘美，時當楊梅則楊梅美，各以其候争妍，取憐四時成功，何能殿最而欲升之，於上夷之於下，其亦果中罪人。

第七：劉崇龜姻舊或干以財則不答，惟圖荔枝則受，古文載此一段。余不知崇龜何故獨重斯圖，至此豈未之見乎，但荔枝實難寫也。余嘗見名手圖之，無一生氣，此實天然正色，不易名狀，畫家原有難易，桃花、荔枝俱難描寫，崇龜所好固以不易見珍耳。每念中表陳仲儒寫生之妙，未嘗屈過圖寫，於今已矣，言之黯然。

明 王象晉《群芳譜・果譜・荔枝》 荔枝，一名丹荔，一名離枝，一名飣坐真人。樹高數丈，自徑尺至於合抱，形團圞如帷蓋。葉如冬青，緑色蓬蓬，四時常茂。花青白，開於二三月，狀如橘又若冠之蕤綏。五六月結實，喜雙狀如初生松球，核如熟蓮子，殼有皺紋如羅。生青熟紅，肉淡白如肪玉，味甘多汁。夏至將中翕然俱赤，大樹下子百斛。性甘微熱，止渴，益智健氣。五六月盛熟時，彼地皆燕會其下。雖多食亦不傷人，覺熱以蜜漿解之，或以殼浸水飲亦佳。病齒及火病人最忌。結實時枝弱而蒂牢，不可摘取，必以刀斧劙取其枝，故《上林賦》作離枝，荔與離同。初出嶺南及巴中，今閩之泉、福、漳興，蜀之嘉、蜀、渝、涪及二廣州郡皆有之，以閩中爲第一，蜀次之，嶺南爲下。其類有陳紫，出著作郎陳琦家品爲第一。大紫，種似陳紫，實大過之。小陳紫，實差小。方紅，徑可二寸。色味俱美。歲生一二百顆而已。出興化屯田郎中方臻家。宋公荔枝，實比陳紫小。甘美亦如之。周家紅，初爲第一，及陳紫方紅出，而此爲次。龍牙，長可三四寸。灣曲如爪牙、無核。然不常有。游家紫、水荔枝，漿多而淡。以上俱出興化軍。藍家紅，泉州第一。出都官員外藍承家。法石白出法石院，色白。其大次於藍紅。江緑，類陳紫差大，而香味次之。以上出泉州。一品紅，於荔枝爲極品。生在福州堂前。狀元紅，於荔枝爲第一。在報國寺二種皆出近歲。最晚。大丁香，殼厚色紫。味微澁。出天慶觀。緑核，荔枝核紫，而此核獨緑。將軍荔枝，五代時有此，官種之，因以得名。朱柿，色朱如柿。虎皮，色紅有青斑，類虎皮。牛心，以狀名之。長二寸餘，皮厚肉澁。玳瑁，色紅有黑點，類玳瑁。出城東。硫黄以色類硫黄。以上出福州。何家紅，出漳州何氏。圓丁香，丁香荔枝皆旁蒂，大而小鋭，此獨圓而味尤盛。十八娘，色深紅而細長。閩王有女，行十八，好食此，因得名。或云物之美少者爲十八娘。蕙團，每朵數十，並蒂雙垂。釵頭顆，顆紅而小，可施頭髻。珍珠荔枝，團白如珠，無核，荔枝之最小者。粉紅荔枝，荔枝深紅，此以色淺爲異。丁香荔枝，核如丁香。蜜荔枝，以甘爲名，然過於甘。火山荔枝，本出南越。四月熟。味甘酸，肉薄。閩中近年僅有。秋元紅，實時最晚，因以得名。蚶殼，以狀得名。蒲桃荔枝，一穗至二三百顆。又有緑色、蠟色，皆品之奇者，本處亦自難得。共計三四十種，或言姓氏，或言州郡，皆識其所出，或不言姓氏州郡，則福、泉、興、漳皆有也。王敬美曰：荔枝以狀元香爲最，然不如長樂、勝畫，肉厚而味甘，當爲種中第一，苐乾之不能如狀元香風味。楓亭驛荔枝甲天下亡論，丹實纍纍，而樹亦極婆娑可愛。在漳、泉者，四五月熟，然肉薄味酸，能損齒。又云，荔枝以興化之楓亭驛爲最，長樂次之。　花及皮根：喉痺、腫痛，煑汁細嚥。核甘温澁無毒，治癩疝氣痛。李時珍曰：入厥陰散滯氣。其形雙結象腎，其治癩疝卵腫，亦象形之義也。　護衛：荔枝根浮，須加糞土培之。性不耐寒，最難培植。纔經繁霜，枝葉枯死，至春二三月再發新葉。初種五六年，冬月覆蓋之，以護霜雪。四五十年始開花結實。其木堅固，有經四百餘年，猶能結實者。熟時，人未採，百蟲不敢近。人纔採摘，諸鳥蝙蝠之類群然傷殘。故採者必日中而衆採之。最忌麝香，遇之花實盡落。　附録：錦荔枝：一名癩葡萄，元時名紅姑娘，即詩所云（苦瓜）也。蔓生，葉如葡萄，有微刺，蔓上有鬚，莖葉皆柔。結瓜有長短二種，色青緑，皮上磥砢。架作屏，紅緑陸離最爲可玩。瓜味微苦，小熟之，調以姜醋，可爲蔬。清痰火，和肉煑食亦佳。熟時紅黄，斑斑如錦。其中肉赤如血，味甘美，春時種，秋結實。子可入藥。宋仁宗時陳堯佐母入宮，太后賜以錦荔枝，遂連皮食之。宮人多訕笑，夫人對曰：往年夢食此物，遂生堯佐。後又夢如初，遂生堯叟。時仁宗尚無皇嗣，於是皇后及宮人相率竟食，後舉皇子二人。　製用：荔枝採下，即用竹籬朗晒，經數日色變核乾，火焙之，以核十分乾硬爲度。收藏用竹籠，箬葉裹之，可致遠。成朵晒乾者，名荔錦。取其肉生以蜜熬作煎，嚼之如糖霜然，名爲荔煎。鹽梅滷浸佛桑花，爲紅漿荔枝漬，曝乾之色紅而甘酸，可三四年不蛀。四錢爲末，鹽水打麵糊丸緑豆大，遇痛時空心酒服九丸。良久再服，不過三服，甚效如神，亦治諸氣痛。陰腎腫痛，荔枝核燒研酒服二錢。腎腫如斗，荔枝核、青橘皮、茴香等分各炒研，酒，服二錢，日三服。痘瘡不快，荔枝殼煎湯飲。赤白痢，荔枝殼、橡斗殼、炒石榴皮、炒甘草炙等分，每半兩水一盞半，煎七分温服日二。喉痺腫痛，荔枝花、根、皮用水煑汁，細細含嚥取瘥。

明 鄧慶寀《閩中荔支通譜》卷九 荔支雖各土宜，尤在培壿。余嘗新正三日，往凰岡見土人，俱肩沃土堆積樹根，地本以種植爲事，故荔子獨甲諸處。陳紫、游紫本爲同生。方紅、周紅未甚區别。將軍即爲天柱，野種實是椰鍾。七夕何異中元。黃玉原乎皺玉。鼈卵鵲卵一物異名。火山、海山仍是早熟，因其速化，第見微酸，若稍待時，不嫌早慧，余嘗食得熟者，未見作醋。　荔子原無用核種者，皆用好枝，刮去外皮，以土包裹，待生白根如毛，再用土覆一過，以臘月鋸下，至春遂生新葉。他本栽時，皆去枝葉，獨荔樹要留宿葉承露，若葉去露稿，則無生機。余嘗六七月鋸荔支蘆新根方生，無不存活。最怕日曬，必求稍陰涼處，時時灌水，方易生葉。嘗在水西嶺東黃氏，見池塘、植山枝一顆，云係核種。土人言，山枝皆用核種，無有鋸蘆者。蘆字之義果，木非核種者稱蘆，蓋福州方言也。余嘗以龍目作蘆，今已生植，又以梅樹裹蘆。次年花實，凡樹枝堅者，皆可作蘆。凡果核堅者，方可爲種。惟李無仁獨否。古人以王戎賣李鑽核，千古負冤。李，一名夫人者，皮多帶粉，故云，今日核中無仁，謁爲夫人李既無仁，何用鑽核也。徐譜以荔支種，不佳者，以好本接之。龍月有接法，荔支恐無接法。

明　鄧慶宷《閩中荔枝通譜》卷一〇　興化諸品已載蔡譜，舊志謂，譜中所志今不復有，惟玉堂紅出蔡宅，狀元紅出風亭，特珍於時。按狀元紅舊名延壽紅，狀元徐鐸所植也。今延壽紅晚出，種類迥殊。而霞村所植者，幾與風亭埒，又黃石青山下謝姓園中一株獨大，蓋百年物也。每歲分枝而生，熟時非先祭告不敢輕摘。蓋若有神物爲之呵護者，又有一種曰火山，五月初間熟，出黃巷者佳。

明　徐光啟《農政全書》卷三〇《樹藝》　荔枝，《上林賦》曰：離枝，《蜀都賦》曰：荔枝。一名丹荔，一名飣坐真人，其類有三四十種。以狀元香爲最，然不如長樂勝，肉厚而味甘，爲種中第一，第乾之不能如狀元香風味。《南記》曰：此木以荔枝爲名者，以其結實時，枝弱而蒂牢，不可摘取，以刀斧劙去其枝，故以爲名。生嶺南巴中□福漳興化，蜀渝涪，二廣州郡皆有之，其品閩爲最，蜀川次之，嶺南爲下。樹形團圓如帷蓋，葉如冬青，華如橘，朵如（蒲）萄，核如枇杷，殼如紅繒，膜如紫綃，肉白如肪，花於二三月，實於五六月。

明　徐光啟《農政全書》卷三〇《樹藝》　《農桑通訣》曰：荔枝根浮，必須加糞土以培之。性不耐寒，最難培植，纔經繁霜，枝葉枯死，玄扈先生曰：亦云冬夏不凋。遇春二三月，再發新葉。初種五六年，冬月覆蓋之，以護霜雪，種之四五十年，始開花結實，其木堅固，有經四百餘年，猶能結實者。　熟時，人未採，百蟲不敢近，人纔採摘，諸鳥蝙蝠之類，羣然傷殘，故採者必日中而衆採之。最忌麝香，遇之花實盡落。凡果皆然。曬荔採下所用竹筴晾晒經數日，色變核乾，用火焙之，以核十分乾硬爲度。收藏，用竹籠箬葉裹之，可以致遠。成朵晒乾者，名爲荔錦，其肉生以蜜漿作煎，嚼之如糖霜然，名爲荔煎。北方無此種，自漢南粵以備方物，於是荔枝始通中國。

《農桑通訣》曰：漢唐時，命驛馳貢洛陽，取於嶺南，長安來於巴蜀，雖曰解獻傳置之速，然腐爛之餘，色香味之存者無幾。蓋此果若離本枝，一日色變，二日香變，三日味變，四五日外，色香味盡皆去矣。非惟中原不嘗生荔之味，江浙之間亦罕焉。今閩中歲首亦晒乾者。昔李直方第果實，或薦荔枝，曰當舉之首。魏文帝詔郡臣曰：南方果之珍異者，有荔枝龍眼焉。今閩中荔枝初著花時，商人計林斷之，以立券，一歲之出，不知幾千萬億，水浮陸轉，販鬻南北，外而西夏、新羅、日本、琉球、大食之屬，莫不愛好，重利以酬之。夫以一木之實，生於海濱巖險之遠，而能名徹上京，外被四夷，重於當世，是亦有足貴者。

明　方以智《物理小識》卷九《荔枝》　荔枝　楓亭驛荔枝甲天下，長樂縣次之。廣以黑葉爲美，多食作熱，鹽蜜解之。蔡忠惠公譜荔枝，徐𤊹廣之曰：荔枝，蘆生者也，焦核者去中根，燒而種之，故核小，猶扇畜則肉肥也。有虎皮、駞蹄、金櫻、江家綠、一品紅，而火山最下。林崇壁曰：陳紫、宋香爲尤。暄曰：興化狀元紅，實小而肉滿。今楓亭無一株矣。

明　慎懋官《華夷花木鳥獸珍玩考》卷二《荔枝》　荔枝樹高五六丈，大如桂樹，綠葉蓬蓬，冬夏榮茂，青華朱實，大如雞子。核黃黑似熟蓮子。肉白如肪，甘而多汁，似安石榴。有酸甜者，至日將中，翕然俱赤，則可食也。樹下子數斛，性熱，人日噉千顆，未嘗作疾，即少熱，以蜜漿解之。民間以鹽梅鹵浸佛桑花爲紅漿，摻荔枝淡乾曝之，色紅而甘酸。可三四年不蛀。南人多以核之細者爲珍，謂之焦核。然此樹最忌麝香，或遇之，花實落盡也。荔枝子閩中爲上，川蜀次之，嶺南又次之。味甘無毒。宋端明著《荔枝譜・通論》：興、福、漳、泉四郡，其名家不過十有二品，其下三十二品不論也。有名桂林，皮麄大如雞子，味甜，一名中冠，皮光而薄，味清甘。一名金鍾，皮畧麄，色青黃，味佳，大類桂林，皆六月熟。一名火山，核大味甘酸，四月先熟。一名早紅，類火山，五月熟。又有狀元紅一種，形圓，味甚佳。仙惟楓亭爲多，時獨重之。

明　李卓吾《讀升菴集》卷一八《草木・荔枝》　白樂天《荔枝圖》曰：荔枝生巴峽間，（樹）形（狀）團團如帷蓋，葉如桂冬青，花如橘春榮，實如丹夏熟，朵如蒲桃，核如琴軫，殼如紅繒，膜如紫綃，瓤肉潔白如冰雪，漿液甘香如醴酪。大略如彼，其實過之。如離本枝，一日色變，二日香變，三日味變，四五日外，香色味盡去也。此文可歌可詠，可圖可畫。歐陽公《詠荔枝》詞曰：絳紗囊裡水晶丸。亦妙。　卓吾子曰：巴峽間安得有此，現巴峽荔枝未曾見荔枝也。至曾子固《荔枝狀》三十四種，始詳著福建軍荔枝名産，雖廣東不載也，況西川哉。　曾吉甫《荔子六言》二首，其一云：蕉子定成噲伍，梅丸應愧盧前。金谷危樓魂斷，白州舊井名傳。其二云：紅皺解羅襦處，清香開玉肌時。繡嶺堪憐妃子，苧蘿不數西施。杜子美詩：側生野岸及江蒲，不熟丹宮滿玉壺。雲壑布衣鮐背死，勞生害馬翠眉須。杜公此詩，蓋紀明皇爲貴妃取荔枝事也。其用側生字，蓋爲庾文隱語，以避時忌，非如西崑用僻事也。左思《蜀都賦》：傍值龍目側生荔枝。故張九齡賦《荔枝》云：雖觀上國之光而被側生之誚。杜詩用此。末二句言布衣抱道，有老死雲壑而不徵者，乃勞生害馬，以給翠眉之須，何爲者耶。山谷謂雲壑布衣，指後漢臨武長唐羌諫止荔枝貢者，此俗所謂厚皮饅頭、夾紙燈籠矣。山谷尚如此，又何以責黄鶴蔡夢弼輩乎。

明　慎懋官《華夷花木鳥獸珍玩考》卷二《荔枝譜》　荔枝樹高五六丈，大如桂樹，緑葉蓬蓬，冬夏榮茂，青華朱實，大如雞子，核黄黑似熟蓮子，肉白如肪，甘而多汁似安石榴，有酸甜者，至日將中翕然俱赤則可食也。樹下子數斛，性熱。人日噉千顆，未嘗作疾，即少熱以蜜漿解之，民間以鹽梅鹵浸佛桑花爲紅漿，投荔枝淡乾曝之，色紅而甘酸，可三四年不蛀。南人多以核之細者爲珍，謂之焦核。然此樹最忌射香，或遇之，花實落盡也。荔枝子閩中爲上，川蜀次之，嶺南又次之，味甘無毒。宋端明著《荔枝譜通論》：興、福、漳、泉四郡，其名家不過十有二品，其下三十二品不論也。有名桂林皮麄大如雞子，味甜。一名中冠皮，光而薄，味清甘，一名金鍾皮畧麄，色青黄，味佳。大類桂林皆六月熟。一名火山，核大，味甘酸，四月先熟。一名早紅類火山，五月熟。又有狀元紅一種，形圓，味甚佳，仙惟楓亭爲多時，獨重之。

明　謝肇淛《五雜俎》卷一一　荔支核種者多不活，即活亦須二十年始合抱結子。閩人皆用劣種樹去其上稍，接以佳種之枝，間歲即成實矣。龍目亦然。

又　荔支、龍目皆以一年長葉，一年結子。如遇結子之年雨水過多，亦不實而長枝，過年則蕃滋加倍矣。園中樹欲其高大，遇結蕋之時即摘去之，如此數年便可尋丈。　果將熟時，專有飛盜緣枝接樹，趫捷如風。園丁防之若巨寇，然瞬息不覺，則千萬樹皆被漁獵，名曰夜鷰。五月初時，有入市色斑而味酢者，皆夜鷰橐中出也，不獨殘其生，亦且敗其名，可恨莫甚焉。此果人未采時蟲鳥不敢侵，一經盜手，羣蠹攻之矣。

明　宋珏《荔枝譜》福業第一　荔枝之於果，仙也，佛也，實無一物得擬者。江瑶柱河豚魚，既非其倫塞，蒲萄楊家果不堪作奴矣。歐陽永叔比之牡丹，亦觀場之見耳。譬於月以爲鈎，爲鏡，爲珪，皆第二月，非月體也。蔡君謨亦云：剥之凝如水精，食之消如絳雪，其味之至不可得而狀也。夫不可得而狀，迺深於荔枝者矣。荔枝之在天下，以閩四郡爲最，四郡以興化爲最，興又以楓亭爲最，此人所知者，然不盡然。黑葉之入釀，未可以粵産輕之。莆城外，若東埔，若霞墩，實有可鄙視楓亭者，人不辨耳。余生於莆，既幸與此果遇，且天賦噉量，每噉日能一二千顆。值熟時，自初盛至中晚，腹中無慮，藏十餘萬而喜，别品喜檢譜始以泉浸，繼以漿，解瓷盆筠籠，一物不具則寧不噉，知交中，噉量差與予敵者，獨有郭聖胎、方次道二人。次道不能拈碧，聖胎客秣陵五六歲，歲不一歸，歸又不必與熟時值也，豈能消受清福也。乎彼不知者又無論矣。蘇子瞻曰：日啖荔枝三百顆，不妨長作嶺南人。又曰：我生涉世本爲口，南來萬里真良圖。語雖激亦有味乎言也。況余每歲婆娑樹下，有十餘萬在腹中，又何嫌蠖屈海陬也哉。既私喜於荔癖，獨擅果然之餘不能自祕。自蔡譜及徐氏譜外，别著食譜三百餘條，未遑詮次適道協以其新刻見示，因以清福黑業共六十七事，俾之以廣同好，亦玉照堂梅品遺意也。

食荔清福三十三事　開花雨時	結實風時	次第熟	雨初過
褁露摘　護持無偷摘	同好至	晚涼	
新月　浴罷	簪茉莉	拈重碧	
微醉　科頭箕踞	佳人剥	乳泉浸	
蜜漿解　臨流	對鶴	樓頭	
聯騎出觀　名品嘗遍	檢譜	辨核	

貯白瓷盆　懸青筠籠　著白苧　掛帳中

殼堆苔上　膜浮水面　色香味全　隔竹聞香

土人忽送

食荔黑業三十四事　暴雨　妒風　偷兒先嘗　鳥嘴啄

蜂蟻　蛀蒂　烈日中摘　斷林

剝漬糖蜜　無清泉　點茶　數核

不喜食者在　啖不得飽　溪水浸　腥鹹解

魚肉側　殼上有景迹　醉飽後　市販争價

說貴賤　惡詠　攫　博

懷藏　主人慳鄙　忌熱勸莫餐　色香稍變

白曬　焙乾　不識品核　無釀法

松蕾出　樹杪如晨星

荔社第二　生閩海者未必皆見此果，得見此果熟時得啖，啖又得飽，又得遍嘗名品以飽。此直探鮫人之宮，入齊奴之室恣取，其徑寸晶珠盈丈，珊瑚以歸不容易也。此吳越好事，一聞生荔枝者，以耳爲目，復以耳爲口，涎垂至踵思褰裳，濡足而無從也。然世不乏好奇客，竟未有越千里、百里爲荔枝而至者，乃土人耳目，所慣恬不知實晶珠、珊瑚視與甘桃、甜李無異，余故有清福黑業之喻矣。里中同好既稀，食量亦罕，每欲招數友結爲一社，如蓮社、梅社之類，亦復參差不果。暮春方次道見過，余語及之，次道喜曰：吾去夏客雲間，苦憶此物，今當不輕放過，遂於六月六日先集林謙伯受伯之崔園，約日一舉，至荔謝而止，約言凡五，則余爲盟主焉。夫以希奇靈異之物，而能珍惜之留護之，結以同趣集以嘉晨，幕以濃陰，浴以冷泉，披以快風，照以涼月，和以重碧，解以寒漿，徵以往牒，紀以新詞，雖跡溷塵壤而景界，仙都身坐火城而神遊冰谷，寧獨吳越好事，遥想不得即白傅擘，紫綃於南賓，蘇翁薦虬珠於嶺表，亦第無佛，稱尊不能與我輩作敵明矣。　社以火山盡日，修以松蕾出日止，每日一人直之，日以三千顆爲，率多者益善。　直社者先期報帖，社無定所，古刹名園，各適其勝，方舟連騎，隨湊其宜，多在郊坰，尤爲幽寂。　社以晨而集，造西而散，午具蔬粥一餐，晚佐清漿數斝，勿爲豐侈腥膻以點雅集。　散時各拈一題一韻，次社彙呈，如不成者罰出荔枝三千顆。　集時專以飲啖爲事，不復以吟咏關心，隨意携茶，鐺弈具枕簟香爐談笑而已。　敗意者逃避，應嚴好事者闌入勿拒。

明　吳載鼇《記荔枝》其一　古今植果，其明艷可口，無過荔枝者。肉可食，所謂鳥得之高飛，人嘗之肉肥也。殼與其核皆可以香，其於五方，惟閩粵巴蜀及交阯七郡有之。漢初尉陀以備方物。唐天寶中楊貴妃篤嗜，歲命涪州驛致，然荔之美當在晨露初晞，引手伸摘即啖，一入郵未見生荔枝也。廣南州郡與夔梓間早熟，肌肉薄而味甘酸。予官於澄，四月杪輒遇荔枝，然酸不可食，大異吾閩。閩中四郡有之，福州最多。而興化之狀元紅，核小如豆，最稱奇特。泉漳時亦知名種近百，品目多美，若進貢子緑羅袍、早紅、桂林，皆擅甘滋之勝，畧可相敵者，在廣僅黑葉耳。若論龍眼，則潮州之深田種，厚而大，閩自長樂外不及也。有宋蔡君謨曾命工寫生，且恨其隔於遠方，不得班於盧橘、江橙之右，噫，荔枝亦何恨之有。

清　吳應逵《嶺南荔枝譜》卷一　總論　荔枝樹高五六丈餘，大如桂樹，緑葉蓬蓬然，冬夏榮茂，青華朱實。實大如雞子，核黄黑似熟蓮，實白如肪，甘而多汁。至日將中，翕然俱赤，則可食也。一樹下子百斛。嵇含《南方草木狀》　荔枝冬青，夏至子始赤，六七月方可食，甘酸宜人。其細核者謂之焦核，荔枝之最珍也。竺法真《登羅山疏》　荔枝精者核如雞舌香，甘美多汁。顧微《廣州記》　荔枝爲異，多汁味甘，絶口又小酸，所以成其味。可飽食，不可使厭。生時大如雞子，其膚光澤，四月始熟也。《異物志》　荔枝、壺橘，南珍之上。《太平御覽》引《廣志》　荔枝樹生山中，葉緑色，實正赤。肉肥，肌正白，味美。劉淵林《吳都賦注》　伊尹言：「丹山之南有鳳丸，沃民所食。」鳳丸必荔支也，所謂仙人之美禄非邪？《廣語》　南海郡多荔枝，荔枝爲名者，以其結實時枝條弱而蒂牢，不可摘取，以刀斧劙取其枝，故名。朱應《扶南記》　荔字從艹從劦，不從刕。刕音離，割也。劦音協，同力也。荔字固當從劦。《本草》謂：「荔支木堅，子熟時，須刀割乃下。」今瓊州人當荔枝熟，率以刀連枝斫取，使明歲嫩枝復生，其實益美。故漢時皆以爲「離支」，言離其樹之枝。子離其枝，枝復離其枝也。《廣語》　南海郡出荔枝焉，每至季夏，其實乃熟。狀甚瑰詭，味特甘滋，百果之中，無一可比。余往在西掖，嘗盛稱之，諸公莫之知，而固未之信。唯舍人彭城劉侯，弱年累遷，經於南海。一聞斯談，倍復嘉歎，以爲甘美之極也。又謂龍眼凡果，而與荔枝齊名。魏文帝方引蒲桃及龍眼相比，是時二方不通，傳聞之大謬也。夫物以不知爲輕，味以無比而疑。遠不可驗，終焉永屈。況士有未効之用，而身在無譽之間。苟無深知，與彼亦何以異也？張九齡《荔支賦序》　荔枝之於天下，唯閩越、南粵、巴蜀有之。漢初，南粵王尉佗以之備方物，於是始通中國。司馬相如賦上林云：「答遝離支。」蓋夸言之，無有是也。魏文帝有西域蒲桃之比，世譏其謬論，豈當時南北斷隔，所擬出於傳聞邪？夫以一木之實生於海，瀕巖險之遠，而能名徹上京，外被夷狄，重於當世，是亦有足貴者。其於果品，卓然第一。然性畏高寒，不堪移植，而又道里遼絶，曾不得班於盧橘江橙之右，少發光采，此所以爲之嘆惜而不可不述也。蔡襄《荔支譜論》　漢武帝破南越，移荔枝種於長安，爲扶荔宫。迨永元間，五里一堠，十里一置。亦取諸交州，不聞取諸閩蜀也。唐天寶間，貴妃嗜荔，取之涪州，經子午谷，路近而捷。特以南海荔枝勝蜀，每歲飛騎以進，亦不取諸閩也。宋都汴梁，後都臨安，去閩益近，而陳紫、宋香，其名乃顯。然則閩蜀之荔，皆於粵爲後起耳。崔弼《白雲山志》　世之品荔枝者不一，或謂閩爲上，蜀次之，粵又次之。或謂粵次於閩，蜀最下。以予論之，粵中所産挂緑，斯其最矣。福州佳者，尚未敵嶺南之黑葉。而蔡君謨《譜》乃云：「廣南州郡所出，精好者僅比東閩之下等。」是亦鄉曲之論也。朱彝尊《曝書亭集》　向在京師，見《圖書集成》所列君謨《譜》，外有閩人所撰一卷云：「閩粵荔枝實相仿，在閩佳者，在粵亦佳。但熟有先後，種有高下，過客未能遍嘗，漫分軒輊耳。同一美種，樹老尤勝，蔡譜上品，今多無有，則樹老不存之故。今吾粵四月所熟，名玉荷包，尚非佳品。至六月之黑葉，及新興香荔，增城挂緑，則人人皆知其美。同種中又自有高下，或種植得法，或閱歲數百，結實皆殊絶。意閩中未是過也。」温汝适《攜雪齋詩鈔注》　荔枝食之有益於人，《列仙傳》有稱食其華實爲荔支仙者，《本草》亦列其功。葛洪云：「蠲渴補髓。」或以其性熱，人有甘啗千顆，未嘗爲疾，即少覺熱，以蜜漿解之。蔡襄《荔支譜》　《物類相感志》云：「食荔枝多則醉，以殼浸水飲之即解。」此即食物不消，還以本物消之之意也。《本草綱目》

摘荔枝時，宿之井中，沃以寒泉，火氣既去，金液斯絶。以正陽精蕊而配以正陰津液，水火既濟，斯爲神仙之食。火則寒之，水則熱之，此食荔枝之法。《廣語》　荔枝多食，飲蜜一杯即解，或以青鹽調白火酒飲。或飲荔枝酒過醉，則以荔枝殼浸水飲。又荔枝多露，有過食者，昧爽，就樹間先吸其露，次噍其香，使氤氳若醉，五内清涼，則可以消肺氣，滋真陰，卻老還童，作荔支之仙。　此深於食荔枝者，傳置雖速，色香味之存者無幾。君謨謂：「生荔枝中國未之見。」林鐵（厓）謂：「和帝貴妃口中未嘗喫一好荔。」非苛論也。　諺曰：「饑食荔支，飽食黄皮。」黄皮果狀如金彈，其漿酸甘，可消食、順氣、除暑熱。荔枝饜飫，以黄皮解之。俱同上　東坡云：「柳花著水萬浮萍，荔實周天一歲星。」蓋栽荔枝必十二年而結子，故其木堅而不蠹，爲用器百年不敝。華於冬而實於夏，可以鹽蒸，可以蜜漬，可以浸酒，可以火焙爲乾，捆載致遠。崔弼《白雲山志》　近用博接之法，則四年可以結實，不必俟十年也，蓋人巧可奪天工耳。　南海東莞多水枝，增城多山枝，每歲估人鬻者水枝七之，山枝三四之。載以栲箱，束以黄白藤，與諸瑰貨向臺關而北，臘嶺而西北者，舟船弗絶也。然率以荔枝龍眼爲正貨，挾諸瑰貨必挾荔枝龍眼，正爲表而奇爲裏，奇者曰細貨，所謂深藏若虚也。廣人多衣食荔枝龍眼，其爲栲箱者打包者，各數百家，舟子車夫皆以荔支龍眼贍口。《廣語》　紅鹽、火焙、曬煎諸法，色香味俱失，非荔枝之真，概不采録。　梁・蕭惠開云：「南方之珍惟荔枝、楊梅、盧橘，亦可投諸藩溷。」故坡詩云：「南村諸楊北村盧，特與荔子爲先驅。」也《能改齋漫録》　李直方嘗第果實名，以緑李爲首，楞梨爲副，櫻桃爲三，柑子爲四，蒲桃爲五。或薦荔支，曰：「當舉之首。」李肇《國史補》　僕嘗問荔枝何所似？或曰似龍眼。坐客皆笑其陋，荔枝實無所似也。僕曰：「荔枝似江瑶柱。」應者皆憮然。《東坡雜記》　荔枝之於果，仙也，佛也，實無一物得擬者。江瑶柱、河豚魚既非其倫，塞蒲桃、楊家果不堪作奴矣。歐陽永叔比之牡丹，亦觀場之見耳。譬於月以爲鈎、爲鏡、爲珪，皆第二月，非月體也。蔡君謨亦云：「其味之至，不可得而狀也。」夫不可得而狀，乃深於荔支者矣。宋珏《荔支譜序》　夫以希奇靈異之物，而能珍惜之，留護之。結以同趣，集以嘉辰。幕以濃陰，浴以冷泉。披以快風，照以涼月。和以重碧，解以寒漿。徵以往牒，紀以新詞。雖跡溷塵壤，而景界仙都。身坐火城，而神遊冰谷。宋珏《荔社約》　緑葉蓬蓬，團團如蓋，扶疎插天，赫曦若避，吾愛其樹。纍纍丹實，槎頭掛星，晴光掩映，照耀林藪，吾愛其色。絳囊乍剖，蠙珠初薦，瓊漿玉液，絶勝醍醐，吾愛其味。溼帶露華，寒凝絳雪，薰風暗度，疑對檀郎，吾愛其香。曹蕃《荔支譜序》　長柯密葉，敷蔭席地。日交之而翠陰成，月交之而金影碎。風雪交之不疎不凋，荔之陰蓋與徂之松、建之榕、吴楚之豫章同德而比義者也。北人不及知，南人有之而不必盡知也。周宣《荔支説》　余生於閩，既幸與此果遇，且天賦噉量，能日噉一二千顆。值熱時自初盛至中晚，腹中無慮藏十餘萬。而喜別品，喜檢譜。始以泉浸，繼以漿解。磁盆筠籠，一物不具，則寧不噉。宋玨《荔支譜序》 此荔枝第一知己也，人有詫東坡「日啖三百」爲囈語者，聞此更舌撟不能下矣。馮魚山先生嗜荔，量亦過人。嘉慶己丑夏，偕同人遊荔支灣，唯先生與予所啖最多。先生贈楹帖云：「熟讀白華爲孝子，飽餐丹荔即神仙。」

種植：荔枝根浮，須加糞土培之。性不耐寒，最難培植，纔經繁霜，枝葉枯死。至春二三月，再發新葉。初種時，冬月覆蓋之，以護霜雪。王象晉《羣芳譜》 荔畏西風，難度梅嶺。梁無技《南樵初集詩註》 荔枝近水則生，尤喜潮汐湍激之地。王臨亨《粵劍編》 荔枝以增城沙貝所産爲最，土黄潤多沙，潮味不到，故荔枝絶美。自挂緑以下數十種，色香味迥異他縣。《廣語》 廣州凡磯圍堤岸皆種荔枝龍眼，或有棄稻田以種者，田每畝荔枝可二十餘本，龍眼倍之。以淤泥爲墊，高二尺許，使潦水不及；以芻草蓋覆，使烈日不及。而龍眼之幹，欲其皮中之水上升，以稻稈束之。欲其實多而大，以鹽瘞之。生蟲則以鐵線濡藥刺之，否則樹盡蠹。凡龍眼用接，荔枝用博。博之法：當花發時，以其枝削去青皮寸許，傅之以土，子結後，枝即生根乃落之。爲栽接之法：以核漏出萌芽，長至三四月爲栽，乃以龍眼之枝屈而接之。其栽之枝葉盡脱，乃以樹上之枝葉爲栽之枝葉。其法與閩中異。閩之龍眼樹三接者爲頂圓，核種十五年始實。實小不可食，則鋸木之半，以大實之幼枝接之。至四五年，又鋸其半，接如前。如此者三數次，其實滿溢倍於常種。若一二接即止，形小味薄，不足尚也。三接者曰鍼樹，未接者曰野筂。廣之龍眼，大率野筂多，故不及閩廣。荔枝種之四年即實，龍眼必至五年。 龍眼必經博接乃子，花頭十汰七八，子乃甜。大荔枝花頭不可汰，語曰：「荔枝惜花，龍眼惜子。」又曰：「荔支十花一子，龍眼一花十子。」荔枝又貴，以沃土厚培，使根深不拔，膏澤上行，沙水下滲，然後枝條鬱茂，實不裹刺，上廣下尖，樽肩壺腹而成嘉種。語曰：「荔枝宜肥，龍眼宜确。」又荔枝屬火，宜使向陽；龍眼屬水，宜向陰。荔枝之陽子甜，龍眼之陰子甜。語曰：「當日荔支，背日龍眼。」俱同上 荔枝入土種者，氣薄不蕃，雖蕃不結實。閒有成樹者，經十餘歲，稍稍結，顆内酸澀無味。鄉人於清明前後十日内，將枝梢刮去外皮一節，上加膩土，用棕裹之。至秋露枝上生根，以細齒鋸從根處截下，植之他所，勿令動摇，三歲結子纍然矣。徐㶿《荔支譜》 接枝之法：取種不佳者截去元樹枝莖，以利刃微啟小隙，將別枝削鍼插固隙中，皮肉相向，用樹皮封繫，寬緊得所，斟酌裹之。凡接枝必待時暄，蓋欲藉陽和之氣。一經接博，二氣交通，則轉惡爲美也。若近海魚鹽之處，斥滷土鹼，其味微酸，不佳。縱奪接之，終不能以彼易此也。同上 荔子原無用核種者，皆用好枝刮去外皮，以土包裹。待生白根如毛，再用土覆一過，以臘月鋸下，至春遂生新葉也。木栽時皆去枝葉，獨荔樹要留宿葉承露，若葉去露槁，則無生機。余嘗六七月鋸荔枝蘆，新根方生，無不存活。最怕日晒，必求稍陰。涼處時時灌水，方易生葉。蘆字之義，果木非核種者稱蘆，蓋福州方言也。鄧慶寀《荔支譜》 荔枝核小如丁香，土人亦能爲之。取荔枝木去其宗根，仍火燔令焦，復種之。以大石抵其根，但令旁根得生其核，乃小種之不復牙。《夢溪筆談》 余聞之種樹者云，此法多不活，即活亦不盡驗。《開元遺事》載明皇以藥傅荔枝核便如小丁香，亦偶然耳。大約種類各別，如香荔及糯米餈，全是節核。大造、火山，則無一節核者。非人事之所能爲也。

有蟲名石貝，喜食荔枝花蕊。荔枝多虚花，花十子乃一，又以石背之爲賊，場師必務去之。石背閩中尤多，冬伏荔枝葉下，荔始花，蟲亦生子，一生十二粒。數應一歲，閏則增其一。荔花時，石背輒溺，溺則全枝脱蔕。雨時尤盛，其背堅如石，故曰石背。廣中荔花所苦多雨耳，石背無甚害事。有黄蟲者狀類鼒鼄，春社後，江岸地中乘日暮而出，食百樹葉，色轉翠，蓋葉之所化，而嗜荔枝之葉。予詩云：「葉化黄蟲還食葉，花生石背更餐花。」《廣語》 荔枝龍眼俱忌飛鼪及石背蟲二物，一到果熟時，不三日無孑遺矣。崔弼《白雲山志》 臯司堂前荔半熟，將延客命酒，囑吏謹伺之，勿飽鼠雀，吏顰蹙曰：「今歲石背多。」臯公曰：「十倍多正堪游目。」吏愈答愈不明，至摇頭灑泣，滿堂匿笑。臯公詢旁人，始得其解，相與一噱。林嗣環《荔支譜》 有閒歲生者，謂之歇枝。有仍歲生者，半生半歇也。春雨之際，旁生新葉，其色紅白。六七月時，色已變緑，此明年開花者也。今年實者，明年歇枝也。最忌麝香，或遇之，花實盡落。園家有名樹，旁值四柱小樓，夜棲其上以警盜者，又破竹五七尺，摇之答答然，以逼蝙蝠之屬。蔡襄《荔支譜》 每一年多，則一年少，閩中謂之歇枝，廣中謂之養樹。歲歲豐盈，則樹易衰，養之而後經久不壞，子且繁大。蓋樹自養，非人養也。《廣語》 荔枝未熟人未採，則百禽不敢近。纔採之，則烏鳥蝙蝠之類無不傷殘。《南海藥譜》 種桃李者亦然，理實不可解。　舟自南海之平浪、三山而東一帶，多龍眼樹。又東爲番禺之李村、大石一帶，多荔枝樹。龍眼葉綠，荔枝葉黑，蔽虧百里，無一雜樹參其中，地土所宜，爭以爲業，稱曰「龍荔之民」。《廣語》　順德有水鄉，曰陳村。居人多以種龍眼爲業，荔枝柑橙諸果居其三四。他處欲種花木及荔枝龍眼、橄欖之屬，率就陳村買秧，又必使其人手種博接，其樹乃生且茂，其法甚祕，故廣州場師以陳村人爲最。同上　種孩兒拳者，率以酒澆之，相傳味甚酸。有挑酒者至樹下而覆，逾年種遂變。《古香齋雜記》　高州西荔枝村，兼種橘柚爲業，其樹連亘數畝。繫竹索，引大蟻往來出入，藉以除蠹蟻。即于葉間營巢窠，多至什伯，結如斗大。吳震方《嶺南雜記》　樹間有蟻，則蟲不爲害，故園丁買之。龔芝麓《峽山寺詩注》

節候　清明宜種荔枝、龍眼。《廣語》　荔枝以臘而萼，以春而華，夏至而翕然。子赤，生于木而成於火也。皮紅，肉白，而核復純丹。火包其外，復孕其中也。肉白爲金，金爲內外火所鍊，故味醇和而甘。其液乃金水之精，甘又屬土，備五行之粹美，而以火爲主者也。粵以火德王，凡花多朱色皆火花，實多朱實皆火實，太陽烈氣之所結。火實之屬凡百種，而荔枝爲長。火爲母，荔枝則火之長子也。同上　水枝先熟，自夏至後，熟者皆山枝，亦曰火山。崔弼《荔支詞註》　荔枝其甜曰上糖，酸曰上水。三月熟者曰三月青，四月熟者曰犀角子，七夕曰七夕紅。而大熟于小至，以蟬鳴爲候應，此時熟者曰金釵子，或謂即黑葉也。次曰進奉、曰大造、曰塘壆，是皆水枝之貴者也。《廣語》　自挂綠至狀元紅，皆火山之屬也。火山善變，滋味百出，隨其土爲高下。然遲熟，熟必在水枝之後。　粵東荔枝，社日犀角子先熟。郭夢菊詩云：「未摘龍牙開笑口，先嘗犀角沁詩脾。」龍牙亦荔枝名。又三月熟者曰三月青，四月熟者曰四月紅。予詩：「三月青連四月紅，離支早熟讓南中。」蓋以先年十月作花，故早熟也。又粵中荔枝先閏一月而熟。　雒陽獨以牡丹爲花，歲二月十五日，牡丹盛開，曰花朝，古詩「牡丹開日是花朝」。廣州以荔枝龍眼爲果，歲夏至日，賈人以板箱載荔枝而北，曰果箱。荔枝大熟曰果日。俱同上　五月荔枝丹。觚賸《廣東月令》　南廣荔枝熟時，百鳥肥。《廣志》　粵謠：鵶蟬叫，荔枝熟。黎簡《五百四峯堂詩注》　凡天晴暴雨忽作，日不避雨，雨不避日，點大而疎，是曰白撞雨，亦曰過雲。諺曰：「下白雨，娶龍女。」或日色微黃，且日且雨，是曰黃雨。白雨宜禾，黃雨不宜禾。予詩：「炎天白雨早禾宜，更爲園村熟荔支。」《廣語》　荔枝，歲初而蕾，二月而花發。發時多雹，則花落實小。多雨，則花腐；少雨，則花液相膠而不實。估計者視其花以知其實多少，則判之，是曰買焙，其人名曰焙家。龍眼亦然。　東粵問園亭之美，則舉荔枝以對。近水則種水枝，近山則種山枝。有荔枝之家，是謂大室。當熟時，東家誇三月之青，西家矜四月之紅，各以其先熟及美種爲尚。主人餉客，聽客自摘。或一客而分一株，或一株而分十客。各以其量之大小，受荔枝之補益。莫不枕席丹膚，沐浴瓊液。既飽復含，未饑先擘。或辟穀者經句，或卻葷者連日。其有開荔社之家，則人人競赴，以食多者爲勝，勝稱荔枝狀頭，少者有罰，罰飲荔枝酒數大白。俱同上　粵俗兒童有賭蔗、賭柑、賭荔之戲。蔗以刀自尾至首破之，不偏一黍，又一破直至蔗首者爲勝，柑以核多爲勝。荔以粉與墨各塗之入瓦甖中共摸之，以得白者爲勝。和凝詞云：「椒戶閑時、競學樗蒱賭荔支。」可知此戲古已有之，但其法不傳耳。

品類　三月紅出香山，相傳宋端宗幸馬侍郎南寶宅，時值三月，荔枝尚青，帝甚羨之，曰：「惜未熟不能啖也。」越日盡紅，至今三月上市，故名。《嶺海樓雜記》　白花洲在香山縣港外，其地皆漁人佃人所居，多種玉荷包。其熟在三月紅之後，黑葉之前。時各荔未熟，飛鼠每夜來聚食，必以罟網其樹，方不殘毀。《學海堂集詩注》　犀角子熟于玉荷包之後，本豐而末鋭，似犀角之倒垂。其核亦然，宛然一小犀角也，雖萬顆無稍異者。《古香齋雜記》　尚孩胡景曾自佛山遺荔枝，皮綠而液甘，核甚細，曰白蠟子。昨陳元孝程周量衎祖二子遺犀角子，核差大，肉差薄，較不及也。南海荔枝以挂綠爲第一，無從致之。王士正《北歸志》　水枝以黑葉爲上，黑葉又以番禺古垻所産爲上，順德之三貴次之。荔之葉青綠，此獨黑，故曰黑葉。《廣語》　陳村荔枝，實大核小，其味甘香，名曰金釵子。昔人解金釵而得其種，即俗呼黑葉者也。葉春及《順德縣志》　興化十八娘，增城黑葉，皆核小，肉滿如水晶而香，成都所無也。方以智《通雅》　黑葉蒂間有側生子，以夏至熟，得時令之正，故多食不病。其餘各種雖佳品，多食，喉間終有火氣也。崔弼《白雲山志》　荔枝産于瓊山者，曰進奉子。核小而肉厚，味甚嘉。土人摘食必以淡鹽湯浸一宿，則脂不黏手。《海槎餘録》　徐𤊹《荔支譜》云：「進貢子，其熟最先，實如黑葉，味甘。」林鐵（崖）《荔支話》云：「進貢子其瓤不溼。」蓋即進奉子也，奉與貢聲近，實似黑葉，但粒子大而疎，肉稍鬆，味亦略淡。熟在黑葉之後，云最先者誤也。到處有之，不獨瓊山新會，而産瓊山者爲最佳。凡日曬焙乾者，俱用進奉。蓋黑葉肉厚難乾，久之易壞，進奉則不然。故昔之入貢者，皆此種，其得名以此。

荔枝出新會者，名進奉，絶佳。有以小甕載販陽江者，到即競報。徐文長《詩注》

塘壆最香，稍遜黑葉，而爽脆可口。《高要縣志》

凝冰子，以日照之，内外洞徹，微核在中，半明半滅。《廣語》

水浮子，重而不沈，以置水中，隨波下上。

又有如素馨香者，如露花如丁香者，丁香有大小之分，與小華山、緑羅衣、交几環三種，皆美絶，是皆火山之屬。湛文簡公昔從楓亭懷核以歸，所謂「尚書懷者也」。俱同上

增城自白岡沙一帶二十餘里，無非荔枝，謂之尚書懷。崔弼《荔支詞注》

尚書懷可植盆盎中結實。《高要縣志》

大丁香殼厚，色紫，味微澀。《廣東通志》

露頭花，草名，最香。婦女採以晒油，爲膏沐之飾。荔枝一種香似之，故名露花。《學海堂集詩注》

廣州有無核枇杷，南海有無核荔枝。莊綽《雞肋編》

山荔之美者多無核，近蔕一點，檀暈微作，核痕又作。雙實，實皆寬膊尖腰。一種大如胟指，長而不圓，狀若玉蘭之蕾，味香以脆，觸其殼，即爆開成兩。亦無核，即有，亦甚微小。名馬口鈴，出番禺平山。《廣語》

一種大如龍眼，亦無核，絶香，名曰香荔，出新興。同上

香荔枝，兩粵所無，唯新興有之。或無核，或有核而絶小，他處蒔之則變。《新興縣志》

荔枝多不及閩，而較早一月，唯新興者過之，美於閩之狀元紅。官其地者，亦不可多得。尚逆在藩時，荔將熟，差官封守之，熟則索夫進送，故多伐去之。吳震方《嶺南雜記》

新興荔有絶小者，核亦小如丁香，可稱明璫之目。温汝适《擕雪齋詩鈔注》

白香山謂荔枝朶似蒲桃，新興荔纖小匀圓，尤爲酷似。同上

香荔實小而長，即龍牙荔也，新會有數株。云自新興移種，而肉比黑葉較脆，實亦較大。唯新魁溝聶家園兩株，都會村黎家園兩株耳。何殿春《晚香草堂雜記》

新興香荔，六祖法堂一株最佳，云是其手植，枯而復榮者數矣。今其孫枝尚存，每年必生數百枚。《學海堂集詩注》

土人言：自免貢後，荔枝結實，香味迥不如昔，亦一奇也。

廣州荔以挂緑爲第一品，實大，味甘香，核細如豌豆，其殼上赤如丹砂，下緑如澄波，故名。陳鼎《荔支譜》

挂緑者，紅中有緑，或在於肩，或在於腹，緑十之四，紅十之六，以陽精深固，至秋而熟。生祇數十百株，易地即變，爽脆如梨，漿液不見。去殼懷之，三日不變。《廣語》

挂緑出增城沙貝，荔枝中第一品也。蔕旁一邊突起稍高，謂之龍頭；一邊突起稍低，謂之鳳尾。熟時紅紫相間，一緑線直貫到底，故名。其接樹成實者，香味或同，龍頭鳳尾亦同，而緑線則無矣。官買者于二三月持百金散布於有荔之家，俟六月中，或收十斤收五斤，不問其前數也。若親友餽遺，則以小錫盒載十枚八枚，以他火山副之，要求多亦不可得也。崔弼《珍帚編詩注》

挂緑、玉欄、金井，如夜光無價，非可以金錢得之。《廣語》

荔枝紫、緑二種，幾於分道馳。舊傳挂緑謂中界緑線，兹所見乃緑多紫少。又見一種，遠看如丹荔，近觀有細點如點苔，間有小核，色香味皆殊絶。《宜郡志》謂：「增城挂緑在諸品之上也。」温汝适《擕雪齋詩鈔》

緑蘿，即指挂緑也，《廣語》及崔、温二條言挂緑最確，無有上紅下緑者。定九雖嘗至粤，實未得見挂緑，特豔其名而爲此臆説耳。嶺右人説端硯，得之耳聞，加以臆造，其可笑大率類此。

凡摘挂緑者必唱歌，蓋防其偷啖也，他荔則不然。林嗣環有「唱荔支」之説，正挂緑事也。

新會種甜橙之苦，亦與挂緑同。近只有大眼水橙，亦甜橙之别種，特其實稍大，味亦頗淡，識者以此辨之。

五羊荔枝，上上者爲緑蘿。《楊萬里詩注》

松口有鷓鴣斑、蒨紅、纖緑、丁香結諸種，丁香結尤擅三絶。《學海堂集詩注》

石華言松口種荔者十家而五丁香結，將熟時，滿路皆香。陳一盤於廳事，則入户者先知之。特以僻在一隅，又不能致遠，客過或非其時，即值其時矣，或竟不得見，故不甚著名耳。

水晶丸，俗名糯米餈，出於番禺鹿步司之北村。肉厚而韌，香液與挂緑絶似，而實較大，核則小如赤豆耳。崔弼《珍帚編詩注》

水晶丸實大，核小，味甘，食之令人暢然意滿。家石華擬之「鰣魚無骨」，宫保阮雲臺先生曰：「此嶺南第一品也。」自此，人以一品荔稱之。

桂味殼有刺，香似犀角，番禺蘿岡洞牛首山最盛。崔弼《珍帚編詩注》

蘿岡洞後枕牛首峯，鍾氏世居其地，田狹山多，種果爲業，梅、荔爲獨盛。夏時荔火流丹，全洞皆赤，有火山、田巖、桂味數種，而桂味尤勝。《番禺縣志》

蘿岡洞有蘿坑寺，寺前後種荔殆以萬計。土人言種最善變，有忽酸而忽甜者，不可名狀也。桂味摘下五六日色不變，實略小於水晶丸，故覺稍遜。水晶丸肌體豐豔，桂味則如淡掃蛾眉，要皆絶世佳人也。

近始得見桂味，厚殼而粗，味乃獨絶，始信得名非偶。温汝适《擕雪齋詩鈔》

黑葉佳者多檽核，此亦核小，肉豐，瑩若明璫，佳品也。

桂味與挂緑同時，然挂緑以名著，多贗，不如桂味之真也。俱同上

苧麻子惟增城沙村有之，崔清獻祠前一株最佳，每實重可一兩。崔弼《珍

帚編詩注》 苧麻結子，狀如小荷包，此種闊膊扁，身亦如之，故名。香脆次於桂味，其品稍遜者，味微酸，核亦略大也。當與新興香荔及黑葉相伯仲，餘則如晉楚之視邾莒矣。 嘉應松口鄉與閩之汀漳接境，故其種有陳家紫。《學海堂集詩注》 珊瑚墜産嘉應州鳳尾閣，五月熟，以香色勝。 順德有鳳山，故謂之鳳城。有朱荔一樹，土人名曰尷尬，以其熟在黑葉之後，火山之前，故名。俱同上 尷尬荔得水而浮，蓋水浮子種也。 南方果之美者，有荔枝，梧州火山者，夏初先熟，而味少劣，其高潘者最佳。五六月方熟，有無核類雞卵大者，其肪瑩白，不減水晶，乃奇實也。段公路《北户録》 五月後遲熟而小者，名火山。黄佐《廣東通志》《嶺表録異》一條與《北户録》同，皆云：「火山四月熟。」不知荔枝將盡而後有火山，其熟最遲。泰泉，粤人，故知之獨真也。又《廣語》：「凡山枝俱可謂之火山。」其實火山自有一種味酸肉薄，與大造皆荔之下品也。 早熟有大、小將軍，有孩兒拳，稍遲爲紅繡鞋、綠羅袍，不能多得。《新興縣志》 紅繡鞋，實小而尖，形如角黍，核如丁香，味極甘美。徐𤊹《荔支譜》 將軍荔最大，核亦大，然肉多不覺，出惠州者佳。《廣東通志》 花嶺頭亦遲熟，名曰夜光，疑即明月光也。《學海堂集詩注》 公孫産東莞，每蒂一大一小，土人呼爲公領孫。皮薄核小，肉厚。陳鼎《荔支譜》 公領孫每一大者有十餘小者環之，其色紅綠各半，味亦美。《廣語》 丫髻，形最小，生皆並蒂，故得是名。多無核，雖有亦小。同上 鳳卵，身微長，與白玉罌、玉盤龍皆美種。崔弼《珍帚編詩注》 驪珠産惠州豐湖。同上 狀元紅最多，亦最賤下品也。《廣東通志》 荔枝，南中之珍果也。梧州江前有火山，上有荔枝，四月先熟，原注：以其地熱，故曰火也。核大而味酸。其高新州與南海産者最佳，五六月方熟，形若小雞子，近蒂稍平，皮殼微紅，肉瑩。寒至又有焦核者，性熱，液甘，食之過度，即蜜漿制之。劉恂《嶺表録異》 磨盤，皮粗厚，味甘，大如雞子，近蒂處甚平，七月熟。《月令粹編》引《荔支譜》 勝畫，皮厚刺尖，味甘肉豐，大似桂林，七月熟。出長樂縣六都者最佳，他種不及。同上 桂林，一名野種，又名椰鍾，出粤東，頎身而聳肩。林嗣環《荔支譜》 石中棘表，其脰肩肩然，神漿雋穎。敻爾逸羣，別格甄奇，不緣貌勝者，桂林也。謝杰《荔支名記》 熟于七夕者，曰七夕紅。《學海堂集詩注》 中秋綠，色綠，味微酸，至中秋始熟。《廣東通志》 譚世祥，以種樹人得名，産端溪峽下。譚敬昭《聽雲樓詩注》 案：譚世祥，蓋即以種樹人姓名名之。種與常殊，出水坑村，比黑葉荔差小，每顆近蒂綴小荔如半菽。殼有黑殼，内衣淡紅色，肉白微黄，作玫瑰花香。止一株，生石臺，曰石臺譚世祥。鄉人接其枝，僅有生者，味稍遜水坑。又有荔曰周紹玉，狀類火山荔，味頗擬譚世祥，近核尖則肉白而澀，亦作玫瑰花香，而稍有蜜氣。相傳紹玉宦于閩，移種歸植，見《高要新志》。 一種名黎仲思，思讀去聲，出順德，亦以人得名。《高要縣志》 案《練要堂集》：黎仲賜，荔支名，土人得種于黎，而嘉其稱。 有蠔荔支，黄色，味稍劣於紅者。劉恂《嶺表録異》 蠔荔，肉豐核小，佳種也，惟花邑有之。《花峯樵唱》 曰焦核小、曰春花、曰胡偈，此三種爲美，鼈卵大而酸，以爲酸和。《廣志》 玉露霜，産新會（匡）門山，白殼丹肉，不摘經冬不落。其味甘酸，啖之止嗽、降肺火，療怯病。陳鼎《荔支譜》 明月珠，産南海番禺山中，在挂綠之次。其色如火，味同挂綠，而皮厚少遜。然不過數株，俱産大姓家，遊客不惟不得食，并且不得見也。 妃子笑，産佛山。色如琥珀，皮光大如鵝卵，其甘如蜜，其臭如蘭，皮薄而肉厚，核小如豆漿。滑如乳，啖之能除口氣，使齒牙香經宿，宜乎妃子之破顔也。止一株，亂離以來，亦爲刦灰矣。 萬里碧，産東莞戴家園。皮色碧，如中秋雨後天，與葉色不同。味甘香，肉潤滑，成熟，皮色不變。 驪頂珠，産順德龍巖山。中圓大而色如血，每成熟時，一葉數果，不見葉，但見朱實垂垂，望之如錦覆枝頭，燦爛奪目，味甘香。 珊瑚樹，産清遠山中，蔡家止一樹，高數丈，每至熟時，葉俱脱，望之如數仞珊瑚。但實小，然漿甚多，每二枚可滓一甌，味甘而香滑。 牟尼光，産潮州大埔山中，爲潮郡第一品。大如雞卵，每一顆可清漿一甌，其味如乳，飲之，功同參苓。 瓊瑶彈，小如彈丸而無核，味甘如蜜，有梅花香。皮薄如紙，亦香甜不澀，可並啖也，出程鄉山中。 花草春，産惠來山中。皮香如橘，肉亦如之，味甘而厚。已上三種，皆爲潮陽最，然不可多得也。 琥珀光，又名火齊，出雷州海康梅氏宅内。實大如柑，味甘，性最熱，食不過五枚，過五則鼻衄如注。 水晶球，止一樹，在潮陽平湖書院中。白花，白殼，白肉，白核，而漿如血。味甘，而香沁肺腑，亦異種也。俱同上

鄭熊《廣中荔枝譜》 玉英子 燋核 沈香 丁香 紅羅 透骨 牂牁 僧耆頭 水母子 蒺藜 大將軍 小將軍 大蠟 小蠟 松子 蛇皮 青荔支 銀荔支 不意子 火山 野山 五色荔支《廣羣芳譜》 惠州荔枝，味酸，樹亦甚少，至東莞漸多漸佳。五羊黑葉諸品，遂閩産伯仲矣。《客惠紀聞》 蒼

梧多荔枝，生山中，人家亦種之。《吴録》 興寧荔枝，味亞於南海。仲振履《興寧縣志》 藏荔枝法：就樹摘完好者，留蒂寸許，蠟封之。乃翦去蒂，復以蠟封翦口。以蜜水滿浸，經數月，味色不變。《廣語》 蔡譜云：「荔枝木堅理難老，今有三百年者。枝葉繁茂，生結不息。」林鐵涯云：「荔樹有百年者，四五百年者。圍不圓滿，類作雞骨形，皮輙作鐵石色，此亦近五百餘年矣。」 荔枝止于韶州，至南雄則無。《潮州府志》 《潮州府志》：「大荔細荔。大荔，荔枝。細荔，龍眼也。」《廣志》 荔枝自徑尺至于合抱，葉密如冬青木，性堅重，其根工人多取爲阮咸槽、彈棋局。《廣州記》 舊時採貢，以蠟封其枝，或蜜漬之。而近代奸幸之徒，連株以進，南人苦之。《廣州志》 又法：在樹時，并荔葉翦之，置新瓦甖中，泥柊葉封其口，倒沉井中。有佳宴、非時出之，色如新，可支一日。崔弼《白雲山志》 鄉人常選鮮紅者於竹林中，擇巨竹，鑿開一竅，置荔子節中，仍以竹籜裹泥，固封其隙。藉竹生氣滋潤，可藏至冬春，色香不變。徐𤊹《荔支譜》 唐李文孺往昌樂瀧，家奴藏荔子于盎中，文孺初不知也。盛夏溽暑，香出盎外，流漿汎豔，因以麴和秔飯投之，三日成酒，芳烈過于椒桂。人多效之，因作《荔酒歌》。黄佐《廣東通志》引《異史》 荔枝酒，土人齎持釀具，就樹下以荔枝煏酒，一宿而成。《廣語》 荔枝燒，唐時最珍，白樂天云：「荔枝新熟雞冠色，燒酒初開琥珀春。」然以陳者爲貴。同上 某所作荔枝湯：擘生荔枝肉，别貯其自然汁。以水解白沙蜜，漸入和合，令味相得，即并荔枝肉上，火煑減半，以瓷合貯之。計客數人一勺。又令入湯小半盞煎沸，用紗囊盛龍腦，先撲熱盞，乃注湯。黄庭堅《再答王補之》

清 曹溶《倦圃蒔植記・荔枝》 荔枝一種，出自閩粵。尉佗以之充貢，於是始通中國。天寶間妃子尤愛嗜，遂與梅花並命馹致。但性極畏寒，吾地無種，吴儂所憾，不與淵材而六耶。聊存種法，以志我好。大都其根易浮，須培糞土。秋後風霜，仍覆蓋之。既至結實，尤忌麝香。及午時雨，如或遇之，子盡落矣。荔枝既過，即有龍眼，謂之荔枝奴。種類頗少，故價特貴。然香味不及，真堪作奴耳。昔王氏有荔枝一樹，黄巢兵過欲斧薪之，王氏媪抱樹號泣，求與樹偕死。賊憐之，不伐。可謂生死交矣，裙笄中何意有此人。

清 檀萃《滇海虞衡志・志果・荔枝》 荔枝龍眼，古書出于川滇。左賦稱蜀之前，旁挺龍目，側生荔支，謂滇南也。唐宋時，嘉戎多有荔枝。白樂天守忠州，寫圖以寄京師交好，今不聞川有荔枝，惟滇之元江尚不得辭其名，每年以進各衙門，而累不免。恐後來元江亦告無矣。

清 王棠《知新録》卷二九《荔枝》 荔支（枝），自漢時長安已有，《黄圖》：上林有荔宫，以荔支（枝）得名。元昇六年破南越，自交趾移種百株，獨一株稍活。誅數十人，遂不復蒔。其實歲貢焉，郵傳者，疲於道路，不獨唐明皇時爲然也。漢安帝時，交趾太守唐羌極陳其弊，乃始罷貢。案：此即相如賦，所謂遝荅離支者是也。離支之實既至長安，而繁夥還答，或是夸言也。棠按：今世閩中荔枝入貢，連根郵致京師，則所謂繁夥還答，非異事矣。按：《唐記》有《荔枝香》曲。

清 張宗法《三農紀・荔枝》 荔枝，《圖經》云：木性畏寒而根浮，樹耐久，經數百年猶實。高數丈，曰徑尺至合抱，葉類木槵，四時不凋。材質堅勁。二三月開青白花，狀如冠之蕤綏。結實喜雙，纔生若初生松毬。核如熟蓮子，殼有皺紋羅點，聚粒貼狀，初青漸紅，殼裏肉色淡白如昉玉，味甘多津，夏將中一樹食，然俱赤乃可食。收製：可久留。《蔡君謨譜》云：再枝又名離枝，品目總三十有三。《南方草木志》云：此木結實時，枝弱而蒂牽不可摘，采必以斧劙其枝，故以名也。惟産閩粵巴地，乃方果也。 植藝：《三輔黄圖》云：土産南北異宜，荔枝移丁庭者無一生焉，偶有一枝稍茂，終不花實。土宜處落核即生，移栽便活。初種五六年時，臨冬作棚遮蓋，或以草纏桔方。四五十年始花實，但根柢浮淺，須知固培。樹不耐寒，一經霜枝葉便枯，至春重發新芽，得脱換易茂。 采收：夏中果熟人未采，百蟲不敢近。纔采摘，鳥雀、蝙蝠羣然殘傷。故采者必于日中而衆采之。一經麝香，花實俱落。盛熟時，彼地皆燕會其下，多食覺熱，以蜜漿解之，或以殼浸水服。 本性：味甘、酸氣、温平，健氣、生液，益智通神，多食生熱。 效方：痘不快荔枝煎湯飲。血氣疼，荔枝燒存性半兩，香附炒一兩，共爲末鹽湯下。凡癩瘇，荔枝核四十九枚，陳皮九錢，硫黄四錢，共末鹽水和麵糊爲丸，如緑豆，大，痛時空心服九丸。良久再服，不再三，其效如神，凡氣痛者服屢效。

清 厲荃《事物異名録》卷三〇《樹木部・荔枝樹》 將軍樹 《蘇東坡詩序》：陳文惠公祠下有手植荔枝，郡人謂之將軍樹。

清 吴其濬《植物名實圖考》卷三一《果類・荔枝》三十四 荔枝，《開寶本草》始著録。以閩産者佳，江西贛州所屬定南等處與粵接界亦有之。其核入藥。　雩婁農曰：吾至滇，閲《元江志》有荔枝，適粤中門生權牧其地，訪之則曰：邑舊産此果，以誅求爲吏民累並其樹刈之，今無矣。余謂之曰：粤人聞人言荔枝輒津津作大嚼狀，今元江物土既宜，足下何不致南海嘉種，令民以法種之，俟其實而嘗焉。其日曝火烘者，走黔湘以博利浸，假而爲安邑棗、武陵橘，非勸民樹藝之一端乎。則應曰：元江地熱瘴甚，牧以三年代，率不及期而請病，其僕傔以熱往以櫬歸者相繼也，亦何暇作十年計乎。且滇亦大矣，他郡皆無，此郡獨有園成而賦什一，民即不病而筐篚之費，馱負之費，供億餽問無虚日，不厲民將焉取之。余怳然曰：一騎紅塵詩人刺焉，爲民上者，乃以一味之甘，致令草木不得遂其生乎，噫。

植物名實圖考・荔枝

清　吴其濬《植物名實圖考》卷三一《果類・番荔枝》　番荔枝，産粤東。樹高丈餘，葉碧。菓如梨式，色緑，外膚礧砢，如佛髻。一果内有數十包，每包有一小子，如黑豆大，味甘美。花微白。按：麻姑山亦有番荔枝，據寺僧所述，亦甚相類，惟未見其結實。而僧言實不可食，故附繪備考。

雩婁農曰：余使粤時，尚未聞有番荔枝，頃有粤人官湘中者爲余畫荔枝圖，而并及之。夫似荔者有山韶子，一曰毛荔枝。又有龍荔，介乎二果之間。其形與味皆有微類者若此果，則但以礫砢目之耳。麻姑山之樹未見其實，而緑心突起，已具全形。及至滇乃知其爲雞嗉子。《滇志》以入果品而人不甚食，其膚亦肖荔也。昔人作同名録，大抵皆慕古人之人，而以其名爲名，有名其名而類其人者，有絶不類其人（而）志同名者，蓋深求其同，不同而恐人之誤於同也。若斯果及雞嗉子之微相肖者，雖欲附端明諸公之譜，以幸存其名，烏可得耶。

植物名實圖考・番荔枝

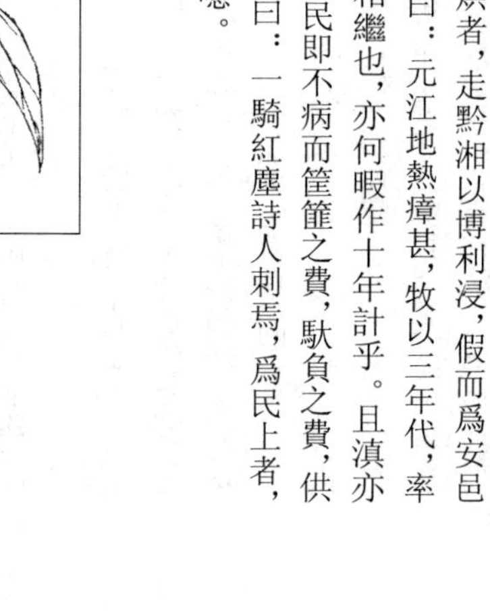

清　吴其濬《植物名實圖考長編・果類・荔枝》　《嘉祐本草》：荔枝子味甘平，無毒，止渴，益人顔色。生嶺南及巴中，其樹高一二丈，葉青茂，凌冬不凋，實如松子，大殻皺若紅羅紋。肉青白，若水精甘美如蜜，四五月熟，百鳥食之皆肥矣。　《圖經》：荔枝子生嶺南及巴中，今泉、福、漳、嘉、蜀、渝、涪州、興化軍及二廣州郡皆有之，其品閩中第一，蜀川次之，嶺南爲下。《扶南記》云：此木以荔枝爲名者，以其結實時枝弱而蔕牢不可摘取，以刀斧劙取其枝，故以爲名耳。其木高二三丈，自徑尺至於合抱頗類桂木、冬青之屬。葉蓬蓬然，四時榮茂不凋。其木性至堅勁，土人取其根作阮咸槽及彈棊局，木之大者子至百斛。其花青白，狀若冠之蕤緌，實如松毬之初生者，殻若羅文，初青漸紅，肉淡白如肪玉，味甘而多汁，五六月盛熟時，彼方皆燕會其下以賞之，賓主極量取噉，雖多亦不傷人，少過度則飲蜜漿一盃，便解。荔枝始傳於漢，世初惟出嶺南，後出蜀中。《蜀都賦》所云：旁挺龍目側生荔枝是也。蜀中之品在唐尤盛，白居易圖序論之詳矣，今閩中四郡所出特奇，而種類盛至三十餘品，皮肉甚厚，甘香瑩白，非廣蜀之比也。福唐歲貢白曝荔枝，並蜜煎荔枝肉，俱爲上方之珍菓。白曝須佳實，乃堪其市貨者，多用雜色。荔枝入鹽梅暴之成而皮深紅，味亦少酸，殊失本真。凡經暴則可經歲，好者寄至都下，及關陜河外諸處，味猶不歇。百果貨市之盛皆不及此。又有焦核荔枝，味更甜美，或云是木生背陽，結實不完就者，白暴之尤佳。又有緑色、蠟色，皆其品之奇者，本土亦自難得，其蜀嶺荔枝初生亦小，酢肉薄不堪暴。花根亦入藥，崔元亮海上方，治喉痺腫痛。以荔枝花并根共十二分，以水三升煮，去滓汁，細細含嚥取瘥止。《南方草木狀》：荔枝樹高五六丈餘，如桂樹，緑葉蓬蓬，冬夏榮茂，青華朱實，實大如雞子，核黄黑似熟蓮子，實白如肪，甘而多汁，似安石榴。有甜酢者，至日將中，翕然俱赤，則可食也。一樹下子百斛。《齊民要術》、《廣志》曰：荔枝樹高五六丈，如桂樹，緑葉蓬蓬，冬夏鬱茂，青華朱實。實大如雞子，核黄黑似熟蓮子，實白如肪，甘而多汁，似安石榴。有甜酢者，夏至日將已時，翕然俱赤，則可食也。一樹下子百斛。犍爲、僰道、南廣荔枝熟時，百鳥肥。其名上曰焦核小，次曰春花，次曰胡偈。此三種爲美，似鼈卵大而酸，以爲醢和率生稻田間。《異物志》曰荔枝爲果，多汁，味甘絶口，又小酸，所以成其味可飽食，不可使厭。生時大如雞子，其膚光澤，皮中實乾則焦小，其肌核不如生時奇，四月始熟也。《華陽國志》：江州有荔枝園。《寰宇記》：樂温縣産荔枝，其味猶勝。諸嶺涪州城西五十里，唐時有妃子園，中有荔枝百餘株，顆肥，爲楊妃所喜。當時以馬馳載，七日夜至京，人馬多斃。然荔枝敘瀘之品爲上，涪州次之，合州又次之，今止嘉定州有數株，餘州少有植者。

清 章大來《偶陽雜録・荔枝》 荔枝帶莖剪下，去葉去莖勿犯手，入磁瓶，至六分灌好白蜜，至七分紙封泥口，寄遠可藏半年。開用時以水洗浄，鮮香不變。

清 陳憲舜《課民植牧講義稿・荔枝》 將核埋於土內，即萌芽生菓，名爲山枝。須二三十年，方能開花結實，酸甜不定，知子樹之不佳也。其法於子樹長成之後，接以老樹之枝，如接樹法，既活後之二三年，冬天將樹挖起，分東西南北四方，斬去根鬚十分之一二，如今年斬東西，加糞仍舊種，回查看菓實，變成何種荔枝，明年斬南北，加糞仍舊種回，再看變成何種，逐一試驗，向好處照辦。又或用各種嫁接之法，下以骨屑酣質之料。荔枝變成之種，名色極多，由人取名。得嘉種後，年年鬆根，春初開花，在花之前，即宜下肥，結出菓實年盛一年，永遠收利矣。此菓各省皆有，東粤爲多，而講究種法，以增城爲最，其中詳細，大畧似此，該縣墟市，有接好荔枝秧賣，價銀數毫一株。此木堅實細膩，可充紫榆，以作砧板，菜刀不能入，與榛木同，每厚一寸，價值數毛，作他木器尤貴。

清 屈大均《廣東新語》卷二五《木語果屬・荔枝》 荔字，從艹從劦，不從刕。刕音離，割也。劦音協，同力也。荔字固當從劦。《本草》謂：「荔枝木堅，子熟時，須刀割乃下。」今瓊州人當荔枝熟，率以刀連枝斫取，使明歲嫩枝復生，其實益美。故漢時皆以爲「離支」，言離其樹之支，子離其枝，枝復離其支也。

南方，離火之所出，荔枝得離火多，故一名離支，亦曰丽支。丽，離也。丽，文從兩日天地之數，水一而火二，故丽從兩日。日爲五行之華，月爲六氣之精。日丽乎支猶之乎，日出於扶桑也，丽支乃震木之大者，震木以扶桑爲宗子，而丽支其支子，故曰丽支也。日出於離，離盡午中，故丽支以夏至熟。離爲坤之中，其色黄，故曰黄離。丽支之核，外赤而内黄，則黄離之美也。坤之中，其味甘，故曰甘節。丽支之肉，少酸而多甘，則甘節之吉也。又荔枝核之小者，名節核。

荔枝以臘而萼，以春而華，夏至而翕然子赤，生於木而成於火也。皮紅肉白而核復純丹，火包其外，復孕其中也。肉白爲金，金爲内外火所煉，故味醇和而甘。其液乃金水之精，甘又屬土，備五行之粹美，而以火爲主者也。粤以火德王，凡花多朱色，皆火花。實多朱實，皆火實，太陽烈氣之所結。火實之屬凡百種，而荔枝爲長。火爲母，荔枝則火之長子也。荔枝以增城沙貝所産爲最，土黄潤多沙，潮味不到，故荔枝絶美。自挂緑以下數十種，色香味迥異他縣。好事者當未熟時，先以兼金購之，乃得其狀元紅等賤如菽粟，歲收數千萬斛。敗於他方，非所急矣。自挂緑至狀元紅皆山枝，火山之屬也。火山善變，滋味百出，隨其土爲高下。然遲熟，熟必在水枝之後。水枝以黑葉爲上，黑葉又以番禺古壩所産爲上，順德之三貴次之。龍眼以順德之陳村北滘爲上，番禺之韋涌次之。龍眼必經博接乃子，花頭十汰七八，子乃甜大而多。荔枝花頭不可汰。語曰：「荔枝惜花，龍眼惜子。」又曰：「荔枝十花一子，龍眼一花十子。」荔枝又貴以沃土厚培，使根深不拔。膏澤上行，沙水下滲，然後枝條鬱茂，實不裹刺，上廣下尖，樽肩壺腹而成嘉種。語曰：「荔枝宜肥，龍眼宜確。」又：「荔枝屬火，宜使向陽。龍眼屬水，宜向陰。」荔枝之陽子甜，龍眼之陰子甜。語曰：「當日荔枝，背日龍眼。」予詩：「龍眼獨從陰處長，荔枝先向日邊紅。」其甜曰上糖，酸曰上水。三月熟者曰三月青，四月熟者曰犀角子，七夕曰七夕紅，而大熟於夏至，以蟬鳴爲候應，此時熟者曰金釵子，實大核小，昔人解金釵而得其種，或謂即黑葉也。荔枝葉青緑，此獨黑，故曰黑葉。廣人爲荔脯者多黑葉，次曰進奉，曰大造，曰塘壆，是皆水枝之貴者也。當摘時，宿之井中，沃以寒泉，火氣既去，金液斯純。以正陽精蕊而配以正陰津液，水火既濟，斯爲神仙之食。予詩云：「露井寒泉百尺深，摘來經宿井中沉。日精化作月華冷，多食令人補太陰。」火則寒之，水則熱之，此食荔枝之法也。水枝食罷乃食山棱，山棱之美者多無核，近蒂一點檀暈，微作核痕。又多雙實，實皆寬膊尖腰。一種大如拇指，長而不圓，狀若玉蘭之蕾，味香以脆，觸其殼即爆開成兩。亦無核，即有亦甚微小，名馬口鈴，出番禺平山。又一種大如龍眼，亦無核，絶香，名曰香荔，出新興。然皆不如挂緑之美。挂緑者，紅中有緑，或在於肩，或在於腹。緑十之四，紅十之六。以陽精深固，至秋而熟，生衹數十百株，易地即變，爽脆如梨，漿液不見。去殼懷之，三日不變。其曰凝冰子者，以日照之，内外洞徹，微核在中，半明半滅，又絶異。予詩：「照人最是凝冰子，五月光生一片寒。未啟朱苞光已出，可憐更在水精盤。」其曰水浮子者，重而不沉以置水中，隨波下上。又有如素馨香者，如露花，如丁香者。丁香有大、小之分，與小華山、緑羅衣、交几環，三種皆絶美，是皆火山之屬。湛文簡公昔從楓亭懷核以歸，所謂「尚書懷」者也。又有名公領孫者，每一大者有十餘小者環丫之，其色紅緑各半，味亦美，大者微有核。有曰丫髻，形最小，生皆並蒂，故曰丫髻。多無核，即有亦小，名曰焦核。有曰將軍荔，最大，核亦大，然肉多，不覺。是皆山枝之貴者也。東粵故多荔枝，問園亭之美，則舉荔枝以對：「家有荔枝千株，其人與萬户侯等。」故凡近水則種水枝，近山則種山枝。有荔枝之家，是謂大室。當熟時，東家詫三月之青，西家矜四月之紅，各以其先熟及美種爲尚。主人餉客，聽客自摘，或一客而分一株，或一株而分十客，各以其量大小受荔枝之補益。莫不枕席丹膚，沐浴瓊液，既飽復含，未饑先擘。或辟穀者經旬，或卻葷者連日。其有開荔社之家，則人人競赴以食，多者爲勝，勝稱荔枝狀頭，少者有罰，罰飲荔枝酒數大白。蓋荔枝多食未嘗傷人，飲蜜一杯即解，或以青鹽調白火酒飲。或飲荔枝酒過醉，則以荔枝殼浸水飲。又荔枝多露，有過食者味爽，就樹間先吸其露，次噍其香，使氤氳若醉，五内清涼，則可以消肺氣，滋真陰，卻老還童，作荔枝之仙。白沙云：「我是荔枝仙」，得此法也。

廣州凡磯圍堤岸皆種荔枝、龍眼，或有棄稻田以種者，田每畝荔枝可二十餘本，龍眼倍之。以淤泥爲墩，高二尺許，使潦水不及，以蒻草蓋覆使烈日不及。而龍眼之幹，欲其皮中之水上升，以稻稈束之。欲其實多而大，以鹽瘞之。生蟲則以鐵綫濡藥刺之，否則樹盡蠹。凡龍眼用接，荔支用博。博之法，當花發時，以其枝削去青皮寸許，傅之以土。子結後，枝即生，根乃落之。爲栽接之法：以核漏出萌芽，長至三四月爲栽，乃以龍眼之枝屈而接之。其栽之枝葉盡脱，乃以樹上之枝葉爲栽之枝葉。其法與閩中異，閩之龍眼樹，三接者爲頂圓。核種十五年始實，實小不可食，則鋸木之半，以大實之幼枝接之，至四五年，又鋸其半，接如前。如此者三數次，其實滿溢，倍於常種。若一二接即止者，形小味薄，不足尚也。三接者曰鍼樹；未接者曰野箊。廣之龍眼，大率野箊多，故不及閩。廣荔枝種之四年即實，龍眼必至五年。荔枝歲初而蕾，二月而花發，發時多雹，則花落實小，多雨則花腐，少雨則花液相膠而不實。估計者視其花以知其實多少而判之，是曰買焙，其人名曰焙家。龍眼亦然。順德多龍眼，南海、東莞多荔枝，多水枝，增城多山枝。每歲估人鬻者水枝七之，山枝三四之，載以栲箱，束以黄白藤，與諸瑰貨向臺關而北、臘嶺而西北者，舟船弗絶也。然率以荔枝、龍眼爲正貨，挾諸瑰貨必挾荔枝、龍眼。正爲表，而奇爲裏。奇者曰細貨，不欲居其名，所謂「深藏若虛也」。廣人多衣食荔枝、龍眼，其爲栲箱者，打包者各數百家，舟子，車夫皆以荔枝龍眼贍口。而予家在扶胥南岸，每當荔枝熟時，舟自扶胥歷東西二洲至于沙貝，一路龍丸鳳卵，若丘阜堆積，估人多向彼中買賣，而予亦嘗爲荔枝小販，自酸而食至甜，自青黄而食至紅，自水枝食至山枝，自家園食至諸縣。月無虛日，日無虛晷，凡四閲月而後已。比鄰有大石村，荔枝尤盛，以予不及，往則以荔枝爲酒相餉，而予又得藏荔枝法，就樹摘完好者，留蒂寸許，蠟封之。乃剪去蒂，復以蠟封，剪口以蜜水滿浸，經數月味色不變。是予終歲皆有鮮荔枝之飽。雖因之辟穀，可矣。伊尹言：丹山之南有鳳丸，沃民所食鳳丸必荔枝也，所謂「仙人之美禄」，非耶。

粵東荔支早熟　粵東荔枝，社日犀角子先熟。郭夢菊詩云：「未摘龍牙開笑口，先當犀角沁詩脾。」龍牙，亦荔支名。又三月熟者曰三月青，四月熟者曰四月紅。予詩：「三月青連四月紅，離支早熟讓南中。」蓋以先年十月作花，故早熟也。又粵中荔枝，先閩一月而熟。陸放翁詩：「北嶺空思擘晚紅。」自注云：「北嶺在福州，予少時與友人朱景參會嶺下僧舍，時秋晚，荔子獨晚紅在。」

大荔細荔　《潮州府志》：大荔，細荔。大荔，荔枝。細荔，龍眼也。龍眼，本荔枝之族，具體而微，故曰細荔，亦曰荔奴。粵人以荔枝、龍眼爲業，隨土壤所宜種之。種荔奴之利多於荔枝，然荔奴之美不若閩，荔枝則過之矣。秀水朱氏云：「閩粵荔枝優劣，向無定論。」世之品荔支者不一，或謂閩爲上，蜀次之，粵又次之。或謂粵次於閩，蜀最不。以予論之。粵中所産，挂緑斯其最矣。福州佳者，尚未敵嶺南之黑葉。而蔡君謨譜乃云：「廣南州郡所出精好者，僅比東閩之下等。」是亦鄉曲之論也。

御摘荔支　宋端宗幸沙涌，處士馬南寶家荔枝方熟，帝手摘一枝。後經摘處風味獨殊，人以爲異。予詩：「一株高出少微家，膏葉當年覆翠華。一自端皇親摘後，至今香烈勝羣葩。」南寶自厓門變後，有詩云：「衆星耿耿滄溟底，恨不同歸一少微。」故予首句云。

清　陳昌齊　道光《廣東通志》卷九五《果類·荔枝》　增城縣搜山有荔樹，高八丈，相去五丈而連理。《寰宇記》廣州荔以掛緑爲第一品，實大味甘香，核細如豌豆。其殼上赤如丹砂，下緑如澄波，故名掛緑，與十八娘並驅。玉露霜産新會厓門，明月珠産南海番禺山中，在掛緑之次。妃子笑産佛山，萬里碧産東莞戴家園，驪頂珠産順德龍巖山，珊瑚産清遠山中。陳鼎《荔枝譜》粵中荔枝掛緑爲最，福州佳者尚未敵嶺南之黑葉。而蔡君謨譜乃云：「廣南郡所出精好者，僅比東閩之下等。」是亦鄉曲之論也。【略】　謹案：荔枝産於大山者名山枝，産於水邊者名水枝。山枝以掛緑爲上，水枝以黑葉爲上。荔枝無接本，龍眼不接則不實。花頭十汰七八，子乃甜大而多。荔枝花頭不可汰。語曰：荔枝惜花，龍眼惜子。又曰：荔支十花一子，龍眼一花十子。其品不一。有陳鼎所未及者，今詳列於後。

掛緑，紅殼上有緑一線，或在肩或在腹，以增城沙貝所産爲上。狀元紅，最多最賤，下品也。黑葉，荔支葉青，惟此種葉黑色，故名。以番禺古垻爲上，順德之三貴次之。三月青，三月熟。犀角子，四月熟。七夕紅，七月熟。金釵子，實大核小，昔人解金釵得此種，故名。或云即黑葉也。雙實，實實膊尖腰。馬口鈴，無核，即有亦徽小，出番禺平山。香荔，大如龍眼，無核，極香，出新興。凝冰子，日中照之，内外洞徹，核在内，半明半滅，亦名水晶毬。水浮子，重而不沉，置水中，浮於水上。小華山、緑羅衣，殼淡緑微紅。交几環、素馨、露花、丁香，小華山以下皆絶美之品。尚書懷昔傅明湛若水，從楓亭懷核歸，種於西樵。公領孫每一大者，有十餘小者環之。其色紅、緑各半，味亦香美。無核，大者核亦小。糯米團，肉厚漿多，味極甘腴。丫髻，形最小，生皆並蒂，故名。有核而小者，名焦核。將軍荔，最大，核亦大，然肉多不覺也。産惠州者佳。東坡詩所謂「丞相祠堂下，將軍大樹傍」是矣。荔脯，廣人爲荔脯多黑葉，日進奉，日大造，日塘壆，皆水枝之貴者也。桂味，香如木犀，多産蘿坑寺内。玉露霜，出厓門，白殼丹肉。不摘，徑冬不落，其味甘酸。妃子笑，産佛山，色如琥珀，其甘如蜜，其臭如蘭。啖之能除口氣，牙齒經宿皆香。明月珠，出南海番禺山中，在挂緑之次。其色如火，味同挂緑，而皮厚，少遜。不遇數株，俱産大姓家，遊客不惟不得食，並不得見也。牟尼光，産潮州大埔山中，爲潮郡第一品。大如雞卵，每一顆可清漿一甌，其味如乳。瓊瑶彈，小如彈丸，而無核。味甘如蜜，有梅花香。皮薄如紙，亦香甜不澀，可並啜也。出程鄉山中。若草春，産惠來山中，皮香如橘，肉亦如之。味甘而厚，以上三桂皆潮郡之最，然皆不可多得也。琥珀光，又名火齊，出雷州海康林氏宅内，實大如柑，性最熱。公領孫，産東莞，每蒂一大一小，土人呼爲公領孫。皮薄核小，肉厚甘香，可口狀元紅也。譚世祥，端州有荔曰譚世祥，蓋即以種樹人姓名名之也，種與常殊。

荔枝屏。粵土名花珍果，是處繁膴，而老樹之産於幽崖邃谷者，盤根屈曲，好事家置爲几案清玩，然工巧天成，無若高明。謝氏之荔根屏者，色純紫，高五尺許，横斜五尺，鐵幹離奇，新枝挺出宛如畫梅滿幅，其疎花散布枝間，含苞折蕊，細大不一，復有寒雀三四，或翥或棲，各具生態，最上一枝倒垂，尤極夭矯。

龍荔。出嶺南，狀如小荔枝，而肉味如龍眼。其木之身、葉亦似二果，故名龍荔。三月開小白花，與荔枝同時熟，不可生噉，但可蒸食。《桂海虞衡志》

番荔枝。大如桃，色青，皮似荔枝殼而非殼也，頭上有葉，一宗擘開，白穰黑子，味似波羅蜜。《嶺南雜記》

清　董天工《武夷山志·果屬·山荔枝》　山荔枝，亦生大王峰，密實叢生，味頗類晉安者，但差小耳。

清　吴應逵《嶺南荔枝譜》卷五　南越王佗獻高帝鮫魚、荔枝，帝報以葡萄錦四匹。《西京雜記》　元鼎六年，破南越，起扶荔宫，以植所得奇草異木。荔支自交趾移植百株，無一生者。連年猶移植不息，偶一株稍茂，終無華實，帝亦珍惜之。一旦萎死，守吏坐誅者十人，遂不復蒔矣。其實則歲貢焉。《三輔黄圖》《丹鉛總録》曰：「漢武帝破南越，建扶荔宫，以荔枝得名也。此荔騈生若十八娘之類，曰扶荔者，亦若扶竹扶桑云。」愚謂：「升庵何從知之？此老説典，每穿鑿傅會，即此可發一粲。」永元十五年，嶺南舊貢生龍眼、荔枝，十里一置，五里一堠，晝夜傳送。唐羌上書曰：「伏見交趾七郡，獻生荔支龍眼等，觸犯死亡之害。此二物升殿，未必延年益壽。」帝下詔敕大官勿復受獻。謝承《後漢書》 廣州南海郡中都督府土貢荔枝。《唐書・地理志》 帝幸驪山，楊貴妃生日，命小部張樂長生殿。因奏新曲，未有名，會南方進荔枝，因名曰「荔枝香」。《唐書・禮樂志》 貴妃欲得生荔枝，歲命嶺南馳驛致之，比至長安，色味不變。《通鑑》 唐鮑防，襄州人。天寶末，舉進士。時明皇詔馬遞進南海荔枝，七日七夜達京師。防作《雜感詩》云：「五月荔支初破顔，朝離象郡夕函關。雁飛不到桂陽嶺，馬走皆從林邑山。」是知貴妃所食荔枝，實出南海，已見劉昫《唐書》竝防詩。蔡君謨謂：「愛嗜涪州荔枝，歲命驛致。」羅景綸以爲一騎紅塵，乃瀘戎之産，恐誤矣。《徐氏精筆》 《浪齋便録》曰：「唐世進荔枝，貢自南方。」《楊妃外傳》云：「貢自南海。」杜詩亦云：「南海及炎方。」惟張君房以爲忠州，東坡以爲涪州，未得其真。近閲《涪州圖經》及詢土人云：「涪州有妃子園荔枝」，故君謨譜曰：「天寶中妃子尤愛嗜涪州，歲命驛致。」又曰：「洛陽取于嶺南，長安來于巴蜀。」此實録，後人不復置喙矣。徐𤊹《荔支譜》 阮福曰：考新舊《唐書・地理志》，東西川土貢無荔枝，而獨著其名於嶺南。又《唐書・禮樂志》載南方進荔枝事，若是蜀産，當曰西方。然則開元所貢者，爲嶺南所産無疑矣。又杜子美詩曰：「憶昔南海使，奔騰進荔支。」又云：「炎方每續朱櫻獻。」皆是嶺南貢荔枝，子美親見其事，更爲確實。又曰：昔人有七日至長安之説，殆妄也。白居易《荔枝圖序》云：「其實離本枝一日而色變，二日而香變，四五日外，色香味盡去矣。」此果三日後色香俱變，豈有七晝夜汗馬之上而尚可食者？況自廣州至關中數千里，即飛騎置堠，亦不能七日即至也。當如漢武移植扶荔宫故事，以連根之荔栽於器中，由楚南至楚北襄陽丹河，運至商州秦嶺不通舟楫之處，而果正熟，乃摘取過嶺，飛騎至華清宫則一日可達耳。 愚意閩與蜀俱有貢，特貴妃嗜南海佳種，故驛遞尤速耳。《燈影記》云：「天寶中正月十五夜，玄宗于常春殿撒閩江紅錦荔枝，令宫人拾之。」則閩亦有貢，但非鮮荔爾。 羅浮先生《軒轅集》，年過數百而顔色不老。宣宗召入内庭，因語京師無豆蔻、荔枝花，俄頃進二花，皆連枝葉各數百，鮮明芳潔，如纔折下。蘇鶚《杜陽雜編》 劉崇龜爲清海軍節度使，親友或干以財，率不答，但畫荔枝圖與之。《唐書・本傳》 荔枝洲在番禺縣，南漢劉氏創昌華苑於其上。《海録碎事》引《圖經》 荔枝灣在郡城西五里，爲南漢昌華故苑。廣語 甘泉苑在城北，其橋曰流花鋹，與女侍中盧瓊仙、黄瓊芝、李蟾妃、女巫樊胡子、及波斯女爲紅雲宴于此。同上 劉鋹每年設紅雲宴，正荔枝熟時。陶穀《清異録》 陵山，南漢劉氏之墓也。在廣州郡城東北二十里，漫山皆荔枝樹。方信孺《南海百詠》 海山樓建于嘉祐中，今在市舶亭前，唐子西有《登樓懷古詩》，宋時經略安撫于五月五日閲水軍教習于其上，嘗新荔。同上 惠州太守東堂祠故相陳文惠公堂下，有公手植荔枝，郡人謂之將軍樹。今歲大熟，嘗啖之，餘下逮吏卒。其高不可致者，縱猿取之。蘇軾《食荔支詩序》

清 吴應逵《嶺南荔枝譜》卷六

蘇長公在海外，有詩云：「日啖荔枝三百顆，不妨長作嶺南人。」至一歲荔枝不熟，遂有「空寓嶺表」之語，遐方珍果爲昔賢所愛嗜如此。《梧潯雜佩》 熙寧四年三月四日，遊白水山佛迹巖。沐浴于湯泉，晞髮于懸瀑之下，浩歌而歸，肩輿却行以與客言。不覺至水北荔枝浦上，晚日葱曨，竹陰蕭然，時荔子纍纍如芡實矣。父老指以告曰：「及是可食，公能攜酒來遊乎？」欣然許之。蘇軾《和陶歸園田居詩序》 坡亭在鶴山縣坡山鄉石螺岡，前逼大江，東坡謫儋州過此，流連旬日，鄉人企之爲築此亭。離亭半里，東坡嘗於此摘荔，食之美，以指掐其核，後所生荔支有指甲痕。《肇慶府志》 東坡《荔枝詩》云：「雲山得伴松檜老。」常疑此句似泛，後見習閩廣者云：「福州至於海南，凡宰上木，松檜之外，雜植荔枝，取其枝葉陰覆。」所以有此語。《梁溪漫志》 白樂天《荔枝圖序》：「殼似紅繒，膜如紫綃，瓤肉瑩白如冰雪。」二語，蓋本於此。馮應榴《蘇詩合註》 余在南中五年，每食荔枝，幾與飯相半。鄭熊《番禺雜編》 鬼蝴蝶，一名鬼車，大如扇，四翅，好飛荔枝上。范成大《桂海虞衡志》 荔字亦用欐字，衛洪《七間》云：「蒲萄、龍目、椰子、荔支作此字。」段公路《北户録注》 宋荔在南海縣九江鄉，張姓祖于南宋時，自珠璣巷始遷于此，手植此荔。老幹已枯，今孫枝亦合抱矣。子孫歲歲培護，結實如故。《九江鄉志》

清 吳應逵《嶺南荔枝譜》卷六 宋端宗幸沙涌處士馬南寶家，荔枝方熟，帝手摘一枝。後經摘處，風味獨殊，人以爲異。《廣語》 治平中，長沙趙琪作廣東提刑，韶州公宇西軒有荔枝數本。中夏時，荔枝方熟，琪將召刺史賞燕，一夕荔枝皆空，皮核滿地。琪深訝之，乃開西軒，見壁上有詩曰：「吾儕今日會嘉賓，滿酌洪鍾酒數巡。遍地狼藉不知曉，荔支又是一番新。」荔枝皆積其下，二廣人傳異之。《青瑣高議》 秣陵武進士孫稚明，其父在日，家巨富，養鶴數十隻，中一隻飛去，七日不歸。及歸，口銜鮮荔枝一穗，共七枚，迴翔而下，視之皆如新摘。孫召賓客子孫玩賞累日，以示識者，皆云：「此東粵荔枝，非閩種也。」然事亦奇異矣。稚明爲太湖總練，親與予言，時稚明已八九歲，亦啖一枚云。《浪齋録便》 明萬歷末，順德縣有吳章者，儒家子也。素好神仙之術，復耽音律，學業遂廢，生計亦疎。鄉人以其善書能解事，推爲里老。夏五月，吳自鄉輸糧於縣，逆旅主人園荔初熟，簇盤供客，吳以啖賸數枚納之衣囊。將歸，貽其婦。薄暮步出郭外，行十餘里，涼月皎然，隱隱聞笙簫聲。往前跡之，仰見祥雲一隊，首列旌幢，中擁翠輿，從者數十人，或駕青牛，或乘白鹿，鶴氅繽紛，霞裾縹緲，手中各執樂器，所奏之樂，絶不與人間相類。吳奔追諦聽，足若離地，而趨走甚速。未幾，天色向曉，從者顧謂吳曰：「子來已遠，得無迷於歸路乎？」吳因詢坐綵輿者爲誰，從者曰：「我泰山主碧霞元君，巡遊南極，炎海天妃設凝冰果會，留讌三日，今始回宫耳。」轉瞬間祥雲四散，吳從空墜地，乃山東布政司署内。適閽人啟扉，驚以爲盜，執送藩伯，坐廳事鞫。吳曰：「章本順德民人，途遇仙樂，隨之而行，不知何以至此。」藩伯詫其妖妄，搜撿衣囊，一無所有。唯鮮荔數枚尚存，剖之，甘芳如新摘於樹者。始信其言，遂檄還粵東。吳自後頗厭烹飪之物，舉體輕逸，壽至九十八歲。《説鈴》 大顛禪師隱潮陽之靈山，出入猛虎相隨，手植荔枝千餘株，以一銅壺灌之皆遍。《檀萃楚庭稗珠録》

著録

清 吳應逵《嶺南荔枝譜》卷六 右《嶺南荔支譜》六卷，清朝吳應逵鴻來撰。按：吳丈號雁山，乾隆乙卯舉人，著有《雁山文集》，譜《荔軒筆記》久已刊行，而是譜幾至淪亡。茲從其從姪鶴岑明經假得，重編次讎校，以付梓焉。嶺南荔支甲天下，顧增江《荔支譜》見《文獻通考》，鄭熊《廣中荔支譜》見《廣羣芳譜》，均不存。近人亦無爲之者，則是譜殆嶺南應有之作。自序稱事屬閩蜀者，概從闕如。則所采均嶺南事也，亦頗詳贍。内卷「六坡亭在鶴山縣坡山」一條，據《肇慶府志》，殆即采自孝廉詩集自註者。又「荔園」見《文苑英華》，有唐 曹松《南海陪鄭司空游荔園詩》。阮賜卿公子謂：「即廣州荔枝灣，劉漢昌華苑因故址爲之。」原無確證，有譜獨遺之，或孝廉微旨也。不然賜卿《嶺南荔支詞序》論「嶺南貢荔支事」，已采二條入卷五，案語中不應獨遺其註也。又《觚賸續編》「奇嗜」一條，稱粵中荔枝必俟五六月紅熟，方以甘鮮擅名。非其候則攢眉蹙口，不可下咽。李孝廉字倩，爲獨嗜純青者，蘸以香山鹽蝦醬，一啖百枚，嘗謂人間至味，無踰於是。又《五山志林》「荔瑞」一條，稱何經濟年八十，夫妻偕老，一子年過半百，未有孫。順治十五年戊戌正月，屋旁荔枝忽開花結實，紅麗如春燈相輝映，嗣後連産六孫云云。則又或以其無關典要而遺之，不然。《南華》非僻書，豈孝廉未及流覽者？庚戌夏至令節南海伍崇曜謹跋。

藝文

漢 王逸《荔枝賦》 大哉聖皇，處乎中州。東野貢落疏之文瓜，南浦上黄甘之華橘。西旅獻崑山之蒲桃。北燕薦朔濱之巨栗。魏土送西山之杏。宛中朱柿，房陵縹李，酒泉白柰。乃觀荔支〔枝〕之樹，其形也，暧若朝雲之興，森如横天之彗，湛若大廈之容，鬱如峻嶽之勢，修幹紛錯，緑葉臻臻。角亢興而靈華敷，大火中而朱實繁。灼灼若朝霞之映日，離離如繁星之著天。皮似丹罽，膚若明璫。潤侔和璧，奇喻五璜。仰歎麗表，俯嘗嘉味。口含甘液，心受芳氣。兼五滋而無常主，不知百和之所出，卓絶類而無儔，超衆果而獨貴。宛洛少年，邯鄲遊士。裝不及解。飛匡上下，電往景還。

唐 白居易《白氏長慶集》卷一八《種荔枝》 紅顆珍珠誠可愛，白鬚太守亦何癡。十年結子知誰在，自向庭前種荔枝。

唐 張九齡《荔枝賦并序》 南陽〔海〕郡出荔枝焉。每至季夏，其實乃熟，狀甚瓌詭，味特甘滋，百果之中無一可比。余往在西掖嘗盛稱之，諸公莫之知，而固未之信，惟舍人彭城劉侯弱年遷累經角一作于南海，一聞斯談，倍復嘉歎，以爲甘旨一作美之極也。又一有謂字龍眼凡果而與荔枝齊名，魏文帝方引蒲桃及龍眼相比，是時二方不通，傳聞之火謬也。每相顧閑議欲爲賦述，而世務卒卒，此志莫就及理。郡暇日追叙往心，夫物以不知而輕味以無比，而疑遠既一無此字不可驗，終然永屈，況士有未効之用，而身在無譽之間，苟無深知與彼，亦何一有此字異也。用導揚其實，遂作此賦云：果之美者，厥有荔枝。雖受氣於震方，實禀精於火離。乃作酸於此裔，爰負陽以從宜。蒙休和之所播，涉寒暑而匪虧。下合圍以擢本，傍蔭畝而抱規。紫文紺理，黛葉緗枝。蓊茸一作蓊欝霮䨴環合一有而字芥纚。如蓋之張，如帷之垂。雲煙沃若，孔翠于斯，靈根所盤，不高不卑。陋下澤之沮洳，惡層崖之險巇。彼前志之，或妄何側生之見疵爾。其勾芒在辰，凱風入律，肇允一作氣含滋，芬敷謐溢，綠穗靡靡，青英苾苾，不豐其華，但旨一作甘其實。如有意乎敦本，故從一作黴文而妙質，蔕葯房以一作而櫕萃，披龍鱗以駢比。膚玉英而含津，色江萍以吐日。朱苞剖，明璫出，炯然數寸猶不可疋，未玉齒而殆銷，雖瓊漿而可軼。彼衆味之有五，此甘滋之不一。伊醇淑之無準，一作筭非精言之能悉。聞者歡而竦企，見者訝而驚佗。心恚可以蠲忿，口爽可以忘疾。且欲神於醴露，何比數於甘橘。援蒲桃以見擬，亦古人之深失，若乃華軒洞開嘉賓四會時，當煥煜，客或煩憒，而斯果在焉，莫不心侈而體泰，信琱盤之，仙液實玳筵之綺繢，有終食於累百，逾一作愈益氣而理內，故無厭於所甘。雖不貪而必愛，沉李美而莫取。浮瓜甘而自退，豈一座之所榮，冠四時而一作之爲最。夫其貴可以薦宗廟，珍可以羞王公。亭十里而莫致，門九重兮，曷通，山五嶠兮，白雲。江千里兮春楓，何斯美之，獨遠嗟爾。命之不工一作逢每被銷於凡口，罕獲知於貴躬，柿何稱乎梁侯，梨何幸乎張公，亦因地一作人之所遇，孰能辨乎其中哉。

唐　鄭谷《荔林》　平昔誰相愛，驪山遇貴妃。在集作任教生處遠，愁見摘來稀。曉集作晚奪紅霞色，晴欺瘴日威。南荒何所戀，爲爾即忘歸。

唐　鄭谷《荔枝樹》　二京曾見畫圖中，數本芳非色不同。孤棹今來巴徼外，一枝煙雨思無窮。夜郎城近含春瘴，杜宇巢低起暝風。腸斷俞瀘霜霰薄，不教葉似灞陵紅。

唐　曹松《南海陪鄭司空遊荔園》　荔枝時節出旌斿，南國名園盡興遊。亂結羅紋照襟袖，別含瓊露爽咽喉。葉中新火欺寒食，樹上丹砂勝錦州。他日爲霖不將去，也須圖畫取風流。

宋　鄒浩《道鄉集》卷一二《種荔枝》　高堂懷核謾栽培，一旦紅根破綠苔，携入鄉邦吾第一，風流知自嶺南來。

宋　李綱《荔支賦并序》　張曲江嘗賦荔支，美則美矣，然未盡善也。余來閩中，始得食其生者，因感而賦之，其辭曰：伊天地之大美，種火德於炎方。結荔支之嘉實，禀純氣於至陽。含滋潤於雨露，違嚴凝於雪霜。碧葉素榮，縹蔕丹房。膚如龍鱗，顆如裹囊。絳綃爲殼，白玉爲瓤。液貯甘露，核藏丁香。醖難言之妙味，吐自然之清香。此荔支之大略也。全而觀之，亘如丹鳳之方卵而未雛；破而窺之，瑩如老蚌之既剖而見珠；掇而出之，粲如姣姬褪紅裳而露玉膚；咀而嚼之，旨如瓊醴吸沆瀣而羞醍醐。談辯莫及，丹青難圖。百果退避，孰敢争腴。至如厥包橘柚，先薦含桃。嶺表龍眼，西域蒲萄。色沮情恧，遜美推高。矧夫剥棗浮瓜，來禽青李，張公大谷之梨，梁侯烏椑之柿，曾何足以比萬分之一二哉。秋夏之交，蒸暑歊然。畏景馳至，薰風入絃。著花結實，耀日含煙。一望萬株，列於名園。璀璨熒煌，若繁星之麗天；一食千顆，置之華筵，匀圓磊落，若火齊之堆盤。溢甘芳於齒頰，實元氣於丹田。宿酲可解，沈痾可痊。若夫色味與香，變於三日，曝之爲乾，漬之以蜜，汎鯨海之巨航，入金張之要室，譬之神藥致佳人之尸，千金市駿馬之骨，氣格精神，初不得其髣髴也。昔者曲江嘗爲之賦，寓意卒章，惜其不遇，殊不知草木之性，各安其土，玩物喪志，亦所不取。開元之末，妃子最憐，萬里驛致，來自蜀川。死百馬於山谷，望一騎而嫣然。荔支則遇，而天下病焉。爰有狷介之士，負罪遠謫，適丁其時，偶得而食，不煩傳送之勞，以資口腹之適。快平生之素願，飽珍味而無斁，正猶衛懿不可以好鶴，而幽人得之，適所以增其逸。阮籍之徒，得全於酒，而羲和湎淫，乃廢時而亂日。且食荔支，此非我力。

宋　李綱《荔支後賦并序》　宣和己亥歲，余謫官沙陽。次年夏，始食荔支，嘗爲之賦。後十二年，歲在辛亥，寓居長樂，於今又四夏矣。備嘗佳品，究見荔支本末，作後賦以訂之。其辭曰：客謂梁谿病叟曰：「玉局翁以荔支比江瑶柱與河豚，豈其然乎？」病叟曰：「否。擬人必於其倫，惟物亦爾。彼河豚與瑶柱，在海物而推美，厥臭惟腥，厥狀惟詭，藉薑桂之餘滋，薦樽罍之芳旨，快一嚼而稱珍，非鼎俎之正味，何足以得荔支之髣髴也。惟此荔支，産於炎方，綠蔕團團，丹實煌煌，香吐芝蘭，液凝瓊漿，色味兼美，自然芬芳。宛如佳人，麗服靚妝，冰肌玉骨，錦衣繡裳。又如明珠，包裹絳囊，煥彩外耀，皓質内光。其品則有陳紫方紅、江緑宋香。細若雞舌，艷若硫黄。虎皮斕斑，龍牙鋭長。蚶殼匾仄，玳瑁文章。皺玉豐膚，星毬照江。千類萬族，不可殫詳。夫豈瑶柱河豚之所能比方也。」客曰：「然則何物可以擬之？」病叟曰：「建溪臘茗，仙草之英。採掇以時，製作惟精。蒼璧忽破，素塵乍驚。甌汎霏霏之乳花，湯候颼颼之松聲。滌煩蠲渴，愈病析酲。此亦天下之至味也。洛陽牡丹，百卉之王。鶴白鞓紅，魏紫姚黄。嫣然國色，郁乎天香。豔玉欄之流霞，列錦幄之明釭。價重千金，冠乎椒房。此亦天下之至色也。相彼二物，標格高奇。名雖一槩，種有多岐。挈長度美，可並荔支。永叔君謨，序而譜之。如三國之鼎峙，各擅據於一陲。角力爭勝，未可以決其雄雌也。」客曰：「臘茗牡丹，則吾既得聞命矣。敢問百果之中，孰與爲比？魏帝方之蒲萄，唐人推於緑李，亦有謂乎？」病叟曰：「荔支之生，厥土惟三。西則巴蜀，連亘嶠南。肉薄漿多，酸而不甘。與閩粵之所産，殆不可同日而談也。漢貢南海，唐驛西川。皆荔支之下駟，乃並騖於中原。當時所見，得其粗焉。宜乎品藻之失，而議論之偏。試使閩粵者進，則二果慙恧，將遜美以推先，而況其凡乎？若夫洞庭之柑，瓤凝玉雪，清香溅手，累日不歇。苕霅之茨，實侔珠璣，咀嚼不倦。玉池生肥，思其次焉。亦皆荔支之亞匹也。然柑可食而不可多，茨療飢而不療渴。惟食多之益辦，與飢渴之兼解，微荔支吾誰與歸。方將休影息蹤，遺物離人，倒冠落佩，買山灌園。植千種之陸離，擇萬顆之匀圓。上滋絳宫，下灌丹田。怡性養壽，超然自得，以盡吾之天年。子能棄世事而從我遊乎？」客默然慙，逡巡而辭退。　范成大《荔支賦并序》：紹興丙子夏，有自行都餉貢餘新荔子者，坐客稱歎，窮山所未嘗有。呼酒更酌，鼓琴以侑之，且爲之賦。時爲新安掾，吾聞南國之南，水激而山蟠，鍾具美於一物，繄化工之所難。擱絳綃以袪服，襲蒨桃而中單。湛冰明之漼漼，粲玉粒之團團。蓊生香之令芳，泫仙液於微瀾。走候置其萬里，上玉宸與金鑾。顧人間之流落，纔千倉之一簞。餉江南之病客，索孤笑於顰端。斥蜂蜜之黄膩，謝佛桑之紅乾。覺龍目之么麼，咍蒲萄之甘酸。藉以秋雲之中，薦以水晶之盤。羞以燒春之浮醅，相以流水之清彈。迨風月之温麗，耿星河其未翻。予一嚼而三嘸，豔玉池之清寒。恍醉夢之翾飛，掖九天之風翰。望涪江與閩嶺，麾八極於雷軒。方冥濛其路暗，儵浩蕩其天寬。岌芳宫與繡户，竅玉聲之闌珊。款荔支之仙人，若平生之所歡。謂客子其少留，紛擘緑而破丹。招玉環於東虚，御清空之雙鸞。訪長生之舊曲，有千載之遺歎。悵三山之回風，驚南斗之闌干。亂梧竹之滿庭，渺雲海之漫漫。

明　周宣《荔陰説》　昔嘗讀蒙泉翁論著曰：荔枝流品，僅可與北之蒲萄比。南人不以爲然，蓋護短也。噫，翁之意微矣！夫荔爲果以實重，陰不與焉。紅繒紫綃龍牙鳳爪之夸詡先後篇牘，雖東坡老人於流離遷謫之際，猶以日啖三百顆爲言，若不知其詞之饞焉。噫，美則美矣，亦南方植物之珍耳。一騎紅塵，千載而下，非但人病之，荔亦自病之矣。翁莆守也，安知其意不出於此哉。長柯密葉，敷蔭席地，日交之而翠陰成，月交之而金影碎，風雪交之不疎不凋。荔之陰，蓋與徂之松、建之榕、吴楚之豫章同德而比義者也。北人不及知，南人有之而不必盡知也。

明　王褒《洪離傳》　洪離，字成林，蜀人也。鼻祖側生，顯於漢，厥後種落散處，閩中爲盛。離生而形狀特異，鵠首鶴頂，牛心虎皮，爲人華而實、確而質，内含章美，津津可尚，以故識與不識咸稱譽之。唐天寶間，天子聞其名，采而致之，使者冠蓋交於道，猶慮其來之緩也，特設驛傳以迎焉。既至，同盆成子虚水侯上謁，時盛暑，上坐沉香亭，趣而入。上笑曰：「聞卿名有年矣，卿來能啟沃朕心乎？」離從容稽首曰：「臣遠方賤士也，自謂深根固蒂山林間足矣。叨以先容，獲薦左右，然臣起遐陬，酸寒鄙陋，恐見罪，不敢忝居喉舌之位。」上撫之再四，曰：「名不虚也。」特命釋褐，肌膚潔白。上曰：「玉色英英照人，中何物也？」離俯首對曰：「特一赤心報陛下耳。」上大悦，錫爵紅陽侯，奉朝請，賜予數，召對無虚日。後宫貴人邀而食之，開懷欵會，適其意而後已。久之執法大臣謂離弗能裨益治體，何往來屑屑不憚煩也，請罷之。上用其言，由是疏焉。後終於蜀。孫枝入閩，奕葉繁衍，遂爲巨族。有一派居嶺南，皆未若閩之大著耳。

明　謝肇淛《江妃傳》　江妃者，唐玄宗皇帝侍妃也，小名緑玉。其先世家於南越，漢武帝時有側生女，隨尉陀入貢，帝見其美，愛幸之，爲築離宫。居歲餘，無子寵衰。聞陳夫人以相如賦復幸，亦奉金鐘千求相如作賦。賦上不見省，卒幽長門中。然家世産好女子，和帝時詔歲貢采女以備掖庭，後用唐羌言罷之。妃以開元中生，母方妊時，夢繁星纍纍從天下，已取吞之。覺而命筮，得離之頤，曰：銜珠黄鵠生芻一束，去其國三歲不復，是女也而豔，必大其宗。果以季夏之望生妃。及長，有殊色，肌理膩白如玉，無少疵釁，體有異香，好製紅繒爲襦，蹙縠若粟，裼以碧衫，豐膚内映，益增其妍。然常自匿翠幄中，市里罕見其面。時貴妃楊氏寵冠椒房，而妃有姊采蘋先入宮，得侍帝。從容言其女弟鮮姣，欲以傾貴妃，帝聞心動。而先是左丞相張九齡，又盛稱妃之美不容口，遂遣中使乘傳遽召妃，促者絡繹於道，以天寶五載六月下旬得幸於華清宮，帝大悅。制曰：「朕味道渴賢，采華茹實，博羅筐莒之媛，以佐蘋藻之馨，蓋有年矣。才人江氏，德惟邁種，姿擅凝脂，國色天香，沁吴宮之芬水；冰心雪質，奪漢掌之金莖。今遣大將軍高力士持節册封淑妃，位貴妃次於戲，玉食萬方。予豈有愛於喉舌，小星三五，爾益自固其衾裯，食哉以時，無廢朕命。」自是寵遇日隆，每食未嘗不侍側。然妃小有智數，時時以甘言自媚於貴妃，浸入肺腑，得其驩心，貴妃不嫉也。一日上與貴妃坐沉香亭，擁妃於側，時方盛暑，上有消渴疾，道士羅公遠以術致江陵柑百顆，西涼州進葡萄數百斛。上謂左右曰：「争如我江家並蔕瓊漿風味乎？」然妃終逼於貴妃，不自安，常以顔色非故求自疎遠，每歲僅一再見上。上變益渥，併賜采蘋，號梅妃，寵與貴妃埒，三人各自矜其色。宮人或微問帝，帝曰：「江家妃，神仙中人也，楊梅尚不堪作奴。」貴妃、采蘋聞之，大怒，以事捃摭妃，暴烈日中，又加炮烙，曰：使老嫗黧面。聞者傷之。後左拾遺杜甫、紫微舍人杜牧、忠州刺史白居易，皆有詩弔妃。妃既敗，竄其族於閩廣間。然子孫猶美麗，稱江家種，以比昭君村云。

明 **曹學佺《石倉園荔支閣記》** 荔枝閣介於雙樹，樹因有垣繚之，而枝葉扶疎，特出垣外，作虬龍勢，競舞而飲水。閣去其梯，借徑於菴之别室，以梯以橋，皆因於樹，樹有欹側處，人行蹲而避之。坐露臺如在緑幄中。荔子熟時，朱實離離，可掇而食，不煩假手於攀摘矣。

明 **韓上桂《荔支頌并序》** 果之美者曰荔支，余友鄧道協所著通譜詳矣。往時閩粤各矜其勝，余謂兹果何必此兩鄉。即瀘戎間，固儼然稱南面孤也。因憶白香山評語而爲之頌。頌曰：歷稽羣植，疇據奇觀，果推香荔，花侈牡丹。或憎炎熱，或苦凝寒。弗易厥性，惟土是安。牡丹新聞，荔亦晚出。風雅罕傳，騷篇恨逸。迨漢迄唐，一物吐色。丹賞其葩，荔珍其實。余長荒嶠，未審姚黄。撫斯玩斯，特嗜瓊漿。花僅屑玉，果乃稱王。星羅霞布，蓋擁疇張。入掌珠瑩，漬牙雪釋。乍嚼怡神，飽餐資液。香味兼妍，姿顔最惜。櫛比駢聯，充盤映席。種先南海，次數增城。龍牙犀角，瓌瑋咸矜。遥聞陳紫，閩福尤名。一經妃笑，瀘産爲輕。扶荔宮崇，側生賦重。吾鄉九齡，雄詞競諷。亦有君謨，譜分伯仲。道協後興，搜羅靡縱。既操令品，載省豪奴。將離旁挺，後勁寧孤。天然作對，白老匪誣。置華旌實，猗歟盛且。

明 **胡宗華《荔子賦》** 登尉陀之荒臺，過無諸之故墟。覽山川之奇勝，覩草木之瓌殊。緋桃朱柿之焜煌，江橙盧橘之榮敷。或叢生於炎麓，或秀發於海區。名與味兮駢美，香與色兮洵都。信南方之異果，或可貢於帝居。惟荔子之佳品，實中國之所無。宜馳名於君謨之譜，而見序於居易之圖也。觀其氣受東震，精稟南離。陽明内蘊，華采外施。蟠蒼根於深固，抱海氣之淋漓。枝凝緗兮交暢，葉染黛兮葳蕤。遠而望兮，如擎天之高蓋。邇而矚兮，若疊翠之重帷。火流大地兮而清寒襲予，霜凝絶壑兮而堅剛匪虧。材孔大而合抱，蔭低垂而從規。揚芳聲於海嶼，延清景於亭池。寶之者無斧斤之及，憩之者如雲庇之垂。以側生而見毁，何或者之罔知。當其暴雨既霽，凱風微涼。花霏霏兮綴密穗，實靡靡兮垂青房。如韜光以自斂，迨有積而後彰。林鍾戒辰，心星正陽。膚凝脂兮皺縠，肌斂玉兮含漿。如英華之既發，雖欲掩而難藏。爛如彤雲之合，欻如彩鳳之翔。熚然疑火珠萬斛，照金烏而晝見。爚然訝神丹九轉，射玄圃而流光。堆於雕鳳之盤，薦於晝錦之堂。擘輕綃之絳膜，吐明月之圓璫。脣未沾而先嗑，口既漱而尤香。具甘滋之正味，食雖饕而靡傷。可以充席珍而娱賓客之奉，可以薦籩實而格神祖之洋洋。彼擬倫於甘橘，徒以甜酸而見齒。或比議於蒲萄，信其謬説之荒唐也。惜乎生於炎海之濱，植於遐異之方。去京華兮萬里，瞻天門兮堂堂。柳夾道兮江路遥，桂倚巖兮天風長。固未繇廁宸楓之列，尚何能邊班筍之傍。緊登薦之有時，宜株守以自藏。與媚妃嬪之笑兮，寧培根枝於深固也。與踣飛塵之騎兮，寧分清蔭於草堂也。務植德以滋身，願托根於南荒。沐雨露之嘉澤，爛雲霞以成章。隨榮瘁之所遇，囿生成於玄黄。幸弗淆於凡草，同腐滅於飛霜。庶留名於譜牒，垂百世而流芳。

明 **謝肇淛《五月十日初嘗火山荔支》** 五月猶未半，輕紅已出市。磊磊朱葳蕤，乍疑晨星墜。雖無膏腴肪，已勝醇酪味。碧玉初破瓜，珠胎尚含淚。穤薄不禁風，肌細還愁穉。跫然空谷音，始知希者貴。

明 **鄧道協《霧居園啖中冠荔支》** 火山出未久，中冠繼其後。裛露蔕猶青，緑衫褐紅袖。齒頰有餘酸，膏腴尚未厚。措大性所宜，拏攫不停手。琴瑟雖未調，亦已勝瓦缶。酸盡回微甘，佳境漸入口。岸幘發浩歌，孤月上高柳。

明　徐熥《五月十日初食火山荔支》　仲夏氣鬱蒸，輕紅綴荔子。厥種名火山，早熟差足喜。色香雖未全，驟食亦清美。不患甘傷脾，且愛冷沁齒。已勝餐來禽，猶堪敵青李。聊爾爲先驅，次第飽陳紫。欲結林下盟，請從今日始。

明　徐熥《十七日集鄧道協新居食中冠荔支》　新居初落成，荔子熟已半。梢頭覓早紅，正品得中冠。摘來悦我口，彷彿明星爛。始食味尚酸，浹皆有微汗。小者猶若珠，大者已如彈。嘗新頗不厭，錦殼堆几案。輕風送晚涼，清香迴鼻觀。置堠無飛塵，不作蘇子歎。《高景倩齋中食鑛玉荔子賦得漢人名詩》：江陳萬年種，夏景丹顆垂。檀欒布鑛玉，香甘始當時。千枚乘露摘，盆子盛纍纍。諦審食其實，核焦延壽宜。楊盧植太酢，青李尋傷頤。綺疏受殘照，林高相蔽虧。盤桓譚轉劇，三伏湛涼飈。

明　曹學佺《石君亭噉荔嘲俞羡長》　纍纍荔子實，采采動盈抱。漫論市上錢，詎祕林間寶。充茲石君羞，展彼山泉澡。量腹受幾何，百千恣傾倒。齒牙沁甘露，毛羽生難老。嘗聞丹經言，効驗良可考。使人美顔色，長似少年好。爲問羡門長，何如瓜大棗。

明　謝肇淛《食火山荔支次王龜齡韻》　天香國色奪燕支，妝鏡臺前哦新詩。纖纖素手爲君擘，翠袖紅繒雙鬬奇。吴中楊梅色如土，仙種應須出懸圃。冰雪曾看工史圖，姓名盡入端明譜。四月五月紅滿山，未采百鳥不敢先。蘧然先鋒一出便壓市，明珠已引饞龍涎。投老菟裘計未果，莫惜銅錢沽百顆。一覺心清涼，卧看疎楊度螢火。

明　徐熥《食火山荔支同用王梅溪韻》　昨夜聚首餐荔支，狂來五字哦新詩。今辰翠籠又擎到，别有一種尤珍奇。根株藝植同一土，易熟離離滿園圃。本支已識分廣南，不待按圖翻舊譜。異名嘉實雖滿山，定讓此品來争先。嘗新既喜早一月，冰盤擘啖流饞涎。乍食無多腹不果，三百青銅沽百顆。相期同到鳳凰岡，天柱梢頭赤如火。

清　愛新覺羅·玄燁《食荔支有感》　炎州佳種號離支，巴峽瀘戎未足奇，色寫天霞連顆綴，影留閩月帶根移。閩中歲進荔支多，連樹本鮮摘，色味絶佳。酪漿雪質無能比，玉管雲箋有所思。夢裏不知身是夢，還如賜食寢門時。

清　愛新覺羅·弘晝《荔枝賦》　原夫大宛蒲萄，上林楒栗，平陸甘瓜，江陵紫橘。玉井之雪藕欺霜，洛陽之朱櫻耀日。鍾山之李大如瓶，信都之棗甜於蜜。徵嘉果於羣芳，咸應時而垂實。乃有林檎爲兄，石榴爲弟，禀乎炎精，依乎火帝。殼染丹砂，衣裁錦帨。角昴見而綻靈葩，雲日鏡而流火齊。枝懸萬顆，等瓔珞之紛垂，霞麗千房，儼珊瑚之交綴。繁生閩粤之鄉，著美渝涪之際。肇嘉名曰荔枝，非凡果之可媲爾。其爲色也，或稱陳紫，或命藍紅，始雕青玉，旋鏤丹銅。瓊膏兮内孕，絳羅兮外蒙。赤罽初收，脱晶丸於掌上，朱囊乍解，卸冰繭於盤中。宜乎領狀元之號，而膺一品之封。若其爲香也，貫膚膜，徹表裏，氤氳可尋，掩冉難擬。紀江緑之馝芬，傳宋香之旖旎。剖殘頳顆溢芳靄而襲人，劈破冰肌散清芬而染指。此薰艾納者不足方，而含鷄舌者庶可比。至其爲味也，談香心醉，數種涎滋。津寒兮似雪，膚膩兮如脂。沾唇而甘流僊醴，入齒而冷沁華池。小核中含快嚼丁香之實，瑩瓤外朗潤同瓊島之芝，若夫厥種攸兮，品題獨絶。龍牙鳳爪之殊，雙蒂側生之别。楓亭兮自昔稱奇，閩嶠兮於今爲烈。蔡中郎之譜，譽以無雙。白香山之圖，誇爲第一。固宜人人同嗜，處處争傳。方之絳雪，擬以神僊。詩誦髯蘇狂情饕餮，賦成王逸麗句芊綿。此紀芳名於千古，而擅嘉實於八埏者也。方今聖澤無方，神功及遠。極無外之要荒，亦盡歸於圖版。藉方物以輸將，詎辭勞於往返。聖心祗惕兮異物弗珍，臣子敬恭兮歲供恐晚。頒玉府兮殊錫九天裏，黄帕兮承恩上苑。咽天漿而飫德孔深，謹獻賦而丹誠藉展。爰爲之歌曰：嘉實之生，依此芳樹。嘉實之來，致自王路。欣沐賜於九重，得分甘於瑶圃。看歲獻於炎方，慶蒸黎之永附。

清　余志貞《荔枝賦》　伊圓穹之瑞精，焕星景與雲卿。濡灝氣於草木，遇品物以流形。隨墳壤之攸産，挺嘉卉之蔥菁。鍾嶺南之奥區，蔚荔枝之叢生。長嬴節届，鶉火星移。浮瓜沉李，暑雨涼飈。緑岸圃兮寓目，結朱實之離離。爾乃團團布密，狀如車蓋，羃淍蔽虧，轇轕晻藹，緗英黛葉同虯松之不凋，紺理紫文入閬苑而曜綵。綴之瓊幹纍纍明月之珠，薦之琱盤灼灼玳筵之貝。況復實駢火雲，味酌天漿。潤侔和璧，奇踰五黄。遠而望之粲若繁星麗碧落，迫而玩之，皎若朝霞映太陽。雖有側生之誚，終無忝上國之光。至如珍族博傳，淑類不一，陳紫宋香，方紅江碧，鳳爪龍牙，變態百出。承甘液之零露，凝如水精；飲豐潤於醴泉，融如絳雪。香肌膩肉，髣乎姑射之姿；寒玉冰紈，穆矣琅玕之色。則有侯家甲第，梓澤芳園，穿池岸曲，蓄水河源。千株畢植，萬顆俱圓。火齊照耀，滴乳凝鮮。解煩已相如之渴，辟穀得留侯之仙。又有期門公子，澤宫弱冠修景納涼，乘間縱翫。稅龍馬於金隄，命鳧舟於江畔。憐樹端之陸離，愛懸黎之璀燦。更有東都幽人，西園嘉客，珍果新嘗，清香欲絶。紅綃玉膚，寫入海上之詩，絳囊晶丸，載在風騷之籍。美矣哉。向使獨秀，上清之境，不落人間之世，同蟠桃之結實，與鵷鶵而並至，足使蓬島增輝，塵寰延佇。豈非超衆果而獨貴，媲羣彙而尤麗者乎。歌曰：迤邐海嶠，荔子丹兮。萋萋馥馥，烟霧翻兮。外朗内潔，匹明瑺兮。芳心甘氣，沆瀣寒兮欲繪名品，媿陸潘兮。

清　王令《古雪堂文集》卷一〇《南越荔枝説》　張侗初先生云：嶺南無雪將梅補，會見紅霞拂海烟。句中暗逗南海荔枝將熟色也。予飲碧石崖青嶂間，兩山夾夾，維舟深入。時朝曦挂樹，紅紫爍然，垂垂于糾緑中者，東坡日需三百顆物也。驗其色，其味已過半矣，同舟漚伯子欲予停橈，紫緑層摺處，旋摘數枝就石而食，纔剖衣而瓊液溢出。時當酷暑，啖之恍若冰雪，冷人齒頰。予爲作歌云：青霞初裹，旭氣頻蒸，個裏君知麽，茹破松鱗，日需三百顆，嶺頭霜雪未曾降，清沁詩脾解渴，相如可，秀色垂烟，虬枝半墮，葉底迸如火，更錯認深秋是處，丹楓鎖月痕，偷下還同坐。星辰千朶，摇曳，虹霓，妃子曾嬌嚲。詞竟，伯乃大呌云絶，爲同攜剩霞而歸，并語諸子焉。

龍眼

綜述

唐　劉恂《嶺表録異》卷中《龍眼》　龍眼之樹如荔枝，葉小，殼青黄色，形圓如彈丸大，核如木槵子而不堅。肉白帶漿，其甘如蜜。一朶恒三二十顆。荔枝方過龍眼即熟，南人謂之荔枝奴。以其常隨後也。

宋　寇宗奭《本草衍義》卷一四　龍眼，《经》曰：「一名益智，今專爲果，未見入藥。」《補注》不言。《神農本草》編入木部中品，果部中復不曾收入。今除爲果之外，别無龍眼。若謂爲益智子則專調諸氣，今爲果者復不能也。矧自有益智條，遠不相當，故知木部龍眼，即便是今爲果者。按今《注》云：「甘味歸脾，而能益智」，此説甚當。

宋　张世南《游宦紀聞》卷五　左太沖《三都賦序》云：相如賦上林，而引「盧橘夏熟」；揚雄賦甘泉，而陳「玉樹青葱」。考之果木，則生非其壤；校之神物，則出非其所。於辭則易爲藻飾，於義則虚而無徵。且夫玉卮無當，雖寶非用；侈言無驗，雖麗非經。又云：余既思摹二京，而賦三都，其山川城邑，則稽之地圖；其鳥獸草木，則驗之方志。又《蜀都賦》則云：「旁挺龍目，側生荔枝，布緑葉之萋萋，結朱實之離離。」讀至此，而竊有疑焉。世南游蜀道，徧歷四路數十郡，周旋凡二十餘年。風俗方物，靡不質究，所謂龍目，未嘗見之。間有自南中攜到者，蜀人皆以爲奇果。此外如荔枝、橄欖、餘甘、榕木，蜀皆有之，但無龍目、榧實、楊梅三者耳。豈蜀昔有而今無耶？抑左氏考方志草木之未精耶？

宋　謝維新《古今合璧事類備要别集》卷四〇《果門・龍眼》　《格物總論》龍眼一名龍目，一名比目。樹如荔枝，但枝葉稍小。殼青黄色，形如彈丸。核如木梡子，不堅，肉白而帶漿，其甘如蜜。一朶動五六十顆作一穗，如蒲萄然。荔枝過即龍眼熟，故號曰荔枝奴。

元　王禎《王禎農書》卷三三　曬龍眼法：採下，用梅鹵浸一宿，取出曬乾，用火焙之，以核乾硬爲度。如荔枝法收藏之成朶。

明　宋詡《竹嶼山房雜部》卷九《樹畜部・樹類》　龍眼一曰荔奴。子殼圓，色青黄，肉甚甘美。宜閩粤南粤。

明　王象晉《群芳譜・果譜・龍眼》　龍眼，一名益智，一名驪珠，一名龍目，一名比目，一名圓眼，一名蜜脾，一名燕卵，一名繡水團，一名海珠藂，一名川彈子，一名亞荔枝，一名荔枝奴。閩、廣、蜀道出荔枝，處皆有之。樹似荔枝，高一二丈，枝葉微小，葉似林檎，陵冬不凋。春末夏初開細白花，七月實熟，大如彈丸。肉薄於荔枝，白而有漿，甘如蜜質，味殊絶，純甜無酸。實極繁，作穗如葡萄，每穗五六十顆，殼青黄色。性畏寒。白露後方可採摘。性甘平無毒。安志健脾，補虚開胃，除蠱毒，去三蟲。久服輕身不老，裨益聰明，故又名益智，非今醫家所用之益智子。食品以荔枝爲貴，而資益則龍眼爲良。蓋荔枝性熱，而龍眼平和也。　附録：山龍眼：出廣中。夏月熟。肉如龍眼，亦龍眼之野生者也。龍荔：狀如小荔枝，而肉味似龍眼，木之身葉亦似二果。三月開小白花，與荔枝同熟。但可煎食，不可生啖。出嶺南。

明　徐光啟《農政全書》卷三〇《樹藝》　龍眼，附山龍眼、龍荔。《廣雅》曰：益智，龍眼也。一名驪珠，一名龍目，一名比目，一名圓眼，一名蜜脾，一名燕卵，一名繡冰團，一名海珠藂，一名川彈子，一名亞荔枝，一名荔枝奴。龍眼花與荔枝同開，樹亦如荔枝。但枝葉稍小，殼青黃色，形如彈丸，核如木梡子而不堅，肉白而帶漿，其甘如蜜。熟於八月，白露後方可採摘，一朶五六十顆作一穗。荔枝過，即龍眼熟，故謂之荔枝奴。福州興化、泉州有之，比荔枝特罕。木性畏寒，北方亦無此種。今充歲貢焉。玄扈先生曰：乾龍眼肉勝荔枝，且能補心氣，大益人。鮮食之，大不如荔，真堪作奴。曬龍眼，採下，用梅鹵浸一宿，取出曬乾，用火焙之，以核乾硬爲度，如荔枝法收藏之。成朶乾者名龍眼錦。附山龍眼，出廣中，夏月熟可噉，此亦龍眼之野生者。龍荔，出嶺南，狀如小荔枝而肉味如龍眼，其身葉亦似二果，故名曰龍荔。不可生噉，但可熬食。

明 慎懋官《華夷花木鳥獸珍玩考》卷二《龍眼》 一名龍目，一名比目。樹如荔枝但枝葉稍小，殼青黃，色肉白而帶漿，其甘如蜜。一朶動五六十顆作一穗，如蒲萄然，荔枝過即龍眼熟，故號曰：荔枝奴。有一種最大者，曰虎眼，肉厚味甘，食之益人。

清 張宗法《三農紀》卷五《龍眼》 龍眼，《圖經》云：樹似荔枝，枝葉微小，臨冬不凋。夏初開細白花。生青綠，熟青黃。七月熟實大如彈丸，肉薄於荔枝，白而有漿，甘而如蜜，實極繁，作穟如葡萄。其性畏寒，白露後方可摘食。果品以荔枝爲貴品，藥以龍眼爲良。《廣志》云：《海珠藂統志》云，《繡水團》。《方士記》：《比自海人》云：永彈子。《草木狀》云：□淚。《群芳譜》云：驪珠生南海，由谷方産果耳。 植藝：漢武帝云：自交趾移來龍眼，難以生活，偶一株稍茂，終無花實。産宜之方不易而生茂，其樹畏冬，須蔽茸，其上草縛，其梗木大如股方感，根下宜加土厚培。脱换者易茂。 造製：龍眼、荔枝摘下，以梅滷浸一宿，撈出曬乾，以火烘核乾爲度，以竹籠箬葉裹之，成朶者以爲龍眼錦、荔枝錦。果熟時收，其肉以蜜作煎，嚼之如糖霜，名曰龍眼煎、荔枝煎。 本性：味甘，氣温，益神和血、安智養氣。小兒不宜多食，食多生熱。 效方：思慮勞心者飲以龍眼薑棗，狐臭者以龍眼核六枚，胡椒三十七粒爲細末，汗出擦之。

清 趙古農《龍眼譜》 龍眼以順德之陳村北滘爲上，番禺韋涌次之，南海之平洲三山而東一帶，亦多龍眼樹。然始種者，必經博接，乃子春末夏初，開細白花時，須拗其花頭，通其頂，疎其氣，名曰省花，結子乃甜，且大而多。諺云，「荔枝龍眼，十花一子」，皆言其花繁而果稀也。又曰龍眼屬水，宜向陰，熟於秋。秋屬金，得金之氣，金以黃爲純，故其色黃，肉白而核黑，水在金中也。水在金中，故其性寒，所謂龍眼獨從陰處長者，此其所以爲陰而得金水之精也。 龍眼初著花時，春夏之交最忌。夜雨太多，則花頭十落，其七名曰滑枝，枝一滑而能實結者，鮮矣。 予嘗舟過水村，凡鄉落間基圍上多種，龍眼一望無盡，每歲尤須倩工澆糞，挑泥敷之，培作一墪，所謂沃其根而枝葉自茂，結實多而且大也。然更以近人氣者，爲易長，故村邊樹人多憩其下者，果愈美云。 始種龍眼法有二：曰「挨口」，曰「露核」。「挨口」者，園丁取鮮泥曬乾碎之，加糞以成熟之。龍眼核埋鮮泥中，俟其發芽。經兩年間，樹長七八尺，幹如箭竿，自初葉至杪葉，層層不脱，乃爲好樹仔。然後將樹仔連根鑿起，用禾稈包固之，使泥不脱裂，移至大樹旁，盡將其葉撤去，其杪選大樹壯枝，略省其葉，祇留其巔葉一兩片，將老枝削去一邊，附以樹仔之禿杪，二者相合，無縫札以繩草，使合爲一，用他葉包裹不漏風，不沾水，不使日曬，數日一澆，樹仔之生氣接矣。一月後，兩枝粘連，遂用快刀割斷大樹老枝之根本，而樹仔已借杪生矣，隨將樹仔移栽他處，再用禾稈蜜纏其身，防烈日曬狂風侵，不快大也，是謂「挨口」。若「露核」者，非有意於露核，而不挨也。或偶遺忘挨，或挨而不成，然是時，樹仔已大，故姑任其生長耳。顧挨口之樹，其果繁；露核之樹，其果少，且肉薄殼厚、味亦淡，不及挨口樹之佳也。 龍眼多食益智，故名益智。聞閩中熟時，兒童食之則肥，廣中兒童多食患瘕，故以焙乾者爲貴。其黃皮者，子大皮黃而薄滑。無點。青而有點者，子在大小之間，皆甚甜。又最大者名孤圓，次金字，山字，南字小者爲蜜糖。埕遲者，又喚秋風子。外此更有十葉、青皮、花殼之號。凡結子每一年，多則一年，少謂之養樹，歲歲豐腴，則樹易衰養。將軍荔枝，五代間有爲此官者，種之。後人以其官號其樹，亦如大夫松然。然而松爲秦所封，斯玷松矣，如荔枝者，善點綴將軍，乃武乃文也。 釵頭顆紅而小，故特貴。 粉紅者，則謂其如傅朱粉之餙，故名。 中元紅，荔枝將絶方熟，以晚重於時。吾泉中荔欲過時輒有山荔。山荔者，荔之閏位也。 火山本出廣東，四月熟，味甘酸，肉薄，漳泉俱有之。凡種植多以子以核，獨荔則用奪接之法，法於春夏接之，而後經久不壞，子且繁大，此果性之善於自養也。予曾記前人有詠益智詩曰：「採摘日盈筐，香生比目房。食之能益智，本草有仙方。」殆即謂此歟。 粤之龍眼，當以十葉爲第一，十葉之名，俗訛作石硤。石與十音類，硤與葉音似，其實此種則名十葉。蓋凡龍眼葉或七片、八片一椏不等，而此則一椏十葉，故因以是別其種也。又凡龍眼莖幹，其皮膚皆泡起如鱗，惟十葉皮泡起細如薯皮，核色如金漆。他種核則如黑漆耳，其肉白而脆，其味香而甜，剥去其殼，以紙裹之，行數里而紙不濕，此真十葉也。曬子令乾，則肉縐如縐紗，經火焙則不縐味且減矣。韋涌一帶皆有此種，而平洲所種尤多云。　蜜糖埕者，品亦佳。而果略小，其甜如蜜，猶以果置糖中濡染，久取出而吮之，其味彌永故名。

清　吴其濬《植物名實圖考》卷三一《果類·龍眼》　龍眼，《本經》中品，歸脾湯用之，今以爲補心脾。

植物名實圖考·龍眼

清　吴其濬《植物名實圖考長編》卷一五《果類·龍眼》　《本草經》：龍眼味甘平，主五藏邪氣，安志厭食，久服强魂聰明，輕身不老，通神明，一名益智。　《别録》：無毒，除蟲去毒，其大者似檳榔，生南海山谷。陶隱居云：廣州别有龍眼，似荔枝而小。非益智，恐彼人别名，今者爲益智爾，食之並利人。　《唐本草注》：益智似連翹，子頭未開者，味甘辛，殊不似檳榔。其苗葉花根與豆無别，惟子小爾。龍眼一名益智，而益智非龍眼，樹似荔枝，葉若林檎，花白色，子如檳榔，有鱗甲，大如雀卵，味甘酸也。　《圖經》：龍眼生南海山谷，今閩廣蜀道出荔枝處皆有之。木高二丈許，似荔枝而葉微小，淩冬不凋，春末夏初生細白花，七月而實，成殼青黄色，文作鱗甲，形圓如彈丸。核若無患而不堅。肉白有漿甚甘美。其實極繁，每枝常三二十枚，荔枝纔過龍眼即熟，故南人目爲荔枝奴。一名益智，以其味甘歸脾而能益智耳。下品自有益智子，非此物也。《東觀漢記》云：南海舊獻龍眼荔枝，十里一置，五里一〔堠〕，奔馳險阻，道路爲患。孝和時汝南唐羌爲臨武長，縣接南海，上書言狀，帝下詔，太官勿復受獻，由是而止，其爲世所貴重久矣，今人亦甚珍之，暴乾寄遠，北中以爲佳果，亞於荔枝。　《南方草木狀》：龍眼樹如荔枝，但枝葉稍小，殼青黄色，形圓如彈丸，核如大碗子而不堅，肉白而帶漿，其甘如蜜。一朵五六十顆，作穗如葡萄，然荔枝過即龍眼熟，故謂之荔枝奴，言常隨其後也。《東觀漢記》曰：單于來朝賜橙橘、龍眼、荔枝。魏文帝詔羣臣曰：南方果之珍異者，有龍眼、荔枝，令歲貢焉，出九真交趾。　《桂海虞衡志》：龍眼南州悉有之，極大者出邕州，圍如當二錢，但肉薄，不能遠過常品爲可恨。　《後漢書·和帝記》舊南海獻龍眼、荔枝，十里一置，五里一〔堠〕，奔騰險阻，死者繼路。時臨武長汝南唐羌縣接南海，乃上書陳狀，帝下詔曰：遠國珍羞本以薦奉宗廟，苟有傷害，豈愛民之本，其勑太官勿復受獻，由是遂省焉。註：謝承書曰：唐羌字伯游，辟公府，補臨武長，縣接交州，舊獻龍眼、荔枝及生鱗獻之驛馬晝夜傳送之，至有遭虎狼毒害，頓仆死亡不絶，道經臨武，羌乃上書諫曰：臣聞上不以滋味爲德，下不以供膳爲功，故天子食太牢爲尊，不以果實爲尊，伏見交阯七郡獻生龍眼等，鳥驚風發，南州土地惡蟲猛獸不絶於路，至於觸犯死亡之害，死者不可復生，來者猶可救也，此二物升殿未必延年益壽。帝從之。　《閩小記》：去閩會二十里東南隅多龍眼樹，樹三接者爲頂圓，核之初種，經十五年始實，實甚小，俗呼爲胡椒眼。覓善接者，鋸木之半，取大實之幼枝接之，至四五年又鋸其半，接如前，若此者三數次，其實滿溢，倍于常種，若一二接即止者，形小味薄，不足尚也。三採者曰針樹，未接曰野箞。

清　屈大均《廣東新語》卷二五《木語·龍眼》　荔支與龍眼皆成於火，而荔支先熟，龍眼繼之，故廣人名曰荔奴。予謂：荔支，火之牡也。龍眼，火之牝也。牡大而牝小，故荔支大於龍眼。而龍眼以初秋熟，又得金氣，金以黄爲純，故龍眼色黄。火以赤爲正，故荔支色赤。荔支肉白而核赤，火在金中也。龍眼肉白而核黑，水在金中也。火在金中，故荔支性熱。水在金中，故龍眼性寒。而皆爲乾之木果，乾爲金，金得火而熱，荔支之所以爲陽也。金得水而寒，龍眼之所以爲陰也。龍眼花時，以天昧爽，取其露以點飲食，絶甘美，勝於荔支花露，此又金水之精也。　閩中龍眼熟時，兒童食之而肥，謂之「龍眼長廣中」。不然，兒童多食輙患瘕。以焙乾者爲貴，其黄皮者，子大皮黄而薄滑無點，青而有點者，子在大小之間，皆甚甜。最大者孤圓，次金字、山字、南字，小者蜜糖埕，遲者秋風子。每一年多，則一年少，閩中謂之歇枝，廣中謂之養樹。歲歲豐盛則樹易衰，養之而後，經久不壞，子且繁大。蓋樹自養，非人養。或龍眼荔支皆養，或各養。　順德之錦鯉海諸邑龍眼若於此貿易，謂之龍眼市。增城之沙貝，則荔支市也。予詩：「端陽是處子離離，火齊如山入市時。一樹增城名挂緑，冰融雪沃少人知。」又云：「六月增城百品佳，居人只販尚書懷。玉欄金井殊無價，换盡蠻娘翡翠釵。」蓋市中所販大抵狀元紅、小華山諸種，皆火山之屬。所謂尚書懷者也，若挂緑、玉欄、金井則夜光無價，非可以金錢而得之。　舟自南海之平浪、三山而東，一帶，多龍眼樹。又東爲番禺之李村、大石一帶，多荔枝樹。龍眼葉緑，荔枝葉黑，蔽虧百里，無一雜樹參其中。地土所宜，争以爲業，稱曰龍荔之民。　龍眼多食益智，予詩：「采摘日盈筐，香生比目房。食多能益智，《本草》有仙方。」又詩：「益智爲龍眼，蠲愁是荔支。」龍眼産廉州者尤美，東坡云：「廉州龍眼，色味殊絶，可敵荔支。」

又　合浦龍眼，色味殊絶，可敵荔支。蘇長公嘗以爲然，其詩曰：「香割蜜脾，知味勝，價輕，魚目爲生多。」

清　陳昌齊　道光《廣東通志》卷九五　龍眼樹如荔枝，枝葉稍小，殼青黃色，形如彈丸，核如木梡子而不堅，肉白而帶漿，其甘如蜜。一朶五六十顆作穗，如葡萄然。荔枝過則龍眼熟，故謂之荔枝，如言常隨其後也。南方草木狀《廣雅》曰：益智，龍眼也。《廣記》曰：龍眼樹，葉似荔枝，蔓延緣木。生子如酸棗，色黑，七月熟。齊民要術粵龍眼以平洲十葉爲最。《因竹集》　謹案：龍眼，一名益智，出《神農本草經》。《别録》云：「廣州有龍眼，非益智也。」考龍眼生於樹，益智子，草本蔓生，實二物而名同，故朱翌《灊山集·龍眼詩》：「益智名同性即非，是也。龍眼肉白如荔枝，《廣志》云：色黑，蔓延緣木生。」誤以益智爲龍眼爾。

清　李福泰《番禺縣志》卷五四　廣州凡磯圍堤岸，皆種荔枝、龍眼，或有棄稻田以種者。田每畝荔枝可二十餘本，龍眼倍之。以淤泥爲墩，高二尺許，使潦水不及。以蒻草蓋覆，使烈日不及。而龍眼之幹欲其皮中之水上升，以稻稈束之。欲其實多而大，以鹽瘗之，生蟲則以鐵綫濡藥刺之，否則樹盡蠹。凡龍眼接荔枝用博博之法。當花發時，以其枝削去青皮寸許傅之以土，子結後根即生，根乃落之，爲栽接之法，以核漏出，萌芽長至三四月爲栽，乃以龍眼之枝屈而接之，其栽之枝葉盡脱，乃以樹上之枝葉爲栽之枝葉，其法與閩中異。

清　陳志喆《四會縣志》卷首（雍正五年）廣西巡撫韓良輔奏稱：廣東地廣人稠，專仰給於廣西之米。在廣東本處之人，惟知貪（財）重利，將土地多種龍眼、甘蔗、煙葉、青靛之屬，以致民富而米少。

清　羅天尺《五山志林》卷七《善接果木》　華夫《焚餘録》云：順德有水鄉曰陳村，周迴四十餘里。潦水通潮，縱横曲折，無有一園林不到。夾岸多水松，大者合抱，枝幹低垂，時有緑烟鬱勃而出。橋梁長短不一，處處相通。舟入者，咫尺迷路，以爲是也，而已隔花林數重矣。居人多以種龍眼爲業，彌望無際，約有數十萬株。荔枝、柑、橙諸果，居其三四。比屋皆焙家，取荔枝、龍眼爲貨以致富。又嘗擔負諸種花木分販之，近者數十里，遠者二三百里，他處欲種花木、荔枝、龍眼之屬，率就陳村買秧，又必使其人手種博接，其樹乃生且茂。其法甚祕，故廣州場師以陳村人爲最。

橘

綜述

《神農本草經》卷一　橘柚，味辛温，主胸中瘕熱逆氣，利水穀。久服，去臭，下氣通神。一名橘皮，生川谷。舊在果部，非。　《名醫》曰：生南山，江南。十月采。　案《説文》云：橘果出江南柚，條也，似橙而酢。《爾雅》云：柚，條。郭璞云：似橙實酢，生江南。《禹貢》云：厥包橘柚。《僞孔》云：大曰橘，小曰柚。《列子·湯問篇》云：吴楚之國有木焉，其名爲櫾，碧樹而冬生，實丹而味酸。食其皮汁，已憒厥之疾。司馬相如賦有橘柚。張揖曰：柚，即橙也。似橘而大，味酢皮厚。　右木上品二十種，舊一十九種，考果部，橘柚當入此。

唐　段公路《北户録》卷三《山橘子》　山橘子冬熟，有大如土瓜者，次如彈丸者，皮薄下氣，普寧多之。南人以蜜漬和皮而食，作琥珀色，滋味絶佳，豈比漢人之吴合皮啖橘以爲笑也。其葉煎之和酒飲，亦療氣神驗。愚憶王壇《臨海異物志》曰：鶏橘子如指頭大，味甘，永寧界中有之。又裴淵《廣州記》。羅浮山有橘夏熟，實大如李，又云羅浮有壺橘十種，豈其一歟。《廣州記》又云，荔枝壺橘珍果之上。今有枸櫞皮煎，椰子煎皆奇味也。《異物志》枸櫞實似橘，皮不香。椰子去其外皮及殼有白穰，食之如北中生胡桃味，又有白漿如乳，人亦食之。《異物志》曰椰子有如兩眼，俗人謂之越王頭。南人取爲瓶子、杓子等器。枸櫞子即交州黄淡子，橘柚類也。

宋　謝維新《古今合璧事類備要別集》卷四六《果門・橘》　《格物總論》橘數種，樹緑，高丈許。枝多生刺。葉兩頭尖，緑色，光面，大寸餘，長二寸許。三月着花結實，至冬黄熟。圓苞大者如杯，瓤數瓣，瓣中着核，核大兩倍於黍。味甘微酸。每一樹數百顆。皮可入藥。又一種皮厚大又倍，南人刀剖而食之，名曰砂橘。

宋　陸佃《埤雅》卷一三《橘》　橘如柚而小，白花赤實，蓋亦渡淮而變。《考工記》所謂：「橘踰淮而北爲枳。」此地氣然也。《書》曰：「厥包橘柚錫貢。」言錫明不常貢也。崔寔《正論》曰：「橘柚之實，堯舜所不常御。」蓋知是矣。舊説：「橘宜見屍則多子。」故類從以爲橘覩屍而實繁，榴得骸而葉茂也。橙亦橘屬，若柚而香。《物類相感志》曰：「葉有兩刻缺者是也。」《淮南子》曰：「故橘樹之江北化而爲枳。是故，桓公以管仲則治，以易牙則亂，可不戒哉？」《楚辭》云：「斬伐橘柚，列樹苦桃。」此亦退賢進不肖之喻也。世傳伊尹爲湯説至味，云肉之美者猩脣、燕髀、豹胎、象節；魚之美者洞庭之鱄、東海之鮞，菜之美者崑崙之蘋、具區之菁；和之美者陽濮之薑、招摇之桂；飯之美者玄山之禾、不周之粟；果之美者江浦之橘、雲夢之柚。非爲天子不可得而具，已成而天子成，天子成則至味具矣。

宋　韓彦直《橘録・序》　橘出温郡最多種，柑乃其別種。柑自別爲八種，橘又自別爲十四種，柳子之屬類橘者，又自別爲五種，合二十有七種。而乳柑推第一，故温人謂乳柑爲真柑，意謂他種皆若假設者，而獨真柑爲柑耳。然橘亦出蘇州、台州，西出荆州，而南出閩廣。數十州皆木橘耳，已不敢與温橘齒，矧敢與真柑争高下耶。且温四邑俱種柑，而出泥山者又傑然推第一。

宋　韓彦直《橘録》卷中　牛僧孺《幽怪録》：有生於橘者，摘剖之，有四老人焉。其一曰，橘中之樂，不減商山，恨不能深根固蒂耳，由是有橘隱名。楚屈原作《離騷》，其《橘頌》一章有曰：后皇嘉樹橘采服，受命不遷生南國。宋謝惠連《橘賦》亦曰：園有嘉樹，橘柚煌煌。以是知橘實佳物，昔人所愛慕若此。孔安國曰：小曰橘，大曰柚。郭璞亦曰：柚似橙而大於橘。温無柚而種橙者少，非土所宜也。《本草》載橘柚味辛温，無毒，主去胸中瘕熱，利水穀，止嘔欬。久服通神、輕身、長年。陶隱居云：此言橘皮之功效若此，其實之味甘酸，食之多痰無益。其説爲是，隱居不敢輕注《本草》，蓋此類也。陳藏器補《本草》，謂橘之類有朱橘、乳橘、塌橘、山橘、黄淡子。今類見之。

又　黄橘：狀比之柑，差褊小，而香霧多於柑。歲雨暘以時，則肌充而味甘。其圍四寸，色方青黄時，風味尤勝，過是則香氣少減。惟遇黄柑則避舍，置之海紅生枝柑間，未知其孰後先。名之曰：千奴，真屈稱也。

又　塌橘：狀大而褊，其南枝之向陽者，外緑而心甚紅。經春味極甘美，瓣大而多液。其種不常有，特橘之次也。

又　包橘：取其纍纍然，若包聚之義。是橘外薄内盈，隔皮脈瓣可數。有一枝而生五六顆者，懸之極可愛。然土膏而樹壯者多有之，不稱奇也。

又　綿橘：微小，極軟美可愛，故以名。圃中間見一二樹，結子復稀，物以罕見爲奇，此橘是也。

又　沙橘：取細而甘美之稱。或曰種之沙洲之上，地虚而宜於橘，故其味特珍。然邦人稱物之小而甘美者必曰沙，如沙瓜、沙蜜、沙糖之類，特方言耳。

又　荔枝橘：多出於横陽。膚理皺密類荔子，故以取名。横陽與閩接軫，荔子稱奇於閩。黄橘擅美於温，故慕而名之。有言橘踰淮爲枳，植物豈能變哉。疑似之亂名多。此類軟條穿橘，其幹弱而條遠，結實頗大，皮色光澤，滋味有餘。其心虚有瓣，如蓮子穿其中，蓋接橘之始，以枝之杪者爲之，其體性終弱，不可以犯霜，不可以耐久，又名爲女兒橘。

又　油橘：皮似以油飾之，中堅而外黑，蓋橘之若柤、若柚者。譬之而不聞其香，食之而不可於口，是又橘之僕奴也。

又　緑橘：比他柑（橘）微小，色紺碧可愛，不待霜食之味、已珍。留之枝間色不盡變，隆冬採之，生意如新。横陽人家時有之，不常見也。

又　乳橘：狀似乳柑，且極甘芳，得名。又名漳橘，其種自漳浦來，皮堅穰多，味絶酸，不與常橘齒。鄉人以其頗魁梧，時置之客間，堪與飣座梨相值耳。他日有以乳橘爲真柑者，特碔砆之似玉也。

又　金橘：生山逕間，比金柑更小，形色頗類。木高不及尺許，結實繁多，取者多至數升。肉瓣不可分，止一核，味不可食。惟宜植之欄檻中，園丁種之以鬻於市。亦名山金柑。周美成詞有：露葉煙梢寒色重，攢星低映小珠簾。爲是橘作。

又　自然橘：謂以橘子下種，待其長，歷十年始作花結實，味甚美，由其本性自然，不雜之人爲，故其味全。蓋他柑與橘必以柑淡子著土，俟其婆娑作樹，以枝接之，爲柑爲橘爲多種，俱非天也。故是橘以自然名之。然十年之計，種之以木，今之闢圃者多不年歲間爬其膚以驗其枯榮，冀其本以計其久近，誰能遲十年之久以收效耶。是橘名之曰自然。當矣！接木之詳，見於下篇。

又　早黄橘：著花結子，比其類獨早。秋始半，其心已丹，千頭方酸，而早黄橘之微甘已回齒頰矣。王右軍帖有曰：奉橘三百枚，霜未降未可多得。豈是類邪。

又　凍橘：其顆如常橘之半。歲八月，人目爲小春，枝頭時作細白花，既而橘已黄，千林已盡，乃始傲然冰雪中，著子甚繁。春二三月始採之，亦可愛。前輩詩有曰：梅柳攙先桃李晚，東風元是一般春。此詩不獨詠桃李，物理皆然。

又　朱欒：顆圓實，皮麤〔粗〕瓣堅，味酸惡，不可食。其大有至尺三四寸圍者，摘之置几案間，久則其臭如蘭。是品雖不足珍，然作花絶香。鄉人拾其英烝香，取其核爲種，析其皮入藥，最有補於時。其詳具見下篇。

又　香欒：大於朱欒，形圓色紅，芳馨可翫〔玩〕。

又　香圓：木似朱欒，葉尖長，枝間有刺，植之近水乃生。其長如瓜，有及一尺四五寸者，清香襲人，横陽多有之。土人置之明窗淨几間，頗可賞翫〔玩〕。酒闌并刀破之，蓋不減新橙也。葉可以藥病。

又　枸橘：色青氣烈，小者似枳，實大者似枳殼。能治逆氣、心胸痹痛、中風、便血，醫家多用之。

宋　韓彦直《橘録》卷下　種治：柑橘宜斥鹵之地。四邑皆距江海不十里，凡圃之近塗泥者，實大而繁，味尤珍，耐久不損，名曰塗柑。販而遠適者，遇塗柑則争售。方種時，高者畦壠，溝以泄水，每株相去七八尺。歲四耡之，薙盡草，冬月以河泥壅其根，夏時更溉以糞壤，其葉沃而實繁者，斯爲園丁之良。

又　始栽：始取朱欒核洗淨，下肥土中，一年而長，名曰柑淡。其根荄蔟蔟然，明年移而疏之。又一年，木大如小兒之拳，遇春月乃接。取諸柑之佳與橘之美者經年向陽之枝以爲貼，去地尺餘，緇〔鎦〕鋸截之，剔其皮，兩枝對接，勿動摇其根，撥掬土實其中以防水，蒻護其外，麻束之。緩急高下俱得所，以候地氣之應。接樹之法，載之《四時纂要》中，是蓋老圃者能之。工之良者，揮斤之間，氣質隨異無不活者。過時而不接，則花實復爲朱欒。人力之有參於造化每如此。

又　培植：樹高及二三尺許，翦其最下命根，以瓦片抵之，安於土，雜以肥泥，實築之始發生。命根不斷，則根迸於上〔土〕中，枝葉乃不茂盛。

又　澆灌：圃中貴雨暘以時，旱則堅苦而不長，雨則暴長而皮多拆〔坼〕，或瓣不實而味淡。園丁溝以泄水，俾無浸其根。方亢陽時，抱甕以潤之，糞壤以培之，則無枯瘁之患。

又　去病：木之病有二，蘚與蠹是也。樹稍久，則枝幹之上苔蘚生焉。一不去則蔓衍日滋，木之膏液蔭蘚，而不及木，故枝幹老而枯。善圃者用鐵器時刮去之，删其繁枝之不能華實者，以通風日，以長新枝。木間時有蛀屑流出，則有蟲蠹之相，視其穴，以物鉤索之，則蟲無所容。仍以真杉木作釘，窒其處，不然則木心受病，日以〔久〕枝葉自凋，異時作實，瓣間亦有蟲食。柑橘每先時而黄者，皆其受病於中，治之以早乃可。

又　採摘：歲當重陽，色未黄有採之者，名曰摘青。舟載之江浙間，青柑固人所樂得，然採之不待其熟，巧於商者間或然爾。及經霜之二三夕，纔盡翦。遇天氣晴霽，數十輩爲羣，以小翦就枝間平蒂斷之，輕置筐筥中，護之必甚謹，懼其香霧之，裂則易壞，霧之所漸者亦然。尤不便酒香，凡採者竟日不敢飲。

又　收藏：採藏之日，先淨埽〔掃〕一室密糊之，勿使風入，布稻藁其間。堆柑橘於地上，屏遠酒氣，旬日一翻揀之。遇微損謂之點柑，即揀出，否則侵損附近者。屢汰去之，存而待賈者十之五六。人有掘地作坎，攀枝條之垂者，覆之以土，至明年盛夏時開取之，色味猶新。但傷動枝苗，次年不生耳。

又　制治：朱欒作花，比柑橘絶大而香。就樹採之，用箋香細作片，以錫爲小甑，每入花一重，則實香一重，使花多於香。竅花甑之旁以溜汗液，用器盛之。炊畢徹甑去花，以液浸香。明日再蒸，凡三换，花始暴乾，入瓷器密盛之，他時焚之如在柑林中。柑橘并金柑皆可。切瓣勿離之，壓去核漬之以蜜，金柑著蜜尤勝他品。鄉人有用糖熬橘者，謂之欒橘。入篘之灰於鼎間，色乃黑，可以將遠。又橘微損則去皮，以肉瓣安竈間，用火熏之曰熏柑。置之糖蜜中，味亦佳。

又 入藥：橘皮最有益於藥。去盡脈則爲橘紅，青橘則爲青皮，皆藥之所須者。大抵橘皮性温平，下氣，止蘊熱，攻痃瘧，服久輕身。至橘子尤理腰膝，近時難得枳實，人多植枸橘於籬落間，收其實剖乾之，以之和藥，味與商州之枳幾逼真矣。枸橘又未易多得，取朱欒之小者半破之，日暴以爲枳。異方醫者不能辨，用以治疾亦愈。藥貴於愈疾而已，孰辨其爲真僞耶。

元 王禎《王禎農書》卷三四 《橘》橘逾淮而成枳，地氣使然也。橘有數種，有緑橘，有紅橘，有蜜橘，有金橘，而洞庭橘爲勝，今充土貢。種植之法：種子及栽皆可，以枳樹截接或摋栽，尤易成。但惟宜於肥地種之。冬收實後，須以火糞培壅，則明年花實俱茂。乾旱時，以米泔灌漑，則實不損落。

元 司農司《農桑輯要》卷五 《橘》西川、唐、鄧，多有栽種成就，懷州亦有舊日橘樹。北地不見此種，若於附近地面訪學栽植，甚得濟用。

明 宋詡《竹嶼山房雜部》卷九《樹畜部·樹類》 橘花，葉枝幹皆香。種多，名之著者沙橘。九月採實，至春可食，肉甚甘。遠藏可經盛夏。皮亦可用。形大。衢橘，實皮薄香，肉甘。早黄，實皮薄香，肉甘。蜜橘，實小皮薄而細者佳。麤者又一種，形甚匾，肉皆少核，甘甚。小橘，實皮薄，囊小肉甘。穿橘，實皮薄，心穿透露至頂，肉甘。塘南橘，實名猪肝者肉甘，名鱓血者肉次。匾橘，實形大，皮細，青時遂可啖，甘。緑橘，實皮厚肉甘，耐久藏。金橘，實一種形如小彈丸，皮香甚甘，肉酸。一種形如大蓮菂，體長圓不一，圓者皮香甘肉酸。長者皮香甘肉亦甘，皆少核，花遲，熟早。　三月後四月前接，接宜枸橘體。畏乾，生實時常以水灌之則肥。便猪糞易生蠹，蠹化蝴蝶，蝴蝶胎子，還育於木，爲孩蟲時得探去盡。不接者壽，惟難繼佳種也。至冬下積秔稻穰壅之，上織秔稻草包護之，以死鼠浸糞中發肥，瘞于橘根則生實繁盛。《釋書》云，如橘得鼠。

明 劉基《多能鄙事·種橘》 以死鼠浸缸中，候浮，取埋橘根極佳。十二月内將橘根寬作盤，澆大糞三次。至春用水澆二次，花實必茂。凡柑橘樹生蠹，取蟻窠置其上，則虫自去。

明 鄺璠《便民圖纂》卷五《橘》 橘，正月間，取核撒地上。冬月須搭棚以蔽霜雪。至春和撤去，待長二三尺許，二月移栽，澆忌猪糞，既生橘，掘後又澆。有蟲則鑿開蛀處，以鐵線鈎取。然橘之種不一，惟匾橘、蜜橘味佳，湘橘耐久。

明 王象晉《群芳譜·果譜·橘》 橘，一名木奴。樹高丈許。枝多刺，生莖間。葉兩頭尖，緑色，光面，闊寸餘，長二寸許。四月生小白花，清香可人。結實如柚而小，至冬黄熟。大者如杯，包中有瓣，瓣中有核，實小於柑。味甘微酸，其皮薄而紅，味辛而苦。有蜜橘，其味最甘。黄橘，扁小多香霧，橘之上品。緑橘，紺碧可愛，不待霜後，色味已佳，隆冬采之，生意如新。朱橘，實小，色赤如火。芳塌橘，狀大而扁，外緑心紅，巨瓣多液，春熟甚美。包橘，外薄内盈，其脈瓣隔皮可數。綿橘，微小，極軟美可愛而不多結。沙橘，細小甘美。凍橘，八月開花，冬結春采。早黄橘，秋半已丹。穿心橘，實大皮光，心虚可穿。荔枝橘，膚理皺密，儼如荔枝。出衡陽。乳橘，似乳柑，皮堅，穰多絶酸。油橘，皮似油飾，中堅外黑。橘之下品。盧橘，大如柑，皮厚味酢，多至夏熟，土人呼爲壺酒。出蘇州、台州，西出荆州，南出閩廣，皆不如温州者佳。王敬美云：閩中柑橘以漳州爲最，福州次之。樹多接成，惟種成者氣味尤勝。李時珍曰：橘從矞雲。外赤内黄，非烟非霧，郁郁紛紛之象。橘實外赤内黄，剖之，香霧紛郁有似乎矞，故名。韓彦直著《橘譜》三卷。　橘肉生痰，聚飲不益人，若煎以蜜，充果食甚佳，或蜜，或薰作餅，尤妙。亦可醬淹，作葅。多食戀膈生痰，滯肺氣。同螃蟹食，令人患煩癧。花以之蒸茶，向爲龍虎山進御絶品。園林中宜多種多收。皮一名陳皮，一名紅皮，去白者名橘紅。未熟而色青者名青皮。凡使勿用柚皮、柑子皮，誤用有害。橘皮乃六陳之一，日用所需，不可不慎擇。橘皮紋細色紅而薄，内多筋脈，其味苦辛温。柑皮紋粗色黄而厚，内多白膜，其味辛甘。柚皮最厚而虚，紋更粗，色黄，内多膜無筋，其味甘多辛少。橘皮性温，柑柚皮性冷，柚皮更不可用。橘皮治百病，總是取其理氣燥濕之功。苦能泄能燥，辛能散，温能和。同補藥則補，同瀉藥則瀉，同升藥則升，同降藥則降。寬膈、利氣、消痰，極有殊功。他藥貴新，惟此貴陳。又能治魚腥，可作食料。去白者，以白酒入鹽，洗潤透刮，去筋膜晒幹。用青皮色青氣烈，味苦而辛，治之以醋。所謂肝欲散急食辛以散之，以酸瀉之，以苦降之也。陳皮浮而升，入脾肺氣分。青皮沉而降，入肝膽氣分，一體而二用。青皮最能發汗，有汗者忌用。二皮合用，推陳致新大益人。忌多用，久服能損元氣。瓤上筋膜炒熟煎湯飲，治口渴、吐酒甚效。核苦平無毒，治腎蛀、腰痛、膀胱、氣痛、腎冷，炒研酒服一錢。小腸疝氣及陰核腫痛，炒研五錢，老酒煎服。凡用須以新瓦焙香，去殼取仁，研碎入藥。葉苦平無毒，導逆氣行肝氣，消腫散毒，乳癰脅痛，用之引經。種植：種子及栽皆可。以枳樹截接或帖（貼）接尤易成。宜肥地，至冬須以大糞壅培，則來年花實俱茂。遇旱以米泔灌溉，則實不損落。根下埋死鼠，則結實加倍。《物類相感志》云：橘見屍而實繁。《涅槃經》云：如橘見鼠，其果實多。灌培茅灰及羊糞擁之多生實。十一月內，將橘樹根寬作盤，澆大糞三次。至春用水澆二次，花實必茂。（《多能鄙事》）。收藏：十月後將金橘安錫器內，或芝蔴雜之，經久不壞。若橙橘之類藏菉豆中，極妙。勿近米邊，見米即爛。（《便民圖纂》）。藏橘橙法，鋪乾松毛中收，不近酒處，多不壞。（《多能鄙事》） 附録：金橘一名金柑，一名夏橘，一名山橘，一名小木奴，一名給客橙。生吴越、江淛（浙）、川廣間，出營道者爲冠，江淛（浙）者皮甘肉酸次之。樹似橘不甚高大。五月開白花結實，秋冬黄熟。大者徑寸，小者如指頭，形長而皮堅，肌理潤細，生則深緑，熟黄如金。味酸甘而芳香可愛，糖造蜜煎皆佳。廣人連枝藏之，入膾醋尤香美。韓彦直《橘譜》云：金橘出江西，北人不識。景祐中始至汴，温成皇后嗜之，價遂貴。藏菉豆中可經時不變。橘性熱、豆性涼也。金橘將枳棘接之，八月移栽肥地，灌以糞水。（《便民纂要》）。金豆一名山金柑，一名山金橘。木高尺許。實如櫻桃，生青熟黄，形圓而光溜。皮甜可食，味清而香美，可蜜漬。

明 周文華《汝南圃史》卷三《橘》

牛僧孺《幽怪録》：「有生於橘者，摘剖之有四老人焉。其一曰，橘中之樂不減商山，恨不能深根固柢耳。」由是有橘隱名。楚屈原作《離騷》，其《橘頌》一章有曰：「后皇嘉樹橘采服，受命不遷生南國。」宋謝惠連《橘賦》亦曰：「園有嘉樹，橘柚煌煌。」以是知橘實佳物。昔人所愛慕若此。孔安國曰：「小曰橘，大曰柚。」郭璞亦云：「柚以橙而大於橘。温無柚而種橙者少，非土所宜也。」《本草》載，橘柚味辛温，無毒，主去胸中瘕熱，利水穀，止嘔欬，久服通神，輕身，長年。陶隱居云：「此言橘皮之功若此。其實之味甘酸，食之多痰無益。」其説爲是隱居不敢輕注《本草》，蓋此類也。 今橘柑出南中，閩、粤、吴、楚，在在有之，倶載圖經譜録。其種極多，兹不能盡述，姑就所經見者，疏其品類。一名沙橘，《録》云取細而甘美之稱。或曰種之沙洲之上，地虚而宜於橘，故其味特珍。其狀魁梧，上尖下闊，宛似壺形，與柑不殊，而得橘名。皮肉香甘皆可啖，風味特遠。往時此種絶少，今乃盛行。葉大如掌，遇霜易枯，嗅之亦不甚辣，與波斯海紅相似，而實不同。一名波斯橘，壅腫如波斯。其樹葉形狀悉類沙橘，多漿而味苦，擘之亦不香。近有傳盛氏龍泉橘，來者以爲異。嘗之即波斯橘耳。此種江右最多，又呼撫州橘。一名匾橘，《姑蘇志》云：「此橘出吴江縣，村落多種之。以其形匾故名。」今按匾橘隨地皆有，獨吴縣諸山所産味甘。有極大者皮薄肉美，中可容一指，故又名穿心橘。宜於早食，久藏則漿少。一名蜕花甜，枝葉繁碎形鉅，肉甘，皮黄如蠟，光澤可愛。花落後即堪啖，故得名。然亦須霜後味始全美。此果耐久可蓄，人多重之。《姑蘇志》云：「蜕花甜早紅，其品稍下」，似不盡然。一名南橘，枝葉似蜕花甜，形狀又類襄橘。但色紅，形大，皮薄，易潰，味亦甘美。品在襄橘上。一名衢橘，産於衢州府之西安縣，他邑皆無。形甚鉅，皮光，色正黄，味極甘香。吴下盛行，品價增貴。性亦易潰，取其核種於他土，便不若本産之佳。一名襄橘，令園圃多植之，種自襄陽傳來故名。然亦有不同者，有皮厚而麻，形鉅，味美。有皮薄而光，形小，味劣。樹皆易植，果亦耐久。善藏者二三月出之如新。一名香橘，與襄橘相似，剖之有一種芳香之氣，味亦甘清。自與襄橘不同。一名早紅橘，皮黄，味酸，早熟，亦有大如匾橘者。一名貢橘，即今所謂福橘。皮薄，色紅，肉最甘香。本出閩地，八郡皆産，獨福漳來者爲最。上供之餘，隨以售人，載至吴中，藏貯甚艱，多致濕爛，獨難於無斑痕。其價甚昂，往嘗有一枚易數文者。近吴縣洞庭有漆碟紅，疑即此種。其美而鉅者遂能亂真。由是福橘之價亦頓減矣。一名蜜橘，皮薄，色黄，其甘如蜜，擘開甚香。其枝條特長，衆葉攢之而上。圃中最易辨識，亦佳種也。然有二種，一皮麻，味酢；一皮光，味甘，其品較然。一名麻塘南，形似蜜橘，其色正黄而有麻點，比蜜橘稍長。早熟，味甘。蜜橘瓤厚，此橘瓤薄而漿尤多。性亦易潰。一名小沙橘，形長，皮薄，色緑轉紅，柄間臃腫，味甘而清稍淡。相傳爲崑山俞氏種，或指爲緑橘，或又指爲衢橘，皆非也。其枝葉卷起與南橘相近，而特覺疎朗。一名甜瓶橘，形長，皮薄，其瓤可數也。色紅，味甘。每顆六瓤，多或七瓤，核亦甚少。此誠佳品。又名糖罐，又直呼之爲六瓤頭。一名甜橘，形長，皮薄，色紅，皮肉相懸，氣味鮮美。早熟，亦可久藏，與貢橘相近。一名朱橘，又名染血，俗呼鱔血塘南。皮比支柑尤紅，而色光澤，味甘多核。品在支柑之上，與柑橘相似。一名支柑，皮紅而色燥，味頗酸。枝葉疎爽，籬落間及樽俎上燦然可愛。其味則劣，又名猪肝。一名黄塘南，形小，色黄。結子甚繁，有一枝而數百實者，望之可愛。味酢易潰，自衢州來俗名小衢橘。亦必彼産爲甘，在松江則名椒橘，以其香似椒也。一名龍泉橘，形如蜕花甜，稍大而圓。皮色黄澤如蠟，衆橘未熟此種先黄。瓤肉厚而味頗酢，未爲佳品。《橘録》載有九法：一曰種治。柑橘宜斥鹵之地。凡圃之近塗泥者，實大而繁，其味尤珍，耐久不損，名曰塗柑。販而遠適者，遇塗柑則争售。方種時，高者畦壠溝以泄水，每株相去七八尺。歲四鋤之薙盡草。冬月以河泥壅其根，夏時更溉以糞壤。其葉沃而實繁者，斯爲園丁之良。

二曰始栽。取朱欒核洗浄，下肥土中，一年而長名曰柑淡。其根荄蔟蔟然，明年移而踈之。又一年木大如小兒之拳。遇春月乃接取諸柑之佳與橘之美者。經年向陽之枝以爲貼，去地尺餘鋸截之，剔其皮。兩枝對接勿動摇。其根撥掬土實其中，以防水，蒻護其外，麻束之。緩急高下俱得所，以候地氣之應。接樹之法已載於前是。蓋老圃能之，工之良者，揮斤之間，氣質隨宜，無不活者。過時而不接則花實復爲朱欒。人力之有參於造化，每如此。

三曰培植。樹高及二三尺許，翦其最下命根，以瓦片抵之，安於土，雜以肥泥實築之。始發生，命根不斷則根迸於上。中枝葉乃不茂盛。

四曰去病。木之病有二，癬與蠹是也。樹稍久則枝幹之上苔蘚生焉。不去則蔓衍，日滋木之膏液，蔭蘚而不及枝也。故幹老而枯，必用鐵器時刮去之，删其繁枝之不能華實者，以通風日，以長新枝。木間時有蛀屑流出，必有蟲蠹。視其穴以鈎索之，仍用杉木作釘以窒其孔。不然，則木心受病，日以凋零。異時作實未能全美。柑橘每先時而黄者，皆其受病於中，治之不早故也。

五曰澆灌。圃中貴雨，暘以時旱，則堅苦而不長。雨則暴長而皮多拆，或瓤不實而味淡，必溝以泄水，俾毋浸其根。方亢陽時，抱甕以潤之，糞壤以培之，則無枯瘁之患。

六曰採摘。歲當重陽，色未黄時有採之者，名曰摘青。舟載之江浙間，青柑固人所樂得，然採之不待其熟。此巧於商者間或然爾。及經霜之二三夕，纔盡翦，遇天氣晴霽，數十輩爲群，以小翦就枝間平蒂斷之，輕置筐筥中，護之宜謹。懼其香霧之，裂則易壞。霧之所漸者，亦尤畏酒香。凡採者竟日不敢飲。

七曰妝藏。採藏之日，先浄掃一室，密糊之，勿使風入。布稻藁其間，堆柑橘於地上，屏遠酒氣。旬日一翻揀之。遇有微損，即時揀去，否則侵損附近者，寧屢汰去以待賈，十或僅存五六。人有掘地作坎，攀枝條之垂者，覆之以土。至明年盛夏時開取，色味猶新。但傷動枝條，有妨次年生意耳。

八曰製治。朱欒作花，比柑橘絶大而香，就樹採之。用箋香細作片，以錫爲小甑。每入花一重，則入香一重，使花多於香。窨花甑之旁，以溜汗液用器盛之。炊畢即撤甑去花，以液浸香，明日再蒸。凡三換花，始暴乾入甆器，蜜盛之，他時焚之。如在柑林中，柑橘并金柑皆可切瓤去核，漬之以蜜絶佳。鄉人有用糖熬橘者，謂之藥橘。入窮之灰於鼎間，色乃黑，可以將遠。又橘微損，則去皮，以瓤安竃間，用火熏之，曰熏柑。或更置糖蜜中，味亦佳美。

九曰入藥。橘皮最有益於藥，去盡脈則爲橘紅，青橘爲青皮，皆藥之所須者。大抵橘皮性温平，下氣止藴熱，攻痎瘧，服久輕身。至橘子尤理腰膝。近時難得枳實，人多植枸橘於籬落間，妝其實剖乾之，以和藥。味與商州之枳幾逼真矣。枸橘又未易多得，取朱欒之小者半破之，日暴以爲枳異方，醫者不能辨。用以之治疾亦愈。藥貴於愈疾而已，何必辨其真僞耶。

柚，枝葉扶蘇，結實最鉅，有如小斗者。肉有紅、白二種。其紅者味甘，酸如楊梅，極有風味。近沈雙槐爲福州守，携歸吴中，録其核種之，十年乃生，形雖偉而味頗酢。白色者不足貴，亦可藏至二三月間，以其少，故珍之。

柑類亦多，其名少異。《橘録》云：「凡圃之所植，柑之比橘纔十之一二。大抵柑之植立甚難。灌溉、鋤治少或失時，至歲寒霜雪，柑之枝頭殆無生意。橘則猶故也。」得非瓊杯玉斝，目昔易闕邪。永嘉宰勾君燽有詩聲，其詩曰：「只須霜一顆，壓盡橘千奴。」則黄柑位在陸吉之上，不待辨可知。一名朱柑，又名猪肝，又名支柑，支紅而色燥，味頗酸。枝葉疎爽，籬落間、樽俎上，燦然可愛，入口則劣。一名濕柑，形鉅而圓，皮黄，味甘酸有風韻，可以作湯及丁。一名乾柑，形長，皮純緑轉黄，比濕柑差小，漿少，味淡，疑即古之木柑。一名紅柑，皮粗，葉大，掐之有臭氣，比大香櫞枝柯軟弱，外黄内紅，味甘酸，藏之愈久愈佳。一名金柑，又名金橘。樹本婆娑，葉細如黄楊，須接或過枝而生。無直脚者，此柑在橘中最細，形如彈大，其肉酸而皮味芳香甘美。柑橘皆以瓤，此獨以皮。柑橘皆以四月開花，此獨以五六月。柑橘皆以小雪前後採摘，此獨俟其將熟即採爲佳；稍遲遇風雨則忠裂味失矣。《歸田録》云：「金橘産於江西，以遠難致都，人初不識。明道景佑初，始與竹子俱至京師。竹子太酸，人不甚喜，後遂不至。唯金橘清香味美，置之樽俎間，光彩的皪，如金彈丸，誠珍果也。都人初不甚貴，後因温成皇后好食之，由是價重京師。或欲久留藏，置菉豆中可經時不變云。」橘性熱而豆性涼，故能久也。又有一種牛妳金柑，出廣東、浙江。今吾郡最多，形長如牛乳，故名。香味比圓者稍劣。圓者又名金豆，出太倉沙頭者佳。

明 王世懋《學圃雜疏·柑橘》 產於洞庭，然終不如浙温之乳柑、閩漳之朱橘。有一種紅而大者，云傳種自閩，而香味徑庭矣。余家東海上，又不如洞庭之宜橘，乃出產蜕花、甜蜜橘二種，卻不啻勝之。金橘，牛乳者易生而品下，圓者甘香，然亦家園種者佳第。橘性畏寒，值冬霜雪稍盛輒死。植地須北蕃多竹，霜時以草裹之，又虞春枝不發。記兒時種橘不然，豈地氣有變也。

明 戴羲《養餘月令》卷四《柑橘》 柑橘等類，但耐肥者。栽時須候發芽如米大，記取南枝。掘深坑，以糞及河泥實底。方下樹，下鬆土半坑，築實。又下糞河泥，方下土平坑。又下糞河泥，又加築實，則旺。凡樹耐肥者，皆用此法。又云，柑多蟲，以蟻窠掛於樹上，則蟲自去。

明 李時珍《本草綱目》卷三〇 橘《本經》上品校正《志》曰自木部移入此。釋名：時珍曰，橘從矞音鷸，諧聲也，又雲五色爲慶，二色爲矞。矞雲外赤內黃，非烟非霧，郁郁紛紛之象。橘實外赤內黃，剖之香霧，紛郁有似乎矞。雲橘之從矞，又取此意也。集解：時珍曰，橘柚生江南及山南山谷，十月采。恭曰，柚之皮厚，味甘不似橘皮味辛苦，其肉亦如橘，有甘有酸，酸者名胡柑，今俗謂橙爲柚，非矣。案郭璞云，柚似橙而實酢，大於橘。孔安國云，小曰橘，大曰柚，皆爲柑也。頌曰，橘柚，今江浙荆襄湖嶺皆有之。木高一二丈，與枳無辨，刺出莖間。夏初生白花，六七月成實，至冬黃熟。舊説小爲橘大爲柚，今醫家乃用黃橘青橘，不言柚，豈青橘是柚之類乎。宗奭曰，橘柚自是兩種。《本草》云，一名橘皮，後人誤加柚字，妄生分別，且青橘黃橘，治療尚殊，況柚爲別種乎。惟郭璞所言，乃真識橘柚者，若不如此，分別誤以柚皮爲橘皮，是貽無窮之患矣。時珍曰，橘柚蘇恭所説甚是，蘇頌不知青橘，即橘之未黃者，乃以爲柚，誤矣。夫橘、柚、柑三者相類，而不同，橘實小，其瓣味微酢，其皮薄而紅，味辛而苦。柑大於橘，其瓣味甘，其皮稍厚而黃，味辛而甘。柚大小皆如橙，其瓣味酢，其皮最厚而黃，味甘而不甚辛，如此分之，即不誤矣。按《事類合璧》云，橘樹高丈許，枝多生刺，其葉兩頭尖，緑色光面，大寸餘，長二寸許。四月著小白花甚香，結實至冬黃熟。大者如盃，包中有瓣，瓣中有核也。宋韓彦直著《橘譜》三卷甚詳，其畧云，柑橘出蘇州台州，西出荆州，南出閩廣撫州，皆不如温州者爲上也。柑品有八，橘品十有四，多是接成，惟種成者，氣味尤勝。黃橘扁小而多香霧，乃橘之上品也。朱橘小而色赤，如大緑橘，紺碧可愛，不待霜後，色味已佳。隆冬采之，生意如新。乳橘狀似乳柑，皮堅瓤多味絶酸。芳塌橘狀，大而扁，外緑心紅，瓣巨多液，經春乃甘美。包橘外薄內盈，其肌瓣隔皮可數。綿橘微小，極軟美可愛，而不多結。沙橘細小甘美。油橘皮似油飾，中堅外黑，乃橘之下品也。早黃橘，秋半已丹。凍橘八月開花，冬結春采。穿心橘實大皮光，而心虛可穿。荔枝橘出横陽，膚理皺密，如荔子也。俗傳橘下埋鼠，則結實加倍，故《物類相感志》云，橘見屍而實繁。《涅槃經》云，如橘見鼠，其果實多。《周禮》言，橘踰淮而自變爲枳，地氣，然也。餘見柑下。

明 張萱《彙雅後編》卷二五《橘》 陸佃曰，橘如柚而小，白花赤實，蓋亦渡淮而變。《考工記》所謂橘踰淮而北爲枳，此地氣然也。《書》曰，厥包橘柚錫貢，言錫明不常貢也。崔寔《正論》曰，橘柚之實，堯舜所不常御，蓋知是矣。舊説，橘宜見屍則多子，故類從以爲橘，覩屍而實繁，榴得骸而葉茂也。橙亦橘屬，若柚而香。《物類相感志》曰：葉有兩刻，缺者是也。《淮南子》曰，故橘樹之江，北化而爲枳，是故桓公以管仲則治，以易牙則亂，可不戒哉。《楚辭》云，斬伐橘柚，列樹苦桃，此亦退賢進不肖之論也。世傳伊尹爲湯説至味云，肉之美者，猩脣、燕髀、豹胎、象節。魚之美者，洞庭之鯉，東海之鮰。菜之美者，崑崙之蘋，具區之□。和之美者，陽濮之薑，招摇之桂。飯之美者，玄山之禾，不周之粟。果之美者，江浦之橘，雲夢之柚。非爲天子不可得而具已成，而天子成，天子□則至味具矣。　羅願曰，橘生於江南，素華丹實，皮既馨香，又有美味，尤生於洞庭之包山，過江北則無，故曰江南種橘，江北爲枳。《考工記》云，踰淮而北爲枳，則有異同。故《橘頌》云，后皇嘉樹，橘徠服兮。受命不遷，生南國兮。屈原比之夷齊，願置以爲象，取其貞介似有志也。《禹貢》揚州厥包橘柚錫貢言錫而貢之。《地理志》曰，蜀郡嚴道巴郡朐忍、魚復二縣出橘，有橘官。又曹叔匈《異物志》謂之橙橘户，吴闞澤表請除臣之橘籍是也。《春秋·運斗樞》曰，璇星散爲橘。弓人以橘爲幹，又有甘橘，其形似橘而圓大，皮色生青，熟則黃赤。未經霜時尤酸，霜後甚甜，故名甘子，生嶺南及江南。《上林賦》曰，黃甘橙榛。郭璞曰，黃甘，橘屬，而味精。崔豹《古今注》曰，甘實形如石榴者，謂之壺甘。其名別於此。唐天寶十載，宮甘結實，與江劒無殊，今洞庭之包山歲貢，謂之洞庭甘。李衡臨終勑其子曰：龍陽洲，裏有千頭木奴，及甘橘成，歲得絹數千匹，即江陵千樹橘，比千户侯之義也。《本草》橘柚條云，酸者聚痰；甜者潤肺。榛，小橘也，出武陵。

明 屠本畯《離騷草本疏補》卷三《橘》 橘木生江南，葉有兩刻缺，又似刺，出于莖間。夏初生白華，六七月成實，至冬黄熟，可啖。皮味辛香而苦，肉甘。尤生於洞庭之包山，過江北則無，故曰：「橘逾淮而北爲枳。」水土異也。　盧橘，冬月於木上覆裹之，至明年春夏色變青黑，味絶美，故云「盧橘夏熟」。盧，黑色也。其柑、橙、橼、柚，皆橘類，氣亦少同。甘橘，形似橘而圓大，皮色青，熟則黄赤。未經霜時尤酸，霜後甚甜。故名柑子，形如石榴者謂之壺柑。　橙似橘，其華中細，如蜂腰，皮味甚甘。橙黄時橘方尚緑，其形圓大於橘，而香，皮厚而皺，乃正黄色，不似甘橘之黄赤也。其皮去裏白，切絲，蜜煮，謂之橙絲。煮以爲汁，去渣入蜜，熬成膏，絶似蕉實，謂之橙膏。連皮皺蜜煮，謂之橙餅。皆酸甜微苦，可按酒，又可作湯。　枸橼。如小瓜，皮若橙而光澤可愛，肉厚味短，而香，氣大勝甘橘，寘衣笥中則數日香不歇。閩廣，江西有之，謂之香橼。　橘類，有朱橘，朱甘，乳橘，乳甘，沙橘，沙甘，黄橘，黄甘，綿橘，荔枝橘，穿橘，油橘，金橘，金甘，自然橘，凍橘，狗橘，石甘，緑橘，又有包橘。鄭康成説，《書》厥包橘柚，乃三物蜜覃是也。

明　徐光啟《農政全書》卷三〇《樹藝》　附柑、柚、佛手、柑、金橘、金豆。《禹貢》曰：厥包橘柚錫貢。注云：大曰柚，小曰橘，然自是兩種。橘有數種。有緑橘，有紅橘，有蜜橘，有金橘。而洞庭橘爲勝，今充土貢。又有黄橘，扁小多香霧，爲上品。芳塌橘，狀大而扁，外緑心紅，巨瓣多液，春熟甚美。包橘，外薄内盈，隔皮可數。綿橘，微小極軟，美可愛，不多結。凍橘，八月花開，冬結春采。穿心橘，實大，皮光，心虚可穿。又有沙橘、早黄橘、朱橘、荔枝橘、乳橘。油橘，橘之下品。生南山川谷及江浙荊襄皆有之。木高可丈許，刺出於莖間，夏初生白花，至冬實黄，踰淮則化爲枳。閩中柑橘以漳州爲最，福州次之，樹多接成，惟種成者氣味尤勝。　《便民圖纂》曰：正月間取核撒地上。冬月搭棚，春和撤去。待長二三尺許，二月移栽。澆忌猪糞。既生橘，摘後又澆。有蟲則鑿開蛀處，以鐵線鈎取。一説以杉木塞其孔，則蟲自死，取蟲訖，以硫黄和土塞其竅。　《農桑通訣》曰：種植之法，種子及栽皆可。以枳樹截接或掇栽尤易成。宜於肥地種之。冬收實後，須以火糞培壅，則明年花實俱茂。乾旱時以米泔灌溉，則實不損落。玄扈先生曰：此樹極畏寒，宜于西北種竹，以蔽寒風，又須常年搭棚，以護霜雪。霜降搭棚，穀雨卸卻。樹大不可搭棚，可用礱糠襯根，柴草裹其幹，或用蘆蓆寬裹根幹，礱糠實之。　須記南枝。掘深坑，糞河泥實底，方下樹，下鬆土滿半坑築實，又下糞河泥，方下土平坑，又下糞河泥，又加築實則旺。凡樹耐肥者，皆用此法。　以死鼠浸坑中，浮起取埋根中極肥。　《種樹書》曰：南方柑橘雖多，然亦畏霜，不甚收。惟洞庭霜雖多，無所損，橘最佳，歲收不耗，正謂此焉。以死鼠浸溺缸内，候鼠浮取埋橘樹根下，次年必盛。《涅槃經》云：如橘得鼠，其果子多。橘見屍則多實。　玄扈先生曰：冬寒無損，正因種者多，且培植有方耳。惟閩廣地暖，即無損耗，而實甚佳，勝浙者十倍。　橘柚橙柑等，須於臘月根邊寬作盤，連糞三次，不宜著根，遇春旱以水澆之，雨則不必，花實並茂。橘之種不一，惟扁橘、蜜罐、甜瓶爲佳，湘橘耐久。　最忌猪糞，以茅灰及羊糞壅之，多生實。　《農桑輯要》曰：西川唐鄧多有栽種成就，懷州亦有。舊日橘樹北地不見。此種若於附近面訪學栽植甚得濟用。畏寒多死，北地非宜。　收藏，十月後將金橘安錫器内，或芝蔴雜之，經久不壞，藏菉荳中尤妙，近米即爛。　又法，鋪乾松毛，藏于不近酒處，多不壞。　《農桑通訣》曰：惟皮與核堪入藥，用皮之陳者最良。又宜作食料。其肉味甘酸，食之多痰，不益人，以蜜煎之爲煎則佳。《食貨志》云：蜀漢江陵千樹橘，其人與千户侯等。夫橘南方之珍果，味則可口，皮核愈疾。近升盤俎遠備方物而種植之，獲利又倍焉。其利世益人，故非可與他果同日語也。

明　方以智《物理小識》卷九《橘》　沙橘大，即福橘。衢皮薄。琭橘最美。又有蜜橘、小橘、穿橘、太湖朱橘，小於福橘，而甘同之。又有緑橘、匾橘。小爲金橘，又小爲金豆。柑有香柑、甜柑、蜜曇柑、牛乳柑、波斯柑、青柑、廣柑、酒柑。若佛手柑，則香橼、香橘一類也。皆以四月前接，接宜枸橘，畏乾，喜豕通，而易生蠹，蠹化蝶，蝶胎子還育於樹爲孩蟲，必探去之。浸鼠溺瓨中，浮者埋橘下則茂。《涅槃經》如橘得鼠是也。臨江買蟻養於樹下，蟻自能食其蠹。柑初生如豆，亦多落下，收煮其苦水，糖蒸作果頗佳。橘餅則旋去外皮，裂去其核，煮去其苦，石灰水浸之，復以糖煑成。凡柑、柚、橙之青時皆可爲青皮，化食下氣。中履曰：橘蟲青色，口吐紅刺，岐頭，入醋中亦可抽絲。張荀仲曰：接四次則橘無核。盧頤曰：橘種子者不結實，實亦長，俗呼柚子。廣柚則園大。

明　彭大翼《山堂肆考》卷二〇六《橘子》　《格物總論》橘有數種，枝多生刺，葉兩頭尖，三月著花結實，至冬黄熟，一名木奴。《春秋・運斗樞》曰：璇星散爲橘，金橘爲小木奴。元稹詩：金丸小木奴。又《廣州記》：盧橘皮厚大如柑，酢多，至夏熟。土人呼爲壺酒。

明 衛泳《枕中秘・園史・橘》 種法：於正月間取核撒地，長至三尺，二月移栽。以枳棘接之，其本易活，澆以米泔，勿犯猪糞。冬後採窖既盡，以稻草覆之。如有蛀蟲，以鐵線搜出，仍作杉木釘塞之。一種曰柑，香味特勝。一種曰橙，堪以調鱠。又一種曰香櫞，採置盤匜，以爛蒜盦其蒂上，香滿一室，皆絶品也。種法畧同，因附記之。

清 周魯《類書纂要・果蔬類・橘》 橘出建安、蜀漢、江陵、交阯、吴越、洞庭、羅浮、建春諸地。白華，赤實，皮馨，有美味，霜降後可食。惟建安橘九月結實正赤。冬月于樹上覆裹之，至明年春夏色變青黑，味尤絶美。

清 吴其濬《植物名實圖考》卷三二《果類・橘》 橘，柚，《本經》上品，《别録》諸説，皆合橘柚爲一類。《本草衍義》以爲柚字誤衍，考橘皮用甚廣。《本經》又云：一名橘皮，寇説爲的，今以橘入《本經》，而以柚别爲一條附後。

植物名實圖考・橘

清 吴其濬《植物名實圖考長編・橘》 《圖經》：橘柚生南山川谷及江南，今江浙、荆襄、湖嶺皆有之。木高一二丈，葉與枳無辨，刺出於莖間。夏初生白花，六月七月而成實，至冬而黄熟，乃可噉。舊説小者爲橘，大者爲柚。又云：柚似橙，而實酢，大於橘。孔安國注《尚書》：厥包橘柚。郭璞注《爾雅》柚條，皆如此説。又閩中、嶺外、江南皆有柚，比橘黄白色而大。襄唐間柚色青黄而實小，皆味酢，皮厚，不堪入藥。今醫方乃用黄橘、青橘兩物，不言柚，豈青橘是柚之類乎，然黄橘味辛，青橘味苦，《本草經》二物通云味辛。又云：一名橘皮，又云：十月採，都是今黄橘也。而今之青橘似黄橘而小，與舊説大小苦辛不類，則别是一種耳。【略】又有一種枸櫞，如小瓜狀。皮若橙而光澤可愛，肉甚厚，白如蘿蔔，雖味短而香氛大，勝柑橘之類。置衣笥中，則數日香不歇。古作五和糝所用。陶隱居云：性温宜人，今閩、廣、江西皆有，彼人但謂之香櫞子。或將至都下亦貴之。 《本草衍義》：橘柚自是兩種，故曰一名橘皮，是元無柚字也。豈有兩等之物，而治療無一字别者。即知柚一字爲誤，後人不深求其意，爲袖字聽惑，妄生分别，亦以過矣。且青橘與黄橘治療尚别，矧柚爲别種也。郭璞云：柚似橙而大於橘，此即是識橘柚者也。今若不析言之，恐後世亦以柚皮爲橘皮，是貽無窮之患矣。去古既遠，後之賢者，亦可以意逆之耳。【略】《述異記》：越多橘柚園，越人歲出橘税，謂之橙橘户。亦曰：橘籍。《吴闞澤表》曰，請除臣之橘籍。 《避暑録話》：橘極難種，吾居山十年，凡三種而三槁死。其初移栽，皆三四尺餘，一歲便結實，纍然可愛。未幾，偶大寒多雪，即立槁，雖厚以苫覆草擁，不能救也，蓋性極畏寒。而吾居在山之半，又面北，多北風，與平地氣候絶不同，山前梅花及桃李等率常先開半月，蓋五七之間如此。今吴中橘亦惟洞庭東西兩山最盛，他處好事者，園圃僅有之，不若洞庭人以爲業也。凡橘一畝，比田一畝利數倍，而培治之功，亦數倍於田。橘下之土幾於用篩，未嘗少以瓦甓雜之。田自種至刈不過一二耘耔，而橘終歲耘無時，不使見纖草。地必面南爲屬級，次第使受日。每歲大寒則於上風焚糞壤以温之。吾不如老圃，信有之矣。 《鄰幾雜志》：橘樹直竦，枝葉不相妨，蜀人謂之讓木。

清 張宗法《三農紀・橘》 橘，《圖經》云：樹高丈許，枝多葉繁，臨冬不凋，葉若楨而深緑，光澤。幹生芒刺而膚青。四月開白花，清香。結實，生青熟黄，實大如杯，包内有瓣，瓣中有細核。味甜者爲蜜橘，味酸者爲盧橘、乳橘。形扁者有黄橘、芳橘。形小者有朱橘、綿橘、砂橘。形大者有穿心橘。皺膚者有荔枝橘。早熟者有預黄橘。秋花者有冬橘。韓彦直作《橘譜》三卷，别種十四，以詳其大義。橘從矞，矞者雲色也。橘實皮赤，瓤黄，刮之郁紛，有似矞雲之象，故得名也。《春秋・斗運樞》云：璇星散而爲橘。《吕氏春秋》云：江浦一橘，漢土之巷，所以致之。《漢書》云：江陵有千樹橘，其人與千户侯等。 植藝：《考工記》云：橘逾淮化枳。西北少産，東南盛焉。熟時擇美者作種，連皮埋肥潤土中，春深生芽苗，高尺餘移栽，相離三步一株，冬間須以濃糞壅培，則花實並茂，可厭脱得速利，宜接貼則甘美。 追橘：孫漢陽十月以薪草搏樹，爲木奴着裘。遇旱以米泔水灌之，瘞死鼠則實倍。《相感志》云：橘見屍而實繁。《涅盤經》云：如橘見鼠，其果實多。《多能鄙事》云：培灌橘，以茅灰和羊糞壅之，多生實。十一月内，將根寬作盤，澆入糞三次，至春澆水二次，花實更茂。忌見猪糞。正月，内修其宂枝，折幹枯碎者，以利刃斫之至水平齊，又删其枝之卷葉，細看蛀孔，以日黄塞之，將杉木釘封其穴。花開時收聚草葉煨利薰之，實不生蛆，或以猪腸截分寸餘，繫枝上，亦不生蠹，或收山間大螘蟻養于橘根下，可逐蟲患。樹下不得荒蕪，宜鋤去草凈爲妙。　收藏：《便民圖纂》云：十月將橘入錫器内，或以芝蔴雜之，經久不壞。橘柑之屬藏菉豆中更妙，若近米即壞。《多能鄙事》云：鋪乾松毛中，不近酒處多不爛，以白糖充實壓扁名橘餅。　本性：味甘者潤肺，酐者聚痰。生啖不益人，蜜煎糖充乃佳。醬淹作菹，多食生痰，同蟹食令人患煩作疸。花收三蒸，入茶清香。　效方：男女傷寒，一切雜病嘔噦，手足逆冷者，以橘皮四兩，生薑一兩煎服。卒然失聲者，橘皮五錢水煎徐呷。卒然食噎者，以橘皮一兩，水半盞煎熱服。女人産後尿悶者，此方神效。

清　曹溶《倦圃蒔植記・橘》　諺云：「頭有二毛，尚可種桃。立不逾膝，方可種橘。」言橘之不易生也。法於正月間取核撒地，長至三尺，二月移栽。以枳棘接之，其本易活。澆以米泔，慎勿犯猪糞。冬後採實，既只，以稻草裹之。如有蛀蟲，以鐵絲搜出，仍作杉木釘塞之。或取蟻窠置於其上。宋韓彦直《橘譜》亦載此法。一云以死鼠投溺缸中浸之，俟其發胖，取出埋根下。鼠後生蛆，每一根結一實。《涅槃經》云：「如橘得鼠，其果子多」，蓋謂此也。一種曰柑，香味特勝，東坡嘗爲與緑橘同傳，名黄甘陸吉者。一種曰橙，堪以調鱠，古人所謂金虀玉鱠者。又一種曰香櫞，採貯盤匜，以爛蒜罨其蒂上，香滿一室。宋謝益齊剖杯以觴客者，皆絶品也。種法畧同，因附記之。

清　鍾山逸叟《致富奇書》卷一　橘樹白花赤實，皮香肉美。閩浙吴楚間皆有之。春初取核撒地，長三尺許，移栽。忌猪糞，冬月以河泥壅其根，夏時溉以糞水，則葉茂而實繁。扁橘蜜橘貴品，襄橘耐久，金橘可藏三月。蜕花甜早紅，福橘最甘香。洞庭山有漆碟紅，疑即福橘種也。别有一種柑，名曰木奴。有黄有赬，早熟。金柑去核可蜜浸。孫漢陽十月便以薪草縛柑橘上。眉公曰：此爲木奴着裘。又有一種柚，紅者甘酸，白者不足貴，閩廣有之。橙樹似橘而葉尖，八月早熟，皮厚而皺，糖浸蜜浸皆宜，種法與種橘同。

清　王芷《稼圃輯》　橘於正月取核撒肥地，待長二三尺移栽，澆忌猪糞。橘種甚多：匾橘、蜜橘、六瓣頭、麻塘南、衢紅、湘橘、金橘、沙橘。而沙橘上尖下闊，宛如壺形，葉如掌大。蜜橘皮薄色黄，枝葉特長，衆葉攢之而上。種法每株相去八九尺，溝以泄水。須去宂枝，中間宜空洞透風，每歲鋤地四次。冬月河泥糞壅根，夏月溉以清極糞水，亢陽時潤之，浴湯停冷四更澆甚妙。樹上生苔能害樹，鐵器刮去之，勿使長盛。有蛀屑，以鐵線作鈎取蟲，以杉木釘塞之。實畏酒香，採者不得飲酒。橙橘無刺者佳。黄梅用米泔水、或糞清水澆，以死鼠浸溺缸内，候浮起，取埋橘樹下，次年必盛。用柿樹接則無核，即本色接三次，亦無核。移種必春分前秋分後，易活。移後五六日，清水糞澆一次，若陰天，多隔幾日不妨，待生新肉根便活矣，冬間不可移，此樹喪寒，活者尚須柴護，況移動乎，夏天斷不可移。若明歲欲移，今年八九月，先開斷四邊根鬚，鬆土暫壅，至春分方移則易活。移栽須記南枝，掘漠坎，以糞河泥傾滿，方下樹壅實。香櫞柑橘皆然。常爲蟲所食，取蟻窝置樹上，則蟲自去。京泉云，人皆知接而不知灌，以無痘栲栳之類，實肥土，套樹本根，今年春分灌，三年後春分割斷移栽，次年便生，勝於接本。吴中王梅村神於接橘，百無一失，圃人群集視效，終無能者，一日諸圃請教，王曰：「汝輩取貼同，用力同，惟束縛不同，大都兩枝相合，貴在生氣流通，脂囊浹洽，起初一縛切要寬寬隨力，外來以漸從緊，汝輩不論内外前後，加力緊束則氣不展，而脂不粘，故活有分數耳。此可心悟，無他奇術。」由是而推，凡接樹皆然，京泉云，得氣全在皮裡膜外。澆勿着根及樹皮，冬間稻柴包護，二月中旬解撤。九月内掘開四圍，濃糞培之。七月橙柑橘皆忌澆。

清　王士正《居易録談》卷中　地氣北寒南燠，亦不盡然。庚午冬，京師不甚寒，而江南自京口達杭州裏河皆凍，揚州騾綱皆移蘇杭，甚至揚子、錢塘江、鄱陽、洞庭河亦凍，江南柑橘樹皆枯死，其明年，京師柑樹不至，惟福橘間有至者，價數倍。齊魯間竹多凍死。按宋時江南大寒，積雪尺餘，河盡冰，凡橘皆凍死，伐爲薪，葉石林作《橘薪》以志其異。元天曆中亦然。

清　謝堃《春草堂集》卷二五《花木小志・橘》　橘以福建産者爲佳，所稱福橘是也。又有金橘，圓者味酸，蜜製之，可理氣。長者名羊奶橘，可食皮。橘大而匾者，名之曰柑，洞庭山所産極佳，所稱洞庭柑是也。似柑而肥大者，名之曰橙，産新會縣者佳。余嘗於新會剖一橙，滿室皆香，橙宍若翠，皮即新會皮也。又有鴨蛋橙、緺皮橙，味稍次之。似橙而再大者，名之曰柚，味雖遜於柑、橘，肥脆過之。似柚而圓净者，名之曰櫞，香氣永遠，可蜜食，不可生食。余自移家於魯，多方購求，所得橘、柚、柑、橙各數種，約二十餘株，皆舊家數十年物也。環植小院，置身其間，當橙黄橘緑之時，不無有故鄉之慨。

清 屈大均《廣東新語》卷二五《木語·橘柚》 吾粵多橘柚園，漢武帝時交趾有橘官長一人，秩一百石，其民謂之橘籍，歲以甘橘進御。王逸云：「東野貢落疏之交瓜，南浦上黄甘之華橘」，是也。唐有御柑園在羅浮。按：羅浮柑子，開元中始有僧種於南樓，其後常資進獻。其屬有頳、黄二色。大三寸者，黄者柑，頳者橘也。化州有橘一株在署中，月生一子，以其皮爲橘紅，瀹湯飲之，痰立釋。曩亦進御，今爲大風所拔。新種一株，味不及。化州故多橘紅，售於嶺内，而産署中者獨異其類。有曰橙者，皮厚而皺人，多以白糖作丁，及佛手香，櫞斤爲蜜，煎糝貨之。橘豳有紅、白，大者曰柚，最大者曰鐳柚。小曰邏柚，熟於早禾時曰禾轆，以其極圓，故曰邏，曰轆也。春時，兒女蒸取柚花油以作香膽口脂，謂可美顔。有香柚者出增城，小而尖長，甚芬郁，入口融化。然其性能化物，不能自化，雖香夜飴津，甘漿浸齒，多食之輒能病。人近爲貪令所苦，每出教取至萬枚，需金以代，今樹亦且盡矣。柑亦橘之類，以皮厚而粗點，及近蒂起饅頭尖者爲良。産四會者光滑，名魚凍柑。小民供億亦苦，柑户至洗，樹不能應。産增城者以沙貝、東洲、西洲爲貴，其土高，多細白沙，與海潮遠，鹹味不接，故甘美，荔支亦然。凡食柑者，其皮宜陽擘，不宜陰擘。陽擘者自上而下，下者蒂也。陰擘自下而上，則性太寒，不宜入藥。其未熟而落者青皮，年久而芳烈。入腦者陳皮，踰嶺得霜雪，氣益發香。橙皮辛性温，主消腸胃中惡氣，兼醒宿酲。外有水橙，似柑而稍大，皮甜可食。又有桔，亦與柑類。曰蜜桔者，小而甘。曰鬆皮桔者，皮紅不粘，肉微酸，其皮皆不及柑。一種名黄淡子，色黄味酸，花可薰香，是曰塌橘。又有壺橘、山橘，性皆畏冷，不宜肥，肥則春分後多死，故宜種於山谷間。其木善生蠹，而螞蟻氣辛，可以養之。有曰岑梨，即橙梨，大如橘味。又有金橘，最小，剥皮則酢，合食則甘。皆厥包之珍也。香櫞一曰枸櫞，以高要極林郡爲上。其狀如人手，有五指者曰五指柑，有十指者曰十指柑，亦曰佛手柑，有單拳，有合掌，不一。花開即見其子於蕊中，子成長如小瓜，皮若橙柚而光澤，肉甚厚，色白如肪，然亦鬆虚味短，惟香芬大勝香櫞，經久不歇耳。搗大蒜罨其蔕上，香更充溢。以汁浣葛紵，絶勝酸漿，一名飛穰。番禺鹿步都，自小坑火村至羅岡三四十里，多以花果爲業。其土色黄兼砂石，潮鹹不入，故美。每田一畝種柑桔四五十株，糞以肥土，溝水周之。又采山中大蟻置其上以辟蠹，經三四歲，桔一株收子數斛，柑半之。柑樹微小於桔，桔茂盛可至二十餘歲，柑亦半之。熟時黄實離離，遠近照映，如在洞庭包山之間矣。自黄村至朱村一帶，則多梅與香蕉、梨、栗、橄欖之屬，連岡接阜，彌望不窮，史所稱：「番禺多果布之湊」，是也。吾粵自昔多梅，梅祖大庾而宗羅浮。羅浮之村，大庾之嶺，天下之言梅者必歸之。若荔枝，則以增城爲貴族。柑橘、香櫞以四會爲大家。歲之正月，廣利墟賣柑橘秧者數十百人，其土良，其柑甜美勝於四會、新興。其種散在他處，香味迥殊，以故，居人擅其利。番禺土瘠而民勤，其富者以稻田利薄，每以花果取饒。貧者乃三糯七秥，稼穡是務。或種甘蔗以爲糖，或種吉貝以爲絮。南海在在膏腴，其地宜桑，宜荔支。順德宜龍眼。新會宜蒲葵。東莞宜香，宜甘蔗。連州，始興宜茶子。陽春宜縮砂蔤。瓊宜檳榔椰。或遷其地而弗能良，故居人利有多寡。

清 陳昌齊 道光《廣東通志》卷九五《果類·柑橘》 橘。出閩廣，韓彦直《橘譜》白華赤實，皮馨香，有美味。漢武有橘官長一人，秩二百石，主貢御橘。吴黄武中，士燮獻橘十七實同一蒂，以爲瑞異，郡臣畢賀。《南方草木狀》《廣州記》：羅浮有橘，夏熟，實大如李。《太平御覽》 化州仙橘。相傳仙人羅辨種橘於石龍之腹，至今猶存，唯此一株。在蘇澤堂者爲最，清風樓次之，紅樹又次之。其實非橘，皮厚肉酸，不中食。其皮釐爲五片，七片，不可成雙，治痰症如神。每片真者，可直一金，每年結實，循例報明上官，至期採摘批製，即官斯土者亦不易得。彼人云：凡近州治聞譙樓更鼓者，其皮亦佳。故化州橘紅贋者多，而真者難得。今廣東柑橘，橙柚之皮，皆充廣陳皮。《郝志》 柑乃橘屬，滋味甘美，特異者也。有黄者，有頳者，謂之壺柑。以席囊貯蟻，鬻於市，其窠如薄絮，蟻在其中，并窠而賣。蟻，赤黄色，大於常蟻。南方柑樹若無此蟻，其實爲蠹所傷，無一完者矣。《南方草木狀》循州貢羅浮柑子。《元和志》《唐書》曰：羅浮甘子，開元中有山僧種於南樓寺，其後常資進獻。《太平御覽》《續南越志》：羅浮山有唐時御園柑子，明皇幸蜀，子乃不生。德宗幸梁時亦不實，僖宗狩蜀花落無實，樹亦枯悴。《寰宇記》變柑。新州出變柑，苞大於升，皮薄如洞庭之橘，他柑所弗及。傳云：移植不百里，形味俱變，因以爲名。《北户録》 饅頭柑。近蒂起饅頭尖者，味香勝。《桂海虞衡志》 橘，似柑而小，赤者

酢，亦如柑大。蘇軾有《黄甘陸吉傳》。《黄志》

清 何剛德《撫郡農產攷畧・橘》 橘樹高丈許，枝多刺。緑葉，兩頭俱尖，闊一寸餘，長倍之。花白而香。實比柑較小，青緑色，熟則轉紅黄色。臨川之南鄉、金谿之西、南二鄉及崇邑均有之。 天時：隨時可種，十二月尤宜，種後五年即成樹。每年四月揚花，花後結實，九十月可收。雨暘時若，則結實多，過於亢旱，則減收。下樹太遲，致久泄氣，明歲亦減收。 地利：宜洲地、沙地，宜向陽地。 人事：鋤地宜細浄，不可雜以瓦礫。佈種時宜尖頭向上，劃破之，全埋土內，壅之以灰。發芽成枝，即便移栽。旱則以米泔水灌之，冬日培以茅灰、羊糞。橘已成樹，於根下作盤窩，每年十一月，以麻枯大肥壅之，菜枯亦可，或以死鼠埋根下，結實必多。樹有蟲孔，以銅絲鈎鈎出之，勿傷枝葉。 物用：味甘而不酸，可蒸服，能順氣化痰。皮與絡可以入藥。橘較南豐產者稍大，味亦略遜。百斤值錢一千六七百。用篾簍裝貯，運售南昌、饒、廣各府，亦有以舟來郡購買者。實青色即便取下，裝之簍中，即轉紅黄色，若待紅黄色始收，恐不能銷行遠地。橘實可久留不致壞。

清 郝懿行《寶訓・果實・橘》 《春秋・運斗樞》：璇星散爲橘。《説文》：果出江南，樹碧而冬生。案孔安國《書傳》：小曰橘，大曰柚。《埤雅》：橘柚凋於北徙，石榴鬱於東移。橙，柚屬。案《説文》：橙，橘屬。《文選》：在南稱柑，在北則橙。《王隱記》：瀟湘有橘鄉，洞庭有橘里，彭澤有橘市。任昉《述異記》：越多橘柚園，歲出橘税，名曰橘籍。吴闓澤表曰：請除臣之橘籍。【略】陳氏《花鏡》：案：《農桑輯要》自此以下，未具栽植之法，竊取此篇以補之。春初，取核撒地，待長三尺許移栽，宜於斥鹵之所，忌用猪糞。夏時澆以糞水，則葉茂而實繁。性畏霜雪，至冬以河泥犬糞壅其根，稻草裹其幹，方不凍死。若在閩粵，則不然也。其木有二病，蘚與蠹是也。幹生苔蘚，速刮去之。見蛀屑飄出，必有蟲穴。以鈎索之，再用杉木釘窒其孔。藏橘菉豆內，至春盡不壞。案《橘譜》：金橘藏菉豆中可經時不變，橘性熱豆性涼故也。橙柑亦然，若見糯米即爛。

清 周魯《類書纂要》卷二九《果蔬類・橘》 秋食，秋食橘柚。 味相反，(王)五帝之禮義法度，譬猶樝梨橘柚，其味相反而皆可適于口。 斬伐，斬伐橘柚，列樹苦桃。注：此亦進賢退不肖之喻。 染霜，厥包橘柚者惟柑，實染繁霜，葉鮮翠露。 華實變黄，貞枝□碧，蔚湘岸之夕陰，華食變黄，動江潭之秋色。 比萍，實樹隱方塘比丹萍之初實，盤映皎月與赤瑛而共妍，并食不割，竊愧晏嬰之知，捧之以拜，重感桓榮之賜。 不常御，橘柚之實，堯舜不常御。今臣妾，有餘黄耳。【略】合爲兄弟，槐榆與橘柚合爲兄弟，言道能化同異物也。【略】盧橘，盧橘夏熟，盧黑色也。 羅浮橘，夏熟，實大如李。 麗中洲，橘有淩霜橘，榮麗在中洲。 比封君，北郊于樹橘不見比封君。 橘洲，橘洲在長沙縣西南四里江中，大水諸洲皆没，此洲獨存。又《寰宇記》湘潭無底橘洲浮。【略】 橘爲枳，晏子使楚，楚王使縛盜至，曰齊人也，善爲盜。晏子曰：橘生江北爲枳，水土異也。今在齊不盜，入楚則盜，豈非水土之使然耶。【略】占獻，廉范爲成都太守，楊由爲成都文學椽，少治《易》，曉占侯，忽風吹削柹，太守問，由對曰：「南方有薦果，實者色黄赤。」頃之，五官掾獻橘數包。 乳橘，出台州。洞庭棵，橘名。 霜降熟，羲之帖云：奉橘三百顆，霜未降不可多得，待霜降橘熟，可多取。 橘官，交阯有橘官，置長一人。秩三百石，主歲貢御橘。 納直食橘，柳玭爲嶺南節度副使，廨中橘熟既食，乃納直于官。 分貢，江淮茗橘珍甘，常與本道分貢，競欲先至，雖封山斷道，以禁先發到，晏厚貲致之，常冠諸府。 叩橘，洞庭君小女謂柳毅曰：「敢寄尺牘于洞庭之陰，其傍有大橘樹，君擎之三，當有應聲者。」毅如其言，即召入，毅持書見洞庭君。【略】豐城橘，陳允升好道術，撫州危金諷通置郡中，危謂升曰：「豐城橘美，頗思之」，升曰：「方有一船泊豐城港，今爲取之。」港去城十五里，少頃還，携一囊橘數百枚。 蓬萊橘，初，開元末，江陵進乳柑橘，上以十枚種于蓬萊(官)(宫)，至天寶十年秋結實，宣示宰臣曰：「朕于(官)(宫)內種橘數株，今秋已來結實一百五十顆，乃與江南及蜀道所進不異。」宰臣賀，甬露所均，混天區而齊被，草木有性，憑地氣以潛通，故得資江外之珍果，爲禁中之華實。 白橘，周穆王會王母于瑶池，食碧藕、白橘。 朱橘，傳巺七誨日閩山朱橘。 合歡橘，明皇種于蓬萊(官)(宫)，結一合歡橘實，上與妃子持翫曰：「此果似知人意。」 夢黄衣，陳後主夢黄衣人圍城，將燒城，橘盡伐之，及隋兵至，上下通服黄衣焉。 曆包橘，鍾傳鎮江西，以曆日包一橘致袖中，有客曰：太歲當頭立諸神莫敢當，其中有一物，常帶洞庭香。

藝文

三國魏 曹植《曹子建集》卷四《植橘賦》 有朱橘之珍樹，于鶉火之遐鄉。稟太陽之烈氣，嘉杲日之休光。體天然之素分，不遷徙于殊方。播萬里而遥植，列銅爵之園庭。背江川之暖氣，處玄朔之肅清。邦換壤别，爰幾喪生。處彼不凋，在此先零。朱實不啣，焉得素榮。惜寒暑之不均，嗟華實之永垂。仰凱風以傾葉，冀炎氣之所懷。颺鳴條以流響，希越鳥之來棲。夫靈德之所感，物無微而不和。神蓋幽而易激，信地道之不訛。既萌根而弗幹，諒結葉而不華。漸玄化而弗變，非彰德於邦家。附微條以嘆息，哀草木之難化。

晉　郭璞《**橘柚贊**》　厥包橘柚，奇者維甘。朱實金輝，葉蒨翠藍。靈均是詠，以爲美談。

晉　潘岳《**橘賦并序**》　余齋前橘樹，冬夏再熟。聊爲賦云爾，嗟嘉卉之芳華，信氤氳而芬馥。既翕茸而葳蕤，且參差而橚矗。已鬱鬱而冬茂，亦離離而夏熟。至如廣命賓客，歷覽遊觀。三清既設，百味星爛。炫焜乎玉案，照耀於金盤。故成都美其家園，江陵重其千樹。既見稱於陸言，亦標名乎馬賦。

南朝梁　吴均《**橘賦**》　增枝之木，既稱英於緑地。金衣之果，亦委體於玉盤。見雲夢之千樹，笑江陵之十蘭。葉葉之雲，共琉璃而並碧。枝枝之日，與金輪而共丹。若乃秋夜初露，長郊欲素。風賚寒而北來，鴈銜霜而南度。方散藻於年深，遂凝貞於冬暮。

南朝宋　王叔之《**甘橘贊**》　節重履險，操貴有恒。一樹保榮，四運齊能。在質惟美，於味斯弘。異分南域，北則枳橙。

南朝宋　謝惠連《**橘賦**》　園有嘉樹，橘柚煌煌。圓丹可玩，清氣芬芳。受以玉盤，升君子堂。味既滋而事美，實厥苞之最良。

南朝陳　徐陵《**詠甘子**》　朱實挺江南，苞品擅珍淑。上林雜嘉樹，江潭間修竹。萬室擬封家，千株挺疑荆國。緑葉萋以布，素榮芬且郁。得陳終宴歡，良垂雲雨育。

南朝梁　范雲《**園橘**》　芳條結寒翠，圓實變霜朱。徒根楚洲上，來覆廣庭隅。

南朝梁　沈約《**園橘**》　緑葉迎露滋，朱苞待霜潤。但令入玉柈，金衣非所恡。

唐　李元操《**橘樹**》　嘉樹出巫陰，分根徙上林。白花如霰雪，朱實似懸金。布影臨丹地，飛香度玉岑。自有陵冬質，能守歲寒心。

唐　李嶠《**橘**》　萬里盤根植，千株布葉繁。既榮潘子賦，方重陸生言。王藹含霜動，金衣逐吹翻。願辭湘水曲，長茂上林園。

唐　李紳《**橘園**》　江城霧斂輕霜早，園橘千株欲變金。朱實摘時天路近，素英飄處海雲深。懼同枳棘愁遷徙，每抱馨香委照臨。憐爾結根宜自保，不隨寒暑换貞心。

唐　白居易《**白氏長慶集**》**卷二四**《**揀貢橘書情**》　洞庭貢橘揀宜精，太守勤王請自行。珠顆形容隨日長，瓊漿氣味得霜成。登山敢惜駑駘力，望闕難甲螻蟻情。疎賤無由親跪獻，願憑朱實表丹誠。

唐　李德裕《**會昌一品集**》**卷二〇**《**瑞橘賦并序**》　清霜始降，上命中使賜宰臣等朱橘各三枚，蓋靈囿之所植也，臣伏以度淮而（爲）枳，由地氣而不遷，吹谷生黍，信陽和之所感，昔漢武致石榴於異國，靈根遐布，此西域柔服之應也，魏武植朱橘於銅雀，華實莫就，乃吴人未格之兆也。考於前史，昭晰可知，豈非天地和同，靈物効祉，去蠻夷之陋，獲近太陽，感王化之盛，更承膏露。草木尚爾，況乎人心。漢宣帝宫館山澤，意有所感，必詔近臣賦之。臣幼學爲文，忝列樞近，敢稽首獻賦曰：美南州之嘉樹，受烈氣於炎德，固一志於殊方，遂不遷於上國。貞枝凝碧，蔚湘岸之夕陰，華實變黄，動江潭之秋色。雜丹楓於溪畔，映緑篠於岩側。翡翠以之列巢，鵷雛於焉棲息。雖同霑於雨露，竊自得於彫飾。終獲譽於皇明，豈因人而羽翼，感洪鈞之獨運，斡造化之元力。思六合之同風，採孤根而移植。播元氣之茂育，諒英靈之不測。逮乎霜飛文囿，風落秦川，金莖炫耀於朝日，玉樹青葱於霽天，栽方壺之翠島，列靈沼之清漣，上鬱松樫，下秀蓀荃，絶朱草與屈軼，華靈芝與賓連，靈卉畢植，而嘉橘在焉。冰心獨潤，金衣更鮮，天漢之華星焜燿，閬風之珠樹粲然，香若團於野露，色疑炫於江烟，既而大官獻新，奇果列筵。非厥包之自遠，何菲陋之莫傳。樹隱方塘，比丹萍之初實，盤映皎月，與赤瑛而共妍。東鄙孤臣，謬陳三事，既乏和羹之用，猶霑可口之味，并食不割，竊愧晏嬰之知，捧之以捧，重感桓榮之賜，庶不朽於雪霜，永酬恩於天地。

唐　元範《**奉和揀貢橘**》　離離朱實緑叢中，似火燒山處處紅。影下寒林沉緑水，火摇高樹照晴空。銀章自竭人臣力，一作分王液誰知造化功。看取明朝船發後，餘香猶尚逐仁風。

唐　張彤《**奉和揀貢橘**》　陵霜遠涉太湖深，雙卷朱旗望橘林。樹樹籠煙疑帶火，山山照日似懸金。行看採掇方盈手，暗覺馨香已滿襟。揀選封題皆盡力，無人不感近臣心。

唐　李紳《**追昔游集**》**卷中**《**橘園**》　江城霧斂輕霜草，園橘千株欲變金。朱實摘時天路近，素英飄處海雲深。懼同枳棘愁遷徙，每抱馨香委照臨。憐爾結根宜一作能自保，不隨寒暑换貞心。

唐　可頻瑜《**洞庭獻新橘賦**》　洞庭之遠兮，亘全楚而連巨吴。路悠悠以窮塞，波淼淼而平湖。遠國之奥壤，中華之外區。風土所宜兮，四方各異。珍果斯出兮，諸夏或無。至於白商謝，玄律改。風落瑶林，寒生窮海。枇杷落而將盡，荔枝摘而不待。然後浮香外散，美味中成。照斜暉而金色，帶曉潤而霜清。圓甚垂珠，琪樹方而孰可。味能適口，玉果比而全輕。在禹貢非它，於周制則那。充厥包於林下，發使者於江沱。穰橙不得而雜，楚柚不得而和。所獻者皆歎其美，所貴者不以其多。歲峥嶸而已晚，路崎嶇而自遠。齊萬物以坌入，離本枝而不返。其價可重，其味可珍。固緑蒂而未變，施素錦而猶新。兹夕發於南國，已朝奉於北辰。匪雕飾以自媚，實羽翼以因人。獻芹者既非其匹敵，獻桃者何足以等倫。豈比夫江北則枳，江陵則洲。隨樝棃而莫遂，備職貢而無由，同碩果而已矣。望君門兮阻修，美哉植物斯多，結實者衆，斯橘也。栽則隔乎淮浦，生則主乎雲夢。獨專美於當年，及歲時而入貢。

宋　李綱《**食橘**》　洞庭一夜天雨霜，橘林緑苞朝已黄。遠題書後三百顆，入手便覺秋風香。黄金爲膚白玉瓤，沆瀣深貯甘且芳。雕盤初擘噀清露，冰齒乍嚼流瓊漿。色香氣味紛可喜，下視衆果皆茫茫。嗟余平生愛種此，木奴千樹梁谿傍。只今蒿艾已埋没，豈敢向日争熒煌。蓬萊雲氣久寂寞，漢殿無復羅瀟湘。厥包縱有盡酸澀，剖之蠹朽安足嘗。乃知汝病是天意，坐使玉食無輝光。荒山乃爾飫佳品，安得騕褭置錦堂。君不見，杜陵野老歌病橘，蕭蕭半死誠可傷。

宋　范成大《**清江道中橘園正夥**》　芳林不斷清江曲，側影入江江水緑。未論萬户比封君，瓦屋人家衣食足。暑風汎花蘭芷香，秋日籬落明青黄。客舟來遲佳景盡，但見碧樹愁春霜。

宋　范成大《**詠橘**》　新霜徹曉報秋深，染盡青林作纈林。惟有橘園風景異，碧叢叢裏萬黄金。

宋　吴淑《**橘賦**》　伊盧橘之夏熟，淪璇星之粹精。茂彼江浦，繁兹洞庭，揚州之貢蜀，郡之英，既踰淮而爲枳，亦渡江而作橙。忠臣之心，既申於楚相，純孝之感，更見於王靈。香皮赤實，緑葉素榮，交甫贈之而著美，陸績懷之而顯名。若夫雕飾是資，芬芳足貴。吴王納貢，單于荷賜。交趾既爲置守，南越亦云有税。閾澤抗表以除籍，楊由占風於受餽。庾亮之貢已稱於同柢，僧辯所陳更驚於共蒂，别有箕山曉色，羅浮晚香，用之給客，舉以名堂，江陵致富比之於千户，莊周著論譬之於百王。虞愿不取而道顯，桓儼繫樹而名揚。亦有裂牙酸酢，撫手華飾，晏子侍坐而不剖，嚴遵當賜而靡食。代苦桃而已誤，夢黄衣而更失。若夫違江洲之暖氣，處元朔之寒色，彼南土之不遷，諒難成於甘實，斯固百越所厭飫，而堯舜不常食也。

明　汪瑗《**楚辭集解・橘頌**》　橘，樹名也。頌者，《詩・大序》所謂美，盛德之形容也。洪氏曰：「美橘之有是德，故曰頌。」其説是矣。篇内之語皆形容橘之盛德，故屈子以《橘頌》題之。後世詠物之作，其昉於此乎？夫屈子之作《離騷》，其所取草木多矣，而獨於橘焉頌之，何也？蓋物之受命不遷，誠無有如橘者，故取以爲喻，而自託也，非泛然感物而賦焉者比也。故篇内言之重詞之複，蓋不覺其反覆，詠嘆淫泆之深也，其亦有當於其心也乎？或曰《考工記》云：「橘逾淮而北爲枳」，是橘生南國，逾淮而北則化爲枳。其物之易變者，無如橘也，安得謂之受命不遷乎？曰可以南不可以北，此正可見其獨立不遷也。若在此則生於此，在彼則生於彼，則非深固難徙不流不淫者矣，故屈子獨於橘焉頌之也。但此篇乃平日所作，未必放逐之後之所作者也。或曰《九章》餘八篇皆言放逐之事，而獨以此篇爲平日所作，何也？曰《九章》云者亦後人收拾屈子之文，得此九篇，故總題之曰《九章》，非必屈子所命所編者也。又安得以此篇爲放逐之作乎？細觀其辭而玩其旨，可見矣。或曰此云行比伯夷，後《悲回風》篇曰：「見伯夷之放迹」，其辭抑何同也。曰此正可見屈子幼而學之者，此也，壯而行之者，此也。窮不失義，達不離道，屈子有之矣。安得以伯夷所引之人偶同，而遽爲放逐之作乎。自孔子發歲寒之嘆，而後松柏之節著，自屈子作不遷之説，而後橘樹之德彰也。讀者可不深警於心，而自勗之也哉。若徒以辭焉而視之，則屈子垂教之志荒矣。　后皇嘉樹，橘來服兮。受命不遷，生南國兮。　后，后土也。皇，皇天也。嘉，美也。后皇嘉樹，謂橘樹乃天地間之至美者也。服，習也。受命，謂禀天地之氣以生也。遷，徙也。受命不遷，即記所謂橘逾淮而北爲枳也之意。南國，謂楚國也，楚國在江之南，故謂楚國爲南國。《漢書》江陵千樹橘，是楚地正産橘也。或曰南國泛指江南，則楚自在其中亦通。此章文意當串看，本謂橘者乃天地所生之美樹，而來服習南土，不可移徙也。嘉樹二字，一篇之綱領。篇內皆頌其道德、志行之可嘉，而其所以可嘉者，又在乎受命不遷也。故不遷之意，一篇之中三致意焉。《莊子》曰：「受命於地，唯松柏獨也，在冬夏青青；受命於天，唯舜獨也，」正其論與屈子受命不遷之意同。瑗按：上二句還從王逸之說爲是，朱子曰：「后皇指楚王也。嘉，喜好也。言楚王喜好草木之樹而橘生其土也。」其說頗覺迂闊，而亦無所據也。《禹貢》：「淮海維揚州，厥包橘柚錫貢」，是南國之有橘也久矣，豈因楚王好草木之樹而後橘來服此南國哉。來服云者，即受命不遷之意。王逸所謂服習南土，便其風氣，是矣。來字須活看，非謂自彼處而移來此處也。且楚王喜好草木之樹亦德政之荒也，屈子不能諫之而反頌之，何以爲。屈子況使楚王果能知喜好此受命不遷之嘉樹，則必知喜好屈子之爲人矣，又豈肯放而逐之也哉。讀者詳之。　深固難徙，更壹志兮。綠葉素榮，紛其可喜兮。　深固，謂深根固蒂也。徙，猶遷也。壹，專一而不二也。朱子曰：以其受命獨生南國，故壹志而難徙也。夫橘踰淮而北爲枳，誠難徙也。然以樹而謂之曰志者，學者當以意會，不可泥也。篇內意皆放此。素榮，白華也。《爾雅》：草謂之榮，木謂之華。若對舉則當分而單言，亦可通稱也。可喜，猶言可愛也，言橘葉綠華白，紛然盛茂，誠可愛也。上二句言根株，下二句言華葉。　曾枝剡棘，圓果摶兮。青黃雜糅，文章爛兮。　曾，層。同重纍也。一曰增同，謂高也。並通。剡，利也。棘，枝之刺也。枝棘，果之所著者也。果，草木之實，可食者也，今俗作菓，其形圓，故謂之圓果。摶與團同，圓貌也。或曰此句錯文，本謂橘實其形團圓耳。或曰：摶，聚也，附着也。謂橘摶生於枝棘之間耳。亦通。青，果未熟時色也。黃，果已熟時色也。雜糅猶言叅錯，謂果色之或青或黃，先後生熟之不同也。文章謂青黃之色相間雜而成文章也。《易》曰：物相雜故曰文，又曰：故易六位而成章。此青黃雜糅之所以爲文章也。爛，光輝鮮明貌。上一句言枝棘，下三句言果實。　精色內白，類任道兮。紛緼宜脩，姱而不醜兮。　此章承上果實而言。精色言外皮色之精明也，內白言內瓤色之潔白也。所謂金衣素裏，班理內充是矣。類，猶似也。天下之道莫貴於精明潔白，故橘之外精內白似有道也。紛緼，盛貌。宜脩，謂脩飾之得宜也。《湘君》曰「美要眇兮宜脩」是也。姱，美好也。不醜，不惡陋也。此句即申言宜脩之意，宜脩二字又承精色內白而來也。瑗按：王逸曰：橘實赤黃，其色精明，內懷潔白。其說未善，蓋精色內白，青黃皆有之，青者自有青之精白也。洪氏曰：青黃雜糅言其外之文，精色內白言其中之質也。以精色內白俱作內講亦通，但俱作內講則紛緼二句又當總承圓果以下五句而言，讀者詳之。又按：篇首至此，或總言樹之嘉，或泛言樹之性，或言根株，或言華葉，或言枝棘，或言果實。或言其外，或言其內。其詞悉備而其意互見也，皆發橘樹之所以爲嘉而可嘉之義，自喻之意自見之矣。曰志，曰行，曰道，曰德，其旨趣亦自明白而不煩解說矣。王逸以深固句爲比已志之忠信，華葉句爲比已行之清白，枝棘以象武，圓果以象文，餘皆倣此，不能盡出。其說頗覺支離，穿鑿太甚，不必從之，讀者幸以意會可也。　嗟爾幼志，有以異兮。獨立不遷，豈不可喜兮。　嗟，嘆詞也。爾指橘而言。幼志謂不遷之志。自受命之初而已有此志，蓋其本性然也。有以異謂與衆木不同也。洪氏曰：自此以下申前義以明已志，其說是矣。瑗按：前四章其嘉樹之可喜者亦以畧盡，此下三章蓋即前義而復申明之，若反歌之類是也。末二章乃結言之，以明已效法之意，若亂辭之類是也。其文雖短少，而體裁亦秩然而完也。又按：嗟爾幼志，王逸以爲指衆臣。女少小之人，其志易徙，有以異於橘也。獨立以下爲屈子直陳已之志行非是。　深固難徙，廓其無求兮。蘇世獨立，橫而不流兮。　廓，寥廓也，落落難合之意。蘇，王逸曰寤也。洪氏曰，死而復生曰蘇。《魏都賦》曰「非蘇世而居正」，字本於此。瑗按：蘇猶醒也，俗語亦謂之蘇醒。蘇世獨立，猶「舉世皆濁我獨清，衆人皆醉我獨醒」之意。或曰：蘇，疎也，謂與世相疎遠也。橘樹之扶疎而不偏倚，有似乎君子之獨立於世也。或曰蘇與疎或古通用，或聲相近而訛也。或曰：蘇，取也，即《離騷》「蘇糞壤以充幃」之蘇，謂不見取容於世而獨立也。劉向《九歎逢紛》篇曰「吸精粹而吐氛濁兮，橫邪世而不取容」是也。其說亦通，容更詳之。橫如橫逆之橫，謂惡俗也。洪氏曰：凡與世遷徙者皆有求也，吾之志舉世莫得而傾之者，無求於彼故也。瑗謂惟其無求故難徙，惟其獨立故不流。《詩》曰「不忮不求，何用不臧」，《易》曰「君子以獨立不懼，遯世無悶」，又曰「旁行而不流」，《記》曰「君子和而不流，强哉矯」。橘樹似之矣，屈子有之矣。嗚呼，當戰國之世，環天下皆橫政之所出，橫民之所止，雖有聰明智巧之士，鮮不靡靡詭隨而垂涎乎富貴者。屈子之生於其時，獨廓然無求不遷不流，確乎其不可拔而獨立乎萬物之上，豈非中流之砥柱也哉。泰山巖巖之氣象，孟子不得擅於其時矣。或曰：橫，古衡通用，平也，如水之平而不流也。更詳之，瑗按：此章承上獨立不遷而言，上二句申言不遷，下二句申言獨遷也。　閉心自慎，終不過失兮。秉德無私，參天地兮。《記》曰：「如松柏之有心也。」凡草木之中實者，皆謂之心。橘樹并果之密緻，而無蟲蠹損害於其內，即閉心自慎，終不過失之意也。其人之或與或取樹果，初非有意於擇人而施之，即秉德無私參天地之意也。獨立至此皆發明幼志有異之義，其辭非若前四章之顯切，讀者須以意會，不可以辭害意也。

如以辭而已矣，此王逸之所以直爲屈子自陳己志而不指橘言也。

願歲并謝，與長友兮。淑離不淫梗其有理兮。

并，猶盡也。謝，猶去也。歲并謝，猶言没齒終身云耳。朱子曰：并謝，猶永謝也，歲并謝而長與友，則是終身友之矣。其説是矣。洪氏曰：言已年雖與歲月俱逝，願長與橘爲友也。瑗按：此二句一意，本謂願終身長與爲友也。洪氏解歲并謝處與前稍異，容更詳之。淑，善也，離如離立，言樹之孤特也。不淫，猶前不遷不流之意。梗，强也，有理不亂也。惟其梗而有理，所以淑離而不淫也。此二句又總括通篇所言之旨而頌之，凡不遷不流、不醜不過、可嘉可喜、無私無求之意，俱在其中矣。所以可友之者，此也。所以可師之者，此也。所以可比伯夷者，此也。或曰：離謂其實離離然，稀疏而不淫也。梗謂枝梗有文理而不亂也。亦通。又按：與長友句倒文耳，本謂長與爲友也。　年歲雖少，可師長兮。行比伯夷，置以爲像兮。　年歲雖少亦言橘也。此等句須以意會，言橘之年歲雖小於己，而其道德志行則可以爲己之師長也。朱子曰：年歲雖少亦言其本性，自少而然，非積習勉强，其意與嗟爾幼志句同。恐未是。行謂橘之德行也。伯夷，孤竹君之長子也，其爲人詳見《史記》及《論》《孟》諸書。孟子曰：「伯夷，聖之清也。」韓愈曰：「伯夷者，特立獨行，且萬世而不顧者也。」觀二子之言，其爲人之大概可知矣。夫橘之行，誠可以比之伯夷而無愧。而伯夷之行，欲遠取諸物，苟舍橘而亦莫與之京者矣。置，猶植立也。像，法也。置以爲像，願終身師友之也。朱子曰：言橘之高潔可比伯夷，宜立以爲像而傚法之，亦因以自託也。此上二章，初而友之，既而師之，既而置以爲像，固言之序也。然頌之之意愈推而愈尊，法之之心愈久而愈隆，亦可見矣。或曰：通篇大旨，首章四句總言之也。深固難徙以下至不醜三章，發明后皇嘉樹二句之意。嗟爾幼志以下至參天地三章，發明受命不遷二句之意。末二章又總結之，以見己作頌之本意也。其説亦通。王逸曰：周武王伐紂，伯夷扣馬而諫，遂不食周粟而餓死。屈原亦自以脩餙潔白之行不容於世，將餓死而終，故曰以伯夷爲法也。瑗按：伯夷之清雖於餓死而後見，使伯夷之不餓死，而亦不失爲聖之清。屈子所引之本意，要在於伯夷素履之志行，而不在於餓死之一節也。奈何後世註《楚辭》者，遇屈子所引伯夷、伍子申、屠狄之類，遂以餓死投水解之，以爲屈原亦欲餓死而投水然。所引古之聖賢最多，而尤拳拳致意於重華焉，又何不解屈子爲有志於晞舜耶。嗚呼，昔人謂知己者希，誠哉。瑗獨悲屈子，既不見知於當時，故作《離騷》以明己志，而冀後世庶幾有知己者一嘆惜之，則亦足以慰其心矣。不意千載之下，而其不見知也，又復甚於當時其不知者，則深訾之無足怪也。其知者亦不過一憐之而已，猶不知也。泯泯至今，呶呶不已。故瑗每每爲發奮一道之，以明其制行之中，以尊其學術之正，以暴白其人品心事之磊磊。非敢好異也，不得已也。亦惟欲求知於屈子於九京之下，而不敢必斯世之知我也。嗚呼，苟世有屈子，則讀吾之書以求《離騷》之旨，當莞爾而笑矣！

明　劉春《東川劉文簡公集》卷二四　仙種傳來有幾枝，託根喜向雨中移。垂垂結實霜林滿，可愛金衣在此時。

明　韓雍《襄毅文集》卷一《橘子林》　繞山種橘樹，枝葉團陰森。霜後熟纍纍，萬顆垂黃金。江陵莫專美，龍陽已成林。摘來贈親友，羲帖不須臨。

清　萬光泰《柘坡居士集·自錢塘至常山江行雜詠七首之一》　又復穿烟去，蘭溪縣外江。橘林枚計百，碓屋杵懸雙。牛鼻高浮纜，鳧翁白近窗。日斜山寺露，輟櫂禮空幢。

清　胡天游《石笥山房集》卷上《種橘》　種橘待橘實，遠期動十年。我今垂白頭，萬事任皇天。況無久淹留，跡隨東西旋。藝植近嬉戲，仙人思井邊。愛其德堪頌，衆果非比肩。株分野人圃，钁帶溶泥遷，已得拱把成，信是相柢堅。生理滋日榮，客舍迴清鮮。汎香春洲映，雪細花娟娟。多想歲月遲，秋苞滿黃懸。漫愁不得嘗，去鳥先翩翩。功成享其後，小大自古然。於我何感嗟，清陰企長延。

清　王令《古雪堂文集》卷六《橘齋先生傳》　先生別號鐫，鶚子，喜爲蜉蝣事，種樹于囿，多以橘攢窻前屋後。青女降時，欲彼含烟剖雪，乖乖可愛。真是晚橙雕玉露，蟾影澹風梢也。鐫鶚子屋皆折角而居，蓋謂大橘成林，以小廊穿其樹之隙處，以保古榦，故先生之居愈委蛇耳。予性嗜深林幽壑，每欲經丘尋壑，以訪異人于蒔茘間。會有誅茅者，嘗與先生作團瓢，與予隣爲言先生有山林風致，予拉屐過先生居，見樹杪每從屋頂出，更半梅爲檻，一松（克）（充）榻，衆橘投廚，咦此坡公謂：「池畔笙歌蛙兩部，山中奴僕橘千頭。」轉廊數層，廊或依樹作棟，分蘿作簾，以林葉作幕，出一林際，見數橘圍一小團瓢，欲啟扉不得。先生曰：「此吾師無痕子所居，吾師喜方外遊，去則以雙環結密，視之無痕耳。」予驗之，果然，此真無痕子也耶。因題其壁云：「雲水作輕舟，地天同泛起。帆影别人去，月抱孤烟裏。循還本無端，樹暗千雲倚。主人原不定，歲月浮沉耳。橘柚破霜顔，每作先生粔。」因贈先生之囿曰：「一橘齋」，并紀無痕子詩，以怡蜉蝣滄海之意云。

金橘

綜述

唐　劉恂《嶺表録異》卷上《山橘子》　山橘子　大者冬熟如土瓜。次者如彈子丸。其實金色而葉緑，皮薄而味酸，偏能破氣。容廣之人帶枝葉藏之，入膾醋尤加香美。

宋　謝維新《古今合璧事類備要别集》卷四七《果門・金橘》　《格物麤話》金橘子大逕寸，黄金色。苞光滑，味甘香，瓤微帶酸，食之者多去其瓤，用蜜煎這尤佳也。

宋　張世南《游宦紀聞》卷二　金橘産於江西諸郡。有所謂金柑，差大而味甜。年來，商販小株，才高一二尺許。一舟可載千百株。其實纍纍如垂彈，殊可愛。價亦廉，實多根茂者，才直二三鐶。往時因温成皇后好食，價重京師；然患不能久留。惟藏菉豆中，則經時不變。蓋橘性熱，豆性涼也。

宋　張世南《游宦紀聞》卷五　果中又有黄淡子、金斗子、菩提果、羊桃，皆他處所無。黄淡大如小橘，色褐，味微酸而甜。《本草》載於橘柚條，豈橘中别有名黄淡者。《長樂志》曰「王壇子」。舊記又云：相傳生於王霸壇側。

明　鄺璠《便民圖纂》卷五《金橘》　金橘。三月將枳棘接之，至八月移栽肥地，灌以糞水。

明　宋詡《竹嶼山房雜部》卷九《樹畜部・樹類》　金豆，實形如豆，皮辛香，大核，肉甚酸。同種，接橘法。

明　李時珍《本草綱目》卷三〇　金橘《綱目》　釋名：金柑《橘譜》，盧橘《漢書》，夏橘《廣州志》，山橘《北户録》，給客橙《魏王花木志》。時珍曰：此橘生時青盧色，黄熟則如金，故有金橘、盧橘之名。盧，黑色也，或云盧酒器之名，其形肖之故也。註《文選》者以枇杷爲盧橘，誤矣。案司馬相如《上林賦》云：「盧橘夏熟，枇杷橪柿」，以二物並列，則非一物明矣。此橘夏冬相繼，故云夏熟。而裴淵《廣州志》謂之夏橘，給客橙者，其芳香如橙，可供給客也。　集解：時珍曰，金橘生吴、粤、江、浙、川、廣間，或言出營道者爲冠，而江浙者，皮甘肉酸，次之。其樹似橘不甚高大，五月開白花結實，秋冬黄熟。大者徑寸，小者如指頭，形長而皮堅，肌理細瑩，生則深緑色，熟乃黄如金，其味酸甘而芳香可愛，糖造蜜煎者佳。案《魏王花木志》云，蜀之成都，臨卭江源諸處，有給客橙，一名盧橘，似橘而非若柚而香，夏冬花實常相繼，或如彈丸，或如櫻桃，通歲食之。又劉恂《嶺表録》云，山橘子大如土瓜，次如彈丸，小樹緑葉，夏結冬熟，金色薄皮而味酸，偏能破氣，容廣人連枝藏之，入膾醋，尤加香美。韓彦直《橘譜》云，金柑出江西，北人不識。景祐中始至汴都，因温成皇后嗜之，價遂貴重，藏緑豆中，可經時不變。蓋橘性熱，豆性涼也。又有山金柑，一名山金橘，俗名金豆。木高尺許，實如櫻桃，内止一核，俱可蜜漬，香味清美。已上諸説，皆指今之金橘，但有一類，數種之異耳。

明　徐光啟《農政全書》卷三〇《樹藝》　金橘，一名金柑，一名夏橘。吴越、江浙、川廣間出。營道者爲冠。五月開白花，秋冬黄熟，大者徑寸，小者如指頭，糖造蜜煎皆佳。廣人連枝藏之，入膾醋尤香美。

明　徐光啟《農政全書》卷三〇《樹藝》　金豆，一名山金柑，一名山金橘。木高尺許。實如櫻桃，生青熟黄，形圓而光溜，皮甜可食，味清而香美，可蜜漬。

明　傅梅《嵩書》卷一〇《木部・櫨》　櫨，許氏《説文》引伊尹曰：果之美者，箕山之東，青鳧之所，有櫨橘焉，夏孰（熟）也。《吕氏春秋》云：箕山之東有甘櫨焉。司馬長卿《上林賦》云：盧橘夏熟。即指此物。盧字誤去木傍，而張勃《吴録》，遂妄解曰：盧，黑色也。天下豈有黑橘乎。

明　高濂《遵生八箋》卷一六　金豆橘，橘種，生子，狀蠶豆，秋深顆顆若金，樹小子多，清玩妙品，可入糖蜜供食。

又　金彈橘，橘種，子生若彈丸而色紅，冬殘，收以充供。

又 牛奶橘，生子儼同牛奶，秋時結實，看至明年三月，子尚垂金，不落，收入蜜食，生可食皮。

清 周魯《類書纂要·果蔬類·金橘》 金橘，小如彈，黄如金，惟出管道爲天下魁，出江浙者，皮甘肉酸，不逮。

清 高士奇《北墅抱甕録·牛嬭橘》 牛嬭（橘），即金橘之長者，以其形而名之。秋深始黄，經冬不落，垂金燦爛，滿樹離離，以盆植之，置深室中極佳。金橘小於彈丸，酸多於甘，擘之香霧芬烈。齋前二株，每樹皆得斤許，酒渴採嘗，風味殊别。

清 陳昌齊 道光《廣東通志》卷九五《果類·盧橘》 盧橘，《吴録》：朱光爲建安太守，有橘冬月樹上覆裹之，至明年春夏色變青，味尤酸美。《上林賦》云：「盧橘夏熟。」盧，黑色也，蓋近是乎。《廣州記》：羅浮謂之夏熟，實大如李，剥皮食作酢，合食則甘。《郝志》嶺外以枇杷爲盧橘。《猗覺寮雜記》

清 何剛德《撫郡農産考略·金橘》 金橘土名金蛋樹。高大不及橘，緑葉白花。實大如蠶繭，皮甜肉酸，皮青色，熟則變黄。金邑滸灣十九都、二十九都均有之。臨邑東、南路較多。 天時：春初接條，五六年便成大叢。每歲二月揚花，三月結實，七月收。金橘花先後迭開，故其實亦可陸續剪收。七月剪者爲頭幫，八月上旬爲二幫，九月下旬爲三幫。以頭幫爲佳，二幫次之，三幫爲下。 地利：宜肥腴之地。 人事：欲種金橘，先樹枳殼。擇枳殼子，種之曠地中，壅以糞，半月發芽。三四年後將樹截斷，去地留五六寸。向樹皮開一口，擇金橘枝條長一二寸者，接之於上，包以稻稈，塗之以泥。春初接條，本年即可成叢，揚花結實，特不多耳。或以橙子樹接之，亦可。每年冬季以糞壅之，每樹需肥料數十錢。此樹培植要得法，或須蔭水，或須修剪，有專習此藝者。樹易生蟲，凡有蟲糞溺之處，用鐵針刺之。 物用：可生食，可製金錢餅。製餅之法，大鍋燒水，水沸時投以金蛋，隨即撈起，置木桶中，格以竹飾，壓以石塊，用清水浸二三日，運至河流洗浄。每枚以刀劃四孔，用指一捻，而金蛋扁矣。放鍋内以糖煮之，金蛋百斤用白糖七八十斤。煮好曬乾，名曰清水貨餅。百斤價銀八兩有奇，銷售湖北漢江、河口各處。鍋内餘糖，加糖四十斤煮之，亦每鍋做金蛋百斤，是濁水貨餅，百斤價銀七兩，銷售近地。又法，先以水浸橘，一二日，再入食鹽、白礬，濾浄壓扁，用白糖煎熬成餅。

清 董天工《武夷山志·果屬·仙橘》 仙橘，小者如彈丸，皮可食。大者如鷄卵，味甚甘美。亦生大王峰頂，花實不與恒橘同時，故以仙稱。

清 陳淏子《花鏡》卷三《花果類考·金柑》 金柑，一名金橘，一名瑞金奴，生江浙川廣間。其樹不甚大而葉細，婆娑如黄楊。夏開小白花，秋冬實熟則金黄色，大如指頭或如彈丸，更有小如豆者，皆皮薄而堅，肌理瑩細，其味酸甜，而芳香可口。一種牛奶柑，形長如牛乳，但香味稍劣。又一種名金豆者，樹只尺許，結實如櫻桃大，皮光而味甜，植於盆内，冬月可觀，多産於江南太倉與浙之寧波。又一種蜜羅柑，其大似香櫞而皮皺，味更香美，生於浙之金衢。皆以四月前接。

清 吴其濬《植物名實圖考長編》卷一六《果類·金橘》 《桂海虞衡志》金橘出營道者爲天下冠，出江浙者皮甘肉酸不逮矣。 韓彦直《橘録》：金橘生山逕間，比金柑更小，形色頗類木，高不及尺許。結實繁多，取者多至數升。肉瓣不可分，止一核，味不可食。性宜植之欄檻中，園丁種之以鬻於市，亦名山金柑。周美成詞：有露葉烟梢寒色，重攢星低，映小珠簾，爲是橘作。 《莆田縣志》物産：橘，色紅如金，曰金橘。又有一種先後相續而生，名公孫橘。 《漳浦縣志》：土産橘有朱橘，有鳳橘，有金橘，有羊矢橘，生山中，俗呼山柑。又有一種四時橘，四時結實，花亦鮮美。 《本草綱目》：金橘味酸，甘温無毒。主下氣快膈，止渴解醒辟臭，皮尤佳。李時珍曰：此橘生時青盧色，黄熟則如金，故有金橘、盧橘之名。盧，黑色也，或謂盧酒器之名，其形肖之故也。註《文選》者，以枇杷爲盧橘，誤矣。按司馬相如《上林賦》云：盧橘夏熟，枇杷橪柿以二物並列，則非一物明矣。此橘夏冬相繼，故云夏熟。而裴淵《廣州志》謂之夏橘。給客橙者，其芳香如橙，可供給客也。 又曰：金橘生吴粤、江浙、川廣間，或言出營道者爲冠，而江浙者皮甘肉酸，次之。其樹似橘不甚高大，五月開白花，結實，秋冬黄熟。大者徑寸，小者如指頭，形長而皮堅，肌理細瑩。生則深緑色，熟乃黄如金。其味酸甘，而芳香可愛，糖造蜜煎皆佳。按魏王《花木志》云：蜀之成都臨邛江源諸處有給客橙，一名盧橘，似橘而非，若柚而香，夏冬花實常相繼，或如彈丸，或如櫻桃，通歲食之。【略】韓彦直《橘譜》云：金柑出江西，北人不識，景祐中始至汴都，因温成皇后嗜之，價遂貴重。藏緑豆中，可經時不變，蓋橘性熱豆性涼也。又有山金柑，一名山金橘，俗名金豆。木高尺許，實如櫻桃，内止一核，俱可蜜漬，香味清美。已上諸説，皆指今之金橘，但有一類數種之異耳。 《閩書》：金橘有二種，形圓者曰金棗，皮香肉酸。又有金豆俗呼羊矢橘，生山林中，蜜煎良佳。 《歸田録》：金橘産於江西，以遠難致，都人初不識，明道景祐初，始與竹子俱至京師。竹子味酸，人不甚喜，後遂不至。而金橘香清味美，置之罇俎間，光彩灼爍如金彈丸，誠珍果也。都人初亦不甚貴，其後因温成皇后尤好食之，由是價重京師。余世家江西，見吉州人甚惜此果，其欲久留者則於緑豆中藏之，可經時不變云。橘性熱而豆性涼，故能久也。【略】《冷齋夜話》：東坡詩曰：「客來茶罷空無有，盧橘微黄尚帶酸。」張嘉甫曰：「盧橘何種果類。」答曰：「枇杷是矣。」又問：「何以驗之。」答曰：「事見相如賦。」嘉甫曰：「盧橘夏熟，黄甘橙榛，枇杷橪柿，亭柰厚樸，盧橘果枇杷，則賦不應四句重用。」應劭注曰：「箕山之東，青鳥之所，有盧橘，常夏熟，不據依之何也。」東坡笑曰：「意不欲耳。」《涪翁雜説》：司馬相如《上林賦》曰：黄甘橙榛。《玉藻》曰：君入門上介拂橙榛，音太簇之簇。武陵有一種小橘，名榛，疑即今之金橘。《輟耕録》：世人多用盧橘以稱枇杷，按司馬相如《游獵賦》云：「盧橘夏熟，黄柑橙榛，枇杷橪柿。」夫盧橘與枇杷並列，則盧橘非枇杷明矣。郭璞注：蜀中有給客橙，冬夏花實相繼，通歲食之，謂即盧橘也。意者橙橘，惟熟於冬，而盧橘夏亦熟，故舉以爲重歟。唐三體詩裴庾註云：《廣州記》盧橘皮厚，大如柑，酢多，至夏熟，土人呼爲壺橘，又曰盧橘。

清 王棠《知新録・盧橘》：《魏王花木記》：蜀土有金橘，亦橙類，似橘而非橘，冬夏花實相繼，通歲食之，名給客橙，亦名盧橘。相如賦：盧橘夏熟，即金橘也。非櫨木所生，櫨字註所引不確。東坡以盧橘爲枇杷，陶九成以廣州之壺橘爲盧橘，皆不是。

清 王芷《稼圃輯》：金橘三月將枳棘接之，八月移栽肥地，澆以糞水。勿着根及樹皮。牛奶柑，夏結子可採蜜浸留，第三次結子，壅以肥土，澆灌之。至明年三月，黄實纍，可置案頭，金荳同出太倉沙頭。

清 周魯《類書纂要・果蔬類・金橘》：金丸，越橘如金丸，爛然已盈篋，誰傳嶺外信，尚帶霜前葉。丹砂粒恍疑仙子丹砂粒，錯認王孫金彈丸。 小木奴，金丸小木奴。 多酸，楚淵材五恨，二恨金橘多酸。

清 吴其濬《植物名實圖考》卷三一《果類・金橘》：金橘，《歸田録》云：産於江西，今江南亦多有之。唯寧都産者瓤甜如柑，冬時色黄，經春復青，或即以爲盧橘。又一種小者爲金豆，味烈，贛南糖煎之。《本草綱目》收入果部。《辰谿志》橘小而長者爲牛嬭橘，四季可花，隨花隨實，皮甘可食，即此。

植物名實圖考・金橘

藝文

漢 李尤《七款》：奇宫閒館，廻洞庭門。井幹廣望，重閣柘因。夏屋渠渠，嵯峨合連。前連都街，後據流川。梁王青黎，盧橘是生。白華緑葉，扶疎冬榮。與時代序，孰不墮零。黄景炫炫，眩林曜封。金衣素裹，斑白内充。滋味偉異，淫樂無窮。副以芋柘，豐弘誕節。纖液玉津，旨於飲蜜。

宋 周必大《曾無疑以長韻送金橘時已暮春次韻》：荼蘼殿春枝滿霜，盧橘熟夏今乃黄。彈丸煌煌照坐光，老叟驚詫見未嘗。客言採果孟冬月，剖竹爲符帶蒼雪。包之赫蹏滿貯中，纏以絲枲外合節。或藏緑豆飲醉翁，或雜寸稟仍緘封。三説未識將誰從，但覺色香新摘同。分甘安能與衆樂，祕方何惜都傳卻。已誇指下石化金，仙指併求君勿噱。

清 董天工《武夷山志・果屬・仙橘》：酬劉白雲五月登大王峰絶頂得仙橘數十顆見遺，歌其事異之明丘雲霄：孤峯萬丈摩青空，懸猿飛鳥愁力窮。丹崖翠壁擁蓬島，白雲紫霧相帡幪。花開花落非人世，巖頭五月垂橘紅。世人俗眼不得見，況能顆落歸懷中。朱囊碧蒂醉香露，瓊肌玉波摇春風。洞庭霜後不足數，蓬萊殿上空筠籠。偷桃曾傳漢方朔，歲星左謫爲臣工。攀登直是有仙骨，卻憐野老非方瞳。我今既已食仙實，刀圭入口能成功。竹冠蘭佩衣薜荔，鞭雲策電騎長虹。與君再到此山頂，弄擕日月如磨礱。爲問子騫去何許。星臺烟鼎寒青葱。覺來天地同生死，空憐散髮探鴻濛。君不見，幔亭歌罷虹橋斷，曾孫幾世成老翁。

枳

綜述

明 宋詡《竹嶼山房雜部》卷九《樹畜部·樹類》 枸橘，實皮囊皆無用。二月取核索於穰緺間，開泥溝種之，成長時爲栵而齊。每年裁髠其頭，枝葉從根生而比密，且多棘針，甚能屏障，散種者可接柑橘。

明 方以智《物理小識》卷九《枸橘》 枸橘，穰緺間，溝泥種成栵。髠頭令發肄，棘針成屏翳。中德曰：枸橘與枸榾葉嫩時皆可作茶。

清 高士奇《北墅抱甕録·枳殻花》 枳比橘爲小，枝幹沈緑，多刺。花極香，過橙橘遠甚，蕊珠圓瑩，儼猶茉莉，而其大倍之。野人門巷，藉此以護籬落。

清 吴其濬《植物名實圖考》卷三五《木類·枸橘》 枸橘，詳《本草綱目》。園圃種以爲樊。刺硬，莖堅愈於杞柳。其橘氣臭，亦呼臭橘。鄉人云：有毒，不可食，而市醫或以充枳實，亦治跌打。隱其名曰：鐵籬笆。初發嫩芽摘之，浸以沸湯，去其苦味，曝乾爲蔬曰橘苗菜，以肉煨食，清香撲鼻，亦山家清供云。

清 吴其濬《植物名實圖考》卷三三《木類·枳實》 枳實，《本經》中品。橘踰淮而北爲枳。或云：江南亦别有枳，蓋即橘之酸酢者，以别枸橘耳。《補筆談》辨别枳實、枳殻極晰。

清 郝懿行《寶訓·果實·枳》 枳，木與花葉皆類橘，實不堪食，惟入藥用。樹多刺，最宜編籬。凡遇旱以米泔水澆，則實不損落。根下埋死鼠，則結實倍常。

柑

綜述

唐 段公路《北户録》卷三《變柑》 新州出變柑，有苞大於升者，但皮薄如洞庭之橘，餘柑之所弗及。傳云本自高要移植，不數百里，形味俱變，因以爲名。論其美直，所謂「厥包橘柚，精者柑」。見郭璞讚。又馬援好事，至荔浦見冬笥名包笥，上言《禹貢》：厥包橘柚。疑即此也。亦如踰淮爲枳，乃水土異也。愚按《吕氏春秋》：果之美者，江浦之橘。箕山之東清馬之所有櫨橘焉。《説文》：櫨橘，柚也。又郭璞曰：蜀中有給客橙，即櫨橘，冬夏花實相繼。《風土記》：柑有黄者、赭者，赭赤謂之胡柑。今人多引「江陵千樹橘爲木奴」事，此《漢書》云：其人與千户侯等。且《襄陽記》：李衡爲丹陽太守，衡密遣十人於武陵龍陽洲上作宅，種柑千樹。臨死勑兒曰：「汝毋惡吾治家固窮如是，吾州里有千頭木奴，不責汝衣食，歲上一疋絹亦足用耳。」吴末衡柑成，歲得絹數千疋。據此非橘，明矣。據雜書，如《翰林要海》、《御覽》，賈思勰皆列在黄柑門中。愚又按諺云：木奴千，無凶年。《齊民要術》云：蓋言果實可以市易五穀，此即木奴之號，果之都稱者也。

宋 謝維新《古今合璧事類備要别集》卷四六《果門·柑子》 《格物藂話》柑者，橘之屬。滋味甘美特異者也。有黄者，有赬者。赬者謂之壺柑，即乳柑，惟泥山爲最。地不彌一里，所産柑，其大徑六七寸，皮厚而味珍，脈不粘瓣，食不留滓，一顆核纔一二，間有全無者。生枝柑鄉人以其耐久，留之枝上俟，味變甘帶葉而折，故名焉。今温州、福州、江陵、天台處産之。

宋 韓彦直《橘録》卷上 按開寶中陳藏器補《神農本草書》柑類則有朱柑、乳柑、黄柑、石柑、沙柑。今永嘉所産，實具數品，且增多其目，但名少異耳。凡圃之所植柑比之橘纔十之一二。大抵柑之植立甚難，灌溉鋤治少失時，或歲寒霜雪頻作，柑之枝頭殆無生意，橘則猶故也，得非瓊盃玉斝，自昔易闕邪。永嘉宰勾君濤有詩聲，其詩曰：只須霜一顆，壓盡橘千奴。則黄柑位在陸吉上，不待辨而知。

宋 韓彦直《橘録》卷上 真柑：在品類中最貴可珍，其柯木與花實皆異凡本。木多婆娑，葉則纖長茂密，濃陰滿地。花時韻特清遠。逮結實，顆皆圓正，膚理如澤蠟。始霜之旦，園丁採以獻，風味照座，擘之則香霧噀人。北人未之識者，一見而知其爲真柑矣。一名乳柑，謂其味之似乳酪。温四邑之柑，推泥山爲最。泥山地不彌一里，所産柑其大不七寸圍，皮薄而味珍，脈不黏瓣，食不留滓。一顆之核纔一二，間有全無者。南塘之柑，比年尤盛。太守燕賞爲秋日盛事，前太守參政李公賞柑之詩曰：忘機白鳥銜船過，堆案黄柑噀手香。侍郎曾公之詞曰：滿樹葉繁枝重，綴青黄千百。皆佳句也。

又　生枝柑：似真柑，色青而膚粗，形不圓，味似石榴，微酸。崔豹《古今注》曰：甘實形如石榴者爲壺柑。疑此類是。鄉人以其耐久，留之枝間，俟其味變甘，帶葉而折，堆之盤俎，新美可愛，故命名生枝。

又　海紅柑：顆極大，有及尺以上圍者，皮厚而色紅，藏之久而味愈甘。木高二三尺，有生數十顆者，枝重委地，亦可愛。是柑可以致遠，今都下堆積道旁者，多此種。初因近海，故以海紅得名。

又　洞庭柑：皮細而味美，比之他柑，韻稍不及。熟最早，藏之至來歲之春其色如丹。鄉人謂其種自洞庭山來，故以得名。東坡《洞庭春色賦》有曰：命黄頭之千奴，卷震澤而與還，翠勺銀罌，紫絡青綸，物固唯所用，醞釀得宜，真足以佐騷人之清興耳。

又　朱柑：類洞庭而大過之，色絶嫣紅，味多酸，以刀破之，漬以鹽，始可食。園丁云：他柑必接，唯朱柑不用接而成。然鄉人不甚珍寵之，賓祭斥不用。

又　金柑：在他柑特小，其大者如錢，小者如龍目。色似金，肌理細瑩，圓丹可翫（玩），噉者不削去金衣，若用以漬蜜尤佳。歐陽文忠公《歸田録》載其香清味美，置之樽俎間，光彩灼爍，如金彈丸，誠珍果也。都人初不甚貴，其後因温成皇后好食之，由是價重京師。

又　木柑：類洞庭，少不慧耳。膚理堅頑，瓣大而乏膏液，外彊中乾，故得名以木。

又　甜柑：類洞庭，高大過之。每顆必八瓣，不待霜而黄，比之他柑加甜。柑林未熟之日，是柑最先摘，置之席間，青黄照人。長者先嘗之，子弟懷以歸，爲親庭壽焉。然是種不多見，治圃者植一株二株焉，故以少爲貴。

宋 張世南《游宦紀聞》卷五　有一種柑曰「回青」，實大。淩冬不彫，滿樹垂金，至春復回青。再黄始摘，味不甚佳。花極香，與抹利相頡頏。　永嘉之柑，爲天下冠。有一種名「朱欒」，花比柑橘，其香絶勝。以箋香或降真香作片，錫爲小甑，實花一重，香骨一重，常使花多於香。竅甑之傍，以泄汗液，以器貯之。畢，則徹甑去花，以液漬香，明日再蒸。凡三四易，花暴乾，置磁器中密封，其香最佳。　「朱欒」乃好柑之祖。栽接之法，始取「朱欒」核洗净，下肥土中，一年而長，名曰「柑淡」，其根簇簇然。明年移而疏之，又一年，木始大盈握。遇春，則取柑之佳品，或橘之美者，接於木身，則盡爲佳者矣。「朱欒」，乃枳也。

元 王禎《王禎農書》卷三四《穀譜·果屬·柑》　柑，甘也，橘之甘者也。莖葉無異於橘，但無刺爲異耳。種植與橘同法。生江漢唐鄧間，而泥山者名「乳柑」，地不彌一里所，其柑大倍常，皮薄味珍，脈不粘瓣，食不留滓，一顆之核纔一二，間有全無者。然又有「生枝柑」，有「郛柑」，有「海紅柑」，有「衢柑」。雖品不同，而温台之柑最良，歲充土貢焉。江浙之間種之甚廣，利亦殊博。昔李衡於武陵龍陽洲上種柑千樹，謂其子曰：吾州里有千頭木奴，不責汝衣食，歲只一匹亦足用矣。及柑成，歲輸絹數千匹，故史游《急就篇》註云：「木奴千，無凶年」。蓋言可以市易穀帛也。柑之大者，擘破，氣如霜霧，故老杜云，「破柑霜落爪」是也。庾肩吾云，王逸爲賦，取對荔枝，張衡製辭，用連石蜜，足使萍實非甜，葡萄猶餌，其重貴如此。

明 宋詡《竹嶼山房雜部》卷九《樹畜部·樹類》　柑，花葉枝幹皆香。廣東有宜母子，狀類柑橘，味酸。　種多，名之著者香柑，實形小而圓，囊甚甘，皮甚香。　甜柑，實形甚贏大，皮甘於囊。　乾柑，實皮細囊少漿味甘。耐藏至夏。　蜜曇柑，實比乾柑有漿。一種形小甚香。　脱花甜柑，實皮細青遂可啖，囊最甘。　牛乳柑，實形長如牛乳，皮甘囊酸。　波斯柑，實皮贏囊微苦，能耐久藏。　佛手柑，狀兩手作和南禮，有狀一手問訊禮，無囊用皮。　青柑實皮細囊酸，惟青可啖。　廣柑，實大，皮辛囊酸。　酒柑，形長，皮苦囊酸，得酒甘香。同種、接橘法。李衡種柑曰：有千頭木奴，及成，歲得輸絹數千疋。

明 李時珍《本草綱目》卷三〇　柑宋《開寶》　釋名：木奴《志》曰：柑未經霜時猶酸，霜後甚甜，故名柑子。時珍曰：漢李衡種柑於武陵洲上，號爲木奴焉。　集解：頌曰：乳柑出西戎者佳。《志》曰：柑生嶺南及江南，樹似橘，實亦似橘而圓大，皮色生青熟黄。惟乳柑皮入藥，山柑皮療咽痛，餘皆不堪用。又有沙柑、青柑，體性相類。藏器曰，柑有朱柑、黄柑、乳柑、石柑、沙柑，橘有朱橘、乳橘、塌橘、山橘、黄淡子，此輩皮皆去氣調中，實俱堪食，就中以乳柑爲上也。時珍曰，柑，南方果也，而閩、廣、温、台、蘇、撫、荆州爲盛，川蜀雖有，不及之。其樹無異於橘，但刺少耳。柑皮比橘色黄而稍厚，理稍粗而味不苦，橘可久留，柑易腐敗。柑樹畏冰雪，橘樹畧可，此柑橘之異也。柑橘皮，今人多混用，不可不辨，詳見橘。下案韓彦直《橘譜》云，乳柑出温州諸邑，惟泥山者爲最，以其味似乳酪，故名。彼人呼爲真柑，似以佗柑爲假矣，其木婆娑，其葉纖長，其花香韻，其實圓正，膚理如澤蠟，其大六七寸，其皮薄而味珍，脈不粘瓣，食不留滓。一顆僅二三核，亦有全無者。擘之香霧噀人，爲柑中絶品也。生枝柑形不圓，色青膚粗，味帶微酸，留之枝間，可耐久也。俟味變甘乃帶葉折，故名。海紅柑，樹小而顆極大，有圍及尺者，皮厚色紅，可久藏。今獅頭柑亦是其類也。洞庭柑種出洞庭山，皮細味美，其熟最早也。甜柑類洞庭而大，每顆必八瓣，不待霜而黄也。木柑類洞庭，膚粗頑，瓣大而少液，故謂之木也。朱柑類洞庭而大，色絶嫣紅，其味酸，人不重之。饅頭柑近蒂起如饅頭尖，味香美也。

明 王世懋《學圃雜疏》 柑橘産於洞庭，然終不如浙、温之乳柑，閩漳之朱橘。有一種紅而大者，云傳種自閩，而香味徑庭矣。余家東海上，又不如洞庭之宜橘，乃土産蜕花甜蜜橘一種，郤不啻勝之金橘牛乳者，易生而品下，圓者甘香，然亦家園種者佳。第橘性畏寒，值冬霜雪稍盛輒死。植地須北蕃多竹，霜時以草裹之。又虞春枝不發。記兒時種橘不然，豈地氣有變也。

明 王象晉《群芳譜·果譜·柑》 柑，一名木奴，一名瑞金奴。生江南及嶺南，閩、廣、温、台、蘇、撫、荆爲盛，川蜀次之。樹似橘少刺。實亦似橘而圓大。未經霜猶酸，霜後始熟。子味甘甜，故名柑子。皮色生青熟黄，比橘稍厚。理稍粗而味不苦。惟乳柑、山柑皮可入藥。橘實可久留，柑實易腐敗。柑樹畏冰雪，橘樹猶少耐，此柑橘之異也。乳柑出温州，泥山爲最。以其味似乳酪，故名。其木婆娑，其葉纖長，其花香韻，其實圓，其膚理如澤蠟，其大六七寸，其皮薄而味珍，脈不粘瓣，食不留滓。一顆僅二三核，亦有全無者，擘之香霧噀人，爲柑中絶品。海紅柑，樹小而實極大，有圍及尺者，皮厚色紅，可久藏。今獅頭柑亦其類。洞庭柑，出洞庭山，皮細味美，其熟最蚤。甜柑，類洞庭而大，每顆八瓣，未霜先黄。饅頭柑，近蒂如饅頭尖，味香美。生枝柑，形不圓，色青膚粗，味帶微酸，霜時枝間可耐久，俟味變甘，帶葉折取，故名。平蒂柑，大如升。出成都。朱柑，類洞庭而大，色嫣紅，其味酸，人不重之。木柑。類洞庭，膚粗瓣大，少津液。又有黄柑、白柑、沙柑之類。性大寒，治腸胃中熱毒，解丹石，止異渴。多食令人脾冷，生痰，發痼癖。 皮下氣調中。核可作塗面藥。 附録：柚，柑屬也。一名條，一名櫾，一名壺柑，一名臭橙。《爾雅》謂之櫠，又曰椵。《廣雅》謂之鐳。實大而粗，柑橘中下品也。三月開花奇大，氣甚香郁，實亦如橘。有甘有酸，皮厚味甘，樹葉皆類橙，實有大小二種。小者如柑，如橙，俗呼爲蜜筩。大者如升如瓜，俗呼爲朱欒。有圍及尺餘者，俗呼香欒。閩中、嶺外、江南皆有之。南人種其核，云長成以接柑、橘甚良。《列子》云：吴越之間有木焉，其名爲櫾。樹碧而冬青，實丹而味酸，食其皮汁，已憤厥之疾。渡淮而北化而爲枳，此地氣之不同也。果之美者，有雲夢之柚。（《吕氏春秋》）佛手柑，木似朱欒，而葉尖長，枝間有刺。植之近水乃生，其實如人手有指，有長尺餘者，皮如橘柚而厚，皺而光澤，色如瓜。生緑熟黄。其核細，味不甚佳而清香襲人，置衣笥中，雖形乾而香不歇。可糖煎、蜜煎作果甚佳。搗蒜罨其蒂，香更充溢。浸汁洗葛紵，絶勝酸漿。

明 徐光啟《農政全書》卷三〇《樹藝》 柑，一名木奴，一名瑞金奴。《農桑通訣》曰：柑，甘也，橘之甘者也。莖葉無異於橘，但無刺爲異耳，生江漢唐鄧間，而泥山者名乳柑。地不彌一里所，其柑大倍常，皮薄、味珍、脈不粘瓣，食不留滓，一顆之核纔一二，間有全無者。然又有生柑、有郛柑、有海紅柑、有衢柑，雖品不同，而温台之柑最良，歲充土貢焉。江浙之間種之甚廣，利亦殊博。又有山柑。洞庭柑出洞庭，皮細味美，熟最早。甜柑每顆八瓣，未霜先黄。饅頭柑，生枝柑。平蒂柑大如升，出成都。朱柑、大柑、黄柑、白柑、沙柑，江南嶺南爲盛，蜀次之，實似橘而圓大，未經霜猶酸，霜後始熟，柑樹猶畏冰雪。 栽種與橘同。《種樹書》曰：柑，樹爲蟲所食，取螘窠於其上，則蟲自去。柑之大者，擘破氣如霜霧。 李衡於武陵龍陽洲上，種柑千樹。謂其子曰：吾州里有千頭木奴，不責汝衣食，歲止一疋，亦足用矣。及柑成，歲輸絹數千疋，故史游《急就篇》註云：木奴子無凶年，蓋言可以市易穀帛也。

明 彭大翼《山堂肆考》卷二〇六《柑》 《格物叢話》：柑者，橘之屬，有黄者，有頳者。頳者形如石榴，謂之壺柑，亦曰乳柑，惟温州泥山爲最。皮厚味珍，食不留滓，一顆中核纔一二，間有全無者。晉時閬中縣置守黄甘吏一人。橙亦橘屬，枝葉不類于橘，苞黄皮厚，蹙衄如沸，香氣馥郁，可以熏衣，可以芼鮮，可以漬蜜。《吕氏春秋》：果之美者有雲夢之柚。柚，大橘也，與橘同時而熟。香櫞亦似柚而長倍之，味香美，故謂之香櫞，亦曰枸櫞。今南劍州産此，取以供歲貢也。 生枝。温州、福州、江陵、天台等處有生枝。土人以其耐久，留之枝上，俟其味變甘乃帶葉而取，故名焉。 平蒂。《廣志》成都有平蒂，柑大如升。 彦直《真柑録》。韓彦直《真甘録》曰：柑别種有八，橘别種爲十四，橙屬别種爲五，凡其類合二十有七，而乳柑推第一。故温人謂乳柑爲真柑，謂他種皆若假設者，而獨真柑爲柑爾。且温數邑俱種柑，而出泥山者又傑然推第一。予北人安得所謂泥山者啗之。又故事太守不得出城從遠遊，無因領客入泥山香林中，泛酒其下，而客乃遺予泥山柑者。予因爲之譜。

清 周魯《類書纂要・果蔬類・柑》 柑有生枝柑、乳柑、海紅柑、衢柑，惟温台之柑最良，歲充土貢焉。柑之大者劈破氣如霜霧，故杜云：破柑霜落瓜是也。柑樹爲蟲所食，取螘窠于其上，則蟲自去。

清 李光地《月令輯要》卷一三 宫内種甘。增：《酉陽雜俎》：天寶十年，上謂宰臣曰：近日於宫内種甘子數株，今秋結實一百五十顆，與江南蜀道所進不異。宰臣賀表曰：雨露所均，混天區而齊被。草木有性，憑地氣而潛通，故得資江外之珍果爲禁中之華實。

清 張宗法《三農紀》卷五《柑》 柑，《圖經》云，樹高丈餘，枝青葉緑，四時不凋。其樹亦緑，但身無芒刺。性畏水霜，實亦如橘，圓大味甘。生青熟黄，比橘皮稍厚，紋理稍粗，而無苦味。實易腐敗。韓彦直云：柑别種有八。《古今注》柑形如榴者爲壺柑。《方士記》云：黄者頳者謂之胡柑。《左傳》云：甘心快意。劉基字從甘者言其味悦人，口色悦人，自氣悦人，鼻嚳悦人耳，乃透人之甘果也。《廣雅》云：瑞金未經霜味酸，一經霜後始熟味甘，以味爲柑者言，異心有喻也。《廣雅》云：瑞金未經霜味酸，一經霜後始熟味甘，以味名也。從木者誤矣，柑乃治馬之物，一種金甘生南土，樹亦緑，不高大，結實大者徑寸，小者若指頂，形長而皮堅。秋冬熟，生深一熟，金色，味酸甘芳香，又名金橘。一名給客橙，糖造蜜煎甚佳。《橘譜》云：西北人不識。景祐中始至汴洛，成后嗜之遂貴。一種甘之，至小者名金豆，木高尺許，實如櫻桃，生青熟黄，形圓而光溜，皮甘味清，可蜜漬（漬）。一種佛手柑，樹似柚而葉尖。枝有刺。結實若人手指狀，長近尺餘。皮若橘柚而厚皺光澤，生青熟黄，香氣襲人，置衣筒中雖枯而香不歇。可糖蜜製果，搗蒜罨蒂香更充溢，皮洗葛苧衣甚奇。一種香橼，一名枸（椽）（橼），乃橘甘屬也。實大如木瓜，皮若橙而光澤，乃朱欒之尖者，置表笥中，經旬猶香，可蜜煎，國有雀巢方開花結果。　植藝：收實美頂生者，熟時去皮分瓤瓣植潤土中。春生苗，去草净，冬加棚蓋以蔽霜水，待苗長二三尺許移栽成行，澆培修藏忌宜（知）（如）橘，接以枳，橘甚美。　本性：味甘，氣寒，調中解熱，多食令人胃冷生痰。　效方：産後肌浮，甘皮爲酒，服效。

清 吴其濬《植物名實圖考》卷三一《果類・柑》 柑，《開寶本草》始著録。南方種類極多。其獅頭柑則唯皮可啖，皮核葉皆入藥。

植物名實圖考・柑

清 吴其濬《植物名實圖考》卷三一《果類・樰子》 樰子，産廣州，亦柑桔之類。陳皮本以柑皮製者爲最，市間亦有以樰皮爲之者，質稍薄而味亦遜。

清 吴其濬《植物名實圖考長編・果類・乳柑子》 《嘉祐本草》乳柑子，味甘大寒，主利腸胃中熱毒，解丹石，止暴渴，利小便，多食令人脾冷發痼癖，大腸洩。又有沙柑、青柑、山柑，體性相類，惟山柑皮療咽喉痛效，餘者皮不堪用。其樹若橘樹，其形似橘而圓大，皮色生青熟黄赤，未經霜時尤酸，霜後甚甜，故名柑子，生嶺南及江南。　《南方草木狀》：柑乃橘之屬，滋味甘美，特異者也。有黄者、有頳者，頳者謂之壺柑，交阯人以席囊貯蟻鬻於市者，其窠如薄絮囊，皆連枝葉，蟻在其中，并窠而賣。蟻赤黄色，大於常蟻。南方柑樹若無此蟻，則其實皆爲羣蠹所傷，無復一完者矣。今華林園有柑二株，遇結實，上命羣臣宴飲於旁，摘而分賜焉。　《北户録》：新州出變柑，有苞大於升者，其皮薄如洞庭之橘，餘柑之所弗及，《傳》云：移植不百里，形味俱變，因以爲名，亦如踰淮爲枳，乃水土異也。　《桂海虞衡志》：饅頭柑，近蒂起饅頭，尖者味香，勝可埒永嘉乳柑。《閩書》：物産柑。《圖經》：木高一二丈，葉與枳無辨，刺出莖間，夏初生白花，六月七月而成實，至冬黄熟可噉。舊説小者爲橘，爲橙，大者爲柚。孔安國注《尚書》：厥包橘柚，小曰橘，大曰柚，皆爲柑也。謝朓酬王晉安詩：南中榮橘柚，寧知鴻雁飛。《柑通志》：有酥柑，有佛酥柑，一名佛頭酥。有脂柑，出連江，名連江柑。有里尾柑，出福清縣，以地名橘。《通志》：有鏡橘，一名鏡柑。有連江橘，以地名。有酒橘，有四時橘，有蒴橘，有猴橘，一名花橘。有洞庭橘，有匾橘，一名塌橘。有里尾橘，出福清縣，亦以地名。《泉志》：金橘有二種，形圓者曰金棗，皮香肉酸。又有金豆，俗呼羊矢橘，生山林中，蜜煎良佳。莆中有紅柑、青柑，唐時本地有沙橘，嘗入貢。近時天下之柑，以浙之衢州、閩之漳州爲最。漳人食柑，盡一托盤，如泉人食荔支矣。

清　務農會《農學報》卷一五七《甌柑情形報告》　温州之柑，爲出産大宗。兹將其種植情形列左：　一、接换。柑須接换，以枸爲本，而柑爲幹枸即枳。土人購之茶山，每株三分以下。　二、種植。先築地面令堅。土不堅則根多，枝葉不茂。柑植地上，用草灰壅之，若培塿然，灌以水糞，糞和水者。天旱亦用之。横七步，直六步，種一株。步數以足度之。兩株間開溝以泄水。雨甚則鋪厚沙於樹之培塿上，雨乃不留滯。新栽時根未入土，插竹竿扶持之，免受風之摇撼。　三、施肥期。以正三八月用糞和灰，將樹下土掘開二三寸，將灰糞壅之，仍以原土培固。　四、栽植時期。以清明前後六日行之。　五、收穫。摘果以小雪時節，始栽三年花開即摘去，以壯其枝葉。第四年始留花，任其結實。六七年後，每樹結實，可得四五十斤。樹至極高，不過與人等。　六、去蟲。樹太老則幹内生蟲，新樹無之。除蟲，小刀剖幹求之。不善剖者或至傷樹。土人有專取柑蟲者。有謂以蠣灰撒土上，可除蟲者。游絲蛛細，亦宜時時除之。　七、管理。冬寒則用草灰厚培之。甌地暖，故樹不至凍損。柑性喜乾，甌本水鄉，雖宜乾，然亦不可太乾也。

清　李福泰《番禺縣志》卷五四　番禺鹿步都自小坑火村至羅岡三四十里，多以花果爲業，其土色黄，兼砂石，潮鹹不入，故美，每田一畝種柑橘四五十株，糞以肥土溝水周之，又采山中大蟻置其上以辟蠹。經三四歲，橘一株收子數斛，柑半之。柑樹微小於橘，橘茂盛可至二十餘歲，柑亦半之。熟時黄實離離，遠近照映，如在洞庭包山之間矣。自黄村至朱村一帶則多梅與香蕉、梨、栗、橄欖之屬，連岡接阜，彌望不窮，史所稱番禺多果布之湊是也。

清　何剛德《撫郡農産考畧·柑》　柑，樹。似橘而無刺，樹皮微白，葉緑色。實大於橘，皮紅黄色，有瓤，視橘皮爲厚；味甘者爲上，甜而酸者次之。價低於橘，味亦不及。撫屬均有之，臨川之外西鄉及東路較多。　天時：春初佈種，種後五六年即成樹。每年四月揚花，花後結實，九十月可收，經霜則實熟，味佳。柑樹最畏冰雪，不如橘樹之稍能耐寒。　地利：宜斥鹵之地。　人事：柑樹以接者爲佳。結實酸者，將樹身鋸斷，去地約留尺餘作砧盤，斜剖一口，仍須留樹皮少許勿斷。乃取甜柑樹之新發嫩枝，削成牛耳形，接插砧盤之上，併原留之皮，掩蓋緊好。復以草席或竹篳裹之，内實以土，再用小麻繩縛之。土略乾則蔭水，自能生活。結實亦變甜味。　物用：柑實較大，一斤只八九枚。柑百斤值錢七八百。柑易腐敗，宜盛以瓷瓶，用乾潮沙覆之。柑皮可爲藥，不如廣皮之佳。

清　周魯《類書纂要》卷二九《果蔬類·柑》　圓質，三秋迭運，初寒履霜，壺形既兆，圓質輝煌。　平蒂，成都平蒂柑大如升，色蒼黄。　宜都，宜都舊江北柑園，名宜都柑。　壺柑有黄有赬，即乳柑也。惟温之泥山爲最，而形如石榴者，亦謂壺柑。　變柑，出新州，有苞大于升者，皮薄如洞庭橘，餘柑之所不及，移植數百里，形味俱變，故名。　佛頭柑，出常德。　霜柑，出沅江。　黄柑，出南充，一核。　御園柑出羅浮。　垂珠　更生柑，南昌西平里有柑樹，枯死一歲，後復更生，枝葉豐茂，今多結子。【略】　賜柑，帝使中官輔璆琳賜安禄山大柑，因察其非常。　蜀柑，隋文帝好食用。蜀中摘黄柑以蠟封其蒂獻之，香氣不散。　傳柑宴，唐賜近臣黄柑，以黄羅包之，人各二枚。上元夜以黄柑遺近臣。謂之傳柑宴。又民有柑實，霜後郡例科市于民以遺，權要張九成罷柑宴。　洞庭春安定郡王以黄柑釀酒，名曰洞庭春色。【略】　甘萍寒蔗，劉禹錫《謝柑子表》甘踰萍，實寒比蔗漿。　携柑戴仲若春日携雙柑斗酒，人問何之，答曰往聽黄鸝聲。【略】　香柑出武昌。

藝文

唐　柳宗元《柳州城北種柑》　手種黄柑二百株，春來新葉徧城隅。方同楚客憐皇樹，不學荆州利木奴。幾歲開花聞噴雪，何人摘實見垂珠。若教坐待成林日，滋味還堪養老夫。

宋　晁補之《洞仙歌》　江陵種橘，尚比封侯貴，何況江濤轉千里。帶天香含洞乳，宜入春盤紅荔子。馳驛風流僅比。齒疎潘令老，怯咀冰霜。十顆金苞漫分遺，記觴前須細認。別有餘甘，從此去杜，卻栽桃種李，想相如酒渴對文君，迴不是人間等閑風味。又：温江異果，惟有泥山貴。驛送江南數千里，半含霜輕噀霧。曾憶吴姬親贈我，緑橘黄柑怎比。雙親雲水外，遊子空懷，惆悵無人可歸遺。報周郎須念我，物少情多春酒醉，獨勝甜桃醋李。況燈火樓臺近元宵，渾不減當年袖中風味。

清　吴寶芝《花木鳥獸集類》卷上《柑子》　黄山谷《詠橙麪》詩：天將金闕真黄色，借與洞庭霜後橙。松滋解作逡巡麪，壓倒江南好事僧。　歐陽永叔詩：嘉樹團團俯可攀，壓枝秋實漸斕斑。朱欄碧瓦清霜曉，粲粲繁星緑葉間。　屏山詩：常懷細雨初移日，着子已見清霜潛。絶憐面有貴人色，偶致吾儕樽俎間。

橙

綜述

宋 謝維新《古今合璧事類備要別集》卷四七《果門・橙子》《格物總論》：橙，橘屬。橘高，枝葉不類於橘，亦有刺。大者如杯，苞黄皮厚，蹙衄如沸，香氣馥郁，可以熏衣，可以芼鮮，可以漬蜜。嗅之則香，食之則美。

元 司農司《農桑輯要》卷五 橙：西川、唐、鄧，多有栽種成就，懷州亦有舊日橙樹。北地不見此種，若於附近地面訪學栽植，甚得濟用。 柑與橙同。

元 王禎《王禎農書》卷三四《穀譜・果屬・橙》 橙似橘樹而有刺。葉大而形圓。大於橘。皮甚香，厚而皺。其瓤味酸，不堪食。以瓤洗去酸汁，細切，和蜜鹽煎成煎，食之亦佳。唐鄧間多有之，江南尤盛，北地亦無此種，今人取橙皮合湯香味殊美。栽植無異於橘，而其香則橘又不得比焉。劉彦沖詩云：「橙橘甘酸各有能，南包橘柚不同升。果中亦抱遺才歎，有客攀條氣拂膺。」昔人橙詩云，「吴姬三日手猶香。」故橙之爲果，可以熏袖，可以筆鮮，可漬蜜，真佳實也。

宋 韓彦直《橘録》卷上 橙子：木有刺，似朱欒而小。永嘉植之，不若古栝之盛，比年始競有之。經霜早黄，膚澤可愛，狀微有似真柑，但圓正細實非真柑。北人喜把玩之。香氣馥馥，可以熏袖，可以芼鮮，可以漬蜜，真嘉實也。若真柑則無是二三者，人自珍之。得非暸然在人耳目者，蓋真柑之細邪。

明 宋詡《竹嶼山房雜部》卷九《樹畜部・樹類》 橙實囊酸，皮可用。《果木志》橙似橘而非，似柚而香。韓子謂之壞橙。三月核種，遂苞體之。亦宜同種、接橘法。自橘以下畏寒。

明 李時珍《本草綱目》卷三〇 橙，宋《開寶》。 釋名：金毬 鵠殼，時珍曰：案陸佃《埤雅》云，橙，柚屬也，可登而成之，故字從登，又諧聲也。 集解：《志》曰，橙樹似橘而葉大，其形圓大於橘而香，皮厚而皺，八月熟。 時珍曰，橙産南土，其實似柚而香，葉有兩刻，缺如兩段。亦有一種氣臭者。柚乃柑屬之大者，早黄難留。橙乃橘屬之大者，晚熟耐久，皆有大小二種。案《事類合璧》云，橙樹高，枝葉不甚類橘，亦有刺，其實大者如盌，頗似朱欒，經霜早熟，色黄皮厚，蹙衄如沸，香氣馥郁，其皮可以熏衣，可以芼鮮，可以和葅醢，可以爲醬虀，可以蜜煎，可以糖製爲橙丁，可以蜜制爲橙膏，嗅之則香，食之則美，誠佳果也。宗奭曰，橙皮今比以爲果，或合湯待賓，未見入藥，宿酒未解者，食之速醒。

明 張萱《彙雅後編》卷二六《橙》 羅願曰：橙之芳用在皮，甘之甘在瓤。其木似橘，其葉中細如蜂腰。其實稍早，橙之黄時，橘方尚緑，其形圓，大於橘而香，皮厚而皺，乃正黄色，不若甘橘之帶赤也。《本草》云：其皮苦辛，作酢醬香美，蓋獨宜爲和。故張景陽七命云：燀似秋橙，酤以春梅。韓文公詩：鵠殼攢瓌橙。《南都賦》曰：穰橙鄧橘。《説文》橙，橘屬。闡《楊都賦》曰：黄甘朱橙。顔師古注《相如賦》曰：橙即柚也，誤矣。

明 王象晉《群芳譜・果譜・香橙》 香橙，一名棖，一名金球，一名鵠殼。《埤雅》云：橙，柚屬。可登而成，故字從登。樹似橘有刺。實似柚而香。晚熟耐久，大者如盌，經霜始熟。葉大有兩刻缺，如兩段。皮厚蹙衄如沸，香氣馥郁，可薰衣，可芼鮮，可和葅醢，可爲醬虀，可蜜煎，可糖製爲橙丁，可蜜製爲橙膏，可合湯待賓客，可解宿酒速醒。唐鄧間皆有，江南尤多。栽植與橘同。多食傷肝氣，發虚熱，同獱肉食，發頭旋惡心。 瓤洗去酸汁，切和鹽蜜煎成，貯食，止惡心，能去胃中浮氣惡氣。皮消食下氣，去胃中浮氣，和鹽貯食，止嘔心，解酒病。 附録：香櫞一名枸櫞。柑橘之屬。嶺南、閩廣、江西皆有之。實大者如小瓜。皮若橙而光澤可愛。置衣笥中，經旬猶香。古作五合糝用，北方頗重之。

明 周文華《汝南圃史・橙》 橙，木有刺而結，橙經霜早黄，膚澤可愛，狀有似柑。但圓正細實，又非柑比，人喜把玩之。香氣馥馥，可以熏袖，可以芼鮮，可以漬蜜。其種亦異。一名蜜橙，皮厚而脆，甘香可愛，爲橙品中第一。一名香橙，與蜜橙相竝。但香橙皮薄，味酸，形大如柑。其葉亦尖，以此爲別。一名蟹橙，即名臭橙，比蜜橙皮鬆，味辣，止可供蟹及爲膏。往時橙橘尚少，人皆貴重。今蜜橙盛行，且有伐而爲薪者矣。此種先熟易潰，不堪久藏。唯蜜橙可藏至來春二月不壞。一名柑橙，比蟹橙長大，味亦相似，又呼大蟹橙，肉亦不甚酸。然不如蜜橙之佳，或曰皮橙也，肉柑也。故以柑橙名之。 香圓，即香櫞。葉尖長，枝間有刺，植之近水易生。形長大，色正黄，清香襲人，置之窗几間，頗供清玩。肉酢酒闌破之，蓋不減。新橙瓤可作湯，皮可作丁，葉可療病。有大小二種，小者香。或云皮粗而形大者乃朱欒，非香櫞也。

明 徐光啓《農政全書》卷三〇《樹藝》 橙，《埤雅》曰：橙，柚屬，可登而成，故字從登。一名棖，一名金毬，一名鵠殼，葉有兩刻缺者是也。似橘樹而有刺，葉大而形圓，皮甚香，厚而皺，其瓤味酸。唐鄧間多有之，江南尤盛，北地亦無，此種過淮則化爲枳。　種植與橘同。　其皮，香氣馥郁，可以熏衣，可以芼鮮，可以和葅醢，可以爲醬虀，可以蜜煎，可以糖製爲橙丁，可以蜜製爲橙膏。嗅之則香，食之則美，誠佳果也。　其瓤洗去酸汁，細切和蜜鹽煎成，食之亦佳。

明　慎懋官《華夷花木鳥獸珍玩考》卷二《橙》　黄甘橙榛：　郭璞曰：「黄甘橘屬。榛乃小橘也，武陵有之。」　橙：橙似橘樹而有刺。葉大而形圓。北地亦無此種。今人取橙皮合湯，香味殊美。栽植無異於橘，而其香則橘又不得比焉。劉彦沖詩云：「橙橘甘酸各有能，南包橘柚不同升。菓中亦抱遺才歎，有客攀條氣拂膺。」郭璞注：「蜀中有給客橙，冬夏花實相繼，通歲食之。」

清　王芷《稼圃輯》　橙樹，栽種及澆壅同柑橘柚，蜜橙皮厚，香橙皮薄而葉尖。蜜橙爲上品。大約六年必結，諺云五橙六橘。花可蒸茶，并取露法，注朱欒條下，橙以接柑。

清　張宗法《三農紀》卷五《橙》　橙，《圖經》云：樹似橘有刺。實似柚而香，大者如碗，經霜始熟，面帶犀紋，色若鶯脰。葉刻缺如兩斷。實可薰衣，可芼鮮，可中葅醢，爲醬虀，可糖製蜜煎，可和湯待賓客，可解酒速醒。韓彦直云：橙種有五。《方土記》：名棖子。《廣志》云：金球。《南方草木狀》云：鵠殼。《埤雅》云：柚屬也。大登而成，故字從之。《列子》云：吴越之間有木焉，名櫾樹，碧而冬青，實丹面味酸，食其皮汁已憤厥之疾。入淮北化爲枳，乃地氣之不同也。　植藝：實熟時收美者種潤土中，苗生一二尺移植成行，培治如橘柑法，能接换實美。　本性：味酸，氣寒，多啖發虚熱，傷肝。同獱肉食患惡心，頭旋，皮消食下氣，和鹽止惡心，療酒病。　效方：寬中快氣，消宿酒，去胃風，橙皮二斤，生薑五兩，甘草一兩，檀香五錢，共末和餅，鹽湯下。

清　陳寔舜《課民植牧講義稿·橙》　種類甚多，皆花開於春，果實於夏，因呼爲夏橙。兩粤所生，以新會爲上。購此一斤食其肉，存其皮，留中心大子，來春就園内或菜地點之，發芽後秧苗畏寒，宜上灰覆土，遇雪則下石灰，澆熱水一二次，週圍護之以草，大雪以板承之，至二尺餘高，用法接之，再一年連宿土移植，宜紅色真土乾燥之地，若低濕沙泥，果必不佳，此後三年，次第接枝，淋肥去艸，高四尺，即去頂，使一叢生七八株，每枝皆結多橙。一樹抵人七八矣，如居城無地，以瓦盆種之，置之屋面墻頭，避寒就暖，以糖榨溝泥堆上，或於開花之前，每盆下糖蜜水一二兩，則甜味已有來路，欲其不甜，不可得矣。

清　陳寔舜《課民植牧講義稿·柑橘》　柑橘甜者四十三種，臭者三十二種，合中外共有二百五十六種，名目已数不清。種法因地而别，亦不外實生、嫁接、扦插、壓條、四法，凡子核下土發芽，實生自易，惟欲嫁接，先求椿木，蓋先種此爲根本也，以枳樹穀樹，或臭橙柚樹爲佳，法取最上之核，點於秧田，必見發芽成苗，次年移養樹園，三年漸大，可分種類，惟柑畏冰雪，勝于諸果，味亦勝於諸果，所以名爲乳柑。四年枝幹長大，可以嫁接，蓋枳穀樹矮，接柑橘則果少味佳，橙柚樹高，爲椿木則果大耐久。欲植者，須柑橘枳穀橙柚等，一齊布種爲實生，次第行嫁接、扦插、壓條等法，至八九年，結果必多，又或買已經接好之秧，較之自接省力，而且快二三年，果林種成，可享五十年大利，如見樹有衰兆，就幹身切去尺五或二尺，尚可復生壯旺枝條，此後一切留壯去弱，避寒就暖，及按時加以糖質各料，與挖根看視，填以骨屑，在人神而明之，非言之所能盡也。

清　吴其濬《植物名實圖考》卷三一《果類·橙》　橙，《開寶本草》始著録。今以産廣東新會者爲天下冠，湖南有數種，味甘酸不同。

清　吴其濬《植物名實圖考》卷三一《果類·新會橙》　新會橙，廣東新會縣橙爲嶺南佳品。皮薄緊，味甜如蜜，走數千里不變。形狀與他亦稍異，食橙而不及此，蓋不知橙味。

清　吴其濬《植物名實圖考長編》卷一七《果類·橙》　《嘉祐本草》：橙子皮味苦辛温，作醬醋香美，散腸胃惡氣，消食去胃中浮風氣。其瓤味酸，去惡心，不可多食，傷肝氣。又以瓤洗去酸汁，細切和鹽蜜煎成貯食之，去胃中浮風。其樹亦似橘樹而葉大，其形圓大於橘而香，皮厚而皺，八月熟。　《本草衍義》：橙子皮今人止以爲果，或取皮合湯待賓，未見入藥，宿酒未解，食之速醒。　韓彦直《橘録》：橙子木有刺，似朱欒而小，永嘉植之不若古栝之盛，比年始競有之，經霜早黄，膚澤可愛，狀微有似真柑，但圓正細，實非真柑，比人喜把玩之，香氣馥馥可以熏袖，可以芼鮮，可以漬蜜，真嘉實也。若真柑則無是二三者，人自珍之，得非暸然，在人耳目者，蓋真柑之細耶。　《爾雅翼》：橙之芳用在皮，柑之甘在瓤。其木似橘，其葉中細如蜂腰，其實稍早，橙之黄時橘方尚緑。其形圓大於橘而香，皮厚而皺，乃正黄色，不若甘橘之帶赤也。《本草》云：其皮苦辛，作酢醬香美，蓋獨宜爲和，故張景陽七命云：燀以秋橙，酟以春梅。　《福州府志》：物産橙有佛頭橙、蜜橙、青橙、雛橙、欒橙、香綿橙。

清　周魯《類書纂要》卷二九《果蔬類·橙》　橙似橘而有刺，葉大而形圓，實大如杯棬，皮厚蹙臉如佛皮，可以漬蜜，北地無此種，今人取橙皮合湯，香味殊美。天香范季沾詩。金橙，蘇子由詩。壓橘，霜橙壓香橘。雨移，綢雨更移橙。各有能橙橘甘酸各有能，南包橘柚不同升，菓中亦抱遺才歎，有客攀條氣拂膺。壓枝斕斑，南中橙柑南中橙柑，青鳥所食，始霜之日采之，風味照座，擘之香露噀人，皮薄而味珍，脉不粘膚，食不留滓，甘逾萍實，冷亞冰壺，可以重神，可以芼鮮。香橙出鄧州。給客橙，出蜀中，冬夏花實相繼，通歲食之。

香櫞

綜述

唐　劉恂《嶺表録異》卷中《枸櫞子》　枸櫞子　形如瓜，皮似橙而金色。故人重之，愛其香氣。京輦豪貴家飣盤筵，憐其遠方異果。肉甚厚，白如蘿蔔。南中女工競取其肉，雕鏤花鳥，浸之蜂蜜，點以臙脂，擅其妙巧，亦不讓湘中人鏤木瓜也。

明　宋詡《竹嶼山房雜部》卷九《樹畜部・樹類》　香櫞，實有名枳，皮甚香，其囊酸。　三月以核種之，甲坼漸爲木。

明　彭大翼《山堂肆考》卷二〇六《枸櫞》　《廣州記》：枸櫞似橘如柚，大而倍長，味奇酢。

明　王世懋《學圃雜疏・香櫞》　香櫞　花香，實大，雖酸濺齒，以爲湯則大佳。置實盤中，盈室俱香，實佳品也。閩中乃無之，而以佛手柑名。近聞洞庭人亦有種而生者。吾圃中尤不易植也。

明　徐光啓《農政全書》卷三〇《樹藝》　木似朱欒，而葉尖長，枝間有刺，植之近水乃生。其實如人手有指，有長尺餘者，皮皺而光澤，味不甚佳，而清香襲人。置衣笥中，雖形乾而香不歇。可糖煎、蜜煎，作果甚佳。搗蒜罨其蒂香更充溢，浸汁洗葛紵絶勝酸漿。

清　陳淏子《花鏡》卷三《花木類考・香櫞》　香櫞（俗作圓），一名枸櫞，本似橘而葉略尖長，枝間有刺，花之色與香亦類橘，其實正黄色，有大小兩種，皮光細而小者爲香櫞，皮粗而大者爲朱欒，香味不佳，惟香櫞清芬襲人，能爲案頭數月清供，瓤可作湯，皮可作糖片糖丁，葉可治病。其樹必待小鳥作巢後，方得開花結實，亦物類之感召也，下子亦易出。

清　陳淏子《花鏡》卷三《花果類考・佛手柑》　佛手柑一名飛穰。産閩廣間。樹似柑而葉尖長，枝間有刺。植之近水乃生。結實形如人手指，長有五六寸者，其皮生緑熟黄，色若橙而光澤，内肉白而無子，雖味短而香馥最久，置之室内笥中，其香不散。南人以此雕鏤花鳥，作蜜煎果食甚佳。

清　王芷《稼圃輯》　香櫞，種宜臨池則易實而多，摘實以銀杏套其端，或以蒜更好，更以蠟滴其蒂。

清　高士奇《北墅抱甕録・香櫞》　香櫞，四月發花，青蔕白萼，氣味芳烈，過於橙橘。江邨草堂後一樹，嘗結實百餘枚，星毬月魄，磊落滿枝，殊屬異觀。摘置几案，久而彌香。

清　高士奇《北墅抱甕録・佛手柑》　土人遺佛手柑二株，并授培溉之法。枝葉密茂。三四月發花，紫白色，開落相繼，至十月不斷。每樹止留實五六枚，長俱半尺，大可一圍餘。經冬鮮潤，養至次年之夏，異香清馥，迴出物表，意特愛之，令人圖其根葉花實之狀，裝爲小卷，而題詩於後，以紀其盛焉。

清　檀萃《滇海虞衡志》卷下《志果・香櫞・佛手柑》　香櫞，佛手柑之大者，直如斗，重三四斤，皆可生片以擺盤，二物經霜不落，在枝頭歷四五年，秋冬色黄，開春回青，吴學使應枚詩：碩果何曾怕雪霜，樹頭數載歷青黄。是也。

清　謝堃《春草堂集・花木小志・佛手》　此果來自西域。其形狀似手，人多以佛手呼之。字内惟福建、山東兩省栽種得宜。福建當年結果，當年取以蜜浸，賈人覓利。山東有數年而不下者。其果有一枚而重數觔者，人争購之以爲玩。余嘗購得舊宦家一白瓷甕内所結十數果，每果重二三觔，色若澹金，碧葉扶疎。詢之，百年前物，誠巨觀也。

清　吴其濬《植物名實圖考》卷三一《果類・佛桃》　佛桃，湖南圃中間有之。木葉俱如佛手柑，實如橙而長，色尤鮮潤，瓤如橙，極酢，不可入口，而香氣勝於佛手柑。

清　吴其濬《植物名實圖考》卷三一《果類・枸櫞》　枸櫞，詳《草木狀》，宋《圖經》始著録。即佛手柑。

清　吴其濬《植物名實圖考長編》卷一六《果類・鈎緣子》　鈎緣子，即佛手柑。　《南方草木狀》：鈎緣子形如瓜，皮似橙而金色，胡人重之。極芬香，肉甚厚，白如蘆菔，女工競雕鏤花鳥，漬以蜂蜜，點以燕檀，巧麗妙絶，無與爲比。泰康五年，大秦貢十缶，帝以三缶賜王愷，助其珍味夸，示於石崇。《齊民要術》：裴淵《廣州記》曰：枸櫞樹似橘，實如柚，大而倍長，味奇酢。皮以蜜煮爲糝。　韓彥直《橘録》：香圓，木似朱欒，葉尖長，枝間有刺，植之近水乃生。其長如瓜，有及一尺四五寸者。清香襲人，横陽多有之。土人置之明窗浄几間，頗可賞玩，酒闌，并刀破之，蓋不減新橙也，葉可以藥病。　《閩書》：香櫞，氣芬郁襲人衣，又有形似人手者，名佛手香櫞。　《物類相感志》：香櫞去蔕，以大蒜搗爛罨蒂上，則滿室香。更以濕紙圍，蓋上香櫞，蔕上安芋片則不瘍。　《本草綱目》：李時珍曰：枸櫞産閩廣間，木似朱欒而葉尖長，枝間有刺，植之近水乃生。其實狀如人手，有指，俗呼爲佛手柑，有長一尺四五寸者，皮如橙柚而厚，皺而光澤，其色如瓜，生緑熟黄，其核細，其味不甚佳，而清香襲人。南人雕鏤花鳥，作蜜煎果食，置之几案，可供玩賞。若安芋片於蔕，而以濕紙圍護，經久不瘍，或搗蒜罨其蔕上，則香更充溢。　《異物志》云：浸汁浣葛紵，勝似酸漿也。　檀萃《滇海虞衡志》：香櫞，佛手柑之大者，直如斗，重三四斤，皆可生片以擺盤。二物經霜不落，在枝頭歷四五年，秋冬色黄，開春回青。吴學使應枚詩：「碩果何曾怕雪霜，樹頭幾載歷青黄。」是也。　《安順府志》：蜜羅柑，藤本，實大如瓜，皮黄厚如佛手，白肉無穰，甜與蜜同，作清供，香色經日不散，出永鎮等州山間。　《思南府志》：香櫞即蜜羅柑，氣芬肉厚，點茶釀酒俱宜。鈎櫞之無指爪者，非似柚之香圓。　王世懋《花疏》：香櫞花尤酷烈，甚於山礬，結實大而香，山亭前及廳事兩墀皆可植。又果疏香櫞花香，實大，雖酸澀齒，以爲湯，則大佳，置實盤中，盈室俱香，實佳品也。閩中乃無之，而以佛手柑名，近聞洞庭人亦有種而生者，吾圃中尤不易植也。　按此即吴越中朱欒，瓤如橘柚極酢，非香櫞也。

清　吴其濬《植物名實圖考·果類·蜜羅》　蜜羅，即蜜筒。蜜羅，生閩廣南安，施南亦有之。與佛手柑同類，無指爪。廣東又有杧果，形差類。

雩婁農曰：吾少時侍先大夫於楚北，學使署中有幕客自施南回，攜一果見啖如橘柚，而形不正圓，肉白柔厚如佛手柑，以爲即佛手柑，不具指爪者。越廿餘年儤直南齋，歲臘賜果一筒，題曰蜜羅，蓋閩中畺吏所進。時大寒，瓤作堅冰，以温水漬之，剖置茶甌，一室盡香，亦内臣所授也。尋使湖北，按試施州筵之核盤之供，皆是物也。竊以形味都非珍品，而厥包作貢，因爲賦詩。有方朔老餽，待詔金門之誚。後使豫章至贛南，於市中粥一果，形正同而瓤如橘，味殊酢，又以爲朱欒之異種。及莅滇則園中植之，樹與花皆佛手柑也。土人名曰香櫞，始知有指爪者爲鈎櫞，無指爪者爲香櫞。又或一枝之上兩者俱孳。古人有以香櫞爲佛手柑者，洵非耳食。按《黔書》蜜筒柑，或曰即南海之紫羅橘，蓄之樹以浹歲，薦之槃以彌月。滇曰蜜筒，黔曰香櫞，誠一物矣。而《興義府志》紫羅橘出安南，俗名蜜筒，香色似蜜羅而小，皮薄有穰。《思南府志》香櫞即蜜羅柑，氣芬肉厚，點茶釀酒俱宜。然則蜜羅、蜜筒爲一物，而余在贛南所啖者，乃蜜筒也。《黔書》述之未晰。《貴州志》有謂作藤生者，亦誤矣。夫一物不知以爲深恥，余非仰叨恩澤，屢使南中，亦僅嘗遠方之殊味，考傳紀之異名，烏能睹其根葉，薰其花實，而一一辨別之哉。

清　陳昌齊　道光《廣東通志·果類·佛手》　佛手。植之近水則生，實如人手，有指，俗呼爲佛手柑，清芬襲人。佛手，香緣之類。高州産佛手，大而清香，他處弗及也。《舟車聞見録》

清　陳昌齊　道光《廣東通志·果類·鈎緣子》　鈎緣子，形如瓜皮，似橙而金色，極芬香。肉甚厚，白如蘆菔，女工競雕鏤花舄，漬以蜂蜜。同上枸緣生嶺南，彼人呼爲香緣子。《本草綱目》

柚

綜述

《爾雅·釋木》　柚，條。郭璞註：似橙，實酢，生江南。

爾雅·柚

《爾雅·釋木》櫠，音廢。椵，柚，屬也。子大如盂，皮厚二三寸，中似枳，食之少味。

爾雅·櫠

《列子·湯問》 吳楚之國，有大木焉。其名爲櫾，碧樹而冬生，實丹而味酸，食其皮汁，已憤厥之疾。齊州珍之。渡淮而北而化爲枳焉。

宋 陸佃《埤雅》卷一三《柚》 《呂氏春秋》曰：「果之美者，有雲夢之柚。」柚似橙而大於橘，故《兩同書》曰：「執錫分銀操橙證。」柚，一名條。《秦風》所謂：「有條者」，即此是也。碧榦丹實，出於江南。《列子》曰：「吳楚之國有大木焉，其名爲櫾，食其皮汁，已憤厥之疾，齊州珍之。渡淮而北而化爲枳焉。」故曰：「橘柚有鄉，萑蒲有叢。」又曰：「橘柚凋于北徙，若榴鬱於東移也。」《晏子》曰：「賜人主前，瓜桃不削，橘柚不剖。」此亦《曲禮》懷核之義。然自其大者觀之，雖若末務，然而循循唯謹，杜滅僭竊之萌遠矣。後世法亡道散，始以細謹爲不足顧也。於是禮義大壞，而八佾舞於庭三家者，以雍徹天子至下堂而見諸侯矣。由是言之，夫禮之曲豈可廢哉？《詩》曰：「肇允彼桃蟲，拚飛維鳥。」不可不慎也。《藥語》曰：「《本草》云橘皮味苦，柚皮味甘。此誤也。柚皮極苦不可向口，皮甘者乃橙爾。橙可登而成之，柚視其外油然者也。」

宋 謝維新《古今合璧事類備要別集》卷四六《果門·柚》 柚附枸櫞《格物叢話》：櫾，大橘也。碧樹而冬青，實丹而味酢，與橘同時而熟。枸櫞亦似櫾大而長倍之，味奇酢，人愛其香氣而謂之香櫞。今南劍州產此，取以供歲貢也。

明 宋詡《竹嶼山房雜部》卷九《樹畜部·樹類》 柚實皮香可食，囊甚酸。朱文公《柚花》詩云：春融百卉茂，素榮敷綠枝。 三月以核種，甲坼漸爲木。亦宜同種、接橘法。列子云：食其皮汁，已憤厥之疾。

明 李時珍《本草綱目》卷三〇 柚，音又，《日華》。

釋名：櫾與柚同條《爾雅》。壺柑《唐本草》、臭橙《食性》、朱欒。時珍曰柚色油然，其狀如卣，故名壺，亦象形。今人呼其黃而小者爲蜜筩，正此意也。其大者謂之朱欒，亦取團欒之象。最大者謂之香欒。《爾雅》謂之櫠，音廢，又曰椵音賈。《廣雅》謂之鐳柚，鐳亦壺也。《桂海志》謂之臭柚，皆一物，但以大小古今方言稱呼不同耳。 集解：恭曰：柚皮厚味甘，不似橘皮薄，味辛而苦，其肉亦如橘，有甘有酸，酸者名壺柑。今俗人謂橙爲柚，非矣。案《呂氏春秋》云，果之美者，江浦之橘，雲夢之柚。郭璞云，柚出江南，似橙而實酢，大如橘。《禹貢》云，揚州厥包橘柚。孔安國云，小曰橘，大曰柚，皆爲柑也。頌曰：閩中嶺外江南皆有柚，比橘黃白色而大。襄唐間柚，色青黃而實小，其味皆酢，皮厚不堪入藥。時珍曰，柚樹葉皆似橙，其實有大小二種，小者如柑如橙，大者如瓜如升，有圍及尺餘者，亦橙之類也，今人呼爲朱欒，形色圓正，都類柑橙，但皮厚而粗，其味甘，其氣臭，其瓣堅而酸惡不可食，其花甚香。南人種其核，長成以接柑橘，云甚良也。蓋橙乃橘屬，故其皮皺厚而香，味苦而辛。柚乃柑屬，故其皮粗厚而臭，味甘而辛，如此分柚，與橙橘自明矣。郭璞云，櫠，大柚也，實大如盞，皮厚二三寸，子似枳，食之少味。范成大云，廣南臭柚大如瓜，可食，其皮甚厚，染墨打碑，可代氈刷，且不損紙也。《列子》云，吳越之間有木焉，其名爲櫾，碧樹而冬青，實丹而味酸，食其皮汁，已憤厥之疾，渡淮而北化而爲枳，此言地氣之不同如此。

明 徐光啟《農政全書》卷三〇《樹藝》 《爾雅》曰：柚，條。又曰櫠椵。郭璞曰：柚屬也似橙，而實酢大於橘，橘皮薄味辛苦，柚皮厚而肥甘，其肉有甘，有酸。酸者名胡柑，一名條，一名櫾，一名壺柑，一名臭橙。《廣雅》謂之鐳，實有大小二種，小者如柑，如橙，俗呼爲蜜筩。大者如升，如瓜，俗呼爲朱欒。有圍及尺餘者，俗呼香欒。閩中嶺外，江南皆有之。南人種其核，云長成以接柑橘甚良。《呂氏春秋》曰：果之美者有雲夢之柚。

清 周魯《類書纂要·果蔬類·柚》 柚小曰橘，大曰柚，一名秦條，柚似橙而大于橘，故兩同書曰：執銀分銀，操橙證柚。

清 吳其濬《植物名實圖考》卷三二《果類·柚》 柚，《爾雅》柚，條。

《日華子》始著。其功用主治消食，解酒毒，治飲酒人口氣，去腸胃中惡氣，療姙婦不思食，口淡。南方極多，以紅囊者爲佳。李時珍以朱欒、蜜筒併爲一種，殊未的。又《爾雅》櫠，椵。注：柚屬，大如盂。《正義》謂范成大所謂廣南臭柚，大如瓜，其皮甚厚者。按此即閩中所謂泡子，味極酢，亦有可食者，多以爲盤供，與紅囊柚一類二種。

植物名實圖考·柚

清 吴其濬《植物名實圖考長編》卷一五《果類·柚》 《爾雅》柚條註：似橙實酢，生江南。《疏》：柚一名條。郭云：似橙實酢，生江南。《禹貢》揚州云：厥包橘柚。孔安國云：小曰橘，大曰柚。《吕氏春秋》云：果之美者，有雲夢之柚。《本草唐本註》云：柚皮厚，味甘，不如橘皮味辛而苦，其肉亦如橘，有甘有酸，酸者名胡甘。今俗人或謂橙爲柚，非也。《埤雅》以《詩》有條有梅，爲即柚條。又櫠，椵。註柚屬也，子大如盂，皮厚二三寸，中似枳，食之少味。《山海經》：荆山多橘櫾。綸山其木多柤、栗、橘、櫾。銅山其木多橘、櫾。葛山其木多柤、栗、橘、櫾。賈超之山其木多柤、栗、橘、櫾。洞庭之山其木多橘、櫾。《番禺縣志》：柚有大小，紅白數種，八月食。中秋夜，童子取紅者雕花，或作龍鳳形，爲燈，攜以玩月。一種白而皮香者形高於凡柚，名香柚。味佳，十月食。一種如斗大，曰斗柚，十二月食。《高要縣志》：柚有紅，有赤，皆從瓤得名。有玳瑁柚，以皮得名。有早禾柚，以早熟得名。有香柚，以香得名，最晚熟，香爲上。《南方草木狀》、《桂海虞衡志》：廣南臭柚皮甚厚，染墨打碑，可代氈刷，且不損紙。《嶺南雜記》：柚子花香酷似梔子花，肉紅者甘，白者酸。然增城香柚小而白，肉香甘異常。潮州出斗柚，大如斗，味亦甘美，其皮可爲香灰。《廣雅》疏證：柚，榛也。【略】《御覽》引《風土記》云：柚大，橘赤黃而酢也。《漢書·司馬相如傳》：黃甘橙榛。張氏注云：榛，小橘也，出武陵。是柚大而榛小，不得以柚爲榛也。疑柚榛下脱去橘字。大橘曰柚，小橘曰榛。故曰柚，榛橘也。猶上文樝梬二種，皆訓爲梨耳。柚，《爾雅》謂之條，條與柚古音相近也。《説文》云：柚似橙而酢。《莊子·天運篇》云：柤梨橘柚，其味不同，而皆可於口，以梨橘味甘，柤柚味酸也。《列子·湯問篇》云：吴楚之國有大木焉，其名爲櫾碧樹，而冬生實，丹而味酸，食其皮汁，已憤厥之疾。齊州珍之，渡淮而北，而化爲枳焉。案《考工記》云，橘踰淮而北爲枳，與此同。蓋橘之與柚，散文則通矣。郭璞注《上林賦》云：榛亦橘之類也。《吕氏春秋·本味篇》云：果之美者，雲夢之柚。張協《七命》云：漢皋之榛則二物，多生江漢之間也。

清 陳憲舜《課民植牧講義稿·柚》 柚子結成，味甘且大，沙田柚其明驗也，將此子留待來春，或當年入土，依法點種，生長稍遲，至二尺高，移出離五尺植一株，按時下肥，加工去艸，十年之後，一樹結十數枚或數十枚，賣皮賣果，市稱得價，木材可爲碓身，及雨屐之用，如嫌點子稍遲，插以大樹，或接老枝，亦可稍快，倘樹爲蟲食，置蟻窩於樹，則蟲必絶。種法，將田與地，挖深三尺，種秧催肥，至八尺或一丈，即去其頂，根鬚所在，填以骨屑，或灌以糞水，及帶酣味之料，冬夏一次，則養料足而結柚必大，且既去頂枝，氣無所洩，樹腳必發新苗，每年擇最旺者留之，至八尺仍去其頂，使柚樹一叢，開七八枝，大即七八株，一株結柚十數枚，皆有蜜味，當較他果，尤爲得價。

清 周魯《類書纂要》卷二九《果蔬類·柚》 雲夢柚，果之極美者。胡甘，有橘柚之甜美，其頳者謂之胡甘。已厥疾，列子曰：吴楚之國有大木，其名爲櫾，食其皮汁已憤厥之疾，齊州珍之，渡淮而化爲枳。注：櫾，橘柚也。故曰：橘柚有鄉，萑蒲有叢。錫貢揚州厥包橘柚錫貢。不剖，人主前瓜挑不削，橘柚不剖。如斗成都柚大如斗。

藝文

清 張庚《强恕齋文鈔》卷五《柚説》 《禹貢·揚州》厥包橘柚錫貢。橘柚並舉，則柚亦美種，吴越爲揚州，其地産佳橘，吴則包山，越則永嘉尤美，獨未聞有柚。考《果譜》橘曰實如柚而小，橙曰實如柚而香，皆藉柚言，而柚反無譜，僅採古句，如《周禮》秋食橘柚，《晏子》橘柚不剖。李杜詩：人煙寒，橘柚黄，知橘柚來等，附著《橘譜》，未有專言。柚者，惟《吕氏春秋》云：果之美者，雲夢之柚。《廣志》云：成都之柚大如斗，而皆不詳其種。又雲夢爲荆州，成都爲梁州，皆非揚州，未可以證。粤中亦産柚，粤爲揚州，境然未聞有稱柚爲佳品者，則錫貢之説，不可解矣。豈始則並橘命貢，後廢柚，專命貢橘，故鮮及之耶昔余遊豫章客有自粤攜柚至，甚異之，其大如鉢，其色正黄如橙，其皮細紋如橘，其瓤白，其味甘而恬，類越中泥山之柑，洵屬絶品。思覓之覓於市，得四枚，其瓤微紅，其味大不如白者，棄不食。後入蜀，柚之大者，誠有如斗者，然瓤多紅，即白瓤味亦不佳，不足道也。又曾遊楚，惜未及食雲夢産者，不知較粤中何如耳。表弟盛相書，客粤食柚甘之藏，其核歸孕於寢室隙地，俟勾萌甲坼，謹培之成樹，十餘年不花，以爲根不宜於吴地也。今年始花而實，得六枚，已閲十七年矣。其大小及色與味一如粤産，餉余一枚，余不忍即食，盛以磁盤作清供，見者歎異。行將落，其核冀廣，其種俾，吴越間增一名果，以釋《禹貢》與橘，並舉之意，且以補果譜之闕，著柚説。時爲乾隆二十二年十月下浣。

清　陳昌齊　道光《廣東通志·果類·柚》　謹案：《本草》：「蘇恭曰：柚皮厚，味甘肉如橘，有甘有酸，酸者名壺柑。」其説與嵇含不同。臭柚。廣南臭柚，大如瓜，可食。其皮甚厚，染墨打碑可代毡刷，且不損紙也。《本草綱目》　雷柚。裴淵記曰：廣州别有柚，號曰雷柚，實如升大。《齊民要術》　柚子花香，酷似梔子，花紅肉甘，白者酸，增城香柚小而白，肉香甘異常。《嶺南雜記》　金橘。一名山橘，北户録一名金柑。《橘譜》裴淵《廣州記》謂之夏橘。給客橙者，其芳香如橙，可供給客也。劉恂《嶺表録異》云：山橘子大如土瓜，次如彈丸。小樹緑葉，夏結冬實，薄皮而味酸，能破氣。廣人連枝藏之，入膾醋尤加香美。《本草綱目》　橙。橘屬，若柚而香。《埤雅》甘香沁齒，入口融化，皮性辛，可醒酒。又有水橙，似柑而差大，皮甜可食。《廣州府志》廣南橙子，出新會者佳。頂有紋如圓圈，土人以此辨真僞。陳獻章《白沙子集·詠橙詩》俱稱枳殼，不知所本。《舟車聞見録》

清　何明德《撫郡農産考略》卷下《柚》　柚，花白而大，葉與柑橘同，實圓大如瓜，有紅瓤白瓤之分，紅瓤者味佳。柚皮青色，熟則變黄，皮厚而多瓤。撫養皆有之。　天時：春分時種，次年春分移栽，三年即揚花結實。每年三月揚花，四月結實，八月實黄熟可食。留在樹上不摘下，至次年春食之，其味尤佳。　地利：宜肥地，園林、屋角多有植者。　人事：霜降後，用灰罨核。次年春分撮種之，苗出頻頻鋤草，澆以肥水，冬用草、糠蓋之，又次年可移栽。樹小時常有蟲患，枝幹有孔眼處，須用鐵絲鈎出，或用硫磺煙薰之，樹大便無蟲。凡果木均宜接，用枳樹接柚，實多而大。《橘録》：「取朱欒核洗浄，下土中，一年而長，名曰柑，明年移而疏之，又明年，木大如小兒拳。遇春月乃接，取諸柑之佳與橘之美者。經年向陽之枝以爲貼，去地尺餘細鋸截之，剔其皮。兩枝對接，揜土實其中，以防水，蒻護其外，麻束之。過時而不接，則花實復爲朱欒矣。」按，朱欒，柚也。　物用：一樹結實六七十枚，少或十餘枚。每枚值十餘錢。皮能消食下氣，可爲醬齏，可蜜餞，可糖製，味均香美。

銀杏

綜述

宋　謝維新《古今合璧事類備要别集》卷四五《果門·銀杏》　《格物總論》銀杏樹高大，葉薄有刻缺。實如枇杷大，每一枝動是百十顆。八九月熟，採之去其皮與肉，取核爲果。瓤黄白色，去膜食之。生噉微苦，煑炒煨爲妙。一名鴨腳，因葉相似也，故云。

元　司農司《農桑輯要》卷五　《博聞録》：銀杏有雌雄。雄者有三稜，雌者有二稜，須合種之，臨池而種，照影亦能結實。春分前後移栽。先掘深坑，下水攪成稀泥，然後下栽子。掘取時，連「土封」用草要或麻繩纏束，則不致碎破土封。

明　宋詡《竹嶼山房雜部》卷九《樹畜部·樹類》　銀杏，實外有肉，内有皮殻仁，去肉用仁。又名鴨腳。木大，二月種子，亦可接於本體。大則隨其幹多寡各裁砧以貼接之。其材制爲家具，雖久燥不裂。不結實，從木跗開小穴，補以結實木，遂結也。

明　李時珍《本草綱目》卷三〇　銀杏《日用》　釋名：白果，《日用》鴨腳子。時珍曰，原生江南，葉似鴨掌，因名鴨腳。宋初始入貢，改呼銀杏。因其形似小杏而核色白也。今名白果。梅堯臣詩：「鴨腳類緑李，其名因葉高。」歐陽修詩：「絳囊初入貢，銀杏貴中州」，是矣。　集解：時珍曰：銀杏生江南，以宣城者爲勝。樹高二三丈，葉薄縱理，儼如鴨掌，形有刻缺，面緑背淡。二月，開花成簇，青白色。二更開花，隨即卸落，人罕見之。一枝結子百十，狀如楝子，經霜乃熟爛，去肉取核爲果，其核兩頭尖，三稜爲雄，二稜爲雌。其仁嫩時緑色，久則黄。須雌雄同種，其樹相望，乃結實。或雌樹臨水亦可。或鑿一孔內，雄木一塊泥之亦結。陰陽相感之妙如此。其樹耐久，肌理白膩，術家取刻符印。云能召使也，《文選·吴都賦》註，平仲果，其實如銀，未知即此果否。

明　**鄺璠《便民圖纂》卷五**　銀杏　種有雌雄，雄者三稜，雌者二稜。春初種於肥地，候長成小樹，來春和土移栽，以生子樹枝接之，則實茂。

明　**王世懋《學圃雜疏》**　銀杏　樹有大合抱而不實。人言樹有雌雄，聞亦有法治之則生。樹長大，秋冬葉純黄，間楓林中，相錯如繡。此植圃中岡上，即不實可也。

明　**王象晉《群芳譜·果譜·銀杏》**　銀杏，一名白果，一名鴨腳子。處處皆有，以宣城爲盛。樹高二三丈，或至連抱，可作棟梁。葉如鴨腳，面緑背淡白，有刻缺。二月開花成簇，青白色，二更開，旋落，人罕見。一枝結子百十，狀如小杏，色青，經霜乃熟，色黄而氣臭。爛去肉取核爲果。其核兩頭尖，中圓，大而扁。三稜爲雄，二稜爲雌。其仁嫩時緑，久則黄。樹耐久。肌理白膩。術家取刻符印，云能召使鬼神。氣味甘，微苦，平澀無毒。生食解酒降痰，消毒殺蟲。熟食温肺益氣，定喘嗽，縮小便，止白濁。搗汁浣衣，去油膩。食多壅氣，臚脹昏頓。《三元延壽書》言：白果食滿千顆殺人。昔有歲饑，以白果代飯食滿（飽）者，次日皆死。小兒食多，昏霍，發驚引疳，同鰻鱺食，患軟風。　種植須雌雄同種，其樹相望乃結實。雌者兩稜，雄者三稜。或雌樹臨水照影亦可。或鑿一孔納雄木一塊，泥之，亦結子。陰陽相感之妙如此。移栽春分前後先掘深坑，水攪成稀泥，然後下栽子。掘時連土繩縛牢，不令散碎則易活。採摘熟時以竹篾箍樹本，擊篾，則銀杏自落。

明　**周文華《汝南圃史》卷三**　銀杏，葉似鴨腳，古名鴨腳樹。《菽園雜記》曰：銀杏實如杏，而核中有仁，可食。故曰仁杏。今云銀杏，似是而非。一名公孫樹，言公種而孫始得食。北人稱爲白果，南人亦呼之。吴俗皆稱靈眼，又稱白眼。其木高大，多歷年歲或至連抱。其木理最細，用作園亭顏額甚雅，摹刻名書，不失筆法。其花夜開晝落。實大如枇杷，每一枝有百十顆，八九月熟，積而腐之，惟取其核，即銀杏也。核白肉青，煨熟食之，甘香可人，能收小便，令不數，亦易飽。仍有粳糯之分。糯者肥軟香滑，粳者不堪食。歐陽公詩云：鴨腳生江南，名實未相浮。絳囊因入貢，銀杏貴中州。又云：始摘纔三四，歲久子漸多。梅聖俞詩云：北人見鴨腳，南人見胡桃。識內不識外，疑若橡栗韜。鴨腳類緑李，其名因葉高。則知是果之見重自宋始矣。其木有雌雄，雄者不結實。《瑣碎録》云：雄者三稜，雌者二稜。須合二種臨池栽之，照影即生。或將雌樹鑿孔以雄木填之，無不結實。《農桑撮要》曰：二月於肥地用灰糞種之，候長成小樹，次年春分前後移栽。栽時連土用草包或麻纏束，方始易活。若接即用本色。此果性寒，不宜頻食，小兒食多者死。或云：食銀杏遇毒腹脹，連飲冷白酒幾盞，吐出則愈，不吐則死。

明　**徐光啟《農政全書》卷三〇《樹藝》**　銀杏，一名白果，一名鴨腳子。銀杏以白得名。鴨腳取其葉之似。其木多歷歲年，其大或至連抱，可作棟梁。多生江南，以宣城者爲勝。二月開花成簇，青白色，二更開花隨即謝落，人罕見之。一枝結子百十，狀如楝子，經霜乃熟，爛去肉取核爲果。《便民圖纂》曰：春初種於肥地，候長成小樹，來春和土移栽。以生子樹枝接之則實茂。　《農桑通訣》曰：春分前後移栽，先掘深坑，水攪成稀泥，然後下栽子，掘取時連土封，用草要或麻繩纏束，則不致碎破土封。其子至秋而熟。初收時小兒不宜食，食則昏霍。惟炮煮作粿食爲美，以澣油甚良，顆如緣李，積而腐之，惟取其核，即銀杏也。　其木有雌雄之意，雄者不結實，雌者結實。其實亦有雌雄，雌者二稜，雄者三稜。須雌雄同種，其樹相望乃結實，或雌樹臨水照影，或鑿一孔納雄木一塊泥之亦結。採摘。熟時以竹篾箍樹本，擊篾則銀杏自落。

明　**慎懋官《華夷花木鳥獸珍玩考》卷二**　禹會封在塗山西南二十里許。土地平衍，相傳爲禹會諸侯處。塗山頂有銀杏一株，大可數百圍，不知年矣。

明　**戴羲《養餘月令》卷二**　銀杏，即白果，俗名鴨腳，以其葉象也。雌者兩稜，雄者三稜，須合種之。若臨池水邊種之，照影尤能結實。凡木皆有雌雄，可鑿木作方寸穴，取雌木填之乃實。

明　**方以智《物理小識》卷九**　銀杏　核兩頭尖，三稜者雄，二稜者雌，雌雄同種相望結實，或雌木不結實，則鑿孔納雄木一塊，泥之，亦結。

清 張宗法《三農紀》卷五《銀杏》 銀杏，《圖經》云：樹高大，材至連抱。葉若鴨掌，有刻缺，面緑背淡白，二三月開花成簇，青白色，三更子時旋花旋落，人不能見。結實繁多，狀如小杏，色青，經霜乃熟，黄臭爛收。臨水淘去外腐肉，收其内核，色白，形兩頭尖，中圓大而扁，二稜者爲雌，三稜者爲雄，設中仁黄緑色，炮之可果。其木耐久。肌理白膩。術家刻作符長能致鬼神，堪輿制爲羅盤以定子午。北人呼爲白果，南人名爲靈眼。宋初始入貢，故稱銀杏。 植藝：宜雌雄並植，或雌樹照影于水邊可結實。若不結實者，或以鑿孔納結子木一塊泥封之，即結。《致富書》云：春以子種肥土，生二三尺，可移栽。老山農云：插枝潤土亦活，獸食糞出者，收種易生且茂。 本性：味微苦，氣平，生食降痰，消毒，熟則滋血，爽氣。但多食動風。《三元延壽書》云：百果若啖滿千粒，必殺人，小兒尤禁食。須去心。銀杏令人病痡，同鰻鱺食冷軟風。 效方：小便頻數者，白果去殼，七生七熟，頻食之，取效方。手足皴裂，嚼生白果夜夜塗。赤白帶下，元氣虚憊，白果，蓮米、□□各五錢，胡椒一錢五分爲末，用烏少雞一隻，割撏去臟，裝藥入内，磁器蒸爛空心食。

清 高士奇《北墅抱甕録・銀杏》 銀杏花，夜開旋没，罕得見。葉最繁密，片有刻缺如鴨腳形，霜後葉色變黄，映以丹楓，爛若披錦，秋林黯淡，得此改觀。

清 曹溶《倦圃蒔植記》 銀杏，葉似鴨腳，故古名鴨腳樹。初種肥地，候成小樹，春分前後先掘深坑，水攪稀泥，和土移栽。用草要之，勿致碎破。一云銀杏有雌雄，雄者三稜，雌者二稜，須合二本臨池種之，照影即生。或將雌樹鑿一小孔，以雄木填之，無不結實。

清 李鴻章 光緒《畿輔通志・物産・果屬》 銀杏。法雲寺在西山後，有銀杏二株，大數圍。《雪齋集》一名白果，一名鴨腳子。《雍正志》【略】明・韓原洞《銀杏樹詩》：老幹扶疎竟插霄，萬重俯視自逍遥。月來影欲移千畝，風過聲如奏九韶。衆口漫傳東漢蹟，雙楨文捧大明朝。精靈俱可留今古，莫用攀枝歎寂寥。

清 鍾山逸叟《致富奇書》卷一 銀杏 北人稱爲白果，南人稱爲靈眼。宋初始入貢，改呼銀杏。春初種肥地，週年移栽。葉如鴨腳，其花夜開晝落，人罕見之。實大如枇杷，八九月熟，積而腐之，惟取其核，即銀杏也。《瑣碎録》云：其木有雌雄，雄者三稜，雌者兩稜，須雌雄同種方結實。或雌樹臨水種，照影亦結，或將雌樹鑿一孔，以雄木填之。此果性寒。《本草》云：白果食滿千箇者死，小兒尤不宜食。歐陽公詩云：始摘纔三四，歲久子漸多。

清 王芷《稼圃輯》 銀杏俗名白果，又名公孫樹，以公種而孫始得實也。種子蒂向上則結實，種在池邊結子多。種有雌雄秔糯，雄者三稜，雌者二稜，合種多子。春初種於肥地，候長成小樹，和土移栽，以生子樹枝接之，春分前復移栽。

清 王芷《稼圃輯》［銀杏］又名鴨腳果，有樹極大，素不生者，逐枝接之則遍樹生。

清 吴其濬《植物名實圖考》卷三一《果類・銀杏》 銀杏，《日用本草》始著録。即白果，一名鴨腳子，或云即平仲。木理堅重，製器不裂，匠人重之。

植物名實圖考・銀杏

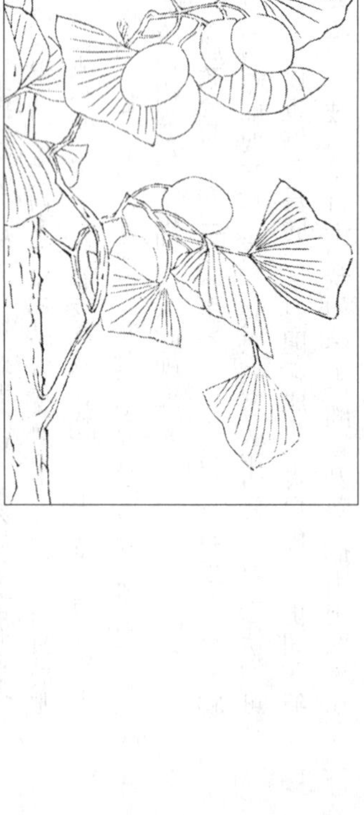

清 吴其濬《植物名圖考長編》卷一六《果類・銀杏》 《墨客揮犀》：銀杏葉如鴨腳，獨窠者不實，偶生及叢生者乃實。【略】《詩話總龜》京師舊無鴨腳，駙馬都尉李文和自南方來移植於私第，因而著子，自後稍稍蕃多，不復以南方爲貴。

清 陳憲舜《課民植牧講義稿・白果》 即銀杏，三稜爲雄，二稜爲雌，又細長爲雄，味苦爲雌，點種之時記出。一雄環以二十雌樹，結子極多。留種取在樹經霜已久者，開畦，春日點下。苗出之後，覆〔防〕烈日，避大雨，歷三四年，即可移栽。每年去艸、下肥一次，至樹高一二丈，結子約一二斗，即充菜果，亦備藥材。不畏風霜，最能耐久，如見葉枯，其下必有鼠穴，宜掘除之。其葉如扇，經霜則黄，掃之可爲田料。木材淡黄色，文理緻密而堅硬，作器最宜。其年可歷千歲。

清 董潮《東臯雜鈔》卷一 銀杏，名鴨腳，一云葵。亦名鴨腳，不解所出。近讀鮑照《園葵賦》云：「白莖紫蔕，豚耳鴨掌。」亦取葉之形似，意當本此。

清 王棠《知新録》卷二九 鴨腳子，一名銀杏，俗謂之白果。【略】梅堯臣詩：「鴨腳類緑李，其名因葉高。」又詠《李侯家鴨腳》詩：「鴨腳生江南。」自注云：「京師無鴨腳李駙馬自江南移植。又名平仲。」左思《吴都賦》：桾櫏，平仲。劉成註曰：平仲之木實如銀。陳藏器以爲銀杏一名檘，一名火棗木。相如《上林賦》：檘櫨。註引郭璞曰：檘，平仲木也。

橄欖

綜述

唐 段成式《酉陽雜俎續集》卷九《橄欖子》 橄欖子 獨根樹。東向枝曰木威，南向枝曰橄欖。

唐 段公路《北户録》卷五《橄欖子》 橄欖子，八九月熟，其大如棗。《廣志》云：有大如雞子者。南人重其真味，一説香口絶勝雞舌香。《詩義疏》：梅亦可合而香口。又廣州廉薑亦可香口。亦堪煑飲，飲之能消酒。煎法：剉去兩頭，煨温，煑之，甚香美。其樹聳拔，其柯不喬。有野生者高不可梯，但刻其根方數寸許，内鹽於中，一夕子皆落矣。今高涼有銀坑橄欖子，生於銀坑之側，相傳是馮盎之家，昔掘地遇於此。細長多味，美於諸郡産者，其價亦貴於常者數倍也。愚按《南越志》：博羅縣有合成樹，樹去地二丈，爲三衢。《山海經》云：四衢。東向一衢爲木威，南向一衢爲橄欖，西向一衢爲玉文。顧徽《廣州記》曰：木威高大，子如橄欖而堅，削去皮以爲粽。《廣志》書此橄欖字。《南州異物志》作此橄棪字。陳藏器云：其木主鯸魚毒，此木作檝，撥着鯸魚皆浮出，其畏如此。人中鯸魚肝子毒者，必死也。

唐 劉恂《嶺表録異》卷中《橄欖樹》 橄欖樹 身聳，枝皆高數尺。其子深秋方熟。閩中尤重此味，云咀之香口，勝含雞舌香。飲悉解酒毒。有野生者，子繁樹峻，不可梯緣。但刻其根下方寸許，納鹽於其中，一夕子皆自落。樹枝節上生脂膏如桃膠，南人採之和其皮葉煎之，調如黑餳，謂之橄欖糖。用泥船損，乾後堅於膠漆，着水益乾耳。

五代 李珣《海藥本草·橄欖》 謹按《異物志》云：生南海浦嶼間，樹高丈餘，葉似櫸柳，其實如棗，兩頭尖，青色。核亦兩頭尖而有棱。核内有竅，竅中有仁可食。二月有花開，至八月乃熟，甚香。橄欖木，高大難採，以鹽擦木身，則其實自落。

宋 謝維新《古今合璧事類備要别集》卷四五《果門·橄欖》 《格物總論》橄欖大如棗，兩頭尖，青色。八九月熟，生噉味酢，甘香口勝雞舌。核有稜，内三竅，有仁。及煮食之，悉解酒毒，置茶中尤佳。有野生者子繁，樹峻不可梯，但刻其根下方寸許，内鹽於其中，一夕子皆落。

宋 劉子翬《咏餘甘》 炎方橄欖佳，餘甘生苗裔。風姿雖小殊，氣韻乃酷似。（騂）（醉）顔澀吻餘，鬖髿清甘至。侯門收才長，粉骨成珍劑。猶聞雜蜜草，少轉森嚴味。奇才用不專，雖用何殊棄。端如効苦言，逆耳多嫌忌。棄果事何傷，違言德之累。悦口易逢知，感兹發長喟。

宋 張世南《游宦紀聞》卷九《橄欖》 橄欖，閩、蜀俱有之。閩中丁香一品，極小，雋永，其味勝於蜀産。家君嘗手植核於小圃，伺其萌茁，再歲而樹壯。畏霜，覆以屋。又三歲，高二丈許。始實，初如菉豆，凡兩月漸大。有墮地者，視之，木患子也。皮可洗衣，功不讓皁角，核則人以爲念珠者。嗚呼！地土風氣之能移物性如是耶。橘逾淮而北爲枳，鸜鵒不逾濟，貉逾汶則死。地氣使然，無足多怪。

元 郝經《詠橄欖》 南果足韻勝，北人罕爲奇。銀盤獻青子，愛玩驚見之。蓮房飽出蛹，棗滑生下枝，翠粉苔埒新，清烈凝松脂。齒牙噴齦澀，苦硬不可持。氣韻久始來，靈根淪天池。灑然淩清飇，甘露濡仙芝。有如宿瘤妻，苦節真可期。亦如相韓休，朕瘠天下肥。危辭遽逆耳，終自爲良規。先難阻欲速，後得卒莫違。默默心語口，此樂夫誰知。始覺衆果俗，橘奴復梨兒。海嶺瘴天黑，異味翻荼飴。雨露存天真，颶霧不可滋。島嶼出乳泉，造化亦若兹。元氣舌本甜，酸苦歸涕洟。本來甘受和，衆味相假移。

居然復其源，僞妄焉能欺。何當謝世網，兀坐忘奔追。深山石室空，煑石療調饑。破鼎煑春芽，嚼此吟湘纍。脩然沃肺腑，看山坐支頤，物表有真味，載歌采薇詩。

元　洪希文《嘗新橄欖》　橄欖如佳士，外圓内實剛。爲味苦且澀，其氣清以芳。侑酒解酒毒，投茶助茶香。得鹽即回味，消食尤奇方。宮商舌底發，星宿胸中藏。雖云白露降，氣味更老蒼。山林假歲月，顏色饒風霜。以兹調衆口，誰敢輕頡頏。作此橄欖詩，遠繼葑菲章。大器當晚成，斯言君勿忘。

明　宋詡《竹嶼山房雜部》卷九《樹・畜部・樹類》　橄欖形似生訶子，無稜瓣青，可食，味初酸澀後甘香。王元之詩云：良久有回味，始覺甘如飴。烏欖仁大而甘香。綠欖宜閩粤南粤。

明　王象晉《群芳譜・果譜・橄欖》　橄欖，一名青果，一名諫果，一名忠果。生嶺南閩廣諸郡，及沿海浦嶼間皆有之。樹似木槵而高，大數圍，端直可愛。枝皆高聳，葉似櫸柳。二月開花結子，狀如長棗，色青，兩頭皆尖。先生者居下，後生者漸高，深秋方熟。核亦兩頭尖而有稜，内有三竅。生嚼味苦澀微酸，良久乃甘美。生食，煑汁飲，並生津止渴，開胃下氣，治喉痛，消酒毒，住泄瀉，解一切魚鱉毒及骨鯁。閩中尤重其味，云咀之口香，勝含雞舌香。其類有綠欖，色青綠。核内無仁，有亦乾小。烏欖。色青黑。肉爛而甘，取肉槌碎，乾自有霜如白鹽，謂之欖醬，仁最肥大，有紋叢疊如海螵蛸，色白，外有黑皮，最甘嫩。又有一種方欖，出廣西兩江洞中，似橄欖而有三角或四角。一種波斯橄欖，生邕州，色類相似，但核作兩瓣。野生者樹峻而子繁，蜜漬、鹽淹皆可藏久，用之致遠，作佳果。　仁：甘平無毒。唇吻燥痛，研爛傅之。核：甘澀温無毒，磨汁治魚積、魚鯁，又治痘瘡倒靨。燒研服，治下血。枝：狀如黑膠者，土人採取爇之，甚清烈，謂之欖香。雜以牛皮膠者，即不佳。採摘：熟時以木釘釘之，或納鹽少許于根下皮内，一夕自落，木亦無損。　附録：餘甘子：一名菴磨勒。生二廣諸郡，閩之泉州及西川戎瀘蠻界山谷皆有之。如川楝子形圓。味類橄欖，亦可蜜漬。木可製器。《黄山谷集》云：戎州蔡次律家軒外，有餘甘樹，余名其軒曰：味諫。

明　徐光啟《農政全書》卷三〇《樹藝》　橄欖，附餘甘。一名青果、一名忠果，一名諫果。生嶺南及閩、廣州郡。性畏寒，江浙難種。樹大數圍，實長寸許，形如訶子而無稜瓣，其子先生者向下，後生者漸高，有野生者。波斯橄欖生邕州，色類相似，但核作兩瓣，蜜漬食之。綠欖，色青綠，核内無仁，有亦乾小。烏欖，色青黑，肉爛而甘，取肉槌碎乾自有霜如白鹽，謂之欖醬，仁最肥大，有紋叢疊如海螵蛸，色白，外有黑皮，最甘嫩。方欖，出廣西兩江洞中，似橄欖，有三角，或四角。　《農桑通訣》曰：樹峻不可梯緣。但刻其根方寸許，内鹽於其中，一夕，子皆自落。蜜藏極甜，生噉煑食之，並消酒，解諸毒。人悞食鯸鮐即河魨。魚肝、迷悶欲死者，飲其汁立解。以其木作楫，撥著魚，皆浮出。物之相畏有如此者。此果南人尤重之，可作茶果，其味苦酸而澀，食久味方回甘，故昔人名爲諫果。然消酒解毒，亦果中之有益於人者。一云以木釘釘之，其子亦自落。　附餘甘，惟泉州有之。乃深山窮穀自生之物，非人家所種。其樹稍高，其子梭形，又如梅實，兩頭鋭，始嚼味，酸澀，飲水乃甘，九月採。比之橄欖酷相似，以蜜藏之亦佳。

明　方以智《物理小識》卷九《橄欖》　青橄欖無仁，烏欖外肉杵碎，乾放則自有霜。堆起如白鹽，曰欖醬。取時開孔，納鹽則欖自落，魚最畏之。嶺北一種似大欖而圓橢。餘甘子形似山楂，而味似橄欖。

明　慎懋官《華夷花木鳥獸珍玩考》卷二《橄欖》　橄欖生嶺南。今閩廣諸郡皆有之。木似木槵而高，且端直可愛。二月有花，生至八月乃熟。其子先生者向下，後生者漸高。味苦酸而澀，食久味方回甘。昔人名爲諫果，南人尤重之。人誤食鯸鮐肝，至迷悶者，飲其汁立差。山野中生者，子繁而木峻，不可梯緣。但刻其根下方寸許，内鹽於中，一夕子皆落，木亦無損。一云以鹽擦木身，則其實自落。故東坡有「紛紛紅紫落青鹽」之句。今取銀杏，以竹篾箍其本，擊篾自落，殆不可曉。其枝節間有脂膏如桃膠。南人採得，并其皮葉煎之如黑餳，謂之欖糖。用膠船，著水益（乾）（堅），牢於膠漆。以其木作楫，撥著魚皆浮出。物之相畏有如此者。邕州又有一種波斯橄欖，與此無異。但其核作三瓣，可蜜漬食之。味諫軒在府治。北宋岳珂《桯史》云：戎州有蔡次律者，家于近郭。黄庭堅嘗過之，延飲小軒。檻外植餘甘子數株，因乞名題曰「味諫軒」。後王子予以橄欖遺之。庭堅詩云：「方懷味諫堂中果，忽見金盤橄欖來。想共餘甘有瓜葛，苦中真味晚方回。」

明　周亮工《書影》卷九　橄欖樹高數仞，成熟時納少鹽根中，則實墮如雨。

清　周魯《類書纂要·果蔬類·橄欖》　橄欖中秋熟。核有稜，内三竅，有仁，能解酒毒，置茶中尤佳。野者子繁樹峻不可取，但刻根下方寸許内入鹽于其中，一夕其子自落，或以鹽擦木身，實亦落。以其木作楫，撥著魚皆浮出。《廣志》云：東向枝曰橄欖，南向枝曰木威，又名南威。

清　吴其濬《植物名實圖考》卷三一《果類·橄欖》　橄欖，《開寶本草》始著録，湖南及江西建昌府亦間有之。有尖圓各種。

植物名實圖考·橄欖

清　吴其濬《植物名實圖考長編》卷一六《果類·橄欖》　《開寶本草》：橄欖味酸，甘温無毒，主消酒療鯸鮐毒，人誤食此魚肝迷悶者，可煮汁服之，必解。其木作楫撥著，魚皆浮出，故知物有相畏如此也。核中仁研傅唇吻燥痛。其樹似木槵子樹而高，端直。其形似生訶子，無稜瓣。生嶺南，八月九月採。又有一種名波斯橄欖，色類亦相似。其核形作三瓣，可以蜜漬食之，生邕州。《圖經》：橄欖生嶺南，今閩廣諸州皆有之。木似木槵而高，且端直可愛，秋晚實成，南人尤重之。咀嚼之滿口香味，不歇生啖，及煮飲並解諸毒。人誤食鯸鮐肝至迷悶者，飲其汁立差。山野中生者，子繁而木峻，不可梯緣，但刻其根下方寸許，内鹽於中，一夕子皆落，木亦無損。其枝節間有脂膏。如桃膠，南人採得并其皮葉煎之，如黑餳，謂之橄欖糖，用膠船著水益乾，牢於膠漆。邕州又有一種波斯橄欖，與此無異，但其核作三瓣子，蜜漬食之。《南方草木狀》：橄欖樹身聳，枝皆高數丈。其子深秋方熟，味雖苦澀，咀之芬馥，勝含雞舌香，吴時歲貢以賜近侍，本朝自泰康後亦如之。《齊民要術》：《廣志》曰：橄欖大如雞子，交州以飲酒。《南方草木狀》曰：橄欖大如棗，或大如雞子。二月華色仍連。著實八月九月熟，生食味酢，蜜藏味甜。《臨海異物志》曰：餘甘子如梭形，入口苦澀，後飲水更甘。大如梅實，核兩頭鋭，東嶽呼餘甘。柯欖同一果耳。【略】《鄰幾雜志》：橄欖木，其花如樗。將採其實，剥其皮以薑汁塗之，則盡落。《海槎餘録》：青橄欖無仁，烏橄欖有仁。外肉取來杵碎乾放，則自有霜，堆起如白鹽，名曰欖醬。二種俱野生。當四五月盛時，市人儘力取回，用支一年，不似吾江南之甚珍貴也。《學齋佔畢》東坡《橄欖詩》云：紛紛青子落紅鹽。蓋凡果之生也必青，其熟也必變色如梅杏，半傅黄朱果爛，枝繁是也。惟有橄欖雖熟亦青，故謂之青子，不可他用也。

清　張宗法《三農紀》卷五《橄欖》　橄欖，《圖經》云：樹似木槵，高大端直，枝皆高聳。葉如櫸柳。二月開青白花。結子狀如長棗，青色，兩頭尖，先生者居下，後生者漸高。深秋方熟。其核兩頭尖而有稜，内開三竅。亦有三角四角，兩瓣核者。蜜漬鹽醃可久藏。《廣志》云：青果。《南方草木狀》云：忠果。《群芳譜》云：諫果乃方果也。産百越沿海，浦島温暖處。木作檝撥皆得魚。魚遇若死，便不能動。故四兩杖可伏千斤流魚。　植藝：土宜處，核落即生苗。隨栽易茂。但性畏寒，宜于冬時以茸草縛梗，至暖時去之，易茂。果熟時以木釘之，根皮肉内納鹽少許，一夕自落。　本性：味酸甘氣寒，開胃理氣，止渴解酒。生食、煮食並生津香口。凡食此果去兩頭，多食致上壅。白露後食不病痁。　效方：小兒初生落地，以橄欖一枚燒研末，入硃砂五分和勻，嚼生芝蔴，一口唾和藥紿包，如棗核大，安兒口中含咂一時頃，方可與乳食，除胃臟毒，合兒少病出痘稀。

清　屈大均《廣東新語》卷二五《木語·橄欖》　橄欖，有青、烏二種。閩人以白者爲青果，粤中止名白欖，不曰青果也。白欖利微，人少種，種者多是烏欖，下番禺諸鄉爲多種。至兩歲，烏欖秧長八九尺，必扦之乃子。扦至三年而子小收，十年而大收矣。其樹本高而端直，多獨幹，至頂乃布枝柯。有雌有雄，雌子而雄花。雄者俗曰欖公，欖公不實，以雌者扦之，使雌雄相合乃實。雄爲主，雌爲客，猶婦之歸於夫也。子如棗大，長寸許，光無稜瓣。先生者下向，後生者上向。八九月熟，梯之擊以長竿，或刻其幹東寸許，納以紅鹽，則其幹東子落。刻其幹西，或南北寸許，亦然。古詩所謂「紛紛青子落紅鹽」也。白欖，以白露後食不病瘧，其性熱，食時須去兩端。初嚼苦澀，久乃回味而甘，故一名味諫。粵人有欲效其友忠告者，輒先贈是果。其色白，可以行氣。雖有憤戾，食之潛消。以沸湯點之，色淡，碧芬如蘭，臭可以香口，絶勝雞舌香。烏欖，子大肉厚，其性温，故味濇甘，以温水泡軟，俟紫脂浮溢乃可食。水冷則澀生膠，熱則肌膚反實，故必温水之和乃醇，其性亦有婉諫之道焉。白者亦曰雄，烏者亦曰雌。白陽而烏陰，陽故色白而行氣，陰故色紅而補血。陰故烏者有仁可食，陽故仁小而不成，此其别也。《酉陽雜俎》：以枝南向者爲橄欖，東向者爲木威。高雷間則以烏者爲木威。予詩：「山果木威香。」有蘢蓯果者，木幹中空，高二三丈，亦有雌雄。雄者不實，雌不花。雄之花即雌之實，雄不自爲實，雌亦不自爲花也。雄雌并植始實，實如王瓜。一枝環繞數十枚，煮之味類匏，特出惠州，亦橄欖之類。

清　檀萃《滇海虞衡志》卷下《志果・橄欖》　橄欖，江邊瘴地俱有之。葉如狗骨。子如苦楝，小兒喜食之，恐非真橄欖，大抵椺子、榴子之類耳，故其味酸。葡萄，滇南最佳。然不能乾而貨于遠。櫻桃、楊梅、枇杷、木瓜、榛、榧、銀杏亦然。過時則不可得，惟楊梅尚有酒浸之者耳。

清　陳憲舜《課民植牧講義稿・橄欖》　此果五味皆備，而多回甘，食之耐人尋味。種植之法，接枝之精，習見習聞，頗難置喙，惟近爲外人測得，此樹既接之後。帶回他處，若以地栽，霜雪立敗，如以盆植，結實如常。其法是冬移入房，仍通空氣，煖移户外，以受陽光，過高則去頂枝，使之旁竄，枝茂復去惡劣，使無空枝，灌溉既易爲力，肥料可從省儉，而一盆所獲，與地栽同，一家種數十盆。一盆收十來斤，十年之後，樹老皮厚，移栽地下，從此以後，雖逢霜雪，以草纏樹，亦屬無妨，至下地之後，於開花前，下肥一次，以催結子，果下樹後，下肥一次，以催生枝則諫果累累滿樹矣，又名青果。

清　陳昌齊　道光《廣東通志・果類・橄欖》　橄欖樹，枝高數丈，其子深秋方熟，味雖苦澀，咀之芬馥。吴時歲貢以賜近侍，本朝自泰康後亦如之。《南方草木狀》《嶺表録異》曰：野生者子繁樹峻，不可梯緣。但刻其根下方寸許，内鹽於其中，一夕子皆自落。樹枝節上生脂膏如桃膠，南人採之，和其皮葉煎之，調如黑餳，謂之橄欖糖，用泥船，乾後牢於膠漆，著水益堅。《太平御覽》

烏欖

綜　述

清　吴其濬《植物名實圖考》卷三四《果類・烏欖》　烏欖，嶺南種之。其核中仁長寸許，味如松子，亦多油，過嶺以鹽糖炒食甚香。《嶺南雜記》以爲即木威子，從之。《廣東志》：粵中多種烏欖，其利多。白欖種者少，號曰青子。番禺婦女多以斫烏欖核爲務，核以炊仁以油及爲禮果。

清　陳憲舜《課民植牧講義稿・烏欖》　此與青果不同，花葉亦異。用菜園發秧，隆冬以石灰、馬糞、蠶屎壅之，免至凍枯。次年仍以稻草或碎樹葉堆於園内，避霜與雪。三年漸大，可移栽肥地，至四五年長至一丈數尺。

清　陳昌齊　道光《廣東通志・果類・烏欖》　烏欖。色青黑，肉爛而甘，取肉搥碎，乾放，有霜如白鹽，謂之欖醬。土人取其肉醃爲葅，名曰欖豉。色如玫瑰，味頗雋。又可榨油、調食、點燈。其皮染物，鮮紅如茜。《嶺南雜記》

清　李福泰《番禺縣志》卷五四　山居家其祖父欲遺子孫，必多植人面、烏欖。人面賣實，烏欖賣核及仁。百餘年，世享其利。其核以炊、仁以油，及爲禮果。詠烏欖者云：秪應人面子，與爾共成仁。蓋粵中惟此二果以仁重。　烏欖下番禺諸鄉爲多種。至兩歲，烏欖秧長八九尺必扦之，乃子扦至三年而子小收，十年而大收矣。其樹本高而端直，多獨幹，至頂乃布枝柯。有雌有雄，雌子而雄花，雄者，俗曰欖公，欖公不實，以雌者扦之，使雌雄相合乃實。

餘甘子

綜　述

宋　謝維新《古今合璧事類備要別集》卷四五《果門・餘甘子》　《格物總論》：餘甘子如彈丸大，視之理如定陶瓜片，色微黄，初入口苦，久乃更甜，鹽而蒸之尤美，可食。《本草》云菴摩勒即此。

明 宋詡《竹嶼山房雜部》卷九《樹畜部・樹類》 餘甘子，又名菴摩勒。狀如川練子，初食味苦澀，少頃甚甘。陳剛中《使安南集》云：盧都子、餘甘子皆珍味可食。宜南粵。

清 周魯《類書纂要・果蔬類・橄欖》 餘甘，餘甘淮泉州有之，其樹稍高，其子梭形，又如梅實兩頭鋭有刺。始嚼味酸澀，飲水乃甘，九月採之，與橄欖酷相似。餘甘橄欖同一物異名耳。以蜜藏之亦佳。

清 陳昌齊 道光《廣東通志・果類・餘甘子》 餘甘子，薛瑩《荆揚已南異物志》曰：餘甘如梅李，核有刺。初食之味苦，後口中更甘。高涼、建安皆有之。《文選・吴都賦注》梵書名菴摩勒，又名摩勒落迦果。陳藏器《本草》菴摩勒。樹細似合昏，黄花，實似青李，核圓，作六七稜，食之先苦後甘。術士以變白髮，有驗。《南方草木狀》 謹案：餘甘乃橄欖中之味最佳者，因初食苦澀，良久回甘，故名餘甘，又名諫果。

藝 文

宋 宋祁《餘甘子贊》 黄葩翠葉，圓實而澤。咀久還甘，或號菴勒。

宋 張孝祥《餘甘子》 甘言誤我三折臂，良藥爲洗五年腸。欲知苦過味方永，請試君家肘後方。此老才堪上諫坡，南州留滯意如何。還將苦口劘英主，醫國懸知藥籠多。苦愁人意未相諳，卒以初嘗廢後甘。王氏有詩旌橄欖，可憐遺味在巴南。

檳榔

綜 述

晉 喻希《與韓豫章牋・檳榔樹》 惟檳榔樹，最南游之可觀。子既非常，木亦特異。慍交州時度之，大者三圍，高者九丈。葉聚樹端，房構葉下。華秀房中，子結房外。其擢穗似禾，其綴實似穀，其皮似桐而厚，其節似竹而概。其中空，其外勁。其屈如覆虹，其申如縋縋。本不大，末不小，上不傾，下不邪，調直亭亭，千百若一。步其林則寥朗，庇其陰則蕭條。信可以長吟，可以遠想矣。但性不耐霜，不得北殖。必當遐樹海南，遼然萬里，弗遇長者之目，自令人恨深，嘗對飛鳥戀土，增思寄意，謂此鳥其背青，其腹赤，丹心外露，鳴情未達，終日歸飛，飛不十千，路餘萬里，何由歸哉。

五代 李珣《海藥本草・檳榔》 謹按《廣志》云：生東海諸國。樹莖、葉、根、幹與大腹小異耳。又云：如棕櫚也。葉茜，似芭蕉狀。陶弘景云：向陽曰檳榔，向陰曰大腹。味澀温無毒，主賁豘諸氣、五隔氣、風冷氣、宿食不消。《腳氣論》云：以沙牛尿一盞，磨一枚空心煖服，治腳氣壅毒，水腫浮氣。秦醫云：檳榔二枚，一生一熟，搗末，酒煎服之，善治膀胱諸氣也。

宋 寇宗奭《本草衍義》卷一四《檳榔》 檳榔，【略】今人又取尖長者入藥，言其快鋭速效，屢嘗試之，果如其説。

明 王象晉《群芳譜・果譜・馬檳榔》 馬檳榔俗譌爲馬金囊，一名馬金南，一名紫檳榔。結實紫色，内有核而殼薄，去殼其仁色白盤轉，與北方文官果無異。第文官果乾，久食之刺喉，馬檳榔雖乾嚼之軟美，嚼完以新汲水送下，其清甜香美，凡果無與爲比。味甘寒無毒。出雲南金齒、沅江諸夷地。

附録：文官果樹高丈餘，皮粗多礧砢，木理甚細，堪作器物。葉似榆而尖長，周圍鋸齒紋深。春開小白花成穗，花五瓣，每瓣當中微凹，有紅筋貫之。蒂下有小青托。花落，結實，大者如拳。一實中數隔，間以白膜，仁如馬檳榔無二，裹以白軟皮，大如指頂，去白皮，食其仁，甚清美。多雨及勤澆，則實成者多，若遇旱，則實粃小而不成。

明 慎懋官《華夷花木鳥獸珍玩考》卷二 俞益期《與韓康伯牋》曰：檳榔信南遊之可觀。子既非常，木亦特奇。大者三圍，高者九丈。葉聚樹端，房棲葉下，華秀房中，子結房外。其擢穗似黍，其綴實似穀，其皮似桐而厚，其節似竹而概，其内空，其外勁，其屈如覆虹，其申如縋繩，本不大，末不小，上不傾，下不斜。稠直亭亭，千百若一。步其林則寥朗，庇其蔭則蕭條，信可以長吟，可以遠想矣。性不耐霜，不得北植，必當遐樹海南。遼然萬里，弗遇長者之目，自令人恨深。嶺南人以檳榔代茶，且謂可以禦瘴。余始至不能食，久之亦能稍稍。居歲餘，則不可一日無此君矣。故嘗謂檳榔之功有四：一曰醒能使之醉。蓋美食之，則熏然頰赤，若飲酒然。東坡所謂「紅潮登頰醉檳榔」者是也。二曰醉能使之醒。蓋酒後嚼之，則寬氣下疾，餘醒頓解。三曰饑能使之飽。蓋饑而食之，則充然氣盛，若有飽意。四曰飽能使之饑。蓋食後食之，則飲食消化，不至停積。嘗舉似於西堂先生。范旂叟曰：「子可謂檳榔舉主矣。然子知其功，未知其德。檳榔賦性疏通而不泄氣，禀味嚴正而有餘甘。有是德。故有是功也。」劉穆之小時家貧，誕節不持檢操，常往妻江氏家乞食，多見侵辱，不以爲恥。一日食畢，求檳榔。江氏兄弟戲之曰：「檳榔消食，君乃常饑，何忽須此。」及穆之爲丹陽尹，召江氏兄弟，令廚人以金拌貯檳榔一斛進之。

檳榔紙　紙類，木皮而薄，瑩滑，色徹緑。宋時，人貢以書表。

明　李卓吾《讀升菴集》卷一八《草木・檳榔樹》　嵇含《南方草木狀》云：檳郎樹，皮似青桐，節如桂竹，下本不大，上枝不小，稠直亭亭，千萬若一，森秀無柯，端頂有葉，仰望眇眇，如插叢蕉於竹杪，風至觸動，似舉羽扇以掃天。俞益期《與韓康伯牋》云：「檳郎木，大者三圍，高者九丈，葉聚樹端，房棲葉下，華秀房中，子結房外，其擢穗似黍，其綴實似槲，其皮似桐而厚，其節似竹而穊，其中空，其外勁，其屈如覆虹，其伸如縋繩，步其林則寥朗，庇其蔭則蕭條，此分明畫檳郎圖也。」

清　檀萃《滇海虞衡志》卷下《志果・檳榔》　檳榔有數種，滇南所産，惟殼檳榔，穿之成串以相遺。但半殼，細剥殼裏，以灰食之，然非樹生，乃出籐本。籐緣崖行，實纍纍相懸爲檳榔。苐檳榔本出高樹，蔞子乃出籐蔓，原名殊，今殼檳榔出于籐，其籐大抵扶留之別種，其實氣味頗似檳榔，故以殼檳榔名之，實非檳榔也。按籐生爲馬檳榔，一名馬金囊，馬金南、紫檳榔。李時珍謂生金苗元江諸夷地。蔓生結實，大如葡萄，紫色味甘，内有核，頗似大風子而殼稍薄，圓長斜扁不等。核内有仁亦甜，凡嚼以冷水送下，其甜如蜜，亦不傷人。又治産難如神。而今滇人食馬檳榔，不用冷水而用蔞灰，殆以馬檳榔爲廣檳榔矣。況廣檳榔亦非真檳榔，乃大腹檳榔、猪檳榔也，出嶺表，滇南即檳榔中一種，腹大形扁而味澀者，不似檳榔尖長而味良，彼中皆呼爲檳榔，并籐灰同食，則又以大腹子爲真檳榔矣。《雲南記》云：大腹檳榔，每枝有三二百顆，青時剖之，以蔞灰同食，即減澀味，而非馬金囊之殼檳榔也。檳榔以出交愛爲真，從洋船至，所謂海南雞心檳榔也，以供客敬。而入藥則用圓扁之大腹檳榔也。滇之迤南，與交愛隣，諸土司之中，應出真檳榔，而皆由海舶入廣。其遺滇食者，則馬金囊也。而蔞灰和食以矜重，不亦誤乎。又按《明統志》載：永昌土産紫檳榔，馬金囊，狀類白荳蔻，嚼塗惡瘡甚效，或食一枚，飲水即無所傷，則是猶未敢通行食之，比檳榔也。《滇志》謂元江出檳榔，審其形，似即《雲南記》所謂大腹檳榔也。夫古記且于大腹辨之嚴，不使統同混稱，況以蔓生之馬金囊，爭目爲殼檳榔，以混于木生者乎，故詳考之以蹠其實焉。

清　吴其濬《植物名實圖考》卷三一《果類・檳榔》　檳榔，《别録》中品。大腹子。《開寶本草》始著録。皆一類而大腹，皮入藥。又山檳榔，一名蒳子。瓊州有之。葉可績爲布，亦可爲席。

植物名實圖考・檳榔

清　吴其濬《植物名實圖考長編》卷一五《果類・檳榔》　《别録》檳榔味辛温無毒，主消穀逐水除痰澼，殺三蟲伏屍療寸白。生南海。陶隱居云：此有二四種，出交州，形小而味甘。廣州以南者形大而味澀，核亦有大者，名猪檳榔，作藥皆用之。又小者，南人名蒳子，俗人呼爲檳榔孫，亦可食。

《圖經》：檳榔生南海，今嶺外州郡皆有之。大如桄榔，而高五七丈，正直無枝，皮似青桐，節如桂竹，葉生木顛，大如楯頭，又似芭蕉葉。其實作房從葉中出，傍有刺，若棘針重疊其下，一房數百實，如雞子狀，皆有皮殼，肉滿殼中，正白味苦澀，得扶留藤與瓦屋子灰同咀嚼之，則柔滑而甘美，嶺南人啖之以當果實。其俗云：南方地温，不食此無以祛瘴癘。其實春生至夏乃熟，然其肉極易爛，欲收之皆先以灰汁煮熟，仍火焙熏乾，始堪停久。此有三四種，有小而味甘者名山檳榔，有大而味澀，核亦大者名猪檳榔，最小者名蒳子。其功用不說其別。又云：尖長而有紫文者名檳，圓而矮者名榔。檳力小，榔力大，今醫家不復細分，但取作雞心狀，存坐正穩，心不虛，破之作錦文者爲佳。其大腹所出與檳榔相似，但莖葉根幹小異，并皮收之謂之大腹檳榔，或云檳榔難得真者，今賈人貨者，多大腹也。　《海藥》：謹按《廣志》云：生東海諸國，樹莖、葉、根、幹與大腹小異耳。又云：如椶櫚也，葉茜似芭蕉狀。陶宏景云：向陽曰檳榔，向陰曰大腹。味澀温無毒，主賁㹠諸氣，五膈氣，風冷氣，宿食不消，脚氣。論云：以沙牛尿一盞，磨一枚，空心暖服，治脚氣壅毒、水腫浮氣。秦醫云：檳榔二枚，一生一熟，擣末酒煎服之，善治膀胱諸氣也。　《開寶本草》：大腹微温無毒，主冷熱氣，攻心腹，大腸壅毒，痰膈醋心，並以薑鹽同煎，入疏氣藥良。所出與檳榔相似，莖葉根幹小異，生南海諸國。　《南方草木狀》：檳榔樹高十餘丈，皮似青桐，節如桂竹，下本不大，上枝不小，條直亭亭，千萬若一，森秀無柯，端頂有葉，葉似甘蕉。條派開破，仰望眇眇，如插叢蕉於竹杪，風至摇動，似舉羽扇之掃天。葉下繫數房，房綴數十實，實大如桃李，天生棘重累其下，所以禦衛其實也。味苦澀，剖其皮鬻，其膚熟而貫之，堅如乾棗，以扶留藤。古賁灰并食則滑美，下氣消穀。出林邑，彼人以爲貴，婚族客必先進，若邂逅不設用，相嫌恨。一名賓門藥錢。　《齊民要術》、《南方草物狀》曰：檳榔三月華（色），仍連著實，實大如卵，十二月熟。其色黄，剥其子，肥强不可食，唯重作子去其皮并殼，取實曝乾之，以扶留藤，古賁灰合食之，味甚滑美，亦可生食，最快好。交趾、武平、興古、九真有之也。《異物志》曰：檳榔若筍竹生竿，種之精硬，引莖直上，不生枝葉。其狀若桂，其顛近上末五六尺間，洪洪腫起，若瘣木焉。因坼裂出，若黍穗無花而爲，實大如桃李。又棘針重累其下，所以衛其實也。剖其上皮，煮其膚熟而貫之，硬如乾棗，以扶留古賁灰并食，下氣，及宿食、白蟲消穀，飲啖設爲口實。《林邑圖記》曰：檳榔樹高丈餘，皮似青桐，節如桂竹，下森秀無柯，頂端有葉，葉下繫數房，房綴數十子，家有數百掛。　《南州八郡志》曰：檳榔大如棗，色青似蓮子，彼人以爲貴。異婚族好客，輒先進此物，若邂逅不設用相嫌恨。《廣州記》曰：嶺外檳榔小于交趾者，而大于蒳子，土人亦呼爲檳榔。　《吴録地理志》：交阯朱䳒縣有檳榔樹，直無枝條，高六七丈，葉大如蓮，實房得古賁灰扶留藤食之則柔而美，郡内及九真日南並有之。　《嶺表録異》：安南自幼及老採檳榔實啖之，自云：交州地濕，不食此無以祛其瘴癘，廣州亦噉檳榔，然不甚於安南也。　《海槎餘録》：檳榔産於海南，惟萬崖、瓊山、會同、樂會諸州縣爲多，他處則少。每親朋會合，互相擎送以爲禮，至於議姻不用年帖，只送檳榔而已。久之，多以家事消長之故，改易告争官司難於斷理，以無憑執耳。愚民不足論，士人家亦多有溺是俗者。　《西溪叢語》：《上林賦》云仁頻。《仙藥録》云：檳榔一名仁頻。《林邑記》云：葉如甘蕉，頻音賓。吴普《本草》云：一名賓門，閩廣人食檳榔，每切作片，蘸蠣灰以荖葉裹嚼之。荖音老，又音蒲，口切初食，微覺似醉面赤，故東坡詩云：紅潮登頰醉檳榔。　《說文注》：槟，槟木也，未詳，疑即仁頻也。《上林賦》有仁頻。孟康曰：仁頻，椶也。李善曰：《仙藥録》云檳榔，一名椶，然則仁頻即檳榔也，從木頻聲符，真切十二部。　馬檳榔　《本草綱目》李時珍曰：馬檳榔生滇南、金齒、沅江諸夷地。蔓生結實，大如蒲萄，紫色，味甘，内有核，頗似大楓子，而殼稍薄，團長斜扁不等，核内有仁，亦甜。　《羣芳譜》：馬檳榔俗謁爲馬金囊，一名馬金南，一名紫檳榔。結實紫色，久食之刺喉，馬檳榔雖乾，嚼之輭盤轉，與北方文官果無異。第文官果乾，内有核，而殼薄，去殼其仁色白美，嚼完以新汲水送下，其清甜香美，凡果無與爲比。　按：馬檳榔殼似雲南檳榔，殼扁圓如小柿，老則開裂，粘殼有核十餘枚，似松子而扁。皮亦薄，核中仁扁如瓜子仁而厚，有彎尖，蓋其芽也。嚼之味初如核桃、松子仁，漸甜美而雋永，凡果無與爲比。其言誠然。滇中多有知之者，希明吴寬詩：「有樹吾不識，人云馬檳榔。」檳榔産南海結實，因瘴鄉平生冒其名，豈亦如丁香，白花細而密。實甘翻可嘗，其葉與麻同，沃若澤且光，麻馬音或謁，欲問郭駝亡是爲此果寫照，且足訂俗。又《本草會編》馬檳榔，産難，臨時細嚼數枚，井華水送下，須臾立産，再以四枚去殼，兩手各握二枚，惡水自下也。欲斷産者，常嚼二枚，水下久則子宫冷，自不孕矣。《本草綱目》傷寒熱病食數枚，冷水下，又治惡瘡腫毒，内食一枚，冷水下，外嚼塗之，即無所傷，《滇南本草》俱未載。

清　陳憲舜《課民植牧講義稿・檳榔》　於九十兩月之交，選極熟連皮檳榔，風之極乾，至清明前後，點於沃土之面，以有蓋之一頭向上，或隨意置之，多有生者，十數日後即發芽成苗，漸次加土，冬寒束草，亦如椰子。數年之後，樹身正直，漸高丈許，結子一房，約數百顆，春生夏熟，秋初收回，陰乾出售，乃藥肆富室之必需者。凡栽處宜近人煙，結子始茂，若植荒郊孤嶺，便不相宜，以檳榔之性，與松柏不同也，昔有頌此樹者，謂大者三圍，高則九丈，葉聚樹端，房生葉下，華秀房中，子結房外，其擢似黍，綴實似穀，其皮似桐而厚，其節似竹而稠，其内空，其外勁，本不大，末不小，上不傾，下不倚，稠直亭亭，千百若一，步其林則寥朗，庇其蔭則蕭條，不異晝出此樹矣。若果種此，并不甚難。

清　陳昌齊　道光《廣東通志・果類・檳榔》　檳榔，樹高六七丈，正直無枝，葉從心生，大如楯，其實作房，一房數百。實如雞子，皆有殼，肉滿殼中，正白味澀，得扶留葉與古賁灰合食之，則柔滑而美。《文選・吴都賦注》《異物志》：檳榔若筍竹生竿，種之，積硬引莖，直末五六尺，間腫起若瘣木焉。《嶺表録異》曰：交廣生者，非舶檳榔，大腹子也。彼中悉呼爲檳榔，其樹莖葉根幹與桄榔、椰子小異。《太平御覽》嵇含《南方草木狀》言：交廣人凡貴族客必先呈此果，若不設用相嫌恨，則檳榔名義蓋取於此。《本草綱目》　謹案：檳榔，一名賓門，一名仁頻。能辟瘴氣，又名洗瘴丹，賁灰，即蠣蚌灰也。

清　陳昌齊　道光《廣東通志・果類・山檳榔》　山檳榔《羅浮山疏》曰：一名蒳子，幹似蔗，葉類柞，一叢十餘幹，每幹生十房，房底數百子，四月采。樹似栟櫚，五月子熟，長寸餘。《太平御覽》　謹案：山檳榔，即今之雞心檳榔也。

清　屈大均《廣東新語》卷二五《木語・檳榔》　檳榔，産瓊州，以會同爲上，樂會次之，儋崖萬，文昌，澄邁、定安、臨高、陵水又次之。若瓊山，則未熟而先採矣。會同田朠、瘠相半，多種檳榔，以資輸納。諸州縣亦皆以檳榔爲業，歲售於東西兩粤者十之三，于交趾、扶南十之七。以白心者爲貴。暹羅所産曰番檳榔，大至徑寸，紋粗味澀，弗尚也。三四月花開絶香，一穗有數千百朵，色白味甜。雜扶、留葉、椰井食之亦醉人。實未熟者曰檳榔青，青皮，殻也，以檳榔肉兼食之，味厚而芳，瓊人最嗜之。熟者曰檳榔肉，亦曰玉子，則廉欽，新會及西粤交趾人嗜之。熟而乾焦連殻者曰棗子檳榔，則高雷、陽江、陽春人嗜之。以鹽漬者曰檳榔鹹，則廣州、肇慶人嗜之。日暴既乾，心小如香附者曰乾檳榔，則惠潮、東莞、順德人嗜之。當食時，鹹者直削成瓣，乾者横剪爲錢，包以扶榴結爲方勝，或如芙蕖之并跗，或效蛺蝶之交翾，内置烏爹泥、石灰或古賁粉，盛之巾盤，出於懷袖，以相醻獻。入口則甘漿洋溢，香氣薰蒸。在寒而暖，方醉而醒。既紅潮以暈頰，亦珠汗而微滋。真可以洗炎天之煙瘴，除遠道之渴饑。雖有朱櫻紫梨，皆無以尚之矣。若夫灰少則澀，葉多則辣，故貴酌其中。大嚼則味不回，細咽則甘乃永，故貴得其節。善食者以爲口實，一息不離。不善食者汁少而渣青，仄唾之矣。予嘗有《竹枝詞》云：「日食檳榔口不空，南人口讓北人紅。灰多葉少如相等，管取胭脂個個同。」謂此粤人最重檳榔以爲禮果，欵客必先擎進，聘婦者施金染絳以充筐實。女子既受檳榔，則終身弗貳，而瓊俗：嫁娶尤以檳榔之多寡爲辭。有鬪者甲獻檳榔，則乙怒仄解。至持以享鬼神，陳於二伏波將軍之前以爲敬。按《本草》以小而味甘者爲山檳榔，大而味澀者爲猪檳榔。最小者曰蒳子，又名公檳榔，圓大者名母檳榔。雷氏言尖長有紫文者名檳，圓大而矮者名榔。榔力大，檳力小。今醫家亦不細分，但以狀作雞心，穩正不虛，内有錦文者爲佳。予謂賓與郎皆貴客之稱，嵇含言交廣人客至，必先呈此果。若邂逅不設，用相慊恨。檳榔之義，蓋取諸此。越謡云：「一檳一榔，無蔞亦香。扶留似妾，賓門如郎。」賓門即檳榔也，又云：「檳榔爲命賴夫留。」

藝文

北周　庾信《詠檳榔》　緑房千子熟，紫穗百花開。莫言行萬里，曾經相識來。

明　湯顯祖《玉茗堂全集・檳榔園》　熒熒煙海深，日照無枝林。含胎細花出，繁霜清夏沉。千林蔭高暑，羽扇秋蕭森。上有垂房子，離離隱飛禽。露乳青圓滋，霜氳紅熟禁。墮地兩漿裂，登梯摇遠陰。落爪瑩膚理，著齒寒侵尋。風味自所了，微醺何不任。徘徊贈珍惜，消此瘴鄉心。

明　劉基《初食檳榔》　檳榔紅白文，包以青扶留。驛吏勸我食，可已瘴癘憂。初驚刺生頰，漸若戟在喉。紛紛花滿眼，岑岑暈蒙頭。將疑誤臘毒，復想致無由。稍稍熱上面，輕汗如珠流。清涼徹肺腑，粗穢無纖留。信知殷王語，瞑眩疾乃瘳。三復增永歎，書之貽朋儔。

椰子

綜述

唐　劉恂《嶺表録異》卷中《椰子樹》　椰子樹亦類海棕，結椰子，大如甌杯，外有粗皮如大腹，次有硬殼圓而且堅，厚二三分。有圓如卵者。既截開一頭，砂石摩之，去其皴皮，其斕斑錦文，以白金塗之，以爲水罐子，珍奇可愛。殼中有液數合如乳，亦可飲之，冷而動氣。

宋　寇宗奭《本草衍義》卷一五《椰子》　椰子開之，有汁如乳，極甘香，自别是一種氣味。中又有一塊瓤，形如瓜蔞，上有細壠起，亦白色，但微虚，紋若婦人裙褶，其味亦如其汁。又著殼一重白肉，剮取之，皆可與瓤糖煎爲果汁，色如白酒，其味如瓤。然謂之酒者，好事者當日强名之。取其殼爲酒器，如酒中有毒，則酒沸起。今人皆漆其裏，則全失用椰子之意。

明　王圻《稗史彙編》卷一五一《椰樹》　椰樹初栽，用鹽一二斗，先置根下，則易發。幹木至斗大，方結實。五六月之交，摘食去外皮，其殼圓而黑潤，肉至白，内有水，至清且甜，飲之可祛暑氣。今行商懸帶椰瓢，是其殼也。又有一種，小者端圓，堪作酒盃，出于文昌瓊山之境，他處無。

明　宋詡《竹嶼山房雜部》卷九《樹畜部·樹類》　椰子大如瓠，皮若椶皮。肉有殼，殼内有肉，肉内有漿，肉漿可食，殼可爲罨。有大小材。宜南粵。

按椰子漿自然作酒氣，食之亦微醉，名爲椰酒。

明　徐光啓《農政全書》卷三八《種植》　椰，《上林賦》曰胥餘。又名越王頭。相傳林邑王與越王有怨，使刺客乘其醉取其首懸于樹，化爲椰子。其核猶有兩眼，故俗謂之越王頭。而其漿猶如酒也。南州《異物志》曰：椰樹大三四圍，長十丈，通身無枝，至百餘年。有葉狀如蕨菜，長丈四五尺，皆直竦指天，其實生葉間，大如升，外皮苞之，如蓮狀。皮中核堅過於石，裏肉正白，如雞子，著皮而腹内空含汁，大者含升餘，實形團團然，或如瓜蔞，横破之，可作爵形，並盛器用，故人珍貴之。《廣志》曰：椰出交趾，家家種之。《交州記》曰：椰子有漿，截花以竹筒承其汁，作酒飲之，亦醉也。　寇宗奭曰：椰子，開之有汁，白色如乳如酒，極香，别是一種氣味，强名爲酒。中有白瓠，形圓如括摟，上起細壠，亦白色而微虚。其紋若婦人裙褶，味亦如汁，與著殼一重白肉，皆可糖煎，爲菓。其殼可爲酒器，如酒中有毒，則酒沸起，或裂破，今人漆其裏，即失用椰子之意。　玄扈先生曰：椰用甚多，南中人樹之者，資生之類，大率在焉。

明　慎懋官《華夷花木鳥獸珍玩考》　初栽時，用鹽一二斗，先置根下，則易發。其俗家之周遭必植之。木幹，最長至斗大方結實。當摘食時，在五六月之交。去外皮，則殼實圓而黑潤，肉至白，水至清且甜，飲之，可祛暑氣。今行商懸帶椰瓢，是其殼也。又有一種小者，端圓甚作酒盞。出于文昌瓊山之境，他處則無也。今之椰杯産於交廣，相傳林邑王與越王有怨，遣刺客得其首。因梟於樹，已而化爲椰子林，邑王憤之，乃命製爲飲器。越當剌時，方大醉。故今椰漿味尚如酒。飲之可醉。然予嘗記烏孫國有青田核，如五六升瓠，空之盛水，俄而成酒。宋有劉章者，得二枚，集賓設之一核才盡，一核又熟。可供二十客，豈亦椰之類耶。但椰漿素所醖，而核之酒，則臨時所釀。此爲特異，竟亦莫知爲何木也。《瓜哇志》酒出于椰子及蝦蟆丹樹。取其殼爲酒器，如酒中有毒，則酒沸起。今人皆漆其裏，則全失用椰子之意。

清　厲荃《事物異名録》卷三〇《樹木部·椰樹》　《類書》：酒樹，椰也。

清　吴其濬《植物名實圖考》卷三一《果類·椰子》　椰子，《開寶本草》始著録，瓊州有之。羊城夏飲其汁，云能解暑。度嶺則汁漸乾，味變矣。

植物名實圖考·椰子

清　吴其濬《植物名實圖考長編》卷一六《果類·椰子》　《嘉祐本草》：椰子皮味苦平無毒。止血療鼻衄，吐逆霍亂。煮汁服之殼中肉益氣去風，漿服之主消渴，塗頭益髮令黑。生安南，樹如椶櫚，子殼可爲器。《交州記》曰：椰子中有漿，飲之得醉。　《圖經》：椰子出安南，今嶺南州郡皆有之。木似桄榔，無枝條，高數丈。葉在木末如束蒲。實大如瓠，垂於枝間如挂物。實外有粗皮，如椶包，次有殼，圓而且堅，裏有膚至白如猪肪，厚半寸許，味亦似胡桃。膚裏有漿四五合，如乳，飲之冷而氛醺。人多取殼爲器甚佳。不拘時月採其根皮用。南人取其肉糖飴漬之，寄至北中作果，味甚佳也。《海藥》：謹按《交州記》云：生南海，狀若海椶，實名椰子，實大如碗許，外有粗皮如大腹子。豆蔻之類，內有漿似酒，飲之不醉。主消渴吐血，水腫去風熱。雲南者亦好，武侯討雲南時，並令將士剪除椰樹，不令小邦有此異物，多食動氣也。《南方草木狀》：椰樹葉如栟櫚，六七丈無枝條。其實大如寒瓜，外有粗皮，次有殼，圓而且堅，剖之有白膚，厚半寸，味似胡桃而極肥美，有漿飲之得醉，俗謂之越王頭云。昔林邑王與越王有故怨，遣俠客刺得其首懸之於樹，俄化爲椰子。林邑王憤之，命剖以爲飲器。南人至今效之。當刺時越王大醉，故其漿猶如酒云。《桂海虞衡志》：椰子木葉身悉類椶櫚、桄榔之屬。子生葉間，一穗數枚，枚大如五升器，果之大者謂惟此與波羅蜜等耳。皮中子殼可爲器，子中瓤白如玉，味美如牛乳。瓤中酒新者極清芳，久則渾濁不堪飲。《嶺南雜記》：椰子形如芋頭，如人首，外包椶皮，內有堅殼，解之得漿，味如荸薺之汁。附殼白肉如截肪，甘脆可啖，彼人截爲絲蜜餞以致遠，中有心可食，亦有無心者。其殼爲碗，最小者爲酒杯，尤貴。相傳入蠱鄉用椰器，遇毒即裂。今皆鑲漆用之，失其性矣。《嶺表録異》：椰子樹亦類海椶。實名椰子，大如甌盂，外有粗皮如大腹子，次有硬殼，圓而且堅，厚二三分。有圓好者，即截開頭，砂石磨之，去其皺皮，具斑爛錦文，以白金裝之，以爲水罐子，珍奇可愛。殼中有液數合如乳，亦可飲之而動氣。《海槎餘録》：椰子樹初栽時，用鹽一二斗先置根下則易發，其俗家之周遭必置之。木幹最長，至斗大方結實，當摘食時在五六月之交。去外皮則殼實圓而黑潤，肉至白，水至清且甜，飲之可祛暑氣，今行商懸帶椰瓢是其殼也。又有一種小者，端圓堪作酒盞，出於文昌瓊山之境，他處則無也。《南越筆記》：椰生瓊州，栽時以鹽置根下則易發。樹高六七丈，直竦無枝。至木末乃有葉如束蒲，長二三尺。花如千葉芙蓉，白色，終歲不絶。葉間生實如瓠繫房，房連累，一累二十七八實，或三十實，大者如斗，有皮厚苞之曰椰衣，皮中有核甚堅，與膚肉皆緊著，皮厚可半寸，白如雪，味脆而甘，膚中空虚。又有清漿升許，味美於蜜，微有酒氣，曰椰酒。蘇軾詩：「美酒生林不待儀」，言椰子中有自然之酒，不待儀狄而作也。瓊人每以檳榔代茶，椰代酒，以欵賓客，謂椰酒，久服可以烏鬚云。瓊州多椰子葉，昔趙飛燕立爲皇后，其女弟合德獻諸珍物中有椰葉席焉，椰葉之見重也。自漢時始，瓊州人無分男女，首皆戴笠，以竹絲爲之，其用椰葉爲笠者，貴之也，以爲席則賤之矣。

清 屈大均《廣東新語》卷二五《木語·椰》 椰，産瓊州，栽時以鹽置根下，則易發。樹高六七丈，直竦無枝，至木末乃有葉如束蒲長二三尺。花如千葉芙蓉，白色，終歲不絶。葉間生實如瓠繫，房房連累，一房二十七八實或三十實，大者如斗。有皮厚苞之曰椰衣，皮中有核甚堅，與膚肉皆緊著皮，厚可半寸，白如雪，味脆而甘，膚中空虚又有清漿升許，味美於蜜，微有酒氣，曰椰酒。蘇軾詩：「美酒生林不待儀。」言椰子中有自然之酒，不待儀狄而作也。瓊人每以檳榔代茶，椰代酒以飲賓客，謂「椰酒久服，可以烏鬚云」。予詩：「瓊南無酒家，酒向椰中取。椰子有一心，出酒如娘乳。」又云：「椰心在酒中，大似銀桃子。浸以玉漿寒，食之甘且旨。」椰心色白而甘，在酒中，大小不一，宜以檳榔兼嚼之。雷瓊婦女多鬻檳榔子市，以浮留葉結疊鴛鴦相餉，潛點椰心其中，予有《竹枝詞》云：「數錢争出手纖纖，葉結鴛鴦滿翠奩。莫道檳榔甘液好，買儂椰子更心甜。」凡揀椰子，以手摇之，聽其中水聲清亮，則其心大而甜，其肉厚，其殼亦堅。水聲濁則否。蓋椰心以水而養，椰無水則無心，往往而是。瓊州歌有云：「不買椰衣只買心。」

清 陳昌齊 道光《廣東通志·果類·椰樹》 椰樹葉如栟櫚，高六七丈，無枝條。其實大如瓜，外有粗皮，次有殼，圓而且堅，剖之有白膚，厚半寸，味似胡桃而極美，有漿，飲之得醉，俗謂之越王頭，云昔林邑王與越王有怨，遣俠客刺之，得其首懸之於樹，俄化爲椰子。林邑王憤之，命剖以爲飲器。南人至今效之，當刺時越王大醉，故其漿如酒云。《南方草木狀》有一種小者，堪作酒盞，出於文昌。《海槎餘録》

藝文

漢 司馬相如《上林賦》 留落胥餘。

晉 左思《吴都賦》 椰葉無陰。

唐 沈佺期《題椰子樹》 日南椰子樹，杳裹出風塵。叢生調木首，圓實檳榔身。玉房九霄露，碧葉四時春。不及塗林果，移根隨漢臣。

宋 黄庭堅《椰子》 漿成乳酒醺人醉，肉截鵞肪上客盤。有核如匏可雕琢，道裝宜作玉人冠。

山樝

綜述

《爾雅·釋木》 杌，檕梅。郭璞註：杌樹，狀似梅，子如指頭，赤色，似小柰，可食。

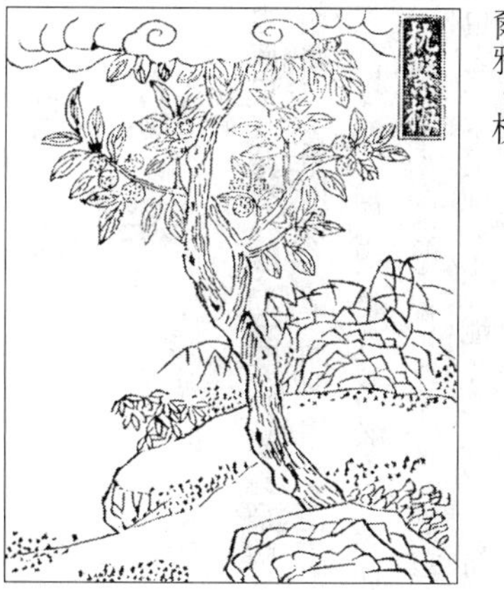

爾雅·杌

明 王象晉《群芳譜·果譜·山樝》 山樝，一名棠梂子，一名山裹果，一名羊梂，一名猴樝，一名鼠樝，一名茅樝，一名檕梅，一名杌子，一名赤瓜子，味似樝，故名。樝、杌之名，見于《爾雅》。有二種，生山中。樹高數尺，多枝柯。葉有五尖，色青背白，椏間有刺。三月開小白花，五出。實有赤、黃二色，肥者如小林檎，小者如指頂。九月熟，核狀如牽牛子，色白微映紅，甚堅。滁州、青州者佳。古方罕用，自朱丹溪用之，名始著。今爲消滯要藥。語云：山樝有爛肉之功。小者味酸，爲棠杌子、茅樝、猴樝，堪入藥。肥大者爲羊杌子，可作果食。

製用：取熟者蒸爛，去皮核及内白筋，白肉搗爛，加入白糖，以不酸爲度，微加白礬末，則色更鮮妍，入籠蒸至凝定，收之作果甚美，兼能消食。又蒸爛熟，去皮核，用蜜浸之，頻加蜜以不酸爲度，食之亦佳。聞有以此果切作四瓣，加姜鹽拌，蒸食，又一法也。入藥者，切四瓣，去核，曬乾收用。山查酒：山查熟時，擇擘去蟲，洗净控乾，搗半碎，每缸用三斗，隨添黍米少許。亦可以甑蒸半熟，取出攤冷，入大麯半塊，燒酒一斤，拌如常法。其味甘淡不醉人，極消食積。詩：五言：樝梨且綴碧。（杜子美）

明 徐光啟《農政全書》卷三〇《樹藝》 《爾雅》曰：杌子檕梅。又名赤瓜子、鼠樝、猴樝、茅樝、羊梂、棠梂子、山裹果。此物生於田原茅林中，猴鼠喜食之，故有諸名也。九月熟，取去皮核搗和糖蜜作爲樝糕，以充果物。亦可入藥令人少睡有力悦志。

清 陳淏子《花鏡》卷三《花果類考·山楂》 山楂，一名茅樝。樹高數尺，葉似香薷。二月開白花。結實有赤、黃、白三色，肥者如小林檎，小者如指頭，九月乃熟，味似樝子而微酢。多生於山原茅林中，猴、鼠喜食，小兒以此爲戲果。

清 檀萃《滇海虞衡志》卷下《志果·查》 查，巨亦甲天下，樹高大如柞櫟，查餞、查膏尤佳。黃果出迤西，橘柚之類也，滇人名之爲黃果。

清 吴其濬《植物名實圖考》卷三二《果類·山樝》 山樝，《唐本草》始著録。即赤爪子。李時珍以爲《爾雅》杌，檕梅即此。北地大者味佳，製爲糕，小者唯入藥用。《齊民要術》引《廣志》云：杌木易種，多種之爲薪，又以肥田。郭注《山海經》亦云：杌可燒糞田。蓋此木與槲栩同生山萊，落實取材，薪櫄是賴。郭注《爾雅》但云可食，尚未標以爲果，而入藥則盛於近世也。

植物名實圖考·山樝

清 陳憲舜《課民植牧講義稿·山楂》 計有二種。其一高五六尺，椏間有刺，葉可代茶，三月開五瓣白花，九月結實，有黃有赤，大如小桃，小如指頭，啗食能助消化，亦可作糕，以備點食，藥材之中，尤爲常用。子黑色甚細而堅。又一種樹高丈餘，花葉相同，惟結實較大，肉虛皮澀，經霜長熟，方能入口，選核留中熟者，風乾藏之，翌春取出，播於肥地，拌灰鋪草，施以水肥，此物發芽之後，生長最速，一年之内，即高尺餘二尺不等，次年春間挖起，截去稍長根鬚，移植定處，催以各種肥料，至三年後即結實，亦有遲至四五年者，霜後取熟實去皮與核，和糖蜜搗爛爲糕，或蒸熟、或曬乾，均可發售。木材帶赤色，而美麗文理密而堅硬，作椅案、造樂器，極佳。接過之樹，結子尤夥。

清 李鴻章 光緒《畿輔通志・果屬・山楂》 山樝。有二種，小者味酸，爲棠杋子。茅樝、猴樝，堪入藥，肥大者可作果食。今塞外多有之。

清 長順《吉林通志・果樹屬・山楂》 山楂。大而紅，土人呼爲山裏紅，可蜜漬。亦可爲餻。《寧古塔紀略》果子單。山渣煮漿爲之，狀如紙薄，匀净可卷舒，色紺紅，故名果子單。味甘酸，止渴。《扈從東巡附録》今吉林閒有作之者。《採訪册》

枳椇

綜述

三國吳 陸璣《毛詩草木鳥獸蟲魚疏》卷上《南有枸》 枸樹，山木。其狀如櫨，一名枸骨，高大如白楊。所扗山中皆有，理白可爲函板。枝柯不直，子著枝端，大如指，長數寸，噉之甘美如飴，八九月熟，江南特美。今官園種之謂之木密，《詩・南山有臺》疏古語云：枳枸來巢，言其味甘，故飛鳥慕而巢之。本從南方來，能令酒味薄。若以爲屋柱，則一屋之酒皆薄。詩釋文引其樹如樗，一名狗骨。《御覽》枳椇，《齊民要術》引同。

宋 陸佃《埤雅》卷一四《椇》 木高大似白楊，多枝而曲，飛鳥喜巢其上。《賦》曰：「枳句來巢」，是也。子依房生著枝端，大如指，長數寸，狀如珊瑚，噉之甘美如飴，今俗謂之枅栱。《古今註》曰：「一名樹蜜，一名木餳。實形卷曲，核在實外。以其木爲屋，近酒能令酒味薄曲。」《禮》曰：「婦人之摯椇榛、脯修、棗栗。」椇取卷曲，榛言至，棗言早，栗言恂栗。故曰：「以告虔也。」

宋 羅願《爾雅翼》卷九《釋水・椇》 椇，枳其椇也，木徑尺，葉如桑柘。以爲屋材，則室中酒味皆敗。其子作房似珊瑚，核在其端，其味甚甘，小兒食之。江東謂之木蜜。崔豹《古今注》曰：枳椇子一名木密，一名木餳，實如枅卷曲，核在實外，味甘美如餳蜜。一名白石，一名木實。白水實名枳椇。古者人君燕食所加庶羞。凡三十一物，其巢則有蔆、椇、棗、栗、榛、柹、瓜、桃、李、梅、杏、楂、梨。又婦人之贄椇、榛、枣、栗，荊楚之俗。亦鹽藏荷裹，以爲冬儲。今不以爲重，賤者食之而已。古語云：枳椇來巢，言其味甘，故飛鳥慕而巢之。或云：枳句古侯切。如枳木之勾曲，今枳椇亦自勾曲。故四代之俎，有虞氏以梡，夏後氏以嶡，商以椇，周以房。俎梡，斷木爲四足而已。嶡之言□也，謂中足爲橫距之象。椇之言枳椇也，謂曲撓之房，謂足下跗也。上下兩間有似於堂房。孔氏以爲枳椇之木，其枝多曲撓。六引陸璣《草木疏》椇曲來以證曲撓之義，蓋商俎似椇之曲耳。椇今人謂之枅枸，又謂之蜜曲録。

元 胡古愚《樹藝篇・木部・椇》 枳枸，《詩》謂之枸樹，高大似白楊。有子著枝端，大如指，長數寸，味甘，能解酒毒。人家有此樹，則醞酒不成。亦名木蜜。建陽謂之皆拱子，崇安謂之兼勾。《八閩通志》 鬼拗子狀如人指，皮薄，色黄，其中有筋，可作蜜，煎其脆，即《詩》所謂枸也。一名兼勾，一名嫩漢指頭。能醒酒，若用其木造屋，則其家釀酒味薄。《廣州府志》 「南山有杞」，註：「杞，枸也。」陸璣疏云：「枸樹高大似白楊，生子著枝端，長數寸，甘美如飴，八月熟，謂之木蜜。」詩話云：「狀如枅拱木，通作椇。」《本草》：「枳椇，廣枳椇。實如珊瑚，是白石水之子。」《説文》作極字，从木，積極也。徐鍇云：「積極，屈曲不伸之意。」積極之菓，其狀詰屈，亦取此爲名。《丹鉛續録》 枳椇子，一名樹蜜，一名木餳。實形拳曲，核在實外，味甜美如餳蜜。一名白石，一名白實，一名木石，一名木實，一名枳椇。《古今注》，下同。

木蜜生南方，合體皆甜。嫩枝及葉皆可生啖，味如蜜，解悶止渴。其老枝及根幹堅不可食，細破煮之，煎以爲蜜，味倍甜濃。同上 按：枳椇子、木蜜本是一物，而《古今注》分爲二條，不知何謂。枳椇味甘平，無毒，主頭風，小腹拘急，一名木蜜。其木皮温，無毒，主五痔和五臟。以木爲屋，屋中酒則味薄。此亦奇物，《唐本草注》云：「其樹徑尺，木名白石，葉如桑柘，其子作房似珊瑚，核則生其端，人皆食之。」臣禹錫等謹按：《蜀本草》云，「字或單作拘，音矩去，木名出蜀。」近酒能薄酒味，江南人呼謂之木蜜也。《本草》《丹溪藥按或問》一書門人趙良仁編集，余見其發熱論中，用雞矩子治中酒人發熱，初不知雞矩子爲何物。《蘇沈良方》云「雞矩子，俗謂之癩漢指頭，嚼之如牛乳」，亦欠明白。後閱僧贊寧《物類相感志》云「枳椇，一名枝枸子，俗訛爲雞矩子，又名木蜜。味甘平，無毒。樹形似白楊。其子著枝端，如小指，長數寸，屈曲相連，噉之如餳美，八九月熟。以此木作屋柱，令一室之酒味皆淡薄。其功能解酒毒，療消渴之聖藥。」古人單方治酒積，甚良。江南謂之白石，樹，《詩》所謂「南山有枸」是也。《續醫説》 枳椇曰木蜜，蜀人謂之枸，《小雅》「南山有枸」是也。陸璣云「似白楊，其子大如指，長數寸，噉之如飴」，故曰木蜜。《草木畧》《詩》：「南山有枸」，《傳》：「枸，枳枸」，《疏正義》曰：「枸」，《釋木》無文。宋玉賦曰：「枳枸來巢，則枸木多枝而曲，所以來巢也。」陸璣疏云：「枸樹高大似白楊，有子著枝端，大如指，長數寸，噉之甘美如飴，八月熟。」今官園種之，謂之木蜜。《詩經註疏》

明　宋詡《竹嶼山房雜部》卷九《樹畜部・樹類》　木蜜，實紫黑色，形似珊瑚，屈曲成叢，又多枳枸。朱子謂：俗言癩漢指頭是也。《曲禮》曰：婦人之摯椇榛。《埤雅》以椇即木蜜也。椇俱禹切。

春前分小木種之。種不宜近酒室，使酒味薄。材爲盛酒器遂敗酒，作枕卧醉者易醒。

明　慎懋官《華夷花木鳥獸珍玩考》卷三《枳柜》　《廣志》曰：枳柜葉似蒲柳，子似珊瑚。其味如蜜。十月熟，樹乾者美，出南方。邳郯枳柜大如指。詩曰：「南山有枸。」毛云「柜也。」《義疏》曰：樹高大似白楊，在山中有子著枝端，大如指，長數寸，噉之甘美如飴。八九月熟，江南者特美。今官園種之，謂之木蜜。本從江南來，其木令酒薄，若以爲屋柱，則一屋酒皆薄。岑樓慎氏曰：即《圖經》所謂接骨木也。

明　慎懋官《華夷花木鳥獸珍玩考・木蜜》　崔豹《古今注》云：木蜜生南方，合體甜軟可噉，味如蜜，老枝煎取倍甜，止渴也。

明　方以智《物理小識》卷九《木蜜》　木蜜　名枳椇木，不宜近酒室，使酒味薄。材作枕，醉者易醒。語曰：厲漢指頭。中州呼拐棗，一名槺構。

明　何孟春《餘冬序録・枳椇》　南方有樹曰枳椇，實如珊瑚，甘而可食。以木爲屋，屋中酒則味薄。昔人記，因修舍用此，誤落一片酒甕中，其酒化爲水味，飲酒人不喜食甜物，惡滿中也。曼陀羅花者有大毒，末之置人飲食中，即昏醉。昔人記，招州公庫貯酒處取一枝挂庫中，飲者易醉。物能變易人性如比。

明　吴雨《毛詩鳥獸草木考》卷一八《木考・枸》　枸，一名枳枸，一名木蜜，一名木餳。合體皆甜，嫩枝及葉皆可生噉，味如蜜，解悶止渴。其老枝及根幹堅不可食，細破煑之，煎以爲蜜，味倍甜濃。子名枳椇，房生著枝端，形似珊瑚，皮薄色黄。江南特美，謂之枅栱。庶羞三十一物，内有此果。今人賤之。蜀人謂之枸，以其木爲屋，近酒能令酒味薄。朱子云，枳枸子，建陽謂之，皆拱子，俗謂之「癩漢指頭」，吾鄉呼爲「兼勾」，味甘而解酒毒，人家左右前後有此木，則醖酒不成。宋玉賦云：「枳枸來巢。」則枸木多枝而曲，所以來巢也。陸璣云：枸樹大似白楊，子著枝端，大如指，長數寸，噉之甘美如飴，八月熟。今官園種之，謂之「木蜜」。

清　厲荃《事物異名録》卷三〇《樹木部・枸》　枸骨　木蜜　陸璣《詩疏》：枸樹一名枸骨子，大如指，噉之甘美如飴，今官園種之，謂之木蜜。　猫兒刺，《羣芳譜》：枸骨即俗呼猫兒刺者。　白石樹，《物類相感志》：枸樹江南謂之白石樹。　千歲，《廣志》：木蜜樹號千歲。

清　陳大章《詩傳名物集覽》卷一二《南山有枸》　《朱傳》，枸，枳枸，樹高大似白楊，有子著枝端，大如指，長數寸，噉之甘美如飴，八月熟，亦名木蜜。《語録》：枸是機枸子，建陽人謂之皆拱子，甘而解酒毒。《陸疏》：枸，枳枸也。木高大似白楊，所在山中皆有。理白可爲函板。枝柯不直。古語曰：枳枸來巢，言其味甘，故飛鳥慕而巢之。本從南方來，能敗酒。若以爲屋柱，則一屋之酒皆薄。《本草》，枳椇味甘平，一名木蜜，其木皮温。《唐本草注》云：其樹徑尺，木名白石，葉如桑柘，其子作房，似珊瑚，核在其端。《古今注》：枳椇子一名樹蜜，一名木餳，實形拳曲，核在實外，亦名白石、白實，木石、木實。《埤雅》：椇木似白楊子，依房生，著枝端，今俗謂之枅栱。《曲禮・婦人之贄》：椇、榛、脯、修棗、栗，椇取卷曲，榛言至，棗言早，栗言恂栗，故曰以告虔也。《廣志》：葉似蒲柳子，十一月熟，樹乾者益美。或云，果名，一名白石李。《通志》：枳椇蜀人謂之枸。《詩緝》云：疏引枳椇來巢，以證毛説，然宋玉《風賦》，字作枳句。李善注：橘踰淮爲枳句，曲也，音溝，非毛義也。《雅翼》：古者人君燕食所加庶羞，凡三十一物，其果則有蔆、椇、棗、栗、榛、柿、瓜、李、桃、梅、杏、樝、梨，荆楚之俗，亦鹽藏荷裹以爲冬儲，今不以爲重，賤者食之而已。《正字通》：枸有矩、苟、鉤、劬四音，枸杞之枸音苟，南山之枸音矩，字同音異，各分二物也。

清 吴其濬《植物名實圖》卷三二《果類·枳椇》 枳椇，《唐本草》始著録，即枸也。詳《詩疏》，能敗酒，俗呼雞距，亦名拐棗。山中皆有之。《本草拾遺》木蜜即此。

植物名實圖考·枳椇

清 陳昌齊 道光《廣東通志·果類·枳椇子》 枳椇子，其樹徑尺。葉如桑柘。其子作房似珊瑚，核在其端，人皆食之。《政和本草》蜀人之稱桔枸，滇人之稱雞橘，廣人之稱結留，皆枳、椇、雞、距之字，方音轉異爾。《本草綱目》

木瓜

綜述

《爾雅·釋木》 楙，音茂。木瓜。郭璞註：實如小瓜，酢可食。

爾雅·楙

北魏 賈思勰《齊民要術·木瓜第四二》 《爾雅》曰：「楙，木瓜。」郭璞注曰：「實如小瓜，酢可食。」《廣志》曰：「木瓜子可藏，枝可爲數號，一尺百二十節。」《衛詩》曰：「投我以木瓜。」毛公曰：「楙也。」《詩義疏》曰：「楙，葉似柰葉，實如小瓜，上黄，似著粉，香。」欲噉者，截著熱灰中，令萎蔫，浄洗，以苦酒豉汁蜜度之，可案酒食。蜜封藏百日乃食之，甚美（益）（人）。 木瓜，種子及栽皆得，壓枝亦生。栽種與李同。《食經》藏木瓜法：先切去皮，煑令熟，著水中，車輪切。百瓜用三升鹽，蜜一斗，漬之，晝曝，夜内汁中。取令乾，以餘汁蜜藏之，亦同（用）濃杬汁也。

宋 謝維新《古今合璧事類備要別集》卷四三《果門·木瓜》 《格物總論》木瓜按《爾雅》謂之楙。《蜀本草》云其樹枝狀如柰，花作房，生子形似栝蔞，堅硬，皮青肉白，味甘酸，入藥，和氣火，乾甚香。

宋 陸佃《埤雅》卷一三《木瓜》 《釋木》云：「楙，木瓜。木瓜葉似柰，實如小瓜，其枝可爲數，號一尺百有二十節，味酢，善療筋轉。」陶隱居云：「如轉筋時，但呼其名，及書上作木瓜字輒愈。」蓋梅聖之而蠲渴，楙書之而緩筋，理有相感不可得而詳也。諺曰：「梨百損一益，楙百益一損。」投人之道，宜有以益之，而報人則欲其堅久。故《詩》曰：「投我以木瓜，報之以瓊玖也。」江左故老視其實如小瓜而有鼻，食之津潤不木者謂之木瓜，圓而小於木瓜，食之酢澀而木者謂之木桃。木李大於木桃，似木瓜而無鼻，其品又下木桃，亦或謂之木梨，梨蓋聲之誤也。鼻即瓜之脱華處，里俗呼之爲味，其著華處乃臍也。按《魚龍河圖》曰：「瓜有兩蒂兩鼻者殺人。」則鼻與蒂異矣。木瓜性脆，木李性堅。今人以蜂飴，漬之者取木瓜，煎之者取木李。且六果桃最爲下。其詩一章曰木瓜，二章曰木桃，三章曰木李，以言投我彌薄而報之彌厚，則不應先桃後李如此。今木瓜或於孰時，鏤紙作華粘之，以瀋噀其上，得露日之氣乃紅，其文如生云。

宋 蔡卞《毛詩名物解》卷五《釋木瓜》 木瓜，弓材之下者也。《木瓜》之詩曰：「投我以木瓜。」言其實大於桃而已。是故三章皆言所投者木瓜，報者以王，何也？蓋木果所以助養人之物，而玉者人君之至貴者也。投我以助養人之木果，而報之以至貴之玉，此序所謂厚報者也。維民報之心，若是其厚。此桓公之霸所以半，古之人而功必倍之也歟。夫木，仁也，以譬君子之德；玉，陽也，以象君子之性。桓公之惠小而功德微矣，故報止以玉，爲足以取類矣。如天保報上則無物比焉，亦欲其壽考而已。

元 司農司《農桑輯要》卷五 《務本新書》：木瓜，秋社前後移栽，至次年率多結子，遠勝春栽。

明 宋詡《竹嶼山房雜部》卷九《樹畜部・樹類》 木瓜實似桃而大，味酸澀，老稺有所須。《埤雅》曰：剪紙作花粘實，得日露之氣乃紅，其文如生。一種香柤色黃。《本草》云：生壓汁和玄參、甘松末作濕香。 秋分後根側分取小木種之。喜陰喜肥。《埤雅》曰楙，木瓜。百益一損。楙音茂。

明 王象晉《群芳譜・果譜・木瓜》 木瓜：一名楙，一名鐵腳梨。樹如柰，叢生。枝、葉、花俱如鐵腳海棠。可種可接，可以條壓。葉光而厚。春末開花，紅色，微帶白。作房實如小瓜，或似梨稍長，皮光色黃，上微白如著粉。津潤不木者，爲木瓜。香而甘酸不澀，食之益人。醋浸一日方可食，生不堪啖。處處有之，山陰蘭亭尤多，而宣城者爲佳。本州以充土貢，故有宣州花木瓜之稱。西洛木瓜味和美，至熟青白色，入藥絶有功，勝宣州者。味淡，性酸温無毒，去濕和胃，强筋骨，治腳氣，霍亂、大吐、下轉筋不止。 種法：秋社前後，分其條移栽，次年便結子，勝春栽者。 附録：樝子一名圓和子，一名木桃。處處有，孟州特多。小於木瓜，更酢澀。色微黃，蒂核皆粗，核中之子，小而圓，味劣於梨與木瓜，而入蜜煑湯，則香美過之。去惡心、咽酸，止酒痰黃水功與木瓜相近。榠樝一名蠻樝，一名瘙樝，一名木李，一名木梨。木葉、花、實酷類木瓜，比木瓜大而色黃。有臭者爲木瓜，無則木李。可浸酒去痰，壓取汁和甘松、玄參末作濕香，能爽神。寘衣箱殺蠹蟲，煨食止痢，煑汁飲治霍亂、轉筋，浸油梳頭，治髮白髮赤。榅桲出關陝沙苑者更佳。似樝子而小，氣香辟衣魚。樹如林檎，花白味甘，食之宜浄去毛，恐損肺，不宜多食。同車螯食，發痂氣。

明 周文華《汝南圃史》卷七《木瓜》 木瓜，葉如鐵梗海棠而大，花亦似之。至春，未發葉先開花深紅色。《圖經本草》曰：木瓜處處有之，宣城尤佳，其木狀似柰，其花生於春末而深紅色，其實大者如瓜，小者如拳。《爾雅》謂之楙。郭璞云：實如小瓜，味酢可食不可多，無損亦無益。宣州人種蒔尤謹，遍滿山谷，始實成則簇紙花傅其上，夜露日暴漸而變紅，花紋如生，用以充土貢。其大枝可作杖，謂策之利筋脈。根葉煎湯淋足脛則無蹷疾。又截其木，乾之作桶以濯足。陶隱居云如轉筋時但呼其名，以手指作書木瓜二字於患處，即愈，誠不可解。《衍義》曰：木瓜得木之正，故入筋。以鉛霜塗之，則失錯味，受金之制也。此物入肝，故益筋與血，病腰、腎、腳、膝無力不可闕也。《爾雅翼》曰：其木可以爲材，故取幹之道，木瓜次之。又可毒魚。齊孝昭北伐庫莫奚，至天池，以木瓜灰毒魚。《農桑撮要》云：八月栽木瓜，秋社前後移栽之，次年便結子，勝如春間栽者。壓之亦生，栽種與桃李法同，霜降後摘取，凡用勿犯鐵器。《王氏農書》蜜漬木瓜法：先用竹刀切去皮，煑令熟，浸水中拔去酸味，卻以蜜熬成煎藏之。又宜去子，爛蒸擂作泥，入蜜與薑作煎飲用，冬月尤美。

明 徐光啟《農政全書》卷三〇《樹藝》 《爾雅》曰：楙木瓜。郭璞注曰：實如小瓜酢，可食。一名鐵腳梨，山陰蘭亭尤多，西京亦有之，而宣城者爲佳。李時珍曰：其葉光而厚，其實如小瓜而有鼻津潤味，不木者爲木瓜，圓小於木瓜味，木而酢濇者爲木桃似木瓜，而無鼻大於木桃味，濇者爲木李，亦曰木梨即榠樝及和圓子也。鼻乃花脱處非臍蒂也。 《農桑通訣》曰：木瓜種子及栽皆得，壓枝亦生，栽種與桃李同法。秋社前後移栽，至次年率多結實，勝春栽者。宣城人種蒔最謹，始實則簇，紙花薄其上，夜露日曝，漸而變紅花，又如生，本州以充土貢。故有天下宣城花木瓜之稱。 《廣志》曰：木瓜子可藏，枝可爲數號，一尺百二十節。 《詩疏義》曰：欲啖者，截著熱灰中，令萎蔫，浄洗，以苦酒頭汁蜜之可案，酒食蜜封藏百日乃食之甚美。凡腰腎腳膝者服之，不宜闕以蜜漬食亦堪益人。蜜漬之法，先切皮煮令熟，著水中拔去酸味，卻以蜜熬成煎藏之。又宜去子，爛烝擂作泥，入蜜與薑作煎飲用，冬月尤美。夫木瓜得木之正，故入筋試以鉛霜塗之，則失醋味，受金之制也。五行相剋之義於此，蓋亦可驗。此果既能愈疾，又宜飲啖兼用，有益誠可貴焉。陶弘景曰：木瓜最療轉筋。如轉筋時，但呼其名，及書土作木瓜字皆愈此理。亦不可解俗人拄木瓜杖，云利筋脈也。

明 方以智《物理小識》卷九《木瓜》 木瓜 《埤雅》曰：楙，木瓜，百益一損。翦紙作花粘實，得日露之氣乃紅，其文如生。一種香柤，色黃，生壓汁。和玄參、甘松作濕香。秋分後根側分小條種之，喜陰喜肥。《廣志》木瓜枝一尺有百二十節。

明 吴雨《毛詩鳥獸草木考》木考・木瓜 《衛風》曰：投我以木瓜。《傳》：木瓜，楙木也，可食之木。又：投我以木桃。又：投我以木李。木瓜，一名楙，似柰。生於春末，花深紅色，實大者如小瓜，小者如拳，上黄似著粉。其枝可爲數，號一尺百有二節。味酢。實成則鏃紙作花傅其上，得露日之氣皆變紅，花文如生，可療筋轉。如轉筋時，但呼其名及書土作木瓜字，輒愈。大枝可以作杖。諺曰：「梨百損一益，楙百益一損。」以充土貢，古以爲「苞苴」是也。有一種榠樝木，葉、花、實酷類木瓜。欲辨之看蒂間別有重蒂如乳者，爲木瓜，無此則爲榠樝。陸佃云：江左故老，視其實如小瓜，而有鼻，食之津潤不木者，謂之木瓜。

清 陳大章《詩傳名物集覽》卷一一《投我以木瓜》《朱傳》，楙，木也，實如小瓜，酢可食。《毛傳》，孔子曰：吾于木瓜，見苞苴之禮行。箋云：以果實相遺者，必苞苴之。《爾雅》楙，木瓜。注：實如小瓜，酢可食。《陶隱居》云：山陰蘭亭尤多，最療轉筋。如轉筋時，但呼其名，及書上作木瓜字輒愈。故曰：梅望之而止渴，楙書之而緩筋。《蜀草》注：其樹枝狀如柰，花形似栝樓，作房生子，火乾甚香。《水經注》魚復縣地多楙木瓜，有子大如甒，白黃實甚芬香。《爾雅》之所謂楙也。又夷陵生木瓜，虎丘山三面皆有木瓜。《埤雅》諺曰：梨百損一益，楙百益一損。投人之道，宜有以益之，而報人則欲其堅久，故曰木瓜瓊玖也。《圖經》：木狀如柰，花生春末，深紅色，實大者如瓜，小者如拳，宣州人種蒔尤謹，遍滿山谷，始實成，則簇紙花黏薄其上，夜露日暴，漸而變紅，花文如生，本州以充土貢。又有一種榠樝，木葉花實，酷類木瓜。欲辨之，看蔕間別有重蔕如乳者，是木瓜也。雷公云：真木瓜皮白微赤黃，香酸甘不澀，調榮衛，助穀氣，向裏，子頭尖，一面方，勿誤用。《考工記》：弓人取幹之道，木瓜次橘。《廣志》：木瓜子可藏，枝爲杖，號一尺百二十節。《果譜》：一名楙，一名鐵腳梨樹，叢枝，葉花俱如鐵腳海棠，葉光而厚，春末花開，紅色微白。實如小瓜，或似梨稍長，色黃如著粉，津潤不木者爲木瓜。醋漬一日，食之益人。《大明會典》，宣州歲進烏欄蟲蛀木瓜入藥局，取其陳久，無木氣也。《淮南畢萬術》云：木瓜燒灰散池可毒魚，榠樝即木瓜之大而黃，色無垂蒂者。《通志》謂之蠻樝。

清 陳淏子《花鏡》卷三《花果類考・木瓜》 木瓜，一名楙，一名鐵腳梨。獨蘭亭、宣城者爲最。樹高丈餘，葉厚而光，狀如海棠及柰，春深未發葉，先有花，其色深紅，微帶白。實大如瓜，小者如拳，皮黃似著粉香，最幽甜而津潤。有鼻者木瓜，無鼻而澀者木李，比木瓜小而酢澁者木桃。惟木瓜香而可食，宣州人種滿山谷，每實將成，好事者鏤紙花粘瓜上，夜露日照，漸變紅花色矣，其文如生，本州用充土貢，名爲花木瓜。樹可以子種，亦可接壓。在秋社前後移栽者，較春栽更盛耳。畏日喜肥，更宜犬糞。其直枝可作杖，謂老人策之利筋脈。實可浸酒，或蜜漬爲果亦佳。蜜漬法：先切去皮，煮令極熟，多換水浸，使拔去酸澁之味，然後用生蜜熬成煎，將木瓜晾乾，投於蜜瓶中藏之，經久不壞，而香馥猶存。昔天台山石罅有木瓜一株，花時一巨蛇盤其上，至實落供大士後乃去，號爲護聖瓜。

清 高士奇《北墅抱甕録・木瓜》 蘭渚左偏，木瓜一株最盛。花蕊類海棠，而色較紅。實如小瓜，黃潤可愛，香極醲釃，以一二枚置坐隅，清芬滿室，可經數月。

清 吴其濬《植物名實圖考》卷三二《果類・木瓜》 木瓜，《別録》中品，《爾雅》謂之楙。味不木者爲木瓜。圓小，味澀爲木桃，一曰和圓子。大於木桃爲木李，一曰榠樝。今皆蜜煎方可食。花入糖爲醬尤美，歸德以上供。

植物名實圖考・木瓜

清　吳其濬《植物名實圖考長編》卷一五《果類・木瓜》　《爾雅》：楙，木瓜。《註》，實如小瓜，酢可食。　《別録》木瓜實，味酸温，無毒，主濕痹脚氣、霍亂大吐、下轉筋不止。其枝亦可煮用。陶隱居云：山陰蘭亭尤多，彼人以爲良果，最療轉筋，如轉筋時即呼其名，及書土作木瓜字皆愈，亦不可解。俗人拄木瓜杖云：利筋脛。又有榠樝大而黄，可進酒去痰。又樝子小而澀，禮云樝梨曰鑽之，鄭公不識樝，乃云是梨之不臧者，蓋古亦以樝爲果，今則不入例爾。

《本草拾遺》：木瓜本功外下冷氣，强筋骨，消食止水痢，後渴不止，作飲服之。又脚氣衝心，取一顆去子煎服之。嫩者更佳，又止嘔逆心膈痰唾。又云：按榠樝一名蠻樝，本功外食之，去惡心，其氣辛香，致衣箱中殺蠹蟲。食之止心下酸水，水痢，樝子本功外食之，去惡心酸咽，止酒痰黄水。小於榲桲而相似，北土無之，中都有。鄭註禮云：樝梨之不臧者，爲無功也。

《圖經》：木瓜舊不著所出州土，陶隱居云：山陰蘭亭尤多，今處處有之，而宣城者爲佳。其木狀若柰花，生於春末，而深紅色。其實大者如瓜，小者如拳，《爾雅》謂之楙。郭璞云：實如小瓜，酢可食，不可多，亦不益人。宣州人種蒔尤謹，遍滿山谷，始實成則鏃紙花薄其上，夜露日曝，漸而變紅，花文如生，本州以充土貢焉。又有一種榠樝，木葉花實酷類木瓜。陶云：大而黄可進酒去痰者是也。欲辨之，看蒂間，別有重蒂如乳者爲木瓜，無此者爲榠樝也。木瓜大枝可作杖策之，云利筋脈，根葉煮湯淋足脛，可以已蹷。又截其木乾之作桶，以濯足尤益。道家以榠樝生壓汁，合和甘松、玄參末作濕香，云甚爽神。

《雷斅炮炙論》：凡使勿誤，用和圓子、蔓子、土伏子，其色樣水形真似木瓜，只氣味効并向裏子各不同，若木瓜皮薄微赤黄，香而甘酸，不澁，調榮衛助穀氣，向裏子頭尖，一面方，食之益人，若和圓子色微黄，蒂粗，子小圓，味澁，微鹹傷人氣。蔓子顆小，亦似木瓜，味絶澁，不堪用。土伏子似木瓜，味絶澁，子如大樣油麻，又苦澁，不堪用，若餌之令人目澁，多赤筋痛。凡使木瓜勿令犯鐵器，用銅刀削去硬皮，并子薄切於日中曬，次用黄牛乳汁拌蒸，從巳至未，其木瓜如膏煎卻，於日中薄攤曬乾用也。

《齊民要術》：木瓜種子及栽皆得，壓枝亦生，栽種與李同。《食經》藏木瓜法：先切去皮，煮令熟，著水中，車輪切。百瓜，用三升鹽，蜜一斗漬之，晝曝，夜内汁中。取令乾，以餘汁蜜藏之，亦同濃杭（杬）汁也。

《本草綱目》李時珍曰：木瓜可種可接，可以枝壓。其葉光而厚，其實如小瓜，而有鼻津潤味，不木者爲木瓜，圓小如木瓜味，木而酢濇者爲木桃，似木瓜而無鼻，大於木桃，味濇者爲木李，亦曰木梨，即榠樝及和圓子也，鼻乃花脱處非臍蒂也。木瓜性脆可蜜漬之，爲果去子蒸爛搗泥入蜜，與薑作煎，冬日飲尤佳。木桃、木李，性堅可蜜煎，及作糕食之。木瓜燒灰散池中，可以毒魚說，出淮南萬畢術。又《廣志》云：木瓜枝一尺有百二十節，可爲數號。又曰：木瓜所主霍亂吐，利轉筋脚氣，皆脾胃病，非肝病也。肝雖主筋而轉筋，則由濕熱寒濕之邪，襲傷脾胃所致，故筋轉必起於足腓，腓及宗筋，皆屬陽明，木瓜治轉筋非益筋也，理脾而伐肝也。土病則金衰而木盛，故用酸温以收脾肺之耗散，而藉其走筋，以平肝邪，乃土中瀉木以助金也。木平則土得令，而金受蔭矣。《素問》云：酸走筋，筋病無多食酸。孟詵云：多食木瓜損齒及骨，皆伐肝之明驗。而木瓜入手足太陰，爲脾肺藥非肝藥，益可徵矣。又《鍼經》云：多食酸令人癃，酸入於胃，其氣濇以收兩焦之氣，不能出入，流入胃中，下去膀胱，胞薄以軟，得酸則縮卷約而不通，故水道不利，而癃濇也。羅天益《寶鑑》云：太保劉仲海日食蜜煎木瓜三五枚，同伴數人皆病淋疾，以問天益，天益曰：此食酸所致也，但奪食則已陰之所生，本在五味陰之所營，傷在五味，五味太過，皆能傷人，不獨酸也。又陸佃《埤雅》云：俗言梨百損一益，楙百益一損，故云「投我以木瓜」取其益也。《三國典略》：齊孝昭北伐庫莫奚至天池，以木瓜灰毒魚，魚皆死，而浮出，庫莫奚竊相謂曰：池有靈魚，犯之不祥，乃出長山北道，齊分兵追擊，獲牛羊七萬，遂振旅而返。

清　陳憲舜《課民植牧講義稿・木瓜》　壓枝、接枝皆宜，點子亦可。其葉光而厚。其實如小瓜而有鼻，津潤味甘者爲木瓜，味酢而濇者爲木桃，無鼻較大者爲木李，俱可蜜煮以爲糖食，或以泡酒。又一種蔓生棚上，亦名木瓜，子即木鱉子，用蔓涼棚最速。凡種以上三類，於點成樹秧，或插活樹枝之後，於去草、澆水、避日，格外留心，方能長成，而不枯去。至二尺高，移栽定處，離丈餘一株。樹下壅以糞草，不三四年即結瓜實。若蔓生者，一年結瓜，與他瓜同。

清　郝懿行《寶訓》卷五《果實・木瓜》　《爾雅》：楙，木瓜。註：實如小瓜，酢可食。楙音茂。《羣芳譜》：筋轉者，得木瓜即愈，或書其字，或呼其名，皆驗。《齊民要術》：木瓜種子及栽皆得，壓枝亦生，栽種與桃李同。《務本新書》：木瓜秋社前後移栽，至次年率多結子，遠勝春栽。

清 黃輔辰《營田輯要·雜植》 木瓜，秋社前分條移栽。次年便結實，亦可接，可壓條，食之益人。入藥多治氣病，宣城者爲最佳。

清 何剛德《撫郡農産考畧·蓬棚子》 蓬棚子即涼粉子，一名土木瓜。樹高丈餘，結實如鴨蛋大，末尖而底平，皮青色，內裏數千百子，子與脂麻相似。撫屬皆有之。 天時：大暑結實。 地利：生高山曠野中。 人事：不煩人力，不須糞溉。 物用：可爲涼粉，服之能解暑熱。取蓬棚子，剖之以刀，刮其子出，曬乾，裹之以布，置清水桶搓洗之，其汁自出，覆以布巾，頃刻即成涼粉。樹大者每株有子三分石之二。本地收買，子一石值錢四千。崇邑每年有百餘石，運往上海、九江、漢口零售，獲利亦厚。

藝文

宋 周紫芝《太倉稊米集》卷一七《正月二十七日種木瓜五株》 三峰真奧區，陸海富佳實。此物冠九州，未數梨與栗。園丁力扶持，璀璨成妙質。鏤花淹宿露，紅暈生晚日。玉顏醉自頩，豐肌滑仍密。風味照盤飧，名字愈痺疾。衛侯報瓊瑶，盛德豈埋没。野人獻根株，春雨助芽蘖。何當垂露顆，照眼行突兀。疇敢與荔子，飛電争置驛。況復具苞苴，緘封鑽巨室。一酌呼吾人，甘酸漬崖蜜。人生鮮知味，相餉不可失。

番瓜

綜述

清 吳其濬《植物名實圖考》卷三一《果類·番瓜》 番瓜，産粵東海南，家園種植。樹直，高二三丈。枝直上。葉柄旁出，花黄。果生如木瓜大，生青熟黄，中空有子，黑如椒粒，經冬不凋，無毒，香甜可食。按《益部方物記》：修幹澤葉，結實如綴膚，解核零可用治痺，其形狀亦頗類。但謂葉甚似桑而不云子可食，姑附識備考。又《羅江縣志》：石瓜，一名冬瓜樹，可治心痛云。

野木瓜

綜述

清 吳其濬《植物名實圖考》卷三一《果類·野木瓜》 《救荒本草》：野木瓜一名八月樝，又名杵瓜，出新鄭縣山野中。蔓延而生，妥附草木上，葉似黑豆，葉微小光澤，四五葉攢生一處，結瓜如肥皂大。味甜，採嫩瓜换水煮食，樹熟者亦可摘食。

羊桃

綜述

《詩·檜風·隰有萇楚》 隰有萇楚，猗儺其枝。【略】隰有萇楚，猗儺其華。【略】隰有萇楚，猗儺其實。

明 宋詡《竹嶼山房雜部》卷九《樹畜部·樹類》 羊桃，其實五瓣，色青黄，肉甘酸，非萇楚之曰羊桃也。萇，丈羊切。宜閩粵。

清 吳其濬《植物名實圖考》卷三一《果類·五斂子》 五斂子，即楊桃，詳《草木狀》。《本草綱目》始收入果部。能消猪肉毒。其味酸淡，或謂以糯米澆之則甜，又可以蜜漬之。蘇長公詩：恣傾白蜜收五棱也。廣人以爲蔬，能辟嵐瘴，其汁能吐蠱毒。

植物名實圖考·五斂子

清 陳昌齊 道光《廣東通志》卷九五《果類・五斂子》 五斂子，大如木瓜，黃色，皮肉脆軟，味極酸。上有五稜，南人呼「稜」爲「斂」，故以爲名。以蜜漬之，甘酸而美，出南海。《南方草木狀》出嶺南，呼爲楊桃。又有三廉子，陳祈暢《異物志》云：三廉出熙安諸郡，南人呼「稜」爲「廉」，或謂五六稜者，味甘且酸。《本草綱目》 謹案：三斂子黃熟時，入口如醴，以之治瘧，消渴不如酸者之効。

清 屈大均《廣東新語・木語・羊桃》 羊桃。其種自大洋來，一曰洋桃。樹高五六丈，大者數圍，花紅色，一蒂數子，七八月間熟，色如蠟。一名三斂子，亦曰山斂。斂，稜也，俗語訛「稜」爲「斂」也。亦以其味酸，能斂顏色也。有五稜者名五斂，以糯米水澆則甜，名糯羊桃。廣人以爲蔬，能辟嵐瘴之毒。中蠱者搗自然汁飲，毒即吐出。脯之或白蜜漬之，持至北方，不能水土與瘧者皆可治。蘇長公詩：「恣傾白蜜收五稜，細斸黃土栽三椏。」注：「廣南以田爲稜，收五稜則所種酒稻，白蜜以言酒。」皆非也。「五稜」正與「三椏」對。《人參贊》曰：「三椏五葉，背陽向陰。」

清 長順《吉林通志・果樹屬・羊桃》 羊桃，《爾雅》：「長楚銚芅。」郭注：「今羊桃也。」邢昺疏《詩・檜風》：「隰有長楚。」陸璣疏云：「今羊桃是也。」葉長而狹，花紫赤色，其枝莖弱過一尺，引蔓於草上，今人以爲汲灌。重而善没，不如楊柳也。近下根刀切其皮，著熟灰中，脱之可韜筆管。《爾雅義疏・釋草》一名藤梨，生山谷中，藤著樹生，其實形似雞卵大，其皮褐色，經霜始熟，甘美可食。皮堪作紙，《本草綱目》三十二用其汁，以合石粉，可固石。《田雯黔書》吉林用以充貢，《竹葉亭雜記》一今裁。

獼猴桃

綜 述

清 王念孫《廣雅疏證》卷一〇上《釋草》 木實，酸木，狐桃也。狐桃之名未聞所出。《開寶本草》有獼猴桃，味酸，甘寒，無毒。一名藤梨，一名本子，一名獼猴梨。生山谷，藤生箸樹，葉圓有毛，其形似雞卵大，其皮褐色，經霜始甘美可食。《衍義》云：十月爛熟，色淡綠。生則極酸，子繁細，其色如芥子。枝條柔弱，高二三丈。多附木而生，淺山傍道，則有存者，深山則多爲猴所食。木子之名正與木實相合，味酸之說，又與酸木相當，其是與？

清 吳其濬《植物名實圖考》卷三一《果類・獼猴桃》 獼猴桃，《開寶本草》始著録。《本草衍義》述形尤詳。今江西、湖廣、河南山中皆有之，鄉人或持入城市以售。《安徽志》：獼猴桃黟縣出，一名陽桃，九十月間熟。李時珍解羊桃云：葉大如掌，上綠下白，有毛似苧蔴而團，此正是獼猴桃，非羊桃也。枝條有液，亦極黏。

植物名實圖考・獼猴桃

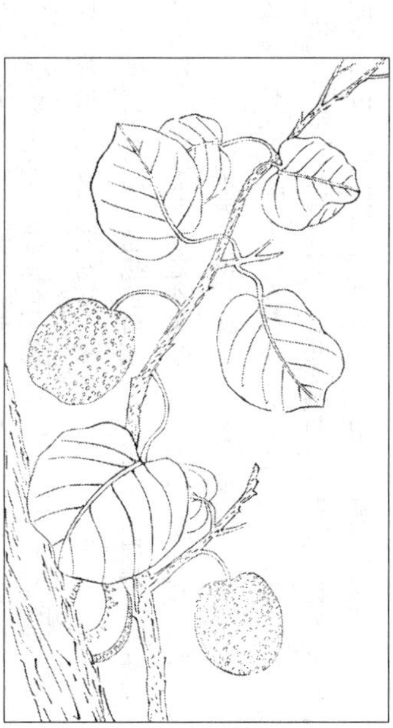

清 陳昌齊 道光《廣東通志》卷九五《果類・獼猴桃》 獼猴桃，亦無花果，但不及波羅蜜之大而美。《廣州府志》又：蜜望。樹高數丈，花開極繁，蜜蜂望之而喜，故名。其實黃，味酸甜，能止船暈，海舶兼金購之。有天桃者，子大如木瓜，渡海者食之不嘔，然不宜於歲事。諺云：米價高，食天桃。同上蜜望，一名莽果。《肇慶府志》

波羅蜜

綜 述

明 宋詡《竹嶼山房雜部》卷九《樹畜部・樹類》 波羅蜜實大如斗，剖之若蜜，其香滿室，子練悉如冬瓜核，可煮食，能飽人。宜瓊州安南。

明 愼懋官《華夷花木鳥獸珍玩考》卷二《波羅蜜樹》 類冬青，而黑潤倍之。幹至斗大，方結實。多者十數，少者五六顆，皆生子根幹之上。狀似冬瓜，外結厚皮若栗蓬。多棘刺。方熟時，可重五六觔。去外殼，内肉層疊如橘囊，以其甘如蜜故云。《君子堂日詢手鏡》

又 九層皮 有名九層皮者，脱至九層方見肉，熟而食之，其味類栗。見《手鏡》

清 吴其濬《植物名實圖考》卷三一《果類・波羅蜜》 波羅蜜，詳《桂海虞衡志》，《本草綱目》始收入果部。不花而實，兩廣皆有之。核中仁如栗，亦可炒食。滇南元江州産之。三五日即腐。昆明僅得食其仁，其餘多同名異物。《粤志》謂無花結果，或生一花，花甚難得，即優鉢曇花，可備一説。

清 屈大均《廣東新語》卷二五《木語・波羅樹》 波羅樹。即佛氏所稱波羅蜜，亦曰優鉢曇。其在南海廟中者，舊有東西二株，高三四丈，葉如頻婆而光潤，蕭梁時西域達奚司空所植，千餘年物也。他所有皆從此分種。生五六年至徑尺，削去其杪，以銀鍼釘腰即結實。其實不以花，成實乃花。然常不作花，故佛氏以優鉢曇花爲難得。每樹多至數十實，自根，而幹而枝條皆有實，纍纍疣贅。若不實，則以刀斫樹皮，有白乳涌出，凝而不流，則實。一斫一實，十斫十實，故一名刀生果。其以乳而實者。乳，血也，猶人以母之血孕育而成形也。其根或行旁舍，則實潛結地中，熟而地裂，聞香始知。較枝幹所生者尤美，此所謂無花之果也。廣南無花之果若古度子，若彌猴桃，若楊榣子，凡有三四種，以波羅蜜爲大。蓋果之胎生者，果不以花，果成或一生花，蓋其花不爲果而生，可以花，可以無花者也。天下有有花無果之花，即有有果無花之果，造物者固以不齊爲道，《天問》云：「女岐無合夫焉，取九子。」夫亦無花之果焉耳？波羅熟以盛夏，大如斗，重至三四十斤。皮厚有軟刺礧砢，如佛頭旋。羸肉含純，瓤間疊如橘柚囊，氣甚芳郁。有乾、濕苞之分，乾苞者液不濡膩，味尤甜。每實有核數百枚，大如棗，仁如栗黄，煼熟可食，能補中益氣，悦顔色。天下果之大而美者惟此與椰子而已。廟中二樹已朽，今所存是其萌蘖，亦大數十圍。薜蘿糾纏，枝柯臃腫，與訶子、槐、榕諸樹森列階下，皆數百年物也。相傳波羅國有貢使，攜波羅子二登廟下種，風帆忽舉，舶衆忘而置之。其人望而悲泣，去化廟左，土人以爲神，泥傅肉身祀之，一手加眉際作遠矚狀，即達奚司空也。廟以故，及江皆名波羅。廟外波濤浩淼，直接重溟，獅子洋在其前，大小虎門當其口，欠伸風雷，嘘吸潮汐。舟往來者必祇謁祝融，酹酒波羅之樹，乃敢揚颿鼓柁，以涉不測。

清 陳昌齊 道光《廣東通志》卷九五《果類・波羅蜜》 波羅蜜，梵語也，安南名曩伽結，波斯名婆那娑佛林名阿薩嚲。樹高五六丈，樹類冬青而黑潤，樹至斗大，方結實，不花，實出於枝間，多者十枚，少者五六枚，大如冬瓜。外有厚皮毬，上有軟刺礧砢。五六月熟，重五六斤。《本草綱目》瓊南多波羅蜜，實出枝間，有生於根者在地中結實，時土隆起，瓊人以此爲驗挖取之，大如百石之瓠。《舟車聞見録》 附：露兜子 露兜子産廣東。一名波羅。生山野間。實如蘿蔔，上生葉一簇，尖長深齒。味色香俱佳，性熱。按《嶺南雜記》：番（荔支）大如桃，色青，皮似（荔支）殻而非殻也。頭上有葉一宗，擘開白穰黑子，味似波羅蜜，即此也。又名番婁子。形如蘭，葉蜜（密）長大抽莖結子，其葉去皮存筋，即波羅麻布也。果熟金黄色，皮堅如魚鱗狀，去皮食肉，香甜無渣。六月熟。 附：椑果 椑果，生廣東。與蜜羅同而皮有黑斑，不光潤。此果花多實少，方言謂誑爲椑，言少實也。猶北地謂瓜花之不結實者曰謊花耳。核最大，五月熟，色黄，味亦甜。

清 吴其濬《植物名實圖考》卷三一《果類・菴羅果》 菴羅果，《開寶本草》始著録。蓋即今之沙果梨，色黄如梨，味如頻果而酥，爲果中佳品，亦不能久留，殆以沙果與梨樹相接而成。雩婁農曰：菴羅果昔人皆謂産西洛，而李時珍獨引梵語爲證，夫西方當天地之遒斂，少雨多風，故果碩而味雋。漢都長安距玉門近，多致異域種，今則北達幽薊，南抵宛洛數千里，移植幾遍蓋江淮以北，地脈同也。橘不逾淮，著於《考工記》、《禹貢》，獨以橘柚爲荆州厥包，一果實之微，前後聖人皆致意焉，此豈以奉口腹哉。蓋熟觀於天時地利，明著其土物之不宜，而杜後世侈心之萌也。夫麻麥荏菽，奏庶艱食瓜蓏之屬，園圃所亟，惟橘柚有不可遷之性，而能致遠。《書》曰厥包明乎，非黍稷萸棗可以徙移種藝，而江南佳實橘柚外殆皆未可包致矣。漢之上林，晉之華林，務求奇詭，道君艮嶽，乃僦南海荔支而花實之。蔡絛誇載於《叢談》，蓋深謂前人拙耳。嗚呼，一簞食一千乘，雖愚者亦知其輕重，獨奈何置安盂於不顧珍朵頤而營民力，致使高臺廣陛，蕪没荆棘，豈不大可喟哉。昔人有射猿麛而投弓者，謂違物性必有大咎，草木無知亦稟自然，彼陳唐之檜，一碎於雷，一汨於海，豈有感於盛衰之機，甘爲枯槎泛梗，而不願與艮嶽之石相隨北去耶。噫，其違物性也，亦甚矣。

無花果

綜　述

明　宋詡《竹嶼山房雜部》卷九《樹畜部・樹類》　根側分取小木種之。

明　宋詡《竹嶼山房雜部》卷九《樹畜部・樹類》　優曇鉢似枇杷，無花而實。宜肇慶。

明　王象晉《群芳譜・果譜・無花果》　無花果，一名映日果，一名優曇鉢，一名阿馹，一名蜜果。最易生，插條即活。在處有之。三月發葉，樹如胡桃，葉如楮。味甘，微辛，有小毒。子生葉間。五月內不花而實，狀如木饅頭。生青熟紫，味如柿而無核，甘温無毒。開胃止瀉痢。人家宅園隨地種數百本，收實可備荒。其利有七：實甘可食，多食不傷人，且有益，尤宜老人小兒，一也。乾之，與乾柿無異，可供籩實，二也。六月盡，取次成熟，至霜降，有三月常供佳實，不比他果一時採擷都盡，三也。種樹十年取效，桑桃最速，亦四五年。此果截取大枝扦插，本年結實，次年成樹，四也。葉爲醫痔勝藥，五也。霜降後，未成熟者採之，可作糖蜜煎果，六也。得土即活，隨地可種，廣植之，或鮮或乾，皆可濟饑，以備歉歲，七也。　扦插：春分前，取條長二三尺者插土中，上下相半。常用糞水澆。葉生後，純用水，忌糞，恐枝葉大盛，易摧折。結實後不宜缺水。當置瓶其側，出以細霤，日夜不絶，果大如甌。　附録：文光果形如無花果，味如栗，五月熟。出景州。天仙果樹高八九尺，葉似荔枝而小。無花而實。子如櫻桃，纍纍綴枝間，六七月熟，其味至甘。宋初《方物贊》云：有子孫枝，不花而食（實）。薄言采之，味類蜂蜜。出四川。槃多樹不花而食（實），子從皮中出，自根着子至杪。出裴淵《廣州記》。古度子實不花從枝中出。大如石榴及樝子，色赤，味酸，煑爲粽食。若數日不煑，化作飛蟻穿皮飛去。出交廣諸州。君遷子實如瓠，有汁如乳，甘香無毒，止渴去煩，令人潤澤。見《吴都賦》。　製用採青果用鹽漬，壓扁日乾，可充果實。小者用糖煎蜜煎，可以久留。

宋　戴羲《養餘月令》　無花果。宜春分前，取條長二三尺者插土中，上下相半，常用糞水澆，則葉生。此樹最宜多種，收其實可以備荒。其利有七，實多食不傷，一也。曬乾可充籩實，二也。六月至九月，取用不絶，三也。今年扦插，明年收果，四也。葉爲醫痔聖藥，五也。九月後，實食不盡者，可作糖煎，六也。得土即活，可備荒歉，七也。須種千百爲妙。

明　慎懋官《華夷花木鳥獸珍玩考・無花果》　生山野中。今人家園圃中亦栽，葉形如葡萄葉，頗長，硬而厚。稍作三叉，枝葉間生果，初則青小，熟大狀如李子。色似紫茄色。味甘。

明　慎懋官《華夷花木鳥獸珍玩考》卷一《優鉢羅花》　嘗聞佛家有優鉢羅花，《本草》、《爾雅》諸所不載，意爲幻言也。及見胡致堂云奉佛者，每假樹木花草爲佛之名，愚惑世道，故以仙人栢爲羅漢松，三春柳爲觀音柳，獨腳蓮名觀音蓮，薏苡子爲菩提子，大林檎爲貧婆菓，金蓮花爲優鉢羅花。然又聞北京禮部儀制司後堂舊有千葉青蓮。花開時四月初八，至冬結如鬼蓮蓬。脱去其衣，中有金色佛一座，因名爲此花。昨讀《岑嘉州集》，有《優鉢羅花歌》，則又知其實有此花。其歌之序云，交河小吏有獻此花，云得之於天山之南。其狀異於衆草，勢巃嵸如冠弁，凝然立聳。生不傍引，攢花中折，駢葉外包，異香盈叢，秀色媚景。其歌云：白山南，赤山北，其間有花人不識，緑莖碧葉好顔色。葉六瓣，花九房，夜掩朝開多異香。何不生彼中國兮生西方。移根在庭，媚我公堂。恥與衆草之爲伍，何亭亭而獨芳。何不爲人之所賞兮，深山窮谷委嚴霜。吾竊悲陽關道路長，曾不得獻於君王。

明　高濂《遵生八箋》卷一六《無花菓》　木本，不花生菓，狀若林檎，色青可久。收菓陰乾，燒灰，治痢甚良。

明　慎懋官《華夷花木鳥獸珍玩考》卷三一《優曇鉢》　優曇鉢，似琵琶。無花而實。

清　吴其濬《植物名實圖考・果類・無花果》　無花果，《救荒本草》録之。《本草綱目》引據頗晰。

清　吴其濬《植物名實圖考長編》卷一七《果類・無花果》　《本草綱目》：無花果實味甘平無毒，主開胃止泄痢，治五痔、咽喉痛。葉味甘，微辛平，有小毒。主五痔腫痛，煎薰洗之取效。出揚州及雲南，今吴楚閩越人家亦或折枝插成。枝柯如枇杷樹，三月發葉，如花構葉，五月內不花而實。實出枝間，狀如木饅頭，其內虚軟，采以鹽漬壓實，令扁日乾，充果食。熟則紫色，軟爛甘味如柿而無核也。按《方輿志》云：廣西優曇鉢不花而實，狀如枇杷。又段成式《酉陽雜俎》云：阿馹出波斯，拂林人呼爲底珍，樹長丈餘，枝葉繁茂，有丫如蓖麻，無花而實。色赤類椑柿，一月而熟，味亦如柿。二書所説皆即此果也。又有文光果、天仙果、古度子，皆無花之果。　《救荒本草》：無花果生山野中，今人家園圃中亦栽，葉形如葡萄，葉頗長硬，面厚，梢作三叉，枝葉間生果，初則青小，狀如李子，既熟色似紫茄色，味甜，采果食之。今人傳說治心痛，用葉煎湯服甚效。　高濂《遵生八箋》：無花果木本，不花生果，狀如林檎，色青可久，收果陰乾，燒灰治痢甚良。【略】《倦遊録》：木饅頭京師亦有之，謂之無花果。狀類小梨，中空，既熟色微紅，味頗甘酸，食之大發瘴。嶺南尤多，州郡待客多取爲茶牀高飣，故云：公筵多飣木饅頭。牀（或謂嶺南諸州刻木作饅頭狀，）底刻字云。大中祥符年一牒造三十隻，談者之誤也。　按：木饅頭即木蓮，《嶺外代答》亦紀此事，非無花果也。　《滇南本草》：無花果，一名明目果。味甘平，性涼，有小毒。出交廣。大者名古度子。出雲南者果如小青枳，味微辛甘，五月無花結果，故名。葉味甘微辛，有小毒，果皮同治五痔腫痛，煎湯頻薰洗取效。實瓤主清利咽喉，開胸膈，消痰化滯，得酸則入肝，通利血脈，清肝膽積熱，而令目明也。　又曰：無花果硬枝鐵幹，處處皆有。子緑無花，治一切無名腫毒，癰疽發背便毒，魚口乳結痘毒，遇各種破爛者，麻油調擦神效無比，外科之神藥也。　按：《滇南本草》題楊林驛蘭茂著《通志稿》以爲序，作於崇禎甲戌，茂係正統，以前人定爲僞託，余詳加訪求，書非一種，刻鈔互異，有一本題正統元年識，疑是原本也，較《通志稿》所録多寡既殊，即同一物而主治全别，蓋後人增益者，並載之以備考。又無花果即古度，《滇略》亦云，然或有所本也。　《貴州通志》：無花果出永寧州，不花而實，生於枝葉之間，其大如李。按無花果之樹，大者可作柱，葉如枇杷葉，四面自根層累環結，每一果覆一葉，初結色青，熟時微紅，形類地瓜，而甘美過之。大者如飯碗，小者如茶鍾，不但如李熟者，取之蒂上，出白漿，次日漿復結成一果。六七八月熟，餘月雖結不熟，州境惟董旁及盤江等處生。

清　謝堃《春草堂集・花木小志・無花果》　此果不花而實，能治痢疾。余嘗種一株於巨甕。果熟後翦去繁枝，僅留數葉，相襯於枇杷同觀，有金碧交輝之雅。

清　高士奇《天禄識餘》卷四《優曇鉢》　佛書所言優曇鉢羅花，其説漫幻不可知。今廣東新興縣有優曇鉢似枇杷，無花而實，即所謂無花果也。

清　陳昌齊　道光《廣東通志》卷九五《果類・無花果》　無花果：凡數種。映日果，即廣中所謂優鉢曇也。《本草綱目》

清　李鴻章　光緒《畿輔通志・果屬・無花果》　木饅頭，京師亦有之，謂之無花果，狀類小梨，中空。既熟，色微紅，頗甘酸。《倦遊録》：清朝郭棻《無花果詩》：繽紛競萬卉，此果獨無花。緣玉仙人掌，青雲帝子霞。自能承月露，不肯鬬春葩。誰爲移荒圃，篷高日影遮。

桑

綜　述

《爾雅・釋木》　女桑，桋桑。郭璞註：今俗呼桑，樹小而條長者爲女桑樹。

爾雅・女桑

《爾雅・釋木》　桑辨，有葚梔。郭璞註：辨半也。

《爾雅・釋木》　檿桑，山桑。郭璞註：似桑，材中作弓及車轅。

爾雅・檿桑

漢 氾勝之《氾勝之書·桑》 種桑法，五月取椹著水中，即以手潰之，以水灌洗，取子陰乾。治肥田十畝，荒田久不耕者尤善，好耕治之。每畝以黍、椹子各三升合種之。黍、桑當俱生，鋤之，桑令稀疏調適。黍熟穫之。桑生正與黍高平，因以利鎌摩地刈之，曝令燥，後有風調，放火燒之，常逆風起火。桑至春生。

漢 應劭《風俗通義》 蓬生麻中，不扶自植。桑車榆轂，聞聲知之。

北魏 賈思勰《齊民要術·種桑柘第四五》 《爾雅》曰：「桑辦（辨）有葚，梔。」注曰：「（辦）（辨），半也。」「女桑，桋桑。」注曰：「今俗呼桑樹小而條長者爲女桑樹也。」「檿桑，山桑。」注曰：「似桑，材中爲弓及車轅。」《搜神記》曰：「太古時，有人遠征。家有一女，并馬一匹。女思父乃戲馬云：『能爲（我）迎父，吾將嫁於汝。』」馬絶韁而去，至父所。父疑家中有故，乘之而還。馬後見女，輒怒而奮擊。父怪之，密問女，女具以告父。父屠馬，曬皮於庭。女至皮所，以足蹴之曰：『爾馬，而欲人爲婦，自取屠剥，如何？』言未竟，皮蹷然起，卷女而行。後於大樹之（枝）間得女及皮，盡化爲蠶，績（續）於樹上。世謂蠶爲『女兒』，古之遺言也。因名其樹爲桑，桑言喪也。今世有荆桑、地桑之名。桑椹熟時，收黑魯椹，黄魯桑不耐久。諺曰：「魯桑百，豐錦（綿）帛。」言其桑好，功省用多。即日以水淘取子，曬燥。仍畦種。治畦下水，一如葵法。常薅令浄。明年正月，移而栽之。仲春，季春亦得。率五尺一根。不用耕故。凡栽桑不得者，無他故，正爲犁撥耳。是以須槪，不用稀。稀通耕犁者，心雖慎，率多死矣；且槪則長疾。大都種椹長遲，不如壓枝之速。無栽者，乃種椹也。其下常斸掘，種緑豆，小豆。二豆良美，潤澤益桑。栽後二年，慎勿採沐。小採者，長倍遲。大如臂許，正月中移之。亦不須髡。率十步一樹，陰相接者，則妨禾豆。行欲小掎角，不用正相當。相當者則妨犁。須取栽者，正月二月中，以鈎弋壓下枝，令著地，條葉生高數寸，仍以燥土壅之。土濕則爛。明年正月中，截取而種之。住宅上及園畔者固宜即定。其田中種者，亦如種椹法，先槪種，一二年然後更移之。　凡耕桑田，不用近樹。傷桑破犁，所謂兩失。其犁不著處，斸斷令起，斫去浮根，以蠶矢糞之。去浮根，不妨耬犁，令樹肥茂也。　又法：歲常繞樹一步散蕪菁子，收穫之後，放猪啖之，其地桑軟，有勝耕者。種禾豆，欲得逼樹。不失地利，田又調熟。繞樹散蕪菁者，不勞逼也。　剶桑：十二月爲上時，正月次之，二月爲下。白汁出則損葉。大率桑多者宜苦斫，桑少者宜省剶。秋斫欲苦，而避日中；觸熱樹燋枯，苦斫春條茂。冬春省剶，竟日得作。春採者，必須長梯高機，數人一樹，還條復枝，務令浄盡，要欲旦暮，而避熱時。梯不長，高枝折。人不多，上下勞，條不還，枝仍曲。採不浄，鳩脚多。旦暮採，令潤澤。不避熱，條葉乾。秋採欲省，裁去妨者。秋多採則損條。椹熟時，多收，曝乾之，凶年粟少，可以當食。《魏畧》曰：「楊沛爲新鄭長，興平末，人多饑窮，沛課民益蓄乾椹，收䝁豆，閲其有餘，以補不足，積椹得千餘斛。會太祖西迎天子，所將千人，皆無糧。沛謁見，乃進乾椹。太祖甚喜。及太祖輔政，超爲鄴令，賜其牲（生）口十人，絹百疋。既欲厲之，且以報乾椹也。」今自河以北，大家收百石，少者尚數十斛。故杜葛亂後，飢饉薦臻，惟仰以全軀命。數州之内，民死而生者，乾椹之力也。

北魏 楊衒之《洛陽伽藍記》 昭儀寺佛堂前，有桑樹一株，直上五尺，枝條橫遶，柯葉傍布，形如羽蓋，覆高五尺。又葉凡爲五重，每重葉生椹各異，京師道俗，謂之神桑。

唐 韓鄂《四時纂要·種桑》 種桑，收魯桑椹，水淘取子曝乾。熟耕地畦，種如葵法。土不得厚，厚即不生。待高一尺，又上糞土一遍。當四五尺，常耘令浄，來年正月移之。白桑無子，壓條種之。纔收得子，便種亦可。只須於陰地，頻澆爲妙。　移桑，正月、二月、三月並得。熟耕地五六遍，五步一株，著糞二三升。至秋初，斸根下，更著糞培土。三年即堪採。每年及時科斫，以繩繫石墜四向，枝令婆娑，中心亦屈。卻勿令直上，難採。

種梓，以此月下子，明年以此月移之，同桑法也。

宋 謝維新《古今合璧事類備要别集》卷五一《衆木門·桑》 《格物總論》桑樹大者數圍，高一二丈許。皮麤枝幹修竦。春正二月抽條發葉，葉大者盈尺，有刻缺，面深緑而光。柘樹高大如桑，然枝條婀娜，葉大僅如掌耳。

宋 陳旉《農書》卷下《種桑之法篇第一》 種桑，自本及末分爲三段。若欲種椹子，則擇美桑。種椹每一枚剪去兩頭。兩頭者不用，爲其子差細，以種即成。雞桑、花桑，故去之。唯取中間一截，以其子堅，粒特大，以種即其幹强實，其葉肥厚，故存之。所存者，先以柴灰淹揉一宿，次日以水淘去輕秕不實者，擇取堅實者，略曬乾水脉，勿令甚燥，種乃易生。預擇肥壤土，鉏而又糞，糞畢復鉏，如此三四轉，踏令小緊平整了，乃于地面匀薄布細沙，約厚寸許。然後于沙上匀布椹子，令疎密得所。下子了，又以薄沙摻蓋其上，即疎爽而子易生芽，蘖不爲泥甕腐。而根漸蝕下所踏實者肥壤中，則易以長茂矣。每畦闊叁尺，其長稱焉。一畦只可種四行，即便於澆灌，又易採除草。畦上作棚，高三尺。棚上略薄著草蓋，卻如種薑棚様，以防黄梅時，連雨後忽暴日晒損也。待苗長三五寸，即勤剔摘去根幹四傍樸蔌小枝葉，只存直上者幹標葉。五七日一次，以水解小便澆沃，即易長。此第一段也。至當年八月上旬，擇陽顯滋潤肥沃之地深鉏，以肥窖燒過土糞以糞之，則雖久雨，亦疎爽，不作泥淤沮洳。久乾，亦不致堅硬墝埆也。雖甚霜雪，亦不凝凜凍冱。治溝、壠、町、畦，須疎密得宜。然後取起所種之苗，就根頭盡削去幹，只留根。又削去對幹一條直下者命根，只留四傍根。每三根合作一株。若品字樣繫縛，著一竹筒底下。筒各長三尺，大如腳拇指，盡劚去中心節，令透徹底。一一繫縛了，然後行列并竹筒植之，可相距二尺許，一株俾三根。日久，竹筒朽腐，自然三幹合爲一幹。以三根共蔭一幹。植未逾數月，幹力專厚，易長大矣。每一竹筒口，尋常以瓦子一片蓋卻，免雨水得入漬爛之也。覺久，須澆灌，即揭起瓦片子，以瓶酌小便從竹筒中下直至根底矣。澆畢，依前以瓦片子蓋筒口，但不必如前種苗樣作棚也。又須時時摘去幹之四傍枝葉，謂之妬芽，恐分其力，以害幹。此第二段也。于次年正月上旬徙植。削去太半條幹，先行列作穴，每相距二丈許，深廣各七尺。穴中填以碎瓦石，約六七分滿，乃下肥火糞三兩檐，于穴中所填者碎瓦石上。然後於穴中央植一株，下土平填，緊築免風搖動。更四畔以椀足大木子四五條，長三尺餘，斫槧周廻牢釘，以輔助其幹，仍以棘刺絆縛遶護，免牛羊挨拶損動也。根下得瓦石，即虛疏作不泥，糞落其中，又引其根易以行。待數月，根行矣，乃于四傍以大木斫槧周廻釘穴，搖動爲十數穴，穴可深三四尺。又四圍略高作塘塍，貴得澆灌時不流走了糞，且蔭注四傍，直從穴中下至根底，即易發旺。而歲久難摧也。又時時看蟲，恐蝕損，仍剔摘去細枝葉，謂之妬條。若桑圃在曠野處，即每歲于六七月間必鉏去其下草，免引蟲援上蝕損。至十月又併其下腐草敗葉，鉏轉蘊積根下，謂之罨穊，最浮泛肥美也。至來年正月間，斫剔去枯摧細枝，雖大條之長者亦斫去其半，即氣浹而葉濃厚矣。大率斫桑要得漿液未行，不犯霜雪寒雨，斫之乃佳。若漿液已行而斫之，即滲溜損，最不宜也。纔斫了便鉏，開根下糞之，謂之開根糞，則是每歲兩次鉏糞耳。此第三段也。又有一種海桑，本自低亞，若欲壓條，即于春初，相視其低近根本處條，以竹木鈎釘地中，上以肥潤土培之，不三兩月生根矣。次年鑿斷徙植，尤易于種椹也。若欲接插，即別取好桑，直上生條，不用橫垂生者，三四寸長，截如接果子樣接之，其葉倍好。然亦易衰，不可不知也。湖中安吉人皆能之。彼中人唯藉蠶辦生事。十口之家，養蠶十箔，每箔得繭一十二斤，每一斤取絲一兩三分，每五兩絲織小絹一疋，每一疋絹易米一石四斗，絹與米價常相侔也。以此歲計衣食之給，極有準的也。以一月之勞賢于終歲勤動，且無旱乾水溢之苦。豈不優裕也哉。前所謂每歲兩次糞鉏，乃桑圃之遠于家者如此。若桑圃近家，即可作墻籬，仍更疎植桑，令畦壠差闊。其下遍栽苧，因糞苧，即桑亦獲肥益矣。是兩得之也。桑根植深，苧根植淺。並不相妨而利倍差。且苧有數種，唯延苧最勝。其皮薄白細軟，宜緝績，非麄澁赤硬比也。糞苧宜麄爛穀殼糠藁，若能勤糞治，即一歲三收。中小之家，只此一件，自可了納賦税，充足布帛也。聚糠藁法：于廚棧下深闊鑿一池，結甃，使不滲泄。每舂米即聚礱簸殻及腐藁敗葉漚漬其中，以收滌器肥水與滲漉泔淀。漚久自然腐爛浮泛。一歲三四次，出以糞苧，因以肥桑。愈久而愈茂，寧有荒廢枯摧者，作一事而兩得，誠用力少而見功多也。僕每如此爲之，比隣莫不歎異而胥傚也。

宋　楊仲良《宋通鑑長編》卷七三《紀事本末・種桑》　熙寧六年六月己丑，中書以勸課栽桑之法奏御，上曰：「農桑，衣食之本，宜以勸民。然民不敢自力者，正爲州縣約此以爲貲，升其户等耳。舊有條禁，可申明之。」癸己，司農寺言：「詳定府界，提點吴審禮乞令諸縣勸課，隨户等種桑椹。聽自來年種，次年移種。候建栽法，遍下諸路。」從之。七月庚午，詔：「安肅、廣信、順安軍、保州人户地内，令自植桑、榆或所宜之木，官爲立勸課之法。每三株青活，破官米一升。計每户歲輸官之物，以實估準折，不盡之數，以待次年。如遇菑傷放税及五分以上，即以準折未盡米數等第濟接。仍據逐户内合栽之數，每歲二月終以前點檢。及一分青活至十年週遍。如不及一分，即量罰罪，贖勒令補種。令佐得替轉運司差不幹礙官點檢，以一任合栽之數，紐爲十分。如及十分者，有賞。不及七分者，有罰。其所栽植之木，令人户爲主，非時毋得遣人下鄉以點檢爲名，以致騷擾。委轉運司施行，應昨所差管句提舉官並罷。」初以趙子幾及曾孝寬所言，程昉相度，樞密院欲罷昉以孔嗣宗代之，王安石不可，乃更立此法。元豐八年十二月，罷栽法。

宋　寇宗奭《本草衍義》卷一四　桑根白皮，條中桑之用稍多，然獨遺烏椹，桑之精英盡在於此。採摘微研，以布濾去滓，石器中熬成稀膏。量多少入蜜，再熬成稠膏，貯甆器中。每抄一二錢，食後夜卧，以沸湯點服，治服金石發熱渴生精神，及小腸熱，性微涼。

宋 温革《分門瑣碎録・農桑》 戴勝降于桑，值金日，桑葉必賤。先甚而後葉者，葉必少。 桑葉生黃衣而皺者，號曰金桑，非特蠶不食，而木亦將就槁矣。 常以三月三日雨，卜桑葉之貴賤。諺曰：「雨打石頭遍，桑葉三錢片」，或曰：「四日尤甚。」杭州人曰：「三日尚可，四日殺我」，言四日雨尤貴。 午日不得鋤桑園。 雞腳桑。葉華而薄，得繭薄而絲少。 白桑。葉大如掌而厚，得繭厚而堅，絲每倍常。 葉濕者不可飼蠶，雨中採至必拭令乾，恐有傷也。

又 種桑法：穀樹上接桑，其桑肥大。桑上接梨，脆美而甘。撒子種桑，不若壓條而分根莖。 種桑。其桑椹熟時，收黑椹，以水淘取子，生燥，作畦種。明年正月，移而栽之。率五尺一根，其下常斸掘種菉豆，小豆。栽後二年，慎勿採葉，幹大如臂許。正月中移之。率十步一株，仍以燥土壅之。 浙門植桑，斬其桑而栽之，謂之「稼桑」。卻以螺殼覆其頂，恐梅雨所浸，損其皮也，二年即盛。

元 司農司《農桑輯要》卷三 《士農必用》：桑之種性，惟在辨其剛柔，得樹藝之宜，使之各適其用。

又 《博聞録》：白桑少子，壓枝種之。若有子，可便種，須用地陰處。其葉厚大，得繭重實，絲倍每常。

又 《務本新書》：四月種椹：二月種舊椹亦同。東西掘畦，熟糞和土，耬平，下水，水宜濕透，然後布子。或和黍子同種，椹藉黍力，易爲生發，又遮日色。或預於畦南、畦西種檾，後藉檾陰遮映夏日。長至三二寸，旱則澆之。 若不雜黍種，須旋搭矮棚於上，以箔覆蓋，晝舒夜捲。處暑之後，不須遮蔽。 至十月之後，桑與黍稭同時刈倒，順風燒之。仍糝糞土蔽灰。春暖榮茂。次年移栽。 一法：熟地先耩黍一壠。另搓草索，截約一托，以水浸軟——麪飯湯更妙——索兩頭各歇三四寸，中間勻抹濕椹子十餘粒，將索卧於黍壠內，索兩頭以土厚壓，中間糝土薄覆。隔一步或兩步，依上卧一索。四面取齊成行。久旱宜澆。 十月，刈、燒，加糞如前。冬春擁雪蓋糞。清明前後掃去。霖雨時，覷稀稠移補。比之畦種旋移省力，決活，早二年得力。如舊有椹，春種更妙。後宜築圍牆固護。 或慮索繁碎，以黍、椹相和，於葫蘆內點種，過處，用箒掃勻。 或慮天旱，宜就黍壠內撥土平勻，順壠作區，下水種之。 又法：春月先於熟地內，東西成行，勻稀種檾。次將桑椹與蠶沙相和——或炒黍、穀亦可——趁逐雨後，於檾北單耩或點種。比之搭矮棚、與黍同種。綠檾陰高密，又透風露，雖種十數畝，亦不甚委曲費力。

又 《士農必用》：畦種與前法同。種子宜新不宜陳。新椹種之爲上，隔年春種多不生。蔭畦，搭棚爲上，檾麻次之，黍苗又次之。桑芽出，間令相去五七寸。營造尺寸也。他仿此。頻澆。過伏可長至三尺。割去檾麻。 至十月內，附地割了，撒亂草，走火燒過。火不可大，恐損根。糞草蓋。至來春，杷耬去糞草，澆。每一科自出芽三數個，留旺者一條。已成根則不須蔭。可頻澆。至秋，魯桑可長五七尺，荊桑可長三四尺。魯桑可移爲地桑，荊桑可移入園養之。

又 栽地桑法：秋後於熟白地內，深耕一犂，就壠加糞，撥土爲區。如無牛，掘區亦可。 春分前後，取臘月所埋桑條，埋條法如後。揀有萌芽處，各盤七八寸或一尺；鍬區下水，卧條栽之。覆土約厚三四指——深厚則難生——以手按勻。區東、南、西種檾五七粒。五月之後，芽葉微高，旋添糞土。已後條高，便作地桑。 或揀魯桑箄兒，秋間埋頭深栽，更疾得力。

又 《士農必用》：地桑之功，惟在治之如法，不致荒燥。無樹桑之家，純用地桑，則人力倍省。有樹桑兼地桑之家，樹葉既成，地桑可止而勿用，加澆鋤之功，使之滋長；至其蠶大眠之後，或樹桑不能時至，則可就取地桑補之，蠶至終老，不敢闕食。

又 《務本新書》：夫地桑本出魯桑；若以魯桑萌條如法栽培，揀肥旺者約留四五條，鋤治添糞，條有定數，葉不繁多，衆葉脂膏聚於一葉，其葉自大：即是地桑。

又 今時移栽小桑，微帶根鬚，上無寸土，但經路遠，風日耗竭脂脉，栽後難活，縱活亦不榮旺。卻稱「地法不宜」，此係拙謬。 今後應栽小樹，若路遠移多，約十餘樹，通爲一束，於根鬚上蘸沃稀泥，泥上糝土，上以草包，或薦、蒲包。包內另用淳泥固塞。仍搬夾車廂兩頭，不透風日，中間順卧樹身，上以席草覆蓋。預於栽所掘區下糞，樹到之時，(晝)(區)便下水，依法栽培。

又 《務本新書》：桑生一二年，脂脉根株亦必微嫩。春分之後，掘區移栽。區土直上下裁成土壁，壁底旁，鍬其土，下水三四升，將桑箄兒靠壁栽立，根科須得勻舒，以土堅覆；土壁比區地約高三二寸。大抵一切草木根科，新栽之後，皆惡搖擺，故用土壁遮禦北風，迎合日色。

又 秋栽法：平昔栽桑，多於春月全樹移栽。春多大風吹擺，加之春雨艱得，又天氣漸熱，芽葉難禁，故多不活。活亦遲得力。若是斫去元幹，再長樹身，桑聞鐵腥愈旺，地桑是其驗也。迤南地分，十月埋栽；河朔地法頗寒，故宜秋栽。霖雨内爲上時。區深一尺之上，平地約留樹身一二指，餘者斫去。栽罷，地須緊築，以土封瘢。比及地凍，於上約量添糞。春暖之後，就糞撥爲土盆，雨則可聚，旱則可澆。樹南，春先種穄。比及霖雨以來，芽條蘩茂，就作地桑。　或削去細條，存留旺者一二枝，次年便可成樹。　或是就壓傍條，一樹又胤十餘，比之全樹栽者，樹樹必活，桑亦榮茂。

又　十月「木迷」，宜栽「埋頭桑」。截去桑身，栽如秋栽法。冬月根脈下行，乘春併發，一年之間，長過元樹。

又　栽二年之上桑，穀雨其間，但有芽葉不旺者，以硬木貼樹身，去地半指，一斧截斷——快鋛更妙，糝土封其樹瘢。樹南種黍五七粒。十餘日，茹出芽條，旱則頻澆。　立夏之後，不宜此法。

又　《士農必用》：種藝之宜，惟在審其時月，又合地方之宜，使之不失其中。栽培所宜：春分前後十日，十月内，並爲上時。春分前後，以及「發生」也；十月號「陽月」，又曰「小春」，本氣長生之月，故宜栽培，以養元氣。此洛陽方佐千里之所宜。其他地方，隨時取中可也。　桑者，易生之物，嘗於長安試地桑，除十一月不生活，餘月皆可。然春時及寒月，必於天氣晴明已、午間，藉其陽和。如其栽子已出元土，忽變天寒風雨，以熱水調泥栽培之。　熱月則必待晚涼，仍預於園内稀種穄或麻、黍爲蔭。

又　〔桑〕：一歲之中，除大寒時分不能移栽，其餘月份皆可。　《農桑要旨》云：平原淤壤，土地肥虛，荊桑、魯桑種之俱可。若地連山陂，土脉赤硬，止宜荊桑。　又，初栽後成科時，中心長條上葉勿採。其餘在傍腳科，止捋其葉，且勿剸斫，蓋令枝葉繁密，就爲藩蔽，以防牛畜咽咬、犂欏拖挽之患。後中心枝既粗，即可剸斫在傍科條，本根既盛，脂脉盡歸中心枝，便可長成大樹，堅久茂盛，不生「糠心」。

又　養樹桑法：牆圍成園，大小隨人所欲。將園内地耕斸熟。方三尺許掘一坑。坑之方深、下糞水，與栽地桑法同。將畦内種出荊桑，全條連根掘出，栽培亦如前法。但所築實土與地平，上復用土封身一二尺，周圍自成環池。無雨則澆。　待桑身長至一大人高，割去梢子，則橫條自長。任令滋長，休科去。新條當春不宜科，科了數年不旺。十二月内或次年正月科則不妨。如澆治有功，至秋可長大如壯椽。十月内或次年春，可移爲行桑。若不如此於園内養成，從小便栽爲行桑者，多被風雨、孳畜損壞。　野荊桑不成身者，移根於園内養之，亦同。栽培如地桑法。芽出留旺者一條，長至如大人高，其科養法如前。

又　《務本新書》：寒食之後，將二年之上桑全樹以兜橛祛定，掘地成渠，條上已成小枝者，出露土上，其餘條樹，以土全覆。樹根周圍，撥作土盆。旱宜頻澆。如無元樹，止就桑下腳窠，依上掘渠埋壓。　六月不宜全壓。

又　《士農必用》：春氣初透時，將地桑邊傍一條，梢頭截了三五寸，屈倒於地空處。多用栽子，多屈幾條，隨人所欲。地上先兜一渠，可深五指餘，卧條於内，用鈎橛子攀釘住，條短則二個，長則三個。懸空不令著土。其後芽條向上生如細杷齒狀。橫條上約五寸留一芽，其餘剥去。可飼小蠶。　至四五月内，晴天已、午時間，橫條兩邊，取熱溏土擁橫條上成壠，橫條即爲卧根。至晚，澆其根科。當夜卧根生鬚。至秋，其芽條皆爲條身。至十月，或次年春分前後。際卧根根頭截斷取出土，隨間空處斫斷。一如枴子様。每一根爲一栽。此法出胤栽子無窮。

又　《務本新書》：秋暮農隙時分，預掘下區，藉地氣經冬藏濕，又分減栽時併忙。區方深各二尺之上，熟糞一二升，與土相和，納於區内。土宜北高南下，以留冬春雨雪。餘區準此。　臘月内，揀肥長魯桑條三二枝，通連爲一窠，快斧斫下，即將楂頭於火内微微燒過；每四十五條與稈草相間作一束，卧於向陽坑内，坑深長三四尺，當預掘下，防冬深地凍難掘。以土厚覆。　春分已後取出，卻將元區跑〔刨〕開，下水三四升，布粟三二十粒。將條盤曲，以草索繫定，卧栽區内，覆土約厚三四指；如或出露條尖三二寸，覆土宜厚尺餘，俱當堅築，仍以虛土另封條尖。已後芽生，虛土自兑。先於區南種穄。地宜陰濕。時時澆之。若全卧栽者，已後逐旋添土。芽條長高，斫去傍枝。　三年可以成樹，或就作地桑。

又　栽桑梢：據埋頭栽桑斫下桑梢，相連三二枝爲一窠，栽如前法。或於蘿蔔内穿過一枝，假借氣力更妙。掘區堅埋依前法。

又　壟種桑條：秋耕熟地，二月再擺〔耙〕勻，東西起疄，約量遠近，撥土爲區。將臘月元埋桑條，栽依前法。或是單根肥長桑條依上栽之亦可。

又　栽種桑條者，若舊桑多處，可以多斫萌條。若是少處，又慮斫伐太過，次年悮蠶，故具種椹、壓條、栽條之法，三者擇而行之。　《士農必用》：

插條法：牆圍成園，掘坑如地桑法。大葉魯桑條上青眼動時，科條長一尺之上，截斷兩頭，烙過。每一坑内微斜插三二條。栽培如地桑法。待芽出，封堆虛土三五寸。每一根科止留一條。至秋可長數尺，次年，割條葉飼蠶。止怕當年三伏日。澆、蔭不闕，無不活者。畦内插亦可。　如當處無可採之條，預於他處擇下大葉魯桑，臘月割條，藏於土穴。如藏花果接頭，透風則乾了。候至桑樹條上青眼微動時，開穴，所藏條上眼亦動。但黄色。截、烙、栽培，用度如前。

又《士農必用》：園内養成荆、魯桑小樹，如轉盤時，於臘月内可去不便枝梢。小樹近上留三五條。椀口以上樹留十餘條，長一尺以上。餘者皆科去。至來春桑眼動時，連根掘來，於漫地内，闊八步一行，行内相去四步一樹，相對栽之。栽培、澆灌如前法。桑行内種田：闊八步，牛耕一「繳」地也。行内相去四步一樹，破地四步，已久可成大樹。相對則可以横耕，故田不廢墾，桑不致荒。荆棘圍護。當年横枝上所長條，至臘月科令稀匀得所。至來春便可養蠶。　野桑成身者，即可移栽。留横枝如前法。一名「一生桑」，其根平淺，故不久自死。轉盤換根，則長旺又久遠也。農家謂移栽爲「轉盤」。桑同果樹，一移一旺，舊根斫斷，新根即生。新根不平生，向下生也，以此故，長旺久遠。

又　備春旱者，秋深，預於桑下約量擁糞，經冬地氣藏濕，桑亦榮旺。春月撥作土盆。雨則可聚，旱則可澆。鋤治桑隔，自然耐旱，又避蟲傷。瀕河近井，若能一澆，亦不失節。

又　科斫之利：惟在不留中心之枝，容立一人於其内，轉身運斧，條葉偃落於外，比之擔負高兀、繞樹上下，科有心之樹者，一人可敵數人之功。條不可穴，穴則費芟科之功，葉薄而無味。是故科斫爲蠶事之先務。時人不知預治於農隙之時，而徒費功力於蠶忙之日，人則倍勞，蠶亦失所。如得其法，使樹頭易得其條，條上易得其葉，蠶不待食，葉以時至，又其葉潤厚。農語云：「鋤頭自有三寸澤，斧頭自有一倍桑。」　秦中一法，名曰「剥桑」：臘月中，悉去其穴，所存之條甚疎。又於所存條根之上，僅留四眼，餘皆去之。其所留者，明年則爲柯。其眼中所發青條，可長三數尺，其葉倍常，光澤如沃。蠶逼老而手採之，獨留一向外之條。滋長及秋，其長以至尋丈。臘月復科之如前。歲久則所留之柯重繁，復從下斫去。既周而復始。洛陽、河東亦同。山東、河朔則異於是，必留明條，疑風土所宜。然欲一試此剥桑之法而未果也。

又　科條法：凡可科去者，有四等：一瀝水條，向下垂者。一刺身條，向裏生者。一駢指條，相併生者，選去其一。一穴脞條。雖順生，卻稠穴。臘月爲上，正月次之。

又　斫樹法：自移栽時，長五七尺高。便割去梢。既不留中心，其條自向外長。樹長大，中心可容立一人。如長成樹者，當中有身及枝者，亦可斫去。

又《士農必用》：樹桑惟在稀科時斫，依時斫也。使其條葉豐腴而早發，不致蠶之穉也。稀則條自豐，葉自腴。今年科不過時，則長條豐美，明年之葉，自然早發而又腴潤也。

又《士農必用》：接換之妙，荆桑根株接魯桑條也。惟在時之和融，手之審密，封繫之固，擁包之厚，使不至疎淺而寒凝也。春分前十日爲上時，前後五月（日）爲中時。然取其條眼襯青爲時尤好，此不以地方遠近，皆可準也。然必待晴暖之日，以藉其陽和也。接不密，則氣液難通，擁包不固厚，則風寒人〔入〕而害生也。　果之一生者，質小而味惡，既一接之，則質碩大而味美。桑亦如是。故接換之功，不容不知也。且木之生氣，冬則藏於骨肉之際，春則行於肌肉之間。生氣既行，津液隨之。亦如人之生脉，夜沉晝浮，而氣血從之。皮膚之内，堅骨之外，青而潤者，木之肌肉也。今乘發生之時，即其氣液之動，移精美之條笋，以合其鄙惡之幹質，使之功相附麗，二氣交通，通則變，變則化，向之所謂鄙惡者，而潛消於冥冥之中。蓋精美之至，其用乃神。山谷道人《接花》之什有云：「雍也本犂子，仲由元鄙人；升堂與入室，都在一揮斤。」可謂善形容造化之妙者也。　接廢樹：廢樹，老樹也，謂枝幹豐大，條短葉薄，不能復滋長者。　接法可傳者有四：一、插接；二、劈接；三、靨接，又名貼接，又名神仙接；四、批接，又名搭接。其法度各具本條。廢樹，可插接，又可劈接。

又　插接法：附地鋸斷，於砧盤上肌肉内附骨用竹篦子插下，可深一寸半。或插或釘。竹篦子大小，比接頭劈半樣，一面蒲背，一面平也，削成馬耳狀。用時噙養温和，插時平面附骨。鋸過處爲砧盤；堅木爲骨；皮内骨外青軟者爲肌肉。鋸用細齒者；齒粗傷肌肉。接頭可長五寸之上。其眼襯青者。根頭一寸半，用薄刃刀子刻下中半，刻成判官頭樣，餘半削其骨成馬耳狀。又與刻下處相照蒲背上，用刀子遏斷浮皮，剥去，顯露肌肉。輕遏，不可傷肌肉。

又將馬耳尖頭薄骨，割去半分，青肌肉自長於骨尖半分也。將接頭噙養温暖，假借人之生氣，易活。人於其時，不可喫酒及濃厚滋味物。取出篦子，就用青肌肉半分裹接頭馬耳尖，插下，極要嵌密。每一砧盤上，插二條或三條。令接頭之骨與樹之骨相著，肌肉與樹之肌肉相著，木之津液，行於肌肉之間。如不相對著，又不緊密，多不活。如不用半分肌肉裹馬耳尖，則擦了肌肉，故亦多有不活者。　用新牛糞和土爲泥，封泥了。濕土封堆，大小斟酌其樹盤。——接頭頂上可留一二眼——土厚三四寸。周圍棘刺遮護。　接頭生芽條出土，長高一二尺，約量留三二條，其餘割去。傍埋椽子一條爲依柱。芽條漸長，用繩子或葛條總繫在柱上。不如此，被風雨擺折。芽條漸長壯，止可留二條，後爲「雙身樹」也。當年可長八九尺、一丈。至大人高時，截去梢，其横枝自長，勿採剥。至臘月内，科截横條，每一身可留三四枝，各長一尺。然不可拘定，或可長或短，取其樹勢圓也。明年爲柯，柯上起條，採令稀匀。至秋成樹。　劈接亦可。其法如後。

又　劈接法：先附地平鋸去身幹。於砧盤傍向下一寸半皮肉上，用快刀子尖向上，左右斜批豁兩道，至平面，其下尖，其上闊一指；中間批豁斷者，剔去。其批豁了處，如一鴉觜樣渠子也。兩壁有斜面，無平底；其尖淺，向上漸深；至平面，可深至半指許。接頭可長五寸，其粗細如一指許者。於根頭一寸半内，量留一半，將其外一半，左右削兩刀子，成蕎麥楞樣，令頭尖。口内噙養温暖，嵌於砧盤傍所批渠子内，極要緊密，須使老樹肌肉與接頭肌肉相對著。於一砧盤上，如此接至數個。斟酌砧盤大小。　用新牛糞和土成泥，封泥其接頭周遭，又用新桑皮纏繳牢固；上又用牛糞土泥封泥了所繳桑皮；　然後用濕土封堆接頭上，可厚五寸。大小斟酌其樹盤。周圍棘刺遮護。　接頭生條芽出土，長高一二尺，約量留三二條。用依柱如前。

又　又法：掘土見根，將横根周圍一遭，斧斫斷，掘去中間正根。將周圍根楂，細鋸子截成砧盤。每一砧盤，或劈接，或插接二三接頭。斟酌砧盤大小，細根不堪接者勿用。封堆等如前法。芽條出土，若太稠密，則間令得所。至來年，止留一條大者於本地，其餘分出爲栽子，於别地栽之。用依柱如前。

又　接大小樹：大樹宜劈接、插接，小樹宜搭接、靨接。附地接者，封泥、擁培如前。半身截成砧盤接者，但其縫罅上用紙封，又用破席片包裹如仰盆子樣，内盛潤土，培養其接頭，勿令透風。用無底瓦罐、盆子代席片亦可。土乾則灑水所包土上。條芽長出，其所包土亦休取去。至秋，條長成，接處長定，所包土不用也。如接頭都活，則斟量横枝多少、樹之氣力留之。　靨接者：可就於横枝上截了，留一尺許。然尺寸不可定，惟取樹勢圓也。於接頭上眼外，方半寸，刀尖刻斷皮肉至骨，款揭下帶眼皮肉一方片。其眼底骨上一小心子如米粒，此是一芽生氣之根，揭時用指甲尖剗起，令其小心子帶於皮肉之上。口噙少時取出，印濕痕於横枝上，復噙養之。用刀尖依濕痕四圍刻斷皮肉，揭去，露骨，將接頭上靨皮嵌貼上。其眼向上，勿令顛倒。　上下兩頭用新細薄桑皮繫了。斟酌其緊慢，太緊則生氣不通，太慢則不相附著，俱難活也。用牛糞和泥，眼四周泥了。其所貼之靨多少，可量其樹之大小。

又　接小芽條：可用搭接法。就畦内將已種出荆桑隔年芽條，去地三寸許，向上削成馬耳狀，將一般粗細魯桑接頭亦削成馬耳狀。兩馬耳相搭，細桑皮繫了。牛糞泥封，濕土擁培。其芽條出土，可留一二芽。至秋長如一大人高。明年可移入園中養之，其法如前。接諸果木亦同。　取藏接頭，側近有接頭者，臨接時取，遠處有者，預先於臘月節氣内割取其條。其採取培養之法，全如插條法内所説。如取接頭處過遠者，可於未曾盛油新柿簍中，與蒲棒穰一處椿〔裝〕了，外密封不透，雖行千里，不致凍傷。果木宜二年條，其藏及接法亦同。

又　《士農必用》：桑欲落時捋葉。未欲落捋，傷來年桑眼。已落者，短津味。泥封收囤。至臘月内，搗磨成麫。臘月内製者，能消蠶熱病。甕器内，可多收飼蠶。餘剩做牛料，牛甚美食。

又　〔桑〕三年中爲蠶槌。都格反。蠶椽。五年任爲屋椽。十年堪爲棟梁。

元王禎《王禎農書》卷五《農桑通訣·種植》　種植之類夥矣，民生濟用莫先於桑，故首述而備論之。桑種甚多，不可遍舉，世所名者，「荆」與「魯」也。荆桑多椹，魯桑少椹。葉薄而尖，其邊有瓣者，荆桑也。凡枝幹條葉堅勁者，皆荆之類也。葉圓厚而多津者，魯桑也；凡枝幹條葉豐腴者，皆魯之類也。荆之類，根固而心實，能久遠，宜爲樹；魯之類，根不固，心不實，不能久遠，宜爲地桑。然荆之條葉不如魯桑之盛茂，當以魯桑條接之，則能久遠而又盛茂也。魯爲地桑，而有厭〔壓〕條之法，傳轉無窮，是亦可以久遠也。荆桑所飼蠶，其絲堅韌，中紗羅用。《禹貢》稱「厥篚檿絲」，注曰：「檿，山桑」，此荆之美而尤者也。魯桑之類宜飼大蠶，荆桑宜飼小蠶。《齊民要術》曰，收椹之黑者，翦去兩頭，惟取中間一截，蓋兩頭者，其子差細，種則成雞桑、花桑。中間一截，其子堅栗，則枝幹堅强而葉肥厚。將種之時，先以柴灰淹揉，次日，水淘去輕秕不實者，曬令水脈才乾，種乃易生。仍當畦種，常薅令净，慎勿採摘。大如指許，正月中移之，十步一樹，行欲少掎角，不用正相當。凡耕桑田，不用近樹，犂不著處斸士（土）令起，斫去浮根，以蠶矢糞之。剶桑十二月爲上時，正月次之，二月爲下。大抵桑多者宜苦斫，桑少宜省剶。《農桑要旨》云：「平原淤壤，土地肥虛，荊桑魯桑種之俱可。若地連山陵，土脈赤硬，止宜荊桑。」《士民（農）必用》云：「種藝之宜惟在審其時月，又合地方之宜，使之不失其中。」蓋謂栽培之宜，春分前後十日及十月並爲上時。春分前後，以及發生也。十月號「陽月」，又曰「小春」，木氣長生之月，故宜栽培，以養元氣。此洛陽方佐千里之所宜，其他地方，隨時取中可也。大抵春時及寒月，必於天氣晴明巳午時，藉其陽和。如其栽子已出元土，忽變天氣風雨，即以熱湯調泥培之。暑月則必待晚涼，仍預於園中，稀種麻麥爲蔭。惟十一月種栽不生活。

又 凡桑果以接博爲妙，一年後便可獲利。昔人以之譬螟子者，取其速肖之義也。凡接枝條，必擇其美，宜用宿條向陽者，庶氣壯而茂，嫩條陰弱而難成。根株各從其類。然荊桑亦可接魯桑，梅可接杏，桃可接李。接工必有用具，細齒截鋸一連，厚脊利刃小刀一枚。要當心手凝穩，又必趁時。以春分前後十日爲宜，或取其條襯青爲期，然必待時暄可接，蓋欲藉陽和之氣也。一經接博，二氣交通，以惡爲美，以彼易此，其利有不可勝言者。夫接博，其法有六：一曰身接，先用細鋸截去元樹枝莖，作盤砧，高可及肩，以利刃小刀，際其盤之兩旁，微啟小罅，深可寸半，先用竹籤之，測其深淺，卻以所接條，約五寸長，一頭削作小篦子，先噙口中，假津液以助其氣，卻内之罅中，皮肉相對，插之訖，用樹皮封繫，寬緊得所，用牛糞和泥斟酌封裹之，勿令透風，外仍上留二眼，以泄其氣。二曰根接，鋸截斷元樹身，去地五寸許，以所接條削篦插之，一如身接法，就以土培封之，以棘周圍護之。三曰皮接，用小利刃刀子，於元樹身八字斜剉之，以小竹籤測其淺深，以所接枝條皮肉相向插之，封護如前法，候接枝發茂，以斬去其元樹枝莖，使之莖茂耳。四曰枝接（如）皮接之法而差近之耳。五曰靨接，小樹爲宜。先於元樹横枝上截了，留一尺許，於所取接條樹上眼外，方半寸，刀尖刻斷皮肉至骨，併帶凝揭皮肉一方片，須帶芽心揭下，口噙少時取出，印濕痕於横枝上，以刀尖依痕刻斷元樹靨處，大小如之，以接（片）按之，上下兩頭以桑皮封繫，緊慢得所，仍用牛糞泥塗護之，隨樹大小酌量多少接之。六曰搭接，將已種出芽條，去地三寸許，上削作馬耳，將所接條併削馬耳，相搭接之，封繫，糞壅如前法。今夫種植之功，其利既博，又加之以接博，猶變稂莠而爲嘉禾，易碔砆而爲美玉，世之欲業其生者，其可不務之哉。又去蠹法。桑果不無蟲蠹，宜務去之。其法用鐵線作鈎取之。一法，用硫黄及雄黄作煙，薰之即死，或用桐油紙燃塞之，亦驗。夫既已種植，復接博之，既接博矣，復剔其蟲蠹。柳子所謂，吾聞養樹，得養人術，此長民爲國者，所當視傚也。夫民爲國本，本斯立矣，既興其利，而復除其害，爲治之道，無以外是。苟審行之，不惟得勸課之法，抑亦知政教之本歟。

元 闕名《居家必用事類全集・重桑》 椹熟時，揀取魯桑葉大椹稀者種之，葉小椹稠者不堪。白桑無子，壓取枝，熟耕肥地，多着糞，一如種菜法，作畦種之。 净淘椹子，曬乾，和穄種，不得厚蓋，多不生。待長高一尺，又上糞一遍，當年得高四五尺。明年正月初，熟耕地五六遍。五步栽一株，下着一升糞。至秋初，斸根下，更着糞培土。五年内，每春秋常須培根下，上糞培土。三年即有椹堪采，每樹得葉三十斤。又須每年及時科斫，以縛石墜壓四面枝，令婆娑向下。中心枝亦屈倒，勿令直上。若令向上即難摘。不宜下處，水浸着即死。五年後每樹賃得一兩絲，十畝地計絲百兩，山中衣服既遍足矣。若擬於下種黍，即東西行三步種一株，南北環五步爲準。圖陰密故也。若桑陰未成，即於黍南種雄麻及苧等，取其陰覆也，麻苧皆有利。

明 俞宗本《種樹書・桑》 穀樹上接桑，其葉肥大；桑上接梨，脆美而甘。撒子種桑，不若壓條而分根莖。 雞腳桑，葉花而薄，得繭薄而絲少。 白桑，葉大如掌而厚，得繭厚而堅，絲每倍常。桑葉生黃衣而皺者，號曰金桑。非特蠶不食，而木亦將槁矣。 先椹而後葉者，葉必少。 浙間植桑，斬其葉而植之，謂之「嫁桑」。卻以螺殼覆其頂，恐梅雨侵損其皮故也。二年即盛。 常以三月三日雨，卜桑葉之貴賤。諺云：「雨打石頭遍，桑葉三錢片」。或曰四日尤甚。杭州人云：「三日尚可，四日殺我」。言四日雨尤貴。 【略】 午日不得鋤桑園。 有柘蠶，食柘而早繭。 葉濕不可飼蠶，雨中採至，必拭令乾，恐有傷也。

明 宋詡《竹嶼山房雜部》卷九《樹畜部・樹類》 桑荆公夏詩云：繅成白雪桑重綠。 春間斷其枝瘞於地生條，至臘月移種之平，其根剪去。俟次年離跗四五寸剪去，至後年又離舊痕四五寸剪去，始成木，采葉以飼蠶。自後每歲蠶老時皆剪髡其幹。令遂發條肆生葉，採飼再蠶。常鋤其園使熟壅則惟以欝棲，莊子注云：欝棲，糞壤也。不宜於灌糞。方俗云，灌糞喜長根不長枝葉也。種宜葉大而厚者良，其膚堪爲紙材，其黮堪食亦堪種。

明 鄺璠《便民圖纂》卷四《桑蠶類》 論桑種 桑種甚多，不可遍舉。世所名者，荆與魯也。荆桑多椹，魯桑少椹，荆桑之葉尖薄，得繭薄而絲少，魯桑之葉圓厚，得繭厚而絲多。若葉生黃衣而皺者，號曰金桑。蠶不可食，木亦易稿。 栽桑耕 地宜熟，移栽時行須要寬，横比長多一半。根下埋敗龜板一箇，則茂而不蛀。文法，將桑根浸糞，水内一宿，掘坑栽之。栽宜淺，種以芽稀者爲上。臘月、正月皆可種。諺云：臘月栽桑，桑不知。

明 鄺璠《便民圖纂》卷四 修桑 削去枯枝及低小亂枝條，根旁掘開，用糞土培壅。臘月正月皆宜，若不修理，則葉生遲而薄。 壓桑：正、二月中，以長條攀下，用別地燥土壓之，則易生根。次年鑿斷移栽。或云：撒子種桑，不若壓條而分根莖。 接桑：荆桑根固而心實，能久遠。魯桑根不固而心不實，不能久遠。荆桑以魯條接之則久遠而茂盛。然接换之妙，惟在時之和融，手之審密，封繫之固，擁包之厚，使不至疏淺而寒凝也。春分前十日爲上時，前後五日爲中時。取其條眼襯青爲時尤好。此不以地方遠近，皆可準也。 斫桑：宜五月斫，不可留觜角。比及夏至，開掘根下，用糞或蠶沙培壅。此時不斫，則枝條來春不旺。 摘桑：蠶初出時，葉小如錢，宜輕手採摘，勿傷枝條。至葉大亦然。若樹高聳者，用梯杌上採之，採盡當修斫培養。

明 劉基《多能鄙事》卷七《種桑》 椹熟時，擇取魯桑葉大椹稀者種之。白桑無子，壓取枝。熟耕地，着糞，如種菜法，作畦種之。淨淘椹子，曬乾和穄種，不得厚蓋，厚則不生。生高一尺，又糞一次，當年可高四五尺。明年初春移之，根下着糞。至秋又掘，根下着糞，以土培之。

明 王象晉《群芳譜・桑麻葛譜・桑》 桑，箕星之精也。東方自然神木之名，其字象形，蠶所食也。皮（葉）（裂）幹疏，葉面深綠光澤，多刻缺。方書稱桑之功最神，在人資用尤衆。其小而條長者爲女桑。種類甚多，世所名者，荆與魯也。荆桑多椹，葉薄而尖，邊有瓣，凡枝葉堅勁者，皆荆類也。魯桑少椹，粗（葉）圓厚而多津，凡枝葉豐腴者，皆魯類也。荆類根固而心實能久，宜爲樹。魯類根不固，心虛不能久，宜爲地桑。荆葉不如魯之盛，當以魯條接荆，則久而又茂。魯爲地桑，有壓條法，傳轉無窮，是亦可以久遠者也。荆桑飼蠶，其絲堅韌，中紗羅用。魯桑宜飼大蠶，荆桑宜飼小蠶。此外又有柍桑、檿桑、山桑。《禹貢》：厥篚檿絲是也。桑生黃衣謂之金。桑木將稿（槁），蠶食必病。有餘者，用之。葉多積，荒年可濟饑。亦可喂猪、羊、牛、馬。蠶事既畢，令人樹下每年耕用糞，則葉肥嫩，構接則葉大。桑白皮利小水，肺中有水氣及肺火炙熟可代茶。嫩桑枝炒香煎飲，久服不患偏風。桑花健脾澁腸，止血消熱。桑採取曬乾，收貯備用。 製用：桑椹煎膏入少蜜、滾湯調服，止渴消熱。桑葉耳一名五鼎芝，作菜用益人。 種植：取黑椹中段子收貯，勿令浥濕。將種時先以柴灰淹揉，次日淘淨，取沉水者晒，令纔去水氣，種乃易生。宜肥地。有草鋤淨。冬月燒去苗。至春去冗苗，留旺者。俟至指大移栽。五步一株，大約種子不如壓條。壓插：初芽時，擇指大枝條旺相肥澤者，就馬蹄處劈下，潤土内開溝尺許，埋實自然生根布葉。壓後遇旱，于傍開溝灌之。但取水氣到，忌多着水。《農桑要旨》云：平原淤壤，土地肥虛，荆桑、魯桑俱可種。若山地土脉赤硬，止宜荆。《士民必用》云：種藝在審時，又合地宜，使不失其中。春分前十日爲上時，當發生也。十月小春，木氣長生也，亦可壓桑。有三宜：時宜和，包宜固，壅宜厚。大抵天氣晴明，巳午時借其陽和。如栽子已出，忽變天氣，即以熱湯調泥培之。暑月必待晚涼。仍預于園中稀種麻麥爲蔭。惟十一月不生。《農桑撮要》云：十二月内掘坑，深闊約二小尺，卻于坑畔取土糞和成泥漿，桑根埋定，糞土培壅，將桑栽向土提起，則根舒暢，復土壅與地平。次日築實，切不可動摇。其桑加倍榮旺，勝如春栽。又法，將桑根浸糞水内一宿，掘坑栽之。栽宜淺，種以芽稀者爲上。諺云：臘月栽桑桑不知。《便民纂要》。採桑：高者用梯摘，庶不傷枝。遠出强枝，當用闊刃鋒利扁斧，轉腕回刃，向上斫之。枝查既順，津脉不出，葉必復茂。諺曰：斧頭自有一倍葉，此善用斧之效也。柔桑高枝不勝梯，須置桑几如高櫈，下列二桃作登級，斯易摘葉，又不傷樹。培桑：凡耕桑田，不用近樹，犁不着處，劚土令起，斫去浮根，以蠶矢糞之，根下埋龜甲，則茂盛而不蛀。生黃衣亦以此治之。修桑：削其小枝則葉茂，去其枯枝則不荒。蠶事畢，將枝髡去。但髡時，不可留觜角。及夏至開掘，根下用糞，或蠶沙培壅，則生意欝積，來年嫩枝之葉更覺茂盛。

且皮可製紙，枝可當柴，兼有餘利。　收椹：子熟時摘取，以水淘過，略晒乾便種。同二月法，或畦種之便生。即時多收椹子，以待來春種尤佳。收貯勿近濕壁墻邊，則浥損不生。《農桑撮要》五月也收桑椹，而水淘少曬焉，畦而種之。至冬而焚其稍（梢），乃明年而分種之。《學出蠶經》　附録：桑寄生：益血安胎。然難得真有，以用他寄生至於隕命者，慎之。五嶺以南絶無霜雪，最宜樹。樹上多寄生木，即《山海經》所謂寓木也。而桑寄生以入藥名，獨著梧之長洲饒有之。採時須令并桑枝摘取，不爾，即雜以他木，莫可辯。桑寄生酒出梧洲（州）。色白味頗清冽。晉張華詩「蒼梧竹葉清」，陳張正見詩「浮蟻擅蒼梧」，皆謂此。第釀者必和以燒酒，以氣候炎蒸，恐酒味易敗故耳。飲勿過多。（張七澤）

明　戴羲《養餘月令》卷四　種桑，宜春分前後十日，及十月爲上時。春分，發生之時；十月，陽長之月；故宜栽培，以養元氣。一云，壓桑條宜以燥土，則根易生，若濕，則爛矣。

明　戴羲《養餘月令》卷二　種桑椹宜肥地。生後，于冬間用亂草覆而燒之。恐傷根，仍以草蓋。至春去草，澆出苗，去其冗者，唯留旺者一枝。至秋長五六尺，來春移栽。栽法與諸樹同，唯桑宜敗龜板，每桑根以一龜板，種之茂盛。桑樹行中，用牛耕種五穀，兩不廢也。　元日五更雞鳴時，點火把炤桑棗果木等樹，則無蟲。以刀斧班駁敲打各樹身，則結實。此謂之嫁樹。

明　戴羲《養餘月令》卷八　桑葚紫黑時，振落箔上，晒乾，平時可當菓食，歉歲可禦饑餓。收貯勿近濕墻，浥氣不生。

明　徐光啟《農政全書》卷三〇《蠶桑》　《爾雅》曰：桑辨有葚，梔。　《農桑通訣》曰：嘗考之史傳，三國魏武祖軍乏食，乃得乾葚以濟饑。《魏志》武祖軍無糧，新鄭長楊沛進乾葚。後遷沛爲鄴令。後漢王莽時，天下大荒，有蔡順採葚，赤黑別盛之，赤眉賊見而問之，順曰：黑者奉母，赤者自食，蓋桑葚乾濕皆可食，可以救儉，昔聞之。故老云：前金之末饑歉，民多餓莩。至夏初青黄未接，其桑葚已熟，民皆食葚，獲活者不可勝計。凡植桑多者，葚黑時悉宜振落，箔上曬乾，平時可當果食，歉歲可禦飢餓。雖世之珍異果實未可比之，適用之要，故録之。　玄扈先生曰：桑生葚者，葉小而薄，故蠶桑之家不得有葚。

明　徐光啟《農政全書》卷三二《蠶桑》　桑，《爾雅》曰：桑辨有葚，梔。郭璞曰：辨，半也。葚與椹同。半有椹，半無椹者名梔。女桑，俗稱桑之小而條長者。桋桑，山桑，似桑，材中爲弓及車轅。檿桑，即柘也。飼蠶，絲中琴瑟，亦材之美者也。《典術》云：桑乃箕星之精。徐鍇曰：桑，音若，東方自然神木之名。乃蠶所食也。王禎《種植篇》曰：《貨殖傳》云，山居千章之材，安邑千樹棗，燕秦千樹栗，蜀漢江陵千樹橘，齊魯千樹桑，其人皆與千户侯等，其言種植之利博矣。觀柳子厚《郭橐駝傳》稱駝所種樹，或移徙無不活，且碩茂，早實以蕃。他人效之，莫能如也。又知種樹之不可無法也。考之於詩，帝省其山，柞棫斯拔，松柏斯兑，周之所以受命也。樹之榛栗，椅，桐，梓，漆，衛文公之所以興其國也。夫以王侯之富且貴，猶以種樹爲功。況於民乎。《周禮》太宰以九職任萬民，一曰三農生九穀，二曰園圃之職，次於三農，其爲民事之重尚矣。然則種植之務，其可緩乎！種植之類夥矣。民生濟用莫先於桑，故首述而備論之。　王禎曰：桑種甚多，不可遍舉。世所名者荆與魯也。荆桑多椹，魯桑少椹。葉薄而尖其邊有瓣者荆桑也，凡枝幹條葉堅勁者皆荆之類也。葉圓厚而多津者，魯桑也。凡枝幹條葉豐腴者皆魯之類也。荆之類，根固而心實，能久遠，宜爲樹。魯之類，根不固，心不實，不能久遠，宜爲地桑。然荆之條葉，不如魯葉之盛茂。當以魯桑條接之，則能久遠而又盛茂也。魯爲地桑而有壓條之法，傳轉無窮，是亦可以久遠也。荆桑所飼蠶，其絲堅韌，中紗羅用。《禹貢》稱厥篚檿絲。註曰：檿，山桑也。此蓋荆之美而尤者也。魯桑之類，宜飼大蠶，荆桑宜飼小蠶。　《博聞録》曰：白桑少子壓枝種之。若有子可便種，須用地陰處。其葉厚大，得繭重實，絲每倍常。【略】　玄扈先生曰：取葚與雞鴨食之，糞中淘出，種者更不生葚。【略】《四時類要》曰：種桑土不得厚，厚即不生。待高一尺又上糞土一遍。　《務本新書》曰四月種椹，東西掘畦，熟糞和土耬平，下水，水宜濕透。然後布子，或和黍子同種，椹藉水力，易爲生發，久遮日色，或預於畦南畦西種檾，後藉檾蔭，遮映夏日，長至三二寸，旱則澆之。若不雜黍種，須旋搭矮棚於上，以箔覆蓋，晝舒夜捲，處暑之後，不須遮蔽。至十月之後，桑與黍稭，同時刈倒，順風燒之，仍摻糞土蔽灰，春煖榮茂，次年移栽。　一法，熟地先耩黍一隴，另捲草索，截約一托，以水浸軟，麵飯湯更妙，索兩頭各歇三四寸，中間勻抹濕椹子十餘粒，將索卧於黍壟內，索兩頭以土厚壓，中間摻土薄覆，隔一步或兩步依上卧一索，如面取齊成行，久旱宜澆。十月刈燒，加糞如前。冬春擁雪蓋糞，清明前後掃去。霖雨特覷稀稠移補。比之畦種，旋移省力決活，早二年得力。如舊有椹，春種更妙。後宜築圍牆固護，或慮索繁碎，以黍椹相和，於葫蘆內點種，過處用箒掃勻。或慮天旱，宜就黍壟內，撥土平勻，順壟作區，下水種之。　又法，春月先於熟地內，東西成行，勻稀種穄，次將桑椹與蠶沙相和，或炒黍穀，亦可趁逐雨後，於穄北單耩或點種，比之搭矮棚與黍同種，緣穄陰高密，又透風露，雖種十數畝，亦不甚委曲費力。《士農必用》曰：種子宜新不宜陳。新椹種之爲上，隔年春種，多不生。蔭畦搭棚爲上，穄麻次之，黍苗又次之。桑芽出，間令相去五七寸。營造尺寸也。他仿此。頻澆過伏，可長至三尺。割去穄麻。至十月內，附地割了撒亂草走火燒過。火不可大，恐損根。糞草蓋，至來春把樓去糞草，澆每一科，自出芽三數個，留旺者一條。已成根，則不須蔭，可頻澆。至秋，魯桑可長五七尺，荆桑可長三四尺。魯桑可移爲地桑，荆桑可移入園養之。　玄扈先生曰：《齊民要術》云：種椹而後移栽，移栽而後布行。《務本新書》云：畦種之後，即移爲行桑，無轉盤之法，二法皆可也。

明　徐光啟《農政全書》卷三二《蠶桑》

《韓氏直説》曰：地桑須於近井園內栽之，有草則鋤。無雨則澆，比及蠶生，可澆三次，其葉自然早生。桑種自有早生者，遲生者，須擇其早生者爲地桑則可。　鍾化民曰：種桑在正二月，至八月亦可種，根要理直，泥要挨緊，當以水糞澆灌，方有生意。玄扈先生曰：初種不用糞。桑有二種，一種有桑椹，即以桑椹植地，一二月即出。一種將桑樹柔條，攀至於地，以泥壓於其上，每一桑眼，即發一枝。待至二三尺長，其桑有根，用剪剪下，移種於地上，即成桑樹。如今年壓，明年起，明年又壓，後年又起，生生不窮。　《務本新書》曰：夫地桑本出魯桑，若以魯桑萌條如法栽培，揀肥旺者約留四五條，鋤治添糞，條有定數，葉不繁多，衆葉脂膏聚於一葉，其葉自大。即是地桑。栽地桑法，秋後於熱白地內，深耕一犁，就壟加糞，撥土爲區，如無牛掘區亦可。春分前後，取臘月所埋桑條，揀有萌芽處，各盤七八寸或一尺，鍬區下水，卧條栽之，覆土約厚三四指，深厚則難生，以手按勻，區東南西種穄五七粒。五月之後，芽葉微高，旋添糞土，已後條高，便作地桑。或揀魯桑簞兒，秋間埋頭深栽更，疾得力。　《士農必用》曰：地桑之功，惟在治之如法，不致荒燥。無樹桑之家，純用地桑，則人力倍省。有樹桑兼地桑之家，樹桑既成，地桑可止而勿用。加澆鋤之功，使之滋長，至其蠶大眠之後，或樹桑不能時，至則可就取地桑，使晚蠶至終老不致缺食。　布地桑法，牆圍成園，將園內地，或牛犁或钁劚熟，方五尺內掘一坑，每地一畝令栽二百四十科。方深各二尺，坑內下熟糞三升，生糞不中，壯地少用。和土勻下水一桶，調成稀泥，將畦內種成魯桑，連根掘出一科，自根上留身六七寸，其餘截去，截斷處火鍬上烙過，每一坑栽一根，將根坐於泥中，欲疾見功者栽二根。按至坑底，提三五次，欲令根須皆順。按桑身頂與地平，擁周圍熟土，令坑滿，次日築實，匝坑四邊，築下土至半坑，根下土自實，不實則根土不和著多懸死。上半坑擁熟土，輕築，令平滿，附身土不可築實，實則芽難生。用虛土封堆，如大鍬子樣，可厚五七寸，周圍自成環池，水澆於內。芽出於土四五指，每一根止留一二條。澆鋤如法，當年可長五尺餘。次年附根割條葉飼蠶，須用厚背鋼鐮一割要斷，鈍鐮一割不能斷，則條楂不齊，雨浸傷根。地桑不要放出身，只要躲從土中長出，身出土名爲腳高，身上所長條不旺，又多被風雨擺折。割過處，每一根盤，周圍數芽出每一科，可許留四五條，餘者問去。年年附地割之根，漸旺，留條漸多，野魯桑根科栽之亦可。全如前法，地桑三年後正長旺，五年後根相交，根交則不旺，春時將相交根斫斷掘去，添上糞土，或澆過，或得雨即復長旺，次後斟酌其根欲大，將壓成栽子，圍別園如前法，栽之三年後新桑茂盛，養蠶斫桑時，將舊桑根上只留一條，隔年自成一根，分出栽爲行桑，如此傳轉無有盡期。然魯桑所飼蠶，其絲少堅韌，可斟酌栽荆桑樹，于大眠後以葉間飼之。　黃省曾《藝桑總論》曰：有地桑，出於南潯。有條桑，出於杭之臨平。其鬻之時，以正月之中上旬。其鬻之地，以北新關內之江將橋，旭旦也擔而至，陳於梁之左右，午而散。大者株以二厘，其長八尺。其種也，耨地而糞之，截其枚，謂之嫁，留近本之枝尺餘許，深埋之，出土也寸焉。培而高之以泄水，墨其瘢，或覆以螺殼，或塗以蠟，而瀝青油煎封之，是防梅雨之所侵。糞其周圍，使其根四達。若直灌其本，則聾而死未活也。不可灌水，灌以和水之糞，二年而盛。其在土也，月一鋤焉。或二起翻也必尺許，灌以純糞，遍沃於桑之地，使及其根之引者，不摘葉也。三年則其發茂。禁損其枝之奮者。桑之下，厥草木留則茂。蠶之時，其摘也必潔浄，遂剪焉。南潯之剪價以七分。必於交湊之處空其幹焉，則來年條滋而葉厚。歲歲剪條則盛。禁原蠶之飼，飼則來年枝纖而葉薄。桑之壅也以糞，以蠶沙，以稻草之灰，以溝池之泥，以肥土。其初藝之壅也以水藻，以綿花之子。壅其本則煖而易發。玄扈先生曰：以豆餅，以綿餅，以麻餅，以猪羊牛馬之糞。初春而修也，去其枝之枯者。樹之低小者，啟其根而糞泥壅之。不然則葉遲而薄。凡擇桑之本也，皺皮者，其葉必小而薄。白皮而節疎芽大者，爲柿葉之桑，其葉必大而厚，是堅繭而多絲。高而白者，宜山岡之地，或牆隅而籬畔。五月也，收桑椹而水淘少曬焉，畦而種之。至冬而焚其梢，及明年而分種之。短而青者，宜水鄉之地。正二月也，木鈎攀之，土壓期年而截之，移而種之，歲糞也二。其壓也，濕土則條爛，焦土則根生，撒子而種，不若條而壓。其爲桑之害也。有桑牛，尋其穴桐油抹之則死，或以蒲母草，草之狀也如竹葉，其桑葉之葉癩也，亦以草汁而沃之。桑之下可以藝蔬。其藝桑之園不可以藝楊，藝之多楊甲之蟲，玄扈先生曰：楊不可絕，宜勤捕之。是食桑皮而子化其中焉。二月而接也，有插接，有劈接，有壓接，有搭接，有換接，穀而接桑也其葉肥大，桑而接梨也則脆美，桑而接楊梅也則不酸。勿用雞腳之桑，其葉薄，是薄繭而少絲。其葉之生黃衣而皺者，木將就槁，名曰金桑，蠶則不食。先椹而後葉者，其葉必少。有柘蠶焉，是食柘而早繭。其青桑無子，而葉不甚厚者，是宜初蠶。望海之桑，種之術與白桑同。是皆臘月開塘而加糞，即壅之以土泥、或二或三。六七月之間乃去其蟲，開塘加糞，壅土宜遲。紫藤之桑，其種高大，是不用剪，其葉厚大，尤早種之也。宜邇於竈屋，不必開塘而糞壅，惟幼稚之時，待冬而糞，或二或三，以臘月爲佳。《務本新書》曰：桑生一二年，脂脉根株，亦必微嫩。春分之後，掘區移栽，區北直上下，栽成土壁，壁底旁鍬其土，下水三四升，將桑簞兒靠壁栽立，根科須得勻舒，以土堅覆土壁，比區地，約高三二寸。大抵一切草木根科新栽之後，皆惡搖擺，故用土壁遮禦北風，迎合日色也。今時移栽小桑，微帶根鬚，上無寸土，但經路遠，風日耗竭脂脈，栽後難活，縱活亦不榮旺，卻稱地氣不宜，此係拙謬。今後應栽小樹，若路遠移多，約十餘樹通爲一束，於根鬚上蘸沃稀泥，泥上糝土，上以草包，或蓆蒲包。包內另用淳泥固塞，仍掰夾車箱兩頭，不透風日，中間順卧樹身上，以蓆草覆蓋。預於栽所，掘區下糞，樹到之時，晝便下水，依法栽培。秋栽法，平昔栽桑多於春月，全樹移栽，春多大風吹擺，加之春雨艱得又天氣漸熱，芽葉難禁，故多不活，活亦遲得力。若是斫去元幹，再長樹身，桑聞鐵腥愈旺，地桑是其驗也。迤南地分，十月埋栽，河朔地氣頗寒，故宜秋栽。霖雨內爲上時。區深一尺之上，平地約留樹身一二指，餘者斫去，栽罷地須堅築，以土封瘢，比及地凍，於上約量添糞。春煖之後，就糞撥爲土盆，雨則可聚，旱則可澆，樹南春先種穄，比及霖雨以來，芽條叢茂，就作地桑，或削去細條，存留旺者一二枝，次年便可成樹，或是就壓傍條一樹又引十餘，比之全樹栽者，樹樹必活，桑亦榮茂也。十月木迷宜栽埋頭桑。截去桑身栽，如秋栽。冬月根脈下行，乘春併發，一年之間，長過元樹。栽二年之桑穀，雨時，其間但有芽葉不旺者，以硬木貼樹身，去地半指一斧截斷，快鏟更妙，糝土封其樹瘢。樹南種黍五七粒，十餘日，始出芽條，旱則頻澆。立夏之後，不宜此法。大暑則不能。一歲之中，除大寒時分，不能移栽，其餘月分皆可。《農桑要旨》云：凡新栽桑，斫科採葉須得宜。初栽後，成科時，中心長條上葉勿採，其餘在傍腳科，止捋其葉，且勿剶斫。蓋令枝條繁密，就爲藩蔽，以防牛畜咽咬，掣擺拖挽之患。後中心枝既粗，即可剶斫，在旁科條，本根既盛，脂脈盡歸中心枝，便可長成大樹，堅久茂盛，不生糖心。《士農必用》曰：種藝之宜，惟在審其時月，又合地方之宜，使之不失。其中栽培所宜。春分前後十日，十月內，並爲上時，春分前後，以及發生也。十月號陽月，又曰小春，木生長之月，故宜栽培，以養元氣。又曰，桑者易生之物，除十一月不生活，餘月皆可，仍須于園內，稀種穄，或麻黍爲蔭。每歲三月三日晴雨，卜桑之貴賤。《養樹桑法》：牆圍成園，大小隨人所欲，將園內地耕劚熟，方三尺許掘一坑。坑之方澤下糞水與栽地桑法同。將畦內種出荆桑，全條連根掘出，栽培亦如前法。但所築實土與地平，上復用土封身一二尺，周圍自成環池。無雨則澆。待桑身長至一大人高，割去梢子，則橫條自長。任令滋長，休科去新條，當春不宜科，科了數年不旺。十二月內或次年正月科則不妨。如澆治有功，至秋可長大，如壯椽。十月內，或次年春，可移爲行桑。若不如此，于園內養成，從小便栽爲行桑者，多被風雨孳畜損壞。野荆桑不成身者，移根於園內養之，亦同。栽培如地桑法，芽出留旺者一條，長至如大人高，其科養法如前。《務本新書》曰：壓條法，寒食之後，將二年之上桑，全樹以兜橛袪定。掘地成渠，條上已成小枝者，出露土上，其餘條樹以土全覆。樹根周圍撥作土盆，旱宜頻澆。如無元樹，止就桑下腳窠，依上掘渠埋壓，六月不宜全壓。《士農必用》曰：春氣初透時，將地桑邊傍一條，稍頭折了三五寸，屈倒於地空處。多用栽子，多屈幾條，隨人所欲。地上先兜一渠，可深五指餘，卧條於內，用鈎橛子即釘住，條短則二個，長則三個。懸空不令著土，其後芽條向上生，如細杷齒狀，橫條上約五寸留一芽，其餘剥去。可飼小蠶。至四五月內，晴天巳午時間，橫條兩邊，取熱溏土，擁橫條上成壟，橫條即爲卧根，至晚澆其根科，當夜卧根生鬚。至秋其芽條苗爲條身，至十月或次年春分前後。際卧根，根頭截斷，取出土，隨間空處斫斷，一如拐子樣。每一根爲一栽。此法出胤栽子無窮。

《務本新書》曰：栽條法，秋暮農隙時分，預掘下區，藉地氣經冬藏濕，又分減栽時併忙。區分深各二尺之上，熟糞一二升，與土相和，納於區內，土宜北高南下，以留冬春雨雪。餘區准此。臘月內，揀肥長魯桑條三二枝，通連爲一窠，快斧斫下，即將楂頭，於火內微微燒過，每四十五條，與稈草相間，作一束，卧於向陽坑內，坑深長三四尺，當預掘下，防冬深地凍難掘。以土厚覆。春分已後，取出，卻將元區跑開，下水三四升，布粟三二十粒，將條盤曲以草索繫定。卧栽區內，覆土約厚三四指，如或出露條尖三二寸，覆土宜厚尺餘，俱當堅築，仍以虛土另封條尖。已後芽生，虛土自脱，先於區南種穄。地宜陰濕，時時澆之。若全卧栽者，已後逐旋添土，芽條長高，斫去傍枝，三年可以成樹，或就作地桑。　栽桑梢，據埋頭栽桑，斫下桑梢，相連三二枝爲一窠。栽如前法，或於蘿蔔內穿過一枝假藉氣力更妙。掘區堅埋依前法。　壟種桑條：秋耕熟地，二月再擺匀，東西起畦，約量遠近，撥土爲區，將臘月元埋桑條栽依前法。或是單根肥長桑條，依上栽之亦可。　栽種桑條者，若舊桑多處，可以多斫萌條，若是少處，又慮斫伐，太過，次年悮蠶，故具種椹壓條栽條之法，三者擇而行之。

《士農必用》曰：插條法，牆圍成園，掘坑如地桑法，大葉魯桑條上青眼動時，科條長一尺之上，截斷兩頭，烙過，每一坑內微斜插三二條，待芽出封堆虛土三五寸，留一根科，止留一條，至秋可長數尺，次年割條葉飼蠶。止怕當年三伏日，澆蔭不缺，無不活者，畦內插亦可。如當處無可採之條，預於他處擇下大葉魯桑，臘月割條，藏於土穴。如藏花果法，接頭透風則乾了。候至桑樹條上青眼微動時，開穴藏條上眼亦動，截烙栽培，用度如前。

《士農必用》曰：園內養成荆魯桑小樹，如轉盤時，於臘月內，可去不便枝梢，小樹近上留三五條，碗口以上樹留十餘條，長一尺以上，餘者皆科去，至來春桑眼動時，連根掘來，於漫地內，闊八步一行，行內相去四步一樹，相對栽之。栽培澆灌如前法，桑行內種田闊八步，牛耕一繳地也。行內相去四步一樹，破地四步已久可成大樹，相對則可以横耕，故田不廢墾，桑不致荒。　荆棘圍護，當年横枝上所長條，至臘月，科令稀匀得所，至來年春便可養蠶。

《士農必用》曰：科斫樹桑惟在稀科時斫，依時斫也。使其條葉豐腴而早發，不致蠶之稺也。稀則條自豐，葉自腴，今年科不過時，則長條豐美，明年之葉，自然早發，而又腴潤也。又科斫之利。惟在不留中心之枝，容立人干其內，轉身運斧，條葉偃落于外，比之擔負高杌，繞樹上下科有心之樹者，一人可敵數人之功。條不可冗，冗則費芟科之功，葉薄而無味。是故科斫爲蠶事之先務時，人不知預治於農隙之時，而徒費功力於蠶忙之日，人則倍勞，蠶復失所，如得其法，使樹頭易得其條，條上易得其葉，蠶不待食，葉以時至，又其葉潤厚。《農語》云：鋤頭自有三寸澤，斧頭自有一倍桑。秦中一法，名曰：剥桑。臘月中悉去其冗，所存之條甚疎，又於所存條根之上，僅留四眼，餘皆去之，其所留者，明年則爲柯，其眼中所發青條，可長三數尺，其葉倍常光潤如沃，蠶逼老而手採之，獨留一向外之條，滋養及秋，其長以至尋丈，臘月復科之如前。歲久則所留之科重繁，復從下斫去，既周而復始。洛陽河東亦同。山東河朔則異於是，必留明條，疑風土所宜，然欲一試此剥桑之法，而未果也。又斫樹法，自移栽時，長五七尺高。便割去梢，既不留中心，其條自向外長，樹長大，中心可容立一人，如長成樹者，當中有身及枝者，亦可斫去也。科條法，凡可科去者有四等，一瀝水條，向下垂者。一刺身條，向裏生者。一駢指條，相併生者，選去其一。一冗脞條。雖順生，卻稠冗。臘月爲上，正月次之。臘月津液未上，又農隙，人家春科只圖容易剥皮，卻損了津液也。欲用桑皮，將臘月正月科下條向陽土內培了，至二月中取之自可剥。

《士農必用》曰：接換之妙。荆桑根株，接魯桑條也。惟在時之和融，凡博接，皆同此最爲要訣。手之審密，封繫之固，擁包之厚，使不至疎淺而寒凝也。春分前十日爲上時，前後五日爲中時，然取其條眼襯青爲時尤妙，此不以地方遠近皆可準也；然必待晴暖之日，以藉其陽和也，接不密則氣液難通，擁包不固厚，則風寒入而害之也。果之一生者，質小而味惡，既一接之，則質碩大而味美，桑亦如是。故接換之。接時取遠處有者，預先取下，可節氣內割取其條。其採取培養之法，全如採條桑內所説，如取接萌處過遠者，可於未曾盛油新抻簍中與蒲包穰一處椿了，外密封不透，雖行千里不致凍損，果木宜三年條，其藏及接法亦同。

《博聞録》曰：柘葉多叢生，幹疎而直，葉豐而厚。春蠶食之，其絲以冷水繰之，謂之冷水絲。柘蠶先出，先起而先繭。柘葉隔年不採者，春再生必毒蠶，如不採，夏月皆要打落，方無毒。【略】

《務本新書》曰：假有一村，兩家相合，低築圍牆，四面各一百步。若户多地寛，更甚省力。一家該築二百步，牆內空地，計一萬步，每一步一桑，計一萬株，一家計分五千株。若一家孤另，一轉，築牆二百步，內空地止二千五百步，依上一步一桑法，止得二千五百株。其功之不侔如此。恐起争端，當于園心以籬界斷。比之獨力築牆，不止桑多一倍，亦遞相藉力，容易勾當。《務本新書》曰：桑皮抄紙，春初劖斫繁枝，剥芽皮爲上，餘月次之。桑木爲弓弩，射則耐挽拽。桑莪，素食中妙物。又五木耳，桑、槐、楡、柳、楮是也。桑槐者爲良，野田中者恐有毒，不敢食。

明　慎懋官《華夷花木鳥獸珍玩考》　空桑生大野山中。爲琴瑟之最者，空桑也。

明　吴雨《毛詩鳥獸草木考》木考　桑桑葚　柔桑　女桑　桑土　桑，蠶桑也，實一名椹。小者一名柔桑，亦名穉桑，小而條長者一名女桑，一名梜桑。老桑樹上生桑耳，一名桑黄，一名桑巨，今藥中用是也。葉可飼蠶，實紫黑色而甘，甚益人。桑之精英，盡在於葚。皮上白蘚花一名桑花，狀如地錢。《爾雅》云：桑辨有葚，梔。郭璞云：辨，半也。一半有葚，半無葚，名爲梔。《方言》云：東齊謂根曰杜。《字林》作皵，桑皮也。

明　吴雨《毛詩鳥獸草木考》木考　檿，一名山桑，桑柘之屬。葉似桑葉，有點文，亦可以飼蠶。其木理文采如博棊，方正駢次有如畫者。古者青州以絲爲貢，以檿絲爲篚。蓋食檿之蠶，其絲中琴瑟絃，盛之箱篚，貴之也。材中車、輳并弓。《冬官・考工記》云：弓人取幹，柘爲上，檿桑次之。

明　王世貞《彙苑詳註・桑》　桑《典術》云：桑木者，箕星之精神木。蠶食其葉爲文章，人食之，老翁爲小童。

明　方以智《物理小識》卷九　桑　春斷枝瘞之，生條，臘月移種，平其根翦去。俟次年離跗四五寸翦去。後年亦如法翦始成木。灌宜鬱棲不宜糞。桑根下埋龜甲，則茂盛不蠹。壓桑條宜燥土，則根易生，濕則條爛矣。《抱朴》言，桑爲箕精，能助藥力。愚按，夏季取桑柘火以木黄，而綿，則火氣長，故利關節，拔氣奪邪也。惟燒肉忌桑柴。

明　慎懋官《華夷花木鳥獸珍玩考》　扶桑，在碧海之中，地方萬里，上有太帝宫，太真東王父所治處。地多林木，葉皆如桑。又有椹，樹長者數千丈，大二千餘圍。樹兩兩同根偶生，更相依倚，是以名爲扶桑。仙人食其椹而一體皆作金光色，飛翔空玄。其樹雖大，其葉椹，故如中夏之桑也。但椹稀而色赤。九千歲一生實耳，味絶甘香美。《玄中紀》云：天下之高者，扶桑無枝木焉。上至天；盤蜿而下屈，通三泉也。扶桑，南齊時聞焉。廢帝永元初，其國有沙門□□來至荆州，說云：扶桑木葉似桐，初生如笋。國人食之，實如梨而赤。績其皮爲布以爲衣，亦爲錦。作板屋，無城椁，有文字。以扶桑皮爲紙。杰公嘗與諸儒語及方域云，東至扶桑，扶桑之蠶長七尺，圍七寸，色如金，四時不死。五月八日嘔黄絲布於條枝而不爲繭，脆如綖。燒扶桑木灰汁煑之，其絲堅韌，四絲爲係足勝一鈞。蠶卵大如鷰雀卵，産於扶桑下，賫卵至句麗國，蠶變小，如中國蠶耳。俄而扶桑國使使。貢方物，有黄絲三百觔，即扶桑蠶所吐，扶桑灰汁所煑之絲也。帝有金爐，重五十觔。係六絲以懸爐，絲有餘力。

明　慎懋官《華夷花木鳥獸珍玩考・野桑》　野桑生石上。取以爲弓，不膠漆而利。

謨按木部之中，惟桑寄生最難得其真者。必須近海桑樹，生意郁濃，地暖不蠶，葉無採捋，節間自然生出，纏附桑枝。採得陰乾，乃可入藥。

明　程良孺《茹古畧集》卷二六　扶桑何昉乎，《十洲》空桑地名耳，列註伯子者氏，《韻府》箕星之精。《格物論》伊水孕夢，從何勾化，吕草茅庭見，庸詎違陰。《説苑》汜勝之種有法，本集陸機之賦爲淫，本集則試考近川之室，禮而發南山之吟乎。詩綠葉興而盈尺，崇條蔓而增長，陸機《賦》翔交交之黄鳥，集肅肅之鴇行。詩鵲巢灰汁遞有其事，《廣異記》馬革蠶祀，試遡所由。《搜神》祭之者有菀窳婦人之號，上觀之者若范官天子之禱。《穆天子傳》枝上拂乎十日，淮根下屈于三泉。《寰中》丹《内傳》紫《拾遺》或以相幻，秋《異苑》冬，《英華》若以偕緣。名之曰帝女。《山海》變之自兒童，《典術》豈不后天而老。《拾遺》夫亦負翼以從，《括地圖》則夫八百利用，蜀志十五成岐，《齊書》儲之新鄭，《魏畧》廣于江湄。《十六國春秋》駿馬奔還，期江東之左證。《世説》鴟鴞已革，見夷貊之懷音。《前涼録》，又李嶠啟談人世之廢興，誰知德操，《先賢傳》察中牟之治行，具有仁心。《魯恭傳》偶爾聞謀，既告之矣，殺何慘于姜氏，左縱然德報，誰禦者哉，免有担于餓人。上羅敷有夫，使君有婦，一曲箏聲，猶逗邯鄲之響，《古今注》云何受教，云何不受教，移時瘤宿，頓揚東郭之塵。《列女》徵其祥，羽葆兮非妄，《三國志》車蓋兮有靈。《南史》占其厲，種有出于井幹，《耆舊》椹且得于新亭。《異苑五行》採之爲神仙不死之藥，《内傳》感之以純孝格天之忱。《風俗》永利先成于崇邑，張詠初政匪急于汝陰。《後漢》何以七日而拱，白帖數日而枯。晉書何以九日而再華實，《異苑》六寸而坐跏趺。陸游《南唐書》千户與等，史三輔惟偏，范子計然葉葉相當，暫植《豔歌》兩兩同憐。《十洲記》天風兮候應，古詩海屋兮爲田，神仙而不見元紀持斤，來晦明之風雨，《伽藍》契丹肆罵，逼虐焰于昊天。《五代史》余觀李德裕儉示子孫，吾性不好貨，本以至貧乏，然京城有賜桑若干根，可以充衣茹。古氏曰：賜以稱榮。畢竟之爲子孫謀，不淺儉可作法，他日之記，平泉莊何居，吾不能爲桑索一解也。

明 王世貞《彙苑詳註》卷三一《桑》

苞桑，繫于苞桑，言固也。《易》 檿絲，青州厥篚檿絲，《注》：檿，桑絲韌，中琴瑟之絃。 桑土桑生既蠶，是降丘宅土。《注》：地高曰丘，大水去，民下丘，居平土，就桑也。《書經》。 黄殞，桑之落矣，其黄而殞。 沃若桑之未落，其葉沃若。 條桑蠶月條桑，取彼斧斨，以伐遠揚。遠揚、枝揚起者。 女桑，猗彼女桑。 桑柔宛彼桑柔，其下侯旬。《注》：刺周室之衰也。（詩）。 蠶妾，晉公子重耳出奔及齊，齊桓公妻之，將行，舅犯等謀於桑下，蠶妾，在上聞之，以告姜氏，姜氏殺之。 翳桑，趙宣子田於首山，舍于翳桑，見靈輒餓曰：不食五日矣。與之簞食及肉。宣子遇變，有倒戟以禦公，從而免之，問之，曰：翳桑之餓人也。《左傳》 無伐桑，季春之月，命野虞無伐桑柘。 降桑鳴鳩拂其羽，戴勝降于桑。 公桑，古者天子諸侯必有公桑、蠶室，近川爲之。 躬桑，后妃齋戒親東郊，躬桑以勸蠶事。《禮》 桑弧，子初生桑弧，蓬矢以射四方。 里布，宅不毛者有里布，不毛，不植桑麻也。欲令宅植桑麻，則無賦税以勸之。不植者，則罰以二十五家之税布。《周禮》 桑穀共生，大戊之時，道缺法圮，以致天孽，桑穀生朝，七日而拱，大戊恐懼，側身修德。《家語》 檿桑，山桑也。材中作弓及車輪。 葉雨，桑柘葉如雨，飛藿共徘徊。（杜甫） 柔枝，柔枝紛冉冉，落葉何翻翻。（曹樂府） 葉細，寄語採桑伴，訝今春日短，枝高攀不及，葉細籠難滿。（簡文） 易鈎，倡女不勝愁，結束下青樓。逐伴西蠶路，相携南陌頭。葉盡時移樹，枝高乍易鈎。絲繩掛且脱，金籠瀉復妝。蠶飢日已暝，詎爲使君留。（劉邈） 陌桑，裊裊陌上桑，蔭陌復垂塘。長條映白目，緑葉隱鸝黄。蠶飢妾復思，拭淚且提筐。（吴均） 葉宛宛，宅邊青蠶葉宛宛，野蠶食葉還成繭。（張籍） 葉可拈，舍西柔桑葉可拈。（漫興詩） 如雲，桑枝緑如雲。（杜） 帝女桑，宣山上有桑，大五十尺，其枝四衢，葉大尺，赤理青花，名曰帝女之桑。《注》婦人主蠶，因以爲名。《山海經》 日出，暘谷有扶桑，十日所出，九日居下枝，一日居上枝。《淮南子》 至天盤蜿，天下之高者，無枝木焉上，至天盤蜿而下屈通三泉也。《玄中記》 空桑，生大野山中，爲琴瑟之最者，空桑也。 桑生石，永昌西，野桑生石上，其材上屈，南向而下植，取以爲弓，不膠漆而利。 伏蚍，桑根有行出土上者，名伏蚍，可治心痛。《本草經》 以桑爲均桑多則繭多，桑少則繭少。 採桑終朝採桑，不盈一筐。《六帖》 宜桑，齊帶山河，膏壤千里，宜桑麻，其人與千户侯等。（貨殖） 貫桑，成王之時，有三苗貫桑而生，同爲一穗，其大幾滿車，長幾充箱，成王問曰：此何物也。周公曰：三苗同一秀，意者天下殆同一也。比幾五年越裳氏。重九譯而至，獻白雉於周。《韓詩外傳》 仰笑，晉文公欲伐衛，公子鉏仰而笑，公問之，曰：臣之隣人有送其妻適私家者，道見桑婦，悦而與言，然顧視其妻，亦有招之者矣。臣竊笑此。公悟乃引師還。未至，而有伐其北鄙者。《列子》 官舍桑，丞尉官舍，有桑皆給之，其無桑及不滿三百株，皆使吏卒隨問于官舍，種桑如數。（晉令） 争桑，楚邊邑卑梁氏之處女與吴邊邑之女争桑，二女家怒相滅，兩國邊邑長怒而相攻，滅吴邊邑。吴王怒，遂伐楚，拔居巢鐘離。《史記》 爲棟梁，陳留申屠蟠，恥郡無義士，遂開門養志，居蓬萊之室，依大桑樹爲棟梁。《後漢書》 湖桑，桓沖爲江州刺史，遣人周行廬山，冀睹靈異，既陟崇巘，一湖生桑，有敗艑赤鱗魚，使者渴欲飲水，赤鱗張鬐向之，遂不敢飲。《述異記》 空桑生伊尹。 探環，羊祜事俱詳生子類。 贈金，魯秋胡子納妻五日而宦於陳。後歸，未至家，見路傍美婦採桑，秋胡下車願託桑蔭下，且出金曰：力田不如見少年，採桑不如見貴郎，吾之金願與夫人，其婦不顧。胡歸，母呼婦出，即向採桑者，婦數胡之罪，自投于河。《列女傳》 馴雉，魯恭爲中牟令，雉馴于桑下。《漢書》 陌上桑，邯鄲有美女秦羅敷，爲王仁妻，仁後爲趙王家令，羅敷出採桑陌上，王登臺見而悦之，因飲酒欲奪焉，羅敷善彈箏，作陌上桑之歌，以自明。《古今注》 車蓋桑，齊太祖在武進，其宅南有桑，樹高三丈，横出四枝，如車蓋。太祖年數歲，道其下，從兄謂曰：此桑爲汝生也。《北史》 三百株，孔明爲相，成都只有桑三百株。 羽葆桑，先生舍東南角籬下有桑樹生，高五丈餘，遥望幢幢如小車蓋，往來者皆怪此樹非凡，或謂當出貴人，先主少時，與宗族諸兒戲於樹下，言吾必當乘此羽葆車蓋。《蜀志》【略】 罵桑，會同二年契丹南掠，汧、洛、磁，至于安陽河。焚掠殆盡，契丹見大桑木罵曰：吾知紫披襖出自汝身，吾豈容汝活耶。遂束薪于木而焚之。《五代史》 瑞桑，賈循母亡將葬，宅有枯桑，一夕再生，人以爲瑞。 桑木想裴休得桑木根，曰：若作沉香想，更無異相，雖對沉木香，反作桑木想，終不聞此香，諸相從心起。《雲仙散録》 扶桑丹椹，謝玄卿遇神仙設扶桑丹椹。《續仙傳》 夢生桑，何祇夢桑在井中，趙直占曰：桑字四十八數，君壽不過此，後如其言。 赤黑異器，蔡順，汝南人，至孝，王莽亂，人民相食。順拾桑椹，赤黑異器。賊問其故。答曰：黑者，供母。赤者，自食。賊義之。《東觀漢記》 十五桑，梁沈瑀爲建德令，教民一丁種四株柹，十五株桑。《鑑》 談興廢，龐士元師事司馬德操，不務小名，衆莫之知，德操躬採桑後園，士元助之，因淡世廢興，其言如神，移日忘食。《三國志》 江南美物，張天錫歸晉，孝武帝問之曰：北方何物爲美。錫對曰：桑椹甘香，鴟鴞革響，淳酪養性，人無壯心。《前梁録》 宿瘤女，齊女項有大瘤，閔王遊至東郭，百姓盡觀，惟宿瘤女採桑如故，王怪問之。對曰：受父母教採桑，不受教觀王。王曰：此奇女，悦而聘迎之以爲后。 雲葉生密縣山野中，其樹枝葉皆類桑，但其葉如雲頭，花，又似木欒樹葉微潤，開細青黄花。其葉味微苦。 如救飢，採嫩葉，煠熟，換水浸淘去苦味，油鹽調食，或蒸曬作茶，尤佳。 偃桑東方有樹，高八十丈，敷張自輔，其葉長一丈，廣六七尺，名曰桑。其上自有蠶作繭，長三尺。繰一繭，得絲一觔。有椹焉，長三尺，五寸圍。 扶桑蠶絲，東至扶桑，扶桑之蠶，長七尺，圍七寸，色如金，四時不死。五月八日嘔黄絲於條枝而不爲繭，脆如綖，燒扶桑木灰汁煑之，其絲堅韌，四絲爲係，足勝一鈞，蠶卵大如鷰雀卵，産于扶桑下，齎卵至句麗國，蠶變小如中國者，昔扶桑國貢方物，有黄絲三百觔，即此物也。帝有金爐重五十觔，係六絲以懸爐，絲有餘力。《花木考》 桑田，齊河清中，定令，丁給永業二十畝爲桑田。其中種桑五十根，間以榆三根，棗五根。《隋書》 爲布綿，扶桑國在大漢國東二萬餘里，土多扶桑，葉似桐初生如笋，國人食之，實如梨而赤，績其皮爲布、亦爲綿、爲紙。 桑界襄陽土俗，鄰居種桑於界上爲誌，韓係伯以桑蔭妨他地，遷界上開數尺，隣畔隨侵之。係伯輒更改種。鄰人慙愧，遂還所侵地。《齊書》

明 何三畏《新刻何氏類鎔》卷三一 夫桑上似華蓋，下象鳳岡。含溢露于層霄，洞芳泉于九壤。緑葉興而盈尺，崇條蔓而直尋。陽蜩鳴其南枝，寒蟬噪其比幹。下迢遥以極望，上扶疏以參差。既爲帝女之所蠶，亦爲園客之所採。誠嘉木也。伊尹之母，居伊水之上，夢有神人語，而嬰兒得于空桑之中，是爲伊尹。仲尼之母遊大塚之陂，夢與黑帝言，而女乳生于空桑之內，是爲仲尼。伊陟相太戊時，有桑生于中朝，七日而拱，後乃側身修德，卒變災以爲祥。賈后廢愍懷時，有桑生于西廂，數日而枯，後乃太子誕生，亦轉禍而爲福。齊閔王之遊東郭也，見宿瘤女者，採桑如故而不觀，王輒奇之，而遂爲之迎聘。晉大夫之使宋國也，遇陳辨女者，採桑道中而調戲，女輒頷之，而因爲之作歌。翳桑之餓人，可使倒戟而禦敵，靈輒之所以報趙宣也。争桑之女子，可使釁邊而用兵，吴王之所以伐楚國也。成都之桑樹八百株，應知丞相之家無餘帛。新鄭之桑椹一千斛項，令天子之軍有見糧。玄宫扶桑九千歲而其實始生，此爲天上仙人之餌。官舍種桑三百株，而其果皆給，此爲民間口食之規。桑無附枝，張漁陽有兩歧之頌，桑有馴雉魯中，牟有三異之稱。萬年縣大寧坊，有桑一樹，暮秋子生。初冬椹熟者，鳳閣侍郎進之。而李嶠爲之表。聞朝中溧水縣天興寺，生桑一株，狀若僧人，色如純漆者。仁壽節日獻之，而烈祖爲之迎置宫內。桓文端之遭亂，藏桑椹于地中，至夜以供母膳，而天賜之米十斛也。是以皇天而濟孝子之窮。蔡君仲之遭亂，別桑椹于器內，取黑以奉母飧，而賊遺之鹽二斗也。是以盜賊而重孝子之義。噫亦奇矣。

皇后之親桑比宫也，使以童男作以童女。羅敷之，採桑城隅也，青絲爲繩，桂枝爲鈎。

明 徐常吉《事詞類奇》卷二五 《易》云：繫于苞桑。《書》云：桑土既蠶，降丘宅土。地高曰丘，大水去，民下丘，居平土，就桑也。《詩》云：期我乎桑中，要我乎上宫。又云：桑間濮上之音。《禮記》云：季春之月，命野虞無伐桑柘。又云：鳴鳩拂其羽，戴勝降於桑。《家語》云：大戊之時，道缺法圮，祥桑生於朝，七日而拱。大戊恐懼，側身修德，七日而祥桑死。《左傳》云：晉公子重耳出奔，及齊，齊桓公妻之。將行，舅犯等謀於桑下，蠶妾在上聞之，以告姜氏。姜氏，重耳妻也。姜氏殺之，謂公子曰：「子有四方之志，其謀之者，吾殺之矣。」又云：趙宣子田於首山，舍翳桑。見靈輒餓曰：「不食三日矣。」與之簞食及肉，寘諸橐以與之。既而，宣子遇變，有倒戟以禦公，徒而免之。問之，曰：「翳桑之餓人也。」《春秋孔演圖》云：孔子母徵在遊大家之陂，睡夢黑帝，使請已往交，語曰：「女乳乳，生也。必於空桑。」覺則若感，生孔子於空桑之中。《春秋・元命苞》云：姜嫄遊閟宫，其地多桑，履大人迹生稷。《呂氏春秋》云：伊尹之母，居伊水之上孕，夢有神告之曰：「臼水出，而東走，無顧。」明日，視臼出水，告其鄰東走，顧其邑盡爲水，身因化爲桑。有莘氏採桑得嬰兒空桑之中，獻之於君，君令乳之，命曰伊尹。《列子》云：晉文公欲伐衛，公子鉏仰而笑。公問之，曰：「臣之鄰人有送其妻適私家者，道見桑婦，悦而與言。然顧視其妻，亦有招之者矣，臣竊笑此。」公悟其言，乃引師還。未至，而有伐其北鄙者。《蜀志》云：先主舍東南角，籬上有桑樹生，高五丈餘，遥望幢幢如小車蓋，往來者皆怪此樹非凡，或謂當出貴人。先主少時與宗中諸兒於樹下戲言：「吾必當乘此羽葆車蓋。」《吴志》云：羊叔子名祜，五歲時，令毋於東家桑中探得金環，是前身所藏。《晉書》云：愍懷太子之將廢也，有桑生於宫西廂，日長尺餘，數日而枯。其子太孫臧之入東宫也，桑復生於西廂，太孫廢乃枯。又云：張天錫，少有文才流譽遠近，及歸朝，甚被恩遇。朝士以其國破身虜，多共毁之。會稽王道子嘗問其西土所出，天錫應聲曰：「桑椹甘香，鴟鶚革響。乳酪養性，人無妬心。」【略】《古今注》云：邯鄲有美女秦羅敷，王仁妻。仁後爲趙王家令，羅敷出採桑陌上，王登臺見而悦之，因飲酒欲奪焉。羅敷善彈箏，作《陌上桑》之歌以自明。仙釋《神仙傳》云：麻姑謂王方平曰：「吾見東海，三爲桑田。」

清 張廷玉《明史》卷九五《食貨一・農桑》 元末冦盗蠭起，民棄土不耕。太祖渡江初，即以康茂才爲管田使，巡眎隄防水利，下令：「凡農民田五畝至十畝者，栽桑、麻、木棉各半畝；十畝以上倍之。有司親臨督勸，不種桑者罰絹一疋，不種麻及木棉者罰麻、棉布各一疋。」春時令有司勸農，秋觀其穫事，行勸懲焉。禁民種秫、糜、米、麥。吴元年，免太平、應天、鎮江租，又免徐、宿、濠、泗、壽、邳、東海、安東、襄陽、安陸諸府州縣並新復土地租徭。洪武元年八月，克燕都。二年春，享先農行耕籍禮；命皇后率內外命婦蠶於北郊；歲爲常。是歲，免山東、西、北平，河南及秦、隴民田租。又以「太平、應天、鎮江、寧國、廣德、無爲、滁、和師旅之興，仰其供億，并免今年田租。」自是蠲租之詔屢下，遇災旱輒免，甚者遣使往賑之。嘗幸鍾山，回由獨龍岡步行至淳化門，謂侍臣曰：「朕久曆農畝，適見耘者冐暑甚困苦，閔其勞，不覺徒步至此。爲之司牧者，曷閔念之。衣帛當思織女之勤，食粟當念農夫之苦。朕常惻然于心也。」命種桐、椶、漆樹于朝陽門鍾山之陽，總五十萬餘株。設漆園百户二，甲軍百椶園百户一，甲軍百桐園百户二，甲軍二百四十。椶、漆三年一採，僅二百斤桐樹歲得油百五十斤。所費幾百倍，然帝爲之不惜，意在率民也。又令廬、鳳、滁、和民種棗、柿，户二百株。間隙地皆令種桑、棗，授以種法。又令益種木棉。先是和州修銅城堰牐、東門石牐，堰堤周二百餘里。濬洪渠堰，溉涇陽、高陵等五縣田。鄞縣民詣闕言，縣田百萬頃，資東錢湖水灌溉。岸有七堰，乞併治之。於是遣監生人材詣天下，督吏民修農田水利具。勅天下諸陂塘湖堰可瀦蓄旱潦者，各因地修治。二十八年，奏開天下郡縣塘堰凡四萬九百八十七處，河四千一百六十二處，陂渠隄岸五千四十八處。是歲二月，上元縣典史隋吉言：「農民一夫一婦，受田而耕，一有疾病，荒廢農業。謂命鄉里立爲民社，農時有疾病，則協力助耕，庶田不荒蕪，民無饑窘。」帝然之。諭户部曰：「古者風俗淳厚，民相親睦。貧窮患難，親戚相救。婚姻死喪，隣保相助。近世教化不明，風俗頽敝。鄉里親戚，不相周卹，甚者强淩弱、衆暴寡、富兼貧，大失忠厚之道。朕即位以來，頻頻教誡，于今未臻其效。豈習俗固未變耶。朕置民百户爲里，一里之間，富者助財，貧者助力，民豈有窮苦急迫之憂。耕穫之時，一家匱乏，百家襄之，百姓豈有不親睦者乎。」命天下鄉置一鼓，農月，晨鳴鼓，衆皆會。其惰者，里老督併之，不率者罰。里老惰，不督勸，亦罰。又令大小臣工下及黎庶皆得上書言事，民間水旱疾苦不壅於上聞。歲凶饑，先發廩賑貸，後聞著爲令。詔有司，考課必書農、桑、學校之績。山東、河南民多媮惰，遣使分詣州縣督其耕。禁末作，革侈靡，懲游食，海內蒸蒸，幾于富庶。靖難之際，天下復罹兵革。既即位，修洪武之政。鑄農器，給山東被兵之民。命夏原吉治水江南，蠲租賑饑，一歲數行。仁宗爲太子時，從帝出眎園丘，帝命左右導之，遍歷農家，觀其居處、飲食、服用，以知民艱。監國時，赴召過鄒縣，見民婦子攜筐捃拾草實，入民舍，老稚皆衣百結，歎曰：「民隱不上聞，乃至此乎。」令發粟以賑。迨即位，躬耕籍田。詔郡縣賑水旱缺食。其或流亡，田土荒棄，與除豁己，奏聞。帝謂户部尚書夏原吉曰：「土田，民賴以衣食者也。今所在州縣奏除豁者衆，豈百姓苦于征徭，相率轉徙與？抑年饑食不足，加以疫癘，致死亡也？吾民何以致此？自令一切科徭，務樽節，毋煩苛。凡政令不便民者，其條以聞。」淮、徐、山東饑，立召閣臣草詔蠲田租，停罷官買。初洪武中，令天下州縣長吏月奏雨澤。承平日久，率視爲具文。帝命奏至即封進，將親閱焉。宣宗即位，遣使視農事，增置督農官。禮臣進《耕籍田儀》，帝曰：「先王制籍田，率天下於農務，貴實心耳。不然，三推五推何益。」命周忱、況鍾修東南水政。每游幸，則召聞農夫，舉耒以知其勞。巡近郊，觀穫。讀《漢書・序》論循吏文翁、王成、黄覇、龔遂、朱邑、召信臣之賢，慨然思得如六人者布于郡邑。作《憫農詩》示吏部尚書郭璡，其辭曰：「農者國所重，八政之本源。辛苦事耕作，憂勞亘晨昏。豐年僅能給，歉歲安可論。既無糠覈肥，安得繒絮温。恭惟祖宗法，周悉令具存。遐邇同一眎，覆育如乾坤。嘗聞古循吏，卓有父母恩。惟當慎所擇，庶用安黎元。」天旱，躬禱社稷，已而雨，作《甘雨歌》。閲書畫庫，得趙孟頫所繪《豳風圖》，賦之。一日，御便殿出《織婦詞》示侍臣曰：「真西山言，農桑，衣食之本。爲君者當詔儒臣以農夫紅女耕蠶勤勞之狀作爲歌詩，使人誦于前。又繪爲圖，揭于宫掖，布之戚里，使皆知民食之艱，衣食之所由自。朕所以賦此也。」縣官考滿，以農田水利爲殿最。新安縣知縣陶鎔言：「邑在山谷，瘠土薄收。今歲民艱食，採食不自給。驛有儲糧，欲申請待報，而民命在旦夕，輒先發，需秋成還官。請伏專擅之罪。」帝曰：「真民牧也。」下勅褒諭。是時，三楊以舊臣參機務，蹇義爲吏部，夏原吉、黄福爲户部，陳瑄主漕運，周忱、于謙爲巡撫，守、令尚保舉而久任，如況鍾、何文淵、陳本深、胡壽安、孔友諒者，皆有循績，盡心農穡之事，役簡賦平，老幼厭粱肉，煢獨餘糧粟，號稱治平。正統初，四川瀘州以土不桑、棗，難及令格，乞隨地蔬、果、麻、苧、木棉俱足資生養，令廣植。詔可。令有司秋成時修築圩岸，濬陂塘。以太僕寺官牛一萬頭給民收牧耕種，申樹植之法，勸富民出穀貸民種。及乎王振用事，貪吏剥民，仁、宣之政衰。□□帝臨御，邊事方殷。歲洊凶，撫臣王竑擅發粟賑淮、徐饑。帝聞之，亟稱其賢，曰：「非王竑，饑死我百姓矣。」憲宗初政，耕籍田、禁種秫。濬寧夏五渠，溉蕪一千三百頃。復弋陽官陂二，溉田二萬餘畝。定長運法，添設參政、同知、通判、丞、簿等官，專理勸農。然中外時有寇竊，又賞賚無節，府庫空虚。孝宗躬行儉約，爲天下先。耕籍田，以倉積定有司考。經理蘇、松水利。善政倫舉，民以殷阜，宇内翕然稱治焉。武宗工役繁興，中人鎮守遍天下，攘奪商利，妨廢農業。世宗禁京師民造酒、淮安民造麯。詔治農官不得别有所理，務使舉業。初篤意古禮，耕籍、親蠶，嘗行之。不數年，遂廢。久之，禮官亦不復請。然而嘉禾、瑞穀，無歲不獻也。迨乎神宗，海内宴安日久，百姓饒足，太倉之粟足支十年，冏寺積金至四百餘萬。然璫四出，民生愁苦，所在生變。延及光、熹，禍患尤烈，人心解體，揭竿者如麻，流離塗炭，以迄于懷宗之亡。農桑之務，又奚暇及也。

清　張宗法《三農紀・桑》　桑，《圖經》云：木高大，葉青緑而有光，材可器，椹可果，皮可造紙。桑乃東方神木。蠶食可吐絲。《詩》云：蠶月條桑。《説文》云：其字象形，故加木于下面别之。《字解》云：桑音若。《典術》云：桑乃箕星之精。《爾雅》云：女桑，桋桑、檿桑、山桑。《綱目》云：白桑、雞桑、子桑，其種不一，畧舉其資者有二焉。一曰荆桑，一曰魯桑。荆即桑之葚枝者，魯即桑之摘葉者。摘桑葉肥厚而多津，幹豐枝柔，根固心實，其木多壽，但少椹。宜接博，宜插枝，宜壓條。葚桑葉薄尖，枝幹堅硬，其木不耐老，多椹，子易生，宜栽宜插，易茂，年久心腐，生黄耳而枝枯。葚桑飼蠶，其絲堅韌，摘桑飼蠶，其絲□柔。葚桑宜小蠶，摘桑宜大蠶。樹生黄耳黄衣，蠶食招病。蠶事畢，餘桑收採，荒年可濟饑。霜落者收取可喂牲畜食，且耐寒，且肥壯。桑之爲物尚矣。五畝之宅，樹之以桑，而老者得以衣帛。孟氏以爲王道始。　植藝：揀葉茂椹稀者收黑顆，剪去兩頭，取中實爲最。水淘洗，收子沉者晾乾。治地極熟，作畦，以灰糞拌子匀種。治實畦土，以草薦上鋪，水澆之。三五日，視桑子生芽，摘去草薦，不用頻澆。若畦間生草，以手耨去。桑苗中有獨强者，盡扳之。此乃薄葉多椹者。至秋時苗高五六寸須移栽肥壤上，每本相離尺半許，每根下加以毛羽渣，取根歧柢多者爲上，獨根者去之。獵訖，澆以糞水。至冬中以葉草燒苗，來春條茂，擇盛者植之。《農桑撮要》云：春間揀枝葉茂盛者就馬踶處劈下，得潤土開溝尺許埋，枝築實，自生根，布葉土太乾則不生，太濕則皮腐，取潤爲佳。壓後遇旱，于傍開溝灌之，但取水氣到爲準。平壤淤壤及土肥虚，荆桑魯桑俱宜。若山地土脈赤硬處宜植荆桑，須五步一株。春分前十日爲上時，當發生也。十月小陽春，木氣長生也，亦宜當得枝芽櫬青植，萬不失一。桑有三宜：時宜和、包宜固、壅宜厚。大抵栽要晴明假陽和之氣，暑月宜于園中種禾麻爲蔭，惟十一月不種不植。《要旨》云：臘月内掘深闊坑約尺餘，入土糞和泥漿，將桑條埋定栽定，又向上提起，則根舒暢，復土壅（于）〔與〕地平。次日築實，飲以水，切禁動摇頻法（澆）。夏桑條或如指如肘，大者儘可栽，掘出有獨根定柢者勿用，法將條浸糞水内一宿，掘寬深穴，穴内填以土糞方栽，須令根鬚伸直，不得曲，於當知大之間省失之，則難活，活亦後有半枯之茨。穴内填土壓根方用水澆。澆後合將木摇動幾許，以茨棘護之，忌牲畜踐傷。十日以水澆，晴雨量之，待芽生葉發乃止。桑根下埋龜甲免蛀，填以鍾乳石耐老，着辦蒜（瓣）、甘草避蟲。　壓法：選葉茂枝盛者，春分時以長枝扳下，用别地燥土壓之則生根，次年斬斷移栽，甚于子種者。　接法：雨水前後，擇桑本如肘大者，約去土三四寸許剔斷，乃破頭開取美枝，如筯者，長六七寸削馬耳插入皮中，用構皮縛定，以牛糞包纏處，勿令洩氣即活。《植書》云：桑接構葉美大。　鋤桑：桑土宜肥，宜熟，不宜荒，宜耕，不宜近根犂。不着處劚土令起，斬去浮根，以土糞、蠶矢壅之，或十二月以濃糞汁灌，餘月以清糞水澆。忌午日，不宜鋤。　療桑：若生黃衣，以龜甲埋入根柢治之。桑有蟲名桑生，急覓其穴，灌以桐油即死，或以杉木尖塞之。　修桑：凡摘桑子，蠶事畢，將冗枝、枯幹髡去，但髡時不可留鬚角。夏至後開掘根下，或入蠶矢，或入主糞培壅，來歲葉茂。　摘葉：會桑宜摘葉，樹高者用梯摘，庶不傷枝。遠者强者所之于回腕處枝楂既順，精脈不出，葉必茂盛。高枝不用梯，須置桑几如凳，下列梡登級，斯易摘葉，又不傷樹。　斫枝：荆桑宜芟枝，用利刃，刃如鐮形。一刃一斷，不復重斫，復則枝裂難茂，刃下帶皮，則原枝枯損。審其枝之茂者，微留長，弱者短斷之，除去一切枯楂冗枝。若蠶老，桑剩，須于小滿内外盡斫之，毋宿留，毋越時，來歲不茂。　換桑：芟桑之條葉不如摘桑之茂。當以摘桑接芟桑。大抵子種者不如壓枝，以壓枝再加之以接換，則更久而更茂，壓枝栽植傳轉無窮，可以久利。　本性：味甘，氣涼，葉可清肺，除熱，皮可定嗽瀉燥，椹可解金石煩渴，柴可丹爐煆煉。桑寄生即《山海經》寓木類也。大抵五嶺以南、歲少霜雪處有之，有益血安胎之功。　效方：宋中孚患青盲十二年，得此法目，復明如故。以青桑葉陰乾，燒存性，每用一合于器内煎二分，傾出澄清，温熱洗，若冷以重湯頓熱洗至百度。正二月初八日，三五月初六，四月初四，六月、十一月初二日，七月初七日，八月二十日，九月十二日，十月十三日，十二月三十日，應日洗其目。病兒注尸注變動莫測，令人寒熱恍惚，默默以至于死，復傳親人用桑。曰皮燒灰三斗，甑内蒸透，以沸湯四五斗淋之。淋凡三度，極濃，澄清，取三斗漬。赤小豆二斗，一宿晒乾，復漬以灰汁，盡乃止。將豆煮熟，或羊肉、鹿肉作羹，進此豆飯，以飽爲度。病微者三四斗，愈重者七八斗，愈病去時自覺痛癢淫淫，若根本不盡，再治服。益壽用扶桑丸。采嫩桑葉數十斤，流水洗，去蒂，曝乾爲不目，勝子，滅半，爲未煉（蚤）（蜜）丸。如梧桐子大，每服百丸，白湯下服，至百日，體生疹粟，此是藥力所行，旋則遍身光潔。服之半載，精力轉生。服之一年，百病不生。久服不已，自躋上壽。

清　陳大章《詩傳名物集覽》卷一一　《朱傳》：葚，桑實也。鳩食葚多則致醉。《毛傳》：鳩食桑過，則醉而傷其性。《古今注》：桑實爲椹。《爾雅》：桑辨有葚，梔。郭璞曰：辨，半也。舍人云：桑樹一半有葚，一半無葚爲梔。藏器云：椹利五臟，通氣血，久服不飢。《本草圖經》：椹有白黑二種，暴乾皆主變白髮。王盤《農書》：荆桑多椹，魯桑少椹。《氾勝之書》，種桑五月取椹，著水中濯洗，取子陰乾之，治肥田十畝，荒久不耕者，先好耕治之，黍椹子各三升三合和種之，黍桑俱生，鋤之令桑條疎適。黍熟穫之，放火燒之。桑至春生，一畝食三簿（箔）蠶。《説文·字林》：作葚，《集韻》或作糂。《開元五經文字》云：此字從木從草，皆音砧，其爲桑實一也。

又　《朱傳》：桑，木名，葉可飼蠶者。《毛傳》：地勢宜蠶，可以居民。《爾雅》：桑柳醜條。注：阿那垂條。又女桑、桋桑、檿桑、山桑。注：長條爲女桑。《易》：繫于苞桑。《禮記》：季秋之月，命野虞無伐桑柘。又古者天子諸侯，必有公桑蠶室，近川爲之。又鳴鳩拂其羽，戴勝降于桑。《尚書》：厥篚檿絲。又桑土既蠶。注：兖地宜桑。桑土，宜桑之土。蠶性畏濕，水退而後可蠶。《月令》：后妃齋戒，親東鄉躬桑，禁婦女毋觀，省婦使以勸蠶事。《管子》：五粟之土，其檿其桑。《孟子》：五畝之宅，樹牆下以桑。《青史子》：桑，中央之木。《韓子》：子産開畝樹桑，鄭人謗訾。《鄒子》：季夏取桑柘之火。《穆天子傳》：天子飲于桑中，命桑虞出桑者，用禁暴民。注：虞，主桑者也，不得令民犯禁。《典術》：桑，箕星之精，東方自然神木之名，蟲食葉爲文章，人食之，老翁爲小童。劉氏曰：衛詩多言桑，如《桑中》與《氓》詩及此，皆再三言之。蓋衛地跨冀兖二州，桑者尤其土所宜，而民生之所資也。據楚丘在冀河之東，兖州之境，則文公所觀所説，其桑土之野乎。《桑譜》：葉面深緑多缺，方書稱桑之功最神，在人資用尤衆。世所名者，荆與魯也。荆桑多椹，葉薄而尖，邊有瓣，凡枝葉堅勁者，皆荆類也。魯桑少椹，粗圓厚而多津，凡枝葉豐腴者，皆魯類也。荆桑飼蠶，其絲堅韌，中紗羅用。王盤《農書》云：荆桑宜飼小蠶，魯桑宜飼大蠶。桑生黃衣，謂之金桑，蠶食必病。葉多積可備荒，亦可食（飼）豬羊牛馬。又皮可製紙。米芾云，北地桑皮紙最佳。李氏曰：桑有數種，白桑葉大如掌而厚，雞桑葉細而薄。子桑先椹而從葉。山桑葉尖而長。以子種者，不若以條壓者。桑生黃衣，其木必將槁也。蘇頌云：俗呼小而長條者爲女桑。其山桑似桑材，中弓弩。檿桑絲中琴瑟。皆材之美者，他木鮮及之。按《爾雅》：山桑即檿桑，一物二名。《山海經》：宣山有桑，大五十丈，其枝四衢，赤理黃花青葉，名曰帝女之桑。郭注，四衢言交互四出也，婦人主蠶，故以名桑。《本草經》：桑根旁行出土上，名伏虵。見地上者名痛馬，有毒，治心痛。《種樹書》：桑以構接則大，根下薶龜甲則不蛀。徐鍇《説文繫傳》曰，叒音若，東方神木之名，其字象形，桑乃蠶食葉之神木，故加木叒下以別之。

清 陳大章《詩傳名物集覽》卷一二 《朱傳》：取葉存條曰猗。女桑，小桑也。小桑不可條取，故取其葉而存其條猗猗然耳。《毛傳》：荑，桑也。孔疏，女是人之弱者，女桑，柔桑也。《釋木》：女桑，桋桑。注：今俗謂桑樹小而條長者，爲女桑樹。

又 《朱傳》：徹，取也。桑土，桑根也。《方言》：東齊謂根曰土。《字林》作⿱艹柀，桑皮也。又《方言》，齊東謂根曰杜，通作土，《詩》徹彼桑土。《傳》曰，桑根。郭璞注，《方言》引《詩》作桑杜。

清 厲荃《事物異名録》卷三〇 著作林《東都事畧》：范純仁知襄城縣，有惠愛，課民種桑，民號其桑爲著作林。 子明《異苑》：老桑木字曰子明。 臨安青 陸游詩：手種臨安青。註桑名。 桑蘁 桑錢《本草綱目》桑花，一名桑蘚，一名桑錢。大明曰：生桑樹上白蘚如地錢花，不是桑椹花也。

清 楊屾《豳風廣義·弁言》 秦素無梗楠豫章之材，松杉漆竹之屬，一望蕭然。若桑樹繁滋，則阡陌如雲，壟頭似綺，菁葱蔚茂，不但美觀，兼有八宜：皮可抄紙，材堪爲弓，木造車桌，枝編筐笸，根皮爲藥，散木作薪，椹可充飢，能救荒歉，豈但葉可飼蠶，衣被無窮，此其大利於秦者四也。【略】樹桑者不過一夫之力，樹成之後可享數十年之利。採後復生，不勞更種，又無耕牛子種之費，不慮水旱風蟲之笑，所謂一勞永逸。比之棉麻逸勞十倍。【略】明洪武取淮徐桑子二十石，命種辰、永寶、衡、之間，數年之中民大獲利。康熙三十二年，漢中府郡守滕天綬教民栽桑，刻爲便民通示一單，後附勸民栽桑歌詞，等差獎賞，力加開導。惟洋縣令鄒溶，仰體郡守良法美意，奉行罔懈，遍勸境內，無不栽桑。二年之間，共勸栽過桑一萬二千二百餘株，嗣後猶歲歲督勸不已，年年增益。今漢南九署桑蠶大舉，獨洋縣最盛而民富，皆鄒溶首倡之力也。其事載在《洋縣志》可考。今漢中一歲所出之絲，其利不下數十萬金，豈非哲人開導之力乎！ 水深土厚高寒之處宜樹桑説 西安近地其宜桑，不待言矣，即延慶、平鞏等處，無不宜桑。觀其一株能成，推而廣之，則千萬株可例矣。【略】桑乃易生之物，冬澆一水、春澆二水、夏澆不過三水便活，以後不用澆矣，歲歲樹之，數年之間可成桑林。人若肯慇懃培植，任是高燥，焉有不成之理。【略】 地卑水淺處甚宜樹桑説 地卑水淺種桑最易生活，或插條，或種子，或壓枝，不過三年，即可獲利。【略】 河決水淹之地急宜樹桑説 每見沿河之地，七、八月間往往霖雨日久，河水暴漲，漂没田禾。惟桑柳雖被泥壅卻自無恙。若水浸之地使盡栽桑樹，每歲養蠶收絲，反獲大利焉。

清 楊屾《豳風廣義》卷一《郭子章〈桑論〉》 郭子曰：木各有所宜土，惟桑無不宜。桑無不宜，故蠶無不可事。《豳風》之詩曰：「女執懿筐，遵彼微行，爰求柔桑」，則邠可蠶。《將仲子》之詩曰：「無折我樹桑」，則鄭可蠶。《車鄰》之詩曰：「阪有桑，隰有楊」，則秦可蠶。《氓》之詩曰：「桑之未落，其葉沃若。」「桑之落矣，其黄而隕。」《桑中》之詩曰：「期我乎桑中」，則衛可蠶。」《皇矣》之詩曰：「攘之剔之，其檿其柘」，《桑柔》之詩曰：「菀彼桑柔，其下侯旬」，則周可蠶。《禹貢》：兗州「桑土既蠶，厥筐織文」，則魯可蠶。青州「厥篚檿絲」，《管子》亦曰：「五粟之土，其檿其桑」，則齊可蠶。荆州「厥篚玄纁」，則楚可蠶。《孟子》告梁惠王曰：「五畝之宅，樹之以桑」，《十畝之間》詩曰：「十畝之間，桑者閑閑」，則梁可蠶。蠶叢都蜀，衣青衣，教民蠶桑；則蜀可蠶。猶之農夫之於五穀，非龍堆、狐塞極寒之區，猶可耕且穫也。今天下蠶事疎闊矣。東南之機，三吴、越、閩最夥，取給於湖繭。西北之機，潞最工，取給於閬繭。予道湖、閬，女桑、桋桑，參差牆下，未嘗不美二郡女紅之勤而病四遠之惰也。夫一女不績，天下必有受其寒者，而況乎半天下女不績也。豈第五十之老帛無所出，不績則逸，逸則淫，淫則男子爲所蠹蝕，而風俗日以頹壞。今天下門内之德不甚質貞，每歲奏牘，姦淫十五，毋亦蠶教不興使然與。公父文伯母曰：「王后親織玄紞，公侯夫人加之以紘綖，卿之内子爲大帶，命婦成祭服，列士之妻加之以朝服。自庶士以下，皆衣其夫。社而賦事，烝而獻功。男女効績，愆則有辟。古之制也。」卿大夫之家而主猶績，奈何今天下女習於逸以趨於淫乎。國家蠶桑，載在令甲：「凡民田五畝至十畝者，栽桑、麻、木棉各半畝，十畝以上者倍之。田多者以是爲差。」特廢不舉耳。故《月令》躬蠶之禮，魯母績愆之辟，與令甲桑麻之數，此三者不可謂迂而不講也。 水深土厚高寒之處宜樹桑説 西安近地，其宜桑不待言矣。即延、慶、平、鞏等處，無不宜桑。觀其一株能成，推而廣之，則千萬株可例矣。夫深山僻隅，離通都大邑甚遠，難以貿易，諸凡俱不活便。至於豐稔之歲，糧食甚賤，無處貨賣；隆冬歲暮，衣無所出，苦寒者甚多。此處田土必賤，若能勉力樹桑數千株，一則歲不乏衣，二則絲可遠貨。糧賤則食足，桑多則衣備。衣食豐饒，教子弟讀詩書，習禮讓，豈非莫大之益。若以高燥無水，不便灌溉，宜槌杵造大潦池，或鑿地作水庫，腹大口小，内周圍用木橛釘孔，填以硬泥，築極實。連填築數次，以不漏水爲止。上用板蓋，以蔽風日消耗。引積雨水，以便澆灌。桑乃易生之物，冬澆一水，春澆二水，夏澆不過三水便活。以後不用澆矣。歲歲樹之，數年之間，可成桑林。人若肯慇懃培植，任是高燥，焉有不成之理。有疑天氣寒涼，養蠶不合時節者，不知天下養蠶之處，節氣原自不同。廣東立春，四川驚蟄，江浙清明，河南、陝西在穀雨前三四日。其時雖不同，總之有一最的實證驗，但看桑上葉如茶匙大，是其時也。蠶不待煖而自生，内外相應，此自然之理也。居水深土燥之地者宜詳之，勿自誤。

又《地卑水淺處甚宜樹桑説》 地卑水淺，種桑最易生活。或插條，或種子，或壓枝，不過三年，即可獲利。夫居濕地，其田必貴，恒種麥穀，每畝即收二石，豐年不過值銀一兩有餘。若使樹桑，每畝歲可收絲九觔，值銀十餘兩。如有田四五十畝，可栽桑十餘畝，即逢歉年，賣絲買穀，豈非大益。

又《河決水淹之地急宜樹桑説》 每見沿河之地，七八月間，往往霖雨日久，河水暴漲，漂没田禾。惟桑、柳雖被泥壅，卻自無恙若。水侵之地，使盡栽桑樹，每歲養蠶收絲，反獲大利，焉有乏食之苦、意外之災。蓋養蠶在春時，多無雨水，即三月有水，桑亦不畏。誠能廣布，歲歲收絲，即禾苗難成，亦補缺乏。況蠶絲之利，更數倍於五穀。果肯依法培植，雖沃土種穀者亦不及也。

又《家宅墳園宜樹桑説》 桑乃裕國福民之大寶，豈他木可比。家中樹桑多者，不惟得絲，且宜婦人。蓋桑本箕星之氣下映而生者，箕乃女相之星，下映其室，婦人少病而無夭折之患。況桑又能祛邪，逐邪者用桑弓，即此義也。如有陰陽術士，妄談桑與喪同音，樹之不吉者，此愚述無識之輩，不可聽信。孟夫子言王政，必教以「五畝之宅，樹墻下以桑」，豈有心通造化、亞聖之識，以不吉祥之事教天下哉。再於路旁、門前、場圍、城壕悉爲種植，不使有尺寸曠土，則遍地皆錦繡之資矣。

又《栽桑説》 民生濟用，莫先於桑。謀衣者不艱於養蠶而難於樹桑。若桑務一舉，則蠶事自興。故首述而備論之，種子、盤條、壓枝、栽接、修科之法，詳列於後，資生者當留心焉。

又《種桑法》 桑乃箕星之精。其字從叒，叒乃東方之地，多生榑桑，乃蠶食葉之神木，故叒下加木以别之，爲衣被之源，其功最神，爲世大寶。種類甚多，有柔桑，葉如紬帛，豐厚而軟；有檿桑，即山桑，葉尖而長，絲中琴瑟；有桋桑，樹小而條長，便於女採，一名女桑；有白桑，葉大如掌而厚；有雞桑，葉花而薄澁；有子桑，先椹而後葉。各處所産殊異，不可盡述，總名之曰荆桑、魯桑。秦中桑務久失，無人種植。幸而其種皆在，余近歲覓訪，得絶佳桑種，其葉豐肥，勝於南桑。荆桑多椹，魯桑少椹。凡枝幹條葉堅勁，其葉小而邊有鋸齒者，皆荆之類也。凡枝幹條葉豐腴、其葉圓大厚而多津者，皆魯之類也。荆桑根固而心實，能久遠，宜爲樹桑。樹桑者，長成大樹也。魯桑之根不固、心不實，不能久遠，宜爲地桑。地桑者，稠栽，每年割取，不使成大樹也。然荆之條葉不如魯之條葉茂盛，當以魯桑條接荆桑之身，則茂盛而亦久遠。魯桑其葉肥厚柔軟多津，宜飼初生之蠶。荆桑葉堅硬少津，宜飼大眠以後之蠶。初蠶不可多飼荆桑葉，多飼則有裂腹之患。但於大眠後與魯桑間飼，則其絲頭必硬而堅韌。種法：俟桑椹熟時，先熟者不用，後熟者不用，惟揀中熟肥大者，剪去兩頭，惟取中間用之。蓋兩頭其子差細，種之則成雞桑、花桑。二種葉薄而澁，少津，蠶食之，則結繭亦薄。中間之子，氣足堅實，則生氣旺而葉必肥厚。收來握爛，以水淘洗，陰乾。臨種之時，先一日用水漂去輕秕不實者，輕秕亦能生苗，然終成雞桑、花桑，不堪用。用柴灰拌之，放一夜，次日種之。種時須在芒種前後十數日之内爲上時，夏至之後種者爲下時。次年二三月亦可種。若陳久，則多不生。須將子收葫蘆内，放高燥之處，亦可生。未種之先，將地耕二次，將土塊打極細，上熟糞厚四五寸許。熟糞是窖過的，不是烝過的。再耕一次，打土塊極細，用杷子摟成闊二尺、長一丈的畦子。有雨便種，如無雨，用水灌溉。俟二日後，土散不粘，用杷子摟起。以灰拌椹子，勻撒於畦内，用杷子輕摟一二次。不可深了，深則子細難出。再上打細的熟糞一指厚，用木輥子碾一次。上搭矮棚，棚用葦箔最妙，便於捲舒。其棚之高不過三四尺。遮蔽烈日，晝舒夜捲。若不遮蔽，桑苗初生極嫩，一經烈日曬乾地皮，將桑苗夾成細項，遇猛風一吹，盡皆摧折。若能三四日一澆，使地皮常濕，亦可不用棚遮。處暑後不須遮蔽。種後每日早灌溉一次，及苗出之後，春種者三日一澆，夏種者二日一澆，勿使地皮乾裂。及苗長五六寸時，常芸草極淨。及苗長尺餘，或三五日或六七日澆一次。及至冬月，苗長三四尺高。至十月半間，再上熟糞一二寸厚。用麥草撒入畦中，厚一二寸許，逆風放火燒之，桑苗焦枯，次日用利鐮摩地刈之，根槎不可露出土外。再撒麥草或野地柔草易於起火者一二寸厚，仍逆風放火燒之。此爲三耕二燒之法。燒後，用糞蓋一二寸厚，再用爛柴草厚蓋更好，至春月摟去。冬月若無雪雨，再澆二三次。至次年，發生甚旺，一根可長數芽。揀旺者留一本，其餘摘去。旱則澆之。至冬月，可長七八尺。或爲地桑，或爲樹桑，或遠近移栽。此爲養種廣布第一法也。或不能遵依此法，只照尋常種菜法種之，亦可不燒，但不及此之長速而且旺也。

又《盤桑條法》 柔桑多無子，必須盤條。秋暮農隙時，預掘成區，每區相去五尺，一畝地桑共該二百四十區。如在地畔、路傍，其區亦相去五六尺。藉地氣經冬藏濕。其區廣、深各二尺，上熟糞一二升，與土相和，納於區內。宜北高南下，以留冬春雨雪。取其向陽雪易消也。於臘月揀肥大魯桑或絶好的柔桑，總要肥大葉厚多津者，素日驗看停當，嫩條二三枝通連爲一科，用快刀砍下，每四五十條與稈草相間，共作一束，卧於向陽坑内，深、長各三四尺，當預先掘下，防冬深地凍難掘。如桑條多，更掘大些，不必太拘。以土覆起高堆。候春分前三五日，取出坑内桑條。即將預先掘下區子跑（刨）開，下水三四升，撒粟二三十粒。將桑條盤成圓圈，以草索縛定，卧放區内，外露出梢尖三四寸，填土尺餘厚，宜築令實，仍以虚土另封條尖。枝上芽生，虚土自脱。先於區南種檾麻以遮烈日。若不遮蓋，經三伏必死。地宜常常陰濕，如乾即澆。若久乾則死。芽條長高，砍去旁枝，數年則成樹矣。或即作地桑亦可。

右古法也，十可五六活，不活者次年補之，頗費功力，且種麻遮蔭亦覺煩瑣。余試得一捷要之法，於九十月間，揀最好的柔桑條子，或單枝、或二三相連砍來，將園中地造成畦子，其闊二尺餘，其長一丈。將地掘起，打細，再用糞與土相和。每相去八九寸盤一條，每畦兩行，須築令實，少露桑條梢尖。隨即澆過，次日再蓋浮土一層。冬月可澆一二次，以腐草苫蓋。迨至春月摟去，三四日一澆。立夏以後，二三日一澆，總不使地皮乾燥。上搭矮棚遮蔽烈日，晝舒夜捲，處暑後撤去。此法十活七八。三年後遂可移栽。正二月亦可如此盤之。有一人傚余盤栽桑條，諸法皆備，但不曾搭棚，爲烈日所晒，其後只十活一二。　桑乃極易生之物，余於六月間根接桑數十株，隨斫本樹枝梢，插於周圍以遮烈日。時遇連雨數日，不料至七月間，所插枝梢大半皆活。以此觀之，插桑亦不拘時。《士農必用》有埋條之法，將桑條截作一尺長，兩頭用火烙過，春分之日埋之，用水澆之。余依其説，後無一活者。惟臘月埋條、春栽之法，並九十月盤栽之法，余所驗過者，從此二法最穩。

又《壓條分桑法》 春月或九十月，將桑樹上近地的條子，地下掘一渠，深二三寸，將條攀下，卧於渠内，用木鈎搭子長數寸將條向地鈎住，釘於渠内，使不得起。以土築實，須將條上所有的枝梢盡扶端露出土外。但得雨水，即便生根。春月壓者，當年九十月起。冬月壓者，次年九十月起。於近樹身處斫斷，掘出渠内條子。將枝梢之間以利刀剁斷，俱如拐子樣。有幾梢，剁幾截。拐上皆帶根鬚，移栽即活。

已上種子、盤條、壓枝三法，養種分樹，可謂備矣，何用多贅。以下皆栽植修葺之法。

《栽樹法》 柳宗元作《郭橐駞傳》曰：「駞所種樹，或移徙，無不活，且碩茂早實以蕃。他植者雖窺伺傚慕，莫能如也。有問之，對曰：『橐駞非能使木壽且孳也，以能順木之天以致其性焉爾。深得至理之言，細思之自明。凡植木之性，其本欲舒，根不可窩拳。其培欲平，不可陷下，亦不可高凸。其土欲故，不可另用生土。其築欲密。既然已，勿動勿慮，去不復顧。其蒔也若子，當珍愛，不可草率了事。其置也若棄，不可掘看、摇動、揣摩、掐搔以驗其死活。則其天者全而其性得矣。誠哉至理。故吾不害其長而已，非有能碩而茂之也；不抑耗其實而已，非有能蚤而蕃之也。他植者則不然，根拳而土易，是不順其物性也。其培之也，若非過焉則不及；苟有能反是者，則又愛之太恩，憂之太勤，且視而暮撫，已去而復顧，甚者爪其膚以驗其生枯，摇其本以驗其疎密，人多犯此諸病，戒之戒之。而木之性日以離矣。雖曰愛之，其實害之。雖曰憂之，其實離之。故不我若也。』」此《傳》深得格物至理，勿徒作文章看過。凡有心樹藝者，詳味玩索，自見其妙。

又《栽樹桑法》 築牆成園，大小任意。將園内地耕熟，或栽行桑，每株相去一丈，横直成行以便耕種。行間或種菉豆、黑豆、豌豆、芝蔴、穈子及瓜、茄、菜蔬，無不可者。上採桑葉，下種豆蔬，可謂兩益，而且發桑。但不可種麥、穀，令桑不旺。或栽牆下桑。或栽門前、家庭、阡陌、道旁、城壕、墳園、場圍。其法：先掘地一坑，深三尺，寬窄量樹大小，務要寬綽有餘。九月至二月半，栽之皆活。古人云惟十一月栽之不活。余每於十一月内栽之，皆活。或種出者，或盤壓成者，皆可移栽。魯桑宜多，荆桑宜少。栽時記號南枝，不可錯了原向，陰面若受日晒，則焦枯。如樹甚小，亦不必拘。且忌大風。風能燥物，恐耗散脂液，則不長旺。掘時務要掘大些，不可傷着小根。古人云：「栽樹莫巧。」勿令樹知則可耳。將掘下坑内，下熟糞四五升，和土令勻，如有龜殼，根下置一個，則桑更茂。入水一桶，調成稀泥。將樹根坐於泥中，按至坑底，提三五次，欲令根鬚皆順。扶端樹身，填土與地平，壅周圍熟土令坑滿，次日方可築實。周坑四邊須築實。若不實，則根土不相着，多懸死。上復用土封身尺餘高，周圍自成環池。無雨澆之，可以容水。如在園外、路旁、場畔者，須護以棘，以防牲畜嚙傷、孩童戲折。二年不可採葉。樹小傷生氣，多不旺。其上糞，九月至正月皆宜，三月至八月不宜。恐糞氣傷損嫩根。或猪羊牛馬之糞，油渣亦可。棉子油渣性暖，冬壅其根更好。旱則數日一澆。三年之後，長如椽大，可以採葉飼蠶矣。

又《栽地桑法》 濟急救困，莫如地桑之速。凡河決水湮之地，地少人貧之處，地桑一畝，歲可收絲九觔。布後，次年即可飼蠶三箔。三年後可飼五六箔。其法：築墻成園，將園内地耕熟。相去五尺掘一坑，每畝該掘二百四十區。廣、深各二尺。每坑内下熟糞三升，合土令勻，下水一桶，調成稀泥。將畦内種成魯桑，不用荆桑。連根掘出一科，自根上留身五六寸，其餘截去。每一坑栽二根，將根坐於泥中，欲速見功者栽三根。按至坑底，提三五次，按桑身署與地平，壅周圍熟土令坑滿。次日築實，再壅熟土，輕築合平滿。附身土不可築實，實則芽難生。用虛土封堆如鏊背子樣，可厚五六寸，周圍自成環池。亦可容水。芽出土，長三四寸時節，揀不旺者掐去，每一株止留旺者一二根。澆鋤如法，當年可長五尺高。次年附根割條，到家擗葉飼蠶。割須用厚背鋼鐮，一割要斷。若鈍鐮不能遽斷，則傷根皮，有雨則根必傷。蓋地桑不要放出身來，只要從土中長出。若身出土，名爲腳高，條既不旺，又多被風雨擺折。割過處，每一根盤周圍生出數芽，每一科可留六七條，餘者減去。年年附地割之，愈割愈旺，留條漸多。有一種野魯桑，亦可移植。冬春上糞，旱則澆灌，年年茂盛。三年後正長旺，六年後根相交，根交則不旺。春時，將相交根斫斷掘去，添上糞土，或得雨，或澆過，即復長旺。次後斟酌其根漸大，壓成栽子，圍別園，如前法栽之。三年後，新桑茂盛，養蠶斫桑時，將舊桑根上只留一條，隔年自成一株，分出栽爲行桑。如此傳轉，無有盡期。然魯桑飼蠶，其絲不堅韌。可斟酌栽荆桑樹數株，俟蠶大眠後，採葉與魯桑相間飼之。地桑須於園内栽之，有草則鋤，無雨則澆，比及蠶生，可澆三次，其葉自然早生。桑種自有早生葉、遲生葉者，須擇其早生葉者爲地桑。其行間宜種豆，兩不相妨，且豆性發桑，勝於芝蔴、瓜、蔬。

散種地桑法：有地或三五畝，或十數畝，耕三次，上糞五六寸，再耕一次，打耱極細，摟成畦子。或高燥之地、無水澆灌之處，不必作畦，漫種亦能生活。每畝用黍子七合，黍即穈子。製浄椹子一升，魯桑者佳。黍、椹相合種之。黍、桑當俱生，鋤之，桑須稀疎調適。大概二尺一苗。黍熟時，剪去穗子。俟經霜後，以利鐮摩地刈之，曝令燥。後〔候〕有風，放火燒之。再上糞一二寸，旱則澆之。次年春，生芽數條，每株只留二條，其餘掐去。三四月，常鋤令草浄，空處點種菉豆、黑豆等物，不可種麥、穀。至秋收畢，將地又鋤一次。過年桑長漸大，割取飼蠶，每畝可飼三箔蠶。又過一年，可飼蠶五六箔。又，移栽小桑，樹小根少，上無寸土，但經路遠，風日耗竭脂液，栽後難活，即活亦不榮旺。凡栽小樹取之他方者，通約十餘株爲一束，於根鬚蘸沃稀泥，泥上糝土，包以柔草，包内另用厚泥固封，搵按車箱内，令樹身順卧，護閉兩頭，不透風日，上以蓆草覆蓋。又須預於栽所掘區下糞，樹到便栽。依法不苟，無不活者。九十月以後，雖行千里亦不妨。　又取野荆桑，魯桑入園中養者，如其身乾枯，或不端直，或參差亂枝，栽如上法。栽畢，用快刀摩地砍去樹身，俟生出樹芽，揀旺者留一本，即成端正好樹，且旺異常。蓋桑聞鐵腥愈旺，地桑是其驗也。凡園内一切樹栽後二年不旺者，或樹身不成材、參差不齊者，俱用快刀砍去樹身，去地半指糝土封其樹槎，俟其芽生，止留旺者一本。此法但可施於九月以後、二月以前。

又《修科樹法》 樹桑長六七尺高，便斫去中心之枝，其餘枝條自向外長。臘月及正月間，科令稀勻得所，剪去冗枝，内可容立一人，周圍枝梢皆順，如一大傘之狀，使條有定數，葉不煩多，衆葉脂膏聚於一葉，其葉自大，飼蠶自然絲纊倍收，足中紗羅之用。《士農必用》曰：「科斫樹桑，惟在稀科時斫，依時斫也。使其條葉豐腴而早發，不致蠶之穉也。」稀則條自豐，葉自腴。今年科不過時，則長條豐美，明年之葉自然早發而又腴潤也。　又科斫之利，惟在不留中心之枝，容立一人於内，轉身運斧，條葉偃落於外。比之擔負高几遶樹上下，採有心之樹者，一人可敵數人之功。條不可冗，冗則費芟科之功，葉薄而無味。是故科斫爲蠶事之先務。時人不知預治於農隙之時，而徒費功力於蠶忙之月，人則倍勞，蠶復失所。如得其法，使樹生好條，條長好葉，蠶不急需乎葉，而葉以時至，又其葉潤厚。農語云：「鋤頭自有三寸澤，斧頭自有一倍桑。」按：《農政全書》載，秦中舊有一法，名曰剝桑。臘月中，悉去其冗，所存之條甚疎。又於所存條根之上，僅存四眼，餘皆掐去。其所留者明年則爲柯，其眼中所發青條可長三四尺，其葉倍常，光潤如沃。蠶近老而手採之，獨留一向外之條，滋養及秋，其長以至尋丈。臘月復科之如前。歲久則所留之科重繁，復從下斫去。周而復始，自成圓樹如傘蓋樣。洛陽、河東亦同。山東、河朔則異於是，必留明條，疑風土所宜。以此觀之，則秦古桑之法可謂精工矣。今之烏有者，因兵燹之廢，後世不察也。

又，科樹法：自樹長五七尺高，便割去中梢，既不留心，其條自向外長。樹長大，中心可容立一人。如長成樹，當中復生正身及枝者，亦須斫去。凡科法，當去者有四等，一瀝水條，向下垂者。一刺身條，向裹生者。一駢指條，相併生者，科去其一。一冗脞條。雖順者，卻稠冗。科時臘月爲上，正月次之。其所科之條，當取皮以備抄紙之用。臘月津脈未上，科不傷樹，但剝皮不利。今人春月科樹，其爲皮利，不顧傷樹。而不知自有取皮良方，其法：臘月或正月科下條子，埋於向陽坑中。俟過年，二月剝之自利。如欲速用，將條截作三尺長，縛作一大束，與大鍋口一般大。鍋內添水一二桶，將桑束立安鍋口，勿令下鍋。用稻草繩一條如小碗口大，長數丈，纏桑束周圍，自鍋口纏繞到頂，令密，使氣不得走泄。上用鍋板蓋之。蒸至皮利爲度，取出剝之。蒸取構皮，皆用此法。

又《接桑法》《務本新書》曰：「桑以接博爲妙，一年後便可獲利。昔人以之譬螟子，取其速肖之義也。接桑飼蠶，一株可當數株之用，又且多絲而柔和有色。但不可飼初蠶，須於大眠以後方可飼之。凡接枝條，必擇其美者，宜用向陽宿條，庶氣壯而茂，菽陰條不堪用。根株各從其類。魯桑仍接魯桑，則葉愈厚而多津。荆桑接以魯桑，則椹少而葉亦厚矣。然魯桑宜多接，荆桑宜少接。至於接果，杜梨樹可接梨，白果樹可接蘋果，海棠可接檳子，軟棗可接柿樹，桃接桃，杏接杏，皆以接而愈美。接之器具，用細齒鋸一連，厚脊利刃小刀一把，總須應手。又必趁時，古法以春分前後十日爲宜，又不拘南北，惟視桑條上青眼微動時爲的期。余於此時接諸樣果樹皆活，獨接桑百不一活，不知是風氣使然否。後於小滿後桑椹熟時接之方活。五六七月接之亦活。若接諸樣果木，須在驚蟄至春分前後，皆可活。惟是接桑，秦中必在小滿後至七月皆可接。余累試驗，此法最的，不可有誤。一經接換，二氣交通，以彼易此，變惡爲美，其利有不可勝言者矣。其法有六，一曰身接，如樹長盌口大，不可就地接，須用身接。用細齒鋸截去原樹身作砧盤，高可及人肩。以利刃小刀於砧盤傍向下一寸半皮肉上，以刀尖向上左右斜劈豁兩道至平面，其下尖，其上闊。中間劈豁斷者剔去，如烏鴉觜樣，渠子兩壁有斜面，無平底。其尖淺，向上漸深，至頂可深至半指許。接頭俗呼眼子，須要揀肥大好魯桑向陽枝條，大如小指以下，長可尺許，將楂頭一寸半用利刀左右削兩刀，成蕎麥楞樣，令頭尖如烏鴉觜，與樹身上劈割成烏鴉觜樣子，大小相符。遂捺於老鴉觜渠子裏，務要緊密，總要皮對皮，骨對骨，與樹身一般無痕跡爲妙。如不合式，再削眼子下烏鴉觜，再刻渠子，務要緊密合式。一砧盤可接四個，原樹小者止接三二個。接訖，外用綿紙纏包，再用構皮或桑皮或檾麻纏縛牢固。鬆則皮肉離脱，不能活矣。然亦不可太緊，緊則將皮勒壞，津脉不通，亦不能活。纏畢，又用牛糞同泥封塗周圍，又用破蓆片包裹如仰盆樣，內盛潤土，將接頭埋合，畧露稍一二寸。如數日土乾，則灑水少許。其接頭發芽時，亦不可取去蓆土。至秋長定，然後將蓆土去之。二曰根接，用之於小樹，去地尺許截成砧盤，接法與身接法無異。接畢攢土埋合，微露稍一二寸。芽出之後，俱要倚柱扶持。四、五月間，常看根下，如有芽生，即便拔去。三曰劈接，惟此法省功易活。予每用此法，百接百活。如身接、根接亦用，此法最穩。不拘樹身大小皆可用。將樹用小鋸截成砧盤，其頂用利刀削平，隨以利刀按樹中心，用斧背將刀背一擊，樹身劈爲兩半，拔去刀，中心用木釘一插，其縫自開。將接頭根下用利刀削兩面成蕎麥楞樣，令接頭尖如烏鴉觜，長短須量劈縫，不可過長過短。插入縫中，兩邊務要兩皮相着。如不合式，拔去再削，務要合式。如樹稍大，徑寸餘或二寸者，十字劈開，插四接頭。中間木釘拔去，先以紙裹，後以桑皮或檾麻縛之，外用濕土封固，微露其稍。俟芽長三四寸時，常起土看原樹根底，發芽盡行拔去。仍封土如故。將所纏裹的皮子解去，不然，久則長成藥葫蘆樣，豈能成樹。待長三四尺高。恐風擺折，用一竹竿子或木杆子插立於旁，以繩繫定，然亦不可太緊。一二年後，樹不畏風，可以去之。四曰枝接，俗呼爲渡樹，要美惡兩樹相近者方可爲之。如渡菓樹，盆栽，移近美者。將美惡兩樹枝條一般大者，條中間將皮身各削去一半，長可二三寸。將兩半相合成一枝，務要皮對皮，骨對骨。用桑皮或檾麻纏縛，外用牛糞合泥封固。俟長三五月之後，津脈已通，遂將美樹下枝漸削，惡樹上枝漸削，俟其長定，便解去纏縛。俟入九月間，方斷美樹枝下畔。此法須春分前後爲之妙。五曰靨接，將美樹枝條之上長就小靨如麥子大未發出芽者，將此靨周圍方方一寸用快刀刻取，連皮肉揭下，於口內噙少時，取出。於惡樹上揀一未發芽的小靨子如麥子大者一個，將口內靨皮取出，貼印濕痕於惡靨皮上，以利刀依痕刻斷惡樹靨處大小如之，將惡靨皮揭去不用。遂將美靨合貼惡靨刻痕上，務要將美靨裡面空尖子合在惡靨上的小骨尖上，如榫卯之相合，要緊在四圍皮對皮無少間隙。兩頭用濕綿包裹，桑皮纏之不鬆不緊，仍用牛糞泥封之，但須露芽尖在外。縛樹枝葉遮蔽烈日。再將惡樹上一切枝條盡行砍去，又將其餘惡㽬子一切掐去，令津脉盡升於所接之㽬上。及㽬發生尺餘，便可解去纏物。此法接諸果樹須在豌豆開花時。若接桑，無論樹接、㽬接，必須在三伏日。初伏接者枝稍向上長，中伏接者枝稍平長，末伏接者枝稍向下長，其餘諸月接者皆難活。亦不論下弦、上弦，月明、月暗，但入伏，接之皆活。桑惟㽬接最穩，十活八九。然須用當年所生新條如小指大者，周身有葉，每一葉蒂下有一小㽬如麥子大，掐去葉蒂，刻取㽬子如上法。接於新生惡條㽬子上，即活。若樹接，不過十活三四。六曰搭接。將美惡兩枝俱削如馬耳，皮骨相對，縛泥如上法，但此接多難活。

擇桑之法，不可不知。凡本粗皮皺者，其葉必小而薄。白皮而節疎芽大者，爲柿葉之桑，其葉必大而厚，堅繭而多絲。枝如藤蔓，葉如紬帛，謂之柔桑，飼蠶多絲而堅韌。有一種木理極粗，葉如扇面，光如沃油，謂之烏桑，甚宜初蠶。有一種紫藤之桑，枝如紫色之蔓，高大而葉肥厚，飼蠶最好。有一種白桑，其葉厚大，得繭重實，絲每倍常。余近得土爾番白桑種，今已種成，其形如馬乳，色如珍珠，其味甘美異常，椹爲佳菓，葉可飼蠶，兩有益也。子可種，條可壓，亦能廣布。

總勿用雞腳之桑，即花桑，葉邊有缺齒。其葉薄，飼蠶便成薄繭。又勿用毛背之桑，其葉澁而有毛，蠶多不食。又桑葉忽生黃衣而皺者，木將就槁，名曰金桑，蠶則不食，此乃蠶絲不成之年，故古詩云：「桑華腐蠹，衣敝如絡。女工不成，絲帛如玉。」葉縮。此之謂也。有一種先椹而後葉者，其葉必少，宜接之，接過則椹少、葉多且大矣。

以上種桑、修科、栽、接四法俱備，人能依此飼蠶，自然絲纊倍收，亦且堅韌有色，可中紗羅綾緞之用。

附：種**柘法**

柘亦飼蠶之物，柘宜山石，柞宜山阜。柘字從石，其取義與。柘木有紋理，亦可旋爲器，其葉可飼蠶，曰柘蠶。柘蠶亦另有柘蠶種，先出，先眠，先起，先繭。如無柘蠶種，以桑蠶飼以柘葉亦可，得絲甚少。然葉硬而薄小，不及桑葉。桑葉大而豐肥多津，故多樹桑，少樹柘。柘宜山麓之人，不勞種植而獲利。處處山中有之，喜叢生，幹疎而直，葉豐而厚，團而有尖。飼蠶成繭，冷水繰之，謂之冷水絲，作琴瑟絃，清響異常。亦可織紬，且韌。《爾雅》所謂棘繭即此蠶也。此柘諸山皆有，最多且茂。惜乎近山之人多不知此美利，無有爲之者。若在山麓之下蓋草房幾間，內多置蠶種，廣採山中野柘飼蠶，其利可勝言哉。無樹桑占田之累，修接糞澆之勞，豈非坐而獲利。且蠶種廣布無窮，而野柘多採無盡，勝於深山採木、幽壑負薪之勞遠矣，何憚而不爲。予近教鰲屋山莊上人，有幾家歲歲採柘飼蠶，收絲織縑。種柘法：耕地令熟，摟耩作壟。柘子熟時多收，要揀無刺葉圓大者方好，如身有刺、葉小薄者勿用。以水淘洗令淨，曝乾。臨種時，用水浸一夜，用柴灰拌勻，散於畦中，摟杷蓋之。苗出後，時時鋤草令淨，不可荒没。移栽者不可太稀，大約三尺一株。若在山田，令其多布。又須歲歲採葉飼蠶，如一歲不採，次年葉生有毒，蠶食之不旺，且多死。如欲養蠶者，先年夏月將柘葉打落，次年生葉方無毒，可飼蠶。

柘蠶之種，其始即生柘樹上，乃柘之氣化生者。人若細心，於夏秋間，年年在柘樹葉上撥看，常有結成繭子，可取以爲種。但有無多寡，年年不同。柘蠶亦食桑葉，且得良繭。桑蠶不可飼柘葉，食之多結薄繭。

以上樹桑諸法，若能件件遵依，再如法養蠶，自然繭堅而多絲。以之造綾緞紗羅，無不盡善。若不能依法樹藝，只照平常栽法，如多且旺，亦可飼蠶，然其絲粗硬，僅可織縑絹而已。

今人多不肯樹桑者，以爲五七年以後方可成樹，方可獲利，我豈能待。獨不思我即年老，遺澤子孫，爲世守之業，亦何不可。若先世早樹，至我豈不大享其利，我今仍舊不樹，將來子孫蠶織終無望矣。所謂「及今不畜艾，七年之病終不痊」者，此也。故玄扈先生曰：「恐不能待者，急樹之，便是妙方。」

桑乃蠶食，故居蠶先。今樹桑之法已備，方可以言蠶事矣。

清　吳其濬《植物名實圖考》卷三三《木類・桑》　桑：《本經》中品。《爾雅》女桑、桋桑，《注》今俗呼桑樹。小而條長者爲女桑樹。檿桑，山桑。《注》似桑材，中作弓及車轅。今吳中桑矮而葉肥，蓋即女桑。江北桑皆自生，材中什器，蓋即檿桑。絲勁黃，所謂檿絲矣。桑枝、根白皮、皮中汁、霜後葉及葚耳、蘚花、柴灰、蝨蟲皆入藥。

植物名實圖考・桑

清 吴烜《種桑説》 桑以湖州所産者爲佳，有青皮、黄皮、紫皮三種。青皮葉疎而薄，黄皮較勝，惟紫皮最佳。紫皮又名紅皮，葉密而厚，浙人謂之紅皮大種。湖桑之中，又以此種爲第一。種法：第一年下種，第二年移栽，第三年接，第四年剪頭分栽，第五六七年再剪，以後即可剪條采葉。惟宜桑之地與栽桑之法，吾江與浙西不同。浙西地卑而多水，土質濕，且易淹没，故桑地宜於最高。吾江地高而水少，土質燥，惟卑下易淹之處以及地脈所經土堅如石皆不可種，此外則無不相宜。而所尤宜者莫如沙土，體質鬆酥，根株易達，即枝葉易蕃。吾江沙土甚多，如沿江各鎮，以及城南之九里埄，較之浙西等處尤屬相宜。浙地栽桑不必太深，而吾江栽桑斷不可淺，栽種既深，即遇亢旱，地中尚潤，不至受傷。桑喜燥而惡濕，考之往昔，證之今人，莫不謂然。而吾江栽桑，非不喜燥，而不喜太燥，良由地土不同，是以種法亦異。此六七年來，每遇陰晴旱潦，隨時隨處，留心試驗而知之，非臆説也。一下種法：三四月中，將地鋤鬆作埨，闊約四尺。芟草浄盡，沃之以糞，或加豬灰、河泥，敲土極細。兩邊開溝，以備出水。節交芒種，桑子極熟，摘取味甜而色黑者，置水中搓散，去其浮者，取沉者，陰乾撒之。以糞水澆透，覆之以灰。天若乾燥，間日澆水。俟芽出後，時以糞水澆之。又法：取極熟桑子數十顆置掌中，用草繩一條，水中浸濕，握而捋之，子粘繩上。將繩曳直，埋土數分，每條相離五六寸。恐遇大雨，泥凝難出，覆以稻柴，出即揭去。天氣晴燥，時以二糞入水澆之。旁生萌芽，隨即摘去。 一移栽法：第二年雨水節後，乘天氣晴和，另於他處鋤地極鬆，壅地極肥。掘起桑秧，將直根剪留四寸。用細竹與根相彷者扦土作孔，相離七八寸。將桑秧插入，踏令堅實，亦以清水糞澆之。 一接桑法：第三年驚蟄以後、清明以前，天色老晴，將桑秧離地剪留寸許。隨剪接過湖桑嫩條如筆管粗者，勿見風日。其條上半空，下半實。空者無用，將實者剪作三四段，每段三寸，斜削寸許，其二寸留芽兩三個。將剪留之桑根四旁發開，用快刀劃破其皮寸半。取竹片削尖，探入令鬆。隨將斜削之條反插皮内，須以刀削一面對皮。蓋桑之膏液在皮，必以斜削之皮與桑根之皮膏液粘併，方能浹洽。若將接條正插，以皮貼皮，以骨貼骨，必不能活。如法接好，扎以桑皮，塗以河泥。復撚泥丸蓋在條頂，切勿摇動。若常遇天晴，旬日即活。清明後，桑芽盡放，摘去下芽，上存一芽，發成一枝。俟高至尺餘，須用蘆葦數尺植其旁，用浸軟稻柴鬆鬆縛住，以防風折。勤削勤澆，一年可長五六尺。倘有接而不活者，其根必發新條，來年再接。 一分栽剪頭法：第四年立春以後春分以前，天氣晴和，將桑掘起。直幹無枝，浙人謂之單槍。剪去直根及横根之腐而無用者，每株相離五尺五寸，須如品字，不可對栽，長大方能寬展。預將分栽之地鋤翻作埨，闊亦五尺五寸。先用丈竿量定，不可參差疎密，致礙將來挑擔栽培之路。將地鋤深一尺二三寸，四周寬廣，沃之以糞或河泥。植桑坎中，理直四面横根，不可稍有拳曲。敲土極細，塞實根柢，不可空虚。逐漸加泥，漸加漸踏，務令堅實，勿使鬆浮。平地須種過接頭一二寸，高地必須種過三寸，方易回生。隨用桑剪視桑大小，桑大離地尺餘，桑小離地六七寸剪去上段。剪下之條，可接土桑。種時不可澆水，三四日後，以二糞入水澆之。以後天氣晴燥，須五六日一澆。俟芽葉盡放，摘去下芽，上留三四芽，發成三四枝。浙西僅留兩芽，發成兩枝，明春謂之雙槍。蓋浙西一帶，雜樹甚少，出蟲之樹，一概删除，無蟲侵蝕，故留得一芽，即成一枝。吾江出蟲之樹甚多，驟難删去，夏秋數月，蟲類甚多，故必多留數芽，以防傷損。 一再剪法：第五年立夏後，將第四年所留之條，離丫長則尺許、短則六七寸，再將上段剪去。剪下之條，亦可接桑。摘去下芽，上留三四芽，發成三四枝。養蠶時，每株即可采葉一二觔。至第六年立夏後，再將第五年所留之條離丫數寸再行剪去。將葉通身摘盡，每株可得四五觔。隨即培壅，不及旬日，又長新芽。每枝再摘去下芽，上存四五芽，發成四五枝。至七年立夏采葉，再將第六年所留之枝離丫數寸剪去。每枝再留四五芽，餘皆摘去。通計所留之枝，已有四層。又明年立夏采葉，將枝頂新條着丫剪去，不必留叉。以後逐年剪取，枝頂如拳，謂之拳桑。每株可成數十拳，每拳可發五六條。數年以後，根柢盤深，枝幹粗壯，每株浄葉始則十數觔，漸至二三十觔、四五十觔。年愈久，葉愈蕃。但能留意捉蟲，不致鑽空樹本，可以多壽。 以上諸法，下種、分、接之後，雖逐年已可采葉，然必七載方成。既費人功，更稽歲月。不如於立春以後、春分以前，至浙江石門之天花蕩，揀買接過單槍紅皮大種，甫經出土，根鬚淡黄而潤者，載歸栽種。剪去蒂根，蒂根即直根，不去直根，則樹少歧枝，難於暢茂。照第四年剪頭栽培之法，不過半月，便可回生。出土之後，但能不見風日，雖一月之久，根紅皮綳，開地澆肥，如法栽種，間日滋養，不使稍乾，速則半月，遲至黄霉，無有不活。倘條幹漸枯，根能再發，切勿拔去。滿至兩年，即可采葉。較之下種分接，已省四年。若更欲其速，可購第五年者，去春剪頭，已成兩叉，浙人謂之雙槍。亦照單槍栽種之法，來年便可采葉，較之單槍，獲利尤速。惟雙槍之價數倍單槍，且多發一年，根盤更大，移種恐難全活耳。　一各處栽桑有疎有密，密則僅離四尺許，疎則相離六七尺。吾謂不可太密，亦不必太疎。太密則枝條交錯，長大不能舒展。太疎則佔地多，而樹仍不能驟大，且枝葉遮蔽不到，多生茅草，徒令分肥。一畝之地，共計二百四十弓，留下采葉培桑之路約二十弓，其餘可種一百八十株，每株相離五尺五寸，是爲疎密適中。　一桑樹不可太高，太高則葉小而薄，培壅亦難見功。且易招風，枝柯易折，根本易揺。故拳桑至高不可過六尺。　一桑宜修紮，枝若横斜，以繩束之使上；枝若拳曲，以竹縛之使直。其可去者有四：一瀝水條，向下垂者；一刺身條，向内生者；一駢指條，相並生者；一煩冗條，多而雜亂者；皆可去也。若蟲傷太甚，枝條不多，可去之條亦可修紮，皆不必去。枯枝最能引蛀，當速去之。丫間一段枯枝，亦宜剪去。　一桑樹近地處有旁出之條在接頭下者，便是野桑，宜芟去。在接頭上者，即是湖桑，每株可留一條，將土塊壓下，謂之壓條。復加土壅之，時澆糞水。一年之後，已另生根。正二月中，可將土發開，就與大桑相聯處剪斷移栽，以廣生息。　一培壅之法，各處不同。嘉、湖一帶，立夏剪條後，近根鋤開，厚壅一次，仍即蓋好。不及數日，其芽復萌，枝必肥大。臘月中復如前壅之，來年葉必蕃茂。杭屬一帶，則在臘正兩月。蘇屬及錫、金等處，二月培葉，九月培條。蓋桑樹喜肥，若能不惜工本，不拘幾次，愈培愈盛。惟采葉之前半月切不可壅，壅則謂之壯葉，壯葉有毒，蠶食之必病且死，故將近清明即宜戒忌。　一培桑自以人糞爲最良，其次莫如羊糞。嘉、湖一帶多養綿羊，皮可爲裘，肉可佐饌，用糞培桑，既不生蟲，且能鬆土。豬灰亦然。菜餅、豆餅亦甚相宜。河泥、垃圾，培壅必多，少則力薄。陳土亦壯，堆積桑根，一遇雨淋，大能滋養。若盡用河泥，多多益善，既可培桑，又通水道，豈非兩得。倘離河太遠，即用池泥。吾江培桑，各從其便可也。　一本地野桑亦可飼蠶，惟葉小而薄，不及湖種。若依時培養，亦能稍大。若高已丈外，圍已尺許者，自不可接。其大如杯、大如臂者，於春分前後，離地數尺鋸去上段，以湖桑如法接之，每株可接數枝，便成湖桑。至新出小桑，接换尤易，切勿以其土種而棄之。　一桑下不可有草，有草則奪肥，宜時時芟削，使肥盡歸桑。更不可有瓦石，有之則根難舒展，生機不暢，須於種菜時鋤開去之。　一湖屬栽桑甚密，桑下不種他物，恐其分肥。其地每年必鋤翻一次，使土鬆易長。杭、嘉、蘇三屬及錫、金等邑，桑樹較疎，麥、蔬皆種。每種一次，鋤翻一次，既取土鬆，且沾餘利。惟黄豆、芥菜最能奪肥。蘇人諺云：「種豆種芥，三年必敗。」二物尤能損桑，故以爲戒。詢之浙人，亦莫不云然。又桑下不可種大麥，蠶食之必病瘟，故大麥田中之桑不可飼蠶。又云蠶豆不利於桑，而予往浙西，桑下亦多見之，或者以蠶能食桑，故有此附會之説歟。　一蠶初生時，食葉甚少，只可采芽旁先放之一兩葉，謂之底板，其色較老，雖留之亦不甚長。二眠以後，食葉漸多，若底板已盡，則采瞎眼。瞎眼者，放葉數張，中無嫩芽，留之長亦無多。三眠以後，食葉愈多，須先采老葉，留其嫩者。至大眠既起，則立夏將半，葉已長足，可以剪條矣。　一桑之生於二三月間者，謂之初桑。立夏剪條後，旋復抽條放葉，謂之二桑。初條不剪，來春葉薄，雖蠶食不盡，亦必去之。二桑之條，即明春放葉之條，若養二蠶，只可剪葉，不可剪條。盛夏時，陰翳不宜太密，即不養二蠶，二葉亦宜剪去，勿傷其條。一則免引桑牛，二則留其生氣，來年必倍茂也。　一桑老漸枯，或中空，此年代久遠，不能不敗也。可預於樹旁補種一株，二三年後，將敗者伐去，鋤盡根株，留其新者，使無曠土。抑或將敗樹近根截去，以肥土覆之，明年又發嫩條，如法培養，數年後又成新樹，特較矮小耳。　一湖桑中另有一種火桑，視他桑較早，可飼早蠶，其葉雨過即乾。須購富陽、望海等種栽之，不必修剪，任其高大。十年後，每株可采葉數百觔。愈老愈茂，但能不令蟲蛀，不使水淹，可以久遠不敗。　一桑、柘皆供蠶事，但柘葉甚老，不及桑葉柔嫩。三眠開口時，可飼兩三次；四眠開口時，可飼五六次；其絲方韌而有光。若飼桑之後，再飼以柘，蠶不欲食。若盡飼以柘，則繭薄絲少。故衹可於開口時暫飼數次，非可恃以爲常也。　一湖桑柔嫩而香，最易引蟲。五月後，間有蜘蛛、青蟲、野蠶等等，形類甚多，皆能損芽傷葉，須隨時察看去之。或以菸葉之筋及藥中百部煎湯，用洗帚密密洒之，蟲食其葉則死。惟飼蠶時切不可用，用則傷蠶。　又夏月皮生白屑，漸成細粒，吸引皮漿，謂之桑蝨。用巴豆研細，和桐油抹之，其蝨自盡。　又桑秧至三四年後，内每生蟲，謂之桑蠹。小時如蛆，漸大如蠶，鑽空樹心，樹即枯萎。有蟲之樹，皮必有孔，孔外有水，更有木屑。須用鐵絲屈鉤，從孔中探入，將蟲鉤出。倘藏匿太深，亦須戳死。否則須將樹皮剜破，跡其藏匿之處捉之。此蟲上半月頭向上，下半月頭向下，倘不能尋覓，每月於十五以前，將百部煎汁或桐油從眼中灌之。倘不能灌入，以鐵絲裹棉蘸桐油銷之，其蟲沾油即死。　又五六七月中，天晴日，有其殼如鐵，其嘴如剪，遍體灰黃，頭鬚如角，大者寸半，小亦寸餘；更有黑白兩種，較爲短小；皆謂之桑牛，俗名桑鞾。抱住枝條，嚙盡桑皮，其枝即斷，不斷亦枯。更有嚙枝如鋸者。即小有損傷，内必生子，卵如米粒。速宜剥去，遲則成蟲如蠹，入木内蛀。皮亦有孔出水，亦以桐油灌之，否則明年夏季又變桑牛。故五六七月中，不遇陰雨，每日自旦至晚，必須巡察數周，見有桑牛，當即磔死。以上各蟲，幸皆不多，除之亦甚易易也。又五月以後至七八月中，遇西南風，每有黑殼圓蟲，形似蜣螂，而小不及半，千百成羣，薨薨有聲。據云土蠶所變，匿在土中，日晡始出，天明復入，食芽食葉，大能損桑。矢如黑線，留在葉間。近屋尚少，野外甚多，捉不勝捉，驅不勝驅。如有此蟲，於晚間食葉時，用柴草離桑一二丈燒之，蟲喜火光，飛投焚死。詢之浙西、吴下、錫、金人，云此蟲處處有之，禳之可免，無須用火戕生也。栽桑之法，已盡於此。

清　沈練《廣蠶桑説輯補》卷上《培養桑樹法十九條》　桑地説一條　一桑地宜高平，而不宜低濕。低濕之地積潦傷根，萬無活理。高平處亦必土肉深厚乃可。　按：地將栽桑，須鋤地分埨，使無積水。詳第十七條　栽桑説二條　一栽桑之法，不宜太密，須隔六七尺而栽一株。於其栽處掘地成坎，深尺五六寸，廣三尺。儲水糞其中，和泥攪之，務令濃厚。取桑秧栽之，加土其上，築之使堅，則不須日日澆灌矣。　將栽時，桑根用水洗浄，翦去根之腐而無用者，所留之根安置得要舒暢，不宜稍有拳曲。　《蠶桑輯要》曰：「條桑栽法，宜五尺許一本，如品字樣，不可對植。」按：品字樣者，如東邊第一行桑樹不與第二行作對，而與第三行作對，第二行與第四行作對。大約三四行爲一埨，或二行爲一埨。　一栽桑之時，宜及隆冬，遲至正二月者，雖未嘗不活，易生蟲。　按：降冬栽桑，須是陽回時候，若陰寒正盛、地氣尚伏，恐被凍受傷，不如遲至春初爲妥。　又按：條桑栽法，翦去上條，留離地二尺許，而《蠶桑輯要》則於次年翦之。見第八條下。　又按：未成條之桑，長不過一二尺，只好分種。約離地二三寸翦去上條，俟來年長成粗條，移栽如法。　肥桑説四條：一桑宜肥，肥則葉厚而光潤。冬春必須沃之以糞。糞桑之法，於桑旁掘一小坑，實以糞，以土覆之，使其氣下降，根乃日深。肥桑之物不一，人糞力旺，畜糞力長，拉颯最鬆地，而河泥之爲益尤鉅。蓋一歲中，雨淋土剥，專藉此泥培補，根乃不露。諺所以有「桑不興少河泥」之説也。去河遠則取諸池塘。　《蠶桑輯要》曰：「二、五、八月及冬月要上肥，豬、羊、牛、馬之糞皆可，人糞尤肥。棉子油渣、豆餅之類，性緩更肥。」　按：豆餅、菜餅之類，性肥力長，但上面蓋泥須厚，以防惡物蹧蹋，戕及桑根。最好冬月壅餅，上蓋河泥。不獨惡物難聚，而且河泥經凍之後，其土易鬆。凍融則肥氣歸根，枝葉自茂。　又按：一年之内，惟小蠶食葉時不宜壅糞，壅糞之地勿采桑葉，俗名肥葉是也，蠶食之則當眠不眠矣。若蠶大眠後糞始無妨，然采葉須在糞後二三日，使穢氣稍退，纔可飼蠶。　一桑下不可使有草，有草則分肥，而地力易窮。不可使多石，多石則礙根，而生機不暢。須於農隙時，以四齒鐵耙鋤去之。　按：桑下無石亦宜鋤地翻土，使土氣鬆動，草亦在下不復上生。若鋤土未久，一經時雨又見嫩草叢生者，祇須將刮子削去草根，不必用四齒鐵耙。　又按：《蠶桑輯要》曰：「土乾便灌」，意謂桑未盛時，其根尚淺，護根之土須帶潤也。灌用水糞，不宜太濃，至茂密成陰，根已深入，上面土乾無礙。可以隨時上肥，不必頻灌。　一桑未盛時，可兼種蔬菜、棉花諸物，蓋兼種諸物則土鬆而桑益易繁，此兩利之道也，但不可有妨根條。如種瓜豆斷不可使藤上樹。　按：土肥則桑亦肥，桑下兼種雜物究分土力，俗名「奪肥」，宜於上肥時令肥稍厚。　桑須修翦説一條　一桑之茂者，四面圓匀如雨蓋狀，修翦得法故也。修翦之法，删繁補缺，去舊换新而已。補缺非另植一株以補之也，於缺處多留幾枝嫩條使之散佈則補矣。换新非另植一株以换之也。舊條既去，其著翦處自然抽出新條。栽桑既活，於芽嘴透露後用桑剪翦去頭上枯枝，餘俱留之。第二年從芽嘴透露時算起，若從栽時算起則第三年矣。立夏後，於第一年所養之條上，每條留大而長者三四枝，餘俱翦去。第三年立夏後，於第二年所養之條上，每條再留大而長者二三枝，餘俱翦去。第四年立夏後，仍於第三年所養之條上，每條更留大而長者二三枝，餘俱翦去。至第五年，則所養之條業已四層，可將所發嫩條於立夏後盡行翦去，而專養歷年所留之條矣。拳曲向下之枝勿留，横斜礙道之枝勿留。　所留之條亦非全不翦去也，留其近幹之五六寸而已。幹字不可泥，如第一次則以本身爲幹，第二次則即以第一次所留之五六寸爲幹矣。　《蠶桑輯要》曰：「條桑栽法如品字樣，詳第二條下。待次年正月天氣清和，離地二尺許翦去上條，俟芽出時只留二芽。秋後條成，又五六尺許。待次年正月，離丫尺許復翦去，如叉樣式，再留頂上各兩芽，餘芽抹去。來年又翦新枝，總留尺許。仿前法，再翦再留，而枝葉又增倍矣。約五六年，至立夏後，開翦連枝葉盡行翦下飼蠶。翦至數年，桑成拳式，八、九、十拳不等。言八拳、九拳、十拳不等也。次年立夏，又將拳處翦下飼蠶。」按：栽桑之次年或第三四年須接桑，並非呆者接之。接法詳第十七、八條。又按：立夏拳桑放翦，不過約計時候，並非呆板。詳第十二條。【略】壓條説一條　一桑有壓條法。所栽之桑有旁出之條，長二尺許而去土不遠者，鋤鬆其土，攀條就之，加肥泥於其上，用石壓好，露其梢，使之向上。一年之後，其條之在土下者，根已散佈，可翦斷移栽。除蟲傷説一條　一所栽之桑歷年未久，人功地力俱足，而其葉黃瘦多枯枝者，蟲傷故也。蟲有二種：一生皮内，一生皮外。皮内生者，其母爲桑牛，即天水牛也，在楊則曰楊牛，在桑則曰桑牛，於盛夏時生。口有雙鉗，其利如翦，新發之條齧之輒折，其下卵必齧破樹皮，而藏其卵於皮内。治之之法，於樹之本身及大枝上見有脂膏流出之處，剔破其皮，中有卵如米粒者，取而碎之。若已成蟲，則須尋着蟲所出入之户，其户外必有蛀屑，故易尋。用鐵線向户内刺死。其深入而非鐵線之所能及者，以百部草藥名，能殺蟲。切碎，納小甕中，用水浸爛。封固甕口勿令走氣。取其汁灌之，用熟桐油亦可。無不死者。此蟲自初一至十五，其頭向上，十五以後則其頭向下矣。治蟲者宜於十五以前，清晨即起，以此法治之。蓋此蟲天未明時，必出户飲露。清晨即起，或猶未歸，即歸亦未深入，易於下手。失此不治，則愈入愈深，其樹必死。皮外生者，常在五六月間，狀與蠶同而差小，俗謂之「白蠶」，專食桑葉。桑葉雖肥大，一經此蟲便如麻布，而明春所發之葉亦不能繁。治之之法，用煙油即煙筋所熬之汁。和水以洗箒於葉上密密灑之，用百部草汁亦可。蟲食其葉則死。然宜於初生時即治，稍遲數日便成無用，小繭繭出飛蛾，蛾又爲明年留種，治之益費力矣。按：食葉之蟲亦名「蝗」，必遺子在桑身，或在桑拳及丫内浮結上，面微高起，成堆形，色與桑皮稍別。冬月或正月逐樹按驗，遇此即將刮桑刀括下，蟲自不生，較煙油灑葉之法似更簡捷。《蠶桑輯要》曰：「有一種時蟲，立夏時遇西南風，戌酉時從土中飛出食葉，至卯時復入土，捉之不能盡。黃昏時灼以亮火，蟲盡投火而燒除之。宜遠燒於下風，葉忌煙熏。」初桑二桑説一條　一桑之萌芽於二三月間者，謂之初桑；既翦後旋復抽條放葉者，謂之二桑。初桑不去，則明春葉薄，雖蠶食不盡亦必去之。二桑則不必去矣，於經霜後取以飼羊，甚肥。取葉時勿傷其條，蓋此條即明春放葉之條也。按：初桑之葉飼頭蠶，二桑之葉飼二蠶，但飼二蠶須於枝之過密處及枝之少力者酌量删下，抹葉飼蠶。如無可删之枝，則於各枝上删葉飼蠶，每枝祇删三分之一，於近拳處删下。若拳下及桑丫雜生之枝葉，即二蠶，過時亦宜一概翦去，俗謂之「删莓丫」。采桑有次第説一條　一采桑須有次第，擇其色之較老者先采之，而留其嫩者以俟其長。尤不可傷其芽嘴，蓋芽嘴方長，畧遲旬日便數十倍於此時，且其味苦澁，非蠶所宜食也。蠶初生時，食葉甚少，只可采其底瓣。底瓣者，芽嘴旁邊先放之一兩葉也，其色較老，雖留之亦不甚長。二眠以後，食葉漸多，若底瓣足以供之，則仍采採底瓣，底瓣已盡，則采瞎眼。瞎眼者，芽嘴已放，只兩三葉，而其中心已無未放之芽，雖留之長，亦不多，宜采去。三眠以後，食葉愈多，然尚須辨其老嫩。至大眠以後，則桑已長足，可開翦矣。桑有遲早，則開翦亦自有後先，以長足爲度可也。三眠前所采之底瓣、瞎眼俗謂之小葉，采小葉得法，則止望其采得百斤者，合前後計之可得百二三十斤。然年年采小葉，樹亦易敗，以隔年一采爲妙。如植桑百株，則今年采此五十株，留彼五十株至大眠後開翦。明年采彼五十株，此五十株留至大眠後開翦。按：老蠶時桑脂盛旺，開翦之後其脂必從翦處流出，故某埨翦完，即就某埨鋤土令鬆，沃以水糞。如是則桑根氣暢，且得所養，自能攝脂，使不上溢。又按：桑地開翦之後，俗名「産母地」，可悟調養之宜急矣。

桑老補種説一條　一桑老而枯或中空，此年代久遠不能不敗者也。於其前後左右空缺處補植一株，兩三年後，將已敗者伐去，而養其新者，則土不曠矣。如不補植，則將已敗之樹離地六七寸截去，而留其老樁，以肥土堆積其上，俟明春另發嫩條，養成低桑，亦一善法也。低桑之放葉，較早於采小葉時最宜。但去地近，遇有驟雨，其葉上或有泥點，須擦浄方可飼蠶。按：葉上有泥點者，俗名「泥葉」。如忙時不及擦浄，葉之可惜，養蠶者不妨帶養泥蠶，令食泥葉。泥蠶者，蠶之一類，二種眠起皆同，依後飼蠶法飼之。柘葉説一條　一柘葉亦可飼蠶，但比桑葉較堅厚，非小蠶所能食。桑葉缺少，可於三眠開口時，第一次布葉謂之開口。令食柘葉兩三次，大眠開口時令食柘葉五六次，則省下許多桑葉矣。所以必於開口時者，柘葉之味不及桑葉，既已食過桑葉必不肯再食柘葉也。桑秧説三條：一桑秧出浙之嘉湖等處，相距數百里，非旦夕所能致也。好在此樹最易活，雖離土二三十日而其根未枯者栽之亦活，可無以道遠爲疑。按：《禹貢》及《國風》所載，則各州皆有蠶絲，皆有桑樹。雖梁州未有明文，而自蠶叢氏教民養蠶，後世蜀錦重天下，則梁州蠶桑之盛亦可想見。本條言桑秧出浙之嘉湖，就近處多處而言非謂二郡有之，而他郡不能有也。但遐僻之地乏人教導，未習蠶桑，遂疑風土本不相宜，闕焉不講，因此沃野釀成瘠土，婦人不識女紅。若非因逸生淫，即是逐末忘本，亦可哀已。 一桑種甚繁，以荷葉桑、黄頭桑、木竹青爲上，取其條幹堅實，眼眼發頭也。別有一種火桑，視他桑較早，可飼早蠶，旦雨過即乾，飼蠶家宜多植。若住基寬曠，牆下可以植桑。宜覔富陽，望海等種植之，其大者可得葉數石，能不令蟲蛀及水灌其根，則愈老愈茂，不以年遠而敗。 《蠶桑輯要》曰：「桑本箕星之精，種類不一，甚少葉圓大而豐厚者皆魯桑之類；甚多葉小邊有鋸齒者皆荆桑之類。荆桑宜飼初生之蠶，魯桑宜飼三四眠以後之蠶。」 按：魯桑之類家桑也，荆桑之類野桑也。家桑見第十七條，野桑見第十八條。 又按：望海桑須植土氣深厚之處。 一桑秧皆以桑葚種之。種葚之法，於五月間以桑葚純黑者置水中搓碎，去其浮者，而取其沉者。陰乾之，經日曬則其出較遲。撒於肥地，以薄糞澆透，而覆之以灰。覆以泥則其出又遲矣。芽出更以薄糞勤澆之，明春則其長尺許，可以移栽他處矣。移栽之法，鋤地分埨，縷尹切，土之加高處也。與治圃排葱、蒜之埨相似。其栽宜踈，彼此相去須在八寸外。使無積水，於埨背分行栽之，勤澆勤鋤，至其大如指，則可以接之，使變家桑矣。 按：接成家桑後再要移栽，恐有傷損，且根頭漸大，移亦費事。若不移栽，則彼此相去衹八寸外，勢必不能兩大，何如先照第一條栽法栽之，至大如母指或如兒臂纔用接條。 《蠶桑輯要》曰：「桑本有三寸圍圓接之最妙。」 接桑説二條：一接桑宜在驚蟄以後、清明以前，天色老晴時接之。甫接而遇驟雨則活者寡矣。其法，擇家桑條如筆管粗者翦下，謂之接條，其條上半空而下半實，空者無用，擇其實者用之。每一條約可接野桑三兩株。翦下接條，置筐中，以濕布覆之，勿使見風日。將野桑根旁浮土抓開，見有絲根，即將樹身齊土面翦斷，翦不斷者以小鋸斷之。於翦斷以下擇光潤無傀儡處，用快刀豎劃，破其皮寸半，隨將刀畧一擺動，則皮已離骨，取小竹釘長二寸許者，削如馬耳樣，嵌入皮内，嘉湖人謂之「桑餂」。翦接條三寸，削一寸如馬耳樣，上二寸留芽嘴二，取出桑餂而以是條嵌入，其嵌入也，須以刀削一寸，向外乃活。蓋桑之膏液皆從皮上流通，故必以接條之皮與本樹之皮彼此相向，乃得浹洽。若以皮貼皮，以骨貼骨，則必不活矣。用桑皮繞緊以土擁之，但露芽嘴二於土上，慎勿動摇。清明後即漸漸發芽，八九月間其高大已與未接時之本樹等矣。俟至冬月，移至他處，照第二條栽法栽之。 野桑雖亦可以飼蠶，然葉薄而小，且易癟，音鱉。故必接成家桑。 按：樹身齊土面翦斷，嵌入接條，俗名「平頭接」。若土面有物經行，最易碰動，碰動則壞，且接之不活，則桑本之生機亦絶，來春不能再接矣。補種又覺費事，不如離地數寸，樹身大者離地較遠，勿斷樹身，但照法接入，用稻草緊縛之，再用潮潤細土封之，上露接條芽嘴，如木條所説。俟來年，接條滋長，然後用刀從本樹接處之背，將上段截去，勿傷接條。截處帶斜平勢，不令聳突。如恐風折，則第十九條保護之法，仍用一次。數年後接條盛大，刀疤填滿，不見接痕矣。倘接時不活，則本樹之根幹俱在，生氣無虧，來年再接可也。 又按：接條既活，蠶事已畢，可將接條以上本樹用刀横劃之，衹劃斷樹皮，而本樹之上段自枯，其生發之氣盡萃於接條矣，至來年正月將上段照法截去。 一接桑所發之條高至尺許，即須用立夏後所翦之粗桑條他條之堅實者亦可牢植其旁，用桑皮鬆鬆縛住，以防風折，且可使挺然直上，無横斜拳曲之枝。接而不活者，其木身必更發新條，可候明春再接。 解此二條，則桑秧可於本處取辦，然必先栽有家桑乃可，否則無處取接條。 按：本條接法得活固佳，然接而不活，本身未必更發新條，或者雖齊土面翦斷，近根處尚有芽口，得以透達生機，不至悶絶也。 以上十九條内都説桑樹，其培養之法已畧備矣。植桑者依次行之，初無難事，然有恒産，貴有恒心，亦有恒心，斯有恒産，無窮之利益非由無倦之精神得來耶。

清 高銓《吴興蠶書·樹桑》 治地以冬至前墾爲佳，取其時居嚴寒，風日凍曬，土壤鬆碎，蟲蟻盡除。古稱深耕易耨，須照墾田法，二三層起深。桑之細根斷亦無害。近桑本處尤宜徹底翻身。老農有言：「與其留塊泥，不如擦破皮」，良以留泥不動則積久堅實，必不能受肥滋長也。春天倒地，雨水正多，地面要犂平，使不滯水，背後腳跡亦必盡數平之。蠶月採桑，地埨未免踐實。蠶畢即宜趁晴倒曬。若黄梅久雨，不能刟掘，草盛宜拔去之或鍬去之。夏月内俗皆刟而不倒，地面上浮下實，一逢大雨，盡將面泥淋剥，一年增泥幾何，何堪朘削！自當以倒轉爲是。若欲刟草，亦須刟深二三寸，不得湊地刮草。凡墾與倒，非天色老晴不可，若掘畢即逢雨，則濘泥堅併之患生，不如不掘。至刟草尤要極晴，草刟下即曬死。尤要草未生而先刟。夏天約二十日一刟。未草先刟，二十日尚未起草。草多而刟，不十日草已滋蔓。一年許（計）在春，正謂此也。寒若攙先做上，頭番做得乾净，永不易起草。一樣用此工夫，孰天掘地，草根翻在上，凍之使枯；熱天掘地，草根翻在下，悶之使殊。諺云：「寒則眼，熱則藏」，除草之法盡此二語。地溝必開濬卸水，刟倒一番，總有泥塊落溝壅滯，遇大雨後，須逐處踏看。有水即疏通之。舊規一歲墾倒六番，隨時到削，地可不荒。其最要者，冬墾一次，正月、蠶畢、八月各倒一次，工夫尤不可缺。　樹藝：桑種甚繁，以荷葉桑、黄頭桑、木竹青爲上，取其枝幹堅實，眼眼發頭。其次則五頭桑、大葉密眼，若細葉密眼爲最下。有一種火桑，較別種早五六日，可養早蠶。凡遇二月清明，其年葉發必遲，候桑下蠶；蠶恐後期，須多種百餘株備用。若住基寬曠，牆下可以樹桑，宜種富陽、望海等種，每株大者可養蠶一筐，愈老愈茂，但不令蟲蛀及水灌其根，動以世計。桑秧出武康。五月内收桑葚，用水淘取其子，曬乾，撒於肥地。俟芽出，灌以糞水。至明年春，其長約三四寸，曰桑烏，復起而寬栽之。其萌蘖之旁生者，摘去務盡。一歲長可丈許。冬杪春初，遠近負販，大者株值三四釐，小者以次遞降。凡内地，年前春初皆可種；外地患盜者，清明邊種。年前種桑秧以大爲貴，清明邊種桑秧，以細爲貴。以大桑到清明頭眼已發，根眼已盲，細桑則根眼尚綻故也。種法尚稀，縱横間七尺，每畝約二百株。根不必多，刷盡毛根，止留線根數條，四方排穩，漸漸下泥築實，截去其梢，留身尺許，時時用清水糞澆，引出新根。澆法不宜著幹，當離尺許，圍繞周匝，使新根向肥遠去，若直灌其根則癃而死。葉發之後，不時要看，若有損葉，必有地蟲，亟搜殺之。如遇大雨，一止必逐株踏看，或被泥水揜眼，速速挑開，否即死矣。　壓條：小桑種秧不如壓條之速。其法宜新填地或近水地埂，冬天挑泥一次。採葉之時，即留所欲壓之條，使之着地，用竹木鉤子攀住，俟葉頭向上而條長，即埋入土中。黄梅時澆糞一次。若以羊垃颯鋪上更妙。六月澆一次，八月澆一次。可以斷其母而新根自長。每地一分可得小桑數百株，葉復不少。歲壓數分，以供家用，實省買秧一項急錢。且秧出自己有則易選擇，隨起隨種，無不活者。買來種未必株株活，一株不活不足惜，所惜者又遲一年之葉耳，故此項必不可缺。　接換：果木必取種之佳者接換，維桑亦然。已接者爲家桑，不接爲野桑。野桑之葉薄而易癟，不如家桑之肥大而多液。凡桑秧種至三年，秧身粗壯，即可接換。其法以春分前後五日爲上時，揀天色晴明，接時逢雨決無活者。剪取家桑肥旺枝條如指大者，截去其梢，約留五寸長，謂之接扦頭。將桑秧向北一面，離根一尺或半尺，看光潤無傀儡處，用快刀向上左右斜批兩刀如鵶嘴樣，切平其尖，環屈秧身刀批處，其皮自然豁開。取接頭量留兩綻眼，將下一半用刀斜批至末，削去三之二。要刀法平準，不可有凹凸痕。再略刮去外面粗浮青皮，插入秧身。皮内不可以木貼木，須使接頭所削一面之木緊貼桑秧之皮，無少罅隙。然後以稻草緊縛。俟芽發長一二尺，即將秧身未着刀一面之皮割斷，使精液盡歸接頭上。用細繩將新條連秧身縛定，不致風動損傷。次年春，鋸去秧身，削平鋸口，使皮周圍包裹，可無傾折之患矣。若秧身大，不能環屈，則用劈接法。離地一尺，平鋸去秧身，用刀從中直劈開二寸，取接頭刊削如鑿，倚着一邊嵌入，須使接頭之皮緊接秧身之皮方活。蓋桑與他木異，其脂盡從皮上行也。外用草縛，取泥裹之，以避雨水古稱構樹接桑，其葉肥大。余屢試之，俱不能活。　修剪：諺云：「孝順種竹，忤逆剪桑。」言剪桑不可少存愛惜之心也。《農桑輯要》中科條法凡四等：一瀝水條，向下垂者；一刺身條，向裏生者；一駢指條，相併生者，選去其一；一冗脞條，雖順生卻稠冗者。一年約修四番。二葉初採時不可多打葉片，致嫩條軟折，此時預防損抑，不免多留枝條。六月中須細看，凡多留之嫩條及新發叢葉，盡情裁去。到七月縛桑之際，凡根下細條及樹丫陰枝，又一切去之。至冬春修截之時，又看細小不堪及蔭下繁密者，一切去之。到剪桑畢又看，前此礙鋸未及截去之傀儡及老枝不成器者，一切去之。其剪法縱不能如樓子樣，斷不可如拳頭樣。拳頭桑桑釘眼多，身如枯柴，一年缺壅便不能發眼，即行悶死矣。密眼桑留半寸許，五頭、黄頭留二寸許，雖多油瓶嘴，另日修剪可也。剪剩之短枝俗稱桑釘，亦稱油瓶嘴，晴時堅硬難剪，須雨後乘濕剪之。若有癃桑，決宜翻去，不可愛惜，使其傳染。蓋桑之癃皆從剪上傳過，別無醫法，斷不可留。　去蠹：《農桑要旨》云：害桑蟲蠹不一，蠦蛛、步屈、麻蟲、桑狗。又有蜣蜋蟲，性如蠦蛛，晝潛於上，夜出食葉。又有蠹根食皮而飛者，名天水牛，於盛夏時生，皆沿樹身匝地生子。子形類蛆，吮樹膏脂，秋冬漸大如蠐螬，蠹食樹心。至三四月間，化成樹蛹，卻變天水牛。凡此皆桑之害也。而其蟲之最甚者莫如横與蛀。横從去聲。案蝗有横蟲之稱。《演春秋繁露》云：徽州稻苦蟲害，俗稱横蟲，蓋以其縱横擾害也。此蟲害桑亦如蝗之害稼，故有是名。横蟲似蠶而小，色黄白，有頭横、二横、三横之繁。頭横、二横之子皆綴葉上，三横子則綴枝幹上，百顆叢生，與桑一色。須杷（耙）刮淨盡。若遺剩一顆，亦遺害無窮。冬春看頭横，清明前看二横，剪桑畢看三横，如此三番四覆亦料不能盡，又要六月内搦頭横，七月内搦二横。頭横尤宜細看，留頭横一，二横便有百，不可忽略。桑經横蟲，縱有肥壅亦不復茂。其有搦不盡者，取百部草浸汁，用噴筒吸而噀之，此草寸切納甕中，用水浸辣封固甕口，不可出氣。此草性能殺蟲，不獨除橫，諸蟲觸之皆死。或用巴豆去殼，水浸搗細，漉取清汁噴潠，較百部草更烈。巴豆有毒，其氣觸人即頭面臃腫，用甘草湯洗即解。蛀蟲即天水牛子也。桑有蛀，其樹方秋先發黃葉，經冬及春，必漸枯死。除之必須三番，春分邊捉出屑蛀，秋分邊捉丫條蛀，剪桑畢或九月又細捉。若已在樹心，宜以鑿剔除之。或慮椎鑿損桑，則以曝竹蘖線入蛀穴，用火燒之，蟲聞即死，或用百部草塞亦可。此皆緣桑地荒蕪而生，若鋤治精熟，搜捉勤謹，自無此患。　罱泥：古人云：「家不興，少心齊；桑不興，少河泥。」罱泥爲桑地第一要事，不惟一歲雨淋土剥，藉此補益，正由罱泥之地土堅而又鬆，雨過便乾。桑性喜燥，易於茂旺，若不罱泥之地，經雨則土爛如腐，嫩根不行，老根必露，縱加意栽培，亦不全盛。每年冬春間罱一番，八九月罱一番。做溝之人亦須敏捷者爲之。若做溝拖泥不及，罱手即停候費時矣。泥乾趁晴刭倒刭，曬曝如菱殼，敲碎如粉方肥。凡墾地倒地，必俟天晴。至於泥雖陰雨亦可罱，家具小船，正當藉此消磨雨工。　壅壯壅，《廣韻》於用切。加土壅田，湖人以肥爲壯，以糞穢壅田地爲壅壯。如用音無字。：治地以肥壅爲要。人糞力旺，畜糞力長，拉颯最鬆地，三者不可偏廢。須於立春左右，揀天色老晴，土色乾燥，方可壅培。人糞要和極清，畜糞要和極薄，斷不可貪嬾少和水。大約壅拉颯每畝須三四十擔，壅糞亦然。乘春前壅之，則肥氣浸灌土中，一行根便討力，桑眼飽綻，個個有頭，葉必倍多。清明邊再澆，謂之撮桑，澆一錢多二錢之葉。剪桑畢再澆，謂之謝桑，澆一錢多一錢之葉，毫不折本。謝桑尤要緊，八月中再壅一遍，一年四壅，罱泥兩番，深墾浄□，不荒不橫，每畝必採葉八九十個。葉二十斤爲一個。比中地一畝採四五十者，豈非一畝兼二畝之息，而功力、錢糧、地本仍只一畝，所謂事半而功倍者，此也。要覓壅，南潯、菱湖諸處皆有糞行可買，城鎮中有窖可租。但近來糞價貴，人工貴，載運費力，偷竊弊多，不如牧養猪羊爲取肥簡便之法。古人云：「租田不養猪，秀才不讀書」，甚言其無成功也。舊規養豬虧折身本，然遇餅賤肉貴，亦有盈餘。每窩養六口，養至六個月，每口約吃豆餅三百斤，可得壅九十擔。一年四窩，共得壅三百六十擔。養胡羊十一隻，十雌一雄，孕育以時，每口一日約吃草葉四十斤，每年可得壅三百擔。若所墊草多，更不止此數。畜牧盛則桑地肥，此興利之至計也。　捎葉：湖地採桑不以斧戕而以剪，不曰採而曰紥。買與賣通謂之捎。先輸值而後紥葉曰現捎，先紥葉俟蠶畢償價曰賒捎。各處皆有牙行。葉稱（秤）每斤只十五兩，是爲發葉稱（秤）。每二十斤爲一個。有帶梗賣者，每百斤除梗二十斤。其價倏貴倏賤，朝更暮改，俗以爲仙人難斷。凡桑宜隨時價採賣，不可嫌賤貪貴，留養在樹。嫩桑猶可，老桑留一年頭葉，根本衰壞，後雖培壅，總歸朽敗。如或終無人買，不得已而留，蠶畢仍舊剪光，清糞連澆兩次，自然嫩枝長茂。明春加厚壅之，葉仍不少。萬不可留養老條，致桑朽壞。此屢試明驗，斷在勿疑。二葉不可多採，多採則新條軟折。如遇葉貴之年，防人偷竊攀損，不得已而勻至頂，亦必用剪修取，留帶在條，方無損害。霜降後勒取老葉，曬燥用稱（稻）草包裹，以備羊食。

清　道場山人星甫《西吳蠶略》　治桑地：養蠶必先藝桑，藝桑必先治地。蠶桑隨地可興，而吾湖擅其利獨甲天下。不獨藝養之宜，蓋亦治地得其道焉。吾鄉厥土塗泥，陂塘四達，水潦易消，《周禮》謂「川澤之土植物宜膏，原隰之土植物宜叢」，湖實兼之，乃淮南所謂息土也。地利既擅，人功尤備。以桑之喜疏也，墾必數四，深必尺餘。以桑之喜肥也，壅以蠶沙暨豆屑、糞草。以桑之惡沙礫、草菜（萊）也，植必平原，芟必浄盡。治地之道能順桑性，故生葉蕃大而厚。　種接桑樹：桑之種類極多，大抵就地而名之，不可枚舉。湖之所名惟家桑、野桑二種。野桑多椹，葉薄而尖，古所謂荆桑也。家桑少椹，葉圓厚而多津，古所謂魯桑也。凡桑秧産於南路德清、杭郡諸處，聞其法以草索浸圊溷間，月餘取出曬乾。擇桑椹之極紫者捋諸索，横埋淺土中，時澆灌之。經時雨則桑芽怒生，培護經年，幹粗如指，長五六尺，即可出售。鄉人購而種之，是爲野桑。若任其長，肥者成望海桑，瘠者成雞腳桑，蠶家賤之，故莫不用接，接法於清明前，天陰不雨時，剪取家桑壯條，斜削剪處如馬耳形，於所種桑秧離地七八寸，用刀劃破其皮，作月牙形，微屈折之，使皮離幹，乃以所削壯條插皮内，外縛以草，汙泥護之，月餘即活。俟新條發芽，將故條剪去，便成家桑。經數年高與簷齊，粗如杯如盌，是名嫩壯桑。過十餘年則老，漸稀漸薄，以次添種而删易之，各鄉小有不同，而大較不外乎此。農桑諸書有移栽、壓條、栽條、栽梢諸法，皆非吾鄉所習用也。

清　沈秉成《蠶桑輯要·告示規條》　所有種桑事宜，謹就前賢成法，摘録要言，開列於後。計開：　一、辨桑種。桑本箕星之精，種類不一。椹少葉圓，大而豐厚者皆魯桑之類，宜飼初生之蠶。椹多葉小，邊有鋸齒者，皆荆桑之類，宜飼三眠以後之蠶。以魯桑條接荆桑身，盛茂亦久遠。　一、種桑子。

夏初椹熟，揀肥大者，淘淨陰乾。臨種時，用柴灰拌勻，放一宿，然後種之。芒種前後爲上時，夏至後爲下時，二三月亦可種。掘地一段，打土極細，澆以糞水，摟起寸許，切不可深，深則不出。將種子布上，澆以清水。長四五尺，即可移栽。又冬月苗長尺許，再上熟糞，加草於上，縱火燒去其梢。次日以水沃之，仍蓋以草，至春發出，只留旺者一枝，來年移栽。又鬆鬆打一稻草繩，以熟椹横抹一過，令椹在繩縫中。掘熟地以埋之，深不過寸許。苗長移栽，此法較爲省便。　一、種桑樹。掘坑尺許，用糞和泥栽下，填土緊築。移樹勿傷小根。栽時須記原向，分行要寬，不可正對。春分前後栽之易活。九月至二月半亦可栽。空處宜種綠豆、黑豆等物，不宜種麥穀。　一、盤桑條。九十月揀連枝好柔條，盤作圓圈，掘坑一二尺，和以糞土，緊緊埋築，少露梢尖。冬蓋腐草，春月摟去，正二月亦可盤。　一、壓桑條。近土柔條，掘坑攀倒，泥土築實，條上枝梢扶出土面。次年梢長二三尺，春分時將老條逐節剪斷，將發出新條剪去上梢，連根留二尺栽之。　一、接桑樹。種過三年，必須接換，葉乃厚大。春分前後，擇向陽好條大如箸、長一尺者，削如馬耳，於本樹離地二三尺處，將桑皮帶斜割開如人字樣，刀口約寸半長。將馬耳朝外插入，以桑皮纏穴，糞土包縛，令勿泄氣，清明後即活。次年將本樹上截鋸去，便成大樹。又不拘樹身大小，將頂上鋸截成盤，用刀削平，劈爲兩半。將接頭削如鴉嘴長短，須量劈縫插入，務要兩皮相著，包如前法。　一、修桑樹。長至六七尺，臘正月間，砍去中心之枝，餘幹便向外長，如大傘之狀，枝不繁而葉自大。飼蠶時枝葉全剪下，須留一二尺不剪。　一、培桑土。草長即鋤，土乾便灌。二八月及冬月要上肥，壅豬、羊、牛、馬之糞皆可，人糞尤宜。棉子、油渣、豆餅之類性暖更肥，須窖熟用。　一、治桑蟲。見有蛀穴，桐油抹之即死，深入者用鐵絲插入殺之。

清　沈秉成《蠶桑輯要・蠶桑雜記》　一、植桑救窮亦要三年方有微利，所謂有恒心而有恒産。小民無恒心者多，每育蠶之後不理桑植，不盡心培養，次年葉稀，遂謂桑無多利。剪後務必抹去附枝數次，毋使分力。極宜灌肥，初植近根，樹大遠根。要根鬚拔肥，今年有條，來年葉倍。　一、春剪發枝爲春條，切不可折此爲養樹條。最惡者偷竊亂扯，連葉根之眼拔去，樹必損壞。要保護枝條，葉茂之時，速用石灰桐油與巴豆研碎，和水撒於葉上，飼蠶必損，人多不取。

又《護桑要法》　一、桑之大利總以十年爲期。五年後漸次剪成拳式，每到正月，拳上剪枝不可留長，只留分許，只要有葉眼爲是。枝大疤包，來年更茂。小民不知其法，將枝本留長，其樹必壞。如剪手得法，養桑十年，留枝剪條，一株可得葉數十斤，育蠶利倍。諺有曰：「十歲之兒不能養老。」有十數畝之桑，十年後可以養老，誠非虛語。　一、拳桑葉茂，難免偷扯，亦可剪下飼蠶。樹小切忌剪剥嫩枝。樹大本足，且在拳上，剪之無妨。葉眼再長，謂之黴條，來年之葉仍茂，所謂斧頭自有一倍桑是也。　一、交冬後，霜桑葉多收潔淨者，曬乾入臼杵末，收入罎內。來年育蠶，蠶大眠時，遇雨葉潮，風吹未乾者，用乾桑葉末摻在葉上拌之，其葉即乾，飽蠶無患。　一、栽桑將根理直，覆土築實，剪去上條，只留二寸，栽在春冬萌芽時，只留一芽。深秋，肥者長成五六尺高。冬令又剪去上條，離地一尺五寸如此樣。來春頂上又留兩芽，長成雙條。冬令又剪去如此樣。清明出芽，頂上又各留兩芽，冬又剪如此樣。春芽又如前法留之，冬令又剪成八頭如此樣，自此以後，年年在此剪之，即成拳樣。又如前留芽十六條，自此冬令不剪，在立夏後連枝葉剪下，抹葉飼蠶，全在樹本之下出芽，年年抹盡，只留頂上者要緊。不時捉蟲，毋使蟲食頂葉。長成如此樣。頭一段一尺五六寸高，二三四段約留一尺三四寸高，共成樹本五六尺爲定。立夏後在此頂上平剪，再發芽爲黴條。次年仍在此處剪之。　一、桑味甘，易於生蟲。葉上毛蟲與步屈用噴筒巴豆水噴之即除。最惡者新條方長二尺，有水牛蟲口夾嫩條，遇風枝折。老皮處夾之沿水不已。到深秋水止疤乾，内有蟲如蛆，速宜剥去。否則冬令入木内蛀，夏令成蛹飛出，又爲水牛矣。　一、桑蝨初生如白屑，漸成細粒，如半蘿蔔子狀，吸引皮漿，皮漸枯槀生苔，自此葉少而枯。所以，用刮桑鈀刮之不若有白點時用巴豆研細和豆油，用棕帚蘸油掃之，白蝨自盡。又有一種時蟲，立夏時遇西南風，戌酉時從土中飛出食葉，至卯時復又入土，捉之不能盡。黄昏時灼以亮火，蟲盡投火而燒除之宜遠。燒於下風，葉忌煙熏。

桑樹有三種：　一名壓桑。春初取桑枝大者，長二三尺許，横壓土中，上掩肥土約二寸。萌芽漸長，三四月後可四五尺。七月間連根枝先削去一半，九月盡行剪斷。次年春月移栽，較接本之桑更好。　一名子桑。乃桑葚所種。四月取黑桑葚揉碎，用糞灰和土，種入地寸許。一月可發芽，三四月可長二尺許。再逾年移栽，四五年始成樹。仍結子，惟葉稍薄，亦可養蠶，不過難取。一名花桑。亦由種子而成，其葉與壓桑相似，但有花無實，與子桑異。湖州種小桑接之。

培桑有十法：一、辨桑種。桑本箕星之精，種類不一。葚少葉圓、大而豐厚者皆魯桑之類。葚多葉小、邊有鋸齒者皆荆桑之類。荆桑宜飼初生之蠶，魯桑宜飼三四眠以後之蠶。魯桑枝大葉厚，最宜老蠶。一、種桑子。夏初葚熟，揀肥大者拌食餵猪，取糞和勻種之，名曰豚桑，其葉厚大。芒種前後種。掘地一段，打土極細，澆以糞水，揉起寸許，切不可深，深則不出。將種布上，澆以清水，長成即可移栽。又冬月砍去上梢，灌以厚糞，或加草於上，縱火燒之，明日灌澆清水。至春只留旺者一枝，來年移栽。又鬆鬆打一草繩，以熟葚横抹一過，令葚在繩縫中，掘熟地以埋之，深不過寸。苗長，間棵六七寸開，或接或移栽。一、栽桑樹。諒根掘坑，將根理直，灌糞栽之，填土緊築。移樹勿傷小根，栽時須宜原向。分行五尺，不可正對。春冬栽之易活，二九月栽次之。宜種蠶豆、黑豆，不宜種麥穀。一、盤壓。冬月，近土柔條，掘坑尺許，將條攀倒，曲入泥土，築實。枝梢扶出土面，只留一頭。五月，近根條處，削去一半，長成二三尺高。八月間，連根之條剪斷以後，根鬚長成，冬令移栽。一、接大荆桑。在春分前後天氣晴和之日。西風之日不可接，接之不活。桑本有三寸圍圓，接之最妙。臨接之時，取向陽好魯桑條如箸大，將荆桑鋸截成盤，以魯桑條三寸，削如馬耳式。先用竹箸削扁，刺入荆桑皮内，速將馬耳反插荆桑皮内，用麻紮之，再用稻草做窩籠之，用潮潤細土封之，清明後即活。過五日遇雨無妨；未過五日，遇雨覆蓋要緊。三年即剪成大樹，葉多而茂。一、桑本樹大，皮生黑苔成塊，務用刮桑鐵鈀鈀去，若不鈀去，其樹葉少而枯。一、修桑樹。臘正月間，砍去中心之枝，餘幹便向外長如大傘之狀，枝不繁而葉自大。春冬剪之最好。一、培桑土。草長即鋤，土乾便灌。二、五、八與冬月要上肥壅，猪羊牛馬之糞皆可，人糞尤宜，棉子、油渣、豆餅之類，性暖更肥。一、治桑蟲。見有蛀穴，用江子仁一兩，研和桐油二兩塗蛀孔上，蟲著即死，深入者用鐵絲蘸油插入殺之。

清　陳開沚《裨農最要》卷二《栽桑·種葚》　先治地極熟，次以熟糞和土，擇葉厚大之魯桑葚，取其老而黑者，剪去兩頭，只取中間，置水内搓洗，浮水面者去之，沉水底者漉出陰乾，置芒種前後，雨後布種或以蠶沙和種更好，上以灰糞薄蓋，當用穀草覆之，遮蔽烈日大雨，俟苗生則去覆草，值烈日晝覆夜敞，秧密則芟之，草生則去之，淺則用水澆，深則兼用糞澆。至明年二月，用水澆透，連根帶土鋤起，輕輕提桑苗，勿傷根鬚，有獨根定底，及有蟲傷者擇去不用，其餘好者，剪去桑梢，用火烙過，下剪定底直根，在土中開溝，或栽一邊或栽兩邊，一尺一株用水灌溉，後兼糞澆，又無牛羊踐踏，且土脈虚鬆易於長成。俟苗長尺除去其旁芽，旋長旋去，一年即長數尺。

清　陳開沚《裨農最要》卷二《栽桑·乘時》　栽桑以春分前十日爲止，立冬立春次之，芒種寒露又次之。餘月雖可栽活，要不如待時之爲美。又栽桑必待天氣晴和，若暑月宜晚涼。

清　陳開沚《裨農最要》卷二《栽桑·治地》　故植桑以治地爲要，宜於山坡水際勢斜處。農隙開墾深厚，作小長平地，耕犁種植，立埂栽桑，乃無牛羊踐踏，較熟地植桑更易長成。蓋桑根細，新墾之地，土脈虚鬆，根易行走故也。家園牆頭屋角徑側，農隙掘坑，每坑寬深各二三尺，鋤草渣穢泥填滿，以便栽桑。

清　陳開沚《裨農最要》卷二《栽桑·栽桑》　將所掘之坑撥開，下河泥、糞泥拌勻，鋤起少半方栽。以鋤起之泥環蓋，灌水令透，提三四次，使根鬚皆順，俟半月水性定，然後下土填實。附身土須築緊，否則風易摇動。地埂栽桑宜五步一株，坑掘地内。地中栽桑須丈四五尺一株，不得對植，宜用品字形式。如秧不直美，剪去上梢，只留四寸，倒按燒紅鍋内，用火微微烙過，栽下務令頂與地平，四圍填實輕築，附身土勿築，以細土鬆蓋其頂，後發條葉更茂，栽地桑亦如是，但每坑相距五尺，一坑必栽二三株。

清　陳開沚《裨農最要》卷二《栽桑·移秧》　移桑秧，宜用快鋤四圍鋤之，後鋤定底直根，輕輕帶護根土提起，如提不起是有根未鋤斷者，宜再鋤。既已提起便要移栽，勿久停延，致使細根焦枯。若遠移，用濕草包根，外用席裹，運到即栽。壓桑條更宜帶護根土速栽。蓋桑活全賴有細根，倘細根焦枯，必另生細根，方長條葉。諺云：栽樹無巧，勿令樹曉。如已乾涸，亦須如法速栽，仍還滋潤，若用水浸濕，反不能活。凡栽桑秧，宜於尺長割去其梢，當牛羊處則不宜割，恐割而發芽，被牛羊傷難成故也。又移大桑須記認南枝，勿錯原向。

清　衛杰《蠶桑萃編》卷二　［移本桑］已經接過之桑，謂之接本桑。如移栽他處，須翦直根，照坐漿法栽之，每株相距六尺，栽罷再翦去枝梢，離地留尺餘，或先翦後栽亦可，如法澆灌一月，即抽條長葉，只留好枝二條。［移大桑］翦根坐漿，去梢澆水，皆照移栽接本法，惟澆灌水糞，較接本稍薄耳。栽後抽條長葉，只留粗者一條，今年移栽，次年接換。［移小桑］先將地墾鬆，培土作埂，闊二尺五寸，翦去直根，留四寸，用指大竹管扦土作小孔，以桑秧插入，孔大則用土填滿，根與土務令相著，上面枝梢亦翦去，留四寸。一尺栽一株，埂上兩邊可種兩行，俟抽條長葉，留粗者一條，澆水澆糞與大桑同。今年移栽，次年換接，但接後，又要移栽耳。［移地桑］先將畦内魯桑連根掘出，樹身留六七寸，餘皆截去。次將鍋燒紅，以截處倒按鍋内烙過。每坑栽一株或兩株。桑身之頭，以平地爲度，不可露出。因地桑枝條從土内長出，桑身出土則枝條不旺，被風擺折，桑身周圍須壅以熟土，下半坑須實築，恐根與土不相著；上半坑土須輕築，恐土太緊，不宜生。再於坑面堆積浮土，厚五六寸至芽條出土，只刪繁枝，不翦梢子，本年可長五尺餘，次年割條葉飼蠶。［地桑樹桑同異］移地桑，耕地掘坑和糞下水，坐漿澆灌諸法與樹桑同，所不同者，樹桑根埋土内，身出土外，地桑則根與身均埋土内。樹桑坑内之土，上下均宜築實。地桑坑内之土，下半實築，上半輕築，樹桑坑土填平之後，於樹旁加浮土。地桑坑土填平之後，於樹頂加浮土，樹桑應刪繁枝去梢子，地桑只刪繁而不去梢。［移遠桑］由遠處購來小桑，用蒲席包裹，不透風日，道上不可澆水。運到之時，雖已乾涸，宜種後如法澆灌，自然滋潤，若先用水浸濕，反不能活。［移補老桑］桑老而枯或中空，須於前後左右補種一株，兩三年後，將老與枯伐去，培養新桑，則土不曠矣，如不補種，將枝條全砍，樹身留五六寸，俟月發嫩條。

清　陳開沚《裨農最要》卷二《栽桑・插壓傳》　雨水前後，選已經接過厚大魯桑條砍下，截尺餘長，兩頭用火微微烙過。於肥土中掘坑，每坑相去一丈，方深二尺，用熟糞和土拌勻，斜插四五枝，生芽向上，下半節覆土三四指厚，用腳踏實，上半節用土鬆覆，勿使節現於外則芽生壯大。上面厚蓋絲草，長保潤氣，燥則淋水，以水氣透爲止。俟芽長數寸，澆以水糞，蓋糞土一遍，待高尺餘，又澆水糞，蓋糞土一遍。只要三伏日澆蔭得法，無不活者。俟其既活，須剪除旁芽，只留正枝，正枝又須掐去旁芽，只留正尖，至秋可淋盡糞，本年即長數尺。至明年春視各條所向，攀至地，依條所向開溝，寬深各四五寸，剪去梢頭三四寸，倒卧溝内，用鈎橛釘住，卧條須懸空，不令著土，俟卧條生芽向上，如細耙齒狀，離四五寸留一芽，其餘剥去飼蠶，四五月天晴，已午時取泥和水攪勻晒熱，壅卧條成壟。以後視土燥濕酌澆，則卧條自生根鬚，澆以糞至秋芽皆成條。近本處發條，仍令滋長，來春輕輕鋤起卧條，節節截斷，移栽他處。

清　陳開沚《裨農最要》卷二《栽桑・接桑》　桑以接換爲妙。無論美惡，一經接換，二氣交通，美者愈美，惡者亦變而爲美，其利有不可勝言者矣。其時以驚蟄後，見桑眼四青即可接，然必須天氣老晴，長得陽和之氣，肌膚交融，津液流通，乃易生活，若甫接而遇驟寒驟雨，則活者寡矣。又接時必待月暗，自下弦至上弦皆宜，晦日又妙，自上弦至下弦皆忌，望月尤險。蓋地氣隨月而盛，當地氣盛時，生機全在枝葉，移則傷其性，接則傷其氣也。

清　陳開沚《裨農最要》卷二《栽桑・劈接》　樹木用細齒鋸截作砧盤，以利刀削平砧盤之頂，再以刀口接定中心，用斧擊刀背一下劈爲兩半，拔去刀，以木釘從心中插入，其縫自開，將接頭下截用薄口鋒利刀兩面各削一下，形如烏鴉嘴，長短須與劈縫一樣，插入縫内，拔去木釘，細看接頭與劈縫是否緊密，如不緊密，拔出另削，總以緊密爲度，外包棉紙三四層，桑皮纏縛牢固，鬆則皮肉離脱，津液不凝不能活矣，然亦不可太緊，緊則皮肉受傷，津液不通亦不能活。纏畢以牛糞和田泥搓融包固，再以潤土壅封四圍，略露梢頭二三眼，護以荆棘，免人畜觸動，如數日土乾，周圍灑水少許，勿使侵入接頭，見接頭發芽，必刪除砧盤之芽，使生氣盡歸接頭，及接頭抽條，又掐去接頭旁芽，使旺氣盡歸正尖。植竹枝桑條於旁以繩繫定，免風摇動。

清　陳開沚《裨農最要》卷二《栽桑・皮接》　先削竹籤一枝，一邊削平，一邊削圓，下截盡頭處，削成馬耳尖形，不必截樹身，只用刀將桑皮兩邊帶斜割開，如人字形，刀口長約一寸，以竹籤插入。取接頭四五寸，下截一寸，照竹籤樣，削平一面，其餘一面本是圓背，不必再削，盡頭處仍削馬耳形，拔出竹籤，以接頭削平之面，向外插入，使兩邊皮上滋水粘連，外貼以紙，用稻草一莖鬆鬆紮之，牛糞和泥合勻封之，外包竹箬，盛潤細土，露桑眼二三，慎勿摇動，清明即活。條長數寸，以繩繫於樹身，本樹當年仍可採葉。俟明年接條滋長，勿採其芽，只從本樹接口處上尺餘處，全砍其梢以取葉，則接條壯大，明年亦如是，則接條更壯大，又明年，然後用刀從本樹之背，將上段截去，勿傷接條，則明年發芽更勝於本樹。

清　陳開沚《裨農最要》卷二《栽桑・澆法》　糞宜陳不宜新，宜稀不宜稠。小桑秧及新栽者，宜二糞八水和澆。桑不厭肥，愈澆則葉愈厚大，每月俱可澆。春初未發葉先，首夏既采葉後，二次澆糞尤爲要緊。惟蠶食葉時忌澆糞，否則糞氣上行至葉，蠶食之即中糞毒便壞。今人忌糞池邊桑葉飼蠶，即此意也。

清 陳開沚《裨農最要》卷二《栽桑・治泥治糞》 諺云：家不興少心齊，桑不興少河泥。三伏日將河泥多擔薄鋪曬乾，雨後鋤極細，末細，下次雨過又鋤，收堆待用。如無河泥取田泥、溝泥及掃地所集之渣滓泥俱可。

桑喜牛糞，以牛糞體鬆面性熱也。凡除牛糞淤積之泥，另置一堆，農隙鋤細備用。

清 陳開沚《裨農最要》卷二《栽桑・培壅》 未立春之前，將樹腳土四圍掘開，見有絲根即止。先澆以糞，次壅以所治河泥、田泥、塘泥、牛糞泥，再用原土蓋好，四周做埂，以便遇旱澆灌。肥氣下降，桑根上行，本年發葉倍茂，又桑下有石則礙根，宜去之，桑下有草則分肥易生蟲，宜鋤之。

清 陳開沚《裨農最要》卷二《栽桑・修桑》 魯桑無子者，只宜修條，不宜砍枝。不待樹大宜修，即小者亦宜修。魯桑秧去地三尺，割去其尖，俟發芽只留三枝，餘皆揭去。俟三枝長尺餘，又割去其尖，每枝各留二芽共六枝，至來年各從尺餘處割去飼蠶，俟發嫩條，每枝各留二條共十二條，又來年各從尺餘處割去飼蠶，俟發嫩枝各留二條共二十四條，以後任其滋長，每年只採葉飼蠶，不必砍條。惟於臘月內，將枯枝、宂脞枝、瀝水枝、刺身枝、駢指枝一並砍去，皮上有桑耳桑苔用刀刮去，便成高大魯桑。荆桑有子者，去地六尺割斷，俟發嫩條，只留四枝，如前法每枝各留二條，次年該八枝，三年該十六枝。以後每年砍條，皆齊老瘢，則樹頭俱如拳形，有枝小者留全枝勿砍，次年便長一樣，有缺者旁留一二嫩枝以補之。

清 陳開沚《裨農最要》卷二《栽桑・全砍》 桑栽三年，有芽葉不旺者，或樹老而中空者，於穀雨時，以硬木貼樹身，離地留二三寸或四五寸，全砍其樹，以土封瘢，並以肥土壅其四圍，旱則澆之，自然復茂。又桑老而枯，砍之恐發不茂，則於其旁另栽一株以補之。兩三年後，將已敗者砍去而養其新者，則土不曠矣。

清 郝懿行《寶訓》卷三《蠶桑》 《困學紀聞》二〇卷云：「《館閣書目》：『《蠶書》一卷，南唐秦處度撰，以九州蠶事，獨兖州爲最。』按：《蠶書》見秦少游《淮海後集》，少游子湛，字處度，以爲南唐人，誤矣。」

里諺曰：「黄栗留，看我麥黄椹熟否。」陸璣《詩疏》：「黄鳥常於椹熟時在桑間鳴。黄鳥或謂之黄栗留。」案，《説文》：「離黄，倉庚也。鳴則蠶生。」農語曰：「三月昏，參星夕。杏花盛，桑葉白。」《四民月令》案《夏小正》：「三月參則伏。」故云夕。諺曰：「魯桑百，豐錦帛。」解見下，言其桑好，功省用多。《夏小正》：「三月攝桑，《註》：「桑攝而記之，急桑也。」妾子始蠶，《註》：「先妾而後子，言事自卑者始。」執養宮事。」《註》：「執，操也。養，長也。」《典術》：「桑，箕星之精。」《陰陽書》云：「三月三日，欲陰不雨則蠶善。」蜀中春月，村市聚爲歡樂，爲蠶市。《爾雅》：「桑辨有葚，梔。《註》：「辨，半也。《疏》云：「桑樹一半有葚、半無葚爲梔。」辨音片。女桑，桋桑。」《註》：「今俗呼桑樹小而條長者爲女桑樹。」《氾勝之書》：「種桑法，五月取椹著水中，即以手漬之，以水洗取子，陰乾。治肥田十畝，荒田久不耕者尤善，好耕治之。每畝以黍、椹子各三升合種之。黍、桑當俱生，鋤之，桑令稀疏調適。黍熟，穫之。桑生正與黍高平，因以利鐮摩地刈之，曝令燥。後有風，放火燒之。桑至春生，一畝食三箔蠶。」《齊民要術》：「桑椹熟時，收黑魯椹，黄魯桑不耐久。即日以水淘取，曬燥。仍畦種。治畦、下種，一如葵法。常薅令净。」《博聞録》：「白桑少子，壓枝種之。若有子，可便種，須用地陰處。其葉厚大，得繭重實，絲每倍常。」桑種甚多，不可遍舉，世所名者，荆與魯也。荆桑多椹，魯桑少椹。葉薄而尖、其邊有瓣者，荆桑也。凡枝幹條葉堅勁者，皆荆之類也。葉圓厚而多津者，魯桑也。凡枝幹條葉豐腴者，皆魯之類也。荆桑之條葉不如魯桑之盛茂，當以魯條接之，則能久遠而又盛茂也。荆桑之類宜飼大蠶，魯桑之類宜飼小蠶。《務本新書》：「四月種椹。」二月種舊椹。《士農必用》：「種子宜新不宜陳。」新椹種之爲上，隔年春種，多不生。蔭畦搭棚爲上，穄麻次之，黍苗又次之。《韓氏直説》：「地桑須於近井園内栽之，有草則鋤，無雨則澆，其葉自然早生。」案《務本新書》：「地桑本出魯桑，以魯桑萌條如法栽培，揀肥旺者約留四五條，鋤治添糞，其葉自大，即是地桑。」《齊民要術》：「桑椹畦種，明年正月，移而栽之，仲春、季春亦得。率五尺一根。大都種椹長遲，不如壓枝之速，無栽者乃種椹也。其下常斸掘，種菉豆、小豆。二豆良美，潤澤益桑。栽後二年，慎勿採沐。」小採者長倍遲。案：農家移栽爲轉盤桑，同果樹，一移一旺，舊根斫斷，新根即向下生，故長旺久遠。又桑聞鐵腥愈旺。又壓桑法：「須取栽者，正月二月中，以鈎杙壓下枝令著地，條葉生高數寸，仍以燥土壅之。土濕則爛。明年正月中，截取而用之。」住宅上及園畔者固宜即定，其田中種者，亦如種椹法，先概種二三年，然後更移。《士農必用》：「春氣初透時，將地桑邊傍一條梢頭截了三五寸，屈倒於地空處，地上先兜一渠可深五指餘，卧條於內，用鈎橛子攀釘住，條短則二箇，長則三箇。懸空不令著土。其後芽條向上，生如細杷齒狀，横條上約五寸留一芽，其餘剥去。可飼小蠶。至四五月內，晴天巳午時間，横條兩邊取熱溏土擁横條上成壟，横條即爲卧根，至晚澆其根科。當夜卧根生須。至秋，其芽條皆爲條身。至十月，或次年春分前後。際卧根根頭截斷，取出，隨間空處斫斷，一如拐子樣。每一根爲一栽。」此法萌芽栽子無窮。又插條法：「牆圍成園，掘阬如地桑法。大葉魯桑條上青眼動時，科條長一尺之上截斷，兩頭烙過。每一阬內，微斜插三二條。栽培如地桑法。待芽出，封堆，虛土三五寸，每一根科止留一條。至秋可長數尺，次年割條葉飼蠶。如當處無可採之條，預於他處擇下大葉魯桑，臘月割條藏於土穴。如藏花果。接頭透風則乾了。候至桑樹條上青眼微動時，開穴，所藏條上眼亦動，但黄色。截、烙、栽培，用度如前。」案，前論栽地桑法，掘阬方、深各二尺，阬內下熟糞三升，和土匀，下水一桶，調成稀泥。將魯桑連根掘出，自根上留身六七寸，其餘截去，截斷處火鐵上烙過。每一阬栽一根，將根坐於泥中，按至阬底，提三五次，按桑身頂與地平。擁周圍熟土令阬滿。次日築實。上半阬擁熟土，輕築令平滿，用虛土封堆，可厚五七寸，周圍自成環池。《齊民要術》：布行桑法：「桑栽大如臂許，正月中移之，亦不須髡。率十步一樹，陰相接，則妨禾豆。行欲小掎角，不用正相當。」相當則妨犂。案《士農必用》：「闊八步一行，行內相去四步一樹，相對栽之。」《註》云：「桑行內種田。闊八步，牛耕一繳地也。行內相去四步，一樹破地四步，已久可成大樹。相對，則可以横耕。故田不廢墾，桑不致荒。」又修蒔法：「凡耕桑田，不用近樹。傷桑、破犂，所謂兩失。其犁不著處，斸地令起，斫去浮根，以蠶矢糞之。去浮根不妨，耬犂令樹肥茂也。又法，歲常繞樹一步散蕪菁子，收穫之後，放豬啖之。其地柔輭，有勝耕者。種禾豆，欲得逼樹。」不失地利，田又調熟。繞樹散蕪菁者，不勞逼也。《務本新書》：「桑隔內修蒔宜净，使透風日，則桑决榮茂。萬一有步屈等蟲，又易捕打，冬春之際，免野火延燒。案《農桑要旨》云：害桑蟲蠹不一，蠦蛛步屈、麻蟲、桑狗爲害者，當生發時，必須於桑根周圍封土作堆，或用蘇子油於桑根周圍塗埽，振打既下，令不得復上，即蹉撲之。或張布幅、下承以篩之。又有蜣蜋蟲，用大棒振下，用布幅承聚，於上風燒之。桑間蟲聞其氣即自去。以上蟲蓋食葉者。又有蠹根食皮而飛者，名曰天水牛。除之之法，當盛夏食樹皮時，沿樹身必有流出脂液，濕處離地都無三五寸，即以斧削去，打死其子，其害自絶。若已在樹心者，宜以鑿剔除之。凡諸害桑蟲蠹，皆因桑隔荒蕪而生。備春旱者，秋深，預於桑下約量擁糞，經冬，地氣藏濕，桑亦榮旺。春月，墢作土盆。雨則可聚，旱則可鋤。鋤治桑隔，自然耐旱，又避蟲傷。備霜災者，三月間儻值天氣陡寒、北風大作，先於園北覰當日風勢，多積糞草，待夜深，發火熜熅，假借煙氣，順風以解霜凍。」花果倣此。　農家云：「桑發黍，黍發桑。」《農桑要旨》：「桑間可種田禾，與桑有宜與不宜。如種穀，必揭得地脈亢乾，至秋，桑葉先黄，到明年，桑葉澀薄，十減二三；又致天水牛，生蠹根吮皮等蟲。若種薥黍，其梢葉與桑等，如此叢雜，桑亦不茂。如種菉豆、黑豆、芝麻、瓜、芋，其桑鬱茂，明年葉增二三分。種黍亦可。農家有云：『桑發黍，黍發桑。』此大槩也。」案《務本新書》：「一法，於區東南西種檾，匀稀成行，緣檾陰高密，又透風露。」或搭矮棚，亦可。

農語云：「鋤頭自有三寸澤，斧頭自有一倍桑。」柘附。

《齊民要術》：科斫法：「劚桑，十二月爲上時，正月次之，二月爲下。白汁出則損葉。大率桑多者宜苦斫，桑少者宜省劚，秋斫欲苦，而避日中，觸熱樹焦枯，苦斫春條茂。冬春省劚，竟日得作。」又採葉法：「春採者必須長梯、高杌，數人一樹。還條復枝，務令净盡，要欲旦暮而避熱時。梯不長，高枝折。人不多，上下勞。條不還，枝仍曲。採不净，鳩腳多。旦暮採，令潤澤。不避熱，條葉乾。秋採欲省，裁去妨者。」秋多採則損條。《農桑輯要》：接廢樹法：「廢樹，老樹也，謂枝幹豐大、條短葉薄、不能復滋長者。」接法可傳者有四：一插接，二劈接，三靨接，又名貼接，又名神仙接，四批接，又名搭接。廢樹可插接，又可劈接。又云大樹宜劈接、插接，小樹宜搭接、靨接。案，諸法世多知者，故未録。《齊民要術》：桑雜類：「椹熟時，多收曝乾之，凶年粟少，可以當食。」《魏略》曰：「楊沛爲新鄭長，興平末，人多飢窮，沛課民益畜乾椹，收䕸豆，積聚千餘斛。後太祖下其法於河北，數州之民仰以全活。」䕸音勞。《務本新書》：「桑椹，平時以棗，椹拌餡餺餅，食之甜而有益。椹子煎，採熟椹，盆內微研，以布紐汁，磁器盛頓，晝夜露地放之四十九日，以湯點服，明耳目，益水藏，和血氣。或加蜜少許，石器同煎，亦可。病諸瘡疾，作膏藥貼，神效。桑螵蛸、桑根白皮皆入藥用。桑皮抄紙，春初剸斫繁枝、剥芽皮爲上，餘月次之。桑木爲弓弩胎，則耐挽拽。桑莪，素食中妙物。又五木耳，桑、槐、榆、柳、楮是也。桑、槐者爲良，野田中者恐有毒，不可食。」《本草》：「桑根白皮出見地上，名馬額，勿取，毒殺人。桑根旁行出土上者，名伏蛇，治心痛。」《齊民要術》：「種柘法，耕地令熟，耬耩作壟。柘子熟時，多收，以水淘汰令浄，曝乾，散訖勞之，草生拔卻。勿令荒没。三年間斸去，堪爲渾心扶老杖。十年，中四破爲杖，任爲馬鞭、胡牀。十五年，任爲弓材。欲作鞍橋者，生枝長三尺許，以繩繫旁枝，木橛釘著地中，令曲如橋，十年之後，便是渾成柘橋。此樹條直，異於常材。十年之後，無所不任。柘葉飼蠶，絲好作琴瑟等絃，勝於凡絲。」《博聞録》：「柘葉多叢生，幹疎而直，葉豐而厚。春蠶食之，其絲以冷水繰之，謂之冷水絲。柘蠶先出先起而先繭。柘葉隔年不採者，春再生必毒蠶。如不採，夏月皆要打落，方無毒。」案崔豹《古今註》：「桑實曰葚，柘實曰佳。」《本草》：「其本染黄赤色，謂之柘黄，天子服。」

清　衛傑《蠶桑萃編》卷二《栽桑》　[春栽]　春分節前後也，春初宜天氣晴明，已午時氣煖，挖深坑調泥和糞，將桑身置坑底，提數次，則桑土相著，復用熟土厚封築實，勿澆水，早晚寒時不可栽。　[夏栽]　伏雨時也，宜待晚涼或雨後，用糞而不調泥，亦不澆水，俟土氣乾時再澆，澆後封熟土。　[秋栽]　霖雨爲上時，區深一尺，平地留樹身一二指，餘者砍去，栽罷堅築，以土封樹頭，不澆水，俟地凍添糞，春暖就糞作盆式，雨可聚，旱可澆。　[冬栽]　十月，小陽月也，爲木氣生長，根脈下行，北地内潤，栽好築實，不澆無損，用糞須和土，以土覆之，方不泄氣。　[生栽]　地之未耕種者，草根蒿蒂果粒，俱含土内，性生易結塊，透風必傷，宜曳打令柔細，擇黄白色帶沙之燥地，用灰糞和土，不乾勿澆，若青黑窪潤等地，不可生栽。　[熟栽]　地已耕種也，性熟而爽浄，無論土何色，但無鹼滷，均可栽。　[塌栽]　地初耕也，性未熟，設有草木敗葉漚漬其中，雖生氣尚足，而久雨久晴，易生鹼氣，用便溺羊糞和土栽之。土燥者佳，若窪潤地，則四周開溝，中擁土埂，以化鹼氣。　[轉栽]　年前冬臘，已耕䎱各一次，次年春暖，再耕䎱各一次，性極柔細。先糞後土，初則少澆，但取潤氣，俟發芽澆水一次，覆土一次。　[水栽]　春雨前後，伏雨秋雨之中，凡河邊池傍塘畔，近水濕之地，皆水栽也。南方氣暖風和，可用此法。北方寒甚，雨至即盈，雨過即涸，不可用。如於水中横作小埂，蓄水得泥，可以壅樹尤妙。　[火栽]　伏日薰蒸如火，或砍新條挖溝斜埋，或起小桑移栽，栽罷即澆水築覆，俟雨至即發。夏栽，則栽於雨後；火栽，則栽於雨前。又有用斧砍條，將砍處置火上微燒。冬窖春栽與埋栽法同，均藉熱氣以達生氣，惟南方用此法。　[燥栽]　地氣乾燥也，桑性喜燥不耐濕。北方土外燥内潤，但不當風之處，園傍牆下宅畔，無往不宜。不澆水，不上糞，掘而栽之，只須拔草覆土，則工省而成活必多。然則北方土地，種桑更宜也。　[泥栽]　諺云：坐漿法，掘地成坑，方與深各二尺，下熟糞三升，以土和勻，再下水一桶，攪成泥漿，始將桑根坐底提數次，用土培築，取其耐乾，以免常澆。惟黄沙土宜，若膠土青黑土調泥漿，則糊桑眼難生。土暖則可，土寒則結塊開坼，風入易傷。　[䎱栽]　殷實農家，以久耕熟地，反覆䎱磨，六尺遠栽一株，每地一畝，可栽一百五十餘株。成活後，鋤草令土氣上升，上糞即覆土。如種地用力不懈，桑成必獲利十倍，一畝之利可抵五十畝地。　[行栽]　栽宜分行布列，不宜對植，如品字形最好。第一行與三行對栽，第二行與四行對栽，餘皆倣此。又於熟地内尺遠一株，兩行距一二丈不等，内留餘地，可種豆黍，使兩不妨業。桑地宜耕，則土氣達而桑葉茂盛。　[荒栽]　未經墾闢之地，性不熟浄，内多雜質，設有地尚肥潤不便種而便桑者，先燒盡野草以絶根粒蟲類，將土打細，如法栽種。倘土氣未過乾，不澆水，恐草易生也。　[林栽]　桑性易陰潤，先有榆柳等樹，有隙地，尚可栽桑。暑則避烈日，晴則避風沙，易於生活。俟桑長如拳，斫去榆柳等樹，自然桑茂獲利也。

清　衛傑《蠶桑萃編》卷二《壓插》　[壓接本桑]　設椹苗小桑，無處可覓，則有壓條插枝諸法。八月間，擇接本桑之嫩長者，攀至地，壓以肥土，數月即生根。明春就生根處截斷，移栽他處，不必再接。　[壓地栽]　春氣初透，先將地桑之旁，直開小溝，深四寸許，次將地桑柔條折去梢頭三五寸，攀條至溝横卧，用鈎橛釘住，條短用二橛，條長用三橛。卧條須空懸，不令著土，離寸許，卧條生芽，分別去留。四五月晴天，已午時取泥和水，攪勻曬熱，擁卧條上成壟，晚則澆水，自生根鬚，秋間芽皆成條。十月及次年春分前後，砍斷本根，取出卧條，節節截斷，移栽他處。　[盤卧枝]　秋間地未凍時，先開畦掘坑，一以畦之方深各二尺餘，用熟糞一二升和土置畦内，以土覆之。一於向陽處掘深坑，至臘月揀肥長魯桑條，如接過之桑更好，快刀砍下，將砍處用火微燒，每四五十條與稈草爲一束，卧於向陽坑内，覆以厚土，春分後先爬畦，次取桑條，將條盤曲，以草索繫定，卧栽畦內，以薄土覆之，約三四指，將土築實，常澆水。如留作樹桑，俟芽條長高，砍去旁枝，三四年可成樹。如留作地桑，俟芽條微高，再添糞土，條長數尺，即成地桑，可飼蠶。［插斜枝］春分後，擇大葉魯桑條，視眼頭萌動砍下，約長一尺，將兩頭砍處，用火微燒，每坑內斜插二三枝，待芽茁出，再封虚土三五寸，如一伏日澆不斷潤，無有不活。每根留一條，秋後可長數尺，次年可飼蠶。

清　衛傑《蠶桑萃編》卷二《接博》　［接時］桑不接則葉不美，無論荆桑、魯桑、小葉、大葉、老桑均宜接。法以春分前後，桑葉回青時爲佳。必須天氣晴暖，得陽和之氣。接時必待月暗，自下弦至上弦時，每月二十三日後至初八月前也，晦日尤妙。如上弦至下弦時，並望月皆忌，因地氣隨月而盛，當月明時，生機全在枝葉，移則傷性，接則傷氣也。［精器具］鋸齒宜細，粗則傷皮肉，刀斧宜利，鈍則損津液。［截砧盤］接時，將本樹鋸爲兩截，上截爲枝梢，下截爲砧盤，如砧盤大，宜高截，低則地氣太壯，如砧盤小，宜低截，高則地氣難應。［選接頭］將魯桑枝條截下數寸，接於砧盤上爲接頭，以當年嫩條爲佳。又桑條上半空，下半實，擇實者用之，剪下接頭，即置筐內，覆以濕布，勿令見風月。［辨骨肉］砧盤及接頭，中心堅硬者爲骨，骨外皮肉，青軟者爲肌肉。［判上下］以接頭插入砧盤，上下須仍其舊，不可顛倒。［謹嵌貼］以接頭插入砧盤爲嵌，緊搭砧盤爲貼，嵌貼不謹難以生活。［慎包裹］接頭與砧盤連界處，包裹不固，則風寒易入受傷，接頭上須以泥丸封口。［通生氣］接頭包裹之外，仍以土壅四圍，惟接頭上須露出一二眼。［酌去留］接活之後，接頭與砧盤各發新芽，須將砧盤上之芽拔去，只留接頭上之芽。［戒摇動］接後須護以荆棘，方免人畜觸動，接頭生枝高尺餘，用堅實柱子植其旁，以繩繫枝於柱上，可免風雨摇動。［插接］本年所種大小桑秧，次年清明前將本枝剪去，大桑秧離地留二寸作砧盤，小桑離地留一寸作砧盤。用刀將砧盤之皮剖開少許，取魯桑向南之嫩條，粗如筷子，剪二三寸長，插入砧盤皮內，以稻草一莖鬆紥之，仍用泥壅四圍，再作小泥丸套蓋枝尖。惟所剪砧盤，及另取接頭嫩條，均要斜剪，其嵌入砧盤時，將接頭剪斜處向外乃活。因桑之膏液，皆從皮上流通，必令接頭與本桑之皮，彼此相向，乃得浹洽。［皮接］如接小桑樹，不必截斷樹身，清明前將本樹離地數寸，割開樹皮，斜如人字，刀口長一寸半，如樹大則割皮離地稍遠，擇向陽好條，斜剪二三寸爲接頭，以接頭下截剪斜向外插入本樹，皮內用桑皮緊纏，以潤土封之，勿令洩氣，清明後即活。次年接頭滋長，始用刀從本樹之背，將上段截去，勿傷接頭。或於次年立夏後，將接頭以上本樹，用刀横割，則上段自枯，令生發之氣歸於接頭。俟後年正月，再將上段截去，凡小桑粗如酒杯，接用此法。大桑粗壯者接亦同。倘接而不活，枝幹俱在，生氣無虧，次年仍可再接。［壓接］凡接小桑樹，俟接本桑枝上發出桑眼，擇本年新枝條，用快小刀將桑眼周圍割斷約半寸，連皮肉帶眼及小心子，即眼下骨上之芽心，一併揭下，以指甲尖劃起小心子，帶於皮肉之上，噙於口內，次將應接桑樹，截横枝爲砧盤，再取出口內桑眼，印濕痕於砧盤上，用快刀照濕痕四圍割斷皮肉，揭去不用，將接頭上眼皮貼於砧盤骨上，以眼向上，不可顛倒。上下兩頭以桑皮纏繞，須鬆緊合宜，太鬆則接頭本枝兩不相著，太緊則皮勒受傷，津液不通。用牛糞泥封固，將砧盤上桑眼一概掐去。如此則全樹津液盡歸接頭矣。［葉接］桑葉與枝分界處生小苞，自苞以上爲葉，苞以下爲枝，苞附於桑枝皮外，實生於桑枝皮內，生苞處有小心子，大如米粒，爲生苞根本，即生葉根本。小滿後桑葉肥厚，遇天氣清明，將從前接過桑樹剪下一條，以快利小刀，將條上有苞處，四面青皮一並劃開，長七八分，寬二分，連苞帶皮以手揭下，視皮內小心子無傷損，可作接頭，再於現在應接處，直劈一縫，即分開將苞下青皮插入縫內，苞留縫外，以桑皮纏繞，便可發生。每一樹可接五六枝，與壓接略同。但壓接用桑眼作接頭，此用桑葉作接頭也。［身接］凡桑不接不剪，任其生長者，毛桑也。擇桑之粗如蔗如盞者，横斜鋸斷，砧盤離地約高三尺，剖開砧盤之皮，取魯桑嫩枝三四段，如法插入，封以泥丸，俟接頭上抽條長葉，便成佳桑。［劈接］以小鋸截樹身作砧盤，用利刀削平砧盤之頂，再以刀口按定砧盤中心，執斧背擊一下，砧盤自劈兩半，拔出刀，以木釘插入，令縫分開，將接頭下截兩面，各削一刀，插入劈縫之內，須長短相合，拔去木釘，是否緊密，否則拔出再削，以緊密爲度。用桑皮或縈麻纏繞，露接頭上，稍以濕土封固即活。接小桑亦可用此法。如樹身稍大，用刀横直各劈一下。如十字，可接四枝。［根接］凡枝幹粗壯爲大桑，樹大條短葉薄，不能滋長爲廢桑，皆未曾接過。法先削竹籤一枝，粗細比接頭一半，一邊削平，一邊削圓，仍將竹籤下頭左右，各削一刀，尖如馬耳。次將桑樹靠地鋸斷爲砧盤，以竹籤插於盤上骨肉之間，或釘下亦可，約深一寸半。籤平面附骨插下，圓背附肉插下，接頭長五寸許，用簿刀於接頭下截一寸半，照竹籤樣削平一面，餘不必削。次於下頭削馬耳形，拔出竹籤，將接頭插入砧盤孔內。接頭與砧盤須以骨對骨，以肌肉對肌肉，務令緊密，連界處用新牛糞和土，四圍包裹，以濕土封堆，須露桑眼一二個以洩其氣，當年可長八九尺。　［根接二］先不用竹籤釘入砧盤，用快刀將砧盤旁邊開小孔，剔出孔内肌肉，深一寸半，下尖上闊，大一指，接頭下截，左右各削一刀，亦下尖上闊，以接頭嵌入孔内，務令緊密，砧盤兩旁，可開兩孔，嵌兩枝，此根接又一法也。　［身接二］鋸斷砧盤，不必靠地，將老樹身幹，截去一半爲砧盤亦可。但砧盤之頂離地太高，不能附地壅土，須將連界處用紙封固，紙外包以破蓆，形如仰盆，内盛潤土培養，乾則澆水。芽條雖出，勿去包土，俟秋天長定後再去，此身接又一法也。

清　衛傑《蠶桑萃編》卷一二　［桑政］：生意葱蘢次第栽，燕雲織錦五雲開。桑株八百成都市，移向黄金臺畔來。　［辨時］：春風紫陽日遲遲，節屆清明浴子宜。但看桑株芽漸吐，恰當紙上蟻生時。　［治地］：土有肥磽本不同，桑根宜實又宜鬆。調泥和水深餘尺，次第栽量隔一弓。　［選種］：小小條桑葉似錢，魯桑味厚大而圓。荆粗性苦宜初飼，分出頭眠與二眠。　［栽桑］：初栽桑條勿動摇，先將豆麥和泥澆。細根留得須深種，準擬新秋半及腰。　［移桑］：灌地何如沃地良，和泥帶土潤食漿。移來速種宜低濕，願借濃陰護小桑。　［盤桑］：淡雲微雨種桑天，只有盤枝不費錢。春日萌芽夏日長，須知條接最爲先。　［採桑］：初番採葉待商量，先剪旁枝後女桑。留得正芽添茂葉，摘來盈掬更盈筐。

清　錢爾復《沈氏農書》　桑樹的種植培育　一，墾地須在冬至前，取其天氣嚴寒，風日凍曝。炤田墾深二層，桑樹細根斷亦無害，只要稜層空起。若倒地則春天雨水多，又要犁平，又不要帶水，背後足跡俱揉之使平。冬天草根翻在上，春天草根翻在下。先農所謂寒則朗，熱則藏也。墾倒俱宜晴天，若倒下不曬一日即逢雨，不如不倒。至於刮地，尤要大晴，須草未生時。夏天約二十日一刮，未草而刮，二十日尚未起草，草多而刮，十日草已茂矣。一樣工夫，嘗在草頭上作。孰若攙先作上，頭番作得乾净，後次省力。一年之計在春，正謂此也。西鄉只倒不刮，本處只刮不倒也。須刮深二三寸，雖大陣雨不衝淋浮泥入水。若止於刮草掄面，上浮下實，一逢大雨，盡將面泥淋剥。計一年撚泥幾何，堪此剥削。論來只宜抹倒，不必徇俗也。況發葉時，未必日日晴，未免踐實，此時決宜趁晴倒曬，則黄霉不大起草。萬一黄霉久雨，不能刮倒，草盛宜拔，或揪開溝卸水。每刮倒一番，自然有泥塊落溝。遇大雨必處處看瞭，有水即導。雨一番，看一番，不可忽也。

一，種桑以湖葉桑、黄頭桑、木竹青爲上。取其枝幹堅實，不易朽，眼眼發頭有觔兩。其五頭桑大葉密眼次之。細葉密眼爲最下。又有一種火桑，較别桑早五六日，可養早蠶。凡過二月清明，其年葉必發遲，候葉下蠶，蠶恐後期。屋前後種百餘株備用可也。種法：以稀爲貴，縱横各七尺，每畝約二百株，株株茂盛，葉便滿百，不須多也。内地年前春初皆可種。外地患盜者清明前種。年前秧以大爲貴，清明秧以細爲貴。蓋大桑到清明，頭眼已發，根眼已冒，細葉則根眼方綻故也。根不必多，刷盡毛根。止苗線根數條，四方排穩，漸下泥築實。清水糞頻澆，引出新根。黄霉尤宜澆。澆法不可著幹，嘗離幹尺許，遶樹周匝，使新根向肥生去。發眼之後，不時要看。若見損葉，必有地蟲，亟搜殺之。遇大雨一止，必逐株踏看。如被泥水渰眼，速速挑開，否即死矣。雨一番，看一番，至緊至緊。其剪法縱不能如西鄉樓子樣，亦斷不可如東鄉拳頭樣。試看拳頭桑，桑釘眼多，身如枯桑。一年缺壅，便不能發眼，即行悶死矣。密眼桑留半寸許，五頭黄頭苗二寸許。寧可有油瓶嘴，另日修剪可也。嫩桑又必多留傀儡，須盡截去。古云「孝順種竹，忤逆剪桑」。修桑乃一件正經事，且不費忙工夫，約一年修四番。二葉初芸時，不可多打葉片。致嫩條軟折。此時預防損折，不免多留。種田畢，細看一番。但多留細條，及新發叢葉，盡情裁去。到七月縛桑之際，凡根下抽條及丫襠叢枝，又一切去之。至冬春修截，又看其細弱及蔭下繁密者，一切去之。剪桑畢，又看以前礙鋸而截不盡傀儡，及老枝不成器者，又一切去之。其老油瓶嘴，晴時堅硬難剪。不論冬春，凡遇久雨之後，雨一止，即羣出，修剪期于浄盡。設有癃桑，即翻去之，不可愛惜使之纏染，皆緣剪時刀上傳過。凡桑一癃，再無醫法，斷斷不可留者。漢人頌刺史德政曰：「桑無附枝，甚言政成民息。農桑重事，得無閒廢也。」桑鋸須木匠用生鐵者佳，桑剪須在石門買，五分一把。其刮蟥也，須三番。冬春看頭蟥，清明前看二蟥，剪畢看三蟥。一株上百顆盡刮，遺剩一顆，亦捉蟥盡。必如此三番四覆，亦料不能浄盡，又要六月捏頭蟥，七月内捏二蟥，而頭蟥尤宜細看。留頭蟥一，則二蟥便有百。此時田工甚忙，人每忽略不上緊，不要葉一經蟥壞，縱有肥壅有工力，亦不能救。故貴早早用心。農家惟此項最辛苦，工夫最難稽考，不得不多下工力。分地各任，庶可責成耳。其捉蛀也，須三番。春分邊捉出屑蛀，秋分邊捉條子蛀。剪桑畢，八月或九月，又細看細捉。有一等包捉蛀人，故留大蛀在樹，以待冬閒出痘之家，規取厚利。須時時炤瞭，隨見隨捉，或自備線鑿爲不時之需方好。　一，古人云：「人家不興少心齊，桑樹不興少河泥。」撚泥乃第一要緊事。不惟一歲雨淋土剥，藉此補益，正由撚泥之地，土堅而又鬆。雨過便乾，桑性喜燥，易於茂盛。若久不撚泥之地，經雨土爛如腐。嫩根不行，老根必露，縱有肥壅，亦不全盛。每年冬春閒撚一番，八月撚一番，每番須六工。作溝之人，也不可用搭頭，恐作溝扒泥不及，撚手亦停候矣。晴天撚在大河，陰天撚在埂地，雨天撚在墰裏，候乾抽在遠地，泥乾趁晴倒刮，曬曝如殼起，敲碎如粉方肥。或云撚泥固好，挑稻稈又可省工。

清　陳開沚《裨農最要・農桑兼資説》　古者農桑並重【畧】今人開墾草萊，務盡地力而蠶桑則忽諸，殆謂蠶桑有妨於農，而不知實有裨於農也。栽桑之地亦宜耕種，旱年稍遜，水澇尤過之，以桑土乾燥故也。況腴地植桑，鋤去浮根，使桑本深入，土面仍收美稼。瘠地四圍植桑，使桑枝外蔭地内無礙嘉種。牆角、畦稜、道旁、場圃隙地，一一植之，既不佔地，尤便看守，此蠶桑之不妨於農也。

清　陳開沚《裨農最要》卷二《栽桑・擇種》　飼蠶必先植桑，植桑必先擇種，然種類雖多，不過荆桑、魯桑盡之。荆桑多葚，葉薄而尖，邊有鋸齒，較魯桑略早，宜飼小蠶，樹亦耐久，然不如魯桑之茂，宜以魯桑條接之，則樹耐久而葉又厚大也。魯桑少葚，無葚者更佳，葉圓厚，而多津液，較荆桑稍遲，宜飼大蠶。再以魯桑條接之，則葉愈厚而液愈多，飼蠶家宜荆少魯多。至若雞桑、花桑、毛桑子多葉少，飼蠶則成薄繭，此桑之最劣者，宜鋸樹另接魯桑。

清　陳啟沅《廣東蠶桑譜・栽種桑宜忌篇》　栽桑與種桑之法，廣東比别省大同而小異也。湖浙種桑以桑栽分種，三年始行斬枝。摘葉後，其老幹留回，多年皆不盡斬，故其桑膠凝結，養蠶成絲亦結。惟廣東地土不同，天氣亦異，若照不斬樹之法，桑葉反碎老，不能飼蠶，更不足供六造蠶之用。考廣東種桑宜忌之理，每年三四月將成熟之桑椹，俗名桑棗，用竹籮洗去其肉，此肉沽與藥材店可作桑椹膏。留其核曬乾，貯至下年二三月放栽。其放栽之法：將地鋤鬆，取起泥面，再將該地底打結（實），復將面泥鋤幼（細），分開畛（畦）數，每畛（畦）闊約五六尺，長約數丈，然後散核於面，以禾稈灰蓋之，復將禾稈加蓋面上。每日分早晚灑水十餘天，漸漸萌芽。待長至六七寸高，以薄肥灌之，再長至尺五六高，或二尺高，便能移栽分種矣。初時之地打結其底之故，蓋因移栽之時，原株抽起，不至傷其正根蔃，其横蔃雖盡斬之亦不礙，故俗名曰水松頭，以其桑仔頭與水松之頭相似故也。種桑之地宜鬆肥，不瘀水，忌礬泥。廣州各屬所種之桑，多因田土低陷，鑿（鍬）高作基，塘以其水浸，不能插禾，即有外圍，亦被雨水所浸，故改作魚塘。四便高基得以種桑耳。約得四分水、六分基，每實基一畝，種桑得法者可每造收得六擔有餘，年中共可得桑三十擔。其法以地二尺、闊一尺，植桑一坎，每坎或種三株或兩株，俗曰横根直巷。巷者即順行一巷也；根者約相隔八九寸或一尺，不能如巷之直，不能行人，頗有紊亂。其初種之法，鋤開一坎，其大如湯碗口。每坎先加生泥一大碗，生泥者即塘底心之濕泥。再後將桑仔斬去飛蔃。桑頭四便之幼蔃謂之飛蔃。再將桑仔之尾斬斷，約留三寸餘，以剩三四個薳眼爲合度，種於濕泥坎中，觀其濕泥將乾有裂紋，然後將四便乾泥撥滿此坎，用水灌溉三四天。過十餘日便見發薳。發薳之後，不用灑水矣。待其薳長至二三寸，漸落小肥；再長至六七寸，能落大肥。五六個月即能採以養蠶。但既落肥，必相隔二十天方可摘桑，若相隔日子太近，桑葉必有鹹味，飼蠶必壞，慎之慎之。計初種至可摘桑之時已到第二造矣。摘葉七成，留回三成以爲第三造再摘。第三造亦照法留至第四造，第五造則採盡桑葉，只留薳。至第六造則葉薳盡採，留枝聽出桑谷，名爲冬桑，即寒造也。寒造後將老枝斬去，然後配以塘泥，候該泥乾了，然後用鐵鋤頭掘碎，伴住桑頭，聽其來春再發新枝也。

清　江毓昌《蠶桑説》　接桑：春分前後，桑芽剛纔回青，名叫眼。等到二十三四以後，要从下弦接到上弦，不可從上弦接到下弦。上下弦看時憲書便知。擇晴暖天氣，起西風不可接。選大葉桑，湖桑最好。筷子粗的嫩條剪下，名叫接頭。放在筐内，用濕布蓋好，不見風日。再把種好的大小桑秧，用極快桑剪，把樹木斜着剪去。大桑秧離地留二寸，小桑秧離地留一寸。名叫砧盤。凡是留在地下要接的不論大小樹都叫砧盤。再把筐内接頭剪去梢上空心的不要，把實心的也斜剪成馬耳朵様，每段三寸多長。要細看留着眼在上截。又用極快小刀，把砧盤貼骨的肌肉不論砧盤接頭，中心硬木都叫骨，骨外青軟的皮肉，都叫肌肉。挑開一點，把接頭斜口向外插入。斜口要緊貼着砧盤的肌肉，又要認準接頭上下，不要插倒了。拿稻草一莖，鬆鬆紮住，再用細濕泥把接處四圍纏好，連草纏在内。不可透風。只留接頭上一兩個眼在外通氣。又做小泥丸套在接頭尖上防雨。五日外遇雨不妨，若五日内遇雨，務必遮好。接活後，凡砧盤上發的芽都掐去，只留接頭上的芽，更要用荆棘圍護，不可碰動。等長到一尺多長，又用結實直樹枝插在旁邊，用繩繫住，免得風雨摇擺。若是接酒杯以上粗的樹，不必截斷本身。只要清明前，在本樹離地三四寸處，樹小離地三四寸，樹大要畧遠些。用快尖刀斜割樹皮兩刀，像人字樣，到骨便止。約長一寸半，選湖桑向陽肥枝，斜剪二三寸長的做接頭，本樹小，接頭只要二三寸長，本樹大，接頭要長些。接頭下截斜口，向外插入本樹人字内，用稻草紮緊，濕泥封結實，不要泄氣。清明後就從接頭眼上抽條。明年立夏後，再把本桑上段鋸去。千萬不要碰着接頭。此法最好。凡學接的都照此法做，就是接不活，本樹還在，明年清明前還可以接。若接茶碗粗的樹，把本樹離地二三尺遠，横着帶斜鋸去，鋸齒要細。其餘插接頭，捆稻草，纏濕泥都同接小樹一樣。並且一個砧盤上可插兩三個接頭。若接大桑、未接過的大樹。廢桑樹大葉，不好的。先削圓竹籤一枝，長五寸，粗細像接頭一樣。把一面削平，一面圓的。竹籤盡頭處削成馬耳形。左右各削一刀成尖形，就像馬耳朵。再把桑樹靠地鋸斷做砧盤。把竹籤馬耳朝下，平面緊貼著砧盤的骨，圓面緊貼著砧盤肌肉插入釘入亦可。約深一寸半。再剪接頭長五寸多，用極快小刀，把接頭下截一寸半削平一面，盡頭處也削成馬耳，務必像竹籤一樣。把竹籤拔出，照樣插入，務必要緊密，不可有絲縫。接頭同砧盤連界處，用生糞和土，四圍包裹。再用濕土封堆，盤大堆大，盤小堆小。土堆面上露桑眼一兩個泄氣。當年可長至八九尺。

清　盧燮宸《粤中蠶桑芻言》　種桑事宜條列：

下桑仁。取桑仁法：當暮春時，向樹根之桑葚，擇其熟黑而壯大者，用水一盆，將葚中之桑仁，放水中搓爛攪勻，輕輕將葚皮淘去，再洗再淘净仁，即置仁於篋箕上，用白糠灰糁之。風乾去灰，勿令見日，勿用紙包閉氣。欲下時，用水浸開，如浸穀種然。每年於初春時即好下仁，勿過夏至，過則不生。其下仁之法有二：曰點，曰撒。點則將桑仁逐粒點下，每粒約離一二寸餘，布列成行。撒則更疏，如播穀種法。先將該地之鬆泥耙在一頭，隨將底泥拍實，後將鬆泥鈎回耙平，以草灰和泥如法布妥，用櫌輕輕櫌遍。以禾尾稈截斷，薄蓋其上，繼澆以水。數日旱便淋之。候出桑栽約有寸餘高，便畧澆肥。如有草攙生其間，必須芟净。大約桑仁一升用地約三分。俟其生長便可夠十畝地桑栽之用。候至大寒時方行拔種。　植桑栽。種桑之法，先於小寒、大寒時，將桑栽斬去幼根，每棵頭與根共約留一寸許，枝身留五六寸許。以塘泥或溝渠中涖泥，養其頭根，置天井中，待其抽芽乃種之。種後天時雨水調勻，定必開萌。倘遇天旱，隔四五天畧灑水一次便可。如立春以前種者，則於下三造便有桑飼蠶矣。若是年正二月始種則須待下年頭造乃能得桑飼蠶也。至於種法，其地肥者每行約離開一尺二三寸，瘦者每行離一尺五六寸。横直分行，直行正對，横行不必正對。大約每丈長種桑十三四棵，一畝約種五千棵。横六丈，直十丈爲一畝。　耕草。每年於春時基面多有草生，務先連根帶頭勤勤芟薅净盡，勿使奪桑之肥。其老草仁儘有遺落，經雨復發，故仍於每造摘葉之後，即宜勤工芟除，然後澆肥爲要。草類甚多，其名秧附子者根頭最韌，盤泥甚固。他如胡竹骨、瓜子菜、野葛菜等類稍爲易除也。　澆肥。培桑肥料，以塘泥、攞搓、肉麯及煎硝所出之老水爲上，次用生糞即人屎也，或用蠶屎更便。其法於植桑栽後，看其抽芽發薳，約有寸許，便略澆肥。若在冬令，當於弊枝後向各桑頭處開一小坎，用麯或糞澆坎内，即以碎泥蓋面，因恐被雪霜去其油也。如用攞搓則尤要先培泥，後以攞搓鋪面。凡澆肥待足二十日後乃可摘桑飼蠶，否則防桑有鹹氣，蠶食之必死也。若經有雨淋則不論。買肥料最費貲本。其水多者，自然以澆多次爲佳，惟水少者，雖欲多澆而不能耳。　捕蟲。宜於日未出時，人既涼爽，蟲又未匿。嚙桑之蟲，亦由氣化所生，有數年不一見者，有一年而數見者，其爲災與蝗蝻之害稼相等焉。蟲有數種，最忌者爲青蟲，即尺蠖也。其行如尺之量物然，俗呼爲「印絲尺」者是也。每於夜静時出而食葉，旦則匿於葉底，或伏於桑根下泥土之中。此蟲宜早用人勤捕爲要，倘捕之稍遲，則三五日間可將桑葉嚙食過半矣。次則桑毣，其形如毣，遍身金緑色，葉硬而能飛。此蟲只在清明時出，其爲害雖不及青蟲之甚，然捕之亦不容緩也。捕法，用沙磚磨圓球一個，另用竹筲一個，將葉上之毣撲落筲内，隨用磚球轆之便死。更有一種名狗毛蟲，食桑甚快，且最毒，沾着人身，即痛癢難當。捕法：用水桶載水，加灰水及火水一勺，將其蟲放下，立死。又有名地蟋者，匿於地下，每春間桑薳初出之時，其蟲亦出。恒將桑薳咬斷，須俟桑再發薳，是年方有收成。此（蟲）頗難捕。若以瓦瓶，載火水向蟲穴灌少許，其蟲必死。或以砒石末並切碎生菜、番薯等物，將砒末攙和撒勻基面以毒之，較爲易除。

清　趙敬如《蠶桑説》　辨桑種　桑爲蠶本，育蠶必先栽桑。桑有荆桑、魯桑之別。魯桑葚少，葉圓大而豐厚。荆桑葚多，葉瘠薄而邊多鋸齒。以魯桑接於荆桑，謂之接桑。俗稱湖桑。葉尤肥厚，以接桑條壓土生根。截斷分栽者，謂之壓桑，絶不生葚。

論桑宜蠶　荆桑葉薄，宜飼頭二眠之蠶。此時花而未實，無葚。魯桑葉厚，宜飼三四眠之蠶。大眠後，專飼接桑之葉，蠶肥絲豐。壓桑則蠶自小至老皆宜，尤宜陰雨天易晾乾也。　種桑子法：夏初葚熟，揀黑而肥大者，淘净陰乾。芒種前後，墾地一段，鋤土極細，澆以糞水，耙起寸許，取淘净桑子，如種莧菜法種之。但種樹不比種菜，宜稀不宜密。壅以猪糞，十餘日吐芽，數日放毛葉。有草便拔，土乾便澆。或水一桶，加糞一二瓢，和匀澆之。盛夏天旱，但澆塘水，恐過肥葉焦，反爲不美。至九十月桑秧二三尺長，次年春分前即可移栽。　又法：墾地糞土後，取草索一條如拇指大，以水浸軟。采黑桑葚，以手勻拉索間，將索拉直，埋於土中。入土約二寸許，大約一畦内可埋索三四條。亦不過十餘日，即出土成秧矣。拔草澆水與上同。　栽桑樹法：桑秧長成一二尺，或三五尺，即便移栽。移栽之期，以正二月間春分前爲上時。十月小陽春亦可。或云：栽桑宜及隆冬，以大寒後爲最宜。蓋將來樹大，不致生蟲也。春分後不宜，樹已灌汁，移栽受虧。將栽時，掘土坑尺許，加濃糞一瓢於坑中。和土攪成泥漿。將桑根理直置糞土上，使一人扶定桑秧，一人取乾細土輕輕撒下，務使根之空隙皆有土。至不見根，然後填土緊築。若只尺許桑秧，土面僅露杪二三寸無妨。春分後行根出葉，澆灌得時，至八九月有四五尺長，一寸徑之粗。來年春分即可接。　論桑土宜：桑不厭肥，故以黑壤爲上，黄壤次之。黑壤土肥而鬆，樹易行根。故分行要寬，雖相去七八尺，或一丈。而樹愈大，葉愈多。黄壤土瘠而堅，行根不遠。故分行要狹，約離五尺一株。樹亦不可高，大約樹之高矮，以分行之寬狹爲度。要知黄壤雖瘠，時時壅污泥肥土，生葉亦不減黑壤也。　瘠地栽桑，雖離五尺一株，而兩行相去宜遠。少則八尺，多則一丈。第二行不可與第一行正對，須參差而栽。兩行之間，隙地可以種雜糧，以牛耕犂。省工肥桑，兩獲其利。　接桑樹法：桑秧移栽後，長大仍葉薄而多葚，必須接换，葉乃豐厚而大。接法有二。其一貼接，將已經接過之桑樹上，翦其好枝條，大如筷子，長一尺者，削如馬耳形。而於本樹離地二三尺處，將桑皮帶斜割開，如人字樣。刀口約寸半長，將馬耳向外插入，以桑皮纏定，用土封固，勿令洩氣。並不可使雨水浸入，進水即不活。清明後，接條上葉芽漸長即活。次年將接頭上面之本樹鋸去。其一絶命接，不拘樹身大小，離地數寸，鋸斷成盤。用快刀將皮劃開，長寸餘，深至骨。稍稍將皮剔起，翦好接桑條，如筯頭粗，長三寸，有一二葉眼者。將一頭斜削如馬耳形，反插於剔起一邊皮内，以桑皮紮緊，起土封之。五日内接處不見雨即活。樹大可接三枝，或四枝。凡接桑之時，均以春分前後葉芽如豆大爲準，遲早皆不宜。　壓桑條法：預備已接桑數株，接頭上一尺内，發三五枝條。俟條長四五尺，於樹下掘淺坑，攀條横卧其中，泥土築實。條上枝梢，扶出土面。次年梢長二三尺，葉眼中亦多出新條。立春後將老條掘出，逐節剪斷。將發出新條，剪去上梢，連根留二尺栽之。栽法照第四條，是謂壓桑。其原桑根下出條，本年又可壓，用此法。預備接桑五株，歲可得壓桑百株。　論壓桑之益：常養蠶之家，有三百株接桑，不可不栽一二百株壓桑。壓桑有數利，不可不知。剪斷移栽，不須接而成樹，一也。絶不生葚，地力盡歸於葉，二也。葉不厚不薄，蠶自初生至老皆宜，三也。遇陰雨天采葉，連枝倒垂風口，頃刻即乾，蠶饑能應急需，四也。其葉筋多易燥，蠶將眠，專用此葉，不受濕蒸之病，五也。　剪桑成拳法：桑樹太高，不便采葉，所以要翦，只留五層。其法俟桑樹接活，本年長有數尺。次年正月，即將接桑上之上梢翦去，是第一層。是年即長新條，祇留兩條好枝，餘俱不要。第二年春，又長新條也，一概不要。至冬臘月間，將去年所留兩條剪去梢子，留一尺長，是第二層。第三年將第二年所留兩枝之上，各留兩枝，共四枝。俟是年臘月次年清明前，再將四枝各剪去梢子，仍留一尺，是第三層。年年照此剪法，至第五年，共十六枝，凡五層矣。以後再不留枝，每年只照第五年剪斷處剪之。剪下枝葉飼蠶。則樹頭皆成拳形，謂之拳桑。　按此剪法樹大拳多，爲膏腴地之常。若瘠地及田塝，不能容多拳大樹。每樹只容三四拳，接樹後兩年即可開剪。樹不欲高，使土膏易於灌頂，且免遮蔭禾稼。　剪桑法：桑樹歲久成拳，拳上所長之條，謂之黴條。壅糞厚者，黴條有八九尺長。立夏前後，條上留一葉眼，餘皆連枝剪下飼蠶。條粗者以桑鋸鋸之，葉眼上不可留長，留長損壞桑樹。又或剪或鋸，須細心，不可使剥傷桑皮。皮傷汁流，其桑易枯。　杜飛絲：接桑開剪後，漸次成拳。拳過密，葉不透風，易生飛絲。飛絲者，蟲糞也。其蟲扁小如蝨，身緑與葉同色，層疊棲於葉之背，吸食葉汁。立夏後長翅飛去，形狀如蟬，細若蠛蠓。未長翅前，尾拖白糞，即俗所謂飛絲。蠶食飛絲葉，亦無礙。但蟲多吸去葉汁，蠶食減力，甚者葉汁吸竭，蠶并不食。欲杜飛絲之弊，臘月正月修去冗枝，使桑條疏落透風，日光恒入，飛絲即絶。　科條法：凡可科去者有四等。一瀝水條，向下垂者。一刺身條，向裏生者。一駢指條，相併生者，選去其一。一冗脞條。雖順生，卻稠冗。科砍之時，臘月爲上，正月次之。因此時生氣初萌，津液未上，傷枝不損樹。　治桑蟲法：桑樹枝幹上見有蛀穴，桐油抹之即死，近有洋油更烈。深入者或滴入洋油，或以鐵絲插入殺之。樹老皮生黑苔成塊，亦係細蟲之窠，務用刮桑鐵鈀鈀去。若不鈀去，漸致葉少而枯。　培桑法：草長即鋤，土乾時灌，二五八與冬月要壅糞。壅猪羊牛馬之糞皆可。人糞只堪春月一二次，力速，葉易肥厚。塘泥肥而經久，每株取一二石壅之，可管三年。豆腐店左右溝水與污泥極肥，壅糞須視樹之大小，於樹旁略掘淺坑，置糞於中。一，驟雨衝不去。一，不使接頭上遇土生根，葉不榮茂也。　柘葉飼蠶：蠶三四眠初起，可將柘葉切碎飼數頓。絲色光亮，缺桑葉之年，可多飼數頓。《博聞録》謂柘葉隔年不采者，春再生必毒蠶。如不采，夏月皆要打落，方無毒。

清　鄭之僑《農桑易知録》卷二《桑務事宜・栽種》　孟春之月，鋤地一段，開淺溝數道，以人糞和水，澆於溝内。將隔年所收極熟桑椹子埋入溝，上以鬆泥覆之。至三月間，桑子透發成秧，不時澆以糞水。到第三年，粗如指頭，長可三四尺，即起出分種。每隔六尺，種桑一株。考桑之性，宜旱不宜澇。乾則挺秀，澇則委靡。如種後一載，椹多而葉薄小，當用移接之法：每年於春分半月内，剪取別株葉大而厚之桑條，約四寸許，用快刀削成藕劈樣。即在本樹離地處所，將桑皮兩邊帶斜劃開如人字樣，刀口約五六分長。即將藕劈向外，於皮開處插入，使兩邊皮上滋水粘連，用稻草緊縛。十日後，接上之芽青綻，便已成活。及至次年，所接萌芽已成青條，方將本樹鋸去，留老幹尺餘。仍將青條繩縛於老幹上，以避大風吹折摇動之患。每年二、八月，要上肥壅，如荳餅、菜餅、羊壅等類，平時再澆糞水兩次，每畝可得葉一二千觔。

清　李鴻章　光緒《畿輔通志・物産・木屬》　桑，大寧路富庶、金源、龍山三縣，利州、惠州、興中州、建州皆土産桑。《元一統志》温州土産桑白皮。《太平寰宇記》白川州地宜桑柘，民知絍織之利。《武經總畧》川州在中京東四百三十里，地宜桑。《北番地理志》慕容皝躬巡郡縣，勸課農桑。《前燕録》馮跋勸民種桑柘。遼初無桑，慕容廆通於晉，求種江南，平州之桑悉由吴來。《後燕録》王甲初從此來詣謝公，公問北方何果最勝，答云「桑椹最美」。《世説新語》北方有白桑椹，長數寸，食之甘美。《異苑》豳州人以桑椹爲糧。《容齋三筆》庾子山詩：桑葉紛紛落薊門。《萬齊詩話》涿州西南十五里道右大桑高十丈，層陰如樓，其蔭百畝，漢昭烈故居桑也。其大倍於恒桑，實時土人相餽遺也。《帝京景物畧》人素不知機杼，楊太僕家種桑千株，繅絲織絍，以爲衆倡。《固安縣志》

清　阿桂《盛京通志・物産》　桑，可食蠶，仁爲桑葚。皮入藥。

又　檿，山桑，葉亦可食蠶，中爲弓材及車轅。

清　何剛德《撫郡農産考畧》卷下《桑》　桑有湖桑、魯桑、荊桑、粵桑之別。湖桑葉圓大，多津而甘，然枝條柔脆不高挺。魯桑葉圓大豐厚，結葚少，津潤次於湖桑。荊桑葉小，結葚多，其本堅勁。湖桑、魯桑宜飼大蠶，荊桑宜飼小蠶。以湖桑、魯桑條接荊桑身，則根固而葉大。粵桑草本，繁植易，收成速，宜飼粵蠶。湖桑、魯桑、荊桑出浙江，臨川、宜黄皆有之。東邑向種魯桑，今所存無幾。粵桑出廣東，崇仁種之。金谿多土桑，間種浙桑。樂安所有皆土桑。　天時：夏初蓄種，芒種前後種之爲上時，夏至後爲下時。萌芽時忌大北風。第二年春移栽，爲小桑秧，第三年春始移栽，爲大桑秧。栽每一年可接，四五年可采葉飼蠶。粵桑春間移栽，夏秋之交即可飼蠶。桑每年四月結實。　地利：熟地生地均可種。宜燥土而肥者，忌水漬，忌泥塗。瘠則下糞，堅則勤墾，濕則開溝，乾則澆灌，是在人事。地一畝可栽桑百數十株，狹者八十株。每株横距五尺，斜距七尺有奇。粵桑直距三尺，横距尺有六七寸。種桑一畝可養三箔蠶。　人事：擇葚作種，宜新不宜陳，宜黑不宜黄，用中間，棄兩頭，搓洗水中，取沈者，棄浮者。宜陰乾不宜日曬。布種宜雨後種。地一畝宜以葚子、黍實各三升同下之。桑黍俱生，鋤以踈之。十月，刈以利鐮，覆亂草，逆風縱火雜燒之。火不宜大，大損桑根。次年移栽，宜留横根，夫直根，去一切腐根，浸之糞桶中半刻。鋤坑作品字形，坑深一尺，方倍之，已接之桑，併接頭壅之。手執桑秧，上提三四次，土根相著無間隙，乃築之。移栽之明年，清明前剪大桑秧去地二寸、小桑秧去地一寸作砧盤，傅皮剖少許，以湖桑、魯桑陽枝箸大者接之。接枝長二三寸，斜剪斷之，其斜斷處外向，縛以稻草，一莖四圍護以泥。以小丸套接枝之上頭，防雨漬。接枝下樹後，放陰净處五六日，乃可用，忌見風日。桑樹宜歲修，修成五層，則長葉多，摘葉亦易。接枝活後，剪去枝杈，去地留一尺長，爲第一層。春間叢長新枝，擇留兩肥枝如錢大者，餘悉剪去。臘月去其所留兩肥枝之梢，去分枝處留一尺長，爲第二層。次年春，兩枝上新條，各擇留兩枝，餘復剪去。臘月，又去其所留四肥枝之梢，去分枝處亦一尺長，爲第三層。第三四五年，剪留亦如前。至第五層十六枝去梢後，上結一拳，後不再長。粵桑用力較易，每年臘月剪去枝梗，去地留三四寸。凡桑樹高大而葉小者，臘月鋸斷，留其本高三尺。明年抽條，擇留五肥枝，餘悉剪去。次臘去其所留五枝之梢，距分枝處留一尺長。第三年五枝上各留五枝，得二十五枝。再去其梢，亦不再長。凡移桑，須記舊向，易位則不活。凡春時剪桑枝插肥地，長大茂盛，與布桑秧種者無異。種桑之書又有繩種、烙種、盤條、壓條諸法。繩種者，置葚掌中，以浸濕鬆草繩，握而捋之，葚粘於繩，埋熟地中，深寸許，秧出時排列如繩式。烙種者，舊桑肥枝砍斷處，置熱鍋中微烙之，長芽分栽，不用再接。盤條者，當九十月間，盤枝作圈，掘土實糞，園築土中，梢露土外。壓條者，近土柔枝壓之地中，引枝梢出地面，長至二三尺時，斷老條，剪新梢，連根合二尺分栽之。桑宜重肥，忌新糞。下種時，以草灰拌種漫撒之。春初吐芽，澆以陳糞三分水七分，凡雨次。每年冬月、正月暨清明剪葉後，用水糞各半和勻澆之，凡四次。六月天熱，不宜糞。浙桑宜糞樹下，再以新土覆之。粵桑則每行距桑尺餘灌糞一道。凡用肥，宜在立春前，塘湖溝渠淤泥、渣、草及蠶糞、猪羊牛馬糞、豆棉枯均可培壅，以晒乾粉碎爲佳。凡桑初栽用糞輕，後漸加倍，惟出蠶時不宜澆糞。澆糞過七日者，飼蠶不忌。治蟲用百倍、巴豆各汁，以棕帚蘸灑之。樹身有洞，灌以桐油，或用鐵絲深入截殺之。白點、黑苔俱爲蟲胎，宜速刮淨。　物用：桑葉可飼蠶餵羊，桑葚可釀酒，桑枝可造紙，桑幹可爲弓爲車，桑枝可編筐、簍、簸箕等具，桑寄生、桑螵蛸、桑白皮皆可入藥。桑葉百六十斤可養蟻一錢：頭、二、三眠蠶需葉三十斤，四眠蠶需葉百三十斤。臨川蠶局壬寅年春蠶得絲一百八十兩，夏蠶得絲二百四十兩，東、西兩鄉無實數。宜邑五隅及崇、仙二鄉有桑二萬株，初年出絲二三千金，近二年頗虧折，壬寅年夏蠶約出絲千餘元。崇邑近年春、夏二蠶，三眠後即瘟，得絲無幾。金、樂、東三邑未養蠶。臨絲百兩，售得洋銀三十六元。宜絲每把九十六兩，售銀二十兩。

清　龍文彬《明會要》卷五三　洪武二十九年五月，給桑種於湖廣諸郡。

清　李聿求《桑志》桑志卷第一　桑之始　桑之利民與菽粟等，神聖所制，夫婦與知。上古典籍不傳逸史，間有道及者，悉爲采集，兼詳字義。志桑之始第一。　京房《易傳》：桑有衣食人之功。　荀爽《易注》：桑者，上元下黄，以象乾坤也。　虞翻《易注》：巽爲桑。　毛亨《詩傳》：桑，木之衆也。　孔穎達《禮・正義》：桑，衆木之本。　《説文》：桑，蠶所食葉木。

又　榑桑，神木。　《説文・繫傳》：桑，東方自然之神木。　《賈子・胎教篇》：桑者，中央之木也。　《典術》：桑爲神木。　《典術》：桑木，虛星之精。　高誘《呂氏春秋注》：榑木，榑桑。　《尚書考》：靈曜、桑木，箕星之精，蟲食葉爲文章，人食之老翁爲小童。　《春秋考異》：郵桑土液，木生火，故蠶三月食葉。　《元中記》：天下之高者，扶桑，無枝焉，上至天，盤蜿而下屈，通三泉也。【略】《路史》：伏戲氏教民蠶桑，爲繐布。　《孝經》：援神契、神農耕桑得利，究年受福。　《路史》：神農教之桑麻。　《拾遺記》：少昊母曰皇娥，經歷窮桑滄茫之浦，時有神童稱爲白帝之子，與皇娥遊漾忘歸。窮桑者，西海之濱。有孤桑之樹，直上千尋，葉紅椹紫，萬歲一實。及皇娥生，少昊，號曰窮桑氏，亦曰桑邱氏。　《獨斷》：少皞，桑扈氏農正，趣民養蠶。　《三墳・地皇》：軒轅氏政典，布帛桑麻必有用。　《路史》：黄帝有熊氏夫人，副褘而躬桑。　《尸子》：有虞氏妻，有桑田。　《列女傳》：后稷、簡狄教之時藝桑麻。　《吴越春秋》：后稷爲兒時，好樹桑。　《新語》：后稷分土地之宜種桑，致絲以敝形體。

又　桑志卷第二　桑之類　種類不一，以荆魯二種爲上。外有異名異類，亦間附之。志桑之類第二。　《詩・豳風》：猗彼女桑。傳：女桑，荑桑也。箋：女桑，少枝長條，不落不枝者，束而采之。　《詩・大雅》：其檿其柘。《傳》：檿，山桑也。　《爾雅》：桑辨有葚梔。　《疏》：桑樹一半有葚，一半無葚爲梔。

又　女桑，桋桑。檿桑，山桑。

又　桑柳醜條。　《齊書》：扶桑國在大漢國東二萬餘里，土多扶桑，葉似桐，初生如笋。國人食之，實如梨而赤。　《唐書・南蠻傳》：野桑生石上，其林上屈，兩向而下植，取以爲弓，不筋漆而利，名曰瞑弓。　《管子》：擾桑。注：擾桑，又曰柔桑也。　《拾遺記》：員嶠山有木名猗桑者，煎葚以爲蜜。

又　扶桑萬歲一枯，其人視之如旦暮也。　《括地圖》：芒尚山，其桑長千仞。　《異苑》：北方有白桑，葚長數寸，食之甘美。　《述異記》：空桑生大野中。爲琴瑟之最者，空桑也。　《嶺表録異記》：佛桑似朱槿花，莖葉如桑，故名佛桑。三月花至冬至。《齊民要術》：今世有荆桑，地桑之名。

又 種取黑魯椹，黄魯椹不耐久。諺曰：魯桑百，豐絲帛。言其桑好功用省力。《(俞貞木)(郭橐駝)種樹書》：雞腳桑，葉花而薄。

又 白桑，葉大如掌而厚。

又 先葚而後葉者，葉必少。 顔師古《漢書注》：檿，山桑有點文者。 杜陽《雜編》：彌羅國有桑，覆地而生，大者十數頃，小者蔭百畝。 陳旉《農書》：海桑低亞。 《農桑要旨》：平原淤壤，土肥地虚，荆桑魯桑種之俱可。若地連山陵，土脈赤硬，止宜荆桑。 《農桑通訣》：桑種甚多，不可遍舉，世所名者，荆與魯也。荆桑多葚，魯桑少葚。葉薄而尖，其邊有瓣者，荆桑也。凡枝幹條葉堅勁者，皆荆桑類也。葉圓厚而多津者，魯桑也。凡枝幹條葉豐腴者，皆魯桑類也。荆之類根固而心實，能久遠，宜爲樹。魯之類根不固心不實，不能久遠，宜爲地桑。然荆之條葉，不如魯葉之茂盛，當以魯葉條接之，則能久遠而又盛茂也。魯爲地桑，而有壓條之法，傳轉無窮，是亦可以久遠也。 《蠶經》：有地桑出于南潯，有條桑出于杭之臨平。

又 凡擇桑之本也，皺皮者，其葉必小而薄，白皮而節疎芽大者，爲柿葉之桑，其葉必大而厚，是堅繭而多絲。

又 高而白者宜山岡之地，或牆隅而籬畔。

又 短而青者宜水鄉之地。

又 青桑無子，葉不甚厚。

又 望海之桑，種之術與白桑同。

又 紫藤之桑，其種高大。 《格物總論》：桑大者數圍，高一二丈許，皮粗，枝幹，條竦。正二月抽條發葉，葉大者盈尺，有刻缺，面深緑而光。 《博聞録》：白桑少子，壓枝種之，若有子，可便種，須地陰處其葉厚大。 《農政全書》： 鍾化民曰：桑有二種，一種有桑葚，即以桑葚植地，一二月即出，一種將桑樹柔條攀至于地，以泥壓於上，每一桑眼即發一枝，待至二三尺長，其桑有根，用翦翦下，移種于地上，即成桑樹。 《本草》：白桑，葉大如掌而厚。雞桑，葉細而薄。子桑，先葚而後葉。山桑，葉尖而長。

又 桑生黄衣謂之金桑，其木將槁。 《事物紺珠》： 雲桑，密縣山野生樹，枝葉皆類桑，但葉如雲頭花，木欒細，青黄色。 《烏青文獻》：桑類有密眼青、白皮桑、荷葉桑、雞腳桑、扯皮桑、失葉桑、晚青桑、火桑、山桑、紅頭桑、槐頭青雞窠。桑、木竹青鳥桑、紫藤桑、望海桑。《沈氏農書》：桑以荷葉桑、黄頭桑、木竹青爲上，五頭桑、大葉密眼青次之，細葉密眼青爲最下。《倦圃蒔植記》：白桑有花無實，黑桑有實無花。

桑志卷第三 桑之事 耕桑樹藝，古聖因以利民。勸農課桑，史册垂其令典。三代以來，皆惟桑是貴，誠以衣服之大源，閭閻之至計也。志桑之事第三。《漢書·文帝紀》：十三年正月，詔曰：「皇后親桑，以奉祭服。」《漢書·景帝紀》：元年春正月，詔曰：「郡國或磽陿，無所農桑毄畜。其議民欲陡寬大地者，聽之。」

又 後元二年夏四月，詔曰：「朕親耕，后親桑，以奉宗廟粢盛、祭服，爲天下先。」

又 後元三年春正月，詔曰：「令郡國務勸農桑，益種樹，可得衣服食物。」《漢書·昭帝紀》：元平元年春二月，詔曰：「天下以農桑爲本，日者省用，罷不急。官減外繇，耕桑益衆，而百姓未能家給，朕甚愍也。」《漢書·元帝紀》：建昭五年春三月，詔曰：「方春，農桑興，百姓戮力自盡之時也。」《漢書·成帝紀》：陽朔四年正月，詔曰：「令二千石勉勸農桑，出入阡陌，致勞來之。」《後漢書·明帝紀》：詔曰：「方春，戒節人耕桑，有司務順時氣，使無煩擾。」

又 永平三年，詔曰：「春者歲之始也，始得其正，則三時有成。有司其勉順時氣，勸督農桑。」

又 永平十年，詔曰：「百姓勉務桑稼，以備災害。」《後漢書·章帝紀》：建初元年正月，詔曰：「方春，東作宜及時，務二千石勉勸農桑，宏致勞來。」《三國志·孫權傳》：赤烏三年，詔曰：「督軍、郡守當農桑時，以役事擾民者，舉正以聞。」《三國志·孫休傳》：永安二年，詔曰：「今欲廣開田業，輕其賦税。諸卿尚書，可共咨度，務取便佳。田桑已至，不可後時。事定施行，稱朕意焉。」《晉書·元帝紀》：大興元年秋七月，詔曰：「二千石令長，當祗奉憲勸課農桑。」《宋書·文帝紀》：元嘉八年，詔曰：「自頃農桑惰業遊食者衆，郡守賦政，方畿縣宰，親民之主，宜思獎訓，導以良規，咸使肆力。地無遺利，耕蠶樹藝，各盡其力。若有力田殊衆，歲竟條名列上。」

又 元嘉二十年，詔曰：「耕桑未廣，地利多遺。有司班宣舊條，務盡敦課，遊食之徒咸令附業。」

又　二十一年，詔曰：「凡諸州郡皆令盡勤地利，勸導播殖蠶桑、麻枲，各盡其方，不得但奉行公文而已。」《宋書·武帝紀》：大明三年，詔曰：「古者薦鞠青壇，聿祈多慶，分繭元郊，以供純服。來歲可使六宮妃嬪修親桑之禮。」《齊書·武帝紀》：永明三年，詔曰：「守宰親民之要，刺史案部所先，宜嚴課農桑，相土揆時，必窮地利。」《齊書·明帝紀》：建武二年，詔曰：「守宰親民之主，牧伯調俗之司，宜嚴課農桑，罔令遊惰。」《陳書·文帝紀》：天嘉元年，詔曰：「守宰明加勸課，務急農桑。」《魏書·世祖紀》：太平真君四年，詔曰：「牧守之徒勸課農桑。」《魏書·高祖紀》：太和元年，詔曰：「農夫外布桑，婦内勤。民有惰于農桑者，加罪刑。」《魏書·世宗紀》：景明三年，詔曰：「比京邑初基耕桑，暫缺遺規往旨，宜必祗修。」《冊府元龜》：唐元宗開元十七年，詔曰：「方就農桑，其力役及不急之務，一切并停。」

又　唐肅宗上元二年，詔天下刺史、縣令各于所部親勸農桑。

又　唐德宗貞元二十年，詔曰：「宜勉務農桑，各安生業。」《舊唐書·憲宗紀》：元和三年四月，敕天下州府，民户每田一畝，種桑二樹。《舊唐書·武宗紀》：會昌二年，敕勸課種桑。《冊府元龜》：後周太祖廣順元年，敕諸道州府。長吏宜勸課耕桑，以豐儲積。

又　後周太祖廣順二年，敕諸道府州吏勸課鄉縣，百姓栽接桑棗。《玉海》：宋太祖乾德四年閏八月，詔百姓能廣植桑、開荒田者，只納舊租。《宋史·孝宗紀》：淳熙八年，詔監司守令勸課農桑。《宋史·理宗紀》：寶慶三年，詔郡縣長吏勸農桑。

又　端平三年，詔勸農桑。《遼史·太宗紀》：會同元年，詔有司勸農桑。《遼史·道宗紀》：清寧二年，詔遣使分道勸農桑。《元史·世祖紀》：中統二年，詔宣撫司官勸農桑。

又　至元六年，命中書省采農桑事，列爲條目。仍令按司與州縣官相風土之所宜，講究可否，別頒行之。

又　至元二十三年，詔以《農桑輯要》書頒諸路。

又　至元二十五年，詔諭廉訪司巡行勸課農桑。《元史·成宗紀》：元貞元年，詔以農桑水利諭中外。《元史·武宗紀》：至大三年，詔諭大司農勸課農桑。《元史·仁宗紀》：皇慶元年，諭司農曰：「農桑衣食之本，汝等舉諳知農事者用之。」

又　皇慶二年，敕守令勸課農桑。

又　延祐二年，詔印《農桑輯要》萬部頒降有司。《元史·順帝紀》：至正元年，詔守令選立社長，勸課農桑。《續文獻通考》：太祖洪武五年，敕考課必書農桑之績。《明史·太祖紀》：洪武八年，詔曰：「農桑衣食之本，朕嘗設置有司，頒行條章。何有司不遵朕命，往往給由赴京者，皆無桑株數目，甚與朕意相違。特敕中書令有司，今後敢有無農桑者，論擬違制。」《明史·成祖紀》：永樂二年，諭曰：「今春和時，東作方興，宜各勸課農桑。」《禮·祭義》：古者，天子、諸侯必有公桑蠶室，近川而爲之，築宮仞有三尺，棘牆而外閉之。及大昕之朝，君皮弁素積，卜三宮之夫人、世婦之吉者，使入蠶于蠶室，奉種浴于川，桑于公桑，風戾以食之。《禮·月令》：季春之月，后妃齋戒，親東鄉躬桑。《漢書·元后傳》：孝元皇后爲太后，幸璽館，率皇后及列侯夫人桑。衛宏《漢舊儀》：春桑生，而皇后親桑于苑中，羣臣妾從桑還，獻于繭觀，皆賜從桑者，樂皇后自行。丁孚《漢儀》：皇后出乘鸞輅，青羽蓋，駕駟馬，龍旂九旒。大將軍妻參乘，太僕妻御前。鸞旂車皮軒闟戟。雒陽令奉引，亦千乘萬騎。車府令設鹵簿，駕公卿。五營校尉、司隸校尉、河南尹妻皆乘其官車，帶夫本官綬，從其官屬，導從皇后。置虎賁、羽林騎戎。頭黃門鼓吹五帝車。女騎夾轂，執法御史在前後，亦有金鉦、黃鉞五將導桑于蠶宮。董巴《輿服志》：漢，皇后桑于東郊苑中。《晉書·禮志》：皇后著十二笄步摇，依漢魏故事。衣青衣，乘油蓋雲母車，駕六騩馬。女尚書著貂蟬，佩璽陪乘。載筐鉤。公主、三夫人、九嬪、世婦、諸太妃、太夫人及縣鄉君、郡公侯特進夫人、外世婦、命婦皆步摇，衣青，各載筐鈎從。先桑二日，蠶宮生蠶著簿。上蠶桑日，皇后未到，太祝令質明，以太牢告祠。皇后至西郊，升壇。公主以下陪列壇東。皇后東面躬桑，采三條。諸妃、公主各采五條，鄉縣君以下各采九條。悉以桑授蠶母，還蠶室。事訖，皇后還便座，公主以下乃就位，設饗宴賜絹，各有差。《宋書·禮志》：大明四年，皇后率六宮躬桑于西郊。《北齊書》：皇后親桑于壇，備法駕，服鞠衣，乘重翟，帥六宮，升桑壇。東陛即御座，女尚書執筐，女主衣執鈎，立壇下。皇后自東陛執筐者處，右執鈎者處，左乃躬桑三條，訖，升壇，即御座内。命婦以次就桑，服鞠衣者采五條，展衣、緑衣者九條。以授蠶母，還蠶室。切之，授世婦，灑一簿。凡應蠶者，并復本位，后乃降壇，還便殿，設勞酒頒賚而還。《後周書》：皇后乘翠輅，率六宮、三妃、三㚤、御媛、御婉、三公夫人、三孤内子至蠶所。禮畢，降壇，令二嬪爲亞獻、終獻，因以躬桑。《隋書》：季春上巳，皇后服鞠衣，親桑于位。壇東南尚功進金鈎，典奉筐。皇后采三條，反鈎，命婦各依班采五條、九條。世婦以授蠶母，受切桑，灑訖，皇后降壇。《大唐開元禮》：爲采桑壇，于壇南二十步所，方三丈，高五尺，西出陛，尚舍量施帷幛于外壝之外，四面開門，其東門使容厭翟車。又設御采桑位于采桑壇下，東設内，命婦采桑位于壇下，當御位東北，每等異位，南向西上。設外命婦采桑位于壇下，當御位東南，每等異位，北向西上。設執御鈎筐者，位于内命婦之西，少南西上。尚功執鈎，司制執筐。設内命婦，執鈎筐者，位各于其采桑位之者。尚功下四與執鈎司制下女史執筐。《唐開元禮》：前享一日，金吾奏請外命婦等，應集壇所者，并聽，夜行。其應采桑者四人，各具女侍者，進筐鈎，載之而行，監門先奏請。享日未明四刻，開所由苑門。諸親及命婦以下，以次入詣壇南次所，各服其服。其應采桑者筐鈎各具，女侍者執授内謁者監。内謁者監受之，以授執筐鈎者。享日未明三刻，搥一鼓爲一嚴。三嚴時節，前日内侍奏裁。未明二刻，搥二鼓爲再嚴。尚儀板奏，請申嚴。内命婦各服其服，所司陳車駕，鹵簿。未明一刻，搥三鼓爲三嚴。司賓引内，命婦入立于庭，重行西面，以北爲上。六尚以下各服其服，俱詣室奉迎。尚服負寶如式。内僕進厭，翟車于閤外，尚儀板奏，外辦馭者執轡。皇后服鞠衣，乘輿以出，華蓋、侍衛警蹕如常。内命婦從出門，皇后升車，尚功、司制進筐鈎載之，仗衛如常，内命婦及六尚等乘車陪從如式。其内命婦應采桑者四人，各服典製等，進筐鈎載之。諸翊駕之，官皆乘馬。駕動警蹕如常，不鳴鼓吹，諸衛前後督攝如常。内命婦宮人以次從。《唐開元禮》：享日未明二刻，諸享各服其服，尚儀及司醖各帥其屬。駕將至，内引引命婦俱就門外位。駕至大次門外，迴車南向。尚儀進車前跪奏，稱尚儀妾姓名，請降車興，還侍位。皇后降車，乘輿至大次，華蓋、繖扇、侍衛如常儀。皇后降車訖，尚功、司製進受鈎筐以退。其内命婦鈎筐則内命婦降車訖典製等進，乃受之。禮畢，請就采桑位，尚宮引皇后，樂作詣采桑壇，升自西陛東向立。《唐開元禮》皇后將詣望瘞位，司賓引内外命婦采桑者俱就采桑位，内外命婦一品各二人，二品、三品各一人。諸執筐鈎者，各就位。皇后既至采桑位，尚功奉金鈎自北陸升壇，進典製奉筐受桑，皇后采桑三條，止，尚功前受鈎，典製以筐俱退復位。皇后初采桑，典製等各以鈎授内外命婦。皇后采桑訖，内外命婦以次采桑，女史執筐者受之。内外命婦一品各采五條，二品、三品各采九條，止。典製等受鈎，與執筐者退復位。司賓引婕好一人詣蠶室，尚功帥執鈎筐者以次從。至蠶室，尚功以桑授蠶母，蠶母受桑切之，以授婕好，食蠶，灑一簿訖，司賓引婕好還本位。尚儀前奏禮畢，退復位。尚功引皇后還大次，樂作。入大次訖，樂正、司賓引内命婦，内典引，引外命婦各還其次，尚儀、典正以下俱復執事。位立定，司贊曰再拜，尚儀以下皆再拜訖出。女工人以次出，其祝板燔于齋所。《宋史》：真宗景德三年，築先蠶壇于東郊，從桑生之義。

又 徽宗政和元年四月，詔就先蠶壇之側，度地築公桑蠶室。《文獻通考》：議禮局被旨，議倣後齊制置公桑蠶室。度地爲宮，四面爲牆，高仞有三尺，上被棘。築采桑壇于先蠶壇南，相距二十步，方三丈，高五尺四，出陛。《明史》：設皇后采桑位于采桑壇，東向，公主及内命婦位于皇后位東，外命婦位于采桑壇東陛下，南北向，以西爲上。設執皇后鈎筐者，位于皇后位傍少東。司賓引外命婦先詣采桑壇位，南北向。尚儀奏請，皇后詣采桑位，公主以下各就位。執鈎者跪進鈎，執筐者跪奉筐受桑。皇后采桑三條，還至壇南儀門，坐觀命婦采桑。三公命婦采桑五條，列侯九卿命婦采桑九條訖，各授女侍。司賓引内命婦一人詣蠶室，尚功帥執鈎筐者從。尚功以桑授蠶母，蠶母受桑縷，切之以授内命婦。内命婦食蠶，灑一箔訖，還。《夏小正》：三月攝桑，戴德傳桑，攝而記之，急桑也。《周禮・地官》載：師凡宅不毛者，有里布。鄭衆注：宅不毛者，謂不樹桑麻也。賈公彦疏：民有五畝之宅，廬舍之外不樹桑麻之毛者，罰以二十五家税布，謂口率出泉。漢法，口百二十也。《禮・月令》：季春之月，命野虞無伐桑柘。

又 孟夏之月，以桑爲均，貴賤長幼如一，以給郊廟之服。孔穎達正義：收税之時，以受桑多少爲均齊，桑多則賦多，桑少則賦少。貴賤長幼如一，貴謂公卿，大夫之妻，賤謂士之妻，長幼謂婦老幼。無問貴賤老幼，出之時，齊同如一，以近郊之税，十而税一也。《孟子》：五畝之宅，樹之以桑。

又 五畝之宅，樹牆下以桑。《管子》：桑麻不植于野，國之貧也；桑麻植于野，國之富也。相高下，視肥墝，觀地宜，明詔期前後。農夫以時均脩焉，使桑麻皆安，其處田田之事也。朱長春曰：田田，畯之類。《亢倉子》：后妃率嬪桑公田，勸人力婦教也。《韓詩外傳》：召伯就蒸，庶于阡陌隴畝之間，而聽斷百姓大悅，耕桑陪力以勸。《淮南子》：原蠶一歲再登，非不利也，然王者法禁之，爲其殘桑也。

又　召公以桑蠶之時弛獄出拘，使百姓皆得反業修職。《韓子》：子産開畝種桑，鄭人謗訾。《穆天子傳》：居范宮以觀桑者，乃飲于桑中，命桑虞出，桑者用禁暴民。《春秋繁露》：秉耒躬耕，采桑親蠶，以足衣食，所以奉地本也。《法言》：或問何思？曰：男子耕，婦人桑，謂之思。《申鑒》：帝耕籍田，后桑蠶宮，國無遊人，野無荒業。

又　興農桑以養其性，審好惡以正其俗。《吴越春秋》：一女不桑，則受其寒。《白虎通義》：王者親耕，后親桑，所以率天下農蠶也。《潛夫論》：一婦桑，百人衣之。

又　民廢農桑，遠來詣闕，而拘以禁忌，豈爲政之意乎？《昌言》：益君長以興政理，急農桑以豐委積。

又　君子非自農桑以求衣食也。

又　農桑失業，兆民吁嗟。《新論》：天子親耕后妃躬桑，國非無良農也。而王者親耕，世非無蠶妾也，而后妃躬桑，上可以供宗廟，下可以勸兆民。《漢書·平帝紀》：元始四年置大司農，部丞十三人，人部一州，勸農桑。《漢書·食貨志》：晁錯説上曰：「夫寒之于衣，不待輕暖，飢之于食，不待甘旨。飢寒至身，不顧廉恥。人情一日不再食則飢，終歲不制衣則寒。夫腹餒不得食，膚寒不得衣，雖慈母不能保其子，君安能以有其民哉。明主知其然也，故務民于農桑。」

又　還廬樹桑。《漢書·藝文志》：農家者流，蓋出于農稷之官，播百穀，勸耕桑，以足衣食。《漢書》：谷永爲北地太守，上使衛尉，淳于長受永所欲言，永對曰：「二千石，敕勸耕桑，毋奪民事。」

又　黄霸爲潁州太守，務耕桑、種樹、畜養，霸精力能推之。

又　龔遂爲渤海太守，見齊俗奢侈，好末技，不田作，迺躬率以儉約，勸民務農桑，郡中皆有畜積，吏民皆富實。《漢書·地理志》：召信臣爲南陽太守，勸民農桑。《後漢書·禮儀志》：侍御史持節慰勞以詔恩，問所疾苦，勸以農桑。《後漢書·百官志》：凡郡國，以春行所主縣，勸農桑。《後漢書》：卓茂遷密令，是時王莽秉政，置大司農六部丞，勸農桑，遷茂爲京部丞。

又　茨充爲桂陽，教民種植桑柘。

又　張堪拜漁陽太守，勸民耕種，百姓歌曰：「桑無附枝，麥秀兩岐。張君爲政，樂不可支。」

又　仇覽爲蒲亭長，農事既畢，乃命子弟羣居就學，其剽輕遊恣者皆役以農桑。

又　馮魴拜虞令，以威信稱遷郟令。盗賊羣起，魴行軍法，皆叩首曰：「今日受誅，死無所恨。」魴曰：「汝知悔過，各反農桑。」《東觀漢記》：建初八年，王景爲廬江太守，教民種桑。《魏志》：鄭渾遷邵陵令，民皆剽輕，不念産植。渾奪其漁獵之具，課使農桑。《齊民要術》：杜畿爲河東，勸農桑。

又　顔裴爲京兆令，阡陌樹桑。《晉書·食貨志》：武帝太始八年，司徒石苞奏：「州郡農桑，未有殿最之制，宜增掾屬，令吏有所循行。」帝從之。

又　元帝大興元年，將軍應詹表曰：「不親農桑而遊食者，以十萬計，不思開立美利而望國足人給，豈不難哉。」《晉書》：桓宣鎮襄陽，勸課農桑。

又　温嶠上疏曰：「司徒置田曹掾，州一人，勸課農桑，察吏能否，今宜依舊增之。」

又　王宏爲汲郡太守，撫百姓如家耕桑樹藝，屋宇阡陌莫不躬親自教示。

又　王孚以關中遭賊寇，穀帛不足，遣冀州農丁五千屯于上邽，秋冬習戰陣，春夏修桑田。《晉書·馮跋載記》：跋勵意農桑，勤心政事，下書曰：「桑之益，有生之本。此土少桑，人未知其利，可令百姓人植桑一百根、柘二十根。」《宋書》：周朗疏曰：「農桑者，實民之命。若重之，宜寵金錢。」《梁書》：沈瑀爲建德令，教人一丁種十五株桑，女丁半之。人咸歡悦，頃之成林。《魏書·食貨志》：男夫一人給田二十畝，課蒔餘，種桑五十株，多種桑者不禁。《魏書》：李安世上疏曰：「廬井荒涼，桑榆改植，良疇委而不開，柔桑枯而不采，欲令家豐歲儲，其可得乎？愚謂雖桑井難復，宜更均量。」

又　辛纂拜河南刺史，督勸農桑。

又　「三農之隙，陰雨之暇，當教人種桑。」《北史》：崔衡除秦州刺史，修龔遂之法，勸課農桑。《通典》：北齊每丁給永業二十畝爲桑田，其田中種桑五十株。《隋書·食貨志》：北齊河清三年定令，每歲春月，各依鄉土早晚，課人農桑。蠶桑之月，婦女十五以上皆營蠶桑。《隋書》：北齊正月班詔，勸率農桑。《隋書・食貨志》：丁男一牀，租粟三石，桑土調以絹絁。《通典》：隋文帝遵北齊之制，并課樹桑。《唐書・百官志》：凡十道巡按，以判二人爲佐，務煩則有支使，其三察農桑不勤。

又 寺人掌宫人簿帳、女工。凡宫人名籍，司其除，附公桑養蠶，會其課業。《通典》：唐開元二十五年令，每畝種桑五十根以上，三年種畢。《文獻通考》：唐武德七年始定均田賦税，以二十畝爲永業，樹以桑。《唐書》：蕭定劭桑稼。《五代史》：唐明宗長興四年，帝幸龍門七里亭，見刈桑稼樹，枉駕勞問，親自勸課。

又 張全義爲河南尹，招懷流散，勸之樹藝，數年之後，桑麻蔚然。《宋史・食貨志》：民造温桑僞茶，比犯真茶計直，十分論二分之罪。《宋史・太祖紀》：禁伐桑。《文獻通考》：宋建隆二年，課民種樹。每縣定民籍爲五等，第一等種雜樹百，每等減二十爲差，桑半之。太平興國二年，又禁伐桑爲薪。

又 宋太平興國二年，江南西路轉運使上言：「諸州蠶桑素少，而金價頗低。」

又 宋至道二年，靖時爲直史館，上言曰：「其室廬及桑棗之地，十丁者給百五十畝，七丁者百畝，五丁七十畝，三丁五十畝，二丁三十畝，除桑功五年後計其租。」

又 宋熙寧六年，司農寺請立勸民種桑法，天下民種桑柘，毋得增賦。先時，河東等户以桑之多寡爲高下，故植桑者少。至和中詔罷之，時又立法勸民栽桑，有不趨，令則倣屋粟里布爲之，罰民以爲病，既而詔罷。

又 宋崇寧四年，尚書言：「毁伐桑柘者，杖以曉衆，從之。」《宋史・食貨志》：諭民能廣植桑、墾開荒田者，止輸舊租。

又 中書議勸民栽桑。

又 都省言：「淮民復業，宜先勸課農桑。令烝植桑三萬株至六萬，守倅部内二萬株以上，并論賞有差。」《宋史》：河北東路，民富蠶桑，契丹謂之綾絹州。《宋名臣言行録》：張詠令崇陽拔茶而植桑。《東都事略》：范純仁知襄陽縣，課民種桑，民號其桑爲著作林。《金史》：大定五年，伐桑爲薪，命大興少尹完顏讓巡察。《金史・食貨志》：凡桑民户以多植爲勤，少者必植其地十之三。

又 泰和元年，每田四十畝樹桑一畝，毁樹木者有禁。《元史・食貨志》：至元二十八年，頒農桑雜令。《元史》：司農進撰《栽桑圖説》，帝曰：「農桑，衣食之本，此圖甚善。」《元史・食貨志》：中統元年，頒《農桑輯要》之書于民。《元史》：中統二年，命中書省宣慰司、諸路達魯花赤管民，勸種植桑。

又 至元七年，司農司專掌農桑種植之制，每丁課種桑二十本。

又 至元二十三年，大司農上諸路儲義糧九萬五百三十五石，植桑棗雜果三千三百九萬四千六百七十二株。《元史・食貨志》：延祐三年，以苗好謙所至，植桑皆有成效，于是風示諸道以爲式。是年十一月，命各社出共蒔桑苗，以社長領之。四年又以社桑不便，令民各畦種之。《元史》：致和元年，頒農桑舊制十四條。《續文獻通考》：元至大二年，苗好謙獻種蒔之法。其説分農民爲三等，上户地一十畝，中户地五畝，下户地二畝或一畝，皆築牆圍之，以時收采桑椹，依法種植。元主善而行之。《元史》：李德輝爲太原守，勸農桑。

又 姜彧知濱州，課民種桑。歲餘，新桑遍野，人名爲太守桑。

清 周世樟《五經類編》卷五《農桑並重》 古者蠶事與農事並重，故天下無不蠶之女，而亦無不蠶之地。《祭統》言：王后蠶于北郊以供緇服，夫人蠶于北郊以供冕服。《月令》言：季春之月，后妃躬桑。孟夏之月，乃收繭税，以桑爲均。敬姜曰：王后親織玄紞，公侯之夫人加之以紘綖，卿之内子爲大帶，命婦成祭服，列士之妻加之以朝服。自庶士以下，皆衣其夫，社而賦事，烝而獻功。《周禮・閭師》云：「不蠶者不帛」，是天下無不蠶之女也。《七月》之詩曰：「女執懿筐，爰求柔桑」，則豳可蠶也。《將仲子》之詩曰：「無折我樹桑」，則鄭可蠶也。《氓》之詩曰：「桑之未落，其葉沃若」，則衛可蠶也。《桑柔》之詩曰：「菀彼桑柔，其下侯旬」，則周可蠶也。《汾沮洳》之詩曰：「彼汾一方，言采其桑」。《鴇羽》之詩曰：「肅肅鴇行，集于苞桑」，則晉可蠶也。

清 周世樟《五經類編》卷五《蠶桑》 《書》：桑土既蠶，是降丘宅土。兗州水治桑土，可以養蠶。民皆降丘陵而居平地。《禹貢》《詩》：七月流火，九月授衣，春日載陽，有鳴倉庚，女執懿筐，遵彼微行，爰求柔桑。春日遲遲，采蘩祁祁。授衣，以禦寒而衣出于蠶，故還自治蠶之始言之。倉庚，黄鸝也。未齊之蠶未可食桑，故采蘩以飼之，祁祁，衆也。七月流火，八月萑葦，蠶月條桑，取彼斧斨，以伐遠揚，猗彼女桑。七月鳴鵙，八月載績。載玄載黃，我朱孔陽，爲公子裳。《禮記》：季春之月，天子薦鞠衣，于先帝。鞠衣色黄如貌薦之于神以祈蠶事。命野虞毋伐桑柘。鳴鳩拂其羽，戴勝降于桑。具曲植籧筐。后妃齊戒親東鄉躬桑，禁婦女毋觀省，婦使以勸蠶事。蠶事既登，分繭稱絲効功，以供郊廟之服。戴勝，織紝之鳥。曲籧筐三者皆蠶器。植所以架三器者。觀、容節也。孟夏之月，后妃獻繭，乃收繭税，以桑爲均。獻繭謂受内命婦之獻繭也。繭税收之于外，命婦，凡外命婦養蠶，亦用國北近郊之公桑。税其十之一。布縷之征在此時。《月令》：古者天子諸侯必有公桑蠶室，近川而爲之築宫，仞有三尺及大昕之朝，君皮弁素積，卜三宫夫人世婦之吉者，使入蠶于蠶室，奉種浴于川，桑于公桑，風戾以食之。近川築宫，便于浴種。大昕謂季春初旦，三宫在天子則謂三夫人，在諸侯則謂三宫之衆妃，其制□于六宫。戾，乾也。蠶惡濕，葉乾乃可食。歲既單矣，世婦卒蠶，奉繭以示于君，遂獻繭于夫人，夫人副褘而受之，因少牢以禮之。單，盡也。目去歲蠶成至今歲，則期歲也。副，首飾。□，音單，即褘衣也，言服此服以受繭。禮之者，待獻繭之婦人也。《玉藻》云：世婦命于奠繭，言受命服于獻繭之時也。及良日，夫人繅三盆手，遂布于三宫。夫人，世婦之吉者，使繅遂朱緑之、玄黄之，以爲黼黻文章。三盆手者，以盆盛水，置繭盆中，而以手三次淹絲，□出其緒也。夫人之繅，止于三盆，猶天子之耕，止于三推也。《祭義》王后蠶于北郊，以共纚服，夫人蠶于北郊，以共冕服，王后夫人非莫蠶也，身致其誠信，此祭之道也。纚服亦冕服，以色言之耳。夫人謂諸侯之夫人。《祭統》《國語》：社而賦事，烝而獻功。社，春分祭社也。事，農桑之事也。冬祭曰烝功，五穀布帛之功也。《魯語二九》

清　馮桂芬《校邠廬抗議》卷上《勸樹桑議》　西北稻田之利，前議詳矣。顧治田宜先治水，重大不易行。更有至簡至易之事，則蠶桑。是西北諸省千百里彌望平楚，莫不宜桑，一切棄之，其可惜有倍甚於田者。曩侍先恭人，京邸後圃有桑數株，歲飼蠶數簇，繅絲與南中無二。蓋西北地脈深厚，外燥而内潤，故梨桃蔬菓之屬轉勝於南。桑性亦如之，知西北之棄地多矣。天下事本難於創始，蚩蚩者尤甚。十年樹木，利在日後，而費在目前。吾吴西郊山地畝值錢數百，桑園畝值錢三十千，然不能化山地盡爲桑園者，亦以人情狃於近利，劉地栽桑，必三五年無利，有費之故。東南猶爾，況西北乎。勸種之法，宜官爲倡導，令編檢部曹中嘉湖人，挈家至城外，發帑買地種桑，募其鄉善飼蠶者爲之師，雇本地人受其法，五年之後，招土著承買，歸其帑，永爲世業。民間有能仿行者，呈明給照，永不許王公府八旗爭奪，並永不加賦，使安其業。十年之後，桑陰滿邦畿矣。近京不甚寒之省皆仿此。夫經傳所言蠶桑之利，未嘗及吴越，郭子章《蠶論》云：「《七月》『爰求柔桑』，則豳可蠶。《將仲子》『無折我樹桑』，則鄭可蠶。《氓》『桑之未落，其葉沃若』，則衛可蠶。《十畝》『桑者閑閑兮』，則晉可蠶。《皇矣》『其檿其柘』、《桑柔》『菀彼柔桑』，則周可蠶。兖州『厥貢漆絲，厥篚織文』、『桑土既蠶』，青州『厥篚檿絲』，徐州『厥篚元纖縞』，揚州『厥篚織貝』，則齊魯可蠶。荆州『厥篚元纁璣組』，豫州『厥貢漆枲絺紵，厥篚纖纊』，則楚可蠶。《孟子》『樹牆下以桑』，則齊梁可蠶。蠶叢都蜀，教民蠶桑，則蜀可蠶。」不知何時利獨歸於吴越。視宜稻七州之僅存荆、揚，殆又甚焉。作而致之，其有待於大賢乎。又宋秦觀《蠶書》云：「戎治：《唐史》載于闐蠶蛾飛盡治繭，可爲絲。如得其法，所全生命不勝計。」是亦當留意訪求者。

清　曹溶《倦圃蒔植記·論木第二》　桑可飼蠶以衣被天下，當爲木之丙。若不耐養蠶，祇售其葉，亦可爲恒産。嘗遇湖州一筆賈，見此地園多雜樹，慨然相勸，何不盡芟去，以其地種桑。予深服其言而未能行也。白桑有花無實，黑桑有實無花。飼蠶須種白桑。欲收紫椹爲藥，明目延年，則黑桑亦可種十分之二也。每歲翦剥冗枝，其薪更可熬藥。

清　程景沂《游戲録·桑譜》　壓桑條溼土則爛，燥土易生。

清　惠棟《後漢書補注》卷九《桑無附枝，麥穗兩(岐)〔歧〕》　胡三省曰：蠶月既採桑，斫去繁枝，留其特長者，則來年桑特茂盛。

藝　文

《詩·小雅·南山有台》　南山有桑，北山有楊。【略】南山有杞，北山有李。【略】南山有栲，北山有杻。【略】南山有枸，北山有楰。

《詩·小雅·隰桑》　隰桑有阿，其葉有難。【略】隰桑有阿，其葉有沃。【略】隰桑有阿，其葉有幽。

漢　繁欽《桑賦》　上似華蓋，紫極比形。下象鳳闕，萬桷一楹。叢枝互出，乃錯乃并。暐暐隆暑，涼風自生。微條纖繞，隨風浮沉。陽蜩鳴其南枝，寒蟬噪其北陰。秋氣忽其將來，咸感節而悲吟。玩庇蔭之厚惠，情眷眷而愛深。

晉 陸機《桑賦并序》 皇太子便坐，蓋本將軍直廬也。初，世祖武皇帝爲中壘將軍，植桑一株，世更二代，年漸三紀，扶疏豐衍，抑有瑰異焉。 夫何佳樹之洪麗，超託居乎紫庭，羅萬根以下洞，矯千條而上征。豈民黎之能植，乃世武之所營，故其形瑰族類，體豔衆木。黄中爽理，滋榮煩缛，緑葉興而盈尺，崇條蔓而曾尋。希太極以延峙，暎承明而廣臨，華飛鴞之流響，想鳴鳥之遺音。惟歷數之有紀，恒依物以表德，豈神明之所相，將我皇之先識，跨百世而勿翦，超長年以永植。

晉 潘尼《桑樹賦》 從明儲以省膳，憩便房以偃息。觀兹樹之特偉，感先皇之攸植。蔚蕭森以四射，邈洪傭而端直。爾乃徘徊周覽，俯仰逍遥。俛睨靈根，上眺修條。洞芳泉于九壤，含溢露于清霄。倚增城之飛觀，拂綺窗之疏寮。下迢遞以極望，上扶疏而參差。匪衆鳥之攸萃，相皇鸞之羽儀。理有微而至顯，道有隱而應期。豈皇晉之貞瑞，兆先見而啟兹。起尋抱于纖毫，崇萬匱于始基。

晉 傅咸《桑樹賦并序》 世祖昔爲中壘將軍，于直廬種桑一株。迄今三十餘年，其茂盛不衰。皇太子入朝，以此廬爲便坐。 伊兹樹之僥倖，蒙生生之渥惠。降皇躬以斯植，遂弘茂于聖世。厥茂伊何？其大連尋。修柯遠揚，洪條梢槮。布簟枝之沃若，播密葉以垂陰。蔭華寓而作涼，清隆暑之難任。以厥樹之巨偉，登九日于朝陽。且積小以高大，生合抱于毫芒。猶帝道之將升，亦累德以彌光。湯躬禱于斯林，用獲雨而興商。惟皇晉之基命，爰于斯而發祥。從皇儲于斯館，物無改于平生。心惻切以興思，思有感于聖明。步徬徨以周覽，庶髣髴于儀形。

南朝梁 蕭綱《采桑詩》 春色映空來，先發院邊梅。細萍重疊長，新花歷亂開。連珂往淇上，接幰至叢臺。叢臺可憐妾，當窗望飛蝶。忌跌行衫領，熨斗成褫褔。寄語采桑伴，訝令春日短。枝高攀不及，葉細籠難滿。

南朝梁 吴筠《采桑詩》 妾賤思不堪，采桑渭城南。帶減連枝繡，髮亂鳳皇簪。花舞依長薄，蛾飛愛緑潭。無由報君信，流涕向春蠶。

又《陌上桑》 裊裊陌上桑，蔭陌復垂塘。長條繫白日，細葉隱鸝黄。蠶饑妾復思，拭淚且提筐。故人寧知此，離恨煎人腸。

南朝梁 劉邈《萬山見采桑人》 倡女不勝愁，結束下青樓。逐伴西城路，相攜南陌頭。葉盡時移樹，枝高年易鉤。絲繩挂且脱，金籠寫復收。蠶饑日已暝，詎爲使君留。

南朝梁 王臺卿《詠陌上桑》 令月開和景，處處動春心。挂筐須葉滿，息倦重枝陰。

南朝陳 徐伯陽《賦得日出東南隅詩》 朱城璧日啟朱扉，青樓含照本暉暉。遠映陌上春桑葉，斜入秦家緗綺衣。羅敷妝粉能佳麗，鏡前新梳倭墮髻。圓籠裊裊挂青絲，鐵鈎冉冉勝丹桂。蠶饑日晚暫生愁，忽逢使君南陌頭。五馬停珂遣借問，雙臉含嬌特好羞。妾婿府中輕小吏，即今來往專城裏。欲識東方千騎歸，藹藹日暮紅塵起。

唐 李嶠《爲鳳閣侍郎李元素進冬椹表》 臣某言，聞京兆萬年縣大寧坊宅内有桑樹一株，暮秋生子，初冬椹熟，今謹取得，專輒進奉。伏惟陛下惠覃區宇，仁洎草木，故得神蠶之樹，發秀於寒露之辰。帝女之林，結實於繁霜之下，出於萬年之界。彰一人萬歲之符，生自大寧之坊，表羣生大安之慶。鴟鴞已革，見夷貊之懷音，絲蠒行豐，知府藏之逾實。殊禎薦委，絶貺仍臻。凡在含生，孰不欣慶。無任抃躍之至，謹奉表陳賀以聞。

唐 劉希夷《採桑》 楊柳送人行，青青西入秦。誰家採桑女，樓上不勝春。盈盈灞水曲，步步春芳緑。紅臉耀明珠，絳脣含白玉。回首渭橋東，遥憐春色同。青絲嬌落日，緗綺弄春風。携籠長嘆息，逶迤戀春色。看花若有情，倚樹疑無力。薄暮思悠悠，使君南陌頭。相逢不相識，歸去夢青樓。

唐 鄭谷《採桑》 向曉携籠去，桑村路隔淮。何如鬬百草，賭取鳳凰釵。

宋 鄭震《採桑曲》 晴採桑雨採桑，田頭陌上家家忙。去年養蠶十分熟，蠶姑只著麻衣裳。

宋 范成大《科桑》 斧斤留得萬枯株，獨速槎牙立暝途。飽盡春蠶收罷繭，更殫餘力付樵蘇。

清 愛新覺羅·玄燁《東作》 東作三春始，滋生萬物稠。公田平似掌，新水緑如油。蟲捲柔桑葉，針抽嫩穎頭。乘時功力備，多稼定今秋。

清 盧存心《白雲詩集》卷四《桑蠹》 食葉者天蟲，食心者桑蠹。不能作繭絲，但能白如瓠。

桑寄生

綜述

《神農本草經》卷一 桑上寄生，味苦平，主腰痛、小兒背强、癰腫、安胎、充肌膚、堅髮齒、長鬚眉，其實明目輕身通神。一名寄屑，一名寓木，一名宛童，生川谷。《名醫》曰：一名蔦，生宏農桑樹上。三月三日，采莖陰乾。 案：《説文》云：蔦，寄生也。《詩》曰：蔦與女蘿，或作樢。《廣雅》云：宛童，寄生樢也。又寄屏，寄生也。《中山經》云：龍山上多寓木。郭璞云：寄生也。《爾雅》云：寓木，宛童。郭璞云：寄生樹一名蔦。《毛詩》云：蔦與女蘿。《傳》云：蔦，寄生也。陸璣云：蔦，一名寄生，葉似當盧，子如覆盆子，赤黑甜美。

宋 寇宗奭《本草衍義》卷一三 桑寄生，新舊《唐書》云：「今處處有之。」從宦南北，實處處難得，豈歲歲窠斫摘踐之苦而不能生邪？抑方宜不同也。若以爲鳥食物子，落枝節間，感氣而生。則麥當生麥，穀當生穀，不當但生此一物也。又有於柔滑細枝上生者，如何得子落枝節間：由是言之，自是感造化之氣，别是一物。古人當日惟取桑上者，實假其氣耳。又云：「今醫家鮮用。」此極誤矣。今醫家非不用也，第以難得真桑上者。嘗得真桑寄生，下嚥必驗如神。向承乏吴山，有求藥於諸邑者，乃遍令人搜摘，卒不可得。遂以實告，甚不樂。蓋不敢以僞藥罔人，鄰邑有人僞以他木寄生送之，服之逾月而死，哀哉！

清 吴其濬《植物名實圖考》卷三三《木類・桑上寄生》 桑上寄生，《别録》中品。葉圓微尖，厚而柔，面青光澤，背淡紫有茸。子黄色如小棗，汁甚黏，核如小豆。諸書悉同。惟《圖經》云：「三四月花黄白色。」余所見冬開花，色黄紅，殘則淺黄耳。後人執蔦女蘿之説，强爲糾紛。若如陸疏所云：「乃是蔓生，何能併合？南方毛葷、石斛、風蘭寄生，亦非一種。」《本草衍義》謂「有服他木寄生而死者，用寄生者烏可不慎。」廣西所産多榕寄生，或云桑寄生。於榕又謂有桑寄。桑者尤謬。吾未見有服此藥而效者，緣少真者耳！ 雩婁農曰：「蔦與女蘿，傳曰，蔦寄生也。」陸疏以爲子如覆盆子，赤黑甜美。今寄生子既不可食，形亦不類，或云鳥銜樹子遺樹上而生。余以十月後莅贛南，羣木多隕，有鬱葱者如花如果，遣人折枝視之，皆寄生也。所托樹非一，而葉厚毛背，紅花黄子無異形，信乎！感氣而生别是一物也。桑寄生以去風保産，見重於世。桂椒生者，土人云：「性與桂椒同。桃柳所生俗方亦取用之。」蓋皆盜本木之精華，而奪其雨露之施假而不歸如借叢者，久而叢枯而亡矣。

柘

綜述

北魏 賈思勰《齊民要術・種桑柘第四五》 種柘法：耕地令熟，耬耩作壟。柘子熟時，多收，以水淘汰令浄，曝乾。散訖，勞之。草生拔卻，勿令荒没。三年，間劚去，堪爲渾心扶老杖。一根三文。十年，中四破爲杖，一根直二十文。任爲馬鞭，胡牀。馬鞭一枝直十文，胡牀一具直百文。十五年任爲弓材，一張三百。亦堪作履。一兩六十。裁截碎木，中作錐、刀靶。一個直三文。二十年，好作犢車材。一乘直萬錢。欲作鞍橋者，生枝長三尺許，以繩繫旁枝，木橛釘著地中，令曲如橋。十年之後，便是渾成柘橋。一具直絹一疋。欲作快弓材者，宜於山石之間，北陰中種之。其高原山田，土厚水深之處，多(摇)掘深坑，於坑(之)中種桑柘者，隨坑深淺，或一丈丈五，直上出坑，乃扶疎四散。此樹條直，異於常材。十年之後，無所不任。一樹直絹十疋。柘葉飼蠶，絲(好)，可作琴瑟等絃，清鳴響徹，勝於凡絲遠矣。《禮記・月令》曰：「季春無伐桑柘。」鄭玄注曰：「愛養蠶食也，具曲、植、(籧)(筥)、筐。」注曰：「皆養蠶之器也。」

宋 陸佃《埤雅》卷一四 柘宜山石、柞宜山阜、楮宜澗谷、柳宜下田、竹宜高平之地。崔豹《古今註》曰：「杼實曰橡，棘實曰棗，桑實曰葚，柘實曰佳。」佳言佳鳥性所食也。《考工記》曰：「弓人取材，柘爲上，檍次之，檿桑次之，橘次之，木瓜次之，荆次之，竹爲下。」蓋弓材莫良於檿，尤良於柘。故《皇矣》先其檿，後其柘也。《蠶書》曰：「柘葉飼蠶，其絲作琴瑟弦，清鳴響亮，勝於凡絲遠矣。」

宋　寇宗奭《本草衍義》卷一五　柘木，裏有紋，亦可旋爲器。葉飼蠶曰柘蠶，葉梗然不及桑葉。東行根及皮煑汁釀酒，治風虚耳聾有驗。餘如經。

宋　温革《分門瑣碎録・農桑》　柘樹多發生，幹疏而直，葉豐而厚。春蠶食之，其絲以冷水繰之，謂之「冷水絲」。　柘葉隔年不採，春再生則毒蠶。如採不盡，夏月皆要打落，方可無毒也。

明　宋詡《竹嶼山房雜部》卷九《樹畜部・樹類》　柘，多叢生。幹疏而直，葉豐而厚。　春月種子，亦可種葉。宜蠶，其葉隔年不採者春再生必毒蠶，採不盡者夏月宜擊脱須盡。

明　王世貞《彙苑詳註・柘》　柘，木名。《草木狀》云：柘宜山石，柞宜山阜，楮宜澗谷，柳宜下田，竹宜高平之地。《考工記》云：弓人取材，柘爲上，檍次之，檿桑次之，橘次之，木瓜次之，荆次之，竹爲下。蓋弓材莫良于檿，尤莫良於柘。故《皇矣》先其檿，後其柘也。《書注》云：柘葉飼蠶，其絲作琴瑟弦，清鳴響亮，勝于凡絲。陰柘木南海商人齎火浣布三端，帝以雜布積之，令杰公以他事召至於市所，杰公遥識曰：此火浣布也。二是緝木皮所作，一是續鼠毛所作，以詰商人、具如杰公所説，因問木鼠之異。公曰：木堅毛柔是何别也。以陽燧火山陰柘木爇之，木皮改常。試之果驗。《花木考》

明　吴雨《毛詩鳥獸草木考・木考》　柘，亦桑屬，實一名佳。木裏有文細密，上多白點，可旋爲器。枝條多有刺，葉比桑葉甚小而薄，色頗黄淡，葉梢皆三叉，亦堪飼蠶，曰柘蠶。實紅熟，甘酸可食。有綿柘，刺少，葉似柿葉微小，枝葉間結實，狀如楮桃而小。熟則亦有紅蕊，亦可食。惟葉微苦，不如柘葉之甘也。

明　方以智《物理小識》卷九　柘。柘葉可飼蠶，其絲爲絃，清響。隔年不採者，春再生必毒蠶。故夏月宜擊脱之。柘木以醋調礦灰塗之，一宿，作間道烏木。

清　陳大章《詩傳名物集覽》卷一二　《朱傳》：檿，山桑也，與柘皆美材，可爲弓幹，又可蠶也。《爾雅》：檿桑，山桑。注：似桑，材中作弓及車轅。《禹貢》：青州厥篚檿絲。注：檿桑蠶絲，中琴瑟弦。《管子》：五粟之土，其檿其桑。《師古》：山桑之有點文者，《花木考》：繭生山桑，不浴不飼，居民取之製爲紬，久而不敝。《左傳》：宣王之時，有童謡曰：檿弧箕服，實亡周國。注：山桑曰檿。弧，弓也。箕，木名。服，矢房也。《史記》引《書》：厥貢酓絲，古音獵要云：酓與檿同，按檿作酓，謌也。從檿爲正，柘。《木譜》：喜叢生，幹疎直，葉圓有尖，結實如椒，名佳子。佳音錐，染黄赤色，謂之柘黄，琴柘有刺而小，葉可飼蠶。《月令》：季春無伐桑柘，投壺矢以柘若棘。《考工記》：弓人取材柘爲上，檍次之，檿桑次之，橘次之，木瓜次之，荆次之，竹爲下。《周書》：季夏取桑柘之火。《淮南子》：八月其樹柘。《四民・月令》：柘染黄色赤，人君所尊。《蠶書》：柘葉飼蠶，其絲作琴瑟弦，清鳴響亮，遠勝凡絲。《埤雅》云：柘宜山石，柞宜山阜，楮宜澗谷，柳宜下田，竹宜高平之地。《本草衍義》：柘木理有紋，亦可旋爲器。《方書》：柘通腎氣，治耳聾耳鳴，有柘根酒。又《楚辭》：有柘漿些。《漢志・樂府歌》：泰尊柘漿析朝酲。應劭曰：取柘汁爲飲，解酒病也。按柘、蔗，古字通用。《子虚賦》：諸柘巴苴。注：諸柘即甘蔗也。舊注引爲桑柘之柘，誤矣。

清　厲荃《事物異名録》卷三〇　文章樹，《清異録》：張曲江第有古柘，因風發其一根，解爲器具，花紋甚奇，人以公之手筆冠世目之，曰文章樹。

清　吴其濬《植物名實圖考》卷三五《木類・柘》　柘，《嘉祐本草》始著録。葉可飼蠶，木染黄。《救荒本草》葉實可食，野生小樹爲奴柘。《本草拾遺》載之。

清　張宗法《三農紀》卷六《柘》　柘，《圖經》云：葉厚而光澤，青緑而圓尖。其枝條青黑有刺如者錐狀，及老，身黄無刺多疤痕。花白簇而細。結實如構果，生青熟經其木可經水土，葉嫩可飼小蠶，及老。韌碎，不若桑飼催蠶。《樂律書》云：柘絲爲琴弦，其音清明勝于凡絲，一種葉苦者不堪飼蠶。鄒子云：季夏取火于桑柘。《埤雅》云：宜山石地，故字從石。一名樜，其木庶生多茂。《古今注》名柘實，曰佳烏性喜食之。《相感志》云：柘木以礦灰和醋塗之，一宿作間道雲水紋。《考工記》云：弓人取材以柘爲上也。《詩・大雅》云：其檿其柘。　植藝：子熟收種，苗生移栽。有種不結實者，刺少葉茂，根傍生條。春初移植石磽土中，頻澆即生。木如盃者劚斷行根，當年生條遍地，便于栽植，亦便于采葉。　本性：味甘、氣凉，除風去熱。　效方：海上明目，方用柘木煎湯，按日温洗。自寅至亥，宜正月初二，二月初三，三月不洗，四月初五，五月十五，六月十一，七月初七，八月初二，九月初二，十月十九，十一月不洗，十二月十四。依日洗之神效。

清　楊屾《豳風廣義》卷一《附種柘法》　柘亦飼蠶之物。柘宜山石，柞宜山阜，柘字從石，其取義與。柘木有紋理，亦可旋爲器，其葉可飼蠶，曰柘蠶。柘蠶（亦另有柘蠶），種先出，先眠先起先繭，如無柘蠶種，以桑蠶飼以柘葉亦可，得絲甚少。然葉硬而薄小。不及桑葉。桑葉大而豐肥多津，故多樹。桑少樹柘，柘宜山麓之人，不勞種植而獲利。處處山中有之，喜叢生。幹疎而直，葉豐而厚，團而有尖，飼蠶成繭，冷水繅之，謂之冷水絲。作琴瑟絃，清響異常，亦可織紬，且韌。《爾雅》所謂棘繭，即此蠶也。此柘諸山皆有，最多且茂，惜乎近山之人多不知此美利，無有爲之者，若在山麓之下，蓋草房幾間，內多置蠶種，廣採山中野柘飼蠶，其利可勝言哉。無樹桑占田之累，修接糞澆之勞，豈非坐而獲利，且蠶種廣布無窮，而野柘多採無盡，勝於深山採水，幽壑負薪之勞遠矣，何憚而不爲。予近教盩厔山庄上人有幾家，歲歲採柘飼蠶，收絲織縑。種柘法，耕地令熟，摟耩作壠，柘子熟時多收。要揀無刺葉圓大者方好。如身有刺，葉小薄者勿用。以水淘洗令浄，曝乾，臨種時，用水浸一夜，用柴灰拌勻，散於畦中，摟杷蓋之。苗出後，時時鋤草令浄，不可荒没，移栽者，不可太稀，大約三尺一株。若在山田，令其多布，又須歲歲採葉飼蠶，如一歲不採，次年葉生有毒，蠶食之不旺，且多死。如欲養蠶者，先年夏月，將柘葉打落，次年生葉方無毒，可飼蠶。

柘蠶之種，其始即生柘樹上，乃柘之氣化生者，人若細心於夏秋間，年年在柘樹葉上撥看，常有結成繭子，可取以爲種，但有無多寡，年年不同。柘蠶亦食桑葉，且得良繭。桑蠶不可飼柘葉，食之多結薄繭。

以上樹桑諸法，若能件件遵依，再如法養蠶，自然繭堅而多絲，以之造綾緞紗羅，無不盡善。若不能依法樹藝，只照平常栽法，如多且旺，亦可飼蠶，然其絲粗硬，僅可織縑絹而已。

今人多不肯樹桑者，以爲五七年以後，方可成樹，方可獲利，我豈能待。獨不思我即年老，遺澤子孫，爲世守之業，亦何不可，若先世早樹，至我豈不大享其利。我今仍舊不樹，將來子孫蠶織終無望矣，所謂及今不畜艾，七年之病，終不痊者此也。故玄扈先生曰，恐不能待者，急樹之，便是妙方。

桑乃蠶食，故居蠶先，今樹桑之法已備，方可以言蠶事矣。

清　李鴻章　光緒《畿輔通志·物産》　柘，潭柘寺柘以瓦覆者，一枯長不能大。《志》所稱虬龍形，僧所説林林千章者。烏有此枯，其猶最晚發，特後彫者也。柘枯，然不朽。《帝京景物畧》塞山有之，葉可飼蠶，材可作器。《熱河志》

觀賞樹種分部

梅花

綜述

唐　段公路《北户録》卷三《紅梅》　嶺之梅小於江左，居人採之，雜以豆蔻花。漏蔻花，白色，穗尖微紅。《南方草木狀》曰：漏蔻樹，子大如李實，二月花，七月熟，出《興古書》。此字又劉欣其《交州記》作竇蔻。《廣志》作豆菻字也。枸櫞子，朱槿之類。顔之推云：枸櫞子似橘，大如飯簇。《字林》音矩椽。又按：梁朝上饌糝萸合子，內有根櫞是也。又朱槿四時常有，花可食。此蕣木也，一名董，一名櫬。《莊子》云：朝菌。又張華云：君子國多蕣華之草，朝生夕死。和鹽曝之，梅爲槿花所染，其色可愛，今嶺北呼爲紅梅是也。又有選大梅，刻鏤瓶罐結帶之類，取棹汁漬之，棹木葉，烹其葉呼爲棹汁。按：梅有紫花梅、同心梅、麗支梅，品第絶多。亦甚甘脆。按鄭公虔云：婆弄迦木出烏萇國，發地叢生，葉大如掌，花白而細，絶芳香，子如升大。花披之時，人即雕畫瓦罐承花，候其子長滿罐中，即破而取之。文彩彬焕，與畫罐相類，便以獻王，猶中國鏤梅，諸國所無也。

宋　謝維新《古今合璧事類備要别集》卷二二《花木門·梅花》　《格物總論》梅之來久矣，考之前載，其始見於炎帝之經，至於詩書靡不稱述，自是以來，漢見於上林苑，魏見於曹林，晉見於江南，南北朝宋見於含章宫，梁見於揚州法曹廨舍，隋又見於羅浮松林間。花之名，始著見於墨客騷人之手者不一。下逮李唐而至于本朝，其賦詠何多也。然其品類亦甚蕃，有非一言之所能盡，雖其間譜之者，不一而足，亦不過隨所得而爲之，是豈一人之耳目所可得而遍及耶。以見天地之大，造物之巧，窮之而不可勝窮也。物皆然，況梅乎，君子謂水陸草木之花可愛者甚衆，而梅也獨先天下而春，是故首及之。

宋　陸佃《增修埤雅廣要》卷四〇《梅化杏》　梅南枝向煖北枝寒，北人移植之，則化爲杏，亦猶橘北則爲枳。蓋其方輿之氣使然也。

明　高濂《遵生八箋》卷一六《梅花七種》　尋常紅、白之外，有五種：

如緑萼，蒂純緑而花香，亦不多得。有照水梅，花開朵朵向下。有千瓣白梅，名玉蝶梅。有單瓣紅梅，有楝樹接成墨梅，皆奇品也。種種可觀。

明 高濂《遵生八箋》卷一六《茶梅花》 開十一月中，正諸花凋謝之候。花如鵝眼錢而色粉紅，心黄，開且耐久，望之雅素。無此則子月虚度矣。

明 王世懋《學圃雜疏・梅花疏》 梅。南中梅都於臘月前便開，吾地稍遲。紅梅最先發。元日有開者，此花故當首植，性多蟲易敗，宜時去之。閩中有深淺二種可致。其淺者次。則杭之玉牒，本地之緑萼爲佳。曾於京師許千户家見盆中一緑萼。玉牒梅，梅之極品，不知種在何處。當詢而覓之。予賓園中一緑萼梅，偃蓋婆娑，下可坐數十人。今特作高樓賞之，子孫當加意培壅。若野梅可置竹林水際，鶴頂梅種園中取果，不足登几案也。

明 江之源《百花藏譜・梅花譜七種》 梅乃花中第一仙品，故林和靖酷愛之。林和靖詩有「踈影横斜水清淺，暗香浮動月黄昏」之句，寫梅之風韻。高侍郎季迪「雪滿山中高士卧，月明林下美人來」之句，狀梅之精神。楊鐵崖廉夫「萬花敢向雪中出，一樹獨先天下春」之句，道梅之氣節。 紅白之外有五種，如緑萼，蒂純緑而花香，亦不多得。有照水梅，花開朵朵向下，有千瓣白梅名玉蝶梅。有單瓣紅梅，有楝樹接成墨梅，皆奇品也。春間取梳埋糞地，待長二三尺許分栽，取佳種接桃樹上易活。移大梅樹，去其枝梢，大其根盤，沃以溝泥，無不移活。

明 徐渭《徐文長先生秘集》卷一二《梅》 背孤山處士，以梅爲妻，以鶴爲子，幽人花伴，梅實專房矣。種法：春間取核埋之糞地，俟長數尺，以桃接之。若欲移種，須去其枝梢，大其根盤，沃以溝泥，無不活者。或云於苦楝樹上接之，則成墨梅。瓶花之法，將醃肉汁撇去浮油，入瓶插之，可至結實，或用煮鲫湯亦可。陳眉公云：以乾鹽貯瓶，插梅其中，鹽梅相和，尤覺清韻耳。别有一種名蠟梅者，本非梅類，以其與梅同時，香又相近，酷似蜜脾，故名蠟梅。凡計三種，子種者佳。夏間子熟，採而種之，秋後發芽。澆灌得宜，數年之後，亦可分栽。《梅譜》又云，凡古梅多苔者，封固花葉之眼，惟罅隙間始能發花，花雖稀而氣之所鍾，豐腴妙絶。

明 闕名《花史》冬集《梅花》 五月間，梅熟時，蒂肉埋肥土中，出芽時用灌溉。至次年，伺長二三尺方移。必須深撅其坑，埋之，不使摇動，則無患，卻不可失水。

又《梅》以楝樹接之，成墨梅，皆奇品也。春間取核，埋糞地，長二尺移栽，其樹接桃實脆。若移大樹，去其枝，根盤沃以糞泥，無不活。

清 曹溶《倦圃蒔植記》總論卷上《論花・梅》 梅花，本當首選而讓於蘭，時以蜂之頂戴與股夾而決之，物無心，而有心者聽焉。千葉緑萼，余甚愛之，惜難得耳。玉蝶兩種，或純白而薄，或銀紅而肥，宜並存之。紅梅三種，春初有淺深二色。别一種，色尤淡而香獨勝。十月後冬至前便盛開，一名早玉蝶，此佳品也。蠟梅貴磬口，取其色香俱勝，不但以形體圓肥耳。

清 曹溶《倦圃蒔植記》卷中《梅》 昔孤山處士以梅爲妻，以鶴爲子。幽人花伴，梅實專房矣。張翊《花經》乃置四品，不幾爲梅花撚酸耶。種法：春間取核埋之糞地，俟長數尺，以桃接之。若欲移種，須去其枝稍〔梢〕，大其根盤，沃以溝泥，無不活者。或云於苦楝樹上接之則成墨梅。予嘗聞之園丁，獨宜江梅，餘俱不然也。瓶花之法：將醃肉汁撤去浮油，入瓶插之，可至結實。或用煮鲫湯亦可。陳眉公云：以乾鹽貯瓶，插梅其中，鹽梅相和，尤覺清韻耳。别有一種名蠟梅者，本非梅類，以其與梅同時，香又相近，酷似蜜脾，故曰蠟梅。具載《石湖梅譜》。或謂其臘中吐葩，遂誤臘梅。便是伏獵侍郎小化身矣。凡計三種，子種者佳。夏間子熟，採而種之。秋後發芽，澆灌得宜，數年之後亦可分栽。《梅譜》又云，凡古梅多苔者，封固花葉之眼，惟罅隙間始能發花，花雖稀而氣之所鍾，豈腴妙絶。夫一枝春信已甲江南，何必珠玉滿前，作富家翁生活耶。

清 陳淏子《花鏡》卷三《花木類考・梅》 梅，一名柟，一名藤。葉實花俱似杏差小，而花獨優於杏。昔范石湖有《梅譜》，約九十餘種，大抵一花二三名者多，今特取其山林常有而人所常植者二十種，詳釋於後。梅本出於羅浮，庾嶺，喜暖故也。而古梅多著於吴下，吴興、西湖、會稽、〔四明〕等處，每多百年老幹，其枝樛曲萬狀，蒼蘚鱗皴，封滿花身，且有苔鬚垂於枝間，長寸許，風至，緑絲飄動。其樹枝四蔭，週遭可羅坐數十人，好事者多載酒賞之。蓋梅爲天下尤物，無論智、愚、賢、不肖，莫不慕其香韻而稱其清高，故名園古刹，取横斜疎瘦與老幹枯株，以爲點綴。早梅冬至前即開，晚梅春分時始放，如多植則相繼而開最久。性潔喜晒，澆以塘水則茂，肥多生蜏，但結實微酸，而酸之功用甚廣，人多取焉。食若畏酸，同韶粉嚼，則味不酸而牙不軟，或以胡桃肉解齼。

附梅花釋名共二十一種

諸色梅

緑萼梅凡梅跗蒂皆絳紫，此獨純緑。

重葉梅花頭甚豐，千葉，開如小白蓮。

玉蝶梅花頭大而微紅色，甚（研）〔妍〕可愛。

冠城梅單葉者實大，五月熟，千葉者實少。

消梅即江梅，花與冠城相似，實微甘而脆。

照水梅花開朵朵向下，而香濃。亦梅中奇品。

鴛鴦梅重葉數層，紅豔輕盈，一蒂雙實。

黃香梅一名緗梅，花小而心瓣微黃，香尤烈。

品字梅一花結三實，但其實小不堪啖。

紅梅千葉，實少，來自閩、湘，有福州紅、潭州紅名。

杏梅花色淡紅，實扁而斑，其味似杏。

墨梅此係楝樹所接江梅，而花成淡墨色者。

麗枝梅花繁而蒂紫，但結實不甚大。

冰梅實生。葉鑄而不花，色如冰玉，無核，含自融。

鶴頂梅花如常梅，（性）〔惟〕實大而紅。

冬梅結實甚小，十月可用，不能熟。

九英梅此花爲白樂天、杜子美所賞鑒。

朱梅較之千葉紅梅色更深而豔。

江梅白花檀心紫蒂，王荊公稱爲花御史。

臺閣梅花開後，心中復有一小蕊再放出。

榔梅出均州太和山，相傳真武折梅枝插榔樹上，誓曰：「吾道若成，花開果結。」後榔果開，梅結實，至今尚在五龍宮北。

清 高士奇《北墅抱甕録・梅》 梅花寒香玉骨，迥出塵表。墅中古幹數百本，構小亭其中，早春破萼，香雪周遮，獨坐長吟，清人心腑。至于水涯籬次，叢竹怪石之畔，間植數株，横斜鬱曲，各具標格。梅種不一，以緑萼爲上品，玉蝶次之，單瓣野梅又次之。紅梅姿韻芳妍，艷而不冶，其開在諸梅之先，寒林點綴，尤不可無也。

清 檀萃《滇海虞衡志・志花・紅梅》 紅梅莫盛於滇，而龍泉之唐梅，騰越之魯梅，見於畫與傳者，光怪離奇，極人間所未有。此花宜爲第二。

清 吴其濬《植物名實圖考・木類》卷三六《山梅花》 山梅花，生昆明山中，樹高丈餘。葉如梅而長，横紋排生，微似麻葉。夏開四團瓣白花，極肖梨花而香。昔人謂梨花溶溶，無香爲憾。此花兼之矣。

植物名實圖考・山梅花

清 鍾山逸叟《致富奇書》卷一《梅》 有五種：緑萼、照水、玉蝶、單瓣、紅梅。練樹接成墨梅，皆妙品也。春間取核埋之糞地。俟長三寸許，以桃接之。若欲移種，須去其枝，稍大其根盤，沃以溝泥，無不活者。王敬美《梅疏》云：「南中梅，臘月便開。」吾地稍遲，紅梅最先發，元日有開者，閩中有淺深二種，次則杭之玉蝶，本地之緑萼爲佳。

清 姚元之《竹葉亭雜記》卷八《梅花》 花開後必生葉，葉乃另生之枝須。即將開過花之舊枝，翦去，俟新枝長至六七寸時，又將尖掐去，至冬方能有花，且夏不落葉。若任其長發，則至夏必落葉，即焦枯死矣。花總生於葉之根，夏之一葉即冬之一花也。夏五六月之曝日，宜早辰，不宜中晚，切忌。

清 厲荃《事物異名録》卷三一《花卉部・梅》 清友。《山堂肆考》：曾端伯以梅爲清友。又：茶亦名清友。

清客。《王氏彙苑》：張景脩號梅花曰清客。

天下尤物。《梅譜》：梅天下尤物。

世外佳人。《桂林記》：袁豐居宅後有梅六株，嘗曰冰姿玉骨，世外佳人，但恨無傾城之笑耳。

君子香。《清異録》：吴門于永錫專好梅花，吟十二香詩，一名君子香。

狀元花。《咸淳臨安志》：徐清叟浄明院和御製詩：衝凍細尋梅信息，枝頭喜見狀元花。

驛使。《老學菴筆記》：國初尚文選，故梅必稱驛使。

香雪。《湖壖雜記》：湖墅有三勝地：西溪之梅，名曰香雪。

玉奴。蘇軾詩：月地雪階漫一尊，玉奴終不負東昏。按：玉奴謂梅也。

癯仙。陸游詩：凌厲冰霜節愈堅，人間那有此癯仙。按：癯仙亦謂梅也。

瓊兒。元日能《咏梅》詩：天上瓊兒白玉肌。

白玉條。張謂詩：一樹寒梅白玉條。

玉霄神。釋明本《梅花》詩：朵中飛下玉霄神。

九疑仙人。《梅譜》：緑蕚梅比之九疑仙人。緑蕚梅

玉瓏鬆。《風月堂雜識》：玉瓏鬆，浙中謂之睡梅。睡梅

清　陳憲舜《課民植牧講義稿·梅》　梅有青梅、白梅、黄梅之分，即花有紅、白、粉紅之别，計中外共三千餘種。皆冬月開花，頗少結實，宜選結子者，或點或插或接皆可，作果、作醬、作醋均宜，或以鹽浸，或用蜜炙，以火薰之，即屬烏梅。其法將熟核最佳者埋於土中，來年取出點發芽者於沃地，俾成栽子，次年掘起，斷根下三分之一，更植他圃，離六七寸一株，生長最速，已成最好椿木，可行各種接法，次年换地，離三尺一株，再三年漸成大樹，離一丈植於定處，此後隨時整枝，則梅林已成，宜離城市稍遠，否則摘花插瓶，樹身戕賊，禁之不可，不堪其擾矣。臘月之黄白梅花，頗少結子，即結亦不多，且無用，但葉可磨錫。種類雖多，栽法則一，大率選核埋燥土中，淋以清水，本年必發芽，來年春間栽出熟圃，離七八寸一株，澆水下肥之後，於八九月可行芽接之法，如欲高接，則留下不動，二三年外接之，既接之後，植於定處，宜離一丈八尺，仍酌量剪去長枝，時常鬆根加料。如見樹經多年，果枝衰弱，可接新枝續之，三四年後即開花結子，此樹耐久，能收利三四十年。過老則推陳出新，伐樹賣木，以爲雨屐，將地一律翻過，以根旁發出之秧種之，快一二年，俗名跑馬秧，不接亦可，加多植之，較置房業，其利尤大，所謂不動之利也。宜離城鎮稍遠植之，否則一届端節，百工放假，遊人如蟻，羣相攫食。

清　鄒一桂《小山畫譜》卷上《梅》　白花五出，枝葉破節，冬春間即開，得陽氣之最先者也。蕊圓蒂小，鬚密中抽，一心無點，即花謝後結實者。凡結實之花，俱有之，人未之察耳。着梗處有微苞，開足時形扁，花時有微芽着新枝。枝青色老，幹屈曲虬形，墨色，略帶赭色。千葉者，有玉蝶、紅梅、緑蕚、諸品不一。

清　鄒一桂《小山畫譜》卷上《刺梅》　有紅、黄二種，花葉刺俱似玫瑰，高可三五尺，有色無香，亦四月開。

清　鄒一桂《小山畫譜》卷上《冰梅》　三月開，如郁李而肥大。花粉色，千葉，蒂柄葉俱緑。高二三尺，枝條柔弱，北地花也。

清　陳昌齊　道光《廣東通志》卷九六《花類·梅》　梅。大庾嶺上梅，南枝落，北枝開。《白六帖》梅花十二月開，結子繁如北杏。山下有梅花村，即趙師雄遇仙處，今爲田莊，無復梅矣。《羅浮山志》嶺南梅花常與菊花相及，所謂「十月先開嶺上梅」也。羅浮山深氣寒，故以十二月開。庾嶺梅花微與江南異，花頗類桃而唇紅，故名紅梅驛。《郝志》

清　李鴻章　光緒《畿輔通志·物産·花屬·梅》　梅，邯鄲有邯鄲宫，基中有趙王之果園，梅李至冬而花。《述異記》小樹叢枝，尖葉木身。葉類桃而闊大堅硬，花亦五出，開常半舍。又有開最先色深黄如紫檀，花密香濃，此品最佳，香極清芳《羣芳譜》。明　馮清《西郊梅花詩》：松竹嘗爲友，年年耐歲寒。時人須著眼，莫作杏花看。本朝邊連寶《梅花詩》：何處相逢索笑顔，好隨水裔與山巔。吟鞭獨裊風吹帽，鶴氅斜披客在船。翠竹堪爲寒歲侶，夭桃那悟上乘歸。一從和靖先生死，縞素空閨五百年。生禽活卉謾輕誇，取魄追魂那到家。雲凍空山鶴夢令，煙凝一水月痕斜。遊人差喜無珠勒，倦態何妨倚竹笆。斟酌寒香應供佛，等閒休點鬢邊鴉。霧閣雲窗曲曲通，仙人近住蕋珠宫。偶憑石榻一聲笛，不斷生香三面風。爐冷鷓斑纔罷爇，簾垂犀押不須烘。門前禿尾衝寒過，重戴深衣是孟公。蚴蟉鐵幹飽經霜，一縷時飄太古香。應識寒能堅骨節，誰憐老復擅風光。廟廷解愠須三弄，鼎鼐調羹未一嘗。半盞寒泉生受慣，他年配食水仙王。黄任《過故宅梅花下作》：庭前舊有兩梅樹，掩挾房櫳披月霧。誰使券成陽羨宅，煩教夢失羅浮路。幾年家圃爲鄰園，一旦頹垣换丹堊。貧富雖云今昔異，冰心豈爲新忘故。可憐余作陌頭人，猶幸汝同山下遇。索笑巡簷情更急，繁條對酒傷無數。枝横清影畫堂深，風攪凍香白日暮。世事那堪轉瞬更，人生能得幾回聚。寒空流霰濕冥□，夜夜花魂啼不住。

藝 文

南朝梁 蕭綱《**雪裏覓梅花**》絶訝梅花晚，爭來雪裏窺。下枝低可見，高處遠難知。俱羞惜腕露，相讓道腰羸。定須還剪綵，學作兩三枝。

南朝梁 何遜《**早梅**》兔園標物序，驚時最是梅。御霜當路發，映雪擬寒開。枝横卻月觀，花遶陵風臺。朝灑長門泣，夕駐臨邛杯。應知早飄落，故逐上春來。

南朝梁 庾肩吾《**同蕭左丞詠摘梅花**》窗梅朝始發，庭雪晚初消。折花牽短樹，攀叢入細條。垂冰溜玉手，含刺冒春腰。遠道終難寄，馨香徒自饒。

北周 庾信《**梅花**》常年臘月半，已覺梅花闌。不信今春晚，俱來雪裏看。樹動懸水落，枝高出手寒。早知覓不見，真悔著衣單。

唐 張説《**在蜀正朝摘梅**》蜀地寒猶煖，正朝發早梅。偏驚萬里客，已復一年來。

唐 張九齡《**庭梅**》芳意何能早，孤榮亦自危。更憐花蔕弱，不受歲寒移。朔雪那相妬，陰風已屢吹。馨香雖尚爾，飄蕩復誰知。

唐 孫逖《**和常州崔使君詠後庭梅二首**》聞唱梅花落，江南春意深。更傳千里外，來入越人吟。弱幹紅妝倚，繁香翠羽尋。庭中自公日，歌舞向芳陰。 梅院重門掩，遥遥歌吹邊。庭深人不見，春至曲能傳。花落彈碁處，香來薦枕前。使君停五馬，行樂此中偏。

唐 張謂《**官舍早梅**》堦下雙梅樹，春來畫不成。晚時花未一作易落，陰處葉難生。摘子防人到，攀枝畏鳥驚。風光先占得，桃李莫相輕。

唐 戎昱《**早梅**》一樹寒梅白玉條，迥臨村路傍溪橋。不知絶句時選作應緣近水花先發，疑是經春一作冬雪未銷。

唐 白居易《**白氏長慶集**》卷二四《**新栽梅**》池邊新種七株梅，欲到花時點撿來。莫怕長洲桃李妬，今年好爲使君開。

唐 白居易《**和薛秀才尋梅花同飲見贈**》匆驚林下發寒梅，便試花前飲冷盃。白馬走迎詩客去，紅筵鋪待舞人來。歌聲怨處微微落，酒氣薰時旋旋開。若到歲來集作寒無雨雪，猶應醉得兩三迴。

唐 杜牧《**梅**》輕盈照野水，掩斂下瑶臺。妬雪聊相比，欺春不逐來。偶同佳客見，似爲凍醪開。若在秦樓畔，堪爲弄玉媒。

唐 李商隱《**酬崔八早梅有贈兼見示之什**》知訪寒梅過野塘，久留金勒爲迴腸。謝郎衣袖初翻雪，荀令薰鑪更換香。何處拂胷資蝶粉，幾時塗額藉蜂黄。維摩一室雖多病，要舞集作亦要天花作道場。時余在惠祥，上人講下故崔落句，梵王宫地。羅舍宅賴許時時聽法來。

唐 鄭谷《**江梅**》江梅且緩飛，前輩有歌詞。莫惜黄金縷，難忘白雪枝。吟看歸不得，醉齅立如痴。和雨和烟折，含情寄所思。

唐 鄭谷《**梅**》江國正寒春信穩，嶺頭枝上雪飄飄。何言落處堪惆悵，直是開時也寂寥。素艷照罇桃莫比，孤香粘袖李須饒。離人南去腸應斷，片片隨鞭過楚橋。

唐 羅隱《**梅花**》吴玉醉處十餘里，照野集作夜拂衣今正繁。經雨不隨山鳥散，倚風疑共路人言。愁憐粉艷飄歌席，静愛寒香撲酒罇。欲寄所思無好信，爲君惆悵又黄昏。

唐 羅隱《**人日新安道中見梅花其年以徐冠停舉**》長途酒醒臘天寒，嫩蕊香英撲馬鞍。不上壽陽公主面，憐君開得卻無端。 吴均《梅花落》：終冬十二月，寒風西北吹。獨有梅花落，飄蕩不依枝。流連逐霜彩，散漫下冰澌。何當與春日，共映芙蓉池。

唐 盧照隣《**梅花落**》梅院一作嶺花初發，天山雪未開。處處疑花滿，花邊似雪迴。因風入舞袖，雜粉向妝臺。匈奴幾萬里，春至不知來。

宋 鄒浩《**道鄉集**》卷一三《**治梅圃**》只有今年對此花，此花欣送我還家。呼童掃溉放花出，作意相從歸去詩。 中間籬障壓根蟠，四面荆榛逼樹攢。今日削除隨手浄，放梅高出紫雲端。

宋 劉翰《**種梅**》凄涼池館欲棲鴉，采筆無心賦落霞。惆悵後庭風味薄，自鋤明月種梅花。

宋 郭印《**雲溪集**》卷五《**栽梅**》平生不愛花，獨喜雪中梅。江皋無人問，移近小亭栽。連朝勤培溉，的皪犯寒開。青枝綴瓊粒，絳萼扶冰腮。奇哉出羣姿，不待春風媒。調羹食結子，碎玉點蒼苔。

宋 宋伯仁《**梅花喜神譜**》卷上《**蓓蕾・麥眼**》南枝發岐穎，崆峒占歲登。當思漢光武，一飯能中興。

宋 宋伯仁《梅花喜神譜》卷上《蓓蕾・柳眼》 靜看隋隄人，紛紛幾榮辱。蠻腰休逞妍，所見元非俗。

宋 宋伯仁《梅花喜神譜》卷上《蓓蕾・椒眼》 獻頌侈春朝，爭期千歲壽。凌寒傲歲時，自與冰霜久。

宋 宋伯仁《梅花喜神譜》卷上《蓓蕾・蟹眼》 爬沙走江海，慣識風波惡。東君爲主張，顯戮逃砧鑊。

宋 宋伯仁《梅花喜神譜》卷上《小蕊・丁香》 藥性貴温涼，胡爲辛且烈。無與桂附徒，天資更趨熱。

宋 宋伯仁《梅花喜神譜》卷上《小蕊・櫻桃》 樊素豔而歌，樂天何所羨。須結帝王知，拜寵明光殿。

宋 宋伯仁《梅花喜神譜》卷上《小蕊・老人星》 風掣五雲開，明星燦南極。嘉祥自朝廷，何幸愚親識。

宋 宋伯仁《梅花喜神譜》卷上《小蕊・佛頂珠》 佛有光明臺，蚌胎奚足貴。聊以矜俗人，徒爲寶所費。

宋 宋伯仁《梅花喜神譜》卷上《小蕊・古文錢》 阿堵本何物，貫朽殊堪羞。空囊留得一，千古欽清流。

宋 宋伯仁《梅花喜神譜》卷上《小蕊・鮑老眉》 善舞幾當場，妖姿呈窈窕。當場人自迷，郭郎未容笑。

宋 宋伯仁《梅花喜神譜》卷上《小蕊・兔唇》 三窟不須營，蒙恬素心友。識盡天下書，只要文章手。

宋 宋伯仁《梅花喜神譜》卷上《小蕊・虎跡》 寒風偃枯草，掉尾來山巔。出柙勢可畏，老鬚寧易編。

宋 宋伯仁《梅花喜神譜》卷上《小蕊・石榴》 錦囊蘊珠璣，長養南風力。當年東老家，曾代中書筆。

宋 宋伯仁《梅花喜神譜》卷上《小蕊・茈菰》 來自淤泥中，根苗何足取。鬪飣上盤登，敢爲梨栗伍。

宋 宋伯仁《梅花喜神譜》卷上《小蕊・木瓜心》 宛陵有靈根，圓紅珍可芼。衛人感齊恩，瓊琚未容報。

宋 宋伯仁《梅花喜神譜》卷上《小蕊・孩兒面》 纔脱錦衣裍，童顔嬌可詫。只恐妝鬼時，愛之還又怕。

宋 宋伯仁《梅花喜神譜》卷上《小蕊・李》 垂垂生井上，遊子休整冠。道旁徒自苦，青眼誰能看。

宋 宋伯仁《梅花喜神譜》卷上《小蕊・瓜》 東陵人已仙，黯淡斜陽暮。可慚名利心，孜孜問葵戍。

宋 宋伯仁《梅花喜神譜》卷上《小蕊・貝螺》 生長滄波中，收羅向書室。剡藤無不平，祇恐無椽筆。

宋 宋伯仁《梅花喜神譜》卷上《小蕊・科斗》 清波漾蛙子，古書形似之。可惜書廢久，時人無能知。

宋 宋伯仁《梅花喜神譜》卷上《大蕊・琴甲》 高山流水音，泠泠生指下。無與俗人彈，伯牙恐嘲罵。

宋 宋伯仁《梅花喜神譜》卷上《大蕊・藥杵》 蟾宫有兔臼，擣藥千萬年。藥有長生術，世人無計傳。

宋 宋伯仁《梅花喜神譜》卷上《大蕊・蚌殼》 休與鷸相持，自有山川隔。祝君無孕珠，恐非保身策。

宋 宋伯仁《梅花喜神譜》卷上《大蕊・鸛觜》 曳頸吟松梢，何異揚州鶴。胡爲鶴未成，苦被元裳錯。

宋 宋伯仁《梅花喜神譜》卷上《大蕊・卣》 中尊嚴祀典，鬯未祼而實。將祼而實彝，禮文知有秩。

宋 宋伯仁《梅花喜神譜》卷上《大蕊・柷》 方深有制度，撞之以合樂。止樂戛以敔，始終知所覺。

宋 宋伯仁《梅花喜神譜》卷上《大蕊・籩》 蒼竹緯琅玕，爲形有如豆。遇祭何所容，乾桃與修糗。

宋 宋伯仁《梅花喜神譜》卷上《大蕊・爵》 柱取飲不盡，量容惟一升。足如戈示戒，君子當兢兢。

宋 宋伯仁《梅花喜神譜》卷上《欲開・春甕浮香》 斗醉石亦醉，無量不及亂。獨醒誰得知，憔悴滄江畔。

宋 宋伯仁《梅花喜神譜》卷上《欲開・寒缸吐燄》 燈火迫新涼，志士功名重。十年窗下愁，會見金蓮寵。

宋 宋伯仁《梅花喜神譜》卷上《欲開・蝸角》 蠻觸國誰雄，戰爭猶未息。由此奪虚名，費盡人閒力。

宋宋伯仁《梅花喜神譜》卷上《欲開・馬耳》　騏驥無伯樂，尖輕徒竹披。北臺深雪裏，且讀坡仙詩。

宋宋伯仁《梅花喜神譜》卷上《欲開・簋》　祭器古不輕，斯焉盛黍稷。内方而外圓，無乃器之特。

宋宋伯仁《梅花喜神譜》卷上《欲開・瓚》　如盤而柄圭，崇祼以爲器。秬鬯次第陳，豈容忘古意。

宋宋伯仁《梅花喜神譜》卷上《欲開・金印》　蘇秦鞭匹馬，六國飽風煙。纍纍懸肘下，郭外慚無田。

宋宋伯仁《梅花喜神譜》卷上《欲開・玉斗》　鴻門罷樽酒，舞劍事還差。范增徒怒撞，漢業成劉家。

宋宋伯仁《梅花喜神譜》卷上《大開・彝》　五采會章服，汝明以垂教。虎蜼宗廟器，於以象其孝。

宋宋伯仁《梅花喜神譜》卷上《大開・黼》　象明十二章，斧形不可玩。黻以取其辨，斯以取其斷。

宋宋伯仁《梅花喜神譜》卷上《大開・歆器》　溢滿而覆虛，盈虧俱有病。萬事得於中，烏乎云不正。

宋宋伯仁《梅花喜神譜》卷上《大開・懸鍾》　五更山外鳴，斗低殘月小。喚起利名人，僕僕渾無了。

宋宋伯仁《梅花喜神譜》卷上《大開・扇》　九華并六角，流傳名不同。無如慰黎庶，爲我揚仁風。

宋宋伯仁《梅花喜神譜》卷上《大開・盤》　水精行素鱗，琉璃走夜光。銘垂日日新，萬古稽商湯。

宋宋伯仁《梅花喜神譜》卷上《大開・向日》　舉頭見長安，志士欣有託。葵藿一生心，豈容天負卻。

宋宋伯仁《梅花喜神譜》卷上《大開・擎露》　仙掌在何處，徒成千載差。唯有故園菊，沾濡當九秋。

宋宋伯仁《梅花喜神譜》卷上《大開・鼎》　郟鄏至汾陰，重名垂不朽。天下望調羹，有誰能著手。

宋宋伯仁《梅花喜神譜》卷上《大開・鏞》　堂下雜簴簨，如鍾而磬腹。夫子聞於齊，三月不知肉。

宋宋伯仁《梅花喜神譜》卷上《大開・麋角》　麀鹿同呦呦，山林風雨秋。姑蘇臺上月，子胥曾約遊。

宋宋伯仁《梅花喜神譜》卷上《大開・猿臂》　一聲長嘯處，霜月淒林扉。與鶴每相問，貴人胡未歸。

宋宋伯仁《梅花喜神譜》卷上《大開・顰眉》　西施無限愁，後人何必傚。只好笑呵呵，不損紅妝貌。

宋宋伯仁《梅花喜神譜》卷上《大開・側面》　相見是非多，但旁觀便了。庶無人共知，鼻孔長多少。

宋宋伯仁《梅花喜神譜》卷下《爛熳・開鏡》　塵匣啟菱花，醜妍無不識。羞殺幾英雄，霜髯太煎逼。

宋宋伯仁《梅花喜神譜》卷下《爛熳・覆杯》　誰歎月娟娟，霜天閒卻手。醉者未能醒，不必重斟酒。

宋宋伯仁《梅花喜神譜》卷下《爛熳・冕》　兖鷩毳希元，君尊十二旒。璪取玉以文，五采宗成周。

宋宋伯仁《梅花喜神譜》卷下《爛熳・胄》　秀鐵壓肩寒，中原思未報。何日掃邊塵，別裹朝天帽。

宋宋伯仁《梅花喜神譜》卷下《爛熳・竝桃》　漢帝欲成仙，王母從天下。結實動千年，三偷尤可詫。

宋宋伯仁《梅花喜神譜》卷下《爛熳・雙荔》　繒殼爛緗枝，夏果收新綠。玉真望甘鮮，不管郵兵哭。

宋宋伯仁《梅花喜神譜》卷下《爛熳・鳳朝天》　覽輝千仞高，君子思在治。朝陽如不鳴，敢言當自愧。

宋宋伯仁《梅花喜神譜》卷下《爛熳・蛛挂網》　經緯出天機，畫檐斜挂算。可惜巧於蠶，無補人間世。

宋宋伯仁《梅花喜神譜》卷下《爛熳・漁笠》　艤艇白鷗邊，寒雨敲青箬。駭浪不回頭，方識江湖樂。

宋宋伯仁《梅花喜神譜》卷下《爛熳・熊掌》　八珍風味清，藜腸豈曾識。堪嗤嘗臠人，欲與魚兼得。

宋宋伯仁《梅花喜神譜》卷下《爛熳・飛蟲刺花》　花香專引蝶，非蝶亦飛來。顧影不知恥，良爲貪者哀。

宋 宋伯仁《梅花喜神譜》卷下《爛熳·孤鴻叫月》 足下一封書，子卿歸自虜。雖曰詆單于，孤忠傳萬古。

宋 宋伯仁《梅花喜神譜》卷下《爛熳·龜足》 十鑽無遺筴，寧免刳腸憂。何如隱蓮葉，千歲成仙遊。

宋 宋伯仁《梅花喜神譜》卷下《爛熳·龍爪》 蒼生望雲霓，難作池中物。孔明卧隆中，天子勢亦屈。

宋 宋伯仁《梅花喜神譜》卷下《爛熳·林雞拍羽》 三拍羽翎寒，風雨不改度。起舞何人斯，男兒當自寤。

宋 宋伯仁《梅花喜神譜》卷下《爛熳·松鶴唳天》 赤壁夢醒時，雨灑元裳濕。聲欲聞於天，故向松梢立。

宋 宋伯仁《梅花喜神譜》卷下《爛熳·新荷濺雨》 新緑小池沼，田田浮翠錢。雨中珠萬顆，巧婦其能穿。

宋 宋伯仁《梅花喜神譜》卷下《爛熳·老菊披霜》 世久無淵明，黄花爲誰好。青女自凌威，寒香未容老。

宋 宋伯仁《梅花喜神譜》卷下《爛熳·瑟》 點異二三子，鏗爾舍而作。江上數峰青，湘靈徒寂寞。

宋 宋伯仁《梅花喜神譜》卷下《爛熳·鼓》 鼕鼕和歌管，蕢桴無復存。堪笑不知量，以布過雷門。

宋 宋伯仁《梅花喜神譜》卷下《爛熳·蜂腰》 紫陌暖風細，露房山更深。蜜甜不知味，萬花空損心。

宋 宋伯仁《梅花喜神譜》卷下《爛熳·燕尾》 東風開繡簾，且向花梢立。主人忘舊交，雕梁不須入。

宋 宋伯仁《梅花喜神譜》卷下《爛熳·鷺鷗振翼》 雪羽卧晴沙，漁人無可慮。機事亦難忘，不如且飛去。

宋 宋伯仁《梅花喜神譜》卷下《爛熳·野鶻翻身》 很禽忘所儔，翻身拏鳥雀。羽毛同所天，何苦強凌弱。

宋 宋伯仁《梅花喜神譜》卷下《爛熳·顧步》 世道多巇嶮，進趨思退卻。一步一回頭，庶無輕失腳。

宋 宋伯仁《梅花喜神譜》卷下《爛熳·掩妝》 粉黛巧妝施，菱花還自照。底事不爭妍，又恐西施笑。

宋 宋伯仁《梅花喜神譜》卷下《爛熳·晴空挂月》 萬里收纖雲，一鈎懸碧落。缺圓無定時，人間幾愁樂。

宋 宋伯仁《梅花喜神譜》卷下《爛熳·遥山抹雲》 無心出岫時，山腰横一抹。爲霖覆手間，豈容留旱魃。

宋 宋伯仁《梅花喜神譜》卷下《欲謝·會星弁》 星會飾以玉，燦燦光朝儀。重臣頭似雪，左右應皋夔。

宋 宋伯仁《梅花喜神譜》卷下《欲謝·漉酒巾》 爛醉是生涯，折腰良可嘅。欲酒對黄華，烏紗奚足愛。

宋 宋伯仁《梅花喜神譜》卷下《欲謝·抱葉蟬》 槐柳午陰濃，淒涼聲愈健。飲露已成仙，孰云齊女怨。

宋 宋伯仁《梅花喜神譜》卷下《欲謝·穿花蝶》 一夢在人間，東風吹不覺。莊周鴻冥冥，胡戀花枝巧。

宋 宋伯仁《梅花喜神譜》卷下《欲謝·暮雀投林》 倦翼已知還，投林謀夜宿。弋宿無容心，機深未爲福。

宋 宋伯仁《梅花喜神譜》卷下《欲謝·寒烏倚樹》 人好烏亦好，寒枝不輕踏。月明如可依，飛繞猶三匝。

宋 宋伯仁《梅花喜神譜》卷下《欲謝·舞袖》 舞處更宜長，十笋藏纖指。脱得戲衫時，方知有猷底。

宋 宋伯仁《梅花喜神譜》卷下《欲謝·弄鬚》 絲絲絲共白，歷遍風霜寒。君王豈輕翦，欲療將軍安。

宋 宋伯仁《梅花喜神譜》卷下《欲謝·鶯擲柳》 金梭拋翠絲，東風弄晴晝。求友不須鳴，緑窗人倦繡。

宋 宋伯仁《梅花喜神譜》卷下《欲謝·鶚乘風》 怒翮摩青天，秋風真得意。可憐烏鵲儔，一枝聊自寄。

宋 宋伯仁《梅花喜神譜》卷下《欲謝·頂雪》 滕六雨天花，南枝香鬬白。瓊玉兩模糊，冷笑從君索。

宋 宋伯仁《梅花喜神譜》卷下《欲謝·欹風》 暗香從何來，寒飈爲輕扇。東君須護持，莫點宫妝面。

宋 宋伯仁《梅花喜神譜》卷下《欲謝·蜻蜓欲立》 四翼薄於紗，纖塵不相著。只在釣絲邊，漁翁素盟約。

宋　宋伯仁《梅花喜神譜》卷下《欲謝・螳螂怒飛》　我臂不能固，捕蟬非所宜。蟬琴聲未怯，黄鳥窺高枝。

宋　宋伯仁《梅花喜神譜》卷下《欲謝・喜鵲摇枝》　天上會雙星，橋渡銀河水。一别動經年，喳喳徒報喜。

宋　宋伯仁《梅花喜神譜》卷下《欲謝・遊魚吹水》　春透水波明，江湖從落魄。三十六鱗成，禹門看一躍。

宋　宋伯仁《梅花喜神譜》卷下《就實・橘中四皓》　羽翼漢家了，忘形天地間。箇中有真樂，奚必拘商山。

宋　宋伯仁《梅花喜神譜》卷下《就實・吴江三高》　品字列輕舠，占盡吴江雪。丁寧紅蓼花，莫與利名説。

宋　宋伯仁《梅花喜神譜》卷下《就實・二疎》　東門風飄飄，雙佩清如水。出門相送人，胡不共知止。

宋　宋伯仁《梅花喜神譜》卷下《就實・獨釣》　一竿風雨寒，獨占嚴陵瀨。苟非伸脚眠，曷見光武大。

宋　宋伯仁《梅花喜神譜》卷下《就實・孟嘉落帽》　醉帽不輕飛，秋菊有佳色。自慚羣座中，主人猶未識。

宋　宋伯仁《梅花喜神譜》卷下《就實・商鼎催羹》　脱白弄青玉，風味猶辛酸。指日夢惟肖，羹調天下安。

宋　林逋《梅花》　吟懷長恨負芳時，爲見梅花輒入詩。雪後園林纔半樹，水邊籬落忽横枝。人憐紅艷多應俗，天與清香似有私。堪笑胡雛亦風味，解將聲調角中吹。

宋　張道洽《嶺梅》　到處皆詩境，隨時有物華。應酬都不暇，一嶺是梅花。

宋　陸游《梅花》　春信今年早，江頭昨夜寒。已教清徹骨，更向月中看。

元　元淮《立春日賞紅梅之作》　昨夜東風轉斗杓，陌頭楊柳雪纔消。晚來一樹如繁杏，開向孤邨隔小橋。應是化工嫌粉瘦，故將顔色助花嬌。青枝緑葉何須辨，萬卉叢中奪錦標。

明　道源《早梅》　萬樹寒無色，南枝獨有花。香聞流水處，影落野人家。

明　陳獻章《陳白沙集》卷八《種梅》　晚從種樹作生涯，十一月梅移帶花。根著不隨風偃仰，牆低惟信月横斜。夢中山我羅浮到，雪裡詩誰處士嘉。君欲尋梅何處是，江門樵路更旁義。

明　徐熥《幔亭集》卷一四《種蠟梅》　五出寒香淡淡黄，羅浮仙子幻新妝。開時記取休輕折，留與蜂兒補蜜房。

明　鄒迪光《象菴稿》卷一一《植梅》　不少名葩在，先春獨爾芳。隴頭將寄信，嶺畔忽分香。瘦影斜横碧，柔心半吐黄。秪無佳麗質，爲作壽陽粧。

清　吴翊《西山探梅》　虎山橋頭太湖曲，花爲銀海山爲玉。湖鄉歲判梅花租，花開便抵湖田熟。我來繫艇南溪邊，晴空無雨山無煙。只有白雲三十里，糢糊隔斷山中天。筍輿側入似無路，矮籬窄逕相迴旋。粘衣不嫌花露重，壓帽更愛花枝偏。前迎後送迷遠近，豁眼倏上山之巔。熨斗巖邊路幽仄，長旂嶺外連西磧。十家五家無别種，千樹萬樹同一色。微分螺黛嶂横青，遥奪琉璃波湧白。出林更上蓮花臺，枝枝玉葉當門開。一擲凡軀衆香國，十年面目慚塵埃。使君仙尉如可唤，芳魂古魄何悠哉。梅花不老青山在，姓名清絶留蒼崖。

清　張梁《梅花三弄》　梅花隨東風，淡淡入我絃。凍雲殘雪春乍破，一枝兩枝籬落邊。喧啾野雀噪深竹，溪水無波照空渌。陽和暗覺指下來，遥峰潑翠嵐陰開。五色鳳子雙徘徊，小絃急，大絃緩，冷香拂袖東風軟，裊裊冰魂吹不斷。忽然孤鶴唳一聲，羅浮山遠春夢驚。霜天欲曉寒更清，平生茆屋心，松篁共蕭寂。山家閉户悄無人，緑滿青苔落英積。瑶琴愔愔醉横膝，一片孤月當窗白。

清　袁炯《桐溪耆隱集》卷一《梅》　老樹根依短短牆，石花孤負此寒香。出頭又被風霜妒，遲早梅心自主張。

清　吴盛藻《天門集》卷五《梅》　驛使誰傳消息真，暗香簾外絶埃塵。潔同霜雪還多味，色勝棠梨不受春。鶴膝横斜芸閣士，銀妝疏落玉樓人。亭前只可容巢許，月下依稀見洛神。

清　席鏊《竹香詩集》卷四《老梅行》　老梅天矯我所愛，鐵幹六尺半忽枯。令我庭中少顔色，巡簷已分索笑無。神物化去留不得，其下生意乃漸蘇。長條側出頗奔放，以繩挽束加持扶。中間稍得補罅漏，横斜影好難到初。兩年雨露蒙長養，青青上出成扶疎。鬢唇乍識照欄檻，向但側睨摇襟裾。春風吹汝日杲杲，花浮香動山之隅。比前剛健添婀娜，冰姿脱換真良圖。一杯賀汝還自喜，癯儒有伴長不孤。

清 邊連寶《隨園詩草》卷二《梅花四首》 何處相逢索笑顔，好隨水裔與山巔。吟鞭獨裊風吹帽，鶴氅斜披客在船。翠竹堪爲寒歲侶，夭桃那悟上乘禪。一從和靖先生死，縞素空閨五百年。 生禽活卉謾輕誇，取魄追魂那到家。雲凍空山鶴夢冷，煙凝一水月痕斜。遊人差喜無珠勒，倦態何妨倚竹笆。斟酌寒香應供佛，等閒休點鬢邊鴉。 霧閣雲牕曲曲通，仙人近住蕋珠宮。偶憑石榻一聲笛，不斷生香三面風。爐冷鷓斑纔罷爇，簾垂犀押不須烘。門前禿尾衝寒過，重戴深衣是孟公。 蚴蟉鐵幹飽經霜，一縷時飄太古香。應識寒能堅骨節，誰憐老復擅風光。廟廷解愠須三弄，鼎鼐調羹未一嘗。半盞寒泉生受慣，他年配食水仙王。

清 曹庭棟《産鶴亭詩一稾》 除夕，夢六薌寄余七絶一首，及覺，祇記其起句云：説著梅花便憶家。因於枕上代六薌懷寄之意續成，得四疊。

説著梅花便憶家，尊前孤影渺天涯。春風今夜吹千里，煙月羅浮夢境賒。

説著梅花便憶家，傍溪壓屋任横斜。竹垣四繞深於帳，暖意先應透冷葩。

説著梅花便憶家，閒雲幽鳥對杈枒。一枝縱得遥相寄，客裏看來情味差。

説著梅花便憶家，遥憐索笑繞檐牙。幾時並坐山窗下，看到月明上樹丫。

清 曹庭棟《産鶴亭詩一稾・溪莊九月梅開》 不信梅花開九月，一枝點綴我溪莊。要撑瘦骨儕叢菊，自分清容耐早霜。莫嘆美人秋及暮，卻先庾嶺暗生香。賓鴻影裏孤亭畔，索笑難禁興越狂。

又《永宇溪莊梅始花》 百千回到弗辭頻，沁鼻香迎此度新。短短梅方栽隔歲，疏疏花已發當春。清寒一徑開吟思，風雪滿亭來故人。吾適吾情吾自得，無相干世世何嗔。

清 王筠《和孔中丘雪・裏梅花》 水泉猶未動，庭樹已先知。黲光同雪舞，落素混一作泊冰池。今春競時發，猶是昔年枝。唯有長顩頷，對鏡不能窺。

清 李鍇《睫巢集》卷五《梅花》 梅花結春思，春思浮雲端。攀折豈終惜，别離良足歎。江雲了無骨，秋水卻增寒。惆悵烏啼夜，遥遥清夢闌。

衆木正如夢，一枝方自春。遂令江水上，真見獨醒人。霜月濯我魄，玉琴凝我神。對君三十日，日日蕩愁新。

清 石韞玉《獨學廬初稿・梅花》 南方草木盈千萬，此是東風第一花。如許清芬宜獨秀，生成皓質本無瑕。崢嶸自信冰霜節，淡泊平分水月華。若使和羹初願遂，應看春色遍天涯。

清 孫奭《客菴辛卯集》卷一《移梅》 高枝壓卑枝，卑枝益拳跼。譬之大婦前，小鬟自歛蹴。含姿日低顔，脉脉修蛾緑。隙地曠前楹，移使傍書屋。風烟淡孤笑，霜月耿幽獨。林疎春早歸，枝暖花逾馥。偃書忽褰幔，香動浮清淑。何殊醉山店，嫩寒巾一幅。

清 董訥《柳村詩集》卷九《種梅》 老去良朋是古梅，緣崖手植傍池臺。還憐冷韻依然在，好待春光着意開。白雪風寒應護惜，紅雲日煖喜深培。休嫌性本躭孤僻，爲愛清芬入座來。

清 凌樹屏《瓠息齋前集》卷一《梅花賦》 爾其清香乍送，煖氣初融。珊珊瑣骨，落落高蹤。掩冉於上林之苑，嘯傲乎層城之宫。晨光燦而色奪，夜月照而光空。施之雪則太白，擬以杏則差紅。似暗還明，遠在曉烟之外，將疎更密，幾經暮雨之中。若乃沽酒簾邊，移春檻側，争綻瓊腮，競呈皓質。乍脱萼而亂飄，或承陽而互出。既息意於鉛華，復何心於粉飾。寄來隴畔，青松與翠竹同看。折去墻頭，玉樹共瓊枝一色。助點額於壽陽，效淡眉於虢國。廣平《舊賦》會傳美女之名，和靖當年，聘作夫人之職。憑高閣兮香襲衣，涉隆霜兮淚滿臆。等桃李之無言，恨騷人之不識。及夫玉葬黄塵，芬凋紫陌，老幹新青，遠條舊白。悵十日之易消，怨一春之永隔。江妃失寵，歌殘南内之樓。何遜辭官，烟鎖揚州之宅。鶴惆悵兮空亭，篴淒涼兮古驛。泣翠袖之佳人，傷朱輪之貴客。從此林中夢覺，難尋翠羽之魂，嶺上風吹，盡化杜鵑之魄。 是歲，里中興道，古社首崇詩文，余以一小子追隨家公，後同往搦管是篇，與賀廣文君納姬序，並當日社稾也，文筆穉嗇，本不足存，緣其最少時作，即蒙諸老生傳誽，未忍摧燒，輒録之以志一時磋琢之概。

清 潘安禮《東山草堂集》卷五《梅花賦》 玉峽雲深，《謝翔記》橋跨中瀑者，曰玉峽。瑶池月澹，《穆天子傳》觴西王母於瑶池之上。雪下松欹，風來竹撼，耿碧樹之仙姿，逗疎花之晚萏。音憾，按萏花蕊也。窺素艷而春知，領幽香而元感。《拾遺記》木石爲之元感。爾其天低急景，歲晏凝寒。羣卉色歛，庶品芳殘。乍稀微於澗畔，倏掩映於林端。則有山家地僻，野店，橋横，香痕，水淺凍影霜明。帶烟村而曠逸，出籬落以孤清。灞上騎驢之興，《雜記》或問鄭綮詩思，綮曰：詩思在灞，橋風雪中，驢子背上。溪邊狎鷺之盟。黄庚詩：不羡魚蝦種，惟尋鷗鷺盟。若夫望重孤山。《宋史·隱逸傳》林逋結廬西湖，孤山多植梅畜鶴。格高庾嶺，《詩話》英州司寇植梅三十株，大庾嶺自此梅花夾道。羅浮以仙種稱珍，《龍城録》趙師雄遊羅浮，日暮林間，見美人淡妝素服，師雄與語，言：極清麗，芳香襲人。扣酒家共飲，一緑衣童子歌舞於側，師雄醉卧，久之東方白，起視乃在大梅花樹下，上有翠羽啾嘈，月落參横，惆悵而已。鄧尉以靈區納景。《袁宏道記》光福山一名鄧尉，與元墓銅坑諸山相連，梅花最盛。採芝商老，冠履清嚴，《高士傳》秦始王時，四皓共避世於商山，作歌曰：英英商山，深谷逶迤，灼灼紫芝，可以療饑。《漢書》四人從太子，年皆八十餘，鬚眉皓白，衣冠甚偉。拾翠洛妃，珮環深靚。《洛神賦》或采明珠，或拾翠羽，又解玉佩以要之。松風瀑布騷人，撫三弄以忘形，秋水南華達士，手一編而偶影。至乃揚州官閣。《梁書》何遜作揚州法曹，廨舍有梅一株，常吟咏其下，後居洛思之，再往揚州，花方盛開，遜對樹徬徨，終日不能去。金谷名園，千株柑橘。《襄陽耆舊傳》李衡作宅於武陵龍陽泛洲上，種橘千株。九畹蘭蓀，《楚辭》余既滋蘭之九畹兮，又樹蕙之百畝。際鶯燕之無語，當蜂蝶之未喧。絳萼檀心，倚壺清而燭晃，縞衣素袂，夢屏暖而麝温。若乃瓊室移根，琳宫異植，龍涎芬吐，《鐵圍山叢談》龍涎香以一豆大爇之，輒作異花香終日不散絞綃麗飾。《博物志》鮫人水居，如魚不廢織績，時出人家賣綃。《説文》綃，生絲繒也。弄珠太液池頭，攬鏡靈和殿側，飄渺姑射之山。澹蕩烟霞之國。殆夫歛華就實，綴碧垂黄，味滋神鼎，調薦帝觴。信上林之嘉樹，登天府之瑶筐。斯乃太室明堂之用，豈徒玉真峰頂之光。抱素元夫，含真學士。托志松筠，羞容桃李，叨陳南國之芳，喜列西園之侶。竊懷映日之文章。《常朝録》元稹爲翰林，承旨朝退，行至廊下時，初日映九英梅，隙光射稹，有氣勃勃，然百僚望之曰：豈腸胃文章，映日可見乎。敢效和羹於簠簋。《談苑》王曾布衣時，以梅花詩獻吕蒙正云，而今未問和羹事，且向百花頭上開。蒙正曰：此生已安排狀元宰相也。

清 席鏊《竹香詩集》卷三《梅花歎》 吁嗟梅花爾不言，冰凝雨打非天全。傲寒雖自具風格，得氣始可增清妍。春陽無烘月無映，凄冷生涯傍三徑。天意昭蘇未可知，僵立東風且由命。凡木階前莫漫嗤，熙春曾占最先時。看渠凍澀仍含態，玉雪終須香滿枝。

清 盧存心《白雲詩集》卷七《咏梅詩并序》 和靖先生八梅詩，雪後水邊，疏影暗香，二聯天人也，邪不可企已。此外，未便迥絶人間。一日，小園梅花盛開，客有言及胡澹菴，兩和八梅元韻者，取視之，老婢聲音不堪，爲先生重臺巡檐索笑，走筆雜取諸梅咏之，并和先生韻八首，得詩八十五首。一時佇興，未知於澹菴何如也。

緑萼梅　曾向慈恩寺裏栽，幾時移植到江隈。比青蓮朵當春發，先碧桃花犯雪開。劉氏玉魂知變化，石家珠影費疑猜。如今流落人間種，萼緑華從上界來。

青蒂梅　光堯問僧云：此梅唤作甚梅，對云：青蒂梅，蓋雙關青帝也。東郊特地探寒梅，淑氣初從樹杪迴。春至從教青帝占，月高疑有素娥來。翠華冉冉香先動，鳳羽嘈嘈萼漸開。著意天工一枝放，褎然獨冠上林材。

紫蒂梅　小小花村未坼胎，寒香争欲發玫瑰。一枝如向韓童化，紫玉滿座能教杜牧回。紫雲風格不因垂綬貴，冰姿渾欲作霞猜。水邊籬落饒餘韻，漫向仙人紫府栽。

黄梅　蠟丸火速報東皇，一夜祥雲覆樹黄。已遣先春開上苑，更教得氣在中央。疏疏淡抹秦宫額，習習微吹衛女裳。那比檀心兼磬口，南枝自擅蜜脾芳。

鴛鴦梅　雙宿雙棲貼木浮，何年飛到玉枝留。月聯清影非無匹，雪透寒香自有儔。開落春風原共命，涼温晏歲底須愁。梅花不是韓憑木，朵朵鴛鴦著樹頭。

麗枝梅　占盡花中色與香，味尤和雪沁詩腸。冰姿肯類尋常客，風韻還同十八娘。清夢祇供人悵望，紅塵寧用騎騰驤。絳囊未似南枝好，有子能和曲鼐嘗。

冠城梅　玉樹春前競發榮，一株獨冠闔閭城。移來鄧尉連雲白，開向蘇臺掩雪清。西子臨池憐隻影，東皇特地配寒英。閶門千萬人家植，可有雙身擅此名。

鶴頂梅　子大而紅，花仍玉色。君復園中老梅樹，翩翩羽化欲凌風。開花猶是雪翎白，結子已成丹頂紅。霜幹冰姿昂碧漢，參横月落唳虚空。孤山三百凋零盡，緱嶺飛來簇一叢。

紫溪梅　梅樹參差兩岸紆，紫花無數撲人膚。盈盈一水難成碧，爛爛雙眸欲奪朱。上客豪華施步障，仙人狡獪撒瓊腴。若非脈脈傳香氣，幾認紅藤架上扶。

九英梅　承旨朝從殿下迴，曈曈日照九英梅。寒花朵朵廊邊發，香氣浮浮樹杪來。腸胃文章雖可見，冰霜骨格定難猜。那知深淺無人處，映水一枝先自開。

照水梅　一樹幽枝瞰石矼，冰懷欲寫水淙淙。花開高嶺莫能並，影落寒潭初見雙。凝碧池妃臨曉鏡，浣紗溪女愛晴江。橫斜清淺無窮韻，消受端須酌玉缸。

向陽梅　鄂王墓下寒梅樹，葉葉枝枝盡向南。就日根株冬自挺，棲霞雲木曉相參。幽香脈脈通華表，孤影依依而翠嵐。映徹不須潭水月，曦光卓午劇須探。

竹間梅　勁節孤標各立身，霜根雪幹結比鄰。錚錚寒玉賡成韻，細細幽香遞引人。疏影自偕清影瘦，虛心轉對素心真。相推相輓嚴威裏，歲晚同回六合春。

隱士梅　窈窕無營獨靜恬，冰姿惟自映明蟾。凌冬素萼牆東放，盡日幽人谷口潛。漠漠暗香依翠嶂，疏疏清影晃晶簾。雪深還索寒花笑，寂寞巡來在冷檐。

道院梅　冰姿一夜發槎枒，竹院松壇掩映斜。疏影乍翻天際鶴，奇香分挹洞中花。臘前早逗青陽氣，月下疑來萼綠華。靜院不愁吹玉笛，仙顏常駐上清家。

禪院梅　維摩丈室絕塵氛，似散檐前薝蔔芬。冷蕊疏疏誰與伴，衆香藹藹杳無聞。花開初地禪心寂，影寫諸天色相分。徹骨寒時方悟透，一枝橫出迥超羣。

閨中梅　誰似傾城絕世妍，瓊寒粉瘦畫檐前。清疏氣韻從人妒，綽約丰姿也自憐。暗覺春隨綃幙透，早傳香自玉臺偏。雪消月落憑闌處，相對無言一悄然。

羅浮梅　平生神往羅浮頂，萬樹梅花聚一邨。瘴雨寒煙迷遠夢，參橫月落動吟魂。清姿肯入風塵影，蒼幹長留島嶼痕。他日師雄尋舊跡，不知誰是酒家門。

庾嶺梅　向南十月花爭發，近北先春蕊始開。疊嶂千重扶影上，幽香兩度逐魂來。藏煙翠羽嘈嘈聒，叫月蒼猿樹樹哀。會到峯巔最高處，袖中籠得白雲迴。

孤山梅　林君手植今零落，三百何人補種餘。逸態橫斜風定後，寒姿搖漾月來初。影蟠閣外翩翩鶴，瓣唼湖湑戢戢魚。千載高人絕塵去，此花空抱此山孤。

西溪梅　舴艋灣灣水路賒，萬株玉樹碧天遮。直從盤古香爲窟，轉覺華胥國是花。片月孤雲禪客界，曉煙寒雪野人家。一枝竹杖芒鞋兩，策策行過畧彴斜。

大梅山　大梅山上梅千尺，聞自昔年梅福栽。不作漢家和鼎物，猶爲禹廟架梁材。龍蛇蟠處孤根蟄，冰雪堆時萬點開。神物千年亦飛去，此都一望但蒿萊。

玉堂梅　地近鸞坡淑氣承，幾株素艷木天凝。紫薇垣内香無此，紅藥階前韻未曾。樹與堂分千片玉，花於人共一條冰。八磚下直歸來晚，回看枝頭皓魄升。

西崦梅　一望疏林縞素黏，湖梅如雪數西崦。花新花舊垂垂發，《蘭亭集》刻有舊梅花、新梅花之名。枝北枝南續續添。映水平移仙子步，開門低亞野人檐。還疑日暮羅浮遇，何處邨莊少酒簾。

鄧尉梅　西山未到二三里，消息先從鼻觀生。晶晶置身花海白，浮浮濯魄玉壺清。空濛霜幹凌煙動，綽約冰姿近水橫。欲寄相思千里道，一枝親自拗銅坑。

六瓣梅　出孝豐縣郭公山，一樹東皇巧力殫，也同雪瓣鬥清寒。若非脈脈幽香遞，竟作霏霏玉屑看。譜處寧教千葉貴，開時獨壓百花攢。當春五出飛滕六，何似南枝不改觀。

催梅　暢好晴明趁臘前，一枝速放近南天。肯回霜幹隨人意，願降冰心許我憐。後夜相思空遠寄，寒花照眼結清緣。朔風有意傳消息，吹向溪頭未放船。

探梅　頭番風信起寒冬，斷續幽香何處逢。初到園林尋冷蕊，轉於籬落覓芳蹤。半開已把生香洩，暗綴寧教積雪封。狂喜一枝先到眼，自今莫放酒杯濃。

早梅　菭蘠已落芙蓉老，寂歷空枝一朵纔。萬木總須窮律轉，孤標獨挈早春迴。香從獵獵風前漏，花自飄飄雪底開。更辦衝寒雙蠟屐，盈枝不待白皚皚。

時梅　花開及時，子至五六月方熟。花開臘杪能知候，子結春餘不厭遲。馥馥枝頭值寒日，纍纍葉底及炎時。朋松友竹元同韻，浮李沈瓜轉見奇。白汗未乾吟吻渴，一丸渾欲沁詩脾。

冬梅　實可留至十月，衆芳苦被雪霜封，天意偏舒冷豔容。結實垂垂到良月，著花點點及元冬。每於月出精神王，肯門春來色澤濃。顧影莫愁無伴侣，青青遥指嶺頭松。

墨梅　花黑如墨，元香太守隱梅坳，臭味新投漆比膠。幾點花光施石黛，一痕墨色潤煙梢。含清在骨元無玷，尚白於人肯免嘲。黯淡獨居風雪裏，與君共訂歲寒交。

龍梅　蟄蟲猶未起春雷，已有潛根地上回。雪射晶光動鱗甲，月涵珠影護莓苔。屈蟠早預爲霖志，磊落卒成調鼎才。骨格本非岡畔物，肯容偃蹇卧蒿萊。

苔梅　爛爛莓苔綴滿身，雨淋日炙作鱗皴。花如白玉千枝綻，根與青銅一色勻。仍覺薜蘿披處好，不勞錦繡著來新。疏疏未放寒香透，已占高標太古春。

盤梅　盤屈梅身四角張，賞花人裏在中央。祇須一樹堪成屋，王冕梅花屋何必千株始構莊。朱必連梅花莊頭上寒花衝髮白，座中清氣襲衣香。憐他臃腫全樗櫟，萬古荒原飽雪霜。

嶺梅　盤空聳峙鬱岩嶤，早發南枝百萬條。大庾嶺頭香滿徑，小春天裏影攢霄。山高祇見連雲矗，地暖寧聞帶雪飄。瘴雨蠻煙傷過客，頓令旅思動吟謡。

岸梅　依依近岸發疏枝，影照横斜蕩碧漪。乍映汀頭魚欲唼，半開堤畔鳥來窺。漁人簑笠黏香駐，估客帆檣傍樹移。月落參横無客過，水邊一樹自垂垂。

岸梅　用崔魯韻　臘後春前不計年，孤高未許女蘿牽。一枝老幹盤旋地，萬仞空山寂寞天。駁落幾番冬嶺雪，蒼茫横斷野郉煙。自慚足繭風塵際，對爾幽香一惘然。

園梅　小園日涉方成趣，況有梅花照眼新。未放早拌千斛醉，將開正好百迴巡。一枝清影留殘月，數點寒花占上春。茅舍竹籬成伴侣，桔槔灌處鎮相親。

窗梅　爲愛幽香拓綺疏，一枝低亞月來初。浮浮清氣逼衣冷，白白寒光生室虚。遥夜相思欣忽到，衆芳徂謝訝先舒。不須郊野頻扶杖，硯北因依韻有餘。

庭梅　雪霽寒空月落時，一庭香氣溢階墀。風摇書幌疏疏影，月寫紗窗淡淡姿。檐外獨巡誰索笑，樽前默對轉相思。但令心地塵埃絶，清白何須户外知。

官梅　幽興誰如何水部，低徊終日對吟哦。南榮就暖春初逗，東閣迎寒月較多。凍白催開憑玉律，浮紅待賞撥金螺。閬人傳舍凝花眼，幾見揚州一再過。

杏花

綜述

宋　謝維新《古今合璧事類備要别集》卷二八《花卉門・杏花》　《格物叢話》杏者，東方歲星之精。葉似梅而花差大，其色微紅，至春二三月始開，妖嬈艷麗，比桃花伯仲間，亦可愛也。故騷人詠物與梅並言，則曰梅杏，蓋取其葉之似也，與桃並言則曰桃杏，蓋取其花之近也。杏之云乎豈凡花之比乎，然又有多葉者，又有黄花者，真絶品也，故併及之。

明　高濂《遵生八箋》卷一六《杏花》　本有梅杏、沙杏之分。根生最淺，以大石壓根，則花盛果結。核種。

明　王世懋《學圃雜疏・杏花》　杏花，無奇，多種成林，則佳。城中朱氏園中百株，偃仰水旁，余嘗携榼賞之。今當於廣囿荒池别置一林。

清　陳淏子《花鏡》卷三《花果類考・杏花》　杏花有二種：單瓣與千瓣。劍州山有千葉杏花，先紅後白，但嬌麗而不香。樹高大而根生最淺，須以大石壓根，則花易盛，而結實始繁。其核可種，而仁不堪食。其可食者，係關西巴旦杏一云八丹。實小而肉薄，核内仁獨甘美，點茶上品。梅杏黄而帶酢，沙杏甘而有沙，木杏扁而青黄，奈杏青而微黄。又一種金杏，圓大如梨，深黄若金橘。每種將核帶肉埋於糞土中，任其長大，來年須移栽。若不移過，則實小味苦。又不可栽密，密則難長少實。昔李冠卿家有杏，花多不實，一媒姥見而笑曰：「來春與嫁此杏。」冬至忽攜一樽酒過云：「婚家撞門酒也。」索處子紅裙繫樹，祝曰：「青陽司令，庶彙惟新。木德屬紅，更旺於春。森森柯幹，簇簇繁陰。我今嫁汝，萬億子孫。」明年結子果多，相傳爲韻事。

清 厲荃《事物異名録》卷三《花卉部·杏》 艷客，《西溪叢語》：杏花爲艷客。

清 曹溶《倦圃蒔植記》卷上《杏》 南海有杏園洲，爲仙人種杏處。朱李蟠桃，自堪鼎足。自唐進士有探春宴，春風十里始落紅塵，花如有知豈不稱屈。栽種之法與桃李同，但宜近人家，不得移動耳。又聞宋時揚州李冠卿家堂前一株杏，花多而不實。一老媪曰：來春與嫁此杏。冬深忽攜一罇酒來，云是婚家撞門酒，索處子裙繫樹上，已奠酒辭祝再三而去。家人咸哂之。明年結子無數，則嫁樹之術又不當與桃李並駈耶？

清 高士奇《北墅抱瓮録·杏》 杏花非紅非白，顔色頗妍，多種成林，極有風致。廣圃荒池，偃仰映帶，宛然郰陌，攜壺藉草，興復不淺。

清 謝堃《春草堂集》卷二五《花木小志·杏》 杏花紅艷，人多知之。宋子京極愛賞之，故稱之曰紅杏尚書。唐人亦重之，詩有之曰：「一枝紅杏出牆來。」又曰：「一色杏花紅十里。」然余於肥城李掌書家見杏一株，花開似雪。詢之，不獨花開白色，而實大如甌，香甜異常，真水杏也。惜移種它處，多不能活。間有活者，花色仍紅。於是互相歎異。余復笑曰：「若使王戎見之，又當鑽核。」主人亦笑。別贈十數枚，歸貽細君，味雖稍敗，較市之所言水杏者迥別矣。

清 闕名《名花譜·杏花》 杏爲東方歲星之精，葉似梅而差大，花先紅而後白，妖冶艷麗，與夭桃相伯仲而開差早，故二月街頭賣杏花。此聲聞之，令人魂消心醉。有黄花者，世稱絶品。又海東有文杏一株，花開五色。　種法：將杏帶肉埋其核于糞中，至春即换地移栽。杏以核出者接枝，來年即生。今陝西出八丹杏，肉多查不可食，惟取其仁。　銅陵有杏山，昔傳葛仙翁種杏於此。山下有溪，落英飛堰上，名花堰。山外環里皆杏，名杏花村。　揚州太守植杏花數十啜，每爛開一株，令一妓倚其傍立，舘曰争春。　唐進士初會杏林，謂之探春晏，以少後二人爲探花使，徧遊名苑，若他人先折得花，二人皆有罰。　明皇遊別殿，柳杏將吐，嘆曰：對此景物不可不與判斷，命力士取羯鼓臨軒縱擊，傳旨命奴奏《春光好》一曲，回顧柳杏，皆已綮發矣。

清 鄒一桂《小山畫譜》卷上《杏》 花紅，深淺不一色，瓣五出，兜而微縐，蕊圓叢結蒂大，着梗處微苞，花瓣以曲筆肖之。芽嫩緑，帶微紅，新舊枝皆赭墨色，較梅幹多歷級，老本亦能屈曲。又三妙杏，千葉，重瓣，蒂極大，謂三妙者，以花實仁皆妙也。

藝　文

唐 羅隱《杏花》 暖觸衣襟漠漠香，間梅遮柳不勝芳。數枝艷拂文君酒，半里紅欹宋玉牆。盡日無人疑悵望，有時經雨乍凄涼。舊山山下還如此，迴首東風一斷腸。

宋 歐陽修《和梅聖俞杏花》 誰道梅花早，殘年豈是春，何如艷風日，獨自占芳辰。

元 虞集《城東觀杏花》 明日城東看杏花，丁寧兒子早將車。路從丹鳳樓前過，酒向金魚館裏賒。緑水滿溝生杜若，暖雲將雨少塵沙。絶勝羊傳襄陽道，歸騎西風擁鼓笳。

元 元好問《杏花雜詩》 杏花牆外一枝横，半面宮妝出曉晴。看盡春風不回首，寶兒元自太憨生。

嫋嫋纖條映酒船，緑嬌紅小不勝憐。長年自笑情緣在，猶要春風慰眼前。

清 張錫祚《杏花》 零落江梅悵別離，小樓人静倦吟詩。孤村花發春當路，十日雨晴紅滿枝。谷口耕夫歌斷後，壇邊漁父棹回時。南軒老樹誰相賞，日暮淒涼傍酒旗。

清 邊連寶《隨園詩草》卷一《杏花》 梅花之後最先開，淡白輕香不讓梅。放鶴人歸渾莫識，騎驢客醉謾相猜。嬌嬈只怕封姨妬，爛縵無勞羯鼓催。暮暮朝朝看未足，膽瓶分得一枝來。亂向東風笑靨然，偎桃傍柳倍新鮮。半疎半密千林雪，輕暖輕寒二月天。是處鞦韆何嬝娜，誰家簫鼓最喧闐。茸茸細草承趺坐，倒盡金尊未忍還。

清 曹庭棟《産鶴亭詩》三稾《杏花莊》 風涇鎮西南半里許，元戴光遠別墅。栽杏花甚多，時人遊賞，稱爲杏花莊，今名尚存。

可是仙源舊隱家，滿溪碧漲泛紅霞。如何一樣看春色，不種桃花種杏花。

清 曹庭棟《産鶴亭詩》七稾《杏花春雨樓》 小飛來之左，層樓屹立，寬不滿丈，於中供花神，遊者罕至，僅供溪山點綴而已。樓旁栽杏花數樹，因以爲名。 窄纔容膝起高層，花氣蒸紅雲氣凝。有徑南山懶趨捷，平生堪數幾回登。

桃花

綜述

宋 謝維新《古今合璧事類備要别集》卷二六《花卉門·桃花》 《格物叢話》花品以少者爲貴，多者爲賤。世傳廣陵瓊花、京口玉蘂、洛陽牡丹皆以少見貴至，如桃花何處獨無之，不擇地而蕃，不待培壅而滋茂，漫山填谷容易成林，樵童牧子厭觀熟翫，何若是之多歟。遂使世人鄙賤，目爲凡品，花中之不幸未有甚於此者也。然司花之巧不如此而止也，令有數品或黄或碧，或絳色垂綵者，閃爍者，龍鱗者，餅子者，牡丹者，水密者，千葉者，凡中求異不可勝數，好事者亦必爲之刮目。

明 王世懋《學圃雜疏·桃花》 桃花 種最多，若金桃、蜜桃、灰桃之類，多植園中。取果其可供玩者，莫如碧桃、人面桃二種。緋桃乏韻，即不種亦可也。壽星桃矮，而花能結大桃，亦奇可玩，桃殊不中食。

明 高濂《遵生八箋》卷一六《桃花十種》 桃花平常者，亦有粉紅、粉白、深粉紅三色。其外有單瓣大紅、千葉紅桃之變也。單瓣白桃、千葉碧桃之變也，有緋桃俗名蘇州桃。花如剪絨者，比諸桃開遲而色可愛。有瑞仙桃，花色深紅，花密。有絳桃千瓣。有二色桃，色粉紅，花開稍遲，千瓣極雅。

明 周文華《汝南圃史》卷七《金絲桃》 金絲桃，樹高二三尺，五月初開花，花六出，中有長鬚，花瓣大於桃，其形狀宛如桃花，但色異耳。春分時可分栽。又一種似梅者名金梅，其花差小，比金桃似勝。

明 慎懋官《華夷花木鳥獸珍玩考》卷二《桃香異常》 史論在齊州時，出獵至一縣界，憇蘭若中覺，桃香異常。訪其僧，僧不及隱，言近有人施二桃，因從經樓下，取出獻論。大如飯碗，論時饑，盡之。核大如雞卵。論因詰其所自，僧導論北去。上山越澗，至一處，布泉怪石，非人境也。有桃數百株，幹掃地，高二三尺，其香破鼻，論與僧各食一蒂，馥果然矣。論亦疑僧非常，取兩個而返，同上並格。

明 高濂《遵生八箋》卷一六《金絲桃花》 花如桃而心有黄鬚，鋪散花外，若金絲然。亦以根下劈開分種。

明 衛泳《枕中秘·園史·桃》 桃性蚤寔，十年輒枯，世稱短命花。不若多種碧桃、人面桃。或每歲遞植，以易老朽。

清 厲荃《事物異名録》卷三一《花卉部·桃》 銷恨花 助嬌花。《開元遺事》明皇時禁苑中有千葉桃盛開，帝曰：不特萱草忘憂，此花亦能銷恨。嘗親折一枝插妃子寶冠上，曰：此箇花尤能助嬌態也，今呼千葉桃爲助嬌花。

夭采。《山堂肆考》：夭采，桃花也。

妖客。《西溪叢語》：桃花爲妖客。

紅雪。《湖壖雜記》：湖墅有三勝地，河渚蘆花名秋雪，西溪梅名香雪，則臯亭桃亦可名紅雪矣。

輕薄花。杜甫詩：輕薄桃花逐水流。

解語花。蘇軾《江行見桃花》詩：我觀解語花，粉色如黄土。

清 陳淏子《花鏡》卷三《花木類考·桃》 桃爲五木之精，能制百鬼，乃仙品也。隨處有之。枝幹扶疎，葉狹而長，二月開花，有紅、白、粉紅、深紅之殊。他如單瓣大紅，千瓣粉紅，千瓣白之變，爛縵芳菲，其色甚媚。花最宜（易）植，木少則花盛，實甘，子繁，性早實，三年变（便）結子，六七年即老，結子变（便）細，十年後多枯。其皮最緊，若四年後，用刀自樹本豎劙其皮，至生枝處，使膠盡出，則皮不脹不死，多有數年之活。傳云千歲桃，豈尋常之物，惟仙家稱之。究竟桃無人（久）壽。而種類甚多，詳載於後。種法：取佳種熟桃，連肉埋糞地中，尖頭向上，覆熟肥土尺餘，至春發生，帶土移栽别地則旺，若仍在糞地，則實小而苦。凡種桃淺則出，深則不生，故其根淺不耐久。近得所傳云：於初結實次年，砍去其樹，復生又斫又生，但覺生虱即斫，令復長，則其根入地深，而盤結自固，百年猶結實如初。又桃實尤繁則多墜，於社日春（舂）根下土石壓其枝則不落。桃子若生蟲，以煮豬首淡汁冷澆之自無，如生蚜蟲，以多年竹燈掛懸樹梢間，則蟲自落。

附桃花釋名共二十四品

諸色桃

日月桃其種一枝有二花，或紅或白。

崐崙桃一名王母桃，出洛中，表裏皆赤，冬熟。

臣核桃霜下始花，大暑方熟。出常山。

瑞仙桃花最稠密，其色則深紅。

人面桃花粉紅，千葉，少實。又名美人桃。

毛桃《爾雅》名褫桃，小而多毛，核粘，味劣不堪。

緋桃即蘇桃。花如剪絨，比諸種開遲，色艷。

金桃出太原。形長色黄，以柿接之遂成金色。

鴛鴦桃千葉深紅，開最後，結實必雙。

銀桃單葉。實圓，色青白，肉不粘核，六月中熟。

李桃單葉。深紅花。實圓色青，肉不粘核。

雪桃即十月桃。花紅。形圓，色青，肉粘核，味甘酸。

水蜜桃出上海顧氏家。其味甜如蜜。

油桃出汴中。花深紅，實小，有赤斑點，光如塗油。

新羅桃單葉。紅花。其子可食，性獨熟（執）。

扁桃出波斯國，形扁而肉澁，核如盒，味甘在仁。

雷震紅雷雨過，輒見一紅暈，更爲難得。

鷹嘴桃花紅，實在六月熟，有尖如鷹嘴狀。

餅子桃單葉。紅花。實狀如香餅，味甘。

墨桃花色紫黑似墨葵，亦異種難得者。

白碧桃單葉、千葉兩種，惟單葉結實繁。

胭脂桃單葉。紅花。結實至熟時，其色如胭脂。

壽星桃樹矮而花千葉，實大。可作盆玩。

附録羊桃出自福州。其實五瓣，色黄。

清　陳淏子《花鏡》卷三《花木類考·金絲桃》　金絲桃，一名桃金孃。出桂林郡。花似桃而大，其色更頳。中莖純紫。心吐黄鬚，鋪散花外，儼若金絲。八九月實熟，青紺若牛乳狀，其味甘，可入藥用。如分種，當從根下劈開，仍以土覆之，至來年移植便活。

清　陳大章《詩傳名物集覽》卷一〇《華如桃李》　《朱傳》：李，木名，華白，實可食。《爾雅》：休，無實李。痤，接慮李。駁，赤李。桃李醜核。棗李曰疐之。注云：棗李之臍，去疐而已。《運斗樞》：玉衡星散爲李。《説文》：從木子聲。杍，古文李。《管子》：五沃之土，其木宜李。世傳齊都露霜李，房陵縹李。《禮記》：食棗桃李，弗致于核。注曰：爲恭敬也。《本草》：李不可合蜜及雀肉食之，又不可臨水噉之。《淮南子》：三月其樹李。《埤雅》：《素問》曰：李韭皆酸。李，東方之果，木子也，故其字從木。性頗難老，老雖枝枯，子亦不細，其品處桃上。《孫卿子》，桃李粲于一時，時至乃殺。《鹽鐵論》：桃李之實多，來歲足穰。《史記》：桃李不言，下自成蹊。《爾雅翼》：李，木之多子者，花最繁密。《爾雅》有三種，痤接慮李，即今之麥李，與麥同熟者，爲果肉厚而乾，與核相離。駁，赤李，則李之赤而有木者。休，無實李。李實繁，有竊食之嫌，無實則其下可休矣。《西京雜記》：上林苑有紫李、青綺李、黄李、青房李、緑李、顔淵李、合枝李、羌李、朱李、車下李、燕李、猴李、蠻李。《種樹書》云：桃李種法，欲方兩步一根，密則陰輒相扇，不惟子細，味亦不佳。《化書》曰：李接桃而本強者其實毛，梅接杏而本強者其實甘，此造化之權也。《莊子》曰：接子之或使，此之謂也。潘岳《閒居賦》：房陵朱仲之李。注：仲家有縹李，代所希有。韋述《兩京記》云：東都嘉慶坊有美李，人稱嘉慶子。唐蕭瑀、陳叔達共看李花，因論李有九標：曰香、曰雅、曰細、曰淡、曰潔、曰密、宜月夜、宜緑鬢、宜泛酒。詩話云：桃李歲歲同開，而韓退之詩有「見李不見桃」之句，殊不可解，因晚登碧落堂，望隔江桃李，桃皆暗而李獨明，乃悟其玅也，《春秋》書桃李華，《綱目》嘗三書之，惠帝五年、吕氏甲寅、文帝六年，未有書桃李熟者，秋華而實大異也。《終綱目》惟漢武四年耳。《歲時紀麗》云：立夏日俗尚啖李。諺曰：立夏得啖李，能令顔色美，是日婦女羣作李會。一云是日啖李，令不疰夏。

清　陳大章《詩傳名物集覽》卷一一《桃之夭夭》　《朱傳》：桃，木名，華紅，實可食。《爾雅》：楔，荆桃。旄，冬桃。褫桃，山桃。桃李醜核。又云：桃曰膽之。注：荆桃，今櫻桃，冬桃子冬熟，山桃實如桃而小，不解核。疏：桃李之類，子中有核，人膽之者。桃多毛，拭治去毛，令色青滑如膽也。《夏小正》：正月杝桃華，六月煮桃。桃也者，杝桃也。杝桃也者，山桃也，煮以爲豆實也。《禮記・月令》：仲春之月，桃始華。《內則》，桃李梅杏。《春秋・運斗樞》：玉衡星散爲桃。《管子》，五沃之土，其果宜桃。《韓詩外傳》：春植桃李，夏得蔭其下，秋得食其實。《韓子》：仲尼曰，果蓏有六，而桃爲下，祭先王不得入廟。《周官》：饋食之籩，其實棗、栗、桃乾、蓁榛實。《淮南子》：四月其樹桃。《典術》云：桃者五木之精，壓伏邪氣，服其華令人好色，蓋仙木也。《埤雅》：桃華之盛者，其性早華，又華于仲春，故《周南》以興女之年時俱當。諺曰：桃三李四，言桃三歲便華。果然，皮束莖幹頗急，四年以上，宜以刀劚其皮。不然，皮急而死。更七八年即老，老則實細，故周南復取多桃以興。《易》通卦驗，驚蟄曰大壯，初九桃不花，倉庫多火。《鹽鐵論》：桃李之實多者，來歲足穰。《風俗通》：言上古之時，有兄弟二人神荼鬱壘，居度朔山桃樹上，以制百鬼，故漢制，縣官以臘除飾桃人垂葦索。《歲時記》：桃者五行之精，壓服邪氣，制百鬼。《本草經》：桃梟，主殺百鬼精物。注：桃梟木乾，如梟磔首木上，故曰梟也。《山海經》亦載度朔之説云：黄帝象之，立板于户。《淮南子》：羿死于桃棓，由是鬼畏桃。今人以桃梗作符，歲旦植門，是其遺制。後漢禮儀制曰：代有所尚，周人木德，以桃爲梗，言氣相梗。梗，更也。《莊子》曰：插桃枝于户，人不畏而鬼畏之。制鬼之説，見于傳記者不一。《禮》曰：王弔則以巫祝桃茢前王。注：桃，鬼所惡，茢以祓除不祥，所以異于生也。《左傳》：楚人使公親襚，公使巫以桃茢先祓殯。《周禮》：戎右贊牛耳桃茢。鄭司農喪祝注云：喪祝與巫，以桃茢執戈在王前，然則以桃祓除，亦聖人所不廢，不獨巫祝之術也。江淹《山桃頌》：惟園有肴，惟山有叢。丹藹擎露，紫榮繞風。伊春之秀，乃華之宗。《名物解》：桃先百果而華，故從兆，其時則春而陽中也，故以記婚姻之時正。

清　屈大均《廣東新語・木語・香桃花》　香桃花，與中州桃花不異，獨于八九月盛開，有微香。中宿峽秋海棠亦香。大抵嶺南衆香之國，花木多香，蓋陽德之所勃發也。

清　曹溶《倦圃蒔植記》卷上《桃》　桃爲仙木，能制百鬼，故神仙家恒多種之。武陵桃源雖五柳寓言，然雞犬桑麻豈花妖木容事哉？種法：宜擇暖處，寬深爲坑，先納濕牛糞，埋爛核其中，尖頭向上，覆土尺餘。春深芽長，移栽實地。若仍置糞中則實少而苦矣。或云種時以桃核刷浄，令女子艷粧種之，他時花艷而子離核。又於春後以刀豎劃其皮則樹不夭。社日舂根下之[土]。或以刀横斫其枝則實不墜。以煮猪首汁放冷澆之則子不蛀。以多年竹（鐙）（燈）檠懸掛樹間則虫自落。然桃性早實，十年輒枯。世稱短命花，不若多種碧桃、人面桃，或每處遞植，以易老朽，庶幾武陵漁人可復踪跡耳。

清　高士奇《北墅抱甕録・桃》　桃花有紅、白、粉紅、深粉紅、單瓣大紅、千瓣粉紅、單瓣白、千瓣白諸類，爛漫芳菲，色甚嫵媚。其可供玩者，莫如碧桃、人面桃二種。園中臨水植之，不但取果，二月花時，曉煙初破，宿露未收，早起觀之，大有幽趣。若夫晴陽媚日，與新柳互交遞倚，又是一番佳致。

清　高士奇《北墅抱甕録・金絲桃》　金絲桃，花五出，比山桃較大，而色黄。心有長鬚，茸茸作縷，頗具風格，非俗艷所能比也。

清　董潮《東皐雜鈔》卷二《桃花》　三月三日取桃花陰乾爲末，至七月七日和烏雞血塗面，白潤如玉。按花蒂曰跗，花足也，花當，花根也。

清　章大來《偶陽雜録・寄書桃》　蕪湖寄書桃，三四尺許，花色淡，與山桃無異。每熟時，其核自開而仁落，以物實之，則經宿而合。人往往作小詩或書納之，以餉友，曰寄書桃也。種自西蜀。

清　吴其濬《植物名實圖考・羣芳類》卷二七《金絲桃》　《花鏡》：金絲桃，一名桃金孃，出桂林郡。花似桃而大，其色更頳。中莖純紫，心吐黄鬚鋪散花外，儼若金絲。八九月實熟，青紺若牛乳狀。其味甘，可入藥用。如分種，當從根下劈（間）（開），仍以土覆之，至來年移植便活。

植物名實圖考・金絲桃

清　謝堃《春草堂集》卷二五《花木小志・金絲桃》　此花易生難壯。余蓄數株，十數年來，纔粗如指。其枝葉繁茂，鮮翠欲滴，羣芳莫比。莫春作花，色若澹金，臨風綽約，有不可一世之姿。花鬚嬝娜，使遊蠭浪蜨往還其間，真呼之欲活。一日，有客從泰安來，攜一株花色如粉名銀絲桃者，余不惜重價購之，如獲雙璧。尤其妙者，諸花開後枝葉索寞，惟此葉經霜不脱，而色若渥丹。北地無楓葉，借此而可想像吴江風景矣。

清　闕名《名花譜・桃花》　他花皆以少爲貴，至桃花不擇地而蕃，幾令人以凡品目之，不知春日爛開，飛紅零亂。李後主之錦洞天，唐明皇之消恨館，千秋絶艷，可令他卉無色。有美人、鴛鴦、壽星、金桃，花種不一類。另有黄桃，以爲第一。　種法：宜於煖處肥土，取核將小頭向下，厚盖鬆土，春深芽生，帶土移種，三年即實。若不移，實小而苦。桃性急，四年以上宜以刀碎其皮，否則皮急而死。一法取核刷浄縫中肉，令女子艷粧下種，則他日花艷而子多。社日令持石壓枝則實牢，樹蛀以猪頭汁泠澆則好。枝頭生小虫則以油竹燈掛(稍)(梢)間，則紛紛墮下。此物理之不可曉，然試之即驗。　桃花之艷冶，莫盛於西湖之六橋長堤春曉，芳媚襲人，遊之如入錦隊。唐人桃花源應不是過。　石曼卿以泥裹桃核爲彈，抛擲峻嶺，後花發滿山如繡。　明皇御苑有千葉桃，因折爲貴妃簪之曰：此花亦能助嬌，宮中名爲助嬌花。　志勒禪師以桃花而悟道。　安期生以墨洒石上，遂成桃花，至今六出。

清　鄒一桂《小山畫譜》卷上《桃》　有深紅、淺紅、白色，花五出。枝葉破節，瓣蕊蒂俱尖長，鬚少開足則紅，着梗處微有苞，嫩葉微舒卷曲，枝直，老幹亦不甚曲，枝幹皆赭墨色。

清　鄒一桂《小山畫譜》卷上《山桃》　深紅、千葉，藤本。枝蔓離披，葉蕊雙出，對節開，向一邊開時，葉短小。種山石上爲宜。

清　鄒一桂《小山畫譜》卷上《千葉桃》　粉紅者深淺不一，赤者爲緋桃，白者爲碧桃，俗以千葉者爲碧桃，白者爲白碧桃，謬矣。梅杏桃俱用點法。千葉者蒂兩層十瓣，葉尖長，開在春深故也。碧桃開足，心墨色，枝比單葉者較柔娜，幹赭墨色。

清　鄒一桂《小山畫譜》卷上《小桃》　亦有深、淺紅、白三色，五出，而花小。枝柔弱。蕊瓣蒂鬚，幹俱如桃。開時微芽。此花惟北地有之，開在杏花之前，江南絶無。

藝文

唐　李世民《詠桃》　禁苑春暉麗，花溪綺樹裝。綴條深淺色，點露參差光。向日分千笑，迎風共一香。如何仙嶺側，獨秀隱遥芳。

唐　賀知章《望人家桃花》　山源夜雨度仙家，朝發東園桃李花。桃花紅兮李花白，照灼城隅復南陌。南陌青樓十二重，春風桃李誰爲容。棄置千金輕不顧，踟躕五馬謝相逢。徒言南國容華晚，遠疑嘆西家飄落遠。的皪長春明光殿，氛氲半入披香苑。苑裏珎木元自奇，黄金作葉白銀枝。千年萬歲不凋落，還將桃李更相宜。　桃李從來露井傍，成蹊結影矜艷陽。莫道春光不可樹，會持仙實薦君王。

唐　劉長卿《廨中見桃花南枝已開，北枝未發，因寄杜副端》　何意同根本，開花每後時。應緣去日遠，獨自發春遲。結實恩難忘，《去聲集》作望無言恨豈知。年光不可待，空美向南枝。

唐　劉長卿《入百丈澗見桃花晚開》　百丈深澗裏，過時花欲妍。應緣地勢下，遂使春風偏。

唐　白居易《晚桃花》　一樹紅桃亞拂池，竹遮松蔭晚開時。非因斜日無由見，不是閑人豈得知。寒地生材遺較易，貧家養女嫁常遲。春風集作架欲落誰憐惜，自待郎來折一枝。

唐　白居易《大林寺桃花》　人間四月芳菲盡，山寺桃花始盛開。長恨春歸無覓處，不知轉入此中來。

唐　温庭筠《敷水小桃盛開因題》　敷水小橋東，娟娟一作涓涓照露叢。所嗟非勝地，堪恨是春風。二月艷陽郎，一枝惆悵紅。定知留不住，吹落路塵中。

唐　温庭筠《夕生桃花發因題》　病眼逢春四壁空，夜來山雪破東風。未知王母千年熟，且共劉郎一笑同。已落又開横晚翠，似無如有帶朝紅。僧虔蠟炬高三尺，莫惜連宵照露叢。

唐　鄭谷《小桃》　和煙和雨遮敷水，映竹映村連灞橋一作陵撩弄春風奈寒冷，到頭羸得杏花嬌一作憎。

唐　羅隱《桃花》　暖觸衣襟漠漠香，間梅遮柳不勝芳。數枝艷拂文君酒，半里紅歌宋玉墻。盡日無人疑怨望，有時經雨乍凄凉。舊山山下還如此，廻首東風一斷腸。

唐　李嶠　**《桃》**　獨有成蹊處，紅桃集作穠華發井傍。含風如集作山風疑笑臉，裛露似集作朝露啼粧。隱士顔應改，仙人路漸長。還欣上林苑，千歲奉君王。

唐　皮日休　**《桃花賦并序》**　余嘗慕宋廣平之爲相。貞姿勁質，剛態毅狀，疑其鐵腸石心，不解吐婉媚辭，然睹其文而有《梅花賦》，清便富豔，得南朝徐庾體，殊不類其爲人也。後蘇相公味道得而稱之，廣平之名遂振。嗚呼，夫廣平之才未爲是賦，則蘇公果暇知其人哉。將廣平困於窮，厄於躓，然强爲是文邪？日休於文尚矣，狀花卉，體風物，非有所諷，輒抑而不發，因感廣平之所作，復爲《桃花賦》。其辭曰：

伊祁氏之作春也，有豔外之豔，華中之華，衆木不得，融爲桃花，厥花伊何，其美實多。儓隸衆芳，緣飾陽和。開破嫩蕚，壓低柔柯。其色則不淡不深，若素練輕茜，玉顔半酡。若夫美景妍時，春含曉滋，密如不幹，繁若無枝，妦妦婉婉，夭夭怡怡。或俛者若想，或閑者如癡，或向者若步，或倚者如疲，或温黁而可薫，或婑媠而莫持，或幽柔而旁午，或撦冶而倒披，或翹矣如望，或凝然若思，或奕偞而作態，或窈窕而騁姿。日將明兮似喜，天將慘兮若悲。近榆錢兮粄翠靨，映楊柳兮顰愁眉。輕紅拖裳，動則㲊香。宛若鄭袖，初見吴王。夜景皎潔，闃然秀發。又若常娥，欲奔明月。蝶散蜂寂，當閨脉脉。又若妲（巳）〔己〕，未聞裂帛，或開故楚，艷艷春曙。又若息嬀，含情不語，或臨金塘，或交綺井。又若西子，浣紗見影，玉露厭浥，妖紅墜濕。又若驪姬，將譖而泣，或在水濱，或臨江浦。又若神女，見鄭交甫，或臨廣筵，或當高會。又若韓娥，將歌斂態，微動輕風，婆娑暖紅。又若飛鷰，舞於掌中，半露斜吹，或動或止。又若文姬，將賦而思，丰茸旖旎，互交遞倚。又若麗華，侍宴初醉，狂風猛雨，一陣紅去。又若褒姒，初隨戎虜，滿地春色，堦前砌側。又若戚姬，死於鞠域。花品之中，此花最異。以衆爲繁，以多見鄙，自是物情，非關春意，若氏族之斥素流，品秩之卑寒士。他目則目，他耳則耳。或以眤而稱珍，或以疎而見貴，或有實而華乖，或有花而實悴。其花可以暢君之心目，其實可以充君之口腹，匪乎兹花，他則碌碌。我將修花品以此花爲第一，懼俗情之横議，我曰不然，爲之則已，我目吾目，我耳吾耳，妍蚩決於心，取捨斷於志。豈於草木之品獨然，信爲國兮如此。

唐　蔣防　**《玄都觀桃》**　舊傳天上千年熟，今日人間五日香。紅軟滿枝須作意，莫交方朔施偷將。

宋　蘇軾　**《惠崇春江曉景》**　竹外桃花三兩枝，春江水暖鴨先知。蔞蒿滿地蘆芽短，正是河豚欲上時。

元　張翥　**《丹青小景山水》**　沙禽毛羽新，來往采菜津。野水碧於草，桃花紅照人。裴回遠山莫，窈窕江南春。芳思不可極，悠然懷釣綸。

元　李序　**《遠愁曲》**　桃杏忽已殘，穠花逐流水。緑階日色重，芳草青靡靡。飛燕銜落花，春風共吹起。　飄散不相知，愁心滿千里。

清　梁逸　**《把酒桃花下》**　茅屋水聲裏，面面桃花紅。深杯獨淺酌，花落盈杯中。今日向花醉，明日枝頭空。開落固有時，何用嗟春風。

清　沈榮儁　**《桃花》**　柳暗花城夢不通，誰家姊妹倚東風。憑伊幾點清明雨，催出新粧試小紅。　三千紅袖總無媒，蕊亂雲盤緑水隈。金屋有恩誰保得，故應怕向未央開。

清　邊連寶　**《隨園詩草》卷七《水月桃花》**　讀盡天竺書，未會西來指。桃蕋散微香，如在木犀裏。定知水月仙，拈花一笑起。無勞辨色空，請參我偈子。

清　邊連寶　**《隨園詩草》卷八《桃花澗》**　古澗名桃花，已過桃花節。想當三月時，滿澗飛紅雪。澗上德雲菴，導師已白髮。聞説廿年前，悟以桃花徹。衆生來叩法，拈花但啟頬。現已無桃花，盍更拈桃葉。我言非機鋒，空色故無别。不見桃花時，澗中流素月。水月映桃花，明艷兩奇絶。

清　吴盛藻　**《天門集》卷三《桃花歌》**　庭前千山萬水之紫霞，天上餐風飲露之奇葩。一朝蟄龍動百草，朱顔緑鬢生英華。藐姑之人潔於雪，洛浦之妃舒紅牙，香入髓中生琥珀，枝從月底泛靈槎，有時叫出杜鵑血，有時斜捲絞綃紗。曼倩求爲勾漏令，一顆一瓣尋丹砂。牽引漁人入洞口，不知秦漢惟桑麻。老眼朦朧不相識，人人盡道靈雲花，商州副使正愁絶，徘徊只憶東陵瓜，萱草上堦不忍見，五柳還望空咨嗟。剪綃裁錦忽相向，亦能銷恨忘天涯。間梅馥郁霏霏暖，映竹玲瓏細細遮。一自劉郎不得見，止有無言守白鴉。奈何一夜飄淫雨，奈何百里揚飛沙。五寸忽隨流水去，六出不向芳林斜。雲臺自此失顔色，紅衣飄泊何人家。自是天台有仙骨，春風莫謂凋鉛華。

清　高鳳翰　**《南阜山人詩集類稿》卷四《出郭看桃花》**　溪上乘春上野舠，春衣難稱髩蕭騷。桃花欲浣蒸雲色，還著山中舊布袍。

櫻桃花

綜述

清 鄒一桂《小山畫譜》卷上《櫻桃》 花叢發，淡紅，五出。瓣有鋸齒長柄，鬚少蕊尖。枝柔曲。開時嫩葉微舒，亦帶紅色，枝葉破節。唐時宴新進士於花下，謂櫻桃宴，以此花開在二月時也。

清 闕名《名花譜·櫻桃》 樹多枝葉，花似桃差小，而色嬌紅，一款五六花如垂絲，然粉粧輕約，香韻俱勝，夏初結實，懸如火樹，凡花勝者，菓多，無色，此獨兩擅。 種法：春中折有節枝，記其所向陰陽，栽肥土中即活。 張茂卿家居，頗事聲妓。一日櫻桃盛開，曰紅粉風流，無踰此君，悉屏伎女。 天寶初，寧王日侍風流蘊藉，諸王弗如也。每春時紉紅絲爲繩，密綴金鈴，繫花梢之上，有鳥集樹，令園子掣鈴索以驚之。後人護櫻桃倣此，謂之花鈴。

藝文

唐 白居易《白氏長慶集》卷一八《題東樓前李使君所種櫻桃花》 身入青雲無見日，手栽紅樹又逢春。唯留花向樓前看，故故抛愁與後人。

唐 白居易《白香山詩集》卷六《移山櫻桃》 亦知官舍非吾宅，且斸山櫻滿院栽。上佐近來多五考，少應四度見花開。

李花

綜述

宋 謝維新《古今合璧事類備要别集》卷二六《花卉門·李花》 《格物叢話》桃李不先不後同時並開，世之善評花者言桃則必言李，是此花之可愛不遜於桃也。然桃之爲花妖嬈爛熳，獨可以畫而觀，而李之淡泊纖穠香雅潔密，兼可以夜而盼，有非桃之所可得而埒者，好事君子每至月夜清爽，愛其雪色弥望，芳塵襲人，輒捹勝賞真一奇也。然品類之中，今有一種俗號林檎，或者以其味之甘而能來衆禽，因名之曰來禽花，不減於李，故亦附見此耳。

明 高濂《遵生八箋》卷一六《李花》 有青霄李、御黄李，李之上品也。若紫粉、小青，皆下品也。有麥李，紅甚，麥熟而實可食矣。俱花小而蕃。

明 高濂《遵生八箋》卷一六《郁李花二種》 有粉紅、雪白二色。俱千葉，花甚可觀，如紙剪簇成者，子可入藥。

明 王路《花史左編》卷八《郁李花》 性喜向暖日和風，澆用清水不用肥糞，以性潔故也。

清 陳淏子《花鏡》卷三《花果類考·李》 李樹大者有一二丈，性較桃則耐久，可活三十餘年。老枝雖枯，子亦不細。花白小而繁，多開如雪。其實名不一，有木李、青宵、御黄、均亭、夫人皮青肉紅，皆李之上品也。紫粉、小青、白李、杏李、馬肝、牛心、扁縫、鼠精、朱李、糕李肥黏似糕，乃李之下品也。又麥李，紅而甜麥秀即可食。至結實，有離核、合核、無核之異。俗傳種桃宜密，種李宜稀。其分根種接之法皆與桃同，故不贅。但培壅亦（宜）豬穢，不可用糞。如少實，於元旦五更將火把四面照看，謂之稼李，當年便生。若以桃接，則生子紅而甘。

清 曹溶《倦圃蒔植記》卷上《李》 語云：桃李不言，下自成蹊。予謂桃花如麗姝，歌舞場中定不可少。李花如女道士，煙霞泉石間，獨可無一乎。桃李並稱良亦不爽。但李性耐久，時與桃異，雖至老朽，子亦不細，復喜開爽切勿連陰。諺云：種桃宜密，種李宜稀，深得之矣。法於臘月中取根上小條移種別地，待長行栽。或云取桃樹接之則主子紅甘。予里以檇李得名，未知果按此法否。又於元日或上元以甎着樹歧，或於臘月以杖擊枝間，至正月晦日復擊，可令足子。其不實者，亦於元旦五更，以火把四面照之，當年便生，謂之嫁李。別有一種名郁李者，子如櫻桃，亦名唐棣。風人所思，丰采可見。

清 高士奇《北墅抱瓮録·李》 李樹可久，發花裹枝，縞如積雪，入夜尤明，無月時亦璀璨炫目。與山桃雜種，兩色交錯，遠望芳菲。至其繁香清趣，山桃又在下風。

清 厲荃《事物異名録》卷三一《花卉部·李》 葦綃《高隱外書》：葦綃開萬朵。蓋葦綃白而輕，一時所尚。按：謂李花也。

清 鄒一桂《小山畫譜》卷上《李》 三月花，五出，色白，朵小，而叢發有柄，檀心。開時微葉，枝亦破節。

清 鄒一桂《小山畫譜》卷上《郁李》 粉紅，千葉。花開葉間，有柄。結實如櫻桃。葉尖長，微有鋸齒。樹小而枝直。集註以棠棣爲郁李者，非也。郁李不能偏反，萼不音浮亦不多。詩所云棠棣者，應是海棠，非郁李也。

清 闕名《名花譜・李花》 評花者言桃必言李，肤桃花妖嬈爛熳，可以晝觀。李花淡雅香潔，兼可夜賞。另一種曰來禽花，似李而香，韵亦不減。

種法：□中取出枝上發起小條，分種別地，稍長又栽，即大不宜肥地。

擕李城李花極盛，吴夫差同西施賞之，西子因醉酒，酡顔殘粧，倒卧花茵中，後號醉李城。

藝文

南朝梁 沈約《麥李》 青玉冠西海，碧石彌外區。化爲中園實，其下成路衢。在先良足貴，因小邈難逾。色潤方陵縹，味奪寒水朱。摘持欲以獻，尚食且踟躕。

唐 李世民《賦得李》 玉衡流桂圃，成蹊正可尋。鶯啼密葉外，蝶戲脆花心。麗景光朝彩，輕煙散夕陰。暫顧暉章側，還眺靈山林。

唐 李嶠《賦得李》 潘岳閑居暇一作「日」，王戎戲陌辰。蝶遊芳徑馥，鶯囀今一作弱枝新。葉暗青房晚，花明玉井春。方知有靈榦，持一作持用表真人。

唐 張説《李樹》 皇帝臨潞州，延唐寺有李樹連理，皇帝親如驗見，今御書額焉，頌曰： 李興帝族，寺榜延唐。異枝同幹，雙名合祥。花轉瑶萼，子綴珠光。本支百代，永永蕃昌。

唐 閭邱均《賀連理樹表》 臣聞靈氣所生，恒起於無形，祥跡所憑，名屬於聖日，雖微物之成象，固王者之明徵。臣所部官園中有李樹，質茂宗生，異標恒類，交枝兩出，共理三連，緑葉密而泛烟，白花糅而似雪，觀於即事，知者稱瑞。當今星精下流，天意元寄，嘉圖誰載，休徵莫儔。昔上林樹生，中興劉氏。推神議物，我則居多。臣謬齒勞章，慚名首席，欣逢偶數，竊躍昌期。

唐 陸龜蒙《楙李花賦》 試問花翁，得楙李之春叢；移來砌下，出自山中。長霑潤雨，迴灑巖風。曾不得次玉堂而展低豔，承畫閣而逞微紅。虛在芳菲之數，徒干造化之功。弱植欹危，繁梢嶢積。一枝上能萬其膚萼，一萼中自參其丹白。且桃以天而薾以華，芍藥爲贈兮芙蓉可嘉，誰爲翦緗綺碎明霞。鳳葆葱蘢於水殿，霓旌掩苒於雲車。静倚庭楹，徐飄蕊氣。落幽閨怨別之夢，寫空谷遺榮之思。初侍東陵聖母，冶態嫣妍；近辭北燭僊人，愁容委墜。嗟其結莓苔之地，抱林麓之姿。蝶善舞而相掠，鶯能言而見欺。香憐墜少，蔕戀飄遲。當杯者不顧，守道者應知。請看嵇康高士傳，莫信長安輕薄兒。

梨花

綜述

宋 謝維新《古今合璧事類備要別集》卷二八《花卉門・梨花》 《格物叢話》春二三月，百花開盡始見梨花，此花靚艷寒香，自甘寂寞，罕見賞識於人，然又一種千葉花，賦姿迥別，何造物者變態，又若是奇且巧歟。然此等之花尚未離其類也。又有一種名曰棠梨花，亦不小，結實甚大如指，亦以梨名，或者曰以同類云。

宋 謝維新《古今合璧事類備要別集》卷一〇《果門・棠梨》 棠梨花似海棠，色白。子白者曰棠，赤者曰杜。 根側分小本種，子亦種。遂苞體。體可接梨，又可接林檎，頻婆。材細，中於鏤刻。

明 高濂《遵生八箋》卷一六《梨花二種》 有香、臭二種。其梨之妙者，花不作氣，醉月、欹風，含烟、帶雨，瀟洒，丰神，莫可與並。

明 王世懋《學圃雜疏・梨花》 余性雅，愛梨花之類，而微恨其氣不可嗅。吾地酷少。此種溶溶院落，何可無此君，終當致之。

清 高士奇《北墅抱瓮録・梨》 梨花膩白如玉，綽約有態。江南二月，每多風雨，此花經雨，轉覺姿媚動人，月下亦佳，所謂梨花院落溶溶月也。

清 厲荃《事物異名録》卷三二《花卉部・梨》 瀛洲玉雨。《清異録》司空圖《菩薩蠻》，謂梨花爲瀛洲玉雨。 淡客。《西溪叢語》：梨花爲淡客。 白雪香。李白詩：梨花白雪香。

清 鄒一桂《小山畫譜》卷上《梨》 三月盡，花開五出，色純白，心初黄，開足後赭墨色。長柄叢生，葉嫩緑，亦有柄，隨風而舞，花之流逸者也。寫此花者，必兼風月，或飛燕宿鳥，以淡墨青烘之，則花顯而雲氣亦出。其幹柔曲，老幹蒼黑，以濃淡墨畫之，不用赭。又紅梨花，開在二月間，色微紅，開時無葉，絶少韻致。

清　闕名《名花譜・梨花》　春暮百花開盡，始見梨花。靚艷寒香，自甘寂寞而醉月欹風，含烟帶雨，瀟洒之致，莫可與並。王昌齡詩云：落落寞寞路不分，夢中喚作梨花雲。故梨花之妙，未可以言語形容。唐有紫梨，宋有紅梨，俱奇絶。野有棠梨，花纖媚如梨，而香韻遜之，用以接梨最大。袁石公詩：醉裡不知花是影，隔紗驚起小揚州。　洛陽梨花開時，人多携酒樹下，曰爲梨花洗粧。　驪山繡嶺下有梨園，唐子弟按曲於此，中有紫花梨。　夷陵堂下紅梨盛開，歐陽公造飲，有絳雪尊前舞之，因顔曰絳雪堂。　矦穆郊行，見少年共飲梨花下，穆長揖就坐，衆哂之曰：能詩者飲。穆口占梨花云：清香來玉樹，白蟻泛金甌。粧靚青蛾妬，光凝粉蝶羞。衆客閣筆。　浙俗釀酒趁梨花，時號梨花春。

藝　文

南朝梁　沈約《應詔詠梨》　大谷來既重，岷山道又難。摧折非所忧，但令入玉盤。

唐　李嶠《梨》　擅美玄光側，傳芳瀚海中。鳳文踈象郡，花影麗新豐。春暮條應紫，秋來葉早紅集作色封瑶池紫，甘依大谷紅若令逢漢主，還冀識張公。

宋　蘇軾《東坡全集》卷八《和孔密州東欄梨花》　梨花淡白柳深青，柳絮飛時花滿城。惆悵東南一株雪，人生看得幾清明。

宋　陸游《老學庵筆記》卷一〇《梨》　東坡絶句云：梨花澹白柳深青，柳絮飛時花滿城。惆悵東闌一株雪，人生看得幾清明。紹興中，予在福州，見何晉之大著，自言嘗從張文潛遊，每見文潛哦此詩，以爲不可及。余按杜牧之有句云：砌下梨花一堆雪，明年誰此凭闌干。東坡固非竊牧之詩者，然竟是前人已道之句，何文潛愛之深也，豈別有所謂乎。聊記之以俟識者。

石榴花

綜　述

唐　段成式《酉陽雜俎續集》卷九《石榴花》　衡山祝融峯下法華寺，有石榴花如槿，紅花春秋皆發。

宋　謝維新《古今合璧事類備要別集》卷三四《花卉門・榴花》　《格物總論》：榴花非國中所産也，其始來自安石國，故名曰石榴或曰安榴。亦有來從海外新羅國者，或又以海榴名之也。此花跗萼皆真紅色，如小琴軫様，花面開寸許瓣如挼丹鬚黄粟蜜。葉脩條盛，夏花時閃爍鮮明，良有可愛者，然不止此。有千葉者，有黄花者，有紅花白緣者，有白花紅緣者，花品中一奇也。然又有一種，人目之曰寳珠榴，其花獨員如寳珠狀，司花之巧一至於此。彼有所謂山石榴者，乃指杜鵑花而名之也。或亦認爲此花，豈不誤於引用者耶。

明　高濂《遵生八箋》卷一六《榴花八種》　燕中有千瓣白、千瓣粉紅、千瓣黄。大紅者，比他處不同，中心花瓣如起樓臺，謂之重臺。石榴花，頭頗大，而色更紅深。余曾四種俱帶回杭，至今芳郁，有四色单瓣。

明　高濂《遵生八箋》卷一六《火石榴花三種》　上盆小株，花多，色紅，有粉。紅、白色三種，甚可人目。然無他法，以其嫩頭長出，即摘去。烈日當午，以水澆之，則花茂肯發，是即大株分本。外有細葉一種，亦佳。

明　王世懋《學圃雜疏・石榴花》　石榴本（在）外國來者，然獨京師爲勝。中貴。盆中有植幹，數十年高不盈二尺，而垂實纍纍。至巨者，皮子之紅白一隨其花。花而不實者曰餅子。深紅、淡紅二種，皆山亭之珍也。吾地不宜，盆中移歸不一二年壞矣。本地餅子紅榴稍佳，而樹大非凡。案前物單葉，有黄、白、淺、深紅四種，存以標異可也。

明　王路《花史左編》卷四《石榴》　其本名安石榴，亦名海榴，一種富陽榴，結實大者如碗。餅子榴則花大而不結實。山東有番花榴，其花尤大於餅子榴。又有一種，身不過二尺，栽盆中結子，亦榴樹，壓大石亦多生，取嫩條插肥陰地，無不活者。沉子肥土中，次年亦可開花。大抵榴性喜肥，濃糞澆之，無忌。二月初取嫩枝如指大者，斬長尺許，以指脚刮去一二寸皮，深插於皆陰處。若以白榴枝插於紅石榴枝上，其花粉紅，然粉紅亦自有種。燕中有千瓣白，千瓣粉紅，千瓣黄，千瓣大紅，有四色。单瓣者比他處不同，中心花瓣如起樓臺，謂之重臺。石榴花頭頗大，而色更深紅。

明　王路《花史左編・火石榴》　火石榴其嫩頭長出即摘去，烈日當午，以水澆之，則花茂肯發。

明　江之源《百花藏譜・石榴花》　本名安石榴，亦名海榴。白樂天詩：

「宿因月桂落，醉爲海榴開。」一種富陽榴，結實大者如碗。餅子榴則花大而不結實。山東有翻花榴，其花猶大于餅子榴。又有一種，身不過二尺，栽盆中結子亦大。榴樹壓大石亦多生。取嫩枝插肥陰地，無不活者。沉子肥土中，次年亦可開花。大抵榴性喜肥，濃糞澆之，無忌。二月初取嫩枝如指大者，斬長尺許，以指脚刮去一二寸皮，深插于背陰處。若以白榴枝插于紅石榴枝上，其花粉紅。然粉紅亦自有種，燕中有千瓣白、千瓣粉紅、千瓣黄、千瓣大紅，有四色。单瓣者比他處不同，中心花瓣如起樓臺，謂之重臺。石榴花頭頗大而色更深紅。　《華璣域譜》：種石榴，先鋪一層石子，次鋪泥，又鋪石子，種根在上，用泥覆盖，多用大石壓之。十月中以草包梗，恐凍死也。

又《火石榴花三種》

上盆小株，花多大紅、粉紅、白三色，其嫩頭長出即摘去，烈日當午，以水澆之，則花茂肯發。外有細葉一種亦佳。

清　曹溶《倦圃蒔植記》卷中《石榴》　石榴，張騫使西域，從安石得之，故名安石榴，亦名海榴者。李贊皇《花木記》所謂凡花以海名者，從海外來也。【略】種子之法，先於樹頭號定向背，霜后摘下，以稀布囊貯之，仍依舊號懸掛通風處。復敲堅細土，節去瓦石，潑糞數次，收貯缸內。至次年二月初，取家用火盆，鋪土三寸，不得太厚，每隔數寸按一小潭，納榴子數粒，蓋土半寸許，灑水令濕，置向陽處。候長寸許，每潭揀留一大株，肥水再澆。既長分種盆內，盆須極小，種不宜深，仍令向陽。日澆數次，有雨即蓋，勿使淋去土味，或以麻餅浸水，當日午澆之，則花茂盛。或云盆榴無法，只須浸曬。冬間霜下，收回南簷。如土乾時，畧將水潤。至春深氣暖，可放石上，翦去嫩苗，勿令高大。盛夏置日中或曬屋上，免近地氣，致令根長及爲蚓蟻所穴。每朝用米泔水沉（浸）没花斛，浸約半時取出日曬。如覺土乾，又復浸之，殆良法也。

清　高士奇《北墅抱瓮録·石榴》　南方石榴佳種不易得，園内亦不多植，惟水傍有大紅臺榴一二株而已。當仲夏之時，新緑初齊，遠近一碧，惟榴花烘晴映日，灼灼欲然，可謂絢爛矣。近又得一瓌邊紅，千瓣白，松花色者，不異綺綃簇成，尤爲罕有。

清　謝堃《春草堂集·花木小志·榴》　余性喜榴，尤喜其矮而壯者，仍要枝葉相當，不假翦札。蓄有大紅者、桃紅者、水紅者、潔白者。一日，有任城花賈攜一株深黄色者，飾以五綵，甆盆略加碎石，較所蓄者愈覺古雅。乃以舊錦琴囊易得之，置諸几案，直可使人忘暑。然皆不能結實。矮而結實者惟月榴。月榴乃月月開花之榴，實雖熟而不可食。可食者其大若樹，開單花，有甜榴，有酸榴，有冰糖榴，有罡榴，剖之一房僅三十六子者爲最佳。間有雙花結實者，皆酸榴耳。

清　闕名《名花譜·石榴》　石榴來自安石國，海榴來自新羅國。餅子榴則花大而不實。山東有翻花榴，花開最大。又有一種本不過二尺，栽盆中結子亦大。榴開盛夏，與日鬪麗，燦爛鮮明。又燕中有黄者、白者，雅艷出城，較之紅榴更覺嫵媚，且於花中能更發一蕊如臺蓮，肰花中佳品也。　種法：二月初，取嫩枝如指大者長尺許，以指甲刮去一二寸皮，深插於背陰處，多以石壓。根性喜肥，以濃糞澆之。如已活移於有日色處，以其性喜日故也。　澆法：常以肥水灌之，如花遲，取滚湯烈日中澆之，則發蕊。　盆榴：其嫩頭長出摘去，則枝不長而本大葉細。　頓孫國石榴取花汁，停杯中數日成美酒。

藝文

清　黄永連《奉使集·石榴花》　榴紅開後時，深樹照窗扉。衆緑羣趨夏，中天爾獨緋。午風酣翠幛，曉露共芳菲。朱實清秋裹，應知薦紫微。

清　曹庭棟《産鶴亭詩》二稾《合蒂榴花爲當湖陸抱青昆仲賦》　海榴合蒂曾何異，爲是萱庭手種來。聯萼直如兄弟好，同苞微别後先開。枝間灼火新添艷，葉底含丹暗剖胎。幾度白頭扶杖看，花光舞彩兩縈迴。

牡丹花

綜述

宋　歐陽修《文忠集》卷七二《洛陽牡丹記》　花品敍第一　牡丹，出丹州、延州，東出青州，南亦出越州，而出洛陽者，今爲天下第一。洛陽所謂丹州花、延州紅、青州紅者，皆彼土之尤傑者。然來洛陽，纔得備衆花之一種，列第不出三，已下不能獨立與洛花敵。而越之花以遠，罕識不見齒然，雖越人亦不敢自譽，以與洛陽争高下。是洛陽者是天下之第一也。洛陽亦有黄芍藥、緋桃瑞蓮、千葉李、紅郁李之類，皆不減他出者，而洛陽人不甚惜，謂之果子花，曰某花云云。至牡丹則不名，直曰花，其意謂天下真花獨牡丹，其名之著，不假曰牡丹而可知也。其愛重之如此。説者多言洛陽於三河間古善地，昔周公以尺寸考日出没，測知寒暑風雨乖與順於此。此蓋天地之中，草木之華得中氣之和者多，故獨與他方異。予甚以爲不然。夫洛陽於周所有之土，四方入貢道里，均乃九州之中，在天地崑崙旁礴之間，未必中也。又況天地之和氣，宜遍四方上下，不宜限其中以自私。夫中與和者，有常之氣，其推於物也，亦宜爲有常之形。物之常者不甚美，亦不甚惡。及元氣之病也，美惡隔并，而不相和入。故物有極美與極惡者，皆得於氣之偏也。花之鍾其美，與夫癭木擁腫之鍾其惡，醜好雖異而得一氣之偏病，則均洛陽城圍數十里，而諸縣之花莫及城中者，出其境則不可植焉，豈又偏氣之美者，獨聚此數十里之地乎？此又天地之大不可考也已。凡物不常有而爲害乎人者曰災，不常有而徒可恠駭不爲害者曰妖，語曰：天反時爲災，地反物爲妖。此亦草木之妖，而萬物之一恠也。然比夫癭木擁腫者，竊獨鍾其美而見幸於人焉。余在洛陽四見春，天聖九年三月始至洛，其至也晚，見其晚者。明年會與友人梅聖俞游嵩山少室、緱氏嶺、石唐山、紫雲洞，既還，不及見。又明年，有悼亡之戚，不暇見。又明年，以留守推官，歲滿解去，只見其蚤者。是未嘗見其極盛時。然目之所矚，已不勝其麗焉。余居府中時，嘗謁錢思公於雙桂樓下，見一小屏立坐後，細書字滿其上，思公指之曰：「欲作花品，此是牡丹，名凡九十餘種。」余時不暇讀之，然余所經見而今人多稱者纔三十許種，不知思公何從而得之多也。計其餘，雖有名而不著，未必佳也。故今所録但取其特著者，而次第之。

姚黃	魏花	細葉壽安	鞓紅亦曰青州紅
牛家黃	潛溪緋	左花	獻來紅
葉底紫	鶴翎紅	添色紅	倒暈檀心
朱砂紅	九蘂真珠	延州紅	多葉紫
麄葉壽安	丹州紅	蓮花萼	一百五
鹿胎花	甘草黃	一擫紅	玉板白

花釋名第二　牡丹之名，或以氏，或以州，或以地，或以色，或旌其所異者而志之。姚黃、左花、魏花以姓著，青州、丹州、延州紅以州著，細葉、麄葉、壽安、潛溪緋以地著，一擫紅、鶴翎紅、朱砂紅、玉板白、多葉紫、甘草黃以色著，獻來紅、添色紅、九蘂真珠、鹿胎花、倒暈檀心、蓮花萼、一百五、葉底紫皆志其異者。

姚黃者，千葉黃花，出於民姚氏家。此花之出於本未十年，姚氏居白司馬坡，其地屬河陽。然花不傳河陽傳洛陽，洛陽亦不甚多，一歲不過數朵。

牛黃亦千葉，出於民牛氏家。比姚黃差小。真宗祀汾陰，還過洛陽，留宴淑景亭，牛氏獻此花，名遂著。

甘草黃單葉，色如甘草。洛人善別花，見其樹知爲某花。云獨姚黃易識，其葉嚼之不腥。

魏家花者，千葉肉紅花，出於魏相仁溥家。始樵者於壽安山中見之，斲以賣魏氏。魏氏池館甚大，傳者云，此花初出時，人有欲閲者，人税十數錢，乃得登舟渡池至花所，魏氏日收十數緡。其後破亡，鬻其園今普明寺後林池乃其地，寺僧耕之以植桑麥。花傳民家甚多，人有數其葉者，云至七百葉。錢思公嘗曰：「人謂牡丹花王。今姚黃真可爲王，而魏花乃后也。」

鞓紅者，單葉深紅花，出青州，亦曰青州紅。故張僕射齊賢有第西京賢相坊，自青州以馲駞馱其種，遂傳洛中。其色類腰帶鞓，謂之鞓紅。

獻來紅者，大，多葉，淺紅花。張僕射罷相居洛陽，人有獻此花者，因曰獻來紅。

添色紅者，多葉花，始開而白，經日漸紅，至其落，乃類深紅。此造化之尤巧者。

鶴翎紅者，多葉花，其末白，而本肉紅，如鴻鵠羽色。

細葉、麄葉壽安者，皆千葉肉紅花，出壽安縣錦屏山中。細葉者尤佳。

倒暈檀心者，多葉紅花。凡花近萼色深，至其末漸淺。此花自外深色，近萼反淺白，而深檀點其心。此尤可愛。

一擫紅者，多葉淺紅花，葉杪深紅一點，如人以三指擫之。

九蘂真珠紅者，千葉紅花，葉上有一白點如珠，而葉密蹙，其蘂爲九藂。

一百五者，多葉白花。洛花以穀雨爲開候，而此花常至一百五日開，最先。

丹州、延州花者，皆千葉紅花，不知其至洛之因。

蓮花萼者，多葉紅花，青趺三重，如蓮花萼。

左花者，千葉紫花，葉密而齊如截，亦謂之平頭紫。

朱砂紅者，多葉紅花，不知其所出。有民門氏子者，善接花以爲生，買地於崇德寺前治花圃，有此花。洛陽豪家尚未有，故其名未甚著。花葉甚鮮，向日視之如猩血。

葉底紫者，千葉紫花，其色如墨，亦謂之墨紫。花在藂中旁必生一大枝，引葉覆其上。其開也，比他花可延十日之久。噫！造物者亦惜之耶。此花之出比他花最遠。傳云，唐末有中官爲觀軍容使者，花出其家，亦謂之軍容紫。歲久失其姓氏矣。

玉板白者，單葉白花，葉細長如拍板，其色如玉，而深檀心。洛陽人家亦少有。余嘗從思公至福嚴院見之，問寺僧而得其名。其後未嘗見也。

潛溪緋者，千葉緋花。出於潛溪寺。寺在龍門山後，本唐相李藩別墅。今寺中已無此花，而人家或有之。本是紫花，忽於藂中特出緋者，不過一二朵，明年移在他枝，洛人謂之轉音篆枝花。故其接頭尤難得。　鹿胎花者，多葉紫花，有白點如鹿胎之紋。故蘇相禹珪宅今有之。　多葉紫，不知其所出。初姚黄未出時牛黄爲第一，牛黄未出時魏花爲第一，魏花未出時左花爲第一，左花之前唯有蘇家紅、賀家紅、林家紅之類，皆單葉花，當時爲第一。自多葉千葉花出後，此花黜矣。今人不復種也。牡丹初不載文字，唯以藥載本草，然於花中不爲高第，大抵丹延已西及褒斜道中尤多，與荆棘無異，土人皆取以爲薪。自唐則天已後，洛陽牡丹始盛。然未聞有以名著者，如沈、宋、元、白之流，皆善詠花草，計有若今之異者，彼必形於篇詠，而寂無傳焉。唯劉夢得有《詠魚朝恩宅牡丹》詩，但云一藂千萬朵而已，亦不云其美且異也。謝靈運言「永嘉竹間水際多牡丹」，今越花不及洛陽甚遠，是洛花自古未有若今之盛也。

風俗記第三　洛陽之俗，大抵好花。春時城中無貴賤皆插花，雖負檐者亦然。花開時，士庶競爲遊遨，往往於古寺廢宅有池臺處爲市，并張幄帟，笙歌之聲相聞。最盛於月陂堤、張家園、棠棣坊、長壽寺東街與郭令宅，至花落乃罷。洛陽至東京六驛，舊不進花，自今徐州李相迪爲留守時始進御。歲遣牙校一員，乘驛馬一日一夕至京師。所進不過姚黄、魏花三數朵，以菜葉實行籠子藉覆之，使馬上不動摇，以蠟封花蔕，乃數日不落。大抵洛人家家有花，而少大樹者。蓋其不接則不佳。春初時，洛人於壽安山中斲小栽子賣城中，謂之山篦子，人家治地爲畦塍種之，至秋乃接。接花工尤著者一人，謂之門園子，豪家無不邀之。姚黄一接頭，直錢五千，秋時立券買之，至春見花，乃歸其直。洛人甚惜此花，不欲傳。有權貴求其接頭者，或以湯中蘸殺與之。魏花初出時，接頭亦直錢五千，今尚直一千。接時須用社後重陽前，過此不堪矣。花之本去地五七寸許截之乃接，以泥封裹，用軟土擁之，以蒻葉作庵子罩之，不令見風，日唯南向，留一小户以達氣，至春乃去其覆，此接花之法也。用瓦亦奇。種花必擇善地，盡去舊土，以細土用白斂末一斤和之，蓋牡丹根甜，多引蟲食，白斂能殺蟲，此種花之法也。澆花亦自有時，或用日未出，或日西時。九月旬日一澆，十月十一月三日二日一澆，正月隔日一澆，二月一日一澆，此澆花之法也。一本發數朵者，擇其小者去之，只留一二朵，謂之打剥，懼分其脈也。花纔落便翦其枝，勿令結子，懼其易老也。春初，既去蒻庵，便以棘數枝置花叢上。棘氣暖，可以辟霜，不損花芽，他大樹亦然，此養花之法也。花開漸小於舊者，蓋有蠹蟲損之，必尋其穴，以硫黄簪之，其旁又有小穴如鍼孔，乃蟲所藏處，花工謂之氣窗，以大鍼點硫黄末鍼之，蟲既死，花復盛，此醫花之法也。烏賊魚骨用以鍼花樹，入其膚，花樹死，此花之忌也。

宋　謝維新《古今合璧事類備要别集》卷二四《花卉門・牡丹花》　《格物藂話》牡丹，花之富貴者也。按《本草》一名鹿韭，一名鼠姑。論者以爲花王。攷之前史無説，自謝康樂集中始言水間竹際多有之，而北齊楊子華有牡丹畫極佳，則知此花之來久矣。但隋文士集中無歌詩，是隋朝花藥中所無者。隋種法七十卷亦無其名。開元宋裴士淹得之汾州。天寶中又爲都城奇賞。元和物猶少，至正元中已多，漸與戎葵同矣。然其土産又有可言者，或出於丹州，或出於延州，東則出青州，南亦出越州，惟出於洛陽者爲天下第一，是何造化之巧獨私於洛陽，而它方則不然也。然其品類尤爲不一，不紅則紫，不黄則白，如此之色或深而或淺，其名稱亦各不同，如姚黄如魏紫，如朱砂紅、玉版白，如此之名字有高而有下，前賢雖有譜之者，恐此花之變態不常有，非耳目之所能偏，君子亦姑言大畧爾。惟夫出於洛陽者樹大而花亦大，出於江南者樹小而花亦小，花之小者姑置勿論，花之大者盈尺許面也，亦不可以一概觀焉。

明　宋詡《竹嶼山房雜部》卷九《樹畜部・種花卉法》　牡丹花甚肥大，多葉高簇者曰樓子。《埤雅》曰，世謂牡丹爲花王。周濂淇曰，牡丹，花之富貴者也。花葉单者曰山丹。　花品甚衆，歐陽文忠公及本朝周府皆有譜記之(祥)(詳)，而種植灌溉之法不同。蓋余家松江薄音博下隰之處，土中常有潴音猪水，多灌則土冷淖而寒，生意根更蝕朽。初分者天久晴燥間十日灌一次，至立冬灌一次，臘月終灌一次。纔得春意遂挾春驕復不宜灌。怯春風，護著花豐。秋分通起出於土面，視根盛析而種之，或劚竹足切芍藥，剪牡丹枝兩裁爲七頭接之，至來秋驗其本體，生根裁去芍藥即真也。花過速剪去，則花牀無傷。《霏雪録》云：張茂卿嘗接牡丹於椿樹之杪，花開時延賓客雅樓翫焉。

明　高濂《遵生八箋》卷一六《牡丹花譜》　種牡丹子法

六月時候，看花上結子微黑，將皱開口者取置向風處，晾一日，以瓦盆拌濕土盛起。至八月取出以水浸，試沉者，開畦種之，約三寸一子，待來春當自得花。

牡丹所宜　八九月時，用好土根上如前法培壅一次，比根高二寸，須隔二年一培。穀雨時設簿遮蓋，日色雨水勿令傷花，則花久。花落即剪花枝嫩處一二寸。六月時亦須設簿，勿令晒損花芽，冬以草薦遮雪，此培養法也。

治療法　冬至前後，以鍾乳粉和硫黄一二錢，掘開泥培之，則花至來春大盛。種時以白斂拌土，欲絶螬蠐、土蠶食根有蛀眼處，以硫黄末入孔。杉木削針，針之虫斃。若有空眼處，折斷捉虫，亦一法耳。此爲治療法也。

牡丹花忌　北方地厚，忌澆肥糞，油籸肥壅，忌觸麝香、桐油、漆氣，忌用熱手搓摩摇動，忌草長藤纏，以奪土氣傷花。四傍忌踏實，便（使）地氣不升。忌初開時，即便採拆（折）令花不茂。忌人以烏賊魚骨針刺花根，則花弊凋落。此牡丹之所忌也。

瓶花之法　貯滚湯於小口瓶中，插花一二枝，緊緊塞口，則花葉俱榮，三四日可玩。芍藥同法。一云以蜜作水，插牡丹不悴，蜜亦不壞。

明　王圻《稗史彙編》卷一四七《種藝》　洛人宋单父善吟詩，亦能種蓺術，凡牡丹變易千種紅白間色。上皇召至驪山，植花萬本，色樣不同。賜金千餘兩，内人呼爲花師，亦幻世之絶藝也。

明　王圻《稗史彙編》卷一四七《壅牡丹法》　常以九月取角屑硫黄碾如麵拌細土粉，挑動花根壅罨入土一寸，地脉既煖，立春漸有花蕾即掐去。惟中心一蕋聚氣，故花肥無侵，至開時，大如盆面，色亦艷。

明　竇文照《竇子紀聞類編·花木類》卷四《牡丹》　《神隱記》曰：牡丹一名木芍藥，不接則不佳。接牡丹者，謂之山篦子。洛人春初買而種之，至秋乃接。種牡丹，用白斂末一斤和之，能殺蟲。盡去宿土，换之以細土，此種法也。澆花用日未出時，或日西時。九月旬日一澆，十月、十一月二三日一澆，正月隔日一澆，此澆花法也。一本數朵，擇其小者去之，懼分其脉也。花纔落便剪去枝，勿令結子，懼易老。春初既去蒻軨，便以棘數枝置花叢上。棘氣煖，可以辟霜，大樹亦然。此養花法也。花開漸小於舊者，蓋有蟲蠹之，必尋其穴，以硫黄簪之。又有小穴如針孔，乃蟲所藏處，花工謂之氣窗。以大針點硫黄針之，蟲死，花復盛。此醫花法也。烏賊魚骨以之針，花輒死，花之忌也。

明　王象晉《群芳譜·花譜》卷二《牡丹》　牡丹，一名鹿韭，一名鼠姑，一名百兩金，一名木芍藥。秦漢以前無考。自謝康樂始言：永嘉水際竹間多牡丹，而北齊楊子華有画牡丹，則此花之從來舊矣。唐開元中，天下太平，牡丹始盛于長安。逮宋惟洛陽之花爲天下冠，一時名人高士，如邵康節、范堯夫、司馬君實、歐陽永叔諸公，尤加崇尚，往往見之詠歌。洛陽之俗，大都好花，閲《洛陽風土記》可考鏡也。天彭號小西京，以其好花有京洛之遺風焉。大抵洛陽之花，以姚魏爲冠。姚黄未出，牛黄第一。牛黄未出，魏花第一。魏花未出，左花第一。左花之前，惟有蘇家紅、賀家紅、林家紅之類。花皆單葉，惟洛陽者千葉，故名曰：洛陽花。自洛陽花盛，而諸花詘矣。嗣是歲益培接，競出新奇，固不特前所稱諸品巳（已）也。性宜寒畏熱，喜燥惡濕。得新土則根旺，栽向陽則性舒。陰晴相半，謂之養花天。栽接剔治，謂之弄花。最忌烈風炎日。若陰晴燥濕得中，栽接種植有法，花可開至七百葉，面可徑尺。善種花者，須擇種之佳者種之。若事事合法，時時着意，則花必盛茂，間變異品，此則以人力奪天工者也。其花有：

姚黄花千葉。出民姚氏家，一歲不過數朵。禁院黄、姚黄别品。閑淡高秀，可亞姚黄。

慶雲黄花葉重複，郁然輪囷，以故得名。

甘草黄單葉，色如甘草。洛人善别花，見其樹，知爲奇花，其葉嚼之不腥。

牛黄千葉。出民牛氏家。比姚黄差小。

瑪瑙盤赤黄色，五瓣。樹高二三尺。葉頗短蹙。

黄氣球淡黄檀心。花葉圓正，間背相承，敷腴可愛。

御衣黄千葉。色似黄葵。

淡鵝黄初開微黄，如新鵝兒，平頭後漸白，不甚大。

太平樓閣千葉。以上黄類。

魏花千葉。肉紅，略有粉稍，出魏丞相仁溥之家。樹高不過四尺。花高五六寸，濶三四寸，葉至七百餘。錢思公嘗曰：人謂牡丹花王，今姚花真可爲王，魏乃后也。一名寶樓臺。

石榴紅千葉樓子，類王家紅。

曹縣狀元紅成樹宜陰。

映日紅細瓣宜陽。

王家大紅紅而長，尖微曲，宜陽。

大紅西瓜瓤宜陽。

大紅舞青猊胎微短，花微小，中出五青瓣，宜陰。

七寶冠難開。又名七寶旋心。

醉胭脂莖長。每開頭垂下，宜陽。

大葉桃紅宜陰。

殿春芳開遲。

美人紅、蓮蕊紅瓣似蓮。

翠紅粧難開，宜陰。

陳州紅、硃砂紅甚鮮，向日視之如猩血，宜陰。

錦袍紅古名潛溪緋。深紅，比寶樓臺微小而鮮粗。樹高五六尺，但枝弱，開時須以杖扶，恐爲風雨所折。枝葉疎潤，棗芽小彎。

皺葉桃紅葉圓而皺。難開，宜陰。

桃紅西瓜瓤胎紅而長。宜陽。以上俱千葉樓子。

大紅剪絨千葉並頭，其瓣如剪。

羊血紅易開。

錦袍紅、石家紅不甚緊。

壽春紅瘦小，宜陽。

彩霞紅、海天霞大如盤，宜陽。以上俱千葉平頭。

小葉大紅千葉，難開。

鶴翎紅、醉仙桃外白内紅，難開。宜陰。

梅紅平頭深桃紅。西子紅、圓如球。宜陰。

粗葉壽安紅肉紅，中有黄蕊花。出壽安縣錦屏山。細葉者尤佳。

丹州延州紅、海雲紅色如霞。

桃紅線、桃紅鳳頭花高大。

獻來紅花大、淺紅、歛瓣如撮，顔色鮮明。樹高三四尺，葉團。張僕射居洛，人有獻者，故名。

祥雲紅淺紅，花妖艷多態。葉最多，如朵雲狀。

淺嬌紅大桃紅，外瓣微紅而深嬌，徑過五寸。葉似粗葉壽安，頗捲皺，葱緑色。

嬌紅樓臺淺桃紅。宜陰。

輕羅紅、淺紅嬌嬌紅。葉緑可愛。開最早。

花紅繡球細瓣，開圓如球。

花紅平頭銀紅色。

銀紅球外白内紅，色極嬌，圓如球。

醉嬌紅微紅。出莖紅桃，大尺餘。其莖長二尺。

西子開圓如球。宜陰。以上俱千葉。

大紅繡球花類王家紅。葉微小。

罌粟紅茜花鮮粗，開瓣合櫳，深檀心。葉如西施而尖長。花中之烜煥者。

壽安紅平頭黄心。葉粗細二種，粗者香。鞓紅、單葉，深紅。張僕射齊賢自青州馱其種，遂傳洛中。因色類腰帶鞓，故名。亦名青州紅。

勝鞓紅樹高二尺，葉尖長。花紅赤焕然，五葉。

鶴翎紅多瓣，花末白而本肉紅，如鴻鵠羽毛，細葉。

蓮花萼多葉。紅花青趺三重如蓮萼。

一尺紅深紅，頗近紫花，面大幾尺。

文公紅出西京潞公園。亦花之麗者。

迎日紅醉西施同類。深紅，開最早，妖麗奪目。

彩霞其色光麗，爛然如霞。

梅紅樓子、嬌紅色如魏紅，不甚大。

紹興春祥雲子花也，花尤富，大者徑尺。紹興中始傳。

金腰樓、玉腰樓皆粉紅花而起樓子，黄白間之，如金玉色。與胭脂樓同類。

政和春淺粉紅，花有絲頭。政和中始出。

疊羅中間瑣碎，如疊羅紋。

勝疊羅差大於疊羅。

瑞露蟬亦粉紅，華中抽碧心，如合蟬狀。

乾花分蟬旋轉，其花亦大。

大千葉、小千葉皆粉紅花之傑者，大千葉無碎花，小千葉則花萼瑣碎。

桃紅西番頭難開。宜陰。

四面鏡有旋。以上紅類。

慶天香千葉樓子，高五六寸，香而清，初開單葉，五七年則千葉矣。年遠者樹高八九尺。

肉西千葉樓子。

水紅球千葉叢生，宜陰。

合歡花一莖兩朵。

觀音面開緊，不甚大，叢生宜陰。

粉娥嬌大淡粉紅，花如椀大，開盛者飽滿如饅頭樣，中外一色，惟瓣根微有深紅。葉與樹如天香，高四五尺。諸花開後方開，清香耐久。以上俱千葉。

醉楊妃二種：一千葉樓子，宜陽，名醉春客。一平頭極大，不耐日色。

赤玉盤千葉平頭，外白内紅。宜陰。

回回粉西細瓣樓子，外紅内粉紅。

醉西施粉白花，中間紅暈，狀如酡顔。

西天香開早，初甚嬌，三四日則白矣。

百葉仙人以上粉紅類。

玉芙蓉千葉樓子，成樹。宜陰。

素鸞嬌宜陰。

緑邊白每瓣上有緑色。

玉重樓宜陰。

羊脂玉大瓣。

白舞青猊中出五青瓣。

醉玉樓以上俱千葉樓子。

白剪絨千葉平頭，瓣上如鋸齒，又名白纓絡，難開。

玉盤盂大瓣。

蓮香白瓣如蓮花，香亦如之。以上俱千葉平頭。

粉西施千葉甚大。宜陰。

玉樓春多雨盛開。

萬卷書花瓣皆卷筒，又名波斯頭，又名玉玲瓏。一種千葉桃紅，亦同名。

無瑕玉、水晶球、慶天香、玉天仙、素鸞、玉仙粧、檀心玉鳳瓣中有深檀色。

玉繡球、青心白心青。

伏家白、鳳尾白、金絲白、平頭白盛者大尺許。難開。宜陰。

遲來白、紫玉白瓣中有紅絲紋，大尺許。以上俱千葉。

醉春容色似玉芙蓉，開頭差小。

玉板白單葉，長如拍板，色如玉，深檀心。

玉樓子白花起樓，高標逸韻，自是風塵外物。

劉師哥白花帶微紅，多至數百葉，纖妍可愛。

玉覆盆一名玉炊餅，圓頭白華。

碧花正一品花。淺碧而開最晚。一名歐碧。

玉碗白單葉，花大如椀。

玉天香單葉大白，深黄蕊開徑一尺，雖無千葉，而丰韻異常。

一百五多葉，白花大如椀，瓣長三寸許，黄蕊深檀心。枝葉高大，亦如天香。而葉大尖長。洛花以穀雨爲開候，而此花常至一百五日開最先。古名燈籠。以上白類。

海雲紅千葉樓子。西紫、深紫，中有黄蕊。樹生枯燥，古鐵色。葉尖長。九月内，棗芽鮮明紅潤，剪其葉，遠望，若珊瑚然。

即墨子色類墨葵。

丁香紫、茄花紫又名藕絲。

紫姑仙大瓣。淡藕絲、淡紫色。宜陰。以上俱千葉樓子。

左花千葉紫花。出民左氏家。葉密齊如截，亦謂之平頭紫。

紫舞青猊中出五青瓣。

紫樓子、瑞香紫大瓣。

平頭紫大徑尺。一名真紫。

徐家紫花大。

紫羅袍又名茄色樓。

紫重樓難開。

紫紅芳、烟籠紫淺淡。以上俱千葉。

紫金荷花大盤而紫赤色，五六瓣，中有黄蕊，花平如荷葉狀，開時側立翩然。

鹿胎多葉，紫花有白點，如鹿胎。

紫繡球一名新紫花，魏花之别品也。花如繡球狀，亦有起樓者，爲天彭紫花之冠。

乾道紫色稍淡而暈紅。

潑墨紫新紫花之子也。單葉，深黑如墨。

葛巾紫花圓正而富麗，如世人所戴葛巾狀。

福嚴紫重葉紫花，葉少如紫繡球，謂之（舊）紫。

朝天紫色正紫，如金紫夫人之服色。今作子，非也。

三學士、錦團緑樹高二尺，亂生成叢。葉齊小短厚如寶樓臺。花千葉，粉紫色，合紐如撮瓣，細紋多媚而欠香。根旁易生，古名波斯，又名獅子頭滚繡毬。

包金紫花大而深紫鮮粗，一枝僅十四五瓣，中有黄蕊，大紅如核桃，又似僧持銅擊子。樹高三四尺，葉彷彿天香而圓。

多葉紫深紫花，止七八瓣中有大黄蕊。樹高四五尺，花大如椀，葉尖長。

紫雲芳大紫千葉樓子，葉彷彿天香，雖不及寶樓臺，而紫容深迴，自是一樣，清致耐久，而欠清香。

蓬萊相公以上紫類。

青心黄花原一本，或正圓如球，或層起成樓子，亦異品也。

狀元紅重葉深紅花，其色與鞓紅潛緋相類，天姿富貴，天彭人以冠花品。

金花狀元紅大瓣平頭微紫，每瓣上有黄鬚。宜陽。

金絲大紅平頭不甚大，瓣上有金絲毫。一名金線紅。

胭脂樓深淺相間，如胭脂染成，重疊纍萼，狀如樓觀。

倒暈檀心多葉，紅花。凡花近萼色深，至末漸淺，此花自外深色，近萼反淺白，而深檀點其心，尤可愛。

九蕊珍珠紅千葉紅花，葉上有一點，白如珠。葉密蹙，其蕊九叢。

添色紅多葉，花始開色白，經日漸紅，至落，乃類深紅。此造化之尤巧者。

雙頭紅並蒂駢萼，色尤鮮明。養之得地，則歲歲皆雙，此花之絶異者也。

鹿胎紅鶴翎紅子花也，色微帶黄，上有白點，如鹿胎，極化工之妙。

潛溪緋千葉緋花。出潛溪寺。本紫花，忽于叢中特出緋者一二朵，明年移在他枝，洛陽謂之轉枝花。

一捻紅多葉，淺紅，葉杪深紅一點，如人以二指捻之。舊傳貴妃匀面餘脂印花上。來歲花開，上有指印紅迹。帝命今名。

富貴紅花葉圓正而厚，色若新染，他花皆卸，獨此抱枝而槁，亦花之異者。

桃紅舞青猊千葉樓子，中五青瓣。一名睡緑蟬。宜陽。

玉兔天香二種：一早開頭微小；一晚開頭極大，中出二瓣如兔耳。

萼緑華千葉樓子，大瓣。群花卸（謝）後始開。每瓣上有緑色。一名佛頭青，一名鴨蛋青，一名緑蝴蝶。得自永寧王宫中。

葉底紫千葉，其色如墨，亦謂墨紫。花在叢中，旁心生一大枝，引葉覆其上，其開比他花可延十日，豈造物者亦惜之耶。唐末有中官爲觀軍容者，花出其家，亦謂之軍容紫。

腰金紫千葉，腰有黄鬚一團。

駝褐裘千葉樓子，大瓣。色類褐衣。宜陰。

蜜嬌樹如樗，高三四天（尺）。葉尖長，頗潤厚。花五瓣，色如蜜蠟，中有蕊根檀心。以上間色。

大凡紅白者多香，紫者香烈而欠清，樓子高，千葉多者，其葉尖，岐（歧）多而圓厚。紅者葉深緑，紫者葉黒緑，惟白花與淡紅者畧同。此花須慇勤照管，酌量澆灌，仔細培養。花若開盛，主人必有大喜。最忌栽宅内天井中，大凶。

牡丹皮：治手足少陰、厥陰，四經血分伏火，即相火也。古方以此治相火，故仲景腎氣丸用之。後人乃專以黄蘗治相火，不知牡丹皮更勝。此千載秘奥，今爲拈出：赤花者利，白花者補，宜分别用。

移植：移牡丹宜秋分後，如天氣尚熱，或遇陰雨，九月亦可，須全根寬掘，以漸至近，勿損細根。將宿土洗浄，再用酒洗。每窠用熟糞土一斗，白蘞末一斤，拌匀，再下小麥數十粒于窠底，然後植于窠中，以細土覆滿。將牡丹提與地平，使其根直易生，土須與幹上舊痕平，不可太低太高，勿築實，勿脚踏。隨以河水或雨水澆之，窠滿即止。待土微乾，畧添細土覆蓋。過三四日再澆。封培根土，宜成小堆，以手拍實，免風入吹壞花根。每本約離三尺，使葉相接而枝不相擦。風通氣透，而日色不入，乃佳。不可太密，防枝相磨，致損花芽。不可太稀，恐日晒土熱，致傷嫩根。小雪前後，用草薦遮障，勿使透風。若欲遠移，將根用水洗浄，取紅淤土羅細末，趁濕匀粘花根，隨用軟綿花，自細根尖纏至老根，再用麻紕纏定，以水洒之，枝上紅芽，用香油紙或礬綿紙包扎籠住，不得損動，即萬里可致也。或曰：中秋爲牡丹生日，移栽必旺。分花揀長成大顆茂盛者，一叢七八枝，或十數枝，持作一把，摔去土，細視有根者劈開，或一二枝或三四枝作一窠，用輕粉加硫黄少許碾爲末，和黄土成泥，將根上劈破處擦匀，方置窠内，栽如前法。種花六月中看枝間角微開，露見黑子，收置向風處晒一日，以濕土拌，收瓦器中。至秋分前後三五日，擇善地，調畦土要極細，畦子畢，上加細土一寸。冬時蓋以落葉。來春二月内，用水澆，常令潤濕。三月生苗，最宜愛護。六月中以箔遮日，勿致晒損。夜則露之。至次年八月移栽。若待角乾收子，出者甚少，即出亦不旺，以子乾而津脉少耳。接花花不接不佳，接花須秋社後重陽前，過此不宜。將單葉花本如指大者，離地二三寸許，斜削一半，取千葉牡丹新嫩旺條，亦用利刀斜削一半，上留二三眼，貼于小牡丹削處，合如一株，麻紕緊札，泥封嚴密，兩瓦合之，壅以軟土，罩以蒻葉，勿令見風日，向南留一小户以達氣。至來春驚蟄後，去瓦土，隨以草薦圍之，仍樹棘數枝以禦霜。茂者當年有花，是謂貼接。或將小牡丹新苗旺盛者，離地二三寸用利刀截斷，以尖刀剸一小口，取上品牡丹枝上有一二芽者，截二三寸長一段，兩邊斜削插于剸處，比量吻合，麻紕札緊，細濕上（土）壅，高一尺，瓦盆蓋頂。待二七開視，茂者其芽紅白鮮麗，長及一寸，此極旺者。若未發，再培之，三七開看，活者即發，否則腐斃。活者仍用土培盆合。至春分去土，恐有烈風，仍用盆蓋，時常撿點。至三月中方放開，全見風日。又恐茂者長高，被風吹折，仍以草罩罩之。接頭枝如及時截取者，藏新窶潤土十餘日，行數百里，亦可接活。立春若是子日，茄根上接之，不出一月，花即爛熳。二三月間，取芍藥根大如蘿蔔者，削尖如馬耳，將牡丹枝劈開如燕尾，插下縛緊，以肥泥培之即活。當年有花，一二年牡丹生根，割去芍藥根，成真牡丹矣。又椿樹接者，高丈餘，可於樓上賞玩。唐人所謂樓子牡丹也。牡丹一接便活者，逐年有花。若初接不活，削去再接，只當年有花。牡丹本出中州，江陰人能以芍藥根接之，今遂繁滋，百種幻出。余澹圃中絶盛，遂冠一州。其中如緑蝴蝶、大紅獅頭、舞青霓（猊）、尺素最難得開。南都牡丹讓江陰，獨西瓜瓤爲絶品，余亦致之矣。後當于中州購得黄樓子，一生便無餘憾。人言牡丹性瘦不喜糞，又言夏時宜頻澆水，亦殊不然。余圃中亦用糞乃佳。又中州土燥，故宜澆水。吾地濕，安可頻澆？大都此物宜於沙土耳。南都人言：分牡丹種時，須直其根，屈之則死，深其坑，以竹虚插，培土後拔去之，此種法宜知。［王敬美］。澆花尋常澆灌，或日未出，或夜既静，最要有常。正月一次，須天氣和暖。如凍未解，切不可澆。二月三次，三月五次。四月花開不必澆，澆則花開不齊。如有雨任之，亦不宜聚水于根旁。花卸（謝）後宜養花，一日一次，十餘日後暫止，視該澆方澆。六月暑中忌澆，恐損其根鬚，來春花不茂。雖旱亦不澆。七月後七八日一澆。八月剪枯枝並葉，上炕土，五六日一澆。九月三五日一澆，澆頻恐發秋葉，來春不茂。如天氣寒，則澆更宜稀。此時枝上橐芽漸出，可見澆灌之功也。十月、十一月一次或二次，須天氣和暖，日上時方澆，適可即止。勿傷水，或以宰猪湯連餘垢，候冷透澆一二次，則肥壯宜花。十二月地凍，不可澆。春間開凍時，去炕土，澆時緩緩爲妙。不可濕其榦，雨水、河水爲上，甜水次之，鹹水不宜，最忌犬糞。養花凡打掐牡丹，在花卸（謝）後五月間，止留當頂一芽，傍枝餘朵摘去，則花大。欲存二枝，留二紅芽，存三枝，留三紅芽。其餘盡用竹針挑去芽上二層葉，枝爲花棚，芽下護枝名花床，養命護胎，尤宜愛惜。花自有紅芽，至開時正十個月，故曰花胎。培養常在八九月時，隔二年一次。取角屑硫黄碾如麵，拌細土粉，挑動花根，壅入土一寸，外用土培，約高二三寸，地氣既暖，入春漸有花蕾，多則懼分其脉。俟如彈子大時捻之，不實者摘去，止留中心大者二三朵，氣聚則花肥，開時甚大，色亦鮮艶。開時必用高幕遮日，則耐久。花纔落，便剪其蒂，恐結子，則奪來春之氣。剪勿太長，恐損花芽。伏中仍要遮護花芽，勿令晒損。候日不甚炎方撤去。八月望後，剪去葉，留梗寸許，存其津脉不上溢，以養橐芽。其花棚、花床，慎不可剪。九月初，培以細土使下另生芽。冬至，北面豎草薦以障風寒。冬至日研鍾乳粉和硫黄少許，置根下土中，不茂者亦茂。每掐一枝，須用泥封紙固，否則久必成孔，蜂入水灌，連身皆枯，慎之。衛花牡丹根甜，多引蟲食。栽時置白蘞末于根下，蟲不敢近。花開漸小，由蠹蟲害之。尋其穴，針以硫黄末，其旁枝葉有小孔，乃蟲所藏處。或針入硫黄，或以百部塞之，則蟲死而花復盛。又有一種小蜂，能蛀枝梗，秋冬即藏枝梗中。又有紅色蠹蟲，能蛀木心，尋其穴，填硫黄末，或杉木釘釘之。花生白蟻，以真麻油，從有孔處澆之，則蟻死而花愈茂。又法于秋冬葉落時，看有穴枯枝拆開，捉盡其蟲，亦妙。又五月五日，用好明雄黄，研細水調，每根下澆一小鍾，不生蟲。桂及烏賊魚骨刺入花梗，必死。又最忌麝香、桐油、生漆，一着其氣味即時萎落。汴中種花者，園旁種辟麝數株，枝葉類冬青，花時辟麝正發新葉，氣味臭辣，能辟麝。凡花爲麝傷，焚艾及雄黄末上風薰之，能解其毒。忌用熱手摩撫摇撼，忌栽木斛不耐久，花旁勿令長草奪土脉，不可踏實，地氣不升。初開時，勿令穢人、僧尼及有體氣者採折，使花不茂。變花周日用曰：愚聞熟地栯生菜蘭，持硫黄末篩于其上，盆覆之，即時可待用。以變白牡丹爲五色，皆以沃其根。紫草汁則變紫。紅花汁則變紅。又根下放白术末，諸般顔色皆變腰金。又白花初開，用筆蘸白礬水描過，待乾，以膡黄和粉調淡黄色描之，即成黄牡丹。恐爲雨濕，再描清礬水一次。剪花花宜就觀，不可輕剪，欲剪亦須短其枝，庶不傷榦。又須急剪，庶不傷根。既剪旋以蠟封其枝，剪下花先燒斷處，亦以蠟封其蒂。置瓶中可供數日玩，或養以蜂蜜，芍藥亦然。如已萎者，剪去下截爛處，用竹架之水缸中，盡浸枝梗，一夕復鮮。若欲寄遠，蠟封後，每朵裹以菜葉，安竹籠中，勿致摇動，馬上急遞，可致數百里。煎花牡丹花煎法與玉蘭同，可食，可蜜浸。

明 王路《花史左編》卷五《牡丹》 傳種法：六月時候，看花上結子微黑將皺開口者，取置向風處凉一日，以瓦盆拌濕土盛起。至八月取出，以水浸，試沉者開畦種之，約三寸一子。來春自發，可望開花。　植種法：栽宜八月社前或秋分後三兩日，將根下宿土掘開，勿傷細根移種。大花臺壅土不可太高，亦不可築實，或以雨水或以河水澆之滿臺方止。次日低回處又澆水一次。又鋪泥一層。如此花無不茂。　分法：擇茂盛花本，八九月時全墩掘起，視可分處剖開，兩邊俱要有根，用小麥一把拌土栽之，花茂。　灌法：灌花須早，地凉不損根枝，八九月五日一澆，積久用水爲妙。立冬後澆糞水。十一月搜鬆根土，以宿糞濃澆一次或二次。春分後不可澆水，待穀雨前又澆肥水一二次。澆不宜驟。六月中不可澆水，旱則以河水黑早澆之，最不可濕了枝葉。　培法：四時用好土根上培壅一次。比根高二寸時，設棚遮蔽日色。雨水勿令傷花。花落即剪去花枝嫩處。六月亦須設盖，勿令晒損花芽，冬則以艸薦遮雪。

明 王路《花史左編》卷五《纏枝牡丹》　芒種時開芽萌長出方可分種。

明 周文華《汝南圃史》卷六《牡丹》　牡丹，《本草》一名鼠姑，一名鹿韭。周子曰：牡丹花之富貴者也。木本，大者高四五尺。八月枝上發赤芽，來春二月即發蕊如拳，稍舒則變成緑葉，有椏，花著葉中，三月穀雨前開。《傳家集》云：洛人以穀雨爲牡丹花厄，蓋其時適相值。云其極盛者，花頭或至盈尺，高亦相等，皆由其種之美惡。有單葉、多葉、千葉，及黄、紫、紅、白、緋、碧之色。《草木略》云：古今言木芍藥是牡丹，按崔豹《古今注》云：芍藥有二種，有草芍藥，有木芍藥。木者花大而色深，俗呼爲牡丹。《安期生服鍊法》云：芍藥有二種，有金芍藥，有木芍藥。金者色白多脂，木者色紫多脉，則驗其根也。然牡丹亦有木芍藥之名，其花可愛如芍藥，宿枝如木，故以木名。芍藥著於三代之際，《風》《雅》之所流詠也。牡丹初無名，依芍藥以爲名，亦如木芙蓉之依芙蓉以爲名也。牡丹晚出，唐始有聞。宋時洛陽最盛，圃人競求詭異。多於秋分移接，培以壤土，至春盛開，其狀百變。歐陽文忠公始爲作譜記，云牡丹出丹州、延州，東出青州，南出越州，而出洛陽者今爲天下第一。洛人於他花則曰某花某花，至牡丹則不名，直曰花，意謂天下真花獨牡丹，其名之著不假於牡丹而可知也。又云牡丹之名或以氏，或以州，或以地，或以色，或旌其所異而志之，自姚黄以下得二十四種。趙郡李述著《慶曆花品》，專敘吴中之盛，凡四十三種。鄞江周蘄作《洛陽花木記》，所載牡丹至一百九種。陸放翁在蜀，作《天彭牡丹譜》，凡三十四種。其尤著名者爲姚黄。《魏花洛記》云：姚黄，千葉黄花也，色極鮮潔，精彩射人，有深紫、檀心、近瓶青、簇青，心匝與瓶同色，開頭可八九寸許。其花出北邙山下，司馬坡姚氏，大率間歲乃成千葉，餘年皆單葉，或多葉耳。其開最晚，其色甚著，與高潔之性，敷榮之時，特異於衆花。徐節孝云：天下牡丹九十餘種，而姚黄爲第一。其名雖千葉而寔不可數，或累計萬有餘，不然不足高一尺也。花肉既重，其梢下屈，如一器傾側之狀，此亦花之巨美而精傑者乎！又曰：魏花，千葉肉紅花也，本出晉相魏仁溥園，迄今流傳特盛，葉最繁密，人有數之者，至七百餘葉。面大如盤，中堆積碎葉，突起團整如履鍾狀，開頭可八九寸許，其花端麗精彩瑩潔，異於衆花。洛人謂姚黄爲王，魏花爲后。又有狀元紅、瑞雲紅、左紫、玉樓春、潛谿緋玉、千葉歐碧，諸異種見前所述記中。蓋自唐人已推重，至宋尤重耳。《五色線集》云：孟蜀時兵部尚書李昊，每將牡丹花數枝遺親友，以興平酥同贈，曰俟花凋謝，以酥煎食之，無棄穠豔也。其風流貴重如此。東坡《雨中明慶寺賞牡丹》詩：霏霏雨霧作清研，爍爍明燈照欲然。明日春陰花未老，故應未忍著酥煎。又云：千花與百草，共盡無妍鄙。未忍污泥沙，牛酥煎落蕊。用此事也。《南部新書》曰：長安三月十五日，兩街看牡丹，奔走車馬慈恩寺。元果院牡丹先於諸牡丹半月開，太真院後諸牡丹半月開。裴兵部題白牡丹云：長安豪富惜春殘，爭賞先開紫牡丹。別有玉杯承露冷，無人起就月中看。白樂天《牡丹芳》一篇，絶道花之妖艶，至有遂使王公與卿士，遊花冠蓋日相望。花開花落二十日，一城之人皆若狂。《惜牡丹》詩云：明朝風起應吹盡，夜惜衰紅把火看。元稹、羅隱、徐凝、許渾之徒題詠甚衆。宋時尤盛於洛陽，歐公云：洛陽之俗大抵好花，春時城中無貴賤皆插花，雖負擔者亦然。花開時士庶競爲遊遨，往往於古寺、廢宅、有臺處，爲市井張幄帟，笙歌之聲相聞。《洛陽名園記》云：洛中花甚多種，而獨名牡丹曰花王，凡園皆植牡丹，而獨名此曰花園子，蓋無他，池亭獨有牡丹數十萬本。凡城中賴花以生者，畢家於此，至花時張幕幄、列市肆、管絃其中，城中士女絶煙火游之。過花時則復爲丘墟矣。陸放翁云：天彭號小西京，以其俗好花，有京洛之遺風，大家至千本。花時，自太守而下，往往即花盛處張飲帟幕，車馬歌吹相屬。最盛於清明、寒食時。在寒食前者謂之火前花，其開稍久。火後花則易落。最喜陰晴相半時，謂之養花天。栽接剔治各有其法，謂之弄花。其俗有「弄花一年，看花十日」之語。故大家例惜花，可就觀不可輕翦，蓋一翦則次年花絶少。州家歲常以花餉諸臺及旁郡，蠟蒂筠籃旁午於道。予客成都，成都帥以善價私售于花户，得數百苞，馳騎取之，至成都露猶未晞。其大徑尺，夜宴西樓下，燭焰與花相映，發影摇酒中，繁麗動人。石湖《吴郡志》云：牡丹唐以來止單葉，本朝洛陽始出多葉，千葉遂爲花中第一。頃朱勔家圃在閶門内，植牡丹數十萬本，以繒綵爲幕彌覆其上，每花身飾以金牌記其名。勔敗，牡丹皆拔爲薪。中興以來，人家稍復接種，有得洛陽花種至吴中者，不過十餘種，姚魏蓋不傳矣。顧清《松江府志》云：牡丹自宋來盛於吴下，吾鄉則國初曹明仲所譜寶樓臺以下十五品最奇，竝家傳洛京舊種，其名多見歐譜。近歲人家所植唯壽安樓子二三種，深紅已爲艱得，餘不復見。楊君謙《吴邑志》云：牡丹，人家亭館多種，率粉紅色號玉樓春，接壤皆是，鮮有紅紫者，雖白色亦難得。吾蘇自玉樓春外，僅有壽安紅、平頭紫、寶樓臺，而寶樓臺紫紅色，尤富麗瓌瑋可觀。求如書傳所記，百不及一，而栽接培壅之法亦無傳矣。但於花時邀親朋置酒賞翫，略存故事焉。予觀姚燧《牡丹序》載左紫、壽安紅、狀元紅、衡山紫、玉版白諸奇品，而姚魏二種已不復有且敘其見之之難。彼生於中土且然，況僻處東南者乎？蓋自戎馬蹂躪，南渡以還，宜其絶種。今取古來栽接、培壅、澆灌、脩理諸法，具載於篇，倘遇名花以此待之也。歐記云：洛人家家有花而少大樹者，以其不接則不佳。春初時，洛人於壽安山中斲小栽子賣城中，謂之山篦子，人家治地爲畦塍種之，至秋乃接。接花工尤著者謂之門園子，豪家無不邀之。姚黄一接頭直錢五千，秋時立契買之，至春見花乃歸其直。洛人甚惜此花，不欲傳。有權貴求其接頭者，或於湯中醮殺與之。魏花初出時接頭亦直五千，今尚直一千。接時須用社後，重陽前，秋分内，過此不堪矣。花之本去地五七寸許，截之乃接，以泥封裹，用軟土壅之，以箬葉作菴子罩之，不令見風日。唯南向留一小户以達氣，至春乃去其覆。此接花之法也。用瓦亦可。種花必擇善地，去舊土，以細土用白斂末一斤和之。蓋牡丹根甜，多引蟲食，白斂能殺蟲。此種花之法也。澆花亦自有時，或用日未出，或用日初時。九月旬日一澆，十月十一月兩三日一澆，正月間日一澆，二月一日一澆。此澆花之法也。一本發數朵者，擇其小者去之，止留一二朵，謂之打剥，懼分其脉也。花纔落便翦其枝，勿令結子，懼其易老也。春初既去箬菴，便以棘數枝置花叢上，棘氣煖可以辟霜，不損花芽。此養花之法也。花開漸小於舊者，蓋有蠹蟲損之，必尋其穴以硫黄簪之，其旁又有小穴如鍼孔，乃蟲所藏處，花工謂之氣窗，以大針點硫黄末鍼之，蟲乃死，花復盛。此醫花之法也。烏賊魚骨用以鍼花樹，入其膚，花必死。此花之忌也。見歐陽永叔《洛陽風土記》。

種相子法：《洛記》云：凡欲種花子，先於五六月間，擇背陰處肥美地治作畦。七月以後取千葉牡丹花子，候花瓶欲拆其子爲變，當時採之，取子於已治畦地内，一如種菜法種。子不得隔日，隔日多即花瓶乾而子黑，子黑則種之萬無一生矣。撒子欲密不欲疎，疎則不生，不厭太密。地稍乾即以水灌之，灌後水脉匀潤，然後撒子訖，耙耬一如種菜法。每十日一澆，有雨即止。冬月須用木葉蓋護，候月餘即生芽葉，生時頻去草。久無雨即十日一澆，切不可用糞。至八月秋社前治畦分開種之，如栽菜法。其中或有却成千葉者。

接花法：山丹，單葉牡丹也。千葉牡丹須於山丹上接。《潁濵西軒種山丹詩》云：淮陽千葉花，到此三百里。城中衆名園，栽接比桃李。吾廬適新成，西有數畦地。乘秋種山丹，得雨生可喜。山丹非佳花，老圃有深意。宿根已得土，絶品皆可寄。明年春陽升，盈尺爛如綺。居然盜天功，信矣斯人智。根苗相因依，非真亦非僞。客來但一笑，勿問所從致。又云：築室力已盡，種花功尚疎。山丹得春雨，艷色照庭除。末品何曾數，羣芳自不如。今秋接千葉，試取洛人餘。《洛記》云：接花必以秋社後九日前，餘皆非其時也。接花預於二三年前種下種子，惟根盛者爲佳。削接頭欲平而闊長，令根皮含接頭，勿令作陡瓣，瓣陡則帶皮處厚而根狹，瓣陡則接頭多退出而皮不相對，津脉不通，遂致枯死矣。接頭繫縛欲密，勿令透風，不可令雨濕瘡口。接頭必以細土覆之，不可令人觸動。後月餘須時時看覷根下土，勿令枝生芽，芽生即分減却脉而接頭枯矣。凡選接頭須用木之肥嫩、花芽盛大、平而圓實者爲佳，虚尖者無花矣。《瑣碎録》云：凡接牡丹須令人看視之，如一接便活者逐歲有花，初接不活削去再接者只當年有花。又云：牡丹於芍藥根上接，易發無失，一二年牡丹自生本根，則旋割去芍藥根成真牡丹矣。《霏雪録》云：張茂卿好事，其家西園有一樓，四圍植奇花殆遍，常接牡丹於椿樹之杪，花盛時延賓客於樓推窗翫焉。按《歐記》《洛記》皆云牡丹宜社後、重陽前接，而《瑣碎録》云凡花皆宜春種，惟牡丹秋社前後接種。《便民圖纂》乃云：接時須二三月間，不知何據，恐不可從。

分栽法：八九月中，將根旁新枝隔二三年者，抓去根邊泥，用毛竹片切斷其根，不用鐵器，又不可傷其根上細鬚。移栽肥土，用黄土尤佳。栽時記取南枝，掘坑提置坑中，四圍用鬆泥滲實，勿令脚踏，根不宜太深，數日以糞水澆之，一二年即開花。切記分後不可摇動，及水浸日曬皆不活，須以小籬竹園栅之。冬間亦可分，但不如秋分之及時耳。

栽花法：《洛記》云：凡欲栽花，須用四五月。先治地，如地稍肥美即翻起，深二尺以上，去瓦礫，頻鋤削，勿令生草，至秋社後九日前栽之。若地多瓦礫或帶鹽滷，則鉏深三尺以上，去盡舊土，別取新好黃土換填。切不可用糞，用糞即生蠐螬蟲而蠹花根矣，根蠹則花頭不大而不成千葉也。栽花不欲深，深則根不行而花不發旺也。但以瘡口齊土面爲佳，此深淺之度也。掘土坑須量花根長短爲淺深之准，坑欲闊而平，土欲肥而細。先於土坑中心拍成小土墩子，欲上鋭而下闊，將花於土墩上坐定，然後整理花根令四向横垂，勿使屈摺爲妙。然後用生黃土覆之，以瘡口齊土面爲准。《潁濱補種牡丹》云：野草凡花着地生，洛陽千葉種難成。姚黃性似天人潔，糞壤埋根氣不平。又同遲賦千葉牡丹云：未換中庭三尺土，漫種數叢千葉花。牡丹初移有蘂不可留，亦不可以手犯之，宜以銀簪點其中，花蘂自萎，勿用鐵鍼。又牡丹結蘂交春時，鴉雀白頭公之屬逴逴啄碎，須加意驅逐，愛惜花蘂，每花頭或用落葉卷札，使不得近。韓魏公《安陽集》云：牡丹初芽爲鵶啄之，感而成咏，云：「牡丹經雨發香芽，滿地新紅困鵲鵶。利嘴可能傷國色，只教春色入凡花。」蓋有所感云。

打剥花法：《洛記》云：凡千葉牡丹，須用八月社前打剥一番，每株上只留花頭四枝，已下餘者皆可截作接頭，於椙上接之。候至來年二月間，所留花芽小葉見，其中花蘂切須仔細辨認，若花芽頭平而圓實即留之，此千葉花也。若蘂尖虚即不成千葉，當須去之。每株只留三兩蘂可也，花頭多即不成千葉而開頭小矣。《瑣碎録》云：牡丹著蘂如彈子大時試捻之，十朵之中必有兩三朵不實者，去之，則不奪他花之力。

澆壅法：牡丹喜燥惡溼，不可用雨水浸其根，浸之必不盛。若天旱宜用水或糞水澆，勿令枯槁。牡丹用猪泥糞不生蟲，用犬糞、羊糞，曬乾，擣碎壅根極肥。牡丹旁栽魚腥草及辟麝草，則不生蟲。《瑣碎録》云：牡丹將開不可多灌，土寒則開遽。翦花欲急，急則花無傷。又云：牡丹、芍藥插瓶中，先燒枝斷處令焦，熔臘封之，乃以水浸，可數日不萎。

明　薛鳳翔《亳州牡丹史》卷一　種一：種以下子言，故重在收子。喜嫩不喜老。七月望後，八月初旬，以色黃爲時，黑則老矣。大都以熟至九分即當剪摘，勿令日曬，常置風中，使其乾燥。中秋以前即當下矣。地宜向陽，揉土宜細熟，界爲畦畛，取子密布上以一指厚土覆之，旋即痛澆，使滿甲之仁咸浸滋潤。後此無雨，必五日、六日一加澆灌，務令畦中常濕。久雨，則又宜疏通之。若極寒極熱，亦當遮護。苗既生矣，則又俟時三年之後，八月之中，便可移根。使如其法，再二年餘，必見異種矣。然子嫩者一年即芽，微老者二年，極老者三年始芽。子欲嫩者，取其色能變也。種陽地者，取其色能鮮麗也。

栽二：牡丹雖有愛陰愛陽不同，大都自亳以南喜陰，不畏霜雪。北地寒氣勁烈，陰則多爲所傷，以故不可一例言也。又栽花不宜乾燥，亦最惡污下。江北風高土硬，平地可栽。江南卑濕，須築臺，高二尺許，亦不可太高，高則地氣不接。栽法之要，量其根之長短，準鑿坑之深淺、寬窄。坑中心起一圓堆，以花根置堆上，令諸細根舒展四垂，覆以軟肥浄土，勿摻磚石糞穢之物，築土宜實不宜虚。立秋至秋分栽者，不可用大水澆灌，止以濕土杵實，恐秋雨連綿，水多根朽。重陽以後栽者，須以大水散土滲實之。布置每去二尺一本，庶根不交互，花自繁茂。

分三：凡花叢大者，始可分第，宜察其根之文理，以利鑿微引至襧襠之會，乘其間而折之。每本細根，亦須存五六莖，或一株分爲二，繁者分爲三，最要根幹相稱，依法栽培，以需其茂者也。但分後花自薄弱，而顔色盡失其故，蓋洩氣使然耳。不特根分而花弱色減，即以全根原本移過別土，亦必三年而元氣始復，花之豐趺正色始見，況遠攜者乎。今覓花者，不知其故，動疑僞投，鮮不誣矣。花移近處，秋分前後無論已。或二三百里外，須秋分後方可，不然有氣蒸根腐之虞。千里外，又須以（水）土相和成淖，以蘸花根，謂之漿花。花藉滋養，稍久可耐。又以蓆草之類包裹，不使透風，自無妨生意。一人可負數十本，多則恐致損折。或近冬氣寒，必加糠粃入裹中方妙。

接四：《風土記》書接法不詳，亦不甚中肯。緊凡接花，須於秋分之後，擇其牡丹壯而嫩者爲母，如一叢數枝，須割去弱者，取強盛者存二三枝。皆入土二寸許，以細鋸截之，用刀劈開，以上品花釵，兩面削成鑿子形，插入母腹。預看母之大小釵亦如之。至于母口正者釵固削正，母口斜者、曲者，釵亦隨其斜曲，務要大小相宜，斜正相當。倘有本大而釵小者，以釵就本之一邊。必使兩皮湊合，以麻鬆鬆纏之，其氣庶幾互相流通，蓋因脉理在皮裹骨外之故。後用土封好，每封覆以二瓦，以避雨水。俟月餘，啟瓦撥土視，母本發有新芽，即割去之，仍密封如舊。明年二月初旬，又啟撥看視如前法。蓋一本之氣不宣洩於芽蘖，始凝注於接枝，本年花開倍勝原本矣。若不以舊法接偹，漫然爲之，必無生理。凡接須在秋分之後，早則恐天暖而胎爛也。養花之家，先須以老本分移單栽，候發嫩枝，爲接花母本也。隆慶以來，尚以芍藥爲本。萬曆庚辰以後，始知以常品牡丹接奇花更易活也。故繁衍無既。

澆五：初栽澆足，以後半月一澆，旱則旬日一澆。水不喜多，亦厭其少。多則根爛，少則枯乾。久栽之後，如冬不凍，兩旬一澆，不澆亦無害。正月、二月宜數日一澆。三月花有蓓蕾，或日未出，或下春時，汲新水，一二日一澆，夏則亦然。惟秋時不宜澆，澆則芽旺秋發，明年難爲花矣。吾鄉顔氏，於花盛開時，花下以土封池，滿池注水，花可多延數日。澆用塘中久積水尤佳于新水，以其水煖而壯故也。澆水須如種菜法，成溝畦以水灌之，最省人力，不然力不敷而花涸。二月以後，澆如不足，花單而色減也。

養六：新栽芽花，遇冬月，或以豆葉、柳葉圍其根，嫩枝不寒，庶無損傷。《洛陽花記》云，以棘數枝置花叢上，棘氣暖，可以辟霜。亦一法也。久栽伏土，根幹蒼老者不必爾。牡丹好叢生，久自繁冗，當擇其枯老者去之，嫩者止留二三枝，一枝止留一芽二芽。亦喜削盡傍枝，獨本成樹。至正月下旬，根下有抽白芽者即令削去，花必巨麗，謂之打剥。根下宿草亦時芸之，勿令蕪茂，分奪地力。花將開前五六日，須用布幔席薄遮蓋，不但增色，自是延久。若一經日曬，神彩頓失。秋後樹上枯葉不可打落，葉落則有秋發之患，或自落。太旱，看胎將有發動，須預以薄絹將胎縛嚴，始免其病。不然，則明春花損矣。

醫七：花或自遠路攜歸，或初分老本，視其根黑，必是朽爛。即以大盆盛水刷洗極淨，必至白骨然後已，仍以酒潤之，本本易活。諺曰「牡丹洗脚」，正謂此也。間有土蠶能蝕花根，螻蛄能齧根皮，大概白花根甘多虫。白舞、青猊、與大黄更甚。凡花葉漸黄，或開花漸小，即知爲蠹所損。舊方以白蘞、砒霜、芫花爲末，撒其根下。近只以生栢油入土寸許，蟲即死。糞壤太過，亦有虫病。或病，即連根握出，有黑爛粗皮，如前洗净，另易佳土，過一年方盛。此醫花之要。

忌八：栽花忌本老，老則開花極小，惟宜尺許嫩枝、新筍。忌久雨溽暑蒸薰，根漸朽壞。忌生糞鹹水灌溉。糞生則黄，鹹水則敗。忌鹽灰土地，花不能活。忌生糞爛草之所，多能生蟲。忌植樹下，樹根穿花不旺。忌春時連土動移，即有活者，花必薄弱。忌花開折長，恐損明歲花眼。《牡丹記》云，烏賊魚骨入花，樹膚輒死。此皆花忌也。

明　陳詩教《灌園史》　牡丹一種，世稱花王。《事物紀原》云，唐武后冬月遣詔遊後苑，百花俱開，而牡丹獨遲，遂貶於洛陽，故洛陽花爲天下冠。然北齊楊子華，已有畫牡丹，昔人辨之審矣。獨計接花之法，始於王愷，而不聞以此種花，傲金谷小兒，豈前此未之有耶。花計百種，具載歐陽修《陸務觀史正志》諸譜，大抵此花，宜秋社前，或秋分後，緩去宿土，勿傷細根，隨坐壇內，用土輕覆，即以雨水或河水灌之，滿壇方止。俟次日土乾，低凹填滿，復澆如初，和土宜白斂末，每花一本，用末一斤，能殺諸蟲。或云，牡丹中秋生日，移栽必旺，須直其根，屈之則死，此栽花之法也。種子則於六月收枝間黑子，風晾一日，盛以濕土，八月以水試之，取沉者畦種，約三寸一枚，來春芽長，驗是子活，次年八月，便可移種。然性畏日炙，夏月須用葦箔遮之，此種花之法也。分花須揀科大枝多者，八九月間全根掘出，視可分處，用手擘開，以小麥一握，拌土栽，如前法，此分花之法也。接花亦宜秋社前後，將本枝及分枝，各斜削去半，合如一株，用麻縛定，調泥塗之，以兩瓦圈合，内填細泥，待來春去瓦，隨以草薦圍之，或揀芍藥根肥大如蘿蔔者，削尖如馬耳，將牡丹枝劈開如燕尾，插下縛緊，以肥泥培之即活。或云，立春如遇子日，於茄根上接牡丹花，不出一月即爛熳，此接花之法也。澆花亦有候，八九月、旬日一澆，法宜雨水；立冬後五日一澆，法宜糞水；十一月後，捜鬆根土，以宿糞濃澆一次或二次；餘宜河水。至冬末地凍，春分花發，夏際天炎，俱不可澆，澆則花開不齊，且多損根鬚。或遇旱，則於凌晨以河水澆之，勿使濕其枝葉。一云牡丹芍藥俱可酒澆，此澆花之法也。培養須八九月時，壅土二寸，三年一次，春夏風日，覆以帳幕，秋冬霜雪，障以棘，枝花未放，去其小蕋，謂之打剥。花纔落，剪其故枝，勿傷花床。又於冬至日，以鍾乳粉和硫黄少許，置根下，或撥開花根，以水中苔衣壅之，則來春花盛，此壅花之法也。折枝插瓶，先燒斷處，鎔蠟封之，可浸數日不萎，或用蜜養芍藥亦然。如已萎者，剪去下截爛處，用竹架起於水缸中，盡浸枝梗一夕復鮮，此養花之法也。花所畏忌，如香麝油漆，多種葱蒜韭薤以辟之。土蠶木蠹，徧填白斂硫黄以殺之。孝子孕婦庸僧猥尼所剪折，廣設絶交論以防之，此醫花之法也。至如《清異録》載，擡舉牡丹法，以九月取角屑、硫黄，碾如麪，拌細土，挑動花根壅罨，入土一寸，出土三寸，地脉既煖。立春漸有花蕾，生如粟粒，即掐去，惟留中心一蕋，氣聚故花肥。至開時大如盌面，《物類相感志》載，腰金牡丹，法以白术放根下，諸般顔色悉是腰金，則又幻花之法也。語云，弄花一年，看花十日，花何可不珍惜哉。

明　江之源《百花藏譜・牡丹譜》　牡丹，唐時此種獨少，長慶間開元寺僧惠澄自都下偶得一本，謂之洛花，白樂天携酒賞之。唐張處士有《牡丹詩》，宋蘇子瞻有《牡丹記》，自古名家逸子無不首愛此花者，大抵不識栽培愛護之法，以致種不傳、花不茂爲恨。予故增輯名譜，以爲種牡丹法云。

牡丹所宜牡丹有千葉者，蜀人號爲京花，此洛陽種也。有單葉者，不接則不佳，然須于山丹上接種，菜園最盛大，此花宜寒惡熱，宜燥惡濕，根窠喜得新土，厚土則旺，懼烈風炎日，宜高廠向陽。

牡丹所忌忌灌肥糞，忌觸麝香、桐油、漆器，忌用熱手搓磨摇動，忌籐纏以奪土氣傷花。四傍忌踏實，地氣不升，忌以魚骨針刺花根，忌初開採折，令花不茂。

分花法：擇茂盛花本，八九月時，全墩掘起，視可分處，剖開兩邊，俱要有根，用小麥一把，拌土栽之花茂。

接花法：芍藥根幹肥大者，擇好牡丹枝芽，取三四寸長，削尖匾如鑿子形，將芍藥根上開口插下，以肥泥築緊，培過一二寸即活。又以单瓣牡丹種活根上，去土二寸許，用利刀斜去一半，擇千葉好花嫩枝，頭有三五眼者，亦去一半，兩合如一，用麻縛定，以泥水調塗麻上。

傳種法：六月時候，看花上結子微黑將皺開口者，取置向風處晾一日，以瓦盆拌濕土盛起。至八月取出，以水浸試沉者，開畦種之，約三寸一子。來春自發，可望開花。

植種法：栽宜八月社前或秋分後三兩日，將根下宿土掘開，勿傷細根，移種大花臺，壅土不可太高，亦不可築實，或以雨水或以河水澆之，滿臺方止。次日低凹處又澆水一次，又鋪泥一層。如此用心，種花無不茂者。以瓦二塊合圍填泥，來春花發去瓦，以草蓆護之，即開花且茂。

灌花法：灌花須早，地凉不損根枝。八九月五日一澆，積久雨水爲妙。立冬後澆糞水。十一月後捜鬆根土，以宿糞濃澆一次或二次，春分後不可澆水，待穀雨前又澆肥水一二次，澆不宜驟。六月中不可澆水，旱則以河水黑早澆之。最不可濕了枝葉，要得法者。

培花法：四時用好土，根上培壅一次，比根高二寸，時設棚遮，蓋日色雨水，勿令傷花。花落即剪去花枝嫩處。六月亦須設蓋，勿令晒損花芽，冬則以草荐遮雪。

療花法：或有蛀虫、蠐螬、土蚕食髓，以硫黄末入孔，杉木削針針之，則虫自死。若折斷捉虫，則可惜枝幹矣。

明　方以智《物理小識》卷九《草木類》　牡丹，高簇曰樓子，單葉曰山丹。可以芍藥七頭接之。非社前即中秋可移須净洗其根，酒洗尤妙。《神隱》曰：記取南枝栽，勿足踏也。如種子，六月取黑而沉水者拌土，盛至八月種之，來春生芽。凡澆牡丹，水不喜多，春宜間數日，秋不宜澆。若知有蠹，以白蘞砒芫爲末，布於根下。近止以生柏油入土寸許，蟲即死。《譜》有鶴翎、鹿胎、檀心、粉奴、魏紫、姚黄百餘名，愈接愈幻。《霏雪録》云：張茂卿嘗接牡丹於椿樹之杪，開時燕客，推樓玩焉。入藥用紅單葉者。余全人曰：漳、潮不宜牡丹。有捅土移之者，現蕊尚開，明年即無花矣。

明　何三畏《新刻何氏類鎔》卷三《牡丹》　説者謂唐之前未有牡丹。有之自唐始。而及閲《謝康樂集》内言：此時所有牡丹者，每盛開水竹之間，隋開皇苑中。有易州所進牡丹者，皆高第紅黄之種，則知牡丹，自唐而前已有之，特未有人賞玩而咏歌之如唐世者也。沉香亭所開兩頭牡丹，晝夜香艷各異者，真爲花木之妖。太原鎮所得二本牡丹，紅紫芳菲競開者，原非戎葵之類。孟蜀時以牡丹數枝分遺朋友者，同贈以興平之酥。宣和中，以牡丹千葉分賚近臣者，賜名以歐碧之品。洛京城内，牡丹百本，皆被以美名。節度堦前，牡丹數叢，皆覆以錦幄。衆香寺白牡丹裴士淹移之私第者，花開候有士夫百千人名賞于都中。尊賢坊紫牡丹，田弘正樹之宅門者，花盛時有短人百六輩，幻遊千花上。元帥府有牡丹三百朵，其色如血者，成蛺蝶自然之形，不容檻外遊蜂鬧。孝里莊有牡丹一本，無種而生者，是瑶島飛來之種，只許人間老眼看。康節與章子厚語：洛中牡丹因根枝而知其花之上下者，其論則確。與富鄭公賞園中牡丹，因布筭而知其花之零落者，其數則奇矣。若西京之牡丹，太守作萬花會者，讌集之時，盡簪屏障。至梁棟，悉貯以竹筒。其豪奢亦難枚舉。楊氏之牡丹，國忠造四香閣者，盛開之際。高會賓朋，至禁庭不如其壯麗，其僭越豈可勝言耶。

清　曹溶《倦圃蒔植記》卷上《論花・牡丹》　牡丹品高則花難開，江陰人亦借芍藥新接之力耳。不但菊尚細花，而牡丹、（芍）藥亦皆有細花細葉者。其種固自超余所見牡丹。止緑蝴蝶紅獅頭，芍藥止皺葉紅共三種，是真細花。尺素雖佳，亦粗花耳。舞青霓則聞而未見，然世有博物者必能遍觀盡識之。二花雖以色著，而品高者多香，天香紫、玫瑰紫雖中品，而香俱勝，緑蝴蝶之香尤清遠，是淑氣之所鍾耶。芍藥香草也，自古記之矣。古芍藥、牡丹不分，（唐）人於牡丹始加木字以別之。宋人譜謂牡丹之接或資人力，而芍藥之佳悉由天趣。又芍藥妙品，有維揚人二十餘年始得一見者，其重之如此。芍藥喜肥，必是用糞。牡丹惟宜於玉樓春，其他紅紫中品或有可糞者，如緑蝴蝶等必不可浪用。又牡丹冬前勿澆肥，若秋間髮露芽葉，則明年花必不暢。牡丹芍藥皆宜。有新譜江文通之彩筆，余日望之，僕非老懶避事，恐聞見未廣，不敢叨此任耳。舊譜所載或昔無而今有，或昔最而今殿，已大半爲陳言矣，以新意闡新花，擴前譜所未發。

清　高士奇《北墅抱瓮録·牡丹》　牡丹雖盛於唐，然謝康樂已言，永嘉水際竹間多牡丹。北齊楊子華有畫牡丹，則此花之從來遠矣。其名目至多，宋錢思公作《花品》，得九十餘種，獨以黄紫爲貴。今姚黄之種不傳，惟紫者多有。次之莫如玉樓春，以其姿韻酣妍，香氣穠艷也。園中得魏紫一本，玉樓春數十本，下甃白石，旁設朱闌，上張翠幙，花大於盤。重臺高及尺許，絢爛繁華動盪心目，所謂瑶臺金谷中人，他花縱極明媚，不得不讓一頭地矣。

清　王念孫《廣雅疏證》卷一〇上《釋草·白苿》　白苿，牡丹也。「苿」與「术」同。《名醫别録》云：芍藥一名白术。《御覽》引《吴普本草》亦以白术爲芍藥一名，此云：白苿，牡丹也者，牡丹，木芍藥也。故得同名。蘇頌《本草圖經》引崔豹《古今注》云：芍藥有二種，有草芍藥，木芍藥，木者花大，而色深，俗呼爲牡丹。非也。據此，則古方俗相傳，以木芍藥爲牡丹，故《本草》以白术爲芍藥，而《廣雅》又以爲牡丹異名，蓋其通稱已久，不自崔豹時始矣。陶注《本草》云：芍藥今出白山、蔣山、茅山最好，白而長大。《唐本草注》云：牡丹劍南所出者，根似芍藥，肉白皮丹。然則芍藥、牡丹之共稱白术，皆以白得名，蓋以其皮丹則謂之牡丹，以其肉白則謂之白术矣。《神農本草》云：牡丹一名鹿韭，一名鼠姑。《御覽》引《吴普本草》云：牡丹葉如蓬相值，黄色，根如指子，黑中有核。又引《范子計然》云：牡丹出漢中、河北，赤色者亦善。蘇頌《本草圖經》云：山牡丹二月梗上生苗，三月開花，其花葉與人家所種者相似，但花瓣止五六葉爾。五月結子，黑色如雞頭子大。根黄白色，可五七寸長，如筆管大。

清　周象明《事物攷辨·植物·木芍藥》　《通志》：牡丹一名木芍藥，亦如木芙蓉之依芙蓉以爲名也。

清　陳淏子《花鏡》卷三《花木類·牡丹》　牡丹爲花中之王，北地最多，花有五色、千葉、重樓之異，以黄紫者爲最。自歐陽修作《記》後，人皆烘傳其名，遂有《牡丹譜》，今乃取其一百三十一種，詳釋於後。其性宜凉畏熱，喜燥惡濕，根窠樂得新土則茂，懼烈風酷日，須栽高敞向陽之所，則花大而色妍。移植在八月社前或秋分後皆可。根下宿土少留，切勿掘斷細根。每種過先將白斂末一斤拌匀新土内因其根甜，多引土蠶蠐螬蟲，故用白斂殺之。再以小麥數十粒撒下，然後坐花於上，以土覆滿，復將牡丹提與地平，使其根直則易活。不可踏實，隨以天落水或河水灌之。子類母丁香而黑，六月收置向風處，晾一日，以瓦盆拌濕土盛之，至八月中，取其下水即沉者而畦種之。待其春芽長大，五六月以葦箔遮日，夜則露之，至次年便可移種矣。然結子畦種，不若根上生苗分植之便，其接换亦在秋社前後，將種活五年以上小牡丹，去地留一二寸，將利刀斜削去一半，再以佳種旺條截一段，斜削去一半，上留二三眼，貼於小樹上，合如一木，以麻縛定，用濕泥抹其縛處，兩瓦合之，内填細土。待來春驚蟄後出瓦與土，隨以草薦圍之，未有不活者。其花愈接愈勻。昔張茂卿接牡丹於椿樹之上，每開則登樓宴賞，至今稱之。夏月灌溉必清晨或初更，必候地凉方可澆。八九月五七日一澆，十月十一月三四日一澆，十二月地凍，止可用豬糞壅之。春分後便不可澆肥，直至花放後，略用輕肥。六月尤忌澆，澆則損根，來年無花。花未放時去其瘦蕊謂之打剥。花將放，必用高幕遮日，則花耐久，開殘即剪，勿令結子，留子則來年不盛。冬至日以鐘乳粉和硫黄少許，置根下有益。如枝梗蟲蛀，當尋其蛀眼，用硫黄或塞或熏，或用杉木作針釘之自斃。性畏麝香、桐油、生漆氣，旁宜樹逼麝草，如無即種大蒜、葱、韭亦可。不使亂草侵土，並熱手撫摩。若折枝插瓶，先燒斷處，熔蠟封之，可貯數日不萎。或用蜜養更妙。花謝後蜜仍可用，養芍藥亦然。如將萎者剪去下截，用竹架起，投水缸中浸一宿復鮮。一法：以白术末放根下，諸般花色悉帶腰金，若北方地厚，雖無肥糞，即油粈肥壅之亦盛，不可一例論也，但忌犬糞。八月十五日是牡丹生日，洛下名園，有植牡丹數千本者，每歲盛開，主人輒置酒延賞。若遇風日晴和，花忽盤旋翔舞，香馥異常，此乃花神至也，主人必起具酒脯羅拜花前，移時始定，歲以爲常。

附牡丹釋名共一百三十一種

正黃色計十一品。

御衣黃千葉，似黃葵。

姚黃千葉樓子，産姚崇家。

淡鵝黃平頭初黃後漸白。

禁院黃千葉起樓子。

甘草黃單葉，深黃色。

愛雲黃大瓣，平頭，宜重肥。

黃氣毬瓣圓轉，淡黃。

金帶腰腰間色深黃。

女真黃千葉而香濃，喜陰。

太平樓閣千葉，高樓。

蜜嬌本如樗，葉尖長，花五瓣，蜜蠟色，中有蕊，根檀心。

大紅色計十八品。

錦袍紅即潛溪緋，千葉。

狀元紅千葉樓子，喜陰。

朱砂紅日照如猩血，喜陰。

舞青倪中吐五青瓣。

石榴紅千葉樓子，喜陽。

九蕊珍珠紅葉上有白點如珠。

醉胭脂千葉，頸長，頭垂。

西瓜穰內深紅，邊淺淡。

錦繡球葉微小，千瓣，圓轉。

羊血紅千葉，平頭，易開。

碎剪絨葉尖多缺如剪。

金絲紅平頭，瓣上有金線。

七寶冠千葉樓子，難開。

映月紅千葉細瓣，喜陽。

石家紅平頭千葉，不甚緊。

鶴頂紅千葉，中心更紅。

王家紅千葉，樓尖微曲。

小葉大紅頭小，葉多，難開。

桃花色計二十七品。

蓮蕊紅有青趺三重。

西番頭千葉，難開，宜陰。

壽安紅平頭，細葉，黃心，宜陽。

添色紅初白，漸紅，後深。

鳳頭紅花高大，中特起。

大葉桃紅闊瓣，樓子，宜陰。

梅紅千葉，平頭，深紅色。

西子紅千葉，圓花，宜陰。

舞青霓千葉，心五青瓣。

吐西瓜紅胎紅而長，宜陽。

美人紅千葉，軟條，樓子。

嬌紅樓臺千葉，重樓，宜陰。

海天霞平頭，花大如盤。

輕羅紅千葉而薄。

皺葉紅葉圓，有皺紋，宜陰。

陳州紅千葉，以地得名。

殿春芳晚開，有樓子。

花紅綉毬細瓣而圓花。

四面鏡有旋瓣四面花。

醉仙桃外白內紅，宜陰。

出莖桃紅莖長有尺許。

翠紅粧起樓，難開，宜陰。

嬌紅似魏紅，而不甚大。

鞓紅單葉，紅花稍白，即青州紅。

罌粟紅單葉，皆倒暈。

魏家紅千葉，肉紅，略有紅梢，開最大，以姓得名。

粉紅色計二十四品。
觀音面千葉，花緊，宜陽。
粉西施淡中微有紅暈。
玉兔天香中二瓣如兔耳。
玉樓春千葉，多雨盛開。
素鸞嬌千葉樓子，宜陰。
醉楊妃千葉，平頭，最畏烈日。
粉霞紅千葉，大平頭。
倒暈檀心外紅，心白。
木紅毬千葉，外白內紅，如毬。
三學士係三頭聚萼。
合歡嬌一蒂雙頭者。
醉春容似醉西施，開久露頂。
紅玉盤平頭，邊白心紅。
玉芙蓉成樹則開，宜陰。
鶴翎紅千葉細長，本紅末白。
西天香開早，初嬌後淡。
回回粉細瓣，外紅內白。
瑪瑙盤千葉淡紅，白梢檀心。
雲葉紅瓣層次如露。
滿園春清明時即開。
瑞露蟬花中抽碧心如合蟬。
疊羅中心瑣碎如羅紋。
一捻紅昔日貴妃匀面，脂在手，偶印花上，來年花生，皆有指甲紅痕，至今稱以爲異。
紫色計二十六品。
朝天紫金紫，如夫人服。
腰金紫腰間圍有黃鬚。
金花狀元微紫，葉有黃鬚。
紫重樓千葉，樓最難開。
葛巾紫圓正，富麗如巾。
紫雲芳千葉，花中包有黃蕊。
紫羅袍千葉，瓣薄，喜陽。
丁香紫千葉，小樓子。
茄花紫千葉，樓深紫，即藕絲。
瑞香紫淺紫，大瓣而香。
舞青猊千葉，有五青瓣。
駝褐紫大瓣，色似褐衣，宜陰。
紫姑仙大瓣，樓子，淡紫。
烟籠紫千葉，淺淡交映。
潛溪緋叢中特出緋者一二。
紫金盤千葉，深紫，宜陽。
紫繡毬即魏紫也，千瓣，樓子，葉肥大而圓轉可愛。
檀心紫中有深檀心。
葉底紫似墨紫花，在叢中旁必生一枝，引葉覆上，即軍容紫。
潑墨紫深紫色，類墨葵。
鹿胎紫千葉，紫瓣上有白點，儼若鹿皮紋，宜陽。
魏家紫千葉，大花，産魏相家。
平頭紫即左紫也，千葉，花大徑尺，而齊如截，宜陽。
乾道紫色稍淡而暈紅。
紫玉千葉，白瓣中有深紫色絲紋，宜陰。
錦團縧其幹亂生成叢，葉齊小而短厚，花千瓣，粉紫色合縝如叢瓣，細紋。
白色計二十二品。
玉天仙多葉，白瓣檀心。
慶天香千葉，粉白色。
玉重樓千葉，高樓子，宜陰。
線〔緑〕邊白瓣邊有緑暈。
蜜嬌姿初開微蜜，後白。
萬卷書即玉玲瓏，千葉〔瓣〕細長。
銀粧點千葉，樓子，宜陰。
水晶毬瓣圓，俱垂下。

玉剪裁平頭，葉邊如鋸齒。

白青猊中有五青瓣。

蓮香白平頭，花香如蓮。

伏家白以姓得名，猶如姚黄。

鳳尾白中有長瓣特出。

玉盤字多葉，大瓣，開早。

玉版白單葉，細長如拍版。

鶴翎白多葉而長，檀心。

金絲白瓣上有淡黄絲。

羊脂玉千葉樓子，大白瓣。

青心白千葉，青色心。

玉碗白單葉，大圓花。

平頭白花大尺許，難開，宜陰。

一百五瓣長多葉，黄蕊檀心，花最大，此品嘗至一百五日先開。

青色計三品

佛頭青一名歐碧，群花謝後，此花始開。

緑蝴蝶一名萼緑華，千瓣，萼微帶緑。

鴨蛋青花青如蛋殼，宜陰。

牡丹花之五色燦爛，其形其色，其態度變幻（原）莫可名狀。後之命名，亦隨人之喜好，約數百種，然而雷同者亦不少，茲存一百三十種，尚有疑似處，望博雅裁之。

清　厲荃《事物異名録》卷三一《花卉部・牡丹》　鹿韭　鼠姑　花王　木芍藥　《通志草木畧》：牡丹一名鹿韭，一名鼠姑，諸花皆用其名，惟牡丹獨言花，故謂之花王。本無名，依芍藥得名，故其初曰木芍藥。

花后。《山堂肆考》：牡丹一名花后。

白木。《廣雅》：白木，牡丹也。

百兩金。《彙苑》：南人謂牡丹爲百兩金。

雄紅。《花譜》：牡丹一名雄紅。

醒酒花。《天寶遺事》：明皇宿酒初醒，凭西子肩同看牡丹，上折一枝與妃子，遞嗅曰：此花香艷，尤能醒酒。今名木芍藥爲醒酒花。

頃刻花。《太平廣記》：韓文公姪孫湘自言能開頃刻花，乃聚土以盆覆之，俄生碧牡丹二朵，葉上有小金字一聯。

富貴花。周濂溪《愛蓮説》：牡丹，花之富貴者也。又　海棠亦名富貴花。

大北勝。《清異録》：南漢見北人盛誇嶺海之强，世宗遣使入嶺館，接者遺茉莉，文其名曰小南强。及鋹主面縛僞臣到闕，見洛陽牡丹大駭，有縉紳謂曰，此名大北勝。

貴客。《花木雜考》：宋張景脩以牡丹爲貴客。

第一香。唐皮日休詩：競誇天下無雙艷，獨占人間第一香。

姚黄花。蘇軾詩：洛陽相君忠孝家，可憐亦進姚黄花。按：姚黄者，千葉黄牡丹，出於民姚氏家，故云。

洛陽花。胡元質《牡丹記》：蜀中自李唐後未有此花，凡圖畫者皆名洛陽花。又　石竹花千瓣者，亦名洛陽花。

杜鵑紅。鸚鵡白。《亳州牡丹史》：牡丹名杜鵑紅，鸚鵡白。

楊家紅。一捻紅。《青瑣高議》：仙春館有楊家紅貴妃，匀面口脂在手印於花上，來歲花開，有指印紅迹，故名一捻紅。

瑞雲紅。劉賓客《嘉話》：渾侍中宅牡丹徑尺，名瑞雲紅。

鶴翎紅。歐陽修《洛陽牡丹記》：鶴翎紅其末白而本肉紅，如鴻鵠羽色。

京花。川花。《種樹書》：牡丹千葉者，蜀人號爲京花，謂洛陽種也，單葉者只號爲川花。

清　鄒一桂《小山畫譜》卷上《牡丹》　即木芍藥。古有芍藥而無牡丹，永嘉時始見吟咏。其花木本，高者五六尺，惟玉樓春可丈餘。花大者逕尺。小者五六寸。千葉者貴，或平頭，或起樓，色紅、黄、紫、白俱有，并有牙色、碧色、駝色、藕色、緑色、墨色、灑金等類。葉俱九出，貼花處，或三五出，苞大蒂小，而蒂瓣葉大，枝葉破節。畫法大紅大紫必用渲染，粉紅者或點筆，黄白必須積粉，花心錯落間，露黄白花赭墨點，葉梗向上，有筋椏處微芽一點。老幹挺枝，必有紅苞，其無花之幹，偶點一二，多不得。一花葉必四枝，少不得。穀雨候開，亦謂穀雨花。

清　闕名《名花譜・牡丹》　唐時此種獨少，長慶間開元寺僧惠澄自都下偶得一本，謂之洛花，樂天諸公競賞之。自是而牡丹遂蕃蕪于天地間。富貴榮籍，此花爲最。　花宜千葉起樓者爲妙，單葉者不接則不佳，須於山丹上接種，菜園最盛。宜寒惡熱，宜燥惡濕，宜高敞向陽而懼烈風炎日。　花忌：忌灌肥，觸麝及熱手搓動，以物刺傷根。初開採折，令花不茂。　傳種法：六月看花子微黑，將皺開口者，取向風處涼一日，以瓦盆拌濕土盛之，至六月取出以水試沉者，開畦種之，間三寸一子，來春自發，可望開花。　植種法：栽宜八月社前，或秋分後三二日。移種壅土，不可太高且實。以水澆之，滿臺方止。次日又澆土凹處，又鋪泥平之，花必繁矣。　分法：八九月掘起剖開，俱要有根，以小麥一把拌土栽之。　接法：芍藥根幹大者，擇牡丹枝取四寸長接上，以肥泥築緊，培過一二寸即活。又以单牡丹根去土一二寸，用利刀斜去一半，擇好花嫩枝亦去一半，兩合如一，用麻縛緊，將泥水調塗麻外，以二瓦合之填泥，來春花發且茂。　灌法：灌花須早，八、九月五日一次，立冬後(澆)糞水一次，于一月搜土，以宿糞濃澆一二次。春分前後不澆，穀雨澆肥水一二次。六月不澆，乾則以河水(黑)早稍潤之。　療法：有虫食枝髓，以硫黄末入孔，杉木削針針之，則虫自死矣。

清　姚元之《竹叶亭杂記》卷八《牡丹》　牡丹最喜肥，種時根下宜以豬羊腸胃鋪之，則開花鮮茂。根總宜於暖，又名鼠姑，根下時埋死鼠，則茂。

清　李鴻章　光緒《畿輔通志·物産·花屬》　牡丹，一名鼠姑，一名木芍藥。性宜寒畏熱，喜燥惡溼，得新土則根旺，向陽則性舒，忌烈風炎日。若種治有法，花可開至七百葉，面可徑尺。《羣芳譜》易州進十二相牡丹。《天中記》北地大房山，僧多種之，其色有大紅、淺緑，江南所無也。《淥水亭雜議》草橋牡丹，栽如種麻。《燕都遊覽志》嘉祐寺牡丹多於薤。惠安伯園牡丹數百畝一圃也，客各乘竹兜周行塍間，遞而覽觀，日移晡乃竟。右安門外草橋，唐時有萬佛寺，寺廢而橋存。天啓間，建碧霞元君廟。其北土近泉，居人以種花爲業。冬則蘊火暄之，十月中旬，牡丹已進御矣。《帝京景物略》　明·袁宏道《惠安伯園亭看牡丹詩》：古樹暗房櫳，登樓只辨紅。分畦將市地，合歛欲焚空。蝶醉輕綃日，鶯梢煖絮風。主人營一世，身老衆香中。清陳倬《牡丹詩》：蓬萊佳氣靄晴霞，栽作人間富貴花。一陣煖風來閬苑，天香吹上五雲車。

清　周象明《事物攷辨·植物·牡丹》　牡丹非至唐始盛。《説略》：歐陽永叔謂牡丹初不載文字，自則天後始盛，唐人如沈、宋、元、白之流，皆無題咏，獨劉夢得有《咏魚朝恩宅牡丹》一詩，初不言其異。《苕溪漁隱》《容齋隨筆》皆引元白數詩，以正歐誤，信矣。李綽《尚書故寔》言，北齊楊子華《畫牡丹謝康集》云：水際竹間多牡丹。牡丹固不至唐而始盛也。

藝文

唐　李德裕《會昌一品集》别集卷九《牡丹賦并序》　余觀前賢之賦草木者多矣，靡不言託植之幽深，採斸之莫致，風景之妍麗，追賞之歡愉，至於體物，良有未盡，惟牡丹未有賦者，聊以狀之。僕射十一丈蔚爲儒宗詞賦之首，聲氣所感，或能相和，又見陳思王賦序，多言命王粲劉楨繼作，今亦效之，邀侍御裴舍人同作。　青陽既暮，鶗鴂已鳴。念蘭若之方歇，嘆桃李之陰成。惟翠華之艷爚，傾百卉之光英。抽翠柯以布素，粲紅芳而發榮。其始也，碧海霄澄，驪珠躍出，深波曉霽，丹萍吐實。焕神龍之銜燭，皎若木之並日。其盛也，若紫芝連葉，鴛雛比翼。奪珠樹之鮮輝，掩非烟之奇色。倏忽摛錦，紛葩似織。其落也，明艷未褫，紅衣如脱，朱草柯折，珊瑚枝碎。霞既爍而轉妍，紅欲消而猶綷。爾乃獨含芳意，幽怨殘春。將獨立而傾國，雖不言兮似人。觀其露彩猶泫一作泣，日華初照，煜其晨葩，情若微笑。色雖美而自艷，類河濱之窈窕。逮乎的皪含景，離披向風，鉛華春而思蕩，蘭澤晚而光融。情放縱以自得，凝若焕之冶容。既而華艷恍惚，繁華遽畢。驚寶雉之乍迴，想江妃而復出。望獻瑠之玉，俄以蔽光，感懷珮之川，悵然如失。客顧余曰，勿謂淑美難久，徂芳不留。彼妍華之閲，世非人壽之可儔。君不見龍驤閈閎，池臺御溝，堂挹山林，峯連翠樓。有百歲之芳叢。原註：今京師精舍甲第，猶有天寶中牡丹在。無昔日之通侯，豈暇當飛藿之時，始嗟零落，且欲同樹萱之意，聊自忘憂。

宋　曾鞏《元豐類稿》卷五《種牡丹》　經冬種牡丹，明年待看花。春條始秀出，蠹已病其芽。柯枯葉亦落，重尋但空槎。朱欄猶照耀，所待已泥沙。本不固其根，今朝謾咨嗟。

宋　虞儔《尊白堂集》卷三《種牡丹》　新向坡頭種牡丹，更開小徑傍層壇。先生倍費栽培力，俗子那容取次看。應有司花來守護，更須插槿與遮欄。何時一醉酬心賞，屈指春風半歲寬。

明　文林《文温州集》卷一《陸全卿送牡丹栽》　遠遣娉婷玉兩株，古盆珍重護泥淤。玉含粉黛春應在，紅孕丹砂蕊欲舒。只就根荄知上品，行看富貴賁吾廬。主人未絶分支愛，有約還來酒不虛。

清 華希閔《廣事類賦》卷三〇《花部·牡丹》 春晝方開，香居第一，花時競賞，豔更無雙。始標名於謝客，後最盛於洛陽。樂天歌之而未盡，歐陽記之而難詳。爾其珍稱魏紫，貴極姚黄，錦袍罌粟，蓮蕊紅粧。檀心倒暈，玉兔天香，鞓紅歐碧，霞彩雲芳。朝天映日，鳳尾瓜瓤，俱稱國色，並號花王。若夫仙春館中，沉香亭畔，美人一捻，印脂粉而生痕，學士三章，拂花牋而染翰。斯則令貴客增榮，天香生煖者矣。亦有布策算朶，接樹延賓。簾捲香來，綺羅徐出。幄張繡列，絲管皆陳。慈恩寺裡，看來殷紅一色，臨芳殿前。種得粉雪千羣。碧朶生時，粲仙葩於頃刻，金翎網得，訝異蝶於遲明。上驪山而忽變，來瓊島而難分。方其盛也，則池館争栽名流交集。或酥煎去聲以分遺，或蠟封而置驛。競誇醒酒之容並作燒香之惜。香車繡轂，每溢長衢，玉佩金裙，還題綵筆。四香閣上，露瑩紅珠。百寶欄邊，風吹繡纈。然而纔矜曉艷已泣殘陽如仙如夢，零落飄颻。瑪瑙盤中金縷歇，琉璃地上紫雲翔。收朱欄之一片，失翠幔於高堂。鹿啣花而徑去。馬蹴樹而堪傷。諒北勝之安在，對東風而斷腸。乃爲歌曰：鼠姑兮始開，金百兩兮錦成堆，鹿韭兮將謝，向帝城兮誰買。平章宅裡最繁華，看到子孫能幾家。須知小隱天津客，冷眼人間富貴花。

清 張錫祚《牡丹》 深院東風入，開簾香氣清。名花愁采摘，獨立殿殘春。格貴誰求價，庭空欲避人。玉臺今寂寞，對爾覺傷神。

海棠花

綜　述

宋 謝維新《古今合璧事類備要別集》卷二九《花卉門·海棠花》 《格物叢話》：按唐《李贊皇集》，花木以海爲名者悉從海上來，海棠是也。此花未知其所從始也，至南朝時沈約始以詩詠之。今閱此花乃五出，初則極紅如臙脂點點，及間則漸成纈暈，比其落也則若宿粧淡粉。彼有謂其似木瓜林檎二花者，恐非真是，或者特棠梨花爾。然此花惜其有色而無香，蓋亦未得造化之全，而其有色而又有香者，惟蜀中嘉州種爲然。世傳其水獨合抱，與它所不侔也。然江浙間又令有一種柔枝長蔕者，顔色淺紅，垂英向下，如日蔫，乃謂之垂絲海棠，與此大不類。蓋強名爾，善品題者不可以一槩故併及之。

元 闕名《居家必用事類全集》卷戊 種海棠：冬至日早，以糟水澆根，其花鮮盛，花結子剪去，來年花盛無葉，唐人以海棠爲花中神仙。

明 宋詡《竹嶼山房雜部》卷九《樹畜部·種花卉法》 海棠，賈耽著《百花譜》以海棠爲花中神仙。無香，惟大足縣産者有香。垂絲，梅聖俞詩云：胭脂色欲滴，紫蠟蔕何是。宜寄枝，用櫻桃體。西府，東坡詩云：朱脣得酒暈生臉，翠袖卷紗紅映肉。林深霧暗曉光遲，日煖風輕春睡足。臘月開，其根外爲小溝，只長條。本可以移種，亦可以枝插。不花則裁其已花之木爲針，内於根跗間，則花也。四季花，即鐵梗，又曰祝家桃花。同西府柎微堅。宜根側分小本種。貼梗，灌生，無大木，紅花。宜根側分小本種。黄海棠《海棠譜》洪适有詩。

明 鄺璠《便民圖纂·海棠》 海棠其種不一，鐵梗者色如胭脂，垂絲者色淺。《花譜》：海棠三色，無香。唐人以爲花中神仙，春間攀其枝著地，土壓之，自生根。二年鑿斷，二月移栽。

明 劉基《多能鄙事·種海棠》 冬至日早，以糟水澆其根，則花鮮茂。

明 王世懋《學圃雜疏·海棠》 海棠：品類甚多，曰垂絲、曰西府、曰棠梨、曰木瓜、曰貼梗，就中西府最佳。而西府之名紫綿者尤佳，以其色重而瓣多也。此花特盛於南都。余所見徐氏西園樹皆參天，花時至不見葉。西園木瓜尤異，定是土産所宜耳。垂絲以櫻桃木接，開久甚可厭，第最先花與玉蘭同時，植之傍掩映，不可廢也。貼梗，草本，郡城中種之，極高大。當訪求種法，以備一種。紫綿，宋小説《苕溪漁隱叢話》備載之。

明 王象晉《群芳譜·花譜》卷一《海棠》 海棠有四種，皆木本。貼梗海棠，叢生，花如胭脂。垂絲海棠，樹生柔枝長蔕，花色淺紅。又有枝梗畧堅，花色稍紅者，名西府海棠。有生子如木瓜，可食者，名木瓜海棠。海棠盛于蜀，而秦中次之。其株修然出塵，俯視衆芳，有超群絶類之勢。而其花甚豐，其葉甚茂，其枝甚柔，望之綽約如處女，非若他花冶容不正者比。蓋色之美者，惟海棠，視之如淺絳外英英數點，如深胭脂，此詩家所以難爲狀也。以其有色無香，故唐相賈耽著《花譜》以爲花中神仙。南海海棠枝多屈曲，有刺如杜梨，花繁，盛開稍早，四季花，灌生，花紅如胭脂。無大木即貼梗，又曰祝家桃花，同西府跗微堅。一種黄者，木性類海棠，青葉微圓而深，光滑不相類。花半開鵝黄色，盛開漸淺紅矣。又貼梗海棠，花五出，初極紅如胭脂點點，然及開則漸成纈暈，至落則若宿粧淡粉矣。葉間或三或五蕋（蕊）如金粟，鬚如紫絲。實如梨，大如櫻桃，至秋熟可食，其味甘而微酸。

栽接：海棠性多類梨，核生者十數年方有花，都下接工，多以嫩枝附梨而贅之，則易茂。種宜墟壤膏沃之地。貼梗海棠，臘月于根傍開小溝，攀枝着地，以肥土壅之，自能生根。來年十月截斷，二月移栽。櫻桃接貼梗則成垂絲，梨樹接貼梗則成西府。又春月取根側小本種之，亦易活，或云以西河柳接亦可。海棠色紅，接以木瓜則色白。亦可以枝插，不花取已花之木納于根跗間，即花。花謝結子，剪去，來年花盛而無葉。

澆灌：《瑣碎録》：海棠花欲鮮而盛，于冬至日早以糟水澆根下，或肥水澆，或𥁕過麻屑糞土壅培根下，使之厚密。纔到春暖，則枝葉自然大發，着花亦繁密矣。一云此花無香而畏臭，故不宜灌糞。一云惟貼梗忌糞，西府、垂絲亦不甚忌，止惡純濃者耳。插瓶：薄荷包根，或以薄荷水養之，則花開耐久。

明　何三畏《新刻何氏類鎔》卷三〇《海棠》　昔唐李贊皇集花木以海爲名者，悉從海外移根。若海棠是已。海棠植于藥欄，有會稽之奇種，標于花譜，稱衆卉之神仙。輕絲殢雨而含嬌，妖嬈似傳胭脂淡。細莖隨風而競秀，婥約微聞粉黛香。鮮妍如血之灑空，高低千點，盛麗若霞之藏日。深淺半開，熳爛一枝，低帶流鶯囀去。蹁躚數片，狂和舞蝶飛來。鬱鬱蒼髯，却韞幽姿，真道友。纖纖紅萼，全舒艷態，是名姝。本接木瓜之枝，翻爲異色，應受梅花之聘，恨不同時。醉海棠而春睡未足，宫娥扶掖而至帝前者，楊太真之撒嬌也。植海棠而高結爲巢，賓客同登而飲樹杪者，徐處士之尋樂也。劉淵材謂，海棠有色無香，以爲名花之一，恨而載觀。蜀昌州治之前有香霏之閣，以海棠而得名。又讀宋世《御園之詠》有香飄之詞，以海棠而得句。則知此花者，不惟有色而妖艷動人，亦且有香而芬芳絶俗。而淵材且以爲恨也。豈其未之深攷耶。

明　竇文照《竇子紀聞類編・花木類》卷四《香海棠》　《草木子》曰：世謂海棠無香。西蜀潼川府所屬昌州，而海棠獨有香，故昌州號曰海棠香國。治前有香霏閣，每花或二十餘葉，香氣醲郁。觀宋真宗《御製後苑諸花十章》，以海棠云「清香逐處飄」，又云「遊蜂逐遠去」。又王元之《題錢塘海棠》云，「江東移植在錢塘，手植庭花滿院香」。此不特在昌州者，乃知海棠之香。如菊花有落不落者，不可一概論也。

明　周文華《汝南圃史》卷七《海棠》　海棠，花最艷麗，凡三種，單葉深紅者曰鐵梗。《便民圖纂》云：鐵梗者，色如胭脂。《松江府志》云：磬口深紅，綴枝作花者，名貼梗海棠，則又名貼梗矣。貼梗與木瓜花相似而不結子，故木瓜亦冒海棠之名。木瓜葉粗，花先開，貼梗葉細，花後開，以此爲别。單葉桃紅者曰西府。初開時嬌媚無比，與錦帶色相似，而西府尤勝。稍久則漸潦倒，不足觀已。結實如小花紅，秋深始熟，味酢而澀。沈立作《海棠記》指此。范石湖所狀金林檎，疑即此也。多葉粉紅者曰垂絲。《水雲録》云：垂絲海棠柔枝、長蔕、垂英向下是也。此花既多葉而色尤嬌，石湖以爲類小蓮花，信然。《便民圖纂》云：春間攀其枝著地，以土壓之，自生根。二年鑿斷，三月移栽，此指貼梗。然今人多不用壓，直於根内分栽，分時在正月中。《浣花雜志》曰：壓枝必在秋分，移栽必在春分，鑿根則不拘時候。如三月間移栽，恐難活。西府於梨樹、花紅樹上接，垂絲於櫻桃樹上接，或云西河柳亦可接，然未試驗。二種接换各就其花之似者，故易活。《瑣碎録》云：冬至日早以糟水澆根下，則花盛而色鮮。又云海棠候花謝結子即剪去，來年花盛而無葉。

明　江之源《百花藏譜・海棠花》　有垂絲，有貼梗。貼梗者花如臙脂，綴枝作花。垂絲者柔枝長蒂，花色淺紅。然又有生子如木瓜可食者，曰木瓜。又有梗枝，略堅。單葉、紛紅者，曰西府。貼梗與木瓜相似，木瓜葉粗，花先開；貼梗葉細，花後開。其種有七，以其有色無香，故唐人號爲花中神仙。

種海棠法：貼梗海棠春間攀枝着地，以肥土壅之，自能生根。來年十月截斷，二月移栽。櫻桃接貼梗，則成垂絲。梨樹接貼梗，則成西府。或云：以西河柳接亦可。海棠欲鮮而茂，至冬日早以糟水澆之根下，或云糖水或云酒脚，海棠候花謝結子，剪去。來時花茂而無葉。

秋海棠花秋海棠嬌冶柔軟，真同美人倦粧，此品喜陰，一見日色即瘁，九月收枝上黑子撒于盆内、地上。明春發枝，當年有花。老根過冬者，花發更茂。

明 闕名《栽花總録・海棠》 花計三種，昌州香海棠難得，西府爲上，貼梗次之，垂絲又次之。二月間將貼梗海棠攀枝着地，以肥土壅之，自能生根。來冬截斷，春半移栽，以櫻桃接之，則成垂絲，以棠梨接之，則成西府；以木瓜頭接之，則成白色。欲其鮮盛，于冬至日，侵晨以糟水，或酒脚澆根下，復剪去花子，則來年花茂而無葉。或云，木瓜花似海棠花，故亦有木瓜海棠。但木瓜花在葉先，海棠花在葉後，爲差別耳。【略】顧東橋詩云：「陰葉翠瑶濕，薄英紅粉香。絶憐秋苑下，復爾見春光。」陳石亭詩云：「露浥秋姿膩，風回宮袂涼。無緣被春色，猶得向秋陽。」此花盛于金陵，二公金陵人，故賦詩特法也。分花須揀稞大枝多者，八九月間全根掘出，視可分處用手劈開，以小麥一握拌土，栽如前法。此分花之法也。接花亦宜秋社前後，將本枝及分枝各斜削去半，合如一枝，用麻縛定，調泥塗之，以兩瓦固合，内填細泥。待來春去瓦，隨以草席圍之。或揀芍藥根，肥大如蘿蔔者，削尖如馬耳，將牡丹枝劈開如燕尾，插下縛緊，以肥泥培之即活。或云，立春如遇子日，於茄根上接牡丹花，不出一月即爛熳，此接花之法也。澆花亦有候，八九月旬日一澆，宜雨水。立冬後五日一澆，宜糞水。十一月後，搜鬆根土，以宿糞澆一次或二次，餘宜河水。至冬末地凍，春分花發，夏際天炎，俱不可澆，澆則花開不齊，且多損根鬚。或遇旱，清晨以河水澆之，勿濕其枝葉。一云，牡丹芍藥俱可酒澆，此澆花之法也。培養須八九月時，壅土二寸。三年以内，春夏風口，覆以帳幕。秋冬霜雪，障以棘枝。花末放去其小蕋，謂之打剥。花纔落，剪其故枝，勿傷花牀。又於冬至日，以鍾乳粉和硫黄少許置根下，或撥開花根，以水中苔衣壅之，則來春花盛，此壅花之法也。折枝插瓶，先燒斷處，鎔蠟封之，可浸數日不萎。或用蜜養。芍藥亦然。如已萎者，剪去下截爛處，用竹架起於水缸中，浸其枝梗，一夕復鮮。此養花之法也。花所畏忌，如香麝油漆，種葱蒜韮薤以辟之。土蚕木蠹填白斂硫黄以殺之。孝子、孕婦、庸僧、猥尼所剪折，設絶交論以防之。此醫花之法也。九月取角屑、硫黄碾如麵，拌細土、挑動花根，壅罨入土一寸，出土三寸，地脈既煖。立春漸有花蕾即摘去，惟留中心一蕋。氣聚則本肥，開時花大如碗。一云，以白朮放根下，諸般顔色悉是腰金，則又幻花之法也。語云，弄花一年，看花十日，何可不珍惜哉。

又 灌園一事，其略有十，雖云小道，可質大方。一曰下種，核宜排，子宜撒。其法收枝頭乾實懸通風處，臨種少晒，擇向陽之所，以肥土鋪半，將核尖向上，排定，再以肥土蓋之，種蓮實亦如此法。子則不然，須以灰泥合半，將子雜拌于中，按法撒之，乾濕得所爲妙。二日分插，先築肥地，以水滲定，擇根旁小枝連處截斷，次年移之。【略】

清 陳淏子《花鏡》卷三《花木類考・西府海棠》 西府海棠，一名海紅。樹高一二丈，其木堅而多節，枝密而條暢。葉有類杜。二月開花，五出，初如胭脂點點然，及開，則漸成纈暈明霞，落則有若宿粧淡粉。蒂長寸餘，淡紫色或三萼五萼成叢，心中有紫鬚。其香甚清烈。至秋，實大如櫻桃而微酸。宜種壚壤膏沃之地。如花謝後結子，即當剪去，則來年花盛而葉遲可愛。若以棠梨接之即活。又一種黄海棠，葉微圓而色青，初放鵝黄色，盛開便淺紅矣。

清 陳淏子《花鏡》卷三《花木類考・垂絲海棠》 海棠之有垂絲，非異類也。蓋由櫻桃樹接之而成者，故花梗細長似櫻桃。其瓣叢密而色嬌媚，重英向下，有若小蓮，微遜西府一籌耳。世謂海棠無香，而蜀之潼川、昌州，海棠獨香，不可一例論也。

清 陳淏子《花鏡》卷三《花木類考・貼梗海棠》 海棠有數種，貼梗其一也。叢生，單葉。綴枝作花，磬口深紅，無香，不結子。新正即開，但取其花早而艶，不及西府之嬌媚動人。二月間於根傍開一小溝，攀花着地，以肥土壅之，自能生根。來冬截斷，春半便可移栽。其樹最難大，故人多植作盆玩。近法皆不用壓，直於根上分栽，而分必須正月中浣。性不喜肥，頗畏寒，宜避霜雪。亦有四季花者。

清 厲荃《事物異名録》卷三《花卉部・海棠》 川紅。《海棠譜》：江左謂海棠爲川紅。

花中神仙。《百花譜》：海棠爲花中神仙。

名友。《山堂肆考》：曾端伯以海棠爲名友。

蜀客。《三柳軒雜識》：海棠爲蜀客。

富貴花。陸游《飲海棠花下》詩：何妨海内功名士，共賞人間富貴花。

花命婦、花戚里。《牡丹榮辱志》：重葉海棠曰花命婦，多葉海棠曰花戚里。

西府、紫綿。《學圃餘疏》：海棠品類甚多，就中西府爲最，其名紫綿者尤佳。

清 曹溶《倦圃蒔植記》卷上《海棠》 嘗讀錢塘陳思《海棠譜》，謂海棠一種，自杜陵絶吟，爲世所薄。不知唐玄宗時，楊妃入宫，粉黛無色，而瀕海一卉獨得比妍，其聲價勝梅精十倍矣。子美生當其時，豈不知標榜一語。有謂其諱母所名，理或然耳。花計數種，昌州香海棠不可得矣。其次西府爲上，貼梗次之，垂絲又次之。予里白苧村顔氏有海棠四株，根枝堪抱，落英繽紛，如美人初起時，而老梅攜李復爲之媵，殆生平所未見。予爲作詩記之。有云：山居九徑若爲開，幾樹名花取次栽。色似仙家人未老，嬌如妃子夢初回。攜來西域同丹若，好付東皇嫁落梅。況遇清貧顔處士，一瓢傳得勝鮫胎。恨不能結巢其上，作十日飲耳。栽花之法，宜於春間，將貼梗海棠攀枝着地，以肥土壅之，自能生根。來冬截斷，春半移栽。以櫻桃接之則成垂絲，以梨樹接之則成西府，以木瓜頭接之則成白色。若欲其鮮盛，於冬至日早以糟水或酒脚澆根下，復翦去花子，則來年花茂而無葉矣。瓶花以薄荷包根，或用薄荷水養之。或云木瓜花似海棠，故亦有木瓜海棠。但木瓜花在葉先，海棠花在葉後，爲差别耳。别有一種曰秋海棠。相傳昔有女子懷人不至，涕淚灑地遂生。此花色如婦面，名斷腸花。性喜陰濕，宜種堦砌。謂之海棠者，取其似也。大都海棠風韵特勝，昔人欲以梅聘之，雖香不如梅，真堪夫婦矣。

清 曹溶《倦圃蒔植記》總論卷上《論花》 西府爲真海棠，而紫綿爲真西府，餘皆非至物。所謂河南西府最大，然色淺而葉粗，不足貴也，況其他乎。宋朝宸遊有所謂小春海棠。蓋木本者，一歲而再花，色尤嬌好，有識者未嘗不過而問焉。貼梗，木瓜，棠之别族耳。秋海棠草本而色却媚，且在霜中尤覺可重。世人以石岩花爲真杜鵑，蓋先有一種似而非真此，獨取其色深紅而花細密者耳。

清 高士奇《北墅抱瓮録·海棠》 海棠同名異種者不一，惟紫綿爲佳，今所稱西府是也。万俟雅言詩云：「海棠點點要詩催，日暮紫綿無數開。欲識此花奇絶處，明朝有雨試重來。」正謂此種耳。園中海棠甚多，卧齋前一株，乃西川佳種，脂痕淺抹，逸態嫣然，有佳人遺世獨立之意，更不得以無香少之。

清 高士其《北墅抱瓮録·貼梗海棠》 貼梗海棠枝不能大，叢生，單葉。綴枝作花，磬口深紅，若黏絳蠟。雖微乏韻度，而殷麗之色，要足取也。

清 高士其《北墅抱瓮録·垂絲海棠》 海棠以櫻桃接之，便成垂絲。花瓣叢密，與海棠不同，而色略相似，重英向下，柔蔓迎風，婉孌之姿，如不自勝。

清 吴其濬《植物名實圖考·羣芳類》卷二七《貼梗海棠》 貼梗海棠，叢生單葉，綴枝作花，磬口深紅，無香。新正即開。田塍間最宜種之。《花鏡》云：有四季花者，滇南結實與木瓜同，俗呼木瓜花。其瓜入藥用，春間漬以糖或鹽，以充果實，蓋取其酸澀，以資收斂也。

植物名實圖考·貼梗海棠

清 吴其濬《植物名實圖考·木類》卷三六《山海棠》 山海棠，生雲南山中。園圃亦植之。樹如山桃，葉似櫻桃而長。冬初開五瓣桃紅花，瓣長而圓，中有一缺，繁蕊中突出緑心一縷，與海棠、櫻桃諸花皆不相類。春結紅實，長圓，大如小指，極酸不可食。阮儀徵相國有《咏山海棠詩·序》，謂花似海棠蒂亦垂絲者，則上。人謂爲山櫻桃，以其樹可接櫻桃，故名。若以花名，則此當曰山櫻，彼當曰山棠也。 山海棠（又一種）生雲南山中。樹莖葉俱似海棠。春開尖瓣白花，似桃花而白膩有光，瓣或五或六，長柄緑蒂，裊裊下垂。繁雪壓枝，清香溢谷。花開足則上翹，金粟團簇，玉線一絲。第其姿格則海棠饒粉，梨雲無香，未可儕也。幽谷自賞，筠籃折贈，偶獲於賣菜之傭，遂以登列瓶之史。

植物名實圖考·山海棠

清 鄒一桂《小山畫譜》卷上《海棠》 三月花，五出多層。蕊叢生，深紅，開足正面白，反瓣深紅。其瓣狹長而圓末。柄蒂俱紅者，爲西府海棠。唐時大内所植，今不易得，柄緑而帶紅者爲多。着花處先有尖圓小葉，青色，而其嫩葉反大而微紅。又一種花葉肥大，重臺，梗光潤而青者，爲河南西府。若棠梨則單瓣青蒂，葉尖，色態俱不及矣。

清 鄒一桂《小山畫譜》卷上《垂絲海棠》 粉紅色，花小叢生，瓣亦有鋸，長柄下垂如絲。開時有嫩葉微紅。以海棠接於櫻桃本上，故兩似之。三月開。樹不甚高。

清 鄒一桂《小山畫譜》卷上《貼梗海棠》 大紅，花五出，蒂大而青色，三五叢開，開時有葉，但花葉俱着梗。無柄，故名貼梗。黄心一簇，反瓣淡紅。三月開。亦有四時俱花者，結實如栟子。

清 闕名《名花譜·海棠》 花從海上來，故以爲名。蕊綻時如胭脂點點，開花時則丰神艷冶，及落若宿粧淡粉。有垂絲，有貼梗，又有生子如木瓜可食者，曰木瓜。又有梗枝碧堅單葉粉紅者，曰西府。貼梗與木瓜相似。木瓜葉粗，花先開；貼梗葉細，花後開。其種有七，以其有色無香，故唐人號爲「花中神仙」。 種法：春間將貼梗攀枝着地，以肥土壅之，自能生根。來年十月截斷，二月移栽。櫻桃接貼梗成垂絲，梨樹接貼梗成西府，或以西河柳接亦可。花謝結子須剪去，來年花茂而葉少。 澆法：冬日以糟水澆根下，則來年花色鮮艷，或云糖水又酒脚亦可。 養花法：如折海棠插瓶，當薄荷水養之，則花鮮。

清 李鴻章 光緒《畿輔通志·物産·花屬·海棠》 京師多海棠，初以鐘鼓樓東張中貴宅爲最《陝志》。上西府，次貼梗，次垂絲。贗者木瓜。辨之以其葉，海棠葉，先花。章公、慈仁二寺皆京師海棠盛處。《帝京景物略》

清 李調元《童山文集》卷一二《海棠香辨》 海棠，蜀客也。蜀之海棠皆無香，而惟昌州有香。香國之號，由來舊矣，然而香不獨昌州爲然，凡蜀海棠皆有之也。先大夫曾手植一株，在補過亭東，垂五十八年，大幾成拱。下有木香古架，轇葛其上，相與争繁比茂。其枝叢密，其葉縹緑。每春花時，綽約滿條，外淺絳而内深紅，胭脂萬點，猩血千苞，然童而習之，未嘗知其香也。今年正月二十八日，余以海棠將放，不欲使受木香之欺，命園丁斬其刺藤，别竪櫟架，引蔓使上，于是撥雲見天。而凡海棠之昔罥于莖蔓，受制于蟠屈者，皆理之、伸之，而後海棠之精神面目，焕然畢露，然亦未知其香也。一旦含苞滿樹，掩户静坐，清風徐來，其香酷清。不蘭、不麝，細而領之，非梅、非杏，乃出海棠，奇哉。何向之無香而今乃香也，何向之不知而今乃知也，豈以予爲知音者，而故貢其香以求知耶。抑久爲非種之纏，素傷匪人之比，而今渣滓去，清虚來，乃揚眉吐氣，一吐其香，以報予耶。由前而推，則知己我也；由後而推，則感恩我也。感恩我不敢，知己我或然。嗟乎！天下欲求一知己感恩，而不可得，豈獨海棠也哉。昔羅江東隱在錢塘，手植海棠一株，宋王黄州禹偁題詩有：「江東遺跡在錢塘，手植庭花滿院香。」《花木考》謂：觀此杭州海棠亦香，不獨昌州，非也。蓋知己則臭味相投，故衆人不聞，而己獨聞也，王黄州亦江東之知己也。

藝 文

唐 王維《左掖海棠詠》 閑洒堦邊草，輕隨箔外風。黄鶯弄不足，銜向集作入未央宫。

唐 温庭筠《題磁嶺海棠花》 幽態竟誰賞，歲華空與期。島迴香盡處，泉照艷濃時。蜀彩淡摇拽，吴粧低怨思。王孫又誰恨，惆悵下山遲。

唐 鄭谷《擢第後入蜀，經羅村溪路見海棠盛開，偶有題詠》 上國休詩紅杏花，深溪自照緑苔磯。一枝低帶流鶯睡，數片狂隨集作和舞蝶飛。堪恨路長移不得，可無人與畫將歸。手中已有新春桂，多謝烟香更惹集作入衣。

唐　鄭谷《**海棠**》　春風用意勻顔色，銷得攜觴與賦詩。艷麗最宜新着雨，嬌嬈全在欲開時。莫愁粉《雜詠》作淺黛臨窗嬾，梁廣丹青點筆遲。朝醉暮吟看不足，羡他蝴蝶宿深枝。

唐　鄭谷《**蜀中賞海棠**》　濃澹芳春滿蜀鄉，半隨風雨斷鶯一作人腸。浣花溪上堪惆悵，子美無情爲發楊。

宋　蘇軾《**東坡全集**》**卷一三**《**海棠**》　東風嫋嫋汎崇光，香霧霏霏月轉廊。只恐夜深花睡去，高燒銀燭照紅粧。

宋　楊萬里《**春晴懷故園海棠**》　竹邊臺榭水邊亭，不要人隨只獨行。乍暖柳條無氣力，淡晴花影不分明。一番過雨來幽徑，無數新禽有喜聲。只欠翠紗紅映肉，兩年寒食負先生。

元　元好問《**同兒輩賦未開海棠二首**》　翠葉輕籠豆顆勻，胭脂濃抹蠟痕新。殷勤留著花梢露，滴下生紅可惜春。

枝間新緑一重重，小蕾深藏數點紅。愛惜芳心莫輕吐，且教桃花鬧春風。

明　文德翼《**雅似堂文集·種海棠**》　鄉户工蓺植，海棠漫計估。剪枝不盈尺，二月花齊吐。根比虬子蟠，葉如蟲母齲。血染杜鵑殘，淋漓猶怯雨。爲香須作計，慎勿棄故土。位置七方盂，盂盂成部伍。性情苟不失，顔色增美膴。春日何遲遲，一蜂方振股。

清　吴盛藻《**天門集**》**卷四**《**海棠**》　瀟灑生金谷，低回倚畫廊。無雲常帶雨，有色自然香。二語盡海棠。名友三秋醉，神仙五夜凉。好佳人春睡足，來試舞衣裳。

清　胡慶豫《**東坪詩集**》**卷五**《**海棠并引**》　海棠盛於蜀，有色有香，古稱海棠香國。乙亥春薄游益州，署中海棠二株，枝密花繁，穠艷照人，蓋嘉隆間物也。當花時，同人觴詠其下，憶先大父詩，有「濯錦江頭初展態，沉香亭角舊傳神」之句。因足原韻，遂成四章。非敢自附雅音，聊寄一時漫興云爾。　紫綿色並彩霞新，摇曳明妝占曉春。濯錦江頭初展態，沉香亭角舊傳神。嬌如解語香堪挹，艷更宜人粉自勻。願得窗前常映竹，客愁消付與芳辰。溶溶春色滿晴郊，昨夜輕風坼絳苞。月浪暗流翻砌影，露珠微綴出牆梢。便從花底稱香國，擬向枝頭結飲巢。開傍小亭甘冷寂，一雙翠羽似相嘲。密蕊纖條着雨低，由來嘉種説川西。薄裁碎錦欺文杏，細抹新紅勝紫梨。品格曾傳唐相譜，風流偶失少陵題。上林賓樹開無數，爲駐春光向玉閨。天涯兩度照顔開，屐印蒼苔日幾回。一樹瓊英堪索句，十分春色且銜杯。縹枝曉待青□折，逸興宵憑絳蠟催。莫訝鈎留成底事，錦官特爲看花來。

清　席鏊《**竹香詩集**》**卷四**《**後海棠花下歌**》　初疑排悶惟小桃，海棠也復臨風嬌，含顰寂莫過三載，倚笑鉛華施一朝。半面粧成花細細，數點欲飛全樹麗。遊蜂鳴鳥不避人，遠趁花光一時詣。向愁微雨損胭脂，尚賴東君與護持。醉纈全抛紅網集，李賀詩「醉擷抛紅網」。流蘇不動繡帷披。寥落經過三逕冷，洗盞對花心自領。空濛香霧月明時，標格端相宜此景。東風知我别花心，乞得晴光掃宿陰。肯學西川杜子美，有詩不向此花吟。

繡球花

綜　述

明　宋詡《**竹嶼山房雜部**》**卷九**《**樹畜部·種花卉法**》　繡毬花，大葉，皺體屈折，一花五瓣，百花成叢，一叢如毬，其毬滿樹。紅花，白花宜寄枝，寄用八仙花體。

又　八仙花，體葉似繡毬，白花八朵爲叢，横分出之形似瓊花，然瓊花不結子，瓣厚而香；八仙花結子，瓣薄而不香。雲南一種□花，亦八蕊，有五色。宜分種。其小本體可寄繡毬。瓊花種絶，後人以此代之。

明　王象晉《**群芳譜·花譜**》**卷一**《**繡球**》　繡球木本，皴體。葉青色，微帶黑而澀。春月開花，五瓣，百花成朵，團圞如球，其球滿樹。花有紅、白二種，宜寄枝，用八仙花體。

明　周文華《**汝南圃史**》**卷八**《**繡毬**》　繡毬花，藤生，一蔕而衆花攢聚，圓白如流蘇，儼然一毬也。初青後白，開與牡丹同時，潔白富麗，他花罕比，特欠標格少香韻耳。顧東橋詩：不惜荆山玉，裝成素錦毬。春風解憐汝，抛擲與誰收。夏禹錫亦謂繡字有未當，改名素毬。又一種花小而葉繁者，謂之麻葉繡毬，而開亦同時。又有八仙花，秪八蘂簇成一朵，亦自奇特。今人多於八仙上挨接繡毬，亦以其花相似故。《水雲録》云：先取八仙花栽瓦盆中，俟春間連盆移就繡毬花畔，將八仙梗離根七八寸刮去半邊皮，約長一二寸，將繡毬嫩枝亦刮去半邊，彼此挨合一處，用麻纏縛，頻用水澆，候樹皮連合，截斷繡毬花下餘枝，次年開花即如巨樹，所生暢茂。凡諸花皮葉相似者，皆用此法挨接。

明 江之源《百花藏諸·粉團花》 葉麻花開小而色邊紫者爲最，其白粉團即綉毬花也。宜種牡丹臺處，同時開花，用爲襯色甚佳。以八仙花種盆中，次年春連根移，就粉團花畔，將八仙離根七八寸，刮去半邊皮約一二寸長，將團花亦刮去半邊，用麻纏縛，頻用水澆。至十月，候皮生截斷。次年開花，盛不可言。

明 闕名《栽花總録·繡毬》 繡毬花藤生，初青後白，與牡丹同時開。又一種，花小而葉繁者，謂之麻葉繡毬，開亦同時。又八仙花，祇八蕋，簇成一朵。接法，先將八仙梗離根約七八寸，刮去半邊皮，將繡毬枝亦刮去半邊，用麻縛定，頻頻澆水，候皮連截斷。次年開花甚茂。《眉公秘笈》云，蜀中有紫繡毬。

清 陳淏子《花鏡》卷三《花木類考·粉團花》 粉團，一名繡球。樹皮體皴，葉青而微黑。有大小二種。麻葉小花，一蒂而衆花攢聚，圓白如流蘇，初青復白，儼然一球。其花邊有紫暈者爲最。俗以大者爲粉團，小者爲繡球。閩中有一種紅繡球，但與粉團之名不相侔耳。麻球、海桐，俱可接繡球。

清 陳淏子《花鏡》卷三《花木類考·八仙花》 八仙花即繡球之類也，因其一蒂八蕊簇成一朵，故名八仙。其花白，瓣薄而不香。蜀中紫繡球即八仙花。如欲過貼，將八仙移就粉團樹畔，經年性定，離根七八寸許，如法貼縛水澆，至十月候皮生截斷，次年開花必盛。昔日瓊花至元時已朽，後人遂將八仙花補之，亦八仙之幸也。

清 高士奇《北墅抱瓮録·繡毬》 繡毬聚花成朵，團圝如毬。初開色本嫩緑，盛開則褪而成白。鏤瓊琢玉，不涴點塵，飄墜之時，繁朵滿砌，無異落梅，足供幽賞。聞閩中産紅繡毬，尤爲艷異，惜不能移植耳。

清 吴其濬《植物名實圖考·羣芳類》卷二九《繡球》 《羣芳譜》：繡球木本。皴體，葉青，微帶黑。春開花五瓣，百花成一朵，團圞如球滿樹。有紅，白二種。《武林舊事》：禁中賞花非一，鍾美堂花爲極盛。堂前三面皆以花石爲臺，三層，臺後分植玉繡球數百株，儼如鏤玉屏。

植物名實圖考·繡球

清 吴其濬《植物名實圖考·羣芳類》卷二六《粉團》 《花鏡》：粉團，一名繡球。樹皮體皴，葉青而微黑，有大小二種。麻葉小花，一蒂而衆花攢簇，圓白如流蘇，初青後白，儼然一球。其花邊有紫暈者爲最。俗以大者爲粉團，小者爲繡球。閩中有一種紅繡球，但與粉團之名不相侔耳。麻球、海桐俱可接繡球。按粉團出於閩，故俗呼洋繡球。其花初青後粉紅。又有變爲碧藍色者，末復變青，一花可經數月，見日即萎，遇麝即殞。置陰溼穢溷則花大且久，登之盆盎違其性矣。

清 吴其濬《植物名實圖考·羣芳類》卷二六《錦團團》 錦團團，花如丁香，數百朵成簇如繡球。按《廣西通志》，繡球花獨梧郡。色猩紅如錦，團簇整齊，瓣落而綷趵如珠，尚可觀，疑即此。

清 吴其濬《植物名實圖考·羣芳類》卷二六《八仙花》 《花鏡》：八仙花即繡球之類也。因其一蒂八蕊，簇成一朵，故名八仙。其花白，瓣薄而不香。蜀中紫繡球即八仙花。如欲過貼，將八仙移就粉團樹畔，經年性定，離根七八寸許，如法貼縛水澆。至十月，候皮生截斷，次年開花必盛。昔日瓊花至元時已朽，後人遂將八仙花補之，亦八仙之幸也。

清 吴其濬《植物名實圖考·羣芳類》卷二九《珍珠繡球》 珍珠繡球，

黑莖瘦硬。葉有歧似魚兒，牡丹葉而小，開五瓣小白花，攢簇如球。

清 吴其濬《植物名實圖考·木類》卷三六《蝴蝶戲珠花》 蝴蝶戲珠即繡球之别種，桂馥札璞繡球花，周圍先開，其瓣五出，酷似小白蝶，俗呼蝴蝶花。中心别有數十蕊，小如粟米。按此花五瓣，三大兩小，形微似蝶，中心絲蓓蕾圓如碧珠，開不成瓣，白英點點非蕊也。

清 吴其濬《植物名實圖考·羣芳類》卷二六《野繡球》 野繡球如繡球，花葉小有毛，開五瓣小白花，攢簇極密而不圓。

清 鄒一桂《小山畫譜》卷上《繡毬》 白花，四月開。樹高一二丈，葉肥大鋸齒。花如千朵梅，結成一毬，圓徑五六寸，開於枝末，經露下垂，風亭月榭，不可無此映帶。畫法分襠不分瓣，正面花圓，四旁側立，方能成規。

玉蘭花

綜　述

明 宋詡《竹嶼山房雜部》卷一〇《樹畜部·種花卉法》 玉蘭，按，木蘭翠菓紫房，今玉蘭花白而香如蓮，亦有黄者，相傳即爲木蘭。《大理府志》：木蓮花樹高大，葉如枇杷，花如蓮，有青黄紅白四種，形與玉蘭相似。今疑即其黄白花者耳。　宜寄枝，寄用木筆體。花香似蘭，故名。陸龜蒙詩：不知元是此花身。

明 王象晉《群芳譜·花譜》卷一《玉蘭花》 玉蘭花：九瓣，色白微碧，香味似蘭，故名。叢生。一幹一花，皆着木末，絶無柔條。隆冬結蕾，三月盛開。澆以糞水，則花大而香。花落從蒂中抽葉，特異他花。亦有黄者，最忌水浸。　接插：寄枝用木筆體，與木筆並植，秋後接之。　製用：花瓣擇洗净，拖麪，麻油煎食，至美。

明 高濂《遵生八箋》卷一六《玉蘭花》 花未開者，澆以糞水，則花大而香。其瓣，擇洗精潔，拖麵蔴油煎食。牡丹新落瓣，亦可煎食蜜浸。古名木蘭。

明 王世懋《學圃雜疏·玉蘭》 玉蘭早於辛夷，故宋人名以迎春。今廣中尚仍此名。千幹萬蕊不葉而花，當其盛時，可稱玉樹。樹有極大者，籠蓋一庭。然樹大則花漸小，不可不知。余童時猶見人珍重，今不然矣。

明 江之源《百花藏譜·玉蘭花》 種似木筆。此花忌水浸。以木筆並植其側，秋後遇枝接生。其花九瓣，色白微，碧狀類芙蕖心，叢生，淺緑。一幹一花，皆着木末。花落又從蒂中抽葉，特異他花。冬間結蕊，至三月盛開。澆以糞水，則花大而香。其瓣擇洗精潔，拖麵麻油煎食，至妙至美。花瓣之可食者，牡丹、玉蘭俱可煎食，俱可蜜浸。

明 周文華《汝南圃史》卷六《玉蘭》 玉蘭，類木筆，其樹高丈餘。《鎮江府志》云：玉蘭出馬跡山紫府觀，其花表裏瑩白如玉，其香如蘭，不根而植，不蓓而花，生不擇地，亦不常有。開多在莫春，遇者以爲瑞。宋淳祐問忽開，郡守李廸作詩頌之，見《咸淳志》。陳輔之有詩，見《京口集》，乃爲丹陽凝禧觀作。近茅山溪谷問有之，或開於秋冬。山志謂其蘭芽刻玉，氣味甚幽，亦芝英之别種也。吴地初未嘗有，近始盛行，人珍重之。俞仲蔚《玉蘭詩序》云：予攷前代志記，玉蘭獨不著見，然此花不實，以辛夷竝植其側，過枝接生，其花九瓣，色白微碧，狀類芙蕖，心如小浮屠形，叢生，淺緑，細棘著根裏紫色蓮鬚，香氣幽奇，與蘭草無異。又一幹一花，皆著木末，疑遂以此得名。花落又從蒂中抽葉，特異他花。冬間結蘂，至二月盛開，蓋卉木之奇種也。昔人詩云：木末標孤潁，靈葩散九華。映空遥泛雪，翳日細通霞。色净黄金屋，香飄碧玉家。更憐搖落後，緑蒂吐新芽。周孺允詩云：靈卉無根寄别枝，凭欄一笑逞幽姿。形過簷蔔禪林見，氣溢蘭蓀楚客知。鶴寺可令神女降，兔園偏與月華宜。含芳徙倚無人會，憑仗東風細細吹。

清 陳淏子《花鏡》卷三《花木類考·玉蘭》 玉蘭，古名木蘭，出於馬跡山紫府觀者佳，今南浙亦廣有。樹高大而堅，花開九瓣，碧白色如蓮，心紫緑而香，絶無柔條。隆冬結蕾，一幹一花，皆着木末，必俟花落後，葉從蒂中抽出。在未放時多澆糞水，則花大而香濃，但忌水浸。與木筆並植，秋後接換甚便。其瓣擇洗清潔，拖麵麻油煎食極佳，或蜜浸亦可，其製法與牡丹瓣同。

清 高士奇《北墅抱瓮録·玉蘭》 玉蘭喬柯上聳，絶無柔條。花開九瓣，著於木末。其白如玉，其香如蘭。花落後，葉從蒂出，緑蔭陰濃，極娱春晝。余武林舊居樓前玉蘭一本，大可拱抱，花時倚檻吟賞，儼對藐姑冰雪之姿。自浮沈京洛二十餘年，己巳春，扈蹕南巡，始得重過舊里，而樹已不存矣。時作懷舊數篇，中有「吟罷翠螺當檻入，妝成香霧卷簾看」之句，蓋意之所耽不忍忘也。今園中所植，亭亭明艷，不異舊觀。

清 厲荃《事物異名録》卷三一《花卉部・玉蘭》 迎春《學圃雜疏》：玉蘭早于辛夷，故宋人名以迎春，當其盛時可稱玉樹。

清 鄒一桂《小山畫譜》卷上《玉蘭》 花大如碗，九瓣，色白而微黄，中抽一心如毬，旁鬚十數莖，紫檀色，苞二片，栗殻色。開時即落，無蔕。樹高數丈，緑芽如豆莢，對生。枝幹白色，以枯濕筆爲之，不用赭。寫此花，須積粉先染微黄，而以粉傅之。

清 闕名《名花譜・玉蘭》 春半未葉先花，葉似柿而長，花潔白如玉。其香清馥可亞於蓮。性忌水，冬間結蕊，至三月盛開。澆以糞水則花大而香。其瓣可拖麪煎，味特香美。

藝文

清 孫之騄《枝語・玉蘭》 南湖春曉，烟雨樓低，有來仙子，霓裳羽衣。素娥千隊，結伴相依。亭亭鶴舞，皎皎霞霏。影落空堦，晨光露稀。香生別院，晚雪風微。陋漢姝之無力，苦江妃之太肥。此僅得其外觀者也。爾乃一樹挺立，九畹叢攢。鬱盤輪囷，朗如玉山。淡而不厭，其臭如蘭。不污于俗，柔枝乃刊。不藉于物，獨幹桓桓。不葉而花，是欲無言。結蕾歲寒之日，吐葩艷陽之天。是君子之有守而有爲，故行可法，道可傳，豈同歲草以萎暮，共辰物而争妍者哉。

木蘭花

綜述

晉 成公綏《木蘭賦》 許昌西園中木蘭樹，余往觀之，遂爲賦曰：「覽衆樹之列植，嘉木蘭之殊觀。至千玄冥，授節，猛寒嚴烈。峨峨，堅米，霏霏，白雪。木應霜而枯，零，草隨風而摧折。顧青翠之茂葉，繁旖旎之弱條。諒抗節而矯時，獨滋茂而不彫。」

《神農本草經》卷一《木蘭》 木蘭，味苦寒，主身大熱在皮膚中，去面熱、赤皰、酒皶、惡風癲疾，陰下痒溼，明耳目。一名林蘭，生川谷。《名醫》曰：一名杜蘭，皮似桂而香，生零陵及太山。十二月采皮，陰乾。 案：《廣雅》云：木欄，桂欄也。劉逵注《蜀都賦》云：木蘭，大樹也。葉似長生，冬夏榮，常以冬華。其實如小柿，甘美，南人以爲梅。其皮可食。顔師古注《漢書》云：皮似椒而香，可作面膏藥。

唐 段成式《酉陽雜俎續集》卷九《木蘭》 東都敦化坊百姓家，太和中，有木蘭一樹，色深紅。後桂州觀察使李勃看宅人以五千買之。宅在水北，經年花紫色。

唐 段成式《酉陽雜俎續集》卷九《異花木》 衛公嘗獲異木一株，春花，紫。子思木中一歲發花唯木蘭。

唐 段成式《酉陽雜俎續集》卷九《木蓮花》 木蓮花葉似辛夷，花類蓮花，色相傍。出忠州鳴玉溪，邛州亦有。

宋 謝維新《古今合璧事類備要別集》卷三一《花卉門・木蘭花》《格物總論》：木蘭花樹高八九尺。葉氣味辛，經寒不凋。花粉紅色，香不及桂。二三月間開也。

明 王象晉《群芳譜・花譜》卷一《木蘭》 木蘭一名木蓮，一名黄心，一名林蘭，一名杜蘭，一名廣心樹。似楠，高五六丈。枝葉扶疎。葉似菌桂，厚大無脊，有三道縱紋。皮似板桂，有縱橫紋。花似辛夷，内白外紫。四月初開，二十日即謝，不結實。亦有四季開者，又有紅、黄、白數色。其木肌理細膩，梓人所重。十一二月採皮，陰乾。出蜀、韶、春州者各異。木蘭洲在潯陽江，其中多木蘭。

明 徐渭《徐文長先生秘集》卷一二《木蘭》 花開碧白，絶無柔條，隆冬結蕾，尚未放葉。大都玉蘭最忌水浸。以辛夷並植，秋後接之，澆以糞水，花開特馥。

明 郭子章《黔類・木蘭樹》 木蘭川在潯陽，江中多木蘭樹。昔吴王闔閭植木蘭于此，用搆宫殿也。七里洲中有魯班刻木蘭舟，至今在洲中。詩家云木蘭舟出于此。《述異記》

明 屠本畯《離騷草木疏補》卷三《木蘭》《離騷》曰：朝搴阰之木蘭兮，久攬洲之宿莽。王逸注：木蘭去皮之死，宿莽，遇冬不枯。言己旦起，升山采木蘭，上事太陽，承天慶也；夕入洲澤，采取宿莽，下奉太陰，順地數也。動以神祇，自勑誨也。以喻讒人雖欲困己，己受天性，終不可變易也。木蘭，桂類也，葉似長生，冬夏常榮，四時著花，其實如小柿，甘美。一名梓蘭，皮薄者似桂而味辛，皮厚者似厚朴而氣味爲勝。樹如楠樹，高數仞。任昉《述異記》：木蘭（川）（洲）在潯陽江中，多木蘭。又七里洲中有魯班刻木蘭舟，至今在。

清 吴其濬《植物名實圖考·木類》卷三三《木蘭》 木蘭，《本經》上品。李時珍以爲即白香山所謂木蓮，生巴峽山谷間，俗呼黄心樹者，疏證甚核。余尋藥至廬山一寺門，有大樹合抱，葉似玉蘭而大於掌。僧云：「此厚朴樹也，掐其皮香而辛。」考陶隱居木蘭注，謂皮厚，狀如厚朴，而氣味爲勝。宋《圖經》謂韶州取外皮爲木蘭，肉爲桂心。《李華賦》序亦云似桂而香。則廬山僧以爲厚朴，與韶州以爲桂皆以臭味形似名之，而轉失其嘉名。張山人石樵僑居於黔，語余曰：「彼處多木蘭樹，極大，開花如玉蘭而小。」士人斲之以接玉蘭，則易茂，木質似柏而微疎，俗呼泡柏木。川中柏木船皆此木耳。因爲作圖，余繹其説，始信廬山所見者即木蘭，而李時珍之解亦未的，輒憶天隨子詩曰：「幾度木蘭船上望，不知原是此花身。」蓋實録，非綺詞也。然是木也，功列桐君之書，形載騷人之詞，刳舟送遠，假名泛彼而擷華者，又復以李代桃用其身，而易其諡，遂使注書者泛引而失真，求材者炫名而遺實。宜乎李華有感，而賦謂「自昔淪芳於朝市，墜實於林邱，徒鬱咽而無聲，可勝言而計籌」也。 木蓮花見《黄海山花圖》，全似蓮花，不類辛夷。

清 吴其濬《植物名實圖考·木類》卷三六《龍女花》 《雲南志》：龍女花，太和縣感通寺一株，樹高數丈，花類白茶。相傳爲龍女所種。余訪得繪本，其花正白，八出黄蕊，中有緑心一縷，俗謂緑如意。花謝時收弃，可以催生云。又《徐霞客遊記》：感通寺龍女花，樹從根分挺三四大株，各高三四丈。葉長二寸半，闊半之，緑潤有光。花白，大於玉蘭，亦木蓮之類，而異其名。

清 陳憲舜《課民植牧講義稿·木蘭》 木蘭樹所在多有，老樹常高數丈，葉似枇杷。四五月開花，香白濃艷，至二十日即（卸）（謝）。不甚結子，俗呼白玉蘭。大寒節後以枝插之，十活一二，依法接之，不及數年，即高數丈。惟旁枝最脆，粗如大碗，人扳即折，植此者如欲賣花，常去樹頂，則矮而易摘。倘欲賣木，常剪旁枝，使如箭長，壯而高大，久之可以爲舟，及一切木器之用。此木堅緻牢實，較各樹尤爲堅硬，樹大葉大，造紙最宜。附接枝法，將半成木質之枝，扭而彎之，勿使折斷損傷，即封以土而緊縛之，時加水潤，自然生根。新根既生，即剪老根，以新苗植之，一脈初延，慎加愛惜可也。

清 闕名《名花譜·木蘭》 一名杜蘭，皮似桂而香，花粉紅，香反不及皮，而性芳潔，郭璞以爲可食。 張摶植木蘭于堂前，花盛開，陸龜蒙醉賦兩句云：洞庭波浪渺無津，日日征帆送遠人。客莫解，既而續曰：幾度木蘭船上望，不知元是此花身。 魯班造木蘭舟，云至今此舟尚存木蘭渡。 古有女子名木蘭，白香山題令狐家木蘭云：一樹女郎花。

清 張习孔《雲谷卧餘》卷六《木蘭》 木蘭花，爲詞人常用之語，一日問人爲何花，竟無知者。《楚辭》：朝搴阰之木蘭。注：木蘭去皮不死，亦不知爲今之何樹。古詩輒言，蘭舟、蘭楫、蘭槳皆木蘭也。蘇州刺史張博於木蘭堂宴客，陸龜蒙賦詩：幾度木蘭船上望，不知原是此花身。江州有木蘭洲，傳聞魯班曾用木蘭造船於此，則木蘭之可爲舟楫久矣。其用當廣，何今竟未見耶？徐文長《路史》：木蘭花表紫而裡白，生於深山者尤大，可以爲船。按花之表紫裡白亦罕見，惟辛夷耳。辛夷一名木筆，豈木筆即木蘭耶？然辛夷未見有大可任舟楫者，或深山有之，我未之見耶。王元美《宛委餘編》云：古有木蘭而無玉蘭，今則有玉蘭而無木蘭。亦引陸龜蒙詩，謂蘇州木蘭堂，其花樹最雄，至宋末始萎。故知木蘭即玉蘭。然元美生明嘉靖間，去宋末遠矣，何以見其即玉蘭也？元美又引楊備詩云：「木蘭枝密樹仍高，堂下花光照節旄。列鼎重茵歌舞地，金章同色使君袍。」則其花又似慘紫非純白者。此言花色與徐説同，則謂木蘭是辛夷者近之，然予攷晉成公綏《木蘭賦》曰：許昌西園中木蘭樹，余往觀之，遂爲賦，曰：覽衆樹之列植，嘉木蘭之殊觀。至于元冥授節，猛寒嚴烈。峩峩堅冰，霏霏白雪，木應霜而枯零，草隨風而摧折。顧青翠之茂葉，繁旖旎之弱條，諒抗節而矯時，獨滋茂而不凋。則木蘭冬榮，賦語明甚。辛夷、玉蘭望秋而零者也，其非木蘭審矣。曲名有減字木蘭花，何古之言木蘭甚多，而今竟不識爲何種，誠可異也。

清 曹溶《倦圃蒔植記》卷上《木蘭》 嘗按唐小説載，長安百姓家有木蘭一株，王勃以五千買之，經年花紫。又按古《木蘭賦》復有：玄冥授節，猛寒嚴烈。峩峩堅冰，霏霏白雪。木應霜而枯零，草隨風而摧折。顧青翠之茂葉，緊旖旎之弱條。諒抗節而矯時，獨滋茂而不雕等語。或者以前賢無玉蘭詩，疑是一種，不知今之玉蘭花開碧白，絶無柔條，隆冬結蕾，尚未放葉，能有如古紀載所稱云云者乎。且古有木蘭舟，爲魯班所造。故陸魯望《詠花》詩有「幾度木蘭船上望，不知元是此花身」之句。今之玉蘭能具舟楫泛波濤乎？

雖相傳大江以西其木合抱，然亦烏知其爲一爲二也？或又謂木蘭花紫類是辛夷。不知王摩詰輞川別業有辛夷塢、木蘭柴，既屬一種，豈應如是複名耶。當俟博物者悉之。大都玉蘭最忌水浸，以辛夷並植，秋後接之，澆以糞水，花開特馥。辛夷一名木筆，又名望春，別名房木，或謂之候桃云。

藝文

唐 李華《李遐叔文集》卷四《木蘭賦并序》 華容石門山有木蘭樹，鄉人不識，伐以爲薪，餘一本，方操柯未下，縣令李韶行春見之，息馬其陰，喟然嘆曰：功列桐君之書，名載騷人之詞，生於遐深，委於薪燎，天地之産珍物，將焉用之。爰戒虞衡，禁其翦伐。按《本草》，木蘭似桂而香，去風熱，明耳目，在木部上篇。乃採斫以歸，理疾多驗，由是遠近從而採之，幹剖枝分，殆枯槁矣。士之生世出處，語默難乎哉。韶，余之從子也。嘗爲余言，感而爲賦云：沂長江以遐覽，愛楚山之寂寥。山有嘉樹兮名木蘭，鬱森森以苕苕。當聖政之文明，降元和於九霄。更祲沴之爲虐，貫霜雪而不凋。白波潤其根柢，元雪暢其枝條。沐春雨之濯濯，鳴秋風以蕭蕭。素膚紫肌，緑葉紺蒂。疎密聳附，高卑蔭蔽。華如霜雪，實若星麗。節勁松竹，香濃蘭桂。厭雜植於人間，聊獨立於天際。徒翳薈兮爲鄰，挺堅芳兮此身。嘉名列於道書，墜露飲乎騷人。至若靈山霧歇，藹藹林樾。當楚澤之晨霞，映洞庭之夜月。發聰明於視聽，洗煩濁於心骨。韻衆壑之空峒，澹微雲之滅没。露草白兮山淒淒，鶴既唳兮猿復啼。窅深林以冥冥，覆百仞之元谿。彼逸人兮有所思，戀芳陰兮步遲遲。悵幽獨兮人莫知，懷馨香兮將爲誰。惋樵父之無惠，混衆木而皆盡。指羣類而揮斤，遇仁人之不忍。方甘心而剿絶，俄固柢於傾殞。憐春華而搴，芳顧落日而迴軫。達者有言，巧勞智憂。養命蠲疾，人胡不求。肢殘體剥，澤盡枯留。顛顇空山，離披素秋。鳥避弋而高翔，魚畏網而深遊。不材則終其天年，能鳴則免於俎羞。奚此木之不終，獨隱見而罹憂。自昔淪芳於朝市，墜實於林邱。徒鬱咽而無聲，可勝言而計籌者哉。吾聞曰：人助者信，神聽者直。則臧倉譖言，宣尼失職。出處語默，與時消息，則子雲投閣方回受殛，故知天地無心，死生同域。紜紜品物，物有其極。至人者，委性循於自然，寧任夫智之與力也。雖賢愚各全其好惡，草木不夭其生植，已而已而，緊蔽不可得。

唐 敬括《木蓮賦》 蔽芾珍樹，森森綺堂。庇根天壤，擢秀春光。雖違性於舊國，終奉恩於此鄉。違性何若，主人有勿翦之怙。奉恩何其，主人有挈瓶之滋。君既加我以惠好，我亦報君以萎蕤。弱其枝，圓其葉，亂階前之蓂莢；跗緑縟，萼芊茸，狀中浦之芙蓉。既因其理，又憐其美。懷香則十步必聞，含笑則千金可市。有實雖漏於貢納，有蔭足延乎憩止。此木也，誠則不材，必姑樹其桃李。

唐 徐鉉《騎省集》卷一《木蘭賦并序》 頃歲鉉左宦江陵，官舍數畝，委之而去，庭木蘭因移植於宗兄家。及鉉徵遠，席不遑煖，又竄於舒庸。吾兄感春物之載華，擬古詩而見寄，吟玩感歎，謹賦以和焉。雖不足繼體物之作，庶幾申騷客之情爾。 伊庭中之奇樹，有木蘭之可悦。外爛爛以凝紫，內英英而積雪。芬芳兮謝客之囊，旖旎兮仙童之節。許蒲茸之竊比，聽蘭芽之並列。於是辭下土之卑濕，歷上京之繁華。恥衒價於豪門，乃托根於貧家。資幽人之賞豫，有好事之稱嗟。一旦逐客程遠，君門路賒，削閨籍與印組，豈獨留乎此花。噫，人屢遐棄，花猶得地。分兔苑之餘蔭，向藩房而吐媚。授簡多暇，攀條屬思。持香草以余比，效騷辭而我寄。感此生之百憂，何斯物之足貴。悲夫！館客長吟，山城夕陰。想馨香之不改，歎歡宴之難尋。憑歸夢於飛翼，寫商歌於素琴。歌曰：光景兮愁暮，別離兮易久，真宰兮無黨，貞心兮不改。誠知異日，重滋田氏之荊，但恐相逢，共歎桓公之柳。

唐 李涉《詠木蘭花詩》 碧海真人著紫衣，始堪相並木蘭枝。今朝繞郭花看遍，儘是深村田舍兒。

辛夷花

綜述

唐 段成式《酉陽雜俎續集》卷上《黄辛夷》 衛公平泉莊有黄辛夷、紫丁香。

宋 謝維新《古今合璧事類備要别集・花卉門・辛夷花》《格物總論》：辛夷花木高數尺。葉似柿而長，初出如筆。正二月開花，花既落無子。夏秋再著花，如蓮花而小，紫苞紅焰。人家園林多種之。一名候桃，一名木筆，或以爲子如相思子。《離騷經》所謂辛夷者，即此。

宋 寇宗奭《本草衍義》卷一三《辛夷》 辛夷先花後葉，即木筆花也。最先春，以其花未開時，其花苞有毛，光長如筆，故取像曰木筆。有紅、紫二本，一本如桃花色者，一本紫者。今入藥，當用紫色者，仍須未開時收取，入藥，去毛苞。

明 宋詡《竹嶼山房雜部》卷一〇《樹畜部·種花卉法》 木筆叢生。花紫白深淺二種，即辛夷。且《泉賦》曰新荑。宜根側分小本種之，宜斬小條插之。

明 高濂《遵生八箋》卷一六《辛夷花》 花如蓮，外紫内白蕊若筆尖，故名木筆。一名望春，俗名猪心。本可就接玉蘭。

明 王象晉《群芳譜·花譜》卷一《辛夷》 辛夷一名辛雉，一名侯桃，一名木筆，一名望春，一名木房。生漢中、魏興、梁州、川谷。樹似杜仲，高丈餘，大連合抱。葉似柿葉而微長，花落始出。正二月花開，初出枝頭，苞長半寸而尖鋭，儼如筆頭，重重有青黄茸毛順鋪，長半分許。及開，似蓮花而小如盞，紫苞紅焰，作蓮及蘭花香，有桃紅及紫二色，又有鮮紅似杜鵑。俗稱紅石蕎是也。入藥用紫者，須未開收，已開不佳。用須去毛，毛射人肺，令人咳。花落無實。夏杪復着花如小筆。宋掌禹錫云：苑中有樹，高三四丈，枝葉繁茂，係興元府進，初僅三四尺，有花無實，經二十餘年方結實。盖年淺者不實。非二種也。至花開早晚，各隨方土節氣。苞治鼻淵、鼻衄、鼻塞、鼻瘡及痘（徐）（後）鼻瘡，並研末入麝少許，葱白蘸入數次，甚良。分根傍小株插肥濕地即活。本可接玉蘭。

明 周文華《汝南圃史》卷六《辛夷》 辛夷，一名木筆花。初開如筆，故曰木筆。一名迎春，其花最早，故曰迎春。又名望春，别名房木，或謂之侯桃。先花後葉，花如菡萏。《離騷》云「辛夷車兮結桂旗」，即此是也。《圖經本草》云：辛夷生漢中川谷，今園亭亦多種植。木高數丈，葉似柿而長，正二月生花，形似著毛小桃，色白帶紫，花落無子，至夏復開花。又一種枝葉竝相類，但歲一開花，四月花落時有子如相思子，或云即是此種。經一二十年樹老方結實。其花開早晚，亦隨南北節氣寒温。《衍義》曰：有紅紫二本，一本如桃花色，一本紫色，今入藥當用紫者。按《本草》，花在二月中開粉紅者，花大；紫色者，花小，名紫心木筆，皆歲一開花，花落結子如小浮屠，形長而色青，不必一二十年乃結子也。臘月或春初根旁分栽，亦可挨接玉蘭。

明 屠本畯《離騷草木疏補》卷三《辛夷》 《九歌》曰：辛夷楣兮葯房。

王逸注：辛夷，香木，以作户楣。洪興祖曰：辛夷木，大蓮合抱，非香草也。辛夷樹生川谷及近道，大連合抱，高數仞。氣辛香，葉大於柿而狹長，花色白而蒂紫。江南地煖，正月開，北地寒二月開。初發如筆，北人呼爲木筆。其花最早，南人呼爲迎春花。花落而無子，至夏梢復著花如小筆。一種三月開花，四月花落，子似相思子。花葉與無子同。一種高三四丈，花色亦白，葉亦如柿，身徑二尺許。去根三尺已來，便有枝柯，繁茂可愛。花落復生葉，至夏初，還生花，經秋歷冬，葉花漸大如，有毛小桃。至來年正二月始開花，二十年者方結實。年歲淺者無子，開花早晚亦隨南北節氣寒温耳。

明 方以智《物理小識》卷九《木筆》 木筆即辛夷，宜斬條插之。玉蘭即木蘭。《大理府志》：木蘭花樹高大，花如蓮，有青、黄、紅、白四種。白香山言：忠州有木蓮花。王元美謂即玉蘭。智按：玉蘭春初開，木蓮四月花，蓋亦有别。《五雜俎》曰：木蘭去皮不死。

清 陳淏子《花鏡》卷三《花木類考·辛夷》 辛夷，一名木筆，一名望春，較玉蘭樹差小。葉類柿而長，隔年發蕊，有毛，儼若筆尖。花開似蓮，外紫内白，花落葉出而無實。别名侯桃，俗呼豬心花。又有紅似杜鵑者，俗呼爲石蕎。其本可接玉蘭，亦宜斫條扦插，可同玉蘭並植，至秋後過枝即生，皆可變爲玉蘭。多澆糞水，則花大而香濃，人多取蕊合香。

清 厲荃《事物異名録》卷三一《花卉部·辛夷》 木筆。《羣芳譜》：辛夷花開，初生枝頭，苞長半寸而尖鋭，儼如筆頭，故又名木筆。　侯桃。《格物總論》：辛夷，紫苞紅焰，一名侯桃。　木房。《正字通》：木筆花最早，即《離騷》所謂辛夷者，一名木房，象苞形。又《本草經》作房木。　迎春。《本草綱目》：木筆花最早，南人呼爲迎春。又　玉蘭亦名迎春。　紅白簥。《草木》：小乘辛夷花，鮮紅似杜鵑，俗稱紅白簥是也。　留夷。宋玉《風賦》：槩辛夷，顔師古註，辛夷，一名留夷。　新雉。揚雄《甘泉賦》：列新雉于林薄。服虔註：即辛夷，雉夷聲相近也。　第一花。陸游《初夏詩》：木筆猶開第一花。

清 吳其濬《植物名實圖考·木類》卷三三《辛夷》 辛夷，《本經》上品，即木筆花。又有玉蘭花，可食。分紫瓣、白瓣二種。雩婁農曰：王世懋《花疏》據《苕溪漁隱》，謂玉蘭爲宋之迎春花，今廣中尚仍此名。又云玉蘭花古不經見。余謂木蘭、玉蘭一類二種。唐宋以前，但賞木蘭，自玉蘭以花色香勝，而騷客詞人競以玉雪霓裳模寫姑射，而緘舌不與木蘭一字矣。余由豫章泝湘徑黔抵滇，所見茶花多矣，譜滇茶花者幾及百種，庭廡間位置爭以深紅，軟枝，分心卷瓣爲上品。舊時圖畫册子，濃鬚闊瓣、濡染綺麗者，已棄擲山阿付與樵豎；而白花黑果，填溢於湘黔章貢山谷中；落實而焚膏者，滇中固無此利；即江湘間士大夫相燕賞於玉茗寶珠間者，亦不盡知其爲族類也。玉蘭雅潔，芳樹名園非是不稱，正如芝蘭玉樹欲生階前，彼山鬼朝搴子規夜上，托根亂石間者，非澤畔羇人澗阿孤寺，烏能見而憐之。離騷而降，遷客淹留，雲埋水隔，愁落恨生，祇是故矣。宋景文贊曰：「木蓮生峩眉山中，不爲園圃所蒔日，涉者尚不得一逢，況不窺園者耶！」雖然日食五穀，不辨黍稷亦多矣，又何論深山古木。

清 鄒一桂《**小山畫譜**》**卷上**《**辛夷**》　花似玉蘭，心鬚苞俱無二，而色微紅，香不及，亦二月開。

清 鄒一桂《**小山畫譜**》**卷上**《**木筆**》　三月開花，似辛夷，而内外紫。開時有葉，葉長而闊，末尖圓。

清 闕名《**名花譜·辛夷**》　花如蓮，外紫内白，蕊若華尖，故名木筆，一名望春。其本可接玉蘭。白香山《辛夷詩》云：紫粉筆含尖火焰，紅胭脂染小蓮花。　王摩詰輞川有玉蘭閣、辛夷塢。

山礬花

綜　述

宋 謝維新《**古今合璧事類備要别集**》**卷三二**《**花卉門·山礬花**》　《格物總論》：山礬花俗名椗花。木高數尺。枝肥葉密，凌冬不凋。花白未開時，木犀相似，及開差大，香氣濃郁，號七里香。尋常山林間多有之。又有千葉者。

明 宋詡《**竹嶼山房雜部**》**卷一〇**《**樹畜部·種花卉法**》　山礬花白，江南取以供染，故曰山礬。　宜根側分小木種，又宜以小條插，必存其故土。

明 周文華《**汝南圃史**》**卷七**《**山礬**》　山礬，葉如冬青，三四月開花，花小而香，四出。一名七里香，一名鄭花，北人呼爲瑒花。瑒，玉名，取其白也。黄魯直《山礬花序》云：江南野中有一種小白花，高數尺，春開，極香，野人號爲鄭花。王荆公嘗欲作詩而陋其名，因請名曰山礬。野人採鄭葉以染黄，不借礬而成色，故名山礬。海岸孤絶處補陀落伽山，譯者以爲小白花山，予疑即此山礬花耳。《一統志》云：山礬，邛縣出，花繁如雪，香氣極濃。陸深《春風堂隨筆》云：世傳花卉凡以海名者，皆從海外來。予家海上園亭中喜種雜花，最佳者爲海棠。每欲取名花填小詞，使童歌之，有海紅花、海榴花，更欲採一種爲四闋，累年不得。辛丑南歸，訪舊至南浦，見堂下盆中有樹婆娑鬱茂，問之，云海桐花，即山礬也。因憶山谷賦水仙花，山礬是弟梅是兄，但白花耳，却有歲寒之意。今人家墳墓及園亭多植之。二月中可分栽。

明 高濂《**遵生八箋**》**卷一六**《**山礬花**》　生杭之西山。三月着花，細小而繁，香馥甚遠，故俗名七里香。

明 王世懋《**學圃雜疏·山礬**》　山礬一名海桐樹。婆娑可觀，花碎白而香。宋人灰其葉造黝紫色，今人不知也。以山谷詩遂得兄梅幸矣。

明 高濂《**遵生八箋**》**卷一六**《**海桐花**》　花細白如丁香，而嗅味甚惡，遠觀可也。

清 厲荃《**事物異名録**》**卷三一**《**花卉部·山礬**》　鄭花。《韻會》：山礬一名鄭花。　椗花。《黄山谷詩序》：江南野中有一種小白花，高數尺，春開極香，野人謂之椗花。王荆公陋其名，子請名曰山礬，野人採椗花葉以染紫，不待礬而成色，故名。　芸香、瑒花、春桂。《本草綱目》：山礬一名芸香，一名瑒花，一名春桂。　海桐。《學圃餘疏》：山礬一名海桐樹。　七里香。《格物總論》：山礬香氣穠郁，號七里香。又　芸亦名七里香。

清 闕名《**名花譜·山礬**》　生杭之西山，三月開花，細小而繁，香馥甚遠，即俗名七百香。又有千葉者出南海。　王荆公欲詩，而惡其名，止之。黄山谷有《山礬詩序》。

佛桑花

綜　述

唐 段成式《**酉陽雜俎續集**》**卷九**《**佛桑花**》　處士鄭又玄云：閩中多佛桑樹，樹枝葉如桑，唯條上勾，花房如桐，花含長一寸餘，似重臺狀，花亦有淺紅者。

明　宋詡《竹嶼山房雜部》卷一〇《樹畜部·種花卉法》　佛桑花葉似桑而小　黃花　紅花蘇東坡詩云：焰焰燒空紅佛桑白花　紫花　淡紅花。畏寒。澆法同衣羅。出南粵。

明　王象晉《群芳譜·花譜》卷一《扶桑木》　扶桑木高四五尺，産南方。枝葉婆娑，葉深色，光而厚，微濇如桑。花有紅、黃、白三色，紅者尤貴。又有朱槿、赤槿、日及等名，以此花與木槿相彷彿也。葉及花性甘平無毒。

明　闕名《栽花總録·佛桑》　木槿別種，葉類桑，花如牡丹而尤紅。有淡紅、淡黃者，有單瓣、重瓣者。《海槎餘録》云，佛桑花枝葉類江南檀樹。花類中州芍藥，而輕柔過之，開時當二三月，五色婀娜可愛。今吴地亦有此花，自南方移來，但易凍死，藏法與茉莉同。

清　曹溶《倦圃蒔植記》總論卷上《論花·佛桑》　花中真大紅者，莫有過於佛桑。其性最爲畏寒，贛州亦自落葉，遇冬暖則舶上來者青眼半存，花乃及時而發，購者方有實用，第不堪久藏，即謹護必不能存活，然四個月之花儘可償二百錢之費矣。又有一種肉紅者次之，他色未遍觀也。

清　吴其濬《植物名實圖考·羣芳類》卷二九《佛桑》　佛桑，一名花上花。雲南有之。《嶺南雜記》：佛桑與扶桑正相似，中心起樓多一層花瓣。《南越筆記》：佛桑一名花上花。花上複花重臺也，即扶桑。蓋一類二種。又《楊慎外集》：朱槿之紅鮮重臺者，永昌名之曰花上花。《徐霞客遊記》：永昌花上花者，葉與枝似木槿，而花正紅，閩中扶桑相類。但扶桑六七朵並攢爲一花。此花一朵四瓣，從心中又抽出疊其上，殷紅而開久，自春至秋猶開。雖插地輒活如柳然，然植庭左則活，右則否，亦甚奇也。檀萃《虞衡志》謂佛桑不應改爲扶桑，殊欠考詢。

清　吴其濬《植物名實圖考·木類》卷三五《扶桑》　扶桑，《南方草木狀》載之。《本草綱目》始收入灌木。江西贛州亦有之，過吉安，則畏寒不能植矣。

清　檀萃《滇海虞衡志》卷九《志花·佛桑花》　佛桑花，亦佛國花也。枝葉如桑而叢生，花輕紅婀娜可愛。佛坐桑下，僧曰桑門，宜桑之獻花遶佛而爲供養，此佛桑之義也。妄者改名扶桑，失其義矣。永昌産吉祥草，亦佛所坐之草也。此皆如來遺迹，滇俗所皈心，儒官爲治在因俗，何必執闢佛之見，易其名哉。

清　王士正《居易録談》卷下《佛桑花》　近日，慈仁寺市有賣粵中佛桑花者，一株索值數十金。

清　陳昌齊　道光《廣東通志》卷九六《木類·扶桑》　扶桑。葉似桑，因以比之，後人訛爲佛桑；乃木槿別種。《本草綱目》　謹案：佛桑有木本、藤本二種。花有朱、白、黃三色。

錦帶花

綜　述

明　宋詡《竹嶼山房雜部》卷一〇《樹畜部·種花卉法》　錦帶灌生。花粉紅若桃。王元之名曰海仙。　春月根側分小本種。

明　王路《花史左編·錦帶花》　二月開花，秋分後剪五寸長，插鬆土中，日澆清糞水，二十日則發芽。正月黃梅俱可插。

明　周文華《汝南圃史》卷八《錦帶》　錦帶，條生，三月開花，形如鋼鈴，內外粉紅，亦有深紅者。一樹常二色，其花嬌麗近海棠，嗅之略有香意。《姑蘇志》云：長枝密花如錦帶，然雖在處有之，而吴中者特香。王禹偁云：花譜謂海棠爲花中仙，此花品在海棠上，宜名海仙。作詩云：「一堆絳雪壓春叢，嫋嫋長條弄晚風。借問開時何所似，好將繡被覆熏籠。何年移植在僧家，一簇柔條綴彩霞。錦帶爲名卑且俗，爲君呼作海仙花。」《歲時廣記》云：初生葉柔脆可食。老杜詩云：「滑憶雕胡飯，香聞錦帶羹。」春時分植。《澠水燕談録》云：朐山有花類海棠，而枝長花尤密，惜其不香無子，既開繁麗裊嫋如曳錦帶，故淮南人以錦帶目之。王元之詩：「春憎窈窕教無子，天爲妖嬈不與香。」

明　闕名《栽花總録·錦帶》　三月開花形如鋼鈴，內白外粉紅，亦有深紅者。一樹常二色，《姑蘇志》云：長枝密花如錦帶。王禹偁云：海棠爲花中仙。此花品在海棠之上，宜名海仙。詩云：「何年移植在仙家，一簇柔條綴彩霞。錦帶爲名卑且俗，爲君呼作海仙花。」花極嬌麗，惜乎不香。古詩云：「春憎窈窕教無子，天爲妖嬈不與香。」秋分後剪枝插上，即活。春分移栽。

清 吴其濬《植物名實圖考・羣芳類》卷二六《錦帶》《益部方物記》：苒苒其條，若不自持。緑葉丹英，蔓衍分垂，右錦帶花。蜀山中處處有之。長蔓柔纖花葉間，側如藻帶。然因象作名花，開者形似飛鳥，里人亦號鬢邊嬌。《澠水燕談録》：朐山有花，類海棠而枝長，花尤密，惜其不香，無子，既開，繁麗嫋嫋如曳錦帶，故淮南人以錦帶目之。王元之以其名俚，命之曰海仙。

瓊花

綜述

宋 謝維新《古今合璧事類備要别集》卷二三《花卉門・瓊花》《格物總論》：瓊花天下無雙，惟揚州后土祠一株耳。世傳此花乃唐人所植，樹大而花繁清馥，異常潔白可愛，獨殿春光冠絶羣品，唐賢今人多詠之。昨因遭紹興卒已之變，狄騎侵軼，或謂今所存者非其舊。使非後來得老道士唐大寧者力言，其不然則此花恐無復明白於世，鮮能不以八仙花目之矣。蓋此花雖遭敵人之狼籍，然其盤根非他所比，似有神物爲之遮護，不然靈苗不絶生意復回，既剪而終盛，孰使之然哉。今此花如故，必有爲之賞識者。

明 竇文照《竇子紀聞類編・花木類》卷四《瓊花》《齊東野語》曰：揚州后土祠瓊花，天下無二，本絶類聚八仙，色微黄而有香。仁宗慶曆中，嘗分植禁苑，明年輒枯。遂復還祠中，敷榮如故。淳熙中，壽皇嘗移植南內。逾年憔悴無花，仍送還之。其後，宦官陳源命園丁取孫枝，移接聚八仙根上，遂活，然其香色則大減矣。杭之褚家堂瓊花園是也。今后土之花已薪，而人間所有者，特當時接本，彷彿似之耳。

明 方以智《物理小識》卷九《玉蕊瓊花》 玉蕊瓊花。瓊花觀在揚州新城，一名后土祠，政和中改蕃釐院。唐李衛公咏唐昌玉蕊是也。海陵南下，徙種北去，未幾故株復生。周益公曰：蔓如荼蘼，冬凋春茂，柘葉紫莖，三月八出，鬚如垂絲，上綴金粟，花心抽一英，出衆鬚上，散爲十餘蕋。王建云：一樹玲瓏玉剜成。楊巨源云：蕊珠宫上玉花香。曾慥謂瑒花，山谷謂山礬，皆臆也。八仙花體似繡毬，白花八朶爲叢，結子，瓣薄而不香。瓊花不結子，瓣厚而香。元瑞辨之。滇有鄧花亦八蕊，有五色銀毬，八面五出。而佛齊者八面四出。

清 闞名《名花譜・瓊花》 惟揚州后土祠一株，相傳唐人所植。樹大而花繁，清芬獨絶，潔白可愛。世誤以八仙花爲瓊花，然瓊花之異其香如蓮，雖剪折之，餘韵亦不減。此八仙所無也。揚州瓊花，宋孝宗嘗分植禁中輒枯，載還祠中復榮如故，因搆瓊花亭於側，顔曰無雙。

清 周象明《事物攷辨》卷六五《植物・瓊花》《續筆叢》：瓊花，惟揚州后土觀有之，世無别種。唐人題咏極多，至如玉蕊花，則長安唐昌觀中之物也。山礬本號瑒花，而魯直易名山礬者也。《梔子佛書》所謂薝蔔花者也。四花皆色白而有香，然貴賤若天壤之懸絶，楊用修乃混而一之，謬矣。 明按：《聞見雜録》：揚州后土廟有瓊花，宋郊搆亭花側榜，曰無雙，謂天下無别株也。仁宗慶曆嘗分植禁中，明春輒枯，遂復載還廟中，鬱茂如故。又按《揚州志》云：瓊花唐所植也，至正間枯死。據此則瓊花植於唐，再榮於宋，一揭於金，而枯死於元，世遂無遺種矣。

藝文

宋 謝翱《瓊花》 后土祠前車馬道，天人種花無瑶草。英雲蕊珠欲上天，夜半黄門催進表。酒香浮春露泥泥，二十四橋色如洗。陰風吹雪月堕地，幾人不得揚州死。孤貞抱一不再識，夜歸閶風曉無蹟。蒼苔染根烟雨泣，歲久遊魂化爲碧。

山躑躅

綜述

明 高濂《遵生八箋》卷一六《映山紅》 本名山躑躅花，類杜鵑稍大。單瓣，色淺。若生滿山頂，其年豐稔。人競採之。外有紫、粉紅二色。

明 闞名《栽花總録・映山紅》 本名山躑躅。花似杜鵑，稍大，單瓣，淺色，若生，滿山，其年豐稔。又有紫、粉紅二色，以羊屎浸水澆之。

清 陳淏子《花鏡》卷三《花木類考・山躑躅》 山躑躅俗名映山紅。類杜鵑花而稍大，單瓣色淡，若生滿山頭，其年必豐稔，人競採之。亦有紅紫二色。紅者取汁可染物。以羊糞爲肥。若欲移植家園，須以本山土壅始活。

玉蕊花

綜述

宋 謝維新《**古今合璧事類備要别集**》卷二三《**花卉門·玉蕊花**》《**格物總論**》：玉蘂花所傳不一，有以爲瑒花者（曾端伯），有以爲瓊花者（李衛公），有以爲山礬者（黃山谷），有以爲米囊者，其説皆非也。蓋此花條蔓而生，狀如荼蘼，栢葉紫莖，冬凋春茂。花鬚出，始如冰絲上綴金粟，花心復有碧筩，髣髴膽瓶。其中别抽一英，出衆鬚上，散爲十餘蘂，猶刻玉然，名爲玉蘂乃在於此。羣芳所未有也。今長安唐昌觀所植存否不可知，惟潤州招隱寺之花，識者鮮不爲之稱賞，或人輕肆詆毀，不知何見而然邪。使不有博物君子，則此花將與凡卉無異，又安得知名若此之重哉。花如有知，宜不無待者。

明 宋詡《**竹嶼山房雜部**》卷一〇《**樹畜部·種花卉法**》　玉蘂花：周必大云，條蔓如荼蘼，冬凋春茂。栢葉紫莖，花苞初甚微，經月漸大，暮春方八出，鬚如垂絲，上綴金粟花心，後有碧筩狀類膽瓶，其中别抽一英出衆鬚上，散爲十餘蘂猶刻玉然。花名玉蘂。曾端伯以爲瑒花，李衛公以爲瓊花，黃山谷以爲山礬，皆非也。王建詩云：一樹玲瓏玉刻成。楊巨源詩云：蘂珠公主玉花香，此與玉蘂花傳神也。《一統志》瓊花下曰：一名玉蘂花，今以八仙比之，以非必大之論。

明 王象晉《**群芳譜·花譜**》卷一《**玉蕊花**》　玉蕊花：所傳不一。唐·李衛公以爲瓊花，宋·魯端伯以爲瑒花，黃山谷以爲山礬，皆非也。宋·周必大云：唐人甚重玉蕊花，故唐昌觀有之，集賢院有之，翰林院亦有之，皆非凡境也。予自招隱寺遠致一本，蔓如荼蘼，冬凋春榮，栢葉紫莖，花苞初甚微，經月漸大，暮春方八出，鬚如冰絲，上綴金粟，花心復有碧筩，狀類膽瓶，其中别抽一英，出衆鬚上，散爲十餘蕊，猶刻玉然。花名玉蕊，乃在于此。宋子京、劉原父、宋次道博洽無比，不知何故疑爲瓊花。

清 闕名《**名花譜·玉蕊花**》　曾端伯以爲即瓊花，李衛公以爲山樊，黃山谷以爲米囊，皆非也。蓋此花生杭之西山，花小而潔，香馥遠甚，猶刻玉肰爲之玉蕊，羣芳所未有也。　唐昌觀玉蕊花，唐昌公主手植。後元和中，忽有二八女子丰儀婉艷，同侍女數人直造花所，異香飄數十步，佇立良久，因折花笑謂侍女曰：「曩玉峰之約，今可以行矣。」遂飄風而去。

藝文

唐 武元衡《**唐昌觀玉蘂**》　琪樹年年玉蕊新，洞宮長閉彩霞春。日暮落英鋪地雪，獻花無復九天人。

唐 楊巨源《**唐昌觀玉蕊花詠**》　晴空素艷照霞門，香洒天風不到塵。持贈昔聞將白雪，蕊珠宫上玉花春。

紫荆花

綜述

宋 沈括《**補筆談**》卷下《**紫荆**》　陳藏器云：樹似黃荆，小葉無刺，夏秋子熟，正圓如小珠。大誤也。紫荆與黃荆葉叢生，小木，葉如麻葉，三椏而小。紫荆稍大，圓葉，實如樗英，着樹連冬不脱。人家園亭多種之。

宋 寇宗奭《**本草衍義**》卷一五《**紫荆木**》　紫荆木，春開紫花甚細碎，共作朶生，出無常處，或生於木身之上，或附根土之下，直出花。花罷葉出，光緊，微圓，園圃間多植之。

明 宋詡《**竹嶼山房雜部**》卷一〇《**樹畜部·種花卉法**》　紫荆花大葉，花繁碎紫色。灌生。　春月根側分小本種之。

明 王象晉《**群芳譜·花譜**》卷一《**紫荆**》　紫荆：一名滿條紅。叢生。春開紫花，甚細碎，數朵一簇，無常處，或生本身之上，或附根上枝下直出花。花罷葉出，光緊微圓。園圃庭院多植之。花謝即結莢，子甚扁，味苦平無毒。皮、梗、花氣味功用並同，能活血消腫，利小便，解毒。　種植：冬取其莢種肥地，春即生。又春初取其根傍小條，栽之即活。性喜肥惡水。　製用：花未開時採之，滾湯中焯過，塩漬少時，點茶頗佳。或云花入魚羹中，食之殺人，慎之。　附録：牡荆：一名黃荆，一名小荆，一名楚。處處有之。年久不樵者，其樹大如盌，木心方枝對生。一枝五葉或七葉，如榆葉長而尖，有〔鉅〕〔鋸〕齒。五月杪開紅紫花成穗子，大如胡荽，白膜裹之。有青、赤二種。青者爲荆，赤者爲楛。《廣州記》云：荆有三種：金荆可作枕，紫荆可作床，白荆可作履。金寧浦有牡荆，指病自愈，節不相當者月暈時刻之，與病人身齊，置病人床下，病雖危亦無害。實苦温無毒，除骨間寒熱，通胃氣，止咳，逆下氣。葉苦寒無毒，治久病霍亂，轉筋，血淋，下部瘡濕，腰脚風濕，腫痛。蔓荆：其枝小弱如蔓，故名蔓荆。至夏盛茂，有花作穗，淡紅色，蕊黄白色，花下有青蕚。至秋結子，大如豌豆，蒂有小蓋。子七八月采。氣清味辛，體輕而浮，上行而散，故所主皆頭面，風虚之証。取荆瀝法：用新采荆莖，截五尺長，架于兩磚上，中間燒火炙之，兩頭以器承取，熱服或入藥中。又法：截三四寸長束入瓶中，仍以一瓶合住固濟外，以糠火煨燒，其汁瀝入下瓶中，亦妙。牡荆瀝，治心風爲第一。《延年秘録》云：熱多用竹瀝，寒多用荆瀝。二汁同功，並以姜汁助送，則不凝滯。但氣虚不能食者用竹瀝，氣實能食者用荆瀝。

明 **周文華《汝南圃史》卷六《紫荆》** 紫荆，叢生，木似黄荆，先花後葉，附木而芳。花深紫色，形如綴珥，二月盡始開。杜子美有「風吹紫荆樹」句，即此也。昔田氏兄弟有欲析居者，後覩三荆同枯，驚歎復合，故爲世所述。或與棣棠竝植，金紫相映。且棠棣即古常棣，其花反而復合，《詩》以兄弟方之，氣味相投也。《本草衍義》曰：紫荆木，春開紫花，甚細碎，共作朵生。或生於木身之上，或附於根之下，直出花。花罷葉出，光紫微圓。臘月春初皆可分栽。《灌園史》曰：開花既罷，旁枝分種，性喜肥畏水。

明 **徐渭《徐文長先生秘集》卷一二《紫荆》** 枝幹枯索，花如綴珥。其法：開花既罷，傍枝分種。然性喜肥，復畏水，當時護諸小兒，時其饑飽可也。

明 **闕名《栽花總録・紫荆》** 叢生。花深紫色，二月盡始開。花罷葉出。根旁生枝分種。性喜肥，畏水，或與棣棠並植，金紫相映。

明 **王路《花史左編》卷八《紫荆花》** 喜肥畏水，根傍發條，俟長大分種，易活。

清 **陳淏子《花鏡》卷三《花木類考・紫荆花》** 紫荆花，一名滿條紅。花叢生，深紫色，一簇數朵，細碎而無瓣，發無常處，或生本身，或附根枝，二月盡即開。柔絲相繫，故枝動，朵朵嬌嚲若不勝。花謝後葉出，光緊微圓。根旁生枝，可以分種。性喜肥畏濕，若與棣棠並植，金紫相映而開，更覺可人。冬取其莢種肥地，交春即生。昔臨潼田真兄弟分居復合，荆枯再榮，勿謂草木無情也。

清 **曹溶《倦圃蒔植記》卷上《紫荆》** 紫荆枝幹枯索，花如綴珥，形色香韵無一可取，且設食花下尤能害人，特以京兆一事爲世所述。其法開花既罷，傍枝分種。然性喜肥，復畏水，亦當時護。

清 **高士奇《北墅抱瓮録・紫荆》** 紫荆，叢生，花無常處，緣幹附枝，上下遍發，故又名滿條紅。〔王敬美〕嘗云：此等花雖非奇卉，而點綴春光，不可無一。可謂知言。

清 **孫文駸《枝語・紫荆》** 紫荆春時開紫花，花過葉生，秋結子莢，薄而扁，一名紫珠，或謂之滿條紅。花細碎，共朵而生，俱附于本身之上，或生根上。枝下花直出，簇聚于幹，故曰滿條紅，則狀其色也。元禛《紅荆花》詩：『庭中栽得紅荆樹，十月花開不待春。』蓋亦有秋時開花者，其附枝共朵，譬之兄弟同根。杜甫得舍弟消息，詩曰：「風吹紫荆樹，色與春庭暮。花落辭故枝，風迴返無處。骨肉恩書重，漂泊難相遇。猶有淚成河，經天復東注。」蓋歎荆樹之同株，悲骨肉之異處也。

清 **吴其濬《植物名實圖考・木類》卷三五《紫荆》** 紫荆，《開寶本草》始著録。處處有之。又《本草拾遺》有紫荆，子圓，紫如珠，別是一種。湖南亦呼爲紫荆。《夢溪筆談》未能博考，李時珍併爲一條，亦踵誤。

植物名實圖考・紫荆

清　吳其濬《植物名實圖考・木類》卷三八《紫荆花》　紫荆花，生長沙山阜間。小科長條，高三四尺，莖如荆，色褐紫。葉如柳而長。俚醫以爲敗毒行血之藥。按《本草拾遺》，紫珠味苦寒，無毒，解諸毒物，癰疽、喉痺、飛尸、蠱毒、毒腫、下瘻，蛇虺、蟲螫、狂犬毒，並煮汁服，亦煮汁洗瘡腫，除血長膚。一名紫荆樹，似黄荆，葉小無椏，非田氏之荆也。至秋子熟正紫，圓如小珠，生江東林澤間，形狀極肖，治證亦同。又按《補筆談》以拾遺紫荆爲誤，不知其同名異物。原書已云，非田氏之荆亦晰矣。

清　鄒一桂《小山畫譜》卷上《紫荆》　花色深紫，而小如豇豆花，微有柄叢生，極密砌，滿枝條枝梗勁直。開時有微葉，圓而有柄，經風則摇。此花有毒，三月盡開，對節生。

清　謝堃《春草堂集・花木小志・紫荆》　葉肥花碎，色無可觀。然能使田氏分而復合，誼氣如雲，堪配木槿之忠誠，可謂花中之矯矯者也。

紫薇花

綜　述

唐　段成式《酉陽雜俎續集》卷九《紫薇》　紫薇　北人呼爲猴郎達樹，謂其無皮，猿不能捷也。北地其樹絶大，有環數夫臂者。

宋　謝維新《古今合璧事類備要别集》卷三一《花卉門・紫薇花》《格物總論》：紫薇花俗名怕痒花。樹身光滑，俗因號爲猴刺脱。高者丈餘，花瓣紫皺，蠟跗茸蕚，赤莖。葉對生，每一枝數穎，一穎數花。四五月始華，開謝接續可至六七月，山谷間多有之。省中亦多植此花者，取其花耐久及爛熳可愛也。

明　宋詡《竹嶼山房雜部》卷一〇《樹畜部・種花卉法》　紫薇花花碎色紅，開甚久。《格物論》曰：俗名怕癢花，今名百日紅。　春月根側分小本種之。

明　高濂《遵生八箋》卷一六《紫薇花》　花碎而繁，色淺紫，每花一蒂，若柔絲相繫，故枝動朵朵，嬌顫不勝，俗名怕癢，是指此耳，亦以根分。

明　高濂《遵生八箋》卷一六《紫薇花五種》　紫色之外，有大紅色，有白色，有粉紅色，有茄色。

明　王世懋《學圃雜疏・紫薇》　紫薇。有四種，紅、紫、淡紅、白。紫却是正色。閩花物物勝蘇杭，獨紫薇作淡紅色，最醜，本野花種也。白薇近來有之，示異可耳，殊無足貴。臭梧桐者，吾地野生花，色淡，人無植之者。淮揚間成大樹。花微者，縉紳家植之中庭，或云後庭花也。獨閩中此花紅鮮異常，能開百日，亦名百日紅。花作長鬚，亦與吾地臭梧桐不同。園林中植之，灼灼出矮牆上。至生深澗中，清泉白石，斐臺奪目。每欲携子歸種，種未得，後當問閩人取種。永嘉人謂之丁香花。

明　王象晉《群芳譜・花譜》卷一《紫薇》　紫薇：一名百日紅，一名怕癢花，一名猴刺脱。樹身光滑。花六瓣，色微紅紫，皺蒂長一二分，每瓣又各一蒂，長分許，蠟跗茸蕚。赤莖，葉對生。一枝數穎，一穎數花。每微風至，妖嬌顫動，舞燕驚鴻，未足爲喻。人以手爪其膚，徹頂動摇，故名怕癢。四五月始花，開謝接續，可至八九月，故又名百日紅。省中多植此花，取其耐久且爛熳可愛也。紫色之外，又有紅白二色。其紫帶藍焰者，名翠薇。　栽種：以二瓦或竹二片，當叉處套其枝，實以土，俟生根分植。又春月根傍分小本，種之最易生。此花易植易養，可作耐久交。

明　周文華《汝南圃史》卷七《薇花》　薇花，凡五種，紫色之外，有大紅者，有淡紅者，又有白色者曰銀薇，有紫帶藍者曰翠薇。少搔其本則枝葉俱動，俗名怕痒花。《酉陽雜俎》云：北人呼爲猴郎達樹，謂其無皮，猴不能捷也。樹身光滑，高丈餘，花瓣細皺，俗呼爲皺紗花。蠟跗茸蕚，赤莖，對葉，生五月中，花開直至六七月，爛熳可愛。又名百日紅。《癸辛雜識》云：百日紅即頳桐也。按《南方草木狀》云：頳桐花嶺南處處有之，自初夏生至秋，蓋草也。葉如桐，連枝蕚皆深紅。今紫薇乃木本，不應冒頳桐之名。而《興化志》：紫薇、頳桐各出，不可混也。鄭都官詩：大樹大皮纏，小樹小皮裹。庭前紫薇花，無皮也得過。語雖俚鄙，乃實録也。此花易植，無事功力。根側有鬚者，正月中分栽，扦插亦活。喜陰惡日，栽叢林下不蔽雨露處方茂。

清　曹溶《倦圃蒔植記》卷中《紫薇》　薇花四種，紫色之外，有白色者，有紅色者，又有紫帶藍燄者，曰翠薇。少爪其膚，枝輒摇顫，一名怕癢樹。《酉陽雜俎》云，北人呼爲猴郎達樹，謂其無皮，猴不能捷也。此花易植，勿事功力。鄭都官詩：大樹大皮纏，小樹小皮裹，庭前紫薇花，無皮也得過。語雖鄙俚，蓋實録也。況此花四月開，九月歇，俗謂之半年紅。山園植之，亦可作耐久朋矣。

清　高士奇《北墅抱瓮録・紫薇》紫薇皮不頑皺，浄滑可愛。一枝數穎，一穎數蕊，有紅紫翠白諸色，開花可經數月。牆陰石角，隨處栽之。瀛山尤多，日久皆成連理。當殘暑初消，繁英新吐，苧衫葵扇，雜坐花下，啜茗清談，亦勝事也。

清　吴其濬《植物名實圖考・羣芳類》卷二六《紫薇》《曲洧舊聞》，紅薇花，或曰便是不耐癢樹也。其花夏開，秋猶不落，世呼百日紅。

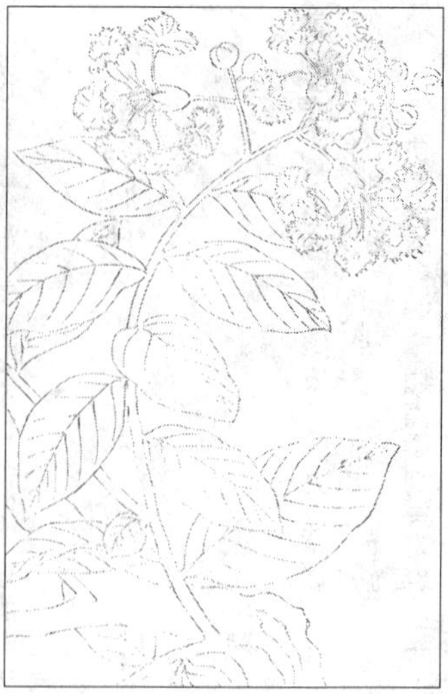

植物名實圖考・紫薇

清　謝堃《春草堂集・花木小志・紫薇》紅花者俗名百日紅，白花者俗名百日粉。其實紅者名紫薇，唐翰苑甚重其花。故詩云「紫薇花對紫薇郎」是也。白者名銀薇，藍色者名翠薇，南方有之。

清　鄒一桂《小山畫譜》卷上《紫薇》木本，七月間開，樹高丈餘。叢生花於枝末，瓣六出，縐如碎絨，心希少，蒂圓，蕊繁。葉圓小，色不一，紅者爲百日紅。又有藍、黄、粉三色。紫薇其最著者，花繁密，帶露下垂，簾幙間嘉植也。

清　檀萃《滇海虞衡志・志花・紫薇花》紫薇花，樹既高大，花又繁盛茂密，多植於官署庭堂，滿院絳雲，不復草茅氣象。此花宜爲第三。滇無鼎甲，以三花鼎甲之，足以破荒而洗陋矣。此固花王得以開科，花神讀之得以品第進呈者也，美矣尚矣，至其他之奇出者，以類次之。

藝　文

唐　李商隱《臨發崇讓宅紫薇》一樹濃姿獨看來，秋庭暮雨類輕埃。不先摇落應有待，已欲别離休更開。桃綏含情依露井，柳綿相憶隔章臺。天涯地角同榮謝，豈要移根上苑栽。

闕名《奉和侍郎二丈《四字集》作「柳州楊侍郎」**翫郡齋紫薇花十四韻》**幾年丹霄上，出入金華省。暫别萬年枝，看花桂陽嶺。南方足奇樹，公府成佳境。緑陰交廣除，明艷透蕭屏。雨餘人吏散，鸎語簾櫳静。懿此含晚芳，翛然忘簿領。紫茸垂組綬，金縷攢鋒穎。露溽暗傳香，風輕徐就影。苒弱多意思，從容占時一作光景。得地在侯家，移根近仙井。開罇好凝睇，倚瑟仍回頸。遊蜂駐綵冠，舞鶴迷煙頂。興生紅藥後，愛與甘棠並。不學夭桃姿，浮勢在俄頃。

梔子花

綜　述

唐　段成式《酉陽雜俎》卷一八《梔子》梔子。諸花少六出者，唯梔子花六出。陶貞白言：梔子翦花六出，刻房七道，其花香甚。相傳即西域薝蔔花也。

宋　謝維新《古今合璧事類備要别集》卷三二《花卉門・薝蔔花》《格物總論》：薝蔔花一名梔子花。樹高二三尺。葉厚深緑。如兔耳或似柳而短。凡草木花皆五出，惟此花六出，色白，中心黄。春末抽蕤，夏初結花。又一種樹高五六尺許，花葉皆差大。謝靈運目爲林蘭，因筆併及之。

明　朱權《神隱》卷下《種花》移薝蔔。即梔子花。帶花移易活，霉雨時插嫩枝易生。

明　宋詡《竹嶼山房雜部》卷一〇《樹畜部・種花卉法》梔子葉圓長有紋。一名越桃。《子虛賦》曰：鮮支。杜工部詩曰：紅取風霜實，青看雨露柯。　單花生子重花，子少而少。四季花，皆白色。五月芒種時，穿腐木板爲穴，塗以污泥，剪其枝分板穴中，浮水面，候根生，破其板爲密栵而種之。可以樊圃，有每枝以沃壤一團，插而置之鬆畦内，常灌水，候生根移種之，亦宜芒種時。其子爲染黄材。《貨殖傳》云：梔茜千石亦比千乘之家。

明 高濂《遵生八箋》卷一六《梔子花三種》 有三種：有大花者，結山梔甚賤。有千葉者，有福建矮樹，梔子，可愛，高不盈尺。梅雨時隨手剪扦，肥土俱活。

明 高濂《遵生八箋》卷一六《山梔子》 大葉梔子花。至秋結子，儼狀薔薇花，蕊經霜由黄而紅。盆種插瓶，可助十一月中無花之趣。

明 高濂《遵生八箋》卷一六《梔子花》 梔子花。將折枝根槌碎，擦鹽，入水插之，則花不黄。其結成梔子，初冬折枝插瓶，其子赤色，儼若花蕊可觀。

明 王世懋《學圃雜疏·梔子》 梔子。佛經名薝蔔。單瓣者六出，其子可入藥入染。重瓣者，花大而白，差可觀。香氣殊不雅，以佛所重存之。凌霄花，蔓生，纏奇石老樹作花，可觀。然聞能墮胎，婦人不可採。大都與春時紫□皆園林中不可少者。

明 鄺璠《便民圖纂》卷五《梔子》 梔子一名薝蔔。十月選成熟者，取子淘浄。曬乾，至來春三月，斸畦種之。覆以灰土，如種茄法。次年三月，移栽。第四年開花結實。

明 劉仲達《劉氏鴻書·花木門·總論》 梔，可染黄，其花白而甚香，五月間極繁茂。凡萍木之花，大抵不過五出，惟梔六出。

明 王象晉《群芳譜·花譜》卷一《梔子》 梔子一名越桃，一名鮮支。有兩三種，處處有之。一種木高七八尺，葉似兔耳厚而深緑。春榮秋瘁，入夏開白花，大如酒杯，皆六出，中有黄蕊，甚芬香。結實如訶子狀，生青熟黄，中仁深紅，可染繒帛，入藥用。山梔子皮薄，圓小如鵲腦房，七稜至九稜者佳。一種花小而重臺者園圃中品。一種徽州梔子，小枝小葉小花，高不盈尺，可作盆景。《貨殖傳》曰：梔茜千石亦比千乘之家，或云此即西域之薝蔔花。薝蔔，金色，花小而香。西方甚多，非梔也。此花喜肥，宜糞澆，然大多又生白虱，宜酌之。　栽種：帶花移易活，芒種時，穿腐木板爲穴，塗以泥污，剪其枝插板穴中，浮水面，候根生破板密種之。或梅雨時，以沃壤一團插嫩枝其中，置鬆畦内，常灌糞水，候生根移種亦可。荼蘼素馨皆同千葉者，用土壓其傍小枝，踰年自生根。十月内，選子淘浄，來春作畦種之，覆以糞土，如種茄法。

明 王路《花史左編》卷八《梔子花》 梔子帶花移種易活，梅雨時插嫩枝於肥濕處亦易活。千葉者用土壓其傍小枝，踰年自生根。其子可染黄。

又 此花喜肥，宜以糞澆，然澆多太肥，又生白虱。

明 周文華《汝南圃史》卷七《梔子》 梔子花，一名越桃，一名林蘭，佛書又云薝蔔花，比爲禪友。杜悰建薝蔔館，形亦六尺，器用之屬皆象之。其實七稜，單葉者，結實可以供染。千葉者不結子，色潔白而香酷烈。五月中帶花移栽，梅雨中取嫩枝插肥土中即活。《便民圖纂》云：十月選成熟者，取子淘浄曬乾，至來春三月，斸畦種之，覆以灰土，如種茄法，次年三月移栽，第四年開花結實。《瑣碎録》云：黄梔子候其大，逐時摘青者曬收，至黄熟則消化爲水，言收貴早也。千葉梔子不必扦插，止用土壓旁生小枝，踰年自生根，分栽極易活。此花喜肥，頻以糞水沃之則盛。折枝插瓶須搥碎其根，實以白鹽，則花色不改。

明 方以智《物理小識》卷九《梔子》 梔子。有單花、重花、四季花，皆六出。芒種時，穴腐板泥塗，翦枝種之浮水面。候根生而栵種之。入藥取小者，染取大者，然易脱色。周吉甫所言：白雲寺鄭強墓地之薝蔔，則外紫内淡黄者也。景焕言：青城申天師進紅梔子種，象蹄花、含笑花，則似梔子者也。

清 鍾山逸叟《致富奇書》卷一《梔子》 一名薝蔔，單葉者結實，可以供染，千葉者不結子。色白而香烈。法于冬初取子晒乾，來春畦種。覆以灰土，如種茄法。次年三月移栽，第四年開花結實。千葉者不必扦插，止用土壓旁生小枝，踰年自生根，分栽易活。花性喜肥，頻以糞水沃之。

清 鄂爾泰《授時通考》卷六八《木·梔子》 梔子，一名木丹，一名越桃，一名鮮支。處處有之。有三種。一種木高七八尺，葉似兔耳，厚而深緑，春榮秋瘁。入夏開小白花，大如酒杯，皆六出，中有黄蕊，甚芬芳。結實如訶子狀，生青熟黄，中仁深紅，可染繒帛。入藥用山梔子，皮薄圓小如鵲腦房，七稜至九稜者佳。一種花小而重臺者，園圃中品。一種徽州梔子，小枝小葉小花，高不盈尺，可作盆景耳。《山谷詩話》云：染梔子花六出，雖香不濃郁。山梔子花八出，一株可香一圃。《酉陽雜俎》云：相傳即西域薝蔔花，或曰薝蔔金色，花小而香，西方甚多，非梔也。《齊民要術》：十月選成熟梔子，取子淘浄曬乾。至來春三月，選沙白地，斸畦區深一尺，全去舊土，卻收地上溼潤浄土，篩細填滿畦區，下種稠密，如種茄法，細土薄糝。上搭箔棚遮日，高可一尺。旱時，一二日用水於棚上。頻頻澆洒，不令土脉堅垎，四十餘日，芽方出土。薅治澆溉，至冬月厚用蒿草藏護。次年三月移開，相去一寸一科，鋤治澆溉宜頻。冬月用土深擁根株，其枝梢用草包護。至次年三四月又移，一步半一科，栽成行列。須園内穿井頻澆。冬月用土深擁，須北面莢籬障以蔽風寒。第四年開花結實，十月收摘。甑内微蒸過，曬乾用。梅雨時，以沃壤一團，插嫩枝其中，置鬆畦内，常灌糞水。候生根，移種亦可。　《種樹書》：黄梔子，候其大時，摘青者曬收，至黄熟則消花水矣。大朵重臺者，梅醬糖蜜製之，可作羹果。

清　陳淏子《花鏡》卷三《花木類考·梔子花》　梔子花，一名越桃，一名林蘭，釋號薝蔔，小木也。有三種：單葉小花者結子多，千葉大花者不結子。色白而香烈。又有四季花者，亦不生山梔。徽州産一種矮樹梔子，高不盈尺，盆玩清香動人，夏花潔白而六出，秋實丹黄有稜，可染黄色，亦可入藥。昔孟昶十月宴芳林園，賞紅梔子花，清香如梅，近日罕見此種。冬初取子曬乾，來種畦種，覆以灰土，如種茄法。次年三月移栽，至四年即開花結實矣。又梅雨時隨花剪扦肥地亦活。若千葉者，宜土壓旁生小枝，久則根生，分栽自活。性不喜糞，惟以輕肥沃之自茂。若太肥，又恐生鼠虱。一法，芒種時穴一腐板，泥塗，剪枝種其上，浮置水面，俟其根生後，移而種之。

清　張宗法《三農紀》卷六《梔子》　梔子，《圖經》云：木不高大，葉如兔耳而厚緑，春榮秋萃。入夏開白花，皆六出，含黄蕊甚芬香。陶隱居云：其花湧刀六出，刻房五道，結實如阿子狀，生青熟黄，中藏小仁，可染黄色，有種木不結實者，又有種葉小樹矮者。花惟人出者香盛。《本草》云：越桃一名丹木。《上林賦》作鮮支，一名林蘭。《梵書》謂薝蔔花。蘇詩云：六花薝蔔林。《聞佛曾文昭吟》云：欲知清净□，即此林間是。晨開昏萎現身説法令人警心長覺，故佛氏珍之。　植藝：芒種收嫩枝蒂花者插潤土頻澆即活，來年並土移栽。或以土壓傍枝，候生根移栽。不宜過肥，肥則起白蝨。　秋後收實晒乾，若浥則子黑，不堪作色。子亦可種生，若種茄米法，但見效緩耳。《貨殖傳》云：梔茜千株可比千乘之家。　本性：味苦氣寒，解煩熱，利燥結。生用清三焦火，熟用降曲直炎。　效方：小兒口瘡，梔子一枚，開孔去子，填以硼砂，火燒存性爲末敷。

清　高士奇《北墅抱瓮録·梔子》　梔子小於玉蘭，而香過之。山館幽僻之所，偶植數本，暑月發花，清芬滿院。

清　曹溶《倦圃蒔植記》總論卷上《論花·梔子花》（瞻蔔）（薝蔔）花雖萎猶勝一切花，他花萎即零落，惟梔子花初開潔白，次漸萎黄，後乃乾脱，終不飄散，乃知佛無誑語。而花之取重也亦以此。世人或以千葉爲尚，我獨取單瓣者，秋林霜子赭黄可玩。

清　曹溶《倦圃蒔植記》卷中《梔子》　薝蔔清芬，佛家所重，古稱禪友，殆非虚言。法於梅雨手蓊嫩枝，隨插肥地，以糞澆之。或壓傍枝，逾年分種。或於十月，選子淘净，來春作畦種之，覆以灰土，如種茄法。折枝插瓶，須搥碎其根，實以白鹽，則花色不改。昔辛相杜悰建薝蔔舘，形亦六出，器用之屬，皆象之。欲知清净身，當作如是觀。薝葡一名越桃，一名林蘭，今謂之梔子。

清　郝懿行《寶訓》卷七《藥草》　《説文》：梔木實可染。《博雅》：梔子，楕桃也。案《正字通》名越桃，無楕桃名。《史記》：千畝巵茜。註：其花染繒赤黄也。案：巵同梔。《述異記》：洛陽有支茜園。《農桑輯要》：十月選成熟梔子取子淘净曬乾，至來春，三月，選沙白地，斸畦區，深一尺，全去舊土，却收地上湮潤浮土，篩細填滿區。下種，稠密如種茄法。上搭箔棚遮日，高可一尺。四十餘日芽方出土，次年三月移開，第四年開花結實，十月收摘，甑内微蒸，曬乾用。

清　闕名《名花譜·薝蔔》　一名梔子，檀心玉片，昔人咏爲白玉花，子可染色。花香清遠，曾端伯以爲禪友。　種法：夏月折嫩枝帶花插細土中，易活易茂。

清　周象明《事物考辨·植物·梔》《爾雅翼》：梔，可染黄。花白而香。凡草木之花，不過五出，惟梔六出，大者至七出。一名木丹，一名越桃。《上林賦》謂之鮮枝。或云此即西域之薝蔔花，或云薝蔔。金色，花小而香。西方甚多，非梔也。

清　鄒一桂《小山畫譜》卷上《梔子》　白花六出，重臺者九出，瓣厚而香郁，黄心三粒，紫鬚三莖，開足，則瓣如圓頂，實尖瓣也。蒂葉六七不等，如茉莉而粗大，葉如山茶，樹高三五尺，六月開，即西域所謂薝蔔也。蕊卷如螺狀，帶緑色。

清　吴其濬《植物名實圖考·木類》卷三三《梔子》　梔子，《本經》中品，即山梔子。以染黄者，以七棱至九棱者爲佳。

植物名實圖考・梔子

清　吴其濬《植物名實圖考・木類》卷三六《山梔子》　滇山梔子，生雲南山中。小木，硬葉，結緑實成串，形似小桃，大如豆，三棱。

清　吴其濬《植物名實圖考・羣芳類》卷二九《野梔子》　野梔子，生雲南。秋開花如梔子。

清　吴其濬《植物名實圖考・羣芳類》卷二九《緬梔子》　緬梔子，臨安有之。緑幹如桐。葉如瑞香，葉凸脈勁峭，矗生幹上，葉脱處有痕斑，斑如蘚紋。

清　胡鳴玉《訂僞雜録・薝蔔》　薝音膽，薝蔔即梔子，又名林蘭。佛《書》：如入薝蔔林中，聞薝蔔花香，不聞他香，故曾端伯呼爲禪友。歷檢字韻書，薝並作上聲，謂俗讀薝，讀占爲非。然東坡《贈詩僧道通詩》：香林乍喜聞薝蔔，古井惟慚斷轆轤，作平聲用，不知又何據。

清　謝堃《春草堂集・花木小志・梔子》　有河梔，有澥梔，有牡丹梔，皆不若同心梔能結子。其子入藥，能治小兒急慢驚風。花白而香，婦女喜佩之。

天竹

綜述

明　宋詡《竹嶼山房雜部》卷一〇《樹畜部・種花卉法》　天竹葉小，脱而耐冬。開碎白花，結紅子成叢。冷茶或退雞鵝翎水澆。春時每株分移之。子亦可種。秋後裁髡其幹，留孤根。俟春遂長條肆而結子，則身低矮，其子蕃衍。

明　高濂《遵生八箋》卷一六《闌天竹》　生諸山中，葉儼似竹，生子枝頭，成穗，紅如丹砂，經久不脱。且耐霜雪，植之庭中，可避火災。

明　周文華《汝南圃史》卷七《天竹》　天竹，形似竹而柔脆如薔薇。四五月間開細白花，至秋結子成穗，色紅。老杜所謂紅如丹砂，此足以當之。《齊雲山志》云：天竹實幹敷枝葉，於頂，雪中結紅實，鳥雀喜啄之。其性喜陰，植必宜牆下。至有長丈餘者，秋後分栽。《浣花雜志》云：栽天竹必用山黄泥，或不於背陰處必不茂，不宜糞澆，止用肥土頻壅其根，自然茂盛。

清　高士奇《北墅抱瓮録・天竹》　天竹，枝葉瀟洒，梅雨中，開白花，子結枝梢，殷紅璀璨，纍纍若珠，霜雪不落。樹可久而難長，紅雨山房欄檻之前，一叢百餘幹，粗中把握，殊不易得。

清　吴其濬《植物名實圖考・羣芳類・南天竹》　《夢溪筆談》、《南燭草木記傳》、《本草》所説多端，今少有識者，爲其作青精飯，色黑乃誤用烏臼爲之，全非也。此木類也，又似草類，故謂之南草木，今人謂之南天竹是也。南人多植於庭檻之間。莖如朔藋，有節，高三四尺，廬山有盈丈者。葉微似楝而小，至秋則實赤如丹。南方至多。按所述乃天竹非南燭。

清　鄒一桂《小山畫譜》卷上《南天竹》　抱根生，如慈竹，葉尖，一枝九出，每出必三叢披若竹。夏間開小白花，五瓣。冬結子，朱紅纍纍如珊瑚。種嘉者名獅子尾，枝重下垂，冬月霜雪間不可無此點綴。

清　謝堃《春草堂集・花木小志・天竺》　《譜》云其葉似竹，真大謬矣。葉與月季、荼蘼相似。或云闌天竹别是一種，花無可賞，惟纍纍之實色若丹砂，頗耐霜雪。至言能避火災，未知確否。

虎刺

綜述

明　宋詡《竹嶼山房雜部》卷一〇《樹畜部・種花卉法》　虎刺業潤而細，枝間有刺。子紅。《養生雜纂》云：壽庭木也。　子可種。喜陰。退雞鵝翎水并臘糞澆之。培護年久，層層葉緑如蓋，結子若綴火齊然。

明 王世懋《學圃雜疏・虎刺》 吾地人最重虎刺。杭州者不佳，不如本山。其物最喜陰，難種。然吾所愛者天竹，纍纍朱實，扶摇緑葉上。雪中視之尤佳。余所在種之虎刺之下。旱珊瑚盆中可種。水珊瑚最易生，亂植竹林中亦佳。蔓生者曰雪裏珊瑚，不足植也。

明 王路《花史左編》卷二三《虎刺》 産杭之蕭山，白花紅子，而子性堅。雖嚴冬厚雪，不能敗也。虎丘者葉細畏日，色經糞即死。其枯枝不宜手摘。并忌人口熱氣相近。宜種陰濕之地。春初分栽。四月内開細白花。花開時，子猶未落，花落結子細，大紅如丹砂。百年者，止高三四尺，想不易長者。

明 周文華《汝南圃史》卷七《虎刺》 虎刺，如狗橘，最難長大，宜種陰濕地。春初分栽，四月開細白花，花四出。花開時子（尤）〔猶〕未落，紅白相間甚可愛。花落結子，至冬紅如丹砂。有二種，葉細者佳。吴人多植盆中，以爲臆前之玩。宜頻用梅水澆。

明 闕名《栽花總録・虎刺》 杭之蕭山者佳，宜陰濕地。春初分種，四月間開細白花。花四出。花開時，子猶在樹，花落又結。子至冬紅如丹砂，遇霜亦不萎。

清 陳淏子《花鏡》卷三《花木類考・虎刺》 虎刺，一名壽庭木。生於蘇、杭、蕭山。葉微緑而光，上有一小刺。夏開小白花，花開時子猶未落，花落後復結子，紅如珊瑚。其子性堅，雖嚴冬厚雪不能敗。性畏日喜陰，本不易大，百年者止高。一二三尺。春初分栽亦多不活，用山泥，忌糞水並人口中熱氣相沖，宜澆梅水及冷茶。吴中每栽盆内，紅子纍纍，以補冬景之不足。

清 吴其濬《植物名實圖考・木類》卷三八《虎刺樹》 虎刺樹，江西南昌西山有之。叢生。黑幹。就莖生枝，作苞如椿樹，馬蹄而大，有疏刺。開碎白花。結紫實圓扁如豆。樹葉如桑葉微小，凡俗呼老虎刺、虎不挨，皆以橫枝得名。

杜鵑花

綜 述

宋 謝維新《古今合璧事類備要别集》卷三〇《花卉門・杜鵑花》 《格物總論》：杜鵑花一名山石榴，一名山躑躅，蜀人號曰映山紅，所在深山中多有之。此花數種，有黄者紫者紅者，五出者千葉者，樹高四五尺或丈許。春生苗葉淺緑，枝無多葉而花極爛熳。杜鵑啼時始開，故名焉。近似榴花樣故號巖榴。羊誤食其葉則躑躅而死，故亦以山躑躅名之也。

明 宋詡《竹嶼山房雜部》卷一〇《樹畜部・種花卉法》 杜鵑花，《廣記》：南方多躑躅花，照耀如火，即今杜鵑花。《本草》言：羊躑躅花黄似鹿葱。躑，丈斐切。躅，馳讀切。 鮮紅花。東坡詩云：披香殿上紅氍毹。氍，巨俱切。毹，山于切。粉紅花，皆重葉而小。性喜陰。澆宜天雨水、井水。畏煙油。

明 王路《花史左編》卷八《杜鵑》 喜陰惡肥。旱以河水澆之，樹陰下放置，則葉茂色青。有黄白二色者，畏熱不畏冷。種法用山泥，揀去粗石羊屎，浸水澆之。

明 周文華《汝南圃史》卷六《杜鵑》 杜鵑，一名石榴，花極爛熳，以杜鵑啼時開得名。《尊生八牋》云花有三種，張志淳《永昌二芳記》載杜鵑、山茶各數十種。大都花性喜陰、畏熱、不畏霜雪。種用山泥揀去粗石，羊矢浸水澆之，更置樹下陰處，則花葉青茂。有用豆餅浸水，候黑色澆之更妙。《灌園史》曰：自初夏至深秋，宜日以河水灌之。一種山鵑，花大葉稀，先開一日，一名石巖，然寔非也。石巖先敷葉後著花，其色丹如血。杜鵑先著花後敷葉，色差淡。潤州鶴林寺有杜鵑花，相傳正元中外國僧自天台鉢中以藥養其本，來植此寺。人或見女子紅裳佳麗遊於花下。殷七七能開非時之花，女子謂七七曰：「欲開此花乎？吾爲上帝所命下司此花，在人間已逾百年，非久即歸閬苑去，今與道者共開之。」來日花果盛開如春夏間，數日花俄不見，亦無落花在地。宋培桐曰：石巖乃日顔。石巖則訛字也。杜鵑、春鵑、日顔，非一種，因花之相似，故人皆誤稱其爲杜鵑耳。竟不知杜鵑長止尺許，春鵑長有丈許，其枝幹盤圓五六臺者。日顔枝葉若黄楊之狀，盤圓大如輪，花茂如錦，價甚貴。顧長佩《花史》云：杜鵑花有大紅、粉紅二色，春初扳枝著地，用黄泥覆之，俟生根截斷，來年分栽。又云浙人分杜鵑用掇法，以竹管套於枝上，肥土填實，俟生根鬚截下栽之。《瑣碎録》云：杜鵑花止用雨水澆，最忌糞。

明 徐渭《徐文長先生秘集》卷一二《杜鵑》 花極爛熳，以杜鵑啼時開得名。花性喜陰畏熱，先用山泥揀去粗石，羊矢浸水澆之。更置樹下陰處，則花葉青茂，較之石巖，以映山紅接者，大不侔也。

明 闕名《栽花總録・杜鵑川鵑附》 花極爛熳，以杜鵑啼時開故名。長止尺許，先花後葉，性喜陰畏熱。用山泥揀去粗石，羊屎浸水澆之。更置樹下陰處，則花葉青茂。春鵑長丈許，枝幹盤圓五六臺者，石巖先葉後花，其色丹如血。川鵑一名嬋娟，因花之相似，人皆誤呼。

清 陳淏子《花鏡》卷三《花木類考・杜鵑》 杜鵑，一名紅躑躅。樹不高大，重瓣紅花，極其爛縵，每於杜鵑啼時盛開，故有是名。先花後葉，出自蜀中者佳。花有十數層，紅艷比他處者更佳。性最喜陰而惡肥，每早以河水澆，置之樹陰之下，則葉青翠可觀。亦有黄白二色者。春鵑亦有長丈餘者，須種以山黄泥，澆以羊糞水方茂。若用映山紅接者，花不甚佳。切忌糞水，宜豆汁澆。

清 厲荃《事物異名録》卷三一《花卉部・杜鵑》 川鵑花。《草花譜》：杜鵑出蜀中者佳，謂之川鵑花。

映山紅、紅躑躅。《容齋隨筆》：杜鵑花乃今映山紅，又名紅躑躅。

山石榴、山躑躅。《格物總論》：杜鵑花一名山石榴，又名山躑躅。

山客。《西溪叢話》：躑躅爲山客。

謝豹花。《廣事類賦》：杜鵑一名謝豹花。

清 曹溶《倦圃蒔植記》卷上《杜鵑》 杜鵑花極爛熳，以杜鵑啼時開得名。乃古來咏花者輙使蜀帝事，何異龍王欲誅有尾族，蝦蟇亦哭乎？《尊生八牋》云，花有三種。予嘗見張志淳《永昌二芳記》載，杜鵑、山茶各數十餘種，大都花性喜陰畏熱。法用山泥揀去粗石，羊矢浸水澆之，更置樹下陰處，則花葉青茂，較之石岩以映山紅接者，大不侔也。世傳羊嚙草木，其處不生，獨悮食此花則躑躅以死，故亦名羊躑躅。審如是，可稱花之荆聶矣。修花史者其收之游俠傳中。

清 高士奇《北墅抱瓮録・杜鵑》 杜鵑，一名山躑躅。唐詩：五渡溪頭躑躅紅，即此花也。春晚發花，密蕊攢簇，其色深紅，久經風日，猶灼灼可愛。玩蘭渚軒前，多古松怪石，植杜鵑兩株於其下，倍有風趣。

清 闕名《名花譜・杜鵑》 有三種，出自蜀中者佳，謂之川鵑。色紅而瓣可十餘層，出四明者，三四層而色淡。喜陰惡肥，放置樹陰下，以河水澆之則花鮮而葉茂。別有黄者、紫者、白者。 種法：用山泥揀去砂石，以羊糞浸水澆之，移來原土勿去，培土以種，灌以河水，花自榮潤。

夾竹桃

綜 述

唐 段成式《酉陽雜俎續集》卷九 俱那衛，葉如竹，三莖一層，莖端分條，如貞桐，花小類木槲，出桂州。

明 高濂《遵生八箋》卷一六《夾竹桃花》 花如桃，葉如竹，故名。然惡濕而畏寒。十月初，宜置向陽處放之。喜肥，不可缺壅。

明 王象晉《群芳譜・花譜》卷一《夾竹桃》 夾竹桃花五瓣，長筒，瓣微尖，淡紅，嬌艷類桃花。葉狹長類竹。故名夾竹桃。自春及秋逐旋繼開，嫵媚堪賞。性喜肥，宜肥土盆栽。肥水澆之則茂。何無咎云：温台有叢生者，一本至二百餘幹，晨起掃落花盈斗，最爲奇品。性惡濕而畏寒。九月初宜置向陽處，十月入窖，忌見霜雪。冬天亦不宜大燥，和暖時微以水潤之，但不可多，恐凍。來年三月出窖，五、六月時配白茉莉，婦人簪髻嬌裊可挹。 栽種：四月中，以大竹管分兩瓣合嫩枝，實以肥泥，朝夕灌水。一月後便生白根，兩月後即可剪下另栽。初時用竹幇扶，恐摇動。一二月後新根紫（紮）土，便不須用，此物極易變化。

明 王路《花史左編》卷八《夾竹桃》 惡濕而畏寒。十月初宜置向陽處放之。喜肥，不可缺壅，不可見霜雪。冬天亦不宜太燥，和暖微以水潤之，但不可多，恐凍耳。五六月天，以紅桃配白茉莉，婦人戴之，嬌裊可挹。

明 周文華《汝南圃史》卷七《夾竹桃》 夾竹桃，本名拘那花。《桂海虞衡志》云：拘那花，葉瘦長略似楊柳，夏開淡紅花，一朵數十萼，至秋深猶有之。《八閩通志》云：拘那衛三山人呼爲半年紅。曾師建《閩中記》謂之渠那，異其種，來自西域，本高丈餘，今名夾竹桃，謂花似桃葉似竹也。《水雲録》云：三月栽夾竹桃，一名桃花柳葉。其性惡濕畏寒。四月開花，至十月始歇，宜於向陽處肥土栽之。此花出於南方，今吳中盛行。好事者以大竹管韜於枝節間，肥土填貯，久之生根，截下遂成別本。十月間取置室中，來春取出，否則凍死。唐荆川詩云：桃竹舊傳生碧海，竹桃今見映朱闌。春至芬香能共遠，秋來花葉不同殘。疎英灼灼分叢發，密蘂菲菲對節攢。不信千年將結子，錯疑竹實待栖鸞。蓋亦甚珍之云。

明　闕名《花史・夾竹桃》　一名桃花柳葉，性惡濕畏寒，四月放至十月止，開花甚久。宜于向陽處，肥土栽之，不可缺壅。

清　陳淏子《花鏡》卷三《花木類考・夾竹桃》　夾竹桃，本名枸那，自嶺南來，夏間開淡紅花，五瓣長筒微尖，一朵約數十蕚，至秋深猶有之，因其花似桃，葉似竹故得是名，非真桃也。性惡溼而畏寒，十月中即宜置向陽處，以避霜雪，最喜者肥，不可缺壅，冬逢和暖日，微以水潤之，但水多則恐冰凍而死。分法在季春，以大竹管套以竹節間，用肥土填貯，朝夕不失水，久之根生，截下另植，遂可得種矣。今人於五、六月間，以此花配茉莉，婦女簪髻，嬌裊可挹。

清　高士奇《北墅抱瓮録・夾竹桃》　夾竹桃，本嶺南種，葉類竹而花類桃，姿態娟媚，自初夏著花，經秋乃歇，草卉之最久者。

清　曹溶《倦圃蒔植記》總論卷上《論花・夾竹桃》　夾竹桃花色媚，葉更雅遠，物之易致而可久者。

清　吴其濬《植物名實圖考・群芳類》卷三二《夾竹桃》　《閩小記》、曾師建《閩中記》：南方花有北地所無者，闍提茉莉、俱那異皆出西域。盛傳閩中枸那衛即枸那異，夾竹桃也。

植物名實圖考・夾竹桃

清　吴其濬《植物名實圖考・木類》卷三八《拘那花》　《桂海虞衡志》：拘那花，葉瘦長畧似楊柳。夏開淡紅花，一朵數十蕚，至秋深猶有之。　《嶺外代答》：拘那花，葉瘦長畧似楊柳。夏開淡紅花，一朵數十蕚，繁如紫薇，花瓣有鋸紋如剪金，至秋深猶有之。按：此花江西、湖南山岡多有之。花葉莖俱同紫微，唯色淡紅。叢生小科，高不過二三尺。山中小兒取其花苞食之，味淡微苦，有清香，故名苞飯花。俚醫以爲敗毒散淤之藥。

清　孫之騄《枝語・夾竹桃》　夾竹桃，五瓣長筒，瓣微尖，淡紅嬌艷，類桃花，葉狹長類竹，故曰夾竹桃。其種出自嶺南，今温台有叢生者，一本至二百餘幹，晨起掃落花盈斗，亦可玩也。王敬美詩曰：布葉疎疑竹，分花嫩似桃。

清　鄒一桂《小山畫譜》卷上《夾竹桃》　木本，高五六尺，枝長葉尖，頂上分枝作花。花粉紅，重臺玲瓏，白絲間出。花心蕊深紅極繁，六七月開，枝葉對節。

清　謝堃《春草堂集・花木小志・夾竹桃》　山東名柳葉桃，蓋其葉似柳而不似竹也。質粗如碗，枝幹婆娑，高出簷際。一花數蕊，百枝齊放，周年不絶，一大觀也。回視江南草木，真傀儡耳。然性畏寒，蓄之不謹，則無花矣。

清　屈大均《廣東新語》卷二五《木語・夾竹桃》　夾竹桃。一名桃柳，葉如柳，花如絳桃，故曰桃柳。枝幹如菉竹而促節，故曰夾竹。本桃類，而其質得竹之三，柳之七，柳多而竹少，故不曰夾柳桃。終歲有花，其落以花不以瓣，落至二三日猶嫣紅鮮好。得水蕩漾，朵朵不分。開與衆花同，而落與衆花異，蓋花之善落者也，故又曰：地開桃，似落於地而始開。然有曰芙蓉桃，千葉深紅，後桃花一月始開，一花而兼二，以爲芙蓉則桃，以爲桃則芙蓉，不可以專名之，故曰芙蓉桃。又有菊桃。瓊州有李桃，一枝有紅白，或一花有紅白，然大約紅多於白，其白則李也，言色者先白而後紅，故曰李桃。八九月時與桃花盛開，故諺曰：「桃李争秋」。肇慶七星巖有四季桃。

清　陳昌齊　道光《廣東通志・花類・夾竹桃花》　夾竹桃花。本桃類，葉如柳，枝幹如菉竹而促節。終歲有花，不結實。其落以花不以瓣，落至二三日猶嫣紅鮮好，得水蕩漾，朵朵不分。開與衆花同，而落與衆花異。又曰：地開桃似落於地，而始開也。《粵中見聞》蕃梔子花。出大食國，《佛書》所謂「薝蔔花」是也。今廣州龍涎所以能香者，以用蕃梔故也。又有白色，全似梔子花而五出，人云「亦自西竺來」，亦名薝蔔，恐非。《嶺外代答》

藝文

宋 鄒浩《道鄉集》卷一三《移夾竹桃》 將謂輕紅間老青，元來一本自然成。葉如桃葉回環布，枝似竹枝羅列生。蘭助珍羞香不斷，萱留喜意色方明。更移此本家園去，歲歲花時獻壽觥。

木槿

綜述

三國吴 陸璣《毛詩草木鳥獸蟲魚疏》卷上《顏如舜華》 舜，一名木槿，一名櫬，一名曰椵。齊魯之間謂之王蒸。今朝生暮落者是也。《爾雅·釋草》疏

五月始花，故《月令》仲夏木堇榮。《詩·有女同車》疏

唐 段成式《酉陽雜俎續集》卷九 重臺朱槿。似桑，南中呼爲桑槿。

唐 段成式《酉陽雜俎續集》卷九 那提槿。花紫色，兩重，葉外重葉卷心，心中抽莖高寸餘，莖端分五瓣如蒂，瓣中紫蕊，莖上黄葉。

宋 寇宗奭《本草衍義》卷一五《木槿》 木槿，小如葵，花淡紅色，五葉成一花，朝開暮斂。花與枝兩用，湖南、北人家多種植爲籬障。餘如經。

宋 謝維新《古今合璧事類備要別集》卷三三《花卉門·朱槿花》 《格物總論》：朱槿花莖葉皆如桑葉，光而厚。樹高止四五尺而枝葉婆娑。自二月開花，至中冬即歇。其花深紅色，五出，大如蜀葵。有蘂一條，長於花葉，上綴金屑，日光所鑠，疑若焰生。一叢之上日開數百朵，朝開暮落。插枝即活。一名赤槿，一名日及。千葉者尤佳。《詩》所謂舜華，正謂此也。

明 宋詡《竹嶼山房雜部》卷九《樹畜部·樹類》 木槿。《詩》曰，舜。《爾雅注》云：齊魯之間謂之王蒸。紅花曰朱槿。白花　黄花　重葉花　四季花

臘月斬取小條爲栵而插之，可以編爲樊籬。

明 高濂《遵生八箋》卷一六《槿花二種》 籬，槿花之最惡者也。其種外有千瓣。白槿，大如勸杯，有大紅、粉紅、千瓣，遠望可觀，即南海朱槿那提槿也。且插種甚易。

明 王路《花史左編》卷五《槿花》 二三月初發芽時，剪作尺餘插地，以河泥壅之，無不活者。

明 王象晋《群芳譜·花譜》卷一《木槿》 木（槿）（槿）一名椵，一名櫬，一名舜，一名王蒸，一名朱槿，一名赤槿，一名朝菌，一名日及，一名朝開暮落花。木如李，高五六尺。多歧枝，色微白，可種可插。葉繁密如桑葉，光而厚，末尖而有椏齒。花小而艷，大如蜀葵，五出，中蕊一條，出花外，上綴金屑。一樹之上日開數百朵，有深紅、粉紅、白色，單葉、千葉之殊。朝開暮落，自仲夏至仲冬開花不絶。結實輕虚，大如指頂，秋深自裂。其中子如榆莢、馬兜鈴之仁。嫩葉可（數）（茹），作飲代茶。味平滑、無毒。治腸風下血、痢後熱渴、腫痛疥癬，潤燥活血。除濕熱，利小便，婦人赤白帶下。小兒忌弄，令病瘧，俗名瘧子花。　扦插：二三月間新芽初發時，截作（叚）（段），長一二尺，如插木芙蓉法，即活。若欲插籬，須一連插去，若少住手，便不相接。　皮並根：甘，平滑無毒。作飲服，令人能睡，炒用。潤燥，活血，洗目令目明。花：氣味與皮同，治赤白痢。作湯飲治風。皮及花並滑，故潤燥。色如紫荆，故活血。子：亦與皮同。　取用：湖南北多植爲籬障，花與枝兩用。皮治瘡癬，川中者色紅，氣厚力優，尤効。

明 周文華《汝南圃史》卷八《木槿佛桑附》 木槿，一名朝菌。五月開花，花如小葵，葉如小桑。《八閩通志》云：木槿有白、有紫、有粉紅，又有一種花瑩白如玉，中心無紫色者名舜英。郭璞云，舜英不終朝，言朝開暮落也。《爾雅翼》云，木槿，今人植爲籬。《抱朴子》曰：夫木槿、楊柳，斷植之更生，倒之亦生，横之亦生，生之易莫過於斯也。仲夏應陰，而榮，《月令》取之以爲候。或呼爲日及。陸機賦云：如日及之在條，常雖及而不悟。木槿作飲，令人得瞑，與榆同功。其花用作湯，代茗，可以治風。然茗令人不睡，木槿令人睡，爲異耳。正二月扦插地上，河泥壅之即活。昔唐玄宗新折一枝爲花奴插帽，即此是也。別有朱槿，即佛桑花，絶似木槿，大小稍異，今人多混之。按《南方草木狀》，朱槿花莖葉皆如桑，葉光而厚，樹高四五尺而枝葉婆娑。自二月開花，至仲冬即歇。其花深紅色，五出，大如蜀葵，有蘂一條長於花。葉上綴金屑，日光所鑠，疑若焰生。一叢之上，日開數百朵，朝開暮落。出高涼郡，一名赤槿。《廣州府志》云：佛桑與朱槿花稍相似，葉如黄桑差小，州人呼爲小牡丹，其色殷紅，大如盞，有數種，白者、青者、小紅者、樓子者，四時皆有花。東坡詩曰「焰焰燒空紅佛桑」是也。《八閩通志》：佛桑，葉類桑，花如牡丹而尤紅，

又一種淡紅，一種淡黃，又有單葉者，色亦深紅可愛，土人呼爲照殿紅，重瓣者呼爲鶴頂。《海槎餘録》云：佛桑花，枝葉類江南槿樹，花類中州芍藥，而輕柔過之，開時當二三月，五色婀娜可愛。以此觀之，則佛桑與木槿自是二種，而《興化府志》云佛桑一名木槿，《九江府志》云木槿一名佛桑，豈有誤耶？今吴中亦有佛桑花，自南方移來，色亦殷紅。唯易凍死。僧紹隆詩云：朱槿移栽梵室中，老僧不是愛花紅。朝開暮落渾閑事，始信人間色是空。

明 慎懋官《華夷花木鳥獸珍玩考》卷三《朱槿》 《本草》名麗木，又名蕣華。汝陽王戴研絹帽，打羯鼓，上搏紅槿，簪其帽，曲終花不墜。《東方朔傳》曰：朔書與子孫弘借車馬曰：木槿夕死朝榮，士亦不長貧。

清 曹溶《倦圃蒔植記》卷中《木槿》 木槿一卉，古名舜華。唐玄宗嘗親折一枝爲花奴插帽，使非從古所珍，安得托根禁苑耶。花譜詆爲賤惡，可謂不知書矣。插種甚易，二三月時，新芽初發，翦作尺餘，隨插地上，河泥壅之。如欲編籬，順手緊插。若少停輟，其處必缺。復按此花别名朝菌，時一寓目，塵念頓空矣。

清 高士奇《北墅抱瓮録・木槿》 園中遶塹設籬，編木槿爲之，盤織縱横，茂緑盈望。花不一種，有深紅、淺紅、藕色、白色。至於重臺千瓣者，則似木芙蓉，雖榮謝不常，而鮮妍可愛。

清 吴其濬《植物名實圖考・木類》卷三五《木槿》 木槿，《爾雅》椵，木槿。《日華子》始著録。今惟用皮治癬。江西、湖南種之，以白花者爲蔬，滑美。

植物名實圖考・木槿

清 謝堃《春草堂集》卷二五《花木小志・木槿》 花有五色，狀如芍藥。其植似樹，然朝榮暮萎，婦女不甚簪佩。或曰武后醉勅百花齊放，翌日諸花吐豔，而木槿獨否，因是貶之苑外，世亦由是賤之。吁，設使實有其事，豈不愧死昌宗、三思輩矣，何貶之有。余於空園栽數十株，每當花時，呼鄰里之匹夫匹婦，即以此事講説一遍，使其以忠孝爲本，竟有聽之而發憤者、墮淚者、噓吁再四者。是夕，夢丈夫衣冠而揖余曰：「千載曖昧，一朝爲先生道破，豈不快哉。」語畢而醒。

清 鄒一桂《小山畫譜》卷上《木槿》 樹高丈餘，葉尖鋭，大者三出如桑。花生葉間，五出，千臺者貴。其色有紅紫黄白數種。苞蒂蕊如葵，枝條勁直，單瓣者以之編籬。花開紫色，朝榮暮落，即此花也。枝葉俱破節，夏秋開。

清 闕名《名花譜・木槿》 樹叢而花繁，種之即活，不必加培。色多紅、粉、紫，日光朝爍，疑若焰生。又一種千葉白花，葉如翠，花如雪，真同梨花之淡，而比碧桃之芳也。 汝陽王璡善打曲，名皇摘紅槿花置帽上，令□舞奏曲，而花不墮，名爲花奴。

清 屈大均《廣東新語》卷二五《木語・朱槿》 朱槿一名日及，亦曰舜英，葉如桑，光潤而厚，樹高正四五尺，而枝葉婆娑。自仲春花至仲冬，一叢之上，日開數百朵，朝開暮落，色深紅五出，大如蜀葵瓣，捲起勢若飛颺，層出如樓子。有蕊一條，比瓣稍長，上綴金屑，日光所爍，疑有火焰江。總木槿賦、朝霞暎日，殊未妍珊瑚，照水定非鮮千葉，芙蓉詎相似，百枝燈花復羞燃是也。粵女多種之，插枝即生，以其花蒸醋，食之能美顔潤血。蘇子瞻詩「焰焰燒空紅佛桑」，謂朱槿也。佛桑又有殷紅，水紅黄紫各色花，比朱槿差小，稱小牡丹，四時有花，繞籬種之，爛熳若錦屏，白者以爲蔬菜，甜美可口，女子食之尤宜。予詩：花當園蔬有佛桑，徐文長謂佛桑，即扶桑。有句云：蠻花長憶爛扶桑。

清 陳昌齊 道光《廣東通志》卷九六《木類・朱槿》 朱槿，莖葉皆如桑，葉光而厚，樹高止四五尺，而枝葉婆娑。自二月開花，至中冬即歇。其花深紅色，五出，大如蜀葵。有蕊一條長於花葉，上綴金屑，日光所爍，疑若焰生。一叢之上，日開數百朵，朝開暮落。插枝即活，出高涼郡。一名赤槿，一名日及。《南方草木狀》

藝文

晉 傅咸《舜華賦》 覽中唐之奇樹，稟沖粹之至清。應青春而敷蘗，逮朱夏而誕英。布夭夭之纖枝，發灼灼之殊榮。紅葩紫蔕，翠葉素莖。含暉吐曜，爛若列星。朝陽照灼以舒暉，逸藻采粲而光明。罄天壤而莫儷，何菱華之足營〔榮〕。

晉 羊徽《木槿賦》 有木槿之初榮，藻衆林而間色。在青春而資氣，逮中夏以呈飾。挹宵露以舒采，暉晨景而吸艷。

南朝宋 顔延之《赤槿頌》 日御北至，夏德南宣。玉蒸榮心，氣動上玄。華繰閑物，受色朱天。是謂珍樹，含艷丹間。

合歡花

綜 述

宋 謝維新《古今合璧事類備要别集》卷三一《花卉門・夜合花》《格物總論》：夜合花亦名合歡，或亦名合昏，按《圖經》，安和五藏，利心志，令人歡樂無憂，大家多植於庭除。樹似梧桐，棱甚柔弱。葉似皂莢，槐等細而密，互相交結，風來一似相解不相牽，綴其業至暮而合。五月花發，紅白色瓣上若絲茸。至秋而實，作莢子極薄細，惟益州及近洛等處，爲得其土性之正也。

宋 寇宗奭《本草衍義》卷一四《合歡花》 合歡花，其色如今之醮暈線，上牛〔半〕白，下半肉紅，散垂如絲，爲花之異。其緑葉至夜則合，又謂之夜合花。陳藏器、日華子皆曰：「皮殺蟲」。又曰：「續筋骨」。經中不言。

宋 李石《續博物志》卷八《王孫》 王孫一名黄孫，一名黄昏。孫思邈有黄昏散。注云：黄昏木，或曰合歡、合昏、夜合花。陳無已云：探囊一試黄昏。湯草部、木部黄昏爲二物。郭璞曰：守宫槐晝日聶合，而夜舒布也。江東有木，與此相反，俗因名合昏。《古今注》云：合歡似梧桐，枝葉互相結，風來解，使人不忿。嵇康種之於舍前。

元 胡古愚《樹藝篇・木部・合歡》 合歡即今烏絨樹，亦謂之夜合花。 合歡樹似梧桐，枝葉繁，互相交結，每風來，輒自相解，了不相牽綴。樹之階庭，使人不忿。稽康種之舍前。《古今注》 夜合葉似皂莢、槐等，極細而繁密，至暮而合。花發紅白色，瓣上若絲茸然。至秋而實，作莢子，極細薄。一名合歡，一名合昏。崔豹《古今注》云：「欲蠲人之忿，則贈以青棠。」即合歡也。《八閩通志》《圖經》曰：合歡，夜合也，生益州山谷，今近京、雍洛間皆有之，人家多植於庭除間。木似梧桐，枝甚柔弱。葉似皂莢、槐等，極細而繁密，互相交結，每一風來，輒似相解，了不相牽綴。其葉至暮而合，古一名合昏。五月，花發紅白色，瓣上若絲茸然。至秋而實，作莢子，極薄細。採皮及葉用，不拘時月。崔豹《古今注》曰：「欲蠲人之憂，則贈以丹棘。」丹棘，一名忘憂。「欲蠲人之忿，則贈以青裳。」合歡也，故稽康種之舍前是也。《衍義》曰：合歡花，其色如今之醮暈綿，上半白，下半肉紅，散垂如絲，爲花之異。其緑葉至夜則合，又謂之夜合花。 王孫，一名王孫，一名黄昏。孫思邈有黄昏散，注云：黄昏木或曰合歡、合昏、夜合花。陳无己云：探囊一試黄昏湯。草部、木部黄昏爲二物。郭璞曰：守宫晝日聶合而夜舒布也。江東有木與此相反，俗因名合昏。《古今注》云：合歡似梧桐，枝葉互相結，風來解，使人不忿，稽康種之於舍前。《續博物志》《詩話》：心胸填錯，是爲沛灌，取夜合皮掌大一枝，水煮服之。 韓魏公《夜合花》詩：「合昏枝老拂簷牙，紅白開成醮暈花。最是清香合蠲忿，累旬風送入窓紗。」《安陽集》 合歡，曰合昏，曰青裳，曰夜合。其木似梧桐，枝弱葉繁，互相交結，每一風來輒似相解，了不相牽綴。植之庭階，使人不忿。其葉至暮而合，故曰合昏，今人皆謂之夜合花。稽康云：「合歡蠲忿，萱草忘憂。」《草木畧》

明 王象晉《群芳譜・花譜》卷一《合歡》 合歡一名宜男，一名合婚，一名合昏，一名青棠，一名夜合。處處有之。枝甚柔弱，葉纖密，圓而緑，似槐而小，相對生，至暮而合。枝葉互相交結，風來輒解，不相牽綴。五月開花，色如醮暈線，下半白，上半肉紅，散垂如絲。至秋而實，作筴子，極薄細，花中異品也。樹之庭堦，使人釋忿恨。根側分條藝之，子亦可種。主安和五臟，利心志，令人歡樂。或以百合當夜合者，誤。 附録：魏明帝時，苑囿及民家花樹皆生連理，有合歡草，狀如蓍，一株百莖，晝則衆條扶踈，夜則合爲一，莖萬不遺一，謂之神草。宋朝東京第宅山池間，無不種之。然則草亦有。合歡，不獨樹也。遜頓國有淫樹，晝開夜合，名曰夜合。亦云有情樹，若各自種，則無花。古有合歡扇，合歡被，合歡帶，合歡枕，合歡床，合歡綵，合歡索，合歡香囊之類，皆美其名也。其爲人所慕尚如此。

清 陳淏子《花鏡》卷三《花木類考・合歡花》 合歡，一名蠲忿，生益州及近京、雍、洛間。樹似梧桐，枝甚柔弱。葉類槐莢，細而繁。每夜枝必互相交結，來朝一遇風吹即自解散，了不牽綴，故稱夜合，又各合昏。五月開紅白花，瓣上多有絲茸。實至秋作莢，子極薄細。人家第宅園池間皆宜植之，能令人消忿。冬月可以分栽。分汁搗爛絞汁，浣衣最能去垢。

清　吴其濬《植物名實圖考・木類》卷三三《合歡》　合歡，《本經》中品。即馬纓花。京師呼爲絨樹，以其花似絨線，故名。《救荒本草》：夜合樹，嫩葉味甘可煠食。

植物名實圖考・合歡

清　吴其濬《植物名實圖考・木類》卷三六《大毛毛花》　大毛毛花即夜合樹。有二種：一種葉大，花如馬纓，初開色白漸黄。一種葉小，花如球，色淡緑有微香、近甜。滇俗四月八日婦女無不插簪盈髻，以花似佛髻云。陳鼎《滇黔紀遊》：夜合樹高，廣數十畝，枝幹扶疏曲折，開花如小山覆錦被，絶非江浙馬纓之比。宜其攀折不盡，足供茶雲壓鬟顫釵矣。

清　周象明《事物攷辨・植物・合歡》　《通志》：合歡一名合昏，一名青棠，一名夜合。其木似梧桐，其葉互相交結，風來即解。植之庭階使人不忿，至暮而合，故稽康曰：合歡蠲忿，萱草忘憂。

清　高士奇《北墅抱瓮録・合歡》　合歡葉細如槐，比對而生，至暮則兩兩相合，曉則復開。花淡紅色，形類簇絲。秋後結莢，北人呼爲馬纓，取其花之象也。野牆荒塹之側，輒得數株，欲植之草堂前，以本大難遷，遂不復移。採其葉乾之，釀以酒，醇釅益人。

清　闕名《名花譜・夜合》　一名合歡。立夏日看蕊紅、紋香淡者名百合，蜜色而香濃，朝舒而夕斂者名夜合。柳柳州詩云：夜合花開香滿庭。韓詩：所愛夜合花，清馥逾衆芳。　稽中散曰：萱草忘憂，合歡蠲忿。

清　謝堃《春草堂集》卷二五《花木小志・夜合》　魯人呼紫荊花爲夜合，又呼馬纓爲夜合。嘗讀蔣南沙所繪條幅粉本，花葉皆似百合。然百合開時絶無香氣，馬纓、紫荊亦不甚香。唐人竇叔向詩云：「夜合花開香滿庭。」下一滿字，其香可知。且結句似二三月光景，而百合、馬纓、紫荊皆非二三月所開。或曰百合紅紋香澹，夜合色蜜香穠。未知孰是。

木芙蓉

綜　述

唐　段成式《酉陽雜俎續集》卷九《木芙蓉》　衛公莊上舊有同心蒂木芙蓉。

宋　謝維新《古今合璧事類備要别集》卷三七《花卉門・芙蓉花》　《格物叢話》：芙蓉之名二，出於水者謂之草芙蓉，荷花是也。出於陸者謂之木芙蓉，此花是也。此花叢高丈餘。葉大盈尺。枝幹交加，冬凋夏茂。及秋半始着花。花時枝頭蓓蕾不计其數，朝開暮謝，後先陸續，頗與牡丹、芍藥相類。但牡丹、芍藥之花不如是之夥且繁也。然此花以色取而無香。有紅者，有黄者，有白者，有先紅而後白者，又有千葉者，非一種而已。況此花又最耐寒，八九月餘天高氣肅，春意自如故，亦有拒霜之名。世俗多於近水處栽插而茂，或者因號曰木運，審然矣。

宋　張唐英《蜀檮杌》卷四《廣政十三年》　後蜀廣政十三年九月，孟昶令城上植芙蓉，盡以幄幙遮護。是時，蜀中久安，賦役俱省，斗米三錢。城中之人，子弟不識稻麥之苗，以筍芋俱生於林木之上，蓋未嘗出至郊外也。村落閭巷之間，弦管歌誦（蜀刻作「聲」），合筵社會，晝夜相接。府庫之積，無一絲一粒入於中原，所以財幣充實。城上盡種芙蓉，九月間盛開，望之皆如錦繡。昶謂左右曰：自古以蜀爲錦城，今日觀之，真錦城也。

明　鄺璠《便民圖纂》卷五《芙蓉》　芙蓉十月間，斫舊枝條，盦稻草灰內。二月初，截作尺許長，插土中，自生根，待花開，分栽，近水尤盛。

明 高濂《遵生八箋》卷一六《芙蓉花四種》 有數種。惟大紅千瓣、白千瓣、半白半桃千瓣。醉芙蓉，朝白、午桃紅，晚改大紅者，佳甚。不必分根，記在十一月中，將嫩條剪下，斫作一尺一條，向陽地上，掘坑埋之，仍以土掩。至正月後，起條遍插水邊林下，無不活者，當年即花。

明 王世懋《學圃雜疏·芙蓉》 芙蓉特宜水際。種類不同，先後開，故當雜植之。大紅最貴最先開。次淺紅，常種也。白最後開。有曰三醉者，一日間凡三换色，亦奇。客言曾見有黄者，果爾，當購之。芙蓉入江西俱成大樹。人從樓上觀，吾地如榛荆狀，故須三年一斫卻。

明 王象晉《群芳譜·花譜》卷一《木芙蓉》 木芙蓉灌生，葉大如桐，有五尖及七尖，冬凋夏茂。一名木蓮，一名華木，一名枇木，一名拒霜花，一名地芙蓉。有數種，惟大紅千瓣、白千瓣、半白半桃紅千瓣。醉芙蓉，朝白午桃紅晚大紅者佳甚，黄色者種貴難得。又有四面花轉觀花，紅白相間。八九月間，次第開謝，深〔深〕淺敷榮，最耐寒而不落不結子。總之，此花清姿雅質，獨殿衆芳，秋江寂寞，不怨東風，可稱俟命之君子矣。欲染别色，以水調靛紙蘸花蕊上，仍褁〔裹〕其尖，開花碧色。五色皆可染。種池塘邊，映水益妍。氣味辛平無毒。清肺、凉血、散熱、解毒、消腫，毒惡瘡排膿止痛有殊効。俗傳葉能爛獺毛。 種植：十月花謝後，截老條長尺許，臥置窖内無風處，覆以乾壤及土。候來春有萌芽時，先以硬棒打洞，入糞及河泥漿水灌滿，然後插入，上露寸餘，遮以爛草即活。當年即花。若不先打洞，傷其皮即死。

明 周文華《汝南圃史》卷七《芙蓉花》 芙蓉花，九月霜降時開，故又名拒霜。今圃中有四種，純紅者先開，淡紅與白者次之。醉芙蓉俗名三醉芙蓉。朝紅莫白，花極早，與紅色同開。又有處州種，一枝而紅白二色，自長洲趙處州官舍攜歸，傳此種於吴。《便民圖纂》云：十月間斫舊枝條，盦稻草灰内，或埋溼潤處，不令乾。二月初截作尺許長，插土中，自生根。待花開分栽，近水尤盛，故必栽池塘四圍。昔人云，芙蓉能敺獺不來食魚，以其葉能傷獺毛，使爛及皮肉，此未必驗。又名木芙蓉。王介甫詩：「水邊無數木芙蓉，露滴胭脂色未濃。正似美人初醉著，强擡清鏡照粧慵。」又名木蓮。白樂天詩：「晚凉思飲兩三盃，召得江頭酒客來。莫怕秋無伴醉物，水蓮花盡木蓮開。」凡扦插芙蓉，斫樹枝如芙蓉枝，釘作小穴，填糞令滿，然後插入，上露寸許，遮以爛草方易活。《農桑撮要》云：候芙蓉花開盡，帶楷漚過，取皮可代麻檾。又白芙蓉葉，霜降後收之，陰乾爲末，可合圍藥。

明 謝肇淛《五雜俎》卷一〇《物部》 蜀孟昶僭擬宫闕於成都四十里，盡種木芙蓉。每至秋時，鋪以錦繡，高下相照，謂左右曰，真錦城也。然木芙蓉極易長，離披散漫，至不可耐，及其衰也，殘花敗葉，委藉狼狽，蕭索之狀，無與爲比。此與朝菌木槿何異，而乃誇以爲麗，其敗亡也，不亦宜乎。

明 王路《花史左編·芙蓉花》 不必分根。十月間將嫩條剪下，砍作一尺一條，向陽地上掘坑埋之，仍以土掩。二月初或清明日，先以硬棒打穴，入糞河泥溝，然後插入，上露寸餘，遮以爛艸，無不活。當年即花。如不先打穴，竟以枝條插下，恐傷其皮，不活。

明 闕名《花史·芙蓉》 十月間斫舊枝條，盦稻草灰内，二月初截作尺許長，插土中自生根。待花開分栽，近水尤盛。

明 方以智《物理小識》卷九《木芙蓉》 木芙蓉。江北木芙蓉冬槁，浙閩廣皆成樹。七月開，十月止，故名拒霜。有紅、黄、白花，有大紅者，四面者。粤西添色芙蓉花，朝開正白，午後微紅，夜深紅，此則轉觀花也。冬髡條，置向南日下，覆以乾壤，候春見萌，則爲深坎插之。取皮，風戾之，漚池爲緶，甚能勝水。中通曰：取皮作線，爲汗衫不臭。

明 闕名《栽花總録·芙蓉》 純紅者先開，淡紅與白者次之。醉芙蓉朝紅暮白花極早，與紅者同開。冬初剪去嫩條，截作一尺，掘坑埋之，即以土掩。來春於池塘四圍，將木釘打穴、填糞，令滿。然後插入上露寸許，遮以爛草方易活。王介甫絶句云：「水邊無數木芙蓉，露滴胭脂色未濃。正似美人初醉着，强擡清鏡照粧慵。」白芙蓉葉霜降後收之，陰乾爲末，可合圍藥。

清 高士奇《北墅抱瓮録·木芙蓉》 木芙蓉，瀟洒無俗姿，花色不一，有白有紅，更有一花而日三變，朝白晚紅，名醉芙蓉者。性本宜水，特於水際植之。緣溪傍渚，密比若林，雜以紅蓼，映以翠荇，花光入波，上下摇漾，猶朝霞散綺，絢爛非常。（見宋孝宗書） 唐人刁光允《木芙蓉畫幅》云：託根不與菊爲雙，歷盡風霜未肯降。本是無心豈有怨，年年清艷照秋江。善爲此花寫照矣。

清 吴其濬《植物名實圖考·木類》卷三五《木芙蓉》 木芙蓉，即拒霜花。《桂海虞衡志》載之。《本草綱目》始收入灌木。河以南皆有之。皮任織絹。花葉爲治腫毒良藥。

清 謝堃《春草堂集・花木小志・芙蓉》 木本者其大如樹，荊南有之。花開爛然，大如盤盂。嘗枉寶慶與譚鐵簫太守對酌花下，余歌《玉芙蓉》南曲一闋，太守吹鐵簫和之，今十稔矣。草本者其幹若檾，花皆單瓣，色亦柔媚可觀，江淛近水處多有之。

清 周象明《事物攷辨・植物・木芙蓉》 《事物原始》：芙蓉有二種，出於水者謂之草芙蓉，荷花是也；出於陸者謂之木芙蓉，又名木蓮，八九月開花，故又名拒霜。白樂天詩云：「水蓮開盡木蓮開」是也。

清 屈大均《廣東新語》卷二五《木語・添色芙蓉》 廣州木芙蓉。其色一日數換，晨正白，午後微紅，夜深紅。有半紅半白者，有先紅後白者，名曰「添色芙蓉」。種之當年成樹，高二三丈，其蒂有四花，開其二，剖之復有二花在焉。少陵詩：「炢蒂芙蓉本是雙」，古人大言其根柢如此。外有江南玉芙蓉一種，色稍白，名「南金花」。

清 陳昌齊 道光《廣東通志》卷九六《花類・添色芙蓉》 添色芙蓉。花晨開正白，午後微紅，夜深紅。潮州木芙蓉。大如梧桐，朝開粉紅，午變大紅，晚又變爲淡黄。《嶺外雜記》 謹案：添色芙蓉一名三醉芙蓉。嶺南在處有之，不獨潮州也。

清 陳憲舜《課民植牧講義稿・木芙蓉》 芙蓉木高者丈許。葉大如桐，有五尖七尖者。隨插隨生，枝條極茂，較之各樹，格外快大。旁枝雖大如碗，然柔脆如藕，力扳必折。曬乾作柴，絲直易開，以造木器，質白而細。作近日火柴枝與盒，如天造地設，適當其用。其根與葉，爲拔毒上品。皮可爲索，與苧麻同。其花則朝白變爲粉紅，大紅，洋紅，次日變紫色，亦有一色者。花謝結子，一包數粒。霜時採花，霜後採葉，陰乾，入藥。將肥壯之枝，切尺餘長，斜插入土八九寸。最多五年，即成大樹，亦生長之最速者。柴山種此，利大效速。魚塘週圍，多插此木，可避水獺。

藝文

宋 張嵲《紫微集》卷八《種木芙蓉》 去歲經冬百卉空，今年多種木芙蓉。未如蜀國城邊望，疑是秋江渡口逢。定乏雄蜂來慰藉，應與寒菊伴丰容。敢同出水方新句，空自長吟負老松。

桂花

綜述

唐 段成式《酉陽雜俎續集》卷九《桂花》 衛公言：桂花三月開，黄而不白，大庾詩皆稱桂花耐日，又張曲江詩：桂花秋皎潔。妄矣。

唐 段成式《酉陽雜俎續集》卷九《月桂》 月桂葉如桂，花淺黄色，四瓣，青蕊，花盛發如柿，葉蒂稜。出蔣山。

唐 段成式《酉陽雜俎續集》卷九《山桂》 山桂葉如麻，細花紫色，黄葉簇生如慎火草。出丹陽山中。

宋 謝維新《古今合璧事類備要別集》卷三八《花卉門・桂花》 《格物叢話》：桂，梫木也，一名木犀。叢生巖嶺間，故因名巖桂。花數品，或白或黄，或紅或紫黄者能着子，然不如紅者紫者尤佳也。此花四出或五出，或重臺，徑二三分，圓瓣。樹高者三二丈，低者不下丈餘。貫四時青青不改柯易葉，花時蕊如金粟點綴枝頭，比其開也，芳塵襲人可愛也。另有一種四季着花，亦有每月一開者，亦有春而着花者，香皆不減於秋。博物君子試一爲之品題。

明 鄺璠《便民圖纂》卷五《木犀》 木犀四月間，將樹枝攀著地，以土壓之。至五月，自生根。一年後，鑿斷。八月移栽。

明 高濂《遵生八箋》卷一六《木樨花四種》 有四種：金黄花、白花、黄花，結子，四季花，惟金桂爲最。葉邊如鋸齒而紋麄者，其花香甚。灌以猪糞，則花茂，蠶沙壅之亦可。

明 王象晉《群芳譜・藥譜》卷一《桂》 桂一名梫，一名木樨。葉對生，豐厚而硬，凌寒不凋。枝條甚繁，木無直體。皮堪入藥。脂多半卷者，爲壯桂。葉似枇杷，薄而卷者爲菌桂。葉似柿，皮赤厚，味辛烈者，爲肉桂。若官桂乃上等供官之桂也。出賓、宜、韶、欽諸州者佳。花甚香遠，白者名銀桂，黄者名金桂，能著子紅者名丹桂。有秋花、春花、四季花、逐月花者。花四出或重臺，徑二三分，瓣小而圓。花時移栽高阜半日半陰處，臘雪高擁於根，則來年不灌自發。忌人糞，宜豬糞，冬月以撏豬湯澆一次妙。又麻糝久浸，候水清澆亦佳。蠶沙壅根，澆以清水，來年愈盛。北方地寒，九月、十月間將樹以土培根，高尺許，外苫蓋周密，嚴塗以泥。半腰向南留一小牖，暖日開之，以透太陽之氣，寒則塞之。春分後去其塞，清明後去其苫，無有不活。又有巖桂，似菌桂而稍異，葉如〔有〕鋸齒如枇杷葉而粗澀者，有無鋸齒如梔子葉而光潔者，叢生巖嶺間，皮厚不辣，不堪入藥。花可入茶酒，浸鹽蜜作香茶及面藥澤髮之類。台州天竺寺者，生子如蓮實，或二或三，離離下垂，天竺僧稱爲月桂，其花時常不絶，枝頭葉底，依稀數點，亦異種也。　插接：接宜冬青，又春月攀枝着地土壓之。五月生根，逾年截斷，含蕊移栽。木樨接石榴花必紅。《種樹書》。妨〔防〕患如患蛀損，取芝麻梗懸樹間，能殺諸蟲。　附録：水木樨一名指田。枝軟葉細。五六月開花，細而色黄，頗類木樨，中多鬚葯，香亦絶似。二月内分種，與甘州枸杞配植兩盆，頗稱清賞。搗葉加礬染指，紅過鳳仙。

明　周文華《汝南圃史》卷七《桂花》　桂花，一名巖桂，謂其多生巖嶺間也。俗稱木犀。《興化府志》又名九里香。有數種，惟深黄色者，花蕾繁簇，香尤清烈。俗謂之毬子木犀，此爲第一。《羣書一覽》以紅爲狀元，黄爲榜眼，白爲探花，蓋取其色之紅耳。其實紅劣於黄，至白色者尤劣。有先數日開者爲早黄，有四時開者，有結子者。《吴邑志》云：花時凡三開，畏風雨。堪作餅、入茗及拌楊梅作蜜餞，其用非一。以白酒娘浸之，冬入釀，曰桂花三白，清香異常。《允齋花譜》云：木犀，七月内用豬泥糞壅。《灌園史》云：栽桂之法灌以豬糞，壅以蠶沙，如患蛀損，取芝蔴梗懸之樹間，能殺諸蠹。《浣花雜志》云：桂花最惡糞，如用豬糞澆必死。欲其茂盛，栽之向陰處所，壅以臘雪，春分秋分二時將河泥壅高尺許，或云用油腳澆之即盛。欲取其花，俟開既盛，須用竹筏箍其本，以寸木砧緊，明晨花自盡脱。《便民圖纂》云：四月間扳樹枝著地，以土壓之，至五月自生根，一年後截斷，八月移栽。《種樹書》曰：木犀接石榴，其花必紅，惜未曾試耳。　丹桂，古未聞。《談腴》云：明之象山士子史本有木犀忽變紅色，異香，因接本獻闕下，高宗雅愛之，畫爲扇面，題二絶云：「月宫移就日宫栽，引得輕紅入面來。好向煙霄承雨露，丹心一點爲君開。秋入幽巖桂影團，香深粟粟照林丹。應隨王母瑶池宴，染得朝霞下廣寒。」然范文正公記竇氏有「丹桂五枝芳」之句，則前此已有之矣。《浣花雜志》云丹桂即紅桂。

明　方以智《物理小識》卷九《桂》　桂，官桂。四月花，無實。其樹高數丈。出邕交。嵇含曰：桂自踞嶺爲林，葉如枇杷。葉鋸邊，表裏白毛者爲肉桂。臨嵩如竹，其葉似柿無鋸齒者爲菌桂。其秋開者木犀也。以木肉赤有縱文，凌冬香辣，故皆以桂名。木犀有結實者。四季開者無實，而冬季花尤繁。王麟洲言：有子者桂，無子者木犀。訛也。木犀結子如豆，今呼月桂。木犀呼巖桂，不宜灌糞。花時移屈其條壓土中，能自生根，亦可以冬青接。寧都赤面石桂葉乃大五六寸，四圍鋸齒如刺。張邦基曰：湖南呼九里香，江東曰巖桂，浙人曰木犀。引王以寧《九里香》詩爲證。郭青螺曰：西昌山桂二月開，白花叢開其香似月季，花樹近於木犀，江北謂之九里香。其葉似禾樹，冬不落，新安謂之春桂，色有紅白二種，紅者肥而稀得，性喜野而畏俗，人家植之九死一活。智按：此九里香非一種矣。

明　竇文照《竇子紀聞類編・花木類》卷四《桂花四出》　《七修稿》曰：諸花皆五出，蓋土之生物，五爲成數也。巖桂止四出者，秋已屬金，西方金之成數又四也。故桂金色而四出，開於秋也。

清　曹溶《倦圃蒔植記》總論卷上《論花》　桂君稟性剛正深有益於人，與木樨大不同。凡古人所謂桂者，多指藥中桂皮之樹耳。不但此土木樨未是，而閩中結子者亦非也。嶺南患木樨瘴，此地亦頗有聞氣眩暈者。又入茶酒中，或因而腹脹，皆宜慎之。試觀玉局桂酒頌，則知吴樨閩子能不避三舍耶。

清　曹溶《倦圃蒔植記》卷中《桂》　昔人謂有錢當作五窟室，吴香窟盡種梅株，秦香窟周懸麝臍，越香窟植岩桂，蜀香窟栽椒，楚香窟畦蘭。四木草各占一時，餘日入麝。便廷子一年死且爲香鬼，况於生乎。栽桂之法，須俟夏初，攀枝着地，以土壓之。逾年截斷，含蕊移栽，濯以豬糞，蠶沙壅之。如患蛀損，取芝蔴梗懸之樹間，能殺諸蟲。《種樹書》云，木樨接石榴，其花必紅。然則宋高宗時，山陰史氏本又不足奇矣。

清　高士奇《北墅抱瓮録・桂》　桂分紅黄白三色。紅者曰丹桂，黄者曰金桂，白者曰銀桂。每秋發花兩度，丹桂有子，凡花之香者，或清或濃，不能兩兼。惟桂花清可絶塵，濃能透遠，一叢盛放，鄰牆别院，莫不聞之。江南好事者，多結之作屏。余園中小徑，鱗次種植，左右成行，接葉交枝，上不通日，花時金粟滿望，李義山所謂桂巷，殆不過是。

清　吴其濬《植物名實圖考・木類》卷三六《滇桂》　滇桂，生雲南人家。樹高近丈，赭幹緑枝。春生葉如初發小橘葉。葉間對茁長柄萺葖，圓如菉豆。開四團，瓣白緑花，瓣厚多縐，中央緑蒂大如小錢，有蕊五點，外瓣附之，如排棋子狀，頗俶詭。

清 吴其濬《植物名實圖考·木類》卷三六《山桂花》 山桂花，生雲南山坡。樹高丈餘，新柯似桃，膩葉如橘。春作小苞，迸開五出，長柄裊絲，繁蕊聚縷，色侔金粟，香越木犀。每當散萼幽崖，擔花春市，翠緑摩肩，鵝黄壓鬢，通衢溢馥，比户收香。甚至碎葉斷條，亦且椒芬蘭臭，固非留馨於一山，或亦分宗於八桂。但以錦囊缺詠，藥裹失收，聽攀折於他人，任點污於厠溷，姑爲膽瓶之玩，聊代心字之香。

植物名實圖考·山桂花

清 謝堃《春草堂集·花木小志·桂》 桂之花有赤色者，名硃砂桂。深黄色者，名丹桂。淺黄色者，名金桂。白色者名銀桂。又有名四季桂者，其花雖四季能開，然色香稍減，蓋齊魯間多以翦背羅本接之故耳。其壯大者莫如廣西桂林郡及潯州，余嘗見其有數十抱者，花開不落，結實若梧桐子。駱賓王詩云：「桂子月中落，天香雲外飄。」蓋指此也。又一種名水木樨者，草本，花色若蜜，其氣味似桂。

清 王弘《山志卷》卷上《桂》 予好植樹，春秋之際，唯日不給，正如吾家右軍所云：「吾篤好種果，今在田里唯以此爲事者也」。桂非北方産，恨無從得之。王雨公見貽一株，甚喜。聞馮具區云：桂出合浦，生必於高山之巔，冬夏長青。其類自爲，林間無雜樹，芬芳貞潔，有君子之德。入藥則爲百藥長，徵佩則與茉蘭并。又可爲舟車宫室之用。蓋嘉木之最不知者，率以木犀當之，而桂因以掩矣。今吴越所有皆此類耳。不知何以别之？肰世之降也。興僞亂真貌，榮名與困湮没者，又豈獨一木肰哉。

清 鄒一桂《小山畫譜》卷上《桂》 一名木樨，樹高一二丈，枝葉對生，葉如冬青，尖長而彎角，旁超而中陷。花開葉間，四瓣，黄心二點，有柄。將開則苞落，一苞數花叢密，色正黄，香濃郁。一種色紅者爲丹桂，白者爲銀桂，金色者爲金桂，香俱遜。又有四季桂，四時俱花。結子如小青果，至藥名肉桂者，則白花如茶，非其類也。

清 闕名《名花譜·桂花》 一名木犀，叢生岩嶺間，因名岩桂。有金、黄、紫、白四種，惟金桂爲最。葉邊如鋸齒，而粗者香。性喜陰，不宜人穢，以豬穢、蠶沙壅之則茂。臘雪高壅於根，則來年不灌自發。四月間攀枝着地，以土壓之，至五月自生根。一年後截斷，八月含蕊時移種，來年尤茂。有月桂、春桂，香皆不減於秋。移接石榴，花開丹色。　桂子之説起自唐時，後宋慈雲式公《月桂》詩序云：天聖丁卯中秋，月有濃華，雲無纖迹，天降靈實，其繁如雨，圓潤如珠，五色具備，殻如芡實而味辛。識者曰：此月中桂子也。好事者播種林下，無不即活。　無瑕嘗着素桂裳折桂，明年花開潔白如玉。　唐一老人以畫桂扇贈賣糕者，後取以扇糕，糕皆桂香。

藝文

南朝梁 蕭繹《芳樹》 芬芳君子樹，交柯御宿園。桂影含秋色一作，隨秋月，桃花一作色染春源。落英逐風聚，輕香帶蕊翻。藁枝臨北閣，灌木隱南軒。交讓良宜重，成蹊何用言。

南朝梁 沈約《芳樹》 發萼九華隈，開跗寒路一作露寒側。氛氳非一香，參差多異色。宿昔寒飈舉，摧殘不可識。霜雪交横至，對之長歎息。

唐 趙蕃《月中桂樹賦》以中秋夕望光彩扶踈爲韻 圓月如霜，有仙桂兮，宛在中央。映澄澈之素彩，逗葳蕤之冷光。杳杳低枝，拂孤輪而挺秀，依依密樹，侵滿魄而含芳。覩其皓爾方凝，翛然不改。隨升沉而自若，貫盈闕而長在。夐冪冪而臨空，杳萋萋而發彩。同蟾蜍之片影，似濯瑶池，異珊瑚之幽叢，徒生滄海。埃壒初歇，關山正秋。空泬寥而逾净，色冉弱而彌幽。謂扇花薄，如珪玷浮。望玉露之初垂，遥疑滴瀝，聽金風之乍起，遠若颼飀。皎皎孤懸，亭亭相向。纔分杳靄之質，微辨輪囷之狀。諒攀援而莫及，寧欲淹留，歎音塵之未期，空勞曠望。嘉其竦本無地，分輝有餘。轉低影於穹碧，擢幽姿於顥初。訝姮娥之繪成，文逾霍靡，竝秦鏡之照出，勢自蕭疎。斯所以亘雲路，委天衢，弱質中植，纖條外扶。亂彩時摇，起飛飛之驚鵲，澄波靡隔，掩歷歷之高榆。是故邈彼輕霄，呈兹永夕，紛敷遠瑩偃蹇旁射。夾餘霞而暫，丹經斜漢而彌白。臨紫極而天香不散，指北斗而仙花可摘。況其遠象朣朧挂于冥空。惜迢遞而遐想，况嬋娟而内融。素色不離自挺雪霜之外，清陰迥泛，頻移霄漢之中。何必詠招隱卧幽叢。庶高枝兮可折，願逍遥於蟾宫。

唐　楊宏真《月中桂樹賦以中秋夕望光彩扶疎爲韻**》**　月滿於東，桂芳其中。因澄輝之皎潔，見幽茂之玲瓏。絢凝冷於清夜，寫濃纖於碧空。遠莫致之，詎攀折以盈手，光可鑒也，覺清明之在躬。夫擢本陰靈，流形永夕，稟玉燭之和氣，潤金波之滋液。枝徘徊而若垂，葉霍靡以如積。同作繢於團扇，想乎尹於尺璧。悠悠歷歷，宜乎凛秋，滿虚輪而挺秀，瑩白暈以含幽。天邊無風，孕香氣而不散，草上有露，泛花光而若浮。異夫高謝地靈，妙融真宰，籠元兔以不動，映素娥而如在。太陽讓美，收若木之餘暉，列宿懷慙，掩白榆而沈彩。既寒暑無變，亦古今不殊。是知託其所終，乃異顛而不扶。二氣初分，誰見栽生之質，三光不息，斯無朽蠹之虞。與然薪之殊患，同瑞草之共舒。事相傳於摭實，勢終類於憑虚。樓上含華，映網軒而列耀，園中委照，益嘉木之蕭疎。千里共瞻，九霄之上。春冬無清浄之景，朒朓闕婆娑之狀。及素秋之節，信謂逢時，當明德之年，何憂掩望。恥片玉以齊價，笑三珠之可尚。彼叢生因地，森挺淩霜，驗植物之斯美，杳神功之可量。垂蔭何方，乃傳天之下界，結根何處，宛在月之中央。又安能較其小大，齊其短長，冀一枝兮可得，敢驤首以覲光。

闕名《幽人折芳桂》　厚地生芳桂，遥林聳榦長。葉開風裏色，花吐月中光。曙鳥啼餘翠，幽人愛早芳。動時垂露滴，攀處拂衣香。日調聲猶苦，孤一作因高力自強。一枝終是折，榮耀在東堂。

闕名《秋風生桂枝》　寒桂秋風動，蕭蕭自一枝。方將擊林變，不假舞松移。散翠幽花落，摇青密葉離。哀猿驚助裹，花露滴争垂。遺韻連波聚，流音萬木隨。常聞小山裏，逋客最先知。

唐　盧照隣《芳樹》　芳樹本多奇，年華復在斯。結翠成新幄，開紅滿故一作舊枝。風歸花歷亂，日度影參差。容色朝朝落，思君君不知。

唐　李白《詠桂二首》　園花笑芳年，池草艷春色。猶不如槿花，嬋娟玉堦側。芳集作芬榮何夭促，零落在瞬息。豈若瓊樹枝，終歲長翕赩。二：世人種桃李，多在金張門。攀折争捷徑，及此春風暄。一朝天霜下，榮耀難久存。安知南山桂，緑葉垂芳根。青陰亦可託，何惜樹君園。

唐　李德裕《贈陳侍御》　比聞龍門敬善寺有紅桂樹獨秀。伊川嘗於江南諸山訪之莫致，陳侍御知予所好，因訪剡溪樵客，得數株移植郊園。衆芳色沮，乃知敬善所有是蜀道茵草，徒得嘉名，因賦是詩兼贈陳侍御。昔聞紅桂樹，獨秀龍門側。越叟移數株，周人未嘗識。平生愛此樹，攀玩無由得。君子知我心，因之爲羽翼。豈煩嘉客譽，且就清陰息。來自天姥岑，長疑翠風色。芳芬世所絶，偃蹇枝漸直。瓊葉潤不凋，珠英粲如織。猶疑翡翠宿，想待鵷鸞集作雛食。寧止暫淹留，終當更封殖。

明　李卓吾《讀升菴集》卷一八《草木・桂子》　劉績《飛雪録》載杭州靈隱寺月中墜桂子事，似涉怪異。余按《本草圖經》云：江東諸處，多於衢路間拾得桂子，破之辛香，古老相傳，是月中下也。不知當地何意獨無焉，寧非月路耶。白樂天詩，偃蹇月中桂，結根依青天。天風繞月起，吹子下人間。自註云：杭州天竺寺，有月中桂子。

清　曹庭棟《産鶴亭詩》二稾《春仲園中桂花盛放，希馮作春月桂花，吟見投賦此答之。》　春花多艷色，秋花多妙香。物理豐此即嗇彼，遭時亦復殊温凉。咄哉小山此叢桂，纍纍芳粒舒春陽。黏枝綴葉燦可數，煖日一烘如金黄。自來摇落矜獨秀，驀與桃李争相當。化工幻物亦偶爾，愚人推測指爲祥。傳聞鄰里奔老稚，蹀躞花下俱張皇。東園主人顧而笑，悠然對花進一觴。春氣應欲撩詩鼻，猛香故遣和風颺。

清　蕭趙琰《桂之樹》　桂之樹，托根君之墀。大火當昏，鬱鬱離離。桂之樹，結葉葉交枝，枝中有丹心，君不知。君不知，含情直待秋風吹。秋風吹，君知之。

山茶花

綜　述

唐　段成式《酉陽雜俎續集》卷九《山茶》　山茶　似海石榴，出桂州，蜀地亦有。

唐 段成式《酉陽雜俎續集》卷九《山茶花》 山茶花 山茶葉似茶，樹高者丈餘，花大盈寸，色如緋，十二月開。

宋 謝維新《古今合璧事類備要別集》卷三九《花卉門·山茶花》 《格物總論》：山茶花樹高者大餘，低者三二尺許。枝幹交加。葉硬有稜，稍厚，中闊寸餘，兩頭尖長三寸許，面深緑光滑，背淺緑。花有數種，寶珠茶、雲茶、石榴茶、海榴茶、躑躅茶、茉莉茶、真珠茶、串珠茶、正宮粉、塞宮粉、一捻紅、照殿紅、千葉紅、千葉白者，不可勝數，葉各不同。海榴茶花青蒂而小，石榴茶中有碎花，躑躅茶、山躑躅、樣宮粉茶、串珠茶皆粉紅色，其中最佳者寶珠茶也。或又言此花品中有黃者，然亦鮮矣。

明 宋詡《竹嶼山房雜部》卷一〇《樹畜部·種花卉法》 山茶葉似木樨而豐厚，經冬不少脱。寶珠蘇子瞻詩云：葉厚有棱犀甲健，花深少態鶴頭丹。楊妃花肉紅色，間早。四季花。宜寄枝，寄用本體。黃花香宜寄枝，寄用茶體。若山茶體，花仍爲紅色。白花宜寄枝，同黃花。一種玉茗如山茶而色白，黃心緑蕚。磬口花、㽞口花宜子種。

明 王世懋《學圃雜疏·山茶》 吾地山茶重寶珠，有一種，花大而心繁者，以蜀茶稱。然其色類殷紅。嘗聞人言滇中絶勝。余官莆中，見士大夫家皆種蜀茶，花數千朵，色鮮紅，作密瓣，其大如盆。云：種自林中丞蜀中得來。性特畏寒，又不喜盆栽。余得一株，長七八尺，舁歸植澹圃中，作屋冪於隆冬。春時拆去，蕊多輒摘却，僅留二三花，更大絶。爲余兄所賞，後當過枝廣傳其種，亦花中寶也。

明 王世懋《學圃雜疏·山茶》 黃山茶、白山茶、紅白茶梅，皆九月開。二山茶花大而多韻，亦茶中之貴品。楊妃山茶稍後，與白菱同時開。楊妃是淡紅，殊不能佳，爲是冬初花當具一種耳。白菱花純白而雅，且開久而繁，人云來自閩中。余在閩問之，乃無此種，始在豫章得之，定是嶺南花也。花至季冬始盡，性亦畏寒。花後宜藏室中。

明 高濂《遵生八箋》卷一六《山茶花六種》 山茶花六種別名甚多。以可觀玩世所廣者録之。 如磬口外有粉紅者，十月開，二月方已。有鶴頂茶，如碗大，紅如羊血，中心塞滿如鶴頂。來自雲南，名曰滇茶。有黃、紅、白、粉四色爲心，而大紅爲盤，名曰瑪瑙山茶，花極可愛，産自浙之温郡。有曰寶珠，九月發花，其香清可嗅。

明 鄺璠《便民圖纂》卷五《山茶》 山茶春間或臘月皆可移栽。以單葉者接千葉，其花盛，其樹久。

明 宋詡《竹嶼山房雜部》卷一〇《樹畜部·種花卉法》 茶梅花蕚如山茶而小，凌冬不彫。 宜寄枝，寄用山茶體。

明 王路《花史左編》卷一八《山茶》 以單葉接千葉花茂樹久，或以冬青接，十不活二三也。

明 王象晉《群芳譜·花譜》卷一《山茶》 山茶：一名曼陀羅。樹高者丈餘，低者二三尺。枝幹交加。葉似木樨，硬有稜，稍厚，中闊寸餘，兩頭尖，長三寸許，面深緑光滑，背淺緑，經冬不脱。以葉類茶，又可作飲，故得茶名。花有數種，十月開至二月。有鶴頂茶、（大如蓮，紅如血，中心塞滿如鶴頂。來自雲南，曰滇茶）瑪瑙茶、（紅、黃、白、粉爲心，大紅爲盤。産自温州）寶珠茶、（千葉攢簇，色深，少態）楊妃茶、（單葉。花開早，桃紅色）焦蕚白寶珠、（似寶珠而蕊白，九月開花，清香可愛）正宮粉、賽宮粉、（皆粉紅色）石榴茶、（中有碎花）海榴茶、（青蒂而小）菜榴茶、躑躅茶、（類山躑躅）真珠茶、串珠茶。（粉紅色）又有雲茶、磬口茶、茉莉茶、一捻紅、照殿紅、千葉紅、千葉白之類，（葉各不同）不可勝數。就中寶珠爲佳，蜀茶更勝。《虞衡志》云：廣州有南山茶花，大倍中州，色微淡。葉薄有毛。結實如梨，大如拳，有數核如肥皂子大。紅花爲末，入姜汁、童便，酒調服，治吐血、衄血、下血。可代鬱金爲末，蔴油調，塗湯火傷灼。 栽接：春間臘月皆可移栽。四季花寄枝，宜用（木）（本）體。黃花香寄枝宜用茶體，若用山茶體，花仍紅色。白花寄枝同上一種。玉茗如山茶而色白，黃心緑蕚。磬口花、㽞口花宜子種，以單葉接千葉者則花盛樹久。以冬青接，十不活一。

明 周文華《汝南圃史》卷六《山茶附茶梅》 山茶，葉如木犀深緑，有稜，花正紅如小漆碗，冬末春初開最富麗。《興化府志》云：有數種，花開單葉而極大者曰日丹，單葉而小者曰錢茶，有類錢茶而粉紅色者曰溪圃，又有百葉而攢簇者曰寶珠，有類寶珠而蕊白色焦者曰焦蕚。當歲暮百花摇落之後，此花獨開，故人重之。曾南豐以白山茶寄吴仲庶詩云：山茶純白是天真，筠籠封題摘尚新。秀色未饒三谷雪，清香先得五峰春。瓊花散漫情終蕩，玉蕊蕭條跡更塵。遠寄一枝隨驛使，欲分芳種更無因。注云：初唯此花與揚州后土廟瓊花天下一枝，近年瓊花可接，遂散漫，而此花爲獨出也。今人家園圃所植多單葉，深紅，花中有黄心，樹高丈餘，結子可復出，即寶珠。茶已自難得，所云白色者未見也。《水雲録》云：臘月及春間皆可移栽，三月中以單葉接千葉，其花茂盛。或以冬青接者，十僅能活一二。又有一種來自滇南，花大如蓮，尤爲瑋異。

茶梅，花葉皆小於山茶。其花單葉，粉紅色，秋深始開，殆所謂溪圃耶？然亦有白色者。

明　方以智《物理小識》卷九《山茶》　山茶，紅白寶珠，肉紅曰楊妃。有磬口、㽕口、黄、白四季者，可以寄枝。白曰玉茗。坡詩：葉厚有稜犀甲健，花深少態鶴頭丹。咏寶珠也。馮時可《滇記》：滇多茶花，大於牡丹，木高十丈餘。沐府有寶珠樓。又一種曰茶梅，其萼如山茶而小，凌冬不凋。

明　闕名《栽花總録・山茶》　有寶珠、楊妃、瑪瑙各種，喜燥。冬春之間，俱可移栽。二月接以單葉接千葉，則花盛而樹久，不宜糞。今人家園圃所植多單葉，深紅花中有黄心者，即寶珠茶，已自難得。白者，未之見也。

清　陳淏子《花鏡》卷三《花木類考・山茶》　山茶，一名曼陀羅。樹高者一二丈，低者二三尺，枝幹交加。葉似木樨，闊厚而尖長，面深緑光滑，背淺緑，经冬不凋。以葉類茶，故得茶名。花之名色甚多，姑列於後。其開最久，自十月開至二月方歇。性喜陰燥，不宜大肥。春間臘月皆可移栽，四季花寄枝宜用本體。黄花香寄枝宜用茶體。若用山茶體花仍紅色。白花寄枝同上。磬口花、㽕口花宜子種。以單葉接千葉則花盛而樹久，以冬青接，十不活一二。

附山茶釋名　共十九種諸色茶花　瑪瑙茶，産温州。紅黄白粉爲心，大紅盤。鶴頂紅，大紅蓮瓣，中心塞滿如鶴頂。出雲南。寶珠茶，千葉攢簇，殷紅，若丹砂。出蘇杭。焦萼白寶珠，似寶珠，蕊白，九月開，甚香。楊妃茶，單葉花，開最早，桃紅色。正宫粉、賽宫粉，花皆粉紅色。石榴茶，中有碎花。梅榴茶，青蒂而小花。真珠茶淡紅色。（茶）〔菜〕榴茶，有類山躑躅。躑躅茶，色深紅，如杜鵑。串珠茶，亦粉紅。磬口茶，花瓣皆圓轉。茉莉茶，色純白，一名白菱，開久而繁，亦畏寒。一捻紅，白瓣有紅點。照（殷）〔殿〕紅，葉大而且紅。晚山茶，二月方開。南山茶，出廣州。葉有毛，實大如拳。

清　曹溶《倦圃蒔植記》總論卷上《論花第・茶花》　寶珠茶皆來自蜀中，紅者以春開，黄白者以秋開。今分二部，而以滇茶白綾各爲其部中之傑。蜀茶比本地寶珠迥別，外瓣宏闊而内瓣舒暢，色倍鮮明，譜所謂石榴茶即此。有大紅、深紅二種，年久者亭亭如蓋，其紅可亞佛桑。又一種外紅而心如瑪瑙，紅白相間，名曰二喬。右三種皆蜀茶也。滇茶則來自雲南。其性畏熱畏寒，喜潔惡穢。花大如碗，二十餘瓣，一樣均匀而重臺交覆。色比大紅畧淺，嬌媚無比。黄白千葉山茶，其瓣大同小異，俱外闊而中密，皆有微香。黄者心含自然蜜，更增一奇。白絞花開在冬初迄於長至。此二茶頗小，亦二十餘瓣而内外均匀。其色純白中帶淡緑，超然塵表。凡白花之無香者皆可厭，惟此花也，賞心者忘其白而不香，即格韵之勝可知也。

清　曹溶《倦圃蒔植記》卷中《山茶》　嘗見宋姚伯聲《三十客圖》載，曼陀羅一種，不知何卉。後閲《文苑豹斑》，知爲經言山茶。當如《清異録》所載，閩昶春餘宴，後庭飛紅滿空，昶曰彌陀。經云雨天曼陀羅華，此景近似。然此花種色亦多，不獨紅也。春間、臘月皆可移植。以單葉接千葉則花茂樹久，或以冬青接者，十不活二三也。又有一種來自滇南，花大如蓮，尤爲瑋異。假令閩昶見之，又當作何排辦矣。

清　高士奇《北墅抱瓮録・山茶》　山茶，種有不同，淺爲玉茗，深爲都勝；大爲山茶，小爲海紅。園中特多此樹，淺紅者早開，深紅者遲發。密葉沈緑，間以丹葩，萬蕊繽紛，燦如蜀錦，十月即花。檻外更有大紅寶珠一種，外苞六出，内萼千重，幾同剪簇所成，彌旬不落，射以晴陽，浥以宿雨，倍增絢麗，尤屬奇品。

清　朴静子《茶花譜・澆灌培植法》　花性喜燥，不宜過濕，盆面土色白，始以河水澆之。花卸後，澆以燖鷄湯則茂，或以黄荳煮汁浸久澆之亦肥。若移栽則俟冬至後，勿惜小費，擊碎原盆，以山間紅土和河岸板沙，栽新盆内。置半陰半陽之地，花倍鮮妍。

清　朴静子《茶花譜・摘蕊》　芽吐數月不抽條。花卸後，春氣發長，花已暗胎，至四五月間，苞乃微見，每兩蕊夾出，而且繁多，俟其稍大，量樹大小留之，餘皆摘去，不可觸傷嫩梗。開時花頭大而且鮮。樹之津脉常盛，不然則花漸力弱矣。

清　朴静子《茶花譜・剪枝》　茶枝多無倫，剪削最易敗。直上之枝謂之命枝，剪去尤甚。欲花得致，但於發生時，隨剪隨以香火燒剪痕，使不得洩氣，亦無傷其津脉也。

清　朴静子《茶花譜・接花法》　於年前預植山茶小盆内，剪去豊條，滋培暢活，即以作根。俟過春分後，擇晴明天氣，架就好種花邊選嫩枝，削去一小半，削所植山茶根，亦如嫩枝大小平，以敗蕉梗。緊縛所削兩處，使之皮合。澆灌以時。兩匝月可斷其原本。當年有花，得氣旺也。若過時，雖亦可接，有不旺之説。閩人有以一本接兩三種者，甚至有接四五種者。不得自然之趣，不足取也。

清　朴静子《茶花譜·變色變態説》　譜著三十條凡四十一種，有一名而兩三種或四五種者，有一種而兩三名者。據園叟云：花盛則變色變態。揆其理，不特根株老嫩之别，即陰陽燥濕及工夫勤惰，已判然肥瘦濃淡矣。況漳地春冬皆暖，花嘗有放早放遲，過時失候之容，亦不可不知也。余蒞兹既久，目覩心賞，爰訂是譜。如虎斑即錦蓮，漳人謂爲兩種。五寶即平分，亦名柳條，漳人謂三種，此正變色變態之驗也，不吝贅筆。

清　厲荃《事物異名録》卷三一《花卉部·山茶》　曼陀羅。《羣芳譜》：山茶一名曼陀羅。　鶴頂紅。《花譜》：山茶一名鶴頂紅。　風茄兒、山茄子。《本草綱目》：曼陀羅花一名風茄兒，一名山茄子。　惡客。《西溪叢語》：曼陀羅爲惡客。　照殿紅。《草木志》：山茶花有數種，照殿紅最佳者。　寶珠。《學圃餘疏》：山茶最重寶珠，花大而心繁，以蜀茶稱。　月丹、郝經。《陵川集詩註》：王承宣云，山茶大者曰月丹。　玉茗、都勝、海紅。陶弼詩：淺爲玉茗深都勝，大曰山茶小海紅。　清人樹。《清異録》謁：閩甘露堂前兩株茶，官人呼爲清人樹。

清　檀萃《滇海虞衡志·志花·滇南茶花》　滇南茶花，甲於天下，昔人稱其七絶，而明巡按鄧渼以十德表之，稱十德花。此花宜爲第一。

清　龔煒《巢林筆談》卷四　平樂村山茶樹，顧仲瑛先生遺植也。幹老枝繁，開時朵大色鮮。丹砂鶴頂未足盡，其形容品花者，不得專美。滇蜀近以俗主厭苦，遊人不加愛護，日就衰落，可勝嘆惜。

清　吴其濬《植物名實圖考·木類》卷三六《滇山茶葉》　滇山茶葉，葉勁滑，類茶味辛。開黄白花作穗。滇山人以其葉爲飲。

清　鄒一桂《小山畫譜》卷上《山茶》　木本，單葉粉紅者，名楊妃山茶，破臘開。大紅者爲蜀茶，正月開。皆五瓣，黄心一簇如瓣大，白鬚半寸，苞蒂數層。葉厚尖長有稜。又重臺大紅者，名寶珠山茶。樹高花千朵粉色者，名玉林山茶，品貴。又洋茶五色具備，并有灑金二色者，其花平板少韻。

清　闕名《名花譜·山茶》　花種不一，惟滇茶最佳。又名寶珠。花大如碗，心如鶴頂。有黄、紅、白、粉四色。黄心而大紅爲盤者名瑪瑙茶，産浙之温郡。又有白寶珠，九月發花，幽香雅潔，真同美人，茶中佳品也。　接法：二月或臘月皆可，春深肥壅。以單葉接千葉花茂，以冬青接，則花青色，奇種可人，脉多不活，當細心培之。張籍性耽花卉，聞貴矦家有山茶一株，度不可得，乃以愛姬换之，時號花淫。小史曰：愛妾换花亦一韻事。

清　陳昌齊　道光《廣東通志·花類·南山茶葩》　南山茶葩。蕚大倍中州者，色微淡，葉柔薄有毛。

藝　文

清　華希閔《廣事類賦》卷三〇《花部·山茶》　曼陀羅樹，深淺殊名。錦窠紅綻，玉磬香清。寶珠最貴，宫粉還珍。楊妃欲醉，瑪瑙徐傾。滇南絶艷，蜀地奇芬。誰言此花偏少態，鶴頂丹砂原可愛。況玉茗之風流，與黄香之清貴。緣味勝而名茶，實枝繁而似桂。凌雪色以偏嬌，涉春寒而斯在。雖取象於海榴，與梅花而作對。

清　吴偉業《詠拙政園山茶》　拙政園，故大弘寺基也。其地林木絶勝。有王御史者，侵之以廣其基，後歸徐氏最久，兵興爲鎮將所據，已而海昌相國得之。内有寶珠山茶幾株，交枝合抱，花時鉅麗鮮妍，紛披照矚，爲江南僅見。相國自買此園，在政地十年不歸，再經譴謫遼海，此花從未寓目。余偶過太息，爲作此詩：拙政園内山茶花，一株兩株枝交加。艷如天孫織雲錦，赬如姹女燒丹砂。百年前是空王宅，寶珠色相生光華。歌臺舞榭從何起，當日豪家擅閭里。苦奪精藍爲玩花，旋拋先業隨流水。兒郎縱博賭名園，一擲輸人等糠粃。後人修築改池臺，石梁路轉蒼苔履。曲檻奇花拂畫樓，樓上朱顔嬌莫比。闘盡風流富管弦，更誰瞥眼閒桃李。齊女門邊戰鼓聲，入門便作將軍壘。荆棘從填馬矢高，斧斤勿剪鶯簧喜。近年此地歸相公，相公勞苦承明宫。真宰陽和暗廻斡，長安日日披薰風。花留金谷遲難落，花到朱門分外紅。一去瀋遼歸未得，百花深鎖月明中。看園剩有灌花老，爲道此花吴地少。宋代經今六百年，虬幹成圍更成抱。嘉賓開宴醉春風，火齊堆光上穹昊。於今忽作無主花，滿地飄殘竟誰掃。聞語還思出塞人，玉門關外無芳草。夢魂遥想故園花，未見名花顔色好。對花不語淚沾衣，惆悵花間燕子飛。折取一枝閒供佛，征人消息幾時歸。

清 胡慶豫《東坪詩集》卷七《日本山茶》 花有淺紅、深紅及紅白相間者，皆千葉。 海紅紅照眼，異種出滇南。爲寫天然色，不隨春意酣。

清 胡慶豫《東坪詩集》卷八《山茶》 養花天氣初收雨，艷吐奇葩索笑看。名重殿中含露淺，種傳海外浥波寒。霞光細結千層彩，蟾影遥分一點丹山茶大者名月丹。偏與鼠姑争照眼，倚欄杆是惜春殘。 幾度窗前弄色明，妝分濃淡總含情。一枝綴錦宵迎月，數朵凝煙曉趁晴。玉茗自來輸早艷，鶴丹空復負嘉名。願逢四海長清晏，爛漫花開照輦行。

蠟梅

綜述

宋 周文華《汝南圃史》卷七《蠟梅》 蠟梅，叢生，葉如桃而闊大堅硬。蠟月開花，香色似蠟。范成大《梅譜》云：本非梅類，以與同時，而香又相近，色酷似蜜脾，故名蠟梅。凡三種。夏間子熟採而種之，秋後發芽，澆灌得宜，數年方可分栽。不經接者花小，香淡，其品下，俗呼狗蠅梅。或作九英，以其花九瓣故也。經接者花肥大而疎，雖盛開花常半含，名磬口梅，最先開，色深黄如紫檀，花密香濃，名檀香梅，此品最佳。蠟梅香極清芳，殆過梅香，初不以形狀貴也。張伯雨《蠟梅》詩云：商略羅浮水月鄉，論資也合地黄香。蠟珠誰與僧虔戲，綴作斜枝小鳳皇。花開時無葉，葉盛則花已盡矣。結實垂鈴尖長寸餘。以十月中分栽。《浣花雜志》云：臘梅不宜接，但宜過枝，以狗蠅小本栽大本邊，扳其枝用麻皮縛緊，候皮相粘，下截臘梅，上去狗蠅，便成佳本。春分移栽，澆用半水糞。或曰蠟梅花不可嗅，嗅之則頭痛，試之信然。又云：漾蠟梅花水不可飲，飲之有毒，蠟梅尤甚。王梅溪曰：東南蠟梅葉落始開，峽中地煖，花開而葉不落。宋山甫知縣云：大寧監多蠟梅，土人不識，呼爲狗蠅花。

明 高濂《遵生八箋》卷一六《臘梅花三種》 今之狗英臘梅亦香，但臘梅惟圓瓣，如白梅者佳，若瓶一枝，香可盈室。余見洪忠宣公山庭有之，後竟滅歿。今之圓瓣臘梅，皆如荷花瓣者，瓣有微尖，僅免狗英則可。客云：楚中荆襄産者最佳。想忠宣宅中，亦得自彼處，故今不復見也。

明 王世懋《學圃雜疏·蠟梅》 蠟梅。是寒花絶品。人言臘時開，故以臘名，非也。爲色正似黄蠟耳。出自河南者曰磬口香，色形皆第一。松江名荷花者次之。本地狗纓下矣。得磬口，荷花可廢，何况狗纓。

明 王象晉《群芳譜·花譜》卷一《蠟梅》 蠟梅，小樹，叢枝，尖葉。木身與葉類桃，而闊大尖硬。花亦五出，色欠晶明。子種者經接過，花踈，雖盛開，常半含，名磬口梅，言似磬之口也。次曰荷花，又次曰九英。又有開最先，色深黄如紫檀，花密香濃，名檀香梅，此品最佳，香極清芳。殆過梅不以形狀貴也，故難題詠。此花多宿葉，結實如垂鈴，尖長寸餘，子在其中。 種植：子既成，試沉水者種之。秋間發萌放葉，澆灌得宜，四五年可見花。一法取根旁自出者分栽，易成樹。子種不經接者，花小香淡，名狗蠅梅，品最下。

明 江之源《百花藏譜》《臈梅花三種》：臈梅叢生，葉如桃而闊大堅硬，開當臈月，新色如臈，故名。凡三種，以子種出不經接。上等磬口最先開，色深黄。圓瓣如白梅者佳，若瓶一枝，香可盈室，楚中荆襄者最佳。次荷花瓣者，瓣有微尖。又次花小香淡，俗呼狗英臈梅，開時無葉，葉盛則花已無。夏間結實，垂鈴尖長寸餘，俟熟採。試沉者種之，秋間發芽，放葉澆灌得宜。不四五年間，花根傍自生出者，十月中分之，更易成樹。或云臈梅花不可嗅，嗅之則頭痛，試之不爽。

明 慎懋官《華夷花木鳥獸珍玩考》卷二《蠟梅》 本非梅類，以其與梅同時，香又相近，色酷似蜜脾，故名蠟梅。凡三種，以子種出，不經接，花小香淡，其品最下。俗謂之拘蠅梅。經接，花踈，雖盛開，花常半含，名磬口梅，言似僧磬之口也。最先開而色深黄似紫檀花，密香濃，名檀香梅，此品最佳。蠟梅香極清芳，殆過梅香。初不以形狀貴也，故難題詠。山谷、簡齋，但作五言小詩而已。此花多宿葉，結實而垂鈴。尖長寸餘，又如大桃奴。子在其中。黄山谷謂京洛間有一種花，香氣如梅，類女工撚蠟所成，因名。

明 闕名《栽花總録·蠟梅》 本非梅類，因其與梅同時，而香又相近，色似蜜蠟，故名。凡三種根旁自生不經接者，花小香淡，俗呼狗蠅梅，或作九英，以其花九瓣故也。經接而花踈，開時常半含者，名磬口梅。色深黄如紫檀，花簇香濃者，名檀香梅，又名荷花梅，此品最佳。結實如垂鈴，俟熟採取試沉者，種之。《浣花雜志》云：蠟梅不宜接，但宜過枝，以狗蠅小本栽大本邊，攀其枝用麻皮縛緊，候皮相粘，下截蠟梅，上去狗蠅便成佳木。春分移栽，澆糞水。吴地花開時無葉，葉盛則花已盡矣。東粤葉落始開，峽中地煖，花開而葉不落，豈風土不同而草木亦因之以異耶。

清　陳淏子《花鏡》卷三《花木類考·蠟梅》　蠟梅，一名黄梅，本非梅類，因其與梅同放，其香又相近，色似蜜蠟，且臘月開，故有是名。樹不甚大而枝叢。葉如桃，闊而厚。有磬口、荷花、狗英三種。惟圓瓣深黄，形似白梅，雖盛開如半含者名磬口，最爲世珍。若瓶供一枝，香可盈室。狗英亦香，而形色不及。近似圓瓣者皆如荷花而微有尖，僅象狗英者皆由用狗英接换故也。若以子出不經接過者，花小而香淡，其品最下。實如垂鈴。夏熟。採取試水，沉者種之多生，産荆襄者爲上，今南浙亦盛。其本宜過枝，不宜接换。

清　高士奇《北墅抱瓮録·蠟梅》　蠟梅蜜蕊絳心，香氣濃郁。蘭渚軒一株，磬口種也。雖經盛放，常若半含，花倍大於他種，品格珍絶。

清　吴其濬《植物名實圖考·木類》卷三五《蠟梅》　蠟梅，《本草綱目》收之。俗傳浸蠟梅花瓶水飲之能毒人，其實謂之土巴豆，有大毒。《救荒本草》云：花可食。李時珍亦云花解暑生津，殊未敢信。

清　鄒一桂《小山畫譜》卷上《蠟梅》　臘月開，花黄如蠟，對節生，九瓣，内一臺紫色，黄心，三點，香氣馥郁。葉尖長，花時無葉。其種有荷花、磬口、九英，磬口者佳，狗蠅其最下者。一種素心者，花大香甚，名懷素蠟梅，出自中州，爲上品。

清　李鴻章　光緒《畿輔通志·物産·花屬》　蠟梅，隆恩寺小軒蠟梅一株，甚大，江南所不多得。《燕都遊覽志》

藝　文

宋　張鎡《南湖集》卷四《問訊家林蠟梅》　蠟梅吾甚愛，園種未能多。旋去東南竹，新添二十窠。離家俄半月，放蕾想盈柯。前日丁寧句，花神記得麽。

宋　張鎡《南湖集》卷六《種蠟梅喜成時欲暫往梁溪》　出得荆扉喜欲顛，園夫撐到蠟梅船。包封山土根微脱，束縛溪藤葉尚鮮。搬處側從新逕裹，種時圍向舊臺邊。叮嚀等待吾歸看，切莫開花小至前。

瑞香花

綜　述

宋　謝維新《古今合璧事類備要别集》卷三二《花卉門·瑞香花》　《格物總論》：瑞香花樹高者三四尺許。枝幹婆娑。葉厚，深緑色。數種，有楊梅葉者，有枇杷葉者，有柯葉者，有毬子者，有欒枝者，花紫色如丁香。惟欒枝者香烈，枇杷葉者能結子，性喜温潤，本朝始著名。它有黄白二色，特野瑞香無取也。

宋　周密《癸辛雜識》續集上《插瑞香法》　凡插之者帶花，則雖易活而落花，葉生復死。但於芒種日折其枝，枝下破開，用大麥一粒置於其中，并用亂髮纏之，插於土中，但勿令見日，日加以水澆灌之，無不活矣。試之果驗。

宋　莊綽《雞肋編》卷下　《廬山記》載：錦繡谷三四月間紅紫匝地，如被錦繡，故以爲名。今山間幽房小檻，往往種瑞香，太平觀、東林寺爲盛。其花紫而香烈，非羣芳之比。始野生深林草莽中，山人聞其香，尋而得之，栽培數年則大茂。今移賈幾徧天下，蓋出此山云。余嘗在京口僧舍，有高五六尺者，云已栽三十年。而澧州使園有瑞香亭，刻石爲記，云其高丈餘。大觀中余官於彼，亭記雖存而花不復見。東都貴人之家，有高尺餘者，已爲珍木，置於陰室，溉以佳茗。而鄧州人家園圃中作畦種之，至連大枝采斫，不甚愛惜。花有子，歲取以種。其初蓋亦得於山中，不獨江南有也。

明　宋詡《竹嶼山房雜部》卷一〇《樹畜部·種花卉法》　瑞香葉光潤有黄邊者枝頭甚繁，體幹柔韌。　黄花、紫花楊萬里詩云：紫苴翻了白花枝。白花、二色花一體有紅白，又有數本。樓子花、單頭花、串子花皆有香，帶花枝插於背日處，或於初秋時插於水稻側，俟生根移種之。

明　朱權《神隱》下卷《種花》　瑞香。有數種，惟紫花葉青色而厚似橘葉者最香。人家須就廊廡簷下堦基上，去屋簷滴水二尺餘種之。不可露根，露根則不榮。在屋下太深亦不可，惡濕畏日。洗衣服灰汁澆之去蚯蚓，以退牲水澆灌則茂盛。

明　闕名《花史》冬集《瑞香》　花惟紫花，紫青厚似橘葉者最香，須就簷下階基上，去滴水二尺種之，不可露根，在屋下太深亦不可，惡濕畏日，用洗衣灰汁澆之去蚯蚓。以退牲水澆灌則茂盛。插瑞香，左手折下，不要换右手，隨即插下，無不活者，甚妙。用梳頭垢膩壅其根，則葉緑。插黄楊，羅漢松，其法同。

明　王路《花史左編·瑞香》　梅甫時開，就老枝節上剪初嫩枝插於背陰處，自生根，帶花更易活。花落葉生後插之必死。芒種中折其枝，枝上破開，用大麥一粒置於中，用亂髮纏之插土，勿令見日，以水澆之亦活。

明　鄺璠《便民圖纂》卷五《瑞香》　瑞香其花數種，惟紫花葉青而厚者最香。惡濕畏日，用小便或洗衣灰水澆之，可殺蚯蚓。用梳頭垢膩壅其根，則葉緑。梅雨時折其枝，插土中，自生根，臘月、春初，皆可移。

明　高濂《遵生八箋》卷一六《瑞香花四種》　有紫花名紫丁香，有粉紅者，名瑞香，有白瑞香，有緑葉黄邊者，名金邊瑞香。惟紫花葉厚者，香甚（勝）他。如桂林有象蹄花，似巵，葉小。拘那花，夏開，淡紅。白鶴花，花如鶴立，上元花，上元時開似茶花，清香素色俱名花，惜不可得。

百花之外更有結子花，草青紅蓓蘽，可移盆中。蟠簇。雖嚴冬不凋者，有二十二種，俱堪齋頭清玩，并録附之。外此，他省所産更多，未見者不録。

明　劉基《多能鄙事·種瑞香》　用洗衣灰汁澆，去蚯蚓。或以漆滓壅根，潯鷄鵝水澆之。此物惡濕、畏日，不可露根。

明　王象晋《群芳譜·花譜》卷二《瑞香》　瑞香，一名露甲，一名蓬萊紫，一名風流樹。高者三四尺許，枝幹婆娑，柔條厚葉，四時長青。葉深緑色，有楊梅葉、枇杷葉、荷葉攣枝。冬春之交，開花成簇，長三四分，如丁香狀。共數種：有黄花、紫花、白花、粉紅花、二色花、梅子花、串子花，皆有香，惟攣枝花紫者香更烈。枇杷葉者結子。其始出於廬山，宋時人家種之始著。名攣枝者，其節攣曲，如斷折之狀。其根綿軟而香，葉光潤，似橘葉邊有黄色者名金邊瑞香。枝頭甚繁，體幹柔韌，性畏寒，冬月須收暖室或窖内。夏月置之陰處，勿見日。此花名麝囊，能損花，宜另植。

栽種：梅雨時，折其枝插肥陰之地，自能生根。一云：左手折下，旋即阡（扦）插，勿换手，無不活者。一云：芒種時，就老枝上剪其嫩枝，破其根，入大麥一粒，纏以亂髮，插土中即活。一說：帶花插於背日處，或初秋插於水稻側，俟生根移種之，移時不得露根，露根則不榮。澆灌：瑞香惡太溼，又畏日曬。以撏豬湯或宰雞鵞毛水，從根澆之甚肥。蚯蚓喜食其根，覺葉少萎，以小便澆之令出，即尋逐之。須河水多澆之，以解其鹹。以頭垢擁根則葉緑。大槩香花怕糞，瑞香爲最，尤忌人糞，犯之輒死。

附録：結香幹葉如瑞香，而枝甚柔韌，可綰結。花色鵞黄，比瑞香稍長，開與瑞香同時，花落始生葉。雞舌香，産崑崙南。枝葉及皮並似罌粟。花似梅子，似棗核，此雌者也。雄者花而不實，釀之爲香。漢以賜侍中。七里香，一名指甲花。樹婆娑似紫薇，花開蜜色。葉如碎珠，紅色，清香襲人。（寘）（置）髮中久而益香。擣其葉，染指甲甚紅，出仙遊。

明　周文華《汝南圃史》卷六《瑞香》　瑞香，樹高三四尺，枝榦婆娑，葉厚，深緑色。《邵武府志》云：其樹奪枝而生，冬春之際，每枝頭結蕊一簇，每簇率十數朵，逐日次第而開，有紫、白二色，紫者香勝。《格物論》云：有楊梅葉者，有枇杷葉者，有柯葉者，有毬子者，有欒枝者。花紫，如丁香，惟欒枝者香烈，枇杷者能結子。楊庭秀詩云：侵雪開花雪不侵，開時色淺未開深。碧團欒裹筍成束，紫蓓蕾中香滿襟。別派近傳廬阜頂，孤芳原自洞庭心。詩人自有薰籠錦，不用衣篝注水沉。《能改齋漫録》云：廬山古未有瑞香花，他處亦不産，自天聖中人始稱傳。蓋靈草異芳應時乃出，故記序篇什悉作『瑞』字。《廬山記》載瑞香，記訥禪師曰：山中瑞彩一朝出，天下名香獨見知。《灌園史》載瑞香顛末：相傳廬山有比丘，晝寢磐石上。夢中聞花香酷烈，及寤尋求得之，因名睡香。四方奇之，謂爲花中祥瑞，遂以『瑞』易『睡』。張祠部詩曰：曾向廬山睡裏聞，香風占斷世間春。竊花莫撲枝頭蝶，驚覺南窻半夢人。《瑣碎録》云：瑞香生江南諸山，廬山者最勝，有數種，唯紫花葉青而厚似橘葉者最香。人家種者須就廊廡下、階基上，去屋簷滴水二尺餘，不可露根，露根則不榮，亦不可在屋下太深處。又云：瑞香惡溼畏日，勿頻沃水，宜用小便從花脚澆之，則葉緑。又用頭垢壅根上，有日色即覆之，或用浣衣灰汁尤妙。蓋此花根甜，灌以灰水則蚯蚓不食，而衣服垢膩復能肥花也。《居家必用》云：漆滓壅退雞鵝汁澆之，或灌撏豬湯尤盛。《退齋雅聞録》云：最忌麝，或佩麝觸之，輒萎死。惟頻瀹茶灌其根，則不爲蟲所食。今園圃中止有紫白二種，而葉上有金沿邊者勝。梅雨時折其枝插土中，自生根，臘月春初皆可移。《水雲録》云：若插，宜就老枝節上剪取嫩枝，插於背陰處易活。《癸辛襍識》云：

凡插之者，帶花雖易活，而花落葉生復死。但於芒種前後折其枝，枝上破開，用大麥一粒置於其中，以亂髮纏之，插土中，勿令見日，日以水澆之。或云：左手折下隨即扦插，勿换右手，無不活者。

明 方以智《物理小識》卷九《瑞香》 瑞香。有黄、紫、白，樓子、串子者，又有一體紅白者。帶花枝於背日處，或秋插水稻側，生根移種之。侯延慶曰：廬山出瑞香，麝觸之萎，惟瀹茶灌其根，則不爲蟲所觸。結香似之，但可作紙。

明 衛泳《枕中秘·園史·瑞香》 種法：於芒種時，就老枝上剪取嫩條，破開折頭，置大麥一粒，用亂髮纏之，插入土中。根生壅好，勿令外露。復以燖豬湯從花脚澆之。或云左手折下，隨即扦插，勿换右手，無不可活。又云：宜用小便，可殺蚯蚓。然香花忌糞，瑞香尤甚，不若壅以頭垢，或用浣衣灰汁爲妙。蓋此花根甜，灌以灰水，則蚯蚓不食，而衣服垢膩，復能肥花也。但此花一名麝囊，香氣繁烈，能損羣花，世謂花賊，宜獨處之。

明 闕名《栽花總録·瑞香》 有紫白二色，紫者香勝。芒種時，剪取嫩條破開，放大麥一粒，用亂髮纏之，插入土中，根旁壅好，勿令見日，以燖豬湯澆之。或云左手折下，隨即扦插，勿换右手，無不活者。又云澆以小便，可殺蚯蚓。大凡香花忌糞，瑞香尤甚，不若壅以頭垢，或用浣衣灰汁爲妙，但香氣繁烈，能損羣花。世謂之花賊，宜令獨處。張祠部詩云：曾向廬山睡裏聞，香風占斷世間春。竊花莫怕枝頭蝶，驚覺南窗半夢人。又云：山中瑞彩一朝出，天下名花獨見知。

清 陳宸舜《課民植牧講義稿·三叉》 中國名黄瑞香花，枝必三叉而生。莖質柔軟，能矯揉造作。葉如桃李，交互相生，秋初生蕾，冬初漸大。立春乃花，分鈍圓四裂之邊。雄蕊無柄，而并列二重。其實礎一房，蒙有毛茸，花柱如絲，柱頭屈曲，如聚細粟數十枚，簇擁於枝頂，形如蜂巢。花落生葉。六七月結子，用小筐掛於胸前，扳枝摘入筐内，一人每日可收一斗。每一斤半子實，約三萬粒。最忌日光，宜連包肉洗淨風乾，外以棕草等類包裹，懸之妥處風乾，埋入地中尤佳。春分後下田，發芽者大約一半。須用覆日遮霜之法，最好於當陽之處，種包穀以遮日光。二年酌移出山野。三年酌刈其枝，以皮造紙。如樹尚不多，用插枝壓條分株之法，可擴充至多。料理成樹之後，酌量乾濕肥瘦，無一定之法。凡刈樹刀宜横，不宜斜，又宜向日之方，其痕以泥封之，免至枯朽。此後斟酌可刈則刈，不拘年限。

清 厲荃《事物異名録》卷三《花卉部·瑞香》 睡香。《清異録》：瑞香始緣一比邱，晝寢磐石上，夢中聞花香酷烈，及既覺尋求得之，因名睡香。四方奇之，謂爲花中祥瑞，遂以「瑞」易「睡」。

露甲。《説楛》：楚辭露甲，即今之瑞香。

麝囊。《羣芳譜》：瑞香花，名麝囊。

豐瑞花。《益州方物畧記》：瑞香花繁密若綴，先後相繼，蜀人號豐瑞花。

殊友。《山堂肆考》：曾端伯以瑞香爲殊友。

佳客。《花木考》：張敏叔以瑞香爲佳客。

閨客。《西溪叢語》：瑞香爲閨客。

紫風流。《清異録》：廬山僧舍有麝囊花一叢色正紫，類丁香，號紫風流，江南後主詔取植于移風殿，賜名紫蓬萊。

錦薰籠。《東坡别集》：瑞香，今馬塍種最多，大者名錦薰籠。

清 陳淏子《花鏡》卷三《花木類考·瑞香》 瑞香，一名蓬萊花，有紫、白、紅三色，本不甚高而枝幹婆娑。隔年發蕊，蓓蕾於葉頂，立春後即開花。紫如丁香者，其香更濃。葉邊有黄暈者，名金邊瑞香。又有似楊梅葉者，或球子者，攣枝者。其性喜陰耐寒，然又惡濕，婦人多喜扦帶，不宜糞澆，惟用浣衣垢水或燖豬湯澆，或壅人頭垢則茂。芒種時，剪取嫩條破開，放大麥一粒，用亂髮纏之，插入土中，根旁壅好，勿令見日，以垢水澆之。一云左手折花隨即扦插，勿换手種，無有不活。其根甚甜，多藏蚯蚓，必須以法去之。又名麝囊，能損花，宜另種。

清 曹溶《倦圃蒔植記》總論卷上《論花·瑞香》 瑞香以金邊橘葉爲佳，而純橘葉者更芬芳。是花也扦插雖易活，亦易槁於虫（蟲）。借用古兵法二矛兮重兮。此花與蠟梅有毒，宜稍防之。

清 高士奇《北墅抱瓮録·瑞香》 瑞香枝幹婆娑，葉深緑而邊有白色，繁花成簇，香似簷蔔，極能透遠，一名睡香。相傳廬山僧臥巖石間，夢聞花香，覺而得之，故有此名。早春萬卉未吐，以此花爲梅之先驅。

清 闕名《名花譜·瑞香》 一名錦被堆，厚葉而金邊，紫花者香獨烈，白與粉紅者次之。張圖之改瑞香爲睡香詩云：採花莫撲枝頭蝶，驚覺陽臺夢裡人。又唐人：誰將玉膽薔薇水，新濯瓊肌錦繡褌。二詩體物極工。 種法：芒種時剪老根上嫩枝，破開夾大麥一粒，用亂髮纏之，插背陰處，若帶花更易活。 澆法：漆渣及鷄鵞毛汁，或豬毛湯澆俱茂，最忌諸香及麝，觸之即萎。廬山有比丘晝卧石上，夢中聞花香，及寤尋得之，因名睡香。

清　鄒一桂《小山畫譜》卷上《瑞香》　正月開花最早，瓣四出叢生，有紫、白二色。枝葉對節，樹不甚高。開時有葉，葉尖長，花大者徑寸。丁香花小而繁，瑞香花大而疎。一在春早，一在春深，皆香草也。花譜内有黄、紅雜色者，余終未見。

結香花

綜　述

明　宋詡《竹嶼山房雜部》卷一〇《樹畜部・種花卉法》　結香：枝葉如瑞香而大，花淡黄，無所奇，惟枝柔，可以束結球物之形。　春月分根側小本種之。

明　高濂《遵生八箋》卷一六《結香花》　花色鵝黄，較瑞香稍長，花開無葉，花謝葉生，枝極柔軟，多以蟠結上盆，香色俱無可取。

清　陳淏子《花鏡》卷三《花木類考・結香》　結香俗名黄瑞香，幹葉皆似瑞香，而枝甚柔韌，可綰結。花色鵝黄，比瑞香差長，亦與瑞香同時放，但花落後始生葉，而香大不如。

迎春花

綜　述

宋　周文華《汝南圃史》卷八《迎春》　迎春附金雀花。迎春，栽巖石上則柔條散垂，花綴於枝上甚繁。以十二月及春初開花，故名迎春。花黄色。晏元獻詩：「淺艷侔鶯羽，纖條結兔絲。」韓魏公詩：「覆欄纖弱緑條長，帶雪衝寒柝嫩黄。迎得春來非自足，百花千卉任芬芳。」《水雲録》云：宜候花放時移栽肥土，以退牲水澆之則茂。或云即金雀，非也。迎春與金雀枝柯相似，而有强弱之異。金雀葉如槐而有小刺，二月盡始花，花色亦黄，其形如爵，是以名之。取其花用沸湯綽過，輕鹽醃之，曬乾點茶，甘香可口。

明　宋詡《竹嶼山房雜部》卷一〇《樹畜部・種花卉法》　迎春細葉柔條，花黄小。又名金鎖玉、連環花。二瓣一紅一白，自相勾挽。　春前從根側分小本種，以屏輔之。或取其枝壓地中，節目間即生根，可移。

明　王路《花史左編・迎春花》　春首開花，故名迎春。二月中旬分種。

明　王象晉《群芳譜・花譜》卷二《迎春花》　迎春花一名金腰帶，人家園圃多種之。叢生。高數尺，有一丈者。方莖厚葉，如初生小椒葉而無齒，面青背淡。對節生小枝，一枝三葉。春前有花如瑞香，花黄色，不結實。葉苦澀平無毒。雖草花，最先點綴春色，亦不可廢。花時移栽，土肥則茂。焊牲水灌之則花蕃。二月中可分。

清　陳淏子《花鏡》卷三《花木・迎春花》　迎春花一名腰金帶。叢生，高數尺。方莖厚葉，開最早，交春即放淡黄花。形如瑞香，不結實，對節，生小枝，一枝三葉。候花放時移栽肥土，或岩石上，或盆中。而柔條散垂，花綴枝頭，實繁且韻，分栽宜於二月中旬，須用焊牲水澆方茂。

清　謝堃《春草堂集・花木小志・迎春》　近春發花，故得是名。北地園亭多鋪滿地，故不甚重。販花者蓄其壯，隨其形翦紮成林，飾以佳器，與蠟梅、水仙諸品頡頏而列，亦三冬雅翫也。

清　鄒一桂《小山畫譜》卷上《迎春》　木本對節，枝條甚繁，黄花六出，迎春而開，故名。開足後，全朵脱落。開時緑芽尖簇，蒂亦六出，着梗有苞。此花宜盆供。

清　李鴻章　光緒《畿輔通志・物産・花屬》　迎春，李時珍曰：處處人家栽插之，叢生，高者二三尺，方莖厚葉。《本草綱目》狀如丁香而色黄，先春開，故名迎春。《寧河縣志》

酴醾花

綜　述

明　宋詡《竹嶼山房雜部》卷一〇《樹畜部・種花卉法》　荼蘼灌生。作酴醾酒。山谷詩云：露濕何郎試湯餅，日烘荀令炷爐香，東坡詩云：分無素手簪螺髻，且折霜蕤浸玉醅。　白色花　鵝黄色花。春月分根側小本種，以屏架輔之。

明 周文華《汝南圃史・酴醾》 酴醾附木香　酴醾，蔓生，緑葉青條，承之以架。有大小二種，小者有黄白二色。《興化府志》云：有紅者俗呼番酴醾，不香，唯白者香甚。《唐書音訓》：酴醾本作稌醿，因洛京進酴醾酒，其色相似，故加酉云。《一統志》：酴醾花成都縣出，蜀人取之造酒，四月初開花極盛，古詩「開到酴醾花事了」即是。今人呼大者爲酴醾，小者爲木香。《允齋花譜》云：木香雖小而香味清遠，酴醾似不及。然觀古人詩推許鄭重，如韓持國云：「平生爲愛此花濃，仰面常迎落絮風。每恐春歸有餘恨，典刑元在酒杯中。」東坡云：「酴醾不爭春，寂寞開較晚。青蛟走玉骨，羽蓋蒙翠幰。不粧艷已絶，無風香自遠。凄凉吴宮闕，紅粉埋故苑。餘香入此花，千載尚凄惋。」山谷云：「肌膚冰雪薰沈水，百草千花莫比方。露溼何郎試湯餅，日烘荀令炷爐香。風流徹骨成春酒，夢寐宜人入錦囊。輸與能詩王主簿，瑶臺影裏駐胡床。」常疑古人無單詠木香者，豈以如此之花而蘇王反見遺，抑其所詠酴醾即今之木香，而今之酴醾果足當蘇王諸公之詠否？按《格物論》所載酴醾形狀，藤身，青莖多刺，每一潁着三蕊，品字，青跗紅萼，及開變白，香微而清，盤曲高架，正與今所呼木香同。《姑蘇志》云：木香一名酴醾。又諸書中竝無木香可引爲證，則蘇王所詠直是今之木香耳。唯宋學士陶穀云，洛陽故事賣酴醾木香，插枝者均謂百宜枝杖，二花竝列，却是有別矣。總之二種同時開花，若扳枝入土壅泥，月餘俟其根長，截斷移栽，或扦肥地陰溼處，如扦薔薇法，亦易活，一二年後分栽。

明 徐渭《徐文長先生秘集》卷一二《酴醾》：酴醾木香，開花同時。若扳條入土，壅泥月餘，俟其根長，剪斷移栽，並植檻前，堪爲執友耳。

明 闕名《栽花總録・酴醾》 酴醾，一名雪梅墩。多刺，四月初開花。古詩云，開到酴醾花事了。種法：扳條入土壅泥月餘俟其枝長，剪斷移栽。木香開花同時，種法亦同。紫心白花香爲最，青心白木香皆不及也。

清 高士奇《北墅抱瓮録・酴醾》 酴醾香清而微，蔓延高架，露坐最宜。其花青跗紅萼，開時變白。架下可容十餘人。中設石几，與二三同調，盤礴其間，共試早茗，洵爲樂事。

清 謝堃《春草堂集・花木小志・荼蘼》 有黄白二色。有花大如盤，有蓓蕾而叢生者，有有刺者，有無刺者。開時與芍藥不爭遲速，故前人詩有「開到荼蘼花事了」。性愛緣牆繞壁，竟不宜於盆。

木香花

綜述

明 宋詡《竹嶼山房雜部》卷一〇《樹畜部・種花卉法》 木香灌生，條長有刺。花香甚清遠。 黄花、紅花、白細朵花、紫心者佳白中朵花、白大朵花。宜臘月斬其條插之，立屏架以爲輔。

明 王路《花史左編》卷八《木香花》 花有三種，開於四月，惟白花紫心者爲最香，馥清潤高架萬條，坐若香雪，其青心白木香黄木香，都不及也。剪條插，多不活。以條扳入土中一段壅泥，月餘枝長，自本生枝外，剪斷移種，易活。

明 王路《花史左編》卷八《木香花》 剪條插多不活，以條扳入土中一段壅泥，月餘枝長自本生，枝外剪斷，移種易活。

明 高濂《遵生八箋》卷一六《木香花三種》 花開四月。木香之種有三：其最紫心白花，香馥清潤，高架萬條，望若香雪。其青心白木香、黄木香二種，皆不及也。亦以剪條插種，不甚多活，以條扳入上中一段，壅泥。伺月餘，根長，自本生枝外剪斷，移栽可活。

明 江之源《百花藏諸・ 木香花三種》 花有三種，開于四月，惟白花紫心者爲最，香馥清潤，高架萬條，坐若香雪。其青心白木香、黄木香都不及也。剪條插多不活，以條扳入土中一段，壅泥，月餘根長，自本生枝外剪斷，移種易活。予祖學山公搆木香亭至今數十年矣，屋簷椽柱，皆木香枝葉圍繞，花開時香韻可人，同志者遊而賞之，幾翩翩欲仙矣。

清 高士奇《北墅抱瓮録・木香》 木香灌生，長條易茂，編籬引架，芬芳襲人。白花紫心者香更清遠。又有黄色一種，香少遜而色頗妍，山栗破房，乳鵝脱殼，不足方其新艷也。

清 鄒一桂《小山畫譜》卷上《木香》 藤本，長條有刺。花千葉叢開於頂，心赭墨色。花蒂如薔薇，有柄，色有黄白二種，白者貴，黄者香亦不及。又有一種雲南紅蒂紅色。此花即荼蘼也。植宜高架，其葉必三，如竹葉而鋭。蕊初放，即露花香，味甘静。

薔薇花

綜　述

宋　謝維新《古今合璧事類備要別集》卷三〇《花卉門·薔薇花》　《格物總論》：薔薇花一名牛勒，一名牛棘，一名刺紅，一名薔蘼。藤身。蒲萄相似。葉類槐。莖青多刺。花白色或紫或黃，開時連春接夏不絶，清馥可人。或者號爲野客，此又一種，謂野薔薇也。

明　宋詡《竹嶼山房雜部》卷一〇《樹畜部·種花卉法》　薔薇灌生。有刺。《本草》以花單葉白者結子爲營實花。單白者香。　黃花大朵花、紅花、紫花、肉紅花、白花香，皆有重葉而厚疊者。宜冬盡斬其條插之，輔以屏架。

明　周文華《汝南圃史》卷八《薔薇》　薔薇佛見笑　金沙　荷花寶相　月季　十姊妹　五色　黃　白　紫　薔薇，藤生，青莖多刺。三月盛開，爛然如錦，生子若杜棠子。《本草》名營實。范成大《吴郡志》云薔薇花有紅白雜色。陸龜蒙詩所謂『倚牆當户一端晴』，綺者，紅薔薇也。皮日休《泛舟》詩所謂『淺深還看白薔薇』者，則是野薔薇耳。生水邊，香更穠郁。紅花則有金沙、寶相、刺紅、紫玫瑰、五色薔薇等。又有金櫻子、佛見笑等，皆薔薇類也。又有黃薔薇一種，格韻尤高。《便民圖纂》云：三月、八月斫取新發氣條，扦插肥土旁，須築實，勿使傷皮，外留寸許，長則易瘁。今吴中薔薇自紫玫瑰、金櫻子外，又有數種。有豬肝薔薇，紅赤色，花大葉繁而粗，開最先。《八閩通志》云：金沙亦玫瑰之流，而香不及。山谷詩云：紫綿揉色似金沙。王介甫詩云：海棠開後數金沙，高架層層吐絳葩。咫尺西城無力到，不知誰賞魏家花。今有一種，千葉，深紅，一枝一花，端莊富麗，疑即金沙也。《通志》又云：寶相，藤生，花類酴醿而秀整過之。今有荷花薔薇，千葉，桃紅，比之佛見笑稍覺緊束，形如荷花，疑即寶相也。刺蘪，葉細多刺，四月中開花，比薔薇、木香諸花最後。其花粉紅色，亦有白者類玫瑰而無香，或指玫瑰爲刺蘪，誤也。今有花堆千葉，如刺繡所成，開最後。又有五色薔薇，葉多而小，一枝五六朵，有深紅、淺紅之别。又有十姊妹，一云七姊妹，一枝七朵，紅白相間，千葉，形似薔薇而小。楊孟載詩：紅羅鬭結同心小，七蕊參差弄春曉。盡是東風兒女魂，蛾眉一樣青螺掃。三妹娉婷四妹嬌，緑牕虛度可憐宵。八姨秦虢休相妒，腸斷江東大小喬。佛見笑，初開甚富麗，稍久則爛熳不足觀。諸種唯紅薔薇、五色薔薇、荷花薔薇三品最佳。聞有黃薔薇，花如棣棠，金色，有淡黃、鵝黃諸種，皆未經見。又月季，叢生，枝幹多刺而不甚長，其花紅色而有深淺之異，亦與薔薇相類而有香，因花開四季故得名。韓魏公詩：牡丹殊絶委春風，露菊蕭疎怨晚叢。何似此花榮艷足，四時長放淺深紅。今人誤爲月桂。又名長春，又名勝春，又名鬭雪紅。《潁州志》作月繼，俗名月月紅，總之一物而異其稱耳。其花可醫瘰頸，宜收用。春初分栽，扦亦可活。《瑣碎録》云：月桂，花葉常苦蟲食，以魚腥水澆之乃止。《浣花雜志》曰：薔薇、木香之屬，壓枝爲上，扦枝次之，扦潮沙土易活，黃泥土難活。必先杵其穴而入其莖，以肥細土填滿，四面築實即生根。

明　何三畏《新刻何氏類鎔》卷三《薔薇》　薔薇之爲花也。發馥微同茉莉，移根還比葡萄。常栽上蘭之宫，亦植宜春之館。或浮曲池而采采，或列斜岸而依依。蕊逐艷陽，花迎化日。片舒而猶看着紫，半捲而未放全紅。忽吐初芽，猩猩渾疑血點。旋開紫萼，瑟瑟却蹙金裝。挺秀一莖，玲瓏作小窓之玩，紛飛萬朵。爛熳垂滿院之陰。蜀錦催成艷麗，似濡仙掌露。燕脂點就風流，如在蕊珠宫。浪摇千臉淚盈盈，空舞一身香郁郁。鶯藏稠葉最宜新，霽之天蝶綴低林。偏愛晚暉之景，雖樹底多攢傷手刺，而花中獨墜斷腸英。好鳥踏枝繞架，游春棲不定。佳人插鬢新粧，含笑約還來。嘗聞康家有四出之奇，亦知長沙皆千葉之種。于以徘徊牆下，因之眄睞屋間。所謂近叢看影密，隔樹望釵疎者矣。即復木槿垂星辰之文，石榴列珊瑚之架。寧如兹木之在，兹時者之爲艷色繁香，飛葩散馥者乎哉。裴常侍有十八韻之唫什，白樂天有二十韻之和章。藉非一種名花，未易當二公名咏也。試取而一再讀之，詩思花芬當亦争妍而並韻耳。

明　江之源《百花藏譜·薔薇花七種》　有朱干薔薇，多葉，赤色，花大葉粗。最先開有荷花薔薇，千葉，花紅，狀似荷花。有刺蘪堆，亦千葉，花大，紅如刺繡所成。開最後有五色薔薇花，亦多葉而小，一枝五六朵，而有深紅、淺紅之别，有黃者，花如棣棠，金色。有淡黃者，有鵝黃色者，易盛而難久。有白者類玫瑰而無香。薔薇性喜屏結，不可多肥。腦生莠虫，以煎銀店中爐灰撒之，則蟲盡斃。正月初剪枝長尺餘，扦種活，三月、八月皆可扦，須當年枝條扦肥陰地，築實其旁，勿使傷皮，恐不生根。土上只留寸許，梗長則易瘁。外有野薔薇二種，雪白、粉紅，採花拌茶，瘧疾煎服即愈。

明 衛泳《枕中秘·園史·薔薇》 法俟立春折當年枝，連其梢椏，扦陰肥地，築實其旁，勿使傷皮，外留寸許，長則易瘁矣。或云：芒種日及三、八月皆可。插如腦生莠蟲，以傾銀爐灰撒之。別有野外叢生者，名野薔薇，香更穠郁，差比玫瑰。拌茶煎服，可驅瘧鬼。

明 闕名《栽花總録·薔薇》 藤生，青莖多刺。立春時折當年枝條，插肥地即活。《浣花志》云：壓枝爲上，扦枝次之。潮泥易發，黄泥次之。如生蟲，傾銀爐灰撒之。紅花則有金沙、寶相、刺紅、紫、玫瑰五色數等。又有金櫻子、佛見笑等，皆薔薇類也。又有黄者，格有高刺蘗，葉細多刺。四月中開花，粉紅色。亦有白者，皮日休《泛舟詩》所謂「淺深還看白薔薇」者，蓋指野薔薇耳。生水邊，香更濃郁，拌茶煎服，可驅瘧鬼。

清 曹溶《倦圃蒔植記》卷八《薔薇》 古來薔薇、竹林稱最，有康家白馬等名，具見前帙。予題康氏花室有「學分藜閣啖，名繼竹林花」之句，蓋謂此也。法：俟立春，折當年枝連其梢椏扦陰肥地，築實其旁，勿使傷皮，外留寸許，長則易瘁矣。或云：芒種日及三、八月皆可插。如腦生莠蟲，以傾銀爐灰撒之。別有野外叢生者，名野薔薇。香更濃郁，差比玫瑰。拌茶煎服，可驅瘧鬼。他如寶相、金沙羅、金鉢盂、佛見笑、七姊妹、十姊妹等花，姿態相似，種法亦同。

清 高士奇《北墅抱瓮録·薔薇》 薔薇花有淺紅、深紅、大紅之異。結花成屏，雅宜山墅，連春接夏，蒨艷可人。落紅成堆，每不忍掃。園後有絶大者二本，緣高樹而生，上引下垂，延蔓百尺。花間樹杪，如綴火齊。又有白薔薇、黄薔薇、單瓣野薔薇。分香鬬艷，圍繞籬落，各極勝賞。

清 厲荃《事物異名録》卷三一《花卉部·薔薇》 山棘、牛棘、牛勒、刺花、刺紅。《本草綱目》： 薔薇蔓生，柔靡依牆，故名。牆蘼其莖多棘刺勒，人牛喜食之，故有山棘、牛棘、牛勒、刺花諸名，其子成簇如營星，故謂之營實。又《格物總論》名刺紅。 買笑、賈氏。《説林》： 漢武與麗娟看花，薔薇始開，態若含笑。帝曰：「此花絶勝佳人笑也。」麗娟戲曰：「笑可買乎？」帝曰：「可。」娟奉金百斤爲買笑錢。」薔薇名買笑，以此。 錦被堆花。《益州方物記》： 俗謂薔薇爲錦被堆花。 玉雞苗。《清異録》： 東平許司馬後圃薔薇花根下，掘得一石如雞狀，五色燦然，遂呼薔薇爲玉雞苗。 野客。《三餘贅筆》： 張景脩以薔薇爲野客。 山棗。《本草》： 薔薇一名山棗。

清 吴其濬《植物名實圖考·羣芳類》卷二九《白薔薇》 白薔薇，滇南有之。五瓣黄蕊，莖紫，葉如荼蘼，香達數里。

藝文

唐 白居易《白氏長慶集》卷三《戲題新栽薔薇時尉盩厔》 移根易地莫憔悴，野外庭前一種春。少府無妻春寂寞，花開將爾當夫人。

唐 朱慶餘《薔薇》 遶架垂條密，浮陰入夏清。緑攢傷手刺，紅墮斷腸英。粉着蜂鬚膩，光凝蝶翅明。雨來看亦好，況復值初晴。

唐 方干《朱秀才庭際薔薇》 繡難相似畫難成，明媚鮮妍絶比倫。露壓盤條方到地，風吹艷色欲燒春。斷霞轉影侵西壁，濃麝分香入四鄰。看取後時歸故里，爛花須讓一作庭花應謝錦衣新。

玫瑰花

綜 述

明 宋詡《竹嶼山房雜部》卷一〇《樹畜部·種花卉法》 玫瑰花灌生。多刺，細葉。

黄色花、紅色花唐詩云： 蓋粘宫額粉，花勝醉仙妝。白色花皆香堪入酒、入茶、入蜜。春時從根側分小本種，輔以屏架。

明 周文華《汝南圃史》卷七《玫瑰》 玫瑰，玉之香而有色者，以花之色與香相似，故名。今人呼爲梅桂。《水雲録》亦同此，豈以其合二花之清香耶？花類薔薇而色紫，香膩艷麗馥郁，真奇葩也。《西湖遊覽志》云：宋時宫院多採之結爲香囊，芬氤裊裊不絶，故又名徘徊花。其似是而非者名繰絲花，此花亦與薔薇同開。三四月間收花陰乾，入茶葉内極香。摘花瓣搗爛，和白糖、霜梅印成小餅，略啖一二，滿室俱香。又取花瓣搗入香屑，製作方圓扇墜，香氣襲人，經歲不改。正月杪，二月初分栽。有云十月後移則地脈冷多不活。大凡花木不宜常分，唯此花嫩條新發勿令久存，即移栽別地，則種多茂，故又謂之離娘草。若本根太肥，則翻致憔悴。最喜溝泥壅，或云其性好潔，人溺之即死者，謬也。

明 王路《花史左編》卷三 玫瑰。其根傍新發嫩枝條，勿令久存，即宜植別地，則種茂，不零落。 又紫玫瑰花。 種紫玫瑰多不久者，緣人溺澆之即斃。種以分根則茂，本肥多悴，黄亦如之。

明 陳正學《灌園草木識》卷一《玫瑰》 花紫紅色，綴以黄心，亦熬爲露，香甜稍遜番薔薇。澆忌溺水，視諸花，忌溺者爲甚。

明 闕名《栽花總録・玫瑰》 花類薔薇而色紫，艷麗馥郁，真奇葩也。正月杪二月初，分栽壅以溝泥。大凡花木，不宜常分，獨此花，嫩條新發，勿令久存，移別北則茂，俗呼爲離娘草。

清 曹溶《倦圃蒔植記》總論卷上《論花・玫瑰》 玫瑰香温良而味甘美，花之最有實用者，宜多植以作供。甚與雞毛水相宜，三五年一分則茂。予近得一株高幾二丈，花作重臺，大如芍藥，頗異凡種。白木香有二種，紫心而小者爲勝。宋人所謂荼蘼，定此花也。山家清供，以入米蒸飯，亦善取用。

清 曹溶《倦圃蒔植記》卷上《玫瑰》 《華璣域譜》云：宋時宫院多採玫瑰結爲香囊，芬氤不絶，故又名徘徊花。然則司空曙詩：暗妬翻堦藥，遥連直署香。誠詩史也。大凡花木不宜常分，獨此花嫩條新發，勿令久存，即移別地，則種多茂。若本根太肥，翻致憔悴矣。或云其性好潔，人溺之即死。然則嬾瓚潔癖被辱糞艘，較之此花不尚欠一死乎。

清 高士奇《北墅抱瓮録・玫瑰》 四月百花已闌，玫瑰始發，濃香艷紫，可食可佩。迴廊之外，灌生作叢，與酴醿相映，京師有刺蘼，即玫瑰之黄者，惜大江以南，不能致之。

清 陳憲舜《課民植牧講義稿・玫瑰》 莖多小刺，葉如鋸齒。五六月開紫花單瓣，其香甚烈，向日以爲賞玩者，今用根染鵞色綢絹。凡原絲之重一兩者，染後加重五錢，亦有加一兩者。自來染青，先染藍色，再用豆漿，加五倍子，必經三缸乃成。染後加重亦相似。然不如此根之直捷。植法取枝斷五寸長，以半入土，即能生根。或取根萌蘖植之亦可。插植之後，時施水肥。至二年移植，下以油麩等物，去其尖頂，至四年後即可挖根染物。取根法，離土一尺去其莖，用小鏨掘根，於外皮未乾時，木槌打之，除去粗皮曬乾，留一年後，方可應用。至少須留半年，否則染色亦必不佳。染法將根一斤，放水二斗，煑五點鐘，去根之渣。再煑二點鐘，於沸騰時，取生絲或綢投入其中，立即取出，分結成束，免至淆亂。或用麻袋盛住，煑於前之沸水中，約五點鐘，止火冷後，以石灰水洗之。每石灰五升，用水五斗。洗後更入沸湯煑之，取出加重物壓二點鐘。復以清水洗而乾之，用石研過，光澤可人，色絲亦然。又法將半成木質之枝，扭而彎之，勿過折斷傷損，封以沃土，而緊縛之，時加水潤，久則生根，乃剪去老根種之。此物摘花泡油、造酒、製糖銷流頗巨，未可視爲尋常也。

清 鄒一桂《小山畫譜》卷上《玫瑰》 花深紫似薔薇而多刺。葉七出，肥苞開足。花扁瓣，上多白筋黄心攢簇，香味甜美，四月開。

清 闕名《名花譜・玫瑰》 出燕中者，色黄，花稍小，紫者多不久，緣人溺澆之即斃。種以分根則茂，本肥多悴黄亦如之。花時異香氤氲，如披紫綃，色香韵態，無一不絶，故又名徘徊花。其根傍新枝勿令久附，即宜別植，則花繁而本亦不零落，花以糖浸之可食。 宋内苑植玫瑰百本，開時宫人競採之，雜腦麝以爲香囊，芳芬裊裊不絶。

藝文

唐 盧綸《奉和中書李舍人昆季詠玫瑰花寄徐郎中》 獨鶴寄烟霜，雙鸞思晚芳。舊陰依謝宅，新艷出丘牆。蝶起摇輕露，鶯銜入夕陽。雨朝勝濯錦，風夜劇焚香。斷燒千里焰，孤霞一片光。密來驚葉少，動處覺枝長。布影期高賞，留春爲遠芳。嘗聞贈瓊玖，叨和愧登堂。

唐 司空曙《奉和中書李舍人昆季詠玫瑰花寄徐郎中》 仙吏紫薇郎，奇花共玩芳。攢星排緑帶，照眼發和光。暗妬翻堦藥，遥連直署香。透枝蜂遶易，礙刺鳥銜妨。露濕凝衣粉，風吹散蕊黄。蒙籠珠樹合，焕爛錦屏張。留客容看竹，思人比愛棠。如當一作傳採蘋詠，遠思滿瀟湘。

附：金沙花

明 宋詡《竹嶼山房雜部・樹畜部》卷一〇《種花卉法》 金沙花灌生。

條長有刺。紅色微香。王介甫詩云：海棠開後數金沙，高架層層吐絳葩。咫尺西城無力到，不知誰賞魏家花。　宜冬盡斬其條插之，輔以屏架。

月季花

綜　述

明　宋詡《竹嶼山房雜部》卷一〇《樹畜部・種花卉法》　月季灌生。小葉。　紅花，白花，春前剪其枝深插於肥土中，俟生根移種之，輔以屏架。花謝結子即摘去，花開恒不絶。

明　宋詡《竹嶼山房雜部》卷一〇《樹畜部・種花卉法》　十姊妹似金沙花，數朵成叢，肉紅花色即錦被花。《霏雪録》曰錦團兒。　宜冬盡斬其條插之，輔以屏架。

清　高士奇《北墅抱瓮録・月季》　月季花，有紅、白、淡紅三色。香甚清越，逐月一開，四時不絶。種之籬落間，晨露未乾，鮮妍有態，臘中映雪，愈覺泥人。

清　闕名《月季花譜》　月季花先止數種，未爲世貴。攷之花譜，種法未明。近得變種之法，愈變愈多，愈出愈妙，始於清淮，延及大江南北，高人雅士，爲之品題。花則盡態，名亦日新，而吴下月季之盛，始超越古今矣，種類之多。幾與菊花方駕，而今之好月季者，更甚於菊。余有月季之癖，栽種之法，頗得其精，用將生平歷試之法，著之以供同好，列目爲九，一曰洗灌，二曰培壅，三曰養胎，四曰脩剪，五曰避寒，六曰扦播，七曰下子，八曰去蟲，九曰品類。

澆灌第一　月季不宜過濕，亦不宜過乾，盆面發白，即澆以清水。其水第一宜過冬臘水，與黄梅雨水，否則尋常雨水亦可。若河水，以石子數枚攪澄之，久儲聽用尤妙，至開花時，澆以香茗，花更鮮美耐久。

培壅第二　月季性喜肥，其土以田地雨土對和，拌以濃糞，或將土先用火燒過，置於日曬雨淋之處，隨時取用最妙，但尋常土澆肥得法，亦得好花。第一用隔年臈糞，次則儲三四月後，用之亦可，新糞斷不可澆，春則七糞三水，夏則四糞六水，秋則六糞四水，冬則八糞二水。無論有蕊無蕊，每月須澆二次，且紅者喜肥尤甚，多澆一二次無妨，至十二月中，天氣晴和，更宜以濃糞任意澆之，則不但足以禦寒，亦不致落葉，來春必早旺。但春初萌芽甫發，及根邊始出新枝時，決不可澆糞，澆則萌頭焦黑，須俟枝長葉老方可。開花時亦不宜澆，澆則花心過盛，反不能開，落花後必須澆糞，隨時察肥瘦而培壅之，當在得宜也。

養胎第三　夏日炎熱，花易開而少瓣，結蕊後宜移陰處，或上用蘆簾遮蓋，微透日光，庶花大而開久。

修剪第四　花幹抽條，若聽其自然則不特有礙生趣，且分花力，而不茂旺。凡枝下垂，或向裏，或兩枝互駢者，老梗枯朽無花者，均當按其向背，量其疏密，時加脩剪，須四面條達，暢茂有致。且剪後數日，必獲新枝，此係屢試屢驗，決不可忽也。

避寒第五　月季雖不畏寒，然不可令著風雪霜露。霜降後，宜用蘆簾遮蓋日則去之，至大寒時，或掘鬆地土，將盆半埋土内，日夜均以蘆簾遮護，此足禦寒，且得地氣，是最妙法。或移屋内，然須向陽之處，遇天氣晴和，灑以清水，至正月底乃出房。

扦插第六　扦插當在三四月及七八月間，雨天乃扦插，他時不能也。扦枝須擇半老旺枝，於枝末用指甲刮去青皮幾分，插後置陰處半月，方可見日，時灑清水，逾月乃用淡糞水澆之，兩月即花。其土如用火燒過最妙，須拌以礱糠灰，或盆底舖糠灰亦可，大約十土一灰。如由別處剪枝，須插於芋艿上，或蘿蔔上，山芋梨上，雖過夜入土，亦無傷也。至貴品不易活者，入土後用金汁水半盞澆之，無不活者。

下子第七　近之變種，均由下子，其紅種如漢宫春曉，白種如新春柳，春水緑波，俱黄種密波之子新變者。然下子蒔苗甚難，余未親試，未得其詳，姑述之以備博采。

去蟲第八　以魚腥水密灑花葉，能去一切蟲，如有細青蟲蝟集枝上，傷花葉者，一經魚腥水即浄。又有青蟲如蛀，先捲花葉者，做繭後生息日繁，專食花葉，故一見捲葉，即宜□剔。又有黄肚蟲，專傷枝梗，爲患尤甚，宜時時留心殺之。倘壅以汙物，不但根間易於生蟲，且梗上必多白虱，故止宜浄土也。

品種第九　現在所有佳種，列之如下：

藍田碧玉此種不宜過肥，每日澆糞兩次，比別種更宜淡。　金甌泛緑

朝霞散綺即羽士裝。　　號國淡妝

赤龍含珠此種宜肥，否則花甚細小。　　曉風殘月即新春柳，久云瑤臺清品。

淡抹鵝黄即密波淡黄袍。

春水綠波此種最易脱葉，宜爲透風。開花時供屋内，夜必出露，否則葉脱。又此與新春□俱不宜過肥，澆法與藍田碧玉同。

六朝金粉

玉液芙蓉即水月妝，此種本無特異，以其色香兼擅，是以列於貴品。若春水綠波，亦漸有香氣也，以上各種均別有丰姿，獨標新異，爲上品之尤貴者，凡季花多有色無香，惟水月妝香氣更甚。

漢宫春晚　　漢口黄

猩紅海棠　　通草寶相

南海天竹　　姣容三變

雨過天青　　岳陽三醉

珠盤託彩　　飛燕新妝

國色天香　　銀紅牡丹

桃湖春曉　　西施醉舞

朱衣一品　　小玉樓即綠蝴蝶

大富貴　　黑葵

一捻紅此種花心過盛難開，結蕊時不宜澆糞。　　洞庭秋月

杏花天　　紫驪珠

映日荷　　宿雨含紅

丹桂飄香即子瓣黄　　楓葉蘆花

歡合巫山　　綠珠春醉

血芽黄　　金砂寶相

醉青蓮　　醉楊妃

粉妝波斯　　銀紅卍字

七寶冠　　佛背回光

冰輪　　秋水芙蓉

荳綠芙蓉　　琪綠

綠葵　　玉樓春

朱衣象笏　　玉顔紅汗

以上各種亦均上品，此外種數甚繁，不及悉載。

清　謝堃《春草堂集・花木小者・月季》　此花無月不開，冬夏花色稍減，亦不爽信。古人比此花若婦女信水，故又名月月紅。採花入藥，爲婦女調經妙劑。花有紫色、紅色、澹紅色、白而紅邊者、白而有絳色點者、白而帶黄者、白而帶淺綠者。然入藥當以鮮紅者爲佳，賞玩當以純黄、純白者爲上。又有水紅色者，花如碗大，名曰寶相，爲最上品。

清　李鴻章　光緒《畿輔通志・物産・花屬》　月季，俗呼「月月紅」。《雍正志》灌生，處處有之。花有紅、白及淡紅三色。白者須植不見日處，見日則變而紅，逐月而開，四時不絶。《羣芳譜》

茉莉花

綜　述

宋　謝維新《古今合璧事類備要別集》卷三六《花卉門・茉莉花》《格物叢話》：茉莉花似薔薇之白者，叢生，香勝於那悉茗。葉面微皺無刻缺。性喜地煖。南人畦蒔之，開時在夏秋間，六七月始盛。今人多採之以薰茶，或蒸取其液以代薔薇，或擣而爲末，以和麵藥，其香可寶有如此者。坡公目爲暗麝，亦可謂善平章矣。

明　宋詡《竹嶼山房雜部》卷一〇《樹畜部・種花卉法》　茉莉葉如茶而大。江奎詩曰：他年我若修花史，列作人間第一仙。　白花，甚香重葉白花，甚香澆法同衣羅。出南粤。《墨娥小録》云：在盆者立冬將必入房内避風，常置有日之處，至立夏乃出外，去上面舊土一層，再加新土培之。不宜太肥。至長葉而後澆肥也。《黄氏日抄》云：以米漿日溉之，則花可耐一夏。六月六日以治魚腥水一溉益佳。

明　劉基《多能鄙事》　種茉藜花，以鷄屎壅之則盛。

明　高濂《遵生八箋》卷一六《茉莉花二種》　有千葉，初開時，花心如珠。有單瓣者，喜肥，以米泔水澆之，則花開不絶。或皮屑浸水澆之亦可。又云：宜糞，但欲加土壅根爲妙。惟難過冬。若天色作寒，移置南牕下，每日向

陽。至十分乾燥，以水微濕其根。或以朝南屋内泥地上，掘一淺坑，將花缸存下，以缸平地，上以篾籠罩花。日傍以泥築實，無隙通風，此最妙法也。至立夏前方可去罩，盆中週遭去土一層，以肥土填上，用水澆之。芽發方灌以糞。次年和根取起，換土栽過，無不活者。如此收藏多年可延。又云：賣花者惟欲花瘁，其中有説夏間收回，即換土種之，去其故土礱糠亦是一法。

明 方以智《物理小識》卷九　茉莉。即耶悉茗花，瓣長者素馨也。蘇門瓜哇有摩梨柰花，即茉莉成樹者。嶺北、江南霜後糊室收之。最畏隙風，晴則取出受日，以午澆之。每大瓨可插豬鬃二百。至春暖後置露天下，晴則三日一澆水，五月則日一澆，燥更倍之。性喜曬，澆亦宜午後，六月則澆二三次。立夏至仲秋皆灌穽汁。糞水埋者。五日一灌。灌汁後忌水，俟次日下水。大花汁與水均，小花七水三汁可也。摘嫩枝使再發則岐繁矣。六月可插枝種。根下生蟻澆烏豆冷湯。《保生録》：茉莉花勿置牀頭，能引蜈蚣。

明 王路《花史左編》卷八《種茉莉》　此花出自煖地，故性畏寒喜肥。以米泔水澆之，花開不絶，或以皮屑浸水澆之亦可。或云以鷄糞壅之。六月六日以活魚腥水澆之尤玅。梅雨中從節摘斷，插肥地陰溫處即活。

又藏法。　霜降後移置南窓下，十分乾燥，以水微濕其根，朝南屋下内掘一淺坑，將盆放下，以篾籠罩花口，傍以泥築實，無隙通風，或用綿花子覆根五寸許，亦以篾罩罩之，用紙封罩，五六日一次，將花核取開，用冷茶澆之，仍以花核壅之。立夏前方可去罩。盆中週圍去土一層，以肥土填上，用水澆之。大約清明後三日，方可移出。露天最怕春風。清明後三日尤怕風。芽發方可灌以糞。次年和根取起，換土栽過無不活者。如此收藏，多年可延。

明 闕名《花史・茉莉》　《花經》曰：茉莉花亦少如番禺，以浙米漿日澆之，則作花不絶，可柰一夏。又云：清蘭花，濁茉莉。大約畏瘦不畏肥，但出自南方，其性畏寒。遇冬當收之地窨中，清明時出之，不然春寒尤能壞茉莉也。　天寒移入閣，窓下有日色處，由他自乾至十分乾燃，畧用水盞許，只澆根頭，過冬至支春其花方發，不須慮其死，亦不可去枯枝，立夏後方可出蔭，去盆中周圍并盆面舊土，不須出根，以新土添上。若次年却和根起，莫壞根，却全換上，換土之後，用水澆之，不可用肥，直候芽出，發葉之後，方可澆之，剪去枯枝，如此可養十餘年不壞。　收土法：每日屋下掃聚塵土，堆積于閒房，自然熱過篩細者用之。　以雞糞壅之則盛，皮屑浸水澆之亦可。

明 江之源《百花藏譜・茉莉花》　此花出自煖地，故性畏寒。有朱茉莉，其色粉紅。有千葉者，初開時花心如珠，出自四川。有單葉者喜肥，以米泔水澆之，花開不絶，或以皮屑浸水澆之亦可。或云以雞糞壅之。六月六日以活魚腥水澆之尤妙。梅雨中從節摘斷，插肥地陰濕處即活。　藏茉莉法：霜降後移置南窓下。十分乾燥以水微濕其根，朝南屋下内掘一淺坑，將盆放下，以篾籠罩花口，傍以泥築實無隙，通風。或用綿花子覆根五寸許，亦以篾罩罩之，用紙封罩。五六日一次將花核取開，用冷茶澆之，仍以花核壅之。立夏前方可去罩。盆中週圍去土一層，以肥土填上，用水澆之。大約清明後三日，方可移出。露天最怕春風，清明後三日尤怕風。芽發方可灌以糞。次年和根取起換土，栽過無不活者。如此收藏多年可延。人家藏不得法，只寄臘燭鋪爲便。

明 周文華《汝南圃史》卷七《茉莉》　茉莉，叢生，高二三尺，亦有丈餘者。五六月開小白花，清麗而芳郁。蔡襄詩云：團圓茉莉叢，繁香暑中折。江奎詩云：靈種傳聞出越裳，何年提挈上蠻航。他年我若修花史，列作人間第一香。又云：雖無艷態驚羣目，幸有清香壓九秋。應是仙娥宴歸去，醉來卓下玉搔頭。蓋花之形狀宛如玉搔頭也。《丹鉛續録》云：茉莉花見嵇含《南方草木狀》，稱其芳香酷烈。胡人自西國移植南海。宣和中名著艮嶽，列芳草八，此居一焉。八芳者，金蛾、玉蟬、虎耳、鳳尾、素馨、渠那、茉莉、含笑也。陸賈《南行記》曰：南越五穀無味，百花不香，獨茉莉不隨水土而變。《洛陽名園記》云：遠方奇卉如紫蘭、抹厲。《王梅溪集》作没利，又作抹利。《陳止齋集》亦作抹利，《晦菴集》作末利，洪景盧作末麗。《佛書翻譯名義》云：末利，曰鬘華，堪以飾鬘，此土云柰。《晉書》都人簪柰花，云爲織女戴孝是也。則此花入中國久矣。升菴辨博，故悉著其名如此。此花有單葉，有重臺。《八閩通志》云：有一種紅色曰紅茉莉，穗生，有毒。《海槎餘録》云：茉莉花最繁，不但婦人簪之，童穉俱以線穿成釧縛髻上，香氣襲人，其多如此。今江東及吴地所有，皆從江右載來，唯贛州者尤佳。舟行路遠，率用礱糠入盆底，取盆輕易攜。種法：須以新泥易去故土，翦摘枯枝老葉，周圍插細竹，以麻皮輕輕縛住，曬於日中，每日用濃糞澆，或有以鹿糞壅者。《海虞衡志》云：日澆浙水漿則作花不絶，可耐一夏，花亦大且多，葉倍常花。或用撏豬湯，六月六日宜用治魚腥水一漑。《瑣碎録》云：雞糞壅茉莉則盛。《水雲録》云：四月插茉莉，此花最香而畏寒，唯寶珠者貴，宜於此月從節上摘斷，插肥土中即活。《廣州府志》云：抹麗較諸素馨其香尤旖旎，或名抽花，春末夏初開，蕊圓白即折，香似荼蘼花，氣極清最，可薰茶。其性畏寒，往往凍死，宜於十月中移置南廡下向陽，日以河水灌潤，勿使乾燥。又勿令冰凍，至來春十無一死，花益繁盛。又云：茉莉最惡春風，南風尤甚，清明後將交黄梅方可出，出之又當以漸爲佳。或云寒露入室，立冬用棉花子覆根，高五寸許，取篾作圈，大小長短如其形，以紙糊圈罩花上，五六日一開，略澆冷茶，仍前壅蓋，直至立夏取出，去土一層填新泥，用水澆，俟芽長方用糞，次年起根換土令栽。或云：取溝瀆肥泥爛草盦過，煆以猛火，和皮屑鋪盆，種其花倍發。

明　陳正學《**灌園草木識**》**卷一**《**茉莉**》　此花最忌溺水。《虞衡志》云，番禺人以浙米漿灌之，則花不絶。六月六日，溉以魚腥水最佳。陳霞麓条軍南都人，語余云，每初昏時，取茉莉花三十蕊，以甌貯水一半，浮之以紙，置花其上，用紙蓋之，明早花亦堪。帶其水之香烈，終日不散，用以盥洗，點茶烹飪，俱茉莉香也。

明　陳師《**禪寄筆談**》　茉莉花見於嵇含《南方草木狀》，稱其香味酷烈。此花閩廣嶺外最盛。宣和中名著，《艮嶽》列芳草，《洛陽名園記》云：遠方奇卉，如紫蘭抹勵。《王梅溪集》作没利，《陳止齋集》亦作没利，洪景盧作末麗。《佛書翻譯名義》云：末利曰鬘華，堪以飾鬘。予觀雲南之素馨，亦列八芳之一，香味噴人，清洌可愛，花朵亦相似。但藤本蔓延牆垣，可爲架。土民以線穿爲圈，籠髮髻中，即衙門服役者亦圈戴之，不以爲忌也。予向之閩中，其俗亦然。

明　方以智《**物理小識**》**卷九**《**茉莉**》　即耶悉茗，花瓣長者素馨也。蘇門瓜哇有摩梨柰花即茉莉，成樹者，嶺北江南，霜後，糊室收之。最畏隙風，晴則取出受日，以午澆之，每大瓨可插豬鬃二百。至春煖後，置露天下，晴則三日一澆水，五月則日一澆，燥更倍之。性喜曬。澆亦宜午後，六月則澆二三次。立夏至仲秋皆灌穽汁，糞水埋者五日一灌，灌汁後忌水。俟次日下水，大花汁與水均。小花七水三汁可也。摘嫩枝使再發，則岐繁矣。六月可插枝種根下，生蟻澆烏豆冷湯。《保生録》：茉莉花勿置牀頭，能引蜈蚣。

明　衛泳《**枕中秘・園史・茉莉**》　南宋禁苑，夏月納凉，多置茉莉、素馨等花，鼓以風輪，清芬滿殿。大都此花性極畏寒，預於屋下掃聚塵土，堆積静室，俟其熱過，篩取細者，將所得花換去故土，實此種之。澆以米泔水，或燖豬湯。復於六月六日，以魚腥水澆之。霜降以後，移至牕下。如極乾燥，徹濕其根。或於向陽屋内掘一淺坑，將盆埋下，以篾籠罩口，泥寔其傷，勿使通風。或以木棉花核覆根半尺，仍罩篾籠，用紙封密。數日一開，略澆冷茶。立夏去罩，出土一層，填新泥，用水澆之，俟芽長始用糞。次年起根，換土全栽。如此收藏十不失一。或云取溝瀆肥泥、爛草盦過，煆以猛火，和皮屑鋪盆種之。如欲扦插，於梅雨時，剪新發嫩枝，折處劈開，置大麥一粒，用亂髮纏之，如扦瑞香法。閩廣人家悉用此術。又聞吴中有隱者，每至秋後輒從人家收買殘枝，開畦列種。結茅爲棚，以蔽風雪。遇有日色，開簾曬之。畜鴨千頭，夜宿其下。花根襲煖，糞復壅之，來年花發，其息十倍。併記之以告花匠。

明　闕名《**栽花總録・茉莉**》　此花産於煖地，性極畏寒，見春風即枯，南風尤忌。《江奎詩》云：「雖無艷態驚群目，幸有清香壓九秋。應是仙娥宴歸去，醉來草上玉搔頭。」種法：先除去盆底礱糠，易以新泥，剪去枯枝老葉，其旁多插小竹，澆以米泔水，或燖豬湯。六月六日，以魚腥水澆之，霜降以後，移至南窗下。如極乾燥，微濕其根，或于向陽屋内掘一淺坑，將盆埋下，以篾籠罩口，泥實其旁，勿使通風。或以棉花子，覆根半尺，仍罩篾籠，用紙封密，數日一開，略澆冷茶。穀雨方可闢户，立夏方可出户。藏宜以漸而密，出亦以漸而敞，有如乍寒遽重裘而微喧。便祖裼其爲中寒之症也，必不輕矣。俟芽長，始用糞。次年，起根，換土另栽，如欲扦插，於梅雨時，從節摘斷，插肥地即活，如扦瑞香法。閩廣人家悉如之。又法，每至秋後，收取殘枝，開畦別種，結茅爲棚，以蔽風雪。遇有日色，開簾曬之。畜鴨千頭，夜宿其下，花根襲煖糞，復壅之，來年花發其息十倍。

清　曹溶《**倦圃蒔植記**》**卷中**《**茉莉**》　南宋禁苑，夏月納凉多置茉莉、素馨等花，鼓以風輪，清芬滿殿。予按素馨劉氏妾名冢生此花，因襲其號。至於茉莉，《洛陽名園記》作抹厲，王梅溪作没利，朱元晦作末利，不若《本草綱目》名爲雪瓣者最雅。大都此花性極畏寒，預於屋下掃聚塵土，堆積静室，俟其熱，過篩取細者，將所得花換去故土，實此種之，澆以米泔水或燖豬湯，復於六月六日以魚腥水澆之。霜降以後移至窻下。如極乾燥，微濕其根。或於向陽屋内掘一淺坑，將盆埋下以篾籠罩口，泥實其傍，勿使通風。或以木棉花核覆根半尺，仍罩篾籠，用絲封密。數日一開，畧澆冷茶。立夏去罩，出土一層，填新泥，用水澆之，俟芽長始用糞。次年起根換土全栽。如此收藏，十不失一。或云取溝瀆肥泥爛草盦過，煅以猛火，和皮屑鋪盆種之。如欲扦插，於梅雨時翦新發嫩枝折處劈開，置大麥一粒，用亂髮纏之，如扦瑞香法。閩廣人家悉用此術。又聞吴中有隱者，每至秋後輒從人家收買殘枝，開畦列種。結茅爲棚，以蔽風雪。遇有日色，開簾曬之。畜鴨千頭，夜宿其下，花根襲煖，糞復壅之，來年花發，其息十倍。併記之以告花匹。

清 曹溶《倦圃蒔植記》總論卷上《論花》 茉莉，此地扦之亦活，但冬必萎耳。有一種重臺者，花葉俱細，徽人所重，謂之寶珠。香特藴藉而開久不落，品固自超。

清 高士奇《北墅抱瓮録·茉莉》 茉莉有藤本、木本兩種。藤本者叢條并生，木本者一幹上發。蕊若珠圓，迎晚而放，芬馥絶倫。綃帷竹簟，卧趂微涼，采置枕函旁，足清魂夢。

清 吴其濬《植物名實圖考·羣芳類》卷二七《野茉莉》 野茉莉，處處有之，極易繁衍。高二三尺，枝葉紛披，肥者可蔭五六尺。花如茉莉而長大，其色多種易變。子如豆，深黑，有細紋，中有瓤，白色，可作粉，故又名粉豆花。曝乾作蔬，與馬蘭頭相類，根大者如拳，黑硬，俚醫以治吐血。

清 謝堃《春草堂集》卷二五《花木小志·茉莉》 古名抹麗，産東粤。花色白而香。凡近婦人枕席，其香尤甚而易開，淫豔極矣。花有六出、七出者。其名素馨者稍肥。又有草本名茉莉者，其花五出，五色兼備，晚開朝落，砌角籬邊叢生易長；其實非茉莉，而即俗名晚飯花也，花落結子，剖之可瀝粉。

清 鄒一桂《小山畫譜》卷上《茉莉》 木本，白花九瓣，蒂亦九出，如爪承筒，未開時如爪槌。葉圓微尖，對節。開花枝頂，一叢四五花，心含管内，香甜静，花小如錢，六月開，至秋則香遜矣。

清 闕名《名花譜·茉莉》 此花出自海南，故性畏寒。開自夏初，直至秋末。蕊初綻時花心如珠，瑩潤可愛，採以拌茶，香生齒頰。間有千瓣者，名曰素馨，香韻亦似。今吴中又有紫、黄二種，雖無香而色亦媚。 澆法：性喜肥，以米泔水澆之，花開不絶，或以皮屑水澆亦可。或云壅以雞糞，六月六日以活魚腥水澆之尤妙。 分法：梅雨中從節邊摘斷，插肥土中陰濕處即活。 宋劉氏妾名素馨，素愛千葉茉莉，既死塚生此花，因襲名素馨花。 東坡謫儋耳，見黎女競簪茉莉，戲詠云：暗麝着人簪茉莉。

清 陳昌齊 道光《廣東通志》卷九六《花類·末莉花》 末莉花。似薔蘼之白者，香愈於耶悉茗。《南方草木狀》《洛陽名園記》作「抹厲」，《佛經》作「抹利」，《王龜齡集》作「没利」，《洪邁集》作「末麗」，蓋末利本番語，無正字也。《本草綱目》耶悉茗花、末利花，皆自西國移植於南海，南人憐其芳香，競植之。陸賈《南越行紀》曰：南越之境，五穀無味，百花不香。此二花特芳香，自别國移至，不隨水土而變。彼之女子以綵絲穿花心以爲首飾。《南方草木狀》野悉蜜。出佛林、波斯，葉似梅，四時敷榮，其花五出，不結子，花若開時遍野皆香，與嶺南詹糖相類。西域人採花壓油，甚香滑。《酉陽雜俎》素馨花。四瓣，非五出。或作耶悉茗。所謂詹糖，即旃檀之轉也。五羊城外有花田，云南漢劉鋹之姬曰素馨，死葬於此，多生邪悉茗，即以素馨呼之，其香不及茉莉之清也。方以智《通雅》

清 謝旻《江西通志》卷四九 茉莉贛産，皆常種，業之者以千萬計，舫載江湖，歲食其利。

藝 文

清 陳學洙《茉莉》 玉骨冰肌耐暑天，移根遠自過江船。山塘日日花成市，園客家家雪滿田。新浴最宜纖手摘，半開偏得美人憐。銀床夢醒香何處，只在釵横髻皣邊。

素馨花

綜 述

宋 謝維新《古今合璧事類備要别集》卷三六《花卉門·素馨花》 《格物叢話》：素馨舊名那悉茗，與茉莉花皆胡人從西國移入南海。自此中國所在而有。其花細，四瓣，有黄色白色者。藤身枝褭娜，葉小殊甚，無刻缺而香，不及於茉莉云。

明 宋詡《竹嶼山房雜部》卷一〇《樹畜部·種花卉法》 素馨灌生。即那悉茗花。生王素馨冢，故名。 黄花細小香而醖藉，莖葉緑肥而稍堅。白花細小香而醖藉，葉青而微柔。春雨時分根側小本種，宜撏豬湯退雞鵝翎湯澆，立屏架以輔之。

明 王世懋《學圃雜疏・素馨》 素馨出閩，黄者不甚香，亦間携至吾地。白者香勝於茉莉，即彼中亦未之見。閩中又有樹蘭、賽蘭二種。賽蘭一名珍珠蘭，即廣人以爲蘭香者。亦曾移植吾地，多不能生。

明 闕名《栽花總録・素馨》 一名六月雪，喜殘茶。春間分種，或黄梅時扦。黄馨一名黄茉莉，花極繁盛，種法與素馨同。纓絲，一名刺桐，柔條白花。羊躑躅，有紅黄各種。宜山地。金鍾，臘月春初，插地即活。九龍，春間或黄梅時移栽。天棘一名萬歲藤。葉如緑絲。

清 吴其濬《植物名實圖考・羣芳類》卷三〇《素馨》 《南方草木狀》：耶悉茗花、末利花，皆胡人自西國移植於南海。南人愛其芳香，競植之。陸賈《南越行紀》曰：南越之境，五穀無味，百花不香。此二花特芳香者，緣自别國移至，不隨水土而變，與夫橘北爲枳異矣。彼之女子以綵綫穿花心，以爲首飾。 《桂海虞衡志》：素馨花比番禺所出爲少，當有風土差宜故也。 《龜山志》：素馨舊名耶悉茗，一名野悉密。昔劉王有侍女名素馨，其冢上生此花，因名。 《嶺外代答》：素馨花番禺甚多，廣右絶少，土人尤貴重。開時旋掇花頭裝於他枝，或以竹絲貫之賣於市，一枝二文，人競買戴。 《嶺南雜記》：素馨較茉莉更大，香最芬烈。廣城河南花田多種之。每日貨於城中，不下數百擔，以穿花鐙綴，紅黄佛桑其中。婦女以綵綫穿花繞髻，而花田婦人則不簪一蕊也。 《南越筆記》：素馨本名耶悉茗。珠江南岸有村曰莊頭，周里許悉種素馨，亦曰花田。婦女率以昧爽往摘，以天未明，見花而不見葉，其稍白者則是其日當開者也。既摘覆以溼布，毋使見日，其已開者則置之。花客涉江買以歸，列於九門，一時穿燈者、作串與瓔珞者數百人，城内外買者萬家，富者以斗斛，貧者以升，其量花若量珠。然花宜夜，乘夜乃開，上人頭髻乃開，見月而益光豔，得人氣而益馥，竟夕氤氲，至曉猶有餘香，懷之辟暑，吸之清肺氣。花又宜作燈，雕玉鏤冰，瓏璁四照，遊冶者以導車馬。楊用修稱，粤中素（香）〔馨〕燈爲天下之絶豔，信然。兒女以花蒸油取液，爲面脂頭澤，謂能長髮潤肌。或取蓓蕾雜佳茗貯之。或帶露置於瓶中，經信宿以其水點茗。或作格懸繫甕口離酒一指許，以紙封之，旬日而酒香徹。其爲龍涎香餅香串者，治以素馨，則韻味愈遠。隆冬花少曰雪花，摘經數日仍開。夏月多花，瓊英狼藉，入夜滿城如雪，觸處皆香，信粤中之清麗物也。

含笑花

綜　述

明 宋詡《竹嶼山房雜部》卷一〇《樹畜部・種花卉法》 含笑花形葉似梔子。《□雪録》云：花若菡萏未開時，故名。 紫花、白花。楊廷秀詩云：大笑何如小笑香，紫花不似白花妝。不知自笑遇相笑，笑殺人來惱斷腸。春月移種。

明 高濂《遵生八箋》卷一六《含笑花》 産廣東。其花如蘭，形色俱肖，花開不滿若含笑，然隨即凋落。余初得自廣中，僅高二尺許，今作拱把之樹矣，且不懼冬。

明 闕名《栽花總録・含笑》 出粤中，花似蘭而開不滿足，若含笑之狀。玉簇出閩中。冬初藏向陽室内，土燥罨灑殘茶，仲春取出。番椒叢生花似禿筆頭，紅如血，味辣，可充花椒用。高良姜，一名紫羅襴，俗名牆頭草，花紫色。佛頭青，一名三醉。

清 吴其濬《植物名實圖考・羣芳類》卷三五《含笑》 《捫蝨新話》：含笑有大小，小含笑香尤酷烈。又有紫含笑。予山居無事，每晚涼坐山亭中，忽聞香一陣，滿室郁然，知是含笑開矣。 《南越筆記》：含笑與夜合相類。大含笑則大半開，小含笑則小半開。半開多於曉，一名朝合。小含笑白色，開時蓓蕾微展，若菡萏之未敷，香尤酷烈。古詩云：大笑何如小笑香，紫花那似白花粧。又有紫含笑初開亦香，是子瞻所稱涓涓泣露，暗麝著人者。羅浮夜合含笑，其大至合抱，開時一谷皆香，亦異事也。 《藝花譜》：含笑花産廣東。花如蘭，開時常不滿，若含笑然，隨即凋落。

棣棠花

綜　述

宋 謝維新《古今合璧事類備要别集》卷二九《花卉門・棣棠花》 《格物叢話》：棣棠即棠棣也。樹似白楊，其名稱不一，或曰夫移，或曰奥李，或曰鬱梅，或又曰苞棣。有曰常棣者，有曰唐棣者。《詩》記、《爾雅》可攷而見矣。世傳其花反而復合鄂鄂然，其盛□□然，其光明是誠有取云耳。

明 宋詡《竹嶼山房雜部》卷一〇《樹畜部·種花卉法》 棣棠灌生。葉有紋如麻。《冀越集》曰：黄花開土旺時，春季則棣棠，夏季則黄葵，秋季則菊，冬季則蠟梅。余觀棣棠遇季月即開，今亦有白花者。 花時從根側分小本種之，輔以屏架。

明 周文華《汝南圃史》卷八《棣棠》 棣棠，叢生，二月中開黄花，花如垂絲海棠，故名曰棠。忠雅云：棣棠春發青苗，弱不能挺立，舒葉如麻而小，三月開黄花如小菊，至秋尚存，間遇風雨亦不凋謝，蓋花之耐久者也。《松江府志》云：棣棠葉如酴醿而小，條長無刺，花深黄如菊，附幹而生。今按此花開落相因，故見其久，謂如酴醿，大謬。以發條時分栽，或於春分前砟其枝條長尺許扦之，亦活，蓋易生之物。

明 高濂《遵生八箋》卷一六《棣棠花》 花若淡黄，一葉一蕊生甚延蔓。春深，與薔薇同開，可助一色。

清 陳淏子《花鏡·花木類考·棣棠花》 棣棠花，藤本，叢生。葉如荼蘼，多尖而小，邊如鋸齒。三月開花，金黄色，圓若小球，一葉一蕊，但繁而不香。其枝比薔薇更弱，必延蔓屏樹間，與薔薇同架，可助一色。春分翦嫩枝扦於肥地即活。其本妙在不生蟲蜏。

清 高士奇《北墅抱瓮録·棣棠》 棣棠花色金黄，一葉一蕊，生甚蔓延。春深與薔薇同開，可爲屏籬添色。

清 吴其濬《植物名實圖考·群芳類·棣棠》 棣棠有花無實，不知其名何取。其莖中瓤白如通草，但細小不堪翦製。

清 吴其濬《植物名實圖考·羣芳類》卷二六《白棣棠》 白棣棠比黄棣棠花瓣寬肥。葉少鋸齒，又別一種。

丁香

綜述

宋 寇宗奭《本草衍義》卷一三 丁香，《日華子》云：「治口氣。」此正是御史所含之香。治胃寒及脾胃冷，氣不和。有大者名母丁香，氣味尤佳，爲末，縫紗囊如小指，實末，内陰中。主陰冷病，中病便已。

明 宋詡《竹嶼山房雜部》卷一〇《樹畜部·樹類》 丁香花白，葉如瑞香。 春月分根側小本種之。

明 高濂《遵生八箋》卷一六《紫丁香花》 木本，花如細小丁香，而瓣柔色紫，蓓蕾而生，接種俱可。自是一種，非瑞香別名。

明 闞名《栽花總録·紫丁香》 有紫白二種。花如丁香而小。春間砟根上小枝栽活。來年分種。結香，花色鵝黄，比瑞香稍長。花謝葉生，品最賤，而性喜清陰。春間取根下小枝分栽即活。不宜糞。

清 陳淏子《花鏡》卷三《花木類考·丁香》 丁香，一名百結。葉似茉莉。花有紫白二種，初春開花，細小似丁香。蓓蕾而生於枝杪，其瓣柔，色紫，清香襲人。接分俱可，但畏濕而不宜大肥。

清 吴其濬《植物名實圖考·羣芳類》卷二六《丁香花》 《山堂肆考》：江南人謂丁香爲百結花。《草花譜》：紫丁香，花如細小丁香而瓣柔色紫，蓓蕾而生。按丁香北地極多，樹高丈餘，葉如茉莉而色深緑。二月開小喇叭花，有紫白兩種，百十朵攢簇。白者香清，花罷結實如連翹。

清 吴其濬《植物名實圖考·羣芳類》卷二九《滇丁香》 滇丁香，生雲南圃中。木本如藤。葉如枇杷，葉微尖而光。夏開長柄筒子花，如北地丁香，成簇而五瓣團團，大逾紅梅，柔厚嬌嫩。又似秋海棠，中有黄心兩三點，有色鮮香，故不甚重。

清 吴其濬《植物名實圖考·羣芳類》卷二九《藏丁香》 藏丁香，或云種自西藏來。枝幹同滇丁香，葉糙有毛，開花白色有香，故勝。

清 吴其濬《植物名實圖考·羣芳類》卷二九《野丁香》 野丁香，生雲南山坡。高尺許，赭莖甚勁，數葉攢簇，層層生發。花開葉間，宛似丁香。亦有紫白二種。

清 高士奇《北墅抱瓮録·丁香》 丁香有紫花，有白花，緣枝遍發，極爲繁密。南方之種不同。京師丁香樹高者數丈，葉大如紫荆。江南所産枝幹不肥，葉細而小，惟花朵相似耳。而春秋發花二次，則勝於北産也。

清 鄒一桂《小山畫譜》卷上《丁香》 有紫、白色二種。蓓蕾甚繁，花小四出，千朵叢開。蒂甚微，開時葉已條發。葉圓浄，對節，生花後結子，如丁香，故名。此花盛於北地，三月盡開。

清 厲荃《事物異名録》卷三二《花卉部·丁香》 百結花。《山堂肆考》：江南人謂丁香爲百結花。 素客。《花木考》：宋張景脩以丁香爲素客。 情客。《西溪叢語》：丁香爲情客。

清　闕名《名花譜・紫丁香》　木本。花小而瓣柔，點點如星，色粉紫，香馥甚遠。接種俱可，自是一種，非瑞香之別名也。　唐御史某：日舍此花，芳香竟體，偶一奏對，如聞異香。

清　李鴻章　光緒《畿輔通志・物産・花屬・丁香》　丁香，花産五盆溝一帶，花繁香烈，首夏盛開，纍纍石罅中如繡。《盤山志》今塞外所産，有二種。亦有一樹二色者，不由接植，偶然得之，土人名鴛鴦丁香，然不多有。

藝　文

清　陳至言《詠白丁香花》　幾樹瑶花小院東，分明素女傍簾櫳。冷垂串串玲瓏雪，香送絲絲麗璅風。穩稱輕奩勻粉後，細添薄鬢洗妝中。最憐千結朝來折，十二闌干玉一叢。

清　胡慶豫《東坪詩集》卷三《紫白丁香花次張郡伯韻》　藥欄楚楚帶斜陽，密蕊疎枝自吐芳。細簇紫霞分曉色，匀挼晴雪散幽香。孤高那得誇瓊樹，品格還宜近玉堂。最是翩褼雙鳳子，爲憐春盡舞風狂。

凌霄花

綜　述

唐　段成式《酉陽雜俎》卷一八《凌霄花》　凌霄花中露水損人目。

明　宋詡《竹嶼山房雜部》卷一〇《樹畜部・種花卉法》　凌霄花大，紅黄色。詩曰：苕。又名紫葳苕音條。　春間分根側小本種，緣於他木。《酉陽雜俎》曰：花中露水損人目。

優曇花

綜　述

清　吴其濬《植物名實圖考・木類》卷三六《優曇花》　優曇花，生雲南。大樹蒼鬱，幹如木犀。葉似枇杷，光澤無毛，附幹四面錯生。春開花如蓮，有十二瓣，閏月則增一瓣，色白，亦有紅者，一開即斂，故名。按《滇志》所紀大率相同，或有謂花開七瓣者。撫衙東偏有一樹，百餘年物也，枝葉皆類辛夷，花祇六瓣，似玉蘭，而有黄蕊，外有苞與花俱放如瓣三，色緑，人皆呼波羅花。考《白香山集》，木蓮生巴峽山谷，花如蓮，色香豔膩皆同，獨房蕊異。四月始開，二十日即謝，不結實，其形狀氣候皆相類，此豈即木蓮耶。滇近西藏，花果名多西方語紀載，從而飾之遂近夸誕。許纘曾《東還紀程》謂：優曇和山娑羅皆一物，而云花葉無異載乘。今此花祇及一歲之半，又園圃分植輒生。鄉間摘葉以爲雨笠。非復靈光巋存，豈曇花終非可移，而姑以木蓮冒之耶。抑此花本六瓣，閏月增一爲七，而《紀乘》誤耶。否則和山等同爲一種，以肥瘠靈俗，而有千層單瓣耶。又滇花瓣數，一樹之上多寡常殊，應月之瓣或偶值之耶。余以所見繪之圖，而録《東還紀程》於後以備考，其餘耳食之談皆不具。

《東還紀程》：大理府山爲靈鷲，水爲西洱。靈鷲之旁爲和山。樹生和山之麓，高六七丈，其幹似桂。其花白，每花十二瓣，遇閏則多一瓣，佛日盛開，異香芬馥非凡臭味，中出一蕊如稗穗，俗以爲仙人遺種，主僧惡人剥啄，佯置火樹下成灰燼。《雲南府志》：優曇花在城中土主廟内，高二十丈，枝葉扶茂。每歲四月花開如蓮，有十二瓣，閏歲則多一瓣，亦名娑羅樹。昔蒙氏樂誠魁時，有神僧菩提巴波自天竺至，以所攜念珠分其一手植之。久没兵燹中。謝（肇）（肇）淛《滇略》：安寧過泉西岸有寺，曰曹溪，其中有曇花樹一株，相傳自西域來者。緑葉白花，移蘖他種，終不復活。余謂安寧之優曇，大理之和山，土主廟之娑羅，其花同，其色同，其枝幹亦同，特異地而異名耳。壬子夏曇花盛開，州守馳使折一枝以贈，其花葉枝幹，合之載乘，果無異也。太守乃採柔條遍插於大樹之旁，三月後報曰：「一枝已萌蘖矣。」余喜甚，乃移置盆盎，碧葉爛然，一根五幹，土人驚詡以爲奇瑞。

又《雲南通志稿》載，郎中阮福木蓮花説，與鄙見合。惟雲南督署舊有紅優曇説中以爲皆是白花，余訪之信，偶買花擔上折枝，得紫苞者疑爲紅花也，及苞坼則緑白瓣無少異，豈制府中之殷紅者亦此類耶。李時珍以木蓮初作紫苞似辛夷，尤相吻合，而又以真木蘭即此。然則虬幹婆娑者，其即征帆送遠之花身耶，阮説尚未之及。昔人有謂木蘭與桂爲一種者，此樹葉皮味皆辛微似桂。

清 吴其濬《植物名實圖考·木類》卷三六《緬樹》 緬樹，生昆明人家，樹高逾人。春時發葉，先茁紅苞長數寸，苞坼葉見，俱似優曇苞，不遽脱，裊裊紛披如曳丹羽，遥望者皆誤認朱英倒垂也。此樹未訪得真名，滇人以物之罕鮮者皆呼曰緬，言其來從異域耳。有採藥者曰，此紅優曇也，花紅瓣多，居人畏攀折，故匿其名。省城亦止此一樹。按《滇志》，督署有紅優曇一株，形諸紀詠然第苞紅耳，花固白色，市中折以售不爲異也。此花既未早知名，瓜期已届，忽忽不復索觀，略記數語，以示東土好事者，不免爲優曇添一重疑案。

清 檀萃《滇海虞衡志·志花·優曇花》 優曇花，滇中頗多，花青白無俗艷，誠佛家花也。優鉢曇花，一年一見，一見之後，於是我佛乃説《妙法蓮華經》，經流傳人間，花亦不復收去。俾人間見花即如見我佛，是從前之千年一見者。今則日日見之矣。亦可以無疑於其多矣。

桐花

綜述

唐 段成式《酉陽雜俎續集》卷九《桐花》 南中桐花有深紅色者。

唐 段成式《酉陽雜俎續集》卷九《貞桐》 貞桐枝端抽赤黄條，條復旁對分三層，花大如落蘇花，作黄色，一莖上有五六十朵。

宋 謝維新《古今合璧事類備要别集》卷三三《花卉門·桐花》 《格物總論》：桐花樹生，樹高一二丈許，中空。枝榦扶疎。葉大尺餘。花數色，有白者，有紫者，有紅者，紅者謂之赬桐。（各）〔另〕有一種又謂之刺桐，皆夏初始花也。

清 吴其濬《植物名實圖考·羣芳類》卷三一《赬桐》 《南方草木狀》：赬桐花，嶺南處處有，自初夏生至秋，蓋草也。葉如桐。其花連枝萼，皆深紅之極者，俗呼貞桐花。貞音訛也。按赬桐廣東遍地生，移植北地亦易繁衍，京師以其長鬚下垂如垂絲海棠，呼爲洋海棠。其莖中空，冬月密室藏之，春深生葉。插枝亦活。

藝文

清 蔣溥《桐花歌》 山窗三見桐著花，先生三載茲爲家。老樹不知壽幾許，窮村偃蹇無精華。刳心竟作蟻鄉里，抱花頻有蜂乾死。先生得母類二蟲，眼前生趣還餘幾。桐陰瑟瑟摇微風，桐花垂垂香滿空。壓檐一枝早開謝，花朵歷落庭階中。踈簾一幅瀟湘雨，老鶯作歌雛燕舞。朝暉散影何娟娟，山窗寂然人正眠。

附刺桐花

綜述

明 宋詡《竹嶼山房雜部》卷一〇《樹畜部》 刺桐花小葉，身有刺。今又曰海榴。 紅花枝榦堅大成木。《歲寒集》曰晴烘鶴頂丹。白花條葉以春月分其根側小本種之。

明 曹學佺《明一統名勝志》卷五《輿地紀勝》云，泉城初築時，環郡皆植刺桐，號桐城。初夏開花，極鮮紅。如葉先萌芽，花後發，則其年五穀豐登，否則，反是，故謂之瑞桐。宋丁謂詩云：「聞得鄉人説刺桐，葉先花發十年豐。我今到此憂民切，只愛青青不愛紅。」邑人吕造詩云：「閩海雲霞繞刺桐，往來城郭爲誰封。鷓鴣啼困悲前事，荳蔻香銷減舊容。」

清 吴任臣《十國春秋》卷一〇五《閩·拾遺》 留從效重築温陵城，植刺桐環繞之。其樹高大，而枝葉蔚茂。初夏開花，極鮮如葉；先萌而花後發，主明年五穀豐熟。

清 汪灝《廣群芳譜》卷七三《桐（附録）刺桐》 《投荒雜録》：刺桐花狀比圖畫者不類，其木爲材。三四月時布葉繁密，後有赤花生葉間三五房，不得如畫者，紅芳滿樹。 《花經》：刺桐，八品二命。 《南海古蹟記》：汎杯池南有陸公亭故基，夾溪種刺桐、木綿，花開殷盛如畫。《泉南雜誌》：宋進士呂造詩云：「閩海雲霞遶刺桐，往年城郭爲誰封。」刺桐城今泉州，築城時環城皆植刺桐，故號「桐城」。　《天中記》：彭綱《詠刺桐花詩》云：「樹頭樹底花楚楚，風吹緑葉翠翩翩，露中幾枝紅鸚鵡。」刺桐花，雲南名鸚哥花，酷似之。彭詩本四句，命吏寫刻，遺其一句。復誦之，自覺意足，乃不更改。

清　屈大均《**廣東新語・木語・刺桐**》　刺桐花形如木筆，開時爛若紅霞，風吹色愈鮮好，絶無一葉間之。有詠者云：一林赤玉琢玲瓏，豔質繇來愛著風，日暮海天無暝色，滿山霞作刺桐紅。或謂刺桐即蒼梧。

清　檀萃《**滇海虞衡志**》**卷九**《**志花・刺桐花**》　刺桐花，滇名鸚哥花。葉如梧而蔽芾，花亦巨而鮮但取其枝插之，即易生如青桐也。木質輕鬆，亦似青桐。官府取以爲杖，嘗命地方頭人取數十捆，分植於農部之南郊官路旁，陰濃花繁，行人悦憩，迨予于後三年回而已無矣。所植城中桃李夾街，亦皆伐去。西園花木，廢爲馬隊，則接政之爲也。則於俗吏，念之能無慨然。

清　陳昌齊　道光《**廣東通志**》**卷九六**《**木類・刺桐**》　刺桐。其木爲材。三月時布葉繁密，有花赤色間生葉間，旁照他物皆朱殷，三五房凋，則三五復發。《南方草木狀》生山谷中，文理細緊，而性喜折裂。體有巨刺，其實如楓。陳翥《桐譜》

藝文

唐　陳陶《**泉州刺桐花詠六首兼呈趙使君**》　海曲春深滿郡霞，越人多種刺桐花。可憐虎竹西樓色，錦帳三千阿母家。石氏金園無此豔，南都舊賦乏靈材。只因赤帝宮中樹，丹鳳新銜出世來。猗猗小豔夾通衢，晴日薰風笑越姝。只是紅芳移不得，刺桐屏障滿中都。不勝攀折悵年華，紅樹南看見海涯。故國春風歸去盡，何人堪寄一枝花。赤帝嘗聞海上遊，三千幢蓋擁炎州。今來樹似離宮色，紅翠斜欹十二樓。髣髴三株植世間，風光滿地赤城閒。無因秉燭看奇樹，長伴劉公醉玉山。

宋　丁謂《**刺桐花**》　聞説鄉人説刺桐，花如後發始年豐。我今到此憂民切，只愛青青不愛紅。

宋　王十朋《**刺桐花**》　初見枝頭方緑濃，忽驚火傘欲燒空。花先花後年年雨，莫遣時人不愛紅。

鐵樹

綜述

元　胡古愚《**樹藝篇・木部**》**卷四**《**鐵樹**》　吴浙間嘗有俗諺云：見事難成則云須鐵樹花開。余於横之馴象衛殷指揮貫家園中見一樹，高可三四尺，幹葉皆紫黑，葉小類石楠，質理細厚。余問之，殷云此鐵樹也。每遇丁卯年乃花。吾父丁卯生年，其花果開，移置堂上，置酒歡飲，作詩稱慶。其花四瓣，紫白色，如瑞香瓣較少團，一開累月不凋，嗅之乃有草氣。余因憶鐵樹花開之説，且謂不到此地，又焉知真有是物耶。《日詢手鏡》　鐵樹花，海南多此樹，纔一二尺，葉蜜而紅。《一統州・瓊州府》

明　高濂《**遵生八箋**》**卷一六**《**鐵樹**》　産廣中，色儼類鐵，其枝了穿結，甚有畫意。又聞有鐵樹花，葉密而花紅，想又一種也，未見。

清　王士禎《**皇華紀聞**》**卷四**《**鐵樹**》　鐵樹如棕櫚，幹甚奇古，葉而不華，在廣城提學公署見之。按王濟雨舟云：六十花甲子以鐵樹開花而名，此樹遇六十年方開花，昔官横州親見此樹，在一指揮圃中，其人言，國朝洪武十年，正統九年，弘治十七年三開花矣。今當于嘉靖四十三年再花云。

清　袁棟《**書隱叢説**》**卷一三**《**鐵樹**》　今人謂事之難成者，則曰須鐵樹開花。《七脩類藁》云：鐵樹高可三四尺，幹葉皆紫黑色，每遇丁卯年則開花，一開累月不凋。或曰甲子年。余戲曰：天上蟠桃三千歲一結實，人間鐵樹六十年一開花也。有云：鐵樹喜食鐵，歲以鐵屑如泥土壅其根，又以鐵釘釘之，乃如他木得水灌溉。然《皇華紀聞》云：鐵樹如棕櫚幹甚奇。古又云：六十花甲子，以鐵樹開花而名。《閩小紀》云：閩中多鳳尾蕉，植之可避火災。蕉性宜鐵種者，每埋鐵其下。又云：蕉影照日中梗虚，空若無梗。然《中山傳信録》云：琉球國十月鐵樹有花。又云：鐵樹即鳳尾蕉，四時不凋，處處植之。

清　翟灝《**通俗編**》　王濟《日詢手鏡》：吴（湘）〔浙〕間有俗諺，見事難成則（日）〔曰〕須鐵樹開花。余在廣西馴象衛見一樹，高可有三四尺，幹葉皆紫黑色，質理細厚，問之，曰：此鐵樹也。每遇丁卯年花一開，累月不凋，乃知鐵樹開花之説有自來矣。

清 吴其濬《植物名實圖考・木類》卷三六《鐵樹果》 鐵樹，滇南十二歲一實樹端，叢葉長七八寸，形如長柄勺。四旁細縷，正如俗畫鳳尾，色黄。果生柄傍，扁圓中凹，有核。滇人呼爲鳳皇蛋。蓋《本草綱目》所謂波斯棗，然嚼之無味。滇圃但以罕實爲異，不入果品也。

植物名實圖考・鐵樹果

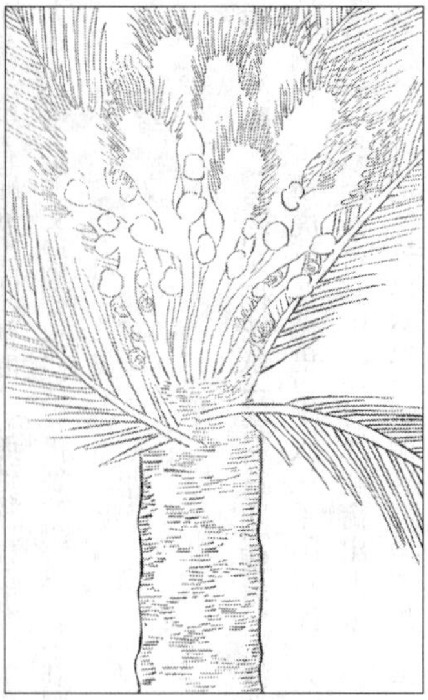

清 陳昌齊 道光《廣東通志》卷九六《木類・鐵樹》 鐵樹，高數尺，葉如老少年，開花如桂，而不香。或云周甲子一開，開必丁卯年，然甚無異致。

救荒樹種分部

綜 述

元 司農司《農桑輯要》《務本新書》：榆葉曝乾，擣羅爲末，鹽水調勻，日中炙曝。天寒，於火上熬過，拌菜食之，味頗辛美。　崔寔曰：二月榆莢成，及青收乾，以爲旨蓄。旨，美也。蓄，積也。司部收青，小蒸曝之，至冬以釀酒，滑香宜養老。《詩》云：我有旨蓄。亦以御冬也。色變白將落，可作醔𨡭，隨節早晏，勿失其適。醔音牟。𨡭音頭，榆醬。　《農桑通訣》曰：榆醬能助肺殺諸虫下氣。榆葉曝乾擣，羅爲末，鹽水調勻，日中炙曝，天寒於火上熬過，拌菜食之，味頗辛美。榆皮去上皺澀乾枯者，將中間嫩處剉乾碓爲粉，當歉歲亦可代食。昔沛豐歲饑，民以榆皮作屑煮食之，人賴以濟焉。

明 徐光啓《農政全書》卷五四《荒政・臭蕻》 臭蕻，生密縣楊家衝山谷中。科條高四五尺。葉似杵瓜葉而尖艄，又似金銀花葉亦尖艄，五葉攢生如一葉。開花白色，其葉味甜。　救飢：採葉煠熟，水浸淘淨，油鹽調食。

明 徐光啓《農政全書》卷五四《荒政・白楊樹》 白楊樹，《本草》白楊樹皮，舊不載所出州土，今處處有之。此木高大，皮白似楊，故名。葉圓如梨，肥大而尖，葉背甚白，葉邊鋸齒狀，葉蒂小無風自動也。味苦，性平無毒。　救飢：採嫩葉煠熟，作成黄色，換水淘去苦味，洗淨，油鹽調食。

明 徐光啓《農政全書》卷五四《荒政・青楊樹》 青楊樹，在處有之，今密縣山野間亦多有。其樹高大。葉似白楊樹葉而狹小，色青，皮亦頗青，故名青楊，其葉味微苦。　救飢：採葉煠熟，水浸作成黄色，換水淘洗，油鹽調食。

明 徐光啓《農政全書》卷五四《荒政・青岡樹》 青岡樹，舊不載所出州土，今處處有之。其木大而結橡斗者爲橡櫟，小而不結橡斗者爲青岡。其青岡樹，枝葉條幹皆類橡櫟，但葉色頗青而少花叉，味苦性平無毒。　救飢：採嫩葉煠熟，以水浸漬，作成黄色，換水淘洗淨，油鹽調食。

明 徐光啓《農政全書》卷五四《荒政・檀樹芽》 檀樹芽，生密縣山野中，樹高一二丈。葉似槐葉而長大，開淡粉紫花，葉味苦。　救飢：採嫩芽葉煠熟，換水浸去苦味，淘洗淨，油鹽調食。

明 徐光啓《農政全書》卷五四《荒政・兜櫨樹》 兜櫨樹，生密縣梁家衝山谷中。樹甚高大，其木枯朽極透，可作香焚，俗名壞香。葉似回回醋樹葉而薄窄，又似花楸樹葉，却少花叉。葉皆對生，味苦。　救飢：採嫩芽葉煠熟，水浸去苦味，淘洗淨，油鹽調食。

明 徐光啓《農政全書》卷五四《荒政・橡子樹》 橡子樹，《本草》橡實，櫟木子也。其殼一名杼斗，所在山谷有之，木高二三丈。葉似栗葉而大。開黄花，其實橡也。有梂彙自裹，其殼即橡斗也。橡實味苦澀。性微温無毒，其殼斗可染皂。　救飢：取子換水浸，煮十五次，淘去澀味，蒸極熟食之。厚腸胃，肥健人，不飢。　玄扈先生曰：食麥橡，令人健行。　又曰：取子碾或舂或磨細，水淘去苦味，次淘取粗查，飼豕，甚充腸。淘取細粉，如製真粉，天花粉，法與栗粉不異也。凡木實草根去惡味，取淨粉法並同。

明　徐光啓《農政全書・荒政》卷五四《黄櫨》　黄櫨生商洛山谷，今鈞州、鄭州山野中亦有之。葉圓木黄，枝莖色紫赤，葉似杏葉而圓大。味苦，性寒無毒。木可染黄。　救飢：採嫩芽煠熟，水淘去苦味，油鹽調食。玄扈先生曰：嘗過。

明　徐光啓《農政全書》卷五四《荒政・夜合樹》　夜合樹，《本草》名合歡，一名合昏。生益州及雍洛山谷，今鈞州、鄭州山野中亦有之。木似梧桐，其枝甚柔弱似皂莢葉，又似槐葉，極細而密，互相交結。每一風來，(輙)(輒)似相解了不相牽綴，其葉至暮而合，故名合昏。花發紅白色，瓣上若絲茸然，散垂結實，作莢子極薄細，味甘，性平無毒。　救飢：採嫩葉煠熟，水浸淘浄，油鹽調食，晒乾煠食尤好。

明　徐光啓《農政全書》卷五四《荒政・茶樹》　茶樹，《本草》有茗，苦𣘻。《圖經》云：生山南漢中山谷，閩、浙、蜀、荆、江、湖、淮南山中皆有之，惟建州北苑數處産者，性味獨與諸方不同。今密縣梁家衝山谷間亦有之。其樹大小皆類梔子，春初生芽，爲雀舌，麥顆，又有新芽，一發便長寸餘，微粗如針，漸至環脚軟枝條之類，葉老則似水茶臼葉而長，又似初生青岡，橡葉而小，光澤。又云：冬生葉可作羹飲，世呼早採者爲𣘻，晚取者爲茗，一名荈，蜀人謂之苦𣘻，今通謂之茶，茶荼聲近，故呼之。又有研治作餅名爲臘茶者。皆味甘苦，性微寒無毒，如茱萸、葱姜等良。又别有一種蒙山中頂上清峯茶云，春分前後多聚人力，候雷初發聲，併手齊採，若得四兩服之，即爲地仙。　救飢：採嫩葉或冬生葉，可煮作羹食，或蒸焙作茶，皆可。

明　徐光啓《農政全書》卷五四《荒政・孩兒拳頭》　孩兒拳頭，《本草》名莢蒾，一名擊蒾，一名羿先。舊不著所出州土，但云所在山谷多有之，今輝縣太行山山野中亦有。其木作小樹。葉似木槿而薄，又似杏葉頗大，亦薄澀。枝葉間開黄花。結子似溲疏，兩兩切，並四四相對，數對共爲一攢，生則青，熟則赤色，味甘苦，性平無毒，蓋檀榆之類也。其皮堪爲索。　救飢：採子紅熟者食之，又煮枝汁，少加米作粥，甚美。　玄扈先生曰：《詩疏》云，斫檀不得得擊迷，即此木也。

明　徐光啓《農政全書》卷五四《荒政・臭竹樹》　臭竹樹，生輝縣太行山山野中。樹甚高大。葉似楸葉而厚頗艄，却少花叉，又似拐棗葉亦大。其葉面青背白，味甜。　救飢：採葉煠熟，水浸去邪臭氣味，油鹽調食。

明　徐光啓《農政全書》卷五四《荒政・荆子》　荆子，《本草》有牡荆實，一名小荆實，俗名黄荆。生河間南陽冤句山谷，并眉州蜀州平壽都鄉高岸，及田野中，今處處有之。即作(箠)(箠)杖者。作科條生，枝莖堅勁，對生枝叉。葉似麻葉而疎短，又有葉似𣘻葉而短小，却多花叉者。開花作穗，花色粉紅微帶紫。結實大如黍粒而黄黑色，味苦，性温無毒，防風爲之使。惡石膏、烏頭。陶隱居《登真隱訣》云，荆木之華葉，通神見鬼精。　救飢：採水換水浸，淘去苦味，晒乾擣磨爲麵食之。

明　徐光啓《農政全書》卷五四《荒政・實棗兒樹》　實棗兒樹，《本草》名山茱萸，一名蜀棗，一名雞足，一名魁實，一名鼠矢。生漢中川谷，及琅邪冤句東海承縣海州，今鈞州密縣山谷中亦有之。木高丈餘。葉似榆葉而寬，稍團，紋脈微粗。開淡黄白花。結實似酸棗大，微長，兩頭尖艄，色赤，既乾則皮薄，味酸。性平微温無毒。一云味鹹辛，大熱。蓼實爲之使，惡桔梗防風防已。　救飢：摘取實棗紅熟者食之。

明　徐光啓《農政全書》卷五四《荒政・白棠子樹》　白棠子樹，一名沙棠梨兒，一名羊嬭子樹，又名剪子果。生荒野中。枝梗似棠梨樹枝而細，其色微白。葉似棠葉而窄小，色亦頗白，又似女兒茶葉，却大而背白。結子如豌豆大，味酸甜。　救飢：其子甜，熟時摘取食之。

明　徐光啓《農政全書》卷五四《荒政・馬魚兒條》　馬魚兒條，俗名山皂角，生荒野中。葉似初生刺蘼化葉而小。枝梗色紅，有刺似棘針微小，葉味甘微酸。　救飢：採葉煠熟，水浸淘浄，油鹽調食。

明　徐光啓《農政全書》卷五四《荒政・堅莢樹》　堅莢樹，生輝縣太行山山谷中。其樹枝幹堅勁，可以作棒，皮色烏黑，對分枝叉。葉亦對生，葉似枴棗葉而大，微薄，其色淡緑，又似土欒樹葉極大而光潤。開黄花，結小紅子。其葉味苦。　救飢：採嫩葉煠熟，水浸去苦味，淘浄，油鹽調食。

明　徐光啓《農政全書》卷五四《荒政・老婆布鞊》　老婆布鞊，生鈞州風谷頂山野間。科條淡蒼黄色。葉似匙頭樣，色嫩緑而光俊，又似山格刺葉却小。味甘。　救飢：採葉煠熟，水浸作過，淘浄、油鹽調食。

明　徐光啓《農政全書》卷五四《荒政・椒樹》　椒樹，《本草》蜀椒，一名南椒，一名巴椒，一名蘑藙。生武都川谷及巴郡、歸峽、蜀川，陝洛間人家園圃多種之。高四五尺，似茱萸而小，有針刺。葉似刺蘼葉微小，葉堅而滑，可煮食，甚辛香。結實無花，但生於葉間，如豆顆而圓。皮紫赤。此椒江淮及北土皆有之。莖皆相類，但不及蜀中者皮肉厚，腹裏白，氣味濃烈耳。又云出金州西城者佳，味辛，性温，大熱，有小毒，多食令人乏氣，口閉者殺人。十月不食椒，損氣傷心，令人多忘，杏仁爲之，使畏欵冬花。　救飢：採嫩葉煠熟，换水浸淘净，油鹽調食。椒顆調和百味香美。

明　徐光啓《農政全書》卷五四《荒政・槭樹芽》　槭樹芽，生鈞州風谷頂山谷間。木高一二丈。其葉狀類野葡萄（萄）葉，五花尖叉，亦似綿花葉而薄小，又似絲瓜葉却甚小，而淡黄緑色。開白花。葉味甜。　救飢：採葉煠熟，以水浸作成黄色，换水淘净，油鹽調食。

明　徐光啓《農政全書》卷五四《荒政・白槿樹》　白槿樹，生密縣梁家衝山谷中。樹高五七尺。葉似茶葉而甚闊大光潤，又似初生青岡葉，而無花叉，又似山格刺樹葉亦大。開白花，其葉味苦。　救飢：採葉煠熟，水浸淘净，油鹽調食。

明　徐光啓《農政全書》卷五四《荒政・拐棗》　拐棗，生密縣梁家衝山谷中。葉似楮葉而無花叉，却更尖艄，面多紋脈，邊有細鋸齒。開淡黄花。結實狀似生薑，拐叉而細短，深茶褐色，故名拐棗。味甜。　救飢：摘取拐棗成熟者食之。

明　徐光啓《農政全書》卷五四《荒政・凍青樹》　凍青樹，生密縣山谷間。樹高丈許。枝葉似枸骨子樹而極茂盛，凌冬不凋。又似樝子樹葉而小，亦似椿芽葉微窄。頭頗團而不尖，開白花。結子如豆粒大，青黑色。葉味苦。　救飢：採芽葉煠熟，水浸去苦味，淘洗净，油鹽調食。

明　徐光啓《農政全書》卷五四《荒政・山茶科》　山茶科，生中牟土山田野中。科條高四五尺，枝梗灰白色。葉似皂莢葉而團，又似槐葉亦團，四五葉攢生一處，葉甚稠密，味苦。　救飢：採嫩葉煠熟，水淘洗净，油鹽調食。亦可蒸晒乾，做茶煮飲。

明　徐光啓《農政全書》卷五四《荒政・木欒樹》　木欒樹，生密縣山谷中。樹高丈餘。葉似楝葉而寬大稍薄。開淡黄花。結薄殼，中有子，大如豌豆，烏黑色，人多摘取串作數珠。葉味淡甜。　救飢：採嫩芽葉煠熟，换水浸淘净，油鹽調食。

明　徐光啓《農政全書》卷五四《荒政・花楸樹》　花楸樹，生密縣山野中。其樹高大。葉似回回醋葉微薄，又似兜櫨樹葉，邊有鋸齒叉，其葉味苦。　救飢：採嫩芽葉煠熟，换水浸去苦味，淘洗净，油鹽調食。

明　徐光啓《農政全書》卷五四《荒政・酸棗樹》　酸棗樹，《爾雅》謂之樲棗。出河東川澤，今城壘城野間多有之。其木似棗而皮細，莖多棘刺。葉似棗葉微小。花似棗花。結實紅紫色，似棗而圓小，核中人微匾，名酸棗人。入藥用，味酸性平，一云性微熱，惡防已。　救飢：採取其棗爲果食之。亦可釀酒，熬作燒酒飲。未紅熟時，採取煮食亦可。　玄扈先生曰：嘗過。

明　徐光啓《農政全書》卷五四《荒政・蕤核樹》　蕤核樹，俗名蕤李子。生函谷川谷及巴西河東皆有，今古崤關西茶店山谷間亦有之。其木高四五尺。枝條有刺。葉細似枸杞葉而尖長，又似桃葉而狹小亦薄。花開白色。結子紅紫色，附枝莖而生，狀類五味子，其核仁味甘，性温微寒無毒，其果味甘酸。　救飢：摘取其果紅紫色熟者食之。

明　徐光啓《農政全書》卷五四《荒政・報馬樹》　報馬樹，生輝縣太行山山谷間。枝條似桑條。其葉似青檀葉而大，邊有花叉，又似白辛葉，頗大而長硬，葉味甜。　救飢：採嫩葉煠熟，水淘净，油鹽調食。硬葉煠熟，水浸作成黄色，淘去涎沫，油鹽調食。

明　徐光啓《農政全書》卷五四《荒政・木葛》　木葛，生新鄭縣山野中。樹高丈餘。枝似杏枝。葉似杏葉而團，又似葛根葉而小，味微甜。　救飢：採葉煠熟，水浸淘净，油鹽調食。

明　徐光啓《農政全書》卷五四《荒政・回回醋》　回回醋，一名淋樸樕。生密縣韶華山山野中。樹高丈餘。葉似兜櫨樹葉而厚大邊有大鋸齒，又似厚椿葉而亦大，或三葉，或五葉，排生一莖。開白花，結子大如豌豆，熟則紅紫色，味酸。葉味微酸。　救飢：採葉煠熟，水浸去酸味，淘净，油鹽調食。其子調和湯味如醋。

明　徐光啓《農政全書》卷五四《荒政・月芽樹》　月芽樹，又名芀芽，生田野中。莖似槐條。葉似歪頭菜葉，微短，稍硬，又似椿芽葉，頗長艄，其葉兩兩對生，味甘微苦。　救飢：採嫩葉煠熟，水浸淘净，油鹽調食。

明　徐光啓《農政全書》卷五四《荒政・省沽油》　省沽油，又名珍珠花。生鈞州風谷頂山谷中。科條似荆條而圓。對生枝叉。葉亦對生，葉似驢駞布袋葉而大，又似葛藤葉却小，每三葉攢生一處。開白花，似珍珠色。葉味甘苦。　救飢：採葉煠熟，水浸淘浄，油鹽調食。

明　徐光啟《農政全書》卷五四《荒政·老葉兒樹》　老葉兒樹，生密縣山野中。樹高六七尺。葉似茶葉而窄瘦尖艄，又似李子葉而長，其葉味甘微澁（澀）。　救飢：採葉煠熟水浸去（澁）（澀）味，淘洗，油鹽調食。

明　徐光啟《農政全書》卷五四《荒政·女兒茶》　女兒茶，一名牛李子，一名牛筋子。生田野中。科條高五六尺。葉似郁李子葉而長大，稍尖，葉色光滑。又似白棠子葉，而色微黄緑。結子如豌豆大，生則青，熟則黑茶褐色，其葉味淡微苦　救飢：採嫩葉煠熟，水浸淘浄，油鹽調食。亦可蒸曝作茶煑飲。

明　徐光啟《農政全書》卷五四《荒政·椋子樹》　椋子樹，《本草》有椋子木，舊不載所出州土，今密縣山野中亦有之。其樹有大者，木則堅重，材堪爲車輞。初生作科條，狀類荆條對生枝叉。葉似柿葉而薄小，兩葉相當對生。開白花，結子細圓。如牛李子，大如豌豆，生青熟黑，味甘鹹，性平無毒，葉味苦。　救飢：採葉煠熟，水浸淘去苦味，洗浄，油鹽調食。

明　徐光啟《農政全書》卷五四《荒政·䇇樹》　䇇樹，生輝縣太行山山谷中。其樹高丈餘。葉似槐葉而大，却頗軟薄，又似檀樹葉而薄小。開淡紅色花。結子如菉豆大，熟則黄茶褐色，其葉味甜。　救飢：採葉煠熟，水浸淘浄，油鹽調食。

明　徐光啟《農政全書》卷五四《荒政·白辛樹》　白辛樹，生滎陽塔兒山岡野間。樹高丈許。葉似青檀樹葉，頗長而薄，色微淡緑，又似月芽樹葉而大，色亦差淡，其葉味甘，微澁（澀）。　救飢：採葉煠熟，水浸淘去（澁）味，油鹽調食。

明　徐光啟《農政全書》卷五四《荒政·烏稜樹》　烏稜樹，生密縣梁家衝山谷中。樹高丈餘。葉似省沽油樹葉而背白，又似老婆布鞊葉微小，而艄。開白花，結子如梧桐子大，生青熟則烏黑，其葉味苦。　救飢：採葉煠熟，換水浸去苦味，作過，淘洗浄，油鹽調食。

明　徐光啟《農政全書》卷五五《荒政·柏樹》　柏樹，《本草》有柏實生太山山谷，及陝州、宜州，其乾州者最佳，蜜州側柏葉尤佳，今處處有之。味苦。一云味甘辛，性平無毒。葉味苦，一云味苦辛。微温無毒，牡礪及桂瓜子爲之使，畏菊花、羊蹄草、諸石及麪麯。　救飢：《列仙傳》云：赤松子食柏子，齒落更生，採柏葉新生並嫩者，換水浸其苦味，初食苦澀，入蜜或棗肉如食尤好，後稍易喫，遂不復飢。冬不寒，夏不熱。

明　徐光啟《農政全書》卷五五《荒政·石岡橡》　石岡橡，生汜水西茶店山谷中。其木高丈餘。葉似橡櫟葉，極小而薄，邊有鋸齒而少花叉。開黄花。結實如橡斗而極小，味澀微苦。救飢：採實換水煑五七次，令極熟食之。

明　徐光啟《農政全書》卷五五《荒政·山裏果兒》　山裏果兒，一名山裏紅，又名映山紅果，生新鄭縣山野中。枝莖似初生桑條，上多小刺。葉似菊花葉稍團，又似花桑葉亦團。開白花。結紅果大如櫻桃，味甜。　救飢：採樹熟果食之。

明　徐光啟《農政全書》卷五五《荒政·水茶臼》　水茶臼，生密縣山谷中。科條高四五尺。莖上有小刺。葉似大葉胡枝子葉而有尖，又似黑豆葉而光厚亦尖。開黄白花。結果如杏大，狀似甜瓜瓣而色紅，味甜酸。　救飢：果熟紅時，摘取食之。

明　徐光啟《農政全書》卷五五《荒政·吉林子樹》　吉利子樹，一名急虆子，荒野處有之。科條高五六尺。葉似野桑葉而小，又似櫻桃葉亦小。枝葉間開五瓣小尖花，碧玉色，其心黄色。結子如椒粒子，兩兩並生，熟則紅味甜。　救飢：其子熟時，採摘食之。

明　徐光啟《農政全書》卷五五《荒政·驢駝布袋》　驢駝布袋，生鄭州沙岡間科條高四五尺。枝梗微帶赤黄色。葉似郁李子葉，頗大而光，又似省沽油葉而尖頗齊，其葉對生。開花色白。結子如菉豆大，兩兩並生，熟則紅色，味甜。　救飢：採紅熟子食之。

明　徐光啟《農政全書》卷五五《荒政·青舍子條》　青舍子條，生密縣山谷間。科條微帶柿黄色。葉似胡枝子葉而光俊微尖。枝條稍間，開淡粉紫花。結子似枸杞子微小，生則青，而後變紅，熟則紫黑色，味甜。　救飢：採摘其子紫熟者食之。

明　徐光啟《農政全書》卷五五《荒政·土欒樹》　土欒樹，生汜水西茶店山谷中。其木高大堅勁，人常採斫以爲秤榦。葉似木葛葉，微狹而厚，背頗白，微毛，又似青楊葉亦窄。開淡黄花。結子小如豌豆而匾，生則青色，熟則紫黑色，味甘。　救飢：摘取其實紫熟者食之。

明　徐光啟《農政全書》卷五五《荒政·婆婆枕頭》　婆婆枕頭，生鈞州密縣山坡中。科條高三四尺。葉似櫻桃葉而長艄。開黄花。結子如菉豆大，生則青，熟紅色，味甜。　救飢：採熟紅子食之。

明　徐光啓《農政全書》卷五五《荒政·無花果》　無花果，生山野中，今人家園圃中亦栽。葉形如葡萄葉，頗長硬而厚，稍作三叉。枝葉間生果，初則青小，熟大狀如李子，色似紫茄色，味甜。　救飢：採果食之。　治病：今人傳説治心痛，用葉煎湯服甚効。　玄扈先生曰：子本佳果，第須良種，宜廣植之。

明　徐光啓《農政全書》卷五五《荒政·山梨兒》　山棃兒，一名金剛樹，又名鐵刷子。生鈞州山野中。科條高三四尺，枝條上有小刺。葉似杏葉頗團小。開白花。結實如葡萄（蔔）顆大，熟則紅黄色，味甘酸。　救飢：採實食之。

明　徐光啓《農政全書》卷五六《荒政·柘樹》　柘樹，《本草》有柘木，舊不載所出州土，今北土處處有之。其木堅勁，皮紋細密，上多白點，枝條多有刺。葉比桑葉甚小而薄，色頗黄淡，葉稍（梢）皆三叉，亦堪飼蠶。綿柘刺少，葉似柿葉微小。枝葉間結實，狀如楮桃而小，熟則亦有紅蕊，味甘酸。葉味甘微苦。柘木味甘。性温無毒。　救飢：採嫩葉煠熟，以水浸，作成黄色，換水浸去邪味，以水淘浄，油鹽調食。其實紅熟，甘酸可食。

明　徐光啓《農政全書》卷五六《荒政·楸樹》　楸樹，所在有之，今密縣梁家衝山谷中多有，樹甚高大，其木可作琴瑟。葉類梧桐葉而薄小，葉稍作三角尖叉。開白花味甘。　救飢：採花煠熟，油鹽調食，及將花晒乾，或煠或炒，皆可食。

明　徐光啓《農政全書》卷五六《荒政·槐樹芽》　槐樹芽，《本草》有槐實，生河南平澤，今處處有之，其木有極高大者。《爾雅》云：槐有數種，葉大而黑者，名櫰槐。又有晝合夜開者，名守宫槐。葉細而青緑者，但謂之槐。其功用不言有別。開黄花，結實似豆角狀，味苦酸鹹，性寒無毒，景天爲之使。　救飢：採嫩芽煠熟，換水浸，淘洗去苦味，油鹽調食。或採槐花炒熟食之。　玄扈先生曰：嘗過，花性太冷，亦難食。　晉人多食槐葉，又槐葉枯落者，亦拾取和米煑飯食之。嘗見曹都諫真子，述其鄉先生某云世間真味獨有二種謂槐葉煑飯，蔓菁煑飯也。乙卯見趙六亨民部，言食槐芽法，煠熟置新磚瓦上，陰乾更煠，如是二過，絶不苦。凡食樹芽葉並宜用此法，去其苦味。

明　徐光啓《農政全書》卷五六《荒政·桑椹》　桑椹，《本草》有桑根白皮，舊不載所出州土，今處處有之。其葉飼蠶。結實爲桑椹。有黑白二種。桑之精英，盡在於椹。桑根白皮，東行根益佳，肥白者良。出土者不可用，殺人。味甘性寒，無毒。製造忌鐵器及鉛。葉椏者名雞桑，最堪入藥，續斷、麻子、桂心爲之使。桑椹味甘，性暖。或云木白皮亦可用。　救飢：採桑椹熟者食之，或熬成膏。攤於桑葉上晒乾，搗作餅收藏，或直取椹子晒乾，可藏經年。及取椹子清汁置瓶中，封三二日即成酒，其色味似葡萄酒，甚佳。亦可熬燒酒可藏經年，味力愈佳。其葉嫩老皆可煠食，皮炒乾磨麪，可食。

明　徐光啓《農政全書》卷五六《荒政·文冠花》　文冠花，生鄭州南荒野間。陝西人呼爲崖木瓜。樹高丈許。葉似榆樹葉而狹小，又似山茱萸葉亦細短。開花彷彿似藤花而色白，穗長四五寸。結實狀似枳殼而三瓣，中有子二十餘顆，如肥皂角子，子中瓤如栗子，味微淡又似米麪，味甘可食。其花味甜。其葉味苦。　救飢：採花煠熟，油鹽調食。或採葉煠熟，水浸淘去苦味，用油鹽調食。及摘實取子煮熟食。　玄扈先生曰：嘗過。子本嘉果，花甚多，可食。

明　徐光啓《農政全書》卷五六《荒政·榆錢》　榆錢，《本草》有榆皮，一名零榆生。潁州山谷、秦州，今處處有之。其木高大。春時未生葉，其枝條間先生榆莢，形狀似錢而薄小，色白，俗呼爲榆錢。後方生葉似山茱萸葉而長，尖艄潤澤。榆皮味甘，性平無毒。　救飢：採肥嫩榆葉煠熟，水浸淘浄，油鹽調食。其榆錢煮糜羹食佳。但令人多睡，或焯過晒乾備用，或爲醬，皆可食。榆皮刮去其上乾燥皴澀者，取中間軟嫩皮剉碎晒乾，炒焙極乾，搗磨爲麪，拌糠，麧草末蒸食。取其滑澤易食。又云榆皮與檀皮爲末，服之令人不飢，根皮亦可搗磨爲麪食。

明　徐光啓《農政全書》卷五六《荒政·竹笋》　竹笋，《本草》竹葉，有篁竹葉，苦竹葉，淡竹葉。《本經》並不載所出州土，今處處有之。竹之類甚多，而入藥者惟此三種。人多不能盡別。篁竹堅而促節，體圓而質勁，色白如霜。作笛者別有一種，不名篁竹。苦竹亦有二種。一種出江西及閩中，本極粗大，笋味甚苦，不可噉。一種出江浙近地，亦時有之，肉厚而葉長闊，笋味微苦，俗呼甜苦笋。食所最貴者，亦不聞入藥用，淡竹肉薄，節間有粉，南人以燒竹瀝者，醫家只用此一品。又有一種薄殼者，名甘竹葉，最勝。又有實中竹，篁竹，並以笋爲佳，於藥無用。凡取竹瀝，惟用淡竹，苦竹，篁竹爾，陶隱居云：竹實出藍田，江東乃有花而無實，而頃來斑斑有實，狀如小麥，堪可爲飯。《圖經》云竹笋味甘，無毒。又云寒。　救飢：採竹嫩笋煠熟，油鹽調食。焯過晒乾，煠食尤好。

明　徐光啓《農政全書》卷五六《荒政・棠梨樹》　棠梨，今處處有之。生荒野中。葉似蒼朮葉，亦有團葉者，有三叉葉者葉邊皆有鋸齒，又似女兒茶葉，其葉色頗白。開白花。結棠梨如小楝子大，味甘酸。花葉味微苦。　救飢：採花煠熟食，或晒乾磨麪，作燒餅食亦可。及採嫩葉煠熟，水浸淘淨，油鹽調食。或蒸晒作茶亦可。其棠梨經霜熟時摘食甚美。

明　徐光啓《農政全書》卷五六《荒政・壩齒花》　壩齒花，本名錦雞兒，又名醬瓣子。生山野間，中州人，家園宅間亦多栽。葉似枸杞子葉而小，每四葉攢生一處。枝梗亦似枸杞，有小刺。開黃花，狀類雞形，結小角兒，味甜。　救飢：採花煠熟，油鹽調食。炒熟喫茶亦可。

明　徐光啓《農政全書》卷五六《荒政・藤花菜》　藤花菜，生荒野中沙岡間。科條叢生。葉似皂角葉而大，又似嫩椿葉而小，淡黃綠色。枝間開淡紫花，味甘。　救飢：採花煠熟，水浸淘淨，油鹽調食。微焯過晒乾煠食尤佳。

明　徐光啓《農政全書》卷五六《荒政・木羊角科》　木羊角科，又名羊桃，一名小桃花。生荒野中。紫莖葉似初生桃葉，光俊色微帶黃。枝間開紅白花。結角似豇豆角，甚細而尖艄，每兩兩角並生一處。味微苦酸。　救飢：採嫩稍（梢）葉，煠熟，水浸淘淨，油鹽調食。嫩角亦可煠食。

明　徐光啓《農政全書》卷五六《荒政・馬棘》　馬棘，生滎陽岡野間。科條高四五尺。葉似夜合樹葉而小，又似蒺莉葉而硬，又似新生皂莢科葉亦小。稍（梢）間開粉紫花，狀似錦雞兒花，微小，味甜。　救飢：採花煠熟，水浸淘淨，油鹽調食。

明　徐光啓《農政全書》卷五六《荒政・楮桃樹》　楮桃樹，《本草》名楮實，一名穀實。生少室山，今所在有之。樹有二種。一種皮有斑花紋，謂之斑穀，人多用皮爲冠。一種皮無花紋，枝葉大相類，其葉似葡萄作瓣，叉上多毛，澀而有子者，爲佳。其桃如彈大，青綠色，後漸變深紅色，乃成熟，浸洗去穰，取中子入藥。一云皮斑者是楮，皮白者是穀。皮可作紙。實味甘，性寒，葉味甘，性涼，俱無毒。　救飢：採葉并楮桃，帶花煠爛，水浸過，握乾，作餅焙熟食之。或取樹熟楮桃紅色，食之。甘美。不可久食，令人骨軟。　玄扈先生曰：嘗過，子花勝藥。

明　徐光啓《農政全書》卷五六《荒政・臘梅花》　臘梅花，多生南方，今北土亦有之，其樹枝條頗類李。其葉似桃葉而寬大，紋微粗。開淡黃花。味甘微苦。　救飢：採花煠熟，水浸淘淨，油鹽調食。

明　徐光啓《農政全書》卷五六《荒政・皂莢樹》　皂莢樹，生雍州川谷及魯之鄒縣，懷孟産者爲勝，今處處有之。其木極有高大者。葉似槐葉，瘦長而尖。枝間多刺。結實有三種。形小者爲猪牙皂莢，良。又有長六寸及尺一者，用之當以肥厚者爲佳。味辛鹹，性温有小毒柏實爲之使，惡麥門冬，畏空青、人參、苦參。可作沐藥不入湯。　救飢：採嫩芽煠熟，換水浸洗，淘淨，油鹽調食。又以子不拘多少，炒舂去赤皮，浸軟煮熟，以糖漬之可食。　玄扈先生曰：嘗過。

明　徐光啓《農政全書》卷五四《荒政・木槿樹》　木槿樹。《本草》云：木槿如小葵花，淡紅色，五葉成一花，朝開暮斂，花與枝兩用，湖南北人家多種植爲籬障。亦有千葉者，人家園圃多栽種。性平無毒，葉味甜。　救飢：採嫩葉煠熟，冷水淘淨，油鹽調食。

明　徐光啓《農政全書》卷五四《荒政・椿樹芽》　椿樹芽。《本草》有椿木、樗木，舊不載所出州土，今處處有之。二木形幹大抵相類。椿木實而葉香可啖。樗木疏而氣臭，膳夫熬去其氣亦可啖。北人呼樗爲山椿，江東人呼爲虎目。葉脱處有痕如樗蒲子，又如眼目，故得此名。夏中生莢，樗之有花者無莢，有莢者無花，莢常生臭樗上，未見椿上有莢者，然世俗不辨椿樗之異，故俗名爲椿莢，其實樗莢耳。其無花不實，木大端直爲椿，有花而莢大，小幹多迂矮者爲樗。椿味苦有毒，樗味苦有小毒，性温。一云：性平無毒。　救飢：採嫩芽煠熟，水浸淘淨，油鹽調食。玄扈先生曰：嘗過。

清　吴其濬《植物名實圖考・木類》卷三七《欒華》　欒華，《本經》下品，《救荒本草》木欒，生密縣山谷中。樹高丈餘。葉似楝葉而寬大稍薄。開淡黃花，結薄殼中有子如豌豆，烏黑色，人多摘取作數珠。葉味淡甜，採嫩芽煠熟，換水浸淘淨，油鹽調食。按山西亦多有之，俗訛作木蘭。《通志》：木蘭叢生谷岸。葉可染皂。晉人名黑葉子。春初採芽作茹，名木蘭芽。又《長治縣志》：梂，即木蘭，考《集韻》梂，木名，可爲笏。此木皮赭，質白，自可作笏，而黑葉子則染肆用之，如皂斗。《説文》：欒木似欄。段氏注：欄，今之楝字。欒之似楝，其説古矣。西音爲蘭，亦古韵也。

清 吴其濬《植物名實圖考·木類》卷三四《穁芽樹》《救荒本草》：穁芽樹，生輝縣山野中。科條似槐條。葉似冬青葉，微長。開白花，結青白子。其葉味甜，採嫩葉煠熟，水淘浄，油鹽調食。

清 吴其濬《植物名實圖考·木類》卷三四《雲葉》《救荒本草》：雲葉，生密縣山野中。其樹枝葉皆類桑，但其葉如雲頭花叉，又似木欒樹葉，微闊。開細青黄花。其葉味微苦。採嫩葉煠熟，换水浸淘去苦味，油鹽調食，或蒸晒作茶，尤佳。

清 吴其濬《植物名實圖考》卷三四《木類·龍柏芽》《救荒本草》：龍柏芽，出南陽府馬鞍山中。此木久則亦大葉，似初生橡櫟小葉而短，味微苦。採芽葉煠熟，换水浸淘浄，油鹽調食。

清 吴其濬《植物名實圖考》卷三四《木類·刺楸樹》《救荒本草》：刺楸樹，生密縣山谷中。其樹高大。色皮（色）蒼白，上有黄白斑文，枝梗間多有大刺。葉似楸葉而薄，味甘。採嫩芽葉煠熟，水浸淘洗浄，油鹽調食。

清 吴其濬《植物名實圖考》卷三四《木類·青檀樹》《救荒本草》：青檀樹，生中牟南沙崗間。其樹枝條紋細薄。葉形類棗微尖艄，背白而澀，又似白辛樹葉微小。開白花。結青子如梧桐子大。葉味酸澀，實味甘酸。採葉煠熟，水浸淘去酸味，油鹽調食，其實成熟亦可摘食。

清 吴其濬《植物名實圖考》卷三四《木類·烏棱樹》《救荒本草》：烏棱樹，生密縣梁家衝山谷中。樹高丈餘。葉似省沽油樹葉而背白，又似老婆布鞊葉微小而艄。開白花。結子如梧桐子大，生青熟則烏黑。其葉味苦，採葉煠熟，换水浸去苦味，作過淘洗浄，油鹽調食。

清 吴其濬《植物名實圖考》卷三四《木類·黄絲藤》《救荒本草》：黄絲藤，生輝縣太行山山谷中。條類葛條。葉似山格刺葉而小，又似婆婆枕頭葉，頗硬，背微白，邊有細鋸齒，味甜。採葉煠熟，水浸淘浄，油鹽調食。

清 吴其濬《植物名實圖考》卷三四《木類·山格刺樹》《救荒本草》：山格刺樹，生密縣韶華山山野中。作科條生。葉似白槿樹葉，頗短而尖艄，又似茶樹葉而闊大，及似老婆布鞊葉亦大，味甘。採葉煠熟，水浸作成黄色，淘洗浄，油鹽調食。

清 吴其濬《植物名實圖考·木類》卷三四《黄楝樹》《救荒本草》：黄楝樹，生鄭州南山野中。葉似初生椿樹葉而極小，又似楝葉，色微帶黄。開花紫赤色。結子如豌豆大，生青熟亦紫赤色。葉味苦，採嫩芽葉煠熟，换水浸去苦味，油鹽調食。蒸芽曝乾，亦可作茶煮飲。

清 吴其濬《植物名實圖考·果類》卷三一《木桃兒樹》《救荒本草》：木桃兒樹生中牟土山間。樹高五尺餘，枝條上氣脈積聚爲疙瘩狀，類小桃兒，極堅實，故名木桃。其葉似楮葉而狹小，無花叉，卻有細鋸齒。又似青檀葉，梢間另又開淡紫花。結子似梧桐子而大，熟則淡銀褐色，味甜可食。採取其子，熟者食之。

清 吴其濬《植物名實圖考·木類》卷三六《樹頭菜》 樹頭菜，《滇志》：石屏者佳。樹色灰赭，一枝三葉，微似楷木。葉初生如紅椿芽而瘦，味苦。臨安人鹽漬之以爲虀，與黄連茶即楷樹芽。皆取木葉作蔬，咀其回味如食諫果也。

清 吴其濬《植物名實圖考·果類》卷三一《櫨子樹》《救荒本草》：櫨子樹舊不著所出州土，今鞏縣趙峯山野中多有之。樹高丈許，葉似冬青樹葉，稍闊厚，背色微黄，葉形又類棠梨葉但厚。結果似木瓜稍團，味酸甜，微澀，性平，果熟時採摘食之，多食損齒及筋。

清 吴其濬《植物名實圖考·木類》卷三六《牛奶子》 牛奶子樹，長沙山阜多有之。叢生。褐幹。葉如橘，葉有微齒。夏間結實狀如衣扣，纍纍下垂，外有青褐皮，裂殻見黑光，如龍眼核。殻内青皮白仁味苦澀，頗似橡栗，可研粉救饑。俚醫取枝莖以爲散血之藥。

清 吴其濬《植物名實圖考·木類》卷三七《牛奶子又一種》 牛奶子（又一種）與陽春子樹葉皆相似。秋結實如棠梨，色紅紫，味微甘而澀，童豎食之。

清 吴其濬《植物名實圖考·木類》卷三七《羊嬭子》 羊嬭子，湖南山阜多有之。《辰谿縣志》：羊嬭子，莖有小刺，葉如桂而小，上青下白，開小白花，實如羊嬭味，甘可食。又羊春子同類異種。按《救荒本草》：白棠子樹，亦名羊嬭子樹，形狀畧同。

清 吴其濬《植物名實圖考·木類》卷三七《羊奶子又一種》 羊奶子（又一種），生長沙山岡。叢樹。無刺。葉如榆葉，光澤而薄。秋結實如海棠果而小，亦長，經霜色紅，味酸澀。

其他樹種分部

荆

綜　述

三國吴　陸璣《毛詩草木鳥獸蟲魚疏·榛楛濟濟》　楛，其形似荆而赤，莖似蓍。上黨人織《詩釋文》織作篾，《類聚》《御覽》引同。以爲斗筥箱器，又揉以爲釵。《詩疏釋文》揉作屈。故上黨人調問婦人欲買赭否，曰竈下自有黄土，問買釵否，曰山中自有楛。《詩·旱麓疏》

晉　嵇含《南方草木狀》卷中《木類》　荆，寧浦（者）（有）三種：金荆可作枕，紫荆堪作床，白荆堪作履。與他處牡荆、蔓荆全異。又彼境有杜荆，指病自愈。節不相當者，月暈時刻之，與病人自齊等，置床下，雖危困亦愈。

宋　羅願《爾雅翼》卷一一《釋木》　楚者，楚地所出。其一名荆，故楚國入春秋稱荆，其後稱楚，而荆州亦以此木得名也。今之牡荆作樹生者，實細黄色，而莖甚勁，生子細如麻子，比蔓荆棘實而小，故稱小荆。又牡亦對蔓爲名，非無實之謂也。《禮·弓矢圖》：楚焞以荆爲之。必以荆者，凡木心圓，荆心方，蓍之德圓而神卦之德方，以知以其德方，故以方木灼龜也。

宋　寇宗奭《本草衍義》卷一五《欒荆》　欒荆即前所謂牡荆也，不合更立此條，況本經元無欒荆，已具蔓荆實條中。

宋　謝維新《古今合璧事類備要别集》卷五三《衆木門·荆》　《格物總論》：荆，小木叢生。枝莖婆娑，葉刻缺纚濊。荒坂洲渚間多有之。彼又有所謂牡荆、杜荆、山荆等名，不一而足。然非博物君子不能遍識也。

元　胡古愚《樹藝篇·木部·金荆》　金荆，《閩中記》云，木堅，有文彩，可爲床榻、器皿。八閩通志《宋志》云：《閩中記》：木堅有文，堪作床榻。今按此木無文，但性柔韌，不易折壞，担擔家多取作扁擔云。《兴化府志》

元　胡古愚《樹藝篇·木部·楛》　楛堪爲矢，其莖似荆而赤，其葉如蓍。古者楛矢則石爲之砮。陸璣云：上黨人織以爲牛筥、箱器，又屈以爲釵。故上黨調問婦人「欲買赭否？」，曰：「竈中自有黄土。」「買釵否？」曰：「山中自有楛。」言其俗朴也。顔監曰：楛木堪爲箭笴，今豳以此皆用之，土俗呼其木爲楛子。又《禹貢》：惟箘簵楛。顔監曰：皆可爲矢。《爾雅翼》

明　何三畏《新刻何氏類鎔》卷三一《荆》　荆名羊櫨，亦名空疏。紫荆，可以作牀。金荆可以作枕。白荆可以作履。牡荆可以療痾。其樹在江南之山，荆楚之地。荒坂洲渚間多有之。蓋蕭森有似于榛，而叢刺不同于棘者也。郊祀以牡荆爲幡竿，取其幹之直。楚焞以蔓荆爲燃灼，取其心之方。有荆花兩三莖，多如竹葉。汁冷而甜者，殊無烟火之氣。有荆瘤數十片，色如真金。文美而艷者，絶勝沉檀之香。聲子之在鄭郊，而路逢伍舉，則班荆與食而言。廉頗之在趙國，而交惡相如，則負荆肉袒而謝。田氏分財，而堂中所樹之荆花忽驚改色，兄弟之所以復合也。淮南謀叛，而宫中所生之荆露忍見霑衣，國家之所以兆亡也。以叢荆爲棰輙以笞人，而不肯宥有罪之罰。榜棰如初者，此燕榮之酷于吏，以細荆爲束，必以笞王，而不敢廢先王之令。自流請死者，此葆申之忠於君。尹勤嚴師薛漢而斷交游之跡，常以身爲牧豕。而荆生于門庭，則孝思所感。左慈偶訪徐隨，而受門客之欺，忽從樹杪見牛，而荆生于車轂，則幻術所爲矣。

明　彭大翼《山堂肆考》卷二一〇《荆》　《格物論》：荆小木叢生，枝莖婆娑，葉刻缺而粗澀，荒坂洲渚多有之。又有所謂牡荆、杜荆、山荆等，其名不一。

明　王世貞《彙苑詳註·荆》　荆。《春秋·運斗樞》云：玉衡星散爲荆。《廣志》云：楚荆，牡荆，蔓荆也。又云：赤莖大實者名牡（丹）（荆）。又有山荆。《爾雅翼》云：凡木心圓，惟荆心方。《廣州記》云：寧浦、金荆可作枕，紫荆可作床，白荆可作履。又有牡荆，節間不相當指病自愈，謂月暈時刻之與病身（齊）等置床下，雖危困亦愈。

明　王世貞《彙苑詳註》卷三一《荆》　鑾荆，蠢爾鑾荆。《詩》　班荆，伍舉入鄭，聲子將如晉，遇之郊，班荆相與食而言復故。《左傳》　辭故枝，風吹紫荆樹，色與春庭暮。花落辭故枝，風回返無處。（杜子美）　無皮，大樹大皮裹，小樹小皮纏。庭前紫荆樹，無皮也過年。（宋僧行持詩）　白荆，出吴興玉虚洞後，花白似雪，邑人争賞之。又有一種茄花色者，柔媚可愛。《花木考》　宫生荆，淮南王安謀反，伍被諫曰：昔子胥諫吴王云：今臣見麋鹿遊姑蘇之臺。臣今亦將見宮中生荆棘，露沾衣也。《漢書》分荆，田真、田廣欲分財。庭前有紫荆一株，花葉茂盛，議析爲三，曉即憔悴。真嘆曰：樹本同株，聞分析即憔悴，人何不如。遂不復分。《齊諧記》三荆欣聚，古有兄弟，復欲分異，出門見三荆同株，接葉連陰，嘆曰：木猶欣聚，況我而殊哉。還爲雍和。《孝子傳》負荆，廉頗與藺相如不協，後頗肉袒負荆謝，遂爲刎頸交。《史記》觳荆，吳徐隨君丹徒左慈過隨門下，有客車六七乘，欺慈云：徐公不在。客忽見車中皆生荆棘，懼入報隨。隨曰：左慈也。客逐慈叩頭謝。客還，無復荆棘。《神仙傳》以人試荆，隋燕榮爲幽州總管。嘗按部道次，見叢荆堪爲笞箠，取以試人。人自陳無罪。榮曰：後有罪當免。及犯細過，將撻之，人曰：前許有罪宥之。榮曰：無過尚爾，況有過乎？榜捶如初。《隋史》

清 厲荃《事物異名録》卷三〇《樹木部・荆樹》 楚，《本草綱目》：荆生成叢而疏爽，故謂之楚，濟楚之義。

明 吳雨《毛詩鳥獸草木考》木考・楚 《周南》曰：「言刈其楚。」《傳》：楚，木也。楚一名荆，亦有蔓荆、牡荆之别。葉如華麻。梗實細踈瘦，花紅作穗，子細而黄，如麻子大，比蔓荆實而小，故稱小荆。又牡，亦對蔓爲名，非無實之謂也。可作箠者，今人謂之黄荆，葉香亦有花。凡木心圓，惟荆方。亦有白荆，堪爲履。紫荆，堪爲床。牡荆節間不相當者，月暈時刻之爲券以畏病。楚地所出，故名楚。故楚國入春秋，稱「荆」，其後稱「楚」，而荆州亦以此木得名。《登真隱訣注》云：牡荆花白，多子，子粗大，歷歷踈生，不過三兩莖，多不能圓，或褊、或異、或多，似竹節，葉與餘荆不殊。蜂多採牡荆，牡荆汁冷而甜。餘荆被燒，則烟火氣，苦。牡荆體慢汁實，烟火不入其中。《六甲陰符》云：一名羊櫨，一名空疏，理白而中虚。

清 王念孫《廣雅疏證》卷一〇上《釋木・楚荆》 楚，荆也。《説文》云：楚，叢木，一名荆也。從林疋聲。案：楚之言。楚楚然，衆也。《小雅・楚茨》篇楚楚者，茨，言抽其棘。《傳》云：楚楚，茨棘貌，其義同也。楚莖堅彊，故謂之荆。荆彊古聲相近。《禹貢正義》引李巡《爾雅》注云：荆，彊也。

清 王念孫《廣雅疏證》卷一〇上《釋木・牡荆》 牡荆，曼荆也。牡荆，曼荆一種而小異，稱名可以互通也。牡，各本譌作壯，今訂正。《漢書・郊祀志》云：以牡荆畫幡，日月北斗登龍，以象太一三星。李奇注云：牡荆作幡柄也。如淳云：牡荆，荆之無子者，皆絜齊之道。晉灼云：牡荆節間不相當也，月暈刻之以畏病者。案：《名醫别録》云：牡荆實味苦，温無毒。生河間，南陽冤句山谷，或平壽都鄉高岸上及田野中。八月、九月採實，陰乾，是牡荆有子，不如如淳所説也。陶宏景《别録》注：亦以牡荆不應有子爲疑。不如草木之名牡者，不必皆以無子爲義。《御覽》引吳普《本草》云：牡丹子黑，中有核，是其證也。《御覽》引《淮南・萬畢術》云：南山牡荆，指病自愈，節不相當，有月暈時刻之。此晉灼注所本也。但《淮南》云：牡荆節不相當。而陶注《别録》引《仙方説》則云：枝枝相對者，爲牡荆。二説各異，未知孰是耳。《神農本草》云：蔓荆實味苦，微寒，小荆實亦等。蔓與曼同。陶注云：小荆即應是牡荆，牡荆子大於蔓荆子，而反呼爲小荆，恐或以樹形爲言。陶之此説，亦未敢決，而以牡荆子大於蔓荆，則得之目驗，非虚言也。《唐本（草）注》：乃謂子小而作樹者爲牡荆，以合小荆爲牡荆之説。子大而蔓生者爲蔓荆，以合蔓荆之名。其後《本草》諸家皆承用之。案：《藝文類聚》引《廣志》云：赤莖大實者，名曰牡荆。陶注《牡荆》亦云：蔓荆子殊細，正如小麻子，色青黄。牡荆子如烏豆大，正圓，黑。又陶氏《登真隱訣》云：天監三年，上將合神仙飯，奉勅論牡荆。白荆，花白多子。子粗大，歷歷疎生，不過三兩，此皆牡荆子大於蔓荆之明證。唐注：以牡荆子小、蔓荆子大者，舛矣。且蔓荆倘是蔓生，則《本草》當入草部，今乃列之木部上品，明非蔓生之物。《本草・木部》有蜀椒，又有蔓椒，豈得謂蔓椒蔓生哉？唐注：以蔓生者爲蔓荆，尤爲乖謬也。牡荆、蔓荆皆樹生，類甚相近，故牡荆亦得爲蔓荆也。牡荆實苦，而華獨甜。《登真隱訣》云：蜂多採牡荆，牡荆汁冷而甜。又云：餘荆被燒則煙火氣，若牡荆體慢汁，實煙火不入其裏，蓋其性之堅固，有如此者。又可爲履。《藝文類聚》引《廣州記》云：白荆堪爲履，是也。

清 陳大章《詩傳名物集覽》卷一二《榛楛濟濟》 《朱傳》：榛似栗而小，楛似荆而赤。《陸疏》：楛，其形似荆而赤，莖似蓍，上黨人織以爲斗筥箱器，又屈以爲釵，故上黨人調曰，問婦人欲買赭否，曰竈下自有黄土，問買釵否，曰山中自有楛。《禹貢》：荆州貢楛。注云：中矢幹，出雲夢之澤。《爾雅》：楛堪爲矢，古者楛矢，則石爲之砮，榛可爲贄，文事也。楛可爲矢，武事也。《説文》：榛一曰菆，菆亦矢之善者，《春秋・傳》所謂致師者，左射以菆是也。《周語》曰：夫旱麓之榛楛殖，故君子得以樂易千禄焉，若夫山林匱竭，林麓散亡，藪澤肆竭，民力彫盡，田疇荒蕪，資用乏匱，君子將險哀之不暇，而何樂易之有。顔師古曰：楛木堪爲箭笴，今豳以北皆用之，俗呼其木爲楛子。《左傳》：有隼集于陳庭而死，楛矢貫之，其長尺有咫。以問仲尼，對曰：隼來遠矣，此肅慎氏之矢也。昔武王伐商，封異姓以遠方之職貢，使無忘服，故以楛矢封陳。求之故府，果得之。《夏書》：荆州之貢，礪砥砮丹，惟箘簵楛，則亦中州職貢之常，豈其長者爲肅慎之物歟。荀子《勸學篇》：問楛者勿告也，告楛者勿問也，説楛者勿聽也，凡器物堅好曰功，濫惡曰楛，故以爲喻，楛或作苦，義同。

清 吴其濬《植物名實圖考·木類》卷三三《蔓荆》 蔓荆，《本經》上品。又牡荆。《别録》上品，即黄荆也，子大者爲蔓荆。有青赤二種，青者爲荆，赤者爲楛。北方以製莒筐、籬笆，用之甚廣。沙地亦種之。江南器多用竹，故荆條叢生，無復採織。

清 李鴻章 光緒《畿輔通志·物産·木屬·荆》 荆，《爾雅翼》云：「凡木心圓，荆心方。」七月間，山家伐軟條糧器盛糧，曰荆囤。《盤山志》

清 長順《吉林通志》卷三三《物産·木屬》 楛一名雉尾荆，色赤。中爲矢。世傳肅慎氏楛矢即此。《盛京通志》《説文》：楛，木也。閻若璩曰：《國語》肅慎氏貢楛矢，其地即今寧古塔。詢其風土云：西南去六百里曰長白山。山巔之陰及黑松林遍生楛木，取以爲矢，質堅而直，不爲燥濕所移。《説文義證》十六

藝文

南朝梁 江淹《金荆頌》 江南之山連障連天，既抱紫霞亦漱絳煙。金荆佳樹涵雲宅仙，姱節詎及幽意誰傳。

宋 顔竣《几贊序》 今上在彭城賜金荆卧几。

棘

綜述

宋 陸佃《埤雅》卷一三《棘》 棘性堅强，費風之長養者，其心之生更難於榦。故《詩》曰：「凱風自南，吹彼棘心。」以言七子不令費母之長養如此。《四時纂要》云：「四月棗葉生凱風之時也」，蓋母雖失道，負罪引慝，自謂不令念其母之勞而忘其過者，孝子之道也。故《序》者曰：「《凱風》美孝子也。且其負罪引慝，自謂不令，念其母之勞而忘其過者，亦所以微切以感其母。」《公孫丑》曰：「凱風何以不怨？」《孟子》曰：「凱風，親之過小者也。親之過小而怨，是不可磯也。」蓋微切以激之之謂磯。據此，丑聞《小弁》之義，則《凱風》之不怨自可推而得。今復云云者，亦異乎商賜之言《詩》矣。《魏風》一章曰：「園有桃」，二章曰：「園有棘」，棘，酸棗也，於果爲下，以言（昭）公之節彌苦。傳曰：「豫章以木稱郡，酸棗以棘名邦。」舊云：「鵲巢中必有棘。」蓋棘性煖。今人養華之法，初春以棘數枝置華叢上，可以辟霜，護其華（牙）（芽）也。

元 胡古愚《樹藝篇·木部·棘》 棘心赤而外有刺，故朝位植之。左九棘，孤卿大夫位焉，群士在其後。右九棘，公侯伯子男位焉，群吏在其後。面三槐，三公位焉，州長、衆庶在其後。蓋槐取懷來，棘歆其赤心而留意於三刺也。又《釋木》云：「槐棘醜喬，蓋言枝皆翹竦，有奉上之義。亦藉其繁茂，以爲蔽外屏之義也。」棘有赤白二種，其刺亦有直者、鉤者，補益用直，瘰腫用鉤。古人所謂造沐猴於棘刺，言其難也。《春秋紫露》曰：「軍之所處，生以棘楚。」蓋棘者刺人之物，楚者撻人之物，皆能傷人，故緣類而生，亦戟棘也。越棘大弓，取象於棘。又棘可以爲矢，昔日楚之先祖桃弧、棘矢以共禦王事。蓋兵之將出，桃弧、棘矢以除其災。桃能去厲，棘植於花死則花不被霜，所謂除災，豈此之謂耶？《詩》曰：「凱風自南，吹彼棘心。」又曰：「吹彼棘薪」，凱南風也。八風以生殺萬物，凱風既云自南。乃當景風。《白虎通》曰：「景風至棘造實」，蓋吹彼棘心者將以趣其造實。萬物之難生者，棘而造實，又歆其應候。南風雖能生物，亦已勞矣。八風謂之景，衛詩謂之凱，以强教之也。以棘爲凱風之侯，則母氏劬勞甚矣。《老子》曰：「師之所處，荆棘生焉。」以荆棘惡木，有兵刑之象。《皇覽》曰：「孔子塋中不生荆棘及刺人草」，《管子》：「五沃之地，其棘其棠。」《爾雅翼》 世傳棘能辟霜，蓬能碎砂，物理相感也。有蓬生處則砂不聚，花果以棘園之則茂。《東無紀事》 棘與枣皆有刺，故棘文列刺枣文，複刺。《切韻》云：「棘，小枣也，不生江南，其刺曰棘鍼，曰棘刺。其花曰菥蓂，曰馬朐，曰刺原。」《爾雅》云：「終，牛棘」，注曰：「馬棘也，刺麄而長。」《草木畧》《爾雅》曰：「終，牛棘」，註：「即馬棘也，其刺麄而長。」疏：「終一名牛棘，

棘之針刺粗長者因名牛棘、馬棘也。」

明 屠本畯《離騷草木疏補》卷三《黄棘》 《九章》曰：借光景以往來兮，施黄棘之枉策。王逸注：黄棘，棘刺也。言願借神光電景，飛注往來。施棘之刺，以爲馬策，言急疾也。吴仁傑曰：借光景以往來，猶假日以媮樂也。補 棘，小棗也，花葉莖實都類棗。有赤棘白棘。《山海經》：若山有木焉，黄花而圓葉，其實如蘭。其刺有直有鈎，補益用直，療腫用鈎。又可爲矢。鵲巢中央有棘，棘性煖。今人養花之法，初春以棘數枝置花叢上，可以辟霜，護其花芽也。

明 李中立《本草原始・木部》 酸棗始生河東川澤，今近京及西北州郡皆有之。野生。多在坡坂及城壘間。似棗木而皮細。其木心赤色。莖葉俱青。花似棗花。八月結實，紫紅色，似棗而圓小，味酸。當月採實取核中仁陰乾。《爾雅》辨棗之種類曰：實小而酸曰樲棘。《孟子》曰：養其樲棘。趙岐注：所謂酸棗是也。

明 王世貞《彙苑詳註・棘》 棘，木名。小棗也，如棗而多刺，以其有刺故從兩朿。凡有刺者，皆曰棘。木色白者爲白棘。酸者爲樲棘。《埤雅》云：棘性堅强，其心之生更難于幹。又云：鵲巢中必有棘，蓋棘性煖故也。今人養花之法，初春以棘數枝置花叢上，可以辟霜，護其花芽也。 棘心。凱風自南，吹彼棘心。《詩經》 九棘。朝士掌建邦外朝之法。左九棘。公卿位焉。《禮秘官》 大棘。司寇聽之棘木之下，故稱大理。官曰大棘。《王制》 園有棘。棘，酸棗也。《詩疏》 列棘。植棘者取其赤心而外刺，故稱九卿曰列棘。 聽訟。古者樹棘聽訟其下者，原心求其赤實也。《元命苞》 螢耀。亦猶棘林之螢耀，與夫尋木之龍燭。《吴都賦》 類應。美惡之類，各以類應，故以龍致雨以扇逐暑。軍之所處，生以棘楚。《春秋繁露》 岑君伐。我有枳棘，岑君伐之。《後漢書》 荆棘。胸中荆棘掃除盡，是以交梨火棗不生。《韻府》 荆杞。堂上生荆杞。杞即棘也，《藝文》 剪棘。剪棘開舊畦。《文翼》 桃李荆棘。宋唐介自政府歸，語諸子曰：桃李未嘗與汝等栽培，荆棘則甚多矣。窮達有命，自勉而已。《相山經》 鸞鳳棲。仞覽事詳主簿類。 撤棘。和凝知貢舉，撤棘開門，士皆肅然，所取皆得人。《韻府》 棘圍。唐禮部閲試之日，設兵衛，薦棘圍之。《通典》 跣足履。王彦章字子明，爲人驍勇，跣足履棘行百步。《五代史》

明 吴雨《毛詩鳥獸草本考》木考・棘 棘《陳風》曰：墓門有棘。 棘，荆棘也。田野間多有之。叢生多刺，高四五尺。葉似蒺藜葉而硬。花白紫色。有赤白二種。其刺亦有直者，有鈎者。補益用直，療腫用鈎。《詩》中棘有二種，《凱風》「棘心」，《魏風》「園有棘」，《與夫》「葛生所蒙，鴇羽所集」，《秦風》、《曹風》：「黄鳥鳴，鳩所止。」注皆謂酸棗也。《楚茨》以棘配茨，《青蠅》以棘爲樊，《與夫》「墓門斧斯」之棘，舊不指爲何物。《補傳》云：棘，荆棘也。朱子云：墓門凶僻之地，多生荆棘，此三詩所稱，即此。荆棘，非彼酸棗之樲棘也。

明 吴雨《毛詩鳥獸草木考》木考・棘 《邶風》曰：「凱風自南，吹彼棘心。」《傳》：棘，棗也。棘，小棗也。一名樲棗，一名樲棘，一名酸棗。木大如棗，實極酸，今人噉之以醒睡。《詩疏》：棘酸棗也。於果爲下。《釋木》：樲，酸棗。郭云：樹小實酢。陸佃云：棘性堅强，貴風之長養者。其心之生，更難於幹也。鵲巢中必棘爾，唯其性之煖爾。《四時纂要》云：四月，棗葉生凱風之時。《字書》：棘如棗而多刺，木堅色赤。色白爲白棘，實酸爲樲棘。《傳》云：豫章以木稱郡，酸棗以棘名邦。朱氏云：棘，棗之短者。

清 陳大章《詩傳名物集覽》卷一一《吹彼棘心》 《朱傳》，棘，小木，叢生多刺，難長，而心又其稚弱未成者也。《爾雅》：茦刺。郭璞曰：草刺鍼也，凡有刺者皆曰棘。《易》：坎上六，繫用徽纆，寘于叢棘。《禮・王制》：大司寇聽之棘木之下。《周禮》：左九棘，孤卿大夫位焉。右九棘，公侯伯子男位焉。樹棘以爲位，取赤心而外刺。《方言》：凡草木刺人。北燕朝鮮之間謂之茦，自關而西謂之刺，江湘之間謂之棘。《本草》：白棘，一名棘鍼，一名棘刺，棘刺花一名菥蓂。《唐本注》：棘有赤白二種，刺有兩種，有鈎有直，補益宜用直者，療腫宜用鈎者。白棘莖白如粉，子葉與赤棘同。棘中時復有之，亦爲難得也。《圖經》：棘，小棗也。叢高三四尺，花葉都似棗，而有赤白二種。《離騷》：甘棠苦于豐草，荆棘生于中庭。《魏都賦》：榮其文身，驕其險棘。《爾雅》：槐棘醜喬。注：枝皆喬竦。《孟子》：養其樲棘。趙注：樲棘小棘，所謂酸棗也。《爾雅疏》：棗實小而味酢者名樲。《字書》，棘如棗而多刺，木堅色赤，叢生，人多取以爲藩。歲久無刺，亦能高大。色白爲白棘，實酸者爲樲棘。嵩陽子云：余家于滑臺，今酸棗縣即滑之屬邑也，其地名酸棗。其樹高數丈，徑圍一二尺，木理極細，堅而且重，樹皮亦細，文似蛇鱗，其棗圓小而味酸，核微圓，其仁稍長，色赤如丹，此醫之所重，居人不易得。今市之賣者，皆棘子爲之。《圖經》：酸棗野生，多在坡坂及城壘間，似棗木而皮細，其木心赤色，莖葉俱青，花似棗花。八月結實，紫紅色，似棗而圓小，味酸。《埤雅》：棘性堅强，貴風之長養者，其心之生，更難于幹。《四時纂要》云：四月棗葉生，凱風之時也。《魏風》：園有棘。棘，酸棗也，于果爲下。《傳》曰：豫章以木名郡，酸棗以棘名邦。舊云：鵲巢中必有棘，蓋棘性煖。今養花之法，春初以棘數枝植于花外，則不被霜，所以護其華牙也。《雅翼》：棘可爲矢，昔者楚之先祖桃弧棘矢以共禦王事。《白虎通》云：景風至棘造實。凱風，景風也。蓋吹彼棘心者，將以趣其造實。萬物之難生者棘，而造實又欲其應候。南風雖能生物，亦已勞矣。故曰母氏劬勞也。《蓼莪》之詩曰：哀哀父母，生我劬勞，孝子之心，呼天罔極也。《名物解》：棘赤心而外束也，賢則親之，無能則憐之，母之親子也。棘非能順者，而凱風有母之道，故能吹之，使其心夭夭然和以茂也。《春秋·元命苞》：樹棘聽訟其下，棘赤心有刺，言治人者原心，不失其赤實也。《管子》：五沃之土，其棘其棠。《老子》：師之所處，荊棘生焉。《皇覽》云：孔子塋中，不生荊棘及刺人草。又古者以爲匕，取其枝翹竦有奉上之義，又可爲矢出冰以除災。洪邁曰：棘與棗類，棘字兩朿相并，棗字兩朿相承。沈括曰：棗棘皆有刺，棗獨生高而少橫枝，棘列生卑而成林，其文皆從朿。朿音刺，木芒也。朿而相戴立生者棗也，朿而相比橫生者棘也。《名物疏》、《埤雅》云：棘大者棗，小者棘，或云，棘實曰棗。《爾雅》釋樲在棗條中，然《本草》大棗、酸棗、白棘，治療各異。青史子云：棘西方之草，秋木也。棗北方之草，冬木也。斷乎棗棘有辨，江南無棘。陶隱居之流，遂多誤説。合諸書論之，棗有十一種，而樲實是棘，《本草》列酸棗于木部皙，無實棗，或亦棘類與。嚴氏《詩緝》：以此章棘心，《魏風》「園有棘」之棘爲酸棗，楚茨言抽其棘，青蠅止于棘之棘爲荊棘，蓋樲亦多刺難長者。《朱傳》所云：似單指荊棘，與諸説異。

清　長順《吉林通志》卷三三《物産·木屬》　棘一名樲。有赤白二種。結子者名酸棗，仁入藥。不結子者名牛棘，俗呼棗刺科。

木棉樹

綜　述

宋　李石《續博物志》　閩中多木綿，植之數千株。採其花紡爲布，名吉貝。《南史》言林邑等國出古貝木，以古爲吉，訛也。

明　慎懋官《華夷花木鳥獸珍玩考》卷一《木緜樹》　高大。其實如酒杯。皮薄，中有如絲綿者，色正白。破一實得數觔。廣州日南、交趾、合浦皆有之。綿花紫、白二種。《廣西通志》

清　厲荃《事物異名録》卷三〇《樹木部·棉》　瓊枝。《梧潯雜佩》：木棉，一名瓊枝。　吉貝、睒婆。《正字通》、《通雅》曰吉貝即劫貝，木棉樹也。《南史》：古貝即吉貝，吉譌作古。又，佛書謂之睒婆，又曰迦婆羅劫貝也，即木棉樹。孟康言，閩中呼棉花爲吉貝，又棉布亦名吉貝。　古終。《本草綱目》：木棉有二種，似木者名古貝，似草者名古終。　攀桂花、班枝花、攀枝花。《閩部疏》，木棉花，《惠安志》名爲攀桂花，楊用修乃曰班枝花，與吴中所稱攀枝，蓋三名實一物也。棉花

清　王士禎《皇華紀聞》卷四《木棉花》　木棉，俗名攀枝花，樹高數十丈，春月作花，殷紅如錦，照映數里，其綿搖颺如柳，花可絮茵褥。或混稱刺桐者，非。佛桑混稱，朱槿亦非。先花而後葉，予在峽山寺見一株，時孟夏，葉長而花尚爛熳，與葉紅碧相間。或又謂：葉先于花則年豐，花先于葉則年荒。故黄棠詩有：「只愛青青不愛紅」之句。其説不足據。又有樹頭綿，以吉貝苗接烏柏根，收花最多。

清　裘君弘《妙貫堂餘譚》卷六《木棉樹》　棉花生田中，春種秋熟，苗不盈尺，名曰木棉，實無所爲樹也。惟閩、廣有木棉樹，高七八尺，葉如柞，結實如大菱而色青，秋深開，露白綿茸，然土人摘取去殼，以鐵杖桿盡黑子，彈以小弓，令紛起，然後紡績爲布，名曰吉貝。以花多爲勝，橫數之得一百二十花者爲上。海南蠻人織作巾，上出細字雜花卉尤其工巧，即古白疊巾。東坡得西南蠻所賣布弓衣織成。梅聖俞《春雪》詩以貽歐公者，疑即此棉所爲。又李琮詩：腥味魚中墨，衣成木上棉。指此。余嘗謂此乃真木棉，如田間所種，只可謂之草棉耳。

清　檀萃《滇海虞衡志》卷九《志花·木棉花》　扳枝花者，木棉花也。金沙江熱地方多有之。元謀繞署皆扳枝花，樹高大亦如粵，但花色微淡，且稀疏不及粵之深紅緐密，遠望如紅錦攢於雲端，爲差減耳。其花可以炙食。花卸結角如大肥皁，裂開則柳絮輕盈，飛空捲地，蓋瓦縈牆。其茸甚滑，而病於太短，不能如吉貝之易縷牽連。苟設法而匠運經營，未嘗不可同歸於杼軸。古者布有橦華，何知不織此花乎，蓋橦者高也。木棉高大似建橦，故以橦華名。西方女工，巧過中土，豈肯專用吉貝而舍木棉。吉貝草棉，對木棉以爲配，木植中國最早，不知用之。草棉進自宋元間，至今衣被天下，自有棉花，桑蔴漸就荒廢，

此亦物用運會之大變局也。棉花足用，世争蒔之，何從復返中國雞犬桑蔴之盛哉？按：橦華不知爲何樹，考《蜀都賦》註引張揖云：橦華者，樹名橦，其花柔脆，可績爲布也。出永昌。今永昌無橦木，止有扳枝木。而故志附扳枝花於桑柘蔴棉之後，爲其可績爲布也。是知攀枝木本名橦木。木高大，必攀枝取花實，故曰扳枝木。實有棉，故曰木棉。後漢《哀牢傳》：以橦作桐，曰梧桐木華，績以爲布。幅廣五尺，潔白不受污垢，先以覆亡人，然後服之，註：謂梧桐有白者。剽國有桐木，花有白毳，取其毳淹漬緝織以爲布。今廣東人見木棉之絮輕滑茸短，不可捉緝，間掃地收茸以裝襪及坐褥馬屜。市者謂用之則蝕血傷膚，故不售。若按註，必淹漬而後可緝織。猶蔴之必漚，絲之必煮，而後可治也，必經覆亡人而乃服之，或亦厭勝之法不生他病也。第棉花之利雖倍於桑蔴，而種植耘鋤，男女奔忙，視夏畦尤病苦。今内地諸省多種棉花，而兩廣滇黔，究不宜於吉貝，炎陬瘴溢，扳枝相望如雲。若使遠求夷人修治之法，製而用之，出布以濟蠻疆，尤爲大利。其樹既易生長，添種益多，不勞於耕穫鋤耘，坐收其利，勝於棉花矣。且物産廢興無常，或廢棄歷數千百年不知收用，一旦發出，盡識其利，相與從事不倦，殆五六百年，幾以棉花爲中國從來自有之物，豈知宋元間中國始大興哉。木棉樹布於各省，想其有亦自開闢而來，唯夷人或得其用，而漢人不知也。棉花之有，想亦當然。不過自開自落於荒洲孤島中，島人入貢，不過曰卉服云爾。宋元大興，中國知棉花幾不知桑蔴，而棉花果利於桑蔴。若使解製木棉花得成爲布，其便利尤出棉花之上。可惜數千百萬木棉，棄之於炎區瘴溢之中，而無以効用於人世也。悲夫。《明統志》載：永昌細布，桐花織爲之，潔白不受垢，則前明固知木棉可織矣。織法須從蠻姝處問之，滇志姚安木羅布即橦布也。橦木皮可爲布。按緬甸亦出草棉，由永昌販至彌渡，分賣各府，其利甚重。

清 吴其濬《植物名實圖考・羣芳類》卷三〇《木棉》《本草綱目》：李時珍曰：交廣木棉樹，大如抱，其枝似桐，其葉大如胡桃葉。入秋開花，紅如山茶花，黄蕊花片極厚，爲房甚繁，短側相比。結實大如拳，實中有白棉，棉中有子，今人謂之斑枝花，訛爲攀枝花。李延壽《南史》所謂林邑諸國出古貝花，中有鵝毳，抽其緒紡爲布。張勃《吴録》所謂交州永昌木棉樹，高過屋，有十餘年不换者，實大如盃，花中棉輭白，可爲縕絮及毛布者，皆指似木之木棉也。《嶺南雜記》：木棉樹大可合抱，高者數丈。葉如香樟，瓣極厚，一條五六葉。正二月開大紅花，如山茶，而蕊黄色，結子如酒盃，老則拆裂，有絮茸茸，與蘆花相似。花開時無葉，花落後半月始有新緑葉。其絮土人取以作裀褥，海南蠻人識（織）以爲巾，上出細字花卉尤工，乃名曰吉貝，即古所謂白曡布。今詢之粤人亦無有織作者，或别是一種耳。廣州閲武廳前與南海廟各一株甚大，開時赤光照耀，坐其下如入朱明之洞也。按《廣西通志》，木棉嶺西最易生，或取以作衣被，輒致不仁之疾，以爲吉貝，誤之甚矣。李時珍以木棉與棉花並入隰草，亦考之未審。

植物名實圖考・木棉

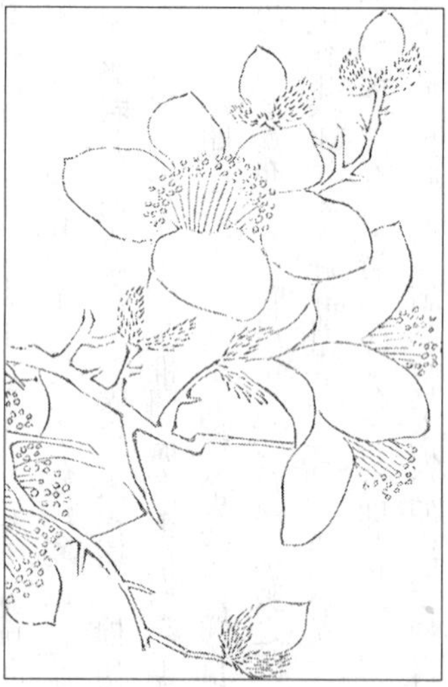

清 謝堃《春草堂集》卷二五《花木小志・木棉》 此花惟兩粤有之。其樹合抱，其花純赤，花大如碗，開時與餘霞相掩暎，雖張南本亦不能寫其形似也。

清 陳昌齊 道光《廣東通志》 卷九六《木類・木綿》 木綿，有草、木二種。似木者名古貝，似草者名古終，或作吉貝。交廣木棉，樹大如抱，其枝如桐，其葉大如胡桃葉。開花紅如山茶花，黄蕊，花片極厚。結實大如拳，實中有棉。《南史》所謂「林邑諸國出古貝，花中如鵝毳，抽其紡爲布」。張勃《吴録》所謂：「交州永昌木綿樹實大如杯，花中綿軟白，可爲縕絮及毛布者。」皆指似木之木棉也。江南，淮北所種木棉，四月下種，莖弱如蔓，八月採毬，謂之綿花。《南史》所謂「高昌國有草，實如繭，中絲爲細□名曰白曡，取以爲綿甚軟白。」《南越志》所謂「桂州出古終藤，結實鵝毛，紡如絲綿，染爲斑布者。」皆指似草之木棉也。《本草綱目》正、二月開大紅花，結子，老則坼有絮，與蘆花相似。花開時無葉，花落半月始有新緑。其絮土人取以作裀褥，女工不能治。詢之粤人，亦無有織（識）者。廣州閲武廳前與南海廟，各有一株甚大。《郝志》木綿花。

一名攀枝花，以吉貝苗接烏桕根，結花爲綿。《肇慶府志》竈山上有炭坑，又有木棉樹，一實得棉數兩。冬夏花，而不實。《寰宇記》謹案：竈山在雷州府。

清　袁棟《書隱叢説》卷六《木棉》　《尚書·蔡傳》曰：今南夷木棉之精好者，亦謂之吉貝。《南史》曰：高昌國有白氎花可作棉。《泊宅編》曰：閩廣多種木棉樹，秋深開花，白綿茸茸然，土人摘取出殼，以鐵杖捍盡黑子，徐以小弓彈，令紛起。然後紡績爲布，名曰吉貝。《輟耕録》曰：「閩廣種木棉，紡績爲布，名曰吉貝。」松江府元時初無踏車推弓之製，黄道婆自崖州來，教之以法。江浙所在多有，本亦低，小名曰木棉布，且直名曰布，編氓匹婦拮据不遑而其利人多矣。今江浙多木棉，艸秋作紅黄花如秋葵，非如廣南之木棉樹也。

清　黄輔辰《營田輯要》外篇《雜植》　種木棉，擇高肥地耕透，或穴種，或漫種，其子初收者未實，近霜者不生。惟中間時月收之，冬月碾取晒乾，清明後穀雨前種之。臨種時，取子淘過，去其浮者，再晒。種不宜密，每苗一科相距一尺，苗長二尺，打去中心，旁枝長尺許，亦去心。勿令枝葉相揉。凡去心須晴日，三伏各一次，花忌燥，燥則溼蒸而桃易脱。種不宜晚，晚則秋寒無實，早則桃多而小，花軟無絨，去心避雨，恐其灌入幹中，古法。三尺一株，苗長糞種之，使其枝繁桃大，一畝收二百斤，今則有密小少收之獘。《農政全書》《張五典書》

無患木

綜　述

唐　段成式《酉陽雜俎》卷一八《黄楊木》　黄楊木。性難長，世重黄楊以無火。或曰以水試之，沈則無火。取此木必以陰晦夜無一星則伐之。爲枕不裂。

唐　段成式《酉陽雜俎續集》卷九《無患木》　無患木。燒之極香，辟惡氣。一名噤婁，一名桓。昔有神巫曰瑶眊，能符劾百鬼，擒魑魅，以無患木擊殺之。世人競取此木爲器用却鬼，因曰無患木。

元　胡古愚《樹藝篇·木部·木槵》　木槵，葉如橄欖而小，實可浣垢。今釋子多取其子爲手珠。《本草》謂之無患子。《八閩通志》　俗呼其實爲黑圓子。《具化府志》　木槵子俗云菩提子，圓净勝他處産者。《一統志·姚安》

元　胡古愚《樹藝篇·木部》卷一《黄楊》　黄楊，葉細，冬不凋，肌理極堅而膩，色黄。其木年久長大者，可旋器皿及爲梳。宋《莆陽志》云，每歲僅（長）三寸，遇閏則退一寸。《邵武府志》黄楊葉青，遇霜雪不改色，三年僅長寸餘，然甚堅實。《建昌府志》

明　宋詡《竹嶼山房雜部》卷九《樹畜部·樹類》　長葉黄楊佳短葉黄楊材理細緻，宜鏇器物。子可種，難長。東坡云：只有黄楊厄閏年。

明　谷應泰《博物要覽》卷一五《黄楊木》　黄楊木，産交廣。木理細膩，色最黄潤，如黄檀香。取之者必須揀無星晦夜伐之，則不裂。木亦有長大者可爲几面，能致五床琴者，方可爲貴。土人多用製梳及雜物貨之類。又有一種名青檀者，色微青，木理粗，不佳。

清　吴其濬《植物名實圖考·木類》卷三五《無患子》　無患子，《開寶本草》始著録。南安多有之。《本草拾遺》、《酉陽雜俎》所述詳明。

清　谷應泰《博物要覽》卷一〇《槵子木》　槵子生高山中，樹甚高大，枝葉皆如椿，特其葉對生。五月、六月開白花，結實，其大如彈丸，狀銀杏及苦楝。子生青熟黄，老則文皺，黄時肥如油煠之形，味辛氣膻且硬，其蒂下有二小子，相粘承之。實中一核，堅黑似肥皂莢之核，而正如珠。殼中有仁如榛子，亦率膻可炒食。其子可作釋道素珠，將其子碾碎，可作真珠。

清　高士奇《北墅抱瓮録·黄楊》　黄楊，木理細膩，枝葉繁多，性堅而韌，然滋長最難。世傳此木終歲長不盈寸，遇閏月年，則頓而不長，蓋物理之至奇者。然考《爾雅》，桐茨菰皆厄閏年，又不獨黄楊也。

清　吴其濬《植物名實圖考·木類》卷三五《黄楊木》　黄楊木，《酉陽雜俎》云：世重黄楊，以其無火。《本草綱目》始收入灌木。治婦人難産及暑癤。又有一種水黄楊，山坡甚多。

清　長順《吉林通志·物産·木屬·黄楊》　黄楊木堅，難長大。山間有之。《盛京通志》

桋

綜　述

《爾雅·釋木》　桋，赤棟，音促。白者棟。郭璞註：赤棟樹，葉細而歧鋭，皮理錯戾，好叢生山中。中爲車輞。白棟，葉圓而歧，爲大木。

爾雅・桋

三國吳 陸璣《毛詩草木鳥獸蟲魚疏》卷上《隰有杞夷》 棟葉如柞，皮薄而白。其木理赤者爲赤棟，一名桋。白者爲棟。其木皆堅韌，今人以爲車轂。《爾雅・釋木》桋，赤棟。白者，棟疏

元 胡古愚《樹藝篇・木部》卷二《棟》 《爾雅》：桋，赤棟，白者棟。棟山包切。註：赤棟，樹葉細而歧鋭。皮理錯戾，好叢生山中。中爲車輞。白棟葉圓而歧，爲大木。疏：棟赤者名桋，白者即白棟。某氏曰：其色雖異，爲名即同。《詩・小雅》云：隰有杞桋。陸璣疏云：棟，葉如柞，皮薄而白，其木理赤者爲赤棟，一名桋。白者爲棟。其木皆堅韌，今人以爲車轂。

清 陳大章《詩傳名物集覽》卷一二《隰有杞桋》 《朱傳》：杞，枸檵也。桋，赤棟也，樹葉細而歧鋭，皮理錯戾，好叢生山中，中爲車輞。《爾雅》：桋赤棟，白者棟。或曰白色爲棟，其色雖異爲名同。江淮間棟有可爲鞍者。《陸疏》：棟葉如柞，皮薄而白，其木理赤者爲舜棟，一名夷。白者爲棟。木皆堅韌，今人以爲車轂。《六書故》、《説文》亦云，桋，赤棟。而無棟字，《詩》蕨薇杞桋并言，似皆可采食者，又《齊韻》音題。《爾雅》：桋桑女桑。郭注：今俗呼小樹長者爲女桑，則桋亦小樹長條之通名矣。

清 吳其濬《植物名實圖考・木類》卷三七《桋樹》 桋樹，生山西霍州。大樹亭亭，斜紋糾錯，枝柯柔敷，葉如人舌駢生，長柄裊裊下垂。寺院陰清與風摇蕩，可謂嘉植。按《詩》隰有杞桋，陸《疏》棟，葉如柞，皮薄而白，其木理赤者爲赤棟，一名桋。白者爲棟，其木皆堅韌。今人以爲車轂。《爾雅》，桋，赤棟；白者棟。郭注：赤棟樹，葉細而歧鋭，皮理錯戾，好叢生山中。中爲車輞。白棟，葉圓而歧，爲大木。按其形狀不甚合，或別一木。

植物名實圖考・桋樹

人面果

綜述

明 宋詡《竹嶼山房雜部》卷九《樹畜部・樹類》 人面果肉甘酸，核如人面，其仁甚甘香美。宜南粤。

明 慎懋官《華夷花木鳥獸珍玩考・人面子》 春華夏實秋熟。甘酸可食。兩邊似人面。出鬱林州。

清 陳昌齊 道光《廣東通志》卷九五《果類・人面子》 人面子。樹似含桃，結子如桃實。其核如人面，故以爲名。以蜜漬之稍可食，出南海。

清 屈大均《廣東新語・木語・人面》 人面，子如大梅李，其核類人面，兩目、鼻、口皆具。肉甘酸，宜爲寗煎，仁絶美。以點茶，如梅花片，光澤可愛，茶之色香亦不變，以增城水東所産爲佳。水東在城南雁塔下，其樹僅數十株，子皮薄，落之使潰爛乃乾其核囊之。其仁門寬，稍摇即脱去。水東咫尺所産，不然，有買者隨多寡取核摇之，不預出其仁也。此樹最宜沙土，沙土鬆則根易發，數歲即婆娑偃

地。山居家，其祖父欲遺子孫，必多植人面，烏欖。人面賣實，烏欖賣核及仁，百餘年世享其利。番禺大石頭村婦女多以斲烏欖核爲務，其核以炊，仁以油及爲禮果。有詠烏欖者云：「祇應人面子，與爾共成仁。」蓋粵中惟此二果以仁重。

清　吴其濬《植物名實圖考·果類》卷三一《人面子》　人面子，見《南方草木狀》紀載，亦多及之。葉濃，果出枝頭，形如李大，凸凹不正，生青熟黄，味酸，一瓜五六枚，七八枚不等，核如人面，故名。内有仁三粒，必經鹽醋浸過，其仁方甘可食。又其核生則白，熟則色微黑，點茶如梅花片，光澤可愛。此樹最宜沙土，數歲即婆娑偃地。

五加

綜述

清　鄂爾泰《授時通考》卷六八《木·五加》　五加，一名文章草，一名金玉香草，一名金鹽，一名五花，一名追風使，一名木骨，一名犲漆，一名犲節。《本草綱目》云：五葉交加者良，故名五加，又名五花。《丹鉛録》作五加。云：一枝五葉者佳故也。蜀人呼爲白刺，蘄州人呼爲木首，江淮、湖南州郡皆有之。春生苗，莖葉皆青，作藂有刺，類薔薇。葉五出，香氣似橄欖。春時結實，如豆粒而扁，色青得霜乃紫黑。根類地骨皮，輕脆芬香。一云生南方者，微白而柔韌，大類桑白皮。生北方者，微苦而硬，苗可作茹。　《農政全書》：取根，深掘肥地二尺許，埋一根，令没舊根，甚易活。苗生從一頭翦取，每翦訖，鋤土壅之。久服輕身，耐老，明目下氣，補中，益精氣，堅筋骨，強志意。葉可作蔬菜食。五七月採根陰乾造酒。有服五加皮散而獲延年者不勝計。或即爲散，以代湯茶餌之，驗亦同。　又正二月取枝插，亦易活。

清　吴其濬《植物名實圖考·木類》卷三三《五加皮》　五加皮，《本經》上品。仙經謂之金鹽。江西種以爲籬，其葉作蔬，俗呼五加蕻。京師燒酒亦有五加之名，殆染色爲之。

清　吴其濬《植物名實圖考·木類》卷三六《紅木》　紅木，雲南有之。質堅色紅，開白花五瓣，微赭。

清　吴其濬《植物名實圖考·木類》卷三七《蚊子樹》　蚊子樹，生南安，與《廣西志》葉似冬青微相類，而色黄緑不光潤。余再至南安時已冬深，未得見其結實，如枇杷生蚊，樵薪所餘，嫩葉復萌。土人皆呼爲門子樹，蚊門土音，無别湘南亦然。

清　吴其濬《植物名實圖考·木類》卷三七《棕櫚竹》　李衎《竹譜（詳録）》：棕櫚竹，兩浙兩廣，安南七閩皆有之。高七八尺，葉（是）（似）棕櫚而尖，小如竹葉，自地而生，每一葉脱落即成一節，膚色青青一如竹枝。《十道志》曰：巴蜀紙惟十色，竹則九種，棕竹其一，棕身而竹葉。宋景文公《益部方物贊》曰：「葉棕身竹，族生不漫，有皮無枝，實中而幹。」註云：叢産葉似棕有刺。陸務觀有《占城棕竹拄杖詩》。

清　謝堃《春草堂集·花木小志·珍珠蘭》　此花亦産東粵，枝葉與茉莉不甚相遠。花攢一穗，顆顆如珠，色碧香永。北地有名珍珠花者，花簇生，色白，開則蒙茸柔媚，香色豔絶，又名魚子蘭。或云有紫色者，竟未之見。

吴茱萸

綜述

宋　寇宗奭《本草衍義》卷一四《吴茱萸》　吴茱萸如川椒，初結子時，其大小亦不過椒，色正青。得名則一，治療又不同，未審當日何緣如此命名？然山茱萸補養腎臟，無一不宜，經與注所説備矣。

宋　寇宗奭《本草衍義》卷一四《山茱萸》　山茱萸與吴茱萸甚不相類。山茱萸色紅，大如枸杞子。

明　宋詡《竹嶼山房雜部》卷九《樹畜部·樹類》　吴茱萸葉有紋。《齊民要術》云：種井上，葉落井中，飲此水者無温病。　春月分小木種之。子可種。

清　鄂爾泰《授時通考》卷六八《木·茱萸》　茱萸有二種。吴茱萸，處處有之，江淮蜀漢尤多，以吴地者爲好，所以有吴之名。樹高丈餘，皮青緑色。葉似椿而闊厚，紫色。三月開紅紫細花。七八月結實，似椒子，嫩時微黄，熟則深紫。李時珍曰：枝柔而肥，葉長而皺，其實結於梢頭，纍纍成簇而無核。

一種粒大，一種粒小。小者入藥爲勝，氣味辛温。食茱萸，一名藙，一名榝，一名艾子，一名辣子，一名越椒，一名欓子。李時珍曰：蜀人呼爲艾子，楚人謂之辣，古人謂之藙及榝，南北皆有之。其木甚高大，有長及百尺者，枝莖青黄，莖間有刺，上有小白點。葉類油麻。葉黄花緑。子叢簇枝上。味辛而苦，宜入食羹中，能發辛香。蘇恭謂開口者爲食茱萸。孟詵謂閉口者爲欓子。馬志謂粒大色黄黑者爲食茱萸，粒緊小、色青緑者爲吴茱萸，山茱萸則不任食也。

《禮記・内則》：三牲用藙。

注：藙，茱萸也。《爾雅》謂之榝。

《爾雅》：椒榝醜萊。

注：萊，萸子，聚生成房貌。今江東亦呼萊椒。榝似茱萸而小，赤色。

《疏》醜，類也。萊，實之房也。椒榝之類，實皆有萊彙自裹。

《齊民要術》：二月栽之，宜故城隄冢高燥之處。凡於城上種蒔者，先宜隨長短掘壍，停之經年。然後於壍中種蒔，保澤沃壤，與平地無差。不爾者，土堅澤流，長物不達（至遲）。經（歷）年倍（多），樹木尚小。候實開便收之，挂著屋裏壁上，令陰乾勿使煙熏。煙熏則苦而不辛（香）也。用時去中黑子。肉醬魚鮮（鮓），偏可所用。《萬畢術》曰：井上宜種茱萸，茱萸葉落井中，有化水者，無瘟病。

《風土記》：俗尚九月九日，謂之上九，茱萸到此日，氣烈熟，色赤。可折其房以插頭，云辟惡氣，禦冬。

清 吴其濬《植物名實圖考・木類》卷三三《吴茱萸》 吴茱萸，《本經》中品。《爾雅》椒、榝，醜萊。《禮記》作藙，又食茱萸。《唐本草》始著録。宋《圖經》或云：「即茱萸，粒大，堪噉者蜀人呼爲艾子。」《益部方物記》藙艾同字，云又名欓子。

清 吴其濬《植物名實圖考・木類》卷三三《山茱萸》 山茱萸，《本經》中品。陶隱居云：「子如胡頽子，可噉。合核爲用。」《救荒本草》謂之實棗兒。

棫

綜 述

《爾雅・釋木》 棫，音域。白桵。郭璞註：桵，小木，叢生。有刺，實如耳璫，紫赤可啖。桵音蕤。

元 胡古愚《樹藝篇・木部・棫》 棫俗呼跌跌槌，清明後熟，小兒時取食，味酸甘是也。桵，人佳切。《爾雅》曰：棫，白桵。註：桵，小木叢生，有刺。實如耳璫，紫赤可啖。疏：棫，一名白桵，《詩・大雅》云：芃芃棫樸。陸璣云：王蒼（説）云棫，即柞也。其材理全白，無赤心者爲白桵。直理易破，可爲犢、車輻，又可爲矛戟矜。今人謂之白梀，或曰柘。此二説不同，未知孰是。

槲樕

綜 述

元 胡古愚《樹藝篇・木部・槲樕》《爾雅》曰：槲樕，心。註：槲樕別名。疏：樕槲，一名心。某氏曰：樸樕，槲樕也，有心能濕。江河間以作柱，是樸樕爲木名也。故郭云：槲樕別名。《詩・召南》云：「林有樸樕」，此作樕樸，文雖別，其實一也，或者《傳》寫誤。

清 陳大章《詩傳名物集覽》卷一一《林有樸樕》《朱傳》：樸樕，小木也。《爾雅》：樕樸，心。疏，樕樸一名心，或曰樸樕。槲樕別名，有心能溼，江河間以作柱。《詩》云：林有樸樕。此作樕樸，文雖別，其實一耳。又《大雅》：棫樸之樸，即樕也。《六書故》：樸，未器也，又質也。《亢倉子》：樸角猶白屋。《淮南子》：堯樸角不斲，角即桷。

清 長順《吉林通志》卷三三《物産・木屬・白桵》 白桵：《爾雅》謂之棫。高五六尺，堅緻可爲杖。其果紅色，核麻而扁，仁入藥，名蕤仁。《盛京通志》

蕤核

綜 述

清 吴其濬《植物名實圖考・木類》卷三三《蕤核》 蕤核，《本經》上品。傳信方治眼風淚痒，用之得效。《救荒本草》俗名蕤李子。果可食。《本草綱目》以爲郭注。《爾雅》棫，白桵即此。亦可備一説。

清 吴其濬《植物名實圖考·木類》卷三七《蕤核》 蕤核，《本經》上品。《爾雅》棫，白桵。注：小木，叢生，有刺，實如耳璫，紫赤可食。注《本草》者以爲即蕤核。《圖經》謂葉細如枸杞而狹長，花白，子附莖生，紫赤色。按其形狀正相肖也。《救荒本草》：俗名蕤李子，果可食。今山西山坡極多，俗呼蕤棫，彌坑堙塹，蓬勃苯蓴。詩人芃芃薪□，體物瀏亮，亦自述其物宜耳。《霍州志》：棫，一名桵，即棫樸也。小枝而叢生。中空，州人飲煙者取爲飲具。按陸璣《詩疏》，棫即柞，其材理全白，無赤心者爲白桵，是棫。有赤白二種。今霍州産者有赤紋，如繡心，似通草，以物穿之即空，詩人棫樸連詠，應是一類二種。《召南詩》：林有樸樕，《毛傳》：樸樕，小木也。《疏》引《爾雅》作樸樕心，則樸樕一名心。古人多反語，以亂爲治，苦爲甘。此木心柔可中通，故亦名爲心歟。陶隱居注云：蕤核大如烏豆，形圓而扁，有文理，狀似胡桃。此種山西亦多。與郭注異，具別圓，小木相似，而異者甚繁，大要皆一類也。

清 吴其濬《植物名實圖考·木類》卷三七《蕤核又一種》 蕤核（又一種），陶隱居注：形如烏豆，大圓而扁，有文理，狀似胡桃（桃核）。此種山西山阜極多。俱如陶說。《圓經》蕤核狀如五味，此實多皺，中有裂紋，如桃李，不正圓。按諸書言溲疏皆云似枸杞，有刺，子兩兩相比。此木叢生，葉極似枸杞而多刺。如棘子必駢生，殆溲疏也。土人既不知其名，而方書無用者。《本經》上品。其爲逸民久矣。本貫熊耳，毗接中條，族姓繁衍雜處，棫樸圖而識之，俾不堙没。若陶隱居之併入蕤核，蓋知已而非知已也。

花梨木

綜　述

元 胡古愚《樹藝篇·木部·花梨木》 花梨木出南蕃、廣東。紫紅色，與降真香相似，亦有香。其花有鬼面者可愛。花麄而色淡者低。廣人多以作茶酒盞。（《格古要論》）

明 谷應泰《博物要覽》卷一五《花梨木》 花梨木。生廣東、廣西諸處。色有紅、紫、黄三色。木理堅細，可亞紫檀。嗅之亦有微香。内中以紫色者爲上，紅次之，黄爲下。又有金絲梨者，乃在紫色之上，最多。大樹有長至五六丈，大可三四圍者，廣人不甚重之，多用構屋爲椽柱之用。吴中多用爲臺椅、几榻之類。摩美久之，光采可愛。

清 谷應泰《博物要覽》卷一〇《花梨木》 花梨産交廣、溪峒。一名花櫚樹。葉如梨而無花實。木色紅紫，而肌理細膩，可作器具、桌、椅、文房諸具。亦有花紋成山水人物鳥獸者，名花梨影木焉。

柯樹

綜　述

清 吴其濬《植物名實圖考·木類》卷三七《何樹》 何樹，江西多有之，材中棟梁。《本草拾遺》有柯樹，或即此。

雩婁農曰：何樹，巨木也。宫室器具之用，益於民大矣。然志書或曰柯，或曰柯，或曰和。南城以木名其山，而不知於古爲何木。無名之樸木之不幸歟。以無名而爲求木者所不及，山徑之蹊，扶疏蔭塗，其視松杉不拱把，而尋斧者又非至，幸歟。昔有僧氏何問其里，亦曰：何國人。然則何樹者，其何國之木，而何氏之僧所手植歟。

清 陳昌齊 道光《廣東通志》卷九六《木類·柯樹》 柯樹珣曰：《廣志》云生廣南山谷，波斯家用木爲船舫者也。（《本草綱目》）有四等，沙柯爲上，赤柯次之，楓柯，絹帶柯又次之，惟反鬼柯久即撓曲不可用。（《黄志》）

樸

綜　述

《爾雅·釋木》 樸，音卜。枹者。郭璞註：樸屬，叢生者爲枹。《詩》所謂棫樸枹櫟。

元 胡古愚《樹藝篇·木部·朴》 朴，葉如加條差小，皮鱗皺而厚，因以得名。（《八閩通志》） 朴，其樹高大，葉與加條相類。其子熟，食之亦甘。《宋志》云其皮麄朴，故名朴。今觀其理甚膩，其色正白。《具化府志》 樸葉類榆，高大，

木可爲椹肌。《太倉州志》 樸似榆，而葉大，俗呼樸榆，散材也。《松江府志》

明 宋詡《竹嶼山房雜部》卷九《樹畜部・樹類》 樸榆類，即白駁木。大而膚麤皵。子可種。惟葉沙可磨滑牙角器。材脆，不堪大用。

明 方以智《物理小識》卷九《糙葉樹》 糙葉樹，《物志》謂之枯條，葉性澀，可以止滑。一名樸樹。其子可種。即白駁木，榆類也。葉沙，磨器細於木賊，蠟梅葉亦沙，可用。

清 厲荃《事物異名録》卷三〇《樹木部・樸》 駁馬，《補筆談》：梓榆，南人謂之樸，齊魯間人謂之駁馬，樸亦言駁，聲之訛。《詩》隰有六駁，是也。

清 陳昌齊 道光《廣東通志》卷九六《木類・枹木》 枹音胞木。《嶺表録異》曰：産江溪中，葉細如檜，身堅類柏，惟根軟不勝刀鋸，今潮循人多用其根刳而爲履。當木濕時刻削，易如割瓜，木乾之後刀不可理也。或油畫或漆，其輕如通草，暑月着之，隔卑濕地氣。今廣州賓從牧守初到任，皆有油畫枹木履也。出扶南，大秦諸國。泰康六年，扶南貢百雙，帝深嘆其異，然哂其制作之陋，但置外府，以備方物而已。《南方草木狀》

椐

綜述

宋 蔡卞《毛詩名物解》卷五《釋木》 椐，《春秋傳》曰：「弱足者居椐，適可杖，居者之所材也。」椐，又樻也。材適可杖，木之貴也。

元 胡古愚《樹藝篇・木部・椐》 《爾雅》曰：椐，樻。註：腫節可以爲杖。疏：別二名也，《詩・大雅・皇矣》：「其檉其椐」，陸璣疏云：節中腫似扶老。今人以爲馬鞭及杖。弘農共北山甚有之。 椐，樻也。《草木疏》云：節中腫似扶老。即今靈壽是也。今人以爲馬鞭及杖。弘農郡北山甚有之。《孔光傳》：賜靈壽杖。孟康曰扶老杖也。顔師古曰：木似竹，有枝節，長不過八九尺，圍三四寸。自然有合杖制，不煩削治也。陳藏器云：生歛南山谷，圓長皮紫，作杖令人延年益壽。王粲《靈壽杖頌》云：奇幹堅正，不待矯揉。《爾雅翼》

明 慎懋官《華夷花木鳥獸珍玩考・椐》 椐，《説文》：樻木也。徐按《爾雅》，椐樻。注：木腫節，可爲杖。《詩》：其檉其椐。注：椐，節中腫。今人以爲杖，即靈壽是也。服虔曰：靈壽，木名。師古曰：木似竹，有枝節，長不過八九尺，圍三四寸，自然有合杖制，不須削治也。賜太師孔光靈壽杖。

明 俞安期《唐類函》卷一八九 《漢書》曰：宣帝賜霍光靈壽杖。《山海經》曰：廣都之野，靈壽實華。

明 方以智《物理小識》卷九 靈壽木，《綱目》言：似竹，長八九尺，圍三四寸，有刺，可爲杖及馬鞭。漢賜孔光者。藏器云：揔丈餘，莖有刺，山人取頭茹食，謂之吻頭。智見，乃蕉棕本也，凌冬不凋，葉如山薑，葉邊有細刺，枝有大刺，發枝有棕，直幹，節節拔生，秋結子成珠，如竹實之紋，味酸可食，謂之薑酢子。其幹則京師四品以上開棍用之，號甘蔗棍。陸元恪曰：椐即樻也，即今靈壽。

清 厲荃《事物異名録》卷三一《樹木部・椐》 樻，靈壽。《本草綱目》：陸氏《詩疏》云：椐，即樻也，節中腫似扶老，即今靈壽也，人以作杖。

清 谷應泰《博物要覽》卷一〇《靈壽木》 靈壽木生劍南山谷，圓長皮紫。《漢書》：孔光年老，賜靈壽木杖。 靈壽木形似竹有節，長不過八九尺，圍及寸或三四寸。自然有合杖，製不須削理，作杖令人延年益壽。

清 張英《淵鑑類函》卷四一六《靈壽》 增：《爾雅》曰：椐，樻。郭注：腫節可以爲杖。陸氏《詩疏》曰：椐節中腫似扶老，即今靈壽也。以作杖及馬鞭，弘農郡北山有之。

師古註曰：靈壽，木名，似竹有枝節，長不過八九尺，圍三四寸，自合杖，制不須削治也。原：《山海經》曰：廣都之野，靈壽實華。增：《水經注》曰：來水合溱水、湘水、千秋水，出萬歲山，山生靈壽木。原：《漢書》曰：霍光年老賜靈壽杖。

藝文

唐 柳宗元《植靈壽木》 白華鑒寒水，怡我適野情。前趨問長老，重復欣嘉名。蹇連易衰朽，方剛謝經營。敢期齒杖賜，聊且移孤莖。叢莩中競秀，分房外舒英。柔條乍反植，勁節常對生。循翫足忘疲，稍覺步武輕。安能事翦伐，持用資徒行。

欒

綜述

宋 沈括《補筆談・欒》 欒，有二種，樹生，其實可作數珠者，謂之木欒，即《本艸》欒花是也。叢生，可爲杖棰者，謂之木欒，又名黄荆，即《本艸》牡荆是也。此兩種之外，唐人補《本艸》，又有紫荆一條，遂與二欒相亂。欒花出《神農正經》，牡荆見于前漢《郊祀志》，後來甚久。欒荆特出唐人新附自是一物，非古人所謂欒荆也。

宋 寇宗奭《本草衍義》卷一五《欒華》 欒華，今長安山中亦有，其子即謂之木欒子，擕至京都爲數珠，未見其入藥。

明 慎懋官《華夷花木鳥獸珍玩考・蕣木》 蕣木，顧微《廣州記》曰：平興縣有華樹，似槿，又似桑。四時常有花，可食，甜滑無子，此蕣木也。《詩》曰：顔如蕣華。義疏曰：一名木槿，一名王蒸。

清 吴其濬《植物名實圖考・木類》卷三三《欒華》 欒華，《本經》下品。子可爲念珠。《救荒本草》：（木）欒葉味淡甜，可煠食。

清 吴其濬《植物名實圖考・木類》卷三五《胡頽子》 胡頽子，陶隱居、陳藏器注：山茱萸皆著之。《本草綱目》：形狀功用尤爲詳晰。湖北俗呼甜棒槌。湖南地暖，秋末著花。葉長而厚。俗呼半春子。

楷木

綜述

唐 段成式《酉陽雜俎續集》卷九《蜀楷木》 蜀楷木。蜀中有木類柞。衆，木榮時枯。枏隆冬方萌芽布陰。蜀人呼爲楷木。

唐 段成式《酉陽雜俎》卷一八《楷》 楷。孔子墓上特多楷木。

元 胡古愚《樹藝篇・木部・楷》 楷木出曲阜孔林。紋如貫錢，有直性無横性。製爲杖，可以戒暴。《山東通志》

楷木，曲阜縣孔林出。其木似槐，文理縱横，縉紳多取之爲簡。《一統志》

明 慎懋官《華夷花木鳥獸珍玩考》卷三《楷杖》 楷杖楷木出曲阜孔林，紋如貫錢，有直性，無横性。製爲杖可以戒暴。子貢楷大倍他植，枯而不蝕，真古木也。王世懋《東游記》

清 張英《淵鑑類函》卷四一六《楷》 楷出曲阜孔林，紋如貫錢，有直性，有横性。制杖可以戒暴。又子貢楷大倍他植，枯而不蝕，真古木也。

清 穆彰阿 嘉慶重修《清一統志》卷一六六《兖州府・楷木》 孔林古楷在曲阜縣北孔林中亭殿後，即子貢手植者。高四丈，圍一丈，枯而不朽。許慎《説文》：楷木，孔子冢樹。《淮南子》：楷木生孔子冢上，其幹疏而不屈。今林中最多，惟此獨以子貢著名，旁有楷亭西向。（本朝乾隆十三年。高宗純皇帝幸魯，有《子貢手植楷》詩。）

藝文

宋 張元《緑竹軒詩》卷一《古楷樹》 此樹何年植，於今在聖林。風霜雖剥蝕，根幹未銷沉。築室三年意，尊師萬古心。到來撫遺澤，凄楚欲沾襟。

附：黄連木

綜述

清 吴其濬《植物名實圖考・木類》卷三七《黄連木》 黄連木，江西、湖廣多有之。大合抱，高數丈。葉似椿而小。春時，新芽微紅黄色，人競採取，醃食，曝以爲飲，味苦回甘，如橄欖。暑月，可清熱生津。杭人以甘草、青梅同煮啖之，則五味備矣。故《救荒本草》：黄楝樹，生鄭州南山野中。葉如初生椿葉而極小，又似楝葉，色微黄。開花紫赤色。結子如豌豆大，生青熟紅，亦紫色。葉味苦，採嫩芽葉煠熟，水浸去苦味，油鹽調食，蒸芽曝乾，亦可作茶煮飲，形狀功用正同。唯南方未見其花實爲異，其木理堅實。《廣西通志》：黄連木，各州縣出，最能經久。即《嶠南瑣記》所謂勝鐵力木者。唯《湘潭縣志》以爲即楷木，未知所本。楚人呼連與栗同音，字或作梀，或作鸝。春時，鄉人有摘芽售於城市者，呼爲黄鸝芽。《五雜俎》：曲阜孔林有楷木，相傳子貢手植者，其樹十餘圍，今已枯死。其遺種延生甚蕃，其芽香苦，可烹以代茶，亦可乾而茹之，其木可爲笏枕及棋枰，云敲之聲甚響而不裂，故宜棋也，枕之無惡夢，故宜枕也。此木聖賢之遺跡，而守土之官日逐採伐制器，以充饋遺。今其所存寥寥，反不及商邱之木，以不才終天年，不亦可恨之甚哉。按所述芽味香苦，似即黄連木，或作《湘潭志》者爲魯人，故識之。

榿木

綜述

元 胡古愚《樹藝篇・木部・榿木》 姑蘇守溪王公濟之在閣日，論杜詩，聞知榿木三年大，因問先父：「榿木蜀産，榿字何音？」先父曰：「音欹。」守溪曰：「當依韻書，音楷。」先父曰：「音欹則鄉人、農夫皆識之，若作楷音，不知何木矣。」因峯王荆公《榿木》詩云：「濯錦江邊木有榿，野園封植佇華滋。地偏幸免桓魋伐，歲晚還同庾信移。」王乃悦服，蓋王公平惜極愛荆公詩文，而此詩王公亦偶不記憶耳。楊升菴《丹鉛摠録》，其父即庭和也。

明 慎懋官《華夷花木鳥獸珍玩考・榿》 榿，木名。杜甫詩：「飽聞榿木三年大，爲致溪邊十畝陰。」

注：蜀人以榿爲薪，三年可燒。蘇文忠詩：「芋魁徑尺誰能盡，榿木三年已足燒。」

清 吴其濬《植物名實圖考・木類》卷三六《水東瓜木》 水東瓜木，湘中、滇黔皆有之。緑樹如桐，葉似芙蓉，數莖同生一處，易長而質軟。《順寧府志》以爲即榿木。可以刻字。

娑羅樹

綜述

唐 段成式《酉陽雜俎》卷一八《娑羅》 娑羅。巴陵有寺，僧房牀下忽生一木，隨伐隨長。外國僧見曰：此娑羅也。元嘉初出一花如蓮。天寶初，安西道進娑羅枝，狀言：臣所管四鎮，有拔汗那最爲密近。木有娑羅樹，特爲奇絶，不庇凡草，不止惡禽，聳幹無慚於松栝，成陰不愧於桃李。近差官拔汗那使令採得前件樹枝二百莖，如得託根長樂，擢穎建章，布葉垂陰，隣月中之丹桂，連枝接影，對天上之白榆。

唐 李邕《進娑羅樹狀》 此樹不庇凡草，不止惡禽。如得託根長樂，擢穎建章，布葉垂陰，比月中之丹桂；連枝接影，對天上之白榆。東痒則青郊苦而歲不稔，西茂則白藏泰而秋有成。

宋 歐陽修《定力院七葉木詩》 伊洛多佳木，娑羅舊得名。常于佛家見，宜在月宫生。釦砌陰鋪静，虚堂子落聲。夜風疑雨過，朝露炫霞明。車馬王都盛，樓臺梵宇閎。惟應静者樂，時聽野禽鳴。

元 胡古愚《樹藝篇・木部・娑羅樹》 世俗多指言月中桂爲婆羅樹，不知所起。【略】唐開元十一年海州刺史李邕所作《娑羅樹碑》云：非中夏物土所宜有者，婆娑十畝，映蔚千人，惡禽翔而不集，好鳥止而不巢。識者雖徘徊仰止，而莫知冥植。博物（者）雖沉吟稱引，而莫辯嘉名。隨所方面，頗徵靈應。東痒則青郊谷而歲不稔，西茂則白藏泰而秋有成。嘗有三藏義浄还自西域，齋戒瞻嘆於是。邑宰張松質請邕述文建碑，觀邕所言惡禽不集，正與上説同。又有扮質一書答邕云：此土玉像，爰及石龜，一離淮陰，百有餘載，前後抗表，尚不能稱。賴公威德，備聞所以。还歸故里，謹遣僧三人、父老七人賫狀拜謝。宣和中，向子諲过淮陰，見此樹。今有二本，方廣丈餘，蓋非故物。蔣頻叔云：玉像石龜不知今安在，然則娑羅之異，世間無別種也。吴興芮燁國器有《從沈文伯乞娑羅樹碑右風》一首云：「楚州淮陰娑羅樹，霜露榮悴今何如。能令草木死不朽，當時爲有北海書。荒碑雨侵澀苔蘚，尚想墨本傳東吴。」正賦此也。歐陽公有《定力院七葉木》詩云：「伊洛多佳木，娑羅舊得名。常於佛家見，宜在月宫生。釦砌陰鋪静，虚堂子落声。」亦此樹耳，所謂七葉者未詳。《客堂隨筆》

明 慎懋官《華夷花木鳥獸珍玩考》卷一《娑羅樹》 娑羅樹出西番海中。余在潯州時，官圃一株，甚巨。每枝生葉七片，有花穗甚長，而黄如栗花。秋後結實，如栗可食。正所謂七葉樹也。今餘杭南安寺前二株，左右對植，甚茂。問之土人，皆不知其名。一僧乃云，相傳是娑羅樹，番僧所植者。此不謬矣。唐李邕《娑羅樹碑》云「惡禽不集，凡草不庇。東瘁則青郊苦而歲不稔，西茂則白藏泰而秋有成」是也。第以段成式之《博雅》而曰花開如蓮，則大悖耳。其樹詳于佛書，《維摩詰經》有菴羅樹。《唐會要》云：菩提樹，一名皮羅樹，葉似白楊，即思惟樹。一名成道樹，《西域記》名卑鉢羅叉。雙樹名。婆羅樹，其花名婆羅法，今所稱婆羅法門也。蓋婆娑音同，故互言之耳。今月中樹影皆曰閻浮山娑婆樹影，即此。歐陽永叔《娑羅樹》云：伊洛多奇木，娑羅舊得名。常于佛家見，宜在月中生。

清 張英《淵鑑類函》卷四一六《娑羅樹》 娑羅樹出西番海中，惟潯州官圃一株甚巨，每枝生葉七片，有花穗甚長，而黄如栗花。秋後結實如栗，可食，正所謂七葉樹也。今餘杭南安寺前二株，左右對植，甚茂。

清 厲荃《事物異名録》卷三〇《樹木部·娑羅樹》 娑羅樹、七葉樹、菴羅樹、波羅樹、成道樹。《華夷花木考》：娑羅樹出西番海中，潯州官圃一株甚巨，每枝生葉七片，所謂七葉樹也，其樹詳於佛書。《維摩詰經》有菴羅樹。《唐會要》云：菩提樹一名波羅樹，即思惟樹，一名成道樹，又名婆羅樹。蓋婆娑音同，故互言之耳。今月中樹影皆曰閻，浮山娑婆樹影即此。 無患子。《本草綱目》：菩提子一名無患子。

清 李鴻章 光緒《畿輔通志·物産·木屬·娑羅樹》 香山卧佛寺，娑羅樹大三圍，皮鱗鱗，枝槎槎，瘿櫐櫐，根搏搏。花九房峩峩，葉七開蓬蓬，實之稜陀陀，叩之丁丁然，西域種也。《帝京景物畧》卧佛寺二株，子如橡栗，可療心疾。《長安客話》明·于奕正《娑羅樹歌》：不知老樹年何庚，西山一簇娑羅名。大葉小葉青如翦，千螺萬螺繞根生。堦前數畝數百載，日影不向其中行。耳中惟聞雨大作，出樹乃見天空晴。人間誰欲爲知舊，漢栢是弟秦松兄。譚子昂首爲余説，嵾山會見蔽日月。

清 陳昌齊 道光《廣東通志》卷九六《木類·娑羅》 娑羅，亦名武吉。葉似天桃。子大如木梡，中有仁可榨油，苦不堪食，惟用以然燈。樹高數丈，皮厚，木理粗軟，材中舟車，刻作木魚其音洪遠。

清 陳昌齊 道光《廣東通志·木類·緗》 緗。《廣州記》：葉子並似椒，味如羅勒，嶺南人呼爲木羅勒。 謹案：《太平御覽》引《魏王花木志》：緗即娑羅樹，云嶺北人呼爲大娑羅。

清 袁棟《書隱叢説》卷四《娑羅樹》 唐天寶中，安西進娑羅樹。李邕作《娑羅樹碑》。歐陽公有《定力院七葉木詩》有云：釦砌陰鋪静，虚堂子落聲。亦此樹耳。都穆《遊名山記》云：華山老君殿前有娑羅樹，數百年物，其子類栗，灰之服以酒，可愈心痛。許鶴沙《滇行紀程》云：過應城百里曰觀音崖，有娑羅樹一株，大百圍。范成大《三峩山記》：大峩山有娑羅平。又杭州昌化千頃山側娑羅一株，每初夏花開，香聞十里。五臺山娑羅樹，畫圖鏤板。京師卧佛寺有娑羅樹二株，岐山周公廟有娑羅樹一株。廬山大林寺有娑羅樹二株。外如巴陵、淮陰、安西、伊洛、峨眉山皆有娑羅樹。江寧燕子磯弘濟寺中有娑羅樹二株，鬖髿可愛。明永樂間，三保太監西洋帶回之種，以錢易其子數枚，心痛者服之亦效。世俗多指言月中桂爲娑羅樹者，俗作娑婆，大約以其扶疏之影，又爲世間罕見者耳。

清 王士禎《皇華紀聞》卷四《實樹》 廬山大林寺有實樹二株，娑羅木也。西域僧所植，莫知年代，圓旋如覆蓋然。嘉靖中，其一附幹生花，如蓮花，大如盤。康熙初，爲俗僧伐去。

藝文

唐 李邕《李北海集》卷四《楚州淮陰縣婆羅樹碑》 觀厥好德存樹，愛人及烏，有情不忘，雖小可作。夫施及者也，則有宗廟加敬，墟墓增悲，覩物可懷，比事斯廣：此觸類者也。矧乃通感靈變，元符聖迹，根柢浄土，碩茂佛時，燭金山之秘影，聯玉毫之殊相。至若泥日法會，荼毗應身，妙有雙樹之間，光覆僧祇之衆。安可混曜散木，比列清林，議上茅之挺生，喻堅固之神造者也？婆羅樹者，非中夏物土所宜有者已。婆娑十畝，映蔚千人，密幄足以綴飛飈，高蓋足以却流景。惡禽翔而不集，好鳥止而不巢，有以多矣。然深識者雖徘徊仰止，而莫知冥植；博物者雖沉吟稱引，而莫辨嘉名。華葉自奇，榮枯嘗異，隨所方面，頗徵靈應。東瘁則青郊苦而歲不稔，西茂則白藏泰而秋有成，惟南匪他，自北常爾。或季春肇發，或仲夏萌生。早先豐隋，晚暮儉若。且槁莖後吐，芬條前秀，差池旬日，奄忽齊同。無今昔可殊，非物理所測，古老多怪，時俗每驚，巫者占於鬼謀，議者惑於神樹。證聖載，有三藏義浄，還自西域，逮茲中休，信宿因依，齊戒瞻嘆，演夫本處，徵之舊聞。原其始也，榮灼道成之際；究其來也。摧藏薪盡之餘。或森列四方，或合并二體，常青不壞，應現分榮，變白有終，示滅同盡。昔與釋迦蔭首，今爲羣生立緣。夫佛病從人，大慈感故，樹萎因物，深悲理然。化能分身，半枯即是，心有合相，後茂還齊。宜其表正聖神，靈貺品彙，以變見一攝，而稱讚十方者也。淮陰縣者，江海通津，淮楚巨防，彌越走蜀，會閩驛吴，七發枚乘之邱，三傑楚王之窟。勝引飛譽，商旅接艫。每至同雲冒山，終風振壑，宧子惕息，槁工疚懷。魚貫迤其萬艘，霧集岔於層渚，莫不膜拜圍繞，焚香護持，復悔多尤，迴祈景福。於是風水相借，物色同和。挂帆啟行，方舳駿邁，浮山掘起而疏巘，慶雲亂飛而比峯。雖電影施鞭，夸父杖策，罔可喻其神速，曷云狀其豁快者哉。州牧宗子名仲康，廣孝惟家，大忠形國。播清政以主郡，儀古式以在人。知微知彰，有禮有樂。別駕扶風竇公名誠盈，盛門貴仕，懿德令名，利用以厚生，明略以營道。上交下諂，下交不黷。司馬宗子名景，虚受賢交，幹用柔克，退遂中律，先後自公。且觀麟定之詩，未宏驥子之任。邑宰清和張公名松質，藐自稚節，忽乎博聞。始於能賦而彰，中於成器而立。牧人通急，徇物合權，威肅攝於神明，慈惠安其父母。豈伊政理，自有才名。莫不浄慮一乘，追攀八樹，歎徙植而多感，惟化生而永懷。大啟上緣，率心檀施。碩德道暉寺主道元、上座道絢、都維那曇一等，皆妙覺圓常，什門上首。痛金棺而既往，駭堅林而在茲。鄉望司徒元簡、戴元景、王元珪、張仁藝、王懷儼、劉元隱、沈信詳等，夙悟大師，深入真際，勤行進力，護供莊嚴。揚州東大雲寺法師希元，廣派法流，固柢德本。戒行有以鎮浮俗，利言有以誨蒙求。既憑藉於衆心，亦謀明於獨得，是標靈跡，乃建豐碑。其詞曰：政化之理兮甘棠猶存，寶乘之妙兮娑羅是敦。欽厥道成兮八相克尊，感乎示跡兮一歸可門。與佛合緣兮榮落同時，歘爾化生兮感變誰思。休徵咎徵兮伺察不欺，流俗莫識兮脉曠驚疑。上人西還兮覲止增悲，發皇靈應兮堅固在茲。方國傳聞兮想象悽其，迴首正信兮頂禮護持。優曇千年兮曷足議之。

唐 張謂《進娑羅樹枝狀》 臣所管四鎮境天竺山壓枝園枝國，有拔汗那最爲密近，乃有娑羅樹，時稱奇絶，不比凡草，不棲惡禽，聳幹無慚於松柏，成陰不愧於桃李。但以生非得地，譽終因人，榮枯長在於異方，委葉不聞於中土。陛下高視三代，横制四夷，威信浹於君長，仁惠沾於草木。前件樹枝，臣去載已進訖，臣伏以凡遵播殖，貴以滋多，今屬陽和之時，願助生成之德，近差官於拔汗那計會，又採前件樹枝二百莖，並堪進奉，如得託根長樂，擢穎建章，布葉垂柯，鄰月中之丹桂；連枝接影，對天上之白榆，於物無遺，在人知感，謹差軍將李滔押領赴京。

醫木

綜述

元 胡古愚《樹藝篇·本部·醫木》 醫木即今烏木。 醫或作毉。醫木出交州，色黑而有文，亦謂之烏文木也。《古今注》 烏木出海南、南蕃、雲南，性堅。老者純黑色且脆，間道者嫩。今僞者多是繫音記。木染成，作筋（筯）。《格古要論》

元 胡古愚《樹藝篇·木部·烏樠木》 烏樠木，單馬令國出。樹似棕櫚，可爲器用。

明 谷應泰《博物要覽》卷一五《烏木》 烏木，産嶺南諸郡，色黑如墨。木性極脆，磨汁可以書字爲真。楚中多以烏楊木染黑假充者。但真質重，假者質輕故尔。木理細膩，堪爲匙箸之用。亦可爲臺几，惜無大料耳。

清 張英《淵鑑類函》卷四一六《文木》 《本草》曰：一名烏樠木，一名烏文木。出海南、雲南、南番。葉似椶櫚。其木漆黑，體重，堅緻可爲筯及器物。有間道者嫩木也。南人多以繫木染色僞之，温括婺等州亦出此物。《山海經》曰：符愚之山，文木其實如棗。《南方草木狀》曰：文木樹高七八丈，其色正黑如水牛角，作馬鞭，日南有之。

紫鉚樹

綜　述

唐　段成式《酉陽雜俎·紫錑（鉚）樹》　紫錑（鉚）樹　出真臘國。真臘國呼爲勒佉。亦出波斯國。樹長一丈，枝條鬱茂。葉似橘，經冬而凋。三月開花，白色，不結子。天大霧，露及雨沾濡其樹枝條，即出紫錑（鉚）。波斯國使烏海及沙利深所説，並同真臘國使折衝都尉沙門施沙尼拔陁言，蟻運土於樹端作窠，蟻壤得雨露凝結而成紫錑（鉚）。崑崙國者善，波斯國者次之。

清　張英《淵鑑類函》卷四一六《紫錑（鉚）樹》　出真臘國，呼爲勒佉，亦出波斯國。樹長一丈，枝條鬱茂，葉如橘，經冬而凋。三月開花，不結子。天大霧露及雨霑濡其樹，枝條即出紫錑（鉚）。

清　陳昌齊　道光《廣東通志·木類·騏驎竭》　騏驎竭樹，名渴留。紫鉚樹，名渴稟。二物大同小異。珣曰：騏驎竭是紫鉚樹之脂也。《頌》曰：今南番諸國及廣州皆出之。木高數丈，婆娑可愛。葉似櫻桃而有三角。其脂從木中流出，滴下如膠。飴久而堅凝，乃成竭作血色。

蘇方木

綜　述

元　胡古愚《樹藝篇·木部·蘇方木》　蘇方木味甘，鹹平，無毒，主破血、産後血、脹悶欲死者。水煑苦酒，煑五兩，取濃汁服之，效。《唐本注》云，此人用染色者。出南海崑崙，采交州、愛州。亦樹似菴羅葉、石榴葉而無蕊，抽條長丈許，蒼黄，子生青熟黑。《證類本草》　蘇枋木出扶南林邑，外國取皮煑之以染色。《古今注》　蘇枋木類槐，花黑子出。九真南人以來絳漬，以大庾之水，則色愈深。《南方草木狀》

清　谷應泰《博物要覽》卷一〇《蘇木》　蘇木一名蘇方木，出自南海崑崙來，而交州、愛州亦有之。樹似菴羅，葉如榆葉而無澀，抽條長丈許。花黄，子青，熟黑。其木人用染絳色。　蘇木生海畔，葉似絳木，若女貞樹。　蘇木樹類槐，黄花黑子。出九真。煎汁忌鐵器，則色黯。其木蠹之糞，名曰紫納，亦可染絳。

清　吴其濬《植物名實圖考·木類》卷三五《蘇方木》　蘇方木，《唐本草》始著録。廣西亦有之。染絳用極廣，亦爲行血要藥。　雩婁農曰：蘇方木，元江州有之。《南方草木狀》謂，葉如槐，出九真，則昔時所用皆滇産矣。顧滇山路嶇，水險不可舟，致遠費貲。近時率皆來自海舶，逾嶺而順流達江南北。滇産不出境，培蒔者亦少。其葉極細。枝亦柔微類槐耳。諺云：能行十日舟，不行一日陸。明時由滇至川，航金沙江中，後塞屢議疏鑿無成功。其有一二程可通舟楫者，伏秋江漲亦絶行旅。故滇産與滇所資，其價皆十倍。民皆窳偷生，無商賈之利，山木入市，跬步皆艱，況其他哉。

菩提樹

綜　述

唐　段成式《酉陽雜俎》卷一八《菩提樹》　菩提樹　出摩伽陀國在摩訶菩提寺，蓋釋迦如來成道時樹。一名思惟樹。莖幹黄白，枝葉青翠，經冬不凋。至佛入滅日，變色凋落，過已還生。至此日，國王、人民大作佛事，收葉而歸，以爲瑞也。樹高四百尺，已下有銀塔周迴繞之。彼國人四時常焚香散花，繞樹作禮。唐貞觀中，頻遣使往於寺設供，并施袈裟。至顯慶五年，於寺立碑以紀聖德。此樹梵名有二，一曰賓撥梨一曰梨婆。力义，二曰阿濕，曷咃婆一曰婆力义。《西域記》謂之卑鉢羅。以佛於其下成道，即以道爲稱，故號。菩提婆。一曰婆。力义，漢翻爲樹。昔中天無憂王翦伐之，令事火婆羅門積薪焚焉。熾焰中忽生兩樹。無憂王因懺悔，號灰菩提樹，遂周以石垣，至賞説迦至一曰王。復掘之，至泉，其根不絶。坑火焚之，溉以甘蔗汁，欲其燋爛。後摩竭陁國滿曹王，無憂之曾孫也。乃以千牛乳澆之，信宿樹生如舊。更增石垣高二丈四尺。玄奘至西域見樹出垣上二丈餘。

清　王士禛《皇華紀聞》卷四《菩提樹》　光孝寺菩提樹，智藥三藏所植。《酉陽雜俎》云：菩提樹出摩伽陀國。蓋如來成道時樹。一名賓撥梨，亦曰：梨娑。力乂，一名阿濕曷咃婆，亦曰娑。力乂。《西域記》謂之卑鉢羅。滿曹王以千牛乳澆之。

清　吳其濬《植物名實圖考・木類》卷三七《菩提樹》　菩提樹，產粵東莞縣，只一株樹，身數圍，形狀如桑，葉翕翳似蓋，色青，採葉用水浸數日，去青成紗，畫工取之繪佛像。《南越筆記》：菩提樹子可作念珠。《廣州志》云，訶林有菩提樹，梁智藥三藏攜種，樹大十餘圍，根株無數。《通志》謂，葉似桑，寺僧採之，浸以寒泉，歷四旬，浣去渣滓，惟餘細筋如絲，可作燈帷笠帽。《瓊州志》：又稱金剛子，產瓊州。圓如彈，堅實不朽，可爲數珠。按菩提子，每顆面有大圈文如月，周羅細點如星，謂之星月菩提。又有木槵子，色較黑而質更堅結，亦可爲念珠。大姚諸處，俗亦呼爲菩提子。

植物名實圖考・菩提樹

清　李鴻章　光緒《畿輔通志・物產・木屬・菩提樹》　菩提樹，一名思維。莖幹黃白，枝葉青翠。《酉陽雜俎》

清　陳昌齊　道光《廣東通志》卷九六《木類・菩提樹》　菩提樹。訶林有菩提樹，梁・智藥三藏攜種。樹大十餘圍，根株無數，其訶幹中空矣。《舊廣州府志》葉似柔桑而大，寺僧采之浸以寒泉，四旬浣去渣滓，惟餘細筋如絲，以作燈帷，笠帽，輕盈可愛。持遠贈人，比於綃縠。郝志乾德五年夏，光孝寺菩提樹爲大風所拔。《舊五代・僭僞傳》嘉慶二年六月二十五夜，颶風吹倒，陳中丞大文命工培護，越年枯萎。寺僧喬菴離相同詣南華，接一小枝歸植舊地，今扶疎猶昔。《光孝寺志》菩提樹子可作捻珠，面有大圈，文如月，周羅細點如星，謂之星月菩提。《粵東筆記》　謹案：寺中菩提樹本二株，今惟存新植者。

貝多

綜述

唐　段成式《酉陽雜俎》卷一八《貝多》　貝多，出摩伽陀國，長六七丈，經冬不凋。此樹有三種，一者多羅娑力乂貝多，二者多梨婆力乂貝多，三者部婆力乂多，羅梨並書其葉，部闍一色，取其皮書之。貝多是梵語，漢翻爲葉，貝多婆一曰娑。力乂者，漢言葉樹也。西域經書用此三種皮葉，若能保護亦得五六百年。《嵩山記》稱，嵩高等中有思惟樹，即貝多也。釋氏有《貝多樹下思惟經》。顧徽《廣州記》稱，貝多葉似枇杷，並謬。交趾近出貝多枝彈材中第一。

元　胡古愚《樹藝篇》木部卷四《貝多》　貝多　加蒙樹附。

貝多出摩伽陁國，長六七丈，經冬不凋。此樹有三種：一者多羅婆力乂貝多，二者多梨婆力乂貝多，三者部婆力乂多羅多梨。並書其葉，部闍一色，取其皮書之。貝多是梵語，漢翻爲葉貝多婆力乂者，漢言葉樹也。西域經書用此三種皮葉，若能保護，亦得五六百年。《嵩山記》：嵩高寺中有思惟樹，即貝多也。釋氏有《貝多樹下思惟經》。顧徽《廣州記》稱，貝多葉似枇杷，並謬。交阯近出，貝多枝彈材中第一。《酉陽雜俎》　貝多葉、加蒙樹、二樹心可爲酒。出涔泥國。《一統志》

明　傅梅《嵩書・木部・貝多》　貝多《雜道書》云：漢世有道士從外國將〔攜〕貝多子來，於嵩高西腳上種之，有四樹與衆木異，一年三花，白色香美。《酉陽雜俎》云：貝多出摩伽陀國，長六七丈，經冬不凋。此樹有三種，西域經書用此三種皮葉寫之。《嵩山記》稱嵩高寺中有思惟樹，即貝多也。釋氏有《貝多樹下思惟經》。

清　厲荃《事物異名録・樹木部・貝多樹》　貝多　思惟樹　畢鉢羅《嵩山記》：嵩高寺中有思惟樹，即貝多也，如來坐貝多下思惟，因以爲名。按，《酉陽雜俎》：菩提樹亦名思惟樹，《西域志》謂之畢鉢羅，然則貝多，菩提特一樹耳。

清　陳昌齊　道光《廣東通志》卷九六《木類・貝多》　貝多。顧微《廣州記》：貝多似枇杷，而有光澤輝日，枝柯去地四五丈作懸，根生。生地便大如本枝形，一樹亦可有數十根如木形。花白，子不中食，種於精舍浮圖前。同上

沉香木

綜　述

唐　劉恂《嶺表録異》卷中《棧香樹》　廣管羅州多棧香樹，身似柳。其花白而繁。其葉如橘。皮堪作紙，名爲香皮紙，灰白色有紋，如魚子牋。其紙慢而弱，沾水即爛，遠不及楮皮者，又無香氣。或云沉香、雞骨黄、熟棧香，同是一樹。而根幹枝節各有分别者也。

宋　李石《續博物志》卷三　太學同官，有曾官廣中者云，沈香，雜木也。朽蠹浸沙水，歲久得之。如儋崖海邊居民橋樑皆香材。如海桂橘柚之木，沈于水多年，得之爲沈水香。《本草》謂爲似橘是已。然生採之即不香也。

宋　寇宗奭《本草衍義》卷三《沉香木》　沉香木嶺南諸郡悉有之，旁海諸州尤多。交幹連枝，崗嶺相接，千里不絶。葉如冬青，大者合數人抱。木性虚柔，山民或以構茅蘆，或爲橋梁，或爲飯甑。尤佳。有香者，百無一二。蓋木得水方結，多在折枝枯幹中，或爲沉，或爲煎，或爲黄熟。自枯死者，謂之水盤香。今南恩、高竇等州，惟産生結香。蓋山民入山，見香木之曲幹斜枝，必以刀斫成坎，經年得雨水所漬，遂結香。復以鋸取之，刮去白木，其香結爲斑點，遂名鷓鴣斑，燔之極清烈。沉之良者，惟在瓊崖等州，俗謂之角沉。黄沉乃枯木中得者，宜入藥用。依木皮而結者，謂之青桂，氣尤清。在土中歲久，不待刓剔而成者，謂之龍鱗。亦有削之自卷，咀之柔韌者，謂之黄蠟沉，尤難得也。然經中止言療風水毒腫，去惡氣，餘更無治療。今醫家用以保和衛氣，爲上品藥，須極細爲佳。今人故多與烏藥磨服，走散滯氣，獨行則勢弱，與他藥相佐，當緩取效，有益無損，餘藥不可方也。薰陸香，木葉類棠梨，南印度界阿吒釐國出，今謂之西香，南番者更佳。此即今人謂之乳香，爲其垂滴如乳。鎔塌在地者，謂之塌香。皆一也。

元　胡古愚《樹藝篇・木部》卷四《沉香》　《圖經》曰：沉香、青桂香、雞骨香、馬蹄香、棧香同是一本，舊不著所出州土，今惟海南諸國及交、廣、崖州有之。其木類椿，櫸，多節，葉似橘，花白，子似檳榔，大如柔椹，紫色而味辛，交州人謂之蜜香。欲取之，先斷其積年老木根，經年其外皮幹俱朽爛，其木心與技節不壞，即香也。細枝緊實未爛者爲青桂，堅黑而沉水爲沉香，半浮半沉與水面平者爲雞骨，最麄者爲棧香。又云棧香中形如雞骨者。爲雞骨香，形如馬蹄者爲馬蹄香。然今人有得沉香好奇者，往往亦作雞骨形，不必獨是棧香也。其又麄不堪藥用者，爲生結黄熟香，其實一種，有積麄之異耳。並採無時。《嶺表録異》云：廣管羅州多棧香，如柜柳。其花白繁。皮堪作紙，名爲香皮紙，灰白色，有文如魚子牋，其理慢而弱，沾水即爛，不及楮紙，亦無名氣。又云與沉香、雞骨、黄熟雖同是一木，而根幹枝節各有分别者是也。然此香之奇異，最多品。故相丁謂在海南作《天香傳》言之盡矣，云四香凡四十貳狀，皆出於一本。木體如白楊，葉如冬青而小。又敘所出之地，云竇、化、高、雷，中國出香之地也。北海南者優劣不侔，甚矣。既所禀不同，復售者多而取者速，是以黄熟不待其稍成，拽沉不待似是，蓋趨利戕賊之深也，非同瓊管黎人非時不妄翦伐。故木無夭札之患，得必異香，皆其事也。又，薰陸香形似白膠，出天竺、單于二國。《南方草木狀》：如薰陸，出大秦國，其木生於海邊沙上，盛夏木膠出沙上，夷人取得，賣與賈客。乳香亦其類也。《廣志》云：南波斯國松木脂有紫赤如櫻桃者，名乳香，蓋薰陸之類也。今人無復別薰陸者，通謂乳香，爲薰陸耳。治腎氣，補腰膝，霍乱吐下，衝惡中邪氣、五疰，治血止痛等藥及膏前多用之。然枝之難研，用時以繒袋掛於牕隙間，良久取研之，乃不枯。又，雞舌香出崑崙及交愛以南，枝葉及皮並似栗，花如梅花，子似棗核，此雌者也。雄者著蒼不實，採花釀之，以成香。按諸書傳，或云是沉香木，花或云草花，蔓生，實熟貫之，其說無定。今醫家又一說云：按三者故事，尚書郎口含雞香舌，以其奏事合對，欲使氣芬芳也。而方家用雞舌香療口臭者，亦緣此義耳。今人皆於乳香中時得木實

似棗核者，以爲雞舌香，堅頑枯燥，絶無香味，燒亦無香，不知緑何得香名，無復有芬芳也。又，葛稚川百一方有治暴氣、刺心切痛者，研雞舌香，酒服，當差。今治氣藥借雞舌香名方者至多，亦以雞舌香善療氣也。或取以療氣及口臭，則其乖踈，又何謂也。其言有採花釀成香者，今不復見。果有此香，海南亦當見之，不應都絶。京下老醫或有謂雞舌香與丁香同種，花實叢生，其中心最大者爲雞舌香，擊破有解理如雞舌，此乃是母丁香，療口臭最良，治氣亦效。蓋出陳氏《拾遺》，亦未知的〔確〕否。《千金》：療瘡癧連翹五香湯方用丁香，一方用雞舌香，以此似近之。《抱朴子》云：以雞舌、黄連，乳汁煎注之，諸有自疹之在目，俞而更加精明倍常。又有詹糖香，击交、廣以南，木似橘，煎枝葉以爲香，往往以其皮及蠹屑和之，難得淳好者，唐方多用，今亦稀見。又，下蘇合香條云：生中臺川谷。蘇恭云：此香從西域及崑崙來，紫色，與真紫檀相似而堅實，極芬香。其香如石燒之，灰白者好，今不復見此等。廣南雖有此，而類蘇木，無香氣。藥中但用如膏油者，極芬烈耳。陶隱居以爲是獅子矢，亦是指此膏油者言子耳。然獅子矢今内帑亦有之，其臭亦甚，燒之可以辟邪惡，固知非此也。《梁書》云：天竹出蘇合香，是諸香汁煎之，非自然一物也。又云大秦國採得蘇合香，先煎其汁以爲香膏，乃賣其滓與諸人，是以展轉來達中國者，不大香也。然則廣南貨者，其經煎鍊之餘手、今用膏油乃其合治成者耳？或云師子矢亦是西國草木皮汁所爲，胡人欲貴重之，故餙其名耳。又有檀香木，如檀，生南海，消風熱、腫毒，主心腹痛、霍乱、中惡鬼氣，殺蟲。有數種，黄、白、紫之異。今人盛用之，直紫檀旧在下品，亦主風毒。蘇恭云：出崑崙盤盤國，雖不生中葉，人間遍有之。檀木生江淮及河朔山中，其木作斧柯者，亦檀香類，但不香耳。至夏有不生者，忽然葉開，當有大水。農人候之以測水旱，號爲水檀。又有一種，葉亦相類，高五尺，生高原地，四月開花，正紫，亦名檀，根如葛，極主瘡疥，殺虫，有小毒也。

《衍義》曰：沉香木嶺南諸郡悉有之，旁海諸州尤多，交餘連枝，崗嶺相接，千里不絶。葉如冬青，大者合數人抱，木性虚柔。山民或以搆芳瀘，或爲橋梁，或爲飯甑尤佳。有香者百無一二，蓋木得水方結。多在折枝枯幹中，或爲煎，或爲黄熟，自枯死者爲之水盤香。今南恩、高竇等州惟産生結香，蓋山民入山，見香木之曲幹斜枝，必以刀斫成坎，經年得雨水所漬，遂結香。復以鋸取之，刮去白木，其香結爲斑點，遂名鷓鴣斑，燔之極青烈。沉之良者，惟在瓊崖等州，俗謂之角沉。黄沉乃枯木中得者，宜入藥，用依木皮而結者，謂之青桂，氣尤清。在土中歲久，不待刓剔而成者，謂之龍鱗。亦有削之自卷、咀之柔韌者，謂之黄臘。沉尤難得也，然經中止言療風水毒種、去惡氣，餘更無治療。今醫家用以保和衛氣，爲上品藥，須極細爲佳。今人故多與烏藥磨服，走散滯氣，獨行則勢弱，與他藥相佐，當緩取效，有益無損。餘藥不可方也。薰陸香，木葉類棠梨，南印度界阿叱釐國出，今謂之西香，南番者更佳。此即今人謂之乳香，爲其垂滴如乳。鎔塌在地者，謂之塌香。皆一也。

蘇合香

綜　述

宋　沈括《夢溪筆談》卷二六《蘇合香》　今之蘇合香如堅木，赤色。又有蘇合油如糯膠，今多用此爲蘇合香。按劉夢得《傳信方》用蘇合香云：皮薄，子如金色，按之即小，放之即起，良久不定如蟲動烈者佳也。如此，則全非今所用者。更當精考之。

元　胡古愚《樹藝篇·木部·蘇合香》　蘇合香，味甘，温，無毒，主辟惡，殺鬼精物，温虐蟲毒癇痓，去三虫。除邪，令人無夢魘，久服通神明，輕身長年。生中臺川谷。陶隱居俗傳云是師子尿，外國説不爾。今皆從西域來，真者雖别，亦不復入藥，惟供合好香爾。《唐本》注云：此香從西域及崑崙來，紫赤色，與紫真檀相似，堅實極芬香。惟重如石燒之，灰白者好。云是師子尿，此是胡人誑言，陶不悟之，猶以爲疑也。臣禹錫等謹按：《梁書》云：中天中國出蘇合，蘇合是諸香汁煎之，非自然一物也。又云：大秦人採蘇合，先煎其汁以爲香膏，乃賣其滓與諸人，是以展轉來達中國不大香也。陳藏器云：按師子尿，赤黑色，燒之去鬼氣，服之破宿血，殺蟲。蘇合香色黄、白二物，相似而不同。又云：師子尿是西國草木皮汁所爲，胡人將來，欲人貴之，餙其名爾。

安息香

綜述

唐 段成式《酉陽雜俎》卷一八《安息香》 安息香樹。出波斯國，波斯呼爲辟邪樹，長三丈，皮色黄黑，葉有四角，經寒不凋，二月開花黄色，花心微碧，不結實。刻其樹皮，其膠如飴，名安息香。六七月堅凝，乃取之燒，通神明辟衆惡。

明 慎懋官《華夷花木鳥獸珍玩·安息香》 安息香樹如苦楝大而直。葉類羊桃而長。中心有脂作香。《三佛齊志》：安息香樹脂，其形色類核桃穰，不宜干燒。然能發衆香。故人取以和香。

龍腦香

綜述

元 胡古愚《樹藝篇·本部》卷四《龍腦香》 龍腦香《圖經》曰：龍腦香出婆律國，今惟南海番舶賈客貨之。相傳云：其木高七八丈，大可六七圍，如積年杉木狀。傍生枝葉，正圓而背白，結實如荳蔻，皮有甲錯。香即木中脂，似白松脂，作杉木氣。膏乃根下清液耳，亦謂之婆律膏。段成式《酉陽雜俎》説此木有肥瘦，瘦者出龍骨香，其香在木心，波斯斷其木剪取之；肥者出婆律膏，其膏於木端流出，斫水作坎而承之。兩説大同而小異。亦云南海山中亦有此木。唐天宝中交趾貢龍腦，皆如蟬蠶之形，彼人云老根節方有之，然極難得。時禁中呼爲瑞龍腦，帶之，衣衿香聞十餘步外，是後不聞有此。今海南龍腦多用火熇成片，其中亦容雜僞。入藥惟貴生者，狀若梅花，瓣甚佳也。 婆律出波斯國，膏香在木心中。《霏雪録》 龍腦香出婆利國。有婆律樹，高八九丈，瘦者出龍脛香，肥者出婆律香。又，《本草》：波律香出波律國，與龍脛同生一樹。同上 龍腦香，段成式云出波律國，樹高九丈，可六七尺圍。乾脂爲香，清脂爲膏。子主内外障眼。又有蒼龍腦，不可點眼，經火爲熟龍腦。《續博物志》

薰陸香

綜述

宋 沈括《夢溪筆談》卷二六《薰陸》 薰陸。即乳香也，本名薰陸。以其滴下如乳頭者謂之乳頭香。鎔塌在地上者謂之塌香。如臘茶之有滴乳、白乳之品。豈可各是一物。

元 胡古愚《樹藝篇·木部》卷四《薰陸香》 薰陸一木五香：根，旃檀；節，沉香；花，雞舌；葉，藿香；膠，薰陸。《霏雪録》 薰陸者出大秦，在海邊有大樹，枝葉正如古松，生於沙中，盛夏樹膠流出沙上，方採之。《南方草木狀》 薰陸即乳香也。木名薰陸，以其滴下如乳。頭者謂之乳頭香，鎔塌在地上者。謂之塌香。如臘茶之有滴乳，白乳之品豈可各自一物？《夢溪筆談》 段成式《酉陽雜俎》記事多誕，其間敘草木異物尤多謬。妄率記異國所出，欲無根底，如云一木五香根，旃檀；節，沉香；花，雞香；葉，藿香；膠，薰陸。此其謬。旃檀與沉水兩木無異，雞舌即今丁香耳，今藥品中所用者亦非霍香，自是草藥。南方至多薰陸，小木而大葉。海南亦有薰陸，乃其謬也。今謂之乳頭香五物。迥殊，原非同類也。《墨客揮犀》

清 陳昌齊 道光《廣東通志》卷九六《香類·薰陸香》 薰陸香。出大秦，在海邊有大樹枝，葉如古松，生於沙甲，盛夏樹膠流出沙上方採，《南方草木狀》即羅香也。一名馬尾香，是樹皮鱗甲採之復生，羅浮有越王島薰陸香。《羅浮山志》

蜜香

綜述

元 胡古愚《樹藝篇·木部·蜜香》 蜜香、沉香、雞骨香、黄熟香、棧香、青挂香、馬蹄香、雞舌香，按此八物因出於一樹也。交阯有蜜香樹，幹似柜柳，其花白而繁，其葉如橘。欲取香，伐之經年，其根、幹、枝、節各有別色也。木心與節堅黑沉水者爲沉香，與水面平者爲雞骨香，其根爲黄熟香，其幹爲棧香，細枝緊實未爛者爲青桂香，其根節輕而大者爲馬蹄香，其花不香成實乃香爲雞舌香。珍異之木也。《南方草木狀》 蜜香味辛，温無毒，主臭，除鬼氣。生交州。大樹節如沉香。《異物志》云：蜜香，虫名。又云：樹生千歲，斫仆之，四五歲乃往看，已腐敗，惟中節堅真是也。樹如椿。按《法華經》注云：木蜜，香蜜也，形似槐而香，伐之五六年乃取其香。《海藥》云：謹按内典，與狀若槐樹。《異物志》云：其葉如椿。《交州記》云：樹似沉香無異，主辟惡，去邪鬼尸，注心氣，生南海諸山中，種之五六年便有香也。 多香木，俗謂之蜜香，辟惡氣，殺鬼精。《一統志・肇慶府》

雞舌香

綜 述

明 慎懋官《華夷花木鳥獸珍玩考》卷一《雞舌香》 雞舌香 杜薄出雞舌香，可含，以香不入衣服。雞舌其爲木也。氣辛而性厲，禽獸不能至。故未有識其樹者，華熟自零，隨水而出，方得之。《庚本（草）注》云：雞舌樹葉及皮並似栗，花如梅花，子似棗核。此雌樹也。不入香用。其雄樹雖花不實，採花釀之以成香。出崑崙及交愛以南。

檀 香

綜 述

清 陳昌齊 道光《廣東通志》卷九六《香類樹木・檀香》 檀香。出廣東，雲南，三佛齊等地，今嶺南諸地亦皆有之。樹葉皆似荔枝，皮青色而滑澤。葉廷珪《香譜》云：皮實而色黄者爲黄檀，皮潔而色白者爲白檀。降真香。生南海山中，其香似蘇枋木，燒之初不甚香，得諸香和之則特美，以番降紫而潤者爲良。《名醫録》云：「周密被海寇刃傷，血出不止，用花蕊石散不效。軍士李高用紫金散掩之，血止痛定。明日結痂如鐵，且無瘢。叩其方，則用紫藤香，瓷瓦刮下研末爾。」云即降之最佳者。

清 陳昌齊 道光《廣東通志》卷九六《香類・土檀》 土檀。出瓊州，似黄檀，而香稍劣。《黄志》

古 度

綜 述

清 陳昌齊 道光《廣東通志》卷九六《木類・古度》 古度。《吴録・地理志》：廣州有木名古度，不華而實。《廣州記》曰：葉如栗，枝柯皮中生子，子似櫨而酢，煮以爲粽。數日不煮，化爲飛蟻。《太平御覽》蝱母木。即《南越志》所云「古度」「一呼」「那子」，南人號曰「柁」。實從木皮中出，如綴珠璫，大如櫻桃，黄即可食，過則實中化蛾飛出，亦謂爲蚊子者。《北户録》

海 桐

綜 述

明 宋詡《竹嶼山房雜部》卷九《樹畜部・樹類》 海桐葉滑潤圓長。取子爲栵種之，可爲藩障。可接楊梅。

清 陳昌齊 道光《廣東通志・木類・海桐》 海桐生南海及雷州，近海州郡亦有之。葉大如手，作三花尖，皮若梓，白而堅韌，可作繩，入水不爛。《政和本草》 謹案，李時珍曰：海桐或云即刺桐，或説非也。

强 木

綜 述

明 慎懋官《華夷花木鳥獸珍玩考》卷二《强木》 強木造船，其上多飾珠玉，以爲遊戲。強木，不沉木也。方一寸，以百觔巨石縋之，終不没。

訶梨勒

綜述

明 慎懋官《華夷花木鳥獸珍玩考》卷二《訶梨勒》 《圓經》曰：訶梨勒生交愛州。今嶺南皆有，而廣州最盛。株似木梡，花白。子似梔子，青黄色。皮肉相著。七月八月實熟時，採六路者佳。《嶺南異物志》云：廣州法性寺佛殿前，有四五十株。子極小而味不澀，皆是六路。每歲州貢，只以此寺者。寺有古井，木根蘸水，水味不鹹。每子熟時，有佳客至，則院僧煎湯以延之。其法用新摘訶子五枚，甘草一寸，皆碎破，汲木下井水同煎，色若新茶。今其寺謂之乾明舊木，猶有六七株，古井亦在南海。風俗尚貴此湯。然煎之不必盡如昔時之法也。

黄葛木

綜述

明 慎懋官《華夷花木鳥獸珍玩考》卷二《黄葛木》 忠州景德觀前有古木，大數十圍，枝柯盤鬱如蓋。山中人云此黄葛木，千年物也。

平仲

綜述

明 慎懋官《華夷花木鳥獸珍玩考》卷二《平仲》 《吴都賦》平仲注曰：木名。劉成曰：平仲之木，實白如銀，平本作枰。《上林賦》：華楓枰櫨，其木理平，可爲棋局，故棋盤曰枰。唐詩「芳春平仲緑，清夜子規啼」是也。

帝休

綜述

明 傅梅《嵩書》卷一〇《木部·帝休》 帝休。《山海經》云：少室之山，其上有木焉，名曰帝休。葉狀如楊，其枝五衢，黄華黑實，服者不怒。郭璞贊曰：帝休之樹，厥枝交對，竦本少室，曾陰雲霄，君子服之，匪怒伊愛。

建木

綜述

明 慎懋官《華夷花木鳥獸珍玩考卷二·建木》 績按：《海内經》有木青葉，紫莖，玄華，黄實，名曰建木。百仞無枝，有欘下，有九枸。其實如麻，其葉如芒，大皥爰過。黄帝所爲。又《海内南經》有木，其狀如牛，引之有皮若瓔黄蛇。其葉如羅。其實如欒。其木若蓲。其名曰建木。在窫窳西。弱水上註：青葉紫莖，黑花黄實，其下聲無響，立無影也。

抱木

綜述

唐 劉恂《嶺表録異》卷中《抱木》 抱木，産江溪中，葉細如檜，身堅類桐。惟根軟不勝刀鋸。今潮循多用其根，刳而爲履。當未乾時刻削，易如割瓜。既乾之後柔韌不可理也。或油畫或漆，其輕如通草。暑月着之隔卑濕地氣如杉木。今廣州、賓從諸郡牧守初到任，皆有油畫枹木履也。

元 胡古愚《樹藝篇·木部》卷四《抱木》 抱木生於水松之旁，若寄生然。柔弱不勝刀鋸，乘濕時刳而爲履，易如削瓜，既乾則韌不可履也。履雖猥木，而輕者若通脱木，風至則隨飄而動，夏月納之，可禦蒸濕之氣。出扶南、大秦諸國。《南方草木狀》 抱木在水中，葉細如檜，其身堅類栢，惟根軟不勝刀鋸。今潮州、新州多刳之爲屧。《北户録》 南方有木，以抱爲名，言其輕滿不能成斤，亦以造噐滿抱如無，因以懷抱名之也。南土多陂塘，多生水松。其抱木蹙水沫，依松而生，成似松之游贅，浮繞其株，悉去水面三寸。原其化徵假松之氣耳，故其臭方，其質輕。抱木突輕於赤腳，誠哉斯言。然予爲南漳守，命工爲函匣，筒鞾抑造清明毬卵輕齎而帰，北人莫不稱便而異焉。《資暇集》

明 慎懋官《華夷花木鳥獸珍玩考·抱木》 抱木，産水中。葉細如檜，其身堅，類栢。惟根軟，不勝刀鋸。今潮州新州多刳之爲屧。

清 張英《淵鑑類函》卷四一六《抱木》 抱木産水中，葉細如檜。其身堅類柏，惟根軟不勝刀鋸。今潮州、新州多刳之爲屧。

韶子

綜述

明 慎懋官《華夷花木鳥獸珍玩考》卷二《木威》 洞南有喬木，似栟櫚。熟視葉間，有實檖生，似橄欖。問從者，蓋木威也。木威《本草經》無有。宜州諸城砦多有之。風俗取豚膾合之爲鱔，盤中珍膳也。佃夫曰：「廣東蓋號爲烏欖。猶邕貴間謂波斯橄欖云。」木威之葉，廣東西人用作雨衣，柔韌蜜緻，勝青笠也。宋黄庭堅《游龍水城南記》

清 吴其濬《植物名實圖考·果類》卷三二《韶子》 韶子，《本草拾遺》始著録。《虞衡志》謂之山韶子，俗呼毛荔枝，謂（荔支）元變種，味酸。

清 陳昌齊《廣東通志》卷九五《果類·韶子》 韶子，葉如栗，赤色。子大如栗，有棘刺。破其外皮，内白如脂肪，著核不離，味甜酢，核似荔枝。《齊民要術》廣南有山韶子，夏熟，色紅，肉如荔支。又有藤韶子，秋熟，大如鳧卵柿也。《桂海虞衡志》

清 陳昌齊 道光《廣東通志》卷九五《果類·木威子》 木威子，《廣州記》曰：木威高丈餘，如橄欖而堅，削去皮以爲粽。《金樓子》曰：有樹名獨，分爲二株。其東向一枝是木威，南向一枝是橄欖。《南越志》曰：博羅縣有合成樹，十圍，去地二丈，分爲三衢，東向一衢木威，葉似楝，子如橄欖而硬，削去皮，南人以爲糁。南向一衢橄欖，西向一衢橄欖。同上《投荒録》云：相思亭有木威樹，橄欖樹，黄支樹獨根木，大十圍，去地二丈爲三支，號曰三支樹。《寰宇記》木威，橄欖之類也。《金樓子》云：「南向者橄欖，東向者木威」，此傳聞謬説也。《本草綱目》 謹案：梁元帝之説，證以《南越志》、《投荒録》，是廣南有木威子，似橄欖，合橄欖、黄支而成樹，故名合成。梁元名獨者，謂「獨有此樹，乃奇木。」非廣南橄欖樹盡如此也。且梁元或得之傳聞，至顧氏，房氏則爲目擊，豈可以謬説斥之耶？

丹木

綜述

晉 郭璞《丹木贊》 爰有丹木，生彼淆盤。厥實如瓜，其味甘酸。蠲痾辟火，用奇桂蘭。丹木曄曄，沸沸玉膏。黄軒是服，遂攀龍豪。

明 慎懋官《華夷花木鳥獸珍玩考》卷一《丹木》 崦嵫之山，其上多丹木。其葉如穀，其實大如瓜，赤符而黑理。食之已癉，可以御火。

烏藥

綜述

清 吴其濬《植物名實圖考·木類》卷三五《烏藥》 烏藥，《嘉祐本草》始著録，山中極多。俗以根形如連珠，有車轂紋者爲佳。開花如桂。

清 陳昌齊 道光《廣東通志》卷九六《香類樹木·烏藥》 烏藥，今台州、雷州皆有之。木似茶檟，高五七尺。葉微圓而尖面青，背白有紋。四五月開細花，黄白色。六月結實，其子如冬青子，其仁香而苦。俱同上

化香樹

綜述

清 吴其濬《植物名實圖考·木類》卷三八《化香樹》 化香樹，湖南處處有之。高丈餘。葉微似椿，有圓齒如橡葉而薄柔。結實如松球，刺扁亦薄，子在刺中似蜀葵子。破其球香氣芬烈，土人取其實以染黑色。按《本草拾遺》：必栗香，味辛温，無毒，主鬼氣，煮服之。并燒爲香殺蟲魚，葉搗碎置上流水，魚悉暴鰓。一名化木香，詹香也。葉如椿，生高山。堪爲書軸白魚，不損書也。又《海藥本草》：主鬼疰心氣，斷一切惡氣。葉落水中，魚當暴死，核其形狀頗相彷彿，名亦近。是惟此樹之用在球，染肆浸曬，盈筐累釜，而拾遺不及之，以此爲疑。俚醫以爲順氣散痰之藥。

胡桐淚

綜述

清 吴其濬《植物名實圖考·木類》卷三五《胡桐淚》 胡桐淚，見《漢書·西域傳》，《唐本草》始著録。爲口齒要藥。今阿克蘇之西地名樹窩子，行數日程尚在林内，皆胡桐也。葉微似桐樹，本流膏如膠。

燕脂木

綜述

元 胡古愚《樹藝篇·木部》卷四《燕脂木》 質理堅緻，色如燕脂，可鏇作。出融州及州洞，桂林屬縣皆有之。《桂海虞衡志》

黄櫨

綜述

清 吴其濬《植物名實圖考·木類》卷三五《黄櫨》 黄櫨，《嘉祐本草》始著録。陳藏器云：葉圓，木黄，可染黄色。《救荒本草》：葉味苦，嫩芽可煠食。

清 吴其濬《植物名實圖考·木類》卷三七《黄蘆木》 黄蘆木，生山西五臺山。木皮灰褐色，肌理皆黄，多刺三角如蒺藜。四五葉附枝攢生，長柄有細齒，俗以染黄，訛曰黄姑。按《説文》杍字下云杍木也。出橐山。段氏注引《廣韻》黄杍木，可染黄，疑爲《周禮》注之橐盧。又櫨字下云：一曰宅櫨木，出宏農山，段氏注亦疑爲橐盧。考杍櫨二篆，《説文》分廁，異物無疑。《嘉祐本草》有黄櫨，云生商洛。《救荒本草》圖圓葉如杏，與此木迥别，而商洛接近。宏農則《説文》宅櫨木，其即《救荒本草》之黄櫨矣。此木亦染黄。西音姑。杍蘆驟聽無别。《癸辛雜志》謂長城傍得古木，謂名黄蘆，蓋昔築城以爲幹者，字正作蘆，五臺在長城内，木名黄蘆，其來舊矣。蘆爲葦草不可通木，盧上加艸俗書之誤，此木殆即橐盧，而《説文》所説杍木歟。又《圖經》謂，有一種刺蘗，多刺可染，不入藥用，或即此木，蓋不知其名，姑以色黄而名曰蘗。

榅桲

綜述

明 宋詡《竹嶼山房雜部》卷九《樹畜部·樹類》 榅桲：木如林檎。花白緑色。其實類櫨，但膚慢而多毛，味酸甘。宜關陜。

明 徐光啓《農政全書》卷三〇《樹藝》 榅桲：李時珍曰：即榠樝之生於北土者。蘇頌曰：今關陜有之，沙苑出者更佳。其實類樝，但膚慢而多毛，味尤甘，其氣芬馥，置衣笥中亦香。 寇宗奭曰：食之須净去浮毛，不爾損人肺。其果最多生蟲，少有不蛀者。

清　吴其濬《植物名實圖考・果類》卷三一《榅桲》　榅桲：《開寶本草》始著録。今惟産陝西。形似木瓜，又似梨，多以飣盤。有携至京師者，取其香氣，置盤笥中，以薰鼻煙，不復供食。

清　汪灝《廣群芳譜》卷五五《果譜・梨・（附録）榅桲》　榅桲出關陝沙苑者更佳，似樝子而小。《述異記》江淮南人至北，見榅桲，以爲樝子。　宋　無名氏《詠榅桲》：秦中物專靈，榅桲爲佳果。南枝種府署，高樹立婀娜。秋來收新實，照日垂萬顆。中滋味醴釀，外飾素苴裹。彥思摘晨露，滿合持贈我。宋　梅堯臣《得沙苑榅桲戲酬》：蒺藜已枯天馬歸，嫩蠟籠黄霜冒幹。不比江南樝柚酸，橐駞載與吴人看。

鼠李

綜　述

宋　寇宗奭《本草衍義》卷一五　鼠李，即牛李子也。木高七八尺，葉如李，但狹而不澤。子於條上四邊生，熟則紫黑色，生則青。葉至秋則落，子尚在枝。是處皆有，故經不言所出處。今關陝及湖南、江南、北甚多，木皮與子兩用。

清　吴其濬《植物名實圖考・木類》卷三三《鼠李》　鼠李，《本經》下品。宋《圖經》即烏巢子，《本草衍義》以爲即牛李子。敘述綦詳。李時珍云：取汁刷染緑色。此即江西俗呼凍緑柴，一名羊史子。《救荒本草》：女兒茶。一名牛李子，一名牛筋子。葉味淡、微苦，可食，亦可作茶飲即此。唯江西別有牛金子，子黑色，與此異。

清　長順《吉林通志》卷三三《物産・木屬・鼠李木》　鼠李木，一名老鸛眼。堅緻有花紋。子赤黑如鴉眼。其皮可染緑色。《盛京通志》

秋風子

綜　述

清　吴其濬《植物名實圖考・果類》卷三一《秋風子》　宋・范成大《桂海虞衡志》：秋風子，色狀俱似楝子。今廣東多有之。其葉本青，經霜則紅。果似梨而小，先青後黄，味酸澀，熟乃可食。

樹木災害及防止總部

樹木火災部

樹木火災發生分部

紀事

晉 葛洪《西京雜記》卷二 惠帝七年夏，雷震南山，大木數千株皆火燃至末，其下數十畝地草皆燋黃。其後百許日，家人就其間得龍骨一具、蛟骨二具。

宋 錢易《南部新書》卷八 太平公主之出降薛紹也，燎炬列焰，槐樹多死。永隆二年七月也。

清 張廷玉《明史》卷四〇《五行志三》 弘治八年三月辛卯，廣寧右衛臺杆火起，高五寸，良久方滅，杆如故。是年，湖廣長沙楓樹生李實，黃連樹生黃瓜。九年三月，長寧縣民家楠樹生蓮花，李樹生豆莢。 正德元年三月，廣寧墩臺有火發於旗杆凡六。二年五月庚午，順聖川西城旗杆上有火光大如碗，俄雨作而滅。五年五月壬戌，瀋陽中衛城旗杆火自起，良久乃已。後八年、十三年，遼東各堡時有此異。 嘉靖三十七年十月戊辰，淮揚巡撫李遂言，五河縣有大杉木，圍一丈五尺，長六丈餘，湧出泗水沙中。四十三年五月乙卯，帝夜坐於庭，忽御幄後獲一桃。左右或見桃從空中墜，帝喜曰：「天賜也。」明日復有一桃降。 隆慶二年正月初八日，保寧堡城角旗杆有火，灼灼聲響。三月戊午夜，延綏保寧堡旗杆有火光。四月戊申又見於榆林常樂堡。五年四月，杭州府栗樹生桃。六年閏二月癸酉，遼東鎮有火光從旗杆出。 萬曆二年五月丙子，廣寧等堡墩臺杆夜各有火光。嗣後三年二月、十一年八月，見永平各臺。十二年二月，見薊鎮。十五年二月，綏靖尤甚。邊城各堡脊獸旗杆俱出火光，軍士執仗撲之，仗亦生火，三更乃息。十七年、十八年，遼東鐵嶺諸處事皆同。二十一年二月，大毛山樓臺上旗杆首有火，大如酒杯。五月丁卯，祖陵大松樹孔中吐火，竟日方滅。二十三年八月，沙蓋頸臺旗杆上紅光若火。十二月癸亥，皇陵樹巔火出，延燒草木。二十六年三月壬子，錦州城上桅杆起火。三十四年二月壬戌昏定，陽和保定堡城樓鴟吻并旗杆上有火光如燈，四散無烟焰，旗杆亦不焦，漏二十下方息。三十五年四月丙辰，曲陽縣北嶽廟樹自焚，太原有槐亦自焚。曲陽距太原七百里，其火同日。天啟元年五月二十六日，韓城縣學古槐一株，周圍丈餘，火從空出，自頂逮根遽成煨燼。六年十月辛酉，南京西華門內有煙忽起，不見火光。禮臣往視，乃舊宮材木瘞土中久，煙自生，土石皆焦。以水沃之，三日始滅。 崇禎六年五月癸巳，霍山縣有木甑飛墜，不知所自來。七年二月丁巳，太康縣門牡自開者三，知縣集邑紳議其事，梁墜，知縣死。十五年，蘄州樹杪火發，自焚殆盡。 崇禎十三年六月壬申，鎮安火光如斛，自西墜地，土木皆焦。

清 龍文彬《明會要》卷七〇 萬曆十八年五月丁卯，祖陵大松樹孔中吐火，竟日方滅。

又 萬曆二十三年十二月癸亥，皇陵樹顛火出，延燒草木。

清 吴仁臣《十國春秋》卷八一《忠懿王世家上》（顯德五年）夏四月辛酉，城南火延於內城，官府廬舍幾盡，王出居都城驛。壬戌旦，火將及鎮國倉，王親率左右至瑞石山，命酒祝之曰：「不穀不德，天降之災。倉廩積儲，實師旅之備也，若盡焚之，民命安仰？」乃令從官伐林木以絶其勢，火遂止。

清 王餘佑《乾坤大略》卷一 元曰：劉裕足爲一世之雄，劉毅家無擔石之儲，摴蒱一擲百萬，何無忌酷似其舅，共舉大事，何謂無成。桓謙與何澹之屯覆舟山，裕先使羸弱登山，多張旗幟，以油灌竹木枝燃之，火光遍滿山谷。元不知測，裕乃與劉毅等分數隊進突謙軍，皆殊死戰，無不以一當百。時東北風急，毅軍縱火，烟塵漲天，鼓噪之音震駭京邑。謙等諸軍一時奔走。

清 吴人驥《孫子十家註》卷一二 隋文帝時，高熲獻取陳之策曰：江南土薄，舍多茅竹，所有儲積皆非地窖，可密遣行人因風縱火，待彼修葺，復更燒之，不出數年自可財力俱盡。帝行其策，由是陳人益弊。

又 西川孟知祥以兵二萬與圜合勢攻之。漢州四面樹木爲柵。三月，圜陳于金雁橋，即率諸軍鼓（譟）〔噪〕而進，四面縱火，風燄亘空，延孝危急，引騎出陳于金雁橋又大敗之。

清　趙爾巽《清史稿》卷四二《災異志三》（順治）十三年五月，曲陽文廟東古楊樹一株忽自焚，火數十丈，竟日不絶。

又（康熙）五十一年一月，宿州樹頭生火。

清　游智開《樂亭縣志》卷三《地理》　嘉靖六年春三月起黑風，火飛如斗，焚及木杪，禽鳥多死，流災海面。竟宿乃止。

清　賈懋功《順昌縣志》卷九《祥異》（萬曆）二十九年，松林嶺火延燒民居數百所。

清　謝澐《義寧縣志》卷八《禨祥》　天啟六年，衙背大樟樹火，燒樟樹二株。自宋種植未燒之。前署縣王尔昌見二女子在樹上相戲，哨軍亦見，未幾遂火。

又　雍正二年秋八月至十月不雨，山嶺草木盡被焚燒。九年春二月大雨，雹大如鷄卵，小如彈丸，禽鳥中者皆死。民間房屋盡傷壞，縣治西北方尤甚。十三年秋八月，有大星殞于西方，火光照耀聲吶若雷。乾隆五年春正月朔旦，城南榕樹火。

清　蔣溥《盤山志》卷一六《雜綴》　康熙己巳夏，盤山埜燒四起，七日夜不熄，松被焚死無算，寺宇苑舍一無燬。庚午偷兒盜松無虚日。辛未春三月壬辰蟲災松，松死者萬計，如炬燔。蟲似蠶，鬣黑毛，身長四五寸，墮地能躍起尺許，或云天蠶。秋七月霪雨四旬，死者復生如故。

清　西清《黑龍江外記》卷八　原野草盛，冬日易引荒火。火起處，晝如萬盞燈光熒熒地上，夜則照耀一天，數十里外望見之。齊齊哈爾西北索岳勒集山者，遼之七金山也。乾隆閒有荒火之變，林木蕩然，野獸焚死無算。可知火勢之大，鄉邇爲難。

藝　文

晉　潘尼《火賦》　及至焚野燎原，埏光赫戲。林木摧拉，砂礫煎糜。騰光絶覽，雲散霓披。遂乃衝風激揚，炎光奔逸。玄煙四合，雲蒸霧萃。山林爲之崩阤，川澤爲之涌沸。去若風驅，疾如電逝。紛綸紆轉，倏忽橫厲。蕭條長空，野無孑遺。無隰不灰，無坰不甃。震響達乎八冥，流光燭乎四裔。榛蕪既除，九野謐清。蕩枝瘁于凜秋，候來春而改生。其揚聲發怒，則雷霆之威也。明照遠鑒，則日月之暉也。甄陶品物，則造化之制也。濟育羣生，則天地之惠也。是以上聖擬火以制禮，鄭僑據猛以立政。功用關乎古今，勳績著乎百姓。

晉　李顒《雷賦》　起偉霆于霄際，摧勁木于巖巔。

樹木火災防止分部

綜　述

《管子》卷一《立政第四・五事》　君之所務者五。一曰山澤不救於火，草木不植成，國之貧也。二曰溝瀆不遂於隘障，水不安其藏，國之貧也。三曰桑麻不植於野，五穀不宜其地，國之貧也。四曰六畜不育於家，瓜瓠葷菜百果不備具，國之貧也。五曰工事競於刻鏤，女事繁於文章，國之貧也。故曰山澤救於火，草木殖成，國之富也。溝瀆遂於隘障，水安其藏，國之富也。桑麻殖於野，五穀宜其地，國之富也。六畜育於家，瓜瓠葷菜百果備具，國之富也。工事無刻鏤，女事無文章，國之富也。

《管子》卷一《立政第四・省官》　修火憲，敬山澤，林藪積草，夫財之所出，以時禁發焉，使民於宫室之用，薪蒸之所積，虞師之事也。決水潦，通溝瀆，修障防，安水藏，使時水雖過度，無害於五穀。歲雖凶旱有所秎穫，司空之事也。相高下，視肥磽，觀地宜，明詔期前後，農夫以時鈞修焉，使五穀桑麻，皆安其處，由田之事也。行鄉里，視宫室，觀樹藝，簡六畜，以時鈞修焉，勸勉百姓使力作，毋偷懷樂家室，重去鄉里，鄉師之事也。論百工，審時事，辨功苦，上完利，監壹五鄉，以時鈞修焉，使刻鏤文采，毋敢造於鄉，工師之事也。

宋　張淏《雲谷雜紀》卷四　沅湘間多山，農家惟植粟，且多在岡阜。每欲布種時，則先伐其林木，縱火焚之。俟其成灰，即布種于其間。如是則所收必倍，蓋史所謂刀耕火種也。

樹木風雨災部

樹木風災分部

紀　事（一）

漢　司馬遷《史記》卷三三《魯周公世家》 周公卒後，秋未穫，暴風雷（雨），禾盡偃，大木盡拔。周國大恐。

漢　班固《漢書》卷二五下《郊祀志》（漢武帝）祀罷甘泉泰畤，作南郊日，大風壞甘泉竹宮，折拔畤中樹木十圍以上百餘。

漢　班固《漢書》卷二七下三上《五行志》（漢昭帝元鳳元年）燕王都薊，大風雨拔宮中樹七圍以上十六枚。

漢　班固《漢書》卷二七中之下《五行志七中之下》 武帝元光四年四月，隕霜殺草木。

漢　班固《漢書》卷九九《王莽傳》［地皇元年七月，大風毀王路堂。莽復下書曰：］乃壬午餔時，有列風雷雨發屋折木之變，予甚弁焉，予甚栗焉，予甚恐焉。伏念一旬迷乃解矣。昔符命文立安爲新遷王，臨國雒陽爲統義陽王。是時予在攝假，謙不敢當而以爲公。其後金匱文至，議者皆曰臨國雒陽爲統，謂據土中爲新室統也。宜爲皇太子，自此後臨久病，雖瘳不平，朝見挈茵輿行，見王路堂者，張于西廂及後閣更衣中。又以皇后被疾，臨且去本就，捨妃妾在東永巷。壬午，列風毀王路西廂及後閣更衣中室，昭寧堂池東南榆樹大十圍東僵繫東閣，閣即東永巷之西垣也，皆破折瓦壞，發屋拔木，予甚驚焉。又候官奏月犯心前星，厥有占，予甚憂之。伏念紫閣圖文，太一皇帝皆得瑞以仙，後世褒主當登終南山，所謂新遷王者，乃太一新遷之後也。統義陽王乃用五統以禮登陽，上遷之後也。臨有兄而稱太子，名不正，宣尼公曰：名不正則言不順，至于刑罰不中，民無所錯手足。惟即位以來，陰陽未和，風雨不時，數遇枯旱，蝗螟爲災，穀稼鮮耗，百姓苦饑，蠻夷猾夏，寇賊奸宄，人民正營，無所措手足。深惟厥咎，在名不正焉。其立安爲新遷王，臨爲統義陽王，幾以保全二子，子孫千億，外攘四夷，内安中國焉。

南朝宋　范曄《後漢書》卷二四《五行志二》 靈帝熹平五年十月壬午，御所居殿後槐樹，皆六七圍，自拔倒，竪根在上。

南朝宋　范曄《後漢書》卷二六《五行志四》 和帝永元五年五月戊寅，南陽大風拔樹木。《集解》：惠棟曰：京房《别對災異》曰：人君賊罰良善，政教無常，使命數變，則致暴風折木，發屋鳴瓦，或害殺人。其救也，修舊典，任忠臣，思過自改，則風災消。　安帝永初元年，大風拔樹。是時鄧太后攝政，以清河王子年少，號精耳，故立之，是爲安帝。不立皇太子勝。以爲安帝賢，必當德鄧氏也。後安帝親讒，廢免鄧氏，令郡縣迫切，死者八九，人家至破壞，此爲瞽霿也。是後西羌亦大亂涼州十有餘年。二年六月，京都及郡國四十八大風拔樹。《集解》：惠棟曰：《東觀記》曰：拔樹發屋。京房《易飛候》曰：角日疾風，天下昏，不出三月，中兵必起。是時羌貊叛戾，任尚敗績於平襄。三年五月癸酉，京都大風拔南郊道梓樹九十六枚。《集解》：洪亮吉曰：案，《安紀》作癸丑。若以上丙申、丁酉二日辰合推，宜以《本紀》爲是。七年八月丙寅，京都大風拔樹。　元初二年二月癸亥，京都大風拔樹。《集解》：洪亮吉曰：「案，《安紀》作三月。」六年夏四月，沛國勃海大風拔樹三萬餘枚。　延光二年三月丙申，河東、潁川大風拔樹。《集解》：洪亮吉曰：案，《安紀》承正月下，不另著月，丙申復作丙辰。六月壬午，郡國十一大風拔樹。是時安帝親讒，曲直不分。　三年，京都及郡國三十六大風拔樹。　靈帝建寧二年四月癸巳，京都大風雨雹，拔郊道樹十圍已上百餘枚。其後晨迎氣東郊，道於雒水西橋，逢暴風雨，道鹵簿車或發蓋，百官霑濡，還，不至郊。使有司行禮、迎氣西郊，亦壹如此。　中平五年六月丙寅，大風拔樹。　獻帝初平四年六月，右扶風大風發屋拔木。《集解》：先謙曰：以上恒風。

南朝梁　沈約《宋書·五行志四》（太康）五年七月甲辰，中山雨雹，九月，南安大雪，折木。

又（太康）九年正月，京都大風雨雹，發屋拔木。

（一）本部史料排列不以成書先後爲序，大體以史事發生先後爲序。

又 永康元年四月，張華第舍飈風折木，飛繒軸六七。

又 永康元年十一月戊午朔，大風從西北來，折木飛石。

又 晉元帝大興四年八月，常山崩，水出，滹沱盈溢，大木傾拔。

又 晉元帝永昌元年七月丙寅，大風拔木，屋瓦皆飛。

又 永昌元年八月，暴風壞屋，拔御道柳樹百餘株。

又 晉成帝咸康四年三月壬辰，成都大風，發屋折木。

又 晉穆帝永和七年三月，涼州大風拔木，黄霧下塵。

又 晉孝武帝太元元年二月乙丑朔，暴風折木。

又 （晉）太元二年閏三月甲子朔，暴風疾雨俱至，發屋折木。

又 （晉）太元十二年七月甲辰，大風拔木。

又 （晉）太元十七年六月乙卯，大風折木。

又 （晉）元興三年五月，江陵大風折木。

又 （晉）義熙六年五月壬申，大風拔北郊樹，樹幾百也。【略】甲戌，又風，發屋折木。

又 （晉）義熙十年四月己丑朔，大風拔木。

又 （南朝宋）元嘉二十九年三月，大風，拔木飛瓦。

又 （元嘉）三十年正月，大風拔木，雨凍殺牛馬，雷電晦冥。

又 元徽五年三月庚寅，京邑大風，發屋折木。

北齊 魏收《魏書》卷一一二上《靈徵志》 （北魏太延）三年十二月，京師大風，揚沙折樹。

又 （太和）三年六月壬辰，相州大風，從酉上來，發屋折樹。

又 （太和）九年六月庚戌，濟、洛、肆、相四州及靈丘、廣昌鎮暴風折木。

又 （太和）十二年五月壬寅，京師連日大風，甲辰尤甚，發屋拔樹。

又 （太和）十四年七月丁酉朔，京師大風，拔樹發屋。

又 （太和）二十三年八月，徐州自甲寅至己未，大風拔樹。

又 （景明四年）六月乙巳，汾州大雨雹，草木、禾稼、雉兔皆死。七月申戌，暴風，大雨雹，【略】草木無遺。

又 正始元年七月戊辰，東秦州暴風，拔樹發屋。

又 （正始）二年二月癸卯，有黑風羊角而上，起於柔玄鎮，蓋地一頃，所過拔樹。

又 （世宗景明）三年閏月甲午，京師大風，拔樹發屋，吹折閶闔門關。九月丙辰，幽、岐、梁、東秦州暴風昏霧，拔樹發屋。

又 （世宗景明）四年三月己未，司州之河北、河東、正平、平陽大風拔樹。

又 永平元年四月壬申，京師大風拔樹。

又 （永平）三年五月己亥，南秦州廣業、仇池郡大風，發屋拔樹。

又 延昌四年三月癸亥，京師暴風，從西北來，發屋折樹。

又 正光三年四月癸酉，京師暴風大雨，發屋拔樹。

又 孝昌二年五月丙寅，京師暴風，拔樹發屋。

又 永平三年五月庚子，南秦廣業郡大雨雹，殺鳥獸、禾稼。

唐 房玄齡《晉書》卷二七《五行志上》 （三國）魏文帝黄初六年正月，雨，木冰。

唐 房玄齡《晉書》卷二九《五行志下》 （三國）魏齊王正始九年十一月，大風數十日，發屋折樹。

又 嘉平元年正月壬辰朔，西北大風，發屋折樹木，昏塵蔽天。

又 （三國）吳孫權太元元年八月朔，大風，江海涌溢，平地水深八尺，拔高陵樹二千株。

又 （三國吴孫休永安元年）十一月丁卯夜，有大風，發木揚沙。

又 （晉）武帝泰始五年五月辛卯朔，廣平大風，折木。

又 咸寧元年五月，下邳、廣陵大風，壞千餘家，折樹木。其月甲申，廣陵、司吾、下邳大風，折木。

又 （咸寧）三年八月，河間大風，折木。

又 太康二年五月，濟南暴風，折木，傷麥。六月，高平大風，折木，發壞邸閣四十餘區。

又 （太康）九年正月，京都風雹，發屋拔樹。

又 惠帝元康四年六月，大風雨，拔木。十一月甲子朔，京都連大風，發屋折木。

又 永康元年二月，大風拔木。【略】四月，張華第舍飆風起，折木飛繒，折軸六七。【略】十一月戊午朔，大風從西北來，折木飛沙石。

又 元帝永昌元年七月丙寅，大風拔木，屋瓦皆飛。八月，暴風壞屋，拔御道柳樹百餘株。

又　成帝咸康四年三月壬辰，成都大風，發屋折木。

又　太元二年二月乙丑朔，暴風折木。閏三月甲子朔，暴風疾雨俱至，發屋折木。三年六月，長安大風，拔苻堅宮中樹。【略】十二年七月甲辰，大風折木。【略】十七年六月乙卯，大風折木。

又　（義熙）六年五月壬申，大風拔北郊樹。樹幾百年也。【略】甲戌，又風，發屋折木。

唐　張鷟《朝野僉載》卷一　（唐）開元二年五月二十九日夜，大流星如甕或如盆大者貫北斗，並西北，小者隨之。無數天星盡搖，至曉乃止。七月襄王崩，謚殤帝。十月土蕃入隴右，掠羊馬，殺傷無數。其年六月，大風拔樹發屋，長安街中，樹連根出者十七八。長安城初建，隋將作大匠高熲所植槐樹，殆三百餘年，至是拔出。終南山竹開花結子，綿亙山谷，大小如麥。其歲大飢，其竹並枯死，嶺南亦然。人取而食之。醴泉雨麵如米顆，人可食之。後漢裴楷云：「國中竹栢枯者，不出三年，主當之。人家竹結實枯死者，家長當之。」終南竹花枯死者，開元四年而太上皇崩。

南朝梁　蕭子顯《南齊書・五行志》　建武二年、三年、四年，每秋七月八月輒大風，三吴尤甚，發屋折木，殺人。

又　（貞元）八年五月己未，暴風破屋拔樹。

又　（貞元）十年六月辛丑晦，有水鳥集於左藏庫。其夜暴雨，大風拔樹。

又　興元元年八月，亳州真源縣大空寺僧院李樹，種來十四年，纔長一丈八尺，今春枝忽上聳，高六尺，周圍似蓋，九尺餘。又先天太后墓槐樹上有靈泉漏出，今年六月，其上有雲氣五色，又黃龍再見于泉上。

宋　歐陽修《新唐書》卷三六《五行志》　武德二年十二月壬子，大風拔木。

又　貞觀十四年六月乙酉，大風拔木。

又　（咸亨）二年四月戊子，大雨雹，震電，大風折木，落則天門鴟尾三。

又　弘道元年十二月壬午晦，宋州大風拔木。

又　嗣聖元年四月丁巳，寧州大風拔木。

又　垂拱四年十月辛亥，大風拔木。

又　永昌二年五月丁亥，大風拔木。

又　長安四年五月丁亥，震雷，大風拔木，人有震死者。

又　神龍元年三月乙酉，睦州大風拔木。

又　（神龍）二年六月乙亥，滑州大風拔木。

又　景龍元年七月，郴州大風，發屋拔木。八月，宋州大風拔木，壞廬舍。

又　（景龍）三年三月辛未，曹州大風拔木。

又　開元二年六月，京師大風發屋，大木拔者十七八。

又　（開元）四年六月辛未，京師、陝、華大風拔木。

又　（開元）九年七月丙辰，揚州、潤州暴風雨，發屋拔木。

又　（開元）十四年六月戊午，大風拔木發屋，端門鴟尾盡落。

又　（開元）十九年六月乙酉，大風拔木。

又　（開元）二十二年五月戊子，大風拔木。

又　天寶十一載五月甲子，東京大風拔木。

又　（天寶）十三載三月辛酉，大風拔木。

又　永泰元年三月辛亥，大風拔木。

又　大曆七年五月乙酉，大風拔木。

又　大曆十年四月甲申，雷雹，暴風拔木飄瓦，人有震死者，京畿害稼者七縣。

又　（大曆）十年五月甲寅，大風拔木。

又　貞元元年七月庚子，大風拔木。

又　（貞元）十年六月辛未，大風拔木。

又　（貞元）十二年十二月，大雪甚寒，竹柏樹多死。

又　元和元年六月丙申，大風拔木。

又　（元和）八年六月丙申，富平大風，拔棗木千餘株。

又　大和九年四月辛丑，大風拔木萬株。

又　開成三年正月戊辰，大風拔木。

又　（開成）五年四月甲子，大風拔木。五月壬寅，亦如之。七月戊寅，亦如之。

又　咸通六年正月，絳州大風拔木，有十圍者。【略】十二月，大風拔木。

又　乾符五年五月丁酉，大風拔木。

又　（乾符）六年五月丁酉，【略】雨雹如鳧卵，大風雷雨拔木。

又　廣明元年四月甲申朔，汝州大風雨，拔街衢樹十二三。【略】夏門內表道古槐樹自拔者十五六。

又　廣明元年四月甲申，京師及東都、汝州雨雹，大風拔木。

又　〔廣明〕四年六月乙巳，太原大風雨，拔木千株，害稼百里。

又　光化三年七月乙丑，洺州大風，拔木發屋。

又　天復二年，昇州大風，發屋飛大木。

宋　歐陽修《新唐書》卷三六《五行志》　〔唐〕武德二年十二月壬子，大風拔木。《易》巽爲風，重巽以申命。其及物也，象人君誥命，其鼓動於天地間，有時飛沙揚塵，怒也，發屋拔木者，怒甚也。【略】其占：大臣專恣而氣盛，衆逆同志，君行蒙暗，施於事則皆傷害，故常風。又飄風入宫闕，一日再三，若風聲如雷觸地而起，爲兵將興。　貞觀十四年六月乙酉，大風拔木。　咸亨四年八月己酉，大風落太廟鴟尾。　永隆二年七月，雍州大風害稼。　弘道元年十二月壬午晦，宋州大風拔木。　嗣聖元年四月丁巳，寧州大風拔木。　垂拱四年十月辛亥，大風拔木。　永昌二年五月丁亥，大風拔木。　神龍元年三月乙酉，睦州大風拔木。崔玄暐封博陵郡王也，大風折其輅蓋。二年六月乙亥，滑州大風拔木。　景龍元年七月，郴州大風，發屋拔木。八月，宋州大風拔木，壞廬舍。二年十月辛亥，滑州暴風發屋。三年三月辛未，曹州大風拔木。　開元二年六月，京師大風發屋，大木拔者十七八。四年六月辛未，京師、陝、華大風拔木。九年七月丙辰，揚州、潤州暴風雨，發屋拔木。十四年六月戊午，大風拔木發屋，端門鴟尾盡落。端門，號令所從出也。十九年六月乙酉，大風拔木。二十二年五月戊子，大風拔木。　天寶十一載五月甲子，東京大風拔木。十三載三月辛酉，大風拔木。　永泰元年三月辛亥，大風拔木。　大曆七年五月乙酉，大風拔木。十年五月甲寅，大風拔木。　貞元元年七月庚子，大風拔木。六年四月甲申，大風雨。八年五月己未，暴風發太廟屋瓦，毁門闕、官署、廬舍不可勝紀。十年六月辛未，大風拔木。十四年八月癸未，廣州大風，壞屋覆舟。　元和元年六月丙申，大風拔木。三年四月壬申，大風毁含元殿欄檻二十七間。占爲兵起。四年十月壬午，天有氣如煙，臭如燔皮，日昳大風而止。五年三月丙子，大風毁崇陵上宫衙殿鴟尾及神門戟竿六，壞行垣四十間。八年六月庚寅，京師大風雨，毁屋飄瓦，人多壓死者。丙申，富平大風，拔棗木千餘株。十二年春，青州一夕暴風自西北，天地晦冥，空中有若旌旗狀，屋瓦上如蹂躒聲。有日者占之曰：不及五年，兹地當大殺戮。　長慶二年正月己酉，大風霾。十月，夏州大風，飛沙爲堆，高及城堞。三年正月丁巳朔，大風，昏霾終日。四年六月庚寅，大風毁延喜門及景風門。　開成三年正月戊辰，大風拔木。五年四月甲子，大風拔木。五月壬寅亦如之。七月戊寅亦如之。　會昌元年三月，黔南大風飄瓦。　咸通六年正月，絳州大風拔木，有十圍者。十一月己卯晦，潼關夜中大風，山如吼雷，河噴石鳴，羣鳥亂飛，重關傾側。十二月，大風拔木。　乾符五年五月丁酉，大風拔木。　廣明元年四月甲申，京師及東都、汝州雨雹，大風拔木。四年六月乙巳，太原大風雨，拔木千株，害稼百里。　光化三年七月乙丑，洺州大風，拔木發屋。　天復二年，昇州大風，發屋飛大木。

宋　歐陽修《新唐書》卷三六《五行志二》　乾符二年二月，宣武境内黑風，雨土。天祐元年閏四月乙未朔，大風，雨土。

宋　歐陽修《新唐書》卷六《代宗紀》　〔永泰元年〕三月庚子，雨木冰。庚戌，吐蕃請和。辛亥，大風拔木。

宋　王溥《唐會要》卷四四《雜災變》　〔建中〕十二年十二月，大雪平地二尺，竹多死。環國王所獻犀牛，甚珍愛之，是冬凍死。

又　廣明元年四月，大雨雹，大風拔京兩街樹十二三。東都長夏門内古槐自拔而仆，殿宇鴟吻皆墮地。

宋　薛居正《舊五代史・晉書》卷八三《少帝紀第四》　丙辰，杜威來朝。定州奏大風雹，北岳廟殿宇樹木悉摧拔之。

宋　薛居正《舊五代史・漢書》卷一〇三《隱帝紀下》　閏月癸巳，京師大風雨壞營舍，吹鄭門扉起十數步而墮，拔大木數十，震死者六七人，水平地尺餘，池隍皆溢。

宋　薛居正《舊五代史》卷一三五《劉陟傳》　先是，廣州法性寺有菩提樹一株，高一百四十尺，大十圍，傳云蕭梁時西域僧真諦之所手植，蓋四百餘年矣。皇朝乾德五年夏，爲大風所拔。

宋　張唐英《蜀檮杌》卷上　〔乾德四年〕自五月不雨，至九月，林木皆枯，赤地千里，所在盜起，肥遺見紅樓。

宋　袁樞《通鑑紀事本末》卷八上　〔漢靈帝建寧〕二年夏四月壬辰，有青蛇見於御坐上，癸巳大風雨雹霹靂，拔大木百餘。

宋　周應合《景定建康志》卷六　〔三國吳大帝〕太元元年辛未。八月，江海溢平地，水一丈，風拔樹三千，排石碑，搓動吴城兩門，瓦飛落。

宋 周應合《景定建康志》卷一〇《建康表六》（南朝梁武帝）中大同元年丙寅。二月，曲阿縣建陵隧口，石辟邪起舞，有大蛇鬭隧中，其一被傷奔走。又有蟲食陵樹葉俱盡。四月丙戌同泰寺浮圖災。六月辛巳，天有聲如雷，及風水相搏之音。

明 宋濂《元史》卷五〇《五行志》（泰定）三年七月，房山、寶坻、玉田、永平等縣大風雹，折木傷稼。

又 至治三年五月庚子，柳林行宫大木風拔三千七百株。

又 泰定三年七月，寶坻、房山二縣大風折木。

又 至正元年七月，廣西雷州颶風大作，湧潮水，拔木害稼。

元 脱脱《宋史·五行志五》（太平興國）八年九月，太平軍颶風拔木，壞廨宇、民舍千八十七區。

又 （天禧）四年四月丁亥，大風起西北，飛沙折木，晝晦數刻。

又 皇祐四年七月丁巳，大風起西北方，拔木。

又 （靖康）十一月丁亥，大風發屋折木。

又 建炎元年正月丁酉，大風吹石折木。十二月乙酉大風拔木。

又 （淳熙）十年八月辛酉，雷州颶風大作，駕海潮傷人，禾稼、林木皆折。

又 （紹熙）四年七月乙亥，行都大風拔木，壞舟甚衆。【略】十月甲戌，行都大風拔木。

又 （慶元）六年三月甲子，大風拔木。

又 （嘉定）三年八月癸酉，大風拔木，折木穗，墮果實。

又 （嘉定）十年正月乙未，大風折木。

又 （咸淳）十年四月，紹興府大風拔木。

明 宋濂《元史》卷五一《五行志》（至正）八年四月庚辰，【略】龍興奉新縣大雨雹，傷禾折木。

又 （至正）十四年七月甲子，潞州襄垣縣大風拔木偃禾。

又 （至正）二十一年正月癸酉，石州大風拔木，六畜皆鳴，人持槍矛，忽生火焰，抹之即無，摇之即有。

又 （至正）二十四年，台州路黄巖州海溢，颶風拔木，禾盡偃。

又 （至正）二十七年七月，冀寧徐溝縣大風雨雹，拔木害稼。

明 陸楫《古今説海》卷九九《三水小牘皇甫枝》（唐）廣明庚子歲，余在汝墳温泉之别業，夏四月朔旦，雲物暴起於西北隅，瞬息間濃雲四塞，大風壞屋拔木，雨且雹。雹有如杯棬者，鳥獸盡殪被於山澤中，至午方霽。觀行潦之内，蝦蟹甚衆。明日，余抵洛城，自長夏門之北，夾道古槐十拔去五六矣，門之鴟吻亦失矣。余以爲非吉徵也。至八月，汝州召募軍李迍光等一千五百人自雁門回掠東都南市，焚長夏門而去入蜀。自兹諸夏騒蕩矣。上天垂戒，豈虚也哉。

明 任弘烈《泰安州志》卷一 康熙七年六月十七日戊時，忽有白氣沖起，天鼓忽鳴，城隨大震，聲如雷鳴，音如風吼，隱隱有戈甲之聲。或自東南震起，或自西北震起，勢若掀翻，樹皆仆地。食時方止，城垣房屋塌灘大半城市。

又 （成化）九年三月，南京大風雨，拔太廟、社稷壇樹。

又 弘治七年七月庚寅，南京大風雨，壞殿宇、城樓獸吻，拔太廟、天地社稷壇及孝陵樹。

清 王錦林《鷄澤縣志》卷一八《災祥》（漢）（元光）五年秋七月，大風拔木。

又 （晉）泰始五年五月，大風折木。

清 姚之駰《後漢書補逸》卷一《安帝》（漢安帝永初）二年六月，雨雹大如芋魁雞子，風拔樹發屋。案范書，時京師及郡國四十大水，又大風雨雹。

清 夏詒鈺《永年縣志》卷一九《祥異》 晉泰始五年夏五月，廣平大風折木。

清 李于垣《長垣縣志》卷九 （宋）端拱二年，暴風起東北，塵沙曀日，人不相辨。

清 楊國泰《太原縣志》卷一五 僖宗廣明元年乙巳大風雨，拔木千株，害稼百里。中和二年九月，桃李實。

清 《天文正義》卷六二《地震考》（唐德宗貞元）十年四月戊申，京師地震。癸丑又震。侍中渾瑊第有樹湧出，樹枝皆載蚯蚓。十三年七月乙未又震。憲宗元和七年八月，京師地震，草樹皆摇。

清 《天文正義》卷七五 （漢）王莽天鳳元年七月，大風拔木，飛北闕直城屋瓦。（後）漢和帝永元五年五月戊寅，南陽大風拔樹木。（漢）武帝元光五年秋七月，大風拔木。征和二年夏四月，大風發屋折木。（漢）昭帝元鳳元年，燕王都薊大風雨，拔宫中樹七圍以上十六枚。（漢）元帝建始元年十二月，大風拔甘泉時中大木十圍以上。〔漢〕安帝永初元年，大風拔樹。二年六月，京師及郡國四十大風拔木。三年五月癸酉，京都大風，拔南郊道梓樹九十六枚。七年八月丙寅，京都大風拔樹。元初二年二月癸亥，京都大風拔樹。六年夏四月，沛國勃海大風拔樹三萬餘枚。延光二年三月丙申，河東潁川大風拔樹。六月壬午，郡國十一大風拔樹。三年，京都及郡國三十六大風拔樹。〔漢〕靈帝建寧二年四月癸巳，京都大風雨雹，拔郊道樹十一圍已上百餘枚。中平五年六月丙寅，大風拔樹。〔漢〕獻帝初平四年六月，右扶風大風發屋拔木。〔三國〕魏齊王正始九年十一月，大風數十日，發屋折樹。十二月戊午晦尤甚。嘉平元年正月壬辰朔，西北大風發屋折樹木，昏塵蔽天。〔三國〕吴孫權太平元年八月朔，大風江海涌溢，平地水深八尺，拔南陵樹二千株。〔三國吴〕孫休永安元年【略】十二月丁卯，夜有大風，發木揚沙。 晉武帝泰始五年五月辛卯朔，廣平大風折木。咸寧元年五月，下邳廣陵大風，壞千餘家，折樹木。其月甲申，廣陵司吾下邳，大風拔木。二年八月，河間大風折木。太康二年五月，濟南暴風折木，傷麥。六月，高平大風折木。【略】九年正月，京都風雹，發屋拔樹。〔晉〕惠帝元康四年六月，大風雨拔樹。【略】九年十二月甲子朔，京都連大風，發屋折木。【略】永康元年二月，大風拔木。【略】四月張華第舍飇風起，折木。〔晉〕元帝永昌元年七月丙寅，大風拔木，屋瓦皆飛。八月暴風壞屋，拔御道柳樹百餘株。〔晉〕成帝咸康四年三月壬辰，成都大風發屋折木。〔晉〕孝武帝太元二年二月乙丑朔，暴風折木。閏三月甲子朔，暴風疾雨俱至，發屋折木。三年六月，長安大風拔苻堅宫中樹。【略】十二年七月甲辰，大風折木。【略】十七年六月乙未，大風折木。〔晉〕安帝元興三年五月，江陵又大風折木。義熙六年五月壬申，大風拔北郊樹。甲戌又風發屋折木。十年四月己丑朔，大風拔木。六月辛亥，大風拔木。〔南朝〕宋文帝元嘉二十九年三月壬午大風拔木。〔南朝〕齊武帝永明四年二月丙寅大風，吴興偏甚，樹葉皆赤。〔南朝〕梁武帝天監六年八月戊戌大風折木。〔南朝陳宣帝太建〕十二年九月夜又風，發屋拔樹。〔北齊〕後主天統三年五月，大風晝晦，發屋拔木。七年三月，大風起西北，發屋拔木，五日乃止。 隋文帝開皇二十年十一月，京師大風發屋拔木。〔唐〕太宗貞觀十四年六月乙酉，大風拔木。〔唐高宗〕弘道元年十二月壬午晦，宋州大風拔木。〔唐〕中宗嗣聖元年四月丁巳，寧州大風拔木。五年十月辛亥，大風拔木。七年五月丁亥，大風拔木。神龍元年三月乙酉，睦州大風拔木。二年六月乙亥，滑州大風拔木。景龍元年七月，郴州大風發屋折木。八月宋州大風，拔木壞屋舍。二年十月辛亥，滑州暴風發屋。三年三月辛未，曹州大風拔木。〔唐〕明皇開元二年六月，京師大風發屋，大木拔者十七八。四年六月辛未，京師陝華大風拔木。九年七月丙辰，揚州、潤州暴風雨，發屋拔木。十四年六月戊午，大風拔木發屋，端門鴟尾盡落。十九年六月乙酉，大風拔木。二十二年五月戊子，大風拔木。天寶十一年五月甲子，東京大風拔木。十三年三月辛酉，大風拔木。〔唐〕代宗永泰元年三月辛亥，大風拔木。大曆七年五月乙酉，大風拔木。十年五月甲寅，大風拔木。〔唐〕德宗貞元元年七月庚子，大風拔木。十年六月辛未，大風拔木。〔唐〕憲宗元和元年六月丙申，大發拔木。【略】八年六月丙申，富平大風拔棗木千餘株。〔唐文宗太和〕九年四月辛丑，大風拔木萬株。隋含元殿四鴟尾拔殿廷樹。【略】開成三年正月戊辰，大風拔木。五年四月甲子，大風拔木。五月壬寅亦如之。七年戊寅亦如之。〔唐〕懿宗咸通六年正月，絳州大風拔木，有十圍者。【略】十二月，大風拔木。〔唐〕僖宗乾符五年五月丁酉，大風拔木。廣明元年四月甲申，京師及東都汝州雨雹，大風拔木。四年六月乙巳，太原大風雨，拔木千株，害稼百里。〔唐〕昭宗光化三年七月乙丑，洛州大風，發屋拔木。天復二年，昇州大風發屋飛大木。 後漢乾祐三年閏五月癸巳，京師西北風暴雨至戴婁門外，壞營舍瓦木，吹鄭門門扉起十餘步落，拔大樹數十。〔宋〕太宗太平興國，八年九月，太平軍颶風拔木。〔宋〕真宗景德二年六月甲午，大風吹沙折木。四年三月甲寅夕，京師大風，黄塵蔽日。自大名府歷京畿，害桑稼，唐州尤甚。大中祥符二年四月乙未，大風起京師西北，連日不止。九月無爲軍城北暴風雨，晝晦不可辨，拔木，壞城門、營壘、民舍。【略】六年六月辛亥，京師大風起巳位，吹沙揚塵。天禧二年正月永州大風發屋拔木數日止。【略】四年四月大風起西北，飛沙折木，晝晦，數刻止。五月乙卯大風起西北，有聲，折木，吹黄塵蔽天。〔宋〕仁宗景祐元年九月甲寅夜，漏上風自丑起，有聲，擺木鳴。皇祐四年七月丁巳，大風拔木。〔宋〕欽宗靖康元年正月望夜大風起西北，有聲，吹沙走石，盡明日乃止。二月戊申大風起東北，揚塵翳空。十一月丁亥，大風發屋折木。二年二月乙酉大風折木，晚尤甚。四月庚申朔，大風吹石折木。〔宋〕高宗建炎元年二月乙酉，大風拔木。〔紹興〕

三十二年七月戊申，大風拔木。〔宋〕孝宗淳熙十年八月辛酉，雷州颶風大作，駕海潮飄溢殺人，林木、田禾皆折。〔宋〕光宗紹熙二年二月癸酉，温州瑞安縣大風仆屋，拔木殺人。五年七月乙亥，行都大風拔木，壞舟甚衆。十月甲戌行都大風拔木。〔宋寧宗嘉定〕三年八月癸酉，大風連日，大木皆拔，折禾穗，墮果實。上露禱至於丙子乃息。後御史朝陵於紹興府歸奏：風壞陵殿宫牆六十餘所，折陵木三千餘株。十六年秋，大風拔木害稼。

清 趙爾巽《清史稿》卷四一《災異志二》〔同治〕十年三月二十二日，湖州有龍鬬，狂風驟雨，拔木覆舟。

清 趙爾巽《清史稿》卷四二《災異志三》〔康熙〕三十八年六月，南樂大風雨，拔樹。

又〔康熙〕四十一年八月初八日，香山大風雨，拔樹倒牆。

又 雍正九年二月，連州大風雨，拔樹倒屋。

又〔乾隆〕二十七年七月，【略】嘉善大雨，風拔木壞屋。

又〔乾隆〕三十八年七月二十九日，薊州大風雨，拔木，熟禾盡損。

又〔乾隆〕四十二年四月，山陽大風雨，拔木。

又 道光十四年四月，咸寧大風雨，拔木壞房。

清 趙爾巽《清史稿》卷四四《災異志五》〔順治〕二年七月，湖州大風拔木。

又〔順治〕二年二月，孝感大風拔木。

又〔順治〕五年六月，無爲州大風，壞屋拔木。八月，海豐颶風，毁廬無算。

又〔順治〕六年五月，五河狂風晝夜不息，大木盡拔。

又〔順治〕七年二月，阜陽、襄陽、漳南大風，拔木覆屋。

又〔順治〕九年五月，東陽大風拔木。

又〔順治〕十二年六月，石門大風拔木。

又〔順治〕十三年五月，章丘大風拔木。

又〔順治〕十四年三月，平樂颶風大作，飛石拔木，民房多傾頹。

又〔順治〕十六年正月二十八日，嘉應州大風拔木。

又〔順治〕十七年五月，慶元颶風拔木。

又 康熙元年八月初三日，寧海颶風三晝夜，宜興大風雨拔木。

又〔康熙〕二年，遂溪颶風拔木。

又〔康熙〕三年七月，清河颶風壞廬無算。慈谿大風雨，大木盡拔。八月，嘉興颶風大作，拔木飛瓦。

又〔康熙〕四年二月，江陰大風拔木。五月，東陽大風雷雨並至，拔木壞屋。七月，嘉雁州大風拔木。八月，長樂大風拔木。

又〔康熙〕五年五月，海陽颶風拔木。八月，澄海颶風傷稼。

又〔康熙〕七年四月，東陽大風雨，壓倒民居七所，拔木無算。六月，太平大風拔木。

又〔康熙〕八年四月，大冶大風拔木。六月，海寧大風拔木。

又〔康熙〕九年春，崇陽大風拔木。五月，全椒大風拔木。六月，安縣大風拔木，三晝夜乃息。七月，武定大風拔木。

又〔康熙〕十年正月，平遠大風拔木。

又〔康熙〕十二年正月，海陽颶風，拔木壞屋。

又〔康熙〕十三年二月，桐廬大風拔木。

又〔康熙〕十四年三月，玉田大風，揚沙拔木。六月，新城大風拔木。

又〔康熙〕十五年四月至六月，澄海颶風屢作，壞屋拔木。

又〔康熙〕十六年四月，宜城大風拔木。

又〔康熙〕十七年六月，武强大風拔木。

又〔康熙〕十九年秋，瓊州大風拔木。

又〔康熙〕二十一年三月，望江大風拔木。七月，信宜大風拔木。

又〔康熙〕二十五年四月，漢中、定遠大風拔木。五月，西充、南充大風拔木。六月，文登大風拔木。

又〔康熙〕二十六年三月，太湖大風拔木。六月，平樂、蒼梧大風拔木壞屋。

又〔康熙〕二十七年五月，昌樂、壽光大風拔木。六月，沁水大風拔木。

又〔康熙〕二十九年四月，鄖陽大風拔木。五月二十六日夜，六安狂風暴起，屋瓦皆飛，大木盡拔。八月，黄巖大風拔木。

又〔康熙〕三十年三月，寧陽大風拔木。

又〔康熙〕三十一年二月，沛縣大風，拔木毁屋。五月，東昌、丘縣大風拔木。六月，高密大風拔木。

又〔康熙〕三十二年六月，營山大風拔木，風過，草木如焚。

又（康熙）三十四年秋，長寧大風拔木。

又（康熙）三十五年七月二十二日，青浦、澤州大風拔木。

又（康熙）三十七年四月，濟南大風拔木。七月，蘇州大風拔木。

又（康熙）三十八年春，青州大風拔木。六月，南樂大風拔木。

又（康熙）四十一年八月，開平颶風，拔木倒牆。十月乙酉，東明大風拔木。

又（康熙）四十二年五月，枝江大風拔木。

又（康熙）四十四年四月，崇陽大風拔木。五月，歷城、霑化、丘縣大風拔木。

又（康熙）四十五年六月二十夜，什邡大風自東北來，飛瓦拔木。

又（康熙）四十六年三月，鄒平、長山大風拔木。

又（康熙）四十七年七月，台州大風拔木。

又（康熙）四十九年三月，中衛大風拔木。

又（康熙）五十年五月，安丘諸城大風拔木。

又（康熙）五十一年四月，香山颶風拔木。八月，寨城、富川大風拔木。九月，北流大風拔木。

又（康熙）五十二年三月，全州大風雨雹，屋瓦皆飛，大木盡拔。

又（康熙）五十三年五月，固安大風拔木。六月，順義大風，樹木盡拔。

又（康熙）五十四年六月初一日，潮陽颶風拔木。

又（康熙）五十五年閏三月朔，解州大風拔木。四月辛亥，静寧州大風拔木。

又（康熙）五十六年七月十九日，掖縣暴雨一晝夜，大木盡拔。

又（康熙）五十七年五月，澄海颶風拔木。六月，湯溪大風，拔巨木，壞廬舍。七月，日照、黄縣大風雨一晝夜，大木盡拔。

又（康熙）五十八年五月，乾州大風拔木。六月，寶坻大風拔木。八月十九日夜，揭陽颶風大作，風中如燐火，樹木皆枯。

又（康熙）六十一年四月，甘泉大風拔木。五月，慶雲大風拔木。

又 雍正元年四月初七，【略】恩縣夜起大風，飛石拔木。

又 雍正元年四月，平鄉大風拔木。六月，岑溪大風拔木。冬，武寧大風拔木。

又（雍正）四年五月，高淳、當塗大風拔木。

又（雍正）九年二月，連州大風雨，拔木壞屋。六月，陽信大風拔木。

又（雍正）十年七月，南匯大風拔木。八月，海陽大風拔木。十月，泰州大風拔木。

又 乾隆元年五月，翼城大風拔木。

又（乾隆）三年七月，鍾祥大風拔木。

又（乾隆）五年三月，通州大風拔木。六月，掖縣大風拔木。

又（乾隆）六年四月，平定、樂平、盂縣大風拔木。

又（乾隆）八年五月，光化大風拔木。

又（乾隆）十年三月，棲霞大風拔木。

又（乾隆）十一年七月十五日，高郵大風拔木。

又（乾隆）十二年七月，崑山、鹽城、清河、福山、棲霞、文登大風拔木覆屋。

又（乾隆）十三年三月，鶴慶大風拔木。四月，清河大風雨。【略】五月，泰州、通州大風拔木。

又（乾隆）十四年四月，池州大風拔木。六月，高邑大風拔木。

又（乾隆）十五年六月，武寧大風拔木。

又（乾隆）十八年六月，潮陽大風拔木。七月，雞澤大風拔木。

又（乾隆）二十年五月，高平大風拔木。七月，昌樂大風拔木。

又（乾隆）二十二年六月，吴川颶風，拔木壞屋。

又（乾隆）二十三年六月二十九日，即墨大風，一夜大木盡拔。

又（乾隆）二十六年三月，潛山大風，拔木壞屋。

又（乾隆）二十七年七月，嘉善大風，拔木壞屋。

又（乾隆）三十年三月，臨邑大風拔木。

又（乾隆）三十一年七月，黄縣大風拔木。

又（乾隆）三十二年三月，文登、榮城大風拔木。五月，濟寧州大風拔木。

又（乾隆）三十四年五月，東平大風拔木。秋，嘉善大風，禾盡偃。

又（乾隆）三十五年六月，祁縣大風拔木。

又（乾隆）三十六年二月，文登、榮成大風拔木。

又（乾隆）三十七年八月十七日，慶雲夜起異風，拔木無算。

又（乾隆）三十八年秋，永年、薊州大風雨拔木，熟禾盡偃。

又（乾隆）三十九年七月，滎陽大風拔木。

又（乾隆）四十二年四月，山陽大風拔木。

又（乾隆）四十三年二月，光化大風拔木。

又（乾隆）四十四年五月，南宫烈風雷雨，樹木多拔。

又（乾隆）四十六年六月，金華、嘉善大風拔木。

又（乾隆）四十七年六月，新城大風拔木。

又（乾隆）四十八年二月，文登、榮成大風拔木。

又（乾隆）四十九年二月，平陰大風拔木。

又（乾隆）五十年二月，永昌大風拔木。

又（乾隆）五十一年正月，文登、榮成大風拔木。

又（乾隆）五十九年七月，桐鄉大風雨竟夜，拔去大成殿前柏二株。湖州、嘉善大風，拔木壞屋。

又（乾隆）六十年六月，石門大風拔木。

又嘉慶二年六月武進大風拔木。

又（嘉慶）三年四月，宜城大風拔木。

又（嘉慶）四年七月，文登大風拔木。

又（嘉慶）五年四月，黄縣大風，拔木壞屋。

又（嘉慶）八年二月，黄縣大風，拔木壞屋。

又（嘉慶）十二年八月，邢台大風拔木。

又（嘉慶）十六年六月十二日，静海大風拔木，摧折運糧船桅無算。

又（嘉慶）十七年二月，麗水大風拔木。

又（嘉慶）二十二年六月，棗陽大風拔木。

又（嘉慶）二十三年四月，臨榆大風拔木。六月，永嘉大風拔木。

又（嘉慶）二十五年七月，欒清大風拔木。

又（道光）二年七月，蘄州大風拔木，壞民舍。

又（道光）四年十一月十二日，泰州大風拔木，兩晝夜不止。

又（道光）五年六月，羅田大風拔木。

又（道光）六年二月二十六日，黄縣大風拔木。五月，肅州烈風拔木。七月，黄巖大風，拔木折屋。

又（道光）八年五月二十六日，黄縣大風拔木，屋瓦皆飛。

又（道光）十二年夏，公安大風三晝夜，拔樹無算。

又（道光）十四年六月，黄巖大風拔木，民居多壞。

又（道光）十五年七月，蓬萊、黄縣、棲霞、招遠大風三日，大木盡拔。

又（道光）十七年八月，昌平大風拔木。

又（道光）二十年六月十九日，滕縣大風自西北來，拔大木數百株。

又（道光）二十二年八月，潛江狂風大作，飛石拔木，壞民居無算。

又（道光）二十六年六月，青浦大風拔木。

又（道光）二十七年三月朔，蓬萊大風拔木。六月，日照大風拔木。

又咸豐二年五月初五日，肅州大風拔木千餘株。六月，霑化大風拔木。

又咸豐三年三月初三日，宜昌大風拔木，民舍折損無算，牛馬吹去失所在者。五月，隨州大風拔木。七月，蓬萊、黄縣大風拔木。

又（咸豐）七年四月，清苑、望都大風拔木。

又（咸豐）八年四月，華縣大風拔木。

又（咸豐）十年六月，房縣大風拔木。

又（咸豐）十一年四月，西寧大風拔木。七月，襄陽大風拔木。

又同治元年二月初七日，宜都大風拔木。三月戊申，惠民大風拔木。

又（同治）二年五月，寧津狂風拔木。

又（同治）三年五月，房縣大風拔木。六月，嘉興、桐鄉大風拔木。

又（同治）四年正月，宜城大風，覆屋拔木。

又（同治）十年三月，湖州狂風驟雨，拔木覆舟。

又（同治）十一年六月二十七日夜，日照大風雨，偃禾拔木。秋，唐山大風，拔木損禾。

又（同治）十三年五月，安陸大風拔木，府學牆頽。

又光緒元年六月，皋蘭、均州大風拔木。

又（光緒）二年六月，黄巖大風拔木。

又（光緒）三年八月，菏澤大風拔木。

又（光緒）五年五月，蘄州大風拔木。六月十四日，寧海、文登、海陽、榮成大風，拔木壞屋。二十四日，萊陽怪風突起，屋瓦皆飛，民房被揭去樑棟椽柱，不知所之，拔大樹無算。

又（光緒）七年七月，永嘉大風拔木。

又（光緒）八年三月，孝義廳大風拔木。

又（光緒）九年三月初八日，安陸大風拔木。

又（光緒）十一年五月，光化大風拔木。

又（光緒）十二年六月，涇州大風拔木。

又（光緒）十五年六月十三日，灤州大風，拔木壞屋。

又（光緒）十六年八月十五日，固原大風拔木。

又（光緒）二十二年五月，南樂大風拔木。

又（光緒）二十三年八月，靖遠大風拔木。

又（光緒）二十七年六月，金縣大風拔木。

又（光緒）二十八年四月初四日，曲陽大風拔木。

又（光緒）二十九年六月十七日，洮州大風拔木。

又（光緒）三十年七月二十二日，東樂大風拔木。

清　張主敬《定興縣志》卷一九（元元統）四年夏四月，晝晦，雨紅沙。

清　龍文彬《明會要》卷一三　崇禎十七年二月，釋奠，遣大學士魏藻德行禮。是日天氣晴明。臨祭，各官甫就拜位，大風忽起殿上，燈燭盡滅，庭下松檜作怒號聲，黄沙如雨下，竟不能成禮而罷。

清　龍文彬《明會要》卷一七（宏）（弘）治元年五月丙子，南京震雷壞孝陵御道樹。

又　弘治六年十二月壬戌，南京大雷雨，拔孝陵樹。七年六月癸酉如之。

又　弘治十五年六七月，南京大風雨，孝陵神宫監及懿文陵樹木多摧敗者。

又　正德元年六月丙子，南京暴風雨，雷震孝陵白土岡樹。

清　龍文彬《明會要》卷六九（明）成化十四年八月丁未，南京大風，拔太廟樹。

清　龍文彬《明會要》卷六九　成化十五年八月辛卯，南京大風，拔孝陵木。

清　龍文彬《明會要》卷六九　嘉靖元年正月丁卯，雨黄沙。七月己巳，南京暴風雨，拔樹萬餘株。

清　龍文彬《明會要》卷六九　嘉靖三十四年七月丙戌，太風拔朝日壇樹。

清　龍文彬《明會要》卷六九（萬曆）四十一年八月乙未，青州大風拔樹，傾城屋。

清　彭美《武邑縣志》卷一〇（明）正德元年，大風沙，晝晦。

清　儲元升《東明縣志》卷七（明正德）十五年春三月大風拔木，木柯火光飛流。

清　儲元升《東明縣志》卷七（明嘉靖）十三年冬十二月壬寅，大風晝晦，紅沙漲天如黑夜。移時乃稍如常。【略】十八年三月三日，黑風起自西北，飛沙走石，咫尺不辨，出遊者或墮井或凍死，災變異常，自申至夜分始定。

清　謝旻《江西通志》卷一〇七（明孝宗弘治七年）是年袁州嚴寒，林木枯摧，人多凍死。

清　王楷《祁州志》卷八（明）嘉靖元年夏五月雨雹大如拳，大風拔民居。石佛村楊樹大幾合抱，迅雷擊之，裂而爲二，越三日復屬。

清　翟慎行《武强縣新志》卷一〇（明）世宗嘉靖二年三月初二日，大風霾，紅沙四塞，白晝爲昏。六日復作。

清　王錦林《雞澤縣志》卷一八（康熙）六十一年大旱，四月初二日黑風彌天，樹頭生火。

清　王錦林《雞澤縣志》卷一八　嘉靖二年三月十二日大風，始赤繼黑，樹鳥伏地，列炬無光，逾時乃止。

清　施景舜《項城縣志》卷三一（嘉靖）二十三年正月十四日雨冰，野禽羽凍，民競取之。四十二年五月，槐坊店，怪風陡起，拔大木，傾房舍，民被壓死者甚衆。

清　黄汝香《清河縣志》卷三《災異》（明嘉靖）二十九年正月至五月不雨，風數起，土至尺餘，二麥盡枯。三十九年春三月至八月不雨，徧地蝗生，升粟至百八十錢。民採草木根葉而食，多餓死者。四十一年，御河決泛清河，夏四月大風三日，塵霾蔽天，行者迷，居者怖，闔户舉火，兵刃無光。

清　劉國光《長汀縣志》卷三二（明嘉靖）二十九年正月地震，六月大風雨拔木數百株。三十二年黄竹花實如米，民取食之。

清　夏詒鈺《永年縣志》卷一九（嘉靖）四十一年夏四月，大風三日，塵霾蔽天，闔户舉火，兵刃爲光。

清　施有方《南樂縣志》卷七（明）神宗萬曆二年四月火生樹上。十三年三月甲申夕黑風驟至，折屋飛瓦。十四日黎明止，雨沙尺餘。

清　姜篪《郟縣志》卷一〇　萬曆十七年三月初三日酉時，有黑風自東來，對面色不辨，拜掃者皆伏於野，鳥獸多誤入水死，牛馬驚逸，人持兵尋之，刃皆火光，明日乃霽。

清 **陳杰**《**淶水縣志**》**卷一** 咸豐五年夏四月，大風拔木。

清 **夏詒鈺**《**永年縣志**》**卷一九** （明）崇禎元年，大風雨晝晦。三年夏五月大雨雹，六月黑風拔木。五年春正月朔，黄塵四塞。六年冬十二月晦，大雷電。八年春三月朔，黄塵四塞。十一年蝗。十二年元夜鳴雷，夏旱，蝗草盡皆集于樹，樹爲之枯。地裂于北汪村。

又 （清順治）十三年春三月初五日暴風大作，拔木壞屋，吹倒城垛數處。夜隕霜。夏五月大雨雹。

又 （嘉慶）十三年夏六月大風雷雨，樹木盡拔。冬十月大雪，壓折樹枝甚多。

又 （嘉慶）十七年春正月十七日，大風塵霾蔽日，二日乃止，春夏大旱，地盡赤饑。

清 **劉文煃**《**壽張縣志**》**卷一〇** 崇禎三年大旱。五年大水。六年除夕雷電雨雹。十一年春大旱，井泉竭，黄風時作，飛沙蔽天。十二年旱，蝗食禾草樹葉一空，大饑，人相食。十三年多大風，有腥臭氣。十四年大饑，人多瘟疫。十五年壬午城陷。十六年冬，每夕西望天盡赤。

清 **周章煥**《**南和縣志**》**卷一** 崇禎四年大風拔木，八年大風拔木。

清 **王肇晉**《**深澤縣志**》**卷一** （崇禎）十七年甲申三月，深澤大風陰霾。是月二十日辰時，風行空際，黑沙蔽天，陰霾至午，日黯無光。是月流賊李自成陷京師。

清 **吴大鏞**《**元城縣志**》**卷一** （順治）二年乙酉春，黄埃蔽天。

清 **施景舜**《**項城縣志**》**卷三一** 順治三年正月，雨雪震電。某月大風，飛沙走石，大木斯拔。鄭郭集房舍千餘間，盡被損壞，片瓦無存，惟媧寡婦草房四間無恙。

清 **查子庚**《**枝江縣志**》**卷二〇** （順治）五年大風，樹木多有拔者。虎暴甚，行旅斷絶，訛傳爲神虎噬人。人不敢捕，縣令李花白懸重賞募能捕者，虎乃遠徙。

清 **蕭應植**《**濟源縣志**》**卷一** （順治）七年二月二十七日亥時，大風自西北隅，摧折林木，揭人廬舍無算，野禽家雞皆逸没，空中聞鼓樂聲。

清 **李淇**《**虞城縣志**》**卷一〇** （順治十一年）六月二十三大風雨。一晝夜摧木拔樹，傾屋壞垣。順治十二年乙未冬，雨水。鳥獸凍死盈野。

清 **施有方**《**南樂縣志**》**卷七** （康熙）十五年正月風霾，平地積沙二寸許。

清 **鍾文英**《**井陘縣志**》**卷三** （康熙）五十三年甲午二月二十一日，風土蔽天，白晝如晦。歲荒。

清 **王楷**《**祁州志**》**卷八** （康熙）六十一年春夏大旱，六月二十日始雨。歲大歉，斗米至千錢。七月大雷雨，東桃里村外楊樹兩株，大幾合抱，烏雲一過，樹皆無有，唯見碎枝滿地，木絲皆揉如亂麻。

清 **翟慎行**《**武强縣新志**》**卷一〇** （嘉慶）十二年二月，大風，晝晦。十七日西北風大起，始而黄，繼而赤黑，晝不見人。【略】二十三年三月，大風塵霾四塞，晝晦如夜。

清 **方宗誠**《**棗强縣志補正**》**卷四** 咸豐元年四月黄風蔽日。【略】三年，春夏多烈風，正月黄霾四塞，天雨土，似糠粃。

清 **黄汝香**《**清河縣志**》**卷三** 咸豐二年正月間，劫塵蔽日，西北起至東南止。

清 **孔毓埏**《**拾籜餘閒**》 康熙甲午五月二十二日，吾邑大風拔木，屋瓦皆飛，雨雹大如梨，其厚盈尺，一望如雪，寒氣砭人肌骨，蕭條景色，當盛夏如深秋。敝塋之樹枯死一千餘株，碑碣仆者以百十計。洙泗書院石坊全覆，距基趾丈餘。合抱之松堅質直理者，爲風所旋，糾結如繩，一夕頓成朽腐，真從來未有之奇災也。

清 **施景舜**《**項城縣志**》**卷三一** （光緒）二十七年正月十九日，大風霾。二月十四日，黑紅黄三色風，竟日晝晦，壞屋無算。二十二日夜，白氣長竟天。六月二十日，大風雨，大木盡拔，文廟柏樹拔去三十餘株，壞屋舍無算。十二月二十八日夜，有火光南流如晝，天鼓鳴。

藝文

清 **屈大均**《**翁山詩外**》**卷二**《**老榖樹爲大風所摧詩以傷之**》 榖樹大數圍，植時不知歲。精多作膠液，注流至根柢。斵以團丹砂，玄黄何泥泥。或爲金石漆，脂膏苦自斃。蟲蟻所瘖痏，百千以膚噬。臃腫既空心，拳曲亦流涕。

霜皮剥辱餘，雖存若蜩蜕。竅穴一穿漏，枅圈無巨細。腹中若蠭房，蛇鼠相啟閉。一二鼻口者，火入煙蒙翳。疾雷屢震驚，花葉多焦脆。飈颺昨練風，四方忽排擠。怒吼一晝夜，柯條尚牛掣。雨師復掊擊，參天俄失勢。朽蠹已有年，婆娑終一蹶。摧折當腰呂，尋尺若刀劙。崩壓西鄰牆，斧斤勞僕隸。大枝劈不開，小枝競先曳。憑依懼有神，酒食陳微祭。喪我高樓陰，炎曦無可蔽。嘲啾絶燕雀，纏糺失蘿荔。生身本惡木，美名蒙詬厲。散材一何幸，與檀作兄弟。託身在丘園，有擇思爲礪。斑穀持作冠，楮桑持作幣。所用雖皮膚，於人已有濟。亦未苦其生，楂梨共狼戾。本無勁挺姿，枝節多疣贅。菑害始香甘，蠹動乘其敝。狙猿杙亦安，豈必高名麗。受命有窮時，薪蒸不遑計。培覆皆天年，萌蘖庶自衛。

清 永瑆《**詒晉齋集**》**卷六**《**大風拔北園老樹**》 北園主人在城居，官事出門憑肩輿。天地異色霆電門，雨翻九野冰雹粗。黑雲去地不數尺，龍蛇下與人民俱。移輿避雨茆屋下，僕夫況瘁深泥塗。羣兒叫鬧車馬斷，濁流浩浩衝街衢。明晨北園一老奴，走急舌舉音糢糊。乃言昨暮怪風發，昏黄不辨門與閭。中庭顛踣立不得，牆排屋震沙石呼。老樹輪囷百圍大，割若鐽草揮霜鉏。縱横撞批互倒壓，風定已卧三百株。念我相對三十載，華澤變盡頑皮膚。霜擊露潤成空虚，那得寂默嗟歎無。行年縱使八九十，吾生已復臨半途。即從今日便栽種，安有舊蔭當吾廬。蕭蕭滿地惟青蕪，放眼萬物終爲芻。謂奴買栽善澆注，會待人看百年樹。

樹木雨雪災分部

紀事

唐 房玄齡《**晉書**》**卷二九**《**五行志下**》（晉武帝太康五年）九月，南安郡霖雨暴雪，樹木摧折，害秋稼。

又（晉）元帝大興三年二月辛未，雨，木冰。

又（晉元帝大興）四年八月，常山崩，水出，滹沲盈溢，大木傾拔。

又 穆帝永和八年正月乙巳，雨木冰。

又 孝武帝太元十四年十二月乙巳，雨木冰。

五代 劉昫《**舊唐書**》**卷三七**《**五行志**》（唐）儀鳳三年十一月十四日，雨木冰。

又（永泰元年）三月，降霜爲木冰。辛亥，大風拔木。

又（大曆二年）十一月，紛霧如雪，草木冰。

又（大曆）十年四月甲申夜，大雨雹，暴風拔樹，飄屋瓦。

又（後晉開運）三年九月，大水，太原葭蘆茂盛，最上一葉如旗狀，皆南指。十二月己丑，雨木冰。是月戊戌，霜霧大降，草木皆如冰。

宋 薛居正《**舊五代史**》**卷一四一**《**五行志**》（後）唐同光二年七月，汴州雍丘縣大雨風，拔樹傷稼。

宋 歐陽修《**新唐書**》**卷三四**《**五行志**》 永徽二年十一月甲申，陰霧凝凍封樹木，數日不解。

又 麟德元年十二月癸酉氛霧終日不解。甲戌，雨木冰。

又 儀鳳三年十一月乙未，昏霧四塞，連夜不解。丙申，雨木冰。

又 延載元年十月癸酉，白霧，木冰。

又 景龍四年三月庚申，雨木冰。

又 永泰元年三月庚子，夜霜，木有冰。

又 大曆二年十一月，紛霧如雪，草木冰。

又 貞元元年十二月，雨木冰。

又（貞元）二十年冬，雨木冰。

又 元和十五年九月己酉，大雨，樹無風而摧者十五六。近木自拔也。

又 長慶三年十一月丁丑，雨木冰。成都栗樹結實，食之如李。

又 寶曆元年十一月丙申，雨木冰。

又（大和）七年十二月丙戌，夜霧，木冰。

又 開成四年九月辛丑，雨雪，木冰。十月己巳，亦如之。

又 會昌元年十二月丁，雨木冰。

又（會昌）四年正月己酉，雨木冰。庚戌，亦如之。

元 脱脱等《**宋史**》**卷六五**《**五行志二上**》 咸平六年十一月庚戌，雨木冰。

又 大中祥符五年正月戊寅，京師雨木冰。

又 天禧五年正月戊寅，京師雨木冰。

又 慶曆三年十二月丁巳，雪木冰，占曰：兵象也。

又 嘉祐元年正月，雨木冰。

又 治平二年十月乙巳，雨木冰。

又 熙寧三年十月，八年正月，九年正月，京師雨木冰。

又 元祐八年二月，京師大寒，霰、雪，雨木冰。

又 宣和五年十月乙酉，雨木冰。

又 靖康元年十月乙卯，雨木冰。

又 靖康二年正月丁酉，雨木冰。

又 紹熙五年十一月辛亥，雨木冰。

元 脱脱《宋史》卷六二《五行志一下》 建隆三年春，延、寧二州雪盈尺，溝洫復冰，草木不華。

又 （乾德）三年四月，尉氏、扶溝二縣風雹，害民田，桑棗十損七八。

明 宋濂《元史》卷五〇《五行志》 （至元）四年正月，汴梁路鄭州尉氏、洧川、河陰三縣及龍興靖安縣雨木冰。十一月，東平雨木冰。

又 至元五年十一月癸酉，瑞州路新昌州雨木冰，至明年二月壬寅冰始解。

又 （至元）十二年九月壬午，冀寧保德州雨木冰。

又 （至元）十四年冬，龍興雨木冰。

又 （至元）二十五年二月辛亥，汴梁雨木冰，狀如樓閣、人物、冠帶、鳥獸、花卉，百態具備，羽幢珠葆，彌望不絶，凡五日始解。

清 張廷玉《明史》卷二八《五行志》 （成化）十三年四月壬午，衡州疾風迅雷，雨雹大如鵝子，稜利如刀，碎屋，斷樹木如剪。

又 （成化）二十三年十二月戊辰曉，木介。

又 隆慶三年十一月癸巳，木冰。

又 萬曆十四年冬，蘇、松木冰。

又 天啟六年四月癸巳，白露著樹如垂綿，日中不散。

又 崇禎六年五月癸巳，霍山縣有木甑飛墮，不知所自來。

又 崇禎元年十一月，陝西木冰，樹枝盡折。

清 張廷玉《明史》卷二九《五行志》 洪武四年正月戊申，木冰。

又 （洪武）六年十二月乙丑，雨木冰。

又 （洪武）十一年正月丁亥，雨木冰。

又 （洪武）二十二年正月甲戌，雨木冰。

又 正統三年十月丁丑曉，木介。

又 天順七年十月甲辰，雨木冰。

又 （天順）八年正月乙丑，雨木冰。

又 成化十六年正月辛卯曉，雨木冰。

清 胡淦《滄州志》卷一二 （北燕）太興三年渤海水溢，大雨霖滹沲汎溢，衝陷山谷。巨松僵拔，浮於滹沲，東至渤海原隰之間，皆如山積。

清 謝旻《江西通志》卷一〇七《祥異》 （晉武帝太康五年）秋九月，南安大霖雨暴雪，樹木摧折，害秋稼。

清 夏詒鈺《永年縣志》卷一九《祥異》 （晉）咸和五年，雨雹起西河至廣平，積平地三尺，洿下丈餘，行人禽獸死者萬數，樹木摧折，禾稼蕩然。

清 闕名《天文正義》卷七九《雪占考》 （漢）王莽天鳳三年二月大雨雪，關東尤甚，深者一丈，竹柏皆枯。

又 晉武帝太康五年九月，南安大雪折木。

又 （唐）明皇開元二十九年九月丁卯大雨雪，大木偃折。

又 宋太祖建隆三年春，延寧二州雪盈尺，溝洫復冰，草木不華。

清 闕名《天文正義》卷八〇《霜占考》 （漢）元帝永光元年三月，雨雪隕霜殺桑。

又 （漢）王莽天鳳元年四月隕霜，殺草木。

又 宋太宗太平興國七年三月，宣州霜雪害桑稼。淳化三年三月，商州霜，花木皆死。

清 趙爾巽《清史稿》卷四〇《災異志一》 （順治）元年，【略】南雄雹，拔木。

又 （順治）六年六月，【略】壽光大雨雹，平地深數尺，木葉盡脱。

又 （順治）十年四月四日，【略】崇陽雨雹，人畜樹木多傷。

又 （順治）十年五月，海寧雨雹，大如雞卵，屋無存瓦，樹無存枝。

又 （順治）十五年三月，寧波大雨雹，【略】桑葉盡折。

又（康熙）三年三月，【略】萊陽雨奇寒，花木多凍死。

又（康熙）三年三月，【略】萊州奇寒，樹凍折殆盡。

又（康熙）十五年十一月，咸陽大雪深數尺，樹裂井凍。

又（康熙）十六年九月，臨淄大雪深數尺，樹木凍死。

又（康熙）十六年九月，【略】沙河大雪，平地深三尺，凍折樹木無算。

又（康熙）二十二年十一月，巫山大雪，樹多凍死。

又（康熙）二十九年十一月，高淳大雪，樹多凍死。

又（康熙）二十九年十一月，武進大寒，木枝凍死。

又（康熙）二十九年十二月，廬州大寒，竹木多凍死。

又（康熙）二十九年十二月，【略】當塗大雪，橘橙凍死。

又（雍正）七年四月，【略】高平、岑溪雨雹，樹皆折。

又（乾隆）二十六年冬，福山大寒，樹多凍死。

又（嘉慶）元年正月，青浦雨雪大寒，傷果植。

又（嘉慶）元年正月，【略】灤州大寒井凍，花木多萎。

又（咸豐）八年七月，大通大雪厚二尺，壓折樹枝，穀皆凍，秕不收。

又（同治）元年六月，棗陽雨雪連旬，樹多凍死。

又（同治）四年正月十六日，鍾祥、鄖陽大雪。漢水冰，樹木牲畜多凍死。十二年十一月，三原大雪六十餘日，樹多凍死。

又（同治）四年四月，均州雨雹，大如雞卵，破屋折樹。

清 **趙爾巽《清史稿》卷四二《災異志三》** 順治六年十二月，咸寧木冰。

又（順治）十年十月，當塗雨木冰。十一月，江陰木冰，潛山木冰，宿州雨木冰。十二月，海寧木冰。

又 康熙元年十二月，嘉定木介。

又（康熙）二十年正月朔，儀徵木冰。

又（康熙）三十年正月朔，江浦雨木冰。

又（康熙）三十一年正月朔，儀徵木冰。

又 雍正二年十二月，掖縣木介。

又 乾隆十一年正月，湖州雨木冰。

又（乾隆）二十年十二月，東流雨木冰。

又（乾隆）二十三年冬，諸城雨木冰。

又（乾隆）二十五年正月，曲阜雨木冰。

又（乾隆）五十五年十二月，黃巖木介，宣平木介。

又（乾隆）五十七年十二月辛卯，南陵雨木冰。

又（乾隆）五十八年正月，金華木冰。

又（乾隆）六十年冬，湖州木冰。

又 嘉慶三年十一月，崇陽木冰。

又 道光二十五年十二月，黃縣雨木冰。

又（道光）二十九年正月，登州木介。

又 咸豐三年冬，湖州木冰。

又（咸豐）四年十一月，黃岡雨木冰。十二月，武昌雨木冰。

又 同治二年正月，黃縣雨木冰。

又（同治）四年正月，武昌雨木冰。

又 光緒七年十二月，黃岡雨木冰。

清 **張廷玉《明史》卷二九《五行二》** 洪武四年正月戊申雨木冰。六年十二月乙丑雨木冰。十一年正月丁亥雨木冰。二十二年正月甲戌雨木冰。

正統三年十月丁丑曉，木介，至辰漸消。

天順七年十月甲辰雨木冰。八年正月乙丑雨木冰。

成化十六年正月辛卯曉刻雨木冰。二十三年十二月戊辰曉刻，木介。

隆慶三年十一月癸巳，京師木冰。

萬曆十四年冬，蘇、松二府木冰。

崇禎元年十一月，陝西木冰，樹枝盡折。其後大河以北，歲有此異。

崇禎元年正月癸亥，永年縣晝晦。六年正月癸巳朔，大風霾。七年三月戊子，黃州晝晦。十年四月壬申，風霾。十一年二月壬子夜，西安風霾。十三年閏正月丙申，南京日色晦曚，風霾大作，細灰從空紛下，五步外不能見一物。十七年正月庚寅朔，大風霾。三月丙申，風霾，晝晦。

清 **紀黃中《儀封縣志》卷一** 隆慶三年己巳秋，積雨浹七旬，城中無完屋，田無禾樹，木皆半傾仆，冬木冰。【略】萬曆二十三年乙未春三月初三日酉時，黑風自西北起，至次日卯時止，刮損樹木。

清 **黃汝香《清河縣志》卷三**（萬曆）三十二年冬祈寒，樹枝著冰，損折大半。【略】四十二年五月，黑風暴雷拔木。

清 陳杰《**淶水縣志**》**卷一** 明萬曆三十三年春正月，雪片如掌，著樹成冰。至夜樹拱把者皆折。

清 王琛《**邵武府志**》**卷三〇** （明萬曆）三十五年大雪，竹樹皆折。

清 陶壿《**恭城縣志**》**卷四** （明）萬曆四十五年丁卯八月初四日，陰雲密布，雨下如注，山澗水湧，巨浪滔天，連崩十三嶺，樹木拔折。沿江一帶，下至平樂梧州，鱗介之物死者無算，巨木散材，河崖堆積如山。

清 夏詒鈺《**永年縣志**》**卷一九** （道光）十二年夏五月雨雹，樹多拔，秋大熟。【略】咸豐元年秋七月，大雨雹，傷禾拔樹無算。

清 查子庚《**枝江縣志**》**卷三** 承平日久生齒愈繁，民無恆産，近山者率以開墾爲務。每於夏秋急雨，雨促土傾，土隨雨下，奔流入江，沙泥日塞。所謂穴與口者皆失其舊，而貪商往來川楚又以險隘不利舟行，併灘石而鑿伐之，下既無所洩，而上更無所蓄，水之爲患也固宜。咸豐十年，枝城内外皆沈於水，其南北諸垸、江心各洲，勿論有隄無隄，無不向若而嘆。有以廢隄爲策者，謂無隄防即無衝突之患。

清 林溥《**即墨縣志**》**卷一一** （康熙）九年冬大雪，奇寒。樹木多凍死。

清 蔣光祖《**鄧州志**》**卷二四** （康熙）十五年冬，大雪深數尺，禽獸、草木多凍死。

清 蔣光祖《**鄧州志**》**卷二四** （康熙）二十九年春風霾，牛瘟死殆盡。秋大旱，川澤幾涸。是年十一月，大雪四十餘日，平地深數尺，窮民有凍死者，樹木皆枯。

清 黄文琛《**邵陽縣志**》**卷一〇** 康熙十九年，大雨雹，屋瓦多碎木折枝，牛有折角者。嘉慶十九年，隆回鄉雨雹。

清 黄文琛《**邵陽縣志**》**卷一〇** （清）乾隆八年正月，大冰，樹木折仆而雪不盈寸。明洪熙元年五月風雨七晝夜。萬曆十六年春夏淫雨，山崩木仆。

又 咸豐十一年十二月大雪。苦寒沍凍，椶櫚、橘、柚皆死。

清 崔培元《**宜都縣志**》**卷四下** 同治元年五月雨雹，大木爲折。二月霪雨。歲飢，米價踊騰。二月初七日大風拔木飛瓦。

清 郭樹馨《**興寧縣志**》**卷一八** （同治）三年正月大雪，凡月餘冰厚盈尺，樹木多拔。秋冬無雨。江井俱涸。四年三月初十日夜半，大風雨雹。百餘里瓦裂皆飛，拔古木樹株無數。夏大旱。

清 王克昌《**保德州志**》**卷三** （清）康熙三十三年夏六月，呂家峁晴天雨冰塊三，大如間屋。是歲霜殺禾。四十七年六月，雨雹大如拳，賈家梁、墕墩梁、天橋子等處，樹無完枝，種植俱盡。

清 光緒《**鹿邑縣志**》**卷一六** 嘉慶十九年夏六月初二日，大風折樹發屋。二十年秋，民多病痁瘧，有死者。二十四年十二月，木冰，折樹無算。【略】同治四年春正月十一日，大雷電以風雨雪冰雹雜下，夜木冰，折樹無算，二日始止。六年六月初十日，邑西張店有龍墮村外池中，已而風雷交作，大雨如注，龍乘勢飛去。光緒元年夏五月初三日，大風拔木。

清 施有方《**南樂縣志**》**卷七** （道光）十一年十一月乙未大雪，井冰，樹木多凍死者。

清 錢聞震《**奉化縣志**》**卷一** （光緒）三年七月大雨雹，大者如碗。鳥獸多被擊死，樹木折損無算，人亦遇有傷亡。

樹木病蟲害部

樹木病蟲害發生分部

綜　述

《爾雅・釋蟲》 螜，天螻。郭璞註：螻蛄也。《夏小正》曰：螜則鳴。螜音斛。邢昺疏：螜，一名天螻，一名碩鼠，即今之螻蛄也。《夏小正》者，《大戴禮》之篇名，以蟲魚草木正十二月之節候起於夏后氏。故曰《夏小正》。其三月云：螜則鳴。螜，大螻是也。

《爾雅・釋蟲》 蛣蜣，蜣蜋。郭璞註：黑甲蟲，噉糞土。蛣，起吉切。蜣，音羌。邢昺疏：蛣蜣，一名蜣蜋，黑甲，翅在甲下，噉糞土，喜取糞作丸而轉之。《莊子》：「蛣蜣之智在於轉丸」是也。

《爾雅・釋蟲》 蟦，蠐螬。郭璞註：在糞土中，蝤蠐。蝎，在木中。今雖通名爲蝎，所在異。蟦音費，蝤音因。邢昺疏：此辨蝎在土在木之異名也。其在糞土中者名蟦蠐，又名蠐螬。其在木中者，《方言》云：關東謂之蝤蠐，梁益之間謂之蝎。上文蝎，蛣蝠。郭云：木中蠹，下文蝎，桑蠹。郭云：即蛣蝠，然則蟦蠐也，蠐螬也，蝤蠐也，蛣蝠也。桑蠹也，蝎也。一蟲而六名也。以在木中者白而長，故詩人以比婦人之頸碩，人云「領如蝤蠐」是也。

《爾雅・釋蟲》 蠖，蚇蠖。郭璞註：今蝍蝛。蠖，於郭切。蚇，音尺。邢昺疏：蠖，一名蚇蠖。郭云：今蝍蝛。《方言》云：蝍蝛，謂之蚇蠖。郭云：又呼步屈。《說文》云：蠖，屈伸蟲也。《易・系辭》云：「尺蠖之屈以求信」者是也。蝍音即，蝛音叔。

《爾雅・釋蟲》 蜭，毛蠹。郭璞註：即蛓。蜭，戶感切。邢昺疏：蜭，一名毛蠹，即蛓也。《說文》云：蛓毛蟲。今俗呼爲毛蛓，有毒螫人。《楚辭》云「蛓緣兮我裳」是也。

《爾雅・釋蟲》 蟔，蛄蟴。郭璞註：蛓屬也。今青州人呼蛓爲蛄蟴。孫叔然云：八角螫蟲失之。蟔音墨。蛄，而古切。蟴音斯。邢昺疏：蟔，一名蛄蟴，即蛓類也。青州人呼蛄蟴。孫叔然云：「八角螫蟲失之」者即此毛蟲，何止八角。故云失之。螫，猶蠚也。《字林》云：蟲行毒也。

《爾雅・釋蟲》 蝎，蛣蝠。郭璞註：木中蠹蟲。蝎音曷，蝠音屈。邢昺疏：木中蠹蟲。

《爾雅・釋蟲》 蠰，齧桑。郭璞註：似天牛，長角，體有白點，喜齧桑樹，作孔入其中。江東呼爲齧髮。蠰音餉。邢昺疏：蠰，一名齧桑。江東呼齧髮。形似天牛，長角，體有白點，喜齧桑樹，作孔入其中，因名云。

前秦 苻朗《家策》 木生蠋，蠋盛而木枯。石生金，金曜而石流。

北齊 魏收《魏書》卷一一二上《靈徵志上》（北魏）正始四年四月，青州步屈蟲害棗花。

又（北魏）永平五年五月，青州步屈蟲害棗花。

五代 劉昫《舊唐書》卷三七《五行志》 永泰二年二月，京城槐樹有蟲食葉，其形類蠶。

宋 歐陽修《新唐書》卷三六《五行志三》 興元元年秋，螟蝗自山而東際于海，晦天蔽野，草木葉皆盡。

又（開成）三年秋，河南、河北鎮定等州蝗，草木葉皆盡。

宋 薛居正《舊五代史》卷八一《晉書・少帝紀一》 庚申，河南府奏，飛蝗大下，徧滿山野，草苗木葉食之皆盡，人多餓死。禮部侍郎吴承範卒。丙寅，以將册皇太后，遣尚書左丞王易簡奏告天地。陝州奏，蝗飛入界，傷食五稼及竹木之葉，逃户凡八千一百。丁卯，以給事中符蒙爲禮部侍郎，以左諫議大夫裴坦爲給事中。辛未，遣内外臣僚二十八人分往諸道州府率借粟麥。案《通鑑》：七月己丑，詔以年饑，國用不足，遣使者六十餘人于諸道括民穀。與《薛史》異。（《舊五代史考異》）時使臣希旨，立法甚峻，民間碓磑泥封之，隱其數者皆斃之，由是人不聊生，物情胥怨。是月，諸州郡大蝗，所至草木皆盡。

又（後）晉天福八年四月，天下諸州飛蝗害田，食草木葉皆盡。

又（後）周廣順三年六月，河北諸州旬日内無鳥，既而聚澤、潞之間山谷中，集於林木，壓樹枝皆折。

宋 司馬光《資治通鑑》卷二八三《後晉紀・齊王上》（天福八年）是歲，春夏旱，秋冬水，蝗大起，東自海壖，西距隴坻，壖，而宣翻。坻，丁禮翻。南逾江、淮，北抵幽薊，原野、山谷、城郭、廬舍皆滿，竹木葉俱盡。

明 宋濂《元史》卷五〇《五行志》 至元十七年二月，真定郡桑有蟲食之。

又 （至元）二十九年五月，滄州、濰州、中山、元氏、無棣等縣桑蟲食葉，蠶不成。

又 元貞元年四月，真定中山、靈壽二縣桑有蟲食之。

又 大德五年四月，彰德、廣平、真定、順德、大名等郡蟲食桑。

又 至大元年五月，大名、廣平、真定三郡蟲食桑。

又 致和元年六月，河南德安屯蠖食桑。

又 天曆二年三月，滄州、高唐州及南皮、鹽山、武城等縣桑蟲食之如枯株。

又 至順二年三月，冠州蟲食桑四萬株。晉、冀、深、蠡等州及鄆城、延津二縣蟲夜食桑，晝匿土中，人莫捕之。五月，曹州禹城、保定博野、東昌封丘等縣蟲食桑皆既。

清 張廷玉《明史》卷三〇《五行志三》 景泰五年三月，畿南五府有蟲食桑，春蠶不育。弘治六年八月己巳，臨晉雨蟲如雪。七年三月，廣寧諸衛有黑蟲墮地，大如蠅，久之入於土。

清 姚之駰《元明事類鈔》卷三六 （萬曆）三十二年，諸陵松樹蟲食殆盡。

又 （順治）十七年八月，玉屏黑蟲蔽山，草木皆盡。

清 費廷珍《直隸秦州新志》卷六 （唐）德宗貞元元年夏，蝗飛蔽天，旬日不息，所至草木葉及畜毛靡有孑遺，餓殣枕道，民蒸蝗曝颺，去翅足而食之。

清 劉庚年《靈壽縣志》卷三 （晉）懷帝永嘉四年五月，大蝗食草木葉及牛馬毛鬣皆盡。《新唐書》云：蝗之殘民若無功而祿者，然皆貪撓之所生。先儒以爲人主失禮、煩苛則旱，魚螺變爲蟲蝗。 按，蝗是螽類。螽之種類甚多，《爾雅》有螽五：曰蛗螽，曰草螽，曰蜇螽，曰蟿螽，曰土螽。而蝗不與焉。《詩》之阜螽，草蟲，螽斯，斯螽，皆蝗之類而非蝗也。《春秋》書螽者十則，專指蝗言。故程子《春秋傳》曰：螽，蝗也。

清 勞光泰《蒲圻縣志》卷一 （明）正德三年大水，四年大旱，五年蝗食松盡死。

清 黃汝香《清河縣志》卷三 隆慶三年夏，蟲食榆粟葉。蟲身有毛如蠶，細而長，居人呼爲䘆蟲。著榆者黑，著粟者白，食葉如蠶聲，二葉皆盡，化爲白蛾，羣飛蔽日不爲災。是歲登，明年又生。【略】五年冬，雨冰，雨著物爲冰，墳起尺餘，樹皮迸裂，鳥獸多凍死。

清 李淇《虞城縣志》卷一〇 順治十五年戊戌夏，斑蝥害稼。比入藥者黑大，蝕菽更苦。六月二十一夜過如蝗聲，似水響，居民驚起駭異。此蟲城東獨多，人以爲荒草根生，未知是否。又銅蜣螂甚多，晝伏夜出，食果木樹立盡，或亦荒草所化歟？

清 姜篔《郟縣志》卷一〇 道光八年冬，大雪五十餘日，禽鳥多死，樹木多枯。 道光十六年蝗。 道光二十一年四月初九日，雨雹傷麥，大如雞子，自城西至城內三十餘里，樹皮盡脱，禽畜多死。

清 歐陽霖《葉縣志》卷一 （同治）二年二月初九日，夜降霜如墨，著菽麥、草樹皆枯，河魚死者無數，五月蝗，七月蝻生。

清 李文烜《清遠縣志》卷一二 （嘉慶）二十五年正月，大風壞廬舍。夏大旱。四五月蟲食山松。

清 蕭應植《濟源縣志》卷一 （崇正十二年）夏，蝗蝻徧山野，擁入廬舍。及九月草盡樹赭，蝗蝻自相食，饑民設釜炊之以實枵腹。

藝文

唐 白居易《白氏長慶集》卷二《寓意詩》 婆娑園中樹，根株大合圍。蠢爾樹間蟲，形質一何微。孰謂蟲之微，蟲蠹已無期。孰謂樹之大，花葉有衰時。花衰夏未實，葉病秋先萎。樹心半爲土，觀者安得知。借問蟲何在，在身不在枝。借問蟲何食，食心不食皮。豈無啄木鳥，觜長將何爲。

明 王象晉《羣芳譜・果譜・橘》 橘之蠹，大如小指。首負特角，身蹙蹙然類蝤蠐而青，翳葉仰齧，如饑蠶之速，人或棖觸之，輒奮角而怒，氣色桀驁。一旦視之，凝然弗食弗動。明日復往，則蜕爲蝶矣。力力拘拘，其翎未舒，襜黑韝蒼，分朱間黃。腹填而橢，緌纖且長，久醉方寤，羸枝不揚。又明日往，則倚薄風露，攀緣草樹，聳空翅輕，瞥然而去。或隱蕙隙，或留篁端，翩旋軒虛，颺曳紛拂，甚可愛也。須（更）（臾），犯蝥網而膠之，引絲環纏，牢若拳梏。人雖甚憐，不可解而縱矣。噫！秀其外，類有文也。嘿其中，類有德也。不朋而遊，類潔也。無嗜而食，類廉也。向使前不知爲橘之蠹，後不見觸蝥之網，人謂之鈞天帝居而來，今復還矣。天下大橘也，名位大羽化也，封略大蕙篁也。苟滅德忘公，崇浮飾傲，榮其外而枯其內，害其本而窒其源，得不爲大蝨網而膠之乎。觀吾之蠧化者，可以惕已。

明 張綖《張南湖先生詩集》卷二《蝗》 蔽日連雲勢未回，樹林無葉草無荄。不知野外岡陵積，只訝城頭風雨來。饘粥幾人無歲慮，苞苴自古召天災。吾君仁聖寧宜有，渡虎移魚在妙才。

樹木病蟲害防治分部

綜述

唐 段成式《酉陽雜俎續集》卷一〇《醋心樹》 杜師仁常賃居，庭有巨杏樹。鄰居老人每擔水至樹側，必歎曰：「此樹可惜。」杜詰之，老人云：「某善知木病。此樹有疾，某請治。」乃診樹一處曰：「樹病醋心。」杜染指於蠹處嘗之，味若薄醋。老人持小鈎披蠹，再三鈎之，得一白蟲如蝠，乃傅藥於瘡中，復戒曰：「有實自青皮時必摽之，十去八九則樹活。」如其言，樹益茂盛矣。

唐 劉恂《嶺表録異》卷上 嶺南螘類極多，有席袋貯螘子窠鬻於市者。蟻窠如薄絮囊，皆連帶枝葉，螘在其中，和窠而賣也。有黄色大於常蟻而脚長者，云南中柑子樹無蟻者實多蛀，故人競買之以養柑子也。

五代 王仁裕《開元天寶遺事》卷一《花上金鈴》 天寶初，寧王日侍好聲樂，風流蘊藉，諸王弗如也。至春時，於後園中紉紅絲爲繩，密綴金鈴，繫於花梢之上，每有鳥鵲翔集，則令園吏掣鈴索以驚之，蓋惜花之故也。諸宮皆效之。

宋 歐陽修《新五代史》卷一〇《漢隱帝紀》 （漢乾祐元年）秋七月朔，【略】鸜鵒食蝗。丙辰，禁捕鸜鵒。

宋 莊綽《雞肋編》 廣南可耕之地少，民多種柑橘以圖利。常患小蟲損食其實，惟樹多蟻，則蟲不能生，故園户之家，買蟻於人。遂有收蟻而販者，用猪羊脬盛脂其中，張口置蟻穴傍，俟蟻入中，則持之而去，謂之養柑蟻。

宋 薛居正《舊五代史》卷五《梁書・太祖紀五》 時陳、許、汝、蔡、潁五州境内有蝝爲災，俄而許州上言，有野禽羣飛蔽空，旬日之間，食蝝皆盡，是歲乃大有秋。

宋 薛居正《舊五代史》卷一〇一《漢書・隱帝紀上》 丙辰，以久旱，幸道宫、佛寺禱雨，是日大澍。開封府言，陽武、雍丘、襄邑三縣，蝗爲鸜鵒聚食，詔禁捕鸜鵒。

宋 薛居正《舊五代史・五行志》 （後）梁開平元年六月，許、陳、汝、蔡、潁五州蝝生，有野禽羣飛蔽空，食之皆盡。

宋 樂史《太平寰宇記》卷一六四 又土諺云：郡中柑橘多被黑蟻所食，人家買黄蟻投於樹上，因相鬭黑蟻死，柑橘遂成。

宋 周密《癸辛雜識》别集卷下《燈檠去蟲》 桃樹生小蟲，滿枝黑如蟻，俗名砑蟲。雖用桐油洒之，亦不盡去。其法乃用多年竹燈檠掛壁間者，掛之樹間，則紛紛然墜下，此物理有不可曉者。戴祖禹得之老圃云。

宋 温革《分門瑣碎録・果木總説・治果木法》 柑橘樹爲蟲所食，取蟻窩於其上，則蟲自去。　果木樹蟲，有蠹蟲者，以芫花内孔中，即除。或云納百部葉亦可。　果木有蟲蠹處，用杉木作小丁塞其穴，其立死。　避五果蠹，正月旦鷄鳴時，抱火徧照五果及桑樹上下，則無蟲。　生人髮掛果樹，鳥不敢食其實。　桃樹過春月，以刀踈斫之，則穰出而不蛀。　桃樹實太繁則多墜，以刀横斫其幹數下，乃止。　鑿果樹，納少種（鍾）末，則子多宜美。又樹老，以鍾乳末和泥，於根上揭去皮抹之，樹復茂。　以死鼠浸溺岡内，候鼠浮，取埋橘樹根下，次年必盛生。《涅槃經》云：如橘得鼠，其果子多。　果樹無子，以社酒或社日羹潑之，其生必多。　社日令人舂桃樹下，則結實牢。凡果實不牢者，宜社日舂其根。　凡果實初熟，用雙手摘採則年年生。　凡嫁樹，元日日未出時，以斧斑駮椎斫棗、李等樹，謂之嫁樹。

宋 温革《分門瑣碎録・果木總説・果木忌》 橄欖將熟，以竹丁釘之，或鹽納於皮下，其實自落。　荔枝結子時，若日午有雨則盡落。　果木見麝香則蔫，花不結子。　果木及皂莢之類，初實年或爲僧尼所觸，終不復實，切宜記之。　果木樹如曾經孝子及孕婦手折，則數年不著花，或不甚結實。　凡果子先被人盜喫一枝，飛禽便來喫。　凡果木未全熟時摘，若熟即抽過筋脉，來歲必不盛。

元 脱脱《宋史》卷六二《五行志二上》 （嘉定）八年四月，飛蝗越淮而南，江淮郡蝗，食禾苗山林草木皆盡。

元　司農司《農桑輯要》卷五《果實・諸果》　果木有蟲蠹者，用杉木作釘塞其穴，蟲立死。樹木有蟲蠹，以芫花納孔中，或納百部葉。

元　司農司《農桑輯要》卷六《竹木・柳》　《博聞録》：楊柳根下先種大蒜一枚，不生蟲。

元　楊瑀《山居新話》卷二　（元）大德三年七月十八日，中書省奏淮禁捕禿鷲。蓋因揚州淮安管内蝗蟲爲害，忽有禿鷲五千餘，恬不懼人，以翅打落蝗蟲，争而食之，既飽，吐而再食，遂致消弭。迄今著於禁令。載之《至正條格》。

明　徐光啟《農政全書》卷三七《種植・種法》　玄扈先生曰：凡鳥來食果或張網罩樹，多損樹枝，或持竿鼓柝，甚費力。須用弩射取一二，置竿首，倚竿于樹，其鳥悉不來。

明　徐光啟《農政全書》卷三七《種植・種法》　玄扈先生曰：凡治樹中蠹蟲，以硫黄研極細末，和河泥少許令稠，遍塞蠹孔中。其孔多而細，即遍塗其枝幹，蟲即盡死矣。又法：用鐵線作鈎取之。又用硫黄雄黄作煙塞之即死。或用桐油紙油撚塞之，亦驗。如生毛蟲，以魚腥水潑根，或埋蠶蛾于地下。

明　方以智《物理小識》卷九《草木類》　治花木蟲　去果木之蠹蝎、蛣蝠者，以杉木爲鍼，闢塞其氣，則自亡。或以硫黄末塞之，或以焰硝硫作紙線絍穴中焚之，走其臭，皆亡。或坋百部納穴中，亦能殺蟲。或治魚腥水灑蔬果等，癩蟲自消，海魚尤勝池魚。蟲能飛動者，取江橘藕以膠焉。或種蟻以食柑蟲，或順風燒油簍以驅松蟲，或用桐油脚入糞澆菜果樹，掛竹燈架去青蟲。桃樹蛀者，煮猪首湯冷澆之。樹有蠹孔，孔邊彈竹篾如蒲蟲聲，蠹自出，可悟啄木取蟲亦此理也。林檎生毛蟲，埋蠶蛾於下，或以洗魚水澆之，西風雨能殺毛蟲。槐樹生蟲，擂鼓於下則盡落。芝麻柴掛樹上，無蓑衣蟲。中履曰：坑中置甘草，蒜，則種樹不生蟲。

清　儲元升《東明縣志》卷七　（明萬曆）三十五年，飛蝗自東北來，障天蔽日，經過二十餘日不盡。有落下者，即遺種其地，嗣後蝗蝻復生。三十六年大蝗，嗣後豆蟲遍地，豆田幾爲傷盡。三十八年大蝗。四十年河南、山東大蝗，距邑境不遠，忽有烏鴉數萬餘迎而食之，遂不入境。

清　劉錦藻《清續文獻通考》卷一五八《羣祀二》　（咸豐）八年諭：載華等奏，松蟲尚未净盡，擬加添兵役搜拿。據稱自七月二十日起，一月未見雨澤風水，圍牆内松蟲漸熾，甫拿復生，人力難勝。擬於蟲王廟叩禱等語。該處既有蟲王廟三楹，素昭靈爽，自應一面虔祈，一面竭盡人力添派差役，擇蟲嚙較重樹株上緊搜拿，務將松蟲捕捉净盡，毋留餘孽。至蟲王廟何時起建，並無案卷。可據未知崇祀何人，見供神像，如何服飾。著載華等查明具奏，嗣以東陵蟲王廟叠著靈爽。命改爲五神祠，頒御書扁額。

清《世宗硃批諭旨》卷一七四之一七　（雍正十三年六月初四日直隸總督李衛奏）據寶坻縣詳稱，該屬工部莊後身，五月十八日萌生蝻子，各有數塊。該縣會同營汎飛往撲捕其中將有長成者。十九日早，忽有羣鴉無數，從西南而來，飛集生蝻處所，將跳躍蝻子往來啄食，歷辰巳午三時，悉已罄盡。復集於沿村樹上，約有一時，飛翔四散。官吏兵民，男婦老幼，萬目共睹，無不歡呼，稱爲靈異等因，臣密差查訪是實。此誠聖德感孚所致。臣曷勝欣慶，理合奏陳。

（硃批）飛鴉啄蝗若或使之，據數處奏報相同，諒應不誣。

清　方宗誠《棗强縣志補正》卷四　（道光）十二年夏飛蝗過境，盡撲滅之。八月蝝生，旋撲滅。是歲有年。宗誠按，此間陋俗呼蝗爲八蜡，以爲神蟲，每飛蝗過境，則焚紙錢拜祝之，蝗落田中，則男婦持竿驅逐，但冀其去已，田不爲災而止，不敢傷蝗也。有撲捕者，老婦反斥以爲非。由是蝗孽生日益多，又遺蝗子爲次年之災，是民之愚也。抑亦爲民父母者不以正道曉諭之也。同治十一年，武邑澤中蝝生蝕棗强邊，宗誠督民掘溝撲捕，盡滅之。十二年夏，保定深州水災後，蝗生飛落棗强境，宗誠日馳驅田間，督民持掃帚、皮掌、木械撲捕。其撲死及生捦獲者收買之，蝗一囊與錢千，一斗與錢二百，不及斗者如之。又遍告士人使轉曉諭愚民，蝗非神蟲，乃爲災於民者，不可祀。八蜡乃保護農田之神，非蝗也。八蜡廟中附祀之劉猛將軍，乃捕蝗之神。不可呼蝗爲八蜡也。於是編民見捕蝗得利，並不爲災，乃皆起而撲捕之。不數日收買百石，蝗盡滅。予又諭民，蝗下子十八日出土期，十八日後即遍野搜尋及期蝝生子，又馳驅四方，命乘其不能飛，每畝掘溝二方，溝中爲方窟，率民夫持帚驅之，盡落溝中，不能起掃，入方窟掩土堅築之。於是者三數日，蝝又盡滅，歲則大熟。附記於此，庶使愚民知蝗非不可撲捕也。

清　黄文琛《邵陽縣志》卷一〇　咸豐七年八月，蝗入縣境，食稷竹葉。

知縣周玉衡掘蝻子三千餘石。明年春大雨，蝗不爲災。　有滅於將萌之際者。凡蝗遺子在地，有司當令居民里老時加尋視，但見土脈墳起，即便去除，不可稍遲，時刻將子到官易粟聽賞。　有滅於初生如蟻之時者。用竹作搭，非惟擊之不死，且易損壞，宜用舊皮鞋底或草鞋、舊鞋之類，蹲地摑搭，應手而斃，且狹小不傷損苗種，一張牛皮可裁數十枚，散與甲頭，復可收之。聞外國亦用此法。　有滅於成形之後者。既名爲蝻，須開溝打捕。掘一長溝，溝之深廣各二尺，溝中相去丈許，即作一坑以便埋掩。多集人衆，不論老幼，沿溝擺列，或持掃帚，或持打撲器具，或持鐵鍤。每五十人用一人鳴鑼，蝻聞金聲則必跳躍，漸逐近溝，鑼則大擊不止，蝻驚入溝中，勢如注水，衆各用力掃者，自掃撲者，自撲埋者，自埋至溝坑俱滿而止。一村如此，村村若此，一邑如是，邑邑皆然，何患蝻之不盡滅也。　謹案，四法果能行之於未成、將成、已成之後，醜類自滅，何至蝗陣如雲，荒田如海。但窮民非食不生，苟不厚給，活其身家，誰肯多人合力，不盡滅之而不已哉。雖然給之厚矣，有司若不親加料理，烏知弗爲吏胥之所侵食也。故撲除之法有二：一在責重有司，一在厚給衆力。　敢録前人之善政以爲後世之芳規，視之者幸無忽焉。

清　陸會禹《康濟録》卷四下之三《捕蝗必覽・蝗之所畏懼》　飛蝗見樹木成行或旌旗森列，每翔而不下。農家若多用長竿掛紅白衣裙，羣然而逐，亦不下也。又畏金聲炮聲，聞之遠舉。鳥銃入鐵砂或稻米擊其前行，前行驚奮，後者隨之而去矣。　凡蝗所住之處，片草不存。一落田間頃刻千畝皆盡。故欲逐之，非此數法不可。以類而推，爆竹流星，皆其所懼，紅緑紙旗亦可用也。

又蝗之所由除　蝗在平地上者，宜掘坑於前，長闊爲佳，兩旁用板或門扇等類，接連八字擺列，集衆發喊，手執木板驅而逐之入於坑内，又於對坑用掃帚十數把，見其跳躍往上者，盡行掃入，覆以乾草，發火燒之。然其下終是不死，須以土壓之，過一宿乃可。一法，先燃火於坑内，然後驅而入之。《詩》云：去其螟螣，及其蟊賊，毋害我田穉，田祖有，神秉畀炎火。此即是也。　蝗若在飛騰之際，蔽天翳日，又能渡水，撲治不及。當候其所落之處，糾集人衆，各用繩兜兜取，盛於布袋之内，而後致之死。

又蝗之所可滅　有滅於未萌之前者。督撫官宜令有司查地方有湖蕩、水涯及乍盈乍涸之處，水草積於其中者，即集多人，給其工食，侵水芟刈，斂置高處，待其乾燥以作柴薪，如不可用，就地燒之。

清　蔣啓勛《續纂江寧府志》卷六　捕蝗局　光緒三年冬，天氣亢旱，江北蝗生，飛渡而南，撒子遍地。布政使檄江寧縣丞掌捕蝗事宜，即丞署爲局。總督沈文肅公恐鄉民搜捕不力，更檄合字親兵護軍，親軍各營助捕，十一月撤局。四年二月再立局，六月撤局。飛蝗以尾錐土撒子，入土廑三五寸，土面有小孔，俗呼爲蝻子。掘而出之，漸長如蠅、如蟻，五更露濕，多潛於草底，俗呼爲蝗蝻。掃而聚之，翅成能飛，俗呼爲飛蝗，則須撲打矣。故治蝗以早捕蝻子爲上，各營掘送蝻子，每斤給錢四十文，鄉民掘送蝻子，每斤給錢六十文。蝗蝻、飛蝗視此遞減。治蝻子以沸湯，治蝗蝻飛蝗以石灰，均下土掩埋。上元分局九，東陽、土橋、龍潭、觀音門、湖墅、曼高橋、大衛、龍都、廣嚴寺也。江寧分局十九，安德門、西善橋、板橋、江寧鎮、銅井、木龍亭、東善橋、鳳臺門、陶吴、朱門、小丹陽、谷里邨、沙洲圩、沙子岡、禄口、秣陵關、殷巷、元山、周千圩也。總局設江寧縣丞署，事則上元縣丞分治之。

清　歐陽霖《葉縣志》卷一　（咸豐）十年十二月大雨雪，深三四尺。除夕霜著樹如銀花，大小樹皆滿，無一空枝，凡三日始墜。十一年九月，蝗自東而來，沿澧河數十里不絶，食麥苗。忽有羣鵲如鷂飛來，以爪去蝗首而食之。晝盈野，夜集村樹。人或驅之亦不畏，十餘日蝗盡，始飛去。

樹木盜砍濫伐部

樹木盜砍濫伐發生分部

綜述

《史記》卷六《秦始皇本紀六》 始皇還，過彭城，齋戒禱祠，欲出周鼎泗水。使千人没水求之，弗得。乃西南渡淮水，之衡山、南郡。浮江，至湘山祠。逢大風，幾不得渡。上問博士曰：「湘君何神？」博士對曰：「聞之，堯女，舜之妻，而葬此。」於是始皇大怒，使刑徒三千人皆伐湘山樹，赭其山。上自南郡由武關歸。

漢 崔寔《政論》 今典州郡者，自違詔書，縱意出入。每詔書所欲禁絶，雖重懇惻，罵詈極筆，由復廢舍，終無悛意。故里語曰：州郡記，（御覽十三作州縣符，後皆作州縣記）如霹靂，得詔書，但掛壁。永平中，詔禁吏卒不得繫馬宮外樹，爲傷害其枝葉。

三國魏 明帝《高祖光武陵不得耕牧樵採詔景初二年五月戊子》 昔漢高祖創業，光武中興，謀除殘暴，功昭四海。而墳陵崩頽，童兒牧豎，踐蹈其上，非大魏尊崇所承代之意也。其表高祖光武陵，四面百步，不得使民耕牧樵採。

樹木盜砍濫伐防止分部

綜述

南朝宋 傅亮《爲宋公修復前漢諸陵教》 夫信陵之墳，守衛無曠，展季之壟，樵採有刑。

唐 姚思廉《陳書》卷三《文帝紀》 （天嘉六年）八月丁丑詔曰：【略】朕所以興言永日，思慰幽泉，維前代王侯，自古忠烈，墳冢被發絶無後者，可檢行修治，墓中樹木勿得樵採，庶幽顯咸暢，稱朕意焉。

唐 杜佑《通典》卷四三《禮三》 漢承秦滅學，正雩禮廢。旱，太常祝天地宗廟。董仲舒《春秋》：春旱，令縣邑以水日禱社稷山川，家人祠户。無伐名木，無斬山林。

唐 李吉甫《元和郡縣圖志》卷二五《潤州・丹陽縣》 武帝衍修陵在縣東三十一里。貞觀十一年，詔令百步禁樵採。

又 陳武帝霸先萬安陵，在縣東三十八里方山西北。貞觀十一年，詔百步内禁樵採。

宋 王溥《唐會要》卷八六《市》 （唐武宗）會昌二年四月勅，舊課種桑，比有勅命。如能增數，每歲申聞。近知並不遵行，恣加翦伐，列于廛市，賣作薪蒸。自今委所由嚴切禁斷。

宋 宋敏求《唐詔令集》卷七四《典禮・禁驪山樵採詔》 （開元四年正月十九日）勅：驪山特秀峯巒，俯臨郊甸。上分艮位，每洩雲而作雨，下出蒙泉，亦蕩邪而蠲瘵，乃靈山之攸宅，惟邦國之所瞻，可以列於羣望，紀在咸秩。自今以後，宜禁樵採，量爲封域，稱朕意焉。

宋 錢易《南部新書》卷七 含元殿側龍尾道，自平階至，凡詰屈七轉。由丹鳳門北望，宛如龍尾下垂於地。兩垠欄檻，悉以青石爲之，至今五柱猶有存者。興慶宮九龍池，在大同殿古墓之南，西對瀛州門。周環數頃，水極深廣，北望之渺然。東西微狹，中有龍潭，泉源不竭，雖歷冬夏，未嘗減耗。池四岸植嘉木，垂柳先之，槐次之，榆又次之。兵寇已來，多被翦伐。

宋 王溥《五代會要》卷三《嶽瀆》 晋天福六年正月敕：嶽鎮司方，海瀆紀地，載于祀典，咸福蒸民。將保豐穰，宜申虔敬，其嶽鎮海瀆廟宇，宜各令修葺，仍禁樵採。

宋 王溥《五代會要》卷八《褒崇先聖》 （後）周廣順二年六月，以文宣王四十三代孫前曲阜縣令孔仁玉復爲曲阜縣令，仍賜緋魚袋。以亞聖顔淵裔孫顔涉爲曲阜縣主簿。仍敕兗州修葺祠宇，墓側禁樵採。

宋 張唐英《蜀檮杌》卷三 （後唐明宗長興）四年二月，命修王建墓，禁樵採。

宋《宋詔令集》卷一五六《政事九·前代帝王置守陵户祭享禁樵採詔乾德四年十月癸酉》 自古帝王受天睠命，功侔造化，道庇生民，咸載簡編，宜崇典禮。或廟貌猶在，久廢牲牷，或陵寢雖存，不禁樵採。朕順考古道，咸秩無文，方懷景慕之心，敢怠寅恭之意。其太皞葬宛邱，炎帝葬長沙，黄帝葬喬山，顓頊葬臨河，高辛葬濮陽，唐堯葬城陽，虞舜葬零陵，女媧葬趙城，夏禹葬會稽，商湯葬寶鼎縣，周文王、武王葬咸陽縣。漢高祖葬長陵，在長安北。後漢世祖葬洛陽界，唐高祖葬三原縣東，太宗葬醴泉縣北。凡已上一十六帝，各置守陵五户，每歲春秋二時，委所在長吏，各設一祭。商中宗太戊葬内黄縣東南，高宗武丁葬西華縣北，周成王、康王葬畢原。漢文帝葬霸陵，在長安東。宣帝葬杜陵，在長安南。魏太祖葬于鄴，晉武帝葬洛陽，後周太祖文帝及隋高祖文帝並葬富平縣。已上一十帝，各置守陵三户，每歲一享。秦始皇帝葬昭應縣。漢景帝葬陽陵，在長安東北。武帝葬茂陵，在長安西。後漢明帝章帝並葬洛陽，魏文帝葬晉陽山，後魏孝文帝葬富平縣，唐元宗葬奉先縣，肅宗葬醴泉縣，憲宗葬奉先縣，宣宗葬雲陽縣，梁太祖葬伊闕縣，後唐莊宗葬新安縣，明宗葬洛陽東北，晉高祖葬壽安縣。已上一十五帝，各置守陵兩户，每三年一祭。仍並委所在長吏，祀以太牢，以羊代。周桓王葬澠池縣，靈王葬河南柏亭西，景王葬洛陽太倉中，威烈王葬洛陽城西隅。前漢元帝葬渭陵，在長安縣。成帝葬延陵，在咸陽縣。哀帝葬義陵，在扶風。平帝葬慎陵，在洛陽東南。殤帝葬康陵，在慎陵塋中。安帝葬恭陵，在洛陽北。順帝葬洛陽西，質帝葬洛陽東南，獻帝葬渭城西，魏明帝葬河清縣大石山，高貴鄉公葬洛陽瀍澗之濱，陳留王葬平原。晉惠帝葬太陽陵，在洛陽。懷帝、愍帝並葬平陽，西魏文帝葬富平縣，東魏孝静帝葬鄴郡，唐高宗葬奉天縣，中宗葬富平縣，睿宗葬奉先縣，代宗葬富平縣，德宗葬雲陽縣，順宗葬富平縣，穆宗葬奉天縣，恭宗葬三原縣，文宗葬富平縣，武宗葬三原縣，懿宗葬富平縣，僖宗葬奉天縣，昭宗葬緱氏縣，梁末帝葬伊闕縣，後唐清泰帝葬明宗陵南。已上三十八帝陵寢，常禁樵採。

又《聖帝賢臣陵墓禁採詔景德元年十月辛巳》 歷代聖賢，名標簡策，咸有封樹，載于圖經。至於嚴禁樵蘇，蓋邦家之令典，盜發塚墓，有律格之明文。如聞姦凶，頗恣穿掘。特申約束，用警羣倫。其諸路管内帝王陵寢、名臣賢士義夫節婦墳壠，并禁樵採。毁者官爲修築，無主墳墓碑碣石獸之類，敢壞者論如律。每歲首所在舉行。此令。

宋《宋詔令集》卷一一七《典禮》 禁泰山樵採詔（大中祥符元年四月丙申）朕將陟介邱，祇荅鴻貺，方遣先置，已諭至懷，而嶽鎮之宗，神靈攸處，尤宜安静，以表寅恭。慮草木之有傷，在斧斤之不入。庶致吉蠲之懇，式符茂育之仁，應公私不得於泰山樵採，違者具以名聞，重行科斷。

又《河中府周朝葬冠劍處修築禁樵採詔大中祥符五年八月丁酉》 朕歸功神載，崇德祖先。惟舜都千里之封，乃周祖四征之地。山河盡在，星紀屢更，弓劍所藏，松櫝成列。特加修奉，仍禁樵蘇。載刻翠珉，永垂後裔。河中府周朝葬冠劍處，委本府差人修築，禁其樵採，仍令翰林學士李宗諤撰記紀。

又《申禁歷代陵寢樵採詔天禧元年六月乙卯》 眷惟前代，崇建寢園，凡在部封，宜增嚴衛，矧屢頒於條詔，俾申禁於樵蘇。尚或因循，致兹侵暴，特加告諭，用示軫懷。應有歷代帝王陵寢之所，依元詔禁止樵採，違者特收捕嚴斷。

宋朱熹《晦庵集》卷一〇〇《約束榜》 南嶽衡山，係國家火德興隆之地，崇奉之禮極於嚴肅，合行封植，以壯形勢。近來官司失於守護，致得諸色等人妄行斫伐，林木摧殘，土石破碎，無以保國威。靈停滀雲氣，慰一方瞻仰歸依之望。事屬不便，契勘其地並屬寺觀所管，即與民間無相干涉。理宜措置。今帖合同李修職躬親前去體究相度，勒本縣巡尉責本寺觀主首摽識簽押，除深山人所不見之處，許令依舊開墾種植外，其山面瞻望所及，即不得似前更行斫伐開墾，向後逐年深冬即令寺觀各隨界分，多取小木連本栽培，以時澆灌，務令青活。庶幾數年之後，山勢崇深，永爲福地。并帖巡尉仰詳前項事理須管同合同李修職前去體究相度，逐一準此施行，及出榜嶽山寺張掛約束。諸色等人不得依前於山内瞻望所及之處斫伐林木，穿毁土石。如有前項違犯之人，許諸色人於所屬陳告根究從條，斷罪施行。

宋李燾《續資治通鑑長編》卷五八 （景德元年冬十月壬午）詔：歷代聖賢陵墓摧毁者，官爲修葺，申嚴樵採之禁。

宋李燾《續資治通鑑長編》卷六八 （宋大中祥符元年四月）禁於泰山

樵採。

宋 李燾《續資治通鑑長編》卷七五（大中祥符四年四月）庚申詔：唐相婁師德廟宜禁樵採。

宋 李燾《續資治通鑑長編》卷一〇〇（天聖元年三月）辛巳罷在京竹木務入中。

宋 李燾《續資治通鑑長編》卷一六六（宋仁宗皇祐元年）定州路安撫使韓琦言：比朝廷欲禁近邊山林不許斬伐，以杜戎人入寇之路。當時并近裏淺山耕種之地概行禁止，致邊民遽然失業。今薪炭翔貴，翻令敵人乘時以取厚利。臣嘗遣官行視可禁之處，去敵尚五六十里，亦可廣爲防蔽。已別定可禁之地，揭牓諭民，非令所禁者任采伐之。先是，楊懷敏管勾河北屯田溏泊，奏定州西北山林不得樵採。既而督州縣自御河以北巡邏日益嚴，犯者輒寘於法，邊人或徙居他處。至琦除其禁，人莫不便之。御河，一本作聒河，家傳亦作聒河，當考。會要邊防部書三月十一日知定州韓琦言，本州界以北乞一概禁採斫。從之。

宋 李燾《續資治通鑑長編》卷二八〇（熙寧十年二月乙未）權御史中丞鄧潤甫言：嘗有興利之臣議前代帝王陵寢，許民請射耕墾，而司農可之。緣此，唐之諸陵，悉見芟刈，聞昭陵木已剪伐無遺，熙寧令前代帝王陵寢並禁樵採，遇郊祀則敕吏致祭，其德意可謂遠矣。小人掊克不顧大體，使其所得不貲，猶不可爲，況其所獲至淺鮮者哉。乞下所屬，依舊禁止樵採耕墾，並絀責創議之人，詔唐諸陵除立定依條禁止頃畝外，其餘民已請射地，許依舊耕佃爲守陵户，餘並禁止。

宋 李燾《續資治通鑑長編》卷三〇二（宋神宗元豐三年二月辛丑）河東都轉運司言：憲州静樂縣民請射石神慢，坡塢荒地千餘頃，置弓箭手五百人，歲輸租米三千石。今據静樂縣尉案行，止有百二十三頃，即今林木蓄茂。乞禁採伐，養成良材，以備官用。從之。

宋 李燾《續資治通鑑長編》卷三一一（宋元豐四年正月）詔：非久修建尚書省等方，今天下獨熙山林久在羌中，養成巨材，最爲浩瀚，可以取足即今合用之數。宜專差都大經制熙河路邊防財用事李憲兼專切提舉本路採買木植，其合置官屬，并創立約束，並仰畫一條具聞奏，其本路以東涉歷路分應緣今來職事，他司不得輒干預。

宋 李燾《續資治通鑑長編》卷三一九（宋神宗元豐四年十一月）河東路提點刑獄黄廉言：準朝旨往代州定驗有無人侵北界地採薪。臣親往瓶形等十二寨，緣邊界壕按視，一一詳考。委是古道即不根究，内有道近鋪屋及密抵林木，委是人跡往還，本鋪守卒朝夕採薪，舍遠就近，不能無之。及有避遠取直過往，雖非採薪，亦不當直過。詔：逐寨不覺察採柴及取直過往，寨官并本地守鋪人員，令河東路經略司劾之。

宋 李燾《續資治通鑑長編》卷四九九（宋哲宗元符元年）詔：陝西、河東諸路，禁採伐新疆林木。

元 釋念常《佛祖歷代通載》卷二二 天下寺院山林樹木偏諭：玉音嚴加護持，毋令斫伐，以嚴佛如來之境界。

明 陸時雍《楚辭疏》卷二 晉文公爲公子時，遭驪姬之讒，出奔介子推，從行道乏食，子推割股肉以食文公。文公得國，賞從行者，不及子推。子推入綿上山中，文公寤而求之，子推不出，文公因燒其山，子推抱樹自焚而死，遂封原上之田，號曰：介田禁民樵採，使奉子推祭祀，以報其德。

明 王同軌《耳談類增》卷五四《盜樹法》 凡樹週圍去皮寸許則自枯，以其膏脉皆自其皮運。予少讀書天壇，見守者以此法盜長松百株，歷歲如洗。長民者不可不知。且山川賢聖不若鬼神佛釋有寘威，不守而固也。

明 丘濬《勑各邊鎮巡等官嚴禁砍伐樹木》 朕惟我朝建都于燕，切近邊塞。内而太行西來，重崗連阜逶迤，而北越山海，而東極于遼陽開原之境。外自舊大寧界，越宣府、大同、渾蔚，而西極于延綏、寧夏之域。山嶺崎嶇，蹊隧狹隘，林木茂密，以限虜騎馳突。今國家一統，華夷承平，百有餘年。固本乎天眷之隆、兵威之盛，而地險之助亦不能無焉。近年以來，風俗侈靡，大興土木之工。有等射利之徒，往往在于邊關産有木植去處興販材料，筏浮運，歲無虚日，利之所在，人必趨焉。由是戍卒邊民，争先趨利，招群合衆，持斧礪刃，越過當防之關口，冒伐應禁之材木，惟圖己利，罔恤國計，而一時官吏將領亦乘之而邀厚利，有所抽分，因之而結權貴以資進用，役使軍民勞苦萬狀，費用工力無有已時，農時因之而妨，操練以之而廢，貽富室破産之患，起京師木妖之謡。亭障因之而難守，邊城由此而無備，逃叛者得以外逸，抄掠者得以内侵，木皆坐盡山以通行，遂致林木日稀，道徑日闢，設邊方常如今日無事固無所用，不幸一旦而有風塵之警，將何以扼其來而拒其入乎。失今不爲限制，切恐日甚一日，雖有知者莫能善其後矣。曩日朝廷屢給旨意，榜文張掛諭衆，犯者謫戍烟瘴邊方。其爲厲禁不爲不嚴，奈何視爲泛常，徒掛牆壁，果誰之過歟。爲總督者奉勑以禦虜，乃忍爲虜除道乎。巡撫者受命以安民，乃忍延寇爲害乎。守戍者以守備爲職，何忍開門而揖盜。牧民者以保障爲任，何忍撤備以召戎與。夫按屬巡邊之官有除奸革弊之權，過而視之若不干己。古人有云，食焉而怠其事者必有天殃。爾等受朝廷委任，既不能禁約又縱人採伐，甚者邇時好效勤勞以有所希覬，求爾身家安榮，希彼勢要拔擢，忘我國家邊備，戕我生靈性命，于爾心安乎。國法雖可逭，其如天誅何？朕今不追咎其既往，惟禁制其將來，除在前採取已庫運出山裝載在筏者外，自今以後一應邊關在内及外，自東迤西，凡係緊關要害去處，一木不許擅伐，一石不許擅移，非奏請朝廷、明有上司文憑、緊急營繕必不容，已而他山不可致者，不許持斧入山，浮筏於河。若其地非其一害而一時切要之用不可緩，移文量爲採取，足用即止。其餘小木、旁條、枯柴、稿質，有之不足爲備，無之未必爲缺者，不在禁例。勑至爾等鎮巡等官，宜依勑内事理行移所屬分守守備、守禦等官，並府州縣掌印官員各要嚴加禁約，凡臨邊一帶營堡關口所在，必資林木以爲蔽塞遮攔。天壽山列聖陵寢所在，其後山場樹木所關係尤爲重大，一應官旗軍民客商人等俱不許砍伐販賣，違者取問如律，俱照榜例押發烟瘴衛所充軍。其分守守備、守禦並府州縣官並不許私役軍民採伐，起蓋官私非祀典祠廟、額外寺觀。饋送勢要之人，或起夫力車筏爲人裝載，事發軍職降二級，發回原衛所，終身帶俸差操，不許管軍管事，文職俱降邊遠敘用，鎮守並副參等官聽彼處巡撫、巡按並在京科道指實劾奏，治以重罪。巡撫、巡按知而不舉，一體究治。仍於應禁林山口鏟筏經過河道緊要去處，差委能幹官員領軍守把，近山關口營鎮及沿途巡司盤詰，除内外官司奉有明文條理營造筏運並小大植柴炭，查驗明白，照舊通放外，其餘私自販賣大木經過，即便拏送合干上司依律究問，筏木盡數入官。敢有容情縱放者，事發俱問受財枉法贓罪。嗚呼，地之爲險以其有山，山之爲險以其有木。古者王公設險以守其國，無其險尚百計以營爲之，況其有險而自去之，可乎？爾等宜服膺朕言，朝夕在念，其尚相與同心戮力，思患預防，以爲邊方遠慮，庶無負乎朕委任之意欽哉。故諭。

禁砍樹木，多栽榆柳等樹，自是邊防緊關事宜。明初猶有此勑，而今蕩然矣。

明　張紹魁《重修居庸關志》卷一　（皇帝勑諭都指揮僉事張元勳，居庸關）沿邊樹木尤宜嚴加禁約，不許官軍人等採柴燒炭，圖利肥己，致成空曠，引惹賊寇。或已經砍伐者，督令趁時補種，務要林木稠密，使賊寇不得通行，遇警易於守備。

明　張紹魁《重修居庸關志》卷一《制勑》　如有權豪勢要之人侵欺盜賣糧草及砍伐邊關樹木、沮撓軍務等項者，體訪得實，具奏處治。

清　龍文彬《明會要》卷一七　鳳陽皇陵所在，近境取寸木，法皆死。陵軍多倚禁虐民。巡按何鑑請以山麓爲限，他樵採勿禁。遂著爲令。

清　龍文彬《明會要》卷一七　正統二年諭：天壽山陵寢翦伐樹木者重罪。都察院榜禁，錦衣衛官校巡視，工部、欽天監官環山立界。

清　索寧安《滿洲喪葬追遠論·樹木不可砍伐》　夫墳塋樹木，原爲墳墓遮陰避日、藏風收氣、培植風水之作。能成喬木，方有古墓氣象，所關風水最要。第一之件，只可栽培修補，豈可傷損。況皆數十年栽種澆灌工夫方成林木。後之人當思前輩創立栽植非一朝一夕之工。如稍有傷損，即後輩再加添種，亦不能刻下成林，又非房屋器具可比。總當常思前人植種追遠之誠心初念，後之人自當短者補之，傷者培之。世世相守，共襄其事。幸勿忽忽漠漠，不思緊要，因貧計其變價，或借端砍伐。不但犯禁有罪，被人恥笑，其先靈即不譴責，而問心何安。余由來深以此爲慎重，後之人不可不戒也。

清　蔣良驥《東華録》　（順治六年十月）禁伐昌平及故明陵寢樹木。

清　吴人驥《孫子十家註》卷九　曹公曰：斬伐樹木，除道進來故動。梅堯臣同曹公註。張預曰：凡軍必遣善視者，登高覘敵。若見林木動摇者，是斬木除道而來也。或曰：不止除道，亦將爲兵器也。若晉人伐木益兵是也。

清　王應奎《柳南隨筆》續筆《舍禁》　《周官》荒政十二，有舍禁一條，謂舍山澤之禁，與民同利也。然古者山澤隸於官，故有山虞、澤虞、林衡、川衡之設。今則山澤之間，民以價買，各有所屬，租賦出焉。是舍禁之法，不得行于今也。以崑山近事言之，馬鞍雖小，而林木茂密，有鬱鬱葱葱之象。其邑科第蟬連，户口饒裕，勝於他處。自乙巳水災，有盜取林木者，山主鳴之於縣令，令隱持舍禁之説，不爲深究。於是盜取紛如，不及半載而山竟濯濯矣。自此風水大壞，遂致科第寥落，户口貧瘠，有一跌不復振之勢，而其害實自上一念之姑息貽之。

清　牛運震《查覆封閉山林事宜狀》（清　賀長齡《清經世文編》卷三八引）　阜縣東路阿壩一帶之昌靈山，林木頗屬暢茂，其處地勢高阜，並無河渠，亦鮮泉源，即民間需用之水，率由水窖瀆注汲飲。若使林木益密，則積雪愈深，一值春融雪消，不惟資以潤澤土膏，亦可以濟民間挹取之用。況該處薪草煤炭出産頗多，即使封閉山林，亦無妨於爨火。應請永行封禁，未便輕議開採。再有北路鎮羌岔口以西，四臺以東等山，曾經剿番焚燒之餘，祇存小叢矮樹，該處傍河依渠，率皆民間播種田畝，亦賴冬雪深厚而後春水暢流。方長之叢木，可借田禾之灌溉攸賴，似應酌量封禁，以爲儲蓄水利之計。至於四臺以西之沙金溝先密寺，棋子、棹子等山，均係曠土草地，并無關於民田，且長林森茂，樹木叢雜，附近居民，多以樵牧爲業，應聽本地居民隨便採伐，燒造柴炭，售賣度日，以爲謀生之資，并供本地爨烟之用。惟是外來商民，操持贏利，雇衆入山，鋸板燒炭，亦不可漫無稽查，仍應先赴縣領照，酌定株數，限以日期，以示節制。庶山木叢發，取之以節，不致肆行斬伐，濯濯一空也。

清 俞正燮《癸巳存稿·封禁山説》 陝西封禁山爲終南裏山，綿亘八百餘里。地界岐山、鳳翔、郿、武功、盩厔、鄠、咸寧、長安、藍田九縣，分段管理，謂之老林，向例封禁，其中子午谷一道亦封禁。乾隆四十年間，以金川軍報，開此道較舊驛爲近。嘉慶四年十月，議開山内地，斫伐老林，墾田設營。五年四月，於五郎廳地方立寧陜鎮，設總兵，置墩汛，老林量漸斫伐，地畝撥給流民，其幽仄險峻，人跡罕到之區，查明封禁。江西之封禁山，則宋時由今鉛山分水關置驛，入今崇安；由今廣豐柘陽關置驛，入今浦城，其崇安、鉛山之東，浦城、廣豐之西，空棄銅塘山箐險阻地數百里，曰封禁山。明正統時，處州賊葉宗榴據之，永豐知縣追捕遇害，總兵戚繼光討平之，遂禁治設隘，置汛戍。其地曰銅塘，曰張灣，隘曰楓林隘。萬曆時，議開治，守土者奏止之。順治初，山賊楊文竄入山，姦民請采木植於風景山。十年，江西巡撫蔡士英查，風景山亦書作封景山，乃封禁山，奏請復加封禁。康熙五十九年，搜查山中並無藏匪。雍正三年，江西巡撫奏封禁山事宜，上諭云：若當開，則不得因循，當禁，則不宜依違，但不存貪功圖利之心，實心爲地方興利除弊，何事不可爲也。今封禁地漸縮削，户部例封禁者，銅塘山中零星地畝，及浙江象山縣大小南田、樊□、鵓鴣頭、大佛頭、大月□、箬魚山等處荒田。象山今設石浦，同知爲廳。而湖南永明縣塘下源等處山場以民猺争墾封禁。蓋封禁地由外墾入内，則不慮藏姦，而材木地畝，民得其利。《梁書·顧憲之傳》云：時於宣城、臨城、定陵三縣界立屯，封山澤數百里，禁樵採，憲之固陳不可，即命無禁。此今宣城、涇、石埭地富庶文秀，地當就近人者以次墾之，則有利無弊，往事其明證也。

清 孟衍泰《三遷志》卷六 洪武七年，御史臺牒下按察分司令出榜禁諭：軍民人等，毋得非禮入廟宿歇，斫伐樹株。如有違犯之人，令宗子陳告到官，依律究治。

清 蔣溥《盤山志》卷一六 康熙中有蠲免柴需之碑，立於少林寺。又山中多數百年古樹，屢申盜伐之禁，故得長此鬱葱。

清 顧士璉《新劉河志》正集《禁約十條》 太倉州知州白爲新河禁約，永宜遵守事，濬河本以便民，恐爾民不知利弊，不計久遠，今爲爾民籌善後之策。當思開鑿甚艱，壅塞甚易。陸行甚苦，舟楫甚安。旱潦蓄洩，種種便益。所有禁約，宜永遵守。百世之利，爾民享之。今開列于後： 一禁淤塞支河。傍河支流宜一一隨田間濬比舊深，洞橋可通舟楫，便灌溉，亦便潦水盡注大河。河流益駛，不許奸徒霸住水口。 一禁栽植蘆葦。蘆葦利小害大，不論新河舊河，凡有蘆葦妨礙水道者，聽民盡行削去。蘆芽初生，聽民放牧，務絶其種。不得阻撓，以病農功。 一禁罾簖漁舟。既阻河流，又傷物命，宜盡拆逐。 一禁竹木堆河。商人有開竹木行者，止許架于岸上，不許堆叠河中，以隘舟行之道，以阻通流之水。 一禁壅泥入河。岸上新泥，不許鋤入河内及隨田壅出，以隘河身。 一禁攔阻河路。不論航船民船，有催趂者，聽從民便，不許奸棍借名攔阻，霸佔河路。 一禁兵丁騷擾。水陸遊兵，有搶奪船隻、打掠民財者，該地方訪係何營，即行報州移文究治。 一禁壅遏商賈。有惡棍串通營兵或假裝營兵，霸住村市關橋，抽取商人財物，即同搶掠，該地方即行報州拿究。 一禁石塊壩堰。橋必用木，石塊則妨水道。至干河中壩堰，有礙舟楫，水口私壅獨擅水利者，並令開通。 一禁戕賊桃柳。所植之樹，各個户宜看管澆培，枯者易新，柳條瘦小不活者，冬間伐壯枝再扦。 右共十條，該地方人等永遠遵守。有犯禁者，許居民首告。地方扶同隱匿者，併究不貸。特示。

清《世宗硃批諭旨》卷一三九 （雍正七年十一月二十一日巡察山西等處户科掌印給事中宋筠奏）一名山載在祀典，樵採宜禁。九月初三日，據趙城縣詳稱，霍山中鎮廟東古栢一株，被賊偷伐，廟南一株又被鄉民燒燬等情，已批該縣勒緝賊贓，并飭其不時稽查。又於十一月初六日，據五臺縣詳稱，五臺山臺懷村民郭玉成等，店内窩留伐樹賊人趙之樞等，搜獲伐樹斧鋸，賊人鼠竄等語。臣即批行嚴緝將來。臣至太原囑撫臣，嚴出告示，以禁廟宇樵採。謹奏。（硃批）是當之至。

清《世宗硃批諭旨》卷一三九（雍正七年十一月二十一日巡察山西等處户科掌印給事中宋筠奏）一晉省民壯，臣每到之處，親行考驗。其中或有年老及技藝不堪者，臣即行革退。另募精壯者，頂補該州縣。稍有懈弛，不行操演者，臣必嚴行申飭。近來武藝頗有可觀。再臣於今歲春初，曾通行各屬，於道旁栽插柳枝，除山麓多石難種外，其餘平坦大路勸令密行栽插。今臣巡歷各該地方，見成活者十分之二，臣自當言之新任巡察，囑其於來春再行補種，以期成效，合并奏聞。（硃批）如此事事留心整理，不數年間，晉省可望其及豫省矣。朕甚爲嘉賞勉爲之。

清　唐執玉《畿輔通志》卷一《詔諭》（順治十七年）諭工部：前代陵寢，神靈所棲，理應嚴爲防護。朕巡幸畿輔，道經昌平，見明朝諸陵寢殿宇牆垣傾圮殊甚，近陵樹木多被砍伐，向來守護未周，殊不合理。爾部即將殘毀諸處盡行修葺，見存樹木永禁樵採，添設陵户，令其小心看守。責令昌平道官，不時嚴加巡察。爾部仍酌量每年或一次二次差官察閲，勿致疎虞，特諭。

清　唐執玉《畿輔通志》卷一　康熙十四年九月十五日，諭禮部：往代帝王陵寢所在地方，理宜守護，以妥神靈。朕近行幸湯泉，道經昌平，見明朝諸陵殿宇雖存，户牖損壞，附近樹木亦被摧殘。朕心深爲憫惻，爾部即嚴加申飭守陵人户，令其小心護防，仍責令該地方官不時稽察，勿致仍前怠玩，以副朕優禮前代之意，特諭。

清　秦蕙田《五禮通考》卷二二《春秋繁露》：春旱求雨，令縣邑以水日令民禱社稷，家人祠户，毋伐名木，毋斬山林。

清　秦蕙田《五禮通考》卷四七《册府元龜》：天福六年詔曰：嶽鎮司方海瀆紀地載諸祀典，咸福蒸民，將保豐穰，宜申虔敬俾加崇飾以奉神明，其嶽鎮海瀆廟宇等，宜令各修葺，仍禁樵蘇。

清　秦蕙田《五禮通考》卷四七《禮志》：真宗封禪畢，加號泰山爲仁聖天齊王，遣職方郎中沈維宗致告。又封威雄將軍爲炳靈公，通泉廟爲靈派侯，亭山神廟爲廣禪侯，嶧山神廟爲靈巖侯，各遣官致告。詔泰山四面七里禁樵採，給近山二十户，以奉神祠社首。徂徠山並禁樵採。　甲申詔：自今傳宣營造屋宇，並先下三司計度實用功料，然後給以官物。時上與皇太后宣諭。輔臣曰：比來諸處營造，内侍直省宣傳，不由三司。而廣有支費，且聞伐材採木，山谷漸深，輦致勞苦，宜檢約之。乃降是詔。

清　張希京《曲江縣志》卷一二　蕉園滑水一帶山場，東界翁源，南界英德象司屬，北界曲江，西界石坑，週圍七十餘里，樹木叢茂，泉源浩大。流注英德陂一十八所，曲江陂一十所，灌田數千頃。康熙二十八年，英曲兩縣紳士禀明兩院札行府縣封禁。嘉慶十九年，蔣撫憲復又札縣嚴禁。同治十一年額前府札行曲江、英德二縣，同出示封禁，有案。

清　吴景果《懷柔縣志》卷四《明仁宗實録》：洪熙元年懷柔知縣邵元亨奏請，自黄花鎮東至紅螺山，去天壽山已遠，乞弛禁以便採輸官薪，上從之。諭工部尚書吴中曰：弛禁便民，朕所不吝。若採之無節，恣意伐斫，則林木易竭。宜令以時取之，仍禁傷其本根，庶幾可資常用。按，邵公里籍出身無可考，即此一事可見爲政之大凡。今從祀名宦有以也。

清　白純義《輝南縣志》卷三　立春，農夫例於上元節後，以斧斤入山林，採伐薪木備終年燃料，曰上山勤。

清　于滄瀾《鹿邑縣志》卷一六（宋咸平）六年七月己酉，亳州官吏父老三千三百人詣闕請謁太清宫。八月庚申詔來春親謁亳州太清宫，辛酉以丁謂爲奉祀，經度制置使，丙寅禁太清宫五里内樵採。

清　吴履福《昌平州志》卷一（嘉慶九年）仁宗睿皇帝諭本日朕親至明成祖長陵酹奠，並遣大臣分詣諸陵行禮。憑眺山林，彌深殷鑒，敬念皇考高宗純皇帝特諭，重修明帝諸陵，明樓享殿，規制煥然，嚴禁樵蘇，松楸無恙。兹朕鑾輅親臨，再申例禁，著該地方官以時飭令守陵人户敬司灑掃，並嚴禁砍伐樹木，永遠遵奉，毋得懈馳，以副朕恪守前謨、培護勝國陵寢至意。

清　汪度《藁城縣志》卷二《城池》　縣境多沙，護城濠大半淤平。同治二年知縣詹作周因馬賊張錫珠作亂，難以守禦，借書院生息成本制錢二千緡，僱夫挑挖，寬四丈，深八尺。同治六年知縣陳金式勸捐，依濠栽柳八百餘株，借以禦水。立禁約，毋得翦伐，責成於鄉長並紳士稽查。

清　張龍甲《彭縣志》卷五《憲禁志》　正堂沈、吴、張歷禁伐山通夷示

縣正堂沈爲訪聞示禁事。本縣風聞，鹿坪里牛棬溝地方有杜永森山業，與茂州交界處所，開鑿路徑，前往文鎮燕門夷地，砍運樹料。此路向未開闢，一旦成路，夷人入境，滋事生端，後患無窮。特示永遠封禁。倘有不遵，許該管團約並附近居民人等查實，指名具禀，以憑喚究，但不得挾嫌妄禀，致干併究。各宜凜遵毋違，特示。同治十年四月

縣正堂沈爲示諭事。照得前曾示禁，與茂州交界，老林不准砍伐，恐此路一通，夷人及金夫與天池大壩匪類，竄入爲害不淺。茲本縣訪聞，實興場鄉約張文富、唐典祥，胆敢勾同彭四興，價買茂州尚姓山樹，由彭界運出，只知圖利，不顧貽害。除簽差查拏外，合行出示曉諭，爲此示仰該場附近紳糧人等知悉。自示之後，爾等大家查禁以後，倘有違示偷砍，及私通夷人入境□害者，許該紳糧人等隨時具稟，以憑喚案懲治，是爲至要。特示。同治十年十二月

縣正堂吴爲出示刊石、永遠封禁事。案查，前奉成縣龍茂道謝札，據彭縣文生李懷杰等上控，史筆嚴即史協升等違伐通夷等情一案，委令題補宜賓縣知縣于詣縣會縣勘明查封集訊稟覆，奉批：查杜永森山業，既與汶川縣屬之，尚家山挨連，歷來不許行走。乃史筆嚴等輒敢漁利，私開砍伐木植，胆玩已極，本應提省嚴辦，姑念案經該令勘封訊結，加恩免究，仰候□飭彭縣，恪遵舊章，認真查封，嚴切示禁。一俟秋後水消，即親詣該處督飭，將溝內梯橋道路概行挖斷毁棄，並責令實興等場團約隨時稽查看守，遇有違禁砍伐，即行稟縣拏究，所有史筆嚴等已砍木植，准照此時斷案。另選妥紳搬運，罰充該縣考棚等處公用。概不准原控人等經手，致免藉口爭競，並候詳明，督憲核示立案，再飭該縣刊豎石碑，永遠封禁，以重邊境而固藩籬。繳行知下縣，並經道憲詳，奉督憲批，縣親能勘明，出示刊石，永遠封禁。各等因除遵照分別辦理外，合行出示刊石，永遠封禁。爲此仰該處團約並闔邑紳民人等知悉，所有杜永森山業既經會委勘明，詳請照舊封禁，應宜永遠遵守，嗣後不准漁利，再行私開。倘敢不遵，違禁砍伐，許該團約等指明稟縣，以憑拏案究辦，各宜凜遵毋違。特示。同治十三年九月二十九日

縣正堂張爲遵札封禁事。案奉道憲方札開轉奉督憲丁批，據附詳委審彭縣職員杜永惠，以誣禁逼命等情，京控柯清祿等業已訊結，應請飭遵。一案，牛棬溝逼近番夷，溝内橋路果否拆毁，恐鄉愚無知，貪利復砍致開邊釁。應飭該縣將溝内梯橋道路，務須一律拆毁，挖斷一面，出示嚴行封禁。責該處團約人等隨時稽查，如有違禁砍伐之人，立即稟究，以固邊圉，而杜後衅等因。奉此合行出示封禁，爲此示仰該處團約及居民人等，一體知悉遵照。自此次封禁之後，倘有漁利之徒，復敢私開橋路，故意砍伐，該團約等立即隨時具稟，以憑拘案嚴究。各宜凜遵毋違。特示。光緒四年六月

清　董天工《武夷山志》卷四《勅封》　唐天寶七載，封天下名山大川，遣登仕郎顔行之至武夷山。一曲溪北舊有石刻記其事，後同亭湖陷，石隕水中。全山禁樵採。

清　董天工《武夷山志》卷四《頒賜》　南唐保大二年二月，勅建州武夷山昇真元化洞天，武夷觀可改賜會仙爲額。仍令所司日下准備木植，別擇高爽清浄去處，鼎新創造，照依降去格式，務要簡樸。其山方圓一百二十里，與本山護蔭，並禁樵採張捕，違者所司按法施行。

清　陳玉祥《祁陽縣志》卷二二《風俗志》　邇來近郊種樹，視前較稀。細察其故，由奸民多入山竊伐，間有值主捕獲，皆以爲其事細微，不便控官，輒復釋之，而竊樹者益無忌憚，致有山土之家寧坐失其地利，而不復爲樹木計所。當嚴爲曉諭，俾鄉民知竊樹之罪，即是竊盜犯者，依律治之，然後種樹者有所恃而無恐。又復廣爲勸導，凡土性所宜之處，即令栽杉種竹。數年之後，四鄉杉木自必加多，其利不可勝言矣。

清　浙江省餘杭縣蟠龍菴《奉憲禁碑》　特授浙江湖州府安吉縣正堂劉，爲遵陳憲批勒石永禁事。嘉慶十三年二月二十七日奉特授湖州府正堂加五級、隨帶軍功加一級紀録十次戴憲牌。本年二月十五日准，特調浙江杭州府正堂加五級紀録十次廣移開。嘉慶十二年十二月二十六日，奉欽命浙江等處提刑按察使、總理驛務事加五級紀録十二次。朱批：餘杭縣通詳上民張衡等呈請勒石永禁開設冬筍牙行一案，仰即會議詳奪等因，移會到府奉經行，據各縣採訪明確核詳，前來本府復會同移議。

查餘杭、臨安、武康、安吉、考豐等縣，界址毗連，山多田少，居民出息，全賴山竹。甲年冬筍即系乙年春筍，匪徒結黨成群，逞强刨掘，侵損山場，殊爲民害。若再添設牙行，則變消更易，收買易多。且難保無牙匪勾連，串竊滋弊。設非嚴立章程，無以清弊源而遏寇風。自應准如所請，在於餘杭、臨安、武康、安吉、孝豐等縣各交界處所，一體勒石永禁，使匪徒觸目驚心，知所顧忌，盗竊之風，漸次屏除。詳奉兵部侍郎兼都察院右副都御史巡撫浙江等處地方，管理糧餉、兼理全省營務阮批據詳已悉，仰按察司會同布政司轉飭，於交界處所勒石永禁，取摹送查。嗣後每届冬令，飭差嚴密查拿竊筍匪徒，照例究辦，並永禁開設筍行，以杜滋弊等因。又奉欽命，浙江等處承宣司布政使加三級紀録十次，又紀録三次，崇批如詳。飭遵仍候撫憲既司道批示繳。又奉欽命浙江等處提刑按察使司按察使、總理驛務事加五級紀録十二次。朱批如

詳，會飭各縣於交界處所勒石永禁，取摹送查。嗣後每届冬令，該府督飭各縣選差嚴密查拿，如有匪徒竊筍情事，照律究辦，毋稍姑息。並永禁私開筍行，以杜滋弊，慎毋日久廢弛。仍候撫憲既潘司巡道批示繳。又奉欽命，浙江分巡杭嘉湖兼水利、海防、兵備道加四級紀録八次。岳批既據會查明如詳，勒石永禁，仰即擬具碑式呈察核，仍候撫憲既藩臬司批示録報繳各等因奉此，除各縣一體遵照外，合亟飭遵等因，下縣奉此合行勒石永禁。爲此碑，仰該地業户保甲並諸色人等知悉。自禁之後，如有匪徒再敢糾衆竊掘，並私設牙行，貪值變消，詳業户人等，協保扭票，以憑嚴究，斷不姑息。各宜凜遵，毋貽後悔，須至碑者。　嘉慶十三年十月　合邑士民畢世煌等三十二人公立

浙江省分水縣《嚴禁墾布山場告示》碑　欽加四品銜、賞戴花翎即用、總捕府署理、分水縣正堂李出示嚴禁墾布山場，以保田廬而裕課賦事案。據職員張嘉蔭、張嘉華，監生張清謙等稟稱：職等於同治年間來分，置買蠡湖、虹橋等莊荒田七石餘畝，召開墾闢糧田，張復興户完納。詎有安慶、江西等省客民陳磊亭、徐位從、戴瑞貴、王老狗等糾集各處客民，胆將禁墾山場，土名分水塢内年雞塢、浪石塢、柯欠塢、江西阪等處開闢播種。農佃往阻，據該客民聲稱：有士民召墾，倚恃不耳。現在山被開掘，逢大雨，沙石隨水奔（□）（瀉），壅塞該莊水口。本年夏間，洪水陡發，沙石冲没田疇，許虹橋莊内被沙淤石積田有百餘十畝之多，委實受害非淺。查該塢山場，前於咸豐年間經城鄉士民稟奉府憲勒石，永禁開布有案，至今禁碑尚在，黏抄碑示，公叩飭封嚴禁等情到縣。據此查前項山場既奉憲示永禁，（宣）（豈）容擅行（石）（召）墾，以致有害田廬。除批示，並飭差保查封處合再出示嚴禁，爲此示仰業户、客民等一體知悉，爾等須知，禁墾山場原爲保全田廬，國課民生兩有裨益。所有前項各土名山場，各客民不得違禁開布，土著民人亦不準私行召墾，貽害田疇。自示之後，務各一律停墾，該客民等應即各遷移，另謀生計，不得任意逗遛。倘敢故違禁令，一經指控，定即提同該山主等一併重究不貸。本縣令出必行，慎弗嘗試，其各稟送，毋違切上。特示。　右仰知悉。　光緒二十七年十月十七日

清　福建省南平縣後坪村《合鄉公禁》碑　蓋《周禮》有虞衡之司，未敢愆期而執伐，王政無斧斤之縱，不過因時而取材。此雖天地自然之利，先王曾不少愛惜而樽節焉。吾鄉深處高林，田畝無多，惟此茂林修竹，造紙焙筍，藉以通商賈之利，裕財用之源耳。迄今數年以來，砍伐不時，幾致童山之慨，保養無法，難同淇水之歌。爰是質諸僉謀，咸曰：效先王之制，厲而禁之，定一時之規，樹百年之計。不惟守業封家，端因山産出息，得享貨殖之貲，即勤工力食，亦藉商賈錢財，堪濟俯仰之急。以言所利，利莫大焉。雖然山場竹林禁約固非所緩，而風水蔭木保護更須有方，事無二致。約竟同申公捐囊積之金，敬演梨園之曲。普告諸君務珍惜，永念先人培植之功，宏開後世興隆之業，是所厚望者矣。爰將禁規條列于左：　一禁貓竹不許砍伐，準薪以及破售香條，乘便盜用一切。如系缺山人等造作家器，須向主家問明，毋得私自縱砍。永遠立禁。　一禁春筍定於遞年二月初五起至立夏止，概不許盜挖，所留筍種毋得砍尾。永遠立禁。　一禁本境蔭木暨水尾松樹雜材，概不許盜砍私批，砍伐松光以及砍蔭耕種。永遠立禁。　統上公同議規，原爲善後類舉，違者定罰，演戲不徇。各宜恪守，毋違公禁。清咸豐六年丙辰仲春月穀旦

清　江蘇省無錫縣斗山《禁約》碑　無錫縣正堂吴，爲上宏解網，下沛放生，懇恩給示禁約，並敕勒石永垂事。據膠山鄉五十三都一圖陸懋績、張光緯等呈詞，前事呈稱：斗山地方離城四十餘里，接壤尤塘、八字橋等圖，有一水墩，依山環水，茂林修竹，中有菴房數間，並靈巖法孫蜀喬和尚買居習静，除徽商江順所舍田二畝供饘粥外，與世無求，惟説度衆，勸化多人，捕蛙聞法以投錐，打銃投誠而改業。不二年而飛禽萃集于其林。本地徐鄉紳等，用價買得黄可延河池一灣，並沿河樹木九十三株。月一放生，未半載而游魚隱躍於其渚，生命漸繁。難免臨淵之羡，水居其僻，恐欺孤潔之僧，乞賜給示，並敕勒石等情，前來擬合給示禁飭，爲此示仰圖里總人等知悉，即便刊立碑禁約。徐宦價等黄可延河池樹木，江商舍田並菴房，務要照數開明，勒鐫於石，永爲放生處所。日後强梁毋得擅竊林中一禽，擅採禁内一莖一木。蜀喬和尚習静焚修地方，棍徒不得攪擾生事，如違一並拿究，治以大法。須至示者。康熙八年八月

清　陳懋列《莆田水利志》卷六《太平南安碑》　嚴禁陂頭内圳放運杉竹，致有衝壞，已於源頭設石柱欄之。山内林尾村，仍有放運入圳，許鄉練截阻，指名稟府拏究，即泐石戒儆。

王宗勛《錦屏林業碑文選輯・文斗六禁碑》　衆等共議條禁開列于左：　一禁　不（俱）（拘）遠近杉木，吾等所靠，不許大人小孩砍削，如違罰銀十兩。　一禁　各甲之階分落，日後頹壞者自己修補，不遵者罰銀五兩，

與衆修補。流傳後世子孫遵照。　一禁　四至油山，不許亂罰亂撿，如違罰銀五兩。　一禁　今後龍之階，不許放六畜踐踏，如違罰銀三兩修補。　一禁　不許趕瘟猪牛進寨，恐有不法之徒宰殺，不遵禁者，送官治罪。　一禁　逐年放鴨，不許衆婦女挖階前後左右鋤膳，如違罰銀三兩。　乾隆叁拾捌年仲冬月　姜弘道書撰　立

王宗勛《錦屏林業碑文選輯・章山禁碑・萬古碑記》　蓋聞黎山蓄禁古木，以配風水。情因我等其居兹境，是在沖口左邊，龍脈稍差，人民家業難以盛息。前人相心相議，買此山蓄禁古木，自古及今，由來舊矣。至道光年間，立定章程，收存契約、捐錢人名，昭彰可考。蓄禁古木成林，被要唆害，概將此木伐浄。咸豐、同治年間以來，人民欠安，諸般不順。至光緒七八年間，合村又同心商議，又將此木栽植成林。不料有不法行之徒，反起歹心，早捕人未寢之時，暮捕人收工之後私將此栽之秧木扯脱，成林高大之蔸砍伐枝椏，剥皮暗用，弄葉殺樹。合村人見之，目睹心傷，殊屬痛憾。自今勒石刊碑之後，斷不扯壞。若再有等私起嫉妒歹心之人故意犯者，和團一齊鳴鑼賠禁栽植，章程另外罰錢拾叁千文。違者稟官究治。預爲警戒。以是爲序。　清光緒二十三年二月谷旦公立

藝　文

《詩・召南・甘棠》　蔽芾甘棠，勿剪勿伐，【略】蔽芾甘棠，勿剪勿敗，【略】蔽芾甘棠，勿剪勿拜。

《詩・鄭風・將仲子》　將仲子兮，無踰我里，無折我樹杞。【略】將仲子兮，無踰我牆，無折我樹桑。【略】將仲子兮，無踰我園，無折我樹檀。

樹木異常現象部

紀事

漢　班固《漢書》卷二七《五行志》中之下　惠帝五年十月，桃李華，棗實。

又　昭帝時，上林苑中大柳樹斷仆地，一朝起立，生枝葉，有蟲食其葉，成文字，曰「公孫病已立」。又昌邑王國社有枯樹復生枝葉。

又　元帝初元四年，皇后曾祖父濟南東平陵王伯墓門梓柱卒生枝葉，上出屋。

又　（建昭）五年，【略】山陽橐茅鄉社有大槐樹，吏伐斷之，其夜樹復立其故處。

又　成帝永始元年二月，河南街郵樗樹生支如人頭，眉目須皆具，亡髮耳。

又　哀帝建平三年，零陵有樹僵地，圍丈六尺，長十丈七尺。民斷其本，長九尺餘，皆枯。三月，樹卒自立故處。

南朝梁　沈約《宋書》卷三二《五行志》　晉惠帝元康二年春，巴西郡界竹生花，紫色，結實如麥，外皮青，中赤白，味甘。

又　永嘉六年五月，無錫縣有四株茱萸樹，相樛而生，狀若連理。

又　（永嘉）六年七月，豫章郡有樟樹久枯，是月忽更榮茂。

又　晉成帝咸和六年五月癸亥，曲阿有柳樹倒地六載，是月忽復起生。

又　咸和九年五月甲戌，吳雄家有死榆樹，是日因風雨起生。與漢上林斷柳起生同象。

又　晉安帝元興三年，荊、江二界生竹實如麥。

又　晉哀帝興寧三年五月癸卯，廬陵西昌縣修明家有死栗樹，是日忽起生。

又　晉海西太和元年，涼州楊樹生松。天戒若曰，松不改柯易葉，楊者柔脆之木，此永久之業，將集危亡之地。

又　晉孝武太元十四年六月，建寧同樂縣枯木斷折，忽然自立相屬。

南朝梁　蕭子顯《南齊書》卷一九《五行志》　（南朝）宋泰豫元年，京師祇洹寺皂莢樹枯死。昇明末，忽更生花葉。

又　建元初，李子生毛。

又　（建元）四年，巴州城西古樓腳柏柱數百年，忽生花。

又　永明六年，（后）（石）子崗柏木長二尺四寸，廣四寸半，化爲石。

唐　張讀《宣室志》卷五　唐興平之西，有梁生別墅，其後園有梨木十餘株。大和四年冬十一月，新雨霽後，其梨忽有花發，芳而且茂。

五代　劉昫《舊唐書》卷三七《五行志》　元和十一年十二月雷，桃李俱花。

又　長慶三年十二月，水不冰，草萌芽，如正二月之候。

宋　歐陽修《新唐書》卷三四《五行志一》　武德四年，亳州老子祠枯樹復生枝葉。

又　顯慶四年八月，有毛桃樹生李。

又　長壽二年十月，萬象神宮側檉杉皆變爲柏。

又　延載元年九月，內出梨華一枝示宰相。萬木搖落而生華，陰陽黷也。

又　神龍二年十月，陳州李有華，鮮茂如春。

又　景雲二年，高祖故第有柿樹，自天授中枯死，至是復生。

又　開元二年，終南山竹有華，實如麥，嶺南亦然，竹並枯死。

又　（開元）十七年，睦州竹實。

又　開元二十一年六月，蓬州枯楊生李枝，有實，與顯慶中毛桃生李同。

又　（開元）二十九年，亳州老子祠枯樹復榮。是年十一月己巳，寒甚，雨木冰，數日不解。

又　（大曆）九年，晉州神山縣慶唐觀枯檜復生。

又　興元元年春，亳州真源縣有李樹，植已十四年，其長尺有八寸，至是枝忽上聳，高六尺，周迴如蓋九尺餘。

又　（貞元）四年正月，雨木于陳留，十里許，大如指，長寸餘，中空，所下者立如植。

又　元和十一年十二月，桃杏華。

又　大和二年九月，徐州、滑州李有華，實可食。

又　大和三年，成都李樹生木瓜，空中不實。

又　開成四年六月，襄州山竹有實成米，民採食之。

又　會昌三年冬，沁源桃李華。

又　咸通十四年四月，成都李實變爲木瓜。

又　廣明元年冬，桃李華，山華皆發。

又　廣明二年春，眉州有檀樹已枯倒，一夕復生。

又　中和二年九月，太原諸山桃杏華，有實。

又　景福中，滄州城塹中冰有文如畫大樹華葉芬敷者，時人以爲其地當有兵難。

又　（貞元）十年四月戊申，京師地震。癸丑，又震，侍中渾瑊第有樹湧出，樹枝皆戴蚯蚓。

元　脱脱《宋史》卷六三《五行志二上》　（太平興國）五年五月，眉山縣竹一莖十四節，上分二枝，長丈四尺。十月，龍水縣華嚴寺舊截竹爲筒引水，忽生枝葉，長二丈許。

又　（太平興國）八年十月乙酉，蜀州獻瑞竹一本十六節，上分兩枝。

又　（淳化）二年二月，射洪縣安國寺竹二莖同本。六月，舒州竹連理，知州欒史以聞。十一月，陵州民趙崇家慈竹二莖，長六尺許，其上有根柢，莖分十枝，長丈餘；又一本三莖並聳。

又　（紹興）二十一年，建德縣定林寺桑生李實，栗生桃實。

又　淳熙十六年三月，揚州桑生瓜，櫻桃生茄，此草木互爲妖也。七月，晉陵縣民析薪，中有木字曰「紹熙五年」，如是者二。

又　紹熙四年，富陽縣栗生來禽實。

又　景定四年五月，成都太祖廟側大木仆，忽起立，生三芽。

元　脱脱《宋史》卷六五《五行志三》　大中祥符八年，晉州慶唐觀古柏中別生槐，長丈餘。

又　天聖元年二月，河湯柳二本連理。六月，河陽檟、棗各連理。

又　（天聖）五年正月，綿谷縣松柏同本異榦。

又　（天聖）九年十月，公井縣冬青木連理。

又　明道元年八月，黃州橘木及柿木連枝。

又　康定元年十月，始興縣柑兩本連理。

又　（慶曆）六年九月甲辰，登州有巨木浮海而出者三千餘。

又　治平四年六月，汀州進桐木板二，有文曰「天下太平」。

又　熙寧元年三月，簡州木連理。是歲，英州因雷震，一山梓樹盡枯而爲龍腦，價爲之賤，至京師，一兩纔直錢一千四百。

又　元豐元年五月，劍州木連理。

又　（元豐）三年六月己未，饒州長山雨木子數畝，狀類山芋子，味香而辛，土人以爲桂子，又曰「菩提子」，明道中嘗有之。是歲大稔。十二月，泌陽縣甘棠木連理。

又　（元豐）六年五月，衛真縣洞霄宮枯槐生枝葉。

又　元祐元年八月己丑，杭州民俞舉慶七世同居，家園木連理。

又　（元祐）五年四月，德州木連理。

又　元符元年八月，施州李木連理。

又　（元符）二年九月，眉山縣檀木二株，異根同榦，木枝相附。

又　崇寧四年正月，襄城縣李、梨木連理。

又　大觀元年三月，湟州欄木生葉。八月，瑞州、永興軍並木連理。

又　政和三年七月，玉華殿萬年枝木連理。南雄州楓木連理。十月，武義縣木根有「萬宋年歲」四字。

又　（政和）四年，建州木連理。六月，沅陵縣江漲，流出楠木二十七，可爲明堂樑柱，蔡京等拜表賀。九月丙申，彭城縣柏開華。十二月辛丑，元氏縣民王寘屋柱槐木再生枝葉，高四十餘尺。是歲，邵州海棠木連理，澤州、台州槐木連理，荊門軍紫薇木連理。

又　（政和）六年，坊、兗、洪、明、夔、徐、新、全、隰、太平州並木連理。梅州枯木生枝。

又　宣和二年四月，永州民劉思析薪，有「天下太平」字。

元　脱脱等《宋史》卷六七《五行志五》　（至道）元年十一月，潭州監軍廨生竹一本，長二尺許，枝葉萬餘，尤爲殊異。

又　（至道）二年六月，虔州龍泉縣合龍院一竿分兩枝。

又　咸平元年十二月，宣化縣保聖山瑞竹生一本二枝。

又　（咸平）二年閏三月，宣、池、歙、杭、越、睦、衢、婺諸州箭竹生米如稻。

又　（大中祥符）三年四月，京師竹有華，占云：歲不豐。八月，江陵縣民張仲家竹自根上分幹，其一幹又分三莖。九月，江陵府永泰寺竹出地七節，分爲兩莖，長丈餘。

又 （大中祥符）四年四月，古田縣僧舍竹一本，上分三莖。端昌縣民李讓家筀竹一本，去地五尺許，分爲二莖。

又 （大中祥符）八年四月，彰明縣民家竹一根，上分二本、十三節。又開元寺桃竹一莖，上分十八節，皆相對。

又 （大中祥符）九年十二月，武岡縣民何文化園竹生兩株同本，上分四莖。十二月，晉原縣民李彦滔家竹一本，雙莖對節，知州王世昌圖以獻。

又 （天禧）元年四月，邵陽等縣竹生穗如米，民饑食之。又浮梁縣竹生穗如米。

又 （乾興）元年六月，興州竹有實，如大麥，民取以食。

又 天聖元年五月，興州竹有實如大麥，民取以食之，占曰：竹有實，大饑。

又 （元豐）四年十月，鄄縣天慶觀生瑞竹一本，自第九節分莖雙起。

又 （政和）四年八月，建州境内竹生米數千萬石。

又 （政和）五年十一月癸酉，越州承天寺瑞竹一竿七枝，幹相似，其葉圓細，生花結實。

又 （紹興）二十一年，番陽縣石門民家籬竹生重萼牡丹，又民家竈鼎生金色蓮華。房州治所綵山下生蕙。萬州、虔州放生池生蓮，皆同蔕萼。

又 乾道元年七月，池州竹生穗，實如米。

又 至正三年夏，上都、大都桑果葉，皆有黄色龍文。

又 至正八年九月，奉元路桃杏花。

又 （至正）九年秋，奉元桃杏實。

又 （至正）十二年五月，汴梁祥符縣椿樹結實如木瓜。

又 （至正）十四年八月，冀寧路榆次縣桃李花。

又 （至正）十五年十一月，汾州介休縣桃杏花。

又 （至正）十六年七月，彰德李樹結實如小黄瓜。

又 （至正）十七年十一月，汾州桃杏花。

又 （至正）二十一年，明州松樹結實，其大有盈尺者。八月，汴梁祥符縣邑中樹木，一夕皆有濕泥塗之。

清　張廷玉《明史》卷三〇《五行三》　永樂六年，蘇州、揚州二府奏檜花爲瑞，福建栢亦生花。十五年十一月壬申，金水河及太液池冰凝，具樓閣、龍鳳、花卉之狀，奇巧特異。

又 弘治八年，長沙楓生李實，黄蓮生黄瓜。

又 （弘治）九年三月，長寧楠生蓮花，李生豆莢。

又 弘治十六年九月，安陸府桃李華。

又 正德元年九月，宛平縣棗林莊李花盛開。二年正月，永嘉縣自去冬至今春羣花發。六年八月，覇州桃李華。

又 隆慶五年四月，杭州栗生桃。

清　吴仁臣《十國春秋》卷三五《前蜀・高祖紀上》　（天復四年）是歲大旱，褒梁之境赤地數千里，民有相食者。山中竹無巨細皆放花結實，民采之春米而食，賴以存活。

清　龍文彬《明會要》卷七〇　正德元年，永嘉自冬至春麥穗，桃李實。

又 正德六年八月，覇州桃李華。

又 嘉靖三十年正月，蕭山桃生橘，象山柏樹開雞冠花，李生黄瓜。

又 隆慶二年十月，桃李花開，麥秀，梅杏實。

清　趙爾巽《清史稿》卷四一《災異二》　順治十五年冬，昌化竹生實。十八年十月，高要竹生實。　（康熙）三年七月，婺源大鄣山竹生實，形如麰，民采而春食之，厥味甘。四十一年二月，湖南竹生實。【略】四十五年春，横州竹生實。【略】六十一年正月，大埔竹結實。十一月，岑溪枯竹開花。　雍正五年五月，鍾祥竹開花。【略】十二年三月，宜昌竹結實，民採食之。十三年七月，夷陵竹生實如麥，民競採食之。　（乾隆）六年十一月，成縣竹生實。十八年九月，陽春竹皆結實枯死。二十二年正月，永嘉東山竹結實如麥。　道光二十年十一月，鍾祥竹開花。二十五年七月，竹生米，可食。　咸豐元年六月，孝義廳山竹結實，人採食。青浦竹生花。　咸豐五年，歸州竹結實，人採食之。八年秋，興山竹結實。　同治元年八月，西寧丹噶爾廳竹開紅花。　光緒十年八月，孝義廳竹結實。十一月，洮州山竹開花結實。

清　趙爾巽《清史稿》卷四二《災異三》　順治元年，南陵上北鄉郭氏墓域有黄檀一株，腹内突産修竹數竿，外並無竹，觀者詫爲異。

又 （順治）二年七月，石門資福院僧鋸木，中有太平二字，墨迹宛然。

又 （順治）四年五月，崑山西門外民家李樹生黄瓜。

又（順治）六年二月，封川李樹生桃。

又（順治）十一年七月初二日，婺源西寧村有楓樹自仆，居民薪其枝殆盡，十九夜有聲，樹忽自起。

又（順治）十八年五月，石門李樹生黃瓜，長二寸，有子。

又 康熙三年六月，盧龍灤河溢，湧出材木無算，時修清節祠，適所用，有如夙搆，人咸驚異。

又（康熙）十三年春，含山、嘉定李樹生黃瓜。

又（康熙）十六年，桐鄉李樹生黃瓜。

又（康熙）十九年，封川李樹結桃實。

又（康熙）二十二年四月，東陽、義烏李樹生桃，櫨木開梨花。

又（康熙）二十三年，海鹽鄉民鋸樹，中有王大宜三字，清晰如寫。

又（康熙）二十八年，黃岡李樹生黃瓜。

又（康熙）四十五年四月，寧州通邊鎮白楊開花，狀如紅蓮。

又（康熙）四十八年，秦州槐樹生蓮花。

又 雍正五年，津縣西鎮門內有唐開元所植荔支，是歲忽枯，至九年復活，枝葉茂盛，不遜於前。

又 乾隆元年，高淳李樹生黃瓜。

又（乾隆）五年，掖縣縣署古桐自焚。

又（乾隆）十五年九月，應城水陸寺楓樹夜放光，伐之乃滅。

又（乾隆）四十八年六月，桐鄉李樹生黃瓜。

又（乾隆）六十年夏，竹城大雨溪漲，有巨木數百，順流而下，時修學宮無材，適符其數。永嘉七聖廟大樟樹自焚，中藏竹箸無數。

又 嘉慶元年秋，鄖陽漢川水中湧出巨木無算。

又（嘉慶）二年，枝江城東古樹作息哮聲。

又 道光二年，曹縣李樹生黃瓜。

又（道光）三年，隨州李樹生瓜。

又 咸豐六年六月，麗水大樹無故自倒。

又（咸豐）八年，黃安有大椿樹，樹中有聲。

又（咸豐）九年，武進李樹生瓜。

又 同治三年，京山李樹結桃實。

又（同治）五年，分宜玉虛觀古梓杪產素心蘭。

又 光緒三年，黃岡楓生梨實。

又（光緒）二十二年，皋蘭民家杏樹開牡丹二朵。

清 趙爾巽《清史稿》卷四四《災異志五》 順治四年九月，新安桃李華。

又（順治）五年秋，太谷桃李華。

又（順治）六年冬，德平桃李華。

又（順治）七年九月，階州桃李華。十月，銅陵桃李華。

又（順治）十一年九月，廣平桃李華。

又（順治）十三年冬，湖州桃李華。

又（順治）十五年十月，寧鄉桃李華。

又 康熙二年十月，通州桃李華。

又（康熙）六年冬，寧津桃李華。

又（康熙）七年秋，肥鄉桃李華。

又（康熙）八年十一月，西充桃李華。

又（康熙）十年八月，唐山海棠華，高邑丁香華。

又（康熙）十一年九月，湖州桃李華。

又（康熙）十七年十月，陽高桃李華。

又（康熙）三十六年七月，孟縣、平定桃李華。

又（康熙）二十六年八月，新城桃、李、海棠華。

又（康熙）三十年冬，潛江桃李華。

又（康熙）五十六年十月，寧津桃杏華。

又（康熙）六十年冬，揭陽桃李華。

又 雍正三年冬，順德桃李華。

又（乾隆）九年冬，桐鄉桃李華。

又（乾隆）十年八月，寧津桃李華。

又（乾隆）十三年五月，玉屏梅花開。

又（乾隆）十四年八月，鎮海杏再華。

又（乾隆）二十四年九月，潞安桃李華。

又（乾隆）三十年九月，高邑桃李華。

又（乾隆）三十三年九月，和順桃李華。

又（乾隆）四十三年九月，新城桃李華。冬，石門桃李華。

又（乾隆）四十六年九月，臨邑桃李華。

又（乾隆）五十年秋，通州杏再華。

又（乾隆）六十年十二月，欒清桃李華。

又嘉慶四年九月，邢台桃李華。

又（嘉慶）六年八月，陸川桃李華。

又道光三年九月，興國桃花盛開。

又（道光）九年十月，宜城桃李華。

又（道光）十七年冬，望都、清苑桃杏華。

又（道光）二十二年十月，崇陽桃李華。

又（道光）二十四年九月，滕縣桃李華。

又（道光）二十五年十月，鍾祥桃再華。

又（道光）二十九年秋，餘姚桃花開。

又（道光）三十年九月，竹山桃李牡丹華。

又咸豐元年秋，貴溪桃李華。十月，鄖縣桃李華。

又（咸豐）四年冬，松滋桃李華。十一月，麻昌桃李華。

又（咸豐）九年秋，崇陽桃再華。十月，宜昌桃李華。

又（咸豐）十年九月，嘉興桃李華。十一月，麻城桃再華。

又同治元年十月，襄陽桃李華。

又（同治）二年冬，通州桃李華。

又（同治）四年冬，房縣桃李華。

又（同治）八年冬，黄安桃再華。

又（同治）十二年九月，惠民桃李華。

又光緒元年十一月，莊浪桃李華。

又（光緒）四年冬，武昌光化桃李華。

又（光緒）五年冬至時，高淳羣花齊放，宛如春色。

又（光緒）六年七月，歸州桃李華。九月，蒼溪桃再華。

又（光緒）九年冬，興山桃李華。

又（光緒）十二年九月，南欒杏再華。

又（光緒）二十四年十月，南欒桃李華。

又（光緒）二十二年秋，靖遠桃李華。

又（光緒）三十四年八月，固原桃李華。

森林經營管理總部

山林規劃與山林調查部

山林規劃分部

綜述

《左傳・襄公二十五年》 甲午，蒍掩書土田，度山林，鳩藪澤，辨京陵，表淳鹵，數疆潦，規偃豬，町原防，牧隰皋，井衍沃，量入修賦。

《商君書・算地》 故爲國任地者，山林居什一，藪澤居什一，谿谷流水居什一，都邑蹊道居什四，【略】此其墾田足以食其民，都邑遂路足以處其民，山林藪澤谿谷足以供其利，藪澤堤防足以畜。

漢 劉安《淮南子・齊俗訓》 〔堯導萬民〕水處者漁，山處者木，谷處者牧，陸處者農，地宜其事。

漢 班固《漢書》卷二四《食貨志》 〔李悝〕爲魏文侯作盡地力之教，以爲地方百里提封九萬頃，除山澤邑居參分去一，爲田六百萬畮。

宋 王溥《五代會要》卷二六《街巷》 周顯德三年六月詔：「輦轂之下，謂之浩穰，萬國駿奔，四方繁會。此地比爲藩翰，近建京都，人物喧闐，閭巷隘陿，雨雪則有泥濘之患，風旱則多火燭之憂，每遇炎熱相蒸，易生疾沴。近者開廣都邑，展引街坊，雖然暫勞，終獲大利。朕自淮上，迴及京師，周覽康衢，更思通濟。千門萬户，靡存安逸之心；盛暑隆冬，倍減燠寒之苦。其京城内街道闊五十步者，許兩邊人户，各於五步内取便種樹掘井，修蓋涼棚。其三十步已下至二十五步者，各與三步，其次有差。」

清 張履祥《農書》 基址寬曠，則前植榆、槐、桐、梓，後種竹木。旁治圃，中庭植果木，凡可取爲祭祀，賓客親戚餽問之用，即省市辨金錢。中庭之樹，莫善於梅、棗、香圓、橙、橘、茱萸之類，莫不善於桃、李、杏、柿之類，蓋物之易潰，不能藏蓄，吾所不取。

清 尹會一《敬陳農桑四務疏》 一樹藝之宜廣也。夫木之佳者，以桑爲尚，其餘如棗、梨、桃、杏、榆、柳、椿、杜等，均堪利用。臣查豫省地方，每多鹹鹻飛沙之地，小民因難以墾種，大半荒棄，不知鹽鹻之地，挖去三尺，必無鹹味，飛沙之地，挖去三尺，必有溼氣。而村尾溝頭，籬邊屋角，隙地頗多，雖不可播種五穀者，未始不可栽植樹木，似應令地方官，責成鄉耆保長，有能於一年之内，勸民種桑五百株，梨棗等樹一千株者，據實册報，印官給以花紅。三年内能每年添種如前數者，給匾獎勵，則地無曠土，而利賴更溥矣。

清 應撝謙《性理大中》卷一九 按王介甫方田法，以東西南北各千步，當四十一頃六十六畝，一百六十步爲一方。若瘠鹵不毛，及衆所食利，山林陂塘，路溝墳墓，皆不立税。凡田方之角，立土爲埄，植其野之所宜木，以封表之，所謂土封即此歟。

又 方百步之内，各立一界石，方千步之内，各種一界樹，以指南、定東西南北。無使歪邪潤狹，然後使人丈量。各計分畝，田若干，水若干，牧地若干，平原若干，道徑若干，山林若干，下隰若干。一里之中，若干屬彼，若干屬此，必無遁矣。其邊水邊山，依弧曲勾股折筭，然後依界樹畫方爲圖，凡一州一邑，皆了如指掌。

清 陳憲舜《課民植牧講義稿・伐期》 樹木長至周圍一丈，高十餘丈，必須四五十年，外人種樹多有起初樹林，共種四五千本。十年後頻頻砍伐，周轉利溢。至四十年後，祇剩大樹七八十本，以樹漸長大，占地漸多，故伐去其餘，以養成大樹。有一株價值數百者，爲日雖久，爲利極大也。歷年研究，凡樹木生長最速者，莫如柳、楊、榆、槐、桐、廣桑、苦楝六種，一年内高及數尺一丈。若如法澆灌，祇二十年，較他四五十年者，幹身徑尺，不相上下。若賣作柴，祇須五年，曾經目睹，不敢虛言。

清 楊屾《豳風廣義》卷三《園制》 負郭之間，得田十餘畝。若去城市稍遠者，更益其數。田多者可作素封。負郭之間易於得糞，果蔬便於發賣，而且價高，故園田不待多。若離城市遠者，糞不可多得，果蔬之價又賤，故田不可少。若田更廣，能樹千株桑果者即爲素封，可享利如千户侯矣。若水深不便灌溉蔬菜者多植桑果，夏則積水擔澆，冬則掃雪壅根，亦能大茂成林。田少者繚以垣牆。務使西北之牆高，以遮蔽西北之風。園大者培植柘牆，其種法詳種柘門中，行之寬窄，樹之稀稠，科編之法與枳牆同。南方汝潁間，桑園有大十餘畝者，縱横成行，整齊可觀，行間盡種雜豆，肥壯異常，而周圍種柘編爲籬牆，以荆爲門，司園者守之，名爲柘牆。蓋柘身有刺，盜採不易，而一切畜牲不得入内，既爲桑障，又益春蠶，且易生倍於桑，惜乎北人不知樹之。或棘牆。須十畝以上或二十畝者，周圍耕作三壟，相去各一尺五寸。八九月酸棗熟時，用背籠一個，以木杈將酸棗稍扠入背籠内，用杖一振則棗自落入背籠中。收來種於壟中須稠，次年春生苗，秋高三尺許，掘去惡者，只留身端茂盛者，每八寸一根，務要匀停，但直行貴直如矢，横須相錯，以斜視成行爲佳。若三根正對，便覺稀疎。至明年春，用利刀科去近地旁枝，但須留距，不可削之太平，侵傷其身，不然逢大寒即枯。此科樹常法，不特酸棗爲然也。科訖即編爲笆籬，内外以夾幹夾之，務使舒緩，急則不復得長。又至明年春，更科去旁枝，又編又夾，可高六七尺，欲再高者亦任人意。如此聯爲一片，即砍斷數根，亦仍如故。玄扈先生贊曰：匪直奸人，慙笑而返，狐狼亦息，望而迴行。人見者莫不嗟歎，不覺紅日西移，遂忘前途尚遠，盤桓瞻暍久而不能去枳棘之籬，折柳樊圃，斯其義也。俟二年之後，秋月酸棗熟時收如前法，堆聚一處，以柔草覆之，窩數日遂爛，春去爛皮晒乾，將匟燒大熱，鋪酸棗炕至極乾，以薄石磨子壓破，以數升置水缸中，棗仁大半浮於水面，殼沉缸底，以笊籬掉取棗仁，再揚再掉以取盡爲度，晾乾收藏。如已編笆不能以背籠收取，當以長棍擿下，掃而取之。十畝周圍，每歲可得棗仁石餘，能值銀十餘兩，足一歲傭覔園夫之費並田之正賦，況棘牆又能避霜，花果以棘目之更茂。或枳牆。秦俗呼爲梣子。種植法、科法、編法、夾法俱與棘牆畧同。九月間取熟者剖開，取子種之，三壟相去各二尺，每根相去一尺五寸，旋科旋編，尋常不科編者甚繁亂且近地，人能設去鑽過，不然或砍去數株，便無遠攔，其結實亦可作藥品。於枳子大如指頂時，劈成兩半晒乾爲枳實，稍大切兩半晒乾爲枳殼，每斤亦可值銀數分，秋後黄熟以兩門果，去其子，晾去水氣以砂糖厚拌，捺缸中數月食之亦能利氣，消痰，如無砂糖可用蜂蜜。中設總門，上起門樓，外縣園名扁額。任意起名，不必拘定。門樓内作園，夫夜間瞭望之所，以防小人盜竊蔬果，靠後棘牆中間，向南造連三大窑。甎石箍成者固好，但貧者力不能爲，只造土窑，尋常以土堅箍成者，不能堅久。不若純以土泥築之，方成一塊，自無傾圮破裂之患。其法先以濕土築成，四道土墩南北長二丈，先築一尺高或尺餘，極堅實，晒二三日不濕不乾，再築一層，仍晒數日再築，層層須極其堅實，至八尺高方命匠人箍成塄子，以棣順鋪於四道土墩上，以硬泥填，厚尺許晒，次日踐實，又晒又踐至將乾。再如此築之至與塄平通□，硬泥築之，徐徐築至四五尺厚方住，動工以後，如有雨須苫蓋之，無力作亭者頂作鍬背形，雨亦不能深入。中窯闊九尺，兩旁窯各闊八尺，中窑近後，東西各開一門以通左右二窑。二窑口各安大揭窓，窓下盤大匟，窑口外接蓋小短篾厦，房前面布置冬月花草菜蔬，俱要有出息之物。下雪時撐起揭窓，匟上擁爐賞雪，亦作冬時逍遣。中窑下陳列詩書文具。造此窑貴在二三月九十月，方能冬暖夏涼。若在五六七月造者，夏雖涼而冬則冷。上構一亭，窑前接蓋厦房三間，門前作甬路，兩旁置四時花木，俱要有出息。前堆假山，山下造蓮池，池前造臺級一方，有力者搆四明講亭一所。無力者，培植葡萄架一所。下設瓦坐石桌或甎桌亦可。此處焚香啜茗，月夜會談。左右兩旁，多結草廬，有力者瓦房更勝，以爲厨竈茶司之所。中造水車以備灌溉，多收糞壤以爲膏腴之本。多取牛馬猪羊人糞，務要合土疊過造成熟糞，油渣更好，上油渣時不可堆着果樹菜根，不然則爛傷。如菜地須上底糞，菜出二三寸高須上浮糞，如桑果之類上糞須在冬月或正二月，蓋三四月間嫩根發生，糞氣能傷，不如澆肥一次可旺數年。澆肥者將煑肉湯帶油氣晾冷燒之也，因以積糞爲首務。語曰：積糞如積金，不可有忽。傭覔園夫，經理桑果蔬菜。須要慤懃朴實之人，或合夥亦可，勿惜人工之費，總在主人運籌之妙，用得其法，業精而出産亦廣，所得自倍於所費，利即在其中矣。覔一童子，以給手下使令，焚香煑茗割菜縉韭之類。牆内樹桑一周，以收蠶利。相去五尺一株，一周可樹二百株，科如傘樣或再種地桑一畝，歲可收絲一二十斤，能給一歲之衣，樹桑法已見前。中可植梨樹三四十株。秦地甚宜梨，通省皆有，其栽法、接法與桑無異。梨乃百果之宗，古云：園植千樹梨與千户侯等，而種類甚多。有一種大梨，形大而味美，但不能久放。有一種小梨，味木而實繁，日久不壞，能放至次年三四月。二梨間植可也。三年之後便可開花，頭一次開花盡行打落，以後結果不歇，四五年便可獲利。每株能賣錢一二百文。十數年後每株可賣錢千文。二十年之後每株可賣錢七八千文。至於年久樹老，有每株得錢萬餘者，不可心急，往往有十五六年後，方能結果大繁，但易生蟲。看樹身上有斑痕、蟲孔，用壯鐵絲追取之，或灌以百部濃汁，或灌桐油。若樹老皮粗厚者，冬月用鎌刮去外面粗皮，勿傷裏肉。若樹茂而不結者於元日五更以斧背亂砧斑點，則子繁而不落，謂之嫁果。又十二月晦日以石塊安樹丫中亦結，又有雄樹不結者將身鑿方寸孔以雌木填之，令實即結。元日五更並清明五更用大火把照樹下則不生蟲災。又法將不結實的樹旁掘一阬，深尺餘，尋見正中主根鑿去，謂之騸樹，留周圍亂根勿動，仍用土堅築如故，則結實遂肥大，有十分不結實者掘去可也。若衆雌中留一雄樹更妙，諺云：羣雌間一雄結實飽蓬蓬取陰陽相感之義。此果最美，諸蟲飛鳥皆食，臨熟時常常看守，用彈弓、鳥鎗打死飛鳥，掛在樹上，則羣鳥不敢來。又有金巴牛咬梨數十，攢聚一窠，先將地下掘一小阬，用接長柄鉗子夾取梨蒂，輕輕勿使蟲知，即置阬內，急以土填之。處暑以後便可摘賣，先摘二三同蒂者，只留一枚，若高枝遠揚手摘不便者，用長竹竿一根，稍頭劈開成杈，闊一二寸，中間橫安刃片，如推剁狀縛緊，下接一鐵圈，麻絡認定梨蒂一推則梨自墜於麻絡內，欲久貯者輕輕摘下，堆聚一處以草覆之數日。出汗勿□動，動則爛，俟至水乾，遂變黃色，方有香氣。若不盦亦不能香，須在秋社後摘取，經霜者可久貯。法用麥糠或穀糠與梨層層相間，至五六日一倒，揀有斑痕者隨即貨賣，如用白萊菔皮包裹，能藏至次年四五月。又植櫇果、檳子二三十株。櫇果用白果樹接，檳子用海棠樹接，二果皆北果也。秦中處處皆成，但不可另栽一處，必須與梨樹相間栽之，以防日後蟲蛀樹死及雄不結實者，於樹大時自顯。地窄可掘去惡者，數年之後便可獲利。樹大時一株能賣錢七八千文。欲久放者，須在八九月間輕輕摘下，勿致撞損，於屋下掘作深陰阬，內作小窯鋪軟草，置櫇果、檳子於其上，不須覆蓋，至過年二三月亦能不壞，以上三果花開甚早，須防春霜，預於九十月間將樹上落下葉子或稍柴爛草皆可收積一處，次年花將開，時如有雨，後值西北風，可知次早必然有霜，夜深時將年前所積樹葉堆聚果樹之下，上風頭更多堆。五更時放火以煙火之氣熏之，如寒甚再續，大火把命園夫遶林燎之，待天明而後止，連防一二夜則免霜害，桃李諸果皆如此法。植葡萄十數架。樹未成蔭時，隙中先種葡萄十數架，三年之後便可獲利，十年以後樹成蔭時，葡萄已若可掘去矣。種須用土爾，番白葡萄味甚甘美，能得重價，但經雨則爛，須於將雨時以蘆簾苫之。次以山西漫收黑葡萄經雨不爛，二者可兼種之。盤時須在九十月間用當年大條盤入地下，外少露其稍。冬月用柴草蓋之，勿致凍損。俟驚蟄後揭去柴草，時常澆之即活。年年冬月落架，用土埋合，春月上架極旺，不然冬月凍損便不結子矣。用架引蔓易長，若無架則不長。三四月葉旺時，恐葉厚不通風日，以致結子甚少，即多結亦多壞爛，須將厚葉剪去幾分，以通天氣。七八月熟時隨摘隨賣，欲久收者，俟霜下時將地下掘一阬深三尺，闊三尺，長一丈，用新斫來柳棍大如錘口，截長四尺，周身用大鑽左右鑽成孔竅，將葡萄蒂用刀削圓，插入孔中，橫懸地阬覆以草上蓋以土，俟年終或正月遂賣鮮葡萄可得重價，欲作乾葡萄者用密室一間，內作層架，將葡萄懸至屋頂，下作地爐，以藍炭火熏之數十日，以乾爲度，收藏可久。盤栽石榴數株。此果無風蟲之災，十年九成，但用者甚少，不必多植。惟擇大軟子並白玉子者方佳。下盤須在九十月之間最易生活，次年以□箔遮蔽烈日，處暑後去之。甚喜水澆，且日中澆之易莊。不結實者用斧將丫中劈破，次年即結。間種紅果白果之類恐梨櫇葡萄不收之年，須用此等常果以補歲計。【略】以上諸物，皆秦中之所生者。至風土之異。燥濕之宜，方所之用，在智者斟酌而損益之，即如黃壤宜桃。桃以連桃種者爲上，不惟長速榮旺而且早實肥大，不失原味。種時揀桃中熟，肥大圓滿甘美者數百枚，蘸以糞汁，免人竊食，治畦種之，相去七八寸埋一枚，上用糞蓋，次年春月苗生數日一澆，常上熟糞及至冬月長高五六尺，再上糞四五寸。又至次年春發更旺，時常澆灌。及至冬月長高七八尺，遂可移栽縱橫成行相去二丈餘。行間宜種雜豆諸瓜，勿種麥穀，使桃不旺。常耘草□，冬月亦宜上糞，旱則澆之，惟結果時不可多澆。三年後便可開花結果。如用核種成果，味不佳者俱用美皮接過，更大更美，接如接桑法，或根接或靨接皆可活。冬月斫去根杪，則氣脉上達而旺。至於花開時，須防春霜，燎熏同梨花。磽田宜李。李可根分亦可連，果種，如種桃法。一法將李根掘來，不拘大小，截長二三寸畦種皆活。糞澆如養桃法。三年可移栽，亦可接。接過更美。亦可接桃，桃亦可接李，名曰：李光桃，更佳。此果摘下，食之最美。若放二三日，香味皆失。至於修治防霜法同桃樹。

清 楊屾《豳風廣義》卷三《養素園序》 園圃之制，昉自上古。帝王以之養聖聰而同民樂。富貴家以之識稼穡而爲遊息之所。文人學士以之暢達襟懷，煥發神采，高人逸哲。以之作助道之資，託爲隱處。農家以之樹桑麻，布果蔬，爲衣帛之藪，且逍遥其中，故稱田園之樂。古者人皆有園以爲樂利之本。奈我秦中，久廢其制。士失爲學之資，農乏日用之需。予嘗閱太史公治生論曰，居之一歲。種之以穀，十歲樹之以木，百歲來之以德。今有無秩祿之奉爵邑之入而樂與之比者，命曰素封。故曰陸地牧馬二百蹄，五十匹也。牛蹄角千，一百六十七頭也。千足羊，澤中千足彘，二百五十頭也水居千石魚陂，山居千章之材，安邑千樹棗，燕秦千樹栗，蜀漢江陵千樹橘，淮北常山河濟之間千樹梨，陳夏千樹漆，齊魯千樹桑，渭川千畝竹，及千鍾之田，千畝巵茜，千畦薑韭，此其人皆與千户侯等。言耕桑樹畜，布置得法，歲獲大利。白衣無爵禄之位而有封邑之入，故稱素封。園林之益，載諸史册，昭然可考，後人何得棄而不復哉。試觀古之賢哲隱君子，皆藉園田以爲養素之資，所以成其高。若從事岐途，則物欲擾雜，機械縈心，烏能涵育天和，求志樂道，爲潔身立德之士乎，是以曾子有三省園。曾子居魯，食力養志，躬耕親桑，常耘瓜蒔蔬面，歌聲若出金石。魯君聞而致邑焉，固辭不受曰：「吾聞受人者常畏人，與人者常驕人，君即不我驕，烏得無畏乎。」自是甘貧樂道，力食以養親，每飯必有酒肉，然日三省其身於聖人之道，每事精察力行，以求至乎其極，故孔門一貫之傳，惟曾子獨得其要，養親明道皆賴此園之力也。顔子有屢空園。孔子謂顔子曰：「家貧居卑胡不仕乎。」對曰：「回有郭外之田五十畝，足以給植粥。郭内之田十畝，足以爲桑麻。鼓琴，足以自娱，所學於夫子，足以自樂。回不願仕也。回願貧如富，賤如貴，無勇而威，終身無患難，不亦可乎。」孔子曰：「善哉，回也。夫貧而如富，其知足而無欲也。賤而如貴，其讓而有禮也。無勇而威，恭敬而不失於人也。終身無患難，其擇言而出也。若回者其至矣乎。觀顔子開口先道田園二事，足知田園乃養道之本也。顔子得保全聖德，育養天和，已臻聖人之域者，皆賴屢空園之力也。」邵子有安樂園。邵子名雍，字堯夫，河南人，遊歷四方定居于洛。初至洛蓬華環堵，不庇風雨，富弼、司馬光、吕公著諸賢退居洛中皆制園自娱，雅敬堯夫、恒相從遊爲市園宅，自名其園曰安樂園，名其居曰：安樂窩，自號曰安樂先生。與其子親耕躬桑，種蔬蒔藥，食力自養。四十年來，未嘗皺眉，嘗讀書至夜深，命子煑萊菔芥辛，食之甘美歎曰：「味含七膏，甚可人口，膏梁者豈能知此味也。」遂有「萊菔生兒，芥生孫」之句，嘗作詩曰「梧桐月向懷中照，楊柳風來面上吹」。分明寫出浩然之氣，天然之趣。嘉祐熙寧中屢詔稱疾不之官，智慮絶，人遇事能前知，其心虚明，自能知之。觀其所學至誠之道也，推賴安樂園修養之力也。漢陰之獨力灌畦。河陽之閒居賣蔬，德操之採桑飼蠶。昔司馬德操採桑，龐士元見而問之曰：「大丈夫生於斯世，當攘金衣紫焉，有屈洪流之量而作絲婦之事哉。」德操曰：「居吾語汝子適知捷徑之速而不慮失道之迷，昔伯成耦耕，不慕諸侯之榮，原憲桑樞不易有官之宅，何有坐則華屋，出則肥馬，侍妾數十，然後爲奇。此許父所以慷慨，夷齊所以長歎息者也，雖有竊秦之爵，千駟之富，不足貴也。」士元曰：「某生處邊陲，寡見大義，若不叩洪鍾伐雷鼓，則不知其音響也。」林逋之計曰：樹梅。林公樂道獨善，終世不娶。嘗以梅爲妻，以鶴爲子，植梅三百六十計，一梅所出約足一日之用，隨梅子所收之豐歉，以爲自養之厚薄，終身坦然自得，畧無營求世利之意。皆取自然之衣食，作養德之實具，超然物表，淡然象外，養素之道，誠無有加於此者，他如韓康之鬻藥，老萊之織屣，君平之賣卜，常常交易，日日營物，以之養素，豈能純白乃衷。何如園圃之事，得之分内，無欲自足，蓋其制田少而易辦，功倍而業精。古云：務廣田者荒。《詩》曰：「無田甫田，維莠驕驕。后稷爲田，一畝三畝。」伊尹作區田，負水澆稼。盡力盡法，不務於多。人得豐衣足食，先世成效。難以盡述。子感慕興起，實踐其事，自製一園，名曰養素，用田十餘畝，依法培置，比之常田，歲利十倍。數十年之後，歲利百倍。不惟資身，樂亦在其中矣。外周以桑課之蠶利，内樹雜果，滋殖無窮，中造水車。灌漑蔬藥，井養不窮，少布花石，點染園林，景色幽然。後造大窯，冬暖夏涼，上構一亭，四時登眺，前接長厦，旁開大牖，内積詩書圖史以廣博覽，每集良朋嘉友，暢敘幽懷，使令有童子奔走，經理有園丁効力，至於繁蔭綺綉，堪爲樂賞。春花秋實亦可娯目，一草一木。物物會我天機，一飲一食，在在安吾素位，得性情之本樂，資生之正務，雖有瀛洲閬苑，莫之易也。予已早獲其益，不欲自私，謹刻園制於左，以公同志。凡我寒素之士，各制一園，不過一夫之力，可以代百畝之耕。不惟衣食有賴，亦可教授生徒，爲儲學育才之一藉，鄙意原欲謀養助學，非徒悦目賞心，但有春花而無秋實近於浮僞者，皆闕而不録，其叮嚀周至，無非出息之物，每事直指，不尚浮詞，覽者無或嗤焉。

山林調查分部

綜　述

《左傳・隱公十一年》　周諺有之曰：「山有木，工則度之。」

《尸子》 倕爲規矩準繩，使天下仿焉。

《周髀算經》卷上之一 （商高）平矩以正繩，偃矩以望高，覆矩以測深，卧矩以知遠。

《周禮・天官冢宰》 三歲則大計羣吏之治，以知民之財器械之數，以知田野夫家六畜之數，以知山林川澤之數。

漢 司馬遷《史記》卷二《夏本紀》 （禹治水）傅土，行山表木。【略】左準繩，右規矩，載四時，以開九州，通九道，陂九澤，度九山。

清 王植《權衡一書》卷四一 宋張觷知處州，嘗欲造大舟，幕僚不能計其直，觷教先造一小舟，量其尺寸，而十倍算之。又有欲築紹興園神廟垣，召匠計之，云費八萬緡，觷教之自築一丈長，約算之，可直二萬，即以二萬與匠者。宋史。植按丈量法。欲量高樹，止量其影法，用一丈竿，植日中，視竿影得若干尺，即以此分樹影之長短，如丈竿每丈得五尺，則樹影即以每五尺作一丈無疑也。凡事無死法，人自悟之耳。

清 劉錦藻《清續文獻通考》卷七二《國用一〇》 （宣統三年）度支部奏，國家財政有官業一門，東西各國無不極意經營，臣等酌擬調查官業簡章十條：第一條官有財産之種類：一官地，指旗、學、屯、衛、牧、營地及荒地、漲灘、葦塘，二官房，指衙署局所及歸官房屋，三存款；第二條官業資本之種類：一銀行銀錢號，二造紙印刷局廠，三礦務墾務及山林，四鹽務官運，五工業製造局廠、試驗場、陳列所各資本，六其他各項資本；第三條，調查之方法：一官地坐落何處，畝數、租課，時價若干，官房坐落何處，間數、租金、時價若干，並存款生息之存放何處，息金若干。二官業資本數目及領款年月，並如何籌還，已未籌還，實盈實虧，如另有公積金爲公家所應得者，當一併開列。三礦務、墾務及山林等，除收資本開列外，應將礦務開採人數、機器用法、墾務、承領花户、應得租價，並山林買收增殖方法，一一開列；第四條，凡第一二條所列調查事件，除照表式填明外，如有應行變通之處，得由各該省自行填列；第五條，本章程自公布實行之日起，近省限四個月，遠省六個月，一律查明編表送部。

自然保護部

論說

《逸周書》卷三《文傳解》 文王〔授〕〔受〕命之九年，時維暮春，在鄗〔召〕太子發曰：吾語汝〔吾〕所保所守傳之哉。厚德廣惠、忠信愛人，君子之行。四者君德。不爲驕侈，不爲靡泰，不淫於美，括柱茅茨，爲〔民〕愛費。言務儉也。因就不決曰括。山林非時不升斤斧，以成草木之長。川澤非時不入網罟，以成魚鼈之長。不麛不卵，以成鳥獸之長。畋漁以時，童不夭胎，馬不馳騖，土不失宜。土可犯，材可蓄。潤濕不穀，樹之竹葦莞蒲。礫石不可穀，樹之葛木，以爲絺綌，以爲材用。故〔凡〕土地之間者，聖人裁之，並爲民利。是魚鼈歸其泉，鳥〔獸〕歸其林，孤寡辛苦，咸賴其生，山以遂其材，工匠以爲其器，百物不平其利，商賈以通其貨，工不失其務，農不失其時，是謂和德。

《逸周書》卷四《大聚解》 禹之禁，春三月，山林不登斧，以成草木之長。夏三月，川澤不入網罟，以成魚鼈之長。

《管子》卷五《法禁》 山林雖近，草木雖美，宮室必有度，禁發必有時。是何也。曰：大木不可獨伐也，大木不可獨舉也，大木不可獨運也，大木不可加之薄牆之上。房玄齡註：凡此必資衆力，則妨農事，故宮室須有度，禁發須有時也。故曰：山林雖廣，草木雖美，禁發必有時。國雖充盈，金玉雖多，宮室必有度。江海雖廣，池澤雖博，魚鼈雖多，罔罟必有正。房玄齡註：多少小大之正。船網不可一財而成也。房玄齡註：必多財然後成。非私草木、愛魚鼈也，惡廢民於生穀也，故曰：先王之禁山澤之作者，博民於生穀也。彼民非穀不食，穀非地不生，地非民不動，房玄齡註：動謂發生穀物。民非作力，毋以致財。天下之所生，生於用力，房玄齡註：天下所以存其生，各由用力也。用力之所生，生於勞身。是故主上用財毋已，是民用力毋休也。

《晏子春秋·内篇向上第三》 景公問欲令祝史求福。晏子對以當辭罪而無求。【略】晏子對曰：「嬰聞之，古者先君之干福也。政必合乎民，行必順乎神。政必均平，德同於民。行必至公，誠通於神。節宮室，不敢大斬伐以無〔偪〕〔逼〕山林。【略】今君政反乎民，乎，《治要》作于。而行悖乎神，今君藉重獄多，反乎民心，百姓疾怨。自爲祈祥，背於神明之德矣。大宮室，多斬伐以〔偪〔逼〕〕山林。羨飲食，蘇云：《治要》飲作飯。多畋漁以〔偪〔逼〕〕川澤。以縱欲故，暴殄天物。而化機滯矣。是以神民俱怨，神民舊倒，今據上文並《治要》乙。而山川收禄。山川之産，不勝其戕賊而竭。司過薦罪。蘇云：《治要》作薦至，疑誤。純一案《治要》校文作薦罪。司過，官名，内史也。薦，舉也。而祝宗祈福，意者逆乎。」言祝宗與司過相反，神不可欺，福非德洽於民不致也。公曰：「寡人非夫子，無所聞此。請革心易行。」于是廢公阜之遊，止海食之獻。節飲食，息苛擾。斬伐者以時，斧斤以時入山林。畋漁者有數，恤物命以厚生。居處飲食，節之勿羨。祝宗用事，辭罪而不敢有所求也。蘇云：《治要》作焉。純一案祝宗言罪而無求，庶不僭嫚於鬼神。故鄰國忌之，忌，憚也。諸侯不敢加兵於齊。百姓親之。民懷其德。晏子没而後衰。蘇云：《治要》載此章在《問下篇》。

《孟子·梁惠王上》 數罟不入洿池，魚鼈不可勝食也。趙岐註：數罟，密網也。密細之網所以捕小魚鼈也，故禁之不得用。魚不滿尺，不得食。斧斤以時入山林，材木不可勝用也。趙岐註：時，謂草木零落之時。使林木茂暢故有餘。穀與魚鼈不可勝食，材木不可勝用，是使民養生喪死無憾也。趙岐註：憾，恨也。民所用者足，故無恨。

《荀子》卷五《王制》 木榮華滋碩之時，則斧斤不入山林，不夭其生，不絶其長也。黿鼉魚鼈鰌鱣孕别之時，楊倞註：别謂生育與母分别也。《國語》里革諫魯宣公曰：魚方别孕。韋昭曰：自别於雄而懷子也。罔罟毒藥不入澤，不夭其生，不絶其長也。

《韓非子》卷九《説林上》 齊國好厚葬，布帛盡於衣衾，材木盡於棺槨。桓公患之，以告管仲曰：「布帛盡則無以爲蔽，材木盡則無以爲守備。而人厚葬之不休，禁之奈何。」管仲對曰：「凡人之有爲也，非名之，則利之也。」於是乃下令曰：「棺槨過度者戮其尸，罪夫當喪者。夫戮死無名，罪當喪者無利。人何故爲之也。」

《吕氏春秋》卷二六《上農》 然後制四時之禁，山不敢伐材下木，高誘注：伐，斫也。澤人不敢灰僇，高誘注：燒灰不以時，多僇。繯網罝罦不敢出於門，罛罟不敢入於淵。高誘注：罝，獸罟也。《詩》云：「肅肅兔罝。」罛，魚罟也。《詩》云：「施罛濊濊，鱣鮪發發。」

《呂氏春秋》卷一《孟春紀》 （正月）是月也，命樂正入學習舞。樂正，樂官之長也，入學官教國子講習羽籥之舞。《周禮》：「大胥掌學士之版，以六樂之會正舞位也。」乃修祭典，命祀山林川澤，犧牲無用牝。典，掌也。功施於民，則祀之。山林川澤，百物所生，又能興雲甫以殖嘉苗，故祀之。無用牝，尚蠲潔也。禁止伐木。春木王尚長養也。無覆巢，無殺孩蟲胎夭飛鳥。無麛無卵。蕃庶物也。麋子曰夭，鹿子曰麛也。案《月令正義》云：胎謂在腹中者，夭謂生而已出者。此及《淮南注》皆云「麋子曰夭」，本《爾雅·釋獸》文，彼夭字作麇。

《呂氏春秋》卷三《季春紀》 （三月）是月也，命野虞無伐桑柘。野虞，主材官。桑與柘皆可以養蠶，故命其官使禁民，不得斫伐。鳴鳩拂其羽，戴任降于桑。鳴鳩，班鳩也。是月拂擊其羽，直刺上飛數十丈乃復者是也。戴任，戴勝，鴟也。《爾雅》曰：「鷗鳩部，生於桑。是月其子彊飛，從桑空中來下，故曰戴任降于桑也。」戴任，《月令》作「戴勝」。《淮南》作戴鵟，注：「不當訓鴟」，但舊本《月令正義》引《爾雅》，亦作「鴟鳩」，此作鷗鳩，究屬鴟鵄二字之誤。「部生於桑云云」，不知所出。

《呂氏春秋》卷六《季夏紀》 （六月）是月也，樹木方盛，乃命虞人入山行木，無或斬伐。虞人，掌山林之官。行，察也。視山木，禁民不得斬伐。無或，《月令》作「無有」，或亦訓有也。

《呂氏春秋》卷四 （孟夏之月）是月也，天子始絺，高誘註：絺，細葛也。《論語》曰：當暑袗絺綌，此之謂也。命野虞出行田原勞農，勸民無或失時。高誘註：勞勉勸教，使民不失其時。命司徒循行縣鄙，高誘註：縣，畿内之縣，縣二千五百家也。鄙，五百家也。司徒主民故使循行。命農勉作無伏于都。高誘註：伏，藏都國。是月也，驅獸無害五穀，無大田獵，高誘註：爲天物也。農乃收麥升獻天子，乃以彘嘗麥，先薦寢廟。高誘註：麥始熟，故言嘗。彘，水畜，夏所宜食也。先寢廟孝之至。是月也，聚蓄百藥靡草死，高誘註：是月陽氣極，藥草成，故聚積之也。靡草，葶亭歷之類。麥秋至，斷薄刑，決小罪，出輕繫。高誘註：是月陽氣盛於上，及五月陰氣伏於下，故斷薄刑，決小罪，順殺氣也。輕繫，不及於刑者解出之。蠶事既畢，后妃獻繭，乃收繭税以桑爲均。高誘註：均，平也。桑多税多，桑少税少。貴賤少長如一，以給郊廟之祭服。

《呂氏春秋》卷一〇 （孟冬之月）是月也，乃命水虞、漁師，收水泉池澤之賦。虞，官也。師，長也。賦，税也。無或敢侵削衆庶兆民，削，刻也，天子曰：兆民，兆大數也。以爲天子取怨于下，税歛重則民怨，故取怨于下。其有若此者，行罪無赦。此爲天子取怨于下者，故行其罪罰無赦貸也。

《睡虎地秦墓竹簡·田律》 春二月毋敢伐材木山林及雍堤水。不夏月毋敢夜草爲灰，取生荔、麛、鷇、鷇，毋□□□□□□毒魚鼈，置阱網，到七月而縱之。

《禮記》卷五《月令》 （孟春之月）是月也，日夜分。雷乃發聲，始電。蟄蟲咸動，啟户始出。鄭玄註：又記時候。發猶出也。（電）大練反。先雷三日，奮木鐸以令兆民曰：「雷將發聲，有不戒其容止者，生子不備，必有凶災。」鄭玄註：主戒婦人有娠者也。容止猶動静。（先）悉薦反。（奮）方問反。日夜分，則同度量，鈞衡石，角斗甬，正權概。鄭玄註：因晝夜等。而平當平也。同、角、正，皆謂平之也。丈尺曰度。斗斛曰量。三十斤曰鈞。稱上曰衡。百二十斤曰石。甬，今斛也。稱錘曰權。概。平斗斛者。（度）如字。（量）音亮。（甬）音勇。（概）古代反。（稱）尺證反。（錘）丈僞反。又音椎。是月也，耕者少舍，乃修闔扇，寢廟畢備。鄭玄註：舍。猶止也。因蟄蟲啟户，耕事少閒，而治門户也。用木曰闔，用竹葦曰扇。畢，猶皆也。凡廟，前曰廟，後曰寢。（闔）户臘反。（閒）音閑。毋作大事，以妨農之事。鄭玄註：大事，兵役之屬。是月也，毋竭川澤，毋漉陂池，毋焚山林。鄭玄註：順陽養物也。畜水曰陂，穿地通水曰池。

漢 鄭玄《禮記註疏》卷一四 （孟春之月王命）毋覆巢，毋殺孩蟲胎夭飛鳥，毋麛，毋卵。毋覆至毋卵者，此一節論禮法，餘月皆無覆巢，因初春施生之時，故設戒也，巢若其妖鳥之巢，則覆之，故哲蔟氏云掌覆妖鳥之巢，此月亦禁之。胎，謂在腹中未出，夭爲生而已死者，故魯語云，獸長麛夭，此飛鳥謂初飛之鳥。故注云，爲傷萌幼之類，麛卵四時皆禁。但於此月尤甚。

漢 鄭玄《禮記註疏》卷一五（月令） （仲春之月）是月也，毋竭川澤，毋漉陂池，毋焚山林。

又 （季春之月）田獵，罝罘羅網畢翳，餧獸之藥，毋出九門。注爲：鳥獸方孚乳傷之，逆天時也。獸罟曰：罝罘鳥。罟曰：羅網小而柄長，謂之畢翳射者，所以自隱也。凡諸罟及毒藥，禁其出九門，明其常，有時不得用耳。天子九門者，路門也，應門也，雉門也，庫門也，臯門也，城門也，近郊門也，遠郊門也，關門也。今月令無罘翳爲弋。

又 （孟夏之月）是月也，繼長增高。注謂草木盛蕃廡。音義。蕃廡音煩，下亡甫反，下同。毋有壞墮。注亦爲逆時氣，音義。壞音怪，注同墮，許規反又作隳，下注同。毋起土功，毋發大衆。注爲妨蠶農之事。毋伐大樹。

又 （孟夏之月）是月也，驅獸。毋害五穀，毋大田獵。注爲傷蕃廡之氣。

漢 鄭玄《禮記註疏》卷一六（月令） （季夏之月）是月也，樹木方盛。

乃命虞人入山行木，毋有斬伐。鄭玄注：爲其未堅刃也。

漢 班固《漢書》卷九一《貨殖傳》 昔先王之制，自天子、公、侯、卿、大夫、士至于皂隸，抱關、擊柝者，其爵禄，奉養、宫室、車服、棺槨、祭祀、死生之制各有差品，小不得僭大，賤不得（踰）〔逾〕貴。夫然，故上下序而民志定。於是辯其土地、川澤、丘陵、衍沃、原隰之宜，教民種樹畜養；五穀六畜及至魚鼈、鳥獸、雚蒲、材幹、器械之資，所以養生送終之具，靡不皆育。育之以時，而用之有節。草木未落，斧斤不入於山林；豺獺未祭，罝網不布於壄澤；鷹隼未擊，矰弋不施於徯隧。既順時而取物，然猶山不茬蘖，澤不伐夭，蝝魚麛卵，咸有常禁。所以順時宣氣，蕃阜庶物，稸足功用，如此之備也。然後四民因其土宜，各任智力，夙興夜寐，以治其業，相與通功易事，交利而俱贍，非有徵發期會，而遠近咸足。故《易》曰：「后以財成輔相天地之宜，以左右民」，「備物致用，立成器以爲天下利，莫大乎聖人」，此之謂也。《管子》云：古之四民不得雜處。士相與言仁誼於閒宴，工相與議技巧於官府，商相與語財利於市井，農相與謀稼穡於田壄，朝夕從事，不見異物而遷焉。

漢 法雄《移書南郡屬縣》 凡虎狼之在山林，猶人之居城市。古者至化之世，猛獸不擾，皆由恩信寬澤，仁及飛走。太守雖不德，敢忘斯義。記到，其毁壞檻穽，不得妄捕山林。

漢 劉安《淮南子》卷九《主術訓》 食者，民之本也。民者，國之本也。國者，君之本也。是故人君者，上因天時，下盡地財，中用人力，是以羣生遂長，五穀蕃植，教民養育六畜，以時種樹，務修田疇，滋植桑麻，肥墝高下，各因其宜。邱陵阪險不生五穀者，以樹竹木。春伐枯槁，夏取果蓏，秋畜疏食，冬伐薪蒸，以爲民資。是故生無乏用，死無轉尸。故先王之法，畋不掩羣，不取麛夭，不涸澤而漁，不焚林而獵。豺未祭獸，罝罦不得布於野。獺未祭魚，網罟不得入於水。鷹隼未摯，羅網不得張於谿谷。草木未落，斤斧不得入山林。昆蟲未蟄，不得以火燒田。孕育不得殺，鷇卵不得探，魚不長尺不得取，彘不期年不得食。是故草木之發若蒸氣，禽獸歸之若流原，飛鳥歸之若煙雲有所以致之也。故先王之政：四海之雲至而修封疆，蝦蟇鳴燕降而達路，除道陰，降百泉則修橋樑，昏張中則務種穀，大火中則種黍菽，虚中則種宿麥，昴中則收斂畜積，伐薪木。上告於天，下布於民。先王之所以應時修備，富國利民，實曠來遠者，其道備矣。

漢 劉安《淮南子》卷一一《齊俗訓》 林中不賣薪，湖上不鬻魚，所有餘也。故物豐則欲省，求贍則爭止。秦王之時，或人葅子，利不足也。

漢 鄭玄《禮記註疏》卷四 國君春田不圍澤，大夫不掩羣，士不取麛卵。注：生乳之時，重傷其類。音義：麛音迷。卵，力管反。乳，如注反。疏：正義曰此明貴賤，田獵不同國君諸侯也。春時萬物産孕，不欲多傷殺，故不合圍，繞取也，夏亦當然。大夫不掩羣者，羣謂禽獸，共聚也，羣聚則多不可掩取之。士不取麛卵者，麛乃是鹿子之稱，而凡獸子亦得通名也。卵，鳥卵也，春方乳長，故不得取也。然國君春田不圍，則天子春圍也，大夫春不掩，則國君春掩也。士春不取麛卵，則大夫春取也，而王制云，天子不合圍，諸侯不掩羣，則與此異者。彼上云天子諸侯，無事則歲三田，鄭云三田者，夏不田蓋夏時也。案周禮四時田而云三田者，下因云不合圍則知彼，亦夏禮也。又《史記》湯立三面網，而天下歸仁，亦是不合圍也，此間所明周制矣。

南朝宋 范曄《後漢書》卷四《孝和孝殤帝紀四》 （永元十二年二月）詔貸被災諸郡民種糧。賜下貧、鰥、寡、孤、獨、不能自存者，及郡國流民，聽入陂池漁采，以助蔬食。

南朝宋 范曄《後漢書》卷五《孝安帝紀五》 （永初元年）二月丙午，以廣成遊獵地及被災郡國公田假與貧民。

又 （永初三年）三月，京師大飢，民相食。壬辰，公卿詣闕謝。詔曰：「朕以幼沖，奉承鴻業，不能宣流風化，而感逆陰陽，至令百姓飢荒，更相噉食。永懷悼歎，若墜淵水。咎在朕躬，非羣司之責，而過自貶引，重朝廷之不德。其務思變復，以助不逮。」癸巳，詔以鴻池假與貧民。

又 （永初三年三月）己巳，詔上林、廣成苑可墾闢者，賦與貧民。

南朝宋 范曄《後漢書》卷三《章帝紀》 敕侍御史司空元和三年二月乙丑方春，所過無得有所伐殺。車可以引避引避之，騑馬可輟解輟解之。《詩》云：敦彼行葦，牛羊勿踐履。《禮》：人君伐一草木，不時，謂之不孝。俗知順人，莫知順天。其明稱朕意。

南朝宋 劉子尚《上言山湖之禁》 山湖之禁，雖有舊科，民俗相因替而不奉，熂山封水，保爲家利。自頃以來，頹弛日甚，富强者兼嶺而占，貧弱者薪蘇無託，至漁采之地，亦又如茲，斯實害治之深弊，爲政所宜去絶，損益舊條，更申恒制。

南朝梁 沈約《宋書》卷六《孝武帝紀》 （孝建二年八月）三吴民饑，癸酉，詔所在賑貸。丙子，詔曰：「諸苑禁制綿遠，有妨肄業。可詳所開弛，假與貧民。」

北齊　魏收《魏書》卷一三《孝文帝紀上·爲馮太后造塔詔》　朕以虛寡，幼纂寶曆，仰恃慈明，緝寧四海，欲報之德，正覺是憑。諸鷙烏傷生之類，宜放之山林，其以此地爲太皇太后經始靈塔。

唐　姚思廉《梁書》卷二《南朝梁武帝·開山澤常禁詔》　芻牧必往，姬文垂則。雉兔有刑，姜宣致貶。藪澤山林，毓材是出。斧斤之用，比屋所資，而頃世相承，並加封固，豈所謂與民同利，惠茲黔首，凡公家諸屯，戍見封熂者，可悉開常禁。

唐　姚思廉《梁書》卷三《武帝紀下·禁守宰誅求及越界分斷詔》　又復公私傳屯，邸冶爰至，僧尼當其地界止，應依限守視，乃至廣加封固，越界分斷，水陸採捕，及以樵蘇，遂致細民措手無所。凡自今有越界禁斷者，禁斷之身皆以軍法從事，若是公家創內止，不得輒自立屯，與公競作，以收私利，至百姓樵採以供煙爨者，悉不得禁，及以採捕，亦勿訶問，若不遵承，皆以死罪結正。

唐　吴兢《貞觀政要》卷八《貢賦》　貞觀中，林邑國貢白鸚鵡，性辯慧，尤善應答，屢有苦寒之言。太宗憫之，付其使，令還出于林藪。

唐　杜佑《通典》卷一六九《刑法七》　（景龍）二年九月敕：「鳥雀昆蟲之屬，不得擒捕，以求贖生。犯者先決三十。宜令金吾及州縣市司嚴加禁斷。」

唐　白居易《白居易集》卷六三《養動植之物》　臣聞：天育物有時，地生財有限；而人之欲無極。以有時有限，奉無極之欲，而法制不生其間，則必物暴殄而財乏用矣。先王惡其及此，故川澤有禁，山野有官；養之以時，取之以道。是以豺獺未祭，罝網不布於野澤；鷹隼未擊，矰弋不施於山林；昆蟲未蟄，不以火田；草木未落，不加斤斧；漁不竭澤；畋不合圍。至於麛卵蚳蝝，五穀百果，不中殺者，皆有常禁。夫然，則禽獸魚鼈，不可勝食矣；財貨器用，不可勝用矣。臣又觀之，豈直若此而已哉？蓋古之聖王，使信及豚魚，仁及草木；鳥獸不狘，胎卵可窺，麟鳳効靈，龜龍爲畜者，亦由此途而致也。

五代　劉昫《舊唐書》卷三七《五行志》　貞觀初，白鵲巢于殿庭之槐樹，其巢合歡如腰鼓，左右稱賀。太宗曰：「吾常笑隋文帝好言祥瑞，瑞在得賢，白鵲子何益於事？」命掇之，送于野。

宋　歐陽修《新唐書》卷三《高宗紀》　（咸亨四年）閏五月丁卯，禁作簺捕魚、營圈取獸者。

宋　歐陽修《詩本義》卷二　《本義》曰：《召南》風，人美其國君有仁德，不多殺以傷生，能以時田獵，而虞官又能供職。故當彼葭草茁然而初生，國君順時畋于騶囿之中，蒐索害田之獸。其騶囿之虞官，乃翼驅五田豕以待君之射。君有仁心，惟一發矢而已，不盡殺也。故《詩》之首句言田獵之得時，次言君不盡殺，卒歎虞人之得禮。

宋　王溥《唐會要》卷五〇《尊重道教》　（唐睿宗）景雲二年，金仙玉真二公主入道，制各造一觀。左散騎常侍魏知古諫曰：「陛下爲公主造觀，將樹功德，以祈福祐；季夏之月，興土功，犯時令，欲益反損，何功德之有焉。況兩觀之地，皆百姓之宅，卒然逼迫，令其轉移，扶老攜幼，投竄無所，剔椽發瓦，吁嗟道路，乖人事，遠天時，起無用之作，崇不急之務，羣心摇摇，衆口藉藉。陛下爲人父母，何以安之？臣愚必以爲不可。伏願俯順人心，仰稽天意，降德音，下明勅，速罷力役，收之桑榆，則天下幸甚。」吏部員外郎崔蒞上奏曰：「伏承陛下緣兩公主造觀，可爲尊德敬道矣。割慈忍愛，上爲七聖崇福，下爲萬邦作因。豈不願神力潛資，靈功密祐，社稷永固，宗廟長存者乎。臣謂功奪其成，凶與其敗。寧邦致亂，修福招殃。何則，季夏事殷，時多禁忌，斬木發土，移石開山，非直苦人，必是傷物，欲益反損，求安乃危。臣知其否，未見其可。然則救犯不暇，何福助之有焉。且季夏者，土德正王之月，炎陽方暑之月，草木茂盛之月，昆蟲繁育之月，天地鬱蒸之月，黍稷鋤耨之月。夫土德正王之月，不可發洩地氣，恐犯時禁，則必有天殃，有天殃則人心不附，禍亂作矣。炎陽方暑之月，不可興動版築，恐致霖潦，必無成功，無成功則人力不存，怨望結矣。草木茂盛之月，不可以斬伐山林，恐非堅實，則速蠹敗，速蠹敗則人勞不衷，獎勸阻矣。昆蟲繁育之月，不可以穿鑿原隰，恐乖惻隱，乖惻隱則必生災變，生災變則人業不安，逃亡衆矣。天地鬱蒸之月，不可以徭役丁夫，恐爲痁癘，則必多夭枉，多夭枉則人情不樂，風俗離矣。黍稷鋤耨之月，不可以防奪農桑，恐傷禾稼，則必闕歲計，闕歲計則食用不足，盜賊聚矣。行此六者，謂之六殃。書曰：德惟善政，政在養人。傳曰：新作南門，書不時也。又曰：凡土功，龍見而興，務成事也。火見而致用，水昏正而栽，日至而畢。此言功作從時者，所以順於天地也。

詩曰：定之方中，作爲楚宮。此言宮室合時也。禮曰：季夏之月，樹木方盛，無有斬伐，無摇養氣。不可以興土功，妨農事，則有天殃。違此四者，謂之四犯。陛下營兩觀而降六殃，損萬人而招四犯。欲將致理，不亦難乎。臣望順時從人，休功罷役，候定中以建事，占水正而修栽，所冀天地鬼神降福。」

宋 王溥《唐會要》卷二一《緣陵禮物》 開元二年四月十五日勅：頃者別致鷹狗供奉山陵。至於料度，極多費損。有乖儀式，無益崇嚴。其諸陵所有供奉鷹狗等，並宜即停。（高宗時置）

宋 王溥《唐會要》卷七八《五坊宫苑使》 五坊謂：鵰、鶻、鷹、鷂、狗，共爲五坊。宫苑舊以一使掌之，自寶應二年後，五坊使入隸内宫苑使，近又有閑廄使兼宫苑之職焉。 開元十九年，金吾將軍楊崇慶，除五坊宫苑使。其後來擢牛仙客、李元祐、韋衢章、仇兼瓊、王鉷、吕崇賁、李輔國、彭體盈、藥子昂等爲之。 大曆十四年五月詔：鷹隼豹貀獵犬，皆放之。時以永徽已來，文單國累貢馴象三十有二，皆豢於禁中，有善舞者，以備元會充庭之飾。因是與鷹隼之類同放之。 元和二年六月勅：五坊户，諸色影占者多，宜令府縣收管。 三年七月，五坊品官朱超晏、王志忠，放縱鷹隼入長安富人家，旋詣其居，廣有求取。上知之，立召二人，各笞二十，奪其職。自是貢鷙鳥略大者，皆斥之。貞元末，五坊小兒張捕鳥雀羅於閭里者，皆爲暴横，以取人錢物。或有張羅網於門，不許人出入者；或以張井上，使不得汲者。近之輒曰：「汝驚供奉鳥雀」，即痛毆之，出錢物求謝，乃去。或相聚飲食於酒肆，醉飽而去，賣者或不知，就索其直，多被毆詈。或時留蛇一囊爲質曰：「此蛇所以食鳥雀而捕之者，今留付汝，幸善飼之，勿令飢渴。」賣者媿謝求哀，乃攜挈而去。憲宗在春宫時，知其弊，嘗欲奏禁之。及即位，遂推而行之，人情大悦。 十三年十月，上怒五坊使楊朝汶追捕平人，命殺之。

宋 王溥《唐會要》卷四一《斷屠釣》 建中元年五月勅：自今以後，每年五月，宜令天下州縣，禁斷採捕弋獵。仍令所在斷屠宰，永爲常式。並委州府長吏，嚴加捉搦。其應合供陵廟，並依常式。

宋 王欽若《册府元龜》卷一四七 （唐）儀鳳三年四月以同州饑，沙苑及長春宫並許百姓樵採漁獵。

宋 李燾《續資治通鑑長編》卷九三 （天禧三年二月）乙未禁採捕山鵰。

宋 宋敏求《唐詔令集》卷一一三《唐高祖武德二年正月禁正月五月九月屠宰詔》 釋典微妙，浄業始於慈悲。道教冲虚，至德去其殘殺。四時之禁無伐麛卵。三驅之化，不取前禽。蓋欲敦崇仁惠，蕃衍庶物，立政經邦，咸率兹道。朕祗膺靈命，撫遂羣生，言念亭育，無忘鑒寐。殷帝去網，庶踵前修，齊王舍牛，實符本志。自今以後，每年正月、五月、九月，凡關屠宰殺戮、網捕畋獵，並宜禁止。

宋 闕名《宋詔令集・政事・令十月後方得焚燒野草詔（天禧元年八月壬申）》 火田之禁，著在《禮經》。山林之間，令順時令。其或昆蟲未蟄，草木猶蕃，輒縱燎原，則傷生類。式遵舊制，以著常科。諸路、州、縣，畬田並如鄉土舊例外，自餘焚燒野草，並須十月後，方得縱火。其行路野宿人所在，檢校無使延燔。

宋 潛説友《咸淳臨安志》卷四〇 禁買花木珍禽。紹興二年八月 訪聞行在漸賣花木窠株或一二珍禽，此風不可長，及有舟船興販，多以旗幟妄作御前物色，可嚴行禁止。或官司合行收買者，須明坐所屬去處。其花木窠株珍禽，可劄下臨安府諸門，曉示不得放入。

元 脱脱《遼史》卷二七《天祚帝紀一》 （乾統）三年春正月辛巳朔，如混同江。女直函蕭海里首，遣使來獻。戊申，如春州。二月庚午，以武清縣大水，弛其陂澤之禁。

元 脱脱《金史》卷一〇《章宗紀三》 （承安二年）十一月甲辰，冬至，有事于南郊。乙巳，以薪貴，勅圍場地内無禁樵採。

明 胡廣《孟子集注》卷一 人不得食山林川澤，與民共之而有厲禁。《周禮・地官・司徒》山虞掌山林之政令，物爲之厲，而爲之守禁。仲冬斬陽木，仲夏斬陰木，或謂陽木生山南者，陰木生山北者。凡服耜斬季材，以時入之。服，牝服，車之材也。季，猶穉也。服與耜，宜用穉材，尚柔韌也。令萬民時斬材有期日。澤虞掌國澤之政令，爲之厲禁，使其地之人，守其材物，以時入之于王府，頒其餘于萬民。雲峯胡氏曰，文王治岐，澤梁無禁，此所謂山林川澤，與民共之，即是澤梁無禁。無禁者王者愛民之仁也。雖無禁而有厲禁，又王者愛物之仁也。《周禮》山虞掌山林之政令，物爲之厲，而爲之守禁。註：物爲之厲，每物有藩界也。爲之守禁，爲守者設禁令也。守者謂其地之民占伐林木者也。鄭司農云：厲，遮列守之也。以是觀之，澤梁無禁者，不禁民之取，而有厲禁者，禁民之不以時取也。

又 草木零落，然後斧斤入焉。《禮記・王制》獺祭魚，然後漁人入澤梁。豺祭獸，然後田獵。鳩化爲鷹，然後設罻羅。草木零落，然後入山林。此皆爲治去聲。之初，法制未備，且因天地自然之利而撙。祖本反。節愛養之事也。

明 陳鴻恩《禮記手説》卷二 孟春獺祭魚，然後漁人入澤梁以取魚。季秋豺祭獸，然後田獵以取獸。仲秋鳩化爲鷹，然後設罻羅以捕鳥。季秋草木零落，然後入山林以伐木，順時序也。昆蟲未蟄，不以火田，不麑、不卵、不殺胎、不殀夭、不覆巢，廣仁恩也。此皆田之禮也。

昆明也，凡蟲得陽而生，得陰而藏，故謂之昆。

明 宋濂《元史》卷一八《成宗紀一》（元貞元年六月）濟南路之歷城縣大清河水溢，壞民居。【略】江西行省所轄郡大水無禾，民乏食。令有司與廉訪司官賑之，仍弛江河湖泊之禁，聽民採取。

明 宋濂《元史》卷三三《文宗紀二》（天曆二年四月）河南廉訪司言：「河南府路以兵、旱民饑，【略】乞弛山林川澤之禁，聽民采食，行入粟補官之令，及括江淮僧道餘糧以賑。」從之。

明 宋濂《元史》卷八《世祖紀》 至元十年九月，遼東飢，弛獵禁。【略】二十八年三月，杭州平江等五路飢，弛湖北捕漁之禁。遼陽武平飢，弛捕獵之禁。十一月武平、平灤諸州飢，弛獵禁，其孕字之時，勿捕。

明 宋濂《元史》卷八《世祖紀五》（至元十年）九月辛巳，遼東饑，弛獵禁。【略】戊子，遣官詣荆湖行省，差次有功將士。禁京畿五百里内射獵。

明 宋濂《元史》卷一六《世祖紀一三》（至元二十八年三月）杭州、平江等五路饑，發粟賑之，仍弛湖泊蒲、魚之禁。溧陽、太平、徽州、廣德、鎮江五路亦饑，賑之如杭州。武平路饑，百姓困於盜賊軍旅，免其去年田租。凡州郡田嘗被災者悉免其租，不被災者免十之五。罷甘州轉運司。江淮豪家多行賄權貴，爲府縣卒史，容庇門户，遇有差賦，惟及貧民，詔江淮行省嚴禁之。賑遼陽、武平饑民，仍弛捕獵之禁。

明 宋濂《元史》卷一九《成宗紀二》（大德元年）閏十二月淮東饑，遣參議中書省事于（章）〔璋〕發廩賑之。弛湖泊之禁，仍聽正月捕獵。

明 宋濂《元史》卷二〇《成宗紀三》（大德三年五月）鄂、岳、漢陽、興國、常、澧、潭、衡、辰、沅、寶慶、常寧、桂陽、茶陵旱，免其酒課、夏税。江陵路旱、蝗，弛其湖泊之禁；仍並以糧賑之。

又（大德四年二月）甲戌，發粟十萬石賑湖北饑民，仍弛山澤之禁。

又（大德五年十月）丙戌，以歲饑禁釀酒，弛山澤之禁，聽民捕獵。

明 宋濂《元史》卷二〇《成宗紀四》（大德七年正月）己酉，以歲不登，禁河北、甘肅、陜西等郡釀酒。益都諸處牧馬之地爲民所墾者，畝輸租一斗太重，減爲四升。弛饑荒所在山澤河泊之禁一年。

又（大德九年八月）己卯，以冀寧歲復不登，弛山澤之禁，聽民採捕。

明 宋濂《元史》卷二三《武宗紀二》 至大二年正月，詔天下弛山澤之禁。

明 宋濂《元史》卷二三《武宗紀二》（至大二年九月）癸巳，以薪價貴，禁權豪畜鷹犬之家不得占據山場，聽民樵採。三寶奴言：「冀寧、大同、保定、真定以五臺建寺，所須皆直取於民，宜免今年租税。」從之。丙申，御史臺臣言：「頃年歲凶民疫，陛下哀矜賑之，獲濟者衆。今山東大饑，流民轉徙，乞以本臺没入贓鈔萬錠賑救之。」制可。

明 宋濂《元史》卷二四《仁宗紀一》（皇慶二年）秋七月己丑朔，歲星犯東井。辛卯，太白晝見。【略】保定、真定、河間民流不止，命所在有司給糧兩月，仍悉免今年差税，諸被災地並弛山澤之禁，獵者毋入其境。甲午，置榷茶批驗所并茶由局官。【略】己酉，改淮東淮西道宣慰司爲淮東宣慰司，以淮西三路隸河南省。敕守令勸課農桑，勤者陞遷，怠者黜降，著爲令。丙辰，太白晝見。

明 宋濂《元史》卷二七《英宗紀一》（延祐七年）九月甲申，建壽安山寺，給鈔千萬貫。括興和馬以贍北部貧民。禁五臺山樵採。【略】癸巳，瀋陽水旱害稼，弛其山場河泊之禁。

明 宋濂《元史》卷二八《英宗紀二》（至治二年閏月）【略】甲子，真定、山東諸路饑，弛其河泊之禁。

明 宋濂《元史》卷三〇《泰定帝紀二》（泰定四年十一月）以歲饑，開内郡山澤之禁。永平路水旱，民饑，蠲其賦三年。

明 宋濂《元史》卷三九《順帝紀二》（至元三年二月）辛卯，發鈔四十萬錠，賑江浙等處饑民四十萬户，開所在山場、河泊之禁，聽民樵採。

清 谷應泰《明史紀事本末》卷二八（成祖永樂二十二年）九月上念山林川澤皆與民共，命自居庸以東，與天壽山相接，禁樵採，餘俱弛禁。

又（成祖永樂二十二年）大祀天地于南郊，頒詔天下，罷山場園林，湖池坑冶，聽民採取，悉炤洪武年間例辦納。（管子又）曰，山林雖近，草木雖美。宮室必有度，禁發必有時，是何也。曰大木不可獨伐也，大木不可獨舉也，大木不可獨運也，大木不可加之薄牆之上。故曰，山林雖廣，草木雖美，禁發必有時。國雖充盈，金玉雖多，宮室必有度；江海雖廣，池澤雖博，魚鼈雖多，罔罟必有正。船網不可一財而成也。

清　闕名《日講禮記解義》卷一八　（季夏之月）是月也，樹木方盛，命虞人入山行木，毋有斬伐。不可以興土功，不可以合諸侯，不可以起兵動衆。毋舉大事，以揺養氣，毋發令而待，以妨神農之事也。水潦盛昌，神農將持功舉大事，則有天殃。　此言順時以助養氣也。虞人謂山虞。神農謂農之神，主稼穡者。是月也，主於長養。樹木方盛，命虞人入山巡行，毋有所斬伐。是時土將用事，其氣欲静，故不可以創建土功，不可以會合諸侯，不可以起兵動衆，以此皆爲大事，舉則人心不安，而揺長養之氣，故戒之。且舉大事，而預爲發令，使民有所待，是妨神農之事也。蓋未月爲水潦盛昌之月，百穀被其澤而向於成是。神農正將主持其功，苟舉大事以妨之，則悖乎時，而殃及之矣。案孔氏曰，土雖寄王於四季，但南方之火，生中央之土，而土生西方之金，未月正當金火之閒，故土將用事，而氣欲静也。

清　鄂爾泰《禮記義疏》卷一六　《爾雅》云：鳥罟，謂之羅。草木零落，謂十月時。《月令》季秋，草木黄落，其零落則十月時也。故《毛詩傳》云：草木不折，不操斧斤，不入山林。此謂官民總取材木，若依時取者，則山虞云仲冬斬陽木，仲夏斬陰木，不在零落時也。

清　鄂爾泰《禮記義疏》卷一六　孔氏穎達曰：《月令》正月獺祭魚。《孝經》緯云：獸蟄伏，獺祭魚，則十月中也。是獺一歲，再祭魚，此謂十月時。正月雖獺祭魚，虞人不得入澤梁也。《月令》九月豺乃祭獸，《夏小正》十月豺祭獸，則是九月末十月初也。鳩化有漸，《月令》季夏鷹乃學習，孟秋鷹乃祭鳥，其鳩化爲鷹，則八月時也。罻捕鳥網也。

清　鄂爾泰《禮記義疏》卷二〇　禁止伐木

《正義》鄭氏康成曰：盛德所在也。高氏誘曰：春木，王尚長養也。孔氏穎達曰：木在山中，或禁障之處，十月許人採取，至此禁之故。王制云：草木零落，然後斧斤入山林，若國家所須，雖非冬月亦得採取。《周禮》山虞仲夏斬陰木，仲冬斬陽木。又云：春秋之斬木，不入禁。若正月，則皆禁之。

清　鄂爾泰《禮記義疏》卷一六　《通論》陳氏祥道曰：「昆蟲未蟄，不以火田。以火伏而後蟄者，畢故也。然孟春啟蟄，而《周禮》仲春之田有火弊者，焚圃草以田，可也。焚山林以田，不可也。《月令》仲春，禁焚禮也。郊特牲季春，出火爲焚，非禮也。春秋時，楚子田使齊侯載燧，此火田之所用者與。」

清　劉於義《陝西通志》卷八四　（唐大和）二年三月壬辰，縱五方鷹隼，禁京畿採捕。詔韶陽御辰，生氣方盛，思全物類以順天時，内外五場，凡有籠養鷹鷂及鷄鴨、鳥雀、狐兔等，悉宜放之。起今月一日至五月十三日，禁京城及畿内採捕禽獸、羅網水蟲，以遂生成，永爲定制。委臺府及本司切加禁止。

清　秦蕙田《五禮通考》卷二四二　天子不合圍，諸侯不掩羣。陳氏澔曰：合圍，四面圍之也。掩羣者，掩襲而舉羣取之也。　《曲禮》國君春田不圍澤，大夫不掩羣，士不取麛卵。　劉向《説苑》：苗者，毛也。取之，不圍澤、不掩羣。取禽，不麛卵，不殺孕，重者春蒐，不殺小麛及孕重者。冬狩皆取之。

又　《國語》韋昭註：《禮》，聖主之於禽獸也，見其生不食，其死聞其聲，不嘗其肉，隱弗忍也。故遠庖厨仁之至也。不合圍，不掩羣，不射宿，不涸澤，豺不祭獸不田獵，獺不祭魚不設網罟，鷹隼不鷙，眭而不逮，不出穎羅，草木不零落斧斤不入山林，昆蟲不蟄不以火田，不麛不卵，不刳胎，不夭魚肉，不入廟門，鳥獸不成，毫毛不登，庖厨取之有時，用之有節，則物莫不多。

清　秦蕙田《五禮通考》卷二四三　《禮志》元嘉二十五年閏二月，大蒐于宣武場，主胄奉詔列奏申攝剋日校獵。【略】黄麾内外從入圍裏，列置部曲，廣張甄圍，旗鼓相望，銜枚而進甄，周圍會督甄，令史奔騎號法施令曰：「春禽懷孕蒐而不射，鳥獸之肉不登于俎不射，皮革齒牙骨角毛羽不登於器不射。」

又　（唐高宗咸亨）四年閏五月丁卯，禁作簺捕魚、營圈取獸者。

又　（唐憲宗）元和九年十一月戊子，罷京兆府獵獻狐兔。

又　（宋高宗）紹興二十年二月庚戌，禁民春月捕鳥獸。

又　（金世宗大定）二十五年十月，禁止上京等路大雪及含胎時採捕。十一月詔豺未祭獸不許採捕。冬月雪尺以上，不許用網及蘇克蘇呼，恐盡獸類。

又　（元世祖至元）十八年春正月丁未，畋於近郊。五月禁高麗全羅等處，畋獵擾民者。九月癸亥朔，畋于近郊。十九年春正月丙子車駕畋于近郊。

三月丙戌，禁益都東平沿淮諸郡軍民官捕獵。冬十月庚寅，以歲時不登，聽諸軍捕獵於汴梁之南。二十二年春正月丙申，帝畋于近郊。七月癸酉，詔禁捕獵。二十三年十一月敕，禽獸字孕時，無畋獵。二十四年二月甲午，畋于近郊。乙未禁輝和地禽獸孕孳時，畋獵。閏二月乙丑，畋于近郊。二十五年春正月，弛遼陽漁獵之禁，惟毋殺孕獸。丙午，畋于近郊。二月敕，江淮勿捕天鵞，弛魚濼禁。三月甲午，禁捕鹿羔。二十七年三月乙巳，中山畋户飢，給六十日糧。九月申嚴，漢人畋獵之禁。二十八年十一月，武平平灤諸州飢弛獵。禁其孕字之時勿捕。二十九年二月丁卯，畋于近郊。戊子禁杭州放鷹。

清　秦蕙田《五禮通考》卷二四九　（元）大德元年閏十二月，淮東飢，弛湖泊之禁，仍聽正月捕獵。二年正月，建康、隆興、臨江、寧國、太平、廣德、饒池等處水，弛澤梁之禁，聽民漁採。三年五月，江陵路旱蝗，弛其湖泊之禁。四年二月，湖北饑，弛山澤之禁。五年十月，以歲饑弛山澤之禁，聽民捕獵。七年正月，弛饑荒所在山澤河泊之禁一年。九年八月，以冀寧歲復不登，弛山澤之禁，聽民採捕。

清　秦蕙田《五禮通考》卷二四九　《荒政考畧》至大元年，詔曰，近年以來，水旱相仍，缺食者衆，諸禁捕野物，地面除上都、大同、隆慶三路外，大都周圍各禁五百里，其餘禁斷處所，及應有山場河泊蘆場，詔書到日，並行開禁一年，聽從民便採捕。

清　顧炎武《日知録之餘》卷二《禁畜鷹鷂》　魏高祖延興五年四月詔，禁畜鷹鷂，開相告之制。　北齊文宣帝天保八年四月乙酉詔，公私禁取鷹鷂。

清　吴振棫《養吉齋叢録》卷六《餘録》　西湖兩巨刹，南浄慈，北靈隱，國初皆燬於兵。後靈隱再興，浄慈積圮，久未能復也。舜瞿和尚既繼法席，度材鳩工，經營三十年始克成就。方建毘盧閣時，四殿乏夯石，而官以南山鄰省治，禁不得採。會上方伐松者，發其根，得萬石，足甃夯石無闕。又閣無架梁，臨安山村有連理木，已度及之，而村人不許。中元夜，合村夢衆僧爲浄慈乞施梁，否則將自伐之矣。逮曉，風拔其木，因感而施之。故上梁法語云：「樹生連理之梁，地湧積劫之石。」蓋紀實也。

清　張伯行《正誼堂文集》卷五《申飭臺地應行事宜條款檄》　【略】議建竹城。各府、州、縣俱有城郭，原以捍外衛内。臺灣因遠在海外，磚瓦等項皆自内地運去，建造維艱，是以未經刱建。但該地僻處海陬，番民奸良不一。查廣南、交趾等處，皆廣植雜樹、竹、木爲城。臺地刺竹叢生，栽種甚易，該府即便轉飭各縣，於應建城處栽種刺竹，日久業生成林，便可作爲城郭。其應用種竹人工飯食，該府、縣公同捐備，不許派累民間。仍將自某處起，至某處止，周圍種竹若干里，需竹若干株之處，開明具文，徑報本都院查考。

藝文

《詩・豳風・七月》　七月流火，九月授衣。一之日觱發，二之日栗烈。無衣無褐，何以卒歲。三之日于耜，四之日舉趾。同我婦子，饁彼南畝，田畯至喜。　七月流火，九月授衣。春日載陽，有鳴倉庚。女執懿筐，遵彼微行，爰求柔桑。春日遲遲，采蘩祁祁。女心傷悲，殆及公子同歸。　七月流火，八月萑葦。蠶月條桑，取彼斧斨。以伐遠揚，猗彼女桑。七月鳴鵙，八月載績。載玄載黃，我朱孔陽，爲公子裳。　四月秀葽，五月鳴蜩。八月其穫，十月隕蘀。一之日于貉，取彼狐狸，爲公子裘。二之日其同，載纘武功。言私其豵，獻豜於公。　五月斯螽動股，六月莎雞振羽。七月在野，八月在宇，九月在户，十月蟋蟀入我牀下。穹窒熏鼠，塞向墐户。嗟我婦子，曰爲改歲，入此室處。　六月食鬱及薁，七月亨葵及菽。八月剥棗，十月穫稻。爲此春酒，以介眉壽。七月食瓜，八月斷壺，九月叔苴，采荼薪樗。食我農夫。　九月築場圃，十月納禾稼。黍稷重穋，禾麻菽麥。嗟我農夫，我稼既同，上入執宫功。晝爾于茅，宵爾索綯。亟其乘屋，其始播百穀。　二之日鑿冰沖沖，三之日納於凌陰。四之日其蚤，獻羔祭韭。九月肅霜，十月滌場。朋酒斯饗，曰殺羔羊，躋彼公堂。稱彼兕觥，萬壽無疆。

狩獵與野生動物馴養部

狩獵通論分部

綜述

《爾雅・釋天》 春獵爲蒐，搜索取不任者。蒐音搜。夏獵爲苗，爲苗稼除害。秋獵爲獮，順殺氣也。獮音剪。冬獵爲狩。得獸取之無所得。狩音受。宵田爲獠，管子曰：獠獵畢弋。今江東亦呼獵爲獠，音遼。或曰即今夜獵載鑪照也。火田爲狩。放火燒草獵亦爲狩。

爾雅・春獵爲蒐

爾雅・夏獵爲苗

爾雅・秋獵爲獮

爾雅・冬獵爲狩

爾雅・宵田爲獠

爾雅・火田爲狩

《列子·黄帝》 趙襄子率徒十萬，狩於中山，藉芿燔林。

漢 班固《漢書》卷五七《司馬相如傳》 背秋涉冬，天子校獵。顔師古注：校獵者，以木相貫穿，總爲闌校，遮止禽獸而獵取之。

漢 班固《漢書》卷一《高帝紀》 秦苑囿園池令民得田之。顔師古注：養禽獸曰苑。

漢 劉安《淮南子·人間訓》 焚林而獵，愈多得獸，後必無獸。

晉 陳壽《三國志》卷二九《魏志》 清河令徐季龍使人行獵，令輅筮其所得。輅曰：「當獲小獸，復非食禽，雖有爪牙，微而不彊，雖有文章，蔚而不明，非虎非雉，其名曰狸。」獵人暮歸，果如輅言。季龍取十三種物，著大篋中，使輅射。云：「器中藉藉有十三種物。」先説雞子，後道蠶蛹，遂一一名之，惟以梳爲枇耳。《輅别傳》曰：清河令徐季龍，字開明，有才機。與輅相見，共論龍動則景雲起，虎嘯則谷風至，以爲火星者龍，參星者虎，火出則雲應，參出則風到，此乃陰陽之感化，非龍虎之所致也。輅言：「夫論難當先審其本，然後求其理，理失則機謬，機謬則榮辱之主。若以參星爲虎，則谷風更爲寒霜之風，寒霜之風非東風之名。是以龍者陽精，以潛爲陰，幽靈上通，和氣感神，二物相扶，故能興雲。夫虎者，陰精而居於陽，依木長嘯，動於巽林，二氣相感，故能運風。若磁石之取鐵，不見其神而金自來，有徵應以相感也。況龍有潛飛之化，虎有文明之變，招雲召風，何足爲疑？」季龍言：「夫龍之在淵，不過一井之底，虎之悲嘯，不過百步之中，形氣淺弱，所通者近，何能濔景雲而馳東風？」輅言：「君不見陰陽燧在掌握之中，形不出手，乃上引太陽之火，下引太陰之水，嘘吸之間，煙景以集。苟精氣相感，縣象應乎二燧；苟不相感，則二女同居，志不相得。自然之道，無有遠近。」季龍言：「世有軍事，則感雞雉先鳴，其道何由？復有他占，惟在雞雉而已？」輅言：「貴人有事，其應在天，在天則日月星辰也。兵動民憂，其應在物，在物則山林鳥獸也。夫雞者兑之畜，金者兵之精，雉者離之鳥，獸者武之神，故太白揚輝則雞鳴，熒惑流行則雉驚，各感數而動。又兵之神道，布在六甲，六甲推移，其占無常。是以晉柩牛呴，果有西軍，鴻嘉石鼓，鳴則有兵，不專近在於雞雉也。」季龍言：「魯昭公八年，有石言於晉，師曠以爲作事不時，怨讟動於民，則有非言之物而言，於理爲合不？」輅言：「晉平奢泰，崇飾宮室，斬伐林木，殘破金石，民力既盡，怨及山澤，神痛人感，二精並作，金石同氣，則兑爲口舌，口舌之妖，動于靈石。傳曰輕百姓，飾城郭，則金不從革，此之謂也。」季龍欽嘉，留輅經數日。輅占獵既驗，季龍曰：「君雖神妙，但不多藏物耳，何能皆得之？」輅言：「吾與天地參神，蓍龜通靈，抱日月而遊杳冥，極變化而覽未然，況茲近物，能蔽聰明？」季龍大笑，「君既不謙，又念窮在近矣」。輅言：「君尚未識謙言，焉能論道？夫天地者則乾坤之卦，蓍龜者則卜筮之數，日月者離坎之象，變化者陰陽之爻，杳冥者神化之源，未然者則幽冥之先，此皆《周易》之紀綱，何僕之不謙？」季龍於是取十三種物，欲以窮之，輅射之皆中。季龍乃歎曰：「作者之謂聖，述者之謂明，豈此之謂乎！」

唐 劉肅《大唐新語》卷一《規諫》 魏知古性方直，景雲末爲侍中。玄宗初即位，獵於渭川，時知古從駕，因獻詩以諷曰：「嘗聞夏太康，五弟訓禽荒。我后來冬狩，三驅盛禮張。順時鷹隼擊，講事武功揚。奔走來未及，翾飛豈暇翔。蜚熊從渭水，瑞翟相陳倉。此欲誠難縱，兹遊不可常。子雲陳羽獵，僖伯諫漁棠。得失鑒齊楚，仁恩念禹湯。邕熙諒在宥，亭毒匪多傷。辛甲今爲史，虞箴遂孔彰。」手詔褒美，賜物五十段。

唐 李冗《獨異志》卷中 漢和億爲畿令，常有一虎害人，億令設檻，得二虎。億曰：「害人者低頭。」一虎低頭，億殺之；其一虎放去。自是猛獸皆出境，吏人以爲神君。

唐 魏徵《隋書》卷七二《孝義傳·華秋》 大業初，調狐皮，郡縣大獵。有一兔，人逐之，奔入秋廬中，匿秋膝下。獵人至廬所，異而免之。自爾此兔常宿廬中，馴其左右。郡縣嘉其孝感，具以狀聞。煬帝降使勞問，表其門閭。

唐 魏徵《隋書·齊王暕傳》 會帝於汾陽宮大獵，詔暕以千騎入圍。暕大獲麋鹿以獻，而帝未有得也，乃怒從官，皆言爲暕左右所遏，獸不得前。帝於是發怒，求暕罪失。

唐 劉肅《大唐新語》卷二《極諫》 倪若水爲汴州刺史，玄宗嘗遣中官往淮南採捕鵁鶄及諸水禽，上疏諫曰：「方今九鳸時忙，三農並作，田夫擁耒，蠶婦持桑。而以此時採捕奇禽異鳥，供園池之玩，遠自江嶺，達於京師，力倦擔負，食之以魚肉，間之以稻糧。道路觀者，莫不言陛下賤人而貴鳥。陛下當以鳳凰爲凡鳥，麒麟爲凡獸，則鵁鶄鸂鶒之類，曷足貴也！陛下昔龍潛藩邸，備歷艱危，今氛祲廓清，高居九五，玉帛子女充於後庭，職貢珍奇盈於內府，過此之外，又何求哉？」手詔答曰：「朕先使人取少雜鳥，其使不識朕意，將鳥稍多。卿具奏之，詞誠忠懇，深稱朕意。卿達識周材，義方敬直，故輟綱轄之重，以處方面之權。果能閑邪存誠，守節彌固，骨鯁忠烈，遇事無隱，言念忠讜，深用喜慰。今賜卿物四十段，用答至言。」

五代 劉昫《舊唐書》卷五二《褚无量傳》 玄宗即位，遷郯王傅，兼國子祭酒。尋以師傅恩遷左散騎常侍，仍兼國子祭酒，封舒國公，實封二百户。未幾，丁憂解職，廬於墓側。其所植松柏，時有鹿犯之，无量泣而言曰：「山中衆草不少，何忍犯吾先塋樹哉！」因通夕守護。俄有羣鹿馴狎，不復侵害，无量因此終身不食鹿肉。

宋 王讜《唐語林》卷六《補遺》 順宗時，五坊鷹犬恣横，州縣不能制。多於民間張罝罘。或有誤傷一鳥雀者，必多得金帛乃止，時謂「供奉鳥雀」。

宋 莊綽《雞肋編》卷下 《本草》載：「白花蛇，一名褰鼻蛇，生南地及蜀郡諸山中。」九月十日采捕之。《圖經》云：「其文作方勝白花，喜螫人足。黔人被螫者，皆立斷之。其骨刺傷人，與生螫無異。」今醫家所用，惟取蘄州蘄陽鎮山中者。去鎮五六里有靈峯寺，寺後有洞，洞中皆此蛇，而極難得。得之者以充貢。洞内外所産，雖枯兩目猶明；至黄梅諸縣雖鄰境，枯則止一目明；其舒州宿松縣又與黄梅爲鄰，間亦有之，枯則兩目皆不明矣。市者視此爲驗。以輕小者爲佳，四兩者可直十千足。土人冬月尋其蟄處而撅取之。夏月食蓋盆子者，治疾尤有功。采者置食竹筒中，作繩網以繫其首，剖腹乃死。入藥以酒浸煮，去首與鱗骨，三兩可得肉一兩用也。

宋 錢易《南部新書》癸 朱耶赤心者，或云：其先塞上人，多以騎獵爲業。胡人三十輩，於大山中，見飛鳥甚衆，鵠鴻於谷中。衆胡就之，見一小兒，約纔二歲已來，衆鳥銜果實而飼之。衆胡異之，遂收而衆遞養之。成長求姓，衆云：「諸人共育得大，遂以諸耶爲姓。」言朱耶者，訛也。

宋 錢易《南部新書》甲 貞觀中，擇官户蕃口之少年驍勇者數百人，每出遊獵，持弓矢于御馬前射生，令騎豹文韉，著獸文彩衫，謂之百騎。至則天，漸加其人，謂之千騎。孝和又增之萬騎，皆置使以領之。

宋 王溥《唐會要》卷四一《斷屠釣》 〔開元〕二十三年八月十四日勑：兩京五百里内，宜禁捕獵。如犯者，王公以下録奏，餘委所司，量罪決責。

宋 王溥《唐會要》卷二八 貞觀五年正月十三日，大蒐於昆明池，夷落君長從。上謂高昌王麴文泰曰：大丈夫在生樂事有三，天下太平，家給人足，一樂也。草淺獸肥，以禮畋狩，弓不虚發，箭不妄中，二樂也。六合大同，萬方咸慶，張樂高宴，上下歡合，三樂也。今日王可從禽，明當歡宴耳。

宋 葉夢得《葉氏春秋傳》卷三 狩，冬田之名也，正月其節矣。何以書非其地也。天子諸侯四時皆有田以習武事，因獻禽以奉祭祀。

宋 薛居正《舊五代史・唐書》卷三二《莊宗紀六》 癸卯，帝畋於伊闕，侍衛金槍馬萬餘騎從，帝一發中大鹿。是日，命從官拜梁祖之陵，物議非之。其夕，宿於張全義之别墅。甲辰，宿伊闕縣。乙巳，宿椹硼。時騎士圍山，會夜，顛墜崖谷，死傷甚衆。丙午，復命衛兵分獵，殺獲萬計。是夜方歸京城，六街火炬如晝。丁未，賜羣臣鹿肉有差。

宋 周密《癸辛雜識續集》卷上《大打圍》 北客云：「北方大打圍，凡用數萬騎，各分東西而往，凡行月餘而圍始合，蓋不啻千餘里矣。既合，則漸束而小之，圍中之獸皆悲鳴相弔。獲獸凡數十萬，虎、狼、熊、羆、麋鹿、野馬、豪猪、狐狸之類皆有之，特無兔耳。獵將竟，則開一門，廣半里許，俾餘獸得以逸去，不然則一網打盡，來歲無遺種矣。」又曰：「未獵之前，隊長去其頭帽，於東南方開放生之門。如隊長復帽，則其圍復合，衆始獵耳，此亦湯王祝網之意也。」

宋 周密《癸辛雜識續集》卷上《大野猪》 北方野猪大者數百斤，最獷悍難獵。每以身揩松樹，取脂自潤，然後卧沙中，傅沙於膏。久之，其膚革堅厚如重甲，名帶甲野猪，雖勁弩不能入也。其牙尤堅利如戟，馬至則以牙梢之，馬足立傷，雖虎豹所不及也。又云：獵犬之良者最畏狐，蓋狐善以穢氣薰犬，目即瞽，故獵者凡見狐必收犬，蓋恐爲所損也。

宋 周密《癸辛雜識續集》卷下《捕狸法》 捕狸之法，必用烟薰其穴，却於别處開穴，張罝捕，如拾芥。然狸性至靈，每於穴中迭土作臺以處，且可障烟，夏月則於臺下避暑，可謂巧矣。而捕者又必窮其臺之所之而後止，可謂不仁也。

宋 錢易《南部新書》卷九壬 開元令諸有猛獸之處，聽作檻穽射窩等，得即送官，每一頭賞絹四匹。捕殺豹及狼，每一頭賞絹一疋。若在監牧内獲者，各加一匹。其牧監内獲豹，亦每一頭賞得絹一匹，子各半之。信乎長安上林近南山，諸獸備矣。

明 宋濂《元史》卷六《世祖本紀三》 〔至元二年〕禁北京、平、灤等處人捕獵。

明 宋濂《元史》卷一六《世祖本紀十二》（至元二十八年）詔嚴益都、般陽、泰安、寧海、東平、濟寧畋獵之禁。

明 赫敬《春秋直解》卷二三《讀春秋》 先王之于田，以講武也，春田夏苗秋蒐冬狩，非時不舉。祭祀燕享，非正不殺。山林丘藪，非地不焚。行此謂之禮，易此謂之禽，荒，狩于郎荒也。

明 高攀龍《春秋孔義》卷二 （春秋桓公）七年春二月己亥焚咸丘。咸丘，地名。焚林而田，淫獵也。

清 龍文彬《明會要》卷一三 永樂十年十月戊辰，獵城南武岡。

又 永樂十三年十月甲申，獵於近郊。

又 永樂二十年五月乙丑，獵於偏嶺。

又 宣德四年十月乙未，獵於峪口。

又 （宣德）五年十月己卯，獵於岔道。

又 宣德九年九月丙戌，獵於岔道。丁酉，至洗馬林，閱城堡兵備。己亥大獵。

又 正統十年十月丙午，獵南海子。

又 天順二年十月甲子，獵南海子。

又 正德十二年正月己丑，大祀天地於南郊，遂獵於南海子。

又 正德十三年正月庚戌，大祀天地於南郊，遂獵於南海子。

清 吳振臣《寧古塔紀略》 四季常出獵打圍。有朝出暮歸者，有三兩日而歸者，謂之打小圍。秋間打野雞圍，仲冬打大圍，按八旗排陣而行。成圍時，無令不得擅射。二十餘日乃歸。所得者虎、豹、豬、熊、獐、狐、鹿、兔、野雞、雕羽等物。獵犬最猛，有能捉虎豹者。虎豹頗畏人。惟熊極猛，力能拔樹擲人。野雞最肥，油厚寸許。遼東野雞頗有名，然迥不及矣。每一獵，車載馬馱不知其數。鷹第一等，名海東青，能捉天鵝，一日能飛二千里。又有白鷹、蘆花鷹，俱極貴重，進上之物。餘則黃鷹、兔虎、鷂子，亦皆猛於他處。有雕極大而多，但用其翎毛爲箭。

清 項維貞《燕臺筆録》 北人打圍，一歲間各有處所。正月釣魚海上，于水底釣大魚。二月三月放鶻，號海東青打雁。四月五月打麋鹿。六月七月於涼淀坐夏。八月九月打虎豹之類。自此至于歲終，如南人趁時耕種也。 金源之制，歲以正月如春水，九月幸秋山。五月之閒，羣臣一進起居表。按春水秋山疑無定所，春漁于水，則謂之春水，秋獵于山，則謂之秋山云爾。

清 六十七《番社采風圖考・獵禽》 臺地未入版圖以前，番惟以射獵爲生，名曰出草，至今尚沿其俗。十齡以上即令演弓矢，鍊習既熟，三四十步外取的必中。當春深草茂，則邀集社衆，各持器械，帶獵犬逐之，呼噪四面圍獵，得鹿則刺喉吮其血或禽兔生啖之。醃其臟腑令生蛆，名曰肉笋，以爲美饌，其皮則以易漢人鹽米烟布等物。

清 穆彰阿《清一統志・承德府》 永安山，在平泉州南一百九十里，漢名馬盂山。地產鉛砂，老河發源於此。《遼史・地理志》：中京大定府，有馬盂山。元《一統志》：馬盂山在大寧縣西六十里，中有一峯，形類馬盂，故云。按：宋王曾《行程録》稱：富谷館東望馬雲山，山多禽獸林木，國主多於此打圍，馬雲與馬盂，蓋音之轉，實一山也。歐陽修詩曰「馬盂山西看落霞」，亦即指此。

清 符爲霖《龍山縣志》卷一一 弋獵邑人習鳥鎗以擊飛走，發無不中，取山雉擕囮置其處。雉性喜鬭，見囮，昂頸鼓翅而前，先張箐棚，手火鎗，匿其中，雉近自棚隙擊之，無飛逸者。獵麞鹿各物，嗾犬逐之，先以人執火鎗伏要隘，其物爲犬逐至，迎而擊之，無不斃。或不用鎗，則張網各要隘處，物鋋而走輒罹網中，可生執以歸。

清 闕名《回疆志》卷三 回人之獵也，伯克富户等，或于秋冬農隙聚集多人，張圍廣獵。亦有乘馬，其橐鞬擕弓矢、持鳥鎗者，然均非其所長。亦蓄養鷹、鷂、獵犬而調副無方，不能多獲。步從者亦持木棍或飛土石、撒木棒擊之。或於僻處掘阱設網，轉有所獲，禽則野鶏、山鶏、鶩雁、天鵝，獸則熊、虎、狼、鹿、野豬、黃羊、狐、兔，然所獲者多不自食，輒售于人，以易布貨。野豬最大，而蕃回人雖不食其肉，因其殘害禾稼，亦掘阱而擒斃之。河渠中亦有魚。

清 余思訓《歸州志》卷二 茅壩、建東兩鄉【略】巖谷深邃，熊猿野豬之類，晝則窟藏，夜則羣出，攫人之食。田家胼胝既苦，每屆黃昏，猶督率其子弟，各執銃矛，燎火迫呼，巡警達旦。

論　說

宋 沈棐《春秋北事》卷十《蒐狩總論》 古者春蒐夏苗秋獮冬狩，皆有常禮。故周制大司馬之職，各以其時，候農隙而講行之。春秋以來，干戈相尋，諸侯日弊，於征伐蒐狩之事，雖未必盡廢，然當時疆埸有難，朝不及夕，何暇於待時，王綱弛墜，僭逼日甚，何暇於顧禮，故有師次而治兵者，有踰禮而大閱者，其僭分失時，殆未可盡責也。

又　狩，冬田也。天子諸侯四時必田者，蓋謂治安不忘危亂，所以講武經，而教民戰也。豈徒肆盤遊逐禽獸而已哉。然先王之制，田必以時，不妨于農，殺必以禮，不殄天物，故此禮一行，而講武、重農、愛物三德備焉。《春秋》書狩者三，惟桓四年獨書公狩于郎。至莊四年，公及齊人狩于禚，則爲齊人書。哀十四年，西狩獲麟，則爲獲麟書。

宋　魏了翁《春秋左傳要義》卷七《雖周正建子言時皆據夏正》　周之春正月建子即是夏之仲冬也，《周禮》大司馬中冬教大閱，遂以狩田，是田狩從夏時也。《釋例》曰，三王異正朔，而夏數爲得天，雖在周代，於言時舉事，皆據夏正。故公以春狩，而傳曰書時禮也。

宋　魏了翁《春秋左傳要義》卷七《諸國各有狩地非常故書》　《哀十四年傳》曰，西狩於大野，經不書大野，明其得常地，故不書耳。由此而言，則狩於禚、蒐於紅及比蒲昌間，皆非常地，故書地也。田狩之地，須有常者。古者民多地狹，唯在山澤之間乃有不殖之地，故天子諸侯，必於其封内擇隙地而爲之。《僖三十三年傳》曰鄭之有原圃，猶秦之有具囿也。是其諸國各有常狩之處，違其常處，則犯害居民，故書地以譏之。

金　元好問《續夷堅志》卷三《獵犬》　泰和五年，道陵獵雲龍川興州，羣犬宗室咬住進數犬云，可備射虎，因上令試之，犬見虎一前出誘之，虎奔逐。衆犬羣起或前或後，左右伺便搏噬，虎艱於周旋，或怒躍一二丈，意欲逸去，而羣犬隨及，虎既困而卧，衛士前射之，競斃於羣犬。

明　黄暐《蓬窗類紀》卷五　魯獵者能以計得狐，設竹穽于茂林，縛鴿穽之中，而敞其户。獵者纍樹葉爲衣，棲于树，以索繫機，竢狐入取鴿，輒引索閉穽，遂得狐。一夕，月微朗，有老翁幅巾縞裳，支一筇，傴僂而來，且行且詈曰：「何讎而掩取我子孫殆盡也。」獵初以爲人，至穽所，徘徊久之，月隨而瞑，乃亦入取鴿，亟引索閉穽，則一白毳老狐也。世言狐能幻人，信哉？

明　張恭懿《松窗夢語》卷二《北游記》　秋冬草枯葉落，則駕鷹驅犬追逐野獸于平原曠野，或挾彈持弓、釣弋于數仞之上，樂而忘返，不減江南勝遊。

明　卓爾康《春秋辯義》卷三　〔春秋桓公七年〕春二月己亥焚咸丘。《胡傳》：咸丘，地名。易稱王，用三驅在禮。天子不合圍，諸侯不掩羣，子釣而不綱，弋不射宿，皆愛物之意也。推此心以及物，至于鳥獸，若草木裕無淫獵之過矣。《書》焚咸丘，所謂焚林而田也。

清　鄂爾泰《禮記義疏》卷二四　《通論》：孔氏穎達曰：四時田獵皆祭宗廟。而分時各以爲主。春時土方施生，獵則以祭社爲主。夏時陰氣始起，象神之在内，獵則以祭宗廟爲主。秋時萬物以成，獵則以報祭社及四方爲主。冬時萬物衆多，獵則主用衆物以祭宗廟，而亦報於物有功之神於四方也。案僕及七騶，咸駕此班馬政之事。執弓挾矢以獵，此習五戎之事。獲獸必資於兵，駕車必資於馬。咸駕是未獵之時，先備事而致戒。厲飾是方獵之時，必親事而行禮。習武之事，皆在其中。天子獵後，諸侯百姓皆以次而獵習，與班之政行矣。

清　秦蕙田《五禮通考》卷二四二　蕙田案：經傳所説：四時之田，異説甚多，《周禮》、《左傳》，四時皆田。《公羊注》，夏時不田，其異一。《周禮》蒐苗獮狩，歲歲皆行。《左傳》治兵振旅，三年一舉，其異二。《周禮》、《左傳》以蒐苗獮狩分春夏秋冬，《公羊》春苗秋蒐，《穀梁》，春田秋蒐，其異三。案大宗伯言，大田之禮，則田者總名，何故專屬之春，賈誼《新書》，亦謂夏不田，何也。曰：天地陰陽，盛長之時，猛獸不攫，鷙鳥不搏，蝮蠆不螫。鳥獸蟲蛇，且知應天，而況人乎哉？此説似亦近理，然《周禮》明有夏苗，則亦不足據也，餘三説亦當以《左傳》爲正。

又　《禮記·月令》：季春之月，田獵罝罘羅網，畢翳餧獸之藥，毋出九門。注：爲鳥獸方孚乳，傷之逆天時也。獸罟曰罝罘，鳥罟曰羅網。小而柄長謂之畢翳，射者所以自隱也。凡諸罟及毒藥，禁其出九門，明其常有時，不得用耳。天子九門者，路門也、應門也、雉門也、庫門也、皐門也、城門也、近郊門也、遠郊門也、關門也。疏：路門内有者，不得出路門，應門内有者，不得出應門，舉此可以知之。

又　《王制》：獺祭魚，然後虞人入澤梁，豺祭獸，然後田獵，鳩化爲鷹，然後設罻羅。注：取物必順時候也，梁絶水取魚者。罻小網也。疏案《月令》正月獺祭魚。《孝經緯》云，獸蟄伏獺祭魚則十月中也。是獺一歲再祭魚，此下文鳩化爲鷹，草木零落，交相連接，則獺祭魚謂十月時。《魯語》云，鳥獸孕水蟲，成于是乎，禁罝罜羅網，然則正月雖獺祭魚，虞人不得入澤梁，《月令》九月豺乃祭獸。《夏小正》十月，豺祭獸，則是九月末十月之初。豺祭獸後可以田獵。鳩化爲鷹者，謂八月時，但鳩化有漸，故《月令》季夏云鷹乃學習，孟秋云鷹，乃祭鳥。其化爲鷹，則八月也。以《月令》二月鷹化爲鳩，則八月鳩化鷹也。《周禮・司裘》云，中秋獻良裘。鄭司農云，中秋鳩化爲鷹是也，設罻羅者，《説文》云，罻，捕鳥網也。又《爾雅》云，鳥罟爲羅罻，羅總是捕鳥之網。

賈誼《新書》：王者諸侯，所以田獵者，何也？爲田除害，上以供宗廟，下以簡集士衆也。蒐苗獮狩之禮，簡戎事也。苗者，毛取之。蒐者，搜索之。狩者，守留之。謂之畋，何去禽獸害稼穡者，故以田言之孝子，已有三牲，必田狩者，以爲己之所養，不如天地自然之牲，逸豫肥美也。

清　秦蕙田《五禮通考》卷二四二　劉向《説苑》謂之畋何聖人舉事，必反本五穀者，以奉宗廟養萬民也，去禽獸害稼穡者，故以田言之聖人，作名號而事，義可知也。《傳》曰：春曰蒐，夏曰苗，秋曰獮，冬曰狩，百姓皆出，不失真馳，不抵禽，不詭遇，逐不出防，此蒐苗獮狩之義也，故蒐苗獮狩之禮，簡戎事也。

清　秦蕙田《五禮通考》卷二四三　《禮志》：太宗將北征，因閱武獵。近郊以多盜獵狐兔者，命禁之。有衛士奪人獐當死。帝曰：「若殺之，後世必爲我重獸而輕人。」特貰其罪。帝常以臘日校獵。諭從臣曰：臘日出狩，以順時令，緩轡從禽，是非荒也。回幸講武臺張樂賜羣臣飲。其後獵西郊，親射走兔。五，詔以古者蒐狩以所獲之禽薦享宗廟，而其禮久廢，今可復之，遂爲定式。帝雅不好弋獵，詔除有司行禮外罷近甸遊畋。五方所畜鷹犬並放之，諸州不得以鷹犬來獻已，而定難軍節度使趙保忠獻鶻一，號海東青，詔還賜之，獵日但命諸王畧畋近郊，而五坊之職廢矣。

又　《唐儉傳》：儉爲民部尚書，從獵洛陽苑，羣豕突出于林。帝射四輒殪四豕，一豕躍及鐙，儉投馬搏之，帝拔劍斷豕，顧笑曰：天策長史不見上將擊賊耶？何懼之甚。對曰：漢祖以馬上得之，不以馬上治之。陛下神武定四方，豈復快心于一獸，帝爲罷獵。

又　（白）居易知制誥，穆宗好畋遊，獻續虞人箴以諷曰：唐受天命十有二聖，兢兢業業，咸勤厥政。烏生深林，獸在豐草。春蒐冬狩，取之以道。烏獸蟲魚，各遂其生。民野君朝，亦克用寧。在昔元祖厥訓孔彰，馳騁田獵，俾心發狂，何以效之。曰：羿與康曾不是誡，終然覆亡。

又　《宋史・符彦卿傳》：清泰中，彦卿改易州兼領北面騎軍，賜戎服介冑戰馬，嘗射獵遂城鹽臺淀，一日射麞麑狼兔四十二，觀者神之。

又　《禮志》：（宋）真宗詔：教駿所養鷹鶻量留十餘，以備諸王從時展禮。禁圍草地，許民耕牧。

又　（金章帝明昌）五年六月己亥出獵，登呼圖巴山，酹酒再拜曹王，永升以下進酒。七月戊辰，獵于和齊寬，一發貫雙鹿。是日，獲鹿二百二十一，賜扈從官有差。辛巳次羅衮呼實布。是日，上親射獲黃羊四百七十一。閏十月乙亥，獵于近郊。

清　秦蕙田《五禮通考》卷二四二　蕙田案：玩此條，知古人田獵重於秋冬，春夏雖有其制而不備也。考之經傳，謂四時皆田者，《周禮》、《左傳》、《穀梁傳》也，謂夏不田者，《公羊傳》、何休注及《春秋緯運斗樞》也。何休竟以夏無田獵，譏《穀梁》爲短，固屬非是，鄭康成則以緯書爲孔子所作，四時田者，周制三時田者，夏殷制，孔子欲改周制，不敢顯露陰書于緯，而于《春秋》，則仍用周制，其説穿鑿而害道，皆未細玩。《月令》季春羅網毋出，孟夏毋大田獵，及《穀梁》四用三焉之義。觀《王制》獺祭魚云。云，亦專指秋冬，又云天子諸侯，無事則歲三田，即《周禮》所載，儀節亦惟治兵大閲，特詳于振旅茇舍。古聖人順天時以取物。因農隙以講武。春夏生長之候，决不肯多殺以擾民也。然四時皆有農隙，而武備不可以不時肄，故斟酌于四時之中，而有詳畧之别焉，其義精矣。觀承案，《周禮》四時皆田，以四時皆有農隙，則乘其隙而行之，可也。然《王制》已有天子諸侯，無事則一歲三田之文，蓋夏禾方盛，於田獵，原不甚相宜，因思宣王《車攻》詩，特標出之子于苗句，此與六月之詩同意，蓋宣王非無事之時，既盛夏興師，又行夏苗之禮，以習軍陣也，則平日之田，不必四時皆行，故《周禮》尤詳大閲之禮。而《豳風》一之日于貉，二之日載纘武功，亦總在冬時，然則田雖備四而行之，當酌其宜要，惟秋冬爲重也。

又　冬獻狼，夏獻麋，春秋獻獸物。注：狼膏聚，麋膏散，聚則温，散則涼，以救時之苦也。獸物凡獸皆可獻也，及狐狸。疏《內則》狐去首，狸去正脊，二者並堪食之物。

又　《春秋桓公四年・公羊傳》，春曰田，夏曰苗，秋曰蒐，冬曰狩。

又　《穀梁傳》春曰田，夏曰苗，秋曰蒐，冬曰狩。四時也，四用三焉。

清　嵇璜《清文獻通考・物異一》　（後金）天聰七年，鵶鳩集于遼東。遼東素無此鳥，乃西北蒙古所産。其色淡黃，形如鴿，爪如人足而有毛。國人皆曰，蒙古之鳥來至我國，必蒙古歸順之兆云。臣等謹按唐時鵶鳩入邊，識者以爲突厥入寇之兆，既而果然，所謂禽鳥得氣之先者也。而是時鵶鳩集遼東，後察哈爾額哲果來歸，同一事而異其應，可知天象靡常，惟人所召，在無德者則爲妖，在有德者則爲祥，天人感召之，理有非可以術數推測者。而自來五行諸志，分別名目，確謂某物爲妖，某物爲祥，若可按圖而索者，非通方之論矣。

九年十一月，拉木倫河獲黑狐，有土默特者于拉木倫河遇黑狐獲之以獻。黑狐産長白山迤東濱海赫哲費雅哈之地，土人歲以進貢，非國内産。

（康熙二十四年）黑龍江有羣鹿之異，是時征雅克薩城之兵駐黑龍江，糧食匱乏，忽有鹿數萬自山趨下，軍人取之，獲五千餘，以爲奏功之兆。

清 吴寶芝《花木鳥獸集類・雀》《家語》：孔子曰：昔者殷王帝辛之世，有雀生大鳥於城隅石之。曰：以小生大，則國家必王，而名，必昌。於是帝，辛介雀之德，不修國政，殷國以亡。注云：介，助也。以雀之德爲助也。郭璞：洞林丞相府有將雛雞，一雀，飛集其背上，驅之復來，如此再三，令璞卜之曰：此晉王即祚之漸也。《晏子春秋》：齊景公探雀，鷇鷇弱反之，晏子再拜曰：吾君有聖人之道矣，君探鷇鷇弱反之，是長幼也。於禽獸若此，而況人乎。《史記》：趙武靈王自號主父，廢長子章，而傳國於吴娃，所生子何。主父遊沙丘，公子章作亂，與何戰敗，章走主父，主父開之，何遂圍主父宫。公子章死，公子成李兑謀曰：以章故圍主父，即解兵吾屬夷矣，乃遂圍主父，令宫中人悉出。主父，欲出不得，又不得食，探雀鷇而食之，三月餘而餓死沙丘宫。注云：開謂開門而納之，一作閉之。謂閉藏也。《陳留耆舊傳》：圉人魏尚高帝時爲太史，有罪繫獄奪爵，有萬雀集棘樹交鳴，尚曰：雀，爵命之祥，我其復故官乎，有頃，詔復故官。《益部耆舊傳》：楊宣爲河内太守行縣，有羣雀鳴桑樹上，宣謂吏曰：必前有覆車粟，此雀相隨，欲往食之，行數里果有覆車粟。《戰國策》：莊辛謂楚王曰：夫雀俯啄白粒，仰棲茂樹，鼓翅奮翼，自以爲無患，不知公子王孫左挾彈右攝丸：以加其頸也。《述異記》：周成王元年，貝多國人獻舞雀，周公命反之。《東觀漢記》：永元中，安息王獻條枝國大雀，此雀卵大如甕。《隋書》：開皇中有神雀，降含章門，高祖召百官賜宴，計善心於坐，請紙筆製頌奏之，上賜帛二百段。《漢書》：楊由蜀郡人爲文學掾，有大雀，夜集庫樓上。太守廉范問由，由對曰：此占郡内當有兵，後二十餘日，廣柔縣蠻夷反，殺傷長吏。《後漢書》：瑯琊董仲爲不其令，有赤雀乳廳事前桑上，民爲作歌頌。《埤雅》：雀頭如顆蒜，目如擘椒。雀，物之淫者，鼠物之貪者，故詩言：雀角鼠牙，以譬彊暴。《家語》：孔子見羅雀者，所得皆黄口小雀，問曰：大雀獨不得，何也？羅者曰：大雀善驚而難得，黄口貪食而易得。黄口從大雀則不得，大雀從黄口亦不得。孔子顧謂弟子曰：善驚以遠害，利食而忘患。自其心矣，而以所從爲禍福，故君子慎其所從。晉灼曰：神雀大如鷃，黄喉，白頭，黑背，腹有斑文，或五彩者，有之。東坡序：海南有五色雀，常以兩絳者爲長，進退必隨焉，俗謂之鳳凰云。久旱則見，雨潦則反。吾居儋耳見之。《埤雅》：西方之書，雀浴沙受卵。師曠《禽經》雀交不一，雉交不再。又曰：雀以猜瞿，今雀俛而啄，仰而四顧，所謂瞿也。《埤雅》：鳥雀尾翠上有肉，高有穴者，名脂缾（瓶）鳥，雀每引觜，取脂以塗翅，毛衣則悦澤，雨露不能濡。《異苑》：上虞人家，奚奴多方術，向空長嘯則羣雀來，萃夜哭，蚊蝱悉死於側。《北史》：潘樂字相貴，初生，有一雀止其母左肩，占者言：富貴之徵。《開元遺事》：裴耀卿勤於政事，常養一雀，每夕至更初，有聲至漏盡，則急鳴。裴呼爲知更雀。《杜陽雜編》：唐順宗即位，拘弭國貢郤火雀，色純黑，大似燕。其聲清，置火中火自散去，遂盛以水，精籠懸於寢殿。夜則宫人持蠟炬燒之，終不能損其羽毛。又釋氏書言：雀郤火災。漢武帝拜公孫卿爲郎持節候神，自大室至東萊，見一人長五丈，自稱巨公，牽黄犬，持黄雀，云：欲謁天子，因忽不見。唐開元中，幽州長史張守珪界内蚄蟲食田稼，蔓延入平州。俄頃有羣雀來食此蟲，一日殆盡。《沙州記》：寒嶺去太陽州三十里，有雀與鼠同穴。雀亦如家雀色，小白鼠亦如家鼠色，黄而無尾。《埤雅》：雀争燕巢，銜泥至巢中，燕不復顧也。又白居易詩注：燕惡艾，雀欲奪其巢，先銜一艾置其巢，燕輒避去，因而奪之。

清 汪士漢《古今記林》卷二七《禽鳥獸・猩猩》 封溪縣有獸曰猩猩，似猿，人面，如小兒聲，常數百群。人以酒並繒設路側，連結草履。猩見之則知張者祖先姓名，呼云：「奴欲張我拾去。」復謂曰：「試共嘗酒」，逮醉，取履著之爲人所擒。《蜀志》

清 呂陽《薪齋初集》卷三五《田獵論》 古之田獵，非獵也，備戎也。故春仲之蒐，以教振旅。夏仲之苗，以教茇舍。秋仲之獮，以教治兵。冬仲之狩，以教大閱。隱戎事於不言，謂之田。田者，田也，寓兵於農也。已田矣，不麛不卵、不合圍，不掩羣，猶之乎不田也。已獵矣，面傷不獻，踐毛不獻，不成禽不獻，猶之乎未獵也。已獻矣，擇取三等，自左膘而射之，達於右腢，爲上殺，以爲乾豆，充犧牲。達右耳本者次之，以爲賓客，充庶羞。射左髀，達於右髃者，下殺也，存之以充君庖，既充矣，每禽三十取十焉，其餘以肦澤宮之士大夫，故宣王之車既攻，馬既同，而大庖不盈，爲此也。若乃迹人不戒，甸祝無聞，外無驅逆之車，中有毒矢之志，此豺獺之族也。且夫豺祭獸，獺祭魚，皆有其時而況人乎。非時而獵者，曾豺獺之不如也。

清 袁世紀《守身執玉軒遺文·驅虎豹犀象而遠之》 元聖之驅物，亦神禹之故事也。夫虎豹犀象，無異蛇龍也。遠異而驅同，亦以因物之性耳。且天下治亂，每與禽獸相終始。自堯之時，流入中國，天下一亂，禹驅之，及殷之末再至，天下又再亂，是禽獸相爲代興也。而沿成氣運，天下之生久矣。將毋虎豹犀象，實關治亂興衰之故耶。周公相武王伐紂，而或討或戮或滅，凡黨惡者殺毋赦，此數物者何以治之，繩以結黨濟凶之罪，而蚩蚩者原有招之使來，固不必盡殺乃止，任其爪牙角毒之威，而眈眈者且將生事不已，何堪使聚族於斯，夫禹其前事矣。周公踵而行之，而同其驅不同其放者何也。天之生物，各有部署位置之處，衍氣多仁陵氣多暴。六合之內，常擴其境以爲居游。故處物之地，恒多於處人之地，使概置於一隅，而相傾以爲命，相攘以爲宮，舞爪張牙，且胥戕胥虐以幾於盡，此不可以菹限也。縱其所至，而以類聚，亦以羣分，廣漠之鄉，莽滄之野，荒茅篁竹之間，但令非畎澮田疇，即可聽其相安而無忌，所謂意於南而南，意於北而北也。物之所栖，各隨燥溼剛柔之便，食水善游，食草善走，五方有性，自循其質而不可推移，故此之所宜，不得爲彼之所宜，況其物類甚多，而束縛之不能，馳驟之不可，蜂屯蟻聚，且相持相角而互爲雄，此不可以放爲也。寬爲之地，而散其羣，正孤其勢，深山之木石，大澤之黿蛇，狐狸豺狼之所居所處，既絶遠村落邱墟，何妨聽其流行而散徙？所謂入山惟恐不深，入林惟恐不密也。周公於是驅而遠之，從末減之例。爲有北之投，而回念向之低首下心，深錮禁苑，殆不啻爲檻穽也。瑶臺璇室，人以爲娱，令虎豹犀象處之而深苦。今者率其醜類，如返故居，乃不禁揚尾偕來，相與尋其水土所生，神物所感，亦如水人居水，陸人居陸，區疆畫界於川分土斷之中，援流宥之條，爲不殺之罪。而回視向之蜂目豺聲，驛騷內地，殆不過僑寄也。酒池肉林，人自爲樂，强虎豹犀象嗜之而不解。今者盡以族行，如脱禁網，乃不覺翔舞成羣。相與資其生育，長其子孫，從此與人無患，與世無爭，俯首帖耳於海静山明之內。是時也，天地再清，日月重明，天下大悦，周公之治，繼禹而成。 偉論山峙，奇思水溢。腹笥便便，足以輔其才氣。但覺龍吟虎嘯，萬籟同鳴，一洗從前箏笛耳。

藝 文

《詩·小雅·鴛鴦》 鴛鴦于飛，畢之羅之。

《詩·王風·兔爰》 有兔爰爰，雉離於羅。【略】有兔爰爰，雉離於罦。【略】有兔爰爰，雉離於罿。

《詩·小雅·採緑》 之子於狩，言韔其弓。之子於釣，言綸之繩。

《詩·鄭風·大叔于田》 叔于田，乘乘馬。執轡如組，兩驂如舞。叔在藪，火烈具舉。襢裼暴虎，獻於公所。將叔無狃，戒其傷女。叔于田，乘乘黄。兩服上襄，兩驂雁行。叔在藪，火烈具揚。叔善射忌，又良御忌。抑磬控忌，抑縱送忌。叔于田，乘乘鴇。兩服齊首，兩驂如手。叔在藪，火烈具阜。叔馬慢忌，叔發罕忌。抑釋掤忌，抑鬯弓忌。

《詩·鄭風·叔于田》 叔于田，巷無居人。【略】叔于狩，巷無飲酒。【略】巷無服馬，豈無服馬。

《詩·召南·騶虞》 彼茁者葭，壹發五豝，於嗟乎騶虞。彼茁者蓬，壹發五豵，於嗟乎騶虞。

《詩·秦風·駟驖》 駟驖孔阜，六轡在手。公之媚子，從公於狩。奉時辰牡，辰牡孔碩。公曰左之，舍拔則獲。游於北園，四馬既閑。輶車鸞鑣，載獫歇驕。

《詩·小雅·吉日》 吉日維戊，既伯既禱。田車既好，四牡孔阜。升彼大阜，從其群丑。 吉日庚午，既差我馬。獸之所同，麀鹿麌麌。漆沮之從，天子之所。 瞻彼中原，其祁孔有。儦儦俟俟，或群或友。悉率左右，以燕天子。 既張我弓，既挾我矢。發彼小豝，殪此大兕。以御賓客，且以酌醴。

《詩·小雅·車攻》 我車既攻，我馬既同。四牡龐龐，駕言徂東。 田車既好，四牡孔阜。東有甫草，駕言行狩。 之子於苗，選徒囂囂。建旐設旄，搏獸於敖。 駕彼四牡，四牡奕奕。赤芾金舄，會同有繹。 決拾既佽，弓矢既調。射夫既同，助我舉柴。 四黄既駕，兩驂不猗。不失其馳，舍矢如破。 蕭蕭馬鳴，悠悠旆旌。徒御不驚，大庖不盈。 之子於征，有聞無聲。允矣君子，展也大成。

漢　揚雄《揚子雲集》卷五《羽獵賦並序》　孝成帝時羽獵，雄從，以爲昔在二帝三王，宮館臺榭，沼池苑囿，林麓藪澤，財足以奉郊廟御賓客充庖厨而已。不奪百姓膏腴穀土，桑柘之地，女有餘布，男有餘粟，國家殷富，上下交足，故甘露零其庭，醴泉流其唐，鳳凰巢其樹，黄龍游其沼，麒麟臻其囿，神雀棲其林。昔者禹任益虞，而上下和，草木茂，成湯好田，而天下用足。文王囿百里，民以爲尚小，齊宣王囿四十里，民以爲泰大，裕民之與奪民也。武帝廣開上林，南至宜春鼎湖，御宿昆吾，旁南山，西至長楊五柞，北繞黄山，濱渭而東，周袤數百里，穿昆明池，象滇河，營建章鳳闕，神明馺娑，漸臺太液，象海水周流方丈，瀛洲蓬萊，游觀侈靡，窮妙極麗。雖頗割其三垂，以贍齊民。然至羽獵，甲車戎馬，器械儲偫，禁禦所營。尚泰奢麗誇詡，非堯、舜、成湯文王三驅之意也。又恐後世復修前好，不折中以泉臺，故聊因校獵，賦以風之。其辭曰：　或稱羲農，豈或帝王之彌文哉。論者云否，各亦並時而得宜。奚必同條而共貫。則泰山之封，焉得七十而有二儀。是以創業垂統者，俱不見其爽。遐邇五三，孰知其是非。遂作頌曰：麗哉神聖，處于玄宮。富既與地乎侔訾，貴正與天乎比崇。齊桓曾不足使扶轂，楚嚴未足以爲驂乘。狹三王之阨僻，嶠高舉而大興。歷五帝之寥廓，涉三皇之登閎。建道德以爲師，友仁義與之爲朋。于是玄冬季月，天地隆烈，萬物權輿於内，徂落于外。帝將惟田，于靈之囿，開北垠受不周之制，以奉終始顓頊玄冥之統。乃詔虞人典澤，東延昆鄰，西馳閶闔，儲積共偫。戍卒夾道，斬叢棘，夷野草，御自汧渭，經營酆鎬。章皇周流，出入日月，天與地沓。爾乃虎路三嵕以爲司馬，圍經百里而爲殿門。外則正南極海，邪界虞淵，鴻濛沆茫，揭以崇山、營合圍會。然後先置乎白楊之南，昆明靈沼之東，賁育之倫，蒙盾負羽。杖鏌邪而羅者以萬計，其餘荷垂天之畢，張竟壄之罘，靡日月之朱竿，曳彗星之飛旗。青雲爲紛，紅蜺爲繯。屬之乎崑崙之虚，涣若天星之羅，浩如濤水之波。淫淫與與，前後要遮，欃槍爲闉，明月爲侯。熒惑司命，天弧發射。鮮扁陸離，駢衍佖路。徽車輕武，鴻絧緁獵。殷殷軫軫，被陵緣岅。窮夐極遠者，相與列乎高原之上。羽騎營營，昈分殊事。繽紛往來，轠轤不絶。若光若滅者，布乎青林之下。于是天子乃以陽晁始出虖玄宮，撞鴻鍾，建九旒，六白虎，載靈輿。蚩尤並轂，蒙公先驅。立歷天之旂，曳梢星之旃。霹靂烈缺，吐火施鞭。萃從沇溶，淋離廓落。戲八鎮而開關，飛廉雲師。吸濞潚率，鱗羅布列。攢以龍翰，啾啾蹌蹌。入西園，切神光，望平樂，徑竹林，蹂蕙圃，踐蘭唐。舉烽烈火，轡者施技。方馳千駟，狡騎萬帥。虓虎之陳，從横膠輵，猋拉雷厲，驞駍駖磕。洶洶旭旭，天動地岋。羡漫半散，蕭條數千萬里外。若夫壯士忼慨，殊鄉别趣，東西南北，騁耆奔欲。拕蒼豨，跋犀犛，蹶浮麋，斮巨狿，博玄猨，騰空虚，距連卷，踔天蟜，娭澗門。莫莫紛紛，山谷爲之風猋，林叢爲之生塵。及至獲夷之徒，蹶松柏，掌蒺藜，獵蒙蘢，轔輕飛，履般首，帶修蛇，鉤赤豹，摼象犀，跇巒阬，超唐陂。車騎雲會，登降闇藹。泰華爲旒，熊耳爲綴。木仆山還，漫若天外。儲與虖大浦，聊浪乎宇内。于是天清日晏，逢蒙列眥。羿氏控弦，皇車幽輵。光純天地，望舒彌轡。翼乎徐至于上蘭，移圍徙陣，浸淫蹵部。曲隊堅重，各案行伍。壁壘天旋，神抶電擊。逢之則碎，近之則破。鳥不及飛，獸不得過。軍驚師駭，刮野掃地。及至罕車飛揚，武騎聿皇。蹈飛豹，羂嘄陽，追天寶，出一方，應駍聲，擊流光。壄盡山窮，囊括其雌雄；沇沇溶溶，遥噱虖紘中。三軍芒然，窮冘閼與。亶觀夫剽禽之紲隃，犀兕之抵觸；熊羆之挐攫，虎豹之淩遽。徒角槍題，注蹶竦讋。怖魂亡魄，觸輻關脰。妄發期中，進退履獲。創淫輪夷，丘累陵聚。于是禽殫中衰，相與集于靖冥之館。以臨珍池，灌以岐梁，溢以江河，東瞰目盡，西暘無崖。隨珠和氏，焯爍其陂。玉石嶜崟。眩燿青熒。漢女水潛，怪物暗冥，不可殫形。玄鸞孔雀，翡翠乘榮。王雎關關。鴻雁嚶嚶，羣娱乎其中。噍噍昆鳴，鳧鷖振鷺，上下砰磕，聲若雷霆。乃使文身之技，水格鱗蟲，凌堅冰，犯嚴淵，探巖排碕。薄索蛟螭。蹈獱獺，據黿鼉，抾靈蠵，入洞穴，出蒼梧，乘巨鱗，騎京魚，浮彭蠡，目有虞，方椎夜光之流離，剖明月之珠胎，鞭洛水之虙妃，餉屈原與彭胥。于兹虖鴻生鉅儒。俄軒冕，雜衣裳，修唐典，匡雅頌，揖讓于前，昭光振燿，蠁曶如神。仁聲惠于北狄，武誼動于南鄰。是以旃裘之王，胡貉之長，移珍來享，抗手稱臣。前入圍口，後陳盧山。羣公常伯陽朱墨翟之徒，喟然並稱曰：崇哉乎德。雖有唐虞大夏成周之隆，何以侈兹，夫古之觀東嶽，禪梁基，舍此世也，其誰與哉。上猶謙讓而未俞也，方將上獵三靈之流，下決醴泉之滋，發黄龍之穴，窺鳳凰之巢，臨麒麟之囿，幸神雀之林。奢雲夢，侈孟諸，非章華，是靈臺，罕徂離宮，而輟游觀。土事不飾，木功不雕，烝民乎農桑，勸之以弗怠。儕男女，使莫違，恐貧窮者不偏被洋溢之饒。開禁苑，散公儲，創道德之囿，弘仁惠之虞。馳弋乎神明之囿，覽觀乎羣臣之有亡。放雉兔，收罝罘，麋鹿芻蕘，與百姓共之。蓋所以臻兹也。于是醇洪鬯之德，豐茂世之規，加勞三皇，勖勤五帝，不亦至乎。乃祇莊雍穆之徒，立君臣之節，崇賢聖之業，未遑苑囿之麗，游獵之靡也。因回軫還衡，背阿房，反未央。

漢 揚雄《揚子雲集》卷五《長楊賦並序》 明年，上將大誇胡人以多禽獸。秋，命右扶風發民入南山，西自褒斜，東至弘農，南敺漢中，張羅網罝罘，捕熊羆豪豬、虎豹狖玃、狐兔麋鹿，載以檻車，輸長楊射熊館。以網爲周阹，縱禽獸其中。令胡人手搏之，自取其獲，上親臨觀焉。是時農民不得收斂，雄從至射熊館。還，上《長楊賦》。聊因筆墨之成文章，故藉翰林以爲主人，子墨爲客卿以風，其辭曰：子墨客卿問于翰林主人曰：「蓋聞聖主之養民也，仁霑而恩洽，動不爲身，今年獵長楊，先命右扶風，左太華而右褒斜，椓嶻嶭而爲弋，紆南山以爲罝，羅千乘于林莽，列萬騎于山隅。帥軍踤阹，錫戎獲胡，搤熊羆，拖豪豬，木擁槍纍，以爲儲胥，此天下之窮覽極觀也。雖然，亦頗擾于農民，三旬有餘，其廑至矣，而功不圖，恐不識者外之則以爲娛樂之游，內之則不以爲乾豆之事。豈爲民乎哉？且人君以玄默爲神，澹泊爲德，今樂遠出以露威靈，數摇動以罷車甲，本非人主之急務也。蒙竊惑焉。」翰林主人曰：「吁，客何謂之兹耶。若客所謂知其一，未睹其二，見其外不識其內也。僕嘗倦談，不能一二其詳。請略舉其凡，而客自覽其切焉。」客曰：「唯唯。」主人曰：「昔有强秦，封豕其士，窫窳其民，鑿齒之徒，相與摩牙而争之，豪俊麋沸雲擾，羣黎爲之不康，于是上帝眷顧高祖，高祖奉命，順斗極，運天關，横鉅海，漂昆侖，提劍而叱之，所過麾城摲邑，下將降旗，一日之戰，不可殫記，當此之勤，頭蓬不暇梳，飢不及餐。鞮鍪生蟣蝨，介胄被霑汗。以爲萬姓請命虖皇天，迺展民之所詘，振民之所乏，規億載，恢帝業，七年之間，而天下密如也。逮至聖文，隨風乘流，方垂意于至寧躬服節儉，綈衣不弊，革鞜不穿，大厦不居，木器無文，于是後宫賤瑇瑁而疏珠璣。却翡翠之飾，除雕琢之巧，惡麗靡而不近，斥芳芬而不御。抑止絲竹晏衍之樂，憎聞鄭衛幼眇之聲。是以玉衡正而太階平也。其後熏鬻作虐，東夷横畔，羌戎睚眥，閩越相亂，遐眠爲之不安，中國蒙被其難，于是聖武勃怒，爰整其旅，迺命驃衛，汾沄沸渭，雲合電發，猋騰波流，機駭蠭軼，疾如奔星，擊如震霆。碎轒輼，破穹廬，腦沙幕，髓余吾。遂蹶乎王庭，驅橐駝，燒熐蠡，分剺單于，磔裂屬國，夷阬谷，拔鹵莽，刊山石，蹂屍輿廝。係累老弱，兖鋋瘢，耆金鏃。淫夷者數十萬人，皆稽顙樹頷，扶服蛾伏，二十餘年矣。尚不敢惕息，夫天兵四臨，幽都先加，迴戈邪指，南越相夷，靡節西征，羌僰東馳，是以遐方疏俗，殊鄰絶黨之域，自上仁所不化，茂德所不綏，莫不蹻足抗首，請獻厥珍使海內澹然，永亡邊城之災，金革之患，今朝廷純仁，遵道顯義，並包書林，聖風雲靡，英華沈浮，洋溢八區，普天所覆，莫不沾濡。士有不談王道者，則樵夫笑之。意者以爲事罔隆而不殺，物靡盛而不虧，故平不肆險，安不忘危。乃時以有年出兵，整輿竦戎，振師五莋，習馬長楊。簡力狡獸，校武票禽。乃萃然登南山，瞰烏弋，西厭月窟，東震日域，又恐後代迷于一時之事，常以此爲國家之大務。淫荒田獵，陵夷而不禦也。是以車不安軔，日未靡旃，從者彷彿骫屬而還，亦所以奉太尊之烈，遵文武之度，復三王之田，反五帝之虞。使農不輟耰工不下機。婚姻以時，男女莫違。出凱弟，行簡易，矜劬勞，休力役。見百年，存孤弱，帥與之同苦樂，然後陳鐘鼓之樂，鳴鞀磬之和，建碣磍之虡，拮隔鳴球，掉八列之舞，酌允鑠，肴樂胥，聽廟中之雍雍，受神人之福祐。歌投頌，吹合雅，其勤若此，故真神之所勞也。方將俟元符，以禪梁甫之基，增泰山之高，延光于將來。比榮乎往號，豈徒欲淫覽浮觀，馳騁杭稻之地，周流梨栗之林，蹂踐芻蕘，誇詡衆庶，盛狖玃之收，多麋鹿之獲哉。且盲者不見咫尺，而離婁燭千里之隅，客徒愛胡人之獲我禽獸，曾不知我亦已獲其王侯。」言未卒，墨客降席，再拜稽首曰：「大哉體乎，允非小人之所能及也。乃今日發矇，廓然已昭矣。」

漢 張衡《羽獵賦》 皇上感天威之慘烈，思太昊之觀虞。虞人表林麓而廓莱藪，翦荆梓而夷榛株。于是鳳皇獻歷，太僕駕具，蚩尤先驅，雨師清路，山靈護陳。方神蹕御，羲和奉轡，弭節西征。翠蓋葳蕤，鸞鳴瓏玲。山谷爲之澹淡，丘陵爲之簸傾。于是皇輿綢繆，遷延容與，抗天津于伊洛，夐遥集乎南圃。大詔獵者，競逐長驅，輕車飆厲。羽騎電騖，霧合雲集，波流雨注。馬蹂麋鹿，輪轔雉兔。弓不妄彎，弩不虚舉。鳥驚絓羅，獸與矢遇。

漢 王粲《羽獵賦》 遵古道以游豫兮，昭勸助乎農圃。用時隙之餘日兮，陳苗狩而講旅。濟漳浦而横陣，倚紫陌而並征。樹重圍于西阯，列駿騎乎平坰。相公乃乘輕軒，駕四駱，駙流星，屬繁弱，選徒命士，咸與竭作。旌旗雲擾，鋒刃林錯，揚暉吐火，曜野蔽澤。山川于是摇盪，草木爲之摧撥。禽獸振駭，魂亡氣奪，興頭觸系，摇足遇撻。陷心裂胃，潰腦破頰，鷹犬競逐，奕奕霏霏，下韝窮緤，搏肉噬肌。墜者若雨，僵者若坻。清野滌原，莫不殲夷。

漢 應瑒《西狩賦》 伊炎漢之建安，飛龍躍乎天衢。皇宰弈而陶運，樹匡翼而大摹。盪無妄之氛穢，揚威靈乎八區。開九土之舊迹，暨聲教于海隅。時霜凄而淹野，寒風肅而川逝。草木紛而摇盪，鷙鳥別而高厲。既乃揀吉日，練嘉辰。清風矢戒，屏翳收塵。于是魏公乃乘彫輅，駟飛黄，擁簫鉦，建九幢。按轡清途，颯沓風翔。屬車轇轕，羽騎騰驤。于是圍網周合，雷鼓天震。千乘長羅，萬表星陳。雙翼伉旋，八校祖分。長燧電舉，高煙蔽雲。爾乃徒輿并興，方軌連質。驚飈四駭，銜禽驚溢。騁獸塞野，飛鳥蔽日。爾乃赴玄谷，陵崇巒，俯掣奔猴，仰捷飛猿。雲幕被于廣野，京燎照乎平原。醴恖充給，洪施普宣。

漢　應瑒《馳射賦》　于是陽春嘉日，講肆餘暇，將逍遥于郊野，聊娱遊于騁射。延賓鞠旅，星言夙駕。樹應鞞于路左，建丹旗于表路。羣駿籠茸于衡首。咸皆腰裹與飛菟。隴修勒而容與，并軒翥而厲怒。爾乃結翻侔，齊倫匹。良樂授馬，孫臏調駟。籌筭克明，班次均壹。左攬繁弱，右接湛衛。控滿流睇，應弦飛碎。擒動鼓震，譟聲雷潰。重破累礫，流景倏忽。紛紜絡驛。次授二八。放鞚長騁。神足奔越。終節三驅，矢不虚發。進截飛鳥，顧摧月支。須紆六鈞，口彎七規。觀者并氣息而傾竦，咸側企而騰移。爾乃縈迴盤厲，按節和旋。翩翩神厲，體若飛仙。弈弈騂牡，既佶且閑，揚驪沛艾。蠖略相連。

南朝宋　王叔之《傷孤鳥詩序》　偶得二鳥，將欲放之，俄頃而一者死，一者既放，屢顧悲鳴，感微禽之有心，遂爲詩以傷之。

南朝宋　闕名《慶獲白鹿牋》　伏承獲白鹿於彭城之東山，皓質玉映，育性馴和。

南朝宋　闕名《奏講武薦牲》　鑾輿巡蒐江左，講武校獵。獲肉，先薦太廟。

南朝梁　蕭統《七契》　君子曰：白藏肅殺，天高野清，玉樹始落，金蕊初榮，幕燕北反，沙雁南征。實秋收之美節，將校獵以娱情。使櫪無伏馬，巷靡遺行。執戈於芋眠之野，彎弧於曠浪之陰。養由輕盼，則林摧鷙獸。蒲且效技，則虚下翔禽。騰猿蹶其足，虓虎不擇音。掩兔轔鹿，既蔑古之烏有，填坑滿谷，亦眇昔之上林。至於輕繳纔飛，則連鴻解羽。微纖始放，則並鱗失波。豈論玄泉之則，寧顧將遨之歌。弭節言旋，禽不可算。周旋眺覽，足爲京觀。子雖山栖，其從此玩。逸士曰：解網垂仁，殷王美則聞聲不食，孔聖淑音，害蠢類而爲樂，豈君子之用心。

北周　王褒《看獵》　上林冬狩返，回中講射歸。還登宣曲觀，更獵黄山圍。嚴冬桑柘慘，寒霜馬騎肥。緤盧隨兔起，高鷹接雉飛。獨嗟來遠客，辛苦倦邊衣。

北周　庾信《庾子山集》卷三《見征客始還遇獵》　貳師新受詔，長平正凱歸。猶言乘戰馬，未得解戎衣。上林遇逐獵，宜春暫合圍。漢帝熊猶憤，秦王雉更飛。故人迎借問，念舊始依依。河邊一片石，不復肯支機。

唐　王維《王右丞集箋注》卷八《觀獵》　風勁角弓鳴，將軍獵渭城。草枯鷹服疾，雪盡馬蹄輕。忽過新豐市，還歸細柳營。回看射雕處，千里暮雲平。

唐　杜甫《冬狩行》　君不見東川節度兵馬雄，校獵亦似觀成功。夜發猛士三千人，清晨合圍步驟同。禽獸已斃十七八，殺聲落日迴蒼穹。幕前生致九青兕，馲駝巃嵸垂玄熊。東西南北百里間，髣髴蹴踏寒山空。有鳥名鸜鵒，力不能高飛逐走蓬。肉味不足登鼎俎，胡爲見羈虞羅中。春蒐冬狩侯得同，使君五馬一馬驄。況今攝行大將權，號令頗有前賢風。飄然時危一老翁，十年厭見旌旗紅。喜君士卒甚整肅，爲我迴轡擒西戎。草中狐兔盡何益，天子不在咸陽宫。朝廷雖無幽王禍，得不哀痛塵再蒙。嗚呼，得不哀痛塵再蒙。

唐　劉高《觀獵三首》　夢非熊虎數年間，驅盡豺狼宇宙開。傳道單于聞校獵，相期不敢過陰山。　日隱寒山獵未歸，鳴絃落羽雪霏霏。梁園射盡南飛鴈，淮楚人驚陽鳥啼。　松月東軒許獨遊，深恩未報復淹留。梁園日暮從公獵，每過青山不舉頭。

唐　李世民《出獵》　楚王雲夢澤，漢帝長楊宫。豈若因農暇，閱武出轘嵩。三驅陳鋭卒，七萃列材雄。寒夜霜氛白，平原燒火紅。琱戈夏服箭，羽騎緑沈弓。怖獸潛幽壑，驚禽散翠空。長烟晦落景，灌木振嚴風。所爲除民瘼，非是悦林叢。

唐　姚合《姚少監詩集》卷十《臘日獵》　健天結束執旌旗，曉渡長江自合圍。野外狐狸搜得盡，天邊鴻雁射來稀。蒼鷹落日飢唯急，白馬平川走似飛。蜡節畋遊非爲已，莫驚刺史夜深師。

唐　劉禹錫《劉賓客文集》卷二五《連州臘日觀莫徭獵西山》　海天殺氣薄，蠻軍部伍囂。林紅葉盡變，原黑草初燒。圍合繁鉦息，禽興大旆摇。張羅依道口，嗾犬上山腰。猜鷹慮奮迅，驚麏時蹋跳。瘴雲四面起，臘雪半空銷。

箭頭餘鵠血，鞍傍見雉翹。日莫還城邑，金笳發麗譙。

唐 司空曙《**觀獵騎**》 纏臂繡綸巾，貂裘窄稱身。射禽風助箭，走馬雪翻塵。金埒爭開道，香車爲駐輪。翩翩不知處，傳是霍家親。

唐 李白《**李太白文集**》**卷一六**《**秋獵孟諸夜歸置酒單父東樓觀妓**》 傾暉速短炬，走海無停川。冀餐圓丘草，欲以還頽年。此事不可得，微生若浮煙。俊發跨名駒，彫弓控鳴弦。鷹豪魯草白，狐兔多肥鮮。邀遮相馳逐，遂出城東田。一掃四野空，喧呼鞍馬前。歸來獻所獲，炮炙宜霜天。出舞兩美人，飄飄若雲仙。留歡不知疲，清曉方來旋。

唐 李白《**李太白文集**》**卷二二**《**觀獵**》 太守耀清威，乘閑弄晚輝。江沙橫獵騎，山火繞行圍。箭逐雲鴻落，鷹隨月兔飛。不知白日暮，歡賞夜方歸。

唐 孟雲卿《**行行且遊獵篇**》 少年多武力，勇氣冠幽州。何以縱心賞，馬蹄春草頭。遲遲平原上，狐兔奔林丘。猛虎忽前逝，俊鷹連下韝。俯身逐南北，輕捷固難儔。所發無不中，失之如我讐。豈唯務馳騁，猗爾暴田疇。殘殺非不痛，古來良有由。

唐 魏知古《**從獵渭川獻詩**》 嘗聞夏太康，五事訓禽荒。我后成冬狩，三驅盛禮張。順時鷹隼擊，講事武功揚。奔走未成去，翾飛豈暇翔。飛熊從渭水，瑞鶴想陳倉。此欲誠難縱，兹遊不可常。子雲陳羽獵，僖伯諫魚棠。得失鑒齊楚，仁恩念禹湯。雍熙亮在宥，亭毒匪多傷。辛甲今爲史，虞箴遂孔彰。

唐 張祜《**觀徐州李司空獵**》 曉出郡城東，分圍淺草中。紅旗開向日，白馬驟迎風。背手抽金鏃，翻身控角弓。萬人齊指處，一鴈落寒空。

唐 張祜《**觀獵**》 殘獵渭城東，蕭蕭西北風。雪花鷹背上，冰片馬蹄中。臂挂捎荆兔，腰懸落箭鴻。歸來逞餘勇，兒子亂彎弓。

唐 高適《**高常侍集**》**卷七**《**同羣公出獵海上**》 畋獵自古昔，況伊心賞俱。偶與羣公遊，曠然出平蕪。層陰漲溟海，殺氣窮幽都。鷹隼何翩翩，馳驟相傳呼。豺狼竄榛莽，麋鹿罹艱虞。高鳥下騂弓，困獸鬬匹夫。塵驚大澤晦，火燎深林枯。失之有餘恨，獲者無全軀。咄彼工拙間，恨非指蹤徒。猶懷老氏訓，感歎此歡娛。

唐 錢起《**錢仲文集**》**卷九**《**漢武出獵**》 漢家無事樂時邕，羽獵千千出九重。玉帛不朝金闕路，旌旗長繞彩霞峰。且貪原獸輕黃屋，寧畏漁人犯白龍。薄暮方歸長樂觀，垂楊幾處緑煙濃。

唐 錢起《**錢仲文集**》**卷一〇**《**校獵曲**》 長楊殺氣連雲飛，漢主秋畋正掩圍。重門日晏紅塵出，數騎胡人獵獸歸。

唐 王建《**王司馬集**》**卷八**《**御獵**》 青山直遶鳳城頭，滻水斜分入御溝。新教内人唯射鴨，長隨天子苑東遊。

唐 王昌齡《**觀獵**》 角鷹初下秋草稀，鐵驄抛鞚去如飛。少年獵得平原兔，馬後橫捎意氣歸。

唐 韋莊《**浣花集**》**卷一**《**觀獵**》 苑牆東畔欲斜暉，傍苑穿花兔正肥。公子喜逢朝罷日，將軍誇換戰時衣。鶻翻錦翅雲中落，犬帶金鈴草上飛。直到四郊高鳥盡，掉鞍齊向國門歸。

唐 劉長卿《**劉隨州集**》**卷九**《**觀校獵上淮西相公**》 龍驤校獵邵陵東，野火初燒楚澤空。師事黄公千載後，身騎白馬萬人中。笳隨晚吹吟邊草，箭没寒雲落塞鴻。三十擁旄誰不羨，周郎少小立奇功。

唐 司空曙《**觀獵騎**》 纏臂繡綸巾，貂裘窄稱身。射禽風助箭，走馬雪翻塵。金埒爭開道，香車爲駐輪。翩翩不知處，傳是霍家親。

唐 杜牧《**贈獵騎**》 已落雙鵰血尚新，鳴鞭走馬又翻身。憑君莫射南來鴈，恐有家書寄遠人。

宋 范仲淹《**范文正公文集**》**卷四**《**觀獵**》 鷹犬一何驕，霜明遠近郊。鸞皇不觸網，狐兔自充庖。熠熠流鳴鏑，紛紛過緑髾。雄飛侵漢下，殺氣與雲交。翦棘爭探穴，摧林競覆巢。惟開三面者，盛德播絃匏。

明 劉嵩陽《**觀許八丈・射獵**》 曉天霜氣斂，獵騎縱山圍。碧漢風鷹急，黄沙月兔肥。雕弓花外滿，玉勒草頭飛。向暮歸程遠，旌旗映落暉。

明 詹同《**出獵圖**》 朔風凛凛吹龍沙，年年馬上長爲家。陰山大漠百草死，獵遍青海瀕天涯。旌旗裂盡霜華濕，萬騎貔貅似雲集。蒼鷹欻起若飛電，四尺神獒作人立。什圍五次兵法存，發蹤指示知何人。豈無詭遇獲禽者，誰能爲爾梟鸞分。直將勇氣飽所欲，寢虎之皮食虎肉。生擒山下九青兕，射殺巖前雙白鹿。日暮歸來雪洗箭，血灑腥風滿河曲。穹廬散野如繁星，凉月蕭蕭照平陸。酪漿跪進瑪瑙盤，黄面奚奴眼睛緑。明朝滿馬馱爛斑，蕃王喜生紅玉顏。焉知祝綱三驅意，但醉氍毹紫塞間。君不見暴殄天物焚咸邱，畫師之筆學春秋。還君此圖三太息，使我忽憶比蒲蒐。

明 李攀龍《白雪樓詩集》卷一一《觀獵二首》 胡鷹掣鏇北風迴，草盡平原使馬開。臂上角弓如却月，當場意氣射生來。十月霜清紫兔肥，浮雲不競鐵驄飛。半酣驅逐諸年少，盼子城東看打圍。

清 愛新覺羅·玄燁《春日雨後海子外行圍二首》 雨後觀新柳，垂絲帶玉珠。村村生意足，處處早春殊。馬健方堪騁，鷹雛未解呼。萬家烟火裏，簑笠快何如。　繡陌連芳嶼，韶光十里繁。緑深楊柳岸，紅暗杏花村。時雨占年稔，新晴愛日暄。遊觀回勒晚，殘照落柴門。

清 愛新覺羅·弘歷《雪獵》 榑桑日出鹿罷鳴，興安放圍趁曉晴。須臾山頂塞雲興，霏霏霧霧空谷横。配藜浩唐霁冥冥，鏤冰翦水霏祥霙。側峯横嶺忽瑶京，丹楓翠栢胥著英。翃景宜視復宜聽，怒號萬竅不一聲。砰磅汩灪駕廣陵，鏦鏦錚錚兵馬行。又如張樂於洞庭，八音繁會歸和平。是謂山靈示厥靈，鴻絧獵騎夙慣經。淫淫裔裔緣峻嶒，迷津失岐又豈曾。圍合廣甸無逸麖，毳服蒙茸凌寒輕。瓦衣不漏漫譏評，烏號夏服手中抨。命處藝殪奚足稱，嘉哉札薩奉上情。四十九旗諸札薩克蒙古隨圍執役，較之喀爾喀、青海及新厄魯特歸化尤久，與八旗察哈爾遂無分别矣。上下和樂延休禎，亦不詡言戎索成。玉田蹙踏旋歸營，和門侍立漢九卿。裦衣博帶誠儒生，相如之賦爾應能。

清 愛新覺羅·弘歷《獵》 豐草長林獸所都，時平習武試三驅。林霜始降鷹嫌葉，野露猶霑馬惜蕪。豈必虞人竭陂澤，未能君子遠庖厨。日斜頒獲帷城外，惠逮惟均洽衆娱。

清 朱冕《觀獵》 邊海北風高，狂塵獵騎騷。仰穿天雨血，横掠土無毛。羽括三棱弩，金裝百寶刀。豺狼期掃跡，前路指旌旄。　縱合包原隰，從禽西復東。折翎傷鵠白，聯臂侈猩紅。趙發中山鼓，齊揚大國風。書生無主見，斑鬢欲從戎。　埜燒遮巖谷，山靈亦震驚。揮旗嬌鳳舞，拔箭餓鴟鳴。烏滸先驅捷，佽飛要趹輕。先王隱微意，田獵寓觀兵。　動地催田鼓，輕裝短後衣。獻猳郎主拜，撲虎健兒飛。毳帳金貂滿，霜霄玉兔肥。琵琶雜羌笛，歌吹夜中歸。

清 劉侃《秋獵》 塞草帶斜暉，將軍出打圍。餓鷹摩翼下，快馬籋雲飛。弓響禽先落，霜酣兔正肥。何當從李廣，射虎霸陵歸。

清 何在田《秋獵》 早城嚴鼓角，霜高秋意浄。元戎跨郊坰，千隊齊一令。時平士恐驕，習厲氣乃勁。稍稍近驅馳，進止嫻用命。龍絲紅旆纏，麾槍油碧映。猛氣咤風雲，相視息每屏。萬馬皆逸蹏，整列不敢迸。風毛兼雨血，肅肅原野靜。傳聲指熊虎，餘力殲梟獍。未欲先網畢，還惡及機穽。殺獲必中禮，多傷非所競。歎息感道左，拭目羡軍政。既誇節鉞雄，亦驗都邑盛。壯志何飛揚，顧盼失羸病。追論西凉才，猶睨華林詠。空餘爽颯姿，雅與詩律併。

清 梁清標《蕉林詩集》卷一八《郊獵篇》 朔風獵獵吹原野，小隊射獵東城下。健兒身手捷如飛，少年錦裘紫騮馬。沙黄日白霜草枯，仰視鴻鴈浮雲徂。笑彎角弓擬霹靂，溪邊驚起雙飛鳧。狡兔古云有三窟，胡爲爰爰走寒蕪。蒼鷹決眥臂韝脱，毫毛灑地血模糊。合圍馳逐二十里，逢見空天皂鵰起。狐狸絶跡林鳥稀，纍纍一騎黄塵裏。太行積雪如瑶宫，斷橋水裂響流水。翻身欲入邯鄲城，舉鞭笑指新豐市。市中有酒瀉葡萄，相逢皆稱邯鄲豪。解鞍覓石敲新火，入肆開鮮試寶刀。丈夫不能佩斗印，且須落拓飲醇醪。醉歸連轡炬明滅，夜看星辰太白高。

清 童槐《今白華堂詩集》卷首二《巴顔溝大獵》 曉獵陰崖草樹多，周陆互影入雲羅。連蹤鋌險林容亂，滿耳呼圍谷響訛。月駟超閑開灌莽，天弧服猛震巖阿。歸來徒御紛千隊，獻獲旌門意氣和。

主要野生動物狩獵分部

禽類

鷗

綜述

宋 謝維新《古今合璧事類備要别集》卷六九《飛禽門·鷗》 《格物總論》鷗，水鳥。《説文》云：水鷗色白，數百爲羣，多在漲海中隨潮上下。常以三月風至乃還洲嶼，頗知風雲。若羣飛至岸必風。

清 方旭《蟲薈》卷二《羽蟲》 《説文》：鷗，水鴞也。一名鷖。《本草綱目》：鷗者，以其浮水上，輕漾如漚也。名水鴞者，以其形似也。名鷖者，以其鳴聲也。今南方湖海間有之。其形如白鴿及小白雞，長喙長脚，羣飛耀日。三月生卵。羅願云：青黑色，誤。《談苑》：李昉呼鷗曰閑客。旭按：

陸龜蒙詩云：「一生無事烟波足，惟有江邊水谷公。」殆指此。

清　方旭《蟲薈》卷一《羽蟲・海鷗》《譯史紀餘》：海鷗色白，數百爲羣。在漲海中，與潮上下。三月風至，還島嶼。旭按：此即信鷗也，一名信凫。其類能知風，若海將大風，必羣飛至岸。渡海者以爲候。

清　方旭《蟲薈》卷一《羽蟲・芙蓉鷗》《清異録》：芙蓉鷗，毛色如芙蓉。旭按：《閩小記》云：莆田九鯉湖中，鷗皆粉紅色。想即此類。

又　鱒鳥　《異物志》：鱒鳥，似鷺而色白，好羣飛。二月以後，化鮒魚。

又　澤虞　《爾雅》：鴮，澤虞。註：今婟澤鳥，似水鴞，蒼黑色。常在澤中，見人輒鳴唤不去。俗呼護田鳥。旭按：此即《本草》之方目也。李時珍云：水鳥似鷗，蒼黑色，頭有白肉冠，赤足。漁人呼鳥雞，閩人呼姑雞，西人呼蝦蟆護。

清　周魯《類書纂要》卷三三《飛禽類・鷖鷗》　鷖鷗，水鳥也。鷖即鷗也，一名水鴞，色白，數百爲羣，在漲海中與潮上下，三月風至，乃還洲嶼。　戲春洲，摇曳雙白鷗，飛入滄江流，寄影□沙月，沿芳戲春洲。　忘機，海翁忘機，鷗故不飛，海翁易處，鷗故飛去。　無塵，江鷗好羽毛，王雪無塵垢，滅没波浪間，生涯亦何有。　雪衣浮鳥，羅念菴詩閑似我，江南野水碧如天，唯有白鷗閑似我。　相親近，相親相近來還去，無束無心没復浮。　碧海舍人，隋宦者劉繼詮得芙蓉鷗二十四隻以獻，帝甚喜，置北海中，曰：鷗字二品鳥，宜封爲碧海舍人。　狎鷗，昔海上之人有好鷗者，每日至海上從鷗鳥遊，鷗鳥之至者百數不止，其父曰：吾聞鷗鳥皆從汝遊，可取來吾玩之。明日其人至海上，鷗知，皆飛舞而不下。　鷗賦，崔湜每于玄宗在東宫時屢至其地，中其欸密，湜陰附之，時人謂之寒毛門下客，□海鷗賦以諷之。

藝　文

清　吴寶芝《花木鳥獸集類》卷中　《禽魚録》鷗，水鳥。善泛不善飛，羣居沙渚。性潔而馴。江南水村、蔀屋、遠山淺瀨間得此，最引人清致。　少陵詩：春鷗嬾避船。　青蓮居士詩：白鷗閒不去，常拂酒筵飛。　荆公王安石詩：飄然紛華地，此物垂隔久。白髮望江南，春江緑如酒。　《列子》：海上之人好鷗者，每旦從鷗鳥遊，鷗鳥之至者，百數不止。其父曰：吾聞鷗鳥皆從汝遊，取來吾玩之，明日之海上，鷗鳥舞而不下。　李商隱詩：海翁忘機，鷗故不飛。海翁易處，鷗故飛去。　杜少陵詩：舍南舍北皆春水，唯見羣鷗日日來。　《海鏡》：鷗知風，羣飛至岸，日必大風。

清　陳昌齊　道光《廣東通志》卷九九《物産・羽族類》《南越志》曰：江鷗，一名海鷗。在漲海中，隨潮上下，常以三月風至，乃還洲嶼。生卵似雞卵，色青。頗知風雲，若羣飛至岸必風。漁人及渡海者，皆以此爲候。《太平御覽》　又海鳥，夏秋夜鳴，飛入山有颶風。《廉州府志》　又水鷗，浮湖水上，形色似鴿，喙脚甚長。《嶺海名勝記》

清　陸繼輅《崇百藥齋續集》卷一《聽應蓄一白鷗漸馴感而有作》　毛羽終嫌到眼明，家禽小隊見孤行。星星漁火盟原在，昔昔烏啼夢不驚。浩蕩易消狂士氣，煙波暫抑故鄉情。風高弦急秋江畔，試聽寒沙落雁聲。

鸕鷀

綜　述

宋　謝維新《古今合璧事類備要别集》别集　卷六十九《飛禽門》《格物總論》鸕鷀，大於鴨，色純黑，觜長三寸許而尖，善入水捕魚也。羽族皆卵生，而此獨不卵而孕雛於池澤間。

宋　温革《分門瑣碎録・禽獸》　鸕鷀色黑而頸長，能没水捕魚。栖宿之處，其下雖水深，魚未嘗犯。諺云：「鸕鷀不打脚一塘。」　退之詩云，唤起窗前曙，催歸日未西。魯直云「二禽名也。催歸，子規也。唤聲起如絡絲，圓轉清亮，偏於春曉鳴，江南謂之春換」。　蜀始王曰，蚕叢，次日伯雍，次月魚凫，又曰蜀王杜宇，自號望帝。

清　方旭《蟲薈》卷一《羽蟲》《正字通》：鸕鷀，峽中人呼烏鬼，俗呼慈老人。其喉如沸湯，魚入即爛。畜者先以繩繫其頸，然後令入水取魚。旭按：鸕鷀，一名鶿，又名摸魚公，大於鴨。毛黑色，喙頭曲而尖，卵亦如鴨子。處處漁舟畜之。　《急救方》：鸕鷀骨燒灰，水服，治魚骨鯁，頭骨尤良。

清　李鴻章　光緒《畿輔通志》卷七四《物産・禽屬・鷀》　鷀鶿，李時珍曰：

處處水鄉有之。似鴉，面小，色黑，亦如鴉而長。喙微曲，善没水取魚。陶宏景曰：此鳥不卵生，口吐其雛，亦異也。《本草綱目》山莊湖中多有之。《熱河志》

清 阮元 道光《廣東通志・物産・羽族類・鸕鷀》 鸕鷀，似鴉而黑。嘴曲如鈎。食魚入喉則爛。楊孚《異物志》云：能没於深水，取魚而食之。不生卵而孕。雛於池澤，既胎而又卵生。多者生七八，少生五六。相連而出，若絲緒焉水鳥。而巢高木之上。《埤雅》

鷺鷥

綜述

宋 謝維新《古今合璧事類備要別集》別集卷六九《飛禽門》 《格物總論》鷺鷥，水鳥。毛白而潔，喙長三寸許，頂上有毛十數莖，毿毿然。頸細而長，青脚高尺餘，尾短。林棲，朝出捕鮹魚而食，夜歸宿其處。百十爲羣，一名春鉏，一名屬玉。

清 周魯《類書纂要》卷三三《飛禽類・鷺》 鷺，水鳥。毛白，喙長三寸。短〔矮〕林棲。朝出捕鮮魚而食，夜歸宿其處，百十爲群。

清 方旭《蟲薈》卷一《羽蟲・鷺》 《爾雅註》：鷺，頭、翅、背上有長翰毛，江東人取爲睫欐。名白鷺縗。疏：鷺，毛潔白，故曰白鳥。齊魯曰春鉏。遼東樂浪、吴揚曰白鷺。旭按：即鷺鷥也。長頸高腳，腳青色。短尾尖喙，長二三寸。頂有長白毛數十莖，與衆毛異。今處處有之，好食魚。或説即屬玉，誤。《正字通》：鷺一名絲禽。李昉呼雪客。蘇軾呼雪衣兜。《海録》名帶絲禽。杜牧稱風標公子。《廣記》稱荻塘女子。《變化論》：鷺目視而孕。

清 方旭《蟲薈》卷一《羽蟲・朱鷺》 《本草綱目》：似鷺。色紅者名朱鷺，一名紅鶴。

又 白鶴子，《本草綱目》：白鶴子，似鷺，而頭無絲，腳黄色。

又 旋目，《本草綱目》：旋目，水鳥，生荆郢間，大如鷺。短尾，紅白色深目。目旁毛長而旋。

又 鵁，《正字通》：鵁，水鳥，狀似鷺而大。毛蒼白色。雌雄以視而孕。《本草綱目》：鵁，吐子。其性好高飛，能風能水，故舟首畫之。

又 鴿，《爾雅註》：鴿，水鳥，似鵁而短項。腹翅紫白，背上緑。江東呼烏鸔。旭按：即青鵁。

又 鴅，《爾雅註》：鴅，似烏鸔而大。黄白文，聲如鴿。江東呼蚊母，又呼吐蚊鳥。俗説此鳥吐蚊。《嶺表録異》：蚊母，似青鵁，嘴大而長，食魚。鳴則有蚊出其口。俗云採其翅爲扇可避蚊。

清 李鴻章 光緒《畿輔通志》卷七四《物産・禽屬・鷺》 鷺，春耡。《爾雅》李時珍曰：林棲，水食，羣飛成序。《本草綱目》一名屬玉。《正定府志》國朝邊連寶《鷺詩》：獨拳一腳立，窺影寒潭裏。延竚忽移時，一片雪花起。蠢爾鴉鵲羣，渠是佳公子。

清 周魯《類書纂要》卷三三《飛禽類・鷺》 值羽，振鷺于飛，于彼西雝。坎其擊鼓，宛丘之下。無冬無夏，值其鷺羽。所以刺陳幽王遊蕩無度。　霜衣，杜詩：霜衣雪髮青玉嘴，羣捕魚兒溪影中。　外潔其色，李白詩：白鷺亦白非純真，外潔其色心匪仁。　戲渚，有鳥有鳥，粤鷗與鷺，浮湍戲渚，浩然潔素。　絲頂，風飄不動絲垂頂。　潔鷺　春鉏　屬玉，並鷺鷥名。　雪衣，劉禹錫詩：毛衣新成雪不敵。　點青山，白鷺散飛去，如雪點青山。　出鼓，吴王夫差時，有隻白鷺飛出鼓中而入雲。　射鷺，右雄始討劉稹，水次見白鷺，謂衆曰：「使吾射中其日當成功。」一發矢，果如其言。　轉花，正月十五夜，玄宗于長春殿張臨光宴，白鷺轉花燈。　陸脩扇，張融年弱冠有道士陸静修以白鷺羽扇遺之，曰：「此異物奉異人。」

藝文

清 吴寶芝《花木鳥獸集類》卷中《鷺鷥》 《影燈記》開元、天寶間，御常春殿燃白鷺轉花燈。　雍陶詩：立當青草人先見，行傍白蓮魚未知。　梅聖俞《題畫》詩：白鷺畫雙素，粉毫幽趣多。翹沙依折葦，刷羽對衰荷。

清 袁枚《小倉山房詩集》卷一〇《畜鷺鷥》 白鷺不受馴，遥天飛積素。與我兩忘機，霜衣振微步。側鹿睇幽人，如作魚兒捕。淡交既目成，頭白當如故。釣鮮輒先供，瀹泉必手具。瘦竹表秋清，孤花寒日暮。立斷小亭風，淡月滴微露。

鵜鶘

綜述

清 方旭《蟲薈》卷一《羽蟲・鵜》《爾雅註》：鵜，鵜鶘也。羣飛食魚。又名鴮鸅，俗名淘河。旭按：即淘鵝也。足略似人，又名駝鶴。《草木蟲魚疏》：鵜似鶚，極大。喙長尺餘，直而廣，口中正赤。頷下胡如數升囊。若小澤有魚，便羣抒水，滿其胡而棄之，令水竭共食魚。《本草綱目》：鵜鶘，毛灰色，如蒼鵝。吴諺云：「夏至前來，謂之犁鶘主水。夏至後來，謂之犁塗主旱。」其肉可食，毛燒灰酒服，治反胃。

清 徐鼎《毛詩名物圖説》卷一《爾雅》：鵜，鴮鸅。郭璞註，今之鵜鶘也。好羣飛，沈水，食魚，故名洿澤，俗呼之爲淘河。陸璣疏水鳥，形如鶚而大，喙長尺餘，直而廣，口中正赤，頷下胡大如數升，囊著小澤中，有魚便羣其抒水，滿其胡而棄之，令水竭盡魚在陸地，乃其食之，故曰淘河。《淮南子》：鵜鶘飲水數斗而不足。《山海經》：洿水多鵜鶘，其鳴自訓見，則其國多土功。《埤雅》：莊子曰，魚不畏網而畏鵜鶘，言鵜以智力取魚，故畏之也。《詩》：維鵜在梁，不濡其翼，不濡其味者，鵜性沈水，食魚則濡其味，翼宜矣。今反取飽于梁，不濡其翼與味，以刺小人不食其力，無功而受禄也。

清 李鴻章 光緒《畿輔通志》卷七四《物産・禽屬・淘河》淘河，一名鵜鶘，水鳥之羣飛者。腹下有胡如囊。《正定府志》

清 陳昌齊 道光《廣東通志》卷九九《物産・羽族類・淘鵝》淘鵝，即鵜鶘，一名逃河。陽江人謂之水流鵝。下水取魚，頤下皮袋盛水二升許，以養魚。每淘河一次，可充數日之食。漁謡云：「水流鵝莫淘河，我魚少爾魚多。竹弓欲射汝，奈汝會逃何。」其詞頗近樂府。《南越筆記》

鸛

綜述

宋 謝維新《古今合璧事類備要別集》卷六六《飛禽門・鸛》《格物總論》：鵝，水鳥，一名負金，一名背竈，一名皁羣。狀類於鶴但赤脚，無朱頂。巢於高木絶頂處。善飛搏，其飛也奮於層霄之上，落處不知其幾千里。仰天號鳴，必將有雨或者其有靈性云。

清 陳大章《詩傳名物集覽》卷二《鸛鳴于垤》《朱傳》，鸛，水鳥似鶴者也。《韓詩章句》：鸛水鳥，巢居知風，穴處知雨，天將雨，蟻出壅土，鸛見之，長鳴而喜。《陸疏》：鸛，鸛雀也。似鴻而大，長頸赤喙，白身黑尾翅。樹上作窠，大如車輪。卵如三升杯。望見人，按其子令伏，徑舍去。一名負釜，一名黑尻，一名背竈，一名皁裙。又泥其巢一傍爲池，含水滿之，取魚及蛇置池中，稍稍以食其雛，若殺其子，則一村致旱災。陶隱居云：鸛有兩種，似鵠而巢樹者爲白鸛，黑色曲頸者爲烏鸛。《本草衍義》：鸛頭無丹，項無烏帶，身如鶴者是，兼不善唳，但以喙相擊而鳴，多在樓殿上作窠。《禽經》：鸛仰鳴則晴，俯鳴則陰。《博物志》：鸛伏卵時數入水，卵冷則不毈，取礜石周圍繞卵，以助煖氣。《自然論》：鸛影接而懷卵。《雜俎》云：江淮謂羣鸛旋飛爲鸛井，好羣飛，人探巢取鸛子，六十里旱。能羣飛薄霄激雨，雨爲之散。《爾雅翼》：鸛生三子一爲鶴，鳩生三子一爲鶚。言萬物之相變也。《易》之《中孚》，九二鳴鶴在陰，上九翰音登于天，説者以爲鸛者，別于鶴也，震爲鶴，陽鳥也。巽爲鸛，陰鳥也，鶴感于陽，故知夜半，鸛感于陰，故知風雨。鸛生鶴者，巽極成震，極陰生陽之謂也，今通呼鸛爲鸛鶴。《北夢瑣言》：南方有鸛，甘食蛇，每遇巨石，如道士禹步，其石防然而轉，因得而噉，南方里人，伺其養雛，緣木以篾絙縛其巢，鸛即作法解之，乃于木下鋪沙，即其足跡而彷學之。《埤雅》：俗説鵲梁蔽形，鸛石歸酒。又曰：礜石温，鸛石涼，故能使卵不毈，水不臭腐也。《拾遺記》曰：鸛能聚水巢上，故人多聚鸛鳥以禳火災。王伯厚詩《攷異字》云：雚鳴于垤。《説文》云：小雀也，想即《爾雅》所云鸛鷒，鶝鶔也。郭璞《圖贊》云：鸛鷒之鳺，一名墮羿，應弦銜鏑，矢不著地，逄蒙縮手，養由不睨。後漢《楊震傳》：有冠雀，銜三鱣飛集講堂，以雀朱頂稱冠，非指鸛也。舊注鸛，引用非。陳無功引負釜爲負金，謂負日而飛，日色如金，故名，一説周思方養鸛縱之，後鸛負金串卸于地。《串上結書》云：始于博士，終于大夫，此妄不足信。

清 徐鼎《毛詩名物圖説》卷一《韓詩章句》：鸛，水鳥。巢居知風，穴居知雨，天將雨而蟻出壅土，鸛鳥見之長鳴而喜。鄭箋，鸛，水鳥也。將陰雨則鳴。陸璣疏，鸛，雀也，似鴻而大，長頸赤喙，白身黑尾翅，樹上作巢，大如車輪。卵如三升杯。望見人，按其子令伏，徑舍去。一名負釜，一名黑尻，一名背竈，一名皀裙，又泥其巢一傍爲池，合水滿之，取魚置池中，以食其雛。寇宗奭《本草衍義》：鸛頭無丹，項無烏帶，身如鶴者，是不善唳，但以喙相擊而鳴。陶隱居曰，鸛有兩種，似鵠而巢樹者，爲白鸛，黑色而頸者，爲烏鸛。《博物志》：鸛伏卵時數人水，卵冷則不毈。取礜石周圍繞卵，以助煖氣。《埤雅》曰，鸛鳴於垤，婦嘆于室。垤，蟻塚也。鸛知天將雨，有見於上，蟻知地將雨，有見于下，鳴于垤，將雨之候也，將雨則征夫之至不如期，故婦歎于室也。　愚按《雜俎》云，群鸛旋飛爲鸛井，則必有風雨。

清 周魯《類書纂要》卷三三《飛禽類·鸛》 鸛，水鳥也。一名負金，一名背竈。　鳴于垤，垤，蟻冢也。將陰雨則穴處者先知，故蟻出蛭而鸛就食之，遂鳴于其上也。　鸛井，江淮謂羣鸛旋飛爲鸛井，必有風雨，人探巢取其子，只十里旱。　江鸛，江鸛巧當幽徑路。　趂地鸛，《朝野僉》載魏先乘任左拾遺，題品朝士丞相姚元之長大行，急人目之爲趂地鸛，坐此貶爲新州新興尉。　碧鸛鵲裴寬韋詵許妻以女韋之族，使觀之，寬時衣碧瘠而長，既入韋族，人皆笑呼爲碧鸛鵲。　鳴雨，鸛好水，將雨則鳴。　俯仰鳴，仰鳴則晴，俯鳴則陰。

清 吴寶芝《花木鳥獸集類》卷中《鸛》 《拾遺記》：鸛能蓄水於巢，故人多聚鸛以禳火。傳曰：短脚者多伏，長脚者多立。脚近尾者好步，脚近臆者好躑。多伏鴚䳘之類是也，多立鸛鶴之類是也。

清 方旭《蟲薈》卷一《羽蟲·鸛》 《正字通》：鸛，一名負釜，一名負金，一名背竈，一名皀裙，或作皀君，《廣雅》作皀帔。陳無功作旱羣。狀似鶴。頂無丹，長頸赤嘴，翅尾黑，俗名黑尻。其巢如車輪，卵如杯。　《鸛經》：鸛，一名鶴母。北荒名老鸛，又名鸞鳥。自關而西名冠雀。浙江、蘇松名烏童鸛。福建名烏尾鸛。兩粤名灰鶴。　《本草綱目》：陶宏景曰：鸛有兩種，似鵠而巢樹者爲白鸛，黑色曲頸者爲烏鸛。陳藏器曰：人取鸛子，六十里旱。蓋能羣飛，激散雨也。其巢中以泥爲池納水，養魚蛇以飼子。其伏卵恐冷，取礜石以助燥氣。　《兩粤志》：灰鶴，大如鶴，灰色。去頂二寸許，毛始丹，及頸之半。亦能鳴舞。　《禽經》：鸛生三子，一爲鶴。　《續博物志》：鸛鳴，俯雨仰晴。　《北夢瑣言》：鸛遇石下有蛇，能禹步令石轉。　《活幼全書》：鸛卵與小兒食，免出痘，出亦稀少。

清 李鴻章 光緒《畿輔通志》卷七四《物産·禽屬·鸛》 鸛，似鴻而大，樹上作巢，大如車輪，《蟲魚草木鳥獸疏》似鵠而巢樹者爲白鸛，黑色曲頸者爲烏鸛。《本草綱目》鸛，水鳥，狀類於鶴，但赤腳無朱頂，巢於高木絶頂處。《格物總論》似鶴好水，將陰雨則鳴。《正定府志》

清 長順《吉林通志》卷三四《物産·禽屬·鸛》 鸛，水鳥，有黑白二種。其羽可爲箭翎。《盛京通志》

又 水□，黄肚雀，俗呼黄肚囊。有大小二種，小者長觜短尾，大者尾根白。《盛京通志》

又 寒號蟲，一云即鶡鴠。狀如小雞，足有肉翅。冬時毛脱，鳴益急。糞入藥，名五靈脂。《盛京通志》

又 大眼雀，睛大而圓。白眼雀目有白圈。靛雀色如靛。《盛京通志》

鸕鷀、鶺鴒、鴟鵂、鴿鳩、燕鴻、啄木、蝙蝠，所在有之。《盛京通志》

鴻

綜述

清 方旭《蟲薈》卷一《羽蟲·鴻》 《草木蟲魚疏》：鴻，色白，狀似鶴而大，長頸。肉美於雁。旭按：鴻與雁，説者多言是一物，不知鴻大如鶴，雁小如鵝。鴻色白，雁蒼灰色。今江淮并有之。其飛止飲啄，絶不相混，并非同類。

清 方旭《蟲薈》卷一《羽蟲·鴻鵞》 《拾遺記》：蓬萊山有鴻鵞，色似鴻，形如鶖鵚。腹内無腸，外無皮肉，羽毛附骨而生。

又 喜日鵞，《洞冥記》：喜日鵞，日出而舞，又名舞日鵞。

清 陳大章《詩傳名物集覽》卷一《鴻則離之》 《朱傳》鴻，雁之大者。《毛傳》大曰鴻，小曰雁。《陸疏》：羽毛光澤純白，似鶴而大，長頸，肉美于雁。又有小鴻如鳧，色亦白，今人直謂之鴻。《周易·漸》曰：初六鴻漸于干，六二鴻漸于磐，九三鴻漸于陸，六四鴻漸于木，九五鴻漸于陵，上九鴻漸于陸，其羽可用爲儀，吉。《尸子》：鴻鵠之鷇，羽翼未合，而有四海之心。《揚子》：鴻飛冥冥，弋人何篡焉。《禽經·鴻儀鷺序》注：有行列百官之象。《埤雅》：鴻之爲物，其進有漸，其飛有序，其羽可用爲儀，君子之道也。故以況周公。

《易》曰：漸之進也，公歸東都則之進也，然未至西都，故爲不復。《禮》曰：前有車騎，則載飛鴻，飛鴻有行列故也，載謂合剥皮毛，舉之竿首，若所謂鴻脰韜杠者。《漢書》殊翁注，即鴻雁也。《博物志》：鴻鵠千歲者皆胎産，鴻雁大略相類，以仲秋來賓，一同也。鳴如家鵞，二同也。進有漸，飛有序，三同也。雁色蒼而鴻色白，一異也。雁多羣而鴻寡侶，二異也。毛有粗細，形有大小。又曰，鴻毛爲囊，可以渡江不漏。《正韻・賤史周紀》蜚鴻滿野，注：蠓蠛也。鴻雁之鴻與蠓蠛之鴻，猶鯤鮞之鯤與鯤鵬之鯤，蓋假借之類，或大而小，或小而大，洪纖巨細互見也。餘詳雁類。

清 李鴻章 光绪《畿輔通志》卷七四《物産・禽屬・天鵞》 天鵞，李時珍曰：江漢之間皆有之，出遼東者尤甚而畏。海青，皮毛可爲服飾，謂之「天鵞絨」。《本草綱目》 又名駕鵞，大者三五十觔，小者二十餘觔，俗稱「金冠玉體乾皂靴是也」。每歲大興縣管南柳林中飛放之所，彼中縣官每歲差役鄉民於湖中多種茨菰以誘之來游食。其湖面甚寬，所種延曼，天鵞來千萬爲羣。俟大駕至，飛放海東青，所獲甚厚。乃大張筵會以爲慶賞，必數宿而返。《析津志》 漷縣西有延芳淀，遼時每季春來此弋獵，打鼓驚天鵞。《燕山叢話》

鵠

綜述

宋 謝維新《古今合璧事類備要別集・飛禽門・鵠》《格物總論》：鵠，禽之大者。色白，又有黄者，有丹者。善高翔。湖海江漢間有之。

清 方旭《蟲薈・羽蟲・鵠》《本草綱目》：鵠，一名天鵝。大於雁，白色，亦有黄色、丹色者。湖海江漢間有之。遼東尤甚。毛可爲服飾，名天鵝絨。《飲膳正要》：天鵝有四等。大金頭鵝，似雁，長項，入食爲上。小金頭鵝，形差小。花鵝，色花。一種不能鳴者，飛則翔響。其肉微腥，并不及大金頭鵝。《支雅》：鵠化猨。

清 周魯《類書纂要・飛禽類・鵠》 鵠，小鳥，善飛，不浴而白，自然也。射稱正鵠，以其小而飛疾，故難射中。 射鵠 啄泥，韓文：雄鵠啣枝來，雌鵠啄泥歸，巢成不生子，大義當乖離。 黄鵠，南山有高樹，花葉一向衰，黄鵠據其高，衆鳥棲其卑。 嫠婦苦陶嬰夫死守義，魯人求之，嬰作黄鵠歌云：黄鵠之早寡兮七十不雙，宛頸獨宿兮不與衆同，想其故雄兮獨宿何傷，寡婦念夫兮泣下數行，嗚呼哀哉兮死者不可忘，飛鳥尚然兮况于貞良，雖有賢雄兮終不重行，魯人問之曰，此人不可得已，遂不敢復求。 太液池，漢昭帝太始元年，黄鵠下建章宫太液池中，公卿上壽，賜王侯宗室金賦有差。 刻鵠，後漢馬援書戒子姪曰：龍伯高敦厚，願兩曹效之，不得猶爲謹敕士，所謂羽鵠不成尚類鶩。 客化，晉陶侃字士衡，丁母憂，有一客來弔，不哭而去，化爲雙鵠。 治矰繳，莊辛謂楚王，黄鵠遊于江海，不知射者已治矰繳，加于己也。 棲塚，仙人死葬陵陽山，下有黄鵠棲其塚邊樹上鳴，常呼子安。 獻鵠，魏，文侯使蔡澤獻鵠于齊，在道失之，獻空籠，齊侯曰：勝得鵠矣。 呑短人，鶴國男女長七寸，畏海鵠，鵠遇即呑之。 仰中雙鵠，昔唐僖宗時，黄巢作亂，有李克用善騎射，因服安景思發矢，能仰中雙鵠。 乘鵠，黄鵠仙人乘。

清 李鴻章 光绪《畿輔通志》卷七四《物産・禽屬・鵠》 信天緑，類鵠，色蒼，長立水深，終不易地，魚遇則食之。

清 长順《吉林通志》卷三四《物産・禽屬・鵠》 鵠，能食蚌珠，藏其嗉。又有俊鶻，號海東青者，能擊天鵝。人既以俊鶻而得天鵝，則於其嗉得珠焉。《北盟會編》 俗名天鵝，江海間有之，其毛可爲服飾。《盛京通志》 高士奇《扈從雜紀詩》 新翻艷譜天鵝曲。注云：旌門鐃吹多，奏海青捉天鵝曲。《扈從日録》

雁

綜述

宋 温革《分門瑣碎録》 鴈有二種。一種形狀如鵞，而嘴脚皆黄色毛。一種差小而嘴脚皆赤，腹有長班文，豈分鴻鴈者乎？北方白鴈，似鴈而少白，秋深至則霜降，河北人謂之「霜信」。

宋 謝維新《古今合璧事類備要別集》卷六六《飛禽門》《格物總論》：雁，陽鳥。狀如鵞而小，泊江湖洲渚之間。動計千百，大者居其中，令雁奴圍而警察。飛有先後行列，秋南而春北。鴻又其大者，羽毛純白似鶴而大，南人多採捕之。

明 戴冠《濯纓亭筆記》卷九 鴈初獲時，用物纏束，曰：巾子弋。人家，長幼聚坐遞相傳送四五日，日夜不止，則江湖之心息而可豢養以爲媒矣。

清 周魯《類書纂要》卷三三《飛禽類·鴈》 鴈，陽鳥也，大者居中，令雁奴圍而警察，飛有先後行列，秋南春北，不失其時，大曰鴻，小曰雁。 于盤，鴻漸于盤，飲食衎衎。 遵渚，鴻飛遵渚，公歸于陸。 嗈嗈，嗈嗈鳴雁，旭日始旦。 嗷嗷，鴻雁于飛肅肅，其羽哀鳴嗷嗷。 離魚網，魚網之設，鴻則離之。 來賓，白露之日，雁來賓鴻雁不來，遠人背畔。小寒之日，雁北鄉雁不北，鄉民不懷至。 鴈奴，成雙者宿居中，令孤單者爲奴，守圍而警捕者，故王荆公詩曰：鴻雁無定棲，隨物以南北，嗟嘆此爲奴，雁性能懇惻，人將伺其怠，奴輒告之急，舉群寤而飛，雖巧無所得，夜或以火攻，奴驚火因匿，頻驚莫我捕，雁爲奴不直，嗷嗷身其憂，泯泯衆又息，相隨入矰繳，豈不聽者惑，偷安而受紿，自古有亡國，君恐雁奴篇，禍福甚明白。 戀稻南思洞庭水，北思雁門關，稻粱俱可戀，飛去復飛來。 石雁，南康平始縣有覆笥山，上有湖，湖中有石雁，每至秋來即飛鳴，知時候也。 □雁鳴，□雁鳴辭：燕山昨發委羽朝，度闗一一銜蘆枝，南飛散落天地間，連行接翼往復還，客居煙波寄湘吴，凌霜觸雪毛體枯。 雁塇苦竹嶺頭秋月輝，苦竹南枝鷓鴣飛，嫁得燕山胡燕塇，欲看我向雁門歸。 忍饑，老雁春忍饑，哀號待枯麥。 稻粱謀，君看隨陽雁，各有稻粱謀，見花辭漲海，避雪到羅浮。 沙宿，吴雲寒燕鴻苦風號，沙宿瀟湘浦。 一片影，孤雁不飲啄，飛鴻聲念羣，誰憐一片影，相失萬里雲，望盡似猶見，哀多如更聞，野鴻無音緒，啼噪自紛紛。 哀鳴，嗷嗷鴻雁鳴且飛，窮秋南去春北歸，去寒就暖識所處，天長地久棲息稀，風霜酸苦稻粱微，羽毛摧落身不肥，徘徊不與羣侶違，哀鳴欲下一渚飛。 北飛，東征萬里客，亂定幾年歸，腸斷江城雁，高高正北飛。 旅雁，洞庭春水緑，衡陽旅雁飛，差池高復下，欲向海門歸。 努力亦知南國稻粱肥，水滿春江努力飛，聞道楚人矰繳細，平沙淺草盡藏機。 木落南歸秋風起兮白雲飛，草木黄落兮雁南歸。 使者書，蘇武使□留之，譏言武苑，昭帝遣使，教使謂□曰，天子于上林射得雁，雁足有蘇武繫書，知武在某澤中。 不鳴，莊子出于山舍故人之家，令童子請曰：其一雁能鳴，其一雁不能鳴，奚殺？主人曰，殺不能鳴者，弟子問曰，主人之雁以不才而死，先生何處焉？莊子笑曰：周將處夫才與不才之間乎。 赤雁歌，漢武帝幸東海，獲赤雁之瑞，因作赤雁之歌。 獻雁，曹伯陽即位，公孫彊好田弋，獲鴻獻之。 視雁衛公與孔子語見飛鴻，過公仰視之，孔子乃逝去。 隨軒，後漢虞國字季卿，爲日南太守，行惠澤，有雙鴻墮軒，翔舞，法郡，乃遂還，及卿卒，棲止墓側。 執雁大夫執雁，取其候時而行也。 奠雁婚禮奠雁。 歎雁齊桓公始霸，管仲隰朋侍于側，有一雁飛過，嘆曰：寡人有仲父，猶飛雁之有羽翼也。 爲田，上虞縣有雁，爲民田春啣拔草根秋啄除其穢，是以縣官禁民不得妄害此鳥，犯則有刑無赦。 贄用白雁，孝敬帝納妃裴，而有司奏贄用白雁，適苑中獲之，帝喜曰：漢得朱雁爲樂府歌，今得白雁爲婚贄，婚乃人倫之首，我則無慙矣。 黥雙雁，五代朱漢賓梁方東攻兗鄆，鄆州朱瑾募其軍中驍勇者，黥雙雁于其頬，號雁子都，太祖聞之乃更選勇士數百人，號落雁都，以漢賓爲指揮使，及漢賓貴人猶以爲朱落雁。 汾水上□□犯京，上欲遷，幸復登樓置酒，有一少年自言工歌，使之登且歌，歌曰：山川滿目淚沾衣，富貴榮華能幾時，不見只今汾水上，唯有年年秋雁飛。上聞之潸然出涕，顧侍臣曰，誰爲此詞，對曰李嶠，上曰：此真才子也，不待終曲而去。 羽翮已就，戚夫人欲易太子，四皓輔太子，不得動，夫人泣上曰：吾爲君楚歌，歌曰：鴻鵠高飛兮一舉千里，羽翮成就兮，横絶四海，横絶四海兮路奈何，雖有矰繳兮何所施。 孤雁，鮑雷爲河南府法曹，嘗忤知府薛映，因賦孤雁詩：天寒稻粱少，萬里孤難進，不惜克君厨，爲帶邊城信，薛大嗟賞，因號孤雁。 回雁元徹柳實遇水仙既別約曰，有信可託回雁使者，後于迴雁峯下得使者廟。 郝經托雁元始祖即位，遣學士郝經使宋，告即位且定和議，賈似道恐奸謀畢露，乃拘留郝經於真州，忠勇軍驛吏防守嚴於獄，犴介佐或不能堪，經語之曰：將命至此，死生進退聽在彼，守節不屈聽其在我，豈能不忠不義，以辱中州士大夫乎？每夕稽顙告天，忽一日有一雁落經帳下，經用帛書託雁傳之，係於頸下，視曰：好向北蜚獻告天子，詩云：霜落風高縱所如，歸期回首是春初，上林天子謖弓矢，窮海孤臣有帛書。次年春，虞人獲雁以奏元主，遂使丞相伯顔領兵伐宋，宋懼遣經還，求和不允，遂貶賈似道死於綿州。殊翁文采殊異也。 候雁，雁候時而南北。 征禽，雁名。 楊裕得雁，裕郊遇人云，北岳賜汝一物可跪受，歸焚香啟視，得雌雄二雁，後生一男一女，男爲宣徽使，女爲漢祖妃。 陽雁，隨陽鳥也。 乘雁，四雁也，楊雄傳曰：乘雁集不爲之多，雙凫飛不爲之少。 慶塞岑雁塞北族梁州汶陽郡，其間東西岑屬大岩，無除雲飛風翥，望崖廻翼，唯一處，爲下翔爲塞，矯翼裁度，故名雁塞，同于雁門。 取翅禦暑臨邑有雁翅泊，旁無樹木，土人至春夏常于此澤羅雁，取其翅以禦暑。　啣蘆，雁北歸必啣蘆，越閣則輸之，淮南子以爲雁愛氣力，啣蘆以避矰繳，俗傳以爲過海投蘆爲桴，以息氣力，或云：輸蘆以供税然，供税之説誕矣，而過海爲桴之説，何秋來獨無而春始蘆耶，且啣蘆避矰繳之説去，或然之不知來時何以爲避耶，使上林射雁，蘆何能避耶，予攷雁從風而飛，春夏南風，故北飛，秋冬朔風，故南飛，秋冬過南，食肥體重，故借蘆以取風力耳，塞北風高則無事，此故投於雁門關站識之，以俟明者焉。　雁王，昔雁王啣果獻雜寶藏經迦尸國，有五百雁爲群侶，爾時雁王名曰賴吒，雁王有臣名曰素摩，時此雁王爲獵師捕得，五百群雁皆棄飛去，惟有素摩隨逐不捨，諸獵師言，請放我王，以身代之，獵師不聽，遂以雁王獻梵摩曜王，雁王曰：惟願大王放一切雁，使無所畏，五百群雁在王殿上空中作聲，時曜王問言，此是何雁，雁王言是我家屬，王即施無畏不聽，遂殺雁王。

清　徐鼎《毛詩名物圖説》卷一　《夏小正》：正月雁北鄉，九月遰鴻雁。《禹貢》：陽鳥攸居。《禽經》：鳱以水言自北而南，鳽以山言自南而北。張華注：鳱鳽並音雁，冬則適南，集于水干，故字从干。春則向北集于山岸，故字从岸，小曰雁，大曰鴻，多集江渚，故字从江。《春秋繁露》：凡贄大夫用雁，有類長者，在民上，必有先後。雁有行列，故以爲贄。《士昏禮》：下達納采用雁，執雁請問名，納吉用雁，請期用雁。註用雁爲贄者，版其順，陰陽往來。愚按：雁去來以時，避寒就温，北不踰瀚海，南不踰衡山。雁有四德，寒則南熱則北，信也。飛則有序，前鳴後和，禮也。失偶不再匹，節也。夜則羣宿，一雁巡防。飛則啣蘆，以避矰繳，智也。昏禮用雁。鄭箋云，以雁隨陽而處，似婦人從夫。程子明道云，以其不再偶，鴻雁大畧相類。《博物志》云，雁色蒼而鴻色白，惟此稍異耳。

清　吴寶芝《花木鳥獸集類・雁》　《格物總論》：雁，陽鳥。狀如鵞而小，江淮洲渚之間，動計千百，大者居中，令雁圍而警察。飛有前後行列，秋南而春北。《夏書注》：陽鳥，隨陽之鳥也。《淮南子》：雁從風而飛，以愛氣力，啣蘆而飛，以避矰繳。《續墨客揮犀》：北方有白雁，似雁而小，秋深則來。河北人謂之霜信。《埤雅》：雁行斜步側身。《詩・豳風》：鴻飛遵渚。《梁州記》：雁塞山有大池，雁棲集此池，故名雁塞。《漢書》：宣帝時有五色雁，集於殿前。《會稽典録》：日南太守虞固有孝行，常有雁止宿聽事。《白帖》：上虞縣雁爲人治田，春啣拔草根，秋啄除其穢，官禁不得害之。　五代朱漢賓少時善射，中雁臆。臆上一金錢篆文，人皆不識，於是異之名朱落雁。　《説苑》：秦穆公得百里奚公孫枝，以白雁爲賀曰：公得社稷之臣，實社稷之福。　張華《博物志》：雁食粟，則翼重不能飛。

清　陳大章《詩傳名物集覽・雝雝鳴雁》《朱傳》：雁，鳥名，似鵞，畏寒，秋南春北。《釋鳥》云：鳧，雁醜，其足蹼，其踵企。郭注：鳧雁指間有幕，蹼屬相著，故曰其足蹼也。飛則腳跟企直。《夏小正》：正月雁北鄉，鄉其居也。雁以北方爲居，九月遰，遰，往也。猶曰其驛舍云爾，非其居也。《周禮・六摯》：大夫執雁。又云：落菹雁醢。又曰：雁宜麥。《禮記》：兄弟之齒以雁行，儀禮士相見，士大夫相見以雁，飾之以布。注，雁取其知時，飛翔有行列也。《春秋繁露》，凡贄大夫用雁，有類長者在民上，必有先後，雁成行列，故以爲贄也。《士昏禮》云：下達納采用雁，執雁請問名，納吉用雁，請期用雁。注，用雁爲摯者，取其順陰陽往來，不再偶也。又曰：摯不用死。雝雝鳴雁，言生者也。《本草衍義》：雁得中和之氣，熱即北，寒即南，以就和氣，所以爲幣者，一取其信，一取其和也。《周書》：白露之日，鴻雁來，鴻雁不來，遠人背畔。小寒之日，雁北鄉，雁不北鄉，民不懷主。《詩緝》：鴻雁之趾連蹼，不能握木，故《易》以鴻漸于木，爲失所不安之象，《書》以彭蠡既豬，陽鳥攸居，爲得其所也。《春秋・説題辭》：雁之言雁，雁知晚蚤，故雁南北，以陽動也。《禽經》：雁一名翁雉，一名鴻鶉，一名鷹。又云，鳱以水言，自北而南，鳽以山言，自南而北。張華注云：鳱音雁，冬適南方，集于江干，故字從干，鳽亦音雁，寒盡北向，燕代尚寒，猶集于山谷之間，故字從斤。《山海經》：雁門山在高柳北，雁出其間。《淮南子》：雁從風而飛。《禽經》：鴻雁愛力，遇風迅舉，孔雀愛毛，遇雨高止，王褒頌，翼乎若鴻毛之遇順風也。《方言》，自關而東，謂雁鳴鵞，南楚之外謂之鵞，或謂之鶬鳴。《古今注》：雁自河北渡江，瘦瘠能高飛，不畏矰繳，江南沃饒，每至還河北，體肥不能高飛，嘗銜蘆長數寸，以防矰繳。《物類相感志》：大曰鴻，小曰雁。夜宿洲中，鴻在内，雁在外，逐更驚避，備狐與人之捕己。《埤雅》：雁行斜步側身，故《莊子》謂士成綺，雁成行，雁夜泊洲渚，令雁奴圍而警察，飛則銜蘆以避矰繳，有遠害之道。《鹽鐵論》曰：嚾嚾鳴雁，旭日始旦，登則前利，無蹈後害，此言婚姻以禮，則有利無害也，故曰貴聘而賤逆之，君子以是知出姜之不允于魯也。燕一名玄鳥，雁一名朱鳥。玄鳥以春分來，朱鳥以春分去。《法言》曰：能來能去者，朱鳥之謂與。《淮南子》曰：燕雁代飛是也。舊説雁不過衡山，今衡山之旁有回雁峯，蓋南去極燠，人罕識雪者，故雁望衡山而止。陳琳曰：陸陷蕊斥，水截輕鴻，輕鴻鴻毛也。今人試刀劍，令髮轉浮于水，以刀斷之，視其銛鈍。水截輕鴻，殆是類也。《爾雅翼》：雁鴻雁乃是一物，初無分別，至《詩》注乃云大曰鴻，小曰雁。雁曷爲有小者，按《呂氏春秋》：仲秋鴻雁來，季秋候雁來。《月令》云：八月鴻雁來，九月鴻雁來。《周書》則曰：白露之日鴻雁來，寒露之日又來。既是一種，何爲先後不齊如此。按許叔重《呂覽注》云：八月來者，其父母也，其子羽翼穉弱，未能及之，故九月始來，據此則《月令》、《周書》同屬一義矣。又北方有白雁，似鴻而小，色白，秋深乃來，來則霜降，河北謂之霜信。《春秋》：曹伯陽好田弋，曹鄙人公孫疆獲白雁獻之。漢武帝太子昏，得白雁于上林以爲贄，即此。《廣要》曰：按鴻雁非二物，羅氏辨之甚悉。陸疏亦以爲然，故前篇釋鴻，此篇釋鳧，而更不釋雁，但云鴻純白似鶴，肉美于雁，又似別有一種者。杜子美云：故國霜前白雁來，據今霜後南翔之雁，其色俱竊玄竊黄，從無純白者，考之諸家傳疏頗合。按鶩曰家雁，物之僞者稱曰雁，一作贗，宋華願兒稱帝爲贗天子。韓愈詩：「前計頓乖張，居然見真雁。」

清 方旭《蟲薈》卷一《羽蟲・雁》 《書經集傳》：陽鳥，雁也。《正字通》：雁，一名鷹，一名翁雞，一名沙鶉。《梵書》名僧裟。旭按：雁來自朔方，又名朔禽，狀略似鵝。毛蒼灰色，即野鵝也。《爾雅》名鴚，又名鵱鵝。《本草綱目》：雁有四德：南北不失時，信也。飛有序，禮也。失偶不再配，節也。夜以一奴巡守，晝則銜蘆以避矰繳，智也。《玉堂間話》：雁宿必有奴圍，而警察捕者。俟天色陰暗，藏燭於瓦罐中。持棒者數人潛行，將近略舉燭便藏之。雁奴驚叫，大者亦驚。頃之即定。又舉燭如前，雁奴又驚叫。如此數四，大者必怒啄之。乃徐徐逼近，其奴懼啄不敢復叫。然後持棒亂擊，所獲甚多。

清 方旭《蟲薈》卷一《羽蟲・鵝》 《本草綱目》：鵝，一名家雁，又名舒雁，又名兀地奴。有蒼白二種。及大而垂胡者，并緑眼、黄喙、紅掌。好啖蛇，又能制射工。蘇恭曰：腹毛與小兒作枕，避驚癇。《西番譯語》：鵝，西番呼昂罷。《槐西雜志》：鵝，一雄一雌者，十卵即得十雛。兩雄一雌者，十卵必碬一二，父氣雜也。一雄兩雌亦然，父氣弱也。

清 陳昌齊 道光《廣東通志》卷九九《物産・羽族類・鴈》 鴈，廣南無鴈。近年亦間有之。明時有鴈集於瓊山縣學宮泮池。邱濬爲之記，見《瓊臺集》。《舟車聞見録》

清 李鴻章 光緒《畿輔通志》卷七四《物産・禽屬・雁》 雁，北方有白雁似鴻而小，白色。秋深至則霜降，河北人謂之「霜信」。《談苑》 來賔較關内爲早，古稱「沙磧雁」。塞雁本朔漠所産，今關外秋風初厲，嘹唳滿空，千百成羣。《熱河志》 元 袁桷《李陵臺詩》：雪□長，沙風滾灰，眼穿又上望鄉臺。隴西可是無迴雁，不寄平安一字來。 曹元用《秋懷詩》：沙磧秋高宛馬肥，哀笳一曲塞雲飛。南都兒輩應相念，過盡征鴻猶未歸。 明 倫浹《雙雁詩》：飛鴻有匹偶，飲喙濼水阿。但知謀稻粱，不解籬網羅。弋人護其雄，縶之以爲囮。哀彼雌也孤，悲鳴意無他。終日自迴翔，一夕忽來過。相呼不肯釋，糾頸死沙坨。吁嗟彼羽毛，處世曷么麽。矯矯著奇節，英英挽頽波。矧伊毓靈秀，貞烈更如何。鶉奔恥無良，狐綏志已訛。争如糾首禽，一死良足多。稚世賴輞常，聊賦哀鴻歌。鴻名歷千秋，大義永不磨。國朝 高士奇《雁舞詩》憐此隨陽鳥，生雛水澤中。脆毛初變日，弱翅未淩風。沙軟羣相戲，蘆深到處叢。待時遵渚去，寥濶任秋空。

清 陸次雲《事文標異》卷五鴻雁來 《月令》：春候雁北，秋鴻雁來，冬雁北鄉。此十二候之中，雁居其四，重德禽也。《戴禮・夏小正》之文，則更詳曰：雁北鄉者何？見雁而後數其鄉也。鄉者何？鄉其居也。雁以北爲居，何以謂之居？生且長焉爾。九月來鴻雁，先言來，而後言鴻雁，何見來而後數之則鴻雁也。何不謂南鄉非其居也。至於鷹爲鳩善變而之仁也，故其言之也，盡其辭也。鳩爲鷹變而之不仁也，故不盡其辭也。此皆禮文之所未有，二戴之於《禮》其功非小補也。

藝文

《詩・小雅・鴻雁》 鴻雁於飛，肅肅其羽。【略】鴻雁於飛，集於中澤。

三國魏 曹植《離繳鴈賦》 憐孤鴈之偏特兮，情悵焉而内傷。尋淑類之殊異兮，禀上天之休祥。含中和之純氣兮，赴四節而征行。遠嚴冬於南裔兮，避炎夏以朔方。白露淒以飛兮，秋風發乎西商。感節運之復至兮，假魏道而翱翔。接羽翮以南北兮，情逸豫而永康。望范氏之發機兮，播纖繳以淩雲。挂微軀之輕翼兮，忽頹落而離羣。旅朋驚而鳴逝兮，徒矯首而莫聞。甘克君之下厨，膏函牛之鼎鑊。蒙生全之顧復，何恩施之隆博。於是縱軀歸命，無慮無求，飢食稻粱，渴飲清流。

晉　羊祜《鴈賦》　鳴則相和，行則接武。前不絶貫，後不越序。齊力不期而並至，同趣不要而自聚。當其赴節，則萬里不能足其路，苟泛一壑，則衆物不能易其所。臨空不能頃其翼，揚波不能濊其羽。　孫楚《鴈賦》曰：有逸豫之雋禽，禀和氣之清冲，候天時以動静，隨寒暑而汚隆。颷同集於曠野，紛羣翔于雲中。翳朝陽之景曜，角聲勢於晨風。族類阜繁，數則千億，迎素秋而南遊，背青春而北息。泝長川以鳴號，凌洪波以鼓翼。任自然而相佯，窮天壤於八極。

南朝陳　陳叔寶《夜亭度鴈賦》　春望山楹，日暖苔生。雲隨竹動，月共水明。暫逍遥於夕逕，聽霜鴻之度聲。度聲已悽切，猶含關塞鳴。從風兮前侣駛，帶暗兮後羣驚。帛久兮書字滅，蘆束兮斷銜輕。行雜響時亂響，雜行時散已定。空閨愁還長倡樓歎，空閨倡樓本寂寂。况此寒夜褰珠幔，心悲調管曲未成。手撫弦聊一彈，一彈管且陳歌翻使怨情多。

唐　白居易《白氏長慶集》卷一二《放旅鴈元和十年冬作》　九江十年冬大雪，江水生冰樹枝折。百鳥無食東西飛，中有旅鴈聲最飢。雪中啄草冰上宿，翅冷騰空飛動遲。江童持網捕將去，手携入市生賣之。我本北人今譴謫，人鳥雖殊同是客。見此客鳥傷客人，贖汝放汝飛入雲。鴈鴈汝飛向何處，第一莫飛西北去。淮西有賊討未平，百萬甲兵久屯聚。官軍賊軍相守老，食盡兵窮將及汝。健兒飢餓射汝喫，拔汝翅翎爲箭羽。

宋　陳襄《古靈集》卷二四《和東玉少卿後池羣鴈》　生意淹留白水塘，樊籠多事豈吾鄉。江湖已失秋南望，歲月猶欣塞北涼。白日稻粱應飽足，青雲岐路莫思量。主人憐爾能鳴久，肯放逍遥物外翔。

鳧

綜　述

宋　謝維新《古今合璧事類備要别集》卷六九《飛禽門・鳧》　《格物總論》鳧，野鴨。色白，頭上有毛。數百爲羣，多泊在江海間沙上。食沙石皆消化，唯食海蛤不消，隨其糞出。且其羣蔽天而下，聲如風雨所至，田間稻粱必爲之空。史游《急就章》云，水鳥，翁也。

清　周魯《類書纂要》卷三三《飛禽類・鳧》　鳧，野鴨也，泊江湖沙上，食沙，食皆消化，雖食海蛤不消，隨其糞出，且羣飛蔽天如風雨，至田稻粱必空。弋鳧，將翱將翔，弋鳧與鴈。　雲飛水宿，晨曉旦至，候鴈銜蘆，雲飛水宿，呀吭青渠。　似老翁，君不見黄鵠高于五尺童，化爲白鳧似老翁，故種遺穗已蕩盡，天寒歲暮波濤中。　鳧雛鳴，春江無雲水平滿，江心喔喔鳧雛鳴。　驚栖鳧寒塘沉沉柳葉疏，水暗人語驚栖鳧。　浴波心　脛短，鳧脛雖短，續之則悲。晨鳧鳧常以晨飛，故名。又云秦良馬名。　化舄，王喬爲葉縣令，有神術，每月朔旦自縣來朝，帝推其往來甚速，且不見車騎，使太史伺望之，言其臨至輒有雙鳧從東南來，于是候鳧至羅網獲之，乃是一雙舄耳，詔賜爲郎官。　錦繡爲鳧，開元時御湯中有瑶文密石，中央有玉蓮湯泉，湧以成池，縫錦繡爲鳧鴈于水中，帝與貴妃旋鈒鏤小舟戲翫于其間。　長毛，人有得鳧鳥，毛長二丈，以示張華。華曰：此鳧鳥毛也，出則天下亂矣。

清　徐鼎《毛詩名物圖説》卷一　《爾雅》鸍沈鳧。郭璞注：似鴨而小，長尾，背上有文。今江東呼之爲鸍。李巡注野曰鳧，家曰鶩。陸璣疏：大小如鴨，青色，卑郫短口，水鳥之□，□者也。《埤雅》莊子曰：鳧脛雖短續之則憂，鶴脛雖長斷之則悲，此言生理至足，無欠無餘，白長非所增，白短非所損也。《詩》曰，弋鳧與雁。蓋鳧雁常以晨飛，故相警以夙興也。《雅翼》陸龜蒙稱，夜聞有聲類暴雨，一夕數四明，訊其甿曰，鳧□也，其曹蔽天而來，必竭禾穗而去江南，不能弋羅當藥而得之。愚按：《楚辭》云，寧昂昂若千里之駒乎，將氾氾若水中之鳧乎，蓋鳧性沈没與波上下，數百爲羣，飛聲如風雨暴，至今俗呼爲野鴨，陣以其狀，類鴨也。

清　方旭《蟲薈》卷一《羽蟲・鳧》　《古今注》：鳧一名少卿。旭按：《爾雅》云：鸍，沉鳧。即此。今處處有之。好夜飛，俗名野鴨，又名野鶩。肉甚美。《本草綱目》：鳧似鴨而小。孟詵曰：九月以後，立春以前，可食，大益病人。日華曰：「不可合胡桃、木耳、豆豉同食。」

清　方旭《蟲薈》卷一《羽蟲・冠鳧》　《本草綱目》：海中一種冠鳧，頭上有冠，乃石首魚所化。

又 海鳬，《正字通》：海鳬，毛長三丈，見則天下大亂。

又 雝渠，《正字通》：雝渠，《相如賦》作庸渠，一名章渠，一名章雞，又名精列。顔師古云：即水雞。其狀似鳬，而雞足，灰色。《騈雅》：庸渠，帝渠也。

又 鸊鷉，《本草綱目》：鸊鷉，一名須蠃，一名水鷙，一名鷉鳥，一名刁鴨，一名油鴨，出南方。狀似鳬而小，蒼白文。多脂，肉甚美，能補中益氣。陳藏器曰：水鳥也。鴨腳連尾，不能陸行，常在水中。人至即沉，或擊之便起。其膏塗刀劍不鏽。

又 鳾，《中山經》：青要山有鳥曰鳾，狀如鳬，青身，赤目，赤尾。食之宜子。旭按：《爾雅》云：鳾頭鵁即此。又名魚鵁，又名蛟獺。其狀似鳬，蛇頭長項。腳近尾，不能行，常在水中。冬月毛脱，乃棲息溪岸邊。

又 鵁鶄，《爾雅》：鳽，鵁鶄。註：似鳬，腳高，毛冠。江東人養之，以厭火災。旭按：即茭雞也。江淮有之，大如鳬，腳高喙長，頭有紅毛冠，翠鬣青脛，水鳥也。《正字通》：鵁鶄，一名交矑，以目交而孕。

又 絜鉤，《東山經》：硜山有鳥曰絜鉤，狀似鳬，而鼠尾。善登木。見則其國疫。

又 鶼鶼，《爾雅》：南方有比翼鳥，不比不飛，其名曰鶼鶼。註：似鳬，青赤色，一目一翼，相得乃飛。旭按：此即《西山經》之蠻蠻也。《嫏環記》：比翼鳥，雄曰野君，雌曰觀諱，總名曰長離。

清 李鴻章 光緒《畿輔通志》卷七四《物産・禽屬・鳬》 鳬，野鴨爲鳬。《尸子》狀如鴨而小，雜白青色，肥而耐寒。《蟲魚草木鳥獸疏》今塞外泊中多有之。《承德府志》小而肥者名油葫蘆。《雍正志》國朝・邊連寶《鷗詩》游泳溪已寒，禁痒毛屢□。矯翼起沙汀，秋水拍復拍。儂豈渠寒盟，御胡避海客。

清 長順《吉林通志》卷三四《物産・禽屬》 野鴨，有緑頭，黄腳等名。蒲鴨大於野鴨，黄色。《盛京通志》

藝文

南朝齊 謝朓《野鶩賦并序》 有門人獒一野鶩，因以爲獻，予時命以登俎，用待賓客，客有愛其羽毛，請予爲賦，其詞曰：夫何羅人之伎巧，薦江海之逸禽。落摩天之迅羽，絶歸飛之好音。碎文錦之丹臆，裂雕綺之翠襟。孤雛驚以靡翼，饑雌叫而莫尋。越滄流以遠致，乃交留以兼金。因閽寺以傳請，排邃户以重深。貴敷衽以取愛，願登俎以甘心。

清 吴寶芝《花木鳥獸集類》卷中《鳬》 《急就章》曰：鳬，水鳥翁也。張籍《寒塘曲》：寒塘沈沈柳蕭疎，水暗人語驚棲鳬。杜詩：沙上鳬雛傍母眠。又：相趁鳬鷖入槳牙。

睢鳩

綜述

清 陳大章《詩傳名物集覽》卷一《關關睢鳩》 《朱傳》：睢鳩，水鳥，一名王睢，狀類鳧鷖，今江淮間有之。生有定偶而不相亂，偶常並遊而不相狎，故《毛傳》以爲摯而有別。《列女傳》：以「爲人未嘗見其乘居而匹處，蓋其性然也。」又《語録》：見人説淮上有之，狀如鳩，差小而長，雌雄兩兩相隨不失，立處須隔丈來地，所謂摯而有別也。《爾雅》睢鳩，王睢也。郭注：雕類，江東呼之爲鶚，好在江渚山邊食魚。《禽經》：「王睢，魚鷹也。」亦曰白鷢，亦名白鷹，鄭箋，摯至也。謂雌雄情意至，然而有別。《韓詩》：「睢鳩貞潔慎匹，以聲相求，隱蔽乎無人之處。」陸璣疏：睢鳩大小如鴟，深目，目上骨露，幽州人謂之鷲，楊雄、許慎皆曰：「白鷹似鷹，尾上白。」鄭漁仲云：「尾邊有一點白。《風土記》，白鷹鶚屬，于義無取，蓋蒼鶚大如鷹而色蒼，其鳴戛和順，遊于水而息于洲，常隻不雙。」陸佃云：「鶚性好峙，所謂鶚立。」俗云：睢鳩交則雙翔，立則異處，是謂摯而有別。傳云：鷙鳥不雙是也。《左傳》杜注：睢鳩摯而有別，故爲司馬主法則。嚴氏《詩緝》、《左傳》郯子五鳩，備見于《詩》，睢鳩氏司馬，此詩是也。祝鳩氏司徒，鵻鳩也，四牡嘉魚之鵻是也。鳲鳩氏司空，布穀也。曹風之鳲鳩是也。爽鳩氏司寇，大明之鳩是也。鶻鳩氏司事，鷽鳩也。非班鳩，小宛之鳴鳩，與氓食桑葚之鳩是也。蔡氏《名物解》：「凡鳩皆陽鳥也。」剛而能制，真若乎陽，和而不同，有不可犯之道，故謂之睢鳩，又謂之鶚，王大也，于鳩爲大，故又謂之王睢。勒以法度，足以一衆，故睢鳩氏爲司馬，陰陽自然變化，論睢鳩不再匹。

《淮南子》：關雎興于鳥，君子美之，爲其雌雄之不乘居也。歐陽《本義》：先儒辨雎鳩其衆，惟毛公得之，曰摯而有别，謂捕魚而食，鳥之猛摯者也。鄭氏釋摯爲至，非也。鳥獸雌雄皆有情意，孰知雎鳩之獨至哉。或曰，《詩》本述后妃淑善之德，不宜反以猛摯之物比之，曰，不取其摯，取其别也。雎鳩之在河洲，聽其聲則和，視其居則有别，此詩人之所取也。《正字通》：雎從且，與盱雎，恣雎，雎水，雎陽之雎從目義别，俗作雎非。按《爾雅》止曰王雎。鄭、郭、陸、許諸家皆以爲雕鶚之類，蓋附《爾雅》白鷹而訛也。黄直翁引夾際曰，鳧類，在水邊，尾有一點白，舊説雕，誤。朱子特主其説，則固不能無疑于諸家矣。《長箋》謂王雎如鴨。《風土記》疑爲蒼鷃。近代馮元敏謂狀似鴛鴦。《通雅》定爲屬玉，蓋各得其形似，而郝氏指爲布穀，錢氏以爲杜鵑，則又擬非其倫矣。

清　徐鼎《毛詩名物圖説》卷一　《爾雅・釋鳥》雎鳩，王雎。《郭璞註》雕類，今江東呼之爲鶚，好在江渚山邊食魚。師曠《禽經》魚鷹也，亦曰白鷲，亦名白鷹。陸璣《草木蟲魚疏》雎鳩大小如鴟，深目，目上骨露，（兩（幽））州人謂之鷲。楊雄許慎皆曰，白鷹似鷹，尾上白。徐鉉曰，雎鳩常在河洲之上，爲儔偶，更不移處。嚴粲《詩緝》左傳郯于五鳩，備見《詩經》，祝鳩氏司徒，鵓鳩也，四牡嘉魚之鵻是也。雎鳩氏司馬，關雎之鳩是也。鳲鳩氏司空，布穀也，《曹風》之鳲鳩是也，爽鳩氏司寇，大明之鷹是也。鶻鳩氏司事，鷽鳩也，非斑鳩。小宛之鳴鳩，氓食桑葚之鳩是也。《杜預左傳注》雎鳩摯而有别，故爲司馬主法則。愚按《毛傳》摯而有别。《列女傳》云，未見乘居而匹處，蓋生有定偶，交則雙翔，别則異處，好在洲渚。其色黄，其目深，云鶚類如鴟，似鷹者皆謂摯鳥。摯鳥之性不淫，取以方淑女之德。

清　方旭《蟲薈・羽蟲・雎鳩》　《爾雅》：雎鳩，王雎。註：江東呼鶚。好在江渚邊，食魚。旭按：今江淮有之，人呼魚鷹。《草木蟲魚疏》：雎鳩，大小如鴟。深目，目上骨露。幽州人謂之鷲。《本草綱目》：鶚，鵰雞也。好啖蛇肉，腥不可食。《正字通》：鶚能入穴取魚，故一名下窟鳥。又能翱翔水上，扇魚令出，故又名沸波。《續詩傳鳥名卷》：雎鳩，南人名鶚，北人名鷹。總是一物。今不學之徒，謂是蒼鷃。攷蒼鷃乃鶉屬，非鳩類。《錢氏詩話》謂即杜鵑，更引杜詩以解。王雎臆説，尤可笑。鄭樵《通志》則曰鳧類，又曰尾邊一點白，以陰附合於白鷹。尾白之説，試問此類鳧今何名。《集傳》亦云：狀類鳧，乃襲鄭説。《毛詩集傳》：雎鳩，生有定耦，而不相亂。耦常並遊，而不相狎。

清　方旭《蟲薈・羽蟲・魚狗》　《本草綱目》：魚狗，一名鴗，一名天狗，一名水狗，一名魚虎，一名魚師，一名翠碧鳥。旭按：此鳥好盤旋水上，遇魚急下而啄之。無有失者。其大如鵪鶉，喙色紅，長二寸許。項下白體，毛紫赤色，背上近尾處及六翮上有翠毛，可以爲飾。《西山經》所謂鴟，如翠而赤喙者，即此。今處處水邊有之。穴土而居。亦有斑白色者，又有黑白相間者。

藝　文

《詩・周南・關雎》　關關雎鳩，在河之洲。

鵚鶖

綜　述

清　方旭《蟲薈・羽蟲・鵚鶖》　《本草綱目》：鵚鶖，一名鶩鵚，一名扶老，水鳥也。出南方，狀如鶴，青蒼色。張翼廣五六尺，舉頭高六七尺。長頸赤目，頭項皆無毛。頂上二尺許紅色，如鶴頂。喙黄而扁長，尺餘。嗉下有胡袋。爪似雞，黑色。性極惡，能與人鬬。好啖蛇及鳥雛，食其肉。令人健走及奔馬。《飲膳正要》：鵚鶖，有黑者、白者，又有花者。名胡鶩鵚。《正字通》：鵚鶖，樊光言：似鳳凰。景焕言：即鶢鶋。並非。

清　李鴻章　光緒《畿輔通志・物産・禽屬・禿鶖》　禿鶖，能食蝗蝻，子有旨不敢捕食，其形醜惡。來則成羣，無問蟲蝗多少，悉能食之，吐出復食之，其頭如長袋。《析津志》

藝　文

《詩・小雅・白華》　有鶖在梁，有鶴在林。

北魏 崔光《答詔示禿鶖表》 蒙示十四日所得大鳥，此即《詩》所謂「有鶖在梁」。解云，禿鶖也。貪惡之鳥，野澤所育，不應入于殿廷。昔魏氏黄初中，有鵜鶘集于靈芝池，文帝下詔，以曹恭公遠君子近小人，博求賢俊大尉華歆，由此遜位而讓管寧者也。臣聞野物入舍，古人以爲不善，是以張竦惡鴟，賈誼忌鵩，鵜鶘暫集而去。前王猶爲至誡，況今親入宮禁，爲人所獲，方被畜養，晏然不以爲懼，準諸往義信有殊矣。且饕餮之禽，必資魚肉，菽麥稻粱，時或餐啄，一食之費，容過斤鎰。今春夏陽旱，穀糴稍貴，窮窘之家，時有菜色，陛下爲民父母，撫之如傷，豈可棄人養鳥，留意于醜形惡聲哉。衛侯好鶴，曹伯愛雁，身死國滅，可爲寒心。陛下學通《春秋》，親覽前事，何得口詠其言，行違其道，誠願遠師殷宗，近法魏祖，修德延賢，消災集慶，放無用之物，委之川澤，取樂琴書，頤養神性。

鴛鴦

綜述

宋 謝維新《古今合璧事類備要別集》卷六八《飛禽門》《格物總論》：鴛鴦文禽，亦匹鳥也。似鳧，毛有文采。雌雄未嘗相離，人得其一，則一者相思而死。鸂鶒毛亦五采，尾有毛如船柂。小如鴨，皆水鳥也。

明 何孟春《餘冬序録》 水鳥有鴛鴦者，雌雄未嘗相離，人得其一，則其一輒思而死。南海鱟魚，雌常負椎而行，或捕得其椎，其雌亦自止，不獨活也。然鴛鴦詠于三百篇，談者德之，比諸人之有别，而鱟魚無及焉。鱟特戀于情耳，德固無取，夫婦之愛，死生不再匹其愛也。其可以不正乎？

清 周魯《類書纂要》卷三三《飛禽類》 鴛鴦，一名文禽，匹鳥也，似鳧，毛有文彩，雌雄未嘗相離，人獲其一，則一相思而死。 于飛，鴛鴦于飛，畢之羅之，又，戢其左翼。 相隨 碎綺翼，寧相隨死碎綺翼，不忍雲間兩分張。 交頸 繡衣，爲羽族而不樹林，類水鳥而在江滸，古人圖之于繡上服之，以其貞義也。 並飛 瓦化，魏文帝問周宣曰：吾夜夢殿屋兩瓦墜地，化爲鴛鴦，何也，宣曰：後宫當有暴死者，帝曰，吾詐卿耳，言未畢，有黄門令奏宫人自相殺。 被底鴛鴦，唐明皇五月五日避暑遊興慶池，與妃子晝寢于水殿中，宫嬪輩凭欄倚檻，争看雌雄二鸂鶒于水中，時帝擁貴妃銷金帳内，謂宫嬪曰：爾等愛水中鸂鶒，何如我被底鴛鴦。 精魄 昔韓朋妻甚美，康王奪之，朋怨，王囚之，朋自殺，王與其妻登臺，妻乃自投臺下，左右捉衣衣不勝，□告于帝曰：願以還韓氏而合葬，王怒，埋之兩塚相望，經宿□見有木生二塚上，根交于下，枝連于上，有鳥如鴛鴦，嘗棲其樹，朝暮悲鳴，南人謂即朋夫婦精魄。 打鴨驚，昔吕士隆知宣州，好笞官妓，妓皆畏笞欲逃去，適杭州一妓到，士隆喜之，一日郡妓犯小過，士隆欲笞之，妓曰：不敢辭，但恐杭妓不安耳，士隆乃捨之，梅聖俞作打鴨詩曰：莫打鴨，打鴨驚鴛鴦，鴛鴦新向池中落，不比孤洲老鴰鶬。

清 陳昌齊 道光《廣東通志》卷九九《物産・羽族類》 鴛鴦，多宿洲穴中。其色杏黄有文采，紅頭翠頸，翅尾俱黑，喙掌俱紅，並游蓮荇間。《領海名勝記》

清 方旭《蟲薈》卷一《羽蟲》《古今注》：鴛鴦，人得其一，則其一相思而死。故一名匹鳥。《本草綱目》：鴛鴦，一名黄鴨。《梵書》名婆羅迦隣隄。出南方，棲土穴中。大如鴨，杏黄色，有文采。紅頭翠鬣，黑翅，黑尾，紅掌。頭有白長毛，下垂至尾。孟詵曰：夫婦不和者，私與鴛鴦肉食之，即相愛憐。旭按：《拾遺記》云：蓬萊山有鴛鴦，形似雁，棲息高岫石穴中。足不踐地，萬歲乃一交。其雛千歲始學飛。《譯史紀餘》：鴛鴦，百譯呼必刺法。《正字通》：鴛鴦夜宿，雄翼右掩左，雌翼左掩右。

清 李鴻章 光緒《畿輔通志》卷七四《物産・禽屬》 鴛鴦，水鳥，鳧類。雌雄未嘗離，人得其一，則一者相思死，故謂之匹鳥。《古今注》戲水則同文彩，遷於南土。《正定府志》

藝文

清 吴寶芝《花木鳥獸集類》卷中 徐陵《鴛鴦》詩：「山雞映水却相得，孤鸞照影不成雙。天下真成長會合，無勝比翼兩鴛鴦。」南朝梁蕭繹賦：勝林鳥之同心，邁池魚之比目。魂上相思之樹，文連新錦之機。李德裕《鴛鴦篇》和鳴一夕不暫離，交頸千年尚爲少。陳子昂詩：文章負奇色，和鳴多好音。吴融詩：翠翹紅頸覆金衣，灘上雙雙去又歸。長短死生無兩處，可憐黄鵠愛分飛。皮日休詩：烟濃共拂芭蕉雨，浪細雙遊菡萏風。又：若非足恨佳人魄，即是多情年少魂。

鷹

綜　述

漢　劉歆《西京雜記》卷四　茂陵少年李亨，好馳駿狗逐狡獸，或以鷹鷂逐雉兔，皆爲之佳。名狗則有脩毫、釐睫、白望、青曹之名。鷹則有青翅、黄眸、青冥、金距之屬。鷂則有從風鷂、孤飛鷂、楊萬年。有猛犬名青駮，買之百金。

宋　謝維新《古今合璧事類備要别集》卷六五《飛禽門》《格物總論》：鷹，鷙鳥。《爾雅》云：鶆鳩生一歲爲黄鷹，二歲爲撫鷹，三歲爲青鷹。《月令》云七月鳩化金眼，鉤觜鐵爪，劒翮，善攫搏，軍中多養之。其類則有隼鶻、鷂、鵰、鶚、鸇，皆鷙猛者也。鸇晨風鳥鵰，王雎所謂鷙也。黄頸赤目，五色皆備，相頗類於鷹，但尾長翅短差異耳。鶚食魚，摯而有别者鷂，與鶻相類，然鶻小於鷂。惟隼古人以爲摰擊之鳥，通呼曰隼。又一種曰魚鷹，亦鷹之别，此其辨也。

宋　謝維新《古今合璧事類備要别集》卷六六《飛禽門・鳶》《格物總論》：鳶，鴟類。陶隱居云：即俗人呼爲老鴟者，與鵰鶚並相似而太極，善飛騰江湖間，捕魚食之。

明　謝肇淛《五雜組》卷九　南京一勳貴家蓄獮猴甚馴，既久輒戲其侍婢，主怒而欲殺之，逃匿報恩寺塔頂，出没趫捷，人無如之何。或教放鷹擊之。猴見鷹至即裂其爪，鷹反斃焉。如是數四，主怒甚，募有能擊者予百金。一遼東人應募解絛縱鷹，鷹形甚小，至塔頂，盤飛良久，瞥然遠逝，不知所之。萬衆相視，罔測良久，乃從天際而下，將至猴身，乘其張目熟視，將毛羽一抖，黄沙蔽天而下，猴兩目眯不能開，一擊而隕地矣。乃知向之遠去，爲藏沙也。物之智如此，主大喜厚賜之。

清　陳大章《詩傳名物集覽》卷二《時維鷹揚》《朱傳》：鷹揚，如鷹之飛揚而將擊，言其猛也。《爾雅》：鷹鶆鳩，注，鶆當爲鷞。《左傳》鷞，鳩是也。又鷹隼醜，其飛也翬。《注》，鼓翅翬翬也。《月令》：仲春鷹化爲鳩，季夏鷹乃學習，孟秋鷹乃祭鳥。《王制》：鳩化爲鷹，然後設罻羅。陳氏曰：仲秋也。《禮》：季冬鷙鳥厲疾。《左傳・郯子》曰：少皥氏鳥師而鳥名，爽鳩氏司寇也。杜注，爽鳩，鷹，鷙鳥也。故爲司寇主盜賊，又見不仁者，如鷹鸇之逐鳥雀也。《周書》：驚蟄之日，鷹化爲鳩。處暑之日，鷹乃祭鳥。《運斗樞》，瑶光星散爲鷹。立秋之日鷹鸇擊。《廣志》：有雉鷹，有菟鷹，一歲爲黄鷹，二歲爲撫鷹，三歲青鷹、胡鷹、獲麞。《周易・通卦驗》：鷹者，擊殺之鳥。《大戴禮》：正月鷹則爲鳩。鷹也者，其殺之時也，鳩也者，非其殺之時也。善變而之仁，故具言之也。鳩爲鷹而之不仁，故不盡其辭。《廣雅》：白鷹鷹也。《文選》，百卉具零，剛蟲搏擊。注，鷹隼之類也。《春秋・考異郵》，金伐木故鷹擊雉。陶弘景曰：虎聞聲而深伏，鷹見形而高飛。蔡邕《月令》：鷹化爲鳩，鷹鳩屬也。鳩凡五種，鷹爲爽鳩，應陽而變，則啄仁柔而不鷙。《禽經》，鷹不擊伏，鶻不擊妊。《焦氏易林》，鷹棲茂樹，候雀往來。隋魏彦《深賦》：資金方之猛氣，擅火德之炎精，指重十字，尾貴合盧，立如植木，望似愁胡，觜同劍利，腳等荆枯，亦有白如散花，赤如點血，大文若錦，細斑似纈，眼類明珠，毛猶霜雪，身重若金，爪剛如鐵，生于窟則好眠，巢于木則常立，雙骹長則起遲，六翮短則飛急，毛衣屢改，厥色無常，寅生酉就，總號爲黄，二周作鴘，千日成蒼，雌則體大，雄則形小，遇犬驚猜，得人馴擾。《埤雅》：鴘音披免切，次赤也，鷹鷂二年之色也，頂有毛角微起，今通謂之角鷹。凡鷙鳥雛生而有慧，出㲉之外，即于巢外放條，大鷙恐其墜，及爲日所曝損，乃取帶葉枝插巢畔，防其外墜，及作陰涼也。十日後枝枯悴，其雛大可取。《裴氏新書》，虎豹無事行部，若將不勝其軀，鷹在衆鳥之間，若睡寐然，故積怒而全剛生焉。越之滅吴，用此道也。《黔類》云：養鷹鸇者，其類相語，謂之咊漱。今《三館書》有《咊漱》三卷，皆養鷹鸇及醫療之術。咊音以麥反。《鳥獸考》：鷹類甚衆，維角雕黄者以鷹名。然角鷹有二種，一種青腳有毛，一種兩腳無毛，名鸕鷀角鷹。《朝野僉載》，蘇味道、王方慶竝爲鳳閣侍郎，或問郎中張元一，答曰：蘇九月得霜鷹，王十月被凍蠅。

清　李光地《月令輯要》卷二　鷹鶻入籠增《酉陽雜俎》鷹巢一名萛鷹，呼萛子者，雛鷹也。鷹四月一日停放，五月上旬拔毛入籠，拔毛先從頭起，必於平旦過頂，至伏鶉則止。從頸下過颺毛，至尾則止。尾根下毛名颺毛，其背毛並兩翅大翎覆翮及尾毛十二根等，并拔之，兩翅大毛合四十四枝覆翮翎亦四十四枝。八月中旬出籠鶻角鷹等，三月一日停放。四月上旬入籠，鶻北回鷹過盡停放，四月上旬入籠不拔毛。鶻五月上旬停放，六月上旬拔毛入籠。

清 陳大章《詩傳名物集覽》卷二《匪鶉匪鳶》

《朱傳》：鶉，鵰也。《毛傳》：鶉，鳶，貪殘之鳥也。《説文》：鷻，雕也。從鳥敦聲，字異于鶉也。《詩》曰：匪鷻匪鳶，鵰，鷻也。鷲，鳥黑色，多子。師曠曰：南方有鳥，名曰羌鷲。黃頭赤目，五色皆備。孔疏，雕之大者名鶚。《漢書·音義》曰：鶚，大雕也。《廣雅》：鷲，雕也。倉頡解詁，鶚，金喙鳥也。見則天下兵，能擊殺麞鹿，爪距長五六寸，銛于吴鉤。《埤雅》：雕能食草，似鷹而大，黑色，俗呼皁雕，其飛上薄雲漢，性刻制，今大雕，翱翔水上，扇魚令出，沸波攫而食之。一名沸河，一名鶚，性好峙，立不移處。《禰衡傳》：鷙鳥累百，不如一鶚。《淮南子》曰：鳥有沸波者是也，六翮乘風輕勁，堪爲箭羽。《雅翼》：雕者，鶚之類，土黃色，健飛，擊沙漠中，空中盤旋，無細不覩。亦能食麞鹿之屬，可讀鷙有力矣。鷲即大雕。《山海經》：景山多鷲，黑色多力。《禽經》：雕以周之，鷲以就之。又云：淘河在岸則魚没，沸河在岸則魚涌。雕首欲長，而頷狹，頂平，領大，項後毛礫生，勁疾，目睛大滿，臉長，眸子小而近前，主明慧，爪近肉，麤圓其末，纖細，主多力，蹠平潤，主巧捷不夭，鼻大，主長飛不乏，膝骨大如蒺藜實者上，相骨小，無圭角者，下也。指節大，肉少，分成十字，上相，骨節細平者，下也。純金色青潤者，上相，淺黑者，下也。叢林色静白者，上相，黑膩者，下也。封厚而管麤者，上相，細薄者，下也。背偃而溝深者，上相，隆起者，下也。臆圓趺爲上相，窄狹爲下。尾狹厚爲上相，潤軟爲下。鶻相同鵰，唯頭欲小，頂臆欲圓，旋毛欲深，咮欲側薄而短小。鷹相亦與鵰同，而欲其尾長翅短爲異耳。《相感志》，其毛能食諸鳥，羽如羣錯，草中有鵰毛，必衆鳥毛羽自落地。《名物解》，決起而飛曰翰，言以翼自翰而上也。今鴻鵠鵰鳶之類皆言翰。《爾雅》曰：象謂之鵠，玉謂之鵰。蓋鵠之義，出于鴻鵠之鵠。鵰之義，出于鵰鶚之鵰。鵠性勁利，鵰性刻制故也。《字通》鷻，徒桓切，音團，《説文》鷻，引《詩》匪鶉匪鳶，故鶉爲鷻，韻會因之。《正韻》，鷻亦作鶉，皆沿《毛傳》而誤，鶉鷻音形各别，故鶉爲鷻，與改鳶爲鳶誤同。鳶，《朱傳》，亦鷙鳥也。其飛上薄雲漢，倉頡解詁，鳶，鴟也。《説文》：鳶，鷙鳥也。《爾雅》：鳶烏醜，其飛也翔。《禽經》：鳶不擊而貪。注，不善搏擊，貪于攫肉。又云：風翔則風。注，風禽，鳶類，越人謂之風伯，飛翔則天大風。古詩：鳶起知風舞，又茅棘嘯愁，鳶是也。《抱朴子》：鳶飛在下無力，及至乎上，聳身直翅而已。陶隱居云：鳶飛騰江湖間，捕魚食之。《博物志》：漢舊綦國送鳶卵給太官。《埤雅·釋鳥》：鳶飛也翔，高飛曰翔，布翼不動曰翔。鳶，鴟也，摩風回翔。《曲禮》：「前有塵埃，則載鳴鳶。」鳶鳴則將風故也。《東觀漢紀》：馬援擊交趾，下潦上霧，毒氣上蒸，仰視鳥鳶，跕跕墮水中。鳶，鈍者也，乘風則高飛。魚，潛者也，乘氣則深躍。《列子》云：墨子作木鳶，飛三日不集。所謂班輸之雲梯，墨翟之飛鳶也。今人乘風放紙鳶，令小兒張口望視，以洩内熱，蓋放于此。舊説觀魚翼而創櫓，視鴟尾而製柁，言古人仰視俯察，以前民用，其道蓋如此。《漢書·梅福傳》：𢧢鵲遭毒，仁鳥增逝。《左傳》：晉荀吴以鼓子𢧢鞮歸，并作鳶字，《夏小正》十二月弋注，當作鳶，《天禄外史》，嘉陵之墟多鳶。

清 周魯《類書纂要》卷三三《飛禽類》

鷹，一曰題肩，一曰爽鳩，仲春鷹化爲鳩，七月鳩化爲鷹。　鷹揚，維師尚父，時維鷹揚。　決雲兒，高麗赤獵鷹駕前，目爲決雲兒。　蒼鷹，郅都爲中尉行法，不避貴戚列侯，側目號蒼鷹。　玉嘴金爪，絲玉嘴啗鷄腦破，玄金爪擘兔心開。　星眸雪毛星眸未放瞥秋毫，欲掣金鈴試雪毛。　剛蟲，鷹隼類剛蟲搏擊，冬候也。　爽鳩氏少皞氏以鳥紀官，以爽鳩氏爲司寇。　瑶光，鷹名一片雪八月秋風高，胡鷹白錦毛，孤飛一片雪，萬里見秋毫。　劍翎鈎爪，張文潛詩：八月獲黍田野空，蒼鷹羽齊初出籠，劍翎鈎爪目如電，利吻新試龍泉劍。　鍾山生，推兹禽之化育，實鍾山之所生。　目如愁胡，角鷹翻倒壯士臂，將軍玉帳軒翠氣，二鷹猛腦徐侯穟，目如愁胡視天地。　籠鷹詞，凄風淅瀝飛嚴霜，蒼鷹上擊翻曙光，雲披霧裂虹蜺斷，霹靂掣電稍平岡，砉然勁翮剪荆棘，下攫狐兔騰蒼茫，爪毛吻血百鳥逝，獨立四顧時激昂。　鷙鳥，鷹鸇悍鷙之類。　鷙隼不接，鷙隼不接翌薰蕕，不同器其理自然。　虎鷹，能飛搏虎豹，身大如牛，翼廣二丈。　制鵬，楚文王少時好田獵天下，快狗名鷹聚焉，有人獻一鷹，名曰上鷹，俄而雲際有一物，翱翔飄飖，鮮白而不辨其形，鷹見十是竦翮而升矗若飛電，須臾羽墮如雪，血灑如雨，良久有一大鳥墮地而死，度其兩翅廣數十里，衆莫能辨，時有博物君子曰：此大鵬雛也，始飛焉，故爲鷹所制，文王厚賞獻者。　飽去饑用，魏吕布因陳登求徐州牧不得，登喻之曰：登見曹公，言待將軍譬如養虎，當飽其肉，不飽噬人。公曰：不如卿言，譬如養鷹，饑則爲用，飽則飛去，布乃解。　逐鳥雀，子産始爲政，對然明曰：視民如子，見不仁者誅之，如鷹鸇之逐鳥雀。又：季文子逐莒侯曰：見有禮于君者，事之如孝子之養父母也，見無禮于君者，誅之如鷹鸇之逐鳥雀也。　鷹祭，處暑之日鷹乃祭鳥。　饑附飽飛，慕容垂喻鷹也，饑則附人，飽則飛去，遇風塵之會必有淩雲之志，唯當急其羈絆，不可任其所欲。　調鷹苑中，桑維翰契丹破欒城，杜重威等大軍隔絶，維翰曰：事急矣。乃見馮玉等計事，而謀不合，又求見帝，帝方調鷹苑中，不暇見，維翰退而嘆曰：晉不血食矣。月進安禄山月進牛、槖駝、鷹、狗，奇禽異物，以蠱帝心。　呼鷹，姚元崇曰：臣年二十居廣成澤，以呼鷹逐獸爲樂。　始擊，漢孫寶立秋日署侯文爲禄曰：今日鷹隼始擊當順，秋氣成嚴霜之誅。在北晉崔洪爲人清厲骨鯁，爲尚書左丞相，時人爲之語曰，叢生棘荆，來自愽陵，在南爲鷂，在北爲鷹。　得霜，蘇味道識度王方慶鈍陋俱爲鳳閣侍郎，或問郎中張元一曰：蘇王孰賢，答曰蘇九月得霜鷹，王十月被凍蠅，或問其故，答曰：得霜鷹梭捷，被凍蠅頑鈍。饑鷹侍中魏侍中盧昶與將軍元惲恃寵貪縱，人謂餓虎將軍，饑鷹侍中。　却鷹五代唐安重誨爲樞密使，夏州李仁福進白鷹，誨却之，明帝陰遣人取入，他日按鷹曰無使重誨知。

清　周魯《類書纂要》卷三三《飛禽類・鳶》　鳶鴟類，善飛，騰江湖間捕魚食之。　戾天，鳶飛戾天。　鳴鳶，前有塵埃則載鳴鳶。　飛鳶操，鳶飛杳杳青雲裏，鳶鳴蕭蕭風四起，旗尾飄揚勢漸高，箭頭砉劃聲相似，長空悠悠霽月懸，六翮不動旋飛烟，遊鷗翔雁出其下，慶雲青景相廻旋，忽聞飢鳥操相聚，畏人避矢投高處，鷹集儀形螻蟻心，雖能戾天何足貴。　黄桑，鴟鳥鳴黄桑，南征盡跕鳶。　聳身，聳身起自知風舞，直翅飛因向日鳴。　精神徤遠舉精神徤林□，高飛羽翼戾天邊。　下雙鳶，後魏托跋翰從太宗遊登東山，有雙鳶飛鳴于上，太宗命左右射之，莫能中，鳶旋飛稍高，翰因而自射之，二箭下雙鳶，太宗嘉之，賜御弓矢以旌之，曰射鳶都尉云。　鳶肩，岑文本謂所親曰：馬周鳶肩火色，恐不能久，果年四十八而卒。集魚上劉□自置魚于葦間，仰見鳴鳶集其上，乃冠木于器旁以懼之。　得腐鼠，鴟鳶得腐鼠即仰嚇鵷鶵，恐其奪去以懼之。　跕鳶，馬援云：當吾在西域間日未滅之時，天炎下潦，上霧毒氣薰蒸，仰視飛鳶跕跕墮水中，有詩曰：跕跕何如得戾天，聳身直翅只飄然，烟林奮退應高舉，雲漢翱翔孰敢先，引類呼號寒日外，捕魚飲啄曲江邊。時人莫作凡禽北，永人周詩旱麓篇。　紙鳶北齊景哲從弟黄頭使與諸姻自金鳳臺各乘紙鳶，以黄頭獨能控，紫陌乃殺之。

清　王念孫《廣雅疏證》卷一〇下《釋鳥・鷂》　鶙鵳，鷂子，籠脱，鷂也。　《説文》：鷂，鷙鳥也。《急就篇》云：鷹鷂，鴇鴰，翳雕尾鷂之言摇，急疾之名。《方言》云：摇疾也，或名爲鸇。鸇，鷂聲之轉也。《爾雅》鸇，負雀。郭璞注云：鸇，鷂也。江南呼之爲鸇，善捉雀，因名云。其屬則有鶙鵳、鷂子，籠脱。鶙鵳，隼也。《爾雅》鷹，隼醜。其飛也翬。舍人注云：謂隼，鷂之屬也。翬翬，其飛疾，羽聲也。《九家易説・解射隼》云：隼，鷙鳥也。今捕食雀者。《毛詩義疏》云：隼，鷂屬也。齊人謂之擊征，或謂之題肩，或謂之雀鷹。春化爲布穀者，是也。此屬數種，皆爲隼。題肩，與鶙鵳同。《大射儀・鄭注》云：正鳥名，齊魯之閒名題肩，爲正鳥之捷黠者也。《月令・季冬之月》征鳥厲疾。鄭注云：征鳥，題肩也。齊人謂之擊征，或名曰鷹，仲春化爲鳩，是則題肩，布穀轉相變化。故《列子・天瑞篇》云：鷂之爲鸇，鸇之爲布穀，布穀久復爲鷂也。《周頌・小毖篇》箋云：鷦之所爲鳥，題肩也，則又爲桃蟲所化矣。《御覽》引《春秋・考異郵》云：陰陽貪故題肩擊，題肩有爪，芒陽中陰故擊殺也。又引《廣志》云：鷂子，大如壼，燕，色似鷂。食雀，籠脱，擊鳩鵲，是題肩之外，又有此二種也。

清　方旭《蟲薈》卷一《羽蟲》　《埤雅》：一歲曰黄鷹，二歲曰鴘鷹，三歲曰鶬鷹。今通名曰角鷹。頂有毛角，微起。又曰題肩，又曰征鳥，又曰鷞鳩。旭按：鷞或作鶆，又省作來。　《駢雅》：青骹，鷹也。　《續廣雅》：蒼鳥，剛蟲，鷹也。　《正字通》：鷹，《梵書》名嘶那夜。　《西番譯語》：鷹，西番呼克刺。　《本草綱目》：按隋魏彦深《鷹賦》云：「嘴同鈎利，腳等荆枯。或白如散花，或黑如點漆。大文若錦，細斑似纈。身重如金，爪剛如鐵。毛文屢改，厥色無常。寅生酉就，總號爲黄。二周作鷂，三歲成鶬。雌則體大，雄則形小。察之爲易，調之實難。薑以取熱，酒以排寒。生於窟者好眠，巢於木者常立。雙骹長者起遲，六翮短者飛急。」其説鷹頗詳。陳藏器曰：食鷹肉，療狐魅。　《綱鑑通俗》：鷹無肶，而有肚。　《夏小正》：正月，鷹則爲鳩。　《天中記》：取鷹法，七月二十爲上。時內地者多，塞外者少。八月上旬爲次時，八月下旬爲下時。塞外鷹畢至矣。　《簷雲樓雜説》：順治乙未，高麗獻白鷹。　《八紘譯史》：吕宋國有鷹王，飛則衆鷹隨之。若得禽，必俟王取其睛，羣乃食其肉。

清　方旭《蟲薈》卷一《羽蟲・虎鷹》　《續博物志》：虎鷹，食虎豹。其身大如牛，翼廣二丈許。

又 《續博物志》：鷹舅，似鷹而小，蒼色，能逐鷹。又名鷹競。

又 《爾雅》：鸉，白鷢。註：似鷹，尾上白。旭按：白鷢，《古今注》名□尾。

又 《廣雁蕩山志》：崖，似鷹而大，生海崖中。每秋末渡海，海人名曰崖。蒼白者曰白崖，又曰搗崖。

清 方旭《蟲薈》卷一《羽蟲·鷂》 《爾雅》：鷣負雀。註：鷂也。江東呼鷣，善捉雀。又名負雀。旭按：鷂似鷹，而小。

又 《駢雅訓纂》：芙蓉山有異鳥，愛形顧影，不自藏。恒爲羅者所得，人呼鷂字。

又 《臨海異物志》：獨姑，似隼而黑色。其鳴如人呼雞聲。

又 《草木蟲魚疏》：鸇，似鷂，青黃色。燕頷，鈎喙。向風摇翅，乃因風擊鳩鴿、燕雀食之。旭按：鸇即晨風也。有生於土窟者，名土鸇。

清 方旭《蟲薈》卷一《羽蟲·鵰》 《正字通》：鵰，胡地鷙鳥，狀似鷹而大，土黃色，毛長翅短。好盤旋空中，擊鴻鵠食之。其毛落草中，衆鳥毛皆自落。其翮可爲箭羽。俊者曰海東青，黑者曰皂鵰，大者曰鷲。《梵書》名揭羅闍，畏燕。旭按：此即《小雅》之鶉也。鶉音團，不音淳。

又 《本草綱目》：羌鷲，出西南夷，鵰類也。《正字通》：羌鷲，五采。

又 《西山經註》：鸈，似鵰，黑文赤頸。

又 鴟，《西山經》：三危山有鳥曰鴟，狀似鸈，而一首三身。

清 陳文述《頤道堂詩選》卷四《射雕行》 平沙莽莽風蕭蕭，馬蹄得意猿臂驕。强弓在手箭在腰，仰首瞥見横空雕。平原落日秋心迴，城上角聲吹雪冷。手提金勒指向人，一點遥空没孤影。十年學藝身手精，金鏃未拔先有聲。生平命中負絶技，一箭直裂青宵青。勁翮飛隨繡翎下，多少健兒各驚詫。馬前羅拜飛將軍，白月横秋宵讌罷。雁門秋老消邊塵，龍堆走馬馬入雲。短衣射獵不歸去，飛將軍是故將軍。

清 方旭《蟲薈》卷一《羽蟲·隼》 《草木蟲魚疏》：隼，鷂屬。齊人謂之擊征，或謂之題肩，或謂之雀鷹。春化布穀。旭按：隼即正鵠之正也。《左傳》名鶻鳩，《楚詞》名雄鳩，《莊子》名鷽鳩，《爾雅》名鶌鳩、鶻鵃，《酉陽雜俎》名阿鷂，《本草》名鶻嘲，《正字通》名鸕鷜，北人又名鸛鷜。其狀似鷂，頭有青毛，冠短，尾黃黑色。好高飛，鳴則聲連，屬如相貫。《埤雅》：鷹之搏噬，不能無失，獨隼爲有準。《化書》：隼，憫胎。註：擊物遇胎，則釋之。

清 李鴻章 光緒《畿輔通志》卷七四《物産·禽屬·鵰》 鵰春撩鉢，正月縱鷹鶻捕天鵞，望之有鵞之處五方擎進海東青鶻拜授皇帝，放之捕鵞墜。排立近者舉錐刺鵞，取腦以飼。《遼史·營衛志》北山夷産海青，鳥小而捷，能擒天鵞，然羣燕撲之則墜，亦謂之海東青，爪白者尤異。《明一統志》雲州土貢鵰羽。《通考》李時珍曰：似鷹而大，尾長翅短，土黃色，鷙悍多力，無細不睹，出北地。皂色青鵰出遼東，其最俊者謂之海東青。《本草綱目》海東青産遼東海外，隔數海而至，常以八月十五渡海而來者甚衆。古人云：「急於鷂之過新羅是也。」尼嚕罕田地是其渡海之第一程，至則人收之已不能飛動矣。蓋其來饑渴困乏，羽翮不勝其任，自此始入東海。有制犯遠流者，能獲海東青即贖罪。傳驛而歸，嘗諏錫寶齊云：「海東一翅七日或八九日始得至尼嚕罕，其氣力不支或饑而眼亂者多溺死。凡能逮此地者，無不健奮。故其羽獵之時獨能破駕鵞之長陣，絶雁鶩之孤鶱。雲間獻奏臂上功勳，此海東青之功也。」錫寶齊者，國言養鷹之蒙古也。《析津志》

清 李鴻章 光緒《畿輔通志》卷七四《物産·禽屬·鷂》 鷂，鷹之搏噬，不能有準，獨隼爲有準。《埤雅》雀鷹也，其類有馬旌、緬雄、舵兒、松兒等名。《雍正志》

清 李鴻章 光緒《畿輔通志》卷七四《物産·禽屬》 鷹，松州每歲貢納鷹鶻。又建州土産皂鷹、細鷹、鴘兒。《元一統志》鴘似鷹而小，能捕雀。《廣志》昌黎道者山出鷹鶻。《明一統志》有房山白，紫背細斑便兔，生房山白楊椵樹上，向范陽中山飛。漁陽白，腹背俱白便兔，生徐無及東西曲白葉樹上，向章武、合口、博海飛。黑皂鸇，生漁陽山松柏樹上，向章武飛。白皂鸇，生漠北枯柏樹上，向靈邱、范陽飛。《酉陽雜俎》李時珍曰：出遼海者上，北土及東北胡者次之，北人多取雛養之。《本草綱目》 明 邊連寶《鷹詩》：霜氣滿晝空，豪鷹氣佶栗。兔起忽落時，老拳只一摑。道君漫揮毫，粉墨空蕭瑟。

清 長順《吉林通志》卷三四《物産·禽屬》 鷹，唐開元十年，渤海獻鷹。《册府元龜》遼統和十三年，鐵驪貢鷹。《遼史》十三 鐵离靺鞨，惟以鷹鶻等物與契丹交易。女真禽有鷹鸇。《契丹志》二十二 高士奇《扈從雜紀詩》：「離條繡帽脱，鷹師目注圍。中鷹以繡花，錦帽蒙其目。」擎者縮條於手，見禽乃去帽放之。《扈從日録》遼以東，皆産鷹。而寗古塔尤多。每年十月後，即打鷹，總以得海東青爲主。凡鷹生山谷林樾間，視其出入之所，繫繩張網，晝夜伏草間伺之。人不得行，行則驚去。《柳邊紀略》

清　長順《吉林通志・物産》卷三四《禽屬・白鷹》　白鷹，黑水靺鞨多白鷹。《唐書》二百十九　靺鞨土多白鷹。《唐會要》　蘇頲《雙白鷹贊》：開元乙卯，歲東夷君長，自肅昚扶餘貢白鷹一雙。其一重三斤有四兩，其一重三斤有二兩。皆皓如練色，斑若綵章。積雪全映，飛花碎點。所謂金氣之英，瑶光之精。高髻偉臆，長距秀頸。奮發而鋭，堅剛則厲，實稀代之尤也。贊曰：「鷹之大者，精明竦峻，勁而横絶。雄則遠振，錦文素綵，珠聯玉潤。往乃奮威，將軍所徇。鷹之次者，勇鋭光芒。截海而至，乘風載揚。絡以紅點，文其綵章。下韝必中，惟吏之良。」《唐文粹》二四　白鷹尤爲猛鷙，吉林寗古塔諸山中有之。《盛京通志》又有蘆花鷹，極貴重。《寗古塔紀略》鷹純白爲上。白而雜他毛者次之。若色純白，梅勒章京亦不敢畜，必送内務府。《柳邊紀略》

又　鳶，俗呼鷂鷹。不善搏擊，貪於攫肉。《續通志盛京通志》

清　長順《吉林通志・物産》卷三四《禽屬・海東青》　海東青，《遼史・春巴納》曰：鴨子河濼冰泮乃縱鷹鶻捕鵞雁。五坊擎進海東青鶻，拜授。皇帝放之，鶻擒鵞墜，勢力不如拼。立近者，舉錐刺鵞取腦以飼鶻。皇帝得頭鵝臨廟。羣臣皆插鵞毛於首以爲樂。《營衛志》五國之東出名鷹。自海東來者謂之海東青，小而健。《北盟會編三》海蘭府，碩達、勒達等路有俊禽，曰海東青。由海外飛來，士人羅之以爲土貢。《元史》五十九　海東青，五國城東出，小而健，能擒天鵞。爪白者尤異。《明一統志》八十九　海東青，羽族之最鷙者。身小而健，其飛極高，能擒天鵝搏兔，亦俊於鷹。鶻鷹雕皆有窠巢，多緣峭壁爲之，人不能上。惟海東青從未見其巢。《輟耕録》載演雅言：海東青，羽中虎也。燕能制之，群集緣撲即墜云云。以小制大，物性往往如此。亦猶黄腰啖虎之類也。高宗《御製詩注》海東青，能擒天鵞。一日能飛二千里。《寗古塔紀略》鷹品之最貴者也。得海東青，滿漢人不敢畜，必送梅勒章京。《柳邊紀略》今多出烏蘇哩江。《盛京通志》李太白詩：「翩翩舞廣袖，似鳥海東來。」蓋東海有海東青，俊鶻。白詩言其舞如海東青也。《秕言》

清　長順《吉林通志》卷三四《物産・禽屬・鵰》　雕，似鷹而大，色黑。出寗古塔諸山。其品不一：上等色黑者曰皂雕。有花紋曰虎班雕。黑白相間曰接白雕。小而花者曰芝蔴雕。羽宜箭翎。雕之最大者，能捕麞鹿。山中間有之。《盛京通志》一百七，後引皆同　雕極大而多，但用其翎毛爲箭。黑斤富者，則以雕翅蓋屋。《寗古塔紀略》雕，鳥狀如鷹，而大倍之。翅若車輪，爪同鋒刃，雙眸噴火，長喙反鉤。颸風有淩雲之志，鷙鳥之雄也。《隨鑾紀恩》

清　周魯《類書纂要》卷三三《飛禽類・鵰鶚》　鵰鶚，鷹屬。　大鷙鳥，鵰也，黑色，多子。　羽箭，鵰羽可爲箭。　食草，鵰所食惟草。　射鵰，後魏秦王名幹，能于馬上以一矢下雙鵰，軍中號爲射鵰將軍。　貫二鵰，唐高駢見有二鵰並飛，曰：我貴當中之，一矢貫下二鵰。　豈衆禽偶，唐韋思謙遷御史大夫，性謇諤，顔色莊重不可犯，見王公未嘗屈禮，或以爲譏，謙曰耳目官固當特立，鵰鶚鷹鸇，豈衆禽之偶。　鷙大鵰也。又西域，又靈鷲山。　鷙擊之鳥，鶚也，鷹鸇之族。峙立鶚性好峙立，每立，更不移處，名鶚立。　一鶚，漢孔融《薦禰衡表》曰：「竊見處士禰衡，淑質貞亮，英才卓犖，鷙鳥累百，不如一鶚，使衡立朝，必有可觀。」　皂雕，出寧夏。

清　吴寶芝《花木鳥獸集類》卷中　《幽明録》：楚文王好畋獵，天下快狗名鷹畢集焉。有人獻一鷹，獵於雲夢。烟熠障天，毛羣羽族，争噬競搏。而此鷹瞪目雲際，無搏噬之志。王謂獻者曰：毋將欺余耶。答曰：若止效於雉兔，臣豈敢獻。俄而雲際有一飛翔，飄飖鮮白而不辯其形，鷹見之便聳翮而升，矗若飛霓。須臾，羽墮如雪，血灑如雨。良久有一大鳥墮地而死，兩翅廣數十里。博物者曰：此大鵬雛也。《載記》：饑則附人，飽則高飛。風雲之會，便可淩霄，蓋以鷹比人傑也。　唐中王有高麗赤獵鷹，稱決雲兒。《野客新譚》：鷹，一名淩霄君。　杜少陵詩：金眸玉爪不凡材。　魏彦深賦：白如散花，赤如點血。大文若錦，細斑如纈。眼類明珠，毛若霜雪。身重若金，爪剛若鐵。《西京雜記》：李亭好馳騁，鷹鷂皆錫以佳名。　傅玄《鷹賦》：嘴利吴戟，目類明星。雄姿横發，逸氣挺生。　魏彦深《賦》：資金方之猛氣，擅火德之炎精。

清　吴寶芝《花木鳥獸集類》卷中《鷂》　唐太宗嘗得佳鷂，自臂之，望見魏徵，輒匿懷中。

清　吴寶芝《花木鳥獸集類》卷中《鶚附鸇》　陸佃曰：鶚，鷙鳥，雕類也，一名雎鳩。　俗諺曰：鶚交則雙翔，立則異處。　陰陽自然變化，論雎不再匹。孔融薦禰正平，鷙鳥累百，不如一鶚。《名談》：西王母夢翠雞五色，化爲一鶚，後生西子。陸璣曰：桃蟲，鷦鷯是也。《説苑》：俗呼爲巧婦，又名工雀，又名女匠，又名韈雀。化而爲雕鶚。劉原父《鸇》詩：上天賦爾才，若不受羈紲。失身偶見獲，羞與家禽列。秋風半夜起，鴻鵠兩飄瞥。物生各自適，聽爾歸寥泬。白雲入雙眸，尺地肯自屈。慎弗逐鸇雀，鸇雀不足絶。又曰：勉力霜霰期，方爲鳥中傑。

清 吴寶芝《花木鳥獸集類》卷中《隼》 《易》：公用射隼於高墉之上。《詩》：鴥彼飛隼，率彼中陵。《埤雅》：隼好翔。《化書》：隼，憫懷胎之鳥，不擊，義也。

藝 文

《詩·小雅·沔水》 鴥彼飛隼，載飛載止。【略】鴥彼飛隼，載飛載揚。【略】鴥彼飛隼，率彼中陵。

三国魏 曹植《鷂雀賦》 鷂欲取雀，雀自言微賤，身體些小，肌肉瘠瘦，所得蓋少，君欲相噉，實不足飽。鷂得雀言，初不敢語，頃來轗軻，資糧乏旅，三日不食，略思死鼠，今日相得，寧復置汝。雀得鷂言，意甚怔營，性命至重，雀鼠貪生，君得一食。我命隕傾，皇天降鑒，賢者是聽。鷂得雀言，意甚沮惋。當死弊雀，頭如果蒜。不早首服，捩頸大唤，行人聞之，莫不往觀。雀得鷂言，意甚不移。依一棗樹，藂蕽多刺。目如擘椒，跳躍二翅。我雖當死，略無可避。鷂乃置雀，良久方去。二雀相逢，似是公嫗。相將入草，共上一樹，仍共木末，辛苦相語。向者近出，爲鷂所捕。賴我翻捷，體素便附。説我辨語，千條萬句。欺恐舍長，令兒大怖。我之得免，復勝于兔。自今徙意，莫復相妒。（言雀者但食牛矢中豆，馬矢中粟。）

晉 傅休奕《鷹賦》 左看若側，右視如傾。勁翮二六。機連體輕。鈎爪懸芒，足如枯荆。觜利吴戟，目穎星明。雄姿邈世，逸氣横生。

隋 魏彦深《鷹賦》 唯兹禽之化育，實鍾山之所生。資金方之猛氣，擅火德之炎精。何虞者之多端，運横羅以羇束。綴輕絲於雙臉，結長皮於兩足。飛不遂於本情，食不充於所欲。逸翰由而暫斂，雄心爲之自局。若乃貌非一種，相乃多途指重。十字尾貴合盧，立如植木。望似愁胡。觜同利劍，脚等荆枯，亦有白如散花，赤如點血，大文若錦，細斑似纈。眼類明珠，毛猶霜雪。身重若金，爪剛如鐵。或復頂平似削，頭圓如卵，臆闊頸長，筋麤脛短，翅厚羽勁，髀寬肉緩。求之事用，俱爲絶伴。或似鶉頭，或似鴉一作鴟。首。赤精黄足，細骨小肘。嬾而易驚，奸而難誘。

唐 杜甫《白鷹》 雪飛玉立盡清秋，不惜奇毛恣遠遊。在野只教心力破，於人何事網羅求。一生自獵知無敵，百中争能恥下韝。鵬礙九天須却避，兔經一作藏。三窟莫深憂。

又《黑鷹》 黑鷹不省人間有，度海疑從北極來。正翮摶風超紫塞，玄冬幾夜宿陽臺。虞羅自覺虚施巧，春鴈同歸必見猜。萬里寒空只一日，金眸玉爪不凡材。

唐 白居易《放鷹》 詩曰：十月鷹出籠，草枯雉兔肥。下韝隨指顧，百擲無一遺。鷹翅疾如風，鷹爪利如錐。取其向背性，制在饑飽時。不可使長飽，不可使長饑。饑則力不足，飽則背人飛。乘饑縱搏擊，未飽須縶維。聖明馭英雄，其術亦如斯。

唐 柳宗元《籠鷹詞》 淒風淅瀝飛嚴霜，蒼鷹上擊翻曙光。雲披霧裂虹蜺斷，霹靂掣電捎平岡。砉然勁翮翦荆棘，下攫狐兔騰蒼茫。爪毛吻血百鳥逝，獨立四顧時激昂。

唐 劉禹錫《養鷙》 途逢少年，志在逐獸，方呼鷹隼，以襲飛走，因縱觀之，卒無所獲。行人有常，從事於斯者。曰：夫鷙禽饑則爲用，今哺之過篤故也。余感之作養鷙詞。曰：養鷙非翫形，所資擊鮮力，少年昧其理，日夜哺不息。探雛網黄口，旦暮有餘食。寧知下韝時，翅重飛不得。毰毸止林表，狡兔自南北。飲啄既已盈，安能勞羽翼。又《白鷹》 毛羽斒斕白紵裁，馬前擎出不輕猜。輕抛一點入雲去，喝殺三聲掠地來。緑玉觜啗雞腦破，烏金爪擘兔心開。都緣解搦生靈物，所以人人道俊哉。

唐 蘇頲《雙白鷹贊》 開元乙卯歲，肅慎、扶餘貢白鷹一雙，皆皓如練色，斑若綵章。積雪全映，飛花碎點，所謂金氣之英，瑶光之精。高髻偉臆，長距秀頸，奮發而鋭，堅剛則厲。摩天絶海，雷擊飈逝，觀其行，時令順秋殺。指揮應捷，顧盼餘雄。當落鵬之賞，蔑仇鶚之敵。實稀代之尤也。敢稱贊曰：鷹之大者，精明竦俊。勁而横絶，雄則遠振，錦文素彩，珠聯玉潤。往乃奮威，將軍所狥。鷹之次者，勇鋭光芒。絶海而至，乘風載揚。絡以紅點，文其彩章。

下鞲必中，惟吏之良。

清　吴寶芝《花木鳥獸集類》卷中　石曼卿詩：「騰凌千里見纖毫，勁翮梢梢渡海濤。霜草獸驚斜電落，水天雁盡片雲高。」《埤雅》：雕能食草，黑色，似鷹而大，俗呼皂雕。　《武事録》雕爲箭翎，逆風愈力。

清　陳景元《陳石閭詩》卷二〇《蒼鷹行》　秋風瑟瑟生金聲，蒼鷹力勁筋骨輕。愁胡怒視氣縱横，草木益深眼愈明。銛鋒利劍十二翮，走電飛雲八千尺。扶摇不讓凡鳥先，攫拏豈藉他人力。存身鞲上已三年，雄姿磨滅心膽寒。庖厨供肉日漸缺，絛鏇相纏未假寛。狐狸登床狼叫野，搏擊誰爲驅役者。請君縱逸凌九天，萬里長風側身下。

鳳

綜　述

宋　謝維新《古今合璧事類備要别集》卷六二《飛禽門》　《格物總論》鳳，瑞應鳥。太平之世則見，是以不常有也。其爲形也，鷄頭、蛇頸、燕頂、龜背、魚尾，五彩色，高六尺許。雄曰鳳，雌曰凰。彼其性非梧桐不棲，非竹實不食，非醴泉不飲。凡所棲止，衆禽必隨之而集，故曰羽蟲三百六十而鳳凰爲之長。然象鳳者有五：多赤色者鳳，多青色者鸞，多黄色者鵷，多紫色者鷟，多白色者鵠，不可不辨也。

宋　蘇軾《東坡志林》卷二　吾昔少年時所居書室前，有竹栢雜花叢生滿庭，衆鳥巢其上。武陽君惡殺生，兒童婢僕皆不得捕取鳥雀，數年間皆巢於低枝，其鷇可俯而窺也。又有桐花鳳四五，日翔集其間。此鳥羽毛至爲珍異難見，而能馴擾，殊不畏人，閭里間見之，以爲異事。此無他，不忮之誠信於異類也。有野老言，鳥雀去人太遠，則其子有蛇鼠狐狸鴟鳶之憂。人既不殺則自近人者，欲免此害也。由是觀之，異時鳥鵲巢不敢近人者，以人爲甚於蛇鼠之類也。苛政猛於虎，信哉。

明　傅梅《嵩書・鳥部・鳳凰》　鳳凰，舊志云，唐高宗永淳元年，幸嵩山，有鳳凰飛集峰上，遂名其峰曰鳳凰峰。亦曰鳳凰臺。在山南麓嶽寺之右。

清　周魯《類書纂要》卷三三《飛禽類・鳳凰》　鳳凰，仁鳥也。雄曰鳳，雌曰凰，太平之世則見，非梧桐不棲，非竹實不食，非醴泉不飲，凡所棲止，衆禽隨之而集，故羽屬三百六十，而鳳凰爲之長。　鳳鳴，鳳凰鳴矣，于彼高岡，雝雝喈喈。　翽翽，翽翽其羽。九苞，一口包命，二心合慶，三耳聰達，四舌屈伸，五彩色光，六冠短州，七距鋭鈎，八音激揚，九腹户户，所由出入者也。　靈質，言鳳也，靈質翽其高舉。　五靈，鳳有五德，是曰五靈。　瑞鷗一名瑞□，小者曰鸑鷟，又：威鳳有威儀也。　千仞，鳳翔于千仞兮，覽德輝而下之。　五珍，鳳飛九千仞，五色備彩珍。　五象，鳳凰爲羽族之舛殊，誕屬鸞而稱傑，邈區宇以超棲，撫朝陽于丹穴，備六德以成文，腪藻翰之有烈。　仁信，負信戴仁挾義，膺文、包智，不啄生蟲，不折生草，不羣居，不侶行，不經羅墜□，上通天維，下集河洛，明治亂，見存亡也。集南嶽鳳凰嘗集南嶽。　雲儀，靈鳳撫雲儀，袖鸞垂玉音。　不篝不篕，皮日休《補九夏樂歌》：鳳之愉愉，不篝不篕，樂德而至，如賔之娛。　餓不啄粟，所食唯琅玕□能與羣鷄蹩促争一飧，朝鳴崑丘樹，夕飲砥柱湍。　陽精靈質，鶡冠子曰鳳凰，鶉火之禽，陽之精也，德能致之，其精畢至。　即都，鳳飛曰即都。　鳳鳴行鳴曰歸，嬉止鳴曰提扶，夜鳴曰善哉，晨鳴曰賀世云云。乘風鳳鳥乘於風，聖人因於時。丹穴丹穴之山有鳥五彩，名曰采鳳。　金鳳，漢宣帝以皂蓋車賜霍光，至夜，車上金鳳失去，曉乃還南郡王君仲北山羅一鳳請闕，俄飛入光家車上。　吐鳳，揚雄帝命作《甘泉賦》未成，須臾少憩，夢白鳳飛鳴，其賦立就，言辭華美。　長離，鳳曰長離，出張平子賦。　雲作，鳳曰雲作，出魏都賦。　仁鳥　仁智之鳥，並稱鳳也。　牧，鳳背上有文曰牧。　德，鳳腹下有文曰德。火精鳳火精也。　火離，火離爲鳳凰。　六象，鳳有六象，謂頭象天，目象日，背象月，翼象風，足象地，尾象緯。所至，昔有三皇，鳳至於庭，三代鳳至於門，周室鳳至於澤，可見德彌鐃所至彌遠，德彌精所至彌近。　嗷嗷，君不見瀟湘之山衡山高，山巓朱鳳聲嗷嗷，側身長頸求其曹，翅垂日噤心甚勞。　巢閣世紀，黄帝服齋于中宫，坐于玄扈，洛上乃有大鳥，備五色，或止巢園或巢阿閣。　鳴岐，舜時來儀，文王時鳴于岐山。　鳳象，黄帝召天老而問之曰：鳳象何如，天老對曰：夫鳳象鴻前而麟後，蛇頭而魚尾，龍文而龜背，燕頷而鷄喙，又頭戴德頸揭義，背負仁心伏信，翼挾禮足履文，尾繫武，小音金，大音鼓，五色備，舉遊必接地，不妄下。　飡琅玕，朝飡琅玕后，夕飲玉池津，其樹爲瓊枝，以琅玕爲實。　鳴朝陽，帝造奉天宫，御史李善感始上疏。極言時人喜之，謂之鳳鳴朝陽。　銜詔，石季龍皇后在觀上，有詔書五色紙著鳳口中，鳳既銜詔待人放數百丈，緋繩轆轤回轉，鳳凰飛下，鳳以木作之，五色漆畫咮脚皆用金。 五采，前漢見武十七年，鳳凰至，高八九尺，毛羽五采，集潁川羣鳥並隨，蓋地數頃，留十七日乃去。 少昊紀官，昭公十七年，□子曰：少昊氏立，鳳凰適至，故以鳥紀官。 調律，黄帝聽鳳凰律，又軒轅聽鳳鳴調律。 集漢境，漢黄霸爲潁川太守，仁化流行，鳳集漢境。 銜圖，黄帝坐于洛書上，有鳳銜圖立于帝前。 授璽，鳳凰負國璽授于堯，黄玉爲□白玉爲繩，其章曰赤帝符璽。 紫庭，蔡邕琴操曰：周武王時天下化，鳳凰來舞于庭，成王乃援琴而歌曰：鳳凰翔兮于紫庭，余何德兮以感靈。 朱冠，後問廣順二年七月帝在乾德殿，忽報有大鳥，身高八九尺，朱冠彩羽漼然五色璀璨，羣鳥隨之，蔽天而至，集西苑，帝往觀之，隨即飛去云。 作律黄帝使伶倫采嶰谷之竹，斷兩節，開而吹之，於是制十二管以聽鳳凰之鳴，其雄鳴爲六律，雌鳴爲六吕，謂之律本。 小婚，懿氏妻敬仲，其妻占之曰是謂鳳凰于飛，和鳴鏘鏘。 鳳臺，蕭史，秦穆時人，善吹簫，能致鳳，穆公以女弄玉妻焉，一旦隨鳳去。 止阿城苻堅時長安謡曰，鳳凰止阿房，堅曰：鳳凰非梧桐不棲，非竹實不食，乃植梧桐竹數十萬於阿城以待之。 羽族之美，莊子。 白鳳膏，漢武帝得丹豹之髓，白鳳之膏，照于神壇，大風不滅。 思聲，習鑿齒既罷歸，與桓温弟秘書曰，每從北門而望隆中，想卧龍之吟，東眺白沙，思鳳雛之聲。 鳳集通訓門，楊國忠帝再幸左藏庫，班□百官出納，判官魏仲犀奏鳳集通調門，門直庫西，有詔改爲丹鳳門，進魏仲犀爲御史，屬吏率以鳳凰集得調。 千金毛，周昭王以青鳳毛爲二裘，一曰焕質，一曰暄肌，常以禦寒，至厲王未猶寶，此□乃厲王洗薨人得而珍之，有陷大辟者，以青鳳毛贖罪免死，片毛則准千金。 將子，何承天年老爲著作佐郎，諸佐並年少，荀伯子嘲之，常呼爲奶母，承天曰：卿當云鳳凰養九子，奶母何言耶。 鵷雛，惠子相梁，莊子往見之，惠子恐代其相，莊子曰：南方有鳥名鵷雛，非梧桐不棲，非竹實不食，非醴泉不飲，鴟得腐鼠，適鵷雛過，鴟恐其奪之食也，仰而視之曰：嚇。子欲以梁國嚇我耶。 十子同巢，鳳有十子，同巢共母，懽以相保。 獻鳳，周穆時塗循國獻青鳳，一雌一雄。

清 周魯《類書纂要》卷三三《飛禽類·鸞》 鸞，鳳凰。 青鸞，多五鳳色赤，彩文者爲鳳，青彩者爲鸞，故曰青鸞，王母乘青鸞降漢武相會。 鸞刀，執其鸞刀，謂刀有鈴者也。 鸞聲，鸞聲將將，大聲也，聲大則近，故也。 鸞聲噦噦，小聲也，聲小則遠，故也。 軒翥，翥，舉也，鸞鳥軒翥而翔飛。 玄鳳，青鸞名。 玉音，神鸞乘玉音。 赤神之精，鸞赤神之精，鳳凰之佐伏翟而五色，以天鳴中音，肅肅雍雍，喜則鳴舞，出女牀之山，窟氏之國及軒轅之丘，沃氏之域，標山之所，廣都之野，自歌之鳥。 瓊樹棲，鸞乃鳳之族，翱翔紫雲霓，文章輝五色，雙立瓊樹棲。 白纓，鸞鳴似鳳，而白纓問樂則節而短，至時國安寧。 鳳佐，鸞乃鳳凰之佐，鳴十五音，人君行步有容，進退有節，祭祀有禮，親踈有序則至，或云律調則至，至則鳥舞以和之。 鳳鸞辨辛繕治隱括華陰，光武徵不至，有大鳥高五尺五，色備舉而多青，棲繕槐樹，旬時不去，弘農太守以聞，詔問百僚，咸以爲鳳。太史令蔡衡對曰：象鳳者有五多，赤色者鳳多，青色者鸞多，黄色者鵷多，紫色者鵷多，白色者鵠，此鳥青，乃鸞非鳳，上善其言。 覩影悲鳴，有罽賓王置一鸞欲其鳴，三年不得，夫人曰：常聞鸞見類則鳴，乃懸鏡照之，鸞覩影悲鳴中宵，一奮而絶。 應樂飛舞，《東觀漢記》王阜爲重泉令，吏民向化鸞止學館，阜使授官椽公涉疊爲張雅樂，舉足垂翅，應桑聲而飛舞，復止縣屋十餘日而去。 集車，鸞始生類鳳，久則五采變易，當上古時，鸞□□動鸞□集車上，雄鳴于前雌應于後，後世不能致作和鸞以象之，因謂之鸞仗。 止墳，方儲幼喪父事母，母終，自負土成墳，種奇樹千株，鸞鳥止其上，白鹿游其下。 鸞見，周公歸政于成王，鸞鳥見。 鸞岡，在西山洪崖，先主乘鸞所憩處也。降木孝義令楊仲昌有善政，鸞降庭木。

清 周魯《類書纂要》卷三三《飛禽類·鵬》 鵬，鵬及朋，皆古文鳳字也，鵬鳥象形鳳飛，羣鳥從以萬數，故以鵬爲朋黨字。 變化，圖南未可料，變化有鶡鵬。 風翮，風翮上霄鵬。 夭閼，言鵬飛皆負青天而莫之夭閼者，以無障礙之。 圖南，鵬自北海而謀南徙也。 蜩鷽笑，蜩蟬鷽學飛之小鳩也，鵬將圖南，蜩與鷽鳩並笑之。 垂天雲，鵬翌若垂天之雲。 鯤化，莊子云：北海有魚，其名爲鯤，極其大，化而爲鳥，其名曰鵬，鵬之大，不知其幾千里也，怒而飛，其翼若垂天之雲，是鳥也，海運則將徙南溟，南溟者，天池也，鵬之徙于南溟也，水擊三千里，擣扶摇而上者九萬里，風之積也不厚，則負其大虚也無力，故九萬里，風斯在下矣。 絶雲氣負青天，摶扶摇而上九萬里，絶雲氣，負青天，然後圖南，且適南溟也，斥鴳笑之曰：彼其奚適也我隋躍而上，不過數仞，而下翶翔蓬蒿之間，此亦飛之至也而彼且奚適也，此大小之辨也。 摶九萬，從兹振羽翔。九萬一朝摶。 大鵬歌，大鵬一日同風起，扶摇直上九萬里，假令風歘時下來，猶能簸却滄溟水。大鵬賦，李白見天臺司馬子微，謂其有仙風道骨，可與神遊入極之表。因著《大鵬賦》以自廣云。

清 陳昌齊 道光《廣東通志》卷九九《物産·羽族類·烏鳳》 烏鳳，色紺碧。頸毛類雄雞鬃。頭有冠。尾垂二弱骨，各長一尺四五寸。其杪始有羽一簇，冠尾絶大。聲清越如笙簫，妙合宫商，又能爲百蟲之音。生溪峒中，極難得。《桂海虞衡志》出德慶，即青鸞也。五彩雜形，鳴中五音，非常有之物。《肇慶府志》

又 山鳳凰，大如鵝雁。伏卵時，雄者以木枝雜山桃膠封其雌於巢，而留一竅。雄飛求食以飼之。子成發封。又有大頭鳳，卵於石，積柴封之。雛則挾石而起。《南越筆記》。連州有鳥，大如畫眉。烏頭緑髻，身白，而喙脚紅潤。尾長尺餘，稍有黑文如孔雀眼。亦名山鳳皇。《郝志》

又 桐花鳳，丹碧成文。食不離桐花，飲不離露。蓋以桐花爲胎，以露爲命也。兒女子捕之，飲以蜜水，用相傳玩。《赤雅》

又 鳳頭雀，大小羽毛皆如燕。惟頭作鳳冠，而尾紅。兒女養之，馴則放去，一二日復來。《南越筆記》 金鳳，出儋州。大如指許，身五色，冠首修尾，如金釵上金鳳花。同上

清 方旭《蟲薈》卷一《羽蟲》 《爾雅》：鶠鳳，其雌皇。 《駢雅》：長離瑞鶠，鸑鷟鳳也。 《蓺林·伐山》：足足鳳也。 《續廣雅》：鳴鳥，仁鳥，鳳也。 《西番譯語》：鳳凰西番呼窮窮。 《譯史紀餘》：鳳凰，高昌呼洗母兒哈。百譯呼奴浪哈。 《桂海續志》：廣西梧州府博白縣有遠村號緑含，皆高山。大木上産鳳凰。其大如鵝，五色，有冠。遇天氣清明，則雙雙飛出。羣鳥無不斂翼俯首焉。 《論語註疏》：鳳，象麟前、鹿後、蛇頸、魚尾、龍文、龜背、燕頷、雞喙。五色備舉。出東方君子之國，翱翔四海之外。過崑崙，飲砥柱。濯羽弱水，暮宿丹穴中。國有聖人在位則至。旭按：自來説鳳凰麒麟者，皆曰必聖人在位而後至。不知鳳凰麒麟乃和氣所生，蓋和氣鍾於人則生聖人，鍾於物則生麟鳳。麟鳳之生，不必限以地。麟鳳之來，亦不必限以時也。説詳委宛，子指瑞篇。 《宣室志》：貞觀中有鳥青色，似鳩，止於睢陽之郊。羣鳥率其類列於左右，銜蟲稻以獻。李翱曰：此真鳳也。 《羽毛攷異》：鳳毛十二翎，遇閏十三翎。 《竹書紀年》：鳳不食生蟲，不履生草。 《大戴禮》：羽蟲三百六十，鳳凰爲長。 《本草拾遺》：鳳凰棲處，掘下二三尺，有物圓如石，白似卵者，名鳳凰臺。水磨，服治驚癇。 《正字通》：或説東方曰發明，南方曰焦明，西方曰鷫鷞，北方曰幽昌，中央曰鳳凰。以及雄鳴節節，雌鳴足足。行鳴歸嬉，止鳴扶提，夜鳴善哉，晨鳴賀世，飛鳴郎都之説，雖見《爾雅翼》、《廣雅》、《韓詩》、《六帖》，然皆不足信。至五方鳳鳥爲瑞者一，爲孽者四。鷫鷞疫之感，發明喪之感，焦明冰之感，幽昌旱之感。尤妄誕無據。又或以鸑鷟爲鳳凰，亦誤。

清 方旭《蟲薈》卷一《羽蟲·烏鳳》 《桂海虞衡志》：烏鳳出桂海左右兩江峒中。大如鵲。色紺碧，頸毛似雄雞。頭有冠。尾垂二弱骨，長尺餘，至杪始有毛，形畧似鳳。聲清越似笙簫，能度小曲合宫商，又能爲百鳥之音。然極難得。

清 方旭《蟲薈》卷一《羽蟲·山鳳凰》 《桂海虞衡志》：山鳳凰，似鵝，嘴如鳳。巢兩江深林中。伏卵時雄者取木枝雜桃膠，封其雌於窠内。獨留一竅，求食飼之。子成即發封，不成則窒竅殺之。

清 方旭《蟲薈》卷一《羽蟲·錦鳳》 《談薈》：軒渠國有九色鳥，青口緑頸，紫翼紅膺，丹足紺頂，碧毛緗背元尾。名錦鳳，又名九尾鳥。

清 方旭《蟲薈》卷一《羽蟲·大頭鳳》 《赤雅》：大頭鳳，大如鵝。五色，金冠。尾甚長。諸鳥見之，伏不敢鳴。間爲猺獞所射，必獻其主。肉備衆美，緝毛成裘，涅而不緇。

清 方旭《蟲薈》卷一《羽蟲·桐花鳳》 王漁洋《精華録註》：桐花鳳，日間聞好香，則收藏羽翼間。夜則張而放之。故一名收香倒挂，又名探花使。性極馴，好集美人釵上。旭按：或説桐花鳳即倒挂，然倒挂與桐花鳳不同者五：桐花鳳小，而倒挂大，一也。桐花鳳有冠，倒挂無冠，二也。桐花鳳五彩，倒挂遍體緑毛，三也。桐花鳳能收香，倒挂不能，四也。桐花鳳桐花時有之，倒挂四時皆有，五也。而説者指爲一物，蓋因桐花鳳一名收香倒挂，倒挂一名緑毛么鳳，由此而誤耳。《周氏閩小記》：既明其爲兩物，而又以收香倒挂爲倒挂，亦誤。 《廣輿記》：桐花鳳産四川成都府，小鳥也。色紅碧，生桐花中，花落即死。

清 方旭《蟲薈》卷一《羽蟲·鸞》 《駢雅》：雞趣，鸞也。首翼赤曰丹鳳，青曰羽翔，白曰化翼，元曰陰翥，黄曰土符。 《續廣雅》：朱鳥，鸞也。 《談薈》：鸞，似鳳五彩而多青色。

清　方旭《蟲薈》卷一《羽蟲·鸑鷟》《談薈》：鸑鷟，似鳳。五彩而多紫色。

清　方旭《蟲薈》卷一《羽蟲·鵷雛》《談薈》：鵷雛，似鳳。五彩而多黃色。《莊子》：鵷雛，非梧桐不止，非楝實不食，非醴泉不飲。

清　方旭《蟲薈》卷一《羽蟲·鸛鸖》《談薈》：鸛鸖，似鳳，五彩而多白色。旭按：此與下雁屬之鸛鸖異。

清　吴寶芝《花木鳥獸集類》卷中《韓詩外傳》：黄帝即位，宇内和平，未見鳳皇，乃問天老曰：「鳳之象何如？」對曰：「鳳之象，鴻前而麟後，蛇頭而魚尾，龍紋而龜背，燕頷而雞啄。首戴德，頸揭義，背負仁，心入信，翼挾禮，足履文，尾繫武，小音金，大音鼓。延頸奮翼，五色。備舉。」帝齋於中宫，鳳乃集東園，棲梧桐，食竹實。《易林》：鳳生九雛，長於南郭，君子康寧，身榮悦樂。《抱樸子》：帝軒轅候鳳鳴以調律。《帝王世紀》：黄帝齋於中宫，大鳥體備五色，巢於阿閣。蔡邕《琴操》周成王時，天下大治，鳳皇來儀於庭，成王乃援琴而歌曰：鳳皇翔兮紫庭，予何德兮感靈。《尚書·大傳》：舜好生惡殺，鳳巢其樹。《吕氏春秋》：帝嚳有聖德，作樂六英，鳳皇鼓翼而舞。師曠《禽經》：鸞入夜而歌，鳳入朝而歌。宋玉曰：鳳凰上擊九千仞，絶雲霓負蒼天。《漢書》：宣帝時，鳳集上林，乃作鳳皇殿，以答嘉瑞。《淮南子》：南方有鳥，名爲鳳，天爲生食。其樹名瓊，枝以璆琳，琅玕爲實。天又生離珠，一人三頭，遞卧遞起，以飼琅玕也。《拾遺記》：周昭王以青鳳之毛爲二裘，一曰燠質，一曰暄肌。《六帖》：鳳有九苞七德五文六象。《詩·大雅》：鳳皇于飛，翽翽其羽。《拾遺記》：蓬萊浮水，有青鸞集其上。《埤雅》：鸞輿動，此鳥集其上，因謂之鸞仗禮和鸞之聲，蓋取諸此也。《説文》：鸞，神靈之精也。赤色五彩，鳴中五音，頌聲作則至。

藝　文

《詩·大雅·卷阿》　鳳凰鳴矣，於彼高岡。

晋　傅咸《儀鳳賦并序》　鶡鶡賦者，廣武張侯之所造也。以其形微處卑，物莫之害也。而余以爲物生則有害，有害而能免，所以貴乎才智也。夫鶡鶡既無智足貴，亦禍害未免，免乎禍害者，其唯儀鳳也。辭曰：仰天文以彌觀兮，覽神象乎太清。伊儀鳳之誕育兮，禀朱行之淳精。故能體該衆妙，德備五靈。穢微塵之紛濁兮，患俗網之易嬰。心眇眇其悠遠兮，意飄飄以遐征。翔寥廓以輕舉兮，凌清霄而絶形。若乃龍飛九五時惟大明，闡隆正道，既和且平。感聖化而來儀兮，讚簫韶於九成。隨時宜以行藏兮，諒出處之有經。豈以美而賈害兮，固以德而見榮，曠千載而莫覩兮，忽翻爾而來庭。應龍至兮，庶有感於斯誠。而君子之是忽兮，賦微物以申情。雖綺靡之可玩兮，悲志大之所營。敢砥鈍於末蹤兮，厠瓦礫於瑶瓊。

晋　顧愷之《鳳賦》　望太清以抗思，誕儀鳳之逸羣。禀鶉火之靈曜，資和氣之烟煴。允雞喙而燕頷頸蛇蜿而龍文。勵歸昌於漢陽，發明徵乎聖君。荷義躡正，雞跱鴻前，比翼交輝，五色備宣。興八風而降時雨，音中鍾律，步則規矩。朱冠赫以雙翹，靈質翽其高舉。歷黄冠於招摇，陵帝居之懸圃。

晋　郭璞《鳳鳥贊》　鳳凰靈鳥，實冠羽羣。八象其體，五德其文。附翼來儀，應我聖君。

南朝宋　范泰《鸞鳥詩序》　昔罽賓王結罝峻祁之山，獲一鸞鳥，王甚愛之，欲其鳴而不能致也，乃飾以金樊，饗以珍羞，對之愈戚，三年不鳴，其夫人曰：「嘗聞鳥見其類而後鳴，何不懸鏡以映之。」王從其言，鸞覩形感契，慨然悲鳴，哀響中霄，一奮而絶。

唐　李嶠《詠鳳》　有鳥居丹穴，其名曰鳳凰。九苞應靈瑞，五色成文章。屢向秦樓側，頻過洛水陽。鳴岐今日見，阿閣佇來翔。

宋　歐陽修《詠鳳》　南山有鳴鳳，其音和且清。鳴於有道國，出則天下平。

清　愛新覺羅·玄燁《鳳凰來儀賦》　鳳凰來儀賦以聖化感乎泰平瑞慮爲韻　惟聖皇之建極兮，膺九五之寶命。沛仁恩于四海兮，教化洋溢乎萬姓。天不愛道而地不愛寶兮，百福畢致而延慶。乃威鳳之翔集兮，符一人之神聖。嘉彼休徵，應我王化。向畿輔而高騫，覽德輝而載下。惟羽族之三百，實超羣而莫亞。聖德惟純，祥禽潛感。禀鶉火之靈曜，資和氣之融暖。信鹿後而麟前，亦雞喙而燕頷。必梧桐之是棲，非琳瑯而不噉。爾其九苞六象兮，五色紛敷。行戴仁纓義兮，蹈信惟孚。負禮向智兮，順德不渝。晨鳴賀世兮，飛鳴郎都。行鳴歸嬉兮，止鳴提扶。是皆斯禽之神異，掩餘瑞于瑶圖者也。若夫黄帝阿閣之巢，雝雝喈喈。帝嚳六英之舞，萋萋翽翽。虞廷來儀而神人格，岐山和鳴而聖道泰。孰若當郅治之休明，集王畿而遠邁。曠千古而一睹，昭德感于聖代，是以六府治，九功成，金甌固，泰階平。上瑞駢臻，歡聲偏乎閭里。嘉祥疊奏，喜氣達于寰瀛。乃爲之歌曰：鳳凰來兮皇之瑞，集天畿兮拱帝位。帝德光被兮靈祥萃，聖心彌寅兮勤自治。敬天眖兮罔或肆。又歌曰：吉士藹藹，鳴鳥協應。曷由臻兹，我后德盛。萬有千載，遐荒安定。

雉

綜述

宋 謝維新《古今合璧事類備要别集》卷七〇《飛禽門》《格物總論》：雉，大如家雞母。按《爾雅》數種，青質五色者曰鷂雉，長尾走且鳴者曰鷮雉，黄色鳴自呼者曰鳴雉，似山鷄而小冠者曰鷩雉，五色皆備，成章者曰翬。此《左傳》所謂五雉者也。然又有白者有黑者，白者爲中瑞，黑者爲下瑞也。

明 戴冠《濯纓亭筆記》卷九 錦雞産嶺南，毛羽采色絢爛。畜之者，宜以土屑與澡浴，不然久則生虱而死。作籠宜寬大。仍作一木函盛沙土於中置籠下，然後去籠底，任其戲浴。

清 陳大章《詩傳名物集覽》卷一《雄雉于飛》《朱傳》：雉，野雞。雄者有冠，長尾，身有文采，善鬭。《韓詩章句》：耿介之鳥。《爾雅》鷂雉、鷮雉、鳪雉、鷩雉、秩秩海雉、鸐山雉、雗雉、鵫雉。雉絶有力奮，伊洛而南，素質五采，皆備成章。曰翬，江淮而南，青質五采，皆備成章。曰鷂，南方曰鶮，東方曰鶅，北方曰鵗，西方曰鷷，雉之暮子爲鷚。《易·離》爲雉注，取其有文章。《書日月星辰山龍華蟲注》：華蟲，鷩雉也。楊炯《冕服議》，雉被五采，象聖人體兼文明。又《書》高宗肜日，越有雊雉。《左傳·郯子》：少皞爲鳥師而鳥名。五雉爲五工，正利器用，正度量夷民者也。用官巾車，掌王后之五輅，重翟錫面。注重翟，翟雉之羽也。《大戴禮》，正月雉震呴。震，鳴也，呴鼓其翼也。正月必雷，雷不必聞，惟雉爲必聞之。《説文》：雷始動，雉聞而鴝其頸，蔡邕《月令》，雷在地中，雉性精剛，故應而鳴也。《春官·大宗伯》士執雉注：士死制，故執雉，所謂二生一死摯者也。士相見禮，摯冬用雉。注，取其耿介，交有時，别有倫，其羽文明，可用爲儀也。《月令》：孟冬雉入水爲蜃。季冬之月，雉雊雞乳。《曲禮》：雉曰疏趾，注，雉肥則趾開張也。《爾雅》：鴨，雁醜，趾間有幕，其足蹼。雞，雉醜，指間無幕，其足疏，故曰疏趾也。《運斗樞》，璣星散爲雉。《化書》，雉不再合信也。《山海經》：少華之山，其鳥多赤鷩，可以禦火。孟山鳥多白雉。《禽經》：鵻上無尋，鷚上無常，雉上有丈，鷃上有尺。《莊子》：澤雉十步一啄，百步一飲，不蘄畜于樊中，神雖王弗善也。徐爰《射雉賦》注：雉一界之内，要以一雄爲主，餘者雖衆，莫敢鳴雊。儁異之雉，不但欲擅一場，又挾兩雌，《相感志》：野雞屬陰，先鳴而後鼓翼，家雞屬陽，先鼓翼而後鳴。《埤雅》：雉死耿介，妒壟護疆，雖飛不越分域，潘岳所謂畫墳衍以分畿也。雉屬火，南方之物。陶氏謂丙午日不可食，明主于火也。雉飛若矢，一往而墮。雉，雞類也，不能遠飛，崇不過丈，修不過三丈，故雉高一丈長三丈也。古者數數以萬，度度以雉。《禮坊記》：都城不過百雉。《左傳》：五版而堵，五堵而雉。《公羊》：五雉而城，以此。揚子云：聆衰鳳于接輿，歌雉噫于桓子。雉噫，孔子去魯事也。《爾雅》：雞雉皆曰絶有力奮，以不能遠飛故云。《雅翼》：雉應義氣，其鳴以頸相句。《左傳》：賈大夫娶妻美，不言不笑，御以如皋，射雉獲之，其妻忽言而笑。《孝經援神契》：周成王時，越裳獻白雉，去京師三萬里。又曰，王者德至鳥獸，則白雉見。《博物志》：翟尾長，惜其尾，雨雪栖高樹杪，不敢下食，往往餓死。《抱樸子》：白雉種南越猶多，今之九德，古越裳也。白雉之所出，有媒雉者，少養雉子，至長狎人，能招野雉，故名。雉性突前，其字從矢，雉之文來矢，故從矢也。《易》曰：射雉一矢亡。簡兮曰，左手執籥，右手秉翟，此大舞也。宛丘曰：無冬無夏，執其鷺羽，此小舞也，蓋雉取文明，鷺取潔白之容而已，所謂大舞者，籥舞也。所謂小舞者，羽舞也。故樂師云：掌國子小舞，而一曰羽舞。《名物疏》：古云雉有十四種，今以《爾雅》計之，鷂雉即江淮南青質五采者，王后揄狄刻繒爲其形，而采畫爲文章。鷮雉即《詩》有集維鷮者，鳪雉，雉之黄色鳴自呼者。鷩雉，《釋名》云：鷩雉之憋惡者，其耿介甚于他雉，似山雞而小。背上黄，腹下赤，項緑，色鮮明，禮鷩冕七章之服畫之，蓋取耿介，與王后三翟異也。秩秩海雉，如雉而黑。在海中山上，鸐山雉尾長者，俗呼山雞。《禽經》云：首有采毛。鄭注《周禮》云：翟，雉名，然惟此雉稱鸐，則簡兮言右手秉翟者，此雉之羽也。雗雉，鵫雉。郭云：今白鵫也，亦名白雉。白雉古以爲瑞，周時越裳獻之。《抱朴子》，白雉出南越，則此雗即越裳所獻者也。翬即《斯干》所謂如翬斯飛者。鷂、鷗、鵗、鷷，四方雉名，除奮鸐可通諸雉，但得十二種。杜預注《左傳》以翟爲南方之雉，與《爾雅》異。《史記》：吕后名雉，故諱稱野雞。又縊死曰雉。《正義》云，晉申生雉，經于新城之廟。雉，牛鼻繩也。《續水經注》曰：蛇雉卵入地，千年爲蛟。晉武庫閉甚密，忽有雉鳴。張華曰：必蛇所化，開視之，其側果有蛇蜕。注疏《左傳》：五雉未聞其名。

清　陳大章《詩傳名物集覽》卷二《有集維鷮》《朱傳》：鷮，雉也。微小于翟，走而且鳴，其尾長，肉甚美。《爾雅》：鷮，雉。郭云：即鷮鷄也。長尾，走且鳴。《説文》：鷮，走鳴，長尾雉也。乘輿以尾爲防，釳著馬頭上。陸疏：鷮微小于雉，走而且鳴，色如雄雉，尾如雉尾而長，其頭上有肉冠，冠上橐毛長數寸，如雄雉尾，角肉甚美，故林麓山下人語曰：四足之美有麃，兩足之美有鷮。麃者，似鹿而小也。孔疏：鷮是雉中之别名。雉性耿介，士相見。注云：贄用雉者，取其交有時，别有倫，故以喻碩女專貞之德。《山海經》：女几之山多白鷮。《禽經》：火爲鷮，亢爲鶴。薛綜云：雉之健者爲鷮，尾長六尺。《字説》：鷮从喬，尾長而走且鳴，則其首尾喬如也。鄭漁仲云：鷂雉即鷮雉也，青質而有五采者。《廣要》云：雉類甚多。《爾雅》舉雉：首列鷂雉、鷮雉、鳪雉、鷩雉。郭景純以爲四物，鄭漁仲以爲二物。陸農師从郭説：改釋鷂又釋鷮，然味下文秩秩海雉鸐山雉，似當以鄭説爲正。

清　陳大章《詩傳名物集覽》卷一《右手秉翟》《朱傳》，翟，雉羽也。孔疏：翟，翟羽，謂雉之羽也。異義《公羊》説：「樂萬舞以鴻羽，取其勁輕，一舉千里。」《詩》毛説：萬以翟羽。韓詩説：以夷狄大鳥羽。按《爾雅》説：翟鳥，名雉，屬知，翟羽舞也。《爾雅·鸐山雉》郭璞曰：尾長者，今俗呼山雞。《禹貢》，徐州羽畎夏翟。傳云：羽中旌旄，羽山之谷有之。《禽經》注：山雉長尾，尤珍護之，林木之森鬱有不入，恐觸其尾也。雨則避于巖石之下，恐濡溼也。久雨亦不出而求食，死者甚衆。《樂書》容自陰作，故秉翟于右，右陰故也。《左傳》五雉。《爾雅》十二雉，而舞之所取者，特翟山雉耳，以其羽猶可用爲儀，執之以舞，所以爲蔽翼者也。又云，記曰，比音而樂之，及干戚旄羽謂之樂。又曰，干戚旄狄以舞之，言羽又言狄何也。后之六服，褘衣摇狄，闕狄，褘衣繢翬狄于衣。《爾雅》謂素質五色，皆備成章者也。揄狄繢揄狄于衣。《爾雅》謂青質皆備成章者也。所謂羽者，豈翬狄揄狄之羽與？又教羽舞者亦曰翟。《禮》祭統，翟者樂吏之賤者也。《書》作狄，狄翟古通。《古今注》：殷高宗時，有雊雉之祥，服章多用翟羽，周制以爲王后夫人之服車。

清　徐鼎《毛詩名物圖説》卷一　孔穎達《正義》：雉鳴求其牡，則非雄雉，故知鷕雌雉聲也，又小弁。云雉之朝雊，尚求其雌，則雄雉之鳴，曰雊也。張華《博物志》：雉長尾，雨雪惜其尾，棲高樹杪不下食，餓死。愚按上雉是雄，此雉是雌，雄雉有冠，善鬥，文采而尾長。雌雉無冠鷕鳴，文暗而尾短，其卵褐色。卵時雌避其雄，而潛伏之。不則雄食其卵也。飛曰，雌雄走，曰牝牡，求其雄滛也，更求其牡亂也。

清　徐鼎《毛詩名物圖説》卷一《韓詩章句》：雉，耿介之鳥。郭璞註《爾雅》曰，鷂雉青質五彩鷮雉，即鷮雞也。長尾，走且鳴，鳪雉黄色，鳴自呼。鷩雉似山雞而小冠，背毛黄，腹下赤，項緣色鮮明。秩秩海雉如雉而黑，在海中山上。鸐，山雉長尾者，韓雉，鵫雉，今白鷴也，江東呼白韓，亦名白雉。雉絶有力，奮最健，鬭伊洛而南素質，五彩皆備成章，曰翬翬，亦雉屬，言其毛色光鮮，江淮而南青質，五彩皆備成章，曰鷂即鷂雉也。南方曰鷷，東方曰鶅，北方曰鵗，西方曰鷷。説四方雉之名。《埤雅》：易曰離爲雉，離火也。其體文明，性復猋悍，故爲雉，亦雉雖非辰屬，而正是南方之物。隋氏所謂，丙午日不可食者，明王於火也。宋齊邱《化書》：雉不再合信也。愚按雉俗呼爲野雞，其名昉干。漢高以吕太后名雉，故易名爲野雞，性好鬬，飛若矢，一往而障，故字从矢不能遠飛，崇不過丈，修不過三丈，所謂雉高一丈，長三丈也。斯干云，如翬斯飛翬雉也。鄭箋云，伊洛而南素質，五色皆備成章，曰翬尚書，謂之華蟲曲禮，謂之疏趾。

清　周魯《類書纂要》卷三三《飛禽類》雉，雉有數種，青質五色曰鷂，雉長尾走且鳴曰驕雉，黄色自呼曰鳴雉，似山鷄而小冠曰鷩雉，五色備成章曰暈雉，此《左傳》所謂五雉也。又：白者爲中瑞，黑者爲下瑞。　引雛不相離，《雉將雛》：雉咿喔雛出殼毛班班。嘴喙，學飛木得一尺高，還逐母行旋，母行麥壠淺淺難蔽身，遠去念雛低怕人，時時上下鼓兩翅，引雛食蟲不相離。　錦雉，有美毛，其色鮮明，五采炫燿，自愛其毛，終日影水，目眩則溺。有種吐綬鷄，一名真珠鷄，羽毛紅碧相間，極爲焕爛。常時不見，過晴日則向陽擺之，頭上先出兩角，然後徐舒其綬，踰時悉歛于嗉下。　海雉，如雉而黑色，在海中出山上。鷩雉鷩雉雊於臺陂，言荒廢也。麥雉暮春之月，宿麥盈野，野雊羣雉。采毛、朱冠、繡頭、鷕鷕、錦衣綺翼皆雉名也。　朝暮從，作禽莫作鳴□婦，一生別離隨風雨，不如錦雉出野中，朝朝暮暮飛相從。　禳火，一名山鷄，養之可禳火災。　山梁雉，山梁雌雉，時哉時哉。樊籠不近雉十步一飲，五步一啄，不近樊籠。　疏趾，祭宗廟雉。　士贄，士相見之贄各執雉，取其能守介而不失節。　原禽，野雉名。　五雉，杜預曰：雉有五種，東方曰鶅，西方曰鷷，南方曰翟，北方曰鵗，洛陽之南曰翬。　五工，少皞氏以鳥紀官，五雉爲五工。　華蟲，山龍華蟲註，雉也。　鬬力，《爾雅》曰：雉絶有力最徤鬬。　犢牧悲感，齊犢牧年七十無妻。見雉雌雄相隨，感之援琴而歌，亦作，雉朝飛操。　身被五色，楊□：冕服議華蟲者，雉也，身被五彩，象聖人體兼文明也。　升鼎雊，高宗祭成湯，有飛雉升鼎耳而雊。　隨車集，蕭望之爲郎，有雉數十常隨車翔集。　野鷄，吕太后諱雉，號雉曰野鷄，至今呼之。　雄雉飛，時有雄雉飛來，登王弘直内銘柱頭，令管輅卜之曰：到五月必遷，時三月也，至時，果遷渤海太守。　射雉，賈大夫娶妻三年不言不笑，御以如皋射雉獲之，其妻始言笑。　獻白雉，周成王時，越裳國獻白雉九譯而至。　買詐鳳楚人擔雉，鄒路人問之，對曰鳳凰，乃以金買之而獻楚王，王感其意重之。　進雉羹，彭祖姓籛名鏗，帝顓頊之玄孫，善養性，能調鼎，進雉羹于堯饗食之，以壽考。　不捕雉雛，魯恭爲中牟令，翟雉馴於桑下，有童子不捕之，曰雉方將雛，曰蝗蟲不犯境，一異。□化及鳥獸，二異也，豎子有仁心，三異也。　諫帝射雉魏辛毗從文帝射雉，帝曰樂哉，毗曰：於陛下甚樂，於羣臣甚苦，帝由是絶不復射雉。　雉朝飛，衛侯女嫁於齊太子，中道而死，傅母曰且往，當喪哀畢，不肯歸，終之以死，傅母悲之，取女所操瑟，於冢上以鼓之，忽有二雉俱出墓中，傅母悲痛，援琴作雉朝飛操。　陳寶祠秦穆公時，陳倉人掘地得一物牽以獻穆公，道逢二童子曰：此名爲俎，常在地食死人腦，若欲殺之□□□□□日彼二童子名爲陳寶，得雄者王，得雌者霸，陳倉人捨□□二童子，一童化爲雄，飛入平林，人告穆公，公大獵，果得，其雌化而爲石置之汧渭之間，至文公爲立陳寶祠時，流星集祠，若雄雌之聲，遂霸西戎。　蛇化，晉武帝封閉甚密中忽聞雉雊聲，人異之，問於張華，華曰：此必蛇化爲雉，開視之果然，側有蛇蛻存焉。　獻雉，元行欽明宗入汴州，莊宗至萬勝鎮不得進，與行欽登道旁冢，置酒相顧泣下，有野人獻雉，問其冢名，野人曰：愁臺也。　鵕鸃冠，漢惠帝時郎中戴鵕鸃冠。　鑑形而舞，魏時南方獻山鷄，帝欲其鳴舞而無由，公子蒼舒令以大鏡著其前，鷄鑑形而舞不知止而至死。　朱首赤羽，魏劉邠取山鷄毛著匣中，使管輅筮，筮云：高岳巖巖，有鳥朱首，羽翼赤黄，鳴不失晨，此山鷄之毛。　鷩冕，潘岳云：山鷩悍害猋迅已甚，蓋其耿介甚於他雉，故周官三公服鷩。雉之憋惡者，山雉也，鷩，憋也，性急憋不可生服必自殺，故畫其形於衣，以象人執耿介之節。

清　吴寶芝《花木鳥獸集類》卷中

《食物譜》：雉有文章，性禀，離火食之，益人心巧，聰明耳目。《尚書・大傳》：高宗祭成湯有飛雉升鼎耳，而雊祖已回：遠方將有來朝者乎。漢・蕭望之爲郎，有雉數十常隨車翔集。《詩・小雅》：雉之朝雊，尚求其雌。《儀禮》：士相見禮，各執雉。漢・桓帝永康七年，白雉見於西河。

清　王念孫《廣雅疏證》卷一〇下《釋鳥》

野鷄，鴙也。　鴙與雉同。《史記・封禪書》：文公獲若石，于陳倉北阪城祠之，其神從東南來，集于祠城，則若雄雞，其聲殷，云野雞夜雊。《集解》引如淳云：野雞，雉也。吕后名雉，故曰野雞。《漢書・郊祀志》：雄雞作雄雉，雊作鳴。顔師古注云：野雞亦雉也。避吕后諱，故曰野雞。上言雄雉，下言野雞。史駁文也。案：《史記・殷本紀》有「飛雉登鼎耳而呴」。《屈原傳》「雞雉翔舞」。《淮南王安傳》「守下雉之城」，皆不爲吕后諱，不應于封禪書獨諱之也。《漢書・五行志》：有飛雉集于庭。又云：「天水冀南山，大石鳴壄雞」。皆鳴一篇之中。既言雉，又言野雞，與《郊祀志》同。不應駁文如是之多也。今案：《易林・睽之大壯》云「鷹飛雉遽，兔伏不起，狐張狼鳴，野雞驚駭」。則野雞之非雉明甚。又案：《急就篇・説飛鳥》云：鳳爵鴻，鵠鴈鶩雉。其《説六畜》則云：豭豶狡犬野雞。雛，則野雞爲常畜之雞矣。謂之野雞者，野鄙所畜之雞。野雞夜鳴者，猶《淮南泰族訓》云：雄雞夜鳴耳。《郊祀志》之雄雉，野雞。《五行志》之野雞，飛雉，皆判然兩物，謂野雞避吕后諱者，不得其解，而爲之辭也。此云野雞鴙也亦誤矣。顔師古《急就篇》注：又云野雞生在山野，鷂雞、鶡雞、天雞、山雞之類，如此則非復常畜者矣，何以《急就篇》數六畜而及之哉。其《史記・雊字集解》《正義》《索隱》俱無音注，當亦是鳴字，後人改之耳。

清　方旭《蟲薈》卷一《羽蟲》

《曲禮》：雉曰疏趾。《本草綱目》：雉大如雞，斑色繡翼。雄者，文顯尾長。雌者，文暗尾短。性好鬬。其交不再。其卵褐色。將卵時雌避雄而潛伏之，否則雄食其卵。蘇恭曰：雉肉九月至十一月可食，餘月宜忌。旭按：雉一名原禽，一名丹鳥。《説文》云：有十四種，盧諸雉、喬雉、鳪雉、鷩雉、秩秩海雉、翟山雉、翰雉、卓雉。伊洛而南曰翬，江淮而南曰摇。南方曰壽，東方曰甾，北方曰稀，西方曰蹲。《文雅》：山中西日稱捕賊者雉也。《埤雅》：蛇交雉，生蜃。旭按：或説蛇交雉，生蛟。《事類統編》：雉尾陰則下垂，晴則上竪。

清 方旭《蟲薈》卷一《羽蟲·鷮雉》 《爾雅正義》：鷮雉，即鷮雞也。尾長六尺，肉甚美。語云：二足之美，有鷮，即此。

又 鳪雉，《爾雅註》：鳪雉，黄色，鳴自呼。

又 鷩雉，《本草綱目》：鷩雉即金雞也。《逸周書》謂之采雞。又與鸐雉同名山雞，與吐綬同名錦雞。旭按：此即《尚書》之華蟲也。又名鵕鸃。其狀似山雞而小冠，背毛黄，腹下赤，項緑色鮮明。見《爾雅正義》。《廣雁蕩山志》：錦雞，每日午，胸前雜毛叢起，宛如錦綬。土人名錦綬。若過午則歛，又自矜其容。臨水恒溺死。《廣輿記》：陝西、湖廣、廣東、四川產錦雞。

又 海雉，《爾雅》：秩秩海雉。旭按：即黑鷴也。產湖南寶慶府。

又 山雉，《本草綱目》：山雉即山雞也。一名鸐。伊洛江淮間有之。其狀似雉，而尾長三四尺，甚自愛護。若遇雨雪，則岩伏木棲，不敢下食，往往餓死。旭按：鸐羽可持而舞。《詩》云：「右手秉翟」，即此。《廣雁蕩山志》：雁蕩出山雞，嘴腳並紅。

又 翬，《爾雅》：伊洛而南，素質五采皆備成章曰翬。

又 鷂，《爾雅》江淮而南，青質五采皆備成章曰鷂。旭按：此鷂雉也。與下鷹屬之鷂異。

又 白鷴，《通雅》：白鷴，白鵫也。《爾雅》：鵫雉，鶾雉。註：今白鶾也。江東名白鵫，亦名白雉。《本草綱目》：白鷴出江南，狀如山雞，色白，文黑如漣漪。尾長三四尺，體備冠距紅頰赤嘴丹爪。性耿介。其卵可使雞伏。《廣輿記》：四川安南產白鷴。《廣雁蕩山志》：白鷴雁蕩山谷中有之。不畏人。《清異録》：武宗號白鷴曰元素先生。《談苑》：李昉呼白鷴曰閒客。

又 鵗，《爾雅》：鵗，鵫鳥。註：似雉，青身白頭。

又 白鵺，《北山經》：單張山有鳥曰白鵺。狀如雉。文首，白翼，黄足。食之已嗌，痛可以已癡。

又 柴萵鳥，《酉陽雜俎》：柴萵鳥，大如野雞，冠如戴勝。

又 當扈，《西山經》：上申山其鳥多當扈，狀如雉，而以髯飛。食之不眩。

又 象蛇，《北山經》：陽山有鳥曰象蛇，狀如雌雉，而五采。自爲牝牡。

又 䳢，《北山經》：蔓聯山有鳥曰䳢。羣居而朋飛。其毛如雌雉，其名自呼。食之已風。

又 胜遇，《西山經》：玉山有鳥曰胜遇，狀如翟，而色赤。是食魚，見則其邑有水。

又 螐渠，《南山經》：松果山有鳥曰螐渠，狀如翟，而黑身，赤足。

又 鴒䳩，《中山經》：瘣山有鳥曰鴒䳩，狀如山雞，而長。尾赤如丹火，而青喙。其鳴自呼。食之不眯。

又 鵹鳥，《大荒西經》：栗廣之野產五色鳥，有冠。名曰鵹鳥。註：《爾雅》夢鳥，即此。

清 李鴻章 光緒《畿輔通志》卷七四《物產·禽屬》 雉，北方曰鵗。《爾雅》 太和十七年正月，幽州獻白雉。《魏書·靈徵志》 磨笄山每夜有野雞羣飛，鳴於祠屋上，故亦名雞鳴山。《水經注》 西北崖間，鳥巢雉囮徧於巖穴。《天府廣記》

清 長順《吉林通志·物產·禽屬》 雉，黑水靺鞨俗插雉尾爲冠飾。《唐書》三百十九 雉，俗呼野雞。《盛京通志》 野雞最肥，油厚寸許。遼東野雞頗有名，然迥不及矣。出獵秋間，號打野雞圍。《柳邊紀略》

又 沙鷄，似雉而小腳有毛。《爾雅》謂之鵽鳩，俗呼沙半斤。《盛京通志》 亦名樹雞，多出林中，不在沙漠之内。《東海小志》

藝　文

晉 潘岳《射雉賦并序》 余徙家于琅邪，其俗實善射，聊以講肄之餘暇，而習媒翳之事，遂樂而賦之也。　涉青林以游覽兮，樂羽族之羣飛，聿采毛之英麗兮，有五色之名翬，厲耿介之專心兮，奓雄豔之姱姿，巡丘陵以經略兮，畫墳衍而分畿。于時青陽告謝，朱明肇授。靡木不滋，無草不茂。初莖蔚其曜新，陳柯槭以改舊。天泱泱以垂雲，泉涓涓而吐溜。麥漸漸以擢芒，雉鷕鷕而朝鴝。眄箱籠以揭驕，睨驍媒之變態。奮勁骹以角槎，瞵悍目以旁睞。鸎綺翼而經撾，灼繡頸而衮背。鬱軒翥以餘怒，思長鳴以效能。爾乃擎場拄翳，停僮葱翠，緑柏參差，文翮鱗次，蕭森繁茂，婉轉輕利。衷料戾以徹鑒，表厭躡以密緻。恐吾遊之晏起，慮原禽之罕至。甘疲心于企想，分倦目以寓視，何調翰之喬桀，邈疇類而殊才。倏扇舉而清叫，野聞聲而應媒。褰微罟以長眺，已踉蹡而徐來。擿朱冠之赩赫，敷藻翰之陪鰓。首藥緑素，身拕黼繪。青鞦莎靡，丹臆蘭綷。或蹶或啄，時行時止。班尾揚翹，雙角特起。良遊呃喔，引之規裏。應叱愕立，擢身竦峙。捧黄閒以密彀，屬剛罫以潛擬。倒禽紛以迸落，機聲振而未已，山鶩悍害，猋迅已甚。越壑淩岑，飛鳴薄廩。鯨牙低鏃，心平望審。毛體摧落，霍若碎錦。逸羣之儁，擅場挾兩。櫟雌妬異，倏來忽往。忌上風之餮切，畏映日之儻朗。屏發布而累息，徒心煩而技癢。伊義鳥之應敵，啾擭地以厲響。彼聆音而逕進，忽交距以接壤。彤盈窗以美發，紛首頽而臆仰。或乃崇墳夷靡，農不易壟。稊菽蘽糅，蘙薈菶茸。鳴雄振羽，依于其冢。摎降丘以馳敵，雖形隱而草動。瞻挺穟之傾掉，意淰躍以振踊。瞰出苗以入場，愈情駭而神悚。望麠合而翳皛，雉胅肩而旋踵。倣余志之精鋭，擬青顱而點項。亦有目不步體，邪眺旁剔。靡聞而驚，無見自驚。周環回復，繚繞磐辟。戾翳旋把，縈隨所歷。彳亍中輟，馥焉中鏑，前剠重膺，傍截疊翮，若夫多疑少決，膽劣心狷。内無固守，出不交戰。來若處子，去如激電。闚閭藹葉，幎歷乍見，于是算分銖商，遠邇揆懸。刀騁絶技，如轋如軒。不高不埤，當咮值胷。裂膆破背，夷險殊地。馴粗異變，吴不暇食。夕不告勌，昔賈氏之如皋，始解顔于一箭。醜夫爲之改貌，憾妻爲之釋怨。彼遊田之致獲，咸乘危以馳騖。何斯藝之安逸，羌禽從其已。豫清道而行，擇地而住。尾飾鑣而在服，肉登俎而永御，豈唯阜隸，此焉君舉。若乃耽槃流遁，放心不移。忘其身恤，司其雄雌。樂而無節，端操或虧，此則老氏所誡，君子不爲。

清 陳文述《頤道堂詩選》卷二八《洮湖放雉》 憐君性耿介，亦復富文章。翦翮非吾意，開籠任爾翔。春茸林藪遠，秋渚水雲長。努力高飛去，危機慎稻粱。

物性同吾性，忘機在息機。須知世羅網，亦爲爾毛衣。淺草藏媒誘，高原帶箭飛。眼前皆覆轍，此去要知幾。

山鷄

綜述

宋 謝維新《古今合璧事類備要别集》卷七〇《飛禽門》《格物總論》：山鷄，鵕，□一名錦鷄。有美毛，其色鮮明，五采炫燿自愛其毛，終日影水，目眩則溺。又利距善鬭，人以家鷄鬭之則可擒。吐綬雞，一名真珠鷄。如人家鷄母，羽毛有白圓點。嗉藏肉。綬長闊數寸，紅碧相間，極爲焕爛。常時不見，□遇晴日則向陽擺之。頂上先出兩角肉，亦二寸許，然後徐舒其綬，踰時悉歛於嗉下，披其毛不復見。或有死者割其頸臆間，亦無所覩。

清 趙吉士《寄園寄所寄》卷七 山鳥首有彩毛，曰山雞、山雉，長尾，尤珍護之。林木森茂則不入。蓋惜尾常恐觸傷毛羽，雨則避於山巖之下，恐濡濕也。久雨亦不出而求食，忍死無怨，與衆不同。又云：人但欲取其尾，須大寒冰凍之時，遠窺雌雄並宿於他所，漸漸放活水溜去浸其尾，而冰凍膠并不能飛翔時，三四人齊聲大喊，此鳥即飛，其尾冰凍拔折而去。後人取得以貨豪門。頸有彩囊曰避株，雉屬，出華岳山中。晴明天氣，頸出彩色，天氣陰雨，毛卷而無彩也。亦避樹林，故曰避株。任昉曰：名爲叱綬鳥。《稗史》

清 周魯《類書纂要》卷三三《飛禽類・錦雞》 錦雞，山鷄鵕鸃，一名錦雉，有美毛，其色鮮明，五彩炫燿，自愛其毛羽，終日影水，目眩則溺。吐綬雞、真珠鷄，與家雞相似，羽毛有白點，嗉藏肉綬，長闊數寸，常時不見，遇晴日則向陽擺之頭上先出兩角肉，亦二寸許，然後徐施其綬，逾時悉歛于嗉下。見形而舞，魏時南方獻山鷄，帝欲其鳴舞而無由，公子蒼舒令以大鏡置其前，雞見而舞不知止，遂死。　朱首赤羽，魏劉邠取山雞毛著器中，使管輅筮之，云高岳岩岩有鳥，朱首羽翼赤黄，鳴不失晨，此山鷄之毛也。　鵕鸃冠，似山雞羽有光，惠帝時郎中戴鵕鸃冠。　吐錦，出南寧，能吐錦，久復收之。

清 吴寶芝《花木鳥獸集類》卷中《吐綬鳥》《異物志》：吐綬非珍禽，處處有之。交趾常貢二頭。身被五彩，口吐錦囊十二節，隨十二時辰異光照室。晝夜能鳴，聲如黄鸝。内庭馴養數日，使者之國鳥亦斃，未嘗見其飲啄也。

清 方旭《蟲薈》卷一《羽蟲・火雞》《正字通》：洪武初，三佛齊貢火雞，大如鶴，高三四尺。鋭嘴，軟紅冠，毛色如青羊。足二指爪甚利，能傷人，又能食火及鐵石。旭按：此即《墨客揮犀》之骨托禽，《廣輿記》之駝蹄雞，《八紘譯史》之鷲鳥也。今呼駝鳥，足如駝，骨可充象牙。

清 方旭《蟲薈》卷一《羽蟲・吐綬》《古今注》：吐綬，一名功曹。旭按：或名錦帶功曹。《本草綱目》：吐綬即吐錦雞也。《禽經》謂之避株，出巴峽及閬廣山中。大如雞，頭頰似雉。毛黑色，雜以黃白。圓點如真珠斑。頷下有囊，内藏肉綬，常時不見。每春夏，天氣清和，則向日擺之。頂上先出兩翠角，二寸許。繼乃吐其頷下之綬，長闊近尺，紅碧相間，采色焕爛。踰時始滅。然破腹視之，仍一無所有。陳藏器曰：畜之，可以禳火災。汪穎曰：食其肉，令人聰慧。《正字通》：吐綬一名鷊。

清 方旭《蟲薈》卷一《羽蟲》 杉雞，《本草綱目》：杉雞，居杉樹下。頭有長黃毛，冠頰正青色，如垂緌。肉可食。

又 竹雞，《本草綱目》：竹雞，一名山菌子，言其味也。一名雞頭鶻，又名泥滑滑，言其聲也。其狀似鷓鴣，毛褐色，多斑文。性好鬭。捕者以媒誘其鬭，因獲之。其啼可避白螘及壁虱。

又 矮腳雞，《本草綱目》：江南有矮腳雞，腳二寸許。

又 長尾雞，《八紘譯史》：朝鮮産長尾雞，尾長三尺。

又 長鳴雞，《桂海虞衡志》：邕州谿洞中有長鳴雞，甚高大。終日啼不止。旭按：雲南一種叫雞，形小聲大，晝夜啼，即此類。

清 方旭《蟲薈》卷一《羽蟲·英雞》 《駢雅》：密肌，英雞也。《正字通》：英雞，腹毛赤，不能遠飛。産澤州有石英處。好食碎石英。《本草綱目》：食英雞，令人肥健。

清 方旭《蟲薈》卷一《羽蟲》 馬雞 《廣輿記》：馬雞産峽西、岷州衛。嘴足紅，毛緑色。

又 海雞，《譯史紀餘》：海雞，毛色似雞，足似鼈。

又 潮雞，《談薈》：潮雞聲長而清，如吹角。每潮至則鳴，一名林雞。其冠四開如芙蓉。旭按：此即《本草》之石雞。《述異記》之伺潮雞也。又《拾遺記》云：魏建安三年，胥徒國獻沉明石雞，赤色，大如燕。彼國人言：此雞常在地中，應時而鳴，不爽晷刻。

又 鵾雞，《駢雅訓纂》：鵾雞，似鶴，黄白色。長頸赤喙。旭按：此即《穆天子傳》之鸐雞也。日飛八百里。

又 鶡雞，《本草綱目》：鶡雞，似雉而大，黃黑色。頭有毛，角如冠。其黨有被侵者，直往赴鬭，至死不已。又呼勇雉。

又 鵛雞，《本草綱目》：鵛雞，大如雞。長腳紅冠，毛褐色。雌者小而色斑，亦能鳴。入秋即無。

又 鵫雞，《正字通》：鵫雞，冀州謂之澤特。《逸周書註》鵫雞似鳧。旭按：《經義雜記》云：鵫雞，乃翬雉，孔氏以爲似鳧，誤。

又 青雞，《正字通》：青雞大於秦吉了，而尾長。旭按：即翠雞也。嶺南有之，色青翠。

又 秧雞，《本草綱目》：秧雞，似小雞。白頰，長喙，短尾。背有白斑，常居田澤中。夏至後夜鳴達旦。入秋始止。

清 方旭《蟲薈》卷一《羽蟲·天雞》 《廣輿記》：天雞産陝西。旭按：天雞，即《爾雅》之鶾逸。《周書》之文鶾。《説文》之丹雞也。魯郊用之，見《爾雅正義》。《本草綱目》：天雞，小於鷩雉。而背文揚赤，胸前五色，如孔雀羽。旭按：《坤輿外紀》載墨是可有雞大如鵝，羽毛華彩，味甚佳。其吻上有鼻如象，可伸可縮，縮僅寸餘，伸可五寸許。怒則血聚於鼻正赤。尾開屏如孔雀。疑此即天雞之類。又《神異經》云：北海有鳥高千里，亦名天雞。

清 方旭《蟲薈》卷一《羽蟲》 翻毛雞 《桂海虞衡志》：翻毛雞，毛翻生，彎彎向外。二廣皆有之。旭按：即菊花雞也。毛如菊花。

又 西洋雞，《嶺南雜記》：西洋雞，頭高尾翹，與常雞甚異。亦有黑、白、雜色諸種。

又 黃連雞，《隴蜀餘聞》：雅州有黃連雞，大如鴿，黃白色。食黃連葉。

又 翻明雞，《洞冥記》：翻明雞，大如鵲，而色紫。兩翼下有目，一名目羽雞。

又 遠飛雞，《洞冥記》：遠飛雞，曉飛四海之外。夕還依人。

又 司夜雞，《洞冥記》：司夜雞，隨鼓節而鳴。如一更則一鳴，二更則二鳴。又名五時雞。旭按：東軒主人《述異記》云：康熙戊寅冬，杭州市中見小雞一對。雄赤雌黃，均大如畫眉。貨者言是枕雞，置高枕中，半夜則鳴，不爽時刻。疑亦司夜雞之類。

清 陳昌齊 道光《廣東通志》卷九九《物産·羽族類》 雞，類不一。有頭高尾翹，備黑白雜色。有短足昂首，毛片如鱗，與孔雀彷彿者。有駝雞，高三尺許，花冠翠羽，背有雙峰似駝肉。鞍可乘，能食鐵石。

火雞，毛純黑，毿毿下垂。高二三尺，能食火，吐氣成烟。

清 陳昌齊 道光《廣東通志》卷九九《物産·羽族類》 潮雞，《異物記》

曰：伺潮雞水上則鳴《太平御覽》一名石雞。《本草綱目》

又 狼盲雞，《南州異物志》曰：狼盲地名。之雞，特禀異聲。《太平御覽》

又 山雞，《吴志》曰：合浦有山雞，黑色，樹栖。

又 杉雞，《南越志》曰：新夷縣鳥多杉雞。

又 客雞，《南越志》曰：高興多客雞，如家雞。五采至則年穰。俱同上

又 翻毛雞，翎翮皆翻生，彎彎向外，尤馴狎。二廣皆有。《桂海虞衡志》

又 長鳴雞，南越一種。長鳴雞，晝夜啼叫。《本草綱目》

又 竹雞，川廣有之。多居竹林。形比鷓鴣差小。褐色，多斑，赤文。諺曰：家有竹雞啼，白蟻化爲泥。蓋好食蟻也，亦辟壁虱。南人呼爲泥滑滑，因其聲也。同上

又 火雞，毛黑，毿毿下垂。高二三尺，能食火炭。《嶺南雜記》火雞，色紅。嘴、翅黑。春夜先雞而鳴。《廉州府志》

又 枕雞，欽州有小禽一種，大如初生雞兒。毛翎純黑，項下有横白毛。向晨必啼，如雞聲而細。人置枕間，以之司晨，亦名鶉子。《嶺外代荅》

又 豁雞，雞頭，鳥喙，尾長。鳴聲豁豁，性嗜蛇。能治骨節折傷。哺子時，取其雛折兩足，以蛇飼之，屢折屢復，故有奇驗。《廣州府舊志》

又 孔貴，《南方草木狀》曰：似小雞母。《太平御覽》

又 金錢雞，出欽州交趾界。如鷓鴣，大尾似孔雀，亦時效孔雀開屏。性急難養。《廉州府志》

又 鳳雞，毛色花斑似鵪鶉，而小，尾短身圓，足脛細如一髮。歲十月，從羅浮飛至新安田上，或至東莞。茶深人以紅絲爲網，見輒驚入，畜久馴習。然畏寒，至冬月必死。其聲似雞雛，故名喉小。穀麥不能進，惟食芝麻、稗米而已。多巢花萼中。《南越筆記》

又 吐綬雞，出閩廣山中，人多蓄玩。大如家雞，羽色多黑。頂有嗉囊，内藏肉綬。每春夏晴明，則向日擺之。頂上先出兩翠角，二寸許，乃徐舒其頷下之綬，長近尺，紅碧相間。踰時悉斂，或剖而視之，一無所覩。此鳥生亦反哺，行避草木。故《禽經》謂之避株。同上

清 陳昌齊 道光《廣東通志》卷九九《物産·羽族類》 異雞，大如鵝，羽毛華采。吻上有鼻如象，上屬於冠，可伸可縮。縮止寸餘，伸可五寸許。嗉間無毛，有癭。平時嗉與冠色微藍，怒則癭起冠赤，血聚於鼻，垂垂自下，尾張如孔雀。雌者如常雞，差大謂之異雞，非綬雞也。綬雞亦時有之。

清 陳昌齊 道光《廣東通志》卷九九《物産·羽族類》 錦鳥，《異物志》曰：文如丹地錦，而藻繢。互交，形微大於雉。其雌特有文章，五色，甚可愛。《太平御覽》

清 李鴻章 光緒《畿輔通志》卷七四《物産·禽屬》 石雞，色似斑鳩，有黑文而大。若雌雉，尾嘴距有赤。《□宣鎮志》

又火雞，亦雉類。今塞外山中所産火雞，白尾、紅冠、赤足，蓋即鶡雞之屬。《熱河志》

藝文

晉 傅休奕 《山雞賦》 惟南州之令鳥，兼坤離而體珍。被黄中之正色，敷文象以飾身。翳景山之竹林，超游集乎水濵。鑒中流以顧影，晞雲表之清塵。

南朝宋 臨川康王 《山雞賦》 形鳳婉而鵠峙，羽袞蔚而緗暉。臨淥湍而映藻，傍青崖而妍飛。不隱燿而貽累，倏見屈於虞機。

唐 崔護 《山雞舞石鏡》 廬峰開石鏡，人説舞山雞。物象纖無隱，禽情目自迷。景當煙霧歇，心喜錦翎齊。宛轉烏呈彩，婆娑鳳欲棲。何言資羽族，在地得天倪。應笑翰名者，終朝飲敗醯。

唐 劉禹錫 《吐綬雞》 越山有鳥翔寥廓，嗉中天綬光若若。越人偶見而奇之，因名吐綬江南知。四明天姥神仙地，朱鳥星精鍾異氣。赤玉雕成彪炳毛，紅綃剪出玲瓏翅。湖煙始開山日高，迎風吐綬盤花絛。臨波自染琅玕草，映葉疑開王母桃。花紅草緑人間事，未若靈禽自然貴。鶴吐明珠暫報恩，鵲銜金印空爲瑞。春和秋霽野花開，玩景尋芳處處來。翠幕雕籠非所慕，珠丸柘彈莫相猜。棲月啼煙凌縹緲，高秋先見金霞曉。三山仙路寄遥情，刷羽揚翹欲上征。不學碧雞依井絡，願隨青鳥向層城。大液池中有黄鵠，憐君長向卑枝宿。何如一借羊角風，來聽簫韶九成曲。

唐 温庭筠 《山雞》 石甃動晴景，山禽凌翠微。繡翎翻草去，紅觜啄花歸。巢暖碧雲色，影孤清鏡輝。不知春樹畔，何處又分飛。許渾《山雞》詩曰：珍禽暫不扃，飛舞躍前庭。翠網摧金距，雕籠減繡翎。月圓疑望鏡，花暖似依

屏。何必舊巢去，山山芳草青。

唐 薛能《山雞》五色文勝百鳥王，相思兼絶寄芸香。由來不是池中物，雞樹歸時即取將。

宋 歐陽修《山雞》巒荆鮮人秀，厥美爲物怪。禽鳥得之多，山雞稟其粹。衆彩爛成文，真色不可繪。仙衣霓紛披，女錦花綷縩。輝光日華亂，眩轉目睛僊。高田啄秋粟，下澗飲泉瀨。清唳或相呼，舞影還自愛。豈知文章累，遂使羅網挂。及禍誠其媒，求友反遭賣。有身乃吾患，斷尾亦前戒。不羣世所驚，甚美衆之害。稻粱雖云厚，樊縶豈爲泰。山林歸無期，羽翮日已鎩。用晦有前言，書之可爲誡。

宋 文同《山雞》高原濯濯弄春暉，金碧光纓繪綵衣。石溜寫煙晴自照，巖枝横月夜相依。有時勃窣盤跚舞，忽地鉤輈格磔啼。寄語人間用繒繳，瑶臺鸞鳳好同歸。

宋 王安石《吐綬雞》樊籠寄食老低摧，組麗深藏肯自媒。天日清明聊一吐，兒童初見互驚猜。張舜民《咏薛判官吐綬雞》詩曰：雲飛水宿永相忘，却向雕籠仰稻粱。春草滿山歸不得，對人猶復吐文章。

元 周權《吐綬雞》巴山靈鳥初離羣，葳甤麗組雲錦文。羽翎新刷爪距利，采色勝似沙頭鴛。晴曦入户爛相射，嗉中有物垂紅碧。綬光若若花盤條，出示山童有矜色。文章固足媒爾身，雕籠拘束還悲辛。區區飲啄豈不厚，情深野樹溪雲春。

元 鄭允端《吐綬雞》庭院春陰護薄寒，山禽飛下玉闌干。胸中錦繡無人識，閑向東風自吐看。

明 楊基《吐綬雞》暖風晴日融春晝，閑看花陰雞吐綬。綺縠都將綵羽糊，紅絲不待金針繡。叠叠胭脂縷縷金，龍紋盤錯鳳紋深。憑誰剪作鴛鴦帶，雅稱佳人翡翠衿。

鷴

綜述

宋 謝維新《古今合璧事類備要别集》卷六九《飛禽門》《格物總論》：鷴鳥，羽族之耿介者。形類雞翟，白質黑章，尾長四五尺，體備冠距，觜爪純丹，最爲可翫。江南人捕採得其卵，即以家雞伏之，自小馴狎了無猜驚。或呼其名，可以就掌取食，與家雞無異，然亦數般，有青者，有黑者，皆不雜於衆鳥也。

清 周魯《類書纂要》卷三三《飛禽類》白鷴，羽族之耿介者，形類鷄，白質黑章，尾長四五尺距，嘴爪純丹，最爲可翫，亦有青有黑。　清閑，體備冠距，頗類夫鷄翟，神貌清閑，不雜於衆禽，棲止遐深，與人境罕接，故莫得而馴狎也。　翠鬣，晴川下白鷴，柔冠總翠鬣。　籠寄野人，太白曰：黄山胡公有雙白鷴，蓋自小馴狎，以其名呼之皆就掌取食，然此鳥耿介，猶難畜之，余平生酷好，竟莫能致，而胡公輟贈於我，唯求一詩，聞之欣然，適會宿意，因援筆云：請以雙白璧，買君雙白鷴，白鷴白如錦，白雪耻容顔，清影玉潭裏，刷毛琪樹間，夜棲寒月静，朝步落花閑，我願得此鳥，翫之坐碧山，胡公能輟贈，籠寄野人還。　獻白鷴，南越王獻帝白鷴黑鷴各一隻，帝大悦，厚賜之。　黑鷴，出新化。

清 吴寶芝《花木鳥獸集類·白鷴》《異物志》鷴類雉，黑章。白質，嘴爪純丹，然有青者，黄黑色者。取其馴熟舒閑，故名。

清 陳昌齊 道光《廣東通志》卷九九《物産·羽族類》白鷴，南越王獻白鷴、黑鷴各一。《西京雜記》張華云：行止閑暇，故曰鷴。李昉命爲閑客。薛氏以爲雉類。汪氏以爲白雉。按《爾雅》白雉名鶾。南人呼鷴如寒，則鷴、鶾聲之轉。似山雞而色白，有黑文。尾長三四尺。冠、距紅，赤嘴，丹爪。《本草綱目》又，白雉，南越尤多。

清 董天工《武夷山志》卷一九《禽屬》白鷴，狀類雉，大倍之，白毛黑緣，爪喙皆丹。韓元吉《武夷精舍記》云：「鳥則白鷴、鷓鴣，聞人聲，或磔磔集崖上，散漫飛走而無驚懼之態。」

藝文

唐 蕭穎士《白鷴賦·序》：白鷴羽族之幽奇也。神觀清閑不雜於衆禽，棲止深遐，與人境罕接，固莫得而馴狎也。上聞而徵馬，處以琱籠，致以驛騎，將集長楊，遊太液，行有日矣。天寶丁卯秋，予旅東陽，適與兹鳥偕至於會稽之傳舍，因感而賦之。

宋　王珪《華陽集》卷三　《和公儀送白鷴于永叔公儀自滑州歸》　清風樓古琴三尺，樓在滑臺中玉蘂花飛酒幾缸。月窟憐君霜兔獨，金莖誇我露禽雙。白鷴浴雪來春檻，古瓦涵星送曉窗。悵望紫微池上鳳，主人才品自經邦。

宋　王珪《華陽集附録》卷一〇　《依韻答公儀贈白鷴》　佳翫能令百事忘，豈惟閒伴倒餘缸。珍奇來自海千里，皎潔明如璧一雙。日暖朝籠青石砌，春寒夜宿碧紗窓。蠻烟瘴霧雖生處，何必區區憶陋邦。

明　徐渭《武夷山志·禽屬》《白鷴詩》　閩南煙雨迷青嶂，孤雌挾子飛天上。却憶覊雄不得歸，兩槳深籠鏡波漾。片雪長梢向尾分，有時夢見武夷君。山長水遠無書寄，不及南飛鴻鴈羣。主人爲爾苦惆悵，開籠欲放非難放。矰繳鷹鸇何處無，萬里憑誰報無恙。

孔雀

綜　述

宋　謝維新《古今合璧事類備要别集》别集卷六四《飛禽門》《格物總論》　孔雀，文禽，益諸州所産。高四五尺許。（許）不減于鶴，羣飛數十爲偶。雌者尾短無金翠。雄者生三年有小尾，五年成大尾，初春而生，三四月後復凋，與華蕚俱榮衰，然自喜其尾甚妬。凡欲山棲必先擇有置尾處，然後止焉。南人生捕者候甚雨往取之。尾霑雨重不能高翔，人惜其尾恐人所傷不復騫騰，雖馴養頗久，見美婦人美衣裳與童子絲服者，必逐而啄之。芳時媚景，聞管絃笙歌，必舒張翅尾，眄睞而舞，若有意焉。山谷夷民烹而食之，味如鵝。解百病，人食其肉後飲藥不能愈，病其血與其首解大毒，南人得卵使鷄伏之即成。其脚稍屈，其鳴若曰都護，士人取其尾者持刀于叢篁幽隱之處自蔽，伺過急斷其尾，若不即斷回首一顧，金翠無復光彩矣。《衍義》曰：孔雀不可入目，昏翳人眼，亦不可不知。

宋　羅願《爾雅翼》卷一三　南人收其雛養之，使極馴擾。寘山間，以物絆足，旁施羅網，伺野孔雀至，則倒網掩之，無遺者。

清　趙吉士《寄園寄所寄》卷七　羅州山中多孔雀，羣飛每數十爲偶。雌者，尾短無金翠。雄者，生三年有小尾，五年成大尾。始春而生，三月、四月後復凋，與花蕚相榮衰。然自喜其尾而甚妬，凡欲山栖，必先擇有置尾之地，然後止焉。南人生捕者，候甚雨往擒之，尾霑而重，不能高翔。人雖至，且愛其尾，恐人所傷，不復騫翔也。雖馴養頗久，見美婦人，好衣裳，與童子絲服者，必逐而啄之。芳時媚景，聞管絃笙歌，必舒張翅尾。盼睇而舞，若有意焉。山谷夷民，烹而食之，味如鵞。解百毒。人食其肉，飲藥不能愈病，其血與其首解大毒。南人得其卵，使雞伏之即成。其脚稍屈其鳴若曰都護。土人取其尾者，持刀於叢篁可隱之處自蔽，伺過急斷其尾，若不即斷，迴首一顧，金翠無復光彩。《紀聞》

清　周魯《類書纂要》卷三三《飛禽類》　孔雀，文禽，廣、益諸州所産，高四五尺，雌者尾短無金翠，雄者五年成，初春而生至四月後復凋，與花俱榮衰，自惜其尾，必先擇置尾處，取其尾者，持刀于叢篁中，伺過急斷之，若回首一顧，金翠無復光彩矣。　孔翠，孔雀，翡翠也，又名孔鳶。　翠羽，孔雀未知牛有角，渴飲寒泉逢牴觸，青霄玄圃須往來，翠羽金花不辭辱。　製扇，交趾人多養孔雀，採金翠羽爲扇。　雲海巢，白樂天詩：索莫小顔色，池邊無文禽，難收帶泥翅，易結著人心，項毳落殘碧，尾花銷暗金，放歸歸不得，雲海故巢深。　都護，孔雀聲自呼爲都護。　綷羽，孔雀綷羽而翱翔。　翠旌，孔蓋兮翠旌。　鸞鳳友穆穆鳶鳳友。　不匹，孔雀不匹偶，但以音影相接便有孕，亦與蛇偶。又云：因雷聲而孕。又云：雄鳴上風，雌鳴下風而孕。　火離，火離爲孔雀。　畫屏，竇按皇后幼不妄許人，画二孔雀于屏，請婚者令射中目則與之，唐高祖射中孔雀各一目，遂以妻之。　解舞，邊鸞工丹青，最長于花鳥，貞元中新羅國獻孔雀解舞，德宗詔于玄武門寫貌，一正一背，翠飾生動，金光遺妍，能應繁節。　五色，魏文帝詔朝臣云：前于闐玉山習所上孔雀尾萬枚，文彩五色，以爲金根車，蓋遥望曜人眼。　爲裘，文惠太子織孔雀毛爲裘衣之。　白色瑞，宋孝武大明五年，有交州獻白色孔雀爲瑞者。　求吴，魏文帝遣使于吴求孔雀，羣臣以爲非禮，欲不與，孫權敕付使者。　解語，晉世祖時有西域獻孔雀，解人語，驌指應節起舞。　珠毛，孔雀尾端一寸，名珠毛。　孔鸞，孔雀名。

清　吴熊光《伊江筆録》下編　伊犂將軍署内有孔雀二對。松將軍以一對送鎮署喂養，皆喪。其雌遺卵數枚，有人傳法法亦見《本草綱目》以大母雞抱伏，得小孔雀二對。余歸時見小者已能開屏矣，偶閲《本草綱目》載，鴨卵無雌抱伏，則以牛屎漚而出之。今吴越人雞鴨雛，有用火迫而出者，雖生意較遜，而物理信不可曉。

清　陳昌齊　道光《廣東通志》卷九九《物産・羽族類》　孔雀，尉佗獻孔雀二隻。《漢書》《異物志》曰：形體大，細頸。背似鳳凰，自背及尾皆作圓文。五色相繞，如帶千錢文，長二三尺。頭戴三毛，長寸。《南越志》曰：義寧縣杜山多孔雀，不必匹合，以音影相接，便有孕。《太平御覽》生高山喬木之上，探其雛育之，喜卧沙中，以沙自浴自拍。雄者，尾長數尺，金碧晃耀，張其尾如錦輪。羽不可近目，損人。《桂海虞衡志》孔雀，南方腊而食之。膽能殺人。以膽一滴，霑於酒盞之背，人飲亦死。《嶺外代答》孔雀與蛇交，故血膽皆傷人。《冀越集》自愛其尾，山棲先擇置尾之地。雨則尾重，不能高飛。南人因往捕之。聞人拍手歌舞則舞。《本草綱目》舞則張尾，謂之開屏。《舊志》出時羅峒。《廉州府志》産高廉、雷羅定諸處，截其尾，編列瓶中，足供玩飾。《南越筆記》

清　方旭《蟲薈》卷一《羽蟲》　《本草綱目》：孔雀，一名越鳥，又名越禽。出交趾、雷羅諸州。大如雁，高三四尺，細頸隆背。數十羣飛，鳴曰都護。雌者，尾短無金翠。雄者，五年尾長二三尺，毛有圓文，五色金翠，相繞如錢，甚自愛護。凡山棲先必擇置尾之所。遇雨雪，尾重不能高飛，人因取之。亦有俟其過斷取者。然回顧，則金翠頓減。寇宗奭曰：孔雀尾不可入目。旭按：孔雀雄者頭有毛，角長二寸許。其尾歲一脱，夏秋更生。其性好浴沙。今畜者置於沙中，飼以猪腸及生菜。《西番譯語》：孔雀，西番呼兒罵斜。《譯史紀餘》：孔雀，百譯呼奴永。《嶺南雜記》：孔雀産廣西，肉味如雁，能解毒。惟曾食其肉，嗣後服藥，必不效。其卵使雞伏之，初生緑毛，三年生小尾，小火眼。五年生大尾，大火眼。《北户録》：孔雀音影相接，便有孕。《天禄識餘》：孔雀，尾端一寸，名珠毛。《正字通》：孔雀，《梵書》呼摩由邏。李昉呼南客。能避惡。

藝　文

唐　白居易《白氏長慶集》卷一五《和武相公感韋令公舊池孔雀》　索寞少顏色，池邊無主禽。難收帶泥翅，易結著人心。頂毳充芮切落殘碧，尾花銷闇金。放歸飛不得，雲海故巢深。

清　陈石閭《陳石閭詩》卷二三《孔雀行》　孔雀西南來，五色炫人目。毛羽自矜奇，云爲鳳之族。鳳以竹實食，鳳以梧桐宿。勿訝見者稀，貴不轻托足。孔雀産瘴鄉，孔雀憙粱肉。文彩縱横飛，習性躭鴆毒。

鷓　鴣

綜　述

宋　謝維新《古今合璧事類備要别集》卷七十《飛禽門》　《格物總論》：鷓鴣，大如小野鷄，臆前有白圓點，背上間紫赤毛。其飛也，皆東南迴翔，然開翅之始必先南翥。多對啼，自呼鈎輈格磔者，是有鳥相似不爲此鳴者，非也。竹鷄比之差小，毛羽褐多斑赤紋，自呼泥滑滑。所在山谷有之。

宋　錢易《南部新書》卷五　鷓鴣飛數逐月數，如正月一日飛而止，住窠中不復起矣。十二月十二日起。最難採取，南人設網取之。

清　趙吉士《寄園寄所寄》卷七　河州有禽名骨托，狀如鵰，高三尺許，以名自呼能食鐵石，郡守每置酒，輒出以樂坐客。或凝鐵石至堅，非可食之物，乃取三寸白石，繫以絲繩投其前，即啄而吞之，良久，牽出，視石已爛如泥矣。《博物志》　顧渚山中，有鳥如鴝鵒而小，蒼黄色，每至正月、二月作聲云春起也。至三月、四月作聲云：春去也，采茶人呼爲報春鳥。《顧渚山記》　布穀鳥，又名各家插禾，又名春去也，以其音之相似也。南方俱有，或云即子規鳥，不獨顧渚有之。

清　周魯《類書纂要》卷三三《飛禽類》　鷓鴣，臆前有白點，背上間紫，赤毛。其飛也背東南回翔，多對啼，自呼鈎輈格磔。竹雞比之差小，毛羽褐多斑赤文，彩色。

清　陳昌齊　道光《廣東通志》卷九九《物産・羽族類》　鷓鴣，楊孚《異物志》：鷓鴣，其志懷南，不徂北。《太平御覽》向日而飛，畏霜露，早晚希出。有時夜飛，則以樹葉覆其背。《古今注》飛數逐月，正月一飛而止於窠中，不復起。十二月十二起。《酉陽雜俎》吴楚之野悉有，嶺南偏多。肉白而肥，遠勝雞雉。能解野葛、并菌毒。臆前有白圓點，背上開紫赤毛。其大如野雞，

多對啼。《嶺表録異》其鳴云：鉤輈格磔。俗謂其鳴曰：行不得也哥哥。《本草綱目》

清　方旭《蟲薈》卷一《羽蟲》《博物志》：鷓鴣，飛必南向，一名懷南。《本草綱目》：鷓鴣，一名越雉。性畏霜露，早晚稀出，夜棲必以木葉蔽身。好對啼，其鳴曰行不得哥也。其肉白而脆，味勝雞雉。孔志約曰：「鷓鴣，生江南，形似母雞，其鳴云鉤輈格磔者。是一種相似，而不作此鳴者，非也。」蘇頌曰：「鷓鴣，似母雞，頭似鶉，臆前有白圓點，如真珠。背毛有紫赤浪文。」孟詵曰：「鷓鴣肉利五臟，益聰明。自死者不可食，又不可與竹笋同食。」《正字通》：鷓鴣，江左名逐影。《採蘭雜志》：鷓鴣，一名内史，一名花豸。《廣輿記》：鷓鴣，産湖廣，能解毒。《閩小記》：閩山多鷓鴣，「行不得哥哥」五字絶分明，不似他鳥語，須以意會也。望之如家雞，質若甚重，權之祇十二兩。《嶺南雜記》：鷓鴣爲嶺南佳味。《北户録》：鷓鴣，解野葛、諸菌毒，又辟瘟瘴。《太平廣記》：鷓鴣，飛數逐月。正月一起，二月二起。《古今注》：鷓鴣，鳴自呼。《廣志》：鷓鴣鳴曰但南不北。《談薈》：鷓鴣，隨陽鳥也。其雌鳴曰鉤輈格磔，雄鳴曰行不得也哥哥。

清　董天工《武夷山志·禽屬》鷓鴣，形似牝雞，臆前有白圓點，背毛有紫赤浪文，鳴云「鉤輈格磔」，俗謂爲「行不得也哥哥」。

清　周魯《類書纂要》卷三三《飛禽類》黄陵，劉王孟詩：冥冥花絮隔遥山，陌陌風烟暗百曰，曾向黄陵啼竹裏，羽毛猶帶日痕班。　蒼梧，山谷詩：真人夢出大槐官，萬里蒼梧一洗空，終日憂兄行不得，鷓鴣應是鼻亭公。　啼曉，杜詩：山鷓鴣爾本他鄉鳥，不辤巢不別羣，何苦聲聲啼到曉。　報晴，山谷詩：山雞之弟竹雞兄，乍入雕籠便不驚，此鳥爲公行不得，報晴報雨總同聲。　小野雉，比之竹雞更小，具飛也皆東南回翔。　鉤輈格磔，多對啼，自呼鉤輈格磔。　行不得哥哥，此鷓鴣啼聲也。　斷魂，張復之詩：書中曾見曲中聞，不是傷情即斷魂，北客南來心未穩，數聲相應過龍村。　淚霑衣，李白詩：山雞翟雉來相勸，南禽多被北禽欺，紫塞嚴霜妒劒戟，蒼梧故巢難背違，我心誓死不能去，哀鳴驚叫淚霑衣。　叫落暉，周愛蓮詩：錦翅班班類竹雞，黄陵多有此間稀，深藏苦竹啼殘月，慣傍烟村叫落暉，遊子聽時心憶國，愁人間處淚霑衣，憂兄常哉行難動，爾亦胡爲不得歸。　同類相呼相呼相喚湘江浦，苦竹叢深春日西。又：江西江北常相逐，春後春前多自呼。

鶴

綜　述

宋　謝維新《古今合璧事類備要别集》卷二四《飛禽門》《格物總論》：鶴大如鵞，長三尺，脚青黑，高三尺餘。赤頰赤目，喙長四寸多。純白，亦有蒼色者。按季浮丘伯《相鶴經》，鶴陽鳥也，而遊于於。因金氣桑火精以自養，金數九，火數七，故七年小變。十六年大變，百六十年變止，千六百年形定。體尚潔，故其色白。聲聞天，故頭赤。食於水，故其喙長。軒於前，故後指短。棲於陸，故足高而尾凋。翔於雲，故毛豐而肉疎。大喉以吐，故脩頸以納新，故天壽不可量，所以體无青黄二色者。木土之氣内養，故不表于外。是以行必依洲渚止，不集林木，盖族族之宗長，仙人之驥騏也。鶴云上相瘦頭，朱頂，露眼黑睛，高鼻短喙，骷頰骶耳，長頭竦身，鸞膺鳳翼，雀毛，龜背，鼈腹，軒前垂後，高頸粗節，洪髀纖指，此相之備者也。鳴則聞于天。飛則一舉千里。鶴二年落子毛易黑點，三年産伏，復七年羽翮具復，七年飛薄雲漢，復七年舞應節，復七年晝夜十二時鳴中律，復七年不食生物，大毛落茸毛生，乃潔白如雪或純黑，泥水不能污。復百六十年雌雄，相視而孕。一千六百年飲而不食，胎化産鸞鳳同爲羣。聖人在位則與鳳凰翔于甸此文浮丘伯授之。王子晉崔文子學道於子晉，得其文藏嵩山石室。淮南公採蔬得之，遂傳於代。或以爲鶴卵生非胎化也，未知其孰當。

宋　温革《分門瑣碎録》世間只知鶴胎生，所以賦云：「胎化仙禽。」不知鸕鷀亦是胎生。只緣鸕鷀食魚，不與鶴同。今養鶴者啗腥穢甚於鸕鷀。若以色黑於鶴，則白鶴千年方變爲玄鶴。君子惡居下流，其鸕鷀之謂乎？才迂闊好，怪嘗蓄兩鶴，客至誇曰：「此信禽也，凡禽卵生，此禽胎生。」語未卒，園丁報曰：「鶴夜産一卵。」淵材呵曰：「敢謗鶴耶？」俄頃，鶴展脛伏地，忽誕一卵。淵材嘆曰：「鶴亦敗道，吾乃爲劉禹錫佳話所誤。自今除佛老孔子之語，餘皆勘驗。然淵材讀《相鶴經》未熟耳。」　池州鳳凰山道士趙自然夢陰直君與柏葉一枝九疊，食之，因而不食，神氣異常。爲詩曰：「嘗欲棲山島，閒眠玉洞寒。食丹哥時引，舞來去誇雲，鳶或問何名，丹哥曰鶴也。」　鶴，陽鳥也。稟金火之氣以生，三年頂赤，七年善飛，又七年十二時鳴，六十年聚毛生，泥不能污，一百六十年雌雄相孕，一千六百年不食而胎生，仙人騏驥也。其相以長頸，修竦則善鳴，黿背鼈腹則能舞。　鶴備五方色：頂紅，身白，翅黑，脚青，舌黄。如仙鶴，來必有鶻鷹一二相引。　教鶴舞，先以火燒地熱，取鶴籠在熱處，拍掌彈鶴。既踏熱則必跳脚，展翅如舞，逐施增熱，拍手彈之。得數日，雖不熱，但聞拍彈之聲亦舞。　遼人有一種駿鷹號海東青，出女真國、高麗之間蓋鶻也。帳前卒以十馬易一海東青云。

明　傅梅《嵩書》卷四《鳥部》　鶴，太室之上有三鶴峰，相傳道士李八百煉藥於此。時有三鶴來翔，因名焉。又白鶴觀故址亦在太室上。浮丘公接王子晉，居嵩高三十餘年，即此地也，山頂有控鶴菴。浮丘公所著有《相鶴經》，而王子晉竟乘鶴去。由此譚之嵩，其鶴之藪乎。

明　李詡《戒菴老人漫筆》卷五　鶴卵略牽長，有一點紅。鶵出殼，脚猶短，七八日漸長。繡頂七八日不食，多以鰍鱔餵之則易，猶小兒出痘，調理失宜，間有亡者。

明　戴冠《濯纓亭筆記》卷九　鶴足折者，以自然銅燒紅淬酒中灌之，用薄木板縛定傷處，以竹籠盛鶴懸之空處，使足不著地，待瘡愈乃下之，否則走動其傷處治亦無效矣。

清　陳大章《詩傳名物集覽》卷二《鶴鳴于九皋》　《朱傳》：鶴，鳥名。長頸，竦身，高脚，頂赤，身白，頸尾黑，其鳴高亮，聞八九里。《易》：鳴鶴在陰，其子和之。《春秋·説題詞》：鶴知夜半。注：鶴，水鳥也，夜半水位，感其生氣，則喜而鳴，所以壽者，無死氣于中也。通卦驗，立夏清風至而鶴鳴。《詩義疏》：鶴大如鵝，長脚青黑，高三尺餘，喙長四寸餘，多純白，或有蒼色者，今人謂之赤頰，常夜半鳴，其鳴高亮，雌者聲差下，雞鳴時亦鳴。《風土記》：鳴鶴戒露，白鶴也。此鳥性警，至八月白露降，即高鳴相警，移所宿處，慮變害也。浮邱伯《相鶴經》：鶴陽鳥而遊于陰，因金氣，依火精，以自養，食于水故喙長，軒于前故後趾短，棲陸故足高而尾凋，翔雲故毛豐而肉疏，大喉以吐故脩頸，以納新故壽，體無青黄二色者，木土之氣内養，故不表于外，行必依洲嶼，止不集林木。蓋羽族之宗長，仙人之麒驥也。鶴之上相，瘦頭，朱頂，露眼，黑睛，高鼻，短喙，鯌頰，骶耳，長頸，促身，燕膺，鳳翼，雀毛，黿背，鼈腹，軒前，垂後，高脛，麤節，洪髀，纖指，此相之備者也。鳴則聞于天，飛一舉千里，鶴二年落子毛，易黑點，三年産伏，復七年羽翮具，復七年飛薄雲漢，復七年舞應節，復七年十二時鳴中律。復百六十年，不食生物，大毛落，茸毛生，雪白或純黑，泥水不污。復百六十年，雌雄相見，目精不轉而孕。千六百年，飲而不食，鸞鳳爲羣。《禽經》：鶴老則聲下而不能高，近而不能尞。又云：鶴以怨望，鴟以貪顧，雞以嗔睨，鴨以怒瞋，雀以猜瞿，燕以狂眴，鶯以喜囀，烏以悲嗁，鳶以飢鳴，鶴以潔唳，梟以凶叫，鴟以愁嘯。《雅翼》：鶴性好陰，故其羽爲陰羽，《易·中孚》：九二鳴鶴在陰。《周書》：陰羽皛旌也。《古今注》：千載變蒼，又千載變黑，所謂玄鶴。《玉策記》：千歲之鶴，隨時而鳴，能登木，色純白，腦盡成骨，其未千歲者，終不集于林也。古以鶴爲祥，故立之華表，又鶴之䂨降起，故吴矛骹大者名鶴䂨。又作詩者，以中字平爲鶴䂨。《本草》、《穆天子傳》，天子至巨蒐，二氏獻白鶴之血，以飲天子，血主益氣力。《雲嶠類要》：鶴胎生者，形體堅小，惟食稻粱，雖馴久飛去。鸛合而卵生，其體大，食魚鰕，噉虵鼠，不能去耳。《埤雅》：鶴雌雄相隨，如道士步斗，履跡而孕。《内典》云：鶴影生鱉，男化也。《鶴譜》：一説鶴曤也，其羽曤曤然。一名仙客，一名胎仙，一名露禽。《本草》，鶴有玄，有黄，有白，有蒼，百六十年，則有純白純黑，若黄鶴古人常言之，又多言鵠，鵠即是鶴音之轉，後人以鵠名頗著，故既釋鶴又釋鵠。漢昭時，黄鵠下建章宫太液池而歌，則名黄鶴。《神異經》：鶴國有海鵠，衛懿公好鶴，齊王使獻鵠于楚，蕙帳空兮夜鶴怨。《楚辭》：黄鵠一舉及，田饒説魯哀公，或爲鶴，或爲鵠者甚多，以此知鶴之外，別無所爲鵠也。《雅翼》老子云：鳥不黔而黑，鵠不日浴而白，白即鶴也。鵠鳴哠哠，哠哠鶴也。以黿龍鴻鵠爲壽，壽亦鶴也。《字通》：鵠鴻類，一云鶴屬，通作䧼，《禮·内則》，鵠臬胖。《楚辭》：黄鵠後時而寄處。漢高帝歌：鴻鵠高飛。賈誼賦：黄鵠一舉兮。魯陶明女陶嬰寡居，作《黄鵠歌》。諸家注未嘗言鵠即是鶴。班固《西都賦》：玄鶴白鷺，黄鵠鵁鶄。相如《子虛賦》：弋白鵠，玄鶴加。左思《吴都賦》：鳥則鶤鵠鶬鶴。《淮南子·覽冥訓》：鴻鵠鶬鶴，莫不驚懼伏竄，皆分鵠鶴爲二，按古書如別鶴操之類，鶴多譌鵠，豈可據此謂鵠即鶴耶。《轉注古音》云：鵠，古鶴字。《地志》黄鵠磯，因作黄鶴樓，按磯名黄鵠，與樓無涉。《讀書通》云：鵠，通作鶴。引《唐風》從子于鵠，音鶴，叶白石皓皓入聲。按《詩》鵠讀如告，叶去聲，本不音鶴，況鵠爲曲沃邑名，非鳥名，就令鵠果音鶴，音同而物不同者多矣。《埤雅》鶴鵠分釋，今所見鶴與鵠，形貌差別，信如諸家言，則今人通謂鸖，爲鸖鶴，是鸖即鶴稱，綬草爲鷊，是艸即鳥也，其爲舛謬無疑。

清　徐鼎《毛詩名物圖説》卷一

《易》曰，鳴鶴在陰，其子和之。《通卦驗》曰，立夏清風至而鶴鳴。《淮南子》，雞知將旦，鶴知夜半。浮邱公《相鶴經》鶴陽鳥而遊于陰，因金氣依火精，以自養火，數七金，數九。故十六年小變，六十年大變，千六百年，形定而色白。又云，二年落子，毛易黑點。三年頭赤，七年飛薄雲漢。又七年，學舞。復三年，應節晝夜十二鳴。六十年，大毛落，茸毛生，色雪白，泥水不能污。百六十年，雄雌相見，曰精不轉而孕。千六百年，飲而不食，食于水，故喙長軒于前，故後短棲于陸，故足高而尾凋，翔于雲，故毛豐而肉疎。行必依洲嶼，止必翔林木。蓋羽族之宗，長。仙人之騏驥也。隆鼻短口，則少眠，露眼赤精則視遠，頭鋭身短則喜鳴。四翎亞膺則體輕，鳳翼雀毛則善飛，龜背鱉腹則能産，軒前垂後則善舞。洪髀纖趾則能行。

清　周魯《類書纂要》卷三三《飛禽類》

鶴，陽鳥也。上相瘦頭朱頂，露眼黑睛，高鼻短喙，行必依洲渚，止不集林木，蓋羽族之宗長，仙人之騏驥也。鳴則聞于天，飛則一舉千里。至一百六十年，雌雄相視而孕，一千六百年，飲而不食，胎化而産鸞鳳同羣。聖人在位，與鳳翔于甸。　在陰，鶴鳴在陰，其子和之。　九臯，鶴鳴于九臯，聲聞于天。　瑤池朝戲于芝田，夕飲于瑤池。　太液，始元二年有黄鶴在太液池，上作歌曰：黄鶴飛兮下建章，羽肅肅兮行倉倉，金爲衣兮菊爲裳，自顧薄德兮懷爾嘉祥。　入雷鼓，有鶴飛入會稽雷門鼓中，於是鼓鳴洛陽，聞之後折鼓，鶴遂飛而去之。　一舉千里田饒曰：夫黄鶴一舉千里，集君華池，喙君稻粱，君猶貴之，以其從來遠也。　玄裳縞衣，適有孤鶴從東南來，翅如車輪，玄裳縞衣，戛然而鳴。　兵爪，鶴左右脚裏第一指，名兵爪。　警露，白鶴性警，至八月露降至於草木上滴滴有聲則鳴。　連軒鳳蹌，宛轉龍躍，言鶴舞貌。　驚身蓬集，矯翅雪飛，言鶴之飛騰轉折如蓬之集，如雪之飛也。　紫蓋衡山有三峯：一名紫蓋，一名澄天，一名明柔，時有白鶴廻翔其上。　青田鶴，青田有雙白鶴，晝夜俱飛，年年生子而去。　芝田鶴，來自芝田遠，去度武溪深。　千歲鶴，千歲鶴棲于偃蓋松。　雲臯鶴，歲暮雲臯鶴，周天更一鳴。　相鶴經，鶴，陽鳥也，而游于陰，因金氣依火精以自養，金數九，火數七，年八變，百六十年大變，百六十年變止，千六百年形定體潔，故曰聲聞天，故頂赤，食于水，故喙長，輕于前，故後指短，棲于陸，故足高而尾凋，翔於雲，故尾豐肉踈，大候以味故，修頸以納新，故豐生壽夭，不□□，所以體無青黄一色者，木土之氣内養，故不表于外。　霜雪妍，元稹詩：我有所愛鶴，毛羽霜雪妍，秋望一滴露，聲洞林外天。自隨衛侯去，遂入大夫軒，雪貌久已隔，玉音無復傳，吟君感鶴操，不覺心惕然。　星星仙語，葉夢得詩：華表千年一鶴歸，疑丹爲頂雪爲衣，星星仙語人聽盡，却向五雲翻翅飛。　藻質、明心、月羽、赬首、氷質、翔金城、逐晉琴，俱言鶴。　唳，鶴鳴。　角睞，鶴斜視。　修趾，鶴足。　圓吭，鶴頸。　雀毛龜背，鶴之上相，雀毛龜背，燕膺鳳翼。　九臯介鳥、登木，千年之鶴能登木，其未千年者終不集樹也，純白腦盡成骨。　陽鳥仙禽，鶴者陽鳥也而游于陰，鮑昭舞鶴□□胎化之仙禽。　飲溶溪之水，周昭王時，塗修因獻丹鶴一雌一雄，以潭臯之粟飴之，溶溪之水飲之。　玄鶴俊鳥也，鸞鳳之類。　素鳥，鶴别名。　集華表，遼東城門有華表柱，有白鶴集其上言詩曰：有鳥有鳥丁令威，去家千年今始歸，城郭如故人民非，何不學仙正纍纍。　乘軒，衛懿公好鶴，鶴有乘軒者，及狄人伐衛，授甲者皆曰：使鶴，鶴實有禄位，余焉能戰。　鶴舞市，吳王闔廬有女，王伐楚，與夫人及女會食蒸魚，王嘗半，女怨曰：王食我殘魚辱我，不忍久生，乃自殺，闔廬痛之，葬郡西閶門外，乃舞白鶴于吳市，令羣臣觀之，遂使與鶴俱入墓門因塞以送葬。　空籠獻鶴，齊王使淳于髡獻鶴于楚，出邑門道飛其鶴，徒揭空籠以見楚王曰：齊王使臣獻鶴，過于水上不忍鶴渴，出而飲之飛去，吾欲自死，恐吾君以鳥故令士自殺，吾欲買而代之，是不信而欺吾王，欲赴他國，痛吾兩主使不通，故來受罪，楚王曰：善。　華亭唳，宦人孟玖譖陸機于成都王穎，言有異志，穎大怒，使孫秀收機，機嘆曰：華亭鶴唳，豈可得聞乎，遂遇害。　黄鶴樓仙，荀環事母孝，妙道術潛棲郤粒，嘗東遊憩江夏黄鶴樓上，望西南有物飄然降自霄漢，俄至，乃駕鶴之仙也，鶴止户側，仙者就席，羽衣虹裳，相與款對，已乃辭去，跨鶴騰空，眇然烟滅。　啣珠，魯參行遇玄鶴被傷，乃收養之放去，至一夜，雌雄皆啣明珠來，以報參。　入雲林逋隱居孤山，常蓄雙鶴，縱之則飛入雲，逋泛小舟遊西湖諸寺中，有客至，童子出開門延客，開籠縱鶴，良久逋歸以鶴飛爲驗。　蓬山奇禽，鶴贊。　慈恩寺，太和中長安城南韋曲慈恩寺塔，月夜有一美人，從三四青衣，繞塔言笑，忽顧侍婢曰：院僧借筆硯來，於梁上題詩：黄子波頭好月明，忘却華亭到遶行，煙收山低翠黛横，折得菊花遠恨生。僧將燭之，化爲白鶴而去。　雲間孤鶴，唐玄宗天寶十三載重陽日，獵于沙苑，雲中有孤鶴徘徊，上御弧矢中之，鶴帶箭西南而逝。青城山道士徐佐卿，一日不□曰：偶爲飛矢所加，尋已無恙，留之，後箭主至則付之，十三載後，帝幸蜀，入此堂忽覩箭玩之，乃御箭也，深異之。　入帳，好道者入廟或見一白鶴入帳中，鶴者九轉還丹之使。　鶴鳴雞樹，鳳閣侍郎杜景儉，文章知識並高遠，時號爲鶴鳴雞樹。　羊公鶴，羊叔子有鶴，善舞，嘗向客稱之，客試，使驅來氄氋而不肯舞。　説楚，莊辛謂楚襄王曰：黄鶴游乎江海，俯啄鰋鯉，仰齗菱藕自以爲無患，不知夫射者方修碆盧，治矰繳將加已于百仞之上，故晝遊江湖，夕謂鼎鼐。　時鳴禽子問曰，多言有益乎，對曰：蝦蟇日夜鳴口乾而人不聽之，鶴雞時夜而鳴天下振動多言何益乎。　弔墓陶侃丁母艱在墓下，忽有二客來弔，不哭而退，儀服鮮潔，知非常人，隨而看之，但見雙鶴飛冲天去。　人化，周穆王南征，一軍盡化，君子爲猿爲鶴，小人爲蟲爲沙。　鶴語寒，太康二年冬大雪，南州人見二白鶴于橋下曰：今兹寒不減堯崩年，於是飛去。　稱鶴駕，靈王太子晉好吹笙，浮丘翁接上嵩山，三十餘年後來告我家，七月七日待我于緱氏山頭，至期果乘白鶴駐山巔，人望之不得到，頃間舉手謝時人而去，故後稱太子之駕曰鶴駕官，曰白鶴禁，曰鶴禁。　海鶴，大者修頂五尺許，翅足稱之，吞常鳥如啖魚鱔，成化閒有至漳州，漳人射□殺之，復有以頂售貨者，類淘河而鋭咮，雄大雌畧小，晝啄于海，暮宿巖谷間，島夷人豫以小鏢付犺，月夕則伏於鶴常宿所，擇其大者而刺之，平旦有獲五六頭者，島夷人乃剥其頂售于舶，估比至閩廣值價等金玉。　二鶴釋寃，正德初，顧中丞逢原家被盜，捕卒廣訪不獲，顧訝，有治圃數人訟于郡矦廣東林公，臺下數人，累經陵刑，未甘招伏，林公欲加炮烙之刑，其火方熾，臺下二鶴各銜熾火，擲于水中，林公始知罪及無辜，是以釋之。　蘇躭乘鶴躭，桂陽人，得仙術，乘鶴升天而去，後數百年仍乘鶴歸立于上郡城樓上，人振彈打之，鶴以爪挖樓柱書曰：城郭是人民書，三百甲子今來歸，吾是蘇仙，彈我何爲。

清　方旭《蟲薈》卷一《羽蟲》　《本草綱目》：鶴，千六百年則胎產，故名胎禽。其骨可爲笛，糞能化石。　《正字通》：鶴大於鵠，長頸，膝高三尺，喙長四寸，丹頂赤頰，赤目青腳，白羽黑翎。古名仙禽，一名露禽。影生，俗説雌雄相隨，如道士步斗，履其跡則孕。　《續廣雅》：陰露皋禽胎，仙鶴也。　《西番譯語》：鶴，西番呼切零。　《廣輿記》：鶴產通州、泗州及松江。其足有龜紋者佳。　《談薈》：鶴產他處者，腳黑。產通州、興化者，腳緑。　《考槃餘事》：鶴，仙禽也。於物爲多壽，感於陽，故鳴於子。雄者，聲聞數里。雌者，聲下不揚。江陵及揚州有之。惟華亭所出爲得地相法，但取標格奇古，唳聲清亮。頸細而長足，瘦而節，身欲人立，背欲直削。蓋身橫則類鸛鷺，頸肥則類鵝雁矣。隆鼻短口者，少眠。高腳疏節者，多力。頂紅者，喜鳴。睛赤者，視遠。龜背鼈腹者，善產。鳳翼雀尾者，善飛。輕前重後者，善舞。洪髀纖指者，善步。畜者勿以熱食飼之，使乏精彩。　《羣芳譜》：鶴四月伏卵。雄者爲衛，雌者起則啄之。見人窺其卵，則破而棄之。　《活幼全書》：鶴卵煑與小兒食，解痘毒。　《談苑》：李昉呼鶴曰仙客。

清　方旭《蟲薈》卷一《羽蟲·海鶴》　《譯史紀餘》：海鶴，高五尺，吞常鳥，如食鰌鱔。島中小兒亦避之。其頂貴同金玉。

清　李鴻章　光緒《畿輔通志》卷七四《物產·禽屬》　鶴，有白者，有元者，有黄者，有蒼者，有灰者。首至尾長三尺，首至足長三尺餘。喙碧緑色，長四寸。丹頂、赤目、赤頰、青腳、修頸、高足、粗膝、背尾有黑帶。　《羣芳譜》：山莊内多畜之。　《熱河志》：熱河進榛子鎮夾嶺虬松蒼蔚，鳴鶴飛翔。　《雍正志》：清朝，郭棻《鶴子賦有序》：鶴，仙禽也，多生澤國中。宋時，吳中士大夫家皆養之。產卵多不伏，故鮮子焉。或曰胎生者，神其説也。宋以後始致西北，群棲窩處，嗜静。長年罔有孳育。考之淮南人公《相鶴經》云：「鶴，陽鳥，喜遊於陰，得露則警。」大抵陰陽和，厥性乃適，故愛陰而警露。西北地高寒，春分以後恒雨雪，秋分以後即隕霜，二氣頗難和。鶴居其地，安得有雛者，項者，高陽相國囿中畜鶴二，雄雌耦也。產卵輒抱伏之，閏月生雛，鮮白嫩黔，矯矯可愛。見者頌瑞，公不任受。夫鶴最壽，克生雛爲眉介之徵。《易》曰：「鳴鶴在陰，其子和之。」象君臣相得益彰也，瑞在國與天下矣！公且爲國頌，吾何不爲公頌？爰爲賦曰：猗青田之仙羽，來玄歡之名都。棲平泉之敞囿，蔭金谷之芳株。振霜衣於露井，刷玉羽於椒圖。想靈蕊於崑閬，慎瓊夜於蓬壺。雄昂朱而高步，雌翻雪而長呼。形奇亞鳳，音亮鶩鳧。瑶池瞰荇，碧岫騰梧。翔和風之習習，濯澍雨之凄凄。感陰陽之偕變，訢日月之昭蘇。產瑶丸而不暇，脱晶殼而生雛。圜丁喜而報瑞，囿人慶以稱殊。迺翼迺哺，迺□迺躍。白雲鼓舞，素練揶揄。引員吭兮有倡而有和，跋修趾兮曰步而曰趨。宛宛芝田之戲，翩翩金城之翎。嘹唳聞天之響，蹁躚淩雲之軀。炯漆睛以顧子，藏丹爪以卓踔。故《易》象堂簾之喜起，而《詩》託啟沃之猷謨。蓋聖人在位則翔於甸，君子多福則銜其珠。矧其綿。千齡而不老，比九儀，以呈符者哉！

清 陳昌齊 道光《廣東通志》卷九九《物産・羽族類》 鶴白色，千歲變蒼，又千歲則黑。惟黃鶴最大，青鶴頗小。此山俱有之。《羅浮志》 灰鶴，大如鶴，通身灰色。去頂二寸許，毛始丹，及頸之半。亦能鳴舞。《桂海虞衡志》粵中少鶴，惟瓊州則元裳、縞衣，丹頂，其餘灰鶴居多。又有簑衣鶴。《郝志》

清 李鴻章 光緒《畿輔通志》卷七四《物産・禽屬》 青鶴，幽州之墟，羽山之北有善鳴之禽，人面鳥喙，入翼一足，毛色如雉，行不踐地，名曰青鶴。《拾遺記》

清 李光地《月令輯要》卷一六 沙苑射鶴，原《集異記》明皇天寶十三載，重陽日獵於沙苑，雲間有孤鶴回翔，上親御弧矢一發而中，其鶴帶箭矯翰西南而逝。益州城距郭十五里有明月觀，觀之東廊第一院有青城山道士徐佐卿，歲率三四至，一日忽自外至，神爽不怡，謂院中人曰：「吾行山中，偶爲飛矢所加，尋已無恙，然此箭非人間所有，吾留之於壁上。後年箭主到此，即宜付之。」仍記壁云：「留箭之時則十三載九月九日也。」及明皇幸蜀，暇日命駕行遊，偶至斯觀，既入此堂，忽覩挂箭，取而翫之，蓋御箭也。佐卿所題乃前歲沙苑縱畋之日也。佐卿乃中箭孤鶴耳。上大奇之，因收其箭而寶焉。自後蜀人亦無復有逢佐卿者矣。

清 吳寶芝《花木鳥獸集類》卷中 鮑昭《舞鶴賦》：散幽經以驗物，偉胎化之仙禽。《清異録》：唐 韋嗣立宅後林麓邃密有黃鶴一雙，潛於宅之左，有喜慶，必先期盤翔。 李白畫鶴，贊：紫頂烟䎉，丹眸星皎。 鮑昭賦：朝戲乎芝田，夕飲乎瑶池。《離騷經》黃鶴之一舉兮知山川之紆曲，再舉兮知天地之圜方。《抱朴子》：千歲之鶴能登木，其未千歲者終不集樹。 白樂天詩：饑不啄腐鼠，渴不飲盜泉。《茅君傳》：有好道者入廟，見一鶴入帳中，言九還丹之使。《會稽記》：射的山有白鶴，爲仙人取箭。《述異傳》：荀瓌字叔瑋，事母孝，好道術，潛棲却粒，嘗東遊，憩江夏黃鶴樓上，望西南有物，飄然降自霄漢，乃駕鶴之賓也。羽衣紅裳相與款對已，乃辭去，跨鶴騰空，渺然烟没。《河東記》：太和中，長安城南韋曲慈恩寺塔，月夜有美人從三四青衣遶塔言笑，忽顧侍婢，借寺僧筆硯於梁上題詩：黃子陂前好月明，忘却華亭遶塔行。烟收山浄翠黛横，折得荷花遠恨生。僧將燭之，化爲白鶴飛去。《東觀漢記》：章帝至岱宗柴望畢，白鶴三十從西南來。《晉書》：羊叔子有鶴能舞，稱羊公鶴。《史記》：師曠援琴而鼓，玄鶴集於郭門，再奏，延頸而鳴，舒翼而舞。《拾遺記》：周穆王時，塗修國獻青鸞丹鶴，飼以潭皋之粟，飲以溶溪之水，唼以太湖之萍。《史記》：齊王使淳于髡獻鶴於楚，出邑門道飛其鶴，徒揭空籠以見楚王曰：齊王使臣獻鶴，過於水上，不忍鶴渴出而飲之飛去，吾欲絞頸而絶，恐人議吾君以鳥故令士自殺，吾欲買而代之，是不信而欺吾王，欲赴他國痛吾兩主使不通，故來受罪。楚王曰善。《綱目》：隋煬帝時，烏程縣有樹高踰百尺，上有鶴巢，民欲取之不可，乃伐其根，鶴恐傷子，自拔氅毛投於地。《梁書》：庾域母好鶴唳，域到處營求，孜孜不倦。忽一日雙鶴下於庭。 蘇子《後赤壁賦》：時夜將半，四顧寂寥，適有孤鶴横江東來，翅如車輪，玄裳縞衣，戛然長鳴，掠予舟而西也。 杜詩：老鶴萬里心。 李遠《失鶴》詩：秋風吹却九皋禽，一片閒雲千里心。碧落有情空悵望，青天無路可追尋。來時白雪翎猶短，去日丹砂頂漸深。華表柱頭留語後，不知消息到於今。《新説》：有客相從，各言所志。有云願爲揚州刺史，或云願多貲財，或願騎鶴上昇。其一人曰：腰纏十萬貫，騎鶴上揚州。欲兼三者盡得之。聞者以爲看馬，李僕射當梢郭使，君皆以此二語移贈惜少結果耳。

藝文

三國魏 曹植《白鶴賦》 嗟皓麗之素鳥兮，含奇氣之淑祥。薄幽林以屏處兮，蔭重景之餘光。狹單巢于弱條兮，懼衝風之難當。無沙棠之逸志兮，欣六翮之不傷。承邂逅之僥倖兮，得接翼于鸞皇。同毛衣之氣類兮，信休息而同行。痛良會之中絶兮，遘嚴災而逢殃。共太息而祇懼兮，抑吞聲而不揚。傷本規之違忤，悵離羣而獨處。恒竄伏以窮栖，獨哀鳴而戢羽。冀大綱之解結，得奮翅而遠遊。聆雅琴之清韻，記六翮之末流。

唐 白居易《白氏長慶集》卷三一《劉蘇州以華亭一鶴遠寄以詩謝之》 老鶴風姿異，衰翁詩思深。素毛如我鬢，丹頂侶君心。松際雪相映，雞羣塵不侵。殷勤遠來意，一隻重千金。

宋 范曄《雙鶴詩序》 客有寄余雙鶴者，其一揚翰皎潔，響逸九皋，其一翅折志衰，自視缺然，余因歎玩之，遂爲之詩。

明 錢子正《三華集》卷五《馴鶴》 羨爾雲中物，孤飛自高騫。朝翔北海渚，暮宿蒼梧顛。偶墮繒繳機，失路那可言。今乃籠中鳥，側身難轉旋。飲食仰於人，飢渴誰能憐。引吭明月夜，矯首秋風天。豈忘青田侶，無由共翩翩。

清 張塤《竹葉庵文集》卷五《鶱鶴》 市舶腥風半汗漫，貧家入饌酒栖寬。生成玉骨無泥滓，老向滄江刷羽翰。天上神仙遺蜕好，人閒魴鯉作書難。溝渠霄漢誰真假，贏得兒童拍手看。

清 王文治《夢樓詩集》卷二四《調鶴》 誰言鶴性不可馴，神仙控之朝上真。誰言鶴性頗易養，飲啄不隨人俯仰。君之調鶴如調心，不緩不拒隨淺深。調到心花開放處，蹁躚雙舞玉堦陰。

清 王文治《夢樓詩集》卷二四《飼鶴》 鳳飢不覓人間食，鶴飢更奮沖天翮。花田百畝盡瓊瑤，欲儲鶴糧不易得。鶴瘦渾如常抱飢，鶴肥毛羽安能奇。知君與鶴周旋久，鶴之性情君自知。

清 陸繼輅《崇百藥齋文集》卷一《觀鶴行》 黄家池館生雲煙，恍然行上蓬萊巔。羣仙縹緲在何許，突兀一鶴當吾前。秋風肅肅鷹振翼，汝獨胡爲樂棲息。舉頭天外意惆悵，是誰鎩汝淩霄翮。獨立松根之怪石，戛鳩旁啼燕飛側。主人飼雞兼飼汝，怪汝長鳴不能食。毛羽飄零鳳在笯，骨格昂藏驥伏櫪。神物小謫會有時，仙山舊侶應相憶。何當跨汝飛入雲，明月寒空夜吹笛。

清 郭中洲《禹門集》卷二《鶴》 白鶴青田種，高飛唳碧空。出塵瀟灑意，豈肯束樊籠。

鶡

綜述

唐 房玄齡《晉書》卷二五《輿服志》 鶡，鳥名也。形類鷂而微黑，性果勇。

藝文

三國魏 曹植《曹子建集》卷四《鶡賦》 鶡之爲禽，猛氣其鬬，終無勝負，期必于死。遂賦之焉。 美遐圻之偉鳥，生太行之岩阻，體貞剛之烈性，亮金德之所輔。戴毛角之雙立，揚玄黄之勁羽。甘沉殞而重辱，有節俠之義矩。降居檀澤，高處保岑，遊不同嶺，栖必異林。若有翻雄駭逝，孤雌驚翔，則長鳴挑敵。鼓翼專場，逾高越壑，雙戰隻僵，階侍斯珥，俯曜文墀。成武官之首飾，增庭燎之高暉。

鴇鴠

綜述

清 王念孫《廣雅疏證》卷一〇下《釋鳥·城旦》 城旦，倒懸，鶡鴠，定甲，獨春，鴇鴠也。《方言》鴇鴠，周、魏、齊、宋、楚之閒謂之定甲，或謂之獨春。自關而東謂之城旦，或謂之倒懸，或謂之鶡鴠。自關而西，秦隴之內，謂之鶡鴠。郭璞注云：鳥似雞，五色，冬無毛，赤倮，晝夜鳴。獨春，好自低仰也。城旦言其辛苦，有似於罪謫者。倒懸，好自懸於樹也。《月令·仲冬之月》鶡旦不鳴。鄭注云：鶡旦，夜鳴，求旦之鳥也。《呂氏春秋·仲冬紀》注云：鶡鴠，山鳥，陽物也。是月陰盛，故不鳴也。《鹽鐵論·利議》篇云：鶡鴠夜鳴，無益於明，亦謂其求旦也。鶡或作渴。《説文》鳴渴鴠也。或作盍。《坊記》引《詩》云：相彼盍旦，尚猶患之。鄭注云：盍旦，夜鳴求旦之鳥也，求不可得也。人猶惡其欲反晝夜，而亂晦明。鴠，或作鴇。《七發》云：朝則鸝黄，鴇鴠鳴焉，或作侃。《御覽》引《廣志》云：侃旦，冬毛希，夏毛盛。後世則謂之寒號蟲。《嘉祐本草》云寒號蟲，四足，有肉翅，不能遠飛。

清 陳昌齊 道光《廣東通志》卷九九《物產·羽族類》 倒掛鳥，身嫩綠色，額青，胸前一朱砂。點頂有黄茸，舞則茸開。每收香翅中，時一放之氤氲滿室，輒自旋轉，首足如環。 謹案：西洋倒掛鳥，番人攜至廣州，畏寒輒死，不能常畜。與內地之倒掛么鳳不同。西洋倒掛，收香。內地所產，形雖相似，然不能收香也。

又 倒掛，形如鸚鵡而小。徧身緑色，臆、尾、兩翼，俱有大紅。雌者，止尾翼有紅。夜則倒掛籠中，或止以一爪掛籠。性畏寒，不能度嶺。《嶺南雜記》

一名么鳳，似鸚鵡而小。緑衣黄裏，嘴紅，色甚姣麗。常倒懸架上，屈體如環。東西相穿以自娱。羅浮梅花邨多有之。《羅浮山志》

清 方旭《蟲薈》卷一《羽蟲》 鶡鴠 《方言》：自關而西曰鶡鴠。自關而東曰城旦，又曰倒懸。周魏宋楚曰定甲，又曰獨舂。旭按：鶡鴠，《詩》作盍旦。《禮》作曷旦。《説文》作鴅鴠。《唐詩》作渴旦。《廣志》作侃旦。《正字通》：鶡鴠，似小雞，四足，肉翅，不能遠飛。夏月，毛五采。鳴曰：鳳凰不如我。至冬，毛落如鳥雛。鳴曰：得過且過。《丹鉛録》云：即寒號蟲也。屎名五靈脂。産五台山上。旭按：《八紘譯史》云：小西天産四足鳥，大如鵝。鳴似鶴。肉翅，能飛不能遠。其雛胎生，行則負之於背。人殺之不祥。亦此類也。

又 菘節鳥，《酉陽雜俎》：終南山有菘節鳥，四足，鼠尾。

又 飛涎鳥，《外荒記》：南海狗國有飛涎鳥，似鼠。兩翼、腳，赤色。每至曉，諸鳥未散前，各占一樹。口吐涎如膠，然灑衆枝葉，使他鳥至，不能去，乃食之。旭按：此疑即《北山經》之寓鳥。

清 方旭《蟲薈》卷一《羽蟲》 《閩小記》：倒掛，閩中呼倒垂蓮。《廣輿記》：倒掛産廣西及外譯、百花等處。好倒掛。旭按：此鳥大如桑鳸，紅嘴緑毛，頗類鸚鵡，能鳴。一種小而有斑如真珠者，名真珠鳥。

鶉

綜　述

清 陳大章《詩傳名物集覽》卷一《鶉之奔奔》 《朱傳》：鶉，鵪屬。《爾雅》：鶉，鶉。其雄鶛，牝痺。《注》：鵪屬。《疏》：鵪即鴽，鴾母，田鼠所化者。又鶉子，鳼。鴽子，鷚。《注》：别鵪，鶉雛之名。《内則》，雉兔鶉鷃。《運斗樞》曰：機星散爲鶉，德義少，殘百家，則鶉生。《夏小正》：三月田鼠化爲鴽。鴽，鵪也。化而之善，故盡其辭也。鴽爲鼠化而之不善，故不盡其辭也。《周書·時訓》云：清明日，桐始華，又五日，田鼠化爲鴽。《素問》，鴽，鶉也。《交州記》：黄魚化爲鶉。《本草》，四月已前未堪食，是蝦蟆所化。畢萬曰：蠶得爪化爲鶉。《禽經》：鴽鶉野則義豢則搏。注《月令》田鼠化爲鴽，關東謂之鶉，蜀隴謂之循。在田得食鳴相呼，夜則羣飛，晝則草伏，馴養之久，見食相搏鬬也。《談苑》：至道二年，夏秋間，京師鬻鶉者，積于市門，是時雨水絶，無蛙聲，人有得于水坎者，半爲鶉，半爲蛙。《列子·天瑞》篇：蛙變爲鶉，斯不謬矣。《本草衍義》：鶉有雌雄，從卵生，何言化也。嘗于田野，屢得其卵，初生謂之羅鶉，至初秋謂之早秋，中秋後謂之白唐，一物四名。《尸子》曰：堯鶉居。《莊子》，聖人鶉居而鷇食。又曰：吾未嘗爲牧，而牂生于奥，未嘗好田，而鶉生于宎。《埤雅》：鶉無常居，而有常匹。俗言此鳥淳惷，不越横草，遇小草即旋行避礙。《筆談》曰：古人取象，不必大物，天文家朱鳥，乃取象于鶉，南方朱鳥七宿曰鶉首、鶉火，鶉尾是也。鶉有丹白二種，此丹鶉也，色赤黄，鋭上秃下，夏出秋藏，飛必附草，皆火類也。或有魚所化者，魚鱗蟲龍之類，火之所自生也。天文，東方蒼龍七宿，有亢、有尾、有角。南方朱鳥七宿，有喙、有嗉、有翼，而無尾，此其取象于鶉與。《雅翼》：鶉居易容，食易給，竄伏淺草，隨地而安，故言上世之俗曰鶉居鷇食。尾特秃，若衣之短結，傳稱子夏貧，衣若懸鶉，性好鬬，物之小而健，無若此者。張爾公云：《月令·陳澔集》説：鴽，鶉鵪屬，非即鴽也。《爾雅》：鴽，鴾母。郭注，鵪也。又鷚，天鸙。郭注：大如鷃雀，色似鶉，好高飛作聲。據此説，江東呼鴽爲天鷚，青州呼鴽爲鴾母，是一物四名也。《餘冬緒録》云：《夏小正》：三月田鼠化爲鴽。注，鵪也，即鶉鵪。《莊子》，田鼠化爲鶉，十二支，神子水位，鼠屬水，午位乃鶉火之次，豈可移易。蓋三月大辰，候當出火，故田鼠至建辰月化爲鴽。九月當納火，而鴽于建酉月爲鼠者，辰巳伏也。子與午陰陽之極，神交爲變化如此，餘可類推。焦弱侯引《禽經》曰：雉上有丈，鷃上有赤。雉上飛能丈，故計丈曰雉。鷃上能赤，與尺通，亦作斥鷃，即鵪。《莊子》斥鷃是也。又，李時珍分鵪鶉爲二物，以鴽爲鵪。《通雅》曰：一物二種，無斑者鵪也，按《内則》，雉兔鶉鵪乃四物。又曰：爵鷃蜩范。又曰：鶉羹、雞羹絮醲之蓼，則鷃與鵪鶉，其非一物明矣。

清 方旭《蟲薈》卷一《羽蟲》 《爾雅正義》：鶉一名鵪，雄者名鶛，雌者名痺，其子名鳼。《詩經彙纂》：鶉初生曰羅鶉，至初秋曰早秋，中秋以後曰白唐。《本草綱目》：鶉大如雞雛，細頭無尾，毛黑色，有斑點。雄者足高，雌者足卑。性畏寒，夜飛晝伏，蝦蟇所化。旭按：鶉有化生者，有卵生者，故四時皆有。其性健鬭。人畜於布囊中，遇敵則出令鬭，負者殺之。《交州記》：南海有黄魚，九月化爲鶉，炙食甚美。《續詩傳鳥名卷》：鶉居不巢不穴，但偃伏草間。《灤陽消夏録》：凡夜捕鶉，先以藁秸插地如禾隴之狀，乃布網於上，以牛角作曲管，肖鶉聲吹之，鶉既集。微驚之，使漸入藁秸中，乃大聲驚之，則飛起，悉觸網矣。《埤雅》：鶉有常匹。《毛詩紬義》：鶉、鴽二鳥，顧野王混而同之，誤。

清　方旭《蟲薈》卷一《羽蟲·鴽》　《爾雅》：鴽，鴾母，其子鶉。註：鴽也。青州人呼鴾母。旭按：鴽即老扈也。其性不木棲，《禽經》謂之鸋鴳。《莊子》謂之斥鴳。郭璞謂之鴳雀。高誘謂之冠雀。狀似鶉而毛無斑點。好晨鳴，趣民收麥。《夏小正》：三月田鼠化爲鴽，八月鴽爲鼠。

清　方旭《蟲薈》卷一《羽蟲》　鵽鳩，《爾雅註》：鵽鳩，大如鴿，似雌雉。鼠腳，無後趾，歧尾。爲鳥憨急，羣飛。出北方沙漠地。《正義》：鵽鳩一名寇雉，一名泆泆。《玉篇》名冠雀，又名突厥雀。其足似人，而有毛。旭按：即蕃雀也。能食鳩鴿。《博物志》：鵽鳩，出關西。雌前雄後，隨其行止。

又　鵌《談薈》：鵌，灰白色。夷人呼木周兒。旭按：此即《爾雅》與鼵同穴之鵌也。郭註云：似鵽而小，黄黑色。餘詳鼵下。《天祿識餘》：鵌頂有毛角。

清　李鴻章　光緒《畿輔通志》卷七四《物産·禽屬》　鵪鶉，青州人謂之鴾母，周鴿謂之鴽，幽州謂之鵪。《吕覽注》宛鶉大於北鶉，以供御。《廣志》以玉田、豐潤、永平産者爲佳。毛勁者如竹葉，軟者如芙蓉。《城北集》鵪與鶉，兩物也。形狀相似，但黑色無斑者謂之鵪，今土人總稱之爲鵪鶉。灤平縣境內有鵪鶉溝，以地多鵪鶉，故名。《熱河志》

又　鐵腳，土人稱爲鐵雀。《承德府志》

又　鵽鳩大如鴿，腳無後趾，憨急羣飛。出北方沙漠地。一名沙雞亦名半翅。《爾雅注》褐色，昌平北山有之。或曰突厥雀，《唐書》：車鼻未叛，鳴鳩羣飛入塞，吏曰：「所謂突厥雀者，南飛寇必至。」《爾雅》名以「寇雉」，疑古即有此占矣。《芹城小志》其色淡黄，形如鴿，爪有毛。本朝天聰七年八月，鵽鳩羣集，國人皆曰：「遼東素無此鳥，今蒙古之雀來，必蒙古歸順之兆。」明年，察哈爾額來降。今豐寧等處有之。《熱河志》盤山有之，即沙雞也，一名鐵腳。《居易録》沙雞羣飛，多鳴，春初最多。《盤山志》

清　長順《吉林通志》卷三四《物産·禽屬》　鐵腳雀之大者，爪堅如鐵。置罔覆網取之，漏網者未幾復至，亦鳥之義而愚者。冬則羣飛入海。《盛京通志》

又　千里紅，頂有紅毛，喜食蘇子。俗呼蘇雀，又稱老羌雀。出俄羅斯地，雪後即來。網而取之，炙食極美。《盛京通志》

鳩

綜　述

《爾雅·釋鳥》　鶌鳩，鶻鵃。郭璞註：似山鵲而小，短尾，青黑色，多聲。今江東亦呼爲鶻鵃。鶌，居物切；鶻音骨，鵃音嘲。邢昺疏：《春秋左氏傳》云：鶻鳩氏司事也。杜《註》云：鶻鳩，鶻鵃也。春來秋去，故爲司事，即此鶌鳩也。舍人曰：鶌鳩一名鶻鵃，今之斑鳩。孫炎曰：鶌鳩一名鶻鵃。《月令》云：鳴鳩拂其羽。郭云：似山鵲而小，短尾，青黑色，多聲。今江東亦呼爲鶻鵃。案舊説及《廣雅》皆云斑鳩，非也。

爾雅·鶌鳩

宋　温革《分門瑣碎録·禽獸·鴿》　舶船愛養鴿，舶没，雖數千里，鴿能飛歸，以報其家，海瀕之人號曰鴿信。

宋　謝維新《古今合璧事類備要别集》卷七一《飛禽門》　《格物總論》：鳩類不一，按《左傳》五鳩曰祝鳩，曰睢鳩，曰鳴鳩，曰鶆鳩，曰鶻鳩。鶻鳩鶻鵃也。鶆鳩，鷹也。鳴鳩，鶻鵃也。亦名布穀牝牡似鷂而長尾，飛鳴，以翼相擊。睢鳩，王睢也。祝鳩，鵻鳩也。鵻鳩一名鵓鳩，一名斑鳩，一名斑鵻，一名斑隹。有斑者，有無斑者，有灰色者。有小者，有大者。春分化黄褐，候秋分化斑鵻。或有養之數年亦不見春秋分能化者。鴿亦鳩類數種，有白鴿黑鴿，或白與黑二色相雜，亦間有紫色者，有青灰色者，皆兩兩相匹，不雜交。人家多畜之，翔集屋間。又一種野鴿，色純青，不可馴狎，人多捕而食之。

清 陳大章《詩傳名物集覽》卷二《翩翩者鵻》《朱傳》：鵻，夫不也，今鵓鳩。凡鳥之短尾者，皆鵻屬。《毛傳》：鵻一宿之鳥。箋，一宿者，一意于所宿之木。又云，鳥之願謹者，人皆愛之。《詩緝》，鵻，鵓鳩也。一鳥十四名，鵻、隹其、鵓鳩、祝鳩、鳺鴀、鵴鳩、鶻鳩、楚鳩、鳻鳩、荆鳩、乳鳩、鵃鳩、鴓鳩、鷄鳩。《爾雅·隹其鳺鴀》注：今鵓鳩。《方言》：鳩，關東、周、鄭、韓、魏，謂之鵖鷎。其鳻鳩謂之鸊鷎，關西秦漢之間，謂之鵴鳩。其大者謂之鳻鳩，其小者謂之鴓鳩，或謂鷄鳩，或謂鵓鳩，或謂鶻鳩。梁宋之間，謂之鷦鷹。陸疏：今小鳩也，一名鵓鳩。幽州人或謂之鷱鵖。梁宋之間謂之鵻，揚州亦然。《左傳·郯子》云：祝鳩氏司徒也，注：祝鳩孝，故主教民。《禽經》鵻上無尋，鸈上無常，言二鳥之飛，不過尋丈也。《聽聲考詳》篇，雀聲慘毒，鳩聲慈念。《埤雅》，鵻，今鵓鳩，一曰祝鳩，或曰鵻，與尸鳩皆壹鳥也，故有尸祝之號。尸鳩性壹而慈，祝鳩性壹而孝。《禮》云：嘏以慈告，祝以孝告。今鵻類，賦尾皆促，故其字從隹。《說文》：隹，鳥之短尾總名也。《禽經》曰：拙莫如鳩，巧莫如鵲，今鳩巢止于數枝，纔能載身而已，鵲巧而危，鵻拙而安。《雅翼》：似斑鳩而臆無繡采，又頭有贅。物之拙者，不能爲巢，纔架數枝，往往破卵。無巢不能居，天將雨則逐其雌，霽則呼而反之。今人辨其聲，以爲無屋住云：鵻既孝鳥，故漢仲秋之月，縣皆按户比民，授民七十者玉杖，端以鳩鳥爲飾。《琴操》：舜耕歷山，思慕父母，見鳩與母俱飛鳴相哺食，感思作歌。說者曰：今之青鵻也。《歲時記》：四月有鳥如烏，先雞而鳴，聲云加格加格，民候此鳥鳴則入田，以爲催人犂格也。《爾雅》，烏即鴡鵴鳩。《淮南》云：夏孟之日，以熟穀禾，鴶鳩長鳴，爲帝候歲。蓋亦謂此。按嚴氏舉鵻一鳥十四名，一曰鳻鳩。《方言》謂大者爲鳻鳩。《埤雅》云：即今鳻鳩。據張華《禽經注》云：班次序也，凡哺朝從上下，暮從下上，他鳥皆否，其爲鳲鳩無疑矣。《廣要》云：昔人能辨鳴鳩非班鳩，不能辨班鳩是鳲鳩，皆泥斑文之斑，不知班列之班也。凡鳩皆好鳴，故馮衍《逐婦書》云：口如布穀。羅氏遂混鳴鳩、鳲鳩爲一鳥，與陸氏分疏之意甚相矛盾。

清 陳大章《詩傳名物集覽》卷一《維鳩居之》《毛傳》：鳩，鳲鳩，秸鞠也。《釋鳥》：鳲鳩，鴶鵴，《疏》：《左傳》云，鳲鳩氏司空。《詩》云「維鳩居之」謂此。郭云：今之布穀，江東呼爲穫穀。《方言》云：戴勝。謝氏云：布穀類也。陸璣疏：今梁宋之間，謂布穀爲鴶鵴，一名擊穀，一名桑鳩，按戴勝自生穴中，不巢生。而《方言》云：戴勝，非也。《禽經》：鳩拙而安。《注》，鳲鳩也。《禮記·仲春之月》：鷹化爲鳩，然後設罻羅，季春鳴鳩拂羽。《列子》，鷂之爲鸇，鸇之爲布穀，布穀久復爲鷂。《方言》：鳩自關而東，謂之鵖鷎，大者謂之頒鳩。《埤雅》：鳲鳩一名搏黍，今之布穀，江東呼爲郭公，牝牡飛鳴，以翼相拂，不自爲巢，居鵲之成巢，有均一之德，蓋其哺子朝自上而下，暮自下而上者，均也。其子在梅、在棘、在榛，已常在桑者，一也。一者，婦道也，妻道也。均者，母道也。小君之道，均以制節，一以謹度，故《詩》以況夫人。《周官》，羅氏仲春獻鳩，以養國老者。鳩性不噎，食之復助氣故也。《雅翼》：此鳥鳴時，正值播種，故曰布穀，似鷂長尾，好鳴之鳥，故《月令》謂之鳴鳩。《續漢禮儀志》，年七十者授之玉杖，八十九十有加禮，杖長九尺，端以鳩爲飾，欲老人不噎，以愛民也。歐陽永叔云：今所謂布穀、戴勝者，與鳩絶異。惟今人直謂之鳩者，拙鳥也，不能作巢，多在屋瓦間，或于樹上架構樹枝，初不成窠，便以生子，往往墜雛。鵲作巢甚堅，既生雛散飛，則棄而去，容有鳩來處彼空巢。詩緝，一名桑鳩，仲春鷹所化爲鳩也，或謂之題肩，齊人謂之擊正。《禽經》：一鳥曰隹，二鳥曰雔，三鳥曰朋，四鳥曰乘，五鳥曰雇，六鳥曰鶂，七鳥曰鴇，八鳥曰鸞，九鳥曰鳩，十鳥曰章。鳩字從九以此。《名物疏》，揚雄《方言》，尸鳩或謂戴勝，邢氏已辨其非。又云：或謂之鵀鶝，此即《釋鳥》所云，鵀，鵖鴔，非尸鳩也。其他鶌鳺鵬鶌鶫諸異名，皆不足據。羅願以爲即《月令》之鳴鳩。據馮衍《逐婦書》云：口如布穀，則此鳥亦多聲者，但鳴鳩自是鶻鵃，非鳲鳩也。羅氏之言，失詳究矣。依歐陽氏，則拙鳩別是一種，不在《左傳》五鳩之內。此蓋以時驗知之，或得其實，然古之釋《詩》者，皆謂鳲鳩有均壹之德，故以比夫人，若但拙而已，安足稱乎。《後漢書》楊由曰：向社中木上有鳩鬬，此兵象也，又聚也，鳩能聚陽氣，故取義于聚。《舜典》，共工方鳩僝功，注，僝見也。言鳩聚見其功也。《左傳·釋三國之圖》：「以鳩其民。」

《國語》庶可以鑑而鳩趙宗乎，《庶物異名疏》，斑鳩春分化爲黃褐侯。《本草》曰，春化爲黃褐侯，秋分化斑鵻，即青鵻也。黃褐言其色。《埤雅》引之，言所鳴有禍，傅會甚矣。《通雅》凡小鳥皆曰隹，音錐，曰夫不曰鵻，曰荆鳩，皆是鳩之子，曰鵓鳩，曰役鳩，曰糠鳩，曰郎皋，曰辟皋，以其文曰錦鳩。五鳩以祝鳩性壹而孝爲司徒，祝鳩養老也。尸鳩壹而慈，鴡鳩司馬，鶚也。鷞鳩司寇，鷹也。鶌鳩司事，則鶻鵃鶯也。鳲鳩，布穀也，所謂郭公化鷂者即此。

清　陳大章《詩傳名物集覽》卷一《于嗟鳩兮》　《朱傳》：鳩，鶻鳩也，似山雀而小，短尾，青黑色多聲。《毛傳》：鳩，鶻鳩也。《爾雅》：鶌鳩鶻鵃，舍人曰：今之斑鳩。某氏曰：《春秋》云，鶻鳩氏司事，春來秋去。孫炎曰：一名鳴鳩。《月令》：鳴鳩拂其羽。郭璞曰：似山鵲而小，短尾，青黑色多聲，今江東亦呼爲鶻鵃。「宛彼鳴鳩」，亦此鳩也。《本草》鶻嘲南北總有，似鵲，尾短黑色，在深林間，飛翔不遠。《廣雅》：鶻鵃鴿鳩也。《埤雅》：鶌鳩一名鳴鳩，一名鷽鳩。《莊子》所謂蜩與鷽鳩笑之者也，似山鵲而小。《釋鳥》曰：鷽，山鵲也，多聲，故名鳴鳩。鳴鳩小物，決起而飛搶榆枋，時則不至，控于地而已矣。陸璣云：鶻鳩一名斑鳩，蓋斑鳩似鵓鳩而大，鵓鳩灰色無繡項，陰則屏逐其匹，晴則呼之。語曰天將雨，鳩逐婦者是也，斑鳩項有繡文斑然，故曰斑鳩，與此鶻鳩全異。璣之言非，今此鳥喜朝鳴，故曰鶻嘲也。凡鳥朝鳴曰嘲，夜鳴曰啝。《禽經》曰：林鳥以朝嘲，水鳥以夜啝，今林棲多朝鳴，水宿多夜叫。啝音夜，字見《龍龕手鑑》。《周書·時訓》云：穀雨又五日，鳴鳩拂其羽，鳴鳩不拂其羽，國不治兵。許叔重云：鳴鳩奮迅其羽，直刺上飛數千丈，入雲中。《名物解》：鳴鳩或謂之鵲鳩，或謂之鶻鵃。凡名鳥者，必有所善，鳴鳩善鳴者也。春者啓之時，秋者閉之時，鳴鳩以啓來而閉去，故鶻鳩氏爲司事，臣以骨鯁爲任，而非倡和者，故命官以鶻鳩而不謂之鳴鳩也。

清　周魯《類書纂要》卷三三《飛禽類》　鳩，少皞紀官，祝鳩氏司徒也，鴡鳩氏司馬也。鳲鳩氏司空也，爽鳩氏司寇也，鶻鳩氏司事也，王鳩氏司共也。　雎鳩，一名王鳩，狀類鳧鷖。　鳲鳩，鳲鳩在桑，其子在梅，所生七子，飼其子朝從上而下，暮從下而上，平均如一。　鳴鳩　鳴鳩拂其羽，戴勝降于霜。　斑鳩，斑鳩一名鵓鳩，一名布谷，一名鶻鳩，一名鳴鳩，一名鵲鶘，一名擎穀，一名鳲鳩，一名搏黍鳩，不噎之鳥也。在桑　鳲鳩在桑，其子在梅。　食桑椹，吁嗟鳩兮無桑椹，吁嗟女兮無與士耽。　鳩杖，八十九十老人賜杖，刻爲鳩形，取其不噎。　錦翼，班然錦翼花簇簇，雌雄相隨樂不足，抱雛生處翅羽成，豈料一朝還反目，人生嫁雞逐雞飛，安知嫁鳩被鳩逐。　陰逐婦，天將陰，鳴鳩遂婦，鳴中林，鳩婦怒啼無好音。天雨止，鳩呼婦歸鳴且喜，歸不亟，還呼不已，逐之（其）去，恨不早呼不肯來，固其理。　陰逐晴呼，楚人因此卜陰晴，陰逐陽呼無定聲，上林有枝並可宿，雨巢無處能相停。　首政鳴春，白鳩之白詩與隣，霜衣雪，襟誠可珍。令哺七子能平均，食不咽，性安馴，首農政，鳴陽春。　雛小鳩也，左傳謂之祝鳩。　小人捕，鶬鸞不常見，君子慕焉，鷽鳩常見，小人捕焉。　改鳴，梟飛逢鳩，鳩曰：子將安之，梟曰：我將東征，西方皆惡我聲。鳩曰：子能改鳴則可，不能改鳴，東徙猶惡子之聲也。　獻鳩，孔叢子邯鄲人，正旦獻鳩于趙簡子，厚賞之，客曰：正旦放鳩厚恩也，得賞競捕之，不如勿賞之。簡子曰：善。　放鳩滎陽有厄井，沛公避項羽時雙鳩集井上。故漢世正旦放鳩。　白鳩郎，鄭弘遷臨淮太守，郡民涂憲居喪致哀。白鳩巢户側，弘舉爲孝產，朝廷稱白鳩郎。　金鈎神，京兆長安張氏獨處，室有鳩自外入，止于床，張氏患之，祝曰：鳩來爲我禍耶，飛上啄塵爲福耶。來入我懷，鳩飛入懷，以手援之得一金帶鈎焉，是後子孫昌盛，蜀客聞之，厚賂婢，婢□以與，張既失鈎，家遂衰耗，蜀客亦窮厄，或告之曰：天命也，不可力求，于是還張，張復昌。　送鳩毛傳好食鳩，人與已相得必以鳩贈之，一日，李翔送十二籃。　鳩集簷下鎮州王庭湊始生，常有鳩數十，朝集庭樹，暮集簷下。　題鳩踰意，成化間進士李文祥有才名，與閣老萬安孫弘璧同年，安引文祥附已，使弘璧延款于家，出匣鳩，請詩文，祥題之，末句云：春來風雨尋常事，莫把天恩作已恩。安深銜之，後除爲縣丞。　鳴鳩和尚，鄧州和尚日食二鳩，有貧士心求飡，分二足與食，食訖，僧盥漱，雙鳩從口出一能行。一匍匐在地，士愕，一吐二足亦出，號南陽鳴鳩和尚。　鳩婦，作俞莫作鳴鳩婦，一生離別隨風雨。

清　王念孫《廣雅疏證》卷一〇下《釋鳥》　鵖鵯，鳩也。鳩之總名，曰：鵖鵯。其大而有班者，謂之鳻鳩。小而無班者，謂之鵴鳩。故此及下文分別釋之。《方言》鳩，自關而東周鄭之郊，韓魏之都，謂之鵖鵯。是鵖鵯，爲鳩之總名也。《方言》又云：其鴉鳩謂之鸊鵯，自關而西，秦漢之間謂之鵴鳩。其大者謂之鳻鳩，其小者謂之鴉鳩。或謂之鷄鳩，或謂之鵓鳩，或謂之鶻鳩。梁宋之閒謂之鵻。郭璞注云：鳻音班。鴉鳩，今荆鳩也。是鳻鳩，即班鳩，字或作鳻，鳩之大者也。鴉鳩、鸊鵯、鵴鳩、鷄鳩、鵓鳩，則鳩之小者也。鳩之大者，《爾雅》所謂鷗鳩，鶻鵃也。舍人注云：鷗鳩，一名鶻鵃，今之班鳩。樊光引昭十七年《春秋·傳》云：鶻鳩氏司事，春來冬去。孫炎云：鶻鵃一名鳴鳩。引《月令》云：鳴鳩拂其羽。《衛風·氓》篇《傳》云：鳩，鶻鳩也。《小雅·小宛》《傳》云：鳴鳩，鶻雕也，雕與鵃通。《義疏》云：班鳩也。桂陽人謂之班隹，似鵓鳩而大，項有繡文班，然故曰班鳩。高誘注《吕氏春秋·季春紀》云：鳴鳩，班鳩也。是月拂擊其羽，直刺上飛數十丈，乃復者是也。《夏小正》云：三月鳴鳩。《東京賦》云：鶻鵃，春鳴。是班鳩，繡項而能鳴，故晉·傅咸《班鳩賦》云：體郁，郁以敷文，音邕邕而有序也。凡此皆謂鳩之大者也，鳩之小者，《爾雅》所謂鵻，其鳺鴀也。李巡注云：鳺鴀，一名鵻，今楚鳩也。樊光引《春秋·傳》云：祝鳩氏司徒。祝鳩，即鵻，其鳺鴀孝，故爲司徒。郭璞云：今鵓鳩也。鵓之爲言，猶鳺鴀也。《説文》云：鵻，祝鳩也。《衆經音義》卷十六引《通俗文》云：隹其謂之鵓鳩。《小雅·四牡》篇：翩翩者鵻。《傳》云：鵻，夫不也。箋云：夫不鳥之慤謹者，人皆愛之。《南有嘉魚》篇《傳》云：鵻，壹宿之鳥也。箋云：壹宿者，壹意於其所宿之木也。《義疏》云：鵻，今小鳩也。一名鵓鳩，幽州人或謂之鶉鵖。梁宋之閒謂之隹，揚州人亦然。又云：鵓鳩，灰色，無繡項。陰則屏逐其匹，晴則呼之。語曰：天將雨，鳩逐婦，是也。鵓鳩小於班鳩，故謂之鵽鳩，亦若小矛謂之殺矣。舍人謂之楚鳩。郭璞謂之荆鳩，荆猶楚也。《水經·濟水》注引《廣志》云：楚鳩，一名嗥啁。《高唐賦》云：正冥楚鳩，又謂之學鳩。《莊子·逍遥遊》篇蜩與學鳩。司馬彪云：學鳩，小鳩也。凡此皆謂鳩之小者也。諸書以鶻鳩爲班鳩，乃是鳩之大者。而《方言》云：其小者或謂之鶻鳩。《爾雅·釋文》引《字林》亦云：鶻鵃，小種鳩也，與《廣雅》異。《左傳正義》引郭璞《爾雅·音義》云：鶻鵃今江東亦呼爲鶻鵃，似山鵲，而小，短尾，青黑色，多聲。即是此也。舊説及《廣雅》皆云：班鳩，非也。亦與《廣雅》異，未知孰是。

清　陳昌齊　道光《廣東通志》卷九九《物産·羽族類》　鳩，《南方草木狀》曰：番鳩，生海邊土穴中。里民常以臘月、正月捕食。味如蟹，過十餘日不可食。合浦有之。同上鳩有二種，出青鳩、埠盛。於四月不食穀，傳爲魚變。《廉州府志》

綠鳩，似斑鳩，而色綠。自廣西來。相傳每年九月黃魚所化。粵東甚貴，而粵西以之充庖。《嶺南雜記》

鶉。《南方草木狀》：頸短頭細。黃魚以九月因秋風而變鶉。吏民捕取鹽炙，滋味肥美，出交阯、合浦。《黃志》

清　方旭《蟲薈》卷一《羽蟲》　《本草綱目》：鴿即鵓鴿，一名飛奴。《梵書》名迦布德迦。旭按：鴿處處有之。色不一。每月生兩子。其矢浸水蒸猪肝與小兒食，可治疳積。《正字通》：凡鳥，雄乘雌。鴿，雌乘雄。《經驗良方》：除夕煮白鴿飼小兒，復以毛煎湯浴之，則出痘稀少。《事林廣記》：白鴿，血解藥毒及蠱毒。《支雅》：西蜀無鴿。

清　方旭《蟲薈》卷一《羽蟲·鳲鳩》　《爾雅》：鳲鳩，鴶鵴。註：今布穀也。江東呼穫穀。旭按：此即居鵲巢之鳩也。《月令》呼鳴鳩，或又呼桑鳩，又呼博穀，又呼擊穀，又呼郭公。《方言》云：即戴鵀，誤。今二三月有之，穀雨後鳴，夏至後止。《正字通》：布穀名不一，各因聲似而呼之。如俗呼阿公、阿婆、割麥、插禾、脱却、破袴之類。其鳴可爲農候。《韻彙》：布穀別名⿰革鳥。《本草拾遺》：布穀似鷂，長尾。飛則以翼相拂擊。《禮記義疏》：鷹化爲鳩。鄭氏康成曰：鳩搏穀也。旭按：鷹以正月化鳩，鳩以五月化鷹。《毛詩集傳》：鳲鳩，養子，朝從上下，暮從下上，均平如一。

清　方旭《蟲薈》卷一《羽蟲》　綠鳩，《嶺南雜記》：綠鳩，似斑鳩，色綠。相傳九月黃魚所化。粵東甚珍貴，而粵西以充庖。旭按：此與下綠鳩異。

又　鷑鳩　《爾雅》：鷑鳩，鵧鷑。旭按：鵧鷑，高誘《淮南子註》作裨笠，即《廣雅》之車搹鶝秖也。能逐烏及鷹鶻，故一名鴉舅。江東名烏□，或又名鐵鸚鵡。南人名鳳凰皂隸。三四月有之，狀似鳩，毛黑，有冠。先雞而鳴，故京西村人名夏雞。其聲如云加加格格者，故或又名駕犁。滇人名榨油郎。歐陽修謂之鵯鵊鳥。後人訛爲批鵊鳥。羅願云：即祝鳩。李時珍云：即戴勝。二説俱非。《淮南子》：烏力勝日而服於鵻禮。註：鵻禮，《爾雅》：裨笠也。

又　青鵻，《正字通》：青鵻，似鳩，綠褐色。一名黃褐侯。《駢雅》：黃褐侯，綠鳩也。旭按：或説綠鳩，一名鳴。其類有五彩者，名彩鳩。《本草綱目》：今夏月一種，微帶紅色，小而成羣者，恐即掌禹錫所謂黃褐侯。秋化斑鵻者也。好食桑椹及半夏苗。陳藏器曰：黃褐侯，聲如小兒吹竽。

又　灌灌，《南山經》：青□山有鳥曰灌灌，其狀如鳩。其音若呵佩之不惑。

又　念佛鳥，《九華山志》：念佛鳥，大如鳩，羽毛黃褐，翠碧相間而成文。其聲清滑如念佛，一名念佛子。旭按：或説念佛鳥，毛青黑色。又峨眉山有一種佛現鳥，其山放光前一二日則鳴。云施主發心，菩薩來到。光既散又鳴云：施主布施，菩薩去了。或亦此類。又《佛經》言一種迦陵頻伽共，命之鳥，一身二首。其鳥未出殼時，即發音微妙，一切天人皆莫能及。惟佛音似之。

清　方旭《蟲薈》卷一《羽蟲·祝鳩》　《説文》：隹，祝鳩也。《字典》：隹名不一，曰隹其，曰𪁉鴀，曰祝鳩，曰鵻鳩，曰鵃鳩，曰楚鳩，曰荆鳩，曰鶉鳩，曰康鳩，曰鵴鳩，曰頒鳩，曰乳鳩，曰鷗鶌，曰鶌鶌，皆其異名也。《本草綱目》：斑鳩，一名斑隹，一名錦鳩，一名鶉鳩，一名祝鳩。其小而灰色，及大而斑如梨花點者，並不善鳴。惟項下有斑如真珠者，聲大能鳴。其性慤孝，而拙於爲巢。祇架數莖，往往墮卵。天將雨即逐其雌，晴則呼而反之。或曰雄呼晴，雌呼雨。其肉無毒，食之不噎。寇宗奭曰：久病，人食之，補氣。旭按：斑鳩，即祝鳩。今之步姑也。至鶉鳩與祝鳩，非一物。説見《毛詩稽古編》、《文選註》：楚鳩，一名嗶啁。

清　李鴻章　光緒《畿輔通志》卷七四《物産·禽屬》　鳩，邯鄲之人以正月之旦獻鳩於簡子，簡子大悦，厚賞之，《孔叢子》。自關而東謂之戴勝，燕之東北朝鮮洌水之間謂之鶝鴀。《方言》鵙鳩，深目，目上骨露，幽州人謂之鷲隹。鶉鳩，幽州人謂之鶻鵃。《蟲魚草木鳥獸蔬》鳩類甚多，今土人多呼爲斑鳩。《熱河志》

又　鴿，李時珍曰：處處人家畜之。亦有野鴿，名品雖多，大約毛羽不過青、白、皂、緑、鵲斑、數色，眼目有大、小、黄、赤、緑色而已。亦與鳩爲匹偶。《本草綱目》近京師花兒布鬻黄鴿二，毛羽作黄金色，索值甚高。《居易緣》

清　吴寶芝《花木鳥獸集類》卷中《鴿》　曲阜人顔清甫，顔子四十八代孫，嘗卧病。其幼子偶彈一鴿，歸以供膳。於哨翎間得書一緘，題云：家書付男郭禹。禹乃曲阜縣尹郭仲賢也。其父自真定寄至者，時仲賢改授遠平縣尹去，鴿未及知，盤桓尋覔，蓋被彈之。清甫見之，責其子，更取木匣函死鴿。候病少愈，直底仲賢官所，獻書與鴿，且語其故。仲賢感然曰：畜此鴿已十七年矣，凡有家書雖隔數千里，亦能傳致，真異禽也。命左右瘞之。以清甫長厚君子，留之累日，及仲賢知霍州，召清甫長子國補州吏。　隋時宴可汗使者，有鴿鳴於梁上，帝命崔彭武射之，即中。上大悦，由是彭武善射聞朝庭。《國史補》：舶船發海必養鴿，如舶没，雖數千里亦能歸其家。《酉陽雜俎》：大理丞鄭復禮言，波斯舶上多養鴿，行數千里輒放一隻至家，以爲平安信。《倦遊録記》：得金籠，放雪衣，注：雪衣，白鴿也。

清　周魯《類書纂要》卷三三《飛禽類》　盤空風鈴，孤來有野鴿，嘴眼肖鶺鴒，一日偶出羣，盤空恣喜遊，誰惜風鈴響，朝朝聲不休。　金眼花毛，顧潛庵詩：日影躍翻金眼目，花紋粧點錦毛衣。　添研水，楊山禪師寫經，有鴿爲添硯水。　金籠放雪衣，鞏大鄉善事權貴，王丞相生日籠鴿，一一放之，每一放祝曰，願相公百二十歲，故東坡詩：記得金籠放雪衣。　成羣認屋，翱翔日下成羣去，摇曳雲間認屋歸。　天面，隴頭地凍閑牛鐸，天面無風響鴿鈴。　飛奴，張九齡少年時養羣鴿，每與親知書繫鴿足，能□所教飛往投之，目之爲飛奴焉。　金盆，黄筌蜀人善畫翎毛，常畫金盆鵓鴿圖，世稱絶筆。

藝　文

晉　傅咸《班鳩賦并序》　予舍下種楸，蔚然成林。閑居無爲，有時遊之。顧見班鳩，音聲可悦。于是捕而畜之，既而擾馴，出之于籠，無何失去。其後，時時一來飛翔，似有戀焉。故聊爲之賦。　集茂樹之蔭蔚，登弱枝以容與。體郁郁以敷文，音邕邕而有序。情欽樂而是悦，遂籠之于前寓。爾乃飲以神泉，食之稻粱。朝憩椒塗，夕宿蘭房。時連翩于庭柯，見飛燕之頡頏。慨感物而哀鳴，聲楚切以懷傷。仰華林而矯翼，紛憎逝而高翔。

清　吴寶芝《花木鳥獸集類》　李白《遊悟真寺》詩：往有寫經僧，身静心精專。感彼雲外鴿，羣飛何翩翩。來添硯中水，去吸巖底泉。　宋梅聖俞《鴿》詩：孤來有野鴿，觜眼肖春鳩。饑腸欲得食，立我南屋頭。我見如不見，夜去向何求。一日偶出郡，盤空恣嬉遊。誰借風鈴響，朝朝聲不休。饑色猶未改，翻翅如我仇。炳哉有靈鳳，夭折爲爾儔。翕翼處其間，顧我獨遲留。鳳至吾道行，鳳去吾道休。鴿乎何所爲，勿汚吾鐺甌。

清　愛新覺羅玄燁《鳩》　小軒夏云半，嘉蔭誠清絶。疏簾隔塵囂，翠簟含冰雪。何來鳴鳩聲，得得出林樾。拂雨遇春時，唤霖當夏月。物各有天性，人自生分别。何喜噪簷鵲，何愁杜鵑血。何勞布穀催，何悲烏夜咽。而我聞鳩鳴，亦復怡然悦。卜雨愜我情，稍解中心結。

鸜鵒

綜　述

唐　段公路《北户録》卷一《赤白吉了》　某年，普寧有廉州民獲赤白吉了各一頭，獻於刺史者。其赤者尋卒，白者久而能言，凡笑語悉皆斆人，斯珍禽也。吉了身黑觜赤，首戴黄冠，善斆人笑言聲明，切於鸚鵡，好食雞子飯也。愚按：雲物上瑞，鳥獸中瑞，草木下瑞。夫聖人至德所臨，則嘉祥必見。故前有引赤雀、白雀、赤烏、白烏、赤鷰、白鷰之流衆矣。《瑞應圖》曰：赤雀，瑞鳥也。云云。又孫氏曰：王者奉己儉約，尊事耆老則見。秦繆公出狩至于咸陽，日稷庚午，天震大雷，有火下化爲白雀，銜緑丹書集公車。公俯取其書言，繆公之霸訖胡亥。秦家世事又禮稽命徵曰：得禮之制，澤谷之中有赤烏焉。《孝經·援神契》曰：德至鳥獸，則白烏下。又熊氏《瑞應圖》曰：王者八要有序，經緯不差應時之性命。則赤鷰銜丹書而至，白鷰事略同也。愚又見顧野王以遠方所貢赤白鸚鵡編爲瑞者，今因録赤白吉了亦請附焉。《家記》曰：文帝元嘉中，湘州獻赤鸚鵡。臧榮緒《晉書》曰：義熙中，林邑獻白鸚鵡也。

宋 謝維新《古今合璧事類備要别集·飛禽門》《格物總論》：鸚鵡，能言鳥，有慧性。大如鶴，朱味鉤吻，翠頂，金眼玄項，碧羽頳足，翠尾，尾長。凡鳥四指，三向前，一向後。此獨兩指向前，兩指向後。行則以口啄地，然後足從之。言語音圓滑，亦最惜毛羽，喜潔浄惡垢汚。又有白者秦吉了，大約似鸚鵡，腦有黄肉冠。時樂鳥丹首，紅臆，朱冠，緑翼，鶯領，文背糅以五色，與鸚鵡狀亦同而毛尾全異。其心聰慧，護主報恩，尤非凡禽比鳴。云天下太平有道則見，皆嶺南所産。靈鳥也。

宋 温革《分門瑣碎録·禽獸》 長安豪民楊崇義，妻劉氏與隣舍兒李弇私通，同謀害崇義枯井中，僕妾並無所覺，惟有鸚鵡在架上。劉氏經府陳詞，言其夫不歸，慮爲人所害。日夜捕賊，拷捶數百人，莫究其弊。縣再詣檢校，架上鸚鵡忽然聲冤，曰：「殺家主者，劉氏李弇也。」遂執訊得實。明皇封爲緑衣使者。

明 王圻《稗史彙編》卷一五九 鸚鵡瘴，廣南道多鸚鵡，養之忌以手頓觸其背，犯者甚多病顫而卒。土人謂爲鸚鵡瘴，偶親驗之。

又 鸚鵡腊　鸚鵡近海郡尤多，民或以鸚鵡爲鮓，又以爲腊，皆以其易得故也。南人養鸚鵡者云，此物出炎方，北方冷則發瘴禁戰，如人患寒熱，以餘甘子飼之則愈，不然必死。

清 趙吉士《寄園寄所寄》卷七 鸚鵡摩背而瘖，鴝鵒剔舌而語。鸚鵡出隴西，能言鳥也。人以手撫拭其背，則瘖瘂。鴝鵒今人育其雛，以竹刀剔舌本，教之言語，又能作鴝鵒舞。扶老强力，鶺鴒友悌。《古今注》云：扶老，秃鶖也，狀如鶴，大者高七八尺，善與人鬬，好啗蛇。脯炙食之，益人氣力，行走如奔馬。鶺鴒雀屬。《爾雅》曰：「雝渠。」毛詩曰：「水鳥也。」大於雀，高尺，尾尖長，喙黑，頸青灰色，腹白。飛則鳴，行則摇。又曰：「鶺鴒在原，兄弟急難。」鶺鴒其母者，飛鳴不相離。詩人取以喻兄弟相友之道也。宲寮雝□，鴻儀□序。鶡鵲啁啁，下齊衆廡。

清 周魯《類書纂要》卷三三《飛禽類·鸚鵡》 鸚鵡出黄山。一名鸚哥，一名□禽，一名慧鳥，一名鸚母。

清 陳昌齊 道光《廣東通志·物産·羽族類》 鸚鵡，《南方異物志》曰：有三種，一種青，大如烏臼。一種白，大如鴟鴞。一種五色，大如青而小於白者。凡鳥四指，三向前，一向後。此鳥兩指向前，兩指向後。行則以口啄地，然後足從之。又曰廣管雷、羅、春、勤等州多鸚鵡。翠毛丹嘴，可效人音。但不及隴山者，每羣飛數百，山果熟時，遇之立盡。忌以手捫背，犯者即不飲不啄而卒。余寓番禺，曾游新會，遇安南歡好，使麴將軍。名承美。見養一鸚鵡，背尾有深淺翠毛。臆前淡紫嫩紅間出。兩髀别垂黄毛。翅尾甚奇。《雲南行記》曰：新安城路多縵山，盡是松林。其上多鸚鵡飛鳴。竺法真《登羅浮山記》曰：山中有純白鸚鵡。《太平御覽》余在欽於聶守，見白鸚鵡、紅鸚鵡。白者大如小鵝，羽有粉如蝶翅。紅者其色正紅。然皆不能言，徒有其表爾。欽州有鸚哥，頗慧，易教。土人不雅好，惟福建人在欽者時，或教之歌，乃成閩音。此禽羣飛，舉網掩羣，臠以爲鮓，物之不幸如此。《嶺外代答》大者名鸚鵡，小者名鸚哥。《本草綱目》吴川石城出鸚鵡。《廣輿記》謹案：《太平御覽》又曰：一則内麴承美。今《五代史》諸書皆作曲承美，未知孰是。此則疑是。《嶺表録異》：劉恂，唐昭宗時人，隨嗣薛王，知廣州，所以得見承美也。

清 陳昌齊 道光《廣東通志》卷九九《物産·獸類》 外蕃鳥獸附　鸚鵡，有大紅者，毛内黄。大緑者，毛内赤。有純白者，五色者，翅作縹青，黄裡白腹。五色者常棲丁香樹上。以丁香未熟者爲餌，子既收則啄其皮。能兼蕃漢語，拊其背則瘖。《漢門紀略》

清 陳昌齊 道光《廣東通志》卷九九《物産·羽族類》 秦吉了，嶺南有鳥似鸜鵒，養之久則能言，名吉了。《通典》即了哥，唐時作結，遼番音也。出嶺南容管廉邕峒中。紺黑，夾腦，有黄肉（冠），丹咮，黄距，人舌，人目，目下連頸，有深黄文。能效人言，亦有色白者。《本草綱目》有三種。眼黄者金了爲上。眼白者銀了爲次。眼黑者鐵了爲下。産瓊州。又《羅浮志》青雞似秦吉了，稍大，尾長，頭一點丹砂。《郝志》

清 方旭《蟲薈》卷一《羽蟲》 《本草綱目》：鸚鵡，一名乾皐，有數種。緑者出隴蜀、滇南、交廣諸地，大如烏鵲，數百群飛，南人以爲鮓食。紅者紫赤色，大亦如之。白者出西洋、南番，大如母雞。五色者出海外，均丹咮，鈎吻，長尾，赤足，金睛，深目，目瞼上下皆能眨動，舌如嬰兒，能言語，指前後各二。其性畏寒冷，即發顫如瘴而死。惟飼以餘甘子，可解。旭按：鸚鵡白色者，其頂有毛角時放花，或淡黄色，或緑色，玲瓏可愛。其毛以手撫之，有粉粘指掌，如蛺蝶翅。《廣輿記》：鸚鵡産陝西、四川、廣東。白者産爪哇。《隴蜀餘聞》：鸚鵡有純赤，而兩翅緑如翠者。《北户録》：畜鸚鵡勿以手觸其背，犯者多病顫而卒，名鸚鵡瘴。《禽經註》：鸚鵡以手拊其背，則啞。《倦游録》：海中有黄魚，能化鸚鵡。《清異録》：武宗名鸚鵡曰辯哥。《正字通》：鸚鵡，李昉呼隴客，或又呼西客。《梵書》呼臊陀。

清 方旭《蟲薈》卷一《羽蟲》 秦吉了，《本草綱目》：秦吉了一名了哥。《唐書》作結遼鳥，出嶺南容管廉邕諸州，大如鸜鵒。紺黑色，夾腦有黄肉冠，如人耳。丹咮黄距，人舌人目，目下連頸，有深黄文。頂毛有分縫。能效人言，音頗雄重。畜者以熟雞子和飯飼之。亦有白色者。《廣輿記》：秦吉了産兩廣及四川。

又 時樂鳥《格物總論》：時樂鳥似鸚鵡，而毛尾全異。其心尤聰慧，非凡鳥也。天下有道乃見。

清 周魯《類書纂要》卷三三《飛禽類》 靈禽，西域靈禽，能言。凡鳥四指，三向前，一向後。此鳥四指，兩前兩後。行則以口喙地，然後足隨之，目有三種。翠矜紫毛，鳳翔，鸞趾，孔質，雁息，丹喙，緑毛，翠衿，又：其毛色或蒼緑，或紫赤，喙曲如鶚，而目深，行如鳩雀而效人言，故見殊貴。緗翼、惠性、紅臆、靈息、能言、翼襟、天機、奇姿、緑襟、采采、咬咬，並鸚鵡名。大如鶏母，扶南東有漲海，時出五色鸚鵡，白者大如雞母。綺翼緑，領綺翼，紅衿翠裳，碧鶏邱而寢色，金鵝對而韜光，游萬年之木末，翫四照于花叢。過吴江，鸚鵡來過吴江水，江上州傳鸚鵡飛。辭金殿，落羽辭金殿，孤鳴托繡衣，能言終見棄還向隴山飛。語分明，錯認雕籠翠羽殘，江南地暖隴西寒，勸君不用分明語，語得分明出轉難。時樂鳥，明皇時有五色鸚鵡能言，上令左右試牽帝衣，鳥輒瞋目叱咤，張燕公有表賀，稱爲時樂鳥。丐還貞觀五年獻女樂二，太宗曰，比林邑獻鸚鵡言思鄉丐還，况于人乎，付使者還之。又有獻五色鸚鵡，白鸚鵡數訴寒，有詔還之。白鸚鵡，韓偓與姚洎皆爲翰林學士從昭宗幸岐，偓每與兩敕使會碁，兩使稍不勝，洎即以手壞之，偓呼爲白鸚鵡。鸚母，諸葛恪在吴，主座有鳥飛過，恪曰白頭翁，張昭在座，疑恪譏之，乃曰恪欺陛下，不聞有鳥名白頭翁，若有請覓白頭母，恪問鳥有鸚母，請覓鸚父，昭不能對。獻鸚鵡，晉安帝義熙十四年秋，林邑獻白鸚鵡帝不納之。又：漢興平元年益州獻鸚鵡三，帝謂無益，詔付安西將軍楊定國，令還本土。救火，有鸚鵡飛集山中，禽獸輒有愛重之，去後山中有火，鸚鵡入水霑羽飛灑之，天神用：汝雖有志何足云，鸚鵡曰：常僑止此山，禽獸行善，不忍見加，天神感之，爲雨滅火。折翼武后謂狄仁傑曰：昨夢鸚鵡折翼，何也，曰無輔也。琵琶呼蔡確貶新州，侍兒名琵琶，有鸚鵡甚慧。確每扣響板，鸚鵡呼其名。琵琶卒後響板扣，猶傳呼，確抱恨有詩曰：鸚鵡言猶在，琵琶事已非，傷心瘴江水，同度不同歸。黄鸚鵡雲南鎮守太監遣人往百夷求得黄鸚鵡，邀巡撫雲南御史王恕進獻。五色鸚鵡出浡泥國。

藝文

漢 禰正平《鸚鵡賦》 時黄祖太子射賓客大會，有獻鸚鵡者。舉酒於衡前曰：禰處士，今日無用娱賓，竊以此鳥自遠而至，明慧聰善，羽族之可貴，願先生爲之賦，使四坐咸共榮觀，不亦可乎。衡因爲賦，筆不停綴，文不加點。其辭曰：惟西域之靈鳥兮，挺自然之奇姿。體金精之妙質兮，合火德之明煇。性辯慧而能言兮，才聰明以識機。故其嬉游高峻，棲跱幽深。飛不妄集，翔必擇林。紺趾丹嘴，緑衣翠衿。采采麗容，咬咬好音。雖同族於羽毛，固殊智而異心。配鸞皇而等美，焉比德於衆禽。於是羨芳聲之遠暢，偉靈表之可嘉。命虞人於隴坻，詔伯益於流沙。跨崑崙而播弋，冠雲霓而張羅。雖綱維之備設，終一目之所加。且其容止閑暇，守植安停。逼之不懼，撫之不驚。寧順從以遠害，不違迕以喪生。故獻全者受賞，而傷肌者被刑。爾迺歸窮委命，離羣喪侶。閉以雕籠，翦其翅羽。流飄萬里，崎嶇重阻。踰岷越障，載罹寒暑。女辭家而適人，臣出身而事主。彼賢哲之逢患，猶棲遲以羇旅。矧禽鳥之微物，能馴擾以安處。眷西路而長懷，望故鄉而延佇。忖陋體之腥臊，亦何勞於鼎俎。嗟禄命之衰薄，奚遭時之險巇。豈言語以階亂，將不密以致危。痛母子之永隔，哀伉儷之生離。匪餘年之足惜，慜衆雛之無知。背蠻夷之下國，侍君子之光儀。懼名實之不副，恥才能之無奇。羡西都之沃壤，識苦樂之異宜。懷代越之悠思，故每言而稱斯。若迺少昊司辰，蓐收整轡。嚴霜初降，涼風蕭瑟。長吟遠慕，哀鳴感類。音聲悽以激揚，容貌慘以顦顇。聞之者悲傷，見之者隕淚。放臣爲之屢歎，棄妻爲之歔欷。感平生之游處，若壎篪之相須。何今日之兩絶，若胡越之異區。順籠檻以俯仰，闚户牖以踟躕。想崑山之高嶽，思鄧林之扶疏。顧六翮之殘毁，雖奮迅其焉如。心懷歸而弗果，徒怨毒於一隅。苟竭心於所事，敢背惠而忘初。託輕鄙之微命，委陋賤之薄軀。期守死以報德，甘盡辭以效愚。恃隆恩於既往，庶彌久而不渝。

清 陸繼輅《崇百藥齋文集》卷九《詆鸚鵡》 陳將軍蓄鸚鵡二，皆不能言，戲請詆之作此。 隴山有珍禽，是名曰鸚鵡。元裳而翠衣，毛羽頗楚楚。飼汝選綺食，攜汝上瑶階。庶幾吾舌在，佇聽卿言佳。蓄汝不能言，不如一布穀。聲聲勸春耕，使我田禾熟。蓄汝不能言，不如一促織。繁音警嬾婦，中宵勤紡績。蓄汝不能言，不如籠中雞。食君竈下粟，爲君向曉啼。蓄汝不能言，不如枝上蜩。快然鼓雙翼，樹古秋雲高。出亦不聞聲，入亦不聞聲。啄餘香稻粒，狼籍盈中庭。花既不解語，石亦無所憑。坐令琴樽地，寂歷如荒塍。客過黄鶴磯，寄謝禰處士。願反金人銘，一雪仗馬恥。

清 吴寶芝《花木鳥獸集類》卷中《小説》：唐韋皋鎮西蜀，常教鸚鵡念佛，鸚鵡死，燒得舍利，因造塔瘞之。又爲之記。 劉禹錫詩：「頻學唤人緣性慧，偏能識主爲情通。」 白香山詩：「應似朱門歌舞妓，深藏牢閉後房中。」 梅聖俞詩：「玉鏁閑拘束，金籠不自由。」

杜鵑

綜述

宋 謝維新《古今合璧事類備要别集》卷六八《飛禽門》《格物總論》：杜鵑，一名杜宇，一名子規，一名雋周。大如鵲而羽烏。三四月間夜啼達旦。甌越間曰怨鳥。凡鳴皆北向，其聲哀而吻有血，血漬華木。聞其初聲則主離别之苦，人惡聞之。惟田家候其鳴則興農事。或以爲啼苦則自懸於樹，自呼曰謝豹。思歸樂鳥狀如鳩而慘色，三月則鳴。陶岳《零陵記》云其音云不如歸去。即此。

清 周魯《類書纂要》卷三三《飛禽類》 杜鵑，一名杜宇，一名子規，三四月夜鳴達旦，其聲哀切，其吻有血，初聞則有别離之苦，人惡聞之，惟田家候其鳴則興農事，或以爲啼苦，則自懸于樹，自呼其名爲謝豹思歸樂，其音不如歸去。 蜀魄，杜鵑名蜀魄，故羅鄴詩云：蜀魄千年尚怨誰，聲聲啼血滿花枝，滿山明月東風夜，正是愁人不寐時。似不聞棲霞寺裏子規鳥，口中血出啼不了，山僧後夜初入定，聞似不聞山月曉。 不如歸，春山無限好，猶道不如歸。 一聲啼，高林滴露夏夜清，南山子規啼一聲，鄰家孀婦抱兒泣，我獨展轉難爲情。不如歸去禽言不如歸去，春山雲暮萬水兮，參天蜀天兮何處，人言有翼可歸兮，空忍空啼向高樹。似老烏君不見昔時蜀天子化爲杜鵑，似老烏寄巢生子不自啄，羣鳥至今與哺雛，雖同君臣有舊禮，骨肉滿眼身羈孤，業工竄伏深樹裏，四月五月偏號呼，其聲哀痛口流血，所訴何事尚區區，爾豈摧殘始發憤，羞帶羽翮傷形愚，蒼天變化誰料得，萬事反復何所無，萬事反復何所無，豈憶當殿群臣趨。古帝魂 寄巢生子，紹興間苗劉亂常，鄭忠穆公鼓作杜鵑詩，寄張吕諸公，諷其將兵入覲城勸王復辟之功，其詩曰：杜鵑飛飛無定棲，結巢養子百鳥依，春深花落晝夜啼，安得百鳥杖以歸。 望帝魂，蜀之先肇於人皇之際，黄帝子昌意娶蜀人女，生帝嚳，後封其支庶於蜀，始稱王者，自名蠶叢后，王曰：杜宇號望帝，荆人鱉靈，其尸從水上至汶山下，見望帝，立爲相。望帝自以德不如鱉靈號開明，遂自亡去，化爲子規，蜀人聽其鳴曰，是我望帝魂也，又云：望帝歲春月棄位出□，被臣徐季龍篡位，望帝將歸，季龍拒之不得入，自怨而死化爲鵑，年年春月悲鳴，因訴其怨，未明孰是。 鶗鴂、田鵑，並子規名。 天津聞聲，邵康節先生行洛陽天津橋，忽聞杜宇之聲，嘆曰：北方無此物，異哉，不及十年，有江南人以文字亂天下者乎。客曰：聞杜鵑何以知此，康節曰：天下將治，地氣自北而南，將亂自南而北，今南方地氣至矣，禽鳥飛類得氣之先者也，後果至王安石亂法。

清 吴寶芝《花木鳥獸集類》卷中《異物志》：杜鵑聲似「不如歸去」。一名杜宇，一名望帝，一名子規。 《禽經注》：杜宇啼苦則自懸於樹，自呼曰謝豹。 《博物志》：杜鵑生子寄之他巢，百鳥爲飼之。 《革陽風俗録》：

杜鵑大如鵲而羽烏，其聲哀而吻有血。土人云：春至則鳴，聞其初聲則主離別，人惡聞之。惟田家候其鳴則興農事。　杜子美詩：我昔遊錦城，結廬錦水邊。有竹一頃餘，喬木上參天。杜鵑暮春至，哀哀叫其間。　司空曙《杜鵑行》：聲音咽噦若有謂啼號，略與嬰兒同。口乾垂血轉迫切，似欲上訴于蒼穹。蜀人聞之皆起立，至今相效傳微風。　顧況詩：棲霞寺裏子規鳥，口中血出啼不了。山僧後夜初入定，聞似不聞山月曉。　羅鄴詩：蜀魄千年尚怨誰，聲聲啼血向花枝。滿山明月東風夜，正是愁人不寐時。

雜録

明　周亮工《書影》卷五　杜宇亦名杜主，見《成都記》。杜主，人罕用之。按杜鵑凡啼皆北向，生子，百鳥爲之哺。客言百鳥爲哺，豈亦欽是古帝魂耶。夫隣有痛聲，兒復呱呱，隣家之婦，憐而撫之，亦情之所有者，何獨鳥不然。孟浩然詩：「高林滴露夏月清，南山子規啼一聲。隣家孀婦抱兒泣，我獨展轉爲何情。」以子規興孀婦，意深矣。

清　方旭《蟲薈》卷一《羽蟲》　《駢雅》：鷤鴂，鷶鵤，子鳩，鶗鴂，杜鵑也。　《通雅》：杜鵑，杜宇，秭歸，催歸，子規，謝豹，一物也。以鶗鴂音題圭，作子規者，因顏師古註，揚雄賦，而誤也。旭按：郭註《爾雅》以巂周爲子規，亦誤。詳燕下。　《正字通》：揚雄賦鶗鴂乃鵙也。顏師古以爲子規。而陳無功、李時珍皆爲所誤。或曰子規，乃不如歸去之鳥，亦非子規，乃鳴春去了者也。人又呼怨鳥。　《本草綱目》：杜鵑，出蜀中，南方亦有之。狀似鵲。色慘黑，赤口，有小冠。每春暮向北而鳴，入夏尤甚。晝夜不止，其聲哀切。田家候之以興農事。其性拙，不能爲巢，居他巢生子。冬則蟄處土中。肉可食。　《荆楚歲時記》：杜鵑初鳴，先聞者主別離，學其聲令人吐血。登厠聞之，不祥。厭法但作狗聲應之。　《博物志》：杜鵑生子，寄他巢。百鳥爲飼之。

藝文

唐　杜甫《子規》詩曰：峽裏雲安縣，江樓翼瓦齊。兩邊山木合，終日子規啼。眇眇春風見，蕭蕭夜色淒。客愁那聽此，故作傍人低。　韋應物詩曰：高林滴露夏夜清，南山子規啼一聲。鄰家孀婦抱兒泣，我獨宛轉何爲情。

唐　張籍《和周贊善聞子規》　秦城啼楚鳥，遠思更紛紛。況是街西夜，偏當雨裏聞。應投最高樹，似隔數重雲。此處誰能聽，遥知獨有君。

唐　王建《夜聞子規》　子規啼不歇，到曉口應穿。況是不眠夜，聲聲在耳邊。

唐　賈島《子規》　游魂自相叫，寧復記前身。飛過鄰家月，聲連野路春。夢邊催曉急，愁處送風頻。自有霑花血，相和雨滴新。

唐　劉禹錫《鶗鴂行》　朝陽有鳴鳳，不聞千萬祀。鶗鴂催衆芳，晨間先入耳。秋風白露晞，從是爾啼時。如何上春日，唧唧滿庭飛。

唐　杜牧《杜鵑》　杜宇竟何冤，年年叫蜀門。至今銜積恨，終古弔殘魂。芳草迷腸結，紅花染血痕。山川盡春色，嗚咽復誰論。又詩曰：蜀地曾聞子規鳥，宣城又見杜鵑花。一叫一回腸一斷，三春三月憶三巴。

唐　杜荀鶴《聞子規》　楚天空闊月沉淪，蜀魄聲聲似告人。啼得血流無用處，不如緘口過殘春。

唐　陳陶《子規》　春山杜鵑來幾日，夜啼南家復北家。野人聽此坐惆悵，恐畏踏落東園花。

唐　羅隱《子規》　銅梁路遠草青青，此恨那堪枕上聽。一種有冤猶可報，不如銜石疊滄溟。

宋　范仲淹《子規》　夜入翠煙啼，晝尋芳樹飛。春山無限好，猶道不如歸。

宋　宋祁《子規》　傳聞望帝冤，底處最堪憐。蜀月初殘夜，巴山欲曙天。

元　柳貫《李老谷聞子規》　老杜聞子規，近在東西川。猶云感時物，收淚寫幽悁。今我行塞徼，子規相後先。時夏雲景晦，鳥呼摇空煙。響入樹窅窅，啼垂血濺濺。想知岐路難，不惜軀命全。千聲復萬聲，唤我歸言遄。苟非木石心，豈免腸内煎。江南叢薄間，有花名杜鵑。開時是鳥至，相戒治春田。不歸如江水，負此今五年。風土孰云異，物情要有遷。寄巢勿浪出，祝爾還自憐。

明　張羽《杜宇》　國亡知幾代，啼血轉聲頻。爾自無歸處，何須苦勸人。煙深青嶂曉，花落故城春。任是心如鐵，聞時亦愴神。

梟

綜述

宋 謝維新《古今合璧事類備要别集》卷七五《飛禽門》《格物總論》梟，不孝鳥也。聲惡，當盛午目不見物，夜則飛行入人家捕鼠。一名鴞，一名鴟，吴人呼爲□魂。古人重其炙肥而美，或者謂與鵬相似，或曰其實一物。然詳而攷之□，鉤鵒、鴞、鵂鶹、姑獲、訓狐、鬼車、車載板、九頭鳥、蘄州鬼，名雖不同，實則同類，皆妖鳥云。

宋 莊綽《雞肋編》卷上 南方多梟，而西北絶少。龍泉人亦捕食，云可以治勞疾。漢重五日以梟羹賜羣臣，可驗其無毒，然醫方不云有治病之功也。

清 陳大章《詩傳名物集覽》卷一《流離之子》《朱傳》：流離，漂散也。《爾雅》：鳥少美長醜爲鶹鷅。郭注：鶹鷅猶留離，《詩》所謂流離之子。陸璣疏：流離，梟也。自關而西，謂梟爲流離。其子適長大，還食其母，故張奂云：鶹鷅食母。許慎云：梟不孝鳥是也。《爾雅》又云：梟，鴟。《注》土梟。《説文》：梟食母，不孝之鳥，故冬至捕梟磔之。字從鳥，□在木上。《劉子》云：炎州有鳥，其名曰梟，傴伏其子，百日而長，羽翼既成，食母而飛，蓋稍長從母索食，母無以應，于是而死。《北户録》：古人尚鴞炙，欲滅其族，非爲味美也。《埤雅》云：梟食母，破獍食父。舊説，梟食母始飛，黄帝欲絶其類，使百司用之，故後世于歲始祓除凶災，取以祠黄帝。漢使東郡送梟，五月五日，作羹以賜百官，此遺象也。《北山録》曰：烏反哺，梟反噬，蓋順逆之習也。《淮南子》：鼓造辟兵，壽盡五月之望。許叔重曰：鼓造蓋謂梟，一曰蝦蟆，今世人五月作梟羹，亦作蝦蟆羹，是食梟之驗也，博之采有梟者，博兼行惡道，故以梟爲采，亦梟得之儁，故猛將謂之梟將也。《後漢・五行志》：稱衆鳥之性，見非常斑駁，好聚觀之，至于小爵見梟者，暴見猶衆，故今人多養梟以致鳥。《嶺表異録》：北方人以梟爲怪，共惡之，南中晝夜飛鳴，與烏鵲無異。桂林人羅取生鬻之，家家養使捕鼠，以爲勝狸。齊景公爲路寢之臺，有梟鳴，甚惡之，伯常騫請禳之，至旦，梟當陛布翼，伏地而死。曹植曰：梟鴟之鳴，弗可更者，天性也，昔荆之梟，將巢于吴。鳩問之，曰，荆入惡予之聲。鳩曰，子如不能革子之音，則吴楚民不易情也。又曰，得蟢者，莫不馴而放之，爲利人也。得蚤者，莫不靡之齒牙，爲害身也。鳥獸昆蟲，猶以名聲見異，況吉士之與凶人乎。《雅翼》：土梟穴土而居，故曰土梟。而《荆楚時記》：稱鵂鶹爲土梟。説者云：鵂鶹穴居，誤矣。《聽聲考詳篇》云：鶴聲宜學僊，雉聲宜習武，烏聲宜習醫，雁聲宜習卜筮，鵲聲宜習工巧，梟聲宜習符咒。淮南畢萬術，甑瓦止梟鳴。《西方之書》曰：如土梟等附塊爲兒傳，甑瓦可以令梟寂。又曰：梟避星名，鵲違歲子，梟與鴞音近物殊，梟者流離也，鴞者似鵬之鳥也。《戰國策・周赧王割南陽和秦》，蘇代曰：「博之所以貴梟者，便則食，不便則不食，何王之用智不如用梟也。」《注》：古六博即今骰子，梟即幺也。晉謝艾攻石季龍，夜有三梟鳴牙中。艾曰：梟邀也，六博得幺者勝，進攻破之，愚按《朱傳》以流離爲飄散。王氏云：黎侯之子，流離失職，故瑣尾也。而諸家皆釋作梟，則是瑣兮尾兮，梟鳥之子矣，于義無取，姑集之以備故實。

清 吴寶芝《花木鳥獸集類》卷中《鵂鶹》《雜志》鵂鶹，一名忌斯。白日不見人，夜能拾蚤蝨。《廣記》：鵂鶹晝日目無所見，夜則能飛撮蚊蝱。又鵂鶹夜飛晝藏，好拾人爪甲，知其吉凶。凶者輒鳴於屋上，故人除指甲埋之户内，蓋恐此鳥得之也。又春夏之交，稍遇陰晦，則此鳥飛鳴。而過嶺外尤多，又愛入人家，鑠人魂氣。又鵂鶹亦名夜遊女，好與嬰兒作祟。故嬰兒之衣，不可置星露下，畏其祟耳。《神仙傳》：尹軌字公度，人有鵂鶹怪鳥鳴其屋上者，以語公度，公度爲一符著鳥鳴處，其夕鳥休符下。《南史》：侯景入臺城，在昭陽殿廊下居處常有鵂鶹呼鳴，廊下景惡之，使人窮山野捕焉。

清 王念孫《廣雅疏證》卷一〇下《釋鳥》 鷩鳥，鴞也。鷩與繁通。《楚辭・天問》：「何繁鳥萃棘，負子肆情。」王逸注云：言解居父聘吴，過陳之墓門，見婦人負其子，欲與之淫泆，肆其情欲。婦人則引《詩》刺之曰：「墓門有棘，有鴞萃止。」故曰：繁鳥萃棘也。是繁鳥，即鴞也。繁與鷩，俱從敏聲而音爲煩。曹憲乃云：鷩字人多作煩音失之，是直不知鷩鳥之爲繁鳥也。鷩或作蕃。《北山經》，涿光之山，其鳥多蕃。郭璞注云或云，即鴞也，音煩。又其一證矣。《陳風・墓門傳》云：鴞，惡聲之鳥也。《義疏》云：鴞大如班鳩，緑色，惡聲之鳥也。入人家則凶。賈誼所賦服鳥是也。其肉甚美，可爲羹臛，又可爲炙。漢供御各隨其時。惟鴞冬夏尚施之，以其美故也。《莊子·齊物論篇》，見彈而求鴞炙。司馬彪注云：小鳩可炙。又《天地》篇云：鳩鴞之在於籠。郭璞《西山經》注，亦云：鴞似鳩，而青色。則鴞爲鳩類矣。又一種似雞者，亦名爲鴞。《史記·賈生傳》楚人命鴞爲服。《索隱》引鄧展云：似鵲而大。又引《晉灼》云：《巴蜀異物志》云：有鳥，小雞。體有文色十，俗因形名之，曰服。不能遠飛，行不出域。又引《荆州記》云：巫縣有鳥如雌雞，其名爲鴞，楚人謂之服是也。

清 方旭《蟲薈》卷一《羽蟲》 《續詩傳鳥名卷》：梟一名流離。《爾雅》作鶹鷅，不孝鳥也。生子以百日，及長，食母而飛。故古人遇至日則磔梟，懸首於木。《説文》謂古制梟字，取此爲義，乃作釋鳥。書者多不能分别，每以梟、鴞、鴟三物相混，不知鴞是鴟鴞，鴟乃鳶屬，第與梟同爲惡鳥耳。

《爾雅》：鳥少美而長醜，爲鶹鷅。旭按：上文云萑老鵵，又云梟鴟，皆指此其類。有穴土以居者，故郭氏又名土梟。今處處山林有之，其狀似鴞，有兩耳。俗説此鳥食母眼睛。

清 方旭《蟲薈》卷一《羽蟲·鴞》 《續詩傳鳥名卷》：鴞即鴟鴞，舊作梟，又作山鴞，即土梟，俱非。其鳥狀如母雞。貓頭梟趾，一名鴟鵂，又名禍鳥。以至人家多不祥。《周官》名妖鳥，《爾雅》名怪鴟。晝常伏處，好夜鳴。每依樹作擊刮之聲，似呼快降者。有時噓嘯作咻嘐之聲，似呼休留者。故一名快降鳥，又名鵂鶹鳥。至變音則呻唔綿長，如夢中鼾齁然，故又名呼春鳥，又名春哥兒。《莊子》言其夜能撮蚤，察毫末。《楚辭》又名鷙鳥。而郭璞陸璣輩註鴟鴞，争以鷦鷯小鳥當之。於詩義不可通。旭按：鴞名不一，曰訓狐，曰幸胡，曰雞鴞，曰雞鵂，曰⿺鬼重魂，曰角鴟，曰鉤鵅，曰格其，曰鵋鶀，曰車載板，曰轂轆鷹，曰呼咵鷹，曰夜食鷹，曰鬼谷哥，皆因所在而呼之。今吾鄉呼貓頭鳥，其頭如貓，色黄黑而有斑。好夜鳴，其聲有時如老人呼笑然。或説取其目吞之，令人夜見鬼物。 《廣志》：鴞，楚鳩，所生不能孳乳。 《經驗良方》：凡風虚頭暈，取鴞煮食，並骨燒灰酒服，良。 《嶺表録異》：北方鴞鳴，人以爲怪。南方晝夜飛鳴，與烏鵲無異。桂林人更羅取之，使捕鼠。 《毛詩集傳》：鴟鴞乃鵂鶹，惡鳥，食子者也。旭按：好食他鳥子。

清 方旭《蟲薈》卷一《羽蟲》 鴟，《正字通》：鴟，似鷹稍小。其尾如船舵，善高翔。《爾雅》謂之茅鴟。《梵書》謂之阿梨耶。旭按：與上鴟異。 《爾雅》：狂茅，鴟。註：今鵵鴟也。似鷹而白。旭按：鴟與梟爲二物。而《正義》云：茅鴟即下文之萑老鵵，誤矣。《曲禮》：前有塵埃，則載鳴鳶。註：鳶，鴟也。鳴則風生而塵埃起。 《續廣雅》：風伯，鳶也。《續詩傳鳥名卷》：鴟鳴能致雨，並聚衆鳥。其聲每以丁字始，而連作倐倐聲以終之，亦惡鳥也。

又 數斯，《西山經》：皋塗山有鳥曰數斯，其狀如鴟而人足。食之已癭。

清 方旭《蟲薈》卷一《羽蟲》 姑獲鳥，《本草綱目》：姑獲鳥，名不一。曰隱飛，曰譩譆，曰鉤星，曰鬼鳥，曰乳母鳥，曰無辜鳥，曰夜行遊女，曰天帝少女。其類純雌，七八月夜飛。陳藏器曰：鬼類也。衣毛爲飛鳥，脱毛爲婦人。或説産婦所化，故胸前有兩乳，喜取人子爲己子。凡小兒夜露衣服於外，若遇此鳥，必點血爲誌，令兒病驚癇及疳疾，謂之無辜疳。《周禮》云：野間時有之。陳藏器曰：似鶉，蒼色，喙長，好在泥塗間，作鶅鶅聲。村民云：田雞所化。旭按：此與燕屬之鶅不同。

又 鷚，《爾雅正義》：鷚，一名天鸙。江東名天鷚，即告天子也。 《山堂肆考》：告天子，褐色，似鶉而小。生海邊叢草中。遇天晴霽，則且飛且鳴，直上雲端。其聲連綿不已。一名叫天子。

清 方旭《蟲薈》卷一《羽蟲》 鵩，《赤雅》：一種貓頭鳥，喙狀似鴝鵒而大。好放聲哭。哭畢鳴曰：深掘深掘者。即賈生所謂鵩也。旭按：或説鵩即鴞。然《賈誼傳》明云：似鴞，則非鴞，可知。

又 鴆，《寰宇記》：鴆一名曇鳥。 《廣志》：鴆一名雲白鳥。 《洗冤録》：南海有鴆，狀似鴞，紫黑色。赤喙黑目，頸長七八寸。雄曰運日，雌曰陰諧。好食蛇，入口即爛。其屎溺着石，石亦黄爛。飲水處，百蟲吸之皆死。巢下數十步，草木不生。人食其肉，亦立死。惟得犀角可解。旭按：今廣東有之，或説其聲如擊腰鼓。 《正字通》：陶宏景言，鴆如孔雀。運日如黑傖雞，作聲似云「同力」。江東呼同力鳥。按今交廣人言運日即鴆，並無如孔雀者。 《赤雅》：鴆出邕州，有二種。一大如鴉，黑身赤目。一大如鴞，紫緑色，頸長七八寸。聲如羯鼓，遇蛇則作邦邦聲。或蛇在木石中，則爲禹步，以禁之，使木倒石崩。 《本草綱目》：蛇咬刮，鴆喙塗之立愈。 《玉篇》：鴆羽畫酒，飲之立死。

清 方旭《蟲薈》卷一《羽蟲·蒼鸆》 《正字通》：蒼鸆，妖鳥也。一名鬼車鳥，一名九頭鳥，狀如鵂鶹。大者翼廣丈許。　《本草綱目》：鬼車鳥，自北而南曰出巢，主雨。自南而北曰歸巢，主晴。陳藏器曰：即孔子所見之奇鶬也。《荊楚歲時記》以爲姑獲鳥，誤。旭按：此鳥身圓如箕，赤色，十頸九頭，皆能鳴。聲如小雞。頸旁各有翼，獨一頸無頭，時滴鮮血。今江北有之。每天氣陰晦夜必飛出。彼人言聞其鳴，但作狗聲應之，則遠去。否則血滴屋上，必不祥。

清　方旭《蟲薈》卷一《羽蟲》　黄鳥，《北山經》：軒轅山有鳥曰黄鳥，狀似梟而白首。其鳴自詨，食之不妒。

又　竊脂，《中山經》：崌山有鳥曰竊脂，狀似梟，而赤身白首。畜之禦火。

又　䳋鳥，《山海經圖》：䳋鳥，似梟而三目，有耳，出首山。　老鵵，《西陽雜俎》：秦中有鳥如梟，色青黄，肉翅，好食烟。見人則埋首草穴中。其聲如兒啼，名老鵵。

又　跂踵，《中山經》：復州山有鳥曰跂踵，狀似梟而一足。彘尾。見則有疫。

又　鶩，《韻雅》：鶩似梟。所在之國亡。

又　橐𩇯，《西山經》：羭次山有鳥曰橐𩇯，狀似梟而人面，一足。冬見而夏蟄。着其毛不畏雷。

又　䳜，《韻雅》：䳜似梟，人面，四目，有耳。見則旱。

又　鴸，《山海經圖》：鴸似鴟，而人面人手。見則其國有放士。出柜山。

又　竦斯，《山海經圖》：竦斯出灌題山，狀如雉而人面，好躍。

又　青鸐，《拾遺記》：羽山之北有善鳴之禽，人面，鳥喙，八翼一足。毛色如雉，曰青鸐。其聲如鐘磬、笙竽。鳴則太平。

又　鳧徯，《山海經圖》：鳧徯，似雄雞，人面。見則有兵。出鹿台山。

又　瞿如，《南山經》：禱過山有鳥曰瞿如，狀似鵁而人面白首，三足。

又　鷩鵑，《山海經圖》：鷩鵑似烏而人面。宵飛晝伏，出北囂山。其鳴自號。

清　李鴻章　光緒《畿輔通志》卷七四《物産・禽屬》　鴟，李時珍曰：似鷹而稍小，尾如舵，極善高翔，專捉雞雀。《本草綱目》鴞，陳藏器曰：即梟鳥也。李時珍曰：如雞，有斑，大目如貓目，好食桑椹，古人多食之。張天錫言：北方美物，桑椹甘香，雞鴟革響。皆指此物也。同上　謹案：鴟鴞，《雍正志》合爲一物，考其形狀，絶不相似。今據《太平御覽》、《本草綱目》，分列爲二。

清　吴寶芝《花木鳥獸集類》卷中《鴞》　《詩・魯頌》：翩彼飛鴞，集于泮林。食我桑椹，懷我好音。　《詩・陳風》：墓門有梅，有鴞萃止。　《詩・豳風》：鴟鴞鴟鴞，既取我子，無毁我室。恩斯勤斯，鬻子之閔斯。蓋成王未知周公之意，公乃作此以貽王，託爲鳥之愛巢者，呼鴟鴞而謂之云。　《列女傳》：陳辨女者，陳國採桑之女也。晉大夫解居甫使於宋，道遇採桑女而戲之曰：「女爲我歌，吾將舍汝。」女乃歌曰：「墓門有棘，斧以斯之。夫也不良，國人知之。知而不已，誰昔然矣。」又曰：「爲我歌。」其二女曰：「墓門有梅，有鴞萃止。夫也不良，歌以訊之。訊予不顧，顛倒思予。」大夫曰：「其梅則存，其鴞安在。」女曰：「陳小國也。攝乎大國之間，因之以饑饉，加之以師旅。其人且亡，而况鴞乎。」大夫乃服而釋之。　唐贊皇公李德裕貶袁州，作《懷鴞賦》。　宋《王元之集》：滁楚地也，郡城之上，鴟鴞巢焉。秋冬永夕，鳴嘯不已。妻子驚咤，終夜不寐。因作詩以喻之，且徵前賢，放逐而聞是鳥者，總而述之，以見吾志。　《松窗夜話》：鴞鳴清越，最宜於静夜，凉秋，書聲甫斷，月白霜寒。人以爲不祥，亦已鄙矣。　《小説》：野人得雛，將歸家，塗中聞母鴞聲甚哀，遽放之。　唐天寶中，韋郇公謫守蘄時，李鄴侯亦以處士放逐。因夜飲聞鴞鳴，韋公泣下。鄴侯曰：「此鳥人以爲惡，而其聲可聽」，乃令坐客，有不聞此聲者，罰以大白，由是聽之不厭。

清　吴寶芝《花木鳥獸集類》卷中《梟》　《説苑》：齊景公爲露寢之臺成，有梟鳴，甚惡之。桓常騫曰：「請爲禳之。」明日問曰：「今旦聞梟鳴乎？」公曰：「一鳴而不復聞。」使人往視之，梟當陛布翅伏地而死。　桓譚《新論》：男子畢康殺其母，詔焚其屍，暴其罪於天下。余上章言：「宣帝時公卿朝會，丞相語，次曰：「聞梟生子，長且食其母。」寧然有賢者應云：「但聞烏子反哺耳。」丞相大慚，君子於禽獸，尚爲之諱，况於人乎。」《埤雅》：古者天子以春解祠黄帝，用一梟、一破獍，説者以爲梟食母，破獍食父。黄帝欲絶其類，使百司用之，故後世説始祓除凶災，取以解祠黄帝。　《聽聲考祥篇》：鶴聲宜學仙，雉聲宜習武，烏聲宜習醫，雁聲宜習卜，筮鵲聲宜習工巧，梟聲宜習符呪。　晉張重華爲石季龍所攻，重華使謝艾爲中堅將軍，引師出振武，夜有二梟鳴，牙中克敵之兆也。於是進戰大破之。　《唐書》：有梟鳴於張率更庭樹，其妻以爲不祥，連唾之。張聞之曰：「急灑掃，吾當改官。」言未畢，賀者已在門。

清 吴寶芝《花木鳥獸類集》卷中《鬼車》 宋梅堯臣《古風》：昔時周公居東周，厭聞此鳥憎若仇。夜呼庭氏率其屬，彎弧俾逐出九州。射之三發不能中，天遣天狗從空投。自從狗囓一首落，斷頭至今清血流。遡來相距三千秋，晝藏夜出如鵂鶹。每逢陰黑天外過，乍見火光驚輒墮。有時餘血下點汚，所遭之家家必破。《白澤圖》：昔孔子渡江嘗見一鳥，子夏問之，孔子曰：「嘗聞河上人歌云，鴰兮鶬兮，逆毛簑衣，一身九頭兮，乃鶬鴰也。」《夷堅志》：李壽翁守長沙，募人捕得鶬鴰，身圓如箕，十脰環簇。其九有頭，其一獨缺，血滴如世所傳。一脰各生兩翅。當飛時十八翼霍霍而動，倘所向不同，更相爭拗，用力競進，而翅翮有傷折者。

清 吴寶芝《花木鳥獸集類》卷中《鵩》 《松窗夜話》：鵩鳥小如雉，體有文彩，行不出域。若有疆服，故名鵩。

藝文

西漢 賈誼《鵩鳥賦》 誼爲長沙王傅《漢書》云：誼爲長沙王太傅。三年，鵩入誼舍。又云：後歲餘，文帝思誼，徵拜爲梁王傅。然文帝之世，王長沙者，唯有吴芮之子孫耳。經史不載其謚號，故難得而詳也。又景帝十三王傳曰：長沙定王發，母唐姬，無寵，故王卑濕國。三年，有鵩鳥飛入誼舍，止於坐隅。鵩似鴞，不祥鳥也。晉灼曰：《巴蜀異物志》曰：有鳥，小如雞，體有文色，土俗因形名之，曰鵩。不能遠飛，行不出域。鴞，于妖切。誼既以謫居長沙，韋昭曰：謫，譴也。長沙卑濕，誼自傷悼，以爲壽不得長，迺爲賦以自廣。自廣，自寬也。其辭曰：單閼之歲兮，四月孟夏。庚子日斜兮，鵩集予舍。止于坐隅兮，貌甚閑暇。異物來萃兮，私怪其故。發書占之兮，讖言其度。曰野鳥入室兮，主人將去。請問于鵩兮，予去何之。吉乎告我，凶言其災。淹速之度兮，語予其期。鵩迺歎息，舉首奮翼，口不能言，請對以臆。萬物變化兮，固無休息。斡流而遷兮，或推而還。形氣轉續兮，變化而嬗。沕穆無窮兮，胡可勝言。禍兮福所倚，福兮禍所伏。憂喜聚門兮，吉凶同域。彼吴强大兮，夫差以敗。越棲會稽兮，句踐霸世。斯游遂成兮，卒被五刑。傅説胥靡兮，迺相武丁。夫禍之與福兮，何異糾纏。命不可説兮，孰知其極。水激則旱兮，矢激則遠。萬物迴薄兮，振盪相轉。雲蒸雨降兮，糾錯相紛。大鈞播物兮，坱圠無垠。天不可預慮兮，道不可預謀。遲速有命兮，焉識其時。且夫天地爲鑪兮，造化爲工。陰陽爲炭兮，萬物爲銅。合散消息兮，安有常則。千變萬化兮，未始有極。忽然爲人兮，何足控摶。化爲異物兮，又何足患。小智自私兮，賤彼貴我。達人大觀兮，物無不可。貪夫殉財兮，烈士殉名。夸者死權兮，品庶每生。怵迫之徒兮，或趨東西。大人不曲兮，意變齊同。愚士繫俗兮，窘若囚拘。至人遺物兮，獨與道俱。衆人惑惑兮，好惡積億。真人恬漠兮，獨與道息。釋智遺形兮，超然自喪。寥廓忽荒兮，與道翱翔。乘流則逝兮，得坻則止。縱軀委命兮，不私與己。其生兮若浮，其死兮若休。澹乎若深泉之静，泛乎若不繫之舟。不以生故自寶兮，養空而浮。德人無累，知命不憂。細故蔕芥，何足以疑。

翡翠

綜述

宋 謝維新《古今合璧事類備要别集》卷六八《飛禽門》 《格物總論》翡翠形小，不盈握。一種而二色，翡赤羽雀，翠青羽雀，皆生南海。鷸羽亦翠，鵁鶄亦翡鬣紫纓，大如鳧。皆珍禽也。翠雀《本草》云魚狗。

明 何孟春《餘冬序録·翠鳥》 《交趾異物志》：翠鳥先高作巢以避患，及生子愛之，恐墜，稍下作巢。子長羽毛，復益愛之，又更下巢，而人遂得而取之矣。《水經注》：猩猩知往而不知來，封谿山谷間，常有數百爲群。里人以酒并糟設於路側，織草爲屐，更相連結。猩猩見酒及屐，知里人設張，則知張者祖先姓字，乃呼名云：奴欲張我。捨爾而去。復自再三相謂曰：試共嘗酒及飲其味。逮乎醉，因取屐而著之，乃爲人所擒。皆獲輒無遺者。鳥獸含生，非不知患害之當避，而愛動于中，欲牽于外，始戒終忘，竟以身斃，人之智，其賢於翠鳥與猩猩者幾希。

清 周魯《類書纂要》卷三三《飛禽類》 翡翠，小不盈握，一種而二色，翡赤羽。翠青羽，鷸羽亦翠，翠鷸也，附鷸。生遐裔孔翠生乎遐裔。 鴛鴦伴江，上小堂巢翡翠，新雛紺羽一重重，有時死結鴛鴦伴，同作春禽繡帳中。　黄金縷，翡翠黄金縷，繡成歌舞衣。　珠樹林，翡翠巢南海，雌雄珠樹林。投身炭州裏，委羽玉堂陰。旖旎光首飾，葳蕤爛錦衾。　翠羽，昔孝武之世明，翠文甲通西，翠羽之珍，盈干後宫。　鷸冠，鄭子華之弟子咸好聚鷸冠，鄭伯使盗誘之，殺于陳朱之間。　鷸蚌相持，趙伐燕，蘇代説趙惠王曰：昨者臣過易水，蚌方出暴，鷸啄其肉。蚌合而箝其喙，鷸曰：今日不雨，明日不雨，必有死蚌，蚌曰：今日不出，明日不出，必有死鷸，两争不捨，漁者過之並拾其利，正若不喻，亦有鷸蚌之持。　孔鷸，李蔚咸通十四年奉詔迎佛骨鳳翔，乃以金銀爲利，珠玉爲帳，孔鷸周□飾之。

清　陳昌齊　道光《廣東通志》卷九九《物産・羽族類》　翡翠，《廣志》曰：翡，色赤，翠，色紺。楊孝先《異物志》曰：翠鳥先高作巢。及生子，愛之恐墮，稍下作巢。子生毛羽，益愛之，又更下巢也。《藝文類聚》翠羽點婦人首飾，色最鮮明，俗稱廣翠。《南越筆記》

又　珊瑚鳥，一名鵃，似畫眉。鐵脚者，眼赤而突，善鬭。臆間有黑毛一片。圓小而長者，善鳴。雄者尾長，雌者尾短。雄者音長，雌者音短。

又　鴿，大者曰地白。廣州稱鴿皆曰白鴿。惟行地不能飛，故曰地白。畜之，以治白蟻。俱同上。　謹案：吴人呼鴿曰鵓。鴿，鵓，白，一聲之轉。

清　方旭　《蟲薈》卷一《羽蟲》　翡翠，《上林賦註》：雄赤曰翡，雌青曰翠。　《博物志》：翡身黑，惟胸前、背上、翼後有赤毛。翠身青黄，惟六翮上毛翠色。旭按：此《爾雅》之鷸也。大小類燕，兩翼有翠毛。吾鄉亦有之。或説交廣、南越諸地最多。

又　鶺鴒　《物類相感志》：鶺鴒，食雪，一名雪姑。　《庶物異名疏》：鶺鴒，一名精列。　《正字通》：鶺鴒，背上青灰色，腹下色白。雞腳，長尾，尖喙，頷下黑如錢文。杜陽人名連錢，又名錢母。旭按：此鳥大小類燕，毛有黑白文。飛則鳴，行則摇。吾鄉名石灰鳥。《爾雅》名鵻渠，或曰鵻渠即庸渠，非鶺鴒。郭氏以爲一物，誤。又一種似鶺鴒而大，毛亦有黑白文。鳴則自竪其尾者，人呼四喜鳥。又呼知風鳥，因其向風而鳴也。好食糞蛆。俗説取其肉並骨炙酥，飼小兒能健脾。又一種似四喜鳥而大，黑身白頭者，名白頭翁。

又　水雀　《桂海虞衡志》：水雀，蒼色，似鶺鴒，常集户庭，與燕雀爲伍。旭按：即百靈也。其狀似鶺鴒而大，毛蒼白色，有斑點，匝項有黑毛，能鳴。

清　李鴻章　光緒《畿輔通志》卷七四《物産・禽屬》　鴗，一名魚狗，又名魚虎。色青如翠，喙紅，項下白。食魚。《天津府志》

藝　文

清　吴寶芝　《花木鳥獸集類》卷中　少陵詩：江上小堂巢翡翠。　陳子昂《詠翡翠》詩：有時死結鴛鴦伴，同卧春衾繡帳中。又：旖旎光首飾，葳蕤爛錦衾。

戴　勝

綜　述

《爾雅・釋鳥》　鵖鴔，戴鵀。郭璞註：鵀，即頭上勝，今亦呼爲戴勝。鵖鴔猶鶝鵖語聲轉耳。鵖彼及切，鴔皮反切，鵀女金切。邢昺疏：李廵云：戴勝一名鵖鴔。郭云：鵀即頭上勝，今亦呼爲戴勝，鵖鴔猶鶝鵖語聲轉耳。《月令・季春》云：戴勝降于桑。《方言》云：燕之東北、朝鮮洌水之閒，謂之鶝鵖。自關而東謂之戴鵀，或謂之戴頒，或謂之戴勝。東齊吴揚之間謂之鵖鴔。自關而西謂之服鶝，或謂之鶝鶝。

爾雅・鵖鴔

清 王念孫《廣雅疏證》卷一〇下《釋鳥》 戴鵀，戴紝，鶝鶔，澤虞，鵖鴔，尸鳩，戴勝也。紝與鵀通。《集韻》引《廣雅》作鵀。《爾雅》鵖鴔，戴鵀。郭璞注云：鵀即頭上勝，今亦呼爲戴勝。鵖鴔，猶鶝鶔，語聲轉耳。《方言》鳲鳩，燕之東北，朝鮮，洌水之閒，謂之鶝鶔，自關而東謂之戴鵀，東齊海岱之閒謂之戴南。南猶鵀也。或謂之鵟鸅，或謂之戴鵀，或謂之戴勝。東齊吴揚之閒，謂之鵀。自關而西謂之服鶝，或謂之鶝鶔。燕之東北，朝鮮洌水之閒謂之鵖。鶔與鶔同。鸅與澤同。鳲與尸同。高誘注：《淮南子・時則訓》云：載任，戴勝，鳥也。詩曰：尸鳩在桑是也。《月令・正義》引孫炎《爾雅》注云：鳲鳩，自關而東謂之戴鵀，並與《方言》相合。《毛詩義疏》辨之云：鳲鳩，一名擊穀。案：戴勝自生穴中，不巢生。而《方言》云：戴勝非也。郭璞《方言》注：亦云：按《爾雅》鳲鳩即布穀，非戴勝也。又云：按《爾雅》説戴鵀下鵟鸅，自别一鳥名。《方言》似依此義，又失也。然則《爾雅》之鳲鳩，鵠鵴，鵟澤虞。《方言》皆誤以爲戴勝矣。此云澤虞尸鳩，戴勝也。亦沿《方言》之誤。《方言》之服鶝，猶鶝鶔也。轉之則爲鶝鶔。其變轉，則爲鵖鶝。《廣韻》鵖鶝二字注：並云鶝鵖，鳥也。即鵖鶝也。《廣雅》此條悉本《方言》，疑《方言》謂之鵖下，亦有鶝字，寫者脱落耳。《月令・季春之月》戴勝，降于桑。鄭注云：戴勝，織紝之鳥，是時，恆在桑。言降者，若時，始自天來，重之也。《御覽》引《春秋・考異》郵云：載紝，出蠶期起。載與戴同。《方言》注：説戴勝云勝所以纏紝，是解紝爲機縷之紝，勝爲持經之滕。《説文》云：紝機，縷也。滕機，持經者也。亦猶鄭云：織紝之鳥也。其《爾雅》注則云：鵀，即頭上勝是。又解爲華勝之勝。《廣韻》亦云鵀，戴勝鳥也，頭上毛似勝也。案：此鳥又名戴鵀，莫詳所以。則戴紝之義，亦安可諦知。古今聲音遞轉，假借滋多，未必如諸家所説也。《吕氏春秋・季春紀》注云：戴勝，剖生於桑，是月其子彊飛，從桑空中來下。此則戴勝，生於桑空，故《毛詩疏義》云：戴勝自生穴中矣。《魏志・管寧傳》云：戴鵀，陽鳥也。《爾雅》翼云：似山鵲，而尾短，青色，毛冠俱有文。

清 方旭《蟲薈》卷一《羽蟲》 戴勝《月令》：季春，戴勝降於桑。旭按：即戴鵀也。一名戴頒，一名戴南，一名鶝鶔，一名鶝鵖。《爾雅》名鵖鴔，《説文》作鴔鵖，語聲轉也。每歲三月田野間有之。狀似鵲，頭有冠，丑色如勝。毛有文采，嘴足皆赤色。《方言》云：即鳲鳩。《本草》云：即鵻鳩。俱非。

又 朱來鳥《杜陽雜編》：建中二年，南方貢朱來鳥，形類戴鵀，紅嘴紺尾，尾長於身。巧解人語，善别人意。以玉屑和香稻飼之，其聲甚寥亮。

又 雲韶部《九華山志》：雲韶部俗名音聲鳥，居高峰。每春暮秋初，風輕烟煖，聲響互發，如聆簫韶。旭按：此即雁蕩山之山樂官也。狀似金雀而大，如練鵲，羣鳴如作樂然。或以爲即金雀，誤。

啄木鳥

綜 述

《爾雅・釋鳥》 鴷，斫木。郭璞註：口如錐長數寸，常斫樹食蟲，因名云。鴷音列。邢昺疏：斫木鳥一名鴷。郭云：口如錐，長數寸，常斫樹食蟲，因名云。

宋 謝維新《古今合璧事類備要别集》卷七一《飛禽門》《格物總論》：啄木鳥，《爾雅》鴷也。數種，有大有小，有褐有斑，褐者是雌，斑者是雄。剛爪利觜。舌長寸，杪有刺針，穿木食蠹。又有青黑者，頭上有紅毛。生山中。土人呼爲山啄木。其大如鵲云。

爾雅・鴷

清 周魯《類書纂要》卷三三《飛禽類》 啄木，有大有小，有褐有斑，褐者雌，斑者雄，剛爪利嘴，能斜穿木食蠹。飽蠹張文潛詩：深園高嶺人不知，内有槎牙風雨枝，蠹多蟲老飽可樂，山静林深終日啄，雌雄相求飛且鳴，高枝勁嘴啄有聲無功忍使飢腸飽，有意却教枯樹青。　飢腹，彼鴷兮善啄木，利收啄兮飢汝腹，飛以□兮啄且食，蟲不盡兮啄莫息。又：啄遍喬林與朽林，平生□口已區區，惟應自欲充飢腹，那爲人間去□□。　啄枯木，大絃聲遲小絃促，十歲嬌奴彈啄木，啄木不啄新生枝，唯啄牙槎枯木腹，枯木飛從何處來，花間葉底時丁丁，林空山静啄愈響，行人舉頭飛鳥驚。　勁妒鋏，淮南啄木大如鴉，頂似仙鶴堆丹砂，爪利嘴勁剛似鐵，丁丁亂鑿乾枯查。似打門禪房似聽僧敲户，村巷疑聞客打門。又：閑聞啄木鳥，疑是打門僧。　採藥吏，啄木本雷公採藥吏化爲此鳥。

清　吴寶芝《花木鳥獸集類》卷中　《異物志》：鴷鳥舌長五寸，有大有小，有褐有斑。褐者是雌，斑者是雄。又有青黑者，頭有紅毛，生山中。土人呼爲山啄木，大如鵲。　《五姓秘要》，相山之法，欲如生蛇之渡水，又欲如啄木之飛翔。生蛇渡水，取其詰屈。啄木飛翔，取其一高一下。　《聞見後録》：啄木巢樹穴中，人或塞之，能以嘴書符，其塞自出。　陸佃曰：鴷鳥善爲禁法，能曲爪畫地爲印，則穴之塞自開。飛則以翼墁之，今鼠竊用其印，以發扃鑰。《淮南子》曰：貍頭愈鼠，鷄頭已瘻。蝱散積血，啄木愈齲。此類之推者也。膏之殺鼈，鵲矢中蝟，爛灰生蠅，漆見蟹而不乾。此類之不推者也。《説文》齲齒，蠹也。以類相攝，故啄木愈之。　宋王元之詩：淮南啄木大如鴉，頂似仙鶴堆丹砂。嘴長數寸勁如鐵，丁丁亂鑿乾枯楂。黄柑紅桃多有蠹，受命鳳皇須破柱。何當更與繡衣裳，羽族横飛作持斧。　宋　魏野詩：爪利嘴還剛，殘陽啄更忙。千林蠹如盡，一腹餧何妨。形小過槐陌，聲高近草堂。豈能同燕雀，惟解占高粱。

清　方旭《蟲薈》卷一《羽蟲・斲木》《異物志》：斲木，有大有小，有褐有斑。褐者雌，斑者雄。《埤雅》：鴷能曲爪畫地爲印，使穴之。塞自開飛，則以翼墁之。《博物志》：鴷能以嘴畫字，令蟲自出。《岣嶁神書》：庚日，取斲木血向西飲之，則面赤如朱。

又　山斲木，《異物志》：山中一種大如鴉，青黑色，頭上有紅毛者，名山斲木，又名火老鴉，能食火。

清　方旭《蟲薈》卷一《羽蟲・鴷》　《爾雅》：鴷，斲木。《本草綱目》：斲木，小者如雀，大者如鴉。面如桃花，喙足皆青色。剛爪利嘴，嘴長數寸。舌尤長，其端有針刺。喙得蠹，以舌鈎出食之。

清　李鴻章　光緒《畿輔通志》卷七四《物産・禽屬・鴷》　鴷，此鳥有大有小。有褐色，有斑。褐者是雌，斑者是雄。《異物志》山中一種大如鵲，青黑色，頭上有紅毛者爲山啄木。《正定府志》

燕

綜　述

宋　謝維新《古今合璧事類備要别集》卷七三《飛禽門》　《格物總論》：燕，玄鳥也。齊曰燕，梁曰乙。大如雀而長，布翅歧尾。巢於屋梁間。春社來秋社去，故謂之社燕。二種：紫胷輕小者是越燕，胷斑黑聲大者是胡燕。俗呼胡燕爲夏候，其作窠喜長，人言有容一匹絹者，令家富。窠户有北向及尾倔而色白者是數百歲燕也。名乙者，取其鳴自呼，亦象形字，或從鳥。

明　傅梅《嵩書・鳥部・黄燕》　黄燕，萬曆辛亥春，縣衙建永譽堂成。三月，有燕巢於前楹，其户北向，伏雛二隻，其一正黄色。予考往牒，燕稱玄鳥，間有白者，世以爲瑞而紀之。今乃黄色，此今古所未見，足爲異也。聊識於此，以廣世間。

清　周魯《類書纂要》卷三三《飛禽類》　燕，一名玄鳥，一名鳦鳥。有三種，溽濕爲巢聲多稍小者，漢燕也。紫胸輕小者，越燕也。胸斑聲大者，胡燕也。色白數百歲，燕也。春分至秋乃歸。　差池，燕燕于飛，差池其羽。　啣泥、舊巢歸、語前簷、頻來往、巢幕，燕也，巢幕，無留燕。又：燕巢于幕。　金燕，金燕啣泥試學飛。　社來去，社去社來。　四散飛，梁上有雙燕，翩翩雄與雌，啣泥兩啄間，兩巢生四兒，四兒日夜長，索食聲孜孜，辛勤三十日，母瘦雛漸肥，喃喃教言語。一一刷毛衣，一旦羽翼成，引上庭樹枝，舉翅不回顧，隨風四散飛，雌雄空中鳴，聲呼呼不歸，却自上舊巢，唧啾終夜悲，燕燕爾勿悲，爾當反自思，思爾爲兒日，高飛捨母時，當日父母念，今日爾當歸。　吞孕，高辛氏之世有娀氏女簡狄祀于高禖，見玄鳥遺卵，簡狄吞之而生契，爲湯始祖，後王以爲禖官嘉祥而立其祠焉，故玄鳥至之日，以太牢祠于高禖。烏衣王謝過海遇風舟破，謝附一板至一州，見皂服人曰，此吾主人也，引至宮見王，王以女妻之，問女曰：此何國也，曰：烏衣國也，後遣人曰某日當命飛雲軒送歸，令謝入其中，閉目火息已至家，梁上雙燕呢喃，子視謝，乃悟所至燕子國也，至秋燕將去，謝書一札繫燕尾曰：誤到華胥夢裏來，主人終日若憐才，雲軒脱去無消息，淚洒東風幾百廻，燕復來有詩云：昔日相逢冥數令，如今隔遠是生離，來春縱有相思字，三月天南無雁飛。　玉京紅縷，宋末有女姚玉京家有雙燕，一爲鷙鳥所獲，其一孤不離庭户，秋風起獨啾啾，翔集玉京之臂如告别之狀，玉京以紅縷繫足，明年紅縷仍舊，凡六七歲，玉京疾終，及燕來窺室，訝無其人，周回累夕，姚氏族感而泣語曰：賓在南廓可往，燕遂悲鳴至墳所，亦死。　歸燕詩，張九齡爲歸燕詩以貽李林甫，其詩曰：海燕何徵眇，乘春亦暫來，豈知泥滓濺，只見玉堂開，棲户時雙入，華軒日幾回，無心與物競，鷹隼莫相猜，林甫賢之。更巢共乳崔玄暐居父喪，廬有燕，更巢共乳。　少昊司分，郯子云，少昊玄鳥氏，司分者也。　白燕，百步燕也。　鷾鴯，燕也，莊子曰：鳥莫智于鷾鴯。　傳書，長安富民任宗妻郭紹蘭能詩，宗賈販湖湘，久之未歸，紹蘭見堂中雙燕戲於梁間，長吁而語燕曰：我聞爾自海東來往必曾經由于湘中，我婿離家數歲不歸，生死存亡未可知也，爲我附書在郎可乎，燕即飛下止于膝，紹蘭寫詩繫于燕足，燕徑飛去，宗在荆州忽有燕遶身而飛止于肩，足有小封視之乃妻書也，次年宗歸，出詩示蘭，其詩云：我壻去重湖，臨牕泣血書，殷勤憑燕翼，寄與薄情夫。　入懷，唐開元中張説爲中書令，封燕國公，初燕公未生時，母夢有一玉燕飛來投入懷中而有孕生説，果爲宰相乃至貴之祥也，説早失愛于父，常以奴畜之雜于傭類間，夜常收樹焚光以讀書，遂至成名。　食蒺藜，沛國有人生三兒不語，有一人就門乞食曰：君有罪，可還内自思其愆。其人曰：昔爲小兒時，燕有三子，吾試以指燕子開口，乃以蒺藜食之，吞之即死，其母尋顧不見其子，徘徊悲啼而去，今甚悔之，客曰即此事也。　傷目，孫氏之妻黄氏見一童子當前，以釵擲之，躍入雲去，夜聞户外歌曰：昔填夏家塚，葦泥頭欲禿，今寄黄氏居，無端傷我目，後尋覓巢中得白燕，左目傷。　貞燕，元元真二年，雙燕巢于燕人柳湯佐之家，一夕家人舉燈照蠍，其雄驚墜，猫食之，雌悲鳴不已。朝夕守巢哺諸雛成翼而去，明年雌獨來復巢其處，人視巢生二卵，疑其更偶，徐伺之則抱獨之殼，爾自是春秋來，凡六稔，觀者諱然，目爲貞燕。　頡頏，燕飛而上曰頡，飛而下曰頏。　石燕，出桂林。

清　方旭《蟲薈》卷一《羽蟲》　胡燕，《正字通》：胡燕似越燕，而臆前白，俗呼蛇燕。　《本草綱目》：陶宏景曰：胡燕巢能容二疋絹者，家必富。

又　石燕，《正字通》：石燕似蝙蝠，口方，食石乳汁，俗呼土燕。　《本草綱目》：石燕冬月可食。

又　海燕，《嶺南雜記》：海燕食海邊蟲，蟲背有筋不化，吐出而爲窩，綴於海山石壁之上。土人扳援取之。春取者白，曰官燕。夏取者黄，次之。中有紅者曰血燕，治血痢。惟秋冬不可取。取則燕無所棲，必凍死。　《廣東新語》：崖州海中有玳瑁山，其洞穴皆燕所巢。燕大者如烏，啖魚必吐沫以備冬月之食。土人得之，爲燕窩。或曰海濱石上有海粉燕，食之，吐出爲燕窩。　《閩小記》：燕窩，海燕所築。余在漳南詢之。海上人皆云：燕啣小魚粘石上，久而成窩。有烏白紅三色，烏色最下白色，愈痰。紅色益小兒痘疹，最難得。

又　護花鳥，《戒庵漫筆》：池州九華山有奇花，上有護花鳥。人欲折花，鳥則鳴云莫損花。旭按：《海録碎事》云：惜春鳥大不踰燕，其聲曰莫摘花果。人困呼護山雞，殆即此。

又　却火雀，《杜陽雜編》：順宗即位，拘彌國獻却火雀。雌雄各一頭，毛黑，大小類燕。其聲甚清越。置烈火中火自散。

又　王母鳥，《天禄識餘》：王母鳥，似燕，色紺翠，尾甚長，飛則開展如兩旗。杜少陵歌云「王母晝下雲旗翻。」即指此。旭按：《酉陽雜俎》云：齊郡函山有鳥，足青嘴赤，素翼絳顙，名王母使者。疑即此。又《山海經》言：王母山有三青鳥，一名大鵹，一名小鵹，一名青鳥。

清　方旭《蟲薈》卷一《羽蟲》　《説文》：燕，齊魯謂之乙。　《中華古今注》：燕一名神女，一名天女，一名鷙鳥。　《炮炙論》：燕，一名游波。　《駢雅》：鷾鴯，元鳥，燕也。　《正字通》：燕有三種，越燕多聲，頷紫。俗呼紫燕，又名巂周。陸璣云：巂周乃子規。不知何據。旭按：越燕或名秦燕，或名漢燕。　《經義述聞》：巂周燕、燕鳦。孫炎舍人以爲一物，而郭氏不取。家大人曰：此郭氏誤也。《説文》云：巂，巂周燕也。　《吕氏春秋》云：肉之美者，觽燕之翠觽即巂之借字。孫炎舍人以爲一物是也。　《譯史紀餘》：燕，百譯呼奴烟。　《爾雅正義》：燕至冬毛脱，多藏海濱坻岸，或深山空木中。旭按：燕至冬多藏近水諸地。其身尤輕，一頭衹重錢許。飛亦不高。毛色亦因之少異。《本草綱目》：食燕肉，入水爲蛟龍所吞。《支雅》：燕五百歲，生胡髯。《京房易傳》：人見白燕，主生貴女。《談薈》：燕白者名千歲燕。陰乾末服一頭，得五百歲。

清 陳昌齊 道光《廣東通志》卷九九《物産・羽族類》 燕《廣州志》曰：燕有三種，乳於巖崖者爲土燕。《太平御覽》 海燕，大如鳩。春回，巢於石巖危壁葺壘。《海語》 燕窩，島夷伺燕秋去，以修竿執取。同上 有數種，白者名官燕，絲縷如細銀魚。黄色者次之。紅者名血燕，乃海燕食海邊蟲，蟲背有筋不化，復吐出而爲窩。春取者白，夏取者黄。秋冬不可取，取則燕無所棲。凍死，次年無窩矣。《嶺南雜記》 瓊海海山危壁之上多燕窩。人不能取，縱馴猿取之。色黄有黑點，土人謂之老燕。《舟車聞見録》 石燕，出西樵巖穴中。大如乳燕，足生翼。小兒羸瘦，取食之。諺曰：嬰兒瘦，探石鷇。香山有山燕，黑而健疾，衆鳥畏之。《南越筆記》 探春，小鳥，正月鳴草間，呢喃如燕。《黄志》 剪刀鳥，類燕而大尾長。善擊。同上

清 李鴻章 光緒《畿輔通志》卷七四《物産・禽屬》 燕，越燕多巢堂室中，胡燕多在檐下作巢。《埤雅》 中京牛山館北去，羣燕飛翎，大如鳩鴿。《使遼録》 陶宏景曰：燕有兩種，紫胸輕小者是越燕，有斑黑而聲大者是胡燕。《本草綱目》 采育東南二十里有阜高大，廣三十四尺，曰聚燕臺。歲秋社京畿城村燕各將其成雛數千百聚此臺，呢喃竟二日，然後乃去。《帝京景物略》 金 田琢《贈燕詩并序》：明昌丙辰，予從軍塞外合鹵里山野舍，荒涼難以狀言。春末有雙燕亦巢此屋，土人不知識，屢欲摘之，予曲爲全護。此燕晝出夜歸，予必開户待之。忽一日飛至坐隅，都無驚畏，巧語移時不去。予始悟明日秋社，此鳥當歸，殆留别語也。因作一詩贈之，以細字寫之，爲蠟丸繫之燕足上。明年四月，予受代歸。又八年，泰和甲子，任潞州觀察判官。四月十二日，偶坐廨舍之含翠堂，忽雙燕至，一飛檐户間，一上硯屏。予諦視之繫足蠟丸故在，乃知此鳥蓋往年贈詩者也。幾年塞外歷崎危，誰謂烏衣亦此飛。朝向蘆陂知有爲，莫投茅舍重相依。君憐我處頻迎語，我憶君時不掩扉。明日西風悲鼓角，君應先去我何歸。楊雲翼《題田器之燕子圖》：危巢客舍久相依，常記西風社日歸。海國傳心千驛隔，塞垣回首十年非。新詩尚在人空老，舊夢無憑烏自飛。寄語齊諧休志怪，沙鷗相款解忘機。 明 李元宏《聚燕臺詩》：燕來各有巢，燕歸云有國。秋風吹荒臺，社散燕來即。嘈雜萬聲中，去住兩心逼。曰余巢此都，歲見雛蕃息。巢也無盛衰，居者易興革。畫□去年如，故人覓不得。昨過棘籬邊，故人瘁顔色。舊德勝新巢，移供汝惻惻。豈無新鮮泥，愛惜舊心力。

清 李鴻章 光緒《畿輔通志》卷七四《物産・禽屬・火燕》 火燕，雄者黑紅色，雌者黄色，巢石孔中或檐。《盤山志》

清 吴寶芝《花木鳥獸集類》卷中 《吕氏春秋》：有娀氏有二佚女爲九成之臺，飲食必鼓。帝令燕往視之，鳴若宫商。二女愛而争搏之，覆以玉筐，少選發而視之，燕遺二卵北飛遂不反。二女作歌曰：燕往北，注云，帝天也。故《詩》曰：天命玄鳥，降而生商。《説文》：燕作巢避戊巳。《博物志》燕戊巳日。不啣泥塗巢。《譚藪》宋宣王景素鎮朱方嘗與劉璡同在小齋，有燕集承塵，飛鳴相追。景素曰：萬物有靈性而獨付於鱗羽若斯鳥也。遊則糸於烟雲之上，止則隱於林木之下。饑則啄，渴則飲。形體無累於物得失不關於心，一何樂哉。 陶隱居曰：越燕多在堂室中梁上作巢，胡燕多在簷下作巢。《埤雅》：戊巳其日皆土，故燕之往來避社而嗛土不以戊巳。《續異記》：孫氏妻黄見一童子，當前以釵擲之，躍入雲去，夜聞户外歌曰：「昔填夏家塚，輦泥頭欲禿，今寄黄氏居，非意傷我目。」及尋覓巢中，得一白燕，左目果傷。《雜俎》：或言燕蟄井底。舊説燕不入室，是井虚也。取桐木爲男子各一投井中，燕必來。《文昌雜録》：世言燕子至秋社乃去，仲春復來。昔年因京東開河岸崩，見蟄燕無數。晉郄鑒爲荆州刺史，鎮鄒山，百姓饑餓，或掘野鼠、蟄燕食之，乃知燕子亦蟄爾。至驚蟄乃出，非渡海而來也。《北涼録》：昔魯人有浮海而失津者，至於亶州，見孔子及七十子遊於海中，與魯人一木杖，令閉目乘之，使歸告魯侯以備寇。魯人出海投杖水中乃龍也。具以狀告魯侯，魯侯不信。俄而羣燕數萬啣土培城，魯民信之，大城曲阜訖而齊寇至，攻魯不克而還。《禽經》烏向啼背棲，燕背飛向宿。背飛，頡頏是也。《汲冢周書・時訓解》春分之日玄鳥至，不至婦人不勤，白露玄鳥歸，不歸室家離散。《天寶遺事》：長安富商任宗爲賈湘中，數年不歸。其妻紹蘭覩堂燕長吁，語燕曰：「我聞爾從海東來，往復必經湘中，我夫壻離家數年，蔑有音耗，欲憑爾附詩任郎，可乎？」燕即飛下，止紹蘭膝。紹蘭作詩一絶：「我壻去重湖，臨窗泣血書。慇懃憑燕翼，寄與薄情夫。」將詩繫燕足，燕遂飛鳴而去。時宗在荆州，忽有燕繞身而飛止於肩，足有小封，乃妻所書也。宗感而泣

下，次年歸。《摭遺》：唐王榭居金陵，以航海爲業。遇風舟破，附板抵一洲，名烏衣國。國王以女妻之，後召宴於寶墨殿，命作詩。榭因思歸，卒章有「恨不此身生羽翼」之句。女曰：「君詩尾句，何相棄也。」王不悦，遣人取飛雲軒，既至，令榭入其中，閉目少息，即至其家。見梁上雙燕呢喃下樹，榭乃悟所至燕子國也。至秋，二燕將去，悲鳴庭户，榭書一絶繫燕尾曰：「誤到華胥夢裏來，玉人終日苦憐才。雲軒飄去無消息，淚灑春風幾百回。」燕寄詩去，來春復至，尾有小柬，乃女所寄。詩曰：「昔日相逢冥數合，如今暌遠是生違。來春縱有相思字，三月天南雁不飛。」《陳書》：高士馬樞目常黄，能視暗中物，有白燕一雙，巢其庭樹，馴狎欄廡，時上几案，春來秋去，幾三十年。《冥驗記》：沛國周氏有三子，瘖瘂不能言。有一人就門乞飲，聞其兒聲，問之，具以實對。其人曰：「君有罪，可還内思之。」出曰：「記爲小兒時，當窗有燕巢。中有三子，母出取食，因取三蒺藜各與之吞即死。母還不見子，悲鳴而去，常自悔責。」其人曰：「此即是也，君既自知悔罪，今除矣。」兒即皆能言。《詩·邶風》燕燕于飛，差池其羽。燕燕于飛，頡之頏之。燕燕于飛，下上其音。注云：差池，不齊之貌。飛而上曰頡，飛而下曰頏。鳴而上曰上音，鳴而下曰下音。《禮》三年問，凡生天地之間，有血氣之屬必有知，有知之屬莫不知愛其類。今是大鳥獸則失喪，其羣匹越月踰時焉，則必反巡過其故鄉翔回焉，鳴號焉，蹢躅焉，踟蹰焉，然後乃能去之。小者至於燕雀，猶有啁噍之頃焉，然後乃能去之。

藝文

晉　傅咸《燕賦》有言燕今年巢在此，明年故復來者，其將逝翦爪識之，其後果至焉。燕燕于飛差池，其羽何詩人之，是興信進止之。有序秋背陰以龍潛，春晞陽而鳳舉。隨時宜以行藏，似君子之出處。惡焚巢之凶醜，患林野之多阻。諒鳥獸之難羣，非斯人而誰與。惟里仁之爲美，託君子之堂宇。逮來春而復旋，意眷眷而懷舊。一委身乃無餘，豈改適而更赴。

晉　盧諶《燕賦》爰集崇宇，依於其榮。布窠巢之列列，孕子鷇之嚶嚶。銓先後而均哺，邁尸鳩之能争。於是族類偕長，雌雄俱逝。頡頏水湄，下上雲際。嘲哳間關，倏忽瀏瀫。來如隼擊，去若梟跐。斗建午而子指，日在戊而後憩。

晉　夏侯湛《鳦鳥賦》觀羽族之羣類，美鳦鳥之翔集。順陰陽以出處，隨寒暑而遊蟄。擢翾翾之麗容，揮連翩之黝翼。挺參差之脩尾，發緇素之鮮色。及至大火西景，商風吹衣。遂匿形於深穴，斂六翮而不飛。含静泊以充飢，噏至和之精粹。澹恬心以去欲，故保生而不匱。虞衆物之爲害，獨棄林而憑人。不驚畏以自疏，永歸馴而附親。有受祥而皇祇，故遺卵而生殷。惟帝皇之嘉美，置高禖以表神。類鸞皇之知德，象君子之安仁。爾乃銜泥構巢，營居傅桷。積一啄而不已，終累泥而成屋。拾柔草以自藉，採慄毛以爲蓐。吐清惠之泠音，永吟鳴而自足。

南朝宋　鮑照《詠雙燕》雙燕戲雲崖，羽翮始差池。出入南閨裏，經過北堂陲。意欲巢君幕，層楹不可窺。沉吟芳歲晚，徘徊韶影移。悲歌辭舊愛，銜淚覓新知。

南朝梁　蕭綱《雙燕》雙燕有雄雌，照日羽差池。銜花落北户，逐蝶上南枝。桂棟本曾宿，虹梁早自窺。願得長如此，無令雙燕離。又《詠新燕》詩曰：新禽應節歸，俱向吹樓飛。入簾驚釧響，來窗礙舞衣。

南朝梁　沈君攸《雙燕離》雙燕雙飛，雙情相思。容色已改，故情不衰。雙入幕，雙出帷，秋風去，春風歸。幕上危，雙燕離。銜羽一别涕泗垂。夜夜孤飛誰相知，左回右顧還相慕。翩翩桂水不忍渡，懸目挂心思越路。縈鬱摧折意不泄，願作鏡鸞相對絶。一作孤鸞鏡中絶。

南朝陳　蕭詮《詠銜泥雙燕》銜泥金屋外，表瑞玉筐中。學飛疑漢妾，巢幕憚吴宫。爪截還獨短，巢成新尚空。詎並零陵石，飛舞逐春風。

唐　李嶠《燕》詩曰：天女伺辰至，烏衣澹碧空。差池沐時雨，頡頏舞春風。相賀雕楹側，雙飛翠幕中。勿驚留爪去，猶冀識吴宫。

唐　宋之問《燕巢軍幕》非關憐翠幕，不是厭朱樓。故來呈燕頷，報道欲封侯。

唐　張九齡《燕》海燕何微眇，乘春亦暫來。豈知泥滓賤，祇見玉堂開。繡户時雙入，雕梁日幾回。無心與物競，鷹隼莫相猜。

唐　張鷟《燕》變石身猶重，銜泥力尚微。從來赴甲第，兩起一雙飛。

唐　李白《雙燕離》雙燕復雙燕，雙飛令人羡。玉樓珠閣不獨栖，金窗繡户長相見。柏梁失火去，因入吴王宫。吴宫又焚蕩，雛盡巢亦空。憔悴一身在，孀雌憶故雄。雙飛難再得，傷我寸心中。

唐　杜甫《雙燕》旅食驚雙燕，銜泥入此堂。應同避燥濕，且復過炎涼。養子風塵際，來時道路長。今秋天地在，吾亦離殊方。　又《歸燕》詩曰：不獨避霜雪，其如儔侶稀。四時無失序，八月自知歸。春色豈相訪，衆雛還識機。故巢儻未毁，會傍主人飛。　又《燕子來舟中作》曰：湖南爲客動經春，燕子銜泥兩度新。舊入故園嘗識主，始今社日遠看人。可憐處處巢君室，何異飄飄託此身。暫語船檣還起去，穿花貼水益霑巾。

唐　韋應物《燕銜泥》銜泥燕，聲嘍嘍，尾涎涎。秋去何所歸，春來復相見，豈不解決絶高飛碧雲裏，何爲地上銜泥滓，銜泥雖賤意有營，杏梁朝日巢欲成，不見百鳥畏人林野宿，翻遭網羅俎其肉，未若銜泥入華屋。燕銜泥，百鳥之智莫與齊。

唐　白居易《晚燕》百鳥乳雛別，秋燕獨蹉跎。去社日已近，銜泥意如何。不悟時節晚，徒施工用多。人間事亦爾，不獨燕營窠。

宋　韓琦《來鳳》來鳳趨社期，翩若天外至。徘徊大厦間，汲汲營巢意。中心有所託，自謂得其地。銜泥兩吻瘡，旦暮不少憩。主人愛高堂，病爾如疣贅。爾巢累膚寸，長挺輒摧墜。胡爲不識嫌，又續前功棄。何處無蓬茅，自足爲生計。不爾卵而覆，其禍愈非細。余既傷爾愚，竊復探爾志。孜孜不忍去，欲動主人義。萬一憐其勤，庶或息我類。巨棟既不撓，出處安且貴。其能無報乎，惟守信無貳。年年應候來，馴狎如兒稚。雙雙軒户前，爲君作嘉致。不學君家客，去就惟勢利。微羽一知歸，至死不他詣。

宋　梅堯臣《燕》前村春社畢，今日燕來飛。將補舊巢闕，不嫌貧屋歸。銜泥和草梗，倒翅過柴扉。豈比驚丸鳥，迎人欲拂衣。又曰：雙燕銜泥日，深堂拂玉琴。不教關閣户，乃見主人心。掠水飛殊捷，迎風去已禁。短書猶可寄，聊爾託微吟。

宋　宋祁《燕》翬檐文杏暖，蘭橑舊巢空。石冷休翻雨，簾開且待風。飾釵聊伴鳳，傳信肯饒鴻。欲問張公子，倉琅掩漢宮。

宋　王安石《燕》處處定知秋後別，年年長向社前逢。行藏似欲追時節，豈是人間不見容。又曰：馬上逢歸燕，知從何處來。貪尋舊巢去，不帶錦書回。

宋　范成大《雙燕》底處雙飛燕，銜泥上藥欄。莫教驚得去，留取隔簾看。

宋　陸游《燕》春晝花明映柳纖，燕歸勝事始能兼。爭梁詐語驚幽夢，掠地斜飛避畫簾。雛食得蟲應自喜，巢泥經雨更頻添。去來要自知時節，嘗怪人嘲作附炎。　又曰：初見梁間牖户新，銜泥已復哺雛頻。只愁去遠歸來晚，不怕低飛打著人。

元　劉秉忠《留燕》銜泥舊燕壘新巢，來往如辭曲折勞。蝸舍雖微足容爾，畫梁爭得幾多高。

明　劉基《雙燕離》雙燕營巢時，雙飛復雙語。輕盈柳陌風，振迅芹塘雨。巢成近繡幃，雙宿更雙飛。爲蒙主人愛，不信有睽違。四月温風起，榴花發紅蕊。拾蟲還哺雛，出入無停觜。五月教雛飛，繞巢舞烏衣。側避蛛絲過，斜縈柳線歸。六月雛翼老，分飛各相保。脈脈傍珠簾，依依集蘭橑。世事有轉旋，陵谷一朝遷。昆明延劫火，甲第化歊煙。帶睡驚飛出，塵沙兩相失。死生不得知，嬿婉從兹畢。回看舊主人，粉黛成灰塵。天高雲渺渺，海闊波鱗鱗。荏苒朝還暮，悴悴向何處。毛凋半夜霜，淚滴三春露。露寒霜又濃，憔悴不成容。同心諒難隔，魂魄終相從。

明　袁凱《白燕》故國飄零事已非，舊時王謝見應稀。月明漢水初無影，雪滿梁園尚未歸。柳絮池塘香入夢，梨花庭院冷侵衣。趙家姊妹多相忌，莫向昭陽殿裏飛。　又《新燕》乍拂芳池遠，還窺繡幕重。莫將花片蹴，飛舞滿筵中。

明　李東陽《燕》繡户朱簾有路歧，別時嫌早到嫌遲。主家只解憐毛羽，涴盡雕梁不自知。

明　徐禎卿《燕》風暖池塘得意春，水芹煙草一回新。傍花掠羽差差影，銜雨歸巢呴呴親。眼底興衰王謝宅，樓中恩怨綺羅人。閒追往事如相話，只有農家似舊貧。

明　楊慎《雙燕曲》有鳥名飛燕，雄雌自相將。飲君玉池水，巢君文杏梁。美人當軒坐，恐涴羅衣裳。請君驅除之，君憐不忍傷。雛生八九子，嬌愛比鳳凰。鳴聲何啾啾，聞我庭東廂。習飛還不遠，墮墜雙扉旁。主人戒廬兒，毛羽無摧戕。不啄五株桃，不啑五畝糧。秋風從西起，翩翩向南翔。昔爲黄口兒，今爲烏衣郎。辭巢謝主人，華屋恩難忘。願主壽千歲，歲歲巢君堂。

清　吴寶芝《花木鳥獸集類・燕》韋應物詩：啣泥燕，聲窶窶，尾涎涎。

秋去何所歸，春還復相見。　杜牧《村燕》詩：漢宮一百四十五，多下珠簾閉瑣窗，何處營巢夏將半，茅簷烟裏語雙雙。　李商隱《越燕》詩：上國社方見，此鄉秋不歸。爲矜皇后舞，猶着羽人衣。拂水斜文亂，啣花片影微。盧家文杏好，試近莫愁飛。　杜子美《歸燕》詩：不獨避霜雪，其如儔侶稀。四時無失序，八月自知歸。春色豈相訪，衆雛還識機。故巢儻未毀，會傍主人飛。　梅聖俞詩：前村春社畢，今日燕飛來。將補舊巢闕，不嫌貧屋歸。啣泥和草根，側翅過柴扉。豈比鷩丸鳥，迎人欲拂衣。　武瓘《感事》詩：花開蝶滿枝，花謝蝶還稀。惟有舊巢燕，主人貧亦歸。瓘初投卷，知貢舉蕭倣見瓘詩，賞其有感故之意，遂及第。　王荆公詩：馬上逢歸燕，知從何處來。貪尋舊巢去，不帶錦書回。　鄭谷詩：年去年來來去忙，春寒烟暝渡瀟湘。低飛綠岸和梅雨，亂入紅樓揀杏梁。閒几硯中窺水淺，落花徑裏得泥香。千言萬語無人會，又逐流鶯過短牆。　古詩：何許乘春燕，多知辯夏臺。三時欲併盡，雙影未嘗來。食蕊嫌叢棘，啣泥怯死灰。不知黄雀語，能雪冶長猜。按《白帖》公治長解雀語，得免罪。

鵲

綜述

宋　謝維新《古今合璧事類備要别集》卷七二《飛禽門》　《格物總論》　鵲，一名飛駮。形類於鴉而差小。觜尖，足爪黑，頸項背深綠色，臆腹脅白，翮與尾毛黑白相間。善爲巢。開口背太歲。此非才智任自然也。其聲楂楂然，南人聞其噪則喜，北人聞其噪則悲。未必鵲之能知吉凶，蓋人自爲之悲喜然耳。

清　方旭《蟲薈》卷一《羽蟲》　《廣雅》：鳱鵲，鵲也。　《本草綱目》：鵲鳴唶唶，故名鵲。色駁雜，故又名飛駁鳥。靈能報喜，故又名喜鵲。性最惡濕，故又名乾鵲。《佛經》名芻尼。《小説》名神女。大如鴉，尖喙，脩尾，綠背，白腹，黑爪，尾翮有黑白駁。上下飛鳴，以音感而孕，相視而抱。季冬始巢開户。背太歲向太乙，若來歲，風多則巢卑下。　《正字通》：鵲二月乳子。　《太平廣記》：端午日午時，焚鵲巢炙病者，病立瘉。　《禮記·省度》：鵲巢一歲一更。　《遯齋閒覽》：鵲巢有隱木，故鷙鳥不見。　《字典》：鵲啄槐實，結玉於腦，曰鵲玉。　《支雅》：朱提以南無鵲。

清　方旭《蟲薈》卷一《羽蟲》　山鵲《爾雅》：鷽，山鵲。《正義》：鷽，朝叫晴，暮叫雨。故《説文》以爲知來事鳥。　《正字通》：山鵲，似鵲，有文采。嘴足皆赤，尾尤長，不能遠飛。今俗謂之山鷓鴣。《酉陽雜俎》謂之赤嘴鳥。旭按：此鳥好食蛇。李時珍云「即戴鵀」，誤。

又　練鵲《廣雁蕩山志》：練鵲，似鵲而小。尾長，色白。旭按：即帶鳥也。其狀似鴝鵒，毛黄黑色。頂上披一帶，尾有長白毛，如練然。又名練鵲，又名拖白練，又名壽帶鳥。吾鄉呼魂旛鳥，言其尾如魂旛也。《廣韻》作鬮鵲，亦有白色者，又有紅色者。

又　鳷鵲《拾遺記》：漢章帝時，條支國貢鳷鵲，高七尺，解人語。旭按：異鵲有數種。周昭王時有丹鵲。唐貞觀時有白鵲。羅浮山有毛五采之鵲。員嶠山有高一丈之鵲。又《坤輿外紀》云：伯西爾産長吻之鵲，其吻與身等，薄而光明。

又　丁母鵲《墨客揮犀》：夔峽間有丁母鵲，似鵲差大，雌雄不離。

又　鸛鶇《爾雅》：鸛鶇，鶝鶔。如鵲，短尾。射之銜矢射人。疏：鸛鶇，一名鶝鶔，一名惰羿，言其捷勁。雖羿之善射，亦懈惰不敢射也。

又　帶箭《嶺表録異》：帶箭似鵲，羽毛黄綠間錯。尾生兩枝，長二尺餘，直而不曲，至稍有毛如箭羽。

又　青耕《談薈》：青耕，一名紅裙鳥。　《中山經》：堇理，山有鳥曰青耕，狀如鵲，青身白目，白喙白尾。食之禦疫。

又　嬰勺《中山經》：支離山有鳥曰嬰勺，狀似鵲。赤目，赤喙，白身，其尾如勺。其名自呼。

又　木客鳥《異物志》：廬陵郡東有木客鳥，大如鵲，千百爲羣，飛翔有度。俗呼黄白色，有翼有綬，飛獨高者，爲君長。居前正赤者，爲五伯。正黑者爲鈴下。細色而雜赤者爲功曹。左脇有白帶者，爲主簿。

又　鸓《西山經》：翠山有鳥曰鸓，狀如鵲而赤黑，兩首四足。可以禦火。

清　周魯《類書纂要》卷三三《飛禽類》　鵲，一名飛駁，善爲巢，開户背太歲，其聲唶唶，然人聞其噪則喜。鵲巢惟鵲有巢，惟鳩居之。又鵲之彊彊。　報喜人家，鵲聲皆爲報喜兆，曰：靈鵲報喜。　知風，西南有乾，鵲知來而不知往，知來歲多風則巢于下枝，而不知童子探其卵。　占喜、呈瑞、東向鳴，漢武帝燕坐未央殿，東方朔執戟在階房屈指獨語，上問之，對曰：殿後柏樹上有鵲立枯枝上，東向而鳴，視之果然。朔曰：以人事言之，風從東方來，鵲尾長傍風順，背風則蹙，當順風而立，是以知之。　啣木安梁，崔員妻在家時與姊妹戲于後園，見二鵲營巢，共啣一木如筆管，長尺餘安巢中，衆悉不見，俗言見鵲上梁必貴。　補隙，天曆中，乾陵上仙觀天尊殿有雙鵲啣柴泥補其巢。　得印，張顥爲梁州牧，有鵲飛翔化爲圓石，顥椎破之得一金印，文曰忠孝侯印。　繞樹，曹操攻孫權作短歌曰：月明星稀，烏鵲南飛，繞樹三匝，無枝可棲。　傳赦，正觀中，黎景逸居青空山，飼一鵲甚□，熟後景逸被誣下獄，有鵲于獄樓中下視，景逸喜噪，已而果赦。　送柯侯，熙寧中柯侯仲常通守漳州以救飢，有二鵲棲其廳事，訖侯去，鵲以送之。漳人異焉。　丹鵲，周昭王時塗循國獻丹鵲一雌一雄，孟夏取翅爲扇，一名條翮，一名素影。喜鵲竇參，申其族子也，爲給事中，參每事訪申故，中至，人目爲喜鵲。　巢轍，天寶十三年葉縣有鵲巢于車轍中，不巢木而巢地失其所也。　巢碑，苗晉卿嘗自爲父碑文，有鵲巢碑上。　放於野外，貞觀中，忽有白鵲營巢于寢殿前槐上，左右拜舞稱賀，上曰：我嘗笑隋煬帝好祥瑞，祥瑞在得賢，此何足賀，乃命毁巢，鵲放于野外。　巢發石車，高祖圍堯君素于蒲州，糧盡人相食，有烏鵲巢其發石車，軍心遂離，衆斬其首，送之京師。　採粟，員嶠之山有環丘，上有方湖千里，多大鵲，高一尺，羣飛于湖際，採不周之粟于環丘之山上。　鵲起，莊子云：鵲上高城，而爲巢于高樹之巔，城壞巢折，凌風而起，故君子之居世也，得時則蟻行，失時則鵲起。　帝女，南方赤帝女學道得仙，居南陽愕山桑樹上，正月一日，啣柴作巢，至十五日成，或作白鵲或作女人，赤帝誘之不得，以火焚之，女即昇天，名帝女桑。　鵲墮，奚永洛與張子信坐，有鵲鬭而墮焉，子信曰：鵲言不善向夕，若有風從西南來，今夜有人喚公不得往，子信去後果有風至，夜高儼使召永洛且云敕喚，永洛欲赴。其妻苦留，稱墜馬腰折，免于難。

清　陳昌齊《廣東通志》卷九九《物産·羽族類·喜鵲》　瓊無喜鵲。明景泰間，指揮李翊自海北攜來縱之。今蕃育滋多矣。《瓊州府志》

清　李鴻章　光緒《畿輔通志》卷七四《物産·禽屬》　鵲，延興二年，幽州獻白鵲。《魏書·靈徵志》一種土人呼爲山喜鵲者，狀如鵲而尾長如綬，毛羽可觀。《熱河志》

清　長順《吉林通志》卷三四《物産·禽類》　鸒，尾長觜紅，似鵲而有文彩。一名山喜鵲，或呼爲勃姑鳥，亦名彩鵲。毛羽文彩者，亞於翡翠。《盛京通志》

清　吴寶芝《花木鳥獸集類》卷中　《埤雅》：鵲巢居而知風，蟻穴居而知雨。鵲歲多風則去喬木巢旁枝，故能高而不危也。　《淮南子》：鵲知來而不知往，知來歲多風則巢於下枝而不知童子探其卵，此修短之分也。《物類相感録》：鵲能制蝟，鵲在木上鳴，則蝟伏不能行，必反腹而受啄。《雜俎》：貞元三年，中書省梧桐樹上有鵲，以泥爲巢，焚其巢可禳狐魅。　《莊子》曰：鵲上高城之危，而巢於高樹之巔，城壞巢折凌風而起，故君子之居世也，得時則蟻行，失時則鵲起。　莊周遊雕陵之樊，見異鵲自東方來者，翼廣七尺，目大運寸，感周之顙，而集於栗林。周曰：此何鳥哉？翼殷不遊，目大不覩，褰裳躩步，執彈而留之。注云：殷，大也。運寸可曲一寸也。感觸也，謂飛，從顙前過也。留之，將以取之也。　《埤雅》：鵲知人喜，作巢取木，杪枝不取，墮地者皆傳枝受卵，故曰乾鵲。而《莊子》云：烏鵲孺魚傳沫鵲，以傳枝少，欲故曰孺。　《拾遺記》：員嶠之山名環丘，上有湖方千里，多大鵲，高一丈，羣飛於湖際，授不周之粟於環丘之上。　《埤雅》：古之人居，欲如燕行不欲如鵲。相法有之，鵲有蹌蹌，性行不良。　《淮南子》曰：烏之啞啞，鵲之唶唶，豈爲寒暑燥濕變其聲哉。　《埤雅》：鵲巢中必有梁，見鵲上梁者必貴。蓋二鵲共啣一木，置巢中謂之上梁。《雜俎》：崔員相公妻在家時與姊妹戲於後園，見二鵲營巢，共安一梁如筆管，長尺餘，啣置巢中，衆皆不見。　《唐書》：大歷八年，乾陵山仙觀天尊殿，有雙鵲，啣柴及泥，補葺隙壞，凡一十五處，宰臣上表賀。　《天玄主物簿》：鵲啄槐實，結玉於腦，謂之鵲玉。此鵲終歲不復鳴噪，雖巢無胎卵。　《魏志》：管輅至安德令劉長仁許有鳴鵲，飛來閣上，其聲甚急。輅曰：鵲言東北一婦，昨殺其夫，牽引西家，侯不過日。在虞淵之際，有人來告，到時果有東北同伍民來告隣，婦手殺其夫，詐言：「西家人與夫有嫌，殺我婿也。」又《北齊書》：奚永洛與河內人張子信對坐，有鵲正鳴於庭樹間，鬭而墮焉。子信曰：「鵲言不善，當有口舌事，今夜有喚，必不可往。」子信去後，瑯琊王使召永洛且云：「勑喚」永洛欲赴，其妻苦留，詐稱墮馬腰折，遂免於難。　唐貞觀中有白鵲營巢於寢殿前槐樹上，合歡如腰鼓，左右拜舞稱賀，乃命毀巢，縱鵲於野。《埤雅》：鵲彊而不淫，所以成德，成德故有行，知風之自而作其巢，知歲之所在而開其户，所以趨時，趨時故有功。　韓溉《鵲》詩：人間樹好紛紛占，天上橋成草草回。幾度送悲臨玉户，一時傳喜到粧臺。按《天寶遺事》時人之家，聞鵲聲皆爲喜兆，曰靈鵲報喜。　吴孫和爲南陽王之長沙過蕪湖，有鵲巢於帆檣，官僚皆憂慘，以爲傾危之象，後和果敗。　宋熙寧中，柯侯仲常通守漳州，以救饑得民心。有二鵲棲其廳事，及侯去，鵲亦送之，漳人異焉。東坡爲賦詩：柯侯古循吏，悃愊真無華。臨漳所全活，數等江干沙。仁心格異族，兩鵲巢其衙。但恨不能言，相對空楂楂。善惡以類應，古語良非誇。君看彼酷吏，所至如鬼車。　《淮南子》曰：赤肉懸則烏鵲集，鷹隼至則衆鳥散。物之聚散，交感如此。　陳無已《鷙鵲詩并序》辛巳夏四月庚戌日，將晏，與客追凉露坐。有雀引雛，二三集垣下行且哺，俄有鵲至，自北俯啄雀間，初若循循，少焉得雀間遽攫一雛而升於垣，雀出不意，悲鳴啾啾，奮身抵鵲，再三欲奪，鵲竟磔雛以食，不顧如得計然。坐客嘆息，余感之賦。《詩》曰：若奚不鶚，吾知避而遷。汝胡不貍，吾知遠而馳。宵通吾巢，晨並吾枝。懷毒妊凶初不汝期。莽恭拳拳，甫笑嬉嬉。情貌深厚，孰從而追。　唐天寶十三載，葉縣有鵲巢於車轍中，不巢木而巢地，失其性矣。

藝　文

《詩·召南·鵲巢》　維鵲有巢，維鳩居之。【略】維鵲有巢，維鳩方之。【略】維鵲有巢，維鳩盈之。

北齊　魏收《**看柳上鵲**》　背歲心能識，登春巢自成。立枯隨雨霽，依枝須月明。疑是雕籠出，當由抵玉驚。間關拂條軟，迴復振毛輕。何獨離婁意，傍人但未聽。

南朝梁　蕭紀《**詠鵲**》　欲避新枝滑，還向故巢飛。今朝聽聲喜，家信必應歸。

隋　魏彦深《**園樹有巢鵲戲以詠之**》　畏玉心常駭，填河力已窮。夜飛還繞樹，朝鳴且向風。知來寧自伐，識歲不論功。早晚時應至，輕舉一排空。

唐　李嶠《**詠鵲**》　不分荆山抵，甘從石印飛。危巢畏風急，繞樹覺星稀。喜逐行人至，愁隨織女歸。儻游明鏡裏，朝夕動光輝。

唐　皮日休《**喜鵲**》　棄羶在庭際，雙鵲來摇尾。欲啄怕人驚，喜語晴花裏。何況佞倖人，微禽解如此。

唐　司空圖《**山鵲**》　多驚本爲好毛衣，只賴人憐始却歸。衆鳥自知顔色減，妒他偏向眼前飛。　又《喜山鵲初歸》　翠衿紅觜便知機，久避重羅穩處飛。只爲從來偏護惜，窗前今賀主人歸。又曰：山中只是惜珍禽，語不分明識爾心。若使解言天下事，燕臺今築幾千金。又曰：阻他羅網到柴扉，不奈偷倉雀轉肥。賴爾林塘添景趣，剩留山果引教歸。

唐　韓偓《**鵲**》　偏承雨露潤毛衣，黑白分明衆所知。高處營巢親鳳闕，静時閑語上龍墀。化爲金印新祥瑞，飛向銀河舊路岐。莫怪天涯棲不穩，託身須是萬年枝。

宋　歐陽修《**野鵲**》　鮮鮮毛羽耀朝輝，紅粉牆頭緑樹枝。日暖風輕言語軟，應將喜報主人知。

烏

綜　述

宋　謝維新《**古今合璧事類備要别集**》**卷七二**《**飛禽門**》《格物總論》：烏鴉别名。種類亦繁，彼有小而多羣，腹下白者名鴉。烏有小觜而白，比他烏微小，長而反哺其母者名慈烏。另有一種，大啄及白頸而不能反哺者，非慈烏，南人謂之鬼雀。鳴則凶咎是也。然北人聞其鳴則喜，南人反是。亦善避矰弋彈射。

清　周魯《**類書纂要**》**卷三三**《**飛禽類**》　烏，鴉之别名，有小而多群，腹下白，名鴉，烏有反哺其母者，名慈烏，大喙白頸，南人謂鬼鵲，鳴則有凶咎。　歸飛，弁彼鷽斯，歸飛提提。　受哺，嗷嗷林烏，受哺於子。　屋烏，愛其人者及屋上之烏，又瞻烏爰止，於誰之屋。三足日中有三足烏者，陽精其僂呼也，僂呼，温潤生長之言，又：三趾而朱儀。　棲烏啼，黄雲以邊烏欲棲，歸飛啞啞枝上啼，機中織素秦川女，碧紗如煙閒窗語，停梭悵然憶遠人，獨宿孤房淚如雨。　反育，烏啼東南林，危巢雛五六，心在安築枝，一日千往復，脱欲得群食，入口不入腹，窮生俾反哺，豈能報成育。 烏夜啼，庭檣烏爾何不向別處棲，夜夜夜半當户啼，家人把燭出洞户，驚棲出群飛落樹，風飄雨灑亦不移，君家樹頭多好枝。 城烏，羞言獨眼枕下淚，託遺單棲城上烏。 麗城，烏麗城，烏之所棲息處也。 流烏，武王既渡河，有火自上復下至于王屋，流爲烏，其色赤。 訴冤，元時麥宗通安州麽些生，七歲不學而識文字，偶入玉龍山中，見石盎中水飲，遂知烏語，一日群鴉在林，有一鴉南來哀鳴甚急，群鴉從之哀鳴，宗曰：此雄鴉，爲白沙里人所弋迹之樂然。 一枝棲，李義父始召見太宗，令詠烏曰：日影颺朝彩，琴中聞夜啼，上林多少樹，不借一枝棲，啼曰：吾將全樹借汝豈惟在乎一枝哉。 棲冠，魯子至孝，有三足烏棲其冠。 朝夕朝夕烏。尾畢逋桓帝童註：城上烏尾畢逋，一年生九雛，公爲吏兒爲徒，一徒死，百乘車。 孝烏、吉烏、烏侍，周書云，鳳見而烏侍。 啣鼓集，東陽顔烏純孝，後有群鴉啣鼓集顔所居之村，烏口皆傷，一境皆以爲顔至孝所感。 助哀，北齊蕭倣字希然，居喪廬墓，有二慈烏各集一樹爲巢，自午以前馴庭飲啄，自午以後不下樹，每到祭時舒翼悲鳴，有似助哀，家人見之未嘗缺時，以爲倣孝感也。 白頭，秦止燕太子丹爲質，丹不聽曰：烏頭白，乃可歸，丹邱天歎，烏乃頭白，遂歸。 射烏，羿射烏，見日類。又武帝時御幕上有烏，命虎賁中郎將王吉射之，吉祝曰：矢一發射左腹，至尊壽萬歲，臣受二千石，遂中之，帝賜錢二百萬，令庭壁悉畫爲烏。 夢烏宋公子得夢已爲烏，喙加於南門，尾加於桐門，占曰：子夢美，必立也，後果立爲昭公。 攫肉，黄霸使吏出外，吏食道旁，烏攫其肉。及還霸運謂曰：甚苦，食於道旁乃爲烏攫肉。吏大驚，以爲霸盡，□其起居。 接丸彭澤有烏能接丸，行者丸飯拋之，高下無失。 聞烏聲，崔徹謂以輝王爲元帥，帝問韓偓，它日累吾兒否，偓曰：陛下在東内時，天陰□，王聞烏聲曰，上與后幽困，烏鵲聲亦悲，陛下聞之，惻然，有是否，帝曰：然，是兒天生忠孝，與人異，意遂决，偓意附徹類如此。 神鴉，初帝至鳳翔有鴉數萬棲殿樹，謂之神鴉，俄而鴉不來，人以爲恐。 集戟架初，柳仲郢爲諫議大夫，每遷必烏集升平第庭樹，戟架皆滿，五日乃散，及是不復集，卒於鎮。 薄地鴉，五代蜀吕彦德驍勇善騎射，常從王宗播宗儔征討冠牛革帽，披漆甲，跨烏馬執斫刺刀，軍中目爲薄地鴉。 赤烏巢，朱敬則兄仁軌隱居養親，常誨于弟曰：終身讓路，不枉百步，終身讓畔，不失一叚，有赤烏巢所居樹。 兵曹烏，崔希喬以仁孝稱，其在并州廳前叢葦上，有小烏如鶉鷃來巢孕，卵五色如鷄子，雛見月餘，五色成文大如鵝，馴擾閑暇，頃之飛翔，時歸舊所，□兵曹烏。 蘄州鬼，王元之移蘄州聞啼烏，問其名，或對曰此名蘄州鬼，王元之大惡之，果卒于蘄。又：使君向蘄州，更唱蘄州鬼，我不識使君，死人生作鬼，會不免使君，已老知何曉。 巢幄隋煬帝起宫丹陽，將游於江左，有烏鵲巢於幃幄，驅不能止。 取食，崑崙山在弱水中，非乘龍不得至，有三足神烏，爲西王母取食。 蔽煙，晉文公燒山求子推，于推抱樹，有一白烏從煙蔽之推死，文公爲之斷火一月。 僞足天授元年有進三足烏者，天后以爲周室嘉瑞，中宗時爲皇嗣，言前一足僞天后。不忱須臾，烏一足，果墮地。 爲城德宗時，鄭汴二州群烏皆入田，緒李納境，銜木爲城，高二三尺，方十餘里，緒納命焚之，信宿如故，烏口皆流血。 雀生烏昔帝辛之時，有雀生烏于城隅，占者曰：小生大，國家必祉，帝辛信之而荒于政，乃至滅亡，此詭禍爲福也。 愛屋及烏武王登夏臺以臨殷民，周公曰：臣聞愛其人及屋上烏，憎其人，憎其餘胥。 烏烏之聲齊師夜遁，師曠曰：烏烏之聲樂，蓋得空營故也。

清 方旭《蟲薈》卷一《羽蟲》 《小爾雅》：純黑，反哺者謂之烏。旭按：即慈烏也。初生，母哺六十日，長則反哺六十日。故又名孝烏，又名慈鴉。北人名寒鴉，好羣飛。肉不羶臭，和五味醃炙食之，可治虛損。 《談薈》：天將雨則烏翅重。 《酉陽雜俎》：凡人遠行，烏鳴而前引者有喜。 《述異記》：烏未生毛者，以丹和牛肉飼之，及長毛盡赤。殺之陰乾，擣服，壽五百歲。 《白虎通》：王者德及鳥獸，則白烏下。旭按：周武王時有赤烏銜穀種立於王屋，見桂岩子《同類相動篇》。

清 方旭《蟲薈》卷一《羽蟲·鴉烏》 《爾雅》：鸒斯，鵯鶋。註：鴉，烏也。小而多羣，腹下白。江東呼鵯烏。旭按：鴉，《説文》作雅，楚烏也。一名鸒。《水經注》名賈烏。今俗名烏鴉，又名老鴉，其肉羶臭，不中食。又：《奉使日記》云：歸化城有鴉烏，較中國略大而聲啞。又：《蜀道驛程記》云：過三分水，山益奇麗。上有神鴉四五，常飛逐行。舟過者，必擲以肉，餉即歸岩洞。 《支雅》：鴉烏化鵲，鵲亦化鴉烏。 《本草綱目》：鴉烏肉治虛勞、咳嗽。臘月貯瓦瓶，泥固燒存，性爲末，每飲服一錢，又治鬼魅及小兒癇疾。 《續博物志》：鴉千歲而五色。 《正字通》：《小雅》弁彼鸒斯之斯，乃語助詞。《爾雅》：連舉以爲烏名，非也。

清 方旭《蟲薈》卷一《羽蟲》 燕烏，《小爾雅》：白項，羣飛者，謂之燕烏。旭按：此不祥鳥也。《爾雅》名白脰烏。《水經注》名蒼烏，或又名鬼雀，又名鶚鷱。其狀似烏而大。

又 山烏《爾雅》：鷚，山烏。註：似烏而小，赤嘴。穴居，出西方。旭按：此疑即《酉陽雜俎》之鷂烏也。

又 峒嵐烏《酉陽雜俎》：峒嵐烏，出河西赤塢鎮。狀似烏而大。若翱翔鎮上多不利。

又 鳦餘《中山經》：丑陽山有鳥曰鳦餘，狀似烏而赤足。

又 精衛《述異記》：炎帝女溺死化精衛，名自呼。與海燕爲偶生子，雌爲精衛，雄爲海燕。出東海，一名冤禽，一名志鳥，俗名帝女雀。《博物志》：精衛似烏，文首，白喙，赤足。常取西山之木石，以填東海。

又 鴣鸐《北山經》：小侯山有鳥曰鴣鸐，狀似烏而白文。

又 鷟《爾雅》：鷟，鸕鷀。註：似烏，蒼白色。《通雅》：鷟一名阿濫堆。《酉陽雜俎》：鷟，色黄，一變爲青鴘，青灰色。鴘之後乃至屢變，横理轉細，臆前微微漸白。

又 鶌鶋《北山經》：馬成山有鳥曰鶌鶋，狀似烏。白首，青身，黄足。其名自叫，食之不飢。

又 鵸鵌《西山經》：翼望山有鳥曰鵸鵌，狀似烏，而三首六尾。善笑，可以禦凶。

清 李鴻章 光緒《畿輔通志》卷七四《物産·禽屬》 烏，景明四年，幽州獻四足烏。正光元年，幽州獻三足烏，又獻白烏。《魏書·靈徵志》活羅，漢語「慈烏也」。北方有之，狀如火雞，善啄物，見牛馬駝脊間有瘡，啄食之。若飢不得食，雖沙石亦食之。《金史》北人喜鴉而惡鵲。《禽經》掌禹錫曰：北方極多。李時珍曰：北人謂之雅，冬月尤甚也。《本草綱目》白頭者名寒鴉。《雍正志》國朝□□□《鴉詩》：□鴉巢晚樹，一點復一點。孟郊詩景寒，倪迂畫意遠。日暮向南飛，背帶夕陽返。

清 長順《吉林通志》卷三四《物産·禽屬·烏雅》 烏雅，遼統和九年，東京進三足烏。《遼史》十三

清 吴寶芝《花木鳥獸集類》卷中 《抱朴子》曰：夫日中有烏，何以三足，陽數奇也。是以有虞至孝三足，烏集其庭。曾子芸爪，三足烏萃其冠。《瑞應圖》文王時，蒼烏見，王者孝悌則至。《左傳·莊公二十八年》：楚子元伐鄭，諸侯救之，楚師夜遁。鄭人將奔桐丘，諜曰：楚幕有烏。乃止。《左傳·襄王十八年》：晉伐齊，齊師夜遁。師曠告晉侯曰：「烏烏之聲樂，齊師其遁。」叔向告曰：「城上有烏，齊師其遁。」《異苑》：東漢陽顔純孝，後有羣烏銜鼓集顔所居之村，烏口皆傷，一境皆以顔孝感所致，即於鼓處立縣名爲烏傷。王莽改爲烏孝，以彰其行。蘇東坡詩：記取慈烏巷有顔。《詩·小雅》：瞻烏爰止，于誰之屋。《六韜》：武王登夏臺，以臨殷民。周公旦曰：「臣聞之，愛其人者及其屋上烏，憎其人者憎其除胥。」杜詩：丈人屋上烏，烏好人亦好。 東方朔著《雅經》：先数其聲，第一聲即是甲，以十干數之，辨其緩急，以定吉凶。《埤雅》：烏性極壽，三鹿死後能倒一松，二松死後能倒一烏。《埤雅》：雀見虎則鳴，烏見異則噪。今人聞鵲噪則喜，聞烏噪則唾。以烏見異則噪，故唾其凶也。 孫武子曰：烏起者伏也，烏集者虚也。《拾遺記》：晉文公燒山求介子推，子推抱樹，有一白烏從烟蔽之。《雜俎》：候烏飛，翅重知天將雨。烏陽物也，感陰氣而翅重，故俗以此占其雨否。《淮南子》曰：螣蛇游霧，而殆於蝍蛆，烏力勝日，而服於騅禮。《括地圖》：崑崙山在弱水中，非乘龍不得至，有三足神烏爲西王母取食。《白帖》：西王母以三足烏爲使。《左傳·哀公二十六年》：宋景公無子，取公孫周之子得與啟畜諸公宫。冬十月，公遊於空澤，辛巳卒於連中。大尹立啟得夢，啟北首而寢于盧門之外，已爲烏而立於其上，味加於南門，尾加於桐門。曰：「余夢美，必立。」後得使國人施於大尹。大尹奉啟奔楚，乃立得。是爲宋昭公。《帝王世紀》：沛公祖父豐公家於豐，其妻嘗夢赤烏，若龍戲，已而生執嘉，即太上皇也。太上皇之妃曰：「媪是爲昭靈」，后生子邦，是爲漢高祖。故宋吴淑《烏賦》，夢豐邑而肇漢，入武昌而瑞吴。按《吴志》武昌赤烏見，因改元爲赤烏。《齊書》：高帝時有獻白烏者，帝問曰：「此何瑞也？」范雲位卑遂前答曰：「臣聞王者敬宗廟，則白烏至。」 漢武帝時，御幕上有烏，命虎賁中郎將王吉射之，吉祝曰：「發一矢洞烏腋，至尊壽萬年，臣爲二千石。」遂中之，賜錢二百萬。 西魏裴俠年七歲，不能言，後於洛城西見羣烏蔽天，舉手指之而言，從此聰慧，異於常童。 張勃《吴録》：彭澤有烏，能接丸，行者丸飯投之，高下無失。《抱朴子》曰：取烏之未生毛者，以丹和牛肉使吞之，至長毛羽皆赤，殺烏，陰乾擣服，可以延

壽。《北史》：齊高世辯性怯懦，周師入鄴，辯以千餘騎覘。後登高西望，遥見羣烏飛起，以爲旌旗，即馳還，不敢反顧。　余安道詩：昔年曾泛馬當灣，團飯唤雅篙楫間。今日江邊飛不下，應知人世作機關。《續漢書》桓帝時童謡：城上烏，尾畢逋，一年生九雛。公爲吏，子爲徒。一徒死，百乘車。南朝梁劉孝威《烏生八九子》詞：城上烏，一年生九雛。氄毛不自煖，張翼强自呼。羽成翩備各西東，十年賦命有窮通。不見高飛帝輦側，遠託日輪中。尚逢王吉箭，猶嬰后羿弓。豈如變白救，燕質入夢祚。昭公流聲表師遁，集幕示營空，靈臺已鑄象，流蘇時候風。《唐書》：天授元年，有進三足烏者。天后以爲周室嘉瑞，時中宗爲皇嗣，言：「前一足爲僞」，天后不悦，須臾此烏一足墮地。　《三國典略》：侯景篡位令飾朱雀門，其日有白頭烏萬計集於門樓。　《隋書》：煬帝起宫丹陽，將遊江左，有烏巢於帷幄，驅不能去。　《東觀漢記》：章帝元和三年，代郡高柳烏生子三足大如雞，赤色，頭有角。又獻帝延康元年，三足烏見。　《北夢瑣言》：崔希喬以仁孝稱，其在并州廳前叢葦上有小烏如鷦鷯，來巢孕卵，五色如雞。子雛生月餘，五色成文，大如鶩。馴擾閒暇，頃之飛翔，時歸舊所，號知巢烏。北齊蕭倣字希然居喪，廬前有二慈烏，各集一樹，自午以前循庭飲啄，自午以後不下樹。每到倣臨哭時，舒翼悲鳴，有似助哀。《後周書》：宗懍遭母憂痛哭嘔血，每有羣烏數千集於舍，候哭而來，哭止乃去。　《陳書》：司馬申短毛喜於後主，使其廢錮。申嘗晝寢於尚書省，下有烏啄其口流血，論者謂譖賢所致。　唐蘇孝祥率騎兵五千，夜度擊李敬業，孝祥死，有羣烏噪敬業營上。　唐德宗時，鄭汴二州羣烏皆入田緒李納境，銜木爲城緒，納命焚之，信宿如故，烏口皆流血。

藝文

南朝梁　蕭綱《烏夜啼》　不疑三足朝含影，直言九子夜相呼。羞言獨眠枕下淚，託道單棲城上烏。

南朝梁　蕭綱《晚棲烏》　日暮連翩翼，俱向上林棲。風多前鳥駛，雲晴後羣迷。路遠聲難徹，飛斜行未齊。應從故鄉返，幾過入蘭閨。借問倡樓妾，何如蕩子妻。

南朝梁　吴均《城上烏》　嗚嗚城上烏，翩翩尾畢逋。凡生八九子，夜夜啼相呼。質微知慮少，體賤毛衣麤。陛下三萬歲，臣至執金吾。

南朝梁　劉孝威《烏生八九子篇》　城上烏，一年生九雛。氄毛不自煖，張翼强相呼。羽成翩備各西東，丁年賦命有窮通。不見高飛帝輦側，遠託日輪中。尚逢王吉箭，猶嬰唐羿弓。豈如變采救燕質，入夢祚昭公。流聲表師退，集幕示營空，靈臺已鑄像，流蘓時候風。

南朝梁　朱超《詠城上烏》　朝飛集麗城，猶作夜啼聲。近日毛雖煖，聞絃心尚驚。

晉　成公綏《烏賦序》曰：有孝烏集余之廬，乃喟然而歎曰：余無仁惠之德，祥禽曷爲而至哉？夫烏之爲瑞久矣，以其返哺識養，故爲吉鳥。是以周書神其流變，詩人尋其所集。望富者瞻其爰止，愛屋者及其增歎。茲蓋古人所以爲稱若乃三足，靈德，國有道則見，國無道則隱。斯乃鳳鳥之德，何以加焉？鵩惡鳥而賈生懼之。烏善禽而吾嘉焉，懼惡而作歌嘉善而賦之，不亦可乎。辭曰：惟黑烏之令鳥兮，性自然之有識。應炎陽之純精兮，體乾剛之正色。望仁里之迴翔兮，翩羣鳴以拊翼。嗟自託於君子兮，心雖邇而不逼。起彼高林，集此叢灌。棲息重陰，列巢布幹，繽紛霧會。迴皇塵亂，來若雨集，去如雲散，哀鳴日夕，鼓翼昧旦。啞啞相和，音聲可玩。嗟斯烏之克孝兮，心識養而知慕。同蓼莪之報德兮，懷凱風之至素。雛既壯而能飛兮，乃銜食而返哺。遊朝霞而凌厲兮，飄輕翥於沍冥。有崑山之奇類兮，體殊形於玉趾。凌西極以翱翔兮，爲王母之所使。時應德而來儀兮，介帝王之繁祉。入中州而武興兮，集林木而軍起。能休祥於有周兮，矧貞明於吉士。嘉茲烏之淑良兮，永和樂而靡已。

南朝梁　何遜《窮烏賦》　嗟窮烏之小鳥，意局促而馴擾。聲遇物而知哀，翮排空而不矯。望絶侶於夕霞，聽翔羣於月曉。既滅志於雲霄，遂甘心於園沼。時復搶榆決至，觸案窮歸。若中氣而自墮，似驚弦之不飛。同雞塒而共宿，啄鴈稗以爭肥。異海鷗之去就，無青鳥之是非。豈能瑞周德而丹羽，感燕悲而素暉。雖有知於理會，終失悟於心機。

北周　庾信《烏夜啼》　桂樹懸知遠，風竿詎肯低。獨憐明月夜，孤飛猶未棲。虎賁誰見惜，御史詎相攜。雖言入絃管，終是曲中啼。

隋　虞世基《晚飛烏》　向日晚飛低，飛飛未得棲。當爲歸林遠，恒長侵夜啼。

唐　李世民《詠烏代陳師道》　凌晨麗城去，薄暮上林飛。辭枝枝暫起，停樹樹還低。向日終難託，迎風詎肯迷，只待纖纖手，曲裏作宵啼。

唐 儲光羲《羣鴉詠》新宮驪山陰，龍衮時出豫。朝陽照羽儀，清吹肅逵路。羣鴉隨天車，夜滿新豐樹。所思在腐餘，不復憂霜露。河低宮閣深，燈隱鼓鐘曙。繽紛起寒枝，矯翼時相顧。冢一作家。宰收琳瑯，侍臣進一作盡。鵷鷺。高舉摩太清，永絶矰繳懼。玆禽亦翱翔，不以微小故。

唐 李白《烏夜啼曲》黄雲城邊烏欲棲，歸飛啞啞枝上啼。機中織錦秦川女，碧紗如煙隔窗語。停梭悵然一作望憶遠人，獨宿孤房淚如雨。

唐 顧況《烏啼曲》玉房掣瑣聲翻葉，銀箭添泉霜遶堞。畢逋撥刺日銜城，八九雛飛其母驚。此是天上老鵶鳴，我聞一作人間。老鵶無此聲，摇風雜珮耿華燭。夜聽羽人彈此曲，東方曈曈赤日旭。

唐 韋應物《烏引雛曲》日出照東城，春烏啞啞雛和鳴。雛和鳴，羽猶短。巢在深林春正寒，引飛欲集東城暖。羣雛離褷睥睨高，舉翅不及墜蓬蒿。雄雌來去飛又引，音聲下上懼鷹隼。引雛烏，爾心急急將何如。何得比日搜索雀卵啖爾雛。

唐 白居易《慈烏夜啼》慈烏失其母，啞啞吐哀音。晝夜不飛去，經年守故林。夜夜夜半啼，聞者爲沾襟。聲中如告訴，未盡反哺心。百鳥豈無母，爾獨哀怨深。應是母慈重，使爾悲不任。昔有吴起者，母殁喪不臨，嗟哉斯徒輩，其心不如禽。慈烏復慈烏，鳥中之曾參。又《和大觜烏》烏者種有二，名同性不同。觜小者慈孝，觜大者貪慵。觜大命又長，生來十餘冬，物老顔色變，頭毛白茸茸，飛來庭樹上，初但驚兒童，老巫生奸計，與烏意潛通。云是非凡鳥，遥見起敬恭。千歲乃一出，喜賀主人翁。祥瑞來白日，神靈占知風。陰作北斗使，能爲人吉凶。此烏所止家，家産日夜豐。上以致壽考，下可宜田農。王人富家子，身老心童蒙。隨巫拜復祝，婦姑亦相從。殺雞薦其肉，敬若禋六宗。烏喜張大觜，飛接在虚空。烏既飽羶腥，巫亦饗甘濃。烏巫互相利，不復兩西東。日日營巢窟，稍稍近房櫳。雖生八九子，誰辨其雌雄。羣雛又長成，衆觜逞殘兇。探巢吞燕卵，入簇啄蠶蟲。豈無乘秋隼，羈絆委高墉。但食烏殘肉，無施搏擊功。亦有能言鸚，翅碧觜距紅。暫曾説烏罪，因閉在深籠。青青窗前柳，鬱鬱井上桐。貪烏占栖息，慈烏獨不容。慈烏爾奚爲，來往何憧憧。曉去先晨鼓，暮歸後昏鐘。辛苦塵土間，飛啄禾黍叢。得食將母哺，飢腸不自充。主人憎慈烏，命子削彈弓。弦續會稽竹，丸鑄荆山銅，慈烏求母食，飛下爾庭中，數粒未入口，一丸已中胷。仰天號一聲，似欲訴蒼穹。反哺日未足，非是惜微躬。誰能持此冤，一爲問化工。胡然大觜烏，竟得天年終。又《答元郎中楊員外喜烏見寄四十四字》南宫鴛鴦地，何忽烏來止。故人錦帳郎，聞烏笑相視。疑烏報消息，望我歸鄉里。我歸應待烏頭白，慙愧元郎誤歡喜。又《烏夜啼》城上歸時晚，庭前宿處危。月明無葉樹，霜滑有風枝。啼澀飢喉咽，飛低凍翅垂。畫堂鸚鵡鳥，冷暖不相知。

唐 元稹《大觜烏》陽烏有二類，觜白者名慈。求食哺慈母，因以此名之。飲啄頗廉儉，音響亦柔雌。百巢同一樹，栖宿不復疑。得食先返哺，一身長苦羸。緣知五常性，翻被衆禽欺。其一觜大者，攫搏性貪癡。有力彊如鶻，有爪利如錐。音聲甚𠲎喟，潛通妖怪詞。受日餘光庇，終天無死期。翱翔富人屋，栖息屋前枝。巫言此烏至，財産日豐宜。主人一心惑，誘引不知疲。轉見烏來集，自言家轉孳。白鶴門外養，花鷹架上維。專聽烏喜怒，信受若神龜。舉家同此意，彈射不復施。往往清池側，却令鴛鷺隨。羣烏飽粱肉，毛羽色澤滋。遠近恣所往，貪殘無不爲。巢禽攫雛卵，厩馬啄瘡痍。滲瀝脂膏盡，鳳皇那得知。主人一朝病，争向屋檐窺。呦譍呼羣鵩，翩翻集怪鴟。主人偏養者，嘯聚最奔馳。夜半仍驚噪，鵂鶹逐老狸。主人病心怯，燈火夜深移。左右雖無語，奄然皆淚垂。平明天出日，陰魅走參差。烏來屋檐上，又惑主人兒。兒即富家業，翫好方愛奇。占募能言鳥，置者許高貲。隴樹巢鸚鵡，言語好光儀。美人傾心獻，雕籠身自持。求者臨軒出，置在白玉墀。先問鳥中苦，便言烏若斯。衆烏齊搏鑠，翠羽幾離披。遠擲千餘里，美人情亦衰。舉家懲此患，事鳥踰昔時。向言池上鷺，啄肉寢其皮。夜漏天終曉，陰雲風定吹。況爾烏何者，數極不知危。會結彌天網，取盡一無遺。常令阿閣上，宛宛宿長離。又《樹上烏》詩曰：樹上烏，洲中有樹巢若鋪，百巢一樹知幾烏。一烏不下三四雛，雛又生雛知幾雛，老烏未死雛已烏。散向人間何處無。攫麑啄卵方可食，男女羣彊最多力。靈虵萬古惟一珠，豈可抨彈千萬億，吾不會，天教爾輩多子孫，告訴天公天不言。

唐 王建《烏夜啼曲》庭樹烏，爾何不向別處棲。夜夜夜半當户啼，家人把燭出洞户，驚栖出羣飛落樹。一飛直欲飛上天，回回不離舊栖處。未明重繞主人屋，欲下空中黑相觸。風飄雨濕亦不移，君家樹頭多好枝。

唐 張祜《烏夜啼》忽忽南飛返，危絲共怨悽。暗霜移樹宿，殘夜遶枝啼。咽絶聲重敘，愔淫思乍迷。不妨還報喜，誤使玉顔低。

宋　**蘇軾**《**巫山廟烏鳶詩序**》　巫山廟上下數十里，有烏鳶無數，取食於行舟之上，舟人以神之故，亦不敢害。詩曰：羣飛來去噪行人，得失無憂便可馴。江上飢烏無足怪，野鷹何事亦頻頻。

宋　**梅堯臣**《**靈烏賦**》　烏兮來前事，將兆而獻忠。人反謂爾多凶，凶不本於爾，爾又安能凶。凶人自凶爾，告之凶是以爲凶，爾之不告兮凶豈能吉，告而先知兮，謂凶從爾出。烏兮爾靈，吾今語汝，庶或汝聽爾結舌兮。勿睥睨，往來城頭無爾累。

又《**後靈烏賦**》　靈烏，我昔憫爾之忠，告人之凶。遭人唾罵，於時不容，覆巢彈類，驅逐西東。余是時作賦以弔汝，非乘爾困，而責爾聰，今也主人悟，彈者去，豐爾食於太倉，置爾巢於高樹。而復憎鴻鵠之不親，愛燕雀之來附。

宋　**范仲淹**《**和靈烏賦**》　靈烏靈烏，爾之爲禽兮，何不高翔而遠翥，何爲號呼於人兮，告吉凶而逢怒。方將折爾翅而烹爾軀，徒悔焉而忘路。彼啞啞兮如訴，請臆對而心諭，我有生兮，累陰陽之含育，我有質兮，處天地之覆露。長慈母之危巢，託主人之佳樹，斤不我伐，彈不我仆，母之鞠兮孔艱，主人仁兮則安。度春風兮既成我以羽翰，眷庭柯兮欲去君而盤桓。思報之意，厥聲或異。警於未形，恐於未熾。知我者謂吉之先，不知我者謂凶之類。故告之則反災於身，不告之則稔禍於人。主恩或忘，我懷靡臧。雖死而告，爲凶之防。

明　**高啓**《**歸鴉**》　啞啞噪夕暉，爭宿不爭飛。未逐冥鴻去，長先野鶴歸。荒村流水遠，古戍淡煙微。借問寒林樹，何枝最可依。

清　**陳石閭**《**陳石閭詩**》**卷二五**《**鴉**》　宛與枯隨所依，不集新條集故枝，烏烏之性與人異，熱場視若寒灰時。霜風文墮天地變，凝寒向夜夜將半，垂頭塌翼寂無聲，萬有百靈消息斷。

畫眉

綜　述

清　**陳昌齊　道光**《**廣東通志**》**卷九九**《**物産·羽族類**》　畫眉，又名黄眉。《粤志》謂眉長而不亂者，善鳴。胸毛短者，善鬬。高翥詩云：「春色滿山歸不得，刺桐花裏畫眉啼。」廣中多刺桐。每行諸峽中，禽音倍勝他處。《南越筆記》　相思仔，一名巧婦。即《詩》所謂桃蟲也。因桃蟲而變故，其形小性絶巧。以茅葦羽毳爲房。同上

清　**方旭**《**蟲薈**》**卷一**《**羽蟲**》　《廣輿記》：畫眉，産四川。《潛確類書》：畫眉，似鶯，黄黑色。其眉如畫，巧於作聲如百舌。旭按：畫眉，吾鄉亦有之。又有色純白者。

清　**李鴻章　光緒**《**畿輔通志·物産·禽屬·北畫眉**》　北畫眉，與他處所産不甚殊。獨以卵珍，大僅如蓮子。緣如松石，亦有白色及斑褐文者。土人鎔蠟貫其中以爲簪珥之飾，鬻於關内。熱河志較南方者微小，亦善鳴。《盤山志》　一名灰串。《雍正志》　阿藍，似山鵲而小。同上聲似畫眉，能學各語。《天津府志》

藝　文

清　**王棠**《**知新録**》**卷三一**　歐陽永叔有《詠畫眉》詩云：百囀千聲隨意移，山花紫燕樹高低。始知鎖向金籠聽，不及林間自在啼。

鶯

綜　述

宋　**謝維新**《**古今合璧事類備要别集**》**卷七三**《**飛禽門**》　《格物總論》：鶯，大勝鵃鵅。黑眉，觜尖紅，腳青，遍身甘□黄色，羽及尾有黑毛相間。三四月間鳴，聲音圓滑。一名倉庚，一名商庚，一名鵹黄，一名鸝鶹，一名鶬鶊。或謂黄栗留，或謂之楚雀，或謂之黄袍，或謂之摶黍，或謂之黄鳥，皆此物也。當椹熟時來，在桑樹鳴，則蠶熟應節趍時之鳥云。

清　**方旭**《**類書纂要**》**卷三三**《**飛禽類**》　鶯，一名倉庚，一名商庚，一名鵹黄，一名楚雀。齊人謂之摶黍，當椹熟時來在桑樹，皆應節趨時之鳥，或謂之黄袍，又名黄鸝，幽州謂之黄鶯。

清 方旭《蟲薈》卷一《羽蟲》 《字典》：鶯即黃鸝，一名倉庚，一名商庚，一名鵹黃，一名鸝鶹，一名楚雀，一名黃袍，一名搏黍，一名黃鳥，一名金衣公子。旭按：《王會篇》云：方揚以皇鳥，即此。今俗呼黃鶯，夏扈也。《草木蟲魚疏》：倉庚或呼黃栗留，俗呼黃離留。《本草綱目》：鶯，《左傳》名青鳥。淮人名黃伯勞。處處有之。小於鴝鵒，毛黃色，羽及尾有黑毛，黑眉，尖嘴，青脚。立春後鳴。麥黃椹熟時，尤甚。其聲圓滑如織機，應節趨時之鳥也。冬則入田塘，以泥自裹如卵然。《觚賸》：關内呼鶯曰水鴉兒。《山海經》：倉庚爲膳，可以療妒。《毛詩補疏》：葛覃黃鳥於飛。毛傳云：黃鳥搏黍也，此黃鳥乃指黃雀，非黃鶯也。黃鶯不啄粟，不得名搏黍。

清 李鴻章 光緒《畿輔通志》卷七四《物産·禽屬·黃鳥》 黃鳥，鸝鶹也。幽州謂之黃鶯。《蟲魚草木鳥獸疏》：甫田叢樾之西夏木千章濃陰數里，黃鳥好音，與薰風相和。《御製詩序》：清朝 邊連寶《黃鶯詩》秋柳學春黃，秋鶯學春哢。斗酒與雙柑，擬作春時供。詎料悲秋人，羽作遊春夢。

清 周魯《類書纂要》卷三三《飛禽類》 嚶嚶，伐木丁丁，鳥鳴嚶嚶。嚶其鳴矣，求其友聲。 黃鳥，睍睆黃鳥，載好其音。綿蠻黃鳥，止於丘隅。交交黃鳥，有鸎其羽。 金羽，梅聖俞詩。 蠶生，倉庚鳴，蠶始生。 鸝鶹，黃鳥，鸝鶹也，或謂黃栗留。 女真衣，鄭谷詩云：應爲能歌繫仙籍，麻歌乞以女真衣。 鶯眠，韓愈詩：春風紅樹鶯眠處，似妬歌童作豔聲。 金衣公子，明皇每於禁苑中見黃鶯，呼之爲金衣公子，又呼爲紅樹歌童。 詩腸鼓吹，戴顒春日携雙柑斗酒，人問何之，曰：往聽黃鸝聲。此俗耳砭針詩：腸鼓吹，汝知之乎。 鶯啼未起，唐王維字摩詰，開元中維爲尚書左丞，弟縉爲蜀州刺史，維表己五短，縉五長，作詩云：桃紅復含宿雨，柳緑更帶朝烟，花落家童未掃，鶯啼山客猶眠。後降禄山幾得罪，及宴凝碧池詩：萬户傷心生野烟，百官無日再朝天，秋槐花落深宫裏，凝碧池邊奏管弦。 賊平□□，此詩獲宥罪。 傳語，處士元藏機有二鳥，大小類黃鸝每翔翥空中藏機呼之即至，或令御珠，或令投人，謂之傳信鳥，出于滄州之地。 遷喬出谷遷喬之事未見其驗，今荆州每至冬月于田畝中得土堅圓如卵者，輒取以賣，破之則鶯在其中，無復毛羽，蓋以土自裹伏，而土堅勁候，春始生羽，破土而出。然則出谷遷喬之事恐似此。

藝文

清 吴寶芝《花木鳥獸集類》卷中 《詩》：伐木丁丁，鳥鳴嚶嚶。綿蠻黃鳥，止于丘隅。 鄭谷詩：春雲薄薄日暉暉，宫樹烟生隔水飛。應爲能歌繫仙籍，麻姑乞與女真衣。 韋蘇州詩：東方欲曙花冥冥，啼鶯相唤亦可聽。乍去乍來時遠近，纔聞南陌又東城。忽似上林翻下苑，綿綿蠻蠻如有情。欲轉不轉意自嬌，羌兒弄笛曲未調。前聲後聲不相及，秦女學箏柱猶澀。須臾風暖朝日暾，流音變作百鳥喧。誰家懶婦驚殘夢，何處愁人憶故園。伯勞飛過聲跼促，戴勝下時桑田緑。不及流鶯日日鳴，花間能使萬家春。意閒有時斷續聽，不了飛去，花枝猶裊裊。還棲碧樹，鎖千門，春漏方殘一聲曉。 唐詩：鶯擲金梭織柳絲。 黃魯直詩：黃鳥在幽谷，韜光養羽儀。 楊誠齋詩：何時雛脱鷇，新弄響交交。 石舍人詩：何處轉新哢，間關出建章。 《琵琶行》：間關鶯語花底滑。 張文潛詩：好音終在恥争先，谷外寒多故後遷。已過花時亦何恨，不妨夏木緑參天。

鸜鵒

綜述

《周禮·冬官·考工記》 鸜谷不踰濟。

漢 許慎《説文·鳥部》 鵒，鴝鵒也。古者鴝鵒不踰泲。

宋 謝維新《古今合璧事類備要别集》卷六七《飛禽門》 《格物總論》鸜鵒似鵙而有幘，色純黑。金眼，穴居。一名寒皐。斷舌可使言語。鸜字亦作鴝。亦慧鳥也。

宋 温革《分門瑣碎録·禽獸》 鸜鵒。居人多養之，五月五日去其舌尖，則能語，聲尤清越，雖鸚鵡不能過也。

清 吴寶芝《花木鳥獸集類》卷中 《野史》：宋元祐間，長沙人養一鸜鵒，俗呼八八兒，偶見念阿彌陀佛，即隨口稱念不絶，僧與之俱去。後鳥亡，僧具葬之。鳥口生蓮花，人頌之曰：有一靈禽八八兒，解隨僧口念阿彌，死埋平地蓮花發，我輩爲人豈不知。　大智禪師贊曰：立亡籠裏，渾閑事化紫蓮花也，大奇。

又《史傳》：五代乾祐鸜鴿食蝗，詔使禁捕。

清　周魯《類書纂要》卷三三《飛禽類》　鸜鴿，一名寒皋，斷舌可使言，似鴨而有幘，色純黑，金眼穴居，亦慧鳥也。　勝鸚鵡，舊言鴝鴿可使取火，效人言勝鸚鵡，取其目睛和人乳研滴眼中，能見烟霄外物。　羂虞網，有鳥名鴝鴿，力不能高飛，肉味不足登鼎俎，胡爲見羂虞網中。　星眼，周愛蓮詩：銕衣一色應無雜，星眼雙明自不花，學得巧言誰不愛，客來又喚僕傳茶。坐笑謝尚字祖仁，酒後爲鴝鴿舞，一坐傾笑。　啣魚袋，秘書少監崔行功未得大夫之前，忽有鴝鴿啣一物入其室，乃魚袋鈎玦，不數日加大夫。　二鳥賦貞元十二年愈東歸，自潼關出，息于河陰時始去京師，有不遇時之歎，見行有籠白鳥曰：鴝鴿而西者號于道，曰某工之守某官使，使者進于天子東西，行者避路莫敢正目焉，因竊自悲。　効四坐語，晉司空桓豁在荆州条軍，于五月午日剪鴝鴿舌，教令學語，遂無所不名，条軍善彈琵琶，鴝鴿每傾聽，移時又善能効人言語，一日司空大會賓客，使鴝鴿効四坐語，無不絶似，有一生齆難學，學之不似，因納頭于甕中以効焉，遂似齆者語聲不異也。　舌化蓮，宋天台黄巖正等寺觀師畜一鸜鴿，常隨人念阿彌陀佛，一旦立死籠中，乃穴土而葬之，舌端生紫蓮花，大智師爲之頌曰：立亡籠閉渾閒事，化紫蓮花也大奇。

清　王棠《知新》卷三一《八哥》　八哥，即鴝鴿也。《負暄雜録》云：南唐李主諱煜，改鴝鴿爲八哥。王虚中勸孝文亦曰八八兒。《爾雅翼》云：此鳥身背皆黑，惟兩翼有白點，飛則見白如八字，故謂之八哥云。又永叔夢爲鸜鴿飛在樹上，意甚快悦，聞榆莢香特異。永叔常自言上有一兄，未晬而卒。母哭之慟，夢神人别以一子授之，白毫滿身，母即娠。永叔生白毫無數，後漸退落。

清　方旭《蟲薈》卷一《羽蟲・鴝鴿》　《正字通》：鴝鴿，身首皆黑。兩翼有白點，飛則見，如書八字。俗名八哥，又名步鴿，又名哵哵。《鳥萬畢術》名寒皋。《事類統編》：鴝鴿一名黝鳥。其交以足勾足，如鬬狀，往往墮地。人若得之，斷取可爲媚藥。《爾雅翼》：鴝鴿，似鵙而有幘。飛則成羣。旭按：鴝鴿，初生皆無幘。至秋後易毛，幘始生。《酉陽雜俎》：鴝鴿，目睛和人乳研，滴目中，能見雲霄外物。《淮南子》：鴝鴿不踰濟。《支雅》：鴝鴿踰嶺而白。《幽明録》：五月五日，剪鴝鴿舌端，使圓，可教學人語。旭按：月朔皆可剪，不必五月五日。

伯勞

綜　述

宋　謝維新《古今合璧事類備要别集》卷七五《飛禽門》　《格物總論》伯勞，按郭璞云，形似鶷鶡而大。夏至來冬至去。以陰氣動而鳴，以陽氣復而止。蓋陰賊之鳥，其鳴鵙鵙然，故名曰鵙，或曰博勞，或曰伯趙。即此。

清　吴寶芝《花木鳥獸集類》卷中　東方朔與弟子偕行渴，令弟子即道邊家取飲，不知姓名，主人開門不與。須臾，見伯勞飛集主人門中李樹上，朔謂弟子曰：「此主人姓李，爾但呼李伯勞。」果有李伯勞應，即開門因入取飲。　陳思王《惡鳥論》：國人有以伯勞生獻者，王召見之，侍臣問：「世間惡聞伯勞之聲，敢問何也？」王曰：「昔尹吉甫用後妻之讒，殺孝子伯奇，吉甫後悟，追傷伯奇，出遊於田，見鳥鳴於桑，其聲噭然。吉甫動心曰：「是吾子，棲吾輿，非吾子飛勿居。」鳥乃撫翼，其聲悲切。吉甫乃顧曰：「伯奇乎。」鳥因而棲其蓋，歸入門，集于井幹之上，向室而號。吉甫命後妻載弩射之，遂射殺，後妻以謝之。」故俗惡伯勞言，所鳴之家必有凶也。　《爾雅・釋鳥》：鶪、鵙醜，其飛也翪。言其飛不能翺翔，竦翅上下而已。許慎《説文》以爲翪，斂足也。今鶪鵙醜，飛亦皆斂足腹下。《毛詩》：七月鳴鵙，八月載績。蓋倉庚知分，鳴鵙知至，故陽氣分而倉庚鳴，可蠶之候也。陰氣至而鵙鳴，可績之候也。或云：金得伯勞之血則昏，鐵得鸊鵜之膏則瑩。石得鵲髓則化，銀得雉糞則枯。　按：伯勞夏至來冬至去，與燕之春來秋去者相反。伯勞聲惡，燕語善。伯勞單飛獨棲，與燕之匹棲雙飛者又相反。

清　陸次雲《事文標異》卷五　鵙始鳴，《月令》：仲夏之月，鵙始鳴，即伯勞也。《左傳》謂之伯趙。樂府謂之伯勞。《禽經》注云：伯勞飛不翺翔直刺而已，形似鸚鵡。《易林》曰：鵙必單栖，鴛必匹飛。亦能搏擊，百鳥畏之。蜀中名鴐鶖，亦乘火令而生。詩曰：伯勞飛燕各東西。言單栖與匹處之異也。曹植《鳥論》以伯勞爲伯奇所化，想當然耳。

清 方旭《蟲薈》卷一《羽蟲・鶪》 《續詩傳・鳥名》：鶪，《爾雅》作伯勞，《説文》作博勞，《春秋傳》作伯趙。名鶪者，以其聲鶪鶪然也。又名鵙鴂，以鶪鴂通字也。此鳥罕見，人多妄指。即顔師古註《漢書》猶誤，以爲子規。其他紛紛愈不可憑。《通雅》云：「即姑惡，苦吻鳥。」且謂蘇軾稱姑惡水鳥，爲非。夫蘇軾原非《博雅》，鶴且不識，何況他鳥。但姑惡實非鶪。《禽經註》云：「伯勞似鴝鵒，喙黑。」今姑惡項有細毛，羽不純黑，不類鴝鵒，不得相混。旭按：伯勞，姑惡，苦吻鳥，三者各不同。伯勞大於鴝鵒，體略細而長。姑惡小於鴝鵒，毛黑，喙赤而尖。其鳴曰惡姑。好在水邊樹上。至苦吻鳥，即今之苦鳥。人罕得見。但夜鳴，其聲曰苦苦者是。《埤雅》：鶪能制蛇。鶪鳴在上，蛇盤不動。《淮南子》：伯勞之血塗金，人不敢取。《酉陽雜俎》：取伯勞所踏枝，鞭小兒，令速語。

百舌

綜述

宋 謝維新《古今合璧事類備要别集》卷六七《飛禽門》 《格物總論》：百舌，反舌鳥。蒼毛，尖觜，形小於鴝鵒，能反覆其舌，隨百鳥之音，故謂之百舌。春二三月鳴，至五月無聲。亦候禽也。或以爲即鶯。未知其果然否。

清 方旭《類書纂要》卷三三《飛禽類》 百舌，蒼毛，尖嘴，形如鴝鵒。能反覆其舌，隨百鳥之音。二三月間鳴，至五月小暑則無聲矣，故曰反舌。

清 方旭《蟲薈》卷一《羽蟲》 賓師，《臨海異物志》：賓師，大於鴝鵒，毛正黑。

又 山鳥 《嶺南雜記》：山鳥能作種種禽獸音，亦能學人語。其形似八哥。臆前有黑色圓長者，善鳴。眼紅者，善鬭。彼處多畜之。

又 除溪鳥 《臨海異物志》：除溪鳥，小於鴝鵒，色黑。天欲雨則鳴。

又 報春鳥 《顧渚山記》：顧渚山有報春鳥，小於鴝鵒，蒼黄色。正二月鳴曰春起也。三四月鳴曰春去也。

又 山和尚 《廣輿記》：山和尚産廣西、南寧府。旭按：此鳥大於鴝鵒，毛灰赤色，黑頰，兩翼有翠圓點。吾鄉亦有之。能學人言，教法一如鴝鵒。

清 周魯《類書纂要》卷三三《飛禽類》 報春、開關啼、緘口，學盡百禽語，終無自己聲，深山喬木裏，緘口過平生。五更頭顧況詩：一家千里外百舌五更頭。叫破殘月、巧聲、易聲、反舌無聲，山谷云：余謂《周書》、《月令》，反舌無聲，讒人在側。乃解社詩中，「過時始發口，君側有讒人」之句。

清 吳寶芝《花木鳥獸集類》卷中 文與可詩：就中百舌最無謂，滿口學盡羣鳥聲。自無一語出於己，徒爾嘲哳誇縱横。朝朝泊我高柳上，叫破一窗殘月明。幽人穩睡正甜美，無計可奈遭爾驚。少年挾彈彼誰者，安得爲我來五更。

雀

綜述

《爾雅・釋鳥》 鵙鴿，雝渠。郭璞註：雀屬也。飛則鳴，行則摇。邢昺疏：鵙鴿，一名雝渠，水鳥也。郭云：雀屬也。飛則鳴，行則摇。《詩・小雅》云：春令在原。陸璣《疏》云：大如鷃雀，長脚、長尾，尖喙，背上青赤色，腹下白，頸下黑如連錢，故杜陽人謂之連錢是也。

宋 謝維新《古今合璧事類備要别集》卷七四《飛禽門》 《格物總論》：雀，小鳥也，常依人。觜頷皆黑，通身毛羽褐。尾長二寸許，爪趾黄白色。一名嘉賓。言棲宿人家如賓客故云。黄雀體絶肥。鷦鷯又微乎微者。

清 王棠《知新录》卷三一《襪雀》 鷦鷯，一名桃虫，又名桃雀，又名女王，又名女匠，又名巧婦。取茅爲巢，至精如刺襪然。故又呼爲襪雀。

清 周魯《類書纂要》卷三三《飛禽類》 雀，小鳥也。一名嘉賓，俗呼爲馬婦鳥，季秋雀入大水化爲蛤。 無角，誰謂雀無角，何以穿我屋。 不知禍，突決棟焚，燕雀不知禍及。 鷦鷯羣，嗷嗷空城雀，身計何歲促。本與鷦鷯羣，不隨鳳凰族。 成羣賀厦，成羣賀厦情何厚，應瑞啣味意甚堅。 炙雀，晉王祥事後母疾，思雀肉炙，乃有黄雀自飛入幙中。 啣環，後漢楊寶年六歲，見雀□被螻蟻搏之，寶憐之，因置箱中，採黄花而食之，瘡愈飛去，一日化爲黄衣少年持玉環來報寶恩。 神雀，漢宣帝屢有神雀之瑞乃改年號爲神雀元年。 集獄，魏尚，高帝時爲太守，有罪拘獄，有羣雀集樹鳴，史占之曰：雀者，禄命之祥，必改官，後果然。　放生雀，唐敬荀與婭崇有親姻，崇寢疾，敬荀造省，懷中置生雀數頭，請崇繞而後放，祝云，願令公速愈。挾彈戰國莊辛謂楚王曰：夫雀俯啄白粒，仰棲茂木，鼓翅奮翼，而不知王孫左挾彈右攝弓，以加其頸也。　入懷，唐高祖斬王威于太原，有白雀飛入高祖之懷。　黄口，孔子見羅雀者所得皆黄口小雀，曰大雀善驚而難得，小雀貪食而易得，故也。　凍死，五代寇彦卿昭宗既出，明年太祖以兵至河中，遣彦卿奉表，迫請遷都，昭宗顧瞻陵廟，彷徨不忍去，謂其左右爲俚語曰：紇干山頭凍死雀，何不飛去住處樂，相與泣下霑繞。　黥頸，周太祖少賤，黥其頸上爲飛雀，世謂之郭雀兒。　異雀，唐崔信明五月五日日中生有異雀數頭，身形甚小五色備集于庭樹，鳴聲清亮，太史占之曰：五月爲火，火爲離，離爲文彩，日中文之盛也，有雀文彩而此兒必文彩聲名播天下，雀形既小，禄位殆不高矣，及長，博學强記，下筆成章，而官果不達。　却火雀，順宗即位，有拘弭國貢却火雀，純黑大小似燕，有聲置于火中，火自散去，遂盛于水晶籠，懸于寢殿，夜則宫人持蠟炬燒之，終不能損其毛羽。　覆車粟，楊宣爲洵兩守行縣，有羣雀鳴噪樹上，宜謂吏曰：前有覆車粟，此雀相隨往食，行至數里，果有覆車粟。　赤雀則天皇后臨朝，御史傳游藝請革命，旼帝氏爲武。又脅羣臣固請，妄言赤雀見朝堂。　懷丸，有孺子懷丸操彈于後園，榆上有蟬不知螳螂在其後，螳螂捕蟬，不知黄雀在其後，孺子欲彈黄雀。　知更雀，唐裴耀卿勤于王事，夜看案牘，晝决訟獄，常養一雀，每夜至初更，時有聲，至五更則急鳴，耀卿呼爲知更雀，又于廳前有一大桐樹，至曉則有羣鳥翔集，以此爲出廳之候，故呼爲報曉鳥，時人美焉。　白雀多功，張堅字刺渴，漁陽人，少不羈，無所拘忌，常羅一白雀，愛而養之，天劉翁責怒，每欲殺之，白雀輒以報堅，堅設方待之，終莫能害，天翁遂下觀之，堅盛設款之，乃竊乘天翁車騎白龍，振策登天，天翁乘餘龍追之不及，堅既到玄宫，易百官杜塞北門，封白雀爲上卿侯，改白雀之胤不産于下土，劉翁失治，徘徊五岳作災，天帝患之，以劉翁爲太山太守，主生死之籍。　安息，安息大雀舉頭高八九尺，張翅丈餘，食大麥，卵如甕。　夜集，傷出爲文學掾，郡有大雀，夜集庫樓上，太守廉范問椽由，由曰：此占郡内，當有小兵，然不爲害。後□□反殺傷長吏。　五色雀，自羅浮來，每見旱則雨，潦則濟，又有白雀已千歲，歷梁化間孟秋五日也，道逢故人，設燕于合江樓，烹五色雀，九孔螺邀飲。　白翎雀，朔漠之地無他禽鳥，惟鴻雁與白翎雀，鴻雁畏寒，秋南春北，白翎雀雖窮冬沍寒，亦不易處，故元世祖作樂，名曰白翎雀。　鶡雀，鶡雀飛集丞相府，蘇林曰：今虎賁所著鶡也。師古曰：非也，鶡音芬，本作頒此通用耳，頒，雀大而色青，出羌中，鶡雀色黑，出上黨，以其鬭死不止，故用其尾飾武臣首，云，今俗所謂鶡鷄毛者是。　雀語，公冶長事許姓譜。　感雀周武王即位之初，感赤雀啣丹書止于庭上，周家尚赤，故赤雀丹書皆赤也，天命歸周之讖兆也。　桃蟲，桃，雀也。俗呼爲巧婦。　金雀，出雁蕩。

清　陳昌齊　道光《廣東通志》卷九九《物産・羽族類・白雀》　白雀《南越志》曰：增城縣多白雀，大如鳩。素質凝映。《太平御覽》

又　吉弔雀，一名兆兆。産東莞大奚山中。狀如鵪鴿而大。青首翠翮，自呼曰兆兆。出則有大風。《南越筆記》

清　方旭《蟲薈》卷一《羽蟲》《古今注》：雀，一名家賓。《本草綱目》：雀宿簷瓦之間，馴近階除之際，故一名瓦雀，一名賓雀。老者名麻雀，俗名馬婦鳥。處處有之。羽毛褐而有斑，頷嘴黑色，頭如顆蒜，目如擘椒，尾長二寸許，爪距黄白色，躍而不步。目夜盲性，淫卵有斑，能治婦人血枯。陳藏器曰：「冬月食雀肉，令人有子。」旭按：一種山麻雀，體細而長，毛赤黑色。人亦畜之，或説辟邪。《四書經註集証》：雀相感，必一俯一仰。《支雅》：雀生子應月。三月三子，四月四子。

清　方旭《蟲薈》卷一《羽蟲・黄雀》《廣輿記》：嘉興産黄雀。旭按：黄雀，或説蛤所化。其狀似雀，毛青黄色。八九月有之。好羣飛，肉可食，脂甚厚。蘇長公謂之披綿。黄雀雄者能鳴。

清　方旭《蟲薈》卷一《羽蟲・桑鳸》《爾雅》：桑鳸，竊脂。註：俗呼青雀，嘴曲，食肉，好盗脂膏因名云。旭按：即蠟嘴也。小於畫眉，毛蒼褐有斑點，嘴曲而厚，淡黄色，亦有白色者。往歲游曰下，曾畜兩頭，以黄豆擲空中，雖高三四丈，令飛而啄之，百無一失焉。又一種洋蠟嘴，狀亦相似，但略小，而嘴色紅。《詩經彙纂》：桑鳸，有二種。青質者，嘴曲，食肉好盗脂膏。素質者，其翅與領皆有文章。

清　李鴻章　光緒《畿輔通志》卷七四《物産・禽屬・黄雀》　黄雀，京師田雀以四月肥，背有黄羽，與江鄉純色者别，以江南食法製之，亦甚腴美。蓋江南黄雀所食者稻，疑北地以食麥而肥也。《小丹邱客談》

清　李鴻章　光緒《畿輔通志》卷七四《物産・禽屬・鵪鶉》　鵪鶉狀類

黃雀而小，幽人謂之，鸋鴂，或曰巧婦，或曰女匠《蟲魚草木鳥獸疏》小而緑者，北人謂之蠀。《夢溪筆談》 謹案：鴲鷯，據《陸疏》即桃雀，《雍正志》兩載之誤。

清 李鴻章 光緒《畿輔通志》卷七四《物産・禽屬》 桑鳸，一名蠟嘴，《雍正志》其嘴黄白如蠟，亦喜鳴。《正定府志》

清 李鴻章 光緒《畿輔通志》卷七四《物産・禽屬・白翎雀》 白翎雀，生於烏桓朔漠之地，雌雄相和，各得其樂。世祖因命伶人碩德閭製曲以名之。《輟耕録》 白翎雀能制猛獸，尤善擒駕鵞。《楊廉夫詩注》：朔漠有白翎雀，雖嚴冬沍寒不易處。《潛確類書》元 馬祖常詩：烏桓城下白翎雀，雌雄相呼以爲樂。平沙無樹託營巢，八月雪深黄草薄。君不見舊時飛燕在昭陽，沉沉宮殿鎖鴛鴦。芙蓉露冷秋宵永，芍藥風喧春晝長。 張憲詩：真人一統開正朔，馬上鞮鞍手親作。教坊國手碩德閭，傳得開基太平樂。植槽俹俹鳳皇齶，十四銀環柱冰索。摩訶不作兜勒聲，聽奏筵前白翎雀。霜曜曜風殼殼，白草黄雲日色傳。玲瓏碎玉九天來，亂撒冰花灑氊幕。玉翎琤珄起盤薄，左旋右折入寥廓。崒嵂。孤高繞羊角，啁啾百鳥紛參錯。須臾力捲忽下躍，萬野寒星墜叢薄。砉然一聲震龍撥，一十四絃喑一抹。駕鵞飛起暮雲平，鷙鳥東來海天闊。白翎黄羊之尾文豹胎，玉液淋漓萬壽杯。九龍殿高紫帳暖，蹋歌聲裏懽如雷。白翎雀，樂極哀。節婦死，忠臣摧。八十一年生草萊，鼎湖龍去何時回。 楊維楨《白翎雀辭并序》：案國史脱必禪曰：「世皇畋於松林，聞婦哭甚哀。明日，白翎雀飛集幹耳朶上，其聲類哭婦。上感之，因令侍臣製《白翎雀辭》」，舊辭未古，爲作《白翎雀》二章以補我朝案府。白翎雀，西極來。叶金爲冠，玉爲衣。百鳥見之不敢飛，雄狐猛虎整神機。先帝親手鞲璽爾，西方奇海東之青。汝何爲下攫草閬。雉兔肥奈爾，猛虎雄狐狸。白翎雀來西極地，從翼旋兩目側邊，風勁氣弓折膠材。官猛箭。與之敵黄狼紫兔不餘力，須臾白雪。輕一舉千仞直，駕鵞灑血當空擲。金顔玉頸高十尺，千秋萬歲逢玉食。 王士熙《上京次李學士韻詩》：芍藥門前春信遲，灤京端午石榴時。雙雙紫燕自尋壘，小小白翎能念詩。 楊允孚《灤京雜詠詩》：鴛鴦坡上是行宫，又喜臨歧象馭通。芳草撩人香撲面，白翎隨馬叫晴空。 迺賢《塞上曲》：烏桓城下雨初晴，紫菊金蓮漫地生。最愛多情白翎雀，一雙飛近馬邊鳴。 明 王褘《白翎雀圖》詩：白翎雀雪作翎，羣呼旅食啁哳鳴。何人翻作絃上聲，傳與江南士女聽。南人聽聲未識形，畫師更與圖丹青。圖丹青，一何似？知爾之生何處是。秋高口子草如雲，風動鷹兒沙似水。國朝・高士奇詩：磧外相呼樂，人間重白翎。名傳元樂府，産略古禽經。妙選籠雕檻，濟音轉畫屏。芙蓉秋露冷，曾否憶沙汀。

清 長順《吉林通志・物産》卷三四《禽屬》 白翎雀，青黄色，翎白。窮冬沍寒，不易其處，元人重之。故元世祖樂有《白翎雀歌》。

藝文

《詩・小雅・綿蠻》 綿蠻黄鳥，止於丘阿。【略】綿蠻黄鳥，止於丘隅。【略】綿蠻黄鳥，止於丘側。

晉 張華《鷦鷯賦》 鷦鷯，小鳥也。生於蒿萊之間，長於藩籬之下，翔集尋常之内，而生生之理足矣。色淺體陋，不爲人用。形微處卑，物莫之害。繁滋族類，乘居匹游。翩翩然有以自樂也。彼鷲鶚鶤鴻，孔雀翡翠。或淩赤霄之際，或託絶垠之外。翰舉足以沖天，觜距足以自衛。然皆負矰嬰繳，羽毛入貢。何者，有用於人也。夫言有淺而可以託深，類有微而可以喻大，故賦之云爾。

何造化之多端兮，播羣形於萬類。惟鷦鷯之微禽兮，亦攝生而受氣。育翩翾之陋體，無玄黄以自貴。毛弗施於器用，肉弗登於俎味。鷹鸇過猶俄翼，尚何懼於罿罻。翳薈蒙籠，是焉游集。飛不飄颺，翔不翕習。其居易容，其求易給。巢林不過一枝，每食不過數粒。棲無所滯，游無所盤。匪陋荆棘，匪榮茝蘭，動翼而逸，投足而安。委命順理，與物無患。伊兹禽之無知，何處身之似智。不懷寶以賈害，不飾表以招累。静守約而不矜，動因循以簡易。任自然以爲資，無誘慕於世僞。鵰鶡介其觜距，鵠鷺軼於雲際。鶤雞竄於幽險，孔翠生乎遐裔。彼晨梟與歸鴈，又矯翼而增逝。咸美羽而豐肌，故無罪而皆斃。徒銜蘆以避繳，終爲戮於此世。蒼鷹鷙而受緤，鸚鵡惠而入籠。屈猛志以服養，塊幽縶於九重。變音聲以順旨，思摧翮而爲庸。戀鍾岱之林野，慕隴坻之高松。雖蒙幸於今日，未若疇昔之從容。海鳥鶢鶋，避風而至。條枝巨雀，踰嶺自致。提挈萬里，飄颻逼畏。夫唯體大妨物，而形瓌足瑋也。陰陽陶蒸，萬品一區。巨細舛錯，種繁類殊。鷦螟巢於蚊睫，大鵬彌乎天隅。將以上方不足，而下比有餘。普天壤以遐觀，吾又安知大小之所如。

晉 傅休《奕》 鵲巢丘城側，雀乳空井中，居不附龍鳳，常畏蛇與蟲。

依賢義不恐，近暴自當窮。

南朝宋　鮑照《**空城雀**》　雀乳四㲉，空城之阿。朝食野粟，夕飲清河。高飛畏鴟梟，下飛畏網羅。誠不及青雀，遠食玉山禾。猶勝吴宫燕，無罪得焚窠。賦命有厚薄，長歎欲如何。

南朝梁　沈趨《**詠雀**》　肌薄少滋腴，色淺非丹翠。不懼越王羞，寧懷秦后珥。傍檐葺寒草，循場啄餘穗。且欣大厦成，焉須鴻鵠志。

南朝梁　張率《**滄海雀**》　大雀與黄口，來自滄海區。清晨啄原粒，日夕依野株。雖憂鷙鳥擊，長懷沸鼎虞。况復隨時起，翻飛不可拘。寄言挾彈子，莫賤隋侯珠。

北齊　蕭轂《**野田黄雀行**》　弱軀媿一作慙彩飾，輕毛非錦文。不知鴻鵠志，非是鳳皇羣。作風隨濁一作濯雨，入曲應玄雲。空城舊侶絶，滄海故交分。寧死明珠彈，且避鷹將軍。　隋　李孝貞詩曰：聽琴旋蔡子，張羅避翟公。夕宿寒林上，朝飛空井中。既並元雲曲，復變海魚風。一報黄花惠，還游萬歲宫。

唐　李嶠《**詠雀**》　大厦初成日，嘉賓集杏梁。銜書表周瑞，入幕應王祥。暮宿空城裏，朝遊漣水旁。願齊鴻鵠志，希逐鳳皇翔。

唐　王維《**青雀歌**》　青雀翅羽短，未能遠食玉。山禾猶勝黄雀争，上下唧唧，空倉復若何。

又《**黄雀癡**》　黄雀癡，黄雀癡，謂言青㲉是我兒。一一口銜食，養得成毛衣。到大啁啾解游颺，各自東西南北飛，薄暮空巢上，羇雌獨自歸，鳳皇九雛亦如此，莫愁思憔悴損容輝。

唐　李白《**野田黄雀行**》　遊莫逐炎洲翠，棲莫近吴宫燕。吴宫火起焚爾一作巢窠，炎洲逐翠遭網羅。蕭條兩翅蓬蒿下，縱有鷹鸇奈若一作爾何。　張籍《雀飛多》詩曰：雀飛多，觸網羅，網羅高樹顛。汝飛蓬蒿下，勿復投身羅網間，粟積倉，禾在田，巢之雛，望其母來還。

唐　王建《**空城雀**》　空城雀何不飛來人家住，空城無人種禾黍。土間生子草間長，滿地蓬蒿幸無主。近村雖有高樹枝，雨中無食常苦飢。八月小兒挾弓箭，家家畏向田頭飛。但能不出空城裏，秋時百草皆有子。報言黄口莫啾啾，長爾得成無横死。

唐　孟郊《**空城雀**》　一雀入官倉，所食寧損幾。祇慮往復頻，官倉終害爾。魚網不在天，鳥羅不張水。飲啄要自然，可以空城裏。

又《**黄雀吟**》　黄雀舞，承塵倚恃主人仁。主人忽不仁，買彈彈爾身。何不遠飛去，蓬蒿正一作止繁新。蒿粒無人争，食之足爲珍。莫覷翻車粟，覷翻罪有因。黄雀不知言，贈之徒殷勤。

唐　賈島《**和朱評事義雀行**》　鳦鳥雌雄俱，春雷驚蟄餘。口銜黄河泥，空即翔天隅。一夕皆莫歸，嘵嘵遺衆雛。雙雀抱仁義，哺食忘勞劬。雛既邐迤飛，雲間聲相呼。燕雀雖微類，感媿誠不殊。禽賢難自彰，幸蒙一作得主人書。

宋　余靖《**五色雀詩序**》　羅浮有五色雀，各被方色，非時不見。若士大夫將遊是山，則先入羣翔，寺僧以是爲候。某庚辰歲，謫官來遊，將至之夕，茲雀亦集，感之成詠云：五方純色儼衣冠，尤可愛者，朱藍正色若朝服焉。應是山靈寄羽翰。多謝相逢殊俗眼，謫官猶作貴人看。

宋　蘇軾《**五色雀詩序**》　海南有五色雀，常以兩絳者爲長，進止必隨焉，俗謂之鳳皇云。久旱而見，輙雨潦則反。是吾卜居儋耳城南，嘗一至庭下，今日又見之，吾舉酒祝之曰：若爲吾來者，當再集也。已而果然，乃爲賦詩曰：粲粲五色羽，炎方鳳之徒。青黄縞黝服，翼衛兩紱朱。仁心知閔農，嘗告雨霽符。我窮惟四壁，破屋無瞻烏。惠然此粲者，來集竹與梧。鏘鳴如玉佩，意欲相嬉娱。舉杯得一笑，見此紅鸞雛。高情如飛仙，未易握粟呼。胡爲去復來，眷眷豈屬吾。回翔天壤間，何必懷此都。

明　陳憲章《**旌節亭瓦雀**》　瓦雀喜亭栖，丹青意自迷。雨餘寄麗日，花底啅香泥。並語聲全碎，追飛羽忽低。悠悠去繒繳，款款戀榱題。卵育非無地，兒羣或引梯。慣行書案上，漸滿井闌西。不羡雕籠養，真堪畫卷攜。由來親白首，那更避青藜。狎久如私昵，喧多類滑稽。行藏非社燕，飲啄混家雞。度嶺千回歇，排風幾寸躋。冥鴻於汝輩，滄海一涔蹄。

清　愛新覺羅·玄燁《**聞黄鸝**》　輕棉飛盡池塘清，緑陰檻外紛縱横。繁絲急竹俱無賴，忽聞倉庚三兩鳴。時至而鳴過則止，萬物生成各天理。偏生分别是人心，愁者聽愁喜者喜。愁兮喜兮兩不知，葉底關關殊未已。

清　愛新覺羅·玄燁《**樂善堂全集定本**》**卷一二**《**催耕鳥**》　條風天宇布，百昌欣韶熙。村原趣已佳，緑水明千畦。秉耒耕南畝，提壺餉東菑。郭公何丁寧，催耕田畔啼。高棲嫩柳梢，低唤柔桑枝。分明爲一言，東作當及時。田老聞之喜，胼胝非所辭。田婦聞之喜，饋饁職所司。但願歲豐穰，辛苦甘共之。幾度聞此聲，蚤起竭力爲。那似香閨中，驚眠翻怪伊。

清 吴寶芝《花木鳥獸集類·鶻》 張九齡《鶻序》羽族之中，絶其豪傑之表，氣感剛悍，體侔銛鋒，顧視之間偉如也。

清 李鴻章 光緒《畿輔通志》卷七四《物産·禽屬》 鶻，鷹屬。《廣雅》 鶻拳大如彈丸，俯擊鳩鴿。《埤雅》 建州土産鶻。《元一統志》 元慶元年，賜大都留守伯帖木耳兔鶻一。翎翮浩潔，白雪同皎。至延祐元年，毛翎變赤，光彩豔奕，異於尋常。《松雪齋集》 滄州東光縣寶觀寺常有蒼鶻集重閣，每有鴿數千，冬中每夕即取一鴿以暖足，至曉放之而不殺。《朝野僉載》

清 長順《吉林通志》卷三四《物産·禽屬》 鶻，唐開元二十五年，渤海來獻鷹鶻。《册府元龜》 遼應歷二年，鐵驪進鷹鶻。《遼史》 六鶻有二種，一玉爪，一黑爪。又有鴉鶻、兔鶻之别。其拳堅處，大如彈丸，俯擊鳩鴿，食之。鷂，仲尼在陳，有隼集於陳侯之庭而死。楛矢貫之以問仲尼。仲尼曰：「隼之來也，遠矣。此肅慎氏之矢也。」《國語》 隼，鷂也。或曰：雀鷹。春化爲布穀，此屬數種皆爲隼。《詩義疏》 鸇負，雀鷂也。《爾雅·釋鳥》女真禽有鷹鸇。《契丹志》二十六 甯古塔産鷂子、黄鷹，猛於他處。《甯古塔紀略》 鷂即鸇類，一名隼。小者爲鷂，有花豹、白豹、細胸、松兒、朵兒、攔虎獸，諸名。《盛京通志》

清 方旭《蟲薈》卷一《羽蟲·鴇》 《正字通》：鴇，毛有豹文，一名獨豹，又名鴻豹。狀似雁，足無後趾。性不木棲。《談薈》：鴇無舌。

清 李鴻章 光緒《畿輔通志》卷七四《物産·禽屬·鴇》 鴇，李時珍曰：水鳥也。性不木止，或云純雌無雄，與他鳥合。《本草綱目》 似雁無後趾。《雍正志》 大鳥不樹棲，肉能補人。《灤州志》

清 方旭《蟲薈》卷一《羽蟲·鶬》 《正字通》：鶬，大如鶴，青蒼色。亦有灰色者，長頸高腳，頂無丹，兩頰紅。關西呼鴰鹿，又呼鴰捋。山東呼鶬鴰，又呼錯落。南人呼鶬雞。江人呼麥雞。旭按：此即《爾雅》之麋鴰也。《正義》云：似雁而黑，好高飛。

清 李鴻章 光緒《畿輔通志》卷七四《物産·禽屬·鶬》 鶬，麋鴰。《爾雅》大鶬飽食，仰天而嘘。《莊子》大如鶴，青蒼色，亦有灰者。長頸，高腳，頂無丹。《正字通》

清 方旭《蟲薈》卷一《羽蟲》 霜信 《夢溪筆談》：北方有霜信，似雁而差小。色白。秋深乃來，來則霜降。

又 鸘鷞 《西陽雜俎》：鸘鷞，似雁，足短，鼠趾。出凉州。《爾雅翼》：鸘鷞似雁，而長項。緑色，皮可爲裘。

獸類

猿

綜述

《爾雅·釋獸》 蜼，卬鼻而長尾。郭璞註：蜼似獮猴而大，黄黑色，尾長數尺。

爾雅·蜼

唐 段公路《北户録》卷一《緋猿》 公路咸通十年往高涼，程次青山鎮鎮府設以備他盥也。其山多猿，有黄緋者，緋者絶大，毛彩殷鮮，真謂奇獸。夫猿則狙玃猿五百歲爲玃。《抱朴子》曰：猴壽八百歲。《繁露》曰：猨似猴大而黑、長前臂，猨所以壽者好引其氣也。猱猴也。狖似猨。之類。其色多傳青白玄黄而已。小説云：吾彦爲交州時林邑王，范能獻青白猨各一。《山海經》云：堂庭山多白猨，今三峽有白額猨。按《樓炭經》云：鳥有四千五百種；獸有二千四百種。《白虎通》云：羽虫三百六十有六，鳳爲之長；毛虫三百六十有六，麟爲之長。今則豈可窮其族類歟。其猿能伏鼠，《論衡》曰：鹿之角足以觸犬，猶猴之乎足以搏鼠，然而鹿制於犬，猴伏於鼠。亦如《淮南子》云：蝟仗虎中，蛇令豹止，物各有所制也。多羣行。玄者善啼；雌黄而雄黑也。啼數聲則衆猿叫嘯，騰擲如相去呼焉。其音凄入肝脾，韻含宮徵，方知當去呼一部鼓吹，豈獨於鼃聲者哉。愚因召獵者捕而養之，目爲巴兒。極馴，不貪食於樹杪間，呼之則至，但臂長身不便於行，而未見通膊者也。後一歲，自潘州迴路歷仙虛，潘茂真人燒母之處，南人呼市爲虛，今三日一虛，按神農氏日中爲市，致天下之民聚天下之貨交易，而退各得其所，蓋取之噬嗑易下，係噬嗑合也，市人之所聚異方之合耳。聞舊山猿啼不食而卒。噫，其爲獸之性一，何仁耶。是知鄧艾感事投弓，故無虛語。且梁朝猿卒，責食吏違四日方送鹿心杮四貫，及責玄圃養猿吏云：殘林猶獲，子堪杖四十。復引雞冢、鵝魂、狗蓋、馬帷之事瘞之。又陸機快犬黄耳能解人言，常傳書自洛至吴纔半月而返。及死，機爲製棺櫬殯之，村人號爲黄耳冢。愚遂敩其事，藉之以薪，藏之以坎。

宋　謝維新《古今合璧事類備要别集》卷七九《走獸門》《格物總論》：猿似猴而大，或黄或黑，長前臂，不踐土石，超遥於萬木之間。惟通臂脛身故善緣，能引氣，故得壽。天氣澄霽則長嘯，霧雨昏暗則無聲。人每當其吟嘯之時而捕獲之，則亦不復生矣。狙犺亦似猿，與猴皆蠆之屬也。

明　吴之俊《獅山掌録》卷二五《蜼》　天台人獵得一獸，形如豕，仰鼻，長尾，有岐〔歧〕。傅弘業識之曰：此名蜼，雨則懸於樹，以尾塞其鼻。後果然。

清　周魯《類書纂要・走獸類・猿猴》　猿猴，猿似猴而大，或黄或黑，長前臂，不踐土石，超遥千萬木之間，惟通臂猴輕身，故善緣體行氣，故得壽天，氣晴明則長嘯，霧雨昏暗則無聲。人當昏暗之時而捕獲之，則亦不復生矣。又有蒙頭，似猴而小，紫黑色，可畜以捕鼠，一名狙，一名王孫，一名猢孫，一名猿殳，一名猿犺，一名霜猿。

清　陳昌齊　道光《廣東通志》卷九九《物産・獸類》　猿，高涼青山鎮多猿。有黄緋者，絶大，毛彩殷鮮，能伏鼠，多羣行。善啼者，其音凄入肝脾。《北户録》　猨有三種。金絲者黄，玉面者黑，純黑者面亦黑。《桂海虞衡志》　飛雲嶺後多猿，有黑白二種。黄者謂之金絲猿，尤可愛玩，然不可生。致山北有黄猿峰。《羅浮山志》　猨善援引，俗作猿。王濟曰：廣人言，猨初生毛黑，老則變黄。潰去勢囊，轉雄爲雌。與黑者交，而孕數百歲，黄又變白也。《本草綱目》

又　烏猨，出羅定州及石城，渾身如墨，眼碧齒白，即舌亦黑也。短手長臂，臂倍於身。行走如人，性甚警慧。余攜歸畜之，甚馴。有黑身白眉者，有連鬢白者，有尾長過身者，好居樹，跳越如飛。捕之者逐使下地，在無樹木之處則束手受縛矣。《嶺南雜記》　瓊州多猨，有蒼黑二種，間有通臂者。《舟車聞見録》

又　白猨，大庾嶺有白猨洞，洞多梅樹。白猿嘗攀挂其上，花與猨莫辯也。行者聞風，始知爲白猨吟嘯。《南越筆記》

清　陳昌齊　道光《廣東通志》卷九九《物産・獸類》　果然《南州異物志》曰：交州有果然獸，其鳴自呼，身如猨，大面青白色。其體不過二三尺，尾長四尺餘，度身過其頭。視其鼻仍見兩孔仰向。《吴録・地理志》曰：猨，犺類也。《太平御覽》

又　猨，撫（寧）三巒山最多，每至八月，義院口温泉堡外有數萬，至彌月乃去，田家苦之。《永平府志》

清　商盤《質園詩集》卷二七《放猿》　放猿（并序）：張楚洲别駕貽予一黑猿，置諸庭畔。野性難馴，縱之歸山，事類王仁裕。他日嶓冢祠前，或重遇楚賓耳。

入畫曾煩羅從去強事，投荒最惱柳宗元。主人大有林泉性，不解呼猿解放猨。　胎禽同舞鹿同鳴，任汝山中自在行。夜半正回孤客夢，斷腸休送第三聲。　舊聞麐閣畫獮猴，一出塵埃不可留。識得將軍通臂好，數奇何必慕封侯。　二禺巖畔飛來寺，彈指三生宿業空。憶讀顧敻袁氏傳，玉環重問上陽宫。

清　周魯《類書纂要》卷三三《走獸類・猿猴》　升木，無教猱升木。猱，猿屬。　㺄，如豹而形似獮猴，多鬚，奮迅，其頭能舉石以礫人。　獑猢，戎州夷地出，獑猢似猿而四足短，一騰一百五十步，迅如鳥飛。　暝猿，相思一夜暝猿啼。　垂猿，猿垂條于千仞，故云。　楚猿，愁深楚猿夜。　清猿，清猿深入楚人哀。　猿獨，有獸名獨，似猿而大。猿性羣，獨性特，猿鳴三獨鳴一。　斷人腸，清猿聲□，□之，每斷人腸。　猳玃，多融山有物似獮猴，長七尺，能人行健走，一名馬化，同行道上婦人有美者，盜之。　白袁公，越王問范蠡手劍之術，蠡曰：「臣聞趙有處女，國人稱之。」王請見之，女將見王，道逢一老人，自稱白袁公，公問女曰：「聞汝善爲手劍，願一觀之。」女曰：「妾不敢隱也，昨公所試」。公即挽林杪之木以桔槔，未折墮地，女接取其木，袁公操其木以刺女，女因舉杖擊之，公即飛上樹，化爲白猿。　巴西侯，吴郡張鎮罷秩歸蜀，行次巴西，有人道左出拜曰：「吾君奉邀，乃巴西侯耳。」既見，飲酒命樂，夜將半，鋋假寐，將曉悸而寤，見身卧石龕中，有一巨猿，狀如人，醉卧于地。

拔箭塞瘡，魏，鄧艾爲車騎將軍，見玄猿抱子在樹上，引弩射之，中猿母，其子爲拔箭，卷樹葉塞之，艾嘆曰：吾違物性其將死矣。乃投水中。

猿執爨，魏元忠素強正，其微時家貧，止一婢，厨中方爨，出外汲水還，見一老猿爲其守火，婢驚白元忠，忠曰：「猿恐我乏，使爲我執爨，不亦善乎。」後亦無他。

獻碧玉環，孫恪娶袁氏女，後從南海辟挈家過端州，袁女欲遊峽山寺，云：舊老門徒持碧玉環獻僧。及齋罷，野猿數十聯臂臺上，袁女惻然，題云，不如逐伴歸山去，長嘯一聲烟霧深，遂化爲猿。

養狙，宋有狙公愛養狙，一日賦芧曰：朝三而暮四，衆猿皆嫌少，而怒，曰然則朝四而暮三，衆猿皆悦。

報主，唐昭宗播遷，隨駕伎藝人有弄猴者，猴頗馴隨班起居，昭宗賜以緋袍，號孫供奉。後朱温簒位取此猴，令殿上起居。猴見全忠徑趨其所，跳躍奮聲，遂令殺之，唐臣愧此猴多矣。

猿變爲玃，彌猴壽八百歲變爲猿，猿壽五百歲變爲玃，玃壽千歲。

巫峽三聲，巴東三峽，猿鳴至三聲，聞者莫不垂淚。

號弓，楚王使養由基射猿，始調弓，而猿擁樹號矣。

黑衣郎，張長史賃凶宅以居，覩一黑衣郎擲瓦屋上，後用計得之，一玄猿也。

敏給搏矢，吴王浮于江，登于狙之山，衆狙見之恂然奔而走。有一狙焉委蛇攫搔見巧于王，王射之，敏給拾搏矢，王命相者趨射之，狙死。王顧謂顔不疑曰：「狙之伐巧骨其技以傲予，故以至此極也。」

赤足涉雪，攝山有山猨，赤足，或見涉冬積雪，輒有一行跡。

猱，似猴，食虎腦。

玃猻、猢猻、猨，並猿名。

黑猿，出犛慶。

白面猿，出廣西府。

持菓迎帝，元順帝即庚申君，名妥歡帖木兒，本宋□國公之子，元明宗北還爲巳子，長被貶居廣西靖江府大圓寺，赴貶時泊舟劉家山，忽有三猢猻拜岸上，手中若有所獻，帝取之皆山菓也。帝因載至貶所：故之後山每日飯之。猢猻引羣而至，故人號曰猢猻寺焉。

報時猴，商山隱士高太素所居號清心亭，下皆茂林秀竹，奇花異卉，春夏秋冬四時，每至一時即有一猿詣庭前，鞠恭而啼，不易其侯，太素因目之爲報時猴。

報鳶有人畜一子母猢猻，一日鳶飛下搏其子對母啄其腦髓而食之，猢猻哀鳴，三日不食，徑于厨中取肉一片項頭上往中庭，似有所伺逡巡，鳶果來搏其肉，□孫捦擘其翅齧食髓，衆皆稱怯。

投林晉李克家貧求出外，除剡令□人曰：窮猿豈暇擇木，謂窮不擇處，若窮猿投林也。

沐猴，猴名，出罽賓國，昔漢人譏項羽沐猴而冠。

猴多智，唐大曆中，有猴數百集古出杉林中，里人欲伐木殺之，中一老猴忽躍去鄰近一家縱火焚屋，里人懼走救火，于是羣猿遂脱去，其狡智若此。

爲笛昔晉時有人以猿臂骨爲笛，吹之其聲清圓，絶勝竹笛。

藝文

晉 郭璞《白猿贊》 白猿肆巧，由基撫弓。應盼而號，神有先中。數如循環，其妙無窮。

南朝梁 沈約《石塘瀨聽猨詩》 噭噭夜猨鳴，溶溶晨霧合。不知聲遠近，惟見山重沓。既歡東嶺唱，復佇西巖答。

南朝陳 蕭詮《賦得夜啼猿》 桂月影纔通，猨鳴迥入風。隔巖還嘯侶，臨潭自響空。挂藤疑欲飲，吟枝似避弓。别有三聲淚，霑裳竟不窮。

唐 杜甫《猿》 裊裊啼虚壁，蕭蕭挂冷枝。艱難人不免，隱見爾如知。慣習元從衆，全生或用奇。前林騰每及，父子莫相離。 戴叔倫《建溪聞猿》詩曰：曾向巫山峽裏行，羈猨一叫一回驚。聞道建溪腸欲斷，的知斷著第三聲。

唐 李德裕《二猿》 釣瀨水漣漪，富春山合沓。松上夜猿鳴，谷中清響合。衝網忽見羈，故山從此辭。無由碧潭飲，争接緑蘿枝。

唐 李紳《聞猿》 見説三聲巴峽深，此時行者盡霑襟。端州江口連雲處，始見哀猿傷客心。

唐 杜牧《傷猿》 獨折南園一朵梅，重尋幽坎已生苔。無端晚吹驚高樹，似裊長枝欲下來。 又《猿》 月白煙青水暗流，狐猿銜恨叫中秋。三聲欲斷疑腸斷，饒是少年須白頭。

唐 李商隱《失猿》 祝融南去萬重雲，清嘯無因更一聞。莫遣碧江通箭道，不教腸斷憶同羣。 段成式《失猿》詩曰：却憶書齋值晚晴，挽枝閒嘯激蟬清。影沈巴峽夜巖色，蹤絶石塘寒瀨聲。

唐 許渾《放猿》 殷勤解金鎖，昨夜雨淒淒。山淺憶巫峽，水寒思建溪。遠尋紅樹宿，深向白雲啼。好覔來時路，煙蘿莫共迷。 又《和常秀才寄簡歸州鄭使君借猿》 謝守攜猨東路長，裊藤穿竹似瀟湘。碧山初瞑嘯秋月，紅樹正寒啼曉霜。陌上楚人皆駐馬，里中巴客半歸鄉。心知欲借南游侶，未到三聲恐斷腸。

五代　韋莊《**黄藤山下聞猿**》　黄藤山下駐歸程，一夜號猨弔旅情。入耳便能生百恨，斷腸何必待三聲。穿雲宿處人難見，望月啼時兔正明。好笑五陵年少客，壯心無事也沾纓。

五代　徐夤《**猿**》　宿有喬林飲一溪，生來蹤跡遠塵泥。不知心更愁何事，每向深山夜夜啼。

宋　蔡襄《**答葛公綽求猿**》　子求穉猿書至閩，我説猿意特贈君。吾州四扇列巖巘，鉅木轇轕淩氤氳。探窠栽檻走疾置，十日可到澄江清。嗟憐庶品各有性，拘憂適喜無間分。彼猿之類宅丘壑，愛戀深厚編前文。戲禽雖傳古仙者，射臂未議原將軍。朝棲喬林之蒼莽，夕飲幽澗之潺湲。山空月明一長嘯，商船海上迎風聞。君家東園豈不美，檜竹翠密蘭蒞薰。斯猿儻別故時侣，舉首斷隔千里雲。

宋　陸游《**哺猿**》　有書嘗懶讀，扶杖來東園。摘此幽澗果，哺我高枝猿。食果飲清泉，猿計亦何闕。但恐夜霜時，腸斷巴山月。

元　宋无《**猿**》　巴峽猿聲愁斷腸，冷泉照影緑陰涼。藤揺亂雨領兒過，樹曬斜陽拾蝨忙。獻果去尋幽洞遠，攀蘿來撼落花香。空山月暗無人見，啼入白雲深處藏。

明　薛蕙《**江猿**》　舟行轉江峽，處處響哀猿。極浦雲方合，連山雨正昏。接條時自挂，飲水復相援。不待三春盡，先傷游子魂。

猴

綜　述

宋　謝維新《**古今合璧事類備要别集**》**卷七九**《**走獸門**》　猴，《格物總論》猴，猱也，獼也，一名王孫，一名胡孫，楚人謂之沐猴。狀類人，毛色黄，有尾。玃，大母猴也。色蒼黑，其老者爲獑猢，最駿捷，鳴噭噭然而悲居懸崖峭壁間。善升木，啗爪菓黍栗等物。亦多智，山民苦之。或云獼猴八百歲變爲猨，又五百歲變爲玃，又一千歲變爲蟾蜍，然皆糞之屬也。

清　王念孫《**廣雅疏證**》**卷一〇下**《**釋獸・猱狙**》　猱狙，獼猴也《齊策》云：猿，獼猴，錯木據水，則不若魚鼈。《楚辭・招隱士》云：「獼猴兮熊羆，慕類兮以悲」。獼。獼，並與獼同聲，轉而爲母。《説文》：爲母，猴也。其爲禽好爪。爪，母猴象也。下腹爲母猴形。《吕氏春秋・察傳》篇：玃似母猴，母猴似人是也，又轉而爲沐。《漢書・項籍傳》人謂楚人，沐猴而冠。張晏注云。沐猴，獼猴也。《爾雅》猱，蝯。善援。《初學記》引孫炎注云：猱，母猴也，郭璞注云：善攀援。又注：《蒙頌猱狀》云：猱亦獼猴之類。《小雅・角弓》篇「毋教猱升木」。傳云：猱，猨屬。箋云：猱之性善。《登木義疏》云：猱，獼猴也，猱或作夒。《説文》猴，夒也。夒，母猴似人，從頁已止。夊其手足，又作獿。《樂記》鄭注云：獿，獼猴也。郭璞《南山經》注引《尸子》云：左執太行之獶，聲轉而爲戎。顔師古《匡謬正俗》云：或問曰今之戎獸，皮可爲褥者。古號何獸。答曰：李登聲類，夒音，人周反字，或作猱。左思《吴都賦》劉逵注云：猱似猴，而長尾。驗其形狀，戎即猱也。此字既有柔音，俗語變轉謂之戎耳。猶今之香葇謂之香戎也。《説文》狙，玃屬。玃，大母猴也。《莊子・齊物論》篇云：狙公賦芧。

清　王念孫《**廣雅疏證**》**卷一〇下**《**釋獸・狖**》　狖，蜼也《爾雅》蜼，卬鼻而長尾。郭璞注云：蜼似獼猴而大，黄黑色，尾長數尺，似獺尾，末有歧，鼻露向上，雨即自縣於樹，以尾塞鼻，或以兩指。江東亦取養之，爲物，捷健。《釋文》蜼，音誄。《字林》余繡反，或餘季、餘水、二反。余繡之音，正與狖同。《淮南・覽冥訓》猨狖顛蹶，而失木枝。高誘注云：狖，猨屬也，長尾而昂鼻。狖讀中，山人相遺物之遺。又與餘季之音相合。是狖蜼聲義皆同也。蜼又音誄，故通作𤢖。《御覽》引《異物志》云：𤢖之屬，捷勇於猨，鼻微倒向上，尾端分爲兩條，天雨便以插鼻孔中，水不入。性怯畏人，見則顛倒投擲，或墮地奔走，無所迴避，觸樹動石，或至破頭折脛。故俗人駡人云：癡如𤢖。古者，或刻尊彝以象之。《周官・司尊彝》云：祼用虎彝，蜼彝性善，嘯如猨。故《九歌》云「猨啾啾兮狖夜鳴」也。

清　陳昌齊　道光《**廣東通志**》**卷九九**《**物産・獸類**》　猴，瓊州多猴。以小者爲貴曰拳猴。大者曰獼猴，亦曰馬猴。　謹案：肇慶、高廉、欽化、羅定等處，皆産猴，不減於瓊南也。

又　石猴，小如拳，出高州、化州、羅定等處。《嶺南雜記》瓊州石猴小者拳許，飲以井水即長。《南越筆記》

又　墨猴，高化等處間有之。能磨墨，磨畢跳入筆筒中，聞閣筆聲復出，

以舌舐研墨如洗，復入。《舟車聞見録》

又 狨，似猿猴而大。毛深厚，金色。每嘯則羣猴皆集，列跪其前，狨乃以手按之，驗其肥。瘠，肥以石戴其頂，此猴跪捧不動，餘乃散去。猴隨狨至水，次入水洗濯，又自拔毛，浄卧而聽狨食之。皮爲褥最温，吾友陳孝廉有《狨賦》。《嶺南雜記》 謹案：《狨賦》乃陳恭尹所作。恭尹並非孝廉，豈別一人耶。

清 吴寶芝《花木鳥獸集類》卷下 昔有人畜一子母猢猻，一日鳶飛下，搏其子，對母啄其腦，食其髓。猢猻哀鳴，三日不食，徑於廚中取肉一片戴頂上，往中庭似有所伺逡巡，鳶果來搏肉，猢猻兩手扯擘其翅，齧腦食髓，衆見之甚爲快意。《論衡》：鹿之角足以觸犬，猴之臂足以搏鼠。然而鹿制於犬，猴伏於鼠，不利也。 咸熙中有翁嫗美猴於瑞昌門外，一日嫗死，猴葬之，咸稱爲義猴。《幕府燕閒録》：唐昭宗播遷伎藝人，止有弄猴者，猴頗馴，能隨班起居，昭宗賜以緋袍，號孫供奉。羅隱下第，詩云：何如學取孫供奉，一笑君王便着緋。朱梁篡位，取此猴，令殿下起居猴望殿，陛見全忠徑趨其所，跳躍奮擊，遂令殺之。唐臣愧此猴多矣。《神仙傳》：有人種黍山中，患獮猴食之，聞介象有道術，乞辟猴之法。象曰：明日往黍所，望見羣猴便大唤語之曰：已白介君，教莫侵食黍。此人明日往視黍，遇羣猴適欲下樹因承象語，遂各自還山。《兩山墨談》：唐大歴中有猴數百集古田杉林中。里人欲伐木殺之，中有一老猴忽躍去鄰近一家，縱火燔屋。里人懼，亟走救火，于是羣猴遂脱去。其狡智若此。

猩猩

綜述

宋 謝維新《古今合璧事類備要別集》卷八〇《走獸門》《格物總論》：猩猩，猿形，人面，頭顔端正，毛翠色。能與人言，又能知人姓名及人先世名字與人家往事。在山谷間數百爲羣，聲如小兒啼。獵者多以酒醉之而後獲。夷人取其血染毛罽，色鮮不黯。字亦作狌。𧳅𧳅亦獮猴形，人面，紅赤色，身黑毛，有尾，無膝，眭常倚物，反踵，髮極長，作人言如鳥聲，能知生死極多。力負可千斤。迅走，食人，飲其血，使人見鬼。里人以其血染緯，髮可爲髢。然見人則笑，笑即上唇掩目。獵者嘗用竹筒穿臂以授之，彼執臂輒笑，人因自筒中出手，以錐鑽之於樹，故可得。字或作狒，亦名梟羊，亦曰山都。猓然亦如猿猴，人面，白質毛如蒼鴨。尾長過其頭。鼻孔向天，雨注則以尾塞鼻。其名自呼。肋邊毛長而且温，堪作褥。疑亦同類也。

明 馮夢龍《古今譚概》卷三五《狒狒》《物類相感志》曰：狒狒出西南蠻，宋建武中，安昌縣進雌雄二頭。帝曰：「吾聞狒狒能負千觔，既力若此，何能致之。」對曰：「狒狒見人喜笑，笑則上唇掩其額，故可釘之，髮可爲髢，血可染衣，身似猴，人面而紅，作人言鳥聲，知人生死，飲其血，使人見鬼。」帝命工圖之。 按狒狒，亦名費費，又曰嗅陽，被髮反踵，獲人，則持其臂而大笑，笑止，即傷人矣，土人截大竹爲筒，絡於項下，納手筒中，狒狒既笑，則上唇蔽額，人從筒中出手，以釘釘其唇於額上。然後聚衆而擒之，元稹詩：「狒狒穿筒格，猩猩置屐馴。」

清 陳昌齊 道光《廣東通志》卷九九《物産・獸類》 猩猩，小而好啼。《爾雅》《山海經》曰：人面豕身，能言語。今交阯、封溪出猩猩，狀如貛。聲似小兒啼。郭璞注封溪有猩猩，解人語，知往事，以嗜酒，故以屐得之或餉。封溪令以帊蓋之。令問何物，猩猩乃籠中語曰：惟有僕並酒一壺耳。令笑而愛之，養畜能傳送言語，人不如也。《朝野僉載》

清 陳昌齊 道光《廣東通志》卷九九《物産・獸類・狒狒》 狒狒，如人被髮，迅走食人。《爾雅》 梟羊也。《山海經》曰：其狀如人。面長唇黑，有毛反踵，見人則笑。交廣及南康郡山中亦有此物。大者長丈許，俗呼之曰山都。郭璞注

兔

綜述

宋 謝維新《古今合璧事類備要別集》卷七九《走獸門》《格物總論》：兔，鼠形，尾匾彎短，大如貓，毛色褐，耳大而鋭且卓，口缺，長鬚，尻九孔。趺居，趫捷善走。舐雄毛而孕，生子從口中出，其子娩教万瓦，或曰□权侯反，

㕙，其狡者。毚又其大者也。一種前足寸餘，後足幾尺，行即用後足跳一躍數尺，止則蹶然仆地。生於東北西北極邊之地，謂之蹶兔，亦曰趹趹、巨驢。又一種似兔而大，青色，象形首與兔同，足與鹿同，是臭也，亦兔類。或謂兔無雄，望月而孕，當有能辨之者。

清 陳大章《詩傳名物集覽》卷三《肅肅兔罝》 《爾雅》：兔子，嬎，其迹迒，絶有力欣。《廣志》：兔大者曰毚。《禮記》：祭宗廟兔曰明視。又云：食兔去尻，又兔羹和糝不蓼，雉兔皆有芼。《周禮》：加豆之實，芹菹兔醢。《典略》，兔者明月之精。《春秋運斗樞》，玉衡星散爲兔。又曰，行失瑶光，則兔出月。《瑞應圖》，王者恩加耆老，則白兔見，德茂則赤兔見。《論衡》：兔舐雄毫而孕，及其生子，從口中出。《説文》：凡字形，鳥多左顧，朝陽也。獸多右顧，望月也。兔反顧而左，月出于西，光盛則東出也。《博物志》：兔望月而孕，口中吐子。張衡《靈憲》：月者陰精之宗，積而成獸象兔蛤。《抱朴子》：兔壽千歲，滿五百歲則色白。《埤雅》：吐而生子，故謂之兔。兔，吐也。《楚辭》：顧兔在腹，言顧兔居月之腹，而天下之兔望焉，于是感氣，一曰兔目不瞬，視雄毫而孕。今孔雀亦合，而先儒以孔雀聞雷而孕，則兔雖舐毫，其感孕則以月，理或然也，月缺也，故兔口缺，咀嚼者九竅，而胎生獨兔雌雄八竅，兔營窟必背邱相通，所在三窟。《内則》曰：狼去腸，狸去脊。兔去尻，狐去首，豚去腦，魚去乙，鼈去醜。鄭注，爲其不利人也。《説文》：無兔字，以免爲兔，兔生自口，口出宜有留難，吐而後免，故字通爲免，俗作兔，非是，今産乳曰免，且兔前足卑後倨，其形俛，故俛又後免也，冕亦從免，説者以爲位彌高而志俛，其以此乎。《抱朴子》：山中卯日，稱丈人兔。羅氏云：冬月惟齕木皮，至春草長麥繁，而肉反不美。凡野獸有犛，惟兔足底皆毛，號建毛，性狡。良兔曰東郭㕙，與韓盧同走，馮諼以此導田文，今兔之所處，其穴常爲三竅相通，獵者攻之，顯自穴出，循其背自後入坐穴中。《古今注》：兔口有缺，尻有九孔，今尻于文從九，蓋生于兔也。《主物簿》云：孕環之兔，懷于左腋，毛有文彩間色，至百五十年，當轉環于腦，能隱形，人不復見矣。《博物志》：孕婦食兔，令兒口缺。俗語云：兔無雄，亦或謂兔吮毫而生，然考之古樂府，雄兔脚（樸楸）〔撲朔〕，雌兔眼迷離。兔有雌雄，非專視月也。又《爾雅》：兔子曰嬎。注，俗呼曰鱬，《竹書紀年》，宣王三十年，有兔舞鎬京，占者以爲不祥。《考工記》：輿下當横軸處曰伏兔，漢靈帝命作翻車渴兔，省百姓洒道之費。注，爲曲筒以氣引水上也，皆取兔前後拱之象，易乾鑿度，決鼻兔也。郝京山曰：決闕也，豈以闕脣而遂曰闕鼻乎。歐陽氏曰：兔從免字加一點，俗作兔免並非。

清 周魯《類書纂要》卷三三《走獸類》 兔尾，區短毛色褐，耳鋭目卓，口缺長鬚，户九孔，穴居矯健善走，足前短後長，行則後足一躍數尺。或謂兔無雄，望月而孕，及其生子從口中出。又曰：兔舐雄毛而孕。《春秋·運斗樞》曰：玉衡星散而爲兔也。

清 長順《吉林通志·物産·獸屬·白兔》 白兔，渤海所貴者，太白山之兔。黑水靺鞨土多白兔，開元天寶間，來獻白兔皮。《唐書》二百十九 靺鞨土多白兔。《唐會要》 開元七年，靺鞨獻白兔、貓皮。《册府元龜》 今出阿勒楚喀等處。《盛京通志》 跳兔，大如鼠，其頭目毛色皆兔，爪足則鼠。尾長，其端有毛，或黑或白。前足短，後足長，行則跳躍。性狡如兔，犬不能獲之，疑即《詩》所稱「躍躍毚兔」者也。《北征録》 跳兔前足寸許，後足近尺，山中有之。《盛京通志》

清 吴寶芝《花木鳥獸集類》卷下 《詩·王風》：有兔爰爰，雉離于羅。注云：兔性陰狡，爰爰，緩意也。《詩·小雅》：趯趯毚兔，遇犬獲之。注云：趯趯跳疾貌。《小雅》：有兔斯首，炮之燔之。注云：有兔斯首，一兔也，猶數魚以尾也。《曲禮》：祭宗廟之禮，兔曰明視。《論衡》：儒者，言月中兔。夫月水也。兔在水中無不死者，夫所謂兔者月氣耳。《典略》：兔者明月之精，視月而孕。《白帖》：稟星精握斗樞。又曰：衡星發于兔，一説兔目不瞬，視雄毫而孕。《春秋後語》：淳于髡説齊威王曰：韓盧者，天下之俊犬也。東郭㕙者，海内之狡兔也。韓盧逐東郭㕙騰山者，五環山者，三兔極于前犬，疲于後犬，兔俱疲各死其處。田父見而獲之，無勞苦而擅其功。今齊魏相持，損兵弊衆，恐強秦大楚乘其後，而有田父之功也。 俗云：兔營窟必背丘相通，所謂狡兔三窟。《楚辭》：顧兔在腹，言顧兔居月之腹，而天下之兔望焉，于是感氣。《天玄主物簿》：孕環之兔，懷于左腋，毛有文彩間色，至百五十年，當轉環于腦，能隱形，人不能見矣。 周宣王時，有兔舞鎬。 東漢方儲純孝，負土成墳，種松千株，鸞鳥棲其上，白兔遊其下。《草木子》曰：術家以十二肖配十二辰，各有不足。鼠無牙，牛無齒，虎無脾，兔無唇，龍無耳，蛇無足，馬無膽，羊無神，猴無臀，雞無腎，犬無腸，猪無筋，人則無不足也。 《韓子》：宋人有耕者，田中有株，兔走觸株折頸而死，因釋耕守株，冀後得兔，爲宋國所笑。　杜詩：搗藥兔長生。　《後魏書》：有兔入後宮，檢問門官，無得入者。太祖令崔浩，推其咎徵，浩以爲當有鄰國貢嬪嬙者，明年姚興果來獻女。　東漢儒叔林爲東郡太守，赤烏巢于屋梁，兔産于牀下。　《隋書》：華秋，汲郡人，喪母負土成墳，廬于墓側，有獵者逐白兔，入秋廬中，匿秋膝下，獵者異而免之。後此兔常宿廬中。　《古今注》：漢哀帝建平元年，山陽得白兔，赤目如火。　《抱朴子》：兔壽千歲，五百歲，毛色變白。寇氏曰：兔毛白全得金之氣也。　《埤雅》：咀嚼者九竅而胎生，獨兔雌雄八竅。　《古今注》：兔口有缺，尻有九孔。《内則》：兔去尻，狐去首。　《孔帖》王武俊常與賓客一日射兔九十五，觀者駭異。

清　周魯《類書纂要·走獸類》　施罝，肅肅兔罝，施于中逵。　爰爰，有兔爰爰，雉罹于羅。　趯趯，趯趯毚兔，遇犬獲之。　包燔，有兔斯首，炰之燔之。　得兔忘蹄、明視祭宗廟之禮，兔曰明視。　擣藥，白兔。　月精，兔者，明月之精。　竹兔，小如野兔，食竹葉。　黑兔，瞿存齋詩：□穎來從洗墨□，中書喜得近龍墀，月中好與陽烏對，月殿那教獵犬知，自守一玄甘寂寞，不管三窟費支持，管城若要加封號，敕却緇衣又改爲。　赤兔，赤兔者，瑞獸也，王者盛德則至。　月氣，儒者曰：月中有兔，夫月者，水也，兔在水中無不死者，夫兔，月氣耳。　毛飛，大池山有獸如兔，鼠首，名飛兔，以其背上毛飛。　守株，宋人有耕田者，田中有株，兔走觸之，折頸而死，因釋耕，守株冀復得兔，國人笑之。　田父獲兔，淳于髡説齊威王曰：韓盧者，天下之疾犬也，東郭㕙者，海内之狡兔也，韓盧逐東郭㕙騰山者，五環山者，三兔極于前，犬疲于後，夫兔俱疲，各死其所，田父獲之，無勞苦而擅其功。白兔御史王弘義始賤時求傍舍瓜，不與，乃騰文言，園有白兔，追集衆捕逐，畦蔬無遺，内史李昭德曰：昔聞蒼鷹獄吏，今見白兔御史。　姦兔五代周張可復，畧通儒術，少習吏事，唐開成初依翟彦威于青州，爲從事，滑稽避事，彦威自爲奸兔。　毛穎傳，毛穎者，中山人也，其先明視佐禹治木平土有功，萬物得養，國封于卯地，死爲十二神。嘗曰吾子孫神明之後，不可與凡物同，當吐而生，已而果然，明視八世孫，當殷時居中山，得神仙之術，能匿光使物。竊姮娥騎蟾蜍入月宮。　目赤，成帝建平元年，山陽得白兔，其目赤如朱。　和丹，《抱朴子》曰：人以兔血和丹與蜜蒸之爲丸，如梧子大，百日服之，每服二丸，服一百日，有神女二人來侍，可役使。　兵兆，商紂之時有大龜生毛兔，生角兵甲，將興之兆也。　獻女，魏太祖時有兔入于後宮，檢問門官無從得入，太祖令崔浩推其咎徵，浩以爲當有鄰國貢嬪嬙者，明年，姚興果來獻美女。　跳兔，昔慎氏使北，日捕得數兔持歸，名跳兔，形皆如兔，皆前足纔寸許，後足幾一尺，行則用後足跳，一躍數尺止，則蹶然仆地生于契丹慶州之地大漠中。《爾雅》所謂□兔也。　望月而生、三窟，狡兔三窟，僅得免死。　八竅，缺口而長鬚，八竅，而趺居獨，取其毛簡牘是資。　李斯，李斯臨刑嘆曰：思欲牽犬出上禁東門逐狡兔，其可得乎。　刻毛梁冀起兔苑于河南，移檄在□，調發生兔刻毛以爲識人，有邪者罪至死。　上中瑞，赤兔上瑞，白兔中瑞。　千萬爲羣，永淳中嵐勝州兔害稼，千萬爲羣，食苗盡，兔亦不復見。　無脾，古語云：麞無膽，兔無脾，其説信然，按《字説》：赤與白爲麞，鹿見麞而成。以此知其無担，脾，屬土，土主信，故詩以兔爰刺桓王之失信，以此知其無脾。　文王吐兔，周文王被紂囚于羑里七年，其子伯益考往視，父與紂圍碁不遜，紂殺益考以爲醢，令人送文王食，命曰：待食完而後言。文王號泣而吐之，盡變爲野兔而去，今俗云人酒醉而嘔，謂之打兔。　丹竈躍兔，王卿爲天師守丹灶，窃發其封，一白兔躍出，衆皆曰兔已去矣，一道士化爲雀飛去，須臾擒兔，復投丹中。

藝　文

《詩·周南·兔罝》　肅肅兔罝，椓之丁丁。【略】肅肅兔罝，施於中逵。【略】肅肅兔罝，施於中林。

晉　成公綏《射兔賦》　收輔車之雙轡，舍良馬之長鞚。擒迅羽之輕猋，截逸足之狡弄。盈得獲于後乘，充庖廚之所貢。

晉　夏侯湛《獵兔賦》　爾乃乘露箱，御良馬，循乂接于廣漠，弓矢連于曠野。端眺蒿萊，摘盱榛穢，落目攢慨。傍窺蓊薈，視毚兔之所隱。乃精望而審發，弦絶箭激，驚伏並斃。搜鱗危險，覓歷岡阜。留罾掛于重林，疏罝結于通藪。密驚視于草間，暫見之于蒙茸。擬以鋭殳，規以良弓，覘毫末而放鏃，乃殪之于窟中。或紛欻以驚騖，影跳竦而揚白，擢輕足之煢煢，振遊形之躍躍。爾乃鷹鷂翻以飄揚，勁翼謖而下猘。馬釋控以長騁，鬱騰虛而陵厲。翕習于迴阻之閒，繞繚于山澤之際。盤迂遊田，其樂泄泄。心既倦兮日遷，命輿駕兮將還。息徒蘭圃，秣驥華田。目送歸鴻，手揮五絃。優哉遊哉，聊以永年。

獺

綜述

唐 張鷟《朝野僉載》卷四　通川界内多獺，各有主養之，並在河側岸間。獺若入穴，插雉尾於獺穴前，獺即不敢出。去却尾即出。取得魚，必須上岸，人便奪之。取得多，然後放令自喫，喫飽即鳴杖以驅之還。插雉尾，更不敢出。

宋 謝維新《古今合璧事類備要別集》卷七八《走獸門》《格物總論》：獺，水狗。形類犬，頭如馬，身如蝙蝠，鼻尖尾大，四足俱短，頭與身尾俱褊毛，色若故紫帛。大者身與尾長三尺餘。食魚。居水中，出水亦不死，亦能休於大木上。世謂之木獺。嘗有□置大水甕中，於其間旋轉如風，水爲之成旋擁起，四面高中心凹下，觀者駭目。海獺大如狗。脚下有皮如人胼拇。毛着水不濡。海人亦食其肉。皆獱之屬也。

清 王念孫《廣雅疏證》卷一〇下《釋獸·獱》　獱，獺也。《説文》猵，獺屬也。或從賓，作獱。又云：獺，如小狗，水居，食魚。李善《羽獵賦》注引郭璞《三倉解詁》云：獱似狐，青色，居水中食魚。《孟子·離婁》篇爲淵敺魚者，獺也。趙岐注云：獺，獱也。《吕氏春秋·孟春紀》獺，祭魚。高誘注云：獺，獱水禽也，取鯉魚置水邊，四面陳之，世謂之祭魚。《淮南兵略訓》畜池魚者，必去猵、獺，爲其害魚也，故《鹽鐵論·輕重篇》云：水有猵獺，而池魚勞。《御覽》引《博物志》云：獱頭如馬頭，腰以下似蝙蝠，毛似獺，大可五六十斤。《名醫别録》陶注亦云：獺有兩種，獱獺，形大，頭如馬，身似蝙蝠，則獱，乃獺之大者。而顔師古注：《漢書·揚雄傳》以獱爲小獺，非也。

清 陳昌齊 道光《廣東通志》卷九九《物産·獸類》　獺，粤人多以水獺占水旱。水獺一名猵獺，類青狐而小。喙尖，足駢，能知水性高下爲穴。善捕魚。廣人謂蜑。家男曰獺公，婦曰獺婆。以其能入水取魚也。《南越筆記》　山獺，出溪峒。峒人尤貴重，云：能解藥箭毒。《桂海虞衡志》海獺，生海中，似獺而大如犬。脚下有皮，如拇指。毛着水不濡。人亦食其肉。《陳藏器本草》

清 趙吉士《寄園寄所寄》卷七《山獺》　山獺出宜州溪洞中，俗爲補助要藥。洞人云：「獺性淫毒，山中有此物」，凡牝獸悉避去。獺無偶，抱木而枯。洞獠尤貴重。云：能解藥箭毒，中箭者研其骨少許，傅之立消。一枚值金一兩。《本草註》　狐之相媚也，必先吕。以口相接。猿之相蠱也，蠱，羣也。必先啼。物之情也。玄池子《説林》。　商汝山中多麝，絶愛其臍。每爲人所逐，勢且急，即自投高岩，舉爪裂破其香，就縶而死。猶拱四足以保其臍。李商隱詩曰「投岩麝退香」，許渾詩云「尋麝采生香」是也。

清 吴寶芝《花木鳥獸集類》卷下　《汲冢周書》：雨水之日，獺祭魚。獺不祭魚，國多盜賊。記曰：獺祭魚，然後漁人入澤梁。《埤雅》：獺取鯉於水裔，四方陳之，進而弗食，世謂之祭魚。蓋自祭其先，如貙豺然。或曰獺一歲二祭，豺祭方，獺祭圓，言豺獺之祭，皆四面陳之。而獺圓布，豺方布也。又按俗傳，獺祭魚，將魚羅列於前，取黄頽魚一枚，以爪按其頭作聲，如人有巫祝也。故俗呼黄頽魚爲師。祭畢，獺食諸魚而縱魚師於水。《字説》：豺亦獸也，乃能獲獸，能勝其類。又知以時祭，可謂才矣。獺非能勝其類也，然亦知報本，反始非無賴者。　獺又能捕鳥，見鳬鷖羣在，則仰卧於水，離水面尺許，乃吐沫以引之。鳥見沫浮，羣飛啄之。獺乃以四足抱住。《淮南子》曰：鵲巢知風之自，獺穴知水高下，言歲多風則鵲作巢，卑水之所及，則獱獺移穴。《埤雅》：舊説蟾肪合玉，獺膽分杯。又曰：熊食鹽而死，獺飲酒而斃。敘例曰：獺分杯嘗試之不驗，惟塗於盞口，但使酒稍高於盞面。《本草》西戎以獺皮飾毳服領袖，則污垢不染。如風霾翳目，即以袖口拭目中即出。

藝文

清 吴寶芝《花木鳥獸集類》卷下　宋時山僧云：晏元獻公來，獮猴滿山，程伯淳作詩云：聞説獮猴性頗靈，相車來使滿山迎。鞭羸到此何曾見，始覺毛蟲亦世情。　王延壽《王孫賦》：儲糧食于兩頰，稍委輸於胃脾，踡兔蹲而狗踞，聲歷瞴而喔咿。或嗝嗝而嚇嚇，又嘀嗅其若啼。性獳猜而獝疾，態峰出而横施。緣百仞之高木，攀窈裊之長枝。或羣跳而電透，或成懸而瓠垂。 黄山谷詩：真宜少陵覔，未解柳州憎。婢喜常儲菓，奴顛屢掣繩。少陵覔，謂杜甫有《從人覔小胡孫》詩。柳州憎，謂柳宗元有憎王孫文也。

鼠

綜述

宋 謝維新《古今合璧事類備要别集》别集卷八〇《走獸門》《格物總論》：鼠，小獸，善爲盗。族類不一，有家鼠，有鼬鼠，有鼫鼠，有鼨鼠，有鼧鼠，有鼷鼠，有鼢鼠，有鼯鼠，有鼨鼠，有天鼠。天鼠即伏翼□鼠，狀如小狐，伯勞化，地中行，食烟火，螫毒及人鳥獸皆不痛。今之甘口鼠乃微乎微者。鼫鼠五技，能飛不能上屋，能緣不能窮木，能浮不能渡谷，能穴不能掩身，能走不能先人。□鼠亦飛鼠，兔首鹿耳，其音如猩犬，以其尾飛故名。丹重山有之。鼹鼠隱鼠也，無尾，黑色，長鼻，甚強，常穿鑿地中行，亦名鼢扶粉反。鼧鼠穴居，飲泉嚙竹。鼨鼠豹文鼠也。鼫鼠能人立前兩脚於頭上跳舞，善鳴。食人禾稼，逐則走入窟中。亦有五技，或謂雀鼠。今河東有之。鼬鼠性多豫家鼠，多藏於瓦屋下，晝伏夜動，最爲人所憎。疾者皆陰類鬼物也。其他有火鼠，入火不焚，毛長丈許，可爲布，所謂火浣布是。南蕃有之。水鼠入水不溺，捕魚而食。竹□又食竹根，鼠腰腹大如□，所在深山有也。亦不難捕。貂亦鼠也，毛可爲裘，亦作鼦。

清 陳大章《詩傳名物集覽》卷三《誰謂鼠無牙》《説文》：鼠，穴蟲之總名也，象形。《易》，艮爲鼠，《春秋·運斗樞》，玉衡星散爲鼠。《左傳》：抑君似鼠，夫鼠晝伏夜動，不穴于寢廟，畏人故也。《吕氏春秋·周鼎著鼠》：令馬履之，謂其不陽也。《説文》：鼢鼠伯勞之所化。《埤雅》：鼠有齒而無牙，性疑，出入多不果，故持兩端，謂之首鼠。又鼠類最壽，俗謂之老鼠是也。鼠一名雖，南陽人呼鼠爲雖，今一種鼠見人則交其前足而拱，謂之禮鼠，亦謂之拱鼠。《詩》曰：相鼠有體，或取諸此乎。《傳》：窮鼠嚙貍，蓋鼠窮則鬬也，鼷鼠有螫毒者，甘口齧人及鳥獸皆不痛，春秋食郊牛之角者也。《博物志》：鼠之最小者，或云甘鼠是也。《莊子》：載鼷以車馬，樂鴳以鐘鼓。《傳》曰：稷蜂不熏，社鼷不灌，鼫鼠兔首，似鼠而大，能人立，交前足而舞，害稼者一名雀鼠。《廣雅》云：鼩鼠，鼫鼠是也。《易》曰：晉如鼫鼠，貪而畏人，無所守焉。鼬鼠健于捕鼠，似貂，赤黄色，大尾，俗謂之鼠狼。《廣雅》曰：鼠狼，鼬也，一名鼪，《莊子》所謂騏驥捕鼠，不如貍狌，今栗鼠似之，蒼黑而小，取其尾毫，可以製筆，世所謂鼠鬚栗尾者，其鋒乃健于兔。栗鼠若今竹鼦之類，蓋鼠食竹故名。《燕山録》：煑羊以鼦，煑鼈以蚊，言性類相感，省火易熟也，鼩鼠一名鼱鼩，一名鼶鼬，似鼠而小。東方朔曰：鼱鼩之襲狗者也。雖鼠，《爾雅》所謂鼯鼠，狀如小狐，肉翅，毛紫赤色，脚短爪長，飛且乳者，亦謂之飛生，或曰一名飛蝙，狀如兔而鼠首，以其髯飛，性食煙火，能從高赴下，不能從下升上。《荀子》曰：鼯鼠五技而窮。馬融曰：猨蜼晝吟，鼯鼠夜叫，即此。《爾雅》：西方有比肩獸，其名曰蟨，即蟨鼠也。鼠前而兔後，趨則頓，走則顛，又鳥鼠山，鳥鼠同穴爲雌雄。杜詩所謂「山空鳥鼠秋」也。鄭氏曰：鼠百歲化爲蝙蝠。《廣志》：嶺南人食鼠，呼曰家鹿，俗稱耗蟲。《抱朴子》：鼠百歲則色白，善憑人而卜，名曰朴，知一歲事。《雲僊志》：山中謂鼠爲社君，又水鼠生岸旁，冰鼠生北荒積冰下，皮毛柔可爲席。又火鼠出西域，及南海火州山，甚大，取其毛績之爲火浣布。《述異記》：西域有鼠國，商賈過其地，不祈祀則齧人衣。又河南禹州雪霽山，有鼠寸餘，香如麝，踰大路即死。又《説苑》：社鼠不薰。《李斯傳》廁鼠，倉鼠。《灌夫傳》首鼠兩端，又物多畏者惟鼠，故曰鼠憂。《名物疏》：鼠種類最多。《爾雅》：鼢鼠，地中行者，《廣雅》謂之鼹鼠，《方言》謂之犂鼠者也。鼸鼠，以頰裏藏食，《大戴禮》所謂田鼠也。鼶鼠，似鼬之鼠也，鼬鼠一名鼪，今之鼠狼也。鼫鼠，五伎鼠，即《魏風》之碩鼠。鼨鼠，豹文鼠，終軍所識者也。鼰鼠如鼠而大。《説文》：鼱，似雞鼠也。鼲斳，鼲鼠似蝯蜼者也。鼲可作裘，今之鼦鼠也。鼬，竹鼠也。鼩，胡地風鼠也。沙鼠，今之黄鼠也。《甘肅志》：涼州有兀兒鼠，尾若贅疣，有鳥曰本周兒，似雀色灰白，與兀兒鼠同穴。郭注《爾雅》：鼵如鼠而短尾，鵌似鵽而小，黄黑色，突入地三四尺，鼠内鳥外，在隴西首陽縣。孔氏云：共爲雌雄，首陽在今熙州渭源縣，屬臨洮府。牙，《朱傳》牙，牡齒也。《説文》：牡齒象上下相錯之形。徐曰，比于齒爲牡也。《釋名》：牙，植牙也，隨形言之。《字林》，齒屬人與物之通稱。陸氏曰：鼠有齒而無牙。王氏謂雀穿屋以角，而實無角，其誣易見。鼠穿墉而實有牙，其誣難知。龜山以爲鼠無牙，謂無牡齒耳。觀此，則《説文》之解益信。朱謀瑋曰：因古牙字，象獸參差露牙口外形，兩不相值故三之，按獸與人異類，然人亦有牙，何得專象獸也。

清 王念孫《廣雅疏證》卷一〇下 鼸，鼠。《説文》：鼠，穴蟲之總名也。象形。《方言》：宛，野謂鼠爲鼸。郭璞注云：宛，新野今皆在南陽。音鉗。《玉篇》云：南陽呼鼠爲鼸，本《方言》注也。各本鼠字誤入。曹憲音内。《埤雅》引《廣雅》：鼸鼠，今據以訂正。

又 ⿰鼠勺鼠、鼫鼠。《爾雅》：鼫鼠。孫炎注云：五技鼠也。郭璞云：形大如鼠，頭似兔，尾有毛，青黄色，好在田中食粟豆。關西呼爲⿰鼠勺鼠。見《廣雅》音雀。《説文》鼫，五技鼠也，能飛不能過屋，能緣不能窮木，能游不能渡谷，能穴不能掩身，能走不能先人，《晉九四》：晉如鼫鼠。《九家易》云：鼫鼠喻貪也，五伎皆劣，四爻當之。《荀子・勸學》篇：梧鼠五技而窮。《大戴禮》作鼫鼠。《字通》作碩。《魏風・碩鼠》篇：碩鼠，碩鼠，無食我黍。《正義》引舍人樊光《爾雅》注：以《詩・碩鼠》爲彼。五技之鼠。《義疏》云：今河東有大鼠能人立，交前兩脚於頸上跳舞，善鳴，食人禾苗，人逐則走入樹空中，亦有五技，或謂之雀鼠。其形大，故序云大鼠也。雀與⿰鼠勺通，各本⿰鼠勺下鼠字誤入，曹憲音内，《埤雅》引《廣雅》⿰鼠勺鼠，鼫鼠，今據以訂正。

又 鼹鼠、鼢鼠。《爾雅》：鼢鼠。郭璞注云：地中行者。《説文》鼢地中行鼠，伯勞所化也。一曰偃鼠，或從虫作蚡，偃與鼹通。《莊子・逍遥遊》篇：偃鼠飲河，不過滿腹。是也，偃之轉聲則爲隱。《名醫别録》鼹鼠在土中行。陶注云：俗中一名隱鼠，一名蚡鼠，形如鼠，大而無尾，黑色，長鼻甚強，常穿地中行。《藝文類聚》引《廣志》云：鼢鼠深目，而短尾。案：此鼠所在田中多有之。尾長寸許，體肥而扁，毛色灰黑，行於地中，起土上出，若螘之有封。故《方言》蚍蜉犁鼠之場，謂之坻。郭璞注云：場音傷，犁鼠，蚡鼠也。《爾雅疏》云：謂起地若耕，因名云，今順天人猶呼鼢鼠。《莊子・釋文》引《説文》舊音鼢，扶問反，正與俗音相合矣。鼹各本譌作鼴。《説文・玉篇》《廣韻》《集韻類》篇俱無鼹字。《集韻》鼹，或作鼴，今訂正。

又 鼠狼，鼬。《爾雅》：鼬鼠。郭璞注云：今鼬似貂，赤黄色，大尾，啖鼠。江東呼爲鼪。《説文》鼬如鼠，赤黄而大，食鼠者。《夏小正・九月》鼶鼬則穴。《傳》云：穴也者，言蟄也。《莊子・徐無鬼》篇：藜藋柱乎鼪鼬之逕。《秋水篇》騏驥，驊騮，一日而馳千里，捕鼠不如狸狌。崔本狌作鼬。鼬善捕鼠，故有鼠狼之名。《藝文類聚》引《廣志》云：黄鼠善走，凡狗不得，惟鼠狼能得之。今俗通呼黄鼠狼，順天人呼之黄鼬。好夜中食人雞，人捕取之，以其尾毛爲筆。

又 陽鼠。諸書無言陽鼠者，《玉篇》⿰鼠易，音惕，鼠也。疑陽字本作⿰鼠易，曹憲音惕。正文脱去⿰鼠易字，音内。惕字誤入正文，惕又譌爲陽也。

又 ⿰鼠韱⿰鼠胡。《説文》：獑猢鼠，黑身，白腰若帶，手有長白毛，似握版之狀，類蝯蜼之屬。獑，與⿰鼠韱同。《廣韻》⿰鼠韱⿰鼠胡似猨，黑身白腰，手有長白毛，善超坂絶岩也。《玉篇》：⿰鼠韱，仕緘切。⿰鼠胡，户吾切。《漢書司馬相如傳》：獑猢穀蛫。張注云：獑猢，似獼猴，頭上有髮要以後黑。郭璞：獑，音讒。《史記》作螹，徐廣音，在廉反。似猨黑身也。《西京賦》：杪木末擭獑猢。薛綜注云：獑猢，猨類，而白腰以前黑，諸家或云：腰以前黑，或云腰以後黑，或云黑身白腰，未知誰得其實也。

又 ⿰鼠尃⿰鼠唐。《玉篇》：⿰鼠尃，布各切。⿰鼠唐，徒當切。《廣韻》⿰鼠尃⿰鼠唐鼠，一月三易腸。⿰鼠唐或作唐。《藝文類聚》引《梁州記》云：壻水北，壻鄉山有仙人唐公房祠，山有易腸鼠，一月三吐易其腸。束廣微，所謂唐鼠者也。又引《博物志》云：唐房升仙、雞狗並去，唯以鼠惡不將去，鼠悔一月三出腸，《水徑（經）・沔水》注亦云：公房白日升天，雞鳴天上，狗吠雲中，惟以鼠惡留之，鼠乃感激以月晦日吐腸胃更生，故時人謂之唐鼠。案：此曲説也。漢《仙人唐公房碑》云：鼠齧輀車被具，公房乃畫地爲獄，召鼠誅之。又云：公房妻子、屋宅、六畜，翛然與之俱去。是殺鼠與升仙各爲一事，後人乃合二事以爲此説耳。唐鼠自是山中異産，不以唐公房也。

又 ⿰鼠同⿰鼠令。《玉篇》：⿰鼠同，公熒切。斑鼠也。⿰鼠令，力丁切。鼬屬。又云：鼤，班（斑）尾鼠。《廣韻》：⿰鼠同，⿰鼠令，班（斑）鼠。又云：鼤，班（斑）鼠也。鼤鼠文也。則⿰鼠同⿰鼠令即《爾雅》之鼤鼠矣。各本⿰鼠同譌作⿰鼠同，今訂正。

又 白⿰鼠番。《説文》：⿰鼠番，鼠也。讀若樊。《玉篇》⿰鼠番，白鼠也。《初學記》引《晉起居注》云：白鼠，一見東宫。《藝文類聚》引《地鏡圖》云：黄金之見爲火，與白鼠。又引《廣志》云：白猨，長尾，白腹，善緣登，若家鼠小異者。⿰鼠番之言皤也。《釋器》云：皤，白也。

又 ⿰鼠耳鼠。《北山經》：丹熏之山有獸焉，其狀如鼠，而菟首麋身，其音如獋犬，以其尾飛，名曰耳鼠。食之不脎，又可以禦百毒。郭璞贊云：蹠實以足，排虛以羽。翹尾翻飛，奇哉耳鼠。厥皮惟良，百毒是禦。耳與⿰鼠耳通。各本䶊下脱鼠字。《集韻》䶊鼲，鼠屬也。則所見已是誤本。今據《北山經》訂正。

又 鼲鼠。《説文》：鼲鼠，出丁零國，皮可爲裘。《玉篇》鼲，胡昆、古魂二切。《鹽鐵論·力耕》篇：鼲鼦狐貉，充於内府。《字通》作昆。《魏志·烏丸鮮卑東邊傳》注引《魏畧》云：丁令國出名鼠皮，青昆子、白昆子、皮昆子，即鼲子也。《後漢書·鮮卑傳》云：鮮卑有貂豽鼲子，皮毛柔蠕，故天下以爲名裘，其尾又可以飾冠。《魏志·王粲傳》注引《典略》云：鼲貂之尾，綴侍臣之幘。

又 鼸鼠即鼸鼠也。《爾雅》：鼸鼠。孫炎注云：鼸者頰裹也。郭璞云：以頰内藏食也。《釋文》：鼸，下簟反。鼸，與鼸聲近，義同。鼸之言嗛也。《爾雅·寓鼠》曰嗛。郭注云：頰，裹貯食處是也。故鼸或作嗛。《夏小正·正月》：田鼠出。《傳》云：田鼠者，兼鼠也。《墨子·非儒》篇：鼸鼠藏，而羝羊視。蓋謂其藏食也。《説文》鼸，鼢也。鼢，鼸屬。讀若含。鼢，與鼸同。鼸之爲言，含食也。《龍龕手鑑》云，鼸，似鼠，無耳。　鼬鼠：《説文》：鼬，竹鼠也。如犬。《玉篇》：鼬，力久切。似鼠，而大。《廣韻》：鼬，食竹根鼠也。《藝文類聚》引劉欣期《交州記》云：竹鼠，如小狗子，食竹根，出封溪縣。鼬或作猫。《莊子·天地》篇：執留之狗。《釋文》留，本又作猫。司馬彪云：猫，竹鼠也。後世謂之竹鼬。出南方，居土穴中，大如兔，人多食之，味如鴨肉。揚雄《蜀都賦》云：春羔秋鼬。《埤雅》引《燕山録》云，煮羊以鼬，煮鼈以蚊。

清 陳昌齊 道光《廣東通志》卷九九《物産·獸類》 鼠，嶺南人好蜜唧，即鼠胎未瞬，通身赤蠕者，以蜜飣之筵上，梜取啖之。張鷟《朝野僉載》鼠脯，順德佳品也。鼠生田野中，大者重一二斤，炙爲脯。《嶺南雜記》

又 白鼠，南海白鼠，重百斤，毛可爲布。《抱朴子》

又 田鼠，出順德香山。味似北方黄鼠，生服可解蠱毒。《黄志》

又 土麟鼠，類狀如小豚，肥美可食，出長樂興寧。同上欽州有鼠，形如猪。黑身白腹，仰生土中，攻土而行，順逆前却，迅疾難捕。人見土面墳起，即知爲鼠，急以钁斷其前後，夾掘而擒之。不然一聞钁聲，退而逝矣。《嶺外代答》土麢似鼠而大，嘴短，穴居《韶州府志》　謹案：周去非所記之鼠，即土麟。土麢之麢，乃僞造之字。鼹鼠之類也。

又 竹鼠，《交州記》曰：如小狗。子食竹根，出封川縣。《太平御覽》　謹案：竹鼠即竹鼦也，亦名竹豘，味如鴨肉。

又 香鼠，小僅如指大，穴於柱中，行地中，疾如激箭。《桂海虞衡志》

又 千歲蝙蝠，色白如雪，山中間有之。亦有色紅如茜。雌雄不相舍，多巢芭蕉中，服之成仙。《羅浮山志》　紅飛鼠，出交阯及廣管瀧州。有毛，茸茸然。惟肉翼淺黑色。多雙伏紅蕉花間，採捕者，若獲一，則其一不去。婦人帶之，以爲媚藥。《嶺表録異》

清 高寶《元秘史李注補正》卷七 《貂鼠》　案今黑龍江甯古塔索倫等處皆産貂。《甯古塔紀畧》曰：塔城東北八九百里爲呼兒哈。一作呼爾哈，即居呼爾哈，松花江兩岸之拏耶，勒革依克勒祜什哈，里三喀喇。又六百里爲黑斤，一作黑金，又作赫哲，又作赫真。有剃髮，有不剃髮，兩喀喇皆號赫斤。又六百里爲非牙哈。一作飛牙喀，一作費牙喀。總名烏稽一作窩集。《朔方備乘》曰窩集者，蓋大山老林之名。《滿洲源流攷》曰：兩漢晉魏時，國於東方者爲夫餘、挹婁、三韓，其邑落散處。山海間者又有沃沮濊等名，以史傳核之，沃沮者實即今之窩集也。秋濤案：欽定開國方畧，天命天聰年間，屢征東海渥集部。渥集即窩集。蓋其人散居窩集之中，即以爲部落名也。至古以此名國尚不止沃沮一國，如元魏之勿吉國，隋唐之靺鞨國，唐之拂涅部，遼之屋惹國，皆即窩集二字，譯寫各異，其以老林爲窩集而因以名國，則數千年未有改也。又名魚皮，因其衣魚皮故名。其地不産五穀，出魚及貂皮、元狐、黄狐、黄鼠、灰鼠、水獺。每歲五月間，此三處人乘查哈船。查哈一作札哈，小船也。《黑龍江外紀》曰：札哈較威呼尤輕捷，載受兩三人。相傳墨爾根察邊猝遇江漲，協領那里勒泰以馬革爲札哈徑渡，其後以樺皮爲之，猶那遺法。江行至甯古塔南關外進貂，將軍設宴，並出户部頒賜進貂，人袍帽、韡襪挺帶汗巾、扇子等物各一捆賜之。每人名下擇貂皮一張進上，餘聽貿易。黑斤所産貂皮爲第一，非牙哈畧次，呼兒哈爲次。三處俱無官長，人愚而信義，有與店家賒綢緞蟒服者，店主擇黑貂一張爲樣約來年照樣還若干，至次年必照樣還清。有他故亦必託人寄到。《柳邊紀畧》曰：自甯古塔東北行四百餘里，住虎爾哈河、松花江兩岸者，曰拏耶勒，或作諾雷，或作鬧雷，曰革依克勒，或作克宜克勒，或作克益克勒，曰祜什喀里。或作祜什喀禮，或作虎習喀禮。自甯古塔東行千餘里，住烏蘇里江兩岸者曰穆連連。或作穆稜，或作木倫，或作木輪，又二百餘里住伊瞞河源者，一作尼滿。曰欺牙喀喇。或作奇雅喀喇，何秋濤曰喀喇，漢言姓也，自甯古塔東北千五百里住松花、黑龍江兩岸者，曰薙髮黑金喀喇，凡六，以上地皆産貂，每年入貢。又東北行四五百里，住烏蘇里、松花、黑龍三江匯流左右者，曰不薙髮黑金喀喇十數一曰額登喀喇。所謂使犬國也。又東北行七八百里，曰飛牙喀。自甯古塔東北行三千里，曰欺勒爾，或作奇勒爾。濱大東海，以上各種產貂皆三年一貢。貂鼠喜食松子，大抵一松林中或土窟或樹孔，捕者以網布穴口而煙熏之，貂出避輒入網中。又有縱犬守穴口，伺其出而嚙之者。紫黑色、毛平而理密者爲上。紫黑而理密者次之，紫黑而疏與毛平而黃者，又次之，白斯下矣。康熙初，易一鐵鍋必隨鍋大小布貂於內，滿乃已。今且以一貂易兩鍋矣，易一馬必出數十貂，今不過十貂而已。馬良者乃十四五，亦不以上貂易也。上貂皆產魚皮國，歲至甯古塔交易者二萬餘，而貢貂不與焉。甯古塔人得之七八月間，售販鬻京師者，歲以爲常，京師往往賤挹婁而貴索倫。蓋索倫毛深而皮大也，然不若挹婁之耐久。《龍沙紀畧》曰：索倫本名索莪羅地，產貂，以捕貂爲役分八圍出爾罕者，兵車之會地，在卜魁城北十餘里，定制於草青時，各蒙古部落及虞人胥來通市，商賈移肆，以往艾渾墨爾根屠沽亦皆載道輪蹏絡繹，皮幣山積，牛馬蔽野，集初立，劃沙爲界。各部落駐其北，商賈官卒遊人駐其南，中設兵禁。將軍選貢貂後，始聽交通凡二十餘日。貂產索倫東北，捕貂以犬，人歲輸一於官，各私識毛色彙佐領處。五月將軍至墟場選以貢，凡三等官給價有差，不入等者聽鬻。東北諸部未隸版圖，以前無釜甑罌瓿之屬。商賈初通時，以貂易釜，實釜令滿，一釜常數十貂，後漸以貂蒙釜口易之。三十年前猶貂圍釜三匝，一釜輒七八貂，今則一貂值數釜矣。《黑龍江外紀》曰：布特哈譯言虞獵，故有打牲處之稱。其地起齊齊哈爾墨爾根境內，東北直達黑龍江城，總管駐伊倭齊地，在齊齊哈爾北三百四十里，何秋濤曰，布特哈初設索倫，達呼爾總管二員，副總管八員，謂之打牲頭目、副頭目。康熙三十年以後，陸續增設滿洲總管一員，副八員，蓋布特哈爲打牲部落之總稱，故東北數千里內處山野業採捕者悉隸之。總管駐劄處，在伊伯河西岸，地名札克丹。每歲五月，布特哈官兵悉來齊齊哈爾納貂皮互市，號楚勒罕，譯言盟會也。初在城西北四十里，因沁屯本名克伊勒屯。乾隆六十年以事改城中，而其部人卓帳城北，故俗有北關集之稱。交納貂皮楚勒罕第一事也。選入格者充貢，餘聽布特哈自售，謂之瑪克塔哈色，譯言：擲還之貂也。選貂之制，將軍副都統坐堂上協領，與布特哈總管分東西席地坐，中陳貂皮，詳視而去，取之甲乙，既定鈐小印於皮背，封貯備進。然後印擲還之皮，而皆刖其一爪，如皮背無印而四爪全者，私貨也。人不敢買，貢貂有一等、二等、好三等，尋常三等之分。嘉慶十五年，選定一等四十二張，二等一百四十張，好三等二百八十張，尋常三等四千九百四十三張，歲大畧如是。而列一等者皆雅發罕俄倫春及畢喇爾物。布特哈無問官兵散户，身足五尺者，歲納貂皮一張，定制也。《卜魁紀畧》曰布特哈華言虞獵也，其人世以獵貂爲事，户出一丁以竿量身足五尺者歲納一貂。貂皮上各書打牲人名。如甲皮不入選，多選乙一張，甲出銀三兩償乙，事皆主於總管，故每歲俸餉皆選貂後支放乘除損益之。布特哈交納貂皮，先已自定等第，尋常三等之外，皆以紬籤標記，紅籤者索倫達呼爾物，緑籤者摩淩阿俄倫春物，黃籤者雅發罕俄倫春及畢喇爾物也。何秋濤曰：黑龍江不盡索倫也，有滿洲、有漢軍，則徙自吉林有巴爾呼，有鄂勒特，則歸。自蒙古有達呼爾，有俄倫春，有畢喇爾則其同鄉而別爲部落者世於黑龍江人，不問部族，概以索倫而其人亦居之，不疑説者謂：索倫驍勇聞天下，故人皆樂藉其名，以自壯索倫族類至煩，有敖喇都喇爾布喇穆等，姓多居布特哈呼倫貝爾境，而齊齊哈爾等三城較少，亦有流寓俄羅斯者，其國謂之喀穆尼漢，又謂之通古斯達呼爾，一作達瑚哩，一作打虎兒，或作打狐狸，著姓有克因精奇里，瓦蘭果布勒等氏，多占籍齊齊哈爾等三城及布特哈，而呼倫貝爾則不過數家，俄倫春者，索倫達呼爾類也。黑龍江以北精奇里江源以南，皆其射獵之地，其衆夾精奇里江以居，亦有姓都喇爾者，似與索倫爲近，其隸布特哈八旗爲官兵者，謂之摩淩阿俄倫春，其散處山野僅以納貂爲役者，謂之雅發罕俄倫春雅發罕。俄倫春有布特哈官五員，分治，三歲一易，號曰諳達，歲以徵貂至其地，其人先期畢來奉命，唯謹過此則深居不可蹤跡矣，畢喇爾亦然，有驍騎校四員分治之，其人有姓默訥赫爾者，有姓都訥亨者，其著族。楚勒罕時，城西北穹廬蔽野，男女雜遝，布特哈之所屯也。稍東爲買賣街，列肆陳貨皆席棚，牛馬市於日中，羊羣散於原野，有來自呼倫貝爾者，有來自蒙古者，通謂之營子。説者謂，在因沁屯時，營子之多十倍今日。布特哈男婦車馬之盛，視今日亦殊過之，故其時集稱殷富，官税亦賴以充，布特哈屯聚微有部，曲其穹廬皆東向，總管治事所編柳條爲垣餘，皆環列轓轓車，人畜雜處其間。

清 李鴻章 光緒《畿輔通志》卷七四《物產・獸屬》 松鼠，中峰庵松鼠出入石根中，净滑詭曲，不可撲。《帝京景物略》有二種，一小者，大不過三寸，通身豹紋，最靈黠，名松鼠。一大者，灰色，善盜果實，名臊鼠。《盤山志》

又 白鼠，色如銀，古名鼰鼠。《抱朴子》言：北海白鼠，毛可爲布。《淵鑑類函》

又 鼬，李時珍曰：狀似鼠，而身長尾大。許慎所謂「似貂而大，色黃而赤」者也。《本草綱目》

又 䶅鼠，出胡地，皮可作裘。《説文》

又 會鼠，口外有飛鼠，與飛狐相類。特頭尾似鼠，體小於狐，《荀子》所謂「鼫鼠，五技而窮也。」《格物論》

又 鼩，胡地風鼠。《説文》

又 鼲鼠，出丁零胡，皮可作裘。同上有貂豽鼲子，皮毛柔軟，天下以爲名裘。《後漢書·鮮卑傳》

又 蹷，北方有獸名蹷，鼠前而兔後。《吕氏春秋》得甘草必銜以遺。卭卭巨虚也，將爲假足故也。《韓詩外傳》李時珍曰：今契丹交河北境有。

又 跳兔，頭目毛色似兔，而爪足如鼠，前足僅寸，後足長尺，尾亦長，其端有毛，一跳數尺，止即蹷仆。《本草綱目》蒙古打跳兔圍，於月黑夜，人持一木棍驚草中，則跳兔成羣而出《徐蘭詩註》。徐蘭《蹷鼠詩》有獸蒼蒼鼠之屬，同乎兔者耳與目。後足空長難躑躅，何不截長補不足？彼以爲豽闕一角，此以爲狽足太縮。我就視之形太促，一跳一仆尾矗矗。巨虚嚙草忽躍去，棄爾啾啾餓空谷。蹷鼠蹷鼠不須哭，誰使爾爲獸之僕。劉安雞犬滿雲中，飽食□藺莫他矚。

又 地猴，黄鼠畏地猴，入其穴則銜黄鼠喙，曳而出之《霏雪録》。一名夜猴，能嗅知黄鼠穴，知其有無，有則入嚙其鼻而出，如蜀人養烏鬼以捕魚也《菽園雜記》。一名黄鼠狼《雍正志》。

又 黄鼠，朔漠之野多黄鼠，蓄豆穀於其穴以爲食。村民欲得之，則以水灌其穴，遂出而有獲《北廷近事》。北方黄鼠穴居，各有匹配。人掘其穴者，見其中作小土窖若牀榻之狀，則牡牝所居之處也。秋時蓄菽黍及草木之實以禦冬，各爲小窖别而貯之。天氣晴和，出坐穴口，見人則拱前腋如揖狀，即竄入穴。韓孟聯句所謂「禮鼠拱而立者也」《霏雪録》。契丹國産大鼠曰毗猩，形類大鼠而足短，極肥，其國以爲殊味《澠水燕談》。宋刁約使契丹，爲《北語詩》云：餞行三匹裂，密賜十毗貍。注云：毗貍，形如鼠而大，穴居，食果穀。北人以爲珍膳，味如㹠子而脆《夢溪筆談》。南使至北帳前見畢密，賜羊粑十枚，毘黎邦十頭。毘黎邦，大鼠也。契丹上供物善麋物，若以一鸞置十斤肉，鼎即時麋爛，臣下不敢畜，惟以賜南使《晝墁録》。黄花鎮有鼠，色如鮎而毛淺。《昌平山水記》元薩天錫《灤陽納鉢即事》詩：蕎麥花深野韭肥，烏桓城下客行稀。小兒掘地得黄鼠，日暮騎羊齊唱歸。

又 青鼠，北地又有青鼠，皮亦可用。《淵鑑類函》

又 鼰鼢鼠，俗訛爲「吉靈」，得其皮以佩小兒，云避不祥。《宣化縣志》

又 兔，元宗時創集賢書院，河間、景城、清河、博平四郡歲貢兔皮千五百以爲筆材《唐書·地理志》。溧水中山，故老相傳中有白兔，爲筆精妙《太平寰宇記》。海中地形如半月，廣數十頃，名月坨。其間草木繁植，雉兔充牣。冰合時，居民常射獵於此。《樂亭縣志》

又 沙鼠，形如鼠，尾長，荒年多有之。《宣化縣志》

清 長順《吉林通志·物産》卷三四《獸屬·銀鼠》 銀鼠，有銀鼠尤潔曰《契丹志·二十三》吉林諸山中有之。毛色潔白，皮禦輕寒。《盛京通志》

又 灰鼠，女真獸有青鼠《契丹志·二三》。青鼠皮，女真出《明一統志》八十九。青鼠即灰鼠，吉林諸山有之。灰白爲上，灰黑者次之。《盛京通志》

又 豹鼠，開元十八年，渤海靺鞨獻豹鼠皮三張。二十六年，渤海靺鞨獻豹鼠皮一千張《册府元龜》。《爾雅》：豹文鼮鼠。郭注：鼠文彩如豹。《爾雅·釋獸》

又 鼯鼠，《爾雅》：鼯鼠，夷由。郭注：狀如小狐，肉翅，翅尾項脅，毛紫黑色，脚短爪長，尾三尺許，飛且乳，亦謂之飛生。《爾雅·釋獸》大烏稽多鼯、鼪、貍鼠之類。《甯古塔紀略》

又 鼪鼠，一名鼬，又名黄鼠狼，又名騷鼠。其尾高麗市以作筆。《盛京通志》

又 黄鼠，刁約使契丹爲北語詩云：密賜十貔貍。註：形如鼠而大，穴居，食穀粱，嗜肉，味如豚而肥《契丹志》。貔貍即黄鼠《本草綱目》。今呼豆鼠，頭似兔，尾有毛，黄黑色，性好在田間食穀豆《盛京通志》。烏稽出黄鼠，食之最佳《寧古塔紀略》。

又 鼢鼠，即田鼠。形似鼠而大，常穿地以行。《盛京通志》

又 松鼠，蒼黑色大尾，好食果蓏。小者不過三寸，通身豹文。《盛京通志》

清 長順《吉林通志》卷三四《物産·獸屬·貂鼠》 貂鼠，挹婁出好貂。《後漢書》一一五 夫餘出貂豽，挹婁出好貂，今所謂「挹婁貂」是也。《三國志》三十 夫餘國出善馬、貂豽，肅慎貢貂皮。《晉書》 勿吉以尸捕貂，貂食其肉，多得之。《魏書》一百 黑水靺鞨多貂鼠，拂捏開元天寶間，來獻貂鼠。《唐書》二百十九 女真獸多青鼠、貂鼠。《北盟會編》遼統和十五年，烏舍以地遠乞歲時免進貂皮。開泰七年，鐵驪等五部歲貢貂皮六萬五千。《遼史》 貂以紫黑色爲貴，青色爲次。《契丹志》　女真土産貂鼠皮。《明一統志》　貂鼠，女真有之。大如獺，尾粗，毛深寸許，用皮爲裘、帽、風領，寒月服之，得風更煖，著水不濡，得雪即消，亦奇物也。《本草綱目》　今三姓、琿春、甯古塔各處山林多有之。毛色或黄或紫，黑皮甚輕煖。獵者皆於雪天尋其跡而捕之。《盛京通志》　貂鼠一名松鼠，喜食松子，在深山松林中。其窟或土穴或樹孔，捕者先設網穴口，後以草芻，燒煙熏之，貂畏煙出奔，即入網中。貂皮之利，居人藉以衣食，故《金史》稱其地富庶云。《扈從日録》　又有縱犬守穴口，伺其出而嚙之者。紫黑色，毛平而理密者爲上。紫黑而理密者次之，紫黑而疏與毛平而黄者又次之。白斯爲下貂，大與狐等，每皮價四五錢。拔槍毛爲帽脊者曰鑽草，臂曰坐草，腹曰拉草。鑽草紺色上也，坐草黄色中也，拉草灰色下也。爲被褥則不拔槍毛，槍毛即鋭長而黄黑色者，出魚皮國者佳。歲至甯古塔交易者，二萬餘。而貢貂不與焉。甯古塔人得之，販鬻京師歲以爲常。《柳邊紀略》

清　吳寶芝《花木鳥獸集類》卷下

鼠，《詩·召南》：誰謂鼠無牙，何以穿我墉。　《家語》：齊景公問晏子曰：「爲人何患」，曰：「患社鼠，出竊于人，入託于社，灌之恐壞牆，熏之恐燒木。」《莊子》曰：鼷鼠飲河，不過滿腹。鼷一作鼴。此鼠多伏于水，又能偃水放沫，故云。　陶弘景：鼢鼠一名隱鼠，如鼠大而無尾。黑色，長鼻甚強，常穿耕地中而行。陳藏器曰：隱鼠陰穿地而行，見日月光則死。或曰是野田中尖觜鼠，乃伯勞所化。　《左傳·襄公二十三年》：齊侯將與臧紇田，臧孫聞之，見齊侯與之言伐晉，對曰：「抑君似鼠，夫鼠晝伏夜動，不穴于寢廟，畏人故也。今聞晉之亂，而後作焉，寧將事之，非鼠何如。」會稽山一人姓蔡，隱居山中，養鼠數十頭，呼來即來，遣去即去。其人言語狂易，人呼謫仙。　《竇氏家傳》：竇攸治《爾雅》，舉孝廉爲郎。世祖與百僚大會時，買得一鼠，身如豹文，問羣臣莫知，惟攸對曰：「名鼨鼠」。見《爾雅》。又漢武帝時，得一鼠，豹文。孝廉郎終軍知爲鼮鼠，賜絹百疋。　《孔帖》：王孝標爲清邊道總管，初進軍平州，白鼠晝入營頓伏，皆謂鼠精胡象也。白質歸命天亡之兆，及戰乃孝標覆焉。　《詩·魏風》：碩鼠碩鼠，無食我黍。又曰：無食我麥，無食我苗。按碩鼠即《爾雅》鼫鼠。頭似兔，尾有毛，青黄色，好在田中食粟荳。　《述異記》：南陽趙度好藝術，有白米爲鼠所盜，乃披髮把刀畫地作獄，四面開門，向東長嘯，羣鼠俱至，呪之曰：「凡非噉米者過」，惟止者十餘，乃剖其腹，有米在焉。　《五行志》：景雲中有蛇鼠，鬬于右威衛營東衙槐樹上，蛇爲鼠所傷。説者以爲鬬者兵象。《孔帖》：李林甫一日取書囊，訝其重，開而視之，乃一大鼠躍出，化爲蒼犬，怒目張牙仰視。林甫以物擊之，鼠即應手而斃。林甫惡之，月餘卒。　秦李斯少時爲郡小吏，見吏舍廁中鼠食不潔，近人犬數驚恐，觀倉中鼠食積粟，居大廡之下，不見人犬之憂，乃嘆曰：「人之賢不肖，譬如鼠矣，在所自處耳。」　晉淳于智善厭勝劉柔夜卧，鼠嚙其左手指。智曰：是欲殺君而不能，當爲君使其反死，乃以朱書柔手作田字，使露手卧，明日有大鼠伏死于前。　許邁小名映，有鼠嚙映衣，乃作符召至中庭，映曰：「嚙衣者留，不嚙者去」。羣鼠並去，惟一鼠獨住，伏于中庭而不敢動。　馬融曰：猨蜼晝吟，鼯鼠夜叫。《世説》：晉簡文帝爲撫軍時，牀上塵不聽拂，見鼠行跡，視以爲佳，有參軍見鼠白日行，以手板批殺之，撫軍不悦。　《埤雅》：鼯鼠。《爾雅》所謂鼯鼠夷由，狀如小狐，肉翅，翅尾項脅毛皆紫赤色。脚短爪長。飛且乳，或謂之飛生，一名飛蠝。性食火烟，能從高赴下，不能從下升高。荀子所謂鼯鼠五技而窮，即此是也。按五技謂能飛，不能上屋。能緣，不能窮木。能遊，不能渡谷。能穴，不能掩身。能走，不能先人。或曰鼯鼠，一名夷暢，一名鶊鳥，似蝙蝠聲，如人呼。　《瑣言》：竇璠久不第，晚娶宇文翊女，遂登科。時杜尚宅失火，云因鼠尾曳火而作，韋詵因謂璠曰：魚化龍雷爲燒尾，近日鼠亦有燒尾者。璠大慚。　《埤雅》：有一種鼠，見人則交。其前足而拱，謂之禮鼠。《詩》曰：相鼠有體，人而無禮。其或取諸此乎。又鼫鼠，兔首，似鼠而大，能人立，交前兩足而舞。其害稼者，曰雀鼠。　鼶鼠一名土鼠，無目，黑色，穿土而行。天將雨則鳴，行必成羣啣尾，魚貫而進，以目瞽懼顛蹶也。　《埤雅》：鼷鼠有螫，毒甘，口齧人及鳥獸皆不痛。《春秋》所書食郊牛之角者也。《博物志》曰：乃鼠之最小者，或云甘鼠是已。　《爾雅》：鼳鼠，身長鬚而賊。秦人謂之小驢。　浙東衢州出竹鼦。大如圓瓠，多膏中啖，土人珍之。好伏土底食竹根，未嘗見日。形似家鼠，蒼色，尾短，目細而長。前足不分爪指，乃一片者，後足微有爪指。　《埤雅》：栗鼠，蒼黑而小，尾大于鼬。取其尾毫可製筆。一名松鼠，食松實及栗橡之物。　水鼠，生于水中，不入人家。俗云：直蛇横鼠，盖蛇好順流而行，鼠好横流而渡也。《神異經》：北方冰厚百丈，有小鼠在下。毛可爲褥，即冰鼠也。　《埤雅》：貂，鼠類褥毛者也。其皮煗于狐貉，取以爲帽。得風則暖。其毛拂面如焰，朔地寒苦，人以其皮温額。後代以金璫首飾，前插貂尾。又一種曰銀鼠，似貂而白色，毛長三寸，柔暖可愛，皮勝于貂鼠。《孔帖》：黄君漢爲李密守栢，崔義元見羣鼠渡河曰：此昔王敦亡兆也，因説君漢以城歸。　李密將敗，屯營羣鼠相啣尾以渡于洛，經月不絶。《異苑》：景平中東陽大水，永康蔡喜夫避水住南壟，有鼠浮水來，伏喜夫奴牀角，奴愍而不犯，每以食與之。水既退，喜夫反故居，鼠前脚捧青絹紙裹三寸許珠著奴牀前，啾啾如欲語也。釋法顯《仙遊本紀》：祇園精舍燒香，燃燈續明，日夜不絶，鼠啣炷燒幡蓋，精舍都盡。《埤雅》：鼩鼠一名鼱鼩，一名鼷鼩。似鼠而小，東方朔曰：譬猶鼱鼩之襲狗者也。　鼪鼠，一名鼬，一名黄鼠狼，一名鼠豺。如鼠而大，純黄色，善捕鼠，亦能盗噛雞鴨，人頗患之。《孔帖》：黄巢進取陝虢，檄關戍曰：「吾道淮南逐高駢如鼠走穴爾，無我拒。」《朝野僉載》：唐蘇徵任汜水縣令，舉止輕薄，郎中張元一目爲失窟鼠。　魏盧元明《鼠賦》：鬚如麥芒半垂，眼如豆角中擘，託社忌器妙解，自惜深藏厚閉，巧能推覓，或尋繩而下，或自地高擲，盗干湯之珍，俎傾留髡之香澤，傷繡領之新製，毁羅衣之重襲，曹舒由是獻規張湯，爲之被謫。《子瞻》却鼠刀文，有穴於垣，侵堂及室，跳牀撼幕，終夕窣窣，叱訶不去，啖噛棗栗，掀盃抵缶，去不遺粒。《仙經》：蝙蝠一名仙鼠，千年之後，體白如雪。棲則倒懸，蓋飲乳水而長生也。《山海經》：丹重之山有獸，其狀如鼠，兔首廣耳。其音如律，以其尾飛，故曰飛鼠。

狼

綜述

宋　謝維新《古今合璧事類備要别集》卷七八《走獸門》《格物總論》　狼大如犬，蒼色，鋭頭而白頰，高前廣後，鳴聲諸孔皆沸，豺之屬也。糞烟烽火用之，烟直上也。牡貛牝狼，子獥音叫。

清　周魯《類書纂要·走獸類》　狼似犬，鋭頭白頰，前廣後狹，壽三百歲則鮮，暫變化爲人形。

清　陳昌齊　道光《廣東通志》卷九九《物産·獸類·騰豺》　騰豺，高要有騰豺山，出豺，以其捷於騰樹謂之騰豺又狼，大如狗。作聲諸竅皆沸。尾大，能食犬羊，並攫小兒出封川。《肇慶府志》　騰豺山，《太平寰宇記》作騰豻嶺。豻，野狗也。騰豺山在高要西七十五里。騰豻狀類猴。頭正方，髮長丈許，覆其面，欲有所視，輒摇頭以兩手披之。上樹甚捷。粵東無豺狼，惟此嶺有之。《舟車聞見録》

清　李鴻章　光緒《畿輔通志》卷七四《物産·獸屬》　狼，形大如狗，青色，善逐獸。《埤雅》李時珍曰：處處有之，北方尤多。《本草綱目》今大塞山外多有之，蒙古謂狼爲綽諾，府屬境内山多有，稱綽諾圖者，皆以有狼處得名。《熱河志》　元　王惲詩：千里陰山騎四周，休誇西伯渭濱遊。今年較獵饒常歲，一色天狼四十頭。薩天錫《上京即事》詩紫塞風高弓力強，王孫走馬獵沙場。呼鷹腰箭歸來晚，馬上倒懸雙白狼。國朝胡會恩《塞外截句》：軍廚曉飯拍黄羊，羽騎中宵射白狼。霜月滿營歌勅勒，夢回始覺卧沙場。

清　長順《吉林通志》卷三四《物産·獸屬·豺》　豺，足似狗，瘦如柴，性鷙猛，善逐獸。《盛京通志》狼，皮毛青白者，貴可爲坐褥。《採訪册》

清　周魯《類書纂要》卷三三《走獸類》　跋胡，狼跋其胡筆皆其尾，美周公也。　雨狼，並□從兩狼兮，揖我謂我臧兮。　烽火，狼糞，烟烽火用之，其烟直上。　狼狽，狽前足絶短，每行常駕兩狼，失狼則不能行，故世言事乖，稱曰狼狽。　當路，漢張綱爲御史，埋輪于都亭，曰：豺狼當道，安問狐狸，遂劾□糞。　野心，《左傳》：莫敖始生，姑視之，及堂聞其聲而還曰：「是豺狼之聲也，狼子野心，其可畜乎」，遂弗之視。　乳烏孫，烏孫王昆莫初生棄于野，狼惜乳之。　啣王懿衣，宋王懿字軍德，義兵窘迫，忽暴雨洪潦，不知津梁，有一白狼至前，仰天而號訖，乃啣王懿衣引渡處，懿因舊之得濟焉。　狼生突厥，突厥之先之别種也，爲□□所破，其族有小兒棄草澤中，有牝狼以肉飼之，及長，與狼交合，遂有孕，生十男。　一彪一狼，龍朔中楊思玄恃外戚典選，多排斥選士，爲選人夏彪訟之中丞郎餘慶，彈奏免官，許南陽曰：「故知楊吏部之敗」，或問之，許曰：「一彪一狼，共看一羊，不敗何待。」　神山民妻，晉州神山民黄張妻忽夢一黄褐人，腰腹甚細，強淫之，兩接而去，遂姙娠，好食生肉，舐脣咬齒而性狼戾，生二狼，生下即走，其夫殺之。　狼藉，狼所卧處，多藉草穢亂，故云狼藉狼戾。

清　吴寶芝《花木鳥獸集類》卷下　《詩·豳風》：狼跋其胡，載疐其尾。《毛詩》《草蟲經》狼項下有袋，求食滿腹向前行，乃觸之，退後又自踏踐，上疐其尾，進退有患。故《詩》以況跋前疐後袋故也。《詩注》：所謂頷下懸肉即此也。《埤雅》：古之烽火用狼糞，取其煙直，雖風吹不斜。或曰：狼骿脅直腸，其糞煙直爲是故也。《内則》曰：狼去腸，豈以此歟。《白帖》：湯時有白狼，銜鉤入朝，以爲祥瑞。周宣王得白狼而戎狄賓。周穆王征犬戎得白狼四，白鹿四，而荒服不至。《白帖》：宋王懿字仲德，義兵窘迫，而值暴雨洪潦，不知津梁有一白狼，至前仰天而號，訖銜王衣，因隨狼以濟。《草木子》狼尾一孔三毛，胜中筋大如鴨卵。《周官》：獸人冬獻狼。注云：狼膏温，故冬獻之。《稽神録》：晉州神山民黄張妻，忽夢一黄褐人，腰腹甚細，留淫之，兩接而去，遂懷妊。好食生肉，砥唇咬齒，而性狼戾。後生二狼，生即走，其夫擊殺之。《大宛傳》：烏孫王昆莫初生棄于野，狼往乳之。後周《異域傳》：突厥之先，匈奴之别種也，被鄰國破滅。有一兒年十歲，兵刖其足，棄草澤中，牝狼以肉飼之。及長與狼合，有孕焉。彼聞兒在，欲遣殺之，兒與狼逃之高昌國北，遂生十男。其後各有一姓，阿史那即其一也。《埤雅》：豺，狗足，似狗而長尾白，頰高前廣後，其色黄。季秋取獸，四面陳之，以祀其先世，謂之豺祭獸。故先王候之以田。《汲冢周書》：霜降之日，豺乃祭獸，豺不祭獸，爪牙不良。俗云：羣豺噬虎，言其健猛且衆，可以窘虎也。史云：豺見虎睡則繞而溺之，虎不能起，遂噬之。又云：豺舌如棘，舐舌似鋸，骨瘦如豺。豺，柴也。豺體細瘦，故謂之豺棘。人骨立謂之柴毁，義取諸此。

狐

綜述

《周禮・冬官・考工記》貉踰汶則死，地氣使然也。

宋 謝維新《古今合璧事類備要别集》卷七八《走獸門》《格物總論》：狐形似黄狗，鼻尖，尾大。性多疑，審聽，捕之者多用罝。陶隱居云：江東無狐，出北方及益州。今江南亦時有，京洛尤多。狸似虎斑，亦有似貓斑者。又一種香狸，微有射氣。又一種似兔而短，多棲息高木，候風吹之而過他木，謂之風狸。又一種面白而尾似牛，故名玉面，又名牛尾。專食百菓，人多噉食之。或又言狸形似貓，其文有二：一如連錢者，一如虎紋者。肉味與狐不相遠，皆可作羹臛。貒肥矮，毛微灰色，頭連脊毛一道黑。觜尖，黑尾短闊。蒸食之極美。貉形如小狐，毛黄褐色。皆狐之類。

宋 馬純《陶朱新録》徐州有村人獵兔，見一狐毛色深紅，逐之不可及。又山東人捕狐，以瓦籠置鴿其中，狐遶之垂涎，因觸網或能人言，畧可辨，逼之乃嗥耳。

宋 周密《癸辛雜識》續集卷下捕狸之法：必用烟薰其穴，却於别處開穴，張罝捕，如拾芥然。狸性至靈，每於穴中迭土作臺以處，且可障烟。夏月則於臺下避暑，可謂巧矣。而捕者又必窮其臺之所之而後止，可謂不仁也。

清 陳大章《詩傳名物集覽》卷三《莫赤匪狐》《朱傳》，狐，獸名，似犬，黄赤色。《考工記》：南方謂之赤。《釋名》：赤，赫也，太陽之色也。《易》曰：獲三狐，得黄矢。《禮記》：狐死正邱首，仁也。《説文》：狐，祆獸也，鬼所乘之，有三德，其色中和，小前大後，死則首邱。《左傳》：狐尾大不掉。《韓詩外傳》：狐水神也。《周書》：成王時，青邱獻九尾狐。《本草》陶隱居注：江東無狐，皆出北方，及益州間，形似狸而黄，善爲魅。《圖經》云：今江南時有，京洛尤多，形似黄狗，鼻尖尾大，狐之類貒貛狢，三種大抵相類，頭足小别。《爾雅》：狸狐貒貈醜，其足蹯，其跡内注，蹯皆有掌蹯，内指頭處。《山海經》：青邱之國，有狐九尾，武都之山，有玄狐蓬尾，《禮・斗威儀》：君乘火而王政平，南海輸文狐。《玉策記》：狐及狸狼，皆壽八百歲，滿三百歲，變爲人形。《素問》曰：其主狐貉，變化不藏。《北征記》：河冰厚數丈，冰始合，車馬未過，須狐先行，此物善聽，水無聲乃過。《水經注》：狐性多疑，故俗有狐疑之説。《管子》：代出狐白之皮，狐應陰陽之變，六月而一見。《類從》曰：燕識戊己不銜泥，狐潛上伏，不越度阡陌。《説文》：狐从孤省，狐性疑，疑則不可以合類，故從孤省也。犬性獨，狐性孤，羊性羣，鹿性麗，麗旅也。名物解人疑則衆乖，獸疑則羣離，故謂之狐疑者，好思而難其動也。南山之詩曰：雄狐綏綏，君疑而不明也，何草不黄，有芃者狐，臣疑其上也。《埤雅》：狐性好疑，貑性好睡，又皆藏獸，故狐貉之厚以居，而蜡祭息民以狐裘也。舊説狐有媚珠，禮北斗而靈，善變化，其爲物妖淫，故詩又以刺惡。《易》曰：小狐汔濟濡其尾，小者材不足也，狐者志不果也，是以幾濟而有濡尾之難。故象曰，不續終也，亦其尾重善濡溺，故易正以爲象。里語曰：狐欲渡河，無如尾何是也。狐狼知虚實，虎豹識衝破，狼狐搏物，皆以虚擊孤，狐從孤省，或以此故也。《雅翼》：狐鋭口而大尾，色赤，所在鳥輒羣而噪之，蓋妖祥之禽所占也。《春秋外傳》曰：狐埋之，狐搰之，是以無成功，皆執心不定之貌。《山海經》：青丘狐能食人，人食之不蠱。《名山記》：狐者古先之婦人，其名曰紫，化爲狐，故多自稱阿紫。

清 周魯《類書纂要·走獸類·狐》 狐，妖獸，鬼所乘也，有三德，其色中和，小前大後，死則首丘，不忘本也，明不忘危也。《玄中記》曰：千歲之狐爲淫婦，百歲之狐爲美女。是狐者，先古之淫婦也，其名曰紫，紫化爲狐，故自稱阿紫。

清 王念孫《廣雅疏證·釋獸》 貒，貛也。《爾雅》貍狐，貒貀醜。《説文》引作狐貍，貛貉醜。又貒子貗。郭璞注云：貒豚一名貛。《釋文》引《字林》云，貒獸似豖，而肥。《方言》貛，關西謂之貒。《説文》貛，野豖也。《淮南子·脩務訓》貛貉爲曲穴。《御覽》引作貒知曲穴。《楚辭·九思》貒貉兮蟫蟫。注云：蟫蟫，相隨之貌也。貛通作貆。《周官》草人鹹潟用貆。鄭注云：貆，貒也。《淮南子·齊俗訓》貆貉，得埵防，弗去而緣。高誘注云：貆，貆豚也。《本草衍義》云：貒，肥矮，毛微灰色，頭連，脊毛一道黑，觜尖黑，尾短闊，蒸食之極美。案：今貛有二種。或如猪，或如狗。皆穴于地中，夜出食人雞鴨。

又 㚼，狖也《玉篇》《廣韻》並云：㚼，獸似貍。《爾雅·疏》引《字林》云：狖，貍類。是㚼，即狖也。《廣韻》又云：狖，貉屬。則此獸亦近于貉。故郭璞《爾雅》注云：今江東呼貉爲狖，貄同類而通稱耳。《説文》云：㚼，獸名，似狌狌。狌狌二字，疑有誤。

又 貄，貁也。《爾雅·釋文》引《字林》云：貁，謂之貄。《衆經音義》卷二一引《倉頡篇》云：貁似貓，搏鼠，出河西。《後漢書·班固傳》注，《文選·西都賦》注，並引《倉頡篇》云：貁，似貍。據此則貁乃貍屬，非猨狖之狖也。猨狖之狖，自似獼猴，不似貍。故《廣雅》貄，貁也。㚼，狖也。二條相連，狖與貁皆貍屬也，其似獼猴之狖，則于下文始釋之訓，則此爲貄，彼爲蜼字，則此從豸，彼從犬，所以爲别也。郭璞《爾雅》注云：今江東呼貉爲狖。貄蓋貍狐。貒貉類相近，而名相假，亦若貍與白狐同名爲貔也。此足以證貄貁之非猴類矣。李賢、李善引《倉頡篇》以釋猨狖之狖，失之。

清 陳昌齊 道光《廣東通志》卷九九《物産·獸類·靈貓》 靈貓，生南海山谷，狀如貍，自爲牝牡。其陰如麝，功亦相似。一體自爲陰陽。刳其水道連囊以酒。酒陰乾，其氣如麝。若雜入麝香中，罕能分别。用之亦如麝焉。《本草綱目》

清 李鴻章 光緒《畿輔通志》卷七四《物産·獸屬》 狐，武定元年七月，幽州獲白狐以獻。《魏書·靈徵志》 蘇恭曰：形似小黄狗，鼻尖尾大。李時珍曰：南北皆有，北方最多。有黄、黑、白三種。《本草綱目》長而黄者曰草狐，短而黏者爲沙狐，並出蒙古。其皮皆可以爲裘。蒙古謂「狐」爲「烏納格」，府屬境内之山有，烏納格圓者，皆以有狐處得名。《熱河志》土貢狐皮二十八張。《魏縣舊志》

又 狸，蘇頌曰：處處有之，其類甚多，似虎斑文者可用。《本草綱目》京師北山獸有虎、豹、奇狸。《蘇邱集》

又 貉，李時珍曰：生山野間，狀如貍，與貛同穴而異處《本草綱目》，似狸，鋭頭尖鼻，斑色，毛深温厚，滑可爲裘。《正定府志》

又 貛，獸似豖而肥。《説文》李時珍曰：遼東女真地面有海貛，皮可供裘。《本草綱目》今土人呼爲猪貛。其小者呼爲狗貛。《熱河志》土貢貛皮六十二張。《魏縣舊志》

又 野狸，能食貓，故山中之貓難畜。《盤山志》

清 李鴻章 光緒《畿輔通志》卷七四《物産·獸屬·貔》 貔，豐狐文貔，搏於山林，伏於巖穴，夜行晝伏莊子。北燕朝鮮之間謂之「豾」方言。似虎，一名執夷，一名白狐。其子爲豰，遼東人謂之白羆。《蟲魚草木鳥獸疏》

清 長順《吉林通志》卷三四《物産·獸屬》 狐，女真産狐貍，皮有黑、白、黄三種。《明一統志》 色赤而大，夜擊之，火星迸出。毛極温煖，集腋爲裘，尤貴重。元狐出下江，大於火狐，色黑，毛煖，最貴。又青狐，名倭刀。《盛京通志》烏稽出元狐、黄狐。元狐全黑者不可多得，歲不過數張。《甯古塔紀略》

又 沙狐，賤者被貂毛、羊鼠、沙狐裘。《契丹志》生沙磧中，身小色白，腹下皮集爲裘，名天馬皮。頦皮名烏雲豹。《盛京通志》

清 李鴻章 光緒《畿輔通志》卷七四《物産·獸屬·飛狐》 飛狐，鋭頭闊口，耳小尾長，毛黑色，翅如鼈裙，四足生翅中，前三爪後五爪。能飛，不踰丈尺。《敬業堂詩注》産於口外密樹林中，似狐，肉翅連四足及尾。能飛，但能下而不能上。《續博物志》云：飛狐，亦名飛生，今山陝有飛狐嶺，飛狐口，當時必以物産得名。而《名勝志》曰：「有狐食五粒松子，遂成飛狐。」其説荒誕，皆未能知天下有飛狐也。《翻製幾餘格物論》查慎行詩：銳頭長尾口如囗，肉翅旁連四足俱。猜是千年老蝙蝠，問名方始議飛狐。

又 貂建武二十五年，烏桓獻貂皮。《東觀漢記》大定府産鼦鼠。《金史·地理志》青貂，穴死牛腹掩取之，紫貂升木射取之，黄色乃其老者。銀貂最貴，契丹主服之。《嘉祐雜誌》

又 獺似狼而小，青黑色。《埤雅》是物本有山獺、水獺二種，今塞外所産者大抵皆山獺之類，土人稱爲旱獺。《熱河志》

清 長順《吉林通志》卷三四《物産·獸屬·貛》 貛，似狗而短，體肥行鈍，皮宜裀褥。《盛京通志》形如狗，喙如豕，足皆五爪，毛深厚，油能治火傷。《東華輯要》

清 長順《吉林通志》卷三四《物産·獸屬·野貓》 野貓，唐開元七年，靺鞨獻白兔貓皮。《册府元龜》居山谷中，狐類，口方，色蒼黄有斑，善搏，亦曰野貍。《盛京通志》

又 貉，狀如貍，斑色，其毛深厚，温滑可爲裘。同上貉，俗名野馬，其皮紋上圓下方，寢處其皮者，立能解酲。設有警急，毛輒豎。《格致鏡源》八十八

又 貂熊，出甯古塔，大如狗，紫色，頭紫黑，兩脅微白。《盛京通志》

清 周魯《類書纂要》卷三三《走獸類》 濡尾，小狐汔濟濡其尾。汔，近也。綏綏，有狐綏綏，在彼淇梁，綏綏獨行，求匹之貌。有芃，有芃者狐，率彼幽草，芃小貌。聽冰，北風勁河水始合，狐能善聽堅冰下無水聲，然後過河行。狐讚，青丘奇獸，九尾之孤。有首翔見，出則啣書。作瑞周文，以標靈符。橘柚漿，首如貍兮尾如牛，攀條捷險如猱猴，橘柚爲漿栗爲餱。九尾狐，青丘之出有九尾狐，德至鳥獸則九尾狐見者九配得其所，子孫繁息也。于尾者後當盛也。持火，有一小物如獸，手持火以口吹之，書生舉刀斫斷其腰，視之乃狐也，自此無火災。妖狐聽講，昔昭王墓有老狐化男子詣張華講説，華怪之，謂雷孔章曰：「今有男子少美高論」。孔章曰：「當是老精，聞昭王墓有華表柱已千年，可取照之當見。」華如其言，其男子忽化，爲狐而去之。掘狐去怪，欒廣爲河南尹，先是河南官舍多妖怪，前尹皆不能處正寢，廣居之不疑，嘗外户自閉，左右皆驚，廣獨回顧見牆孔，掘牆得狐而殺之，其怪亦絶。應禹，禹年三十未娶，行塗山，恐時暮失嗣曰：「吾之娶也必有應矣。」乃有白狐而應之，于是塗山人歌曰：「綏綏白狐，九尾龐龐，成子室家，我都攸昌。」狐作孽，成都府萬錦樓人皆以樓有祟，夜宿者必死，一日有人笑曰，誰敢夜宿此樓上者，錢賞之，一貧少年曰：「我當代此。」乃登樓上藏梁間，至三更，見一大狐坐椅上化成美女，自脱皮爲衣貼，徐下樓而去入市，迷惑男子，其人同其去，下梁捲皮，及美女回樓尋皮不見，哭曰：「天敗我也」，遂墜樓下，天明視之乃一剥皮狐狸。狐守節，鄭生之婦任氏色絶美，鄭生依于王家，其家甚富，一日，侯生他出至其室強逼之，任氏力拒不能脱，乃嘆曰：鄭郎可哀也，問其故，答曰：彼不能庇一婦人，託君門下致藝慢至此，苟糟糠自足，當不至是乃止。數月生攜任氏出郊外，遇獂者牽犬而過，任氏見犬，忽墮馬化爲狐。嘆曰：「妖魅惑人，自古有之，而能以節自持者，世所罕見。」變巫，狐五十歲能變化，百歲爲美女，爲神巫，爲丈夫，女于交接能知千里外事，即與天通爲天狐。多疑狐性多疑。化人狐繫尾出火將爲怪，必戴髑髏拜北斗，髑髏不墜則化人。妲己化狐，紂妃妲己乃狐狸精，好食人精血，故常殺人。武王伐紂將臨刑。妲己化形上升，太公用降魔鑑一照，妲己墜地化爲九尾狐狸，武王命去其皮毛，屑其骨肉，妲己乃蘇州太守章華女也。升御座宋徽宗時有狐升御座而坐。狐報恩，一僧素無頓，聞黄精能駐年，欲試其驗，置黄精于枯井，誘人入井覆以磨磐，其人在井惶迫無計，忽一狐臨井語其人曰：君無憂，當教汝術，我狐之通天者，穴于塚上，卧其下，目注穴中，久之則飛，君其注視磨磐之孔手，吾昔爲獵夫所獲，賴君贖命，故報君恩耳，幸毋忽也」，人用其計，旬餘從井飛出，僧大喜，以爲黄精之驗，乃負黄精入井，約一月開至期，視之財死矣。僧蓋不知狐之力。

清 吴寶芝《花木鳥獸集類》卷下 《易》：未濟小狐，汔濟濡其尾。《埤雅》謂小者材不足也，狐者志不果也。材不足志不果，是以幾濟而有濡尾之難。《禮記·檀弓》：古人有言，狐死正首丘，仁也。《白虎通》正首丘不忘本也。注云：正首丘謂正其首，以向丘也。《類從》：燕識戊巳不御泥，狐潛上伏，不越度阡陌。張續《宣室志》：張鋌夜行，逢巴西侯，置酒邀玄邱校尉至，一人衣黑衣，天將曉，鋌悸寤，乃一狐卧于側，蓋所謂玄邱校尉也。《異苑》：胡道拾自云：廣陵人好音樂、醫術之事，體有臊氣，恒以名香自防，唯恐猛犬所噬，自審死日，戒子弟曰：「氣絶勿令狗見我屍也。」死于山陽，斂畢，覺棺空，開之不見屍，時人咸謂狐也。《管子》曰：狐白應陰陽之變，六月而一見。《類從》：狐狼知虚實，虎豹識衝破。《埤雅》：狐，妖獸也。鬼所乘之。有三德，其色中和，小前大後，死則首丘。《山海經》：青丘之國，有九尾狐。《白虎通》：德至鳥獸，則九尾狐見。《名山記》：狐神獸出青丘山，音如嬰兒，食之不蠱。《管輅傳》：有一小物如獸，手持火以口吹之，書生舉刀斫斷腰，視之乃狐也。

自此無火災。《舊説》狐有媚珠。又曰：狐禮北斗，而靈善變化。郭氏《玄中記》：狐千歲爲淫婦，百歲爲美女，爲神巫，爲丈夫。與女子交接，能知千里外事，即與天通，是爲通天狐。《名山記》：狐者古之淫婦。其名紫，紫化而爲狐，故自稱阿紫。《牛羊日歷》：唐長慶中舉，人歌曰：「欲入舉場，先問蘇張。蘇張猶可，三楊殺我。」故輦下謂三楊爲通天狐。周成王時黑狐見。趙曄《吴越春秋》：禹三十未娶，行塗山恐時暮失嗣曰：吾娶必有應矣。後有白狐九尾而造于禹曰：白者吾服也，九尾者王證也。于是塗山人歌曰：綏綏白狐，九尾龐龐。成于家室，我多攸昌。禹乃娶塗山女。《搜神記》：燕昭王墓有老狐，化男子聽張華講説，華怪之謂雷。孔璋曰：今有一男子，少美，高談孔璋曰：當是老精。聞昭王墓有華表柱已千年，可取照之當自見，華如其言乃化爲狐。《雜俎》：漢平陵王墓多狐，自穴而出者毛皆坌灰。《雜俎》：野狐名紫，夜擊尾出火，將有怪，必戴髑髏拜北斗髑髏不墜，則化爲人矣。《搜神記》：吴郡顧旃至一岡，忽聞人語聲。云：咄咄今年衰乃與衆尋覓，岡頂有一穽是古時塚。見一老狐蹲塚中，前有簿書一卷。老狐對書屈指，有所計較，犬咋殺之，取視簿書，悉是姦人女名。已經姦者朱鉤頭，所疏名有百數，而旃女亦在簿次。《容齋隨筆》：城狐不灌，社鼠不熏，謂其所棲穴者，得所憑依，此古語也。故議論者卒指人君左右，近習爲城狐社鼠。《南部新書》：晉天福甲辰歲，公安滄渚民家犬逐一婦人，登木而墜，爲犬咬死，乃老狐也，尾長八九尺。李華《鶚執狐記》：某嘗目異鳥擊豐狐于中野，問名于耕者，對曰：此金鶚也，其何快哉。因讓之曰：仁人秉心哀矜不暇，何樂之有，曰：是狐也震驚，我姻族撓亂，我閭里喜逃徐子之廬，不畏申生之矢皇祇，或者其惡貫盈而以鶚誅之，予非斯禽之快而誰爲。白居易《古塚狐歌》：古塚狐妖且老，化爲婦人顔色好。頭變雲鬟面變粧，大尾曳作長紅裳。徐徐行傍荒村路，日欲暮時人静處。或歌或舞或悲啼，翠眉不舉花顔低。忽然一笑千萬態，見者十人八九迷。蘇子美《獵狐篇》：秋食承露禾，夏飲灌園泒。暮夜出傍舍，雞畜遭横害。晚登睥睨鳴，呼吸召百怪。或爲嬰兒啼，或變豔婦態。不知幾千年，出處頗安泰。《集異記》：李揆夏夜宿堂前之軒，有巨狐鳴噪于庭，乃人立而跳。月光逆射，久之踰垣而去。揆甚惡之，及將曉入朝，其日正拜。宋徽宗宣和七年九月，有狐升御榻而坐。又李密即位狐鳴於旁。晉樂廣爲河南尹，先是河南官舍多妖怪，前尹皆不敢處正寢，廣居之不疑。嘗外户自閉，左右皆驚。廣獨回顧，見牆下有孔，掘牆得貍殺之，其怪遂絶。唐舒元輿養貍，述野禽獸可馴養而有裨于人者。吾得之貍，余愛其能息鼠竊，近乎正且勇，嘗觀虞人有生致者，因得請歸置新豐里客舍，常閫關實竇，縱于室中。潛伺之，見軒首引鼻，似得鼠氣，則凝蹲不動，斯須果有鼠數十輩接尾而出。貍忽躍起，竪瞳迸金，文毛磔斑，張爪呀牙，劃泄怒聲，鼠黨帖伏不敢竄。瞬視間羣鼠肝腦塗地，迨夜背缸，潛窺室内洒然，而吾得高枕坦卧，絶瘡痏之憂，皆斯貍之功乎。楊夔《蓄貍説》：敬亭叟之家毒于鼠暴，穿栭穴，墉室無全宇，咋嚙筐篚，帑無完物。乃賂于捕野者，俾求貍子蓄于家，飾茵于棲，給鱗以茹，撫育之厚如字諸子。其攖生搏，飛舉無不捷，鼠懾而殄影，暴腥露膻，縱横莫犯矣。然其野心常思逸于外，罔以子育爲懷，一旦怠其紲，踰垣越宇倏不知其所逝。叟惋且惜涉旬不弭，弘農子聞之曰：野性匪馴，育而靡恩，非獨貍然，人亦有旃，梁武于侯景，寵非不深矣。劉琨于匹磾，情非不至矣，既負其誠，復返厥噬。嗚呼，非所畜而畜，孰有不叛者哉。

藝文

唐　韓愈《殘形操》　有獸維貍兮，我夢得之。其身孔明兮，而頭不知。吉凶何爲兮，覺坐而思。巫咸上天兮，知者其誰。

宋　蘇轍《牛尾貍》　首如狸（貍），尾如牛，攀條捷險如猱猴。橘柚爲漿。栗爲餱，筋肉不足惟膏油。深居簡出善自謀，尋蹤發窟並執囚。蓄租分散身爲羞，松薪瓦甑蒸浮浮。壓入糟盎肥欲流，熊脂羊酪真比儔。引筋將舉訊何由，無功竊食人所仇。

宋　楊萬里《牛尾貍》　狐公韻勝冰玉肌，字則未聞名季貍。誤隨齊相燧牛尾，策動封作糟丘子。子孫世世襲膏粱，黄雀子魚鴻雁行。先生試與季貍語，有味其言須聽取。

又《獻牛尾貍周益公侑以長句》　風林露圃天欲霜，柿紅栗紫橘弄黄。老夫思饞不忍嘗，丁寧籩人莫取將。朝來栗姬羽化去，逋其木奴三百户。烏椑士子散如煙，檢校不知渠去處。山童相傳皂衣郎，字曰季貍氏奇章。上樹千回一霎强，連夜剽略積廼倉。并吞又向黎侯國，羅入救黎遂擒獲。白茅面縛來獻俘，玄端貂裘瓠肥白。解驂薦渠登相門，立談封作糟丘君。

旁招披綿拉通印，日侍樽俎嬉平園。玉肌生憎粗手削，須防東坡訟冤著。

熊

綜　述

宋　謝維新《古今合璧事類備要别集》卷七七《走獸門》《格物總論》：熊大似豕而性輕健，山居，能攀緣上高樹，見人則顛倒投地而下，行數千里悉有跧伏之所亦不迷失道路。冬多入穴而藏蟄。始春而出。掌至爲珍味。羆似熊長。白紋長頭，高脚。亦猛憨而多力也。

明　鄭仲夔《玉麈新譚·耳新》卷八　崇禎戊辰冬，有熊入郡，城衆逐之，熊從西門出，走入夏公廠，衆相與圍之，熊惶遽奔高梁上，衆持長鎗刺之，熊以手格鎗，鎗爲立斷，乃兢射之矢，每發熊即接去，竟不能中。圍至三日，熊餒而力乏，始爲衆所斃。是年又有鹿入郡城北。

明　謝肇淛《五雜俎》卷九　新安樵者得小熊大如猫，蹒跚庭中，犬至猛者，見之亦溺下。又長興人得一虎子，其隣家有犬最警猛，初見亦怖溺，少選復來，窺又走，如此數四，至暮則徑往，咋殺之矣。

又　萬曆壬子十月，有熊見於福州之平山，二樵子遇之不識，以爲猪也，逐之。熊人立而爪樵者，衆呼逐之，躍出城外，竄大樹上。官聞遣兵捕之，土人素未識熊，懼之甚，圍而遠射之，莫能中。中者輒爲所接，折而擲之。良久一裨將至，始曰，吾山中習熊力止敵一壯夫耳，無畏也。直至樹下彀矢一發，而殪。郡向未有此獸，又入城中，亦一異事也。熊於字爲能火，可無祝融之慮乎。

又　昭武謝伯元言，其鄉多熊，熊勢極長，每坐必跑，土爲窟先容其勢，而後坐山中。人尋其窟穴，見地上有巨孔者，以木爲榁楛，施其上而設機焉。熊坐機發，兩木夾其莖，號呼不能復起，土人即聚而擊之，至死不能動也。

清　吴寶芝《花木鳥獸集類》卷下《埤雅》：熊當心有白脂如玉，味甚美，俗呼爲熊白。熊好舉目而引氣，謂之熊經。《雜俎》：唐高宗時，伽毗葉國獻天鐵熊，大如狗，蒼色，作聲，諸竅皆沸，能擒獅、象、虎、狼。脞中有筋，大如鴨卵。《周官司表》王大射，則共虎侯、熊侯、豹侯，設其鵠。諸侯，則共熊侯、豹侯。卿大夫則共麋侯，皆設其鵠。《墨客揮犀》：熊在山中，行數千里，皆有跧伏之所，必在巖谷林木中。山民謂之熊館。唯虎出百里外，則迷失道路矣。《異説》：熊多力而性悍，故與猛虎同居不相噬。又有人熊，狀如人立而走，攀援如猿猴。取其膽可醫疾。好事者用以淬筆端則不蛀，愈于黄連及椒湯也。又善辟塵，置膽濁水則立澄，故醫者用以却痰穢殊効。熊必羣居而步伍不失長幼，獸熊狀如羊，狗熊似狗。嶺表有黑熊祠，祝融之御，古稱能火即此意。

清　周魯《類書纂要》卷三三《走獸類·熊羆》　男子祥，吉夢維何，維熊維羆，男子之祥。　所欲，熊掌亦我所欲也。　非熊，壯哉，非熊亦非貙，目光夾鏡當，坐隅。　萬萬，熊之别名食人者，見人則執手而笑，人因以筒，致臂而與之，則執筒而笑，笑則脣上掩其目。人固抽臂綴其脣，子額而殺之。俗云萬萬笑而破格。　逸才，司馬相如云，熊逸才之獸也。　鯀化，昔堯殛鯀于羽淵山，其神化爲黄熊，以人于羽淵，實爲夏郊三代視之。　禹化，禹治水過轘轅山禹化爲熊，謂塗山氏曰：欲餉必聞皷聲乃來禹跳石誤中皷，塗山往見，禹方作熊，遂慙而去之。　病夢熊，趙簡子病不知人，五日寤而曰：我之帝所見，一熊援我，帝命我射之中熊，熊死，有當道者曰：帝令主君滅晉，二卿，熊其祖也。　當熊而立，漢時傅太后與馮太后並事元帝爲婕妤幸虎圈，熊逸出，傅婕妤走，馮婕妤直前當熊而立，上問之，對曰：妾恐熊至御坐，故以身當之，傅慙，由是有睹。　老熊當道齊神武遣韓軌從河東襲王羆羆，不覺衆已乘梯入城，尚卧未起，忽聞閤外凶凶有聲，便袒身露髻持挺大呼曰：老熊當道卧，貛子那敢過，衆見皆驚。　熊膽丸，柳仲郢，母韓善調于故，仲郢幼嗜學，嘗和熊膽丸使夜咀噍以助勒。

清　周魯《類書纂要·走獸類·熊羆》　熊羆，熊大似豕而性輕健，山居。能攀緣上高樹。見人則顛倒投地下，行數千里。冬多入窕而藏蟄，始春而出。掌爲珍味。羆似熊而長，頭高脚猛噉多。力能拔樹。

清　吴寶芝《花木鳥獸集類》卷下《孟子》：魚我所欲也，熊掌亦我所欲也，二者不可得兼，舍魚而取熊掌也。按熊冬蟄不食，饑則自舐其掌，故美在其掌。吴元夫鄂州人，宋寶慶乙酉四年，渡海覆舟，漂至一島，見雌熊引至穴中，聚毛爲巢，與梨棗獸肉飼之。其人因與之交，生一子，皆人像也。但畧垂耳，後遇舟得歸。《續搜神記》：晉昇平中有人入山射鹿，忽墮一坎内，見熊子數頭。須臾有大熊入，瞪視此人，人謂必害己。良久大熊出，果分與諸子，末後作一分着此人。此人饑久，冒死取噉之。既而轉狎習，每旦熊母覓食還輒分果，此人賴以支命。後熊子大，其母一一負將出，子既出盡，此人自分死坎中，乃熊母復還入坐人邊，人解其意，便抱熊足，熊即跳出，遂得無死。《孔帖》：南蠻東有謝蠻，貞觀三年，其酋元深入朝，戴烏熊皮冠。張續《宣室志》：張鋋歸蜀，夜次巴西。有人拜曰：巴西侯奉請，既見，置酒邀六雄將軍至，皆黑衣，其狀贔然。天將曉，鋋、悸寤見巨熊，卧于前者，所謂六雄將軍也。《埤雅·釋獸》：羆似熊而大，黄白文，長首高脚，聳目。能緣，能立。遇人則擘而攫之。俗云：熊羆眼直，惡人横目。其白生于心之下，肓之上，亦如熊白而粗。秋冬則有，春夏則亡。猛憨多力，能拔大木。一説羆有黄赤二種，披髮人立，絶有力者。俗云：熊羆富脂，至春臕瘠，即登高木自墜，謂之撲臕。今人畜熊，以梃撻之，更致壯長。蓋倣于此。《舊説》：獅子，虎見之而伏，豹見之而瞑，羆見之而躍。蓋獅子又畏羆故也。陳師道《羆説》：晉人以五犬逐一羆，羆鷙而力強，于用大，所與敵者，皆天下強有力也。犬弱而健巧，于用小，顧左而右，逐前而後，羆不能搏也。行不數十里，羆敗而伏，犬更前而殺之。獸之鷙者，爪莫如虎，齒莫如豹，而羆食之。故稱勇力莫如熊羆，而受制于犬者，遇非其敵，困于羣犬耳。《詩》云：「憂心悄悄，愠于羣小」，羆之謂矣。

清 陳昌齊 道光《廣東通志》卷九九《物産·獸類》 熊類不一，而黎山中有人熊、猪熊、狗熊。黎人獲之，一峒畢賀。以熊多則不祥。樂會有熊無數，自山中出，捕得百餘。自是頻年不雨，蓋旱徵云《粤東筆記》。又：貊，大如驢，狀似熊。多力食鐵。《南中入郡志》《郝志》

清 查慎行《人海記》卷下 熊之力大於虎，倚樹而立，獵者不敢近。必先以狗撩之，俟其出林，然後人力有所施，鎗箭競加，其計無復之，則騰身上喬木之杪，拗樹枝以擲人。人以火器仰攻，力盡乃墮。有猪熊、人熊、馬熊、樹熊、石熊之别，余所見者乃石熊也。《本草》云：背上脂爲熊白，味甚美，不知腹中之腴，拌糖霜皆可生食也。

清 方旭《蟲薈》卷二《毛蟲·熊》《本草綱目》：熊俗呼猪熊，狀如豕而大。竪目，人足，黑色。春夏臕肥，時每升木引氣，或墮地自快，俗呼跌臕。即《莊子》所謂熊經也。其當心有白脂如玉，俗呼熊白，味美，但寒月有之，入夏則無。其肉無毒。陶宏景曰：有痼疾，人忌食。食之終身不愈。《西番譯語》：熊，西番呼端。《埤雅》：熊膽，春在首，夏在腹，秋在左足，冬在右足。《赤雅》：熊足前曰掌，後曰蹯，獞人呼子路，曰子路出，則出，曰子路闢，則闢。又有緑者。《談薈》：熊脂痿陰。《抱朴子》：熊五百歲能變化。《淮南子》：熊食鹽則死。《異苑》：熊性惡穢物，捕者置穢物於穴，則合穴自死。《正字通》：熊冬蟄，至春乃出。其行山中，必有跧伏之所在。石巖枯木間謂之熊館。其蟄時不食，飢則自舐其掌，故掌味美，爲八珍之一。

清 方旭《蟲薈》卷二《毛蟲·羆》《北山經》：倫山有獸曰羆，狀似麋，而竅在尾上。旭按：此與上熊屬之羆異。又：妴胡《東山經》：尸胡山有獸曰妴胡，狀如麋而魚目，鳴自呼。又：麜《西北域記》：麜，似麋而大。前昂後低。毛多而長，爲裘甚煖。角扁而厚，爲決甚良。

清 方旭《蟲薈》卷二《毛蟲·天鐵熊》《酉陽雜俎》：高宗時，伽毘葉國獻天鐵熊，能擒獅象。又：魋《爾雅》：魋如小熊，竊毛而黄。註：今建平山有之。狀如熊而小。毛淺赤黄色，俗呼赤熊。旭按：此即《西山經》之猛豹，《上林賦》之猛氏也。又《爾雅》：羆如熊，黄白文。註：似熊，長頭，高脚，猛憨多力，能拔樹木。關西呼貑羆。《本草綱目》：羆，陸璣呼黄熊。今俗呼人熊，又呼馬熊。或曰即熊之雄者，其白如熊，而理粗，味減。《西番譯語》：羆，西番呼折。《廣輿記》：羆産女真。《草木蟲魚疏》：羆有黄羆，有赤羆。《爾雅正義》：鹿畏貙，貙畏虎，虎畏羆。羆之狀被髮人立而甚害人。又《説文》：能，熊屬，足似鹿。旭按：此即《左傳》之黄熊也。或曰似熊，居水中。又《方言》：貔，北燕、朝鮮間曰貊。陳楚、江淮間曰貅。《草木蟲魚疏》：貔似虎或曰似熊，一名執夷，一名白狐。遼東人名白羆。其子名豰，旭按：豰，狀與貔不同，詳鼠下。又或説貔之牝者曰貅，故古人多連舉之。又《字林》：貘，一名白豹。《字典》：貘生南方山澤中。圖其形辟邪。《本草綱目》：蜀地峨眉山中有貘，其皮爲褥可驅温癘、辟濕氣及邪氣。《正字通》：貘似熊而小，象鼻，犀目，獅首，豺髮，虎足，毛黑白駁。好食銅鐵及竹。溺能消銅鐵爲水。齒最堅，以鐵椎之，鐵皆碎。落火亦不能燒。人得之僞充佛牙。惟以羚羊角擊之，則碎。旭按：《神異經》云：南方有獸角，足大小如水牛，毛黑如漆。食鐵飲水。其糞可爲兵器，其利如剛，名齧鐵，或即此。又：猎猎《大荒北經》：叔歜國有黑蟲，似熊，名猎猎。

清 李鴻章 光緒《畿輔通志》卷七四《物産·獸屬·熊》 平州土産熊鞾。《唐書·地理志》 蔚廣多出熊膽。《明一統志》 猪熊其形似猪，馬熊其形似馬。《酉陽雜俎》 今塞山多有之，小者爲狗熊，大者爲人熊。《熱河志》 熊山舊常産熊。《撫寧縣志》查慎行《上親射石熊恭紀詩》：千峯萬壑争落木，秋聲蕭蕭氣肅肅。連朝鑽武大掩羣，殪盡山中雪斑鹿。西風捲地餘怒號，虎豹股栗豺狼逃。老熊何物敢自匿，出林獨叫來其曹。天威赫業揚雲罕，搗穴直窮熊所館。公然人立向人啼，正直弸弓彀初滿。皮毛與石孰比堅，不聞射石石亦穿。須臾三發三命中，摇尾大似求哀憐。忽看趫捷如猿狖，騰上千年松樹杪。神機別以火器攻，霹靂斜飛貫駞腦。半空拗折青珊瑚，松耶熊耶墮地俱。皇心因材有生殺，倔強雞得逃天誅。雉飛兔走青林莽，重馬馱來偏行賞。鷙性寧非恃爪牙，焚身竟致因蹯掌。駞蹄鹿尾猩猩脣，舊傳此味配人珍。大庖祇合供御饌，榮施何幸加詞臣。臣聞南山之下渭水濱，從禽搏獸空鋪陳。賦家漫誇三十六，終日射侯原非真。豈如吾皇勇且仁，除兇服猛胥躬親。巳靖六合無纖塵，山林兼使異獸馴。他年珥管紀上瑞，郊藪行見遊麒麟。

清　長順《吉林通志》卷三四《物産・獸屬》 熊，小者爲熊。大者爲羆。紫黑色。今山中熊類不一。有猪熊、狗熊、猴熊諸名。《盛京通志》熊極猛。力能拔樹，擲人。《甯古塔紀略》熊趫捷，而羆憨猛，皆獸之絶有力者。羆重千餘斤，熊亦及半。熊羆，冬令皆入蟄，不食。熊小，或居木孔。羆大，則居穴也。《高宗禦製盛京土風詩注》石熊全身烏黑，猙獰可畏，長喙鋸牙。前掌如人手，後掌如人足。重七八百斤。《隨鑾紀恩》松花江兩岸，舊爲費雅喀部所居，喜弄熊，呼曰馬發。多以重價購養，使鄰里親朋射殺爲歡。有馬熊、狗熊二種，射斃而後聚食之。先食熊頭於野，謂敬長老也。餘則聚食於家，婦女惟食熊髀，身不浄者遠之。《曹廷杰日記》熊蹯東方佳品，官廚以爲貴。《扈從日録》羆，靺鞨太山有熊羆。《隋書》女真産羆皮。《明一統志》熊各處皆有，羆惟吉林盛京始有，他處所無。《盛京土産詩注》

藝　文

南朝梁　蕭繹《落日射羆》 促宴引枚鄒，中園觀獸侯。日度棚陰廣，風横旗影浮。移竿標入箭，疊鼓送争籌。附枝時可息，言從清夜遊。明　李東陽《王世賞席上題林良鷹熊圖》：坡陁連延出林麓，孤鷹盤拏熊縮伏。金眸耀日開蒼煙，健尾捎風起平陸。由來異物乃同性，意氣飛揚兩撐矗。山跑野掠紛路岐，何事相逢輒相肉。側睨翻疑批亢來，迅步直欲空壁逐。乾坤蒼茫色慘淡，落木蕭颼滿空谷。羣豺飲跡百鳥停，萬里長空齊注目。是誰畫者誠崛奇，筆勢似與渠争速。坐間賓客皆起避，階下兒童駭將蹴。當筵看畫催索詩，卷帙不待高閣束。平生搏擊非我才，欲賦真愁成刻鵠。微酣對此髮雙豎，酒令詩籌復相督。頻令拙劣成轟豪，一飲步兵三百斛。

唐　李嶠《熊》 導洛宜陽右，乘春別館前。昭儀忠漢日，太傅翼周年。列射三侯滿，興師七步旋。莫言舒紫褥，猶異飲清泉。

唐　賈至《詠馮昭儀當熊》 白羽插雕弓，蜺旌動朔風。平明出金屋，扈輦上林中。逐獸長廊静，呼鷹御苑空。王孫莫諫獵，賤妾解當熊。

元　楊維楨《鐵厓樂府》卷七《射羆行》 草枯燎發原野赤，老羆憤起千軍敵。將軍名號巴而思虎名，白羽慣數黄狼肋。老羆決石如怒猊，將軍立馬攢霜蹄。滿弓一射正貫脾，馬前突立人而啼。南山白額當道卧，東西之人不敢過。少年匹馬隨譟呼，從渠生拔白額須。刳白額作飲器，坐令泰山之婦歌好世。《韻府》狻猊即獅子，似虎色黄。又徐浩書，如怒猊決石。《晉書》，周處謂父老曰，時和年豐，何苦而不樂。父老曰，三害未除，南山白額猛獸，長橋下蛟，並子爲三矣。處曰若此吾能除之，乃入山射殺猛獸，没水搏蛟，遂厲志好學，期年州府交辟。《西京雜記》李廣獵冥山之北，見卧虎，一矢斃之，以頭爲枕示服猛也。鑄銅象其形爲溲器，示厭辱之也，泰山婦見下殺虎行。

獅　子

綜　述

宋　謝維新《古今合璧事類備要別集》卷七六《走獸門》《格物總論》：獅子，狻猊也。一名白澤，一名麐。形似虎正黄色，有髯，耏尾端茸毛大如斗。銅頭鐵額。鉤爪鋸牙，弭目跪足，目光如電，聲吼如雷，能食虎豹。外國之産，毛君之長也。

狻麑如虦貓，食虎豹。

明　戴冠《濯纓亭筆記》卷九 獅子一名狻猊，産西域阿木河邊葦叢中。七日内未開目，取之則易調習，稍長則難馴服矣。

清　周魯《類書纂要》卷三三《走獸類》 獅子，狻猊也，一名白澤，一名彪，形似虎，正黄色，有髯尾端毛大如斗，銅頭銕額，鎖牙鋸爪，弭目跪足，月光如電，聲如雷，能食虎豹，日走五百里，在西海中申未地面各方三千里，北接崑崙六十里，有獅子辟邪。

清 周魯《類書纂要》卷三三《走獸類》 毛羣之特，天骨雄詭，林力傑異，得金精之剛，爲毛羣之特。 眼懸星，金毛玉爪目懸星，出西園，文殊能服。 觔絃，獅子筋爲琴絃，其聲一奏。餘絃悉斷。又：取牛羊馬乳置器中，將獅子乳投之，諸乳皆化爲水。 無角，漢章元年安息國獻獅子，形似麟而無角。 德及幽遠，黄帝遊于東海，有白澤出。能言語，曰：賢君德及幽遠。 獅子吼，東坡謫黄州，與陳季常遊，季常好參禪學，娶妻柳氏，性嚴悍，客至或聞詬罵聲，畧無忌憚，東坡作詩以戲之曰：誰似能丘居士賢，談空説有夜不眠，忽聞河東獅子吼，拄杖落手心茫然。 夢騎晉陵王敬則母爲巫，生敬則而胞紫色，謂人曰此兒有鼓角相，敬則年長，兩腋下生乳，長數寸，夢騎五色獅子，後果位至太尉。

清 吴寶芝《花木鳥獸集類》卷下 孫氏《瑞應圖》：黄帝巡于東海，白澤出，能言語。 穆天子巡行天下，乘狻猊日走五百里。 波斯國出獅子、犀牛。 條支國出獅子、犀牛。 東漢章帝章和中，月氏國獻獅子，形似麟，無角。 章帝時，安息國獻獅子。其形似虎，正黄色，有髯鬚，尾端有茸毛，大如斗。順帝陽和中，疏勒國獻犛牛、獅子。《齊書》：王敬則夢騎五色獅子，位至太尉。 唐中宗時，大食國獻獅子。璹諫曰：是獸，非肉不食。自碎葉至都所費甚廣，陛下鷹犬且不畜，而厚資養猛獸哉，有詔停獻。 太乙真人受玉清勅命，乘青獅往獄中，渡齊人罪，稱曰：救苦天尊。今道家有其像。 沈約《宋書》：宗慤討林邑入象浦，林邑王范陽邁傾國來，逆以具裝，被象前後無際，慤以爲外國有獅子，能伏百獸。乃令製其形，與象相禦，象果驚奔敵，因潰亂遂克林邑。《雞跖集》：唐開元末，西域獻獅子，至安西道中，繫于驛樹，近井哮吼，若不自安。俄頃風雨大至，有龍自井中出飛去。 唐王仁皎忿韋后與武三思亂國，與二三所親者論之。每至切齒。宋之問弟之懸竊聽之，遣姪曇上書告之，以希韋旨，三思大怒，奏誅同皎及其黨。兄弟並受五品官，之愻爲光禄丞，之問爲鴻臚丞，曇爲尚乘，奉禦天下怨之。皆相謂曰：之問等緋衣，王仁皎血染也。及誅逆韋之後，遂流愻于嶺南。一日之愻白晝見同皎，同皎擊之七孔皆流血，遂死。時客有問于浮休子曰：「來俊臣之徒何如。」對曰：「昔有獅子王于深山獲一豺，將食之。豺曰：「請爲王送二鹿以自贖。」獅子王喜。周年之後無可送。王曰：「汝殺衆生亦已多，今次到汝，汝其圖之。」豺默無以對，遂齚殺之。俊臣之輩，何異豺也。」未幾亦遇禍。浮休子，張鷟號也。《博物志》：魏武帝伐冒頓，經白狼山，逢獅子，使人格之，畏勢不敢近。忽有一獸從林中出，狀如狸跳上帝車軛，獅子至，即跳上獅子頭，獅子伏不敢起，遂殺之，得獅子還。自此四十里外，雞犬皆無鳴吠者。 宋炳《擊象圖序》，梁伯玉説沙門釋僧吉云：嘗從天竺欲向大秦，忽聞數十里外哮吼之聲，驚天怖地。頃之見百獸率走蹌地至絶。既而四巨象鳩焉而至，以鼻卷泥數噴鼻偶立。俄有獅子三頭，崩石折木，直搏四象以殪，血若溢泉，巨樹草偃。 趙宗儒官太常卿，太常有「五坊獅子樂」，非大朝會不作。《南部新書》：西明慈恩寺多名畫，其塔前壁上濕耳獅子，時所重也。 唐康居國獻獅子，帝命虞世南作賦。 闊臆修尾，勁毫柔毳。鉤爪鋸牙，藏鋒畜鋭。弭耳宛足，伺間借勢，暨乎奮鬣舐唇，倏來忽往。瞋目電睢，發聲雷響。拉虎吞貔，裂犀分象。碎隨兕于齦齶，屈巴蛇于指掌。踐藉則林麓摧殘，哮呼則江河震蕩。 九齡《獅子贊序》，頃有至自南海厥繇西極獻其方物，而獅子在焉。《爾雅》所謂狻猊，如虦貓，食虎豹，今之所見，信然絶猛者也。其天骨雄詭，材力傑異。得金精之剛，爲毛羣之特。屹立不動，而九牛相失。眈視且瞋，而百獸皆伏所所，以肉視犀象，孩撫熊羆。其餘瑣細，不置牙齒。《雜俎》：集賢校理張希復言，舊有獅子尾拂，夏月蠅蚋不敢集其上。《釋氏書》言：以獅子筋爲琴絃，鼓之衆絃皆絶。 唐高適《樊少府廳獅子圖贊》：紺眼星懸，赤毛焰起，顧犀象則百隊山跧，看熊羆則千羣野死。以此言威，威可知矣。仙尉樊公寫象圖中，崑崙卻捽而屋壁欲動，虎豹膽懾而訟庭已空。稜稜兮隔簾飛霜，颯颯兮滿院生風。于是乎獅子爲百獸之長，遂識樊公爲百夫之雄。 蘇子瞻《獅子屏風贊並序》：潤州甘露寺，有唐李衛公所留，陸探微畫獅子板，余自錢塘守膠西過而觀焉，使工人摹之爲一屏置公堂中，且贊之曰：圓其目，仰其鼻，奮髯吐舌威見齒，舞其足，前其耳，左顧右盼喜見尾，雖猛而和。蓋其戲嵓巖高堂護燕几，啼呼顛沛走百鬼，嗚呼，妙哉古陸子。 《孔帖》：唐薛萬均已卒，後上以貘皮賜羣臣，及薛萬徹，而誤呼萬均，愴然曰：萬均朕勳舊，忽口其名，豈死者有知，冀此賜乎，因命焚與之。 唐世多畫貘作屏。《埤雅》：貘糞爲兵，可以切玉。其溺又能消鐵爲水。 白居易《貘屏贊並序》：貘者生南方山谷中，寢其皮辟瘟，圖其形辟邪。予舊病頭風，每寢食常以小屏衛其首，適遇畫工合寫之。按《山海經》此獸食鐵與銅，不食他物。因有所感，遂爲贊云：邈哉奇獸，生于南國，其名曰貘。非鐵不食，昔在上古，人心忠質，征伐教令，自天子出。斂戟省用，銅鐵羨溢。貘當是時，飽食終日。三代以降，王法不一。鑠鐵爲兵，範銅爲佛。佛像日益，兵刃日滋。何山不劉，何谷不槩。銖銅寸鐵，罔有孑遺。悲哉，彼貘，無乃餒而，嗚呼，匪貘之悲惟時之悲。

清　方旭《蟲薈》卷二《毛蟲・獅子》《爾雅》：狻猊如虦貓，食虎豹。註：即獅子也。出西域。　《西番譯語》：獅子，西番呼星傑。　《正字通》：獅子，《梵書》名僧伽波。《説文》言即白澤。《本草》言其一名虓，並非。　《廣輿記》：獅子出占城及哈烈、于闐、忽魯謨斯等處。　《八紘譯史》：博爾都阿拉産獅子，其形稍類虎，毫含金色，淺淡如灰。其尾像拂。熟睡時每搖動，示人不寐。食禽獸，但以口吹之，羽毛皆落。生子必置之深窟，若爲人所盜，獅子必追去。惟以綵毬擲與之，即自搏跳，三追三擲，遂舍其子，震吼而歸。　《灤陽消夏録》：康熙十四年，西洋貢獅子，其身如黄犬，尾如虎而稍長。面圓如人，不類他獸。聖祖南巡回鑾時，繫船頭將軍柱上。縛一豕飼之。豕在岸猶號叫，及置獅前，獅俯首一嗅，已怖而死。臨解纜時，忽一震吼，聲如無數銅鉦陡然合擊。外祖家廄馬十餘隔垣，聞之皆戰栗伏櫪下。船去移時，尚不敢動。　《本草綱目》：獅子，似虎而小。黄色亦有青色者。銅頭鐵額，弭耳昂鼻，鋸牙鉤爪，目光如電，吼聲如雷。牡者頷下有鬚髯，尾端有茸毛。怒則威在齒，喜則威在尾。吼則百獸辟易，馬皆溺血。死則虎豹不敢食其肉。蚊蚋不敢集其身。其屎極臭，服之破宿血，殺百蟲。燒之辟鬼魅。或言即蘇合香，誤。旭按：《述異記》云：南金山有獅子獸，其毛黄赤而光鮮耳。小鳴則地動石裂，又《拾遺記》云：晉武帝時，因墀國獻五足獸，狀如獅子。　《坤輿外紀》：獅子畏雄雞及車輪之聲，又常患瘧，四日即發一度。

虎

綜述

《爾雅・釋獸》　虎竊毛謂之虦貓。郭璞註：竊，淺也。《詩》曰：「有貓有虎。」

《爾雅・釋獸》　甝，白虎。

爾雅・甝

《爾雅・釋獸》　虪，黑虎。郭璞註：晉永嘉四年，建平秭歸縣檻得之，狀如小虎而黑毛深者爲班。

爾雅・虪

《方言》第八　〔虎〕江淮南楚之間謂之李耳，或謂之於䖘。郭璞註：今江南山夷呼虎爲䖘。

漢　郅惲《上書諫獵》　昔文王不敢盤游于田。以萬民惟正。陛下既游獵山林，夜以繼晝，其如社稷宗廟何，暴虎馮河可爲至戒。小臣所竊憂也。《袁宏後漢紀七》又見《後漢郅惲傳・有小異》

唐　薛用弱《書丁岊驅虎事》　貞元十四年，申光虎暴，白晝噬人，時淮上阻兵，因以武將王徵牧申州焉，徵至則大修擒虎之術，兵備坑穽，靡不備設，乃重縣購得一虎而酬十縑焉。有老卒丁岊者，善爲陷穽，隨列於太守，請於山門徑路，張設以圖之。徵後不數日而獲一虎焉。虎在深坑，無施勇力，岊遂俯面下視，可以侮誚，虎則跳躍哮吼，怒聲如雷，而聚觀之徒千百其衆，岊衒其術得誇喜異常時，方被酒因爲衣襟掛，跟而墜穽中，衆共嗟駭，謂靡粉於暴虎之牙爪矣。及至就窺，岊則端坐，而虎但瞪視耳。岊之親愛憂岊共設計以轆轤下巨索，伺岊自縛，當遽引上，或希十一之全。岊得索即纏束腰股，揮手外人共汲之，去地三二尺，其虎則以前足捉其索而留焉，意態極仁，如此數四。岊因即謂之曰，爾輩縱横，入郭犯人事，須剪除理宜，及此顧爾之命，且在頃刻。吾沉醉，誤落此中，衆所未便圖爾者，蓋以我故也。爾若損我，固激怒衆人，我氣未絶，即當薪火亂投，爾爲煨燼矣。爾不若從，吾當啟白太守，捨爾之命，冀爾率領羣輩遠離此土。斯亦渡河他適，爾所知者矣。我當質之天日，不渝此約。其虎諦聽，若有知解。岊則引繩，衆共出之，虎乃弭耳，矚目不復留。岊既得出，遽以其事白於邦伯曰：「今殺一虎，不足禳羣輩之暴，咒語誠約，乞捨之，冀其命侣四出管界獲安耳。」徵許之，岊遂以太守之意，丁寧告戒。虎於陷中，踴躍盤旋，如荷恩施。岊即積覆土坑，則稍益淺，猶深丈許，虎乃躍而出，奮迅躑騰，嘯風而逝。自是旬朔之内，羣虎屏跡而山野晏然矣。吁，保身全軀之計，雖在異類，亦有可觀者焉。若暴虎之猛悍，沉厄陷穽得人，固當恣其狂怒，決裂噬齧，以豁其情欲。斯虎乃因岊以圖全而果諧焉，何其智哉。而岊能以言詞誘諭通於強戾，果致旅行出境之異況，免挂骨之害，又何智哉。斯乃誠信交感之致耳。於戲誠信之爲物也，何其神與。

宋　陸佃《埤雅》卷三　梁鴦曰：且一言我養虎之法。夫食虎者，不敢以生物與之，爲其殺之之怒也。不敢以全物與之，爲其碎之之怒也。時其飢飽，達其怒心。虎之與人異類，而媚養己者順也。故其殺之逆也。吾豈敢逆之使怒哉？亦不順之使喜也。何則喜之復也必怒。故曰：不處中和，勢極則反，必然之數也。俗云：鳩食桑葚則醉，貓食薄荷則醉，虎食狗則醉。今虎所在，麂必鳴以告。

宋　洪邁《夷堅志》卷八《呼延射虎》　韓蘄王督兵淮楚，領背嵬軍獵於郊，道逢群虎下山，下令打圍，甲士環合，各以神臂克敵，弓射之，凡斃三十餘。其一最雄鷙目光如鏡，毛茸皆紫色，鋭頭豐下，爪距異常，羽鏃不能入，跳勃跑哮，萬衆辟易，大將呼延通奮怒馳馬與相當，誓必取之。伺其張口，發大羽箭，正中舌上，虎雷吼山丘，宛轉而死，命從騎四輩舁歸剥皮爲鞍韉，一軍壯其勇。

宋　李燾《續資治通鑑長編》卷二四二　（熙寧六年二月）壬午詔：應有虎豹，州縣令轉運司度，山林淺深招置虎匠，仍無得它役，遇有虎豹害人，即追集捕殺。除官給賞絹外，虎二更支錢五千，豹二千並以免役，剩錢充從利州路提點。刑獄范百禄請也。

宋　謝維新《古今合璧事類備要别集》卷七七《走獸門》《格物總論》：虎，山獸之君。屬陽，狀如貓而大，如黄牛黑章，鉤爪鋸牙，舌不大於掌，生倒刺，鬚硬尖而光。夜視，一目放光，一目看物。獵人候而射之，光墜於地成白石。兩脅閒及尾端皆有骨如乙字，長一二寸許者即其威也。破肉取之可得，能令人有威，帶之臨官佳。若無官者，帶之必爲人所憎。横行而妥尾，其怒而吼也，聲如雷，百獸爲之震恐而風從之生矣。彪特似虎而非真虎。豹肉毛赤黄，其紋黑如錢而中空，比比相次。又有土豹，其形小，毛更無紋，色亦不赤。又一種玄豹，其猛健皆不減於虎而甚稀有。貘似熊，小頭，痺脚，黑白駁文。能紙食銅鐵及竹。骨節強直，中實少髓，或亦云豹之白者。

明　都穆《都公譚纂》卷下　肇慶人言其鄉善捕虎者，嘗夜持藥箭隱深山草莽中，聚山大燃之。有虎與熊偕來，熊身兼三虎，時天寒，見燃薪皆附之。其人潛以箭射中熊喉，熊以掌拔箭，對虎似有怒意，虎伏已而痛甚，即以所燃木擊虎。虎斃，熊亦繼之。其人並得二物以歸。

明　謝肇淛《五雜俎》卷九　新安有衆逐虎，虎竄入神祠中，見土偶人厖然大也，搏之。偶踣而壓虎腰折焉，衆生得虎時，丁應泰爲令，以爲異政通於神明也，爲新其祠，且令百姓歌謡之。

又　禁苑中四方鳥獸畢備，其不可馴者，盛以樊籠。有鷙鳥，高六七尺，諸禽獸皆畏之，不知其何名也。獨無虎豹獅子之屬，相傳先朝皆蓄以備遊翫至今。上中年尚有虎數隻。一夕，上夢虎齧左足，覺而腓痛，疑其祟，令司苑者勿與食，餓殺之。内一虎甚大，長丈許，餓至二十四日方死，呼聲動地，自是不復畜焉。

又　戚大將軍繼光鎮閩，日嘗獵得一生虎，縶以鐵絙内檻中，日令屠者飼肉十斤，屠苦之，賂一醫者，爲告免辨，醫諾之無何。戚有目疾召醫，醫言惟生虎目可療，遂殺虎取目，後戚目疾雖瘳，而不虞醫之詐也。

又 胡人射虎，惟以二壯士彀弓兩頭射之，射虎逆毛則入，順毛則不入。前者引馬走避，而後者射之，虎回則後者復，然虎雖多，可立盡也，中國馬見虎則便溺下，不能行，惟胡馬不懼，獵犬亦然。

又 山民防虎者，有崖口缺，虎常躍入，迺以巨絙縱横而空懸之，虎躍而下，浮罥絙上，四足插空，不能作勢，終不能脱矣。又有以黐布地及横施道側者，虎頭觸之，覺其黏也，爪之不得下，則坐地上，俄而遍體皆污，怒號跳撲至死。萬曆辛亥，閩西北多虎暴，三五爲羣。余時爲先室治兆從者，常遇之殆者數矣，後郡公募人捕之，旬日中格三虎，自是無患焉。

明 蘇伯衡《志殺虎》 余至高溪之七日，有虎夜踰某子甲垣，攫其豕，豕咿然作聲，甲意穿窬也，亟舉火燭之，不見豕而見虎迹焉。黎明與二弟俱躡虎迹，覓豕行至黄土隴，見兩虎叢薄中。呼曰：「虎在此！虎在此。鄉黨鄰里幸與我共殺之，不者不惟吾豕被其攫，諸公家之豕，亦恐不免，不惟豕不免害，且恐及人」，於是環高溪一聚壯者操刃，與梃弱者聲銅鐵器往助。甲虎見衆前，且行且咆哮作聲威，冀以懼衆。衆不爲懼，益鼓譟環之。虎乃躍而起，甲之長弟，遽揮梃擿虎，虎怒爪之，其右股被創。甲之幼弟，奮戈刺之，自喁貫脅，一虎隨斃，其一猶咆哮，作噬人狀，然聲戰慄，僅若牛鳴。衆知其無能也，直前刺之，於是兩虎俱斃。刳其腹豕固在也。虎於毛蟲中最暴戾，人聞談虎且猶膽掉畏之，而況敢攖之乎，使其據深山大谷，雖日攫麇鹿雉兔以自肥，孰得而斃之哉。顧恃其暴戾縱逐，逐之欲入墟市，攫人畜而弗忌，得一豕竟殞其命。悲夫，世之人自謂威權足賴而貪欲無顧忌者，其亦知所鑒也乎。方甲行覓豕，惟二弟從，率先衆人刺虎，亦惟二弟。詩言，外禦其侮必兄弟，豈不信矣哉。甲喪其豕既而斃兩虎，誠若快意者，然爲酒食以勞鄉党鄰里，費抑亦夥矣。一弟又幾，不脱於虎口，持虎皮上送官人，莫不謂其得厚賞，以其皮之傷也。牽於吏議迄弗之賞，然則出死力捐家貲以除暴虐者，上功幕府而欲大法吏，無吹毛求疵而欲沾賞典，矧可得乎？矧可得乎？

明 陳繼儒《虎薈》卷五 凡虎夜視以一目放光，一目看物，獵人候而射之弩箭，纔及目光墮地得之者，如白石是也。

明 鄭仲夔《耳新・捕虎》 王司理夢賜字旭東，爲余師遐仲先生尊人，以安慶司理署潛山時，境内苦虎患，白晝噬人。前令嘗督民設捕而嵎負勢張，捕者莫可誰，何公蒞政即齋沐自爲文禱神云：苛政猛於虎，政而苛也，神且以虎噬我，何虐百姓，若其苛未也，則神血食百姓不能扞焉，而俾其枿骸，委肉以啖，諸獸吻其謂神何禱已，即下令境中如前設捕，不旬日得虎十餘，虎皆自觸網罟，帖服類羊豕。若有所爲，鉗其牙，桎其爪，鞭其背而驅之，亡敢跳者，有一虎薄網睥睨不欲進，獵者從旁大呼曰：「吾奉王公令來收而屬以奠我百姓，而屬悉就械矣，而睥睨何爲者」，虎若省人語，躍入網潛，民自是不復虎患。又部民有盜者，公詗得之，盜以亡驗執不服，公釋之而庭數曰：「若盜真也，吾釋若，若幸自新。不者神不若宥。」釋三日而盜死，部民益信公爲神明焉。此與捕虎事同奇，並志之。

明 鄭仲夔《玉塵新譚・雋區》卷二 贛州郭老於山中收租，佃人從密林中抱一小虎來，形可猫大，郭飼以猪肉、小鴨雛，漸長大。與郭馴伏不敢傷人，未幾有廣中一怪奴來，俗呼爲番鬼，一無所能但善食，又能與虎子爲戲，郭以虎付豢養，而歸奴縱虎入山中，食野獸，日負大瓢盛生肉生飯，入深山擊柝。虎跳嘯至與奴摶戲，食肉而去。如是者近十年，虎不輕出山。郭老將至，虎即於林莽中作吼聲，佃者每以此卜郭來期。後事聞於縣，縣令異之，命郭老引虎來，見虎馴擾郭，傍因置松木檻檻之，郭老坐其傍，虎無異也。比郭晚出縣門，虎作威咆哮嚙檻，傷隸卒數人，乃亟召郭老攜虎歸，郭仍令番奴驅虎入山。不數日，番奴逸去。又數日大雨，虎隨郭老入空屋避雨，梁墜壓虎死，郭泣而葬之。又數月，郭老亦故，郭氏家藏有豢虎册詩歌千首，郭孫咸和以萬曆戊子孝廉任海豐令。

明 王稚登《虎苑》卷下 義興王昌六絶有力，能拔樹。嘗之野見人持鎗逐虎，王取槍屈折之，笑曰，槍柔若此，虎烏能死哉，拔道傍巨竹剡其末，未竟而虎來，張頤向王，王以竹貫其喉，更持虎兩足擲林中，則已僵矣。陸丈童子師包君家龍丘山中，地多虎，與妻家隔嶺居，妻弟某生素剛愎，夜飲包家，昏黑欲歸不能止，登嶺月出，一虎蹲石上，見人方張頤，未及踴躍，生遽以鞾趯之，趨歸視鞾已裂矣。明日嶺上行人言，虎脱頤死。

又 孔公文韶爲廣西按察使，艤舟江口。鄰舟有占城人進虎京師，延公過舟，虎在圈中，毛色炳焕。一夷人能馴虎，開圈弄虎，手探口中，略無所損，戲其足輒退縮。夷人言，虎惜爪距故也。又呼其名即長吼。孔駭然而退。

又　山西有人善搏虎，蓄一弓極勁，出必自隨。一日官命捕虎山中，使其侶將弓以從。道語間虎出于薄，亟呼弓來。其侶倉皇悮以他弓與之，而將弓者逋矣，柔不堪用，應手折，其人以手把虎足，虎人立而吼。虎頷骨極堅，抵擊不已，賴有鐵憤可禦，不然碎首矣。日且黑，道無一人，其人恐更有他虎，當不可禦，遽伸臂與虎一咥而虎死焉。蓋虎性甚耿，有不如意即憤極，須齧人乃死。其人識虎性，故假手殺之。吾吳中人，官山西，親見之，召至，啟其臂，傷痕尚新也。

又　肇慶人言其鄉有人善捕虎，夜持藥矢蔽林中，聚薪燃火，有虎與熊偕來附火，人潛發矢射中熊喉。熊拔矢怒視虎，已而痛甚，即拔巨木擊虎，虎死，熊繼之，遂兩獲焉。

清《世宗硃批諭旨》卷一七四之一七〔雍正十三年正月十五日，直隸總督李衛奏：〕臘月間，正定府屬之行，唐靈壽等縣，山内出有虎患傷人，隨遣臣子李星垣，同差委弁兵三十名前往搜尋，巢穴打獲大虎五隻，並飭令各營汛分頭下弓，設穽陸續又報獲大小虎豹八隻，現在行旅樵採，頗得安堵。合將近日地方事宜，一并附摺陳明謹奏覽。〔硃批〕驅逐猛獸以便行旅往來，亦可謂除暴安良之一端。

清　周魯《類書纂要》卷三三《走獸類》　虎，山獸之君，黄毛黑章，鉤爪鋸牙，舌大如掌，夜視一目放光，一目看物，獵人候而射之，光墜于地，聲如雷，百獸爲之震恐，且啖人，上半月食上身，下半月食下身。

清　陳大章《詩傳名物集覽》卷三《有力如虎》　《說文》：虎，山獸之君也。《易》：雲從龍，風從虎，又履虎尾，不咥人亨。又虎視眈眈，《書》心之憂危，若蹈虎尾。《爾雅》：甝白虎，虪黑虎，熊虎醜，其子狗，絶有力麙。《漢律》曰：捕虎一，購錢三千，其狗半之是也。《方言》陳魏宋楚之間，或謂之李父。江淮南楚之間，謂之李耳，或謂之於䖘。自關東西，或謂之伯都。注：虎食物值耳而止，以觸其諱故，《運斗樞》：樞星散爲虎。《風俗通》：虎者陽物，百獸之長也。《月令》：仲冬虎始交，通卦驗，立秋虎始嘯。又云：虎不再交。《易》乾九五曰，風從虎。又王褒頌，虎嘯而谷風冽。注，管輅曰，虎者陰精，而居于陽，依木長嘯，動于巽，二氣相感，故能運風。考異郵，三九二十七，七者陽氣成，故虎七月而生。陽立于七，故虎首尾長七尺，般般文者，陰陽雜也。猛虎嘯，谷風起，類相動也。《論衡》：虎出有時，猶龍見有期也。陰物以冬見，陽蟲以夏出也。《漢紀》楊賜曰：虎者，金行參伐之精，狼戾之獸。《博物志》：虎知衝破，又能畫地卜食，蓋蛇蟠向壬，巢鵲背歲，燕伏戊己，虎奮破衝，此亦鳥獸之靈也。兵法曰：將開牙門，背建向破。以此，虎行以爪畫地觀奇偶。《穆天子傳》：有虎在葭中，高奔戎生捕而獻于天子，命爲柙畜之東虞，是曰虎牢。《名物解・吳越春秋》：虎之卑身，將以有擊也，鳥之擊先高，獸之擊先卑。舊說虎威王，夜方旦，目精豆，晝即漸大。虎死必倚叢壁。《淮南子》：虎之乳子，不能搏噬者殺之，爲其墮武，此君子所以貴夫箕裘也。《易》曰：君子豹變，大人虎變，豹變言變而爲豹也。楊子曰：貍變則豹，所謂豹變，故象曰，其文蔚也。虎變言變而爲虎也。楊子曰：豹變則虎，所謂虎變。故象曰：其文炳也。《國策》：人有置繫蹏者得虎，虎怒決蹏而去，虎非不愛其蹯，不以環寸之蹯害七尺之軀，權而已矣。《莊子・梁鴦》曰：養虎之法，順之則喜，逆之則怒。食虎者不敢以生物與之，爲其殺之之怒也。不敢以全物與之，爲其碎之之怒也。虎之與人異類，而媚養己者順也。吾豈敢逆之使怒哉，亦不順之使喜也。俗云：鳩食桑葚則醉，猫食薄荷則醉，虎食犬則醉。虎所在，麂必鳴以告。《國史補》：裴旻守北平，一日射虎三十一。有一父老曰：此皆彪，似虎而非，若遇真虎，無能爲矣。旻躍馬往見一虎，狀小而勢猛，據地一吼，山石震烈，弓矢皆墜，自此不復射虎。《圖經》：虎有威骨如乙字，長一寸，在脅旁，尾端亦有之，不及脅者良。又虎被弩射，目光墮入地，掘下尺餘，有狀如石子琥珀者，謂之虎魄。《抱朴子》：山中寅日稱虞史者虎也。《漢書》：猛虎在山，百獸震恐，及入檻穽，摇尾而乞食，積威約之漸也。《雅翼》：虎性至猛烈，雖遭逐猶徘徊顧步，搏物不過三躍，不中則捨之，夜以一目放光，一目看物，獵人候而射之，目光墮地，得之如白石，虎豹之駒，未成文即有食牛之氣。韓子，三人之言成市虎，又虎之所以能伏犬者，爪牙也，使虎釋其爪牙，則反伏于狗矣。《淮南子》：蝟使虎申物，有所制也。《西京雜記》：李廣射獵冥山，見伏虎射之，以其頭爲溺器，謂之虎子，今鑄銅象之。《彭乘曰》：虎食一人，耳成一缺。汀州得一虎，兩耳如鋸，豈李耳之謂乎，又虎腰内，有貫如囊，食人爪甲皆入其中，滿則裂而死，故謂之貫盈。《淮南子》曰：鳥雄鷙，獸牝猛，羆爲熊牝，狼爲獾牝，乳爲虎牝，言其猛也。

清　景星杓《山齋客譚》卷一　虎穽　穽制如屋，伐豆木爲之，四周如柵，穽前有門，設機其閒，穽後又作一橫柵，閒穽爲二柵，後柵差小納羊於中以誘之。山人陰伏以俟虎，聞羊聲即闖入穽門，機發門，闔虎不得出，意猶不能釋羊也，必舒掌度栅以搏之。虎凡至則有風，其中穽也則有聲，山人俟聲羣集，乃揚灰瞽其目而縊殺之。

清 王念孫《廣雅疏證》卷一〇下《釋獸・於䖘》 於䖘，李耳，虎也。《説文》：虎，山獸之君。從虍，虎足象人足，象形。《方言》：虎，陳魏宋楚之閒或謂之李父，江淮南楚之閒謂之李耳，或謂之於䖘。自關東西或謂之伯都，郭璞注云：於音烏，今江南山邊呼虎爲䖘，音狗竇䖘，或作菟。《宣四年・左傳》云：楚人謂虎於菟。《釋文》：菟音徒。案：於⿸虍余，虎文貌。《説文》：⿰牛余黄牛虎文，讀若塗。䖘，⿰牛余聲義並同，虎有文謂之於䖘。故牛有虎文謂之⿰牛余。《春秋・傳》：楚鬬穀於菟，字子文，是其證也。《説文》又云：虍，虎文也，於䖘與虍聲近而義同，單言之則爲虍，重言之則爲於䖘耳。於䖘、李耳皆疊韻字。李耳，李父，語之變轉。而《御覽》引《風俗通義》云：俗説虎本南郡中廬李氏公所化，爲呼李耳。因喜呼班便怒。《方言》注又云：虎食物值耳即止，以觸其諱，故皆失之鑿矣。《易林》隨之否云：鹿求其子，虎廬之里。唐伯李耳，貪不我許，豈更有唐氏公所化哉？

清 陳昌齊 道光《廣東通志》卷九九《物産・獸類・啞虎》 啞虎，不嘯不啞。茅君内傳山有湖，岸周迴數里，常應海潮。鐵橋石柱，人不到者，即有啞虎巡山雲。因名遊山虎。《羅浮山志》

清 百一居士《壺天録》卷下 虎，猛獸也，詩云，闞如虓虎，狀其威勢，難制也，然亦有能搏之者，者固不僅古之馮婦矣，寧郡奉化縣村人王大者，少業儒，長棄而力農，喜武勇精拳技，名聞數縣。盗竊之跡，不敢近其鄉，嗣以事赴處州，道出桃花嶺林木叢雜，向有惡虎屢出噬人，行旅者視爲險道。王固自命爲壯士，聞之欣然曰：「是虎豈南山白額者耶，余竊效周將軍矣。」於是停頓行裝，攜健兒數人，踰嶺尋虎穴所在，探出入行跡，設伏弩箭于前，王偕健兒輩，分道守候。三更風起，虎嘯而出，王先斷歸路，虎觸弩機箭發，中項負痛跳躍勢益猛迅，王趨步直前，徒手搏之，逾時虎斃，王猶握拳作擊勢，餘勇真可賢也。相與舁虎歸。王慨然曰：「此間隱害已除，余可行矣。」村中人堅慰留之，不諾獨行，長嘯而去。又甯郡西門外嚴家橋有三人，行于途猝遇虎，奔避不及，死者一人餘，亦各有所傷。嗣管兵往捕，不知虎穴所在，後乃得之。某姓空舍中相聚燃擊，槍林彈雨中，虎乃斃。按虎乃雄者，身軀雄壯，臂革充盈，以手撫之，幾如没其頂，圍圓二尺二寸，自頂至尾長八尺有二寸，齒白而巨，左右獠牙各三寸許，五色斑斕，毛澤豐潤，壯哉。虎也雖極猛烈而亦爲人所搏，可見物之能害人者，無不爲人所害也，又豈獨一虎也哉。

清 方旭《蟲薈》卷二《毛蟲・虎》 《方言》：虎，陳魏、宋齊間曰李父。江淮、南楚間曰李耳，或曰⿸虍烏䖘。關東西曰伯都。《事物原始》：嘯風子，白額將軍，皆虎別名。《譯史紀餘》：虎，高昌呼把兒思。緬甸呼賈。《西番譯語》：虎，西番呼思答。《隴蜀餘聞》：蜀地多虎。《續廣雅》：山東無虎。《正字通》：虎似貓而大如牛。首尾七尺，黄質黑章，鋸牙鉤爪，兩脅有威骨如乙字，長一寸。佩之令人有威。尾端亦有之，不及脅骨良。又《世傳》人死於虎魂，不他適，常隸事虎，名曰倀鬼。凡虎出行，倀爲前導，呼虎曰將軍。虎死則哭之。又《聽雨記談》曰人遇虎，衣帶自解。别置他所。虎見人躶而後食之，皆倀所爲。按此兩説，多不足信。旭按：今獵人射虎，必先以上缶納雞子兩枚於其中，上加一箸置於路側，云以飼倀鬼。據此則倀鬼之説，似未嘗無。《支雅》：虎腎懸於腹。《格物論》：虎一生止一乳，乳必雙。死必倚巖石，未嘗撲地。《本草綱目》：郭璞云：虎食物至耳則止，故呼李耳。應劭云：南郡李翁化爲虎，故呼李耳。皆不經之談。今處處有之。孕七月而生。其夜行一目放光，一目視物。獵人候而射之，弩箭纔及目光即墜入地，掘下深尺餘，有物如石子，謂之虎魄。能治小兒驚癇。其鼻懸門中，一年取作屑，與婦人食之，便生貴子。但勿令婦人及他人知，知則不驗。孟詵曰：虎肉止瘧，又治三十六種精魅。蘇頌曰：虎係藥，箭射殺者不可入藥。陳藏器曰：虎屎燒末，酒服，治諸獸骨鯁。《酉陽雜俎》：牙痛以虎鬚插之，即愈。《風俗通》：人卒得惡病，燒虎皮飲之良。繫其爪亦辟惡。《續博物志》：虎食狗則醉。《述異記》：虎千歲則牙蜕角生。《談薈》：虎每月望前，耳能聽而目不能視。望後目能視而耳不能聽。其曾食人者，耳必有缺。《見聞録》：虎不食幼兒及醉人，以其不知懼也。其食人，男子必自勢起，女子必自奶起。《廣異記》：開元末，渝州多虎，人設機陷之，終不得。乃登樹候之，見一倀鬼如七八歲小兒，無衣，通身碧色，先來發機而去。人俟其過，仍下樹止之。須臾虎來，爲機所中而死。久之，小兒哭而返，尋入虎口。人剖視之，見一碧石在虎喉中。《淮南子》：虎有子不能攫搏者，必殺之，爲其墮武也。《金樓子》：山中寅日稱虞吏者，虎也。《爾雅正義》：

白虎曰甝，黑虎曰虪，淺毛曰虦貓。旭按：此又別其色之黑白，毛之深淺而名之。又《拾遺記》云：魏時樂浪獻虎，其文如錦。又《談薈》云：晉太康六年，有兩足虎。《綱鑑通俗》：貴州婦女往往爲虎所攖，若過宿不食而生還者，久必化虎，其化也。有雄虎往來門外，女即神癡據地。數日後口闊目突，而毛生焉。其雄虎即以爲配，蓋虎不再交，惟此虎屢交不懼，亦不甚傷人。

清　方旭《蟲薈》卷二《毛蟲》　黑虎，《八紘譯史》：滿剌伽産黑虎，能變人入市。

又　鯊虎，《譯史紀餘》：鯊虎，南海鯊魚所化。文直而疏，與常虎別。

又　肉翅虎，《赤雅》：肉翅虎，出石抱山。晨伏宵飛，食人。其翅如蝙蝠，文如虎。佩其皮，可辟百鬼。旭按：即飛虎也。毛灰色，尤侗。《竹枝詞》云：「阿魯地最多。」

又　彪，《國史補》：裴旻守北平，北平多虎。旻善射，常一日斃三十一虎。既而一老父至曰此彪也，似虎而非。將軍欲見真虎，自此而北三十里，往往有之。旻躍而往，果一虎出，狀小而勢猛。據地一吼，山石震裂。旻馬辟易，幾不得免。嗣後不復言射虎。

又　敦圄，《淮南子註》：敦圄，似虎而小。

又　彘，《南山經》：浮玉山有獸曰彘，狀如虎，而牛尾，音如吠犬，食人。

又　騶虞，《正字通》：騶虞，酋耳也。或作騶吾，或作騶牙。旭按：酋耳，或又作尊耳。《海内北經》：騶吾，大如虎，五彩，長尾。乘之日行千里。《草木蟲魚疏》：騶虞，白虎也。黑文，尾長於軀，不食生物，不履生草。《史記》：漢武帝得一獸，狀如麋，以問羣臣，莫有知者。東方朔曰：此騶牙也。其齒前後若一，齊等無牙，故名騶牙。凡四方歸義則見。《瑞應圖》：騶虞見虎豹則殺之。

又　羅羅，《海外北經》：北海有青獸，狀如虎，曰羅羅。

又　獨狢，《北山經》：北囂山有獸曰獨狢，狀如虎而白。犬首，馬尾，豕鬣。

又　威夷，《爾雅》：威夷，長脊而泥。註：泥，少才力。旭按：即委虒，似虎有角，好行水中。

又　馬腹，《中山經》：蔓渠山有獸曰馬腹。人面，虎身。其音如嬰兒。是食人。

又　檮杌，《神異經》：西方荒中有獸，狀如虎而（大）〔犬〕毛，長三尺，人面虎足，猪口牙，尾長一丈八尺。攪亂荒中，名曰檮杌。一名傲狠，一名難馴。旭按：《述異記》云：封微山有怒毛獸，不怒毛三寸，怒則毛三尺，即此類與。

又　開明，《海内西經》：崑崙山有獸曰開明，身大類虎，而九首皆人面。

又　闖非，《海内北經》：闖非，人面獸身，青色。

清　李鴻章　光緒《畿輔通志》卷七四《物産・獸屬》　虎，幽都之山上有元虎。《山海經》　走碣石最高峰西望，連巖邃谷大麓多虎、豹、熊、羆所遊伏。《圖書編》　秋捺鉢曰：伏虎林七月中旬自納涼處起牙帳，入山射虎。《遼史・管衛志》松州知州布薩圖格前後射虎以萬計。《元史》　口外産虎，自昔爲衆，今塞外多有之。蒙古謂虎爲「巴爾」，圍場中地及府屬境内之山有巴爾圖者，皆以有虎處得名。《熱河志》高士奇《射虎恭紀詩》：皇輿蕩蕩界蒙古，玉輦時巡歷兹土。週圍巨壑叢棘多，陰森林木不知午。千乘萬騎排空來，夜張行幄山之塢。月上忽聞羣馬驚，傳道山前出猛虎。曉看一馬果摧殘，殷血淋漓在兩股。龍鑣飛控陟層崖，衛士騰驤齊負羽。摎巖剔藪無幾時，一箭横胸洞肺腑。遼人手額復戰栗，跽言此虎爲患苦。道傍白日每捕人，傷殘行李其可數。幸兹惡劣得翦除，聖主當陽真神武。從來射虎得耳聞，何似臣今得目睹。因歎蠢頑本不靈，貪饕無厭乃自取。不然長林豐草間，餐眠何畏施弓弩。殺人安人王者心，即此推之澤自普。查慎行詩：後射豹前射熊，陰山凛凛生寒風。既殺熊復殺虎，積雪皚皚映強弩。君王聖德彌寰宇，坐致遐方歌樂土。開田築室藝稷黍，猛獸寧容此偪處。爾牙如鋸我鏃銛，焚林盪谷期盡殲。溪東距溪西，相望十餘里。忽聞響應徹山巔，天語遙傳順風耳。六飛所幸成坦途，冥頑何物乃負嵎。期門壯士能手搏，奉令何異天行誅。天生聖人能格物，檮杌窮奇情狀悉。耳端一闕殘一人，厥罪昭然何待詰。自從殺此虎，邊牧蕃雞豚。自從殺此虎，壯户長子孫。黄熊赤豹司吞噬，腥風掃盡無一存。小臣稽眼嗟未見，談虎尋常色爲變。此來快覩三害除，直似陪遊向畿甸。

清　長順《吉林通志》卷三四《物産・獸屬》　虎，濊祠虎以爲神。《後漢書》一百十五　勿吉有虎豹羆狼。《魏書》一百　今諸山中有之。閒有白質黑章者，尤猛鷙。虎骨熬爲膏入藥。《盛京通志》　又文豹，濊多文豹《後漢書》一百十五，似虎而小，白面團頭色白者曰白豹，黑者曰黑豹。文圓者曰金錢豹。最貴重文尖長者，曰艾葉豹。《盛京通志》　又貘，豹屬，出貉國。《説文・豸部》

清　黄宅中《寶慶府志》卷末上　湖南武岡山中多虎患。康熙癸丑官督獵人窮其穴，母虎方乳子，出與獵人鬭，傷數人，虎亦斃。山中人王樵入山采薪，見子虎如稚狗，餓將斃，抱歸而飼之。數月，虎漸大，毛色赤，樵縱之逸，自此日銜麇鹿豣兔之屬，置樵扉閒而去。一日樵遇斑虎攫之行，忽赤虎大吼至，與斑虎鬭，樵得奔歸，傷流血不止，虎來舌舐之，遂愈。

清　馮德材《鬱林州志》卷四　［清光緒］九年西山一帶虎患起，數年間傷噬人畜千餘。知州夏敬頤懸賞購捕獲虎太多賞之不繼。　十三年四月大饑，虎患延及北方，寒山平山一帶，數年間傷噬人畜數百。

清　郭光澍《盧氏縣誌》卷一八《外紀》　盧僻深山多虎患，縣官嘗責獵户捕之。金谷陀蕭戴金有技勇，以捕虎爲能。康熙初年，有猛虎踞柳關，食斷行人，金提刀往捕。及關風起，虎陡至攫金。金疾刺其喉，而刀誤透虎頷，力與虎持，兩足盤石上，屨盡裂，急拔刀再刺，虎脱走，金追躡虎窟卒擒之。柳關虎害以止，道始開。又陳家山虎殘人，金在城正飲酒肆中，忽傳陳村逐虎，其子前當虎衝，金躍起曰：「豚兒焉可敵虎」，立飲三碗奔援，遇虎山口，挺刀向虎。虎猛力撲入，金刀迎虎吭直貫頂，腦血淋漓濺金衣袖，虎遽斃。一日，金於柳家凹㟞二稚虎，乳虎至，咆哮怒騰將及金，金刃接而洞其腹。南陽郡郭外有虎穴，林中絶要路，莫之敢攖，太守聞金能，遣人邀金，金甫至殺虎，乃朝食。是時金名聞千里外，終其身獲百虎，有奇虎聞金喊聲輒辟易去。後數年間虎患復作，遠近嚙人無算，邑人猶思金不忘云。

又　欒川童子，山西人，失其姓名，雍正年間，隨父同衆入老君山大南溝樵採，適伏虎突起爪其父去，同人皆驚愕逃竄，童子時年十五，獨奮前奔救，以斧斫虎脅，虎負痛遂遺其父。童子救父歸，衆嘆異，咸餽粟米，養傷數月愈。

清　吴仁臣《十國春秋》卷一一五《吴・拾遺》　吴周本，少倜儻。有猛虎爲暴，本與二兄往視之，遇於篁竹之間，奮躍前搤虎，二兄同擊之，虎死於穴，由是知名。

清　周魯《類書纂要》卷三三《走獸類》　文炳大人，虎變，其文炳也。　咥，履虎尾，不咥人亨。　風生，風從虎也。　虓虎，奮厥虎臣闞如虓虎，又有貓有虎，王命召虎式是南方，虎拜稽首，天子萬年。　虎威如乙字，形長一寸在脅，兩傷皮丙，尾端亦有之，佩之臨官主無爲，官人所娼嫉。　搏兔，虎搏獐兔先于四圍遺溺，兔聞其氣不敢出，坐受其搏。　食牛氣，虎豹之駒雖未成文，已有牛食之氣。　倀鬼，虎殺人能令屍起自解衣，此倀所爲也。　摇尾求食，猛虎在山，百獸震恐，及于陷穽摇尾而求食，此積威約之漸也。　渡河，劉琨爲弘農太守，虎皆負子渡河，詔問行何德政致是，對曰：偶然耳。帝曰：此長者之言也。又：宋均爲九江太守，郡多虎患，均謂屬縣曰：虎爲民害，咎在殘吏，今而勞廑張捕，非憂恤之本也，務退奸貪進忠善，可一去檻阱除削課制，後虎相與東渡河而去。　伏罪，童恢爲不其令，户人嘗爲虎害，廼設阱捕之，生獲二虎，恢咒曰：天生萬物，惟人爲貴，虎狼殘暴于人，王法殺人者死傷人抵罪，若虎殺人者，俛首不然，號呼一虎，閉目如懼狀，即時殺之，一虎奮躍而去。　獻虎，魏世祖有獻虎者，問虎何食，對曰食肉，詔曰：下民餍糟糠，何忍以肉飼虎，命虎賁射殺之。　助祭，區寶居父喪，鄰人格虎，虎趨入其廬，寶即以蓑覆之，鄰人問寶，寶曰虎豈可藏耶，人遂去，虎後送禽獸助寶祭祀。　拏虎尾，景定間郢州村民有一姊一弟偕樵，一日姊樵歸爨，弟樵鬻薪養母，時負薪歸，虎逐弟登木，爪其樹，姊拏虎尾曰：虎寧食我，無食弟，弟死，母將誰養，虎回視置之而去。　虎殘朱泰家貧，養母百里鬻薪，親極滋味，戴星伐木，虎負之去，泰厲聲曰：食我不足惜，但母無托耳，虎遂棄泰于地去，泰竟不死，里人以爲孝感，醵金遺之目爲虎殘云。　怪虎害，晉武帝母李太后，簡文時執役宫中，簡文無子，令善相者相諸宫人，相者指李后曰：當生貴子而有虎厄，帝幸之，生武帝，及既爲太后，服相者之驗，而怪虎害無謂，且平生未識虎，乃令工圖形戲擊之，便患手腫而崩。　殛暴昔有人攜妻往歷陽，附一舟長年悦其妻，欲圖之，方艤舟，紿其人曰：「吾此地多相識，留苦妻舟中，吾與爾登陸訪之。」行至山下毆其人死，長年還舟劫其妻曰：「汝夫死于虎，當與吾偶。」妻哭，謂：「尋得遺胔當從汝。」長年挈之往，途間遇虎，徑捏長年而去，婦以夫死爲實，慟哭于道，人問得其故云：「適自邑中來，見人憩，爲舟人毆死復甦，豈爾夫耶。」婦往尋之，果其夫更生云。　靈怪□，伯比□于䢵女生子文焉。䢵夫人使棄諸澤中，虎乳之，䢵子田收之，楚人謂乳爲穀，謂虎爲於□故，命之曰□穀於□。　虎倀清源陳褒隱居别業，臨窗夜坐，外皆荒野，月正明，見婦人騎虎過窗下，直之屋西，有婢女卧屋壁下，婦人取杖從壁隙刺婢，婢即呼腹痛，起出往廁，衆駭愕未及，言婢已爲虎所搏，即救之得免，人皆言村中恒有此怪，蓋虎倀也。　救妻賓州趙嫗業乳醫，夜聞扣門，方出竟爲人負去，行如風，至石厓下，語趙曰：「爾無畏，吾虎也，吾妻方産，能全吾妻當謝爾黄金。」入穴見牝虎坐蓐，趙爲收得虎子，即負趙歸，明夜聞人呼曰：「謝救吾妻，五里外虎殺一僧，衣下黄金，汝可往取之。」平旦如言往，果得黄金。　虎渡浙江，杜守一爲蕭山令，先是縣有虎，守一爲政二年，虎負子渡浙江而去。時人方之漢劉琨云。　周虎子，五代時周本少倜儻有猛虎爲暴，本與二兄往視之，遇虎于篁竹間。本奮躍向前搤虎喉，二兄同擊之，虎敗死于穴。由是如名，初仕宣州，趙鍠常衣緋衫持劍，出入行陣，軍中壯之，役與揚行密戰被執，行密曰：「吾久聞周虎子之名，恨見之晚，遂釋縛，以爲禪將。」　神攝，仙人鄭思遠常騎虎，故人許隱病齒求治，鄭曰：「惟得虎鬚，及熱插齒間當愈。即拔數莖與之，因知虎鬚治齒也。　法制山中虎貴州僧結庵龍虎山下，嘗赴齋市人家清，四僕肩輿以行，至其家：即從主人求密室閉僕其內，加扃鐍，戒勿與食，主人念僕遠來，不當令枵腹，俄聞咆哮，走視之，皆虎也，驚悸毛竦争來言，僧但微笑，齋罷啟鐍唤出，依然僕也，遂舉與去，蓋始以法攝制山中虎耳。　玄壇神，上官□有神衛，能捕虎，時長樂謝士元守建昌。虎近郭噬人，士元往捕之，兵衛甚盛，□過見之，笑曰：捕一虎何□張郎，第令衆人母呼我名，聽我指使，虎易制耳，乃令束芻燃先行，母伐金跋，至虎距竹林間□披髮而進，以袖梯虎頭，虎不動，乘之以行，及郭門，一人曰：「上官先生騎虎來也。」虎逐回囓袒足，和亟呼獵徒刺殺之。人問何術，袒曰：「玄壇神法也。」惡報乾道五年趙生妻李氏病頭風，家人聞虎吼走，視之化爲虎頭，問之不能言，但隕淚撫其幼子，與飲食不食，但食生肉，日飼數斤，久之迺死，李氏生時凶悍，人以爲惡報。　言市虎龐共與太子質於邯鄲，謂魏主曰：「今一人言市有虎，王信乎？」王曰：「否。」「二人言：「王信乎？」王曰：「否。」三人言：「王信乎？」曰：「寡人信之。」共曰：「夫市無虎明矣，然而三人言成市虎，今夫邯鄲去魏遠于市，議臣過于三人願王察之」，共從邯鄲還，不得入焉。　見虎蹲卧韓靳王夫人，京口娼也，嘗五更入府賀朔，見虎蹲卧廊間，駭甚趨出不敢言，已而衆至，復往視之，迺睡卒也蹴之起問姓名，爲韓世忠心異之，歸告其母具酒邀韓約爲伉儷，蘄王後貴，遂封兩國夫人。　撲虎，龍丘山農家龔甚，里胥至，欲烹抱離母雞爲供具，胥恍惚見黄衫女前撲乞命，俄失所在，入屋見其家縛雞，胥不計去。數日復來，雞已抱出，離見胥飛鳴作相感狀，胥出門過虎，幾欲近忽一雞飛撲虎眼，胥得脱去卻，還其家已失雞，問之云：朝來飛去，胥且□前事，往尋之，雞已折翮斃草間，自是山中不復食雞。　虎媒陳氏家義興山中夜聞虎當門大唬，開門視之乃一少艾，雖衣襦凋損而妍姿不傷，問知是商女，隨母上塚作寒食，爲虎所搏至此。陳婦見其端麗，諷之曰：「能爲吾子婦乎」，女謝惟命，乃遂配其季子，踰月其父母蹤蹟得之喜甚，逐爲婚姻，目曰虎媒。　着圈秦召公子無忌，無忌不行，使朱亥奉璧一雙，秦王大怒，將朱亥着虎圈中，亥瞋目視虎，目裂血濺，虎終不敢動。　刻玉，始皇二年有畫工名烈裔，刻兩白玉虎，其毛如生，不點兩目睛，始皇使余工夜往點之，及旦虎飛去，明年南郡獻白虎二隻，視之乃玉虎也，命去目睛，乃不能復去。　星虎，蒲喇加國山中出星虎，形如中國之虎畧大，其毛異，其色亦有暗色花紋黄斑，又有虎變人入市，□人而行，自有識者覺其爲虎，乃捨而殺之。　飛虎，啞魯國山中出一等飛虎，如貓大，遍身毛灰色，有肉翅如蝙蝠，能飛不遠，入或有羅得者，不服家食死。　無虎，山東無虎，浙江無狼，廣東無兔，四川無鴿。刑戮之象大曆四年，虎入京師長坊，宰臣元載射殺之，虎西方之屬，威猛吞噬刑戮之象。　郈沖殺虎郈沖年十五，與兄入山採薪，兄被虎侵之，沖持刀向前殺虎，高聲曰：「爾害我兄，我害爾命。」虎見來勢甚急，棄之而去，人言曰：殺虎無如親弟兄。　趙公伏虎，趙公爲秦將，從張真人學道將成，使之入山採薪，暗遣一黑虎試之，公以術收伏之，師曰：「爾可去矣。」公叩首請職，遂封爲龍虎山正一玄壇黑虎趙元帥。　卧虎，後漢董宣强項，號爲卧虎。　瞎虎，後魏谷楷瞎一目，其怪嚴，人號瞎虎。　賈家三，賈彪兄弟三人號三虎。　李耳，呼虎爲李耳，俗説虎本南郡中李氏子所化爲，呼李耳即喜虎食物，值耳即止。　法聽敕虎，法聽居襄陽華蓋山，精通釋教，常役二虎隨侍左右，時境外有群虎傷人，聽知之即入定誦經衍戒，忽有十七頭大虎來受三皈依戒，聽敕之曰：「今後勿犯百姓。」虎皆叩首而去，自後並無所害。　貙，虎之大者。　彪，有翼能飛之虎。　於菟，令尹子文初生棄子夢澤，虎乳之，楚人謂乳爲穀，謂虎爲於菟，故名鬭穀於菟。　素威，白虎。　甝，白虎。　虪，黑虎。　晉永嘉四年建平秭歸縣檻得之。　智囊，瑞安卓敬少穎異，一目十行，年十五六讀書寶香山，嘗夜歸，值風雨路迷，偶得一牛乘之以行，及門視之則虎也。洪武中官給舍好直言，間謂上曰：諸王服禦尚有僭擬乘輿者，此舛道也，何以令天下絶禍源，上笑且罵曰：君欲如智囊耶，後官歷户部侍郎，靖難師至，不屈而死。　笞虎，明朝于梓人楚産，洪武中進士，有異術，歷官知登州，有訴其親傷于虎者，梓人命卒焚牒山中，方盡而虎至帖耳，隨行觀者如堵，走伏庭下，梓人數其罪自告之，許其改過，叱之出，虎遂循故道而去山焉。　夢神告虎，慈谿張昺，成化間爲松山令，虎食寡婦，子訟于張，張令去五日來，迺齋戒爲文，祭城隍神，約五日内必驅虎伏辜，不然廟當毁，後五日天未明，夢神告虎來，張挾矢升堂，二虎伏庭中不動，張曰：「爾食吾民，罪當死。二虎有不傷人者出。」一虎出，一虎伏。張命卒亂鞭殺之，召婦人歸其虎。　題虎顧彪圖，文皇素不悦仁宗，學士解縉應制題虎顧衆彪圓諷之曰：「虎爲百獸尊，誰敢觸其怒。惟有父子情，一步一回顧。」文皇聞此惻然，即遣夏原吉迎于南京，可謂善諷君者矣。　啟虎戲，宣德間程雲爲尚寶，一日被召至虎城傍，門啟虎突出，程驚呼不已，上大笑。蓋虎去爪牙，上特用戲之耳。　探虎口，孔公文韶爲廣西按察使，艤舟江口，鄰國有占城人進虎，京師延公過舟，虎在圈中，毛色炳煥，一國人能馴虎，開圈弄虎，手探口中畧無所傷，戲其足輒退縮，國人言：虎惜爪距故也。又呼其名即長吼，孔骸然而退。

清　吳寶芝《花木鳥獸集類》卷下

《淮南子》曰：虎嘯而谷風生。《本草衍義》風之從虎者，蓋風木也。虎，金也。木受金制，安得不從，故嘯，則風生，自然之理也。《襍俎》虎交而月暈。《説文》：虎，山獸之君。《風俗通》：虎者，陽物，百獸之長。　《金樓子》曰：寅日山中稱虞吏者，虎也。　《尸子》曰：虎豹之駒雖未成文，已有食牛之氣。　《韓子》曰：虎之所以能伏狗者，爪牙也。使虎釋其爪牙，而使狗用之，則虎反伏于狗矣。　《虎説》：真虎不噬物，王者不事兵，噬物者，凡虎也。　《列子》曰：周宣王之牧，正有梁鴦者，能養野禽獸，令毛邱園傳之。鴦曰：且一言我養虎之法，順之則喜，逆之則怒。此有血氣者之性也。然喜怒豈妄發哉，皆逆之所犯也。夫食虎者，不敢以生物與之，爲其殺之之怒也，不敢以全物與之，爲其碎之之怒也。　《春秋後語》：秦惠王謂陳軫曰：韓魏相攻，期年不解。或謂寡人救之便，或謂勿救便，子爲寡人計之。軫曰：昔卞莊子刺虎，管豎子止之。曰：兩虎方食牛，牛甘必争，争必鬬，鬬則大者傷，小者死。從傷而刺之，一舉必有雙虎之功。莊子從之，果獲兩虎。　《野史》：有射虎者遇老人説，與虎有真虎遇之不可近，近之必傷。老人去，果有真虎來，逼之，幾困乃絶，不敢言射虎。　《周書》：心之憂危，若蹈虎尾。　《莊子・盗跖》：孔子遇柳下季，季曰：今者闕然數日，不見車馬有行色，得微往見跖耶。孔子仰天而嘆曰：然。柳下季曰：得無逆汝意若前乎？孔子曰：然。丘所謂無病而自灸也，疾走料虎頭，編虎鬚，幾不脱虎口哉。　《埤雅》：虎奮衝破，又能畫地卜食，蓋蛇盤向壬鵲巢，背歲燕伏，戊巳虎奮衝破，此鳥獸之所以靈也。　《類從》：虎行，以爪坼地，觀奇偶而行。今人畫地，觀奇偶者，曰虎卜。　《風俗通》：俗傳，虎本南郡李氏翁所化。人呼爲李耳，則喜，呼斑即怒。又《方言》陳魏宋楚之間謂之李父，江淮南楚之間謂之李耳。注云：虎食物值耳即止，以觸其諱，故也。東吳都卬曰：宋鄉，先生范文穆公愛談虎事，嘗搆一軒榜曰：説虎軒予齋居，無事，客有談及此者，因舉舊聞一二，以資博識。虎類能識人氣，未至百步輒伏，而嘷，聲震山谷。須臾奮躍搏人。人有勇者不爲之動，虎止而坐，逡巡弭耳而去。又虎骨甚異，雖咫尺淺草能伏身不露，及其虓然作聲，則嵬然大矣。又虎不食小兒，兒癡不知虎之可懼，故不得而食。兼不食醉人，必坐守以俟其醒，非俟其醒，俟其懼也。又人或罹虎口，其神魂被虎所役，往往爲之前導。凡今人死于虎者，衣服巾履皆别置于地，非虎之威，能使自解，是鬼之爲也。俗謂之倀鬼。又虎飢則果實兼啖，不特獸也。凡食男子，必自勢起，婦人必自乳起，惟不食婦人之陰。或遇之者當作勢與敵，而屢退引至曲路即可避去，蓋虎不行曲路故也。又虎食犬則醉，犬，虎之酒也。　《春秋後語》：楚王問羣臣曰：北方之民，畏奚昭恤何如？江乙對曰：虎求百獸，食之得狐。狐曰：子無噉我，天帝命，我長百獸，子以我不信，我爲子先，子隨我後，觀百獸，見我能無走乎。虎隨狐而行，百獸見皆走。虎不知獸之畏已，反以爲畏狐也。今王地方五千里，帶甲百萬而任之，于昭恤，然北方非畏昭恤，實畏王之甲兵。　《埤雅》：鳩食桑椹則醉。貓食薄荷則醉。虎食狗則醉。今虎所在，麂必鳴以告。又《淮南子》曰：蝟使虎申，蛇令豹止，各有所制也。　王孚《安成記》：後漢人都區寶者，居父喪。隣人格虎走，趨其廬中，即以蓑衣覆藏之。鄰人尋跡問寶曰：虎豈有可念而藏之乎？後此虎送禽獸，至若助祭然。寶由是知名。　陳留《耆舊傳》：王業字子香，爲荊州刺史，有德政，卒於枝江。有三白虎，低頭曳尾，宿衛其喪，及喪去踰州境，忽然不見。　《世説》：桓石虔爲兒時，從父征西獵，有虎被數箭伏在地，諸將請虔曰：惡，即能拔虎箭否，石虔至虎邊拔一箭，虎跳，虔亦跳高于虎。虎還伏，虔復拔一箭。　唐裴旻守北平，善射。一日得虎三十一，父老曰：此彪也。稍北有真虎，遇之必敗。旻怒躍馬趨之，有虎小而猛，據地大吼。旻馬辟易，弓矢墮落，自是不復射虎。李翱有《裴將射虎圖讚》。　《孝子傳》：楊香父爲虎所噬，香忿搏之，父得免。又楊豐爲虎所噬，有女年十四，手無刀刃，直搤虎頭，以免父難。　《唐鍾傳》：

少時醉遇虎與鬭，虎搏其肩，傳亦持虎，不置會人斬虎得免，既貴悔之戒。諸子曰：士尚智與謀，勿効吾暴虎也。《魏略》：文帝將受禪，郡國奏白虎二十七見。《異苑》：扶南王苑尋常畜生虎及鱷魚，若有訟，未知曲直，便投于魚虎。魚虎不噬，則有理。穢貊之人，祭虎爲神，良有以也。《白帖》：晉郭文至孝，嘗有虎，張口向文。文視其口，有横骨乃以手探去之，至明日乃啣一鹿，獻于堂前。《商氏世説》：商亮字子華，少學《公羊》，年十四舉孝廉。到陽城遇兩虎争一羊，亮乃按劍，瞑目斬斷羊腹，虎各以其半去。《博異志》：天寶中，河南緱氏縣仙鶴觀每年九月二日夜，有一道士得仙，其夜皆不爲扃户，以求上昇之應，後張竭忠攝令疑之，至時乃令二勇者，持兵器潛覘之，至三更後，見一黑虎入仙鶴觀，啣一道士出，二人射之不中，棄而去。竭忠申府，請弓矢大獵。于太子陵東石穴中，格殺數虎，其間金籙玉簡及冠帔人髮甚多。《吴越備史》：錢王鏐以錦城有兵寇，命閭丘方建下。元金籙齋于東府龍瑞宫，有黑虎一蹲宫前，醮罷遂不見。《管子》曰：桀之時，女樂三萬人，放虎於市，觀其驚駭，以爲戲。《孟子》曰：虎負嵎莫之敢攖。《左傳》：莊公十年，齊師宋師次于郎，公子偃自雩門竊出，蒙皋比而先犯之，大敗宋師。按皋比即虎皮也。《風俗通》：人卒得病，燒虎皮飲之即愈。或以皮繫之衣服，亦可避惡。《西京雜記》：李廣獵冥山之北，見卧虎，一矢斃之，以頭爲枕，示服猛也。又鑄銅象其形爲溲器，示厭辱之意。《河圖》：懸虎鼻于門上，周一年取燒作屑，與婦人飲之，二月中便有孕，生貴子勿令人知，亦勿令婦見之。《禮・檀弓》：孔子過泰山側，有婦人哭于墓者而哀，夫子感而聽之，使子貢問之，曰：子之哭也，一似重有憂者。對曰：然。昔吾舅死于虎，吾夫又死于虎，今吾子又死焉。夫子曰：何爲不去？曰：無苛政。子曰：小子識之，苛政甚于猛虎也。《西京雜記》：東海人黄公少善爲幻，秦末有白虎見東海，詔遣：黄公以赤刀往厭之，及衰老，飲酒過度，術既不行，遂爲虎所食。《漢書》：李禹有勇氣，上召使刺虎，懸纍下圈，中未至地，有詔引出之。禹以劒斫絶，纍欲以刺虎，上壯之。《易・頤卦》：虎視眈眈，其欲逐逐。《考異》：鄆三九二十七日陽氣成，故虎七月而生，陽立于七，故虎首尾長七尺，般文者陰陽雜也。《類從》：虎一千年角生。《抱朴子》曰：虎壽千歲，五百歲，毛色變白。《淮南子》曰：牛哀病七日化爲虎。其兄啓户而入，虎搏而殺之，方其爲虎，不知其嘗爲人也。方其爲人，不知其且爲虎也。《述異記》：漢宣城太守封邵一日，忽化爲虎食郡民。諺云：無作封使君，生不能治民反食民。又虎化爲人，好着紫葛衣，足無踵。《侯鯖録》虎化人惟尾不化，須焚去之，乃成人。唐《五行志》：大歷四年，虎入京師長壽坊宰，臣元載家廟，射殺之。《雜俎》：尋陽山上有石人，高犬餘，虎至此輒到石人前。唐李賀、韓愈、張籍俱有《猛虎行》。符載有《畋獲虎頌》。

清　江昱《瀟湘聽雨録》卷八《飛虎皮》　龍山縣産飛虎皮，毛色之佳，極類紫貂，其腹脅别作嫩黄色，尤可愛。但皮薄如紙，不中衣裘之用。水獺皮出處甚多，則又皮厚毛捌，有製爲裘者，其墜重不止青州布衫，造物何不薄其賦以與飛虎，令二物皆焜華於章服哉。　野獸如熊、虎、山牛之屬極多，山閒人獵得，衆即碎分食之，不得市于城中。若虎則尤忌（粥）（鬻）賣。云：得錢必遭虎害也。宫署閒或買得熊掌、果狸、及虎皮、鹿角之屬而已。　長沙有長須老猨，極大，毛色蒼白，項餘金索一截，傳爲明時藩邸逸出，至今尚在，暮夜則出，亦不爲擾，見人則上牆屋捷疾不知所之。蔗畦判長沙時，曾一至署中。

藝　文

金　趙秉文《射虎》　眼花百步透林寒，抵死嗔人守九關。只道草中藏白額，豈知世上有黄間。才聞父老愁三害，倏見熊羆寐一班。寄謝咸陽笑黄犬，何如霧豹隱南山。

元　楊維楨《鐵崖古樂府》卷七《殺虎行》　劉平妻胡氏，從平戍零陽。夢平爲虎擒，胡殺虎争夫，千載義烈。有足歌者，爲賦是章。夫從軍，妾從主。夢魂猶痛刀箭瘢，況乃全驅飼豺虎。拔刀誓天天爲怒，眼牛於菟小於鼠。血號虎鬼冤魂語，精光夜貫新阡土。可憐三世不復仇，泰山之婦何足數。

明　邵寶《容春堂續集》卷一《擒虎行》　柱史朱君士光，按治至宜興下擒虎令，三日間得一豹二虎：謂虎之首骨可爲枕，以祛風也。遠以致予且曰，願得擒虎，行以旌某之功，君之功猛於虎者大矣。元夕燈下漫作是詞以寄之。　一日擒一豹，兩日擒兩虎，繡衣使者到荆溪，三日盡知民病苦，使君詔縣令，縣令召獵户，賞格高懸網新補，盡道使君仁且武。使君謂父老，汝邑昔有周處公，力與蛟虎争長雄。不知名落三害中，斬蛟殺虎，翻然改行收奇功。今人古人性本同，彼哉名在丹書，欲焚者能言擒虎自效吾其從，甲能獨當，乙併力所不汝貸，有如此溪石，一鼓再作，聲如風雷，山谷響應林木摧。醜類欲逃安往哉。一虎復一虎，一豹復一豹，從今日日聞飛報，君不見山南山北行人多，争和使君擒虎歌，何處鄉村愁政苛。

明　程敏政《新安文獻志》卷五〇　汪襄《捕虎行》　西山春暮，繁草木，紅白花，開暎巖谷。朝來猛虎忽留蹤，獵人挾刃争軀逐。坡平草軟筋力健，目光兩鏡照林麓。吻牙狐兔何足噬，要向川原飽人肉。獵夫鼓勇欲生擒，失利寧虞傷手足。我令壯士八九輩，袒裼而往敢退縮。持戈踴躍皆直前，不顧爪牙加觝觸。於菟怒鬬力已困，白刃紛然刺其復（腹）。不施陷穽設羅網，須臾俄聞就縛束。未踰半晝捷書來，撫掌驚嗟大神速。百夫肩舁向城市，塞巷填街争縱目。皆云古昔未曾有，不比春山得麇鹿。斑皮愛護輸郡府，肝膽珍奇競收蓄。吾聞獸之猛者莫如虎，摇尾磨牙肆其毒。一旦力盡勢已窮，血膋反以餉僮僕。乃知剛很（狠）不足恃，仁若騶虞才可録。虎兮虎兮曷爲，出哉深山窮谷。可以隱而不隱，豈以夫皮爲之災，官有壯士長戟，可以捕取爾，爾其亟去無復來。大江雖深亦可渡，縱横勿礙行人路。

明　湯顯祖《嗤彪賦》有序　予郡巴邱南百折山中，有道士善檻虎，雨函桁之以鐵，中不通也。左關羊而開，右入虎懸機下焉，餓之抽其桁，出其爪牙楔而鋸之，絙其舌。已重餓之，飼以十銖之肉而已。久則羸然弭然，始飼以飯一盃菜一盂，未嘗不食也，亦不復有一銖之肉矣，以至童子皆得飼之。已而出諸因都無雄心，道士時與撲跌爲戲，因而賣與人守門，以爲常率虎千錢，大者千五百錢，初猶驚動馬牛，後反見大牛而驚矣，或時伸腰振首，輒受呵叱，已不復爾。常置庭中以娱賓，月須請道士診其口爪，鐫剔擾洗各有期。道士死，其業廢，予獨嗤。夫虎雄蟲也，貪羊而窮以至於斯辱也，賦之。

夫何山中之一獸，子受猛質於西旻，貌低團而項廷，鼻黝隆而齒齞，目斜匡而電爍，聲倨頷以雷殷，舌理粗而銼樹，鬢鋒横而獵人，爪含銛而卷曲，尾拂箠而絙伸，叱形模其足怖，矧精威之絶塵。静嘯而陰飇窣起，坦步則稠林自分。凜氣候之相制，隱形勢而見尊。況百折之深山，常此窟之成羣。黄斑屬而卧隴，白頞連而飲津。初涉味於牛馬，遂舐及於人民。户震躬而屏徙，或重遷而遠藩。獨無生之道士，故有心而與鄰。力不加於子路，術不詭於黄神。布石關之宛轉，交鐵葉以繽綸。界鳴羊於接檻，誘聞羶而見循。進密歷以窮路，退蹢躅而下門。遂乃聊浪擲跌，偪仄輪囷始傖甈而怒湧，久牢騷而意煩，氣屈而皷力癉，而踆羌局，拘而勢改，積威約而理均。於是道士欣焉，待旦及晨，舉之於懸處，餓之以兼旬，待威神之委頓，任處置之紛紜，未陷頭而投鬢，先罥爪而剔蹯，捩權牙於巨斧，磨刺舌以疏巾，香汁變其腸胃，清水洗其喉脣，欲次第而施食，已隨宜而致馴，初猶啖以碪肉，次則習以盤飧，或設以稃粒之餘，或投以松芥之根，既苦飢而伏檻，敢擇食以懟恩。遂乃改山林之性氣，狎雞犬之見聞。遇夫人之下視，即弭耳而意親，諒厓柴之已去，放野牧以逡巡。非止柔性兼弱其筋。圓腰纖而脅息黯，斑摧而襞皺。撫之而亦喜，撲之而不嗔。似巨狸之擾足，若卑犬之纏身。偶循隅而吐喑，輒蒙訶而愴魂。昔有大蟲之號，今有小畜之云。懊撐距之無時，委降戢於非倫。雖山君之短智，亦梁鴦之淺仁。見其弱而可弄，牽以售而論斤。有守犬其未足，借虚名而守閽。既爪牙之久折，亦何威而見奔。第周旋於苑薄，得混迹於麑麐。學婆娑而昵主，戲矍綽以娱賓。感知音之君子，被歎涕之殷勤。偉茲靈之巨猛，鬱有武而有文。偶脣吻之所及，皆性命之相因。論雄心與剛力，固決乾而倒坤。略網絓而風飛，觸爂燎以雷噴，哮怒則千人自廢，憤蹶而萬瓦猶震。非胥疏其有欲，何牢檻之敢陳。偶朵頤於跛羊，落一髮於千鈞。餞窘來而餌，施利器往而性泯，足人間之翫擾，何氣泱之可存，諒如此而久生，固不如即死之麒麟。

清　王棠《知新録》卷三一《熊虎記》　有以柙載虎與熊而遊於市者，王子往觀之。曰：「吾昔者所見蓋死虎也，熊則未之見，吾今然後知虎與熊之可畏，有如是也。吾今然後知《周禮》冥氏、穴氏、服不氏、囿人之所以由來也。」虎高三尺，嗜睡，柙者鐵器擉之，虎怒逼視之，聲不甚揚，翕翕焉，雖隔垣猶鏗爾也。與之肉，以鐵器阻之，虎爪、虎口、虎舌、牙逼露，俄摇尾。柙者必使之翻觔斗，而後食之。蓋虎與柙者習也。熊形如猪，大如牛，亦鐵器擉之，立而掌，張口、舌，亦逼露。當二獸之在深山窮谷中，力大體强，其害全物也，如拉朽摧枯，猛而不仁，二物實甚，後世之弓矢、火器致之者，利其皮與爪與骨而已。間有生致者，大都爲遊觀之物，無所發明也。不知姬公建官班禄，有冥氏、穴氏以攻取之，有服不氏掌養而教擾之，有囿人掌囿遊之獸禁牧。百獸共其生獸死獸之物皆非苟然已也。蓋古人舉措無一事不與民生相維繫。我愛人，而有害於人之物，不思有以去之，則愛人之心，反不如愛物之心。故火其所食，而使之出，不致有穴處之慮，張其羅網而入之柙，不使有負嵎、呑噬之患。此則古人致力於熊虎者，皆其致愛於民生者也。且獸之猛，莫熊虎若也，身雖在柙，心一日未忘在山也。雄心剛膽，負固不服，不問可知其然，古人慮之詳矣。設一服不氏以服其不服之心，渴而飲之水，饑而啖之肉，馴養而教擾之，以共其祭祀之用，又歸於囿人，用以供祭祀喪紀生獸之需，是則古人致力於熊虎者，又皆致孝於祖先者也。今世之柙二物者，冥氏乎，穴氏乎，服不氏乎？觀二物者，亦知周公設官分職之意，皆從仁孝中來乎。康熙巳丑六月王棠記。

清 朱彝尊《竹垞文類二六卷》卷一《捕虎詞》 黄桑彎弧棘作弩，村民少長齊捕虎。南山有鹿北有獐，何爲馱我檻下羊。青天杲杲白日出，横行大道終罹殃。君不見靈丘捕虎虎盡死，太原城中狼入市。

清 凌樹屏《瓠息齋前集》卷六《釣虎行》 山中有釣虎法，每與虎遇，壯士三人爲偶。其二人手執鐵叉，制其兩爪，其一人手一鐵械，形如雨蓋，鋭其首，鉤棘，其體，以探虎口。虎創甚欲退，而此械倒刺畢張，遂挽以行，如牽犬然。 山深菁密月洞黑，伥鬼啾啾泣林隙。壯士拍手忽奮叫，前岡猛虎因釣得。我聞釣蛟天下奇，豈知釣虎又倍之。以鐵作竿身作餌，連鈎逆戟次第施。投之以機虎適中，喉吻倒拄勢難動。縛急何憂吕布呼，刀制欲就黄公控。虎乎虎乎太無武，昔險在山今在俎。摇尾向人人不憐，如牛穿鼻羊繫組。君不見西山虎荒真可哀，獵者捕之山爲摧。嗟爾壯士忍袖手，有技不用何爲哉。虎貫盈罪或自斃，虎腹冢骨已纍纍。

清 張庚《強恕齋文鈔》卷五《觀虎説》 乾隆甲子冬十月，睢州東關集市止檻虎，一人争觀之。湯子見觀者衆，因感麟鳳若至，觀者又當何如，爲作《觀虎説》。問余湯子之觀物也遠矣。雖然虎猛獸也，貪暴殘忍，以爲性。常則食麞麋、鹿麂、狐狸、野羊等物，變則食人，故人一聞虎之名，即不必見其形，而怵怵凛凛以畏。一旦受制於檻穽，畀至於闤闠，宜乎人争觀其形，欲一悉其猛態也。若夫麟，仁獸也，鳳，神鳥也，出亦不妄出，惟聖者知之，凡夫詎能識之而羣觀之哉。我以爲駝峯繪水間即有麟鳳，常遊之人亦以常獸常鳥遇之矣，豈復有觀之者哉。而湯子以爲觀之者必更甚於觀虎噫。使麟鳳果有於駝峯繪水間，我猶恐湯子以常獸常鳥遇之，湯子乃慮衆人之不勝觀也耶，且麟鳳豈亦冀人觀也耶。

清 毛奇齡《西河集》卷一一《打虎兒行》 禹州民朱兒，救父打虎。史使君廷桂獎勞之，予識之禹署。 打虎兒乃在汴梁之禹州。禹州城外朱家樓，小兒十一隨父耕。深林有虎斑毛成，颸颸黑風吹草根，乘風攫人誰敢攖。小兒不識虎，疑是狐與狸，陡然見虎銜父肢，咆哮草際風來吹。兒啼向風不得父，把杙打虎截虎路。三尺童子五尺杙，憑空擊去著虎臆。虎驚顧兒舍父逸，深林風草皆無色。禹州太守呼小兒，予之以帛飽以糜。予時在署識兒面，披髮跳擲真兒嬉。問兒打虎虎何似，舉手張牙作虎勢。假虎隱幔恐小兒，小兒驚避力不支。當時見虎得無怖，此事我亦昧其故。禹州太守省得知，是時小兒知有父。男兒七尺縱復横，争名攫利萬里行。高堂存没總不問，那肯舍命戀所生。我所思，打虎兒。

清 陸鍾輝《捕虎吟》 南陽郡之内邑遠連熊耳，太白諸山，爲虎豹窟穴，多傷人，有士之兄亦斃於虎，泣訴於予，請爲之捕。許之，遂禱於神，並命獵人強弓毒弩，懸重賞，期十日必得。旋因公事回郡，甫下輿，聞杏花山境内有虎叫吼三晝夜，中弩而死，恰在曾傷士兄處。其事頗奇，獵人舁虎到郡賫之，既而復殺三虎二豹，其患頓息，因紀其事。 南陽之佐，駐於淅川，不苛而緩，山民共歡，一解猛虎爲害，戕及士夫，弟來投牒，搶地以呼。二解時維三月，藤木交發，強弩毒矢，布於虎穴。三解藐兹忱悃，幽假山靈，伥魂在旁，驅虎服刑。四解蠢爾醜類，不死則剿，我無仁術，使爾渡河五解。

清 郁植《猛虎行》 猛虎突出勢恒怒，不住深山踞當路。風高月黑聞嘯聲，四野行人盡回步。一虎之猛尚可當，羣狐假竊牙爪張。豈無壯士欲手搏，出門四顧心徬徨。耽耽尔威誰養就，昔猶昏暮今白晝。瞑目從教凡獸驚，肥身那管飢民瘦。虎兮虎兮知懼無，灞陵亭下秋草枯。飛將猝發金僕姑，石猶飲羽況尔乎。

清 盧存心《白雲詩集》卷四《戾蟲》 戾氣之所鍾，咆虓肆搏噬。倘逢蕛林獅，嗽若甕中蚋。

騶虞

綜述

宋 謝維新《古今合璧事類備要别集》卷六二《走獸門》《格物總論》：騶虞似虎，白質黑文，尾長於身，不踐生芻，不食生物，日行千里，人君有至信之德，則應之。《説文》曰：白虎諒然乎。

清　陳大章《詩傳名物集覽》卷三《於嗟乎騶虞》　《朱傳》：騶虞，獸名，白虎黑文，不食生物者也。《毛傳》：義獸也，白虎黑文，不食生物，有至信之德則應之。《山海經》：林氏國有珍獸，大若虎，五彩畢具，尾長於身，名曰騶吾，乘之日行千里。《封禪書》：囿騶虞之珍羣。頌曰：般般之獸，樂我君囿，白質黑章，其儀可喜，旼旼穆穆，君子之態。晉・郭璞贊：怪獸五彩，尾參於身，矯足千里，儵忽若神，是謂騶虞，《詩》歎其仁，吴薛綜頌，婉婉白虎，優仁是崇，飢不侵暴，困不改容。斂威揚德，愷悌之風。中興徵祥說：騶虞，仁獸也。其尾參倍，狀如虎而白色，嘯則風興，皜身如雪，而無雜者是也，近代所謂白虎者，背斑而虎文。《爾雅》所謂彪虎耳。《瑞應圖》，白虎仁而不害，王者不暴虐，恩及行葦則見，《河圖》括地象，令訾野中有玉虎，晨鳴雷聲，聖人感期而興。《埤雅》：騶虞，西方之獸，而名之曰虎，則宜以殺爲事，今反不履生草，食自死之肉，蓋仁之至也。漢武帝時，建章宫後，有異物出焉，狀如麋。東方朔云，此騶牙也，古者音聲之假借，以牙爲吾，則朔所云，即《詩》之騶虞矣。《東京賦》：圉林氏之騶虞，擾澤馬與騰黄，蓋此獸俊逸，故以馬之健者比之。《淮南子》：屈商拘文王于羑里，散宜生以閒求天下之珍怪，得騶虞雞斯之乘以獻於紂雞斯，神馬也。《禮》射義，天子以騶虞爲節，樂官備也。韓詩說：騶虞，天子掌鳥獸官。魯詩傳，古有梁騶者，天子之田也。賈誼《新書》：騶者，天子之囿也，虞者囿之司獸者也。《月令》：季秋天子乃教田獵，命僕及七騶咸駕。鄭氏云：七騶謂趣馬，主爲諸官駕説者。《左傳》：晉悼公使程鄭爲乘馬御，六騶屬焉。《舜典》：益作朕虞，周有山虞澤虞，大田獵，萊山澤之野，按騶虞舊説皆以爲義獸。朱子云：騶虞看來只可解做獸名，以於嗟麟兮之類可見。歐陽獨引賈誼之言，以爲騶者文王之囿，虞其官也，謂此詩美春田之盛，上句發矢射豝，下句直歎騶虞，不食生物，乃是刺其曾騶虞之不若也，何讚美之有。又《逸齋詩補傳》，言方歎文王之仁，忽有取於義獸，可謂不類，特引賈生及《禮記》射義，以爲當時物被其澤，皆蕃育以遂性，國重農事，命蒐田以去害，彼騶囿之虞人，宜以多殺獸爲有功，而乃驅獸以待君，能體其好生之仁如此，可謂王化之極致矣。按二説亦自可通，然終不若朱子之解，於詩義猶爲浹洽也。《瑞應圖》：酋耳似虎而大，見虎豹即殺之，太平則至。郭璞曰：即騶虞。陳無功曰：王曾作尊耳，王元美亦作尊耳，今考王會但作酋耳，無作尊耳者。

清　吴寶芝《花木鳥獸集類》卷下　《埤雅》：騶虞，白虎黑文，西方之獸也。王者有至信之德，則應不踐生草，食自死之肉。《傳》謂：白虎仁，即此是也。　《郁離子》曰：西方有獸，斑文而象虎，名曰騶虞。其性好仁，故出則天下偃武。　《埤雅》騶虞，其色見於白，其文見於黑，又義獸也。而名之曰虎。則正宜以殺爲事，今反不履生草，食自死之肉。蓋仁之至也。　《尚書・大傳》文王囚羑里散，宜生取怪獸獻紂，以贖其身。名曰騶虞。又司馬相如《封禪書》：般般之獸，樂君之囿。　《白帖》：前蜀永平三年，騶虞見璧山，有一鹿隨之。　《白帖》：宋元嘉二十六年，琅琊有虎從騶虞。

清　李紱《騶虞解》卷一二　以獸訓騶虞者，註疏之誤也。毛傳云：騶虞，義獸也。白虎黑文，不食生物，有至信之德則應之。後世因以騶虞爲西方白虎，以配蒼龍朱鳥元武。然《毛傳》又謂虞人翼五豝以待公之發。鄭氏箋云：君射一發，而翼五豝者，戰禽獸之命，仁心之至，既以騶虞爲義獸矣，又以比君心之仁，仁與義究安屬乎。孔疏稱鄭志張逸問傳曰：白虎黑文。又《禮記》曰：樂官備，何謂。答曰：白虎黑文。《周史》王會云：備者取其一發五豝，言多賢也。《射義》注，及答志皆言得賢多，引《詩》斷章也。一發而得五豝，猶一求而得五賢，賢多則官備。按騶虞之詩，别未有引用者，惟見於節射。《戴記》：謂武王散軍而郊射，左射貍首，右射騶虞。又曰：天子以騶虞爲節，騶虞者，樂官備也。此自是騶虞本義，若以騶虞爲義獸，仁獸，於官備之意何涉乎。以其不相涉，遂目爲斷章，蓋孔疏傅會毛鄭未可以爲定解也。歐陽公作詩《本義》引《賈誼新書》曰：騶者文王之囿名，虞者囿之司獸也。陳氏據射義樂官備之説，以証之。朱子詩敘辨亦並存其説。夫以虞爲司獸，於官字之義合矣。然未見其爲備也。且文王之囿曰：靈囿以騶爲囿名，他書無所考。竊意騶虞皆官名耳。《周禮・夏官》有趣馬，掌王之馬政。《詩》所謂蹶惟趣馬者也，趣亦作騶。《戴記》：季秋之月，天子乃教於田獵，以習五戎，班馬、政命僕及七騶，《咸駕》注云：七騶謂趨馬主，爲諸官駕説者也。疏云：天子馬有六種，種别有騶，則六騶也。又有總主之人併六騶爲七，故爲七騶。《春秋・左氏傳》：晉悼公即位，使程鄭爲乘馬御六騶屬焉，使訓羣騶知禮，是騶爲官名審矣。其官至漢猶存。《後漢書・梁冀傳》：桓帝使黄門令，具瑗，將左右廐騶、虎賁、羽林、戟士合千餘人，與司隸、校尉張彪共圍冀第，注云：騶，騎士也。《淮南子》云：喜武，非俠也，喜文，非儒也，好方非醫也，好馬。

非騶也。蓋自三代至漢，以騶爲主馬之官，末之或改田獵之事，虞人則翼獸，而七騶則差馬，文王之政對時育物，故葭蓬茁而豝豵五騶，與虞皆得其人，詩人因賦其事以美君，不言文王而言騶虞者，不敢稱君，而指其侍從之臣，如後世稱執事左右之義。《小雅》軍士怨王而呼祈父，亦此意也。若虞之爲官名，則尤不一而足，自益列九官，已見唐虞之世。《周禮・太宰九》曰：藪以富得民。注云：藪上有虞掌其政令，地官澤虞掌國澤之政令。《禮記》：天子之六府：一曰司木，注曰：司木山虞也。《月令》：季春之月命野虞毋伐桑柘。孟夏之月，命虞人入山林。毋有斬伐。《魯語》云：大寒降土蟄發水，虞於是乎講罟罶鳥獸，孕水蟲成獸。虞於是乎禁罝羅。《晉語》云：叔向退召舟，虞與司馬。蓋山林川澤園囿之官，無不以虞名者，故曰：騶與虞皆官名也。齊詩章句，則直以騶虞爲天子掌鳥獸之官。然未若分爲二，爲得官備之意，若以騶虞爲獸，自漢以後始有其説。最前者爲《山海經》，稱林氏之國有珍獸名騶虞。司馬相如《封禪文》云：囿騶虞之珍羣。亦似本於《山海經》，然《山海經》所記皆神仙鬼怪荒忽之事，始見於《東方朔》對異鳥，及劉向對貳負之臣。至新莽時，劉歆始上其書於朝。方朔事。武帝好言神仙鬼怪之事，安知非朔輩所僞撰。如《神異經》、《十洲記》諸書乎？古來箋釋之書，備五經之解，釋鳥獸之名，無若《爾雅》。而釋獸一篇，若貘、白豹、甝白虎俱已備著。不應騶虞爲西方白虎而獨遺之也。吾故一言以斷之，曰：以獸訓騶虞者，註疏之誤也。

豹

綜述

清 周魯《類書纂要・走獸類》 豹，毛亦黄，其文黑如錢而中空。又有玄豹，健猛不減於虎。似熊，小頭痺脚，黑白駁紋，能舐食銅鐵。骨節強直，中實少髓。皮辟濕。《山海經》云：幽都山多玄虎玄豹。

清 陳昌齊 道光《廣東通志》卷九九《物産・獸類》 《雜道書》曰：南海博羅縣羅山高入雲霧，上有豹，小似猿猴。南海人名之爲果下豹。《太平御覽》

又 豹貍，其毛色如金錢豹。彼人云：歲久，則化爲豹。《桂海虞衡志》風生獸，似豹，青色，大如貍。生於南海大林中。張綱取之，積薪數車以燒之。薪盡，而此獸在灰中不燃。其毛不焦，斫刺不入，打之如皮囊。以鐵鎚鍛其數子或作十下，乃死。死而張其口，以向風，須臾便活而起走。以石上菖蒲塞鼻即死。取其腦以和菊花服之，盡十斤，得五百歲也。《抱朴子》《嶺南異物志》：風母如猿猴，晝踡伏不動，夜則騰躍。好食蜘蛛。南人相傳云：此獸常持一小杖，遇物則指。人得之者，所指必有獲。夷人得其獸，不復見杖。杖之數百，乃爲人取。或云邕州首領甯洄得之，資産巨萬，僮伎數百。洄甚秘其事。《太平御覽》風貍生嶺南。今考《十洲記》之風生獸，《廣州異物志》之平猴，《嶺南異物志》之風母，《酉陽雜俎》之猪猯，《虞衡志》之風貍，皆一物也。《本草綱目》貍有三種者：香貍不食生物。豹貍身有文如錦錢。然玉面貍面白而牛尾。其肉俱珍。《黄志》

清 王念孫《廣雅疏證》卷一〇下《釋獸・貀》 貀，豹也。見《太平御覽》貀，亦豹之屬也。《爾雅》貀，無前足。郭璞注云：晉太康七年，召陵扶夷縣檻得一獸，似狗。豹文，有角，兩脚，即此種類也。或説貀似虎而黑，無前兩足。《釋文》引《字林》云：獸無前足，似虎，而黑。即郭氏所引或説也。《説文》貀獸無前足。引漢律能捕豺。貀購百錢。字亦作豽。《廣韻》豽，獸名，似貍，蒼黑，無前足，善捕鼠。

清 方旭《蟲薈》卷二《毛蟲》 豹《本草綱目》：豹一名程胎。至美，爲八珍之一。肉亦無毒，惟正月忌食，能傷神損壽。《正字通》：豹似虎而小，白面，毛赤黄。其文黑如錢圈者曰金錢豹，宜爲裘。如艾葉者曰艾葉豹，次之。旭按：又有赤色而文黑者，曰赤豹。白色而文黑者曰白豹。《譯史紀餘》：豹，緬甸呼謝。《西番譯語》：豹，西番呼席。《廣輿記》：豹産山西及陝西、洮州衛、岷州衛。《談薈》：虎生三子，一爲豹。《臺灣紀略》：臺灣出豹，然不噬人。

清 方旭《蟲薈》卷二《毛蟲》 土豹《西番譯語》：土豹，西番呼夷黑、葛兒。《廣輿記》：土豹産陝西及女真。人呼失刺孫，呼其皮爲舍里孫。《本草綱目》：土豹，毛無文，色亦不赤，其形亦小。水豹，《本草綱目》：海中有水豹，上應箕宿。

又 海豹，《廣輿記》：海豹産朝鮮及女真。《潛確類書》：海豹五色，聚占水涯。常以一豹護守如雁奴然。得之皮可飾鞍褥。

又 元豹，《本草綱目》：川西有元豹，狀如狗而色黑。其皮爲裘褥，甚煖。冬月裹食，數日不冷。彼處亦貴重之。旭按：《山海經》云：幽都之山多元豹，未識即此否。

又 青豹，《洞冥記》：青豹出浪坂山，狀如虎，青翠色，食之不愚。

又 金線豹，《本草綱目》：西域有金線豹，文如金線。

又 果下豹，《羅山記》：羅山有豹，小似猴，文采蔚然。南海人呼果下豹。

又 狕狕，《北山經》：隄山有獸曰狕，狀如豹，而文首。

又 孟極，《北山經》：石者山有獸曰孟極，狀如豹，而文題，白身。其鳴自呼。

又 嗽月，《拾遺記》：岱輿山有獸曰嗽月，形似豹。夜則口噴白氣，其光如月，照數十丈。

又 泆陽，《莊子註》：泆陽，豹頭，馬尾，或曰狗頭。

又 豩，《正字通》：豩，似豹有角。

又 猙，《西山經》：章莪山有獸曰猙，狀如赤豹，而一角五尾。其音如擊石。

又 諸犍，《北山經》：單張山有獸曰諸犍，狀如豹而牛耳，人首，一目，長尾。行則銜，居則蟠。

清 李鴻章 光緒《畿輔通志》卷七四《物産·獸屬》 豹，管州土産豹，尾皮骨骴。《唐書·地理志》柳州城出豹尾。《明一統志》李時珍曰：遼東諸山時有之，狀似虎而小。其文如錢者曰金錢豹，如艾葉者曰艾葉豹。」《本草綱目》今塞山多有之，以金錢文者爲貴，艾葉文者又次之。《熱河志》查慎行《上親射金錢豹恭紀詩》：朔漠回鑾侯，君王罷獵時。忽聞山下豹，正逐草間麋。詎縱顔行抗，還將餘勇施。三驅争效命，七校復揚旗。金鏃霜花淬，飛龍電影追。應絃疑樹鵠，拔箭已連骴。直作催窮寇，真如殪伏雌。右鶻充上殺，金質少微疵。貍首斑斑血，貓睛睊睊移。鬚雄粗縮蝟，爪利善藏錐。自匿荆榛窟，初含霧雨滋。氣曾吞虎兕，力肯讓熊羆。緩死俄無路，偷生詎有期。但令供獮狩，猶得壯威儀。槍桿風摇尾，鞍橋錦冒皮。呈文留炳蔚，取用及捐麋。師式當闗險，兵韜示象奇。小臣慚獻頌，何異管中窺。

清 長順《吉林通志》卷三四《物産·獸屬·猞猁孫》 猞猁孫，即土豹。《明一統志》八十九 類野貓而大，耳有長毫白花色，小者曰烏倫。《盛京通志》《事物紺珠》：猞猁孫黄黑色，其皮可裘，出女真。《格致鏡源》

清 周魯《類書纂要》卷三三《走獸類》 君子之變，君子豹變，其文蔚也。 獻豹，獻其皮，貔赤豹黄羆。 守戒，鹿之與豹非不巍然大矣，然而鹿卒爲豹擒者，爪牙之材，不同猛怯之資殊也。 皮爲罪，狄人獻玄豹皮于秦，秦文公受皮而歎曰：以皮之美自以爲罪也。 隱霧，陶大夫妻曰：聞南山有玄豹，隱霧雨七日不下食，欲以澤其毛而成文章。 千金裘，武王侈靡，命貂襜豹裘方得入朝，故豹裘值千金，功臣之家糴千鍾粟得一豹皮。 三豹，晉王旭時，監察御史李嵩、李全交皆嚴酷取名，與旭儔，京師號三豹。嵩爲赤，全交爲白，旭爲黑，里閭咸相詛曰：若違教，值三豹。 留皮，五代王彦章嘗謂人曰：豹死留皮，人死留名。 管中一班，晉王羲之，此即管中窺豹，見其一班。 感學，狄伯奇少會遊獵遇豹，見其文采炳煥，遂自感歎，始學書藝。 貘，白色豹名。貘屏，唐世多畫貘以作屏，白樂天贊序曰：貘者，象鼻犀目，牛尾虎足，南方寢其皮辟瘟，圖其形辟邪。 伏豹，御史初入台陪直二十五日，謂伏豹。取不出之義。 飛豹，晉王彌膂力過人，號爲飛豹。 革豹出靖目衛陝西行都司。 舍里孫，出河州，即土豹，皮可製裘也。

清 吴寶芝《花木鳥獸集類》卷下 《易革卦》：君子豹，變其文蔚也。《爾雅》：西方之美，有文蔚之皮焉。 《管子》曰：上大夫豹飾，列大夫豹襜，此齊一時之數，非古也。 《周禮》：春官以禽作六贄，以等諸臣，孤執皮幣。注云：天子之孤，以虎皮取其文炳也。公之孤，以豹皮取其文蔚也。皮帛者，謂束帛而加以皮云。 《五行志》：韋后妹嘗爲豹枕，以辟邪。《博物志》：豹死守窟。 《廣志》：狐死首丘，豹死首山，言不忘本也。《韓子》曰：狄人獻玄豹于秦文公，文公受皮而歎曰：此以皮之美，自以爲罪者也。 《漢書》：虎豹在山，百獸震恐，及在檻穽之中，摇尾而求食。積威約之漸也。 《埤雅》：豹一名程。《列子》曰：程生馬，古詩謂餓狼，食不足饑。豹食有餘，言狼貪，豹廉，有所程度而食，故名程。 《五代》：王彦章謂人曰：豹死留皮，人死留名。 杜牧詩：歸來煮豹胎，按胎味極美。蓋猩唇豹胎，天下之至味也。 《孫氏瑞應圖》：幽州即谷山，多玄豹。 《汲冢周書》：屠州有黑豹。 《格物論》：獬豸，神奇之獸。狀如羊而一角，青色，四足。性忠直，一名任法獸。 《雜俎》：唐玄宗時，富平縣奏産一神羊，肉角當頂，有白毛。議者以爲獬豸。　田求子曰：堯時有遺豸，緝其毛爲帝帳。《説文》：黄帝時有遺以獬豸者，帝問何食何處，曰：豸夏處山澤，冬食松柏。《論衡》：獬豸，一角羊也，知曲直識邪佞。《神異經》：性忠而觸邪，東北方之獸也。故今立獄皆東北向，依所在也。又云：見人鬭觸不直者，聞人争咋不正者。

清　景星杓《山齋客譚・豹越浙城》　杭之吴山忽有一豹，食人犬豕。時陝右馬如龍爲郡，命虞人捕之。衆圍既合，乃竄入紫陽山穴中，一夫以足探之被傷，薰之久，始獲。

象

綜　述

唐　劉恂《嶺表録異》卷下　劉恂有親表，曾奉使雲南。彼中豪族各家養象負重，到遠如中夏之畜牛馬也。

宋　謝維新《古今合璧事類備要别集》卷七六《走獸門》　《格物總論》：象，大獸。外國所産。身長丈餘，高稱之大。六尺餘長鼻，牙耳鼻俱垂，牙亦長丈許。鼻端有爪，猪目睛黑。三年一乳，形體特詭。鼻爲口使，望頭如尾。馴良承教，聽言則跪，服垂致。遠行如丘徙。有白者，有灰色者。肉兼十牛。六十歲骨方足。古者典厩象一給二丁，日給藁六圓，稻菽各三斗，鹽一升，非此不足飽其欲。然象妬惡犬聲，獵者裹糧登高樹，創熊巢伺之，有羣遇則爲犬聲，患舉鼻吼叫，循守不復去，或經五六日困倒其下，因潛殺之。又脱其牙則藏之，削木以代，可得不爾則窮其土得之即噬也。或以爲象雖魁梧，而蚺蛇能吞之，三歲而出其骨，則其又有大於此者。

元　脱脱《宋史》卷二八七《李昌齡傳》　廣州市舶，每歲商舶至，官盡增價買之，良苦相雜，少利。自今請擇其良者，官如價給之，苦者恣其賣，勿禁。雷、化、新、白、惠、恩等州山林有羣象，民能取其牙，官禁不得賣。自今宜令送官，以半價償之。有敢隱匿及私市與人者，論如法。

明　陶家儀《説郛》卷一五下　漳州漳浦縣地連潮陽，素多象，往往十數爲羣，然不爲害。惟獨象遇之，逐人蹂踐至肉骨糜碎乃去。蓋獨象乃衆象中最獷悍者，不爲羣象所容。故遇之則蹂而害人。僧悟空在江外見一猿坐樹杪，弋人伺其便射之，箭中母腹，母呼其雄至，付子已。哀鳴數聲，乃拔箭墮地而死。射者折矢棄弓，誓不復射。

清　陳大章《詩傳名物集覽》卷三《象之揥也》　《朱傳》：象，象骨也。《説文》：象長鼻牙，南越之大獸，三歲一乳。《爾雅》：南方之美者，有梁山之犀象焉。《周官》：玉路以祀，象路以朝，玉仁也，象義也，故象路一名道車，又壺涿氏以樟貫象齒，制水怪。《左傳》：象有齒以焚其身，賄也。又吴伐楚，鍼尹固與王同舟，王使執燧象以奔吴師。杜預注：燒火繫象尾。《運斗樞》：瑶光之精散而爲象。《吕氏春秋》：肉之美者，髦象之約。《莊子》：象見子皮，無遠近必泣。《嶺表録異》：楚越之間，象皆青黑，惟西方弗林、大食，多白象。雲南豪族多畜象負重致遠，若中國之牛馬。《帝王世紀》：舜葬蒼梧之野，有羣象常爲之耕。《本草》：身有百獸肉，體具十二，皆自有分段，惟鼻是其本肉，炙食更美，膽不附肝，隨月轉在諸肉，如正月建寅，即膽在虎肉。《酉陽雜俎》：象膽隨四時在四腿，春在前膊左，夏在前膊右，如龜無定體。鼻端有爪可拾鍼，古訓云：孕五歲始産。《南州異物志》：象之爲獸，形體特詭，身倍數牛，目不踰豨，鼻爲口役，望頭若尾，馴良承教，聽言則跪，素牙玉潔，載籍所美，服重致遠，行如丘徙。《地志》：九真郡龐縣多象，生山中。《山海經》：巴蛇食象，三歲出其骨。《南越志》：雄象牙長丈餘，雌長尺餘，脱其牙則深藏之，削木代之可得，不爾，窮其主得乃已，牝牡交在水中，以胸貼，與他獸異。《埤雅》：象三年一乳行孕，肉兼十牛，性久識，能浮水出没，命在其鼻，食物皆以鼻取之，其牙生花，必因雷聲，故古者以爲器飾，今馴服巨象，以小斧刃斵之，其金瘡見星月即合，其理有不可推者。舊説象之所在，其土必豐。《周禮》：弁師掌皮弁，會五采玉璂象邸，玉璂以況基德，而象邸即莊周所謂託宿於義者。詩曰：佩其象揥，言有義也。袁子曰：虎頭高峙，貉頭尖鋭，鹿頭側長，象犀高廣，一曰，龍象六十歲骨方足，今荆象色黑兩牙，江猪也。《雅翼》：象鼻長三丈，大如臂，能别道之虚實，稍虚輒不敢過，馴者能拜起從人意，感雷而齒，亦合於天象云。《虞衡志》：象出交趾山谷，大者六牙，一軀之力皆在鼻，可以開闔取物，中有少肉，雖芥子亦可拾，出象處曰象山，范石湖曰，牧者謂之象奴。又名象公，凡制象必以鉤，象奴正跨其頸，以鐵鉤鉤其頭，欲左鉤右，欲右鉤左，欲卻鉤頭，欲前不鉤，欲其跪以鉤正按其腦，其形雖大不勝痛，故人得以數寸之鉤馴焉，《澠水燕談》：波斯以象爲白暗，以其難識也。柯古曰：象管環王國一牡，象管牝三十，國以代樵，今雲南亦取之。緬甸諸處，其牙有交互鬘紋，以血色爲上。陶貞白言夏月合藥，以象牙夾竈，得雷聲能發光。舊説象膽隨四時，近有見象房，象死膽在腹中，或曰，四時之首易地，而後皆在腹也。

清　周魯《類書纂要》卷三三《走獸類》　象，南越之大獸，三歲一乳，身倍數牛，目不逾豕，頭不可俯，頸不可回。運動以鼻爲用，一軀之力皆在鼻，足如柱，色如栗，登山涉水甚捷。

清　陳昌齊　道光《廣東通志》卷九九《物産・獸類》　象，廣之屬郡、潮循州多象。潮循人捕得象，争食其鼻。云肥脃，尤堪作炙。或云肉有十二種，膽不附肝，隨月轉在諸肉。越象皆青黑。惟佛林、大食多白象。乾符中占城獻馴象，能蹈舞。《嶺表録異》　徐鉉云：象膽隨四時，春在前左足，夏在前右足。秋後左足，冬後右足。淳化中一象春斃，太宗命取膽不獲，使問鉉，鉉以此對。果得於前左足。《政和本草》　交牝在水中。古訓云：五歲始産，六十年骨力方足。嗜芻豆、甘蔗與酒，畏烟火。《本草綱目》　牙，沈懷遠《南越志》曰：象牙長一丈，脱其牙則深藏之，削木代之，可得不爾，窮其主乃已也。《太平御覽》　兩牙夾鼻。雄者六七尺，雌者纔尺餘耳。《本草綱目》

清　方旭《蟲薈》卷二《毛蟲》　《格致鏡原》：象，一名伽那，或名大客，或名鈍公子。　《續廣雅》：江猿，象也。　《譯史紀餘》：象，緬甸呼唱。　《廣輿記》：象産廣西、占城、暹邏等處。　《本草綱目》：象出交廣、雲南、西域。毛有灰、白、青、黑諸色。其身長丈餘，高稱之。兩目如豕，四足如柱。無指而有爪甲。其耳下軃。其鼻大如臂下垂至地，鼻中有小肉爪，能拾針芥，飲食皆以鼻卷入口。鼻傷則死。耳後有穴，薄如鼓皮，刺之亦死。口內有食齒。兩吻出兩牙夾鼻，牡者長六七尺，牝者長尺餘。其交在水中，以胸相貼。南人多設機阱以陷之。或埋象鞋於路，以貫其足。若捕生象，則以牝象爲媒，而誘獲之。飼而狎之，久亦能解人語。其肉甘平無毒，但食之，令人體重。　旭按：《朝野僉載》云：安南有象，知人曲直。遇人争訟，立而臭之。直者過，曲者鼻卷之擲空中。又《八紘譯史》云：天竺有異象，識人言。土人命負物至何處，往輙不爽。他國象遇之，皆蹲伏。又云：亞昆心域産大象，一牙重二百斤。　《四書經註集証》：象能浮水，其體具十二肖肉，惟鼻是其本肉。其膽隨月轉在諸肉内。如正月建寅，則膽在虎肉。二月建卯，則膽在兔肉。或曰象膽春在前左足，夏在前右足，秋在後左足，冬在後右足。　《談薈》：象三歲而一生。若龍與豕交，亦生象。　《經驗方》：金瘡不合，用象皮灰敷之，立瘉。　《綱鑑通俗》：象，牙出南番者長大，出廣西安南者短小。新鋸開，以粉紅色者爲最佳。　《藥性賦補遺》：象牙磨屑出肉中刺。磨水服，治諸獸骨鯁。　《正字通》：象每脱牙，必掘地自藏。人以木牙潛易之。　《酉陽雜俎》：象惡犬聲。獵者裹糧登高樹，搆熊巢伺之。見羣象過，則咸學犬吠。象遂舉鼻吼叫，不復去。或經四五日，困倒其下，乃潛殺之。其胸前有小横骨，燒灰酒服，令人能浮水。　《談苑》：象耳出油，謂之山性發，往往奔逸傷人。牧者見其耳有油，則多以索縻之。　《見聞録》：余客荆州，見省下小報云：外國貢一象，重祗八斤四兩。

清　方旭《蟲薈・毛蟲・野象》　《嶺表録異》：廣之屬郡潮循多野象，其牙小而紅，堪爲笏。

又　豫，《爾雅正義》：豫，象屬，獸之多疑者。

又　鼻角，《坤輿外紀》：印度有鼻角，似象足，短體有鱗，皆紅黄斑點。鼻有一角，堅如剛鐵，若與象鬬，必於石上磨其角，觸象腹而斃之。

清　趙吉士《寄園寄所寄》　象鼻端有爪可拾針，肉有十二般，唯鼻是其本肉。陶貞白言，夏月合藥宜置牙於藥旁，南人言象尤惡犬聲。獵者裹糧登高樹，搆熊巢伺之，有羣象過則爲犬聲。悉舉鼻吼叫，循守不復去，或經五六日困倒，則下潛刺殺之。耳穴薄如鼓皮，一刺而斃，胸前小横骨，灰之酒服，令人能浮水出没。食其肉，令人體重。古訓言象孕五歲始生。《酉陽雜俎》

清　周魯《類書纂要》卷三三《走獸類》　焚身，象有齒以焚其身。　瑶光，瑶光之星散而爲象。　南山之美，南方之美者有梁山之犀象焉。　妬惡犬聲，南人言象妬惡犬聲，獵者每裹糧登高樹創巢伺之，見羣象過作犬聲，象聞悉舉鼻吼叫，循守不去，經五六日困倒其下，因潛殺之。　刻舟以秤，魏太祖欲知象之輕重而不可秤，少子曹冲曰：置象于舟，刻其水痕，而以土實，則知其數也，帝甚悦之。　天竺戰，東離國治陟奇城在天竺東南三千餘里，男女皆長八尺而怯弱，乘象並駱駝往來鄰國，或有寇則乘象以戰。　繫火象退，廣州有野象，村落小民酒熟則尋香而來，破壁人飲，人甚苦之，所過亦害不稼，象目細畏火不畏人，倉卒遇之，則以長竹繫火逐之，象輙退。生捕扶南王盤況少而雄傑，聞山林有大象，輙生捕取，致之習豢，乘騎諸國，聞之服其勇。　嗜稼，象嗜人禾稼，凡引煩于田必次畝而食，不亂蹂也，未旬日即數頃盡矣，島夷人苦其害，以孤豚縛籠中懸諸深樹林中，孤豚被縛，喔喔不絶聲，象聞而怖，乃引領而遁，不敢近稼。 封象，元世祖初登位，封象以品級爵禄，使之把門，上出入使象背玉印前行，及順帝時，象背印而逃，爲明太祖奪之，其國人有言，封臣不如封象。危素不如，元順帝有一象，嘗宴羣臣時拜舞爲儀，及明師破元都，順帝北遁，徙象至南京，太祖設宴使象舞，象伏不起，殺之，次日作二木牌，一書危不如象，一書素不如象，掛于危素左右肩，由是素以疾謫含山縣卒，今墓在焉。

清 吴寶芝《花木鳥獸集類》卷下 《字説》：象齒感雷莫之爲而文生。《埤雅》：象牙生花，必因雷聲。故古者以爲器飾，今人欲馴象，以小斧刃斲之，其金瘡見星月即合。《莊子》曰：象見子皮，無遠近而泣。《博物志》：南方有象，各有雌雄。其一雌死，百有餘日，其雄泥土著身，獨不飲食。人問其所以輒流涕，若有哀狀。《左傳·襄王二十四年》：子産寓書於子西，以告宣子曰：象有齒，以焚其身。《左傳·定王四年》：吴伐楚，鍼尹固與王同舟，王使執燧象以奔吴師。注云：燒燧火以繫象尾，使驚奔吴師。 萬震《南州異物志》：俗傳象牙歲脱，猶自愛惜，掘地深藏之。人欲取必作假牙，潛往代之，不令其見也，見則不藏故處。 郭璞《象贊》象之爲獸，形骸特詭，身倍數牛。目不踰豭，鼻爲口役。望頭若尾，馴良承教，聽言則跪。素牙玉潔，載籍所美。服重致遠，行如丘徙。《帝王世紀》：舜葬蒼梧下有羣象，常爲之耕。《漢書》：大宛身毒國，其人乘象以戰。又王莽與世祖戰昆陽，驅虎豹犀象，以助威武。 漢武時，南海獻馴象。注云：象能拜隨人意。成帝時林邑獻一象，能拜跪。 吴賀齊爲新都太守，孫權出祖道作樂舞象。權謂齊曰：今定天下，都中國使，殊俗貢琛，百獸率舞，非君其誰。 東漢張茂夢大象，問萬推。推曰：象者，獸也。獸者守也。君當爲郡，然不能令終。象有齒，以焚其身也，果如其言。 晉時，南越獻馴象，養於皁澤中。每正朝大會，皆入充庭。帝行則以象車引導，以試橋梁。後象以鼻擊害人，有司啟之欲殺象。象垂鼻而泣，血流地不敢動。自是朝議，以象無益於事，悉送還越。 唐永徽以來，文單國屢獻馴象，凡三十二，皆畜苑中，頗有善舞者。德宗即位，以爲物性不遂，悉放於荆山之陽。《嶺表録異》：蠻王迎漢使于百花樓前，設舞象奏音樂，引入一象。以金羈絡首，錦襜垂身，掉頭搖尾，皆合節奏。《明皇雜録》：上每賜酺御樓，引大象、犀牛，或拜或舞，動合音律。《南楚新聞》：唐明皇常教象拜舞，天寶之亂，禄山大宴衆酋，出象紿之曰：此象自南海奔來，知吾有天命，雖異類必拜舞。左右命之拜，象皆怒目，卬首不肯拜，命之舞，怒目歛足不肯舞。禄山怒，盡殺之。 范至能《虞衡志》：象形雖大，而不勝痛，故人得以數寸之鈎馴焉。馴之久者，見象奴來，則低首跪前膝，人踏之以登，則奮而起行。《格物論》：象雖魁梧，而蚺蛇能吞之，三歲而出其骨。《埤雅》：象，南越大獸，長鼻，牙望前如後，三年一乳行孕，肉倍十牛，命在其鼻，其所食物，皆以鼻取之。《虞衡志》：象出交趾山谷，惟雄者有兩長牙，象頭不能俯，頸不可回，口隱於頤，去地尚遠，運動以鼻爲用。一軀之力皆在鼻。將行，先以鼻拄地，乃移足。知其足力劣於鼻也。鼻端甚深，可以開闔取物，中有小肉夾，雖芥子亦可拾。每以鼻取食，即就爪甲擊去泥垢，而後捲以入口。飲水亦以鼻反而捲之。足如柱，無指而有爪甲五枚，形如大栗。登高山，下峻坂，涉深水，形臃腫而甚捷。交趾出象處曰象山。山有石室，惟通一路，週圍皆石壁。先置芻豆於中驅，一馴雌入焉，布甘蔗於道，以誘野象。象來食蔗則縱馴雌入。野象羣誘以歸石室，隨以巨石窒門，象饑，人緣石室飼馴雌，野象見雌得食，亦狎而來。求飼益狎，則鞭之。少馴則騎而制之，久則漸解人意。又爲立名字呼之。則應牧者謂之象奴，又曰象公。

清 張习孔《雲谷卧餘》卷一八《象孕》 象入北土從不生育，近年京師象房生一象子。人以未見其交而孕爲奇。近閲曲靖兵備程于周名式庠，歙人。《客滇偶筆》象仁而有禮，非象奴命不觸一物，交感必擇人跡不到處行之。偶爲人所窺，必盛怒，窮追力盡而止。孕十有二載乃生。乃知此象初有身於滇，來今始足十二載耳。

野馬

綜述

清 方旭《蟲薈》卷二《毛蟲·野馬》 《駢雅》：駷驪，野馬也。《爾雅註》：野馬似馬而小，出塞外。《廣輿記》：野馬産陝西及韃靼。《本草綱目》：野馬，甘肅遼東皆有之。皮可爲裘，肉亦可食。味與家馬無異。但落地不沾沙。

又　仙馬，《廣雁蕩山志》：仙馬即山馬，似馬而大，長頸多鬣。其鬣白如雪，遍體黑色，能歷險，如山羊。旭按：此與下山馬異。

又　海馬，《譯史紀餘》：蘇門答剌有海馬，或曰馬與龍交而生者。其骨至堅。土中有此骨，凡馬不敢過。《海語》：海馬色赤黄，高八九尺，逸如飛龍。山食而宅海。《格致鏡原》：海馬，骨水火不能毁。惟漚以腐糟，則爛。

又　山馬，《嶺南雜記》：山馬，似鹿而角彎向後。旭按：《説文》云：北海有野馬，曰騊駼，形似鹿即此。《鳥獸續考》：山馬似鹿而差，黑眼，下復有兩眼，日閉夜開，以燭物。

又　水馬，《北山經》：求如山有水馬，其狀如馬。而文臂，牛尾。其鳴如呼。註：漢武帝時，渥洼水中有馬，以爲靈瑞者，即此類也。

又　旄馬，《山海經圖》：旄馬，出南海外。狀似馬，而足有四節，垂毛。

又　龍馬，《瑞應圖》：龍馬，河水之精也。其額上有翼，旁有垂毛。旭按：《洞冥記》云：脩彌國有馬如龍，能藏形於空中，祇聞其聲。又《神異經》云：大宛有良馬曰籋梢，鬣垂至膝，毛垂至地。疑此皆龍馬之類。

又　肉角馬，《八紘譯史》：哈烈産肉角馬，角有肉，長數寸。解人語，又善舞，能與鼓聲相應。

又　果下馬，《廣輿記》：果下馬産廣東、朝鮮。駿者雙脊，人呼雙脊。

又　駮，《爾雅正義》：駮即《王會篇》之兹白也。《西山經》：中曲山有獸曰駮，狀如馬，白身，黑尾，一角，虎爪。其音如鼓，食虎豹。旭按：《北山經》云：騂馬，似馬而一角，白身，牛尾，即此。又漢武帝伐大宛得天馬，有角。又《魏文成帝紀》云：庫莫奚獻名馬一角，狀似麟。

清　陳昌齊　道光《廣東通志》卷九九《物産・獸類》　果下馬，出德慶之瀧水者，爲最高，不踰三尺。駿者有兩脊，故又名雙脊馬。健行《桂海虞衡志》。卑小可行果樹下故名。謡云：「果下馬相逢爲郎下，果下牛相逢爲儂留。」亦名石馬。《舟車聞見録》

又　山馬，深山皆有之，而陽江尤多。似馬面有角，毛似牛，肉味美。可爲卧具，能禦濕。《肇慶府志》　瓊州多山馬，似鹿而大。千百爲羣。角彎内向，無岐眼。下復有二眼，日閉夜開，以燭物。善入棘叢。黎人得之，以其皮易布。《南越筆記》

又　騂馬，平定縣東巨海有騂馬，似馬，牛尾，一角。《南越志》　虎，裴淵《廣州記》曰：興寧縣義熙四年，忽有數十大鳥，大如鶩。少日，化爲虎。《太平御覽》　廣中州縣多有之。而市有虎，欽州之常也。城外水壕，往往虎穴其間。村落則晝夜羣行，不以爲異。《嶺外代答》

清　李鴻章　光緒《畿輔通志》卷七四《物産・獸屬・駮》　駮，順州山中有異獸，如馬而食虎豹。遼人不知其名，以問劉敞，敞曰：「此所謂駮也。」爲言其形狀、聲音，皆如所見，人歎其博物。《東都事略》

清　李鴻章　光緒《畿輔通志》卷七四《物産・獸屬・野驢》　野驢，李時珍曰：遼東出。似驢，而色駁鬉尾長。《本草綱目》

清　長順　《吉林通志》卷三四《物産・獸屬・野驢》　野驢，女真獸多野驢。《通考》　女真出野驢。《明一統志》八十九　女真出野驢，似驢而色駁。鬃尾長，骨格大。《本草綱目》五十

犀

綜述

宋　謝維新《古今合璧事類備要别集》卷七六《走獸門》《格物總論》：犀，狀如水牛，猪頭，大腹，痺脚，三蹄，黑色皮，一孔三毛。行於七海水爲之開，冒霧露不濕。二角，一在鼻，一在額。鼻上角長，額上角短。鼻上食角也，或曰奴魚。或又云二角一在額上爲兕犀，一在鼻上差小爲胡帽犀。牯犀亦有二角，皆爲毛犀。而今人多傳一角之説。然此數種俱有粟文，以文之麄細爲貴賤。角之貴者有通天花文。犀有此文必自惡其影，常飲濁水，不欲照見也。其文理絶好者則有百物之形。或又云犀之通天者，是其病理不可知也。又有倒插者，有正插者，有腰鼓插者。倒插者，一半以下通，正插者。一半以上通，腰鼓插者，中斷不通。其類極多，足爲奇異。犀中最大者爲墮羅犀，一株有重七八斤者，此牯犀額角也。其花多作撒豆班，色深者堪帶佩班散，而色淺者但可作器皿耳。海人取之之法，先於山路多植木如猪羊機，其犀以前脚直常依木而息，多年植木爛，犀或倚之，即木折犀倒，久不能起，因格殺而取其角。又云犀每自退角必培土埋之，海人知處即潛作木寓角而易之，再三不離其處，時

復有得者，若直取之則犀去於別山退藏，不可尋也。未知的然否，或又以爲鴆飲水處有犀牛，若不自淮其角，必爲水物食之而死。蓋鴆食蛇毒在焉故也。兕或以爲雄犀如野牛，青皮堅厚，可以爲鎧。嶓冢山多，或以爲兕似牛而一角，犀似猪而三角，必有能辨之者。

清　周魯《類書纂要》卷三三《走獸類》　犀，狀如水牛，三蹄，皮黑，一孔三毛，行于江海水自開，角一在額上爲兕犀，一在鼻上差小，爲胡蝟犀，牝犀亦有二角，角之貴者有通天花文犀，自惡其影，常飲濁水焉。

清　周魯《類書纂要》卷三三《走獸類・兕》　兕，野牛，一角青色，重千斤，善抵觸，取角制罰爵以爲酒戒，故名兕觥。　殪大兕，既張我弓，既挾我矢，殪此大兕。　水兕，水獸也。出而有聲，吼如雷則波浪起，故云：水兕雷咆乎陽侯。　觸躧，狂兕躅躧。　犇兕，施犇呢以卻走。　青兕，幕前生致九青兕。

清　陳昌齊　道光《廣東通志》卷九九《物産・獸類・犀》　《南州異物志》曰：犀如象，火色黑頭，似豪猪，食草木也。《南越志》曰：高州平定縣巨海有大犀。其出入，水爲之開。《太平御覽》　角，以南海者爲上。犀似水牛，猪首大腹。卑脚有三蹄，黑色。舌上有刺，好食棘刺。皮上每一孔三毛，有一角、二角、三角者。《政和本草》　犀牛大約似牛形，而蹄脚似象。蹄有二甲二角。一在額上爲兕犀，一在鼻上校小爲胡犀。鼻上皆裙口，束而花點小，多有奇文。牯犀亦有二角，皆謂毛犀，俱有粟文，堪爲腰帶。千百犀中，或有通天者，尖花、大花，小者謂之倒插。通此二種，亦玉巵無當矣。若通處無黑白，花分差奇，則計價巨萬，舉世之寶也。余比居番禺，聞有墜羅犀，犀中最大株，有重七斤者，云是牯犀。額上有心花，多是撒豆。斑色深者堪爲胯具。斑散而淺者，即治爲盃盤器皿之類。又有駭雞犀，有白縷如絲，以置米中，雞即駭也。辟塵犀，爲婦人簪梳，塵埃不著髮也。辟水犀，此犀入江海，水爲之開，置角於霧露中，經夕不濕也。光明犀，此犀置暗室中，自有光明也。此數犀但聞其説，不可得而見也《嶺表録異》。傅咸《犀鈎銘》曰：世稱駭雞之犀，有以此鈎，見遺者爲之銘曰：「獸曰元犀。處自林麓，食惟棘刺，體兼五肉。或有神異表露，以角含精吐英，望如華燭，置之荒野，禽獸莫觸。」《太平御覽》　謹案：傅咸《犀鈎銘》舊志誤以爲楊孚《南裔異物志贊》，故附録於此。

犀牛黄，出陝西甘肅者謂之西黄，出廣南者謂之廣黄。《本草綱目》不著犀牛黄，偶遺之爾。《舟車聞見録》

清　方旭《蟲薈》卷二《毛蟲・犀》　《酉陽雜俎》：犀，一名奴角。《本草綱目》：犀出西番、南番、滇南、交州。有二角，鼻角長，額角短。其角有花文，如魚子形。謂之粟文。文中有眼，謂之粟眼。黑中有黄花者，爲正透。黄中有黑花者，爲倒透。花中復有花者，爲重透。並名通犀，乃上品。花如椒豆斑者，次之。純黑無花者，爲下品。其通天夜視有光者，名夜明。犀能通神破水，鳥獸見之皆驚。陳藏器曰：通天者，腦上之角，經千歲長且鋭。白星徹端，出氣通天也。其角以有百物之形者，爲極品。凡犀角有通天花文者，其飲必濁水。蓋自惡其形，不欲照見也。其文有倒插者一半以上通，有正插者一半以下通，有腰鼓插者，中斷不通。種類頗多。故波斯呼象牙爲白暗，犀角爲黑暗。言難識也。其角每歲一退，必自埋於山中。海人多作木角，潛易之。否則再脱，必埋他所。李珣曰：通天者，乃胎時見天上物過形於角上。故曰通天。蘇頌曰：犀角入藥，黑者，爲上，角尖尤勝。《抱朴子》：通天犀，角有白理如線，置米中，雞往啄米輒驚。故一名駭雞犀。取其角一尺以上者，刻爲魚銜，以入水，水爲之開。《廣輿記》：犀産廣西、占城、暹羅等處。《八紘譯史》：佛菻産通天犀。《爾雅註》：犀似水牛，猪頭，大腹，痺脚。脚有三蹄，黑色。三角一在頂上，一在額上，一在鼻上。鼻上者即食角也。小而不橢，好食棘。亦有一角者。《正字通》：郭璞言犀有三角，一在頂，一在額，一在鼻。不知在鼻者，乃鼻骨，非角也。《埤雅》：山犀二角。其角最難搗，須鋸成小塊，以紙包納懷中，令近肉，候人氣蒸潤。乘熱搗之，應手如粉。《談薈》：犀體具五種肉。其角置狐穴中，狐不敢歸。《考工記》：犀甲壽百年。《林邑國記》：犀行過叢林不通，便開口露齒，向前直指，棘林自開。

清　方旭《蟲薈》卷二《毛蟲》　水犀《異物志》：海中有水犀，樂聞絲竹管絃之聲。人以此誘其出而獲之。旭按：或説水犀與山犀無異。但水犀皮有珠甲。而《二申野録》載弘治十七年崇明，漁人獲水犀，似犬，色黑。初不知其爲犀，因善盜魚，驅而入海。海水爲之躍，乃知是水犀。據此則與山犀又不類矣。又或説水犀三角。　明犀，《洞冥記》：元封中吠勒國貢明犀，狀如水兕，而角表有光，又名影犀。　白犀，《中山經》：琴鼓山多白犀。註：此與辟寒、辟暑、辟塵、蠲忿諸犀，皆異種也。旭按：辟寒犀産安南，角能辟寒，其色如金。辟暑犀，角能辟暑。辟塵犀，即却塵獸也，産真臘。其角與皮皆可辟塵。蠲忿犀，磋其角，佩之令人蠲去一切忿怒。 兕，《本草綱目》：兕一名沙犀。 《交州記》：兕出九真，一角長三尺餘，形如馬鞭柄。 《四書考》：嶓冢出多兕。註：山在陝西、甘肅相聯處。 《翼翼子註》：兕似牛，青色，一角。 《説文》：兕角爲酒器，名觵。 《攷工記》：兕甲壽二百年。 水兕，《八紘譯史》：占城多水兕。 《正字通》：水兕出水，有聲如雷。

宋 張世南《游宦紀聞》卷二 犀出永昌山谷及益州。今出南海者爲上，黔蜀次之，此《本草》所載云。然世南頃游成都，藥市間多見之。詢所出，云「來自黎、雅諸蕃，及西和、宕昌」，亦諸蕃寶貨所聚處。五羊、桂筦、桐城亦有之，往往皆來自蕃舶。又有所謂河北山犀，紋粗而不光。要之，數處皆非所出，乃所聚耳。 犀似牛，猪首大腹，脚有三蹄，色黑，好食棘，其皮每孔生三毛。頂一角；或云兩角；或云三角。郭璞《爾雅》注：「犀三角：一在頂上，一在額上，一在鼻上。鼻上者，即食角也，小而不隋他果反，亦有一角者。」《嶺表録異》曰：「犀有二角，一在額上爲兕犀，一在鼻上爲胡帽犀。」牯犀亦有二角，皆爲毛犀；而今人多傳一角之説。向在蜀，見畫圖犀之形，角在鼻上，此數種，俱有粟紋，以粗細爲貴賤。貴者，有通天花文。犀有此紋，必自惡其影，常飲濁水，不欲照見也。文理絶好者，有百物之形。或云「通天者，是其病理」，不可知也。通天犀，腦上角千歲者，長且鋭，白星徹端。能出氣通天，則能通神，可破水駭鷄，故曰「通天」。《抱朴子》曰：「通天犀有白理如綫者，以盛米，鷄見即駭。其直者，刻爲魚；銜入水，水開三尺。」俗所謂離水犀者是也。犀胎時，見物象戾天，則形於角上，故云「通天」。有倒插；有正插；有腰鼓插。倒插者，一半以下通；正插者，一半以上通；腰鼓插者，中斷不通。其類極多，皆以爲奇異。故波斯呼象牙爲白暗，犀角爲黑暗，言難識别也。

又 犀中最大者曰「墮羅犀」，一株有重七八斤者，云是牯犀額角。其花多作撒豆斑。色深者，堪作帶胯；斑散而色淺者，但可作器皿耳。或曰，兕是犀之雌者，未知的否。又曰，犀之佳者是特犀。紋理細膩，斑白分明，俗謂斑犀。服用爲上。然入藥，則不如雄犀也。凡犀入藥者，有黑白二種，以黑者爲勝。其角尖又勝。方書多言生犀相承，謂未經水火湛將廉反。熾者是，或謂不然。蓋犀有捕得，殺而取者爲生犀；有得其蜕角爲退犀，亦猶用鹿角法耳。

唐相段文昌門下醫人吴士皐，因職，於南海見舶主，言海中取犀牛之法：先於山路多植木，如猪羊棧。其犀以前脚直，常依木而息。植木久必蠹，犀忽倚焉，即木折犀倒，而因斃之，取其角。又云：「犀每自蜕角，必培土埋之。海人跡其處，潛易以木角。若直取之，則犀徙去别山遁跡，不可尋已。」未知今之取犀角，果如此否。《異物志》云：「山東海水中犀牛，樂聞絲竹，彼人動樂，犀則出。」

又 祥符間，老璫李德永，撰《點頭文》一編。其間有論犀帶至貴者，無出於黑犀。謂生犀徹骨黑者，名黑骨犀。不經湯火，只如餅餡，劈四邊，取方爲銙具。其文頭或如桑椹，或似狗鼻，以墨蠟刷之，自然光潤。性全脂脈在内，兼無皴裂，四邊雲頭兩脚直者，是也。不拘黔、螺、特、牯：黔謂無紋，螺謂紋旋，特紋細，牯紋大而匀。或每一粒紋尖上，更有一眼者，佳也。又有赭黄犀，須是裏外透明，瑩浄如真金色者，至寶也。 又一説，犀有二種：曰「山犀」，曰「水犀」。水犀少見。《五谿記》云：「山犀者，食竹木，小便竟日不盡。夷獠以弓矢採取，故曰黔犀。」 大率犀之性寒，能解百毒。世南友人章深之，病心經熱。口燥唇乾，百藥不效。有教以犀角磨服者；如其言，飲兩碗許，疾頓除。

清 周魯《類書纂要》卷三三《走獸類》 貢馴犀，貞元之歲貢馴犀，上林置圈官司養。玉盆金棧非不珍，虎啖偕牢魚食網。 犀角通，犀角通者是其病，然其理有倒插、正插、腰鼓插，倒者一半已下通，正者一半已上通，腰鼓者中斷不通。 犀贊，犀之爲獸，形兼牛豕，力無不傾，吻無不靡，以賄嬰實，困乎用倚。 解毒，犀角遇毒藥攪之則生白沫，無毒物則無沫起也，此天犀所以能殺毒也，爲物食百草之毒，侈衆木棘歲一解角，藏於山中，人刻木如其角易之，犀不覺，後年輒復解。 辟寒開元中冬至，交趾國進犀角，使者請以金盤置於殿中，温然暖氣襲人，上問其故，使者曰：此辟寒犀。 刻石，《蜀記》：水爲害，蜀守李冰作石犀五枚沉於水中以厭水精。 辟暑，文宗延學士於内庭，李訓講易，時方盛暑，上命取辟暑犀以賜。 兕，雄犀也，如野牛，青皮堅厚，可以爲鎧。 墮羅犀，最大者重八九斤，此枯犀額角也，其花多作椒，豆斑色，深者堪帶胯。斑散而色淺但可作器皿耳。 蠲忿，上同昌公主帶蠲忿犀，犀株如彈入，上不朽帶之，令人蠲忿怒。夜明犀敬宗寶曆元年，南昌國獻夜明犀，其狀類通天，夜則光明，可照百步，上令解爲腰帶，每遊獵夜則不施其蠟燭，有如晝日。 雙龍犀，大中初，女蠻貢雙龍犀，犀内有二龍，鱗鬣爪角悉備，又其國出辟塵犀，爲婦人簪梳，塵不著髮。 原水族，晉温嶠過牛渚磯，水深不可測，世傳其下多怪物，遂假犀燃火而照之，須臾水族覆火見奇形異狀，或乘車馬或著赤衣，嶠夜夢人曰：幽明自别，何意相照耶。　慮傷物性，山南西道觀察使奏渠州犀牛現，差官押赴闕庭，既至，上於便殿閲之，宣示百官云上慮傷物性命，中使押還本道，放於渠州之野。

清　吴寶芝《花木鳥獸集類》卷下　《韓詩外傳》：太公使南宫适至義渠，得駭雞犀，以獻於紂。　《舊説》：犀之通天者，可以破水。駭雞。蓋犀之美者有光，故雞見影而驚。其次角理復有正插、倒插、腰鼓插者。《抱朴子》曰：通天犀，角有白縷如綫，直至角端，直屋中則烏鳥不敢集屋上，置米中雞輒駭呼不敢食。刻爲魚銜入水，則水開三尺。　《北夢瑣言》：楊收女適裴坦長子，嫁資豐厚，坦尚儉，聞之，不樂。一日，與夫人至新婦院，見臺上果楪乃卧魚犀，遽拂袖出。　《本草》：通天犀胎時，見天上物過，並形於角，故曰：通天。《抱朴子》曰：赤理如綖，自本徹末，故曰通天。　《世言》：犀望星而星入角，《續夷堅志》：凡犀角遇山川日月，草木鳥獸，隨寓成形，唯宋韓魏公犀帶中央一片，乃鹿啣花，孝宗犀帶一片，乃是南極老人星像。　《異物志》：犀舌有棘，常食草木，棘刺不啖莖葉也。　《埤雅》：犀亦絶愛其角，墮角即自埋之。王粲《游海賦》云：羣犀代角，巨象解齒是也。　《格物論》：犀之最貴者，有通天花文犀，有此文必自惡，其影常飲濁水，不欲照見也。　《異物志》：海中水犀，樂聞絲竹，彼人動樂則出，常爲人所獲。　《本草》：李司封宗易嘗言：石駙馬保吉知陳州，其州廨一，皆新之。每毁舊屋，則坐於下風塵自分去，人皆驚怪。蓋其所帶，乃辟塵犀也。　唐太宗初，女蠻貢雙龍犀，鱗鬣爪甲悉備。　《爾雅》：南方有梁山犀象出焉。　《孔帖》：巴浦之犀，其可遇乎。又云：馳烏弋之名，揉黄支之美。烏弋、黄支，皆犀所出之國也。　《嶺表録異》：以辟塵犀爲婦人簪梳，塵不着髮。　唐張易之爲母作犀簟。

野猪

綜述

清　陳昌齊　道光《廣東通志》卷九九《物産・獸類・山猪》　山猪，即豪猪，身有棘刺，能振發射人。二三百爲羣，以害禾稼。州峒中甚苦之《桂海虞衡志》。即蒿猪，一名箭猪。初本泡魚，魚身有棘刺，化爲豪猪。豪在項脊間，如箸。白本黑端，人逐之，則激以射人。婦女以金錢鑲之爲簪，能止頭癢，除白屑。其豪如蒿，亦曰蒿猪。《南越筆記》　謹案：豪猪處處深山中皆有之。惟粤東則有泡魚所化者。《筆記》本於張師《正倦遊録》。

清　李鴻章　光緒《畿輔通志》卷七四《物産・獸屬》　野猪，契丹多黄豕。《行程録》　塞山多有之。蒙古謂「猪」爲「噶海」，今府屬境内有稱噶海圖者，皆以有野猪處得名。《熱河志》

清　長順　《吉林通志》卷三四《物産・獸屬》　野猪黑水靺鞨俗編髮綴野豕牙《唐書》二百十九。女真國獸多野猪。《通考》　野猪，女真出。《明一統志》八九　今山中有之。《盛京通志》　大如牛，形如彘。耳稍小，上下牙如鋼鉤，驅突時猛如虎兕。《隨鑾紀略》　豪猪，有刺，白本而黑端，怒則激去，如矢射人。《本草》五一

清　李鴻章　光緒《畿輔通志》卷七四《物産・獸屬》　㹠，魯連子曰：北方有獸名爲㹠，生而角當心。俯口，其角潰心而死。《太平御覽》

橐駝

綜述

宋　謝維新　《古今合璧事類備要别集》卷七六《走獸門・橐駞》　《格物總論》：橐駞大於水牯，紫色，耳垂脊上，有一封，若封土有靈性，能知水脈識泉源，風將發即引項而鳴。然負重致遠，力可千斤，日行三百里。古者典廄，駞牛騾各四給一丁，日給藁一圍，鹽三合。易馴養也。亦曰駱駞云。

清　方旭　《蟲薈》卷二《毛蟲・橐駝》　《爾雅翼》：橐駝，今呼駱駝。　《西番譯語》：橐駝，西番呼兒阿蒙。　《廣輿記》：橐駝産安定、哈密、火州、韃靼、兀良祖法兒等處。　《本草綱目》：駝似馬，羊頭，長項，垂耳，背有兩肉峰如馬鞍，脚有三節，毛有蒼褐、黄、紫數色。其性耐寒惡熱，故夏至退毛至盡，人多取以爲毡。其力能負重，可至千斤，日行三百里。其鳴曰圓。其肉甘温無毒。一種卧而腹不着地，屈足露明者曰明駝，尤能行遠。旭按：明

駝眼下有毛，能夜視，日行五百里，見《楊太真外傳》。又《西域記》云：郭罕之駝，大如中國之驢。又《南蠻傳》云：室利佛逝有橐駝，豹文，犀角，以乘且耕。人呼它牛豹。又《南史》云：滑國有兩脚駝，能人立。又或説駝有二胃，一受食，一受水。受水之胃似袋，有十二行，中皆貯水，遇流沙無水，則出胃中水以潤之。又或説駝脂在峰飢則鎔入體中以充腹。又《紀文達公筆記》云：駝峰爲八珍之一。然野駝單峰，非常駝雙峰也。　《博物志》：燉煌西渡流沙，往外國千餘里無水，有伏流，人不能知。橐駝知水脈，遇其處即停不行，以足踏地。人於所踏處掘之，即得水。　《續博物志》：駝糞烟直上，能殺蚊虱。　《埤雅》：駝毛褥煖於狐。　《奉使日記》：橐駝，涼則五日一飲水，熱則二日一飲水。若行路，須食草足，然後飲。飲畢少飼以鹽。牽則護其鼻。蓋鼻壞則駝之精力減也。

清　方旭《蟲薈》卷二《毛蟲・玉駝》《拾遺記》：周靈王時，韓房自渠胥國來獻玉駝，高五丈。

又　風脚駝，《洽聞記》：于闐有小鹿，與駝交，生風脚駝。日行七百里。

又　飛駱駝，《癸辛雜識》：西域雪山有飛駱駝。

又　石駱駝，《異域誌》：石駱駝腹下出水，飲之令人色白。西南夷有之。

《異苑》西域苟夷國有石駱駝，腹下出水，以杯盞及手承取即便對過。惟葫蘆承取，則得飲之，令人身體香浄而成仙。

清　李鴻章　光緒《畿輔通志》卷七四《物産・獸屬》駝，其奇畜則橐駝。《史記・貨殖傳》深谷中時見畜牧牛馬橐駝《上契丹事》。馬志曰：生塞北，其脂在兩峰内。《本草綱目》元迺賢《塞上曲》：雜沓氈車百兩多，五更衝雲渡灤河。當轅老嫗行程慣，倚岸敲冰飲橐駝。柳貫《灤水秋風詞》：西風初吹白海水，落日正見黑山雲。旃廬小泊成部署，沙馬野駝連數羣。清胡會恩《塞外截句》：邊風獵獵捲晴沙，四月陰山草未芽。莫道春歸無舊識，駞茸滿地似楊花。高士奇《塞外雜詠》：望中宮闕隔雲霞，歎息今年負物華。六月駝毛飄滿地，渾疑春盡落楊花。查慎行《閲視羣牧恭紀》：詩肉鞍高出草頭低，千百封牛褐色齊。如有泉源在山外，但從沙土覓駞蹄。　安塔塔，即野橐駝也。似驢而差小，垂瘦毛，朔北野馬川甚廣。其性深喜飲人便溺，見則忘軀而吸飲之，蓋其地艱於水故也。因其喜飲水，故以誘其來而陷阱填獲焉。《隋園經》

清　吴寶芝《花木鳥獸集類》卷下《橐駝》《漢書》：大月氏國出一封橐駞。注云：脊上有一封。封高也，若封土然。　駞背有兩峯，如馬鞍，名曰駞峰。駞足三節，長頸，色蒼褐。凡負物，屈足受之，載未盡量，終不起。《東觀漢紀》：單于於龍祠鬬橐駞以爲樂。　《孔帖》：南蠻寶利佛逝有橐駞。豹文而犀角，且耕，且耒，名曰牛駞豹。《白帖》：橐駞本出泉渠。《白帖》：漢鄯善多橐駞。《史記》：蘇秦説楚威王曰：王誠能用臣之愚計，則韓、齊、燕、趙、鄭、衛之妙音美人必充後宮。燕代橐駞，良馬必實内厩。《三水小牘》：劉東仁爲江州刺史，自京將橐駞至郡，放之山下，野人見而大驚，共射之，乃以狀白州，曰：獲廬山精於其處。劉命致之，乃所放駞耳。《後周・四夷傳》：流沙數百里，夏日多熱風，爲行旅之患。其風欲至，唯老駞知之。即引項而鳴，埋其鼻口于沙中。人以爲候，即以氊擁其鼻口。其風迅速，須臾即過。不爾，則至危斃。《郁離子》曰：知風莫過於老駞，識路莫逾于老馬。唐・楊國忠欲厚結哥舒翰，共排安禄山，奏以翰兼河西節度使，賜爵西平郡王。是時中國盛強，自安遠門西盡唐境，凡一萬一千里。閭閻相望，桑麻翳野，天下稱庶富者無如隴右。翰每遣使入奏，嘗乘白橐駞，日馳五百里。田緒拜綏夏銀節度使，王師伐蔡，緒上橐駞，牛馬助軍。《酉陽雜俎》：明駞千里脚，駞卧腹不帖地，屈足。漏明則行千里。明字多誤作鳴，非也。《異域志》：西南夷國山上有石駱駞，腹下出水，飲之令人身白浄。　史思明陷兩京，嘗以橐駞載禁府珍寶貯范陽，若邱阜然。王荊公詩：橐垂鈴棧駞名圖。按：義訓，牛之聲曰牟，駝之聲曰圖。　梅聖俞詩：鳴駞出西域，銜尾自連連。漢驛淩雲去，胡人踏雪牽。當時識風候，遇磧辨沙泉。老覺肉封側，猶蒙錦帕鮮。

鹿

綜述

《爾雅・釋獸》麢，大羊。郭璞註：麢羊，似羊而大，角員鋭，好在山崖間。

宋　謝維新《古今合璧事類備要别集》卷七八《走獸門》《格物總論》鹿，黄質斑斑，然白點。性多驚烈。能别良草，常食名物，諸毒不食。處必山崗。他獸多屬十二辰及八卦，惟鹿不然。麚，牡也。麀，牝也。麛，其子也。至於所謂麛，又鹿之絶有力者。然鹿一千年爲蒼鹿，又百年化爲白鹿。又五百年化爲玄鹿。其屬有麃，有麇，有麞，有麀，有麢。麢二角似麇，牛尾。麀大。麢旃尾狗足。麞即麢也。麇冬至角解。鹿夏至角解。此爲差異。麃又鹿之大者。又鹿小於獐，但口兩邊有長牙，好鬬則用其牙。皮爲第一，無出其右者。然多牙傷痕。四方皆有，山深處則多。其聲如擊破鈸。

清 王棠《燕在閣知新録》卷三一《遊牝哨鹿》 南方多鹿，每一牡管牝百頭。至春羸瘦，蓋遊牝多也。至夏唯食菖蒲一味却肥，江陵松滋射鹿者，率以淘河鳥脛爲管，以鹿心上脂膜作簧，吹作鹿聲，有大號小號呦呦之異，或作麀鹿聲則牝鹿畢集，蓋爲牡聲，所誘人得彀矢而注之，今之所謂哨鹿則其遺意。

清 杭世駿《訂訛類編》卷下《圝鹿》 今制秋獮謂之哨鹿。獵人冒鹿皮入山林深處，口銜蘆管作鹿聲，鹿乃羣至，然後取之，即古之由鹿也。吕温《由鹿賦》曰：由此鹿以致他鹿，故曰，由鹿。《説文》云，率鳥者繫生烏以來之名圝，則由鹿又當作圝。

清 陳大章《詩傳名物集覽》卷下《野有死鹿》 《朱傳》：鹿，獸名，有角。《爾雅》：鹿，牡麚牝麀，其子麛，其跡速，絶有力麉。《説文》：鹿，解角獸，羣萃善走者也。《易》：即鹿無虞。《周禮》：朝事之豆，菁菹、鹿臡。《禮記》：仲夏鹿角解。又云：居澤以鹿豕爲禮，謂之不知禮。又云：鹿脯、麇脯、麢脯皆有軒。《左傳》：鹿死不擇音，挺而走險，急何能擇。《字統》：鹿性警防，分背而食，以備人物之害，《孝經・援神契》：德至鳥獸則白鹿見。《瑞應圖》：王者孝，白鹿見，又明惠及下則見。《春秋・曆命序》：皇神駕六飛鹿化三百歲。《埤雅》：鹿分背而食，食則相呼，羣居則環其角外向，以防物之害己，故《詩》以況君臣之義。而《毛詩・草蟲經》曰：鹿欲食，皆鳴相召，志不忌也。《周官》：視朝則皮弁服，正以鹿皮爲之。鹿愛其類，出於天性也。《爾雅》：麇曰其跡躔，鹿曰其跡速，麢曰其跡解，兔曰其跡迒，豕曰其跡刻，狐曰其跡㐬。蓋麇性迷惑，故跡躔而不解。麢性散驚，故跡解而不躔。鹿善決驟，故跡速而不㐬。狐善遲疑，故跡㐬而不速。豕性追突故其跡刻。兔性跳躑，故其跡迒。今兔將伏，輒跳躑擺跡，人反以此得之。《韓子》曰：譬如兔得跡，安用東西跳也。《韓子》：馬似鹿者千金。《雅翼》：古稱馬之似鹿者直百金，今荆楚之地，其鹿絶似馬，當解角時，望之無辨，土人謂之馬鹿，是知趙高指鹿爲馬，蓋以類耳。鹿無枝骼，角有枝曰骼，夏則解角而易毛，冬則角長而毛深。古伏羲之世，麗皮爲禮。按《説文・集韻》云：麗旅行也，鹿之性見食則急而旅行，《禮》：麗皮蓋鹿皮云。《家語》：四九三十六，鹿主律，律主鹿，鹿故六月而生，《運斗樞》：瑶光星散爲鹿。《衡波傳》：鹿生三年，其角自墮。《史記》：古者皮幣諸侯以聘享，乃以白鹿皮方尺，緣以藻繢，爲幣直四十萬，王侯朝會聘享，必以爲幣薦璧。《述異記》：鹿千年爲蒼鹿，又五百年爲白鹿，又五百年化爲玄鹿。成帝時，中山人得玄鹿，烹而視其骨，皆黑色。僊者説玄鹿爲脯，食之壽二千歲。《主物簿》云：鹿者僊獸，常自能樂性，從其雲泉，至六十年，必懷瓊於角下。角有斑痕，紫色如點，行或有涎出於口，不復能急走也。鹿戴玉而角斑，魚懷珠而鱗紫，有諸内未有不形諸外也。《物類考》：鹿林獸也，性喜林，牝者有角，孕于仲秋，生於春。沈括云：北狄有駝鹿，極大，色蒼黄無斑，角文堅瑩如玉。《山海經》：杻陽之山，獸如馬白首，文如虎赤尾，音如謡，名鹿蜀，佩之宜子孫。山谷云：胡居士常言鹿性驚烈，多别良草，食葛葉等九物，餘則不嘗，凡餌藥者，勿食鹿肉，以鹿常啖解毒之草也。《小爾雅》曰：鳥之所乳謂之巢，雞雉所乳謂之窠，兔之所息謂之窟，鹿之所息謂之場。《本草》：鹿陽獸，夏至得陰氣而解角，從陽退象。《本草》：鹿一名斑龍。《乾寧記》云：鹿與遊龍戲，必生異角，鹿得稱龍以此。

清 袁枚《續新齊諧・羊乳鹿》 臨安山中産鹿，清明前後生子，其子必俟天雨方能走，若無雨終不能行也。土人覓得，歸家以羊乳之長大，便隨羊行走。野性稍馴，可爲園林點綴，名「羊乳鹿」。

清 汪師韓《韓門綴學・續編・由鹿呼鹿》 唐吕温有《由鹿賦》，按由又作圝，古作游。潘岳《射雉賦》云：恐吾游之。晏起《徐爰注》云：游，雉媒名，江淮間謂之遊。游者言可與游也。後世又有哨鹿之法，哨者呼也。《遼史・營衛志》云：秋捺鉢曰伏虎林，皇族而下，分布濼水側，伺夜將半，鹿飲鹽水，令獵人吹角效鹿鳴，既集而射之，謂之舐鹻鹿又名呼鹿。《國語解》云：鹿性嗜鹹，灑鹽於地，以誘鹿射之。《穆宗紀》應歷十三年六月，幸近山，呼鹿射之。旬有七日而後返，十四年五月射舐鹻鹿於「白鷹山」，至於浹旬，十八年，上獵，善爲鹿鳴者，呼一麚至，命夷臘葛射，應弦而踣，上大悦。又《天祚帝紀》：天慶二年，阿骨打弟吴乞買粘罕，胡舍等從獵，能呼鹿刺虎搏熊上喜，加官爵。《五代史》云：東女直多牛鹿，其人無定居，行則以牛負物，雨則張革爲屋，作鹿鳴呼鹿而射之，生食其肉。《江鄰幾雜誌》云：使者云，駝鹿重三百斤，效其聲致之，汪若《海麟書》云：射鹿以聲，注云：俗勇善射，能爲鹿鳴，以呼羣鹿而殺之。又云：毋作由鹿而信其族，注云：由鹿者，由鹿媒以誘致羣鹿也。元宇文懋《昭金志》云：以樺皮爲角，吹作呦呦之聲，呼麋鹿而射之，觀此數條，則哨鹿與由鹿各異。

清　王念孫《廣雅疏證》卷一〇下《釋獸・麛》　麛，䴈也。《爾雅》：鹿，其子麛。《周官》跡人禁麛卵者。鄭注云：麛，麋鹿子是麛，爲鹿子之名。麋子亦得借稱也。麛或作麑。《魯語》獸長麑麌。韋昭注云：鹿子曰麑。《論語・鄉黨》篇，素衣麑裘。皇侃疏云：麑，鹿子。鹿子近白，與素微相稱。麑之言兒也，弱小之稱也。䴈之言偄也，亦弱小之稱。《説文》麌，鹿麛也。讀若偄弱之偄。麌與䴈同。《玉篇》音奴亂切。凡字之從而聲耎，聲需，聲者，聲皆相近。小栗謂之栭，小魚謂之鮞，小雞謂之𩀷，小兔謂之䨲，小鹿謂之䴈，其義一也。《吴都賦》云：翳薈無䴈鷚。

清　秦蕙田《五禮通考》卷一八〇　（宋）每歲，車駕至皇族而下，分布濼水側，伺夜將半鹿飲鹽水。令獵人吹角效鹿鳴，既集而射之。謂之舐鹻鹿，又名呼鹿。

清　昭槤《嘯亭雜録》卷一　哨鹿，上蒐獮木蘭時，於黎明親御名駿，命侍衛等導引入深山疊嶂中，尋覓鹿羣，命一侍御舉假鹿頭作呦呦聲，引牝鹿至，急發箭殪斃，取其血飲之，不惟延年益壯，亦以爲習勞也。

清　陳昌齊　道光《廣東通志》卷九九《物産・獸類》　鹿，雷州之野多鹿。萬州有鹿市。崖州多麂鹿。黎人謁州守，必以爲贄。《郝志》　康熙時，粤東藩司某，畜鹿數頭於後園，生育日蕃，乃以木爲閑，防其奔觸。百年以來，十百成羣，呦呦之聲，達於牆外矣。《舟車聞見録》

清　陳昌齊　道光《廣東通志》卷九九《物産・獸類》　白鹿，欽州有鹿，大軀長角，玉雪其色。嘗墮蘇氏網，幾擒而逸。淳熙乙未二月，有野婦抱一白麛，鬻於市。太守鄭以錢七百得之。日取生牛乳飼之。長大乃雌爾。然馴狎可愛。鄭求得張曲江，進白鹿故事，作纍金羈絡掩尾之飾，將進而不遂然。欽之白鹿，自昔有之，不足異也。《嶺外代答》　德慶青旗山有三足鹿，相傳秦時，龍母蒲媪乘白鹿以出入。農人惡其害稼，母乃斷一足放之。至今有三足者《郝志》。

又麍，《交州記》曰：合浦有麍，角當額上戴科籐，一株三四條，長可一尋。射師不敢射。《太平御覽》　又麈，儋耳珠崖山多麈、麖。師古曰：麈，似鹿大。麖似鹿而小。《漢書・地理志》　又麋，牡者有短角，黧色，喜食橄欖。聲如破鈸，每鳴則赦書，至其皮軟膩，作履襪甚良。《廣州府志》　又鹿，《字説》云：山中有鹿，必鳴以告鹿，其聲几几然。生東南山谷。南人往往食其肉，其皮作履，勝於諸皮。《本草綱目》　又麞，性善驚。《吴越春秋》曰：章者，偉偟也。飲水見影，則奔《埤雅》。粤人以麞肉釀酒，甚佳。《廣州府舊志》　謹案：《南越筆記》云：香麞味甘，性温。食之不畏蛇毒，臍名麝香，非麞也。貍之似麞者也。考《本草》諸書，麝名香麞，粤東有麞無麝，多香貍。筆記之説誤甚。

清　方旭《蟲薈》卷二《毛蟲・鹿》　《格致鏡原》：鹿，《佛書》名伊尼。《正字通》：鹿，《梵書》名密利迦羅。又李時珍云：鹿與龍戲，必生異角。故鹿一名斑龍。按：水陸異種，必無與龍戲之理。其稱龍者，蓋文采似龍也。旭按：鹿狀馬身，羊尾，頭側而長，脚高。牡者毛黄色，有白斑，兩角。夏至角解。牝者無角，毛雜黄白色，亦無斑文。又《酉陽雜俎》云：合浦有鹿，頭上戴科籐，一支四条，直上各一丈。又《二申野録》云：萬歷二十三年，上海得一鹿，高丈餘，重五百斤。《西番譯語》：鹿，西番呼厦瓦。《孔子家語》：鹿六月而生。《戒菴漫筆》：鹿初生，鼻邊有缺者是雄。《本草綱目》：鹿肉補虚，但九月以後，正月以前可食。餘月宜忌。其尾最美，爲八珍之一。一種白臆者。豹文者，及見水能動曝之不燥者，皆有毒，殺人。其茸中又有小白蟲，視之不見，以鼻臭之，必入人鼻，爲蟲顙，不可救。《古今録》：驗人患妖魅鬼病，不肯言者，以鹿角屑擣散，水服之。《談薈》：鹿制於犬。《四書經註集証》：鹿孕於仲秋，生於春。其壽長千歲，色蒼。又五百歲，色白。又五百歲，色黑。食之，壽二千歲。《埤雅》：鹿至六十歲，必懷璚於角下。角有斑痕，紫色，故曰：鹿戴玉而角斑。《支雅》：鹿食菖蒲則肥。《清異録》：武宗呼鹿曰茸客。《抱朴子》：山中卯日稱西王母者，鹿也。知其名則不爲害。

清　方旭《蟲薈》卷二《毛蟲・麠》　《爾雅》：麠，大麃，牛尾，一角。《正字通》：麠狀似鹿，但角不歧，毛不斑耳。《爾雅》謂牛尾一角，誤。

清　方旭《蟲薈》卷二《毛蟲・麈》　《駢雅》：荒鹿，麈也。《西域記》：撻拉巴哈台多麈，人呼四不像。《廣輿記》：麈産陝西終南山。《六書故》：麈似鹿而大。尾可爲拂辟塵。《續博物志》：麈尾掃氈，氈不蠹。《恭録》：純廟聖製文集麋角解說，壬午爲鹿角。記既辨明，鹿與麋皆解角於夏，不於冬。然月令既有其言，而未究其故。常耿耿焉。昨過冬至，陡憶南苑有所謂麈者，或解角於冬，亦未可知。遣人視之，則正值其候，有已落地者，有尚在腦骨，或雙或落。其一者持其已解者以歸。乃爽然自失曰：天下之理不易窮，而物不易格，有如是乎。使不悉麈之解角於冬，將謂月令遂誤，而不知吾之誤更有甚於月令者矣。然則月令遂不誤乎，曰月令之誤，誤在以麈爲麋，而不在冬之有解角之獸也。蓋鹿之與麋，北人能辨之，而南人則有所勿能。麋之與麈亦如是而已耳。且《說文》訓麈有麋屬之言，而《名苑》則又曰：鹿大者曰麈，羣鹿隨之視尾所轉而往。夫鹿也，麋也，麈也，迥然不同，亦不相共羣而處。實今人所知者，而古人乃不悉。其孰爲鹿孰爲麋，孰爲麈，則月令不云夏至麋角解，冬至鹿角解爲幸矣。而又何怪乎。其誤麈爲麋也耶。既釋此疑，因爲說以識之。月令，古書不必易靈臺。時憲則命正，訛以示信四海焉。《中山經》：敖岸山有獸曰夫諸，狀如白鹿而四角。

又 無損《騈雅》：豕頭而牙爲無損。《訓纂》：南方有獸似鹿，而豕頭有牙，善依人求五穀食之。名無損。

又 角端《廣輿記》：角端産韃靼。角可爲弓。《隴蜀餘聞》：角端産瓦屋山，能食虎豹，不傷人。《談薈》：角端，鹿形，馬尾，獨角，角生鼻上。日行萬八千里。能曉四夷之語。聖人在位則至。《俞樓雜纂》：張尚瑗《石里雜識》云：國朝崇德二年，蒙古貢齊希特，能解人語。蓋角端之屬。然則元時所見，或亦齊希特乎。旭按：元太祖至西印度見角端，能言。詳《元史》。

清 查子庚《枝江縣志》卷二〇 江陵松滋枝江村射鹿者，率以淘河烏脛骨爲管，以鹿心上脂膜作簧，吹作鹿聲，有大號小號呦呦之異，或作麀鹿聲，則麚鹿畢集，蓋爲牝聲所誘，人得彀矢而注之。南中多鹿，每牡管牝百頭，至春羸瘦，蓋遊牝多也。及夏則惟食菖蒲一味却肥。當角解時，其茸甚痛，獵人逢之，不敢逸走，伏而不動。獵者以繩繫其茸，截取之。先以其血來噉，然後斃鹿，何其苦也。夫狨麝孔雀，以有用賈害良可愍之。

清 李鴻章 光緒《畿輔通志》卷七四《物産・獸屬》 鹿，冀州貢鹿角膠，久罷。《唐六典》 漁陽郡貢鹿膠十斤。《通考》 北狄有駝鹿，極大，而色蒼黄無斑，角大而有紋，堅瑩如玉。《夢溪筆談》 流杯亭之北瓜圃，平原如掌，豐草茂木，鹿麕、雉兔交牣其間。《御製詩序》 塞山産鹿最盛，其角自兩叉、四叉、六叉至八叉，年久則數至八叉以外。蒙古謂「鹿」爲「布古」，今圍場中地及府屬州縣内之山多有稱布古國者，皆以有鹿處得名。《熱河志》 昌平駐蹕山西北，山鹿之毳，豪猪之毛，丰茸隨風。《天府廣記》 今京師宴席最重鹿尾，雖猩唇，駝峯未足爲比。然自唐已貴之，陳子昂《麈尾賦》云：率網羅以見逼，受庖廚而罹傷。爲君雕俎之饈，側君金盤之實云云。《香祖筆記》 盤山處處有之。丙辰春，青溝西嶺有黑鹿二，大如贏，其毛類山羊，長六七寸。羣鹿隨之東西，不敢逆隱。見月餘，後不復見。《盤山志》

又 麞，一名麕。《古今注》 形似鹿而無角，今塞山有之。《熱河志》

又 麅，形似麞，角似鹿而短，僅一兩叉，塞山多有之。蒙古謂「麅」爲「朱爾」，今圍場中地及府屬境内之山多有稱朱爾國者，皆以有麅處得名。其白色者尤珍。同上 塞上蒙古台吉必力滚達賴以此來獻，色純白如雪，目睛如丹砂。《抱朴子》所稱「鹿壽千歲，滿五百則白。」此殆其類。《御製詩序》

又 麋，鹿屬也。冬至解其角。《說文》 與鹿相似，毛作梅花斑者爲麋，圍場中多鹿，麅而少麋，迤南始有之。《熱河志》

又 麝，營州土貢麝香。《唐書・地理志》 奚常採北山，麝香。《五代史・奚附録》 嬀川郡貢麝香十顆。《通考》

清 長順《吉林通志》卷三四《物産・獸屬》 鹿，渤海所貴者，扶餘之鹿。《唐書》二一九 遼統和九年，女真進唤鹿人。《遼史》一三 胡嶠《陷北記》，又東女真，善射，多牛鹿。其人常作鹿鳴，呼鹿而射之。《諸蕃記》 女真獸多牛馬，麋鹿。《契丹志》 好刺即各色鹿，女真出。《明一統志》 吉林所産，有湯鹿、毛鹿、合子鹿。《盛京通志》 鹿角、鹿頂合燕，以北方可車，須是未解角之前才解角，血脈通好者，有人字。不好者成八字。有髓眼不實。北人謂角爲鹿角，合頂爲鹿角，合南鹿不實，定有髓眼，不可車北地，角未老，不至秋時不中。《松漠紀聞》 鹿牡者有角，夏至則解。牝者無角。宗奭曰：鹿茸以如紫茄者爲上。然此太嫩，血氣未具。其實少力，堅者又太老。惟長數寸，破之肌如朽木，茸端如瑪瑙，紅玉者最善。人有以麋角僞爲者，不可不察。《本草綱目》五十一 鹿尾，東方佳品。《扈從日録》

清 趙吉士《寄園寄所寄》卷七 江陵松滋枝江村，射鹿者率以淘河烏脛骨爲管，以鹿心上脂膜作簧，吹作鹿聲，有大號小號呦呦之異。或作麀鹿聲，則麚鹿畢集。蓋爲牝聲所誘，人得彀矢而注之。南中多鹿，每一牡管牝百頭，至春羸瘦，蓋遊牝多也。及夏則唯食菖蒲一味自肥。當角解之時，其茸甚痛。獵人逢之，其鹿不敢逸走，伏而不動，獵者以繩繫其茸，截而取之，先以其血來噉，然後殺鹿。《日録》康熙丁巳，休寧西鄉一獵户，偕其徒往深谷，伏叢莽間捕巨鹿。其徒忽見鹿奔出，急以鳥銃打中之。喜甚，往取焉，則死者其師也。邑令畢拘其妻與隣鞫之，素無隙，徒鬻其女葬之，以悞殺得免抵。

《嘯紅筆記》

清 吴寶芝《花木鳥集類》卷下《鹿》

《詩・大雅》：王在靈囿，麀鹿攸伏（攸），麀鹿濯濯。《大雅》：瞻彼中林，甡甡其鹿。注：甡甡，衆多並行之貌。又《小雅》麀鹿麌麌。《小雅》：呦呦鹿鳴，食野之苹。《毛詩》：草蟲經鹿，得苹呦呦然，鳴而相呼。《詩・召南》林有樸樕，野有死鹿。白茅純束，有女如玉。注云：言美士以樸樕藉死鹿，束以白茅而誘，此如玉之女也。《埤雅》：犬性獨，狐性孤，羊性羣，鹿性麗。《説文》曰：鹿之性，見食急，必旅行。麗，旅行也。《詩・小雅》儦儦俟俟，或羣或友，則以鹿性旅行，故趨則儦儦，行則俟俟也。《楚詞》：青莎雜樹，蘋草靃靡。白鹿麕麚，或騰或倚。虞世南。《白鹿賦》：有金方之瑞獸，乃曜質於名都。既馴狎於郊甸，亦騰倚於山隅。素毳呈彩，霜毛應圖。宴嘉賓于雅什，偶仙客於天衢。《穆天子傳》：天子征于菹臺，獵菹之獸，有白鹿一，迕乘而逸，天子乘蘽黄之乘馳焉。《後周書》：文帝獵于印山，圍不齊，獸多越逸，帝怒。俄有一鹿突圍而走，賀若敦躍馬逐鹿上東原，棄馬步逐至山半，乃掣之而下。帝大悦，諸將皆免罪。齊桓問于管仲曰：楚强國，吾欲伐之，力不能勝，奈何？對曰：公貴買其鹿。公即使人載錢二千萬，求生鹿于楚人，楚人遂釋耕農而田鹿。《晉書》：石勒微時嘗傭于臨水，爲遊軍所囚。會有羣鹿從傍而過，軍人競逐之，勒乃獲免。俄見一老父謂勒曰：向羣鹿者我也，君應爲中州主，故相救耳。《左文十七年》：晉侯蒐于黄父，遂復合諸侯，不見鄭伯，以爲貳于楚也，鄭子家使執訊而與之書，以告趙宣子，曰：「古人有言，畏首畏尾，身其餘幾。」又曰：「鹿死不擇音。小國之事大國也，德則其人也，不德則其鹿也。鋌而走險，急何能擇。」注云：音當作蔭，言鹿死不擇休蔭之所，以喻鄭既滅亡，當不擇所從之國也。《孝子傳》：伍襲字世公，丁父憂，廬墓，側有一鹿，凡每遇襲哭踞，墓悲鳴。《周官》：視朝則皮弁，服皮弁正以鹿皮爲之。《史記》：古有皮幣，諸侯用以聘享。漢武帝乃以白鹿皮方寸，緣以藻繢爲幣，直四十萬。王侯朝覲聘享，必以爲薦。《抱朴子》曰：南中多鹿，每一遊，牝多至數百，至春羸瘦。蓋因遊牝多也。及夏唯食菖蒲一味即肥。或云：鹿能别良草，恒食九物，餘多不食。《列子》曰：鄭人有薪於野者，遇駭鹿而斃之，恐人見之也。遽而藏諸隍中，覆之以蕉，不勝其喜。俄而遺其所藏之處，遂以爲夢焉。順途而詠其事，傍人有聞者，用其言而取之。既歸，告其室人曰：向薪者夢得鹿而不知其處，吾今得之，彼直真夢者矣。晉許孜親没，負土成墳，植松栢五六里。時有鹿觸其松栽，孜悲歎曰：「鹿不念我乎。」明日忽見鹿爲猛獸所殺，置所栽松下。《南史》：扶南國以鹿駕車，其國人養鹿如中國畜牛。以乳爲酪，又回鶻豢鹿若牛馬，惟食苔，俗以駕車。辛孟年七十，與麋鹿同羣，人稱鹿仙。《晉書》：陶淡，侃之孫，雅好導養，年十五六，便服食絶穀，得白鹿子馴養之，常與俱往還，後遂不復還家。《搜神記》：淮南朱氏，田間種豆，忽見二女，姿容甚美。着紫襴，天雨而衣不濡。朱氏壁上見挂一銅鏡，鏡中見二鹿，以刃斫獲之以爲脯。《幽明録》：陳郡謝鯤，嘗在一亭中宿，此亭從來殺人。四更時有一人黄衣呼於門外，鯤因令伸臂於窗中，鯤即極力掣之，臂脱而去。明日看乃鹿膊也，尋血得鹿焉。袁崧《白鹿山詩序》：荆門山臨江皆絶壁峭峙五百餘丈，亘帶激流，禽獸所不能至此，岸有一白鹿，浮過江，行人競逐之，謂至山下，必可得也。鹿忽飛超踰岡而去，故名此壁曰白鹿山。《雜俎》：虞部郎中陸紹第爲盧氏縣尉，常觀獵人獵，忽遇鹿五六頭臨澗，見人不驚，毛斑如畫。陸怪獵人不射，問之，獵者言：「此仙鹿也。射之不能傷，且復不利。」陸不信，强之獵者，不得已一發矢，鹿帶矢而去。及返，射者墜崖折左足。《齊書》：始興盧度隱居西昌三顧山，鳥獸隨之，夜有鹿觸其壁。度曰：「汝勿壞我壁。」鹿應聲而去。《白氏帖》：蘇耽與衆兒獵，常騎鹿，遇險絶之處皆能超越。衆兒問曰：「何得此異常鹿也？」答曰：「乃龍也。」唐李渤與兄涉俱隱廬山，嘗養一白鹿，因名其山曰：白鹿洞。杜詩：號山無定鹿。歐詩：朝渴飲清池，暮飽卧深柵。《雜俎》：胡埛爲虢州時，獵人得一鹿，重百八十斤，蹄下貫銅鐶，上有篆字，博物者不能識。津陽門詩：長生鹿瘦銅牌垂。注云：上嘗於芙蓉園獲白鹿，惟王山人識之。曰：晉時鹿也。上異之，令左右周視乃於角際雪毛中得銅牌。刻曰：宜春苑白鹿。上愈愛之。

清 王應奎《柳南續筆·天寶鹿》 康熙壬子歲，於清端公成龍官黄州司馬。一日，偶駐皮亭，野人獻一死鹿，其高如馬，角大而斑，其頂間有銀環，重一十七兩，鎸「天寶二載華清宫」七字。角下堅徹如瓊，蓋所謂「鹿玉」也。

藝文

清 查慎行《人海記》卷下《哨鹿》 哨鹿之説，《遼史》已有之，但未詳其法，今特志之。每歲於白露後三日，獵者衣鹿衣，戴鹿頭，天未明潛伏草中，吹木筩作聲。牡鹿聞之，以爲求其偶也，遂踴躍而至。至則利鏃加焉，無得脱者。

清 查慎行《人海記》卷下《鹿》 大凡打圍，惟在得鹿。他如豺狼、狐狸諸獸圍未合時，往往多竄出者。鹿之類不一，十牝鹿中纔得一鹿，十牝鹿中纔得一牡鹿。牝無角而牡有角。老鹿之角有長至丈許者，此爲絶。有力箭已洞胸貫腹，負痛疾馳，尚能踰險越阻，行數十里乃斃。白露後秋分前極肥，過此漸羸瘦矣。

清 愛新覺羅·弘曆《獲鹿》 有暇步斜陽，秋清爽不涼。深林尋徑石，一鹿倒鳴鎗。徐返山齋晚，分頒蒙古王。羣歡稱老健，原自視爲常。

清 愛新覺羅·弘曆《獲鹿》 早降罷圍旨，前歲有廓爾喀之役，慮進哨後，或稽軍報去歲，天氣早寒允衆請亦未行圍。今歲似不可闕，可入伏以後，雨水較大，道路泥濘，衆蒙古來山莊慶祝萬壽者，比往年到遲，且稱恐難行圍，予亦自念八旬有四，雖日理幾務，精神未覺少遜，而射獵究非所宜，即明年仍在山莊過萬壽，亦擬不進哨矣。丙辰年歸政後，嗣皇帝行圍，予彼時爲太上皇，仍可同往，安坐看城觀。嗣皇帝率同王公大臣及蒙古王公台吉等舉行秋獮，豈非吉祥盛事。蓋高年之人原不應以筋力較強弱而理，宜頤養，亦不可過於強勉，是以降旨：今年仍不進木蘭，至於佈圍之蒙古兵丁及東三省來習圍者，仍命照上年之例，減半賞給，以示體卹。乘舟聊散行。牣魚觀藻樂，一鹿倒鎗鳴。今日乘舟散行至烟雨樓之東，望見坡間有二鹿，試一發鎗，即應聲而倒，在予初意，不謂尚能如此，蓋自幼齡練習精勤，是以視准發機有得心應手之樂，然予已降旨罷圍，必不因此復有進哨之念也。不謂尚能此，實緣舊習精。普分示予惠，羣喜見人情。分賜内外王公及扈從之軍機大臣等，無不歡喜稱頌，在予静念此皆上蒼護佑，俾予高年精力康健，猶能嫻習如此，其事固誠可喜，而予歸政以前，惟有益勵敬勤之心，畏滿持盈虔俟丙辰歸政，遑敢自耽怡豫乎。

清 愛新覺羅·弘曆《獲鹿再詠》 鹿鹿麌麌翠樾叢，不能不技癢於衷。花神鎗名首發舊神繼，亦鎗名。予年十二，皇祖命十六叔莊親王教予學火鎗，視准發機，如有夙悟，初試鎗時，一發斃羊於百步之外，皇祖甚爲喜悦，此花准神鎗舊准神鎗，皆皇祖所親御恩賜者，予數十年來木蘭行圍及山莊幾暇間，用即鹿多先用花。准神鎗，偶弗即踣，必用舊准神鎗，無不應聲而倒。今年雖不進圍，然舊日肄習未免技癢，近於山莊内連獲數鹿，亦先用花准神鎗中之，繼以舊准神鎗即倒，此實昔年勤練之精，是以年雖老而目力不減少時也。老目依然少目同。俾識仙莊多豫悦，分頒蒙古衆王公。蒙古向重武事，予昔年在木蘭圍中馳射，發鎗武藝精熟，衆蒙古隨圍數十年，無不知之。但今年既不行圍，蒙古王公等，不幾謂予怠於肄武，因乘暇於山莊，内即鹿以試精力，而近日所中之鹿皆係一發即中，及頒賜蒙古王公等，無不歡喜，欽服似此身體康強，實荷上天錫佑，而我朝家法不忘武備，亦往代所希有也。康強身體賴天錫，家法皇清慶莫窮。

清 童槐《今白華堂詩集》卷首《晚步獲鹿即事》 秋坂生夕陰，芹蒿被沙步。濯濯靈囿姿，甡甡出林樹。猝來茸客奔，弓矢曾未具。小正鹿人從，似誡失禽誤。御鎗遽中之，從容倍昭度。鋌險物知懲，騶虞王化慕。即鹿箴無虞，習獮必演步。射義准的求，鹿中先皮樹。聖武昭神鎗，示藝衆美具。中膘甯足奇，志目未云誤。上蘭多伊尼，丹林夕影度。奮躍七萃心，獻獲早臚慕。

麢

綜述

明 何孟春《餘冬序録》卷五〇 秦西巴放麑與麑母之事。魏帝不復殺鹿猿。《宣驗記》：廬陵人吴唐，少好獵，射發無不中。後春月將兒出獵，正值麀鹿將麑。唐射麑即死，鹿母驚還，悲鳴，俯仰頓伏，唐又射殺鹿母，至前逢一鹿，上弩當發，箭反激還，中其子，唐抱兒方哭。聞空中呼曰：吴唐，鹿之愛子，與汝何異，不仁之毒，感於神理，殆非誣也。

清 王念孫《廣雅疏證》卷一〇下《釋獸》 麇，麢也。《説文》：麇，麢也。籀文作麕。麢，麇屬也。《召南》：野有死麕。《義證》云：麕，麢也。青州人謂之麕麢，或作獐。《考工記》：畫繢之事山以章。鄭注云：章，讀爲獐，齊人謂麇爲獐。《吕氏春秋·博志》篇云：使獐疾走，馬弗及也。而得之者，其時顧也。《御覽》引伏侯《古今注》云：麞有牙，而不能噬，鹿有角而不能觸。麇，各本譌作麋，今訂正。

清 陳大章《詩傳名物集覽》卷三《野有死麕》 《朱傳》：麕，麞也，鹿屬，無角。《爾雅》：麕，牡麌牝麜，其子麆，其跡解，絶有力豜。郭璞云《詩》曰：「麀鹿麌麌。」鄭康成注：即謂此也。但重言耳。《説文》：麕麞也。《埤雅》：齊人謂麕爲麞，麞如小鹿而美，故從章，章美也。《易》曰：陰雖有美，含之以從王事，古之制字如此，麞從章，麔從旨，其義一也。語曰：四足之美有麃，麃即麞也。或曰，麞性善驚，故從章。《吴越春秋》曰：章者，傽偟也，蓋麕鹿皆健駭，而麕性膽尤怯，飲水見影輒奔。《道書》曰：麞鹿無魂。又曰，麞鹿白膽善怖，或曰，麇性喜聲音，麞性喜文彩。故麇從禾，麞從章。今獵户以彩服舞麞鹿。麕性喜山，善聚善散，故從囷。囷，聚也，亦散也。《雅翼》：麞極能走，然未及鹿，大者不過三二十斤，老則牙則於外，淮人謂之牙麞。《本草圖經》：大麞毛長、狗足者名麔。麞類甚多，麕其總名，今陂澤淺草中多有之，有有牙者，有無牙者，牙不能噬，麞與獐同。《古今注》：鹿有角而不能觸，麞有牙而不能噬。《吕氏春秋》：使麞疾走，馬弗及也，而得之者，時顧也。《抱朴子》：麞山中稱赤吏。《名物解》、《考工記》：山以麞，水以龍，言畫水必以龍，畫山必以麞也。蓋麞性喜山，麇性喜澤，鹿性喜林。《博物志》曰：麇聚澤草而食，其場成泥，名曰麇暖，居人隨此種稻，其收百倍。《國語》曰：市無赤米，而囷鹿空虛，先儒以爲圓曰囷，方曰鹿，蓋鹿亦羣聚，故囷或謂之鹿。《正字通》：麕同麇。《説文》：本作麇，籀文作麕，今經史通用麕。

清 吴寶芝《花木鳥獸集類》卷下《麇》 《埤雅》：麇，鹿屬也。故麇之文，從鹿從米。從米則以麇性，善迷，故也。《埤雅》：凡含血之物，肉差易長。其次角難長，最後骨難長。故人自懷胎至成人二十年，骨髓方堅。唯麇角自生至堅，無兩月之久。大者重二十餘斤，其堅如石，計一夜須生數兩。凡骨之頓成，生長神速，無甚於此。此骨血之至強者，所以能補骨血，堅陽道，強精髓也。頭者諸陽之首，衆陽之聚，上鍾於角，豈可與凡血爲比哉。《周官》：獸人夏獻麇。注云：麇膏涼，故夏獻之。《淮南子》曰：孕婦見兔而子缺唇，見麇而子四目。《埤雅》：麇有四目，其二夜目也。《類從》所謂目下有竅，夜即能視是也。《春秋》：書冬多麇。傳云：以其害稼也。《博物志》：麇掘澤草而食，其場成泥。《埤雅》：麇喜音聲，麞喜文彩。今獵户以彩服舞麞鹿，麞即麕也。齊人謂麕爲麞。《埤雅》：麕性善聚，善散。故從囷，囷聚也，亦散也。又曰：麕鹿皆健駭，而麕性膽尤怯，飲水見影輒奔。故道書云：麕鹿句膽善怖。 李衛公説：《道書》中云：麞鹿無魂，故可食。陶隱居云：麞鹿非辰屬。又八卦無主，即生死無尤。故道家許聽爲脯，牛羊雞犬雖補益充肌膚於亡魂，皆爲愆責，並不足噉。《清異録》：道家言麞、鹿、麂是玉署三牲，神仙所享，故奉道者不忌。 宋陳去非有題，易元吉畫麞詩。 《南史》：將軍曹景宗曰：我昔在鄉里，騎快馬如龍，與少年數十，騎平澤中逐麞，數肋射之，此樂忘死。

清 方旭《蟲薈》卷二《毛蟲·麂》 《本草綱目》：麂似麕，黧色。牡者有短角，豹脚，好食蛇。其皮甚細膩，作靴襪辟濕氣。一種白者曰銀鹿。又施州山中一種紅者曰紅鹿。寇宗奭曰：麂口兩邊亦有長牙，好鬭。旭按：麂肉甚細。今所在山中有之。狀頗似鹿而大如犬。毛赤黑而無斑。善騰躍，好登山峰。又《爾雅》云：時善。椉領注「好登山峰之獸」，疑亦此類。 《格物總論》：麂聲如擊破鈸。

清 方旭《蟲薈》卷二《毛蟲·麕》 《説文》：麕，麞也。《爾雅正義》：楚人謂麕爲麃。《六書故》：麞之脂黄，亦謂黄羊。《本草綱目》：麞，秋冬居山，春夏居澤。其狀似鹿而小。無角，毛黄黑色。牡者口外有兩牙，甚長。俗呼牙麞。白者曰銀麞。孟詵曰：麞肉八月至十一月可食，餘月動氣。《談薈》：麞無膽。 《埤雅》：麕性怯，飲水見影即奔。 《支雅》：山中未日稱赤吏者，麕也。

清 方旭《蟲薈》卷二《毛蟲·麇》 《博物志》：麇生南方，恒千百爲羣。食澤草。其踐處成泥，名曰麇畯，種稻可收百倍。旭按：此即今之沙鹿也。狀與鹿無異，但目下有兩孔，能夜視。其毛帶青黑色，牡者亦有兩角，夏至角解。 《淮南子》：孕婦見麇而子四目。 《支雅》：山中卯日稱東王父者，麇也。

清 方旭《蟲薈》卷二《毛蟲·猶》 《離騷集傳》：猶如麂，善登木。聞人聲，則緣木而上。未幾又下，下又上。

清 長順《吉林通志》卷三四《物産·獸屬》 麇，似鹿而色青黑，大如小牛。肉蹏目下，有二竅爲夜目。《本草綱目》 麇角與鹿角不同。麇角如駝骨，通身可車，卻無紋。鹿頂骨有紋，上下無之，亦可熏成紋。《松漠紀聞》 麇角頂根上有黃毛，若金線，兼旁生小尖，色蒼白。麋鹿茸角，今人罕能分別，陳自明以小者爲鹿茸，大者爲麋茸，亦臆見也。不若親視，其採取時爲有准。《本草綱目》人之服藥，蓋有同等藥物，而陰陽實相反者。又有一體氣血，而功用之不同者，如麋茸鹿茸是也。二者之性，原自有異。麋茸補陽，利於男子，鹿茸補陰，利於婦人。《月令》仲夏日，鹿角解。仲冬日，麋角解。鹿以夏至，隕角而應陰。麋以冬至，隕角而應陽。故知二者陰陽之性不同。鹿肉煖以陽爲體，麋肉寒以陰爲體。以陽爲體者，以陰爲末。以陰爲體者，以陽爲末。末者角也。其本末之功用又不同也。《野客叢書》又馬鹿，形大如馬，山中極多，亦曰父鹿，一名八叉鹿。歲取其角交官。《盛京通志》

清 長順《吉林通志》卷三四《物産·獸屬·麞》 麞，室韋人惟射獵麞鹿爲務。《契丹志》二六 麞鹿屬無角，即麕，肉亦可食。獵時以背式骨交官有定數《盛京通志》。王會解發人麃，麃者，若鹿迅走。《逸周書·七》《爾雅》：麠，大麃。郭注：麃即麞。《爾雅·釋獸》

又 麅，麞類。色蒼赤，形比內地所産稍大，味微腥《盛京通志》。其皮可蔽潮溼。《採訪册》

又 麝，形似麞，一名香麞。喜食柏，臍血入藥名麝香。《盛京通志》

清 長順《吉林通志》卷三四《物産·獸屬·麅》 麅，麕類。毛長犬足，皮堪爲履舄《盛京通志》。馬擴《茅齋自叙》：阿骨打每食，以木楪盛鹿、兔、狼、麅、麞、狐狸、牛、驢、犬、馬、鵞、雁、魚、鴨、鷄、蝦蟆等肉，或燔或烹。《北盟會編》三

麝

綜 述

清 方旭《蟲薈》卷二《毛蟲》《本草綱目》：麝一名射父，俗名香麞。陶宏景曰：似麞而小，黑色。山居，食柏葉，又啖蛇。其香在陰莖前皮內別有膜袋裹之。入春臍內香滿作痛，乃以爪剔出，覆以屎溺。蘇頌曰：麝出陝西、益州、河東諸路，而秦州文州諸蠻中尤多。蘄州、光州亦有之。其香有三等。第一曰遺香，乃麝自剔出者。香所聚處，草木不生。第二曰臍香，乃殺取者。第三曰心結香，乃麝爲人獸所迫，驚墜而死，人得之，然後取出者，其形如乾血塊。《廣輿記》：麝出雲南、四川、湖廣、山西等處。《物類相感志》：麝香置枕中，絶惡夢。

清 方旭《蟲薈》卷二《毛蟲·水麝》 水麝《酉陽雜俎》：天寶中虞人獻水麝，臍中皆水，以針刺其臍，瀝滴水於斗。水中用灑衣服，其香不竭，倍於肉麝。

清 方旭《蟲薈》卷二《毛蟲》 駝鹿《埤雅》：北狄有駝鹿，極大而色蒼。尻黃無斑。角有文，堅瑩如玉。茸亦可用。

又 鯊鹿，《譯史紀餘》：鯊鹿，南海鯊魚所化。其色較鹿稍赤。

又 馬鹿，《爾雅翼》：荆楚有鹿，似馬。當解角時，與馬無異。人呼馬鹿。

又 赤鹿，《寰中記》：南山有赤鹿，足短而身大如牛。肉千斤。

又 天鹿，《瑞應圖》：天鹿，神獸也。狀如牛，身披五色，而肉甲。旭按：天鹿或作天禄。孟康《西域傳註》云：符拔一角爲天鹿，兩角爲辟邪。狀似虎，正黃色，有髯鬚。尾有茸毛，大如斗。

又 靈鹿，《粵述》：梧州火山産靈鹿，三足。

又 兩頭鹿，《南中志》：兩頭鹿，産雲南，一身兩頭，食毒草，又名食毒鹿。旭按：兩頭鹿，《博物志》名荼苜机，或又名荼苜，又名蔡余義。段成式《雜俎》云：夷人名其矢爲耶希。

又 飛骸獸，《洞冥記》：翕韓國獻飛骸獸，似鹿，青色。帝以寒青之絲爲繩繫之。及死挂於苑門。皮毛皆朽而骨猶青。人知其神異，更以他繩繫其足。明日往視，唯繫處存，餘皆飛去。

又 把雜爾，《坤輿外紀》：渤泥産把雜爾，狀似鹿。腹生一石，可療百病。國王甚重之。旭按：把雜爾，《八紘譯史》作把雜蘭。出西南大海中渤泥國。

又 玃如，《西山經》：臯塗山有獸曰玃如，狀如鹿。而四角，白尾，其前足如人手，而後足如馬蹄。

清 長順《吉林通志》卷三四《物産·獸屬·駝鹿》 駝鹿，出甯古塔，烏蘇哩江，形如駝。一名堪達漢。頸短形類鹿，色蒼黃無斑。項下有肉囊，如繁纓。大者，至千餘斤。角扁而闊，瑩潔如玉，中有黑理。截之鏤爲決，勝象骨《盛京通志》。其蹏能驅風疾。《皇朝通志》一百二十六 王會解稷慎《大麈》。孔

晁注稷愼，肅愼也。貢麈似鹿。《逸周書》七　麈即今之四不象，名駝鹿。其形似鹿非鹿，似麕非麕。皮可以爲半臂衣之，愈久則愈厚，愈久亦愈軟。若爲油水所污，俟其乾揉之，仍復如故。凡皮見水則硬。衣此者若嫌其污，可加澣濯焉。聞此衣油垢既甚，可禦火槍，刀不利率爾，亦不能刺入也。關東兵卒多衣之。《竹葉亭雜記》八　席百北有鹿，大若橐駝，名康大罕角，可爲決槽若線者，價三十四兩。《柳邊紀略》四不像者，蹄似牛非牛，頭似馬非馬，身似驢非驢，角似鹿非鹿，不芻不豢。惟食石花、奇勒爾、俄倫春人養之。用則呼之，使來，牧則縱之，使去。性馴善走，德同良馬，亦美物哉。《曹廷烋日記》　劉綸恭《和御製堪達漢元韻》：垂胡姿自軼，豎鬣態何奇。利用思鉤控，稱名問佽飛。堪達漢，獸名，角中觽材。蒐田推物性，山澤任天機。未學慚麈誤。奎文爲訂非。《盛京通志》

麒　麟

綜　述

宋　謝維新《古今合璧事類備要別集》卷六二《走獸門》《格物總論》：麒麟麕身、馬足、牛尾、黄色圓蹄、一角。角端有肉，高一丈二尺，合仁抱義，行步中規折旋中矩音中鐘吕。游必擇土翔而後處，不履生蟲，不折生草，不羣居，不旅行，不犯陷穽，不□銅罟。中國有聖人則至，故毛蟲三百六十而麒麟爲之長。麟圓五靈皆王者之嘉瑞也，而麒麟爲之首。稱牝曰麒，牡曰麟。

明　徐學謨《春秋億》卷六　［哀公］十有四年春，西狩獲麟，胡氏曰，春秋文成而麟至，是麟爲春秋之祥也，麟之爲祥固矣。麟以聖王生，聖王不作而麟至，公羊之所謂紀異也，麟而見獲於狩，不祥莫大焉。至是王道窮矣，無可望於世矣，故仲尼掩涕而傷之。遂絶筆於獲麟之年，因獲麟而始絶筆也，非文成而麟至也。後二年，而仲尼卒，天意蓋可見也，若爲春秋之祥，是仲尼幸之也，儒者尊聖人之過，不自知言。

明　傅梅《嵩書・獸部》　麒麟《晉［書・］五行志》云：晉咸寧五年九月甲午，麒麟見於陽城。

清　陳大章《詩傳名物集覽》卷三《麟之趾》《朱傳》：麟，麕身牛尾馬蹏，毛蟲之長也。《爾雅》：麐，麕身牛尾，一角。《京房易傳》：麐，麕身牛尾，狼額馬蹏，有五采，腹下黄，高丈二。《廣雅》：麟含仁懷義，音中鐘吕，行步中規，折旋中矩，遊必擇土，翔必後處，不履生蟲，不折生草，不羣居，不旅行，不犯陷穽，不罹罘罔，文章彬彬，尚書中候，帝軒題象麒麟在囿。《孝經・援神契》：德至鳥獸，則麒麟臻。《春秋繁露》：恩及羽蟲，則麒麟至。《大戴禮》：毛蟲三百六十，麟爲之長。《禮記》：麟鳳龜龍，謂之四靈，麟以爲畜，則獸不狘。注，狘驚走也。又云：地不愛其寶，鳳凰麒麟皆在郊棷。《鶡冠子》：麟者玄枵之精，德能致之，其精必至。《春秋》、《哀十四年》，西狩獲麟，有以告者曰，有麕而角者。孔子曰：孰爲來哉，孰爲來哉，於是作《春秋》。按《洪範》五事，一曰言，于五方屬金，故天應以金方之獸，是其義也。何法盛《徵祥記》，麒，仁獸也，牡曰麒，牝曰麟，牡鳴曰遊聖，牝鳴曰歸和，夏鳴曰扶幼，秋鳴曰養綏。《毛傳》：麟，土畜也，信而應禮，以足至者也。箋，麟角之末有肉，示有武而不用。京房曰：狼額，馬蹏，五彩。蔡邕《月令》：天宫五獸，中有大角軒轅麒麟之信，麟生於火，游於土，故脩其母致其子，五行之精也。視明禮脩，則麒麟臻。《春秋・運斗樞》：機星得則麒麟生，萬人壽。《春秋・保乾圖》：歲星散爲麟。感精符，麟一角明，海内共一主也，王者不刳胎，不剖卵，則出於郊。又云：明王動則有義，静則有容乃見。《孔演圖》：蒼之滅也，麟不榮也，麟水精也。宋均注：麟水精生水，故曰陰，水氣好土，土黄木青，故麟色青黄不榮，謂見紲也。《禮・斗威儀》：君乘金而王，其政平，麒麟在郊。《瑞應圖》：麟王者之嘉祥，食嘉禾之實，飲珠玉之英。王隱《晉書》：太始元年，白麟見，羣獸皆從。《埤雅》：狼額、赤目、五蹏似麕，圓頂一角，不角者麒，然則麒從騏省，不角故也。《爾雅翼》：麟性能避患，不妄集，其遊於郊藪也，以爲萬物得其性，太平之驗。後世論者，紛紛不一，或謂其有翼能飛，又善鬬，蓋若麕麚麇鹿之屬矣。《淮南子》：麒麟鬬而日月蝕，蓋歲星散爲麟，歲失其序則麟鬬。麟鬬則日月蝕矣。麟善走，故良馬亦名麒麟。正義曰：傳解四靈多矣，獨以麟爲興，麟于五常屬信，爲瑞則應禮，故以喻公子信厚而與禮相應也。鄭箋：公子與禮相應，有似於麟。服虔曰：視明禮脩而麟至，思睿信立而虎擾，言從義成，則神龜在沼，聽聰知止，而名山出龍，貌恭體仁，則鳳凰來儀。羅氏曰：麟只如麏麇之屬，後世言麐者皆妄。司馬相如賦曰：射麋脚麟，此麟并州界有之，大小如鹿。歐陽《五代史》曰：麟鳳龜龍，王者之瑞，而出於五代之際，又皆萃於蜀，吾固知其非祥也。昔漢武帝幸雍祀五畤，獲白麟以薦上帝，而遷固皆疑之，夫獸而一角，固麟矣，何疑焉。夫武帝有一汲黯而不能用，乃以白麟赤鴈爲祥，二子非疑之，蓋陋之也。《晉書》：太始白麟見，麟非必德盛政平而後見也。《爾雅翼》：辨後世論麟之誤，而不能不惑於日蝕之説，不知月掩日而日爲之食，月亢日而月爲之食，《春秋》屢書日食，豈皆麟鬪乎。《六書故》曰：陸璣謂麟不踐生草，不履生蟲，果何食乎。不羣居，不侶行，是孤德也。王者至仁而後出，何爲見獲于鉏商，至音中鐘呂，行中規矩，愈夸誕矣。按此説足正諸家之謬，直稱爲仁獸可也。麟字《石經》、《春秋》作麟，《公羊》作麐，《穀梁》譌作驎，精蘊作麌，當以《春秋》《公羊》爲正。　趾，《朱傳》足也，麟之足不踐生草，不履生蟲。《説文》：止下基也，象草木出有阯，故以止爲足。《釋名》云：趾止也，言行一進一止也。《字書》足指古作止，後人加足。　定，《朱傳》額也，麟額未聞，或曰：有額不以抵也。《爾雅》：定題。郭注：額也。《名物解》：始於趾，終於角，言德以升進爲美也。《易》曰：德言盛，故是《詩》每況愈上。　角，《朱傳》，麟一角，角端有肉。《終軍傳》：麟角戴肉，設武備而不用。《説文》：角獸角也，象形，角與刀魚相似。《周禮》：角人掌以時徵，齒角凡骨物於山澤之農，以當邦賦之政令。《爾雅》：角謂之觷。又云：北方之美者，有幽都之筋角焉。《詩緝》曰：有足者宜踶，麟可以踶而不踶，有額者宜抵，麟可以抵而不抵，有角者宜觸，麟可以觸而不觸。《漢書・釋五音之角》曰：角觸也，物觸地而出，戴芒角也，獸角其義亦同。黄山谷云：麟有趾而不踶，有定而不抵，有角而不觸，麟哉麟哉，今人以一朝之忿，滅身辱親，嗚呼，人中有獸，獸中亦有人。

清　周魯《類書纂要》卷三三《走獸類》　麒麟麕身，牛尾，馬蹄，一角，角端有肉，音中黄鐘，王者至仁則出，故毛蟲三百六十而麟爲之長，生於火，遊於土，故脩其母，致其子，五行之精也。

清　馬驌《繹史》卷八六之三　孔叢子叔孫氏之車子鉏商樵於野，而獲獸焉，衆莫之識，以爲不祥，棄之。五父之衢冉有告夫子曰：「麕身而肉角，豈天之妖乎。」夫子曰：「今何在，吾將觀焉。」遂往，謂其御高柴曰：「若求之言其必麟乎。」到視之果信言。偃問曰：「飛者宗鳳，走者宗麟，爲其難致也。敢問今見其誰。」應之子曰：「天子布德，將致太平，則麟鳳龜龍，先爲之祥。今宗周將滅，天下無主，孰爲來哉。」遂泣曰：「予之於人猶麟之於獸也。麟出而死，吾道窮矣。」乃歌曰：「唐虞世兮麟鳳遊，今非其時來何求。麟兮麟兮我心憂。」琴操魯哀公十四年，西狩，薪者獲麟，擊之傷其左足，將以示孔子。孔子道，與相逢見俛而泣，抱麟曰：「爾孰爲來哉，孰爲來哉。」反袂拭面，仰視其人，龍顔日角。夫子奉麟之口，須臾吐三卷圖，一爲赤伏劉季興爲王，二爲周滅，夫子將終三爲漢制造作《孝經》夫子還謂子夏曰：「新主將起，其人如得麟者。」《孝經》右契。孔子夜夢三槐之間，豐沛之邦，有赤烟氣起，乃呼顔淵、子夏往觀之。驅車到楚：西北范氏之街，前芻兒捶麟，傷其左前足，束薪而覆之。孔子曰：「兒來，汝姓爲誰。」兒曰：「吾姓爲赤誦，字時喬，名受紀。」孔子曰：「汝豈有所見乎。」兒曰：「吾有所見，一禽如麕羊，頭上有角，其末有肉，方以是西走。」孔子曰：「天下已有主也，爲赤劉，陳項，爲輔。」五星入井，從歲星見發薪下麟視孔子。孔子趨而往麟茸，其耳吐三卷，圖廣三寸，長八寸，每卷二十四字，其言赤劉當起曰，周亡赤氣起，大曜興玄丘，制命帝卯金。荒謬《春秋》説題辭，得麟之月，孔子謂子夏曰：「天當有血書。」魯端門子夏往候之，逢一郎言，門有血往，寫之云趣作法。孔聖没周姬亡彗東出，秦政起胡破術書記散孔不絶血書，蜚爲赤烏化爲帛書，署曰，演孔圖中有作圖制法之狀。《春秋》演孔圖，麟出、周亡，故作《春秋》制，素王授當興也。烏化爲書。孔子奉以告天，赤雀集書上化爲黄玉，刻曰，孔提命作應法爲制《赤雀集》。孔子曰：「丘作《春秋》云，受演孔圖中有大玉，刻一版曰璇璣，一低一昂，是七期驗敗毀滅之徵也。」緯書妄誕。

清　方旭《蟲薈》卷二《毛蟲・麟》　《鶡冠子註》：牝曰麒，麟者其牡也。麒似麟，無角。旭按：《説文》又以麒爲牡，麟爲牝。　《藝林伐山》：般般，麟也。　《譯史紀餘》：麒麟，高昌呼哈。　《西番譯語》：麒麟，西番呼吉隣。　《八紘譯史》：麻林國産麒麟。旭按：《爾雅正義》云：并州界有麟，大如鹿，非瑞獸。故司馬相如賦曰「射麋脚麟」，謂此麟也。據此則麟亦有兩種。　《草木蟲魚疏》：麟，麕身，牛尾，馬足，圓蹄，黄色，一角，角端有肉。音中鐘呂，行中規矩，遊必擇地，審而後處，不履生蟲，不折生草，不羣居，不侶行，不犯陷阱，不罹羅網。王者至仁則出。　《筠廊偶筆》：麟甲四周，五彩環繞如月華狀。　《駢雅》：麟牡鳴曰遊聖，牝鳴曰歸和。夏鳴曰扶幼，秋鳴曰養綏。　《抱朴子》：麒麟壽三千歲。　《大戴禮》：毛蟲三百六十，麒麟爲長。　《公羊傳》：麟非中國之獸，有王者則至，無王者則不至。　《六書故》：陸璣因麟爲瑞獸，遂從而附會之，曰「不履生蟲，不踐生草」，果何食乎。「不羣居，不侶行」，是懷孤德也。「不入陷阱，不罹羅網，王者至仁則出」，何爲而獲於子鉏商。至言「音中鐘吕，行中規矩」，愈夸誕矣。　《正字通》：《爾雅翼》辨後世論麟者，角端有肉，馬足，圓蹄，黄色，及有翼能飛之謬而獨惑。於《淮南子》麒麟鬭日月食之説，謂歲星散爲麟歲，失其序則麟鬭，麟鬭則日月食。不知月揜日而日爲之食，月亢日而月爲之食。《春秋》屢書日月食，並不由麟鬭也。　《談薈》：龍與牛交，生麒麟。　《灤陽消夏録》：麟，本仁獸，實非牛種犢之鱗。而角乃雷雨時蛟龍所感耳。

清　方旭《蟲薈》卷二《毛蟲》　麟主《談薈》：神鳥，山有獸曰麟主，能服衆獸，却百邪，溺則虎仰首張口受之。

又　嗅石，《拾遺記》：瀛州有獸名嗅石，狀如麒麟，不食生草，不飲濁水。嗅石能知石中金玉所在，吹石即開。

又　符拔，《後漢書·西域傳》：章和元年，安息國獻符拔，似麟，無角。旭按：即桃拔也。見《前漢書》。

又　白澤，《黄帝内傳》：帝巡狩至東海，登桓山，得白澤獸，能言語，達萬物之情。

又　周匝，《瑞應圖》：周匝，神獸也。知星宿之變化。王者德盛則至。旭按：周匝，即宋符《瑞志》之周印也。又《談薈》云：天上有神獸曰遊騏。又《淮南子》云：歸終知往。註歸終，神獸也。又《上林賦註》云：飛遽，神獸也。鹿首龍身。

又　藥獸，《八紘荒史》：神農時，白民國貢藥獸，人有疾與獸語，獸即銜草歸，服之立愈。

又　舍利獸，《談薈》：舍利獸能吐金。

又　受福獸，《談薈》：受福獸體恭心慈。

清　周世樟《五經類編》卷二七　《詩》麟之趾，振振公子，于嗟麟兮。麟之定，振振公姓，於嗟麟兮。麟之角，振振公族，於嗟麟兮。定，額也。麟足擇地而踐，額不抵角不觸。振振，仁厚貌。麟趾。　《禮記》：麟以爲畜，故獸不狘。狘，驚走也。《禮運》　《左傳》：西狩於大野，叔孫氏之車子鉏商護麟，以爲不祥，以賜虞人。仲尼觀之曰：「麟也。」然後取之。哀十四《公羊傳》：麟者，仁獸也。有王者則至，無王者則不至。有以告者曰：「有麕而角者。」孔子曰：「孰爲來哉，孰爲來哉。」反袂拭面涕沾袍，曰：「吾道窮矣。」《穀梁傳》：非狩而曰狩，大獲麟也。其不言來，不外麟於中國也。　《月令章句》曰：天宫五獸中有大角軒轅麒麟之星，故謂之大角之獸。又九真國出麟故謂之九真之靈。麟麕身、牛尾、狼頭、馬蹄，一角、角端有肉。其性含仁懷義，不踐生草，不履生蟲，王者至仁則出。牝曰麒，牡曰麟。公，穀兩家皆謂麒麟，非中國之獸也。九真之麟見班固《西都賦》。又《淮南子》云：「麒麟鬭而日月蝕。」此不經之談。

清　周魯《類書纂要》卷三三《走獸類》　郊藪，天不愛道，地不愛實，人不愛情，故麒麟在郊藪。　四靈，麟、鳳、龜、龍，謂之四靈，麟以爲畜，則獸不狘。　懷義，含仁懷義，行步中規，折旋中矩，遊必擇士，詳而後動，不踐生草，不履生蟲，不羣居，不旅行，不犯陷穽，不罹罘網。　陰精，麟者，玄枵之獸，陰之精也，德能致之，其精畢至。　木精，蒼之滅也，麟不榮也，麟，木精也。麒麟鬬側日無光。　好生，古之王者好生惡殺，故麒麟遊其卯野。　吐書，孔子夜夢，豐沛邦有赤烟氣起，顔淵、子貢往觀之，驅車到楚西北范氏之廟，見芻兒捶麟傷其前左足，束薪而覆之，孔子曰：「兒來，汝姓爲誰。」兒曰：「吾姓赤松，字時僑，名受紀。」孔子曰：「汝豈有所見乎。」兒曰：「吾有所見，一禽如麕，羊頭，頭上有角，其尖有肉，方以是西走。」孔子發薪下視麟，麟蒙其耳，吐三卷書，孔子精而讀之。

清　吴寶芝《花木鳥獸集類》卷下　《異物志》麟，魚身而龍頷，聖人生而瑞現焉。天子有道，麟至於郊。　吴薛琮《麒麟頌》懿哉麒麟，唯獸之伯。又曰：德以衛身，不布牙角，屏營唐日，帝堯保禄。　晉郭璞頌曰：智在隱蹤，仁表不牴。　唐李嶠《詠麟詩》：漢祀應祥開，魯郊西狩迴。奇音中鍾吕，成角喻英才。畫像臨仙閣，藏書入帝臺。若驚能吐哺，爲覩鳳皇來。　《搜神記》：孔子發薪、下麟視之，麟向孔子蒙其耳，吐書三卷，孔子受而讀之。　蔡邕《月令·章句》麟，生於火，游於土，故修其母，而致其子，五行之粹精也。《春秋·保乾圖》：歲星散爲麟。《鶡冠子》曰：麟者玄枵之精。《春秋·孔演圖》：木精也，鬭則日無光。　《白帖》：麒麟四靈之首，百獸之先。　《爾雅》：麐，麕身牛尾，一角，蓋麟似麕，圓頂一角。　晉《中興徵祥記》：麟，麕身牛尾，狼頭馬足。　漢宣帝時，九真貢麟。　漢武帝元朔九年，幸雍祠五時獲白麟，一角五蹄。又得木枝。旁出輒復合，上異之。終軍對曰：「野獸並角明同根也。衆枝内附示無外也。殆將有解編髮，削左衽，襲冠帶，要衣裳而蒙化者。」由是改元元狩。後趙佗及匈奴王率衆來降。《春秋·感精符》麟一角明海内共一主也。《廣雅》麟者含仁懷義，行步中規，折旋中矩。游必擇土，審而後處，不履生蟲，不折生草。不羣居，不旅行，不犯陷阱，不罹網羅。《埤雅》角端有肉，示有武而不用也。　韓文公獲麟，解麟之爲靈，昭昭也。詠於詩書於《春秋》，雜出於記傳百家之書，雖婦人女子皆知，其爲祥也。　黄山谷《麟趾賛》麟有趾而不踶，仁哉麟哉。有四足而不抵，仁哉麟哉。今之人一朝之忿，以觸人滅身辱親。嗚呼，人中有獸，獸中有人。

清　陸廷燦《南村隨筆·瑞麟》　雍正十年六月初五日，山東曹州鉅野縣民李恩家，牛生瑞麟。十一年五月初八日，四川潼川州鹽亭縣民楊士榮家，牛又生瑞麟。皆麕身牛尾馬蹄，一角，更有鱗甲，彩毫。按毛詩疏云：王者至仁則麒麟出，蔡邕《月令》云：視明禮修則麒麟臻。《春秋感精符》云：麟一角明，海内共一主也。王者不刳胎，不剖卵，則麒麟出於郊。《説文》云：麒麟仁獸也。則其生也，非偶然矣。今皇上孝感天地，德邁古今，二年之間，麒麟兩見，他如皇陵之蓍，房山之鳳，五星聯珠，靈芝九本，黄河清，卿雲見，嘉禾岐麥，甘泉瑞雪層出疊見，欣覩嘉祥之臻集，允符景運之休徵，自三代以來，史册所罕有者，萃於今日，真昇平盛事，何幸，吾生親見聞之，援筆恭紀。

清　陸廷燦《南村隨筆·麒麟非一獸》《汪鈍翁類稿》，按郭璞註：麒似麟，無角。《詩疏》：麟黄色，一角，角端有肉，《春秋·感精符》，麟一角明，海内共一主也。然則麟有角，麒無角，麟之與麒非一獸也。昭昭矣。

犦牛

綜　述

清　陳昌齊　道光《廣東通志》卷九九《物産·獸類》　犦牛，即犎也。領上肉犦肤起，高二尺許，狀如橐駝肉鞍。健行者，日三百里。郭璞《爾雅注》　犤牛，庳小。今之㹀牛也。又呼果下牛。出廣州高涼郡。同上　謹案：《南越筆記》，以犤牛爲果下馬，誤謬極矣。

又　烏犍牛，出陽春、電白等界。毛色光膩，土人飾鞍轡。乘之以代驢騾。《嶺南雜記》　謹案：烏犍牛，疑即犤牛也。

又　山牛，瓊州多山牛，兩睛紅。百十成羣，見人弗避。或曰山牛有四眼，以其眼上有兩旋毛，似四眼故云。《南越筆記》

又　潛牛，生西江中，形似魚，能上岸與牛鬬。角軟還入水，堅則復出《肇慶府志》。東粵曰潛牛，西粵曰州留。《赤雅》　今陽江無之。《郝志》

又　聖虀，廣之容南，好食水牛肉。食訖，即啜聖虀消之。調以薑桂鹽醋，腹遂不脹。如青苔狀，乃牛腸胃中未化草也。《嶺表録異》

清　陳昌齊　道光《廣東通志》卷九九《物産·獸類·犛》　犛牛，犛者，髦也。其髦可爲旌旄也。《丹鉛録》云：即象也。狀如犀，而角小，善知吉凶。古人呼爲貓猪。廣人謂之猪神。《本草綱目》　象耳大如掌，行動鼓舞，有懽悦之意。居草茅，知吉凶。東粵謂之茅犀，遇之則吉。《赤雅》

蛇

綜　述

唐　段公路《北户録》卷一《蚺蛇牙》　蚺蛇，大者長十餘丈，圍可七八尺，多在樹上候麞鹿過者，吸而吞之。至鹿消即纏束大樹，出其頭角乃不復動。夷人伺之方以竹籤籤殺之，取其膽也。亦如巴蛇食象三歲而出其骨。《金樓子》云：楚詞云：虵有吞象厥大如何。故《南裔異物志》曰：蚺惟大蛇，既洪且長。采色駁犖，其文錦章。食灰吞鹿，腴成養創，賓享嘉食，是豆是觴。言其養創之時，肪腴甚肥美，搏之，以婦人衣投之則蟠而不起。證俗音云：蚺蛇肉食之辟蠱毒。元和御覽引括地志云：蚺蛇牙長六七寸，土人尤重之云辟不祥，利遠行，賣一枚直牛數頭。愚按古方刮虎牙，治犬咬瘡，神效無比。未聞蛇牙有利於人者。《抱朴子》云：蔡誕入山還家，云被謫到崑崙，崑崙下，白虎蝼蛇長百餘里，口中牙皆三百斛船大，一何壯哉。比廣州南海縣，每年端午日常取其膽供進。蛇則諸郡採送録事參親看出之。按《晉中興書》曰：顔含嫂病困，須蚺蛇膽不能得，含憂歎累日。有一童子持青囊授含，乃蛇膽也，童子化爲青鳥飛去。以此驗之，真膽不可得也。近勑令桂賀泉廣四州輪次進焉。其膏俗傳不利人，其皮可輓鼓。今潮州和鱗爲之聲絶，嗚與象皮鼓相類。蕃船上多以象皮輓鼓鼓長，而頭尖狀如棗核，謂之檳榔鼓。《廣志》云：象性久別見其子皮必泣一枚重千斤。

《南越志》云：開寧縣多蜈蚣，大者皮可以鞔鼓。沈《瑩異物志》云：東南海中蜈蚣長數丈，噉牛。俚人秋冬間遇之，鳴鼓與春堂驅逐。

唐 段公路《北户録》卷一《紅蛇》 公路至雷州對岸，倚舟候風勢，見羣小兒簇二巨蛇，各長丈餘，一如孔雀珠毛，色金翠奪目，一如真紅色鮮明若血。又有十餘頭白蛇，前後相次，若導從俱入一榕藤竅内，竟不復出。故知蛇有草木水土四種，其類不可窮也。又歸化縣有兩頭蛇，《南越志》云：無毒，夷人餌之。兼名苑云：兩頭蛇一名越王約髮，俗占見之不祥。然論衡引楚相孫叔敖二祐者何也？會最又云：渾夕之山，嚻水出焉，有蛇一首兩身名曰肥遺，見則大旱。管子曰：涸水之精名曰蝺音威，一頭兩身，以其名呼之，可使取魚鼈長八尺蛇也。愚又憶近事，韋中令臯鎮西蜀時，有黄柑一樹方熟，忽數夕衆實皆落，唯樹杪一蔕獨存，其大如碗，枝葉滋茂異於常者。園吏具白韋令，韋令親視之曰此奇果也，非臣下宜食，議欲表進。令去蔕尺餘折之，其實從蔕自落。有善醫者咎殷侍立曰：凡木實未過時，蔕脱者乃實之病也，請針驗之。韋令再三，方許咎殷引針就蔕刺之，其實應手而轉殷，則連下一刺，血濺盈袖。韋令大驚，因命破之，乃兩頭蛇也。《異苑》又云：河内馬司元胤元嘉中爲新塗令，喪官月旦祭柑，化而爲鵝，又何怪也。

唐 劉恂《嶺表録異》卷下 普安州有養蛇户，每年五月五日，即擔蚺蛇入府，祇候取膽，余曾親見。皆於大籠之中，藉以軟草，盤屈其上。兩人舁一條，在地上即以十數拐子，從頭翻其身，旋以拐子按之，不得轉側。即於腹上約其尺寸，用利刃決之，肝膽突出即割下。其膽皆如鴨子大，曝乾以備上貢。却合内肝，以線合其瘡口。却收入籠，或云舁歸放川澤。

宋 謝維新《古今合璧事類備要别集》卷八九《蟲象門》 《格物總論》蛇，按《本草》、《山海經》、《爾雅》等書，腹行。數種：或青，或赤，或黄，或白，或黑，或白黑相間，或金色，或銀色，或黑質白章，或方勝白花紋，又有頭斑而身赤者，有青黑色者。有大僅如指者，有兩頭者，有人面者，有當中有約頭毒尾，良者有形似鱧魚，頭若鼉頭，尾圓無鱗者。有逕三二圍，長十許丈而能吞鹿者。有博三寸，首大如擘，有牙最毒者。又有細頸大頭，色如文綬紋，紋間有毛如猪鬣，鼻上有針者。遽數之不能終其物也。然本毒蟲有無毒者，本鱗蟲有無鱗者，鼻本皆向下而有鼻向上生者，猶木也。有所謂蝮，有所謂虺，有所謂帶，有所謂蟒，有所謂螣。蛇螣蛇龍屬能興雲霧。蟒蛇中最大者故曰蟒。玉帶，小蛇也。虺與蝮，又自一種。蝮黄黑色，黄頷，尖口，毒最烈。虺形短而扁，毒不減於蝮。今一種形一類於蛇，浮游水上不傷人，其名曰蛇婆。此蛇之大畧也。

明 王同軌《耳談類增》卷二〇《丐子制蛇法》 世謂雄黄制蛇，非也。巨蛇反舐雄黄。聞粵西山谷中，有巨蛇食人畜無筭，里人醵錢募除制者皆亡。其法或往亦必死。有丐者令以板繩綴之，使週其身獨當目處鏨眼通明，上覆板可開闔，行偪其地，從上擲物撩之，蛇出莫可施毒，盤蟠束之數匝，其性也，丐者故倒地輾壓之，蛇已節節斷，其巧捷如此。

明 王同軌《耳談類增》卷二〇《蚺蛇》 南海蚺蛇性極淫，制之者以婦人敝褌投之，則戴之首而矯然壁立，又以首擲地，必甚快而所謂甘心焉者。如此數次則昏悶，制者因棒擊之斃。須熟認擊處，則膽在焉，剖取即得值數金。皮以裝鼓鞲之類，肉以啗皆不輕售。滁陽石君守，肇慶里人，筐乘以入觀焉，因得其説。莊子曰：蝍蛆甘帶。帶，蛇也。豈惟蝍蛆民食甘之矣。又曰：有大美必有大惡，今以大惡，有大美矣。嘗見驢舐牝溲，奮迅從之，鞭箠不避，猶之蛇之嗜。故嗜腐之烏，據厠之鼠，逐臭之夫死淫之子，其異於是蛇者幾希。

清 陳鼎《蛇譜》 圓蛇，産貴州古洲八萬土司中。圓如卵，有五彩文，或山水花鳥竹木狀，同六合石子。人見之無不愛，拾而撫摩，不忍遽舍去。少頃，得人氣，於中心迸出一頭，口目畢具，吐舌如火，嚙人即斃。人斃處草木枯槁，泥土焦裂，人不敢由此行，皆迂道以避。三年始復，然其土猶毒。苗人以竹矢插其處七日夜，射人即斃。　脆蛇，亦産貴州土司中。長尺有二寸，圍如錢，嘴尖尾禿，背黑腹白，暗鱗點點，可玩也。或曰如銀，見人輒躍起數尺，跌爲十二段，須臾復合爲一。不知者悮拾之，即寸段兩端俱生頭，嚙人即斃。出入往來，恒有度捕之者。置竹筒於其徑側，則不知而入其中，急持之方可完稍，緩則碎矣，故名曰脆。暴乾能已風去厲，視其身之上中下，以治人之頂腹脛，罔不効，兼可接斷骨。君子曰，不爲毒而攻毒，可謂能自新者矣。　絲蛇，夔州府蛇倒退地方間有之。長八尺，圍一尺，能吐絲作網大數畝，蛇居其中如蜘蛛然。候物入其網即擒吞之，人或觸其絲則躍出嚙斃。其地出是蛇，土人必榜於道，使繞而避之。　方蛇，形如牛皮篋，高五寸，縱横各二尺。其色黄黑，其行如矢發，吐氣如爨煙，腥不堪聞。見人近輒迸脊中黑水，射之中者立斃。粵西近楚山中有之。　扁蛇，闊五寸，長五尺，厚一寸。首尾俱齊，色如温綢，五色相錯而方，不知者以爲手巾也。口大如斗，其行如飛，能逐狡兔，得兔即生吞之。廣西及海南山中間有。

橋蛇，長八九尺或六七尺。色清如竹，尾禿。以首尾行，如橋，然首先發而尾後蹤，又如弓狀。疾如奔馬，能掩捕飛鳥。廣東雷州山中頗多，不害人。

雙身蛇，一頭兩身，雌雄自具，自爲合。單日糞從雄尾出，雙日糞從雌尾出。三月則交，五月卵生如雞卵，七月子育，九月子成，自覓食。是蛇長五六尺，亦有八九尺者，不滿丈。善捕鼠及貍，出占城國、緬甸，滇西亦有。則食魚鰕，善泅水。緬人以其善捕鼠，嘗蓄於家，然能爲貓害。

雙頭蛇，四川烏蒙山中有之。兩頭一尾，得物左口噙之，右口咀嚼。

兩頭蛇，非孫叔敖所斬之兩頭蛇。閩中將樂、沙縣、寧化城郭間俱有。狀如蚯蚓，長尺許。四目斯張，二舌並吐。人往往見之，亦不爲禍，故曰非孫叔敖氏所斬之蛇也。

唤人蛇，大頭小頸，長丈餘至數仞。廣西近交趾山中有之。伏草莽間，遇行旅過，輒大呼曰，何處來，那裏去。只此六字甚清楚，音同中州。不知而悞應之者，雖去隔數十里，蛇必至。至則腥風擁樹，排闥而入，吞應者去，人莫能制也。過客旅宿，主人必問道有呼汝者乎，曾應否。有則以木匣置飛蜈蚣爲枕，聞腥風來，揭蓋即飛出，一嚙蛇即斃。有重數百斤以至數千斤者，刳其肉可作膾，其味同鯉，取其脂可燃燈，大風吹不滅。

人面蛇，雌蛇狀如美婦人，項下有兩足如人手，十指俱具。雄蛇有髯而色緑，長數仞。雌雄交則相鳴，聲如吼。善搏虎。畏狐，見狐則蒲伏不敢動，狐從容嚙其尾，血出則蛇死，呼羣狐負之歸穴，以爲飯。緬甸、阿畦、占城、交趾及八百媳婦國諸山俱有。

鼓子蛇，蛇形如鼓，圓而且扁，大至合抱，高一尺。眼目鼻舌俱生平面。四川天全土司中有之。每風雨將至，雌雄相應而鳴，其聲如撾鼓，大有漁陽三弄之韻。或曰阿畦山中頗多，孟良山中亦有。不害人，但食蝦蟆及百足蟲。或曰其皮色蒼，可爲鼓，聲聞數里。

百樂蛇，越裳氏國有蛇，羣處穴中。每至春日融和，風光澹蕩則出，聚鳴草莽中，或作絲竹聲，或作金石聲，或爲擂鼓鳴鑼聲，或爲喇叭長號作天鵝聲，簫管瑟琶，百樂畢備，故曰百樂蛇。國人聞其聲大喜，多置酒相賀，謂其年必豐，人無疾厄，蓋瑞蛇也。好事者則攜樽往聽，直作一部鼓吹矣。然蛇畏人，聞人聲輒避去，皆默飲不敢譁。楊升菴先生流寓滇中數十年，通彝語，識僰文，乃譯黑新逵《西南列國誌》八百餘卷，載蛇狀甚詳。予在大理浪穹何氏見其抄本，惜匆匆北還，不能盡録其書入中原以爲恨。

鳥虎蛇，出滇南廣西府土司中。高五尺，大二圍。頭尾俱平，如圓木一段然。色蒼黑。嘗直立草莽中，俟飛鳥過，噴唾彈之則墜，取以爲食。土人呼爲鳥子虎。

飛蛇，大不過錢圍，長七八尺不等。去頭尺許有兩翅如伏翼狀。棲于林木，往來飛搏小鳥爲食。見人輒飛來，嚙一嚙即斃，斃則先取心食之，然後呼羣蛇共享。懼金，持寸鐵擊之即不敢來。烏沙國人行道及入山樵採者俱佩小鑼一面，隨行隨鳴，蛇聞聲則頭腹痛，輾轉於樹不敢動，以毒弩射之則斃。

一角蛇，黔東粤西山中多有一角蛇。其色赤黑相間，赤處如火焰，黑處如光漆。余友白子卧自新貴令致仕，由鎮遠取水道歸。家人王博有勇善彈，舟行見蛇一角，蜿蜒崖間，即引彈中蛇。蛇即躍來舟，博亟抽刀揮之，蛇兩段，尾墮水中，頭復迸至左岸，觸牛羊斃。

豹皮蛇，闊三尺，長五尺，厚三寸。形長而方，伏草莽如被然。有毛斑斕若豹，故名。豺狼獐鹿踐之即斃，斃即吞之。畏鶴，鶴踐之蛇即斃。浡泥國人呼荆奇鑲。荆奇鑲者，華言毒口蛇也。

鵲不停蛇，長數丈，大數圍。山林中有是蛇，鵲即移巢他去。腥且臭，鵲聞其氣卵不育，故名。廣西安南山中多有。

環蛇，三佛齊有蛇如環，大數圍至數十圍者逐獸則疾走，如轉車輪於千仞之山，獸入環中即斃。其口眼俱生，環之半與（尻）（尻）相對。國人收其脂作藥，服之刀劍不能傷。

介蛇，長五六尺，有黑白兩種。尾繫殼如蚪，倦則蟠殼中，行則拖殼如飛。專食草中蟲，不害人。出天方國。

王蛇，滇南近緬山中有蛇長數里，色如黄金，蓋數千年矣。常隱不常見，不害人，不害物，以惡蛇爲飯。每出小黄蛇，從者以千數，所止地凡蛇盡來朝，有罪及傷人者，輒命羣蛇嘬斃之，即以爲食。凡毒蛇傷人者尾必禿，所殺者皆禿尾，人以是知其討有罪也。過其地三年，毒蛇絶跡。每殺蛇必留尾以爲號令，以其能討惡，故曰王蛇，蓋蛇之仁武者也。嗟乎！安得此蛇巡行天下，盡殺害人之蛇耶。土人曰，父老相傳，是蛇自萬厤庚午歲現後，迄今六十餘年不出，蓋已仙去云。

神蛇，梧州三界廟有蛇神，甚靈異。每祈禱，小青蛇從鬼吏冠袖中出，身緑如苔，柔擾依人，倏忽不知所在。有負於神蛇，即至其家，雖隔百里必至也。或出其中舟，或伏其被襆內，人懼而祀之則去。或曰有司疑案不能決，輒令兩造詣廟探鬼吏冠中蛇，理屈者即嚙斃。嗟乎，此蛇之聰明正直者也，宜稱爲神。

黠蛇，曩予在粤東行東莞市中，見有居民家結綵作樂者，童叟男女擁繞於門，入者咸有驚異非常之色，出者如禮天帝而退，不忘肅敬之狀，心竊怪之，因入以觀。見庭中盛供幃帳，設樽俎，具香燈，執樂兩列鼓吹迭奏。几上陳一盎，盎中小竹數株，有青蛇長不滿尺，大不踰指，一身二頭，項相並，四目兩口，二舌並吐，緑質如苔，蜿蜒升降於竹間。主人肅衣冠端立案左。入者以次膜拜，苟越次不整，主人必正色約束，皆唯唯惟命。予詢其故，曰：此蛇吾里雙忠祠雙忠神之使也。淩空而飛，忽然而至，至其家必虔祀之則獲福，否則獲大咎。然則人非事蛇也，乃事神也。蛇之去來，惟神是使。神之威靈不憑乎蛇，不能取信乎人也。惟蛇也，柔擾依人，故人相與事之，而惟謹而卒無有若狄梁公者，起而一正其妄假，令是蛇蜿蜒千尺而有驅雷布霧之勢，則人將震驚而鳥散獸奔矣，又安能幃帳樽俎之盛供而鞠躬膜拜之竭誠若是耶。嗟乎，蚩蚩之氓易惑而從，而是蛇又取之甚巧，不以威而以柔，故能久肆其志，享時祀而無驅之者，可謂黠矣。然則今之爲吏者巧取於民，更有甚於此蛇者也。昔孔子謂苛政猛於虎，余則謂貪吏黠於蛇。　蟒蛇長十餘丈或數十丈，毒甚，吞人不厭。粤東西及湖南深山中極多。蟒踞處人不敢近，至廢耕桑。明末蘇州洞庭山有葉羽者，多力好武，略聞南昌曾天成拳手天下無雙，往師之。既受業，天成授羽革履一兩，以精鐵裹兩頭，舉步飛揚，較棍棒尤峻。又令擎火炭徒手搏弄，羽苦之。天成曰，學業須精敏，能上截隼鶻，下拾蠅蚋，則臨陣可搏矢石矣。吾道高妙，然不離飛躍二字，猝難神會，必高躍十丈，横躍十丈，然後捷如振翮騰踔千仞，雖賁育不及也。汝當先習高躍而後進之。二年，羽技大成，與天成埒。既而天成死，羽無所歸，乃賈於湘潭，客張氏，及收值，張欺羽孤旅，推故不給，指入深山。自詣，負家索，皆幽谿巉嶺，蒙密峭邃。忽大蟒張牙來，約長十餘丈，羽高躍空中，舉武騰踢，蟒勢殊猛，吐氣如霧，羽便飛揚百變，乘間亟取兩石，飛中蟒要害，須臾跳擲而死，聲撼山谷。及歸，張大驚怖，謂羽已死，其晝現者魂魄也。羽直前擒數其罪，良久乃解。時衆聚觀者已數百人，往驗果然，遂白令。令餉之金，待以賓禮。衆復請曰，自蟒雜處兹土，採山溉畝，棄去日久，官缺正供，百姓坐困者八載，今受葉君賜，當肖像樹石俾居人世祝。令曰，可。既竣，題額曰，姑蘇葉君生祠。勒石山巔曰：葉君除蟒處。余乙亥冬過湘潭，入其祠讀其碑如左云云。　蚺蛇，閩、廣、黔、滇、楚南俱有。福州、廣州、潮州及高州之茂名、電白、信宜者，取其膽能已風去厲。安南者膽性微寒，能療眼疾及諸惡瘡，十年瞽目可使復明，蓋材之良者也。廣西桂林、柳州、梧州者，性淫，長數丈或十餘丈，見女子即馳來淫。故梧州婦人行道衣外必裹故裳，蛇來即解裳於地，蛇即蟠繞於裳而婦人得脱。或曰，取其所蟠裳掛於家，可辟除不祥。至千歲以上者，則高數丈，亘四五里或七八里。恒宵遊，遇豺虎諸獸則吸而吞之，於人亦然。余同年周謀者，黔之黎平人也。居於鄉，近廣西界。諸生時好佩刀，未嘗須臾去。康熙已酉年廿八夜，飲姻家沉酣強而歸，至半道醉益甚，倒卧於地。少醒，如坐丹爐中，萬火齊逼。謀疑爲客所戲，若以棉被數層捆裹者。大呼不應，急抽佩刀剖之，約厚尺許。忽然撼天搶地，騰躍數仞，方知爲蛇所吞也。急剖之，經時乃出，而蛇已死。走歸通體殷紅，即覓醫者以草藥搗汁進，夜半肌膚迸流毒水。半載乃愈，然裂處色白矣，自頂至踵，斑斑然不能絶也。曰是蛇約長五里，村人競取其脂燃燈，光最餤。今其骨尚存，大如臼，鱗大如笠，藏於家。余曾登其堂拜年伯母目覩者。　山蛸，狀如蜥蜴而小，長不過四五寸，色蒼唇丹。不嚙人，隨處山中多有。　火赤煉，毒蛇也。渾身色如火而間黑。嚙人則腫脹煩悶，不二日而死。急採半枝蓮草搗汁服之即愈。　禿尾蛇，尾禿而色黑帶緑腹，赤蛇中之最毒者也。不畏人，見人故遲遲行嚙人，治少緩即斃。　地扁蛇，形扁而色蒼，亦蛇之最毒者也。嚙人，極難治，治少緩即斃。昔一屠者早起往屠豕行，悮躡蛇，蛇嚙其足小指，屠即以刀除去所傷指。及反，見小指大如斗，以刀剖之，毒氣冲屠面，屠即斃於道。或曰是蛇盲不見人，嘗吐絲於路，人觸其絲即躍來嚙。　慈曼蛇，是蛇不嚙人，即嚙亦無大害。與青簫蛇性狀相同。青簫者，色青而狀如簫也，長四五尺三四尺不等。二蛇俱善捕鼠。水蛇亦然。江南蛇多不善浮水，惟水蛇善浮水，常于水畔捕蛙爲食。　白花蛇，頂有方勝，尾有指甲長尺許。能治風疾。産蘄州，爲道地良材。河南南陽者次之。　玉琯蛇，産永州山中，土人名異蛇，以其異於衆蛇也。取其皮、膽、骨作藥，治風疾。　鱗蛇，形如蟒，有四足。土人取其膽，可解諸藥之毒。産雲南隴川孟養山中。安南長官司出者可治牙疼，亦解藥毒，黄鱗爲上，黑次之。　烏蛇，産梧州府藤縣。其色如墨，其行如風，又名黑風蛇。取以浸酒可療風，服者入水不沾濡。陝西隴州山中亦出是蛇。又名烏稍者，則材之下矣。　蛤蚧蛇，生枯樹中，雌雄不相離，相合則鳴。十（土）人呼爲淫蛇，然可治痿症。廣西梧州有之。　赤花蛇，赤碧相間，三目。見人輒奔來嚙，嚙則不放，雖殺之亦不舍。中其毒者，速以芫花和過山龍、半枝蓮搗汁服之可救，遲三日，骨肉俱化爲血。廣西近安南境有之。　七寸蛇，長七寸，圍亦如之。色緑如苔而頭赤如血。嚙人行七步即斃，又名七步蛇。被嚙急採黄花菜葉及松毛，咀嚼之可救，然傷處必腐脱一節方愈。海南最多，閩、越、吴、楚間有之。又名斷磨塹，如石工琢磨器，故云。

四足蛇，即蜥蜴也。朱唇，青色微黄。長五六寸，圍如錢。四足，不噬人。或曰是蛇能化冰雹。或曰錢鏐王夢化蜥蜴，蓋有龍象云。

八足蛇，長八九尺，無尾，前後各四足。疾如奔馬，遇物即噬，善捕獐鹿。占城、交趾頗多。

量人蛇，狀如烏蛇而色稍淡。不嚙人，見人輒直豎與人較長短。遇者當以手高舉，大呼曰：「我比汝長八尺」，則無咎，而蛇即死矣。否則人不病即死。蛇既量人，必棲高樹，遥望其家掛白及有哭聲乃下。嗟乎，此蛇之最惡者也，比之小人之尤嵩以陰謀害人者一轍矣。

域蛇，海上頗有，臺灣淡水溝中最多。專含沙射人影，則人病且死。狀如黑鰻，長至數丈。遇之當叩齒三十六下，可辟其不祥。此與小人不風鼓浪，造言生謗，讒害君子者相類，吾當常叩齒三十六以辟之。

夜裏叫，嘗至午夜，忽大聲呼救命不止者，蛇也。當默聽之，毋得輕啓户，倉卒出必爲所害。蛇身無尾，聲與人聲殊。交趾邱蟠山中有此蛇。

啼蛇，三足，前二後一。三角，中短左右長。色紫、緑、白三種。長十餘丈。善作小兒啼，晝則無聲，每日落後即啼至達旦。出烏思藏山中。大理府明經黄啓臣曾至藏山目覩是蛇，爲余言者。

歌蛇，長五尺，大一拱。不食生物，專食山間瓜果之類，不嚙人。人以其不爲民物害，亦不忍傷之也。東印土及緬甸永昌界俱有。是蛇每至秋風清秋月明之夜，輒長歌如蚓然，有節韻抑揚婉轉，儼若刻羽流商。嗟乎，是蛇如可豢，不妨畜十餘頭作一部鼓吹。

五頭蛇，一身五頭，各有雙目，各各吐舌。海南山中頗多，嘗入水捕魚蝦爲食。

火蛇，吐火如彈，中雀爲食。長七八尺八九尺不等，從無滿丈者。色赤，有兩角。

肚裏餓，色如竹葉，長尺許。不嚙人，亦不畏人。前有兩足，見人輒啼曰：「肚裏餓。」好事者投以瓜果食物，彼即接而啖之。可狎而玩也，然有毒，手近之即浮腫，一二日方消，無害也。

富貴蛇，色微黄而間以青，腹白，舌赤，齒黑，長不過四五尺。如穴人家倉囷下，米粟必多倍於所入，其家必發，故曰富貴蛇。人家有是蛇，主人至除夕必設樽俎香燈祀之。嗟乎，安得富貴蛇遍穴寒士米甕下耶。

人蛇，長七尺，色如墨。蛇頭，蛇尾，蛇身，尾長尺許，而人足、人手長三尺，人立而行。出則羣相聚，遇人輒嘻嘻笑笑，已即轉噬。然行甚遲，人聞其笑則奔可脱，遲則被害矣。嗟乎，是蛇也，何殊昔之奸佞臣，以諂笑固人主而包藏禍心，以生靈爲魚肉者耶。安得高皇三尺劍盡誅之。

杖鼓蛇，首尾大而腰細，形如杖鼓。伏草莽。其氣腥，羣蟻繞，嗾之皆斃，即以蟻爲食。

黄蛇，色黄。長丈許，大錢圍。有大毒。行草上，草逾宿即枯，牛馬悮食之必斃，所止地草木不生。川廣俱有。

忠義蛇，山西洪洞縣西山最深，向無大蛇。康熙甲寅吴逆叛，邑有無賴子張某者兄弟三人，有膂力，思爲亂於西山，招集亡命千餘人，計劫城叛。午夜率衆出山，有蛇長百尺，大如斗，張牙吐舌當前路。張令衆引弓射之。蛇曲踊距躍，勢殊兇猛。與鬭三日夜乃斃。張遂烹以享衆。然事因此洩，邑令及城守先率師拒戰山下，盡殲其衆。若非此蛇與鬭三日，則合城遭其害矣。邑人德之，呼曰忠義蛇。嗟乎，我皇上以忠義柔四海，故禽獸蛇蟲皆能効忠義保全一邑，惜無有爲蛇請封於朝以旌之者。

肥⿰月遺蛇已下出《山海經》，太華之山，削成而四方，高五千仞，廣十里。鳥獸莫居，有蛇焉，名曰肥⿰月遺，六足四翼，見則天下大旱。渾夕之山亦有是蛇，見則其國大旱。是二蛇皆有病於天下國家者也。

白蝙蛇，《管子》曰：「涸水之精名白蝙，一頭而兩身，長八尺。」以其名呼之，可使取龜魚。

鳥蛇，景山有鳥，其狀如蛇而四翼、六目、三足，名曰酸與。其鳴自詨，見則其邑有恐。

長蛇，出大咸山，其毛如彘毫。説者曰長百尋，今蝮蛇色似艾綬文，文間有毛如猪鬐，即此類也。常山亦有蛇，然與此形不同。錞於母逢之山有大蛇，赤首白身，其音如牛，見則其邑大旱。

⿰亻⿰丨⿱攵虫蟰蛇，樕螽山南二千九百里有獨山，末塗之水出焉，而東南流注於沔。其中多⿰亻⿰丨⿱攵虫蟰，其狀如黄蛇而魚翼，出入有光，見則其邑大旱。

鉤蛇，出永昌郡。長數丈，尾歧在水中，鉤取岸上人、牛、馬啖之。又呼馬絆蛇。

巴蛇，長千尋。食象，三歲而出骨，君子服之無心腹之疾。其爲蛇青黄赤黑。一曰黑蛇，青首。《楚詞》曰：「有蛇吞象，厥大何如。」

元蛇，南海之外有榮山，榮水出焉。黑水之南有元蛇麈，有巫山者，西有黄鳥。帝藥八齋，黄鳥於巫山司此元蛇。

化蛇，陽山伊水中多化蛇。其狀如人面而豺身、鳥翼，而蛇行，其音如叱呼。見則其邑大水。

并封蛇，兩頭如彘，兩頭有足，行則曲身並肩，名曰并封。出巫咸山之南。

蛇神，西北海之外，赤水之北，有章尾山，有神人面蛇身，是謂燭龍。貳負之神亦人面蛇身。開明西有鳳凰、鸞鳥皆踐蛇、戴蛇，膺有赤蛇相柳氏，九首人而蛇身而青，不敢北射，畏共工之臺也。女子國北有神人面蛇身，尾交首上。窮山在其北，不敢西射，畏軒轅之邱也。單孤山神亦人面蛇身，奚窳之神亦然，延維之神俱同此神而蛇者也，博物君子不可不知。

清　李鴻章　光緒《畿輔通志》　卷七四《物産・蟲屬》

蛇，幽都之山，黑水出焉，其上有黑蛇《爾雅翼》。《唐書》曰：建中三年，趙州寧晉縣，仁孝里，沙北有棠樹甚茂，百姓禱之爲神。忽有羣蛇數千，自東南來趨北岸，集棠樹下爲二積，留居南岸者爲一積。俄有三龜，徑寸，繞行積旁，積蛇盡死，而後各登其積。野人以告，蛇腹皆有瘡，若矢所中《太平御覽》。西山潭柘寺殿中，三蛇長五尺餘，名大青、小青《耳譚》。薊中不產蛇，獨百花山有七寸蛇，至毒《燕山叢話》。盤山有五百善蛇，藏天成寺塔下，嘗來僧座下聽法。又：布雲虎，蛇屬，俗呼四脚蛇。《盤山志》

清　袁枚《續新齊諧》卷二一《蚺蛇藤》　瓊、雷兩州，蚺蛇大如車輪，所過處腥毒異常，遇者輒死。性淫而畏藤，土人多以婦人褌並藤條置腰間，聞腥氣知蛇至，先以婦褌擲去，蛇舉頭，入褌吮嗅不已，然後以藤拋擊，蛇便縮伏，憑人捆縛。縛歸釘之樹上，用刀剖腹，蛇似不知，將至膽處，乃作愛護之狀，膽畏人取，逃上逃下，未易捉取，直至蛇死腹裂，膽落地上，猶躍起丈餘。蛇漸力盡，勢低取掛簷間，其膽衣內汁猶終日奔騰上下，無一隙停留，俟亮乾後才可入藥。

清　袁枚《續新齊諧》卷一〇《拘蛇》　江陰草燕橋言有南客館，京師自言能拘蛇，主人欲觀其法，不可強之，至再始允焉。先命竹工削竹籤百枝，長三尺許，鋸其兩端如箭錐。至期約主人及外客以麻繩束竹籤捆載而行，同赴西山石佛廟中，踞石臺上。步罡書符口喃喃作詞。俄頃微風起，草中索索作聲。蛇果大至，先小後大，盤旋迴繞，有若錦者，有若花者，諸色俱備，衆咸詫所未見。最後有一蛇至，不甚大，遍體光黝如漆，昂其首向前視客，客色遽變憮然曰殆矣。急書符退之，衆蛇皆散。獨黝黑者不去，吻舌張口似有怒態。客披髮跣足持咒，嚙舌血噀之，黑蛇始去，顧衆曰：「君等可歸矣，此蛇來與吾較法，我不可去。去則貽，禍主人。」乃命衆人用繩束其身，綑於石佛背上，以所攜竹籤置手旁，促衆人去。次日客歸，衆詢所以云。是夜風雨大作，其蛇乘空而來，張口吸氣，似欲相吞。客望其氣來，乃以竹籤一枝投之，籤爲氣攝入其腹中，如是數十次，氣亦漸衰，籤亦將盡，俄聞廟門外有崩撼之聲，蛇斃於地，風雨亦息。

清　朱翊清《埋憂集》續集卷一《蚺蛇》　《水經註》交趾金谿究山有大蛇，名曰蚺蛇。長十丈，圍七八尺。嘗在樹上伺鹿，獸過輒低頭繞之，有頃，濡濕訖便食頭角。三月皆鑽皮出山，夷始見，蛇不動時，以竹籤蛇頭至尾，殺而食之，以爲珍異。一說以婦人衣投之，則蟠而不起，走便可得也。楊氏《南裔異物志》曰，髯惟大蛇，既宏且長，采色駁犖其文錦章。食豕吞鹿，腴成養創，賓享嘉讌，是豆是觴。言其養創之時，肪腴甚肥，可爲賓筵珍味，惜其蚕食鹿豕，適足以供老饕之大嚼也。　蚺蛇大者能吞鹿食人，性極淫，取婦人弊袴擲地，以首戴之俯仰，頓撼甚樂，捕之者度其出入之地，先釘羅椿數行，狹僅容其身，壯士持橄欖棍伏其中，出一人於外，颺婦人裙褲招之，蛇即昂首高五六尺來追。人退入羅椿，蛇身既巨，到狹處，曲折轉身不便，人持棍擊之。且擊且退，數人迭出，視其首俯地，則無懼矣。每擊一下則皮肉皆縮有一泡，死而血凝，即護身膽也。其力大減，多以亂真，真者值兼金。此《嶺南雜記》所言，與《水經註》合。惟《桂海虞衡志》言，蚺蛇大者如柱，常出逐鹿食之，寨兵善捕之，數輩滿頭插花趨近蛇，蛇喜花必注視，漸近俯其首，大呼紅娘子，蛇益俯其首不動，壯士大刀斷其首，衆悉奔散，遠伺之。有頃，蛇奮迅騰擲道旁，小木盡拔，力竭乃斃，一村飽其肉，其法更奇，然石湖所志，牽經親歷，必非無據。　又按《嶺表録異》云，普安州有養蛇户，每年五月五日，即舁蚺蛇入府，衹俟取膽。余曾親見，皆於大籠中，藉以軟草盤屈其上，兩人舁一條在地上，即以十數拐子從頭翻其身，不得轉折，即於腹上約其尺寸，用利刃決之，肝膽突出，即割下其膽，曝乾以備上貢，即合內肝以線合其瘡口，收入籠。或云舁歸放川澤。據諸書所稱，蚺蛇力大若許，必不可以生而致今，觀此録所載，則取之固自易，易其信然耶。《南裔異物志》蚺，蛇牙長六七寸，土人尤重之，云辟不祥，利遠行賣，一枚值牛數頭。

清　百一居士《壺天録》卷下　《捕蛇者説》，柳柳州之作，是文也寓政之苛也。未及夫捕之若何。近乃有捕之奇捷者，姑蘇滸墅關西鄉，向有巨蛇出没，左右數里，每夏多染瘡疸疾，皆以爲蛇毒所致，於是徧覓捕蛇者，得甲乙丙三丐，甲師也，乙丙其徒也，索資甚巨，鄉人醵與之，不數日，丐攜一籮籮，中貯蜈蚣無算，既得蛇窟，甲啟籮盡蜈蚣食之，身體漸腫，運氣片時，腫者全消，惟右手食指中指大幾如股，令乙丙分立左右，甲即以兩指探入窟中有間，甲儘力舉手外拔，乙丙各以鐵鉤助甲，倒戟而出，蛇已挺然僵斃，惟緊啄甲指，死猶不釋。乙丙復以藥水洗甲指，頃刻遂愈。按蛇長八尺有餘。粗逾杯盌，斫而焚之，臭聞數里。此所謂以毒攻毒也，丐之術亦神矣哉。

藝文

晉　傅休奕《靈蛇銘》　嘉茲靈蛇，斷而能續。飛不須翼，行不假足。上騰雲霄，下遊山嶽。逢此明珠，預身龍族。

晉　郭璞《**長蛇贊**》　長蛇百尋，厥鬣如彘。飛羣走類，靡不吞噬。極物之惡，盡毒之厲。

又《**螣蛇贊**》　螣蛇配龍，因霧而躍。雖欲升天，雲罷陸略。材非所任，難以久託。

又《**巴蛇贊**》　象實巨獸，有蛇吞之。越出其骨，三年爲期。厥大何如，屈生是疑。

又《**蟒蛇贊**》　蠢蠢萬生，或以類長。惟蛇之君，是惟巨蟒。小則數尋，大或百丈。

又《**枳首蛇贊**》　夔稱一足，蛇則二首。少不知無，多不知有。雖資天然，無異駢拇。

北周　庾信《**孫叔敖逢蛇贊**》　叔敖朝出，容悴還家。母氏顧訪，知埋怪蛇。爾有陰德，陽報將加。終爲楚相，卒有榮華。

唐　元稹《**巴蛇**》　巴蛇千種毒，其最褰鼻蛇。掉舌翻紅焰，盤身蹙白花。噴人豎毛髮，飲浪拂泥沙。序云，毒人則毛髮皆豎起，飲溪澗而泥沙盡沸。欲學叔敖瘞，其如多似麻。　又曰：越嶺南濱海，武都西陷戎。雄黄假名石，鸜鳥遠難籠。詎有隋腸計，應無破腦功。巴山晝昏黑，妖霧毒濛濛。

唐　柳宗元《**捕蛇者説**》　永州之野産異蛇，黑質而白章，觸草木盡死。以囓人，無禦之者。然得而臘之以爲餌，可以已大風、攣踠、瘻癘去死肌，殺三蟲。其始太醫以王命聚之，歲賦其二。〔募〕有能捕之者，當其租入，永之人争奔走焉。

又《**宥蝮蛇文**》　吾悲夫天形汝軀，絶翼去足，無以自扶，曲膂屈脅，惟形之紆，目兼蜂蠆，色渾泥塗。其頸蹙恧，其腹次且。褰鼻鉤牙，穴出榛居。蓄怒而蟠，銜毒而趨。志蘄害物，陰妬潛狙。汝之稟受若是。雖欲爲黿爲螾，焉可得已。凡汝之爲惡，非樂乎此。緣形役性，不可自止。艸摇風動，百毒齊起。首拳脊努，呥舌摇尾。不逞其凶，若病乎已。世家寒心，吾獨悲爾。吾將薙吾庭，葺吾檻，窒吾垣，嚴吾扃，俾奥草不宅，而穴隟不萌。與汝異途不相交争，雖妝之惡，焉得而行。嘻，造物者何甚不仁，而巧成汝質，既稟乎此，能無危物。賊害無辜，惟汝之實，陰陽爲戾，假汝忿疾。余何汝尤是戮是抶，宥汝於野，自求終吉。彼樵豎持殳，農夫執耒，不幸而遇，將除其害。餘力一揮，應手糜碎，我雖汝活，其惠實大，他人異心，誰釋汝罪，形既不化，中焉能悔。嗚呼悲乎！汝必死乎，毒而不知，反訟其内，今雖寬焉，後則誰賚，陰陽爾造化爾，道烏乎在可不悲歟。

宋　黄希旦《**靈蛇**》　嘉祐辛丑歲，郡侯得召伯。是時夏六月，雲日紅翕赫。殿北古龍堂，窗户久不闢。俄然靈蛇見，宛轉真象側。鱗甲錦繡文，燦爛輝五色。視之頗馴擾。狎之不驚惕。郡侯率羣僚，朋來擁荆戟。遲留夜未午，風雨滿天黑。迅電瞥四起，狂雷隨一擊。須臾風雨收，形影誰能覓。斯蓋龍之靈，變化固難測。方知至神物，其來表有德。

宋　張耒《**逐蛇説**》　嗟堯之時兮大水滂，横潰四海兮包陵岡。龍騰蛇奔兮嬉以狂，腥鱗頑鬣兮更披猖。城居穴處兮亂厥常，頹蟲糾結兮肆害戕。陸盤淵據兮傲不臧，朋屯黨聚兮蕃以昌。穿穴囓噬兮民盡傷，乃命伯禹兮行四方。驅龍放蛇兮屏諸荒，曷爲兹蛇兮宅吾居，妖頑堅老兮傲驅除，深潛居山兮坦無虞。下飲吾沼兮捎林枝，朱眸丹舌兮黝鱗膚。恍惚遽速兮疑有無，居者畏避兮行者除。險奪我圃兮駭吾徒，盜竊祭禱兮欺羣愚。我咨爾蛇兮潛山穴。野陰蟠遠伏兮與人異。舍冬居夏遊兮時以行，食爾之食兮朋爾朋。僭亂我居兮失常經，叛棄爾守兮帝有刑。胡昏頑兮居以寧，自爲不寧兮邀剽烹，荒戾天理兮悖聖程，我宥爾愆兮逐爾行。亟舍故處兮遐以征，南山之幽兮雲霧冥。草木薈蔚兮險不平，爾徒煩兮食爾盈。捕取不至兮居無與争，汝生孔遂兮壽爾齡。

著　録

清　張潮《**蛇譜題辭**》　物之最毒者莫甚於蛇，予生平最畏之。途中遇握蛇，乞子則趨避，遠引去之，惟恐不速。陳子定九忽以《蛇譜》屬予序，予逡巡不敢展閲，定九笑謂予：「君畏蛇一至是耶。」吾請言其奇者，因述一二事，大都出乎意想之外。余乃悟余之一生，固嘗與蛇相遇，歲必數遭其螫，非不欲遠之，奈匿在莩葭有不可得而遠者。因思造物賦形之初，既已蛇其腹心，蛇其口齒，則曷不並蛇其軀體面目，置之深山大澤之中，其肆毒也，或不至於極甚。顧乃計不出，此蛇其性而不蛇其形，俾柔懦者流歛手，而恣其啖噬則甚矣，造物之不仁也。予既屢遭蛇毒，遂怒目而對。斯譜循覽一過，知定九蓋欲效大禹之圖神，奸使魑魅魍魎，世皆莫能逢之，其功亦甚偉矣。予幼時讀《孟子》至大禹驅蛇龍而放之菹，周公驅虎豹犀象而遠之，以是知大聖人之於若輩，亦處於無可如何，既不忍殄滅之，無俾遺種，亦惟有驅之之法，俾不致與斯人相值斯已耳。然則定九此編，其殆猶楚史之有檮杌也夫。歙縣張潮題。

清 張潮《蛇譜跋》 蛇之毒，夫人而知之矣。至相其體則文彩粲然，斑斕可觀。此殆猶小人能害人者，其才類能肆應而曲當，吾願有民社之責者，盡用孫叔敖之遺意，則所造於斯世，誠不小也。心齋張潮。

主要野生動物馴養分部

綜 述

晉 陸機《與弟雲書》 天淵池養山雞，甚可嬉。

唐 劉恂《嶺表録異》卷下 劉恂有親表曾奉使雲南，彼中豪族，各家養象負重到遠，如中夏之畜牛馬也。

唐 舒元輿《養狸述》 物未有無所制者，鼠之貪殘桀黠，不畏於人而以狸制之，則有餘禦得其道也。小人而制之以君子，亦猶是矣。世未有無小人者，特受制於君子，而不敢竊發焉耳。然則養貓正以捕鼠也，烏可以無鼠而養，不捕之貓哉。 野禽獸可馴養而有裨於人者，吾得之於狸。狸之性憎鼠。其體趫，其文班。予愛其能息鼠，竊近乎正且勇，嘗觀虞人有生致者，因得請歸，致新昌里客舍，舍之初未爲某居時，曾爲富家廩，墉堵地面甚足鼠，竅穴之口光滑，日有鼠絡繹然。其既居，果遭其暴耗，常白日爲群，雖敲拍叱嚇，畧不畏忌。或蹔黽俛跧縮，須臾復來，日數十度。其穿巾孔箱之患，繼晷而有。書（晝）或出遊及歸，其什器服物，悉已破碎。若夜時長，留缸續晨，與役夫更吻驅呵，甚擾神抱。有時或缸死，睫交黑暗中，又遭其緣榻過面汩汩上下，則不可奈何。或知之借櫝以收拾衣服，未頃，則櫝又孔矣。予心深悶，當時意欲掘地誅剪。始二三十日間未果，頗患之，若抱癢疾。自獲此狸，嘗闔開實竇，縱於室中，潛伺之，見軒首引鼻，似得鼠氣，則凝蹲不動。斯須果有鼠數十輩，接尾而出。狸忽躍起，豎瞳迸金，文毛磔斑，張爪呀牙，劃洩怒聲，鼠黨帖伏不敢竄。狸遂搏擊，或目抉牙截，尾捎首擺瞬視間，群鼠肝腦塗地。迨夜始背缸潛窺，室內洒然。予以是益，實狸矣。常自馴飼之，到今僅半年矣，狸不復殺鼠，鼠不復出穴，穴口有土蟲絲，封閉欲合。向之韞櫝服物，皆縱橫拋擲，無所損壞。噫！微狸，鼠不獨耗吾物，亦將咬齧吾身矣。是以知吾，得高枕坦卧，絶瘡痏之憂，皆斯狸之功異乎。鼠本統（純）乎陰蟲。其用合晝伏夕動，常怯怕人者也。向之暴耗，非有大膽壯力，能淩侮於人。以其人無禦之之術，故得恣橫若此。今人之家，苟無狸之用，則紅墉皓壁，固爲鼠室宅矣。甘醲鮮肥，又資鼠口腹矣。雖乏人智，其奈之何。嗚呼，覆燾之間首員足方，竊盜聖人之教，甚於鼠者有之矣。若時不容端人，則白日之下，得騁於陰私，故桀朝鼠多，而關龍逢斬。紂朝鼠多，而王子比于剖。魯國鼠多，而仲尼去，楚國鼠多，而屈原沉。以此推之，小人道長，而不知用君子以正之。猶向之鼠竊，而不知用狸而止遏。縱其暴橫，則五行七曜，亦必反常於天矣。豈直流患於人間耶。某因養狸而得其道，故備録始末，貯諸篋內，異日持諭于在位之端正君子。

唐 李冗《獨異志》卷上 晉桓豁鎮荆州，有一參軍，五月五日採鴝鵒，剪其舌，令學人語，經年遂能言。後因大會，豁出之，令遍學座客話。有一人患齆鼻，鴝鵒乃遽飛入甕中，語與患者無異。舉座皆笑。

宋 宋祁《景文集》卷四六《君山養猿記》 猿與沐猴，類同而種別。沐猴躁動，好騰倚挽裂，詭故百情。韓生曰：「沐猴而冠。」故教猱升木，詩人著焉。猿性静介，善吟嘯，能通臂，亦善緣木。昭王南征，君子化焉。世人多言沐猴畏猿，每曼音啼嘯，羣猴皆累息不敢動，則猿與猴果非一種矣。巴陵有君山，在洞庭之中。巖然可居者，地方百里，浮屠氏之徒坊舍其上。地宜橘柚茅栗，居人採給焉。然山多沐猴，每八九月時，則百十爲羣，攘鈔挽齕，林果幾盡，居人苦之。會舟賈於巴中得一猿，體趫而雄。山之居人素知沐猴之畏也，因以財厚謝舟賈，致以如山，伺沐猴之來，縱猿以當之。猿初亦柯攀而上，噭然一啼，羣猴稍稍引去。如是日三四來，益狎猿之聲而不聳；且恃己衆而驕猿獨也，乃悉引其類，讙猿而逐之。或瓦石抵擲，或條蔓纓紼。猿不勝其憤而逃，猴乃大暴園木而去。鄉人語以相嗤焉。噫！茲山之人，不善處物也甚矣。物有以相勝者，寧謂一杯水以救一輿薪之燎哉？蘧瑗何以得容於衛，屈原何以見逐於楚，皆此志也。

宋 司馬光《資治通鑑》卷一八一《隋煬帝大業四年》 九月，辛未，徵天下鷹師悉集東京。鷹師，善調習鷹隼者也。至者萬餘人。

宋 錢易《南部新書》卷六　魏伶爲西市丞，養一赤觜烏，每於人衆中乞錢。人取一文而銜以送伶處，日收數百，時人號爲魏丞烏。

明 沈弘正《蟲天志》卷五　《唐書》曰：自永徽以來，文單國累獻馴象，凡三十有二，皆豢於禁中，頗有善舞者，以備元會充庭之飾。

明 謝肇淛《五雜俎》卷九　滇人蓄象，如中夏畜牛馬。然騎以出入，裝載糧物而性尤馴。又有作架於背上，兩人對坐宴飲者，遇坊額必膝行而過，上山則跪。前足下山則跪，後足穩不可言。有爲賊所劫者，窘急語象，以故象即捲大樹於鼻端，迎戰而出，賊皆一時奔潰也，惟有獨象時爲人害，則穽而殺之。

明 張存紳《增定雅俗稽言》卷三五《馴象》　《春秋・運斗樞》，摇光之星，散而爲象。《唐書》永徽間，文單國屢貢馴象，有善舞者。古訓象孕五歲始生，一身之力皆在鼻，鼻端有爪可拾針，性畏鼠入鼻。見地上有小孔，即以足蔽之，耳後有穴薄如鼓皮，一刺而斃。胸前有一小横骨，灰之酒服，令人能浮水出没。《論語》注，觽礪之屬，觽如錐，以象骨爲之，可以解結。　象之牙中有縱條攢列，用法煮牙令軟，逐條抽出可織。所謂象簟是也。　象膽，隨四時在四腿中，如春則前左足，冬則後右足也。又曰象肉具十二肖，各有分段，惟鼻是其本肉，其膽亦隨月運在諸肉中，正月建寅，則虎肉也。又舊説象肉千味，則亦不止十二肖矣。　南荒有黑溪水，崑崙兒以塗其身，即能乘象如家畜，所謂黑崑崙，即今之象奴也。　舊説象性久識其子皮，必泣。

清 吴仁臣《十國春秋》卷五七《後蜀・楊千度傳》　楊千度，本優也。善戲猴於闤闠中，常飽養十餘頭，習人言語。一日，内廄猢猻維絶，走殿上閣，後主令人射之，不中，乃命千度執之。千度謝恩訖，猴十餘頭皆向殿上叉手拜揖；後主大悦，賜千度緋衫錢帛，收入教坊。有内臣問猢猻何以能人言語，對曰：「猴乃獸，實不解人言。千度時時餌以靈砂，變其獸心，然後可教。」内臣深訝其説。有好事者祖其意，多以靈砂飼鸚鵡、犬鼠等以教之。

清 王棠《知新録》卷三一《鸚鵡》　宋高宗宫中養鸚鵡數百，一日問之曰：「思鄉否？」對曰：「思鄉。」遂遣中貴送還山中，後數有使臣過隴山，鸚鵡問曰：「上皇安否？」使臣曰：「上皇崩矣。」鸚鵡皆悲鳴不已。使臣賦詩曰：隴口山深草木荒，行人到此斷肝腸。耳邊不忍聽鸚鵡，猶在枝頭説上皇。又東都有人養鸚鵡，以其慧甚施於僧，僧教之能誦經。往往架上不言不動，問其故，對曰：「身心俱不動，爲求無上道。」及死焚之有舍利。《幽怪録》云：柳歸舜泛舟巴陵，風飄至一處，有鸚鵡數千，相呼姓氏，有名武遊郎者，有名阿蘇兒，有名武仙郎，有名自在先生者，有名踏蓮露，有名鳳皇臺，有名戴蟬兒，有名多花子。又云：吾乃鳳皇臺鳥也。天寶中，嶺南獻白鸚鵡呼爲雪衣娘。一日飛上貴妃鏡臺上，自云雪衣女，昨夜夢爲鷙所搏，上令妃授以多心經，記誦精熟後，爲鷹所擊而斃，瘞於苑中，呼爲鸚鵡冢。

清 李光地《月令輯要》卷一五　馴象增《玉海》：乾德五年八月，有象自嶺南來，至都城外獲之。其後，吴越、廣南、交州繼獻馴象四十五頭，於南薰門外玉津園東北，置養象所作馴象旗。

清 魯曾煜《秋塍文鈔》卷六《畜貍説》　與余子簡百同客於東諸侯之國宅，有貍毛羽鮮潔，余子畜而護焉，常寘諸膝。一日，余與余子語，貍離膝去，循庭之垣，徘徊樹下，忽失聲而竄疾緣上樹。余子驚促呼而入，余曰，子之貍危矣。余子曰，何故？余曰，子能日夜衛貍乎？曰，不能，能捨之乎？曰，吾心所悦也。余曰，然則子之貍危矣。夫主人方卜獵蓄犬焉，彼將以貍爲肉，而飽其腹，傾之驚走，是故也。子謻户之外，有修巷焉，靚深而直，旁峙危垣，人罕至，犬數數來子户，啟貍必出，貍遇犬將焉，避垣削而不劣，貍不能著其爪，又無樹緣焉，且巷直則不能匿，深則不及逃，人罕至，則無所望救子之貍危矣。余子不戒，踰旬，貍果巷死。若有胣之者，余子抽戈逐犬。余止之曰，甚矣，子之不智也，犬固甘子之所愛，而子又予之以地利。昔者孟明俘於殽函。龐涓死於馬陵，趙奢勝於閼與，皆子之修巷也。子知有殽函馬陵之險，而犬安獲閼與之助，漢高不云乎，追殺獸兔者，狗也，發縱指示者，人也。人靈萬物而不能花一貍，子何不閉其謻户，犬雖貪獰，寧能及貍，子實殺貍，而又奚報貍。余子釋戈曰善。請記其語，誌吾過焉。

清 陳淏子《花鏡》卷七《養禽鳥法・鶴》　鶴一名仙禽，羽族之長也。有白、有黄、有玄，亦有灰蒼色者。但世所尚皆白鶴。其形似鸛而大，足高三尺，軒於前，故後趾短。喙長四寸，尖如鉗，故能水食。丹頂赤目，赤頰青爪，修頸凋尾，粗膝纖指，白羽黑翎。行必依洲渚，止必集林木。雌雄相隨，如道士步斗，履其跡則孕。又雄鳴上風，雌鳴下風，以聲交而孕。嘗以夜半鳴，聲唳九霄，音聞數里。有時雌雄對舞，翱翔上下，宛轉跳躍可觀。若欲使其飛舞，固俟其餒寘食，於窵遠處拊掌誘之，則奮翼而舞。調練久之，則一聞拊掌，必然起舞。性喜啖魚、蝦、蛇虺，養者雖日飼以稻穀，亦須間取魚、蝦鮮物喂之，方能使毛羽潤而頂紅。其糞能化石，生卵多在四月，雌若伏卵，雄則往來爲衛。見雌起必啄之，見人數窺其卵，即啄破而棄之。或云：「鶴生三子，必有一鶴。」所畜之地，須近竹木池沼間，方能存久。《相鶴經》云：「鶴之尚相，但取標格奇古：隆鼻短口則少眠，高脚疎節則多力，露眼赤睛則視遠，回翎亞膺則體輕，鳳翼雀尾則善飛，龜背鼈腹則善産，輕前重後則善舞，洪髀纖指則善步。」一云：鶴生三年則頂赤，七年羽翮具，十年二時鳴，三十年鳴中律，舞應節。又七年大毛落，氄毛生；或白如雪，黑如漆，一百六十年則變止，千六百年則形定，飲而不食，乃胎化也。仙家召鶴，每焚降真香即至。又鶴腿骨爲笛，聲甚清越，音律更準。昔賢林和靖，養鶴於西湖孤山，名曰鳴皋。每呼之即至。有時和靖出遊，有客來訪，則家童放鶴淩空。和靖見鶴盤旋天表，知有客至即歸，以此爲常，遂爲千古韻事。其詩云：「皋禽名祇有前聞，孤影圓吭夜正分；一唳便驚寥泬破，亦無閒意到青雲。」

清 陳淏子《花鏡》卷七《養禽鳥法・鸞》 鸞乃神鳥也。形似鶴而瘦小，首有長幘，其羽毛純青者，則人家常有之。惟五彩者不易得。鳴中五音，即鳳之屬。其畜養之法，亦與鶴同。但恐其飛去，必剪去幾翎，方可久畜。又雄鳴於前，雌鳴於後，故有虞氏之車曰鸞車，亦曰鸞輅，取其和而有序也。

清 陳淏子《花鏡》卷七《養禽鳥法・孔雀》 孔雀，一名越鳥，文禽也。出交、廣、雷、羅諸山，形亦似鶴，但尾大色美之不同。丹口玄目，細頸隆背；頭戴三毛，長有寸許，數十羣飛，遊棲於岡陵之上。晨則鳴聲相和，其音曰都護。雌者尾短無翡翠，雄者五年尾便可長三尺，自背至尾末，有圓紋五色金翠，相繞如錢。每自愛其尾，山棲必先擇置尾之地。夏則脱毛，至春復生。雨久則尾重，不能飛高，南人因而往捕之。或暗伺其過於叢篁間，急斷其尾，以爲方物，若使回顧，則金翠頓減。土人養其雛爲媒，或探得其卵，令雞伏出之，飼以猪腸生菜即大，富貴家多畜之。聞人拍手歌舞，及絲竹管絃聲，是鳥亦鳴舞，畜之者，每俟其開屏取樂。其性最妬，見人着彩服，必啄之。其孕亦不匹，以音影相接。或雌鳴下風，雄鳴上風，或與蛇交亦孕。但其血最毒，見血封喉，立能殺人，慎之可也。如病，飼以鐵水。

清 陳淏子《花鏡》卷七《養禽鳥法・鷺鷥》 鷺鷥，一名春鋤，一名屬玉，又名昆明，乃水鳥也。林棲而水食，以魚爲糧。羣飛成序，故有鷺序之説。其形亦似鶴而小，羽白如雪，又有雪客之稱。頸細而長，脚青善翹，高可尺餘。解指短尾，喙長類鶴。頂有長毛十數莖，毿毿然如絲，欲取魚食則弭之。好立水中，飛亦能戾天。生而喜露，視而有胎，人多養於池沼間，若家禽之馴擾不去。每至白露日，如鶴之騫騰而起，其性使然也。昔齊威王時，有朱鷺合沓，而舞於庭下，人皆稱異焉。

清 陳淏子《花鏡》卷七《養禽鳥法・鸚鵡》 鸚鵡，慧鳥也，一名鸚䳇，雛名鸚哥。出自隴西，而滇南交廣近海處尤多。羽有數種，綠乃常色，紅、白爲貴，五色者出海外，蓋不易得。狀如鳥鵲，數百羣飛。俱丹唇鉤吻，長尾紺足，金睛深目，上下目瞼皆能眨動，舌似嬰兒，其趾前後各二，異於衆鳥。其性畏寒，冷即發顫，如瘴而殂。飼以餘甘蔗可解。凡屬雄雛黑喙，經年即變紅。雌者喙黑不變，故人皆畜其雄者。用二尺高，尺五闊銅架，將細銅索鎖其一足於架上，左右置一銅罐，以貯水穀，任其飲食。若欲教以人言，須雛時每於天微明時，將雛掛於水盆之上，使其照見己影。不道人言，惟知鶻教其語。人立其旁，隨意教之，不久自肖。但忌手摩，若手摩其背則瘖。昔宋徽宗，隴州貢紅、白二鸚鵡，先置之安妃閣中，後放還本土，郭浩按隴聞樹間有二鳥，問上皇安否，亦知感恩不忘。近年關西，曾獻黄鸚鵡於清朝，亦難得之物也。

清 陳淏子《花鏡》卷七《養禽鳥法・秦吉了》 秦吉了，一名了哥。唐書作結遼鳥者，番音也。出嶺南容管廉邕諸州峒中。大於鸚鵡，身紺黑色，夾腦有黄肉冠如人耳。丹味黄距，人舌人目，目下連頸有深黄紋，頂尾有分縫，能效人言笑，音頗雄重。亦有白色者，人多誤稱爲白鸚哥。每日須用熟雞子黄和飯飼之。其性最怕煙，切勿置之薰煙處，則耐久。亦可與鸚鵡並畜，以供閒玩。

清 陳淏子《花鏡》卷七《養禽鳥法・烏鳳》 烏鳳，非鳳凰，以其形略似鳳，土人美其名而稱之也。産於桂海左右，兩江峒中。大約喜鵲。其羽紺碧色，項毛似雄雞，頭上有冠，尾垂二弱骨，長一尺四、五寸，至杪始有毛。其音聲之妙，清越如笙簫，能度小曲，合宮商。又能爲百鳥之音，凡鳥飛鳴，即隨其音鳴之。人取以爲玩好，誠足快心，但彼處亦自難得耳。

清 陳淏子《花鏡》卷七《養禽鳥法・鴝鵒》 鴝鵒，一名哵哵鳥，俗名八哥。身首俱黑，兩翼下各有白點，飛則見。其眼與舌亦如人，但舌微尖。若欲教以人語，必須五月五日，或白露日，取雛閉之甕中竟夕，届天中，用小剪修去舌尖使圓，如是者三次，每日天將曉時，如教鸚鵡法教之，良久自能作人語矣。

此鳥不善營巢，多處於鵲窠或樹穴，及人家屋脊中。初生口黃，老則口白。頭上有幘者易養，無幘者多不能久活。取雛愛養，切勿養貓。無貓，雖無籠罩，任其飛走，亦不遠去。又可使取火。北方無此鳥，江、浙人喜畜之。每日飼以生荳腐，及半熟飯。惟忌八月十三大煞日，須密藏不露，方免其死。昔有禪僧堂下畜一八哥，每夜隨僧念阿彌陀佛。老死後，僧憐而埋之，蓮花出自鳥口，因作贊曰：「有一飛禽唎唎哥，夜隨僧口念彌陀，死埋平地蓮花發，我輩爲人不及他。」

清 陳淏子《花鏡》卷七《養禽鳥法·鷹》 鷹，一名隼，一名題肩，一名角鷹，因其頂有毛角微起。又有虎鷹、雉鷹、兔鷹之稱。北齊人呼爲淩霄君。高麗人呼爲決雲兒。大概出遼東者爲上，內地者次之。其性剛厲，不與衆鳥同羣。北人多取雛養之，每日調練有法。先將雛餓一二日，使之饑腸欲絶。然後兩人離丈許對立，一以韝臂擎鷹，一持肉引之，口作聲呼之，引其飛來食肉。久則馴熟，聞呼即至。使攫鳥獸甚捷。日以牛豕肉少許飼之，如欲出獵，則不與之食。南人八、九月以媒取之，其鳥以季夏月習擊，孟秋月祭鳥，雄者身小，雌者體大。二年曰鷂鷹，三年曰蒼鷹。相鷹之法：在乎頂平，頭圓，頸長，臆闊，羽勁，翅厚，肉緩，髀寬，身重若金，指重十字，尾貴合盧，嘴利似鉤，爪剛如鐵，脚等枯荆，右視如傾，左視如側。生於窟者好眠，巢於木者常立，雙骹長者起遲，六翮短者飛急。至若虎鷹翼廣丈許，能搏猛虎；然其鷙悍若此，而反畏燕子，又有所不解也。

清 陳淏子《花鏡》卷七《養禽鳥法·鵰》 鵰，一名鷲。似鷹而大，亦能食草。尾長翅短，嘴曲目深。羽毛土黃色，可作箭翎。出北地者色皂，故名皂鵰。鷙悍多力，六翮乘風輕捷。眼最明亮，盤旋空中，無微不覩。又有青鵰，產於遼東。最俊者謂之海東青。產於西南夷者，謂之羌鷲。黃頭赤目，其羽五色俱備。凡鵰若養馴，遇禽能搏鴻鵠雞鶩，遇獸能擊獐鹿犬豕，遇水能扇魚，令出沸波，攫而食之。又名沸河，田獵者每多畜之。又云鷹產三卵，一鷹、一鵰、一狗。遼有鷹背狗，短毛灰色，與犬無異，但尾脊有羽毛數莖耳。隨母影而走，所逐無不獲者。以禽乳獸，亦異聞也。

清 陳淏子《花鏡》卷七《養禽鳥法·鶚》 鶚，一名鳶，一名隼。狀似鷹而差小，羽青黑色，其尾如舵，飛則轉折最捷。人之造船用舵，實仿鶚尾而爲之也。性極喜高翔，專捉雞、雀而食，義不擊胎。莊子云：「鶚爲鶡，鶡爲布穀，布穀復爲鶚，皆指此屬之變也。」是鳥隆冬爪冷，每取一鴿，或盈握小鳥等，煖其足，至曉即縱之而去。唐太宗得佳鶚，自臂之，望見魏徵來，匿於懷。徵奏事故久，鶚竟死於懷中，誠賢君也。

清 陳淏子《花鏡》卷七《養禽鳥法·雉鷄》 雉，一名錦鷄，一名鷮雉，介鳥也。產於南越諸山中，湖南、湖北亦有之。狀似山鷄而差小，色備五彩可觀，皆有黃赤文。緑項紅腹，紅嘴利距，首上有兩毛特起成角，先鳴而後鼓翼。性最勇健善鬬，人以家鷄引其鬬，即從而獲之，畜於樊中。其尾花，長一、二尺，不入叢林，恐傷其羽也。每自愛其羽毛，照水即舞，良久目眩，竟有死於水者。雌者文闇而尾長，雪深絶食，亦常餓死，或被人獲。漢武帝大初二年，月氏國貢雙頭鷄，四足二翼，鳴則俱鳴，誠異物也。山海經云：「小華山多赤鷩，養之可禦火災。」又一種遠飛鷄，夕則還依人，曉則捷飛四海，嘗啣桂實歸於南土，亦仙禽也。每畜飼以米麥，如或被鷹打傷，以地黃葉點之即愈。若將卵時，雌必避其雄，潛伏他所，否則雄啄其卵也。

清 陳淏子《花鏡》卷七《養禽鳥法·鴛鴦》 鴛鴦，一名匹鳥，一名文禽。雄曰鴛，雌曰鴦，多產於南方溪澗之中。其狀如鶩，羽毛杏黃色，甚有文彩，紅頭翠鬣，黑翅黑尾，白頭紅掌，首有白長毛，垂之至尾。日則相偶浮遊水上，雄左雌右，並翅而飛。夜則同棲，交頸而卧。雄翼右掩左，雌翼左掩右。其交不再，失偶不配。故人多比之爲夫婦。若養雛於土穴中，能使狐狸衛之。昔霍光園中，有大蓮池，畜鴛鴦三十六對，於其中望之，燦燦有若披錦。

清 陳淏子《花鏡》卷七《養禽鳥法·鸂鶒鵁鶄》 鸂鶒、鵁鶄，皆水鳥也。出南方池澤間。形俱類鴨。鸂鶒喜食短狐，故有短狐處尤多。其所處多在於荷。水有此鳥，則無復毒氣。毛羽黃赤而有五彩，首有纓，尾有毛，如船柁形。若鵁鶄似鶩而緑羽長喙，頂有紅毛如冠，翠鬣碧斑，丹嘴青脛，高脚似雞，長目好喙，多居茭菰中，亦能巢於高樹。每以睛交，故號鵁鶄。生子穴中，初出不能飛，啣其母翼而下，以就飲食。土人養之略熟，則馴擾不去，亦可厭火災。

清 陳淏子《花鏡》卷七《養禽鳥法·鴿》 鴿，一名鵓鴿。隨在有畜之者，鳩之屬也。亦有野鴿，其毛色名號不同，大概毛羽不過青、白、皂、緑、灰斑而已。試鴿之好醜，在持於十餘里之外放之，能認舊巢而回者，方稱珍異。至於相鴿之法，全在看眼色，其眼有大、小、黃、緑、硃砂數種，睛轉而砂粗者爲最。鴿者合也，因其喜合，故鳩亦與之爲匹。凡鳥皆雄乘雌，鴿獨雌乘雄。性最淫，每月必生二子，年中略無間斷。哺子，朝從上而下，暮從下而上。任其飛走，不必牢籠。但置一廚，逐倉逐一格開，每格畜二鴿，聽其飲啄，惟防貓咬。每日飼以浮麥，獨夏月須串以菉豆。欲其眼有砂，從雛時以人之舌常舐其眼，亦能生砂。宋末宮中好養鴿，一書生題詩曰：「萬鴿盤旋遶帝都，暮收朝放費工夫；何如養取南來鴈，沙漠能傳二聖書。」又張九齡以鴿傳書，名曰飛奴。

清 陳淏子《花鏡》卷七《養禽鳥法·鵪鶉》 鵪鶉，一名羅鶉，一名早秋，田澤小鳥也。頭小尾禿，羽多蒼黑色。無斑者爲鵪，有斑者爲鶉。雄足高，雌足卑。又有丹鶉、白鶉、錦鶉之異。每處於畎畝之間，或蘆葦之内，夜則羣飛，晝則草伏。有常匹而無常居，隨地而安，故俗又名鴳鶉。山東最多。人可以聲呼而取之。凡鳥性畏人，惟鶉性喜近人。諸禽鬭則尾竦，獨鶉竦其足而舒其翼，人多畜之使鬭，有雞之雄，頗足戲玩。養法：每日飼以小米，欲其角勝，常持於手，時拉其兩足使直。置一小布袋，口如荷包而底平，有線可以收放者，納於其中。出入吊於身旁，絕無跳躍悶壞之病。養熟雖任其行走，亦不飛去。但怕冷，嚴寒如不善料理，則易凍死。交州記云：南海有黄魚，九月變爲鶉。一云：蝦蟇得爪化爲鶉，此理未可全信，究竟以卵生爲是。

清 陳淏子《花鏡》卷七《養禽鳥法·百舌》 百舌，一名鶷，一名題鴂，又名反舌。隨在有之。居樹孔及窟穴中狀如鴝鵒而小。身稍長羽色灰黑，微有幾斑點。喙亦黑而尖。行則頭俯，好食蚯蚓。立春後，則鳴之不已，其聲多十二囀，且能作諸鳥之音，最悦人耳。此際衆芳生。夏至後，則寂然無聲而衆芳歇。至十月後，亦如龜蛇，皆藏蟄不見人。或取而畜之，過冬多死，必須善養者以護持之。

清 陳淏子《花鏡》卷七《養禽鳥法·燕》 燕，一名玄鳥，又名遊波、鷾鴯、鳦。有二種：越燕身輕小，胸紫而多聲。胡燕斑黑，臆白而聲大，狀似雀而稍長。籥音聶口豐頷，布翅歧尾，飛鳴一上一下。營巢避戊巳日，春社來，秋社去。來多尋舊巢補闕，如無舊巢，方啣泥再壘。紫燕喜巢於門楣上，胡燕喜巢於兩椽間。所啣之泥，必四堆横一草，其門向上。去必往北，交冬伏氣，蟄於窟穴之中，或枯井内。亦有啣小銀魚作窠而蟄，故有燕窠者。若有窠户北向，其尾屈白色者，是數百歲燕也。仙家名爲肉芝，食之可以延年。人見白燕，主生貴女。若胡燕作窠長大，過於尋常，主人家富足。喜燕來窠者，以桐木刻雌雄二燕形，投井壓之即至。如惡其來，當軒中懸一艾人，或硃書鳳凰在化五幡，一掛中棟，餘掛前後四架樑，則燕自去。諸鳥皆煩飼食，獨燕不費一粒。而呢喃之聲，時語樑間。飛旋之態，每來庭院，亦韻事也。但狐貉之服，不可近燕集處，其毛見燕即脱。昔有姚氏女，欲驗燕來尋舊巢之説，因將綵縷繫於燕足，明歲復來，因視其足縷猶如故。

清 陳淏子《花鏡》卷七《養禽鳥法·畫眉》 畫眉南方最多，狀類山雀而大，毛色蒼黄，兩頰有白毛如眉。雄者善鳴喜鬭，其聲悠揚婉轉，甚可人聽。雌則不鳴不鬭，無所取也。人多畜雄者於廊簷之下，貯以高籠，籠内繫二水食罐，中用南天竹幹一條作樑，冬月使之棲止，則足不冷。日以雞子黄拌米，再和些少細沙，與之食，便不時肯叫。如天氣漸炎，嘗將籠浸於水盆内，令其自浴，則毛羽更鮮，不死。至深秋各户之鳥聚集，開場相鬭，以決勝負，亦一壯觀。相畫眉，古亦有訣云：「身似葫蘆尾似琴，頸如削竹嘴如釘；再添一對牛筋脚，一籠打盡九籠贏。」

清 陳淏子《花鏡》卷七《養禽鳥法·黄頭》 黄頭，小鳥之蟄者，似麻雀而羽色更黄潤。嘴小而尖利，爪剛而力強，人多以籠畜之。大概取毛緊眼突者爲良。鬭則兩翼相搧，嘴啄脚扯。自有許多相角之態，頗足動人賞鑑。每日以雞子黄拌米粉飼之，則力猛。切忌糯米作粉。交夏須覔竹包内小白蟲與之食，更發長。但此鳥較之畫眉，雖易得而難養，片時失與飲食，即便餓死。

清 陳淏子《花鏡》卷七《養禽鳥法·巧婦鳥》 巧婦鳥一名鷦鷯，一名桃蟲，或謂之巧匠，隨在有之。小於黄雀，在林藪間爲窠，其巢如小袋，取茅葦毛毳爲之，再繫以麻，或人亂髮，至爲精密。或一房二房，其形色青灰有斑，長尾利喙，聲如吹噓。好食葦蠹，兒童每畜而使之性馴，教以作戲以取樂。陸機謂鷦鷯微小於黄雀，其雛能化爲鵰，不知何據。

清 陳淏子《花鏡》卷七《養獸畜法·鹿》 鹿，一名斑龍，陽獸也，隨在山林有之。狀如小駒，尾似山羊，頭側而長，脚高而行速，牡者身大，有角無齒。夏至感陰氣則角解，黄質白斑。《爾雅》名麚。牝者身小，無角無斑。黄白雜毛而有齒，俗稱麀鹿。孕六月而生子，其性最淫，一牡常交數牝，連母鹿皆羣，故謂之聚鹿。能別良草，又喜食龜並紙。食則相呼，行則同旅，居則環角向外以防害，卧則口朝尾閭以通督脈。五百歲變白，千歲爲玄，自能樂性，誠仙品也。官署名園多畜之，夏月常飼以菖蒲，即肥。最大者曰麈，羣鹿每隨之。視其尾爲準則，凡在二至時，角當解，其茸甚痛。若逢獵人，則伏而不動。遂以繩繫其茸，截之甚易。其尾能辟塵，拂氈則不蠹，置茜帛中，歲久紅色不黯。昔林和靖孤山所養之鹿，名曰呦呦。每呼呦呦，即至其前。有詩云：「深林棫棫分行響，淺葑茸茸疊浪痕；春雪滿山人起晚，數聲低叫喚籬門。」又玄都觀道士，養鹿候門，客至頗能鳴而迎之。病用鹽拌料豆喂之。

清 陳淏子《花鏡》卷七《養獸畜法・兔》 兔一名明視，謂目不瞬，而能瞭然。隨在山林有之。其狀如貍而毛褐，首形如鼠而尾短，耳大而鋭，上唇缺而無脾，鬚長而前足短。尻有九孔，趺居而顧首不顧尾。趫捷善走，舐雄毫而孕，五月而吐子。營穴必背立相通，若以馬韉有潤汗者塞口，則須臾自出，可以伺而取之。其性最陰狡，善營三窟；然又易馴，故人多畜以爲玩好。又云：牝牡合十八日而即育，極易繁衍。又昆吾山出狡兔，雄色黃，雌色白，能食丹石銅鐵。昔有吴王武庫兵器皆盡，因穴得二兔，一黃一白，腹中腎膽皆鐵，取以鑄劍，切玉如泥。或云：兔壽可千歲，至五百歲，則色自白。近日常州出一種白兔，乃銀鼠也，非數百年之物。又聞亳州吉祥寺，有僧誦華嚴經，忽一紫兔自來，馴伏不去。每日隨僧坐起如聽經狀，惟餐菊花，日飲清泉而已。其僧每呼以菊道人，則兔應聲而至，亦異類之有覺者也。

清 陳淏子《花鏡》卷七《養獸畜法・猴》 猴，一名猢猻，一名馬留。好拭面如沐，又謂之沐猴。面無毛似人，眼如愁胡，頰陷有嗛，可以藏食，腹無脾以行消食，尻無毛而尾亦短。手足與兩耳，亦皆類乎人。可以豎行，聲咯咯若欬。孕五月而生子。喜浴於澗中，其性噪動害物。畜之者，使索縛其腰，坐於杙上，鞭掊旬月自馴。養馬者，多畜之廄中，任其跳躍，可避馬病。丐者畜之，教以戲舞，舉動儼如優人。好事者多般訓練，使之應門。或對客送茶，以此駭觀取樂。然雖養熟，不可縱其去來，恐攫持人物取氣。又一種小而毛紫黑者，出交趾，畜以捕鼠，勝於貓貍，頗有靈性，能知人意。飼以生米果物，則不大。若飼之熟物易，大可厭。昔唐昭宗有一弄猴，能隨班起居，昭宗賜以緋衣。後朱温篡位，此猴望見朱温，忽跳躍奮擊，以致見殺，亦義獸也。如病，喂以蘿蔔。

清 王樹枬《新疆小正》卷一八 養駝之家，每於夏至後茨草生葉之時，即卸駝謂之卸廠，立秋後起駝謂之起廠。

清 愛新覺羅・弘曆《通鑒輯覽》 〔上古時〕民處草野，逐捕禽獸，茹毛飲血，帝始結網罟以教佃漁，故曰伏羲，養犧以充庖廚，故又曰庖犧氏。

藝文

南朝宋 王叔之《翟雉賦並序》 余在荆楚，見人有養雉翟二鳥者，慨然感之，而爲賦云：含野氣於人塗，信多懼而少嘉，雉見質而不陋，翟表文而不華，映寒條之始緑，發冬秀之餘葩。

北周 庾信《鶴讚》 武成二年春二月，雙白鶴飛集上林（園）〔苑〕，大將鄭偉布弋設罝，並皆禽獲，六翮已摧，雙心俱怨，相顧哀鳴，孤雄先絶，孀妻向影。天子愍焉，信奏事階墀，立使爲讚。　九皋遥集，三山迴歸。華亭別唳，洛浦仙飛。不防離繳，先遭見羈。《藝文類聚》作合圍。籠摧月羽，弋碎霜衣。塞傳餘號，關承舊名。南遊湘水，東入遼城。雲飛欲舞，露落先鳴。六翮摧折，九門嚴閉。相顧哀鳴，肝心斷絶。松上長悲，琴中永別。

唐 盧照鄰《盧照鄰集》卷一《馴鳶賦》 孕天然之靈質，稟大塊之奇工。嘴距足以自衛，毛羽足以淩風。懷九圍之遠志，託萬里之長空。陰雲低而含紫，陽景升而帶紅。經過巫峽之下，惆悵彭門之東。既而摧頹短翮，寥落長想。忌蒙莊之見欺，哀武溪之莫往。進謝扶摇之力，退慙歸昌之響。腐食多懼，層巢無像。屈猛性以自馴，抱愁容而就養。於是傍眺德門，言棲仁路，不踐高梁之屋，翔止吾人之樹。聽鳴雞於月曉，侶羣鵲於星暮。狎蘭砌之高低，翫荆扉之新故。循廣庭之一息，歷長簷而逕度。若乃風去雨還，河移月落，徘徊亂於雙燕，鳴舞均乎獨鶴。乍嘯聚於霞莊，時追飛於雲閣。荷大德之純粹，將輕姿之陋薄。思一報之無階，欣百齡之有託。

唐 杜洩《越人獻馴象賦》 惟彼馴象產乎南夷。其形大也，因地而受氣。其性順也，從心之所資。食豐草於幽巖之麓，飲清流於長江之澨。不忌於人，如得其時，推誠於物，任以縶維，此吾王之化被也。故遠人得而獻之，中心摇摇，其道遲遲，左顧右盼，知出羣之已遠，廣思遐想，與草澤而長辭脩途。是尋疊嶂嶇嶔，或行於陸，但隨山而上下，或載於舟，距涉江之淺深。既濟水以次水，復出林而入林，所過之邦，徒觀其骯髒之貌，所遇之衆，豈識其謙柔之心。荒徼已違王畿，斯入聞之者，遐邇必至覩之者，士女咸集。人不知其故皆愕然而立。或告之曰，所馭之者，越人所出處者，林邑近之，可仰遠之，可望銓衡不能舉其體，丹青足以圖其狀。揣輕重者，我有蒼舒之智，高思柔服也。我有周公之德，王以之馳三軍比矛戟，而齊鋒以之和六氣。與簫韶而俱唱，稽其來也。自南徂北，嘉彼所獻，克我王國，食以筐筥，牽以微纆，將致貢於昆夷，亦率職於邛僰，斯之爲義可得，而論性之馴良，表邊夷之向，化體之固，實揣中夏之所尊。以君好生之故，我身必壽，以君賤貨之。故我齒斯存，豈克耕於野，輸衆人之力，曷如我入貢霑萬乘之恩，雖自慙於陋質，永願在乎王門。

明 程誥《籠鶴賦有序》 永寧介戎瀘之間，蓋古蘭州也。其地險隘，民夷雜居，俗陋肆悍。嘉靖中泭溪子久稽斯土衛廨舍旁，有孤鶴被縶於籠者，見人輒伸頸長鳴，若將欲翀舉者，予心悲焉。竊感夫子居夷之義，作《籠鶴賦》以自廣云。

余竊悲夫胎化之偉禽兮，挺明迥之令姿。稟陽剛之健質兮，被霜雪之羽儀。戴崇華之凝丹兮，挾纖褷之緣緇。年七九而形變兮，時十二而聲依。性爽朗而內潔兮，才逸贍以自資。故其含精獨立，跡與道並洪髀，修趾毛豐肉輕，行依芳嶼飛薄太，清後塵、擅其舞、警露揚其音。雖託名於禽鳥，抱超曠之異心。等遐齡於龜鹿，恥爲羣於家禽。嗟命數之窮阨，每拊膺而弗禁。掩雲羅之一目，俯籠檻以迨今。且其委身順物，遠害任智馴養。閒暇棲跱簡易，動無惰容，静無怠意。何茲禽之野性能安。然之逮繫爾，乃境遺寥闃日鼜喧，卑長鳴如訴喪侶疇依，思茂林之蓊薈，罹寒暑之載移，子離鄉以逆旅，臣去國而居夷，彼明賢之坎壈，亦寄詠於式微，矧羽族之宗長，容永久而拘縻，望海天之恢廓，悵九皋之願違，枉軒車之每載，匪予心之攸宜，豈神容之可珍，荷君子之明德，雖垂盼於區區，孰若曩時之自適，顧昂然之介標，與雞鶩而競食，感在陰之鳴和，哀母子之離隔。念赤霄之脩阻，奚寵辱之足驚。歎羈孤以失所，苟默默以喪生。循庭除以頓距睇天步而寄聲。羡嵩緱之喬嶽，徒嚮慕而效誠。類池魚之圉圉，想海逝而遊行。若迺金氣已肅，海燕告歸。風蕭蕭以淒緊月，澄廓而流輝。引圓吭以清唳，鼓垂翅而安施。幽士見之而感泣，羇人聞之而增悲。審生生之理足，媿稻粱之秋肥。恨識微之不先，致負累於今日。忖蹁躚之薄軀，無懷寶而外飾。何天壤之懸，絶情惝怳而屢失，窺池籞以散矚，怨影獨而神遼，結曠懷於絶徼，冀一舉而風飄。儻隆恩於垂被，啟鎖鑰而見超，逮四翎之罔鎩，矯雲際而遊遨，序丈鵷而接翅，媲冥鴻之莫招。謝時人而迺去，適玄圃以逍遥。

清 曹庭棟《産鶴亭詩・得隺喜賦》 襹褷雙白隺，來自聽訟堂。謝卻文錦絛，掉頭入林塘。我見如舊識，隺亦無張皇。石徑穿曲折，飲啄安其常。平生萬里心，付之一壑藏。憶昔我莊上，爲爾架橋梁。咫尺招莫致，竚欄徒彷徨。忽復慈山下，比翼翶且翔。數年耿耿情，不覺全消亡。還期梅放時，與遊過溪莊。題橋證不虛，一快夙願償。

清 曹庭棟《産鶴亭詩・孔雀雛歌爲查香雨賦》 我昔畜鶴鶴産雛，見者訝爲得所無。君兮畜孔雀，産雛事類鶴。茸毛毿毿黑間黄，微斑其翼文采藏。所欠高脚與修頸，呼之祝祝渾相當。主人好奇劇愛惜，終日覆以湘竹筐。客至輒令童啟視，突然躍出行踉蹌。須知不易山野性，肯便飲啄隨低昂。養成斐尾待他日，終看金翠偕鸞皇。噫噓嘻，東園鶴柴今已荒，在陰鳴和猶難忘。白家裴宅詎河漢。令人對雨空三歎。香雨曾許惠鶴故結處及之

清 曹庭棟《産鶴亭詩・飼鶴歎》 舊畜雙鶴有馴性，今畜獨鶴以野勝。但伺人影便疾走，不顧礙翼與折脛。先生須爾胡爲乎，韜形匿跡有若無。何如人家養雞鳧，味味鴨鴨能相呼。老髯園丁忽解事，揣摩人意通鶴意。牀頭捧出老瓦盆，雜置魚蝦兼糗餌。潛身持向南山隈，鶴乍望見軒軒來。一步一顧猶疑猜，凝精側頂神徘徊。移盆日漸就池北，池西咫尺我書屋。渡橋穿徑去來熟，須臾瘦脚踏堦緑。且行且啄何優閒，昔則畏人今不然。時或卓立若有待，貪饕豈更思芳鮮。先生對鶴發浩歎，鶴自昂頭態兀岸。從來口腹累身多，鶴猶難免安論佗。

清 曹庭棟《産鶴亭詩》 亭面池，池栽蓮，先君子嘗題額曰「香遠益清」，未有以名斯亭也。辛酉夏，鶴生雛於佛阜亭。在阜之右，余復加修整，以片石勒「産鶴亭」三字置諸壁。 僻居雙鶴伴徘徊，只在孤亭曲水隈。成就逸名天許我，昂頭得得引雛來。

森林經濟昆蟲飼養部

野蠶分部

綜述

五代 劉昫《舊唐書》卷三《太宗紀》（貞觀時）滁州言：「野蠶食槲葉，成繭大如柰，其色緑，凡六千五百七十石。」

宋 王溥《唐會要》卷二八（貞元）十二年六月六日，滁州言野蠶成繭，偏於山阜。至十三年，野蠶又食槲葉成繭，大如柰，其色緑。

清 王沛恂《匡山集》卷一《紀山蠶》 吾鄉山中多不落樹，以其葉經霜雪不墮落得名。一名槲，葉大如掌，其長而尖者名柞，總而名之曰不落，皆山桑類，山蠶之所食也。蠶作繭，視家繭較大，《禹貢》「萊夷作牧厥篚檿絲」，顔師古註：檿，山桑也。作牧言可畜牧以爲生也。蘇氏曰：惟東萊有此絲以爲繒，堅韌異常，雖樸質無文，然穿著多歷歲時，故南北人通服之。人食其力，習爲業，其勤苦殆有倍於力田者。初春買蛾，下子出蠶，蠶形如蟻，採柞枝之嫩葉，初放不及麥大者，置蠶其上，捆枝成把，植淺水中，不溢不涸，方不爲蠶患。看守不問昏曉，謂之養蟻。保護如法，蠶長指許，納筐筥中。肩負上山，計樹，置蠶場大者，安放三四十千次，則二十餘千，或十餘千不等。狐狸、狼鼠、鸎鴟、鳥雀、蛙蟆、蟲蟻無巨細，皆嗜蠶。防禦踈則飽無厭之腹，以故晝則持竿張網，夜則執火鳴金號呼，喊叫之聲，殷殷盈山谷，極其力以與異類爭。如此者兩閱月，鳥獸、昆蟲之所餘者，十纔四五顧。又有人力不得而争者，旱則蠶枯，澇則蠶濡，雖經歲勤，動而妻啼兒號，不免矣。嘻！四民莫苦於農，而蠶夫則又加甚，記之以誌感焉。

清 張廷玉《明史》卷三〇《五行志三》 洪武三年七月，河間府田間生斑毛蟲，食蔴豆。二十八年七月，確山縣野蠶成繭。 永樂二年七月庚申，臨清縣奏野蠶成繭。禮部尚書李至剛請表賀，不許。三年，濟南等府蚜蝝生，命速捕瘗。六年八月丁丑，儀賓馬春賫進野蠶繭。十一年六月庚午，束鹿縣進野蠶絲繭。 正統二年八月，衡州府屬州縣並桂陽守禦所俱蟲傷禾苗。八年四月，皇陵有青黑毛蟲，食松栢葉。九年閏七月，湖廣茶陵縣螟災。十年，直隸深州、冀州、南宫等縣野蠶成繭，取以繅絲，有至十餘斤者。 景泰五年五月，河間、順德、廣平、真定、大名等府州縣，有蟲食桑，春蠶不育。六年，大名縣野蠶成繭。 天順四年，長山、臨朐、寧海州、福山縣五六月亢旱不雨，螟蟲食苗。 成化九年八月，嚴州青蟲遍地。 弘治三年七月，永甯衛蟲災。六年三月己卯，瀋陽、河間等十六衛被蟲。八月己巳，臨晉縣雨蟲如雪。七年三月己亥，廣寧等衛有黑殼蟲墮地，大如蠅，久之，入於土。十年九月，山東青、濟二府蟲災。 正德五年，陝西華州、渭南等十一縣蟲傷稼。八年彭城衛蟲災。 崇禎十年，天雨蟲於黄州，色黑，大如菽，蠕蠕動，食苗盡。

清 貴州按察使宋如林道光五年《勸種橡養蠶示》 查遵義府屬自乾隆年間前府陳守來守是郡，知有橡樹即青棡樹，可以飼蠶，有蠶即可取絲，有絲即可織綢，隨覔橡子，教民樹藝，並教以養蠶取絲之法。故至今日遵義蠶綢盛行於世，利甚溥也。他處間有種植青棡樹，惟取以燒炭，並不養蠶，且樹亦無多。若將不宜五穀之山地一律種橡養蠶，則民間男婦皆有恆業，其中獲利不獨遵一府矣。查種育之法，其樹有二：一名青棡，葉薄，一名槲櫟，葉厚，其子俱房生，實如小棗。植法：於秋末冬初收子，不令近火。冬月將子窖於土内，常澆水滋潤。逢春發芽，無論地之肥瘠，均可種植，三年即可養蠶。春季葉經蠶食，次年仍養春蠶，或養秋蠶亦可，須隔一季。四五年後可伐其本。新芽叢發，又可養蠶。其春秋二季養蠶及取絲之法，各有不同，一得其法，殊不爲難，端在地方官首爲之勸諭也。此時種樹飼蠶，大率皆知，更非從前陳守之創始者可比。惟購買橡子必須價本，如令民間自備資斧，遠處收覔，亦勢有所難，玆本司籌辦經費，委員前赴遵義、定番一帶，採買橡子，收貯在省。各府、廳、州、縣酌量多寡，赴省領回，散之民間，勸諭居民，無論山頭地角，廣爲種植，二三年後即可成樹。俟至可以養蠶之日，由地方官查明申報，仍由省收買蠶繭，散之民間，令其畜養於樹。凡收買橡子蠶繭無須民間資本，不過自食其力而已。至種橡育蠶之法，現在刊刻條欵，先發各府、廳、州、縣，隨同橡子，分給居民，及將來散給蠶繭，均交各學教官，率同鄉約地保分散，絲毫不經胥吏之手，以期實惠及民。至成繭之日，務宜繅絲售賣，蓋售絲之利倍於售繭也。爲此諭仰闔省軍民人等知悉，爾等於耕作之外，更宜盡力蠶絲，俟橡子及條欵發到，該管衙門即向教官及鄉地處請領，如法照辦。凡書役人等不許經手，以副本司籌裕民食之至意。

清　貴州按察使宋如林道光五年《通飭黔省種橡育蠶檄》（賀長齡**《清經世文編》卷三七引**）　橡子即青㭎子，種各不同。應用真青㭎子，其葉方宜飼蠶。如水青㭎，只供染房之用，不可收買。買獲之後，埋藏不能如法即易生蟲，種之亦難發生。其種植處亦須相度其地，應於不能樹藝五穀之處，排列埋種，人方易於經管。

清　劉祖憲《橡繭圖説·敘》　自古帝王未有不以小民之衣食爲先務者。歲丙戌，貴以安平邑侯劉仲矩先生聘纂縣誌，寓平署，竊聞安平多橡樹，民祗薪炭用之。先生於甲申冬間禁民砍伐，教民種橡育蠶。乙酉十月貧民苦無蠶種，先生捐廉四百六十金貸之，及貴來署，復孜孜汲汲，續購橡子數十石，給民領種。又於署旁隙地種橡秧以分給鄉民。邑無機商，先生復貸蠶民蔡萬春等千餘金，設機房三所，招教織匠三十餘人，躡機行緯，軋軋乙乙，而城鄉婦孺相率而師之者，日無寧晷。冬末又市繭種三十萬，教民烘種育蛾，並以貸貧民之不能買種者。貴戲謂先生曰：「居官如傳舍斯，豈公家子孫世守者乎，何爲勞心焦思一至於此。」先生曰：「安平舊稱瘠邑，余始不之信，自甲申承乏以來熟察四境，民無積蓄，室少完廬。年豐則僅饜糟糠，歲歉則野有菜色。余聞安邑千樹棗，燕秦千樹栗，渭川千畝竹，其富與千户侯等。方今各上憲刊刻育橡放蠶條，教令各府州縣，教民種育，余計種山土一幅，得山糧二石，以之種橡利可十倍。昔遵義亦瘠區也，乾隆初年，山東陳守玉壂以其鄉之山蠶，教民飼放織繭。數十年後，遵義稱富饒安平，瘠土安知不可轉爲富鄉哉。」貴曰：「是固然已。」

清　劉祖憲《橡繭圖説》卷一《橡利第一》　橡，《爾雅》謂之櫟，山東關中謂之槲，貴州謂之青㭎。小者可養蠶，大者老者可薪炭，其子可喂猪，其斗斗，橡子殼也。可染皂。《東觀漢記》，李恂居新安關下，拾橡實爲食，《本草綱目》言，凶年飢歲，可作豆腐。今湖廣黔中，往往雜黄豆爲之，又或以石灰水去其苦味，乾研成麪，亦可以供食，則樹木之利，未有過於此者。管子言十年之計樹木，而橡樹則四年便可飼蠶，他樹必沃土易長，而橡樹則於瘠土及五穀不生之土，無不可以種植。今遵義一郡，不論肥瘠之土，均栽橡樹。其有宜於雜糧者，亦以利少，而皆種橡。橡利之廣，已有明徵，吾民何憚而不爲哉，或曰，遵義以一郡所出之繭，即將遍天下，設橡樹徧於黔中，不慮其聚而不銷乎。不知遵義之綢，今僅通於河南、四川、湖北、山陝、雲貴數省，而河南販客，往往於春季先出銀付織，秋始收綢，則綢之易銷可知。且今之土綢，尚不可以染紅，其用此絲者，亦惟廣東之沉香繭，雲南之通海緞。餘若四川各省，祗以雜絲線、帽緯等之用，嗣此而胰綢益熟。染水益得，則用必益多，銷必益易矣。且家蠶之絲，每兩值銀二錢。此則半減其價，縱俗尚紛華，或嫌其樸。今上崇儉去奢，苟非朝祭之服，未有不樂趨於儉者，然則數十年以後。知必有較家蠶之絲而倍銷者矣，吾民又何慮其壅而不行哉。

清　劉祖憲《橡繭圖説》上卷《辨橡樹第二》　橡樹之宜於蠶者，黔人名細葉青㭎，有二種：一種色青，一種葉邊微紅，均葉長如鋸，房生實如小榛子大，味甜又有一種大葉青㭎，又名厚皮青㭎，皮厚，葉微圓，如掌大，青白相兼，味甜，葉粗，秋蠶嘴堅利，初眠時即能食若春蠶，必二三眠後始能食之。亦房生，實小如薏苡，以之催葉尚可。又一種名胡利葉，與厚葉青㭎畧同，但皮薄不開花爲異耳。又大葉一種，名水青㭎，色微紅，葉邊如鋸，味澁，蠶食之，不甚作繭。

清　劉祖憲《橡繭圖説》上卷《窖橡子第三》　凡橡子，必生於老橡，九月間，子熟自落。收取之後，即當挖地窖之。窖大小淺深，視橡之多少。每鋪橡子一層，厚寸許，用草灰寸許蓋之。復鋪橡子一層。不論層數多寡，均如前法。埋畢，上覆以土。至春，則分種之。若將橡子散置房屋，或見風日，則積濕生熱。積熱生蟲，不過半月，而橡子盡壞矣。

清　劉祖憲《橡繭圖説》上卷《擇土第四》　凡樹忌瘦土，橡樹則否。惟求土緊色黄，反土紋縝密者種之，則不生蟲。凡鬆土中，生一種白蟲，其狀如三眠之蠶，色白，但差短耳，俗名土蠶，食橡根及栗根尤甚。若堅土，則皆無有。若黑土性鬆，泥塗窪濕。惡其濕也。及陰土凡太陽所不照之土，皆爲陰土。均非所宜。而巖山尤忌，蓋山石堅硬，蠶多跌壞。夏日炎熱，所有墜落及乘涼下地之蠶，不即爲撿取，往往燙死石上。巖石又多罅隙，有匿藏其中而餓死者。且山石多蛇鼠，尤須防之。

清　劉祖憲《橡繭圖説》上卷《種橡第五》　種橡之法，用大鐵鍬一根，圓如鴿卵大，上平下尖，如錐形長二尺許，以椎擊入土中三四寸，先入糞土一撮，隨置橡子二枚，仍以鬆土蓋之，至春發芽。芽爲根荄，隨手置之而本乎地者自親下，此種橡之法也。若播秧，則不必窖橡。法於取橡子時，擇沃土一塊，密鋪橡子如播穀種，上用草或草灰蓋之，再覆以土一二寸。至發生時，加糞土灌溉，年可長尺餘。既易於培植，且可免牛馬之踐。俟次年雨水節二三日後，將大踩鏨一把，踩鏨，今土工所用踩土皮。向秧地上用力踩起，連秧和土，提入箕内往山場。又用大鐵鋤長一尺，約重五六觔，於栽種處用力一挖，深三四寸，再用力一挖，深五六寸，將土輕爲撬開切不可翻轉原土，又將橡秧順勢插入所撬土内。如稍有盤屈，則抽出再插之。插畢，又以輕手取出鐵鋤，以脚重踏原土，使無縫隙，如此，則根與土合，易於得氣，種千活千，種萬活萬。四年之間，便可放蠶。至秧之相去，每栽一秧，四面各距二三尺，亦定法也。　又按每日一人可栽橡秧三百，十人三千，若十人十日便可栽三萬，以橡樹一株放蠶四十頭計之，三萬株即可出繭一百二十萬，橡樹之利如此，吾民又何憚而不爲哉。凡附近橡林之田坎、園坎，及移枝可及之處，均宜種橡，以盡地利。至民宅牆下，及園中隙地，種橡百株，可抵山橡三百株，以地肥葉美，人工易周，而蠶少抛葉故也。甲申九月，奉各憲札飭，收買橡子，以備鄰縣支領，並勸諭鋪隴等十餘處民，人領種橡子，將及三載，樹僅尺餘，山土稍肥者，亦不滿三尺。邑民全未知利，不肯去草澆糞，故倍難長，如果留心樹畜，四年定可放蠶，勿疑也。丙戌臘月，於署中隙地，依法種秧十數萬株，半年之間，橡高二尺，最小者亦有一尺五六寸，可見人之勤惰，與地之肥磽，其相去不啻數倍也。

清　劉祖憲《橡繭圖説》卷上《畜橡第七》　畜橡者，謂橡樹初生時，生氣尚微，凡四旁之草木，皆易爲害，故宜遠鋤之，橡葉味甘美。牛羊皆嗜之，一經被嚙，不獨難長，必數年乃復其舊，而羊害尤酷，語云，「牛吃如澆，羊吃如燒」，蓋羊爲兑畜，兑屬金，金尅木，故其害爲尤甚。凡橡葉落時，掃壅橡根，而樹愈暢茂，何也。葉之朽也，美於糞也。

清　劉祖憲《橡繭圖説》卷上《種橡兼種雜糧第六》　橡利興矣，當必有如遵義各縣，以乾土、熟土而種橡者，設或不明其法，地利未盡，亦可惜也。法宜於乾土、熟土内，依法栽種橡樹，每樹四面各空二尺，而空處之地，即當兼種豆麥紅稗，以收地利，且澆糞去草，橡樹既可易長，而春草不生，仍可免牛馬之踐，至次年三年，橡高不過二三尺，其葉尚稀，仍宜於冬間種麥，至橡葉繁茂。而麥亦已熟矣。四年春季，已可放蠶，無庸兼種，至放過三季或四季之後，橡經斫伐，是年冬間，即當種麥，至新種於山者，亦可依此兼種，此爲蓋地之利，吾民亦不可不知也。

清　劉祖憲《橡繭圖説》卷上《斫橡第八》　橡老葉粗，氣薄味淡，蠶多不食，即食之而吐絲亦少。其未老之樹，屢經蠶食，放剪殆盡，萌蘖無多，而葉亦力薄。法宜於小陽時候，離橡根四五寸，用刀猛力斜斫之，務使斫處多有歧縫，一縫一芽，十縫便有十芽。若用利刀及鋸，則光滑無縫，不能叢生。試看人家，種蠟樹者，愈斫愈繁。每本不下五六十莖，橡性之叢生。亦猶此也。七月不可斫橡，以金旺尅木，木根多壞也，故凡田畔茨草，農夫必以七月斫之。

清　劉祖憲《橡繭圖説》卷上《恤橡第九》　橡生四年，可放蠶矣，而欲其耐放，則尤當恤橡之力，假如橡樹一林，甲子年放過春蠶，則秋季便當休息，至乙丑、丙寅、丁卯三季，仍放春蠶，亦各以本秋爲休息之時。至丁卯春後，四經剪削，橡禿無枝，則於是年十月，如法斫伐，戊辰一年，可長三尺餘。己巳春季，便可放蠶，但前放一萬者，此時只可五千耳。

清　吴其濬《植物名實圖考》卷三七《木類・橡繭識語》　雩婁農曰：黔山瘠民草服不給，陳府君被以綈綺而有贏焉，俎豆報之宜也。原標橡繭鄭君譜之，易曰：樗一字之師辨矣，然非以通俗夫。蟲食樹吐絲以爲巢，必樹美者。絲美桑葉沃，若繭之上也。柘汁黄，豫之商城，荆之荆門、辰谿，其土絹皆柘汁也。贛之信豐、安遠，以烏臼飼蠶則絲暗，以蠟樹飼蠶則絲鮮。嘉應之程鄉畦樹，而蠶食某葉者爲某繭。瓊之文章，蠶食山栗服之不敝，新興繭亦然。楝之絲，湖人以織裹巾，楓之絲，粤人以爲緣且絃琴瑟，樟之絲，湘人以爲釣緡。徐元扈曰：樹皆可蠶，其信然歟。然槐蠶大如蟻，榆之蛾如蚱蜢，繭皆如蛛網，弗任織樗之蠖以少絲糾數木葉爲穴而跧焉。摘而擲之，曳其穴以行，是蠢蠢者烏能爲此媧媧也。橡之樹堅，其色褐，葉勁而澤，其無實者。曰青㭎，葉愈厚且大，柘之次也。蠶食焉而肖，故絲勁而色亦褐。陸元恪曰：山樗與下田樗無異，不以爲栲，其釋栲也，曰：似櫟不以爲樗，若宗陸説則宜曰栲而後可。

清　陳憲舜《課民植牧講義稿・槲》　即《詩經》之「林有樸樕」，後稱槲樕，又省去一字爲槲，即包櫟包栩與栲，一名柞，亦名樗，與棫。貴州省名青㭎，其實總名橡子，八月成熟，九月收取，三月撒種，移栽時離三尺一株，勿過疎密。次年稍殺之，至四年樹成，即可飼槲蠶。法於九十兩月無事時覓此老樹之繭十數枚，以棉裹之，至春分後蛾出，雌雄相交一對時，其後蠶子發生。頭眠之前，取此葉如家蠶飼之。至二眠後，放於樹上，七十餘日即結繭，年可兩造。如此樹葉已食盡，可連枝剪向他樹懸掛。凡樹隔年之後，始可再行養蠶，收繭須連枝取回，以本地絲車繅之，織成即貴州綢也，其子喂雞、喂猪最宜，凶年人可當飯，但須浸煑十數次，方不澁口。十年可砍一次，一樹可砍十次，所謂一年勞百年利也。此樹之皮，用處極多，未能盡述。

清　王元綖《野蠶録》　樹名：野蠶所食之樹俗名槫櫂樹，其種類不一。考之《毛詩》及《爾雅》，若柞、若櫟、若棫、若栲、若槲、若栩杼、若樸樕，解經者紛紛聚訟，莫衷一是。夫古今之命名不同，南北之方言互異。使執舊説而憑臆斷，其不涉於附會穿鑿者幾稀。是編悉以今名爲據，而附考證於後。　黄櫟：葉短而厚，無歧缺，兩邊有細刺，半以以始出。初生作嫩黄色，故名黄櫟。四五月開碎白花，七八月結實，圓而微尖，外有殼可以染皂。　灰櫟：葉微長有歧缺，無刺。初生面作白色，背有細茸作灰色，故名灰櫟，木甚堅。又有一種，葉尖作白色者名白尖櫟。六書故曰櫟。冬不彫，其實如斗，有黑心櫟、白櫟、緜櫟。綿櫟以堅忍得名，灰櫟或即緜櫟之類也。　紅柞：葉尖而長，無歧缺，兩邊有細刺，鋭如針。實與櫟相似，皮紅色，故名紅柞，一名栩。【略】今柞櫟確係兩種，惟或呼櫟爲柞，或呼柞爲櫟，則方言互異耳。　白柞：葉較小，皮白色，故名白柞。李時珍《本草綱目》曰：此木高者丈餘，葉小而有細齒，光滑而韌木及葉丫皆有針刺，經冬不彫。五月開碎白花不實，心理皆白色，俗名鑿子木。按今柞櫟二種皆有結實，有不結實者，俗以爲雄雌之分，亦臆説也。　栲柞：葉似櫟而微圓，無歧缺，兩邊有細刺，七八月結實。蒂蒙茸如苔蘚，皮粗，俗名栲柞【略】。今所云爲栲者葉如櫟；木皮厚數寸，可爲車軸，或謂之栲櫟。　小青棡：葉小而尖有歧缺，作鋸齒形，甚利，色青，故名青棡。又一種葉大小相似，齒密而鈍，亦名青棡柞。【略】今青棡多有結實者，其殼於染皁爲尤宜。　大青棡：葉大而長，有歧缺，齒甚利，色青俗名大青棡。又一種枝下垂如柳，亦名青棡柳。戊己編棡木有數種：一曰青棡，平越呼爲麻子，樹能肥豕，葉薄而青，以飼蠶即山蠶也。一曰羅鬼青棡，葉如猴栗；一曰水青棡；一曰紅紬青棡，葉均不彫。按今俗多以青棡與槲爲一種，其實青棡葉長而直，槲葉上寬下窄，不相混也。　小槲柞：葉粗厚，頂微圓，上寬下窄，大如掌，捫之滯手，邊有歧缺，甚疏闊。齒短而鈍，色微黄。一種色青者頂微尖，齒亦微尖，葉大小相似，叢生，幹直立無旁枝，《北齊書》所謂槲木不扶自立也。【略】今日照，棲霞俱饒。薄羅既收山蠶之利，野人兼可樵採爲薪。　大槲柞：葉較小，樹高而有旁枝，實圓而微扁，亦分青黄二種。又一種葉小而短，齒甚密，俗亦呼青棡，實槲之別種也。【略】《本草》曰：槲有二種，一種叢生小者；一種高者，名大葉櫟，似栗而長大粗厚。花亦如栗，冬月凋落，實如橡子，稍短小，味惡，荒歳人亦食之。按今槲叢生，小者葉大，高者葉小。然則《本草》所謂大葉櫟者，殆較櫟葉爲大耳。　橡子：皮黄色，肉微白，大如蓮子，味澀，磨粉及蒸食可禦饑年，亦可以飼猪。《晉書·庾袞傳》與邑人入山拾橡是也。　橡椀：橡子房生，俗名曰椀，圓如荔支，色緑，層層如鱗甲，周裹其子。子漸長椀乃漸脱。既熟僅包其半，與子俱落，亦名曰斗。

種樹：收子。橡子房生，至七八月子熟自落。此物與栗相似，最易生蟲，爲蟲所蝕則入土不生。須於園圃中挖一深窖，堆置其中，用土埋之，勿令見風，不惟可免蟲蠹，且免朽壞擱乾之病。　種子。柞櫟宜山阜，須審其山勢，隨山之高下相距二三尺排列種之。種法於十月中用鐵鍬掘土爲坎，深三四寸，置橡子一二顆，和糞少許，或塗以猪血，以土覆之。築其土使平，則橡殼經冬凍裂而來春萌芽矣。或云冬月將子散置土中如畦菜之法，頻頻用水灑之，來春生芽一二寸。於清明前後栽之，法殊未善。北方亦有春種者，仍種橡子，不過出土較晚。南省冬月不上凍，自以春種爲是，或於十二月種之，來春雨多，生芽亦早。　澆灌。柞櫟初種皆先生根，而後長枝葉，其根入土最深與榆同。春乾無雨，須用水澆灌以使生根。若南省種子較晚，當未出土時雨水不多，尤須時常澆灌。　防護。芽初出土不過二三寸，混雜草中，易被踐踏或牛羊從而牧之，宜妥爲防護，培之以土，以爲標誌。又山上有草即足以分土之肥氣，芽爲草根所鬔亦不欲生，須盡薙而去之，其餘雜木亦一律斫伐。　割槎。柞櫟初生最不易長，一年長至二三寸，二年尚不盈尺，以力在生根也。二三年後根固，於八九月用鎌貼地割之，俗謂之割槎。來春復發，陡長至二三尺；至八九月再割一槎，來春復發，陡長至四五尺，即可以飼蠶矣。　留椿。柔條叢生，四五年後擇其條文粗大者留之，俗謂之留椿，餘盡從而剪之，則生氣聚於一枝，不逾年而椿成矣。　去梢。椿高不過四尺即去其梢，以太高則人力所不及，即不便飼蠶也。其下叢條飼蠶後，八九月仍剪去之，蓋柞櫟固隨剪隨生，雖飼蠶亦兼可爲薪也。　剪枝。椿上新生之條，其性剛而力勁，以手攀之立折，飼蠶最易受病。須連剪一二次，以手攀之下垂而不折，是其性柔而可用矣。蠶有春秋二季，一年祗能飼一季，須出以間隔。如今年飼春蠶，明年則飼秋蠶，俗謂之歇槎。若枝幹漸老亦不相宜，須隔五六年剪一次。　伐木。椿至十餘年後亦漸老而所發之條不旺，可伐之以燒炭。八九月葉枯後先剪其枝，乃貼地伐之，其伐用鐵鐝兩面對札，椿即倒也，不須斧斤也。或離地寸許，若深入土中，恐生氣在地底弩住，來春即不復發芽。　刨根。柞櫟隨剪隨生，其剪每在八九月，冬冷不復發芽，則生氣聚於下，愈聚則根愈大。年久根柢盤固，生機亦爲之不暢。須於四周刨其根，但勿令絶。其根大者如斗，冬置灶中燒熟後再移置爐中，亦可以爲炭，俗謂之刨火頭根。經刨後而來春之芽又萌矣。　儲材。柞櫟樹不宜高，爲飼蠶也。若山之四周或中央不妨畧留一二株以爲蔭庇，可以結橡子。以飼蠶者皆桉年剪伐新枝，小樹不能結子也。其樹不過十年即長成。　燒炭。秋後伐木，就山坡下挖土爲窯，積木其中，以乾柴引火燒之，三日而炭熟，取出以土壅之。其炭一名白炭，以上有白霜故也。　治蟲一。樹無不生蟲者。《爾雅》：「蝎，蛣蝠。」郭註云：「木中蠹蟲。」即《詩》所云蝤蠐也。凡樹皆有之而生於柞者獨大，色白，粗如指，長幾三寸。其種出天水牛，亦名牽牛。背黑色有白點，頭兩角如八字形。緣樹而飛，小滿後將皮齧破，遺子其中。初生形如蛆，鑽穴而入，愈入則愈深。及冬粗如指而樹空矣。治法：尋樹身及大枝有流黄水處，用小刀剔出其子。如子已成蟲，穴外必有蛀屑，亦用小刀剔而出之。或所入太深，用芫條塞其穴，則蟲立死，或用百部草水及桐油灌之。此蟲每月十五前頭向上，十五後頭向下。又蟲於天將明時必出户飲露，須於上半月清晨起而治之。　治蟲二。夏秋之交有蟲名⿰虫尃蛓，色緑，背有毛，能螫人，間有生紅毛者，俗名八角紅或名蝎，亦名蛅蟖。《爾雅》：「蜭，毛蠹。」郭註：「即蛓。」又「蟔，蛅蟖。」郭註：「蛓屬也。」秋吐白汁如漿，凝聚如雀卵，以甕爲繭，作蛹其中，及春化爲蛾，生子如蠶子，復化爲蟲。其甕《本草》名曰雀甕，俗名⿰虫尃蛓罐，粘著樹枝甚牢，須折而去之。　治蟲三。螗蜋亦名蟷蠰。《爾雅》：「不過蟷蠰。」郭註：「螗蜋別名。」又莫貈蟷蜋，蛑。」郭註：「螳蜋，有斧蟲。」色緑，長身細項，臂有雙斧，或謂之巨斧。秋生卵著樹枝上如繭。及春化爲小蟷蜋，俗名⿰虫尃蟭。《爾雅》所謂「其子蜱蛸」是也。按⿰虫尃蟭及⿰虫尃蛓罐二物柞樹上最多，粘著樹枝，即咂樹之水氣。及化爲蟲，不獨食樹葉，而於蠶尤不利。故去之務淨。

清　董元亮《柞蠶彙誌柞樹培植法》

預備山場。養育柞蠶必先預備山場，或擇山之本多柞樹者，平其地畝，刪其草萊，使蛇虺無可匿藏，以去柞蠶之害，步履悉臻平坦，以便柞蠶之工有此山場，復有此項柞樹飼養野蠶，成功較易矣。　栽培柞樹。設或所有山場本不産柞，則當購買柞苗，排匀種植。或霜降前後，挖土作坑，入橡子四五枚，以土掩之。來春抽發嫩枝，須防牛羊踐食，保護宜周。初生枝幹叢雜，留其正幹，刪其旁枝。俟樹體長成，再留分枝，較易繁盛。　柞樹種類。《詩》：「陟彼高岡，析其柞薪。」薪之取柞，由來已舊。蓋當時猶未知有柞蠶也。至後漢光武紀始有野蠶成繭，被於山阜之文，此爲柞蠶見於經史之權輿，而柞樹種類顯有區別，然可以飼養野蠶則一也。因取其類圖之於左：　右柞於枝枒處每生子栗，是爲牝柞。子所落處，茁生新苗，長即成樹。北地子大，南地子略小，實同種耳。　右柞於枝枒處每生刺栗，是爲雄柞。子落處不茁新苗，與上一種乃柞樹中同類而分雌雄者。　《詩》曰：「中原有菽，庶民采之。」《采菽》篇曰：「維柞之枝，其葉蓬蓬。」古之中原即今之河南地也。河南養育柞蠶，風氣盛行。今所出之繭綢等類，皆柞蠶産也。在北地曰柞，南地曰白櫟。幹與栗同，葉亦相類，有堅韌之性質，隨處皆有之。南地但伐作柴薪，殊可惜也。　右即南地之麻栗，樹高數丈，大者作門料，小者伐作薪，所産不及柞樹之多。北地曰橡曰槲，較青棡柳葉大約一倍。色濃厚而質堅硬，與青棡柳同。名爲不落葉，以其經霜不易落葉，故名不落。冬時亦仍凋謝，遲至交春，新葉漸生，舊葉亦落，非果不落葉也。　右北地曰青棡柳，南地曰青棡栗。其葉嫩而密，較尖柞葉大，而厚薄同。所放之蠶其繭大而匀。　右柞即柘，所謂「桑柘日斜春社散，家家扶得醉人歸」是也。葉之柔軟，性與桑同。亦有擷其葉以飼家蠶，補桑葉之不足。俗呼曰圓柞，又號樗櫟。幹有棘，冬不凋。飼蠶爲絲成弦，以調琴瑟，清響遠勝凡絲。　右種名曰尖柞，性質枝幹顏色均與圓柞同，惟葉下闊上鋭耳。所放之蠶其繭小而堅實。　右爲花柘，亦尖柞類也。性質枝幹顏色與圓柞同，但葉過大。　以上八種，種雖不同，均可爲飼養野蠶之品。惟高尋丈之樹即不利於養蠶。須截其樹，只留三四尺，使其旁另發新枝，以便飼養。若新茁三四年之柞樹，枝葉濃嫩暢茂，高不過三四尺，既少仰攀之苦，亦便移蠶之工。七八年後，樹漸尋丈，亦當截短，使之旁發新枝，取其茂嫩，截去二三次後，即須全行伐去，使與地平。其由根另生者名曰芽棵，茂盛倍者。春初伐去，秋間即可放蠶，並無躭悞曠廢之虞。　刪除蟲害。各柞皆有生蟲之患，其蟲與桑蟲相似，背黑色有白點。頭有角如八字形，緣樹而飛。小滿後齧破樹皮，遺子其中。子形如蛆，鑽穴而入。及冬粗如指而樹空矣。此蟲每月十五前頭向上，十五後頭向下。天將明時必出頭飲露。須於上半月清晨尋枝幹有流黃水處，用小刀剔出其子。如子已成蟲，穴外必有蛀屑，淺者剔出，深者以百部水、桐油灌之，其蟲自斃。又有名蟳蛓者，色綠，背有毛，秋吐白汁如漿，凝聚如雀卵，作蛹其中，及春化爲蛾，生子復化爲蟲，粘於樹枝甚牢固。又有名螗螂，秋生卵著樹枝上如繭，及春化爲小螗螂，能食蠶。蟳蛓、螗螂之子恒遺於樹枝，可剪去而焚之，以絶其種。　培養地力。有柞之山一經放蠶，地土即易瘠薄。蓋蠶糞即名蠶沙，其性寒涼，復經人跡踐踏，遇多雨水，寒性入地，地土又經踐踏而實，樹根即不易長。或放蠶三四年，間過一二年以養地力，或鬆土而加以相當之肥料，方無瘠薄之慮。　助柞生長。雌柞落子即生，最易種植。惟根本不固，當年不過尺許，三年不過尺咫。欲其速長，須於春初剷盡雜草，使地之精氣悉萃柞根，則孟夏木長之時，生機勃發，當年即長尺餘，三年即高三四尺，秋間即可放蠶。再過二三年，枝幹已粗且長，擇其直者只留一本已足供放蠶之用，過此以後則當爲截本留根，使另長新枝時矣。

清　鄭珍《樗繭譜》　定樹：蠶之樹，郡人名青棡音岡，其繭即曰青棡繭。前輩以爲樹是櫟。櫟之子名橡音象，巨字曰橡繭。然其樹實槲也。考櫟一名栩，一名柔音杼。《詩》：集於苞栩。陸疏曰：栩，今柞櫟也。徐州人謂櫟爲杼，或謂之爲栩。其子爲皁，或言皁斗，其殼爲汁可以染皁。今京洛及河内多言杼斗，或云橡斗。謂櫟爲杼，五方通語也。《説文》曰：柔，栩也。陸疏之杼，即《説文》之柔，二字同。一名柞，一名棫，《詩》：芃芃棫樸，陸疏曰：柞，棫。《三蒼説》：棫即柞也。李時珍曰：櫟有一種不結實者，其名曰棫，其木心赤。結實者，其名曰栩，其實名橡。一名櫟，其實名草，即皁字，《説文》作草。《詩》陸疏作皁，下同。一名樣，音象。《説文》曰：樣，槲實也。一名草斗，一名象斗，其房可以染皁，故名。皁，房半實似斗，故名皁斗，名象斗。象者，侶也。一名芧。音余，又音序，見《莊子》，案昔人皆謂莊子食芧栗。即是栩實。杼芧同字，非也。《爾雅》：栵，栭。注云，子如細栗，江東人亦呼栭栗。今俗謂之芧栗、猴栗、柯栗，皆此類。《莊子》之芧正此物，即今貴築縣之毛栗，亦呼猴栗者。簇生，最難長，而其花葉、花梂裹實。一梂二三實，又皆侶栗。與櫟及槲之一梂一實，且不周裹絶異。且芧栗並言。芧斷是栗類，亦猶樗櫟並言。樗亦斷是櫟類。一名柞實，李時珍曰，一名柞子，一名杼。樣字俗別作橡，故又名橡。昔人皆以橡爲樣之俗，愚獨謂以其實名象斗，俗人不解象字義，妄加木旁，後又省斗字，單名之橡耳。槲之房亦作斗，亦可以染皁，知其名槲，猶名斗之意。古但名斛，後人加木作槲。故橡槲二字，古皆無之。

其房名梂音求，謂其苞求求然據鄭氏詩箋云：柞之葉新将生，故乃落於地。李時珍言，櫟葉如櫧葉。櫧音儲，櫟別也。花亦爲穗，其實如槲而小，《山經》有之。而文理皆斜句音鉤則俗名水青棡者，櫟也。今食蠶作繭者即《毛詩》樸樕。聲轉爲槲樕，後又損一字爲槲槲樕即觳觫。其子欲落時觳觫然，因以名之。又疑名槲者以觳觫之義，裁一字而別制槲字。古一名栲，一名山樗一名栲櫟，皆本《詩》陸疏。一名心《爾雅》云：樕樸，心。樊光注：樕樸，槲樕也，有心能濕，能即耐字江河間以作柱是也。《唐書・后妃傳》載：后封嵩山，禪少室，封壇南有大槲。敕曰：置金雞其杪，賜號金雞樹。故又名金雞樹，俗以葉倍櫟大，故名大葉櫟，又名櫟橿音彊，實名櫟橿子俱見《本草》其葉，蘇頌《圖經》名槲若皮，俗名赤龍皮，俱入藥，郡人呼青棡者或橿棡聲近，遂轉橿爲棡。曾見唐史載，開寶四年，資州獻梅、青棡二木，合成連理，則知青棡爲蜀地舊稱，其來已久也。槲與櫟大致相類，嘗細驗之，一櫟幹老猶似栗枝，槲生二三年即甲皵音鵲，櫟皮横皺而不裂，槲皮直皺而痱瘤時匪壘，皴裂貌。櫟葉短厚光滑，半以上始出芒，短而句，槲葉長者五六寸，捫之滯手，盡葉一紋一芒，長而直。櫟之實長而細，槲實大而圓。一櫟葉冬夏常青，新生而故落；槲冬零，故盡而新生。櫟四五月開花，槲三四月開花，皆爲穗如栗。七八月内結實。此其別也。自槲與櫟相類至此。言蠶樹形狀最悉。其人歲儉皆可採食，人者實中肉也下槲人同。但僵澀甚。食必浸至十目以外，槲人倍之。二木之葉以食蠶，繭成一也。但櫟少，種之四倍遲於槲，始可蠶。以故無種者。間有之，其理堅密，器尤取材，亦不以食蠶也。若槲林中有一種樹，族生難長，甚類槲，惟葉粗大而色較青，俗名扶櫟，即郭璞《爾雅注》云：《詩》所謂枹櫟者也。李時珍曰，槲有二種：一種叢生，小者名枹，即此。一種即前所説槲名狀，不煩引。於《毛詩》爲苞櫟，郭注所引出《三家詩》。枹音夫，夫扶聲有輕重耳。其葉不中食蠶，食之肥者亦瘠。扶櫟俗又呼槲櫟。扶槲二字，遵義人讀之聲略同也。又呼爲虎皮青棡。山東人謂遵義之青棡爲槲桴，而遵義又以謂葉青大一種。貴州一省及湖南晃沅之間，皆謂遵義青棡者櫟木，而謂遵義槲櫟者青棡，皆方言之小異也。又有一種樹，狀亦如槲，種之成林亦如槲，惟葉較槲青而稍短狹，子亦如槲而細長，皮稍（皮）（厚）亦直皴，而痱瘤罯少於槲，幼無皴裂，老乃皴裂，惟太幹然，小枝否。槲則小枝亦皴裂，唯嫩䕫否。爲異耳。稍難長於槲，土人亦謂之扶櫟。青棡，或謂之槲櫟青棡，與槲雜種，亦有專種一山者以食蠶，絲最韌，幾敵桑絲，爲山繭中第一，不似難長而葉獨粗大之扶櫟，瘠蠶也。不可不辨。

清　沈秉成《蠶桑輯要》　種橡樹飼野蠶法：橡樹之名有二：一曰青棡、一曰槲櫟。槲櫟又有二種：一叢生而小，即樸樕也。一高大似櫟，俗名大葉櫟，實似橡子，可食。此樹皆九月間子熟自落。檢收時必須挖窖深埋，毋使見風日。若散置房屋則閱日生蟲，盡成空殼，入土不生。其種植之法：用大鐵鍬長二尺許，於瘦土中用椎擊入土三四寸，少著糞土，隨置橡子一二顆，以土蓋之，春即發生，其土甚省而易成。又法：九月子落，掘坑深三四寸，每坑種一子，盛於筐内，放在窖中，以板蓋上，來春生芽二三寸，清明前後栽之。三年後即可飼野蠶。

清　劉錦藻《清續文獻通考》卷三八《實業考三》（光緒三十四年，）東三省總督徐世昌奏：奉省漁業公司改歸商辦，另設官局專辦保護事宜，以清權限。又奏：立森林學堂，種樹公所。又奏：黑龍江省綏化府朝陽陂一帶，柞樹繁多，飼養山蠶最屬相宜。見經派員設立蠶業公所，練習飼養繅絲之法。並於柞樹多處，畫出地段，專爲放養山蠶區域，仍由公家撥款，以資提倡。

臣謹案：野蠶絲爲各國所無，歐美絲織商需要，非他物能代，可目爲中國天然絲之專利品。今則安東、大連，凡日人勢力所及，灰絲即野蠶絲輸出，由其操縱，反客爲主。且朝鮮邊境與我接壤，彼又利用我農民爲之種柞樹，采野蠶灰絲，經産額大增，運歸日本，售諸歐美，美銷最巨。特將朝鮮新出品廉價競爭，我華專利品幾爲侵奪殆盡，可慨也。

農工商部《咨各省仿辦改種美棉藍靛並收養山蠶文》，據直隸農務總局詳稱：見在禁種罌粟，民間驟失厚利，若不設法補救，匱乏堪虞。擬令改種美棉藍靛，土性相宜，著有成效。又稱：蠶業利源極大，飼養最繁。惟另有一種野蠶，俗名山蠶，放養山中柞樹之上，最爲簡易。以土地論，則僅需山場。以勞力論，則婦孺所能。以資本論，則所需不過繭種，出蛾後一律出絲，於本金毫無損失。種種便利，較種桑飼蠶，尤爲特別。第會員提倡力薄，仰懇通行飭辦查，各節簡而易行，於實業前途洵有裨益，應咨貴督撫飭屬仿辦，隨時報部。

又咨准東三省總督，吉林巡撫咨稱：吉省橡槲叢生，自設山蠶局以來，各處來領繭種者絡繹不絕。見於研究柞蠶之中，又發明蒿柳飼蠶之法，即以橡蠶之種移放蒿柳之上，柳葉既較橡葉爲肥，柳繭亦較橡繭爲大，且可夏秋兩季飼放，較之橡蠶工省利倍。並將飼養、栽種各法編書，咨送前來。查山蠶一項爲東三省天然之利，此次發明橡蠶、柞蠶之外，更可添飼柳蠶，簡便易行，獲效尤速。各省亟宜仿照飼種，逐漸推廣，殊於民生有益。

清　劉錦藻《清續文獻通考》卷一二六《職官十二》（光緒）三十三年，諭奉　懿旨從來求治之道，養民爲先。古人重府事，修和外國，亦最尚實業。方今中國生齒日繁庶而未富，生財大道亟應講求。國家特設農工商部，綜理一切。乃數年以來，風氣尚未大開，則官吏提倡之力，勸導之方，有未至也。著各將軍督撫迅飭所屬，於興學各業，極力振興。凡有能辦農工商礦，或獨立經營，或集合公司，其確有成效者，即各從優奬勵。果有一廠一局，所用資本數逾千萬，所用人工至數千名者，尤當破格優奬，即爵賞亦所不惜。應如何分別等差，該部即妥議具奏，並逐年如何增進，列表以聞朝廷。於大小官吏，亦即以此課其殿最，予以勸懲。敢有怠玩，因循保護不力，定行嚴處，不稍寬貸。總期地無曠土，境無遊民，馴至富強有厚望焉。

清　李鴻章　光緒《畿輔通志》卷七四《物産・蟲屬・蠶》　蠶，燕代田高而事蠶《史記・貨殖傳》，建昌縣養蠶之法與内地不同，曰收種：春蠶用秋種貯以簞箔，勿受風燥。曰温種：冬至後，以鹹淺穿蠶種，至暖室就温，勿傷蛹子。曰檢蛾：清明蛾出，必以申酉戌三時，分雌雄各置之一筐。曰摘對配蛾：次日以指捻雌蛾腹，謂之「把蛾」，以紙罨筐貯其内，置涼室中。邊地春寒，恐葉未發而先出子也。曰斫芽插墩：穀雨後出子，斫槫櫂枝向陽嫩芽，連枝葉三尺餘。擇流水河邊，無土沙灘，不見水處，掘寬二寸許，深如之，插芽，勿使露水，少提之令活。曰作墩：日出後，將蛾盆去蓋入墩中，使與枝近。曰上障：四五日，蠶一眠起，帶葉剪取，移置障上。曰守場：山中長槫櫂處爲蠶場，恐蟻傷蠶，置柵守護。曰摘繭：蠶出六十餘日成繭，著葉處謂之蒂，去之恐傷繭，絲包者各絡繭外，謂之衫。留以織，始有紋。曰收繭：擇春蠶爲秋種，置涼室。曰選場：蛾場宜窪下，樹宜低小，取其葉嫩。蠶場宜向陽，塞外早寒，非日暄不能成繭也。尤忌高山，山高則多霧，霧則蠶病。多風，風厲每不成

繭。曰打鋪秋：蠶出時，天漸寒，蠶上枝時，縛置草鋪，使其隨而復上。曰抽繭：繭成，以手撚織爲綢，名山綢。《武經總署》

清 李鴻章 光緒《畿輔通志》卷七四《物産・木屬》 槲欏樹，山中長槲欏處，即爲蠶場，又穀雨後出子，斫槲欏枝。《武經總署》土人取其葉以飼蠶，或謂即槲也。今朝陽縣土獸特山中尤多。至秋深霜降，丹葉與楓葉相映。《熱河志》以其葉包果，味更香。伏日采之，蟲不蛀。《盤山志》各旗境内高山之中多産，槲欏木，其葉大如掌，可飼山蠶，餘無他用。今建昌縣出山綢，即以此葉專其放蠶之利，繭成即名爲槲欏繭。《承德府志》

清 長順《吉林通志》卷三四《物産・蟲屬・蠶》 山蠶，一名樗繭，放之樗柞等樹，春秋收繭，練絲爲紬。又有緑繭，多生山中杏條上，緑色堅韌，箭扣用之。少昊九雇其一，桑扈竊脂，爲蠶驅雀。可見唐虞以前，大抵皆山蠶耳。《爾雅》云：「蟓，桑繭。雔由，樗繭、棘繭、欒繭、蚢，蕭繭。」此五繭，惟食桑者成於蠶食，餘四種並山蠶、棘蠶。李時珍謂：「蠶食柘與奴柘所成。」今有一種野蠶成繭於蒿艾間，蕭繭或即類此，惟欒繭不可知，樗繭即齊之椿繭，亦即槲繭，亦可呼柞繭。《御覽》引《廣志》曰：柞蠶食柞葉，可以作緜，蓋即樗繭也。鄭珍《樗繭譜》

清 吴榮光《種樹》 種稻三時勞，種橡一鋤力。況土不宜禾，磽瘠橡可植。植成葉泥泥，用以供蠶食。黔民勤且膠，胡弗事紝織。

清 吴榮光《和春海學使橡繭歌》卷一一 櫟檄之屬房生捄，有子曰橡黔南陬。昔聞葉可爲紺緅，又聞樹僅充薪槱。歲拾作糧誰其尤，矯矯李恂新闢留。遑遑摯虞鄠杜求，不聞飼蠶蠶有收。快哉博物使君郵。烏江之南爰咨諏。作歌告我紝織修，使其有用大蔽牛。我亟徧與守士謀，是時實落寒林秋。采以斗石多爲裒，散種十二府一州。汝有一畝與一坵，腴者汝儘爲田疇。瘠者可種不可醜，自汝硌确至於艽。況有拱把生道周，汝先保之毋斯鉥。龍巖鳳山多絲綢，機聲軋軋燈一篝。富勝千石千皮裘，汝得其傳富則侔。東風沖融吹林幽，其葉沃若如桑柔。蟫蟫蝡蝡緣枝頭，以枝接樹枝相摎。連枝疊葉紛蜒蚰，衆鳥眈伺聲噍啁。敺以竿幘戒鎗矛，所屬有請用鎗敺者止之蛹成乃割盈盆甌。繅以莜汁絲頻抽，蠶姑蠶婦忙不休。成絇成匹皆堪售，不脛而走長通流。不税其蠶防苛搜，萬家萬樹同庇庥。迴首蒼翠三年週，户户絲繡皇華輶。亦或繭有同功不，更將十法爲汝謳。

清 左宗棠《札陝甘各州縣試種稻穀桑棉》 昔賢陳榕門先生撫陝時有《廣行山蠶檄》，内開養蠶樹名五種，如有此樹可養山蠶，亦大利事。今開列於後，仰即一併查訪稟聞。此事爲甘省開萬年之利，本大臣爵督部堂志願雖奢，要非一手一足所能辦，是賴該各州縣盡乃心力，襄茲善政。該各州縣毋得視爲迂遠，不急舉行。將來政績可書，功德無量，本大臣爵督部堂實與有榮施焉。 養山蠶樹名：槲樹大者爲大葉槲，小者爲小葉槲。 橡樹葉多稜。結子上圓下尖，妝如蓮子，名曰橡子。橡子落地，以土掩之，即可成樹。 青杠樹類橡葉而小，結子與槲樹同。 柞樹紅皮者名紅柞，白皮者名白柞。葉皆青色，似柳葉而較寬，經霜不落，結子與青杠同而較大。以上喂養山蠶。 椿樹即臭椿。嫩芽時紅色，成葉後青色，似香椿而微臭。子結瓣中，如目之有珠，名鳳眼草。喂養椿蠶全賴此種。

清 程恩澤《程侍郎遺集》卷二《種樹》 橡隨在可植，三年枝葉蔚可飼蠶。飼後休一年，老則充薪炭，新肄出仍飼蠶。 種樹三年成，三年莫嫌遲。今日一丸泥，它日千絇絲。將絲比薪炭，何啻萬倍爲。黄金在枝頭，巧者能取之。

清 許鵬翊《柳蠶新編》 柳非一種，其樹高大，其葉短而尖，其味苦而澀，其條短而硬者，北方處處有之，統名楊柳，《詩》云「楊柳依依」是也。其木堅硬，可作器皿者，古名杞柳。《孟子》「猶以杞柳爲杯棬」是也。其幹直長可作箭幹者，古名蒲柳，《傳》云「董澤之蒲」是也。其木叢生，葉寬而長，立秋前，取條剥皮，用以編器者，名爲箕柳。其樹高大，條長，嫋嫋下垂，經風摇而柔軟，可愛者，俗名倒垂柳，又名垂楊柳，唐詩詠爲柳線、柳絲是也。然以上數種，其味皆苦，山蠶不食。又有一種檉柳，其莖赤，其葉細如松而長，多生河邊，一年三秀，又名三春柳，又名三眠柳，又名河柳，其味雖甘，枝葉軟弱，亦不任放蠶。其可用以放蠶者，惟蒿柳一種。 謹按：杞柳爲杯棬，蒲柳作箭幹，箕柳編器，蒿柳放蠶，楊柳助詩人之吟詠，各有其用，而不能相通。此編於柳之狀態、性質、名稱、作用，詳考而類誌之，留心實業者，可以知所棄取焉。

蒿柳性質：蒿柳之枝幹，與普通之柳無甚區别，惟葉較密，形狹而細長，葉之寬長一如白蒿，故名蒿柳。其味甘美，葉之背面與生菜之細梢，有白茸毛，若絲絨然。及葉將落，芽嘴復萌，其葉蒂結包如棗核形，呈淡黄色。葉落後，漸次包解，茸毛敷開，明春絮飛而葉生。其他柳種，葉之背面祇有若白霜者，絶無絲絨之狀，可見蒿柳爲天然飼蠶之特種也。 謹按：蒿柳之葉細長，與檉柳異，檉柳葉細碎而長，蒿柳葉細扁而長。與箕柳亦異，箕柳葉寬而長，蒿柳葉窄而長。

栽柳地宜：栽柳之地，高崗不如下濕，黑土勝於白土，沙石爲下。凡宅旁溝邊，皆宜多栽。放野蠶而外，復可養家蠶，所謂一舉兩得也。

謹按：高崗白土沙石栽柳，非不生活，惟葉易焦黄，津液亦少，蠶食不宜，不如下濕黑土之爲上。

栽柳節氣：柳雖易於栽植，然一失其時，其生不暢。大約落葉後，結凍前爲上時，以其津液内斂，栽後地凍，元氣不散，且土脈鬆活，大省工力。地凍後至解凍前爲中時，津液雖亦内斂，而掘土費工，且冬雪一少，經風摇動，元氣易散。解凍後至生芽前爲下時，以津液已上皮芽間，栽之雖活，其生不茂，且不任當年放蠶。 謹按：解凍後栽柳亦活，惟發生稍晚，枝葉少而多乾黄，既不任當年放夏蠶。至伏中，大雨時行，生機始暢，可放秋蠶，惟爲時稍晚耳。

栽柳方法：柳爲易生之物，縱横顛倒，長短粗細，或移根，或木椿，或枝梢栽之，無不生活。其間有不活者，埋淺、時失、土乾，與牲畜踐踏耳。爲放蠶計，栽木椿爲上，栽枝梢次之，移根費工，且初生不茂。 栽木椿者，將如茶盅口粗之枝幹截五尺長，以二尺半埋於土内，二尺半露於土外，縱横相距五六尺，用土堅築之，自無不活。先冬栽柳，明春生芽，即可用放秋蠶。 栽柳條者，宜將梢條截五尺長，兩端微用火燒，使其津液不散，掘坑深一尺半，長二尺半，平置其中，用土埋之，兩頭各露少許，生活自易。縱横相距亦五六尺一株，以便人行。然枝梢附地而生，須隔年方任放蠶。

修理樹場：栽柳先芟净草萊，鋤平地畝，按着行列栽之，步履坦平，往來便易，乃是絶好蠶場。場中久經踐踏，土地堅實，樹根不易遠敷，樹即不茂。每年須以鋤鋤樹根一次，壅之以糞或河泥，令土鬆活，生長乃盛。放蠶過二三年，樹條遠揚，不便放蠶之用，宜於冬日將枝幹悉數伐去，來春另生新條，可放秋蠶。而蠶場又須預備兩段，一作夏蠶場，一作秋蠶場，樹不受傷，則茂盛而宜蠶。

栽柳栽桑難易説：吉林一省，有食無衣。爲民謀衣，除蠶事外别無一策。《孟子》云：「五畝之宅，樹之以桑。」《詩》云：「蠶月條桑。」《書》云：「桑土既蠶。」我國古時無不以桑蠶爲重者，誠以桑爲蠶食，天然美利，一婦不蠶，一家受其寒，所以不憚其難，合通國共經營之也。然古人五十衣帛，明非五十不能衣也。五十非帛不暖，未五十以前，其取給於麻縷者，被體而已。其取給於皮革者，又非貧家所多有。自棉入中國，而後朝野上下皆適於用，民間尤大享其利，以其工省而産多也。吉省天冷，素不宜棉，而栽桑須數年之功方可成林，古人云「十年之計莫如樹木」是也。栽柳則不然，先冬栽植，明年即可放蠶，較之種棉，尤易爲力。事之易辦，無有過於此者。且一經栽植，數世用之無窮，亦一勞而永逸也。 謹按：桑蠶之利，裏省久爲大宗。所謂數年之功，方可成林者，望人有恒心，以植恒産也。若畏其難而中止焉，則大失此書之旨矣。

種柳種橡利益説：吉林橡樹甲於他省，勸放橡蠶，又種柳放蠶，不免多事貽譏矣。豈知利貴普通，事分難易。古人云：「一婦不織，或受其寒。」今既全省橡山皆闢爲蠶場，山居者足以衣帛矣，其地無橡樹，住居下濕者，聽其號寒而無以卒歲，非計也。則欲補橡蠶之闕，實惟柳蠶。雖柳蠶之説前此未聞，然古無而今有，亦其物之適當發見，以供人類之利用者，如旱稻、棉花，中國古時所無，今則處處有之。柳蠶一事，安知不由吉省起點，行且徧於中國，徧於全球，功用且駕棉花而上之，以其省人工而易爲力也。况其種即橡蠶之種，其法即放橡蠶之法，種不待遠，取法更無新奇。栽柳易生，當年得利，家無貧富，力皆能爲。風氣一開，頓使冬暖，號寒之區，人則錦繡往還，市則繭絲充斥。將來絲銷外洋，有駕乎山東、奉天而上者。惟在發明之提倡之，後來者有人以繼緒之。 謹按：山東、奉天久享山蠶之利，吉林雖宜蠶，豈易言過之。然以吉林土地之廣，橡樹、柳樹之多，若皆闢爲蠶場，誠有非他省所可及者，則駕乎山東、奉天以上之言非虚語也。

清《農工商部統計表・農政・農事試驗場表》（清光緒三十年）山東林業試驗場建於省城以南燕子山、千佛山、馬鞍山等處，以驗山石土質之性，辨林木果樹之宜，考求培植、接木、驅蟲、避霧諸法之科則。

白蠟蟲分部

綜述

宋 周密《癸辛雜識》續集上 江浙之地，舊無白蠟。十餘年間，有道人至淮間，帶白蠟蟲子來求售。狀如小芡實，價以升計。其法以盆栓樹栓字未詳，樹葉類茱萸葉，生水傍可扦而活，三年成大樹。每以芒種前，以黄草布作小囊，貯蟲子十餘枚，遍掛之樹間。至五月，則每一子中出蟲數百，細若蟣蠓，遺白糞於枝梗間，此即白臘，則不復見矣。至八月中，始剥而取之，用沸湯煎之，即成臘矣。其法如煎黄臘同。又遺子於樹枝間，初甚細，至來春則漸大，二三月仍收其子如前法，散育之。或聞細葉冬青樹亦可用。其利甚博，與育蠶之利相上下。白臘之價，比黄臘常高數倍也。

明 方以智《物理小識》卷九 蠟樹 水冬青。葉細於女貞。五月養蠟子，七月收蠟，不宜盡采。至來年四月，又得生子，其蠟曬乾，以越布蒙甑口，置蠟布上，置甑釜中，水沸蠟融。入器，凝白可爲燭材。其滓以囊投熱油中則蠟盡，油遂可爲燭。凡養蠟子，經三年停亦三年，或伐木任生新條，養一年停一年。江南有水蠟樹，則不似冬青，至冬落葉，又一種也，蠟燭用柏油者堅。又水槿葉細花黄，一名水梠。冬斬條插，易成大木。可以放蠟，即水蠟一類。中通曰：嶺北蠟樹初生葉近紅，老則皮節香。

山蠟樹

雜録

清 檀萃《滇海虞衡志》卷二《志草木》 白蠟，川滇之重貨也。雖與黄蠟同出蟲，而白蠟之成，究因乎樹。既以崖蜜與蔗霜歸入志果，而黄蠟附之。以白蠟歸入志木，俾種木者知其可蠟，其利普矣。蓋白蠟，蟲蠟也。宋元以來始有之。其先惟用黄蠟，本出於越巂，夷人傳此法。其後川滇及東南諸郡俱種之。白蠟遍行於天下，而黄蠟之用遂微，猶棉花大盛於中原，而桑麻之用反絀也。明汪機、李時珍説之頗詳，而未搜其源頭及於越巂。越巂界連川滇，其言白蠟，各處俱出，以川滇獨勝，則其開利所自始耳。其法於立夏後取蠟蟲子箬裹，裹或五六包，綴於蠟樹枝。包大如芡，其内蟲子如細蟻凡數百。芒種後子盡出，食汁吐涎，凝於細枝，如絲之纏，如霜之裹，滿樹盡成瑶枝，皆白蠟也。處暑後刮而熬之成餅，堅如石膏，而明徹勝於黄蠟。其樹，汪機以爲即冬青樹，李時珍以爲樹似冬青，今江鄉謂之山蠟樹，以别於水蠟樹。水蠟樹批枝插之無不活，幾如插柳，遶池塘陂堰盡插之，總呼蠟樹，亦不知其樹之可放蠟。雍正間，有蠟客至曹家堰放蠟，予時尚幼，見其施放，如上所云，亦不見其蟲出，但訝樹枝白腫爲蠟凝，亦不見蠟。刮有蟲存，但冬春間枝結小包，如桑螵蛸，即蠟種也。客云：蠟種採之不能過五日，過則蟲出成空殼。李云：芒種後蟲出，然出在前，此芒種後乃見蠟形耳。此客種之一兩年不復來，至今鄉人仍不知蠟樹可放蠟，所需白蠟，仍仰於川滇，其值頗昂。若使盡知放蠟，亦一地方好出辦，且水蠟旺於山蠟，往行黔中，山坳間皆水蠟，以其旺故也。水蠟成拱，從七八尺上斫其木，枿生競挺，修枝長條，皆蠟生之地也。生而刮之而樹益茂，不似漆割易枯也。或曰：櫧樹可以放蠟，故志白蠟肇始於川滇。江鄉現多蠟樹，宜放蠟以爲民生利用之資也。又疑冬青、櫧樹，本不帶蠟名，惟水蠟樹直謂之樹蠟，無他名，則蠟乃其本名也。家鄉多此樹，不知放蠟，但植以爲籬藩護堤埂，其材無所用，不及於楊。蓋用在於放蠟，每一巨樹，歲可收蠟數斤。性宜近水，沙淤之地，數年即成巨樹。樹老可至百年，計自山蹊塘堰，平原池澤，遠暨洲邊江岸盡種此樹，放蠟所出，必百倍於川滇。今潛山人頗知樹植之利，而蠟樹蓋少，故僦鄉之有樹而放之。樹花如簪匙，結小莢，落地亦生，莫如插枝更易長。夫種蠟與種棉，其法皆傳自外域，至今爲天下大利。故事有興於數千載之後，而利益倍過古人者，不可不知也。

清 陳憲舜《課民植牧講義稿・蠟樹》 子名女貞子，落地即生，最易生長。葉厚而柔長，緑色。五月開青白花，秋實滿樹。將此子點種移栽，如種桑然，向出蠟州縣覓寄蠟種，裹置枝上，到芒種後，其蟲即生，自能沿枝食汁，吐涎粘於嫩莖，化爲白脂，處暑後剥取蠟渣，白露後即粘住難剖矣。取畢以水煮溶，濾渣置冷水中，則結成塊，謂之白蠟。東省蠟丸各店，年需千百萬斤，若能種此，本地有出，不暇外求矣。選種可覓女貞子樹，蠟種可以郵寄前來。 雲貴川三省地方種蠟爲一大宗，若能照行，較各項益利尤大也。又一種名水蠟，樹高丈餘，葉似榆而（長）（常）緑，有蟲寄生其上，營巢分泌蠟様之質，於枝椏間採之得蠟，蠟包之内，細卵如蟣，立夏日放，（忙）（芒）種蟲出，蟻食此蟲，宜先掃樹。

清 長順《吉林通志》卷三四《物産・蟲屬・白蠟蟲》 白蠟蟲，唐宋以前，澆燭入藥，所有白蠟即蜜蠟也，其蟲白蠟，則自元以來，人始知之。其蟲大如蝨，芒種後則延緣樹枝，食汁吐涎，黏於嫩莖，化爲白脂，乃結成蠟，狀如凝霜。處暑後則剥取，謂之「蠟渣」，若過白露即黏住難刮。其渣煉化濾净，凝成塊，即爲蠟。其蟲嫩時白色，作蠟及老則赤黑色，乃結苞於樹枝。初若黍米大，入春漸長，大如雞頭。子紫赤色，纍纍抱枝，宛若樹之結實。蟲遺卵則作房，俗呼爲「蠟種」，亦曰「蠟子」。子内皆白卵，如細蟣，一包數百。次年立夏日摘下，以箬葉包之，分繫各樹。芒種後苞拆卵化，蟲乃延出葉底，復上樹作蠟。

冬青

綜述

宋 謝維新《古今合璧事類備要别集》卷五〇《衆木門》《格物總論》 冬青，一名女貞木，一名萬年枝。樹身大合抱，皮麄。葉茂盛，經冬不凋。能結子，每枝一簇而皮青黑色，有瓤，中心核飛禽食之。

元 胡古愚《樹藝篇》卷二《木部》 冬青。所在有之，陸墓村落間爲盛。土人種以取臘。《姑蘇志》 冬青，臘月下種，來春發芽。次年三月移栽。長七尺許，可放蠟蟲。《便民圖纂》 冬青樹皮葉凋瘁，惟以猪糞壅之則茂。一説以猪溺淹之。《瑣碎録》 江浙之地舊無白臘，十餘年間，有道人自淮間帶白臘蟲子來求售，狀如小芡實，價以升計。其法：以盆桎樹，桎字未詳。樹葉類茱萸葉，生水旁，可扦而活，三年成大樹。每以芒種前以黄草布作小囊，貯蟲子十餘枚，遍掛之樹間。至五月，則每一子中出蟲數百，細若蟣蠓，遺白糞於枝梗間，此即白蠟也。其蟲既遺蠟，則不復見矣。至八月中，始剥而取之，用沸湯煎之，即成蠟矣。其法如煎黄蠟同。又遺子於枝間，初甚細，至來春則漸大。二三月仍收其子，如前法散育之。或聞細葉冬青樹亦可用。其利甚溥，與育蠶之利相上下。白蠟之價，比黄蠟常高數倍也。《癸辛雜識》 冬青，其葉長青，四時不改。許渾詩云：「未秋紅實淺，經夏緑陰寒。」唐禁中呼爲萬年枝。韓子蒼云：「無人知是萬年枝。」《八閩通志》 冬青一名蠟樹，經霜不變。《九江府志》 冬青一名女貞，江左呼爲萬年枝。《四明郡志》《圖經》曰：女貞實生武陵川穀，今處處有之，《山海經》云：泰山多真木，是此木也。其葉似枸骨，及冬青木極茂盛，淩冬不凋。蒼細，青白色。九月而實成，似牛李子。立冬採實曝乾，其皮可以浸酒。或云即今冬青木也。而冬青木肌理白，文如象齒。道家取以爲簡，其實□浸酒，去風補血。其葉燒灰，面膏塗之，治瘴瘃神效，兼滅瘢疵。又李邕云，五臺山冬青葉似椿子，如郁李，微酸，性熱，與此小有同異，當是别有一種耳。又嶺南有一種女真，蒼極繁茂而深紅色，與此無異，不聞中藥品也。狗骨木多生江浙間，木體白似骨，故以名。南人取以旋作合器甚佳。《詩·小雅》云：「南山有杞」，陸璣云：山木，其狀如櫨，一名狗骨，理白可爲亟板者，是此也。皮□堪浸酒，補腰膝。燒其枝禁爲灰，淋汁塗白瘕風，亦可作煎傳之。冬青，《宋志》謂韓子蒼云萬年枝也。《閩中記》云：肌理白，文如象齒，道家取以爲簡。又建寧人放蟲在上，産白蠋《興化府志》。冬青花關係水旱，其花不落濕地。諺云：黄梅雨未過，冬青蒼未破。冬青花已開，黄梅便不來。《田家玉行》 冬青，今按：土人放蠟蟲種蠟，即此樹也。蓋其蟲作繭樹枝上，每繭中有蟲百數，如絲髮，此爲種子。秋冬剪取而藏之，及春取縛置樹上，蟲出繭，食樹津液，因而放蠟。彌滿枝柯，其白如雪，乃剥取而烹煉，蠟成瑩若凝脂。延建汀三州皆有之，江西尤多。《郡武府志》 冬青身葉如木犀，淩寒不凋，故名。一名女貞木，亦謂之萬年枝。《松江府志》

明 鄺璠《便民圖纂》 冬青臘月下種，來春發芽。次年三月移栽，長七尺許，可放蠟蟲。

明 宋詡《竹嶼山房雜部》卷九《樹畜部·樹類》 冬青，葉光潤，經霜雪亦不凋脱。木理細而堅重。《本草》曰女貞。謝玄暉詩云：風動萬年枝。徽宗試畫院諸生以《萬年枝上太平雀》爲題，無中程者，或密扣中貴曰：萬年枝，冬青樹也。水冬青葉細，利于養蠟子。　子可種。堪入酒。至長盛時，五月養以蠟子，七月收蠟。不宜盡採，留迨來年四月又得生子取養蠟，曬乾以越布蒙於甑口，置蠟布上，置器甑中，釜内水沸蠟遂熔下入器，凝則堅白而爲燭材。其滓盛之以絹囊，復投於熱油中，則蠟盡。油遂可爲燭。凡養蠟子經三年停亦三年。巴蜀擷其子漬淅米水中十餘日，搗去膚種之蠟，生則近跗伐去，發肄再養蠟，養一年停一年，採蠟必伐木無老榦。

明 王象晉《群芳譜》卷一《木譜》 冬青，一名凍青，一名萬年枝，女貞别種也。樹似枸骨子，極茂盛，高丈許。木理白細而堅重有文。葉似櫨子樹葉而小，又似椿葉微窄而頭頗圓，光潤，經霜不凋。堪染緋。其嫩芽煠熟，水浸去苦味，淘淨，五味調之，可食。五月開細白花。結子如豆，紅色。放子收蠟，一如女貞。子及木與皮。氣味甘苦涼，無毒。去風補虚，益肌膚。江南冬青，葉對生，枝葉皆如桂，但桂葉硬，冬青葉軟，稍異，豈另一種耶？　種植：臘月下種，次春發芽。又次年三月移栽。長七尺許，可放蠟蟲《山居四要》。　附録：水冬青，葉細，利於養蠟子。宋氏《樹畜部》。

明　王象晉《群芳譜》卷一《木譜》　典故：冬青花，關係水旱，其花不落濕地。諺云：「黄梅雨未過，冬青花未破。冬青花已開，黄梅便不來。」《常氏日抄》。華林園有萬年樹十四株，即冬青也。洪武中，浙江都司徐司馬令杭城人家植冬青樹於門，數年，各街市緑陰匝地。張輿賦詩云：比屋冬青樹，人皆隱綺羅。春風十年後，惟恐緑陰多。《委菴叢談》。宋徽宗試畫院諸生，以萬年枝上太平雀爲題，無中程者。或密扣中貴曰：「萬年枝，冬青樹也。」

明　周文華《汝南圃史》卷一一　冬青，枝幹疏勁，葉緑而亮，色狀皆如木樨，隆冬不枯，故名冬青。園徑排直號曰冬牆。四五月開白花，氣臭。花含蕊必雨，花脱則晴。結子圓青，可以釀酒，墜地生小樹，移植即長。性賤，除夏日隨時可移。欲其盛，以猪糞壅，或以猪溺灌之，雖至彫瘁亦轉青茂。其木質甚細，取以造梭。又一種名細葉冬青，枝葉細軟，乘短小時種傍籬下，密編以蔽籬眼，堅久如壁。

清　高士奇《北墅抱甕録》　冬青，土人呼爲凍青，以其嚴冬不凋也。漱晚磯旁數株，夾水而植，與烏臼丹楓高下相間，垂綸偃仰，縱目皆成佳觀。

清　張英《淵鑑類函》卷四一六　《本草》李時珍曰：凍青亦女貞别種也。但以葉微團而子赤者爲凍青，葉長而子黑者爲女貞。《常氏日鈔》曰：冬青花關係水旱，其花不落濕地。諺云：黄梅雨未過，冬青花未破。冬青花已開，黄梅便不來。《洛陽宫殿簿》曰：明光殿前長生一株，含章殿前長生一株。《晉宫閣名》曰：華林園長生六株，萬年殿前長生一株。又曰：華林園有萬年樹十四株。《鄴中記》曰：金華殿後有皇后浴室，種雙長生樹，枝條交於棟上，團團車蓋形。冬日不凋，葉大如掌，至八九月乃生華。華色白。子赤大如橡，子不中啖也。世人謂之西王母長生樹。

清　陳昌齊　道光《廣東通志》卷九六《木類》　冬青。廣人呼爲殺鬼樹。見：《羅浮山志》。《舟車聞見録》

清　吴其濬《植物名實圖考》卷三五《木類》　冬青，宋《圖經》女貞下載之，《本草綱目》始别出。葉微團，子紅色，俗以接木樨花者，亦可放蠟。

明　王世貞《彙苑詳記》　冬青一曰女貞，亦曰萬年，一曰長生，皆别名也。葉不凋。漢晉殿前多植之。嵇康有賦。萬年枝風入萬年枝。女貞樹北有歲寒松，南臨女貞樹。（六朝）華林樹華林園所樹，風動萬年枝。《文選》欽質慕名女貞之木，一名冬青，負霜葱翠，振柯淩風，故清士欽其質，而貞女慕其名。（蘇彦）緑陰寒霜霰不凋色，兩株交石壇。未秋紅實淺，經夏緑陰寒。（許渾）正女木豫章正女木長十仞，大連抱。冬夏常青，未嘗凋落，若有正節，故以爲名。（司馬相如賦）

藝文

明　王象晉《群芳譜·木譜》　詩五言：風動萬年枝。（謝玄暉）下有冬青林，石上走長根。（杜少陵）長門風雨夜，冷落萬年枝。夢裡君王過，醒來獨自知。（王嘉言）七言：太液池邊看月時，好風吹動萬年枝。（盧多遜）　苜蓿齋前萬年樹，最宜葱蒨雪中看。（唐抑所）

清　張英《淵鑑類函》卷四一六　謝朓詩曰：風動萬年枝。杜甫詩曰：下有冬青林，石上走長根。盧多遜詩曰：太液池邊看月時，好風吹動萬年枝。唐許渾詩曰：霜散不凋色，兩株交石檀。未秋紅實淺，經夏緑陰寒。　晉嵇含《長生樹賦》曰：余嬰丁閔凶靡所定居，老母垂聖善之訓，以爲生事愛敬，没則無改，宜居墓次瞻奉，威靈兼覽藝文，可以不殞先軌，祗奉慈令遂家于壙左，埽除壇封，種植松柏。松柏之下，不滋非類之草。猥有長生育於域内，豈老母至行表徵於嘉木哉。辭曰：美我親之仁孝，固徵瑞之必招，降祖宗之遺德，振奇木之青條。結根擢幹，載生無漸。弱莖猗猗，緑葉冉冉。處陰冬而愈茂，豈莖葉之有點，感自然以旌賢，諒有道之不掩。

女貞

綜述

原题三國魏　吴普《神農本草經》卷一　案《説文》云：楨，剛木也。《東山經》云：太山上多楨木。郭璞云：女楨也，葉冬不凋。《毛詩》云：南山有杞。陸璣云：木杞，其樹如樗。陳藏器作栗。一名狗骨，理白滑，其子爲木虻子，可合藥。司馬相如賦有女貞。師古曰：女貞樹，冬夏常青，未嘗凋落。若有節操，故以名焉。陳藏器云：冬青也。

明 俞安期《唐類函》卷一八九 《山海經》曰：太山多貞木。鄭氏《婚禮謁文贊》曰：女貞之樹，柯葉冬生，寒涼守節，險不能傾。《晉宮閣名》曰：華林園，女貞一株。 頌：晉蘇彥《女貞頌》曰：昔東阿王作《楊柳頌》辭義慷慨，旨在其中。余今爲《女貞頌》，雖事異於往作，蓋亦以厲冶容之風也。女貞之樹，一名冬生，負霜葱翠，振柯淩風。故清士欽其質，而貞女慕其名。或樹之於雲堂，或植之於階庭。

明 王象晉《群芳譜·木譜》 女貞，一名貞木，一名蠟樹。處處有之。以子種而生最易長。樹似冬青，葉厚而柔長，面青背淡，長者四五寸，甚茂盛，淩冬不凋，人亦呼爲冬青。五月開細花，青白色，花甚繁。九月實成，似牛李子，纍纍滿樹，生青熟紫。木肌白膩。立夏前後，取蠟蟲種子裹置枝上，半月其蟲化出，延緣枝上，造成白蠟，民間大獲其利。女貞實氣味苦平，無毒。補中明目，強陰，安五臟，養精神，健腰膝，除百病，變白髮。久服令人肥健，輕身不老。葉除風散血，消腫定痛，治頭目昏痛，諸惡瘡腫。 辨訛：人因女貞冬茂，亦呼爲冬青。不知女貞葉長子黑，冬青葉圓子紅。枸骨與女貞亦相似。女貞即俗呼蠟樹者。冬青即俗呼凍青樹者。枸骨即俗呼貓兒刺者。蓋三樹也。 種植：栽女貞畧如栽桑法。縱橫相去一丈上下，則樹大力厚。若相去六七尺太逼。須糞壅極肥。歲耕地一再過，有草便鋤之。今枝條壯盛，即蠟多。子亦可種。巴蜀擷其子，漬淅米水中十餘日，搗去膚種之。蠟生，則近跗伐去。發肆再養蠟。養一年停一年。採蠟必伐，木無老榦。 寄虫：虫微時白色，大如蟣虱，作蠟及老則赤黑色，乃結苞於樹枝。初若黍米大，入春漸長，大如雞頭子，紫赤色，纍纍抱枝，宛若樹之結實。蓋蟲將遺卵作房，正如雀甕螵蛸之類，俗呼爲蠟種，亦曰蠟子。子内皆白卵，如細蟣，一包數百。凡寄子皆于夏前三日内從樹上連枝剪下，去餘枝，獨留寸許，令抱木，或三四顆乃至十餘顆作一簇，或單顆，亦連枝剪之。剪訖，用稻穀浸水半日許，漉取水，剝（剩）下蟲顆浸水中一刻許，取起用竹箬虛包之，大者三四顆，小者六七顆作一包，韌草束之，置潔浄甕中。若陰雨，頓甕中可數日，天熱，其子多迸出，宜速寄之。寄法取箬包剪去角作孔，如小豆大，仍用草繫之樹枝間，其子多少視枝小大斟酌之，枝大如指者可寄，枝太細、榦太粗者勿寄。寄後數日間，鳥來啄箬包攫取子，勤驅之。天漸暖，蟲漸出包，先緣樹上下行，若樹根有草，即附草不復上。又防蟻食虫，故樹下須芟刈極浄，次行至葉底棲止，更數日，復下至枝條，嚙皮入咂食其脂液，因作花，狀如凝霜。 取蠟：凡採蠟樹上如凝霜謂之蠟花。須看花老嫩，太嫩不成蠟，太老不可剥，大約處暑後剥取，謂之蠟滓。剥時或就樹或剪枝，俱先灑水潤之，則易落。次取蠟花投沸湯中融化，傾入細囊，漉别鍋中。别鍋亦注沸湯，漉盡絞去滓，乘熟投入繩套子，則凝聚成塊，碎之，文理如白石膏而瑩徹。或以粗布蒙甑口，置蠟布上，甑内安一器，甑下加火蒸化入器中，待成塊取之，其滓盛以絹囊，投熱油中，則蠟盡，油可爲燭。蠟花取時不宜盡，留待明年又生子。過白露則蠟花粘住難剥。蟲白蠟純用作燭，勝他燭十倍。若以和他油，不過百分之一，其燭亦不淋。爲用頗廣，多植無害。唐宋以前，澆燭，入藥所用白蠟，皆蜜蠟。此蟲白蠟自元以來，人始知之，今則爲日用物矣。四川、湖廣、滇南、閩嶺、吴越、東南諸郡皆有之，以川滇、衡永産者爲勝。 息樹：女貞收蠟有二種，有自生者，有寄子者。自生者，初時不知蟲何來，忽遍樹生白花，取用煉蠟，明年復生，蟲子向後恒自傳生，若不曉寄放，樹枯則已。若解放者，傳寄無窮。寄子者，取他樹之子寄此樹之上也。其法或連年，或停年，或就樹，或伐條。若樹盛者，連年就樹寄之，俟有衰頓，即斟酌停年，以休其力，培壅滋茂，仍復寄放。即《宋氏雜部》所謂，養一年停一年者也。伐條者，取樹栽徑寸以上者種之，俟盛長寄子生蠟，即離根三四尺截去枝榦收蠟，隨手下壅，冬月再壅。明年旁長新枝芽蘖，以後恒擇去繁冗，令再直達。又明年亦復修理，恒加培壅。第三年可放蠟子。更三年仍剪去枝，如條桑法。如是無窮，此所謂經三年停三年者也。

明 慎懋官《華夷花木鳥獸珍玩考·正女木》 司馬相如賦云，豫章正女木，長十仞，大連抱，冬夏常青，未嘗凋落，若有正節，故以爲名，一名女貞樹。

明 徐光啟《農政全書》卷三八《種植》 女貞，《山海經》曰：貞木。李時珍曰：女貞木淩冬青翠，有貞守之操，故以貞女狀之。東人因女貞茂盛，亦呼爲冬青。與冬青同名異物，蓋一類二種也。二種皆因子自生，最易長。其葉厚而柔長，緑色，面青背淡。女貞葉長者四五寸，子黑色。冬青葉微圓，子紅色爲異。其花皆繁，子並纍纍滿樹。近時以放蠟虫，故俱呼爲蠟樹。唐宋以前，澆燭所用白蠟。皆蜜蠟也。此虫白蠟，自元以來，人始知之。今則爲日用物矣。四川、湖廣、滇南、閩嶺、吴越東南諸郡有之。以川滇衡永産者爲勝。 《便民圖（纂）》曰：臘月下種，來春發芽，次年三月移栽，長七尺許，可放蠟虫。栽女貞畧如栽桑法。縱横相去一丈上下，則樹大力厚，須糞壅極肥，歲耕地一再過，有草便鋤之，令枝條壯盛，即多蠟也。　李時珍曰：蠟虫大如蟣虱，芒種後延緣樹枝，食汁吐涎，粘於嫩莖，化爲白脂，乃結成蠟。狀如凝霜，處暑後剥取，謂之蠟渣，過白露，則粘住難刮矣。其渣煉化濾净，或甑中蒸化，瀝下器中，待凝成塊，即爲蠟也。其虫微時白色，作蠟及老則赤黑色，乃結苞於樹枝，初若黍米大，入春漸長大如雞頭。子紫赤色纍纍抱枝，宛若樹之結實也。蓋虫將遺卵作房，正如雀甕螵蛸之類，爾俗呼爲蠟種，亦曰蠟子。子內皆白卵如細蟣，一包數百，次年立夏日摘下，以箬葉包之，分繫各樹，芒種後苞拆卵化，虫乃延出葉底，復上樹作蠟也。樹下要潔净，防蟻食其虫。　玄扈先生曰：女貞之爲白蠟，勝國以前，畧無紀載，今則遍東南諸省皆有之。向嘗疑焉，以爲古人著書。未暇遠徵遐僻耳，非果昔無今有也，然見婺州人言，彼中放蠟不過二十年，吴興人言不過十許年，即余邑五年前。亦無人知此。自余庚戌營先隴。始樹女貞數百本，擬作蠟。近年來村中亦多自生蠟虫，頃寄子半用吴興子，半用土子。土人言土子爲勝，則昔無今有，理亦有之，事固非目前所見，遠可懸斷也。　汪機《本草彙編》曰：虫白蠟，與蜜蠟之白者不同，乃小虫所作。其虫食冬青樹汁，久而化爲白脂，粘敷樹枝，人謂虫矢着樹而然，非也。至秋刮取以水煮溶濾。置冷水中，則凝聚成塊矣。碎之文理如白石膏而瑩澈，人以和油澆燭，大勝蜜蠟也。　玄扈先生曰：虫白蠟純用作燭，勝他燭十倍，若以和他油，不過百分之一，其燭亦不淋，故爲用頗廣，多植無害。　《宋氏雜部》曰：冬青子可種，堪入酒，至長盛時五月養以蠟子，七月收蠟，不宜盡採，留迨來年四月又得生子，取養蠟曬乾，以越布蒙於甑口，置蠟布上，置器甑中，釜內水沸，蠟遂熔下入器，凝則堅白而爲燭材。其滓盛之以絹囊，復投於熱油中，則蠟盡，油遂可爲燭。凡養蠟子，經三年，停亦三年。

又曰：巴蜀擷其子，漬淅米水中十餘日，擣去殼種之。蠟生，則近跗伐去，發肄再養蠟，養一年，停一年，採蠟必伐木無老幹。　玄扈先生曰：女貞收蠟有二種。有自生者，有寄子者。自生者，初時不知虫何來，忽遍樹生白花，枝上生脂如霜雪，人謂之花。取用煉蠟，明年復生虫子。向後恒自傳生。若不曉寄放，樹枯則已，若解放者，傳寄無窮也。寄子者，取他樹之子，寄此樹之上也。其法或連年或停年，或就樹或伐條。若樹盛者，連年就樹寄之，俟有衰頓，即斟酌停年，以休其力培壅滋茂，仍復寄放，即《宋氏雜部》所謂養一年，停一年者也。伐條者，取樹截徑寸以上者種之，俟盛長，寄子生蠟即離根三四尺截去枝幹收蠟，隨手下壅冬月再壅，明年旁長新枝芽蘖，以後恒擇去繁冗，令直達。又明年亦復修理，恒加培壅。第三年可放蠟子，四年再放，五年復放。迨收蠟，仍剪去枝，如是更代無窮。此所謂經三年，停三年者也。凡寄子皆于立夏前三日內從樹上連枝剪下，去餘枝，獨留寸許，令子抱木，或三四顆，乃至十餘顆，作一簇或單顆，亦連枝剪之。剪訖，用稻穀浸水半日許，灑取水，剥下虫顆浸水中一刻許，取起用竹箬虛包之，大者三四顆，小者六七顆，作一苞，靭草束之，置潔净甕中。若陰雨，頓甕中可數日。天熱其子多迸出，宜速寄之。寄法取箬包剪去角，作孔如小豆大，仍用草係之樹枝間。其子多少，視枝小大斟酌之。枝大如指者可寄，枝太細榦太粗者勿寄也。寄後數日間，鳥來啄箬苞攫取子，勤驅之。天漸暖，虫漸出苞，先緣樹上下行，若樹根有草，即附草不復上矣。故樹下須芟刈極净也。次行至葉底棲止，更數日，復下至枝條，嚙皮入咂食其脂液，因作花。約畧虫出盡，即取下苞，視有餘子，並作苞，別寄他樹。秋分後撿看花老嫩，若太嫩不成蠟，太老不成蠟，太老不可剥矣。剥時或就樹，或剪枝，俱先灑水潤之，則易落。乘雨後或侵晨帶露華采之尤便。次取蠟花投沸湯中鎔（熔）化，候稍冷，取起水面蠟再煎，再取滓沉鍋底勺去之。若蠟未净，再依前法煎澄之。既净，乘熱投入繩套子，候冷，牽繩起之，成蠟堵也。又曰：浸穀水漬蠟子，剥下苞之，此是婺州法。吴興人但于立夏後剪子，到小滿前三日連舊枝作苞，寄之亦生蠟。檇李及吾邑有自生之子，不煩寄放，亦生蠟。可見傳生之物，氣足爲上，若吾鄉傳有土子，不論節氣，但俟其氣足，欲迸時速剪下寄之可也。

又曰：立夏前二日剪子，此是常法但浙東氣暖，從他力鬻子還，恐虫迸出，故以此爲期。若吴興在北，吾邑又在吴興北，則吾鄉往吴興及浙東買子者，宜立夏後剪，小滿前後寄也。若浙東從吾鄉鬻子，仍須立夏前剪去耳。吾鄉以北愈寒，寄宜愈遲，依此消息之。又曰：蠟子若本地所無，傳貿他方者，可行千里，如浙中獨金華業此最盛，而鬻子於紹興、台州、湖州。川中獨南部西充、嘉定最盛，而鬻子於潼川。其間相去各數百里，蓋蠟子在立夏前。氣已足，可剪。小滿前雖未出，可寄耳，亦須疾行，遲則虫先期出，不及寄，拆（折）損多矣。諺云：走馬販蠟，謂此。若依前法，先作苞置器中，虫出不離箬苞中，尚可遲二三日寄也。

又曰：金華之於湖州也，嘉定之於潼川也，歲鬻子以去而不傳子，明年又鬻之，叩之則云金華、嘉定，但生花不生子，故然。金華尚有土子，其價以半，嘉定絶無之。鬻子之價十倍潼川，此理殊不可曉，嘗臆度之，大都樹少多生花，樹老多生子，樹卑多生花，樹高多生子。一樹之中寄子多則生花，寄子少則生子。又北種販至南，多生花，南種販至北，多生子。如湖州子販至金華，盡生花，金華子販至閩中，又生花，故金華子多入閩，而轉販于吴興。若金華種販至湖州，又生子矣。吴興在北，金華在南，閩又在金華南也。又如潼川販至嘉定盡生花，若嘉定種販至潼川。又生子矣。潼川在北，嘉定在南也。蓋花性喜煖，子性能寒，其以老少異，以高下異，以南北異，理則一耳。

又曰：或云樹生花即無子，生子即無花，此間有之，不盡然也。大概多花子並生者，但欲留種，不宜早收，花絶不可見，至春中方着枝如螺靨，入夏頓長則花與子不相見耳。子盛長時有膏如餳蜜，去之即子枯。

附冬青：陳藏器曰：冬青木肌白有文，作象齒笏，其葉堪染緋。李時珍曰：凍青亦女貞别種也，山中時有之。但以葉微團而子赤者爲凍青，葉長而子黑者爲女貞。玄扈先生曰：女貞吴下稱冬青，産蠟處皆稱蠟樹，此冬青吴下稱水冬青，或稱細葉冬青。《宋氏雜部》曰：水冬青葉細利於養蠟子。

玄扈先生曰：冬青樹凋枯，以猪糞壅之即茂，或云以猪溺灌之。

附水槿：玄扈先生曰：水槿葉似女貞而邊有鋸齒，五葉攢生，不花，李所謂水蠟樹必此也。蜀中又有一種插蠟，葉似菊，尤易生，插之一年，便可寄子三四年，大如酒杯口，即衰壞，須更插矣。此與水槿異種。水槿雖扦插易生，卻難大。又蜀中蠟子生女貞樹上少，生插蠟樹上者多，故當以蜀種爲勝。　李時珍曰：有水蠟樹，葉微似榆，亦可放虫生蠟。《宋氏雜部》曰：水槿，細葉小黄花，又名水梠。臘月斬其條而插之，易成大木。材可爲器，宜養蠟子以取蠟。

附櫧：《山海經》曰：前山有木，其名白櫧。郭璞註曰：櫧子似柞子，可食，冬月采之。木作屋柱棺林難腐也。汪穎《食物本草》曰：櫧子生江南，皮樹如栗，冬月不凋，子小於橡子。櫧子有苦甜二種，治作粉食糕食，褐色甚佳。李時珍曰：櫧子處處山谷有之。其木大者數抱，高二三丈。葉長大如栗葉，稍尖而厚堅，光澤鋸齒峭小，淩冬不凋。三四月開白花，成穗如桑花，結實大如槲子，外有小苞，霜後苞裂子見，子圓褐色有尖，大如菩提子，內仁如杏仁，生食苦澀，煮炒乃帶甘，亦可磨粉。甜櫧子粒小，木文細白，俗名麵櫧。苦櫧子粒大木粗赤文，俗名血櫧。其色黑者名鐵櫧。　李時珍曰：甜櫧子亦可産蠟。　玄扈先生曰：余所聞樹可放蠟者數種，以意度之，當不止此。即如飼蠶之樹，世人皆知，有桑柘矣。而東萊人育山繭者，於樹無所不用，獨楊樹否耳。諸樹中獨椒繭最上，桑柘次之，椿次之，樗爲下。由此言之，事理無窮，聞見之外，遺佚甚多，坐井自拘何爲哉。

清　張英《淵鑑類函》卷四一六　《典術》曰：女貞木者，少陰之精，冬葉不落。《山海經》曰：太山多貞木。鄭氏《昏禮謁文贊》曰：女貞之樹，柯葉冬生寒涼，守節險，不能傾。《晉宮閣名》曰：華林園女貞一株。增：琴操曰：魯有處女，見女貞木而作歌。　原頌：晉蘇顔《女貞頌》曰：昔東阿王作楊柳頌，辭義慷慨，旨在其中。余今爲《女貞頌》，雖事異於往作，蓋亦以厲冶容之風也。女貞之樹，一名冬生。負霜蔥翠，振柯淩風，故清士欽其質而貞女慕其名。或樹之於雲堂，或植之於階庭。

清　張宗法《三農紀》卷六《楨》　楨，《(四)〔圖〕經》經云：茦厚而圓，面青背淡，臨冬更茂。五月開細白花甚(繁)〔繁〕。九月結實以木樨子纍纍，滿枝生青熟紫。木肌白膩。《吴地志》冬青期對生如桂，但桂枝硬，冬青枝柔，以此别之。其花喜落濕地。冬青花不開，黄梅雨未來。樹可放蠟蟲，以造以花又名白蠟樹。《方木記》名冬青。《詩》云：維周之楨剛木也。《山海經》云：泰山多楨。《字説》云：太陰之精化而爲楨，冬夏常青，若有節操。實名女貞實。《詩解》云：萬年青。　補敘：實大收種，來春即生。如治桑條法，生三四尺移植，宜縱横相去丈餘，歲歲糞壅鋤耕則茂旺。可以養蠟，養一年停一年，久則木不盛，采蠟後斫去枝幹，令發肄，隨即就壅以糞，冬月再壅。又明年亦復修理培壅。第三年可放蠟。更三年仍剪去枝，如足無窮。此所謂經三年停三年。　本性：味苦辛氣涼，葉可去熱除濕，實能補水濟火。　效方：延年益壽。冬至日采女貞實，九蒸九晒爲末，煉蜜爲丸，如梧子大，晨昏服。

清　吴其濬《植物名實圖考》卷三三《木類・女貞》　女貞，《本經》上品。今俗通呼冬青。李時珍以實紫黑者爲女貞，實紅者爲冬青極確。湖南通謂之蠟樹，放蠟之利甚溥。又有小蠟樹，枝葉花實皆同，而高不過四五尺。《救荒本草》凍青芽葉可食即此。

藝　文

清　張尚瑗《種蠟謠》　同類女貞殊性櫧，冬青分派呼蠟樹。蟲生緣樹樹名蟲，孳蓄桑螟將桂蠹。稍同桂葉寒不凋，碧榦蘢蔥度冬冱。冬深嶺民分蠟種，火齊纍纍堪指數。氣交卵坼相蛹化，苞藏箬裹紛蟻聚。蠕蠕葉底争嘬食，戢戢枝間森布濩。力命還如牛糞金，委蜕不知禽化羽。皇皇滌釜更着簞，淘之汰之費澄濾。團圞白月截肪鮮，鎔烝碧海赘波素。天孫機錦砑繚綾，王公庭燎燃燈炷。蜜蹠蜜脾古有之，攻蜂蓄蜂人所騖。誰知人巧更蟲天，樹蠟生新蜂蠟故。甘芬姑謝百花釀，皎潔直擬三危露。方物旁搜本草經，詩篇擬續蟲魚疏。

附：水槿樹

綜　述

明　宋詡《竹嶼山房雜部》卷九《樹畜部・樹類》　水槿，細葉，小黄花。又名水据。臘月，斬其條而插之，易成大木。材可爲器。宜養蠟子以取蠟。

蠟　樹

綜　述

清　吴其濬《植物名實圖考》卷三六《木類》　蠟樹，貴州貴定縣種之爲林，放蠟取利。髡其枝葉，叢條萌芽，屢剪益茂，道旁伍列，儼如官柳。葉稍團。秋結細角似椿莢而薄小，懸於葉際。《癸辛雜識》載放蠟法，用盆桎樹，葉似茱萸葉，或即此。

小蠟樹

綜　述

清　吴其濬《植物名實圖考》卷三七《木類》　小蠟樹，湖南山阜多有之。高五六尺，莖葉花俱似女貞而小，結小青實甚繁。湖南産蠟，有魚蠟、水蠟二種。魚蠟樹小葉細，水蠟樹高葉肥。水蠟樹即女貞，此即魚蠟也，或又謂水冬青，葉細嫩與冬青無大異，可放蠟。此是就人家種蒔之樹，與野生者而言，亦强爲分别耳。《宋氏雜部》所云水冬青葉細利於養蠟子，亦即指此。李時珍謂有水蠟樹，葉微似榆，亦可放蟲生蠟，與此異種。

五倍子蚜蟲分部

綜　述

《山海經・中山經》　橐山，其木多樗，多構木。郭璞註：今蜀中有構木。七八月中吐穗。穗成，如有鹽粉著狀，可以酢羹。

宋　蘇頌《圖經本草》　五倍子，舊不著所出州土，云在處有之。今以蜀中者爲勝，生膚木葉上。七月結實，無花。其木青黄色。其實青，至熟而黄。大者如拳，内多蟲。九月采子，曝乾。染家用之。

明　李時珍《本草綱目》卷三九《蟲部》（五倍子）生叢林處者。五六月有小蟲如蟻，食其汁，老則遺種，結小球於葉間，正如蛅蟖之作雀甕、蠟蟲之作蠟子也。初起甚小，漸漸長堅，其大如拳，或小如菱，形狀圓長不等。初時青緑，久則細黄。綴於枝葉，宛若結成。其殼堅脆，其中空虚，有細蟲如蠛蠓。山人霜降前采取，蒸殺貨之，否則蟲必穿壞，而殼薄且腐矣。皮工造爲百藥煎，以染皂色，大爲時用。他樹亦有此蟲球，不入藥用，木性殊也。

明　方以智《物理小識》卷九《鹽敷樹》　鹽敷樹　生五棓子之鹽敷樹，燒炭而火性不死，少頃於炭中復焰，故燒炭者簡去此木。虎被藥箭，尋遇此樹食之，則毒藥性解。《後魏書》云：勿吉國水氣鹹凝，鹽生樹上。今按，真臘國有咸平樹。《山海經》：橐山多構。郭璞注：七八月穗，有鹽粉，可酢羹。是五構也。

清　張宗法《三農紀》卷二八《五倍子》　五倍子，《圖經》云：葉初生如椿，色紅有茸。四五月椏開毯葉上結實，嫩青老黑。從小漸大，形如雞子，果有直圓稜形，七八月采收，用米湯和灰拌，曬乾收存。染家炒黑入（礬）製皂色，烏毛墨羽甚奇，生入蘇木汁可助紅色。《本草》名，合殼内聚蟲也。又名五倍，言其性有五剖之功也。烏倍治色如烏之黑而倍也。

植藝：植宜山坡，取自生木苗植之。俗名林伏。其材虛孚入上而久。木不高大，多伏于林間也。 本性：味苦，氣澀，能濇骨止世？卻風熱制蠹。效方：久痢、熱痢不止者，五倍子一兩半，生半熟，枯礬半兩，爲丸，白痢水酒下，水痢米湯下。久痢乃宜，初痢不宜，但性澀耳。

清 吴其濬《植物名實圖考》卷三五《木類・鹽麩子》 鹽麩子，《開寶本草》始著録。江西、湖南山坡多有之，俗呼枯鹽萁。俚方習用其蟲，謂之伍倍子。

清 陳憲舜《課民植牧講義稿・木鹽》 即五倍子。樹形如椿。葉兩兩對生，長而有齒，面青背白，並有細毛，味帶酸鹹，經霜則紅，每莖一枝，葉生兩邊，如箭羽形。五六月開黄花，七月結子豆大，形如羊腎，初生青色 熟變紫色。收子點種。移栽成樹之後，覓生五倍子一個，置於樹上。至五六月蟲出於內，吸食樹葉，老則遺種葉間，初生甚小，漸漸長堅，或大如拳，其中盡蟲，若不採取，蟲必穿殼而出，愈出愈多。每至七八月間，樹生鹽霜，謂之鹽粉。視之似鹽，樹子外殼，亦多鹹味，有疑以子殼、樹皮、木心煑水鍊質，可以成鹽者，試之無效，知爲寄生蟲之所爲。至五倍子染坊必需，銷流最旺。選子多多種之，利頗不少。采取後，須蒸殺蟲而貨之。又將五倍子九兩，打碎浸冷水內，加皂礬六兩，樹膠六兩，使有黏力，又添苦里亞蘇脱數滴，疑爲蘇打，使不生霉。存半月或二十日，屢次掉之，傾出汁，即西人墨水。又以此並牛膠共熬成水，浸動物皮三十日，能使變爲黑色熟皮，比生者堅韌，久不腐爛。

林政與法規總部

林業官制部

綜述

《孟子·滕文公章句上》當堯之時，天下猶未平，洪水橫流，氾濫於天下，草木暢茂，禽獸繁殖，五穀不登，禽獸逼人，獸蹄鳥跡之道，交於中國。堯獨憂之，舉舜而敷治焉。舜使益掌火，益烈山澤而焚之，禽獸逃匿。禹疏九河，瀹濟漯而注諸海，決汝漢排淮泗而注之江，然後中國可得而食也。當是時也。禹八年於外，三過其門而不入，雖欲耕，得乎？

《周禮·天官·冢宰》以九職任萬民，一曰三農，生九穀。二曰園圃，毓草木。三曰虞衡，作山澤之材。四曰藪牧，養蕃鳥獸。五曰百工，飭化八材。六曰商賈，阜通貨賄。七曰嬪婦，化治絲枲。八曰臣妾，聚斂疏材。九曰閒民，无常職，轉移執事。

《周禮·地官·司徒》大司徒之職，掌建邦之土地之圖與其人民之數，以佐王安擾邦國。鄭玄註：土地之圖若今司空郡國輿地圖。以天下土地之圖，周知九州之地域廣輪之數，辨其山林、川澤、丘陵、墳衍、原隰之名物，鄭玄註：周猶徧也。九州：揚、荆、豫、青、兗、雍、幽、冀、并也。輪，從也。積石曰山，竹木曰林，注瀆曰川，水鍾曰澤，土高曰丘，大阜曰陵，水崖曰墳，下平曰衍，高平曰原，下濕曰隰。名物者，十等之名與所生之物。廣，古曠反。墳，扶云反。雍，於用反。從，子容反。而辨其邦國都鄙之數。制其畿疆而溝封之，設其社稷之壝而樹之田主，各以其野之所宜木，遂以名其社與其野。鄭玄註：千里曰畿。疆，猶界也。《春秋·傳》曰：吾子疆理天下。溝，穿地爲阻固也。封，起土界也。社稷，后土及田正之神。壝，壇與堳埒也。田主，田神。后土，田正之所依也。詩人謂之田祖。所宜木，謂若松、柏、栗也。若以松爲社者，則名松社之野，以別方面。壝，維癸反。別，彼列反。下同。【略】制其畿方千里而封樹之。鄭玄註：畿方千里，取象於日，一寸爲正。樹，樹木溝上，所以表助阻固也。

《周禮·地官·司徒》頒職事十有二于邦國都鄙，使以登萬民。一曰稼穡，二曰樹藝，三曰作材，四曰阜蕃，五曰飭材，六曰通財，七曰化材，八曰斂材，九曰生材，十曰學藝，十有一曰世事，十有二曰服事。鄭玄注：鄭司農云：稼穡，謂三農生九穀也。樹藝，謂園圃毓草木。作材，謂虞衡作山澤之材。阜蕃，謂藪牧養蕃鳥獸。飭材，謂百工飭化八材。通財，謂商賈阜通貨賄。化材，謂嬪婦化治絲枲。斂財，謂臣妾聚斂疏材。生材，謂閒民無常職轉移執事。學藝，謂學道藝。世事，謂以世事教能則民不失職。服事，謂爲公家服事者。玄謂生材，養竹木者。賈音古，閒音閑。【略】土均：掌平土地之政，以均地守，以均地事，以均地貢。鄭玄註：政讀爲征，所平之稅。邦國都鄙也。地守，虞衡之屬。地事，農圃之職。地貢，諸侯之九貢。政音征。以和邦國都鄙之政令刑禁，與其施捨、禮俗、喪紀、祭祀，皆以地媺惡爲輕重之灋而行之。掌其禁令。鄭玄註：施讀爲弛也。禮俗，邦國都鄙民之所行，先王舊禮也。君子行禮，不求變俗。隨其土地厚薄。爲之制豐省之節耳。禮器曰禮也者，合於天時，設於地財，順於鬼神，合於人心，理萬物。爲，於僞反。草人：掌土化之灋。以物地，相其宜而爲之種。鄭玄註：土化之法，化之使美，若氾勝之術也。以物地，占其形色，爲之種黄白宜以種禾之屬。相，息亮反。種，章勇反。注，除種禾以外並同。氾，音泛。凡糞種，騂剛用牛，赤緹用羊，墳壤用麋，渴澤用鹿，鹹潟用貆，勃壤用狐，埴壚用豕，彊㯺用蕡，輕爂用犬。鄭玄註：凡所以糞種者，皆謂煮取汁也。赤緹，縓色也。渴澤，故水處也。潟，鹵也。貆，貒也。勃壤，粉解者。埴壚，黏疏者。彊㯺，強堅者。輕爂，輕脆者。故書騂爲挈，墳作盆。杜子春挈讀爲騂，謂地色赤而土剛強也。鄭司農云：用牛，以牛骨汁漬其種也，謂之糞種。墳壤，多盆鼠也。壤，白色。蕡，麻也。玄謂墳壤潤解。糞，粉運反。緹，音低，又他奚反，或吐弟反。墳，符粉反。麋音眉。渴其列反。潟音昔。貆呼丸反，又喜元反。埴，時力反。壚，音盧。彊，其兩反。㯺，呼覽反。蕡，扶云反。爂，孚照反，又婦堯反。縓，七絹反。鹵，音魯。貒，他官反。解，胡買反。盆，符粉反。【略】山虞：掌山林之政令，物爲之厲，而爲之守禁。鄭玄註：物爲之厲，每物有蕃界也。爲之守禁，爲守者設禁令也。守者，謂其地之民，占伐林木者也。鄭司農云：厲，遮列守之。爲，守。于僞反。下爲久同。仲冬斬陽木，仲夏斬陰木。鄭玄註：鄭司農云：陽木，春夏生者。陰木，秋冬生者。若松栢之屬。玄謂陽木生山南者，陰木生山北者。冬斬陽，夏斬陰。堅濡調。濡，如兗反，又音柔。凡服耜，斬季材。以時入之。鄭玄註：季猶穉也。服與耜，宜用穉材，尚柔忍也。服，牝服，車之材。忍，以慎反。令萬民時斬材，有期日。鄭玄註：時斬材，斬材之時也。有期日，入出有日數，爲久盡物。凡邦工入山林而掄材，不禁。鄭玄註：掄，猶擇也。不禁者，山林國之有，不拘日也。春秋之斬木，不入禁。鄭玄註：非冬夏之時，不得入所禁之中斬木也。斬四野之木可。凡竊木者有刑罰。鄭玄註：竊，盜也。若祭山林，則爲主而脩除，且蹕。鄭玄註：爲主，主辨護之也。脩除，治道路場壇。若大田獵，則萊山田之野。及弊田，植虞旗於中，致禽而珥焉。鄭玄註：萊，除其草萊也。弊田，田者止也。植，猶樹也。田止樹旗，令獲者皆致其禽，而校其耳，以知獲數也。山虞有旗，以其主山，得畫熊虎，其仞數則短也。鄭司農云：珥者，取禽左耳以效功也。大司馬職曰：獲者取左耳。植，時力反，又音值。珥，如志反。　林衡：掌巡林麓之禁令而平其守。鄭玄註：平其守者，平其地之民，守林麓之部分。麓，音鹿。分，扶問反。以時計林麓而賞罰之。鄭玄註：計林麓者，計其守之功也。林麓蕃茂，民不盜竊則有賞。不則罰之。蕃，扶袁反。若斬木材則受灋于山虞而掌其政令。鄭玄註：法，萬民入出時日之期。　川衡：掌巡川澤之禁令而平其守，以時舍其守，犯禁者執而誅罰之。鄭玄註：舍其守者，時案視守者，於其舍申戒之。祭祀賓客共川奠。鄭玄註：川奠，籩豆之實。魚鱐，蜃蛤之屬。尊，音電。鱐，所留反。　澤虞掌國澤之政令，爲之厲禁，使其地之人守其財物，以時入之于玉府，頒其餘于萬民。鄭玄註：其地之人占取澤物者，因以部分使守之。以時入之于玉府，謂皮角珠貝也。入之以當邦賦。然後得取其餘以自爲也。入出亦有時日之期。當，丁浪反。後同。爲，于僞反。凡祭祀賓客共澤物之奠。鄭玄註：澤物之奠，亦籩豆之實，芹茆蔆芡之屬。芹音勤。茆音卯。喪紀共其葦蒲之事。鄭玄註：葦以闉壙。蒲以爲席。若大田獵則萊澤野，及弊田，植虞旌以屬禽。鄭玄註：屬禽，猶致禽而珥焉。澤虞有旌，以其主澤。澤鳥所集，故得注析羽。　迹人。掌邦田之地政，爲之厲禁而守之。鄭玄註：田之地，若今苑也。凡田獵者受令焉。鄭玄註：令，謂時與處也。禁麛卵者與其毒矢射者。鄭玄註：爲其夭物，且害心多也。麛，麋鹿子。麛，音迷。【略】　角人：掌以時徵齒角，凡骨物於山澤之農，以當邦賦之政令，鄭玄註：山澤出齒角骨物，大者犀象，其小者麋鹿。以度量受之，以共財用。鄭玄註：骨入漆浣者，受之以量，其餘以度度所中。浣，户翫反。度，度上如字，下待洛反。　羽人：掌以時徵羽翮之政於山澤之農，以當邦賦之政令，鄭玄註：翮，羽本。翮，户華反。凡受羽，十羽爲審，百羽爲摶，十摶爲縛。鄭玄註：審、摶、縛，羽數束名也。《爾雅》曰：一羽謂之箴，十羽謂之縛，百羽謂之緷，其名音相近也。一羽則有名，蓋失之矣。摶，除轉反，又徒端反。縛，古本反，又除轉反。箴，之林反。緷，古本反，又音渾。【略】　掌炭，掌灰物炭物之徵令，以時入之。鄭玄註：灰炭。皆山澤之農所出也。灰給澣練。炭之所共多。以權量受之，以共邦之用，凡炭灰之事。【略】　囿人，掌囿遊之獸禁。鄭玄註：囿遊，囿之離宮小苑觀處也，養獸以宴樂視之。禁者，其蕃衛也。鄭司農云：囿遊之獸，遊牧之獸。觀，古亂反。牧百獸備養衆物也。今掖庭有鳥獸，自熊虎孔雀，至於狐狸鳧鶴備焉。祭祀喪紀賓客，共其生獸死獸之物。　場人：掌國之場圃，而樹之果蓏珍異之物。以時斂而藏之。鄭玄註：果，棗李之屬。蓏，瓜瓠之屬。珍異，蒲桃、枇杷之屬。凡祭祀賓客共其果蓏，享亦如之。鄭玄註：享，納牲。享，許文反。劉凡享皆音向。後倣此。

《周禮·地官·司徒》　委人：掌斂野之賦，斂薪芻。凡疏材、木材，凡畜聚之物。鄭玄註：野，謂遠郊以外也。所斂野之賦，謂野之園圃山澤之賦也。凡疏材，草木有實者也。凡畜聚之物，瓜瓠葵芋禦冬之具也。野之農賦，旅師斂之。工商嬪婦，遂師以入玉府。其牧，則遂師又以共野牲。賦，斂，力豔反。畜，音蓄。芋，于附反。以稍聚待賓客，以甸聚待羇旅。鄭玄註：聚，凡畜聚之物也。故《書》羇作奇。杜子春云，當爲羇。聚，俗裕反。下同。凡其余聚，以待頒賜。鄭玄註：余當爲餘，聲之誤也。餘，謂縣都畜聚之物。以式灋共祭祀之薪蒸木材，賓客共其芻薪，喪紀共其薪蒸木材，軍旅共其委積薪芻，凡疏材，共野委兵器與其野囿財用。鄭玄註：式法，故事之多少也。薪蒸給炊及燎。麤者曰薪，細者曰蒸。木材給張事委積薪芻者，委積之薪芻也。軍旅又有疏材，以助禾粟。野委，謂廬宿止之薪芻也。其兵器謂守衛陳兵之器也。野囿之財用者，苑囿藩蘿之材。蘿音羅。凡軍旅之賓客館焉。鄭玄註：館，舍也。必舍此者，就牛馬之用。

《周禮·秋官·司寇》閩隸　掌役畜養鳥而阜蕃教擾之。

《周禮·夏官·司徒》服不氏　掌養猛獸而教擾之。鄭玄註：擾，馴也，教習使之馴服。

《周禮·地官·司徒》　山虞，每大山中士四人，下士八人，府二人，史四人，胥八人，徒八十人。中山下士六人，史二人，胥六人，徒六十人。小山下士二人，史一人，徒二十人。鄭玄註：（處）〔虞〕，度也。度知山之大小及所生者。度，徒洛反。　林衡，每大林麓下士十有二人，史四人，胥十有二人，徒百有二十人。中林麓如中山之虞。小林麓如小山之虞。鄭玄註：衡，平也。平林麓之大小及所生者。竹木生平地曰林，山足曰麓。麓，音鹿。　川衡，每大川下士十有二人，史四人，胥十有二人，徒百有二十人。中川下士六人，史二人，胥六人，徒六十人。小川下士二人，史一人，徒二十人。鄭玄註：川，流水也。《禹貢》曰：九川滌源。　澤虞，每大澤大藪中士四人，下士八人，府二人，史四人，胥八人，徒八十人。中澤中藪如中川之衡。小澤小藪如小川之衡。鄭玄註：澤，水所鍾也。水希曰藪。《禹貢》曰：九澤既陂。《爾雅》有八藪。藪，素口反。　迹人，中士四人，下士八人，史二人，徒四十人。鄭玄註：迹之言跡，知禽獸處。囿人，中士四人，下士八人，府二人，胥八人，徒八十人。鄭玄註：囿，今之苑。場人，每場下士二人，府一人，史一人，徒二十人。鄭玄註：場，築地爲墠。季秋除圃中爲之。《詩》云：九月築場圃，十月納禾稼。墠，音善。

又 角人，下士二人，府一人，徒八人。

又 羽人，下士二人，府一人，徒八人。

又 掌炭。下士二人。史二人。徒二十人。

漢 司馬遷《史記》卷一《五帝本紀》 舜曰：「誰能馴予上下草木鳥獸。」皆曰益可。於是以益爲朕虞。

漢 班固《漢書》卷八七《揚雄傳》 昔者禹任益虞而上下和，草木茂。

唐 孔穎達《春秋左傳註疏》卷四九 山林之木，衡鹿守之。澤之萑蒲，舟鮫守之。藪之薪蒸，虞候守之。海之鹽蜃，祈望守之。杜預注：衡鹿、舟鮫、虞候、祈望，皆官名也。《言公專》守山澤之利，不與民共。陸德明音義：萑音丸，鮫音交，藪素口反，蒸，之丞反。麄曰薪，細曰蒸，蜃市軫反。孔穎達疏：注：《正義》曰：《周禮》司徒之屬，有林衡之官，掌巡林麓之禁。鄭玄云：衡，平也。平林麓之大小及所生者。竹木生平地曰林，山足曰麓。此置衡麓之官，守山林之木，是其宜也。舟是行水之器，鮫是大魚之名，澤中有水有魚，故以舟鮫爲官名也。《周禮》山澤之官皆名爲虞，每大澤、大藪中士四人。鄭玄云：虞，度也。度知山之大小及所生者。澤，水所鍾也。水希曰：藪，則藪是少水之澤，立官使之候望，故以虞候爲名也。海是水之大神，有時祈望祭之，因以祈望爲主海之官也，此皆齊自立名，故與《周禮》不同。山澤之利，當與民共之，言公立此官，使之守，掌專山澤之利，不與民共，故鬼神怒而加病也。

唐 魏徵《隋書》卷二八《百官志》 高祖既受命，改周之六官，其所制名，多依前代之法。置三師、三公及尚書、門下、內史、祕書、內侍等省，御史、都水等臺，太常、光禄、衛尉、宗正、太僕、大理、鴻臚、司農、太府、國子、將作等寺，左右衛、左右武衛、左右武候、左右領、左右監門、左右領軍等府，分司統職焉。

又 太常、光禄、衛尉、宗正、太僕、大理、鴻臚、司農、太府等九寺，並置卿、少卿各一人。太僕尋加少卿一人。各置丞，太常、衛尉、宗正、大理、鴻臚、將作二人，光禄、太僕各三人，司農五人，太府六人。主簿、太府四人。餘寺各二人。録事各二人。光禄則加至三人，司農、太府則各四人等員。

又 尚書省，事無不總。置令、左右僕射各一人，總吏部、禮部、兵部、都官、度支、工部等六曹事，是爲八座。屬官左、右丞各一人，都事八人，分司管轄。吏部尚書統吏部侍郎二人，主爵侍郎一人，司勳侍郎二人，考功侍郎一人。禮部尚書統禮部、祠部侍郎各一人，主客、膳部侍郎各二人。兵部尚書統兵部、職方侍郎各二人，駕部、庫部侍郎各一人。都官尚書統都官侍郎二人，刑部、比部侍郎各一人，司門侍郎二人。度支尚書統度支、户部侍郎各二人，金部、倉部侍郎各一人。工部尚書統工部、屯田侍郎各二人，虞部、水部侍郎各一人。凡三十六侍郎，分司曹務，直宿禁省，如漢之制。

又 司農寺統太倉、典農、平準、廩市、鉤盾、華林、上林、導官等署。各置令。二人。鉤盾、上林則加至三人，華林惟置一人。太倉又有米廩督二人。穀倉督四人。鹽倉督二人。京市有肆長四十人。導官有御細倉督二人。麴麪倉督二人等員。

又 將作寺大匠一人。丞、主簿、録事，各二人。統左右校署令各二人。丞，左校四人，右校三人。各有監作左校十二人，右校八人等員。

唐 杜佑《通典》卷一九《職官》 虞舜有天下，以伯禹作司空，使宅百揆。禹代鯀爲崇伯，入爲天子司空，治洪水有成功，言可用之。棄作后稷，播百穀。契作司徒，敷五教。布五常之教。皋繇作士，正五刑。士，理獄官。垂作共工，利器用。垂，臣名。共謂供其百工職事。伯益作虞，育草木鳥獸。虞，掌山澤之官。伯夷秩宗，典三禮。秩，序。宗，尊也。三禮，天地人之禮。伯夷，臣名，姜姓。夔典樂，教胄子，胄，長也，謂元子以下至卿大夫子弟。以歌詩蹈之舞之，教長國子中和祗庸孝友。和神人。命夔使勉之。龍作納言，出納帝命。納言，喉舌之官。聽下言，納於上，受上言，宣於下，必以信。蓋亦爲六官，以主天地四時也。

又 殷制，天子建天官，先六太，曰太宰、太宗、太史、太祝、太士、太卜，典司六典。典，法也。此蓋殷時制也。周則太宰爲天官，太宗曰宗伯，宗伯爲春官，太史以下屬焉。太士，以神仕者。天子之五官，曰司徒、司馬、司空、司士、司寇，典司五衆。衆，謂羣臣也。此亦殷時制也。周則司士屬司馬。太宰、司徒、宗伯、司馬、司寇、司空爲六官。天子之六府，曰司土、司木、司水、司草、司器、司貨，典司六職。府，主藏六物之税者。此亦殷時制也。周則皆屬司徒。司土，土均也。司木，山虞也。司水，川衡也。司草，稻人也。司器，角人也。司貨，卝人也。卝音華猛反。天子之六工，曰土工、金工、石工、木工、獸工、草工，典制六材。此亦殷時制也。周則皆屬司空。土工，陶瓬也。金工，築、冶、鳧、㮚、鍛、桃也。石工，玉人、磬人也。木工，輪、輿、弓、廬、匠、車、梓也。獸工，函、鮑、韗、韋、裘也。唯草工職亡，蓋謂作萑葦之器。韗音吁援反。瓬音方往反。五官致貢曰享。貢，功也。享，獻也。致其歲終之功於王，謂之獻也。太宰歲終則令百官府各正其治，受其會，聽其致事，而詔王廢置也。五官之長曰伯。

唐 杜佑《通典》卷二三《職官》 《周禮》，冬官其屬有考工，掌百工之事，曰「國有六職，百工是其一焉。」漢成帝初置尚書，有民曹，主凡吏民上書。後漢光武改民曹主繕修功作、鹽池、園苑。（三國）魏置左民尚書，亦領其職。晉、（南朝）宋以來，有起部尚書而不常置，每營宗廟宮室則權置之，事畢則省，以其事分屬都官、左民二尚書。北齊起部亦掌工造，屬祠部尚書。後周有冬官大司空卿，掌五材九範之法：其屬工部中大夫二人，承司之事，掌百工之籍，而理其禁令。至隋乃有工部尚書，統工部、屯田二曹，蓋因後周工部之名，兼前代起部之職。（大）唐龍朔二年，改工部尚書爲司平太常伯，咸亨元年復舊。武太后改工部爲冬官，神龍初復舊。總判工部、屯田、虞部、水部事。

侍郎一人。隋煬帝改置工部侍郎，（大）唐因之。龍朔二年，改爲司平少常伯，咸亨元年復舊。他時曹名或改，而官不易。掌興造、工匠、諸公廨屋宇、五行並紙筆墨等事。

郎中一人。晉尚書有起部曹。歷代皆有，具尚書中。隋初爲工部侍郎，煬帝除「侍」字，又改爲起部郎。武德三年，改爲工部郎中。龍朔二年改爲司平大夫，咸亨元年復舊。其後曹名改而官不易。所掌與侍郎同。員外郎一人。隋文帝置工部員外郎，煬帝改爲起部承務郎。武德三年，復爲工部員外郎。其後曹改而官不易。

屯田郎中一人。漢成帝置尚書郎四人，其一人掌户口、墾田，蓋尚書屯田郎之始也。至（三國）魏，尚書有農部郎，又其職也。至晉始有屯田尚書。及太康中，謂之田曹，後復爲屯田。江左及（南朝）宋、齊則左民郎中兼知屯田事，（南朝）梁、陳則曰侍郎，後魏、北齊並爲屯田郎。隋初爲屯田侍郎，兼以掌儀武之事，故《隋書》曰：「柳彧爲屯田侍郎。時制三品以上，門皆列戟，左僕射高熲子弘德，封應國公，申牒請戟。彧判曰：「僕射之子，更不異居。父之戟槊，已列門外。尊有厭卑之義，子有避父之禮，豈有外門既設，內閤又施。」事竟不行。熲聞而歎服。」煬帝除「侍」字。武德三年，加「中」字。龍朔二年，改爲司田大夫，咸亨元年復舊。掌屯田、官田、諸司公廨、官人職分、賜田及官圜宅等事。員外郎一人。改置與户部員外郎同。

虞部郎中一人。虞部，蓋古虞人之遺職。至（三國）魏，尚書有虞曹郎中，晉因之。（南朝）梁、陳曰侍郎。後魏、北齊虞曹掌地圖、山川、近遠園囿、田獵、雜味等，並屬虞部尚書。後周有虞部下大夫一人，掌山澤草木鳥獸而阜蕃之；又有小虞部，並屬大司馬。隋初爲虞部侍郎，屬工部。煬帝除「侍」字。武德中，加「中」字。龍朔二年，改爲司虞大夫，咸亨元年復舊。天寶十一年，又改虞部爲司虞，至德初復舊。掌京城街巷種植、山澤、苑囿、草木、薪炭供須、田獵等事。員外郎一人。隋初置，與户部員外郎同。龍朔以後，曹名改而官不易。

水部郎中一人。《周禮夏官》有司險，掌設國之五溝、五塗而達其道路，蓋其職也。（三國）魏尚書有水部郎。歷代或置或否。後魏、北齊有水部，屬都官尚書，亦掌舟船津梁之事。後周有司水大夫。隋初爲水部侍郎，屬工部。煬帝除「侍」字。武德三年，加「中」字。龍朔二年，改爲司川大夫，咸亨元年復舊。天寶中，改水部爲司水，至德初復舊。掌川瀆、津濟、船艫、浮橋、渠堰、漁捕、運漕、水碾磑等事。員外郎一人。後周小司水上士。隋改置，與户部員外郎同。龍朔二年以後，曹名改而官不易。

唐 杜佑《通典》卷二六《職官》 少皥氏以九鳲爲九農正。鳲，鳥也。鳲有九種，以爲農號，各隨其宜，以教人事。舜攝帝位，命弃爲后稷。周則爲太府下大夫。秦爲理粟內史，掌穀貨。漢景帝更名大農令，武帝太初初，更名大司農。掌九穀六畜之供膳羞者，見《宋志》。《漢書》曰「主穀貨」。凡郡國諸倉、農監、都水六十五官皆屬焉。【略】（三國）魏黄初元年，又改爲司農。大司農桓範出奔，謂曹爽曰：「大司農印在吾手，所在得開倉而食。」范爲司農，以清省稱。晉初因之，渡江，哀帝末，省司農並都水，孝武復置。（南朝）宋、齊皆有之。（南朝）梁司農卿位視散騎常侍，主農功倉廩。（南朝）陳因之。（後）（北）魏曰大司農。北齊曰司農寺，有卿、少卿各一人，掌倉市薪米，園池果實。後周有司農上士一人，掌三農、九穀、稼穡之政令，屬大司徒。隋初與北齊同，煬帝置少卿二人。潁川太守趙元淑入朝，會司農不時納諸郡租穀，元淑奏之。煬帝曰：「如卿意者，幾時當了？」元淑曰：「不過十日。」即日，拜元淑爲司農卿，納天下租，如言而畢。（大）唐龍朔二年，改司農爲司稼，咸亨初復舊。卿一人，少卿二人。掌東耕供進耒耜及邦國倉儲之事，領上林、太倉、鉤盾、導官四署。署各有令、丞。

丞：秦曰理粟內史丞，有二人。漢爲大司農丞，亦二人，或謂之中丞。耿壽昌爲大司農中丞，奏設常平倉，給北邊，省轉漕。又桑弘羊爲大司農中丞，管諸計會事。平帝又置大司農部丞十三人，人部一州，勸農桑。後漢司農丞一人，部丞一人。部丞，主帑藏。魏晉因之，銅印黄綬，宋齊以來墨綬。進賢一梁冠，介幘皂衣。（後）（北）魏、北齊皆有司農丞。隋置五人。大唐六人。

主簿：晉太康中置，自後無聞。（南朝）梁、陳又有。北齊亦然。（大）唐因之。

上林署：漢水衡都尉之職，説在《都水篇》。後漢曰上林苑令、丞，主苑中禽獸。頗有人居，皆主之。魏晉因之，江左無聞。（南朝）宋初復置，隸尚書殿中曹。（南朝）齊因之。（南朝）梁、陳屬司農。北齊及隋亦然。（大）唐因之，有令二人，丞四人，掌諸苑囿、池沼、種植、蔬果、藏冰之事。

太倉署：於周官有廩人下大夫、上士。秦官有太倉令、丞。漢因之，屬大司農。後漢令主受郡國傳漕穀，其滎陽敖倉官，中興皆屬河南尹。歷代並有之。晉江左以來，又有東倉、石頭倉，丞各一人。北齊亦然。後周曰司倉下大夫。隋有令二人，丞六人。（大）唐有令三人，丞二人，掌倉廩出納。

鉤盾署：漢鉤盾令，宦者，典諸近園苑遊觀之事，屬少府。後漢亦有之。晉大鴻臚屬官有鉤盾令，自後無聞。北齊如晉制。隋如北齊，令三人，丞十二人。（大）唐因之，令二人，丞四人，掌薪炭、鵝鴨、藪澤之物。天寶五載九月，侍御史楊釗充木炭使，自後相循，或以京尹，或以户部侍郎爲。

導官署：導，擇。周有春人。秦漢有令、丞，屬少府。漢東京令、丞主春御米及作乾精，精音備。屬大司農。歷代皆有之。（大）唐置令二人，丞四人，掌春碾米麵油燭之事。

苑總監：自隋而置，東西南北各有監及副監。（大）唐因之，兼有丞、主簿等官，以掌苑内宫館園池之事。

諸倉監：後漢河南尹屬官有滎陽穀倉長、丞。（南朝）梁司農有左中右三部倉丞，陳因之。隋諸倉各有監官。（大）唐因之，掌倉廩出納。

司竹監：漢有司竹長、丞。魏晉河南淇園竹各置官守之。（後）（北）魏有司竹都尉。隋曰司竹監。（大）唐因之，有監、副監、丞，掌植養園竹之事。

唐　杜佑《通典》卷二七《職官》　少府，秦官。漢因之，是爲九卿，掌山海池澤之税，以給供養。應劭曰：「山海池澤之税，名曰禁錢，以給私養，自别爲藏。少者，小也，故稱少府。」顔師古曰：「大司農供軍國之用，少府以養天子也。」天子曰少府，諸侯曰私府，漢時官有私府長，掌禁錢。後光武改屬司農也。王莽曰共工。後漢少府卿一人，掌中服御之諸物，衣服、寶貨、珍膳之屬，朝賀則給璧。後漢東平王蒼爲驃騎，正月朔朝，蒼當入賀。故事，少府給璧。時陰就爲少府，貴傲不奉法，漏將盡，而求璧不得。蒼掾朱暉，遥見少府主簿持璧，乃往紿曰：「試請觀之。」既得而馳奉之，就復以他璧朝。紿，徒改反。凡中書謁者，尚書令、僕，侍中，中常侍，黄門，御史中丞以下皆屬焉。孔融字文舉，以將作大匠爲少府。晉制，銀章青綬，五時朝服，進賢兩梁冠，絳朝服，佩水蒼玉。哀帝末，省并丹陽尹，孝武復置。（南朝）宋少府領左右尚方、御府、東冶、南冶、平準等令、丞。（南朝）齊又加領左右銀鍛署。（南朝）梁少府爲夏卿，位視尚書左、右丞。（南朝）陳因之。（後）（北）魏少府謂之六卿，以少府、宗正、太僕、廷尉、司農、鴻臚爲六卿。至孝文太和中，易制官品，遂改少府爲太府。北齊無少府，其尚方等署皆隸太府。至隋煬帝大業五年，又分太府爲少府監，置監及少監，復領尚方、織染等署，後又改監、少監並爲令。（大）唐武德初，置軍器監，廢少府監。貞觀元年五月，分太府中尚坊、織染坊、掌冶坊署，置少府監。龍朔二年，改爲内府監，咸亨元年復舊。光宅元年，改爲尚方監，神龍元年復舊。監一人，總判。少監二人，通判。初少監一人，太極元年加一人。領中尚、左尚、右尚、織染、掌冶等五署。開元十年五月，於北都置軍器監，至二十六年五月廢。

又　將作監監　丞　主簿　左校署　右校署　甄官署　中校署　東園主章令

今將作，亦少皞氏以五雉爲五工正，以利器用。雉有五種，故曰五雉。唐虞共工，《周官》考工之官，蓋其職也。秦有將作少府，掌治宫室。漢景帝中元六年，更名將作大匠。後漢位次河南尹，中元二年省，以謁者領之。章帝建初元年，復置。初以任隗爲之，掌修作宗廟、路寢、宫室、陵園木土之功，并樹桐梓之類列於道側。《後漢志》注曰：「古者制以表道。」《續漢書》曰：「李固字子堅，遷大匠，常推賢貢士。孔融以將作大匠遷少府。」魏晉因之，江左至（南朝）宋、齊，皆有事則置，無事則省。而梁改爲大匠卿，（南朝）陳因之。後（北）魏亦有之。北齊有將作寺，其官曰大匠。兼領功曹、主簿、長史、司馬等官屬。後周有匠師中大夫，掌城郭宫室之制；又有司木中大夫，掌木工之政令。隋與北齊同，至開皇二十年，改寺爲監，大匠爲大監，初加置副監。煬帝改大監、少監爲大匠、少匠，五年，又改爲大監、少監：十三年，又改大令、少令。（大）唐復皆爲匠。龍朔二年，改將作爲繕工監，大匠、少匠隨監名改。咸亨元年復舊。光宅元年，改爲營繕監，神龍元年復舊。大匠一人，總判。少匠二人。通判。初一人，太極元年加置一人。天寶中，改大匠爲大監，少匠爲少監，領左校、右校、甄官、中校四署。

丞：漢有二人，後漢一人，魏晉因之。東晉以後，有事則置，無事則省。（南朝）梁又置一人，（南朝）陳因之。後（北）魏有之。北齊四人。後周曰匠師中士。隋二人。（大）唐四人。

主簿：晉置，自後與丞同。隋二人，（大）唐因之。

左、右校署：秦及漢初有左、右、前、後、中五校令，後唯置左、右校令。後漢因之，掌左、右工徒。後漢度尚自右校令擢拜荆州刺史。魏併左校、右校於材官。晉左、右校屬少府。（南朝）宋以後並有左校令、丞。北齊亦有之。隋左右校令、丞屬將作，（大）唐因之。左校署令、丞二人，掌營構、木作、採材等事。右校署令、丞二人。掌營土作、瓦泥并燒石灰、厠溷等事。

甄官署：令、丞一人。後漢有前、後、中甄官令，屬將作。晉有甄官署，掌甎瓦之事。（南朝）宋、齊、北齊、隋悉有之。（大）唐因之，掌營甎石瓷瓦。

中校署令：秦漢有，自後無。（大）唐置令、丞各一人，掌舟車、雜兵仗、廄牧。

東園主章令：漢有之，武帝更名木工。如淳曰：「章謂木材也。舊將作大匠主材史名章曹掾。」顔師古曰：「今所謂木鍾者，蓋章聲之轉耳。東園主章掌材以供東園匠。」東園匠，官名，主作陵内器物，屬少府。（大）唐無。

又 都水使者 丞 主簿 舟楫署 河渠署

虞舜命益作虞，以掌山澤。《周官》有林衡、川衡二官，掌林麓川澤之禁。漢武帝元鼎二年，初置水衡都尉，顔師古曰：「山林之官曰衡。掌諸池苑，故稱水衡。」張晏曰：「主都水及上林苑，故曰水衡；主諸官，故曰都；有卒徒武事，故曰尉。」衡，平也。主平其税也。掌上林苑，漢趙充國以中郎爲水衡都尉，主舡官也。蓋主上林離宫燕休之處。王莽改曰予虞。後漢光武省之，并其職於少府。每立秋貙劉之日，輒暫置水衡都尉，貙劉，將祭大獵之名。貙，勑俱反。事訖省。初，秦漢又有都水長丞，主陂池灌溉，保守河渠，自太常、少府及三輔等，皆有其官。漢武帝以都水官多，乃置左、右使者以領之。劉向爲左都水使者是也。又《續漢百官志》曰：「劉向領三輔都水。」至漢哀帝，省使者官。至東京，凡都水皆罷之，併置河隄謁者。漢之水衡都尉，本主上林苑，魏世主天下水軍舟船器械。晉武帝省水衡，置都水臺，有使者一人，掌舟航及運部，而河隄爲都水官屬。元康中，復有水衡都尉。《元康百官名》及《晉起居注》曰：「陳愼、戴熊俱以都水使者領水衡都尉。」懷帝永嘉六年，胡賊入洛陽，都水使者奚濬先出督運得免。江左省河隄。《諸公贊》曰：「陳勰字太和，有巧思，爲都水使者。」《洛陽記》云：「千金隄，勰所置。」（南朝）宋都水使者，銅印墨綬，進賢兩梁冠，與御史中丞同。孝武帝初，省都水臺，罷都水使者，置水衡令，孝建元年復置。（南朝）齊有都水臺使者一人。（南朝）梁初與齊同，天監七年，改都水使者爲大舟卿，位視中書郎，列卿之最末者，主舟航河隄。（南朝）陳因之。後（北）魏初皆有水衡都尉及河隄謁者、都水使者官，至永平二年，都水臺依舊置二使者。北齊亦置二使者。隋開皇三年，廢都水臺入司農，十三年，復置。仁壽元年，改臺爲監，更名使者亦爲監。煬帝又改爲使者，尋又爲監，加置少監，又改監及少監並爲令，領舟楫、河渠二署。（大）唐武德八年，置都水臺，後復爲都水署，置令，隸將作。貞觀中，復爲都水監，置使者。龍朔二年，改都水使者爲司津監丞，咸亨元年復舊。光宅元年，改都水監爲水衡，置都尉；神龍元年，復爲都水監，置使者二人，分總其事，不屬將作，領舟楫、河渠二署。

丞：漢有水衡丞五人，亦有都水丞。後漢、晉初都水使者有參軍二人，蓋亦丞之職任。（南朝）宋因之。（南朝）梁大舟卿有丞。（南朝）陳因之。（後）（北）魏、北齊又曰參軍。隋曰都水丞。（大）唐二人。

主簿：晉水衡都尉有之，爲左、右、前、後、中五水衡令，悉皆有之。梁大舟卿亦有之。至隋又置，（大）唐因之。

舟楫署令：漢主爵中尉屬官有都船令丞，水衡都尉有楫櫂令丞。晉曰船曹吏。（南朝）齊曰官船典軍。（後）（北）周曰舟中士。隋爲舟楫署令、丞。（大）唐因之，令、丞各一人。

河渠署：隋煬帝置，令、丞各一人。（大）唐因之。

唐 杜佑《通典》卷四五《禮》 社者，五土之神。五土謂若《地官司徒》職云，山林、川澤、丘陵、墳衍、原隰等，各有所育，羣生賴之。故特於吐生物處，別立其名爲社。《援神契》云「社者土地之神，能生五穀」。《郊特牲》云「社所以神地之道」。稷者，於五土之中，特指原隰之祇。以五土雖各有所生，而山林、川澤、丘陵、墳衍，此四者雜出材用等物，於五穀之功則少。且生人所急者食，故於五土之中，別旌異原隰之祇以報之。以其能生五穀，名其神。但五穀不可偏言，以稷爲五穀之長，春生秋成，最得中和之氣，故取以名其神，表言其處能生稷也。非謂止祭其穀粒。故《援神契》云「社者，土地之主。稷者，原隰之中能生五穀之祇」是也。又《禮記》曰「家主中霤而國主社稷」，以其俱是土神也。社壇在東，稷壇在西，俱北面。壇築牆，開四面門。且社稷陰神，皆以北面爲尊，地道長右，故稷在西也。知北面及有牆者，《郊特牲》説社云「君南向於北墉下，荅陰之義」是也。天子之社，則以五色土各依方色爲壇，廣五丈。《春秋文義》曰：「天子社壇，博五丈，諸侯半之。天子之社，東方青，南方赤，西方白，北方黑，冒以黄土。」諸侯則但用當方之色爲壇。皆立樹以表其處，又別爲主以象其神。《禮記大傳》説牧野之事云「既事而退，柴於上帝，祈社」。又《尚書甘誓》云「不用命戮於社」，則天子諸侯軍行皆載社主也。其主，鄭注但云「蓋用石爲之」，以石爲土類故也。大夫以下，但各以地所宜之木而立之。《司徒職》云：「設其社稷之壝而樹之田主。各以其野所宜之木，遂以名其社。」

唐 李隆基《唐六典》卷七　工部尚書一人，正三品。周之冬官卿也。漢五曹尚書，其三曰民曹。後漢以民曹兼主繕修、功作、城池、《後漢志》及《通典》城作鹽。園苑之事。自晉、宋、齊、梁、陳營宗廟《宋志》、廟下有宮室二字，則權置起部尚書，事畢省之。後（北）周依《周官》，置大司空卿一人。隋開皇二年始置工部尚書。皇朝（唐）因之。龍朔二年，改爲司平太常伯。咸亨元年復爲工部尚書。光宅元年改爲冬官尚書。神龍元年復故。

侍郎一人，正四品下。蓋周之冬官、小司空中大夫也。漢已來尚書侍郎，今郎中之任也。後（北）周依《周官》。隋煬帝《通典》帝下有改置工部侍郎。皇朝（唐）因之。龍朔二年改爲司平少常伯。咸亨、光宅、神龍並隨曹改復。工部尚書、侍郎之職，掌天下百工、屯田、山澤之政令。其屬有四：一曰工部，二曰屯田，三曰虞部，四曰水部。尚書、侍郎總其職務，而奉行其制命。凡中外百司之事，由於所屬，咸質正焉。　郎中一人，從五品上。　員外郎一人，從六品上。【略】　郎中、員外郎，掌經營興造之衆務。凡城池之修濬，土木之繕葺，工匠之程式，咸經度之。京城左河華，右隴坻，前終南，後九嵏。南面三門：中曰明德，左曰啟夏，右曰安化。東面三門：中曰春明，北曰通化，南曰延興。西面三門：中曰金光，北曰開遠，南曰延平。

又　虞部郎中一人，從五品上。《周禮·地官》，有山虞，澤虞，蓋虞部之職也。（三國）魏始有虞曹郎中一人，晉因之。（南朝）宋、齊省，（南朝）梁、陳爲侍郎。（北）魏、北齊並有虞曹郎中。後（北）周冬官，有虞部下大夫一人。隋隋下恐脱爲字虞部侍郎，煬帝但曰虞部郎。（南朝）梁、陳、後（北）魏、北齊，並祠部尚書領之。隋工部尚書領之，皇朝（唐）因焉。武德三年，加「中」字。龍朔二年改爲司虞大夫，咸亨元年復故。員外郎一人，從六品上。後（北）周依周官，有山虞、澤虞中士，蓋今虞部員外郎之任也，隋開皇六年置。煬帝改曰承務郎，皇朝（唐）復改爲虞部員外郎。龍朔、咸亨、隨曹改復。　主事二人，從九品上。　虞部郎中、員外郎，掌天下虞衡山澤之事，而辨其時禁。凡採捕、畎獵畎當作畋。《舊唐志》作漁。必以其時。冬春之交，水蠱疑當作蟲孕育，捕魚之器，不施川澤。春夏之交，陸禽孕育，餧獸餧當作餧之藥，不入原野。夏苗之盛，不得蹂藉。秋實之登，不得焚燎。若虎豹豺狼之害，則不拘其時，聽爲檻穽，獲則賞之，大小有差。諸有猛獸處，聽作檻穽、射窠等，得即於官。每一賞絹四匹，殺豹及狼，每一賞絹一匹。若在牧監内獲豺，亦每一賞絹一匹，子各半匹。　凡京兆、河南二都，其近爲四郊，三百里皆不得弋戈當作弋。獵採捕。每年五月、正月、九月，皆禁屠殺採捕。　凡五嶽及名山，能蘊靈産異，興雲致雨，有利於人者，皆禁其樵採，時禱祭焉。凡殿中大僕所管閑廄馬，兩都皆五百里《舊唐志》裏下有内字供其芻藁。其關内、隴右、西使、北使、南使諸牧監，馬牛駝羊皆貯藁及茭草。高原藁支七年，茭草支四年，平地藁支五年，茭草支三年。下士當作土藁支四年，茭草恐脱支字二年。　其柴炭、木橦進内，及供百官蕃客，並於農隙納之。供内及宮人起十月，畢二月。供百官蕃客，起十一月，畢正月。

唐 李隆基《唐六典》卷一九《司農寺》　上林署，令二人，從七品下。《漢書》百官表，水衡都尉，武帝置，掌上林苑，屬官有上林令、丞、尉，又有甘泉上林長、丞，又步兵校尉掌上林苑，又少府屬官，有上林中士池監。上林者，漢之苑囿也。司馬相如有《上林賦》。後漢上林苑令一人，六百石，主苑中禽獸，頗有人居皆主之，捕得其獸送太官。丞一人，三百石，魏晉因之。江左闕其官，（南朝）宋武帝復置，隸尚書殿中曹及少府，齊因之。（南朝）梁陳屬司農。後（北）魏闕文，北齊及隋並屬司農，皇朝（唐）因之。

丞四人，從八品下。漢水衡都尉上林有八丞，後漢、魏、晉並一人，江左省，（南朝）宋武帝置，齊、梁、陳並一人，後（北）魏闕文。北齊上林丞八人，隋置二人，皇朝（唐）置四人。監事十人，從九品下。

上林署令，掌苑囿園池之事。丞爲之貳。凡植果樹蔬菜，以供朝會祭祀。其尚食進御，及諸司常料亦有差。諸司吏執抄旁詣圃，然後給之。

又　京都苑總監：監各一人，從五品下。　副監一人，從六品下。　丞二人，從七品下。　主簿一人，從九品上。　苑總監掌宮苑内館園池之事。副監爲之貳。凡禽魚菓木，皆總而司之。凡給總監及苑面官屬，人畜出入，皆爲差降之數。　京都苑四面監：監各一人，從六品下。　副監一人，從七品下。　丞二人，正八品下。　四面監掌所管面苑内宮館、園池，與其種植修葺之事。副監爲之貳。丞掌判監事。　諸屯監一人，從七品下。　丞二人，從八品下。　諸屯監各掌其屯稼穡。丞爲之貳。凡每年定課有差。

又　司竹監，監一人，正七品下。　漢官有司竹長丞。魏晉河內、淇園竹，各置司守之官，江左省。後（北）魏有司竹都尉。北齊、後（北）周並闕。隋有司竹監及丞。皇朝（唐）因之。今在京兆鄠、盩厔、懷州、河內縣。　副監一人，正八品下。　丞二人，從八品上。　司竹監掌植養園竹之事。副監爲之貳。凡宮掖及百司所須簾籠筐篋之屬，命工人擇其材幹，以供之。其笋，則以時供尚食。歲終，以竹功之多少爲之考課。　丞掌判監事。

又　鉤盾署令，掌供邦國薪芻之事。丞爲之貳。凡祭祀、朝會、賓客享宴，隨其差降而供給焉。凡京官應給炭，五品已上日二斤，蕃客在館，第一等人日三斤，已下各有差。其和市木橦一十六萬根，每歲納寺，如用不足，以苑內蒿根柴兼之。其京兆、岐、龍《唐志》龍當作隴。州，募丁七千人，每年各輸作木橦八十根，春秋二時送納。若駕在都，則於河南府諸縣市之，少尹一人與卿相知檢察。

唐　李隆基《唐六典》卷二二　左尚署：令一人，正七品下。　後漢末，分尚方爲三：中、左、右。魏晉因之。晉過江，唯唯下恐脱一字尚方而已。（南朝）宋齊梁陳，有左右尚方。晉宋已來，並四百石。梁班《隋志》班下恐脱第一二字。從九品。北齊太府寺左中右尚方。隋開皇中三尚方，並屬太府寺。　左尚令三《隋志》三當作二人，掌造車輦、繖扇、稍毦、《南史》及《通志·宋竟陵王誕傳》稍當作矟弓箭、弩戟、器仗、刀鏃、膠漆、竹木、骨角、畫素、刻鏤、蠟燭等。皇朝（唐）置一人，開元十八年爲正七品下。　丞五人，從八品下。　前後漢，魏晉宋齊梁陳皆隨署置省。梁選部當作簿左尚方丞爲三品勳位。隋左尚方丞八人，正九品下。皇朝（唐）置五人。開元十八年爲從八品下。　監作六人，從九品下。　左尚署令，掌供天子之五輅、五副、七輦、三轝、十有二車、大小方圓華蓋一百五十有六，諸翟尾扇及大小繖翰辨其名數而頒其制度。丞爲之貳。凡皇太后、皇后內命婦之重翟、猒翟、翟車、安車、四望、金根等車，皇太子之金輅、軺車、四望車。王公已下象輅、革輅、木輅、軺車，公主王妃外命婦一品猒翟車、二品三品犢車，其制各有差。其用金帛、膠漆、材竹之屬，所出方土以時支送。　漆出金州，竹出司竹監，松出嵐、勝州，文栢出隴州，梓楸出京兆府，紫檀出廣州，黃楊出荊州。

唐　李隆基《唐六典》卷二三　右校署，令二人，從八品下。　後漢安帝建元建元一本作延光，《後漢本紀》作延光者是三年，置左校令、右校丞，其後又置右校令。魏因之。晉少府屬官有左校、無右校，其職蓋并于左校矣。（南朝）宋齊梁陳皆無，北齊太府寺管左校，亦無右校。隋置右校署令、丞，掌營構工作之事。皇朝（唐）因之。　丞三人，正九品下。　漢左校丞一人，三百石。（三國）魏因之。（南朝）宋齊梁陳並置。北齊省。隋右校置丞三人。皇朝（唐）因之。左當作右。　監作十人，從九品下。　右校令，掌供版築、塗泥、丹雘之事。丞爲之貳。凡料物支供，皆有由屬，審其制度，而經度之。凡修補之料，每歲京北、河南及諸州，支送麥䵂三萬圍，麥䴭一百車，麻禱禱當作穰二萬斤。其石灰亦亦當作、赤土之屬，須則市供，不恒其數。

又　百工、就谷、庫谷、斜谷、太陰、伊陽監，監各一人，七品《唐志》品下有下字。　副監一人，從七品下。　丞一人，正八品上。《周禮》山虞林衡，並掌斬伐林林當作材木之事，歷代皆有其官，皇朝取其義而並置之。庫谷監在鄠縣，就谷監在盩厔縣，百工監在陳倉，太陰監在陸渾縣，伊陽監在伊陽縣。　録事，各一人。　監作，各四人，從九品下。太陰監，伊陽監，各典事十人。　百工等監，掌採伐材木之事，辨其名物，而爲之主守。凡修造所須材幹之具，皆取之有時，用之有節。

唐　李吉甫《元和郡縣圖志》卷二　司竹園，在縣東十五里。《史記》曰「渭川千畝竹」。今按：園周迴百里，置監丞掌之，以供國用。（隋恭帝）義寧元年，義師起，（唐）高祖第三女平陽公主舉兵於司竹園，號「娘子軍」。

五代　劉昫《舊唐書》卷四三《職官志》　工部尚書一員，正三品。南朝謂之起部。有所營造，則置起部尚書，畢則省之。隋初改置工部尚書。龍朔爲司平太常伯，光宅改爲冬官尚書，神龍復舊也。侍郎一員。正四品下。龍朔爲司平少常伯。尚書、侍郎之職，掌天下百工、屯田、山澤之政令。其屬有四：一曰工部，二曰屯田，三曰虞部，四曰水部。總其職務，而行其制命。凡中外百司之事，由於所屬，咸質正焉。

又　虞部郎中一員，從五品上。龍朔爲司虞大夫。員外郎一員，從六品上。主事二人，從九品上。令史四人，書令史九人，掌固四人。郎中、員外郎之職，掌京城街巷種植，山澤苑囿，草木薪炭，供頓田獵之事。凡採捕漁獵，必以其時。凡京兆、河南二都，其近爲四郊，三百里皆不得弋獵採捕。殿中、太僕所管閑廐馬，兩都皆五百里内供其芻藁。其關内、隴右、西使、南使諸牧監馬牛駝羊，皆貯藁及茭草。其柴炭木橦進内及供百官蕃客，並於農隙納之。

五代　劉昫《舊唐書》卷四四《職官志》　司農寺漢初治粟内史，景帝改爲大農，武帝加司字。梁置十二卿，以署爲寺，以官爲卿。隋爲司農卿，龍朔二年改爲司稼卿，咸亨復也。　卿一員，從三品上。少卿二員。從四品上。卿之職，掌邦國倉儲委積之事，總上林、太倉、鉤盾、導官四署與諸監之官屬，謹其出納。【略】　上林署：令二人，從七品下。丞四人，從八品下。府七人，史十四人，監事十九人，典事二十四人，掌固五人。令掌苑囿園池之事。丞爲之貳。凡植果樹蔬，以供朝會祭祀。其尚食所進，及諸司常料，季冬藏冰，皆主之。【略】　鉤盾署：令二人，正八品上。丞四人，正九品上。府七人，史十四人，監事十人，從九品下。典事十九人，掌固五人。令掌供邦國薪芻之事。丞爲之貳。凡祭祀、朝會、賓客享宴，隨差降給之。【略】　司竹監：監一人，正七品下。副監一人，正八品下。丞二人，從八品上。録事一人，府二人，史四人，典事三十人，掌固四人。司竹監掌植養園竹。副監爲之貳。歲終，以竹功之多少爲考課。　温泉監：泉在京兆府昭應縣之西。監一人，正七品下。丞二人，從八品上。録事一人，府二人，史二人，掌固四人。温泉監掌湯池宮禁之事。丞爲之貳。凡王公已下至于庶人，湯泉館有差，別其貴賤，而禁其踰越。凡近湯之地，潤澤所及，瓜果之屬先時而毓者，必苞匭而進之，以薦陵廟。　京、都苑總監：監各一人，從五品下。副監一人，從六品下。丞二人，從七品下。主簿一人，從九品上。録事各二人，府八人，史十六人，亭長四人，掌固六人。苑總監掌宮苑内館園池之事。副監爲之貳。凡禽魚果木，皆總而司之。凡給總監及苑内官屬，人畜出入，皆爲差降之數。　京、都苑四面監：監各一人，從六品下。副監一人，從七品下。丞二人，正八品下。録事一人，府三人，史三人，典事六人，掌固四人。四面監掌所管面苑内宮館園池，與其種植修葺之事。副監爲之貳。丞掌判監事。　諸屯：監一人，從七品下。丞二人。從八品下。諸屯監各掌其屯稼穡。丞爲之貳。凡每年定課有差。　九成宮總監：監一人，從五品下。副監一人，從六品下。丞一人，從七品下。主簿一人，從九品下。録事一人，府三人，史五人。宮監掌檢校宮樹，供進鍊餌之事。副監爲之貳。

又　將作監秦置將作，掌營繕宮室，歷代不改。隋爲將作寺，龍朔改爲繕工監，光宅改爲營繕監，神龍復爲將作監也。　大匠一員，從三品。大匠之名，漢景帝置。梁置十二卿，將作爲一卿。後周曰匠師中大夫。隋初爲將作寺，置大匠一人，又改爲監，以大匠爲監。煬帝改爲令，武德改爲大匠。龍朔、光宅，隨曹改易也。少匠二員。從四品下。大匠掌供邦國修建土木工匠之政令，總四署三監百工之官屬，以供其職事。凡兩京宮殿宗廟城郭諸臺省監寺廨宇樓臺橋道，謂之内外作，皆委焉。　丞四人，從六品下。主簿二人，從七品下。録事二人，從九品下。府十四人，史二十八人，計史三人，亭長四人，掌固六人。　左校署：令二人，從八品下。丞四人，正九品下。府六人，史十二人，監作十人。從九品下。左校令掌供營構梓匠。凡宮室樂懸簨簴，兵仗器械，喪葬所須，皆供之。　右校署：令二人，從八品下。丞三人，正九品下。府五人，史十人，監作十人，從九品下。典事十四人。右校令掌供版築、塗泥、丹雘之事。　中校署：令一人，從八品下。丞三人，正九品下。府三人，史六人，監事四人，從九品下。典事八人，掌固二人。中校令掌供舟車兵仗、廐牧雜作器用之事。凡行幸陳設供三梁竿柱，閑廐供剉碓行槽，祭祀供葛竹塹等。【略】　百工、就谷、庫谷、斜谷、太陰、伊陽等監：百工監在陳倉，就谷監在王屋，庫谷監在鄠縣，太陰監在陸渾，伊陽監在伊陽，皆在出材之所。監各一人，從七品下。丞一人，正八品下。府各一人，史三人，典事各二十一人，録事各一人，監事四人。從九品下。百工等監掌採伐材木。

宋　歐陽修《新唐書》卷四六《百官志》　工部尚書一人，正三品；侍郎一人，正四品下。掌山澤、屯田、工匠、諸司公廨紙筆墨之事。其屬有四：一曰工部，二曰屯田，三曰虞部，四曰水部。　工部郎中、員外郎，各一人，掌城池土木之工役程式，爲尚書、侍郎之貳。凡京都營繕，皆下少府、將作共其用，役千功者先奏。凡工匠，以州縣爲團，五人爲火，五火置長一人。四月至七月爲長功，二月、三月、八月、九月爲中功，十月至正月爲短功。雇者，日爲絹三尺，内中尚巧匠，無作則納資。凡津梁道路，治以九月。　工部主事三人，屯田主事二人，虞部主事二人，水部主事二人。武德三年，改起部曰工部，龍朔二年，曰司平，屯田曰司田，虞部曰司虞，水部曰司川。光宅元年，改工部曰冬官。天寶十一載，改虞部曰司虞，水部曰司水。工部有令史十二人，書令史二十一人，計史一人，亭長六人，掌固八人；屯田令史七人，書令史十二人，計史一人，掌固四人；虞部令史四人，書令史九人，掌固四人；水部令史四人，書令史九人，掌固四人。　屯田郎中、員外郎，各一人，掌天下屯田及京文武職田、諸司公廨田，以品給焉。　虞部郎中、員外郎，各一人，掌京都衢閧、苑囿、山澤草木及百官蕃客時蔬薪炭供頓、畋獵之事。每歲春，以户小兒、户婢仗内蒔種溉灌，冬則謹其蒙覆。凡郊祠神壇、五岳名山，樵採、芻牧皆有禁，距壝三十步外得耕種，春夏不伐木。京兆、河南府三百里内，正月、五月、九月禁弋獵。山澤有寶可供用者，以聞。　水部郎中、員外郎，各一人，掌津濟、船艫、渠梁、堤堰、溝洫、漁捕、運漕、碾磑之事。凡坑陷、井穴皆有標。京畿有渠長、斗門長。諸州堤堰，刺史、縣令以時檢行，而涖其決築。有埭，則以下户分牽，禁争利者。

宋　歐陽修《新唐書》卷四八《百官志》　司農寺卿一人，從三品；少卿二人，從四品上。掌倉儲委積之事。總上林、太倉、鉤盾、䆃官四署及諸倉、司竹、諸湯、宫苑、鹽池、諸屯等監。凡京都百司官吏禄稟、朝會、祭祀所須，皆供焉。藉田，則進耒耜。【略】　龍朔二年，改司農寺曰司稼寺。有府三十八人，史七十六人，計史三人，亭長九人，掌固七人。　上林署　令二人，從七品下；丞四人，從八品下。掌苑囿園池。植果蔬，以供朝會、祭祀及尚食諸司常料。季冬，藏冰千段，先立春三日納之冰井，以黑牡、秬黍祭司寒，仲春啟冰亦如之。監事十人。　有府七人，史十四人，典事二十四人，掌固五人。　太倉署　令三人，從七品下；丞五人，從八品下；監事八人。掌廩藏之事。　有府十人，史二十人，典事二十四人，掌固八人。　鉤盾署　令二人，正八品上；丞四人，正九品上；監事十人。掌供薪炭、鵝鴨、蒲藺、陂池藪澤之物，以給祭祀、朝會、饗燕賓客。　有府七人，史十四人，典事十九人，掌固五人。【略】　司竹　監一人，從六品下；副監一人，正七品下；丞二人，正八品上。掌植竹、葦，供宫中百司簾篚之屬，歲以筍供尚食。　有録事一人，府二人，史四人，典事三十人，掌固四人，葦園匠一百人。【略】　京都諸宫苑總監　監各一人，從五品下；副監各一人，從六品下；丞各二人，從七品下；主簿各二人，從九品上。掌苑内宫館、園池、禽魚、果木。凡官屬人畜出入，皆有籍。　有録事各二人，府各八人，史各十六人，亭長各四人，掌固各六人，獸醫各五人。　京都諸園苑監、苑四面監　監各一人，從六品下；副監各一人，從七品下；丞各二人，正八品下。掌完葺苑面、宫館、園池與種蒔、蕃養六畜之事。　顯慶二年，改青城宫監曰東都苑北面監，明德宫監曰東都苑南面監，洛陽宫農圃監曰東都苑東面監，倉貨監曰東都苑西面監。有録事各一人，府各三人，史各六人，典事各六人，掌固各六人。　九成宫總監　監一人，從五品下；副監一人，從六品下；丞一人，從七品下；主簿一人，從九品上。掌修完宫苑，供進鍊餌之事。　有録事一人，府三人，自監以下，品同宫苑。武德初，改隋仁壽宫監曰九成宫監。【略】　諸屯　監一人，從七品下；丞一人，從八品下。掌營種屯田，句會功課及畜産簿帳，以水旱蝝蝗定課。屯主勸率營農，督斂地課。　有録事一人，府一人，史二人，典事二人，掌固四人。每屯主一人，屯副一人，主簿一人，録事一人，府三人，史五人。

又　少府監一人，從三品；少監二人，從四品下。掌百工技巧之政。總中尚、左尚、右尚、織染、掌冶五署及諸冶、鑄錢、互市等監。供天子器御、后妃服飾及郊廟圭玉、百官儀物。凡武庫袍襦，皆識其輕重乃藏之，冬至、元日以給衛士。諸州市牛皮角以供用，牧畜角筋腦革悉輸焉。鈿鏤之工，教以四年；車路樂器之工，三年；平漫刀矟之工，二年；矢鏃竹漆屈柳之工半焉；冠冕弁幘之工，九月。教作者傳家技，四季以令丞試之，歲終以監試之，皆物勒工名。　丞六人，從六品下。掌判監事。給五署所須金石、齒革、羽毛、竹木，所入之物，各以名數州土爲籍。工役衆寡難易有等差，而均其勞逸。　主簿二人，從七品下；録事二人，從九品上。　武德初，廢監，以諸署隸太府寺。貞觀元年復置。龍朔二年改曰内府監，武后垂拱元年曰尚方監。有府二十七人，史十七人，計史三人，亭長八人，掌固六人，短蕃匠五千二十九人，綾錦坊巧兒三百六十五人，内作使綾匠八十三人，掖庭綾匠百五十人，内作巧兒四十二人，配京都諸司諸使雜匠百二十五人。　中尚署　令一人，從七品下；丞二人，從八品下。掌供郊祀圭璧及天子器玩、后妃服飾彫文錯綵之制。凡金木齒革羽毛，任土以時而供。赦日，樹金雞於仗南，竿長七丈，有雞高四尺，黄金飾首，銜絳幡長七尺，承以綵盤，維以絳繩，將作監供焉。擊摑鼓千聲，集百官、父老、囚徒。坊小兒得雞首者官以錢購，或取絳幡而已。歲二月，獻牙尺。寒食，獻毬。五月，獻綬帶。夏至，獻雷車。七月，獻鈿針。臘日，獻口脂。唯筆、琴瑟絃，月獻。金銀暨紙，非旨不獻。製魚袋以給百官；蕃客賜寶鈿帶魚袋，則授鴻臚寺丞、主簿。監作四人，從九品下。凡監作，皆同品。　有府九人，史十八人，典事四人，掌固四人。唐改内尚方署曰中尚方署。武后改少府監曰尚方監，而中左右尚方、織染方、掌冶方五署，皆去方以避監。自是不改矣。有金銀作坊院。　左尚署　令一人，從七品下；丞五人，從八品下。掌供翟扇、蓋繖、五路、五副、七輦、十二車，及皇太后、皇太子、公主、王妃、内外命婦、王公之車路。凡畫素刻鏤與宫中蠟炬雜作，皆領之。監作六人。　有府七人，史二十人，典事十八人，掌固十四人。　右尚署　令二人，從七品下；丞四人，從八品下。掌供十二閑馬之轡。每歲取於京兆、河南府，加飾乃進。凡五品三部之帳，刀劍、斧鉞、甲冑、紙筆、茵席、履舄，皆儗其用，皮毛之工亦領焉。監作六人。有府七人，史二十人，典事十三人，掌固十人。

又 將作監，監一人，從三品；少監二人，從四品下。掌土木工匠之政，總左校、右校、中校、甄官等署，百工等監。大明、興慶、上陽宮，中書、門下、六軍仗舍、閑廄，謂之内作；郊廟、城門、省、寺、臺、監、十六衛、東宮、王府諸廨，謂之外作。自十月距二月，休冶功；自冬至距九月，休土功。凡治宮廟，太常擇日以聞。 丞四人，從六品下。掌判監事。凡外營繕，大事則聽制敕，小事則須省符。功有長短，役有輕重。自四月距七月，爲長功；二月、三月、八月、九月，爲中功；自十月距正月，爲短功。長上匠，州率資錢以酬雇。軍器則勒歲月與工姓名。武德初，改令曰大匠，少令曰少匠。龍朔二年，改將作監曰繕工監，大匠曰大監，少匠曰少監。咸亨元年，繕工監曰營繕監。天寶十一載，改大匠曰大監，少匠曰少監。有府十四人，史二十八人，計史三人，亭長四人，掌固六人，短蕃匠一萬二千七百四十四人，明資匠二百六十人。 主簿二人，從七品下。掌官吏糧料、俸食，假使必由之。諸司供署監物有闕，舉焉。録事二人，從九品上。 左校署 令二人，從八品下；丞一人，正九品下。掌梓匠之事。樂縣、簨簴、兵械、喪葬儀物皆供焉。宮室之制，自天子至士庶有等差，官脩者左校爲之。監作十人。有府六人，史十二人，監作十二人。 右校署 令二人，正八品下；丞三人，正九品下。掌版築、塗泥、丹堊、匽廁之事。有所須，則審其多少而市之。監作十人。有府五人，史十人，典事二十四人。 中校署 令一人，從八品下；丞三人，正九品下。掌供舟車、兵械、雜器。行幸陳設則供竿柱，閑廄繫秣則供行槽，禱祀則供棘葛，内外營作所須皆取焉。監牧車牛，有年支芻豆，則受之以給車坊。監事四人。武后時，改曰營繕署。垂拱元年復舊，尋廢。開元初復置。有府三人，史六人，典事八人，掌固二人。【略】 百工、就谷、庫谷、斜谷、太陰、伊陽監 監各一人，正七品下；副監一人，從七品下；丞一人，正八品上。掌采伐材木。監作四人。武德初，置百工監，掌舟車及營造雜作，有監、少監各一人，丞四人，主簿一人。又置就谷、庫谷、斜谷、太陰、伊陽五監。貞觀中，廢百工監。高宗置百工署，掌東都土木瓦石之功。開元十五年爲監。有録事一人，府一人，史三人，典事二十人。

宋 歐陽修《新唐書》卷一六六《杜佑傳》 憲宗在諒闇，復攝冢宰，盡讓度支鹽鐵於巽。始，度支嗇用度，多署吏權攝百司，繁而不綱；佑以營繕還將作，木炭歸司農，湅染還少府，職務簡修。明年，拜司徒，封岐國公。

宋 錢易《南部新書》卷六 （唐）貞元初，度支使杜佑讓錢穀之務，引李巽自代。先是度支以制用惜費，漸權百司之職，廣署吏員，繁而難理。佑奏營繕歸之將作，木炭歸之司農，染練歸之少府，綱條頗整，公議多之。

宋 王溥《唐會要》卷六六《木炭使》 天寶五載九月，侍御史楊釗，充木炭使。永泰元年閏十月，京兆尹黎幹，充木炭使。自後京兆尹常帶使，至大歷五年停。貞元十一年八月，户部侍郎裴延齡，充京西木炭採造使，十二年九月停。

宋 王溥《唐會要》卷六六《將作監》 龍朔二年，改爲繕工監。咸亨元年，復爲將作監。光宅元年，爲營繕監。神龍元年，復爲將作監。

大監，本爲大匠，龍朔二年爲大監，咸亨元年爲大匠。天寶十一載爲大監，依舊。 少監，本一員，大足元年二月六日，加一員，以楊務廉爲之。

宋 樂史《太平寰宇記》卷三〇 司竹監，按《唐六典》，掌植養園竹之事。其管内及百司所須簾籠筐篚之屬，擇其材幹以供之。其笋以時供上食。歲終以竹功之多少爲考課。又按漢官有司竹長丞。魏晉河内園竹，各置司守之官。江左省，後魏有司竹都尉，北齊、後周俱闕。隋有司竹監及丞，唐因之。

元 脱脱《宋史》卷一六五《職官志》 司農寺 舊置判寺事二人，以兩制、朝官以上充；主簿一人，以選人充。掌供籍田九種，大中小祀供豕及蔬果、明房油，與平糶、利農之事。

元 脱脱《宋史》卷一六二《職官志》 [紹興五年]户部分掌五案：一曰户税案，掌夏税。二曰上供案，掌諸州上供錢帛。三曰修造案，掌京城工作及陶瓦八作、排岸作坊、諸庫簿帳，勾校諸州營壘、官廨、橋樑、竹木、簰筏。四曰麴案，掌榷酤、官麴。五曰衣糧案。掌勾校百官諸軍諸司奉料、春冬衣、禄粟、茶、鹽、鞵、醬、傔糧等。

元 脱脱《金史》卷五七《百官志》 中都木場，使一員，從八品。副使一員，判官一員，皆正九品。掌拘收材木諸物及出給之事。司吏一人，庫子四人，花料一人，木匠一人。【略】 京兆府司竹監 管勾一員，從七品，掌蒔養竹園採斫之事。司吏一人。監兵百人，給蒔養採斫之役。【略】 南京提控規運柴炭場使，從五品。副使，正六品。 京西規運柴炭場使，從八品。副使，正九品。 【略】大慶關管勾河橋官兼譏察事一員，正八品。掌觧繫浮橋、濟渡舟楫、巡視河道、修完埽岸、兼率埽兵四時功役、栽植榆柳、預備物料、譏察姦僞等事。

明 宋濂《元史》卷八七《百官志》 大司農司，秩正二品。凡農桑、水利、學校、饑荒之事，悉掌之。至元七年始立，置官五員。十四年罷，以按察司兼領勸農事。十八年，改立農政院，置官六員。二十年，又改立務農司，秩從三品，置達魯花赤一員、務農使一員、同知一員。是年，又改司農寺，達魯花赤一員，司農卿二員，司丞一員。二十三年，仍爲大司農司，秩仍正二品。大德元年，增領大司農事一員。皇慶二年，陞從一品，增大司農一員。定置大司農四員，從一品；大司農卿二員，正二品；少卿二員，從二品；大司農丞二員，從三品；經歷一員，從五品；都事二員，從七品；架閣庫管勾一員，照磨一員，並正八品；掾史十二人，蒙古必闍赤二人，回回掾史一人，知印二人，通事一人，宣使八人，典吏五人。

明　宋濂《元史》卷八九《百官志》　大小木局，大使一員，副使一員，直長一員。至元十八年置，受詹事院劄。元貞元年，併領皇后位下木局。　盒鉢局，大使一員，副使一員，直長一員。至元七年立，受府劄。　管納色提領一員，受府劄。管銅局、筯局、鎖兒局、粧釘局、雕木局。至元三十年置。成製提舉司，秩從五品。達魯花赤一員，提舉一員，同提舉、副提舉各一員，吏目一員，司吏四人，部役二人。掌縫製之事。至元二十九年置，設官四員，受院劄。大德三年，陞提舉司。至治三年罷，泰定四年復置。　上都、大都貂鼠軟皮等局提領所，提領二員。【略】　附見：材木庫，大使、副使各二員。至元十六年置。掌造作材木。【略】　蔚州定安等處山場採木提領所，秩正八品。提領一員，大使一員，副使二員。至元十二年置。

明　宋濂《元史》卷九〇《百官志》　凡山採木提舉司，秩從五品。掌採伐車輛等雜作木植，及造只孫繫腰刀把諸物。達魯花赤、提舉各一員，並從五品。同提舉一員，正七品。副提舉一員，正八品。吏目一員，司吏六人。至元十四年置。　上都採山提領所，秩從八品。提領、副提領、提控各一員。至元九年，以採伐材木，鍊石爲灰，徵發夫匠一百六十三户，遂置官以統之。　凡山宛平等處管夫匠所，提領二員，同提領二員，管領催車材户提領一員。至元十五年置。【略】　上林署，秩從七品。署令、署丞各一員，直長一員。掌宮苑栽植花卉，供進蔬菓，種苜蓿以飼駝馬，備煤炭以給營繕。至元二十四年置。　養種園，提領二員。掌西山淘煤，羊山燒造黑白木炭，以供修建之用。中統三年置。花園，管勾二員。掌花卉果木。至元二十四年置。　苜蓿園，提領三員。掌種苜蓿，以飼馬駝膳羊。　儀鸞局，秩正五品。掌殿庭燈燭張設之事，及殿閣浴室門户鎖鑰，苑中龍舟，圈檻珍異禽獸，給用内府諸宮太廟等處祭祀庭燎，縫製簾帷，灑掃掖庭，領燭剌赤、水手、樂人、禁蛇人等二百三十餘户。輪直怯薛大使四員，正五品；副使二員，從六品；直長二員，正八品；都目一員，書吏二人，庫子一人。至元十一年置局，秩正七品。二十三年，陞正五品。至大四年，仁宗御西宮，又別立儀鸞局，設置亦同。延祐七年，增大使二員，以宦者爲之。【略】　木場，提領一員，大使一員，副使一員。掌受給營造宮殿材木。至元四年，置南東二木場。十七年，併爲一場。【略】　諸色庫，秩從八品。掌修内材木，及江南徵索異樣木植，并應辦官寺齋事。大使一員，副使一員。

明　朱瞻基《五倫書》　舜命禹治洪水，禹乃乘四載，勞身焦思，居外十三年，過家門不敢入，開九州、通九道、陂九澤、度九山。當是時，益掌火烈山澤而焚之，鳥獸之害人者消。

明　丘濬《大學衍義補》卷一四　是故生九穀、毓草木，三農園圃之職也。作山澤之材，養鳥獸，虞衡藪牧之職也。與夫飭化八材，阜通貨賄，化治絲枲，聚斂疏材，豈非百工商賈、嬪婦臣妾之職乎？是八者皆有一定職任之常。

明　郝敬《周禮完解》卷四　山虞，每大山中士四人，下士八人，府二人，史四人，胥八人，徒八十人。中山下士六人，史二人，胥六人，徒六十人。小山下士二人，史一人，徒二十人。　虞，度也。山澤隱藏，故須度山生金玉、禽獸，草木之類。度材設虞，以時禁取。　按虞官肇自唐虞，洪荒初啟，草木鳥獸之害未遠，故官以司之。後世因緣爲利，設掊克之吏守之，爲網羅之禁，收之如孟子所謂澤梁之禁。爲阱于國中，衰世之事，而是書以爲體國經野，設官分職之要務。一山大者官屬百有四人，中者七十四人，小者二十三人。邦畿千里，山林不知幾，假令大山十，則官屬千四十人矣。大山百，則官屬萬四百人矣。而中小不與，益以澤虞、川衡、林衡。深山窮谷，車馬絡繹，魚竭于澤，鳥亂于林，雖桀紂幽厲之貪虐，未有如斯。其甚者，豈周公之良法與。　山虞，掌山林之政令，物爲之厲，而爲之守禁。仲冬斬陽木，仲夏斬陰木。凡服耜，斬季材，以時入之。令萬民時斬材，有期日。凡邦工入山林而掄材不禁。春秋之斬木，不入禁。凡竊木者有刑罰。若祭山林，則爲主而脩除且蹕。若大田獵，則萊山田之野。及弊田，植虞旗于中，致禽而珥焉。　厲，遮列也。各物有蕃界設禁，令守之。仲冬仲夏，官取材之期。山南曰陽，山北曰陰。寒斬陽木，陰勝陽也。暑斬陰木，陽勝陰也。服謂車轅。耜，耒耜。二木持力而曲，宜柔韌，故用季材。季，柔穉也。時入，以時取而藏之。時斬材，謂草木零落，斧斤入山林。有期日，妨盡取也。邦工，謂國用掄擇也。不禁，不拘日。春秋斬木，謂民間取材斬之四野，不入所禁之山林也。爲主，山虞爲祭，主修除治道路壇墠。蹕，止行人。大田獵，王田也。除草曰萊。弊，止也，謂田畢。虞旗，山虞所建旗，植田中。獲者各致禽于旗下，校多寡。獲禽者割禽左耳計功曰珥。　林衡，每大林麓下士十有二人，史四人，胥十有二人，徒百有二十人。中林麓如中山之虞。小林麓如小山之虞。衡，平也。平治其政令。麓，山足。徒多于山者。林木深阻，巡視勤採伐用役多也。餘見前。　林衡掌巡林麓之禁令，而平其守。以時計林麓而賞罰之。若斬木材，則受灋于山虞而掌其政令。　平其守，如大林麓則下士十二人，分徒均守，中小次之。稽蕃茂，防竊伐也。賞罰，論守者功罪也。受灋于山虞，受其時入之法也。　川衡，每大川下士十有二人，史四人，胥十有二人，徒百有二十人。中川下士六人，史二人，胥六人，徒六十人。小川下士二人，史一人，徒二十人。　川衡，掌巡川澤之禁令而平其守，以時舍其守，犯禁者執而誅罰之。祭祀賓客共川奠。　時，謂當漁時。舍其守，弛禁也。四時唯夏不漁，季冬大漁。《王制》云：獺祭魚，然後虞人入澤。川奠，謂水族可奠獻者，蜃蛤之類。　澤虞，每大澤大藪中士四人，下士八人，府二人，史四人，胥八人，徒八十人。中澤中藪如中川之衡。小澤小藪如小川之衡。　澤虞掌國澤之政令，爲之厲禁，使其地之人守其財物。以時入之于王府，頒其餘于萬民。凡祭祀賓客共澤物之奠，喪紀共其葦蒲之事。若大田獵則萊澤野及弊田，植虞旌以屬禽。　厲禁，解見山虞。地之人，謂占取澤中財物者。入玉府珠貝皮角之類，餘見前。蒲葦可爲席。屬禽，猶致禽。　迹人中士四人，下士八人，史二人，徒四十人。　迹，鳥獸之迹。捕逐之名。迹人，禁非時捕取者。　迹人掌邦田之地政，爲之厲禁而守之。凡田獵者，受令焉。禁麛卵者，與其毒矢射者。　受令，謂令獵時，與獵地麛獸子、卵、鳥卵。《月令》孟春不麛不卵，餧獸之藥母出九門。【略】　角人，下士二人，府一人，徒八人。　掌徵齒角骨于山澤之農。　按自角人至掌蜃七職取之盡錙銖矣每事官屬二十餘人，少者亦十人。即謂用不可缺，官屬不可損乎。角人掌以時徵齒角，凡骨物，於山澤之農，以當邦賦之政令，以度量受之，以共財用。　山澤居民以採捕爲農業，無夫田之稅，以山澤所有當邦賦。度量，計齒角骨物長短多寡也。　羽人，下士二人，府一人，徒八人。　羽人，掌以時徵羽翮之政于山澤之農，以當邦賦之政令。凡受羽，十羽爲審，百羽爲摶，團十摶爲縛。捆與絹音近　翮，羽本也。《爾雅》云：一羽謂之箴，十羽謂之縛，百羽謂之緷。羽不可度量，紀其數而已。【略】　掌炭，下士二人，史二人，徒二十人。　木石之燼皆謂炭。　掌炭，掌灰物炭物之徵令，以時入之。以權量受之，以共邦之用。凡炭灰之事。　灰，煆石爲灰，澣湅塗砌之用。炭，木炭。用以炙。【略】　囿人，中士四人，下士八人，府二人，胥八人，徒八十人。　囿，苑也。掌養鳥獸。　囿人，掌囿遊之獸禁，牧百獸。祭祀、喪紀、賓客，共其生獸死獸之物。　囿遊，苑囿遊觀之處。禁，蕃衛也。　場人，每場下士二人，府一人，史一人，徒二十人。　場，即圃，種果蓏蔬菜之地。秋平治爲場以納稼，故曰場。　按場圃地利幾何，既有大宰九職之賦，大司徒、閭師之貢，又設場人，每場官役二十四人，除九州内名山大澤，在侯國勿論，即王畿千里，家有場，場有官，豈勝其擾，抑任民之外，官自有場邪。一官所司場若干目又不詳。昔人謂瀆亂不驗，其斯之類。　場人掌國之場圃，而樹之果蓏珍異之物，以時斂而藏之。凡祭祀賓客，共其果蓏，享亦如之。　果，棗栗之屬。蓏，瓜瓠之屬。珍異不常有之種。賓客謂燕饗享謂饋獻。【略】　右地官之屬，共職七十有八，外闕司禄一職，通計公三人，卿七人，大夫二百三十六人，上士九百四十六人，中士三千九百六人，下士一萬八千四百人，府一百九人，史二百三十一人，胥二百七十四人，徒三千二百四十八人，奄十有二人，女一百一十有一人，約共二萬七千四百八十三人。而各市肆之胥師賈師等，與各山林、川澤、虞衡等，各場圃場人等、各司門司關等，與其屬尚多不載，從古設官分職，未有若是其濫者，昔人謂瀆亂不驗誠然。

明　謝肇淛《北河紀》卷六　清平縣管河主簿員下：門子一名，皂隸三名，燈夫一名。淺鋪夫一百一十一名内，除看鋪遞文，巡樹看廠占用二十五名。

又　臨清州管河判官員下：書手十名，門子一名，皂隸四名，甲首二名，淺鋪夫一百三十四名。内除巡柳遞文，每鋪占夫三名，一十九鋪共占五十七名。

又 夏津縣管河主簿員下：書手二名，門子一名，皂隸四名，青夫皂隸五夫，淺夫皂隸六名。催工燈夫二名，看厰夫一名，澆灌巡柳夫八名。

又 清河縣管河典史員下：門子一名，皂隸四名，淺鋪夫四十八名，內除遞文巡柳占用一十六名。

又 德州衛管河指揮員下：淺鋪十座，召募軍夫一百名，內除巡樹、遞文、應接座船、鳴道旗鑼併催船催工占用四十名，實在夫六十名。

又 故城縣管河主簿員下：書手一名，門子一名，皂隸六名，淺鋪夫四十名，淺夫遞送公文旗鑼，巡灌樹株，修墊缺口。

又 博平縣管河典史員下：書手一名，門子一名，皂隸四名，淺鋪夫九十六名。除看厰占用一名，前項皂隸四名，遞文、巡柳占用一十八名。

又 堂邑縣管河主簿員下：書手一名，門子一名，皂隸三名，青夫皂隸二名，淺鋪溜夫一百二十一名，內隨本官催工皂隸六名，遞送公文、巡灌柳株，占役二十一名。

又 平山衛管河本衛經歷員下：書手一名，門子一名，皂隸六名，軍鋪夫一十五名，遞送濬築栽柳，巡守本管每年額徵折色椿木四十根，每根徵銀二錢，共銀八兩。

又 聊城縣管河主簿員下：書手三名，門子一名，皂隸六名，淺鋪夫二百三十名，內看厰夫一名，催工皂隸六名，遞送公文，巡灌柳株六十九名。

又 陽穀縣管河主簿員下：門子一名，皂隸二名，燈夫二名，淺夫二百四十四名。鋪夫六十名內，工部占役一十四名，運河廳占役四名，捕河廳占役五名，西窑厰占役一名，麻厰占役二名，河衙占十三名，遞文、巡樹二十四名。

又 濟寧衛管河指揮員下：撈淺夫一百零二名。又帶管永通閘夫二名。淺鋪夫本衛原編軍丁，正户五十名。工部分司占淺夫二名，閘夫一名，運河廳占淺夫一名，本管河官占淺夫六名，看器具厰占閘夫一名，實在夫九十三名。淺鋪軍丁五十名內，小甲五名，巡樹五名。

又 寺前鋪閘夫三十名，每名每年工食銀十兩八錢。閘官占一名，寫字一名，跟官一名，看廳一名，巡樹一名。

又 通濟閘夫三十名，每名每年工食銀十兩八錢。各州縣支領閘官占一名，看廳一名，寫字一名，巡樹一名。

又 師家莊閘夫三十名，閘官占一名，跟官占一名，看樹占一名。

又 仲家淺閘夫三十名，寫字占一名，跟官占一名，看樹占一名。

又 壽張縣管河主簿員下：門子一名，皂隸二名，燈夫一名，淺夫四十六名，鋪夫二十五名。帶管東阿縣淺夫七十九名，鋪夫四十五名，內部占役一十五名，運河廳占役四名，捕河廳占役三名，東窑厰三名，河衙十名，遞文巡樹二十九名。

又 東平州管河判官員下：書手五名，門子二名，皂隸十三名，淺鋪夫共一百六十六名，內部占役一名，運河廳占役一名，捕河廳占役二名，河官占役八名，安山看厰老人一名，看厰夫一名，遞文一十六名，巡樹一十五名。

又 東平所管河百户員下：軍夫四十名，遞文四名，巡樹四名。

又 汶上縣管河主簿員下：書手四名，門子一名，皂隸五名，管下淺鋪夫，除司府占役及巡樹遞文共二十八名。

又 濟寧州管河判官員下：書手三名，門子二名，皂隸三名，催工快手六名，燈夫二名，撈淺夫二百五十名，淺鋪夫七十二名，天井閘夫三十名，南門橋夫十名，草橋橋夫十名，溜夫六十八名，上中新閘夫八名，閘官占一名，跟官占一名，寫字占一名，看廳占一名，巡樹占一名。【略】工部分司：快手占上中新閘夫四名，管河衙書手占役二名。南門橋夫撥占二名，在城閘夫三十名，帶管下。新閘夫四名，閘官占一名，跟官占一名，寫字占一名，看廳占一名，巡樹占一名。

又 魯橋閘夫三十名，閘官占一名，看樹占一名。管河衙占役一名，摘撥草橋二名，寫字占一名。工部分司快手占役二名，實在二十二名，隨溜夫用工。棗林閘夫三十名，跟官占一名，看樹占一名。

清 龍文彬《明會要》卷三二 山厰之設，專以燒薪炭供應內府。宣德五年，置於平山，以都御史李儀董之。正統初年，改置沙魚口。陳恭、王永壽相繼以工部侍郎督厰事。景泰四年，移置清縣。天順元年，改厰于易州城西北二里許，建部堂於中，環以土城，八府五州分治，以次而列，皆南向。部堂總其綱，府、州、縣佐貳官分理其事。 景泰後，以本部尚書或侍郎督厰事。嘉靖八年，改設司官管理。四十四年，革屯田司管易州山厰郎中，改設主事。 弘治十四年，工部侍郎張憲理易州山厰。屬員故爲奸利。憲用公差例，日廩五升，省八郡常供之饋。書有關防，以杜詐僞。柴炭納銀，痛損加耗之弊。於是宿蠹頓革。

萬曆三年題準真定抽分，就便專委易州山廠主事帶管。

清 陳夢雷《古今圖書集成・草木典・竹部紀事》《盩厔縣志》 司竹監。周穆王遊元池植之竹，竹皆成斑，其大如椽，其密如簀。秦益繁盛，設官守之。漢謂之渭川千畝竹。亦名芒竹，以芒水之渠而多竹林也。居攝二年，三輔豪傑霍鴻起兵討王莽，據芒竹。魏置司竹都尉，秩六品。又有司竹監丞，秩八品。晉《地道記》司竹都尉苻健兵至長安，杜洪奔司竹，死。及稱帝，豪傑胡陽赤起兵司竹。隋廢都尉。唐制司竹監，監丞掌之。高祖起兵，第三女平陽公主舉兵司竹園，號娘子軍。武德二年，何潘仁爲左屯衛將軍，駐司竹。宋元皆有監。明置司竹局。大使典之後，竹漸耗。正統間募民種藝，屬秦藩，後廢。

清 永瑢《歷代職官表》卷一四《工部》 漢 《漢書・百官公卿表》：將作少府有兩丞、左右中侯。景帝中六年，更名將作大匠，屬官有石庫，東園主章左右前後中校七令丞，又主章長丞。武帝太初元年，更名東園主章爲木工。成帝陽朔三年，省中侯及左右前後中校五丞。《後漢書・百官志》將作大匠一人，二千石。掌修作宗廟、路寢、宮室、陵園木土之工，並樹桐梓之類列于道側。丞一人，六百石。左校令一人，六百石，掌左工徒。丞一人。右校令一人，六百石，掌右工徒。丞一人。 《太平御覽》將作大匠，世祖以謁者領其官。章帝建初元年乃置，其位次河南尹。 謹案，將作大匠，即唐虞共工之官，正當今工部營繕司之職，其所屬東園主章令丞、主章長丞，專掌木材，則如今之木倉及皇木廠監督，至左、右校專主工役，則亦如今之營繕司。又《後漢書・蘇不韋傳》載李皓爲大司農右校，芻廥在寺北垣下，不韋潛入廥中云云，則又如今之有柴薪廠也。

清 永瑢《歷代職官表》卷一五《工部》 唐 虞部，郎中、員外郎各一人，掌京都衢閧（弄）苑囿、山澤草木，及百官、蕃客時蔬、薪炭、供頓、畋獵之事。每歲以户小兒、户婢、仗内蒔溉灌，冬則謹其蒙覆。凡郊祠神壇、五岳名山，樵採、芻牧皆有禁。距壝三十步外得耕種。春夏不伐木。京兆河南府三百里內，正月、五月、九月禁弋獵。山澤有寶可供用者以聞。

清 永瑢《歷代職官表》卷四《工部上》 木倉監督，滿洲、漢人各一人。木倉在天安門右千步廊外，凡各省歲輸木材，自張家灣運京者，謹其儲偫，以待各工。順治初，專委滿洲司官一人，康熙六十年，改定以滿、漢司官各一人管理，二年而代。 皇木廠監督，滿洲一人。木廠初設於通州及張家灣，各遣筆帖式二人，驗收運京木材。康熙二十六年，停遣筆帖式，通州廠以通惠河分司主之，尋改歸通永道。張家灣廠，本部遴滿洲司官一人管理。凡運木材至水次，部委官驗視如式，則令監督受之，核其數以運入木倉，一年而代。

清 永瑢《歷代職官表》卷一六《户部》 金 《金史・百官志》户部尚書一員，正三品；侍郎二員，正四品；郎中二員，從五品；員外郎三員，從六品。郎中而下，皆以一員掌户籍、物力、婚姻、繼嗣、田宅、財業、鹽、鐵、酒、麴、香、茶、礬、錫、丹粉、坑冶、榷場、市易等事。【略】貞元二年設幹辦官，尋罷之。四年，更設爲勾當官，專提控、支納、管勾、勘覆、經歷、交鈔及香、茶、鹽引、照磨、文賬等事。

清 辛紹業《冬官旁求・四監》 《禮記・月令》：季夏命四監大合百縣之秩芻以養犧牲，令民無不咸出其力，以共皇天上帝、名山大川四方之神，以祠宗廟、社稷之靈，以爲民祀福。注云：四監，主山林、川澤之官。百縣，鄉遂之屬地，有山林、川澤者也。秩，常也。百縣給國養犧牲之芻多少，有常民皆當出力爲艾之。今《月令》四爲田牲，以供祠神靈，爲民祈福，明使民艾芻，是不虛取也。疏云，知百縣非諸侯而云。鄉遂之屬，以其取芻養牲，不可大遠，故知是畿內鄉遂。仲夏云：乃命百縣祀，百辟卿士者，兼外內諸侯也。此云鄉遂之屬者，不兼公卿大夫之采邑。 又季冬乃命四監收秩薪柴，以共郊廟及百祀之薪燎。注云：四監主山林、川澤之官也。大者可析謂之薪，小者合束謂之柴。薪施爨柴以給燎。 案官名四監者，監取四野之薪芻也。甸人之薪蒸，以役外內饔之事，此之薪燎以供祭祀之用。彼入天官，則此宜入冬官。又冬官之屬，有職人掌畜牧之事，則四監之秩芻乃以供職人之求也。 又案甸師下士二人。四監之官，人數不可知，其爵或亦下士歟。

清 辛紹業《冬官旁求・野虞》 《禮記・月令》：「季春命野虞毋伐桑柘。」注云：野虞謂主田及山林之官。又「孟夏命野虞出行田原，爲天子勞農勸民，毋或失時。」又「仲冬山林、藪澤有能取蔬食、田獵獸者，野虞教道之。其有相侵奪者，罪之不赦。」注云：務收斂野物也。大澤曰藪，草木之實爲蔬食。疏云：鄭注《周禮》，水鐘曰澤，水希曰藪。今言大澤曰藪者，以有水之處謂之澤，旁無水之處謂之藪。草木之實爲蔬食者，《爾雅》云：「蔬不熟爲饉。」蔬謂菜蔬，以其粗蔬。經言蔬食，故爲草木實也。山林蔬食，榛栗之屬。藪澤蔬食，菱芡之屬。案地官有山虞、林衡之職，皆掌木材之禁令者。野虞則掌野物及巡田，職各不同。彼二職既屬地官，則此冬官之屬也。又案，山虞、林衡有大山、大林麓中、下士之分。野虞未知所分，若何然亦士官也。又案《月令》有澤人、水虞之官，其職主納材葦，主收水泉池澤之賦，則郎、澤、虞而所稱各異耳。又案，齊有衡鹿、舟鮫、虞候、祈望，皆主山林、澤藪之官。疏云，此皆齊自大（命）名，故與《周禮》不相同。

清 嵇璜《清文獻通考》卷七七《職官考》（康熙）三十七年，裁上林苑監，初設漢監丞一員，所屬林衡、嘉蔬、良牧、蕃育四署漢署丞各一員。順治十五年裁林衡、嘉蔬署丞二員。至是監丞及良牧、蕃育二署悉裁之。

清 嵇璜《清文獻通考》卷二四《職役考》（乾隆）三十一年定盛京木場丁辦、商辦之制。盛京有砍木山場，曰大那彔，曰東昌溝，曰鶯窩背，曰梨樹溝，曰小夾河，曰那爾吽，曰鍋鐵峪，曰大石湖，曰英額河砬子，向由臺丁領票砍科，以資生計。乾隆八年，將軍阿蘭泰以搭橋商人拖項無完，請將各場酌撥商辦，以清欠項。二十四年，將軍清葆請將各場撥還臺丁，如臺丁不願承領，募商砍伐科稅。二十七年，因鶯窩背臺丁承辦貽誤，募商另充，頗見成效。至是臺丁復以爲請工部尚書託恩多請定章程，經大學士等議，以丁辦現有誤公之案。而商人多費資本，開就山場，承辦尚無貽誤。若因臺丁覬覦，遽爾撥還，設將來或需募商，必致裹足不前，請將商辦之大那彔等三場，仍歸商辦。如無商辦，即令六邊衙門將殷實臺丁保送承領。丁辦之梨樹溝等六場，仍歸丁辦，如無丁辦，即行募商。從之。

清 嵇璜《清朝文獻通考》卷八一《職官考》乾隆四十一年【略】虞衡清吏司，郎中，滿洲四人，漢人四人。員外郎，滿洲四人，蒙古、漢人各一人。主事，滿洲三人，漢人二人。掌山澤採辦，陶冶器用，修造權衡武備。【略】皇木廠監督，滿洲一人，司官中簡委歲一更代。掌稽收運木。木廠監督，滿洲、漢人各一人，司官中簡委二歲更代。掌儲木材。柴薪監督，滿洲正副各一人。正監督一年期滿，以副作正，别簡司官副之。

清 嵇璜《清朝文獻通考》卷一九三《職官考》廣儲司管理六庫郎中二人，郎中四人，內掌印一人員外郎十二人，主事一人。分掌庫藏以蓄經費。凡六庫曰銀庫、裘庫、緞庫、衣庫、磁庫、茶庫。磁茶二庫康熙二十八年於裘緞二庫內分設司庫十二人，筆帖式二十六人。初設員外郎八人，康熙十八年增四人【略】都虞司，郎中二人，內掌印一人員外郎五人，主事一人，分掌內務府護軍訓練、禁旅及畋漁之事，筆帖式二十六人。初設郎中三人，員外郎六人，康熙三十八年各裁一人。

又 順治初年設御馬監，十八年改爲阿敦衙門，以大臣侍衛管理無定員，設筆帖式十五人。康熙十六年改爲上駟院，雍正六年定卿爲三品。奉宸苑掌理景山、瀛臺、闡福寺等處行宮、圓明園等園、玉泉山、稻田下、清河、閘河等事，卿二人，所屬郎中六人，員外郎八人，主事三人，苑丞四十五人。六品十人，七品五人，八品十七人，未入流十三人。苑副六十九人，七品十六人，八品二十三人，未入流三十人。委署苑副六人，於應挑選人內添設，仍食原錢糧。庫掌二人，六品一人，七品一人。筆帖式五十九人，分置禁苑，各供職守，漢閘官一人。臣等謹按康熙二十三年初設奉宸苑衙門，以內府總管領之，設郎中、員外郎等官。雍正六年定奉宸苑卿爲三品。自順治十六年始設南苑官，康熙三十一年設靜明園官，五十一年增設暢春園官，五十四年設湯山行宮官，雍正元年設圓明園官，乾隆九年設靜宜園官，十六年設長春園官，及清漪園官。

清 嵇璜《清文獻通考》卷四〇《國用考》庫藏 內府六庫屬廣儲司。初設御用監，順治十六年改御用監爲廣儲司，十八年分設銀庫、緞庫、皮庫、衣庫，康熙二十八年增設茶庫、磁庫。銀庫掌金銀、錢、珠、玉、寶石及金銀、玉器之屬。緞庫掌各色緞綢、紗、綾羅、絹布及綿、棉花之屬。皮庫掌各色獸皮、鳥羽、緞紗、呢氊、絨褐、象牙、犀角、涼簟之屬。衣庫掌朝祭冠服、冬夏衣服之屬。茶庫掌茶、人參、香紙、顏料、絨線、紑纓之屬。磁庫掌磁、銅、錫器之屬。户部三庫，曰銀庫在户部，曰緞疋庫在東華門外，曰顏料庫在西華門外。朝廷經費及物之待給者取諸三庫。所司籍其數移户部，部稽其籍相符乃牒諸掌庫官。掌庫官受其牒而書之，頒之承用之府，核實而發之。銀庫爲天下財賦總匯。各省歲輸田賦、漕賦、鹽課、關稅、雜賦，除存留本省支用外，凡起運至京者咸入焉。寶泉局鑄錢，亦貯庫以待度支。緞疋庫，各省所輸綢緞、絹布、絲綿、線麻之屬咸入焉。其輸自江甯、蘇州、杭州三織造者，由部酌庫中應需之物，于前一年八月移江浙布政使司轉行各織造，限次年八月備供。顏料庫，各省所輸銅鐵、鉛錫、硃砂、黄丹、沈香、降香、黄茶、白蠟、黄蠟、桐油，并花梨、紫榆等木咸入焉。

清 嵇璜《清通典》卷二四 聞雍正元年始置特鑄，管理三庫銀印以授之。銀庫郎中一人，員外郎二人，司庫一人，大使二人，皆滿洲員額，掌銀貨解納收支之政。凡直省田賦及關市鹽茶之税課咸入焉。歲有常數，本部覈數無闕乃移庫，準部定權衡受之，如啟櫝驗封有作弊及數不實者論。

清 嵇璜《清通典》卷二五 工部尚書，侍郎，四司郎中，員外郎，主事、節慎庫郎中，員外郎，司庫，庫使，製造庫郎中，司匠，司庫，庫使，料估所，琉璃廠監督，木倉監督，皇木廠監督，管理錢法侍郎，寶源局監督，大使。【略】壇廟宮府城垣倉庫，廨宇、營房，辨飭物材，而司其禁令，凡工作之籍，以時會而上之。虞衡清吏司郎中，滿洲四人，漢人一人。員外郎滿洲四人，蒙古一人，漢人一人。主事滿洲三人，漢人二人，掌山澤採捕及陶冶器用，修造權衡、武備之事。若葦蓆竿繩之屬，則儲以待用，應時而給之。都水清吏司郎中滿洲五人，漢人一人，員外郎滿洲五人，漢人一人，主事滿洲四人，漢人二人，掌河防海塘及直省河湖淀泊、川澤陂池，水利之政令。凡道路之平治，橋梁之營葺，舟楫之制度，咸總而舉之，歲十有二月則藏冰，夏而出之，以供祭祀。【略】大工之用，順治初專差漢人司官，康熙元年改差滿洲、漢人司官各一人，一年而代。木倉監督，滿洲、漢人各一人。木倉在天安門右千步廊外，凡各省歲輸木材，自張家灣運京者，謹其儲偫，以待各工。順治初專委漢人司官一人，康熙六十年改定以滿洲、漢人司官各一人管理，二年而代。皇木廠監督，滿洲一人，木廠初設于通州及張家灣，各遣筆帖式二人，驗收運京木材。康熙二十六年停遣筆帖式，通州廠以通惠河分司主之，尋改歸通永道。張家灣廠，本部遴滿洲司員一人管理，凡運木至水次，本部委官驗視。如式則令監督受之，核其數以運入木倉，一年而代。【略】 盛京禮部侍郎一人掌盛京祭祀、朝會、燕饗之儀式，及園池果蓏，畜牧之用，咸辨其物，以供時薦焉。【略】 盛京工部侍郎一人，掌盛京營造工作，製器物料及諸色工匠之屬，凡黄瓦廠、席廠、灰廠、缸廠、炸子廠、木炭等壯丁，咸司其役籍焉。工部左司郎中一人，員外郎二人，主事二人，右司郎中一人，員外郎二人，主事二人。堂主事二人，筆帖式十有七人，內漢軍一人銀庫司庫二人，庫使八人，掌千丁四品官一人，管理燒造瓦料五品官一人，管理匠役六品官一人。看守大政殿六品官一人，分掌營繕製造之事。【略】

清 嵇璜《清通典》卷二七 昭西陵內務府郎中一人，員外郎一人，主事一人，尚茶正、尚膳正各一人，內管理一人，筆帖式二人。 孝陵內務府郎中一人，員外郎一人，主事一人，尚茶正、尚膳正各一人，內管領一人，內副管領一人，筆帖式二人。 孝東陵內務府郎中一人，員外郎一人，主事一人，尚茶正、尚膳正各一人。內管領一人，筆帖式二人。 景陵內務府員外郎一人，主事一人，尚茶正一人，尚膳正二人，內管領一人，內副管領一人，筆帖式二人。 景陵皇貴妃園寢內務府員外郎一人，尚茶副、尚膳副各一人，委署內副管領一人。 泰陵內務府員外郎一人，主事一人，尚茶正一人，尚膳正二人，內管領一人，內副管領一人，筆帖式二人。 泰東陵內務府郎中一人，員外郎一人，主事一人，尚茶正、尚膳正各一人。內管領一人，筆帖式二人。 泰陵妃園寢內務府主事一人，內副管領一人。孝賢皇后陵寢內務府郎中一人，員外郎一人，主事一人，尚茶正、尚膳正各一人，內管領一人，內副管領一人，筆帖式二人。 純惠皇貴妃園寢，尚茶副、尚膳副各一人，委署內副管領一人。 端慧皇太子園寢內副管領一人，尚茶副、尚膳副各一人。右俱內務府員額郎中、員外郎、主事掌奉祭祀奠享之禮，掃除開闔之節，藝林木薙草萊，皆因時經理之，尚茶尚膳正副掌熟俎之具，蔬茹之品，酏漿之用，咸潔治而敬共之，內管領、副管領，掌餅餌飴蜜之物，以時薦之。筆帖式，分掌文案。員額自康熙二年以來先後置。

清 嵇璜《清通典》卷二九 御茶膳房總管大臣無定員，尚膳正、尚茶正，頭等侍衛各一人，二等侍衛各二人，尚膳副、尚茶副，三等侍衛各二人，尚膳三等侍衛四人，藍翎侍衛七人，尚茶三等侍衛三人，藍翎侍衛四人，主事一人，委署主事一人，筆帖式十有二人，掌敬設上用茶品供奉御饌及供應賜茶筵宴之事。【略】 順治十八年改爲採捕衙門，康熙十六年改定爲都虞司，初設郎中三人，員外郎五人，後各裁一人。【略】 行宮及陳設稽察之政令。千總、副千總，把總掌典守、陳設稽察，內圍董率掃除之事，熱河總管，康熙四十二年設苑副，乾隆三十五年設各處千總，康熙四十一年以來，陸續增設。 養鷹、鷂處管理事務三人，以王公 御前大臣侍衛等官管理協辦事務兼鷹上統領二人，副都統一人，二等侍衛一人藍翎侍衛頭領五人，六品職銜，副頭領五人，筆帖式二人，內養狗處頭目二人，兼三等侍衛一人，兼藍翎侍衛一人副頭目二人，外養狗處頭目六人，副頭目六人，筆帖式三人，掌飼養鷹狗，隨圍進哨，以供蒐畋之事，鷹房、鴉鶻房及養狗處員額俱係國初設立，乾隆十一年改鷹房、鴉鶻房爲養鷹處、養鴉鶻處。三十七年裁養鴉鶻處，其員額轉補養鷹處。【略】 玉泉山稻田廠，庫掌一人，筆帖式三人，郎中主事掌本苑題奏咨行及補授職員之事，員外郎掌分管各處園囿、河道事務。苑丞掌看守直宿，陳設器皿之事。康熙三十三年設郎中一人，乾隆十六年增設一人，員外郎主事俱康熙二十三年設，委署主事，四十年設，雍正十二年裁，乾隆二十二年仍設，初設催總二人，雍正二年以後陸續增設，乾隆十七年改名總領，二十四年改爲苑丞筆帖式。國初以來先後增置。

清　劉錦藻《清續文獻通考》卷一一五《職官志》　光緒三十三年總核官制大臣奏訂外省官制。各省官制通則【略】第十四條，各省除右列三司外，應設兩道：一、勸業道，專管全省農工商業及各項交通事務，並將按察司舊管驛傳事務改歸該道兼管。二、巡警道，專管全省巡警消防户籍營繕衛生事務。第十五條，兩道每省各設一人，應設屬員，分科治事，其細則由農、工、商、民政、郵傳部訂之。第十六條，各省除右列各司道外，得視地方情形酌設司道各員，鹽運司鹽法道，或鹽茶道。【略】第二十八條，各州廳及各州縣應酌設佐治各官，分掌事務如左：一、警務長一員，掌消防、户籍、巡警、營繕及衛生事宜。二、視學員一員，掌教育事宜。三、勸業員一員，掌農工商及交通事宜。四、典獄員一員，掌監獄事宜。五、主計員一員，掌收税事宜。此員應俟該州廳縣官俸公費，確有定數實行支給，並將從前平餘名目一律剔除，後再行設置。其從前各州廳及各州縣所有佐貳雜職應一律裁撤，酌量改用。

清　劉錦藻《清續文獻通考》卷一三九《職官志》（光緒三十三年）（吉林巡撫）又奏：吉省見有提學、提法兩司巡道，應遵制裁撤。交涉應設專司，以交涉局附入。民政則以巡警局、自治局，及關於民政各項局所改設。度支則以所有財政各局及户司併設。勸業道則以農、工、商、礦、林業各局所併設。刑司裁歸提法司，兼辦工司則分別併入民政司。勸業道統計增設各缺合之。原有兩司共爲五司，一道旗務暫不設司，以兵司改設旗務處，蒙務從緩辦理，至吉林副都統一缺應裁撤。

清　劉錦藻《清續文獻通考》卷一二六《職官志》（光緒）三十二年，諭工部著併入商部改爲農工商部。　又農工商部奏定官制，略稱工部併入於臣部。亟應更定職掌，俾清權限。除舊隸工部各事，宜另行奏請分隸他部外，擬改平均司爲農務司。其舊隸户部之農桑、屯墾、畜牧、樹藝等項自應改隸臣部，而舊隸工部之各省水利、河工、海塘、隄防疏濬事宜，並應歸併該司辦理。【略】二部既經歸併，所有員缺自宜分別增裁，以專責成。擬請農工商三司，每司添郎中一缺，員外郎二缺，主事四缺，並先行奏補十數員。【略】一尚書一人，左右侍郎二人。一承政廳設左右丞各一人，秩正三品。參議廳設左右參議各一人，秩正四品。皆綜核各司事務，並可隨時派赴各省考察。農工商務分設四司：一農務司，掌農田、墾牧、樹藝、蠶桑、水産、絲、茶等事，並各省河、湖、江、海、隄岸、閘、壩、港道工程，歲修核銷事宜。統轄京外農務學堂，公司局廠，兼管本部農事試驗場；一工務司，掌工匠、製造、料品、礦政等事，統轄京外各工藝製造礦務學堂、公司局廠，兼管本部實業藝徒勸工等各學堂局所；一商務司，掌商業等項各事，及農工商各公司，保護獎勵調查禁令事宜，統轄京外各商務學堂、公司局廠，兼管本部商律館、商報館、公司註册局、商標局；一庶務司，掌本部收支款項，報銷經費，各司員升補，俸精、闔署各項雜務。一等藝師，秩正六品，二等藝師，秩正七品；一等藝士，秩正八品，二等藝士，秩正九品，均無定額。其原設之顧問官議員、礦務議員、商務議員、隨員，仍依舊制。【略】（三十三年）奏准歸併工部辦法，略稱工部一職兼古之水火工虞，如河工、海塘、水利、船政、度量、權衡、礦冶之利，山澤之材。其事多與農工商相表裏，皆應併入。臣部以一事權京外，土木工程，舊隸工部。此次原定民政部官制清單内，特設專司管理土木建築事宜，責有攸歸，臣部即毋庸兼管。此外，如木税、船政事屬財政，宜畫歸度支部。

清　劉錦藻《清續文獻通考》卷一二〇《職官志》（宣統二年）又吉林巡撫陳昭常奏：吉省辦理警務情形，略稱吉林舉辦警務，實較各省爲難。全境七十萬方里，幅員遼廓，往往百數十里曠無居民，即有一二繁盛村屯，亦復零星散漫，安能互相保衛。其難一。吉省開闢較晚，設治未久。墾户、商民，或設聯會，以資守望。立法未嘗不善，然日久弊生，不免私作威福。自改練鄉巡，舊習稍除，而公舉巡長，仍多舊日兵練。會中紳董未盡確守規章，且或時滋擾累。其難二。吉省林密箐深，易滋伏莽。且邊外股匪時有流竄，陸軍防隊分布難周，充當警兵者，必須素嫻技擊，方勝搜捕之任。既具有軍隊性質，即不免越警察範圍。其難三。困難如此，非就地方情勢，通盤籌畫，無以定次第設備之方。一實行考察，以資整頓，各屬警務，皆設專局，而以地方官爲監督。臣於去歲飭試署民政司謝汝欽，親赴各屬警務考察，獎其已能，勉其未至。並將劣迹顯著之員弁、長警，分別斥革。此後仍由該司擇要往查，務令從事者，咸知盡職，冀有成績，可收一釐，訂通則以歸畫一各屬巡警。本就地方情形，先後舉辦。然或僅安簡陋，或稍事鋪張，參差不齊，自爲風氣。飭司編定規則，以地方之繁簡，民力之舒耗，分爲上中下三等。員額多寡，薪水厚薄，各依等次爲衡。其餘一切職權章制，亦皆勒爲通章，俾資遵守。　一、注重教練，以培人才。吉省原有巡警學堂畢業各生，分派各警局，效用嗣於省城，附設傳習所，挑集各警兵，分班傳習。旋奉部文，將該堂改爲高等巡警學堂，並於堂内附設教練所，節經遵辦在案。惟全省二十二屬，需才既衆，如僅由省會教練所，分委任使，未免緩不濟急。爰遵部章，飭屬各設教練所一處，以本地人民按格考選入所，肄業再令實地練習，俟盡義務一年，給發文憑。務使人具專門，不至用非所學。　一、組織商埠巡警，以保主權。警察權限，原爲我所固有。臣前次督辦邊務，即經舉辦邊務巡警，見在長春商埠業，已創辦吉長線路，行將開工。省城商埠，一切正在籌辦，事關交涉，尤當注意。已飭民政司交涉司西路道，妥爲組織，務使權限分明，藉保治安，而免侵越。　一、編練豫備巡警，以資補助。吉省地處邊隅，盜風素熾，巡警職在防衛，實兼捕盜。重以各鄉村屯，户口星稀，距離窵遠，僅恃額定，巡警仍恐保衛難周，惟有寓警於農之意。於鄉巡各區内，另編豫備巡警，平時就各村壯丁，挑選編册，分班調練。聞警則聚而捕盜，無事則散而歸農。體驗民情，僉以爲便。其餘衛生、消防、山林、水道各項警察，亦均照章設備，以期日臻完善。至各屬見設警局之數，計城局二十三處，鄉局二十四處，分區二百四十五處，分所三百十四處，均分設於舊有官治。其新設之缺，見始分別派員試署設治，自應飭令逐漸增設，以求周密。警政爲内治根本，尤爲吉省根本中之根本。無論如何爲難，自當悉心籌辦，力求推廣。

清　顧炎武《菰中隨筆·歷代相傳治縣職官異同之圖》　鎮置將副，戍置主副，關市置令丞，皆仍隋唐之舊，令總治民政，勸課農桑，平決獄訟，有德澤禁令，則宣布於境。崇寧初，置丞一員，初惟大邑有之，至是不以邑之大小，皆得置丞。

清　李鍇《尚史》卷二二　秦之先帝，顓頊之苗裔。孫曰女脩，女脩生子大業。其父不著。又按史云：女脩織，玄鳥隕卵，女脩吞之生大業。蓋因商事附會故削之。大業取少典之子曰女華。女華生大費，與禹平水土已成。帝錫玄圭，禹受曰：「非予能成，亦大費爲輔。」帝舜曰：「咨爾費，贊禹功，其賜爾阜游，爾後嗣將大出。」乃妻之姚姓之玉女，大費拜受，佐舜調馴鳥獸，鳥獸多馴服，是爲栢翳，舜賜姓嬴氏。

清　陳夢雷《古今圖書集成·草木典》卷一　太皞伏羲氏命栗陸爲水龍氏，繁滋草木。

清　馬驌《繹史》卷三　尸子宓犧氏之世，天下多獸，故教民以獵《古史考》。伏羲氏作網《潛夫論》。結繩爲網以漁《世本》。芒氏作羅（伏羲臣）。

清　馬驌《繹史》卷八　《帝王世紀》以人事紀官，故以勾芒爲木正，祝融爲火正，蓐收爲金正，玄冥爲水正，后土爲土正。是五行之官，分職而治諸侯，於是化被天下。

清　方苞《禮記析疑》卷六《月令》　命野虞出行田原，爲天子勞農，勸民毋或失時。命司徒循行縣鄙，命農勉作，毋休于都。

嚴陵方氏以内外官爲別，臨川吴氏謂由卑而尊，皆近似而非也。周官山林川澤，各分三等，虞衡之設，隨地徧布。秦之四監即山虞、澤虞、林衡、川衡。各巡其境内，故能周視田原，見農夫則勞之，遇園圃藪牧之民及百工商賈則勸之，大小司徒不過三人，庶政繁殷，故惟躬臨縣鄙，申戒有司，命農勉作，毋休於都，使震動恪恭於穡事而已，必不能徧歷田原，與農民相勞，勸乃分職命事之理勢。如此不以内外而分，亦無所爲先後也。統之曰，司徒或正或貳，不可預定也。曰縣鄙則至六遂而止。其公邑家稍小都、大都則各有其長，皆以司徒之命命之。周官以九職任萬民，一曰三農生九穀，其餘八職俱不可失時，故勞農勸民並列也，野虞司之以不專於農事。　斷薄刑，決小罪，出輕繫，於此月斷之、決之、出之者，非極惡大罪，不忍使盛暑之月，困於囹圄也。【略】　命虞人入山行木，毋有斬伐。　周官山虞職，仲夏斬陰木，故季月則止之。入山行木，行視其已斬未斬而稽其數也。古者，山澤官守之而不頒於民。山虞之法，萬民斬材有期日，則取者不敢濫；以時計林麓而賞罰之，則守者不敢怠；凡竊木者，有刑罰，則耗敗之塗閉，此材木所以不可勝用也。後世山澤賦於民，則非時妄取，竭用無餘，官司不能禁，而盜竊者無所忌，是以山則彌望而童，道無列樹，暫遇水旱，薪芻不屬，黎民重困，然後知先王之慮民遠也。

清　方苞《周官析疑》卷八　山虞　山澤利多，爭訟易生，竊盜時發，必官爲之守。而民以時取，然後生物阜而惠澤均。故官司徒隸，不得不衆繁也。

清　方苞《周官析疑》卷八　林衡　麓接平地，視山木爲難守。大山之麓，有阤爲大林者，故別設官，而增胥徒之數。

清　鄂爾泰《禮記義疏》卷一五　《通論》葉氏時曰，晏子以齊侯守山林藪澤之利，而民疾詛；韓獻子以晉欲居郇瑕曰近寳，公室乃貧。是知山澤之利，先王未嘗禁，民自取之，是故名山大澤不以封諸侯，而九州山川藪澤之名，皆職方之所掌，將以弭諸侯之侈心，而謹天子之守地也。至於山林川澤之利，有可與侯國共者，則命山師、川師辨其物而頒之。使致其珍異之貢，所以示諸侯之公心，而均天下之利源也。山海天地之藏，山澤國家之寳。古先王不與民爭利，亦不縱民趨利，是以大宰以九職任萬民，而三曰虞衡作山澤之材，則官不以私也。地官之屬，有山虞令萬民，以時斬材。澤虞頒其餘於萬民，田獵受迹人之令，取金玉錫石，受丱人之圖，羽翮、齒角、絺綌、草貢，以至染草、灰炭、疏材、互蜃之物，皆山澤之民所得有，此謂與民共財。既而大宰又以九賦斂財賄，而八曰，山澤之賦，則民不得擅也。地官之屬，山虞、澤虞、川衡、林衡、迹人、草人，皆有厲禁。齒角羽翮，以當邦賦，則角人羽人領之。絺綌、草材，以當邦賦，則掌葛領之。以至掌炭、掌染草、掌荼、掌蜃之類，無不以時徵其物，此謂禁民取利。自齊桓筦山海鹽筴之利，始爲侯國之利，而與民共財之意失，漢以山澤租税領少府，賦雖私之，利猶在民。至吴王鑄山煮海而禁民趨利之意失，迨孔僅幹天下鹽鐵，而山澤變爲榷利矣。

清　孫承澤《春明夢餘録》卷六二　上林苑監　上林苑監在皇城東，東江米巷南向。洪武中議設上林苑監，以妨民業遂止。永樂五年間設左右監正、左右監副、左右監丞、典簿，所屬良牧、蕃育、嘉蔬、林衡、川衡、冰鑑、典察、左右前後十署，每署設典署、署丞、録事。洪熙元年止存左監丞、典簿，餘官不除，又以蕃育署帶管良牧、川衡兩署，嘉蔬署帶管冰鑑、林衡兩署。四署人户并四典察署人户俱撥二署暫管。宣德十年，止存蕃育、良牧、林衡、嘉蔬四署，餘皆革，後仍設右監丞。　上林之設自漢始，蓋漢武帝元鼎中初置水衡都尉，本於虞周山澤之官，然實以掌上林苑，主上林離宫燕休之處，後漢省之，併其職於少府。一云，後漢上林苑有令丞，主苑中禽獸，頗有人居，皆主之。

清　孫承澤《春明夢餘録》卷六二　［上林苑監］唐因隋，屬司農，亦有令丞掌諸苑囿、池沼，種蔬果藏冰之事。宋四園苑，東曰宜春，南曰玉津，西曰瓊林，北曰瑞聖，提舉官無常員，元曹後四園苑屬司農。　永樂十四年，諭凡牧養，栽種地，東至白河，西至西山，南至武清，北至居庸，西南至渾河，一應人不許于内圍獵，有犯禁者，每人罰馬九匹，鞍九副，鷹九連，狗九隻，銀一百兩，鈔一萬貫，仍治罪。雖親王勳戚，犯者亦同。　永樂五年三月，改上林署爲上林苑監，以中官相兼任用，置左右監正各一員，左右監副各一員，左右監丞各一員，首領典簿三員，設良牧、蕃育、林衡、嘉蔬、川衡、冰鑑及典察左右前後十署，每署置典署一員，署丞二員，録事一員。

林業法令規章部

詔令分部（一）

摘引

南朝宋　范曄《後漢書》卷二《明帝紀》　「夫春者，歲之始也。始得其正，則三時有成。比者水旱不節，邊人食寡，政失於上，人受其咎。有司其勉順時氣，勸督農桑，去其螟蜮，以及蝥賊；詳刑慎罰，明察單辭，夙夜匪懈，以稱朕意。」

唐　姚思廉《陳書》卷三《文帝紀》　（天嘉元年三月景辰，詔曰：）「守宰明加勸課，務急農桑，庶鼓腹含哺，復在茲日。」

宋　林虙《兩漢詔令》卷四《（文帝）勸農詔》　道民之路，在於務本。朕親率天下農，十年于今，而野不加辟。歲一不登，民有飢色，是從事焉尚寡，而吏未加務也。吾詔書數下，歲勸民種樹，而功未興，是吏奉吾詔不勤，而勸民不明也。且吾農民甚苦，而吏莫之省，將何以勸焉。其賜農民今年租税之半。

宋　林虙《兩漢詔令》卷五《（景帝）勸農桑禁采金玉詔》　農，天下之本也。黄金珠玉，飢不可食，寒不可衣，以爲幣用，不識其終始。間歲或不登，意爲末者衆，農民寡也。其令郡國務勸農桑，益種樹，可得衣食物。吏發民若取庸采黄金珠玉者，坐臧爲盗二千石，聽者與同罪。

唐　杜佑《通典》卷一《食貨》　（漢）孝景元年，制曰：「間者歲比不登，民多乏食，夭絶天年，朕甚痛之。郡國或磽陿，無所農桑繫畜；或地饒廣，薦草莽，草稠曰薦，草深曰莽。水泉利，而不得徙。其議民欲徙寛大地者，聽之。」後元三年，詔曰：「農，天下之本也。黄金珠玉，飢不可食，寒不可衣，以爲幣用，不識其終始。間歲或不登，意爲末者衆，農民寡也。其令郡國務勸農桑，益種樹，可得衣食物。」

唐　杜佑《通典》卷一《食貨》　（漢）建昭五年，詔曰：「方春農桑興，百姓勠力自盡之時也。故是月勞農勸桑，無使後時。今不良之吏，覆按小罪，徵召證按，興不急之事，以妨百姓，使失一時之作，亡終歲之功，公卿其明察申敕之。」

晉　陳壽《三國志·吴志》卷二　孫權《詔禁農桑時役事》赤烏三年正月：蓋君非民不立，民非穀不生。頃者以來，民多征役。歲又水旱，年穀有損，而吏不良，侵奪民時，以致饑困。自今以來，督軍郡守其謹察非法。當農桑時，以役事擾民者，舉正以聞。

晉　陳壽《三國志·吴志》卷三　孫休《務農桑詔》永安二年四月：朕以不德，託于王公之上。夙夜戰戰，忘寢與食。今欲偃武脩文，以崇大化。推此之道，當由士民之贍，必須農桑。《管子》有言：「倉廩實，知禮節。衣食足，知榮辱。」夫一夫不耕，有受其饑，一婦不織，有受其寒。饑寒並至，而民不爲非者，未之有也。自頃年以來，州郡吏民及諸營兵，多違此業，皆浮船長江，賈作上下。良田漸廢，見穀日少。欲求大定，豈可得哉。亦由租入過重，農人利簿，使之然乎。今欲廣開田業，輕其賦税，差科彊羸，課其田畝，務令優均。官私得所，使家給户贍，足相供養。則受身重命，不犯科法。然後刑罰不用，風俗可整。以羣僚之忠賢，若盡心于時，雖太古盛化，未可卒致。漢文升平，庶幾可及。及之則臣主俱榮，不之（及）則損削侵辱。何可從容俯仰而已。諸卿尚書，可共咨度，務取便佳，田桑已至，不可後時。事定施行，稱朕意焉。

唐　房玄齡等《晉書》卷一二五《馮跋傳》　（北燕國君馮跋）下書令民植桑柘：今疆宇無虞，百姓寧業，而田畝荒穢，有司不隨時督察，欲令家給人足，不亦難乎。桑柘之益，有生之本，此土少桑，人未見其利，可令百姓人植桑一百根，柘二十根。

南朝梁　沈約《宋書》卷五《文帝紀》　自頃農桑惰業，游食者衆，荒萊不辟，督課無聞【略】咸使肆力，地無遺利，耕蠶樹藝，各盡其力。若有力田殊衆，歲竟條名列上。【略】

（一）本分部摘引史料不以其成書先後爲序，而大體以詔令發布先後爲序。

又 凡諸州郡，皆令盡勤地利，勸導播殖蠶桑麻紵，各盡其方，不得但奉行公文而已。

北齊 魏收《魏書》卷二〇《食貨志》 前志有之，人生在勤，勤則不匱。凡庶民之不畜者祭無牲，不耕者祭無盛，不樹者死無槨，不蠶者衣無帛，不績者喪無衰，教行三農，生殖九穀，教行園囿，毓長草木，教行虞衡，山澤作材，教行藪牧，養蕃鳥獸。

唐 杜佑《通典》卷一《食貨》 後（北）魏明帝永興中，頻有水旱。神瑞二年，又不熟，於是分簡尤貧者就食山東。敕有司勸課田農曰：「前志有之，人生在勤，勤則不匱。凡庶人不畜者祭無牲，不耕者祭無盛，不樹者死無槨，不蠶者衣無帛，不績者喪無縗。教行三農，生殖九穀。」自是人皆力勤，歲數豐穰，畜牧滋息。

唐 杜佑《通典》卷一《食貨》 （北魏孝文帝太和）九年，下詔均給天下人田：諸男夫十五以上，受露田四十畝，不栽樹者謂之露田。婦人二十畝，奴婢依良。丁牛一頭受田三十畝，限四牛。所授之田率倍之，三易之田再倍之，以供耕休及還受之盈縮。人年及課則受田，老免及身没則還田，奴婢、牛隨有無以還受。諸桑田不在還受之限，但通入倍田分。於分雖盈，没則還田，不得以充露田之數，不足者以露田充倍。諸初受田者，男夫一人給田二十畝，課蒔餘，種桑五十樹，棗五株，榆三根。非桑之土，夫給一畝，依法課蒔榆、棗。奴各依良。限三年種畢，不畢，奪其不畢之地。於桑榆地分雜蒔餘果及多種桑榆者不禁。諸應還之田，不得種桑榆棗果，種者以違令論，地入還分。諸桑田皆爲代業，身終不還，恒從見口。有盈者無受無還，不足者受種如法。盈者得賣其盈，不足者得買所不足。不得賣其分，亦不得買過所足。諸麻布之土，男夫及課，别給麻田十畝，婦人五畝，奴婢依良，皆從還受之法。

北齊 魏收《魏書》卷七《孝文帝紀》 （帝詔曰：）今遣使者循行州郡，與牧守均給天下之田，還受以生死爲斷，勸課農桑，興富民之本。

唐 杜佑《通典》卷二《食貨》 北齊給授田令，仍依魏朝。每年十月普令轉授成丁而授，丁老而退，不聽賣易。文宣帝天保八年，議徙冀、定、瀛無田之人，謂之樂遷，於幽州寬鄉以處之。秦漢州郡則大，魏晉年代又遠，改移分析，或未易知，以此要有解釋。近代制置，今多因習，則不假繁叙，他皆類此。武成帝河清三年詔：每歲春月，各依鄉土早晚，課人農桑。自春及秋，男子十五以上，皆布田畝。蠶桑之月，婦女十五以上，皆營蠶桑。孟冬，刺史聽審邦教之優劣，定殿最之科品。人有人力無牛，或有牛無人力者，須令相便，皆得納種。使地無遺利，人無遊手。又令男子率以十八受田，輸租調，二十充兵，六十免力役，六十六退田，免租調。京城四面諸坊之外，三十里内爲公田。受公田者，三縣代遷户執事官一品以下，逮於羽林武賁，各有差。其外畿郡，華人官第一品以下，羽林武賁以上，各有差。職事及百姓請墾田者，名爲永業田。奴婢受田者，親王止三百人，嗣王二百人，第二品嗣王以下及庶姓王百五十人，正三品以上及皇宗百人，七品以上八十人，八品以下至庶人六十人。奴婢限外不給田者，皆不輸。其方百里外及州人，一夫受露田八十畝，婦人四十畝，奴婢依良人，限數與在京百官同。丁牛一頭受田六十畝，限止四牛。每丁給永業二十畝，爲桑田。其田中種桑五十根，榆三根，棗五根，不在還受之限。非此田者，悉入還受之分。土不宜桑者，給麻田，如桑田法。

唐 李百藥《北齊書》卷四《文宣帝紀》 （詔曰：）諸牧民之官，仰專意農桑，勤心勸課，廣收天地之利，以備水旱之災。

唐 魏徵《隋書》卷二四《食貨志》 至河清三年定令：【略】奴婢受田者，親王止三百人；嗣王止二百人；第二品嗣王已下及庶姓王，止一百五十人；正三品已上及皇宗，止一百人；七品已上，限止八十人；八品已下至庶人，限止六十人。奴婢限外不給田者，皆不輸。其方百里外及州人，一夫受露田八十畝，婦四十畝。奴婢依良人，限數與在京百官同。丁牛一頭，受田六十畝，限止四牛。又每丁給永業二十畝，爲桑田。其中種桑五十根，榆三根，棗五根。不在還受之限。非此田者，悉入還受之分。土不宜桑者，給麻田，如桑田法。

唐 杜佑《通典》卷二《食貨二》 隋文帝令，自諸王以下至於都督，皆給永業田，各有差。多者至百頃，少者至四十畝。其丁男、中男永業露田，皆遵後齊之制。並課樹以桑榆及棗。其園宅率三口給一畝，奴婢則五口給一畝。京官又給職分田，一品者給田五頃，至五品則爲田三頃，其下每品以五十畝爲差，至九品爲一頃。外官亦各有職分田。又給公廨田以供用。開皇九年，任墾田千九百四十萬四千二百六十七頃。隋開皇中，户總八百九十萬七千五百三十六。按定墾之數，每户合墾田二頃餘也。開皇十二年，文帝以天下户口歲增，京輔及三河地少而人衆，衣食不給，議者咸欲徙就寬鄉。帝乃發使四出，均天下之田。

其狹鄉，每丁纔至二十畝，老小又少焉。至大業中，天下墾田五千五百八十五萬四千四十頃。按其時有戶八百九十萬七千五百三十六，則每戶合得墾田五頃餘，恐本史之非實。

宋 歐陽修《新唐書》卷五一《食貨志》 唐制：度田以步，其闊一步，其長二百四十步爲畝，百畝爲頃。凡民始生爲黄，四歲爲小，十六爲中，二十一爲丁，六十爲老。授田之制，丁及男年十八以上者，人一頃，其八十畝爲口分，二十畝爲永業；老及篤疾、廢疾者，人四十畝，寡妻妾三十畝，當戶者增二十畝，皆以二十畝爲永業，其餘爲口分。永業之田，樹以榆、棗、桑及所宜之木，皆有數。田多可以足其人者爲寬鄉，少者爲狹鄉。狹鄉授田，減寬鄉之半。其地有薄厚，歲一易者，倍授之。寬鄉三易者，不倍授。工商者，寬鄉減半，狹鄉不給。凡庶人徙鄉及貧無以葬者，得賣世業田。自狹鄉而徙寬鄉者，得并賣口分田。已賣者，不復授。死者收之，以授無田者。凡收授皆以歲十月。授田先貧及有課役者。凡田，鄉有餘以給比鄉，縣有餘以給比縣，州有餘以給近州。 凡授田者，丁歲輸粟二斛，稻三斛，謂之租。丁隨鄉所出，歲輸絹二匹，綾、絁二丈，布加五之一，綿三兩，麻三斤，非蠶鄉則輸銀十四兩，謂之調。用人之力，歲二十日，閏加二日，不役者日爲絹三尺，謂之庸。有事而加役二十五日者免調，三十日者租、調皆免。通正役不過五十日。

唐 杜佑《通典》卷一《食貨志》 任土之法，以物地事，授地職，而待其政令。任土者，任其力勢所能生育，且以制貢賦也。物，物色之，以知其所宜之事而授農牧衡虞，使職之。以廛里任國中之地，以場圃任園地，以宅田、士田、賈田任近郊之地，以官田、牛田、賞田、牧田任遠郊之地，以公邑之田任甸地，以家邑之田任稍地，以小都之田任縣地，以大都之田任疆地。謂廛里者，若今云邑居里矣。廛，民居之區域也。里，居也。圃樹果蓏之屬，季秋於中爲場。樊圃謂之園。宅田者，致仕之家所受之田也。《士相見禮》曰：「宅者在邦，則曰市井之臣；在野，則曰草茅之臣。」士讀爲仕，仕者亦受田，所謂圭田也。孟子曰：「自卿以下，必有圭田，圭田五十畝。」賈田，在市賈人其家所受田也。官田，庶人在官者其家所受田也。牛田，牧田，畜牧者之家所受田也。賞田者，賞賜之田。公邑謂六遂餘地，天子使大夫治之，自此以外皆然。家邑，大夫之采地；小都，卿之采地；大都，公之采地，王子弟所食邑也。疆五百里，王畿界也。皆言任者，地之形實不方平如圖，受田邑者遠近不得盡如制，其所生育職貢，取正於是耳。民受田，上田夫百畝，中田夫二百畝，下田夫三百畝。歲耕種者爲不易上田，休一歲者爲一易中田，休二歲者爲再易下田，三歲更耕之，自爰其處。爰，於也。更謂三歲即改與別家佃，以均厚薄。農民戶人已受田，其家衆男爲餘夫，亦以口受田如比。比，例也。必寐反。士工商家受田，五口乃當農夫一人。口二十畝。此謂平土可以爲法者也。若山林藪澤原陵淳鹵之地，淳，盡也，澤鹵之田不生穀。各以肥磽多少爲差。磽，磽确，謂瘠薄之田。民年二十受田，六十歸田。七十以上，上所養也；十歲以下，上所長也；十一以上，上所強也。勉強勸之，令習事。

五代 劉昫《舊唐書》卷四八《食貨志》 （唐）丁男、中男給一頃，篤疾、廢疾給四十畝，寡妻妾三十畝，若爲戶者，加二十畝。所授之田，十分之二爲世業，八爲口分。世業之田，身死則承戶者便授之，口分則收入官，更以給人。

五代 劉昫《舊唐書》卷一五《憲宗紀》 （元和七年）夏四月癸巳，敕天下州府民戶，每田一畝種桑二樹，長吏逐年檢計以聞。

宋 歐陽修《新唐書》卷七《憲宗紀》 （元和七年）四月癸巳，詔民田畝樹桑二。

唐 杜佑《通典》卷二《食貨志》 （大）唐開元二十五年令：田廣一步、長二百四十步爲畝，百畝爲頃。自秦漢以降，即二百四十步爲畝，非獨始於國家，蓋具令文耳。國家程式雖則具存，今所存纂録，不可悉載，但取其朝夕要切，冀易精詳，乃臨事不惑。丁男給永業田二十畝，口分田八十畝，其中男年十八以上亦依丁男給，老男、篤疾、廢疾各給口分田四十畝，寡妻妾各給口分田三十畝，先永業者，通充口分之數。黄、小、中、丁男女及老男、篤疾、廢疾、寡妻妾當戶者，各給永業田二十畝，口分田二十畝。應給寬鄉，並依所定數；若狹鄉新受者，減寬鄉口分之半。其給口分田者，易田則倍給。寬鄉三易以上者，仍依鄉法易給。其永業田，親王百頃，職事官正一品六十頃，郡王及職事官從一品各五十頃，國公若職事官正二品各四十頃，郡公若職事官從二品各三十五頃，縣公若職事官正三品各二十五頃，職事官從三品二十頃，侯若職事官正四品各十四頃，伯若職事官從四品各十頃，子若職事官正五品各八頃，男若職事官從五品各五頃，上柱國三十頃，柱國二十五頃，上護軍二十頃，護軍十五頃，上輕車都尉十頃，輕車都尉七頃，上騎都尉六頃，騎都尉四頃，驍騎尉、飛騎尉各八十畝，雲騎尉、武騎尉各六十畝。其散官五品以上同職事給，兼有官爵及勳俱應給者，唯從多，不並給。若當家口分之外，先有地非狹鄉者，並即迴受，有剩追收，不足者更給。諸永業田皆傳子孫，不在收授之限，即子孫犯除名者，所承之地亦不追。每畝課種桑五十根以上，榆棗各十根以上，三年種畢。鄉土不宜者，任以所宜樹充。

唐 杜佑《通典》卷三《食貨》（大）唐令：諸户以百户爲里，五里爲鄉，四家爲鄰，五家爲保。每里置正一人，若山谷阻險，地遠人稀之處，聽隨便量置。掌按比户口，課植農桑，檢察非違，催驅賦役。在邑居者爲坊，别置正一人，掌坊門管鑰，督察姦非，並免其課役。在田野者爲村，别置村正一人。

唐 李隆基《唐六典》卷六《尚書户部》 辨天下之四人，使各專其業。凡習學文武者爲士，肆力耕桑者爲農，工作貿易《舊唐志》貿易作器用者爲工，屠沽興販者爲商。　工商皆爲家專，其業以求科《白虎通》科當作利者，其織紝組紃之類，非也。　工商之家，不得預於士。食禄之人，不得奪下人之利。凡天下之田，五尺爲步，二百有四十步爲畝，百畝爲頃。度其肥瘠寬狹，以居其人。凡給田之制有差，丁男、中男以一頃。　中男年十八已上者，亦依丁男給。　老男、篤疾、癈疾以四十畝，寡妻妾以三十畝，若爲户者，則減丁之半。凡田分爲二等，一曰永業，一曰口分。丁之田二爲永業，八爲口分。凡道士給田三十畝，女冠二十畝，僧尼亦如之。凡官户受田，減百姓口分之半。凡天下百姓，給園宅地者，良口三人以上給一畝，三口加一畝，賤口五人給一畝，五口加一畝，其口分永業不與焉。　若京城及州縣郭下園宅，不在此例。　凡給口分田，皆從便近。居城之人，本縣兼田者，則隔縣給受《舊唐志》受作授凡應收授之田，皆起十月，畢十二月。凡授田，先課後不課，先貧後富，先無《舊唐志》無作多後少。凡州縣界内所部，受田悉足者爲寬鄉，不足者爲狹鄉。凡官人《舊唐志》人下有「及勳」二字受永業田，親王一百頃，職事官正一品六十頃，郡王及職事官從一品五十頃，國公若職事官二品四十頃，郡公若職事官從二品三十五頃，縣公若職事官正三品二十五頃，職事官從三品二十頃，侯若職事官正四品十四頃，伯若職事官從四品十一頃，子若職事官正五品八頃，男若職事官從五品五頃，上柱國三十頃，柱國二十五頃，上護軍二十頃，護軍十五頃，上輕車都尉一十頃，輕車都尉七頃，上騎都尉六頃，騎都尉四頃，驍騎尉、飛騎尉各八十畝，雲騎尉、武騎尉各六十畝，其散官五品以上同職事給。

宋 王溥《五代會要》卷二五《逃户》（後唐）長興三年七月二十七日敕：「應諸處凡有今年爲經水澇逃户，莊園屋舍桑棗，一物已上，並可指揮州縣，散下鄉村，委逐村節級、鄰保人，分明文簿，各管見在，不得輒令毁拆房舍，斬伐樹木，及散失動使什物等。候本户歸業日，卻依元數，責令交付訖，具無欠少罪結狀，申本州縣。如元數内稱有事欠少許，歸業户陳狀訴論，所犯節級并鄉鄰保人等，並科違敕之罪，仍勒備償。或至來年春入務後，有逃户未歸者，其桑土即許鄰保人請佃，供輸租税，種後本主歸來，亦準上指揮，至秋收後還之。」

宋 司馬光《資治通鑑》卷二九一《後周太祖廣順三年》 帝素知其弊，會閤門使、知青州張凝上便宜，請罷營田務，李穀亦以爲言，乙丑，敕：「悉罷户部營田務，以其民隸州縣，其田、廬、牛、農器，並賜見佃者爲永業，見，賢遍翻。悉除租牛課。」是歲，户部增三萬餘户。民既得爲永業，始敢葺屋植木，獲地利數倍。或言：「營田有肥饒者，不若鬻之，可得錢數十萬緡以資國。」帝曰：「利在於民，猶在國也，朕用此錢何爲！」

宋 李燾《續資治通鑑長編》卷四一四 三省言故宰相執政官，子孫乞分財産者，所屬官司體量，乞分人貧乏方聽分割，其居宅墓地，仍不在分限。今詳上條即未及以次近臣之家，兼未有許占田以供祭祀指揮，欲參立太中大夫、觀察使以上，每員許占永業田十五頃，官給公據改注税籍，不許子孫分割、典賣，止供祭祀，有餘分贍本族。如輒典賣依卑幼私輒典賣法，仍不得無故毁折，及斫伐墓地内林木。從之。政目云詔：太中大夫觀察使以上永業田十五頃。

宋 王溥《五代會要》卷二五《逃户》（後）周顯德二年正月二十五日敕：應自前及今後有逃户莊田，許人請射承佃，供納租税。如三周年内，本户來歸業者，其桑土不以荒熟，并莊田交還一半。五周年内歸業者，三分交還一分。應已上承佃户，如是自出力别蓋造到屋舍，及栽種到樹木園圃，並不在交還之限。如五周年外歸業者，莊田除本户墳塋外，不在交付。如有荒廢桑土，承佃户自來無力佃蒔，祇仰交割與歸業人户佃蒔。　近北諸州，自契丹離亂，鄉村人户多被番軍打虜向北，近來多有百姓自番界迴來，其莊田已被别户請射，無處歸託。今後如有五周年内，其本主還來識認，不以桑土荒熟，并莊園三分中交還二分；十周年内來者，交還一半；十五周年内來者，三分中交還一分。應上項承佃户，如是自出力别蓋造到屋舍，及栽種到樹木園圃，並不在給還之限。如十五周年外歸業者，其莊田除本户墳塋外，不在交還；如有荒廢桑土，承佃户自來無力佃蒔，祇仰交割與歸業人户佃蒔。

清 吴任臣《十國春秋》卷一五（昇元三年）癸未，大赦境内，百官進位，將士勞賜有差。民三年藝桑及三千本者，賜帛五十疋，每丁墾田及八十畝者，賜錢二萬，皆五年勿收租税。又《春明退朝録》云：江南有國，時田每十畝蠲一畝半，以充瘠薄。

元 脱脱《宋史》卷二〇《徽宗紀》（政和元年）三月己巳，詔監司督州縣長吏勸民增植桑柘，課其多寡爲賞罰。

宋 王溥《唐會要》卷八五《逃户》（唐武宗）會昌元年正月制：安土重遷，黎民之性，苟非艱窘，豈至逃亡。將欲招綏，必在貲産。諸道頻遭災沴，州縣不爲申奏。百姓輸納不辦，多有逃亡。長吏懼在官之時，破失人户，或恐務免正税，減剋料錢。祇於見在户中，分外攤配。亦有破除逃户桑地，以充税錢。逃户産業已無，歸還不得。見在户每年加配，流亡轉多。自今已後，應州縣開成五年已前，觀察使刺史差强明官就村鄉，指實檢會桑田屋宇等，仍勒令長加檢校，租佃與人，勿令荒廢。據所得與納户内征税，有餘即官爲收貯，待歸還給付。如欠少，即與收貯。至歸還日，不須徵理。自今已後，二年不歸復者，即仰縣司，召人給付承佃，仍給公驗，任爲永業。其逃户錢草斛㪷等，計留使錢物合十分中三分已上者，並仰於當州當使雜給用錢内，方圓權落下，不得剋正員官吏料錢，及館驛使料。遞乘作民課等錢，仍任本户歸還日，漸復元額。【略】

又 大中二年正月制：所在逃户，見在桑田屋宇等，多是暫時東西，便被鄰人與所由等計會，雖云代納税錢，悉將斫伐毁折。及願歸復，多已蕩盡，因致荒廢，遂成閑田。從今已後，如有此色，勒鄉村老人與所由并鄰近等同檢勘分明，分析作狀，送縣入案。任鄰人及無田産人，且爲佃事，與納税糧。如五年内不來復業者，便任佃人爲主，逃户不在論理之限。其屋宇桑田樹木等，權佃人。逃户未歸，五年内不得輒有毁除斫伐，如有違犯者，據限日量情以科責，并科所由等不檢校之罪。

元 脱脱《宋史》卷一七三《食貨志》 農田之制 自五代以兵戰爲務，條章多闕，周世宗始遣使均括諸州民田。太祖即位，循用其法，建隆以來，命官分詣諸道均田，苛暴失實者輒譴黜。申明周顯德三年之令，課民種樹，定民籍爲五等，第一等種雜樹百，每等減二十爲差，桑棗半之；男女十歲以上種韭一畦，闊一步，長十步；乏井者，鄰伍爲鑿之；令、佐春秋巡視，書其數，秩滿，第其課爲殿最。又詔所在長吏諭民，有能廣植桑棗、墾闢荒田者，止輸舊租；縣令、佐能招徠勸課，致户口增羨、野無曠土者，議賞。諸州各隨風土所宜，量地廣狹，土壤瘠埆不宜種藝者，不須責課。遇豐歲，則諭民謹蓋藏，節費用，以備不虞。民伐桑棗爲薪者罪之：剥桑三工以上，爲首者死，從者流三千里；不滿三工者減死配役，從者徒三年。【略】

又 神宗熙寧元年，中書議勸民栽桑。帝曰：「農桑，衣食之本。民不敢自力者，正以州縣約以爲貲，升其户等耳。宜申條禁。」於是司農寺請立法，先行之開封，視可行，頒於天下。民種桑柘毋得增賦。安肅廣信順安軍、保州令民即其地植桑榆或所宜木，因可限閡戎馬。官計其活茂多寡，得差減在户租數，活不及數者罰，責之補種。　初，熙寧六年，立法勸民栽桑，有不趨令，則倣屋粟、里布爲之罰。然長民之吏不能究宣德意，民以爲病。至是，楚丘民胡昌等言其不便，詔罷之，且蠲所負罰金。

明 宋濂《元史》卷四《世祖紀》（中統二年）詔十路宣撫使量免民間課程。命宣撫司官勸農桑，抑游惰，禮高年，問民疾苦。

明 宋濂《元史》卷五《世祖紀》（中統三年夏四月）詔：「自今部曲犯重罪，鞫問得實，必先奏聞，然後置諸法。」詔安輯徐、邳民，禁征戍軍士及勢官，毋縱畜牧傷其禾稼桑棗。以米千石、牛三百，給西京蒙古户。癸卯，宋兵攻亳州。甲辰，命行中書省、宣慰司、諸路達魯花赤、管民官，勸誘百姓，開墾田土，種植桑棗，不得擅興不急之役，妨奪農時。

明 宋濂《元史》卷六《世祖紀》（至元六年）命中書省采農桑事，列爲條目，仍令提刑按察司與州縣官相風土之所宜，講究可否，别頒行之。

明 宋濂《元史》卷一四《世祖紀》（至元二十三年六月）詔以大司農司所定《農桑輯要》書頒諸路。

明 宋濂《元史》卷一八《成宗紀》（元貞元年）詔以農桑水利諭中外。

宋 闕名《宋詔令集》卷一八二《政事》 勸栽植開墾詔（乾德四年八月）：五代以來，兵亂相繼，國用不足，庸調繁興，圍桑柘以議蠶租，括田疇以足征賦，逋逃所失，均出里閭，致樹藝之不得勤，污萊之不敢闢，虛遺地利，重困生民。朕歷試艱難，周知疾苦。四方甫定，七載于兹，節用愛人，敦本抑末，有經費未嘗加賦，聞災沴即議蠲除，方致小康，固無重斂。爰頒詔旨，徧諭憂勤，庶幾畎畝之間，各務耕耘之業，宜令所在，明加告諭，自今百姓有能廣植桑棗，開荒田者，並令只納舊租，永不通檢。其諸縣令佐，如能招復逋逃，勸課栽植，舊減一選者，更加一階。凡爾蒸黎，當體朕意。

宋　李燾《續資治通鑑長編》卷一三　〔宋太祖開寶五年正月〕己亥詔：「自今沿黄、汴、清、御等河州縣，除準舊制種蓺桑棗外，委長吏課民别種榆柳及土地所宜之木。仍按户籍上下定爲五等，第一等歲種五十本，第二等以下遞減十本。民欲廣種蓺者聽逾本數，有孤寡窮獨者免之。」

宋　李燾《續資治通鑑長編》卷二三　〔宋太宗太平興國七年閏十二月〕庚戌，詔：「兩京諸州，擇郡民有練土地之宜、明種樹之法者，補爲農師，縣一人。令相視田畝沃瘠及五種所宜，指言某處土田宜植某物，某家有種，某户有丁男，某人有耕牛。即令鄉三老、里胥與農師同勸民分於曠土種蒔，俟歲熟共取其利。」

宋　李燾《續資治通鑑長編》卷一一三　〔明道二年十月〕丙申，詔：天下山林，自天聖七年以來，爲豪民規占其利者，悉還官與百姓共之。

宋　闕名《宋詔令集·政事·置農師詔（太平興國七年閏十二月庚戌）》卷一八二　民爲邦本，食乃民天。常念稼穡之艱難，每慮田園之荒廢，廣興山澤之利，大開衣食之源。既富庶之未臻，蓋勸課之猶闕。宜令諸道州府，應部民有乏種及耕具、人丁，許衆共推擇一人，練土地之宜，明種樹之法，補爲農師。令相視田畝沃瘠及五種所宜，指言某處土田宜植某物，某家有種，某户闕丁男，某人有耕牛。即令郡老三、里胥與農師共勸民，分于壙土種蒔，俟歲熟，共取其利。爲農師者，常税外，免其他役。民家有嗜酒蒱博怠于農務者，俾農師謹察之。聞於州縣，置其罪，以警游惰焉。所墾所田，即爲永業，官不取其租。詔到，宜亟行之，無或格緩。

宋　闕名《宋詔令集》卷一八二《政事》　令轉運使申飭令佐勸民栽種詔（至道元年十一月辛丑）：勸農種蓺，索有定規，如聞近年，多不率職，非所以副宰字之寄，厚衣食之源，宜令諸路轉運使申飭令佐，勸民栽種，歲滿書曆，以爲課績。

宋　李燾《續資治通鑑長編》卷六一　〔宋真宗景德三年正月壬子〕從駙馬都尉吴元扆等請，禁民開掘近陵地，令本鎮增植嘉木。

元　脱脱《宋史》卷一七三《食貨志》　孝宗隆興元年，詔：「凡百姓逃棄田宅，出二十年無人歸認者，依户絶法。」乾道元年正月，都省言：「淮民復業，宜先勸課農桑。令、丞植桑三萬株至六萬株，守、倅部内植二十萬株以上，並論賞有差。」二月，三省、樞密院言：「歸正人貧乏者散居兩淮，去冬淮民種麥甚廣，逃亡未歸，無人收穫。」詔諸郡量口均給，其已歸業者毋例擾之。四年，知鄂州李椿奏：「州雖在江南，荒田甚多，請佃者開墾未幾，便起毛税，度田追呼，不任其擾，旋即逃去。今欲召人請射，免税三年；三年之後爲世業，三分爲率，輸苗一分，更三年增一分，又三年全輸。歸業者别以荒田給之。」又詔楚州給歸正人田及牛具、種糧錢五萬緡。

宋　李燾《續資治通鑑長編》卷二四五　〔宋神宗熙寧六年五月〕辛酉，河北路察訪副使趙子幾言：「自西山道口東至百濟村二百餘里，栽榆桑，科買桑椹，石數不少，種在民田，牛羊不敢牧。」察訪使曾孝寬亦言：「民訴植木占耕地，隔州借車牛載桑榆，甚擾。又科桑椹，及令村社監督澆灌，民甚苦之。」詔下程昉相度。先是，言者謂河北沿邊可植桑榆雜木，以限敵騎，且給邦之材用。朝廷如其言，命文思副使霍舜封、供備庫副使王鑒以剥杌栽種榆柳爲名，置司於大名府，而昉實董其事。子幾、孝寬皆言其不便，故再令相度以聞。

宋　李燾《續資治通鑑長編》卷二四六　〔宋神宗熙寧六年七月〕詔：「安肅廣信順安軍、保州人户地内，令自植桑榆或所宜之木，官爲立勸課之法：每三株青活，破官米一升。計每户歲輸官之物，以實估準折，不盡之數，以待次年。如遇災傷，放税及五分以上，即以準折未盡米數等第濟接。仍據逐户内合栽之數，每歲二月終以前點檢及一分青活，至十年周遍。如不及一分，即量罪罰贖，勒令補種。令佐得替，轉運司差不干礙官點檢，以一任合栽之數，紐爲十分，如及十分者有賞，不及七分者有罰。其所栽植之木，令人户爲主，非時毋得遣人下鄉，以點檢爲名，以致騷擾。委轉運司施行，應昨所差管勾提舉官並罷。」初，以趙子幾及曾孝寬所言下程昉相度，樞密院欲罷昉，以孔嗣宗代之，王安石不可，乃更立此法。

宋　李燾《續資治通鑑長編》卷二五四　〔宋神宗熙寧七年六月〕河北東路察訪司曾孝寬乞自本司差官同安撫、轉運司相度滄州三塘及緣界河經黄河填汙地，募人種木。從之。

宋　李燾《續資治通鑑長編》卷二五九　〔宋神宗熙寧八年七月〕詔黄河向著隄岸榆柳，自今不許采伐。後又詔雖水退背隄岸，亦禁采伐。初，大名府修城，伐河隄林木爲用，都水監丞程昉以爲言，故禁之。

宋　李燾《續資治通鑑長編》卷二七一　〔宋熙寧八年十二月〕辛丑，都大提舉疏濬黄河范子淵言：「懷、衛州界沿隄林木甚多，欲選材創四百料船二百隻，以給濬河之用。」從之。

明　宋濂《元史》卷三〇《泰定帝紀》　致和元年春正月【略】丁丑，頒《農桑舊制》十四條于天下，仍詔勵有司以察勤惰。

明　宋濂《元史》卷九三《食貨志》　（至元七年）種植之制，每丁歲種桑棗二十株。土性不宜者，聽種榆柳等，其數亦如之。種雜果者，每丁十株，皆以生成爲數，願多種者聽。

又　（成宗大德）十一年，申擾農之禁，力田者有賞，游惰者有罰，縱畜牧損禾稼桑棗者，責其償而後罪之。由是大德之治，幾於至元。

又　武宗至大二年，淮西廉訪僉事苗好謙獻種蒔之法。其説分農民爲三等，上户地一十畝，中户五畝，下户二畝或一畝，皆築垣牆圍之，以時收採桑椹，依法種植。武宗善而行之。【略】延祐三年，以好謙所至，植桑皆有成效，於是風示諸道，命以爲式。是年十一月，令各社出地，共蒔桑苗，以社長領之，分給各社。四年，又以社桑分給不便，令民各畦種之。法雖屢變，而有司不能悉遵上意，大率視爲具文而已。五年，大司農司臣言：「廉訪司所具栽植之數，書于册者，類多不實。」觀此，則惰於勸課者，又不獨有司爲然也。致和之後，莫不申明農桑之令。天曆二年，各道廉訪司所察勤官内丘何主簿等凡六人，惰官濮陽裴縣尹等凡四人。其可考者，蓋止於此云。

元　脱脱《金史》卷四七《食貨志》　（世宗）大定十九年二月，上如春水，見民桑多爲牧畜嚙毁，詔親王、公主及勢要家牧畜有犯民桑者，許所屬縣官立加懲斷。

明　申時行《明會典》卷一九《農桑》　明初農桑之政，勸課耕植，具有成法。初皆責成有司，歲久政弛，乃稍添官專理。其例具後。　凡課種，明初，令天下農民凡有田五畝至十畝者，栽桑、麻、木綿各半畝。十畝以上者倍之。田多者以是爲差。有司親臨督視，惰者有罰。不種桑者使出絹一疋，不種麻者使出麻布一疋，不種木綿者使出綿布一疋。洪武元年，奏准桑、麻科徵之額。麻每畝八兩，木綿每畝四兩。栽桑者，四年以後有成，始徵其租。四年，令各府、州、縣行移提調官，常用心勸諭農民趂時種植。仍將種過桑、麻等項田畝，計科絲綿等項，分豁舊有、新收數目開報。十八年，議農桑起科太重，百姓艱難，令今後以定數爲額，聽從種植，不必起科。二十一年，令河南、山東農民中，有等懶惰不肯勤務農業，朝廷已嘗差人督併耕種。今出號令，此後止是各該里分老人勤督。每村置鼓一面，凡遇農種時月，五更擂鼓，衆人聞鼓下田，該管老人點閘。若有懶惰不下田者，許老人責決。務要嚴切督併見丁著業，毋容惰夫遊食。若是老人不肯勤督，農民窮窘，爲非犯法到官，本鄉老人有罪。二十五年，令鳳陽、滁州、廬州、和州每户種桑二百株、棗二百株、柿二百株。二十六年，定凡民間一應桑株，各照彼處官司原定則例，起科絲綿等物，其絲綿每歲照例折絹，俱以十八兩爲則折絹一疋。所司差人類解到部，劄付承運庫收納，以備賞賜支用。其樹株果價等項，並皆照例徵收錢鈔，除彼處存留支用外，其餘錢鈔一體類解户部，行移該庫交收。仍將存用數目，出給印信通關，具本入遞奏繳，本部查領，附卷作數。其進納絹疋、錢鈔一節，俱照依後項金科課程條款一體施行。二十七年，令天下百姓務要多栽桑、棗。每一里，種二畝秧。每一百户内，共出人力挑運柴草燒地，耕過再燒。耕燒三遍，下種。待秧高三尺，然後分栽，每五尺闊一壠。每一户初年二百株，次年四百株，三年六百株。栽種過數日，造册回奏，違者發雲南金齒充軍。此條舊見上部，今載此。正統八年，令各處不出蠶絲處所，每絹一疋折銀五錢，解京支用。　凡設官勸農，宣德二年添設浙江錢塘、仁和、海寧、新城、昌化、嘉興、海鹽、崇德八縣縣丞各一員治農。成化元年，添設河南、山東等布政司參政各一員，所屬各府同知一員，職專提督人民栽種耕耘，又預備倉糧糴買勸借。九年，添設蘇、松、常、鎮、湖五府通判并所屬長洲等縣縣丞各一員勸農。十年，添設山東布政司參政一員，專理勸農。十一年，添設直隸祁、安、滄、冀、深、趙州判官各一員，平谷、滿城、容城、完雄、深澤、束鹿、高陽、新安、河間、獻、阜城、肅寧、任丘、東光、故城、南皮、慶雲、真定、井陘、獲鹿、元氏、靈壽、藁城、欒城、無極、平山、阜平、南宫、新河、棗強、武邑、饒陽、安平、武強、栢鄉、隆平、高邑、臨城、贊皇、寧晉、衡水、沙河、南和、平鄉、廣宗、任、唐山、鉅鹿、内丘、水年、曲周、肥鄉、雞澤、廣平、邯鄲、成安、威、元城、大名、南樂、魏、清豐、内黄、濬、滑、長垣縣主簿各一員，江西南昌、新建、豐城、進賢、建昌、臨川、崇仁、樂安、新喻、新淦、廬陵、吉水、永新、泰和、永豐、安福、新昌、鄱陽、樂平、餘干縣主簿各一員，湖廣沔陽、荆門二州判官各一員，黄岡、麻城、江陵、監利、棗陽、衡山、安仁、慈利縣主簿各一員，河南允州判官一員，尉氏、滎澤、商水、夏邑、新野、淅川、新安、西平、信陽、確山、新蔡、息縣主簿各一員，應天府溧陽、溧水二縣主簿各一員，俱勸農。十九年，添設山西布政司參政一員，專理農務。二十一年，添設海、泰二州判官各一員，鹽城、沭陽、贛榆縣主簿各一員勸農。弘治十七年，裁革山東提督勸農參政。正德元年，裁革湖廣衡州府安仁縣勸農主簿。嘉靖六年詔：江南等處各該撫、按官通行所屬府州縣，原設有治農官處，不許營幹別差，責令着實修舉本等職業，專一循行勸課；原無官處，定委佐貳官一員帶管。果有實効，具奏旌擢。如或因循廢職，作罷軟罷黜。十二年，議准南直隸撫、按官，於淮、揚二府定委佐貳官一員，帶管開墾荒田、招撫鹽徒歸農。十五年，添設直隸淮安府通判一員，治農兼管水利。十八年，添設浙江湖州府通判一員，住劄所屬烏鎮地方，分理詞訟，追徵錢糧，弭捕盜賊，兼管治農水利。二十三年，添設鳳陽府通判一員治農，并責令淮安、徐州督農官，於各州、縣、鄉、社分設農者等役，開治荒地，招撫逃民。

清　龍文彬《明會要》卷五一　給事中郭永清疏：「乞令有司如舊制嚴督里老百姓，以時闢田園，脩陂堰，種桑棗。」從之。

清　龍文彬《明會要》卷五三　洪武二十五年，令鳳陽、滁州、廬州、和州每户種桑二百株，棗二百株，柹二百株。

又　洪武二十七年三月庚戌，課民樹桑棗木棉。

清　傅維鱗《明書》卷三《太祖紀》　二十七年甲戌，春正月，復寘平陽鐵冶，再歸併僧道。丙寅，爲諸皇孫選婚，練兵防倭，罷諸司公宴。二月免荒田租。三月策士賜張信等及第出身有差，命天下種桑、棗。

清　龍文彬《明會要》卷五三　永樂二年，諭户部曰：今春時和，東作方興。宜申明教術，勸課農桑。

又　宣德四年九月，申明栽種桑棗之令。

又　宣德十年十一月，令都、布二司嚴督所司種桑棗。

又　英宗初，山西參政王來言：「郡縣官不以農桑爲務，致民多遊惰，田日荒閒，租稅無出，累及良民。宜擇守長賢者，以課農爲職。其荒田令附近之家通力合作，供租之外，聽其均分。原主復業，則還之。蠶桑可裨本業者，聽其規畫。仍令提學風憲官督之，庶人知務本。」從之。

又　正統九年七月，申明種桑棗法。

又　景泰四年十月庚寅，詔天下鎮守巡撫官督課農桑。

又　萬曆十年四月戊子朔，諭禮部，令民及時農桑，勿事遊惰。

清　顧炎武《日知録之餘》卷四《栽桑棗》　《實録》乙巳年六月乙卯下令，凡農民田畝五畝至十畝者，栽桑麻、木棉各半畝，十畝以上者倍之，其田多者，率以是差有司親臨督勸，惰不如令者有罰，不種桑出絹一匹，不種麻及木棉便出麻布、棉布各一匹。洪武二十五年正月戊子，詔諭五軍都督府臣曰：天下衛所分兵屯，種者咸獲稼穡之利，其令在屯軍士人樹桑棗百株。柹栗、胡桃之類，隨地所宜植之，亦足以備歲歉。五府其偏行程督之。十一月壬寅詔鳳陽、滁州、廬州等處，民户種桑棗柹各二株。二十七年三月庚戌，命天下種桑棗。上諭工部臣曰：「人之常情安于所忽，飽即忘飢，煖即忘寒，不思爲備，一旦卒遇凶荒則茫然無措。朕深知民艱，百計以勸督之，俾其咸得飽煖。比年以來，時歲頗豐，民庶給足，田里皆安，若可以無憂也，然預防之計，不可一日而忘也。爾工部其諭：民間但有隙地，皆令種植桑棗。或遇凶歉，可爲衣食之助。」于是工部移文天下有司，督民種植桑棗，且授之種植之法。又令益種棉花，率蠲其稅，歲終具數以聞。二十八年十一月壬辰上諭户部官曰：「方今天下太平，軍國之需，皆已用足，其山東、河南民人田地桑棗，除已入額徵科，自二十六年以後栽種桑棗果樹，與二十七年以後新墾田地，不論多寡，俱不起科。若有司增科，害者罪之。」宣德七年九月癸亥，順天府尹李庸言：「所屬州縣舊有桑棗，近年砍伐殆盡，請令州縣每里擇耆老一人，勸督每丁種桑棗各百株，官常點視，三年給田開其所種多寡以驗勤怠。」上謂行在户部臣曰：「桑棗生民衣食之計，洪武間遣官專督種植，今有司略不加意其即移文天下郡邑，督民栽種，違者究治。」正統元年八月丁丑，命提調學校風憲官兼督民間栽種桑棗。《平陽府太平縣志》：明初令各里設柘桑園，以重蠶事。其後皆廢，地多爲民占。嘉靖聽民易買官地，高腴里耆民王登漢，易得柘桑，故園舍爲義塚。《郡國志》：凡桑棗田地丈量時，俱被豪民攤洒糧稅，占爲己業，故處已不可考，命桑棗帶稅糧徵收。《金史・食貨志》凡桑棗民户以多植爲勤，少者必植其地十之三，除枯補新，使之不闕。

清　允禄《世宗上諭内閣》卷一三二　〔雍正十一年六月二十一日〕上諭由京師至江南，道路往來行旅繁多。朕於雍正七年，特遣大臣官員前往，督率地方官修理平治，不惜帑金成功迅速。又令道旁種樹，以爲行人憩息之所。比時田文鏡董率河南官員種植培養林木，茂密較勝他省，經過之人皆共見之。凡此道路樹木皆朕降旨，交與該地方官隨時留心保護者，近聞官吏怠忽，日漸廢弛，低窪之處，每多積水，橋梁亦漸折陷，車輛難行，道旁所種柳樹殘缺未補，且有附近兵民斫伐爲薪者，此皆有司漫不經心，而大吏又不稽查訓戒之故，甚屬不合。著傳諭該督撫等轉飭有司照舊修理，務令平坦整齊，或遇雨水泥潦，隨損隨修，不得遲緩。其應行補種柳樹之處，按時補種，並令文武官弁禁約，兵民不得任意戕伐，儻有不遵，將官弁題參議處，兵民從重治罪。

清《世宗硃批諭旨》卷三〇中 ［清世宗對雍正二年二月二十二日河南巡撫石文焯的奏摺硃批：］豫省官塘以及偏僻道路烟墩，俱宜整理修葺。直隸山東道傍皆遍種樹木，此法甚善。今歲似已過期，可預行通飭備辦，俟明春乘時栽植毋悮。若不訓戒屬員，借此或致擾民，生一事又不如省一事也。

清 嵇璜《清文獻通考》卷一《田賦考》 ［順治十三年］令民間種植樹木以補耕穫，地方官加意勸課。如私伐他人樹株者，按律治罪。

清 嵇璜《清文獻通考》卷三《田賦考》 ［雍正五年］［詔］令直隸州縣勸民於村坊樹植棗栗，河隄旁種柳，陂塘、淀澤種菱藕，畜魚凫。其地宜桑麻者，尤當勤於栽種。每歲地方官將某村某坊種樹之數申報上司。

清 嵇璜《清文獻通考》卷四《田賦考》 （乾隆六年）諭曰：《周禮》太宰以九職任萬民。一曰三農生九穀，二曰園圃毓草木，三曰虞衡作山澤之材，四曰藪牧養蕃鳥獸。其爲天下萬世籌贍足之計者，不獨以農事爲先務，而兼修園圃、虞衡、藪牧之政。故因地之利，任圃以樹事，任牧以畜事，任衡以山事，任虞以澤事，使山林、川澤、邱陵之民得享山林、川澤、邱陵之利。夫制田里，教樹畜，岐周之善政。管敬仲亦云，積于不涸之倉者，務五穀也。藏于不竭之府者，養桑麻、育六畜也。如果園圃、虞衡、藪牧之職，以次修舉，於民生日用，不無裨益。國家承平日久，生齒日繁，凡資生養贍之源不可不爲急講。夫小民趨利如鶩，亦豈甘爲惰窳舉山林川澤、天地自然之利，委爲棄壤哉。良以疏闢之初，豪強既羣起而争，管業之後，姦民又多方戕賊。地方有司每視爲貲産細故不爲申理，此所以寧荒其業耳。督撫大吏身任地方，所當因地制宜，及時經理。其已經開墾成産者，加意保護，或荒墟榛壤以及積水所匯有可疏闢者，多方相度籌畫。俾地無遺利，民無遺力，以成經久優裕之良法。至于竭澤焚林，並山澤樹畜一切侵盗等事，應行禁飭申理轉飭地方官實力奉行。該督撫不時稽察，務令從容辦理，毋絲毫滋擾，毋日久因循以仰副朕惠養斯民之至意。

又 （乾隆九年）【略】令直隸課民種植果木，時議以直隸、天津、河間各屬，土性宜棗，深冀亦産桃李，至于榆柳之類，河窪鹼地各有所宜。應令民間隨宜廣種。如有旗地可種樹木之處，該管各官勸諭旗人亦多爲栽種，下部行之。

清 唐執玉 李衛《畿輔通志》卷五 雍正五年二月初七日，上諭修舉水利，種植樹木等事，原爲利濟民生，必須詳諭勸導，令其鼓舞從事，方有裨益，不得繩之以法。若地方官員因關係考成督課嚴急，則小民轉受其擾矣。著直隸學臣轉飭教職各官，切加曉諭，不時勸課，使小民踴躍興作。若地方官員怠忽不加勸導，或有逼勒過嚴者，著學臣稽察奏報，三路巡察御史亦著善爲勸導，悉心稽察。如地方官有奉行不善之處，即行據實奏聞。

清 唐執玉 李衛《畿輔通志》卷一〇 ［康熙帝諭］南方青竹叢林不乏觀玩。北地氣寒，非保護得宜，即難藝植。朕嘗有事河干往來數次，覽竹樹之暢茂，暫時停輦，即行後于禁苑種植頗蕃，今經三十餘年，邇來延至數畝之廣，其圍至八寸，徑二寸五分有零。

清 闞培鈞《新化縣志》卷首上 諭樹藝雍正二年 上諭直省督撫等官，朕惟撫養元元之道，足用爲先。朕自臨御以來，無刻不廑念民依，重農務本，業已三令五申矣。但我國家休養生息，數十年來户口日繁，而土田止有此數，非率天下農民，竭力耕耘兼收倍獲，欲家室盈寧，必不可得。《周官》所載，巡稼之官，不一而足，又有保介田畯日在田閒，皆爲課農設也。今課農雖無專官，然自督撫以下，孰不兼此任也。其各督率有司，悉心相勸，並不時咨訪疾苦。有絲豪妨於農業者，必爲除去，仍於每鄉中擇一二老農，勤勞作苦者，優其獎賞，以示鼓勵，如此則農民知勸而惰者可化而勤矣。再舍傍田畔，以及荒山不可耕種之處，度量土宜種植樹木，桑柘可以飼蠶，棗栗可以佐食，櫻桐可以資用，即榛楛雜木亦足以供炊爨。其令有司督率指畫課令種植，仍嚴禁非時之斧斤，牛羊之踐踏，奸徒之盗竊，亦爲民利不小。至孳養牲畜，如北方之羊，南方之彘，牧養如法，乳字以時，於生計不無裨益。總之小民至愚，經營衣食，非不迫切，而於目前自然之利，反多忽畧，所賴親民之官，委曲周詳，多方勸導，庶使踴躍争先，人力無遺而地利始盡，不惟民生可厚，風俗亦可還醇。爾督撫等官，各體朕惓惓愛民之意，實心奉行。倘視爲具文，苟且塗飾，或反以擾民，則尤其不可也。特諭。

律例分部

摘引

《墨子》卷七《天志》　今有人於此入人之場園，取人之桃李瓜薑者，上得且罰之，衆聞則非之。

《周禮・地官・山虞》　凡服耜，斬季材，以時入之。令萬民時斬材，有期日。凡邦工入山林而掄材，不禁。春秋之斬木，不入禁。凡竊木者有刑罰。

《周禮・地官・司徒》　凡庶民不畜者祭無牲，不耕者祭無盛，不樹者無椁，不蠶者不帛，不績者不衰。鄭玄註：掌罰其家事也。盛，黍稷也。椁，周棺也。不帛，不得衣帛也。不衰，喪不得衣衰也。皆所以恥不勉。衰，七回反。

《周禮・地官・迹人》　凡田獵者受令焉。禁麛卵者與其毒矢射者。

《禮記・王制》　木不中伐，不鬻於市。

唐　長孫無忌《唐律疏議》卷一三《户婚・給授田課農桑違法》　諸里正，依令授人田，課農桑。若應受而不授，應還而不收，應課而不課，如此事類違法者，失一事笞四十，一事，謂失一事於一人。若於一人失數事及一事失之於數人，皆累爲坐。《疏》議曰：依《田令》：「户内永業田，每畝課植桑五十根以上，榆、棗各十根以上。土地不宜者，任依鄉法。」又條：「應收授之田，每年起十月一日，里正預校勘造簿，縣令總集應退應受之人，對共給授。」又條：「授田：先課役，後不課役；先無，後少；先貧，後富。」其里正皆須依令造簿通送及課農桑。若應合受田而不授，應合還公田而不收，應合課田農而不課，應課植桑、棗而不植，如此事類違法者，每一事有失，合笞四十。注：一事，謂失一事於一人。若於一人失數事及一事失之於數人，皆累爲坐。《疏》議曰：一事謂失一事於一人者，假若於一户之上，不課種桑、棗爲一事，合笞四十。「若於一人失數事」，謂於一人之身，應受不授，又不課桑、棗及田疇荒蕪；「及一事失之於數人」，謂應還不收之類，在於數人之上：皆累而爲坐。

三事加一等。縣失十事笞三十；二十事加一等。州隨所管縣多少，通計爲罪。州、縣各以長官爲首，佐職爲從。

唐　長孫無忌《唐律疏議》卷二七《雜律・失火及非時燒田野》　諸失火及非時燒田野者笞五十，非時，謂二月一日以後、十月三十日以前。若鄉土異宜者，依鄉法。延燒人舍宅及財物者杖八十，贓重者坐贓論減三等，殺傷人者減鬥殺傷二等。《疏》議曰：「失火」謂失火有所燒，及不依令文節制而非時燒田野者，笞五十。其於當家之内失火者，皆罪失火之人。注云「非時，謂二月一日以後、十月三十日以前。若鄉土異宜者，依鄉法」，謂北地霜早，南土晚寒，風土亦既異宜，各須收穫總了，放火時節不可一準令文，故云「各依鄉法」。延燒人舍宅及財物者，各杖八十。「贓重者」，謂計贓得罪重於杖八十，坐贓論減三等。準贓二十疋以上，即從贓科。「殺傷人者，減鬥殺傷罪二等」，謂燒殺人者，失火及燒田之人減死二等合徒三年；不合償死者，從本殺傷罪減。其贓若損衆家之物者，併累亦倍論。　其行道燃火不滅而致延燒者，各減一等。《疏》議曰：人在行路之上，或須燃火，事了發去，皆須滅之。若不撲滅，而致延燒他人林木、舍宅、財物或殺傷人者，各減上文罪一等：謂延燒贓少者杖八十上減一等；贓重者坐贓上減四等，罪止徒一年；殺傷人者減鬥殺傷三等。故云「各減一等」。

唐　長孫無忌《唐律疏議》卷二七《雜律・棄毀器物稼穡》　諸棄毀官私器物及毀伐樹木、稼穡者準盜論，即亡失及誤毀官物者各減三等。《疏》議曰：「棄毀官私器物」，謂是雜器、財物，輒有棄擲、毀壞；「及毀伐樹木、稼穡者」，「種之曰稼，斂之曰穡。」麥、禾之類：各計贓準盜論。「即亡失及誤毀」，謂亡失及誤毀官器物、樹木、稼穡者，各減故犯三等。謂其贓並備償。若誤毀、失私物，依下條例償而不坐。

唐　長孫無忌《唐律疏議》卷二六《雜律・占山野陂湖利》　諸占固山野陂湖之利者杖六十。《疏》議曰：山澤陂湖，物産所植，所有利潤，與衆共之。其有占固者杖六十，已施功取者不追。

唐　長孫無忌《唐律疏議》卷二六《雜律・私食官私田園瓜果》　諸於官私田園，輒食瓜果之類坐贓論，棄毀者亦如之，即持去者準盜論。《疏》議曰：稱「瓜果之類」，即雜蔬菜等皆是。若於官私田園之内，而輒私食者坐贓論。其有棄毀之者，計所棄毀亦同輒食之罪，故云「亦如之」。持將去者，計贓準盜論。並徵所費之贓各還官、主。　主司給與者加一等。彊持去者以盜論。主司即言者不坐。非應食官酒食而食者，亦準此。《疏》議曰：當園主司，將瓜果之屬給與人食者，加坐贓罪一等，謂一尺笞三十，一疋加一等，一尺杖七十，一疋加一等。給與將去者，準盜上加一等。「彊持去者」，謂以威若力強持將去者以盜論，計贓同真盜之法，其贓倍徵，贓滿五疋者免官。若監臨主司自強取者加凡盜罪二等，除名、倍贓並依常律。主司當即言告者，主司不坐。「非應食官酒食而輒食者，亦準此」，謂輒食者坐贓論，棄毀者亦同。持去者準盜論，強持去者以竊盜論。若主司私持去者並同監主盜法。若非主司，不因食次而持去者以盜論，強者依強盜法。

唐 長孫無忌《唐律疏議》卷一三《户婚·不言及妄言旱澇霜蟲》 諸部内有旱澇霜雹蟲蝗爲害之處，主司應言而不言及妄言者，杖七十。覆檢不以實者，與同罪。若致枉有所徵免，贓重者，坐贓論。《疏》議曰：旱謂亢陽，澇謂霖霪，霜謂非時降實，雹謂損物爲災，蟲蝗謂螟螽蝥賊之類。依令：「十分損四以上，免租；損六，免租、調；損七以上，課、役俱免。若桑、麻損盡者，各免調。」其應損免者，皆主司合言。主司，謂里正以上。里正須言於縣，縣申州，州申省，多者奏聞。其應言而不言及妄言者，所由主司杖七十。其有充使覆檢不以實者與同罪，亦合杖七十。若不以實言上，妄有增減，致枉有所徵免者，謂應損而徵，不應損而免，計所枉徵免，贓罪重於杖七十者，坐贓論，罪止徒三年。既是以贓致罪，皆合累倍而斷。　問曰：有應得損免，不與損免，以枉徵之物，或將入己，或用入官，各合何罪？　答曰：應得損、免而妄徵，亦準上條「妄脱漏增減」之罪：入官者坐贓論，入私者以枉法論，至死者加役流。

唐 長孫無忌《唐律疏議》卷二〇《賊盜·山野物已加功力輒取》 諸山野之物，已加功力刈伐積聚，而輒取者，各以盜論。《疏》議曰：「山野之物」，謂草、木、藥、石之類。有人已加功力，或刈伐，或積聚，而輒取者，「各以盜論」，謂各準積聚之處時價計贓，依盜法科罪。

唐 長孫無忌《唐律疏議》卷一六《擅興·功力採取不任用》 諸役功力有所採取而不任用者，計所欠庸，坐贓論減一等。《疏》議曰：謂官役功力，若採藥或取材之類，而不任用者。若全不任用，須計全庸；若少不任用，準其欠庸，併倍坐贓論減一等。　若有所造作及有所毁壞，備慮不謹而誤殺人者，徒一年半；工匠、主司各以所由爲罪。《疏》議曰：謂有所繕造營作及有所毁壞崩撤之類，不先備慮謹慎而誤殺人者，徒一年半。「工匠、主司各以所由爲罪」，或由工匠指撝，或是主司處分，各以所由爲罪，明無連坐之法。律既但稱「殺人」，即明傷者無罪。

唐 長孫無忌《唐律疏議》卷一九《賊盜·盜園陵内草木》 諸盜園陵内草木者，徒二年半。若盜他人墓塋内樹者，杖一百。《疏》議曰：園陵者，《三秦記》云：「帝王陵有園，因謂之園陵。」《三輔黄圖》云：「謂陵四闌門通四園。」然園陵草木而合芟刈，而有盜者，徒二年半。若盜他人墓塋内樹者，杖一百。若贓重者，準下條「以凡盜論加一等」。若其非盜，唯止斫伐者，準《雜律》：「毁伐樹木稼穡，各準盜論。」園陵内，徒二年半；他人墓塋内樹，杖一百。

唐 長孫無忌《唐律疏議》卷二六《雜律·施機槍作坑穽》 諸施機槍、作坑穽者，杖一百；以故殺傷人者，減鬭殺傷一等；若有標識者，又減一等。《疏》議曰：有人施機槍及穿坑穽，不在山澤擬捕禽獸者，合杖一百。以施槍等故而殺傷人者，減鬭殺傷罪一等。若於機槍、坑穽之處而立標識，欲使人知，而人誤犯致死傷者，「又減一等」，謂總減鬭殺傷罪二等。若不殺傷人，從杖一百減一等合杖九十。　其深山、迥澤及有猛獸犯暴之處而施作者，聽。仍立標識。不立者，笞四十；以故殺傷人者，減鬭殺傷罪三等。《疏》議曰：「深山、迥澤」，謂非人常行之所，或雖非山澤而有猛獸犯暴之處，施作機槍、坑穽者，不合得罪。仍立標識，不立者笞四十。若不立標識而致殺傷人者，減鬭殺傷罪三等。若立標識，仍有殺傷，此由行人自犯，施機槍、坑穽者不坐。

唐 長孫無忌《唐律疏議》卷二七《雜律·山陵兆域内失火》 諸於山陵兆域内失火者徒二年，延燒林木者流二千里，殺傷人者減鬭殺傷一等。其在外失火而延燒者，各減一等。餘條在外失火準此。《疏》議曰：「山陵」，前已釋訖。「兆域」者，鄧展云：「除地爲塋，將有形兆。」韋昭曰：「兆，域也。起土爲塋域。」《孝經》曰：「卜其宅兆而安厝之。」然山陵兆域之所皆有宿衛之人，而於此内失火者徒二年，延燒兆域内林木者流二千里，殺傷人者減鬭殺傷一等。「其在外失火」，謂於兆域外失火，延燒兆域内及林木者，「各減一等」，謂延燒兆域内徒二年上減一等，若延燒林木者流二千里上減一等。注云「餘條在外失火準此」，餘條謂「庫藏」以下諸條，因在外失火延燒者，各減於内失火一等。

唐 長孫無忌《唐律疏議》卷二七《雜律·非時燒田野》 諸失火及非時燒田野者，笞五十。非時謂二月一日以後，十月三十日以前，若鄉土異宜者依鄉法。延燒人舍宅及財物者，杖八十，贓重者，坐贓論減三等，殺傷人者，減鬭殺傷二等。《疏議》曰：失火謂失火，有所燒及不依令文節制。而非時燒田野者笞五十，其於當家之内失火者，皆罪失火之人。註云「非時謂二月一日以後，十月三十日以前，若鄉土異宜者，依鄉法」，謂北地霜早，南地晚，寒風土亦既異，宜各須收穫總了，放火時節不可一準。令文故云：各依鄉法。延燒人舍宅及財物者，各杖八十。贓重者，謂計贓得罪，重於杖八十。坐贓論減三等，準贓二十疋以上，即從贓科。殺傷人者，減鬭殺傷罪二等，謂燒殺人者，失火及燒田之人，減死二等，合徒三年。不合償死者，從本殺傷罪減其贓，若損衆家之物者，併累亦倍論。　其行道燃火不滅，而致延燒者，各減一等。《疏議》曰：人在行路之上，或須燃火，事了發去，皆須滅之，若不撲滅而致延燒他人林木舍宅財物或殺傷人者，各減上文罪一等。謂延燒贓少者，杖八十上減一等。贓重者坐贓上減四等，罪止徒二年。殺傷人者，減鬬殺傷三等，故云各減一等。

明 宋濂《元史》卷一〇四《刑法志》 諸於迴野盜伐人材木者，免刺，計贓科斷。諸被脅從上盜，至盜所，復逃去，不以爲從論。諸竊盜贓不滿貫，斷罪，免刺。諸子爲盜，父殺之，不坐。諸爲盜，初經刺斷，再犯姦私，止以姦爲坐，不以爲盜再犯論。諸奴婢數爲盜，應識過於門者，其主不知情，不得輒書於其主之門。諸被誘脅上盜，不曾分贓，而容隱不首者，杖六十七，免刺。

清 徐本 三泰《清律例》卷二三 凡山前山後各有禁限，若有盜砍樹株者，驗實樁橛，比照盜大祀神御物律斬，奏請定奪。爲從者，發近邊充軍，取土取石開窑燒造，放火燒山者，俱照律分別首從擬斷。

又 凡盜園陵内樹木者，皆不分首從杖一百，徒三年。若盜他人墳塋内樹木者，首杖八十，從減一等若計入已贓重於徒杖本罪者，各加盜罪一等。各加監守常人竊盜罪一等。若未馱載，仍以毁論。

又 姦徒私買他人墳塋樹木者，無論株數及已伐未伐，初犯杖一百，枷號一個月。再犯杖一百，枷號三個月。犯至三次者，發近邊充軍。

清 徐本 三泰《清律例》卷二四 一刨參官商私刻小票，影射私參，照私販人參例分別治罪。

又 一領票工人内如有偷竊領票商人之參者，照刨參已得例不論參數多寡，俱杖一百，流三千里，仍於面上刺竊盜字，追贓給主。

又 凡潛入南苑，竊取草束等物者，不分首從，俱杖一百，徒三年。

又 一拏獲圍場内賊犯，如係偷採菜蔬，及割草之人，初犯枷號一個月，再犯枷號兩個月，三犯枷號三個月發落。若盜砍木植，偷打牲畜，審係初次、二次，發往烏魯木齊等處種地。犯至三次者，即發往烏魯木齊等處，給兵丁爲奴。打牲砍木未得人犯，均照已得遣罪減一等，杖一百，徒三年。再犯即未得畜木亦與已得者同，擬外遣。若止偷竊野鷄並無鳥鎗器械者，即在拏獲地方責懲完結。

清 徐本 三泰《清律例》卷四一 杖八十 刑律：盜他人墳塋内樹木爲首者盜園陵樹木律。又〔兵例〕：一民人私入臺灣番境及近番處，所偷越深山抽藤弔鹿，伐木採椶，本管頭目，鈐束不嚴者。

清 徐本 三泰《清律例》卷四二 徒二年 〔刑律〕山陵兆域内失火者，官府公廨及倉庫内失火者，山陵林木在外失火延燒者。失火律

清 徐本 三泰《清律例》卷四二 徒三年 〔刑律〕盜園陵内樹木者。盜園陵樹木律

又 打捕户於深山曠野，猛獸往來去處，穿作阬穽及安置窩弓，不立望竿及抹眉小索，因而傷人致死者。窩弓殺傷人律

又 一領票刨參人夫，將批給鳥鎗轉給售賣刨參之人者。 一違禁攜帶米石什物，賣與刨參之人，易换人參。米不及五十石，什物值銀不及五十兩者，巡綽官兵知情故縱者。 一刨參賊犯逗遛已過三冬，若並無財主，各出資本及受雇偷採或隻身潛往，未得參者。 一潛入南苑，竊取草束等物者。 一拏獲圍場内賊犯打牲砍木，未得者。盜田野穀麥例

清 徐本 三泰《清律例》卷四三 實犯流罪二千里 〔刑律〕失火延燒山陵兆域内林木者。失火律

清 徐本 三泰《清律例》卷四五 發配〔刑例〕一子孫將祖父墳塋樹木私自砍賣十株以上之旗人。奴僕盜賣十株以上者。盜園陵樹木例

清 徐本 三泰《清律例》卷四四 發配一旗下家奴潛匿禁山，刨參治罪管束後，再逃往禁山者，即發黑龍江等處，給披甲人爲奴。 一偷刨人參，人至百名以上，參至五百兩以上，爲從發雲貴兩廣烟瘴地方，旗下家奴發駐防兵丁爲奴。 一旗下家奴身充財主，雇人刨參。不論參數多寡及積年在外，逗遛已過三冬者，發駐防兵丁爲奴。 一拿獲圍場内賊犯若盜砍木植，偷打牲畜，審係初次、二次發往烏魯木齊等處種地，犯至三次發往烏魯木齊等處，給兵丁爲奴。盜田野穀麥例

清 徐本 三泰《清律例》卷四五 近邊充軍 〔刑例〕一山前山後，各有禁限盜砍樹株爲從者，取土取石開窑燒造，放火燒山爲從者。 一奸徒私買他人墳樹犯至三次者。盜園陵樹木例

清 徐本 三泰《清律例》卷四五 邊遠充軍 〔刑例〕一子孫將祖父墳塋樹木私自砍賣十株以上之民人，看墳人等及奴僕盜賣者。盜園陵樹木例

清 徐本 三泰《清律例》卷四五 煙瘴充軍 〔户例〕一近邊軍民，將應禁林木砍伐販賣者。盜賣田宅例

清 徐本 三泰《清律例》卷四五 煙瘴充軍 〔兵例〕一各邊將官，并管軍頭目，私役及私出境外釣豹捕鹿，砍木掘鼠等項，并把守之人知情故縱，

該管里老兵目軍吏，扶同隱蔽，除實犯死罪外，屬軍衛者。

清 徐本 三泰《清律例》卷四六 擬斬罪者（刑例）一山前山後各有禁限，若有盗坎樹株爲首者，取土取石開窑燒造，放火燒山爲首者。盗園陵樹木例

清 徐本 三泰《清律例》卷二三 凡子孫將祖父墳塋樹木私自砍賣者，一株至十株杖一百，枷號三個月。計贓重者，准竊盗從重論，十株以上者，係旗人發寧古塔當差，係民發邊遠充軍。看墳人等及奴僕盗賣者罪同。盗他人墳樹者，杖一百，枷號一個月，計贓重者，照本律加竊盗罪一等，其知情盗買墳樹之人均照盗他人墳樹例治罪。不知者不坐。盗賣墳塋之房屋碑石磚瓦木植者，子孫奴僕計贓，並准竊盗罪加一等。他人計贓准竊盗論，知情盗買者，減盗賣罪一等，樹木等物分别入官給主。

清 徐本 三泰《清律例》卷二四 一凡拏獲刨參賊犯，嚴審明確，如有身充財主雇人刨採及積年在外逗遛已過三冬者，不論參數多寡，俱發雲貴、兩廣烟瘴地方管束。若並無財主，實係一時烏合，各出資本及受雇偷採或隻身潛往得參者，均杖一百，流三千里。未得參者杖一百，徒三年。代爲運送米石者亦如之。旗人有犯同民人一體辦理。犯應軍流者，銷去旗檔。係旗下家奴，發駐防兵丁爲奴。

清 徐本 三泰《清律例》卷二四 一旗民人等偷刨人參，人至百名以上，參至五百兩以上者，爲首之財主及率領之頭目併容留之窩家，俱擬絞監候，爲從係民人發雲貴、兩廣烟瘴地方，係旗人銷去旗檔，同民人一體發遣。係旗下家奴發駐防兵丁爲奴，均於面上刺字。所獲牲畜等物給付拏獲之人充賞，參入官，擬絞人犯遇赦減等者亦照爲從例發遣，其未得參者各減一等。販參人犯拏獲時，查明參數，照財主頭目偷刨人參例減一等治罪，免其刺字。至刨參人犯内有家奴訊係伊主知情故縱者，將伊主杖八十，係官交部議處，不知者不坐，其潛匿禁山刨參人犯，被獲治罪遞回旗籍後復逃往禁山者，各於應得本罪上加一等問擬，若係旗下家奴，即發黑龍江等處，給與披甲人爲奴，將疎縱之該管官交部議處。

清 乾隆十二年《清會典則例》卷一三三 康熙九年奏準，於沿河州縣擇閒散人，授以委官名色，專管栽柳，三年分别勸懲。 十五年議準，河官種柳不及數者，免其處分。成活萬株以上者，紀録一次。二萬株以上者，紀録二次。三萬株以上者紀録三次。四萬株以上者，加一級。多者照數議叙。分司道員，各計所屬官員内有一半議叙者，紀録一次。全議叙者，加一級。均令年終題報。 二十年定武職栽柳，照文官例議叙。 二十二年定河官栽柳成活二萬株以上者，紀録一次。四萬株以上者，紀録二次。六萬株以上者，紀録三次。八萬株以上者，加一級。多者照數議叙。其分司道員，因屬員栽柳議叙之例停止。 三十一年議準，河道隄面濶二丈者，留八尺爲行路。其一丈二尺，密栽細草，遇有坦坡均栽卧柳。 四十四年諭，高家堰石工完者，準先予銷算。隄根之下廢地，可諭河員試令種稻，其餘除留取土搶修之地外，令捐栽蘆荻，以資工料，照例議叙。欽此。 四十九年覆準，令河南各州縣，於官地内責令堡夫廣栽柳樹。 六十年覆準，河隄種植柳樹，倘有將柳園地畝墾熟耕種私收籽粒，以致草漸稀少，動用錢糧購買蘆葦者，將失察之地方官嚴叅議處。 雍正元年議準，每年山東河南巡撫飭令，近河州縣暨管河各官將沿河空地勘明。各捐資多栽柳樹，各以種柳細數呈報上司。三年後，該督撫察覈報部酌量議叙。如希圖議叙强占民地累民者，即行叅究。至河南舊植柳樹年久枯壞者，令察勘一并補種。 三年議準嗣後管河之分司道員、同知通判、州縣等官於各該管沿河地方栽柳成活五千株者，紀録一次。萬株者，紀録二次。萬五千株者，紀録三次。二萬株者，準加一級。種葦一頃，紀録一次。二頃紀録二次。三頃紀録三次。四頃準加一級。其有殷實之民，栽柳二萬株或種葦四頃者，準予九品頂帶榮身。至効力各官有情願捐栽柳葦者，亦照此例議叙。倘有不肖河官希圖議叙，占種民地者，題叅從重治罪。再各處河營每兵一名，每年種柳百株。若不能如數栽植者，將專汛之千把總罰俸一年，守備罰俸半年。倘栽植不及一半者，專汛之千把總降一級，暫留原任戴罪補栽。守備罰俸一年。 五年覆準行令，河南沿河州縣等官檢稽地册，會同廳汛將見存柳園並從前坍塌及新淤地畝逐一詳勘，丈明立界，如有隱占，撥補還額，廣爲栽種。

清 乾隆十二年《清會典則例》卷一三三 種植葦柳勸懲，順治十三年定瀕河州縣新舊隄岸皆種榆柳，嚴禁放牧。各官栽柳自萬株至三萬株以上者，分别叙録。不及三千株並不栽種者，分别叅處。

清 乾隆十二年《清會典則例》卷一三三 乾隆三年奏準，嗣後山東河南印河文武官弁於沿河官地内有能捐資栽成小楊五百株者，紀録一次。千株者，紀録二次。千五百株者，紀録三次。二千株者，加一級。其沿河居民有情

願出資在官地栽成二千株，或在自己地内栽成千株者，給以九品頂帶榮身。每年春間栽種，次年秋間覈驗栽成數目，題明議敘。楊樹交汛官收管，如栽成不及議敘之數，準其次年補栽并算。　五年議準，嗣後沿河州縣地方官有能勸民在沿河坑窪沮洳不宜禾稼地内種葦二百頃以上者，紀録一次。四百頃以上者，紀録二次。六百頃以上者，加一級。八百頃以上者，加一級紀録一次。數多者，照數遞加議敘。　又議準，抑勒栽葦，或所栽葦地以少報多者，照官員勸民開墾地畝以少報多例，州縣官皆降一級調用。　又議準，嗣後州縣官所屬境内有可栽葦草之地，勸諭不力，計十分之地栽植不及三分者，該督撫指条罰俸六月。不及二分者，罰俸一年。不及一分者，罰俸二年。二年内栽植仍不及分數者，降一級住俸。至三年内仍有不行栽植者，降二級留任。　又議準葦柳乃河工必需之料，令將柳樹數目、葦蕍地畝一并造入交盤册内，再豫東二省全用楊樁，各汛報栽成活楊樹交與該管廳官，不時稽察造入交盤。如有短少詳条著落補栽成活足數者，開復。　九年定葦蕩營額柴，按年清完依限運交。如未完一分者，該汛千把總罰俸一年，守備罰俸六月，条將罰俸三月。未完二分者，千把總降職一級留任，戴罪督完。守備罰俸一年。条將罰俸六月。未完三分以上者，千把總革職，守備降職一級留任，戴罪督完。条將罰俸一年，均限一年照數督催，全完開復。如逾限不完，照所欠分數千把總分賠六分，守備三分，条將一分，賠完之後，亦準開復。若每年餘葦至十萬束以上者，準其紀録一次。再有贏餘，照數遞加紀録。　又覆準，江南黄河兩岸柳園丈出官地，官民情願捐栽柳樹培養成活者，驗明確數，一并造報議敘。

清　乾隆十二年《清會典則例》卷一二九　乾隆三年議準，偷刨人參人不滿百名，參不滿五百兩者，首犯既經減流，爲從應再減一等，杖一百，徒三年。旗人及奉天民照例枷責發落，仍分别刺字。牲畜等物，給拏獲人充賞。人參入官。奴僕有犯，其主知而遣去者，杖八十。知而詐供不知者，杖一百。繫官交部議處，不知者不坐。若未得參者，財主及爲首之人繫旗人枷兩月，鞭一百。盛京及内地民人皆枷一月，杖一百，并參送户部入官，爲從枷一月，杖一百。若一二人刨參，所得參不至十兩，交與盛京刑部，繫旗人鞭一百，民杖一百，仍照例刺字。如一二人刨參，未得者減二等，旗人鞭八十，民杖八十，皆遞回原籍，免刺。又奏準拏獲販參之犯，所販參至五百兩以上者擬流，不滿五百兩者擬徒，不滿十兩者杖九十，皆免刺字。七年議準旗人度越禁約處所偷採人參，所放人自一二名至十名，所收參自一二兩至十兩，杖六十，徒一年。人以十名遞加，參以五十兩遞加。分别擬以徒流。人加至八十名，參加至三百五十兩以上，仍擬滿流，其并無財主舖頭，一時烏合各出資本參繫自得者，人自十名至三十名，參自十兩至不滿百兩，爲首比財主舖頭各減一等。人至三十名以上，參至百兩以上，爲首照財主舖頭定擬爲從，各減一等，未得參各減二等，皆免刺，仍分别旗民照例枷責發落。外省流民無論人數參數、已得未得，皆照例遞回原籍。倘有人多參少、參多人少者，各從其少者治罪。　九年議準額爾敏、哈爾敏地方産參甚少，刨夫人等偷越封禁山林，有關長白山風水，不便開採，令嚴行封禁。　十四年議準領票刨參，人夫例給鳥槍，應察明人數多寡，批給鳥槍。填明票内，出口驗放，回山稽察，違例私帶者照商民應用鳥槍不報官私造例，杖一百。其將鳥槍轉給售賣偷刨之人，比照軍人、將軍器私賣與人，發邊遠充軍，律減一等，杖一百，徒三年，該管官不能察出交部議處。

清　乾隆十二年《清會典則例》卷一二九　採捕禁令　清初定採參之人越已界採取者，以偷盜論，參還原主。越境偷採者，參與人畜皆入官，其主罰責有差，不知情者免議。爲首之人鞭一百，餘皆準竊盜論，參入官。　順治六年題準，王貝勒貝子公等採取官參，各照分定人數發往，違例差遣者革去一應賞賚，止給與見獲人參，差去之人入官，其屬下人不奉差遣，私遣人偷採者，本犯入官，其主治以重罪。　十五年議準旗下人偷採人參者，枷一月，鞭一百，牲畜及所得之參一并入官。官民家下人有犯，其主知情者，本犯枷一月，鞭一百，參與人畜皆入官，其主問偷盜之罪，不知情者，免議。本犯枷兩月，鞭一百，牲畜財物入官。若其主知情詐稱不知者，加等治罪，家人入官。奉天等處人民有犯者，枷一月，責四十板，人畜財物入官。蒙古席伯瓜兒察等處人有犯者交理藩院議處。　十六年議準，順天等八府人民出山海關禁約處所偷採人參者，照奉天例，交户部入官。

清　乾隆十二年《清會典則例》卷一二九　康熙二年題準，違禁採參者，爲首之人處死。餘仍照前治罪。　五年題準，偷採人參之舖頭擬絞監候。出財招集多人偷採者，照爲首例處死。牲畜等物一并入官。　六年議準，民人附從偷採人參者，責二十板，其容留貿易不拿送者，加等治罪。　七年題準，舊例每年四月、八月官役巡踪防緝，今令於春秋二季豫行巡緝。　又題準，偷採人參之人，未經起發拏獲者，出財之主並爲首之人，各枷一月，鞭一百。爲從繫旗人鞭一百，民責四十板，馬牛、布疋等物入官。　八年題準，偷採人參，出財之主並爲首之人，已得參者照例擬死，未得參者，繫旗人枷兩月，鞭一百。民枷一月，責四十板，入官，爲從之人，各枷一月，繫旗人鞭一百，民責四十板，餘照前例。　九年議準，奉天等處招徠之民偷採人參，爲從者，照旗人例，雖已得參，免其入官，枷兩月，責四十板。　十一年題準，駐劄盛京官員拏獲偷參之人，得財私放者革職交刑部治罪。若偷參之人，同屯居住，知而不首者，降一級，罰俸六月。其採捕人役將採捕之物隱藏私帶者，頭領翼長守山海關，官員皆罰俸一月。　十二年議準，奴僕偷採人參，其主知情者杖八十。詐供不知者杖一百。　十五年議準，旗下民人，越境採參已得者，將出財之主並爲首之人，皆擬絞監候。聞拏投部，不準自首。爲從繫旗人枷一月，鞭一百。繫奉天等處人，枷兩月，責四十板，牲畜等物入官。繫内地民人並妻入官，奴僕偷採人參，其主知情者，繫官交該部議處，旗人鞭八十，民責三十板，偷採之人枷一月，鞭一百，人與牲畜皆入官。若其主知情詐稱不知者，繫旗人鞭一百，民責四十板。不知情不坐，本犯枷兩月，鞭一百，牲畜等物入官。若未得參者，出財之主並爲首之人，繫旗人枷兩月，鞭一百，民不分奉天内地，皆枷一月，責四十板，同妻一併入官，餘皆照前例。　十七年議準，偷採人參，爲從者不分旗人、民人，皆枷兩月。　又議準，偷採人參已得者，出財之主，爲首之人，擬斬監候。爲從繫旗人枷三月，鞭一百，牲畜等物入官。民不論奉天内地皆枷三月，責四十板，妻子牲畜等物入官。奴僕偷採人參，其主知情者，繫官革職，旗人枷兩月，鞭一百，民枷兩月，責四十板，不知情不坐。本犯枷三月，旗人鞭一百，民責四十板。未得參者，出財之主並爲首之人繫旗人枷三月，鞭一百，民不分奉天、内地，皆枷三月，責四十板，妻子一并入官。爲從之人，枷兩月，旗人鞭一百，民責四十板。其藉稱採取官參，多帶人數在界外偷採者，爲首之人照例處死。其餘照爲從例治罪。　若採取蜂蜜、松子之人，在自己界内山上偷採人參者率去之。領催頭目，各枷兩月，鞭一百，餘各枷一月，鞭一百，人參入官。至盛京所屬看墳及居住之人，有偷採人參者，將縱放之屯，領催枷一月，鞭一百。失察者鞭一百。各旗佐領下人，有偷採人參者，將縱放之，佐領驍騎校革職。領催革退，枷一月，鞭一百。失察者佐領驍騎校罰俸一年，領催鞭一百，府屬佐領下人有偷採人參者，將縱放之。府屬佐領、驍騎校領催皆照旗下例處分。無品級管領、領催，各枷一月，鞭一百。失察者將領催鞭一百，府屬管領鞭八十，民人有偷採人參者，將縱容之，百家長責四十板，十家長枷一月，責四十板。失察者十家長責四十板，百家長責三十板。外藩王公主等所屬之人，有偷採人參者，交理藩院議處。凡拏獲偷採人參，皆交户部變價，一半入官，一半給賞拏獲之人。其巡察官兵見踪不追，徇情縱放者，官革職，領催革退，枷一月，鞭一百，驍騎鞭一百。門尉筆帖式皆革職，枷一月，鞭一百。其山海關等邊門不加盤察，縱放偷帶人參入關者，值日守尉都司驍騎校等，皆革職。領催革退，枷一月，鞭一百。驍騎鞭一百，其私買參賣參者各枷一月，鞭一百。　十九年議準，凡違禁偷採人參，仍照康熙十五年定例治罪，爲從之人各枷兩月，繫。旗人鞭一百，民責四十板，其邊外居住。山海衛所屬兵民及盛京、直隸、山東沿海處所，有偷載人參貿易者，照偷採人參例治罪。　二十年議準，山海衛所屬城堡民兵偷採人參者，亦照康熙十五年定例治罪。

又題準，寧古塔烏喇人，在禁河内採捕蛤蜊及採蜂蜜、水獺人，偷採東珠者，照偷採人參例，爲首者擬絞監候。爲從者，枷兩月，鞭一百。　二十一年議準，凡採取官參之人，各給印票，上三旗人用户部内務府印信，下五旗人用户部印信，該管主編號給票以便稽察，如無信票私自行走或有信票越界行走，並不照票内定數多帶人畜者，巡察官兵即拿送部治罪。徇情縱放者，官革職，領催枷一月，鞭一百，驍騎鞭一百，若得財縱放及將人參隱匿入己，不全送官者，官革職，兵丁串通者一并交刑部計贓，照律治罪。有能出首者，財物一半給賞，一半入官。官員一年内拏獲百名以上者紀録一次，二百名以上者紀録二次，三百名以上者紀録三次，四百名以上者準加一級，多者按數議叙，拏獲馬匹一半入官，一半給賞拏獲之人，人參盡行入官。如誣告無辜之人，官革職，兵丁枷兩月，鞭一百，如拏獲之人捏情控告審虚者，照誣告重律治罪，若毀壞盛京鳳凰城等處邊柵，私自出入，官員領催兵丁守關門，門尉筆帖式不察拏，及通同受賄者，照巡察官兵例治罪。　二十三年議準，凡民人在口外居住者，不論有無産業，悉令移進口内，如有違禁，在村莊潛住及避居山谷中捕牲者，令屯領催村莊頭拏交守口官轉解刑部治罪。其喜峯口、古北口外附近地方，有别處人來捕牲，或在山谷中搭窩鋪捕牲者，交管驛官長人等察拏，呼搭哈山谷中有指稱淘金，聚集匪人者，交與鷹手並喀爾沁王察拏。波羅城附近村莊有匪人潛住者，交與巴林翁牛特之各主驅逐，不聽驅逐者亦行拘拏，此等拏獲之人皆交送守口官轉解刑部從重治罪。如守口官推諉遲延日期，所拏之人竟解刑部，將守口官從重議處。至内府走山之人並鷹手及採取木料之人，悉照捕牲人例，皆令於户部起票。伐樹燒炭之人，令於工部起票。其口外有地之人，雇覓内地人民種地者，亦令向户部起票，方許出口。若口外無票行走之人，令所在地方察拏。八旗口外居住莊頭人等到别旗村口捕牲，或在山谷中搭窩舖捕牲，所在之人不行察拏，或被旁人出首，或被廵察人等拏獲，將失察之人交守口官一並解送刑部從重治罪。莊頭革去交其主更换，如不更换一並治罪。其屯領催莊頭及驛站頭領人役將應察拏之人不拏，或互相推諉不與協拏者，事發皆聽刑部從重治罪。若巴林翁牛特之莊頭等將無票之人隱匿不逐，又不察拏被人首發者，莊頭交理藩院治罪。雅圖溝黑山度山流河口波羅城等處地方，有在彼處存住窩藏無票匪人者皆交附近居民察拏。若有詐稱伐樹燒炭起票轉賣及匪人私買假票潛藏居住，並違禁放鳥槍行走者，皆從重治罪。　二十五年定，偷刨人參之人，著提解來京審擬具奏。　二十八年定偷刨人參之人，其馬匹帳房等物著給與拏獲兵丁。　三十三年定，偷刨人參之人，事發將所出邊口防守官員一並治罪。　四十年議準，刨參之人拏獲後，如有將無干人讐報者，不論旗民皆枷責，仍照爲從例分别發遣。　雍正二年議準，山海關等關口，除搜獲參鬚參末、細小歪斜珠子及分兩無多者，無庸給賞外，如有搜獲人參至二十斤，珠子至四兩者，該管官紀録一次，廵察人等，共賞銀二十兩，搜獲人參至四十斤，珠子至八兩者，該管官紀録二次，廵察人等共賞銀四十兩，搜獲人參至六十斤，珠子至十二兩者，該管官紀録三次，廵察人等共賞銀六十兩，搜獲人參至八十斤，珠子至十六兩者，該管官加一級，廵察人等共賞銀八十兩，再有多獲者，照數遞加賞給，由户部給發。至東珠有大小不同，有光無光之分，難以懸定，如有拏獲者臨時酌量給賞。倘搜察不力致私帶人參、珠子至關者，該管官照失察律降三級。調用廵察人等，照不應，重律杖八十。明知故縱者，該管官革職，廵察人等杖一百，枷一月。受賄賣放者，計贜以枉法論，從重治罪。其廵察踪跡官員兵丁應行賞給。治罪之處，仍照舊例行。　又定，偷採人參出財之主並爲首之人，其一人所放之人至百名以上，所收之參至五百兩以上者，仍照舊例擬絞監候。人不滿百名，參不滿五百兩者，出財之主並爲首之人，枷三月，鞭一百。爲從之人，枷兩月，鞭一百，或一二人刨參所得不至十兩者，交與盛京刑部，旗人鞭一百，民責四十板，遞回原籍。　九年奏準，偷採人參，財主及爲首之人所放人至百名以上，所收參至五百兩以上者，仍照例擬絞監候，人不滿百名，參不滿五百兩者，杖一百，流三千里。

清 周碩勛《潮州府志》卷二一 禁例乾隆二十一年頒潮州口有例，所不載者如庵埠、東隴、黄岡之凉粉草、赤菜、菜子黄、白藤、松香、鹹魚、鞋、爆竹、葱種、鬻殼、水魚、魚脯、菜脯等項，援照擔規例。棉尾援照棉花例。大中小椽桷等木例係收銀俱照數折錢。猪油、火油二項援照茶油例。潮陽之葱頭援照蒜頭例。細磁器、粗土茶俱援照正税核徵。北砲臺之蕉布，援照麻布例核徵。紅土、米麯、薯粉、煙梗、青柑子、小柑柑子、栀子、金櫻子援照藥材例核徵。中小猪寸枋比照庵埠例徵收。澄海之帆到、子、竹葉等項，均照擔規例收錢。葱種、乾蔞、蝦糠、仙草、網桴、檜末、日月殼八項，亦照擔規例核徵，大鐵鍋收錢十文，小鐵鍋收錢五文，生大猪收錢三十文，中猪收錢二十文以上。前經飭查，雖據委員禀明，然不過巧借歸公名色以爲影射，横抽地步而頒榜之。所不載者，總屬違例相應一概革除，以後毋得藉詞巧取。

清 乾隆十二年《清律例》卷九《户律·田宅》 凡故意棄毁人器物及毁伐樹木稼穡者，計所棄毁之物即爲贜准竊盗論照竊盗定罪，免刺罪止杖一百，流三千里。

清 乾隆十二年《清律例》卷九《户律·田宅》 凡里長部内已入籍納糧當差田地，無水旱災傷故荒蕪，及應課種桑麻之類，而不種者，計荒蕪不種之田地俱以十分爲率，一分，笞二十，每一分加一等，罪止杖八十。縣官各減里長罪二等，長官爲首，一分減盡無科。二分方笞一十，加至杖六十罪止。佐職爲從又減長官一等，二分者減盡無科，三分者方笞一十，加至笞五十罪止。人户亦計荒蕪田地，及不種桑麻之類，就本户田地以五分爲率，一分，笞二十，每一分，加一等，追徵合納税糧還官。應課種桑、棗、黄麻、苧麻、棉花、藍靛、紅花之類，各隨鄉土所宜種植。

清 乾隆十二年《清律例》卷三四《刑律·雜犯》 若於山陵兆域失火者雖不延燒，杖八十，徒二年。仍延燒山陵兆域内林木者，杖一百，流二千里。

清 乾隆十二年《清律例》卷二四《刑律·賊盗中》 律 凡盗田野穀麥、菜果及無人看守器物謂原不設守及不待守之物者，並計贜准盗竊論，免刺。若山野柴草、木石之類，他人已用工力砍伐積聚而擅取者，罪亦如之。如柴草、木石雖離本處未馱載間，依不得財，笞五十，合上條有拒捕依罪人拒捕。

條例：一、盛京各處山場，商人領票砍伐木植，如有夾帶偷砍果松者，按照株數多寡定罪。砍至數十根者，笞五十。百根者，杖六十。每百根加一等罪，止杖一百，徒三年。所砍木植變價入官。　一、刨參人夫，不往所指山林刨採，或將票張賣放别路飛揚者，除交官參外，餘剩俱令入官，仍杖八十，枷號一個月。　一、漁利之徒，潛踪山林收買參秧栽種，及貪利之人私行入山偷刨參秧貨賣，一經拏獲，均照偷刨私賣收買私參例一體治罪。　一、在口外出錢雇人刨挖黄芪，首犯除有拒捕奪犯等情，仍按罪人拒捕及奪犯毆差各本律本例，分别定擬外，如所雇人數未及十名者，照違制律，杖一百。十人以上加枷號兩個月。五十人以上，杖六十，徒一年。每十人加一等，以次遞加，罪止杖一百，徒三年。爲從各減一等。受雇挖芪之人，照不應重律，杖八十，遞籍管束。【略】囤積黄芪首犯，數至十斤以上者，亦照違制律，杖一百。五十斤以上者，加枷號兩個月。百斤以上，杖六十，徒一年。每百斤加一等，以次遞加罪，止杖一百，徒三年。爲從亦各減一等。黄芪入官。至無業貧民零星挖有黄芪進口售賣，每次人數不得過十名，每人攜帶不得過十斤，違者以私販論。仍責成守口員役及各口關隘官弁，實力稽查，倘有賄縱情弊，查出按例究辦。　一、山海等關巡查人員，如有搜獲人參珠子，該管官交部議敘。如有搜查不力以及私帶過關者，將該管官照失察例議處，巡查人等照不應重律治罪。明知故縱者，該管官革職，巡查人等枷號一個月，杖一百。受賄賣放者，計贓以枉法從重發落，其失察偷出邊關刨參至一百名者，領催披甲人等，鞭五十。至二百名者，鞭一百。至五百名以上者，枷號一個月，鞭一百。該守禦官亦按失察名數，分别議處，如有自行拏獲者免議。　一、凡旗民人等偷刨人參，如有身充財主雇人刨採及積年在外逗留已過三冬，人數未及四十名，參數未至五十兩者，俱發雲貴、兩廣烟瘴地方管束。若人至四十名以上，參至五十兩以上，爲首之財主及率領之頭目并容留之窩家，俱擬絞監候。爲從發雲貴、兩廣烟瘴地方。所獲牲畜等物，給付拏獲之人充賞，參入官。擬絞人犯遇赦減等者，亦照爲從例發遣。其未得參者，各減一等。如並無財主，實係一時烏合各出資本及受雇偷採，或隻身潛往，得參者俱按其得參數目，一兩以下杖六十，徒一年。一兩以上至五兩，杖七十，徒一年半。一十兩杖八十，徒二年。一十五兩杖九十，徒二年半。二十兩杖一百，徒三年。二十兩以上至三十兩杖一百，流二千里。每十兩遞加一等，罪止杖一百，流三千里。爲從及未得參者，各減一等。代爲運送米石者，杖一百。私販照私刨人犯，減一等治罪。得參人犯，首從照例刺字。未得參及私販人犯，俱免刺字。刨參案内有犯軍流徒罪者，係旗人銷去旗檔，照民人一體問擬。若旗下家奴有犯罪應軍流者，發駐防給兵丁爲奴，徒罪照例發配，限滿釋回，仍交主家服役。如伊主知情故縱者，杖八十，係官交部議處，不知者不坐。其潛匿禁山刨參，被獲擬徒人犯，限滿釋回復行逃往禁山刨參者，不分已得未得，俱發附近充軍，旗下家奴發往駐防給兵丁爲奴。　一、盛京威遠堡，南至鳳凰城邊外山谷附近圍場處所，拏獲偷伐木植、偷打鹿隻人犯，審實果係身爲財主雇請多人者，杖一百，流三千里。若無財主，一時會合各出本錢並雇人偷伐木植、偷打鹿隻，越度邊關隘口者，杖一百，徒三年。爲從及販賣並偷竊未得者，各減爲首及已得者一等。如係刨挖鹿窖，首從各於前例流徒罪上加一等治罪，分别面刺偷竊木植、牲畜字樣，未得者免刺，再犯者各於本罪上加一等治罪。　一、私入木蘭等處圍場及南苑，【略】若盜砍木植，偷打牲畜及刨挖鹿窖，初犯杖一百，徒三年。再犯及雖係初犯而偷竊木植數至五百斤以上，牲畜至十隻以上，或身爲財主雇請多人者，俱改發極邊足四千里充軍。三犯者發新疆等處種地。爲從及偷竊未得者各減一等，販賣者又減一等。旗人有犯，銷除旗檔，照民人一律辦理。圍場看守兵丁有犯，俱先插箭遊示，加一等治罪。

清《户部則例》卷三三《參課八・盛京參務事宜》　一、栽種秧參地方，責成該將軍、副都統、府尹，派令各該地方文武官，不時嚴密稽查，具結呈報。如有失察、偷種及知情縱容等情弊，即將該地方查參，照例分别降革。稽查之員未經查出或扶同徇隱，與地方官一體參處，栽參之人，照例究辦。該將軍等自行查出，免其處分，儻被别人告發，一併照例議處。　一、卡倫官兵，每拏獲私參一起，報明該將軍記名一次，積至五次，官員以應陞之缺陞用，兵丁以應得之缺拔補。每參壹兩，以捌錢入官，貳錢充賞。每參壹錢，折銀伍錢。如經地方官拏獲私參，訊明係何處偷越，即將該處守卡倫官員參處，兵丁斥革，儻有賣放情弊，交盛京刑部審訊治罪。

清《户部則例》卷三三《參課八・缺參折追》　一、刨夫按票交參不能足額者，以每參壹兩折價伍拾兩之數，按欠着追。刨夫力不能完（著）〔者〕，落保人賠交。如參票遺失，官參全未交納者，亦以每參壹兩折價伍拾兩，按欠數在保人名下勒追。凡所欠項，限一年完繳，限滿無完承追官，照雜項錢糧例議處。如刨夫保人事後實無家産，奏明請豁。一、刨夫因有缺參折交之例，輒敢隱參交銀者，查出治罪，所隱之參入宫。一、辦參官於出放刨夫信票時，不核明保人家産，任聽濫保，致事後追項無着者，承辦官予以處分。

清《户部則例》卷三三《參課八・開採地界》　一、開採參山在坐落附近吉林、寧古塔之烏蘇里、綏芬、羅拉米瑪延山、英額嶺東山、黑龍江之蒙古魯山，又附近盛京之額爾敏、哈爾敏等處無關風水地方。每值開採，該將軍年前奏辦，或應歇山，亦確核具奏。凡烏蘇里、綏芬等處開採事宜，由吉林、寧古塔承辦。額爾敏、哈爾敏開採事宜，由盛京五部侍郎奉天府府丞内，每年欽派一員，會同將軍副都統辦理。

清《户部則例》卷三三《參課八・額頒引票》　一、盛京、吉林、寧古塔等處各項信票，均於上年封印前差員赴部請領，於次年正月内領到，由該將軍等按例定刨夫票額放給，詳見刨夫票數專條。儘數行銷，並令水陸兼行及時入山刨採。放剩信票，繳部銷毁。一、盛京等處，原額參票伍千張，除乾隆五十五年酌減貳千張、嘉慶六年酌減伍百張外。計每年額發參票貳千伍百張，額爾敏、哈爾敏俱在内。回山照票貳千伍百張，引參護牌肆張。又吉林、寧古塔等處，原額參票肆千張，除乾隆五十五年酌減壹千張、嘉慶六年酌減貳千張外。計每年額發參票壹千張，内烏蘇里、綏芬伍百張，英額嶺東山叁百張、羅拉米瑪延山壹佰捌拾張、蒙古魯山貳拾張。回山照票壹千張，原額護牌拾貳張，除嘉慶六年酌減四張外。計每年額發護牌捌張。如各該處行放漸多，不敷散放，仍令該將軍等據實報部添給。

清《户部則例》卷三三《關税三・私帶參珠》　山海等關一年之内搜獲人參至二十斤，珠子至四兩者，巡查人等共賞銀二十兩。每人參二十斤，珠子四兩，遞加賞銀二十兩，該管官分別議敘。若搜查不力，以致私帶過關者，分別查議，巡役責處。

《清律例》卷二三《刑律・賊盗上》　律　凡盗園陵内樹木者，皆不分首從杖一百，徒三年。若盗他人墳塋樹木者，首杖八十從減一等，若計入己贓重於徒杖本罪者，各加盗罪一等。各加監守、常人竊盗罪一等，若未馱載，仍以毁論。

條例　【略】一、奸徒知情私買墳塋樹木者，係子孫盗賣，其私買者減子孫盗賣罪一等，若係他人盗賣者，其私買人犯，無論株數，已伐者，初犯杖一百，枷號一個月，再犯杖一百，枷號三個月，犯至三次者，照竊盗三犯例，杖一百，流三千里。爲從者減一等，未伐者，又各減一等。不知情者不坐。其私買墳塋之房屋、碑石、磚瓦、木植者，均減盗賣罪一等，樹木等物分别入官給主。

一、凡山前山後各有禁限，如紅樁以内，盗砍樹株，取土取石，開窰燒造，放火燒山者，比照盗大祀神御物律斬，奏請定奪。爲從者發近邊充軍。若紅樁以外官山界限以内，【略】其有盗砍官樹，【略】在紅樁以外白樁以内者，即照紅樁以内減一等，爲首問發近邊充軍。從犯杖一百，徒三年。如在白樁以外青樁以内者，爲首杖一百，徒三年。從犯減一等，杖九十，徒二年半。如在青樁以外官山以内者，爲首杖九十，徒二年半。從犯減一等，杖八十，徒二年。計贓重于徒罪者，各加一等。官山界址在二十里以外，即以二十里爲限。若在二十里以内，即以官山所止之處爲限。弁兵受賄故縱，如本犯罪應軍徒者，與因同罪，贓重者計贓以枉法從重論。本犯罪應斬決者，將該弁兵等擬以絞决。其未經得賄，潛通信息，致犯逃避，本犯罪應軍徒者，亦與因同罪。本犯罪應斬决者，將該弁兵等減發極邊烟瘴充軍。僅止疏於防範者，兵丁杖一百，官弁交部議處。

一、凡子孫將祖父墳塋前列成行樹木，及墳旁散樹高大株顆私自砍賣者，一株至五株杖一百，枷號一個月；六株至十株杖一百，枷號兩個月；十一株至二十株杖一百，徒三年，計贓重者准竊盗罪加一等，從其重者論。二十一株以上者，發邊遠充軍。如墳旁散樹，並非高大株棵，止問不應重杖。若係枯乾樹木，不行報官，私自砍賣者，照不應重律，杖八十。看墳人等及奴僕盗賣者罪同。盗賣墳塋之房屋、碑石、磚瓦、木植者，子孫奴僕計贓並准竊盗罪加一等。

一、盗砍他人墳樹，初犯杖一百，枷號一個月，再犯杖一百，枷號三個月，計贓重於滿杖者，照本律加竊盗罪一等，犯案至三次者，即照竊三犯本例計贓，分别擬以軍流絞候。其糾黨成羣，旬日之間叠次竊砍至六次以上，而統計樹數又在三十株以上，情同積匪者，無論從前是否犯案，即照積匪猾賊例擬軍，如連日竊砍在六次以下三次以上，樹數在三十株以下十株以上者，照積匪例量減擬徒，仍各按竊盗本例刺字其竊砍止一二次者，從一科斷，照前例問擬。盗賣他人墳塋之房屋、碑石、磚瓦、木植者，計贓准竊盗論，免刺。

【略】一、凡旗民人等在紅樁以内，偷挖人參至五十兩以上，爲首比照盗大祀神御物律斬，奏請定奪。爲從發新疆給兵丁爲奴。二十兩以上，爲首發新疆給兵丁爲奴，爲從杖一百，流三千里。十兩以上，爲首實發雲貴、兩廣烟瘴地方充軍，爲從杖一百，流二千里。十兩以下，爲首發近邊充軍，爲從杖一百，徒三年。在紅樁以外白樁以内，偷挖人參至五十兩以上者，爲首擬絞監候，爲從發近邊充軍。二十兩以上，爲首實發雲貴、兩廣烟瘴充軍，爲從杖一百，流二千里。十兩以上，爲首發近邊充軍。十兩以下，爲首杖一百，流三千里，爲從俱杖一百，徒三年。在白椿以外青椿以內，偷挖者照偷刨山場人參例，分別治罪，未得參者，各於已得例上減一等。知情販賣者減私挖罪一等，不知者不坐。得參人犯，首從俱刺「盜官參」三字，未得參及販賣者俱免刺字，參物入官。旗人有犯，銷除旗檔，民人一律辦理。弁兵受賄故縱本犯罪不應死者，與犯人同罪，贓重者計贓以枉法從重論。本犯罪應斬決者，爲首之弁兵擬絞立決，本犯罪應絞候者，該弁兵發新疆分別當差爲奴。其止疏於防範者，兵丁杖一百，官弁交部議處。

清　劉錦藻《清續文獻通考》卷二九《職官考》　光緒三十四年憲政編查館奏，核定違警律草案。

第一章　總例：第一條，凡犯本律各款在本律施行以後者，均按本律處罰。　第二條，凡本律所未載者，不得比附援引。　第三條，本律所定罰例分爲七種，如左：一、十五日以下十日以上之拘留，或十五圓以下十圓以上之罰金。二、十日以下五日以上之拘留，或十圓以下五圓以上之罰金。　三、五日以下一日以上之拘留，或五圓以下一角以上之罰金。　四、十五圓以下十圓以上之罰金。　五、十圓以下五圓以上之罰金。　六、五圓以下一角以上之罰金。　七、各本條所指充公停業及勒令歇業等處分。　第四條，凡拘留者拘留於巡警官署。　第五條，凡按本律處罰金者限五日内完納。若逾限無力完納，每一圓即拘留一日，其不滿一圓者亦以一日計算。　第六條，凡見犯本律各款者，巡警人員雖不持傳票亦可徑行傳案。見犯者若係職官，而確有公事在身者不在此限。第七條，因犯本律之嫌疑，經官傳訊者，須於三日以内到案。若逾期不到，可徑行判斷，如有應得之罪按律處之。　第八條，凡犯本律各款者，其呈訴告發期限以六個月爲斷，按本律定罪。逾六個月未辦者作爲豁免。　第九條，凡同時犯本律二款以上者，各按應得之罪分別處罰，其拘留期限長至三十日爲止，罰金數目多至三十圓爲止。　第十條，唆使人犯本律各款者，以正犯論。　第十一條，凡曾犯本律各款於罰辦完結後，六個月以内，在同一管轄地方再犯者，加重一等。　第十二條，犯本律各款者，若情有可原得酌量減輕一二等。　第十三條，犯本律各款而於未發覺以前，向巡警官署或被害人自首者得減輕一二等。或代以申飭，其各本條有專例者不在此限。若受申飭者於六個月以内，在同一管轄地方，再犯時加重二等。　第十四條，凡按本律拘留者，若確有悔悟情狀，於拘留期限過半後不俟期滿亦可釋放。　第十五條，有心疾人犯本律各款者不論。　第十六條，未滿十五歲人犯本律各款者，巡警官署申飭後，告其父兄或撫養人自行管束。若未滿十五歲人，經前項處分後，六個月以内在同一管轄地方，有再犯者，科其父兄或撫養人以五圓以下一角以上之罰金。若無從查悉其父兄或撫養人者，八歲以上之幼童，由巡警官署送入教養局，未滿八歲者則送入育嬰堂。　第十七條，凡爲人所迫無力抗拒，致犯本律各款者不論。　第十八條，犯本律各款未成者不論。　第十九條，凡本律所稱一等者，指各本條所定拘留期限，罰金數目四分之一而言，加重與減輕，准其相抵，因加減之故拘留有不滿一日，罰金不滿一角者，准其豁免。　第二十條，本律所稱以上以下或以内者，俱連本數計算。

第二章　**【略】**

第三章　關於公衆之危害犯警罪：第二十五條，凡犯左列各款者，處十五日以下十日以上之拘留，或十五圓以下十圓以上之罰金。　一、違背章程搬運火藥及一切能炸裂之物者。　二、違背章程儲藏火藥及一切能炸裂之物者。　三、未經官准製造煙火或販賣者。　四、於人家稠密之處點放煙火及一切火器者。　五、知有前三款之犯人而不告知巡警人員者，若係犯人之親屬免其處罰。　六、發見火藥及一切能炸裂之物，而不告知巡警人員者。　七、於人家近傍或山林田野濫行焚火者。　八、當水火及一切災變之際，由官署令其防護，而抗不遵行者。　九、房屋勢將傾圮，由官署督促修理而延宕不遵者。　第二十六條，凡故縱瘋人或狂犬及一切危險之獸類，奔突道路，或入人第宅者，處五日以下一日以上之拘留，或五圓以下一角以上之罰金。

第四章　關於交通之違警罪：第二十七條，凡犯左列各款者處五日以下一日以上之拘留，或五圓以下一角以上之罰金。　一、於私有地界内當通行之處有溝井及坎穴等，不設覆蓋及防圍者。　二、於人多聚集之處及灣曲小巷馳驟車馬，或争道開車不聽阻止者。　三、乘自行車不設鈴號者。　四、夜中無燈火疾驅車馬者。　五、以木石堆積道路，不設防圍，或疏於標識點燈者。　六、以瓦礫或穢物及禽獸骸骨投擲道路，或投入人家者。　七、未經官准於路旁河岸等處，設開店棚者。八、毀損道路橋梁之題誌，及一切禁止通行，或指引道路之標識等類者。九、渡船橋梁等曾經官署定有通行費之處，而於定數以上私行加索，或故阻通行者，其浮收之款概行充公，不得援第十三條減輕之例。第二十八條，凡犯左列各款者處五圓以下一角以上之罰金。一、於渡船橋梁等應給通行費之處，不給定價而通行者。二、於路傍羅列玩具及食物等類不聽禁止者。三、濫繫舟筏致損毀橋梁隄防者。四、將騾馬諸車橫於道路或堆積木石薪炭等類，妨礙行人者。五、並牽車馬妨礙行人者。六、並舟水路妨礙通船者。七、將冰雪塵芥投棄道路者。八、受官署之督促水灑埽道路者。九、於道路遊戲不聽禁止者。十、疏於牽繫牛馬等類妨礙行人者。十一、於諭示禁止通行之處而通行者。十二、消滅路燈者。

第五章【略】

第六章 關於秩序之違警罪：第三十條，凡犯左列各款者處五日以下一日以上之拘留，或五圓以下一角以上之罰金。一、於私有地界外建設房屋牆壁，及軒楹者。二、毀損路上植木或路燈者。三、由官署定價之物而加價販賣者，其浮收之款概行充公，不得援第十三條減輕之例，於六個月以內犯本款至三次以上者，應令停業至十日爲止，若屢犯不改，則勒令歇業。四、於官地牧放牲畜，不聽禁止者。五、於禁止出入處所濫行出入者。六、潛伏無人之屋內者。

第七章【略】

第八章【略】

第九章 關於財産之違警罪：第四十二條，凡犯左列各款者處十日以下五日以上之拘留，或十圓以下五圓以上之罰金。一、違背章程損傷森林樹木者。二、解放他人所繫牛馬及一切獸類未至走失者。三、解放他人所繫舟筏未至漂失者。第四十三條，凡犯左列各款者處五圓以下一角以上之罰金。一、無故毀損人第宅題誌、店鋪招牌，及一切合理告白者。二、在官地或他人私地內私掘土塊、石塊，情節較輕者。三、採食他人田野園圃之菜果，或採折花卉者。四、踐踏他人田園或牽入牛馬者。

第十章 附條：第四十四條，本律自欽定頒行文到之日起，限三個月所有各省一律施行，其各地方有巡警制度未經設立完備者，得由各該省督撫酌量情形，另定限期奏明辦理。第四十五條，本律所載之外，各直省督撫得因地方情形酌定違警章程，變通辦理，惟不得與本律相抵觸。

清 嵇璜《清文獻通考》卷一九八《刑考》 （乾隆元年）定私越番地之例：刑部議奏，嗣後臺灣地方，倘有民人偷越定界，私入番地者，照私出外境律杖一百；如有偷越深山抽藤採椶等事，照越渡緣邊關塞律杖一百，徒三年；管束不嚴之庄頭，照本管頭目鈐束不嚴律杖八十，鄉保社長各減一等發落，所獲番物入官。從之。

清 嵇璜《清文獻通考》卷一九九《刑考》 （乾隆）二十年，嚴派往拉林旗人逃回之例，時以八旗生計艱難。【略】更定私盜墳塋木石例。步軍統領衙門奏例載：凡子孫將祖父墳園樹木砍伐私賣者，照違令律治罪，私買者同科；奴僕盜賣者，計贓加竊盜一等治罪，盜他人墳園樹木者，准竊盜論。其盜賣墳塋之房屋、碑石、磚瓦、木植等項，均照此例治罪。向來立法太輕，以致不肖之徒，無所顧忌。請嗣後墳園樹木，除實在乾枯者，許具呈該管官查明，准其砍伐外，如子孫將祖父墳園樹木，砍伐私賣一株至十株者，杖一百，枷號三個月；如在十株以上，即行充發。奴僕盜賣者，罪同盜他人墳塋樹木者，杖一百，枷號一個月。其盜賣墳塋房屋、碑石、磚瓦、木植者，亦照此例治罪。私賣者，照現議盜他人墳塋樹木例，一體治罪。所有私砍樹木等物，分別入官，給主從之。至二十八年，又奏定，凡看墳人等，如果受有房地居住代守墳塋，歷有年，所輒敢盜賣墳主樹木者，雖係民人，均照奴僕盜賣例辦理。

清 嵇璜《清文獻通考》卷二〇〇《刑考》 （乾隆二十七年）定旗民盜園場木植、牲畜例。大學士等議准，凡拿獲圍場內賊犯，除偷採菜蔬及割草之人，仍照例辦理外，如有盜砍木植，偷打牲畜，人犯審明，初次、二次，發往烏嚕木齊等處種地；至三次，發往烏嚕木齊等處給與種地兵丁爲奴。又二十八年，刑部奏准，私入圍場，未得畜木之犯，均於已得罪上量減一等，杖一百，徒三年。再犯即未得畜，本亦與已得者同，擬外遣。（乾隆二十八年）定採參工人偷竊人參之例。吉林將軍恒魯等奏：採參工人偷竊票商人參者，律無專條。向照詐欺官私財物，計贓論盜，免刺律辦理，利重罪輕犯法者衆。請嗣後嚴加查拿，緝獲時即照偷參已得例。不論參數多寡，俱杖一百，流三千里，仍刺竊盜字。部議應如所請從之。

清 嵇璜《清文獻通考》卷二〇一《刑考》 （乾隆三十五年）改定偷刨

人參例。

盛京刑部侍郎朝銓奏改：凡拿獲刨參賊犯，嚴審明確，如有身充財主，雇人刨採，及積年在外，逗留已過三冬者，不論參數多寡，俱發雲貴、兩廣煙瘴地方管束。若並無財主，實係一時烏合各出資本，及受雇偷採，或隻身前往得參者，均杖一百，流三千里。未得參者，杖一百，徒三年。代爲運送米石者，亦如之。旗人有犯該軍流者，削去旗檔，照民人一體問擬。犯該擬徒者，免其充配，折加枷號兩個月，責令各該管官，嚴加管束。除八旗正身兵丁，不準再食錢糧外，其餘壯丁各色人等，仍令各當本身差徭。至折枷之後，如有再犯，不分刨參已得未得，俱銷去旗檔，問擬附近充軍，旗下家奴俱發駐防兵丁爲奴。

定竊盜窩主統計各贓科罪例。凡造意分贓之窩主，不得照竊盜律以一主爲重，應統計各主之贓數，在一百二十兩以上者，擬絞監候；其在一百二十兩以下，亦統計各贓科罪。（乾隆三十六年）改定偷刨人參計數治罪例。凡旗民人等，偷刨人參，人至四十名以上，參至五十兩以上，爲首之財主及率領之頭目，并容留之窩家，俱擬絞監候。爲從係民人，發雲貴、兩廣煙瘴地方；係旗人，削去旗檔，同民人一體發遣；係旗下家奴，發駐防兵丁爲奴。均於面上刺字。所獲牲畜等物，給付拿獲之人充賞，參入官。擬絞人犯遇赦減等者，亦照爲從例發遣。其未得參者，各減一等。販參人犯，拿獲時查明參數，照財主、頭目、偷刨人參例，減一等治罪，免其刺字。至刨參人犯，內有家奴，訊係伊主知情故縱者，將伊主杖八十；係官交部議處不知者，不坐其潛匿禁山刨參人犯，被獲治罪，遞回旗籍，後復逃往禁山者，各於應得本罪，上加一等問擬。若係旗下家奴，即發黑龍江等處給與披甲人爲奴。將疏縱之該管官，交部議處。

臣等謹按向例，人至百人以上，參至五百兩以上，擬絞監候。至是以福建巡撫鍾音題奏，刑部議覆改定。（乾隆三十八年）定私入盛京圍場盜例。

盛京圍場內有私入打鎗放狗，驚散牲畜者，不論次數，係旗人發遣各駐防省城當差，家奴發遣爲奴，民人發附近充軍。其私入採取蘑菰，砍伐木植者，擬以滿徒，分別旗民辦理。起獲鳥鎗入官，牲畜器物賞給原拿之人，失察私入之該管官，查明邊界，照例參處。

定聞拿投首減等例。江蘇按察使胡季堂奏準：聞拿投首之犯，除律不準首，及强盜自首例有正條外，其餘一切罪犯俱於本罪上減一等科斷。

定逃盜能捕獲他盜，投首減等例。刑部議準山東巡撫徐績奏準，凡盜首傷人逃逸後，若能捕獲他盜投首，照傷人盜犯自首擬軍例減一等，杖一百，徒三年。

清　嵇璜《清文獻通考》卷二〇二《刑考》（乾隆四十一年）定竊盜圍場拒捕之例。刑部遵旨議定：拿獲圍場內偷打牲口、砍伐木植人等，除照例治罪外，若有緝拿時曾經拒捕不肯就擒者，先枷號三個月，再行照例發遣烏嚕木齊等處。如敢拒捕，致緝拿之人成傷者，擬絞立決。（乾隆）四十五年，定盛京圍場處所偷伐木植例。將軍福康安奏準：盛京威遠堡，南至鳳凰城邊外山谷圍場處，所拿獲偷伐木植人犯，審明果係身爲財主雇倩多人伐木屬實者，杖一百，流三千里。若無財主，一時會合，各出本錢，並雇人偷伐木植，越度邊關隘口者，杖一百，徒三年。

清　嵇璜《清文獻通考》卷二〇三《刑考》（雍正）十一年，改定刨參人犯發遣之例。定例：偷挖人參之犯，滿洲蒙古發往江寧荆州有滿洲駐防之省城當差，漢軍漢人發往廣東、廣西、雲南、貴州烟瘴地方當差。　上念廣東、崖州、陵水等處水土最惡，每致染病，今改發內地之饒平、欽州等處當差。其雲貴廣西等處，地方風土有類此者，亦著改發。

清　嵇璜《清文獻通考》卷二〇四《刑考》（乾隆二年）定私越番地及偷越深山抽藤採棕，分別杖徒例。（乾隆二年）定刨參遣犯免解部之例。刑部題刨參人犯，該將軍既已審明定擬，復送臣部轉發，徒費往返。且本犯先發，續以僉妻年少婦女，實屬不便。嗣後寧古塔等處，拿獲刨參人犯，一經審明定擬，即徑解各犯原籍，交與該督撫將，應發遣者，照例發遣，應杖徒者，照例充徒。免其解部庶人犯無輾轉解送之苦，而妻室無長途單行之累矣。從之。（乾隆）二十年，定私盜墳塋木石者，杖枷充發例。（乾隆）二十七年，改定刨參案，內發遣雲貴、兩廣極邊烟瘴，人犯脫逃被獲，例應發黑龍江等處爲奴者，均發鬭展、烏嚕木齊等處，給與種地兵丁爲奴。（乾隆二十七年）定圍場內盜斫木植，偷打牲畜，分別發遣例。初犯、再犯發烏嚕木齊等處種地，犯至三次者，發烏嚕木齊等處給與種地兵丁爲奴。至二十八年，又定私入圍場未得畜木者，杖一百，徒三年，再犯，不論已未得，均外遣。（乾隆二十八年）定採參工人竊參者，杖流刺字例。　改定另户滿洲、蒙古逃走之例。乾隆十八年，定例另户滿洲、蒙古逃走於一月內自行投回者，交旗管束；拿獲者，分別初次、二次鞭責枷號，仍交旗管束至是。（乾隆三十年）定偷砍果松例。　盛京工部侍郎雅德奏准偷砍果松數止十株者，笞五十；至百株者，杖六十；每百株加一等罪，止杖一百，徒三年，木植概令入官。

清　嵇璜《清文獻通考》卷二〇五《刑考》（乾隆三十五年）改定偷刨人參各條例。凡身充財主，雇人刨採及積年已過三冬者，不論參數多寡，俱發雲貴、兩廣烟瘴地方管束。若係各出資本及受雇偷採，或隻身潛往得參者，均杖二百，流三千里。未得參者，杖一百，徒三年。旗人犯該軍流者，銷去旗檔，照民人問擬。犯該徒罪者，仍免其充配，折加枷號兩個月。如有再犯，不分刨參已得未得，俱銷去旗檔，問擬附近充軍，旗下家奴發駐防兵丁爲奴。（乾隆三十六年）改定偷刨人參計數治罪例。凡旗民人等，偷刨人參，人至四十名以上，參至五十兩以上，爲從人犯，發雲貴、兩廣烟瘴地方。（乾隆三十九年）定打射禽獸不期殺人擬徒例。刑部奏定：凡民人捕獵，遇有施放鎗箭，打射禽獸，不期殺人者，比照捕户於深山曠野安置窩弓，不立望竿，因而傷人致死律，杖一百，徒三年，仍追埋葬銀一十兩給與死者之家。（乾隆四十五年）定盛京圍場處所偷伐木植問擬徒流例。　定軍流徒犯，無論應否留養，於到案日供内，敘明有無祖父母、父母、兄弟、子孫及年歲例。增定盜砍他人墳樹例。刑部奏定：砍他人墳樹，除犯案僅止一二次，所竊株數無多者，仍照本例擬以枷責外，如犯案至三次者，即照竊盜三犯本例計贓分別，擬以流遣。其糾黨成羣，旬日之間疊次竊砍至六次以上，而樹數又在二三十株以上，情同積匪者，無論從前曾否犯案，即照積匪猾賊例擬遣，如連竊砍在三次以上，而始犯案者，照積匪例量減擬徒，仍各案竊盜本例刺字。　增定積匪猾賊分別次數問擬遣徒例。　定發遣黑龍江等處爲奴，人犯在配行竊四次，永遠枷號，例刑部奏定發遣黑龍江等處爲奴，人犯行竊犯案在三次以下者，仍照本例辦理外，如有在配犯案至四次者，即擬以永遠枷號遇。

清　嵇璜《清文獻通考》卷二〇九《刑考》（乾隆）三十九年，增定圍場内因射獸傷平人致死者，追埋葬銀兩例。刑部遵旨議定，圍場内射獸兵丁因射獸而傷平人致死者，照比較拳棒戲殺擬絞監候，仍追銀給付死者之家；如係前鋒、護軍、親軍、領催及甲兵等，追給銀一百兩；係跟役，追銀五十兩。若傷而未死，前鋒等項及甲兵頭等傷者，將本犯鞭一百，罰銀四十兩；二等傷者，鞭八十，罰銀三十兩；三等傷者，鞭七十，罰銀二十兩，如係跟役，所罰銀數各減十兩，給與被傷之人。　定凡民人捕獵誤殺人命，追埋葬銀兩例。凡民人捕獵，遇有施放鎗箭，打射禽獸，不期殺人者，比照捕户於深山曠野安置窩弓，不立望竿，因而傷人致死律杖徒，仍追埋葬銀一十兩給與死者之家。定軍流以下罪犯，在部呈請收贖，均令開具案由，分別準贖不準贖，按月彙題刑部，奏稱辦理。

清　嵇璜《清文獻通考》卷一九五《刑考》　定殺降及劫掠降民者罪。奉諭凡歸降者，雖雞豚勿得侵擾，俘獲之人勿離散其父子夫婦，勿淫人婦女，勿掠人衣服，勿拆廬舍祠宇，勿毀器皿，勿伐果木。如違令殺降、淫婦女者斬，毀廬舍祠宇、伐果木、掠衣服者，鞭一百。定軍中擅奪人物者罪，時軍中有擅奪蒙古人狐狼皮等物者，奉旨爲首者死，爲從者鞭一百，貫耳鼻。定行獵爲盜者罪。上諭諸貝勒大臣曰：凡出兵行獵時，有爲盜者，論罪大小或殺或鞭，久著爲令，乃此次行獵仍有盜鞍轡鞊屉等物者，其嚴行查緝，尋緝獲數人。上以就彼地方處分，恐衆人不知令，解至瀋陽梟首以徇，仍下令，嗣後有不約束家人，至爲盜者，罪及其主。（順治）二年，諭管莊撥什庫等，凡圈占田地内所有民間墳墓毋許毀壞耕種，所植樹木，毋得砍伐，違者罪之。

清　嵇璜《清通典》卷一五（康熙五年）嚴禁四川、湖廣、江西、浙江、江南五省，採買楠木，官役借端累民之弊。是年，並嚴察福建、廣東、江南三省，採買香料，毋許借端累民。【略】諭悉照時價估計，毋得減刻，二十五年停四川採運楠木及直隸採辦皮張，例增直省關差採買銅斤，價於定則外，每斤增六分五釐，永爲定額。二十七年，江西巡撫宋犖疏請江省採買竹木，動支正帑，並嚴禁科派勒捐，經收等弊，從之。【略】　乾隆元年諭順天府五城通行，曉諭商人毋許增長物價，巧取兵丁營運銀兩。二年申明商人居奇勒價之禁。三年定直隸宣化府屬採辦，每歲需用楊木長柴，令出産之懷來縣承辦，以專責成其辦解之資，仍按數動用正項造入地丁冊内報銷，先是安慶按察使張坦麟言，牙行侵吞客商銀兩，雖值農忙，亦准告理追給。

清　嵇璜《清通典》卷八〇　諭凡遇應死應笞應罰之罪，如係勤勞有功之人，則當死者贖，當罰者免，當笞者戒飭而釋之。（天命）十一年八月申禁貝勒大臣屬下人等，有事往屯，毋得擅取莊民牲畜供給，至田獵採捕，不許逐殺麕鹿，並禁止邊外行獵，違者均治以罪，其通商爲市漏税，及私往外國交易者，並罪之。又定告訐不實反坐之例，又設十六大臣，每旗二人，聽斷獄訟，十二月嚴私鬻軍器於蒙古諸國之禁。　天聰元年六月，嚴稽察盜賊之令，三年二月嚴使臣需索之禁，凡出差之人，有科取民間食物者，除凡人照常處分外，若係管糧官筆帖式，及巡臺人等處死，十月定殺降及刦掠降民者罪，凡殺降、淫婦女者斬，毁廬舍祠宇、伐果木、掠衣服者鞭一百。　欽定則例分別降調以歸畫一，至刑部參奏審擬之案，或案情重大降調不足蔽辜，仍聽刑部臨時酌量辦理。二十年十二月，步軍統領衙門議奏，例載凡子孫將祖父墳園樹木砍伐私賣者，照違令律例治罪。私買者同科。奴僕盜賣者，計贓加竊盜一等治罪。盜他人墳園樹木者，准竊盜論，其盜賣墳塋之房屋、碑石、磚瓦、木植等項，均照此例治罪。向來立法太輕，以至不肖之徒無所顧忌，請嗣後墳園樹木，除實在乾枯者，許具呈該管官查明，准其砍伐外，如子孫將祖父墳園樹木砍伐，私賣一株至十株者仗一百，枷號三個月。如在十株以上即行充發。奴僕盜賣者，罪同盜他人墳塋樹木者，杖一百，枷號一個月。其盜賣墳塋、房屋、碑石、磚瓦、木植者亦照此例治罪。私買者照現議盜他人墳塋樹木例一體治罪。所有私砍樹木等物，分別入官給主。謹按二十八年又奏定凡看墳人等，如果受有房地居住代守墳塋，歷有年所輒，敢盜賣墳主樹木者，雖係民人均照奴僕盜賣例辦理。

清　**王明德《讀律佩觿・坐贓論》**　坐贓論者，一如坐贓致罪科法，計贓二兩折算爲一兩，一兩以下至十兩，笞二十，自笞二十起，必滿十兩方加一等，雖至五百兩以外，亦止于杖一百徒三年，此坐贓立法之大概也。若論法則各有不同，必各就各律本條下上下文義，細爲玩味，惟以二兩折算一兩，每十兩加一等爲主腦，却不拘執乎坐贓致罪，定法一以罪止杖一百徒三年爲定衡，故曰論蓋論字中包有輕重各等在内。【略】至擅食田園瓜果條内亦云，凡于他人田園内擅食瓜果之类坐贓論，而其論法又係不以十兩爲科，乃自一兩即笞一十起，計兩加等，二兩即笞二十，而罪則止于杖六十徒一年。其所同者惟折半科罪，二兩方算一兩，此又一義也。其所以然者，蓋緣瓜果等物産于田野，人易擅食，漸不可長，故嚴乎。其爲細而罪，則止于杖六十徒一年。若以計兩加等論罪，至徒一年則已出乎十兩之外，如合折半而彙計之，不已出乎二十兩而有餘耶？天下有瓜果價值至數十兩以外，而猶爲人擅食者乎，故重之以計兩加等，所以重乎人之所易犯而勅之以罪止，則又所以慎法律之衡，此又一義也。

王明德《讀律佩觿・不言刺免》　各盜刺字，律載甚明。即律應刺字而特准免刺，及律應免刺而不概准免刺者，亦無不備載明悉，獨於盜内府財物者，皆止曰雜犯斬，盜園林樹木條止曰凡盜園林内樹木者，皆杖一百徒三年。若盜他人墳塋内樹木者，首杖八十，皆計入已贓重於徒杖者各加凡盜罪一等。竊議犯此前項盜罪之人即監守常人盜竊盜之真犯也。乃律中惟明著盜款申嚴罪狀而絶不著以刺字、免刺之文，將仍照各律刺之以字乎，抑置之不問，竟不加刺乎。三復徑旬，莫解其故，既而得之，曰不復再刺矣。

清　**陳夢雷等《古今圖書集成・草木典・清會典・工部》**　虞衡，清吏司，掌採捕之事，凡採捕禁令國初定，採參之人，越自己界分採取者，以偷盜論，參還原主。越禁偷採者，參與人畜俱入官，其主罰責有差，不知情者免，擬率領頭目鞭一百餘，俱准竊盜論，參入官。　順治六年題准：王貝勒貝子公等採取官參，各照派定人數發往，違例差遣者，革去一切賞賚，止給與現獲人參，差去之人入官，其屬下人員不奉差遣，私自遣人偷採者，本犯入官，其主治以重罪。　十五年議准：旗下人偷採人參者，枷號一個月，鞭一百，牲畜及所得之參一併入官。其官民家下人有犯，本主知情者，本犯枷號一個月，鞭一百，參與人畜俱入官。本主問偷盜之罪，不知情者免罪，本犯枷號兩個月，鞭一百，牲畜財物入官。本主知情謊稱不知者，加等治罪，家人入官。其奉天等處人民有犯者，枷號一個月，責四十板，人畜財物入官。其蒙古席北瓜兒岔等處人有犯者，交理藩院議處。　十六年議准：順天等八府出山海關禁約處所偷採人參者，照奉天例交户部入官。　康熙二年題准：違禁採參者，爲首之處死，餘仍照前治罪。　五年題准：偷採人參之鋪頭，擬絞監候，出財招集多人偷採者，照爲首例處死，牲畜等物一併入官。　六年議准：民人附從偷採人參者，責二十板，其容留貿易不拏送者，加等治罪。　七年題准：舊例每年四、八月，令官役巡蹤訪緝，今令於春秋二季，預行巡緝。又題准，偷採人參之人，未經起發拏獲者，出財之主並率領頭目，各枷號一個月，鞭一百，爲從之人，係旗下鞭一百，係民責四十板，馬牛布疋等俱入官。　八年題准：偷採人參，出財之主，并率領頭目，已得參者，照例擬死，未得參者，係旗下人，枷號兩個月，鞭一百，係民枷號一個月，責四十板，入官。爲從之人，各枷號一個月，係旗下鞭一百，係民責四十板，餘俱照前例。　九年議准：奉天等處招徠之民，偷採人參爲從者，照旗下人例，雖已得參，免其入官，枷號兩個月，責四十板。　十一年題准：駐劄盛京官員，拏獲偷參之人，得財私放者，革職交刑部，若偷參之人同屯居住，知而不首者，降一級，罰俸六個月，其採捕人役將採捕之物隱藏私帶者，頭目及噶喇大守、山海關官員罰俸一個月。　十二年議准：奴僕偷採人參，本主知情者杖八十，謊供不知者杖一百。　十五年議准：旗下民人越境採參已得者，將出財之主并率領頭目俱擬絞監候，聞拏投部不准自首，爲從之人，係旗下枷號一箇月，鞭一百，係奉天等處人民，枷號兩個月，責四十板，牲畜等物俱入官。係內地民人並妻入官。奴僕偷採人參，其主知情者，係官交該部議處，旗下人鞭八十，民責三十板，偷採之人枷號一個月，鞭一百，人與牲畜併入官，若本主知情謊稱不知者，係旗下鞭一百，民責四十板，不知情不坐，本犯枷號兩個月，鞭一百，牲畜等物入官。若未得參者，出財之主併率領頭目，係旗下枷號兩個月，鞭一百，係民不分奉天內地，俱枷號一個月，責四十板，同妻一併入官，餘俱照前定例。　十七年議准：凡偷採人參，爲從者，不分旗下民人，俱枷號兩個月。又議准：偷採人參已得者，出財之主率領頭目擬斬監候，爲從之人，係旗下枷號三個月，鞭一百，牲畜等物入官，係民不論奉天內地，俱枷號三個月，責四十板，妻子牲畜等物，俱入官。奴僕偷採人參，本主知情者係官革職，旗下人枷號兩個月，鞭一百，民枷號兩個月，責四十板，不知情不坐，本犯枷號三個月，係旗下鞭一百，民責四十板。未得參者，出財之主併率領頭目，係旗下枷號三個月，鞭一百，係民不分奉天內地，俱枷號三個月，責四十板，妻子一併入官，爲從之人枷號兩個月，係旗下鞭一百，民責四十板。其借稱採取官參，多帶人數在界外偷採者，率領撥什庫頭目，俱照例處死，其餘俱照爲從例治罪。若採取蜂蜜松子之人，在伊界內山上偷採人參者，領去撥什庫頭目，各枷號兩個月，鞭一百，餘各枷號一個月，鞭一百，人參入官。至盛京所屬看墳及居住之人，有偷採人參者將縱放之屯，撥什庫枷號一個月，鞭一百。失察者鞭一百。各旗佐領下人有偷採人參者，將縱放之，佐領驍騎校革職，撥什庫革去，枷號一個月，鞭一百。失察者佐領驍騎校罰俸一年，撥什庫鞭一百。府佐領下人有偷採人參者，將縱放之，府佐領驍騎校撥什庫俱照旗下例處分，無品包衣、大撥什庫，各枷號一個月，鞭一百，失察者撥什庫鞭一百，包衣大鞭八十，民人有偷採人參者，將縱放之，百家長責四十板，十家長枷號一個月，責四十板。失察者，十家長責四十板，百家長責三十板。外藩王公主等所屬之人，有偷採人參者，交理藩院議處。凡拏獲偷採人參，俱交户部變價，一半入官，一半給賞拏獲之人。其巡察官兵，見蹤不追，徇情縱放者，官員革職，撥什庫革去，枷號一個月，鞭一百，甲兵鞭一百，馬法筆帖式俱革去，枷號一個月，鞭一百。其山海關等門不行盤查，縱放偷帶人參入關者，值日守尉都司驍騎校等俱革職，撥什庫革去，枷號一個月，鞭一百，甲兵鞭一百，其私自買參賣參者，各枷號一個月，鞭一百。　十九年議准：凡違禁偷採人參，仍照康熙十五年定例治罪，爲從之人各枷號兩個月，係旗下鞭一百，係民責四十板，其邊外居住山海衛所屬兵民及盛京、直隸、山東沿海處所有偷載人參貿易者，照偷採人參例治罪。　二十年題准：山海衛所屬城堡兵民，偷採人參者，亦照康熙十五年定例治罪。　二十一年議准：凡採取官參之人，各給印票，係上三旗人用户部及內務府印信，係五旗人用户部印信，該管主編號給發，以便稽察。如無信票私自行走，或有信票越界行走，併不照票內定數多帶人畜者，巡察官兵即拏送部治罪，徇情縱放者，官員革職，撥什庫枷號一個月，鞭一百，兵鞭一百。若得財縱放及將人參隱匿入己不全送官者，官員革職，兵丁串通者一併交刑部計贓，照律治罪。有能出首者，財物一半給賞，一半入官。官員一年內拏獲一百名以上者，紀録一次，二百名以上者紀録二次，三百名以上者紀録三次，四百名以上者准加一級，多者按數議叙，拏獲馬匹一半入官，一半給賞拏獲之人，人參盡行入官。如誣拏無辜之人者，官員革職，兵丁枷號兩個月，鞭一百。奪取財物者，官員革職交刑，部議罪，兵枷號三個月，鞭一百。如拏獲之人揑情控告審虛者，照誣告重律治罪，若毀壞盛京鳳凰城等處邊欄，私自出入，官員、撥什庫、兵丁、看門、馬法筆帖式不行查拏及通同受賄者，照巡察官兵例治罪。　二十五年令：偷刨人參之人，著提解來京審擬具奏。　刑部則例：刑部爲請旨事五十三年二月十四日奉上諭現在監禁私刨人參，竊盜人犯甚多，將伊等雖擬死罪，秋審之時，依舊寬免，放出無罪，仍舊凶惡，若將此等人犯割斷懶筋，不能復可爲盜私刨人參，則惡犯亦知警矣，欽此。查定例內私刨人參爲首者擬絞，爲從者分別發遣伊蘭、哈喇等處，但伊等俱係凶惡之徒，爲首雖擬以死罪，秋審依舊寬免，爲從者雖已發遣，仍舊逃去行竊，私刨人參，嗣後應將私刨人參爲首者割斷兩邊懶筋，爲從者割斷一邊懶筋。此等完結事件，彙齊年終具題。其在京內外行竊，除擬斬重犯，仍照例治罪外，其抽取零星物件，竊盜照新例完結，擬絞之竊盜，亦割斷兩邊懶筋，係旗人另户交與各該地方，係奴交與本主，係民交與五城，遞解本處臣部，現在審結，監禁此等人犯，亦照此例割斷懶筋完結可也。奉旨依議。　直省志書：潞安府物産人參，壺關紫團山，舊有參園，今已墾而田矣。

大姚縣土産土人參，出方山，體輕而性燥，不入藥料。

清　嵇璜《清文獻通考》卷三一《市糴考》（順治）六年停止各省貿易人參時，以各省賣參人役、地方官民、商賈甚受擾害，勅令永行禁止，不得仍前遣往各省發賣，止許在京均平市易，永爲定例，違者重罪不宥。其採參人丁并行酌減。若於額外多遣者，其所遣之人入官。如官員人民私行採取，人亦入官，伊主治以重罪。仍於山海關設人稽察。

清 嵇璜《清文獻通考》卷三一《征榷考》 乾隆四十八年諭，據慶桂奏，拏獲吉林等處私行挖參人犯，永瑋因朕恭謁祖陵，前往辦理供應事宜，是以見未及此，著將慶桂奏摺抄録寄永瑋閲看，並著伊派委妥幹官兵于産參山廠通衢要隘及山谿僻處嚴行搜緝。近年封廠停採，原期護養參苗，令其滋長。今吉林等處拏獲私挖人犯至百餘名之多，是有封閉之名而無其實，反令不肖之徒得以倖獲，何若仍行放票開採之爲愈也。著自明年爲始，仍行放票開採。

清 王錦林 《鷄澤縣志》卷一一 凡棄毁人器物及毁伐樹木稼穡者，計脏准竊盜論。

清《蒙古律例》卷五 黑龍江瓜爾察索綸地方不准購買貂皮，一凡已未管旗王、貝勒貝子公、台吉塔布囊官員、平人購買黑龍江瓜爾察索倫地方貂皮，或違禁攔截給價者，王、貝勒貝子公、扎薩克台吉塔布囊等罰俸一年，閑散台吉塔布囊罰五九特畜，官員平人罰三九牲畜，將私領價本前往之，爲首者擬級監候，爲從者罰三九牲畜，其所帶價本追出入官。偷捕貂參私相買賣，一凡將私捕之貂參，私相買賣，被旁人拿獲，首告將貂參交户部，買者賣者各鞭一百，罰一九牲畜，賞給拿獲首告之人。偷捕貂參，一蒙古王公主、郡主等屬下人并旗人及打牲人等，私往禁地偷捕貂鼠、採挖人參被獲，將財主并率領前往之爲首者，擬絞監候，畜産籍没。爲從者係另户，鞭一百，罰三九牲畜，係家奴，枷號兩個月，鞭一百，罰伊主三九牲畜，將採捕之物，全行入宫。禁地遣入採捕貂參，一凡入禁地偷採貂參被獲，其知而遣往之主人係已未管旗王、貝勒貝子公扎薩克、台吉塔布囊等，罰俸九個月，係無俸台吉官員平人罰三九牲畜，將打牲人并牲畜俱賞給旗下因公効力人等，採捕之物入宫。偷在圍場内打牲，一凡蒙古等偷石（在）圍場内打牲被獲，交八溝理事固知審訊，初次者枷號一個月，兩次者枷號兩個月，三次者枷號三個月，俱在圍場附近處所示衆，滿日鞭一百，交各該扎薩克嚴行管束，仍報院詳查。蒙古等進口出口記數，一凡内外各扎薩克、蒙古等俱令由山海關喜峯口、古北口、獨石口、張家口、殺虎口行走進口時，俱稟明邊門章京等記數後方准入。其出口時，仍驗對原數後方准出。倘有添買之物報院轉行兵部給與口票，以便出口。除此六邊門外，其餘邊門不准行走。置買軍器等物給票。

林業案例部

國内案例分部

紀事

《左傳·昭公十六年》 鄭大旱，使屠擊、祝款、豎柎有事於桑山。斬其木，不雨。子産曰：「有事於山，蓺山林也，而斬其木，其罪大矣。奪之官邑。」

唐 劉肅《大唐新語·持法》 權善才，高宗朝爲將軍，中郎將范懷義宿衛昭陵，有飛騎犯法，善才繩之。飛騎因番請見，先涕泣不自勝，言善才等伐陵柏，大不敬。高宗悲泣不自勝，命殺之。大理丞狄仁傑斷善才罪止免官。高宗大怒，命促刑。仁傑曰：「法是陛下法，臣僅守之。奈何以數株小柏而殺大臣？請不奉詔。」高宗涕泣曰：「善才斫我父陵上柏，我爲子不孝，以至是。知卿好法官，善才等終須死。」仁傑固諫，侍中張文瓘以笏揮令出，仁傑乃引張釋之高廟、辛毗牽裾之例，曰：「臣聞逆龍鱗，忤人主，自古以爲難，臣以爲不難。居桀紂時則難，堯舜時則不難。臣今幸逢堯舜，不懼比干之誅。陛下不納臣言，臣瞑目之後，羞見釋之、辛毗於地下。」高宗曰：「善才情不可容，法雖不死，朕之恨深矣，須法外殺之。」仁傑曰：「陛下作法，懸諸象魏，徒流及死，具有等差，豈有罪非極刑，特令賜死？法既無恒，萬方何所措其手足？陛下必欲變法，請今日爲始。」高宗意乃解，曰：「卿能守法，朕有法官。」命編入史。

唐 杜佑《通典》卷一六六《刑法》 晉惠帝之代，政出羣下，每有疑獄，各立私情，刑法不定，獄訟繁滋。尚書裴頠表諫之曰：去八年，奴聽教加誣周龍燒草，廷尉遂奏族龍，一門八口并命。會龍獄翻，然後得免。考之情理，准之前訓，所處實重。今年八月，陵上荆一枝圍七寸二分者被斫，司徒太常奔走道路，雖知事小，而按劾難測，騷擾驅馳，各競免負，於今太常禁止未解。近日太祝署失火，燒屋三間半。署在廟北，隔道在重壖之内，火即已滅，主者便責尚書不即按行，輒禁止，尚書免，皆在法外。 刑書之文有限，而舛違之故無方，故有臨時議處之制，誠不能皆得循常也。至於此輩，皆爲過當，每相逼迫，不復以理，上替聖朝畫一之德，下損崇禮大臣之體。臣愚以爲犯陵上草木，不應乃用同産畢刑之制。按行奏劾，應有定准，相承務重，體例遂虧。或因餘事，得容淺深。

宋 王溥《唐會要》卷四〇《臣下守法》 上元三年九月七日，左威大將軍權善才、右監門中郎將范懷義，並爲斫昭陵柏木。大理奏，以官減死，并除名。上特令殺之。大理丞狄仁傑執奏，稱不當死。上引入，謂曰：善才斫陵上柏，是我不孝，必須殺之。仁傑又執奏，上作色令出。仁傑進曰：臣聞逆龍鱗，忤人主，自古爲難，臣愚以爲不然，居桀紂時則難，居堯舜時則易。臣今幸逢堯舜，不懼比干之誅。昔漢文時，有盜高廟玉環，張釋之廷諍，罪止棄市。魏文將徒其人，辛毗引裾而諫，亦見納用。且明主可以理奪，忠臣不可以威懼。今陛下不納臣言，臣恐瞑目之後，羞見釋之、辛毗于地下也。陛下作法，縣之于象魏，徒罪死罪，具有等差，豈有犯罪極輕，即令賜死。法既無常，則萬姓何以措手足。陛下必欲變法，請從今日爲始。古人云：假使盜長陵一抔土，陛下何以加之？今陛下以昭陵一株柏，殺二軍將，千載之後，謂陛下爲何如主？此臣所以不敢奉詔，殺善才，陷陛下于不道。上意乃解。謂仁傑曰：既能爲善才正我，豈不能爲我正天下也。

宋 歐陽修《新唐書》卷一一五《狄仁傑傳》 稍遷大理丞，歲中斷久獄萬七千人，時稱平恕。左威衛大將軍權善才、右監門中郎將范懷義坐誤斧昭陵柏，罪當免，高宗詔誅之。仁傑奏不應死，帝怒曰：「是使我爲不孝子，必殺之。」仁傑曰：「漢有盜高廟玉環，文帝欲當之族，張釋之廷諍曰：假令取長陵一抔土，何以加其法？於是罪止棄市。陛下之法在象魏，固有差等。犯不至死而致之死，何哉？今誤伐一柏，殺二臣，後世謂陛下爲何如主？」帝意解，遂免死。

明 張四維《名公书判清明集》卷九 蔡久軒《争墓木致死》 决斷大辟公事，要見行兇人起争之因，所謂原情定罪者是也，余細三十與男余再六、姪余再三有祖墓林，與買官人胡小七田地連接。余家墓山累世之業也，胡家之田近年得之也，墓林茂盛，寧免嵐蔽田地，在在如此，儻使此田爲木嵐蔽，胡小七當日勿買可也。及至交業之後，佃人洪再十二，欲行退佃，不過與幹甲通同，欲邀田主退減苗租而已。胡小七之悍僕胡再五，周先乃其狀申聞，胡小七者，遽就狀批判，差諸悍僕，率群佃百餘人，名曰自耕，其實將帶刀斧喧嚇苴將田畔余家墓木恣行斫伐，幾於赭山，其余細三十併子若姪聞之，急往占護墳木，此亦人情之常，但不當帶管刀杖棒而前，及登墓山果見斫伐狼藉及將木植搬歸幹甲梁興二之家，危辛乙者，特胡小七一佃人耳，亦隨衆斫伐之人，一時余再六登山，趕捕不獲，已行回歸。適又遇見危辛乙持斧上山，遂成對頭，危辛乙先以斧頭抵敵，余再六次以管刀敵觸，余再三又以長棒擊打，遂致危辛乙爲刀傷要害身死。推原起爭之因，皆胡小七者，以判狀付之悍僕依憑威勢，平白斫伐他人墓木，余再六所以不忿者，愛護墓木也。愛護墓木者，所以愛護其祖宗也，人誰無墳墓，此其起因，原情實有可憫。買官胡小七事發一年有半，更不出官州院，雖已勾追，竟以本人見在紹興辛提幹處爲言通神之錢，且有免追之判，可見豪強。照得余再六所犯，在減降赦前，其弟余再三已斃于獄，其父余細三十已作，余超名前刑部特與貸命決脊杖二十，刺配二千里軍州牢城，胡再五周先憑恃威勢，號召諸佃決脊杖十三，編管一千里，方辛四、梁興二皆佐助。胡小七爲惡之人勘杖一百，編管鄰州，縣吏周元州吏徐必選、周思民，免追杖一百，罷逐並牒州照斷。其買官胡小七何物小子，乃以威力激成兇禍，牒州專人追解赴司，兩限不到，定追都吏其已斫伐木贓及砧基簿責還余家有分之人職領入案，餘人放。

明 張四維《名公书判清明集》卷九 蔡久軒《捨木與僧》 捨墳禁之木以與僧，不孝之子孫也，誘其捨而斫禁木者，不識法之僧也，若果如縣斷則是爲尊者，可捨墓木爲姪者，不合訴墓木，與法意大差矣，程端汝勘杖一百，僧妙日不應，爲杖六十，帖縣照斷。

明 張四維《名公书判清明集》卷九 蔡久軒《庵僧盜賣墳木》 許孜，古之賢士也，植松於墓之側，有鹿犯其松栽，孜泣歎曰：「鹿獨不念栽乎。」明日其鹿死於松下，若有殺而致之者。獸犯不韙，幽而鬼神，猶將聲其寃而誅殛之，矧靈而爲人者，豈三尺所能容哉。師彬背本忘義曾禽獸之不若，群小志於趨利，助之爲虐，此猶可誘者，潘提舉語其先世皆名門先達也，維桑與梓，必恭敬止，今其松木連雲，旁起臨淵之羨，斤斧相尋，旦旦不置鄉曲之義，掃地不遺，此豈平時服習禮義之家所應爲乎，事至有司儆之以法，是蓋挽囬頹俗之一端也。師彬決脊杖十七，配千里州軍牢城收管。

明 竇子偁《敬由編》卷一 景公樹竹，令吏謹守之。公出過之，有斬竹者焉，公以車逐得而拘之，將加罪焉。晏子入見曰：「公亦聞吾先君丁公乎，何如？」晏子曰：「丁公伐曲沃，勝之，止其財出其民。公日自莅之，有輿死人以出者，公怪之，令吏視之，則其中金與玉焉，吏請殺其人，收其金玉。公曰：以兵降城，以衆圍財不仁，且吾聞之，人君者寬惠慈衆，不身傳誅，令捨之。」公曰：善」。晏子退，公令出斬竹之囚。

明 竇子偁《敬由編》卷一 景公有所愛槐，令吏謹守之，植木縣之下，令曰：「犯槐者刑，傷之者死。」有不聞令，醉而犯之者。公聞之曰：「是先犯我令」，使吏拘之，且加罪焉。其子往辭晏子之家，託曰：「負廓之民，賤妾請有道于相國，不勝其欲，願得充數乎？下陳」晏子聞之，笑曰：「嬰其淫於色乎，何爲老而見犇，雖然，是必有故」令內之，女子入門。晏子望見之曰：「恠哉，有深憂。」進而問焉，曰：「所憂何也？」對曰：「君樹槐，縣令犯之者刑，傷之者死。妾父不仁，不聞令，醉而犯之，吏將加罪焉。妾聞之，明君莅國立政，不損祿，不益刑，又不以私恚害公法，不爲禽獸傷人民，不爲草木傷禽獸，不爲野草傷禾苗。吾居欲以樹木之故殺妾父孤妾身，此令行于民，而法于國矣。雖然，妾聞之，勇士不以衆彊淩孤獨，明惠之君不拂是以行其所欲。此譬之猶自治魚鱉者也。去其腥臊者而已，昧墨與人比居庾肆，而教人危坐，今君出令于民，苟可法于國而善益于後世，則父死亦當矣，妾爲之收亦宜矣。甚乎，今之令不然，以樹木之故，罪法妾父，妾恐其傷察吏之法，而害明君之義也。隣國聞之，皆謂吾君愛樹而賤人，其可乎，願相國察妾言，以裁犯禁者。」晏子曰：「甚矣，吾將爲子言之于君。」使人送之歸。明日蚤朝而復于公曰：「嬰聞之窮民財力以供嗜欲謂之暴，崇玩好威嚴擬乎君謂之逆，刑殺不辜謂之賊，此三者守國之大殃。今君窮民財力，以羨餒食之具，繁鐘鼓之樂，極宮室之觀，行暴之大者，崇玩好縣愛槐之令，載過者，馳步過者，趨威嚴，擬乎君逆之明者也。犯槐者刑，傷槐者死，殺槐者夷，此賊民之深者，君享國德行未見于衆，而三辟著于國，嬰恐其不可以莅國子民也。」公曰：「微大夫教寡人，幾有大罪以累社稷，今子大夫教之，社稷之福，寡人受命矣。」晏子出，公令趣罷守槐之役，拔置縣之木，廢傷槐之法，出犯槐之囚。

清　高宗《明臣奏議》卷一二　周璽《爲誅極惡以謝祖宗安陵寢以蕃聖嗣事》。（正德元年）去歲先帝上賓，陛下特以陵寢事重，簡命內官監太監李興、新寧伯譚祐、工部左侍郎李璲提督營造，軍夫匠役出于營衛，百物價值供于部廠。爲李興者，當追思先帝寵遇之隆，仰體陛下委託之重，竭力殫心，以祗承厥事可也。奈何縱溝壑之欲，肆盜之謀，故將工部坐派柴薪，折價私貯，豫爲侵尅之計。而又縱使太監王瑞等，指麾下人罔顧國禁，砍伐禁山樹木數萬餘株，掘取禁山石片數百餘丈。山林爲之赭赤，坑坎不計深闊。龍脈爲之損傷，秀氣爲之虧折。驚犯陵寢，得罪宗廟。此誠天地所不容，神人所共怒者也。陛下赫然震怒，差官勘實，仍敕法司會問明白，具招覆奏。臣等謂陛下必念祖宗之體魄震驚，痛先帝之神靈未妥，大彰天討，亟行顯戮，而乃因循未決。旬日之後，方欽奉聖旨，李興、王瑞饒死，差人押發去南京孝陵神宮，監充淨軍種菜。譚祐、李璲，俱准擬，欽此。聖旨一下，人心驚疑，道路藉藉，謂陛下私近習之恩，忘祖宗之舊，將必有左右曲爲回護而惑聖聽者。且謂近歲南京守備太監蔣忠，于考陵南二十餘里山平開一路，私便行走。事發，先帝以孝陵案山有傷龍脈，恐致宗室有損，遂擬于死。當時豈無權倖貴近爲之營救者。先帝不爲所惑，聖斷不移，卒死于獄。今李興等所犯，罪惡深重，陛下縱自寬假，獨不爲祖宗念，爲子孫慮耶。漢時有盜高廟玉杯者，文帝欲置之族，而張釋之固請棄市。且曰盜玉杯者族，有取長陵一杯土者，何以加法乎。蓋以盜杯罪止棄市，而族誅之法，宜加以盜取陵土者也。釋之號稱執法，豈欺文帝者。李興等伐掘陵寢木石，以十萬數株，比之杯土，萬一不同。使在漢時，寧能免族誅之法，即民間葬地，亦欲土脈膏潤，草木茂盛，又必封植，毋樵牧。蓋以祖宗體魄所藏，祖宗安則子孫亦安。故禮載擇地之文，律嚴發塚之禁。庶民墳墓，且慎重如此，況陛下四海爲家，萬方爲土，名山天設，爲用祖宗列聖衣冠之藏，固將福祚陛下，以爲千萬億年之計也。而李興等掘伐之慘，至于如彼，是雖剉屍萬段，尚未足謝神人之怒，而仰慰祖宗之靈。陛下不即加誅，止令各充淨軍，罪重罰輕，誤亦甚矣。臣等又惟李興荷累朝之任使，憑先帝之寵眷，大興營造，剥軍削民，累貲萬萬，而貪欲不滿，氣焰薰天，而炙手可熱，貴戚權倖多相交納，左右近習皆其黨羽。凡有爲回護釋之言者，是畏其威，憑其勢，而利其財賄者也，何爲而輕聽之哉。再照新寧伯譚祐、侍郎李璲，身爲大臣，忘君黨惡跡，其情狀厥罪，惟均萬無可貸，而法司止擬奏事，不實徒罪。臣謂李興、譚祐、李璲，職銜並列于敕諭，坐次同列于公衙，文案同署，號令同發，事無大小，罔不通知，而謂照料不及，皆由李興。三尺之童，亦不可誑，其巡山官軍，兩次捉獲擅伐活樹軍人到官，李興不加禁治，惟時二人果醉夢而不知覺耶。抑病篤而不知省耶。即此觀之，二人擬罪，當不在李興下，法司舍其重罪，擬以輕條，是亦回護二人而上欺朝廷者也。臣等伏願奮乾之斷，亟天討之誅，收回成命，將李興、王瑞，戮于市曹，告之宗廟。譚祐、李璲，縱不加誅，亦宜削爵放黜，以爲大臣欺罔之戒。亦乞且賜裁處，仍敕工部並欽天監，選取精通地理者前去相視掘伐之處，可栽則栽，可培則培，可填補者填補，務使龍脉不虧，秀氣如舊。上以安祖宗列聖之靈，下以壽聖子神孫萬萬世之傳，臣等不勝爲國拳拳願望之至。

清　高宗《明臣奏議》卷一二《爲再申忠懇以正失罰事》　臣等竊謂：臣之事君，猶子之事父也。父有失，子三諫不聽，則號泣而隨之，冀其感悟必改而後已。然則人君失罰其所當罰而爲之，臣者不能盡力救正而遽已焉，亦豈人臣事君不欺而犯之義哉。此臣等于李興之事，不敢以煩瀆爲嫌，必欲再三爲陛下陳之，冀其俯納也。夫李興、王瑞砍伐皇陵樹木數萬株而赭其山，鑿取禁山石片數百丈而坑其地。譚祐、李璲知情故縱，坐視不救，驚動陵寢，獲罪祖宗。陛下悉從輕典，不加誅竄。臣等已經論列，法司亦曾執奏，欲陛下仍置李興、王瑞子法，而譚祐、李璲重加貶黜，以爲人臣不忠之戒。陛下已降旨寢罷矣，及譚祐、李璲自知公論難容，陳辭引退，陛下仍復降旨慰留之。臣等聞命，益加疑懼，以陛下聰明仁孝，敬天法祖，而斷此大獄，竊恐未厭衆心，難止羣議也。臣等節該伏覩英宗皇帝聖旨，于天壽山偷砍樹木，其該管軍衛有司人等，坐視不行鈐束，論罪都該處死。及憲宗皇帝旨，于鳳陽等處應禁山場伐樹取石，正犯處死。此蓋列聖防微杜漸之深意，以爲法令不嚴，人必輕犯，以震驚神靈，損傷龍脈，爲害不小。故孝宗皇帝復收之於例，與律並行，亦欲聖子神孫萬世繩繩也。今興等所盜，非一木一石之比，而其情罪，豈直坐視不救之倫，陛下皆宥其死，則自是而後，愚民有取禁山一木一石者，將誅之乎，則非宮府一體之謂，將欲宥之乎，則列聖之禁例，自此而不行。此李興、王瑞之當例處死無疑也。陛下何爲饒其死，而止令充淨軍乎。此臣等所未喻也。譚祐、李璲，既奉敕一同提督，則興等侵盜之錢糧，工部所出入也，某何爲而不查考。伐取木石之軍士，總兵所管轄也，某何爲而不鈐束？今各知情故縱黨惡蔽奸，正合坐視不行鈐束之例。且巡山人等，坐視不禁，罪猶處死。提督大臣，知情故縱，法安可容。況其招詞，既曰譚祐、李璲，明知工部自己應用木柴，及砍伐禁山樹木例重，不合依阿，不行勸阻禁約，是其情罪，止下李興一等耳。興等當重治。而譚祐、李璲乃偃然復處大僚之例，豈公刑法之道乎？故臣等以祐、璲之罪，任其事而不知，則爲失職，知其情而不舉，則爲奸邪。豈有奸邪失職之人，而復可以居大臣之位乎。此譚祐、李璲之當罷爵奪職無疑也。陛下何爲薄其責而不竄黜乎？亦臣等所未喻也。昔漢文帝時，有盜高廟玉杯者，廷尉請棄市。帝怒曰：「非所以恭承宗廟也。」唐高宗時，有誤斧昭陵一柏者，而當時坐免官。帝怒曰：「是使我爲不孝之子，必誅之。」今興等之罪，視爲盜玉杯，傷一柏者，相去萬萬也。陛下皆從輕宥，是陛下以舜文之孝，而敬奉祖宗之心，反出於漢唐二君之下乎。臣等竊爲陛下惜也。夫陵寢者列聖衣冠之藏，禁例者列聖法令之寓，陛下繼列聖之大業，而廢列聖之法令，列聖以四海之廣付陛下，而陛下不能庇其數十里之山陵，使播之天下，傳之後世，豈不爲聖德累乎。臣等備員言路，補過拾遺，乃其分也。彈劾奸邪，乃其職也。以聖明之朝，而有此奸邪，以陛下之聖，而有此夫罰，此臣等所以不避斧鉞之誅，以盡芻蕘之説，伏乞陛下念祖宗之當重，思法令之當乎倚，從法司之議，割恩正法，將李興、王瑞仍行處死，而譚祐、李璲亟加貶黜。庶情不蔽于左右，而法得行于貴近，列聖陵寢自此奠安，國家命脈自此而益水（永），宗廟幸甚，社稷幸甚，天下亦幸甚。疏入。帝不納。

清　龍文彬《明會要》卷一七　正德元年，給事中周璽奏：「中官李興、王瑞營造先帝陵寢，砍伐禁山樹木數萬株，掘取禁山石片數百丈，損傷龍脈，驚犯陵寢。新寧伯譚祐、工部侍郎李璲奉命提督，知情故縱，罪俱難逭。伏睹英宗諭旨：于天壽山偷砍樹木，該管軍衛人等不行鈐束，罪該處死。憲宗諭旨：于鳳陽等處應禁山場伐樹取石，正犯處死。宏治中，南京守備太監蔣忠於孝陵南二十餘里案山開路，私便行走，事發論死。此列聖杜漸防微之深意，今興等所盜非一木一石比，陛下止令充淨軍，罪重罰輕，未厭衆心。乞將興、瑞照例處死，祐、璲亟加貶黜，以全國法，以安陵寢。」疏入，帝不納。

清　龍文彬《明會要》卷一七　嘉靖四年，饑民盜天壽山陵樹，巡按楊紹芳引盜大祀神禦物律斬。都禦史王廷相言：「大祀神禦物者，指神禦在內，祭器帷帳之物而言。律文盜陵木者止杖一百，徒三年。今舍本律，非法之平。」

清　吴仁臣《十國春秋》卷九《吴·張宣傳》（張宣）最後領武昌軍節度使，置地室以鞫罪人，罪無問大小，入之則無全活。久之境内大治，道不拾遺。會雪中炭肆有鬭者，録問之，言市炭一秤，而輕不及數。宣使秤之，信然，乃斬鬻炭者，梟首懸炭于市，由是炭率以十五斤爲秤，而售者無敢輕重。南唐昇元中卒。

清　嵇璜《清文獻通考》卷二〇八《刑考》（乾隆三十五年），定詳讞受賄私縱刨參人犯案情。諭刑部改擬拿獲刨參人犯受賄私縱一案，將額爾圖、孟忒二犯擬絞，請即正法，所辦又屬過當。此案前因該將軍傅良定罪過嚴，漫無區別，是以降旨交刑部另辦。乃該堂官意存寬縱，概以發遣枷責完結，經朕面加訓飭，令其按律改正。今又於定律絞候之外，加以立決，則所謂過猶不及，均非情理之平也。額爾圖身爲佐領，與驍騎校孟忒，皆係職官。既查獲偷參人犯，即應解送究治，乃敢受賄故縱，實屬藐法營私，其罪在此，並不當。與在官人役，因事受賄者，僅從計贓科罪也。但額爾圖等，雖實犯死罪，即計贓浮於滿貫，究與婪索，數逾千萬者，不同祇應入於秋審情實，而汲汲於決，不待時又豈得爲情罪允協耶。

涉外案例分部

綜　述

清　蔣良驥《東華録·順治十三年》　四月，【略】浙撫秦世（禎）以造戰船伐宋陵樹木事聞，得旨：「前伐陵原有明禁，何得不候旨徑行，着議處。伐過樹木照前栽補。」

清　蔣良驥《東華録·康熙三十九年》　十二月，【略】刑科給事中湯右曾疏言：「臣閲揭帖，有瓊州文武官遺人往黎崗採取花梨、沉香，滋擾起釁多欸（款），總督石琳、巡撫蕭永藻、提督殷化行平時毫無覺察，恣其貪毒。且黎人拒鬥事起于上年十二月，遲至一載，始行題報，其扶同掩飾，希圖欺隱可知，請嚴加處分。」得旨：「令石琳、蕭永藻、殷化行回奏，各自引罪，下部議降級有差。」

清　劉錦藻《清續文獻通考》卷三八《外交考》　外務部奏：光緒三十一年，《中日條約》第十款内載中國政府允許設一中日木植公司在鴨緑江右岸。

三十二年，日本使臣林權助擬訂《鴨綠江木植公司要目函》送臣部，當以木植一項關係商民生計，應由奉天將軍、北洋大臣詳查，再行核議照覆。該使令赴津與北洋大臣就近晤商，旋准奉天將軍趙爾巽派員往勘，稟稱：東邊木植鴨渾兩江並稱繁茂，鴨江産地較寬，木植比渾江爲遜，近水森林頻年斬伐殆盡。至渾江一帶，自十八溝至二十四溝方圓約五百里，距江較遠，斧斤罕到，存蓄甚多。若盡作公司界限，可供二十年採伐。渾江與鴨江係屬兩事，不在股東合辦之列。詎日使到津與臣世凱會議，堅指鴨綠江右岸，指該地全段言之，連渾同江流域均包在内。逐條辨駁，迄未就範。未幾，林使回國，代使阿部守太郎送交臣部節略，將前擬提案略加改易，於地段一層仍包括鴨、渾兩江流域及支流在内。臣那桐與議，扼定量擴鴨江木界，而不牽及渾江之宗旨，竭力與爭。擬改由帽兒山至二十四道溝沿江，木植歸公司採伐，以距江六十華里爲界，爲最後辦法。該代使則仍謂：「鴨江流域須擇帽兒山以上，渾江流域須擇通化以上，均以分水嶺爲界。惟白頭山一帶，自山頂五十里以内概不採伐。此係本國政府深願公司從速成立，讓步已到極處。」彼此相持，幾至無可再議。迨林使回任，復申前議，臣等仍與剖辯，該使雖無駁覆，而卒未照允。本年，奉天巡撫唐紹儀奉　命來京與林使接商前案，此事懸宕經年不能就緒者，祇該使欲將渾江包括。若遲行照允，則該處木把生業全失，地方市面大受影響。渾江原設之江浙鐵路，木植公司曾係奏准之案，尤不能禁其採買，惟有明定渾江森林仍歸中國，舊業木把採伐所需款項向公司貸借，所採木料歸公司，照市價收買，庶公司不至壟斷，而商業仍得保全。遂由該撫另擬提案與林使磋商，臣等復與争持至月餘之久，始行定議。所訂章程大綱十三條，名爲中日合辦鴨綠江採木公司，其地段仍照前議畫定：鴨綠江右岸自帽兒山起至二十四道溝止，距江面幹流六十里爲界。中日兩國各出資本一百五十萬元，以二十五年爲限。該總公司設在安東以東邊道，爲督辦，中日兩國各派理事長一員，所有進款以餘利百分之五報效國家，應納木料税項可商准地方官照章酌減。俟大綱議定，即由奉天督撫及日本駐奉總領事派員商訂細章，三個月内開辦，日政府允將見在鴨綠江之木植廠一概撤去，以昭信守，是於利益均攤之中尚不失保守主權之義。臣謹案：中外交涉以來，凡更一次條約，即喪一次權利，亦即喪一次土宇。歐西各國無論已，日本乘甲午戰勝之餘威，挾詐逞强，不得不休。雖曰：「老大之邦，公法失其效力。要亦遇事顢頇不慎於初，終授人以瑕隙耳。」鴨綠江右岸即屬渾江，懸訂一中日木植公司名稱，雖限於一隅，而右岸之界址不先聲明，事後審查方以侵占該處木把生計爲言，並慮及江浙鐵路木植之影響，不幾唇焦筆禿乎？日人狡獪，政府方略爲彼覷破已久，縱未能盡償奢願，調停一出，帽兒山等距江六十華里之材木，早已利益瓜分。一子之差，全枰受挫。外交至此，感慨係之矣！

又　紀森林交涉。東三省林木之茂，甲於天下。中俄合辦鐵路之約成，俄員始以伐木請於前吉林將軍延茂，將軍不許，乃設木植公司徵其票費，又指定伐木段落，以二道江色勒薩木溪河、輝發河沿江一帶爲限。而華俄奸商句串賄囑，私砍盜賣，弊端不可縷計。交涉之繁，俶落於此？無何，鐵路公司又商訂護養山林草約，部議以山林多逼鐵路，當自籌護養以保利權。若授外人以柄，難免無厭之求。且各地森林與官田民産、旗屬公田多有毗連，辦理不善，必致轇轕叢生，嚴詞駁之。光緒二十九年，俄員復與黑龍江交涉道員周冕私定合同，畫界砍木。周冕不察，幾墮彀中，幸薩將軍拒之於前，程將軍駁之於後，不至據爲口實。卒之，伐木合同遷延數歲，内煩外務部之磋商，外經數疆吏之争辯，始克就。我範圍未始非，前車之已覆矣。日俄搆釁，兩國兵民藉干戈擾攘之際，恣意採伐。日本軍隊又復設立廠所，抽收軍用木材，木把生計，多爲攘奪。日員小島，甚至派遣日人沿鴨綠江濱要截木筏，幾釀事端。三十一年，中日協約既成，遂有合辦鴨綠江右岸採木之議。三十二年，日公使林權助以草案牒外務部，部咨奉天將軍派員詳勘，復由北洋大臣就近晤商。而日人堅執渾江流域必欲併入界内，所訂年限爲期，尤多往復争持，終無成議。其後，奉天巡撫唐紹儀，奉會同外部與林使集議，世昌協力籌商，函電交馳，閲時數月，始訂定合辦大綱十三條，復與駐奉日總領事商立詳細章程。雖利益爲兩國平均，而監察之權，巡警之責，課税之徵，固仍操之自我也。要之，三省森林之利，久爲日俄所交争，惟組織林業公司以絶窺伺之萌。考求栽培善法，以冀滋生之盛。上有好者下必甚焉，是在乎！亟爲提倡者紀中日合辦鴨綠江木植公司。事見外務部奏，此文冗長不録。

又　紀吉林設立木植公司。將軍延茂守吉林時，俄人以搆造鐵路材木爲急，既偵知南山一帶佳木葱蘢，數請於將軍聽其沿江刊木，將軍以非合同所有，拒之。繼思吉省木税俸餉攸關，若彼按照市價購諸商人，則合同内固有「所需料件，免納各項税釐」之語，奸商倘句結洋人，藉端影射，流弊滋多。於是片陳酌設公司代爲經理，以期本省釐餉，藉以維持，兩國邦交無損睦誼。疏入，報可，遂擇地。吉林省城設立木植公司抽收票費，所有華俄各商承辦鐵路料件，皆須先赴公司報明領票，以原價售錢一吊抽收票費八十文爲率。若俄員自行砍伐官山，則視其木之圓徑尺寸議值。如俄員傭人伐砍，亦必指明木把何人，包價若干，援照定章納費領票。此外，無論旗民、商人，凡入山砍木，均按章徵費。又以吉省遼闊，兼顧綦難，酌令各城副都統衙門承辦處及交涉分局代收，俾臻完密，用意至深遠也。然吉省材木不可勝用，無森林專門之學，以講求利用之方，僅於區區釐費間求補救，於萬一抑亦末耳。厥後，改建行省，各分局悉行裁撤，惟留四合川一處。其木植票費，胥報諸稅務處，直接稽徵，亦以省煩苛而歸畫一也。

紀東清鐵路伐木合同。自東清鐵路之役興，凡鐵軌所設枕木，汽爐所用木柈，以至爲屋宇，爲橋樑，爲樵薪，莫不取資於材木。而吉江兩省岡巒綿渺，林壑陰森，儼然有用之不竭之勢。維時兩省商民始有經營林業者，鐵道所需率購諸華商之手，俄人固未能把持也。光緒二十九年，鐵路俄員請於總辦黑龍江鐵路交涉事宜，道員周冕擬給陸路，自成吉思汗站至亞克山站，鐵路兩旁，長至六百里，寬至六十里。水路兩段：一爲呼蘭納敏兩河各至水源爲止，長三百餘里，寬一百餘里；一爲枚林濃濃兩河各至水源爲止，長一百七十里，寬七十里。所有界內山林，統歸鐵路公司砍伐，華人不得過問。揣俄員之意，欲盡絶華人生計，以饜其龍斷之謀。周冕輒與公司擅立合同，簽押後，始告前將軍薩保。不許，然亦未能力争也。逮程德全蒞任，俄員屢挈周冕私訂合同來請加印，德全却之，並牒告公司，以合同未經將軍認可，爲無效，應作廢。更議，時值日俄戰事未息，俄人方恃强凌轢，未肯就議。三十二年，經外務部宣告俄使璞科第，謂從前所訂合同，未經中國政府核定，不能執以爲據，須由吉江兩省將軍派員與公司會商咨部核辦。璞使允諾，遂電吉省遴員前往會同。江省所派道員宋小濂與該公司開議，前吉林將軍達桂令、濱江關道杜學瀛，往乃公司視前立合同，爲已得之權利不少退讓，迭次磋議，未能解決。世昌受事以來，以森林爲東省自然之利，豈容拱手讓人？况其時將與日人商訂木植合同，若不一意堅持，尤慮日人有所藉口。爰令宋林兩道竭力與争，多方辯論，磋磨匝歲。至三十四年，始獲就緒。吉江兩省先後約立合同十四條，吉省地段曰石頭河子，曰高嶺子，長八十五里；曰一面坡，寬廣均不過二十五里。江省地段曰火燎溝，曰皮洛，以各長不過三十里，寬不過十里；曰沿杈林河，由該河匯入松花江之河口，溯流而上，長五十里，右岸寬二十里，左岸寬十五里。視木之鉅細酌收票費，聲明前訂合同並所發照票全行作廢，案始結。

清　劉錦藻《清續文獻通考》卷三五六《外交考》

又中俄黑龍江鐵路公司購地伐木合同：一，合同定後，鐵路公司應需地畝均在此次合同之内，永不再展。

一，黑龍江省鐵路所用地畝，西自滿洲里迆西鐵路入中國境起，東至哈爾濱松花江北岸石當止，共需地十二萬六千晌。各站及路綫分數應若干晌，另附細表。分清後，由公司挖濠爲界，其地繳價後即爲公司産業，照原建鐵路合同辦理。

一，鐵路公司需用民地，除已發價者不計外，其未發價者分三等。

熟地：石當即背江子，每晌俄洋六十元。對青山、齊齊哈爾、富勒爾基，每晌俄洋四十元。煙土屯、庫庫勒，每晌俄洋三十三元。　荒地：石當每晌二十五元。對青山、齊齊哈爾、富勒爾基，每晌俄洋二十元。煙土屯、庫庫勒，每晌俄洋十五元。　有水荒地：石當每晌俄洋十三元。對青山、齊齊哈爾、富勒爾其、烟土屯、庫庫勒每晌俄洋十元。

一，鐵路公司所用官地，允願繳價，不分等次。每晌估價俄洋八元。公地亦一律辦理，一切地價丈竣繳清。

一，鐵路大小各站，會同華官分界，在車站相近地方，爲華商留出足用便利地段。此項地段由華官商自行經理。

一，鐵路各大站，如滿洲里、海拉爾、齊齊哈爾、安達、對青山五處，均在站房鄰近處留出建造華官廳相當之地，並於沿道各車站留出鐵路交涉分局地段。此二項歸華官自行經理，毋庸公司給價，惟不得有礙公衆治安。

一，鐵路各站界内原有廬墓、村莊、城市，應照原建鐵路合同第二條，皆須設法繞越。其已發價及退還地均由此次地價扣抵，如其地爲鐵路所必需難以繞越，所有遷讓之房、園、井、樹、墳墓，均由公司按照見在情形，從優給價，以便遷移建造。

一，瀕河鐵路之綫，凡遇通船隻河道修橋跨越，均須與華官會同查看，不得有礙行船。並此次佔地界内有缺少沙石灰水之處，及防範大水衝刷鐵路情形，均可隨時商明華官會勘，核准後方可購用，惟此等地係專指上項工程，實用爲數無多而言。

一，鐵路公司所用官地、民地内林木，應另給價。遇有礦産須另議，辦法均不在此次合同之内。

一，鐵路公司佔地界内所有房産，自本合同畫押之日起，允准原業主照舊居住三年。如遇公司必需之時，仍應遷讓，公司應發給價值，仍照本合同第七條辦理。

一，東省鐵路公司合同，經手華官。各派丈地委員查看地勢，將來需地畝按表內各站晌數丈量清楚，畫一界綫，繪就地圖，並附各站地數表，送由華官轉呈撫臺一分存案。至各站地數，無論已未發價，應查核清楚，不能越此次所定總數。各民户領價清單，亦應查照前案公平辦理。　一，鐵路公司續行發給民户地價時，應知照華官即行派員會同辦理。其發價文據及各地圖，均由華官蓋用關防以昭信守。

伐木合同：一，東省鐵路公司在黑龍江省准有三處地段備砍各色木料。

第三百八十四號岔道相近火燒溝地方。其地段長不過三十華里，寬不過十華里。　巴林車站相近皮絡以地方其地段，長不過三十華里，寬不過十華里。沿灌林河由該河匯入松花江之河口起，自下流往上計長五十華里，寬由河岸往右二十華里，往左十五華里。以上三處地段，自繪妥地圖後，應將當地界綫詳細畫定。　一，鐵路公司應於砍備木植以前，及時在指明地段內，擬備木料數目、種類，知會鐵路交涉局，領取砍木票照。內應俟鐵路公司按照所開木植數目繳納三成之一票費後，由華官即行照發其餘票費，於木植備齊後，按照票內所註實在木數一律交清。　一，每年應於俄八月初一日，發給鐵路公司砍木票照，以一年爲期。所有上屆砍備木植票費，至時應結算清楚。倘一年期滿，實行砍備木植不及票照內所開數目三成之一，則預付票費應歸中國官庫，例不發還公司。倘鐵路公司砍備木植過於票內所開之數，則所逾數目仍應核實照本合同交付票費，鐵路公司如不按期交付票費，並有背違合同，無論何條之處，則應將已發照票作廢，地段收回。如鐵路公司照章付給票費，及過本合同各條辦理，則華官亦仍循舊章，每年按以上定期換給新票。　一，指給公司之砍木段落界址，應由公司自行出資，在當地畫分清楚。鐵路公司不得越界砍伐木植，華官亦不得在上開地段內另准他人砍木，如有他人擅自砍木，華官須設法禁止。　一，鐵路公司砍木地段，靠近鐵路之處，須留出通行車馬道路。　一，鐵路公司在上開領票砍木地段內，可自設法布置砍伐林木等事，並可堆積木料，建設鋸木等廠，搭蓋住房，以及鋪設運木支路。公司應須任令華兵入界捕拿鬍匪，華民圍獵採參無稍阻礙。如鐵路砍木界內有可耕之地，仍由華官隨意招民開墾，公司不得阻止。其當地居民可在上開地段內砍木蓋房，木料並自用火柴，必須由住廠委員知照鐵路公司，指明地段酌定木植數目，給予特別熱照，惟不得外賣上開地段有草甸之處。鐵路公司亦可牧放牲口，並割取羊草，惟每鋪特須繳華官庫草價一戈比。　一，鐵路公司按砍木票照砍備木植，如每長一阿爾升合營造尺二尺二寸，厚一韋爾學克合營造尺一寸三分七釐五毫，應納票費一戈比之四成，皆僅指圓徑十六俄寸，長十二俄尺之大木而言。如木長或圓徑過於上開尺寸，則票費應按每長一阿爾升、厚一韋爾學克以半戈比核算。火柴每古磅應納票費一盧布，道木每塊應納票費三個半戈比。大木圓徑以小頭計算，如在每俄寸六成之上，照全俄寸計算，如不及六成者不算。畸零至長短，應按每俄尺足四成之一計算。以上所定票費數目於本合同畫押之日起，以五年爲期。期滿則票費應再另議。　如遇公司另向華官允准砍木之商人定購應用木植，公司仍按本條所定票費在收木時交付。　一，華官應派委員常川駐紮上開林木地段，查驗砍備木植，分別種類、尺寸、數目，會同俄員繕立簿，據以憑核算票費。　一，鐵路公司所有岔道、堆木廠、機廠、住房等，佔用官地每晌按年付租洋三元。如係佔民地，應商允地主按年償給租價。　一，所有林木全歸華官自行護養，鐵路公司砍伐木植，不得有礙政府將來所頒護養通行章程辦理。　一，按照見在鐵路情形，江省共需用各項木料，如火柴每年以一十萬古磅，道木以三十萬塊，大木以一十萬根爲度，如日後鐵路振興，並改良一切應需木料，過於上開之數，則華官亦可照允。　一，鐵路砍備木植，如願將應用敷餘之木植外賣，應按照中國通行稅則繳納租費。

吉林木植合同：一，東省鐵路公司在吉林省准有三處地段砍備各色木料。

石頭河子相近其地段，圖樣黏附。　高嶺子相近其地段，圖樣黏附。此二段係原領富郎克地一段，長八十五華里截分爲二。　一面坡附近。其地寬廣均不得過二十五華里，即六百二十五方華里。其圖樣繪妥後黏附。餘與江省砍木章程同。

林業賦税部

税務分部

綜述

《荀子·王制》 王者之等賦、政事、財萬物，所以養萬民也。楊倞註：等賦税有等，所以爲等賦及政事裁制萬物，皆爲養人，非貪利也。財與裁同。田野什一，楊倞註：什税一也。關市幾而不征，楊倞註：幾，呵察也。但呵察姦人而不征税也。《禮記》幾作譏。山林澤梁以時禁發而不税。楊倞註：石絶水爲梁，所以取魚也。非時則禁，及時則發。《禮記》曰：獺祭魚，然後漁人入澤梁。草木零落，然後入山林也。

《周禮·天官·大宰》 以九貢致邦國之用：一曰祀貢，二曰嬪貢，三曰器貢，四曰幣貢，五曰材貢，六曰貨貢，七曰服貢，八曰斿貢，九曰物貢。

漢 戴德《大戴禮記》卷一 曾子曰：「敢問不費不勞，可以爲明乎？」孔子愀然揚麋曰：案麋、眉，古通用。舊注：麋，一作眉。亦校書者語，非盧氏注文。「參女以明王爲勞乎。昔者舜左禹而右皋陶，不下席而天下治。夫政之不中，君之過也。政之既中，案既沈本訛作不令，從各本。令之不行，職事者之罪也。明王奚爲其勞也。」昔者明王關譏而不征，市鄽而不税。税十取一，使民之力，歲不過三日。入山澤以時，有禁而無征。案此下舊注，一作入山澤以時而不禁，夫圭田無征。亦校書者語，非盧氏注文。此六者取財之路也。明王捨其四者，而節其二者。明王焉取其費也。

漢 司馬遷《史記》卷二《夏本紀》 淮海維揚州：彭蠡既都，陽鳥所居。三江既入，震澤致定。竹箭既布。其草惟夭，其木惟喬，其土塗泥。田下下，賦下上上雜。貢金三品，瑤、琨、竹箭，齒、革、羽、旄，島夷卉服，其篚織貝，其包橘、柚錫貢。均江海，通淮、泗。

又 荆河惟豫州：伊、雒、瀍、澗既入于河，滎播既都，道荷澤，被明都。其土壤，下土墳壚。田中上，賦雜上中。貢漆、絲、絺、紵，其篚纖絮，錫貢磬錯。浮於雒，達於河。 華陽黑水惟梁州：汶、嶓既蓺，沱、涔既道，蔡、蒙旅平，和夷底績。其土青驪。田下上，賦下中三錯。貢璆、鐵、銀、鏤、砮、磬，熊、羆、狐、貍、織皮。

漢 班固《漢書》卷七《昭帝紀》 元平元年春二月，詔曰：「天下以農桑爲本。日者省用，罷不急官，減外繇，耕桑者益衆，而百姓未能家給，朕甚愍焉。其減口賦錢。」

漢 班固《漢書》卷九《元帝紀》 （初元元年）夏四月，詔曰：「朕承先帝之聖緒，獲奉宗廟，戰戰兢兢。間者地數動而未静，懼於天地之戒，不知所繇。方田作時，朕憂蒸庶之失業，臨遣光禄大夫褒等十二人循行天下，存問耆老鰥寡孤獨困乏失職之民，延登賢俊，招顯側陋，因覽風俗之化。相守二千石誠能正躬勞力，宣明教化，以親萬姓，則六合之内和親，庶幾虖無憂矣。《書》不云乎？『股肱良哉，庶事康哉！』布告天下，使明知朕意。」又曰：「關東今年穀不登，民多困乏。其令郡國被災害甚者毋出租賦。江海陂湖園池屬少府者以假貧民，勿租賦。賜宗室有屬籍者馬一匹至二駟，三老、孝者帛五匹，弟者、力田三匹，鰥寡孤獨二匹，吏民五十户牛酒。」

南朝宋 范曄《後漢書》卷四《孝和孝殤帝紀》 （永元五年）二月戊戌，詔有司省減内外廄及涼州諸苑馬。自京師離宫果園上林廣成囿悉以假貧民，恣得采捕，不收其税。

又 （永元）十一年春二月，遣使循行郡國，稟貸被灾害不能自存者，令得漁采山林池澤，不收假税。

又 （永元九年）六月，蝗、旱。戊辰，詔：「今年秋稼爲蝗蟲所傷，皆勿收租、更、芻稾；若有所損失，以實除之，餘當收租者亦半入。其山林饒利，陂池漁採，以贍元元，勿收假税。」秋七月，蝗蟲飛過京師。

又 （永元十五年）六月，詔令百姓鰥寡漁采陂池，勿收假税二歲。

南朝梁 蕭子顯《南齊書》卷三《武帝紀》 善爲國者，使民無傷而農益勸。是以十一而税，周道克隆，開建常平，漢載惟穆。岱畎絲枲浮汶，來貢杞梓皮革，必緣楚往。

唐 杜佑《通典》卷四《食貨》 漢高帝接秦之敝，諸侯並起，民失作業而大饑饉，凡米石五千。上於是約法省禁，輕田租，什五而稅一，量吏祿，度官用，以賦於民。纔取足。而山川園池市肆租稅之入，自天子以至封君湯沐邑，皆各爲私奉養，不領於天下之經費。言各收其所賦稅以自供，不入國朝之倉廩府軍也。又令賈人不得衣絲乘車，重租稅以困辱之。四年八月，初爲算賦。《漢儀注》：「人年十五以上至五十六出賦錢，人百二十爲一算，爲治庫兵車馬。」

唐 杜佑《通典》卷二《食貨》 王莽令諸取鳥獸魚鼈百蟲於山林水澤及畜牧者，嬪婦桑蠶織絍紡績補縫，工匠醫巫卜祝及他方技商販賈人坐肆列里區謁舍，區謁舍，若客館。皆各自占所爲於其在所之縣官，除其本，計其利，十一分之，而以其一爲貢。末年，盜賊羣起，匈奴侵寇，大募天下囚徒人，名曰豬突豨勇。一切稅吏人，貲三十而取一。

唐 杜佑《通典》卷四《食貨》 王莽篡位，下令曰：「漢氏減輕田租，三十而稅一，常有更賦，罷音皮癃咸出，雖老病者皆復出口算也。而豪民侵陵，分田劫假。分田，謂貧者無田而取富人田耕種，共分其所收也。假亦謂貧人賃富人之田也。劫者，富人劫奪其稅，侵欺之也。厥名三十，實什稅五也。富者驕而爲邪，貧者窮而爲姦，俱陷於辜，刑用不措。今更名天下之田曰王田。」又以《周官》稅人，凡田不耕爲不殖，出三夫之稅。城郭中宅不樹藝者爲不毛，出三夫之布。樹藝謂種果木及蔬菜也。人浮游無事，出夫布一匹，其不能出者，冗作縣官，衣食之。

唐 杜佑《通典》卷四《食貨》 凡任地，國宅無征，園廛二十而一，近郊十一，遠郊二十而三，甸、稍、縣、都皆無過十二。唯其漆林之征二十而五。征，稅也，言征者以供國政也。任地，謂任土地以起稅賦也。國宅，凡官所有宮室吏所治者也。周稅輕近而重遠，近者多役也。園廛亦輕之者，廛無穀，園少利也。凡宅不毛者有里布，凡田不耕者出屋粟，凡民無職事者出夫家之征。宅不毛者，謂不樹桑麻也，罰以一里二十五家之泉。空田者，罰以三家之稅粟，以供吉凶二服及喪器也。民雖有閒無職事者，猶出夫稅、家稅也。夫稅者，百畝之稅。家稅者，出士徒車輦給徭役。掌國中及四郊之人民六畜之數，以任其力，待其政令，以時徵其賦。自廛里至遠郊也，掌六畜數者，農事之本也。賦謂九賦及九貢。凡任民，任農以耕事，貢九穀。任圃以樹事，貢草木。任工以飭材事，貢器物。任商以市事，貢貨賄。任牧以畜事，貢鳥獸。任嬪以女事，貢布帛。任衡以山事，貢其物。任虞以澤事，貢其物。貢草木，謂葵、韭、果、蓏之屬。凡庶民不畜者祭無牲，不耕者祭無盛，不樹者無椁，不蠶者不帛，不績者不縗。掌罰其家事也。盛，黍稷也。椁，周棺也。不帛，不得衣帛也。不縗，喪不得衣縗也。皆所以恥不勉也。又因其比鄰，以五人爲伍，五伍爲兩，四兩爲卒，五卒爲旅，五旅爲師，五師爲軍，以起軍旅，以作田役。夫役人歲不過三日。任其土，所以紀地宜也。分五服，設九畿，所以別遠近也。五人爲伍，所以知衆寡也。因井廬以定賦稅，稅謂公田什一及工商衡虞之入也。賦謂計口發財，稅謂收其田入也。什一，謂什取其一也。工商衡虞雖不墾殖，亦取其稅者，工有伎巧之作，商有行販之利，衡虞取山澤之財產。

唐 杜佑《通典》卷二《食貨》 自東晉至陳，都西有石頭津，東有方山津，各置津主一人，賊曹一人，直水五人，以檢察禁物及亡叛者。荻炭魚薪之類過津者，並十分稅一以入官。淮水北有大市百餘，小市十餘所，大市備置官司，稅斂既重，時甚苦之。

五代 劉昫《舊唐書》卷四九《食貨志下》 （建中）三年九月，户部侍郎趙贊上言曰：「伏以舊制，置倉儲粟，名曰常平。軍興已來，此事闕廢，或因凶荒流散，餓死相食者，不可勝紀。古者平準之法，使萬室之邑，必有萬鍾之藏，千室之邑，必有千鍾之藏，春以奉耕，夏以奉耘，雖有大賈富家，不得豪奪吾人者，蓋謂能行輕重之法也。自陛下登極以來，許京城兩市置常平，官糴鹽米，雖經頻年少雨，米價未騰貴，此乃即目明驗，實要推而廣之。當軍興之時，與承平或異，事須兼儲布帛，以備時須。臣今商量，請於兩都并江陵、成都、揚、汴、蘇、洪等州府，各置常平，輕重本錢，上至百萬貫，下至數十萬貫，隨其所宜，量定多少。唯貯斛斗疋段絲麻等，候物貴則下價出賣，物賤則加價收糴，權其輕重，以利疲人。」從之。贊於是條奏諸道津要都會之所，皆置吏，閱商人財貨。計錢每貫稅二十，天下所出竹、木、茶、漆，皆十一稅之，以充常平本。時國用稍廣，常賦不足，所稅亦隨時而盡，終不能爲常平本。

又 （建中）四年，度支侍郎趙贊議常平事，竹木茶漆盡稅之。茶之有稅，肇於此矣。

宋 歐陽修《新唐書》卷七《德宗紀》 （建中三年）九月丁亥，初稅商錢，茶、漆、竹、木。

又 興元元年正月癸酉，大赦，改元。去「聖神文武」號。復李希烈、田悅、王武俊、李納官爵。赴奉天收京城將士有罪減三等，子孫減二等，在行營者賜勳五轉。賜文武官階、勳、爵。罷間架、竹木茶漆稅及除陌錢。

宋 歐陽修《新唐書》卷五二《食貨志》 趙贊復請稅間架，算除陌。

【略】而民益愁怨。及涇原兵反，大譟長安市中曰：「不奪爾商户僦質，不税爾間架、除陌矣。」於是間架、除陌、竹、木、茶、漆、鐵之税皆罷。

宋 歐陽修《新唐書》卷五四《食貨志》 初，德宗納户部侍郎趙贊議，税天下茶、漆、竹、木，十取一，以爲常平本錢。及出奉天，乃悼悔，下詔亟罷之。及朱泚平，佞臣希意興利者益進。貞元八年，以水災減税，明年，諸道鹽鐵使張滂奏：出茶州縣若山及商人要路，以三等定估，十税其一。自是歲得錢四十萬緡，然水旱亦未嘗拯之也。

宋 歐陽修《新唐書》卷七《德宗紀》 （貞元十四年）戊寅，罷山南貢枇杷、江南甘橘非供宗廟者。辛巳，罷邕府歲貢奴婢。癸未，罷梨園樂工三百人、劍南貢生春酒。甲申，郭子儀爲尚父，兼太尉中書令。丙戌，罷獻祥瑞，貢器以金銀飾者還之。丁亥，出宫人，放舞象三十有二于荆山之陽。

宋 歐陽修《新唐書》卷七《憲宗紀》 （元和九年）十一月戊子，罷京兆府臘獻狐兔。

宋 闕名《宋詔令集》卷一八三《政事》 均開封府界税詔（咸平三年十一月戊寅）：國家澤被寰瀛，子育黎庶，其於租賦，故有典常。如聞均定以來，多歷年所，版圖更易，田税轉移，富有者益以兼并，貧乏者漸至凋弊，輕重不等，供輸甚艱，眷我王畿，是爲政本，將四方而是則，豈千里而未孚，宜有定規，以便氓俗。今遣朝臣，於開封府管内，據逐縣元額定税，務令均平，更不增收剩數。其逃户田土，亦依此施行。别立賬籍，令本府勸誘歸業，其桑柘更不均檢，告示民户，廣令種植。

又 罷京畿均税詔（咸平三年十二月）：昨緣京邑田制未均，租賦之間，重輕不等，俾行檢察，務在均平。如聞小民不諭深意，剪伐桑柘，驚惑鄉閭，頗異所懷，彌用增念。況春陽在近，農務漸興，物價未平，穀糴稍貴，所宜省事，以便吾民，其京畿均定租賦，宜悉罷之。

宋 司馬光《資治通鑑》卷二二九《唐德宗興元元年》 諸軍、諸道應赴奉天及進收京城將士，並賜名奉天定難功臣。所以作勤王之心。難，乃旦翻。其所加墊陌錢，税間架、竹、木、茶、漆、榷鐵之類，悉宜停罷。」所以順人情之欲惡。墊陌錢，即趙贊所行除陌錢也。墊，丁念翻。榷，古岳翻。

宋 葉適《習學記言》卷三〇 姚興以國用不足，增關津之税，鹽、竹、山木皆有賦。

元 脱脱《宋史》卷四一《理宗紀》 （寶慶三年）（丁）〔乙〕酉，詔振贍被水郡縣，其竹木等税勿徵。

元 脱脱《宋史》卷一七四《食貨志》 均税之法，縣各以其租額税數爲限，舊嘗收蹙奇零，如米不及十合而收爲升，絹不滿十分而收爲寸之類，今不得用其數均攤增展，致溢舊額，凡越額增數皆禁。若瘠鹵不毛，及衆所食利山林、陂塘、溝路、墳墓，皆不立税。【略】 元豐五年，開封府言：「方田法，取税之最不均縣先行，即一州而及五縣，歲不過兩縣，今府界十九縣，准此行之，十年乃定。請歲方五縣。」從之。其後歲稔農隙乃行，而縣多山林者或行或否。八年，帝知官吏擾民，詔罷之。天下之田已方而見於籍者，至是二百四十八萬四千三百四十有九頃云。

政和三年，河北西路提舉常平司奏：「所在地色極多，不下百數，及至均税，不過十等。第一等雖出十分之税，地土肥沃，尚以爲輕；第十等只均一分，多是瘠鹵，出税雖少，猶以爲重。若不入等，則積多而至一頃，止以柴蒿之直，爲錢自一百而至五百，比次十等，全不受税；既收入等，但可耕之地便有一分之税，其間下色之地與柴蒿之地不相遠，乃一例每畝均税一分，上輕下重。欲乞土色十等如故外，即十等之地再分上、中、下三等，折畝均數。謂如第十等地每十畝合折第一等一畝，即十等之上，受税十一，不改元則；十等之中，數及十五畝，十等之下，數及二十畝，方比上等受一畝之税，庶幾上下輕重皆均。」詔諸路概行其法。五年，福建、利路茶户山園，如鹽田例免方量均税。

賦税：自唐建中初變租庸調法作年支兩税，夏輸毋過六月，秋輸毋過十一月，遣使分道按率。其弊也，先期而苛斂，增額而繁征，至于五代極矣。

宋制歲賦，其類有五：曰公田之賦，凡田之在官，賦民耕而收其租者是也。曰民田之賦，百姓各得專之者是也。曰城郭之賦，宅税、地税之類是也。曰丁口之賦，百姓歲輸身丁錢米是也。曰雜變之賦，牛革、蠶鹽之類，隨其所出，變而輸之是也。歲賦之物，其類有四：曰穀，曰帛，曰金、鐵，曰物産是也。穀之品七：一曰粟，二曰稻，三曰麥，四曰黍，五曰穄，六曰菽，七曰雜子。帛之品十：一曰羅，二曰綾，三曰絹，四曰紗，五曰絁，六曰紬，七曰雜折，八曰絲線，九曰綿，十曰布葛。金鐵之品四：一曰金，二曰銀，三曰鐵、鑞，四曰銅、鐵錢。物産之品六：一曰六畜，二曰齒、革、翎毛，三曰茶、鹽，四曰竹木、麻草、芻菜，五曰果、藥、油、紙、薪、炭、漆、蠟，六曰雜物。其輸有常處，而以有餘補不足，則移此輸彼，移近輸遠，謂之「支移」。其入有常物，而一時所須則變而取之，使其直輕重相當，謂之「折變」。其輸之遲速，視收成早暮而寬爲之期，所以紓民力。諸州歲奏户帳，具載其丁口，男夫二十爲丁，六十爲老。兩税折科物，非土地所宜而抑配者，禁之。　咸平三年，以刑部員外、直史館陳靖爲京畿均田使，聽自擇京朝官，分縣據元額定税，不得增收剩數；逃户別立籍，令本府招誘歸業；桑功更不均檢，民户廣令種植。尋聞居民弗諭朝旨，翦伐桑柘，即詔罷之。六年，廣南西路轉運使馮滙上言：「廉、橫、賓、白州民雖墾田，未嘗輸送，已命官檢括，令盡出常租。」帝曰：「遠方之民，宜省徭賦。」亟命停罷。知袁州何蒙請以金折本州二税，真宗曰：「若是，將盡廢耕農矣。」不許。

元　脱脱《宋史》**卷一七八**《食貨志》　水旱、蝗螟、饑疫之災，治世所不能免，然必有以待之，《周官》「以荒政十有二聚萬民」是也。宋之爲治，一本於仁厚，凡振貧恤患之意，視前代尤爲切至。諸州歲歉，必發常平、惠民諸倉粟，或平價以糶，或貸以種食，或直以振給之，無分於主客户。不足，則遣使馳傳發省倉，或轉漕粟於他路；或募富民出錢粟，酬以官爵，勸諭官吏，許書曆爲課；若舉放以濟貧乏者，秋成，官爲理償。又不足，則出内藏或奉宸庫金帛，鬻祠部度僧牒；東南則留發運司歲漕米，或數十萬石，或百萬石濟之。賦租之未入、入未備者，或縱不取，或寡取之，或倚閣以須豐年。寬逋負，休力役，賦入之有支移、折變者省之，應給蠶鹽若和糴及科率追呼不急、妨農者罷之。薄關市之征，鬻牛者免算，運米舟車除沿路力勝錢。利有可與民共者不禁，水鄉則蠲蒲、魚、果、蓏之税。選官分路巡撫，緩囚繫，省刑罰。飢民劫囷窖者，薄其罪；民之流亡者，關津毋責渡錢；道京師者，諸城門振以米，所至舍以官第或寺觀，爲淖糜食之，或人日給糧。可歸業者，計日併給遣歸；無可歸者，或賦以閑田，或聽隸軍籍，或募少壯興修工役。老疾幼弱不能存者，聽官司收養。水災州縣具船栰拯民，置之水不到之地，運薪糧給之。因饑疫若厭溺死者，官爲埋祭，厭溺死者加賜其家錢粟。京師苦寒，或物價翔踊，置場出米及薪炭，裁其價予民。前後率以爲常。蝗爲害，又募民撲捕，易以錢粟，蝗子一升至易菽粟三升或五升。詔州郡長吏優恤其民，間遣内侍存問，戒監司俾察官吏之老疾、罷愞不任職者。

明　宋濂《元史》**卷九四**《食貨志》　元有額外課。謂之額外者，歲課皆有額，而此課不在其額中也。然國之經用，亦有賴焉。課之名凡三十有二：其一曰曆日，二曰契本，三曰河泊，四曰山場，五曰窰冶，六曰房地租，七曰門攤，八曰池塘，九曰蒲葦，十曰食羊，十一曰荻葦，十二曰煤炭，十三曰撞岸，十四曰山查，十五曰麯，十六曰魚，十七曰漆，十八曰酵，十九曰山澤，二十曰蕩，二十一曰柳，【略】三十曰竹葦。【略】其歲入之數，唯天曆元年可考云。

又　山林川澤之産，若金、銀、珠、玉、銅、鐵、水銀、朱砂、碧甸子、鉛、錫、礬、硝、鹼、竹、木之類，皆天地自然之利，有國者之所必資也，而或以病民者有之矣。元興，因土人呈獻，而定其歲入之課，多者不盡收，少者不强取，非知理財之道者，能若是乎。

明　楊士奇《東里集・别集》**卷一**《恤旱災詔》　一户部、禮部、工部等衙門遞年坐派各處買辦採辦諸色物料、顔料、藥味、香料、金銀箔、油漆等項及茶、臘、桑穰、糖、蜜、牲口、乾魚一應廚料，并造辦菓品等項，但係宣德六年十二月以前拖欠未完者，悉皆蠲免。　一各處追納加倍商税課鈔除納完外，但係宣德五年十二月以前拖欠者悉皆蠲免。宣德六年至宣德七年終拖欠者減半。　一各處都司衛所并各太僕寺、苑馬寺，該追倒死虧欠騎操孳牧馬騾、牛羊、驢疋，但係宣德七年十二月以前者，悉皆蠲免。　一後軍都督府及工部坐派軍衛有司採運柴炭、蘆蓆，但係宣德六年十二月以前拖欠未完者，悉皆蠲免。　一户部遞年坐派軍衛有司採打秋青草束，但係宣德六年十二月以前拖欠并照例折鈔者，悉皆蠲免。

明　孔貞運《明詔制・赦二》　一自永樂二十二年八月十五日以前，遞年虧欠農桑諸色課程，倉糧，鹽課，魚課等項，并倒死馬駝、驢騾、牛羊，虧欠孳牲等畜，及拖欠蘆柴，各處納欠銅鐵、顔料、席麻、竹木等項，并追陪珎珠等物，未納各項贓罰，陪追未完段疋等件，盡行蠲免。

明　孔貞運《明詔制・赦三》　一自宣德二年十一月十五日以前遞年拖欠諸色課程、鹽課、茶課，各處追陪孳收虧欠倒死馬騾驢、牛羊等畜，官軍騎操領養馬、騾驢、牛、羊隻倒死者，及遞年拖欠蘆柴，納欠銅鐵、顔料、膠漆、竹木等物，追陪未完段疋等項，盡行蠲免。

明　孔貞運《明詔制・赦四》　自景泰二年十二月以前，各處拖欠歲辦藍靛、槐花、烏梅、梔子、皮張、野味、魚油、翎鰾、屯種馬隻歲造紵絲、紗羅，採辦煤炸、水和炭、石灰、蘆柴、藁稭、油椿、榆槐等木、柏木板、松板、芒苗、苕帚等料，未徵在官者，悉在蠲免。其軍需急用物料，自景泰二年正月以後派辦者照舊解納，其應蠲免物料，不許内外衙門朦朧奏請，再行追徵。

又 自景泰七年十二月以前各處拖欠歲辦物料，除軍需外，其餘額辦皮張、野味、魚油、翎鰾、銅鐵、白麻、銅緑、黄蠟、土硝、甜土、雜草、雜木、鎗桿、銀硃、生漆、油椿、石磨、榆槐等木、綵麻連包、荆條、蘆葦、瀛沙、白山羊角、引火木炭、碟砟、藍靛、蒲草、黑石、燋炭、貓竹、筀竹、白真黄牛皮、水牛底皮、羊毛、槐花等料，除已徵在官者仍令起解。未徵者盡行蠲免，不許内外衙門朦朧奏請再行追徵。其今年該納歲辦皮張，悉免徵解。敢有將已徵者捏作未徵之數，治以重罪。　各處天順元年七月十二日以前派辦額辦拖欠物料，除軍需遮洋等項船料不免外，其各色皮張、白真黄牛皮、魚油、翎鰾、黄白麻、銀硃、生漆、榆槐、枦木、綵麻連包荆條、蒲草、貓〔竹〕、筀竹、黄蠟、銅緑、雜草、土硝、瀛沙等料，及安慶等府遞年該納南京均土蘆柴，除已徵在官者仍令起解，以克今年額辦之數，未徵收者，悉皆停止。其油椿、木石磨亦待下年解納。以後三年一换，永爲定例。不許内外衙門更改朦朧，奏請追徵，違者罪之。

明　孔貞運《明詔制・赦五》　一山西，成化二十一年分該徵柴炭價銀全免一年。山東、北直隸量免半年。内外衙門年例供應柴炭以十分爲率，暫減二分。其成化十九年十二月以前，被人誆拐價銀負累死亡逃竄及監追未完者，該部改派另項收貯，以備别用。今後柴炭只依正價派納，分外不許多科，違者許巡撫巡按官問罪黜職。其山西都司并直隸衛所，成化二十一年分該派柴炭亦暫停免。

明　孔貞運《明詔制・赦六》　一成化二十一年十二月以前各處拖欠税粮、馬草、秋青草束、屯粮子粒、農桑絲絹，門攤商税，户口、食鹽、米鈔諸色課程，銀課，魚課差發金銀、供用廚料、菓品，并上林苑監牲口等項，并一應歲辦買辦物料藥材除已徵在官者照舊送納，未徵之數盡行蠲免。

一各處一應歲辦坐派拖欠生漆、桐油、翠毛、藍青、烏梅、槐花、梔子、魚油、翎鰾、折納黄白麻、銀硃、生熟銅鐵、金箔、銅絲、紅花、茴草、棕毛、圓藤、杉楠、檀、椵、榆、槐等木，貓、筀等竹，軟篾、荆條、箬葉、綵麻、連包、芒苗、箬篣、竹掃箒、蓟稭、麥穩、稻皮、松香、沙葉、白硝、雜皮、驢皮、前截羊毛、羊角、水牛底皮、黄真牛皮、水和炭、煤砟、瀛沙、土硝、磁末、毛纓、白猪鬃、雲母石、野味、缸缾罈、高頭等紙、黑鉛、青緑等項顔料，并福建、浙江歲辦課鐵，自成化二十二年十二月以前未徵者，悉皆蠲免，已徵者照數起解該部，另項收貯，以備别用。敢有將已徵捏作未徵者，治以重罪。其明年歲辦之數，以十分爲率，量免五分，以寬民力。

又　一順天府拖欠買辦措辦麥、麵、香油、紙筋等物，弘治八年以前俱免，查追各府及各布政司，除額辦軍需外，其餘拖欠荆條、蓟稭、翎鰾、梔子、槐花、烏梅、藍靛、翠毛、箬葉、圓藤、芒苗、苕、竹掃箒、黄穰、椶毛、蘆葦、蒲草、麥穩、稻皮、松香、沙葉、白通草、榆、槐、椵、棗等木，長節、苦、實心、水等竹，軟篾、水膠、墨烟、羊角、牛筋、牛角毛纓、白猪鬃、雲母石等項，自弘治五年十二月以前，小民拖欠未徵者，悉皆蠲免，已徵在官者，仍解該部并本處收貯，以備别用。

又　一但是買辦下番一應物件，并鑄造銅錢，買辦麝香、生銅、荒絲等物，除見買在官者，即於所在官司庫交收，若未起運者，悉皆停止。　一各處買辦諸色紵絲、紗羅段疋、寶石等項，及一應物料顔料，并蘇杭等處續造段疋，抄造紙劄，燒造磁器，採辦梨木板及造諸品海味、果子等項，悉皆停罷，其差去人員即便回京，敢有指此爲由，科歛害民者罪之。

明　朱睦㮮《聖典》卷二一　（洪武）二十八年十二月壬辰，上諭户部官曰：方今天下太平，軍國之需，皆已足用。其出東河，南民人、田地、桑棗，除已入額徵科，自二十六年以後，栽種桑棗果樹，與二十七年以後新墾田地，不論多寡，俱不起科，若有司增科擾害者，罪之。

明　雷禮《明大政紀》卷九　已未，皇長嗣生，大赦天下，詔十二條：如遞年拖欠諸色課税、鹽課、茶課各處孳牧，虧欠倒死馬騾驢牛羊等畜，及拖欠蘆柴、銅鐵、顔料、膠漆、竹木，并段疋等項，盡行蠲免，尤切時弊。

明　倪元璐《國賦紀略》　竹木　唐德宗時，趙贊請天下所販竹木茶漆皆什一税之。大明洪武初于龍江大勝港、永樂六年于通州白河盧溝通積廣積俱設局，照(倒)〔例〕抽分客商興販竹木等項。

清　王士禛《池北偶談》卷四一　宋，創都錢唐，需材木甚大，所在鼎沸。鄧光祖知嚴州，殊不經意，徐集各里正，以朝廷所降木色丈尺，人予一紙，令各具界中寺廟、館驛、官道木，與所降色樣合者供之。既供，令匠往視皆合，令里正自伐，官特予糧。須臾木大集，民間毫無所苦。

清　彭寧求《歷代關市征税記》　唐德宗時，趙贊請于諸道關津各置吏，閲商賈錢每緡税二十，竹木茶漆十税一。已又税間架筭除陌，公家所入不能半而怨讟滿天下。及涇原兵反，大呼長安市中曰：不奪爾商户僦質，不税爾間架除陌矣。于是間架除陌竹木茶漆鐵之税皆罷。是時宫中取物于市，以中官爲宫市使，抑買人物，又置白望數百人于兩市，民將物詣市，有空手而歸者。順帝即位，乃一切罷之。

清 彭寧求《歷代關市征税記》 永樂初，西洋諸國使臣來朝貢方物，因載胡椒與互市，有司請徵其税。成祖曰：「商一者，國家所以抑逐末之民，豈以爲利，今遠人慕義遠來，乃欲侵其利，所得幾何，而虧辱大體，不聽國初止收商税，未有船鈔。」宣德四年始設鈔關凡七所（河西務、臨清、九江、滸墅、淮安、揚州、杭州），内臨清、杭州兼榷商税，本色歸内庫，備賞賜，折色歸太倉，備邊儲，後改鈔折銀備船料，初用御史，其後停御史不遣，遣部主事司之。成化初，令京城九門并都税宣課司及各處商課，俱錢鈔中半兼收，已敕九門監收錢鈔，不許將不該抽分貨物違例抽分，雖税民兼承前代之猥，而德意獨深矣。七年工部尚書王復始請添部屬三員分往太平、蕪湖、荊州、沙市、杭州抽分竹木，變銀爲營繕費，是年所得僅千兩，後歲歲加增，朘削無極。

清 謝旻《江西通志》卷三四 雍正贛關木排税 清流木三層爲一則，横量一丈。正税銀七兩，臨關二兩。草流木五層爲一則，横量一丈。正税銀六兩，臨關二兩。杉木七層爲一則，横量一丈。正税銀三兩五錢，臨關一兩。杉桐枋每塊正税銀五分，臨關一分。株木每百根正税銀四兩，臨關一兩五錢。桐木每百根正税三兩，臨關一兩。松枋每百塊正税三兩，臨關八錢。欏枋每百塊正税一兩五錢，臨關五錢。松桐株板每百塊正税二兩八錢，臨關九錢。皮槁雜木十層爲一則，横量一丈。正税三兩五錢，臨關一兩。清流木每根正税一錢六分，臨關四分。松桐雜木火柴每百根、苗竹每百根、筀竹每百根，俱正税二錢。臨關六分。外計臨關則或每百觔一錢六分，或每百觔自八分以至一分不細載。

清 趙弘恩《江南通志》卷七九《食貨志》 明憲宗成化七年，工部尚書王復始請添部屬三員，分往太平、蕪湖等處，抽分竹木，變銀爲營繕費。是年所得僅千兩，後至者以多得爲能，至萬餘兩，歲歲加增。

清 雍正十年《世宗憲皇帝硃批諭旨》卷六〇中 湖南巡撫臣王國棟謹奏爲奏明事，竊查湖南辰州府鹽木二項落地税銀向係知府監收，每年額徵銀二千四百餘兩，經前撫臣布蘭泰訪知所收加倍，復據該府通判蔣壽稟稱，約有羨銀六千餘兩，行據該府知府汪立名詳稱，止收過贏餘銀三千五百餘兩。隨題請暫委蔣壽監收，後因蔣壽不將伊署府任内收過贏餘銀一千二百兩據實報出，復題請改委陞任乾州同知王柔監收，以定税額。臣查辰州府徵收鹽木二税向無部頒定則，如鹽税一項，每包徵銀一釐六毫，而木税一項則計價輸納。查汪立名詳稱伊任内悉照院司詳批定，案如杉木圍圓六尺者作價銀四兩五錢，每銀一兩收税三分，其松木槩不收税。而王柔當日，題請改委監收之後，另定科則，將杉木圍圓六尺者作價銀五十八兩，每兩收税三分。松木又一例徵收，據稱照現在採買解部木植定價徵收有減無增，而較之從前已多數倍，又值雍正五年夏秋水發，木簰絡驛而下，所以一年之内收過正額贏餘共銀九千三百餘兩，然王柔亦不敢即以此爲定額，仍請再收一二年照河水大小以定該年税銀之多寡，經臣題明准有部覆在案，惟是該府木税柢因向無部頒定則，是以各任徵收例不畫一，税則懸殊，難以遵守。前布政司朱綱任内曾經具詳前撫臣布蘭泰咨請工部頒發則例續准，部覆以辰州府鹽木税銀作何徵收，該撫從前並未報明本部，其應照何例徵收之處無憑定議等因，咨覆在案。臣思同一六尺圍圓木植，而汪立名照從前詳案作價銀四兩五錢，每兩收税三分，王柔作價銀五十八兩，亦每兩收税三分，未知各省木税作何徵收，自應酌定税則頒發徵收，庶商民不致偏累而可永遠遵循。除現將汪立名、王柔各任内徵收木税欵項造册咨部酌定則例頒發徵收外，相應奏明，伏祈皇上睿鑒謹奏。 據奏則汪立名之欺隱，王柔之實心任事，已歷歷可見矣。今不待王柔徵收一二年後試準確數，而遽請定則例，該部自必仍以無憑定議爲辭，似此空文往來咨行，朕實不解。且若部中竟議定汝等必不能足之數頒行，到彼則又當作何徵收耶，殊屬昏謬之至。

清 江永《禮書綱目》卷六五 古者謂殷時市廛而不税，廛市物邸舍税，其舍不税其物。關譏而不征，譏譏異服，識異言征亦税也，《周禮》國凶札則無門關之征，猶譏也。林麓川澤以時入而不禁。麓，山足也。《王制》此條，殷賦法。

清 嵇璜《續通典》卷一五 唐德宗建中元年，納户部侍郎趙贊議，税天下茶漆竹木十取一，以爲常平本錢。時軍用廣，常賦不足所税，亦隨盡，亦莫能充本儲。詔罷之。

清 嵇璜《清文獻通考》卷二七《征榷考》 乾隆三四兩年渝關缺額追賠

銀兩。四川巡撫碩色奏：重慶渝關木稅與別項雜稅不同，抵渝木料皆伐自深山窮谷，年豐水漲，則木筏順流而下，一歲之中可以發數年之木；若遇歲旱，水涸不能漂出，則已伐之木常積於深溝淺溪，未能到渝。是年歲之旱澇不齊，木料之多寡難定，則稅銀盈縮亦理勢之必然也。渝關木稅自乾隆二年、三年皆不敷原額，奉部行追，而乾隆五年時值米賤，水漲木多稅盈，扣此補彼更有盈餘，奏請免其賠補，從之。

又　乾隆十三年，定廣東太平關收稅則例。廣東巡撫岳濬疏稱：太平關則例內，未經開載之九十五條，查照粵贛兩關稅則斟酌征收，統按其中，因與海關同屬初次抽稅及貨物貴重，應照海關定例者，則有珍珠、玉器、錦繡布、楠木。因先由粵海征稅，次及內地分販，應照贛關定例者，則有氊氈、琥珀、蜜蠟、瑪瑙、哆囉、嗶嘰。因粵贛兩關未載，按照貴賤科稅者，則有布帳、黃楊器、黃楊木。因原稅本屬平允即用著爲正條者，則有毛布、水晶、玻瓈、松綠布、刀石、紅木。因貨物初經收稅者，則有姑絨、花生、甘草、梅、海石、茶子、桐子。因各處出産價值不同適中損益者，則有棉器、布器、油菜子。因稅則籠統復加分別者，則有哆囉器、緞器、氊器、兒帽、祖帽。因物同名異即倣本例者，則有氊底、桌氊、紫香、香粉、麻包、泥碗。其浛光各條內，因與太平橋正例開載相符，應令一體遵收者，則有廢銅、香蕈、洋青石、青石綠、八角、金針菜、紫檀、紫榆、木骨角器、皮器、鐵器、布棉器、各色糖菓、綢綾器、絲緞器、哆囉器、嗶嘰器、錦絲、線帶、布帳、薯莨、鹽欖、良薑、柯子、楓子、草仁、石蓮子、石決明。因下水已經輸稅，上水應予輕減者，則有紗羅、包頭帽、緯毛布、氊片、姑絨、氊氈。又木稅各條內因原稅本屬適宜，即擬著爲正條者，則有土杉枋、杉板、松板、紅木、大杉木、樟木枋板、牀板、門枋。因料大稅輕量予加增者，則有松木。因料同稅重較正酌減者，則有長薄板、松筒、杉木。因論蔚恐滋夾帶改作論根者，則有遇仙橋之小杉木。至遇仙橋浛光廠欵目與太平橋相同者，均應畫一抽收。共計擬定貨稅七十三條，木稅二十二條，俱屬因地制宜斟酌允當，反覆確核，委無偏重偏輕，一併刊載例內，並豎榜三關廠曉示商民，俾有遵循而稅則益歸盡善，部議應如所奏從之。臣等謹按太平關征稅，比照粵贛兩關，因時因地以定稅額重輕，如珍珠每觔纔收課銀二錢；玉已成器者纔收課銀四分，未成器者每觔收銀一分七釐有奇；即使珠玉價值極微，亦數十百分而取一矣；其餘哆囉、嗶嘰、蜜蠟、琥珀俱每百觔纔收稅銀一二兩；香楠及黃楊俱每百觔收稅銀自一分至五分而止。蓋通工惠商，儉於取民，超軼前代，非可數計，特以我國家休養生息百有餘年，幅員廣闊亘古無比，凡舟車商賈所達，西北及於天山外裔，東南及於閩粵重洋，積少以成多，未始不足以資國用，若分析計之，則至微至薄矣。夫征商之令見于周官，孟子所述惡商賈之罔利，故從而征之，其詳不可得聞，大約周人田賦以什一爲制。至於重本以抑末，則征榷之數諒必加於計畝。秦漢以後，稅額遞增，征榷之輕未有如我聖朝者。茲所臚列貨稅共九十五條，按名定數，未可以羅縷，備書附識於此，以見薄征之大概焉。

又　乾隆三十年更定吉林等處征收稅額。户部議吉林等處稅銀，自乾隆十六年題定吉林額征馬畜雜稅銀一千六百五十兩，木稅銀三百七十兩。寧古塔額征稅銀二百八十兩，遇放參票之年征稅四百五十兩。伯都納額征稅銀二百七兩。至拉林、阿爾楚喀二處，乾隆二十五年奏准試收每年征收稅銀二百四五兩不等。今據吉林將軍恒魯奏，以吉林寧古塔生齒日繁，貿易益盛，派委旗員協同同知徵收稅銀較多于前，分別酌定稅額應如所請，吉林雜稅以一千七百八十兩爲額，木稅仍三百七十兩。寧古塔添收木稅以一百五十八兩爲額，雜稅每年儘收儘解，遇放參票之年，以九百十二兩爲額。伯都納稅銀仍以二百七兩爲額。拉林稅銀定以七十二兩爲額。阿爾楚喀稅銀定以三百三十八兩爲額。從之。又裁潘桃口監督缺所有稅務，歸併張家口監督管理，其潘桃口所管六小口改歸通永道征收。　三十一年，以潘桃口木稅令多倫諾爾同知管理，直隸布政使觀音保奏，大河口地方距張家口五百餘里，張家口監督不無顧此失彼之虞，可否將稅務就近交多倫諾爾監督，或交多倫諾爾同知兼管抽收。工部議以領票商人係多倫諾爾居民，該同知身任地方撫綏，勸導商情易協，應請將潘桃口木稅事務交于多倫諾爾同知征收。從之。

清　嵇璜《清文獻通考》卷三一《征榷考》　康熙三十八年准内地商人往殺虎口外伐木，入口販賣，驗放輸稅。工部議覆，山西巡撫倭倫疏言，殷實商人願往殺虎口外大青山等處採木者，請令其赴部具呈給票，守口官兵驗明放行，輸稅入口販賣。查殺虎口外從無伐木之例，應將該撫所請毋庸議。得旨内外之民俱屬一體，大青山木伐賣商民均爲有益，著照該撫所請行。四十八年除革私設牙行，吏部議覆，江南道監察御史張蓮條奏，貿易貨物設立牙行，例給官帖，使平準物價。乃地方棍徒於瓜果菜蔬等物亦私立牙行名色，勒捎商民，請敕部查税課定例，除應立牙行者照舊設立外，其餘一切私設盡數除革，應如該御史所請。從之。互見市糴考五十三年議准呼努呼河等處不植抽分，差奉天部院司官一員管理。工部議覆，盛京工部侍郎貝和諾疏言，呼努呼河等處商人所販木植，於十五根之内抽取一根。請派盛京各部才能司官一員抽分，一年差滿更换，應如所請。從之。

又　乾隆二十一年准盛京大那禄等山場招商砍木納税。盛京侍郎清葆奉寬奏，大那禄等九處山場請勒限三年，仍給各商領票砍木納税。至三年期滿，仍將九處山場撥給台丁砍木。如台丁内有不願領票者，照例招商承領輸納税課。得旨允行。　二十三年核定順天府屬額設牙行。順天府尹劉綸等疏稱，順天府通判所屬牙行額設一千七十二名，除節次裁去各牙一百五十八名外，實在存留牙行八百四十九名，連崇文門經紀四十二名，每年共應徵銀一千五百兩有奇，著爲定額。至謹裁之燒酒、瓜茄、青菜共二十三名，停其募補，并嚴禁坐地奸賈暗取牙錢。其實係自置自買，以及零星肩挑背負售賣者，不得使該牙等藉端需索。從之。　二十四年定山西穆納山徵收木植税課。山西穆納山木植，久經封禁，該處奸商藉此射利潛行倫砍，地方胥吏需索勒詐，每滋弊端。上命户部郎中英廉會同巡撫塔永寧前往各山溝逐細履勘具奏，産木山場共有四十七處，屢經砍伐，而可用之材尚多，但山場荒僻，路徑叢雜，與黄河磴口處處相接，可通水運，亟應仰遵諭旨竟弛其禁，招商砍伐，按料給與蒙古，山價既可爲養贍窮乏，蒙古之資材木運入内地，又可供官民興作之用。謹將招商開採，設口稽查各事宜，逐一詳議。一税口宜互相稽查也。查穆納山木植運至山口，即就山口驗量，鑿用税廠斧印，派附近駐札之薩拉齊協理通判兼司辦理。至上游磴口木植必用。查漢庫連磴口與托克托城河口兩處滙集或就近由陸路發往歸化城，抑或竟由水路赴殺虎口河堡營轉運各處售賣。請於兩處各設立税口，責成各該駐札之通判經營，並令歸綏道專司稽查，以專責成。一税課山價宜彙同徵收分别解給也。查，從前議定商人認買穆納山木植，每料長七尺厚七寸，寬一尺，交官價二錢八分。今運送稍艱，請酌中定以每料收木税銀一錢二分。至山價一項，乾隆十七年奏定每料給與一錢。今應仰體裨益蒙古之恩旨，每料酌增二分，亦以一錢二分酌給。行知烏喇特扎薩克差員赴歸綏道衙門領回養贍，所屬窮乏，蒙古每兩隨税耗銀一錢以爲吏役、飯食、巡船、紙張之用。一商人工丁宜定數約束，以免滋擾蒙古也。今酌議召募殷實諳練者爲商，總其散商，或三四人或五六人，不得過六名之數，每商一名，其名下砍運工丁不得過一百名。給與該商人印照，指定山溝，分編字號，在山伐運。一税廠應按時分别開停也。查穆納山木植非藉黄河水運不能致遠。黄河每年十月立冬冰合至三月清明後冰泮方能行運。兩處税口即以酌定啟閉日期通報。至開採數年之後，大木無有，所有商丁自應概行查逐出山，以免逗留滋事。從之。　二十五年定湖廣漢口等鎮牙行税額。湖廣總督蘇昌議覆，湖北布政使公泰條奏，牙行所完牙税，皆有上中下三等之殊。江西牙税上則納銀三兩，中則納銀二兩，下則納銀一兩。湖北四通八達，漢口一鎮更爲九省通衢，商賈輻輳，不減江浙等省，乃檢查報部税册。自黄州鄖陽與漢口等處比較輕重失宜，應請將通省各牙行酌中定議。上行完税銀二兩，中行完税銀一兩，下行完税銀五錢。查湖北漢口富商大賈絡繹往來，洵屬貿易最盛之地。其他如荆州府之沙市、草市，襄陽府屬之樊城，安陸府屬之岳家口等處，雖在市集中亦稱繁盛，而往來客貨已較遜於漢口。其餘州縣之鄉村小鎮，所有商販多係小本經營，牙儈不過微利餬口，不但與漢鎮懸殊，即較之草市等處情形迥别。今若改徵税銀較之舊時上行加增三倍，中下行俱加增兩倍有餘，恐簡僻州縣鄉村小鎮之牙行完納不前，轉致有名無實。請將漢口、草市、沙市、樊城、岳家口等處牙行，按照上中下則，上行完税銀二兩，中行完税銀一兩，下行完税銀五錢。其餘僻邑村鎮，上行完税銀一兩，中行完税銀五錢，下行完税銀三錢。其黄州、鄖陽二處牙税一體改正。從之。

清　嵇璜《清文獻通考》卷三二《市糴考》　順治十七年禁止滿大臣霸占行市木場，時内大臣伯索尼遵諭上言，聞各省商民捆載至京者，滿洲大臣家人出城迎截，短價强買，如此則商人必畏縮而不敢前，甚非盛世所宜有也。邊外之木皆係商人傭民採伐，水運解部，除照額抽税外，其餘悉令發賣，實欲利及商人。今聞諸大臣將採木地方私行霸占，以致商不聊生。並請嚴行禁止。從之。

又　康熙六年禁止四川、湖廣、江西、浙江、江南五省採辦楠木，官役借端累民，從户科給事中姚文然請也。又嚴察福建、廣東、江南三省採買香料，借端累民之弊。

又　康熙二十二年定運河運木至天津貿易例。奉天將軍伊巴漢等言，臣等遵旨，差官三路勘驗渾河根源，如運放木植俱可入海，應遍行曉諭八旗并府州縣，有情願至天津貿易者，該部給發執照，准其貿易。有借此夾帶禁物，偷打貂鼠，私刨人參等物者，嚴行禁止。從之。二十四年以光禄寺估計價值等項頭緒甚多，勅令各物俱照時價，詳察估計，釐剔諸弊，逐一定爲條欵，永久遵行。二十五年停止四川採運楠木。九卿等議入覲四川松茂道王隲奏，四川楠木採運艱難，應行停減。得旨蜀中屢遭兵燹，百姓窮苦已極，朕甚憫之，豈宜重困。今塞外松木材大可用者甚多，若取充殿材，即數百年可支，何必楠木。著停止川省採運。

又 康熙二十七年清釐江西採買竹木之弊。巡撫宋犖言，江省每年採買竹木，名爲官捐，實係累民，請嗣後動支正帑，並嚴禁科派採買、勒捐經收等弊。從之。

又 乾隆三年定宣屬採辦楊木長柴報銷之例。奉諭旨，直隸宣化府屬懷來、保安二縣採辦楊木長柴供郊壇宗廟焚帛之用，向無開銷之例，俱係兩縣捐資，繼因添用柴薪又分派宣屬他縣協辦，相沿已久。朕思州縣公捐已啟借端科派之弊，不可不防其漸，著從乾隆三年爲始，將每歲需用楊木長柴，按照辦解之數，動用正項，造入地丁册内報銷。令出産之懷來縣承辦，以專責成。倘有私行派累等弊，該督即行查叅，從重議處。

清 嵇璜《清文獻通考》卷三三《市糴考》 順治二年設張家口、古北口章京時，命哈薩克哈駐張家口，滿都布賚駐古北口。諭之曰：爾等駐防之地，凡外藩各蒙古來貿易者，俱令駐於邊口，照常貿易，毋得阻抑。其喀爾喀部落來市馬者，令駐於口外，申報户部。又定陝西以茶易馬之例。先是元年定與西番易馬例，每茶一篦重十斤，上馬給茶篦十二，中馬給九，下馬給七。至是年，差御史轄五茶馬司。户部言，陝西地方召商茶以易番馬，向有照給金牌勘合之制備查。前明詔諭，通接西番關隘處所撥官軍巡守，不許私茶出境。凡進貢番僧應賞食茶，須給勘合行令。四川布政司撥發有茶之倉，照數支放。不許於湖廣等處收買私茶，違者盡數入官，仍將伴送人員等依律問罪。此舊例所當遵行者。若金牌一項係明初事例，至永樂十四年已經停止。今我朝定鼎，各番慕義馳貢，金牌似不必用。但以茶易馬務須酌量價值，兩得其平，無失柔遠之義。從之。康熙四十四年停止中馬，雍正九年奏准復行，十三年仍行停止。

清 王植《權衡一書》卷三三《足民·田賦之法》 周制定不毛者有里布，無職事者征夫家。漆林之税二十而五，則弛力薄征，當以農夫爲急。

清 阮升基《宜興縣志》卷三 賦税：本色生漆五十七觔九兩七錢一分九釐八毫，每觔價銀一錢，鋪墊銀一分六釐。

又 箭枝銀翎毛銀五百七兩四錢九分五釐，每兩扛銀一分四釐。

又 甲字庫折色烏梅銀九兩六錢五分一釐二毫五絲五忽，鋪墊銀二兩六錢五分四釐九絲五忽。

又 光禄寺菉筍料銀一百三十七兩八錢六分七釐五毫四絲九忽，每兩扛銀費銀與上同工部。

又 折色麂皮銀五十九兩五錢三分五釐五毫，每兩扛銀一分四釐，以上解費銀俱每兩二分。

又 本色烏梅五十三觔九兩四錢九分七釐九毫，每觔價銀二分，鋪墊銀一分一釐。

又 丁字庫本色桐油千三百八十四觔四兩七錢六分一釐七毫，每觔價銀四分，鋪墊銀八釐。

清 松筠《新疆識略》卷九《財賦·本税》 嘉慶十一年四月，將軍松筠奏言：伊犁駐防滿洲官兵及商民人等，生齒日漸繁多，營造室廬，必需材木，向來俱聽民人於伊犁南北山場自行砍伐售賣。趨利之徒，日久叢集，山林僻遠，不無藏匿。逃入伊犁遣犯衆多，時有竄脱。即緑營兵役亦間有逋亡之事。總由南北兩山爲之淵藪，漫無稽查所致。臣前經飭令撫民，同知毓寧阿督率惠遠、惠寧兩城巡檢查勘情形，山場寫遠，非止一處，若專派巡役稽查，不但不能周到，且恐反致滋擾。惟有即於伐木民人内，擇其老成妥實者設爲商頭，官給驗票，管束民人採伐，按名造册備查。若册内無名及形迹可疑者，立即送官究訊。倘敢藏匿逃人，别經就獲，訊係曾匿某處山場者，即將該商頭及窩留之人科以應得之罪。山場本係官地，今既給票，准其採伐，自應定以抽分。因擬每木百根抽分七根，每年每人伐木若干，俱令自行如數交納。商民僉稱情願，踴躍從事，所抽木料雖屬有限，亦應派員查收以專責成，因委協領職銜綏福專管，陸續收得木料，著爲八旗年久兵房歲修及屯工渠道、橋梁、牐座之用。嗣後每年用過木料數目報明印房查核存案。至惠遠城巡檢羅名著、惠寧城巡檢李旭，自委辦以來查勘情形，酌定條約，俱中窾要，自應責成一手經理情形，兩城巡檢本年俱屆邊俸期滿，應回甘省候陞新調之員，未免又係生手，相應請旨將巡檢羅名著、李旭再留三年，如果始終辦理妥協，年滿時再行出具考語，據實奏明咨回内地照例儘先陞用。倘不實力稽查，仍聽逋逃藏匿山場，應即查明糸辦示懲。奉旨松筠奏伊犁山場設立商頭，官給驗票，稽查逃犯一摺，所奏殊未明晰，據稱伊犁南北山場，向聽民人自行砍伐樹木，日久遂爲逋逃淵藪，因擇民人內老成妥實者設爲商頭，給票管束，按名造册備查。若册內無名及藏匿逃人者即將該商頭並窩留之人科罪等語，此項商頭始自何年，從前未據松筠奏及，今據稱設立商頭，給予官票，定以抽分，每木百根抽分七根，存爲歲修兵房屯工渠道等項之用。究竟抽分之法已行有幾年，所抽木料每年約得若干，現已積存若干，亦未據聲敘。至用過數目報明印房一節，此等用過木料難保無以多報少之弊，自應詳細造册咨部報銷，俾承辦之員知事關達部，不敢任意舞弊，方符體制。著松筠遵照指出情節再行詳議具奏。至請巡檢羅名著、李旭二員再留三年之處，俟覆奏到日另降諭旨，將此諭令知之，欽此。五月覆奏言，臣跪讀之下始知麤疎敷陳實未明晰，仰蒙聖恩，不加嚴飭，益深感悚。伏查民人於山中砍伐木植鋸做板片販賣，歷年已久，從前失於無知之者，緣伊犁惠遠、惠寧兩滿城俱在伊犁河北岸，兩城相隔七十餘里，其間向多缺水，地土荒塲，是以販賣木植者水運陸運無人查問，俱各習以爲常，自臣仰蒙皇上指示，開設旗屯以來，於此一帶荒塲地方種稻，則引河水種麥，則引山泉渠道既多，行人自已總歸正路。臣於上年夏間查看渠工，路遇拉運木植板片者，復於河干見有木排順流而下者，詢其由來，始知所以，並云向無查禁之例，因思伊犁遺犯衆多，時有逃竄，砍伐木植處所不無藏匿逃人，不可仍前漫無稽查，且山場莫非官地，未便任聽民人自行砍伐，當經飭令撫民同知毓寧阿督率兩城巡檢查辦，酌定章程，即於伐木商民內擇其妥實者設爲商頭，官給驗票，管束民人，稽查逃犯，定以每木百根抽分七根，板片抽分之數亦然，議定之後，於上年八月十五日始交。抽分木料，雖非大材，至今十箇月已共抽收柁梁、山桂、檁椽、板片共計四千八百五十一件，印房有案。此內柁與山柱共五十七根，長一二丈不等。梁檁共八百一十一根，長一丈一二尺不等。細小椽子二千三百八十四根，長一丈三四尺不等。長方板一百六十四塊，長丈餘，寬四五寸不等。分寸板片共一千四百三十五塊，長六尺，寬五六七寸不等。此項木植，夏秋河水大時抽收之數較多，冬春陸運者少，抽收之數無多，統候收過一年方足以約定數目。當上年辦理之初，本應具奏，惟因民人俱非土著，去來無定，恐兩巡檢辦理無效，是以未敢預先奏聞。然於四月內具奏時，即應明白聲敘，併應請將來如何造册咨部報銷，方符體制。臣意不及此，實屬疎忽，今遵旨詳議，請於一年所收者若干，於旗屯住房、倉房、渠工、橋梁、牐壩實用者若干，修補年久兵房若干，餘剩若干，容俟本年年終詳細奏請皇上訓示後，再行按年詳細造册咨部報銷。如此遵旨辦理。行之年久，實足以杜弊竇，倘有以多報少及私用木料情事，一經查出即行糸辦，其巡檢羅名著、李旭二員可否再留三年之處，出自天恩。奉旨松筠覆奏詳議，伊犁山場設商給票，砍運木植一摺，伊犁南北山場本係官地，所産木植自未便任聽私行砍伐，漫無稽核。今松筠奏請設立商頭，官給驗票，並定抽分數目，即藉以管束民人，稽查逃犯，所議自屬可行，著照所請辦理。至此項木植抽收，十月已有四千八百五十一件，若收至一年，自尚不止此數。該處每年應用若干，餘剩若干，若將餘剩之項日久積存，豈不以有用之材徒致朽壞，或應留備工需或應估變價值之處，統俟收過一年後，仍著松筠詳議章程具奏，並另造清册咨部存查，其巡檢羅名著、李旭二員並著照所請准其再留三年。欽此。是年十一月將軍松筠奏言，臣前次覆奏伊犁山場抽收木料一年所收若干，於旗屯住房、倉房、渠工、橋梁、牐壩，並補修年久兵房實用若干，餘剩若干，容俟本年年終奏請，皇上訓示後再行造册咨部報銷。欽奉諭旨，此項木植或應留備工需或應估變價值之處，統俟收過一年後，仍著詳議章程具奏，並另造清册咨部存查，等因欽此。仰見我皇上訓示周詳無微不至。臣遵即嚴交撫民同知毓寧阿督飭兩城巡檢留心抽查，不許需索，亦毋任偷漏並委員查察動用之項，隨時稟報。茲據委員協領職銜佐領綏福等詳報，除前十箇月收過四千八百五十一件外，自六月十五日截至八月十四日兩月內，河水漲發，所到木筏較多，兩月又收過二千六百四十八件，是自上年八月十五日起至本年八月十四日止，一年抽收大小木植板片共七千四百九十九件，所有新開旗屯引水各渠長十數里至八九十里不等，所瀦之水引自泉河，迂迴曲折，導令歸渠，其間堵壩椿木，並因溝塗縱橫，增設橋梁，添修渠內牐座及各通衢大路橋梁，本年逐欵查明通計用過大小木料板片共四千四百三十九件，現在實存大小木料共三千零六十件等情。臣復委理事同知達爾札確查動存數目相符。因查伊犁木植俱係灰松，緣水運省脚，故市價甚賤，現在應懇聖恩，動用木料處所尚多，未便遽請變價。查官兵內歷年換防，塔爾巴哈台其家無餘丁者，本住房屋室間夏雨冬雪易致傾圮，而各官兵內或因出差倒馬賠累過多，或因家有事故生計貧乏，所住房屋未能隨時黏修，現據各該協領查報者六百餘間，木料多已糟朽，此項兵房不便請帑修理，即以陸續抽收木料酌量給予修整，似爲省便。又貯糧各倉厫柁柱、椽檁歷年已久，亦應陸續拆換，以慎積儲，又臣親身查庫見所貯紬緞箱隻多有就地安放，庫内既無地板，木柵亦應增添，免致潮濕，又銀庫並無地板，木柵亦須添設，所有各項修理添造，均需木料，合無仰懇皇上天恩，准將此項木料酌定先後分年賞給各處黏修補造，理合先行請旨，如蒙恩允，即將本年用存數目先行造銷咨部，自本年八月十五日以後抽收木植板片數目，仍請歸於來年八月後報銷，以期年歸年欵等因，得旨允行。

清　沈愷曾《東南水利》卷五《覆南關抽税疏》　浙閩總督郭世隆爲敬陳管見等事，該臣等會看得杭州南關分司偉齊條奏疏稱：杭關原賴福建等省花梨、紫檀，浙江各府竹木。後將湖州竹木被前任地方大臣禁止不容收税，温處大木由温江海運至乍浦發賣，以致杭關錢糧艱難。若湖州竹木一例收税，令人在温州府處呈報，于乍浦設一小口徵收，杭關不至艱難，等因部覆行臣等會同該分司定議具題。臣等查海關設立至今業已十年，一切木植俱載則例。如果南關因此艱難，自應較論于徵收木税之初，何待紛更于年久額定之後。今欲於海關收税之乍浦設口徵收，若兩關並徵，則商賈難堪重複之苦累，若兩關分徵，則海關亦必有缺額之藉詞。況各關定例止憑貨物之經過徵税，並未論貨物之出産而於別關界内設口争抽之理。至于湖州竹木一項，地産原屬無多，不過本地居民肩挑自用，向因軍典之際，金衢道阻，客商暫往湖屬，故南關有抽税之議。迨後地方平靖，各商仍歸故道，並不往湖典販，是以兩奉部議咨行嚴禁私抽在案，並非地方大臣禁止不容收税。該監督條議之處應毋庸議，繕備會稿移行註題去後，據南關監督偉齊呈覆，以既奉俱毋庸議，本關不便列名呈繳會稿前來，臣謹會同浙江撫臣王維珍合詞具題，伏乞睿鑒，勅部議覆施行。康熙三十四年八月初十日題，奉旨該部知道。工部會議得先經杭關分司偉齊所題乍浦設口抽税一案，臣等伏令該督撫會同該分司定議具題去後，今據閩浙總督郭世隆會同浙撫王維珍疏稱：海關設立業已十年，一切木植俱載則例。如果南關因此艱難，自應較論于收税之初，何待紛更于年久額定之後。況各關定例止憑貨物之經過征税，並未論貨物之出産征税之理。至湖州竹木地産原屬無多，不過居民肩挑自用，是以兩奉部議禁止私抽，該監督條奏之處無庸議，等因前來應如該督等所題可也。十一月初一日奉旨依議。

清　龍文彬《明會要》卷五三　洪武元年，楊思義爲户部尚書，以農桑積儲爲急，請令民間皆植桑麻。四年始徵其税。不種桑者輸絹，不種麻者輸布，如周官里布法。詔可。

清　龍文彬《明會要》卷三〇　仁宗即位，蹇義、夏原吉奏事未退，帝望見士奇，謂二人曰：「新華蓋學士來，必有讜言，試共聽之。」士奇入，言恩詔減歲供甫下二日，惜薪司傳旨徵棗八十萬觔，與前詔戾。帝立命減其半。

清　龍文彬《明會要》卷三一　正德時，工部主事何遵榷木荊州，下令税自百金以下減三之一，風濤敗貨者勿算。入算者手實其數，自識之，藏於郡帑。數日一會所入，比去，不私一錢。

清　龍文彬《明會要》卷五七　世宗初，抽分中官及江西、福建、廣東税課司局多所裁革，又革真定諸府抽印木植中官、京城九門之税。

又　弘治十八年三月，吏部尚書馬文升疏，其略云：「南京進鮮，若青梅、小竹筍、萵苣菜、宣州梨，蓋因高皇帝踐阼之初所用，故猶進奉供薦。今京師果品、蔬菜、雪梨、青杏比南京所産者尤佳，隨時供薦亦可將敬，伏望將前項薦新如青梅、蓮藕、宣州梨、苔菜之類於中量免，其楊梅、枇杷、鰣魚北方不産者，照舊進奉供薦。」

清　劉錦藻《清續文獻通考》卷四六《征榷考》　（乾隆）五十七年，覆准廣西商民赴安南貿易，一切檳榔、烟、茶等貨物，出口入口俱由潯州、梧州兩廠照則收税，所有龍州隘口商税，免其徵收。　（嘉慶五年）又議准江西各屬每年額征雜辦商賈茶酒租課鈔等，銀九萬一千二百八十一兩五錢八分有奇，遇閏加征銀三千四百九十四兩七錢有奇。七年，諭顔檢奏，密雲縣征解木税，不敷定額，懇請核實辦理一摺。該縣管理古北口抽分事宜，每年應解木税，原以一千一十二兩零定爲税額。今據稱該處商販寥寥，無人領票辦課。山場砍伐既久，近年以來止有小民在附近各山採取柴薪。照例輸課，每歲不過三四十兩至五六十兩等語。自係實在情形，除嘉慶二年至六年止應解税銀，仍在歷任之知縣名下，照數勒完外，嗣後此項木税自本年始，著即照征收雜税之例。儘收儘解，仍著該督責成該道府等隨時稽查，毋得以多報少，致滋弊混。

又　諭盛京、吉林寧古塔一帶，環繞長白山，爲本朝發祥之地，産毓人參，實惟瑞草。二百年來，附近山場刨采日多，必須遠歷深山，方能採獲佳品，亦事理之所有。至種參一項，以僞亂真，殊于例禁。乃近年各該處辦解官參，竟有攙雜秧參，形狀雖覺腴潤，而性味實薄。現據內務府參奏，此次驗收官參，係會同稽察御史，令各該解員眼同拆封，並添傳經紀鋪户人等認看。盛京票參四十八斤十二兩，內堪用參十三斤四兩，泡丁十五斤八兩，外有秧參十八斤十二兩，及帶鉛泡丁一斤四兩。吉林票參五十九斤七兩五錢，內堪用參一斤十二兩，泡丁十八斤十五兩三錢，外有秧參三十七斤十三兩二錢，帶鉛泡丁十五兩。寧古塔票參十七斤十二兩八錢，內堪用參八斤十二兩，泡丁六斤十二兩九錢，外有秧參一斤十四兩九錢，帶鉛泡丁五兩等語。寧古塔秧參尚祇一斤有餘，盛京已十居其六，吉林至好參轉不及一成。又盛京四等以上參六斤內，亦有秧參二斤。吉林四等以上參三斤二兩，大枝參十兩，竟全係秧參。該將軍等不能認真查察，均有應得之咎。其挑出之秧參及帶鉛泡丁，著交原解官發回著落，該將軍等照數更換補解。如不能足數，即著照兩准交價之例，分別四五等及泡丁定價，解銀歸庫。（道光）二年議准多倫諾爾陸運木植，每年額解户部銀五百七兩六錢二分，如有盈餘，儘收儘解。（道光四年）

又　諭三姓等處，出產貂皮，各商先往承買。若在吉林完納税銀，程途較遠，易滋偷漏。著准其就近在三姓副都統衙門納税領票，進關售賣。其税銀即存貯副都統衙門庫內，抵充該處官兵俸餉。該副都統仍嚴加稽察，儘收儘解，咨報該將軍查核。俟試收三年，再以多收年分，定爲税額。如有任意勒捐浮收，即著嚴參懲辦。

九年，諭嗣後多倫諾爾同知經征水旱木税、雜税，飭令該員按季造册，報明藩司暨總督衙門查考。俟一年期滿，將征收銀兩統限一月內，詳由藩司一律請給咨批，勒令全數解部，掣批備查。仍由藩司詳請核題報銷，俾年清年款。倘有遲延虧缺，隨時查明參辦。　十四年，諭特依順保奏，遵旨詳查弛禁鹿茸，並無流弊一摺。前因特依順保等奏，請弛商民販運鹿茸之禁納税，以資河工修費，當交大學士、軍機大臣議奏。曾經降旨，令該將軍等復加詳核，果能永無流弊，不致有苦累四愛曼蒙古之處，即著據實覆奏。兹據奏稱四愛曼蒙古等，多以打牲爲業，如蒙弛禁，將來所獲鹿茸，即可隨時赴城售賣，自無從前訛詐之弊，實於蒙古生計有益。至各愛曼向不准商民前往貿易，定例極嚴。將來所獲鹿茸，係各蒙古攜至城中交易，且既係奉官不禁，亦不肯被商民減價收買。商民向不准私赴，各愛曼獵户更不敢私打牲畜，是弛禁鹿茸之事，於蒙古等生計尚無流弊。著依議辦理。經此次議准之後，該將軍等務當嚴飭各領隊大臣，理事撫民。同知認真稽查，毋致日久生懈。如查有商民等減價收買，及私打牲畜等事，著即隨時懲辦，斷不准回護。原奏意存消弭，致滋流弊。　十八年，奏准各省出產茶葉、大黄應稽查轉運，設立票據，歸沿海地方官兼管。（咸豐八年）又喀什噶爾辦事大臣裕瑞等奏，擬添設茶葉雜貨等税。奉　諭試辦一年，有效再行，抵經費之用。惟應時時嚴查，不准征多報少，以杜弊端。

又　諭嗣後豫省釐捐，著專收水烟、藥材、茶葉三大宗。其餘如紬布、皮貨等，一概不必抽收，並將陝州荊子關等局及沿河各卡委員丁役等，悉行裁撤，其抽釐事務，即歸該各地方官經理。試行一年，如果實有成效，准俟軍務完竣後停止。　又奏准阿克蘇茶税、布税，均歸併牲畜税局承辦。茶税每年額征錢六千串，布税三千串。該局員征有短少，照侵吞公項例，嚴參所征税錢，批充該處官兵鹽菜經費。年底咨陝甘總督，於解阿克蘇經費內扣留，仍將牲畜商税分款造報核銷。

又　諭海樸奏請試行榷布以裕經費一摺。阿克蘇商販布疋著准其仿照喀什噶爾分別征税，即歸併該處茶畜税局辦理。俟辦有成效，再行具奏。（同治）四年奏准湖北省設立新關，專收竹木二税。於該省候補道府內奏委一員，駐扎督收，一年期滿更换。　又奏准吉林廳，烟酒税每年二萬八千兩，木税每年二千七百兩，土税每年二萬八千串，均作爲定額自同治三年爲始，照數征解。　八年，甘肅開辦釐捐，設立省局。有牙帖捐、百貨捐，鹽茶統歸貨釐抽收。

清　劉錦藻《清續文獻通考》卷四八《征榷考》　宣統元年，東三省總督徐世昌，署吉林巡撫陳昭常奏，辦理統一税捐，漸著成效。略稱吉省財政，向極紊亂。經征一切釐捐税項，概係包征額，解收款無多，其局所名目則有餉捐局、山海税局、烟酒木税局、參藥税局、木植公司各項。其管理則有歸將軍副都統吉林道，及地方官者，員司冗多，毫無統系，殊與税法原理相悖。自改行省設度支司，將局所歸併該司管理，税務始有總匯。臣昭常到任後，詳加體察，非設立税務總機關，不足以歸統一。爰於光緒三十四年十月，飭該司設立吉林省税務處，將舊有捐税各局所公司，暨專供支應之糧餉處，概行裁撤併歸經管。該處內分設四所：一稽征所，一支應所，一庶務所，一核銷所。派委得力人員分任，用人既少，責成亦專。從前局所七處，月需薪水銀三千六百五十兩，裁併後汰去幫辦、提調以下四十一員，月共節銀二千零七十兩，各局司巡及一切局用活支等款，月共節銀三千餘兩，合計每年節銀六萬餘兩，省外各局所歸併節省者，尚不在内。臣等不避勞怨，已將省城各局一律裁撤歸併税務處綜理。

東三省政略紀税務，奉省旗餉、練餉及各官津貼，向皆取資税款。順治初年，僅税牲畜牙行，咸豐軍興，牛莊開埠，税務日趨於繁。光緒二年奏税斗秤，十一年奏捐土藥。於是各税名目繁多，其隸於今度支司税務科者，雖裁革歸併，已不悉仍其舊。而一時若牲畜，若斗秤，若河口糧貨，若山貨，若烟酒，若土藥，若東邊木税，若旗署木植，若邊門車捐，若營口八釐，若釐捐，若旗署雜税，若船規湊掛，若煤窰税，若繭課，若山繭，若皮，若參，若加二茶糖，若葦，若雜貨，若牙當各帖，若漁船，若燒鍋參票，若土莊坐票，若中江等税，凡三四十種，綱舉目張。彼時行政經費無多，京外協餉亦得應時接濟，故一切財用尚不專倚税務。即徵收辦法仍循故事，歲收銀兩，第求足於最初額數，綜計全省歲入僅二三十萬而已。二十三年，將軍依克唐阿盡取民署之税，委員設局，收額頓增。二十四年，奉省税捐收數至一百七十餘萬。然改章之始，税票由各局自印，多寡無從稽核。且税章不一，往往自爲規則，一經更調，挾卷而行，幾至無可究詰。三十一年，將軍廷杰設税務處，行三聯票，税少暢旺，而私用小票弊仍不絶。將軍趙爾巽改章試辦釐剔綜核税務，乃有起色。取旗署經徵之牛馬及繭絲帖張等税，一律委員設局徵收，至三百七十二萬餘兩。但新章嚴密，局員無所取償。於是設法搜括，間爲苛罰，冀多得經費犒賞。兵燹之餘，商民苦之，乃取牲畜、繭絲、木植、烟酒、土藥參帖等税，照常徵收。其他斗秤及尺，及豆餅，及火車，及河口糧貨，及陸路門捐，及糧船湊掛，及旗署雜税，及東邊糧貨、山貨，及營口八釐，及過路落地各項税捐，一併裁撤，改辦統捐，分括之曰出産、銷場税。則輕減仿照海關估價。出産，則值百而一五其税，銷場，則值百而二之。改行於三十二年十月，而税務大絀，至三十三年四月，僅徵收出産銷場税銀七十萬四千餘兩。世昌來此第就原有各局，嚴定章程，按日考較行之。期年乃知，向之逢局納釐，取民雖多，而其數分分之，則多者若少，而行所無事。今僅納出産銷場，取民雖少而其數合合之，則少者若多，而轉有所難。且既改統捐，則沿路不能不稽查。偶有留難需索之情形，轉不如到局上捐爲便，則商貨或因而稀少。又以所估貨物價值有輕重貴賤，今昔不同者，不無偏枯。是即統捐短收之原因。既未便規復舊捐，計惟有釐定税則，參用物價重量，二主義比物規定。無或參差，並將輸入税款、無論銅圓、小洋銀圓現銀東錢，均以折中價值作算，不准高低市價。則商務方可興起。税款亦有盈餘。當飭通盤籌議，尚未實行，僅就應行整頓者，嚴飭局員切實整理，而計畫調查變通之處，如畫一錢法，歸併牛馬税，局奏裁期糧捐，飭查安東黄麻、鳳凰城喬布尺、布套、布清、水布等税，化私爲公，及改東邊繭絲規制，改良沙河木植税。

清　劉錦藻《清續文獻通考》卷五〇《征榷考》（光緒二十一年）又江蘇巡撫趙舒翹奏，略稱整頓釐金一節。蘇省土産以絲繭爲大宗，貨物如綢緞、絨縐、洋貨、廣貨、藥材、柏油、白蠟、靛青、南腿、錫箔、帽氈、裘、木植、桐油、白麻各貨，均由各業認辦總捐。或在進口首卡抽收一次，或到地總完一捐，或分進口先繳四成，落地再捐六成，經過中途各卡，概予照免。倘有分銷别處，准給運單過卡驗放。其餘零星各項貨船，每局共抽卡釐一道。如由正卡收捐則分卡免驗，或由分卡捐過則正卡免驗，並無重複抽收。此蘇滬各卡之定章。現在棉花一項已議，歸産地併徵。此外，如能於要隘處所，可以併徵之貨，再當隨時察酌辦理。又裁減局員薪費一節，蘇滬釐捐各局卡，自同治七年後，疊次裁併，不下數十處。現留正分各卡，或地當衝要，或專查繞越，皆係扼要設立，若撤去一處，即多一處偷漏。體察情形，實難再議裁併。至委員薪水，係遵部章。按照九分開支僅能敷用，即或酌減一二，爲數亦屬有限。往者疊次裁減，而核明留此者，無非欲保全在事之廉潔，以鼓其急公之心。倘所給過薄，必喪其操守，别謀取償。督責雖嚴，實無裨補。應請免其再減，俾資辦公。此外，如善後局開支經費，同治十二年奏准酌提釐金一成，光緒十年改支八分，十三年奉部奏定改提五分。如省城保甲發審官書洋務，各局用款，均歸善後局，於酌提釐金五分内支。放節經按年開單奏報，並無另款開銷。至向設各局所疊，經酌量裁併，現復將水利工程局併歸蘇釐局核辦。又重徵烟酒税釐一節，已通飭各局卡查議。於向抽卡釐之外，酌加若干，並令將城鄉各處，開設土造烟酒作坊，一律查明銷數舉辦認捐，議立章程，不容輕減，以副部文重徵坐賈隱寓禁止之意。

清　劉錦藻《清續文獻通考》卷三三《征榷考》　宣統二年，度支部奏：查釐金積弊甚深，最爲税制之蠹。惟是免釐加税，載在商約，屢經提議，尚未實行。臣部惟有將税法整頓，改良先行，預備竊以統捐辦法，本與銷暢出産税性質略同。近年江西、廣西、湖北、甘肅等省，先後試行，俱著成效。蘇省輪軌交通，商貨鱗萃，若先行試辦統捐，即以爲後此裁釐之張本。擬請　飭下，該撫體察情形，妥籌辦法。又原奏内振興官業一條，查路礦、森林均爲殖財之本，計中國地大物博，韞藏極富。官爲提倡，收效必宏。迭經農工商部、郵傳部籌定辦法。至烟草專賣，臣部屢經計議，惟須合外洋所售與内地所産，一律改歸官賣，庶能吸收巨利，抵制漏卮。事關税章，應俟修改商約時，會商外務部定奪。總之，國計雖重，必兼顧民力之所及，體察時勢之所趨。

清　劉錦藻《清續文獻通考》卷六八《國用考》　吉林：歲入銀八百四十八萬八千六百兩有奇，歲出銀九百三十四萬二千七百兩有奇，相抵不敷銀八十五萬四千一百兩有奇。歲入以正雜各税，監課釐税爲大宗，幾當全數三分之一。部款次之，官業田賦、雜收又次之。歲出以軍政、民政、財政爲大宗，當全數之半。工程行政等費次之，教育、實業又次之，典禮最少。本部詳核，歲入擬增者五十一萬七千餘兩，歲出擬減者四十七萬餘兩。該省向爲受協省分，入款本少。近年，内籌新政，外謀邊衛，需財日亟，整頓徵收之政備舉。入款日益，用款亦日增。如工程等類，不免開支過鉅。田、礦、森林之已闢者，不及未開之多。果能開拓利源，以庚子前所收例，今所取財力擴充，未可限量。所有議增議減各款，另咨核辦。如全數允認，尚可減去不敷銀八十五萬餘兩，盈餘十三萬餘兩。

黑龍江：歲入銀五百四十萬一百六十九兩有奇，以官業正雜各捐爲大宗，部款、協款、雜收等次之，田賦爲少。歲出銀五百五十一萬三千四百五十一兩有奇，以軍政官業支出、行政等費爲大宗，財政、民政、司法次之，邊務等又次之，典禮爲少。除出款外，附列預備金三十萬兩，出入相抵，不敷銀十一萬三千二百五十二兩有奇。電商歲入可增者，如酒税、糧税、鹽務等，有二十餘萬。歲出可省者，移民費由鄂官紳認籌之二十萬，收支尚合，未准該省電覆，祇列説明出入，姑仍原册。該省著名邊瘠，殖民固圉，出款多係必需，而入款宜求整頓。未墾之荒，尚居大半。林漁礦産，所在蘊藏，果能振興，歲入必不止此。他如工藝局、電話局、庫河、金廠、火磨、蠶業等公司，均宜亟圖進步。

山西：歲入八百十八萬八千五百六十一兩有奇，田賦爲大宗，鹽課、雜收次之，釐捐、正雜各税又次之。歲出八百九十三萬八千九百四十八兩有奇，解款、軍政、協款爲大宗，行政、民政次之，教育、交通、財政又次之，交涉最少。計不敷銀七十五萬三百八十六兩有奇。部商該省裁減出款，覆據認裁者行政等銀十四萬五千五百七十八兩有奇，應補列歲入田賦、雜收等類三萬二千三百二十三兩有奇。歲出解款、協款等類二十六萬六千四百五十八兩有奇，實不敷銀八十三萬八千九百四十三兩有奇。宣統三年，應辦之事需款在内，擬將新軍展緩成鎮，不敷之數可減三十餘萬。該省礦富，皮毛、林木亦多。工業未發達，商品鮮輸入，釐税遠不及東南各省。加以土藥之禁，入款鋭減。蒂欠日增，政費幾難自給，非於林礦各項振興，廣圖輸出，不能支持。

新疆：歲入三百五十六萬七千三百八十五兩有奇，協餉最鉅，田賦次之，税課、釐捐又次之。官業、捐助、雜收最少。歲出三百四十七萬三千七百七十二兩有奇，軍費最鉅，行政次之，教育、民政、財政、司法等又次之，官業、交涉、實業費最少。兩抵，盈銀九萬三千六百十三兩有奇。部核入款增一萬二千六百四十餘兩，出款減三十四萬三千六百十九兩，估計應盈銀四十四萬九千八百七十餘兩。惟册到較遲，不及電商，俟專案咨照。至册列盈餘，本視協餉爲轉移。三十四年，收一百三十六萬，宣統元年僅收一百二十一萬，以此爲衡，非特盈餘難恃，且有鉅虧。該省自設行省以來，取民之政，務從寬大。田牧、鹽礦遺利尚多，圜法茶務，諸待整飭。而一切徵收賦税，官吏侵漁，綜核疏略，實不能免。以原册田賦説明書及監理官報告證之，如清釐改折徵糧一案，兩年爲民省三百萬。釐捐向歸包徵亦不實。不盡是非無可籌畫，不宜專倚協餉待哺於人，兼之固圉殖民皆爲急務。用款難籌，在任事者興木業，闢荒來，剔除欺隱，庶免坐困。

清　劉錦藻《清續文獻通考》卷四六《征榷考·雜征》　薩音額《吉林税課記》　吉林額征牲畜、烟麻、牙當、燒酒、木税，銀共二千九百八十兩，寧古塔額征牲畜、烟麻、牙當、燒酒、木税，銀共二千一百五十六兩九錢。伯都訥額征牲畜、烟麻、牙當、燒酒、魚網，税銀共一千零四十九兩三錢，三姓額征牲畜、烟麻、牙當、燒酒、貂皮，税銀共四百四十三兩二錢五分二釐。阿勒楚喀拉林額征牲畜、烟麻、牙當、燒酒，税銀共四百九十九兩。長春廳額征牲畜、牙當，税銀共四百三十三兩九錢六分。

又　光緒九年，諭准吉林烟酒税銀仍以二萬八千兩，木税仍以三千七百兩作爲定額。如遇歉歲，先期查明具奏，不准無故虧缺。

又 光緒十三年，諭有人奏廣西桂平等縣有奸商把持桂皮行市，及詭稱包税，抑勒價值，串通關書舞弊情事。窮民受累，釐税日減，著張之洞等確查禁革，以除積弊。

又 光緒二十九年，又護理江西巡撫柯逢時奏，略稱江西釐金創辦四十餘年，定章本極詳密。無如日久僞滋，員司稽征不實，商民趨避彌工。近歲以來，征收減色。若非重爲釐剔，改辦統捐，不足去其癥結。臣前在藩司任内，適值賠款期迫，特設商務局，認真考查，隨時詳定護理撫篆。後仍督同局員，實力整頓。先將大宗貨物，如吉贛、撫建兩河之木植，撫州、建昌、袁州、廣信、瑞州、寧都各府州屬之夏布，樂平、餘干、彭澤三縣之土靛，景德鎮之瓷器，信豐縣之蘿葡條，各處土産，及外省運來之麻，福建所産之烟絲，一律次第改就統捐。惟各貨情形不同，或添設專卡，或由原有釐捐兼辦，或歸外縣就地征收，皆係因時制宜，勢難畫一。凡已經納捐貨物，黏貼印花，經過下卡，衹許查驗，不准補抽。如有漏捐，將貨全數充公。所有各卡向年收數，悉爲剔除，專歸經收統捐之卡一總比較。此外，尚有茶葉、紙張一切土貨，亦應併改統捐。已分派委員，陸續查明開辦。至統捐多收銀兩，仍照釐金造報，並請留爲本省湊解新約賠款，及舉辦新政之需。得　旨著即督飭認真辦理，剔除中飽，以期裕課恤商。

又 光緒三十年，將大宗貨物如錫箔、紙張、紙扇、洋貨、土布、茶葉、靛青、毛猪、柴炭、竹木、瓷器、藥品、棉花、烟酒等類，一律由商家認定。一宗之貨，即飭停一貨之釐，一卡之貨認完，即隨時撤卡。迨認捐全數辦完，則局卡亦可全數裁盡。本省土客各貨，悉皆查清數目，異時或辦常關，或辦銷場，或辦産地，均有依據。現辦理既有頭緒，擬請暫行照辦。一俟百貨逐漸查清，局卡次第裁盡，再行修整章程，删除認捐名目，以歸畫一。

清　務農會《**農學報**》**卷六四**《**官桑免税**》　知寧國府桂太守客臘捐廉委員，往湖州採辦桑秧十萬株，二月初輸運來蕪，由蕪轉運返苑陵，俾各屬領植，並先由蕪湖關道吴季卿觀察函致新關税務司幸盛君，此項官桑，轉運進口，應免納税云。

清　邱天英《**汝陽縣志**》**卷四**　草柴，千玖百伍拾貳束。棗子，易米叁拾伍石壹升。

又 供用庫本色黃蠟，原額壹百貳拾伍觔壹拾叁兩，每觔額價銀貳錢，共該銀貳拾伍兩壹錢陸分貳厘伍毫，内改折黃蠟叁拾肆觔，照依順治十八年分題定價值，每觔價銀肆錢，共該銀壹拾叁兩柒錢捌分。除照賦役舊徵銀陸兩捌錢玖分，仍該補徵銀陸兩捌錢玖分，於康熙二十二年十一月内，奉文仍解本色黃蠟玖拾壹觔伍兩捌錢，原估時值每觔價銀叁錢貳分，該銀貳拾玖兩貳錢叁分陸厘。除照賦役舊徵銀拾捌兩貳錢柒分貳厘伍毫，仍該補徵銀拾兩玖錢陸分叁厘伍毫，於康熙二十四年正月内遵奉部文減定價值，每觔價銀壹錢伍分伍厘，該銀壹拾肆兩壹錢陸分壹厘壹毫捌絲柒忽五微，該扣餘剩銀壹拾伍兩柒分肆厘捌毫壹絲貳忽五微。

清　衛哲治《**淮安府志**》**卷一四**　清江抽分廠向設工部分司監抽，南自南鎖壩，北自清河口，停泊報抽，船始放行，以次漸增，約畧歲額供漕料價銀二萬一百八十餘兩。於順治年間，奉部劄加額一萬兩，共銀三萬一百八十一兩，其定例有四：一曰抽分原額銀一萬一千六百三十一兩有零，一曰船鈔額銀五千二百五十兩，一曰餘羨額銀三千三百兩，一曰加額銀一萬兩，共足前數。其抽分之法，凡係木頭板片以丈尺長短、大小、寬窄所值之價三十抽一，其船抽亦論楠木、雜木、樑頭，丈尺不等，其税自三錢九分至十八兩止。其淮安廠户原買抽分過木植造賣船隻，又照常報納樑頭。廠户收買舊破楠雜木船拆賣者又照板抽銀，如將此板造小船者，買主又將樑頭從實報抽。重複苛細如此。清初除去苛徵，凡船樑頭自四尺至一丈八尺，抽税銀自六錢四分至一十八兩止。其商販竹木板片、油鐵等類，原照時估三十抽一，曾於明末改爲三十抽一者，今仍之。其木自杉、槁、松、楠、樸木、船桅、榆楠，故板以至匾擔、木棍、鍋蓋、籠、杯，其竹自箭幹、笪猫、滑皮、長梢、軟硬竹篾、傘柄、大小船篙，以及苕葉、蓬條、茅蓬，其柴自蘆蓆、葑船、蘆葦、條沙等蓆，其鐵自釘鉟、鋸條、鋼線鋸箍、鐙鐶、索箸、破鍋、秤錘、鏇磬、熨斗、鈴錮、銀鏪、火盆、火爐、篙□、雜鐵，其油蔴自桐油、荳油、山蔴、黃蔴、縈蔴以及黃白籐，其煤炭、木炭，則先論船樑裝炭多寡，抽船再抽炭，石灰亦然。又有白糧船，照樑上單出口例，免抽銀一分，實納抽銀二分。又回空白糧船裝貨進口，每尺照例輸納。其收河道錢糧有五：一曰由閘額銀三千三百三十三兩三錢。有零斤出口進口，重船每尺納銀二錢五分，空船一丈以上，每尺納銀一錢九分四釐，一丈以下每尺納銀一錢六分四釐，裝卸過壩船，不由口出進者，每尺納銀五分，此項舊係淮安府徵收，後歸分司。一曰石價額銀六百五十兩，照例每尺納銀二錢，舊係中河分司徵收，後歸工部抽分。一曰樑頭額銀二千六百兩，舊係淮安府徵收後歸分司，本項錢糧從來徵不足額，奉部劄照例儘收儘解。凡裡河外裝卸重載船，每尺納銀一分，凡出進口重載船每尺納銀一分。一曰扣利額銀一萬一千五百九十八兩，棉苓向係河廳收，今歸抽分原抽。客商南北貨物至清江浦發賣者，後則一槩客販過關，各貨物照例徵收。其貨物自南北雜糧、豆麥、瓜子、芝蔴、豆餅、麩麯、油棉、藥材、果蔬、醃切海鮮顏料、銅錫、磁器、蘇木、胡椒、真粉、土草、各色香血料、皮骨、土繭、羊絨、紬緞、布疋、故花、手帕、汗巾、包米、瓶酒、桐油、糖果、書包、筆墨、頭髮、廣鍋、漆器、簍茶、紙箔，以至牛角屑、弓胎、面梳篦、鞋底、木屐、雨傘、布襪、帽胎、角簪、掃箒，一切瑣屑日用之物，或論簍石，或論包捆，其銀自二釐以至二分五釐而止，雜糧每百石至九分而止。一曰折夫額銀五千五兩七錢六分有零。折夫者，於淮行牙儈抽其用銀，代僱河夫之緩急不齊，牙儈散處不一，自明季始，有折夫名色，捕牙儈用錢爲河夫工食。以上五宗，共額徵銀二萬三千一百八十七兩九分有零，歸併淮關。其石價扣利樑頭二項移解淮安府山清外河同知，其由閘折夫二項移解淮安府山安河務同知，又有廠户原買抽分過木植造賣船隻，每尺抽銀二錢七分，其買主照依稅過契價報抽，每十兩抽銀五錢，較房地契尤重，以上俱舊志則例，歸併淮關。按飯米書墨筆硯，從來無稅，不知起於何時，扣利復抽而三關歸併之後，又有三關照貨計石，則例載在《關志》，亦不知起自何時也。現行徵收則例內務府總管管理淮安宿遷等關務年希堯　題定淮安關徵自一分起，至三兩止，稅銀數目，俱載則例。按貨物輸稅，有論箇者，如竹木、桶盒、磁瓦、石器之屬有論張者，如皮貨、槕椅、床櫃之屬有論塊者，如紙張、木板、石鼓、門臺之屬有論座者，如插屏、鏡架之屬有論對者，如枕墊、槕插、牌料、絲燈、攢盒、方盒、各對聯之屬有論條者，如領頭椅搭、籐蓆、板櫈、大中小簸簞、草蓆、墊蓆、甘蔗之屬有論副者，如各皮帽沿、棉線、查子弓面、馬鞍、箱櫃、剃頭擔之屬有論口者，如大小缸、大小鍋、活猪之屬有論雙者，如靴鞋、木屐之屬有論扇者，如招牌、茅蓬、屏門之屬有論疋者，如緞紗、紬絹之屬有論面者，如鼓琴、弦子之屬有論騾者，如人參、綢緞、色布南來雜貨之屬有論隻者，如牛、羊、鮮魚、掉船、藕船、簑蒲、草船、標船有論石者，糧食有論件者，銀鼠皮褂有論段、論根、論丈、論片、論把、論捆者，大小竹、木板片之屬間有論套、論箱、論葉、論簍、論盤、論領，貨物不過一件兩件，其餘悉以擔論，大抵什居八九。有芒稻、黍子、糝穀之屬，有冬夏布、棉花、棉線、纓緯之屬，有鉛、鐵、銅、錫器之屬，有藥材、香料之屬；有海菜、顏料之屬；有鮮菓、乾菓之屬，有醃臘、醃小菜之屬，有油、醬、酒、醋之屬，其煤炭、石灰之屬，不勝悉載。查一兩以內各色貨物居多，一兩以外俱係杉板加算科稅。船單北鈔例：四尺分單，一錢六分。　五尺分單，二錢。　六尺分單，四錢。　六尺半單，八錢。　四尺整單，六錢四分。　五尺整單，八錢。　六尺整單，一兩六錢。　北鈔每尺，一錢五分按樑輸納。　淮倉徵收淮城清江落地商稅。徵自三毫九絲起，至三錢八分六釐正。按淮倉不徵竹木稅，所徵貨物較淮關約減十分之一，係稅課司收解。廟灣口開例徵收各類稅銀數目，俱載則例。　紬布類、花蔴舊衣類、帽靴韈類、草蓆籐枕類、香椒糖菓雜類、顏料類、銅鐵鉛錫類、藥材類、磁器紙張類、雜貨類、醃臘海味類、皮張類，以上共十二類，按各類惟銅石、緑雄黃、漆、緑硼砂，每一百觔稅銀一兩二錢，銀硃、輕粉、水銀、海粉，每一擔稅銀一兩，其餘貨物自一兩以內遞減至一釐而止。樑頭船單例：三尺五寸起，至四尺，四錢五分五釐起，遞加至六錢四分。　四尺一寸起，至五尺，六錢五分六釐起，遞加至八錢。　五尺一寸起，至六尺。一兩三錢六分起，遞加至一兩六錢。　六尺一寸起，至七尺。一兩七錢二分九釐起，遞加至一兩九錢八分四釐。　七尺一寸起，至八尺。二兩一錢三分起，遞加至二兩四錢。　八尺一寸起，至九尺。二兩五錢六分七釐起，遞加至二兩八錢五分。　九尺一寸起，至一丈。三兩三分四釐起，遞加至三兩六錢六分七釐。　一丈一寸起，至一丈一尺。四兩四分起，遞加至四兩四錢。　一丈一尺一寸起，至一丈二尺。五兩五錢五分起，遞加至六兩。　一丈二尺一寸起，至一丈三尺。七兩二錢六分起，遞加至七兩八錢。　一丈三尺一寸起，至一丈四尺。八兩七錢三分四釐起，遞加至九兩三錢三分四釐。　一丈四尺一寸起，至一丈五尺。十一兩七錢五分起，遞加至十二兩五錢。　一丈五尺一寸起，至一丈六尺。十四兩九分四釐起，遞加至十四兩九錢三分四釐。　一丈六尺一寸起，至一丈七尺。十六兩一錢起，遞加至十七兩。　一丈七尺一寸起，至一丈八尺。十七兩一錢起，遞加至十八兩。　貿捕船鈔樑頭，每年徵收二次。　一丈以內，每尺　鈔銀一錢五分；一丈以外，每尺鈔銀二錢二分五釐。關口地方淮安鈔關在板閘有關，橋船每日放關即行，封閉傍岸邊，開一小口曰小關，以便民間小船出入。淮關十八口岸軋東溝貨船計石，徵輸益林，清溝二處分巡稽徵，附人彙解。無耗。

清　李德淦《涇縣志》卷五　隨漕起運貳陸輕賫銀伍百肆拾伍兩叁錢伍分，柒分蘆蓆銀壹拾肆兩陸錢捌分叁釐，叁分本色蘆蓆內扣減伍釐蓆折銀壹兩肆分玖釐，實徵本色貳分伍釐蘆蓆內扣減捌釐，蓆折銀壹兩陸錢柒分捌釐；楞木改徵松板價銀壹兩肆分玖釐；松板價銀柒兩伍錢伍分壹釐；山河搬運銀壹拾貳兩叁錢柒分。

清 杜琳《淮關統志》卷七 淮安關現行徵收則例

計開：

一分例：

中雜木板每片　淮安中篾籄每條

毛竹每十段　小沙蓆每十拑

金漆馬桶每箇

火盆架每箇　篾圍爐每箇

竹車每箇　紅土小鏡架每座

茶洗每箇　提桶每箇

湯榥每箇　籐枕每對

小竹床每張　竹椅子每張

脚盆每箇

板櫈每條

茶桶每箇

月牙竹桌每張　騷鼠皮帽沿每十副

狐皮領每十條

大狐皮每張　梁元狐帽沿每十副

招牌每扇　籐蓆每條

竹面架每張　弓每張

竹茶盤每十箇

蠟丸每百箇

獺皮帽沿每十副　獺皮烟插荷包每十副

海龍皮帽沿每十副

一分五毫例：

淮安小四花籄每條

一分一厘例：

舡船茅篷每扇

一分二厘例：

蘇州中篾籄每條　蘇州中攢籄每條

一分二厘五毫例：

淮安大篾籄每條　中茅篷每扇

一分二厘九毫例：

揚州笪竹每十根

一分三厘五毫例：

淮安中四花籄每條　蘇州小八皮籄每條

一分五厘例：

五寸潤分桱板每塊

一尺五六七寸圍圓桱木每根

雜木蒨板每丈

八寸至一尺一寸松木每段

箭杆竹每把計九百根　傘柄竹每把計五十根

淮安大四花籄每條　淮安小八皮籄每條

蘇州中八皮籄每條　西河連二松木每段

大雜木板每片　洗臉架每張

脚坐桶每套　木花架每張

宜興豆口竹每十把　青溪大四子竹每十把

梅溪小四子竹每十把

雜木匾擔每十條　大沙蓆每十拑

大箬葉篷每十條　雜篙木每十根

篩子每十箇

一分六厘五毫例：

宜興苦竹每捆　六安笪竹每把計三十根

大茅篷每扇

一分七厘五毫例：

淮安中八皮籄每條　蘇州大篾籄每條

一分八厘例：

蘇州大八皮籄每條　蘇州大攢籄每條

一分九厘例：

小雜木每段

二分例：

分松板每十塊　檀木棍每十條

箒把每十捆　五花席篷每十頁

搶篙木每十根　柳木　每張

竹桌每張　風箱每箇

中竹床每張　竹櫃每張

竹圈椅每張　插屏每座

鏡架每座

洗澡桶每箇

篾箱每箇　果桶每箇

鍋蓋每十箇　風燭架每座

圓盒每對　石門枕每對

聯櫈每條

琴櫈每條　馬坐桶每副

竹書架每個

鏡架匣每座

鎖桶每個　竹花箱每個

枕箱每個

板門每對

提盒每對

烟撬每條　穿衣鏡架每座

高燈架每個　皮箱架每個

鐘架每座　按板每塊

屏門每扇　竹絲拜盒每十個

抽絲盒每對　木梳匣每十個

帽盒每十個　金漆拜匣每十個

籐帽胎每十個

二分一厘例：

淮安大攢簹每條

二分二厘五毫例：

雜大新板每丈　淮安大八皮簹每條

楠木舊板每丈　連皮杉篙木每十根

檀木匾擔每十條

二分五厘例：

柳條每石　硬竹篾每石

琴桌每張　梳桌每張

飯桌每張　棕屜每張

炕桌每張　錢桌每張

六花席篷每十頁

二分七厘例：

宜興水笪竹每捆計五十根

宜興水竹每捆重三百五十觔

二分七厘五毫例：

龍潭苦竹每捆重二百觔

三分例：

一尺八九寸至二尺圍圓桱木每根

西河小松木每根　六七寸潤桱板每塊

棗木每段　大篾纜每條

一尺至一尺一二寸圍圓桱木每十根

毛竹每十根　淮席每十拑

蘇州小捧簹每十條

七花席篷每十頁　大五花席篷每十頁

竹夫人每十個　杭州籃每十個

飯籠每十個　食簍每十個

考籃每十個　篾籮每十個

篾火爐每十個　竹篾簸箕每十個

柳笆斗每十個　窓槅子每十個

竹海撇每十個

【略】

大竹床每張　　春櫈每條
竹條桌每張
竹几每張
蒲草每石　　踏板每塊
竹衣架每張　　小書几每張
三分五厘例：
中雜木每段　　篩子底每石
金漆條桌每張　　軟竹篾每石
八花蓆篷每十頁　　燈籠筐每石
三分七厘五毫例：
蘇州搾簟每條　　人簟每條
風簟每條
四分例：
青竹每百根　　九花蓆篷每十頁
一尺二寸松木每段
蘋果每石
榆皮每石
穀樹皮每石
土茯苓每石　　鮮桃杏每石
山里紅每石　　木棗每石
柿子每石
鮮葡萄每石
李子每石
石榴每石　　金漆椅子每張
衣箱每個
楠木杌子每張　　木墩每個
小几桌每張　　香几每張
書几每張　　皮箱每個
籐杌子每張　　挑盒每架
槿盒每架　　食盒每架

杌子每對
枇杷果每石
漕桶每個　　木火箱每個
果罩每十對
桌席插屏每十對
灰鼠皮每十張
四分五厘例：
楠木新板每丈
一尺三四寸圍圓桱木每十根
十花蓆篷每十頁　　蘇州中搾簟每十條
四分九厘例：
大雜木每段
五分例：
小雜木板每十片　　寸松板每十塊
青標竹每百根　　鋤柄竹每百根
小墊蓆每百條　　西河中松木每根
挑水桶每十個　　龍潭水竹每捆重二百斤
竹杌子每十張　　篾匾每十個
漆竹對聯每十對　　栽花桶每十個
竹木脚踏每十個
金漆衣架每張　　手巾架每個
書架每張　　書桌每張
籐春櫈每條　　八仙桌每張
籐屜每張　　厨櫃每張
四仙桌每張　　楠木飯桌每張
貂皮每張
二尺一二三四寸圍圓桱木每根
六分例：
涇縣水竹每捆
蘇州大搾簟每十條　　燒標竹每百根

薰竿竹每百根　挽子竿每百根

淮條蓆每百領　中墊蓆每百領

銀鼠皮每十張

八寸至一尺桱木每段

一尺三寸至二尺松木每段

柳桱木每段

香椿每石

【略】

六分五厘例：

揚州摔簟每條　揚州笪竹每捆計五十根

七分五厘例：

小雜木每根圓二尺至三尺，長二丈八尺止水杉板蹔頭每塊

二尺五六寸圍圓桱木每根

小松木每根　西河大松木每根

二尺一二三四寸松木每段

榆槐雜樹每株　跳板每十塊

長稍竹每十捆每捆計三十根

小茅篷每十扇　贛州茅篷每十扇

蓆插頭篷每十扇　短松板每十塊

雜木棍每百根　棹柄每百根

竹匾擔每百根　大墊蓆每百領

八分例：

棗子每石　栗子每石

核桃每石

柿餅每石

白果每石

紅柑每石

橘子每石　何首烏每石

佛手每石

生薑每石

木耳每石

竹笋每石

香櫞每石　木瓜每石

槐花每石

枝圓每箱

芭蕉扇四包折一石

杏仁每石

橙子每石

箭杆每石

蘆子每石

椽碗子每石

山查每石

算盤二十五面折一石

木燭臺每石

木瓢每石

木屐每石雙　雨傘每百把

樺皮每石

紙箋每石

松香每石

草蓆八十條折一石　扇子每石

涼草鞋五十雙折一石

黃盧木每石

茴香每石

黃淌紙每二塊　毛廠紙每二塊

火紙每二塊　高白紙每二塊

表心紙每二塊　中文紙每二塊

花尖紙每二塊　元連紙每三塊

竹棉紙古柬紙每四塊

毛邊紙官方紙每四塊

黃表紙對方紙每四塊

連四五紙每四塊　荊川紙扛連紙每六簍
文號紙每六塊　毛六紙桑皮紙每八塊
連七紙每十六塊
古婁紙古連紙每二十四塊
捲筒紙每四十塊　金磚紙每百塊
睡椅每張　花梨紫檀椅每張
大描金箱每個　大板箱每個
大衣箱每個
薄荷每石
松花粉每石
九江紙每十六塊
小桑皮紙每十六塊　鹿角每石
雜紙箱每石　楠木椅每張
籐椅每張　圈椅每張
羅漢椅每張　大棕箱每個
灰鼠皮馬褂每件
八分五厘五毫例：
榆木每段
九分例：
淮安小篾簟每十條　蘇州小攢簟每十條
滑皮竹每百根
一尺一二三寸桯木每段
一尺一二三四寸短水杉板每塊
一錢例：
二尺七八寸圍圓桯木每根
二尺五六七寸松木每段
蜂蜜每石
青果每石
榛松榧子每石　葡萄乾每石
橘餅每石
供櫃每張
李乾每石
金膝監櫃每張　炕屏每架
條櫃每張
天平每架　箱櫃每副
楠木衣書架每張
涼轎每乘　剃頭擔每副
書櫃每張　神堂龕每座
一錢五厘例：
一尺四五寸濶桯木每段
一錢一分二厘五毫例：
連二松板每塊
一錢二分例：
一尺五六七寸濶短水杉板每塊
篾篦齒每石　梳子每石
烏梅每石
柏油每石
柏燭每石
茶子油每石
青梅乾每石
楊梅乾每石
一錢二分五厘例：
二尺九寸至三尺圍圓桯木每根
二尺八九寸至三尺松木每段
一錢四分例：
中雜木四尺至五尺圍圓每根長二丈八尺止
一錢四分五厘例：
桐油每石
一錢五分例：
一尺八九寸至二尺濶短水杉木板每塊

一尺五六七寸濶短虬杉板每塊
一尺五六七寸濶短閉陰杉板每塊
正杉板鏨頭每塊　中松木每根
一尺六七寸樫木每段
連三松板每塊　金漆涼床每張
炕床每張　羅漢榻每張
短楠木每根
一錢七分例：
紅花每石歷任招商減收只徵七分
籐棕每石
桂花料每石
花椒每石
烟袋杆每石
椰瓢每石
玫瑰蕊每石　戥杆每石
鞭杆每石
桂花蕊每石
一錢八分例：
一尺一二三四寸連二水杉板每塊
二尺一二二寸短水杉板每塊
一錢九分五毫例：
大雜木每根圓五尺以上，長二丈八尺止
一錢九分五厘例：
一尺八九寸至二尺濶短閉陰杉板每塊
二錢例：
五尺以上圍圓榆木每根長二丈止
黃蠟每石
【略】
圍屏每架
楠木監櫃每張

二錢二分五厘例：
一尺八九寸至二尺短□杉板每塊
連四松板每塊　小松桅木每根
二尺一二三四寸濶短閉陰杉板每塊
二尺四五六寸濶短水杉板每塊
二錢四分例：
一尺五六七寸濶連二水杉板每塊
一尺八九寸至二尺圍圓樫木每段
二錢五分例：
生熟漆每石
柿漆每石
二錢六分例：
六尺以上圍圓榆木每根長二丈止
二錢七分例：
白蠟每石
蘇木每石歷任招商寬減只徵二錢五倍子每石
胡椒每石歷任招商寬減只徵二錢
香蕈每石
檀降香每石
芸香每石
鹿筋每石
雜皮每石　獾皮每石
獭皮每石
燕窩每石　黃鼠皮每石
花梨木每石
肉桂每石
二錢九分七厘例：
四尺以上圓楠木每根長二丈一尺止
三錢例：
一尺八九寸至二尺濶連二水杉板每塊

中松桅木每根
二尺八九寸至三尺濶短水杉板每塊
小羅松木每根
二尺一二三寸濶短𠃊杉板每塊
金漆八步床每張
二尺一二三四寸短桱木每段
扇車每張　　水車每部
三錢二分五厘五毫例：
七尺以上圍圓榆木每根長二丈止
三錢五分例：
三尺以上圍圓桱木每根
三錢七分五厘例：
二尺一二三寸濶連二水杉板每塊
三錢九分例：
銀鼠皮襖褂每件
【略】
四錢五分例：
二尺四五六寸濶連二水杉板每塊
一尺一二三四寸濶短正杉板每塊
大松桅木每根
四錢九分七厘例：
五尺以上圓楠木每根長三丈一尺止
六錢例：
二尺七八九寸至三尺濶連二水杉板每塊
四尺以上圍圓桱木每根
中羅松木每根
六錢八分七厘例：
六尺以上圓楠木每根長三丈一尺止
九錢例：
一尺一二三四寸濶連二正杉板每塊
一尺八九寸至二尺濶短正杉板每塊
一尺一二三四寸濶短花杉板每塊
大羅松木每根
一兩例：
人參每騾計二百兩
一兩二錢例：
二尺一二三四寸濶短正杉板
五尺以上圍圓桱木每根
一兩三錢五分例：
二尺五六七寸濶短正杉板每塊
一兩五錢例：
一尺五六七寸濶連二正杉板每塊
二尺八九寸至三尺濶短正杉板每塊
一尺五六七寸濶短花杉板每塊
一兩八錢例：
一尺八九寸至二尺濶連二正杉板每塊
一尺八九寸至二尺濶短花杉板每塊
二兩四錢例：
二尺一二三四寸濶連二正杉板每塊
二尺一二三四寸濶短花杉板每塊
二兩七錢例：
二尺五六七寸濶連二正杉板每塊
二尺五六七寸濶短花杉板每塊

清　杜琳《淮關統志》卷七《淮倉商税則例》

九毫六絲五忽例：
竹籮每副　　鍋蓋每副
九毫七絲例：
【略】
蒸籠每套
木屐每雙

一厘例
黄草布每疋　蒲草每束
蒲拜墊每個　蒲椅墊每個
一厘九毫三絲例：
【略】
倣紙每塊　龍虎山紙每塊
火紙每塊　毛六紙每塊
草紙每塊　皮紙每塊
油靴每雙　絨襪每雙
羊皮獁猇每個　羊皮袖每雙
絨褶褲護膝每雙　狐狄領每條
鹿皮每張　水犢皮每張
獾皮每張　沙狐皮每張
兔皮每張　獺皮每張
羊皮帽每頂　竹篾箱每個
二厘例：
【略】
黄鼠皮每張　竹絲藤帽每頂
【略】
三厘例：
人參每觔
三厘八毫六絲例：
狐皮每張　狼皮每張
灰鼠皮每張　掃雪皮每張
三厘九毫例：
神馬紙每塊　淌連紙每塊
端把紙每塊　輝屏紙每塊
扛連紙每塊　毛廠紙每塊
包烟紙每塊
燒紙每包

【略】
油漆椅每張　油漆盤每十個
竹桌每張　頭面箱每個
文具每個　元連紙每塊
白身桌每張
【略】
四厘八毫二絲五忽例：
油漆盒每十個
湯□每個　澡盆每個
竹考籃每十個　竹夫人每十個
竹烘籃每十個　竹食簍每十個
五厘七毫九絲例：
麂皮每張　銀鼠皮每張
【略】
摺把紙每塊
七厘七毫二絲例：
山藥每石
香芋每石
兔兒猞猁猻皮每張
七厘八毫例：
竹椅每十張
八厘例：
果包一捆十二
九厘六毫五絲例：
紅柑每石
水楊梅每石
鮮桃每石　花杏每石
烏梅每石　李子每石
木棗每石
山里紅每石　青果每石

花野猫皮每張
油漆桌子每張
油漆盆桶每副　土茯苓每石
樺皮每石　榆皮每石
水靛每石　松香每石
槐花每石
烟子每石　五倍子每石
一分例：
貂皮每張　虎皮每張
豹皮每張
水仙花每石
一分一厘五毫八絲例：
芭蕉扇每千把
一分一厘六毫例：
粗油紙扇每千把
膠棗每石　小紅棗每石
風菱每石　霜梅每石
白果每石　青梨每石
鮮笋每石　百合每石
橙子每石　橘子每石
蘋果每石　石榴每石
柿子每石　木瓜每石
千張紙每塊
襍紙每塊　油紙每塊
門袱紙每塊　連七紙每塊
五色紙每塊　箋紙每塊
毛邊紙每塊　夾板紙每塊
黃表紙每塊　連四五紙每塊
表心紙每塊　皂紙每塊
單帖每箱　紙脚每石

雜皮褥每床
匾擔每百條
弓每百張　樺樹果每石
柏油每石　柏油燭每石
【略】
一分九厘五毫例：
竹床每張
二分例
筆管每石
紙篾每石
梳篦每石
柳條每石
扇骨每石
【略】
二分八厘九毫五絲例：
核桃每石
栗子每石　柿餅每石
鮮葡萄每石
蒲蓆每百條
木掀每百把
三分例：
涼篾枕每百個
三分八厘六毫例
獺皮裙褂每條件
兔狖皮襖褂每件
涼草鞋每百雙
三分九厘例：
竹篩每百個
桐油每石　白身床每張
棕屜每張

四分例

門神紙畫每石　糕匣板每石

四分八厘二毫五絲例：

涼草帽胎每百頂

五分七厘九毫例：

枝圓每石

榛子每石　松子每石

榧子每石

橘餅每石　桂花蒓每石

蜂蜜每石

何首烏每石

李乾每石　鹽笋每石

葡萄乾每石

木耳每石　蘑菰每石

香蕈每石

枯笋每石　花椒每石

茴香每石　襍果每石

佛手每石　香橼每石

生漆每石

黃柏每石

黃蠟每石

蘇木每石

栙香每石

安息香每石

棕每石　草薦每百條

算盤每百面　蜜陀僧每石

【略】

六分例：

籐每石

籐鞭杆每石

七分七厘二毫例：

千張皮襖褂每件　狐狖皮襖褂每件

野猫皮襖褂每件　灰鼠皮襖褂每件

狼皮襖褂每件　海狖襖褂每件

雨傘每百把

九分六厘五毫例：

紅花每石

紫草每石

金漆床每張

白紙扇每千把　白紙扇面每二千把

清　杜琳《淮關統志》卷七《徐關稅銀則例》

木器行：

皮廂一箇　一分

拜匣十箇　二分

木書櫃一張　二分

竹書櫃一張　一分

木八仙桌一張　一分五厘

竹八仙桌一張　五厘

春櫈一條　一分

箱櫃二件　四分

衣架一座　六厘

面盆架十箇　四分

火盆架十箇　二分

脚坐桶一副　一分二厘

漆馬桶十箇　六分

澡盆一箇　一分五厘

白木馬桶十箇　二分

大鏡架十箇　六分

小鏡架十箇　二分

机桌一對　四厘

二人欓一對　四厘

果盒一對　四厘

白木坐桶一副　六厘

抽屜桌一張　二分

木椅十張　四分

竹椅十張　二分

書條桌一張　四分

涼床一張　五分

大床一張　八分

木屐十雙　一分

轎一頂　三分

械粧十箇　四分

棕屜一張　三分

【略】

各色雜貨行：

蘇木一石　八分

靛花一石　一錢

紫草一石　一錢

樺皮一石　八分

紅花一石　一錢

紫粉一石　一錢

漆一石　八分

木耳一石　七分

金針一石　四分

香蕈一石　一錢

筍一石　七分

蘑菇一石　五分

葫蘆條一石　二分

【略】

雨傘一百把　五分

竹箸一百把　二分

【略】

算盤十面　八厘

松烟一簍　五分

燭一石　八分

蒲蓆一捆　一錢四分

竹蓆一床　一分

燈草蓆十床　三分

葦蓆一拑　二厘

葦子一束　二厘

摺子一掛　二厘

蒲包一百箇　一分六厘

【略】

篦子一百張　一分

木梳一百副　一分

茶扇一箱計一千把　二錢

白金扇一百把　四分

芭蕉扇一百把　一分五厘

紅頭繩一石　二錢

烏木紫檀筷一百把　一錢

皮襖褐子氈貨行：

清狘皮襖一件　三錢

混狘皮襖一件　一錢五分

清狘皮大褂一件　二錢

混狘皮大褂一件　一錢

清狘皮小褂一件　一錢

混狘皮小褂一件　五分

銀鼠皮大褂一件　二錢

銀鼠皮小褂一件　一錢

灰鼠皮大褂一件　八分

灰鼠皮小褂一件　四分

狐爪皮襖一件　六分

皮褲一件　四厘

貂皮一張　五分

灰鼠皮一張　二厘

銀鼠皮一張　三厘

兔皮褂一件　一分

【略】

狼皮一張　二分

没大小一百雙　三分

水獺皮大褂一件　三分

千張皮大褂一件　一分

各色菓品行：

烏梅一石　四分

【略】

鮮菓一包　一分四厘

蜜一石　五分

蜜餞一石　七分

葡萄乾一石　五分

棗乾一石　三分

長生菓一石　三分

白菓一石　三分

蓮子一石　五分

松子一石　七分

山查糕一石　七分

山查一石　三分

棗栗核桃柿餅每石　二分

杏仁一石　三分

橘子一石　四分

青果一石　四分

藥材香行

人參一觔　四分

雜藥一石　三分

麝香一石　四分

【略】

竹木炭行：

大砍皮木一根　二分

小砍皮木一根　一分

小針鼻木十根　二分

簽槁木十根　四分

一尺九寸二尺木一顆　六分

二尺三四寸木一顆　一錢二分

二尺七八寸木一顆　二錢

三尺一二寸木一顆　三錢

三尺六七寸木一顆　四錢

四尺木一顆　五錢

元桶木一顆　三分二厘

枋木一副計十截　一錢

樟木一截　二分

寸板一塊　二厘

杉板一塊　二錢

桱木板一塊　五分

山柳雜木一百根　四分

雜木一招　五錢

柳木床一張　八厘

木掀一百張　二分

匾擔一捆計十條　四厘

毛竹一顆　二厘

毛竹段三截　二厘

竹竿一圍　二厘

竹篾一石　四厘
竹床一張　二厘
竹葉一石　一分
竹簾十掛　二分
掃箒一捆　四厘
竹箱一箇　四厘
大籠一架　二分
小籠一架　一分
蒨板一丈　五厘
籐線一石　一錢

【略】

各色帽子行：
籐帽查一箇　一分
大涼帽查十箇　五分
小涼帽查十箇　二分五厘
貂帽一頂　五分二厘
燻貂帽一頂　三分
海龍皮帽一頂　一分

各色紙束行：
古干紙一塊　四分五厘
永豐紙一塊　二分
剛連紙一簍　一分二厘
川連紙一塊　一分二厘
連四紙一塊計十五刀　六分
雪紅紙一刀　四厘
渠紅紙一刀　八厘
大色尖紙一刀　四厘
小色尖紙一刀　二厘
黃表紙一簍計二十刀　四分
灰屏紙一塊　二分
磨盤紙一石　二分
連七紙一塊　二厘
古簍紙一箇　二厘
書束一箱　二錢
燒紙一石　二分
門神一刀　八分
畫一刀　八分
通草花一籃　一錢六分

米油蔴雜糧行：
桐油一石　五分
柏油一石　五分

清　杜琳《淮關統志》卷七《海關廟灣口現行徵收稅銀則例》

計開：

帽靴鞋襪類：
剪絨獺皮羊皮帽每十頂小緞帽減半　三分
籐帽滿帽胎每十頂　二分
草涼帽每十頂　一分
涼草鞋每百雙蒲草鞋減半　二分
牛皮底熟牛皮每百觔　一錢
棕每百觔　五分

【略】

草蓆籐枕類：
草蓆每百條蒲蓆莞蓆減半　八分
竹蓆每百條　二錢
籐枕每百個　一錢
蘆蓆每百片　八厘

香椒糖果雜類：
速香每觔　二分
小茴香榆皮糖果粗香每百觔　八分
上號檀香每百觔　七錢

次號檀香上號黃熟香每百觔　五錢
次黃熟生木牙等香每百觔　三錢
降真香黃蠟每百觔　四錢
圓眼荔枝雜果每百觔　九分
冰糖木耳金針菜每百觔　一錢二分
【略】
蘑菇細茶葉每百觔　三錢
茶荳桐蔴桕等油、油燭每百觔猪牛油減半　八分
白果、梨、橘、石榴、瓠絲菜、天目笋每百觔　二分
姜笋鮮山藥何首烏百合水果風菱每百觔　一分
黄丹、紫草、靛花、鉛、杭粉、熟漆每百觔　二錢四分
生漆每百觔　四錢
【略】
膦黃每百觔　六錢
上蘇木每百觔　二錢
中蘇木每百觔　一錢五分
下蘇木廣膠魚膘每百觔　一錢
川倍子每百觔　一錢二分
胭脂每百張　一分五厘
連四毛邊紙每千張　五分
時連扛連紙每千張　三分
太史連竹紙黃表小棉紙每千張　五厘
大棉紙每千張　一分
各様粗紙每百觔　六分
紅紙箋紙大油紙每百張小者減半　三分
色紙每石　二錢
金扇每百把　一錢
白紙油紙芭蕉扇每百把　三分
草古紙每百觔　一分八厘
砂皮紙每千張　一分五厘
烏金紙每千張　八厘
藥材類
烏梅明皂礬石糕松香槐花每百觔　五分
羌活茯苓五味子每百觔　三錢
樟腦砂仁當歸石黃每百觔　三錢
白术龍骨杏仁等藥材每百觔　一錢
雜貨類：
【略】
墨每百觔中者減半　八錢
黃白籐每百觔　八分
漆箱桌床大皮箱每十個小者減半　一錢
漆盒每十個小者減半　二分
漆匣皮匣每百個　一錢五分
牛角并雜木梳掠每百副　一錢
竹筯每百把　六厘
木天平架每十副　八分
刷刷每千根　二分
算盤鏡架每百個　一錢
油傘每百把　一錢
木屐每百雙　三分二厘
木屐柸每百雙　一分六厘
坐桶每副　五厘
大木桶每十個小者減半　五分
浄桶每十個　二分五厘
【略】
蒲包每千個小者減半　六分
木欖每十條　二分
杉枋雜料每塊　五厘
各色木枋每百條　三錢
木厨櫃床每張　一分

木桌每十張　六分
木椅每十張　三分
木箱每十個　四分
柴炭木竹山貨類：
摺子每百條　一錢七分
蒲完芬等草每石　三厘
茅草每石　二厘
木柴每千觔　二分
中柴每千觔荒柴減半　三分
木炭每千觔　八分
長稍竹每十捆　四分
大毛竹每百根小者減半　一錢
軟竹篾箆篾每百觔硬者減半　二分
紙篾每百觔　五分
一尺以下木每根皮槁木減半　二厘
一尺至一尺五寸木每根　五厘
一尺六寸至二尺木每根　一分五厘
二尺一寸至二尺五寸木每根　三分五厘
一尺六寸至三尺木每根　五分
三尺以上木每根　二錢
四尺以上木每根　三錢
五尺以上木每根　六錢

清　杜琳《淮關統志》卷七《海關海船鈔銀則例》

松板每十塊　九厘
杉板每十塊　一分二厘
木棍每百根　一分二厘
木馱每百個　三分
木瓢葫蘆瓢每千個　七分
扁擔坯每百根　二分
扁擔每百根　三分二厘
竹箱每十個　二分四厘
鍋蓋每百個小者減半　四分
竹廚每十口小者減半　四分
竹椅每十張　一分
掃箒每十把　一分
篾籃米篩每百個　二分四厘
竹籮每百個　六分
柴草船單每尺　二分五厘

清　杜琳《淮關統志》卷七《宿關稅銀則例》

紅花一石　七分
桐油一石　六分
松香一石　四分
桂花餅一石　一錢二分
皂角一石　三分
槐花一石　三分
生漆一石　二錢八分
烏（五）桕一石　四分
松烟一石　一分
樺皮一石　三分
南北乾鮮果行
枝圓一箱　五分
白果一石　四分
柑子一石　三分
橘子一石　三分
棗子一石　三分
核桃一石　三分
栗子一石　三分
柿餅一石　三分
梨一石　三分
乾葡萄一石　五分

杏仁一石　三分
鮮果一石　二分
柿子一石　一分二厘
烏梅一石　三分
松子一石　五分
榛子一石　四分
木瓜一石　三分
青果一石　一錢
香圓一石　錢
石榴一石　二分
乾菜行
笋乾一石　八分
香蕈一石　二錢
閩笋一石　八分
木耳一石　八分
木竹行
大桅木一顆　六錢
中桅木一顆　三錢
小桅木一顆　二錢
桅木一大截　一錢
桅木一中截　五分
桅木一小截　三分
大砍皮木一根　五分
小砍皮木一根　二分
木方一副　一錢五分
杉槁一根　四厘
竹箸一包計一百五十把　三分
木箸一包　六分
竹篾一石　一分
毛竹一根　五厘
小竹竿一捆計十根　五厘
毛竹一段　二厘
竹木器行
竹床一張粗竹床每張一分　二分
竹掃箒一捆　二厘
衣架一個　一分
盆架一個　一分
書櫃一張　八分
箱櫃一副　五分
大床一張　一錢
涼床一張　五分
馬桶一個　五厘
圍椅一張　八厘
桌子一張　二分
時椅一張　四厘
篦子一箱　六分
梳柸一箱　六分
木屐一百雙　五分
雨傘一百把　一錢
皮貨行
騷鼠皮一張計收銀九錢一騾　二厘
貛雜皮一騾　四錢五分
扇行
細扇一百把　八分
油紙扇一百把　一分

清　杜琳《淮關統志》卷七《海關量船起鈔各例》　一燒草無税至一百束起鈔四尺，至三百束起鈔五尺，多一百束加鈔一尺，至一千三百頂鈔，單船加至八尺，雙船加至八七尺。一荒柴單船三百五束起鈔四尺，八百束五尺，九百束六尺，一千一百束七尺，一千五百三十五束八尺。

雙船：

三百五束起鈔四尺　六百五十束五尺
七百五十束　六尺　八百五十束七尺
九百五十束　四四尺　一千一百束五四尺
一千三百五十束五五尺
一千五百三十束六五尺
一千九百五十束六六尺
二千五百五十束七六尺
二千九百五十束七七尺
三千一百五十束八七尺
一中柴單船：
九十束起鈔　四尺　二百三十束五尺
三百五束　六尺　二百八十束七尺
四百五十五束八尺
雙船：
九十束起鈔四尺　一百五十五束五尺
二百三十束六尺　三百五束七尺
三百八十束四四尺　四百五十束五四尺
五百四十束五五尺　六百二十束六五尺
六百八十五束六六尺　七百六十五束七六尺
八百四十束七七尺　九百五束八七尺
一大柴單船：
二百束起鈔四尺　五百四十束五尺
七百束　六尺　八百四十束七尺
一千束　八尺
雙船：
二百束起鈔四尺　四百五十束五尺
五百束　六尺　五百八十束七尺
六百四十束四四尺　一百四十束五四尺
九百束　五五尺　一千束　六五尺
一千三百束六六尺　一千七百束七六尺
一十九百束七七尺　二千束　八七尺
一大蓆單船：
十五拑起鈔四尺　一百九十拑五尺
二百五十五拑六尺　三百十五拑七尺
百七十五拑八尺
雙船：
七十五拑起鈔四尺　一百三十五拑五尺
一百九十拑　六尺　二百五十五拑七尺
三百十五拑　四四尺　三百八十拑五四尺
四百四十拑　五五尺　五百拑六五尺
五百六十五拑六六尺　六百二十五拑七六尺
六百九十拑七七尺　七百五十拑八七尺
一摺子：
一百條起鈔四尺　一百五十條五尺
二百條　六尺　二百五十條七尺
三百條　四四尺　三百五十條五四尺
四百條　五五尺　四百五十條六五尺
五百條　六六尺　五百五十條七六尺
六百條　七七尺　六百五十條八七尺
一柴蓆單船：
正銀一錢五分一厘至二錢起鈔五尺
二錢零一厘至二錢五分　六尺
二錢五分一厘至二錢九分九厘七尺
三錢正　八尺
雙船：
正銀一錢零一厘至一錢五分起鈔五尺
一錢五分一厘至二錢　六尺
二錢零一厘至二錢五分　七尺
二錢五分一厘至三錢　八尺
三錢零一厘至三錢五分　五四尺

三錢五分一厘至四錢　五五尺

四錢零一厘至四錢五分　六五尺

四錢五分一厘至五錢　六六尺

五錢一厘至五錢五分　七六尺

五錢五分一厘至五錢九分九厘七七尺

六錢正　八七尺

清　曹德贊《繁昌縣志書》卷五　一本色桐油，價正銀三兩一錢七分五釐，耗銀三錢一分七釐五毫。原編户部甲丁二庫，本色桐油七十六觔十五兩六錢五分二釐六毫五絲一微六纖五沙一塵四埃九渺六漠，每觔原編舊價銀四分，今照康熙十二年題定每觔時價仍銀四分算，該價銀三兩七分九釐一毫三絲一忽六微二纖五沙四塵一埃二渺九漠。續奉丁地内增辦桐油銀九分五釐六毫二絲五忽。

清　廖大聞《桐城續修縣志》卷二　本色藤黄八觔十兩六錢二分九厘四毫，每觔原編舊價銀一錢，共銀八錢六分六厘四毫三絲三忽七微五纖。本色烏梅三十一觔二兩八錢九分四厘五毫，每觔原編舊價銀二分，共銀六錢二分三厘六毫一絲八忽二纖五沙。本色桐油一百八十四觔六兩九錢九分一厘六毫，每觔原編舊價銀四分，共銀七兩三錢七分七厘四毫七絲九忽。

清　彭貽蓀《化州志》卷五《賦稅》

中木每條銀六分四釐。

木筒每條銀九釐正。

木仔每剪銀二分九釐。

木截每條銀一釐二毫。

屐木每條銀二釐四毫四絲。

櫪木每尺徑銀三錢三分五釐。

長枋每條銀二分六釐。

中枋每條銀二分正。

小枋每條銀一分三釐。

車杆木每剪銀四分四釐。

竹每百條銀五分五釐。

椅竹每十把銀一分三釐。

箆竹每十把銀一分一釐。

大頭竹每十根銀一分四釐。

西棉花每百觔銀一錢一分四釐。

西烟每百觔銀一錢一分四釐。

樸板每塊銀一分一釐。

門板每塊銀一分三釐。

船板每丈銀二分三釐。

士杉板每副銀二分八釐六片。

雜板每副銀八分四釐。

大福板每副銀一兩零二分四釐。四片

中福板每副銀七錢六分八釐。四片

小福板每副銀五錢一分二釐。四片

牛車板每副銀三分九釐。

木桷子每百片銀四分四釐。

木屐坯每百對銀一分三釐。

大猪每隻銀四分七釐。

東榔每包銀三分三釐一毫。

西榔每包銀七分四釐。

竹柴每屏銀五分四釐。

木耳每百觔銀一錢一分四釐。

藍種每擔銀七分四釐。

靛青每百觔銀一分九釐。

白葉每百觔銀一分三釐。

牛皮每張銀一分三釐。

山蔴每百觔銀五分五釐。

黃藤每百觔銀五分五釐。

薯莨每百觔銀四分一釐二毫。

藤香每百觔銀六釐正。

蜂糖每百觔銀六分四釐。

烟絲葉每百觔銀五分二釐。

椰子每百隻銀二分七釐。

鹹魚每百觔銀四分一厘。

糖菓每百觔銀九分正。

磁器每百觔銀七分四厘。

醬料每百觔銀三分七厘。

炭每船銀四錢一分二厘。

蜆皮每船銀四錢一分二厘。

楚紙每刀銀四厘。

紅紙每刀銀五厘。

樜絞每副銀四分一厘。

茯苓每百觔銀三分七厘。

棉花子每百觔銀一分五厘。

玉子梹榔每百觔銀六分七厘。

清 明誼《瓊州府志》卷一三（本府土貢） 明：麖皮、雜皮、翎毛、生漆、翠毛、沈香、檳榔、竹木、黃臘、牙茶、葉茶、魚膠、大腹子、大腹皮、紫榆木、花梨木，内除魚膠、翎毛，折銀徵解，每兩加派京師水脚、解官盤纏銀兩係蛋民辦納照徵外，餘俱里甲派辦。 清：木、藤、檳榔、椰子、棋子、香、海漆、瓊枝、波羅蜜果 府屬州縣土貢各項，在米石糧料編派者，照額徵解，惟物料在户部項下有供用庫顔科、甲字庫顔料、丁字庫顔料，在禮部項下有均一料銀，工陪項下有折本色物料，四司竹木、翠毛等料并水脚，光禄寺項下有折色厨料，皆物料也，除光禄寺折色外，其餘各項本折裁改向無定。至康熙十三年停解本色物料，二十五年奉文全解，令俱折色歸併地丁項下徵解。

清 李文恒《瓊山縣志》卷八（本縣土貢） 明：麞皮、本縣派一百一十八張，每張價值錢二百。雜皮、白真牛皮、水牛皮及黃牛、綿羊皮之類價折不等，本縣該一百張。生漆、本縣七百二十觔，每觔價錢四十或銀六分或銀七八分不等。翠毛、本縣三十六個，每個價錢一百。檳榔及大腹子、本縣派檳榔五十觔，大腹子一百五十觔，俱每觔價銀四分。大腹皮、本縣二十九觔，每觔價銀二分。黃蠟、本縣二百二十四觔，每觔價銀二分。芽茶、本縣一百二十八觔四兩，每觔價銀二分。葉茶本縣三十六觔八分五厘，俱出於都啚辦。魚膠本縣一十九觔一十一兩五錢一分，遇閏加一觔一兩九錢一分。翎毛本縣六千七百六十七根，遇閏加四百九十五根，俱出於河泊所。 内除魚膠、翎毛折銀徵解，每兩加派京師水脚銀三錢、解官盤纏銀二分，係蛋民辦納，今照徵外，餘俱里甲派辦。 清：土貢各項在米石糧料編派者照額徵解，惟物料在户部項下有供用庫顔料、甲字庫顔料、丁字庫顔料。在禮部項下，有均一料銀，工部項下有折本色物料，四司竹木、翠毛等料，并水脚，光禄寺項下有折色厨料，皆物料也。除光禄寺折色外，餘皆因時裁。復康熙十三年停解本色物料。二十五年奉文全解。

清 李文恒《瓊山縣志》卷八 舊例起運解司留買榆梨、白蠟，共價銀五十三兩零三分零六毫零。解司停買沉香，價銀一十五兩。

清 徐寶符《樂昌縣志》卷四（本縣賦税） 明洪武二十四年，皮張三百一十張，水牛皮二張，鹿羔皮二十五張，白硝鹿五十五張，水毛硝鹿皮五十六張，折造胖襖。成造生漆八十觔，翠毛四個，翎毛二千六百二十根。折納孰鐵四十三觔一十四兩，每觔京價銀二分，共銀八錢七分。

清 承霈《新建縣志》卷一〇 改辦桐油壹拾斤陸兩叁錢玖分貳釐柒毫叁絲，每斤價銀叁分，該銀叁錢壹分壹釐玖毫捌絲陸忽叁微陸纖捌沙柒塵伍埃，鋪墊銀捌分叁釐壹毫玖絲陸忽叁微陸纖伍沙，水脚銀捌釐柒毫叁絲伍忽陸微壹纖捌沙叁塵貳埃伍渺，共銀肆錢叁釐玖毫壹絲捌忽叁微伍纖貳沙柒埃伍渺。

清 王維新《義甯州志》卷一二 五棓子壹觔壹兩陸錢肆分捌厘肆毫。每觔價銀叁分伍厘，該銀叁分捌厘陸毫伍忽捌微柒纖伍沙。鋪墊銀壹分貳厘壹毫叁絲叁忽貳微柒纖伍沙。水脚銀壹厘捌絲玖微陸纖肆沙伍塵，共銀伍分壹厘捌毫貳絲壹微壹纖。添辦五棓子壹觔壹拾叁兩陸錢玖分壹毫。每觔價銀叁分伍厘，該銀陸分肆厘玖毫肆絲柒忽玖纖叁沙柒塵伍埃。水脚銀壹厘捌毫壹絲捌忽伍微壹纖捌沙陸塵貳埃伍渺，共銀陸分陸厘柒毫陸絲伍忽陸微壹纖貳沙叁塵柒埃伍渺。

清 王維新《義甯州志》卷一二 桐油柒觔捌兩肆錢玖分玖厘貳毫。每觔價銀叁分，該銀貳錢貳分伍厘玖毫叁絲陸忽。鋪墊銀陸分貳毫肆絲玖忽陸微。水脚銀陸厘叁毫貳絲陸忽貳微捌沙，共銀貳錢玖分貳厘伍毫壹絲壹忽捌微捌沙。解辦桐油壹觔捌兩。每觔價銀叁分，該銀肆分伍厘鋪墊銀壹分貳厘，水脚銀壹厘貳毫陸絲，共銀伍分捌厘貳毫陸絲。添辦桐油叁觔柒兩。每觔價銀叁分，該銀壹錢叁厘壹毫貳絲伍忽。水脚銀貳厘捌毫捌絲柒忽伍微，共銀壹錢陸厘壹絲貳忽伍微。

清 張廷珩《鉛山縣志》卷八 桐油柒觔捌兩肆錢玖分玖厘貳毫。每觔價銀叁分，該銀貳錢貳分伍厘玖毫叁絲陸忽，鋪墊銀陸分貳毫肆絲玖忽陸微，水脚銀陸厘叁毫貳絲陸忽貳微捌沙，共銀貳錢玖分貳厘伍毫壹絲壹忽捌微捌沙。改辦桐油貳觔肆兩壹錢伍分。每觔價銀叁分，該銀陸分柒厘柒毫捌絲壹忽貳微伍纖，鋪墊銀壹分捌厘柒絲伍忽，水脚銀壹厘捌毫玖絲柒忽捌微柒纖伍沙，共銀捌分柒厘柒毫伍絲肆忽壹微貳纖伍沙。添辦桐油伍拾貳觔捌兩。每觔價銀叁分，該銀壹兩伍錢柒分伍厘，水脚銀肆分肆厘壹毫，共銀壹兩陸錢壹分玖厘壹毫。

清 張廷珩《鉛山縣志》卷八 五棓子壹觔拾肆兩。每觔價銀叁分伍厘，該銀陸分伍厘陸毫貳絲伍忽，鋪墊銀貳分陸毫貳絲伍忽，水脚銀壹厘捌毫叁絲柒忽伍微，共銀捌分捌厘捌絲柒忽伍微。添辦五棓子叁觔貳兩肆錢陸分玖厘叁毫。每觔價銀叁分伍厘，該銀壹錢壹分肆毫壹忽伍微玖纖叁沙柒塵伍埃，水脚銀叁厘玖絲壹忽貳微肆纖肆沙陸塵貳埃伍渺，共銀壹錢壹分叁厘肆毫玖絲貳忽捌微叁纖捌沙叁塵柒埃伍渺。又添辦五棓子貳觔捌兩陸錢肆分柒厘。每觔價銀叁分伍厘，該銀捌分捌厘玖毫壹絲伍忽叁微壹纖貳沙伍塵，水脚銀貳厘肆毫捌絲玖忽陸微貳纖捌沙柒塵伍埃，共銀玖分壹厘肆毫肆忽玖微肆纖壹沙貳塵伍埃。

清 孫炳煜《會同縣志》卷三《食貨志・雜税》 田房税銀，原係儘徵儘解之項，無憑開列額數。一牙行税，在洪江開設。船行一帖，納税銀五錢五分；花布麻紙行一帖，納税銀一兩二錢；油蠟行三帖，各納税銀一兩；豆麥行一帖，納税銀七錢二分；竹木行一帖，納税銀九錢二分；靛菸鐵炭行一帖，納税銀九錢二分。

清 孫炳煜《華容縣志》卷三 禮部派徵：鱏魚、鮓鰉魚、鮓乾鰉魚、鰉魚魚子、鮓鱏鰉樣銀，久奉文豁免。工部派徵黄蔴、熟鐵線、膠銀、活雁、活獐銀兩，原全無徵。

清 孫炳煜《華容縣志》卷四 順治元年十月，登極，恩詔：一欵地畝錢糧，俱照前朝會議録原額。自順治元年五月初一日起，按畝徵解。凡加派遼餉，新餉、餉召買等項，悉行蠲免。其大兵經過地方，仍免正糧一半。歸順地方，不係大兵經過者，免三分之練一。至各省，直起存拖欠本折錢糧，如金花、夏税、秋糧、馬草、人丁鹽鈔、民屯、牧地、竈課，富户門攤、商税、魚課、馬價、柴值、棗株、鈔買果品，及内供顔料、蠟、茶、芝蔴、棉花、絹布、絲綿等項，念小民困苦已極，自順治元年五月初一日以前，凡未經徵收者，盡行蠲免。

清 李銘皖《蘇州府志》卷一九 明洪武初，設官置場於本府閶門、葑門太倉，抽分竹、木、柴、炭、茅草、蘆柴等物，尋革罷止，設巡檢司盤詰。

清 王永名《花縣志》卷四 一山崗所産材木柴炭，爲貨不一，昔皆藩勢擅專，今且歸之盜賊。若設縣治，則聽民採取税入公家，不爲無裨。

清 吴宗焯《嘉應州志》卷一三（本州賦税） 工部項下四司竹木、翠毛、魚、油等料并水脚本折共銀二百三十七兩三錢一分二釐四毫，内竹木、翠毛、魚、油等料本色銀二兩八錢五分四釐七毫七絲，四司竹木、翠毛、魚、油等料折色銀二百三十四兩四錢五分七釐六毫三絲。遇閏加銀六錢一分三釐一毫。

清 易紹悳《容縣志》卷二八 容地素無關卡，縣署歲於河干設立船行，稽查船户收有掛號小費，而於竹木簰從不過問。近因松柴暢銷，小民編木爲簰，運赴出境。光緒十四年，惠邑宰蒞任，其弟管理船行。因創收松簰税銀，每歲得數百金。十八年春，邑副貢黄金冕等，稟請史邑宰批准，永遠豁免，小民相慶。乃是年夏間邑宰某來縣接署，恨前令之杜其利源也。因改立名目，藉稱盤詰奸細，出示仍舊抽收。邑編修駱景宙稟諸郡守，奉憲檄下縣查禁，其弊始息。

清 吴宗焯《嘉應州志》卷一三 近年以來常役之外，雜派紛紛而出，如砍柴、擡柴、修河、修倉、運料、接遞、站夫、鋪夫、閘夫、淺夫之類，因事編僉，蓋有不可勝數者。清朝取民之法，除田土税糧外，如鹽課、茶課、金銀課、鐵課、魚課，税商、船鈔、户口、食鹽、皮角、翎毛、油漆、竹木之類，無所不取，固已重矣。

清 張海撰《西藏紀略》 一上革賚土百户拉籠項下夷民十五户，每歲認納狐皮二張，每張折徵銀五錢，共折徵銀一兩。該土百户在疊爾格土司界内，夷性好强，尚安住牧。一色他長官司郎卡七立項下夷民二百五十户，每歲認納狐皮十五張，每張折徵銀五錢，共折徵銀七兩五錢。該土司在霍耳章谷土司界内，夷性强悍，尚安住牧。一瓦述更平長官司白馬七立項下夷民三百户，每歲認納狐皮二十張，每張折徵銀五錢，共折徵銀十兩。該土司在霍耳章谷界内，夷性好强，尚安住牧。貢馬四匹，每匹折徵銀八兩。青稞三百五十克，每克折徵銀一錢。狐皮六張，每張折徵銀五錢。三項共折徵銀七十兩。夷性好强，承辦公務，尚屬急公。一霍耳東科長官司達漢格隆項下夷民三百四十八户，每歲認納狐皮五十張，每張折徵銀五錢，共折徵銀二十五兩。夷性尚湻，地方寧謐。一疊爾格宣撫司丹巴七立於雍正七年題准授職，九年，頒給印信。十年旨特加宣慰司，項下夷民七千七百二十一户，每歲認納貢馬十二匹，每匹折徵銀八兩。青稞一千五百克，每克折徵銀一錢。狐皮十二張，每張折徵銀五錢。三項共折徵銀二百五十二兩。該管部落，地廣人稠，夷性好强，承辦公務，頗稱恭順。一瓦述寫達土千户余家太項下夷民二百户，每歲認納狐皮三十張，每張折徵銀五錢，共折徵銀十五兩。該土千户在竹窩土司界内，夷性强悍，尚安住牧。一更平東撒土百户遏蛟嗎項下夷民四十户，每歲認納狐皮一張，折徵銀五錢。該土百户在竹窩土司界内，夷性强悍，尚安住牧。一瓦述色他土百户格骨交項下夷民五十户，每歲認納狐皮四張，每張折徵銀五錢，共折徵銀二兩。該土百户在章谷土司界内，夷性好强，尚安住牧。一瓦述更平東撒土百户登朱項下夷民四十户，每歲認納狐皮五張，每張折徵銀五錢，共折徵銀二兩五錢。該土百户杜章谷土司界内，夷性好强，尚安住牧。一瓦述更平土百户樂客項下夷民五十户，每歲認納狐皮五張，每張折徵銀五錢，共折徵銀二兩五錢。該土百户在章谷土司界内，夷性好强，尚安住牧。一瓦述墨科土百户白馬郎結項下夷民五十户，每歲認納狐皮四張，每張折徵銀五錢，共折徵銀二兩。該土百户在章谷土司界内，夷性好强，尚安住牧。一朿署土百户徒巴奪日他項下夷民共九十三户，每歲認納狐皮七張，每張折徵銀五錢，共折徵銀三兩五錢。該土百户在麻書土司界内，夷性强悍，尚安住牧。一下革賁土百户二員策交他翁布項下共夷民八十户，每歲認納狐皮六張，每張折徵銀五錢，共折徵銀三兩。該土百户在咱土司界内，夷性强悍，尚安住牧。一雜竹卡土百户巴禿項下夷民二十二户，每歲認納狐皮五張，每張折徵銀五錢，共折徵銀二兩五錢。該土百户在疊爾格土司界内，夷性好强，尚安住牧。一雜竹卡土百户葉克汪保項下夷民六十户，每歲認納狐皮十張，每張折徵銀五錢，共折徵銀五兩。該土百户在疊爾格土司界内，夷性好强，尚安住牧。

清 黃維翰《呼蘭府志》卷三 光緒二十七年中俄戰事告終，將軍薩保奏，弛青黑二山伐木之禁，以惠災黎，山貨皮張税同時停止。呼蘭廳東偏轄境，若木蘭，若濃濃河，若杈林河，若大通，舊爲吉省，借設台站，而木植、山貨仍歸黑省征收。

又 光緒二十一年，將軍恩澤奏設木植山貨總局於呼蘭城，而於呼蘭、綏化兩廳各設分局。綏局所屬則有上集餘慶四分卡。呼蘭廳局所屬則有大木蘭達今木蘭縣、今大通縣大通、西集廠、趙家店、夏家店、齊家店六分卡。總局設總辦、幫辦各一員，分局設委員，卡設司書，專收木植、山貨、皮張税。初任總辦爲知府曹廷杰。自是呼蘭三局鼎立，分司征確之權矣。

	主税	局處委員	設立暨改併時期
税課司	牲畜、菸、酒、油、麻	凡三處呼蘭城歸旗署，呼蘭、綏化兩廳歸廳署經徵。	同治初年設立，光緒三十一年秋改爲經徵税局，光緒三十三年併入税局。
釐捐局	烟土税、土厘、秤捐、糧石捐、斗秤課	凡總局一、分局四、分卡九均由將軍派員經徵。	光緒十一年設立，三十三年改爲税局。
木植山貨局	木植、山貨、皮張	凡總局一、分局二、分卡十均由將軍派員經徵。	光緒二十一年設立，二十七年停辦，三十一年復設，三十三年併入税局。

又 停止木税時，巡撫程公德全以直隸州知州奉吉省檄，駐三姓城辦理交涉，收集潰兵兼護江關税務，乃請權於江北台站界綫内續征各税，藉資挹注。自是木蘭以東各税務暫歸吉省矣。三十年程公任黑龍江副都統，與將軍達桂奏復江省木税，以裕餉源，遂移省城木税總局於綏化，以扼其衝，各分局亦次第設立。木蘭以東木植、山貨税仍歸吉省徵收，薪費支銷之餘，兩省均分，其後劃江爲界，而吉省始無江北税權。

又 木植始於同治二年由呼蘭旂署征收，自蒙古爾山招墾後，伐木者初無限制，是年將軍奏准伐木人領票入山而收其税，木十根税木一根，十五根以上至二十根者税二根，木數遞增税亦隨之。每歲立冬，河道封凍，伐木人由官兵護之入山。次年夏季投木於河，順流而下，官兵駐守要口，稽核木數而税之。

又 山本税始於光緒三十一年。山本税者，木税之别名，而實木植之代價也。初時僅徵木價，是年冬以省城交涉經費不足，而外人雇工伐木者日益增加，乃倣照吉林山本章程，民間砍伐實山木植酌中定價，每千税錢十文，謂之山本税，由木把頭完納，即賣主買主代扣，隨同木植税一併徵收。木税局增山本委員一員，專徵山本並發砍木大照，其驗票欵與木税同。是年十月復以木價漲落不常，改爲按出售原價抽收，税率仍舊。次年以未税料板添入。山本從綏化木税局請也。宣統元年五月從呼蘭税局總辦黄維翰之請，以木炭爲民間日用所需，零星小販請免徵山本，以惠貧民。宣統二年改定税率，木植税仍舊，惟按正欵，每千隨收雜款錢一百文。

又　案巴彦、木蘭以北抵内興安嶺，東逾都魯河接興東道轄境，廣袤千數百里，輪囷蜿蜒，蔽日干霄，皆國有森林也。森林之間皆有河流，其最鉅者爲呼蘭河、湯旺河，茶陵、巴蘭、都魯三河次之，大木蘭河、濃濃河又次之。源遠者千數百里，少各數百里，其下流皆入於松花江。木植浮於河達於江，無轉輪之困，甚便利也。今所取材多深入呼蘭河上流，茶陵河、濃濃河次之。他河流尚無問津者。每歲冬十月，伐木者結隊入山，隊數人或十數，人多者數十人。隊各有長，謂之把頭。把頭多陰鷙豪健之民，且有入外人資本而爲之倀者。呼蘭河一處，歲凡三四千人，良莠雜糅，夏季事畢則鳥獸散，或聚而剽掠爲暴於郡邑。夫山林衡麓皆富國之資，理宜芟夷養護，二者並施，不得放棄利權，任豪民敗類之據爲私，産區其地以爲郡縣取其材以代租賦，土著其民以實邊塞，百世之利也，木税云乎哉。

又　山貨税始於光緒二十一年，所課物品四十三種，庚子亂後停征。三十年規復舊制。三十四年增入乾鮮果品山貨，分五類，一曰植物，如人葠、葠鬚、木耳、蔴茹、黄蓍、黄苓、松子、榛子等是。二曰種物，如鹿茸、鹿筋、鹿鞭、鹿胎、虎骨、熊胆、麝臍、羚角、坎角、蜂蜜、牛筋、牛油等是。三曰皮張，如牛、馬、騾、驢、羊、狗、貂、貉、虎、豹、狼、熊、鹿、獾、羚各皮，山貍、灰鼠、猞猁、水獺、旱獺各皮是。四曰皮毛，如馬尾、猪鬃、猪毛、羊絨、羊毛、牛毛等是。五曰果品，如紅棗、山查、葡萄、橘、梨、落花生、瓜子、茶葉等是。原定税率，按賣價每千税錢三十六文，由買主輸納，價不及十千者，免征。宣統二年十月改照原定税率加倍征收，以二分之一爲正税，餘一分撥充審判各廳經費。

又　炭捐始於光緒二十六年，由旗署征收爲交涉經費。炭百觔估價三十六吊，捐江錢三十六文。三十二年劃歸府署，捐率如故。歲入約江錢三千吊，仍畜充交涉經費。宣統三年由司提錢一千五百吊審判廳經費。

清　黄維翰《呼蘭府志》卷五　光緒二十九年四月十九日，總理衙門咨開。二十三年三月十四日接准，咨稱巴彦蘇蘇地方，本年修盖耶蘇教堂，採運木植及長林子地方德興盛劉家燒鍋販賣木植山貨甚夥，聲稱不肯交税各等情，前因本省創修廟宇等工，曾經照章一律納税在案，該處教堂教民採買木植等事，均應照向章辦理，當飭轉知該教士妥爲開導，并傳諭教民，凡砍伐青黑二山木植，無論販買、自用，均令照章納税。

清　黄維翰《呼蘭府志》卷三　山貨、皮張、果品税始於宣統二年十月。原定税率按賣價每千收捐三十六文，至是加倍征收，以所如之税爲審判廳經費，由税局代收。

清　陳莫纕《吴江縣志》卷一七　明成化以前，歲進三事，活麞七箇，活鷀鴇七隻，活鴈五十隻以上，總曰野味。洪武中，差人籠養，到工部虞衡司關給勘合，進赴内府光禄寺交收。宣德中，送南京光禄寺，正統元年照時價折鈔，貯庫數無考。成化二十二年，共折鈔二百五十錠。歲辦三十四事黄蠟五百三十七斤，燈草二百二十六斤，席草一千六百三斤，芽茶三百一斤，核桃一千二百一十五斤，栗子一百五十斤，蓮肉一百八十六斤，菉笋八百斤，木耳一百八十七斤，乾薑六十斤，蒔蘿四十四斤，茴香五十六斤，白扁豆四十六斤，黑牽牛二百斤，白牽牛一十五斤八兩，荆芥一百九十五斤，陳皮五百七十八斤，青皮二百五十五斤，紫蘇二百一十五斤，紫蘇子四斤八兩，蟬蛻七斤，薄荷四十四斤，鶯粟殼二十三斤八兩，小茴香一十五斤八兩，烏梅三十一斤，香附子七十七斤，山茨菰七斤八兩，枇杷葉三斤，海金沙一斤八兩，自白扁豆至海金沙，總曰藥材共一千八百九十斤，解北京太醫院九分，南京太醫院一分。獐皮二百張，香貍皮二百張，九節皮二百張，野猫皮二百張，四項總曰雜皮。翎毛一十六萬根。成化二十二年，雜皮折造胖襖一百五十件，翎毛折鈔六百四十錠。坐辦二事，肥猪歲無定數。成化四年以後，論口折銀一兩七錢。辦最少者一十四口，折銀二十三兩八錢，最多者二百九十三口，折銀四百九十八兩一錢。肥鵞歲無定數。成化四年以後，論隻折銀三錢。辦最少者五十三隻，折銀一十五兩九錢，最多者六百二十九隻，折銀一百八十八兩七錢。以上本莫史二志及《明會典》。又按《明會典》，每翎毛一百根，折銀一錢二分五釐。《史鑑》曰，本朝定制，自兩税外，惟商税門攤房鈔而已，無有所獻，更不得科一毫於民。然而奉宗廟、實籩豆、充庖厨、供藥餌、備器用，有不可廢者，則歲充貢焉。按《明會典·工部虞衡司》篇云，採捕有三，曰野味，以供賓祭，曰皮曰翎毛，以供軍器軍裝。謂之歲進，謂之歲辦，謂之坐辦。坐辦盈縮不常，歲進歲辦，皆定額也。此外更有軍國所需，及非時宣索者，謂之軍需，謂之顔料，以名品非一，各從其類云。當永樂中天子方建都邑營宫殿，置百司及起報恩寺、太和、玉虚等宮，其費鉅萬。又南通暹羅、爪哇、真臘、滿剌加、三佛齊、西洋古里榜葛剌天方諸國，西通吐蕃火州，亦力把力、撒馬兒罕、哈烈之屬，人徒車航之費不可勝數，不能不取給於民。而官無制度，率倚糧長主辦不軌，逐末之徒又附之，以爲鼓扇，遇人户輸糧，糧長之左右，列十數人，更進簿責之，至有量數十斛米，而不得。准升合糧者，竟徒手以歸，大抵皆虛張價估以一科十焉。又各部率遣官催取，縣無慮，數十輩皆仰給縣官，縣官復取諸民，以供由是銀。嘉靖間均攤義役銀併入平米折色，王册載義役銀四千六百三十五兩一錢二分。以備兩京户禮工部坐派物料，並織造段匹，及蘇太鎮三衛軍器淺船料銀等項支用。而本縣歲辦物數無聞。至萬曆末，賦役全書，凡牲口顏料藥材等項，皆以折色解部。其解部本色若黃蠟等，弓箭、弦條、綾紗、黃白麻、軍器、胖襖六項，亦不令本縣辦，本縣所辦，惟絹匹一事，詳見《起存篇》。

又 清順治中，歲辦户、禮、工三部本色物料二十七欵，户部甲字庫銀硃一百二十五斤三兩二錢五分九釐，每斤原價銀五錢，鋪墊銀一錢一分。膩硃八十一斤十二兩三錢九分四釐一毫，每斤原價一錢九分，鋪墊一錢一分。藤黃一十八斤十五兩一錢九分七釐三毫，每斤原價一錢，鋪墊一錢一分。光粉五十六斤十五兩六錢四分七釐五毫有奇，每斤原價四分七釐，鋪墊一分一釐。烏梅四十四斤六兩二錢九分四釐七毫，每斤原價二分，鋪墊一分一釐。靛花青一百三斤五兩九錢九分四釐，每斤原價七分五釐，鋪墊一錢一分。丁字庫生漆四十六斤五兩三分六釐，每斤原價一錢，鋪墊一分六釐。黃熟銅一百四十七斤九兩四錢五釐九毫，每斤原價一錢一分二釐，鋪墊一分六釐。黃蠟八十一斤九兩九錢七分六釐八毫，每斤原價一錢六分，鋪墊一分六釐。錫七十二斤十兩八錢二分七釐三毫，每斤原價九分五釐，鋪墊一分六釐。紅熟銅五十三斤八兩九錢六分八釐一毫，每斤原價一錢，鋪墊二分六釐。桐油八百七十二斤六兩四錢六分四釐六毫，每斤原價四分，鋪墊八釐。供用庫黃蠟二百五十斤七兩四錢九分二釐七毫，每斤原價二錢，每價銀一兩扛銀二分五釐。芽茶二百二十二斤八兩九錢七分九釐，每斤原價八分，每價銀一兩扛銀二分五釐。燈草八十八斤六兩一錢二分五釐，每斤原價四分，扛銀三分。絲折黃白絹一百九十四匹，每匹原價一兩五錢，每價銀一兩解費二分。禮部藥材薄荷五十三斤四錢七分四釐一毫，每斤原價四釐。陳皮一百七十六斤十二兩二錢五分四釐三毫，每斤原價一分三釐。白牽牛三斤八兩五錢六分五毫，每斤原價一分八釐二毫。青皮一百六斤九錢五分二釐九毫，每斤原價一分八釐。紫蘇子四斤五兩六錢一分，每斤原價二分。山茨菰一斤十二兩二錢八分二釐六毫，每斤原價二分。紫蘇三十八斤九分六釐，每斤原價五釐。烏梅八斤十三兩四錢一分二釐三毫，每斤原價一分。枇杷葉二斤十三兩八錢一分八釐，每斤原價五釐。工部白麻六百一十三斤，每斤原價三分，扛銀四釐。桐油一十六斤十三兩三分八釐，每斤原價四分，扛銀四釐。以上見十四年《賦役全書》，總銀數見《起存篇》，後倣此。

按順治中賦役書歲辦諸項，竝用秋糧折色銀採辦。又歲辦諸項，亦有本色折色之分。折色解布政司，見《起存篇》。右所列皆本色也。所云原價即萬曆末《全書》價也。順治九年奉旨，布政司每年確查時價，從公估定申報督撫咨部查考，一面行屬縣照估價徵銀解司，選官支銀，採買物件，填給勘合解部。續奉旨本色顏料各欵，令各屬自行採辦解部。

又 康熙中歲辦本色物料二十九欵，北絹二十七匹八尺五寸一分八釐九毫，每匹時價銀二兩一錢。南絹二匹九分四釐七毫有奇，每匹時價二兩一錢。户部甲丁二庫銀硃六十二斤三兩六錢一分八釐，每斤時價九錢。膩硃五十四斤十兩四錢五釐八毫，每斤時價八分。藤黃七斤一十五兩五錢七分八釐，每斤時價七錢五分。光粉三十三斤四兩一錢八分五釐三毫，每斤時價一錢三分。烏梅二十二斤一十四兩二錢二分八釐一毫，每斤時價二分。靛花青五十六斤七兩八錢二分一釐八毫，每斤時價三錢。黃熟銅五十四斤四兩二錢五分一釐八毫，每斤時價一錢三分。黃蠟六十九斤二兩五錢七分二釐八毫，每斤時價二錢三分。錫五十斤三兩三錢四分八釐，每斤時價一錢一分。紅熟銅五十三斤八兩九錢六分八釐一毫，每斤時價一錢三分。桐油三百六十斤九兩四分一釐九毫，每斤時價四分。供用庫黃蠟二百一十二斤三兩六錢六釐一毫，每斤時價二錢三分。復辦黃蠟一百六十一斤九兩三錢六分九釐七毫，每斤時價二錢三分。芽茶一百一十三斤七兩五錢七分四釐八毫，每斤時價一錢五分。復辦芽茶六十斤七兩七錢八分二釐一毫，每斤時價一錢五分。燈草五十三斤四錢七分五釐，每斤時價七分。禮部項下陳皮一百七十六斤一十二兩二錢五分四釐三毫，每斤時價四分。白牽牛三斤八兩五錢六分五毫，每斤時價三分。山茨菰一斤一十二兩二錢八分二釐六毫，每斤時價二分五釐。薄荷五十三斤四錢七分四釐一毫，每斤時價二分七釐。紫蘇三十八斤九分六釐，每斤時價八釐。枇杷葉二斤十三兩八錢一分八釐，每斤時價二分五釐。青皮一百六斤九錢五分二釐九毫，每斤時價四分。烏梅八斤一十三兩四錢一分二釐三毫，每斤時價二分。紫蘇子四斤五兩六錢一分，每斤時價二分五釐。工部項下白麻三百六斤八兩，每斤時價三分。桐油一十六斤一十三兩三分八釐，每斤時價四分。北絹解費銀八錢一分六釐有奇，南絹解費二分八釐有奇，顏料等項鋪墊銀二十七兩六錢二分二毫有奇，扛銀六兩二錢六分一釐一毫有奇，解費四兩五錢六分二釐四毫有奇。以上見十九年《簡明全書》。

按時價係康熙十二年題定，其物料奉部文暫停辦解，存銀候撥兵餉。

又 雍正中分置縣後，吳江歲辦本色顏料等四項一十一事，額辦項下甲字庫銀硃三十一斤一兩八錢九釐，每斤部價銀四錢六分，鋪墊銀一錢一分，水脚銀每兩二分八釐。丁字庫紅熟銅二十六斤十二兩四錢八分四釐五絲，每斤部價一錢，鋪墊二分六釐，水脚每兩二分八釐。桐油一百八十斤四兩五錢二分九毫五絲，每斤部價三分，鋪墊八釐，水脚每兩二分八釐。工部項下改解户部桐油八斤六兩五錢一分九釐，每斤部價三分，水脚每兩二分八釐。增辦項下銀硃九斤十二兩一錢二分四釐二毫五絲，每斤部價四錢六分，水脚每兩二分八釐。紅熟銅六十二斤二兩六錢六分五釐五毫，每斤部價一錢，水脚每兩二分八釐。桐油五斤十四兩三錢一分四釐八毫，每斤部價三分，水脚每兩二分八釐。銀硃一十九斤八兩二錢四分八釐五毫，每斤部價四錢六分，水脚每兩二分八釐。復辦項下甲字庫烏梅七斤十三兩二錢二分九釐一毫，每斤部價二分，鋪墊一分一釐，水脚每兩二分八釐。改辦項下鋼九十八斤八兩五錢一分四釐三毫有奇，每斤部價五分三釐二毫，鋪墊總四錢三分四釐一毫有奇，水脚每兩二分八釐。此欵將原編并增辦黄熟銅共四十七斤十兩四錢五分九釐六毫，改辦其價墊水脚與原編銅價等同。鐵一千四百六十二斤十五兩三錢四分九釐八毫五絲，每斤部價二分，鋪墊總四錢一釐六毫有奇，水脚每兩二分八釐，此欵將原編并增辦新增錫，共三百二十五斤一兩六錢三分三釐三毫改辦，其價墊水脚與原編錫價等同。以上見乾隆三年《賦役全書》。

又 商税鈔，洪武中，置吴江同里二局，以收商税等項鈔貫，一曰商税，洪武十年，鈔二千一百八十八萬二千四百四十六貫有奇。二十四年，鈔七千七百三十八錠五貫有奇。永樂十年，鈔八千三百三十九錠二貫有奇。天順六年，鈔五千二百八十錠。洪武十年，貫字盧志作文云，本朝歲辦以錢計。二曰竹木炭成化二十三年，鈔一千八錠三貫四百四十三文。三曰花果樹成化二十三年，鈔九十五錠三貫九百四十文。四曰門攤成化二十三年，鈔二千七百三十五錠七百二十三文。五曰契本工墨成化二十三年，鈔一錠七貫。六曰茶法引由成化二十三年，鈔一百錠。歲辦鈔九千二百一十九錠一十三貫二十一文。後革同里一局。弘治十八年，辦鈔一百二十九萬四千四百二十一貫有奇。嘉靖四年，知府胡纘宗改議於城市各行鋪户辦納門攤課鈔，差其上中下爲三等，三年一編。十七年知府王儀刊定書册，歲辦課鈔銀二百四十三兩九錢七分，遇閏月加銀一十八兩七錢三分各有奇。是年攤入平米，折色同徵。

又 元歲辦四事，貉皮一百二張，狐狸皮二百一十八張，羊皮一千尺，鴈翎三千四百五十根，餘物無考。　《史鑑》曰：元朝有包銀之目，自延祐七年八月爲始，吴江縣五百六十一户歲出銀二兩，總一千一百二十二兩，折中統鈔五百六十一錠。元以五十兩爲一錠蓋亦貢獻之類歟。

清 覺羅石麟《山西通志》卷四七《物産·大同府》 山查　元大同路山查課三十三錠四十五兩七錢，今無。

清 毛奇齡《四書剩言》卷四 大抵鄉遂用税法，都鄙用助法，總是什一。雖什一亦不等，如載師稱，近郊什一，遠郊二十而三，園廛二十而一，漆林二十而五。

清 秦蕙田《五禮通考》卷二三四 漆林之征，雖亦園廛一類，然牟利太多，又開侈靡之習，與園廛但毓果蔬草木者又自不同，故獨二十而五，以重税抑末而止奢，俾不敢棄田以爲園林也。

清 徐松《宋會要輯稿》卷一五四三三 皇祐三年九月，詔沿汴河商税務，毋苛留公私舟船。四年十一月詔，廣南東西路安撫轉運司應(因)經賊焚刼，州縣倍加安輯之，其營搆室廬竹木，並蠲其税。

清 徐松《宋會要輯稿》卷一四九九〇 京西抽税竹木務，在汴河上鏁東南，掌受陝西水運竹木、南方竹索及抽箄。黄汴惠民河商販竹木以京朝官或閤門祇候一人勾當。舊有京東西抽税竹木場，大中祥符四年併入此務。太宗淳化四年三月詔，三司凡運竹木須具長短潤厚徑寸及竹木名目。至道三年四月詔應納修河竹篾等，今竹木務别具帳申三司冑案。真宗大中祥符三年五月詔，竹木務每納鳳翔司竹監，除留二年准備修造外，剩數許令出賣。

清 黄宅中《寶慶府志》卷三 永樂九年，以新化縣知縣蕭岐權寶慶知府。蕭岐，吉水人，永樂初，知新化縣，廉明材幹，教民種植桑、麻、椶、桐，民獲其利，權升寶慶知府。《明一統志》附《蔣瑛、蕭侯傳》：蕭侯名岐，江右吉水之偉人也。我朝洪武初來知縣事者，爲張□、原善始創治建學官，又得貳尹羅君楨、葉君宗後先□之垂二十有五年。流風善政，漸被人心。永樂改元，侯又至成其所未成，舉其所未舉，生民未盡飽食也，則教之樹五穀，勤耘耨，未盡煖衣也，則教之樹桑麻，勤紡績，飽且煖矣。又爲茶園，道之植茶充貢賦，若椶漆臘株之數，無不諭民多栽，取之以供一歲公私之用，他如興士類、均徭役，撫貧弱，息訟弭盗，罔不一一究心，其利於民匪淺鮮矣。撫循八載，慎終如始，權守本府，愈著能聲，今雖已往，口碑尚存，子奉檄修志，聞侯之善政善教有如此，敢忘固陋，傳其事以爲長民者勸也。

清 李德淦《涇縣志》卷五 額辦本色，桐油壹百玖拾貳觔叁兩捌分貳釐肆毫，每觔照康熙十二年題定時價肆分算，該銀柒兩陸錢捌分捌釐；增辦桐油捌觔壹兩，每觔價銀叁分，該銀貳錢肆分貳釐。增辦本色白麻伍百陸拾壹觔，每觔價銀叁分算，該銀壹拾陸兩捌錢叁分。本色各欵鋪墊除折色歸入起運外，該本色鋪墊銀壹兩伍錢肆分柒釐。額辦本色白蠟壹百貳觔，每觔銀叁錢共銀叁拾兩陸錢。增辦折色烏梅等項，共銀伍拾柒兩柒分肆釐。以上銀兩奉文于乾隆五十三年爲始，彙解司庫，歸入丁地起運項下計算考成。

清 彭貽孫《化州志》卷五 工部項下均一料、四司料竹木、翠毛、魚、油等料并水脚，共銀五百四十二兩一錢零八厘七毫。內竹木、翠毛、魚、油料本色銀八兩零九分五厘五毫六絲。內一四司竹木、翠毛、魚、油料，共折色銀五百三十四兩零一分三厘一毫四絲。

清 楊文駿《德慶州志》卷六 正德七年，州額辦黃蠟貳百觔，白蠟壹拾觔，芽茶玖拾有柒觔。共折銀捌拾兩壹錢伍分。歲辦白硝麖皮貳百肆拾有捌，鹿皮叁拾有柒，水獺皮肆拾有伍，花貓皮肆拾，黑腰皮叁拾，翎毛柒百根。共折銀壹百貳拾有叁兩叁錢柒分。生漆肆百觔又百貳拾觔，翠毛拾有捌個，共折銀伍拾有叁兩。

清 張佩芳《歙縣志》卷五（本縣賦役） 本色烏梅壹拾伍觔柒兩叁錢玖分伍厘柒毫捌忽伍微陸纖陸沙叁塵壹渺玖漠。每觔原編舊價銀貳分，今照康熙十二年題定每觔時價銀貳分，該價銀叁錢玖厘貳毫肆絲肆忽陸微叁纖伍沙柒塵柒渺玖漠。 本色靛花青壹百壹拾觔壹兩壹錢叁分柒厘玖毫貳絲叁忽肆微玖纖柒沙陸塵玖渺肆漠。每觔原編舊價銀叁分，今照康熙十二年題定每觔時價銀叁錢，該價銀叁拾叁兩貳分壹厘叁毫叁絲陸忽陸纖伍沙伍塵捌埃貳漠。 本色桐油叁百貳拾叁觔拾貳兩玖錢伍分捌厘肆毫捌絲肆忽柒微捌纖陸沙肆塵貳埃貳渺貳漠。每觔原編舊價銀肆分，今照康熙十二年題定每觔時價銀肆分，該價銀壹拾貳兩玖錢伍分貳厘叁毫玖絲陸忽貳微壹纖壹沙玖塵陸埃陸渺壹漠。 本色黃蠟肆百柒觔貳兩壹錢伍分貳厘陸毫叁絲柒忽捌微捌沙叁塵玖埃壹渺貳漠每觔原編舊價銀貳錢，今照康熙十二年題定每觔時價銀貳錢叁分，該價銀玖拾叁兩陸錢肆分玖毫肆絲肆忽捌微陸纖捌沙肆塵玖埃伍渺陸漠。 白蠟柒拾陸觔捌兩。每觔原編舊價銀肆錢，今照康熙十二年題定每觔時價銀肆錢，該價銀叁拾兩陸錢損平銀柒錢叁分肆厘肆毫。

清 黃思藻《廣寧縣志》卷六（賦役） 竹木翠毛等料，銀九兩七錢零一厘一毫。

清 楊霽《高州府志》卷一六 工部項下均一料四司竹木、翠毛、魚油料銀并解京水脚共叁千貳百叁拾玖兩貳錢柒分肆釐伍毫，閏銀貳拾兩零柒錢陸分貳釐捌毫，又解司水脚每兩壹分。

清 諸豫宗《西寧縣志》卷六 榷稅：荒山曠地商人承種芝麻、竹木稅，原額銀九兩二錢，除割撥，信宜縣徵收銀六兩一錢外，尚歲徵銀三兩一錢。商人入山砍木燒炭，餉銀一十七兩四錢。

清 鄭業崇《茂名縣志》卷三 竹木、翠毛等料銀貳拾兩零玖錢玖分伍釐貳毫，魚油料并京水脚銀伍拾伍兩壹錢捌分伍釐壹毫。遇閏加銀肆兩壹錢貳分壹釐玖毫

清 李文恒《瓊山縣志》卷八（本縣稅賦） 竹木、翠毛等料銀二十兩七錢七分二厘四毫。

清 承霈《新建縣志》卷一〇（賦稅） 桐油壹百捌斤壹拾壹兩，每斤原價叁分貳釐，該銀叁兩肆錢柒分捌釐，墊脚銀玖錢陸分陸釐捌毫捌絲肆忽，共銀肆兩肆錢肆分肆釐捌毫捌絲肆忽。 又五棓子貳斤壹兩，每斤原價叁分伍釐，該銀柒分貳釐壹毫捌絲柒忽伍微，墊脚銀貳分肆釐柒毫捌忽柒微伍纖，共銀玖分陸釐捌毫玖絲陸忽貳微伍纖。

清 姚暹《瑞昌縣志》卷三（本縣賦稅） 五棓子三兩一錢，每觔價銀三分五釐，該銀六釐七毫八絲一忽二微五纖，鋪墊銀二釐一毫三絲一忽二微五纖，水脚銀一毫八絲九忽八微七纖五沙共銀九釐一毫二忽三微七纖五沙。 添辦五棓子五兩二錢一分五釐，每觔價銀三分五釐，該銀一分一釐四毫七忽八微一纖二沙五塵，水脚銀三毫一絲九忽四微一纖八沙七塵五埃，共銀一分一釐七毫二絲七忽二微三纖一沙二塵五埃。 又添辦五棓子四兩一錢九分九釐。每觔價銀三分五釐，該銀九釐一毫八絲五忽三微一纖二沙五塵，水脚銀二毫五絲七忽一微八纖八沙七塵五埃，共銀九釐四毫四絲二忽五微一沙二塵五埃。 桐油一觔五兩一錢，每觔價銀三分，該銀三分九釐五毫六絲二忽五微，鋪墊銀二釐五毫五絲水脚銀一釐一毫七忽七微五纖，共銀五分一釐二毫二絲二微五纖。 改辦桐油五兩七分，每觔價銀三分該銀九釐五毫六忽二微五纖，鋪墊銀二釐五毫三絲五忽，水脚銀二毫六絲六忽七微七纖五沙，共銀一分二釐三毫七忽四微二纖五沙。 添辦桐油六觔一十兩。每觔價銀三分，該銀一錢九分八釐七毫五絲，水脚銀五釐五毫六絲五忽，共銀二錢四釐三毫一絲五忽。

清 蔣啓敭《德興縣志》卷三《食貨·田賦》 五棓子一十三兩，每觔價銀三分五厘，該銀二分八厘四毫三絲七忽五微，鋪墊銀八厘九毫三絲七忽五微，水脚銀七毫九絲六忽二微五纖，共銀三分八厘一毫七絲一忽二微五纖。 添辦五棓子一觔五兩八錢七分，每觔價銀三分五厘該銀四分七厘八毫四絲六微二纖五沙，水脚銀一厘三毫三絲九

忽五微三纖七沙五塵，共銀四分九厘一毫八絲一微六纖二沙五塵。

清 童範儼《臨川縣志》卷二〇《食貨・田賦》 改辦桐油叁拾壹觔捌兩叁錢陸分，每觔價銀叁分，該銀玖錢肆分伍釐陸毫柒絲伍忽，鋪墊銀貳錢伍分貳釐壹毫捌絲，水脚錢貳分陸釐肆毫柒絲捌忽玖微，共銀壹兩貳錢貳分肆釐叁毫叁絲叁忽玖微。 又添辦五棓子叁拾貳觔貳兩柒錢捌分柒釐伍毫，每觔價銀叁分伍釐，該銀壹兩壹錢貳分陸釐玖絲柒忽陸微伍纖陸沙貳塵伍埃，水脚銀叁分壹釐伍毫叁絲柒微叁纖肆沙叁塵柒埃伍渺，其銀壹兩壹錢伍分柒釐陸毫貳絲捌忽叁微玖纖陸塵貳埃伍渺。

清 王家傑《豐城縣志》卷四《食貨・田賦》（賦税） 五棓子貳拾壹觔壹拾壹兩，每觔價銀叁分伍釐，該銀柒錢伍分玖釐壹絲伍忽伍微，鋪墊銀貳錢叁分捌釐伍毫陸絲貳忽伍微，水脚銀貳分壹釐貳毫伍絲叁忽柒微伍纖，共銀壹兩壹分捌釐捌毫柒絲捌忽柒微伍纖。 添辦五棓子叁拾陸觔柒兩柒錢陸分貳釐叁毫，每觔價銀叁分伍釐，該銀壹兩貳錢柒分陸釐玖毫捌絲叁纖壹沙貳塵伍埃，水脚銀叁分伍釐柒毫伍絲伍忽肆微肆纖捌塵柒埃伍渺，共銀壹兩叁錢壹分貳釐柒毫叁絲伍忽肆微柒纖貳沙壹塵貳埃伍渺。 又添辦五棓子貳拾玖觔陸兩壹錢柒分，每觔價銀叁分伍釐，該銀壹兩貳分捌釐肆毫玖絲陸忽捌微柒纖伍沙，水脚銀貳分捌釐柒毫玖絲柒忽玖微壹纖貳沙伍塵，共銀壹兩伍分柒釐貳毫玖絲肆忽柒微捌纖柒沙伍塵。 又桐油壹百肆拾捌觔肆兩，每觔價銀叁分，該銀肆兩肆錢肆分柒釐伍毫鋪墊銀壹兩壹錢捌分陸釐，水脚銀壹錢貳分肆釐伍毫叁絲，共銀伍兩柒錢伍分捌釐叁絲。 改辦桐油叁拾伍觔玖兩，每觔價銀叁分，該銀壹兩陸分陸釐捌毫柒絲伍忽，鋪墊銀貳錢捌分肆釐伍毫，水脚銀貳分玖釐捌毫柒絲貳忽伍微，共銀壹兩叁錢捌分壹釐貳毫肆絲柒忽伍微。 添辦桐油柒百肆拾柒觔叁兩，每觔價銀叁分該銀貳拾貳兩肆錢壹分伍釐陸毫貳絲伍忽，水脚銀陸錢貳分柒釐陸毫叁絲柒忽伍微，共銀貳拾叁兩肆分叁釐貳毫陸絲貳忽伍微。

清 黃壽祺《玉山縣志》卷三《食貨・田賦》 五棓子壹觔壹拾肆兩，每觔價銀叁分伍釐，該銀陸分伍釐陸毫貳絲伍忽，鋪墊銀貳分陸毫貳絲伍忽，水脚銀壹釐捌毫叁絲柒忽伍微，共銀捌分捌釐捌絲柒忽伍微。 添辦五棓子叁觔貳兩肆錢陸分玖釐叁毫，每觔價銀叁分伍釐，該銀壹錢壹分肆毫壹忽伍微玖纖叁沙柒塵伍埃，水脚銀叁釐玖絲壹忽貳微肆纖肆沙陸塵貳埃伍渺，共銀壹錢壹分叁釐肆毫玖絲貳忽捌微叁纖捌沙叁塵柒埃伍渺。 又添辦五棓子貳觔捌兩陸錢肆分柒釐，每觔價銀叁分伍釐，該銀捌分捌釐玖毫壹絲伍忽叁微壹纖貳沙伍塵，水脚銀貳釐肆毫捌絲玖忽陸微貳纖捌沙柒塵伍埃，共銀玖分壹釐肆毫肆忽玖微肆纖壹沙貳塵伍埃。 又桐油壹拾壹觔貳兩，每觔價銀叁分，該銀叁錢叁分叁釐柒毫伍絲，鋪墊銀捌分玖釐，水脚銀玖釐叁毫肆絲伍忽，共銀肆錢叁分貳釐玖絲伍忽。 改辦桐油叁觔貳兩，每觔價銀叁分，該銀玖分叁釐柒毫伍絲，鋪墊銀貳分伍釐，水脚銀貳釐陸毫柒絲伍忽，共銀壹錢貳分壹釐叁毫柒絲伍忽。 添辦桐油壹百柒觔捌兩，每觔價銀叁分，該銀叁兩貳錢貳分伍釐，水脚銀玖分叁毫，共銀叁兩叁錢壹分伍釐叁毫。

清 陳詠《唐縣志》卷三《田賦》 狐狸皮九十四張，共銀肆拾柒兩，脚價銀叁錢柒分陸釐。砍柴夫八百名，每名工食銀叁兩共貳千肆百兩整，路費銀捌拾兩，共銀貳千肆百捌拾兩，脚價銀壹拾玖兩捌錢肆分，内除均減缺額外，實解銀壹千陸百貳拾兩肆錢貳分貳釐零，脚價銀壹拾貳兩玖錢陸分叁釐零。木柴銀，壹百壹兩伍錢壹分伍釐零，脚價銀捌錢壹分貳釐零，内除均減缺額外，實解銀陸拾陸兩叁錢貳分玖釐零，脚價銀伍錢叁分伍毫零。

清 承霈《新建縣志》卷一〇 又烏梅壹拾柒斤，每斤原價貳分，該銀叁錢肆分，墊脚銀壹錢玖分陸釐伍毫貳絲，共銀伍錢叁分陸釐伍毫貳絲。

清 王肇晉《深澤縣志》卷一 康熙十年辛亥免深澤皮賦。深澤歲賦狐皮九十二張，本邑不出，覓之他境，胥吏因緣爲奸，益滋煩擾，至是知縣許來音詳請具題，部議照《賦役全書》内價值徵解，民困以蘇。

清 徐良棟《桃源縣志》卷三《賦役志・木税》 張家灣木税銀一兩，白馬渡木税銀一兩，陬市木税銀一兩，牙雜税銀一十四兩。

清 姚濬昌《安福縣志》卷四《食貨・雜款》 五棓子捌觔肆兩，每觔價銀叁分伍釐，該銀貳錢捌分捌釐柒毫伍絲鋪墊銀玖分柒毫伍絲，水脚銀捌釐捌絲伍忽，共銀叁錢捌分柒釐伍毫捌絲伍忽。 添辦五棓子壹拾叁觔壹拾肆兩陸分伍釐貳毫價同上。該銀肆錢捌分伍釐柒毫陸絲柒忽陸微貳纖伍沙，水脚銀壹分叁釐陸毫壹忽肆微玖纖叁沙伍塵，共銀肆錢玖分玖釐叁毫陸絲玖忽壹微壹纖捌沙伍塵。又添辦五棓子壹拾壹觔貳兩捌錢伍分壹釐，價同上該銀叁錢玖分壹釐貳毫叁絲陸忽伍微陸纖貳沙伍塵，水脚銀壹分玖毫伍絲肆忽陸微貳纖叁沙柒塵伍埃，共銀肆錢貳釐壹毫玖絲壹忽壹微捌纖陸沙貳塵伍埃。 又丁字庫桐油伍拾叁觔壹拾叁兩伍錢，每觔價銀叁分，該銀壹兩陸錢壹分伍釐叁毫壹絲貳忽伍微，鋪墊銀肆錢叁分柒毫伍絲水脚銀肆分伍釐貳毫貳絲捌忽柒微伍纖，共銀貳兩玖分壹釐貳毫玖絲壹忽貳微伍纖。改辦桐油壹拾貳觔壹拾肆兩玖錢伍分貳釐捌毫，價同上該銀叁錢捌分捌釐叁絲陸忽伍微鋪墊銀壹錢叁釐肆毫柒絲陸忽肆微，水脚銀壹分捌毫陸絲伍忽貳纖貳沙，共銀伍錢貳釐叁毫柒絲柒忽玖微貳纖貳沙。添辦桐油貳百陸拾肆觔壹拾壹兩捌錢伍分，價同上該銀柒兩玖錢肆分貳釐貳毫壹絲捌忽柒微伍纖，水脚銀貳錢貳分貳釐叁毫捌絲貳忽壹微貳纖伍沙，共銀捌兩壹錢陸分肆釐陸毫捌微柒纖伍沙。

清 朱成阿《銅陵縣志》卷四《田賦》 楞木松板銀三兩八錢四分一厘六毫九絲二忽三微，原編銀一十二兩八錢五厘六毫四絲一忽，内裁八兩九錢六分三厘九毫四絲八忽七微，解充池營兵餉載後兵餉，欵内仍銀三兩八錢四分一厘六毫九絲二忽三微，竟給運官買辦板木運漕米赴化。 額辦黄蠟一十七觔十兩三錢四分四厘三絲，奉部定價銀四兩五分八厘六毫九絲五忽四微三纖一沙二塵五埃，解部鋪墊銀二錢八分二厘三毫四絲四忽三纖。 增辦黄蠟四百二十三觔十兩五錢一分四厘七毫一絲，奉部定價銀九十七兩四錢四分一厘一毫四絲八忽九微五纖六沙二塵五埃，解部鋪墊銀五十兩八錢三分八厘八毫六絲三微二纖五沙。 額辦烏梅一十九觔八兩六錢六分五厘八絲，奉部定價銀三錢九分八毫三絲一忽三微五纖，鋪墊銀二錢一分四厘九毫五絲七忽二微四纖二沙五塵。 額辦白蠟五十四觔一十一兩，奉部定價銀一十六兩四錢六厘二毫五絲。 增辦黄蠟一百七十七觔二兩，奉部定價銀二十七兩四錢五分四厘三毫七絲五忽。 一增辦黄蠟七十五觔一兩五錢，奉部定價一十一兩六錢三分九厘五毫三絲一忽二微五纖。 一增辦黄蠟四十九觔十五兩，奉部定價銀七兩七錢四分三毫一絲二忽五微。 增辦烏梅六觔九兩，奉部定價銀一錢三分一厘二毫五絲。

清 張鉞《重印信陽縣志》卷三《田賦》 供用庫本色黄蠟捌百捌拾肆斤拾壹兩伍錢，每斤價銀貳錢，共銀壹百柒拾陸兩玖錢肆分三厘柒毫伍絲，内改折黄蠟貳百肆拾貳斤肆兩貳錢。照依順治十八年分題定價值，每斤價銀肆錢，該銀玖拾陸兩玖錢伍厘，除照賦役舊徵銀肆拾捌兩肆錢伍分貳厘伍毫，仍該補徵銀肆拾捌兩肆錢伍分貳厘伍毫，於雍正六年五月内奉文停解。本色黄蠟陸百肆拾貳斤柒兩叁錢，原估時價每斤價銀叁錢貳分，該銀弍百伍兩伍錢捌分陸厘，除照賦役舊徵銀壹百貳拾捌兩肆錢玖分壹厘貳毫伍絲，仍該補徵銀柒拾柒兩玖分肆厘柒毫伍絲。於康熙二十四年正月内遵奉部文減定價值，每斤價銀壹錢伍分伍厘，該銀玖拾玖兩伍錢捌分柒毫壹絲捌忽柒微伍纖，該扣餘剩銀壹百陸兩伍厘貳毫捌絲壹忽貳微伍纖。

清 俞雲耕《婺源縣志》卷一一《食貨・雜税》 本色靛花青八十斤六錢七分九釐二毫八絲九忽六微一纖七沙七塵二埃四渺八漠，每斤原編舊價銀三分，今照康熙十二年題定時價銀三錢，該價銀二十四兩一分二釐七毫三絲六忽六微八纖三塵三埃二渺五漠。舊志靛花青四百九十斤一十兩，順治九年改折三百四十四斤二兩三錢五分七釐，每斤折價六分，又折六十六斤六兩九錢六分零，每斤四錢五分，仍解本色八十斤六錢七分九釐零。 本色桐油二百三十五斤七兩四錢九分六釐五毫六忽五微二纖六沙四塵二埃七渺一漠，每斤照原編價銀四分，該價銀九兩四錢一分八釐七毫四絲一忽二微六纖六沙三塵一埃六渺一漠。舊志桐油八百一十四斤二兩，順治九年改折二百四十四斤六兩三錢六分，每斤折價八分，又折三百三十四斤四兩，每斤折價九分，仍解本色二百三十五斤七兩四錢九分零。 又本色黄蠟三百一十六斤十四兩三錢二分九釐四忽二微四纖六沙二塵八埃一渺六漠，每斤原編舊價銀二錢，今照康熙十二年題定，時價二錢三分，該價銀七十二兩八錢八分五釐九毫七絲九忽四微三纖六沙四埃三漠。舊志黄蠟本色價銀七十四兩八錢，扛平銀一十四兩九錢六分。順治五年，解本色三百七十四斤，十六年改折五十七斤一兩六錢七分，仍解本色三百一十六斤十四兩零。 白蠟五十九斤六兩，每斤仍照原編定舊價四錢，該價銀二十三兩八錢，又損平銀五錢七分一釐二毫。舊志白蠟折色價銀二十三兩八錢，解南年分本色加扛銀四兩七錢六分，解北年分加扛銀四錢二分八釐四毫，補平銀一錢四分二釐八毫。

清 黄桂修《太平府志》卷一〇《田賦》 本色烏梅壹百伍斤貳錢貳分玖釐肆毫陸絲捌忽柒微柒纖柒沙玖塵柒埃柒渺肆漠，每斤原編舊價銀貳分，共銀貳兩壹錢貳毫捌絲陸忽捌微叁纖伍沙玖塵柒埃貳渺伍漠。 本色桐油陸百壹斤肆兩玖錢壹分貳釐叁毫陸絲伍忽柒微柒纖陸塵捌埃陸渺玖漠，每斤原編舊價銀肆分，共銀貳拾肆兩伍分貳釐貳毫捌絲玖微壹纖肆沙肆塵貳埃陸渺捌漠。 本色黄蠟玖百伍拾肆斤玖兩貳錢壹釐陸毫陸絲壹忽壹微玖纖伍沙玖塵壹埃壹渺叁漠，每斤原編舊價銀貳錢，共銀壹百玖拾兩玖錢壹分玖釐貳絲柒微陸纖肆沙肆塵捌埃捌渺玖漠。紙價銀叁錢兵部折色馬價，種馬草料正銀玖千貳百玖拾伍兩，損銀壹百肆拾捌兩柒錢貳分。

清 莫璽章《新蔡縣志》卷三《田賦・賦税》 本色黄蠟一百二斤，每斤額價銀一錢六分，鋪墊銀一分六厘共，該銀一十七兩九錢五分二厘内。改折黄蠟二十七觔十五兩二錢，照依順治十八年分題定價值，每斤價銀四錢，該銀一十一兩一錢八分，除照舊徵銀四兩九錢一分九厘二毫，仍該補徵銀六兩二錢六分八毫。于雍正六年五月内奉文停解。 又本色黄蠟七十四斤八錢，原估時值每斤價錢三錢二分，該銀二十三兩六錢九分六厘，除照舊徵銀一十三兩三分二厘八毫，仍該補徵銀二十兩六錢六分三厘二毫。於康熙二十四年正月內遵奉部文減定價值，每斤價銀一錢五分五厘，該銀一十一兩四錢七分七厘七毫五絲，又每斤鋪墊銀一分六厘，共該鋪墊銀一兩一錢八分四厘八毫。

清 **曹德贊**《**繁昌縣志書**》**卷五**《**食貨志・田賦**》 一本色黃蠟價正銀八十七兩四錢七釐，耗銀八兩七錢四分七毫。雍正七年，奉文停辦，本色黃蠟一百九十觔十四兩六錢四分三毫八絲三忽七纖八沙四埃二渺六漠，每觔原編舊價銀二錢。今照康熙十二年題定，每觔時價銀二錢三分算，該銀四十三兩九錢一分四毫五絲五忽五微七塵四埃六渺八漠，又添辦黃蠟價銀一十二兩七錢八分七釐五毫，又增辦黃蠟價銀三十兩七錢九釐三毫七絲五忽。 又一本色烏梅價正銀四錢耗銀四分。雍正七年，奉文停辦，本色烏梅一十五觔六分一釐五毫五絲一忽七微五纖二沙九埃七渺四漠，每觔原編舊價銀二分。今照康熙十二年題定，時價銀二分算，該銀三錢七絲六忽九微三纖九沙六塵九埃一漠，又添辦烏梅，價銀一錢。

清 **俞雲耕**《**婺源縣志**》**卷一一**《**食貨・雜税**》 本色烏梅一十一斤三兩九錢二分四釐一毫四絲六忽九微九纖七沙三塵七渺五漠，每斤原編價銀二分，該價銀二錢二分四釐九毫五忽一微八纖三沙七塵四埃六渺六漠。舊志烏梅一百二十斤，順治九年改折九十八斤三兩三錢九釐五毫，每斤折價四分又折一十斤九兩零，每斤折價五分，仍解本色一十一斤三兩九錢二分四釐零。

清 **廖大聞**《**桐城續修縣志**》**卷二**《**田賦**》 虞衡司狐皮五張，每張原編舊價銀五錢，共銀二兩五錢。虞衡司榜紙三千一十七張，每張原編舊價銀一分，共銀三十兩一錢七分。 本色黃蠟一百五十七觔五兩六錢九分一釐八毫，每觔原編舊價銀二錢，共銀三十一兩四錢七分一釐一毫四絲七忽五微。

清 **黃德溥**《**贛縣志**》**卷一九**《**税則**》 税則分上下水。上水之貨以湖絲、緞、絹、紗、羅、絲線、人參、馬尾、麝香爲上，征税最重。皮褐氈罽之屬次之，硃砂、水銀、白蠟、硼砂屬又次之。其餘各貨有以觔計者，有以數計者，有以捆載及盛器計者，而粗重苦惡之物，則有以船計艙計者，自九錢一分至五厘三厘而止，各有定則，照數報征。下水之貨，大都來自閩廣，以犀角、阿魏、黑角爲上，沈速香、燕窩、牛黃次之，翠毛、象牙、瑇瑁之屬又次之，其餘自藥料、鉛、錫而降，計觔按數一如上水，自一兩七錢至二分而止，視其物之貴賤而輕重分焉。 臨關者謂賫貨瑣細不必買單，當關投税，即爲之照驗放行，所以卹小商而通近賈也。定例一兩五錢以上爲小單，五兩以上爲大單，不及一兩五錢者爲臨關，是以臨分有兩項：一係正税，外加增之臨關；一係零税，不成單之臨關。貨物無分多寡，税銀不論正臨，總屬一例，照則核算。【略】 竹木之類多産上游，立有定則，清流木三層爲一則，税七兩。草流木五層爲一則，税六兩。杉木七層爲一則，税三兩五錢。皮槁木十層爲一則，税三兩五錢。俱以橫量十丈爲率，而臨關則清流木、草流木二兩，杉木、皮槁木一兩，其餘方板、株木及笛竹、□竹之屬按數額征。竹木向係丈量。康熙四十二年癸未，因籜厚藏匿滋弊，改今淺做查點根數，惟木税分別減免。

貢品分部

紀事

北齊 魏收《**魏書**》**卷一一二**《**靈徵志**》 魏氏世居幽朔，至獻帝世，有神人言應南遷，於是傳位於子聖武帝，命令南徙，山谷阻絕，仍欲止焉。復有神獸，其形似馬，其聲類牛，先行導引，積年乃出。始居匈奴之故地。

高祖延興元年十一月，肆州秀容民獲麟以獻。王者不刳胎剖卵則至。

世祖神䴥三年七月，冀州獻白龜。王者不私人以官，尊者任舊，無偏黨之應。

高宗興安二年六月，營州送大龜。

高祖延興元年十二月，徐州竹邑戍士邢德於彭城南一百二十里，得蓍一株，四十九枝，下掘得大龜獻之。詔曰：「龜著與經文相合，所謂靈物也。德可賜爵五等。」

三年六月，京師獲大龜。

肅宗神龜元年二月，獲龜於九龍殿靈芝池，大赦改元。

高祖太和二年十一月，徐州獻黑狐。周成王時，治致太平而黑狐見。

三年五月，獲白狐。王者仁智則至。

六月，撫冥獲白狐以獻。

八年六月，徐州獲黑狐以獻。

十年三月，冀州獲九尾狐以獻。王者六合一統則見。周文王時，東夷歸之。曰，王者不傾於色則至德至，鳥獸亦至。

十一年十一月，冀州獲九尾狐以獻。

二十三年正月，司州、河州各獻白狐狸。

十九年六月，司州平陽郡獲白狐以獻。

世宗景明三年二月，河州獻白狐。

延昌四年四月，兗州獻白狐。

九月，相州獻白狐。

閏月，汾州獻白狐二。

肅宗正光二年三月，南青州獻白狐二。

三年六月，平陽郡獻白狐。

八月，光州獻九尾狐。

四年五月，平陽郡獻白狐。

孝静天平四年四月，西兗州獻白狐；七月，光州獻九尾狐。

元象元年四月，光州獻九尾狐。

二年二月，光州獻九尾狐。

興和三年五月，司州獻九尾狐。

十二月，魏郡獻白狐。

四年四月，瀛州獻白狐二。

武定元年七月，幽州獲白狐，以獻上。

三年七月，瀛州獻白狐，二牡一牝。

九月，西兗州獻白狐。

太和二年十一月辛未，泰州獻五色狗。

三年三月，齊州獻五色狗，其五色如畫。

太宗永興四年九月，建興郡獻白鹿。

太延四年十二月，相州獻白鹿。

真君八年五月，洛州送白鹿。

高祖承明元年六月，秦州獻白鹿。

四年正月，南豫州獻白鹿。

十九年七月，司州獲白鹿、麑以獻。

二十年六月，司州獻白鹿。

世宗景明元年四月，荊州獻白鹿。

永平四年八月，平州獻白鹿。

延昌二年五月，齊州獻白鹿。

四年六月，司州獻白鹿。

肅宗熙平元年五月，濟州獻白鹿。

二年五月，司州獻白鹿。

神龜二年六月，徐州獻白鹿。

孝静元象元年六月，齊獻武王獲白鹿以獻。

武定元年六月，兗州獻白鹿。

高祖太和三年三月，肆州獻一角鹿。

神龜元年七月，徐州獻一角鹿。

世宗正始二年九月，後軍將軍爾朱新興獻一角獸。天下平一則至。

肅宗熙平元年十一月，肆州獻一角獸。

神龜二年九月，徐州獻一角獸。

太宗永興四年十二月，章安子封懿獻白獐。王者刑罰理則至。

高祖太和二年十二月，懷州獻白獐。

二十三年正月，華州獻白麞。

肅宗熙平二年三月，徐州獻白獐。

神龜二年七月，徐州獻白獐。

孝静武定七年七月，瀛州獻白獐。

高祖太和七年六月，青州獻三足烏。王者慈孝天地則至。

十三年十一月，滎陽獻三足烏。

十四年六月，懷州獻三足烏。

十五年閏月，濟州獻三足烏。

十七年五月，冀州獻三足烏。

二十年六月，豫州獻三足烏。

二十三年六月，冀州獻三足烏。

世宗景明元年五月，徐州獻三足烏。

三年二月，豫州獻三足烏。
四年六月，幽州獻四足烏。
正始元年二月，冀州獻三足烏。
五月，幽州獻三足烏。
是月，相州獻三足烏。
六月，定州獻三足烏。
二年五月，肆州獻三足烏。
三年三月，豫州獻三足烏。
是月，豫州又獻三足烏。
永平元年四月，豫州獻三足烏。
延昌三年二月，冀州獻三足烏。
肅宗熙平元年四月，汲郡獻三足烏。
二年四月，東郡獻三足烏。
是月，豫州獻三足烏。南兗州又獻三足烏。
神龜元年八月，雍州獻三足烏。
二年五月，潁川郡獻三足烏。
正光元年四月，濟州獻三足烏。
是月，濟州又獻三足烏。
三年閏月，東郡獻三足烏。
三年五月，東郡獻三足烏。潁川郡許昌縣獻三足烏。肆州獻三足烏。
六月，冀州獻三足烏。
四年六月，瀛州獻三足烏。
出帝太昌元年五月，齊獻武王獲三足烏以獻。
武定三年五月，瀛州獻三足烏。
四年四月，潁州獻三足烏。
五月，潁州又獻三足烏。
十七年六月，兗州獻白烏。
二十三年十二月，司州獻白烏。
世宗正始二年五月，司州獻白烏。
三年九月，潁川郡獻白烏。
四年七月，潁川又獻白烏。
永平元年四月，潁川獻白烏。
延昌二年八月，平陽郡獻白烏。
三年六月，冀州獻白烏。
肅宗正光元年十月，幽州獻白烏。
孝靜天平二年七月，齊獻武王獲白烏以獻。
五月，京師獲白烏。是月，陽夏郡獻白烏。
七月，北豫州獻白烏。
十月，瀛州獻白烏。
武定元年六月，東郡民獻白烏。
三年五月，北豫州獻白烏。
是月，廣宗郡獻白烏。潁州又獻白烏。
六月，滄州獻白烏。
四年四月，梁州獻白烏。
五月，濟州獻白烏。
八月，陽夏郡獻白烏。
高祖太和二年二月，涼州獻赤烏。周武王時銜麥至而克殷。
世宗景明二年十二月，南青州獻蒼烏。君修行孝慈，萬姓不好殺生則至。
正始二年五月，雍州獻蒼烏。
六月，雍州又獻蒼烏。
永平二年四月，河內獻蒼烏。
肅宗熙平元年六月，冀州獻蒼烏。
前廢帝普泰元年五月，河內獻蒼烏。
孝靜興和四年五月，濟州獻蒼烏。
七月，瀛州又獻蒼烏。
武定元年四月，兗州獻蒼烏。
五月，濟州又獻蒼烏。
十月，光州獻蒼烏。
高祖延興二年四月，幽州獻白鵲。
承明元年八月，定、冀二州俱獻白鵲。

十一月，定州又獻白鵲。
太和二年十一月，洛州獻白鵲。
肅宗熙平元年正月，定州獻白鵲。
武定二年七月，林慮獻白鵲。

【略】

太祖天興二年七月，并州獻白兔一。王者敬耆老則見。
四年正月，并州獻白兔。
泰常元年十一月，定州安平縣獻白兔。
世祖始光三年五月，洛州獻黑兔。
神䴥元年九月，章武郡獻白兔。
四年二月，勃海郡獻白兔。
真君七年二月，青州獻白兔二。
太和元年六月，雍州周城縣獻白兔。
三年三月，吐京鎮獻白兔。
八年六月，徐州獻白兔。
十八年十月，瀛州獻白兔。
二十年七月，汲郡獻黑兔。
世宗景明元年十一月，河州獻白兔。
三年四月，潁川郡獻白兔。
八月，河内郡獻白兔。
四年六月，河内郡獻白兔。
七月，夏州獻黑兔。
正始元年三月，河南郡獻黑兔。
四月，魯陽郡獻白兔。
二年八月，東郡獻白兔。
九月，河内郡獻黑兔。
是月，肆州獻白兔，東郡又獻白兔。
三年七月，薄骨律鎮獻白兔。
九月，肆州獻白兔。
四年四月，河内郡獻白兔。
永平元年四月，濟州獻白兔。
五月，河内獻黑兔。
二年二月，相州獻白兔。
延昌三年七月，豫州獻白兔。
四年三月，河南獻白兔。
八月，河南又獻白兔。
九月，河内又獻白兔。
肅宗熙平二年四月，豫州獻白兔。
五月，東郡獻白兔。
六月，京師獲白兔。
十一月，鄯善鎮獻白兔。
二年八月，正平郡獻白兔。
九月，正平郡又獻白兔。
正光元年正月徐州獻白兔。
五月，冀州獻白兔。
三年五月，徐州獻白兔二。
是月，冀州獻白兔。
孝静天平二年八月，光州獻白兔。
四年十月，光州獻白兔。
六月，齊獻武王獲白兔以獻。
是月，濮陽郡獻白兔。
興和二年四月，徐州獻白兔。
四年正月，光州獻白兔。
武定元年三月，瀛州獻白兔。
□月，汲郡獻白兔。
六年十一月，武平鎮獻白兔。
是月，代郡獻白燕。
二十三年八月，荊州獻白燕。
閏月，正平郡獻白燕。
世宗景明三年六月，涇州獻白燕。

武定三年六月，北豫州獻白燕。

太宗泰常八年五月，雁門獻白雀。王者爵祿均則白雀至。

世祖神䴥元年九月，滄水郡獻白雀。

十月，魏郡獻白雀。

真君八年五月，雁門郡獻白雀。

太和十三年正月，清河武城縣獻白雀。

世宗景明三年六月，滎陽郡獻白雀。

十月，薄骨律鎮獻白雀。

四年三月，敦煌鎮獻白雀。

六月，恒農郡獻白雀。

正始二年七月，薄骨律鎮獻白雀。

十月，河州獻白雀。

十二月，雍州獻白雀。

四年二月，豫州獻白雀。

延昌十一月，秦州獻白雀。

四年五月，滎陽獻白雀。

八月，秦州獻白雀。

是月，青州獻白雀。

是月，恒州獻白雀。

十一月，荊州獻白雀。

肅宗熙平二年四月，華州獻白雀。

六月，相州獻白雀。

是月，薄骨律鎮獻白雀。

八月，薄骨律鎮又獻白雀。

神龜元年八月，薄骨律鎮獻白雀。

二年五月，徐州獻白雀。

正光二年六月，光州獻白雀。

六月，滎陽郡獻白雀。

八月，濟州獻白雀。

是月，光州獻白雀。

孝靜天平二年五月，北豫州獻白雀。

四年七月，兗州獻白雀。

元象元年七月，肆州獻白雀。

元象二年六月，齊文襄王獲白雀以獻。

【略】

世宗景明三年七月，魯陽獻烏芝。王者慈仁則生，食之令人度世。

太祖天興二年七月，并州獻白雉。周成王時越裳氏來獻。

四年正月，上党郡獻白雉。

二月，并州獻白雉。

五月，河內郡獻白雉。

太宗神瑞二年十一月，右民尚書周幾獲白雉一於博陵安平以獻。

泰常三年正月，勃海郡高城縣獻白雉。

三月，勃海郡南皮縣獻白雉二。

十一月，中山行唐縣獻白雉。

四年正月，新興郡獻白雉。十二月，又獻白雉二。

世祖神䴥元年二月，相州獻白雉。

二年二月，上党郡獻白雉。

高祖延興二年正月，青州獻白雉。

太和二年十一月，徐州獻白雉。

三年正月，統萬鎮獻白雉。

四年正月，南豫州獻白雉。

六年三月，豫州獻白雉。

八年六月，齊州清河郡獻白雉。

十七年正月，幽州獻白雉。

四月，瀛州獻白雉。

二十年三月，兗州獻白雉。

世宗景明三年正月，徐州獻白雉。

二月，冀州獻白雉。

正始三年三月，齊州獻白雉。

十月，青州獻白雉。

四年十一月，秦州獻白雉。

永平二年四月，河内郡獻白雉。

六月，河南獻白雉。

十二月，豫州獻白雉。

延昌四年二月，冀州獻白雉。

閏月，岐州獻白雉。

十二月，幽州獻白雉。

肅宗熙平元年二月，相州獻白雉。

三月，肆州獻白雉。

二年三月，徐州獻白雉。

神龜元年三月，潁川郡獻白雉。

二年正月，豫州獻白雉。

正光三年二月，夏州獻白雉。

四年三月，光州獻白雉。

孝静天平三年正月，青州獻白雉。

四年二月，青州獻白雉。

十二月，梁州獻白雉。

元象二年正月，魏郡繁陽縣獻白雉。

武定元年正月，廣宗郡獻白雉。

是月，兗州獻白雉。

四年三月，青州獻白雉。

北齊 魏收《魏書》卷七《高祖紀·行幸虎圈詔》 虎狼猛暴，食肉殘生，取捕之日，每多傷害，既無所益，損費良多，從今勿復捕貢。

唐 李隆基《唐六典》卷三《尚書户部》 郎中、員外郎，掌領天下州縣户口之事。凡天下十道，任土所出而爲貢賦之差。其物産，經不盡載，並具下注。舊額貢獻，多非土物，或本處不産，而外處市供；或當土所宜，緣無額遂止。開元二十五年，敕令中書門下，對朝集使隨便條革，以爲定準，故備存焉。分十道以總之：一曰關内道，古雍州之境，今京兆、華、同、岐、邠、隴、涇、寧、坊、鄜、丹、延、慶、監監當作臨、原、會、霊、夏、豐、勝、綏、銀，凡二十有二州焉。【略】

厥貢：岱岱當作代，注倣之赭、臨山：角弓、龍鬚席、蓯蓉、野馬皮、麝香。

京兆：粲草席、地骨白皮、酸棗人。華州：茯苓、茯神、細辛。同州：皺文吉莫皮。岐、隴、涇、寧、鄜、坊、丹等州：龍鬚席。原、夏等州：白氊。夏州：角弓。鹽州：鹽山。會州：駞褐。霊州：鹿角膠、岱赭、花蓯蓉、鵰翎。霊州、豐州：野馬皮。滕、寧《通志畧》寧作銀等州：女稽布。邠州：火筯、剪刀、蓽豆、澡豆。丹、延、慶等州：麝香。

二曰河南道，古豫、兗、青、徐四州之境，今河南府陝、汝、鄭、汴、蔡、許、豫、(潁)(穎)、陳、亳、宋、曹、滑、濮、鄆、濟、齊、淄、徐、兗、泗、沂、青、萊、登、密、海，凡二十有八州焉。東盡于海，西距函谷，南瀕于淮，北薄于河。名山則有三崤、少室、砥柱、蒙山、嶧山，嵩、岱二嶽在焉。大川有伊、洛、汝、(潁)(穎)、沂、泗之水，淮濟之瀆。厥賦：絹絁綿布陳、許、汝、(潁)(穎)州調以絁、綿。唐州麻布。餘州並以絹及綿。厥貢：紬、絁、文綾、絲葛、水葱、蔗心蓆、瓷石之器。鄭、汴、許、陳、(毫)(亳)、宋、曹、濮、鄆、徐等州絹。汝州紬、絁。陝、(潁)(穎)、徐三州紬、絁。仙、滑二州方絞綾。豫州鸂鶒綾、雙絲綾、蓍草、碁子。(潁)(穎)州綿。兗州錯花綾。齊州絲葛。淄、兗、齊等州防風。青州仙文綾。鄭州麻黄。許州蔗心蓆。登州水葱蓆。陝州括簍(栝樓)根、柏子人。曹州虵床子。齊州阿膠。泗水賛布。沂、兗等州紫石英。萊、登、密等州牛黄。登州文石器、海砂。密州布。海州楚布。萊州石器。河南府瓷器。遠夷則控海東、新羅、日本之貢獻焉。

三曰河東道，古冀州之境，今太原、潞、澤、晉、絳、蒲、虢、汾、慈、隰、石、沁、儀、嵐、忻、代、朔、蔚、雲，凡十有九州焉。【略】

厥貢：蜎扇、龍鬚蓆、墨、蠟、石英、麝香、漆、人參。

太原：龍骨、甘草。礜礜當作礜石、鋼據《通志畧》當填以鋼鐵。潞州：墨、人參、花蜜、兔絲子。澤州：白石英、黔鶏《通志畧》黔作野、禹餘糧。晉州：蠟燭。絳州：防風。蒲州：龍骨、竹扇。虢州：硯瓦、地骨、白皮。汾州：石膏。慈州：蠟。隰、石二州：胡女布。晉、汾二州：龍鬚席。儀、澤、潞等州：人參。嵐、虢、忻等州：麝香。忻州：豹尾。代州：熟青、熟緑。朔、代二州：白鵰翎。蔚州：松子。雲州：鵰翎。

四曰河北道，古幽、冀二州之境，今懷、衛、相、洛洛當作洺、邢、趙、恆、定、易、幽、莫、瀛、深、冀、具具當作貝魏、博、德、滄、棣、嬀、澶、營、平、安東，凡二十有五焉。據《通志畧》澶當作檀，其幽、營、安東各營營當作管羈縻州。

東並于海，南迫于河，西距太行、恆山，北通渝關、薊門。【略】

厥貢：羅、綾、平紬、絲、布、絲《通志畧》絲作綿、紬、鳳翮、葦蓆、墨。恆州貢：春羅、孔雀等。羅定州：兩窠、紬綾。懷州：子子當作牛膝。洺、博、魏等州：平紬。邢州：瓷器。魏州：綿、紬。衛、趙、莫、冀等州：綿。瀛、深、冀、德、棣等州：絹。相州：紗、鳳翮席、胡粉。邢州：絲、布。恆州、羅定州：紬、綾。幽州范陽：綾。具具當作貝州：白氊。滄州：葦席、柳箱。嬀、營、歸、順等州：麝香。檀州、安東府：人參。平州：蔓荊子。薊州：鹿角膠。易州：墨。夔州：《通志畧》夔作燕。墨、豹尾。安東、單于：野馬皮。

五曰山南道。古荊、梁二州之境，今荊、襄、鄧、商、復、郢、隨、唐、峽、歸、均、房金、夔、萬、忠。按《舊唐志》唐州舊屬河南道，至德後割屬山南東道，《六典》疑追定於至德後歟？已上十六州，爲山南道東道上恐脱東字。梁、洋、集、通、開、壁、巴、蓬、渠、涪、渝、合、鳳、興、利、閬、果。已上西道。凡三十有三州焉。東接荊楚，西抵隴蜀，南控大江，北據商華之山。【略】

厥貢：金、漆、蜜、蠟、蠟燭、鋼、鉄、芒硝、麝香、布、交梭、白穀、紬、紵、綾、葛、綵、綸、蘭干。

利州：貢：金、鋼、鐵。荊州：交梭、縠子、方縠、紋綾《唐志》作方絲綾縠疑衍。襄州：漆。隱起唐路貞據《通志畧》唐路貞當作庫路真。鄧、利、果等州：絲布。襄、均、房、商等州：麝香。復、郢、開等州：白紵。隨州：綾。唐州：絹。峽州：芒消。歸州：紵、麻、布。金州：麩金。萬州：金。忠州：蘇薰席。梁州據《通志畧》州下脱燕字，支紅花。洋州：白交梭。壁壁當作壁、巴、蓬、通、忠、渠等州：綿、紬。渠《通志畧》渠作集、通、合等州：白藥子。通州：絳香。渠州：買子木、拜拜當作并子。涪州：連頭獠布。渝、峽、隨等州：葛。合州：牡丹皮。圓圓當作閬州：重運運當作蓮綾。襄州：白穀。鳳州：蠟燭。巴州：蘭干布。房州：紵。襄州：烏漆、碎石文漆器、白綸巾。興、鳳、集、夔等州：蜜蠟。

六曰隴右道。古雍、梁二州之境，今秦、渭、成、武、洮、岷、疊、宕、河、蘭、鄯、廓。

已上隴右《通志畧》右作西。

涼、甘、肅、瓜、沙、伊、西、北庭、安西。

已上河西。

凡二十有一州焉。【略】

厥賦：布、麻。厥貢：麩金、礪石、碁石、蜜、蠟、蠟燭、毛毲、麝香、白氎及鳥獸之角、羽毛、皮革。

廓、宕二州：貢麩金。宕州：散據《唐志》散下脱金字、麝香。沙州：碁子。肅州：礪石。成州、武州：蠟燭。洮州：毛毲。涼州：毲布。甘、肅、瓜、涼等州：野馬皮。西州：白《通志畧》白下有氎字毲。瓜州：吉莫皮。伊州：陰牙角、胡樀律。樀當作桐鄯州：牸牸當作牸。羊。《唐志》羊作犀。角、野馬皮。岷、秦二州：龍鬚席、蜂蜂疑當作峰《通志畧》作蜂牛尾、鵰翎。秦州：芎藭。肅州：肉蓯蓉、柏脉根。瓜州：草豉子。北庭州：速霍角、陰牙角、阿魏、藏《通志畧》藏作截根。安西：緋氊、硇砂、陰牙角、氍毹。甘、沙、渭、河、蘭、疊等州：麝香。

七曰淮南道，古揚州之境，今揚、楚、和、滁、濠、壽、廬、舒、蘄、黄、沔、安、申、光，凡一十有四州焉。東臨海，西抵漢，南據江，北距淮。【略】

厥貢：交梭、紵、絺、孔雀、熟絲布、青銅鏡。

揚州貢：青銅鏡、莞席、細紵。廬州：交梭。申、光二州：貢絺，綄綄當作紵、葛。楚州：貢孔雀布。和州：紵、練。滁、沔二州：麻、貲布。蘄、舒二州：白紵布。黄州：紵、貲布、烏蛇。安州：青紵布。壽、廬、光等州：生石斛。壽州：葛布。廬州：貢熟絲布。

八曰江南道，古揚州之南境，今潤、常、蘇、湖、杭、歙、睦、衢、越、務務當作婺、台、温、明、括、建、福、泉、汀。

已上東道。

宣、饒、撫、虔、洪、吉、郴、袁、江、鄂、岳、潭、衡、永、道、邵、澧、郎、郎當作朗辰、飾飾字當削、錦、施、南、溪據《通志畧》。溪下脱叙字、思、黔、費、業、巫、夷、播、溱、珍，凡五十有一州焉。珍下當有注文，已上西道四字黔中又管羈縻州。

東臨海，西抵蜀，南極嶺，北帶江。【略】

海水在蘇、杭、越、台、温、括、泉、福八州之東，江水經岳、鄂、江、宣、潤、常、蘇七州之北入海。

其名山有茅山、蔣山、天目、會稽、四明、天台、括蒼、縉雲、金華、大庾、武夷、廬山，而衡岳在焉。

茅山在潤州延陵《通志畧》延陵作丹陽、句容二縣界。蔣山一名鍾山，在潤州江寧縣。天目在杭州於潛縣，會稽在越州山陰縣。四明在餘姚縣，天台在台州始豐縣。括蒼、縉雲皆在括州。金華在婺州，大庾在處處當作虔州南康縣。武夷在建州建安縣。廬山在江州潯陽縣，衡山在衡州湘潭縣。【略】

厥貢：紗、編綾、綸、蕉、葛、練《通志畧》練作練、麩金、犀角、鮫魚、藤紙、朱砂、水銀、零陵香。

潤州：方棊、水波綾。常州：紫綸巾、兔褐。蘇州：紅綸巾。杭、越二州：白編。睦、越二州：交梭。衢、婺二州：藤紙、綿。越州：吴綾。建州：蕉、練《通志畧》蕉練作蕉花練。福州：蕉、海蛤。泉、括二州：綿。饒、衡、巫等州：麩金、犀角。洪、撫、潭、永等州，葛。蘇州：吴石指、吴蛇牀子。台州：金、漆、乾薑、甲香。江州：生石斛。鄂、江二州：銀。永州：石燕。道州：零陵香。澧州：龜子綾、五入簟。郎郎當作朗州：紵、練。辰、錦二州：光明砂、水銀。溪、錦二州：朱砂。常、湖、歙、宣、虔、吉、郴、袁、岳、道等州：白紵布。施、宣二州：黄連。宣州：綺。南州：斑布。思、黔、費、業、溱、珍等州：蠟。夷州：蠟燭。温、台二州。鮫魚皮。

九曰劍南道，古梁州之境，今益、蜀、彭、漢、綿、劍、梓、遂、普、資、簡、陵、邛、眉、雅、嘉、榮、瀘、戎、黎、茂、龍、扶、文、當、松、静、柘《太平御覽圖經》曰，拓州蓬山郡土地與當州同，唐顯慶三年置州，取其拓封彊爲郡之名。《唐志》同本書。翼、悉、維、巂、姚，凡三十有三州焉。【略】

厥貢：麩金、羅、綾、綿、紬、交梭、彌牟布、絲葛、麝香、羚羊、犛牛角尾。益、蜀二州：單絲羅。益州：高杼衫段。彭州：交梭。簡州：綿、紬。漢州：紵布、彌牟布。綿州：双紃。梓州、遂州：樗蒲綾。戎、晉晉當作普、瀘等州：葛。邛、劍、巂等州：絲、布。龍、雅、眉、嘉、資等州：麩金。姚、茂、扶、静、文、悉、松、維、當、柘、翼等州：麝香。劍州：蘇薰席。普州：天門冬煎。榮州：斑布。黎州：蜀椒。龍州：羚羊角。當、静、柘等州：當歸、羌活。松州：狐尾。悉州：當歸、犛牛尾。維州：犛牛尾。姚州：金。

十曰嶺南道，古揚州之南境，今廣、循、潮、漳、韶、連、端、康、岡、恩、高、春、封、辯、龍龍當作瀧、新、潘、雷、羅、儋、崖、瓊、振，已上廣府管内。

桂、昭、富、梧、賀、龔、象、柳、宜、融、古、嚴，已上桂府管内。

容、藤、義、竇、禺、白、廉、繡、黨、牢、巖、欝林、平琴，已上容府管内。欝林、平琴，二州複名。邕、賓、貴、横、欽、潯、瀼、籠、田、武、環、澄，已上邕府管内。安南、驩、愛、陸、峯、湯、萇萇當作長、福禄、龐，已上安南管内。福禄州複名。凡七七下脱十字州焉按所載州名六十九疑逸一州今據下注福禄邵之文恐其五府又管羈縻州。【略】

厥貢：金、銀、沉香、甲香、水馬、翡翠、孔雀、象牙、犀角、龜虒虒當作殻、䵷鼊、絲拗《通志畧》絲當作綵藤、竹布。

融、象二州：貢金。桂、邕、昭、柳等五十餘州：貢銀。桂州：銅盤。連州：細布、鍾乳。崖、欽二州：高良薑。廣州：竺竺當作竹席、生沉香、水馬、甲香、䵷鼊皮、藤簟。廣州、安南：並貢龜殼。循、振二州：五色藤盤。振州：斑布。欽、牢、安南及潮州：蕉。安南：檳榔、鮫魚皮、翠毛。愛、龐等州：孔雀尾。驩州：象牙、藥、犀角、金箔、黄屑、沉香。漳、潮等州：鮫釗釗當作□皮、甲香。韶州：竹子布。岡州：甲香、詹糖香。廣、潮、高、循、峯、邵等州及安南蚺蛇膽。春、詔詔當作韶、瀧、廣等州：石斛。雷州：絲電。富州：斑布、石英。蒙州：麩金。古州：蠟。容州：朱砂、銀。欽州：翡翠毛。陸州：當填以玳瑁、鼊皮、翠毛、甲香。峯州：豆蔻。福禄、邵《通志畧》邵作郘二州：白蠟《唐志》蠟作鑞。福禄、龐二州：紫鉗鉗當作鉚木。昆州：桂心。

唐 李隆基《唐六典》卷二〇《太府寺・右藏署》 右藏署令，掌邦國寶貨之事。丞爲之貳。雜物：州土、安西于闐之玉，饒、道、宣、永、安南、邕等州之銀。揚、廣等州之蘇木、象牙。永州之零陵香。廣府之沉香、霍香、薰陸、鷄舌等香。京兆之艾納香、紫草。宣、簡、潤、彬彬當作郴、鄂、衡等州之空青、石碌。辰、溪州之硃砂，相州之白粉。岩州之雌雄黄。絳易等州之墨。金州之梔子、黄蘗。西州之高昌礬石，益府之大小黄白、麻紙、弓弩、弦麻。杭、婺、衢、越等州之上細黄白狀紙。均州之大模紙。宣、衢等州之案紙、次紙。蒲州之百日油、細薄白紙。河南府許、衛、懷、汝、澤、潞等州之兔皮。鄜、寧、同、華、虢、晉、蒲、絳、汾等州之狸皮。越州之竹管。涇、寧、邠、龍、蓬等州之蠟。蒲、絳、鄭、貝等州之氈。河南府同、鄧、許等州之膠。蒲、同、虢等州之席。涇、丹、鄜、坊等州之麻。京兆、岐、華等州之木燭。凡四方所獻金玉珠貝，玩好之物，皆藏之。出納禁令，如左藏之職。

唐 杜佑《通典》卷四《食貨・賦税》 陶唐制：冀州，厥賦唯上上錯。孔安國曰：「賦謂土地所生，以供天子。上上，第一。錯，雜。雜出第二之賦。」兖州，厥賦貞，貞，正也。州第九，賦正與九相當。厥貢漆、絲，厥篚織文。地宜漆林，又宜桑蠶。織文，錦綺之屬，盛之筐篚而貢。青州，厥賦中上，第四。厥貢鹽、絺，海物惟錯，絺，細葛。錯，雜，非一種。岱畎絲、枲、鉛、松、怪石，畎，谷也。怪異好石似玉者。岱山之谷出此五物，皆貢之。厥篚檿絲。檿桑蠶絲中琴瑟絃。檿，於斂反。徐州，厥賦中中，第五。厥貢惟土五色，王者封五色土爲社，建諸侯，則各割其方色土與之，使立社。燾以黄土，苴以白茅。茅取其絜，黄取王者覆四方。泗濱浮磬，淮夷蠙珠暨魚，泗水涯水中見石，可以爲磬。蠙珠，珠名，淮夷二水出蠙珠及美魚。厥篚玄纖縞。玄，黑繒。縞，白繒。纖，細也。纖在中，明二物皆細揚州，厥賦下上上錯，賦第七，雜出第六。厥貢惟金三品，金、銀、銅。瑶琨篠簜，瑶琨皆美玉。篠，竹箭。簜，大竹。齒革羽毛惟木，齒，象牙。革，犀皮。羽，鳥羽。毛，旄牛尾。木，楩梓豫章。厥篚織貝，纖，細紵。貝，水物。厥包橘柚錫貢。小曰橘，大曰柚，其所包裹而致者。錫命乃貢，言不常。荊州，厥賦上下，第三。厥貢羽、毛、齒、革，惟金三品，杶、幹、栝、柏，幹，柘也。柏葉松身曰栝。礪、砥、砮、丹，砥細於礪，皆磨石也。砮，石中矢鏃。丹，硃類。惟箘、簵、楛，三邦底貢厥名，箘、簵，美竹。楛，中矢幹。三物皆出雲夢之澤。近澤三國常致貢之，其名天下稱善。包橘柚。匭菁、茅，匭，匣也。菁以爲菹，茅以縮酒。厥篚玄纁、璣、組，此州染玄纁色善，故貢之。璣，珠類。組，綬類。九江納錫大龜。尺二寸曰大龜，出九江水中。龜不常用，錫命而納之。豫州，厥賦錯上中，賦第二，又雜出第一。厥貢漆、枲、絺、紵，厥篚纖纊，纊，細綿。錫貢磬錯。治玉石曰錯，治磬錯。梁州，厥賦下中三錯，賦第八，雜出第七第九，三等也。厥貢璆、鐵、銀、鏤、砮、磬，璆玉名。鏤，剛鐵也。熊、羆、狐、狸織皮。貢四獸之皮，織金罽。雍州，厥賦中下，第六。厥貢惟球、琳、琅玕。球、琳皆玉名。琅玕，石似珠。禹定九州，量遠近制五服，任土作貢，分由定税，十一而賦，萬國以康。

唐 杜佑《通典》卷六《食貨》 京兆府貢葵草席，地骨白皮，酸棗仁。

華陰郡貢鷂子十聯，烏鶻五聯，茯苓三十八斤，細辛四斤，茯神三十八斤。今華州。

馮翊郡貢白裹皺文皮三十一領。今同州。

扶風郡貢龍鬚蓆十領。今岐州。

新平郡貢剪刀十具，蛇膽十斤，蓽豆澡豆五石，白火筯二十具，今邠州。

安定郡貢龍鬚蓆十領。今涇州。

彭原郡貢五色龍鬚蓆十領，莞菁，菴藺子，亭長，假蘇，荆芥。今寧州。

汧陽郡貢龍鬚蓆六領。今隴州。

中部郡貢龍鬚蓆六領。今坊州。

洛交郡貢龍鬚蓆六領。今鄜州。

朔方郡貢白氈十領。今夏州。

安化郡貢麝香二十五顆。今慶州。

靈武郡貢鹿角膠，代赭，花蓯蓉，白鵰翎。今靈州。

榆林郡貢青鹿角兩具，徐長卿十斤，赤芍藥十斤。今勝州。

延安郡貢麝香三十顆。今延州。

咸寧郡貢麝香一顆。今丹州。

銀川郡貢女稽布五端。今銀州。

平涼郡貢九尺白氈十領。今原州。

九原郡貢野馬胯皮二十一片，白麥麵，印盛鹽。今豐州。

會寧郡貢駝毛褐兩段。今會州。

五原郡貢鹽山四十顆。今鹽州。

新秦郡貢青地鹿角二具，鹿角三十具。今麟州。

單于都護府貢生野馬胯皮總十二片。

安北都護府貢生野馬胯皮二十一片。

太原府貢銅鏡兩面，甘草三十一斤，礬石三十斤，龍骨三十斤，蒲萄粉屑，栢子仁。

上黨郡貢人參三百小兩，墨三梃。今潞州。

河東郡貢綾絹扇四面，龍骨二十斤，棗八千顆，鳳栖梨三千五百顆。今蒲州。

絳郡貢粱穀二十石，墨千四百七十梃，白穀五百疋，梨三千顆。今絳州。

平陽郡貢蠟燭三十條。今晉州。

西河郡貢龍鬚蓆十領，石膏五十斤，消石五十斤。今汾州。

弘農郡貢麝香十顆，硯瓦十具。今虢州。

高平郡貢白石英五十小兩，人參三十兩。今澤州。

太寧郡貢胡女布五端。今隰州。

昌化郡貢胡女布五端。今石州。

文城郡貢蠟二百斤。今慈州。

陽城郡貢龍鬚蓆六領。今沁州。

定襄郡貢豹尾十枚。今忻州。

樂平郡貢人參三十兩。今儀州。

雁門郡貢白雁翎五具，熟青二十兩，熟綠二十兩。今代州。
樓煩郡貢麝香十顆。今嵐州。
安邊郡貢松子一石。今蔚州。
馬邑郡貢白鵰翎五具。今朔州。
河南府貢瓷器十五事。
陝郡貢栢子仁瓜蔞根各三十斤。今陝州。
陳留郡貢絹二十疋。今汴州。
滎陽郡貢絹二十疋，麻黄二十斤。今鄭州。
臨汝郡貢絁二十疋。今汝州。
睢陽郡貢絹二十疋。今宋州。
靈昌郡貢綾二十疋並方文。今滑州。
潁川郡貢絹十疋，蔗心蓆六領。今許州。
譙郡貢絹二十疋。今亳州。
濮陽郡貢絹二十疋。今濮州。
濟陰郡貢蛇床子二十斤，絹二十疋。今曹州。
北海郡貢棗兩石，仙文綾十疋。今青州。
淮陽郡貢絹十疋。今陳州。
汝南郡貢鸂鶒綾十疋。今豫州。
東平郡貢絹二十疋。今鄆州。
淄川郡貢防風五十斤，進理石五斤。今淄州。
臨淄郡貢絲葛十五疋。今齊州。
魯郡貢鏡花綾十疋，紫石英二十五兩。今兖州。
彭城郡貢絹二十疋。今徐州。
臨淮郡貢綿二十屯，貲布十疋。今泗州。
汝陰郡貢綿二十屯。今潁州。
東海郡貢楚布十疋。今海州。
濟陽郡貢阿膠二百小斤，鹿角膠三十小斤。今濟州。
瑯琊郡貢紫石英二十兩。今沂州。
高密郡貢貲布十端，牛黄一斤，海蛤二十兩。今密州。
東牟郡貢牛黄百二十八銖，水葱蓆六領。今登州。
范陽郡貢綾二十疋。今幽州。
河内郡貢平紗十疋。今懷州。
魏郡貢白綿紬八疋，白平紬八疋。今魏州。
汲郡貢綿三百兩。今衛州。
鄴郡貢紗十疋，鳳翮蓆六領，胡粉百圓。今相州。
廣平郡貢平紬十疋。今洺州。
清河郡貢氈十領。今貝州。
信都郡貢絹二十疋，綿二十屯。今冀州。
平原郡貢絹二十疋。今德州。
饒陽郡貢絹二十疋。今深州。
河間郡貢絹二十疋。今瀛州。
東萊郡貢牛黄百二十二兩。今萊州。
常山郡貢梨六百顆，羅二十疋。今恒州。
景城郡貢細簟四領，細柳箱八十合，糖蟹二十三坩，鱧鮬三百五十梃。今滄州。
博陵郡，貢細綾千二百七十疋，兩窠細綾十五疋，瑞綾二百五十五疋，大獨窠綾二十五疋，獨窠綾十疋。今定州。
趙郡貢錦五十疋。今趙州。
鉅鹿郡貢絲布十疋。今邢州。
博平郡貢紬十疋。今博州。
文安郡貢綿三百兩。今莫州。
上谷郡貢墨二百梃。今易州。
樂安郡貢絹十疋。今棣州。
北平郡貢蔓荊子四斤。今平州。
密雲郡貢人參五斤。今檀州。
嬀川郡貢麝香十顆。今嬀州。
漁陽郡貢鹿角膠十斤。今薊州。
柳城郡貢麝香十顆。今營州。
歸德郡貢豹尾三枚。今燕州。
安東都護府貢人參五斤。
武威郡貢野馬皮五張，白小麥十石。今涼州。

天水郡貢龍鬚蓆六領，芎藭四十斤。今秦州。

安西都護府貢硇砂五十斤，緋氊五領。

北庭都護府貢陰牙角五隻，速霍角十隻，阿魏截根二十斤。

交河郡貢氎布十端。今西州。

晉昌郡貢草豉子，野馬皮，黃礬，絳礬，胡桐律。今瓜州。

西平郡貢牸犀角十隻。今鄯州。

隴西郡貢麝香十顆，秦艽。今渭州。

燉煌郡貢碁子二十具，石膏。今沙州。

酒泉郡貢肉蓯蓉二十斤，柏脉根二十，野馬皮兩張。今肅州。

金城郡貢麝香十顆，鼧鼥鼠六頭。今蘭州。

安鄉郡貢麝香二十顆。今河州。

同谷郡貢蠟燭十條。今成州。

和政郡貢龍鬚蓆六領並青黃色。今岷州。

武都郡貢蠟燭十條，密蠟，羚羊角。今武州。

臨洮郡貢麝香十顆。今洮州。

懷道郡貢麩金十兩，散金十兩。今宕州。

寧塞郡貢麩金六兩，大黃，戎鹽。今廓州。

合川郡貢麝香二十顆。今疊州。

張掖郡貢野馬皮十張，枸杞子六斗，葉二十斤。今甘州。

伊吾郡貢陰牙角五隻，胡桐律二十五斤。今伊州。

廣陵郡貢蕃客錦袍五十領，錦被五十張，半臂錦百段，新加錦袍二百領，青銅鏡十面，莞蓆十領，獨窠細綾十疋，蛇床子一斗，蛇床仁一斗，鐵精一斤，兎絲子一斤，白芒十五斤，空青三兩，造水牛皮甲千領并袋。今揚州。

安陸郡貢青紵十五疋。今安州。

弋陽郡貢葛十疋，生石斛六十斤。今光州。

義陽郡貢葛十疋。今申州。

廬江郡貢絲布十疋，石斛六十斤。今廬州。

蘄春郡貢白苧布十五疋，烏蛇脯。今蘄州。

同安郡貢蠟五十斤，石斛六十斤。今舒州。

歷陽郡貢麻布十疋。今和州。

鍾離郡貢絲布十疋。今濠州。

壽春郡貢絲布十疋，生石斛五十斤。今壽州。

齊安郡貢紫苧布十端，䖟蟲二斤。今黃州。

淮陰郡貢貲布十疋。今楚州。

漢陽郡貢麻貲布十疋。今沔州。

江陵郡貢白方文綾二十疋，橘皮九十斤，梔子五斤，貝母十斤，覆盆子三斤，石龍芮一斤，烏梅肉十斤。今荊州。

永陽郡貢苧練十五疋。今滁州。

襄陽郡貢五盛碎石文庫路真二具，十盛花庫路真二具。今襄州。

南陽郡貢絲布十疋。今鄧州。

淮安郡貢絹千疋。今唐州。

上洛郡貢麝香三十顆。今商州。

安康郡貢麩金五兩，乾漆六斤，杜仲二十斤，椒目十斤，黃蘗六斤，枳實六斤，枳殼十四斤，茶芽一斤，椒子一石，雷丸五兩。今金州。

武當郡貢麝香二十顆。今均州。

房陵郡貢麝香二十顆，雷丸，石膏，蒼礬石。今房州。

漢東郡貢綾十疋，葛五疋，覆盆子。今隋州。

南浦郡貢金五兩。今萬州。

澧陽郡貢柑子四百顆，橘子七百顆，龜子綾十疋，恒山一斤，五入簟四領，蜀漆一斤。今澧州。

雲安郡貢蠟百斤。今夔州。

竟陵郡貢白苧布一端。今復州。

武陵郡貢紵練布十端。今朗州。

夷陵郡貢茶二百五十斤，柑子二千顆，五加皮二斤，杜若二斤，芒硝四十斤，鬼臼二斤，蠟百斤。今峽州。

南賓郡貢蘇薰蓆四領，綿紬五疋。今忠州。

富水郡貢白苧布十端。今郢州。

巴東郡貢蠟四十斤。今歸州。

漢中郡貢紅花百斤，胭脂一升。今梁州。

通川郡貢綿紬三疋，蜂香五斤，藥子二百顆。今通州。

順政郡貢蠟六十斤。今興州。
巴川郡貢牡丹皮十斤，藥子二百顆。今合州。
清化郡貢綿紬十疋。今巴州。
河池郡貢蠟百斤。今鳳州。
洋川郡貢白樓十疋。今洋州。
益昌郡貢絲布十疋。今利州。
咸安郡貢綿紬十疋。今蓬州。
盛山郡貢蠟四十斤，車前子一斤。今開州。
始寧郡貢綿紬十疋。今璧州。
南平郡貢葛五疋。今渝州。
符陽郡貢蠟五十斤，藥子二百顆。今集州。
潾山郡貢綿紬十疋，買子木十斤子一升。今渠州。
丹陽郡貢方文綾七疋，水文綾八疋。今潤州。
晉陵郡貢細青苧布十疋。今常州。
吳郡貢絲葛十疋，白石脂三十斤，蛇床子三升，鯔魚皮三十頭，鮸魚腊五十頭，鴨胞七斤，肚魚五十頭，魚子五升，嫩藕三百段。今蘇州。
餘杭郡貢白編綾十疋，橘子二千顆，蜜薑十石。今杭州。
會稽郡貢朱砂一十兩，白編綾十疋，交梭綾十疋，輕綢十疋。今越州。
餘姚郡貢附子百枚。今明州。
東陽郡貢紙六千張，綿六百兩，葛粉二十石。今婺州。
新定郡貢文綾二十疋，竹簟一合。今睦州。
信安郡貢綿百屯，紙六千張。今衢州。
吳興郡貢苧布三十端。今湖州。
臨海郡貢鮫魚皮百張，乾薑百斤，乳柑六千顆，金漆五升三合。今台州。
永嘉郡貢鮫魚皮三十張。今温州。
新安郡貢苧布十五端，竹簟一合。今歙州。
長樂郡貢蕉布二十疋，海蛤一升。今福州。
清源郡貢綿二百兩。今泉州。
建安郡貢蕉布二十疋，練十疋。今建州。
臨汀郡貢蠟燭二十條。今汀州。
漳浦郡貢鮫魚皮二十張，甲香五斤。今漳州。
潮陽郡貢蕉布十疋，蚺蛇膽十枚，鮫魚皮十張，甲香五斤，石井，銀石，水馬。今潮州。
宣城郡貢白苧布十疋。今宣州。
豫章郡貢葛五十疋，柑子六千顆。今洪州。
鄱陽郡貢麩金十兩，簟一合。今饒州。
長沙郡貢葛十五疋。今潭州。
南康郡貢竹布二十疋。今虔州。
零陵郡貢葛十疋，石鸗二百顆。今永州。
臨川郡貢葛布十疋，箭簳百萬莖。今撫州。
桂陽郡貢白苧布十疋。今郴州。
廬陵郡貢白苧布二十端，陟厘十斤。今吉州。
潯陽郡貢葛十疋，生石斛十斤。今江州。
江華郡貢零陵香百，白布十端。今道州。
衡陽郡貢麩金十四兩。今衡州。
江夏郡貢銀五十兩。今鄂州。
宜春郡貢白苧布十疋。今袁州。
巴陵郡貢白苧布十疋。今岳州。
邵陽郡貢銀二十兩。今邵州。
蜀郡貢單絲羅二十疋，高苧衫段二十疋。今益州。
唐安郡貢羅二十疋。今蜀州。
濛陽郡貢交梭二十疋。今彭州。
德陽郡貢彌布十疋，紵布十疋。今漢州。
通義郡貢麩金八兩，柑子不限多少。今眉州。
梓潼郡貢綾十六疋。今梓州。
巴西郡貢雙紃二十疋。今綿州。
普安郡貢絲布十疋，蘇薫席六領。今劍州。
閬中郡貢重連綾二十疋。今閬州。
資陽郡貢麩金七兩，柑子不限多少。今資州。
臨邛郡貢絲布十疋。今邛州。
通化郡貢麝香六十枚，齊香十枚，扇香十枚，顆香三十枚。今茂州。

交川郡貢麝香三十顆，當歸七斤，羌活五斤，野狐尾五枚。今松州。
越巂郡貢絲布十疋，進刀子靶六十枚。今巂州。
南溪郡貢葛十疋，六月進荔枝煎。今戎州。
遂寧郡貢樗蒲綾十五疋，乾天門冬百一十斤。今遂州。
南充郡貢絲布十疋。今果州。
仁壽郡貢細葛五疋。今陵州。
犍爲郡貢麩金五兩。今嘉州。
盧山郡貢金，落雁木。今雅州。
瀘山郡貢葛十疋。今瀘州。
陽安郡貢綿紬十疋，柑子不限多少。今簡州。
安岳郡貢葛十疋，天門冬煎四斗。今普州。
洪源郡貢蜀椒一石。今黎州。
陰平郡貢麝香二十顆，白密一石。今文州。
同昌郡貢麝香十顆。今扶州。
江油郡貢麩金六兩，羚羊角六具。今龍州。
臨翼郡貢麝香三十四顆，氂牛尾五斤，當歸十斤。今翼州。
歸誠郡貢麝香六顆，氂牛尾五斤，當歸二十斤。今悉州。
靜川郡貢麝香六顆，當歸十斤，羌活十斤，氂牛尾五斤。今靜州。
恭化郡貢麝香二十顆，當歸十斤，羌活十斤。今恭州。
維川郡貢麝香二十顆，氂牛尾十斤。今維州。
和義郡貢班布六疋。今榮州。
雲山郡貢麝香十顆，黑氂牛尾二斤。今奉州。
蓬山郡貢麝香十顆，當歸十斤，羌活十斤。今柘州。
黔中郡貢朱砂十斤。今黔州。
盧溪郡貢光明砂四斤。今辰州。
靈溪郡貢朱砂十斤，茶芽二百斤。今溪州。
潭陽郡貢麩金八兩。今巫州。
盧陽郡貢光明砂一斤。今錦州。
清江郡貢黃連十斤，蠟十斤，黃子二百顆。今施州。
涪陵郡貢連頭獠布十段。今費州。
寧夷郡貢蠟五十斤。今思州。
義泉郡貢蠟燭十條。今夷州。
龍溪郡貢蠟二十斤。今業州。
南川郡貢布五端。今南州。
南海郡貢生沉香七十斤，甲香三十斤，石斛二十斤，鼊皮三十斤，蚺蛇膽五枚，詹沉香二十五斤，藤簟二合，竹簟五領。今廣州。
始安郡貢銀百兩。今桂州。
安南都護府貢蕉布十端，檳榔二千顆，魚皮二十張，蚺蛇膽二十枚，翠毛二百合。
普寧郡貢朱砂二十斤，水銀二十斤。今容州。
始興郡貢鍾乳二十四斤十二兩二分，竹子布十五疋，石斛二十斤。今韶州。
臨賀郡貢銀三十兩。今賀州。
連山郡貢細布十疋，鍾乳十兩。今連州。
高要郡貢銀二十兩。今端州。
平樂郡貢銀二十兩。今昭州。
新興郡貢銀五十兩，蕉布五疋。今新州。
南潘郡貢銀二十兩。今潘州。
陵水郡貢銀二十兩。今辯州。
高涼郡貢銀二十兩，蚺蛇膽二枚。今高州。
臨封郡貢銀二十兩，石斛十小斤。今封州。
南陵郡貢銀二十兩，石斛十小斤。今春州。
招義郡貢銀二十兩。今羅州。
日南郡貢象牙二根，犀角四根，沉香二十斤，金薄黃屑四石。今驩州。
玉山郡貢玳瑁二具，鼊皮六十斤，翠毛三百合，甲香二斤。今陸州。
寧仁郡貢銀二十兩。今黨州。
懷澤郡貢細白苧布十端。今貴州。
龍城郡貢銀二十兩。今柳州。
同陵郡貢石斛二十小斤，銀二十兩。今勤州。
海豐郡貢五色藤鏡匣一具，蚺蛇膽三枚甲煎二兩，鯅魚皮三，筌臺一。今循州。

唐 李吉甫《元和郡縣圖志》卷一《京兆府》 貢、賦：開元貢：葵草席，地骨白皮，酸棗仁。 賦：緜、絹。

唐 李吉甫《元和郡縣圖志》卷二《華州》 貢、賦：開元貢：茯神、茯苓、細辛。賦：緜、絹（布）。

唐 李吉甫《元和郡縣圖志》卷二《同州》 貢、賦：開元貢：縐紋吉莫皮二十張。賦：絹，（布）（緜）。元和貢：麝香，麻黄，地黄，蒺藜子，皺紋靴，石鏉餅，寒山石。

唐 李吉甫《元和郡縣圖志》卷二《鳳翔府》 貢、賦：開元貢：龍鬚席，蠟燭。賦：麻，布。

唐 李吉甫《元和郡縣圖志》卷二《隴州》 貢、賦：開元貢：榛實，龍鬚席五領。賦：布，麻。

唐 李吉甫《元和郡縣圖志》卷三《邠州》 貢、賦：開元貢：蓽豆，白蠟。賦：麻，布，米粟。

唐 李吉甫《元和郡縣圖志》卷三《慶州》 貢、賦：開元貢：牛蘇，麝香。賦：胡布。

唐 李吉甫《元和郡縣圖志》卷三《丹州》 貢、賦：開元貢：麝香，蠟燭，龍鬚席。賦：麻，布。元和貢同。

唐 李吉甫《元和郡縣圖志》卷三《延州》 貢、賦：開元貢：蜜蠟，麝香。賦：麻，布。元和貢、賦同。

唐 李吉甫《元和郡縣圖志》卷四《靈州》 貢、賦：開元貢：甘草，青蟲子，鹿皮，紅花，野馬皮，烏翎，鹿角膠，雜筋，麝香，花蓯蓉，赤檉，馬鞭。

唐 李吉甫《元和郡縣圖志》卷四《綏州》 貢、賦：開元貢：蠟。賦：布，麻。

唐 李吉甫《元和郡縣圖志》卷六《陝州》 貢、賦：開元貢：柏子仁，瓜蔞。賦：絹，綿，絲，布，絁。

唐 李吉甫《元和郡縣圖志》卷六《虢州》 貢、賦：開元貢：天門冬，地骨白皮，麝香。賦：絹，絁，綿。

唐 李吉甫《元和郡縣圖志》卷八《許州》 貢、賦：開元貢：蔗心席，（乾柿）。賦：緜，絹。元和貢：蔗心席六領，絹二十匹，乾柿。

唐 李吉甫《元和郡縣圖志》卷一〇《青州》 貢、賦：開元貢：仙文綾，棗，糖，海物。賦：綿，絹。

唐 李吉甫《元和郡縣圖志》卷一二《河中府》 貢、賦：開元貢：麥[illegible]扇，竹扇，漆匣，乾棗，鳳棲梨，龍骨。賦：絹，綿，麻，布。

唐 李吉甫《元和郡縣圖志》卷一二《絳州》 貢、賦：開元貞：梨，蠍，防風。賦：布，麻。

唐 李吉甫《元和郡縣圖志》卷一二《晉州》 貢、賦：開元貢：蠟，燭。賦：麻，布。

唐 李吉甫《元和郡縣圖志》卷一二《慈州》 貢、賦：開元貢：蠟，白蜜。賦：麻，布。

唐 李吉甫《元和郡縣圖志》卷一二《隰州》 貢、賦：開元貢：蠟，白蜜，麝香，胡女布。賦：麻，布。

唐 李吉甫《元和郡縣圖志》卷一三《太原府》 貢、賦：開元貢：人參，黄石礦，柏子仁，蒲萄，甘草，龍骨，特生草，銅鏡。賦：布，麻。

唐 李吉甫《元和郡縣圖志》卷一三《儀州》 貢、賦：開元貢：人參三十兩。

唐 李吉甫《元和郡縣圖志》卷一四《嵐州》 貢、賦：開元貢：熊皮，石蜜。賦：布，麻。

唐 李吉甫《元和郡縣圖志》卷一四《石州》 貢、賦：開元貢：胡女布三端。龍鬚席五領，麝香，蜜蠟。賦：麻，布。

唐 李吉甫《元和郡縣圖志》卷一四《忻州》 貢、賦：開元貢：麝香，扇十五枚。賦：麻，布。

唐 李吉甫《元和郡縣圖志》卷一四《代州》 貢、賦：開元貢：鵰翎五具，麝香。賦：布、麻。

唐 李吉甫《元和郡縣圖志》卷一四《蔚州》 貢、賦：開元貢：熊皮，豹皮。賦：麻，布。

唐 李吉甫《元和郡縣圖志》卷一四《朔州》 貢、賦：開元貢：白鵰翎四具。

唐 李吉甫《元和郡縣圖志》卷一四《雲州》 貢、賦：開元貢：鵰翎五具。賦：布，麻。

唐 李吉甫《元和郡縣圖志》卷一五《潞州》 貢、賦：開元貢：人參，墨。賦：麻，布。

唐 李吉甫《元和郡縣圖志》卷一五《澤州》 貢、賦：開元貢：白石英五十斤，人參。賦：麻，布。元和貢：白石英，野鷄九十隻。

唐　李吉甫《元和郡縣圖志》卷一八《滄州》　貢、賦：開元貢：柳箱，葦簟，糖蟹，鱧鮬。賦：緜，絹。

唐　李吉甫《元和郡縣圖志》卷二〇《襄州》　貢、賦：開元貢：火麻布，庫路真。賦：綿，絹。元和貢：麝香，綾紗，竹扇，橙子，柘木，弩材，漆器。

唐　李吉甫《元和郡縣圖志》卷二一《均州》　貢、賦：開元貢：麝香，山雞皮毛。賦：絹布，綿，麻。

唐　李吉甫《元和郡縣圖志》卷二一《房州》　貢、賦：開元貢：麝香，蠟，鍾乳，蒼礬石。賦：布，麻。元和貢：麝香二十顆，茜草，石膏，雷丸。

唐　李吉甫《元和郡縣圖志》卷二二《利州》　貢、賦：開元貢：天門冬，金鋼鐵，絲布。賦：布，緜絹。元和貢：芎藭，麝香。

唐　李吉甫《元和郡縣圖志》卷二二《鳳州》　貢、賦：開元貢：蠟一百斤。賦：布，麻。元和貢：蜜，土布。

唐　李吉甫《元和郡縣圖志》卷二二《興州》　貢、賦：開元貢：蠟六十斤，硃砂。賦：布，麻。

唐　李吉甫《元和郡縣圖志》卷二二《成州》　貢、賦：開元貢：蠟燭，鹿茸，防葵，狼毒。賦：布，麻。

唐　李吉甫《元和郡縣圖志》卷二二《文州》　貢、賦：開元貢：麝香，蠟燭。賦：布，麻。

唐　李吉甫《元和郡縣圖志》卷二二《扶州》　貢、賦：開元貢：麝香，當歸，芎藭。賦：布，麻。

唐　李吉甫《元和郡縣圖志》卷二五《杭州》　貢、賦：開元貢：黃藤紙，橘，黃連，緋綾，紋紗。賦：紵布。元和貢：白編綾十二匹。

唐　李吉甫《元和郡縣圖志》卷二五《杭州・富陽縣》　縣有王洲，出橘，爲江東之最，今見進供。

唐　李吉甫《元和郡縣圖志》卷二六《越州》　貢、賦：開元貢：甘橘，甘蔗，葛根，石蜜，交梭白綾。自貞元之後，凡貢之外，別進異文吴綾，及花鼓歇單絲吴綾、吴朱紗等纖麗之物，凡數十品。

唐　李吉甫《元和郡縣圖志》卷二六《婺州》　貢、賦：開元貢：藤，紙。賦：紵布。元和貢：纖纊，白藤，細紙。

唐　李吉甫《元和郡縣圖志》卷二六《衢州》　貢、賦：開元貢：緜紙。賦：紵布。元和貢：紙，黃連，葛粉，簟，扇，龍鬚席。

唐　李吉甫《元和郡縣圖志》卷二六《明州》　貢、賦：開元貢　元和貢：海肘子，橘子，紅蝦米，鱝子，紅蝦鮓，烏蝍骨。

唐　李吉甫《元和郡縣圖志》卷二八《虔州》　貢、賦：開元貢：白紵布，乾薑。元和貞：白紵布，蜜梅。

唐　李吉甫《元和郡縣圖志》卷二八《信州》　貢、賦：元和貢：綿，藤紙。

唐　李吉甫《元和郡縣圖志》卷二八《邵州》　貢、賦：開元貢：黃蠟，麻布。元和貢：銀。

唐　李吉甫《元和郡縣圖志》卷二九《泉州》　貢、賦：開元貢：蠟燭。賦：紵布，紵麻。元和貢：綿二十斤，蚺蛇膽。

唐　李吉甫《元和郡縣圖志》卷二九《漳州》　貢、賦：開元貢：鮫魚皮，甲香，蠟。元和貢：鮫魚皮。

唐　李吉甫《元和郡縣圖志》卷二九《汀州》　貢、賦：開元貢：蠟，偃鼠皮。

唐　李吉甫《元和郡縣圖志》卷三〇《黔州》　貢、賦：開元貢：黃蠟。賦：紵，布。元和貢：蠟五十斤，竹布，紵麻布。

唐　李吉甫《元和郡縣圖志》卷三〇《涪州》　貢、賦：開元貢：麩金，文鐵刀，葯醬。元和貢：白蜜，連頭十段布一匹。

唐　李吉甫《元和郡縣圖志》卷三〇《夷州》　貢、賦：開元貢：斑布。賦：粗布。元和貢：葛粉三十斤。

唐　李吉甫《元和郡縣圖志》卷三〇《思州》　貢、賦：開元貢：葛，朱砂。

唐　李吉甫《元和郡縣圖志》卷三〇《珍州》　貢、賦：開元貢：蠟。元和貢：蠟十五斤。

唐　李吉甫《元和郡縣圖志》卷三〇《溱州》　貢、賦：開元貢：茄子，楮皮布，紵布，黃蠟。元和貢：蠟四十斤。

唐　李吉甫《元和郡縣圖志》卷三〇《溪州》　貢、賦：開元貢：朱砂，黃連。元和貢：朱砂一十斤，黃蠟二百斤。

唐　李吉甫《元和郡縣圖志》卷三〇《施州》　貢、賦：開元貢：清油，蜜，黃連，蠟。元和貢：黃連十斤，藥子二百顆。

唐　李吉甫《元和郡縣圖志》卷三〇《獎州》　貢、賦：年貢：熟蠟三十斤。

唐 李吉甫《元和郡縣圖志》卷三一《蜀州》貢、賦：開元貢：羅十八匹，木蘭皮，沙糖。元和貢：白羅，木蘭皮。

唐 李吉甫《元和郡縣圖志》卷三一《戎州》貢、賦：開元貢：葛五匹，紵布。元和貢：荔枝煎四十。

唐 李吉甫《元和郡縣圖志》卷三一《資州》貢、賦：開元貢：麩金。賦：綿絹。元和貢：麩金，柑子，麻布。

唐 李吉甫《元和郡縣圖志》卷三二《眉州》貢、賦：開元貢：麩金八兩，獠麻布，柑子。元和貢同。

唐 李吉甫《元和郡縣圖志》卷三二《松州》貢、賦：開元貢：狐尾，當歸，犀，牛酥。

唐 李吉甫《元和郡縣圖志》卷三二《茂州》貢、賦：開元貢：麝香，升麻。賦：麻布。元和貢：麝香，生馬牙硝。

唐 李吉甫《元和郡縣圖志》卷三二《翼州》貢、賦：開元貢：麝香。賦：麻布。元和貢：散麝。

唐 李吉甫《元和郡縣圖志》卷三二《維州》貢、賦：開元貢：麝香。

唐 李吉甫《元和郡縣圖志》卷三二《當州》貢、賦：開元貢：麝香，大黄，當歸，犛牛尾，羚羊角。元和貢：當歸，散麝香。

唐 李吉甫《元和郡縣圖志》卷三二《悉州》貢、賦：開元貢：麝香，當歸，羌活，犛牛酥井尾。元和貢：麝香，當歸。

唐 李吉甫《元和郡縣圖志》卷三二《静州》貢、賦：開元貢：麝香，犛牛酥。

唐 李吉甫《元和郡縣圖志》卷三二《柘州》貢、賦：開元貢：麝香，當歸，羌活。

唐 李吉甫《元和郡縣圖志》卷三二《真州》貢、賦：元和貢：當歸三斤半，麝香。

唐 李吉甫《元和郡縣圖志》卷三三《黎州》貢、賦：開元貢：椒一石。

唐 李吉甫《元和郡縣圖志》卷三三《梓州》貢、賦：開元貢：綾，綿，絲布。賦：布，絹。元和貢：綾，柑子，空青，曾青。

唐 李吉甫《元和郡縣圖志》卷三三《遂州》貢賦：開元貢：樗蒲綾十五匹。元和貢：天門冬，柑子。

唐 李吉甫《元和郡縣圖志》卷三三《渝州》貢、賦：開元貢：葛五匹，藥子。元和貢：葛，牡丹皮。

唐 李吉甫《元和郡縣圖志》卷三三《合州》貢、賦：開元貢：藥子一百顆，牡丹皮一斤，桃竹筯。元和貢：牡丹皮，木藥子。

唐 李吉甫《元和郡縣圖志》卷三三《龍州》貢、賦：開元貢：麩金，羚羊角，天雄。元和貢：烏頭，附子，羚羊角，天雄，側子。

唐 李吉甫《元和郡縣圖志》卷三四《廣州》貢、賦：開元貢：絲布，竹布，蕉布，沈香，甲香，鍾乳，石斛，蚺蛇膽，山薑。元和貢：荔枝煎，山薑，餘甘子，鼊皮，石斛，鍾乳，沈香，甲香，占臘香，蚺蛇膽。

唐 李吉甫《元和郡縣圖志》卷三四《韶州》貢、賦：開元貢：麻布，竹布十五匹，鍾乳五兩，乳花。元和貢：鍾乳，乳花，蘭桂，石斛。

唐 李吉甫《元和郡縣圖志》卷三七《賀州》貢、賦：開元貢：蕉布，蚺蛇膽，石斛，竹布。元和貢：銀三十兩，千金藤，班弓彈弓面。

唐 李吉甫《元和郡縣圖志》卷三七《融州》貢、賦：開元貢：黄藤，防風。元和貢：金二兩，桂二十五斤。

唐 李吉甫《元和郡縣圖志》卷三八《安南》貢、賦：開元貢：孔雀，蕉布，犀角，蚺蛇膽，鸚鵡，金，草豆蔻，龍花蘂，翡毛，翠毛，鮫魚皮，檳榔，黄屑，白露鮮。

唐 李吉甫《元和郡縣圖志》卷三八《愛州》貢、賦：開元貢：孔雀尾。賦：緜。元和貢：孔雀尾十具，翡尾一百枝，檳榔五百顆，犀角二十斤。

唐 李吉甫《元和郡縣圖志》卷三八《驩州》貢、賦：開元貢：象牙，沈香，翠毛，犀角，金箔，黄屑。

唐 李吉甫《元和郡縣圖志》卷三八《峯州》貢、賦：開元貢：八蠶絲，檳榔，荳蔻，蚺蛇膽。元和貢：荳蔻三千三百顆，翠毛一百合，犀角四十斤。

唐 李吉甫《元和郡縣圖志》卷三八《演州》貢、賦：開元貢：孔雀尾，黄屑，金箔。元和貢：金箔，黄屑。

唐 李吉甫《元和郡縣圖志》卷三八《諒州》貢：白蠟二十三斤。

唐 李吉甫《元和郡縣圖志》卷三八《郡州》貢：白蠟二十斤，孔雀尾二具，蚺蛇膽二枚。

唐 李吉甫《元和郡縣圖志》卷三八《唐林州》貢：白蠟二十斤。

唐 李吉甫《元和郡縣圖志》卷三八《貢州》貢：翠毛三百合。

唐　李吉甫《元和郡縣圖志》卷三八《武定州》　貢：翠毛二百二十合。

唐　李吉甫《元和郡縣圖志》卷三九《渭州》　貢、賦：開元貢：秦艽，麝香。　賦：布、麻。

唐　李吉甫《元和郡縣圖志》卷三四《循州》　貢、賦：開元貢：蚺蛇膽，甲香，藤器，鮫魚皮。　元和貢：羅浮柑子，蚺蛇膽，藤箱，大甲香，小甲香，水馬，大魚睛。

唐　李吉甫《元和郡縣圖志》卷三九《武州》　貢、賦：開元貢：蠟燭，椒。　賦：布。

唐　李吉甫《元和郡縣圖志》卷三九《河州》　貢、賦：開元貢：麝香，麩金。　賦：布，麻。

唐　李吉甫《元和郡縣圖志》卷三九《鄯州》　貢、賦：開元貢：褐十匹，羚羊角兩隻。　賦：布，麻。

唐　李吉甫《元和郡縣圖志》卷三九《廓州》　貢、賦：開元貢：麩金，大黄，戎鹽，麝香。　賦：布，麻。

唐　李吉甫《元和郡縣圖志》卷三九《岷州》　貢、賦：開元貢：龍鬚席，鸚鵡鳥，氂牛酥，雕翎。　賦：布，麻。

唐　李吉甫《元和郡縣圖志》卷三九《疊州》　貢、賦：開元貢：甘松香，麝香，酥。　賦：布，麻。

唐　李吉甫《元和郡縣圖志》卷三九《宕州》　貢、賦：開元貢：麩金，麝香。　賦：布，麻。

唐　李吉甫《元和郡縣圖志》卷四〇《甘州》　貢、賦：開元貢：野馬皮，白柰，枸杞。

唐　李吉甫《元和郡縣圖志》卷四〇《西州》　貢、賦：開元貢：氎毛，刺蜜，乾蒲萄。

宋　王溥《唐會要》卷八八《倉及常平倉》　建中三年九月，户部侍郎趙贊上言曰：伏以舊制，置倉儲粟，名曰常平。軍興已來，此事寖廢，因循未齊，垂三十年。其間或因凶荒流散，餧死相食者，不可勝紀。古者，平準之法，使萬室之邑，必有萬鍾之藏。春以奉耕，夏以奉耘。雖有大賈富家，不得豪奪吾民者，蓋謂能行轉重之法也。自陛下登極以來，許京城兩市置常平，官糴鹽米，雖經頻年少雨，米價未騰貴，此乃即日明驗，實要推而廣之。當軍興之時，與承平或異，事須兼儲布帛，以備時須。臣今商量，請于兩都并江陵東都揚汴蘇洪等州府，各置常平，輕重本錢，上至百萬貫，下至數十萬貫，隨其所宜。量定多少，唯置斛斗疋段絲麻等。候物貴則減價出賣，物賤則加價收糴，權其輕重，以利疲民。從之。贊于是條奏諸道津要都會之所，皆置吏閲商人財貨，計錢每貫税二十文。天下所出竹木茶漆，皆十一税之，以充常平本。時國用稍廣，常賦不足，所税亦隨得而盡，終不能爲常平本。

宋　王溥《唐會要》卷八四《雜税》　唐文宗太和七年四月，御史臺奏，伏准太和三年十二月十八日赦文，天下除兩税外，不得妄有科配。其擅加雜榷率，一切宜停，令御史臺嚴加察訪者。臣伏以方今天下無事，聖政日修，務去煩苛，與人蘇息。臣昨因嶺南道擅置竹練場，税法至重，害人頗深。博訪諸道，委知自太和三年准赦文兩税外停廢等事，旬月之内或以督察不嚴，或以長吏更改，依前即置，重困齊民。伏望起今後，應諸道自太和三年准赦文所停税外，科配雜榷率等，復已卻置者，仰勑到十日内，具卻置事由聞奏，仍申報臺司，每有出使郎官御史，令嚴加察訪。苟有此色，本判官重加懲責，長吏奏聽進止。勑旨，宜依。

宋　歐陽修《新唐書》卷四一《地理志五》　壽州壽春郡，中都督府。本淮南郡，天寶元年更名。土貢：絲布、絁、茶、生石斛。

又　廬州廬江郡，上。土貢：花紗、交梭絲布、茶、蠟、酥、鹿脯、生石斛。

又　舒州同安郡，上。至德二載更名盛唐郡，後復故名。土貢：紵布、酒器、鐵器、石斛、蠟。

又　蘄州蘄春郡，上。土貢：白紵、簟、鹿毛筆、白花蛇、烏蛇脯。

又　蘇州吴郡，雄。土貢：絲葛、絲綿、八蠶絲、緋綾、布、白角簟、草席、鞵、大小香杭、柑、橘、藕、鯔皮、魬、鮨、鴨胞、肚魚、魚子、白石脂、蛇粟。

又　湖州吴興郡，上。武德四年，以吴郡之烏程縣置。土貢：御服、烏眼綾、折皂布、綿紬、布、紵、糯米、黄糙、(柴)〔紫〕筍茶、木瓜、杭子、乳柑、蜜、金沙泉。

又　杭州餘杭郡，上。土貢：白編綾、緋綾、藤紙、木瓜、橘、蜜蕈、乾蕈、芑、牛膝。

又　越州會稽郡，中都督府。土貢：寶花、花紋等羅、白編、交梭、十樣花紋等綾、輕容、生縠、花紗、吴絹、丹砂、石蜜、橘、葛粉、瓷器、紙、筆。

又　衢州信安郡，上。武德四年析婺州之信安縣置，六年没輔公祏，因廢州，垂拱二年析婺州之信安、龍丘、常山復置。土貢：綿紙、竹扇。

又　處州縉雲郡，上。本括州永嘉郡，天寶元年更郡名，大曆十四年更州名。土貢：綿、蠟、黄連。

又 婺州東陽郡，上。土貢：綿、葛、紵布、藤紙、漆、赤松澗米、香秔、葛粉，黄連。

又 温州永嘉郡，上。高宗上元元年析括州之永嘉、安固置。土貢：布、柑、橘、蔗、蛟革。

又 台州臨海郡，上。本海州，武德四年以永嘉郡之臨海置。土貢：金漆、乳柑、乾薑、甲香、蛟革、飛生鳥。

又 福州長樂郡，中都督府。本泉州建安郡治，武德六年別置，景雲二年曰閩州，開元十三年更州名，天寶元年更郡名。土貢：蕉布、海蛤、文扇、茶、橄欖。

又 宣州宣城郡，望。土貢：銀、銅器、綺、白紵、絲頭紅毯、兔褐、簟、紙、筆、薯預、黄連、碌青。

又 歙州新安郡，上。土貢：白紵、簟、紙、黄連。

又 洪州豫章郡，上都督府。土貢：葛、絲布、梅煎、乳柑。

又 江州潯陽郡，上。本九江郡，天寶元年更名。土貢：葛、紙、碌、生石斛。

又 饒州鄱陽郡，上。土貢：麩金、銀、簟、茶。

又 虔州南康郡，上。土貢：絲布、紵布、竹練、石蜜、梅、桂子、斑竹。

又 吉州盧陵郡，上。土貢：絲葛、紵布、陟釐、斑竹。

又 信州，上。乾元元年析饒州之弋陽，衢州之常山、玉山及建、撫之地置。土貢：葛粉。

又 撫州臨川郡，上。土貢：金絲布、葛、竹箭、朱橘。

又 辰州盧溪郡，中都督府。本沅陵郡，天寶元年更名。土貢：光明丹砂、犀角、黄連、黄牙。

又 黔州黔中郡，下都督府。本黔安郡，天寶元年更名。土貢：犀角、光明丹砂、蠟。

又 錦州盧陽郡，下。垂拱二年以辰州麻陽縣地及開山洞置。土貢：光明丹砂、犀角。

又 施州清化郡，下，本清江郡，天寶元年更名。土貢：麩金、犀角、黄連、蠟、藥實。

又 敘州潭陽郡，下。本巫州，貞觀八年以辰州之龍標縣置，天授二年曰沅州，開元十三年以「沅」「原」聲相近，復爲巫州，大曆五年更名。土貢：麩金、犀角。

又 獎州龍溪郡，下。本舞州，長安四年以沅州之夜郎、渭溪二縣置，開元十三年以「舞」「武」聲相近，更名鶴州，二十年曰業州，大曆五年又更名。土貢：麩金、犀角、蠟。

又 夷州義泉郡，下。本隋明陽郡地，武德四年以思州之寧夷縣置，貞觀元年州廢，四年復以黔州之都上縣開南蠻置，十一年徙治綏陽。土貢：犀角、蠟燭。

又 播州播川郡，下。本朗州，貞觀九年以隋牂柯郡之牂柯縣置，十一年廢，十三年復置，更名。土貢：斑竹。

又 思州寧夷郡，下。本務州，武德四年以隋巴東郡之務川、扶陽置，貞觀四年更名。土貢：蠟。

又 費州涪川郡，下。貞觀四年析思州之涪川、扶陽、開南蠻置。土貢：蠟。

又 溪州靈溪郡，下。天授二年析辰州置。土貢：丹砂、犀角、茶牙。

宋 歐陽修《新唐書》卷四二《地理志六》 嘉州犍爲郡，中。本眉山郡，天寶元年更名。土貢：麩金、紫葛、麝香。

又 眉州通義郡，上。武德二年析嘉州置。土貢：麩金、柑、石蜜、葛粉。

又 簡州陽安郡，下。武德三年析益州置。土貢：麩金、葛、綿紬、柑。

又 資州資陽郡，上。本治磐石，咸通六年徙治内江，七年復治磐石。土貢：麩金、柑。

又 巂州越巂郡，中都督府。本治越巂，至德二載没吐蕃，貞元十三年收復。大和五年爲蠻寇所破，六年徙治臺登。土貢：蜀馬、絲布、花布、麩金、麝香、刀靶。

又 黎州洪源郡，下都督府。大足元年以雅州之漢源、飛越，巂州之陽山置。神龍三年州廢，縣還故屬。開元四年復置。土貢：升麻、椒、麝香、牛黄。

又 茂州通化郡，下都督府。本汶山郡，武德元年曰會州，四年曰南會州，貞觀八年更州名，天寶元年更郡名。土貢：麩金、丹砂、麝香、狐尾、羌活、當歸、乾酪。

又 翼州臨翼郡，下。武德元年析會州之左封、翼針置。咸亨三年僑治悉州之悉唐，上元二年還治翼針。土貢：犛牛尾、麝香、白蜜。

又 維州維川郡，下。武德七年以白狗羌户於姜維故城置，并置金川、定廉二縣。貞觀元年以羌叛州廢，縣亦省，二年復置。麟德二年自羈縻州爲正州，儀鳳二年以羌叛，復降爲羈縻州，垂拱三年復爲正州。廣德元年没吐蕃，大和五年收復，尋棄其地。大中三年首領以州内附。土貢：麝香、犛牛尾、羌活、當歸。

又 戎州南溪郡，中都督。本犍爲郡，治南溪，貞觀中徙治僰道。天寶元年更名。長慶中復治南溪。土貢：葛纖、荔枝煎。

又 姚州雲南郡，下。武德四年以漢雲南縣地置。土貢：麩金、麝香。

又 松州交川郡，下都督府。武德元年以扶州之嘉誠、會州之交川置，以地産甘松名。廣德元年没吐蕃，其後松、當、悉、静、柘、恭、保、真、霸、乾、維、翼等爲行州，以部落首領世爲刺史、司馬。土貢：蠟、朴硝、麝香、狐尾、當歸、羌活。

元 脱脱《宋史》卷二一《徽宗紀》 政和二年十二月【略】己未，詔廣南市舶司歲貢真珠、犀角、象齒。

元 脱脱《宋史》卷四八〇《錢俶傳》 吴越錢俶字文德，杭州臨安人。【略】開寶九年二月，俶與其妻孫氏、子惟濬、平江軍節度使孫承祐來朝，上遣皇子興元尹德昭至睢陽迎勞。俶將至，車駕先幸禮賢宅，按視供帳之具。及至，詔俶居之。對於崇德殿，貢白金四萬兩、絹五萬匹，賜襲衣、玉帶、金器千兩、白金器三千兩、羅綺三千段、玉勒馬。即日宴長春殿，俶又貢白金二萬兩、絹三萬匹、乳香二萬斤。賀平江左，貢白金五萬兩、錢十萬貫、綿百八十萬兩、茶八萬五千斤、犀角象牙二百株、香藥三百斤。車駕幸其第，又貢白金十萬兩、絹五萬匹、乳香五萬斤，以助郊祭。 太宗即位，加食邑五千户。俶貢御衣，通天犀帶，絹萬匹，金器、瑇瑁器百餘事，金銀釦器五百事，塗金銀香臺、龍腦檀香床、銀假果、水晶花凡數千計，價值鉅萬；又貢犀角象牙三十株、香藥萬斤、乾薑五萬斤、茶五萬斤。俶又請歲增常貢，詔不許。太平興國二年正月，孫氏卒，遣給事中程羽弔祭。九月，上言乞所賜詔書呼名，不許。 三年三月，來朝，遣判四方館事梁迥至泗州迎勞；惟濬先在闕下，上遣至睢陽候俶。俶先遣孫承祐入奏事，上即遣承祐護諸司供帳勞俶於郊，又命齊王廷美宴俶於迎春苑。俶至，對於崇德殿，賜襲衣、玉帶、金銀器、玉鞍勒馬、錦綵萬匹、錢千萬；賓佐崔仁冀等賜金銀帶、器幣、鞍馬有差。即日宴俶長春殿，令劉鋹、李煜預坐。俶貢白金五萬兩、錢萬萬，絹十萬匹、綾二萬匹、綿十萬，屯茶十萬斤、建茶萬斤、乾薑萬斤，越器五萬事，錦緣席千，金銀畫舫三、銀飾龍舟四，金飾烏樠木御食案、御床各一，金樽罍醆斝各一、金飾瑇瑁器三十事、金釦藤盤二、金釦雕象俎十，銀假果樹十事、翠毛真珠花三叢，七寶飾食案十、銀樽罍十、醆斝副焉，金釦越器百五十事、雕銀俎五十，密假果、剪羅花各二十樹，銀釦大盤十，銀裝鼓二、七寶飾胡琴五絃箏各四、銀飾箜篌方響羯鼓各四、紅牙樂器二十二事，乳香萬斤、犀角象牙各一百株，香藥萬斤、蘇木萬斤。上又嘗召俶及其子惟濬宴後苑，泛舟池中，上手酌酒以賜俶，俶跪飲之。其恩待如此。

元 馮福京《昌國州圖志》卷三 狸皮：該二十張係捕户每年送納。元至元二十八年起徵。

清 吴仁臣《十國春秋》卷三《吴・睿帝紀》 順義四年春三月，正遣右衛上將軍許確進賀郊天銀二千兩、錦綺羅一千二百疋、細茶五百斤、象牙四株、犀角十株于唐。【略】秋八月，遣右威衛將軍雷峴獻新茶于唐。

清 吴仁臣《十國春秋》卷七《楚・武穆王世家》 同光二年冬十月，進羅浮柑子於唐，又遣使賀唐主萬壽節，進銀龍鳳陷花漆浴斛一事，盤龍御衣、龍鳳蹙金鞾腰、龍鳳裝箭箙、龍鳳朱背弓、紅絲弦、金鍍頭箭冬一副，白金一千鋌。

清 吴仁臣《十國春秋》卷八《楚・文昭王世家》 天福六年冬十月，遣使貢諸色香、藥、蠟、面含膏、茶於晉。十一月，晉安從進舉兵反。丁酉，遣使貢晉吉貝等三千疋、白蠟一萬斤、硃砂五百斤，别進漆器萬餘事。

清 吴仁臣《十國春秋》卷八〇《吴越・忠獻王世家》 天福七年十一月，王遣使貢後晉鋌銀五千兩、絹五千疋、絲一萬兩，謝封國王恩；又進細甲弓弩箭、扇子等物；又貢蘇木二萬斤、乾薑三萬斤、茶二萬五千斤，及秘色甆器、鞵履、細酒、糟薑、細紙等物。

清 吴仁臣《十國春秋》卷九一《閩・康宗紀》 通文二年冬十月乙丑，遣弟繼恭進奉天和節，并賀重午節白金五十兩於後晉。又進金器六事、金花細縷銀器三千兩、真珠二十斤、犀三十株、銀裝交牀五十副、牙二十株。又進大茶八十斤、香藥一萬斤、朱笴銀纏槍二百條、通箭笴三萬莖。又進五色桐皮扇子、海蛤、麖鞾、細蕉藥、木瓜等物。

清 吴仁臣《十國春秋》卷九二《閩・景宗紀》（永隆四年）是歲，貢晉鋌銀二千兩、花鼓六面、象牙十株、紅蕉二百疋、蟬紗二百疋、餅香沉香煎香六百斤、胡椒六百斤、肉豆蔻三百斤；又進白金四千兩、海蛤十斤，貢蕉二十疋，充端午天和節。

清 傅維鱗《明書·仁宗昭皇帝本紀》 皇考聰明天縱，可不真此，予見未廣，不無望於師保。楊士奇入奏事，上望見，喜顧侍臣曰：學士奏事必有理，試共聽之。士奇奏言，恩詔甫下而惜薪，傳旨賦北直山東棗八十萬斤合炭，民何堪？上喜曰：固知學士來言必有理，日來宮中叢脞，急遽中不暇致審。即命減四十萬。

清 方旭《蟲薈·羽蟲·白鵲》 白鵲，金時咸州貢白鵲。

清 嵇璜《清文獻通考》卷三二《市糴考一》 順治元年定貿易人參例。諭户部比因東來之人借鬻人參名色擾害地方，特行嚴察究治。但小民恃貿易爲生，未便禁止，惟當設立科條，使之遵守。以後人參止許於南京、揚州、濟寧、臨清四處開肆貿易，一應滿漢人民或商或賈，各聽其便。倘市易不平，致行搶奪以及虧值勒買等項，地方官即執送京師治罪。

清 嵇璜《清文獻通考》卷三八《土貢考一》 貂皮：索倫壯丁每名歲納一貂，分三等，頭等貂皮五百張，二等貂皮一千張，餘俱作三等收納。如足數及等，賞給總管以下等人緞疋、青布有差，若數目不足，交與理藩院議處，其足數不及等者，免其處分。由黑龍江將軍捕牲總管按數選取輸納。人參：户部委員攜信票出口招商，給票入山開採。每票以納人參十有二兩爲則。每歲所採以給票之多寡爲盈縮，採二年三年間停一年。由吉林將軍甯古塔副都統隨時酌奏。直省額辦户部物産。直隸省額解榛栗二十八石，黄櫨木二千四百二十斤，現在停解。芝蔴一百石。織造紗、緞綢、綾等物隨時酌辦，歲無定額。安徽省額解銀硃二千七百四十斤七兩四錢七分三釐三毫零，桐油六千一百一十七斤一兩四錢一分九釐四毫零，紅熟銅三千三百三十六斤五兩四錢九分七釐零，黄熟銅二千一百七十三斤九兩四錢一分一釐五毫零，明礬三千斤，烏梅五百斤，白蔴三萬四千一百五十八斤。又辦白蠟六千二百五十斤，高錫一萬六千六百五十四斤，黄蠟三千斤，銀硃三千斤，紅銅七千斤。織造紗、緞、綾、綢等物隨時酌辦，歲無定額。浙江省額解上用黄茶二十八簍，内用黄茶九十二簍，芽茶二千斤，黄蠟三千斤，黄熟銅一千六十五斤零，桐油八千三百三十二斤零，白綿二百斤，白絲八千五百斤。織造紗、緞、綢、綾等物隨時酌辦，歲無定額。江西省額解銀硃二千五百八十九斤四兩九錢三分零，桐油二千五百一十一斤十二兩零，五棓子二百九十七斤三兩三錢五分零，紫草一百六十二斤七兩六錢。又解銀硃二千斤，擡連紙一百萬張，苧布五千四百九十六疋二丈。現在停辦。福建省額解紅銅四千六百二十二斤，黑鉛一十萬五千一百五十七斤四兩，黄熟銅三千一百二十七斤一兩七錢五分，扛連紙一百萬張。又解錫二萬二千二十八斤四兩。其臺灣所屬合番社生番歲納鹿皮、獐皮各一張，山猪毛、加走山猫仔、木鹿、巴老遠等社每社歲納鹿皮二張，屋鏊、末毒、獅子等社生番每社歲納鹿皮四張。湖北省額解黄蠟三千八百三十七斤半，現解二千五百斤，餘停解。白蠟六千三百斤，黑鉛一萬七千六百六十九斤。現在停解。湖南省額解黄蠟三千八百三十七斤半，現解二千五百斤，餘停解。白蠟六千三百斤，黑鉛一萬七千六百六十九斤。現在停解。山東省額解闊白棉布二千三百疋，牛筋六百斤，黄蠟三千斤，黄丹五千斤。山西省額解毛頭紙五十萬張，添解五十萬張，高錫一萬一千八百斤，生素絹一千二百疋，遇閏加添四十四疋。農桑絹三百疋，呈文紙一萬張。河南省額解本色棉布三千九百六十八疋，牛筋二百四十六斤零，黄蠟三千斤。四川省額解本色米一千八百二十二石九斗五升零，本色馬十三匹，三年一次貢本色馬五十三匹。甘肅省凡内附番民歲納馬匹，如因墾地成熟情願納糧者，准其停馬納糧。廣東省額解降香九百斤，紫榆木十四段，每段二百斤，花梨木十四段，每段一百五十斤，高錫三萬五千六百六十四斤八兩，靛花二千三百斤，白蠟一萬二千六百斤，廣膠一千斤，籐黄二十五斤，沈速香三百斤，點錫二十一萬一千七百一十三斤。廣西省南甯、慶遠、思恩、鎮安五府屬土州縣峝寨，每三年一次納馬六十一匹。雲南省額解天大青二百三十斤五兩八錢，天二青六十六斤九兩，石磺二十二斤十兩五錢。又辦天大青一萬七千二百二十斤，天二青一千三百斤，石磺一百斤，松花石碌一千斤。貴州省額解黄蠟四百七十四斤。直省額辦工部物産。直隸省額解五色土寶砂，隨時酌辦，歲無定額。江蘇省每年額解桅木二十根，杉木三百八十根，架木一千四百根又二十根，桐皮槁二百根。又正金磚、副金磚、魁藤、棕絲、織造、誥敕制帛、綵綢、紅綢、駕衣片，庫存不敷，隨呈明派解。浙江省每年額解架木一千四百根，桐皮槁二百根。又黄花竹隨時酌辦，歲無定額。江西省每年額解桅木二十根，杉木三百八十根，架木一千四百根，桐皮槁二百根。湖南省每年額解桅木二十根，杉木三百八十根，架木一千四百根，桐皮槁二百根。山西省每年額解大潞綢一百疋，小潞綢三百疋。

清　劉錦藻《清續文獻通考》卷六二《土貢考》　同治六年，停山東本年例貢果品。七年，諭前因李雲麟等奏，詳酌新城事宜，請豁免貢皮，改設臺兵、額兵等情，當交原議王大臣等妥議具奏。茲據惇親王等奏，稱李雲麟等以前擬分歸新城之土爾扈特及烏梁海數旗，現擬安設正臺，各該旗一切差徭絡繹不絕，請將應進皮張全行停止。自爲體恤貢户起見，所有阿勒太烏梁海七旗應進皮張，著准其暫行停止。惟此項皮張爲内廷傳用，及頒賞要需，仍著該大臣隨時體察情形，總期該處丁力稍充，即量爲變通設法補交，以符舊制。又：諭阿勒台、烏梁海七旗應進皮張，著暫行停止。同治十一年，《會典》所列户工二部土貢有本不出其地者，如江蘇之銅、錫、木、蠟、桐油之類，有不必出其地者，如四川之馬及米，廣西之馬之類，皆立删之。有非其地不出，而京師又不時有者，始由其地進納，可由本省引見各官，及本籍病痊服闋各官帶解，尚何前弊之有哉？同治十二年，東三省政略紀。吉林解送貂皮改章略稱吉屬三姓一帶，素以産貂稱。定章令該處按年採捕貂皮貢獻。應其役者，爲赫哲部落。嗣以人烟稠密，松林多被砍伐，貂鼠潛跡，採捕漸難。洎自咸豐年間與俄分界，赫哲部落大半分屬於俄，僅於音達木河以東、烏蘇里江口以西三五百户而已。交皮無多，而要貢又未能核減。是以前盛京將軍依克唐阿、吉林將軍延茂等先後奏請以定例年賞之蘇布、烏綾、緞、帛等物，變價補買足額，按年貢獻。後以貂皮價增，領到年賞各物變賣，復多折耗。自光緒二十五年爲始，將年賞烏綾等物，悉請裁撤，由部領款購辦。三十四年，貂價益昂，因請按年採買，准照隨時市價核銷。奉旨允准，敕部立案。又紀黑龍江貢貂請緩。略稱江省貢貂，向由布特哈墨爾根、黑龍江、呼倫貝爾等城，各官兵按年入山採捕，照額輸納。近年招墾山荒榛蕪，日闢山虞，歲産日稀。蒐獵既窮，購索匪易。然事關貢品，該官兵等世承恩豢，誼應輸將。十數年來捕獵愈難，爰輾轉購自鄰省，以求足額。較之内地，採辦騰貴倍之，而各省協餉積欠多年，兵丁俸餉困於供億。歷經各前將軍據實瀝陳所有，光緒二十四年短進貂貢，及二十六年應納貂貢，均經奏准緩納在案。二十八年以後，緩進之請，年復一年，至上年冬欽奉諭旨，所有各省應貢之品，除祭品外，悉予停罷。當經會同奏請，此項貢物既非祭品，暫請緩納。一俟休養數年，採捕確有把握，再行遵例貢納，以示體恤。旋奉批諭，暫准緩免三年。此歷年請緩貢貂之大略也。又紀黑龍江變通貢款及貢道。略稱江省應進各季貢物，向由承辦衙門照章出派官兵，分起進山捕打。應需川資各項，暫由俸餉内借支，分作二年扣還。自改練巡防隊，因念旗兵瘠苦已甚，且未經挑練之兵，又無餉項可扣，於是變通辦理。令各該衙門，於應行採捕各品物，先期備齊，依限送省。需價若干，核實具報，由徵存税款項下發給。其進呈期限，年分四起，計六月應進伏麪十袋，十月應進野猪二口，野雞一百隻，樹雞四十隻，鱒魚二十尾，細鱗魚二十尾，十二月應進野猪二口，野雞二百隻，鱒魚三十尾，細鱗魚三十尾，麥麪四十袋，火絨二匣，樺木箭桿二百根，楊木箭桿二百根，紅桃皮一千五百根，黑桃皮一千五百根。又應進春魚、鱒魚三十尾，細鱗魚三十尾。鐵軌未通，向由驛遞。爲時既緩，載運亦煩。所派員役良莠不一，或致有沿路滋擾之弊。比年以來，所有各季例貢，均改由火車輸運，以昭迅捷而免煩擾，亦因時變通之一道也。【略】臣等一再籌維，竊謂例規實緣於例貢，欲革貢資，自非停止貢燕，不能掃除陋政，遠稽成憲。如乾隆以來，停止鮒魚、荔枝、梨、棗等貢，史册播爲美。宣統二年，烏裏雅蘇台將軍坤岫等奏，唐努烏梁海捕貂不足，請以別色皮張抵交。略稱據唐努烏梁海副都統銜總管棍布多爾濟呈報，本屬烏梁海三旗額定四百六户，每年應納進貢貂皮一千二百十八張，由副都統銜總管棍布多爾濟旗下四佐領實納貂皮二百張，由所屬總管巴勒錦呢嗎四佐領實納貂皮二百張，由總管洛布桑錦巴屬下實納貂皮三十張。餘向以猞猁、猻皮、豹皮、水獺、狐、狼、灰鼠、沙狐、掃雪等皮抵折交納。現據本旗四佐領暨總管巴勒錦呢嗎洛布桑錦巴等呈稱，本烏梁海人等，此次進貢貂皮，專賴唐努山地方獵獲。近年唐努山産貂稀少，捕獲往往不足，即由各處購覓，勉敷原額。至本年地遭荒歉，牲畜多有損傷，産貂更形缺乏，不敷實多。雖嚴飭四出尋捕，未能增獲。現值交納，臨邇深懼貽誤。合先據實陳明，可否將本三旗應實納貂皮四百三十張内不敷額數，亦准以別色皮張抵交，祈請體恤辦理等情。前來查烏里雅蘇台所屬唐努烏梁海三旗，奇木奇克河烏梁海一旗，庫布蘇庫勒諾爾烏梁海一旗，額定七百八十六户，每户年交貂皮三張，共應納貂皮二千三百五十八張。向年實納貂皮數在八百張以上，其餘不足，奏明准以猞猁猻、水獺、豹皮、狐、狼、掃雪、沙狐、灰鼠等皮抵交。每年夏季，該總管等親率所屬來烏交納。秋間由臣等派員護送，恭進歷辦在案。茲該總管棍布多爾濟呈報，唐努烏梁海三旗因遭災歉，産貂益稀，捕獲不易，懇請抵交。自係實在情形，惟事關貢獻，且距恭進尚有時日，臣等已飛札該總管，仍飭四處設法尋捕，務期續有捕獲。倘届期實在不能足額，所欠若干，懇恩准其以別色皮張照章抵交，用示朝廷體恤邊氓之處。得旨著照所請。又度支部會奏，議覆江西巡撫奏，商辦額木流弊滋多，仍請改歸官辦。略稱查原奏内稱贛省每年應解額木一批，向係委員發價采運，例定價銀二千九百七兩五錢七分四釐。歷在司庫地丁項下作正支銷。而所辦之木，按之實價，大約值銀在萬金以外，運費需銀八千兩，所有不敷之銀，歷於外銷提補捐款項下開支。自光緒二十八年，改爲招商承辦。先發給銀三千兩，俟辦齊後，再領銀三千兩。初意原爲節費起見，然承辦之商，往往借採辦貢木爲名，擾累不堪。上年到任後，贛南等處商民來院呈控之案，層見迭出。並查悉該商承辦，光緒二十八年之木尚未辦齊。業經另委妥員前赴湖廣等處，採運兩批，先後解京，仍一面趕緊在鄂贛分途採辦，俟來年併批陸續由火車、輪船裝運，以期迅速。惟查例價定自百餘年前，其時每銀一錢，抵今日三錢之用。故同一銀數，昔則有餘，今則不足。凡屬例價無不皆然。贛省額木向因限於例價，報部核銷，則仍照二千九百餘兩之數。其不敷數目，則以別項彌補。作僞叢弊，莫甚於斯。方今清理財政，款無巨細，均應實用實銷。擬請此後每年額辦木植，慎選妥員核實購辦。所需木價運脚，一律從實開報。將招商承辦之弊，永遠革除。至現在陵工重要，來年又須併批趕解，非他項額木可比。應請飭下郵傳部轉飭上海招商局、京漢鐵路局，免收此項運費，以昭慎重，而紓財力等語。臣等查江西額木，自光緒二十八年招商承辦，迄今八年之久，尚未採足一批，而地方已擾累不堪。所請改歸官辦之處，自應照准。惟該省例價每批祇准報銷銀二千九百七兩有奇，今照時價採辦，連運費共需銀一萬八千餘兩，較前加增已逾六倍，開支實屬過巨。查各省額解木植，向分桅木、杉木、架木三項，桅木採辦不易，經前工部奏准，折解計每年各處行取，以桅木爲最少，架木爲最多。杉木一項，除年例内務府咨取門對門簾，歲有定數。其餘需用之處尚少。上年恭修崇陵工程緊要，迭經行取桅木一百根，架木六萬七千餘根。當由民政部木倉所存桅架木，儘數發放。不敷尚巨，奏催各省，併批解部，以濟要工。嗣據各省電稱，江蘇、湖南各解二批，江西、浙江各解三批，均於本年春融起解，尚未到部。今該撫請將料價運費共估銀一萬八千餘兩，比較例價加乘，核算頭等杉木每根例支銀七兩五錢六分者，今應增至四十六兩上下。而民政部按頭二三等各木均算，詢諸現時市價，每根僅值二十金以外。是該省採辦價值，反較京中各廠商就近採買爲昂。當此庫款奇絀之時，自應設法變通。惟現在陵工緊要，所需架木，尚有四萬餘根未曾發放。查額解木植杉木貴，而架木賤，如將各省額解杉木儘數改折架木解部，實於庫款、工需兩有裨益。該省於應解木植全用架木價值，所省實多。應令承辦委員核實開報，毋許冒濫。其所請上海招商局、京漢鐵路局免收運費之處，查郵傳部上年奏定鐵路免價章程，凡官運物料，均收全價。其特別減免者，亦均聲明作正開銷。是運費並無免收之實，而於路利實覺有礙。且一經免費，夾帶影射，種種情弊，稽察難周，轉恐有虧税課。至船局乃商家營業，從前本係減價承運，亦未便再令全免，致滋賠累。所請均毋庸議。其江蘇、浙江、湖南等省應解木植，應令一律將杉木改折架木，迅速解京，毋得遲誤。一俟應需架木四萬餘根，一律解齊，擬即變通舊章，將此項額木統令各省折價解京，由各工程處赴部領款，自行採買，以昭核實。恭候命下，即由臣部行知各該省，遵照辦理。

清 尹會一《四鑑録·君鑑録·右輪制事》 嶺南舊獻生龍眼、荔枝，十里一置，五里一候，晝夜傳送。臨武長唐羌上書曰：臣聞上不以滋味爲德，下不以貢膳爲功，南州火熱，惡蟲猛獸不絶於路。獻生龍眼、荔枝者，觸犯死亡，不可勝數。死者不可復生，來者猶可救也。詔曰：遠國珍羞，本以薦奉宗廟，苟有傷害，豈愛民之本，其敕太官勿復受獻。

清 李塨《平書訂》卷七 田皆歸官而授之民，則園圃亦如之。曷爲又有在官在民之分乎。當云：凡天下之田，宜果蔬而不穀者，令園户宜果蔬，每家與園田若干（量八口力能藝治爲數），亦二十授、六十授，什一取之，折米定若干不以果蔬，近都供天子者則以什一進蔬果焉。

清 王琛《邵武府志》卷八 貢料合四十品邵武衛軍器、鎮東衛軍器，弓、弦、箭、雜色毛皮、翎毛、翠毛、課鐵，凡九品，歲有定額。水牛皮、黄牛皮、白硝鹿皮、鹿皮、銅線、銀硃、二硃、黄蠟、黄熟銅、生銅、生漆、桐油、金箔、白綿、連三紙、石大青、石二青，凡十六品，歲無定額，均派自工部。白砂糖、黑砂糖、荔枝、圓眼、香蕈、紅棗、蘑菰、黄蠟、葉茶，凡九品，派自户部。肥猪、緜羯羊、雞、鵞，凡四品，派自禮部。歷日紙、松烟，凡二品，派自欽天監。以上皆有定額。

清 慶之金《蔚州志》卷一〇 狐狼皮張及鷹鶻等物原非蔚地所産，動向里甲山莊攤派索取，以致民間按丁出錢，逐户斂銀，典衣賣畜，採買供應，未完正項，先辦雜差，婦號子悲，控天無路，曩來相沿，非一朝一夕之故矣。幸下車以來，一除送運煨炭之常規，再除狐狼皮張鷹鶻之陋例，三年于兹，歲省民間無名之費千有餘金。

山林交易部

摘引

唐立《貴州苗族林業契約文書匯編》　立賣山場杉木約人姜閔剛，爲因家下缺少用度，無處得出，自願將祖遺山場杉木一所，坐落地名九桑，作四股均分，本名占一股，請中出賣與姜相雲、姜茂雲兄弟名下承買爲業。當日憑中三面議定價銀二兩整。親手領回應用。其山場杉木自賣之後任買主二人永遠管業，不許房族外人争論。今恐無憑，立此賣約，永遠存照。憑中姜利兩受銀五分，代筆姜邦奇受銀五分。雍正九年十月十八日立。

又　立賣山場杉木契人苗衣寨姜明甫，爲因（先）（生）理缺少利銀，無從得出，情願將自己得買山場杉木一所眼，坐落地名眼皆墨，約木二百株，界限：上憑荒田，右憑嶺，左憑明鳳山場爲界，下憑盤路爲界，四至分明。其股數分爲二股，本名占一股，請中出斷與姜茂云公名下承買爲業。當日憑中三面議定價銀二兩整。即時銀契兩交，毛厘無欠。其山場杉木自賣之後，（恁）（任）憑買主子孫修理蓄禁管業，賣主族人不得異言。如有界限不清，均在賣主（尚）（上）前理落，不關買主之事。今欲有憑，立此賣契永遠存照。憑中姜明鳳受銀二分。乾隆三十八年八月二十六日，代書姜之楨立。

又　立佃種山場合同人稿樣寨龍文魁、龍文明，邦寨吴光才、吴光岳、吴光謨、吴起白，蔡溪寨李富林、李忠林三寨人等，親自問到文斗下房姜興周、姜永鳳、姜文勳得買烏養山一所、烏書山一所，今龍、吴、李三姓投山種地，以後栽杉修理長大發賣，烏書山二股平分；烏養山四六股份，栽手占四股，地主占六股；烏書山栽手占一股，地主占一股。其山有老木，各歸地主，不得霸占。今恐無憑，立此投佃字存照。憑中姜夢熊、姜安海，憑中代書曹聚周押，佃種人龍文魁、吴光才、李富林。乾隆四十五年正月二十九日立。

又　立斷賣杉木字人姜舉周，爲因家中要銀使用，無從出處，自願將到祖遺杉木一塊，坐落土名皆晚，出賣與族内姜佐周、侄姜朝瑾叔侄二人名下承買爲業。當日議定價銀二兩五錢整，親手領回。其杉木上憑田，下憑大冲，右憑冲，左憑老剪，四至分明。日後木植長大，發賣砍盡，地歸原主，不得反悔異言。如有來歷不清，俱在賣主理落，不干買主之事。今欲有憑，立此賣契爲據。憑中姜國珍、姜文啓，依口代筆姜朝佐。乾隆五十年十二月二十四日立。

又　立賣山場杉木人平鰲姜老蘭、老祖弟兄二人，爲因要銀使用，自將亞格山場一塊，四大股均分，文霞名下占一股，此股分四小股。自將小股賣與文堵姜保璧名下承買。價銀三兩，親手領回。其木長大發賣，照股均分，賣主不得異言。恐後無憑，立賣字存照。憑中姜廷華，代筆姜文才。乾隆五十四年十二月初三日立。

又　立斷賣山場杉木約人本寨姜連生，爲因缺少銀用，無處得出，情願將祖遺山場杉木乙塊，坐落土名報格，左憑冲，右憑文兵，上憑頂，下憑溪，四至分明。其山分作四股，連生名下佔乙股，請中出賣與姜老泗名下承買爲業。當日憑中議定價銀捌錢五分整，親手領回應用。其山場杉木，自賣之後，恁憑買主修理管業，賣主不得異言。今欲有憑，立此斷約存照。憑中姜騰芳・姜老楊，代筆姜宗泗。嘉慶元年三月十六日立。

又　立賣杉木契干洞寨楊文顯、文舉、文運弟兄三人，移住文斗寨，佃栽到姜佐周、賓周之山，土名鳩壞，作二大股平分，栽手占一股，地主占一股。今將栽手一大股出賣與文斗姜朝瑾名下承買爲業。當面議價二十五兩五錢，親手收回應用。其木（恁）（任）從買主管業，賣主並無一根在内。倘有栽手不清，在賣主理落。今欲有憑，立賣契存照。外批：界至照依佐周、賓周界内修理管業。代筆楊宏傑、楊紹遠、龍光地，憑中姜宗智、宗仁、楊宏高、張惟龍、姚政友、姜光周，嘉慶四年七月□□日，賣主楊文舉、楊文顯、楊文運立。

又　立斷買杉木人姜老孟父子，爲因家下要銀用度，無處承出。自願將到土名烏克木一塊，三股均分，名下占一股；皆粟一塊田坎下木，分爲五股，自名下占一股，共二處出賣與姜老霞、老橋二人名下承買蓄禁修理管業。當日議定價銀一兩一錢整，親手收回應用。其木長大發賣，地歸原主。恐有不清，賣主理落，不干買主之事。今人不古，立賣字爲據。代筆陽肇倫。嘉慶五年十二月二十三日立。

又　立斷賣杉木山場字人六房姜廷舉，爲因生理折本，無處歸還，今將到所共之山地名剛晚三大股，姜奇、廷舉占一大股，本名之一小股出賣與姜士標名下承買爲業。當中議定價銀四兩整，日後木大發買，照依股數均分。恐後無凴，立此賣字是實。外批：廷揆弟兄占一大股，老應弟兄占一大股，姜奇、姜廷舉、姜古生弟兄占一大股。廷舉的小股出賣，栽手在外。凴中姜廷幹、姜紹魁，廷舉親筆。嘉慶十年四月十二日立。

又　立賣杉木並地約人陳宗烈，爲因家下缺少銀用，無從得出，自願將到祖遺山場乙塊，坐落土名保格，左凴冲謝，右凴文傑四十家，上登黖，下凴彭路。此山分爲廿股，又分爲十九股，本名占乙股，請凴中出賣與姜昌華、昌文、昌舉弟兄三人名下，承買爲業。當面凴中議定價銀乙兩三錢整，入手領回應用其銀。自賣之後，任凴買主修理管業，賣主異日不得妄言其有不親（清）拘（俱）在（由）賣主向前理落，不關買主之事。今欲有凴，立此賣約永遠存照。凴中陳管求，代筆姜夔。嘉慶拾三年十二月十九日立。

又　立佃帖種地栽杉字人也格李芳美，今佃到文斗上下寨姜魁、朝瑾、朝琦、朝珅、登朝、巖番保污養山場一塊，界至：上凴頂，下凴溪，左凴平鰲姜文燦所栽之木，右凴姜士榮。頂上所有嫩木除開在外。凴中議定，日後栽成林，作五股均分，地主占三股，栽手占二股。二比不得異言。恐後無凴，立此佃帖存照。凴中姜周才親筆。嘉慶十六年閏三月十八日立。

又　立招字人姜啓周、啓姬、東賢、啓華、啓爵、啓文、之模、之彬、之政、啓平等，因有祖遺山場，地名小歸尾，有龍才富、喬科、姚昌才、劉必昆四人求佃，准招佃種（生理），栽植杉木。只願慇懃木植成林，不許荒蕪別招異姓。如有此情，即遷出境。今欲有凴，立招佃字是實。批：異日成林，作十股均分，地主占五股半，栽主占四股半。其有界限：上登頂，下至溪與姜啓書三常分界，左右凴嶺，山內並無參雜。招字姚昌才存，凴中唐萬吉，佃字姜啓姬存，代筆姜化龍。嘉慶十七年四月十二日立。

又　立租帖字人湖廣省岑楊縣蔣玉山、景春弟兄二人，今因佃到文斗下寨孟家姜朝瑾、朝珅弟兄等之山，土名坐落鳩壞，此山上凴姜朝奇，下凴路，左凴朝瑾本山，右凴冲，四至分明。佃與蔣姓種粟栽杉，言定五股均分，地主占叁股，栽手占貳股。限定五年木植一起成林。如若不成，栽手毫不係分，玉山、景春自願將先年佃栽姜光前污救署之山栽手作抵。倘有不成，恁（任）凴朝瑾弟兄仰當管業，而蔣姓弟兄不得異言。今恐人姓雉（難）凴，特立佃當字爲據。凴筆中姜光士。嘉慶拾九年七月十六日立。

又　立斷賣山場杉木契人下房姜保伍父子，爲因要銀使用，自願將到份下所佔再强山上下二塊分爲十三股，我二公（人共）佔一股，又分爲十股，本名與登榮共佔一股。自將本名半股今出賣與上房姜維新名下承買爲業。當面議定價銀一兩四錢整，親手領回應用。其山木界上邊一塊，上凴路，下凴溪，左凴嶺，右凴污，皆壞下邊一塊，上凴路，下凴溪，左凴污，其右凴嶺，四至分明。自賣之後，應從買主管業，賣主房族弟兄不得異言。如有異言，俱在賣主尚前理落，不干買主之事。今欲有凴，立此斷契存照。外批二人所佔一股分爲十股，故儼都占五股，三九一股，包六一股，柳九一股，故泗一股，登榮五伯共佔一股，分爲二股。本名佔一股出賣。凴中姜三九，代筆姜光舜。嘉慶廿一年十月十三日立。

又　立佃帖人平鰲、張化兩寨楊承禎、唐萬宗、姜之政、姜廷基、姜彬、姜紹周、姜儒、范學岐、修極等有山乙塊，土名引灘，分爲弍十八股之內，除下塗士洪乙股補眾，至今蔣玉章入求眾等挖種栽杉，日後言定成林派爲伍股均分，地租占三股，栽手占弍股，異日照股分派無異。今恐無凴，立求主佃帖字存照。其有界限，上下兩塊左凴大冲，右凴路，兩塊上下俱以凴田。外批只佃吴姓所栽砍乙塊，（另有）永（杆）栽砍去之（一）塊，共計二塊。凴中范修己，代筆范興秀。嘉慶二十五年十月十四日立。

又　立斷賣栽手杉木約人巖灣寨范老長，爲因缺少用度，無處得出。自願將先年佃栽文睹（斗）下寨姜紅（宏）章、朝瑾弟兄等山場一塊，地名冉有，今此木分爲三股，地主占二股，栽手占一股。今栽手名下一股，將出賣與文斗寨之地主姜紅（宏）章、朝瑾弟兄承買爲業。當日議定價銀一兩五錢整。其銀親手領足應用。自賣之後，任從買主修理管業。賣主弟兄以及外人不得異言。恐後無凴，立此斷賣契永遠存照。外批：出銀買此山之人：朝瑾、朝瑚、朝璉、姜榮、春發五人共占一大股，姜宏章、姜宏達二人共占一大股，共七人。代筆范紹昭，凴中范紹師。道光元年六月初十日立。

又　立斷賣杉木栽手地租字人姜述聖，爲因要銀，自願將到杉木四處，出賣與本房姜維新兄名下承買爲業。凴中議定價銀一百一十五兩，親手領回。其木恁（任）從買主管業，而我賣主弟兄不得異言。又其木界，地名北半坡一處：左凴大路，右凴冲，上凴朝元田，下凴舉周山，二大股分，本名占一股；又一處地名兄康韜，左凴領〔嶺〕，右凴冲，上凴田，下凴河，栽手地租作三股分，本名占地租二股。此這二處之山，日後木大砍盡，地土原〔仍〕歸述聖。又一處南支維，左凴領〔嶺〕，右凴冲，上凴路，下凴溪，栽手地租作三股分，本名占一股。又一處地名皆也党勇，左凴冲，右凴領〔嶺〕，上凴田，下凴溪，栽手地租作四股，本名自存一股，元章存一股。本名又出賣二股。此這二處之地，日後木大砍盡，地歸平敖寨原主。這四處杉木，俱召照契内股數出賣。今欲有凴，立斷賣字爲據。凴中姜映宗、姜紹齊，姜述聖親筆。道光三年二月十六日立。

又 立佃種栽杉字人沅州府芷江縣胡落寨姚開宗弟兄，今佃到文斗寨姜紹吕、昌厚等之山，土名鳩界。界址上登頂，下抵親手所栽地主之山，左右凴嶺。限至三年成林。日後木植長大，二股均分，地主占一股，栽手佔一股。如不成林，栽手無分，任凴地主另招别客耕種，栽手不得異言。恐口無凴，立此佃字爲據。外批：栽手自願將到烏格大田作抵，如不成林，任凴地主將此田管業，姚姓不得異言。是實。道光七年五月二十八日親筆立。

又 立分合同字人圭碎溪向才相，先年佃栽平鰲寨姜之模、姜之正、姜文浩、姜文湖、姜文燮、姜炳等山一塊，坐落地名引大額，其界限：上登頂，下抵溪，左抵啓爵佃栽爲界，右凴冲。其山下截俱作四股均分，地主占三股，栽手占一股；又上截山俱作五股均分，地主占三股，栽手占二股。其木栽手逐年修理，長大發賣，照依合同股數管業蓄禁，二比日後不得異言。今欲有凴，立此合同二紙，各存一紙爲據。外批：上截杉木作五股均分，地主占三股，栽手向才相、張金書二人占二股。凴中姜文煌、滕家興、才相存一紙，之正存一紙，合同二紙一樣存照〔書於合同之二紙，各紙有字半邊〕。道光十一年四月初九日代書龍朝科立。

又 立斷賣杉木約人曹連科爲因家下無銀用度，自願將到先年所栽姜權公之山地，名皆風杉木一塊，其山界至上凴大堦以下，下至田，以水溝爲界，左凴買主之山木，右凴大堦，以水溝爲界，四至分清。此山分爲五股，地主佔三股，栽主佔二股。今將栽主二股出賣與下寨姜鍾英弟兄二人名下承買爲業。當日凴中議定價銀九兩八錢整，親手領回應用。其山自賣之後，任凴買主修理管業，賣主弟兄房族不得異言。如有不清，俱任賣主向前理落，不與買主何干。恐後無凴，立此斷賣字爲據。外批：山内路邊之雜木俱賣在内，所有佃帖未拔，日後尋得是爲故紙。度中羅老隆，凴中姜榮渭，代筆曹學謨。道光十一年十二月十五日立。

又 立賣山場字人岩灣寨范朝偉，爲因無銀用度，自願將到地名四里塘，别名依來，與鍾英、濟太所共之山，上一塊與濟泰所共之山，分爲十二股，本名占一股；下截一塊與鍾英所共，分爲四股，本名占一股。今將二塊之山名下所占之股，出賣與姜鍾英兄名下承買爲業。面領過價銀七錢五分，親手領訖。其山任由買主管業，賣主不得異言。今欲有凴，立斷賣山場字爲據。凴中楊老香，代筆姜通義。道光十六年三月二十五日立。

又 立賣杉木字人姜朝瑚父子，爲因要銀使用，自願將到祖遺杉山一塊，土名黨宜，此山界至上凴田，下凴溪，左凴鍾英，右凴鍾英，四至分明。其山栽手、地主分爲五股，地主佔三股，栽手佔二股。地主三股分爲五股，我父子名下佔一股。今將此一股出賣與本房姜光兆爲業。當面議定價紋銀壹兩五錢五分，親手領回應用。自賣之後，任從買主修理管業，賣主不得異言。候木砍伐，地歸原主。欲後有凴，立賣字爲據。凴中姜本清。道光十六年三月廿六日本德筆立。

又 立斷賣山場字人姜本元，爲因要銀，無處得出，自願將到祖遺山場一塊，土名世容賈的。此山股數六股均分，姜朝瑚、春發兄弟叔侄占一股半，姜鍾英兄弟占一股半，共合三股。朝琦、姜連、本元、本秀叔侄占三股。此三股又分爲六小股。今本名占一小股，請中出賣與姜鍾英兄弟爲業。當面議定價紋銀四錢八分，親手領回應用。其山界：上凴岩梁，下凴溪，左凴冲，右凴姜朝貴之田角，四至分明。倘有不清，俱在賣主理落，不干買主之事。今欲有凴，立此斷賣字爲據。外批：此山杉木分爲三幅，今將三幅之地全賣。照先年賣杉木之界限管業。姜萬年、朝玻二人無分。代筆凴中姜本旺。道光十八年四月初九日立。

又 立斷賣山場字人姜朝瑚父子、侄本善，爲因要銀使用，自願將到祖遺山場一塊土名世容賈的，此山陸股均分名下，叔侄佔叁股，此叁股分爲五小股，朝瑚父子叔侄佔弍股。今將出賣與姜鍾英兄弟名下爲業。當面議定價紋銀陸錢五分半，親手領回應用。其山界限上凴岩梁，下凴溪，左凴冲，右凴姜朝貴之田角，四至分明。倘有不清，俱在賣主理落，不干買主之事。今欲有凴，立此斷賣字永遠發達存照。外批此山杉木分爲三幅，今將三幅之地全賣，照先年之杉木之界管業。内涂一字，涂改弍字。道光十八年五月初二日本善親筆立。

又　立斷賣油山蔡（茶）樹約人姜化興父子爲因口糧無處得出，自願將到井堵大田上下三團，上湀勾（溝）坎下，下湀勾（溝）坎上，並無參雜。今將出賣與姜東盛名下。當面議定價穀子一百二十斤整，入手領回應用。其油山自賣之後，任湀買主修理管業，賣主不得異言。今欲有湀，立此斷賣油山存照。外批：油山杉木在內。又外批：二團以下杉木一根在外。湀中親口姜化興，代筆姜廣道。道光二十四年四月十八日立。

又　立賣杉木字人姜旺，爲因缺少用度，無處得出，自己情願將到先年栽買主田三丈內杉木，地名羊垢，今將出賣與姜東盛名下管業。言定價銀一錢二分，親手領回應用。恁（任）從買主修理，賣主不得異言。今恐無湀，立此賣杉木契爲據。道光二十四年十一月三十日姜達筆立。

又　立佃種粟栽杉字人龍天才，今因佃到文斗下寨姜春發弟兄等之山地，名污養溪，其山先年里格李方美佃過，種中截，今我等種上截，其山界至上登頂，下抵岩洞，湀李姓栽之木，左湀洪道與沖爲界，右湀光本弟兄之山爲界。其山以後之木長大五股均分，地主佔三股，栽手佔二股。今欲有湀，立此佃字爲據。湀中唐年豐、唐加豐。道光二十八年二月初八日親筆立。

又　立賣杉木字人姜邦彥，爲因要銀使用，無處得出，自願將到先年與買主佃栽杉地名假都，界至上湀田，下抵買主，左湀路，以紹齊爲界，右湀嶺，以姜揆田角，四至分明。今請出賣與本房姜鍾英侄世豪名下承買爲業。當日湀中議定價銀乙兩二錢五分，親手領回應用。其木自賣之後，任湀買主修理管業，賣主不得異言。今欲有湀，立此賣字爲據。湀中姜昌宗、姜紹周。道光十九年十月十五日賣主親筆立。

又　立斷賣油山茶樹約人姜化興父子，爲因口糧無處得出，自願將到井堵大田上下三團，上湀勾坎下，下湀勾坎上，並無參雜，今將出賣與姜東盛名下，當面議定價谷子一百二十斤整，入手領回應用。其油山自賣之後，恁（任）湀買主修理管業，賣主不得異言。今欲有湀，立此斷賣油山存照。外批：油山杉木在內又外批，二團以下杉木一根在外。湀中親口姜化興，代筆姜廣道。道光二十四年四月十八日立。

又　立賣山場杉木約人姜朝興、朝元、國玕，爲因缺少銀用，無處得出，自願將到祖遺山場杉木地名引毬，其山界限上湀岩洞，下湀大河，左湀嶺，以洪路爲界，右湀芳坡，四字（至）分明。其有股數，栽手、地主五股。今將出賣與姜東興、東盛名下承買爲業。當日湀中議定價銀九錢，親手領回應用。其山場自賣之後任湀買主修理管業，賣主不得異言。今欲有湀，立此賣山場杉木存照。咸豐元年四月二十一日國玕筆立。

又　立斷賣山場杉木栽手字人文斗寨姜壬午、姜壬坤弟兄二人，爲因缺少銀用，無處得出，自願將到祖遺山場杉木一塊，坐落土名風於，其山界至：上湀嶺，下湀黄姓之屋，左右湀沖，四至分明。此山地主栽手分爲五股，栽手占二股，地主占三股。地主三股又分爲二大股。今將栽手二股，地主一大股，出賣與平鰲寨姜東盛父子承買爲業。當面議定價紋銀三兩一錢五分整，親手領回應用。自賣之後，任湀買主修理管業，我賣主弟兄房族不得異言。如有不清，俱在賣主理落，不干買主之事。今欲有湀，立此斷賣字存照。地主弟兄存一大股，湀中姜世賢。咸豐元年十二月二十二日壬午親筆立。

又　立佃帖字人姜靈壽、姜老旺，今佃到姜東盛、姜東英有山一塊，坐落土名黨培踵，挖種栽植。議定五年之內，杉木成林。山主不得重招外人別佃，佃户亦不得喜嬉厭瘠，荒蕪山場。今欲有湀，立此佃帖字是實。姜國祥筆。咸豐六年正月二十九日立。

又　立佃字人擾慶堡楊再清弟兄，佃到平鰲寨主家姜東盛之土地名鳩淇，界限：上登頂，下至溪，左湀沖以國玕分界，右湀嶺與懷傑分界，四（字）（至）分明。限至三年成林，如有不成，主家另招別客，不許客上招客，又不許停留匪類。今欲有湀，立此佃字是實。湀中姜國玕。同治二年七月十四日立。

又　立賣杉木契人姜啓儒，爲因缺少銀用，無處得出，自願將到先年佃栽文斗恩大、恩淵，平鰲東英、東盛等所共之山，地名嶺學詩，上湀田，下抵大河，左湀黨培松懷寬、東興等山爲界，右湀田故開姜彩、懷寬等山爲界。山内本名所栽有四處，今將全出賣與地主姜東英、姜東盛二人名下承買爲業。湀中言定價紋銀六兩零八分，親手領回應用。其木自賣之後，任湀買主蓄禁修理管業，賣主不得異言。今欲有湀，立此賣契永遠執照。湀中姜懷仁，以口代筆姜克清。同治三年十一月二十一日立。

又　立掉（調）換山場字人吴正才、吴正旺弟兄等今將山場一副（幅），地名眼補沙，上登嶺，下至犂嘴，左湀文英山，右湀東興等山，今將掉（調）換東英、東盛山場一塊，地名南堵，右上湀田，下至河，左湀姜煒、姜燕弟兄山爲界，右凴沖。二比心平意願掉（調）換，以便栽種。日後不得翻（反）悔異言。今恐無凴，立此掉（調）換字爲據。凴中姜烜、楊秀金。同治四年二月十九正才親筆立。

又　立斷賣杉木字人姜鍾奇，爲因要銀用度，無處得出。自願將到地名老虎洞出賣與姜東盛親家爲業。當日凴中議定價銀四兩整，親手領足應用。其山界至：上凴頂，下凴溪，左凴截渭之木，右凴沖，四至分明。內股數分爲十六小股，自己將一小股出賣是實。恁（任）凴買主修理管業，我賣主不得異言。倘有不清，俱在賣主理落，不干買主之事。恐口無凴，立此賣字爲據。後木砍盡，地歸原主。（砍了）凴中姜恩召。同治三年十月初五日親筆立。

又　立賣山場約人姜國顯，爲因缺少錢用，自願將到山一塊，土名污重溪眼基格，界限：上凴東佐等之山，下止溪，左凴沖，右凴世英等之山爲界，四至分明。其山分爲十八小股，本名占一股，今出賣與姜發名下承買爲業。當面議定價錢二百二十文，親手領足。其山自賣之後，恁（任）凴買主挖種栽杉管業，賣主不得異言。今恐無凴，立此賣山存照。依口代筆姜則賢。同治六年六月十四日立。

又　立賣山場並杉木約人姜兆祥，今因要銀使用，無從得出。情願將到祖遺山一塊，坐落地名污思些番限喬。其山界限：上越松稿上溝至田角，下越松稿下溝至溪，左凴沖，右凴嶺。其山作三十股分，先年祖公得買十五股，家父先年因手中空乏，又將還瑶光親戚之賬，前年姜兆祥自將本名銀子贖回。今因生理虧空，請中將此十五股出賣與姜東盛名下承買爲業。當日三面議定價紋銀二兩六錢五分，入手領回應用。其山場杉木自賣之後，恁（任）凴買主與還存十五股之人相共管業，賣主不得異言。恐後無凴，立此賣契存照。外批：此山先年佃寫作二股平分，山主占一股，栽手占一股。凴中依口代筆姜廣達。同治六年十月初五日立。

又　立賣山場字人姜神賴，情因手中空乏，自願將祖遺山場一塊，地名皇木凹，其山界限：上至二小腦以凹沖凴東佐山爲界，下凴凹路依沖至宗海荒坪爲界，左凴海瓏鳩敖田角，右凴克順里党田角小沖爲界，四至分明。其山股數五股均分，本名占三股。今將此三股出賣與族弟東盛爲業。凴中議定價錢三百連（零）八文，外存未砍之木，又議作價錢三百四十八文，土栽與荒坪在內。其山與木自賣之後，任凴買主蓄禁栽植修理砍伐管業，賣主不得異言。今欲有凴，立此賣字爲據。凴中代筆姜東佐。光緒二年三月初八日立。

又　立賣山場並杉木約人姜壽宗，情因手中空乏，無銀還賬，自願將到先年得買姜繼祖之山一塊，地名皆里松依。界限：上登頂，下凴半沖做犁嘴至皆穹顯莽沖脚爲界，左凴沖，右凴嶺以穹顯莽山爲界。其山栽手地主五股均分，姜彩占山一股半，本名占山一股半，餘栽手二股。洞脚並下截學魁占，洞坎上老木，本名與姜彩共占。又一處先年親栽之璧、之岐之山，地名歸紫微，其山界限：上凴棚子坪盤過爲界，下至溪，左凴沖以名鄉之木爲界，右凴沖以姜彩并買主之山爲界，四至分明。其栽手地主五股均分，本名占栽手二股。今將本名所占之股，請中出賣與姜海聞先生名下承買爲業。三面議定價紋銀七兩零七分，親手領回收足。其二處自賣之後，恁（任）凴買主修理管業，賣主日後不得異言。今欲有凴，立此斷契永遠存照。內添二字。凴中代筆姜廣達。光緒三年五月二十五日立。

又　立賣山場杉木字人文斗寨姜恩淵，爲因要銀用度，無處得出。自願將到祖父之山土名白號山山場一塊，界限：上左邊凴姜相開之山，上右邊凴嶺，以姜鍾芳等之山爲界，下左邊凴沖，下右邊越路凴小沖，與恩詔之墳山分界，四字（至）分清。其山股數，分爲三大股，姜恩詔弟兄占一大股，熙麟叔侄占一大股，恩大、恩淵弟兄占一大股。此一大股分作二小股，恩淵本名所占之一小股，今將出賣與平鰲寨姜海聞名下承買爲業。當面議定價紋銀三兩九錢四分整，親手領回應用。其山自賣之後，任凴買主修理管業，我賣主兄弟並外人俱不得爭論。倘有不清，俱在我賣主上前理落，不關買主之事。恐口無凴，立此賣山場字永遠爲據。外批：老契在于恩大存。凴中姜恩詔、叔姜本川、平鰲姜克明。光緒五年三月二十一日親筆立。

又　立佃山字人中仰寨潘大本、潘大植、張以文、林年高、張以成等，今佃到平鰲寨姜海治叔侄并姜海聞之山一塊，地名南污皆雅，界限：上作刀尖至嶺，下抵污養溪，左凴五公之山，右凴嶺與爲光山爲界。其山土栽作五股分，土主占三股，栽手占二股。限至三年成林，五年排行。日後倘有栽股出賣，不問到山主者，栽手無分。恐後無凴，立此佃字爲據。凴中代筆瞿德和。光緒十一年三月初三日立。

又　立斷賣山場字人姜作梅、作開、侄映春、永春，爲因叔母亡故，無處得出，自願將到叔母先年得買之山一塊，坐落地名皆在汪嚴，其山界限：上凴岩洞，下抵大河，左凴冲，右凴嶺，與洪路爲界，四至分明，其山股數，叔母名下所占多寡，今將出賣與姜老實、吉春二人名下承買爲業。當日凴中議定價足銀二兩四錢八分，收足開修應用。其山自賣之後，恁（任）凴買主管業，日後不得異言。今欲有凴，立此賣字永遠發達存照，爲據。外批：內添二字此契分爲二股：吉春弟兄名下占一股。作武筆批。光緒十七年三月初五日姜作武筆中立。

又　立斷賣山場杉木字人姜永貞，爲因家下缺少錢用，無處得出，自願將到祖遺之山場二塊：一塊坐落地名皆也教，界限：上凴水溝，下凴路，左凴溪，右凴田角，以嶺爲界；又一塊坐落地名白號皆後，界限：上凴路，以水溝爲界，下抵犂嘴，左凴世模之山，右凴冲，四抵分清，今將出賣與本房姜恩順名下承買爲業。當日凴中議定斷價錢五百二十八文，親手領回應用，分文未欠。其山自賣之後，二塊俱係共山，不知股數多少，日後杉木長大或砍或賣，看分單，我賣主占多占少，即照分單領銀管業，二比不得異言。倘有不清，我賣主理落，不關買主之事。口說無凴，立此賣字永遠爲據，是實。光緒二十年七月二十五日親筆立。

又　立賣栽手字人姜元宗，爲因要銀使用，自願將到先年所栽買主之山，地名臘王之栽手一塊，界限：上凴上溝，下抵買主等山，左凴嶺，右凴冲與登程山。股數土栽作爲五股，土股三股，栽手二股。今將栽手之二股出賣與姜爲耀、姜爲宏、姜爲煌三人承買爲業。凴中言定價錢六百八十文，親手收足。恐後無凴，立此爲據。代筆盛玉子立。宣統二年十二月十六日立。

王宗勳《加池姜紹明家族契約選集》　立斷賣杉木約人本寨姜上周，爲因家下缺少銀用，無出，自己情願將山場杉木乙塊，坐落地名波脚略，又隔漏脚乙塊，計兩處。請中出賣與本寨姜佐興名下承斷爲業。當日三面議定足價銀三兩五錢，親手領回應用。其杉木自賣之後，任從買主逐年修理管業，日後長大發賣，賣主不得異言。今欲有凴，立此斷賣杉木約存照。憑中姜文耀，代書龍敦化。乾隆六十年閏二月二十七日立。

又　立賣山場杉木約人文斗寨姜朝琦，爲因要銀使用，自己將到山場杉木壹塊，土名顯姐。上憑路，下憑河，左憑朝甲插嶺之小沖，右憑老連之木，四至分明。此山木作八大股，朝瑾名下占三大股。今將三大股請中出賣與家什寨姜佐興名下。憑中議定價銀伍拾捌兩，親手領銀應用。自賣之後，其山場杉木任從佐興管業，朝琦弟兄不得異言。倘有不清，俱在朝琦理落，不干買主之事。今欲有憑，立此賣字是實。朝琦親筆，憑中姜老所。嘉慶二十四年二月初八日賣立。

又　立佃字人中仰寨陸光儒，今佃到加池寨姜佐興之山乙塊，地名烏漫，界限：上憑岩洞，下憑溪，左憑小沖，右憑溪，四至分清。此山栽杉種粟限三年之內長大成林，貳股憑分。若不成林者，栽手並無股份。其山杉木日後長大發賣，先問地主，無人承買方出外人。恐口難憑，爰立佃字存照。陸光舉字。道光元年十月十六日立。

又　立斷賣山場杉木約人本家姜木林，爲因先年主上有山場乙塊，地名從套裏之山，轉補與木林管業。不料至道光十一年叔朝弼争論，請中理講，朝弼自知理屈，出銀乙兩與木林，山場一概憑中斷與木林管業。今要銀用度，自願將從套裏山場出賣。界至：上憑開文山，下憑買主山，左憑買主山，右憑廷香山，四至分明。出賣與姜開讓名下承買爲業。當日三面議定價銀六兩整，親手收用。其山場自賣之後，任憑買主修理管業，不使兄弟外人争論。倘有異言，俱在賣主理落，不干買主之事。恐口難憑，立此斷約永遠存照。憑中吳光明、吳煥奎。道光十一年十一月十四日代筆姜開禮立。

又　立斷賣山場杉木約人文斗姜起濱、凌雲、壽長，爲因家兄姜鉤渭爲事在城借姜詔先生之銀，無銀歸還，自願將到祖遺山場五塊，地名加什塘，界趾（址）：上憑嶺，下憑河，左上截憑賣主之山，下截憑光秀之山，右憑鐘英之山爲界；又乙塊南什溪口，上憑開明之山，下憑溪，左憑冲，右憑紅路；右邊領乙塊，上憑紅口，下憑買主之山，左憑紅路，右憑買主之山；又乙塊地名党周之山，上憑領與紅口爲界，下憑買主之山，左邊上截憑廷瑜山，下截憑世太山，右憑紅路爲界；右邊乙塊上憑紅路，下憑買主山，左憑紅路，右憑開明山。此五處之山地主栽手分爲五股，地占叁股，栽手占貳股。今請中將本名占地主三股山場在內出斷與加什寨姜之豪、開讓兩位兄名下承買爲業。當日憑中議定價銀拾叁兩捌錢，親手領回應用。其山場杉木自賣之後，恁憑買主管業，賣主不得異言。倘有不清，俱在賣主理落，不干買主之事。今欲有憑，立此斷賣山場杉木存照。憑中蘇榮光、龍文高、姜老奇。道光拾八年六月初八日起濱親筆立。

又　立抵字人本寨姜福元、開運、開化、貴生四人，爲因佃種姜開義、沛清、鳳儀、恩瑞等之山，地名尾包，誠恐日後荒蕪，四人自願將山場並田作抵與開義衆等名下。限於五年之内定要成林，日後長大另立分合同各執。如不成林者，四人作抵之項任憑開義等管業，四人不得異言。恐説無憑，立此抵字存照。福元將栽開義頑九透栽貳股作抵是實。開運將綱道王老三栽之山地主八股，本名占一股作抵是實。開化將補先右田大小貳丘作抵是實。貴生將培紂田得占衆姓田一丘作抵是實。咸豐九年六月十七日開化筆立。

又 立斷賣山場杉木約人本家堂叔姜鳳冠、沛祥沛禮弟兄。爲因缺少糧食，無處所出，自願將到山場二塊，地名冉穀。此山界限：上憑兆珊之山與田爲界，下憑冲，左憑嶺，右憑冲。此山分爲十二股，弟兄占乙股，並無栽手；又乙塊地名南什溪口，界限：上憑鳳儀之山爲界，下憑溪，左憑小冲，右憑老洪爲界，四至分清。此山地主、栽手分五股，地主占三股，栽手占貳股，弟兄三人占栽手乙股。地主分爲十二股，弟兄三人占地乙股，出賣與本家堂侄長生弟兄三人承買爲業。當日憑中議定糧食貳拾斤，親手嶺回應用。自賣之後，恁憑買主上山修理管業，賣主不得多言。恐口無憑，立此斷約爲據。外批：冉穀老木俱在内。憑中本家大明，筆本家鳳飛。同治七年十二月初六日立。

又 立斷賣栽手杉木字人本寨姜志祥，爲因缺少錢用，無處得出，自願將到地名污再丹，界止：上憑三公之山爲界，下憑河，左憑冲，右憑嶺與三公之山爲界，四至分明。此山土栽分爲伍股，地主占叁股，栽手占貳股，栽手之貳股又分爲肆小股，本名占壹小股，今將出賣與姜獻義名下承買爲業。當日憑中議定價錢柒百八十文，親手收足應用。自賣之後，任憑買主管業，賣主不得異言。恐口無憑，立此斷賣字爲據。憑中姜鳳歧。宣統元年六月二十四日立。

王宗勳《加池四合院山林契約專輯》 立斷山場杉木約人本寨姜蘭生，爲因家下缺少銀用，無處得出，自願將杉木大小四團：龍翁十乙團，又後穀乙團，又口皆幹乙團，又堂在乙團，出賣與本寨堂兄姜廷得名下承買爲業，當日憑中議定價紋銀六兩整，親手收回應用。其木自賣之後，任從買主下山修理管業，賣主兄弟不得異言。如有異言，俱在賣主上前理落，不與買主相干。今恐無憑，立此斷字爲據。外批：此木從穀分爲四股，廷德占乙股。又龍翁十分爲二股，廷得占乙股，廷烈占乙股。憑中兄姜廷烈，代筆姜廷柄。外批：冉谷山場杉木撥與喬十，勇榮十撥與開明。憑中之連，代筆世培。嘉慶四年七月十九日立斷。

又 立分合同字人岩灣寨范德賢，有山貳塊，地名冉柳金。上乙塊界止：上憑德連之田，下憑廷元之木，左右憑嶺。下乙塊界至：上憑紹淹田溝，下底（抵）岩良（梁），左憑路，右憑嶺。佃與蔣封山種地栽杉，迄今杉木成林，立分合約。此貳塊之木分爲伍股，地主占三股，栽手占貳股，二比心平意願，不得異論。此木俱要栽手日後逐年修理，不得荒撫。如有荒撫不修理者，栽手並無毫分。今恐人心不古，立此合同字二紙，二比各執乙紙存照。代書范獻瑚，憑中、佃山人馬獻書。嘉慶貳拾年二月初九日立。

又 立佃山場字人天柱縣孫松友、姜世瑚二人，今因佃到加池寨姜廷德、士周二人名下所有山場上邊乙團，坐落地名再書，付與孫、姜二姓栽杉木種地。限至五年之内長大成林，五股今（均）分，地主占四股，栽手占乙股。日後倘有不成，栽手並無股份。今恐無憑，立此爲據。孫松友筆，嘉慶二十三年十月十四日立。

又 立斷賣田約人本寨姜弼周，子龍生、木生父子，爲因要銀用度，無處所出，自願將到田大小四坵，地名烏榜溪，請中度賣與本寨姜廷德名下承買爲業。當日憑中三面議定價銀八十七兩整，親手收回應用。自賣之後，任後買主耕種管業，賣主弟兄房族不得異言。今恐無憑，立此斷賣田約永遠存照。代筆姜世法，憑中姜德中。嘉慶二十五年十月二十九日立。每年上糧六角二。

又 立分合同字人姜老鳳，先年佃到文斗寨姜廷魁、金闞、廷元，龍廷彩、廷撥，姜士榮、宗膽，吴文相八人之山，地名加池塘栽杉種粟，至今成林長大，二比書立合同。此木分爲五股，地主占三股，栽手占二股。日後砍伐照股均分，二比不得異言。今恐人姓（信）難憑，立合同二紙各執一紙爲據。代筆主家龍廷撥，有先年佃字一紙付與金闞存，合同二紙通明收存一紙，栽手存一紙。嘉慶二十五年十一月二十八日立。

又 立斷賣山場杉木字人本寨姜朝俊父子林松、貴林，爲因家下缺少銀用，無處得出，自己願將到地名眼根什乙塊，分爲十五股，本名占乙股。此界至：上憑成鳳爲界，下憑冲爲界，左憑佐興爲界，右憑嶺爲界，四至分明。又將到地名眼根龍乙塊，分爲五股，栽手占二股，地主占三股。地主三股分五小股，本名占乙股。其界至：上憑老林爲界，下憑岩動（洞）爲界，左憑冲爲界，右憑嶺爲界，四至分清。又將到乙塊地名根要坐，分爲二十股，本名占乙股。此界至：上憑文善爲界，下憑佐興爲界，左憑廷方爲界，右憑冲爲界，四至分明。其有山場杉木三處出賣與姜廷德名下承買爲業。當日三面議定價銀二兩三錢整，親手收回應用。自賣之後，應從買主上山修理管業，不使弟兄外人争論。倘有弟兄外人争論，拘（俱）在賣主上前理落，不干買主之事。今恐無憑，立此斷字是實。憑中姜廷華。清道光元年二月十二日親筆立。

又 立分合同字人本寨姜開明、舒太、福宗、宗周四人，所有山場乙塊，地名冉告，在世太之田坎上。此山界限：上憑油山，下憑田坎上，左憑油山，右憑德廷老木，四至界限分清。此山栽手、地主分爲七股，地主占四股，栽手占三股。今以木植長大成林，栽手邀約地主分立合同二紙，士栽各執一紙爲據。外批：栽手收存一張，世英收存一張。買栽手人姜開明，代筆姜開相。道光十一年十月十五日立。

又 立錯與包後字人本寨姜朝英，自砍木一單，姑（估）與姜生龍、光委、應生、世學、開相、世運、開賢、開慶人等多人。由古自（至）今各有老洪路，無故拉過姜開明之山，將山内之木植打壞，並開新洪路。古人云：「新路不開，舊路不滅」，無姑（故）開此新路，情理難容，故請房族理論，他衆等自願錯過錯放，欲想將酒水培理（賠禮），我等念在本寨之人，豈有不知各有老洪路，我本系良善，一不要培（賠）還木植，二不要他們酒水。現有房族可證。今姜朝英等木放壞我之木並開新路，恐日後我又放壞他衆等之木，並開新路，依照亦不要培理培還（賠禮賠還）。現憑房族，立此錯字並包字永遠存照。憑中房族姜朝弼、姜世培，八人請開相筆。道光十四年三月十三日立。

又 立斷賣栽手字人中仰寨潘大能，爲因要銀使用，無處所出，自願將到栽地主之山，地名冉皆龍，上憑開祥之山，下憑開義之山，左憑福元之山，右憑冲爲界。此山地主、栽手分爲五股，地主占叁股，栽手占貳股。潘大能將栽手貳股出賣與姜恩瑞名下承買爲業。當日憑中議定價錢七百貳拾文，親手收足，不得短少。任從買主上山修理，賣主不得異言。恐口難憑，立此賣字存照。憑中姜開連。咸豐九年三月二十日親筆立。

林業人物部

傳記

晉 陳壽《三國志·魏志》卷一六《鄭渾傳》 鄭渾字文公，河南開封人也。高祖父衆，衆父興，皆爲名儒。【略】太祖征漢中，以渾爲京兆尹。渾以百姓新集，爲制移居之法，使兼複者與單輕者相伍，溫信者與孤老爲比，勤稼穡，明禁令，以發奸者。由是民安於農，而盜賊止息。及大軍入漢中，運轉軍糧爲最。又遣民田漢中，無逃亡者。太祖益嘉之，復入爲丞相掾。文帝即位，爲侍御史，加駙馬都尉，遷陽平、沛郡二太守。郡界下溼，患水澇，百姓飢乏。渾於蕭、相二縣界，興陂遏，開稻田。郡人皆以爲不便，渾曰：「地勢洿下，宜溉灌，終有魚稻經久之利，此豐民之本也。」遂躬率吏民，興立功夫，一冬間皆成。比年大收，頃畝歲增，租入倍常，民賴其利，刻石頌之，號曰鄭陂。轉爲山陽、魏郡太守，其治放此。又以郡下百姓，苦乏材木，乃課樹榆爲籬，並益樹五果；榆皆成藩，五果豐實。入魏郡界，村落齊整如一，民得財足用饒。明帝聞之，下詔稱述，布告天下。

南朝宋 范曄《後漢書》卷七八《蔡倫傳》 蔡倫，字敬仲，桂陽人。【略】自古書契多編以竹簡，其用縑帛者謂之紙。縑貴而簡重，並不便於人，倫乃造意用樹膚、麻頭及敝布、魚網以爲紙。元興元年奏上之，帝善其能，自是莫不從用焉，故天下咸稱蔡侯紙。

南朝梁 沈約《宋書》卷八二《周朗傳》 農桑者，實民之命，爲國之本，有一不足，則禮節不興。若重之，宜罷金錢，以穀帛爲賞罰。然愚民不達其權，議者好增其異。凡自淮以北，萬匹爲市；從江以南，千斛爲貨。亦不患其難也。今且聽市至千錢以還者用錢，餘皆用絹布及米，其不中度者坐之。如此，則墾田自廣，民資必繁，盜鑄者罷，人死必息。又田非疁水，皆播麥菽，地堪滋養，悉蓺紵麻，蔭巷緣藩，必樹桑柘，列庭接宇，唯植竹栗。若此令既行，而善其事者，庶民則敘之以爵，有司亦從而加賞。若田在草間，木物不植，則撻之而伐其餘樹，在所以次坐之。

唐 姚思廉《梁書》卷五三《沈瑀傳》 沈瑀字伯瑜，吳興武康人也。【略】明帝復使瑀築赤山塘所費減材，官所量數十萬，帝益善之。永泰元年爲建德令，教民一丁種十五株桑、四株柹及梨栗。女丁半之，人咸歡悅。頃之成林，去官還京師。

唐 魏徵《隋書》卷七二《孝義傳·劉士儁》 劉士儁，彭城人也。性至孝，丁母喪，絶而復蘇者數矣。勺飲不入口者七日，廬於墓側，負土成墳，列植松柏。狐狼馴擾，爲之取食。高祖受禪，表其門閭。

唐 李延壽《北史》卷六三《蘇綽傳》 三農之隙及陰雨之暇，當教人種桑植果，藝其蔬菜，脩其園圃，畜育雞豚，以備生生之資，以供養老之具。

唐 柳宗元《種樹郭橐駝傳》 郭橐駝，不知始何名。病瘻，隆然伏行，有類橐駝者，故鄉人號之「駝」。駝聞之曰：「甚善，名我固當。」因捨其名，亦自謂橐駝云。其鄉曰豐樂鄉，在長安西。駝業種樹，凡長安豪富人爲觀遊及賣果者，皆爭迎取養。視駝所種樹，或移徙，無不活，且碩茂早實以蕃。他植者雖窺伺傚慕，莫能如也。 有問之，對曰：「橐駝非能使木壽且孳也，能順木之天，以致其性焉爾。凡植木之性，其本欲舒，其培欲平，其土欲故，其築欲密。既然已，勿動勿慮，去不復顧。其蒔也若子，其置也若棄，則其天者全而其性得矣。故吾不害其長而已，非有能碩茂之也；不抑耗其實而已，非有能早而蕃之也。他植者則不然，根拳而土易，其培之也，若不過焉則不及。苟有能反是者，則又愛之太恩，憂之太勤，旦視而暮撫，已去而復顧。甚者爪其膚以驗其生枯，搖其本以觀其疏密，而木之性日以離矣。雖曰愛之，其實害之；雖曰憂之，其實讎之，故不我若也。吾又何能爲哉！」問者曰：「以子之道，移之官理可乎？」駝曰：「我知種樹而已，理，非吾業也。然吾居鄉，見長人者好煩其令，若甚憐焉，而卒以禍。旦暮吏來而呼曰：官命促爾耕，勗爾植，督爾穫。早繅而緒，早織而縷，字而幼孩，遂而雞豚。鳴鼓而聚之，擊木而召之。吾小人輟飧饔以勞吏者，且不得暇，又何以蕃吾生而安吾性耶？故病且怠。若是，則與吾業者其亦有類乎？」問者曰：「嘻，不亦善夫！吾問養樹，得養人術。」傳其事以爲官戒。

唐 劉肅《大唐新語》卷三《清廉》 李襲譽：江淮俗尚商賈，不事農業，及譽爲揚州，引雷陂水，又築句城塘以灌溉田八百餘頃。襲譽性嚴整，在職莊肅，素好讀書，手不釋卷。居家以儉約自處，所得俸禄，散給宗親，餘貲寫書數萬卷。每謂子孫曰：「吾不好貨財，以至貧乏。京城有賜田一十頃，耕之可以充食；河南有桑千樹，事之可以充衣；所寫得書，可以求官。吾歿之後，爾曹勤此三事，可以無求於人矣。」時論尤善之。

唐　劉肅《大唐新語》卷六《舉賢》　尹思貞爲青州刺史，勉百姓農桑，蠶有四登者。巡察使路敬潛屆於境，部人以原蠶繭書旌。敬潛歎曰：「非善政所致，孰能至此！」

唐　房玄齡《晉書》卷九〇《王宏傳》　王宏字正宗，高平人，魏侍中粲之從孫也。魏時辟公府，累遷尚書郎，歷給事中。泰始初，爲汲郡太守，撫百姓如家，耕桑樹藝，屋宇阡陌，莫不躬自教示，曲盡事宜，在郡有殊績。

唐　裴鉶《傳奇・蔣武》　寶曆中，有蔣武者，循州河源人也。魁梧偉壯，膽氣豪勇。獨處山岩，唯求獵射而已。善于蹶張，每賫弓挾矢，遇熊羆虎豹，靡不應弦而斃，剖視其鏃，皆一一貫心焉。

唐　裴鉶《傳奇・姚坤》　大和中，有處士姚坤，不求榮達，常以釣漁自適，居于東洛萬安山南，以琴尊自怡。其側有獵人，常以網取狐兔爲業；坤性仁，恒收贖以放之，如此活者數百。坤舊有莊，質于嵩嶺菩提寺，坤持其價而贖之。

五代　劉昫《舊唐書》卷七二《虞世南傳》　太宗後頗好獵，世南上疏諫曰：「臣聞秋獮冬狩，蓋惟恆典；射隼從禽，備乎前誥。伏惟陛下因聽覽之餘辰，順天道以殺伐，將欲躬摧班掌，親御皮軒，窮猛獸之窟穴，盡逸材于林藪。夷兇剪暴，以衛黎元，收革擢羽，用充軍器，舉旗效獲，式遵前古。然黄屋之尊，金輿之貴，八方之所仰德，萬國之所係心，清道而行，猶戒銜橛，斯蓋重慎防微，爲社稷也。是以馬卿直諫於前，張昭變色於後，臣誠微淺，敢忘斯義？且天弧星畢，所殪已多，頒禽賜獲，皇恩亦溥。伏願時息獵車，且韜長戟，不拒芻蕘之請，降納涓澮之流，袒裼徒搏，任之羣下，則貽範百王，永光萬代。」其有犯無隱，多此類也。太宗以是益親禮之。

五代　劉昫《舊唐書》卷一三四《馬燧傳》　抱玉移鎮鳳翔，以汧陽被邊，署奏隴州刺史、兼御史中丞。州西有通道，廣二百餘步，上連峻山，山與吐蕃相直，虜每入寇，皆出於此。燧乃按行險易，立石種樹以塞之，下置二門，設籬櫓，八日而功畢。會抱玉入覲，與燧俱行。久之，代宗知其能，召見，拜商州刺史、兼御史中丞、防禦水陸運使。

五代　劉昫《舊唐書》卷一五《范希朝傳》　振武有党項、室韋，交居川阜，淩犯爲盜，日入慝作，謂之「刮城門」。居人懼駭，鮮有寧日。希朝周知要害，置堡柵，斥候嚴密，人遂獲安。異蕃雖鼠竊狗盜，必殺無赦，戎虜甚憚之，曰：「有張光晟苦我久矣，今聞是乃更姓名而來。」其見畏如此。蕃落之俗，有長帥至，必効奇駝名馬，雖廉者猶曰當從俗，以致其歡，希朝一無所受。積十四年，皆保塞而不爲横。單于城中舊少樹，希朝於他處市柳子，命軍人種之，俄遂成林，居人賴之。貞元末，累表請修朝覲。時節將不以他故自述職者，惟希朝一人，德宗大悦。既至，拜檢校右僕射，兼右金吾大將軍。

五代　劉昫《舊唐書》卷一五五《竇羣傳》　兄常字中行，大曆十四年登進士第，居廣陵之柳楊。結廬種樹，不求苟進，以講學著書爲事，凡二十年不出。

五代　劉昫《舊唐書》卷一八三《吴湊傳》　文敬太子、義章公主相繼薨歿，上深追念，葬送之儀頗厚，召集工役，載土築墳，妨民農務。湊候上顧問，極言之。宗屬門吏以湊論諫太繁，恐上厭苦，每以簡約規之。湊曰：「聖上明哲，憂勞四海，必不以公主、太子之鍾念而忽疲民。但人多順旨不言，若再三啓諫，必動宸情，則生民受賜。長吏不言，是爲阿旨。如窮民上訴，罪在何人？」議者重之。以能政，兼兵部尚書。官街樹缺，所司植榆以補之，湊曰：「榆非九衢之玩。」亟命易之以槐。及槐陰成而湊卒，人指樹而懷之。

五代　劉昫《舊唐書》卷一八五《薛季昶傳》　有汴州孝女李氏，年八歲，父卒，柩殯在堂十餘載，每日哭臨無限。及年長，母欲嫁之，遂截髪自誓，請在家終養。及喪母，號毁殆至滅性，家無丈夫，自營棺櫘，州里欽其至孝，送葬者千餘人。葬畢，廬於墓側，蓬頭跣足，負土成墳，手植松柏數百株。季昶列上其狀，有制特表門閭，賜以粟帛。

五代　劉昫《舊唐書》一八八《張志寬傳》　張志寬，蒲州安邑人。隋末喪父，哀毁骨立，爲州里所稱。賊帥王君廓屢爲寇掠，聞其名，獨不犯其閭，鄰里賴之而免者百餘家。後爲里正，詣縣稱母疾，急求歸。縣令問其狀，對曰：「母嘗有所苦，志寬亦有所苦。向患心痛，知母有疾。」令怒曰：「妖妄之辭也！」繫之於獄。馳驗其母，竟如所言。令異之，慰喻遣去。及丁母憂，負土成墳，廬於墓側，手植松柏千餘株。高祖聞之，遣使就弔，授員外散騎常侍，賜物四十段，表其門閭。

唐 張讀《宣室志》卷八　唐林景玄者，京兆人，僑居雁門，以騎射畋獵爲己任。郡守悅其能，因署爲衙門將。嘗與其徒數十輩，馳健馬，執弓矢兵杖，臂隼牽犬，俱獵於田野間，得麋鹿狐兔甚多。由是郡守縱其所往，不使親吏事。

宋 薛居正等《舊五代史》卷一五《梁書·韓建傳》　河、潼經大寇之後，户口流散，建披荆棘，闢污萊，勸課農事，樹植蔬果，出入閭里，親問疾苦，不數年，流亡畢複，軍民充實。

宋 薛居正等《舊五代史》卷九一《晉書·王建立傳》　（建立）又謂其子守恩曰：「榆社之地，桑梓存焉，桑以養生，梓以送死。余生爲壽宫，刻銘石室，死當速葬，葬必從儉，違吾是言，非孝也。」旋以病篤而卒，年七十。册贈尚書令。建立先人之墳在於榆社，其崗阜重複，松檜藹然，古者云「後必出公侯」，故建立自爲墓，恐子孫易之也。

宋 歐陽修《新五代史》卷四七《李承約傳》　承約以恩信撫諸夷落，勸民農桑，興起學校。居數年，當代，黔南人詣京師乞留，爲許留一年。召爲左衛上將軍，改左龍武統軍，拜昭義軍節度使，復爲左龍武統軍。

宋 歐陽修《新唐書》卷一一一《王方翼傳》　方翼早孤，哀毁如成人，時號孝童。母李，爲主所斥，居鳳泉墅。方翼尚幼，雜庸保，執苦不棄日，墾田植樹，治林埌，塈完牆屋，燎松丸墨，爲富家。主薨，還京師。嘗夜行，見長人丈餘，引弓射仆之，乃朽木也。太宗聞，擢右千牛。

宋 歐陽修《新唐書》卷一九六《陸羽傳》　陸羽字鴻漸，一名疾，字季疵，復州竟陵人。不知所生，或言有僧得諸水濱，畜之。既長，以《易》自筮，得蹇之漸，曰：「鴻漸于陸，其羽可用爲儀。」乃以陸爲氏，名而字之。　幼時，其師教以旁行書，答曰：「終鮮兄弟，而絶後嗣，得爲孝乎？」師怒，使執糞除圬塓以苦之，又使牧牛三十，羽潛以竹畫牛背爲字。得張衡《南都賦》，不能讀，危坐效羣兒囁嚅若成誦狀，師拘之，令薙草莽。當其記文字，懵懵若有遺，過日不作，主者鞭苦，因歎曰：「歲月往矣，奈何不知書！」嗚咽不自勝，因亡去，匿爲優人，作詼諧數千言。天寶中，州人酺，吏署羽伶師，太守李齊物見，異之，授以書，遂廬火門山。貌侻陋，口吃而辯。聞人善，若在己，見有過者，規切至忤人。朋友燕處，意有所行輒去，人疑其多嗔。與人期，雨雪虎狼不避也。上元初，更隱苕溪，自稱桑苧翁，闔門著書。或獨行野中，誦詩擊木，裴回不得意，或慟哭而歸，故時謂今接輿也。久之，詔拜羽太子文學，徙太常寺太祝，不就職。貞元末，卒。　羽嗜茶，著經三篇，言茶之原、之法、之具尤備，天下益知飲茶矣。時鬻茶者，至陶羽形置煬突間，祀爲茶神。有常伯熊者，因羽論復廣著茶之功。御史大夫李季卿宣慰江南，次臨淮，知伯熊善煮茶，召之，伯熊執器前，季卿爲再舉杯。至江南，又有薦羽者，召之，羽衣野服，挈具而入，季卿不爲禮，羽愧之，更著《毁茶論》。其後尚茶成風，時回紇入朝，始驅馬市茶。

宋 歐陽修《新唐書》卷一九六《陸龜蒙傳》　有田數百畝，屋三十楹，田苦下，雨潦則與江通，故常苦飢。身畚鍤，茠刺無休時，或譏其勞，答曰：「堯、舜黴瘠，禹胼胝。彼聖人也，吾一褐衣，敢不勤乎？」嗜茶，置園顧渚山下，歲取租茶，自判品第。張又新爲《水説》七種，其二慧山泉，三虎丘井，六松江。人助其好者，雖百里爲致之。初，病酒，再期乃已，其後客至，絜壺置杯不復飲。不喜與流俗交，雖造門不肯見。不乘馬，升舟設蓬席，齎束書、茶竈、筆牀、釣具往來。

元 張樂善《達魯花赤馬合末去思碑》　前值歲凶，人民凍餒，桑棗樹株斫伐不存。自公涖任，每遇春首秋深，躬率吏卒自備糜膳，遍詣鄉村，勸諭農民如法栽植，隨順阡陌布列成行，百里之地柔桑翳翳，桃李成陰，民無愁歎，咸作五袴之歌。

元 脱脱《宋史》卷二九七《劉隋傳》　劉隋字仲豫，開封考城人。以進士及第，爲永康軍判官。軍無城堞，每伐巨木爲柵，壞則以他木易之，頗用民力。隋因令環植楊柳數十萬株，使相連屬，以爲限界，民遂得不擾。

元 脱脱《宋史》卷二八七《王嗣宗傳》　（開寶八年）太宗征河東，嗣宗陳邊事，召赴行在，授大理寺丞，通判睦州，改右贊善大夫，徙河州。太宗遣武德卒潛察遠方事，嗣宗械送京師，因奏曰：「陛下不委任天下賢俊，猥信此輩以爲耳目，臣竊不取。」太宗怒其横，遣使械嗣宗下吏，削秩。會赦，復官，尋以秘書丞通判澶州，並河東西，植樹萬株，以固隄防。

明 陳繼儒《茶董補》卷上　（陸）羽於江湖稱竟陵子，南越稱桑苧翁，少事竟陵禪師智積。異日，羽在他處，聞師亡，哭之甚哀。作詩寄懷，其略曰：「不羨黄金罍，不羨白玉杯。不羨朝入省，不羨暮入臺。千羨萬羨西江水，曾向竟陵城下來。」羽貞元末卒。

明　宋濂等《元史》卷一六七《董彧傳》〔彧知濱州時〕，課民種桑。歲餘，新桑遍野，人名爲太守桑。

明　雷禮《明大政紀》卷一一　巡撫河南山西兵部右侍郎于謙，以九年考滿進左侍郎。謙在鎮久，多善政，在河南尤著。若勸民糶粟，官爲收糴，以備賑荒。預擬河患，督採近地草束，以備築堰。公庾積久易敗，即減價而糶，旁省亦獲以濟征輸，税有贏餘，即以銼折納，官民交便。歲旱奏減存留糧草，積誠以禱雨澤，民忘其災，河流歲衝土城，遂築大隄以障。植柳爲固，立鋪設夫役以備收補。復植柳于道以蔭行旅，鑿井以濟道渴，迄今存焉。以不能媚權貴，故不遷去。

明　戴璟《廣東通志初稿》卷一一　許申天禧元年，知州事，愛民勤政，有甘露之祥。遷張文獻公祠於今所驛程，夾道植松榕數萬株，遂成茂林。

清　慵訥居士《咫聞録》卷一《劉君召》　劉君召，旌德梟溪武生也。其貌魁梧奇偉，精于鎗法，見飛禽走獸過，發鎗必中。而其所用之鎗，捍用烏木嵌以細花金絲。所養獵狗，喂以牛肉拌飯，遇獵時帶狗而出，狗則亂竄搜尋，人即飛跑跟亦不及，每每覓狗而回，以故置布袋二三箇，獵時將狗以袋盛之，負之登山，遇獸則放之，狗見獸則圍而搖尾亂咬，用鎗擊之，獲獸更捷。劉性喜閒雅，另築小齋，養花栽木，獨處其間。一夕正在濃睡，夢人示曰，明日休出門。劉即醒，聽鼓已三更，心思夢中之言，何足爲憑。未幾又睡去，忽有人推其身曰，明日休出門，須緊記，即醒。曰一連二夢，戒我之言相同，真奇事也。次日，諭下人曰，若有客來，爲我盡覆以外出。至日午有朝夕往還，富友數人到齋，直入其房，下人急不能阻，而劉亦躲匿不及矣，邀劉同往遊玩，晚仍回此擾酒食也。劉曰，在此歡飲則可，遊玩不敢奉陪也。友曰，不遠行即在此後山，何必固辭。數人拉之同行，劉强從之。友見劉許同行，又欲帶其鎗與狗，劉又阻之，友人自持其鎗，裝以藥彈，以袋藏狗負之而行。登後山適有巨鹿走出，友即放狗，以鎗交劉，令擊之。劉思夜夢，恐有奇禍，持鎗向天而放，誰知鎗發而鹿以獵狗之追，從劉之頭上，縱身高跳過去，其鎗適中鹿頸而斃，衆人□鹿負鎗狗而回，剝皮而尊劉分肉而共食，友人曰，子不擊於鹿之來而中于鹿之去，視勢而擊，真神鎗手也。劉又思昨夜之兩次托夢，必是鹿知傷於我手，而求我勿出也，今以友人之逼而出，適傷其生數也，數不可逃矣。劉以鹿皮爲褥，夜坐其上，柔軟而滑，時稱適體。至天暑，命僕易褥而曬之，毛間有彫。僕持藤鞭擊之，而毛落如飛。劉正在簷口脱衣，蹲身而洗臉淨身，鹿毛盡飛劉身，拈住肉上如生，拔之而疼，凡拔毛處肉即潰爛，且流黄水，潰處日大，久之而遍身俱潰肉自落。不一月而肉盡見骨乃殞。人曰，此乃鹿之爲祟也。吾以爲不然，夫劉之得夢也，已戒出門，其放鎗也向天而擊，意在全命，而鹿從劉首高跳過去，明明數在應死，論其罪在于友人之逼而出，持鎗而逼其擊也，於劉何與焉。此皆由於劉之性耽遊獵，愛烹野鮮，故有此報也。

清　吴任臣《十國春秋》卷三四《南唐・陳允升傳》　陳允升，饒州人也，時人謂之陳百年。少而静默好道，家世弋獵，允升獨不食其肉，亦不與人交言。十歲，詣龍虎山入道，棲隱深邃，罕睹其面。天祐末，有人見允升於撫州麻姑山，計其去家七十年矣，而顔貌如初。刺史危全諷素知其異，迎置郡中，獨處一室，時忽失之。常燕坐，全諷謂之曰：「豐城橘美，頗思之。」允升曰：「方有一船橘，泊牢城港，今爲取之。」港距城十五里，少選便還，提一布囊，可數百顆，因共食之。

清　吴任臣《十國春秋》卷五六《後蜀・張立傳》　張立，雅善吟詠，性樸直無忌諱。後主常於羅城上徧植芙蓉，每至秋間，四十里盡鋪錦繡，高下相照，立作詩以《豳風・七月》爲刺。詩曰：四十里城花發時，錦囊高下照坤維。雖粧蜀國三秋色，難入《豳風・七月》詩。及廣政末，朝政已亂，立又作詩規諷，詩曰：去年今日到成都，城上芙蓉錦繡舒。今日重來舊遊處，此花憔悴不如初。國人稱爲「詩諫」。

清　劉長源《茶史》卷一《陸羽事蹟十一則》　竟陵僧於水濱得嬰兒，育爲弟子。稍長，自筮，得蹇之漸繇，曰：鴻漸於陸，其羽可用爲儀。乃姓陸氏，字鴻漸，名羽。及冠有文章，茶術最精。　陸羽，承天府沔陽人，老僧自水濱拾得，畜之，既長，自筮，曰：鴻漸於陸，其羽可用爲儀。乃以定姓字，郡守李齊物識羽，於僧舍中，勸之力學，遂能詩，雅性高潔，不樂仕進。嗜茶，善品泉味。　陸羽，復州人，隱苕上，稱桑苧翁，又號竟陵子，杜門著書，或行吟曠野，或痛哭而歸。有《茶經》傳世，凡三篇，言茶之原、之法、之具，尤備。天下益知茶飲矣。　陸羽，一名疾，字季疵，詔拜太常不就，寓居茶山，號東岡子。嗜茶，環植數畝。《茶經》其所著也。刺史姚驥，每微服造訪。　陸羽，字鴻漸，隱居苕溪，自稱桑苧翁。闔門著書，或獨行野中誦詩擊木，徘徊不得意，則慟哭而歸，時謂之今接輿。　羽於江湖稱竟陵子，南越稱桑苧翁。　有積師者嗜茶，非漸兒煎侍不鄉口，羽出遊江湖，師絶茶味。代宗召入供奉，命宫人善茶者，餉師一啜而罷。詔羽入賜師齋，俾羽煎茗，一舉而盡。曰：有若漸兒所爲也，於是出羽見之。　常伯熊善茶，李季卿宣慰江南，至臨淮召伯熊，伯熊著黄帔衫，烏紗幘，手執茶器，口通茶名，區分指點，左右刮目。茶熟，李爲歠兩杯，既至江上復召陸羽，羽衣野服，隨茶具而入，如伯熊故事。茶畢，季卿命取錢三十文，酬煎茶博士，鴻漸夙游江介，通狎勝流，遂取茶錢、茶具，雀躍而出，旁若無人。　陸羽，茶既爲癖，酒亦稱狂。《陸羽傳》羽負書火門山，從鄒夫子學，後因俗忌火字，改爲天門山。　陸羽貌侻陋，口吃而辯，聞人，善若在已，見有過者規切至忤人，朋友燕處意有所行，輒去疑，其多嗔，與人期，雨雪虎狼不避。

清　趙弘恩《江南通志》卷一一八　汪應軫，字子宿，由庶常出知州事。武宗南巡，江彬方用事，横索供億。應軫以一身當之，民得無擾，嘗遣人至浙西，市小桑數萬株，課民樹藝。

清　趙弘恩《江南通志》卷一五九　管名，贛榆人。平生不入城市。事親至孝，父母没，廬墓六年，負土成墳，手植松樹萬餘株。

清　趙弘恩《江南通志》卷一六一　漢方儲，字聖明，丹陽人。除郎中。丁母憂歸，負土成墳，種松千株。鸞鳥栖其上，白兔游其下。

清　趙弘恩《江南通志》卷一六二　郭興，宿州人。父喪，廬墓側手植樹千株，灌培鬱葱，有馴兔之異。景泰年旌。

清　勞潼《救荒備覽》卷二　張需守霸州，見民游食者多，每里列户置簿，計其男女大小口數，派其合種粟、麥、桑、棗，及紡績之具，徧曉示之。暇則下鄉，至其户，按簿驗之，缺者必罰。于是民無游惰，不三年，俱有恆産。

清　勞潼《救荒備覽》卷三　詹事霍韜陳數事。一言洪武中，令天下人多栽桑棗。今六軍萬姓，仰食江南，萬一漕河遷徒〔徙〕，南土災荒，將安仰給。必興治北方水利，勸課農民，栽種桑棗，此今日急務也。

清　勞潼《救荒備覽》卷三　晉董奉居廬山，爲人治病，不取錢物，使重病愈者，栽杏五株，輕者一株。如此數年，計得十萬餘株。後杏子熟，奉於杏林下作倉，欲買杏者，悉照取杏之器易穀，以賑貧窮。人號曰：董仙杏林。

清　秦蕙田《五禮通考》卷二四三　《蘇則傳》則爲侍中從行，獵槎桎拔失鹿，帝大怒，踞牀拔刀，悉收督吏將斬之，則稽首曰：「臣聞古之聖王不以禽獸害人，今陛下方隆唐堯之化，而以獵戲多殺羣吏，愚臣以爲不可，敢以死請。」帝曰：「卿直也。」遂皆赦之，然以此見憚。

清　秦蕙田《五禮通考》卷二四三　《元坦傳》：坦爲冀州刺史，性好畋漁，無日不出。秋冬獵雉兔，春夏捕魚蟹，鷹犬常數百頭。自言寧三日不食，不能一日不獵。

清　秦蕙田《五禮通考》卷二四三　《暴顯傳》：顯少經軍旅，善於騎射。曾從魏孝莊帝出獵，一日之中，手獲禽獸七十三。

清　夏基《西湖覽勝詩志》卷一　按《武林志》，樂天守杭州，政平訟理，囹圄空虚，樓船載妓，嘯傲湖山，籃輿蹋春，徘徊烟柳。貧民有犯法者，令栽樹數株。富民有贖罪者，使開湖數畝。歷守數年，樹木成陰，湖葑盡拓，蓄其水，可以灌田，伐其木，可以爲宇，居民利焉。以其潔似蓮，其白如玉，爲立祠祀之。

清　王植《權衡》卷四一　宋，陳文忠公堯叟嘗爲廣西轉運使，其俗有疾不服藥，惟禱神。堯叟以集驗方，刻石桂州驛舍。是後始有服藥者，嶺外少林木井泉，堯叟爲植木道傍，鑿井置亭舍，至今爲利。《厚德録》

清　王植《權衡》卷四一　宋仁宗時，李璋知鄆州，修路數十里，夾道植柳，人呼爲李公柳。元世祖時，姜彧知濱州，課民種桑，人名爲太守桑。按：李公柳、太守桑，甘棠嘉話也。《周禮》貴桑麻。《王制》重林麓。蘇秦策燕，以果實足富于民。程琳種木萬株，曰：異日，樓櫓，可以不累。皆此意耳。

清　王植《權衡》卷四一　宋范忠宣公知襄城，襄俗不事蠶織，鮮有植桑者，公患之。因民之有罪而情輕者，使植桑于家，多寡隨其罪之輕重。後按其所植榮茂與除罪。自此人得其利，民懷之。

清　王植《權衡》卷四一　宋蘇軾知杭州，杭本近海，地泉鹹苦，居民稀少。唐刺史李泌始引西湖水作六井，民足於水。白居易又浚西湖水入漕河，自河入田，所溉至千頃，民以殷富，湖水多葑，自唐及錢氏，歲輒開治。宋興，廢之，葑積爲田，水無幾矣。漕河失利，取給江潮，舟行市中，潮又多淤，三年一淘，爲民大患。六井亦幾於廢。軾見茅山一河，專受江潮，鹽橋一河專受湖水，遂浚二河以通漕，復造堰牐，以爲湖水蓄洩之限，江潮不復入市，以餘力復完六井，又取葑田積湖中，南北徑三十里，爲長堤以通行者。吴人種麥，春輒芟除，不遺寸草。且募人種菱湖中，葑不復生，收其利以備修湖，取救荒餘錢萬緡、糧萬石，及請得百僧度牒以募役者。堤成，植芙蓉、楊柳其上，望之如畫圖，杭人名爲蘇公堤。

清　傅澤洪《行水金鑒》卷一九　沈傑，長洲人，成化甲辰進士。知歸德州，州當黄河衝，隨塞隨决，公至相度源流地形高下，乃於城外五里許築長隄捍水，樹以榆柳，又開白柳等河，河水由之入淮，睢民始免墊溺。入爲右軍都督府經歷，歷河南右布政。

清　龍文彬《明會要》卷三六　柯潛爲學士時，即院中後圃搆清風亭，鑿池蒔芙蓉，植二柏於後堂。人稱其亭爲柯亭，柏爲學士柏。院中有井，學士劉定之所浚也。柯亭劉井，翰林中以爲美談云。

清　龍文彬《明會要》卷五三　成化時，姜洪除盧氏知縣，單騎勸農桑。

清　龍文彬《明會要》卷五三　正德時，泰和知縣陸震親行鄉落，勸課農桑。

清　龍文彬《明會要》卷五三　嘉靖時，台州知府羅僑歲時循行阡陌，課農桑。

清　龍文彬《明會要》卷五三　陳幼學爲確山知縣，墾萊田八百餘頃，給貧民牛五百餘頭。里婦不能紡者，授紡車八百餘輛。栽桑榆諸樹三萬八千餘株。調繁中牟，給貧民牛種貧婦紡具倍於確山。

清　龍文彬《明會要》卷五三　張需爲霸州知州，見州民遊食者衆，每里置簿，列男女大小口數，計其耕桑樹畜，爲設方略，暇復躬自巡視，分别勸懲。於是民皆勤力，州以饒富。

清　龍文彬《明會要》卷五三　泗州知州汪應軫因土瘠民貧，不知農桑，應軫勸之耕，買桑植之，募江南女工教以繅蠶織作，由是民足衣食。

清　傅維鱗《明書・名臣傳・于謙》　齊秦民饑，徙入河南者，謙令邑各給田。初與之牛種，而以次責其税，毋令與土著淆。河勢將潰，謙厚築隄障之，多植榆柳其上。五里有亭，亭有長暨卒，責以修補，乃至所過，經由官道，俱責種樹。

清　穆彰阿《清一統志》卷二四《保定府》　楊集，常熟人。景泰中，知安州，有政聲。築隄植柳，以防水患，民甚德之。

清　穆彰阿《清一統志》卷一五《保定府》　昌守愚，如皋人。萬曆中，知高陽縣，修築河隄三十里，夾河植柳，名曰萬柳金隄。

清　穆彰阿《清一統志》卷一五《保定府》　蕭文清，廬陵人。嘉靖中，知祁州，會水災，發倉以賑，全活甚衆。築隄捍水，植柳數千株，世賴其利。

清　穆彰阿《清一統志》卷一六《保定府》　陳德榮，鶴齡子。康熙癸巳進士，授湖北枝江知縣，修百里州隄，以息水患。累遷貴州大定知府。烏蒙土司叛，德榮率屬防守，賊不敢逼。乾隆元年，擢貴州按察使，時苗疆新定，方駐師興屯，經畧張廣泗，以威重鎮服，用法嚴峻。二年貴州大火，德榮入見廣泗曰，天意如此。當設誠修省，苗亦人耳，可盡殺乎！廣泗大感動，申戒諸將吏，如德榮言。四年署布政使，以黔地瘠薄，宜務本計，乃勸民蠶桑樹藝。越年，貴築等六州縣，報墾田至三萬六千畝，課樹杉木六萬株。

清　穆彰阿《清一統志》卷一六《保定府》　尹會一，博野人，幼孤，事母以孝聞。雍正甲辰進士，授吏部主事，遷員外郎，出守襄陽府，攝荆州，會石首縣饑民萬餘，洶洶以浮言相煽，會一單騎宣慰之，衆立解，累擢河南巡撫，勸民力事農桑，課栽樹，多至二百餘萬株。又請豁免抑勒報墾升科者百餘萬頃，民累悉除。以母病乞終養，置義田以睦宗族，復設義倉義學，惠及鄉里。服闋補工部侍郎，視學江蘇，以小學督訓士子，尋調吏部，卒於官。所著有《續洛學編》、《小學纂注》、《近思録集解》。

清　穆彰阿《清一統志》卷三一《順德府》　曲廉，蓬萊人。正統間知鉅鹿縣，初縣東濱漳水，田被漂没，民多流亡，廉先决其流，次築隄障之。水既涸，躬率墾闢，樹以桑棗，歲既豐稔，復勸民出贏餘捐糴本，斂散以時，儲粟至萬石。立社學，定三等科差，流亡者皆歸業。在職九年，獄無重囚，民户祝之。又：張繼，鳳翔人。成化間，知順德府，境内河渠，地高水下，灌溉不及，繼爲製水車運水，日溉田數百頃，比穫常數倍，集桑椹數十石，發各縣給民種之，歲增桑數百株，蠶繅以興。有盜劫民財，巡捕官執疑似者拷掠，皆誣服當斬，繼按問疑似，悉釋之，已而果獲真盜。

清　穆彰阿《清一統志》卷三六《大名府》　茹敦和，會稽人。乾隆二十九年，知南樂縣，南樂地故卑下，當猪龍河之衝，敦和審地形高下，因勢利導，水不爲患。縣地多茅沙鹽鹼，教以《周禮》土化之法，多種雜樹，瘠田皆變沃壤。邑人以麥稭編笠爲生，率荒本業。敦和勸令種桑，勒碑記以示民，民獲其利。

清 **穆彰阿《清一統志》卷三六《大名府》** 李瓚，臨汾人。成化中，知大名府，河決長垣東明，瓚築長隄，延袤二百餘里，植榆柳數萬株，沿隄置鋪夫，遇衝刷，輒補葺。又于元城築衛河隄，工費不擾，世享其利。民有不事生業者，督命紡織，遠近革化。在官十二年，民尸祝之。

清 **穆彰阿《清一統志》卷五四《深州》** 李守真，沁源人。萬曆初，知饒陽縣，時滹沱河水決，幾冒城郭。守真力排羣義，環城築長隄數百丈，繞隄內外，植柳三千餘株，邑人至今賴之。

清 **穆彰阿《清一統志》卷九八《揚州府》** 白雲上，河內人。其先山西汾陽人，乾隆辛未武進士。任揚州遊擊，整肅營規，嚴捕盜賊，不遺餘力。所屬驛堠墩堡，悉令種柳，夏藉遮蔭，冬資樵採，至今人享其利。又設義塾，令兵丁子弟讀書其中，俾消桀驁之氣，值飛蝗入境，竟日立炎酷中，率兵役併力撲滅，並於冬日預搜遺蝻，以免後患。

清 **穆彰阿《清一統志》卷九九《楊州府》** 周淙，長興人。孝宗時，帥維揚，時兩淮經踐蹂，民多流亡，淙極力招輯，安堵如故，勸民植桑柘，開屯田。

清 **穆彰阿《清一統志》卷一〇一《徐州府》** 熊應祥，萬曆中，知碭山縣，時有水患，應祥於城外築隄千二百餘丈，植柳千株障之。

清 **穆彰阿《清一統志》卷一八〇《泰安府》** 李璋，章懿皇太后從子。知鄆州，京東大盜，白日殺縣令，掠人道中，璋信賞罰，督擒捕，盜爲衰止。歲大水，民以船筏邀利多溺死，璋一切籍之，約所勝載，如黄河法。發卒城州西闢，修路數十里，夾道植柳，人指爲李公柳。

清 **穆彰阿《清一統志》卷一八五《河南統部》** 陶諧，會稽人。嘉靖初，爲河南管河副使，命沿河植柳，夾以葭葦，有事采以爲埽，民間得無擾，總理都御史請推行之諸道，歲省費巨萬。

清 **穆彰阿《清一統志》卷一八五《河南統部》** 王日藻，華亭人。康熙二十一年，巡撫河南，先任管河道，素知中州民困，以兑運爲累，乃抗疏請永改折色，得報之日，八郡若更生。又恤堡夫，樹堤柳，人皆呼爲王公新柳云。

清 **李調元《童山文集》卷九《藍胡子傳》** 藍胡子，綿竹人，不知其名。美鬚髯，家貧以樹藝爲業，周遊于搢紳之門。凡經栽植，無不活，故無論識與不識，皆稱曰藍胡子。其先本爲農，既而棄去學石工，勇力過人。凡城垣、華表、經椎、鑿嵌，鑲而成者數十所，皆極堅固。後又學梓匠，成大廈者數十家。凡宋角大小，皆極精巧。既而歎曰：舜何人也，予何人也。日與木石居，得不爲人竊笑乎。予聞十年之計樹木，百年之計樹人。予不能樹人，姑寓其意於樹木可乎。于是去隱居于篔筜灘之研臺山，買園一區，樹藝花果，日以抱甕爲樂。不數年，皆成茂林。人見其栽培之無不活也，請代樹之，亦欣然而往。或助之鈔，則付之酒家，今年七十四矣，霜鬢飄蕭，又患足痛。一日，款門謂余曰：十年之計成矣，代爲人樹者，亦即借以樹人，意亦遂矣，今老而病足，將歸故邱，以就子養，没世不稱，亦君子之所疾也，請爲述予志以傳後可乎。予嘉其志而憫其老，遂爲之傳。又憐其藝之神，恐無繼之者，乞留其種樹書乃去。贊曰：嘗聞柳州之傳郭橐駝矣，自以爲當吾世而得其人，將與之爲方外之遊，何意千載而下又有藍胡子，豈天憐予老而無友，生此人以爲歸田之友乎。何以飄然而來，忽又飄然而去，豈屑與市井伍而不屑與予伍乎。使此人而樹人，又何須百年之計哉。而人卒未有求樹之者，則亦惟樹木以終老而已，可慨也夫。

清 **闕名《無錫金匱縣志》卷一四《名宦》** 趙伾，字義夫，洛陽人。宋元符三年知無錫縣。遇事敢爲，不畏强禦，人號爲「趙鐵頭」。興創廨舍農田水利，無不振舉。手種長松於惠山寺路旁，後人因呼「趙令松」。

清 **闕名《無錫金匱縣志》卷一八《名宦》** 王喬林，字文河，錢塘人。雍正四年以庶吉士出知金匱縣。嘗仿浙西栽桑養蠶法，俾民行之，未成遽去。

清 **沈翼機《浙江通志》卷二六九** 蔡潮號霞山，臨海人，弘治乙丑進士。選庶吉士，改兵科給事中，歷遷貴州右參議。時清平苗寇據香罏山以叛，圍城數重，潮誓死以守，間道轉餉士皆奮勇先登，尅日勦平。自鎮遠距省城凡七程，重岡複嶺，旅行數十里無所依止，潮爲十里創一亭，翼然相望，行人賴之。轉福建參政督糧儲，悉心籌畫軍糈給而兵民不擾。山路崎嶇，乃相地險隘輒爲梁亭，如萬里林。藍田溪北嶺飛鸞雲嶺一帶，悉爲康莊。轉河南右布政，以兩河盜賊充斥，令郡縣道周悉種榆柳，俾木植成行，不惟賊騎難於出没，且蒸薪亦資民用。未幾乞休歸，睦族恤鄰，凡道路津梁圮壞者捐貲修葺如平，大惡灘建邵家渡橋。移三江埠，疏泉井洋，凡可以利物濟人者爲之無遺力。卒年八十三。

清 **彭衍堂《龍巖州志》卷一四** 州南林田嶺監生謝芳樹，沿路栽松十餘里以蔭行人，永禁剪伐。

清 **黄懷祖《平原縣志》卷八** 全濟呼其家，田爲續命，田静處讀書，刺史劉道隆辟爲治中從事，仍舉秀才，宋武帝見其對策强直甚異之，太始初沈文秀兵起，善明收集門宗部曲，奔從伯懷恭。於北海文秀降，除海陵太守。郡境邊海無樹木，善明課民種榆檟雜果，遂獲其利。

清 **蔣光祖《鄧州志》卷一五** 王九疇，字敘吾，鄧州人。少穎悟。萬曆乙酉領鄉薦謁選得華陰知縣。秦關孔道清理驛傳外，惟民生是計，士民愛戴，自潼關以西植楊柳數萬本，華陰人愛之比甘棠焉。入覲卒於京邸，百姓立祠祀之，禱祝輒應。

清 **彭玉麟《衡陽縣志》卷七** 劉昌嗣，獵人也，弟昌治，竝有勇力，與人鬥，聞父母聲輒屏息避去。家貧，以獵供甘旨。乾隆初，縣境有虎，莫能捕。元日客至昌嗣家，言其患。明日昌嗣與弟潛往，遇虎刺之，中目，昌治拳其背，弊之負以歸。客方朝食烹肉以饗。今其家人寶虎槍焉。縣人以搏虎稱勇者，有余二儀，與昌嗣同時，有張四，積杜後。然昌嗣獨業于獵以養母，嘗曰：鹿豕不爲害，殺之傷仁。㲋雉小物，非豪士所巧中，故尤喜搏虎云。

清 **彭玉麟《衡陽縣志》卷七** 黄慶孫，父繩達，以勇著。獵馬鞍山，虎突圍，繩達弟懼，登木自縛，虎吼索斷，墮于地。繩達兩手扼虎項，久之虎力盡頓，卧取矛刺殺之，墮者猶不能興焉。

清 **彭玉麟《衡陽縣志》卷七** 易思堂，康熙時，人少跌宕嗜酒，一日大醉，失所往，久之還，自言上峨嵋遇異人，人弗信也。金蘭山中多虎，思堂曰：「吾能制之。」遽起入山，頃之手鐵鞭騎虎還。期年禽虎八十，人呼之虎仙。思堂不樂，曰：「吾爲公等除患，非𩟔虎也。公等謂我酒仙則可，虎仙則不可。」自是十餘年惟日飲酒，有虎暴甚，殺人多矣。思堂不肎往，或醉以酒挾强之，思堂曰：「吾禽虎百十有九，老且憊，今休矣，公不吾諒數也，將焉避。」飲數斗而行，跨黑虎還，走如飛人，皆辟，易思堂下虎，虎傷其左臂，三日死。死之日，黑虎復來，吼于門云。又有周甲母子居萬貫沖，皆善捕虎，亦輒騎還其庭，然後殺之，今里人畫像祀之，以辟毒獸。又有張四者，兄弟善搏虎，殺虎亦以百計，四登聚湖山，遇赤虎拳之，中右頷，臂陷虎口，弟六至，急以叉柄抵虎牙，四抽臂拳虎，負以歸。

清 **沈葆楨《重修安徽通志》卷一七九** 吴承恩，字本賜，桐城選貢，知河陰縣。黄河南徙，民患之，承恩禱於神，河忽北去四十里，令民於其堧築隄，植柳數十萬，耕牧其中，遂成沃土。後大饑，民剝柳膚爲食，曰：此吴公活我柳也。

清 **陳玉祥《祁陽縣志》卷一四** （宋・陶弼）遷陽朔令，課民植木官道旁，夾數百里。自是行者無夏秋暑暍之苦，他郡縣悉效之。

清 **王樹人《永定縣鄉土志》卷二** 胡奕和，好種植之術，世居萬山中，見山木荒梗無取材，乃遊雲貴、江西求諸善種，如松杉、桐茶、藍靛之屬，歸而學種法。至今人食其利。又胡其興以善種藍靛爲里師，性至孝，父早没，家貧。傭工以養母，母嗜膏飴。其興每食必具，不足則減己食，夜織□屨補之，母壽至九十餘卒，喪葬如禮，里黨旌其孝。

清 **唐榮邦《酃縣志》卷一〇三** 王元臣，江甯人，康熙壬戌進士。知縣事，潔己愛民，捐俸購茶桐、柏竹、榛栗、桑麻之屬，教之種樹。每朔望後一日，單騎赴鄉宣講。

上諭並勸農問民疾苦。解組後，士民思之，置田爲壽。

清 **王琛《邵武府志》卷二四** 黄晉，字昭德，號康侯。東橋圮於水下，瞰大溪有萬松洲，屢經公私砍伐，遂致荒蕪，晉邀同志於洲上種松萬株，以培地脈。

清 **董天工《武夷山志》卷一七** 趙必漣，字仲連，宋宗室也，居崇安。少刻苦讀書，理宗開慶間，以父崇堈南恩守澤當補官，辭不受，自號山泉翁，築室於武夷山北之白崖，植梅數百株，曰：「梅花莊」，與弟若槸觴咏其中。若槸字自木，號霽山。咸淳末進士，入元不仕，亦以詩名，俱有集。

清 **朱珪《福寧府志》卷一七** 劉象，字有儀，安福人。（明）成化九年，縣復爲州，知州事勤政惠民。【略】先是龍首山童而磽礒，形家病之，象植松四萬餘株，鬱然成林，民比之甘棠云。今祀名宦。

清 **王學伊《固原州志》卷三** 成光裕，字吉甫，湖南甯鄉人。由行伍歷保提督直勇巴圖魯。光緒三年借補參將，十年卸篆，十一年復任，十八年卒。於官計先後在任十六載，兼帶練軍中旂步隊，整釐戎政，明幹有爲，嘗與各營合力種樹，以興地利。

清 **王學伊《固原州志》卷四** 朱得才，居本城，保守備，不樂仕進，以樹藝自娱。光緒丁未余飭城鄉種樹得才，開拓老圃，榆柳成行，笠雨簑風，辛勤無間，而尤能爲鄉民教導種樹之法，應志之爲農業勸。

清 **邱天英《汝陽縣志》卷七** 苑哲，安州人，骯髒有志，節慕舉觥，司正之爲人。時豪右侵隱田糧無憚，公酌二什取一之法，勸父老載耜鼓桑得緩其調，常跡田廬，課稻菽量畜牧，盡力南畝則有賚，罷則扑焉。民用是大富。永樂十年，桑棗柿樹種植二十五萬八千餘株，熙然樂利風也。

清　朱廷獻《新鄭縣志》卷三　王良臣字敬吾，明萬曆甲午孝廉，任陽城縣知縣。晉俗止知稼穡，不知樹木。公課民種柿，每户規以十數，初有難色，後值歲歉，賴活甚衆，陞河間府同知。壽終從祀鄉賢。補志

清　黃懷祖《平原縣志》卷六　盧恭，江西萍鄉人，由監生任《一統志》正德中任勸農敷教，愛養黎元，建置倉廒，積穀二萬餘石，以備旱澇，植樹萬有餘株，以蔭行人，當時比之甘棠。

清　劉華邦《桂東縣志》卷一七黃體文《孝勇黃回傳》　古孝子百二十人，獨楊香以打虎救親著。越千餘年而有吾邑人黃回，年相若，事絶類。然香以救父，而虎馴，回父傷於虎，卒脱虎口，報虎仇，其跡雖殊，又能勇以成孝者，故稱孝勇黃回云。回一名建高，字子德。生有至性，膂力過人。明鼎革初，邑爲賊藪，廬舍荒墟，深林雜菁，時多虎暴。回隨父學進、叔學連出黎家洞，忽大風起，山麓林木皆振，虎攫其父及叔去。回年十四，奮力前救，若不知其爲虎者，格之戕其左目，虎負痛舍二人，躍而逝。回急負其父叔歸，則學進傷，而學連死矣。回既救父，誓報虎。入山尋藥，至鷹窠嶂，遇老人問之，回以告。老人曰：虎傷人未有不死者，孺子年少，欲報虎，焉能制虎命，且惡得藥，回泣不輟。老人曰：是誠可哀，吾教若搏虎法。傅其技，並予藥使醫其父。回拜受問姓名，不告而去。回歸以藥敷父創，尋愈。習其法，徑入虎穴，遇瞎虎，回擊之。虎怒咆哮，山谷皆震，直撲回，回出其右，抑其項，急擊之斃，其爪掀地深尺許，提以歸，取血祭叔墓。與父餕其餘肉，往鷹窠嶂謝老人，則不知所之。及回父卒，回啟手足，捫傷痕，哭曰：虎也，即入山殺虎，取肉以祭。回年七十卒，計斃九十九虎，邑自是無虎患。回狀貌魁梧，與人交任樸誠，恂恂如處子，每遇虎則目眥裂，必殺之而後已。殺必以其肉祭父及叔墓。蓋孝勇，其天性也，烈於楊香矣。

清　江亦顯《興文縣志》卷五　金元道人，明初人，姓氏里居不傳。寓梅嶺静安觀，少與俗接。好種樹，自觀地至牛腹灣，種楠木數百株。年百餘歲，一夕忽不見，但留七言絶云「披荊偏採鄧林材，費盡滋培養嫩荄。寄語後人休剪伐，株株都是金元栽。」詩刻石，所種楠木俱成偉材，今尚存，其一在玉屏山下，大十數圍。

清　黃宅中《寶慶府志》卷一〇九　（周）澤長，字蒼濤，景陵人，好讀書，時以淵博稱。丰儀端重，諸生見之，肅然也。學宫之役，躬自經紀，寒暑弗輟。學成環植槐、桂百餘本，曰：欲使後之人知此爲景陵周澤長所種耳。

清　闕名《吴縣志》卷四四《人物・范仲淹》　范仲淹徙陳州時，方建太一宫及洪福院，市林木陜西。仲淹言：「昭應壽寧，天戒不遠，宜罷修李觀，減常歲市木之數，以蠲除積負。」【略】仁宗以爲忠。

清　趙爾巽《清史稿》卷四七七《基淵傳》　基淵，字静溪，山西興縣人。乾隆十七年進士，歸班銓授河南嵩縣知縣。舊傍伊水有渠十一，久湮絶。基淵按行舊址，勸民修復。山澗諸流可引溉者，皆爲開渠。渠身高下不一者，分段設閘以蓄洩之。田高渠下者，則教爲水車引溉。凡開新、舊渠十八，灌田六萬二千餘畝。巡撫上共事，優詔議敘，尋以憂去。服闋，授甘肅鎮原，調皋蘭，擢肅州直隸州知州。洪水渠岸峻易崩，基淵度勢於南石岡引鑿渠口，以避沖陷之害。野猪溝有荒田，無水久廢。基淵詢訪耆舊，加寬柳樹閘龍口，别開子渠。界荒田爲七區，招民佃種，區取租十二石，給各社學，名曰新文渠。州東南九家窯，鑿山後渠開屯田，舊駐州判主之，久之田益薄瘠，民租入不足支官役；基淵請汰州判，改屯升科，爲籌歲修費，民於是有恆産。　基淵治官事如家事，博求利病。在嵩縣，植桑教蠶，出絲甲於他邑。以無業之地，建社學三十二所。在肅州，開郊外廢灘，種楊十餘萬株。徧諭鄉堡種樹，薪樵取給，建社學二十一所。又於金佛、清水兩鄉建倉，以免徵糧借囤民房之累。革番、民採買需索，皆有實惠。四十四年，擢江西廣信知府，卒於官。

又　際華，字石藩，貴州貴筑人。嘉慶六年進士，授内閣中書，親老乞改教職。歷遵義、都匀兩府教授，以薦擢知縣。道光六年，授河南輝縣。百泉出縣北蘇門山，衛河之源也。其西諸山水經縣南入衛，曰峪河；其北諸澗水歷縣東入新河，曰東石河。新河者，自縣北鑿渠引衛河，至縣南復入衛，又稱玉帶河，皆資疏洩、利灌溉。時並淤塞，遇水輒苦漂溺。際華履視溝、渠，出俸錢率民醵貲濬峪河，修紅石堰，疏新河。鑿東石河六十餘丈，堅築其岸。諸渠綺交脈注，潦患以息。課民種桑四萬株，教之育蠶，他樹亦十五萬株，於是邑有絲絮、材木之利。蘇門故多名賢祠宇，咸新之，修明祀事，以勵風教焉。

又　敦和，字三樵，浙江會稽人。初嗣婦翁李爲子，占籍廣東。乾隆十九年成進士，歸本宗，授直隸南樂知縣。慎於折獄，於片紙召兩造，立剖曲直，當

笞者薄責之，民輒感悔自新。擇清白謹願者充社長、里正，令密陳利弊，以次行之。縣當猪龍河之衝，察河源委，於開州、清豐之間審地形高下，因勢利導，水不爲患。地多茅沙鹽鹹，教以土化之法，廣植雜樹。鄉民以麥稭編笠爲生，敦和勸種桑。

清 趙爾巽《清史稿》卷四七九《陳文黻傳》 陳文黻，湖南長沙人。以諸生入貲爲通判。同治間，從軍，積功晉同知，留陝西。光緒七年，署鄠縣知縣，以教化爲先，政平訟理。九年，授留壩廳同知。廳獄舊有棗茨，經費歲徵之民，文黻革之。境内無質庫，貧民稱貸，盤剝者要重息。文黻設裕民公所，貸民錢，息以十一，取其贏以備公用，民便之。廳境山多於田，無物産以資生。乃周歷山谷，辨其土宜，作《種橡説》及《山蠶四要》，徧諭鄉民。頒給樹秧蠶種，募工導之。絲成，製機教織，設局收買，重其值以招之。又購紫陽茶種，課之樹藝，於是地無棄利。俗素樸陋，歲科試附鳳縣額，每試或不得一人。建書院、義塾，置書籍，延高才者爲之師。數年之後，横舍彬彬，遂請奏設廳學，建官置額。

清 趙爾巽《清史稿》卷四八四《文苑傳·林時益》 林時益，本明宗室，名議霶，字確齋，南昌人。與彭士望同里。兩人謀居，士望與魏禧一見定交，極言金精諸山可爲嶺北耕種處，乃攜家偕士望往。僑居十餘年，與魏氏昆弟相講習。康熙七年，詔明故宗室子孫衆多，竄伏山林者還田廬，復姓氏。時益久客寧都，弗樂歸。卜居冠石，結廬傭田，非其力不食。冠石宜茶，時益以意製之，香味擬陽羡，所謂林茶者也。晚好禪悦。著有《冠石詩集》五卷、《確齋文集》。

清 馬家鼎《壽陽縣志》卷八 高超自幼家貧，肆力於學，尤工篆書。事母以孝聞，凡生事死葬皆竭誠盡禮。性耿介，有古人風。遇荒歲推食食人，族黨中力不能婚葬者，雖窮窘力爲之助。壽至八十，生平好善不倦，卒祀忠義祠。 雒官家世農業。性好善，人有急，輒周之。曾見路遺小兒，訪其父，昊貲米歸之，使哺養。常〔嘗〕夢至一山，見樹木茂甚日，安得方山有此植，亦可稱名勝矣。越數日，復夢，遂詣方山，周覽之，宛然夢境，特樹少耳。乃謀諸衆種稺松萬株，時自灌溉，閑芻牧。數年後，所植成林。又節食用，令四子各輸金，置地四十畝，以爲永久守護之資。邑諸生張統選爲之記，卒祀忠義祠。按州志無遺字。又據唐天佑四年，神福山寺靈跡記，山之多松，唐時已然，且碑陰所記，施地已二十頃三十畝，則官之種松置地，特繼蹤耳。

清 舒啓《柳州縣志》卷七 緒東山，嘉靖甲午舉人，任江西高安縣知縣，爲政不務煩苛。嘗語人曰：用刑不如行惠，懲惡不如禮賢。邑民耕田之外，東山親行西郊，勸民植菓木薯芋之屬，以供日用。士民戴之，稱爲緒母，及致政歸，士民牽舟泣送，立祠祀之。

清 舒啓《柳州縣志》卷七 羅向辰，嘉靖丙午舉人，初知浙江松陽縣知縣。縣多虎患，向辰禱於城隍，修檄移責山神，即以鎖練置於山中。次日人報有虎在山下，向辰率鄉勇往擒，虎伏不敢動，向辰數其罪而殺之，虎患遂絶。歷官廣東市改〔政〕司參議。

清 顧炎武《日知録之餘》卷四《種樹》 《南齊書》劉善明爲海陵太守，郡境邊海無樹木，善明課民種榆檟雜果，遂獲其利。

清 戚朝卿《邢臺縣志》卷四 主簿隋翥正統間任邑，舊無桑棗，翥始教之樹。有羣虎爲害，設法捕之，民賴以安。

清 王肇晉《深澤縣志》卷八 王懷禮字梅軒，少英毅，嘉靖間【略】晉徐溝知縣，果於聽斷，築城禦水患，並植柳萬餘株。凡學宮及公廨郵亭，無不修築。民樂子來，纖毫無擾。《徐溝志》云：賦性剛明而莅政有條，聽訟果斷而興建多方，蓋紀實也，莅官九年致仕還。

中華大典·林業典

森林培育與管理分典　引用書目

引用書目

説明

一、本書目著録《森林培育與管理分典》引用的主要典籍。
二、本書目按作者時代的先後排列。
三、著録順序依次爲書名、時代作者、版本或出版社及出版時間。各書均不著録卷數。

書（亦稱尚書、書經）　十三經注疏中華書局一九八零年據阮元校刻本影印本
易（亦亦稱易經）　十三經注疏中華書局一九八零年據阮元校刻本影印本
詩（亦稱詩經）　十三經注疏中華書局一九八零年據阮元校刻本影印本
春秋（亦稱春秋經）　十三經注疏中華書局一九八零年據阮元校刻本影印本
論語　十三經注疏中華書局一九八零年據阮元校刻本影印本
周禮（周永官、周官經）　四部備要中華書局據宋永　懷堂刻本影印本
左傳（亦稱春秋左氏傳）　十三經注疏中華書局一九八零年據阮元校刻本影印本
晏子春秋　四部備要中華書局一九五四年據世界書局原版重印本
管子　商務印書館涵芬樓仿宋版影印本
商君書　四部備要據西吴嚴叔卿校本校刊本
孟子　四部備要中華書局珍仿宋版影印本
莊子　四部備要中華書局珍仿宋版影印本
荀子　四部備要中華書局據嘉善謝氏本校刊本
墨子　四庫全書
韓非子　四部備要中華書局據吴氏影宋乾道本校刊本
尹文子　四部叢刊據宋刻本影印本
吕氏春秋　中華書局一九五四年據世界書局原版重印本
國語　四庫全書
爾雅　四部備要中華書局據宋刻本影印本
神農本草經　叢書集成初編一四二八、一四二九册

禮記（小戴禮）　四部備要中華書局據珍仿宋版影印本
山海經　清還讀齋刻郝懿行註箋本
逸周書　四庫全書
田律　漢　睡虎地秦墓竹簡
新語（陸子）　漢　陸賈　中華書局一九八六年王利器校註本
淮南子（淮南鴻烈）　漢　劉安　四部備要中華書局據武進莊氏本校刊本
史記（太史公書）　漢　司馬遷　中華書局一九五九年點校本
新論　漢　桓譚　叢書集成初編六五一册
漢書　漢　班固　中華書局一九六二年點校本
汜勝之書　漢　汜勝之　農業出版社一九八〇年版
四民月令　漢　崔寔　農業出版社一九八一年版
論衡　漢　王充　中華書局一九六二年點校本
説文　漢　許慎　中華書局據同治一二年陳昌治刻本影印説文解字
孟子註疏　漢　趙岐　四庫全書
九州論　三國魏　何晏　全三國文商務印書館一九九九年影印本
毛詩草木鳥獸蟲魚疏　三國吴　陸璣　叢書集成初編一三四六册
抱朴子　晉　葛洪　古逸叢書三編據宋紹興二二年刊本影印本
西京雜記　晉　葛洪　四庫全書
南方草木狀　晉　嵇含　叢書集成初編一二五二册
鄴中記　晉　陸翽　四庫全書

與韓豫章牋　晉 喻希　全晉文中華書局一九五八年影印本
影宋鈔繪圖爾雅　晉 郭璞　清嘉慶六年曾燠刊刻姚之麟據影宋圖摹繪本
竹譜　晉 戴凱之　叢書集成初編一三五二册
後漢書　南朝宋 范曄　中華書局一九六五年點校本
文選　南朝梁 蕭統　中華書局一九七七年點校本
齊民要術　北魏 賈思勰　農業出版社一九八二年校釋本
水經注　北魏 酈道元　四庫全書
隋書　唐 魏徵　中華書局一九七三年點校本
唐律疏議　唐 長孫無忌　四庫全書
南史　唐 李延壽　中華書局一九七五年點校本
王右丞集箋註　唐 王維　四庫全書
朝野僉載　唐 張鷟　中華書局一九七九年點校本
李太白集　唐 李白　四庫全書
貞觀政要　唐 吴兢　岳麓出版社一九九一年點校本
唐六典　唐 李隆基　三秦出版社一九九一年版
大唐新語　唐 劉肅　四部備要一九七五年影印本
元和郡縣圖志　唐 李吉甫　四部備要中華書局點校本
柳宗元集　唐 柳宗元　中華書局一九七三年點校本
宣室志　唐 張讀　中華書局一九八三年點校本
姚少監詩集　唐 姚合　四庫全書
春秋集傳纂例　唐 陸淳　四庫全書
孟東野詩集　唐 孟郊　四庫全書
元氏長慶集　唐 元稹　四庫全書
白居易集　唐 白居易　中華書局一九七九年顧學頡校補本
白香山詩集　唐 白居易　四庫全書
白氏長慶集　唐 白居易　四庫全書
酉陽雜俎、續集　唐 段成式　四部叢刊據明脈望館刊本影印本
王司馬集　唐 王建　四庫全書
北户録　唐 段公路　四庫全書
唐風集　唐 杜荀鶴　四庫全書
四時纂要　唐 韓鄂　續修四庫全書
通典　唐 杜佑　四部備要中華書局一九七五年點校本
蘇氏演義　唐 蘇鶚　續修四庫全書
白蓮集　唐 釋齊己　四庫全書
温飛卿詩集箋注　唐 温庭筠　四庫全書
獨異志　唐 李亢　中華書局一九八三年點校本
嶺表録異　唐 劉恂　四庫全書
舊唐書　五代 劉昫　中華書局一九七五年點校本
海藥本草　五代 李珣　書目文獻出版社影印本
五代會要　宋 王溥　上海古籍出版社一九七八年版
笱譜　宋 贊寧　四庫全書
文苑英華　宋 李昉　中華書局一九六六年版
册府元龜　宋 王欽若　四庫全書
乖崖集　宋 張詠　四庫全書
墨客揮犀　宋 彭乘　四庫全書
續博物志　宋 李石　四庫全書
南部新書　宋 錢易　四部備要中華書局一九七五年影印本
詩本義　宋 歐陽修　四庫全書
新唐書　宋 歐陽修　中華書局一九七五年點校本
洛陽牡丹記　宋 歐陽修　叢書集成初編一三五五册
華陽集　宋 王珪　四庫全書
潏水集　宋 李復　四庫全書
伐檀集　宋 黄庶　四庫全書
浄德集　宋 吕陶　四庫全書
彭城集　宋 劉攽　四庫全書
傳家集　宋 司馬光　四庫全書
資治通鑒　宋 司馬光　四庫全書
臨川文集　宋 王安石　四庫全書
圖經本草　宋 蘇頌　福建科學技術出版社一九九八年版
東坡志林　宋 蘇軾　四庫全書

重編東坡先生外集　宋蘇軾　四庫全書存目叢書
蘇文奇賞　宋蘇軾　四庫全書存目叢書
格物麤談　宋蘇軾　四庫全書存目叢書
欒城第三集　宋蘇轍　四庫全書
元豐類稿　宋曾鞏　四庫全書
山谷外集　宋黄庭堅　四庫全書
唐詔令集　宋宋敏求　四庫全書
唐語林校證　宋王讜　中華書局一九八七年版
夢溪筆談　宋沈括　四庫全書
補筆談　宋沈括　四庫全書
夢溪忘懷録　宋沈括　四庫全書
後山集　宋陳師道　四庫全書
荔枝譜　宋蔡襄　四庫全書
北山集　宋鄭剛中　四庫全書
道鄉集　宋鄒浩　四庫全書
相山集　宋王之道　四庫全書
毛詩名物解　宋蔡卞　四庫全書
兩漢詔令　宋林虙　四庫全書
簡齋集　宋陳與義　四庫全書
類説　宋曾慥　四庫全書
古靈集　宋陳襄　四庫全書
埤雅　宋陸佃　四庫全書
藏海居士集　宋吴可　四庫全書
事實類苑　宋江少虞　四庫全書
分門瑣碎録　宋温革　續修四庫全書
農書　宋陳旉　四庫全書
桐譜　宋陳翥　叢書集成初編一三五二册
盤洲文集　宋洪適　四庫全書
樂善録　宋李昌齡　續古逸叢書據宋紹定刻本影印本
竹友集　宋謝邁　四庫全書
雲溪集　宋郭印　四庫全書
周禮詳解　宋王昭禹　四庫全書
南湖集　宋張鎡　四庫全書
晦庵集　宋朱熹　四庫全書
范文正公年譜　宋樓鑰　四庫全書存目叢書
宋朝詔令集　宋闕名　續修四庫全書
夷堅志　宋洪邁　續修四庫全書
爾雅翼　宋羅願　叢書集成初編一一四五至一一四八册
崧菴集　宋李處權　四庫全書
橘録　宋韓彦直　四庫全書
鴻慶居士集　宋孫覿　四庫全書
紫微集　宋張嵲　四庫全書
本草衍義　宋寇宗奭　叢書集成初編一四三〇册
離騷草木疏　宋吴仁傑　叢書集成初編一三五二册
南唐書　宋陸游　上海中華書局一九五五年點校本
宋通鑑長編紀事本末　楊仲良　續修四庫全書
續資治通鑑長編　宋李燾　中華書局一九七九年點校本
篔窗集　宋陳耆卿　四庫全書存目叢書
全芳備祖　宋陳詠　農業出版社一九八〇年版
都官集　宋陳舜俞　四庫全書
宮教集　宋崔敦禮　四庫全書
浪語集　宋薛季宣　四庫全書
克齋集　宋陳文蔚　四庫全書
黄氏日抄　宋黄震　四庫全書
梅花喜神譜　宋宋伯仁　叢書集成初編一六三四册
四明它山水利備覽　宋魏峴　叢書集成初編一四七〇册
游宦紀聞　宋張世南　中華書局一九九一年點校本
古今合璧事類備要　宋謝維新　四庫全書
兩宋名賢小集　宋陳思　四庫全書
古梅遺稿　宋吴龍翰　四庫全書

周易輯聞　宋趙汝楳　四庫全書
咸淳臨安志　宋潛説友　四庫全書
癸辛雜識　宋周密　四庫全書
潛齋文集　宋何夢桂　四庫全書
棲霞長春子丘神仙磻溪集　金丘處機　續修四庫全書
續夷堅志　金元好問　續修四庫全書
桐江續集　元方回　四庫全書
瀛奎律髓　元方回　四庫全書
農桑輯要　元司農司　農業出版社一九八二年版
昌國州圖志　元馮福京　四庫全書
竹譜詳録　元李衎　叢書集成初編一六三五册
居家必用事類全集　元闕名　續修四庫全書
竹素山房詩集　元吾邱衍　四庫全書
谷響集　元釋善住　四庫全書
王禎農書　元王禎　河南教育出版社一九九三年據廣雅書局版本重印本
農桑衣食撮要　元魯明善　四庫全書
文獻通考　元馬端臨　四庫全書
梧溪集　元王逢　四庫全書
遼史　元脱脱　中華書局一九七四年點校本
宋史　元脱脱　中華書局一九七七年點校本
元文類　元蘇天爵　四庫全書
樹藝編　元胡古愚　續修四庫全書
惟實集　元劉鶚　四庫全書
湖海新聞夷堅續志　元闕名　續修四庫全書
元史　明宋濂　中華書局一九七六年點校本
浦陽人物記　明宋濂　四庫全書
説郛　明陶宗儀　四庫全書
四書大全·孟子集注　明胡廣　四庫全書
明輔世編　明唐鶴徵　四庫全書存目叢書
歷代名臣奏議　明楊士奇　四庫全書
文章類選　明朱㮵　四庫全書存目叢書
種樹書　明俞宗本　農業出版社一九六二年版
敬事草　明沈一貫　四庫全書存目叢書
神隱　明朱權　四庫全書存目叢書
四時氣候　明李泰　四庫全書存目叢書
新安文獻志　明程敏政　四庫全書
丘海二公文集合編　明邱濬　四庫全書存目叢書
大學衍義　明邱濬　四庫全書
武功集　明徐有貞　四庫全書
文温州集　明文林　四庫全書存目叢書
東溪日談録　明周琦　四庫全書
容春堂集　明邵寶　四庫全書
文氏五家集　明文洪　四庫全書
正字通　明张自烈　續修四庫全書
增修埤雅廣要　明牛衷　續修四庫全書
竹嶼山房雜部　明宋詡　臺灣商務印書館影印四庫全書本
都公譚纂　明都穆　續修四庫全書
七修續稿　明郎瑛　續修四庫全書
儼山外集　明陸深　四庫全書
王恭毅公駁稿　明王槩　續修四庫全書
天馬山房遺稿　明朱淛　四庫全書
明會典　明申時行　四庫全書
便民圖纂　明鄺璠　四庫全書存目叢書
明名臣琬琰續録　明徐紘　四庫全書
餘冬序録　明何孟春　四庫全書存目叢書
周禮集註　明何喬新　四庫全書存目叢書
汾上續談　明朱孟震　四庫全書存目叢書
石洞集　明葉春及　四庫全書
新刊正蒙解　明劉儓　續修四庫全書
存存稿　明周泰　四庫全書存目叢書

弇州續稿　明王世貞　四庫全書
彙苑詳注　明王世貞　四庫全書存目叢書
雅述　明王廷相　續修四庫全書
全蜀藝文志　明周復俊　四庫全書
古詩紀　明馮惟訥　四庫全書
兩谿文集　明劉球　四庫全書
説郛續　明陶珽　續修四庫全書
文谷漁嬉稿　明孔天胤　四庫全書存目叢書
無聞堂稿　明趙釴　四庫全書存目叢書
張南湖先生詩集　明張綖　四庫全書存目叢書
司勳集　明皇甫汸　四庫全書存目叢書
李卓吾先生讀升菴集　明李贄　四庫全書存目叢書
名公書判清明集　明張四維　續修四庫全書
東川劉文簡公集　明劉春　續修四庫全書
蓬窗類記　明黄暐　續修四庫全書
處實堂集　明張鳳翼　續修四庫全書
多能鄙事　明劉基　四庫全書存目叢書
遵生八箋　明高濂　四庫全書
學圃雜疏　明王世懋　四庫全書存目叢書
茶疏　明許次紓　叢書集成初編一四八〇册
山堂肆考　明彭大翼　四庫全書
稗史彙編　明王圻　四庫全書存目叢書
禪寄筆談　明陳師　四庫全書存目叢書
竇子紀聞類編　明竇文照　四庫全書存目叢書
瑯邪代醉編　明張鼎思　四庫全書存目叢書
本草綱目　明李時珍　四庫全書
文忠集　明范景文　四庫全書
新鐫古今事物原始全書　明徐炬　四庫全書存目叢書
古名儒毛詩解　明鍾惺　四庫全書存目叢書
輟耰述　明陳全之　續修四庫全書
彙雅後編　明張萱　四庫全書存目叢書
春秋億　明徐學謨　四庫全書
春秋左傳屬事　明傅遜　四庫全書
宋元通鑑　明薛應旂　四庫全書存目叢書
人代紀要　明顧應祥　四庫全書存目叢書
新刻何氏類鎔　明何三畏　四庫全書存目叢書
康對山先生集　明康海　續修四庫全書
河上楮談　明朱孟震　續修四庫全書
來瞿唐先生日録　明來知德　四庫全書存目叢書
楊襄毅公本兵疏議　明楊博　四庫全書存目叢書
小司馬奏草　明項篤壽　續修四庫全書
説原　明穆希文　四庫全書存目叢書
月令通考　明盧翰　四庫全書存目叢書
月令廣義　明馮應京　四庫全書存目叢書
石倉歷代詩選　明曹學佺　四庫全書
治河通考　明吴山　四庫全書存目叢書
茶董補　明陳繼儒　叢書集成初編一四八〇册
劉氏鴻書　明劉仲達　四庫全書存目叢書
新纂事詞類奇　明徐常吉　四庫全書存目叢書
唐類函　明俞安期　四庫全書存目叢書
詩雋類函　明俞安期　四庫全書存目叢書
楚辭集解　明汪瑗　續修四庫全書
勸農書　明袁黄　續修四庫全書
本草原始　明李中立　續修四庫全書
群芳譜　明王象晉　農業出版社一九八五年版
明大政紀　明雷禮　四庫全書存目叢書
明朝列卿紀　明雷禮　四庫全書存目叢書
花史左編　明王路　續修四庫全書
李秋羽集　明李雲鴻　四庫存目補編
漱石閑談　明王兆雲　四庫全書存目叢書

存家詩稿　明楊巍　四庫全書
贛州府志　明余文龍　四庫全書存目叢書
陳先生適適齋鑑鬚集　明陳玉輝　四庫全書存目叢書
南河志　明朱國盛　四庫全書存目叢書
蟲天志　明沈弘正　四庫全書存目叢書
武備志　明茅元儀　清光緒四三年二月廣東學務公所印刷處活版代印本
暇老齋筆記　明茅元儀　續修四庫全書
徑山志　明宋奎光　四庫全書存目叢書
夏書禹貢廣覽　明許胥臣　四庫全書存目叢書
汝南圃史　明周文華　四庫全書存目叢書
敬由集　明竇子偁　續修四庫全書
露書　明姚旅　續修四庫全書
谷山筆麈　明于慎行　續修四庫全書
五雜俎　明謝肇淛　續修四庫全書
唐詩類苑　明張之象　四庫全書存目叢書
玉麈新譚　明鄭仲夔　續修四庫全書
耳談類增　明王同軌　續修四庫全書
荆川先生右編　明唐順之　四庫全書存目叢書
聖典　明朱睦㮮　四庫全書存目叢書
皇明寶訓　明吕本　四庫全書存目叢書
留青日札　明田藝蘅　四庫全書存目叢書
獪園　明錢希言　續修四庫全書
春秋直解　明郝敬　四庫全書存目叢書
嵩書　明傅梅　四庫全書存目叢書
亳州牡丹史　明薛鳳翔　四庫全書存目叢書
牡丹八譜　明薛鳳翔　清順治思念宛委山堂刻本
華夷花木鳥獸珍玩考　明慎懋官　四庫全書存目叢書
離騷草木疏補　明屠本畯　四庫全書存目叢書
禽蟲述　明袁達　明萬曆新安汪氏刻山居雜志本
[萬曆]重修居庸關志　明張紹魁　中國方志叢書臺北成文出版社年
[萬曆]泰安州志　明任弘烈　中國方志叢書臺北成文出版社一九六八年
毛詩鳥獸草木考　明吳雨　兩淮馬裕家藏本
兩河經略　明潘季馴　四庫全書
玉芝堂談薈　明徐應秋　四庫全書
灌園史　明陳詩教　明萬曆刻本
花史　明闕名　續修四庫全書
皇明通紀述遺　明卜世昌　四庫全書存目叢書
盛明百家詩　明俞憲　四庫全書存目叢書
百花藏譜　明江之源　明江一桂校正增補本
皆春園集　明陳完　四庫全書存目叢書
梁園風雅　明趙彥復　四庫全書存目叢書
甔甀洞稿　明吳國倫　續修四庫全書
說理會編　明季本　續修四庫全書
芻蕘集　明周是修　四庫全書
周禮訓雋　明陳深　四庫全書存目叢書
調象菴稿　明鄒迪光　四庫全書存目叢書
黔類　明郭子章　四庫全書存目叢書
燕居功課　明安世鳳　四庫全書存目叢書
劉練江先生集　明劉永澄　四庫全書存目叢書
諸葛忠武書　明楊時偉　四庫全書
博物要覽　明谷應泰　續修四庫全書
閩中荔枝通譜　明鄧慶寀　續修四庫全書
梅花草堂集筆談　明張大復　四庫全書存目叢書
養餘月令　明戴羲　四庫全書存目叢書
吳興藝文補　明董斯張　續修四庫全書
函史下編　明鄧元錫　四庫全書存目叢書
灌園草木識　明陳正學　續修四庫全書
明經世文編　明陳子龍　續修四庫全書
古今治平略　明朱健　續修四庫全書
雲適淡墨　明木增　續修四庫全書

農政全書　明徐光啟　上海求學齋宣統元年據道光癸卯重刊本石印本
武夷山志　明衷仲孺　四庫全書存目叢書
虎苑　明王穉登　續修四庫全書
物理小識　明方以智　四庫全書
耳新　明鄭仲夔　叢書集成初編二九四六册
書影　明周亮工　上海古籍出版社據雍正懷德堂刻賴吉印堂原本排印本
漢魏六朝百三家集　明張溥　四庫全書
茹古畧集　明程良孺　四庫全書存目叢書
庶物異名疏　明陳懋仁　四庫全書存目叢書
楚辭疏　明陸時雍　續修四庫全書
唐詩鏡　明陸時雍　四庫全書
名物通　明劉侗　四庫全書存目叢書
雅似堂文集　明文德翼　四庫全書存目叢書
文園漫語　明程希堯　四庫全書存目叢書
唐詩韻匯　明施瑞教　四庫全書存目叢書
禹貢匯疏　明茅瑞徵　續修四庫全書
荔枝譜　明宋玨　順治三年李際期宛委山堂刻《説郛續》本
記荔枝　明吴載鼇　順治三年李際期宛委山堂刻《説郛續》本
栽花總録　明闕名　四庫全書
春明夢餘録　清孫承澤　四庫全書
牧齋初學集　清錢謙益　續修四庫全書
丁野鶴先生遺稿　清丁耀亢　四庫全書存目叢書
沈氏農書　清錢爾復　叢書集成初編一四六八册
乾坤大略　清王餘佑　叢書集成初編九五四册
明史　清萬斯同　續修四庫全書
倘湖樵書　清來集之　四庫全書存目叢書
明史紀事本末　清谷應泰　四庫全書
萬世太平書　清勞大輿　四庫全書存目叢書
藝林彙考　清沈自南　四庫全書
澹友軒文集　清薛所藴　四庫全書存目叢書
夜航船　清張岱　續修四庫全書
山志　清王弘撰　續修四庫全書
薪齋初集　清吕陽　四庫全書存目叢書
寒松堂集　清魏象樞　叢書集成初編三四六七至三四七二册
日知録之餘　清顧炎武　續修四庫全書
天下郡國利病書　清顧炎武　續修四庫全書
古文輯略　清曹本榮　四庫全書存目叢書
東谷集　清白胤謙　四庫全書存目叢書
客菴詩集　清孫爽　四庫全書存目叢書
竹垞文類　清朱彝尊　四庫全書存目叢書
婁江志　清顧士璉　四庫全書存目叢書
太倉州新瀏河志　清顧士璉　四庫全書存目叢書
清文穎　清陳廷玉　四庫全書
蕉林詩集　清梁清標　四庫全書存目叢書
雲谷臥餘　清張習孔　四庫全書存目叢書
倦圃蒔植記　清曹溶　四庫全書存目叢書
唾居隨録　清張貞生　四庫全書存目叢書
居易録談　清王士正　叢書集成初編二八二四册
郭中州禹門集　清郭振遐　四庫全書存目叢書
綏寇紀略　清吴偉業　四庫全書
宋詩鈔　清吴之振　四庫全書
畿輔通志　清唐執玉　四庫全書
讀律佩觿　清王明德　四庫全書存目叢書
雕丘雜録　清梁清遠　續修四庫全書
稼圃輯　清王芷　續修四庫全書
花鏡　清陳淏子　中華書局一九五六年版
螽山集　清方文　續修四庫全書
寄園寄所寄　清趙吉士　四庫全書存目叢書
南山集　清戴名世　續修四庫全書
潛書　清唐甄　四庫全書存目叢書

茶花譜　清樸静子　續修四庫全書
淵鑑類函　清張英　四庫全書
聰訓齋語　清張英　叢書集成初編九七七册
帶經堂集　清王士禛　續修四庫全書
隴蜀餘聞　清王士禛　四庫全書存目叢書
皇華紀聞　清王士禛　四庫全書存目叢書
繹史　清馬驌　四庫全書
月令輯要　清李光地　四庫全書
鐵廬外集　清潘天成　四庫全書
鹿洲初集　清藍鼎元　四庫全書
秀巖集　清胡世安　四庫全書存目叢書
燕在閣知新録　清王棠　四庫全書存目叢書
五經類編　清周世樟　四庫全書存目叢書
廣群芳譜　清汪灝　上海書店一九八五影印本
清律例　清徐本　四庫全書
尚史　清李鍇　四庫全書
睫巢集　清李鍇　四庫全書存目叢書
清芬堂存稿　清胡會恩　四庫全書存目叢書
直木堂詩集　清釋本晝　四庫全書存目叢書
託素齋詩集　清黎士弘　四庫全書存目叢書
時用集　清陳訏　四庫全書存目叢書
柳邊紀略　清楊賓　續修四庫全書
螺峰説録　清毛先舒　四庫全書存目叢書
詩傳名物集覽　清陳大章　四庫全書
天門集　清吴盛藻　四庫全書存目叢書
古雪堂文集　清王令　四庫全書存目叢書
枝語　清孫之騄　四庫全書存目叢書
廣東新語　清屈大均　續修四庫全書
翁山詩外　清屈大均　續修四庫全書
明史　清張廷玉　四庫全書
類書纂要　清周魯　續修四庫全書
四本堂座右編　清朱潮遠　四庫全書存目叢書
明書　清傅維鱗　四庫全書存目叢書
北墅抱甕録　清高士奇　四庫全書存目叢書
天禄識餘　清高士奇　四庫全書存目叢書
東皋雜鈔　清董潮　叢書集成初編二九六三册
柳南隨筆、續筆　清王應奎　中華書局一九八三年版
三才彙編　清龔在升　四庫全書存目叢書
事物考辯　清周象明　四庫全書存目叢書
事文標異　清陸次雲　四庫全書存目叢書
析疑待正　清陸次雲　四庫全書存目叢書
十國春秋　清吴仁臣　四庫全書
歷代關市征税記　清彭寧求　叢書集成初編七七三册
大觀堂文集　清余縉　四庫全書存目叢書
三才藻異　清屠粹忠　四庫全書存目叢書
省軒考古類編　清柴紹炳　四庫全書存目叢書
内省齋文集　清湯來賀　四庫全書存目叢書
筠廊偶筆　清宋犖　四庫全書存目叢書
明詩別裁集　清沈德潛　上海古籍出版社一九七九年版
唐詩別裁集　清沈德潛　上海古籍出版社一九九八年版
敬業堂詩集　清查慎行　商務印書館一九三七年萬有文庫本
人海記　清查慎行　續修四庫全書
古文淵鑒　清徐乾學　四庫全書
農桑經校註　清蒲松齡　農業出版社出版一九八二年印刷本
致富奇書　清鐘山逸叟　清康熙年間老會賢堂刻本
授时通攷　清鄂爾泰　四庫全書
禮記義疏　清鄂爾泰　四庫全書
雲南通志　清鄂爾泰　四庫全書
盛京通志　清阿桂　四庫全書
南巡盛典　清阿桂　四庫全書

元明事類鈔　清　姚之駰　四庫全書
萬世玉衡録　清　蔣伊　四庫全書存目叢書
拾籜餘閒　清　孔毓埏　續修四庫全書
百名家詩選　清　魏憲　四庫全書存目叢書
佳山堂詩集　清　馮溥　四庫全書存目叢書
河南通志　清　田文鏡　四庫全書
健餘先生撫豫條教　清　尹會一　叢書集成初編九三三册
尹少宰奏議　清　尹會一　四庫全書存目叢書
江西通志　清　謝旻　四庫全書
行水金鑑　清　傅澤洪　四庫全書
河南通志　清　孫灝　四庫全書
匡山集　清　王沛恂　四庫全書存目叢書
古今圖書集成　清　陳夢雷　上海圖書集成鉛版印書局據雍正四年銅活字版
冬心先生集　清　金農　四庫全書存目叢書
明練音續集　清　王輔銘　四庫全書存目叢書
孫子十家注　清　吴人驥　叢書集成初編九三五册
三農紀　清　張宗法　續修四庫全書
江南通志　清　趙弘恩　四庫全書
覆甕集刑名餘集　清　張我觀　續修四庫全書
廣雅疏證　清　王念孫　續修四庫全書
山西通志　清　覺羅石麟　四庫全書
花木鳥獸集類　清　吴寶芝　四庫全書
清會典則例　四庫全書
山齋客譚　清　景星杓　續修四庫全書
巢林筆談　清　龔煒　續修四庫全書
修潔齋閑筆　清　劉堅　續修四庫全書
武夷山志　清　董天工　續修四庫全書
農圃便覽　清　丁宜曾　續修四庫全書
小山畫譜　清　鄒一桂　叢書集成初編一六四三册
西莊始存稿　清　王鳴盛　續修四庫全書

天文正義　清　闕名　續修四庫全書
事物異名録　清　厲荃　江蘇廣陵古籍刻印社據清乾隆古歡堂刊本影印
秋燈叢話　清　王椷　續修四庫全書
續通典　清　嵇璜　四庫全書
清朝通典　清　嵇璜　浙江古籍出版社一九八八影印本
過夏雜録　清　周廣業　續修四庫全書
續新齊諧　清　袁枚　續修四庫全書
東華録　清　蔣良騏　中華書局一九八〇年版
日講禮記解義　清　闕名　四庫全書
心園書經知新　清　郭兆奎　四庫存目叢書
湖廣通志　清　邁柱　四庫全書
陝西通志　清　劉於義　四庫全書
近道齋詩集　清　陳萬策　四庫全書存目叢書
鋤經餘草　清　王文清　四庫全書存目叢書
瓠息齋前集　清　淩樹屏　四庫全書存目叢書
禮書綱目　清　江永　四庫全書
松桂堂全集　清　彭孫遹　四庫全書
治河後策　清　馮祚泰　四庫全書存目叢書
權衡　清　王植　四庫全書存目叢書
荷塘詩集　清　張五典　四庫全書存目叢書
産鶴亭詩　清　曹庭棟　四庫全書存目叢書
五山志林　清　羅天尺　叢書集成初編二九六四、二九六五册
西魏書　清　謝啟昆　叢書集成初編三八一一至三八一四册
西清筆記　清　沈初　叢書集成初編二九六六册
豳風廣義　清　楊屾　四庫全書存目叢書
柘坡居士集　清　萬光泰　四庫全書存目叢書據乾隆二一年汪孟鋗刻本
書隱叢説　清　袁棟　四庫全書存目叢書
古今記林　清　汪士漢　四庫存目叢書
隨園詩草　清　邊連寶　四庫全書存目叢書
白雲詩集　清　盧存心　四庫全書存目叢書

東坪詩集　清胡慶豫　四庫全書存目叢書
松泉詩集　清江昱　四庫全書存目叢書
奉使集　清黄永年　四庫全書存目叢書
户部則例　清　同治十三年校刊本
童山文集　清李調元　叢書集成初編二五一五至二五一七册
滇海虞衡志　清檀萃　叢書集成初編三〇二三、三〇二四册
竹香詩集選　清席鏊　四庫全書存目叢書
救荒備覽　清勞潼　叢書集成初編九六九册
西藏誌　清允禮　續修四庫全書
六湖先生遺集　清張文瑞　四庫全書存目叢書
强恕齋文鈔　清張庚　四庫全書存目叢書
廣事類賦　清華希閔　四庫全書存目叢書
東山草堂集　清潘安禮　四庫全書存目叢書
通俗編　清翟灝　叢書集成初編
農桑易知録　清鄭之僑　續修四庫全書
歷代職官表　清永瑢　叢書集成初編八四六至八六五册
日下舊聞考　清于敏中　四庫全書
水曹清暇録　清汪啟淑　續修四庫全書
書隱叢説　清袁棟　續修四庫全書
草木疏校正　清趙佑　續修四庫全書
伊江筆録　清吴熊光　續修四庫全書
五禮通考　清秦蕙田　四庫全書
周易撥易堂解　清劉斯組　四庫全書存目叢書
悦親樓詩集　清祝德麟　續修四庫全書
夢樓詩集　清王文治　續修四庫全書
藤陰雜記　清戴璐　續修四庫全書
五百四峰堂詩鈔　清黎簡　續修四庫全書
乾初先生遺集　清陳確　續修四庫全書
寄庵詩文鈔　清劉大紳　續修四庫全書
賞雨茅屋詩集　清曾燠　續修四庫全書
江西詩徵　清曾燠　續修四庫全書
淵雅堂全集　清王芑孫　續修四庫全書
百一山房詩集　清孫士毅　續修四庫全書
尚絅堂集　清劉嗣綰　續修四庫全書
全唐文　清董誥　續修四庫全書
嶺南群雅　清劉彬華　續修四庫全書
嘯亭雜録　清昭槤　續修四庫全書
壹齊集　清黄鉞　續修四庫全書
忠雅堂文集　清蔣士銓　續修四庫全書
頤道堂詩選　清陳文述　續修四庫全書
周官析疑　清方苞　四庫全書存目叢書
淮海英靈集　清阮元　續修四庫全書
兩浙輶軒録　清阮元　續修四庫全書
廣東通志　清阮元等　續修四庫全書
邃雅堂集　清姚文田　續修四庫全書
清經世文編　清賀長齡　浙江古籍出版社一九九八年影印本
冬官旁求　清辛紹業　叢書集成初編八八七册
後漢書補注　清惠棟　叢書集成三七七〇至三七八一册
廣雅疏義　清錢大昭　續修四庫全書
橡繭圖説　清劉祖憲　續修四庫全書
水蜜桃譜　清褚華　續修四庫全書
黔語　清吴振棫　叢書集成續編第五四册
柏梘山房文集　清梅曾亮　續修四庫全書
老圃良言　清巢鳴盛　叢書集成初編一四七〇册
熙朝新語　清余金　續修四庫全書
花木小志　清謝堃　續修四庫全書
咫聞録　清慵訥居士　續修四庫全書
詒晉齋集　清永瑆　續修四庫全書
六瑩堂二集　清梁佩蘭　四庫全書存目叢書
植物名實圖考　清吴其濬　續修四庫全書

植物名實圖考長編　清吴其濬　中華書局一九六三版
無聞集　清崔述　續修四庫全書
春草堂集　清謝堃　續修四庫全書
雙池文集　清汪紱　續修四庫全書
嘉慶重修清一統志　清穆彰阿　四部叢刊續編本
謝程山集　清謝文洊　四庫全書存目叢書
幽夢續影　清朱錫綬　叢書集成初編三八〇册
元詩别裁集　清張景星　上海古籍出版社一九七九年版
東南水利　清沈愷曾　四庫全書存目叢書
亦有生齋集　清趙慶懷　四庫全書
學海類編　清曹溶　廣陵書社一九九四年版
黔南識略　清愛必達　貴州人民出版社一九九二年杜文譯點校本
日知録集釋　清黄汝成　續修四庫全書
毛詩物名考　清牟應震　續修四庫全書
爾雅郭注補正　清戴鎣　續修四庫全書
石笥山房集　清胡天游　續修四庫全書
魯山木先生文集　清魯九皋　清道光十一年刻本
校邠廬抗議　清馮桂芬　續修四庫全書
桑志　清李聿求　續修四庫全書
營田輯要　清黄輔辰　續修四庫全書
劉繼莊先生廣陽雜記　清劉獻廷　續修四庫全書
程侍郎遺集　清程恩澤　續修四庫全書
雪門詩草　清許瑶光　續修四庫全書
種桑説　清吴烜　續修四庫全書
埋憂集　清朱翊清　續修四庫全書
古微堂詩集　清魏源　續修四庫全書
爾爾書屋詩草　清史夢蘭　續修四庫全書
茶香室叢鈔　清俞樾　續修四庫全書
緑漪草堂文集　清羅汝懷　續修四庫全書
花傭月令　清徐石麒　續修四庫全書
壺天録　清百一居士　續修四庫全書
思益堂集　清周壽昌　續修四庫全書
全上古三代秦漢三國六朝文　清嚴可均　續修四庫全書
全宋文　清嚴可均　商務印書館一九九九年點校本
夷牢溪盧詩鈔　清黎汝謙　續修四庫全書
兩浙輶軒續録　清潘衍桐　續修四庫全書
治平通議　清陳虬　續修四庫全書
粤中蠶桑芻言　清盧燮宸　續修四庫全書
農學報　清務農會編
竹葉亭雜記　清姚元之　續修四庫全書
吴興蠶書　清高銓　光緒一六年浙江新繁沈氏家塾藏版
蠶桑輯要　清沈秉成　常鎮通海署同治一〇年刊本
裨農最要　清陳開沚　農業出版社一九六六年版
蠶桑説　清趙敬如　叢書集成初編一四七二册
寶訓　清郝懿行　續修四庫全書
吉林通志　清長順　續修四庫全書
養吉齋叢録　清吴振棫　北京古籍出版社一九八五年鮑正鵠點校本
蠶桑萃編　清衛傑　北京出版社一九九八年版
明會要　清龍文彬　續修四庫全書
吴郡金石目　清程祖慶　叢書集成初編一五三三册
于湖小集　清袁昶　叢書集成初編一八〇八、一八〇九册
晚晴簃詩匯　清徐世昌　續修四庫全書
廣蠶桑説輯補　清沈練　續修四庫全書
畿輔通志　清李鴻章　續修四庫全書
書經詳説　清冉覲祖　四庫全書存目叢書
蟲薈　清方旭　續修四庫全書
黑龍江外記　清西清　續修四庫全書
課民植牧講義稿　清陳憲舜　廣東學務公所光緒三十四年刻本
管子地員篇注　清王紹蘭　續修四庫全書
樵香小記　清何琇　四庫全書存目叢書

茶余客話　清 阮葵生　續修四庫全書
守身執玉軒遺文　清 袁世紀　叢書集成初編二五四〇册
野蟲録　清 王元綎　四庫全書存目叢書
偶陽雜録　清 章大來　叢書集成初編二九六九册
撫郡農産考畧　清 何剛德　續修四庫全書
月季花譜　清 闕名　續修四庫全書
可園詩存　清 陳作霖　續修四庫全書
柳蠶新編　清 許鵬翊　續修四庫全書
柞蠶彙誌　清 董元亮　續修四庫全書
蠶桑譜　清 陳啟沅　光緒三四年刻本
清續文獻通考　清 劉錦藻　浙江古籍出版社一九八八年版
蒼雪和尚南來堂詩集　清 釋讀徹　續修四庫全書
點蒼山人詩鈔　清 沙琛　續修四庫全書
清史稿　清 趙爾巽　中華書局一九七六年版
遊戲録　清 程景沂　叢書集成初編二三〇册
嶺南荔枝譜　清 吴應逵　叢書集成初編一四七〇册
清史紀事本末　清 黄鴻壽　上海書局一九八六年版
張季子詩録　清 張謇　續修四庫全書
九山遊草　清 李確　四庫全書存目叢書
名花譜　清 闕名　四庫全書存目叢書
檇李譜　清 王逢辰　庚午年竹里槐花迎館王氏重刻
〔康熙〕太平府志　清 黄桂　中國方志叢書臺北成文出版社一九七四年
〔康熙〕慶都縣志　清 李天機　中國方志叢書臺北成文出版社一九六九年
〔康熙〕汝陽縣志　清 邱天英　中國方志叢書臺北成文出版社一九七六年
〔康熙〕新鄭縣志　清 朱廷獻　中國方志叢書臺北成文出版社一九七六年
〔康熙〕甌寧縣志　清 鄧其文　中國方志叢書臺北成文出版社一九六七年
〔康熙〕新城縣志　清 崔懋　中國方志叢書臺北成文出版社一九七六年
〔康熙〕懷柔縣志　清 吴景果　中國方志叢書臺北成文出版社一九六八年
〔康熙〕保德州志　清 王克昌　中國方志叢書臺北成文出版社一九七六年
〔乾隆〕滄州志　清 胡淦　中國方志叢書臺北成文出版社一九七五年
〔乾隆〕寶坻縣志　清 洪肇楙　中國方志叢書臺北成文出版社一九六九年
〔乾隆〕長沙府志　清 吕肅高　中國方志叢書臺北成文出版社一九七六年
〔乾隆〕吴江縣志　清 倪師孟　中國方志叢書臺北成文出版社一九七五年
〔乾隆〕淮安府志　清 衛哲治　中國方志叢書臺北成文出版社一九八三年
〔乾隆〕南和縣志　清 周章焕　中國方志叢書臺北成文出版社一九六九年
〔乾隆〕平原縣志　清 黄懷祖　中國方志叢書臺北成文出版社一九七六年
〔乾隆〕武夷山志　清 董天工　中國方志叢書臺北成文出版社一九七四年
〔乾隆〕蒲縣志　清 巫慧　中國方志叢書臺北成文出版社一九七六年
〔乾隆〕福州府志　清 徐景熹　中國方志叢書臺北成文出版社一九六七年
〔乾隆〕婺源縣志　清 俞云耕　中國方志叢書臺北成文出版社一九八五年
〔乾隆〕東明縣志　清 儲元升　中國方志叢書臺北成文出版社一九七六年
〔乾隆〕銅陵縣志　清 朱成阿　中國方志叢書臺北成文出版社一九七四年
〔乾隆〕濟源縣志　清 蕭應植　中國方志叢書臺北成文出版社一九七六年
〔乾隆〕龍溪縣志　清 吴宜燮　中國方志叢書臺北成文出版社一九六七年
〔乾隆〕海澄縣志　清 陳瑛　中國方志叢書臺北成文出版社一九六八年
〔乾隆〕福寧府志　清 朱珪　中國方志叢書臺北成文出版社一九六七年
〔乾隆〕解州安邑縣志　清 言如泗　中國方志叢書臺北成文出版社一九七六年
〔乾隆〕濟陽縣志　清 胡德琳　中國方志叢書臺北成文出版社一九七六年
〔乾隆〕雞澤縣志　清 王錦林　中國方志叢書臺北成文出版社一九六九年
〔乾隆〕歙縣志　清 張佩芳　中國方志叢書臺北成文出版社一九七五年
〔乾隆〕邱縣志　清 黄景曾　中國方志叢書臺北成文出版社一九六八年
〔乾隆〕安福縣志　清 張繡中　中國方志叢書臺北成文出版社一九八九年
〔乾隆〕潮州府志　清 周碩勲　中國方志叢書臺北成文出版社一九六七年
〔乾隆〕竹山縣志　清 常丹葵　中國方志叢書臺北成文出版社一九七五年
〔乾隆〕新蔡縣志　清 莫璽章　中國方志叢書臺北成文出版社一九七六年
〔乾隆〕重印信陽州志　清 張鉞　中國方志叢書臺北成文出版社一九六八年
〔乾隆〕儀封縣志　清 紀黄中　中國方志叢書臺北成文出版社一九六八年
〔嘉慶〕宜興縣志　清 阮升基　中國方志叢書臺北成文出版社一九八三年
〔嘉慶〕寧夏府志　清 張金城　中國方志叢書臺北成文出版社一九六八年
〔嘉慶〕涇縣志　清 李德淦　中國方志叢書臺北成文出版社一九七五年

［嘉慶］平陰縣志　清　喻春林　中國方志叢書臺北成文出版社一九七六年
［嘉慶］揚州府志　清　阿克當阿　中國方志叢書臺北成文出版社一九七四年
［嘉慶］云霄廳志　清　薛凝度　中國方志叢書臺北成文出版社一九六七年
［嘉慶］淮關統志　清　杜琳　中國方志叢書臺北成文出版社一九七〇年
［嘉慶］三水縣志　清　李友榕　中國方志叢書臺北成文出版社一九六六年
［道光］直隸南雄州志　清　余保純　中國方志叢書臺北成文出版社一九六七年
［道光］廣寧縣志　清　黄思藻　中國方志叢書臺北成文出版社一九六七年
［道光］晃州廳志　清　張映蛟　中國方志叢書臺北成文出版社一九七五年
［道光］河内縣志　清　袁通　中國方志叢書臺北成文出版社一九七六年
［道光］太原縣志　清　楊國泰　中國方志叢書臺北成文出版社一九七六年
［道光］繁昌縣志書　清　曹德贊　中國方志叢書臺北成文出版社一九七五年
［道光］桐城續修縣志　清　廖大聞　中國方志叢書臺北成文出版社一九七五年
［道光］武陟縣志　清　王榮陛　中國方志叢書臺北成文出版社一九七六年
［道光］西寧縣志　清　諸豫宗　中國方志叢書臺北成文出版社一九六七年
［道光］順昌縣志　清　賈懋功　中國方志叢書臺北成文出版社一九七四年
［道光］化州志　清　彭貽蓀　中國方志叢書臺北成文出版社一九七四年
［道光］山丹縣志　清　黄璟　中國方志叢書臺北成文出版社一九七〇年
［道光］長清縣志　清　舒化民　中國方志叢書臺北成文出版社一九七六年
［道光］龍巖州志　清　彭衍堂　中國方志叢書臺北成文出版社一九六七年
［道光］蒲圻縣志　清　勞光泰　中國方志叢書臺北成文出版社一九七五年
［道光］博興縣志　清　周壬福　中國方志叢書臺北成文出版社一九七六年
［道光］瓊州府志　清　明誼　中國方志叢書臺北成文出版社一九六七年
［道光］循化廳志　清　龔景瀚　中國方志叢書臺北成文出版社一九六八年
［道光］寶慶府志　清　黄宅中　中國方志叢書臺北成文出版社一九七五年
［道光］觀城縣志　清　孫觀　中國方志叢書臺北成文出版社一九六八年
［咸豐］固安縣志　清　陳崇砥　中國方志叢書臺北成文出版社一九六九年
［咸豐］深澤縣志　清　王肇晉　中國方志叢書臺北成文出版社一九七六年
［咸豐］瓊山縣志　清　李元恒　中國方志叢書臺北成文出版社一九七四年
［同治］東湖縣志　清　金大鏞　中國方志叢書臺北成文出版社一九七五年
［同治］房縣志　清　楊廷烈　中國方志叢書臺北成文出版社一九七六年
［同治］巴東縣志　清　廖恩樹　中國方志叢書臺北成文出版社一九七五年
［同治］枝江縣志　清　查子庚　中國方志叢書臺北成文出版社一九七五年
［同治］桂東縣志　清　劉華邦　中國方志叢書臺北成文出版社一九七五年
［同治］遠安縣志　清　鄭燡林　中國方志叢書臺北成文出版社一九七五年
［同治］宣城縣志　清　程啟安　中國方志叢書臺北成文出版社一九七五年
［同治］南安縣志　清　黄鳴珂　中國方志叢書臺北成文出版社一九七五年
［同治］江夏縣志　清　王庭楨　中國方志叢書臺北成文出版社一九七五年
［同治］龍山縣志　清　符爲霖　中國方志叢書臺北成文出版社一九七五年
［同治］金溪縣志　清　程芳　中國方志叢書臺北成文出版社一九八九年
［同治］金溪縣志　清　徐寶符　中國方志叢書臺北成文出版社一九八九年
［同治］祁陽縣志　清　陳玉祥　中國方志叢書臺北成文出版社一九七五年
［同治］新建縣志　清　承霈　中國方志叢書臺北成文出版社一九八九年
［同治］黄陂縣志　清　劉昌緒　中國方志叢書臺北成文出版社一九七六年
［同治］瑞昌縣志　清　姚暹　中國方志叢書臺北成文出版社一九八九年
［同治］番禺縣志　清　李福泰　中國方志叢書臺北成文出版社一九六七年
［同治］贛縣志　清　黄德溥　中國方志叢書臺北成文出版社一九七五年
［同治］德興縣志　清　孟慶云　中國方志叢書臺北成文出版社一九七六年
［同治］新化縣志　清　關培鈞　中國方志叢書臺北成文出版社一九七五年
［同治］元城縣志　清　吴大鏞　中國方志叢書臺北成文出版社一九六九年
［同治］衡陽縣志　清　彭玉麟　中國方志叢書臺北成文出版社一九七〇年
［同治］興國縣志　清　崔國榜　中國方志叢書臺北成文出版社一九八九年
［同治］即墨縣志　清　林溥　中國方志叢書臺北成文出版社一九七六年
［同治］桑植縣志　清　周來賀　中國方志叢書臺北成文出版社一九七五年
［同治］玉山縣志　清　黄壽琪　中國方志叢書臺北成文出版社一九七五年
［同治］延平府志　清　傅爾泰　中國方志叢書臺北成文出版社一九六七年
［同治］義寧州志　清　王維新　中國方志叢書臺北成文出版社一九八九年
［同治］鉛山縣志　清　張廷珩　中國方志叢書臺北成文出版社一九八九年
［同治］靈壽縣志　清　劉賡年　中國方志叢書臺北成文出版社一九七六年
［光緒］曲江縣志　清　張希京　中國方志叢書臺北成文出版社一九六七年
［光緒］莆田水利志　清　陳懋列　中國方志叢書臺北成文出版社一九七四年

[光緒]興寧縣志　清郭樹馨　中國方志叢書臺北成文出版社一九七五年
[光緒]棗强縣志　清方宗誠　中國方志叢書臺北成文出版社一九六九年
[光緒]會同縣志　清孫炳煜　中國方志叢書臺北成文出版社一九七五年
[光緒]贊皇縣志　清周晉堃　中國方志叢書臺北成文出版社一九六九年
[光緒]蠡縣志　清韓志超　中國方志叢書臺北成文出版社一九六九年
[光緒]欒亭縣志　清游智開　中國方志叢書臺北成文出版社一九六九年
[光緒]永年縣志　清夏詒鈺　中國方志叢書臺北成文出版社一九六九年
[光緒]彭縣志　清張龍甲　中國方志叢書臺北成文出版社一九七六年
[光緒]唐縣志　清陳詠　中國方志叢書臺北成文出版社一九六九年
[光緒]長汀縣志　清劉國光　中國方志叢書臺北成文出版社一九六七年
[光緒]莆田縣志　清廖必琦　中國方志叢書臺北成文出版社一九六八年
[光緒]清遠縣志　清李文烜　中國方志叢書臺北成文出版社一九六七年
[光緒]宜陽縣志　清謝應起　中國方志叢書臺北成文出版社一九六八年
[光緒]藁城縣志　清汪度　中國方志叢書臺北成文出版社一九六八年
[光緒]榆社縣志　清王家坊　中國方志叢書臺北成文出版社一九七六年
[光緒]華容縣志　清孫炳煜　中國方志叢書臺北成文出版社一九七五年
[光緒]咸寧縣志　清陳樹楠　中國方志叢書臺北成文出版社一九七六年
[光緒]壽陽縣志　清馬家鼎　中國方志叢書臺北成文出版社一九七六年
[光緒]清水河廳志　清阿克達春　中國方志叢書臺北成文出版社一九六八年
[光緒]珙縣志　清羅度　中國方志叢書臺北成文出版社一九七六年
[光緒]清河縣志　清黄汝香　中國方志叢書臺北成文出版社一九六九年
[光緒]蘇州府志　清李銘皖　中國方志叢書臺北成文出版社一九七〇年
[光緒]福安縣志　清張景祁　中國方志叢書臺北成文出版社一九六七年
[光緒]黄州府志　清英啟　中國方志叢書臺北成文出版社一九七六年
[光緒]新樂縣志　清雷鶴鳴　中國方志叢書臺北成文出版社一九六八年
[光緒]襄陽府志　清恩聯　中國方志叢書臺北成文出版社一九七六年
[光緒]遼北省奉化縣志　清錢開震　中國方志叢書臺北成文出版社一九七四年
[光緒]光州志　清楊修田　中國方志叢書臺北成文出版社一九七六年
[光緒]興文縣志　清江亦顯　中國方志叢書臺北成文出版社一九七六年
[光緒]茂名縣志　清鄭業崇　中國方志叢書臺北成文出版社一九六七年
[光緒]高州府志　清楊霽　中國方志叢書臺北成文出版社一九六七年
[光緒]臨高縣志　清聶緝慶　中國方志叢書臺北成文出版社一九七四年
[光緒]桃源縣志　清余良棟　中國方志叢書臺北成文出版社一九七〇年
[光緒]無極縣續志　清曹鳳來　中國方志叢書臺北成文出版社一九六九年
[光緒]淶水縣志　清陳傑　中國方志叢書臺北成文出版社一九六九年
[光緒]容城縣志　清俞廷獻　中國方志叢書臺北成文出版社一九六九年
[光緒]容縣志　清易紹德　中國方志叢書臺北成文出版社一九七四年
[光緒]灤州志　清楊文鼎　中國方志叢書臺北成文出版社一九六九年
[光緒]嘉應縣志　清吳宗焯　中國方志叢書臺北成文出版社一九七四年
[光緒]德慶州志　清楊文駿　中國方志叢書臺北成文出版社一九七四年
[光緒]南樂縣志　清施有方　中國方志叢書臺北成文出版社一九七六年
[光緒]順寧府志　清朱占科　中國方志叢書臺北成文出版社一九七六年
[光緒]南陽縣志　清潘守廉　中國方志叢書臺北成文出版社一九七六年
[光緒]邢臺縣志　清戚朝卿　中國方志叢書臺北成文出版社一九六九年
[光緒]東鹿縣志　清李中桂　中國方志叢書臺北成文出版社一九六八年
[光緒]雄縣鄉土志　清劉崇本　中國方志叢書臺北成文出版社一九六八年
[光緒]永定縣鄉土志　清王樹人　中國方志叢書臺北成文出版社一九七五年
[光緒]邵陽縣鄉土志　清上官廉　中國方志叢書臺北成文出版社一九七〇年
[光緒]靖州鄉土志　清金蓉鏡　中國方志叢書臺北成文出版社一九七五年
[光緒]阜城縣志　清陸福　中國方志叢書臺北成文出版社一九六八年
[光緒]綏遠全志　清高賡恩　中國方志叢書臺北成文出版社一九六八年
[光緒]昌平州志　清吴履福　中國方志叢書臺北成文出版社一九六八年
[宣統]呼蘭府志　清黄維瀚　中國方志叢書臺北成文出版社一九七四年
[宣統]項城縣志　清施景舜　中國方志叢書臺北成文出版社一九六八年
[民國]輝南縣志　清白純義　中國方志叢書臺北成文出版社一九七四年
清末川滇邊務檔案·四川省史料　民族研究所　中華書局一九八九年版
古代游記選註　劉操南等　上海古籍出版社一九八二年版
夏小正經文校釋　夏緯瑛　農業出版社一九八一年版
貴州苗族林業契約文書彙編　唐立等　日本東京外國語大學出版社二〇〇一至二〇〇三年

《中華大典·林業典·森林培育與管理分典》編纂委員會

主　編：熊大桐

副主編：曾正德　王守根　黄鵬程　林　震

學術秘書：侯文軍　沈文嘉

編　委（以姓氏筆畫爲序）：

王　正　王守根　李宏芳　吴惠風　佟新夫

汪君潔　沈文嘉　林　震　林鴻榮　郝樹聲

侯文軍　姚兆餘　陳景歡　陳翠萍　陳震中

黄鵬程　曹紅軍　章　楷　葉恒一　惠富平

曾正德　熊大桐　盧　振　謝泉宏

編撰人員（以姓氏筆畫爲序）：

李　飛　袁　嬋　蒲昕宇　廖海偉　劉一弘

劉瑞桓　戴　凡　羅向好

《中華大典》辦公室

主　任：于永湛
副主任：伍　杰
　　　　姜學中
工作人員：趙含坤
　　　　崔望雲
　　　　宋　陽
　　　　王雪飛
　　　　王　霞
裝幀設計：章耀達

《中華大典·林業典·森林培育與管理分典》

責任編輯：吴　迪
　　　　卞　岐

圖書在版編目（CIP）數據

中華大典．林業典．森林培育與管理分典／《中華大典》工作委員會，《中華大典》編纂委員會編纂．--南京：鳳凰出版社，2012.12
ISBN 978-7-5506-1655-4

Ⅰ．①中… Ⅱ．①中… ②中… Ⅲ．①百科全書－中國②森林撫育－中國③森林管理－中國 Ⅳ．①Z227②S753③F326.2

中國版本圖書館CIP數據核字（2012）第302054號

中華大典·林業典·森林培育與管理分典

編　　纂：《中華大典》工作委員會
《中華大典》編纂委員會
出版發行：鳳凰出版傳媒股份有限公司
鳳凰出版社（原江蘇古籍出版社）
發行部電話 025-83223462
南京市湖南路1號A樓，郵編：210009
出版社地址：南京市中央路165號，郵編：210009
出版社網址：http://www.fhcbs.com
經　　銷：鳳凰出版傳媒股份有限公司
照　　排：南京展望文化發展有限公司
印　　刷：江蘇鳳凰新華印刷有限公司
中國江蘇南京經濟技術開發區堯新大道399號，郵編：210038
開　　本：787×1092　1/16
印　　張：73.5
字　　數：2258千字
版　　次：2012年12月第1版　2012年12月第1次印刷
標準書號：ISBN 978-7-5506-1655-4
定　　價：880.00圓

ISBN 978-7-5506-1655-4
定價：880.00圓